KLUWER COLLEGE BUNDEL 2009-2010

WETTEKSTEN

I Privaatrecht

KLUWER COLLEGE BUNDEL 2009-2010

WETTEKSTEN

I Privaatrecht

onder redactie van

PROF. MR. F.C.M.A. MICHIELS
Hoogleraar Bestuursrecht aan de Universiteit van Tilburg

PROF. MR. J.H. NIEUWENHUIS
Hoogleraar Burgerlijk recht aan de Universiteit Leiden

redactieraad

PROF. MR. M.J. BORGERS
Hoogleraar Strafrecht en strafprocesrecht aan de Vrije Universiteit Amsterdam

PROF. DR. M.T. KAMMINGA
Hoogleraar Internationaal recht aan de Universiteit Maastricht

PROF. MR. H.R.B.M. KUMMELING
Hoogleraar Staatsrecht en vergelijkend staatsrecht aan de Universiteit Utrecht

PROF. MR. J.G.J. RINKES
Hoogleraar Privaatrecht aan de Open Universiteit Nederland

PROF. MR. H.J. SNIJDERS
Hoogleraar Burgerlijk recht aan de Universiteit Leiden

PROF. MR. P.J.P. TAK
Em. hoogleraar Inleiding tot de rechtswetenschap
aan de Radboud Universiteit Nijmegen

PROF. MR. DR. P. VLAS
Hoogleraar Internationaal privaatrecht en rechtsvergelijking
Vrije Universiteit Amsterdam

PROF. MR. J.B. WEZEMAN
Hoogleraar Handels- en ondernemingsrecht aan de Rijksuniversiteit Groningen

Kluwer
a Wolters Kluwer business

Deventer - 2009

Editie 2009-2010, 20e druk. De samenstelling van deze bundel is afgesloten per 15 april 2009. Voor zover per 15 april 2009 bekend was dat wet- en regelgeving uiterlijk per 1 augustus 2009 in werking zou treden, is deze wet- en regelgeving alsnog opgenomen. Als op 15 april 2009 de inwerkingtreding nog niet bekend is, kan deze wet- en regelgeving in sommige gevallen als toekomstig recht worden opgenomen.

Reageren?
Mail uw opmerkingen en/of vragen betreffende de Kluwer Collegebundel rechtstreeks aan: **gouden@kluwer.nl**

Vormgeving omslag: Arthur van der Veer
Vormgeving binnenwerk: Bert Arts bNO

ISBN 978-90-13-06013-3
NUR 820-101

Voorwoord

Voor u ligt editie 2009-2010 van de Kluwer Collegebundel. Ook dit jaar zijn wij er weer in geslaagd de complete verzameling in twee banden te bundelen. Een formule die zeer wordt gewaardeerd en naar onderzoek heeft uitgewezen, een groot gebruiksgemak oplevert.
De Kluwer Collegebundel is niet alleen bij de juridische faculteiten de meest gebruikte bundel. Dat geldt inmiddels ook voor het HBO.
Vanaf dit jaar wordt geen afzonderlijke cd-rom meegeleverd. In plaats daarvan wordt de inhoud van de Collegebundel op een website geplaatst. De koper van de papieren editie krijgt gratis online toegang tot deze site: www.kluwercollegebundel.nl. Gedurende het studiejaar wordt de inhoud drie keer geactualiseerd. Ook worden op de website wetten en regelingen geplaatst die niet in de papieren bundel zijn opgenomen, maar voor het onderwijs relevant (kunnen) zijn.
De inhoud van de bundel wordt jaarlijks nauwkeurig vastgesteld door de redactie(raad), bestaande uit vooraanstaande hoogleraren van juridische faculteiten. Selectie van op te nemen wet- en regelgeving vindt primair plaats met het oog op wat in de Bachelorfase van de universitaire studie Rechtsgeleerdheid aan wet- en regelgeving wordt behandeld.
Ook voor andere rechtenstudies blijkt de bundel uiterst bruikbaar. Zo wordt de Collegebundel gebruikt bij juridische vakken op andere faculteiten zoals Economie en Bedrijfskunde. In het HBO wordt de bundel gebruikt bij HBO Rechten en bij de opleidingen Management Economie en Recht (MER) en Sociaal Juridische Dienstverlening (SJD).
Buiten het onderwijs wordt de bundel veelvuldig gebruikt door professionals als handzaam overzicht voor een eerste oriëntatie op een juridisch vraagstuk.

Actualiteit
De samenstelling van deze bundel is afgesloten per 15 april 2009. Voor zover per 15 april 2009 bekend was dat wet- en regelgeving uiterlijk per 1 augustus 2009 in werking zou treden, is deze wet- en regelgeving alsnog opgenomen. Als op 15 april 2009 de inwerkingtreding nog niet bekend is, kan deze wet- en regelgeving in sommige gevallen als toekomstig recht worden opgenomen.
Nieuwe edities verschijnen jaarlijks in de tweede helft van juli.

Inhoud
Ten opzichte van de vorige editie is onder meer de volgende wet- en regelgeving toegevoegd:
1 Invoeringswet 7.13 Burgerlijk Wetboek (KS 31065) (I.1 – achter Boek 7)
2 Verordening (EG) Nr. 593/2008 inzake het recht dat van toepassing is op verbintenissen uit overeenkomst (Rome I) (II.20)
3. Handelsregisterwet 2007 (III.2)
4. Handelsregisterbesluit 2008 (III.3)
5. Internationaal Verdrag inzake hulpverlening, 1989 (III.13)
6. Waterwet (VIII.6)
7. Wet tijdelijk huisverbod (X.16)
8. Wet bevordering integriteitsbeoordelingen door het openbaar bestuur (X.17)
9. Wet algemene bepalingen omgevingsrecht (Wabo) (X.18)
10. Wet bijzondere opnemingen in psychiatrische ziekenhuizen (Bopz) (XI.18)
11. Wet ter voorkoming van witwassen en financieren van terrorisme (XII.4)
12. Besluit OM-afdoening (XII.22)

Toekomstige wet- en regelgeving
In principe bevat de Kluwer Collegebundel het geldend recht zoals dat geldt bij afsluiting van de kopij. Bij wijze van uitzondering en alleen als het voor het onderwijs in de Bachelorfase van de studie Rechtsgeleerdheid onmisbaar wordt geacht, wordt toekomstige wet- en regelgeving in de bundel opgenomen. Beslissingen hieromtrent worden door de redactie(raad) genomen. Uitgangspunt daarbij is dat de definitieve tekst op het moment van afsluiten van de kopij is gepubliceerd. Daarnaast dient de inwerkingtredingdatum vast te staan. Opname van toekomstige wet- en regelgeving wordt alleen overwogen voor gehele wetten of regelingen. Indien toekomstige wet- en regelgeving wordt opgenomen vindt u die direct achter het relevante geldend recht. Ter onderscheid van het geldend recht gebruiken wij een *cursieve letter* voor toekomstige wet- en regelgeving. Daarnaast wordt bij het betreffende onderdeel geldend recht aangegeven dat tevens toekomstige wet- en regelgeving is opgenomen.

Website
Met ingang van deze editie is aan de Collegebundel een website gekoppeld, www.kluwercollegebundel.nl, waarop de inhoud van de papieren bundel integraal is opgenomen, aangevuld met wetten en regelingen die niet in de papieren editie zijn opgenomen, maar voor het onderwijs relevant (kunnen) zijn.

Behorend bij onderdeel II

Besluit marktmisbruik Wft
Besluit melding zeggenschap en kapitaalbelang in uitgevende instellingen
Embryowet
Leegstandwet
Nederlandse corporate governance code

Soft Law
Draft Common Frame of Reference (DCFR) (European Civil Code)
Principles of European Contract Law Principles of European Law on Services Contracts
Principles of European Law: Sales
Principles of European Tort Law
Principles of European Trust Law
Principles of International Commercial Contracts 2004
Principles of Transnational Civil Procedure

Uitvoeringswet internationale kinderbescherming
Verdrag inzake de bevoegdheid, het toepasselijke recht, de erkenning, de tenuitvoerlegging en de samenwerking op het gebied van ouderlijke verantwoordelijkheid en maatregelen ter bescherming van kinderen
Verdrag inzake het recht dat van toepassing is op verbintenissen uit overeenkomst
Vrijstellingsbesluit overnamebiedingen Wft
Wet conflictenrecht onrechtmatige daad
Wet donorgegevens kunstmatige bevruchting
Wet op het financieel toezicht (integraal)
Wet opneming buitenlandse kinderen ter adoptie
Zorgverzekeringswet

Behorend bij onderdeel III

Besluit ex artikel 1022 Boek 8 Burgerlijk Wetboek (York Antwerp Rules)
Draft Convention on Contracts for the International Carriage of Goods Wholly or Partly by Sea (Rotterdam Rules)
Richtlijn 2006/123 betreffende diensten op de interne markt

Behorend bij onderdeel V

EG-Verordeningen eenvormig burgerlijk procesrecht
Uitvoeringswet verordening Europese betalingsbevelprocedure (KS 31513)
Uitvoeringswet verordening Europese executoriale titel
Uitvoeringswet verordening Europese procedure voor geringe vorderingen (KS 31596)
Verordening (EG) Nr. 1896/2006 tot invoering van een Europese betalingsbevelprocedure
Verordening (EG) Nr. 805/2004 tot invoering van een Europese executoriale titel voor niet-betwiste schuldvorderingen
Verordening (EG) Nr. 861/2007 tot vaststelling van een Europese procedure voor geringe vorderingen

Landelijk procesreglement voor civiele rol van de kantonsectoren
Procesreglement verzoekschriftprocedures rechtbank sector civiel handel/voorzieningenrechter

Behorend bij onderdeel VII

Noodwetgeving
Coördinatiewet uitzonderingstoestanden
Oorlogswet voor Nederland
Wet bestuurlijke maatregelen nationale veiligheid (KS 30566)
Wet buitengewone bevoegdheden burgerlijk gezag

Reglement van Orde van de Eerste Kamer

Behorend bij onderdeel VIII

Wet voorkeursrecht gemeenten

Behorend bij onderdeel IX

Wet dwangsom bij niet tijdig beslissen (KS 29934)
Wijziging van het Burgerlijk Wetboek en enkele bijzondere wetten in verband met de Wet dwangsom en beroep bij niet tijdig beslissen (KS 31769)

Behorend bij onderdeel X

Besluit algemene regels voor inrichtingen milieubeheer
Besluit milieu-effectrapportage 1994
Huisvestingswet
Wet inburgering
Wet op de Ruimtelijke Ordening (oud)
Wet politiegegevens

Behorend bij onderdeel XI

Reglement verkeersregels en verkeerstekens 1990 (RVV 1990)

Behorend bij onderdeel XII

Verdrag tussen het Koninkrijk België, de Bondsrepubliek Duitsland, het Koninkrijk Spanje, de Republiek Frankrijk, het Groothertogdom Luxemburg, het Koninkrijk der Nederlanden en de Republiek Oostenrijk inzake de intensivering van de grensoverschrijdende samenwerking, in het bijzonder ter bestrijding van het terrorisme, de grensoverschrijdende criminaliteit en de illegale migratie (Verdrag van Prüm) (Schengen III)

Behorend bij onderdeel XIII

European Prison Rules
Europees Handvest inzake lokale autonomie
Goedkeuringsrijkswet Verdrag van Lissabon

Zoeken
Snel en doeltreffend zoeken is van groot belang voor de (aankomend) jurist. Onderzoek onder zowel studenten als docenten heeft uitgewezen dat de Kluwer Collegebundel op beide items hoog scoort. Hier draagt de overzichtelijke en sedert de start van de bundel ongewijzigde indeling toe bij: deel I omvat het Privaatrecht en deel II het Publiekrecht. Daarnaast is het uitgebreide en zeer complete trefwoordenregister voor de gehele editie zowel in deel I als in deel II opgenomen hetgeen het zoeken aanmerkelijk vergemakkelijkt. Ook de complete alfabetische inhoudsopgave is opgenomen in beide delen. Gedetailleerde inhoudsopgaven van de verschillende onderdelen staan vermeld direct aan het begin van elk onderdeel. De meegeleverde bedrukte tabs kunt u aanbrengen op de juiste plaats waardoor u nog sneller kunt zoeken in de beide delen. De blanco tabs kunt u naar eigen inzicht aanbrengen. Relevante andere wetsartikelen vindt u snel dankzij de verwijzingen die tussen haakjes zijn opgenomen aan het eind van de artikelen. De grijze blokjes die zijn aangebracht op de snijkant (daar waar u de bundel openslaat) markeren de diverse onderdelen van de bundel. In combinatie met het overzicht van die onderdelen dat u vindt op de eerste pagina van de bundel, vergroot dat het zoekgemak. In de

hierna volgende 'Handleiding voor het gebruik' staat meer specifieke informatie over het gebruik van de bundel.

Reageren?

De redactie(raad) en de uitgever besteden veel zorg aan de inhoud van de Kluwer Collegebundel. Het feit dat de verschillende universiteiten en hogescholen niet altijd dezelfde accenten leggen, leidt ertoe dat niet altijd aan ieders wensen kan worden voldaan. Onderzoek heeft echter uitgewezen dat de overgrote meerderheid van docenten, hoogleraren en studenten zeer tevreden is met de selectie die wij sinds jaren samenstellen. Daarnaast staat de betrouwbaarheid van de geboden informatie hoog aangeschreven. Dat is mede te danken aan reacties van gebruikers op de 'Gouden Kluwer'.
Wij nodigen u daarom ook graag uit om eventuele op- of aanmerkingen aan ons door te geven. U kunt uw reacties mailen aan:
gouden@kluwer.nl

Redactie(raad) en uitgever

Deventer, mei 2009

Handleiding voor het gebruik

De KLUWER COLLEGEBUNDEL is een verzameling van wetten, besluiten en verdragen, die onder een redactie van vertegenwoordigers uit het universitair onderwijs en verschillende rechtsgebieden is samengesteld. De Collegebundel bevat niet alle in Nederland geldende wetten, besluiten en verdragen maar slechts een door de redactie gemaakte selectie die voor het universitair onderwijs van belang wordt geacht.

Indeling naar rechtsgebied
De Kluwer Collegebundel bestaat uit twee delen: deel I bevat privaatrecht en deel II bevat publiekrecht. Bij de opbouw van beide delen is de volgende structuur gekozen. Allereerst worden de wetten en verdragen weergegeven waarin het materiële recht is geregeld. Voor het onderdeel privaatrecht zijn dat het Burgerlijk Wetboek, het Wetboek van Koophandel en de Faillissementswet alsmede wetten en verdragen waarin onderwerpen van materieel burgerlijk recht worden geregeld. Vervolgens zijn wetten en verdragen opgenomen die het formele privaatrecht betreffen. Deel I wordt afgesloten met wet- en regelgeving die betrekking heeft op de gewone rechterlijke macht, de advocatuur en het notariaat. Het onderdeel publiekrecht omvat het staats- en bestuursrecht en het straf(proces)recht. Het opent met het constitutionele recht: het Statuut voor het Koninkrijk der Nederlanden en de Grondwet, gevolgd door wet- en regelgeving die betrekking heeft op een aantal in de Grondwet geregelde onderwerpen. Vervolgens komt de wet- en regelgeving aan de orde die samenhangt met de functionele en territoriale decentralisatie. Na de wet- en regelgeving betreffende het constitutionele recht wordt de wet- en regelgeving inzake het materiële en formele bestuursrecht behandeld, gevolgd door het bijzondere bestuursrecht. De wet- en regelgeving met betrekking tot het materiële strafrecht omvat het Wetboek van Strafrecht en wet- en regelgeving inzake het bijzonder strafrecht alsmede regelgeving die betrekking heeft op de tenuitvoerlegging van straffen en maatregelen. Het formele strafrecht omvat het Wetboek van Strafvordering alsmede een aantal wetten en verdragen die van belang zijn voor de strafrechtelijke rechtshandhaving en internationale strafrechtelijke samenwerking. Deel II wordt afgesloten met regelgeving inzake internationale en supranationale organisaties alsmede met verdragen die betrekking hebben op sociale, politieke en burgerrechten.

Nummering
De onderdelen zijn doorlopend met Romeinse cijfers genummerd, binnen elk onderdeel is iedere regeling weer doorlopend genummerd met Arabische cijfers.
De nummering met Romeinse en Arabische cijfers is alleen aangebracht om het zoeken van de te raadplegen regelingen te vereenvoudigen. De nummering heeft geen officiële status en er wordt derhalve niet naar verwezen bij het aanhalen van de wetsartikelen.

Gebruik van de inhoudsopgaven
Elk deel bevat voorin – naast een verkorte inhoudsopgave ('Verkorte inhoud') de complete alfabetische inhoudsopgave ('Alfabetische inhoud') en de complete algemene inhoudsopgave ('Inhoud'). De alfabetische inhoudsopgave verwijst naar de nummers waaronder de regelgeving is opgenomen, de algemene inhoudsopgave verwijst naar paginacijfers.
Het begin van elk onderdeel, gemarkeerd door een grijze balk in de marge, bestaat uit een uitvoerige inhoudsopgave van het desbetreffende onderdeel, met verwijzing naar de pagina's.
Als u de naam van de wet weet, maar niet het onderdeel, dan zoekt u in de alfabetische inhoudsopgave. Weet u ook het onderdeel dan kunt u de algemene inhoudsopgave raadplegen. Zoekt u bijvoorbeeld een hoofdstuk van een wet dan kijkt u in de uitvoerige inhoudsopgave bij het onderdeel.

Gebruik van het register
In elk deel is achterin het volledige register opgenomen, zodat u nooit mistast. Het register bevat trefwoorden, bepalingen, begrippen en onderwerpen waarbij u wordt verwezen naar de vindplaats, genoteerd als het onderdeelnummer met volgnummer en artikelnummer.

Gebruik van de voetregel

Wanneer u een verwijzing heeft gevonden naar een onderdeelnummer met volgnummer dan kunt u aan het nummer en de naam aan de voet van iedere pagina gemakkelijk zien hoever u van de vindplaats verwijderd bent.

Gebruik van de margekopjes

Bijna elk artikel is voorzien van een redactioneel kopje in de marge. Om snel een indruk te krijgen van de inhoud en/of strekking van een artikel kunt u volstaan met het overzien van de margekopjes.

Zelfklevende tabs

Om het zoeken te vergemakkelijken, is een los stickervel met zelfklevende tabs bijgevoegd. De voorbedrukte tabs kunnen eenvoudig worden gevouwen op de rillijn en op de desbetreffende pagina's tussen de hulplijntjes worden aangebracht.

Tevens treft u op het stickervel een aantal blanco tabs aan, welke u naar eigen inzicht kunt gebruiken.

Om beschadiging van tab en pagina te voorkomen, raden wij u aan de tabs niet te veel te laten uitsteken.

Website

Op www.kluwercollegebundel.nl is de inhoud van deze papieren editie integraal opgenomen, aangevuld met extra wetten en regelingen die voor het onderwijs relevant (kunnen) zijn.

Verkorte inhoud

Alfabetische inhoud

Inhoud

I PRIVAATRECHT

I BURGERLIJK WETBOEK

II AANVERWANTE REGELGEVING BURGERLIJK WETBOEK

II PUBLIEKRECHT

VII GRONDWET C.A.

VIII DECENTRALISATIE

IX ALGEMEEN BESTUURSRECHT/BESTUURSPROCESRECHT

X BIJZONDER BESTUURSRECHT

XI WETBOEK VAN STRAFRECHT C.A.

XII WETBOEK VAN STRAFVORDERING C.A.

Inhoud aanvullende wet- en regelgeving op website www.kluwercollegebundel.nl

Behorend bij onderdeel II

Besluit marktmisbruik Wft
Besluit melding zeggenschap en kapitaalbelang in uitgevende instellingen
Embryowet
Leegstandwet
Nederlandse corporate governance code

Soft Law
Draft Common Frame of Reference (DCFR) (European Civil Code)
Principles of European Contract Law
Principles of European Law on Services Contracts
Principles of European Law: Sales
Principles of European Tort Law
Principles of European Trust Law
Principles of International Commercial Contracts 2004
Principles of Transnational Civil Procedure

Uitvoeringswet internationale kinderbescherming
Verdrag inzake de bevoegdheid, het toepasselijke recht, de erkenning, de tenuitvoerlegging en de samenwerking op het gebied van ouderlijke verantwoordelijkheid en maatregelen ter bescherming van kinderen
Verdrag inzake het recht dat van toepassing is op verbintenissen uit overeenkomst Vrijstellingsbesluit overnamebiedingen Wft
Wet conflictenrecht onrechtmatige daad
Wet donorgegevens kunstmatige bevruchting
Wet op het financieel toezicht (integraal)
Wet opneming buitenlandse kinderen ter adoptie
Zorgverzekeringswet

Behorend bij onderdeel III

Besluit ex artikel 1022 Boek 8 Burgerlijk Wetboek (York Antwerp Rules)
Draft Convention on Contracts for the International Carriage of Goods Wholly or Partly by Sea (Rotterdam Rules)
Richtlijn 2006/123 betreffende diensten op de interne markt

Behorend bij onderdeel V

EG-Verordeningen eenvormig burgerlijk procesrecht
Uitvoeringswet verordening Europese betalingsbevelprocedure (KS 31513)
Uitvoeringswet verordening Europese executoriale titel
Uitvoeringswet verordening Europese procedure voor geringe vorderingen (KS 31596)
Verordening (EG) Europese titel (1-2005)
Verordening (EG) Nr. 1896/2006 tot invoering van een Europese betalingsbevelprocedure
Verordening (EG) Nr. 805/2004 tot invoering van een Europese executoriale titel voor niet-betwiste schuldvorderingen
Verordening (EG) Nr. 861/2007 tot vaststelling van een Europese procedure voor geringe vorderingen

Landelijk procesreglement voor civiele rol van de kantonsectoren
Procesreglement verzoekschriftprocedures rechtbank sector civiel handel/voorzieningenrechter

Behorend bij onderdeel VII

Noodwetgeving
Coördinatiewet uitzonderingstoestanden
Oorlogswet voor Nederland
Wet bestuurlijke maatregelen nationale veiligheid (KS 30566)
Wet buitengewone bevoegdheden burgerlijk gezag

Reglement van Orde van de Eerste Kamer

Behorend bij onderdeel VIII

Wet voorkeursrecht gemeenten

Behorend bij onderdeel IX

Wet dwangsom bij niet tijdig beslissen (KS 29934)
Wijziging van het Burgerlijk Wetboek en enkele bijzondere wetten in verband met de Wet dwangsom en beroep bij niet tijdig beslissen (KS 31769)

Behorend bij onderdeel X

Besluit algemene regels voor inrichtingen milieubeheer
Besluit milieu-effectrapportage 1994
Huisvestingswet
Wet inburgering
Wet op de Ruimtelijke Ordening (oud)
Wet politiegegevens

Behorend bij onderdeel XI

Reglement verkeeersregels en verkeerstekens 1990 (RVV 1990)

Behorend bij onderdeel XII

Verdrag tussen het Koninkrijk België, de BondsrepubliekDuitsland, het Koninkrijk Spanje, de Republiek Frankrijk, het Groothertogdom Luxemburg, het Koninkrijk der Nederlanden en de Republiek Oostenrijk inzake de intensivering van de grensoverschrijdende samenwerking, in het bijzonder ter bestrijding van het terrorisme, de grensoverschrijdende criminaliteit en de illegale migratie (Verdrag van Prüm) (Schengen III)

Behorend bij onderdeel XIII

European Prison Rules
Europees Handvest inzake lokale autonomie
Goedkeuringsrijkswet Verdrag van Lissabon

Lijst van afkortingen

ABW	Algemene bijstandswet
Advw	Advocatenwet (VI.4)
afk.	afkorting(en)
ARV	Algemeen Reglement Vervoer
AWR	Algemene wet inzake rijksbelastingen
ATW	Algemene termijnenwet (VII.3)
AVC 1983	Algemene Vervoercondities 1983
AW	Ambtenarenwet (IX.6)
AW	Ambtenarenwet 1929
Awb	Algemene wet bestuursrecht (IX.1)
BBA	Buitengewoon Besluit Arbeidsverhoudingen 1945 (II.43)
BBBG	Wet buitengewone bevoegdheden burgerlijk gezag
Besl. Huw.goed.reg.	Besluit Huwelijksgoederenregister
BUPO	Internationaal Verdrag inzake burgerrechten en politieke rechten (XIII.10)
BW	Burgerlijk Wetboek (I.1)
CISG	Weens Koopverdrag (II.21)
CMR	Verdrag goederenvervoer over de weg (III.16)
CW	Comptabiliteitswet (VII.15)
EG-Verdrag	Verdrag tot oprichting van de Europese Gemeenschap(XIII.5)
ESH	Europees Sociaal Handvest (XIII.9)
Eur. Verdr. overdracht strafv.	Europees Verdrag betreffende de overdracht van strafvervolging (XII.19)
EVRM	Europees Verdrag tot bescherming van de rechten van de mens en de fundamentele vrijheden (XIII.8)
Fw	Faillissementswet (IV.1)
Gemw	Gemeentewet (VIII.3)
Gew. Cognossementsverdrag of gew. Verdrag	Verdrag ter vaststelling van enige eenvormige regelen betreffende het cognossement (III.15)
Gw	Grondwet (VII.2)
HKV 1961	Haags Kinderbeschermingsverdrag 1961 (II.1)
Hnw	Handelsnaamwet (III.4)
Hrgb	Handelsregisterbesluit
Hregw	Handelsregisterwet 1996 (III.2)
Inv.w. Boek 8 BW	Invoeringswet Boek 8 BW
Inv.w. Boeken 3, 5 en 6	Invoeringswet Boeken 3, 5 en 6 nieuw BW (I.3)
IVBPR	Internationaal Verdrag inzake burgerrechten en politiekerechten
IVESCR	Internationaal Verdrag inzake economische, sociale en culturele rechten(XIII.11)
IW 1990	Invorderingswet 1990 (IX.8)
K	Wetboek van Koophandel
K/Kadw	Kadasterwet (II.28)
L	Wet Luchtvervoer
OW	Onteigeningswet (X.7)
Oorl.w.	Oorlogswet voor Nederland (VII.20)
OBW	Overgangswet Nieuw Burgerlijk Wetboek (I.2)
Ontw.	Ontwerp Nieuw Burgerlijk Wetboek
Opw	Opiumwet (XI.7)
Overg.w.	Overgangswet voor het nieuwe Burgerlijk Wetboek
Pw	Pachtwet (II.40)
Pbw	Penitentiaire beginselenwet (XI.3)
Polw 1993	Politiewet 1993 (VII.16)
Provw	Provinciewet (VIII.1)
Rv	Wetboek van Burgerlijke Rechtsvordering (V.1)
Rw Ned	Rijkswet op het Nederlanderschap (X.1)
Sr	Wetboek van Strafrecht (XI.1)
Stb.	Staatsblad van het Koninkrijk der Nederlanden
Stcrt.	Nederlandse Staatscourant

Sv	Wetboek van Strafvordering (XII.1)
Tar. BZ	Wet Tarieven in Burgerlijke Zaken
Tijd. w. huurk. onr.	Tijdelijke wet huurkoop onroerende zaken (II.37)
Trb.	Tractatenblad
UW	Uitleveringswet (XII.10)
Verdrag Benel. i.z. tek. mod	Benelux-Verdrag inzake Tekeningen of Modellen (III.12)
VW 2000	Vreemdelingenwet 2000 (X.2)
WAHV	Wet administratiefrechtelijke handhaving verkeersvoorschriften (XI.10)
WAM	Wet aansprakelijkheidsverzekering motorrijtuigen (III.14)
Wbb	Wet bodembescherming
WCE	Wet conflictenrecht inzake ontbinding huwelijk en scheiding van tafel en bed (II.8)
WCHr	Wet conflictenrecht huwelijksvermogenregime (II.16)
WED	Wet op de economische delicten (XI.6)
Wet AB	Wet algemene bepalingen (VII.4)
Wet AVV	Wet op het algemeen verbindend en het onverbindend verklaren vancollectieve arbeidsovereenkomsten (II.42)
Wet CAO	Wet op de collectieve arbeidsovereenkomsten (II.41)
Wet CV	Wet op de Coöperatieve vereenigingen 1925
Wet RO	Wet op de rechterlijke organisatie (VI.1)
Wet RvS	Wet op de Raad van State (IX.3)
Wet St.	Wet op stichtingen
Wet Ver. en Verg.	Wet van 22 april 1855, Stb. 32 inzake het recht van vereniging en vergadering
WGBMV	Wet gelijke behandeling van mannen en vrouwen (VII.8)
Wge	Wet giraal effectenverkeer (II.32)
WJD	Wet op de justitiële documentatie en op de verklaringen omtrent het gedrag
Wna	Wet op het notarisambt (VI.5)
WNo	Wet Nationale ombudsman (IX.9)
WOR	Wet op de ondernemingsraden (II.46)
WOTS	Wet overdracht tenuitvoerlegging strafvonnissen (XII.18)
WOW	Wet overeenkomst Wegvervoer
Wra	Wet rechtspositie rechterlijke ambtenaren (VI.2)
WRO	Wet op de Ruimtelijke Ordening (X.10)
Wschw	Waterschapswet (VIII.7)
WTBZ	Wet tarieven in burgerlijke zaken (V.3)
WvK	Wetboek van Koophandel (III.1)
WVW 1994	Wegenverkeerswet 1994 (XI.9)
WWM	Wet wapens en munitie (XI.8)

Wet van .... 183., Stb. ... , zoals deze wet laatstelijk is gewijzigd bij de Wetten van 5 februari 2009, Stb. 108, 25 maart 2009, Stb. 155

BOEK 1
Personen- en familierecht

TITEL 1
Algemene bepalingen

Art. 1

Vrijheid tot genot burgerlijke rechten

– 1. Allen die zich in Nederland bevinden, zijn vrij en bevoegd tot het genot van de burgerlijke rechten.

– 2. Persoonlijke dienstbaarheden, van welke aard of onder welke benaming ook, worden niet geduld. (Ontw. 1.1.1; BW 2 (oud); Gw art. 6, 10, 11, 15; Sr art. 90*quater*, 137*c* e.v, 429*ter*, 429*quater*; EVRM; Verdrag New York 1966 inzake uitbanning van elke vorm van rassendiscriminatie)

Art. 2

Ongeboren kind

Het kind waarvan een vrouw zwanger is wordt als reeds geboren aangemerkt, zo dikwijls zijn belang dit vordert. Komt het dood ter wereld, dan wordt het geacht nooit te hebben bestaan. (Ontw. 1.1.2; BW 3 (oud); BW art. 1:20; 3:203; 4:883, 946; 6:198; 7A:1716; Gw 26)

Art. 3

Graad van bloed- en aanverwantschap

– 1. De graad van bloedverwantschap wordt bepaald door het getal der geboorten, die de bloedverwantschap hebben veroorzaakt. Hierbij telt een erkenning, een gerechtelijke vaststelling van het vaderschap of een adoptie als een geboorte. (BW art. 345, 348 e.v. (oud); BW art. 1:41, 197 e.v., 203 e.v., 207 e.v., 229, 232, 392; 4:879, 888 e.v., 897, 900 e.v., 924; Wet RO art. 10)

– 2. Door huwelijk of door geregistreerd partnerschap ontstaat tussen de ene echtgenoot dan wel de ene geregistreerde partner en een bloedverwant van de andere echtgenoot dan wel de andere geregistreerde partner aanverwantschap in dezelfde graad als er bloedverwantschap bestaat tussen de andere echtgenoot dan wel de andere geregistreerde partner en diens bloedverwant. (BW art. 1:30 e.v., 80*a* e.v., 392 e.v.)

– 3. Door ontbinding van het huwelijk wordt de aanverwantschap niet opgeheven. (Ontw. 1.1.2*a*; BW art. 352 (oud); BW art. 1:149 e.v., 396)

TITEL 2
Het recht op de naam

Art. 4

Verkrijging en wijziging van voornamen

– 1. Een ieder heeft de voornamen die hem in zijn geboorteakte zijn gegeven. (BW 31 (oud); BW art. 1:19 e.v.)

– 2. De ambtenaar van de burgerlijke stand weigert in de geboorteakte voornamen op te nemen die ongepast zijn, of overeenstemmen met bestaande geslachtsnamen tenzij deze tevens gebruikelijke voornamen zijn.

– 3. Geeft de aangever geen voornamen op, of worden deze alle geweigerd zonder dat de aangever ze door een of meer andere vervangt, dan geeft de ambtenaar ambtshalve het kind een of meer voornamen, en vermeldt hij uitdrukkelijk in de akte dat die voornamen ambtshalve zijn gegeven.

– 4. Wijziging van de voornamen kan op verzoek van de betrokken persoon of zijn wettelijke vertegenwoordiger worden gelast door de rechtbank. De wijziging geschiedt doordat van de beschikking een latere vermelding aan de akte van geboorte wordt toegevoegd, overeenkomstig artikel 20*a*, eerste lid. In geval van wijziging van de voornamen van een buiten Nederland geboren persoon geeft de rechtbank die de beschikking geeft, voor zoveel nodig ambtshalve hetzij een last tot inschrijving van de akte van geboorte dan wel van de akte of de uitspraak, bedoeld in artikel 25*g*, eerste lid, hetzij de in artikel 25*c* bedoelde beschikking. (Ontw. 1.2.1; BW art. 68, 69 (oud); BW art. 1:20 e.v.; OBW. art. 1; Rv art. 324 lid 1 sub *a* onder 2°, 429*a* e.v., 798 e.v.)

Art. 5

Verkrijging geslachtsnaam

– 1. Indien een kind alleen in familierechtelijke betrekking tot de moeder staat, heeft het haar geslachtsnaam. Indien een kind door adoptie alleen in familierechtelijke betrekking tot de vader staat, heeft het zijn geslachtsnaam.

– 2. Indien een kind door erkenning in familierechtelijke betrekking tot de vader komt te staan, houdt het de geslachtsnaam van de moeder, tenzij de moeder en de erkenner ter gelegenheid van de erkenning gezamenlijk verklaren dat het kind de geslachtsnaam van de vader zal hebben. Van deze verklaring wordt melding gemaakt in de akte van erkenning. De eerste twee volzinnen zijn van overeenkomstige toepassing bij erkenning van een ongeboren kind. De ouders kunnen evenwel ter gelegenheid van de voltrekking van hun huwelijk of van de registratie van hun partnerschap alsnog gezamenlijk verklaren, dat hun kind voortaan de geslachtsnaam van de andere ouder zal hebben. Van deze verklaring wordt een akte van naamskeuze opgemaakt. Indien een kind door gerechtelijke vaststelling van het vaderschap in familierechtelijke betrekking tot de vader komt te staan, houdt het de geslachtsnaam van de moeder, tenzij de moeder en de man, wiens vaderschap is vastgesteld, ter gelegenheid van de vaststelling gezamenlijk verklaren dat het kind de geslachtsnaam van de vader zal hebben. De rechterlijke uitspraak inzake de vaststelling van het vaderschap vermeldt de verklaring van de ouders hieromtrent.

– 3. Indien een kind door adoptie in familierechtelijke betrekking komt te staan tot beide adoptanten van verschillend geslacht, die met elkaar zijn gehuwd, heeft het kind de geslachtsnaam van de vader, tenzij de adoptanten ter gelegenheid van de adoptie gezamenlijk verklaren dat het kind de geslachtsnaam van de moeder zal hebben. Indien de adoptanten niet met elkaar gehuwd zijn of indien beide adoptanten van hetzelfde geslacht zijn en met elkaar gehuwd zijn, houdt het kind de geslachtsnaam die het heeft, tenzij de adoptanten ter gelegenheid van de adoptie gezamenlijk verklaren dat het een van hun beider geslachtsnamen zal hebben. Indien een kind door adoptie in familierechtelijke betrekking tot de echtgenoot, geregistreerde partner of andere levensgezel van een ouder komt te staan, houdt het zijn geslachtsnaam, tenzij de ouder en diens echtgenoot, geregistreerde partner of andere levensgezel gezamenlijk verklaren dat het kind de geslachtsnaam zal hebben van de echtgenoot, geregistreerde partner of andere levensgezel, dan wel de geslachtsnaam van die ouder. De rechterlijke uitspraak inzake de adoptie vermeldt de verklaring van de adoptanten hieromtrent. (BW art. 1:227 e.v.)

– 4. Indien een kind door geboorte in familierechtelijke betrekking tot beide ouders komt te staan, verklaren de ouders gezamenlijk voor of ter gelegenheid van de aangifte van de geboorte welke van hun beider geslachtsnamen het kind zal hebben. Van de verklaring van de ouders die voor de aangifte van de geboorte wordt afgelegd, wordt een akte van naamskeuze opgemaakt. Van de verklaring van de ouders die ter gelegenheid van de aangifte van de geboorte wordt afgelegd, wordt melding gemaakt in de akte van geboorte. De eerste drie volzinnen zijn van overeenkomstige toepassing indien een ouder en zijn echtgenoot of geregistreerde partner die niet de ouder is, van rechtswege gezamenlijk het gezag als bedoeld in artikel 253sa over het kind zullen uitoefenen of uitoefenen. De verklaring die niet ter gelegenheid van de aangifte van de geboorte wordt afgelegd, kan ten overstaan van iedere ambtenaar van de burgerlijke stand worden afgelegd. (BW art. 1:19, 19*e*, 20, 198)

– 5. Wordt een verklaring houdende naamskeuze, bedoeld in het vierde lid, voor of ter gelegenheid van de aangifte van de geboorte afgelegd, dan heeft het kind de gekozen naam vanaf de geboorte. Geschiedt de naamskeuze niet uiterlijk ter gelegenheid van de aangifte van de geboorte, dan neemt de ambtenaar van de burgerlijke stand als geslachtsnaam van het kind in de geboorteakte op:

a. de geslachtsnaam van de vader in geval het kind door geboorte in familierechtelijke betrekking tot beide ouders komt te staan;

b. de geslachtsnaam van de moeder in geval een ouder en zijn echtgenoot of geregistreerde partner die niet de ouder is, van rechtswege gezamenlijk het gezag als bedoeld in artikel 253sa over het kind uitoefenen.

– 6. Indien de moeder na de geboorte van het kind op grond van artikel 199, onderdeel *b*, het vaderschap van de overleden echtgenoot ontkent en zij ten tijde van de geboorte en van de ontkenning is hertrouwd, kunnen de moeder en haar echtgenoot gezamenlijk ter gelegenheid van de ontkenning verklaren welke van hun beider geslachtsnamen het kind zal hebben. Van de verklaring van de ouders wordt een akte van naamskeuze opgemaakt. Bij gebreke van een verklaring heeft het kind de geslachtsnaam van de vader.

– 7. Indien een kind op het tijdstip van het ontstaan van de familierechtelijke betrekking met beide ouders zestien jaar of ouder is, verklaart het zelf ten overstaan van de ambtenaar van de burgerlijke stand of van de notaris of, in geval van adoptie of gerechtelijke vaststelling van het vaderschap, ten overstaan van de rechter of het de geslachtsnaam van de ene of de andere ouder zal hebben. Van deze verklaring wordt melding gemaakt in de akte van erkenning of in de rechterlijke uitspraak inzake adoptie of gerechtelijke vaststelling van het vaderschap. (BW art. 1:20)

– 8. Een verklaring van de ouders als bedoeld in het tweede, derde, vierde of zesde lid, kan slechts ten aanzien van de geslachtsnaam van hun eerste kind worden afgelegd. De eerste volzin is van overeenkomstige toepassing ten aanzien van het eerste kind over wie de ouder en zijn echtgenoot of geregistreerde partner die niet de ouder is, van rechtswege gezamenlijk het gezag als bedoeld in artikel 253sa zullen uitoefenen of uitoefenen. Onverminderd het zevende lid, hebben volgende kinderen van dezelfde ouders dan wel kinderen over wie dezelfde ouder en dezelfde echtgenoot of geregistreerde partner die niet de ouder is, van rechtswege het gezag gezamenlijk zullen uitoefenen, dezelfde geslachtsnaam als het eerste kind, met dien verstande dat in het geval dat volgende kinderen blijkens de geboorteakte of krachtens toepasselijk recht een naam hebben die afwijkt van de naam van het eerste kind, de ouders kunnen verklaren dat het desbetreffende kind dezelfde geslachtsnaam zal hebben als het eerste kind. Indien voor de geboorte of ter gelegenheid van de aangifte naamskeuze is gedaan ten aanzien van een kind dat levenloos ter wereld komt of is gekomen, wordt deze keuze opgenomen in de akte, bedoeld in artikel 19i, eerste lid, en geldt zij alleen ten aanzien van dit kind.

– 9. Is één van de ouders voorafgaand aan het tijdstip waarop de naamskeuze uiterlijk moet zijn gedaan overleden en is de naamskeuze niet gedaan, dan legt de andere ouder een verklaring omtrent de naamskeuze af. Hetzelfde geldt indien één van de ouders wegens geestelijke stoornis onder curatele staat dan wel indien ten aanzien van hem of haar een mentorschap bestaat. (BW art. 1:378 e.v., 450 e.v.)

– 10. Zijn de vader en moeder onbekend, dan neemt de ambtenaar van de burgerlijke stand in de geboorteakte een voorlopige voornaam en geslachtsnaam op, in afwachting van het koninklijk besluit waarbij de voornamen en de geslachtsnaam van het kind worden vastgesteld. (BW art. 1:19*c*)

– 11. Indien op grond van het tweede tot en met negende lid een kind, wiens vader van adel is, niet zijn geslachtsnaam verkrijgt, gaat de adeldom niet over op dat kind.

– 12. De geslachtsnaam van kinderen geboren uit een huwelijk met een lid van het koninklijk huis wordt bij koninklijk besluit bepaald. (BW art. 1:5 (oud); BW art. 1:20 e.v., 20*f*)

Art. 6

Bewijs van geslachtsnaam

De geslachtsnaam wordt ten aanzien van een ieder dwingend bewezen door de akte van geboorte. (Ontw. 1.2.2a; BW art. 24 (oud); BW art. 1:26, 205; Rv art. 178; OBW art. 2)

Art. 7

Wijziging en vaststelling namen door de Koning

– 1. De geslachtsnaam van een persoon kan op zijn verzoek, of op verzoek van zijn wettelijke vertegenwoordiger, door de Koning worden gewijzigd.

– 2. Hij wiens geslachtsnaam of voornamen niet bekend zijn, kan de Koning verzoeken voor hem een geslachtsnaam of voornamen vast te stellen.

– 3. Een wijziging of vaststelling van de geslachtsnaam door de Koning heeft geen invloed op de geslachtsnaam van de kinderen van de betrokken persoon die voor de datum van het besluit meerderjarig zijn geworden of die niet onder zijn gezag staan.

– 4. Een wijziging of vaststelling van de geslachtsnaam door de Koning blijft in stand niettegenstaande een latere erkenning of gerechtelijke vaststelling van het vaderschap.

– 5. Bij algemene maatregel van bestuur worden regelen gesteld betreffende de gronden waarop de geslachtsnaamswijziging kan worden verleend, de wijze van indiening en behandeling van verzoeken als in het eerste en het tweede lid bedoeld en betreffende het voor wijziging van de geslachtsnaam verschuldigde recht.

– 6. Indien Onze Minister van Justitie voornemens is een voordracht te doen voor een koninklijk besluit strekkende tot inwilliging van een verzoek als bedoeld in het eerste of tweede lid, deelt hij dit voornemen schriftelijk mee aan de verzoeker en degene wiens geslachtsnaam is verzocht, alsmede, indien het verzoek op de geslachtsnaam van een minderjarige betrekking heeft, zijn ouders en degene aan wie de minderjarige de geslachtsnaam, waarvan wijziging is verzocht, rechtstreeks ontleent. De schriftelijke mededeling van het voornemen geldt als een beschikking. (Ontw. 1.2.4; BW art. 63 (oud); BW art. 1:20 e.v.; OBW art. 3)

Art. 8

Voeren naam van een ander

Hij die de naam van een ander zonder diens toestemming voert, handelt jegens die persoon onrechtmatig, wanneer hij daardoor de schijn wekt die ander te zijn of tot diens geslacht of gezin te behoren. (Ontw. 1.2.6; BW art. 6:162)

Art. 9

Voeren geslachtsnaam van (gewezen) echtgeno(o)t(e) of geregistreerd partner

– 1. Een vrouw die gehuwd is of die gehuwd is geweest dan wel wier partnerschap geregistreerd is of is geweest en die niet is getrouwd na beëindiging van de registratie of is hertrouwd dan wel niet een geregistreerd partnerschap is aangegaan na beëindiging van het huwelijk of opnieuw is aangegaan, is steeds bevoegd de geslachtsnaam van haar echtgenoot of van haar geregistreerde partner te voeren of aan de hare te doen voorafgaan dan wel die te doen volgen op haar eigen geslachtsnaam.

– 2. Indien het huwelijk door echtscheiding is ontbonden en daaruit geen afstammelingen in leven zijn dan wel indien het geregistreerd partnerschap op de wijze bedoeld in artikel 80*c*, onder *c* of *d*, is beëindigd, kan de rechtbank, wanneer daartoe gegronde redenen bestaan, op verzoek van de gewezen echtgenoot of de gewezen geregistreerde partner aan de vrouw de haar in het eerste lid toegekende bevoegdheid ontnemen.

– 3. Het eerste en tweede lid zijn van overeenkomstige toepassing ten aanzien van de man die gehuwd is of gehuwd is geweest dan wel wiens partnerschap geregistreerd is of is geweest en die niet is getrouwd na beëindiging van de registratie of is hertrouwd dan wel niet een geregistreerd partnerschap is aangegaan na beëindiging van het huwelijk of opnieuw is aangegaan. (BW art. 1:30 e.v., 80*a* e.v., 150 e.v.; OBW art. 4; Rv art. 261 e.v., 798 e.v.)

TITEL 3
Woonplaats

Art. 10

Woonplaats

– 1. De woonplaats van een natuurlijk persoon bevindt zich te zijner woonstede, en bij gebreke van woonstede ter plaatse van zijn werkelijk verblijf. (BW 74 (oud); BW art. 5:134; 6:41, 116; Rv art. 4, lid 7, 97, 99, 100; Verdrag België art. 3.)
– 2. Een rechtspersoon heeft zijn woonplaats ter plaatse waar hij volgens wettelijk voorschrift of volgens zijn statuten of reglementen zijn zetel heeft. (Ontw. 1.3.1; OBW art. 5; BW art. 2:27, 66, 75, 177, 186, 286; 5:134; 6:41, 116; 8:194, 784; Rv art. 4, lid 2 en 3; Fw art. 2)

Art. 11

Verlies woonstede

– 1. Een natuurlijk persoon verliest zijn woonstede door daden, waaruit zijn wil blijkt om haar prijs te geven.
– 2. Een natuurlijk persoon wordt vermoed zijn woonstede te hebben verplaatst, wanneer hij daarvan op de wettelijk voorgeschreven wijze aan de betrokken colleges van burgemeester en wethouders heeft kennis gegeven. (Ontw. art. 1.3.2; BW art. 75, 76 (oud); OBW art. 5.)

Art. 12

Afgeleide woonplaats

– 1. Een minderjarige volgt de woonplaats van hem die het gezag over hem uitoefent, de onder curatele gestelde die van zijn curator. Oefenen beide ouders tezamen het gezag over hun minderjarige kind uit, doch hebben zij niet dezelfde woonplaats, dan volgt het kind de woonplaats van de ouder bij wie het feitelijk verblijft dan wel laatstelijk heeft verbleven. (BW art. 78 (oud); BW art. 1:233, 235 lid 4, 246, 378 e.v.; BW art. 6:41, 116)
– 2. Wanneer iemands goederen onder bewind staan, volgt hij voor alles wat de uitoefening van dit bewind betreft, de woonplaats van de bewindvoerder.
– 3. Wanneer ten behoeve van een persoon een mentorschap is ingesteld, volgt hij voor alles wat de uitoefening van dit mentorschap betreft, de woonplaats van de mentor.
– 4. Het eerste, tweede en derde lid zijn niet van toepassing voor zover het betreft de relatieve bevoegdheid van de rechter gedurende een curatele, een bewind als bedoeld in titel 19 en een mentorschap. Hetzelfde geldt indien ten aanzien van een persoon een curatele, een mentorschap of een bewind als bedoeld in titel 19 en tevens een bewind als bedoeld in afdeling 7 van titel 5 van Boek 4 of een bewind als bedoeld in artikel 182 van Boek 7 van kracht zijn en de bevoegde kantonrechter de andere kantonrechter als uitsluitend bevoegde heeft aangewezen. (Ontw. 1.3.3; BW 78*a* (oud); OBW art. 5)
– 5. Wanneer de persoon, van wie de woonplaats wordt afgeleid, overlijdt of zijn gezag of zijn hoedanigheid verliest, duurt de afgeleide woonplaats voort, totdat een nieuwe woonplaats is verkregen.

Art. 13

Sterfhuis

Het sterfhuis van een overledene is daar, waar hij zijn laatste woonplaats heeft gehad. (Ontw. 1.3.4; BW 80 (oud); BW art. 4:989, 1070, 1075, 1103, 1173; BW art. 6:41, 116, 118, 125; Rv art. 4 onder sub 6, 126 lid 12; Fw art. 199 lid 2)

Art. 14

Woonplaats i.v.m. kantoor of filiaal

Een persoon die een kantoor of een filiaal houdt, heeft ten aanzien van aangelegenheden die dit kantoor of dit filiaal betreffen mede aldaar woonplaats. (Ontw. art. 1.3.4*a*; BW art. 6:41, 116, 118, 125; OBW art. 5; Fw art. 2 lid 4)

Art. 15

Gekozen woonplaats

Een persoon kan een andere woonplaats dan zijn werkelijke slechts kiezen, wanneer de wet hem daartoe verplicht, of wanneer de keuze bij schriftelijk of langs elektronische weg aangegane overeenkomst voor een of meer bepaalde rechtshandelingen of rechtsbetrekkingen geschiedt en voor de gekozen woonplaats een redelijk belang aanwezig is.Indien de keuze bij langs elektronische weg aangegane overeenkomst geschiedt, is artikel 227*a* lid 1 van Boek 6 van overeenkomstige toepassing. (Ontw. art. 1.3.5; BW 81 (oud); BW art. 1:54 lid 2; BW art. 6:41, 116; BW art. 7A:1576*k*; BW art. 8:194, 784; OBW art. 5 lid 2; Rv art. 5 lid 1 onder sub 1, 11, 99, 122, 126 lid 16, 133 lid 2, 137 lid 3, 287, 439 lid 4, 475 lid 1, 478, 502 lid 2, 514, 546, 565 lid 1 onder sub 4, 599 lid 3, 602 lid 1 onder sub 2, 606 onder sub 3, 610 lid 3, 662, 667, 847 lid 3; Kadw art. 15, 18, 22, 47, 48, 64, 65, 85, 92; Verdrag België art. 5)

TITEL 4
Burgerlijke stand

AFDELING 1
De ambtenaar van de burgerlijke stand

Art. 16

Ambtenaar burgerlijke stand

– 1. In elke gemeente zijn twee, of, naar goedvinden van burgemeester en wethouders, meer ambtenaren van de burgerlijke stand. Daarenboven kunnen een of meer ambtenaren van de burgerlijke stand worden belast met het verrichten van bepaalde taken. Deze dragen de titel van buitengewoon ambtenaar van de burgerlijke stand.
– 2. De in het eerste lid bedoelde ambtenaren worden door burgemeester en wethouders benoemd, geschorst of ontslagen. Een benoeming kan voor een bepaalde tijdsduur geschieden.
– 3. Ambtenaar van de burgerlijke stand van een gemeente kan slechts zijn een ambtenaar in dienst van die gemeente of een andere gemeente. Buitengewoon ambtenaar van de burgerlijke stand kan mede zijn een persoon die geen ambtenaar in gemeentelijke dienst is.
– 4. De ambtenaar of buitengewoon ambtenaar van de burgerlijke stand wordt tot zijn betrekking niet toegelaten dan na voor de rechtbank tot wier rechtsgebied de gemeente behoort waar hij voor het eerst wordt benoemd de navolgende eed dan wel belofte te hebben afgelegd:
'Ik zweer (beloof) dat ik de betrekking van ambtenaar van de burgerlijke stand met eerlijkheid en nauwkeurigheid zal vervullen en dat ik de wettelijke voorschriften, de burgerlijke stand betreffende, met de meeste nauwgezetheid zal opvolgen; dat ik voorts, tot het verkrijgen van mijn aanstelling, middellijk noch onmiddellijk, onder enige naam of voorwendsel, aan iemand iets heb gegeven of beloofd, en dat ik, om iets in deze betrekking te doen of te laten, van niemand enige beloften of geschenken zal aannemen, middellijk of onmiddellijk. Zo waarlijk helpe mij God almachtig'. ('Dat verklaar en beloof ik'). (Sr art. 361, 379 e.v., 465 e.v.; Sv art. 511*a*; Wet RO art. 56; Gemw art. 13, 68; Consulaire wet art. 12)

Art. 16a

Taken ambtenaar burgerlijke stand

– 1. De ambtenaar van de burgerlijke stand is belast met het opnemen in de onder hem berustende registers van de burgerlijke stand van akten en de daaraan toe te voegen latere vermeldingen, alsmede al datgene wat de instandhouding van de registers en de zorg voor de toegankelijkheid van de daarin neergelegde gegevens betreft.
– 2. De buitengewoon ambtenaar van de burgerlijke stand kan uitsluitend worden belast met de taken omschreven in de artikelen 45, 45*a*, 63, 64, 65, 67, 80*a*, derde lid, en 80g.

Art. 16b

Procesbevoegdheid

Wanneer de ambtenaar van de burgerlijke stand in de uitoefening van zijn ambt op grond van enige bepaling van deze titel of van enige andere titel van dit boek in rechte optreedt, kan hij dit zonder advocaat doen. (BW art. 1:27, 243 lid 4; Rv art. 111 lid 2 onder *h*, 255, 278 lid 3, 282, 407 lid 3, 409 lid 1)

Art. 16c

Openingstijden

Burgemeester en wethouders bepalen de uren, waarop elk bureau van de burgerlijke stand dagelijks voor het publiek geopend zal zijn. Daarbij wordt, ten einde de werkzaamheden van de ambtenaren van de burgerlijke stand op die dagen zoveel mogelijk te beperken, een afzonderlijke regeling getroffen voor de zaterdag, de zondag, de algemeen erkende feestdagen en de overige daarvoor door burgemeester en wethouders aan te wijzen dagen, waarop gemeentelijke diensten niet of slechts gedeeltelijk zijn geopend.

Art. 16d

Nadere regelgeving

Bij algemene maatregel van bestuur worden regels gesteld ten aanzien van de door het college van burgemeester en wethouders te treffen voorzieningen ten behoeve van de taakuitoefening door de ambtenaar van de burgerlijke stand, en voorts ten aanzien van al wat verder de taak van de ambtenaar van de burgerlijke stand betreft.

AFDELING 2
De registers van de burgerlijke stand en de bewaring daarvan

Art. 17

Registers

– 1. Er bestaan voor iedere gemeente registers van geboorten, van huwelijken, van geregistreerde partnerschappen en van overlijden.
– 2. Er bestaat in de gemeente 's-Gravenhage, naast de in het eerste lid genoemde registers, een register voor de inschrijving van de in afdeling 6 bedoelde rechterlijke uitspraken. (BW art. 1:16 lid 1 (oud); BW art. 1:19 e.v., 19*f* e.v., 67, 80*a* e.v.)

Art. 17a

Archieven registers

– 1. De registers van de burgerlijke stand worden in het gemeentehuis bewaard totdat zij naar een gemeentelijke archiefbewaarplaats in de zin van de Archiefwet 1995 (*Stb.* 276) worden overgebracht.

– 2. De overbrenging naar de gemeentelijke archiefbewaarplaats van de in het gemeentehuis berustende registers van geboorten, van huwelijken dan wel geregistreerde partnerschappen en van overlijden vindt eerst plaats onderscheidenlijk honderd jaar, vijfenzeventig jaar en vijftig jaar na de afsluiting van deze registers.

Art. 17b

Beheerder archieven

De beheerder van een archiefbewaarplaats als bedoeld in artikel 17*a* is belast met het bewaren van de onder hem berustende registers, met het toevoegen van latere vermeldingen aan de daarin opgenomen akten en met de afgifte van afschriften en uittreksels van deze akten.

Art. 17c

Inrichting registers

Bij algemene maatregel van bestuur wordt geregeld alles wat verder betreft de inrichting van de registers, alsmede de in artikel 17*b* genoemde handelingen ten aanzien van die registers.

AFDELING 3

Akten van de burgerlijke stand en partijen bij deze akten

Art. 18

Akten burgerlijke stand

– 1. De ambtenaar van de burgerlijke stand mag in de akten alleen opnemen hetgeen ingevolge het bij of krachtens de wet bepaalde moet worden verklaard of opgenomen.

– 2. De ambtenaar van de burgerlijke stand is bevoegd alvorens tot het opmaken van een akte over te gaan zich de door de wet vereiste bescheiden te doen vertonen. Hij doet zich ook andere bescheiden vertonen, welke hij voor het opmaken van de akte of voor de vaststelling van de in de akte op te nemen gegevens noodzakelijk acht. Hij kan zich te dien einde, zonder hiervoor leges verschuldigd te zijn, inlichtingen verschaffen uit de registers van de burgerlijke stand en uit andere openbare registers.

– 3. Bij algemene maatregel van bestuur wordt geregeld al hetgeen het opmaken van de akten betreft. (BW art. 1:20*c*)

Art. 18a

Partijen akte

– 1. Partijen bij een akte van de burgerlijke stand zijn degenen die aan de ambtenaar van de burgerlijke stand een aangifte doen of te zijnen overstaan een verklaring afleggen betreffende een feit, waarvan de akte bestemd is te doen blijken.

– 2. Belanghebbende partijen zijn partijen die met hun verklaring enig rechtsgevolg teweeg brengen voor henzelf of voor medepartijen, dan wel voor henzelf en medepartijen.

– 3. De belanghebbende partijen kunnen zich door een daartoe bij authentieke akte gevolmachtigde doen vertegenwoordigen. (BW art. 1:66, 166)

– 4. Wanneer een gevolmachtigde een verklaring aflegt, geldt hij zowel als de door hem vertegenwoordigde persoon als partij bij de akte.

– 5. De ambtenaar van de burgerlijke stand mag geen akte verlijden waarin hijzelf als partij of belanghebbende partij voorkomt. (BW art. 3:39, 60 e.v.)

Art. 18b

Weigering akte

– 1. Blijft een partij bij een akte van de burgerlijke stand of een belanghebbende partij in gebreke de in artikel 18, tweede lid, bedoelde bescheiden over te leggen, of acht de ambtenaar van de burgerlijke stand de overgelegde bescheiden ongenoegzaam, dan weigert deze tot het opmaken van de akte over te gaan.

– 2. De ambtenaar van de burgerlijke stand weigert eveneens tot het opmaken van de akte over te gaan, indien hij van oordeel is dat de Nederlandse openbare orde zich hiertegen verzet.

– 3. Van een weigering als bedoeld in het eerste of het tweede lid doet de ambtenaar van de burgerlijke stand een schriftelijke, met redenen omklede mededeling aan de partijen bij de akte en de belanghebbende partijen toekomen, onder vermelding van de tegen die weigering openstaande voorziening van afdeling 12 van deze titel. Een afschrift van deze mededeling doet hij aan de korpschef toekomen. (BW art. 1:20*c*, 27 e.v., 53 lid 3, 71*a*; BW art. 3:40)

Art. 18c

Afschriften aktes

– 1. Van alle in registers opgenomen akten van de burgerlijke stand wordt een dubbel of een afschrift gehouden, volgens regels, bij algemene maatregel van bestuur te stellen.

– 2. Bij algemene maatregel van bestuur wordt geregeld alles wat betreft de bewaring van de dubbelen of de afschriften alsmede van de daarop betrekking hebbende latere vermeldingen.

– 3. Wanneer akten van de burgerlijke stand verloren zijn gegaan of verminkt zijn, wordt ter vervanging van deze akten van de dubbelen van de akten een afschrift gemaakt door een of meer door Onze Minister van Justitie aan te wijzen Centrale Bewaarplaatsen waar de dubbelen bewaard worden. De afschriften treden in de plaats van de verloren gegane of verminkte akten.

– 4. Er wordt een lijst opgesteld van de akten die vervangen worden, die in de *Staatscourant* wordt gepubliceerd.

– 5. De kosten voor de vervanging van akten van de burgerlijke stand komen ten laste van de Staat, tenzij het de vervanging van akten betreft die bewaard worden door een gemeente. In het laatstgenoemde geval komen de kosten van vervanging voor rekening van de gemeente.

– 6. Onze Minister van Justitie kan nadere regels stellen omtrent de wijze waarop de vervanging van de akten dient te worden uitgevoerd. (BW art. 1:16 lid 4 (oud); BW art. 1:23*c*; Consulaire wet art. 14)

AFDELING 4
De akten van geboorte en van overlijden

Art. 19

Geboorteakte

– 1. Een akte van geboorte wordt opgemaakt door de ambtenaar van de burgerlijke stand van de gemeente waar het kind is geboren.
– 2. Indien de plaats van de geboorte van het kind niet bekend is, wordt de akte opgemaakt door de ambtenaar van de burgerlijke stand van de gemeente waar het kind is aangetroffen. Die gemeente geldt als gemeente waar het kind is geboren. (BW art. 1:17 (oud); BW art. 1:4, 6, 20 e.v., 22 lid 1, 25*c*, 25*f*, 205, 207, 223, 301; Sr art. 466 e.v.; Consulaire wet art. 12)

Art. 19a

Geboorte in voer- of vaartuig

– 1. In geval van geboorte op Nederlands grondgebied in een rijdend voertuig of op een varend schip of tijdens een binnenlandse luchtreis met een luchtvaartuig, wordt de akte van geboorte opgemaakt door de ambtenaar van de burgerlijke stand van de gemeente waar dat kind het voertuig, het schip of het luchtvaartuig verlaat, dan wel waar het schip ligplaats kiest. Die gemeente geldt als gemeente waar het kind is geboren.
– 2. In geval van geboorte tijdens een zeereis met een in Nederland geregistreerd vaartuig, dan wel tijdens een internationale luchtreis met een in Nederland geregistreerd luchtvaartuig, is de gezagvoerder van het vaartuig of het luchtvaartuig verplicht een voorlopige akte van geboorte binnen vierentwintig uur in het journaal in te schrijven in tegenwoordigheid van twee getuigen en zo mogelijk van de vader. De gezagvoerder zendt een afschrift van die akte zo spoedig mogelijk aan de ambtenaar van de burgerlijke stand van de gemeente 's-Gravenhage. Deze maakt de akte van geboorte op aan de hand van het ontvangen afschrift, met dien verstande dat hij gegevens die ontbreken of hem blijken onjuist te zijn, zoveel mogelijk aanvult of verbetert. Aan de personen op wie de akte betrekking heeft, wordt een uittreksel van de akte toegezonden. (BW art. 1:19g; BW art. 8:193 e.v., 783 e.v.)

Art. 19b

Geboorteakte op aanwijzing OM

Indien de plaats of de dag van de geboorte van het kind niet bekend is dan wel indien de naam, met inbegrip van de voornamen, van de moeder niet bekend is, wordt de geboorteakte ten aanzien van deze punten opgemaakt krachtens een bevel en overeenkomstig de aanwijzingen van het openbaar ministerie. (BW art. 1:17 lid 2 (oud))

Art. 19c

Akte vondeling naar minister

Zijn krachtens artikel 5, tiende lid, van dit boek in de akte een voorlopige voornaam en geslachtsnaam opgenomen, dan zendt de ambtenaar van de burgerlijke stand onverwijld een volledig afschrift van de akte aan Onze Minister van Justitie.

Art. 19d

Twijfel aan geslacht

– 1. Indien het geslacht van het kind twijfelachtig is, wordt een geboorteakte opgemaakt, waarin wordt vermeld dat het geslacht van het kind niet is kunnen worden vastgesteld.
– 2. Binnen drie maanden na de geboorte, of, bij overlijden binnen die termijn, ter gelegenheid van de aangifte van het overlijden, wordt onder doorhaling van de in het eerste lid bedoelde akte een nieuwe geboorteakte opgemaakt, waarin het geslacht, indien dit inmiddels is vastgesteld, wordt vermeld aan de hand van een ter zake overgelegde medische verklaring.
– 3. Is binnen de in het tweede lid genoemde termijn geen medische verklaring overgelegd, of blijkt uit de overgelegde medische verklaring dat het geslacht niet is kunnen worden vastgesteld, dan vermeldt de nieuwe geboorteakte dat het geslacht van het kind niet is kunnen worden vastgesteld. (BW art. 1:17 lid 2 (oud))

Art. 19e

Aangifte van geboorte

– 1. Tot de aangifte van een geboorte is bevoegd de moeder van het kind.
– 2. Tot de aangifte is verplicht de vader.
– 3. Wanneer de vader ontbreekt of verhinderd is de aangifte te doen, is tot aangifte verplicht:
a. ieder die bij het ter wereld komen van het kind tegenwoordig is geweest;
b. de bewoner van het huis waar de geboorte heeft plaats gehad, of indien zulks is geschied in een inrichting tot verpleging of verzorging bestemd, in een gevangenis of in een soortgelijke inrichting, het hoofd van die inrichting of een door hem bij onderhandse akte bijzonderlijk tot het doen van de aangifte aangewezen ondergeschikte.
– 4. Voor een in het derde lid, onder *b*, genoemde persoon bestaat de verplichting alleen indien een onder *a* genoemde persoon ontbreekt of verhinderd is.
– 5. Wanneer tot de aangifte bevoegde of verplichte personen ontbreken of nalaten de aangifte te doen, geschiedt deze door of vanwege de burgemeester van de gemeente alwaar de geboorteakte moet worden opgemaakt.

– 6. De verplichting tot aangifte moet worden vervuld binnen drie dagen na de dag der bevalling. Van een aangifte later dan de derde dag, bedoeld in de eerste zin van dit lid, wordt door de ambtenaar van de burgerlijke stand mededeling gedaan aan het openbaar ministerie.
– 7. De ambtenaar van de burgerlijke stand stelt de identiteit van de aangever vast aan de hand van een document als bedoeld in artikel 1 van de Wet op de identificatieplicht.
– 8. Bij de aangifte kan de ambtenaar van de burgerlijke stand zich doen overleggen een door de arts of de verloskundige die bij het ter wereld komen van het kind tegenwoordig was, opgemaakte verklaring dat het kind uit de als moeder opgegeven persoon is geboren. Is het kind buiten de tegenwoordigheid van een arts of verloskundige ter wereld gekomen, dan kan hij zich een door een zodanige hulpverlener nadien opgemaakte verklaring doen overleggen.
– 9. Wordt geen gevolg gegeven aan het verzoek van de ambtenaar van de burgerlijke stand om overlegging van een verklaring als bedoeld in het achtste lid of is in de verklaring vermeld dat de identiteit van de moeder onbekend is, dan is artikel 19*b* van toepassing. (BW art. 1:18 (oud); BW art. 1:4, 19*i*; Sr art. 466 e.v.; Sv art. 511*a*; Wet RO art. 56; ATW art. 3; Consulaire wet art. 12)

Art. 19f

Akte van overlijden

– 1. Een akte van overlijden wordt opgemaakt door de ambtenaar van de burgerlijke stand van de gemeente waar het overlijden heeft plaatsgevonden.
– 2. Indien een lijk is gevonden en de plaats of de dag van overlijden niet met voldoende nauwkeurigheid kan worden vastgesteld, wordt de akte van overlijden opgemaakt door de ambtenaar van de burgerlijke stand van de gemeente waarin het lijk is gevonden of aan land gebracht.
– 3. Ongeacht het in het eerste lid bepaalde is het tweede lid van overeenkomstige toepassing indien het overlijden heeft plaatsgevonden op een op zee gestationeerde installatie en het lijk in Nederland aan land wordt gebracht. (BW art. 1:19 (oud); BW art. 1:19 lid 1, 22 lid 2, 301, 429, 430; Sr art. 466 e.v.; Sv art. 511*a*; Wet RO art. 56; Consulaire wet art. 12)

Art. 19g

Overlijden in voer- of vaartuig

– 1. In geval van overlijden op Nederlands grondgebied in een rijdend voertuig of op een varend schip of tijdens een binnenlandse luchtreis met een luchtvaartuig, wordt de akte van overlijden opgemaakt door de ambtenaar van de burgerlijke stand van de gemeente waar het lijk het voertuig, het schip of het luchtvaartuig verlaat, dan wel waar het schip ligplaats kiest. Die gemeente geldt als gemeente waar het overlijden heeft plaatsgevonden.
– 2. In geval van overlijden tijdens een zeereis met een in Nederland geregistreerd voertuig, dan wel tijdens een internationale luchtreis met een in Nederland geregistreerd luchtvaartuig, is de gezagvoerder van het vaartuig of het luchtvaartuig verplicht een voorlopige akte van overlijden binnen vierentwintig uur in het journaal in te schrijven in tegenwoordigheid van twee getuigen. De gezagvoerder zendt een afschrift van die akte zo spoedig mogelijk naar de ambtenaar van de burgerlijke stand van de gemeente 's-Gravenhage. Deze maakt de akte van overlijden op aan de hand van het ontvangen afschrift, met dien verstande dat hij gegevens die ontbreken of hem blijken onjuist te zijn, zoveel mogelijk aanvult of verbetert. Aan de personen op wie de akte betrekking heeft, wordt een uittreksel van de akte toegezonden. (BW art. 1:19*a*; BW art. 8:193 e.v., 783 e.v.)

Art. 19h

Bevoegdheid aangifte overlijden

– 1. Tot de aangifte van een overlijden is bevoegd wie daarvan uit eigen wetenschap kennis draagt.
– 2. Binnen de in de Wet op de lijkbezorging (*Stb.* 1991, 130) gestelde termijn voor de begraving of verbranding, kan de persoon die in de lijkbezorging voorziet, door een in het eerste lid bedoelde persoon worden gemachtigd tot het doen van de aangifte.
– 3. Wanneer tot de aangifte bevoegde personen ontbreken of nalaten binnen de in de Wet op de lijkbezorging gestelde termijn voor de begraving of verbranding de aangifte te doen, geschiedt deze door of vanwege de burgemeester van de gemeente alwaar de akte van overlijden moet worden opgemaakt.
– 4. In de gevallen bedoeld in artikel 19*f*, tweede en derde lid, geschiedt de aangifte schriftelijk door de hulpofficier van justitie. (BW art. 1:19 lid 1 (oud))

Art. 19i

Levenloze geboorte/ overlijden vóór geboorteaangifte

– 1. Wanneer een kind levenloos ter wereld is gekomen, wordt een akte opgemaakt, die in het register van overlijden wordt opgenomen.
– 2. Wanneer een kind binnen de in artikel 19*e*, zesde lid, bepaalde termijn is overleden voordat aangifte van de geboorte is geschied, wordt zowel een akte van geboorte als een akte van overlijden opgemaakt.
– 3. In de in de vorige leden bedoelde gevallen is ten aanzien van de aangifte het bepaalde in artikel 19*h* van overeenkomstige toepassing. In het in het tweede lid bedoelde geval blijft artikel 19*e* buiten toepassing. (BW art. 1:20 (oud); BW art. 1:2; Sr art. 466 e.v.; Sv art. 511*a*; Wet RO art. 56)

Art. 19j

Inhoud akten

– 1. Bij algemene maatregel van bestuur wordt geregeld al wat betreft de aan de ambtenaar over te leggen stukken, het opmaken van de akten, onderscheidenlijk de voorlopige akten van geboorte en van overlijden, en de inhoud daarvan.

– 2. Bij algemene maatregel van bestuur wordt tevens geregeld:

a. op welke wijze en waar de akten van geboorte en van overlijden zullen worden opgemaakt en ingeschreven wanneer dit ten gevolge van een verbod van verkeer of ten gevolge van andere buitengewone omstandigheden niet op de gewone wijze kan geschieden; en

b. op welke wijze en waar overlijdensakten zullen worden opgemaakt van militairen en van andere personen, die tot de krijgsmacht behoren en die te velde, in de slag, of in 's Rijks dienst buiten Nederland zijn overleden.

AFDELING 5
Latere vermeldingen

Art. 20

Latere toevoegingen akten

– 1. De ambtenaar van de burgerlijke stand voegt aan de onder hem berustende akten van de burgerlijke stand latere vermeldingen toe van akten van de burgerlijke stand en andere authentieke akten houdende naamskeuze, erkenning, ontkenning van het vaderschap door de moeder, van besluiten houdende wijziging of vaststelling van namen, van bevestigingen van opties mede houdende vaststelling van namen en naturalisatiebesluiten mede houdende wijziging of vaststelling van namen alsmede van besluiten tot intrekking van zulke bevestigingen of besluiten, van de opgave van afwijkende namen die een persoon die meer dan één nationaliteit bezit, voert in overeenstemming met het recht van het land waarvan hij mede de nationaliteit bezit, van akten houdende beëindiging van een geregistreerd partnerschap, van akten van omzetting van een geregistreerd partnerschap, alsmede van rechterlijke uitspraken waarvan de dagtekening ten minste drie maanden oud is en die inhouden:

a. een last tot wijziging van de voornamen of van de geslachtsnaam, een last tot wijziging van de vermelding van het geslacht, een adoptie, een herroeping van een adoptie, een vernietiging van een erkenning, een gerechtelijke vaststelling van het vaderschap, een gegrondverklaring van een ontkenning van het vaderschap of, of een vernietiging van zulk een uitspraak;

b. de nietigverklaring van een huwelijk of van een geregistreerd partnerschap of de vernietiging van zulk een uitspraak tussen echtelieden of geregistreerde partners wier huwelijksakte onderscheidenlijk, dan wel akte van omzetting van een geregistreerd partnerschap of huwelijk in de Nederlandse registers van de burgerlijke stand is opgenomen.

– 2. De ambtenaar van de burgerlijke stand voegt eveneens aan de onder hem berustende akten van de burgerlijke stand latere vermeldingen toe van in kracht van gewijsde gegane rechterlijke uitspraken die een echtscheiding of een ontbinding van een geregistreerd partnerschap, een ontbinding van een huwelijk na scheiding van tafel en bed of de vernietiging van zulk een uitspraak tussen echtelieden wier huwelijksakte, akte van registratie van een partnerschap of akte van omzetting van een geregistreerd partnerschap of huwelijk in de Nederlandse registers van de burgerlijke stand is opgenomen, inhouden. (BW 1:21 lid 1 (oud); BW 1:4, 7, 28 e.v., 69 e.v., 80*a* e.v., 163, 183, 198, 199, 205 e.v., 214, 215, 223, 225, 227, 231; Rijkswet Nederlanderschap 12)

Art. 20a

Latere toevoegingen

– 1. De in artikel 20 bedoelde latere vermeldingen, met uitzondering van de vermeldingen, bedoeld in het eerste lid, onder *b*, alsmede van de vermeldingen houdende beëindiging van een geregistreerd partnerschap en van de vermeldingen van een omzetting van een geregistreerd partnerschap, worden toegevoegd aan de geboorteakte van de betrokken persoon. Van een wijziging of vaststelling van de geslachtsnaam wordt tevens een latere vermelding toegevoegd aan de geboorteakten van de kinderen van de betrokken persoon, voor zover de wijziging of vaststelling zich tot hen uitstrekt.

– 2. De in artikel 20, eerste lid, onder *b*, en tweede lid, bedoelde latere vermeldingen alsmede de in de aanhef van artikel 20, eerste lid, bedoelde beëindiging van een geregistreerd partnerschap en de daar bedoelde omzetting, worden toegevoegd aan de huwelijksakte dan wel aan de akte van registratie van een partnerschap van de betrokken persoon.

– 3. Wanneer als gevolg van het huwelijk of van de echtscheiding een verandering intreedt in de geslachtsnaam van een persoon, wordt hiervan, voorzover zij niet in de huwelijksakte is vermeld, aan deze akte een latere vermelding toegevoegd. Tevens wordt daarvan een latere vermelding toegevoegd aan de geboorteakte van de betrokkene en de geboortenakten van diens kinderen, voor zover hun naam eveneens verandert.

– 4. Van een aan de ambtenaar van de burgerlijke stand betekende akte van stuiting van een huwelijk of van een registratie van een partnerschap wordt, evenals van beschikkingen of akten waarbij de stuiting wordt opgeheven, aan de akte van aangifte een latere vermelding toegevoegd. (BW 1:21 lid 2, 23 lid 2 (oud); BW 1:20*e*, 43, 54, 55, 80*a* e.v.)

Art. 20b

Inschrijving buitenlandse akten

– 1. Van akten en uitspraken die buiten Nederland overeenkomstig de plaatselijke voorschriften door een bevoegde instantie zijn opgemaakt of gedaan en een overeenkomstige uitwerking hebben als de akten en rechterlijke uitspraken, bedoeld in artikel 20, wordt, tenzij de Nederlandse openbare orde zich hiertegen verzet, op verzoek van een belanghebbende dan wel ambtshalve, door de ambtenaar van de burgerlijke stand een latere vermelding toegevoegd aan de desbetreffende in de registers van de burgerlijke stand hier te lande voorkomende huwelijksakte, akte van registratie van een partnerschap, akte van omzetting van een geregistreerd partnerschap of huwelijk of geboorteakte. Van een verandering van de geslachtsnaam wordt op verzoek van een belanghebbende tevens een latere vermelding gevoegd bij de geboorteakte van de kinderen van de betrokken persoon, voor zover hun naam eveneens verandert.

– 2. Indien een latere vermelding ambtshalve aan een akte is toegevoegd, zendt de ambtenaar van de burgerlijke stand een afschrift van de akte en de latere vermelding aan de persoon of personen op wie de akte betrekking heeft.

Art. 20c

De artikelen 18 en 18*b* zijn van overeenkomstige toepassing.

Art. 20d

Nadere regelgeving bij AMvB

Bij algemene maatregel van bestuur wordt geregeld al wat betreft de aan de ambtenaar over te leggen stukken, het opmaken van de latere vermeldingen en de inhoud daarvan.

Art. 20e

Akten andere instanties

– 1. Van de in artikel 20, eerste lid, genoemde uitspraken zendt de griffier van het college waarvoor de zaak laatstelijk aanhangig was niet eerder dan drie maanden na de dag van de beschikking een afschrift aan de ambtenaar van de burgerlijke stand.

– 2. Van besluiten houdende wijziging of vaststelling van namen en van naturalisatiebesluiten mede houdende wijziging of vaststelling van namen zendt Onze Minister van Justitie onverwijld een afschrift aan de ambtenaar van de burgerlijke stand onder wie de akte van geboorte van de betrokken persoon berust.

– 3. De notaris die een akte van erkenning heeft opgemaakt, zendt onverwijld een afschrift of een uittreksel daarvan aan de ambtenaar van de burgerlijke stand onder wie de akte van geboorte van het kind berust. (BW 1:21 leden 4, 5, 6 (oud))

Art. 20f

Akten van naamskeuze en erkenning

– 1. De ambtenaar van de burgerlijke stand die de gegevens van een akte van naamskeuze opneemt in de akte van geboorte van het kind, zendt een afschrift van die akte aan de ambtenaar van de burgerlijke stand die de akte van naamskeuze heeft opgemaakt. Deze akte wordt bewaard totdat achttien maanden zijn verstreken na de ontvangst van dat afschrift.

– 2. De ambtenaar van de burgerlijke stand die een latere vermelding van de naamskeuze, de erkenning toevoegt aan de akte van geboorte van het kind, zendt een afschrift van die akte en de latere vermelding aan de personen op wie de akte betrekking heeft. Hij zendt een afschrift aan de ambtenaar van de burgerlijke stand die de akte van naamskeuze, van erkenning heeft opgemaakt. Laatstgenoemde akte wordt bewaard totdat achttien maanden zijn verstreken na de ontvangst van laatst genoemd afschrift dan wel, indien geen zodanig afschrift wordt ontvangen, totdat achttien maanden zijn verstreken na het opmaken van de akte.

Art. 20g

Toevoegingen akte minderjarige

De ambtenaar van de burgerlijke stand die aan de geboorteakte van een minderjarige een latere vermelding toevoegt, waaruit blijkt dat de minderjarige is erkend, of dat een naam van hem is gewijzigd, geeft van dit feit kennis aan de bewaarder van het in artikel 244 van dit boek bedoelde openbare register waarin rechtsfeiten omtrent die minderjarige zijn opgenomen.

Art. 20h

Vervallen.

AFDELING 6

Akten van inschrijving van bepaalde rechterlijke uitspraken

Art. 21

Overige akten

– 1. De ambtenaar van de burgerlijke stand te 's-Gravenhage maakt akten van inschrijving op van in kracht van gewijsde gegane rechterlijke uitspraken betreffende huwelijken of registraties van een partnerschap, waarvan de akten niet in de Nederlandse registers van de burgerlijke stand zijn opgenomen, welke inhouden de nietigverklaring van een huwelijk of van een geregistreerd partnerschap, een echtscheiding, de ontbinding van een geregistreerd partnerschap, de ontbinding van een huwelijk na scheiding van tafel en bed of de vernietiging van zulk een ingeschreven uitspraak, dan wel de beëindiging van een geregistreerd partnerschap, bedoeld in artikel 80*c*, onder *c*, of de vernietiging daarvan.

– 2. De in het eerste lid bedoelde akten worden ingeschreven in het daartoe bestemde register van de burgerlijke stand te 's-Gravenhage.

– 3. Bij algemene maatregel van bestuur wordt geregeld al wat betreft de aan de ambtenaar over te leggen stukken, het opmaken van de akten van inschrijving en de inhoud daarvan.

AFDELING 7

De bewijskracht van akten van de burgerlijke stand alsmede van afschriften en uittreksels

Art. 22

Bewijskracht akten

– 1. De akte van geboorte bewijst ten aanzien van een ieder dat op de in de akte vermelde plaats, dag en uur uit de daarin genoemde moeder een kind van het daarin vermelde geslacht is geboren. Vermeldt de akte dat de plaats van de geboorte van het kind niet bekend is, dan komt dezelfde bewijskracht toe aan de vermelding van de plaats waar het is aangetroffen.

– 2. De akte van overlijden bewijst ten aanzien van een ieder, dat op de plaats, de dag en het uur, in de akte vermeld, de daarin genoemde persoon is overleden of, indien de akte krachtens artikel 19*f*, tweede lid, van dit boek is opgemaakt, dat het lijk van de daarin genoemde persoon op de plaats, de dag en het uur, in de akte vermeld, is gevonden.

– 3. Voor het overige hebben akten van de burgerlijke stand dezelfde bewijskracht als andere authentieke akten. (BW 1:26 (oud); BW 1:4, 6, 78 e.v., 205, 207, 417 lid 2, 430; Rv 178, 183; Consulaire wet 12 lid 2)

Art. 22a

Bewijskracht afschriften/uittreksels

Authentieke afschriften of uittreksels, in de wettige vorm opgemaakt en afgegeven door de daartoe bevoegde bewaarder van het register, hebben dezelfde bewijskracht als het origineel, tenzij bewezen wordt dat zij daarmede niet overeenstemmen. (BW 1:27 (oud); Rv 184, 187, 838)

AFDELING 8

De openbaarheid van de akten van de burgerlijke stand

Art. 23

Openbaarheid

De akten van de burgerlijke stand, daaronder begrepen de dubbelen van deze akten, zijn openbaar voor zover te dien aanzien in deze afdeling geen nadere voorziening is gegeven. (BW 1:16 lid 5)

Art. 23a

Inzage

Van de akten van de burgerlijke stand mogen slechts de bewaarders en het openbaar ministerie inzage nemen. Voorts kunnen de rechter en het openbaar ministerie overlegging van akten bevelen.

Art. 23b

Afgifte uittreksels

– 1. Een ieder is bevoegd zich door de ambtenaar die met de afgifte van afschriften en uittreksels van akten van de burgerlijke stand is belast, een uittreksel van een onder deze ambtenaar berustende akte van geboorte, van huwelijk, van registratie van een partnerschap, van omzetting van een huwelijk in een registratie van een partnerschap, van omzetting van een registratie van een partnerschap in een huwelijk of van overlijden te doen afgeven. Het uittreksel bevat de bij algemene maatregel van bestuur te vermelden gegevens, waaruit de afstamming van de persoon of personen waarop de akte betrekking heeft, niet blijkt.

– 2. Van de in het eerste lid bedoelde akten alsmede van de akten van erkenning of ontkenning van het vaderschap door de moeder wordt een afschrift slechts afgegeven indien de verzoeker aantoont dat hij bij de verkrijging een gerechtvaardigd belang heeft. Van andere akten die de in het eerste lid bedoelde ambtenaar onder zijn berusting heeft, wordt steeds een afschrift afgegeven. Dit afschrift bevat de bij algemene maatregel van bestuur te vermelden gegevens.

– 3. Een verzoek om afgifte van een uittreksel of een afschrift dient op een bepaalde persoon of bepaalde personen betrekking te hebben.

– 4. Bij algemene maatregel van bestuur wordt geregeld al hetgeen overigens het opmaken en het verstrekken van afschriften en uittreksels betreft. Daarbij worden tevens regels gegeven voor het opmaken van uittreksels van akten die voor de inwerkingtreding van deze wet zijn opgemaakt.

– 5. Weigert de in het eerste lid bedoelde ambtenaar een afschrift of een uittreksel af te geven, dan verstrekt hij aan de aanvrager een schriftelijke opgave van de gronden voor zijn weigering. (BW 1:28 (oud); BW 1:16, 17*a*, 19, 19*f*, 20 e.v., 24 e.v., 25 e.v.; Rv 27 lid 2; Consulaire wet 14 lid 2)

Art. 23c

Dubbelen

De dubbelen van de akten van de burgerlijke stand zijn openbaar zolang zij onder de ambtenaar van de burgerlijke stand berusten. (BW 1:18*c*)

AFDELING 9

De aanvulling van de registers van de burgerlijke stand en de verbetering van de daarin voorkomende akten en latere vermeldingen

Art. 24

Aanvulling en verbetering

– 1. Aanvulling van een register van de burgerlijke stand met een daarin ontbrekende akte of latere vermelding, doorhaling van een daarin ten onrechte voorkomende akte of latere vermelding, of verbetering van een daarin voorkomende akte of latere vermelding die onvolledig is of een misslag bevat, kan op verzoek van belanghebbenden of van het openbaar ministerie worden gelast door de rechtbank. De rechtbank kan bij haar beschikking tot verbetering van een akte of latere vermelding die onvolledig is of een misslag bevat, eveneens dezelfde verbetering gelasten ten aanzien van een akte of latere vermelding betreffende dezelfde persoon of zijn afstammelingen, die buiten haar rechtsgebied in de registers van de burgerlijke stand is opgenomen.

– 2. De griffier van het college waarvoor de zaak laatstelijk aanhangig was, zendt niet eerder dan drie maanden na de dag van de beschikking een afschrift daarvan aan de ambtenaar van de burgerlijke stand van de gemeente, in welker registers de akte of latere vermelding is of had moeten zijn opgenomen. Is deze gemeente opgeheven, dan zendt hij het afschrift aan de ambtenaar van de gemeente in wier archieven de registers van de burgerlijk stand van de opgeheven gemeente berusten. (BW 1:29 leden 1en 2 (oud); BW 1:25, 25*d*, 25*f*, 26*a*, 26*b*; Rv 324 lid 1 sub *a* onder 2, 261 e.v., 798 e.v.; Sr 361, 466 e.v.; Sv 511*a*; RO 56; Consulaire wet 16*a*)

Art. 24a

Kennelijke misslagen

– 1. Kennelijke misslagen kunnen worden verbeterd met toestemming van de officier van justitie binnen wiens rechtsgebied de akte in de registers van de burgerlijke stand is opgenomen. De toestemming van de officier van justitie kan eveneens betrekking hebben op dezelfde verbetering ten aanzien van een akte betreffende dezelfde persoon of zijn afstammelingen, die in een ander arrondissement in de registers van de burgerlijke stand is opgenomen.

– 2. Kennelijke schrijf- of spelfouten kunnen ambtshalve door de ambtenaar van de burgerlijke stand worden verbeterd. (BW 1:29 lid 4 (oud))

Art. 24b

Nieuwe akte

– 1. Aanvulling van een register van de burgerlijke stand op grond van artikel 24 geschiedt door het opmaken van een nieuwe akte in dat register.

– 2. Van een verbetering of een doorhaling op grond van deze afdeling wordt een latere vermelding toegevoegd aan de desbetreffende akte, volgens regels, bij algemene maatregel van bestuur te stellen. (BW 1:29 lid 3 (oud); BW 1:20)

AFDELING 10

Inschrijving van buitenlandse akten en de rechterlijke last tot het opmaken van een vervangende akte van geboorte

Art. 25

Inschrijving buitenlandse akten

– 1. Buiten Nederland overeenkomstig de plaatselijke voorschriften door een bevoegde instantie opgemaakte akten van geboorte, huwelijksakten, akten van registratie van een partnerschap en akten van overlijden worden op bevel van het openbaar ministerie of op verzoek van een belanghebbende ingeschreven in de registers onderscheidenlijk van geboorten, van huwelijken, van geregistreerde partnerschappen en van overlijden van de gemeente 's-Gravenhage, indien:

a. de akte een persoon betreft die op het ogenblik van het verzoek Nederlander is of te eniger tijd Nederlander dan wel Nederlands onderdaan niet-Nederlander is geweest;

b. de akte een persoon betreft die rechtmatig verblijft op grond van artikel 8, onder *c* en *d*, van de Vreemdelingenwet 2000.

– 2. Buiten Nederland overeenkomstig de plaatselijke voorschriften door een bevoegde instantie opgemaakte akten van geboorte worden op bevel van het openbaar ministerie of op verzoek van een belanghebbende ingeschreven in het register van geboorten van de gemeente 's-Gravenhage, indien de akte een persoon van vreemde nationaliteit betreft en op grond van enige bepaling van dit boek een latere vermelding aan de akte van geboorte moet worden toegevoegd.

– 3. De ambtenaar van de burgerlijke stand van de gemeente 's-Gravenhage kan ook ambtshalve de in de vorige leden bedoelde akten inschrijven.

– 4. Alvorens op grond van het eerste of derde lid tot de inschrijving van een huwelijksakte of van een akte van registratie van een partnerschap over te gaan, doet de ambtenaar van de burgerlijke stand van de gemeente 's-Gravenhage zich een door de korpschef in de zin van de Vreemdelingenwet 2000 afgegeven verklaring als bedoeld in artikel 44, eerste lid, onder *k*, overleggen. Deze verklaring wordt opgesteld op verzoek van de echtgenoot of de geregistreerde partner op wie zij betrekking heeft. Bij het verzoek wordt een gewaarmerkt afschrift

als bedoeld in artikel 44, eerste lid, onder *a*, overgelegd. Heeft deze geen woonplaats in Nederland, dan wordt zij opgesteld op verzoek van de andere echtgenoot of de andere geregistreerde partner. De verklaring is niet vereist indien:
a. de echtgenoten of geregistreerde partners aannemelijk kunnen maken dat zij beiden buiten Nederland woonplaats hebben;
b. de betrokken echtgenoot of geregistreerde partner die niet de Nederlandse nationaliteit bezit, in Nederland rechtmatig verblijft op grond van artikel 8, onder *b*, *d* of *e*, van de Vreemdelingenwet 2000;
c. het huwelijk of het geregistreerd partnerschap ten minste tien jaren vóór de inschrijving is voltrokken, of
d. het huwelijk of het geregistreerd partnerschap is geëindigd.
– 5. In geval van adoptie gelast de rechtbank, die de adoptie uitspreekt, ambtshalve afzonderlijk de inschrijving van de in het eerste en het tweede lid bedoelde akte van geboorte.
– 6. De akte van inschrijving vermeldt de bij algemene maatregel van bestuur vast te stellen gegevens.
– 7. Kennelijke misslagen of schrijf- of spelfouten, die de ambtenaar van de burgerlijke stand in de in te schrijven akte vaststelt op grond van een hier te lande in de registers van de burgerlijke stand opgenomen akte of op grond van een rechterlijke uitspraak, kunnen ambtshalve door hem worden verbeterd. De verbeteringen worden afzonderlijk in de akte vermeld.
– 8. Indien een akte ambtshalve is ingeschreven, wordt een afschrift van de akte van inschrijving toegezonden aan de persoon of de personen op wie de akte betrekking heeft. (BW 1:20*a* (oud); BW 1:17, 19, 19*f*, 24*a*, 25*a*, 25*b*, 26*b*; Sr 466; Sv 511*a*)

Art. 25a

Verbetering buitenlandse akten

– 1. Indien na de inschrijving kennelijke misslagen in de buiten Nederland opgemaakte akte overeenkomstig de plaatselijke voorschriften door een bevoegde instantie zijn verbeterd, wordt de verbetering in de akte van inschrijving aangebracht doordat de ambtenaar van de burgerlijke stand van de gemeente 's-Gravenhage, aan wie een afschrift van de beslissing tot verbetering en een afschrift van de verbeterde akte zijn overgelegd, een latere vermelding van de verbetering aan de akte van inschrijving toevoegt, nadat hij daartoe toestemming van de officier van justitie heeft verkregen.
– 2. Kennelijke schrijf- en spelfouten, die in de buiten Nederland opgemaakte akte overeenkomstig de plaatselijke voorschriften door een bevoegde instantie zijn verbeterd, kunnen ook zonder toestemming van de officier van justitie, ambtshalve door de ambtenaar van de burgerlijke stand van de gemeente 's-Gravenhage aan de hand van een afschrift van de verbeterde akte worden verbeterd op de in het eerste lid aangegeven wijze. (BW 1:20*b* (oud); BW 1:24*a*)

Art. 25b

Latere toevoegingen

Aan de akte van inschrijving, bedoeld in artikel 25, worden de latere vermeldingen toegevoegd die op grond van dit boek aan een in Nederland opgemaakte akte van geboorte, huwelijksakte of akte van overlijden moeten worden toegevoegd. (BW 1:20*c* (oud); BW 1:20 e.v.)

Art. 25c

Vervangende geboorteakte

– 1. Indien ten aanzien van een buiten Nederland geboren persoon geen akte van geboorte overeenkomstig de plaatselijke voorschriften door een bevoegde instantie is opgemaakt of kan worden overgelegd, kan op verzoek van het openbaar ministerie, van een belanghebbende of van de ambtenaar van de burgerlijke stand van de gemeente 's-Gravenhage de rechtbank te 's-Gravenhage de voor het opmaken van een geboorteakte noodzakelijke gegevens vaststellen, indien:
a. die persoon Nederlander is of te eniger tijd Nederlander dan wel Nederlands onderdaan niet-Nederlander is geweest;
b. die persoon rechtmatig verblijft op grond van artikel 8, onder *c* en *d*, van de Vreemdelingenwet 2000;
c. op grond van dit boek een latere vermelding aan de akte van geboorte moet worden toegevoegd.
– 2. De rechtbank houdt rekening met alle bewijzen en aanwijzingen omtrent de omstandigheden waaronder, en het tijdstip waarop de geboorte moet hebben plaatsgehad. De geslachtsnaam, de voornamen, alsmede de plaats en de dag van de geboorte van de vader en van de moeder worden vastgesteld, voor zover daarvoor aanwijzingen zijn verkregen.
– 3. In geval van adoptie geeft de rechtbank die de adoptie uitspreekt, ambtshalve afzonderlijk de in het eerste lid bedoelde beschikking. (BW 1:20*d* (oud); BW 1:19, 20 e.v., 25*d*, 25*g*, 227)

Art. 25d

Wijziging vervangende geboorteakte

De rechtbank te 's-Gravenhage kan op verzoek van het openbaar ministerie, van een belanghebbende of van de ambtenaar van de burgerlijke stand van de gemeente 's-Gravenhage de krachtens artikel 25*c* gegeven beschikking wijzigen op grond dat de vastgestelde gegevens onjuist of onvolledig zijn. (BW 1:20*e* (oud); BW 1:24; Rv 429*a* e.v., 798 e.v.)

Art. 25e

Vervallen.

Art. 25f

Afschrift beschikking als geboorteakte

– 1. De griffier van het college waarvoor de zaak laatstelijk aanhangig was, zendt niet eerder dan drie maanden na de dag van de beschikking een afschrift daarvan, aan de ambtenaar van de burgerlijke stand van de gemeente 's-Gravenhage.

– 2. Deze ambtenaar maakt van de beschikking, bedoeld in artikel 25c een akte van inschrijving op, die geldt als een akte van geboorte in de zin van artikel 19 van dit boek. Deze akte is in overeenstemming met de beschikking en vermeldt dit uitdrukkelijk.

– 3. Van de beschikking, bedoeld in artikel 25*d*, wordt een latere vermelding toegevoegd aan de akte als bedoeld in het vorige lid. (BW 1:20*g* (oud); BW 1:20 e.v.)

Art. 25g

Buitenlandse akten

– 1. Op akten en uitspraken die buiten Nederland overeenkomstig de plaatselijke voorschriften door een bevoegde instantie zijn opgemaakt of gedaan en een overeenkomstige uitwerking hebben als de in artikel 25*c* van dit boek bedoelde beschikkingen, zijn de artikelen 25 tot en met 25*b* van overeenkomstige toepassing. De inschrijving als bedoeld in artikel 25 vindt niet plaats indien de Nederlandse openbare orde zich hiertegen verzet.

– 2. In geval van adoptie van een buiten Nederland geboren kind ten aanzien waarvan een akte of uitspraak als bedoeld in het vorige lid is opgemaakt of gedaan, geeft de rechtbank die de adoptie uitspreekt, ambtshalve afzonderlijk last tot inschrijving van die akte of uitspraak. (BW 1:20*h* (oud))

AFDELING 11

De verklaring voor recht omtrent de rechtsgeldigheid in Nederland van een buitenlandse akte of uitspraak

Art. 26

Verklaring voor recht

– 1. Een ieder die daarbij een gerechtvaardigd belang heeft, kan de rechtbank verzoeken een verklaring voor recht af te geven dat een op hem betrekking hebbende, buiten Nederland opgemaakte akte of gedane uitspraak overeenkomstig de plaatselijke voorschriften door een bevoegde instantie is opgemaakt of gedaan en naar zijn aard vatbaar is voor opneming in een Nederlands register van de burgerlijke stand.

– 2. De in het eerste lid bedoelde verklaring voor recht kan eveneens op verzoek van de ambtenaar van de burgerlijke stand of van het openbaar ministerie worden afgegeven.

Art. 26a

Bevoegdheid afgeven

De rechtbank kan, op verzoek of ambtshalve, bij de in het eerste lid van artikel 26 bedoelde verklaring voor recht tevens de toevoeging van een latere vermelding, op grond van artikel 24, eerste lid, aan een in de Nederlandse registers van de burgerlijke stand voorkomende akte gelasten.

Art. 26b

Voor buitenlanders

Is met betrekking tot de verzoeker geen akte in de Nederlandse registers van de burgerlijke stand opgenomen, dan kan de rechtbank te 's-Gravenhage, op verzoek of ambtshalve, bij haar beschikking tevens de inschrijving, overeenkomstig artikel 25, van een daarvoor in aanmerking komende in het buitenland opgemaakte akte in de registers van de burgerlijke stand te 's-Gravenhage gelasten, alsmede de verbetering van de akte van inschrijving op grond van artikel 24, eerste lid. Ook kan zij bij haar beschikking een last als bedoeld in artikel 25*c* geven alsmede een last tot verbetering, overeenkomstig artikel 24, eerste lid, van de door de ambtenaar van de burgerlijke stand te 's-Gravenhage op te maken akte.

Art. 26c

Vervallen.

Art. 26d

Overlegging authentiek afschrift

De overlegging van een authentiek afschrift van de buitenlandse akte of uitspraak waarop het verzoek betrekking heeft, kan worden verlangd. Artikel 986, derde en vierde lid, van het Wetboek van Burgerlijke Rechtsvordering is van overeenkomstige toepassing.

Art. 26e

Toevoeging aan registers

De griffier van het college, waarbij de zaak laatstelijk aanhangig was, zendt een afschrift van de beschikking aan de ambtenaar van de burgerlijke stand in wiens registers een op de belanghebbende betrekking hebbende akte is opgenomen, waaraan een latere vermelding van de beschikking moet worden toegevoegd. Is bij de beschikking een last tot inschrijving van een in het buitenland opgemaakte akte gegeven, dan zendt de griffier een afschrift van de beschikking aan de ambtenaar van de burgerlijke stand te 's-Gravenhage.

Art. 26f

Vervallen.

AFDELING 12

Voorziening tegen de weigering tot het opmaken van een akte van de burgerlijke stand of tot een andere verrichting

Art. 27

Voorziening weigering akte

Naar aanleiding van een besluit van een ambtenaar van de burgerlijke stand om op grond van artikel 18*b* of 20*c* te weigeren een akte van de burgerlijke stand op te maken, een latere vermelding aan een akte toe te voegen of, buiten het geval van stuiting van het huwelijk of het geregistreerd partnerschap en dat van afgifte van een afschrift of een uittreksel, aan een verrichting mee te werken, hebben belanghebbende partijen de bevoegdheid zich binnen zes weken na de verzending van dat besluit bij verzoekschrift te wenden tot de rechtbank binnen welker rechtsgebied de standplaats van de ambtenaar van de burgerlijke stand is gelegen. (BW 1:29, 61 (oud); BW 1:16*b*; Rv 429*c* e.v., 798 e.v.)

Art. 27a

Verklaring voor recht

De rechtbank kan, op verzoek van een belanghebbende partij of ambtshalve, bij haar beschikking tevens een verklaring als bedoeld in artikel 26 afgeven, alsmede een last als bedoeld in artikel 26*a*, onderscheidenlijk artikel 26*b*.

Art. 27b

Afschriften

De griffier zendt een afschrift van de beschikking aan de belanghebbende partijen en aan de ambtenaar van de burgerlijke stand.

Art. 27c

Vervallen.

AFDELING 13

De rechterlijke last tot wijziging van de vermelding van het geslacht in de akte van geboorte

Art. 28

Transseksuelen; wijziging kan in geboorteakte

– 1. Iedere Nederlander die de overtuiging heeft tot het andere geslacht te behoren dan is vermeld in de akte van geboorte en lichamelijk aan het verlangde geslacht is aangepast voor zover dit uit medisch of psychologisch oogpunt mogelijk en verantwoord is, kan de rechtbank verzoeken wijziging van de vermelding van het geslacht in de akte van geboorte te gelasten, indien deze persoon als mannelijk in de akte van geboorte vermeld staande, nimmer meer in staat zal zijn kinderen te verwekken, dan wel als vrouwelijk in de akte van geboorte vermeld staande, nimmer meer in staat zal zijn kinderen te baren.

– 2. Voor de toepassing van het bepaalde in het eerste lid en de artikelen 28*a* en 28*b* van dit boek wordt onder akte van geboorte mede verstaan een akte van inschrijving van een buiten Nederland opgemaakte akte van geboorte of van een beschikking als bedoeld in artikel 25*c* van dit boek.

– 3. Degene, die de Nederlandse nationaliteit niet bezit, kan een verzoek als bedoeld in het eerste lid doen, indien hij reeds gedurende een tijdvak van ten minste één jaar, onmiddellijk voorafgaande aan het verzoek, woonplaats in Nederland heeft en een rechtsgeldige verblijfstitel heeft en voor het overige voldoet aan de in het eerste lid gestelde voorwaarden. Indien de akte van geboorte niet hier te lande in de registers van de burgerlijke stand is ingeschreven, wordt tevens de rechtbank verzocht de inschrijving te gelasten van de akte van geboorte in het register van geboorten van de gemeente 's-Gravenhage. (BW 1:29*a* (oud); BW 1:10 e.v., 19, 28*a* e.v.; Rv 429*a* e.v., 798 e.v.)

Art. 28a

Inhoud verzoekschrift

– 1. Bij het verzoek moeten worden overgelegd een afschrift van de akte van geboorte alsmede een gezamenlijk ondertekende verklaring van bij algemene maatregel van bestuur aangewezen deskundigen, afgegeven ten hoogste zes maanden voor de datum van indiening van het verzoek, waaruit blijkt:

a. de overtuiging van de verzoeker dat hij tot het andere geslacht behoort dan in de akte van geboorte is vermeld en waarin is vervat het oordeel van de daartoe bevoegde deskundige dat die overtuiging, gelet op de periode waarin de verzoeker als zodanig heeft geleefd en zo mogelijk op andere daarbij te vermelden feiten of omstandigheden, als van blijvende aard kan worden beschouwd;

b. of en zo ja, in hoeverre de verzoeker lichamelijk aan het verlangde geslacht zodanig is aangepast als uit medisch of psychologisch oogpunt mogelijk en verantwoord is;

c. dat de verzoeker als mannelijk in de akte van geboorte vermeld staande, nimmer meer in staat zal zijn kinderen te verwekken, dan wel als vrouwelijk in de akte van geboorte vermeld staande, nimmer meer in staat zal zijn kinderen te baren.

– 2. In de verklaring behoeft het in het eerste lid onder *a* bedoelde onderdeel niet te worden opgenomen indien de verzoeker lichamelijk reeds aan het verlangde geslacht is aangepast. (BW 1:29*b* (oud); BW 1:19)

Art. 28b

Toewijzing verzoek

– 1. Het verzoek wordt toegewezen indien de rechtbank van oordeel is dat voldoende is komen vast te staan dat de verzoeker de overtuiging heeft tot het andere geslacht te behoren dan in de akte van geboorte is vermeld en dat deze overtuiging als van blijvende aard kan worden beschouwd en de verzoeker voldoet aan de in het eerste lid van artikel 28 gestelde voorwaarden.

– 2. Indien de rechtbank het verzoek om wijziging van de vermelding van het geslacht inwilligt, kan zij desverzocht tevens de wijziging van de voornamen van de verzoeker gelasten. (BW 1:29*c* (oud); BW 1:4)

Art. 28c

Geen gevolgen familierecht

– 1. De wijziging van de vermelding van het geslacht heeft haar gevolgen, die uit dit boek voortvloeien, vanaf de dag waarop de ambtenaar van de burgerlijke stand aan de akte van geboorte een latere vermelding toevoegt van de last tot wijziging.

– 2. De wijziging van de vermelding van het geslacht laat de op het in het eerste lid genoemde tijdstip bestaande familierechtelijke betrekkingen en de daaruit voortvloeiende op dit boek gegronde rechten, bevoegdheden en verplichtingen onverlet. De verzoeken in verband met artikel 157 en in verband met artikel 394 van dit boek kunnen ook worden gedaan na het in het eerste lid genoemde tijdstip. (BW 1:29*d* (oud); BW 1:3, 197 e.v., 227 e.v., 245 e.v., 392 e.v.)

AFDELING 14

De Commissie van advies voor de zaken betreffende de burgerlijke staat en de nationaliteit

Art. 29

Commissie van advies

Er is een Commissie van advies voor de zaken betreffende de burgerlijke staat en de nationaliteit.

Art. 29a

Organisatie

– 1. De Commissie bestaat uit ten minste negen en ten hoogste vijftien leden.

– 2. De Commissie bestaat uit ten minste een lid van de rechterlijke macht, ten minste een lid uit de kring van het wetenschappelijk onderzoek, ten minste twee leden uit de kring van de ambtenaren van de burgerlijke stand en ten minste twee leden uit de kring van de gemeentelijke basisadministratie.

– 3. Onze Minister van Justitie benoemt en ontslaat de in het voorgaande lid bedoelde leden in overeenstemming met Onze Minister van Binnenlandse Zaken. Voorts wijst hij een voorzitter en een secretaris aan.

Art. 29b

Taken

– 1. De Commissie brengt op verzoek van een ambtenaar van de burgerlijke stand of een ander bestuursorgaan advies uit over vragen betreffende de rechtstoepassing in zaken van burgerlijke staat of nationaliteit.

– 2. Indien een advies van algemeen belang is, wordt het openbaar gemaakt. De Commissie bepaalt de wijze van openbaarmaking.

Art. 29c

Verplicht advies

Indien een ambtenaar van de burgerlijke stand gerede twijfel heeft over de vraag of een aan een buiten Nederland opgemaakte akte van de burgerlijke stand of ander geschrift te ontlenen gegeven in aanmerking komt om in een akte van de burgerlijke stand te worden opgenomen, is hij gehouden het advies van de Commissie in te winnen.

Art. 29d

Niet opgevolgd advies

Indien een ambtenaar van de burgerlijke stand een door de Commissie gegeven advies niet opvolgt, stelt hij de Commissie en de officier van justitie hiervan in kennis.

Art. 29e

Nadere regels

Onze Minister van Justitie kan nadere regels stellen omtrent de taak en de werkwijze van de Commissie.

Art. 29f

Rapportage

Telkens binnen een termijn van vier jaren brengt de Commissie een rapport uit aan Onze Minister van Justitie, waarin de taakvervulling van de Commissie aan een onderzoek wordt onderworpen en voorstellen kunnen worden gedaan voor gewenste veranderingen.

TITEL 5

Het huwelijk

Algemene bepaling

Art. 30

Twee personen van verschillend en gelijk geslacht

– 1. Een huwelijk kan worden aangegaan door twee personen van verschillend of van gelijk geslacht.

– 2. De wet beschouwt het huwelijk alleen in zijn burgerlijke betrekkingen. (Ontw. 1.5.0.1; BW 83 (oud); BW 1:68; Sr 449)

AFDELING 1

Vereisten tot het aangaan van een huwelijk

Art. 31

Minimumleeftijd

– 1. Om een huwelijk te mogen aangaan moeten een man en een vrouw de leeftijd van achttien jaren hebben bereikt.

– 2. Het in het vorige lid vermelde huwelijksbeletsel bestaat niet wanneer zij die met elkander een huwelijk willen aangaan de leeftijd van zestien jaren hebben bereikt en de vrouw een verklaring van een arts overlegt dat zij zwanger is, dan wel haar kind reeds ter wereld heeft gebracht.

– 3. Onze Minister van Justitie kan om gewichtige redenen ontheffing verlenen van het in het eerste lid genoemde vereiste. (Ontw. 1.5.1.1; BW 86 (oud); BW 1:50 e.v., 53, 57, 58 sub *f* en *h*, 69, 74; EVRM 12)

Art. 32

Gestoorde geestvermogens

Een huwelijk mag niet worden aangegaan, wanneer de geestvermogens van een partij zodanig zijn gestoord, dat deze niet in staat is haar wil te bepalen of de betekenis van haar verklaring te begrijpen. (Ontw. 1.5.1.2; BW 85 (oud); BW 1: 37 e.v., 50 e.v., 53, 57, 69, 73; 3:34)

Art. 33

Monogamie

Een persoon kan tegelijkertijd slechts met één andere persoon door het huwelijk verbonden zijn. (Ontw. 1.5.1.3; BW 84 (oud); BW 1: 50 e.v., 52, 53, 57, 58 sub *d*, 69, 424; Sr 237, 379)

Art. 34

Vervallen.

Art. 35

Toestemming tot huwelijk van minderjarige

– 1. Een minderjarige mag geen huwelijk aangaan zonder toestemming van zijn ouders.

– 2. Zijn de geestvermogens van een ouder zodanig gestoord, dat hij niet in staat is zijn wil te bepalen of de betekenis van zijn verklaring te begrijpen, dan is zijn toestemming niet vereist.

– 3. Een minderjarige, die onder voogdij staat, heeft bovendien de toestemming van zijn voogd nodig. (Ontw. 1.5.1.5; BW 92, 93 (oud); BW 1:36, 39, 47, 58 sub *b en c*, 75, 117, 222, 233; 4:948; Cons. Besl. 1 lid 1 sub *a*)

Art. 36

Toestemming rechtbank

Voor zover een volgens het vorige artikel vereiste toestemming niet wordt verkregen, kan zij op verzoek van de minderjarige door die van de rechtbank worden vervangen. (Ontw. 1.5.1.6; BW 94 (oud); BW 1:39, 47, 58 sub *b*, 75, 117)

Art. 37

Toestemming tot huwelijk van onder curatele gestelde

– 1. Hij die wegens verkwisting of drankmisbruik onder curatele staat, mag geen huwelijk aangaan zonder de toestemming van zijn curator.

– 2. Voor zover die toestemming niet wordt verkregen, kan zij op verzoek van de onder curatele gestelde door toestemming van de kantonrechter worden vervangen. (Ontw. 1.5.1.7; BW 94 lid 1, 506 lid 3 (oud); BW 1:39, 44 lid 1 sub *b*, 51, 75, 117, 378, 382)

Art. 38

Hij die wegens een geestelijke stoornis onder curatele staat, mag geen huwelijk aangaan zonder toestemming van de kantonrechter. (Ontw. 1.5.1.7a; BW 1:32, 39, 44 lid 1 sub *b*, 51, 75, 117, 378)

Art. 39

Procedure verkrijging toestemming rechter

– 1. Heeft de rechter de toestemming verleend, dan is de termijn van beroep veertien dagen en kan gedurende die termijn de beschikking niet worden ten uitvoer gelegd.

– 2. Hij die tegen een verleende toestemming opkomt, is verplicht dit binnen de termijn van beroep bij deurwaardersexploit te doen aanzeggen aan de ambtenaar of ambtenaren van de burgerlijke stand ten overstaan van wie het huwelijk kan worden voltrokken. Door dit te verzuimen verliest hij het recht om de nietigverklaring van het huwelijk op grond van het ontbreken van zijn toestemming te vragen, indien het gerechtshof de in het eerste lid bedoelde beschikking vernietigt en het huwelijk reeds is voltrokken. (Ontw. 1.5.1.8; BW 95 e.v. (oud); BW 1:35 e.v., 44 lid 1 sub *b*, 63, 75, 117; Rv 429*a* e.v., 798 e.v.)

Art. 40

Vervallen.

Art. 41

Verwantschap als huwelijksbeletsel

– 1. Een huwelijk mag niet worden gesloten tussen hen die elkander, hetzij van nature hetzij familierechtelijk, bestaan in de opgaande en in de nederdalende lijn of als broeders, zusters of broeder en zuster. (BW 1:50 e.v., 53, 57, 69 e.v., 227 e.v.)

– 2. Onze Minister van Justitie kan om gewichtige redenen ontheffing van het verbod verlenen aan hen die broeders, zusters of broeder en zuster door adoptie zijn. (Ontw. 1.5.1.10; BW 87 e.v. (oud); BW 1:44 lid 1 sub g, 227 e.v.)

Art. 42

Partnerschap als huwelijksbeletsel

Zij die met elkander een huwelijk willen aangaan, mogen niet tegelijkertijd een geregistreerd partnerschap zijn aangegaan. (BW 1:80*a* lid 4)

AFDELING 2

Formaliteiten die aan de voltrekking van het huwelijk moeten voorafgaan

Art. 43

Huwelijksaangifte (ondertrouw)

– 1. Zij die met elkaar een huwelijk willen aangaan, moeten daarvan onder overlegging van de in artikel 44 van dit boek genoemde bescheiden, aangifte doen bij de ambtenaar van de burgerlijke stand van de woonplaats van één der partijen. Wanneer de aanstaande echtgenoten, van wie ten minste één de Nederlandse nationaliteit bezit, buiten Nederland woonplaats hebben en in een Nederlandse gemeente een huwelijk met elkaar willen aangaan, geschiedt de aangifte bij de ambtenaar van de burgerlijke stand te 's-Gravenhage.

– 2. Bij de aangifte kunnen de aanstaande echtgenoten verklaren dat het huwelijk zal worden voltrokken in een andere gemeente dan die waarin een van hen op het tijdstip van de huwelijksaangifte woonplaats heeft, dan wel indien de tweede zin van het eerste lid van toepassing is, in een andere gemeente dan 's-Gravenhage.

– 3. De aangifte geschiedt in persoon of bij zodanige geschriften waaruit van het voornemen der aanstaande echtgenoten met genoegzame zekerheid kan blijken.

– 4. De ambtenaar van de burgerlijke stand maakt van de aangifte een akte op. (Ontw. 1.5.2.1; BW 105, 106 (oud); BW 1:10 e.v., 16 e.v., 46, 62; Besl. BS 55; Sr 466, 467)

Art. 44

Benodigde bescheiden

– 1. Voor de aangifte van het huwelijk worden de volgende bescheiden aan de ambtenaar van de burgerlijke stand overgelegd:

a. de geboorteakte van ieder der aanstaande echtgenoten en van elk van hen een gewaarmerkt afschrift van gegevens uit de basisadministratie persoonsgegevens, tenzij zij niet als ingezetene in een basisadministratie persoonsgegevens behoeven te zijn ingeschreven; (BW 1:19 e.v., 31, 45; Besl. BS 28)

b. een akte van huwelijkstoestemming, gegeven door hen, wier toestemming tot het huwelijk noodzakelijk is. De akte van huwelijkstoestemming wordt door een ambtenaar van de burgerlijke stand of door een notaris opgemaakt. De toestemming kan ook bij de huwelijksakte worden gegeven. Is de toestemming door de rechter verleend, dan wordt diens beschikking overgelegd; (BW 1:35 e.v.)

c. een akte van overlijden van allen, wier toestemming voor het huwelijk was vereist, als zij in leven waren geweest; (BW 1:19*f* e.v., 46, 417)

d. ingeval van tweede of verder huwelijk dan wel huwelijk na registratie, bewijsstukken aantonende dat het vorige huwelijk dan wel het eerdere geregistreerd partnerschap geen beletsel voor een nieuw huwelijk oplevert; (BW 1:19*f*, 20, 34, 80*c*, 149 e.v., 163, 183, 424)

e. de akte van huwelijksaangifte; (BW 1:43)

f. indien stuiting heeft plaatsgevonden, het bewijs dat de stuiting is opgeheven; (BW 1:50, 55)

g. het bewijs van de ontheffing of de vergunning van Onze Minister van Justitie, ingeval deze is vereist; (BW 1:31, 41, 66)

h. indien een beschikking als bedoeld in afdeling 12 van Titel 4 van dit boek of een vrijstelling krachtens artikel 62 van dit boek is verkregen, ook deze;

i. de verklaring, bedoeld in artikel 31, tweede lid, van dit boek, ingeval deze vereist is;

j. een schriftelijke opgave van de namen en de adressen van de personen die zijn uitgenodigd om als getuigen bij de voltrekking van het huwelijk aanwezig te zijn; (BW 1:63, 64)

k. een door de korpschef in de zin van de Vreemdelingenwet 2000 aan de ambtenaar van de burgerlijke stand afgegeven verklaring waaruit blijkt dat de aanstaande echtgenoot die niet de Nederlandse nationaliteit bezit, rechtmatig in Nederland verblijft als bedoeld in artikel 8 van de Vreemdelingenwet 2000, dan wel voornemens is niet in Nederland te verblijven. De verklaring wordt opgesteld op verzoek van de aanstaande echtgenoot op wie zij betrekking heeft. Bij het verzoek wordt een gewaarmerkt afschrift als bedoeld onder *a*, overgelegd. Heeft deze geen woonplaats in Nederland, dan wordt zij opgesteld op verzoek van de andere aanstaande echtgenoot. (BW 1:50, 53 lid 3, 71*a*; Besl. BS 28 lid 3)

– 2. De verklaring, bedoeld in het eerste lid, onderdeel *k*, is niet vereist indien de aanstaande echtgenoten aannemelijk kunnen maken dat zij beiden buiten Nederland woonplaats hebben. De verklaring is evenmin vereist indien de aanstaande echtgenoot die niet de Nederlandse nationaliteit bezit, in Nederland rechtmatig verblijft op grond van artikel 8, onder *b*, *d* of *e*, van de Vreemdelingenwet 2000.

– 3. Bij algemene maatregel van bestuur worden nadere regels gesteld met betrekking tot de inhoud van het in het eerste lid onder *a* bedoelde gewaarmerkt afschrift van gegevens uit de basisadministratie persoonsgegevens, alsmede de in hetzelfde lid onder *k* bedoelde verklaring. (Ontw. 1.5.4.1; BW 126 (oud), 1:58 (oud))

Art. 45

Akte van bekendheid

– 1. Een aanstaande echtgenoot die in de onmogelijkheid is, zijn door het vorige artikel vereiste geboorteakte te vertonen, kan dit verhelpen door een akte van bekendheid, afgegeven door de kantonrechter van zijn geboorteplaats of woonplaats, op verklaring van vier meerderjarige getuigen.

– 2. Deze verklaring houdt de vermelding in van de plaats en, zo na mogelijk, van het tijdstip der geboorte, benevens de oorzaken, die beletten een akte daarvan over te leggen.

– 3. Het ontbreken van een geboorteakte kan ook worden verholpen, hetzij door een dergelijke, maar beëdigde verklaring, afgelegd door de getuigen, die bij de voltrekking van het huwelijk tegenwoordig zijn, of wel door een bij de ambtenaar van de burgerlijke stand afgelegde beëdigde verklaring van de aanstaande echtgenoot, inhoudende dat hij zich geen geboorteakte of akte van bekendheid kan verschaffen. In de huwelijksakte wordt van de afgelegde verklaring melding gemaakt. (Ontw. 1.5.4.2; BW 127 (oud), 1:59 (oud); BW 1:24 e.v.; Sr 207)

Art. 45a

Ontbreken akte

Indien partijen niet in staat zijn de akten van overlijden, bij artikel 44, eerste lid, onder *c* van dit boek bedoeld, over te leggen, kan dat gebrek op dezelfde wijze als in het geval van het vorige artikel worden verholpen. (Ontw. 1.5.4.3; BW 128 (oud), 1:60 (oud); BW 1:24 e.v.)

Art. 46

Wanneer het huwelijk binnen een jaar, te rekenen van de datum van de akte van huwelijksaangifte, niet is voltrokken, mag het niet worden voltrokken dan nadat een nieuwe aangifte is gedaan. (Ontw. 1.5.2.4; BW 112 (oud); BW 1: 62)

Art. 47

Onderzoek naar vereiste toestemmingen

– 1. Indien een minderjarige een huwelijk wenst aan te gaan, onderzoekt de ambtenaar van de burgerlijke stand, van welke personen daartoe de toestemming wordt vereist.

– 2. Voorts onderzoekt die ambtenaar of de minderjarige onder toezicht gesteld is of onder voorlopige voogdij is geplaatst. Blijkt dit het geval, dan verwittigt hij bij ondertoezichtstelling de kinderrechter en in het andere geval de stichting, bedoeld in artikel 1, onder *f*, van de Wet op de jeugdzorg onverwijld van het voorgenomen huwelijk. (Ontw. 1.5.2.5; BW 110 (oud); BW 1:35 e.v., 53, 244, 254 e.v., 271 e.v., 326, 331 e.v.)

Art. 48

Hertrouwen van ouder met gezag

Indien hij die wil hertrouwen het gezag heeft over kinderen uit een vorig huwelijk, geeft de ambtenaar van de burgerlijke stand van de gedane aangifte onverwijld kennis aan de rechtbank van de woonplaats van de bedoelde ouder. (BW 1:251, 355)

Art. 49

Trouwbeloften; vergoeding vermogensverlies

– 1. Trouwbeloften geven geen rechtsvordering tot het aangaan van een huwelijk, noch tot schadevergoeding wegens de niet-vervulling van de beloften; alle afwijkende bedingen zijn nietig.

– 2. Indien echter een akte van huwelijksaangifte is opgemaakt, kan dit grond opleveren tot een vordering tot vergoeding der werkelijke vermogensverliezen, zonder dat daarbij enige winstderving in aanmerking komt. De vordering vervalt door verloop van achttien maanden, te rekenen van de datum van de akte van huwelijksaangifte. (Ontw. 1.5.2.7; BW 113 (oud); BW 1:43; 3:40, 306 e.v.; 6:74, 81 e.v., 229, 230)

Art. 49a

Huwelijk buiten Nederland

– 1. Indien een Nederlander buiten Nederland een huwelijk wenst aan te gaan, wordt op zijn verzoek aan hem een verklaring van huwelijksbevoegdheid overeenkomstig de bijlage van de Overeenkomst van München van 5 september 1980 (*Trb.* 1981, 71, en 1982, 116) afgegeven.

– 2. Deze verklaring wordt afgegeven:

a. aan degene die binnen Nederland woonplaats heeft, door de ambtenaar van de burgerlijke stand van zijn woonplaats;

b. aan degene die binnen Nederland geen woonplaats heeft, maar wel heeft gehad, door de ambtenaar van de burgerlijke stand van de laatste woonplaats aldaar;

c. aan degene die binnen Nederland geen woonplaats heeft of heeft gehad, door het hoofd van de diplomatieke of consulaire vertegenwoordiging van het Koninkrijk der Nederlanden in het ressort waar het huwelijk wordt voltrokken.

– 3. De verklaring wordt door de bevoegde autoriteit niet afgegeven alvorens deze, door kennisneming van de bescheiden, vermeld in artikel 44, eerste lid, onder *a, b, c, d* en g, en zo nodig van die, vermeld in de artikelen 45 en 45*a*, alsmede in artikel 27*b*, zich ervan heeft overtuigd dat naar Nederlands recht geen beletselen tegen het huwelijk bestaan. (BW 1:31 e.v.)

– 4. De verklaring van huwelijksbevoegdheid is, te rekenen van het tijdstip van afgifte, gedurende zes maanden geldig. (Sr 465 e.v.)

AFDELING 3
Stuiting van het huwelijk

Art. 50

Schijnhuwelijk

Een huwelijk kan worden gestuit, wanneer partijen niet de vereisten in zich verenigen om een huwelijk aan te gaan, dan wel wanneer het oogmerk van de aanstaande echtgenoten, of één hunner, niet is gericht op de vervulling van de door de wet aan de huwelijkse staat verbonden plichten, doch op het verkrijgen van toelating tot Nederland. (Ontw. 1.5.3.1; BW 116e.v. (oud); BW 1:31 e.v., 44 lid 1 sub *k*, 53 lid 3, 54, 69 e.v., 71*a*; Overg.w. 7)

Art. 51

Bevoegd tot stuiting

– 1. Bevoegd tot stuiting, wanneer partijen niet de vereisten in zich verenigen om een huwelijk aan te gaan, zijn bloedverwanten in de rechte lijn, broeders, zusters, voogden en curatoren van een der aanstaande echtgenoten.

– 2. De in het vorige lid genoemde personen zijn ook bevoegd een huwelijk te stuiten, wanneer de andere aanstaande echtgenoot onder curatele staat, en het huwelijk klaarblijkelijk het ongeluk zou veroorzaken van de partij, waarvan zij bloedverwant, voogd of curator zijn. (Ontw. 1.5.3.2; BW 116 (oud); BW 1:37, 38, 72, 378; Overg.w. 7)

Art. 52

Stuiting door echtgeno(o)t(e) of partner

Hij die met een der partijen door huwelijk verbonden is dan wel met een der partijen een geregistreerd partnerschap is aangegaan, kan op grond van het bestaan van dat huwelijk of dat geregistreerd partnerschap een nieuw aan te gaan huwelijk stuiten. (Ontw. 1.5.3.4; BW 115 (oud); BW 1:33, 69 lid 2, 80*a*; Overg.w. 7)

Art. 53

Stuiting door OM

– 1. Het openbaar ministerie is verplicht een voorgenomen huwelijk te stuiten, indien het met een der in de artikelen 31 tot en met 33, 41 en 42 omschreven huwelijksbeletselen bekend is.

– 2. Het openbaar ministerie is bevoegd het huwelijk te stuiten van een minderjarige, die onder toezicht is gesteld of onder voorlopige voogdij is geplaatst, indien het belang van die minderjarige zich tegen het aangaan van het huwelijk verzet; daarbij kan het belang dat de wederpartij bij het huwelijk heeft, mede in aanmerking worden genomen.

– 3. Het openbaar ministerie is voorts bevoegd het huwelijk als schijnhandeling wegens strijd met de Nederlandse openbare orde te stuiten indien het oogmerk van de aanstaande echtgenoten, of één hunner, niet is gericht op de vervulling van de door de wet aan de huwelijkse staat verbonden plichten, doch op het verkrijgen van toelating tot Nederland. (Ontw. 1.5.3.5; BW 120 (oud); BW 1:44 lid 1 sub *k*, 47, 57, 71*a*, 244, 254 e.v., 271 e.v., 326, 331 e.v.; 3:40; Overg.w. 7; RO 4; Rv 323)

Art. 54

Wijze van stuiting

– 1. De stuiting geschiedt door betekening van een akte aan de ambtenaar van de burgerlijke stand van één der gemeenten waar het huwelijk kan worden voltrokken. (BW 1:43 lid 2, 63)

– 2. De akte houdt de keus van een woonplaats in die gemeente en de gronden van de stuiting in en vermeldt de hoedanigheid die aan de opposant de bevoegdheid geeft om het huwelijk te stuiten; alles op straffe van nietigheid.

– 3. De ambtenaar, aan wie de akte is betekend, zal van de gedane stuiting onverwijld kennis geven aan de ambtenaar van de burgerlijke stand der andere gemeenten, waar het huwelijk kan worden voltrokken.

– 4. De opposant zal afschrift der akte van stuiting onverwijld doen betekenen aan de partij, tegen welke de stuiting is gericht. (Ontw. 1.5.3.6; BW 43, 122 (oud); BW 1:15, 20*a* lid 4; Overg. w. 7; Sr 466 e.v.)

Art. 55

Opheffing stuiting

Een stuiting kan worden opgeheven:

a. op dezelfde wijze als waarop zij is geschied;

b. door een verklaring, in persoon afgelegd ten overstaan van een der ambtenaren van de burgerlijke stand, genoemd in het vorige artikel;

c. door een verklaring, afgelegd ten overstaan van een notaris;

d. door een in kracht van gewijsde gegane beschikking, gegeven op verzoek van een belanghebbende. (Ontw. 1.5.3.7; BW 43, 125 (oud); BW 1:20*a* lid 4, 44 lid 1 sub *f*; Overg.w. 7; Rv 798 e.v.)

Art. 56

Rechtsgevolg stuiting

Het huwelijk mag niet worden voltrokken, voordat de stuiting is opgeheven. Mocht het desniettemin voltrokken zijn hangende een geding tot opheffing van de stuiting, dan kan dit geding op verlangen van de opposant worden voortgezet en wordt het huwelijk nietig verklaard, indien de rechter de gegrondheid der stuiting aanvaardt. (Ontw. 1.5.3.8; BW 125 (oud); BW 1:44 lid 1 sub *f*, 69 e.v., 76; Overg.w. 7; Sr 379, 466)

Art. 57

Bekendheid ambtenaar met huwelijksbeletselen

Een ambtenaar van de burgerlijke stand aan wie het bestaan van een der in de artikelen 31 tot en met 33, 41 en 42 omschreven huwelijksbeletselen bekend is, mag niet tot een huwelijksaangifte of een huwelijksvoltrekking meewerken, ook al zou geen stuiting hebben plaatsgehad. (Ontw. 1.5.3.9; BW 41 (oud); Overg.w. 7; Sr 379, 466)

AFDELING 4
De voltrekking van het huwelijk

Art. 58

Verklaring Nederlanderschap

– 1. Komt vast te staan dat op het tijdstip waarop de voltrekking van het huwelijk zal plaatsvinden meer dan zes maanden zullen zijn verstreken sinds de afgifte van een verklaring als bedoeld in artikel 44, eerste lid, onder *k*, dan doet de ambtenaar van de burgerlijke stand zich, alvorens tot de voltrekking van het huwelijk over te gaan, wederom een zodanige verklaring overleggen, tenzij zulks op grond van het derde lid niet vereist is.
– 2. Indien de overlegging van een verklaring als bedoeld in artikel 44, eerste lid, onder *k*, op het tijdstip van de aangifte van het huwelijk niet werd vereist, doet de ambtenaar van de burgerlijke stand zich, alvorens tot voltrekking van het huwelijk over te gaan, alsnog een zodanige verklaring overleggen, tenzij zulks op grond van het derde lid niet vereist is.
– 3. De verklaring wordt opgesteld op verzoek van de aanstaande echtgenoot op wie zij betrekking heeft. Heeft deze geen woonplaats in Nederland, dan wordt zij opgesteld op verzoek van de andere aanstaande echtgenoot. De verklaring is niet vereist indien de aanstaande echtgenoten aannemelijk kunnen maken dat zij beiden buiten Nederland woonplaats hebben. De verklaring is evenmin vereist indien de aanstaande echtgenoot die niet de Nederlandse nationaliteit bezit, in Nederland rechtmatig verblijft op grond van artikel 8, onder *b*, *d*, of *e*, van de Vreemdelingenwet 2000. (BW 1:53 lid 3, 71*a*)

Art. 59-61

Vervallen.

Art. 62

Wachttijd; vrijstelling

– 1. Het huwelijk mag niet worden voltrokken vóór de veertiende dag na de datum van de akte van huwelijksaangifte.
– 2. Het openbaar ministerie bij de rechtbank, binnen wier rechtsgebied de huwelijksaangifte is geschied, is bevoegd uit hoofde van gewichtige redenen vrijstelling te verlenen van de voorgeschreven wachttijd. (Ontw. 1.5.4.5; BW 130 (oud); BW 1:43, 44 sub *e*)

Art. 63

Voltrekking in gemeentehuis; getuigen

Een huwelijk wordt in tegenwoordigheid van ten minste twee en ten hoogste vier meerderjarige getuigen in het openbaar in het gemeentehuis voltrokken ten overstaan van de ambtenaar van de burgerlijke stand van:
a. de woonplaats van één der partijen ten tijde van de datum van de akte van huwelijksaangifte, of
b. 's-Gravenhage, in het geval bedoeld in artikel 43, eerste lid, tweede zin, van dit boek, of
c. de bij de huwelijksaangifte aangewezen gemeente. (Ontw. 1.5.4.6; BW 131 (oud); BW 1:10, 43, 70; Consulaire wet 14)

Art. 64

Voltrekking in bijzonder huis; getuigen

Indien een der partijen uit hoofde van een behoorlijk bewezen wettig beletsel verhinderd wordt zich naar het gemeentehuis te begeven, kan het huwelijk worden voltrokken in een bijzonder huis binnen dezelfde gemeente, mits dit in tegenwoordigheid van zes meerderjarige getuigen geschiedt. (Ontw. 1.5.4.7; BW 132 (oud); BW 1:70)

Art. 65

Verschijning in persoon

De aanstaande echtgenoten zijn verplicht bij de voltrekking van hun huwelijk in persoon voor de ambtenaar van de burgerlijke stand te verschijnen. (Ontw. 1.5.4.8; BW 133 (oud); BW 1:18*a*)

Art. 66

Huwelijk bij volmacht

Het staat Onze Minister van Justitie vrij, uit hoofde van gewichtige redenen aan partijen te vergunnen het huwelijk door een bijzondere bij authentieke akte gevolmachtigde te voltrekken. (Ontw. 1.5.4.9; BW 134 (oud); BW 1: 18*a*, 44 sub g; 3: 39, 60 e.v.)

Art. 67

Verklaringen van a.s. echtgenoten en ambtenaar

– 1. De aanstaande echtgenoten moeten ten overstaan van de ambtenaar van de burgerlijke stand en in tegenwoordigheid van de getuigen verklaren, dat zij elkander aannemen tot echtgenoten en dat zij getrouw alle plichten zullen vervullen, die door de wet aan de huwelijkse staat worden verbonden.
– 2. Terstond nadat deze verklaring is afgelegd, verklaart de ambtenaar van de burgerlijke stand, dat partijen door de echt aan elkander zijn verbonden, en maakt hij daarvan in het daartoe bestemde register een akte op. (Ontw. 1.5.4.10; BW 44, 135 (oud); BW 1:16 e.v., 32, 81 e.v.; Sr 466 e.v.)

Art. 68

Godsdienstige plechtigheden

Geen godsdienstige plechtigheden zullen mogen plaats hebben, voordat de partijen aan de bedienaar van de eredienst zullen hebben doen blijken, dat het huwelijk ten overstaan van de ambtenaar van de burgerlijke stand is voltrokken. (Ontw. 1.5.4.11; BW 136 (oud); BW 1:30; Sr 449)

AFDELING 5
Nietigverklaring van een huwelijk

Art. 69

Bevoegdheid tot verzoek

– 1. Voor zover hieronder niet anders is bepaald, kan op grond dat de echtgenoten niet de vereisten in zich verenigden om tezamen een huwelijk aan te gaan, de nietigverklaring van het huwelijk worden verzocht door:
a. de bloedverwanten in de opgaande lijn van een der echtgenoten;
b. ieder der echtgenoten;
c. alle overige personen, die daarbij een onmiddellijk rechtsbelang hebben, echter deze alleen na de ontbinding van het huwelijk;
d. het openbaar ministerie, echter alleen zolang het huwelijk niet is ontbonden.
– 2. Hij die met een der echtgenoten nog door een vroeger huwelijk dan wel door een eerder geregistreerd partnerschap is verbonden, is eveneens bevoegd op grond van het bestaan van dat huwelijk of die registratie de nietigverklaring van het daarna gesloten huwelijk te verzoeken. (Ontw. 1.5.5.1; BW 141, 145 (oud); BW 1:31 e.v., 50 e.v., 56, 80*a*, 424, 425; Overg.w. 8; Rv 323)

Art. 70

Onbevoegdheid ambtenaar; niet het vereiste aantal getuigen

– 1. Op verzoek van de ouders, de echtgenoten en het openbaar ministerie kan een huwelijk worden nietig verklaard, wanneer het ten overstaan van een niet bevoegde ambtenaar van de burgerlijke stand of niet in tegenwoordigheid van het vereiste aantal getuigen is voltrokken.
– 2. De bevoegdheid van een echtgenoot om uit dien hoofde de nietigverklaring van het huwelijk te verzoeken vervalt, indien er uiterlijk bezit van de huwelijkse staat en een akte van huwelijksvoltrekking ten overstaan van een ambtenaar van de burgerlijke stand verleden, aanwezig zijn. (Ontw. 1.5.5.2; BW 147 (oud); BW 1:63 e.v.; Overg.w. 8)

Art. 71

Bedreiging of dwaling

– 1. Een echtgenoot kan de nietigverklaring van zijn huwelijk verzoeken, wanneer dit onder invloed van een onrechtmatige ernstige bedreiging is gesloten.
– 2. Een gelijk verzoek komt de echtgenoot toe, die bij de huwelijksvoltrekking gedwaald heeft hetzij in de persoon van de andere echtgenoot, hetzij omtrent de betekenis van de door hem afgelegde verklaring.
– 3. De bevoegdheid van de echtgenoot de nietigverklaring wegens bedreiging of dwaling te verzoeken vervalt, wanneer de echtgenoten zes maanden hebben samengewoond sedert het ophouden van de bedreiging of de ontdekking van de dwaling, zonder dat het verzoek is gedaan. (Ontw. 1.5.5.3; BW 142 (oud); BW 3:44; 6:228; Overg.w. 8)

Art. 71a

Vernietiging schijnhuwelijk

Op verzoek van het openbaar ministerie kan een huwelijk als schijnhandeling wegens strijd met de Nederlandse openbare orde worden nietig verklaard indien het oogmerk van de echtgenoten, of één hunner, niet was gericht op de vervulling van de door de wet aan de huwelijkse staat verbonden plichten, doch op het verkrijgen van toelating tot Nederland. (BW 1:44 lid 1 sub *k*, 50, 53 lid 3; 3:40)

Art. 72

Geen gronden voor nietigverklaring

Een huwelijk kan niet nietig worden verklaard uit hoofde dat op het tijdstip van de huwelijksvoltrekking een der echtgenoten onder curatele stond, en het huwelijk klaarblijkelijk het ongeluk van de andere echtgenoot zou veroorzaken. (BW 1 51, 56, 378 e.v.)

Art. 73

Geestelijke stoornis

De nietigverklaring van een huwelijk uit hoofde van een geestelijke stoornis kan na het ophouden van de stoornis alleen worden verzocht door de echtgenoot die geestelijk gestoord was. Het verzoek vervalt door een samenwoning van ten minste zes maanden na het ophouden van de stoornis. (Ontw. 1.5.5.5; BW 143 (oud); BW 1:32; 3:34; Overg.w. 8)

Art. 74

Niet de vereiste leeftijd

De nietigverklaring van een huwelijk, dat aangegaan is door iemand die de vereiste leeftijd miste, kan niet worden verzocht wanneer deze op de dag van het verzoek de vereiste ouderdom heeft, noch wanneer de vrouw vóór de dag van het verzoek zwanger is geworden. (Ontw. 1.5.5.6; BW 144 (oud); BW 1:31, 50 e.v.; Overg.w. 8)

Art. 75

Ontbreken toestemming van derden

– 1. Wegens het ontbreken van een vereiste toestemming van een derde kan de nietigverklaring van het huwelijk alleen door die derde of, in het geval van artikel 38 van dit boek, door de curator worden verzocht. Dit verzoek vervalt, wanneer hij die bevoegd is de nietigverklaring te verzoeken, het huwelijk uitdrukkelijk of stilzwijgend heeft goedgekeurd, of wanneer drie maanden verlopen zijn nadat hij met de huwelijksvoltrekking bekend is geworden.

– 2. Hij die bevoegd is de nietigverklaring te verzoeken, wordt vermoed met het huwelijk bekend te zijn geworden, wanneer het hier te lande is voltrokken, of wanneer het, buiten Nederland aangegaan, hier te lande in de registers van de burgerlijke stand is ingeschreven. (Ontw. 1.5.5.7; BW 146 (oud); BW 1:35 e.v.; Overg.w. 8)

Art. 76

Nietigverklaring alleen krachtens uitdrukkelijke wetsbepaling

Behoudens het in artikel 56 van dit boek bepaalde, verklaart de rechter een huwelijk alleen nietig op grond van een verzoek overeenkomstig de bepalingen van deze afdeling. (Ontw. 1.5.5.8; BW 154 (oud); Overg.w. 8)

Art. 77

Rechtsgevolgen nietigverklaring

– 1. De nietigverklaring van het huwelijk werkt, zodra de beschikking in kracht van gewijsde is gegaan; zij werkt terug tot het tijdstip van de huwelijksvoltrekking.

– 2. Nochtans mist de beschikking terugwerkende kracht en heeft zij hetzelfde gevolg als een echtscheiding:

a. ten aanzien van de kinderen der echtgenoten;

b. ten aanzien van de te goeder trouw zijnde echtgenoot; deze kan echter niet op een gemeenschap van goederen aanspraak maken, wanneer het huwelijk wegens het bestaan van een vroeger huwelijk of een eerder geregistreerd partnerschap is nietig verklaard;

c. ten aanzien van andere personen dan de echtgenoten en hun kinderen, voor zover zij te goeder trouw vóór de inschrijving der nietigverklaring rechten hebben verkregen. (Ontw. 1.5.5.9; BW 150 e.v. (oud); BW 1:2, 20 lid 1 sub *b*, 20*e* lid 1, 21, 150 e.v., 197 e.v., 285 e.v.; 3:11, 15, 53; 6:269; Overg.w. 8)

Art. 77a

Vervallen.

AFDELING 6

Bewijs van het bestaan van het huwelijk

Art. 78

Huwelijksakte of akte van omzetting

Het bestaan van een in Nederland gesloten huwelijk kan niet anders worden bewezen dan door de huwelijksakte dan wel door de akte van omzetting, bedoeld in artikel 80g, behoudens in de gevallen bij de volgende artikelen voorzien. (Ontw. 1.5.6.1; BW 155 (oud); BW 1:22*a*, 67, 70, 205 e.v.; Rv 160)

Art. 79

Bewijs door getuigen of bescheiden

Heeft het huwelijksregister niet bestaan of is het verloren gegaan of ontbreekt daaraan de huwelijksakte, dan wel de akte van omzetting, bedoeld in artikel 80g, dan kan het huwelijk door getuigen of bescheiden worden bewezen, mits er een uiterlijk bezit van de huwelijkse staat aanwezig is. (Ontw. 1.5.6.2; BW 156 (oud); BW 1:24 e.v., 70, 205 e.v.)

Art. 80

Bewijs ingeval betwisting staat van kind

Wordt in een geding betwist dat een kind, dat uiterlijk bezit van staat heeft, uit een huwelijk is geboren, dan levert het feit dat de ouders openlijk als man en vrouw hebben geleefd, voldoende bewijs op. (BW 1:197 e.v., 209 e.v.)

TITEL 5A

Het geregistreerd partnerschap

Art. 80a

Vereisten

– 1. Een persoon kan tegelijkertijd slechts met één andere persoon van hetzelfde of andere geslacht een geregistreerd partnerschap aangaan. (BW 1:33)

– 2. Zij die een geregistreerd partnerschap aangaan, mogen niet tegelijkertijd gehuwd zijn. (BW 1:42)

– 3. Registratie van partnerschap geschiedt bij een akte van registratie van partnerschap opgemaakt door een ambtenaar van de burgerlijke stand. (BW 1:17 e.v.)

– 4. Zij die een geregistreerd partnerschap willen aangaan, moeten daarvan onder overlegging van gegevens omtrent hun burgerlijke staat, en indien zij eerder een partnerschap hadden laten registreren of gehuwd zijn geweest, met vermelding van de namen van de vroegere partner dan wel van de namen van de vroegere echtgenoot, aangifte doen bij de ambtenaar van de burgerlijke stand van de woonplaats van één der partijen. Wanneer de aanstaande geregistreerde partners, van wie ten minste één de Nederlandse nationaliteit bezit, buiten Nederland woonplaats hebben en in een Nederlandse gemeente een geregistreerd partnerschap met elkaar willen aangaan, geschiedt de aangifte bij de ambtenaar van de burgerlijke stand te 's-Gravenhage. De artikelen 43, tweede tot en met vierde lid, en 46 zijn van overeenkomstige toepassing.

– 5. Een partnerschapsregistratie kan worden gestuit, indien partijen niet de vereisten in zich verenigen om de registratie aan te gaan, dan wel wanneer het oogmerk van de aanstaande geregistreerde partners, of één hunner, niet is gericht op de vervulling van de door de wet aan de partnerschapsregistratie verbonden plichten, doch op het verkrijgen van toelating tot Nederland. Op een stuiting zijn de artikelen 51, 52, 53, tweede en derde lid, en 54 tot en met 56 van overeenkomstige toepassing. Het openbaar ministerie is verplicht een partnerschapsregistratie te stuiten, indien het met een van de in de artikelen 31, 32, 41 en in het eerste en tweede lid van dit artikel omschreven beletselen bekend is. Indien aan de ambtenaar van de burgerlijke stand een van de in de vorige zin genoemde beletselen bekend is, mag hij niet tot een aangifte of registratie meewerken, ook al zou geen stuiting hebben plaatsgehad.

– 6. Ter zake van de partnerschapsregistratie zijn de artikelen 31, 32, 35 tot en met 39, 41, 44 tot en met 49, 58, en 62 tot en met 66 van overeenkomstige toepassing.

– 7. Op de nietigverklaring van een partnerschapsregistratie zijn van overeenkomstige toepassing de artikelen 69 tot en met 73, 74, 75 tot en met 77, eerste lid en tweede lid.

– 8. Op het bewijs van het bestaan van de partnerschapsregistratie zijn de artikelen 78 en 79 van overeenkomstige toepassing.

Art. 80b

Titel 6, 7 en 8 van toepassing

Op een geregistreerd partnerschap zijn de titels 6, 7 en 8 van overeenkomstige toepassing.

Art. 80c

Einde geregistreerd partnerschap

– 1. Het geregistreerd partnerschap eindigt:

a. door de dood; (BW 1:426 e.v.)

b. indien de vermiste, die overeenkomstig de bepalingen van de tweede of derde afdeling van de achttiende titel van dit boek vermoedelijk overleden dan wel overleden is verklaard, nog in leven is op de dag waarop de achtergebleven geregistreerde partner een nieuw geregistreerd partnerschap of huwelijk is aangegaan: door de voltrekking van dit geregistreerd partnerschap of huwelijk;

c. met wederzijds goedvinden door inschrijving door de ambtenaar van de burgerlijke stand van een door beide partners en een of meer advocaten of notarissen ondertekende en gedateerde verklaring waaruit blijkt dat en op welk tijdstip de partners omtrent de beëindiging van het geregistreerd partnerschap een overeenkomst hebben gesloten. (BW 1:80*d*)

d. door ontbinding op verzoek van de partners of een van hen; (BW 1:149; Rv 828)

e. door omzetting van een geregistreerd partnerschap in een huwelijk.

– 2. Tot inschrijving van verklaringen als bedoeld in het eerste lid, onder *c*, is de ambtenaar van de burgerlijke stand steeds bevoegd indien het geregistreerd partnerschap in Nederland is aangegaan. Indien het partnerschap buiten Nederland is aangegaan, is de ambtenaar van de burgerlijke stand tot inschrijving van verklaringen als bedoeld in het eerste lid, onder *c*, bevoegd indien voldaan is aan de voorwaarden van artikel 4, vierde lid, van het Wetboek van Burgerlijke Rechtsvordering voor de bevoegdheid van de rechter in geval van de ontbinding van het geregistreerd partnerschap.

– 3. Een geregistreerd partnerschap kan niet met wederzijds goedvinden als bedoeld in het eerste lid, onder c, worden beëindigd indien de partners:

a. al dan niet gezamenlijk het gezag uitoefenen over een of meer van hun gezamenlijke kinderen;

b. ingevolge artikel 253sa of 253t het gezag gezamenlijk uitoefenen over een of meer kinderen.

Art. 80d

Vereisten ontbindingsovereenkomst

– 1. De in artikel 80*c*, onder *c*, bedoelde overeenkomst betreft ten minste de verklaring van beide partners dat hun geregistreerd partnerschap duurzaam ontwricht is en dat zij het willen beëindigen. Voorts betreft de overeenkomst, evenwel niet op straffe van nietigheid:

a. de uitkering tot levensonderhoud ten behoeve van de geregistreerde partner die niet voldoende inkomsten tot zijn levensonderhoud heeft, noch zich in redelijkheid kan verwerven;

b. wie van de geregistreerde partners huurder van de woonruimte die hen tot hoofdverblijf dient, zal zijn of wie van de geregistreerde partners gedurende een bij de overeenkomst te bepalen termijn het gebruik zal hebben van de woning en de inboedel die een van hen of hen beiden toebehoren dan wel ten gebruike toekomen;

c. de verdeling van enige gemeenschap waarin de partners de registratie zijn aangegaan dan wel de verrekening die bij voorwaarden als bedoeld in titel 8 is overeengekomen;

d. de verevening of verrekening van pensioenrechten.

– 2. Op een beëindiging van het geregistreerd partnerschap met wederzijds goedvinden zijn de artikelen 155, 157, vierde en zesde lid, 158, 159, eerste en derde lid, 159*a*, 160 en 164 van overeenkomstige toepassing.

– 3. De verklaring, bedoeld in artikel 80*c*, onder *c*, wordt slechts ingeschreven in de registers van de burgerlijke stand, indien zij de ambtenaar van de burgerlijke stand uiterlijk drie maanden na het sluiten van de overeenkomst heeft bereikt.

Art. 80e

– 1. Op een ontbinding van een geregistreerd partnerschap als bedoeld in artikel 80*c*, onder *d*, zijn de artikelen 151, 153, 155, 157 tot en met 160, 164 en 165 van overeenkomstige toepassing.

– 2. De ontbinding komt tot stand door inschrijving van een rechterlijke uitspraak op verzoek van partijen of van één van hen in de registers van de burgerlijke stand. Artikel 163, derde lid, is van overeenkomstige toepassing.

Voorzieningen i.v.m. uitkeringen, pensioen enz.

Art. 80f

Indien de partijen wier geregistreerd partnerschap is beëindigd, opnieuw een geregistreerd partnerschap met elkaar aangaan dan wel met elkaar in het huwelijk treden, herleven alle gevolgen van het geregistreerd partnerschap van rechtswege alsof er geen beëindiging heeft plaats gehad. Nochtans wordt de geldigheid van rechtshandelingen die tussen de inschrijving van de beëindiging en de nieuwe registratie of het huwelijk zijn verricht, beoordeeld naar het tijdstip van de handeling. Op het maken of wijzigen van de voorwaarden, bedoeld in titel 8, vóór het aangaan van de nieuwe registratie of het huwelijk is artikel 119 van overeenkomstige toepassing. (BW 1:166)

Herleving gevolgen geregistreerd partnerschap

Art. 80g

– 1. Indien twee personen aan de ambtenaar van de burgerlijke stand kenbaar maken dat zij het geregistreerd partnerschap dat zij zijn aangegaan, omgezet wensen te zien in een huwelijk, kan de ambtenaar van de burgerlijke stand van de woonplaats van één der partijen ter zake een akte van omzetting opmaken. Indien de geregistreerde partners van wie ten minste één de Nederlandse nationaliteit bezit, buiten Nederland woonplaats hebben en in Nederland hun geregistreerd partnerschap in een huwelijk willen omzetten, geschiedt de omzetting bij de ambtenaar van de burgerlijke stand te 's-Gravenhage.

Akte omzetting geregistreerd partnerschap in huwelijk

– 2. De artikelen 65 en 66 zijn van overeenkomstige toepassing.

– 3. Een omzetting doet het geregistreerd partnerschap eindigen en het huwelijk aanvangen op het tijdstip dat de akte van omzetting in het register van huwelijken is opgemaakt. De omzetting brengt geen wijziging in de al dan niet bestaande familierechtelijke betrekkingen met kinderen die voor de omzetting zijn geboren. (BW 1:77*a*)

TITEL 6

Rechten en verplichtingen van echtgenoten

Art. 81

Echtgenoten zijn elkander getrouwheid, hulp en bijstand verschuldigd. Zij zijn verplicht elkander het nodige te verschaffen. (Ontw. 1.6.1; BW 158 (oud); BW 1:67, 84 lid 6, 92*a*, 157 e.v., 169, 182, 392 lid 3, 400 e.v.; 6:108 lid 1 onder *a*; Rv 822; Sr 255)

Wederkerige plichten van echtgenoten

Art. 82

Echtgenoten zijn jegens elkaar verplicht de tot het gezin behorende minderjarige kinderen te verzorgen en op te voeden en de kosten van die verzorging en opvoeding te dragen. (Ontw. 1.6.2; BW 159 lid 2 (oud); BW 1:84, 92*a*, 392 e.v., 404 e.v.; 4:1143; Sr 255)

Verzorging en opvoeding kinderen

Art. 83

Vervallen.

Art. 84

– 1. De kosten der huishouding, daaronder begrepen de kosten van verzorging en opvoeding van de kinderen, komen ten laste van het gemene inkomen van de echtgenoten en, voor zover dit ontoereikend is, ten laste van hun eigen inkomens in evenredigheid daarvan; voor zover de inkomens ontoereikend zijn, komen deze kosten ten laste van het gemene vermogen en, voor zover ook dit ontoereikend is, ten laste van de eigen vermogens naar evenredigheid daarvan. Een en ander geldt niet voor zover bijzondere omstandigheden zich er tegen verzetten.

Kosten huishouding

– 2. De echtgenoten zijn jegens elkaar verplicht dienovereenkomstig tot de bestrijding van de in het eerste lid bedoelde uitgaven voldoende gelden ter beschikking te stellen uit de onder hun bestuur staande goederen, voor zover bijzondere omstandigheden zich daartegen niet verzetten.

– 3. Bij schriftelijke overeenkomst kan een van het eerste en tweede lid afwijkende regeling worden getroffen.

– 4. Geschillen tussen de echtgenoten omtrent de toepassing van het eerste tot en met derde lid worden door de rechtbank op verzoek van beiden of een van hen beslist.

– 5. Op verzoek van beide of van een van de echtgenoten kan de rechtbank een gegeven beschikking of een onderling getroffen regeling wijzigen op grond van veranderde omstandigheden. (Ontw. 1.6.4; BW 161 (oud); BW 1:82, 92*a*, 400 e.v.; 3:39; 6:258; Rv 261 e.v., 798; Overg. w. 9.)

Art. 85

De ene echtgenoot is naast de andere voor het geheel aansprakelijk voor de door deze ten behoeve van de gewone gang van de huishouding aangegane verbintenissen, met inbegrip van

Aansprakelijkheid voor huishoudelijke schulden

die welke voortvloeien uit de door hem als werkgever ten behoeve van de huishouding aangegane arbeidsovereenkomsten. (BW 1:92*a*, 95, 102, 103 lid 5-6; 6:6 e.v.; 7:610*a*)

Art. 86

Opheffing aansprakelijkheid voor huishoudelijke schulden

– 1. De rechtbank kan, wanneer daartoe gegronde redenen bestaan, op verzoek van een echtgenoot bepalen dat deze niet aansprakelijk zal zijn voor de door de andere echtgenoot in het vervolg aangegane verbintenissen als bedoeld in het vorige artikel.

– 2. Een overeenkomstig dit artikel gegeven rechterlijke beschikking kan bij veranderde omstandigheden op gelijke wijze als zij is tot stand gekomen, worden gewijzigd of opgeheven.

– 3. De beschikking kan aan derden die van haar bestaan onkundig waren, slechts worden tegengeworpen, indien zij ingeschreven was in het huwelijksgoederenregister, aangewezen in artikel 116 van dit boek, en na de inschrijving veertien dagen waren verlopen.

– 4. In de beschikking kan worden bepaald dat zij bovendien moet worden bekend gemaakt in een of meer door de rechter aangewezen dagbladen. In dat geval werkt de beschikking ten nadele van derden die daarvan onkundig waren, ook niet vóór deze bekendmaking. (Ontw. 1.6.6; BW 163 (oud); BW 1:92*a*; Besl. huw.goed.reg. 1, 1*b*; Overg.w. 9, 11; Rv 261 e.v., 798 e.v.)

Art. 87

Vervallen.

Art. 88

Toestemming andere echtgenoot voor rechtshandeling

– 1. Een echtgenoot behoeft de toestemming van de andere echtgenoot voor de volgende rechtshandelingen:

a. overeenkomsten strekkende tot vervreemding, bezwaring of ingebruikgeving en rechtshandelingen strekkende tot beëindiging van het gebruik van een door de echtgenoten tezamen of door de andere echtgenoot alleen bewoonde woning of van zaken die bij een zodanige woning of tot de inboedel daarvan behoren; (BW art. 3:5, 20 e.v., 226, 227 e.v., 236 e.v., 260 e.v.; BW art. 7:1 e.v., 7:232 e.v.; BW art. 7A:1777)

b. giften, met uitzondering van de gebruikelijke, niet bovenmatige; (BW art. 1:146; 7:175 e.v.; Successiewet art. 13)

c. overeenkomsten die ertoe strekken dat hij, anders dan in de normale uitoefening van zijn beroep of bedrijf, zich als borg of hoofdelijk medeschuldenaar verbindt, zich voor een derde sterk maakt, of zich tot zekerheidstelling voor een schuld van de derde verbindt; (BW art. 1:97 lid 2; BW art. 6:6 e.v.; Bw art. 7:850 e.v.)

d. overeenkomsten van koop op afbetaling, behalve van zaken welke kennelijk uitsluitend of hoofdzakelijk ten behoeve van de normale uitoefening van zijn beroep of bedrijf strekken. (BW art. 1:97 lid 2; BW art. 7A:1576)

– 2. De echtgenoot behoeft de toestemming niet, indien hij tot het verrichten der rechtshandeling is verplicht op grond van de wet of op grond van een voorafgaande rechtshandeling waarvoor die toestemming is verleend of niet was vereist.

– 3. De toestemming moet schriftelijk worden verleend, indien de wet voor het verrichten van de rechtshandeling een vorm voorschrijft. (BW art. 3:37, 39, 40)

– 4. In afwijking van lid 1, onder *b*, is geen toestemming vereist voor giften welke de strekking hebben dat zij pas zullen worden uitgevoerd na het overlijden van degene die de gift doet, en niet reeds tijdens diens leven worden uitgevoerd. Bestaat de gift in de aanwijzing van een begunstigde bij een sommenverzekering die tijdens het leven van de verzekeringnemer is aanvaard of kan worden aanvaard, dan is daarvoor wel toestemming vereist.

– 5. Toestemming voor een rechtshandeling als bedoeld in lid 1 onder *c*, is niet vereist, indien zij wordt verricht door een bestuurder van een naamloze vennootschap of van een besloten vennootschap met beperkte aansprakelijkheid, die daarvan alleen of met zijn medebestuurders de meerderheid der aandelen houdt en mits zij geschiedt ten behoeve van de normale uitoefening van het bedrijf van die vennootschap. (BW art. 2:85, 194)

– 6. Indien de andere echtgenoot door afwezigheid of een andere oorzaak in de onmogelijkheid verkeert zijn wil te verklaren of zijn toestemming niet verleent, kan de beslissing van de rechtbank worden ingeroepen.

Art. 89

Vernietiging door echtgenoot van onbevoegd verrichte rechtshandelingen

– 1. Een rechtshandeling die een echtgenoot in strijd met het vorige artikel heeft verricht, is vernietigbaar; slechts de andere echtgenoot kan een beroep op de vernietigingsgrond doen.

– 2. Het vorige lid geldt niet voor een andere handeling dan een gift, indien de wederpartij te goeder trouw was.

– 3. Het einde van het huwelijk en scheiding van tafel en bed hebben geen invloed op de bevoegdheid om ter vernietiging van een rechtshandeling van een echtgenoot een beroep op de vernietigingsgrond te doen, die voordien was ontstaan. Indien de andere echtgenoot dientengevolge schuldenaar uit die rechtshandeling wordt, geldt artikel 51 lid 3 van Boek 3 voor hem slechts, zolang de termijn van artikel 52 lid 1 van Boek 3 niet is verstreken. (BW 3: 56)

– 4. De verklaring of rechtsvordering tot vernietiging behoeft in afwijking van de artikelen 50

lid 1 en 51 lid 2 van Boek 3 niet mede te worden gericht tot de echtgenoot die de handeling heeft verricht. (BW 3: 56)
– 5. De echtgenoot die een beroep op de vernietigingsgrond heeft gedaan, kan tevens alle uit de nietigheid voortvloeiende rechtsvorderingen instellen. (BW 1: 92*a*, 164, 174; 3: 23, 24, 35, 49 e.v., 84, 86, 88; 6: 161)

Art. 90

Bestuursbevoegdheid

– 1. Een echtgenoot is bevoegd tot het bestuur van zijn eigen goederen en, volgens de regels van artikel 97, tot het bestuur van goederen van een gemeenschap.

Bestuur

– 2. Het bestuur van een echtgenoot over een goed omvat de uitoefening, met uitsluiting van de andere echtgenoot, van de daaraan verbonden bevoegdheden, daaronder begrepen de bevoegdheid tot beschikking en de bevoegdheid om ten aanzien van dat goed feitelijke handelingen te verrichten en toe te laten, onverminderd de bevoegdheden tot genot en gebruik die de andere echtgenoot overeenkomstig de huwelijksverhouding toekomen.

Overlaten bestuur; opdracht

– 3. Tussen de echtgenoot die het hem toekomend bestuur overlaat aan de andere echtgenoot, en deze laatste zijn de bepalingen omtrent opdracht van overeenkomstige toepassing, met inachtneming van de aard van de huwelijksverhouding en de aard der goederen.

Toetreding

– 4. De echtgenoot die een goed bestuurt, kan als partij naast de andere echtgenoot toetreden tot een rechtshandeling die deze laatste met betrekking tot dat goed heeft verricht. De verklaring van toetreding wordt gericht tot hen die partij bij de rechtshandeling zijn; artikel 56 van Boek 3 is van overeenkomstige toepassing. Is voor het verrichten van de rechtshandeling een bepaalde vorm voorgeschreven, dan geldt voor de toetreding hetzelfde vereiste. De echtgenoot kan toetreding tot bijkomstige en tot reeds opeisbare rechten en verplichtingen uitsluiten; hij wordt geacht zich slechts te hebben verbonden onder eerbiediging van tevoren aan derden verleende rechten. (BW 1:83, 91, 92, 92*a*, 94, 97, 98, 121; 3:37, 39, 58, 60 e.v., 69, 78; 7:400 e.v.)

Art. 91

Rechterlijke bestuursopdracht

– 1. Indien een echtgenoot door afwezigheid of een andere oorzaak in de onmogelijkheid verkeert zijn goederen of de goederen der gemeenschap te besturen, of in ernstige mate tekortschiet in het bestuur van de goederen der gemeenschap, kan de rechtbank op verzoek van de andere echtgenoot aan deze het bestuur over die goederen of een deel daarvan met uitsluiting van de eerstgenoemde echtgenoot opdragen. De rechter kan bij de opdracht nadere regelen stellen omtrent het bestuur en de vertegenwoordiging in de zin van lid 4.
– 2. De artikelen 86 leden 2-4 en 90 lid 3 zijn van overeenkomstige toepassing.
– 3. De rechter gelast de oproeping van beide echtgenoten en, zo de in lid 1 eerstgenoemde echtgenoot een vertegenwoordiger heeft aangesteld, ook deze.

Vertegenwoordiging

– 4. De echtgenoot aan wie het bestuur over goederen wordt opgedragen, is bevoegd tot vertegenwoordiging van de echtgenoot aan wie het wordt onttrokken, bij andere dan bestuurshandelingen met betrekking tot die goederen. (BW 1:86, 90, 92*a*, 97, 109 e.v., 133 e.v., 409 e.v., 432; 3:78, 79; 6:258; Besl. Huw.goed.reg. 1, 1*b*; Rv 429*a* e.v., 798)

Art. 92

Derdenbescherming

– 1. Is aan een derde niet kenbaar wie van de echtgenoten bevoegd is tot het bestuur over een roerende zaak die geen registergoed is, of een recht aan toonder, dan mag hij de echtgenoot die de zaak of het papier aan toonder onder zich heeft, bevoegd achten.

Beëindiging stoornis

– 2. De echtgenoot die ten gevolge van een rechtshandeling van de andere echtgenoot door een derde te goeder trouw in het bestuur van een goed is gestoord, verliest het recht tot beëindiging van de stoornis, indien hij zich tegen de stoornis niet heeft verzet binnen een redelijke termijn nadat zij te zijner kennis is gekomen. De bevoegdheid van de echtgenoot tot beëindiging van de stoornis vervalt eveneens indien de derde hem een redelijke termijn heeft gesteld ter uitoefening van die bevoegdheid en hij daarvan geen gebruik heeft gemaakt.
– 3. Aan een derde kan niet worden tegengeworpen dat een vordering tot vergoeding welke tijdens het huwelijk is ontstaan wegens vermogensverschuiving tussen de echtgenoten onderling of tussen een der echtgenoten en een tussen hen bestaande gemeenschap, niet opeisbaar is. (BW 1:92*a*; 3:1, 2, 3, 10, 11, 32 e.v., 86, 87; 6:34; K 178 e.v.)

Art. 92a

Gescheiden van tafel en bed

Deze titel is niet van toepassing op van tafel en bed gescheiden echtgenoten. (BW 1:168 e.v.)

TITEL 7

De wettelijke gemeenschap van goederen

AFDELING 1

Algemene bepalingen

Art. 93

Algehele gemeenschap van goederen

Van het ogenblik der voltrekking van het huwelijk bestaat tussen de echtgenoten van rechtswege algehele gemeenschap van goederen, voor zover daarvan bij huwelijkse voorwaarden niet is afgeweken. (Ontw. 1.7.1.1; BW 174 (oud); BW 1:114 e.v., 122, 123 e.v., 132 e.v.; 3:80 lid 2, 189; 6:142 e.v.)

Art. 94

Omvang gemeenschap

– 1. De gemeenschap omvat, wat haar baten betreft, alle tegenwoordige en toekomstige goederen der echtgenoten, met uitzondering van goederen ten aanzien waarvan bij uiterste wilsbeschikking van de erflater of bij de gift is bepaald dat zij buiten de gemeenschap vallen, en met uitzondering van het vruchtgebruik, bedoeld in afdeling 2 van titel 3 van Boek 4.

– 2. Zij omvat, wat haar lasten betreft, alle schulden van ieder der echtgenoten.

– 3. Goederen en schulden die aan een der echtgenoten op enigerlei bijzondere wijze verknocht zijn, vallen slechts in de gemeenschap voor zover die verknochtheid zich hiertegen niet verzet.

– 4. Onverminderd het in artikel 155 van dit boek bepaalde vallen pensioenrechten waarop de Wet verevening pensioenrechten bij scheiding (*Stb.* 1994, 342) van toepassing is alsmede met die pensioenrechten verband houdende rechten op nabestaandenpensioen niet in de gemeenschap. (Ontw. 1.7.1.2; BW art. 175, 176 lid 1 (oud); BW art. 1:97, 121, 124 131, 141 e.v.; BW art. 3:80 lid 2, 189; BW art. 6:142 e.v.; OBW art. 10; Fw art. 61, 229 e.v.)

Art. 95

Verhaalbaarheid gemeenschapsschuld; regresrecht

– 1. Voor een schuld van een echtgenoot, die in de gemeenschap is gevallen, kunnen zowel de goederen der gemeenschap als zijn eigen goederen worden uitgewonnen.

– 2. De echtgenoot uit wiens eigen goederen een schuld der gemeenschap is voldaan, heeft deswege recht op vergoeding uit de goederen der gemeenschap. (Ontw. 1.7.1.3a; BW art. 176 (oud); BW art. 1:102, 103, 125, 127, 131; BW art. 3:189; BW art. 6:142 e.v.; OBW 10; Fw art. 61, 229 e.v.)

Art. 96

Verhaalbaarheid privéschuld; regresrecht

– 1. Ook voor een schuld van een echtgenoot, die niet in de gemeenschap is gevallen, kunnen de goederen der gemeenschap worden uitgewonnen, tenzij de andere echtgenoot eigen goederen van eerstgenoemde aanwijst, die voldoende verhaal bieden.

– 2. De echtgenoot wiens niet in de gemeenschap gevallen schuld uit goederen der gemeenschap is voldaan, is deswege gehouden tot vergoeding aan de gemeenschap. (Ontw. 1.7.1.3b, 1.8.1.7a; BW art. 208 (oud); BW art. 1:125, 127; BW art. 3:189, 234; BW art. 6:142 e.v.; OBW art. 10)

AFDELING 2
Het bestuur van de gemeenschap

Art. 97

Bestuursbevoegdheid; zaaksvervanging

– 1. Een goed der gemeenschap staat onder het bestuur van de echtgenoot van wiens zijde het in de gemeenschap is gevallen, voor zover niet de echtgenoten bij huwelijkse voorwaarden anders zijn overeengekomen of de rechter met toepassing van artikel 91 van dit boek anders heeft bepaald. Een goed dat moet worden geacht in de plaats te treden van een bepaald ander goed, komt onder het bestuur van de echtgenoot die het vervangen goed bestuurde. Een goed dat op naam van een der echtgenoten is gesteld, staat evenwel onder diens bestuur. Elk der echtgenoten is bevoegd tot stuiting van verjaring ten behoeve van de gemeenschap. (BW 3:167, 170, 213, 229)

Beroeps- of bedrijfsgoederen

– 2. Is een goed der gemeenschap met toestemming, verleend door de echtgenoot onder wiens bestuur het stond, dienstbaar aan een beroep of bedrijf van de andere echtgenoot, dan berust het bestuur van dat goed, voor zover het handelingen betreft die als normale uitoefening van dat beroep of bedrijf zijn te beschouwen, bij laatstgenoemde echtgenoot en voor het overige bij de echtgenoten gezamenlijk. Een verleende toestemming geldt voor de gehele duur van het beroep of bedrijf, tenzij de echtgenoten anders overeenkomen, doch de rechtbank kan de dienstbaarheid op verzoek van een echtgenoot te allen tijde wegens gegronde redenen beëindigen. (Ontw. 1.7.2.1; BW 177 lid 1 (oud); BW 1:90, 91, 94, 101, 114 e.v., 126; Overg.w. 10)

Art. 98

Verstrekking inlichtingen

De echtgenoten verstrekken elkander desgevraagd inlichtingen over het gevoerde bestuur, alsmede over de stand der goederen en schulden van de gemeenschap.

AFDELING 3
Ontbinding van de gemeenschap

Art. 99

Gronden voor ontbinding

– 1. De gemeenschap wordt van rechtswege ontbonden:
a. door het eindigen van het huwelijk; (BW 1:149)
b. door scheiding van tafel en bed; (BW 1:168 e.v.)
c. door een beschikking die de gemeenschap opheft; (BW 1:109 e.v.; Rv 811)

d. door opheffing bij latere huwelijkse voorwaarden. (Ontw. 1.7.3.1; BW 178 (oud); BW 1:114 e.v., 134)

– 2. Tezamen met een verzoek waarvan toewijzing ontbinding tot gevolg zal hebben kan reeds overeenkomstig titel 7 van Boek 3 een vordering worden ingesteld tot verdeling van de gemeenschap, tot gelasten van de wijze van verdeling en tot vaststelling van de verdeling, telkens voor het geval de gemeenschap wordt ontbonden. (BW 3:166 e.v., 178 e.v., 189 lid 2; Rv 658 e.v., 677 e.v., 733)

Verdeling gemeenschap

Art. 100

Aandeel in ontbonden gemeenschap

– 1. De echtgenoten hebben een gelijk aandeel in de ontbonden gemeenschap, tenzij anders is bepaald bij huwelijkse voorwaarden of bij een overeenkomst die tussen de echtgenoten bij geschrift is gesloten met het oog op de aanstaande ontbinding der gemeenschap anders dan door de dood of ten gevolge van opheffing bij huwelijkse voorwaarden.

Verhaal schuldeisers

– 2. Zij die bij de ontbinding van de gemeenschap schuldeiser zijn, behouden het hun toekomende recht van verhaal op de goederen der gemeenschap, zolang deze niet verdeeld zijn. (Ontw. 1.7.3.3; BW 181 (oud); BW 1:94; 3:166 e.v., 178 e.v., 189 lid 2, 192; Rv 658 e.v., 677 e.v., 733)

Art. 101

Aan de persoon verknochte goederen

Na de ontbinding der gemeenschap heeft ieder der echtgenoten de bevoegdheid de te zijnen gebruike strekkende kleren en kleinodiën, alsmede zijn beroeps- en bedrijfsmiddelen en de papieren en gedenkstukken tot zijn familie behorende, tegen de geschatte prijs over te nemen. (Ontw. 1.7.3.5; BW 182 (oud); BW 1:97 lid 2; 4:29)

Art. 102

Aansprakelijkheid voor gemeenschapsschulden

Na ontbinding van de gemeenschap blijft ieder der echtgenoten voor het geheel aansprakelijk voor de gemeenschapsschulden, waarvoor hij voordien aansprakelijk was. Voor andere schulden van de gemeenschap is hij voor de helft aansprakelijk; voor dat gedeelte der schuld is hij hoofdelijk met de andere echtgenoot verbonden. (Ontw. 1.7.3.6; BW 183 (oud); BW 1:95, 103 lid 4, 122, 127; 3:166 e.v., 178 e.v., 189 lid 2, 192; 6:6 e.v.; Overg.w. 10; Rv 658 e.v., 677 e.v., 733)

Art. 103

Afstand van de gemeenschap

– 1. Ieder der echtgenoten heeft het recht van de gemeenschap afstand te doen; alle daarmede strijdige overeenkomsten zijn nietig.

– 2. Het deel der gemeenschap waarvan afstand wordt gedaan, wast aan bij het deel van de andere echtgenoot. (BW 1:108 lid 1)

– 3. De echtgenoot die afstand heeft gedaan, kan uit de gemeenschap niets terugvorderen dan alleen zijn bed met bijbehorend beddegoed en de kleren die hij voor zijn persoonlijk gebruik nodig heeft. Hij kan de papieren en gedenkstukken, tot zijn familie behorende, tegen de geschatte prijs overnemen. (BW 1:101, 105 lid 2, 108 lid 1)

– 4. Door deze afstand wordt hij ontheven van de aansprakelijkheid en de draagplicht voor schulden der gemeenschap, waarvoor hij vóór de ontbinding der gemeenschap niet aansprakelijk was. (BW 1:107 lid 2, 108 lid 2)

– 5. Hij blijft aansprakelijk voor de schulden der gemeenschap, waarvoor hij vóór de ontbinding der gemeenschap aansprakelijk was. Indien hij een schuld, waarvoor beide echtgenoten vóór de ontbinding der gemeenschap voor het geheel aansprakelijk waren, voor meer dan de helft heeft voldaan, heeft hij voor het meerdere verhaal tegen de andere echtgenoot. (BW 1:102)

– 6. Indien de andere echtgenoot een schuld der gemeenschap, waarvoor hij vóór de ontbinding der gemeenschap niet aansprakelijk was, geheel of ten dele heeft voldaan, heeft hij deswege verhaal tegen de echtgenoot die de afstand heeft gedaan. Heeft hij een schuld, waarvoor beide echtgenoten vóór de ontbinding der gemeenschap voor het geheel aansprakelijk waren, voor meer dan de helft voldaan, dan heeft hij voor het meerdere verhaal tegen de echtgenoot die de afstand heeft gedaan. (Ontw. 1.7.3.7; BW 184 (oud); BW 1:102; Overg.w. 10)

Art. 104

Inschrijving akte van afstand; termijnen

– 1. De echtgenoot die van het bij het vorige artikel omschreven voorrecht wil gebruik maken, is verplicht binnen drie maanden na de ontbinding der gemeenschap een akte van afstand te doen inschrijven in het huwelijksgoederenregister, aangewezen in artikel 116 van dit boek, op verbeurte van dit voorrecht.

– 2. Indien de gemeenschap door de dood van de andere echtgenoot wordt ontbonden, begint de termijn van drie maanden te lopen op de dag waarop de echtgenoot die van het voorrecht wil gebruik maken, van dat overlijden kennis heeft genomen. Indien de gemeenschap door opheffing of door scheiding van tafel en bed is ontbonden, eindigt de termijn drie maanden nadat de beschikking in kracht van gewijsde is gegaan. (Ontw. 1.7.3.8; BW 185 (oud); BW 1:105, 106, 108 lid 3; Overg.w. 10, 11; Kad. 29)

Art. 105

Afstand door erfgenamen

– 1. De erfgenamen van een echtgenoot, door wiens overlijden de gemeenschap is ontbonden,

of die binnen de in het vorige artikel gestelde termijn is overleden zonder afstand te hebben gedaan, zijn ieder voor hun aandeel bevoegd op de in het vorige artikel omschreven wijze afstand te doen binnen drie maanden nadat zij met het overlijden bekend zijn geworden.
– 2. De aanspraak van de echtgenoot tot terugvordering van zijn bed, beddegoed, en kleren uit de gemeenschap kan niet worden overgedragen en gaat ook niet over op zijn erfgenamen. (Ontw. 1.7.3.9; BW 186 (oud); BW 1:103 lid 3, 353; Overg.w. 11)

Art. 106

Verlenging termijn van inschrijving

De rechtbank van de plaats waar de akte van afstand moet worden ingeschreven, kan de voor de inschrijving gestelde termijn voor de afloop daarvan een of meer malen op grond van bijzondere omstandigheden verlengen. (Ontw. 1.7.3.9a; BW 1:104; Overg.w. 10)

Art. 107

Verlies recht van afstand

– 1. De echtgenoot of zijn erfgenaam, die zich de goederen der gemeenschap heeft aangetrokken of goederen daarvan heeft weggemaakt of verduisterd, kan geen afstand meer doen. Daden van dagelijks bestuur of tot behoud van de goederen brengen dit gevolg niet teweeg.
– 2. Hij die na gedane afstand goederen der gemeenschap wegmaakt of verduistert, verliest de bevoegdheid artikel 103 lid 4 van dit boek in te roepen. (Ontw. 1.7.3.10; BW 187 (oud))

Art. 108

Dubbele afstand

– 1. Afstand van de gemeenschap, door een echtgenoot of een erfgenaam van een echtgenoot gedaan nadat door de andere echtgenoot of een of meer van diens erfgenamen afstand werd gedaan, heeft niet de gevolgen, omschreven in artikel 103 leden 2 en 3 van dit boek, en verplicht hen die tot de gemeenschap gerechtigd zijn, haar te vereffenen. Afdeling 3 van titel 6 van Boek 4 betreffende de vereffening van nalatenschappen is zoveel mogelijk van overeenkomstige toepassing. (BW4: 202 e.v.)
– 2. Indien hij die tot vereffening van de gemeenschap gehouden is, na tot het afleggen van de rekening en verantwoording te zijn aangemaand, in gebreke blijft aan deze verplichting te voldoen, verliest hij de bevoegdheid artikel 103 lid 4 van dit boek in te roepen. (Ontw. 1.7.3.10a; BW 188 (oud); Overg.w. 10)

AFDELING 4
Opheffing van de gemeenschap bij beschikking

Art. 109

Gronden voor opheffing gemeenschap

Een echtgenoot kan opheffing van de gemeenschap verzoeken, wanneer de andere echtgenoot op lichtvaardige wijze schulden maakt, de goederen der gemeenschap verspilt, handelingen verricht, die kennelijk indruisen tegen het bestuur van de andere echtgenoot over goederen der gemeenschap, of weigert de nodige inlichtingen te geven omtrent de stand van de goederen der gemeenschap en van de daarop verhaalbare schulden en het over die goederen gevoerde bestuur. (Ontw. 1.7.4.2; BW 180 lid 1 (oud); BW 1:91, 94 e.v., 98 lid 1, 135, 164, 174, 378 lid 1 sub *b*; Overg.w. 10; Rv 798 e.v.)

Art. 110

Verzoek tot opheffing; beslag

– 1. Het verzoek moet in het huwelijksgoederenregister, aangewezen in artikel 116 van dit boek, worden ingeschreven, en moet openlijk worden bekend gemaakt in een landelijk dagblad of in een dagblad verschijnend in de streek waar de tot kennisneming van het verzoek bevoegde rechter zitting houdt. De bekendmaking vermeldt de datum van het verzoek en de naam, de voornamen, het beroep en de woonplaats van ieder der echtgenoten. De beschikking mag niet worden gegeven binnen een maand nadat de bekendmaking heeft plaatsgehad. (BW 1:112 lid 2)
– 2. De echtgenoot die de opheffing van de gemeenschap vraagt, kan tot behoud van zijn recht de maatregelen nemen, die in het Wetboek van Burgerlijke Rechtsvordering nader zijn aangegeven. (Ontw. 1.7.4.3; BW 180 leden 2en 3 (oud); Overg.w. 11)

Art. 111

Rechtsgevolgen beschikking; schadevergoedingsplicht

– 1. De beschikking, waarbij het verzoek tot opheffing van de gemeenschap is toegewezen, werkt terug tot de dag, waarop aan het eerste lid van het vorige artikel is voldaan, vanaf welke dag de echtgenoten worden geacht te zijn gehuwd met uitsluiting van gemeenschap van goederen, onder al zodanige bedingen als de beschikking zal hebben vastgesteld. (Ontw. 1.7.4.4; BW 180 lid 6 (oud))
– 2. Indien de echtgenoot tegen wie het verzoek is toegewezen, de gemeenschap heeft benadeeld doordat hij na de aanvang van het geding of binnen zes maanden daarvóór lichtvaardig schulden heeft gemaakt, goederen der gemeenschap heeft verspild, of een rechtshandeling als bedoeld in artikel 88 van dit boek zonder de vereiste toestemming of machtiging heeft verricht, is hij gehouden de aangerichte schade aan de gemeenschap te vergoeden. (BW 1:164, 174)
– 3. Een op het vorige lid gegronde vordering kan niet later worden ingesteld dan drie jaren nadat de beschikking in kracht van gewijsde is gegaan.

Art. 112

– 1. De opheffing van de gemeenschap moet, om tegen derden die daarvan onkundig waren te werken, openlijk worden bekend gemaakt en, nadat de beschikking in kracht van gewijsde is gegaan, worden ingeschreven in het huwelijksgoederenregister, aangewezen in artikel 116 van dit boek.

Publicatie en inschrijving opheffing

– 2. De bekendmaking geschiedt door plaatsing van een uittreksel van de beschikking in de *Staatscourant* en in een of meer in de beschikking aangewezen dagbladen. Het uittreksel bevat de gegevens, bedoeld in artikel 110, eerste lid, alsmede de dagtekening van de beschikking en de aanduiding van de rechtbank die haar heeft gegeven. De gronden waarop de beschikking berust mogen in het uittreksel niet worden opgenomen. (Ontw. 1.7.4.5; BW 180 lid 5 (oud); BW 1:173; 3:11, 24; Overg.w. 10, 11; Rv 811 e.v.)

Art. 113

Herstel gemeenschap

Is de gemeenschap door opheffing ontbonden, dan kunnen de echtgenoten daarna, echter alleen bij huwelijkse voorwaarden, wederom een gemeenschap overeenkomen. (Ontw. 1.7.4.6; BW 180 lid 7 (oud); BW 1:114 e.v., 118 e.v.)

TITEL 8

Huwelijkse voorwaarden

AFDELING 1

Huwelijkse voorwaarden in het algemeen

Art. 114

Vóór en tijdens huwelijk

Huwelijkse voorwaarden kunnen zowel door aanstaande echtgenoten vóór het sluiten van het huwelijk als door echtgenoten tijdens het huwelijk worden gemaakt. (Ontw. 1.8.1.1; BW 200 (oud); BW 1:93, 115 e.v., 117, 118 e.v.; 3:59, 79; 6:216)

Art. 115

Notariële akte; volmacht

– 1. Huwelijkse voorwaarden moeten op straffe van nietigheid bij notariële akte worden aangegaan.

– 2. Een volmacht tot het aangaan van huwelijkse voorwaarden moet schriftelijk worden verleend en moet de in de huwelijkse voorwaarden op te nemen bepalingen bevatten. (Ontw. 1.8.1.2; BW 201 (oud); BW 3:39, 61)

Art. 116

Werking tegenover derden

– 1. Bepalingen in huwelijkse voorwaarden kunnen aan derden die daarvan onkundig waren, slechts worden tegengeworpen, indien die bepalingen ingeschreven waren in het openbaar huwelijksgoederenregister, gehouden ter griffie der rechtbank binnen welker rechtsgebied het huwelijk is voltrokken, of, indien het huwelijk buiten Nederland is aangegaan, ter griffie van de rechtbank te 's-Gravenhage. (BW 3:168 lid 4)

– 2. De wijze van inrichting en raadpleging van het register wordt nader bij algemene maatregel van bestuur geregeld. (Ontw. 1.8.1.3; BW 207 leden 1 en 2 (oud); BW 1:86 lid 3, 91, 104, 105, 110, 112, 120 lid 2, 173, 177; 3:11, 24; Overg.w. 12)

Art. 117

Vóór huwelijk gemaakte huwelijkse voorwaarden

– 1. Huwelijkse voorwaarden vóór het huwelijk gemaakt of gewijzigd, zijn slechts geldig, indien zij wier toestemming tot het huwelijk noodzakelijk is, bij de akte hun toestemming tot de huwelijkse voorwaarden of de wijziging hebben gegeven; is de toestemming van de rechter nodig, dan kan worden volstaan met vasthechting van zijn beschikking aan de minuut van de akte. Op het verzoek tot toestemming van de rechter is artikel 39 lid 1 van dit boek van overeenkomstige toepassing. (BW 206 (oud); BW 1:35 e.v.; 3:32; 7A:1714)

– 2. Vóór het huwelijk gemaakte huwelijkse voorwaarden beginnen te werken van het tijdstip der voltrekking van het huwelijk; geen ander tijdstip kan daarvoor worden aangewezen. (Ontw. 1.8.1.4; BW 202 (oud); BW 1:67, 93, 120)

Art. 118

Huwelijkse voorwaarden na huwelijksvoltrekking

De echtgenoot die onder curatele staat, kan na de huwelijksvoltrekking slechts met toestemming van zijn curator huwelijkse voorwaarden maken of wijzigen. (Ontw. 1.8.1.5; BW 204 lid 1 (oud); BW 1:381 lid 3; 3:32; Overg.w. 12 lid 4)

Art. 119

Goedkeuring rechtbank

– 1. Het maken of wijzigen van huwelijkse voorwaarden tijdens het huwelijk behoeft de goedkeuring van de rechtbank. Bij het verzoekschrift der echtgenoten wordt een ontwerp van de notariële akte overgelegd. Het verzoekschrift kan zonder tussenkomst van een advocaat worden ingediend.

– 2. De gehele of gedeeltelijke goedkeuring wordt slechts geweigerd, indien gevaar voor benadeling van schuldeisers bestaat, of indien een of meer voorwaarden strijden met dwingende wetsbepalingen, de goede zeden of de openbare orde.

– 3. Indien de akte niet is verleden binnen drie maanden na het in kracht van gewijsde gaan van de beschikking waarbij de goedkeuring is verleend, vervalt deze. (Ontw. 1.8.1.5a; BW 204 lid 2 (oud); BW 1:166; 3:45, 46; Rv 429*a* e.v., 798 e.v.)

Art. 120

Aanvang werking; werking tegenover derden

– 1. Tijdens het huwelijk gemaakte of gewijzigde huwelijkse voorwaarden beginnen te werken op de dag, volgende op die waarop de akte is verleden, tenzij in de akte een later tijdstip is aangewezen.

– 2. Bepalingen in deze huwelijkse voorwaarden kunnen aan derden die daarvan onkundig waren, slechts worden tegengeworpen, indien zij ten minste veertien dagen in het huwelijksgoederenregister ingeschreven waren. (Ontw. 1.8.1.5b; BW 207 (oud); BW 1:116, 117 lid 2; 3:11, 24, 168 lid 4; Overg.w. 12)

Art. 121

Met de wet strijdige huwelijkse voorwaarden

– 1. Partijen kunnen bij huwelijkse voorwaarden afwijken van de regels der wettelijke gemeenschap, mits die voorwaarden niet met dwingende wetsbepalingen, de goede zeden, of de openbare orde strijden.

– 2. Zij kunnen niet bepalen dat een hunner tot een groter aandeel in de schulden zal zijn gehouden, dan zijn aandeel in de goederen der gemeenschap beloopt.

– 3. Zij kunnen niet afwijken van de rechten die uit het ouderlijk gezag voortspruiten, noch van de rechten die de wet aan een langstlevende echtgenoot toekent. (Ontw. 1.8.1.6; BW 194, 196, 197, 198 (oud); BW art. 1:93, 122, 247 e.v., 253*l* e.v.; BW art. 3:40, 189 lid 1; BW art. 4:899 e.v.)

Art. 122

Toepasselijke bepalingen

De bepalingen van de vorige titel zijn van toepassing, voor zover daarvan niet uitdrukkelijk of door de aard der bedingen, bij de huwelijkse voorwaarden gemaakt, is afgeweken. (Ontw. 1.8.7a; BW 208 lid 1 (oud); BW art. 1:93 e.v.)

Art. 123

Gemeenschap van vruchten en inkomsten

Wanneer bij huwelijkse voorwaarden een gemeenschap van vruchten en inkomsten is overeengekomen, gelden de artikelen 124-127 van dit boek, voor zover daarvan niet uitdrukkelijk of door de aard der bedingen is afgeweken. (Ontw. 1.8.1.7b; BW 219 v. (oud); BW 1:121; ONBW 13 lid 3)

Art. 124

Omvang gemeenschappelijke baten

– 1. De gemeenschap van vruchten en inkomsten omvat, wat haar baten betreft, alle goederen die de echtgenoten tijdens het bestaan van de gemeenschap hebben verkregen anders dan door erfopvolging, making of gift, met uitzondering van hetgeen krachtens de volgende leden buiten de gemeenschap valt.

– 2. Een goed dat een echtgenoot anders dan om niet verkrijgt, blijft buiten de gemeenschap, indien het voor meer dan de helft van zijn prijs ten laste van hem persoonlijk komt.

– 3. Buiten de gemeenschap valt hetgeen wordt geïnd op een vordering die buiten de gemeenschap valt, alsmede een vordering tot vergoeding die in de plaats van een eigen goed van een echtgenoot treedt, waaronder begrepen een vordering ter zake van waardevermindering van zulk een goed. (Ontw. 1.8.1.7c; BW 1:94, 97 e.v., 125, 126, 128; 3:167, 213, 229; Overg.w. 13 lid 3)

Art. 125

Omvang gemeenschappelijke lasten

De gemeenschap van vruchten en inkomsten omvat, wat haar lasten betreft, alle schulden van de echtgenoten, met uitzondering van die welke hetzij bij de aanvang van de gemeenschap bestonden, hetzij op verkrijgingen door erfopvolging, making of gift drukken, hetzij slechts de persoon of eigen goederen van één der echtgenoten betreffen en noch geheel noch gedeeltelijk uit inkomsten betaald plegen te worden. Een schuld die een echtgenoot met medeweten van de schuldeiser in verband met de verwerving van een eigen goed aangaat, valt niet in de gemeenschap. (Ontw. 1.8.1.7d; BW 1:94 e.v., 126, 128; Overg.w. 13 lid 2)

Art. 126

Baten en lasten uit bedrijf of beroep

– 1. Buiten de gemeenschap van vruchten en inkomsten vallen de goederen en schulden die behoren tot een door één der echtgenoten uitgeoefend bedrijf of vrij beroep. Deze bepaling is niet van toepassing op registergoederen op naam van de andere echtgenoot. (BW 1:92)

– 2. Ten bate of ten laste van de gemeenschap komen vergoedingen ten bedrage van de winsten en verliezen van het bedrijf of beroep, vast te stellen naar normen die in het maatschappelijk verkeer als redelijk worden beschouwd.

– 3. Voor zover een echtgenoot in overwegende mate bij machte is te bepalen dat de winsten van een niet op zijn eigen naam uitgeoefend bedrijf hem rechtstreeks of middellijk ten goede komen, wordt dat bedrijf voor de toepassing van het vorige lid aangemerkt als een door die echtgenoot uitgeoefend bedrijf. (Ontw. 1.8.1.7e; BW 1:94 e.v., 128; Overg.w. 13 lid 2)

Art. 127

Draagplicht na ontbinding

Voor zover bij de ontbinding van de gemeenschap van vruchten en inkomsten de goederen der gemeenschap, met inachtneming van de in het vorige artikel en de artikelen 95 lid 2 en 96 lid 2 van dit boek bedoelde vergoedingen, niet toereikend zijn om de schulden van de gemeenschap te voldoen, worden deze gedragen door de echtgenoot van wiens zijde zij in de gemeenschap zijn gevallen, voor zover de aard der schulden niet tot een andere draagplicht leidt. (Ontw. 1.8.7f; BW 1:99 e.v., 102; Overg.w. 13 lid 2)

Art. 128

Gemeenschap van winst en verlies

Wanneer bij huwelijkse voorwaarden is overeengekomen dat er gemeenschap van winst en verlies zal bestaan, zijn de artikelen 124-126 van dit boek van overeenkomstige toepassing, voor zover daarvan niet uitdrukkelijk of door de aard der bedingen is afgeweken. (Ontw. 1.8.1.7g; BW 1:121; Overg.w. 13 lid 2)

Art. 129

Vervallen.

Art. 130

Bewijs van buiten gemeenschap gehouden goederen

Een echtgenoot kan tegen derden zijn aanbreng van bij huwelijkse voorwaarden buiten de gemeenschap gehouden goederen, voor wat betreft rechten aan toonder en zaken die geen registergoederen zijn, slechts bewijzen door hun vermelding in de akte van huwelijkse voorwaarden of in een door de partijen en de notaris ondertekende, aan de minuut van die akte vastgehechte beschrijving. Indien de vermelding van een goed geen afdoende omschrijving daarvan biedt, kan aanvullend bewijs door alle middelen worden geleverd; ten aanzien van goederen die een echtgenoot buiten diens weten opgekomen waren, kan het bewijs door alle middelen worden geleverd. (Ontw. 1.8.1.9; BW 205 leden 1 en 2 (oud); BW 1:92; Overg.w. 13 lid 1; Rv 183 e.v.; Fw 61)

Art. 131

Geschil over eigendommen; derdenbescherming

– 1. Bestaat tussen de echtgenoten een geschil aan wie van hen beiden een recht aan toonder of een zaak die geen registergoed is, toebehoort en kan geen van beiden zijn recht op dit goed bewijzen, dan wordt dat goed als gemeenschapsgoed aangemerkt, wanneer tussen hen een gemeenschap bestaat die dit goed kan omvatten; bestaat er geen zodanige gemeenschap, dan wordt het goed geacht aan ieder der echtgenoten voor de helft toe te behoren.

– 2. Het vermoeden werkt niet ten nadele van de schuldeisers der echtgenoten. (Ontw. 1.8.1.10; BW 205 lid 4 (oud))

AFDELING 2

Verrekenbedingen

§ 1. Algemene regels voor verrekenbedingen

Art. 132

Reikwijdte

– 1. Deze afdeling is van toepassing op huwelijkse voorwaarden die een of meer verplichtingen inhouden tot verrekening van inkomsten of van vermogen.

– 2. Tenzij anders is bepaald, kan van deze afdeling bij huwelijkse voorwaarden uitdrukkelijk of door de aard der bedingen worden afgeweken. (BW art. 1:93, 114 e.v., 138, 139, 140, 141, 143)

Art. 133

Beginsel van wederkerigheid

– 1. De verplichting tot verrekening van inkomsten of van vermogen is wederkerig.

– 2. De verplichting tot verrekening heeft uitsluitend betrekking op inkomsten die of op vermogen dat de echtgenoten tijdens het bestaan van deze verplichting hebben verkregen. De verplichting tot verrekening heeft geen betrekking op vermogen dat krachtens erfopvolging, making of gift wordt verkregen en ook niet op de vruchten daaruit of de voor dat vermogen of voor die vruchten in de plaats getreden goederen. (BW art. 1:124; BW art. 3:9; BW art. 4:1, 117; BW art. 7:186; Rv art. 798)

Art. 134

Niet verrekenbaar

Bij uiterste wilsbeschikking van de erflater of bij de gift kan worden bepaald dat geen verrekening van krachtens erfopvolging, making of gift verkregen vermogen en van de vruchten daarvan plaatsvindt, indien verrekening daarvan ingevolge huwelijkse voorwaarden zou behoren plaats te vinden. (BW art. 1:94 lid 1, 114 e.v.; BW art. 3:9; BW art. 4:115, 117; BW art. 7:186)

Art. 135

Beginsel van evenredigheid

– 1. De verrekening van inkomsten of van vermogen geschiedt bij helfte.

– 2. Op de verrekening zijn de artikelen 181, 183 en 195 tot en met 200 van Boek 3 van dit wetboek van overeenkomstige toepassing, met dien verstande dat voor de beoordeling van de vraag of benadeling als bedoeld in artikel 196 van Boek 3 van dit wetboek heeft plaatsgevonden, de in artikel 142 genoemde tijdstippen bepalend zijn. De artikelen 677 tot en met 680 van het Wetboek van Burgerlijke Rechtsvordering zijn van overeenkomstige toepassing.

– 3. Een echtgenoot die opzettelijk een tot het te verrekenen vermogen behorend goed verzwijgt, zoek maakt of verborgen houdt waardoor de waarde daarvan niet in de verrekening is betrokken, dient de waarde daarvan niet te verrekenen, maar geheel aan de andere echtgenoot te vergoeden. (BW art. 1:100, 107; BW art 6. 3:194)

Art. 136

Verdeling voor- en nadeel waardeschommelingen

– 1. Indien een goed onder aanwending van te verrekenen vermogen is verkregen, wordt het verkregen goed tot het te verrekenen vermogen gerekend voor het aandeel dat overeenkomt met het bij de verkrijging uit het te verrekenen vermogen aangewende gedeelte van de tegenprestatie gedeeld door de totale tegenprestatie. Indien een echtgenoot in verband met de verwerving van een goed een schuld is aangegaan, wordt het goed op de voet van de eerste volzin tot het te verrekenen vermogen gerekend voor zover de schuld daartoe wordt gerekend of daaruit is afgelost of betaald.
– 2. Bestaat tussen de echtgenoten een geschil omtrent de vraag of een goed tot het te verrekenen vermogen wordt gerekend en kan geen van beiden bewijzen dat het goed tot het niet te verrekenen vermogen wordt gerekend, dan wordt dat goed aangemerkt als te rekenen tot het te verrekenen vermogen. Het vermoeden werkt niet ten nadele van de schuldeisers der echtgenoten. (BW 1:97 lid 1, 131)

Art. 137

Geldelijke aanspraak

– 1. Onverminderd het derde lid, geschiedt een verrekening in geld.
– 2. Indien op grond van een verrekenbeding over en weer opeisbare vorderingen ontstaan, worden beide vorderingen van rechtswege met elkaar verrekend tot aan hun gemeenschappelijk beloop.
– 3. Een echtgenoot is slechts gehouden een inbetalinggeving van goederen te aanvaarden dan wel kan deze slechts verlangen in plaats van een verrekening in geld, voor zover de verrekening in geld naar maatstaven van redelijkheid en billijkheid onaanvaardbaar zou zijn. (BW 6:2, 45, 127)

Art. 138

Geen verplichting tot rekening en verantwoording

– 1. De ene echtgenoot is aan de andere geen verantwoording over het bestuur van zijn goederen schuldig. Slecht bestuur over die goederen verplicht niet tot schadevergoeding.
– 2. De ene echtgenoot kan jaarlijks van de andere echtgenoot een gespecificeerde, schriftelijke en ondertekende opgave verzoeken van de te verrekenen inkomsten en van het te verrekenen vermogen. Van deze bepaling kan niet worden afgeweken.
– 3. Geschillen tussen de echtgenoten betreffende de opgave worden op verzoek van een van hen door de rechtbank beslist. (BW art. 1:133 (oud); BW art. 1:98)

Art. 139

Beëindiging verrekenplicht

– 1. Een echtgenoot kan de opheffing van de wederzijdse verplichting tot verrekening verzoeken, wanneer de andere echtgenoot op lichtvaardige wijze schulden maakt, zijn goederen verspilt of weigert de in artikel 138, tweede lid, bedoelde verplichte opgave omtrent zijn te verrekenen inkomsten of vermogen te verstrekken.
– 2. Indien de echtgenoot tegen wie het verzoek zich richt, het te verrekenen vermogen benadeelt doordat hij na de aanvang van het geding of binnen zes maanden daarvoor lichtvaardig schulden heeft gemaakt, te verrekenen goederen heeft verspild, of een rechtshandeling als bedoeld in artikel 88 zonder de vereiste toestemming of machtiging heeft verricht, is hij gehouden de aangerichte schade te vergoeden.
– 3. Van het eerste en tweede lid kan niet worden afgeweken. (BW art. 1:135 (oud); BW art. 1:109; Rv art. 798 e.v.)

Art. 140

Betalingsregeling

– 1. Op verzoek van de verrekenplichtige echtgenoot kan de rechter wegens gewichtige redenen bepalen dat een verschuldigde geldsom, al dan niet vermeerderd met een in de beschikking te bepalen rente, in termijnen of eerst na verloop van zekere tijd, hetzij ineens, hetzij in termijnen behoeft te worden voldaan. Hierbij let de rechter op de belangen van beide partijen. De rechter kan de verrekenplichtige echtgenoot verplichten binnen een bepaalde tijd zakelijke of persoonlijke zekerheid te stellen voor de voldoening van de verschuldigde geldsom.
– 2. Hetgeen in het eerste lid omtrent een echtgenoot is bepaald, geldt op overeenkomstige wijze na zijn overlijden voor zijn rechtverkrijgenden onder algemene titel.
– 3. Van het eerste en tweede lid kan niet worden afgeweken. (BW art. 4:1, 5; Rv art. 798 e.v.)

§ 2. Periodieke verrekenbedingen

Art. 141

Periodieke verrekenbedingen

– 1. Indien een verrekenplicht betrekking heeft op een in de huwelijkse voorwaarden omschreven tijdvak van het huwelijk en over dat tijdvak niet is afgerekend, blijft de verplichting tot verrekening over dat tijdvak in stand en strekt deze zich uit over het saldo, ontstaan door belegging en herbelegging van hetgeen niet verrekend is, alsmede over de vruchten daarvan.
– 2. Indien een verrekenplicht betrekking heeft op een in de huwelijkse voorwaarden omschreven tijdvak van het huwelijk, dan eindigt die verrekenplicht op het tijdstip zoals in artikel 142 bepaald, als dat tijdvak nog loopt.
– 3. Indien bij het einde van het huwelijk aan een bij huwelijkse voorwaarden overeengeko-

men periodieke verrekenplicht als bedoeld in het eerste lid niet is voldaan, wordt het alsdan aanwezige vermogen vermoed te zijn gevormd uit hetgeen verrekend had moeten worden, tenzij uit de eisen van redelijkheid en billijkheid in het licht van de aard en omvang van de verrekenplicht anders voortvloeit. Artikel 143 is van overeenkomstige toepassing.
– 4. Indien een echtgenoot in overwegende mate bij machte is te bepalen dat de winsten van een niet op zijn eigen naam uitgeoefende onderneming hem rechtstreeks of middellijk ten goede komen, en een verrekenbeding is overeengekomen dat ook ondernemingswinsten omvat, worden de niet uitgekeerde winsten uit zodanige onderneming, voor zover in het maatschappelijk verkeer als redelijk beschouwd, eveneens in aanmerking genomen bij de vaststelling van de verrekenplicht van die echtgenoot, onverminderd het eerste lid.
– 5. Het vierde lid is van overeenkomstige toepassing, indien een echtgenoot op eigen naam een onderneming uitoefent.
– 6. De vordering tot verrekening, bedoeld in het eerste lid, verjaart niet eerder dan drie jaren na de beëindiging van het huwelijk dan wel het onherroepelijk worden van de beschikking tot scheiding van tafel en bed. Deze termijn kan niet worden verkort.

§ 3. Finale verrekenbedingen

Art. 142

Finale verrekenbedingen

– 1. Als tijdstip waarop de samenstelling en de omvang van het te verrekenen vermogen worden bepaald, geldt:
a. in geval van het eindigen van het huwelijk of het geregistreerd partnerschap door overlijden: het tijdstip van overlijden;
b. in geval van beëindiging van het huwelijk door echtscheiding: het tijdstip van indiening van het verzoek tot echtscheiding;
c. in geval van scheiding van tafel en bed: het tijdstip van indiening van het verzoek tot scheiding van tafel en bed;
d. in geval van opheffing van de wederzijdse verplichting tot verrekening als bedoeld in artikel 139: het tijdstip van indiening van het verzoek tot opheffing van die verplichting;
e. in geval van beëindiging van het geregistreerd partnerschap met wederzijds goedvinden: het tijdstip waarop de overeenkomst tot beëindiging wordt gesloten;
f. in geval van ontbinding van het geregistreerd partnerschap op verzoek: het tijdstip van indiening van het verzoek;
g. in geval van vermissing en een daarop gevolgd huwelijk of geregistreerd partnerschap: het tijdstip waarop de beschikking, bedoeld in artikel 417, eerste lid, in kracht van gewijsde is gegaan.
– 2. Van het eerste lid, aanhef en onder *b* tot en met *f*, kan bij op schrift gestelde overeenkomst worden afgeweken. (BW art. 1:136, 140 (oud))

Art. 143

Verschaffen benodigde gegevens

– 1. Vanaf de in het eerste lid van artikel 142 vermelde tijdstippen kan ieder der echtgenoten verzoeken dat het te verrekenen vermogen van de andere echtgenoot wordt beschreven.
– 2. De artikelen 671 tot en met 676 en 679 van het Wetboek van Burgerlijke Rechtsvordering zijn van overeenkomstige toepassing.
– 3. Hetgeen in de vorige leden omtrent een echtgenoot is bepaald, geldt op overeenkomstige wijze na zijn overlijden voor zijn rechtverkrijgenden onder algemene titel.
– 4. Van het eerste tot en met het derde lid kan niet worden afgeweken. (Succ.w. art. 36 e.v.)

Art. 144-145

Vervallen.

AFDELING 3

Art. 146-148

Vervallen.

TITEL 9

Ontbinding van het huwelijk

AFDELING 1

Ontbinding van het huwelijk in het algemeen

Art. 149

Einde huwelijk

Het huwelijk eindigt:
a. door de dood; (BW 1:34, 426 e.v.)
b. indien de vermiste, die overeenkomstig de bepalingen van de tweede of derde afdeling van de achttiende titel van dit boek vermoedelijk overleden dan wel overleden is verklaard, nog in leven is op de dag waarop de achtergebleven echtgenoot een nieuw huwelijk of geregistreerd

partnerschap is aangegaan: door de voltrekking van dit huwelijk of geregistreerd partnerschap;
c. door echtscheiding, overeenkomstig de bepalingen van de tweede afdeling van deze titel; (BW 1:150 e.v.)
d. door ontbinding van het huwelijk na scheiding van tafel en bed, overeenkomstig de bepalingen van de tweede afdeling van de tiende titel van dit boek. (BW 1:3, 58 sub *d*, 99, 134, 179 e.v.; Rv 814 e.v.)

AFDELING 2
Echtscheiding

Art. 150

Echtscheiding

Echtscheiding tussen echtgenoten die niet van tafel en bed gescheiden zijn, wordt uitgesproken op verzoek van één der echtgenoten of op hun gemeenschappelijk verzoek. (BW 1:151 e.v., 154; Rv 429*c*, 814 e.v.)

Art. 151

Op verzoek; echtscheidingsgrond

Echtscheiding wordt op verzoek van één der echtgenoten uitgesproken, indien het huwelijk duurzaam ontwricht is. (BW 1:153, 169, 179; Rv 814 e.v.)

Art. 152

Vervallen.

Art. 153

Voorzieningen i.v.m. uitkeringen

– 1. Indien als gevolg van de verzochte echtscheiding een bestaand vooruitzicht op uitkeringen aan de andere echtgenoot na vooroverlijden van de echtgenoot die het verzoek heeft gedaan zou teloorgaan of in ernstige mate zou verminderen, en de andere echtgenoot deswege tegen dat verzoek verweer voert, kan deze niet worden toegewezen voordat daaromtrent een voorziening is getroffen die, gelet op de omstandigheden van het geval, ten opzichte van beide echtgenoten billijk is te achten. De rechter kan daartoe een termijn stellen.
– 2. Het eerste lid is niet van toepassing:
a. indien redelijkerwijs te verwachten is dat de andere echtgenoot zelf voor dat geval voldoende voorzieningen kan treffen;
b. indien de duurzame ontwrichting van het huwelijk in overwegende mate te wijten is aan de andere echtgenoot. (BW 1:157, 180; Alg. burg. pensioenwet G 4, H 5; Pensioen- en spaarf.wet 8*a*)

Art. 154

Op gemeenschappelijk verzoek; echtscheidingsgrond

– 1. Echtscheiding wordt op gemeenschappelijk verzoek van de echtgenoten uitgesproken indien het verzoek is gegrond op hun beider oordeel dat het huwelijk duurzaam ontwricht is.
– 2. Ieder der echtgenoten is tot op het tijdstip der uitspraak bevoegd het verzoek in te trekken. (BW 1:150, 181; Rv 261 e.v., 814 e.v., 819)

Art. 155

Pensioenverevening

In geval van echtscheiding en voor zover de ene echtgenoot na de huwelijkssluiting en voor de echtscheiding pensioenaanspraken heeft opgebouwd, heeft de andere echtgenoot overeenkomstig het bepaalde bij of krachtens de Wet verevening pensioenrechten bij scheiding recht op pensioenverevening, tenzij de echtgenoten op de wijze voorzien in deze Wet toepasselijkheid daarvan hebben uitgesloten. (BW 1:94 lid 4)

Art. 156

Vervallen.

Art. 157

Alimentatieverplichting

– 1. De rechter kan bij de echtscheidingsbeschikking of bij latere uitspraak aan de echtgenoot die niet voldoende inkomsten tot zijn levensonderhoud heeft, noch zich in redelijkheid kan verwerven, op diens verzoek ten laste van de andere echtgenoot een uitkering tot levensonderhoud toekennen.
– 2. Bij de vaststelling van de uitkering kan de rechter rekening houden met de behoefte aan een voorziening in het levensonderhoud voor het geval van overlijden van degene die tot de uitkering is gehouden.
– 3. De rechter kan op verzoek van één van de echtgenoten de uitkering toekennen onder vaststelling van voorwaarden en van een termijn. Deze vaststelling kan niet ten gevolge hebben dat de uitkering later eindigt dan twaalf jaren na de datum van inschrijving van de beschikking in de registers van de burgerlijke stand.
– 4. Indien de rechter geen termijn heeft vastgesteld, eindigt de verplichting tot levensonderhoud van rechtswege na het verstrijken van een termijn van twaalf jaren, die aanvangt op de datum van inschrijving van de beschikking in de registers van de burgerlijke stand.
– 5. Indien de beëindiging van de uitkering ten gevolge van het verstrijken van de in het vierde lid bedoelde termijn van zo ingrijpende aard is dat ongewijzigde handhaving van die termijn naar maatstaven van redelijkheid en billijkheid van degene die tot de uitkering gerechtigd is

niet kan worden gevergd, kan de rechter op diens verzoek alsnog een termijn vaststellen. Het verzoek daartoe dient te worden ingediend voordat drie maanden sinds de beëindiging zijn verstreken. De rechter bepaalt bij de uitspraak of verlenging van de termijn na ommekomst daarvan al dan niet mogelijk is.

– 6. Indien de duur van het huwelijk niet meer bedraagt dan vijf jaren en uit dit huwelijk geen kinderen zijn geboren, eindigt de verplichting tot levensonderhoud van rechtswege na het verstrijken van een termijn die gelijk is aan de duur van het huwelijk en die aanvangt op de datum van inschrijving van de beschikking in de registers van de burgerlijke stand. Indien de rechter een termijn vaststelt, kan deze vaststelling niet ten gevolge hebben dat de uitkering op een later tijdstip eindigt dan ingevolge de vorige zin het geval zou zijn. Het vijfde lid is van overeenkomstige toepassing met dien verstande dat in de eerste zin in plaats van 'de in het vierde lid bedoelde termijn' wordt gelezen: de in de eerste zin bedoelde termijn. (BW art. 1:21 e.v., 29*d*, 81, 153, 158 e.v., 163, 169, 182, 392 lid 2, 400 e.v.; BW art. 6:1, 2 lid 2, 248 lid 2; Rv art. 497*b* e.v., 827, 828*a* e.v.; Abw art. 63 e.v.)

Art. 158

Alimentatieovereenkomst

Vóór of na de beschikking tot echtscheiding kunnen de echtgenoten bij overeenkomst bepalen of, en zo ja tot welk bedrag, na de echtscheiding de één tegenover de ander tot een uitkering tot diens levensonderhoud zal zijn gehouden. Indien in de overeenkomst geen termijn is opgenomen, is artikel 157, vierde tot en met zesde lid, van overeenkomstige toepassing. (BW art. 1:157, 159, 159*a*, 169, 182, 400 e.v.)

Art. 159

Beding van niet-wijzigbaarheid van overeenkomst

– 1. Bij de overeenkomst kan worden bedongen dat zij niet bij rechterlijke uitspraak zal kunnen worden gewijzigd op grond van een wijziging van omstandigheden. Een zodanig beding kan slechts schriftelijk worden gemaakt.

– 2. Het beding vervalt, indien de overeenkomst is aangegaan vóór de indiening van het verzoek tot echtscheiding, tenzij dit binnen drie maanden na de overeenkomst is ingediend. Het voorgaande is van overeenkomstige toepassing bij een gemeenschappelijk verzoek.

Uitzondering

– 3. Ondanks een zodanig beding kan op verzoek van een der partijen de overeenkomst door de rechter bij de echtscheidingsbeschikking of bij latere beschikking worden gewijzigd op grond van een zo ingrijpende wijziging van omstandigheden, dat de verzoeker naar maatstaven van redelijkheid en billijkheid niet langer aan het beding mag worden gehouden. (BW art. 1:158, 159*a*, 160, 169, 182, 401; BW art. 6:248, 258; Rv art. 429*a* e.v., 798 e.v.)

Art. 159a

Grond van verhaal

Een overeenkomst als bedoeld in de artikelen 158 en 159 van dit boek staat niet in de weg aan verhaal op grond van paragraaf 6.5 van de Wet werk en bijstand en laat de vaststelling van het te verhalen bedrag onverlet.

Art. 160

Einde alimentatieverplichting

Een verplichting van een gewezen echtgenoot om uit hoofde van echtscheiding levensonderhoud te verschaffen aan de wederpartij, eindigt wanneer deze opnieuw in het huwelijk treedt, een geregistreerd partnerschap aangaat dan wel is gaan samenleven met een ander als waren zij gehuwd of als hadden zij hun partnerschap laten registreren. (BW 1:80*a* e.v., 182)

Art. 161-162a

Vervallen.

Art. 163

Inschrijving echtscheidingsbeschikking

– 1. De echtscheiding komt tot stand door de inschrijving van de beschikking in de registers van de burgerlijke stand.

– 2. De inschrijving geschiedt op verzoek van partijen of van één van hen.

– 3. Indien het verzoek tot inschrijving niet is gedaan uiterlijk zes maanden na de dag waarop de beschikking in kracht van gewijsde is gegaan, verliest de beschikking haar kracht. (BW 1:21, 177, 183, 280 lid 2, 310 lid 2; Rv 429*n*, 820)

Art. 164

Schadevergoeding bij benadeling van gemeenschap

– 1. Indien een tussen de echtgenoten bestaande gemeenschap van goederen door één van hen is benadeeld doordat hij na de aanvang van het geding of binnen zes maanden daarvóór lichtvaardig schulden heeft gemaakt, goederen der gemeenschap heeft verspild, of rechtshandelingen als bedoeld in artikel 88 van dit boek zonder de vereiste toestemming of machtiging heeft verricht, is hij gehouden na de inschrijving van de beschikking waarbij de echtscheiding is uitgesproken, de aangerichte schade aan de gemeenschap te vergoeden.

– 2. Een op het vorige lid gegronde rechtsvordering kan niet later worden ingesteld dan drie jaren na de inschrijving van de beschikking. (BW 1:86, 88, 89, 90, 93, 109, 111, 163, 174; 3:45 e.v.; 6:95 e.v., 162; Rv 429*a*, 429*f*, 820*a*)

Art. 165

Gebruik voormalige echtelijke woning

– 1. Op verzoek van een echtgenoot kan de rechter bij de echtscheidingsbeschikking of bij latere uitspraak bepalen dat, als die echtgenoot ten tijde van de inschrijving van de beschikking een woning bewoont die aan de andere echtgenoot uitsluitend of mede toebehoort of ten gebruike toekomt, hij jegens de andere echtgenoot bevoegd is de bewoning en het gebruik van de bij de woning en tot de inboedel daarvan behorende zaken gedurende zes maanden na de inschrijving van de beschikking tegen een redelijke vergoeding voort te zetten.

– 2. Tegen hem kan een in dat tijdvak zonder zijn toestemming door de andere echtgenoot verrichte rechtshandeling niet worden tegengeworpen ten nadele van zijn in het vorige lid omschreven bevoegdheid.

– 3. Weigert hij zijn toestemming of is hij niet in staat zijn wil te verklaren, dan kan de rechtbank die in eerste aanleg over het verzoek tot echtscheiding heeft beslist, op verzoek van de andere gewezen echtgenoot, bepalen dat het vorige lid buiten toepassing blijft. (BW 1:88, 175; 7A:1623g; Rv 429*a* e.v., 814, 827)

Art. 166

Rechtsgevolgen van tweede huwelijk of partnerschap tussen gewezen echtgenoten

Indien de gescheiden echtgenoten met elkander hertrouwen of een geregistreerd partnerschap aangaan, herleven alle gevolgen van het huwelijk van rechtswege, alsof er geen echtscheiding had plaats gehad. Nochtans wordt de geldigheid van rechtshandelingen die tussen de ontbinding van het huwelijk en het nieuwe huwelijk of het geregistreerd partnerschap zijn verricht, beoordeeld naar het tijdstip der handeling. Op het maken of wijzigen van de voorwaarden, bedoeld in titel 8, voor het aangaan van het nieuwe huwelijk of de registratie vindt artikel 119 overeenkomstige toepassing. (BW 1:80*a* e.v., 176, 202)

Art. 167

Vervallen.

TITEL 10

Scheiding van tafel en bed en ontbinding van het huwelijk na scheiding van tafel en bed

AFDELING 1

Scheiding van tafel en bed

Art. 168

Vervallen.

Art. 169

Grond scheiding van tafel en bed; einde plicht tot levensonderhoud

– 1. Scheiding van tafel en bed kan worden verzocht op dezelfde grond en op dezelfde wijze als echtscheiding.

– 2. De artikelen 151, 154 tot en met 159*a* zijn van overeenkomstige toepassing, met dien verstande dat de termijnen, bedoeld in artikel 157, derde tot en met zesde lid, aanvangen op de dag waarop de beschikking tot scheiding van tafel en bed is ingeschreven in het huwelijksgoederenregister, aangewezen in artikel 116, en dat de duur van het huwelijk wordt berekend tot die dag.

– 3. Een verplichting van een echtgenoot om uit hoofde van scheiding van tafel en bed levensonderhoud te verschaffen aan de andere echtgenoot, eindigt bij ontbinding van het huwelijk. (BW 1:151, 154 e.v.; Rv 429*c*, 814 e.v.)

Art. 170-172

Vervallen.

Art. 173

Inschrijving scheiding van tafel en bed

– 1. De scheiding van tafel en bed komt tot stand door de inschrijving van de beschikking in het huwelijksgoederenregister, aangewezen in artikel 116.

– 2. De inschrijving geschiedt op verzoek van de echtgenoten of van één van hen.

– 3. Indien het verzoek niet is gedaan uiterlijk zes maanden na de dag waarop de beschikking in kracht van gewijsde is gegaan, verliest de beschikking haar kracht. (Besl. Huw.goed.reg. 1 lid 1 sub *d*)

Art. 174

Schadevergoeding bij benadeling gemeenschap

– 1. Indien een tussen de echtgenoten bestaande gemeenschap van goederen door één van hen is benadeeld doordat hij na de aanvang van het geding of binnen zes maanden daarvóór lichtvaardig schulden heeft gemaakt, goederen der gemeenschap heeft verspild, of rechtshandelingen als bedoeld in artikel 88 van dit boek zonder de vereiste toestemming of machtiging heeft verricht, is hij gehouden, nadat de beschikking waarbij de scheiding van tafel en bed is uitgesproken, is ingeschreven, de aangerichte schade aan de gemeenschap te vergoeden.

– 2. Een op het eerste lid gegronde rechtsvordering kan niet later worden ingesteld dan drie jaren na de inschrijving van de beschikking van scheiding van tafel en bed. (BW 1:86, 88, 89, 90, 93, 109, 111, 164; 3:45 e.v.; 6:95 e.v., 162)

Art. 175

Voorlopig gebruik van de echtelijke woning

– 1. Op verzoek van een echtgenoot kan de rechter bij de beschikking houdende scheiding van tafel en bed of bij latere uitspraak bepalen dat, als die echtgenoot ten tijde van de inschrijving van de beschikking een woning bewoont die aan de andere echtgenoot uitsluitend of mede

toebehoort of ten gebruike toekomt, hij jegens de andere echtgenoot bevoegd is de bewoning en het gebruik van de bij de woning en tot de inboedel daarvan behorende zaken gedurende zes maanden na de inschrijving van de beschikking, tegen een redelijke vergoeding voort te zetten.
– 2. Tegen hem kan een in dat tijdvak zonder zijn toestemming door de andere echtgenoot verrichte rechtshandeling niet worden tegengeworpen ten nadele van zijn in het vorige lid omschreven bevoegdheid.
– 3. Weigert hij zijn toestemming of is hij niet in staat zijn wil te verklaren, dan kan de rechtbank die in eerste aanleg over het verzoek tot scheiding van tafel en bed heeft beslist, op verzoek van de andere echtgenoot bepalen dat het vorige lid buiten toepassing blijft. (BW 1:88, 165; 3:5; 7A:1623*g*; Rv 429*a* e.v., 814, 827)

Art. 176

Verzoening; rechtsgevolgen

– 1. Een scheiding van tafel en bed eindigt door de verzoening van de echtgenoten, op het tijdstip dat zij op hun eensluidend verzoek in het huwelijksgoederenregister, aangewezen in artikel 116, hebben doen inschrijven dat de scheiding heeft opgehouden te bestaan.
– 2. De inschrijving doet alle gevolgen van het huwelijk van rechtswege herleven, alsof er geen scheiding van tafel en bed had plaatsgehad. Nochtans wordt de geldigheid van rechtshandelingen die tussen de scheiding van tafel en bed en de verzoening zijn verricht, beoordeeld naar het tijdstip van de handeling. (BW 1:179)

Art. 177-178

Vervallen.

AFDELING 2
Ontbinding van het huwelijk na scheiding van tafel en bed

Art. 179

Ontbinding huwelijk

– 1. Ontbinding van het huwelijk van echtgenoten die van tafel en bed gescheiden zijn, wordt op verzoek van een der echtgenoten uitgesproken, indien de scheiding tenminste drie jaren heeft geduurd.
– 2. De termijn van drie jaren kan op verzoek van een echtgenoot worden bekort tot ten minste een jaar, indien de andere echtgenoot zich gedurig schuldig maakt aan wangedrag in zodanige mate dat van de echtgenoot, die het verzoek heeft gedaan, niet kan worden gevergd het huwelijk te doen voortbestaan. (BW 1:168 e.v., 176, 180 e.v.; Rv 429*c*, 814 e.v.)

Art. 180

Voorzieningen i.v.m. uitkeringen

– 1. Indien als gevolg van de gevraagde ontbinding van het huwelijk een bestaand vooruitzicht op uitkeringen aan de andere echtgenoot na vooroverlijden van de echtgenoot die het verzoek heeft gedaan zou teloorgaan of in ernstige mate zou verminderen, en de andere echtgenoot deswege tegen het verzoek verweer voert, kan het verzoek niet worden toegewezen voordat daaromtrent een voorziening is getroffen die, gelet op de omstandigheden van het geval, ten opzichte van beide echtgenoten billijk is te achten.
De rechter kan daartoe een termijn stellen.
– 2. Het eerste lid is niet van toepassing:
a. indien redelijkerwijs te verwachten is dat de andere echtgenoot zelf voor dat geval voldoende voorzieningen kan treffen;
b. indien de andere echtgenoot zich gedurig schuldig maakt aan wangedrag in zodanige mate dat van de echtgenoot die het verzoek heeft gedaan naar redelijkheid generlei verstrekking van levensonderhoud zou kunnen worden gevergd. (BW 1:153; Alg. Burg. Pensioenwet G 4, H5)

Art. 181

Op gemeenschappelijk verzoek

Ontbinding van het huwelijk van echtgenoten die van tafel en bed gescheiden zijn, wordt op hun gemeenschappelijk verzoek uitgesproken. (BW 1:150, 154, 182; Rv 429*a* e.v., 814 e.v., 819)

Art. 182

Schakelbepaling

De artikelen 154, tweede lid, en 157 tot en met 160 van dit boek zijn van overeenkomstige toepassing, met dien verstande dat de in artikel 157, derde tot en met zesde lid, bedoelde termijnen worden verminderd met de tijd gedurende welke tijdens de scheiding van tafel en bed een verplichting tot levensonderhoud jegens de andere echtgenoot bestond en dat de duur van het huwelijk wordt berekend tot de dag waarop de beschikking tot scheiding van tafel en bed is ingeschreven in het huwelijksgoederenregister, aangewezen in artikel 116.

Art. 183

Inschrijving beschikking

– 1. De ontbinding van het huwelijk komt tot stand door de inschrijving van de beschikking in de registers van de burgerlijke stand.
– 2. De artikelen 163, tweede en derde lid, en 166 van dit boek zijn van overeenkomstige toepassing. (BW 1:21, 163, 177, 280 lid 2, 310 lid 2; Rv 429*n*, 820)

Art. 184-196

Vervallen.

TITEL 11
Afstamming

AFDELING 1
Algemeen

Art. 197

Familierechtelijke betrekking

Een kind, zijn ouders en hun bloedverwanten staan in familierechtelijke betrekking tot elkaar. (BW 1:197, 222 (oud); BW 1:3, 229, 232)

Art. 198

Moederschap

Moeder van een kind is de vrouw uit wie het kind is geboren of die het kind heeft geadopteerd. (BW 1:5, 227 e.v.)

Art. 199

Vaderschap

Vader van een kind is de man:
a. die op het tijdstip van de geboorte van het kind met de vrouw uit wie het kind is geboren, is gehuwd, tenzij onderdeel *b* geldt;
b. wiens huwelijk met de vrouw uit wie het kind is geboren, binnen 306 dagen voor de geboorte van het kind door zijn dood is ontbonden, zelfs indien de moeder was hertrouwd; indien echter de vrouw sedert de 306de dag voor de geboorte van het kind was gescheiden van tafel en bed of zij en haar echtgenoot sedert dat tijdstip gescheiden hebben geleefd, kan de vrouw binnen een jaar na de geboorte van het kind ten overstaan van de ambtenaar van de burgerlijke stand verklaren dat haar overleden echtgenoot niet de vader is van het kind, van welke verklaring een akte wordt opgemaakt; was de moeder op het tijdstip van de geboorte hertrouwd dan is in dat geval de huidige echtgenoot de vader van het kind;
c. die het kind heeft erkend;
d. wiens vaderschap gerechtelijk is vastgesteld; of
e. die het kind heeft geadopteerd. (BW 1:197, 221 (oud); BW 1:5, 200 e.v., 203 e.v., 207 e.v., 227 e.v.)

AFDELING 2
Ontkenning van het door huwelijk ontstane vaderschap

Art. 200

Ontkenning vaderschap

– 1. Het in artikel 199, onder *a* en *b*, bedoelde vaderschap kan, op de grond dat de man niet de biologische vader van het kind is, worden ontkend:
a. door de vader of de moeder van het kind;
b. door het kind zelf.
– 2. De vader of moeder kan het in artikel 199, onder *a* en *b*, bedoelde vaderschap niet ontkennen, indien de man vóór het huwelijk heeft kennis gedragen van de zwangerschap.
– 3. De vader of moeder kan het in artikel 199, onder *a* en *b*, bedoelde vaderschap evenmin ontkennen, indien de man heeft ingestemd met een daad die de verwekking van het kind tot gevolg kan hebben gehad.
– 4. Het tweede en derde lid zijn niet van toepassing ten aanzien van de vader, indien de moeder hem heeft bedrogen omtrent de verwekker.

Verzoek tot gegrondverklaring

– 5. Het verzoek tot gegrondverklaring van de ontkenning wordt door de moeder bij de rechtbank ingediend binnen een jaar na de geboorte van het kind. Een zodanig verzoek wordt door de vader ingediend binnen een jaar nadat hij bekend is geworden met het feit dat hij vermoedelijk niet de biologische vader is van het kind.
– 6. Het verzoek tot gegrondverklaring van de ontkenning wordt door het kind bij de rechtbank ingediend binnen drie jaren nadat het kind bekend is geworden met het feit dat de man vermoedelijk niet zijn biologische vader is. Indien het kind evenwel gedurende zijn minderjarigheid bekend is geworden met dit feit, kan het verzoek tot uiterlijk drie jaren nadat het kind meerderjarig is geworden, worden ingediend. (BW art. 1:198 e.v., BW art. 203 (oud); BW art. 1:212)

Art. 201

Gegrondverklaring ontkenningsverzoek na overlijden moeder, vader of kind

– 1. Overlijdt de vader of de moeder voor de afloop van de in artikel 200, vijfde lid, gestelde termijn, dan kan een afstammeling van deze echtgenoot in de eerste graad of, bij gebreke van zodanige afstammeling, een ouder van deze echtgenoot, de rechtbank verzoeken de ontkenning van het vaderschap gegrond te verklaren. Het verzoek wordt gedaan binnen een jaar na de dag van overlijden of nadat het overlijden ter kennis van de verzoeker is gekomen.
– 2. Overlijdt het kind voor de afloop van de in artikel 200, zesde lid, gestelde termijn, dan kan een afstammeling in de eerste graad van het kind de rechtbank verzoeken de ontkenning van het vaderschap gegrond te verklaren. Indien het kind meerderjarig was ten tijde van het overlijden, wordt het verzoek gedaan binnen een jaar na de dag van overlijden of binnen een jaar nadat het overlijden ter kennis van de verzoeker is gekomen. Overleed het kind gedurende de

minderjarigheid, dan dient het verzoek te worden gedaan binnen een jaar nadat het kind, in leven zijnde, zelfstandig het verzoek had kunnen doen, dan wel, indien het overlijden op een later tijdstip ter kennis is gekomen van de verzoeker binnen een jaar na die kennisneming. (BW art. 1:204 (oud))

Art. 202

Rechtsgevolgen

– 1. Nadat de beschikking houdende gegrondverklaring van een ontkenning van een door huwelijk ontstaan vaderschap in kracht van gewijsde is gegaan, wordt het door huwelijk ontstane vaderschap geacht nimmer gevolg te hebben gehad.
– 2. Te goeder trouw door derden verkregen rechten worden hierdoor nochtans niet geschaad.
– 3. Door de gegrondverklaring van de ontkenning ontstaat geen vordering tot teruggave van kosten van verzorging en opvoeding of van kosten van levensonderhoud en studie noch tot teruggave van het krachtens vruchtgenot genotene. Voorts ontstaat geen verplichting tot teruggave van genoten vermogensrechtelijke voordelen, voor zover degene die hen heeft genoten ten tijde van het doen van het verzoek daardoor niet was gebaat. (BW art. 1:255 lid 5 (oud); BW art. 1:20, 206, 207 lid 5, 404, 406 e.v.; BW art. 3:11; BW art. 6:32)

AFDELING 3
Erkenning

Art. 203

Wijze van erkenning

– 1. Erkenning kan geschieden:
a. bij een akte van erkenning, opgemaakt door een ambtenaar van de burgerlijke stand;
b. bij notariële akte.
– 2. De erkenning heeft gevolg vanaf het tijdstip waarop zij is gedaan. (BW 1:223 (oud); BW 1:20 e.v., 199 onder *c*, 301 lid 2; 3:39; Rv 183)

Art. 204

Nietige erkenning

– 1. De erkenning is nietig, indien zij is gedaan:
a. door een man die krachtens artikel 41 geen huwelijk met de moeder mag sluiten;
b. door een minderjarige die de leeftijd van zestien jaren nog niet heeft bereikt;
c. indien het kind de leeftijd van zestien jaar nog niet heeft bereikt, zonder voorafgaande schriftelijke toestemming van de moeder;
d. zonder voorafgaande schriftelijke toestemming van het kind van twaalf jaren of ouder;
e. door een op het tijdstip van de erkenning met een andere vrouw gehuwd man, tenzij de rechtbank heeft vastgesteld dat aannemelijk is dat tussen de man en de moeder een band bestaat of heeft bestaan die in voldoende mate met een huwelijk op één lijn valt te stellen of dat tussen de man en het kind een nauwe persoonlijke betrekking bestaat;
f. terwijl er twee ouders zijn.
– 2. De in het vorige lid onder *c* en *d* vereiste toestemming kan ook geschieden ter gelegenheid van het opmaken van de akte van erkenning.
– 3. De toestemming van de moeder wier kind de leeftijd van zestien jaren nog niet heeft bereikt, dan wel de toestemming van het kind van twaalf jaren of ouder, kan op verzoek van de man die het kind wil erkennen, door de toestemming van de rechtbank worden vervangen, indien de erkenning de belangen van de moeder bij een ongestoorde verhouding met het kind of de belangen van het kind niet zou schaden, en de man de verwekker is van het kind.
– 4. Een man die wegens geestelijke stoornis onder curatele staat, mag slechts erkennen nadat daartoe toestemming is verkregen van de kantonrechter. (BW 1:224 (oud); BW 1:378; 3:39)

Art. 205

Verzoek tot vernietiging erkenning

– 1. Een verzoek tot vernietiging van de erkenning kan, op de grond dat de erkenner niet de biologische vader van het kind is, bij de rechtbank worden ingediend:
a. door het kind zelf, tenzij de erkenning tijdens zijn meerderjarigheid heeft plaatsgevonden;
b. door de erkenner, indien hij door bedreiging, dwaling, bedrog of, tijdens zijn minderjarigheid, door misbruik van omstandigheden daartoe is bewogen;
c. door de moeder, indien zij door bedreiging, dwaling, bedrog, of tijdens haar minderjarigheid, door misbruik van omstandigheden bewogen is toestemming tot de erkenning te geven.
– 2. Het openbaar ministerie kan wegens strijd met de Nederlandse openbare orde, indien de erkenner niet de biologische vader van het kind is, vernietiging van de erkenning verzoeken.
– 3. In geval van bedreiging of misbruik van omstandigheden, wordt het verzoek door de erkenner of door de moeder niet later ingediend dan een jaar nadat deze invloed heeft opgehouden te werken en, in geval van bedrog of dwaling, binnen een jaar nadat de verzoeker het bedrog of de dwaling heeft ontdekt.
– 4. Het verzoek wordt door het kind ingediend binnen drie jaren nadat het kind bekend is geworden met het feit dat de man vermoedelijk niet zijn biologische vader is. Indien het kind evenwel gedurende zijn minderjarigheid bekend is geworden met dit feit kan het verzoek tot uiterlijk drie jaren nadat het kind meerderjarig is geworden, worden ingediend.

– 5. Voor het geval de erkenner of de moeder overlijdt voor de afloop van de in het derde lid gestelde termijn, is artikel 201, eerste lid, van overeenkomstige toepassing. Voor het geval het kind overlijdt voor de afloop van de in het vierde lid gestelde termijn, is artikel 201, tweede lid, van overeenkomstige toepassing. (BW 1:225 (oud); BW 1:20 e.v., 212, 301 lid 2; 3:44)

Art. 206

Rechtsgevolgen

– 1. Nadat de beschikking houdende vernietiging van de erkenning in kracht van gewijsde is gegaan, wordt de erkenning geacht nimmer gevolg te hebben gehad.
– 2. Te goeder trouw door derden verkregen rechten worden hierdoor nochtans niet geschaad.
– 3. Door de vernietiging ontstaat geen vordering tot teruggave van de kosten van verzorging en opvoeding of van levensonderhoud en studie noch tot teruggave van het krachtens vruchtgenot genotene. Voorts ontstaat geen verplichting tot teruggave van genoten vermogensrechtelijke voordelen die uit de erkenning zijn voortgevloeid, voor zover degene die hen heeft genoten ten tijde van het instellen van het verzoek daardoor niet was gebaat. (BW 1:225 lid 5 (oud); BW 1:20 e.v., 202, 207 lid 5, 404, 406; 3:11; 6:32)

AFDELING 4
Gerechtelijke vaststelling van het vaderschap

Art. 207

Vaststelling vaderschap door rechtbank

– 1. Het vaderschap van een man kan, ook indien deze is overleden, op de grond dat deze de verwekker is van het kind of op de grond dat de man als levensgezel van de moeder ingestemd heeft met een daad die de verwekking van het kind tot gevolg kan hebben gehad, door de rechtbank worden vastgesteld op verzoek van:
a. de moeder, tenzij het kind de leeftijd van zestien jaar heeft bereikt;
b. het kind.
– 2. Vaststelling van het vaderschap kan niet geschieden, indien:
a. het kind twee ouders heeft;
b. tussen de man en de moeder van het kind krachtens artikel 41 geen huwelijk zou mogen worden gesloten; of
c. de in de aanhef van het eerste lid bedoelde man een minderjarige is die de leeftijd van zestien jaren nog niet heeft bereikt, tenzij hij voordat hij deze leeftijd heeft bereikt is overleden.
– 3. Het verzoek wordt door de moeder ingediend binnen vijf jaren na de geboorte van het kind of, in geval van onbekendheid met de identiteit van de vermoedelijke verwekker dan wel van onbekendheid met zijn verblijfplaats, binnen vijf jaren na de dag waarop de identiteit en de verblijfplaats aan de moeder bekend zijn geworden.
– 4. Overlijdt het kind voordat vaststelling van het vaderschap heeft kunnen plaatsvinden, dan kan een afstammeling van het kind in de eerste graad de vaststelling van het vaderschap aan de rechtbank verzoeken, mits de man bedoeld in het eerste lid, nog in leven is. Het verzoek wordt gedaan binnen een jaar na de dag van overlijden of binnen een jaar nadat het overlijden ter kennis van de verzoeker is gekomen.
– 5. De vaststelling van het vaderschap, mits de beschikking daartoe in kracht van gewijsde is gegaan, werkt terug tot het moment van de geboorte van het kind. Te goeder trouw door derden verkregen rechten worden hierdoor nochtans niet geschaad. Voorts ontstaat geen verplichting tot teruggave van vermogensrechtelijke voordelen, voor zover degene die hen heeft genoten ten tijde van het doen van het verzoek daardoor niet was gebaat. (BW art. 1:20 e.v., 202, 206, 212, 404, 406; BW art. 3:11; BW art. 6:32)

Art. 208

Verzoek om onderhoudsbijdrage

Bij de uitspraak waarbij het vaderschap wordt vastgesteld, kan de rechter op een daartoe strekkend verzoek ten behoeve van het kind een bijdrage toekennen in de kosten van verzorging en opvoeding als bedoeld in artikel 404 of in de kosten van levensonderhoud en studie als bedoeld in artikel 395*a*. (BW 1:404 e.v.)

AFDELING 5
Inroeping of betwisting van staat

Art. 209

Geboorteakte en staat van kind

Iemands afstamming volgens zijn geboorteakte kan door een ander niet worden betwist, indien hij een staat overeenkomstig die akte heeft. (BW 1:207 (oud); BW 1:19)

Art. 210

Geen verjaring

Een verzoek tot gegrondverklaring van de inroeping of betwisting van staat is niet aan verjaring onderworpen. (BW 1:211 (oud); BW 3:306 e.v.)

Art. 211

Inroeping van staat

– 1. Een verzoek tot gegrondverklaring van de inroeping van staat kan worden ingediend:
a. door het kind zelf;

b. door de erfgenamen van het kind, indien het kind gedurende zijn minderjarigheid of binnen drie jaren nadien is overleden.

– 2. Indien het kind een verzoek als bedoeld in het eerste lid had ingediend, kunnen zijn erfgenamen de procedure voortzetten. (BW 1:212, 213 (oud); BW 1:233; 4:880 e.v.; Rv 254)

AFDELING 6
De bijzondere curator

Art. 212

Bijzondere curator

In zaken van afstamming wordt het minderjarige kind, optredende als verzoeker of belanghebbende, vertegenwoordigd door een bijzondere curator daartoe benoemd door de rechtbank die over de zaak beslist. (BW 1:250, 385)

Art. 213-226

Vervallen.

TITEL 12
Adoptie

Art. 227

Adoptieverzoek

– 1. Adoptie geschiedt door een uitspraak van de rechtbank op verzoek van twee personen tezamen of op verzoek van één persoon alleen. Twee personen tezamen kunnen geen verzoek tot adoptie doen, indien zij krachtens artikel 41 geen huwelijk met elkaar zouden mogen aangaan.

– 2. Het verzoek door twee personen tezamen kan slechts worden gedaan, indien zij ten minste drie aaneengesloten jaren onmiddellijk voorafgaande aan de indiening van het verzoek met elkaar hebben samengeleefd. Het verzoek door de adoptant die echtgenoot, geregistreerde partner of andere levensgezel van de ouder is, kan slechts worden gedaan, indien hij ten minste drie aaneengesloten jaren onmiddellijk voorafgaande aan de indiening van het verzoek met die ouder heeft samengeleefd. De in de tweede zin bedoelde voorwaarde geldt evenwel niet indien het kind is of wordt geboren binnen de relatie van de adoptant en die ouder.

– 3. Het verzoek kan alleen worden toegewezen, indien de adoptie in het kennelijk belang van het kind is, op het tijdstip van het verzoek tot adoptie vaststaat en voor de toekomst redelijkerwijs te voorzien is dat het kind niets meer van zijn ouder of ouders in de hoedanigheid van ouder te verwachten heeft, en aan de voorwaarden, genoemd in artikel 228, wordt voldaan.

– 4. Indien het kind is of wordt geboren binnen de relatie van de adoptant en de ouder en het kind door en tengevolge van kunstmatige donorbevruchting als bedoeld in artikel 1, onder c, van de Wet donorgegevens kunstmatige bevruchting is verwekt en een door de stichting, bedoeld in die wet, ter bevestiging hiervan afgegeven verklaring wordt overgelegd, wordt het verzoek toegewezen, tenzij de adoptie kennelijk niet in het belang van het kind is, of niet is voldaan aan de voorwaarden, genoemd in artikel 228.

– 5. Zijn de voornamen van het kind niet bekend, dan stelt de rechter, nadat hij de adoptant of adoptanten en het kind, indien dat twaalf jaren of ouder is, heeft gehoord, bij de adoptiebeschikking tevens een of meer voornamen vast. (BW art. 1:7 lid 2, 20 lid 1 sub *a*, 25*c*, 25*g*; Rv art. 798 e.v.)

– 6. In zaken van adoptie is de minderjarige ouder bekwaam in rechte op te treden.

Art. 228

Voorwaarden

– 1. Voorwaarden voor adoptie zijn:

a. dat het kind op de dag van het eerste verzoek minderjarig is, en dat het kind, indien het op de dag van het verzoek twaalf jaren of ouder is, ter gelegenheid van zijn verhoor niet van bezwaren tegen toewijzing van het verzoek heeft doen blijken; hetzelfde geldt, indien de rechter is gebleken van bezwaren tegen toewijzing van het verzoek van een minderjarige die op de dag van het verzoek de leeftijd van twaalf jaren nog niet heeft bereikt, maar in staat kan worden geacht tot een redelijke waardering van zijn belangen ter zake;

b. dat het kind niet is een kleinkind van een adoptant;

c. dat de adoptant of ieder der adoptanten ten minste achttien jaren ouder dan het kind is;

d. dat geen der ouders het verzoek tegenspreekt;

e. dat de minderjarige moeder van het kind op de dag van het verzoek de leeftijd van zestien jaren heeft bereikt;

f. dat de adoptant of de adoptanten het kind gedurende ten minste een jaar heeft of hebben verzorgd en opgevoed; indien de echtgenoot, geregistreerde partner of andere levensgezel van de ouder of adoptiefouder het kind adopteert en zij gezamenlijk het kind gedurende ten minste een jaar hebben verzorgd en opgevoed wordt de periode van een jaar voor de echtgenoot, geregistreerde partner of andere levensgezel gerekend vanaf het moment van feitelijk gezamenlijk verzorgen en opvoeden;

g. dat de ouder of ouders niet of niet langer het gezag over het kind hebben. Indien evenwel de echtgenoot, geregistreerde partner of andere levensgezel van de ouder het kind adopteert, geldt dat deze ouder alleen of samen met voornoemde echtgenoot, geregistreerde partner of andere levensgezel het gezag heeft.

– 2. Aan de tegenspraak van een ouder als bedoeld in het eerste lid, onder *d*, kan worden voorbijgegaan:

a. indien het kind en de ouder niet of nauwelijks in gezinsverband hebben samengeleefd; of

b. indien de ouder het gezag over het kind heeft misbruikt of de verzorging en opvoeding van het kind op grove wijze heeft verwaarloosd; of

c. indien de ouder onherroepelijk is veroordeeld wegens het plegen tegen de minderjarige van een van de misdrijven, omschreven in de titels XIII tot en met XV en XVIII tot en met XX van het tweede boek van het Wetboek van Strafrecht.

– 3. De voorwaarde, bedoeld in het eerste lid, onder f, geldt niet indien het kind wordt geboren binnen de relatie van de moeder met een levensgezel van gelijk geslacht.

Art. 229

Rechtsgevolgen adoptie

– 1. Door adoptie komen de geadopteerde, de adoptiefouder en zijn bloedverwanten of de adoptiefouders en hun bloedverwanten in familierechtelijke betrekking tot elkaar te staan.

– 2. Tegelijkertijd houdt de familierechtelijke betrekking tussen de geadopteerde, zijn oorspronkelijke ouders en hun bloedverwanten op te bestaan.

– 3. In afwijking van het tweede lid blijft de familierechtelijke betrekking tussen de geadopteerde en zijn ouder en diens bloedverwanten bestaan, indien de echtgenoot, geregistreerde partner of andere levensgezel van die ouder het kind adopteert.

– 4. Indien het kind op het tijdstip van de adoptie omgang heeft met een ouder ten aanzien van wie de familierechtelijke betrekking ophoudt te bestaan, kan de rechtbank bepalen dat zij gerechtigd blijven tot omgang met elkaar. De artikelen 377*a*, tweede en derde lid, 377*e* en 377*g* zijn van overeenkomstige toepassing. (BW 1:3, 5, 41, 197)

Art. 230

Aanvang rechtsgevolgen

– 1. De adoptie heeft haar gevolgen van de dag, waarop de uitspraak in kracht van gewijsde is gegaan.

– 2. Indien het kind is geboren binnen de relatie van de ouder en de adoptant en de adoptie voor de geboorte van het kind is verzocht, werkt deze terug tot het tijdstip van geboorte van het kind; indien de adoptie uiterlijk zes maanden na de geboorte van het kind is verzocht, werkt deze terug tot het tijdstip van indiening van het verzoek. Het bepaalde in de eerste volzin is niet van toepassing indien voor de adoptie familierechtelijke betrekkingen waren gevestigd tussen het kind en een andere ouder en deze door de adoptie zijn verbroken. De adoptie kan in het geval, bedoeld in de eerste volzin, ook worden uitgesproken indien de adoptant na indiening van het verzoek is overleden. (Ontw. 1.12.4; BW 344*m* (oud); BW 1:232 lid 3; Rv 974 e.v.)

– 3. De adoptie blijft haar gevolgen behouden, ook al zou blijken, dat de rechter de door artikel 228 van dit boek gestelde voorwaarden ten onrechte als vervuld zou hebben aangenomen.

Art. 231

Herroeping

– 1. De adoptie kan door een uitspraak van de rechtbank op verzoek van de geadopteerde worden herroepen.

– 2. Het verzoek kan alleen worden toegewezen, indien de herroeping in het kennelijk belang van de geadopteerde is, de rechter van de redelijkheid der herroeping in gemoede overtuigd is, en het verzoek is ingediend niet eerder dan twee jaren en niet later dan vijf jaren na de dag, waarop de geadopteerde meerderjarig is geworden. (Ontw. 1.12.5; BW 344*n* (oud); BW 1:21 lid 1 sub *b*, 23; Rv 977 e.v.)

Art. 232

Rechtsgevolgen herroeping adoptie

– 1. Door herroeping van de adoptie houdt de familierechtelijke betrekking tussen de geadopteerde en zijn kinderen enerzijds en de adoptiefouder of adoptiefouders en zijn bloedverwanten anderzijds op te bestaan.

– 2. De familierechtelijke betrekking die door de adoptie opgehouden had te bestaan, herleeft door de herroeping.

– 3. Artikel 230 vindt ten aanzien van de herroeping overeenkomstige toepassing. (BW 1:3, 197)

TITEL 13
Minderjarigheid

AFDELING 1
Algemene bepalingen

Art. 233

Minderjarigheid

Minderjarigen zijn zij, die de ouderdom van achttien jaren niet hebben bereikt en niet gehuwd of geregistreerd zijn dan wel gehuwd of geregistreerd zijn geweest of met toepassing van artikel 253*ha* meerderjarig zijn verklaard. (Ontw. 1.13.1.1; BW 353 lid 1 (oud); BW 1:31, 80*a*; Gr.w. 33)

Art. 234

Handelingsbekwaamheid, toestemming

– 1. Een minderjarige is, mits hij met toestemming van zijn wettelijke vertegenwoordiger handelt, bekwaam rechtshandelingen te verrichten, voor zover de wet niet anders bepaalt.

– 2. De toestemming kan slechts worden verleend voor een bepaalde rechtshandeling of voor een bepaald doel.

– 3. De toestemming wordt aan de minderjarige verondersteld te zijn verleend, indien het een rechtshandeling betreft ten aanzien waarvan in het maatschappelijk verkeer gebruikelijk is dat minderjarigen van zijn leeftijd deze zelfstandig verrichten. (BW 1:31, 35, 117, 224 lid 1 sub *c*, 235, 245 lid 4, 253*i* e.v., 337, 381, 435 lid 4; 3:32, 49 e.v., 63; 4:944, 1053; 6:31, 164, 165, 209, 276; 7:612, 631)

AFDELING 2
Handlichting

Art. 235

Verlening door kantonrechter; bepaalde bevoegdheden

– 1. Handlichting waarbij aan een minderjarige bepaalde bevoegdheden van een meerderjarige worden toegekend, kan wanneer de minderjarige de leeftijd van zestien jaren heeft bereikt, op zijn verzoek door de kantonrechter worden verleend.

– 2. Zij wordt niet verleend tegen de wil van de ouders voor zover deze het gezag over de minderjarige uitoefenen, met inachtneming nochtans van artikel 253*a*, eerste lid.

– 3. Bij het verlenen van handlichting bepaalt de kantonrechter uitdrukkelijk, welke bevoegdheden van een meerderjarige aan de minderjarige worden toegekend. Deze bevoegdheden mogen zich niet verder uitstrekken dan tot de gedeeltelijke of de gehele ontvangst van zijn inkomsten en de beschikking daarover, het sluiten van verhuringen en verpachtingen, het in een vennootschap deelnemen en het uitoefenen van een beroep of bedrijf. De minderjarige wordt echter door handlichting niet bekwaam tot het beschikken over registergoederen, effecten, of door hypotheek gedekte vorderingen.

– 4. Hij kan ter zake van de handlichting zelf en van handelingen, waartoe hij krachtens de verkregen handlichting bekwaam is, eisende of verwerende in rechte optreden. Artikel 12 lid 1 van dit boek geldt voor die handelingen niet. (Ontw. 1.13.2.1; BW 480, 482, 483, 484 (oud); BW 1:234, 337, 381; 3:32, 49 e.v.; Rv 798 e.v.)

Art. 236

Intrekking

– 1. Een verleende handlichting kan door de kantonrechter worden ingetrokken, indien de minderjarige daarvan misbruik maakt of er gegronde vrees bestaat dat hij dit zal doen.

– 2. De intrekking geschiedt op verzoek van een van de ouders van de minderjarige, voor zover deze het gezag over hem uitoefenen en met inachtneming van artikel 253*a*, eerste lid, of op verzoek van de voogd. (Ontw. 1.13.2.2.; BW 485 (oud); Rv 798 e.v.)

Art. 237

Publicatie

– 1. Een beschikking waarbij handlichting is verleend of ingetrokken, moet worden bekend gemaakt in de *Staatscourant* en in twee in de beschikking aan te wijzen dagbladen.

– 2. In de bekendmaking moet nauwkeurig worden vermeld hoedanig, en tot welk einde zij is verleend. Vóór de bekendmaking werkt zomin de handlichting als haar intrekking tegen derden die hiervan onkundig waren. (Ontw. 1.13.2.3; BW 486 (oud); BW 3:24; Hrgw 5 lid 2)

AFDELING 3
De raad voor de kinderbescherming

Art. 238

Taken en bevoegdheden

– 1. Er is één raad voor de kinderbescherming.

– 2. De wet bepaalt de taken en bevoegdheden van de raad voor de kinderbescherming. Deze worden door de raad voor de kinderbescherming namens onze Minister van Justitie uitgevoerd.

– 3. Ten behoeve van de vervulling van zijn taak houdt de raad zich in ieder geval op de hoogte van de ontwikkeling van de kinderbescherming, bevordert hij de samenwerking met de instellingen van kinderbescherming en jeugdhulpverlening en dient hij op verzoek of uit eigen beweging autoriteiten en instellingen van advies.

– 4. Zijn bemoeiingen laten de godsdienstige of levensbeschouwelijke grondslag van de instellingen van kinderbescherming onverlet.

– 5. Bij algemene maatregel van bestuur worden de zetel, de werkwijze, voor zover het de samenwerking met de stichting, bedoeld in artikel 1, onder *f*, van de Wet op de jeugdzorg, betreft en de organisatie van de raad geregeld. (Ontw. 1.13.3.1; BW 461 (oud))

Art. 239

Bevoegdheid tot optreden t.b.v. minderjarigen

– 1. De raad voor de kinderbescherming kan optreden ten behoeve van minderjarigen die in

Nederland hetzij hun woonplaats of laatste woonplaats, hetzij hun werkelijk verblijf hebben. Eveneens kan de raad optreden ten behoeve van Nederlandse minderjarigen die in Nederland noch woonplaats, noch laatste woonplaats, noch werkelijk verblijf hebben.

– 2. Ten behoeve van de minderjarigen die binnen een arrondissement hetzij hun woonplaats of laatste woonplaats, hetzij hun werkelijk verblijf hebben, treden voor de raad voor de kinderbescherming de in dat arrondissement aanwezige werkeenheden van de raad op.

– 3. Indien op grond van het vorige lid meer werkeenheden in verschillende arrondissementen bevoegd zouden zijn ten behoeve van een zelfde minderjarige op te treden, doet het optreden van een van deze werkeenheden de bevoegdheid van de ander eindigen.

– 4. Ten behoeve van Nederlandse minderjarigen, die in Nederland noch woonplaats, noch laatste woonplaats, noch werkelijk verblijf hebben, treden de werkeenheden van de raad in het arrondissement Amsterdam op voor de raad voor de kinderbescherming.

– 5. Bij algemene maatregel van bestuur wordt de behandeling van klachten ter zake van een bij de raad in behandeling zijnde of geweest zijnde aangelegenheid van kinderbescheming geregeld. (Ontw. 1.13.3.2; BW 461*a* (oud); BW 1:12)

Art. 240

Inlichtingen ondanks geheimhoudingsplicht

Degene die op grond van een wettelijk voorschrift of op grond van zijn ambt of beroep tot geheimhouding is verplicht kan, zonder toestemming van degene die het betreft, aan de raad voor de kinderbescherming inlichtingen verstrekken, indien dit noodzakelijk kan worden geacht voor de uitoefening van de taken van de raad.

Art. 241

Voorziening in gezagsuitoefening; voorlopige toevertrouwing

– 1. Indien de raad voor de kinderbescherming blijkt, dat een minderjarige niet onder het wettelijk vereiste gezag staat, of dat dit gezag niet over hem wordt uitgeoefend, verzoekt hij de rechter in de gezagsuitoefening over deze minderjarige te voorzien.

– 2. Indien dit ter voorkoming van ernstig gevaar voor de zedelijke of geestelijke belangen of voor de gezondheid van zulk een minderjarige dringend en onverwijld noodzakelijk is, kan de kinderrechter een stichting als bedoeld in artikel 1, onder *f*, van de Wet op de jeugdzorg, belasten met de voorlopige voogdij over de minderjarige. De raad voor de kinderbescherming wendt zich in dit geval binnen zes weken tot de rechter teneinde een voorziening in het gezag over deze minderjarige te verkrijgen. (BW art. 1:254, 271, 272, 331, 332; Rv art. 798 e.v., 809 e.v.)

– 3. De in het tweede lid bedoelde maatregel kan eveneens worden getroffen indien een minderjarige, de leeftijd van zes maanden nog niet bereikt hebbende en niet staande onder voogdij van een rechtspersoon, zonder voorafgaande schriftelijke toestemming van de raad voor de kinderbescherming als pleegkind is opgenomen. (BW art. 1:302 e.v.; Sr art. 151*a*, 442*a*; Pleegkinderenwet)

– 4. De kinderrechter beschikt op verzoek van de raad voor de kinderbescherming of van de officier van justitie. Hij stelt vast welke bevoegdheden ten aanzien van persoon en vermogen van deze minderjarige worden toegekend en bepaalt de duur van de maatregel.

– 5. De maatregel vervalt na verloop van zes weken na de dag van de beschikking, tenzij voor het einde van deze termijn om een voorziening in het gezag over de minderjarige is verzocht. De kinderrechter kan deze termijn op ten hoogste twaalf weken bepalen, dit evenwel uitsluitend op de grond dat het in de eerste volzin bedoelde verzoek aan de vereisten van artikel 278 van het Wetboek van Burgerlijke Rechtsvordering zal kunnen voldoen.

– 6. De maatregel kan worden ingetrokken of gewijzigd door de kinderrechter die haar heeft bevolen tenzij een verzoek als bedoeld in het vijfde lid is ingediend. In dat geval beslist de rechter bij wie dit verzoek aanhangig is. (Ontw. art. 1.11.3.4; BW art. 1:306*a*)

– 7. In afwijking van het tweede lid, kan de rechter de voorlopige voogdij over een minderjarige door of voor wie een aanvraag tot het verlenen van een verblijfsvergunning voor bepaalde tijd als bedoeld in artikel 28 van de Vreemdelingenwet 2000 is ingediend, en in verband daarmee in Nederland verblijft, alsmede over door Onze Minister van Justitie aan te wijzen categorieën andere minderjarigen, opdragen aan een rechtspersoon als bedoeld in artikel 302, tweede lid.

Art. 241a

Schakelbepaling

Op de uitoefening van de voorlopige voogdij door een stichting als bedoeld in artikel 1, onder *f*, van de Wet op de jeugdzorg is artikel 243 van dit Boek van overeenkomstige toepassing.

Art. 242

Oriënteren m.b.t. maatregelen t.a.v. gezagsuitoefening

De raad voor de kinderbescherming stelt zich op de hoogte van alle gevallen, waarin maatregelen met betrekking tot het gezag over minderjarigen overwogen dienen te worden. (Ontw. art. 1.13.3.5*a*; BW art. 461*d* (oud); BW art. 1:161, 170, 254, 266 e.v., 269 e.v., 297 e.v., 305, 324, 326, 327 e.v., 330; Rv art. 823)

Art. 243

(Kosteloze) diensten aan de Raad

– 1. De colleges van burgemeester en wethouders en ambtenaren van de burgerlijke stand

verschaffen de raad voor de kinderbescherming kosteloos alle inlichtingen, en verstrekken de raad kosteloos alle afschriften en uittreksels uit hun registers, die de raad ter uitvoering van zijn taak van hen vraagt. Wanneer de raad voor de kinderbescherming een taak vervult of een bevoegdheid uitoefent op grond van een van de bepalingen van deze titel of van de titels 9, 10, 14, 15 en 17 van dit boek, alsmede op grond van de daarmee verband houdende bepalingen van het Wetboek van Burgerlijke Rechtsvordering, verschaffen de bij algemene maatregel van bestuur aan te wijzen instanties of personen de raad kosteloos die inlichtingen die voor een goede uitoefening van hun taak noodzakelijk zijn. (BW 1:28, 301 lid 2; Rv 810, 814 e.v.)
– 2. Alle verzoeken die de raad voor de kinderbescherming ter uitvoering van zijn taak tot de rechter richt, worden kosteloos behandeld; de grossen, afschriften en uittreksels, die hij tot dat doel aanvraagt, worden hem door de griffiers vrij van alle kosten uitgereikt.
– 3. Exploiten door de deurwaarders ten verzoeke van de raad voor de kinderbescherming uitgebracht, worden volgens het gewone tarief vergoed. Advocaten kunnen voor hun aan de raad voor de kinderbescherming bewezen diensten salaris in rekening brengen.
– 4. Wanneer de raad voor de kinderbescherming op grond van een van de bepalingen van deze titel, of van de titels 9, 10, 12, 14, 15 en 17 van dit boek in rechte optreedt, kan hij dit zonder advocaat doen, behalve in gedingen die met een dagvaarding aanvangen. (Ontw. 1.13.3.6; BW 461*e* (oud))

AFDELING 4
Registers betreffende het over minderjarigen uitgeoefende gezag

Art. 244

Openbare registers bij de rechtbanken

Bij de rechtbanken berusten openbare registers, waarin aantekening gehouden wordt van rechtsfeiten die op het over minderjarigen uitgeoefende gezag betrekking hebben. Bij algemene maatregel van bestuur wordt bepaald welke rechtsfeiten aangetekend worden, en op welke wijze deze aantekening geschiedt. (Ontw. 1.13.4.1; BW 354 (oud), BW 1:47, 391)

TITEL 14
Het gezag over minderjarige kinderen

AFDELING 1
Algemeen

Art. 245

Gezag: ouderlijk gezag of voogdij

– 1. Minderjarigen staan onder gezag.
– 2. Onder gezag wordt verstaan ouderlijk gezag dan wel voogdij.
– 3. Ouderlijk gezag wordt door de ouders gezamenlijk of door één ouder uitgeoefend. Voogdij wordt door een ander dan een ouder uitgeoefend.
– 4. Het gezag heeft betrekking op de persoon van de minderjarige, het bewind over zijn vermogen en zijn vertegenwoordiging in burgerlijke handelingen, zowel in als buiten rechte.
– 5. Het gezag van de ouder die dit krachtens artikel 253*sa* of krachtens een rechterlijke beslissing overeenkomstig artikel 253*t* samen met een ander dan een ouder uitoefent, wordt aangemerkt als ouderlijk gezag dat door ouders gezamenlijk wordt uitgeoefend, tenzij uit een wettelijke bepaling het tegendeel voortvloeit. (BW 1:251 e.v., 253*b* e.v., 253*i*, 279 e.v.)

Art. 246

Onbevoegdheid tot gezag

Onbevoegd tot het gezag zijn minderjarigen, zij die onder curatele zijn gesteld en zij wier geestvermogens zodanig zijn gestoord, dat zij in de onmogelijkheid verkeren het gezag uit te oefenen, tenzij deze stoornis van tijdelijke aard is. (BW 1:324 lid 1 (oud); BW 1:233, 324, 378, 453*a*)

Art. 246a

Vervallen.

Art. 247

Omvang ouderlijk gezag

– 1. Het ouderlijk gezag omvat de plicht en het recht van de ouder zijn minderjarig kind te verzorgen en op te voeden.
– 2. Onder verzorging en opvoeding worden mede verstaan de zorg en de verantwoordelijkheid voor het geestelijk en lichamelijk welzijn en de veiligheid van het kind alsmede het bevorderen van de ontwikkeling van zijn persoonlijkheid. In de verzorging en opvoeding van het kind passen de ouders geen geestelijk of lichamelijk geweld of enige andere vernederende behandeling toe. (BW 1:245 lid 2 (oud); BW 1:82, 233, 266 e.v., 336, 404)
– 3. Het ouderlijk gezag omvat mede de verplichting van de ouder om de ontwikkeling van de banden van zijn kind met de andere ouder te bevorderen.
– 4. Een kind over wie de ouders gezamenlijk het gezag uitoefenen, behoudt na ontbinding van het huwelijk anders dan door de dood of na scheiding van tafel en bed, na het beëindigen van het geregistreerd partnerschap, of na het beëindigen van de samenleving indien een aan-

tekening als bedoeld in artikel 252, eerste lid, is geplaatst, recht op een gelijkwaardige verzorging en opvoeding door beide ouders.

– 5. Ouders kunnen ter uitvoering van het vierde lid in een overeenkomst of ouderschapsplan rekening houden met praktische belemmeringen die ontstaan in verband met de ontbinding van het huwelijk anders dan door de dood of na scheiding van tafel en bed, het beëindigen van het geregistreerd partnerschap, of het beëindigen van de samenleving indien een aantekening als bedoeld in artikel 252, eerste lid, is geplaatst, echter uitsluitend voor zover en zolang de desbetreffende belemmeringen bestaan.

Art. 247a

Ouderschapsplan

Indien een aantekening als bedoeld in artikel 252, eerste lid, is geplaatst en de ouders hun samenleving beëindigen, stellen zij een ouderschapsplan op als bedoeld in artikel 815, tweede lid, van het Wetboek van Burgerlijke Rechtsvordering.

Art. 248

Verzorging en opvoeding

Het tweede lid van artikel 247 van dit boek is van overeenkomstige toepassing op de voogd en op degene die een minderjarige verzorgt en opvoedt zonder dat hem het gezag over die minderjarige toekomt. (BW 1:336)

Art. 249

Correctierecht ouders/voogd

De minderjarige dient rekening te houden met de aan de ouder of voogd in het kader van de uitoefening van het gezag toekomende bevoegdheden, alsmede met de belangen van de overige leden van het gezin waarvan hij deel uitmaakt. (BW 1:245 lid 1 (oud))

Art. 250

Bijzondere curator

Wanneer in aangelegenheden betreffende diens verzorging en opvoeding, dan wel het vermogen van de minderjarige, de belangen van de met het gezag belaste ouders of een van hen dan wel van de voogd of de beide voogden in strijd zijn met die van de minderjarige, benoemt de rechtbank, danwel, indien het een aangelegenheid inzake het vermogen van de minderjarige betreft, de kantonrechter, of, indien de zaak reeds aanhangig is, de desbetreffende rechter, indien hij dit in het belang van de minderjarige noodzakelijk acht, daarbij in het bijzonder de aard van deze belangenstrijd in aanmerking genomen, op verzoek van een belanghebbende of ambtshalve een bijzondere curator om de minderjarige ter zake, zowel in als buiten rechte, te vertegenwoordigen. (BW 1:250 (oud); BW 1:199, 226, 247, 253*i*, 282, 385; Rv 798 e.v.; Sr 64 lid 2)

AFDELING 2
Ouderlijk gezag

§ 1. Het gezamenlijk gezag van ouders binnen en buiten huwelijk en het gezag van één ouder na scheiding

Art. 251

Gezamenlijk ouderlijk gezag

– 1. Gedurende hun huwelijk oefenen de ouders het gezag gezamenlijk uit. (BW 1:246 lid 1 (oud); BW 1:217 lid 2, 246, 253, 253*q*, 274)

– 2. Na ontbinding van het huwelijk anders dan door de dood of na scheiding van tafel en bed blijven de ouders die gezamenlijk het gezag hebben, dit gezag gezamenlijk uitoefenen.

Art. 251a

Ambtshalve beslissing

– 1. De rechter kan na ontbinding van het huwelijk anders dan door de dood of na scheiding van tafel en bed op verzoek van de ouders of van één van hen bepalen dat het gezag over een kind aan één ouder toekomt indien:

a. er een onaanvaardbaar risico is dat het kind klem of verloren zou raken tussen de ouders en niet te verwachten is dat hierin binnen afzienbare tijd voldoende verbetering zou komen, of

b. wijziging van het gezag anderszins in het belang van het kind noodzakelijk is.

– 2. De beslissing op grond van het eerste lid wordt gegeven bij de beschikking houdende scheiding van tafel en bed, echtscheiding dan wel ontbinding van het huwelijk na scheiding van tafel en bed of bij latere beschikking.

– 3. Indien een beslissing op grond van het eerste lid niet alle kinderen der echtgenoten betrof, vult de rechtbank haar aan op verzoek van een van de ouders, van de raad voor de kinderbescherming of ambtshalve.

– 4. De rechter kan, indien hem blijkt dat de minderjarige van twaalf jaar of ouder hierop prijs stelt, ambtshalve een beslissing geven op de voet van het eerste lid. Hetzelfde geldt indien de minderjarige de leeftijd van twaalf jaren nog niet heeft bereikt, maar in staat kan worden geacht tot een redelijke waardering van zijn belangen ter zake.

Art. 252

Gezamenlijk ouderlijk gezag op beider verzoek

– 1. De ouders die niet met elkaar zijn gehuwd of een geregistreerd partnerschap zijn aangegaan oefenen het gezag over hun minderjarige kinderen gezamenlijk uit, indien dit op hun beider verzoek in het register, bedoeld in artikel 244, is aangetekend. Een verzoek als bedoeld

in de eerste volzin kan niet worden gedaan ten aanzien van de kinderen over wie zij het gezag gezamenlijk hebben uitgeoefend.
– 2. De aantekening wordt door de griffier geweigerd, indien op het tijdstip van het verzoek:
a. één of beide ouders onbevoegd is tot het gezag; of
b. één van beide ouders is ontheven of ontzet van het gezag en de andere ouder het gezag uitoefent; of
c. een voogd met het gezag over het kind is belast; of
d. de voorziening in het gezag over het kind is komen te ontbreken; of
e. de ouder die het gezag heeft, dit gezamenlijk met een ander dan een ouder uitoefent.
– 3. Tegen de weigering van de aantekening is alleen beroep mogelijk, indien zij heeft plaatsgevonden op grond van onbevoegdheid van één of beide ouders tot het gezag anders dan vanwege minderjarigheid of ondercuratelestelling. Alsdan kan de rechtbank worden verzocht de aantekening te gelasten. Zij wijst het verzoek af, indien gegronde vrees bestaat dat bij inwilliging de belangen van het kind zouden worden verwaarloosd. (BW art. 1:221 e.v., 246, 253*n*, 253*o*, 253*p* lid 3, 253*t* e.v., 266 e.v., 277, 279 e.v.)

Art. 253

Hertrouwen/geregistreerd partnerschap

– 1. Indien gewezen echtgenoten met elkaar hertrouwen dan wel een geregistreerd partnerschap aangegaan en onmiddellijk daaraan voorafgaande één der echtgenoten het gezag over de minderjarige kinderen uitoefende, herleeft van rechtswege het gezamenlijk gezag, tenzij een der echtgenoten onbevoegd is tot dit gezag of daarvan is ontheven of ontzet dan wel het gezag gezamenlijk met een ander dan de ouder uitoefent.
– 2. De echtgenoot voor wie het gezag niet is herleefd, kan de rechtbank verzoeken hem daarmede te belasten. Dit verzoek wordt slechts afgewezen, indien gegronde vrees bestaat dat bij inwilliging de belangen van de kinderen zouden worden verwaarloosd.
– 3. Het eerste en tweede lid zijn van overeenkomstige toepassing, indien door verzoening van de echtgenoten een scheiding van tafel en bed eindigt.
– 4. Het eerste en tweede lid zijn van overeenkomstige toepassing indien gewezen geregistreerde partners die gezamenlijk gezag uitoefenden over het kind, opnieuw met elkaar een geregistreerd partnerschap aangaan dan wel met elkaar huwen. (BW 1:166 lid 2 en 3, 176 lid 2 (oud); BW 1:80*a* e.v., 166, 176, 246, 253*t* e.v., 266 e.v., 277; Rv 798 e.v., 808 e.v.)

Art. 253a

Geschillen m.b.t. gezamenlijke gezagsuitoefening

– 1. In geval van gezamenlijke uitoefening van het gezag kunnen geschillen hieromtrent op verzoek van de ouders of van een van hen aan de rechtbank worden voorgelegd. De rechtbank neemt een zodanige beslissing als haar in het belang van het kind wenselijk voorkomt. (BW 1:246 lid 2 (oud); BW 1:253*i* lid 2; Rv 798 e.v.)
– 2. De rechtbank kan eveneens op verzoek van de ouders of een van hen een regeling vaststellen inzake de uitoefening van het ouderlijk gezag. Deze regeling kan omvatten:
a. een toedeling aan ieder der ouders van de zorg- en opvoedingstaken, alsmede en uitsluitend indien het belang van het kind dit vereist, een tijdelijk verbod aan een ouder om met het kind contact te hebben;
b. de beslissing bij welke ouder het kind zijn hoofdverblijfplaats heeft;
c. de wijze waarop informatie omtrent gewichtige aangelegenheden met betrekking tot de persoon en het vermogen van het kind wordt verschaft aan de ouder bij wie het kind niet zijn hoofdverblijfplaats heeft dan wel de wijze waarop deze ouder wordt geraadpleegd;
d. de wijze waarop informatie door derden overeenkomstig artikel 377c, eerste en tweede lid, wordt verschaft.
– 3. Indien op de ouders de verplichting van artikel 247a rust en zij daaraan niet hebben voldaan, houdt de rechter de beslissing op een in het tweede lid bedoeld verzoek ambtshalve aan, totdat aan die verplichting is voldaan. Aanhouding blijft achterwege indien het belang van het kind dit vergt.
– 4. De artikelen 377a, vierde lid, 377e en 377g zijn van overeenkomstige toepassing. Daar waar in deze bepalingen gesproken wordt over omgang of een omgangsregeling wordt in plaats daarvan gelezen: een verdeling van de zorg- en opvoedingstaken.
– 5. De rechtbank beproeft alvorens te beslissen op een verzoek als in het eerste of tweede lid bedoeld, een vergelijk tussen de ouders en kan desverzocht en ook ambtshalve, zulks indien geen vergelijk tot stand komt en het belang van het kind zich daartegen niet verzet, een door de wet toegelaten dwangmiddel opleggen, dan wel bepalen dat de beschikking of onderdelen daarvan met toepassing van artikel 812, tweede lid, van het Wetboek van Burgerlijke Rechtsvordering ten uitvoer kunnen worden gelegd.
– 6. De rechtbank behandelt het verzoek binnen zes weken.

Gezamenlijk gezag binnen geregistreerd partnerschap

§ 1a. Het gezamenlijk gezag van ouders binnen een geregistreerd partnerschap

Art. 253aa

– 1. Gedurende hun geregistreerd partnerschap oefenen de ouders het gezag gezamenlijk uit.
– 2. De bepalingen met betrekking tot het gezamenlijk gezag zijn hierop van toepassing, met uitzondering van de artikelen 251, tweede lid, en 251a, tweede en derde lid. (BW 1:80*a* e.v.)

§ 2. Het gezag van ouders anders dan na scheiding

Art. 253b

Gezag bij de moeder

– 1. Indien ten aanzien van een kind alleen het moederschap vaststaat of indien de ouders van een kind niet met elkaar gehuwd zijn dan wel gehuwd zijn geweest en zij het gezag niet gezamenlijk uitoefenen, oefent de moeder van rechtswege het gezag over het kind alleen uit, tenzij zij bij haar bevalling onbevoegd tot het gezag was.
– 2. De in het eerste lid bedoelde moeder die ten tijde van haar bevalling onbevoegd was tot het gezag, verkrijgt dit van rechtswege op het tijdstip waarop zij daartoe bevoegd wordt, tenzij op dat tijdstip een ander met het gezag is belast.
– 3. Indien op bedoeld tijdstip een ander het gezag heeft, kan de tot het gezag bevoegde ouder de rechtbank verzoeken hem met het gezag over het kind te belasten.
– 4. Wanneer de andere ouder het gezag over het kind uitoefent, wordt dit verzoek slechts ingewilligd, indien de rechter dit in het belang van het kind wenselijk oordeelt.
– 5. Wanneer een voogd het gezag over het kind uitoefent, wordt het verzoek slechts afgewezen, indien gegronde vrees bestaat dat bij inwilliging de belangen van het kind zouden worden verwaarloosd. (BW 1:287 (oud); BW 1:221, 246, 252, 253*e*, 253*ha*; Rv 798 e.v., 808 e.v.)

Art. 253c

Verzoek vader aan rechtbank

– 1. De tot het gezag bevoegde vader van het kind, die nimmer het gezag gezamenlijk met de moeder heeft uitgeoefend, kan de rechtbank verzoeken de ouders met het gezamenlijk gezag dan wel hem alleen met het gezag over het kind te belasten.
– 2. Indien het verzoek ertoe strekt de ouders met het gezamenlijk gezag te belasten en de andere ouder met gezamenlijk gezag niet instemt, wordt het verzoek slechts afgewezen indien:
a. er een onaanvaardbaar risico is dat het kind klem of verloren zou raken tussen de ouders en niet te verwachten is dat hierin binnen afzienbare tijd voldoende verbetering zou komen, of
b. afwijzing anderszins in het belang van het kind noodzakelijk is.
– 3. Wanneer de andere ouder het gezag over het kind uitoefent, wordt het verzoek om de vader alleen met het gezag te belasten slechts ingewilligd, indien de rechtbank dit in het belang van het kind wenselijk oordeelt. (BW art. 1:288 (oud); BW art. 1:221 lid 2, 246, 252, 253*e*; Rv art. 798 e.v., 808 e.v.)
– 4. Wanneer niet in het gezag is voorzien of wanneer een voogd het gezag uitoefent, wordt het verzoek om de vader alleen met het gezag te belasten slechts afgewezen, indien gegronde vrees bestaat dat bij inwilliging de belangen van het kind zouden worden verwaarloosd.
– 5. Een verzoek om de ouders met het gezamenlijk gezag te belasten als bedoeld in het eerste lid, kan ook door de moeder worden gedaan.

Art. 253d

Verzoek aan rechtbank

– 1. Indien de voorziening in het gezag over een kind als bedoeld in artikel 253*b*, eerste lid, van dit boek komt te ontbreken, kunnen zowel zijn moeder als zijn vader dan wel beiden voor zover zij tot het gezag bevoegd zijn – de rechtbank verzoeken met het gezag onderscheidenlijk gezamenlijk gezag te worden belast.
– 2. Het in het eerste lid bedoelde verzoek wordt slechts afgewezen, indien gegronde vrees bestaat dat bij inwilliging de belangen van het kind zouden worden verwaarloosd.
– 3. Hebben beiden een verzoek ingediend anders dan tot gezamenlijke gezagsuitoefening, dan willigt de rechter het verzoek in van degene wiens gezag over het kind hij het meeste in het belang van het kind oordeelt.
– 4. Indien, voordat over het verzoek van één ouder is beslist, de andere ouder van rechtswege het gezag over het kind verkrijgt, willigt de rechter het verzoek slechts in, indien hij dit in het belang van het kind wenselijk oordeelt. (BW 1:289, 290 (oud); BW 1:221, 246, 252, 253*e*, 266 e.v.; Rv 798 e.v., 808 e.v.)

Art. 253e

Gevolgen inwilligen van verzoek

Inwilliging van het verzoek van een der ouders als bedoeld in de artikelen 253*b*, 253*c* en 253*d* van dit boek heeft, indien de ander het gezag tot dusverre uitoefende, tot gevolg dat de laatste het gezag verliest. Dit gevolg treedt niet in indien de ouders als gevolg van de rechterlijke beslissing met het gezamenlijk gezag zijn belast.

Art. 253f

Dood een der ouders

Na de dood van een der ouders oefent de overlevende ouder van rechtswege het gezag over de kinderen uit, indien en voor zover hij op het tijdstip van overlijden het gezag uitoefent. (BW 1:283 (oud); 1:251 e.v.)

Art. 253g

Verzoek om overlevende ouder met gezag te belasten

– 1. Indien van de ouders diegene overlijdt die het gezag over hun minderjarige kinderen alleen uitoefent, bepaalt de rechter dat de overlevende ouder of een derde met het gezag over deze kinderen wordt belast.
– 2. De rechter doet dit op verzoek van de raad voor de kinderbescherming, de overlevende ouder of ambtshalve.
– 3. Het verzoek om de overlevende ouder met het gezag te belasten wordt slechts afgewezen, indien gegronde vrees bestaat dat bij inwilliging de belangen van de kinderen zouden worden verwaarloosd.
– 4. De bepaling van het voorgaande lid is mede van toepassing indien de overleden ouder een voogd had aangewezen overeenkomstig artikel 292 van dit boek.

Art. 253h

Wijziging door de rechter

– 1. Indien na het overlijden van één der ouders een voogd is benoemd, kan de rechter deze beslissing te allen tijde in dier voege wijzigen, dat de overlevende ouder mits deze daartoe bevoegd is, alsnog met het gezag wordt belast.
– 2. Zij gaat hiertoe slechts over op verzoek van de overlevende ouder, en niet dan op grond dat nadien de omstandigheden zijn gewijzigd, of dat bij het nemen van de beslissing van onjuiste of onvolledige gegevens is uitgegaan.
– 3. Wanneer de andere ouder een voogd had aangewezen overeenkomstig artikel 292 van dit boek en deze inmiddels is opgetreden, is dit artikel van overeenkomstige toepassing met dien verstande dat, mits het verzoek van de overlevende ouder binnen één jaar na het begin van de voogdij wordt gedaan, dit verzoek slechts wordt afgewezen indien gegronde vrees bestaat dat bij inwilliging de belangen van de kinderen zouden worden verwaarloosd.

§ 2a. Gezag na meerderjarigverklaring

Art. 253ha

Gezag na meerderjarigverklaring

– 1. De minderjarige vrouw die als degene die het gezag heeft, haar kind wenst te verzorgen en op te voeden kan, indien zij de leeftijd van zestien jaren heeft bereikt, de kinderrechter verzoeken haar meerderjarig te verklaren.
– 2. Het verzoek kan ten behoeve van de vrouw ook worden gedaan door de raad voor de kinderbescherming. Deze behoeft hiertoe haar schriftelijke toestemming. Het verzoek vervalt, indien de vrouw haar toestemming intrekt.
– 3. Het verzoek kan ook voor de bevalling door of ten behoeve van de vrouw worden gedaan, alsmede indien de vrouw eerst omstreeks het tijdstip van haar bevalling de leeftijd van zestien jaren zal hebben bereikt. In dat geval wordt op het verzoek niet eerder dan na de bevalling of, indien de vrouw op dat tijdstip nog geen zestien jaar is, nadat zij die leeftijd heeft bereikt, beslist.
– 4. De kinderrechter willigt het verzoek slechts in, indien hij dit in het belang van de moeder en haar kind wenselijk oordeelt. Indien een ander met het gezag is belast, wordt de moeder daarmee belast.
– 5. De minderjarige vrouw is bekwaam in rechte op te treden en tegen een uitspraak beroep in te stellen. (BW 1:291*a* (oud); 1:233, 235, 238 e.v., 246, 253*b*; Rv 798 e.v., 808 e.v.)

§ 3. Het bewind van de ouders

Art. 253i

Bewind van de ouders

– 1. Ingeval van gezamenlijke gezagsuitoefening voeren de ouders gezamenlijk het bewind over het vermogen van het kind en vertegenwoordigen zij gezamenlijk het kind in burgerlijke handelingen, met dien verstande dat een ouder alleen, mits niet van bezwaren van de andere ouder is gebleken, hiertoe ook bevoegd is.
– 2. Artikel 253*a* van dit boek is van overeenkomstige toepassing met dien verstande dat in plaats van 'de rechtbank' wordt gelezen 'de kantonrechter'.
– 3. Oefent een ouder het gezag alleen uit, dan wordt door die ouder het bewind over het vermogen van het kind gevoerd en het kind in burgerlijke handelingen vertegenwoordigd.
– 4. Van het bepaalde in het eerste en derde lid kan worden afgeweken:
a. indien de rechter bij de beschikking waarbij de uitoefening van het gezag over het kind aan een van de ouders wordt opgedragen op eensluidend verzoek van de ouders of op verzoek van één van hen, mits de ander zich daartegen niet verzet, heeft bepaald dat de ouder die niet het gezag over het kind zal uitoefenen, het bewind over het vermogen van het kind zal voeren;
b. ingevolge artikel 276, tweede lid, van dit boek, bij ontheffing of ontzetting van het gezag;
c. indien hij die een minderjarige goederen schenkt of vermaakt, bij de gift, onderscheidenlijk

bij de uiterste wilsbeschikking, heeft bepaald dat een ander het bewind over die goederen zal voeren. (BW 1:337 lid 3; 3:204; 4:960; 7A:1703 e.v.)

– 5. In het laatstbedoelde geval zijn de ouders, of – indien een ouder het gezag alleen uitoefent – die ouder, bevoegd van de bewindvoerder rekening en verantwoording te vragen.

– 6. Bij het vervallen van het door de schenker of erflater ingesteld bewind zijn het eerste en tweede lid, onderscheidenlijk het derde lid, van toepassing. (BW 1:247 (oud); 1:337, 343; 7A:1722)

Art. 253j

Goed bewindvoerder

De ouders of een ouder moeten het bewind over het vermogen van hun kind als goede bewindvoerders voeren. Bij slecht bewind zijn zij voor de daaraan te wijten schade aansprakelijk, behoudens voor de vruchten van dat vermogen voor zover de wet hun het genot daarvan toekent. (BW 1:248 (oud); BW 1:253*l*, 337 lid 2, 444, 454)

Art. 253k

Toepasselijke bepalingen

Op het bewind van de ouders of een ouder zijn de artikelen 342, tweede lid, 344 tot en met 357 en 370 van dit boek van overeenkomstige toepassing. (BW 1:249 (oud); 1:276 lid 3)

Art. 253l

Ouderlijk vruchtgenot

– 1. Elke ouder die het gezag over zijn kind uitoefent, heeft het vruchtgenot van diens vermogen. Indien het kind bij de ouder inwoont en anders dan incidenteel inkomen uit arbeid geniet, is het verplicht naar draagkracht bij te dragen in de kosten van de huishouding van het gezin.

– 2. Het eerste lid is van overeenkomstige toepassing in geval de ouder van het gezag is ontheven, tenzij de andere ouder het gezag uitoefent.

– 3. Aan bedoeld vruchtgenot zijn de lasten verbonden, die op vruchtgebruikers rusten. (BW 1:251, 252 (oud); 1:217, 245, 266 e.v., 330; 3:205 e.v.; 4:887; Fw 21 onder 4°)

Art. 253m

Uitsluiting vruchtgenot

De ouder heeft geen vruchtgenot van het vermogen, ten aanzien waarvan bij uiterste wilsbeschikking van de erflater of bij de gift is bepaald dat de ouders daarvan het vruchtgenot niet zullen hebben. (BW 1:253 (oud); 4:887, 960)

AFDELING 3
Gemeenschappelijke bepalingen betreffende de gezagsuitoefening door de ouders en de gezagsuitoefening door één van hen

Art. 253n

Beëindiging gezamenlijk gezag

– 1. Op verzoek van de niet met elkaar gehuwde ouders of een van hen kan de rechtbank het gezamenlijk gezag, bedoeld in de artikelen 251a, eerste lid, 252, eerste lid, 253*q*, vijfde lid, of 277, eerste lid, beëindigen, indien nadien de omstandigheden zijn gewijzigd of bij het nemen van de beslissing van onjuiste of onvolledige gegevens is uitgegaan. Alsdan bepaalt de rechtbank aan wie van de ouders voortaan het gezag over ieder der minderjarige kinderen toekomt.

– 2. Het eerste en derde lid van artikel 251a zijn van overeenkomstige toepassing. (BW 1:162, 171, 291 (oud); BW 1:253*o*; Rv 798 e.v., 808 e.v.)

Art. 253o

Wijziging gezagsbeslissing

– 1. Beslissingen waarbij een ouder alleen met het gezag is belast, gegeven ingevolge het bepaalde in de paragrafen 1, 2 en 2*a* van deze titel en het bepaalde in artikel 253*n* van dit boek kunnen op verzoek van de ouders of van een van hen door de rechtbank worden gewijzigd op grond dat nadien de omstandigheden zijn gewijzigd, of dat bij het nemen van de beslissing van onjuiste of onvolledige gegevens is uitgegaan.

Art. 253p

Aanvang van het gezag

– 1. In de gevallen waarin door de rechter het gezag wordt opgedragen aan beide ouders of aan een ouder alleen, neemt dit een aanvang zodra de desbetreffende beschikking in kracht van gewijsde is gegaan, of, indien zij uitvoerbaar bij voorraad is verklaard, daags nadat de beschikking is verstrekt of verzonden.

– 2. Na de gerechtelijke ontbinding van het huwelijk of na scheiding van tafel en bed begint het gezag nochtans niet voordat de beschikking houdende ontbinding van het huwelijk is ingeschreven in de registers van de burgerlijke stand of voordat de beschikking houdende scheiding van tafel en bed is ingeschreven in het huwelijksgoederenregister, aangewezen in artikel 116.

– 3. Indien een aantekening was gedaan als bedoeld in artikel 252, eerste lid, van dit boek, begint het aan één der ouders opgedragen gezag nochtans niet, dan nadat deze aantekening door de griffier is doorgehaald. Van de doorhaling doet de griffier schriftelijk mededeling aan beide ouders. (BW 1:163, 183, 280)

Art. 253q

Ouderlijk gezag bij art. 246

– 1. Wanneer een van de ouders die gezamenlijk het gezag over hun minderjarige kinderen uitoefenen, op een der in artikel 246 genoemde gronden daartoe onbevoegd is, oefent de an-

dere ouder alleen het gezag over de kinderen uit. Wanneer de grond van de onbevoegdheid is weggevallen, herleeft van rechtswege het gezamenlijke gezag.
– 2. Wanneer beide ouders die gezamenlijk het gezag over hun minderjarige kinderen uitoefenen, daartoe op een der in artikel 246 genoemde gronden onbevoegd zijn, benoemt de rechtbank een voogd.
– 3. Wanneer een ouder die alleen het gezag uitoefent, op een der in artikel 246 genoemde gronden daartoe onbevoegd is, belast de rechtbank de andere ouder met het gezag, tenzij gegronde vrees bestaat dat de belangen van de kinderen zouden worden verwaarloosd. Alsdan benoemt zij een voogd.
– 4. De in het tweede en derde lid bedoelde beslissingen worden gegeven op verzoek van een ouder, bloed- of aanverwanten van de minderjarige, de raad voor de kinderbescherming of ambtshalve.
– 5. Wanneer de grond van de onbevoegdheid van de in het derde lid eerstgenoemde ouder is vervallen, wordt hij, op zijn verzoek, wederom met het gezag belast, indien de rechtbank overtuigd is dat het kind wederom aan de ouder mag worden toevertrouwd. Op verzoek van de ouders of een van hen kan zij de ouders gezamenlijk met het gezag belasten. (BW 1:246 lid 3 (oud); BW 1:253*n*, 324)

Art. 253r

Overeenkomstige toepassing

– 1. Het bepaalde in artikel 253*q* van dit boek is van overeenkomstige toepassing, indien:
a. één of beide ouders al dan niet tijdelijk in de onmogelijkheid verkeert het gezag uit te oefenen; of
b. het bestaan of de verblijfplaats van één of beide ouders onbekend is.
– 2. Het gezag dat aan één of beide ouders toekomt, is geschorst gedurende de tijd waarin een van de in het eerste lid bedoelde omstandigheden zich voordoet.

Art. 253s

Pleegouders

– 1. Indien het kind met instemming van zijn ouders die het gezag over hem uitoefenen, gedurende ten minste een jaar door een of meer anderen als behorende tot het gezin is verzorgd en opgevoed, kunnen de ouders slechts met toestemming van degenen die de verzorging en opvoeding op zich hebben genomen, wijziging in het verblijf van het kind brengen.
– 2. Voor zover de volgens het vorige lid vereiste toestemmingen niet worden verkregen, kunnen zij op verzoek van de ouders door die van de rechtbank worden vervangen. Dit verzoek wordt slechts afgewezen, indien gegronde vrees bestaat dat bij inwilliging de belangen van het kind zouden worden verwaarloosd.
– 3. In geval van afwijzing van het verzoek is de beschikking van kracht gedurende een door de rechtbank te bepalen termijn, welke de duur van zes maanden niet te boven mag gaan. Is echter voor het einde van deze termijn een verzoek tot ondertoezichtstelling van het kind, dan wel tot ontheffing of ontzetting van een of beide ouders aanhangig gemaakt, dan blijft de beschikking gelden, totdat op het verzoek bij gewijsde is beslist. (BW 1:246*a* (oud); BW 1:254 e.v., 266 e.v., 275 lid 3, 336*a*; Rv 798 e.v., 808 e.v.)

AFDELING 3A
Gezamenlijk gezag van een ouder tezamen met een ander dan een ouder

§ 1. Het gezamenlijk gezag van rechtswege van een ouder tezamen met een ander dan een ouder

Art. 253sa

Gezamenlijk gezag

– 1. Over het staande hun huwelijk of geregistreerd partnerschap geboren kind oefenen een ouder en zijn echtgenoot of geregistreerde partner die niet de ouder is, gezamenlijk het gezag uit, tenzij het kind tevens in familierechtelijke betrekking staat tot een andere ouder.
– 2. De bepalingen met betrekking tot het gezamenlijk gezag zijn hierop van toepassing, met uitzondering van de artikelen 251, tweede lid, en 251a, tweede en derde lid.

§ 2. Het gezamenlijk gezag van een ouder tezamen met een ander dan een ouder krachtens rechterlijke beslissing

Art. 253t

Gezamenlijk gezag met een niet-ouder

– 1. Indien het gezag over een kind bij één ouder berust, kan de rechtbank op gezamenlijk verzoek van de met het gezag belaste ouder en een ander dan de ouder die in een nauwe persoonlijke betrekking tot het kind staat, hen gezamenlijk met het gezag over het kind belasten.
– 2. In het geval dat het kind tevens in familierechtelijke betrekking staat tot een andere ouder wordt het verzoek slechts toegewezen, indien:
a. de ouder en de ander op de dag van het verzoek gedurende ten minste een aaneengesloten periode van een jaar onmiddellijk voorafgaande aan het verzoek gezamenlijk de zorg voor het kind hebben gehad; en

b. de ouder die het verzoek doet op de dag van het verzoek gedurende ten minste een aaneengesloten periode van drie jaren alleen met het gezag belast is geweest.
– 3. Het verzoek wordt afgewezen indien, mede in het licht van de belangen van een andere ouder, gegronde vrees bestaat dat bij inwilliging de belangen van het kind zouden worden verwaarloosd.
– 4. Het gezamenlijk gezag, bedoeld in het eerste lid, kan niet worden toegekend in de gevallen, bedoeld in artikel 253*q*, eerste lid, en artikel 253*r*. Het staat niet open voor rechtspersonen.
– 5. Een verzoek als bedoeld in het eerste lid kan vergezeld gaan van een verzoek tot wijziging van de geslachtsnaam van het kind in de geslachtsnaam van de met het gezag belaste ouder of de ander. Een zodanig verzoek wordt afgewezen, indien
a. het kind van twaalf jaar of ouder ter gelegenheid van zijn verhoor niet heeft ingestemd met het verzoek;
b. het verzoek, bedoeld in het eerste lid, wordt afgewezen; of
c. het belang van het kind zich tegen toewijzing verzet. (BW 1:5, 245 lid 5 en 7, 252 lid 2 sub *e*, 253*d*, 274 lid 2, 282; Rv 798 e.v.; 808 e.v.)

Art. 253u

Aanvang van het gezag

Het gezamenlijk gezag begint op de dag waarop de beslissing die de benoeming inhoudt, in kracht van gewijsde is gegaan, of, indien zij uitvoerbaar bij voorraad is verklaard, daags nadat de beschikking is verstrekt of verzonden. (BW 1:280 sub *b*)

Art. 253v

Schakelbepaling

– 1. Op de gezamenlijke gezagsuitoefening door de ouder en de ander zijn de artikelen 246, 247, 249, 250, 253*a*, 253*j* tot en met 253*m*, 253*q*, eerste lid, alsmede 253*r* van overeenkomstige toepassing.
– 2. Artikel 253*i* is van overeenkomstige toepassing, tenzij de met het gezag belaste ouder het bewind niet voert ingevolge artikel 253*i*, vierde lid, onder *a* of *c*.
– 3. Artikel 253n is van overeenkomstige toepassing. De rechtbank geeft geen beslissing tot beëindiging van het gezamenlijk gezag, bedoeld in artikel 253t, dan nadat zij de ouders of de niet met het gezag belaste ouder in de gelegenheid heeft gesteld te verzoeken in het belang van het kind de ouders gezamenlijk met het gezag over het kind te belasten of de niet met het gezag belaste ouder daarmee te belasten.
– 4. Indien de rechtbank na beëindiging van het gezamenlijk gezag van de ouder en de ander, deze ander met de voogdij heeft belast, kan zij te allen tijde wegens wijziging van omstandigheden op verzoek van de ouders of van één van hen in het belang van het kind één ouder met het gezag of de ouders met het gezamenlijk gezag belasten.
– 5. Artikel 253*q*, tweede lid, is van overeenkomstige toepassing met dien verstande dat de rechtbank geen voogd benoemt dan nadat zij de niet met het gezag belaste ouder in de gelegenheid heeft gesteld te verzoeken in het belang van het kind hem met het gezag over het kind te belasten. Het verzoek, bedoeld in artikel 253*q*, tweede lid, kan tevens door de ander dan de ouder worden gedaan.
– 6. De afdelingen 4 en 5 van deze titel zijn van overeenkomstige toepassing op het gezamenlijk gezag van de ouder en de ander, met dien verstande dat in geval van ontheffing of ontzetting van de ouder die gezamenlijk met de ander het gezag uitoefent, de ander niet alleen met het gezag wordt belast dan nadat de rechtbank de niet met het gezag belaste ouder in de gelegenheid heeft gesteld te verzoeken hem met het gezag over het kind te belasten.

§ 3. Gemeenschappelijke bepalingen inzake het gezamenlijk gezag van een ouder tezamen met een ander dan een ouder

Art. 253w

Verstrekking levensonderhoud

De ander die met de ouder gezamenlijk het gezag uitoefent, is verplicht tot het verstrekken van levensonderhoud jegens het kind dat onder zijn gezag staat. Indien het gezamenlijk gezag door de meerderjarigheid van het kind is geëindigd, duurt de onderhoudsplicht voort totdat het kind de leeftijd van eenentwintig jaren heeft bereikt. Nadat een rechterlijke beslissing tot beëindiging van het gezamenlijk gezag in kracht van gewijsde is gegaan of na het overlijden van de ouder met wie tot het tijdstip van overlijden het gezag gezamenlijk werd uitgeoefend, blijft deze onderhoudsplicht gedurende de termijn dat het gezamenlijk gezag heeft geduurd, bestaan, tenzij de rechter in bijzondere omstandigheden op verzoek van de ouder of de ander een langere termijn bepaalt. Zij eindigt uiterlijk op het tijdstip dat het kind de leeftijd van eenentwintig jaren heeft bereikt. De artikelen 392, derde lid, 395*a*, eerste lid, 395*b*, 397, 398, 399, 400, 401, eerste, vierde en vijfde lid, 402, 402*a*, 403, 404, eerste lid, 406 en 408 zijn van overeenkomstige toepassing. (BW 1:282 lid 6, 404 e.v.)

Art. 253x

Dood van de ouder

– 1. Na de dood van de ouder die tezamen met de ander het gezag uitoefende, oefent die ander van rechtswege de voogdij over de kinderen uit.

– 2. De rechtbank kan op verzoek van de overlevende ouder te allen tijde bepalen dat deze, mits daartoe bevoegd, alsnog met het gezag wordt belast.
– 3. De artikelen 253*g* en *h* zijn niet van toepassing. (BW 1:253*f*, 282*b*)

Art. 253y

Einde van het gezag

– 1. Het gezamenlijk gezag, bedoeld in de artikelen 253*sa* en 253*t*, eindigt op de dag waarop in kracht van gewijsde is gegaan de beschikking waarbij aan de ouders gezamenlijk gezag is toegekend of het gezamenlijk gezag van de ouder en de ander is beëindigd.
– 2. Is de beschikking, bedoeld in het eerste lid, uitvoerbaar bij voorraad verklaard, dan eindigt het gezamenlijk gezag van de ouder en de ander daags nadat de beschikking is verstrekt of verzonden. (BW 1:252, 253*d*, 282*a*)

AFDELING 4
Ondertoezichtstelling van minderjarigen

Art. 254

Ondertoezichtstelling

– 1. Indien een minderjarige zodanig opgroeit, dat zijn zedelijke of geestelijke belangen of zijn gezondheid ernstig worden bedreigd, en andere middelen ter afwending van deze bedreiging hebben gefaald of, naar is te voorzien, zullen falen, kan de kinderrechter hem onder toezicht stellen van een stichting als bedoeld in artikel 1, onder *f*, van de Wet op de jeugdzorg.
– 2. De kinderrechter kan een in het eerste lid bedoelde minderjarige door of voor wie een aanvraag tot het verlenen van een verblijfsvergunning voor bepaalde tijd als bedoeld in artikel 28 van de Vreemdelingenwet 2000 is ingediend en die in verband daarmee in een opvangcentrum als bedoeld in artikel 1, onder *d*, van de Wet Centraal Orgaan opvang asielzoekers verblijft, onder toezicht stellen van een daartoe door Onze Minister van Justitie aanvaarde rechtspersoon.
– 3. Onze Minister van Justitie kan voorwaarden stellen bij of voorschriften verbinden aan de aanvaarding, bedoeld in het tweede lid, en de rechtspersoon voor een bepaalde tijd aanvaarden.
– 4. De kinderrechter kan een minderjarige onder toezicht stellen op verzoek van een ouder, een ander die de minderjarige als behorende tot zijn gezin verzorgt en opvoedt, de raad voor de kinderbescherming, of het openbaar ministerie. (BW 1:254, 255, 256 (oud); BW 1:47, 53, 233, 238 e.v., 251 e.v., 326; Rv 323, 798 e.v., 808 e.v.)
– 5. Op verzoek van de stichting, dan wel op verzoek van de met het gezag belaste ouder of de minderjarige van twaalf jaren of ouder, kan de kinderrechter de stichting, bedoeld in artikel 1, onder *f*, van de Wet op de jeugdzorg, die het toezicht heeft, vervangen door een zodanige stichting in een andere provincie. De raad voor de kinderbescherming is bevoegd het in de vorige volzin bedoelde verzoek in te dienen, indien de raad van oordeel blijft dat de uithuisplaatsing niet op de voet van artikel 263, eerste lid, dient te worden beëindigd. Indien ten tijde van een verlenging van de duur van de ondertoezichtstelling niet meer wordt voldaan aan de eisen voor benoembaarheid, bedoeld in het tweede lid, vervangt de kinderrechter ambtshalve de door Onze Minister van Justitie aanvaarde rechtspersoon door een stichting als bedoeld in artikel 1, onder *f*, van de Wet op de jeugdzorg, tenzij voortzetting van de taken door bedoelde rechtspersoon hem om reden van continuïteit noodzakelijk voorkomt.
– 6. Op een rechtspersoon als bedoeld in het tweede lid, zijn de bepalingen van de afdelingen 4 en 5 alsmede artikel 326 van overeenkomstige toepassing. In geval van vervanging op de voet van het vijfde lid van de in het tweede lid bedoelde rechtspersoon, wordt de stichting, bedoeld in artikel 1, onder *f*, van de Wet op de jeugdzorg in de provincie waar de desbetreffende minderjarige duurzaam verblijft benoemd.

Art. 255

Voorlopig toezicht

De kinderrechter kan hangende het onderzoek de minderjarige voorlopig onder toezicht stellen indien dit dringend en onverwijld noodzakelijk is. Hij bepaalt de duur van dit voorlopige toezicht op ten hoogste drie maanden en kan de beslissing te allen tijde herroepen. (BW 1:257 (oud))

Art. 256

Duur ondertoezichtstelling

– 1. De kinderrechter bepaalt de duur van de ondertoezichtstelling op ten hoogste een jaar.

Verlenging termijn

– 2. De kinderrechter kan de duur telkens voor ten hoogste een jaar verlengen. Hij kan dit doen op verzoek van de stichting, bedoeld in artikel 1, onder *f*, van de Wet op de jeugdzorg, een ouder, een ander die de minderjarige als behorende tot zijn gezin verzorgt en opvoedt, de raad voor de kinderbescherming of het openbaar ministerie.
– 3. Indien de stichting, bedoeld in artikel 1, onder *f*, van de Wet op de jeugdzorg niet overgaat tot een verzoek tot verlenging doet zij hiervan zo spoedig mogelijk en onder overlegging van een verslag van het verloop van de ondertoezichtstelling mededeling aan de raad voor de kinderbescherming.

Opheffing

– 4. De kinderrechter kan de ondertoezichtstelling opheffen indien de grond daarvoor niet langer bestaat. Hij kan dit doen op verzoek van de stichting, bedoeld in artikel 1, onder *f*, van de Wet op de jeugdzorg, de met het gezag belaste ouder of de minderjarige van twaalf jaren of ouder. (BW 1:258 (oud); BW 1:238 e.v., 251 e.v.; Rv 323, 798 e.v., 808 e.v.)

Art. 257

Hulp en steun

– 1. De stichting, bedoeld in artikel 1, onder *f*, van de Wet op de jeugdzorg houdt toezicht op de minderjarige en zorgt dat aan de minderjarige en de met het gezag belaste ouder hulp en steun worden geboden teneinde de bedreiging van de zedelijke of geestelijke belangen of de gezondheid van de minderjarige af te wenden.
– 2. Deze hulp en steun zijn erop gericht de met het gezag belaste ouder de verantwoordelijkheid voor de verzorging en opvoeding zoveel mogelijk te doen behouden. Bij algemene maatregel van bestuur, op de voordracht van Onze Ministers van Justitie en van Volksgezondheid, Welzijn en Sport, kunnen regels worden gesteld omtrent de aard en de omvang van de hulp en steun.
– 3. Indien het leeftijds- en ontwikkelingsniveau van de minderjarige en diens bekwaamheid en behoefte zelfstandig te handelen en zijn leven naar eigen inzicht in te richten daartoe noodzaken, zijn de hulp en steun, meer dan op het vergroten van de mogelijkheden van de ouders om hun kind te verzorgen en op te voeden, gericht op het vergroten van de zelfstandigheid van de minderjarige.
– 4. De stichting, bedoeld in artikel 1, onder *f*, van de Wet op de jeugdzorg bevordert de gezinsband tussen de met het gezag belaste ouder en de minderjarige.

Art. 258

Schriftelijke aanwijzingen

– 1. De stichting, bedoeld in artikel 1, onder *f*, van de Wet op de jeugdzorg kan ter uitvoering van haar taak schriftelijk aanwijzingen geven betreffende de verzorging en opvoeding van de minderjarige.
– 2. De met het gezag belaste ouder en de minderjarige dienen deze aanwijzingen op te volgen.
– 3. Plaatsing van de minderjarige gedurende dag en nacht buiten het gezin geschiedt, behoudens in de gevallen dat de met het gezag belaste ouder daartoe zonder bezwaar van de stichting, bedoeld in artikel 1, onder *f*, van de Wet op de jeugdzorg overgaat, alleen krachtens artikel 261. (BW 1:260 (oud); BW 1:251 e.v., 269, 327)

Art. 259

Verzoek aan kinderrechter tot vervallen verklaren aanwijzing

– 1. Op verzoek van de met het gezag belaste ouder of de minderjarige van twaalf jaren of ouder kan de kinderrechter een aanwijzing geheel of gedeeltelijk vervallen verklaren. Het verzoek heeft geen schorsende kracht, tenzij de kinderrechter het tegendeel bepaalt.
– 2. Bij de indiening van het verzoek wordt de beslissing van de stichting, bedoeld in artikel 1, onder *f*, van de Wet op de jeugdzorg overgelegd.
– 3. De termijn voor het indienen van het verzoek bij de kinderrechter bedraagt twee weken en vangt aan met ingang van de dag na die waarop de beslissing is toegezonden of uitgereikt.
– 4. Ten aanzien van een na afloop van de termijn ingediend verzoek blijft niet-ontvankelijkverklaring op grond daarvan achterwege indien de verzoeker redelijkerwijs niet geoordeeld kan worden in verzuim te zijn geweest. (BW 1:260, 263; Rv 429*f* lid 3)

Art. 260

Verzoek tot intrekking aanwijzing

– 1. De met het gezag belaste ouder en de minderjarige van twaalf jaren of ouder kunnen de stichting, bedoeld in artikel 1, onder *f*, van de Wet op de jeugdzorg verzoeken een aanwijzing wegens gewijzigde omstandigheden geheel of gedeeltelijk in te trekken.
– 2. De stichting, bedoeld in artikel 1, onder *f*, van de Wet op de jeugdzorg geeft een schriftelijke beslissing binnen twee weken na ontvangst van het verzoek.
– 3. Artikel 259 is van overeenkomstige toepassing.
– 4. Het niet of niet tijdig nemen van een beslissing door de stichting, bedoeld in artikel 1, onder *f*, van de Wet op de jeugdzorg wordt voor de toepassing van deze bepaling gelijkgesteld met afwijzing van het verzoek. De termijn voor het indienen van het verzoek bij de kinderrechter loopt in dat geval door zolang de stichting, bedoeld in artikel 1, onder *f*, van de Wet op de jeugdzorg niet heeft beslist en eindigt, indien de stichting, bedoeld in artikel 1, onder *f*, van de Wet op de jeugdzorg alsnog beslist, twee weken daarna. (BW 1:263)

Art. 261

Machtiging tot uithuisplaatsing

– 1. Indien dit noodzakelijk is in het belang van de verzorging en opvoeding van de minderjarige of tot onderzoek van diens geestelijke of lichamelijke gesteldheid, kan de kinderrechter de stichting, bedoeld in artikel 1, onder *f*, van de Wet op de jeugdzorg op haar verzoek machtigen de minderjarige gedurende dag en nacht uit huis te plaatsen. De machtiging kan eveneens worden verleend op verzoek van de raad voor de kinderbescherming of van het openbaar ministerie.
– 2. Indien de uithuisplaatsing betrekking heeft op zorg als bedoeld in artikel 5, tweede lid, van de Wet op de jeugdzorg, is het verzoek gericht op effectuering van het besluit, bedoeld in

artikel 6, eerste lid, van die wet. Dit besluit wordt bij het verzoek overgelegd. Indien de uithuisplaatsing geen betrekking heeft op zorg als bedoeld in artikel 5, tweede lid, van de Wet op de jeugdzorg, wordt bij het verzoek vermeld voor welke verblijfplaats de machtiging wordt gevraagd.

– 3. In afwijking van de eerste volzin van het tweede lid kan in de gevallen, omschreven in de regels, gesteld krachtens artikel 3, vijfde lid, van de Wet op de jeugdzorg en van artikel 9*b*, tweede lid, van de Algemene Wet Bijzondere Ziektekosten een machtiging tot uithuisplaatsing worden verleend zonder een daartoe strekkend besluit. De machtiging tot uithuisplaatsing geldt in dat geval totdat een besluit als bedoeld in artikel 6, eerste lid, van de Wet op de jeugdzorg is genomen. De kinderrechter kan bepalen dat de machtiging tot uithuisplaatsing van kracht blijft indien het besluit, bedoeld in artikel 6, eerste lid, van de Wet op de jeugdzorg strekt tot uithuisplaatsing.

– 4. De kinderrechter kan eveneens een machtiging tot uithuisplaatsing verlenen zonder dat daarbij een besluit als bedoeld in artikel 6, eerste lid, van de Wet op de jeugdzorg wordt overgelegd, indien het verzoek daartoe wordt gedaan door de raad voor de kinderbescherming en de stichting, bedoeld in artikel 1, onder *f*, van die wet geen besluit strekkend tot uithuisplaatsing neemt. In deze gevallen wordt bij het verzoek vermeld voor welke verblijfplaats de machtiging wordt gevraagd. Indien de kinderrechter de machtiging verleent, is de stichting gehouden deze ten uitvoer te leggen, tenzij de raad met niet-tenuitvoerlegging instemt.

– 5. Voor opneming en verblijf als bedoeld in artikel 29b, eerste lid, of 29c, eerste lid, van de Wet op de jeugdzorg is geen machtiging als bedoeld in het eerste lid vereist, doch een machtiging als bedoeld in genoemde artikelleden. Deze machtiging geldt voor de toepassing van de artikelen 258, derde lid, 268, tweede lid, 269, eerste lid, onder d, en 327, eerste lid, onder g, als een machtiging als bedoeld in het eerste lid. (BW 1:262, 263 (oud); BW 1:258 lid 3, 268 lid 2, 269 lid 1 sub *d*, 326, 327 lid 1 sub g; Rv 429*f* lid 3, 798 e.v., 808 e.v.)

Art. 262

Duur uithuisplaatsing

– 1. De kinderrechter bepaalt de duur van de machtiging tot uithuisplaatsing op ten hoogste een jaar. Op verzoek van de stichting, bedoeld in artikel 1, onder *f*, van de Wet op de jeugdzorg of van de raad voor de kinderbescherming kan hij de duur telkens met ten hoogste een jaar verlengen.

– 2. Indien de stichting, bedoeld in artikel 1, onder *f*, van de Wet op de jeugdzorg niet overgaat tot een verzoek tot verlenging, doet zij hiervan zo spoedig mogelijk en onder overlegging van een verslag van het verloop van de uithuisplaatsing mededeling aan de raad voor de kinderbescherming.

– 3. Een machtiging vervalt, indien deze gedurende drie maanden niet ten uitvoer is gelegd. (BW 1:262, 263 (oud))

Art. 263

Beëindiging uithuisplaatsing

– 1. Een uithuisplaatsing kan worden beëindigd door de stichting, bedoeld in artikel 1, onder *f*, van de Wet op de jeugdzorg. De stichting, bedoeld in artikel 1, onder *f*, van de Wet op de jeugdzorg, doet hiervan zo spoedig mogelijk en onder overlegging van een verslag van het verloop van de uithuisplaatsing mededeling aan de raad voor de kinderbescherming.

– 2. De met het gezag belaste ouder, een ander die de minderjarige als behorende tot zijn gezin verzorgt en opvoedt en de minderjarige van twaalf jaren of ouder kunnen wegens gewijzigde omstandigheden de stichting, bedoeld in artikel 1, onder *f*, van de Wet op de jeugdzorg verzoeken:

a. de uithuisplaatsing te beëindigen;
b. de duur ervan te bekorten;
c. af te zien van een krachtens de machtiging toegestane wijziging van de verblijfplaats van de minderjarige. Onder wijziging van de verblijfplaats wordt mede verstaan de plaatsing van de minderjarige bij de ouder die het gezag heeft.

– 3. De stichting, bedoeld in artikel 1, onder *f*, van de Wet op de jeugdzorg geeft een schriftelijke beslissing binnen twee weken na ontvangst van het verzoek.

– 4. Op verzoek van de in het tweede lid genoemde personen kan de kinderrechter de machtiging geheel of gedeeltelijk intrekken of de duur ervan bekorten. Artikel 259, eerste lid, tweede volzin, tweede, derde en vierde lid, alsmede artikel 260, vierde lid, zijn van toepassing. (BW 1:254 lid 4, 261, 262)

Art. 263a

Beperking contact ouder en kind

– 1. Voor zover noodzakelijk met het oog op het doel van de uithuisplaatsing van een minderjarige als bedoeld in artikel 261, kan de stichting, bedoeld in artikel 1, onder *f*, van de Wet op de jeugdzorg voor de duur van de uithuisplaatsing de contacten tussen de met het gezag belaste ouder en het kind beperken.

– 2. De beslissing van de stichting, bedoeld in artikel 1, onder *f*, van de Wet op de jeugdzorg geldt als een aanwijzing. Artikel 259 en artikel 260 zijn van overeenkomstige toepassing, met dien verstande dat de kinderrechter een zodanige regeling kan vaststellen als hem in het belang van het kind wenselijk voorkomt.

Art. 263b

Wijziging omgangsrecht

– 1. Voor de duur van de maatregel kan de kinderrechter op verzoek van de stichting, bedoeld in artikel 1, onder *f*, van de Wet op de jeugdzorg een rechterlijke beslissing tot vaststelling van een regeling inzake de uitoefening van het omgangsrecht wijzigen voor zover dat noodzakelijk is met het oog op het doel van de ondertoezichtstelling.

– 2. Op het verzoek van de met het gezag belaste ouder, de omgangsgerechtigde, de minderjarige van twaalf jaren of ouder en de stichting, bedoeld in artikel 1, onder *f*, van de Wet op de jeugdzorg kan de kinderrechter de in het eerste lid genoemde beslissing wijzigen op grond dat nadien de omstandigheden zijn gewijzigd, of dat bij het nemen van de beslissing van onjuiste of onvolledige gegevens is uitgegaan.

– 3. Zodra de ondertoezichtstelling is geëindigd, geldt een ingevolge deze bepaling vastgestelde regeling als een regeling bedoeld in artikel 377*a* dan wel 377*f*. (BW 1:377*a* e.v.)

Art. 264

Vervangende toestemming i.v.m. medische behandeling

Indien een medische behandeling van een minderjarige jonger dan twaalf jaren noodzakelijk is om ernstig gevaar voor diens gezondheid te voorkomen en de ouder die het gezag heeft zijn toestemming daarvoor weigert, kan deze toestemming op verzoek van de stichting, bedoeld in artikel 1, onder *f*, van de Wet op de jeugdzorg worden vervangen door die van de kinderrechter. (BW 7:446 e.v.)

Art. 265

Wijze van indiening verzoekschrift

– 1. Verzoeken op grond van artikel 254, vijfde lid, en de artikelen 256-264 moeten schriftelijk worden gedaan. Voor zover zij zich tot de kinderrechter richten, kunnen zij worden ingediend zonder advocaat.

– 2. De stichting, bedoeld in artikel 1, onder *f*, van de Wet op de jeugdzorg die een verzoek indient of wordt opgeroepen, zendt bij het verzoekschrift of onverwijld na de oproep, het plan, bedoeld in artikel 13, derde lid, van de Wet op de jeugdzorg en een verslag van het verloop van de ondertoezichtstelling aan de kinderrechter.

– 3. Het plan en het verslag, bedoeld in het tweede lid, worden eveneens gezonden aan de raad voor de kinderbescherming.

– 4. De verzoeken die de stichting, bedoeld in artikel 1, onder *f*, van de Wet op de jeugdzorg ter uitvoering van haar taak tot de rechter richt, kunnen worden ingediend zonder procureur en worden kosteloos behandeld; de grossen, afschriften en uittreksels, die zij tot dat doel aanvraagt, worden haar door de griffiers vrij van alle kosten uitgereikt.

AFDELING 5

Ontheffing en ontzetting van het ouderlijk gezag

Art. 266

Gronden voor ontheffing

Mits het belang van de kinderen zich daar niet tegen verzet, kan de rechtbank een ouder van het gezag over een of meer van zijn kinderen ontheffen, op grond dat hij ongeschikt of onmachtig is zijn plicht tot verzorging en opvoeding te vervullen. (Ontw. 1.12.4.1; BW 374 (oud); BW 1253*l*, 406; Rv 265, 798 e.v.)

Art. 267

Op verzoek RvdK/OM

– 1. Ontheffing wordt slechts uitgesproken op verzoek van de raad voor de kinderbescherming of van het openbaar ministerie. (Ontw. 1.14.4.2; BW 374*a* (oud))

– 2. In het geval, bedoeld bij het tweede lid onder *d*, van artikel 268 van dit boek, kan, indien de kinderrechter een verzoek van de ouders om toestemming tot wijziging in het verblijf van hun kind heeft afgewezen, de ontheffing bovendien verzocht worden door degene, die het kind op het tijdstip van het verzoek ten minste een jaar verzorgd en opgevoed heeft. Indien het kind door meer dan een persoon wordt verzorgd en opgevoed, kan het verzoek slechts door dezen gemeenschappelijk worden gedaan. Is de ontheffing verzocht, dan blijft het tweede lid van artikel 253*s*, van dit boek buiten toepassing, totdat op het verzoek bij gewijsde is beslist. (Rv 798 e.v.)

Art. 268

Verzet van ouders; gedwongen ontheffing

– 1. Ontheffing kan niet worden uitgesproken, indien de ouder zich daartegen verzet.

– 2. Deze regel lijdt uitzondering:

a. indien na een ondertoezichtstelling van ten minste zes maanden blijkt, of na een uithuisplaatsing krachtens het bepaalde in artikel 261 van dit boek van meer dan een jaar en zes maanden gegronde vrees bestaat, dat deze maatregel – door de ongeschiktheid of onmacht van een ouder om zijn plicht tot verzorging en opvoeding te vervullen – onvoldoende is om de dreiging als bedoeld in artikel 254 af te wenden;

b. indien zonder de ontheffing van de ene ouder, de ontzetting van de andere ouder de kinderen niet aan diens invloed zou onttrekken;

c. indien de geestvermogens van de ouder zodanig zijn gestoord, dat hij niet in staat is zijn wil te bepalen of de betekenis van zijn verklaring te begrijpen;
d. indien na een verzorging en opvoeding met instemming van de ouder – anders dan uit hoofde van een ondertoezichtstelling of een plaatsing onder voorlopige voogdij – van ten minste een jaar in een ander gezin dan het ouderlijke, een voortzetting daarvan noodzakelijk is en van terugkeer naar de ouder ernstig nadeel voor het kind moet worden gevreesd. (Ontw. 1.14.4.3; BW 374*b* (oud); BW 1:241, 254 e.v., 267 lid 2, 271, 272, 275 lid 3)

Art. 269

Gronden voor ontzetting

– 1. Indien de rechtbank dit in het belang van de kinderen noodzakelijk oordeelt, kan zij een ouder van het gezag over een of meer van zijn kinderen ontzetten, op grond van:
a. misbruik van het gezag, of grove verwaarlozing van de verzorging of opvoeding van een of meer kinderen;
b. slecht levensgedrag;
c. onherroepelijke veroordeling:
1° wegens opzettelijke deelneming aan enig misdrijf met een onder zijn gezag staande minderjarige; (Sr 47)
2° wegens het plegen tegen de minderjarige van een van de misdrijven, omschreven in de titels XIII-XV en XVIII-XX van het tweede boek van het Wetboek van Strafrecht; (Sr 236 e.v., 239 e.v., 255 e.v., 274 e.v., 287 e.v., 296, 300 e.v.)
3° tot een vrijheidsstraf van twee jaar of langer;
d. het in ernstige mate veronachtzamen van de aanwijzingen van de stichting, bedoeld in artikel 1, onder *f*, van de Wet op de jeugdzorg of belemmering van een uithuisplaatsing krachtens het bepaalde in artikel 261; (BW 1:258)
e. het bestaan van gegronde vrees voor verwaarlozing van de belangen van het kind, doordat de ouder het kind terugeist of terugneemt van anderen, die diens verzorging en opvoeding op zich hebben genomen.
– 2. Onder misdrijf worden in dit artikel begrepen medeplichtigheid aan en poging tot misdrijf. (Ontw. 1.14.4; BW 374*c* (oud); BW 1:327, 406; Sr 45, 48; Tar. BZ 13 lid 3)

Art. 270

Op verzoek RvdK/OM

– 1. Ontzetting van het gezag wordt slechts uitgesproken op verzoek van de andere ouder, een van de bloed- of aanverwanten van de kinderen tot en met de vierde graad, de raad voor de kinderbescherming of van het openbaar ministerie.
– 2. In het geval bedoeld bij het eerste lid van het vorig artikel onder *e*, kan de ontzetting bovendien verzocht worden door hem, die de verzorging en opvoeding van het kind op zich genomen heeft. (Ontw. 1.14.4.5; BW 374*d* (oud); BW 1:3, 329; Rv 323, 798 e.v.)

Art. 271

Schorsing ouderlijk gezag, voorlopige toevertrouwing door rechtbank

– 1. Indien dit dringend en onverwijld noodzakelijk is, kan de rechtbank een ouder, wiens ontzetting verzocht is, hangende het onderzoek geheel of gedeeltelijk in de uitoefening van het gezag over een of meer van zijn kinderen schorsen. Gelijke bevoegdheid komt haar toe ten opzichte van een ouder, wiens ontheffing verzocht is, in de gevallen bedoeld in artikel 268, tweede lid, van dit boek.
– 2. Indien de andere ouder mede het gezag uitoefent, wordt gedurende de schorsing het gezag door hem alleen uitgeoefend.
– 3. Acht de rechtbank in dit laatste geval de schorsing van de te ontzetten ouder onvoldoende om de kinderen aan diens invloed te onttrekken, dan kan zij ook de andere ouder schorsen.
– 4. Betreft de schorsing beide ouders of een ouder die het gezag alleen uitoefent, dan belast de rechtbank een stichting als bedoeld in artikel 1, onder *f*, van de Wet op de jeugdzorg met de voorlopige voogdij over het kind. Zij stelt vast welke bevoegdheden ten aanzien van persoon en vermogen van dit kind worden toegekend.
– 5. De in dit artikel bedoelde beschikkingen blijven van kracht, totdat de uitspraak omtrent de ontzetting of de ontheffing in kracht van gewijsde is gegaan. De rechtbank kan zodanige beschikking evenwel met ingang van een vroeger tijdstip herroepen. (Ontw. 1.14.4.6; BW 374*e* (oud); BW 1: 47, 53, 241, 306*a*, 331; Rv 798 e.v., 807)

Art. 271a

Ondertoezichtstelling i.p.v. schorsing

In plaats van schorsing van beide ouders of van een ouder in de uitoefening van het gezag en voorziening in de voorlopige voogdij als bedoeld in artikel 271, kan de rechtbank een kind onder toezicht stellen als bedoeld in artikel 254 van dit Boek.

Art. 272

Schorsing uitoefening gezag

– 1. Op grond van feiten die tot ontzetting of tot de in het tweede lid van artikel 268 van dit Boek bedoelde ontheffing van een ouder kunnen leiden, en indien dit dringend en onverwijld noodzakelijk is, kan de kinderrechter de ouders geheel of gedeeltelijk in de uitoefening van het gezag over een kind schorsen en een stichting als bedoeld in artikel 1, onder *f*, van de Wet op de jeugdzorg belasten met de voorlopige voogdij over een kind.

– 2. De kinderrechter beschikt op verzoek van de raad voor de kinderbescherming of de officier van justitie. Hij stelt vast welke bevoegdheden ten aanzien van persoon en vermogen van dit kind worden toegekend en bepaalt de duur van de maatregel.
– 3. De maatregel vervalt na verloop van zes weken na de dag van de beschikking, tenzij voor het einde van deze termijn een verzoek tot ontzetting of ontheffing aanhangig is gemaakt. De kinderrechter kan deze termijn op ten hoogste twaalf weken bepalen, dit evenwel uitsluitend op de grond dat het in de eerste volzin bedoelde verzoek aan de vereisten van artikel 278 van het Wetboek van Burgerlijke Rechtsvordering zal kunnen voldoen. Ingeval voor het einde van de van toepassing zijnde termijn een verzoek tot ontzetting of ontheffing aanhangig is gemaakt, blijft de maatregel van kracht totdat over het verzoek bij gewijsde is beslist, tenzij de kinderrechter een kortere termijn heeft vastgesteld.
– 4. De maatregel kan worden ingetrokken of gewijzigd door de kinderrechter die haar heeft bevolen tenzij een verzoek als bedoeld in het derde lid is ingediend. In dat geval beslist de rechter bij wie dit verzoek aanhangig is. (Ontw. 1.14.4.7; BW 374*f* (oud); BW 1:47, 53, 241, 306*a*, 332; Rv 798 e.v., 807, 808 e.v.)

Art. 272a

Afwijzing verzoek tot ontheffing/ontzetting

De rechtbank die een verzoek tot ontheffing of ontzetting afwijst, is bevoegd een minderjarige onder toezicht te stellen als bedoeld in artikel 254 van dit Boek.

Art. 273

Vervallen.

Art. 274

Ontheffing of ontzetting van één van de ouders

– 1. Indien de ouders gezamenlijk het gezag uitoefenen, wordt na de ontheffing of ontzetting van een van hen voortaan het gezag door de andere ouder alleen uitgeoefend.
– 2. In geval van ontheffing of ontzetting van een ouder, die het gezag alleen uitoefent, kan de andere ouder de rechtbank te allen tijde verzoeken met de uitoefening van het gezag te worden belast. Dit verzoek wordt slechts afgewezen, indien gegronde vrees bestaat dat bij inwilliging de belangen van de kinderen zouden worden verwaarloosd.
– 3. De rechtbank die het verzoek bedoeld bij het vorige lid heeft afgewezen, kan deze beschikking steeds wijzigen. Zij doet dit echter slechts op verzoek van de betrokken ouder, en niet dan op grond van omstandigheden, waarmede de rechter bij het geven van de beschikking geen rekening heeft kunnen houden. (Ontw. 1.14.4.9; BW 374*h* (oud); BW 1:253*i*, 253*o* e.v., 334; Rv 798 e.v.)

Art. 275

Benoeming voogd

– 1. Indien de andere ouder het gezag niet voortaan alleen uitoefent, benoemt de rechtbank een voogd over de minderjarigen.
– 2. Ieder die tot uitoefening van de voogdij bevoegd is, kan tijdens het onderzoek schriftelijk aan de rechtbank verzoeken met de voogdij te worden belast.
– 3. In geval van ontheffing met toepassing van het tweede lid onder *d*, van artikel 268 van dit boek, benoemt de rechtbank bij voorkeur tot voogd degene, dan wel een dergenen, die op het tijdstip van het verzoek het kind ten minste een jaar heeft verzorgd en opgevoed, mits deze bevoegd is tot uitoefening van de voogdij. (Ontw. 1.14.4.10; BW 374*i* (oud); BW 1:268, 324 e.v., 334; Rv 798 e.v.)

Art. 276

Rekening en verantwoording

– 1. Indien de ontheven of ontzette ouder het bewind over het vermogen van zijn kinderen voerde, wordt hij tevens veroordeeld tot het afleggen van rekening en verantwoording aan zijn opvolger in dit bewind. (BW 1:372 e.v.)
– 2. Hebben de kinderen goederen gemeen, maar komen zij onder het gezag van verschillende personen, dan kan de rechtbank een van dezen of een derde aanwijzen om over deze goederen tot de verdeling het bewind te voeren. De aangewezen bewindvoerder stelt de waarborgen die de rechtbank van hem verlangt. (Ontw. 1.14.4.11; BW 374*j* (oud); BW 1:253*i* e.v., 370)
– 3. Op het bewind krachtens het vorige lid is artikel 253*k* van toepassing, indien een der ouders als bewindvoerder is aangewezen, en anders paragraaf 10 van afdeling 6 van deze titel. De bewindvoerder is bij uitsluiting bevoegd tot vernietiging van rechtshandelingen van minderjarige deelgenoten, strekkend tot beheer of beschikking met betrekking tot de onder bewind staande goederen.

Art. 277

Verzoek tot herstel in gezag

– 1. Indien de rechtbank overtuigd is, dat een minderjarige wederom aan zijn ontheven of ontzette ouder mag worden toevertrouwd, kan zij deze ouder op zijn verzoek in het gezag herstellen. Indien de niet met elkaar gehuwde ouders gezamenlijk het gezag willen uitoefenen, wordt het verzoek daartoe door hen beiden of een van hen gedaan.
– 2. Indien bij gelegenheid van de ontzetting of ontheffing het gezag aan de andere ouder was opgedragen, belast de rechtbank de ontheven of ontzette ouder die alleen het in het eerste lid bedoelde verzoek doet, niet met het gezag, tenzij de omstandigheden na het nemen van de

beschikking waarbij het gezag aan de andere ouder werd opgedragen, zijn gewijzigd of bij het nemen van de beschikking van onjuiste of onvolledige gegevens is uitgegaan. Artikel 253*e* van dit boek is van overeenkomstige toepassing. (BW 1:252, 253, 253g lid 5, 335; Rv 798 e.v.)

Art. 278

Verzoek door raad voor kinderbescherming

– 1. Een verzoek als bedoeld in artikel 277 van dit boek kan ook worden gedaan door de raad voor de kinderbescherming.

– 2. Hangende het onderzoek kan zowel de raad voor de kinderbescherming als de te herstellen ouder de rechtbank verzoeken de beslissing aan te houden tot het einde van een door haar te bepalen proeftijd van ten hoogste zes maanden; gedurende die tijd zal het kind bij de in het gezag te herstellen ouder verblijven. De rechtbank is te allen tijde bevoegd de proeftijd te beëindigen. (Ontw. 1.14.4.13; BW 374*l* (oud); BW 1:238 e.v., 335; Rv 798 e.v., 807)

AFDELING 6
Voogdij

§ 1. Voogdij in het algemeen

Art. 279

Vervallen.

Art. 280

Aanvang voogdij

De voogdij begint: (BW 1:381, 383 e.v.; Verdrag Kinderbesch.)

a. voor de voogd die door een ouder is benoemd: op het tijdstip waarop hij zich na het overlijden van deze ouder bereid verklaart de voogdij te aanvaarden. De verklaring moet door de betrokkene in persoon of bij bijzondere gevolmachtigde worden afgelegd ter griffie van de rechtbank die overeenkomstig de tweede afdeling van de derde titel van het eerste boek van het Wetboek van Burgerlijke Rechtsvordering in zaken betreffende minderjarigen bevoegd is. De verklaring moet worden afgelegd binnen veertien dagen, of – indien de persoon, die de verklaring moet afleggen, zich buiten Nederland bevindt – binnen twee maanden, nadat de benoeming is betekend. Tot betekening kan iedere belanghebbende, alsmede de raad voor de kinderbescherming opdracht geven. (BW 1:292)

b. voor de voogd die – nadat hij zich bereid heeft verklaard de voogdij te aanvaarden – door de rechter is benoemd: op de dag, waarop de beslissing die de benoeming inhoudt, in kracht van gewijsde is gegaan, of – zo deze uitvoerbaar bij voorraad is verklaard – daags nadat de beslissing die de benoeming inhoudt, is verstrekt of verzonden. Een mondelinge bereidverklaring geschiedt ten overstaan van de rechter die benoemt; een schriftelijke bereidverklaring wordt neergelegd ter griffie waar de benoeming zal geschieden. (Ontw. 1.15.1.2; BW 375*a* (oud); BW 1:295 e.v.)

Art. 281

Einde voogdij

– 1. De voogdij eindigt op de dag, waarop in kracht van gewijsde is gegaan de beschikking waarbij:

a. de voogd is ontslagen of ontzet; (BW 1:385)

b. het gezag over de onder zijn voogdij staande minderjarige aan een of beide ouders is opgedragen; of

c. de voogdij overeenkomstig artikel 299*a* van dit boek aan een andere voogd is opgedragen.

– 2. Is een beschikking als in het eerste lid bedoeld, uitvoerbaar verklaard bij voorraad, dan eindigt de voogdij daags nadat de beschikking is verstrekt of verzonden. (Ontw. 1.15.1.3; BW 375*b* (oud); BW 1:166, 183 lid 2, 218, 277, 299*a*, 322, 327 e.v., 385, 448)

Art. 282

Gezamenlijke voogdij

– 1. Op eensluidend verzoek van de voogd en een ander die in een nauwe persoonlijke betrekking tot het kind staat, kan de rechter bepalen dat de voogdij door hen gezamenlijk wordt uitgeoefend.

– 2. Voor de duur van de gezamenlijke uitoefening van de voogdij worden beide in het eerste lid bedoelde personen als voogd aangemerkt.

– 3. Het verzoek wordt afgewezen indien gegronde vrees bestaat dat bij inwilliging de belangen van het kind zouden worden verwaarloosd.

– 4. Gezamenlijke uitoefening van de voogdij is niet mogelijk ten aanzien van tijdelijke voogdij als bedoeld in de artikelen 296 en 297. Zij staat niet open voor rechtspersonen.

– 5. Artikel 253*a* is van overeenkomstige toepassing.

– 6. In afwijking van artikel 336 hebben twee voogden die gezamenlijk de voogdij uitoefenen, de plicht en het recht het minderjarige kind te verzorgen en op te voeden. Artikel 253*w* is, zolang de gezamenlijke voogdij voortduurt, ten aanzien van hen beiden van overeenkomstige toepassing.

– 7. Een verzoek als bedoeld in het eerste lid kan vergezeld gaan van een verzoek tot wijziging van de geslachtsnaam van het kind in de geslachtsnaam van een van de voogden. Een zodanig verzoek wordt afgewezen, indien:

a. het kind van twaalf jaar of ouder ter gelegenheid van zijn verhoor niet heeft ingestemd met het verzoek;

b. het verzoek tot gezamenlijke voogdij wordt afgewezen; of

c. het belang van het kind zich tegen toewijzing verzet. (BW 1:5, 7, 253*t*, 274 lid 2, 297 lid 4, 299*a* lid 6, 322 lid 2, 323, 324 lid 3, 334 lid 3, 336*a* lid 4, 337*a*, 359 lid 3, 360 lid 5, 370, 373 lid 2, 404 e.v.; Rv 798 e.v., 808 e.v.)

Art. 282a

Einde gezamenlijke voogdij

De gezamenlijke uitoefening van de voogdij eindigt op de dag waarop in kracht van gewijsde is gegaan de beschikking waarbij de gezamenlijke uitoefening van de voogdij is beëindigd of waarbij de voogdij is geëindigd ingevolge artikel 281, alsmede na het overlijden van een van de voogden. (BW 1:282*b*, 299, 322 lid 2, 323)

Art. 282b

Dood van een voogd

Na de dood van een voogd die de voogdij samen met een ander uitoefende, oefent de andere voogd voortaan alleen de voogdij over de kinderen uit. (BW 1:253*f*, 253*x*)

Art. 283

Kosteloze behandeling

De verzoeken die de stichting, bedoeld in artikel 1, onder f, van de Wet op de jeugdzorg, dan wel de rechtspersoon, bedoeld in artikel 302, tweede lid, in verband met de uitoefening van de voogdij tot de rechter richt, kunnen worden ingediend zonder advocaat en worden kosteloos behandeld. De grossen, afschriften, en uittreksels, die zij tot dit doel aanvragen, worden hun door de griffiers vrij van alle kosten uitgereikt.

Art. 284-291a

Vervallen.

§ 2. Voogdij door een der ouders opgedragen

Art. 292

Testamentaire voogdij

– 1. Een ouder kan bij uiterste wilsbeschikking bepalen welke persoon dan wel welke twee personen na zijn dood voortaan als voogd onderscheidenlijk als gezamenlijke voogden het gezag over zijn kinderen zal uitoefenen. (BW 1:280 lid 1 sub *a*, 282 e.v., 358 lid 3; 4:922, 977 e.v.)

– 2. Hij kan geen rechtspersoon als voogd aanwijzen. (BW 1:302)

– 3. Hebben beide ouders van deze bevoegdheid gebruik gemaakt, en sterven zij, zonder dat men kan weten wie het eerst overleden is, dan bepaalt de rechtbank ambtshalve wiens beschikking gevolg heeft. (Ontw. 1.15.3.1; BW 386 (oud); BW 1:253*g*, 253*h*; 4:878, 941; Rv 429*a*, 798 e.v.)

Art. 293

Ongeldigheid of verval van door ouder getroffen regeling

De door de ouder getroffen regeling heeft geen gevolg of vervalt:

a. indien na zijn overlijden de andere ouder van rechtswege of krachtens rechterlijke beschikking het gezag over zijn kinderen uitoefent;

b. indien en voor zover hij op het tijdstip van zijn overlijden het gezag over zijn kinderen niet heeft;

c. indien de ander die met de ouder gezamenlijk het gezag uitoefent van rechtswege de voogd over de kinderen wordt. (Ontw. 1.15.3.2.; BW 387 (oud); BW 1:253*t*)

Art. 294

Vervallen.

§ 3. Voogdij door de rechter opgedragen

Art. 295

Benoeming door rechtbank

De rechtbank benoemt een voogd over alle minderjarigen, die niet onder ouderlijk gezag staan en in wier voogdij niet op wettige wijze is voorzien. (Ontw. 1.15.4.1; BW 389 (oud); BW 1:77 lid 2 sub *a*, 275, 280 lid 1 sub *b*, 334, 431; Rv 798 e.v.)

Art. 296

Tijdelijke voogd

– 1. Is voorziening nodig in afwachting van het begin der voogdij overeenkomstig artikel 280 van dit boek, dan benoemt de rechtbank een voogd voor de duur van deze omstandigheden.

– 2. Zodra bedoelde omstandigheden zijn vervallen, wordt deze voogd op verzoek van hem die hij vervangt, door de rechtbank ontslagen. (Ontw. 1.15.4.2; BW 390 (oud); BW 1:229)

Art. 297

Overige gronden benoeming (tijdelijke) voogd

– 1. De rechtbank benoemt insgelijks een voogd, wanneer voorziening nodig is wegens:

a. tijdelijke onmogelijkheid, waarin een voogd zich bevindt, het gezag uit te oefenen; of

b. onbekendheid van bestaan of verblijfplaats van de voogd; of

c. in gebreke blijven van de voogd, het gezag uit te oefenen.

– 2. Is de benoeming op het eerste lid onder *c* gegrond, dan kan de rechtbank de benoemde voogd een beloning toekennen en is de in gebreke gebleven voogd jegens de minderjarige aansprakelijk voor de kosten die de vervanging veroorzaakt, alsmede, behoudens zijn verhaal op de benoemde voogd, voor diens verrichtingen.

– 3. Zodra de in het eerste lid genoemde omstandigheden zijn vervallen, wordt de benoemde voogd op eigen verzoek of op verzoek van degene die hij vervangt, door de rechtbank ontslagen, tenzij gegronde vrees bestaat dat bij inwilliging de belangen van de kinderen zouden worden verwaarloosd.

– 4. Indien in geval van gezamenlijke uitoefening van de voogdij een van de in het eerste lid bedoelde omstandigheden zich voordoet ten aanzien van een van beide voogden, oefent de andere voogd het gezag over de kinderen alleen uit. Zodra deze omstandigheid is vervallen, herleeft de gezamenlijke voogdij. Het tweede lid is niet van toepassing. (Ontw. 1.15.4.3; BW 391 (oud); BW 1:246, 282, 299, 385; Rv 798 e.v.)

Art. 298

Schorsing voogdij

Gedurende de in de beide voorgaande artikelen bedoelde voogdij is de uitoefening van de voogdij geschorst ten aanzien van de voogd die het betreft. (Ontw. 1.15.4.4; BW 392 (oud); BW 1:331, 385)

Art. 299

Benoeming op verzoek of ambtshalve

De rechtbank benoemt de voogd op verzoek van bloed- of aanverwanten van de minderjarige, de raad voor de kinderbescherming, schuldeisers of andere belanghebbenden, of ambtshalve, behoudens artikel 282*a*. (Ontw. 1.15.4.3; BW 393 (oud); BW 1:299*a*, 385; Rv 798 e.v.; Verdrag Kinderbesch. 10, 11)

Art. 299a

Benoeming van een pleegouder tot voogd

– 1. Degene die met instemming van de voogd een minderjarige in zijn gezin – anders dan uit hoofde van een ondertoezichtstelling of een plaatsing onder voorlopige voogdij – ten minste een jaar heeft verzorgd en opgevoed, kan de kinderrechter verzoeken hem, dan wel een rechtspersoon als bedoeld in artikel 302 van dit boek, tot voogd te benoemen. (BW 1:254, 271, 331)

– 2. Indien de minderjarige door meer dan een persoon als behorende tot het gezin wordt verzorgd en opgevoed, kan het verzoek slechts door dezen gemeenschappelijk worden gedaan.

– 3. Het verzoek kan ook worden gedaan door de raad voor de kinderbescherming.

– 4. De kinderrechter willigt het verzoek slechts in, indien hij dit in het belang van de minderjarige acht en hem genoegzaam is gebleken, dat de voogd niet bereid is zich van zijn bediening te doen ontslaan. Alsdan benoemt hij bij voorkeur degene wiens benoeming wordt verzocht tot voogd, mits deze bevoegd is tot uitoefening van de voogdij.

– 5. Is het bij het eerste lid bedoelde verzoek gedaan, dan blijft het tweede lid van artikel 336*a*, van dit boek buiten toepassing, totdat op het verzoek bij gewijsde is beslist. (BW 1:282, 336*a*; Rv 798 e.v.)

– 6. In geval van gezamenlijke uitoefening van de voogdij wordt de in het eerste lid bedoelde instemming door beide voogden gegeven.

Art. 300

Vervallen.

Art. 301

Informatieplicht ambtenaar burgerlijke stand

– 1. De ambtenaar van de burgerlijke stand geeft de rechtbank onverwijld kennis:

a. van het overlijden van ieder die minderjarige kinderen achterlaat;

b. van de aangifte van geboorte van ieder kind, waarover de moeder niet van rechtswege het gezag uitoefent.

– 2. Indien het huwelijk van de overledene die minderjarige kinderen nalaat, gerechtelijk was ontbonden, of de overledene van tafel en bed gescheiden was, bericht de ambtenaar van de burgerlijke stand – zo de andere ouder nog leeft – deze omstandigheden tevens aan de rechtbank. De rechtbank zendt, indien deze een andere is, de door haar ontvangen kennisgeving door aan de rechtbank die over het verzoek tot ontbinding van het huwelijk of tot scheiding van tafel en bed heeft beslist.

§ 4. Voogdij van rechtspersonen

Art. 302

Opdracht voogdij aan stichting

– 1. De rechter kan de voogdij opdragen aan een stichting als bedoeld in artikel 1, onder *f*, van de Wet op de jeugdzorg.

– 2. Onverminderd diens bevoegdheid een natuurlijke persoon tot voogd te benoemen, kan de rechter de voogdij over een minderjarige door of voor wie een aanvraag tot het verlenen van een verblijfsvergunning voor bepaalde tijd als bedoeld in artikel 28 van de Vreemdelingenwet 2000 is ingediend, en in verband daarmee in Nederland verblijft, alsmede over door Onze Minister van Justitie aan te wijzen categorieën andere minderjarigen, uitsluitend opdragen aan een daartoe door Onze Minister van Justitie aanvaarde rechtspersoon.

Voogdij aan rechtspersoon

– 3. Onze Minister van Justitie kan voorwaarden stellen bij of voorschriften verbinden aan de aanvaarding, bedoeld in het tweede lid, en de rechtspersoon voor een bepaalde tijd aanvaarden. (BW 2:309 e.v., 334*a* e.v.)

– 4. Op een rechtspersoon als bedoeld in het tweede lid, zijn de artikelen 303, 304, 305 en 328 van overeenkomstige toepassing.

Art. 303

Rechten en plichten stichting

Voor zover de wet niet anders bepaalt, heeft de met voogdij belaste stichting, bedoeld in artikel 1, onder *f*, van de Wet op de jeugdzorg dezelfde bevoegdheden en verplichtingen als andere voogden. (Ontw. 1.15.5.2; BW 397 (oud); BW 1:304; 2:37, 291)

Art. 304

Aansprakelijkheid bestuurders

– 1. Met de stichting, bedoeld in artikel 1, onder *f*, van de Wet op de jeugdzorg zijn de bestuurders hoofdelijk en persoonlijk aansprakelijk voor iedere schade, die te wijten is aan een niet-behoorlijke uitoefening van de voogdij.

– 2. Iedere bestuurder zal zich echter van zijn aansprakelijkheid kunnen bevrijden door te bewijzen, dat hij geen schuld heeft aan de schade. (Ontw. 1.15.5.3; BW 398 (oud); BW 1:328, 337 lid 2; 2:8; 6:6 e.v., 95 e.v., 162)

Art. 305

Uithuisplaatsing

– 1. De stichting, bedoeld in artikel 1, onder *f*, van de Wet op de jeugdzorg, die hem toevertrouwde minderjarigen uit huis plaatst, houdt de raad voor de kinderbescherming schriftelijk op de hoogte van de plaatsen waar zij zich bevinden.

– 2. De plaatsen, waar een stichting als bedoeld in artikel 1, onder *f*, van de Wet op de jeugdzorg, minderjarigen heeft geplaatst, worden door de raad voor de kinderbescherming bezocht, zo vaak hij dit ter beoordeling van de toestand der minderjarigen dienstig acht.

– 3. De artikelen 261, vijfde lid, 262, eerste en derde lid, 263, eerste lid, eerste volzin, en vierde lid, eerste volzin, en 265, eerste lid, zijn van overeenkomstige toepassing. Artikel 3, vierde lid, van de Wet op de jeugdzorg is eveneens van overeenkomstige toepassing. (Ontw. 1.15.5.4; BW 399 (oud); BW 1:242, 328; Wet jeugdhulpverl. 1, 23 e.v.)

Art. 306

Plaatsing buiten Nederland

– 1. Zonder toestemming van de rechtbank mag een stichting als bedoeld in artikel 1, onder *f*, van de Wet op de jeugdzorg een hem toevertrouwde minderjarige niet buiten Nederland plaatsen.

– 2. De rechter verleent deze toestemming slechts, indien hij de plaatsing voor de minderjarige wenselijk acht. (Ontw. 1.15.5.5; BW 400 (oud); Rv 798 e.v.)

Art. 306a

De zesde afdeling van deze titel is niet van toepassing op de uitoefening van de voorlopige voogdij als bedoeld in de artikelen 241, 271, 272, 331 en 332 van dit Boek.

Art. 307-319

Vervallen.

§ 5. Ontslag van de voogdij

Art. 320-321

Vervallen.

Art. 322

Gronden voor ontslag

– 1. Iedere voogd kan zich van zijn bediening doen ontslaan, indien:

a. hij aantoont, dat hij tengevolge van een sedert de aanvang van zijn bediening opgekomen geestelijk of lichamelijk gebrek niet meer in staat is deze waar te nemen;

b. hij de vijfenzestigjarige leeftijd bereikt heeft;

c. een daartoe bevoegd persoon zich schriftelijk heeft bereid verklaard de voogdij over te nemen, en de rechtbank deze overneming in het belang van de minderjarigen acht.

– 2. Bij gezamenlijke uitoefening van de voogdij is het eerste lid slechts van toepassing indien beide voogden zich van hun bediening willen doen ontslaan.

Art. 323

Einde uitoefening gezamenlijke voogdij

Op verzoek van de voogden gezamenlijk of van een van hen beëindigt de rechter de gezamenlijke uitoefening van de voogdij. Alsdan bepaalt de rechter aan wie van beide voortaan het gezag over ieder der minderjarige kinderen alleen zal toekomen. (BW 1:282, 282*a*)

§ 6. Onbevoegdheid tot de voogdij

Art. 324

Absolute onbevoegdheid

– 1. Wanneer een voogd op een der in artikel 246 van dit boek genoemde gronden onbevoegd is tot de voogdij, ontslaat de rechtbank hem en vervangt hem door een andere voogd.

– 2. Zij doet dit op verzoek van de voogd, bloed- of aanverwanten van de minderjarige, de raad voor de kinderbescherming, schuldeisers of andere belanghebbenden, of ambtshalve.

– 3. Indien in geval van gezamenlijke uitoefening van de voogdij een van de in het eerste lid genoemde gronden zich voordoet ten aanzien van een van beide voogden, oefent de andere voogd het gezag over de kinderen alleen uit.

– 4. Zodra de grond van de onbevoegdheid is vervallen, herleeft de gezamenlijke voogdij. (BW 1:233, 242, 282, 282*a*, 378 e.v., 385; Rv 798 e.v.)

Art. 325

Vervallen.

§ 7. Ondertoezichtstelling van onder voogdij staande minderjarigen

Art. 326

Ondertoezichtstelling kinderen onder voogdij

– 1. Kinderen die onder voogdij staan van natuurlijke personen, kunnen onder toezicht worden gesteld.

– 2. Op deze ondertoezichtstelling zijn de bepalingen der artikelen 254-265 van dit boek van overeenkomstige toepassing, met dien verstande nochtans, dat de ondertoezichtstelling en de verlenging daarvan ook door de voogd kunnen worden verzocht. (Ontw. 1.15.9.1; BW 418 (oud); BW 1:47, 53 lid 2, 242; Rv 789 e.v.)

§ 8. Ontzetting van voogdij

Art. 327

Gronden voor ontzetting

– 1. Indien de rechtbank dit in het belang van die minderjarigen noodzakelijk oordeelt, kan zij een voogd ten aanzien van een of meer tot een zelfde voogdij behorende minderjarigen ontzetten op grond van:

a. slecht levensgedrag;

b. misbruik van zijn bevoegdheid, verwaarlozing van zijn verplichtingen, of de omstandigheid dat hij niet in staat is tot een behoorlijke uitoefening van zijn voogdij; (BW 1:367, 386; Overg.w. 19)

c. de omstandigheid, dat hij op een der beide voorgaande gronden van een andere voogdij – of op overeenkomstige gronden van het ouderlijk gezag – is ontzet;

d. de omstandigheid, dat hij in staat van faillissement verkeert of dat ten aanzien van hem de schuldsaneringsregeling natuurlijke personen van toepassing is; (Fw 1 e.v., 284 e.v.)

e. de omstandigheid, dat hij in persoon, of dat zijn ouder, echtgenoot of kind met de minderjarige een proces voert, waarbij diens staat of een aanmerkelijk gedeelte van diens vermogen betrokken is; (BW 1:349)

f. onherroepelijke veroordeling:

1° wegens opzettelijke deelneming aan enig misdrijf met een onder zijn gezag staande minderjarige; (Sr 47)

2° wegens het plegen tegen de minderjarige van een der misdrijven, omschreven in de titels XIII-XV en XVIII-XX van het tweede boek van het Wetboek van Strafrecht; (Sr 236 e.v., 239 e.v., 255 e.v., 274 e.v., 287 e.v., 300 e.v.)

3° tot een vrijheidsstraf van twee jaar of langer;

g. het in ernstige mate veronachtzamen van de aanwijzingen van de stichting, bedoeld in artikel 1, onder *f*, van de Wet op de jeugdzorg of belemmering van een uithuisplaatsing krachtens het bepaalde in artikel 261;

h. het bestaan van gegronde vrees voor verwaarlozing van de belangen van een onder zijn gezag staande minderjarige, doordat hij de minderjarige terugeist of terugneemt van anderen, die diens verzorging en opvoeding op zich hebben genomen; (BW 1:329 lid 2)

i. de omstandigheid dat hij niet beschikt over de ingevolge artikel 2 van de Wet opneming buitenlandse kinderen ter adoptie vereiste beginseltoestemming.

– 2. Onder misdrijf worden in dit artikel begrepen medeplichtigheid aan en poging tot misdrijf. (Ontw. 1.15.10.1; BW 419 (oud); BW 1:269; 3:204, 221; 4:1025 lid 2, 1069; Rv 978 e.v.; Sr 45, 48)

Art. 328

Grond ontzetting met voogdij belaste stichting

Ontzetting van een stichting als bedoeld in artikel 1, onder *f*, van de Wet op de jeugdzorg kan slechts op de in het eerste lid van het vorige artikel onder *b-e* genoemde gronden geschieden. Zijn ontzetting kan echter bovendien plaats hebben, indien hij nalaat de raad voor de kinderbescherming overeenkomstig artikel 305 van dit boek op de hoogte te houden van de plaatsen, waar de hem toevertrouwde minderjarigen zich bevinden, ofwel indien hij het door de raad voor de kinderbescherming uit te oefenen toezicht belemmert of verhindert. (Ontw. 1.15.10.2; BW 419*a* (oud); BW 1:302 e.v.)

Art. 329

Op verzoek of ambtshalve

– 1. Ontzetting van de voogdij kan slechts worden uitgesproken op verzoek van een voogd, een der bloed- of aanverwanten van de minderjarige tot en met de vierde graad, de raad voor de kinderbescherming of van het openbaar ministerie.

– 2. In het geval, bedoeld bij het eerste lid van artikel 327 onder *h* van dit boek, kan de ontzet-

ting bovendien verzocht worden door hem, die de verzorging en opvoeding van de minderjarige op zich heeft genomen.
– 3. In het geval, bedoeld bij artikel 367 van dit boek kan de rechtbank de ontzetting uitspreken, ook al had de raad voor de kinderbescherming deze niet verzocht. (Ontw. 1.15.10.3; BW 420 (oud); BW 1:242, 270; Rv 323)

Art. 330

Vervallen.

Art. 331

Schorsing uitoefening voogdij

– 1. Indien dit dringend en onverwijld noodzakelijk is, kan de rechtbank een voogd, wiens ontzetting verzocht is, hangende haar onderzoek geheel of gedeeltelijk in de uitoefening van zijn voogdij over een of meer der minderjarigen schorsen.
– 2. Indien in geval van gezamenlijke uitoefening van de voogdij de rechtbank de schorsing van de te ontzetten voogd onvoldoende acht om de kinderen aan diens invloed te onttrekken, dan kan zij ook de andere voogd schorsen.
– 3. Indien in geval van gezamenlijk uitoefening van de voogdij slechts een van de voogden wordt geschorst, wordt gedurende de schorsing het gezag door de andere voogd alleen uitgeoefend.
– 4. In de in het eerste en tweede lid bedoelde gevallen vertrouwt de rechtbank een stichting als bedoeld in artikel 1, onder *f*, van de Wet op de jeugdzorg met de voorlopige voogdij over de minderjarige. Zij stelt vast welke bevoegdheden ten aanzien van persoon en vermogen van deze minderjarige worden toegekend.
– 5. De in dit artikel bedoelde beschikkingen blijven van kracht, totdat de uitspraak omtrent de ontzetting in kracht van gewijsde is gegaan. De rechtbank kan zodanige beschikking evenwel met ingang van een vroeger tijdstip herroepen. (Ontw. 1.15.10.4; BW 421 (oud); BW 1:47, 53 lid 2, 241, 282, 306*a*, 271; Rv 798 e.v., 807, 808 e.v.)

Art. 331a

Ondertoezichtstelling i.p.v. schorsing mogelijk

In plaats van schorsing van de voogd in de uitoefening van de voogdij en voorziening in de voorlopige voogdij als bedoeld in artikel 331, kan de rechtbank de minderjarige onder toezicht stellen als bedoeld in artikel 254 van dit Boek.

Art. 332

Schorsing uitoefening gezag voogd

Op grond van feiten die tot ontzetting van de voogdij kunnen leiden, en indien dit dringend en onverwijld noodzakelijk is, kan de kinderrechter de voogd of voogden geheel of gedeeltelijk schorsen in de uitoefening van het gezag over een minderjarige en een stichting als bedoeld in artikel 1, onder *f*, van de Wet op de jeugdzorg belasten met de voorlopige voogdij over deze minderjarige. Artikel 272, tweede, derde en vierde lid, van dit Boek is van overeenkomstige toepassing. (Ontw. 1.15.10.5; BW 421*a* (oud); BW 1:47, 53 lid 2, 241, 272, 306*a*; Rv 798 e.v., 807, 808 e.v.; Verdrag Kinderbesch. 9)

Art. 332a

Afwijzing verzoek tot ontzetting

De rechtbank die een verzoek tot ontzetting afwijst, is bevoegd een minderjarige onder toezicht te stellen als bedoeld in artikel 254 van dit Boek.

Art. 333

Vervallen.

Art. 334

Voorziening bij ontzetting

– 1. Indien de rechtbank de ontzetting uitspreekt, voorziet zij tevens in het gezag, behoudens het bepaalde in het derde lid.
– 2. Ieder die tot de uitoefening van het gezag bevoegd is, kan tijdens het onderzoek schriftelijk aan de rechtbank verzoeken daarmede te worden belast.
– 3. Indien sprake is van gezamenlijke uitoefening van de voogdij en de ontzetting slechts een van de voogden betreft, wordt de voogdij voortaan door de andere voogd alleen uitgeoefend. (BW 1:246, 275, 282, 324)

Art. 335

Definitieve ontzetting voogdij

Hij die van de voogdij over een bepaalde minderjarige is ontzet, kan niet wederom tot voogd over die minderjarige worden benoemd. (BW 1:327 e.v.)

§ 9. Het toezicht van de voogd over de persoon van de minderjarige

Art. 336

Taken voogd

De voogd draagt zorg, dat de minderjarige overeenkomstig diens vermogen wordt verzorgd en opgevoed. (Ontw. 1.15.11.1; BW 426 (oud); BW 1:35, 117, 247 lid 1, 385; Overg.w. 19)

Art. 336a

Blokkaderecht van pleegouder(s)

– 1. Indien de minderjarige door een ander of anderen dan zijn voogd, als behorende tot het gezin met instemming van de voogd ten minste een jaar is verzorgd en opgevoed geworden, kan de voogd niet dan met toestemming van degenen die de verzorging en opvoeding op zich hebben genomen, wijziging in het verblijf van de minderjarige brengen.

– 2. Voor zover de volgens het vorige lid vereiste toestemmingen niet worden verkregen, kunnen zij op verzoek van de voogd door die van de rechtbank worden vervangen. Dit verzoek wordt slechts ingewilligd, indien de rechtbank dit in het belang van de minderjarige acht.
– 3. In geval van afwijzing van het verzoek is de beschikking van kracht gedurende een door de rechtbank te bepalen termijn, welke de duur van zes maanden niet te boven mag gaan. Is echter voor het einde van deze termijn een verzoek tot ondertoezichtstelling van het kind, tot ontzetting van de voogd, dan wel een verzoek als bedoeld in artikel 299*a*, van dit boek aanhangig gemaakt, dan blijft de beschikking gelden, totdat op het verzoek bij gewijsde is beslist.
– 4. In geval van gezamenlijke uitoefening van de voogdij, wordt de in het eerste lid bedoelde instemming door beide voogden gegeven. (BW 1:253*s*, 282, 326, 327; Rv 798 e.v.)

§ 10. Het bewind van de voogd

Art. 337

Vertegenwoordiging minderjarige; bewind over vermogen van minderjarige

– 1. De voogd vertegenwoordigt de minderjarige in burgerlijke handelingen. (BW 1:199, 226, 234, 253*i* e.v., 343 e.v., 441; 3:32, 60, 78, 79; 6:172)
– 2. De voogd moet het bewind over het vermogen van de minderjarige als een goed voogd voeren. Bij slecht bewind is hij voor de daardoor veroorzaakte schade aansprakelijk. (BW 1:253*j*, 276, 304, 338 e.v., 360 lid 3, 362, 444; 6:95 e.v.)
– 3. Indien goederen die de minderjarige geschonken of vermaakt zijn, onder bewind zijn gesteld, is de voogd bevoegd van de bewindvoerder rekening en verantwoording te vorderen. Vervalt dit bewind, dan komen de goederen onder het bewind van de voogd. (Ontw. 1.15.12.1; BW 427 (oud); BW 1:94 lid 1, 253*i*, 369 e.v., 386, 438 e.v.; 4:1066; Rv 771 e.v.; Verdrag Kinderbesch.)

Art. 337a

Bij gezamenlijke voogdij § 10 en 11 van toepassing

– 1. In geval van gezamenlijke uitoefening van de voogdij worden de bevoegdheden die de voogd ingevolge de paragrafen 10 en 11 heeft, gezamenlijk door de voogden uitgeoefend, met dien verstande dat de bevoegdheden ook aan een voogd alleen toekomen tenzij van bezwaren van de andere voogd is gebleken.
– 2. De in bedoelde paragrafen genoemde verplichtingen rusten op ieder van de voogden. (BW 1:282)

Art. 338

Boedelbeschrijving

– 1. De voogd zorgt dat het vermogen van de minderjarige, zoals dit bij het begin van zijn voogdij is samengesteld, zo spoedig mogelijk wordt geïnventariseerd.
– 2. Binnen acht weken na het begin van zijn voogdij doet de voogd ter griffie van de rechtbank van het arrondissement waarin de woonplaats van de minderjarige is gelegen schriftelijk opgave van de bij dat begin aanwezige gerede gelden, effecten aan toonder en spaarbankboekjes.
– 3. Binnen acht maanden na het begin van zijn voogdij levert de voogd een ter bevestiging van haar deugdelijkheid door hem ondertekende boedelbeschrijving in ter griffie van de rechtbank van het arrondissement waarin de woonplaats van de minderjarige is gelegen.
– 4. In de boedelbeschrijving is begrepen een opgave van de wijzigingen in de samenstelling van het vermogen tot het ogenblik dat zij wordt opgemaakt. (Ontw. 1.15.12.2; BW 428 (oud); BW 1:48, 342, 344, 350, 355, 365, 386, 410 lid 1, 420 lid 2, 436 lid 1; Rv 671 e.v., 914)

Art. 339

Verklaring in plaats van boedelbeschrijving

– 1. Wanneer de goederen van de minderjarigen een waarde van € 11 250 niet te boven gaan, kan de voogd een door hem ondertekende, volgens een door Onze Minister van Justitie vastgesteld model opgemaakte, verklaring daaromtrent in plaats van de boedelbeschrijving inleveren. De voogd van twee of meer kinderen van dezelfde ouders kan met een zodanige verklaring slechts volstaan, wanneer bovendien de goederen der minderjarigen tezamen een waarde van € 22 500 niet te boven gaan.
– 2. De kantonrechter kan te allen tijde bepalen dat alsnog een beschrijving van het vermogen van de minderjarige, zoals dit op de datum van zijn beschikking is samengesteld, met overeenkomstige toepassing van het vorige artikel moet worden opgemaakt en ingeleverd. (Ontw. 1.15.12.2*a*, BW 428*a* (oud); BW 1:365, 386)

Art. 340

Verlenging termijn boedelbeschrijving of verklaring

– 1. De kantonrechter kan bij gebleken noodzakelijkheid een langere termijn voor de inlevering van een boedelbeschrijving of een verklaring, als bedoeld in het vorige artikel, stellen.
– 2. Indien binnen de daarvoor gestelde termijn geen boedelbeschrijving, noch een verklaring als bedoeld in het vorige artikel is ingeleverd, doet de kantonrechter binnen tien dagen na het einde van die termijn de voogd ten verhore oproepen. (Ontw. 1.15.12.3; BW 429 (oud); BW 1:365, 386, 410 lid 1, 420 lid 2)

Art. 341

Vordering van voogd op minderjarige

– 1. In de boedelbeschrijving of in de verklaring, bedoeld in artikel 339 van dit boek, moet de

voogd opgeven wat hij van de minderjarige heeft te vorderen. Bij gebreke hiervan zal hij zijn vorderingsrecht niet voor diens meerderjarigheid kunnen uitoefenen.
– 2. Zolang de voogd zijn vorderingsrecht niet kan uitoefenen, draagt de hoofdsom van zijn vordering geen rente. (Ontw. 1.15.12.4; BW 430 (oud); BW 1:386; 3:321)

Art. 342

Verplichtingen voogd bij schenking of erfenis

– 1. De vier vorige artikelen zijn van overeenkomstige toepassing, wanneer de minderjarige gedurende de voogdij door schenking, erfopvolging of making vermogen krijgt.
– 2. De inspecteur bij wie de aangifte voor het recht van successie, van overgang of van schenking moet worden ingediend, en aan wie ambtshalve bekend is dat de minderjarige vermogen heeft verkregen, is verplicht de kantonrechter van diens woonplaats hiervan te verwittigen. (Ontw. 1.15.12.5; BW 431 (oud); BW 1:253*k*, 386, 410 lid 1, 420 lid 2; Succ.w. 36 e.v.)

Art. 343

Handelingsbevoegdheid voogd

De voogd kan, onverminderd zijn aansprakelijkheid voor de door zijn slecht bewind veroorzaakte schade, voor de minderjarige alle handelingen verrichten, die hij in diens belang noodzakelijk, nuttig of wenselijk acht, behoudens het bepaalde bij de volgende artikelen. (Ontw. 1.15.12.6; BW 432 (oud); BW 1:337, 386, 410 lid 1, 420 lid 2, 438; 6:172)

Art. 344

Inbewaargeving van effecten aan toonder

– 1. Voor zover de kantonrechter niet anders bepaalt, geeft de voogd de effecten aan toonder van de minderjarige in bewaring bij:
a. de Nederlandsche Bank N.V.;
b. een financiële onderneming die ingevolge de Wet op het financieel toezicht in Nederland het bedrijf van bank mag uitoefenen.
– 2. De kantonrechter kan aanwijzingen geven omtrent de wijze, waarop spaarbankboekjes en gelden van de minderjarige moeten worden bewaard. De kantonrechter onder wiens goedkeuring een verdeling tot stand komt, kan ter gelegenheid daarvan aanwijzingen als hier bedoeld geven. Overigens is de kantonrechter, aangewezen in de tweede afdeling van de derde titel van het eerste boek van het Wetboek van Burgerlijke Rechtsvordering bevoegd.
– 3. Voor effecten aan toonder, spaarbankboekjes en gelden, die de minderjarige tezamen met een of meer andere personen toekomen, geldt het bepaalde in de vorige leden, wanneer de voogd die onder zijn berusting heeft. (Ontw. 1.15.12.6*a*; BW 432*a* (oud); BW 1:249, 338 e.v., 356, 365, 386, 410 lid 1, 420 lid 2; Rv 798 e.v.)

Art. 345

Machtiging kantonrechter voor bepaalde rechtshandelingen

– 1. De voogd behoeft machtiging van de kantonrechter om de navolgende handelingen voor rekening van de minderjarige te verrichten:
a. aangaan van overeenkomsten strekkende tot beschikking over goederen van de minderjarige, tenzij de handeling geld betreft, als een gewone beheersdaad kan worden beschouwd, of krachtens rechterlijk bevel geschiedt;
b. giften doen, andere dan gebruikelijke, niet bovenmatige;
c. een making of gift, waaraan lasten of voorwaarden zijn verbonden, aannemen;
d. geld lenen of de minderjarige als borg of hoofdelijke medeschuldenaar verbinden;
e. overeenkomen dat een boedel, waartoe de minderjarige gerechtigd is, voor een bepaalde tijd onverdeeld wordt gelaten.
– 2. De kantonrechter kan bepalen dat de voogd zijn machtiging behoeft voor het innen van vorderingen van de minderjarige, het disponeren over saldi bij een kredietinstelling als bedoeld in artikel 1:1 van de Wet op het financieel toezicht daaronder begrepen.
– 3. Voor het aangaan van een overeenkomst tot beëindiging van een geschil waarbij de minderjarige is betrokken, behoeft de voogd geen machtiging in het geval van artikel 87 van het Wetboek van Burgerlijke Rechtsvordering of indien het voorwerp van de onzekerheid of het geschil een waarde van € 700 niet te boven gaat, noch indien de overeenkomst als een beheersdaad is te beschouwen. (Ontw. 1.15.12.7; BW 433 (oud); BW 1:88, 89, 249, 337, 347, 350 lid 2, 351, 356, 357, 366, 386, 410 lid 1, 420 lid 2, 441 lid 2; 3:170, 178 e.v.; 7:850 e.v., 900 e.v.; 7A:1703; Rv 677 e.v., 798 e.v.)

Art. 346

Goedkeuring kantonrechter voor bepaalde overeenkomsten

– 1. De voogd kan geen goederen van de minderjarige kopen, huren of pachten, zonder dat de kantonrechter de te sluiten overeenkomst goedkeurt.
– 2. In geval van openbare verkoop, verhuur of verpachting moet de goedkeuring binnen een maand daarna zijn aangevraagd. (Ontw. 1.15.12.8; BW 434 (oud); BW 1:249, 347, 386, 410 lid 1, 420 lid 2; Rv 902*b*, 966*a* e.v.)

Art. 347

Vernietiging rechtshandeling ten name van minderjarige

– 1. Een in strijd met artikel 345 of 346 verrichte rechtshandeling ten name van de minderjarige is vernietigbaar; op de vernietigingsgrond kan slechts een beroep worden gedaan van de zijde van de minderjarige.
– 2. Het vorige lid geldt niet voor een rechtshandeling anders dan om niet indien de weder-

partij te goeder trouw was en voor een rechtshandeling die de minderjarige geen nadeel heeft berokkend. (Ontw. 1.15.12.9; BW 435 (oud); BW 1:89, 249, 386, 410 lid 1, 420 lid 2, 439; 3:11, 32, 49 e.v., 86)

Art. 348

Nietigheid van bepaalde overeenkomsten

– 1. De voogd kan, zonder dat de kantonrechter de te sluiten overeenkomst goedkeurt, geen inschuld ten laste van de minderjarige, noch enig beperkt recht op diens goederen van een derde verkrijgen.
– 2. Ontbreekt deze goedkeuring, dan is de overeenkomst nietig. (Ontw. 1.15.12.10; BW 436 (oud); BW 1:249, 386, 410 lid 1, 420 lid 2; 3:39, 40, 84, 98; 7:47; Rv 902*b*, 968)

Art. 349

Machtiging kantonrechter voor optreden in rechtsgeding

– 1. Een voogd die zonder machtiging van de kantonrechter voor de minderjarige als eiser in rechte optreedt of tegen een uitspraak beroep instelt, wordt niet-ontvankelijk verklaard.
– 2. De voogd mag niet zonder machtiging van de kantonrechter in een tegen de minderjarige ingestelde eis of in een gedane uitspraak berusten.
– 3. Hij kan, alvorens voor de minderjarige in rechte verweer te voeren of tegen een bij verstek gedane uitspraak verzet te doen, zich te zijner verantwoording doen machtigen door de kantonrechter. (Ontw. 1.15.12.11; BW 437 (oud); BW 1:249, 327 lid 1 sub *e*, 356, 366, 386, 406 lid 4, 410 lid 1, 420 lid 2, 443; Rv 280, 383, 385, 902*b*)

Art. 350

Belegging vermogen minderjarige

– 1. De voogd draagt zorg voor een doelmatige belegging van het vermogen van de minderjarige.
– 2. Hij behoeft voor elke belegging van gelden van de minderjarige machtiging van de kantonrechter. Nochtans mag hij, voor zover de kantonrechter niet anders bepaalt, zonder diens machtiging gelden ten name van de minderjarige beleggen bij een financiële onderneming als bedoeld in artikel 344, eerste lid, onderdeel *b* op rekeningen bestemd voor de belegging van gelden van minderjarigen, met het beding dat de gelden alleen worden terugbetaald met machtiging van de kantonrechter. (Ontw. 1.15.12.12; BW 438 (oud); BW 1:249, 352, 356, 366, 386, 410 lid 1, 420 lid 2; 4:1032 lid 3; Rv 902*b*)

Art. 351

Vermogen belegd in onderneming; onverdeelde boedel

– 1. Wanneer het vermogen van de minderjarige of een gedeelte daarvan in een onderneming van handel, landbouw of nijverheid is geplaatst, mag de voogd de zaken voor rekening, hetzij van de minderjarige alleen, hetzij van deze met anderen, niet voortzetten dan met machtiging van de kantonrechter.
– 2. Zonder machtiging van de kantonrechter mag de voogd een boedel, waartoe de minderjarige gerechtigd is, niet onverdeeld laten. (Ontw. 1.15.12.13; BW 439 (oud); BW 1:249, 345 lid 1 sub *e*, 352, 356, 366, 386, 410 lid 1, 420 lid 2; 3: 178 e.v.; Rv 902*b*)

Art. 352

Ontbreken machtiging

Ondanks het ontbreken der vereiste machtiging zijn handelingen, door de voogd verricht in strijd met artikel 350 of artikel 351, geldig. (Ontw. 1.15.12.13*a*; BW 439*a* (oud); BW 1:249, 386, 410 lid 1, 420 lid 2)

Art. 353

Afstand aandeel in ontbonden huwelijksgemeenschap

De voogd kan niet zonder machtiging van de kantonrechter van een de minderjarige toekomend aandeel in een ontbonden huwelijksgemeenschap afstand doen. (Ontw. 1.15.12.14; BW 440 (oud); BW 1:105 e.v., 249, 356, 366, 386, 410 lid 1, 420 lid 2, 441 lid 5; Rv 902*b*)

Art. 354

Inlichtingen aan kantonrechter

De kantonrechter kan te allen tijde de voogd ten verhore doen oproepen. Deze is verplicht alle door de kantonrechter gewenste inlichtingen te verstrekken. (Ontw. 1.15.12.15; BW 441 (oud); BW 1:253*k*, 365 sub *a*, 386, 410 lid 1, 420 lid 2, 436 lid 5)

Art. 355

Huwelijk/partnerschap ouder

– 1. Aan een met het gezag belaste ouder of aan een ouder die alleen het bewind over het vermogen heeft en die aangifte heeft gedaan van zijn voornemen een huwelijk of een geregistreerd partnerschap aan te gaan, kan de kantonrechter opdragen binnen een bepaalde termijn een beschrijving van het vermogen van de kinderen op te maken en deze beschrijving of een afschrift daarvan ter griffie van de rechtbank in te leveren.
– 2. De artikelen 339, 340 en 341 van dit boek zijn van overeenkomstige toepassing. (Ontw. 1.15.12.15*a*, BW 1:48, 80*a* lid 6, 365 sub *b*; Overg.w. 19)

Art. 356

Kantonrechter handelt in belang minderjarige

– 1. Aanwijzingen en machtigingen, als in deze paragraaf bedoeld, geeft de kantonrechter slechts, indien dit hem in het belang van de minderjarige noodzakelijk, nuttig of wenselijk blijkt te zijn. Hij kan een bijzondere of een algemene machtiging geven en daaraan zodanige voorwaarden verbinden, als hij dienstig oordeelt.
– 2. Hij kan een gegeven aanwijzing of machtiging te allen tijde intrekken of de daaraan ver-

bonden voorwaarden wijzigen. (Ontw. 1.15.12.16; BW 441*a* (oud); BW 1:253*k*, 344 e.v., 349 e.v., 353, 357, 386, 410 lid 1, 420 lid 2)

Art. 357

Kosten van maatregel

Indien de kosten van een ten behoeve van een minderjarige bevolen maatregel bij rechterlijke beschikking te diens laste zijn gebracht, treedt – ingeval dientengevolge het vermogen van de minderjarige moet worden aangesproken – in de plaats van de bij artikel 345 van dit boek bedoelde machtiging van de kantonrechter, diens aanwijzing van de goederen die verkocht of bezwaard zullen worden. (Ontw. 1.15.12.17; BW 441*b* (oud); BW 1:253*k*, 326, 356, 386, 410 lid 1, 420 lid 2)

Art. 358

Uitgaven van voogd; beloning voogd

– 1. De voogd mag alle noodzakelijke, betamelijke en behoorlijk gerechtvaardigde uitgaven aan de minderjarige in rekening brengen. (BW 1:410 lid 1, 420 lid 2)

– 2. Indien de kantonrechter een bedrag bepaalt, hetwelk jaarlijks mag worden besteed voor de verzorging en opvoeding van de minderjarige of voor de kosten van het beheer van diens vermogen, behoeft de voogd de besteding van dat bedrag niet gespecificeerd te verantwoorden.

– 3. De kantonrechter kan de voogd een beloning ten laste van de minderjarige toekennen, indien hij dit gezien de zwaarte van de last van het bewind redelijk acht. Buiten dit geval mag de voogd voor zichzelf geen loon berekenen, tenzij hem dat is toegekend bij de akte, waarbij hij door een ouder benoemd is. (Ontw. 1.15.12.17*a*, BW 441*c* (oud); BW 1:292, 336, 386)

Art. 359

Periodieke rekening van het bewind

– 1. De kantonrechter kan te allen tijde op verzoek van de andere voogd of ambtshalve aan de voogd de verplichting opleggen jaarlijks of eens in de twee of drie jaren ter griffie van de rechtbank een rekening in te dienen van zijn bewind over de goederen van de minderjarige.

– 2. De datum voor de indiening van de rekening wordt door de kantonrechter bepaald.

– 3. Indien in het geval van gezamenlijke uitoefening van de voogdij een van de voogden de rekening alleen heeft ingediend, moet hij gelijktijdig een afschrift van de rekening aan de andere voogd doen toekomen. Deze kan binnen twee maanden bezwaren tegen de rekening bij de rechter indienen. (Ontw. 1.15.12.18; BW 442 (oud); BW 1:282 365 sub *c*, 372 e.v., 386, 410 lid 1, 420 lid 2)

Art. 360

Verbetering en onderzoek van rekening

– 1. Bij verschil van mening omtrent de rekening kan de kantonrechter verbetering daarvan gelasten.

– 2. Hij kan een of meer deskundigen benoemen, ten einde de ingediende rekening te onderzoeken.

– 3. De kantonrechter kan de kosten van dit onderzoek, indien slecht bewind aan het licht is gekomen, geheel of ten dele ten laste van de voogd brengen.

– 4. De voogd ontvangt een afschrift van het door de deskundigen in te dienen schriftelijk bericht.

– 5. In geval van gezamenlijke uitoefening van de voogdij ontvangen beide voogden het in het vierde lid bedoelde afschrift en kan de rechter de in het derde lid bedoelde kosten ook ten laste van de voogden gezamenlijk brengen. (Ontw. 1.15.12.20; BW 444 (oud); BW 1:282, 386, 410 lid 1, 420 lid 2)

Art. 361

Bewaring van rekening

De periodiek door de voogd gedane rekening of een eensluidend afschrift daarvan blijft berusten ter griffie van de rechtbank. (Ontw. 1.15.12.21; BW 445 (oud); BW 1:386, 410 lid 1, 420 lid 2)

Art. 362

Schadevergoeding bij slecht bewind

De kantonrechter kan op verzoek van de andere voogd of ambtshalve de schade vaststellen, die blijkens de rekening de minderjarige door slecht bewind van de voogd geleden heeft, en deze laatste tot vergoeding daarvan veroordelen. (Ontw. 1.15.12.22; BW 446 (oud); BW 1:337 lid 2, 365 sub *f*, 386, 410 lid 1, 420 lid 2, 444; 6:95 e.v.)

Art. 363

Zekerheidstelling door voogd

– 1. De kantonrechter kan te allen tijde bevelen dat de voogd voor zijn bewind zekerheid stelt. Hij stelt het bedrag en de aard van de zekerheid vast. Inpandgeving van effecten aan toonder van de voogd geschiedt door hun inbewaargeving bij de Nederlandsche Bank.

– 2. De kantonrechter bepaalt een redelijke termijn, binnen welke de voogd hem te zijnen genoegen moet aantonen dat hij de van hem verlangde zekerheid gesteld heeft.

– 3. De kantonrechter kan de voogd toestaan een gestelde zekerheid door een andere te vervangen. Indien het belang van de voogd het vervallen van een gestelde zekerheid volstrekt eist of handhaving daarvan niet nodig is, kan de kantonrechter hem machtigen daarvan namens de minderjarige afstand te doen. (Ontw. 1.15.12.23; BW 447 (oud); BW 1:365 sub *e*, 386, 410 lid 1, 420 lid 2, 436 lid 2; 3:81, 236 e.v., 260 e.v.; 6:51; 7:850 e.v.)

Art. 364

Einde zekerheidstelling

– 1. De door de voogd gestelde zekerheid houdt op, zodra zijn rekening en verantwoording is goedgekeurd, of zodra de rechtsvorderingen die zijn bewind betreffen overeenkomstig artikel 377 van dit boek verjaard zijn.
– 2. Alsdan worden op kosten van de minderjarige hypothecaire inschrijvingen doorgehaald en pandrechten op inschrijvingen in de schuldregisters voor geldleningen ten laste van het Rijk opgeheven. (Ontw. 1.15.12.24; BW 448 (oud); BW 1:386, 436 lid 2; 3:28, 29, 274; Kadasterwet)

Art. 365

Kennisgeving van in gebreke blijven voogd

Indien de voogd in gebreke blijft:
a. gehoor te geven aan een oproeping van de kantonrechter om voor hem te verschijnen; (BW 1:339 lid 2, 340 lid 2, 354)
b. een boedelbeschrijving of een verklaring als bedoeld in artikel 339 van dit boek in te leveren; (BW 1:338 e.v., 342, 355)
c. op de door de kantonrechter bepaalde datum zijn periodieke rekening in te dienen; (BW 1:359)
d. aan de minderjarige toebehorende spaarbankboekjes, gelden, of toondereffecten die hij niet te diens name heeft doen stellen, op de voorgeschreven wijze te bewaren; (BW 1:344)
e. de kantonrechter het bewijs te leveren, dat hij een van hem verlangde zekerheid gesteld heeft; of
f. de schadevergoeding te betalen, waartoe de kantonrechter hem ingevolge artikel 362 van dit boek veroordeeld heeft, (Ontw. 1.15.12.25; BW 449 (oud); BW 1:367 e.v., 386) kan de kantonrechter de raad voor de kinderbescherming hiermede in kennis stellen.

Art. 366

Kennisgeving van eigenmachtig bewind, ontrouw e.d.

Insgelijks kan de kantonrechter de raad voor de kinderbescherming ermede in kennis stellen, dat:
a. de voogd in gevallen, waarin hij machtiging van de kantonrechter behoeft, zijn bewind eigenmachtig voert; (BW 1:345, 349 e.v., 353)
b. hij zich in zijn bewind aan ontrouw, plichtsverzuim of misbruik van bevoegdheid blijkt te hebben schuldig gemaakt. (Ontw. 1.15.12.26; BW 450 (oud); BW 1:327, 367 e.v., 386; 3:13)

Art. 367

Mogelijke ontzetting van de voogd

De raad voor de kinderbescherming die van de kantonrechter zodanige mededeling ontvangt, onderwerpt, na onderzoek van de overige gedragingen van de voogd jegens de minderjarige, binnen zes weken na de dagtekening van die mededeling aan het oordeel van de rechtbank de vraag, of ontzetting van de voogd op grond van artikel 327, eerste lid onder *b*, van dit boek moet volgen. (Ontw. 1.15.12.27; BW 451 (oud); BW 1:242, 329 lid 3, 386)

Art. 368

Vervallen.

Art. 369

Bewind over gemene goederen

– 1. Indien minderjarigen die onder voogdij van verschillende voogden staan, goederen gemeen hebben, kan de kantonrechter van de woonplaats van een der minderjarigen een van de voogden of een derde aanwijzen om over deze goederen tot de verdeling het bewind te voeren. De aangewezen bewindvoerder stelt de door de rechter van hem verlangde waarborgen.
– 2. Komt de in het eerste lid omschreven bevoegdheid aan verschillende rechters toe, dan vervalt deze, nadat een van hen daarvan heeft gebruik gemaakt.
– 3. Op het bewind zijn de bepalingen omtrent het bewind van een voogd van overeenkomstige toepassing. De bewindvoerder is bij uitsluiting bevoegd tot vernietiging van rechtshandelingen van de minderjarige, strekkend tot beheer of beschikking met betrekking tot de onder bewind staande goederen. (Ontw. 1.15.12.29; BW 453 (oud); BW 1:276 lid 2, 337 e.v., 386; 3:32, 49 e.v., 178 e.v.)

Art. 370

Onderbewindstelling, bevoegdheden en verplichtingen bewindvoerder

– 1. De kantonrechter kan op verzoek van de voogd of ambtshalve, het vermogen van de minderjarige of een deel daarvan, met inbegrip van de vruchten, voor de duur van diens minderjarigheid onder bewind stellen, indien hij dit in het belang van de minderjarige nodig oordeelt. In geval van gezamenlijke uitoefening van de voogdij wordt tot onderbewindstelling slechts beslist indien het verzoek door beide voogden gezamenlijk wordt gedaan.
– 2. De kantonrechter benoemt de bewindvoerder en bepaalt het aan deze toekomende loon. Hij kan bij de instelling van het bewind bepalen dat de voogd de door de onderbewindstelling veroorzaakte kosten, met inbegrip van het loon, geheel of gedeeltelijk aan de minderjarige moet vergoeden, alsmede dat de voogd, behoudens zijn verhaal op de bewindvoerder, voor diens verrichtingen aansprakelijk is jegens de minderjarige. In geval van gezamenlijke uitoefening van de voogdij worden deze verplichtingen opgelegd aan beide voogden.
– 3. Op het bewind zijn de bepalingen omtrent het bewind van een voogd van overeenkomstige toepassing. De bewindvoerder is bij uitsluiting bevoegd tot vernietiging van rechtshan-

delingen van de minderjarige, strekkend tot beheer of beschikking met betrekking tot de onder bewind staande goederen.
– 4. De kantonrechter bepaalt welke uitkeringen de bewindvoerder uit de onder het bewind gestelde goederen en de vruchten daarvan aan de voogd, en bij gezamenlijke uitoefening van de voogdij aan de voogden, moet doen ten behoeve van de verzorging en opvoeding van de minderjarige of ten behoeve van het beheer van diens niet onder het bewind gestelde goederen. Hij kan deze beschikkingen te allen tijde op verzoek van een voogd of de bewindvoerder, of ambtshalve wijzigen.
– 5. De bewindvoerder is verplicht aan de kantonrechter te allen tijde alle door deze gewenste inlichtingen te verstrekken.
– 6. Hij is voorts verplicht jaarlijks en aan het einde van zijn bewind aan de voogd, en bij gezamenlijke uitoefening van de voogdij aan de voogden,, de meerderjarig gewordene of de erfgenamen van de minderjarige, wanneer deze overleden is, ten overstaan van de kantonrechter rekening en verantwoording af te leggen.
– 7. Geschillen die bij de rekening en verantwoording rijzen, beslist de kantonrechter.
– 8. Blijft een der partijen in gebreke tot deze aflegging van rekening en verantwoording mede te werken, dan zijn de artikelen 771 en volgende van het Wetboek van Burgerlijke Rechtsvordering van toepassing.
– 9. De kantonrechter kan te allen tijde op verzoek van de bewindvoerder, een voogd of ambtshalve het bewind opheffen of de bewindvoerder ontslaan en door een ander vervangen. (Ontw. 1.15.12.29*a*, BW 453*a* (oud); BW 1:253*k*, 282, 337 e.v., 343 e.v., 374, 386; Rv 798 e.v.)

Art. 371

Verandering woonplaats voogd

De voogd is verplicht ter griffie van de rechtbank kennis te geven van elke verandering in zijn woonplaats. (Ontw. 1.15.12.30; BW 454 (oud); BW 1:10 e.v., 386)

Art. 371a

Mededeling aan kantonrechter

– 1. De griffier van het gerecht dat een voogd benoemt, doet daarvan onverwijld mededeling aan de kantonrechter van de rechtbank van het arrondissement waarin de woonplaats van de voogd is gelegen.
– 2. Woont de voogd niet meer in het arrondissement of is hij opgevolgd door een voogd in een ander arrondissement, dan zendt de griffier onverwijld de voogdijbescheiden naar de griffier van het arrondissement waar de voogd of opvolgende voogd woonplaats heeft, onder opgave van diens adres.

§ 11. De rekening en verantwoording bij het einde van de voogdij

Art. 372

Rekening en verantwoording; kosten

Na het einde van zijn bewind doet de voogd daarvan onverwijld rekening en verantwoording. De kosten worden door de voogd betaald. Zij komen echter ten laste van de minderjarige, tenzij het bewind wegens ontzetting van de voogd eindigt. Voor zover de kosten niet op de minderjarige kunnen worden verhaald, komen zij ten laste van de ouders, en, zo zij ook op hen niet kunnen worden verhaald, ten laste van de Staat. (Ontw. 1.15.13.1; BW 455 (oud); BW 1:276, 359, 364, 385, 386, 445; 4:951 lid 2)

Art. 373

Aan wie verantwoording wordt afgelegd

– 1. Deze rekening en verantwoording doet de voogd hetzij aan de meerderjarig gewordene, hetzij aan de erfgenamen van de minderjarige, wanneer deze overleden is, hetzij aan zijn opvolger in het bewind.
– 2. Indien de gezamenlijke uitoefening van de voogdij is geëindigd en als gevolg daarvan het gezag wordt uitgeoefend door een van de voogden alleen, doet degene wiens voogdij geëindigd is rekening en verantwoording aan degene die de voogdij alleen uitoefent. (Ontw. 1.15.13.2; BW 456 (oud); BW 1:233, 282, 282*a*, 385, 386)

Art. 374

Ten overstaan van kantonrechter; geschillen

– 1. Bedoelde rekening en verantwoording wordt afgelegd ten overstaan van de kantonrechter, binnen wiens rechtsgebied de voogd wiens bewind eindigt woonplaats heeft. (BW 1:10 e.v.)
– 2. Geschillen, die bij de aflegging van de rekening en verantwoording mochten rijzen, beslist de kantonrechter. (BW 1:360, 370 lid 7)
– 3. Blijft een der partijen in gebreke tot deze aflegging van rekening en verantwoording mede te werken, dan zijn de artikelen 771 en volgende van het Wetboek van Burgerlijke Rechtsvordering van toepassing. (Ontw. 1.15.13.3; BW 457 (oud); BW 1:385, 386)

Art. 375

Vernietigbare rechtshandelingen

Een rechtshandeling die de meerderjarig gewordene betreffende de voogdij of de voogdijrekening richt tot of verricht met de voogd, is vernietigbaar, indien zij geschiedt vóór het afleggen van de rekening en verantwoording; alleen van de zijde van de meerderjarig gewordene kan een beroep op de vernietigingsgrond worden gedaan. (Ontw. 1.15.13.4; BW 458 (oud); BW 1:385, 386; 3:49 e.v.; 4:951)

Art. 376

Renten

Wat de minderjarige aan de voogd schuldig blijft, draagt geen rente, zolang hij niet – na het sluiten der rekening – met de voldoening van het verschuldigde in verzuim is. (Ontw. 1.15.13.5; BW 459 (oud); BW 1:385, 386; 6:82 e.v., 119, 120; Rv 585 onder 8°, 781 lid 2)

Art. 377

Verjaring

Elke rechtsvordering op grond van het gevoerde voogdijbewind – zowel van de zijde van de minderjarige als van die van de voogd – verjaart door verloop van vijf jaren na de dag, waarop de voogdij van laatstgenoemde is geëindigd. (Ontw. 1.15.13.6; BW 460 (oud); BW 1:364, 385, 386; 3:306 e.v.; 6:140)

TITEL 15

Omgang en informatie

Art. 377a

Recht op omgang

– 1. Het kind heeft het recht op omgang met zijn ouders en met degene die in een nauwe persoonlijke betrekking tot hem staat. De niet met het gezag belaste ouder heeft het recht op en de verplichting tot omgang met zijn kind.

– 2. De rechter stelt op verzoek van de ouders of van een van hen of degene die in een nauwe persoonlijke betrekking staat tot het kind, al dan niet voor bepaalde tijd, een regeling inzake de uitoefening van het omgangsrecht vast dan wel ontzegt, al dan niet voor bepaalde tijd, het recht op omgang.

– 3. De rechter ontzegt het recht op omgang slechts, indien:

a. omgang ernstig nadeel zou opleveren voor de geestelijke of lichamelijke ontwikkeling van het kind, of

b. de ouder of degene die in een nauwe persoonlijke betrekking staat tot het kind kennelijk ongeschikt of kennelijk niet in staat moet worden geacht tot omgang, of

c. het kind dat twaalf jaren of ouder is, bij zijn verhoor van ernstige bezwaren tegen omgang met zijn ouder of met degene met wie hij in een nauwe persoonlijke betrekking staat heeft doen blijken, of

d. omgang anderszins in strijd is met zwaarwegende belangen van het kind.

Art. 377b

Informeren en raadplegen andere ouder

– 1. De ouder die met het gezag is belast, is gehouden de niet met het gezag belaste ouder op de hoogte te stellen omtrent gewichtige aangelegenheden met betrekking tot de persoon en het vermogen van het kind en deze te raadplegen – zo nodig door tussenkomst van derden – over daaromtrent te nemen beslissingen. Op verzoek van een ouder kan de rechter ter zake een regeling vaststellen.

– 2. Indien het belang van het kind zulks vereist kan de rechter zowel op verzoek van de met het gezag belaste ouder als ambtshalve bepalen dat het eerste lid van dit artikel buiten toepassing blijft.

– 3. Artikel 377*e* is van overeenkomstige toepassing. (BW 1:229 lid 3, 377*c*, 377*g*)

Art. 377c

Informatieplicht derden

– 1. Onverminderd het bepaalde in artikel 377*b* van dit boek wordt de niet met het gezag belaste ouder desgevraagd door derden die beroepshalve beschikken over informatie inzake belangrijke feiten en omstandigheden die de persoon van het kind of diens verzorging en opvoeding betreffen, daarvan op de hoogte gesteld, tenzij die derde de informatie niet op gelijke wijze zou verschaffen aan degene die met het gezag over het kind is belast dan wel bij wie het kind zijn gewone verblijfplaats heeft, of het belang van het kind zich tegen het verschaffen van informatie verzet.

– 2. Indien de informatie is geweigerd, kan de rechter op verzoek van de in het eerste lid van dit artikel bedoelde ouder bepalen dat de informatie op de door hem aan te geven wijze moet worden verstrekt. De rechter wijst het verzoek in ieder geval af, indien het belang van het kind zich tegen het verschaffen van de informatie verzet.

Art. 377d

Aanvang uitoefening omgangsrecht

– 1. Onverminderd het bepaalde in het tweede lid van dit artikel, begint de uitoefening van het recht op omgang zodra de desbetreffende beschikking in kracht van gewijsde is gegaan of, indien zij uitvoerbaar bij voorraad is verklaard, daags nadat de beschikking is verstrekt of verzonden.

– 2. De uitoefening van het recht op omgang begint, indien tevens een beschikking inzake het gezag is of wordt gegeven, niet eerder dan op het tijdstip waarop voor de andere ouder of voor de voogd het gezag is begonnen. (BW 1:253*p*, 280, 377*f*)

Art. 377e

Wijziging omgangsregeling

De rechtbank kan op verzoek van de ouders of van een van hen of van degene die in een nauwe persoonlijke betrekking staat tot het kind een beslissing inzake de omgang alsmede een door de ouders onderling getroffen omgangsregeling wijzigen op grond dat nadien de omstandigheden zijn gewijzigd, of dat bij het nemen van de beslissing van onjuiste of onvolledige gegevens is uitgegaan.

Art. 377f

Vervallen.

Art. 377g

Beslissing ambtshalve

De rechter kan, indien haar blijkt dat de minderjarige van twaalf jaar of ouder hierop prijs stelt, ambtshalve een beslissing geven op de voet van de artikelen 377*a* of 377*b*, dan wel zodanige beslissing op de voet van artikel 377*e* van dit boek wijzigen. Hetzelfde geldt indien de minderjarige de leeftijd van twaalf jaren nog niet heeft bereikt, maar in staat kan worden geacht tot een redelijke waardering van zijn belangen ter zake. (BW 1:162*a*, 171*a* (oud); BW 1:229 lid 3, 377*h*)

Art. 377h

Vervallen.

TITEL 16
Curatele

Art. 378

Gronden

– 1. Een meerderjarige kan door de kantonrechter onder curatele worden gesteld:
a. wegens een geestelijke stoornis, waardoor de gestoorde, al dan niet met tussenpozen, niet in staat is of bemoeilijkt wordt zijn belangen behoorlijk waar te nemen; (BW 1:33, 35^2, 268^2, 3241; 3:33 v.; 4:942; 6:217; Krankz.w.)
b. wegens verkwisting; (BW 1:109, 135)
c. wegens gewoonte van drankmisbruik, waardoor hij:
1° zijn belangen niet behoorlijk waarneemt;
2° in het openbaar herhaaldelijk aanstoot geeft; of
3° eigen veiligheid of die van anderen in gevaar brengt.

Vóór meerderjarigheid

– 2. Indien te verwachten is dat ten aanzien van een minderjarige op het tijdstip waarop hij meerderjarig zal worden, van een der in het vorige lid genoemde gronden voor curatele sprake zal zijn, kan de curatele reeds voor de meerderjarigheid worden uitgesproken. (Ontw. 1.16.1; BW 487 (oud); BW 1:387, 431; 8:169, 182; Overg.w. 21^1)
– 3. De rechter bij wie een verzoek tot het verlenen van een voorlopige of voorwaardelijke machtiging, een observatiemachtiging of een machtiging tot voortgezet verblijf als bedoeld in de Wet bijzondere opnemingen in psychiatrische ziekenhuizen, dan wel een machtiging als bedoeld in artikel 33, eerste lid van die wet aanhangig is, is tevens bevoegd tot de kennisneming van een verzoek tot ondercuratelestelling.

Art. 379

Op verzoek

De curatele kan worden verzocht door de betrokken persoon, zijn echtgenoot of andere levensgezel, geregistreerde partner, zijn bloedverwanten in de rechte lijn en die in de zijlijn tot de vierde graad ingesloten, voogd of het openbaar ministerie. (Ontw. 1.16.2; BW 488 (oud); BW 1:432, 435; Rv 429*a* e.v.)

Art. 380

Provisionele bewindvoerder; verhaal schulden gemaakt na bekendmaking benoeming

– 1. De rechter voor wie het verzoek tot ondercuratelestelling aanhangig is of laatstelijk aanhangig was, kan, desverzocht of ambtshalve, een provisionele bewindvoerder benoemen; de beschikking vermeldt het tijdstip waarop zij in werking treedt.
– 2. Hij regelt in deze beschikking de bevoegdheden van de bewindvoerder. Hij kan de bewindvoerder het bewind over bepaalde of alle goederen opdragen. Aan de bewindvoerder kan de rechter ook andere bevoegdheden toekennen, doch niet die welke een curator niet heeft. Voor zover de rechter niet anders bepaalt, kan degene wiens curatele is verzocht, met betrekking tot die goederen niet zonder medewerking van de bewindvoerder daden van beheer en van beschikking verrichten.
– 3. In de beschikking kan tevens worden bepaald dat schulden die degene wiens curatele is verzocht, na de bekendmaking van de benoeming maakt, op de onder bewind gestelde goederen gedurende dit bewind en de curatele, indien deze volgt, niet kunnen worden verhaald.
– 4. De beschikking kan te allen tijde worden gewijzigd of ingetrokken door de rechter voor wie het verzoek tot ondercuratelestelling aanhangig is of laatstelijk aanhangig was.

Beloning

– 5. De bewindvoerder komt als beloning toe vijf ten honderd van de netto-opbrengst der door hem beheerde goederen, tenzij de kantonrechter daarvoor om bijzondere redenen een ander bedrag vaststelt. (Ontw. 1.16.3; BW 495 (oud); BW 1:12 lid 2, 383 lid 3, 390; Overg.w. 21 lid 3)

Art. 381

Aanvang curatele; handelingsonbekwaamheid, handelingsbekwaamheid

– 1. De curatele werkt met ingang van de dag waarop zij is uitgesproken. In het geval, bedoeld

in artikel 378, tweede lid, werkt de curatele met ingang van het tijdstip waarop de onder curatele gestelde meerderjarig wordt.
– 2. Van deze tijdstippen is de onder curatele gestelde onbekwaam rechtshandelingen te verrichten voor zover de wet niet anders bepaalt.
– 3. Een onder curatele gestelde is bekwaam rechtshandelingen te verrichten met toestemming van zijn curator, voor zover deze bevoegd is die rechtshandelingen voor de onder curatele gestelde te verrichten. De toestemming kan slechts worden verleend voor een bepaalde rechtshandeling of voor een bepaald doel. De toestemming voor een bepaald doel moet schriftelijk worden verleend.
– 4. Met betrekking tot aangelegenheden betreffende verzorging, verpleging, behandeling en begeleiding van een onder curatele gestelde zijn de artikelen 453 en 454 van dit boek van overeenkomstige toepassing.
– 5. Hij is bekwaam over gelden die zijn curator voor levensonderhoud te zijner beschikking heeft gesteld, overeenkomstig deze bestemming te beschikken.
– 6. In zaken van curatele is degene wiens curatele het betreft bekwaam in rechte op te treden en tegen een uitspraak beroep in te stellen. (Ontw. 1.16.4; BW 500 leden 1 en 2, 506 (oud); BW 1:12, 37 e.v., 51, 72, 117, 118, 234, 246 lid 5, 324, 390, 438; 3:32, 49 e.v., 52, 63, 72; 4:944, 1053, 1092; 6:31, 165, 209, 276; 7:415; 7A:1722; Overg.w. 20; Rv 254 onder 2°, 350; Krankz.w. 32)

Art. 382

Bekwaamheid tot familierechtelijke handelingen

Hij die uit hoofde van verkwisting of gewoonte van drankmisbruik onder curatele is gesteld, blijft bekwaam tot het verrichten van familierechtelijke handelingen voor zover de wet niet anders bepaalt. (Ontw. 1.16.5; BW 500 lid 3, 506 lid 3 (oud); BW 1:37; 4:944; Overg.w. 20)

Art. 383

Benoeming curator

– 1. De rechter benoemt bij het uitspreken van de curatele of, indien hij zich nog niet voldoende voorgelicht acht, zo spoedig mogelijk daarna een curator.
– 2. De rechter volgt bij de benoeming van de curator de uitdrukkelijke voorkeur van de betrokkene, tenzij gegronde redenen zich tegen zodanige benoeming verzetten. (BW 1:435 lid 3)
– 3. Tenzij het vorige lid is toegepast, wordt, indien de onder curatele gestelde persoon gehuwd is, een geregistreerd partnerschap is aangegaan of anderszins een levensgezel heeft, bij voorkeur de echtgenoot, de geregistreerde partner dan wel andere levensgezel tot curator benoemd. Is de vorige zin niet van toepassing dan wordt bij voorkeur een van zijn ouders, kinderen, broers of zusters tot curator benoemd. Huwt de onder curatele gestelde, gaat hij een geregistreerd partnerschap aan of verkrijgt hij een andere levensgezel, dan kan ieder van hen verzoeken, dat de niet onder curatele staande echtgenoot, de geregistreerde partner dan wel de andere levensgezel in de plaats van de tegenwoordige curator wordt benoemd. (BW 1:435 lid 4)
– 4. De taak van de curator vangt aan daags nadat de beslissing, houdende de benoeming, is verstrekt of verzonden. Met die dag eindigt het provisioneel bewind. De provisionele bewindvoerder is verplicht ten overstaan van de kantonrechter aan de curator rekening en verantwoording van zijn bemoeienissen af te leggen; wordt hij zelf tot curator benoemd, dan wordt de rekening en verantwoording aan de kantonrechter afgelegd. Indien de curator vóór de meerderjarigheid van de onder curatele gestelde is benoemd, vangt zijn taak aan op het tijdstip waarop de curatele in werking treedt. (BW 1:435)
– 5. Indien het verzoek tot ondercuratelestelling wordt afgewezen, eindigt het bewind van de provisionele bewindvoerder daags na die uitspraak, tenzij de rechter anders bepaalt, en in ieder geval uiterlijk daags nadat de afwijzing in kracht van gewijsde is gegaan. (Ontw. 1.16.8; BW 503, 504, 505 (oud); BW 1:280, 380, 385, 435; Rv 585 onder 8°, 771 e.v., 798 e.v.)

Art. 384

Gevolgen vernietiging beschikking tot ondercuratelestelling

Indien een beschikking, waarbij curatele is uitgesproken, in hoger beroep of cassatie wordt vernietigd en het verzoek tot ondercuratelestelling alsnog wordt afgewezen, neemt de taak van de curator daags na deze uitspraak een einde. De inmiddels door de curator of met zijn toestemming verrichte handelingen blijven voor de onder curatele gestelde verbindend. (Ontw. 1.16.8a; BW 1:381 leden 1 en 2, 385, 448; Fw 13)

Art. 385

Schakelbepaling

– 1. Behoudens het in de artikelen 383 en 384 bepaalde vinden de artikelen 250 en 280, onder *b*, 281 lid 1 onder *a* en lid 2, 297-299, 322, onder *a* en *c*, 324, 336 en 372-377 bij curatele overeenkomstige toepassing, met dien verstande dat
a. in geval van benoeming van een ouder tot curator een bereidverklaring als bedoeld in artikel 280 onder *b* niet is vereist;
b. voor rechtbank of rechter wordt gelezen kantonrechter;
c. aan de raad voor de kinderbescherming terzake geen bevoegdheden toekomen;
d. de curator te allen tijde wegens gewichtige redenen op eigen verzoek, op verzoek van de uit

hoofde van verkwisting of gewoonte van drankmisbruik onder curatele gestelde, op verzoek van het openbaar ministerie of ambtshalve door de kantonrechter kan worden ontslagen;
e. de curator de rekening en verantwoording, bedoeld in artikel 374, aflegt ten overstaan van de bij het einde van zijn bewind ter zake bevoegde kantonrechter.
– 2. Een curator die niet is de echtgenoot, geregistreerde partner dan wel andere levensgezel of bloedverwant in de rechte lijn van de onder curatele gestelde, kan bovendien ontslag verzoeken, wanneer hij de curatele tenminste acht jaren heeft uitgeoefend; het ontslag wordt verleend zodra de rechtbank zich in staat acht een geschikte opvolger te benoemen. (Ontw. 1.16.9; BW 507 (oud); BW 1:279 e.v., 297 e.v., 322, 324 e.v., 386; Rv 798 e.v.)

Art. 386

Toepasselijke bepalingen bewind voogd; beloning curator

– 1. Op het bewind van de curator zijn de omtrent het bewind van de voogd gegeven voorschriften van overeenkomstige toepassing. Tenzij de beloning bij het uitspreken van de curatele anders is geregeld, komt de curator – de ouder-curator daaronder begrepen – als beloning toe vijf ten honderd van de netto-opbrengst der door hem beheerde goederen. Op grond van bijzondere omstandigheden kan de kantonrechter, hetzij ambtshalve, hetzij op verzoek van de curator of van de onder curatele gestelde, voor bepaalde of onbepaalde tijd de beloning anders regelen dan bij het uitspreken van de curatele of door de wet is aangegeven.

Bestemming inkomsten curandus

– 2. De inkomsten van hem die uit hoofde van een geestelijke stoornis onder curatele is gesteld, moeten in de eerste plaats worden besteed voor een voldoende verzorging van de betrokkene.
– 3. Voor de toepassing van de artikelen 365 tot en met 367 treedt de officier van justitie in de plaats van de raad voor de kinderbescherming en het ontslag bedoeld in artikel 385, lid 1 onder *d* in de plaats van de ontzetting van de voogd op grond van artikel 327 lid 1 onder *b*. Mededelingen en zendingen als bedoeld in artikel 371a, geschieden alleen dan indien artikel 12, vierde lid, op de desbetreffende curatele niet van toepassing is.
– 4. Indien een gehuwde of een geregistreerde partner onder curatele wordt gesteld, en tussen de echtgenoten of de geregistreerde partners het bestuur over hun goederen en de goederen der gemeenschap anders is verdeeld dan volgens de regels van de wet en van huwelijkse voorwaarden, bepaalt de rechter bij het uitspreken van de curatele, of en in hoeverre die verdeling ook voor de curator zal gelden. (Ontw. 1.16.10; BW 507, 508 (oud); BW 1:90, 91, 97, 337 e.v., 372 e.v.; Rv 798 e.v.)

Art. 387-388

Vervallen.

Art. 389

Einde curatele

– 1. De curatele eindigt, wanneer bij in kracht van gewijsde gegane rechterlijke uitspraak is vastgesteld, dat de oorzaken die tot de curatele hebben aanleiding gegeven, niet meer aanwezig zijn.
– 2. Het verzoek daartoe kan worden gedaan door dezelfde personen die de curatele kunnen verzoeken.
– 3. De curatele eindigt voorts, wanneer bij in kracht van gewijsde gegane rechterlijke uitspraak ten behoeve van de betrokken persoon een bewind als bedoeld in titel 19 dan wel een mentorschap als bedoeld in titel 20 van dit boek is ingesteld. (Ontw. 1.16.14; BW 516 (oud); BW 1:378, 379, 390, 431 e.v., 432 lid 3, 449; 3:72, 73; Rv 254 onder 3°, 429*a* e.v., 798 e.v.)

Art. 390

Publicatie

– 1. Alle uitspraken waarbij een curatele wordt verleend of opgeheven, een provisioneel bewind wordt ingesteld of een uitspraak tot ondercuratelestelling wordt vernietigd, worden binnen tien dagen nadat zij kunnen worden ten uitvoer gelegd, vanwege de verzoekers in de *Staatscourant* benevens in twee door de rechter aan te wijzen dagbladen bekendgemaakt. Ingeval de verzoekers daarmede nalatig zijn, zijn zij hoofdelijk gehouden aan derden de daardoor veroorzaakte schade te vergoeden. (BW 6:95 e.v.)
– 2. De bekendmaking van een ondercuratelestelling op eigen verzoek of op verzoek van het openbaar ministerie geschiedt vanwege de curator, indien deze bij de ondercuratelestelling is benoemd, of anders vanwege de griffier. (Ontw. 1.16.15; BW 498, 517 (oud); BW 1:380, 381, 384, 389, 436; 3:76; Overg.w. 21 lid 2; Hrgw 18)

Art. 391

Openbare registers

Ter griffie van de rechtbank te 's-Gravenhage berusten openbare registers, waarin aantekening wordt gehouden van rechtsfeiten die betrekking hebben op curatele. Bij algemene maatregel van bestuur wordt bepaald welke rechtsfeiten aangetekend worden en op welke wijze deze aantekening geschiedt. (Ontw. 1.16.5a; BW 1:244; 3:24 onder *b*)

TITEL 17
Levensonderhoud

AFDELING 1
Algemene bepalingen

Art. 392

Onderhoudsplichtigen

– 1. Tot het verstrekken van levensonderhoud zijn op grond van bloed- of aanverwantschap gehouden:
a. de ouders;
b. de kinderen;
c. behuwdkinderen, schoonouders en stiefouders. (BW 1:3, 82, 241 leden 5 en 6, 245 lid 2, 264, 273, 326, 333, 336 lid 3, 393 e.v., 397 e.v., 404 e.v.; 4:1143; 6:108, 135; 7:633; Rv 475*c* sub *e*, 479*b* e.v., 598*a* e.v., 720, 724, 822 lid 1 sub *c*, 828*a* e.v.; Fw 21 sub 3, 232 sub 2; Sr 255 e.v.; Wet Lijkbez. 22; Ambt.wet 116; ABW 62 e.v.)
– 2. Deze verplichting bestaat, behalve wat betreft ouders en stiefouders jegens hun minderjarige kinderen en stiefkinderen en jegens hun kinderen bedoeld in artikel 395*a* van dit boek, slechts in geval van behoeftigheid van de tot levensonderhoud gerechtigde.
– 3. De in het eerste lid genoemde personen zijn niet verplicht levensonderhoud te verstrekken, voor zover dit van de echtgenoot of een vroegere echtgenoot dan wel de geregistreerde partner of vroegere geregistreerde partner overeenkomstig het in de vijfde titel *a*, zesde, negende of tiende titel van dit boek bepaalde kan worden verkregen. (Ontw. 1.17.1.1; BW 463, 464 lid 1, 465 lid 1 (oud); BW 1:80*a* e.v., 81, 84, 157, 169 lid 2, 182; 6:1; Overg.w. 22, 23)

Art. 393

Vervallen.

Art. 394

Onderhoudsplicht verwekker of daarmee gelijkgestelde man

De verwekker van een kind dat alleen een moeder heeft, alsmede de man die als levensgezel van de moeder ingestemd heeft met een daad die de verwekking van het kind tot gevolg kan hebben gehad, is als ware hij ouder verplicht tot het voorzien in de kosten van verzorging en opvoeding van het kind dan wel, na het bereiken van de meerderjarigheid van het kind, tot het voorzien in de kosten van levensonderhoud en studie overeenkomstig de artikelen 395*a* en 395*b*. Nadien bestaat deze verplichting slechts in geval van behoeftigheid van het kind.

Art. 395

Onderhoudsplicht van stiefouder

Een stiefouder is, onverminderd het bepaalde in artikel 395*a* van dit boek, alleen verplicht gedurende zijn huwelijk of zijn geregistreerd partnerschap levensonderhoud te verstrekken aan de tot zijn gezin behorende minderjarige kinderen van zijn echtgenoot of geregistreerde partner. (Ontw. 1.17.1.4; BW 1:80*a* e.v., 392, 404 e.v.; 6:108 lid 1 onder *b*; Overg.w. 22)

Art. 395a

Verlengde onderhoudsplicht t.o.v. meerderjarige kinderen tot 21 jaar

– 1. Ouders zijn verplicht te voorzien in de kosten van levensonderhoud en studie van hun meerderjarige kinderen die de leeftijd van een en twintig jaren niet hebben bereikt.
– 2. Een stiefouder is gedurende zijn huwelijk of zijn geregistreerd partnerschap jegens de tot zijn gezin behorende meerderjarige kinderen van zijn echtgenoot of geregistreerde partner die de leeftijd van een en twintig jaren niet hebben bereikt, verplicht te voorzien in de bij het vorige lid bedoelde kosten. (BW 1:80*a* e.v., 233, 392 e.v., 395, 395*b*, 404 e.v.; 6:108 lid 1 onder *a*; Rv 475*c* e.v., 479*b*, 479*i*, 720, 724, 798 e.v.; ABW 63 sub *c*)

Art. 395b

Verlengde onderhoudsplicht in geval van door de rechter vastgesteld bedrag

– 1. Heeft de rechter het bedrag bepaald, dat een ouder of stiefouder dan wel, overeenkomstig artikel 394, de verwekker of de man die in artikel 394 daarmee gelijk is gesteld ter zake van de verzorging en opvoeding van zijn minderjarig kind of stiefkind moet betalen en is deze verplichting tot aan het meerderjarig worden van het kind van kracht geweest, dan geldt met ingang van dit tijdstip de rechterlijke beslissing als een tot bepaling van het bedrag ter zake van levensonderhoud en studie als in artikel 395*a* van dit boek bedoeld.
– 2. Hetzelfde geldt, indien met toepassing van Hoofdstuk XIII van de Wet op de jeugdzorg het bedrag is vastgesteld dat de ouder of stiefouder ter bestrijding van de kosten van de in artikel 69, eerste lid, van die wet bedoelde maatregelen aan het Landelijk Bureau Inning Onderhoudsbijdragen moet uitkeren. (BW 1:264, 395*a*, 404 e.v., 408)

Art. 396

Onderhoudsplicht tussen behuwdkinderen en schoonouders

– 1. De verplichting van behuwdkinderen en van schoonouders tot het verstrekken van onderhoud vervalt, wanneer het huwelijk van het behuwdkind is ontbonden. (BW 1:3 lid 3, 149 e.v.; 6:108 lid 1 onder *b*)
– 2. De verplichting bestaat niet jegens een behuwdkind, dat is gescheiden van tafel en bed en jegens een schoonouder, nadat deze is hertrouwd. (Ontw. 1.17.1.5; BW 464 lid 2 (oud); BW 1:160, 168 e.v., 392; Overg.w. 22, 23)

Art. 397

Vaststelling bedrag voor levensonderhoud

– 1. Bij de bepaling van het volgens de wet door bloed- en aanverwanten verschuldigde bedrag voor levensonderhoud wordt enerzijds rekening gehouden met de behoeften van de tot onderhoud gerechtigde en anderzijds met de draagkracht van de tot uitkering verplichte persoon.
– 2. Zijn meerdere bloed- of aanverwanten tot het verstrekken van levensonderhoud aan dezelfde persoon verplicht, dan is ieder van hen gehouden een deel van het bedrag te voldoen, dat de tot onderhoud gerechtigde behoeft. Bij de bepaling van dit deel wordt rekening gehouden met ieders draagkracht en de verhouding, waarin een ieder tot de gerechtigde staat. (Ontw. 1.17.1.7; BW 470 lid 1 (oud); BW 1:82, 245 lid 2, 336 lid 3, 404 e.v.; Overg.w. 22; ABW 63)

Art. 398

Voldoening onderhoudsplicht door inwoning

– 1. Wanneer hij die tot levensonderhoud verplicht is, buiten staat is het daartoe vereiste geld op te brengen, kan de rechtbank bevelen, dat hij de bloed- of aanverwant, aan wie hij levensonderhoud verschuldigd is, bij zich in huis zal nemen en aldaar van het nodige voorzien.
– 2. Ouders zijn steeds bevoegd de rechter te verzoeken hun toe te staan zich van hun onderhoudsplicht jegens hun behoeftig meerderjarig kind op de in het eerste lid omschreven wijze te kwijten. (Ontw. 1.17.1.8; BW 466 (oud); Overg.w. 22)

Art. 399

Matiging onderhoudsverplichting

De rechter kan de verplichting van bloed- en aanverwanten tot levensonderhoud matigen op grond van zodanige gedragingen van de tot onderhoud gerechtigde, dat verstrekking van levensonderhoud naar redelijkheid niet of niet ten volle kan worden gevergd; onverminderd hetgeen in de volgende afdeling is bepaald omtrent de voorziening in de kosten van de verzorging en opvoeding van minderjarige kinderen en stiefkinderen. (Ontw. 1.17.1.9; BW art. 1:404 e.v.; BW art. 6:2 lid 2; OBW art. 22)

Art. 400

Voorrangsregeling bij meerdere gerechtigden

– 1. Indien een persoon verplicht is levensonderhoud te verstrekken aan twee of meer personen en zijn draagkracht onvoldoende is om dit volledig aan allen te verschaffen, hebben zijn kinderen en stiefkinderen die de leeftijd van een en twintig jaren nog niet hebben bereikt voorrang boven alle andere onderhoudsgerechtigden en hebben zijn echtgenoot, zijn vroegere echtgenoot, zijn geregistreerde partner, zijn vroegere geregistreerde partner, zijn ouders en zijn kinderen en stiefkinderen die de leeftijd van een en twintig jaren hebben bereikt voorrang boven zijn behuwdkinderen en zijn schoonouders.
– 2. Overeenkomsten waarbij van het volgens de wet verschuldigde levensonderhoud wordt afgezien, zijn nietig. (Ontw. 1.17.1.9a; BW 470 lid 2 (oud); BW 1:158 e.v., 169 lid 2, 182, 404 e.v.; 3:40; Overg.w. 22)

Art. 401

Wijziging of intrekking

– 1. Een rechterlijke uitspraak of een overeenkomst betreffende levensonderhoud kan bij latere rechterlijke uitspraak worden gewijzigd of ingetrokken, wanneer zij nadien door wijziging van omstandigheden ophoudt aan de wettelijke maatstaven te voldoen. De voorafgaande zin is niet van toepassing op een verzoek tot wijziging van een termijn die de rechter heeft vastgesteld op grond van artikel 157 of die is opgenomen in een overeenkomst als bedoeld in artikel 158.
– 2. De termijn die de rechter heeft vastgesteld op grond van het derde of vijfde lid dan wel zesde lid, tweede zin van artikel 157 of die is opgenomen in een overeenkomst als bedoeld in artikel 158, kan op verzoek van een van de gewezen echtgenoten worden gewijzigd in geval van zo ingrijpende wijziging van omstandigheden dat ongewijzigde handhaving van de termijn naar maatstaven van redelijkheid en billijkheid niet van de verzoeker kan worden gevergd. Verlenging is niet mogelijk indien de rechter zulks ingevolge artikel 157, vijfde lid, heeft bepaald. Op een verzoek tot verlenging is het vijfde lid, tweede en derde zin, van artikel 157 van overeenkomstige toepassing.
– 3. Partijen kunnen schriftelijk overeenkomen dat het eerste lid, eerste zin, van toepassing is op een verzoek tot wijziging van een termijn die is opgenomen in een overeenkomst als bedoeld in artikel 158.
– 4. Een rechterlijke uitspraak betreffende levensonderhoud kan ook worden gewijzigd of ingetrokken, indien zij van de aanvang af niet aan de wettelijke maatstaven heeft beantwoord doordat bij die uitspraak van onjuiste of onvolledige gegevens is uitgegaan.
– 5. Een overeenkomst betreffende levensonderhoud kan ook worden gewijzigd of ingetrokken, indien zij is aangegaan met grove miskenning van de wettelijke maatstaven. (Ontw. 1.17.1.10; BW art. 471 (oud); BW art. 1:157 , 169 lid 2, 182e.v.; BW art. 6:105, 248, 258; OBW art. 22, 23; Rv art. 479*d*, 824 lid 2, Wet werk en bijstand art. 828*a* lid 1 onder 2 en 3;)

Art. 402

Aanvang; betaling in termijnen

– 1. De rechter, die het bedrag van een uitkering tot levensonderhoud bepaalt, wijzigt of intrekt, stelt tevens de dag vast, van welke dit bedrag verschuldigd is of ophoudt verschuldigd te zijn.

– 2. Bij de vaststelling van een bedrag bepaalt de rechter tevens of dit wekelijks, maandelijks of driemaandelijks moet worden voldaan.
– 3. Zouden op de dag, dat de uitspraak ten uitvoer kan worden gelegd, reeds meer dan één termijn verschenen zijn of meer dan één termijn terugbetaald moeten worden, dan kan de rechter ook daarvoor een betaling in termijnen toestaan. (Ontw. 1.17.1.11; BW art. 472 (oud); OBW art. 22)

Art. 402a

Indexering alimentatieuitkering

– 1. De bij rechterlijke uitspraak of bij overeenkomst vastgestelde bedragen voor levensonderhoud worden jaarlijks van rechtswege gewijzigd met een door Onze Minister van Justitie vast te stellen percentage, dat, behoudens het bepaalde in het derde en vierde lid, overeenkomt met het procentuele verschil tussen het indexcijfer der lonen per 30 september van enig jaar en het overeenkomstige indexcijfer in het voorafgaande jaar.
– 2. De wijziging gaat in op 1 januari volgende op de in het eerste lid genoemde datum. De beschikking waarin het percentage is vastgesteld, wordt bekend gemaakt in de *Staatscourant*.
– 3. Bij algemene maatregel van bestuur wordt bepaald wat onder indexcijfer der lonen wordt verstaan.
– 4. Het percentage van de wijziging van de bedragen voor levensonderhoud kan worden afgerond op tienden van een procent. Daarbij vindt, indien van het in het eerste lid bedoelde procentuele verschil het tweede of een volgend cijfer achter de komma vijf bedraagt, voor wat betreft die cijfers afronding naar beneden plaats.
– 5. De wijziging van rechtswege kan bij rechterlijke uitspraak of bij overeenkomst geheel of voor een bepaalde tijdsduur worden uitgesloten. Daarbij kan tevens worden bepaald dat en op welke wijze het bedrag voor levensonderhoud anders dan van rechtswege periodiek zal worden gewijzigd. (Rv 828*a* lid 1 sub 4°)
– 6. Bij de uitspraak, waarbij de tweede zin van het vorige lid toepassing heeft gevonden, en ook nadien, kan de rechter een regeling geven omtrent de wijze en de tijdstippen waarop de tot uitkering verplichte persoon aan de tot uitkering gerechtigde persoon gegevens dient te verschaffen ten behoeve van de vaststelling van de wijziging van het bedrag voor levensonderhoud. Deze beslissingen kunnen worden gegeven en nadien worden gewijzigd op verzoek van de tot uitkering verplichte of gerechtigde persoon. (Rv 828*a* lid 1 sub 4°)
– 7. De uitsluiting van de wijziging van rechtswege kan bij rechterlijke uitspraak worden ingetrokken. Voor zover het een uitsluiting betreft waarbij de tweede zin van het vijfde lid niet is toegepast, kan de intrekking alleen geschieden in de gevallen bedoeld in artikel 401 van dit boek. (Rv 828*a* lid 1 sub 4°)
– 8. De tenuitvoerlegging van een executoriale titel betreffende de betaling van levensonderhoud geschiedt met inachtneming van de op het tijdstip van de tenuitvoerlegging ingegane wijzigingen van rechtswege dan wel met inachtneming van de wijzigingen overeenkomstig de tweede zin van het vijfde lid van dit artikel. (BW 1:81, 157, 158, 169, 264, 273, 326 lid 3, 333 lid 1, 392, 397, 404, 405; Rv 822 lid 1 sub *c* en *e*, 828*a* e.v.)

Art. 403

Verval

Geen uitkering is verschuldigd over de tijd, die op het tijdstip van het indienen van het verzoek reeds meer dan vijf jaren is verstreken. (Ontw. 1.17.1.12; BW 344*b* lid 3 (oud); Overg.w. 22)

AFDELING 2
Voorziening in de kosten van verzorging en opvoeding van minderjarige kinderen en stiefkinderen

Art. 404

Onderhoudsplicht naar draagkracht

– 1. Ouders zijn verplicht naar draagkracht te voorzien in de kosten van verzorging en opvoeding van hun minderjarige kinderen. (BW 6:108 lid 1 onder *a*)
– 2. Gelijke verplichting bestaat voor een stiefouder in het geval van artikel 395 van dit boek. (Ontw. 1.17.2.1.; BW 344 leden 1 en 3, 467 (oud); BW 1:82, 241 leden 5 en 6, 245 lid 2, 336 lid 3, 392, 394 e.v., 400; 4:1143; 6:135; 7:633; Overg.w. 22; Rv 475*a* lid 3, 479*b* e.v., 598*a* e.v., 720, 724, 798 e.v., 825*b*, 827*k*; Sr 255 e.v.; ABW 63)

Art. 405

Vervallen.

Art. 406

Bepaling van het bedrag der uitkering (bij niet nakomen onderhoudsplicht door (stief)ouder)

– 1. Komt een ouder of stiefouder zijn verplichting tot voorziening in de kosten van verzorging en opvoeding niet of niet behoorlijk na, dan kan de andere ouder of voogd de rechtbank verzoeken het bedrag te bepalen dat deze ouder of stiefouder ten behoeve van het kind zal moeten uitkeren.
– 2. De rechtbank kan het in het vorige lid bedoelde bedrag reeds bepalen gelijktijdig met een door haar te geven beslissing omtrent het gezag. (Ontw. 1.17.2.3; BW 344 leden 2 en 3, 344*i*, 468, 469 (oud); BW 1:161, 170, 182, 241, 266, 269, 273, 285 e.v., 327, 330, 333; Overg.w. 22; Rv 27 lid 1, 475*c* e.v., 479*b* e.v., 598*a* e.v.; ABW 63)

Art. 406a

Wie verzoek tot onderhoudsbijdrage kunnen doen

Een op artikel 394 gegrond verzoek kan ten behoeve van een minderjarig kind door hem die het gezag over het kind heeft, worden gedaan. De ouder of voogd van het kind behoeft de in artikel 349, eerste en tweede lid, bedoelde machtiging niet.

Art. 406b

Vervallen.

Art. 406c

Dit artikel is niet gepubliceerd.

Art. 406d

Vervallen.

Art. 407

Wijziging van het bedrag

Gelijktijdig met een door de rechtbank te geven uitspraak betreffende het over de kinderen uit te oefenen gezag na ontbinding van het huwelijk na scheiding van tafel en bed kan de rechtbank op verzoek van een ouder het bedrag wijzigen van een, in verband met de voorafgegane gezagsvoorziening, bepaalde periodieke uitkering tot voorziening in de kosten van verzorging en opvoeding. (Ontw. 1.17.2.3a; BW 1:251, 395*b*, 401 e.v.; Overg.w. 22; Rv 827 lid 1 sub *c*)

Art. 408

Betaling onderhoudsgelden

– 1. Een uitkering tot voorziening in de kosten van verzorging en opvoeding of tot voorziening in de kosten van levensonderhoud en studie, waarvan het bedrag in een rechterlijke beslissing, daaronder begrepen de beslissing op grond van artikel 822, eerste lid, onder *c*, van het Wetboek van Burgerlijke Rechtsvordering, is vastgelegd, wordt ten behoeve van de minderjarige aan de ouder die het kind verzorgt en opvoedt of aan de voogd onderscheidenlijk aan de meerderjarige betaald.

Betaling aan de raad op verzoek belanghebbende

– 2. Op verzoek van een gerechtigde als bedoeld in het eerste lid, van een onderhoudsplichtige dan wel op gezamenlijk verzoek van een gerechtigde en onderhoudsplichtige neemt het Landelijk Bureau Inning Onderhoudsbijdragen de invordering van de onderhoudsgelden op zich. De executoriale titel wordt daartoe door de onderhoudsgerechtigde in handen gesteld van dit Bureau. De overhandiging daarvan machtigt het Bureau tot het doen van de invordering, zo nodig door middel van executie.

– 3. Kosten van invordering door het Landelijk Bureau Inning Onderhoudsbijdragen worden verhaald op de onderhoudsplichtige, onverminderd de kosten van gerechtelijke vervolging en executie. Het verhaal van kosten vindt plaats door wijziging van het bedrag, bedoeld in het eerste lid, volgens bij algemene maatregel van bestuur te stellen regels.

– 4. Tot invordering op verzoek van een onderhoudsgerechtigde wordt slechts overgegaan, indien de gerechtigde ter gelegenheid van de indiening van het verzoek aannemelijk heeft gemaakt dat binnen ten hoogste zes maanden voorafgaande aan de indiening van het verzoek de onderhoudsplichtige ten aanzien van ten minste één periodieke betaling tekort is geschoten in zijn verplichtingen. In deze gevallen geschiedt de invordering van bedragen die verschuldigd zijn vanaf een tijdstip van ten hoogste zes maanden voorafgaande aan de indiening van het verzoek.

– 5. Alvorens tot invordering met verhaal van kosten over te gaan wordt de onderhoudsplichtige bij brief met bericht van ontvangst in kennis gesteld van het voornemen daartoe en de reden daarvoor, alsmede van het bedrag inclusief de kosten van invordering. Het Landelijk Bureau Inning Onderhoudsbijdragen wordt bevoegd tot invordering over te gaan op de veertiende dag na de verzending van de brief.

– 6. De invordering die op verzoek van de onderhoudsgerechtigde geschiedt, eindigt slechts, indien gedurende ten minste een half jaar regelmatig is betaald aan het Landelijk Bureau Inning Onderhoudsbijdragen en er geen bedragen meer verschuldigd zijn als bedoeld in het vierde lid, tweede volzin. De termijn van een half jaar wordt telkens verdubbeld, indien een voorgaande termijn van invordering ook op verzoek van de onderhoudsgerechtigde was aangevangen.

– 7. Een invordering die geldt op het tijdstip van het meerderjarig worden van het kind, wordt ten behoeve van de meerderjarige voortgezet, tenzij deze op zijn verzoek wordt beëindigd.

– 8. De tenuitvoerlegging van een executoriale titel betreffende de betaling van de kosten van verzorging en opvoeding of levensonderhoud en studie geschiedt met inachtneming van de wijziging, bedoeld in het derde lid.

– 9. Invorderingen die tien jaren nadat de minderjarige de leeftijd van een en twintig jaren heeft bereikt, nog niet door het Landelijk Bureau Inning Onderhoudsbijdragen zijn verwezenlijkt, mogen worden beëindigd. De onderhoudsgerechtigde wordt hiervan schriftelijk op de hoogte gesteld.

– 10. Een betaling door de onderhoudsplichtige strekt in de eerste plaats in mindering van de kosten, bedoeld in het derde lid, vervolgens in mindering van eventueel verschenen rente en

ten slotte in mindering van de verschuldigde onderhoudsgelden en de eventueel lopende rente.
– 11. Het Landelijk Bureau Inning Onderhoudsbijdragen draagt zorg, dat de gelden die ten behoeve van het onderhoud van minderjarigen worden uitgekeerd, aan de daarop rechthebbenden worden uitbetaald. Indien uitbetaling plaatsvindt aan een gemeente als rechthebbende, wordt op de aan het Bureau uitgekeerde gelden een door Onze Minister van Justitie te bepalen deel in mindering gebracht ter bestrijding van de kosten welke met de invordering van de gelden zijn gemoeid.
– 12. Artikel 243, tweede tot en met vierde lid, is van overeenkomstige toepassing. (BW 1:240 lid 2, 395*b*; Rv 434, 479*b* e.v., 598*a* e.v.)

TITEL 18

Afwezigheid, vermissing en vaststelling van overlijden in bepaalde gevallen

AFDELING 1

Onderbewindstelling in geval van afwezigheid

Art. 409

Benoeming bewindvoerder; omschrijving

– 1. Indien iemand die zijn woonplaats heeft verlaten niet voldoende orde op het bestuur van zijn goederen heeft gesteld, en er noodzakelijkheid bestaat om daarin geheel of gedeeltelijk te voorzien of de afwezige te doen vertegenwoordigen, benoemt de kantonrechter, op verzoek van belanghebbenden of het openbaar ministerie, een bewindvoerder, ten einde het bewind over het geheel of een gedeelte van de goederen van de afwezige te voeren en diens overige belangen waar te nemen.
– 2. Voor de toepassing van deze afdeling wordt met iemand die zijn woonplaats heeft verlaten, gelijk gesteld hij wiens bestaan onzeker is geworden of die onbereikbaar is, ook al staat niet vast dat hij zijn woonplaats heeft verlaten. (Ontw. 1.18.1.1; BW 519 lid 1 (oud); BW 1:10 e.v., 91; Overg.w. 25; Rv 324 lid 1 sub *a* onder 6°; Cons.wet 44)

Art. 410

Schakelbepaling

– 1. Voor zover de kantonrechter niet anders bepaalt, vinden op het bewind van de bewindvoerder de artikelen 338, 339, 340, 342-357, 358 lid 1 en 359-363 van dit boek overeenkomstige toepassing, met dien verstande dat de bewindvoerder verplicht is jaarlijks bij de griffie van de rechtbank, een rekening in te dienen van zijn bewind.

Beloning

– 2. De bewindvoerder komt als beloning toe vijf ten honderd van de netto-opbrengst der door hem beheerde goederen, tenzij de kantonrechter daarvoor om bijzondere redenen een ander bedrag vaststelt.

Rekening en verantwoording

– 3. Goedkeuring van een ingediende rekening door de kantonrechter brengt geen nadeel toe aan de bevoegdheid van de rechthebbenden om na het einde van het bewind over dezelfde tijdruimte rekening en verantwoording te vragen, voor zover dit niet onredelijk is.

Bijzondere machtiging

– 4. De bewindvoerder kan ook voor andere dan vermogensbelangen van de afwezige opkomen, behoudens voor zover de kantonrechter zulks heeft uitgesloten.

Ontslag

– 5. De kantonrechter kan te allen tijde de bewindvoerder ontslaan en door een ander vervangen. (Ontw. 1.18.1.2.; BW 520, 521 (oud); Overg.w. 25; Rv 52, 53, 324 lid 1 sub *a* onder 6°, 771 e.v.)

Art. 411

Einde bewind

Het bewind eindigt:
a. door een gezamenlijk besluit van de rechthebbende en de bewindvoerder;
b. door opzegging door de rechthebbende aan de bewindvoerder met inachtneming van een termijn van een maand;
c. wanneer de dood van de rechthebbende komt vast te staan. (Ontw. 1.18.1.3; Overg.w. 25)

AFDELING 2

Personen wier bestaan onzeker is

Art. 412

Machtiging tot uitoefening recht van erfgenaam of legataris

– 1. Wanneer aan een persoon wiens bestaan onzeker is een erfdeel of een legaat opkomt, waartoe, indien hij niet in leven mocht zijn, anderen zouden gerechtigd zijn, verleent de rechtbank aan die anderen op hun verzoek machtiging tot de uitoefening van het recht van erfgenaam of legataris.
– 2. De rechtbank kan zo nodig, openbare oproepingen bevelen en behoedmiddelen ten behoeve van de belanghebbenden voorschrijven.
– 3. Indien na het verlenen van de machtiging mocht blijken, dat de vermiste op de dag van het openvallen der nalatenschap heeft bestaan, kan de teruggave van de in bezit gekomen goederen en van de vruchten worden gevorderd, op de voet en onder de beperkingen als hierna bij de verklaring van vermoedelijk overlijden is aangegeven.

– 4. Het eerste tot en met derde lid is van overeenkomstige toepassing op een uitkering uit levensverzekering, waartoe de persoon wiens bestaan onzeker is de eerstgeroepen begunstigde is. (Ontw. 1.18.2.1; BW 546,548 (oud); BW 1:418, 422, 423; 4:883, 894)

Art. 413

Rechtsvermoeden van overlijden; termijnen

– 1. Is het bestaan van een persoon onzeker en is de in het volgende lid aangegeven tijdruimte verlopen, dan kunnen belanghebbenden de rechtbank verzoeken dat zij hun zal gelasten de vermiste op te roepen ten einde van zijn in leven zijn te doen blijken, en dat zij, zo hiervan niet blijkt, zal verklaren dat er rechtsvermoeden van overlijden van de vermiste bestaat.

– 2. a. De in het vorige lid bedoelde tijdruimte beloopt vijf jaren, te rekenen van het vertrek van de vermiste of de laatste tijding van zijn leven.

b. De termijn wordt verkort tot een jaar, indien de betrokkene gedurende die periode wordt vermist en de omstandigheden zijn dood waarschijnlijk maken.

– 3. Het gelasten van de oproeping van de vermiste en de verklaring van rechtsvermoeden van overlijden, bedoeld in het eerste lid, kunnen ook worden verzocht door het openbaar ministerie. (Ontw. 1.18.2.2;BW 523 (oud); BW 1:426 ; 8:1, 5; Overg.w. 26; Rv 429*a* e.v., 798 e.v.)

Art. 414

Oproeping van vermiste, rechtsvermoeden van overlijden

– 1. De rechtbank stelt dag en uur vast, waartegen de vermiste moet worden opgeroepen. De oproep loopt op een termijn van een maand of zoveel langer als de rechtbank mocht bevelen. De oproeping geschiedt overeenkomstig de derde afdeling van de derde titel van het eerste boek van het Wetboek van Burgerlijke Rechtsvordering. (Besl. oproepingen en mededelingen verzoekschriftproc. 18)

– 2. Indien de vermiste niet verschijnt, noch iemand voor hem opkomt die behoorlijk van het in leven zijn van de vermiste doet blijken, verklaart de rechtbank dat er rechtsvermoeden van overlijden bestaat, onverminderd haar bevoegdheid de beschikking, bedoeld in het eerste lid, eerst nog eenmaal te herhalen alsmede het horen van getuigen en de overlegging van bewijsstukken te gelasten, ten bewijze dat is voldaan aan de vereisten die artikel 413 stelt.

– 3. De beschikking, houdende verklaring dat er rechtsvermoeden van overlijden bestaat, noemt de dag waarop de vermiste wordt vermoed te zijn overleden; als zodanig geldt de dag volgende op die van de laatste tijding van zijn leven, tenzij voldoende vermoedens bestaan, dat hij daarna nog enige tijd in leven was.

– 4. De rechtbank kan tevens bepalen, dat de kosten die een verzoeker als bedoeld in artikel 413 lid 1 heeft gemaakt, ten laste van het vermogen van de vermiste worden gebracht. (Ontw. 1.18.2.3; BW 524, 525 lid 1 (oud); BW 1:418 e.v., 421 ; Overg.w. 26; 44, 271 e.v.)

Art. 415

Vervallen.

Art. 416

Hoger beroep

Geen hogere voorziening is toegelaten tegen beschikkingen, houdende bevel tot oproeping van de vermiste. (Ontw. 1.18.2.3*b*; Overg.w. 26; Rv 426, 806)

Art. 417

Akte van overlijden

– 1. Zodra de beschikking, houdende verklaring dat er rechtsvermoeden van overlijden bestaat, in kracht van gewijsde is gegaan, zendt de griffier van het college waarvoor de zaak laatstelijk aanhangig was, een afschrift van de beschikking aan de ambtenaar van de burgerlijke stand van de verlaten woonplaats of, bij gebreke van verlaten woonplaats in Nederland, van de gemeente 's-Gravenhage. Deze ambtenaar maakt van de beschikking een akte van inschrijving op, welke in overeenstemming is met de beschikking en dit uitdrukkelijk vermeldt.

– 2. Deze akte van overlijden bewijst ten aanzien van een ieder dwingend, dat de vermiste op de in de akte vermelde dag is overleden. (Ontw. 1.18.2.4; BW 1:19*f*, 22 lid 2, 418 e.v., 422 e.v., 425 , 429; Rv 151; Overg.w. 26)

Art. 418

Zekerheidstelling erfgenamen en legatarissen

– 1. Erfgenamen en legatarissen van hem, die vermoedelijk overleden is verklaard, zijn verplicht alvorens zij de goederen der nalatenschap in bezit nemen, ten genoegen van de kantonrechter zekerheid te stellen voor hetgeen zij aan de vermoedelijk overleden verklaarde, mocht deze terugkeren, of aan erfgenamen of legatarissen die een beter recht mochten hebben, moeten afdragen. (BW 6:51)

Boedelbeschrijving

– 2. De erfgenamen zijn verplicht na de inbezitneming een behoorlijke boedelbeschrijving op te maken.

Registergoederen

– 3. Registergoederen mogen niet vervreemd of bezwaard worden, tenzij om gewichtige redenen en met verlof van de kantonrechter. Kunnen zij bij een boedelscheiding niet zonder verkoop worden verdeeld, dan worden zij onder bewind van een derde gesteld, die de inkomsten van die goederen overeenkomstig hetgeen dienaangaande bij de verdeling is vastgesteld zal uitkeren.

Akte van verdeling

– 4. De verdeling geschiedt bij authentieke akte, waaruit tevens moet blijken wat aan legatarissen of andere gerechtigden is uitgekeerd. (BW 3:183 lid 1)

– 5. De goederen der nalatenschap mogen niet worden verkwist en daaruit mogen niet bovenmatige giften worden gedaan.

Inlichtingen

– 6. Erfgenamen en legatarissen zijn verplicht desgevraagd aan de kantonrechter de nodige inlichtingen te geven.

– 7. De in dit artikel genoemde verplichtingen vervallen op het door de kantonrechter bepaalde tijdstip, en uiterlijk na verloop van vijf jaren na de dag waarop de akte van overlijden overeenkomstig artikel 417 is opgemaakt. De rechtbank die de beschikking, houdende verklaring dat er rechtsvermoeden van overlijden bestaat, geeft kan, gelet op de omstandigheden van het geval, daarbij tevens bepalen dat een of meer der in dit artikel genoemde verplichtingen niet zullen bestaan. (Ontw. 1.18.2.5; BW 528 lid 1, 531, 533, 534 leden 2 en 3, 537 (oud); BW 1:420, 421, 422 e.v.; 3:166 e.v., 206; 4:879 e.v., 921 e.v., 1002, 1004 e.v., 1066 e.v.; Overg.w. 26; Rv 616)

Art. 419

Neerlegging akten ter griffie

De akte waarbij zekerheid is gesteld, de boedelbeschrijving en de akte van verdeling moeten in origineel of in authentiek afschrift worden neergelegd ter griffie van de rechtbank. (Ontw. 1.18.2.6; BW 535 (oud); BW 1:420, 421; 3:178 e.v., 194, 205, 206; Overg.w. 26; Rv 616)

Art. 420

Benoeming bewindvoerder bij niet-nakoming der verplichtingen

– 1. Wanneer het aan de kantonrechter blijkt, dat een erfgenaam of legataris de hem in de twee voorgaande artikelen opgelegde verplichtingen niet is nagekomen, kan hij voor de goederen die aan die erfgenaam of legataris uit de nalatenschap toekomen, een bewindvoerder benoemen, wiens bewind eindigt, wanneer de kantonrechter beslist dat de betrokkene alsnog zijn wettelijke verplichtingen heeft nageleefd.

– 2. Voor zover de kantonrechter niet anders bepaalt, vinden op het bewind van de bewindvoerder de artikelen 338, 339, 340, 342-357, 358 lid 1 en 359-363 van dit boek overeenkomstige toepassing, met dien verstande dat de bewindvoerder verplicht is jaarlijks ter griffie van de rechtbank een rekening in te dienen van zijn bewind.

– 3. De bewindvoerder komt als beloning toe vijf ten honderd van de netto-opbrengst der door hem beheerde goederen, tenzij de kantonrechter daarvoor om bijzondere redenen een ander bedrag vaststelt.

– 4. De kantonrechter kan te allen tijde de bewindvoerder ontslaan en door een ander vervangen. (Ontw. 1.18.2.7; BW 529 (oud); BW 1:421; Overg.w. 26; Rv 233, 234)

Art. 421

Toepasselijkheid bepalingen m.b.t. erfgenamen

Hetgeen in de vorige drie artikelen is bepaald omtrent erfgenamen, die goederen uit de nalatenschap ontvangen, is van overeenkomstige toepassing op de echtgenoot of geregistreerde partner, die goederen ontvangt ten gevolge van de ontbinding van enige gemeenschap van goederen of de afrekening uit hoofde van een verrekenbeding. Voor het uit dezen hoofde ontvangene behoeft echter geen zekerheid te worden gesteld. (Ontw. 1.18.2.8; BW 539 (oud); BW 1:99, 134, 149; Overg.w. 26)

Art. 422

Terugkeer vermiste of onjuiste overlijdensdatum

– 1. Wanneer de vermiste terugkeert, of wanneer blijkt dat de dag van overlijden in de akte van overlijden onjuist is vermeld, is ieder die enige goederen van de vermiste ingevolge de vorige artikelen in zijn bezit of onder zijn bewind heeft, aan de teruggekeerde of aan hen die alsdan blijken tot de goederen gerechtigd te zijn, rekening, verantwoording en afgifte schuldig.

– 2. Rechten door derden te goeder trouw verkregen worden geëerbiedigd. In geval echter goederen om niet zijn vervreemd, kan de rechter aan de rechthebbenden, en ten laste van hem die daardoor voordeel heeft genoten, een naar billijkheid te bepalen vergoeding toekennen.

– 3. Is het leven van de vermiste ten behoeve van derden verzekerd geweest, dan behouden dezen hun recht op hetgeen aan hen op het tijdstip van de terugkeer van de verzekerde is uitbetaald of als reeds opeisbaar was verschuldigd; in dat geval kunnen aan de verzekering geen andere rechten op de uitkering worden ontleend. (Ontw. 1.18.2.9; BW 532, 541 (oud); BW 1:418 e.v.; 3:11, 24; 4:879 e.v., 921 e.v.; Overg.w. 26; K 302 e.v.; Rv 771 e.v.)

Art. 423

Onjuiste overlijdensakte

– 1. Indien binnen vijf jaar na de dag waarop de akte van overlijden overeenkomstig artikel 417 van dit boek is opgemaakt, wordt bewezen dat deze akte onjuist is, zijn zij die te goeder trouw de vruchten van de nalatenschap hebben genoten, slechts verplicht daarvan de helft terug te geven; wordt de onjuistheid later bewezen, dan behoeven zij geen vruchten terug te geven.

– 2. Indien eerst meer dan tien jaar na de dag waarop de akte is opgemaakt, wordt bewezen dat de akte onjuist is, zijn zij die de goederen te goeder trouw in bezit hebben genomen, slechts verplicht de alsdan nog aanwezige goederen in de staat waarin zij zich bevinden, af te geven, benevens de prijs van de vervreemde goederen of de goederen die daarvoor in de plaats zijn getreden; alles zonder enige vruchten of vergoeding voor niet meer aanwezige goederen en zonder verplichting van rekening en verantwoording.

– 3. Iedere verbintenis tot teruggave vervalt, wanneer twintig jaar na de dag waarop de akte is opgemaakt, zijn verlopen. (Ontw. 1.18.2.10; BW 538, 541, 542, 543 (oud); BW 1:418 e.v.; 3:11, 24, 120 e.v., 630; Overg.w. 26)

Art. 424

Vervallen.

Art. 425

Staat van kinderen vóór het nieuwe huwelijk geboren

– 1. Indien de achtergebleven echtgenote van een vermiste een nieuw huwelijk is aangegaan, doch de vermiste nog in leven was na de dag die als datum van overlijden was vermeld in de overeenkomstig artikel 417 van dit boek opgemaakte akte, zoals deze bij de voltrekking van het nieuwe huwelijk luidde, wordt niettemin voor de bepaling van de staat van haar kinderen die voor het nieuwe huwelijk zijn geboren, het huwelijk met de vermiste geacht te zijn ontbonden op de in die akte vermelde dag.

– 2. De vermoedelijk overleden verklaarde voor wie bij diens terugkeer het gezag over zijn minderjarige kind niet is herleefd, kan de rechtbank verzoeken hem daarmede te belasten. Wanneer deze tezamen met de andere ouder verzoekt in het belang van hun kind hen gezamenlijk met het gezag te belasten, dan wel niet in het gezag is voorzien of een voogd het gezag uitoefent, wordt het verzoek slechts afgewezen indien gegronde vrees bestaat dat bij inwilliging de belangen van het kind zouden worden verwaarloosd. In de overige gevallen wordt het verzoek slechts ingewilligd indien de rechtbank dit in het belang van het kind wenselijk oordeelt. (Ontw. 1.18.2.11a; BW 1:197, 214 e.v.; Overg.w. 26)

AFDELING 3

Vaststelling van overlijden in bepaalde gevallen

Art. 426

Verklaring van overlijden

– 1. Indien het lichaam van een vermist persoon niet is kunnen worden teruggevonden doch, alle omstandigheden in aanmerking genomen, zijn overlijden als zeker kan worden beschouwd, kan op verzoek van het openbaar ministerie of van iedere belanghebbende de rechtbank verklaren dat de vermiste is overleden:

A. indien de vermissing heeft plaatsgevonden in Nederland;

B. indien de vermissing heeft plaatsgevonden tijdens een reis met een in Nederland thuisbehorend schip of luchtvaartuig;

C. indien de vermiste Nederlander was;

D. indien de vermiste zijn woon- of verblijfplaats had in Nederland.

– 2. Indien een persoon buiten Nederland is overleden en geen overlijdensakte is opgemaakt of kan worden overgelegd, kan op verzoek van het openbaar ministerie of van iedere belanghebbende de rechtbank verklaren dat die persoon is overleden:

A. indien het overlijden heeft plaatsgevonden tijdens een reis met een in Nederland thuisbehorend schip of luchtvaartuig;

B. indien de overledene Nederlander was;

C. indien de overledene zijn woon- of verblijfplaats had in Nederland.

– 3. Voor zover mogelijk bevatten de vordering of het verzoek bedoeld in het eerste en tweede lid, of daarmee vergezeld gaande bescheiden de in artikel 427 van dit boek genoemde gegevens. (BW 1:19, 26, 413 e.v.; 8:1; K 311; Wtbl 1, 2; Rv 429*a* e.v., 798 e.v.)

Art. 427

Gegevens betreffende de overledene en het overlijden

– 1. De beschikking, houdende verklaring dat de in artikel 426 bedoelde persoon is overleden, noemt de dag en zo mogelijk het uur van het overlijden. Indien de dag van overlijden niet bekend is, wordt deze door de rechtbank vastgesteld en in de beschikking vermeld. De rechtbank houdt hierbij rekening met alle bewijzen en aanwijzingen omtrent de omstandigheden waaronder, of het tijdstip waarop het overlijden moet hebben plaatsgehad.

– 2. Voorts vermeldt de beschikking de geslachtsnaam, de voornamen, de kunne en, zo mogelijk, de plaats van het overlijden, de woonplaats van de overledene, de plaats en de dag van geboorte van de overledene en de geslachtsnaam en de voornamen van de persoon of van de personen, met wie de overledene gehuwd is geweest of met wie de overledene een geregistreerd partnerschap was aangegaan. (BW 1:19*f*)

Art. 428

Vervallen.

Art. 429

Akte van inschrijving in overlijdensregister

De griffier van het college waarvoor de zaak laatstelijk aanhangig was, zendt een afschrift van de beschikking, zodra deze in kracht van gewijsde is gegaan, aan de ambtenaar van de burgerlijke stand van de gemeente 's-Gravenhage. Deze maakt van de beschikking een akte van inschrijving op, die hij in het register van overlijden opneemt. (Sr 466, 468)

Art. 430

Gevolg akte van inschrijving

– 1. De akten, opgemaakt volgens artikel 429, gelden als akten van overlijden in de zin van artikel 19*f*, eerste lid.

– 2. De artikelen 422, 423 en 425 zijn van overeenkomstige toepassing, indien een persoon die met toepassing van artikel 426 overleden is verklaard terugkeert alsmede indien bewezen wordt dat de dag van overlijden in de in artikel 429 bedoelde akte onjuist is vermeld. (BW 1:26, 27)

TITEL 19

Onderbewindstelling ter bescherming van meerderjarigen

Art. 431

Onderbewindstelling door kantonrechter

– 1. Indien een meerderjarige als gevolg van zijn lichamelijke of geestelijke toestand tijdelijk of duurzaam niet in staat is ten volle zijn vermogensrechtelijke belangen zelf behoorlijk waar te nemen, kan de kantonrechter een bewind instellen over één of meer van de goederen, die hem als rechthebbende toebehoren of zullen toebehoren. Onder aan de meerderjarige toebehorende goederen zijn in deze titel begrepen goederen die behoren tot zijn huwelijksgemeenschap of gemeenschap van geregistreerd partnerschap en die niet uitsluitend onder het bestuur van zijn echtgenoot dan wel geregistreerd partner staan. (BW 1:90, 91, 93 e.v., 97)

– 2. Indien te verwachten is dat een minderjarige op het tijdstip waarop hij meerderjarig zal worden, in de in het vorige lid bedoelde toestand zal verkeren, kan het bewind reeds voor de meerderjarigheid worden ingesteld. (BW 1:337 e.v., 370, 378 e.v., 434 lid 2; 4:1025, 1066)

– 3. De rechter bij wie een verzoek tot het verlenen van een voorlopige of voorwaardelijke machtiging, een observatiemachtiging of een machtiging tot voortgezet verblijf als bedoeld in de Wet bijzondere opnemingen in psychiatrische ziekenhuizen, dan wel een machtiging als bedoeld in artikel 33, eerste lid, van die wet aanhangig is, is tevens bevoegd tot de kennisneming van een verzoek tot instelling van het bewind.

Art. 432

Instelling bewind op verzoek of ambtshalve

– 1. Instelling van het bewind kan worden verzocht door de rechthebbende, zijn echtgenoot, zijn geregistreerde partner dan wel andere levensgezel, zijn bloedverwanten in de rechte lijn en die in de zijlijn tot de vierde graad ingesloten, zijn voogd, zijn curator of zijn mentor als bedoeld in titel 20 van dit boek of het openbaar ministerie.

– 2. De rechter voor wie een verzoek tot ondercuratelestelling aanhangig is, kan bij afwijzing daarvan ambtshalve overgaan tot instelling van het bewind.

– 3. Een verzoek tot instelling van een bewind ten behoeve van een rechthebbende die onder curatele is gesteld, wordt aanhangig gemaakt bij de rechter die bevoegd is over opheffing van de curatele te beslissen. Deze rechter kan, bij opheffing van een curatele, ook ambtshalve overgaan tot instelling van het bewind.

– 4. In geval van een bestuursopdracht, of een verzoek daartoe, als bedoeld in artikel 91 van dit boek, zijn het tweede en het derde lid van overeenkomstige toepassing. (BW 1:379, 434, 451; 3:46 lid 2; Rv 429*a* e.v., 798 e.v.)

Art. 433

Zaaksvervanging; uitbreiding en inkrimping bewind

– 1. Tenzij bij de onderbewindstelling anders is bepaald, omvat het bewind ook de goederen die geacht moeten worden in de plaats van een aan het bewind onderworpen goed te treden, benevens de vruchten en andere voordelen die een onder bewind staand goed oplevert. (BW 1:124; 3:167, 168, 204, 221; Rv 710)

– 2. De kantonrechter kan, hetzij op verzoek van een persoon als bedoeld in artikel 432, eerste lid, van een bewindvoerder of van het openbaar ministerie, hetzij ambtshalve, het ingestelde bewind tot een of meer andere goederen van de rechthebbende uitbreiden of een of meer goederen uit het bewind ontslaan; hij kan tevens handelingen als bedoeld in artikel 441 lid 2 onder *f* aanwijzen en de aanwijzing van zulke handelingen intrekken. (BW 1:434 lid 1)

Art. 434

Omvang bewind; inwerkingtreding

– 1. In beschikkingen als bedoeld in de artikelen 432 en 433, tweede lid, van dit boek bepaalt de rechter ambtshalve welke goederen onder bewind worden gesteld, onderscheidenlijk uit het bewind worden ontslagen.

– 2. Onderbewindstelling van een goed en het ontslag van een goed uit het bewind treden in werking daags nadat de beschikking is verstrekt of verzonden, tenzij de beschikking een later tijdstip van ingang vermeldt. In het geval, bedoeld in artikel 431, tweede lid, treedt de onderbewindstelling in werking op het tijdstip waarop de rechthebbende meerderjarig wordt. (BW 1:280, 381, 451 lid 5)

Art. 435

Benoeming bewindvoerder of tijdelijk bewindvoerder

– 1. De rechter die het bewind instelt, benoemt daarbij of zo spoedig mogelijk daarna een bewindvoerder. Hij vergewist zich van de bereidheid van de door hem te benoemen persoon. (BW 1:383)

– 2. Zo nodig kan een tijdelijke bewindvoerder worden benoemd.

– 3. De rechter volgt bij de benoeming van de bewindvoerder de uitdrukkelijke voorkeur van de rechthebbende, tenzij gegronde redenen zich tegen zodanige benoeming verzetten. (BW 1:383 lid 2)

– 4. Tenzij het vorige lid is toegepast, wordt, indien de rechthebbende is gehuwd, een geregistreerd partnerschap is aangegaan of anderszins een levensgezel heeft, bij voorkeur de echtgenoot, de geregistreerde partner dan wel andere levensgezel tot bewindvoerder benoemd. Is de vorige zin niet van toepassing dan wordt bij voorkeur een van zijn ouders, kinderen, broers of zusters tot bewindvoerder benoemd. Huwt de rechthebbende, gaat hij een geregistreerd partnerschap aan of verkrijgt hij een andere levensgezel, dan kan ieder van hen verzoeken dat de echtgenoot, de geregistreerde partner dan wel de andere levensgezel van de rechthebbende in de plaats van de tegenwoordige bewindvoerder wordt benoemd. (BW 1:383 lid 3)

– 5. Handelingsonbekwamen, zij van wie één of meer goederen onder een bewind als bedoeld in deze titel zijn gesteld, zij die in staat van faillissement verkeren en zij ten aanzien van wie de schuldsaneringsregeling natuurlijke personen van toepassing is, kunnen niet bewindvoerder worden. (BW 1:343; 3:32)

– 6. Rechtspersonen met volledige rechtsbevoegdheid kunnen tot bewindvoerder worden benoemd. (BW 1:302; 2:30)

– 7. De benoemde wordt bewindvoerder daags nadat de beschikking is verstrekt of verzonden, tenzij de beschikking een later tijdstip vermeldt. (BW 1:452; BW 3.6.1.3; Rv 710)

Art. 436

Verplichtingen bewindvoerder

– 1. De bewindvoerder is verplicht zo spoedig mogelijk een beschrijving van de aan het bewind onderworpen goederen op te maken en een afschrift daarvan in te leveren ter griffie van de ingevolge artikel 266, van het Wetboek van Burgerlijke Rechtsvordering bevoegde rechtbank. (BW 1:338; 3:168, 194, 204, 221; Rv 710)

– 2. De artikelen 339, 363 en 364 van dit boek zijn van overeenkomstige toepassing.

– 3. Indien tot het bewind registergoederen behoren, is de bewindvoerder verplicht zo spoedig mogelijk de desbetreffende rechterlijke beschikkingen en zijn benoeming in de openbare registers, bedoeld in afdeling 2 van titel 1 van Boek 3, te doen inschrijven. Is een onderneming of een aandeel in een vennootschap onder firma onder bewind gesteld, dan is de bewindvoerder verplicht de desbetreffende rechterlijke beschikkingen en zijn benoeming in het handelsregister te doen inschrijven. (BW 1:92; 8:160 e.v., 770; K 16 e.v.; Hrgb 25)

– 4. Tenzij de kantonrechter anders bepaalt, is de bewindvoerder verplicht zo spoedig mogelijk een rekening te openen bij een financiële onderneming die ingevolge de Wet op het financieel toezicht in Nederland het bedrijf van bank mag uitoefenen; de bewindvoerder is voorts verplicht om uitsluitend voor de betalingen die hij bij de vervulling van zijn taak verricht of ontvangt zoveel mogelijk van deze rekening gebruik te maken.

– 5. De kantonrechter kan te allen tijde de bewindvoerder ten verhore doen oproepen. Deze is verplicht alle door de kantonrechter gewenste inlichtingen te verstrekken. (BW 1:354; BW 3.6.1.4)

Art. 437

Twee of meer bewindvoerders

– 1. De rechter kan twee of meer bewindvoerders benoemen, indien hij dit in het belang van een goed bewind nodig acht.

– 2. Zijn er twee of meer bewindvoerders, dan kan, tenzij de rechter anders bepaalt, ieder van hen alle werkzaamheden die tot het bewind behoren, alleen verrichten. (BW 3:65; Hrgw 25)

– 3. Bij verschil van mening tussen de bewindvoerders beslist op verzoek van een van hen de kantonrechter. Deze kan ook een verdeling van het loon vaststellen. (BW 1:313, 447; 3:168, 204, 221; Rv 710; BW 3.6.1.10)

Art. 438

Beheer en beschikking over de goederen

– 1. Tijdens het bewind komt het beheer over de onder bewind staande goederen niet toe aan de rechthebbende maar aan de bewindvoerder. (BW 3:168, 204, 221; Rv 710)

– 2. Tijdens het bewind kan de rechthebbende slechts met medewerking van de bewindvoerder of, indien deze weigerachtig is, met machtiging van de kantonrechter over de onder het bewind staande goederen beschikken. (BW 1:343, 381, 441; BW 3.6.1.4a)

Art. 439

Ongeldige rechtshandelingen; derdenbescherming

– 1. Indien een rechtshandeling ongeldig is, omdat zij ondanks het bewind werd verricht door of gericht tot de rechthebbende, kan deze ongeldigheid aan de wederpartij slechts worden tegengeworpen, zo deze het bewind kende of had behoren te kennen.

– 2. Indien een goed is vervreemd of bezwaard door iemand die daartoe ingevolge het bewind niet bevoegd was, kan deze onbevoegdheid aan een verkrijger van het goed of een beperkt recht daarop slechts worden tegengeworpen, zo deze het bewind kende of had behoren te kennen. (BW 1:347, 438, 440; 3:11, 24 e.v., 86, 88, 168, 204, 221; 6:33, 34; Rv 710; BW 3.6.1.4c)

Art. 440

Verhaalsrecht schuldeisers

– 1. Gedurende het bewind kunnen schulden die voortspruiten uit een handeling, tijdens het bewind met of jegens de rechthebbende, anders dan in overeenstemming met artikel 438, lid 2, verricht door een schuldeiser die het bewind kende of had behoren te kennen, niet op de onder het bewind staande goederen worden verhaald.

– 2. Indien de onderbewindstelling alle goederen betreft die daarvoor krachtens artikel 431, eerste lid, in aanmerking komen, is het vorige lid van overeenkomstige toepassing ten aanzien van niet onder het bewind staande goederen waarop verhaal mogelijk zou zijn. (BW 1:85, 438, 439; 3:11)

Art. 441

Taak bewindvoerder

– 1. Tijdens het bewind vertegenwoordigt de bewindvoerder bij de vervulling van zijn taak de rechthebbende in en buiten rechte. De bewindvoerder draagt zorg voor een doelmatige belegging van het vermogen van de rechthebbende, voor zover dit onder het bewind staat en niet besteed behoort te worden voor een voldoende verzorging van de rechthebbende. (BW 1:12 lid 2)

Toestemming rechthebbende of machtiging

– 2. Hij behoeft echter toestemming van de rechthebbende of, indien deze daartoe niet in staat of weigerachtig is, machtiging van de kantonrechter voor de volgende handelingen:

a. beschikken en aangaan van overeenkomsten tot beschikking over een onder het bewind staand goed, tenzij de handeling als een gewone beheersdaad kan worden beschouwd of krachtens rechterlijk bevel geschiedt;

b. een making of gift waaraan lasten of voorwaarden zijn verbonden, aannemen;

c. geld lenen of de rechthebbende als borg of hoofdelijke medeschuldenaar verbinden;

d. overeenkomen dat een boedel, waartoe de rechthebbende gerechtigd is, voor een bepaalde tijd onverdeeld wordt gelaten;

e. het aangaan, buiten het geval van artikel 87 van het Wetboek van Burgerlijke Rechtsvordering, van een overeenkomst tot het beëindigen van een geschil, tenzij het voorwerp van het geschil een waarde van € 700 niet te boven gaat;

f. andere bij de instelling van het bewind of nadien aangewezen handelingen. (Hrgw 13*a*)

– 3. De kantonrechter kan ook aan de bewindvoerder een doorlopende machtiging met zodanige voorwaarden als hij geraden acht, verlenen om handelingen als in het vorige lid bedoeld te verrichten en een verleende machtiging te allen tijde wijzigen of intrekken. (Hrgw 13*a*)

– 4. De bewindvoerder is, met uitsluiting van de rechthebbende, bevoegd de verdeling te vorderen van goederen, waarvan een onverdeeld aandeel tot zijn bewind behoort. Tot een verdeling, ook al geschiedt zij krachtens rechterlijk bevel, behoeft de bewindvoerder toestemming of machtiging overeenkomstig het tweede lid. De kantonrechter kan, in stede van machtiging te verlenen, met overeenkomstige toepassing van artikel 181 van Boek 3 een onzijdig persoon benoemen, die in plaats van de bewindvoerder de rechthebbende bij de verdeling vertegenwoordigt.

– 5. De bewindvoerder is, met uitsluiting van de rechthebbende, bevoegd een aan de rechthebbende opgekomen nalatenschap te aanvaarden. Tenzij de aanvaarding geschiedt met toestemming van de rechthebbende, kan de bewindvoerder niet anders aanvaarden dan onder het voorrecht van boedelbeschrijving.

Art. 442

Positie en bescherming wederpartij bewindvoerder

– 1. Heeft iemand als bewindvoerder een rechtshandeling verricht, dan richten de rechten en verplichtingen van de wederpartij zich naar hetgeen dienaangaande is bepaald in titel 3 van Boek 3. Regels die de bevoegdheid van een bewindvoerder betreffen en feiten die voor een oordeel omtrent zijn bevoegdheid van belang zijn, kunnen niet aan de wederpartij worden tegengeworpen, indien deze daarmee niet bekend was of had behoren te zijn.

Aansprakelijkheid rechthebbende

– 2. De rechthebbende is, onverminderd het bepaalde in artikel 172 van Boek 6, aansprakelijk voor alle schulden die voortspruiten uit rechtshandelingen die de bewindvoerder in zijn hoedanigheid in naam van de rechthebbende verricht. Wanneer hij onder bewind staande goederen aanwijst die voor de schuld voldoende verhaal bieden, is hij niet verplicht de schuld ten laste van zijn overige vermogen te voldoen. (BW 1:438, 441, 455)

Art. 443

Machtiging om te procederen

De bewindvoerder kan alvorens in rechte op te treden zich te zijner verantwoording doen machtigen door de rechthebbende of, indien deze daartoe niet in staat of weigerachtig is, door de kantonrechter. (BW 1:349, 441 lid 2, 456)

Art. 444

Aansprakelijkheid bewindvoerder

Een bewindvoerder is jegens de rechthebbende aansprakelijk, indien hij in de zorg van een goed bewindvoerder te kort schiet, tenzij de tekortkoming hem niet kan worden toegerekend. (BW 1:337 lid 2, 362, 454)

Art. 445

Rekening en verantwoording

– 1. De bewindvoerder legt, tenzij andere tijdstippen zijn bepaald, jaarlijks en aan het einde van het bewind rekening en verantwoording af aan de rechthebbende, alsmede aan het einde van zijn taak aan zijn opvolger. De rekening en verantwoording wordt afgelegd ten overstaan van de kantonrechter.

– 2. Indien de rechthebbende niet in staat is de rekening op te nemen, of het onzeker is wie de rechthebbende is, wordt de rekening en verantwoording afgelegd aan de kantonrechter. Goedkeuring van deze rekening en verantwoording door de kantonrechter belet niet dat de rechthebbende na het einde van het bewind nogmaals over dezelfde tijdsruimte rekening en verantwoording vraagt, voor zover dit niet onredelijk is.
– 3. De kantonrechter kan de bewindvoerder – hetzij op diens verzoek, hetzij ambtshalve – vrijstellen van de verplichting om de periodieke rekening en verantwoording te zijnen overstaan af te leggen; hij kan ook bepalen dat deze wijze van aflegging der rekening en verantwoording slechts om een door hem te bepalen aantal jaren zal geschieden.
– 4. Voor het overige vindt het aangaande de voogdijrekening in de paragrafen 10 en 11 van afdeling 6 van titel 14 bepaalde overeenkomstige toepassing. (BW 1:359, 372 e.v.; 3:168, 204, 221; 4:1068 lid 2; Rv 771 e.v.)

Art. 446

Uitkering netto-opbrengst; afdracht goederen

– 1. Voor zover de kantonrechter niet anders bepaalt, wordt bij het afleggen van de periodieke rekening en verantwoording hetgeen de goederen netto aan vruchten hebben opgebracht, onder aftrek van de verschuldigde beloning, aan de rechthebbende uitgekeerd. Op verzoek van de rechthebbende kan de kantonrechter andere tijdstippen voor de uitkering vaststellen.
– 2. Bij zijn eindrekening en verantwoording draagt de bewindvoerder alle goederen af aan hem die na hem tot het beheer der goederen bevoegd is. De bewindvoerder is bevoegd de afdracht op te schorten tot de voldoening van een hem toekomend saldo. (BW 3:290)
– 3. Wordt de rekening en verantwoording aan de kantonrechter afgelegd, dan blijven, tenzij de kantonrechter anders bepaalt, de netto-opbrengst of de af te dragen goederen onder het bewind van de bewindvoerder, totdat de rechthebbende tot de ontvangst in staat is of de onzekerheid, wie rechthebbende is, is opgeheven. (BW 1:445)

Art. 447

Beloning bewindvoerder(s)

– 1. Tenzij de beloning bij de instelling van het bewind anders is geregeld, komt de bewindvoerder of, wanneer er meer bewindvoerders zijn, hun tezamen vijf ten honderd der netto-opbrengst van de onder bewind staande goederen toe. Op grond van bijzondere omstandigheden kan de kantonrechter, hetzij ambtshalve, hetzij op verzoek van de bewindvoerder of van de rechthebbende, voor bepaalde of onbepaalde tijd de beloning anders regelen dan bij de instelling of door de wet is aangegeven.
– 2. Zijn er twee of meer bewindvoerders, dan wordt het loon dat hun gezamenlijk toekomt, tussen hen verdeeld in evenredigheid met de betekenis van de door ieder van hen verrichte werkzaamheden. (BW 1:358, 370 lid 2, 380 lid 5, 410 lid 2, 437; 4:1068)

Art. 448

Einde taak bewindvoerder

– 1. De taak van de bewindvoerder eindigt:
a. bij het einde van het bewind; (BW 1:449)
b. door tijdsverloop, indien hij voor een bepaalde tijd was benoemd;
c. door zijn dood, het ten aanzien van hem van toepassing verklaren van de schuldsaneringsregeling natuurlijke personen, zijn faillietverklaring of zijn ondercuratelestelling; (BW 1:378; Fw 1 e.v., 284 e.v.)
d. door de instelling van een bewind als bedoeld in deze titel over één of meer van zijn goederen;
e. door ontslag dat hem door de kantonrechter met ingang van een door deze bepaalde dag wordt verleend.
– 2. Het ontslag wordt hem verleend hetzij op eigen verzoek, hetzij wegens gewichtige redenen of omdat hij niet meer voldoet aan de eisen om bewindvoerder te kunnen worden, zulks op verzoek van een medebewindvoerder, de rechthebbende of het openbaar ministerie, dan wel ambtshalve. Hangende het onderzoek kan de kantonrechter voorlopige voorzieningen in het bewind treffen en de bewindvoerder schorsen. (Rv 429*a* e.v.)
– 3. Een gewezen bewindvoerder blijft verplicht al datgene te doen, wat niet zonder nadeel voor de rechthebbende kan worden uitgesteld, totdat degene die na hem tot het beheer van de goederen bevoegd is, dit heeft aanvaard. In de gevallen genoemd in het eerste lid onder *c*, rust deze verplichting op zijn erfgenamen, onderscheidenlijk de bewindvoerder in de schuldsaneringsregeling natuurlijke personen of de curator, indien zij van het bewind kennisdragen; in het geval genoemd in het eerste lid onder *d*, geldt dit voor de bewindvoerder, belast met het daar bedoelde bewind.
– 4. Artikel 384 van dit boek is van overeenkomstige toepassing. (BW 3:168, 204, 221; Rv 710, 894)

Art. 449

Einde bewind

– 1. Het bewind eindigt door het verstrijken van de tijdsduur waarvoor het is ingesteld en door de dood of ondercuratelestelling van de rechthebbende. (BW 1:378 e.v.)
– 2. De kantonrechter kan, indien de oorzaken die tot de onderbewindstelling aanleiding heb-

ben gegeven, niet meer bestaan, het bewind opheffen op verzoek van de rechthebbende of het openbaar ministerie; de beschikking treedt in werking zodra zij in kracht van gewijsde is gegaan, tenzij zij een eerder tijdstip van ingang aanwijst. (BW 1:281, 389, 411; Rv 429*a* e.v., 894 e.v.; Hrgb 25)

TITEL 20
Mentorschap ten behoeve van meerderjarigen

Art. 450

Mentorschap

– 1. Indien een meerderjarige als gevolg van zijn geestelijke of lichamelijke toestand tijdelijk of duurzaam niet in staat is of bemoeilijkt wordt zijn belangen van niet-vermogensrechtelijke aard zelf behoorlijk waar te nemen, kan de kantonrechter te zijnen behoeve een mentorschap instellen.
– 2. Indien te verwachten is dat een minderjarige op het tijdstip waarop hij meerderjarig zal worden, in de in het eerste lid bedoelde toestand zal verkeren, kan het mentorschap reeds voor de meerderjarigheid worden ingesteld. (BW 1:233, 337 e.v., 378 e.v.)
– 3. Het mentorschap kan eveneens worden ingesteld, indien te verwachten is dat een meerderjarige binnen afzienbare tijd in de in het eerste lid bedoelde toestand zal verkeren.
– 4. De rechter bij wie een verzoek tot het verlenen van een voorlopige of voorwaardelijke machtiging, een observatiemachtiging of een machtiging tot voortgezet verblijf als bedoeld in de Wet bijzondere opnemingen in psychiatrische ziekenhuizen, dan wel een machtiging als bedoeld in artikel 33, eerste lid, van die wet aanhangig is, is tevens bevoegd tot kennisneming van een verzoek tot instelling van een mentorschap. (BW 1:431, 451 lid 5; Rv 429*a* e.v., 429*c* lid 5, 798 e.v., 809)

Art. 451

Verzoek om mentorschap

– 1. Het mentorschap kan worden verzocht door de betrokken persoon, zijn echtgenoot, zijn geregistreerde partner dan wel andere levensgezel, zijn bloedverwanten in de rechte lijn en die in de zijlijn tot en met de vierde graad, zijn voogd, zijn curator of zijn bewindvoerder als bedoeld in titel 19 van dit boek. In het in artikel 450, derde lid, van dit boek bedoelde geval kan het mentorschap uitsluitend worden verzocht door de betrokkene.
– 2. Het mentorschap kan, behoudens in het in artikel 450, derde lid, van dit boek bedoelde geval, voorts worden verzocht door het openbaar ministerie of door degene die de instelling waar de betrokkene duurzaam wordt verzorgd, exploiteert of die daarvan de leiding heeft. In het laatste geval wordt in het verzoekschrift tevens vermeld waarom de in het eerste lid genoemde personen – bloedverwanten in de zijlijn in de derde en vierde graad daaronder niet begrepen – niet tot indiening van een verzoek zijn overgegaan.
– 3. De rechter bij wie een verzoek tot ondercuratelestelling aanhangig is, kan bij afwijzing daarvan ambtshalve overgaan tot instelling van het mentorschap.
– 4. Een verzoek tot omzetting van curatele in mentorschap ten behoeve van een persoon die onder curatele is gesteld, wordt aanhangig gemaakt bij de rechter die bevoegd is over opheffing van de curatele te beslissen. Deze rechter kan, bij opheffing van de curatele, ook ambtshalve overgaan tot instelling van het mentorschap.
– 5. Het mentorschap treedt in werking daags nadat de beschikking is verstrekt of verzonden, tenzij de beschikking een later tijdstip van ingang vermeldt. In het geval, bedoeld in artikel 450, tweede lid, van dit boek treedt het mentorschap in werking op het tijdstip waarop de betrokken persoon meerderjarig wordt. (BW 1:381, 389 lid 3, 432, 434 lid 2)

Art. 452

Benoeming mentor

– 1. De rechter die het mentorschap instelt, benoemt daarbij of zo spoedig mogelijk daarna een mentor. Hij vergewist zich van de bereidheid en vormt zich een oordeel over de geschiktheid van de te benoemen persoon.
– 2. Zo nodig kan een tijdelijke mentor worden benoemd. (Rv 807)
– 3. De rechter volgt bij de benoeming van de mentor de uitdrukkelijke voorkeur van de betrokkene, tenzij gegronde redenen zich tegen zodanige benoeming verzetten.
– 4. Tenzij het vorige lid is toegepast, wordt, indien de betrokkene is gehuwd, een geregistreerd partnerschap is aangegaan of anderszins een levensgezel heeft, bij voorkeur de echtgenoot, de geregistreerde partner dan wel andere levensgezel tot mentor benoemd. Is de vorige zin niet van toepassing dan wordt bij voorkeur een van zijn ouders, kinderen, broers of zusters tot mentor benoemd. Huwt de betrokkene, gaat hij een geregistreerd partnerschap aan of verkrijgt hij een andere levensgezel, dan kan ieder van hen verzoeken, dat de echtgenoot, de geregistreerde partner dan wel de andere levensgezel van de betrokkene in de plaats van de tegenwoordige mentor wordt benoemd.
– 5. Indien ten behoeve van de betrokkene in een bewind als bedoeld in titel 19 van dit boek is voorzien, wordt, indien de bewindvoerder een natuurlijke persoon is, bij voorkeur de bewindvoerder tot mentor benoemd.

– 6. Geen mentor kunnen worden:
a. handelingsonbekwamen;
b. zij ten behoeve van wie een mentorschap is ingesteld;
c. rechtspersonen;
d. de direct betrokken of behandelend hulpverlener;
e. personen behorende tot de leiding of tot het personeel van de instelling waar de betrokkene verblijft.
– 7. De taak van de mentor vangt aan daags nadat de beschikking, houdende de benoeming, is verstrekt of verzonden, tenzij de beschikking een later tijdstip vermeldt. (BW 1:383, 435)

Art. 453

Gevolgen mentorschap

– 1. Tenzij uit wet of verdrag anders voortvloeit, is de betrokkene tijdens het mentorschap onbevoegd rechtshandelingen te verrichten in aangelegenheden betreffende zijn verzorging, verpleging, behandeling en begeleiding.
– 2. Met betrekking tot de in het eerste lid bedoelde rechtshandelingen vertegenwoordigt de mentor de betrokkene in en buiten rechte, tenzij op grond van wet of verdrag vertegenwoordiging uitgesloten is. De mentor kan de betrokkene toestemming verlenen deze rechtshandelingen zelf te verrichten.
– 3. Ten aanzien van andere handelingen dan rechtshandelingen betreffende de in het eerste lid genoemde aangelegenheden treedt de mentor, voor zover de aard van de desbetreffende handeling dit toelaat, in plaats van de betrokkene op.
– 4. De mentor geeft aan de betrokkene raad in hem betreffende aangelegenheden van niet-vermogensrechtelijke aard en waakt over diens belangen ter zake.
– 5. Verzet de betrokkene zich tegen een handeling van ingrijpende aard in aangelegenheden als in het tweede en derde lid bedoeld, dan kan die handeling slechts plaatsvinden indien zij kennelijk nodig is teneinde ernstig nadeel voor de betrokkene te voorkomen. (BW 1:12 lid 3, 381 lid 4, 457)

Art. 453a

Ouderlijk gezag en mentorschap

– 1. Indien de rechter dit noodzakelijk acht, beslist hij tevens dat artikel 246 van dit boek van overeenkomstige toepassing is.
– 2. Tijdens het mentorschap kan de rechter een beslissing nemen als in het eerste lid bedoeld, hetzij op verzoek van een persoon als bedoeld in artikel 451, eerste en tweede lid, van de mentor of van het openbaar ministerie, hetzij ambtshalve.

Art. 454

Taken mentor

– 1. De mentor is gehouden degene ten behoeve van wie het mentorschap is ingesteld zo veel mogelijk bij de vervulling van zijn taak te betrekken. De mentor bevordert dat de betrokkene rechtshandelingen en andere handelingen zelf verricht, indien deze tot een redelijke waardering van zijn belangen ter zake in staat kan worden geacht. Hij betracht de zorg van een goed mentor.
– 2. De mentor is jegens de betrokkene aansprakelijk, indien hij in de zorg van een goed mentor te kort schiet, tenzij de tekortkoming hem niet kan worden toegerekend. (BW 1:381 lid 4, 444, 461 lid 2)

Art. 455

Aansprakelijkheid tijdens mentorschap

Degene ten behoeve van wie het mentorschap is ingesteld, is, onverminderd het bepaalde in artikel 172 van Boek 6, aansprakelijk voor alle schulden die voortspruiten uit rechtshandelingen die de mentor in zijn hoedanigheid in naam van de betrokkene verricht. (BW 1:442; 3:60 e.v.)

Art. 456

Machtiging

De mentor kan alvorens in rechte op te treden zich te zijner verantwoording doen machtigen door de betrokkene of, indien deze daartoe niet in staat of weigerachtig is, door de kantonrechter. (BW 1:349, 443)

Art. 457

Vernietigbare rechtshandelingen

– 1. Een rechtshandeling verricht in strijd met artikel 453 van dit boek is overeenkomstig het tweede en derde lid vernietigbaar.
– 2. Indien de rechtshandeling is verricht door of gericht tot de betrokkene, kan een beroep op de vernietigbaarheid slechts worden gedaan jegens een persoon die het mentorschap kende of had behoren te kennen; jegens een zodanige persoon wordt de betrokkene vermoed onbevoegd te zijn geweest.
– 3. Indien de rechtshandeling is verricht door of gericht tot de mentor, kan een beroep op de vernietigbaarheid slechts worden gedaan jegens een persoon die de onbevoegdheid van de mentor kende of had behoren te kennen. (BW 3:49 e.v.)

Art. 458

Verhouding bewind/mentorschap

Voor zover een of meer van de goederen van de betrokkene onder een bewind als bedoeld in titel 19 van dit boek staan, is de bewindvoerder, indien hij niet tevens mentor is, niet tot optreden bevoegd ten aanzien van aangelegenheden als in artikel 453, eerste lid, van dit boek bedoeld.

Art. 459

Verslag

– 1. De mentor doet desgevraagd van zijn werkzaamheden verslag aan de kantonrechter. De kantonrechter kan te allen tijde verschijning van de mentor in persoon gelasten. Deze is verplicht alle door de kantonrechter gewenste inlichtingen te verstrekken.
– 2. Aan het einde van zijn mentorschap doet de mentor van zijn werkzaamheden schriftelijk verslag aan zijn opvolger, aan de kantonrechter alsmede aan de betrokkene, indien het mentorschap door het verstrijken van de tijdsduur waarvoor het is ingesteld of door opheffing eindigt.

Art. 460

Kosten

– 1. De mentor mag de bij de vervulling van zijn taak noodzakelijk gemaakte kosten aan de betrokkene in rekening brengen.
– 2. De rechter kan aan de mentor ten laste van de betrokkene een beloning toekennen indien hij zulks redelijk acht, de financiële draagkracht van betrokkene in aanmerking genomen. (BW 1:358, 370 lid 2, 380 lid 5, 386, 410 lid 2, 447; 4:1068)

Art. 461

Einde taak mentor

– 1. De taak van de mentor eindigt:
a. bij het einde van het mentorschap; (BW 1:462)
b. door tijdsverloop, indien hij voor een bepaalde tijd was benoemd;
c. door zijn dood;
d. door zijn ondercuratelestelling of door instelling van een mentorschap te zijnen behoeve; (BW 1:378, 450)
e. door ontslag dat hem door de kantonrechter met ingang van een door deze bepaalde dag wordt verleend.
– 2. Het ontslag wordt hem verleend hetzij op eigen verzoek, hetzij wegens gewichtige redenen of omdat hij niet meer voldoet aan de eisen om mentor te kunnen worden, zulks op verzoek van de betrokkene, het openbaar ministerie of ambtshalve. Hangende het onderzoek kan de kantonrechter voorlopige voorzieningen in het mentorschap treffen en de mentor schorsen.
– 3. Een gewezen mentor blijft verplicht al datgene te doen, wat niet zonder nadeel voor de betrokkene kan worden uitgesteld, totdat wederom een persoon bevoegd is ten aanzien van de aangelegenheden bedoeld in artikel 453, eerste lid, van dit boek. In de gevallen genoemd in het eerste lid, onder *d*, rust deze verplichting op diens curator of mentor, indien deze van het mentorschap kennisdraagt.
– 4. Artikel 384 van dit boek is van overeenkomstige toepassing. (BW 1:448; Rv 798 e.v.)

Art. 462

Einde mentorschap

– 1. Het mentorschap eindigt door het verstrijken van de tijdsduur waarvoor het is ingesteld en door de dood of ondercuratelestelling van de betrokkene.
– 2. De kantonrechter kan, indien de noodzaak daartoe niet meer bestaat, het mentorschap opheffen op verzoek van de betrokkene, zijn mentor of het openbaar ministerie. De beschikking treedt in werking zodra zij in kracht van gewijsde is gegaan, tenzij zij een eerder tijdstip van ingang aanwijst. (BW 1:281, 389, 411, 441; Rv 798 e.v.)

BOEK 2
Rechtspersonen

TITEL 1
Algemene bepalingen

Art. 1

– 1. De Staat, de provincies, de gemeenten, de waterschappen, alsmede alle lichamen waaraan krachtens de Grondwet verordenende bevoegdheid is verleend, bezitten rechtspersoonlijkheid. (Gr.w. 123, 133, 134)

Publiekrechtelijke rechtspersonen

– 2. Andere lichamen, waaraan een deel van de overheidstaak is opgedragen, bezitten slechts rechtspersoonlijkheid, indien dit uit het bij of krachtens de wet bepaalde volgt.

– 3. De volgende artikelen van deze titel, behalve artikel 5, gelden niet voor de in de voorgaande leden bedoelde rechtspersonen. (Ontw. 2.1.1; BW 1690 (oud); Wet Ver. en Verg. 5 (oud))

Art. 2

– 1. Kerkgenootschappen alsmede hun zelfstandige onderdelen en lichamen waarin zij zijn verenigd, bezitten rechtspersoonlijkheid.

Kerkgenootschappen

– 2. Zij worden geregeerd door hun eigen statuut, voor zover dit niet in strijd is met de wet. Met uitzondering van artikel 5 gelden de volgende artikelen van deze titel niet voor hen; overeenkomstige toepassing daarvan is geoorloofd, voor zover deze is te verenigen met hun statuut en met de aard der onderlinge verhoudingen. (Ontw. 2.1.2; BW 2:18 (oud); Wet op de Kerkgenootschappen 1)

Toepassing titel I

Art. 3

Verenigingen, coöperaties, onderlinge waarborgmaatschappijen, naamloze vennootschappen, besloten vennootschappen met beperkte aansprakelijkheid en stichtingen bezitten rechtspersoonlijkheid. (Ontw. 2.1.3; BW 1690 (oud); K 37, 57 (oud); Wet Ver. en Verg. 5 (oud); Wet CV 5 lid 3 (oud); Wet St. 1 (oud); BW 2:26, 30, 53, 64, 175, 285; 5:124; Overg.w. 29)

Privaatrechtelijke rechtspersonen

Art. 4

– 1. Een rechtspersoon ontstaat niet bij het ontbreken van een door een notaris ondertekende akte of een verklaring van geen bezwaar, voor zover door de wet voor de totstandkoming vereist. Het ontbreken van kracht van authenticiteit aan een door een notaris ondertekende akte verhindert het ontstaan van de rechtspersoon slechts, indien die rechtspersoon in een bij die akte gemaakte uiterste wilsbeschikking in het leven zou zijn geroepen.

Authentieke akte

– 2. Vernietiging van de rechtshandeling waardoor een rechtspersoon is ontstaan, tast diens bestaan niet aan. Het vervallen van de deelneming van een of meer oprichters van een rechtspersoon heeft op zichzelf geen invloed op de rechtsgeldigheid van de deelneming der overblijvende oprichters. (BW 2:9 (oud))

Vernietiging oprichtingshandeling

– 3. Is ten name van een niet bestaande rechtspersoon een vermogen gevormd, dan benoemt de rechter op verzoek van een belanghebbende of het openbaar ministerie een of meer vereffenaars. Artikel 22 is van overeenkomstige toepassing.

Vereffening vermogen niet bestaande rechtspersoon

– 4. Het vermogen wordt vereffend als dat van een ontbonden rechtspersoon in de voorgewende rechtsvorm. Degenen die zijn opgetreden als bestuurders, zijn hoofdelijk verbonden voor de tot dit vermogen behorende schulden die opeisbaar zijn geworden in het tijdvak waarin zij dit deden. Zij zijn eveneens verbonden voor de schulden die voortspruiten uit in die tijd ten behoeve van dit vermogen verrichte rechtshandelingen, voor zover daarvoor niemand ingevolge de vorige zin verbonden is. Ontbreken personen die ingevolge de vorige twee zinnen verbonden zijn, dan zijn degenen die handelden, hoofdelijk verbonden. (BW 6:6 lid 2)

– 5. Indien alsnog een rechtspersoon wordt opgericht ter opvolging in het vermogen, kan de rechter desverzocht toestaan dat dit niet wordt vereffend, doch dat het in die rechtspersoon wordt ingebracht. (BW 2:31, 70, 71, 181, 182, 290 (oud); BW 2:14, 15, 21, 22, 23 e.v., 26 lid 1, 30, 74, 93, 93*a*, 94, 94*a*, 185, 203, 203*a*, 204, 204*a*, 301, 323; 3:32 e.v., 37 lid 1, 39, 53, 59; 5:124; 6: 7, 10, 12, 159, 269)

Art. 4a

Vervallen.

Art. 5

Een rechtspersoon staat wat het vermogensrecht betreft, met een natuurlijk persoon gelijk, tenzij uit de wet het tegendeel voortvloeit. (Ontw. 2.1.4; BW 1691 (oud); BW 2:4 (oud); BW 1:302 v.; 21[3], 11; 3:203[3])

Gelijkstelling met natuurlijk persoon

Art. 6

– 1. Op wijzigingen in statuten en reglementen en op ontbinding van de rechtspersoon, die krachtens dit boek moeten worden openbaar gemaakt, kan voordat deze openbaarmakingen en, in geval van statutenwijziging, de voorgeschreven openbaarmaking van de gewijzigde sta-

Openbaarmakingen; bescherming van derden en van de rechtspersoon

tuten zijn geschied, geen beroep worden gedaan tegen een wederpartij en derden die daarvan onkundig waren. (BW 2:43^{5,6}, 72, 126, 183, 236, 293, 318^{3}; 361, 76; Hrgw. 31^{1})

– 2. Een door de wet toegelaten beroep op statutaire onbevoegdheid van het bestuur of van een bestuurder tot vertegenwoordiging van de rechtspersoon bij een rechtshandeling kan tegen een wederpartij die daarvan onkundig was, niet worden gedaan, indien de beperking of uitsluiting van de bevoegdheid niet ten tijde van het verrichten van die rechtshandeling op de door de wet voorgeschreven wijzen was openbaar gemaakt. Hetzelfde geldt voor een beroep op een beperking van de vertegenwoordigingsbevoegdheid van anderen dan bestuurders, aan wie die bevoegdheid bij de statuten is toegekend. (BW 245, 130, 164, 240, 274, 292; Overgw. 31, 65^{1}; Hrgw. 30*a*, 31^{1})

– 3. De rechtspersoon kan tegen een wederpartij die daarvan onkundig was, niet de onjuistheid of onvolledigheid van de in het register opgenomen gegevens inroepen. Juiste en volledige inschrijving elders of openbaarmaking van de statuten is op zichzelf niet voldoende bewijs dat de wederpartij van de onjuistheid of onvolledigheid niet onkundig was. (Hrgw. 31^{3})

– 4. Voor zover de wet niet anders bepaalt, kan de wederpartij van een rechtspersoon zich niet beroepen op onbekendheid met een feit dat op een door de wet aangegeven wijze is openbaar gemaakt, tenzij die openbaarmaking niet is geschied op elke wijze die de wet vereist of daarvan niet de voorgeschreven mededeling is gedaan. (BW 3:61^{3})

– 5. De beide vorige leden gelden niet voor rechterlijke uitspraken die in het faillissementsregister of het surséanceregister zijn ingeschreven. (Ontw. 2.1.4a; Wet Ver. en Verg. 9 (oud); Wet CV 7^{3} (oud); Wet St. 23^{1} (oud); BW 2:5 (oud); BW 2:29^{3}, 30^{3}, 51, 289^{3}, 303; 324, 32, 36, 61, 76; 5124; 8178, 179; Hrgw. 13, 16, 18)

Art. 7

Doeloverschrijding: vernietigbaarheid rechtshandeling; wetenschap wederpartij

Een door een rechtspersoon verrichte rechtshandeling is vernietigbaar, indien daardoor het doel werd overschreden en de wederpartij dit wist of zonder eigen onderzoek moest weten; slechts de rechtspersoon kan een beroep op deze grond tot vernietiging doen. (Ontw. 2.1.5a; K 36*h* (oud); BW 26 (oud); BW 2:27 lid 4, 66 lid 1, 177 lid 1, 286 lid 4; 311, 40, 45, 49 e.v., 55, 56)

Art. 8

Gedragsregel; redelijkheid en billijkheid

– 1. Een rechtspersoon en degenen die krachtens de wet en de statuten bij zijn organisatie zijn betrokken, moeten zich als zodanig jegens elkander gedragen naar hetgeen door redelijkheid en billijkheid wordt gevorderd.

– 2. Een tussen hen krachtens wet, gewoonte, statuten, reglementen of besluit geldende regel is niet van toepassing voor zover dit in de gegeven omstandigheden naar maatstaven van redelijkheid en billijkheid onaanvaardbaar zou zijn. (Ontw. 2.1.7b; BW 27 (oud); BW 2:13, 14, 15, 88, 89, 107, 197, 198, 346; 3:12; 6:2, 162, 248 lid 2; 8:162)

Art. 9

Taakvervulling en aansprakelijkheid bestuurder

Elke bestuurder is tegenover de rechtspersoon gehouden tot een behoorlijke vervulling van de hem opgedragen taak. Indien het een aangelegenheid betreft die tot de werkkring van twee of meer bestuurders behoort, is ieder van hen voor het geheel aansprakelijk terzake van een tekortkoming, tenzij deze niet aan hem is te wijten en hij niet nalatig is geweest in het treffen van maatregelen om de gevolgen daarvan af te wenden. (Ontw. 2.7.1c; K 47*c* (oud); Wet CV 31 (oud); BW 28 (oud); BW 2:93, 98*a*, 98*d*, 131, 138, 149, 151, 241, 248, 259, 261, 298, 344 e.v.; 6:6 lid 2, 74 e.v., 99, 162; 7:611; Sr 336, 342 e.v., 442 sub 2°)

Art. 10

Administratie; bewaren gegevens(drager)

– 1. Het bestuur is verplicht van de vermogenstoestand van de rechtspersoon en van alles betreffende de werkzaamheden van de rechtspersoon, naar de eisen die voortvloeien uit deze werkzaamheden, op zodanige wijze een administratie te voeren en de daartoe behorende boeken, bescheiden en andere gegevensdragers op zodanige wijze te bewaren, dat te allen tijde de rechten en verplichtingen van de rechtspersoon kunnen worden gekend.

– 2. Onverminderd het bepaalde in de volgende titels is het bestuur verplicht jaarlijks binnen zes maanden na afloop van het boekjaar de balans en de staat van baten en lasten van de rechtspersoon te maken en op papier te stellen.

– 3. Het bestuur is verplicht de in de leden 1 en 2 bedoelde boeken, bescheiden en andere gegevensdragers gedurende zeven jaren te bewaren.

– 4. De op een gegevensdrager aangebrachte gegevens, uitgezonderd de op papier gestelde balans en staat van baten en lasten, kunnen op een andere gegevensdrager worden overgebracht en bewaard, mits de overbrenging geschiedt met juiste en volledige weergave der gegevens en deze gegevens gedurende de volledige bewaartijd beschikbaar zijn en binnen redelijke tijd leesbaar kunnen worden gemaakt. (Ontw. 2.1.9b; BW 214 (oud); BW 2:24, 48, 58, 61 sub *b*, 101 e.v., 210 e.v., 360 e.v., 394; 3:15*a*; 7:619; K 8, 11; Sr 336, 342 sub 3°, 343; AWR 47, 49, 54)

Art. 10a

Boekjaar

Het boekjaar van een rechtspersoon is het kalenderjaar, indien in de statuten geen ander boekjaar is aangewezen. (BW 214*a* (oud); BW 2:35 lid 5, 36 lid 1, 48)

Art. 11

Rechtspersoon als bestuurder

De aansprakelijkheid van een rechtspersoon als bestuurder van een andere rechtspersoon rust tevens hoofdelijk op ieder die ten tijde van het ontstaan van de aansprakelijkheid van de rechtspersoon daarvan bestuurder is. (BW 2:4*a* (oud); BW 29, 138, 248; 6:6 e.v.)

Art. 12

Ontzegging stemrecht

Het stemrecht over besluiten waarbij de rechtspersoon aan bepaalde personen, anders dan in hun hoedanigheid van lid, aandeelhouder of lid van een orgaan, rechten toekent of verplichtingen kwijtscheldt, kan door de statuten aan die personen en aan hun echtgenoot, geregistreerde partner, en bloedverwanten in de rechte lijn worden ontzegd. (BW 2:38 lid 1)

Art. 13

Nietigheid stem

– 1. Een stem is nietig in de gevallen waarin een eenzijdige rechtshandeling nietig is; een stem kan niet worden vernietigd.

Stemrecht onbekwame

– 2. Een onbekwame die lid is van een vereniging, kan zijn stemrecht daarin zelf uitoefenen, voor zover de statuten zich daartegen niet verzetten; in andere gevallen komt de uitoefening van het stemrecht toe aan zijn wettelijke vertegenwoordiger.

Beslissend oordeel voorzitter; herstemming

– 3. Tenzij de statuten anders bepalen, is het in de vergadering van een orgaan van een rechtspersoon uitgesproken oordeel van de voorzitter omtrent de uitslag van een stemming beslissend. Hetzelfde geldt voor de inhoud van een genomen besluit, voor zover werd gestemd over een niet schriftelijk vastgelegd voorstel.

– 4. Wordt onmiddellijk na het uitspreken van het oordeel van de voorzitter de juistheid daarvan betwist, dan vindt een nieuwe stemming plaats, indien de meerderheid der vergadering of, indien de oorspronkelijke stemming niet hoofdelijk of schriftelijk geschiedde, een stemgerechtigde aanwezige dit verlangt. Door deze nieuwe stemming vervallen de rechtsgevolgen van de oorspronkelijke stemming. (BW 2:10 (oud); BW 1:234 lid 2; 2:8, 38, 41, 110, 111, 220, 221; 3:32 lid 2, 34 lid 2, 35, 39, 40, 44, 59, 63 lid 1, 79; Overg.w. 79-81)

Art. 14

Nietig besluit van een orgaan; bekrachtiging

– 1. Een besluit van een orgaan van een rechtspersoon, dat in strijd is met de wet of de statuten, is nietig, tenzij uit de wet iets anders voortvloeit. (BW 3:40)

– 2. Is een besluit nietig, omdat het is genomen ondanks het ontbreken van een door de wet of de statuten voorgeschreven voorafgaande handeling van of mededeling aan een ander dan het orgaan dat het besluit heeft genomen, dan kan het door die ander worden bekrachtigd. Is voor de ontbrekende handeling een vereiste gesteld, dan geldt dat ook voor de bekrachtiging. (BW 2:15 lid2, 158 lid 4, lid 5; 3:37 lid 1, 39, 58 lid 2, 69 lid 1)

– 3. Bekrachtiging is niet meer mogelijk na afloop van een redelijke termijn, die aan de ander is gesteld door het orgaan dat het besluit heeft genomen of door de wederpartij tot wie het was gericht. (BW 3:55 lid 2, 57, 69 lid 4) (BW 2:13 (oud); BW 2:2, 44, 47, 48 lid 2, 129 e.v., 140 e.v., 158 lid 6, lid 11, 239 e.v., 250 e.v., 268 lid 6, lid 11, 291; 5:129; Overg.w. 79-81; Rv 999-1001; Wet op de ondernemingsraden 25, 27 lid 1, 31)

Art. 14a

Vervallen.

Art. 15

Vernietiging besluit van een orgaan

– 1. Een besluit van een orgaan van een rechtspersoon is, onverminderd het elders in de wet omtrent de mogelijkheid van een vernietiging bepaalde, vernietigbaar:

a. wegens strijd met wettelijke of statutaire bepalingen die het tot stand komen van besluiten regelen; (BW art. 2:37 e.v., 107 e.v., 158 e.v., 217 e.v., 268 e.v.)

b. wegens strijd met de redelijkheid en billijkheid die door artikel 8 worden geëist; (BW art. 2:8; BW art. 3:12; BW art. 6:2, 248 lid 2)

c. wegens strijd met een reglement. (BW art. 5:129 lid 2)

– 2. Tot de bepalingen als bedoeld in het vorige lid onder *a*, behoren niet die welke de voorschriften bevatten waarop in artikel 14 lid 2 wordt gedoeld.

– 3. Vernietiging geschiedt door een uitspraak van de rechtbank van de woonplaats van de rechtspersoon:

a. op een vordering tegen de rechtspersoon van iemand die een redelijk belang heeft bij de naleving van de verplichting die niet is nagekomen, of

b. op vordering van de rechtspersoon zelf, ingesteld krachtens bestuursbesluit tegen degene die door de voorzieningenrechter van de rechtbank is aangewezen op een daartoe gedaan verzoek van de rechtspersoon; in dat geval worden de kosten van het geding door de rechtspersoon gedragen. (BW art. 1:10 lid 2; BW art. 5:130 lid 1)

– 4. Indien een bestuurder in eigen naam de vordering instelt, verzoekt de rechtspersoon de

voorzieningenrechter van de rechtbank iemand aan te wijzen, die terzake van het geding in de plaats van het bestuur treedt.
– 5. De bevoegdheid om vernietiging van het besluit te vorderen, vervalt een jaar na het einde van de dag, waarop hetzij aan het besluit voldoende bekendheid is gegeven, hetzij de belanghebbende van het besluit kennis heeft genomen of daarvan is verwittigd. (BW art. 3:52, 306, 313 e.v.)

Bevestiging

– 6. Een besluit dat vernietigbaar is op grond van lid 1 onder *a*, kan door een daartoe strekkend besluit worden bevestigd; voor dit besluit gelden de zelfde vereisten als voor het te bevestigen besluit. De bevestiging werkt niet zolang een tevoren ingestelde vordering tot vernietiging aanhangig is. Indien de vordering wordt toegewezen, geldt het vernietigde besluit als opnieuw genomen door het latere besluit, tenzij uit de strekking van dit besluit het tegendeel voortvloeit. (BW 2:11, 12 lid 1, 13 (oud); BW art. 2:2, 4, 7, 8, 14, 16 lid 2, 40, 100, 209, 295, 356; BW art. 3:40, 44, 45, 49 e.v., 55, 59; BW art. 5:129, 130; OBW art. 79-81)

Art. 16

Uitspraak nietigheid/ vernietiging besluit bindend; rechtsmiddelen

– 1. De onherroepelijke uitspraak die de nietigheid van een besluit van een rechtspersoon vaststelt of die zulk een besluit vernietigt, is voor een ieder, behoudens herroeping of derdenverzet, bindend, indien de rechtspersoon partij in het geding is geweest. Herroeping komt ieder lid of aandeelhouder toe.

Bescherming wederpartij

– 2. Is het besluit een rechtshandeling van de rechtspersoon, die tot een wederpartij is gericht, of is het een vereiste voor de geldigheid van zulk een rechtshandeling, dan kan de nietigheid of vernietiging van het besluit niet aan die wederpartij worden tegengeworpen, indien deze het gebrek dat aan het besluit kleefde, kende noch behoefde te kennen. Niettemin kan de nietigheid of vernietiging van een besluit tot benoeming van een bestuurder of een commissaris aan de benoemde worden tegengeworpen; de rechtspersoon vergoedt echter diens schade, indien hij het gebrek in het besluit kende noch behoefde te kennen. (BW 2:12 lid 2 (oud); BW 2:2, 14, 15, 44 lid 2, 45, 130, 146, 240, 256, 291, 292, 323 lid 8; 3:11, 35, 36, 59, 61 lid 2, 79; Rv 67, 376 e.v., 382 e.v.)

Art. 17

Onbepaalde tijd

Een rechtspersoon wordt opgericht voor onbepaalde tijd. (BW 2:19 lid 1)

Art. 18

Omzetting

– 1. Een rechtspersoon kan zich met inachtneming van de volgende leden omzetten in een andere rechtsvorm.
– 2. Voor omzetting zijn vereist:
a. een besluit tot omzetting, genomen met inachtneming van de vereisten voor een besluit tot statutenwijziging en, tenzij een stichting zich omzet, genomen met de stemmen van ten minste negen tienden van de uitgebrachte stemmen;
b. een besluit tot wijziging van de statuten;
c. een notariële akte van omzetting die de nieuwe statuten bevat.
– 3. De in het vorige lid onder *a* genoemde meerderheid is niet vereist voor een omzetting van een naamloze vennootschap in een besloten vennootschap of omgekeerd.
– 4. Voor de omzetting van of in een stichting en van een naamloze of besloten vennootschap in een vereniging is bovendien rechterlijke machtiging vereist.
– 5. Slechts de rechtspersoon kan machtiging tot omzetting verzoeken aan de rechtbank, onder overlegging van een notarieel ontwerp van de akte. Zij wordt in elk geval geweigerd, indien een vereist besluit nietig is of indien een rechtsvordering tot vernietiging daarvan aanhangig is. Zij wordt geweigerd, indien de belangen van stemgerechtdigden die niet hebben ingestemd of van anderen van wie ten minste iemand zich tot de rechter heeft gewend, onvoldoende zijn ontzien. Indien voor de omzetting machtiging van de rechter is vereist, verklaart de notaris in de akte van omzetting dat de machtiging op het ontwerp van de akte is verleend.
– 6. Na omzetting van een stichting moet uit de statuten blijken dat het vermogen dat zij bij de omzetting heeft en de vruchten daarvan slechts met toestemming van de rechter anders mogen worden besteed dan voor de omzetting was voorgeschreven. Hetzelfde geldt voor de statuten van een rechtspersoon voor zover dit vermogen en deze vruchten daarop krachtens fusie of splitsing zijn overgegaan.
– 7. De rechtspersoon doet opgave van de omzetting ter inschrijving in de registers waarin hij moet zijn en moet worden ingeschreven dan wel als vereniging vrijwillig is ingeschreven.
– 8. Omzetting beëindigt het bestaan van de rechtspersoon niet. (BW 2:19, 20, 20*a* (oud); BW 2:14, 26, 27, 29, 53 e.v., 64 e.v., 71, 72, 175 e.v., 181, 183, 285 e.v., 294, 296, 309 e.v., 334*a* e.v.; 4:880, 946; 5:124)

Art. 19

Ontbinding

– 1. Een rechtspersoon wordt ontbonden:
a. door een besluit van de algemene vergadering of, indien de rechtspersoon een stichting is,

door een besluit van het bestuur tenzij in de statuten anders is voorzien; (BW 2:14 e.v., 40, 107, 217)
b. bij het intreden van een gebeurtenis die volgens de statuten de ontbinding tot gevolg heeft, en die niet een besluit of een op ontbinding gerichte handeling is;
c. na faillietverklaring door hetzij opheffing van het faillissement wegens de toestand van de boedel, hetzij door insolventie; (Fw 16, 173)
d. door het geheel ontbreken van leden, indien de rechtspersoon een vereniging, een coöperatie of een onderlinge waarborgmaatschappij is;
e. door een beschikking van de Kamer van Koophandel en Fabrieken als bedoeld in artikel 19*a*;
f. door de rechter in de gevallen die de wet bepaalt. (BW 2:20, 21, 74, 185, 301, 356 sub *f*)
– 2. De rechtbank verklaart op verzoek van het bestuur, een belanghebbende of het openbaar ministerie, of en op welk tijdstip de rechtspersoon is ontbonden in een geval als bedoeld in lid 1 onder *b* of *d*. De beschikking is voor een ieder bindend. Is de rechtspersoon in een register ingeschreven, dan wordt de in kracht van gewijsde gegane uitspraak, inhoudende de verklaring, door de zorg van de griffier aldaar ingeschreven.
– 3. Aan de registers waar de rechtspersoon is ingeschreven wordt van de ontbinding opgaaf gedaan: in de gevallen als bedoeld in lid 1, onder *a*, *b* en *d* door de vereffenaar, indien deze er is en anders door het bestuur, in het geval als bedoeld in lid 1, onder *c* door de faillissementscurator, in het geval als bedoeld in lid 1, onder *e* door de Kamer van Koophandel en Fabrieken en in het geval als bedoeld in lid 1 onder *f* door de griffier van het betrokken gerecht.
– 4. Indien de rechtspersoon op het tijdstip van zijn ontbinding geen baten meer heeft, houdt hij alsdan op te bestaan. In dat geval doet het bestuur of, bij toepassing van artikel 19*a*, de Kamer van Koophandel en Fabrieken, daarvan opgaaf aan de registers waar de rechtspersoon is ingeschreven. (BW 2:23 lid 7)
– 5. De rechtspersoon blijft na ontbinding voortbestaan voor zover dit tot vereffening van zijn vermogen nodig is. In stukken en aankondigingen die van hem uitgaan, moet aan zijn naam worden toegevoegd: *in liquidatie*.
– 6. De rechtspersoon houdt in geval van vereffening op te bestaan op het tijdstip waarop de vereffening eindigt. De vereffenaar of de faillissementscurator doet aan de registers waar de rechtspersoon is ingeschreven, daarvan opgaaf.
– 7. De gegevens die omtrent de rechtspersoon in de registers zijn opgenomen op het tijdstip waarop hij ophoudt te bestaan, blijven daar gedurende tien jaren na dat tijdstip bewaard. (BW 2:50, 166, 167, 276, 277, 300 (oud); BW 2:6, 22 e.v.; 5:124, 147; Rv 67, 429*a* e.v., 995 e.v.; Hrgw 21)

Art. 19a

Overige ontbindingsgronden

– 1. Een in het handelsregister ingeschreven naamloze vennootschap, besloten vennootschap met beperkte aansprakelijkheid, coöperatie of onderlinge waarborgmaatschappij wordt door een beschikking van de Kamer van Koophandel en Fabrieken, waar die rechtspersoon is ingeschreven, ontbonden, indien de Kamer is gebleken dat ten minste twee van de hiernavolgende omstandigheden zich voordoen: (Hrgw 4, 7)
a. de rechtspersoon heeft het voor zijn inschrijving in het handelsregister of voor de inschrijving van een aan hem toebehorende onderneming verschuldigde bedrag niet voldaan gedurende ten minste een jaar na de datum waarvoor hij dat bedrag had moeten voldoen; (Hrgw 20)
b. er staan gedurende ten minste een jaar geen bestuurders van de rechtspersoon in het register ingeschreven, terwijl ook geen opgaaf tot inschrijving is gedaan, dan wel er doet zich, indien er wel bestuurders staan ingeschreven, met betrekking tot alle ingeschreven bestuurders een van de navolgende omstandigheden voor:
1° bestuurder is overleden,
2° de bestuurder is ten minste een jaar niet bereikbaar gebleken op het in het register vermelde adres, en evenmin op het in de gemeentelijke basisadministratie persoonsgegevens ingeschreven adres, dan wel in die administratie staat ten minste een jaar geen adres van de bestuurder vermeld;
c. de rechtspersoon is ten minste een jaar in gebreke met de nakoming van de verplichting tot openbaarmaking van de jaarrekening of de balans en de toelichting overeenkomstig de artikelen 394, 396 of 397;
d. de rechtspersoon heeft ten minste een jaar geen gevolg gegeven aan een aanmaning als bedoeld in artikel 9, lid 3 van de Algemene wet inzake rijksbelastingen tot het doen van aangifte voor de vennootschapsbelasting.
– 2. Een in het handelsregister ingeschreven vereniging of stichting, die niet een onderneming drijft die in het handelsregister staat ingeschreven, wordt door een beschikking van de Kamer van Koophandel en Fabrieken, waar de rechtspersoon is ingeschreven, ontbonden, indien de Kamer is gebleken dat de omstandigheid, genoemd in het lid 1 onder *b*, zich voordoet en zij ten

minste een jaar in gebreke is het voor inschrijving in het handelsregister verschuldigde bedrag te voldoen. (Hrgw 4, 20)

– 3. Indien de Kamer op grond van haar bekende gegevens gebleken is dat een rechtspersoon als bedoeld in de leden 1 en 2 voor ontbinding in aanmerking komt, deelt zij de rechtspersoon en de ingeschreven bestuurders bij aangetekende brief aan hun laatst bekende adres mee, dat zij voornemens is tot ontbinding van de rechtspersoon over te gaan, met vermelding van de omstandigheden waarop het voornemen is gegrond. De Kamer schrijft deze mededeling in het register. Als de omstandigheid, bedoeld in lid 1, onder *b* zich voordoet, doet de Kamer van het voornemen tot ontbinding tevens een mededeling opnemen in de *Nederlandse Staatscourant*. Voor zover de kosten van deze publikatie niet uit het vermogen van de rechtspersoon kunnen worden voldaan, komen deze ten laste van Onze Minister van Justitie.

– 4. Na verloop van acht weken na de dagtekening van de aangetekende brief ontbindt de Kamer de rechtspersoon bij beschikking, tenzij voordien is gebleken dat de omstandigheden die ingevolge het derde lid zijn vermeld, zich niet of niet meer voordoen.

– 5. De beschikking wordt bekend gemaakt aan de rechtspersoon en de ingeschreven bestuurders. (Awb 3:41)

– 6. De Kamer doet van de ontbinding een mededeling opnemen in de *Nederlandse Staatscourant*. Lid 3, vierde zin, is van overeenkomstige toepassing.

– 7. Als op grond van artikel 23, lid 1 geen vereffenaars kunnen worden aangewezen, treedt de Kamer op als vereffenaar van het vermogen van de ontbonden rechtspersoon, behoudens het bepaalde in artikel 19, lid 4. Op verzoek van de Kamer benoemt de rechtbank in haar plaats een of meer andere vereffenaars.

– 8. Indien tegen een beschikking als bedoeld in lid 4, beroep wordt ingesteld bij het College van Beroep voor het bedrijfsleven schrijft de Kamer dat in het register in. De beslissing op het beroep wordt tevens ingeschreven. Indien de beslissing strekt tot vernietiging van de beschikking doet de Kamer een mededeling daarvan opnemen in de *Nederlandse Staatscourant*. Gedurende het tijdvak waarin de rechtspersoon na de beschikking tot ontbinding had opgehouden te bestaan, is er een verlengingsgrond als bedoeld in artikel 320 van Boek 3 ten aanzien van de verjaring van rechtsvorderingen van of tegen de rechtspersoon.

Art. 20

Verboden rechtspersoon

– 1. Een rechtspersoon waarvan de werkzaamheid in strijd is met de openbare orde, wordt door de rechtbank op verzoek van het openbaar ministerie verboden verklaard en ontbonden.

– 2. Een rechtspersoon waarvan het doel in strijd is met de openbare orde, wordt door de rechtbank op verzoek van het openbaar ministerie ontbonden. Alvorens de ontbinding uit te spreken kan de rechtbank de rechtspersoon in de gelegenheid stellen binnen een door haar te bepalen termijn zijn doel zodanig te wijzigen dat het niet meer in strijd is met de openbare orde.

– 3. Een rechtspersoon vermeld in de lijst, bedoeld in artikel 2, derde lid, van Verordening (EG) nr. 2580/2001 van de Raad van 27 december 2001 (*PbEG* L 344), in Bijlage I van Verordening (EG) nr. 881/2002 van de Raad van 27 mei 2002 (*PbEG* L 139) of is vermeld en met een ster aangemerkt in de Bijlage bij het Gemeenschappelijk Standpunt nr. 2001/931 van de Raad van 27 december 2001 (*PbEG* L 344) is van rechtswege verboden en niet bevoegd tot het verrichten van rechtshandelingen. (BW 2:15 (oud); BW 2:2, 21, 23 v., 68 lid 2, 125 lid 2, 179 lid 2, 235 lid 2; 3:40; Rv 429*a* e.v., 998; Gr.w. 8, 9; Sr 140)

Art. 20a

Vervallen.

Art. 21

Ontbinding door rechtbank

– 1. De rechtbank ontbindt een rechtspersoon, indien:

a. aan zijn totstandkoming gebreken kleven;

b. zijn statuten niet aan de eisen der wet voldoen; (BW 2:27 lid 6, 28 lid 2 (oud))

c. hij niet onder de wettelijke omschrijving van zijn rechtsvorm valt. (BW 2:19 lid 1 (oud))

– 2. De rechtbank ontbindt de rechtspersoon niet, indien zij hem een termijn vergund heeft en hij na afloop daarvan een rechtspersoon is die aan de eisen van de wet voldoet. (BW 2:19 lid 2, 27 lid 6 (oud); BW 3:58)

– 3. De rechtbank kan een rechtspersoon ontbinden, indien deze de in dit boek voor zijn rechtsvorm gestelde verboden overtreedt of in ernstige mate in strijd met zijn statuten handelt. (BW 2:26 lid 3, 53 lid 4, 285; BW 3:40 e.v.)

– 4. De ontbinding wordt uitgesproken op verzoek van een belanghebbende of het openbaar ministerie. (BW 2:31, 70, 181, 290 (oud); BW 2:4, 18, 19, 22, 26, 285, 286; 5:124; 6:269; Rv 429*a*, 995 e.v.)

Art. 22

Bewind over goederen rechtspersoon

– 1. De rechter voor wie een verzoek tot ontbinding van de rechtspersoon aanhangig is, kan de

goederen van die rechtspersoon desverlangd onder bewind stellen; de beschikking vermeldt het tijdstip waarop zij in werking treedt.
– 2. De rechter benoemt bij zijn beschikking een of meer bewindvoerders, en regelt hun bevoegdheden en hun beloning.
– 3. Voor zover de rechter niet anders bepaalt, kunnen de organen van de rechtspersoon zonder voorafgaande goedkeuring van de bewindvoerder geen besluiten nemen en kunnen vertegenwoordigers van de rechtspersoon zonder diens medewerking geen rechtshandelingen verrichten.
– 4. De beschikking kan te allen tijde door de rechter worden gewijzigd of ingetrokken; het bewind eindigt in ieder geval, zodra de uitspraak op het verzoek tot ontbinding in kracht van gewijsde gaat.
– 5. De bewindvoerder doet aan de registers waar de rechtspersoon is ingeschreven, opgaaf van de beschikking en van de gegevens over zichzelf die omtrent een bestuurder worden verlangd.
– 6. Een rechtshandeling die de rechtspersoon ondanks zijn uit het bewind voortvloeiende onbevoegdheid vóór de inschrijving heeft verricht, is niettemin geldig, indien de wederpartij het bewind kende noch behoorde te kennen. (BW 2:21 (oud); BW 1:380; 2:4, 6, 19, 20, 21, 23 lid 2, 74, 185, 298, 299, 301; 5:124; Fw 228; Rv 429*a* e.v.)

Art. 22a

'Bevriezen' aandelen

– 1. Voor of bij het doen van een verzoek door het openbaar ministerie tot ontbinding van een naamloze vennootschap of een besloten vennootschap met beperkte aansprakelijkheid, kan het openbaar ministerie de rechter bij verzoekschrift vragen te bevelen dat, tot de uitspraak op genoemd verzoek in kracht van gewijsde gaat, aan de aandeelhouders de bevoegdheid tot het vervreemden, verpanden of met vruchtgebruik belasten van aandelen wordt ontzegd.
– 2. De rechter beslist na summier onderzoek. Het bevel wordt gegeven onder voorwaarde dat het instellen van het verzoek tot ontbinding geschiedt binnen een door de rechter daartoe te bepalen termijn. Tegen deze beschikking is geen hogere voorziening toegelaten.
– 3. De beschikking wordt onverwijld, zo mogelijk op dezelfde dag, betekend aan de aandeelhouders en de vennootschap. De griffier draagt zorg voor de inschrijving van de beschikking in het register waarin de rechtspersoon is ingeschreven.
– 4. Binnen acht dagen na de betekening in het vorige lid vermeld kunnen de aandeelhouders tegen de beschikking in verzet komen. Het verzet schorst het bevel niet, behoudens de bevoegdheid van de aandeelhouders om daarop in kort geding door de voorzieningenrechter van de rechtbank te doen beslissen. Verzet tegen de beschikking kan niet gegrond zijn op de bewering dat de aandeelhouder zijn aandelen wil overdragen.
– 5. Het verzoek tot ontbinding moet binnen acht dagen nadat deze is ingesteld aan de aandeelhouder worden betekend. (BW 2:20, 21, 74, 86 e.v., 88, 89, 185, 195 e.v., 197, 198; 3:84, 86; Rv 289, 995 e.v.)

Art. 23

Vereffenaars

– 1. Voor zover de rechter geen andere vereffenaars heeft benoemd en de statuten geen andere vereffenaars aanwijzen, worden de bestuurders vereffenaars van het vermogen van een ontbonden rechtspersoon. Op vereffenaars die niet door de rechter worden benoemd, zijn de bepalingen omtrent de benoeming, de schorsing, het ontslag en het toezicht op bestuurders van toepassing, voor zover de statuten niet anders bepalen. Het vermogen van een door de rechter ontbonden rechtspersoon wordt vereffend door een of meer door hem te benoemen vereffenaars. (BW 2:23 lid 2 (oud); BW 2:9, 37, 44 e.v., 129 e.v., 162, 164, 239 e.v., 272, 274, 291, 298; 5:135; WED 1 sub 4°)
– 2. Ontslaat de rechter een vereffenaar, dan kan hij een of meer andere benoemen. Ontbreken vereffenaars, dan benoemt de rechtbank een of meer vereffenaars op verzoek van een belanghebbende of het openbaar ministerie. De vereffenaar die door de rechter is benoemd, heeft recht op de beloning welke deze hem toekent. (BW 2:23 lid 4 (oud))
– 3. Een benoeming tot vereffenaar door de rechter gaat in daags nadat de griffier de benoeming aan de vereffenaar heeft meegedeeld; de griffier doet de mededeling terstond, indien de beslissing die de benoeming inhoudt, bij voorraad uitvoerbaar is en anders, zodra zij in kracht van gewijsde is gegaan. (BW 2:22)
– 4. Iedere vereffenaar doet aan de registers waar de rechtspersoon is ingeschreven, opgaaf van zijn optreden als zodanig en van de gegevens over zichzelf die van een bestuurder worden verlangd.
– 5. De rechtbank kan een vereffenaar met ingang van een door haar bepaalde dag ontslaan, het zij op diens verzoek, hetzij wegens gewichtige redenen op verzoek van een medevereffenaar, het openbaar ministerie of ambtshalve.
– 6. De ontslagen vereffenaar legt rekening en verantwoording af aan degenen die de vereffening voortzetten. Is de opvolger door de rechter benoemd, dan geschiedt de rekening en ver-

antwoording ten overstaan van de rechter. (BW 1:337 e.v., 372 e.v., 375 e.v., 448; 2:19, 20, 21, 22; 3:73; 5:147; 8:185; Overg.w. 101)

Art. 23a

Bevoegdheid, plichten en aansprakelijkheid vereffenaar

– 1. Een vereffenaar heeft, tenzij de statuten anders bepalen, dezelfde bevoegdheden, plichten en aansprakelijkheid als een bestuurder, voor zover deze verenigbaar zijn met zijn taak als vereffenaar. (BW 2:23 lid 2 (oud))

– 2. Zijn er twee of meer vereffenaars, dan kan ieder van hen alle werkzaamheden verrichten, tenzij anders is bepaald. Bij verschil van mening tussen de vereffenaars beslist op verzoek van een hunner de rechter die bij de vereffening is betrokken, en anders de kantonrechter. De rechter bedoeld in de vorige zin, kan ook een verdeling van het loon vaststellen.

– 3. Zowel de rechtbank als een door haar in de vereffening benoemde rechter-commissaris kan voor de vereffening nodige bevelen geven, al dan niet in de vorm van een bevelschrift in executoriale vorm. De vereffenaar is verplicht hun aanwijzingen op te volgen. Tegen de bevelen en aanwijzingen staan geen rechtsmiddelen open.

– 4. Blijkt de vereffenaar dat de schulden de baten vermoedelijk zullen overtreffen, dan doet hij aangifte tot faillietverklaring, tenzij alle bekende schuldeisers desgevraagd instemmen met voortzetting van de vereffening buiten faillissement.

– 5. De voorgaande bepalingen van dit artikel en de artikelen 23*b*-23*c* zijn niet van toepassing op vereffening in faillissement. (BW 2:23; Fw 65, 68, 85, 173 e.v.)

Art. 23b

Vereffenaars

– 1. De vereffenaar draagt hetgeen na de voldoening der schuldeisers van het vermogen van de ontbonden rechtspersoon is overgebleven, in verhouding tot ieders recht over aan hen die krachtens de statuten daartoe zijn gerechtigd, of anders aan de leden of aandeelhouders. Heeft geen ander recht op het overschot, dan keert hij het uit aan de Staat, die het zoveel mogelijk overeenkomstig het doel van de rechtspersoon besteedt. (BW 2:23 lid 6 (oud); 2:27 lid 4 sub *f*, 35 lid 1 sub *a*, 79 e.v., 92 lid 1, 190 e.v., 201 lid 1, 310; Fw 179)

– 2. De vereffenaar stelt een rekening en verantwoording op van de vereffening, waaruit de omvang en samenstelling van het overschot blijken. Zijn er twee of meer gerechtigden tot het overschot, dan stelt de vereffenaar een plan van verdeling op dat de grondslagen der verdeling bevat.

– 3. Voor zover tot het overschot iets anders dan geld behoort en de statuten of een rechterlijke beschikking geen nadere aanwijzing behelzen, komen als wijzen van verdeling in aanmerking:

a. toedeling van een gedeelte van het overschot aan ieder der gerechtigden;
b. overbedeling aan een of meer gerechtigden tegen vergoeding van de overwaarde;
c. verdeling van de netto-opbrengst na verkoop. (BW 3:185 lid 2 sub *c*)

– 4. De vereffenaar legt de rekening en verantwoording en het plan van verdeling neer ten kantore van de registers waarin de rechtspersoon is ingeschreven, en in elk geval ten kantore van de rechtspersoon, als dat er is, of op een andere plaats in het arrondissement waar de rechtspersoon woonplaats heeft. De stukken liggen daar twee maanden voor ieder ter inzage. De vereffenaar maakt in een nieuwsblad bekend waar en tot wanneer zij ter inzage liggen. De rechter kan aankondiging in de *Staatscourant* bevelen. (BW 2:77, 100, 114, 188, 209, 224; 5:147 lid 4; Fw 183, 193 lid 2)

– 5. Binnen twee maanden nadat de rekening en verantwoording en het plan zijn neergelegd en de nederlegging overeenkomstig lid 4 is bekendgemaakt en aangekondigd, kan iedere schuldeiser of gerechtigde daartegen door een verzoekschrift aan de rechtbank in verzet komen. De vereffenaar doet van gedaan verzet mededeling op de zelfde wijze als waarop de nederlegging van de rekening en verantwoording en het plan van verdeling zijn medegedeeld. (BW 1:10 lid 2; 2:100; Fw 184)

– 6. Telkens wanneer de stand van het vermogen daartoe aanleiding geeft, kan de vereffenaar een uitkering bij voorbaat aan de gerechtigden doen. Na de aanvang van de verzettermijn doet hij dit niet zonder machtiging van de rechter.

– 7. Zodra de intrekking van of beslissing op elk verzet onherroepelijk is, deelt de vereffenaar dit mede op de wijze waarop het verzet is medegedeeld. Brengt de beslissing wijziging in het plan van verdeling, dan wordt ook het gewijzigde plan van verdeling op deze wijze meegedeeld.

– 8. De vereffenaar consigneert geldbedragen waarover niet binnen zes maanden na de laatste betaalbaarstelling is beschikt.

– 9. De vereffening eindigt op het tijdstip waarop geen aan de vereffenaar bekende baten meer aanwezig zijn.

– 10. Na verloop van een maand nadat de vereffening is geëindigd, doet de vereffenaar rekening en verantwoording van zijn beheer aan de rechter, indien deze bij de vereffening is betrokken. (BW 2:168, 169, 170, 172, 173, 278, 279, 280, 282, 283 (oud); BW 3:80, 83 e.v., 166 e.v., 185 lid 2, 276; Rv 429*a* e.v., 995)

Art. 23c

Heropening vereffening

– 1. Indien na het tijdstip waarop de rechtspersoon is opgehouden te bestaan nog een schuldeiser of gerechtigde tot het saldo opkomt of van het bestaan van een bate blijkt, kan de rechtbank op verzoek van een belanghebbende de vereffening heropenen en zo nodig een vereffenaar benoemen. In dat geval herleeft de rechtspersoon, doch uitsluitend ter afwikkeling van de heropende vereffening. De vereffenaar is bevoegd van elk der gerechtigden terug te vorderen hetgeen deze te veel uit het overschot heeft ontvangen.

– 2. Gedurende het tijdvak waarin de rechtspersoon had opgehouden te bestaan, is er een verlengingsgrond als bedoeld in artikel 320 van Boek 3 ten aanzien van de verjaring van rechtsvorderingen van of tegen de rechtspersoon. (BW 2:23 lid 7 (oud); BW 2:19 lid 5 en 6; 3:274; 6:203 e.v.; Fw 194; Wet op de consignatie van gelden 8)

Art. 24

Bewaring boeken, bescheiden en gegevensdragers

– 1. De boeken, bescheiden en andere gegevensdragers van een ontbonden rechtspersoon moeten worden bewaard gedurende zeven jaren nadat de rechtspersoon heeft opgehouden te bestaan. Bewaarder is degene die bij of krachtens de statuten, dan wel door de algemene vergadering of, als de rechtspersoon een stichting was, door het bestuur als zodanig is aangewezen.

– 2. Ontbreekt een bewaarder en is de laatste vereffenaar niet bereid te bewaren, dan wordt een bewaarder, zo mogelijk uit de kring dergenen die bij de rechtspersoon waren betrokken, op verzoek van een belanghebbende benoemd door de kantonrechter van de rechtbank van het arrondissement waarin de rechtspersoon woonplaats had. Rechtsmiddelen staan niet open.

– 3. Binnen acht dagen na het ingaan van zijn bewaarplicht moet de bewaarder zijn naam en adres opgeven aan de registers waarin de ontbonden rechtspersoon was ingeschreven.

– 4. De in lid 2 genoemde kantonrechter kan desverzocht machtiging tot raadpleging van de boeken, bescheiden en andere gegevensdragers geven aan iedere belanghebbende, indien de rechtspersoon een stichting was, en overigens aan ieder die aantoont bij inzage een redelijk belang te hebben in zijn hoedanigheid van voormalig lid of aandeelhouder van de rechtspersoon of houder van certificaten van diens aandelen, dan wel als rechtverkrijgende van een zodanige persoon. (BW 2:24 (oud); K 56*h* (oud); BW 1:12; 2:10; Overg.w. 73; K 8; Rv 261 e.v., 995 e.v.; Wet Notarisambt 41)

Art. 24a

Dochtermaatschappij

– 1. Dochtermaatschappij van een rechtspersoon is:

a. een rechtspersoon waarin de rechtspersoon of een of meer van zijn dochtermaatschappijen, al dan niet krachtens overeenkomst met andere stemgerechtigden, alleen of samen meer dan de helft van de stemrechten in de algemene vergadering kunnen uitoefenen;

b. een rechtspersoon waarvan de rechtspersoon of een of meer van zijn dochtermaatschappijen lid of aandeelhouder zijn en, al dan niet krachtens overeenkomst met andere stemgerechtigden, alleen of samen meer dan de helft van de bestuurders of van de commissarissen kunnen benoemen of ontslaan, ook indien alle stemgerechtigden stemmen. (BW 2:118, 228)

– 2. Met een dochtermaatschappij wordt gelijk gesteld een onder eigen naam optredende vennootschap waarin de rechtspersoon of een of meer dochtermaatschappijen als vennoot volledig jegens schuldeisers aansprakelijk is voor de schulden.

– 3. Voor de toepassing van lid 1 worden aan aandelen verbonden rechten niet toegerekend aan degene die de aandelen voor rekening van anderen houdt. Aan aandelen verbonden rechten worden toegerekend aan degene voor wiens rekening de aandelen worden gehouden, indien deze bevoegd is te bepalen hoe de rechten worden uitgeoefend dan wel zich de aandelen te verschaffen.

– 4. Voor de toepassing van lid 1 worden stemrechten, verbonden aan verpande aandelen, toegerekend aan de pandhouder, indien hij mag bepalen hoe de rechten worden uitgeoefend. Zijn de aandelen evenwel verpand voor een lening die de pandhouder heeft verstrekt in de gewone uitoefening van zijn bedrijf, dan worden de stemrechten hem slechts toegerekend, indien hij deze in eigen belang heeft uitgeoefend. (BW 2:54*a*, 76, 187 (oud); BW 2:24*d*, 63*a*, 89, 152, 198, 262, 361 lid 4, 367, 379, 389, 409, 414)

Art. 24b

Groep

Een groep is een economische eenheid waarin rechtspersonen en vennootschappen organisatorisch zijn verbonden. Groepsmaatschappijen zijn rechtspersonen en vennootschappen die met elkaar in een groep zijn verbonden. (BW 2:54*a*, 76, 187 (oud); BW 2:361 lid 4, 379 lid 3, 405 e.v.; BW 3:46 lid 1 sub *b*°)

Art. 24c

Deelneming

– 1. Een rechtspersoon of vennootschap heeft een deelneming in een rechtspersoon, indien hij of een of meer van zijn dochtermaatschappijen alleen of samen voor eigen rekening aan die

rechtspersoon kapitaal verschaffen of doen verschaffen teneinde met die rechtspersoon duurzaam verbonden te zijn ten dienste van de eigen werkzaamheid. Indien een vijfde of meer van het geplaatste kapitaal wordt verschaft, wordt het bestaan van een deelneming vermoed.
– 2. Een rechtspersoon heeft een deelneming in een vennootschap, indien hij of een dochtermaatschappij:
a. daarin als vennoot jegens schuldeisers volledig aansprakelijk is voor de schulden; of
b. daarin anderszins vennoot is teneinde met die vennootschap duurzaam verbonden te zijn ten dienste van de eigen werkzaamheid. (BW 2:54*a*, 76, 187 (oud); BW 2:24*a*, 367, 414 lid 1 sub *c*)

Art. 24d

Lidmaatschap/aandeel zonder stemrecht

Bij de vaststelling in hoeverre de leden of aandeelhouders stemmen, aanwezig of vertegenwoordigd zijn, of in hoeverre het aandelenkapitaal verschaft wordt of vertegenwoordigd is, wordt geen rekening gehouden met lidmaatschappen of aandelen waarvan de wet bepaalt dat daarvoor geen stem kan worden uitgebracht. (BW 2:37, 43, 92*a*, 110, 116, 118, 201*a*, 220, 226, 228)

Art. 25

Dwingend recht

Van de bepalingen van dit boek kan slechts worden afgeweken, voor zover dat uit de wet blijkt. (BW 2:25*a* (oud); BW 2:52)

Art. 25a

Vervallen.

TITEL 2
Verenigingen

Art. 26

Doel; oprichting; geen winstoogmerk

– 1. De vereniging is een rechtspersoon met leden die is gericht op een bepaald doel, anders dan een dat is omschreven in artikel 53 lid 1 of lid 2.
– 2. Een vereniging wordt bij meerzijdige rechtshandeling opgericht.
– 3. Een vereniging mag geen winst onder haar leden verdelen. (BW 2:26 (oud); BW 2:3, 4, 18, 19, 21, 41*a*; 5:112 lid 1 sub *e*, 124 lid 2; 6:196 lid 2)

Art. 27

Eisen aan akte

– 1. Wordt een vereniging opgericht bij een notariële akte, dan moeten de volgende bepalingen in acht worden genomen. (BW 2:43 lid 5, 54 lid 1)
– 2. De akte wordt verleden in de Nederlandse taal. Indien de vereniging haar zetel heeft in de provincie Fryslân kan de akte in de Friese taal worden verleden. Een volmacht tot medewerking aan de akte moet schriftelijk zijn verleend. (BW 2:65, 176, 286; 3:60 e.v.)
– 3. De akte bevat de statuten van de vereniging. (BW 2:66, 177, 286)
– 4. De statuten houden in:
a. de naam van de vereniging en de gemeente in Nederland waar zij haar zetel heeft; (BW 1:10 lid 2)
b. het doel van de vereniging; (BW 2:7, 20, 26 lid 3)
c. de verplichtingen die de leden tegenover de vereniging hebben, of de wijze waarop zodanige verplichtingen kunnen worden opgelegd; (BW 2:36 lid 3, 55, 56, 59)
d. de wijze van bijeenroeping van de algemene vergadering; (BW 2:41)
e. de wijze van benoeming en ontslag van de bestuurders; (BW 2:37)
f. de bestemming van het batig saldo van de vereniging in geval van ontbinding, of de wijze waarop de bestemming zal worden vastgesteld. (BW 2:23*b* lid 1)
– 5. De notaris, ten overstaan van wie de akte wordt verleden, draagt zorg dat de akte voldoet aan het in de leden 2-4 bepaalde. Bij verzuim is hij persoonlijk jegens hen die daardoor schade hebben geleden, aansprakelijk. (BW 2:54 lid 3; 6:95 e.v., 162; Wet notarisambt 73) (Ontw. 2.2.1.4; Wet Ver. en Verg. 6 lid 2 (oud); Wet CV 5 lid 2 (oud); BW 2:4, 18, 19, 21, 22, 23 e.v., 30, 54 lid 3, 65, 66, 176, 177, 286; Overg.w. 38 e.v.; Rv 429*a* e.v., 995 e.v.)

Art. 28

Besluit tot opname statuten in notariële akte

– 1. Is een vereniging niet overeenkomstig het eerste lid van het vorige artikel opgericht, dan kan de algemene vergadering besluiten de statuten te doen opnemen in een notariële akte.
– 2. De leden 2-5 van het vorige artikel zijn van overeenkomstige toepassing. (Ontw. 2.2.1.4a; BW 2:4, 21, 30, 40; Overg.w. 39 lid 2)

Art. 29

Inschrijving in handelsregister; hoofdelijke aansprakelijkheid bestuurders

– 1. De bestuurders van een vereniging waarvan de statuten zijn opgenomen in een notariële akte, zijn verplicht haar te doen inschrijven in het handelsregister en een authentiek afschrift van de akte, dan wel een authentiek uittreksel van de akte bevattende de statuten, ten kantore van dat register neer te leggen. (Hrgw 4, 7, 18)
– 2. Zolang de opgave ter eerste inschrijving en nederlegging niet zijn geschied, is iedere be-

stuurder voor een rechtshandeling waardoor hij de vereniging verbindt, naast de vereniging hoofdelijk aansprakelijk. (Ontw. 2.2.1.5; BW 2:6, 69 lid 2, 180 lid 2, 289 lid 4; 6:6, 7)

Art. 30

Beperkte rechtsbevoegdheid hoofdelijke aansprakelijkheid; inschrijving vereniging

– 1. Een vereniging waarvan de statuten niet zijn opgenomen in een notariële akte, kan geen registergoederen verkrijgen en kan geen erfgenaam zijn. (BW 1:92, 435 lid 5; 3:10, 80, 84, 89, 305*a*; 4:946)

– 2. De bestuurders zijn hoofdelijk naast de vereniging verbonden voor schulden uit een rechtshandeling die tijdens hun bestuur opeisbaar worden. Na hun aftreden zijn zij voorts hoofdelijk verbonden voor schulden, voortspruitend uit een tijdens hun bestuur verrichte rechtshandeling, voor zover daarvoor niemand ingevolge de vorige zin naast de vereniging is verbonden. Aansprakelijkheid ingevolge een der voorgaande zinnen rust niet op degene die niet tevoren over de rechtshandeling is geraadpleegd en die heeft geweigerd haar, toen zij hem bekend werd, als bestuurder voor zijn verantwoording te nemen. Ontbreken personen die ingevolge de eerste of tweede zin naast de vereniging zijn verbonden, dan zijn degenen die handelden, hoofdelijk verbonden. (BW 2:4, 9, 11; 6:6, 7)

– 3. De bestuurders van een zodanige vereniging kunnen haar doen inschrijven in het handelsregister. Indien de statuten op schrift zijn gesteld, leggen zij alsdan een afschrift daarvan ten kantore van dat register neer. (BW 2:43 lid 6, 52; 3:61, 79)

– 4. Heeft de inschrijving, bedoeld in het vorige lid, plaatsgevonden, dan is degene die uit hoofde van lid 2 wordt verbonden slechts aansprakelijk, voor zover de wederpartij aannemelijk maakt dat de vereniging niet aan de verbintenis zal voldoen. (Ontw. 2.2.1.7; BW 2:6; Hrgw 4 lid 2; WAM 26 lid 5)

Art. 31-32

Vervallen.

Art. 33

Toelating leden

Tenzij de statuten anders bepalen, beslist het bestuur over de toelating van een lid en kan bij niet-toelating de algemene vergadering alsnog tot toelating besluiten. (Ontw. 2.2.1.8; Wet CV 11 lid 4 (oud); BW 2:40, 52, 61 sub *a*; Overg.w. 45)

Art. 34

Persoonlijk lidmaatschap; overgang bij fusie en splitsing

– 1. Het lidmaatschap van de vereniging is persoonlijk, tenzij de statuten anders bepalen.

– 2. Tenzij de statuten van de vereniging anders bepalen, gaat het lidmaatschap van een rechtspersoon die door fusie of splitsing ophoudt te bestaan, over op de verkrijgende rechtspersoon onderscheidenlijk overeenkomstig de aan de akte van splitsing gehechte beschrijving op een van de verkrijgende rechtspersonen. (Ontw. 2.2.1.10; BW 1701 (oud); Wet CV 9 (oud); BW 2:35 lid 1 sub *a*, 52, 62 sub *a* en sub *b*; 5:125 lid 2; 311, 334*c*; Overg.w. 45; Rv 474*aa* lid 2, 717 lid 2)

Art. 34a

Verbintenissen kunnen slechts bij of krachtens de statuten aan het lidmaatschap worden verbonden.

Art. 35

Einde lidmaatschap

– 1. Het lidmaatschap eindigt:

a. door de dood van het lid, tenzij de statuten overgang krachtens erfrecht toelaten; (BW 2:34)
b. door opzegging door het lid; (BW 2:36)
c. door opzegging door de vereniging; (BW 2:36)
d. door ontzetting.

– 2. De vereniging kan het lidmaatschap opzeggen in de gevallen in de statuten genoemd, voorts wanneer een lid heeft opgehouden aan de vereisten door de statuten voor het lidmaatschap gesteld, te voldoen, alsook wanneer redelijkerwijs van de vereniging niet gevergd kan worden het lidmaatschap te laten voortduren. Tenzij de statuten dit aan een ander orgaan opdragen, geschiedt de opzegging door het bestuur. (BW 2:36)

– 3. Ontzetting kan alleen worden uitgesproken wanneer een lid in strijd met de statuten, reglementen of besluiten der vereniging handelt, of de vereniging op onredelijke wijze benadeelt.

– 4. Tenzij de statuten dit aan een ander orgaan opdragen, geschiedt de ontzetting door het bestuur. Het lid wordt ten spoedigste schriftelijk van het besluit, met opgave van redenen, in kennis gesteld. Hem staat, behalve wanneer krachtens de statuten het besluit door de algemene vergadering is genomen, binnen één maand na ontvangst van de kennisgeving van het besluit, beroep op de algemene vergadering of een daartoe bij de statuten aangewezen orgaan of derde open. De statuten kunnen een andere regeling van het beroep bevatten, doch de termijn kan niet korter dan op één maand worden gesteld. Gedurende de beroepstermijn en hangende het beroep is het lid geschorst. (BW 2:38 lid 1)

– 5. Wanneer het lidmaatschap in de loop van een boekjaar eindigt, blijft, tenzij de statuten anders bepalen, desniettemin de jaarlijkse bijdrage voor het geheel verschuldigd. (Ontw. 2.2.1.11; Wet CV 13, 14, 15 (oud); BW 2:40, 52, 55, 56, 62 sub *b*; Overg.w. 45)

Art. 36

Opzegging lidmaatschap

– 1. Tenzij de statuten anders bepalen, kan opzegging van het lidmaatschap slechts geschieden tegen het einde van een boekjaar en met inachtneming van een opzeggingstermijn van vier weken; op deze termijn is de Algemene termijnenwet niet van toepassing. In ieder geval kan het lidmaatschap worden beëindigd door opzegging tegen het eind van het boekjaar, volgend op dat waarin wordt opgezegd, of onmiddellijk, indien redelijkerwijs niet gevergd kan worden het lidmaatschap te laten voortduren.

– 2. Een opzegging in strijd met het in het vorige lid bepaalde, doet het lidmaatschap eindigen op het vroegst toegelaten tijdstip volgende op de datum waartegen was opgezegd.

– 3. Een lid kan voorts zijn lidmaatschap met onmiddellijke ingang opzeggen binnen een maand nadat een besluit waarbij zijn rechten zijn beperkt of zijn verplichtingen zijn verzwaard, hem is bekend geworden of medegedeeld; het besluit is alsdan niet op hem van toepassing. Deze bevoegdheid tot opzegging kan de leden bij de statuten worden ontzegd voor het geval van wijziging van de daar nauwkeurig omschreven rechten en verplichtingen en voorts in het algemeen voor het geval van wijziging van geldelijke rechten en verplichtingen.

– 4. Een lid kan zijn lidmaatschap ook met onmiddellijke ingang opzeggen binnen een maand nadat hem een besluit is meegedeeld tot omzetting van de vereniging is een andere rechtsvorm, tot fusie of tot splitsing. (Ontw. 2.2.1.12; Wet CV, 12 lid 2 (oud); BW art. 2:18, 27 lid 4 sub *c*, 46, 52, 55, 56, 59, 60, 61 sub *c*, 317, 334*m*; OBW art. 45)

Art. 37

Benoeming, ontslag en schorsing bestuursleden

– 1. Het bestuur wordt uit de leden benoemd.
De statuten kunnen echter bepalen dat bestuurders ook buiten de leden kunnen worden benoemd. (BW 5:127 lid 2)

– 2. De benoeming geschiedt door de algemene vergadering. De statuten kunnen de wijze van benoeming echter ook anders regelen, mits elk lid middellijk of onmiddellijk aan de stemming over de benoeming der bestuurders kan deelnemen.

– 3. De statuten kunnen bepalen, dat een of meer der bestuursleden, mits minder dan de helft, door andere personen dan de leden worden benoemd.

– 4. Is in de statuten bepaald dat een bestuurder in een vergadering uit een bindende voordracht moet worden benoemd, dan kan aan die voordracht het bindend karakter worden ontnomen door een met ten minste twee derden van de uitgebrachte stemmen genomen besluit van die vergadering. In de statuten kan worden bepaald dat op deze vergadering ten minste een bepaald aantal stemmen moet kunnen worden uitgebracht; dit aantal mag niet hoger worden gesteld dan twee derden van het aantal stemmen dat door de stemgerechtigden gezamenlijk kan worden uitgebracht.

– 5. Indien ingevolge de statuten een bestuurslid door leden of afdelingen buiten een vergadering wordt benoemd, dan moet aan de leden gelegenheid worden geboden kandidaten te stellen. De statuten kunnen bepalen dat dit recht slechts aan een aantal leden gezamenlijk toekomt, mits hun aantal niet hoger wordt gesteld dan een vijfde van het aantal leden dat aan de verkiezing kan deelnemen. De statuten kunnen voorts bepalen dat aldus gestelde kandidaten slechts zijn benoemd, indien zij ten minste een bepaald aantal stemmen op zich hebben verenigd, mits dit aantal niet groter is dan twee derden van het aantal der uitgebrachte stemmen.

– 6. Een bestuurslid kan, ook al is hij voor een bepaalde tijd benoemd, te allen tijde door het orgaan dat hem heeft benoemd, worden ontslagen of geschorst. Een veroordeling tot herstel van de arbeidsovereenkomst tussen de vereniging en bestuurder kan door de rechter niet worden uitgesproken.

– 7. Tenzij de statuten anders bepalen, wijst het bestuur uit zijn midden een voorzitter, een secretaris en een penningmeester aan. (Ontw. 2.2.1.13; Wet CV 26 leden 1 en 4, 28 leden 1 en 2 (oud); BW art. 2:14, 15, 16, 27 lid 4 sub *e*, 38 lid 1, 39, 41*a*, 44, 45, 47 leden 2 en 5, 52, 132 e.v., 158 lid 12, 242 e.v., 268 lid 12, 356 sub *b en c*; 5:131 lid 2; 7:682; OBW art. 45)

Art. 38

Stemrecht

– 1. Behoudens het in het volgende artikel bepaalde, hebben alle leden die niet geschorst zijn, toegang tot de algemene vergadering en hebben daar ieder één stem; een geschorst lid heeft toegang tot de vergadering waarin het besluit tot schorsing wordt behandeld, en is bevoegd daarover het woord te voeren. De statuten kunnen aan bepaalde leden meer dan één stem toekennen.

– 2. Tenzij de statuten anders bepalen, treden de voorzitter en de secretaris van het bestuur of hun vervangers, als zodanig ook op bij de algemene vergadering.

– 3. De statuten kunnen bepalen dat personen die deel uitmaken van andere organen der vereniging en die geen lid zijn, in de algemene vergadering stemrecht kunnen uitoefenen. Het

aantal der door hen gezamenlijk uitgebrachte stemmen zal echter niet meer mogen zijn dan de helft van het aantal der door de leden uitgebrachte stemmen.
– 4. Tenzij de statuten anders bepalen, kan iemand die krachtens lid 1 of lid 3 stemgerechtigd is, aan een andere stemgerechtigde schriftelijk volmacht verlenen tot het uitbrengen van zijn stem. (oud);Wet CV 21, 23 (oud); BW art. 2:12, 13, 14, 15, 39, 41*a*, 52, 117, 118, 227, 228; BW art. 3:60 e.v., 79; OBW art. 45)
– 5. Aan de eis van schriftelijkheid van de volmacht wordt voldaan indien de volmacht elektronisch is vastgelegd.
– 6. De statuten kunnen bepalen dat iemand die krachtens lid 1 of lid 3 stemgerechtigd is het stemrecht kan uitoefenen door middel van een elektronisch communicatiemiddel.
– 7. Voor detoepassing van lid 6 is vereist dat de stemgerechtigde via het elektronisch communicatiemiddel kan worden geïdentificeerd, rechtstreeks kan kennisnemen van de verhandelingen ter vergadering en het stemrecht kan uitoefenen. De statuten kunnen bepalen dat bovendien is vereist dat de stemgerechtigde via het elektronisch communicatiemiddel kan deelnemen aan de beraadslaging.
– 8. De statuten kunnen bepalen dat stemmen die voorafgaand aan de algemene vergadering via een elektronisch communicatiemiddel worden uitgebracht, doch niet eerder dan op de dertigste dag voor die van de vergadering, gelijk worden gesteld met stemmen die ten tijde van de vergadering worden uitgebracht.
– 9. Bij of krachtens de statuten kunnen voorwaarden worden gesteld aan het gebruik van het elektronisch communicatiemiddel. Indien deze voorwaarden krachtens de statuten worden gesteld, worden deze bij de oproeping bekend gemaakt.

Art. 39

Afgevaardigden; referendum

– 1. De statuten kunnen bepalen dat de algemene vergadering zal bestaan uit afgevaardigden die door en uit de leden worden gekozen. De wijze van verkiezing en het aantal van de afgevaardigden worden door de statuten geregeld; elk lid moet middellijk of onmiddellijk aan de verkiezing kunnen deelnemen. De leden 4 en 5 van artikel 37 zijn bij de verkiezing van overeenkomstige toepassing. Artikel 38 lid 3 is van overeenkomstige toepassing op personen die deel uitmaken van andere organen der vereniging en die geen afgevaardigde zijn.
– 2. De statuten kunnen bepalen dat bepaalde besluiten van de algemene vergadering aan een referendum zullen worden onderworpen. De statuten regelen de gevallen waarin, de tijd waarbinnen, en de wijze waarop het referendum zal worden gehouden. Hangende de uitslag van het referendum wordt de uitvoering van het besluit geschorst. (Ontw. 2.2.1.15;Wet CV 22 (oud); BW art. 2:14, 15, 41*a*, 52; OBW art. 45)

Art. 40

Bevoegdheden algemene vergadering; besluitvorming buiten vergadering

– 1. Aan de algemene vergadering komen in de vereniging alle bevoegdheden toe, die niet door de wet of de statuten aan andere organen zijn opgedragen.
– 2. Een eenstemmig besluit van alle leden of afgevaardigden, ook al zijn deze niet in een vergadering bijeen, heeft, mits met voorkennis van het bestuur genomen, dezelfde kracht als een besluit van de algemene vergadering. (Ontw. 2.2.1.16; BW art. 2:14, 15, 33, 35, 41, 41*a*, 44 e.v., 47, 48, 52, 107, 128, 218, 238; BW art. 5:125)

Art. 41

Bijeenroeping algemene vergadering

– 1. Het bestuur roept de algemene vergadering bijeen, zo dikwijls het dit wenselijk oordeelt, of wanneer het daartoe volgens de wet of de statuten verplicht is. De statuten kunnen deze bevoegdheid ook aan anderen dan het bestuur verlenen.
– 2. Op schriftelijk verzoek van ten minste een zodanig aantal leden of afgevaardigden als bevoegd is tot het uitbrengen van een tiende gedeelte der stemmen in de algemene vergadering of van een zoveel geringer aantal als bij de statuten is bepaald, is het bestuur verplicht tot het bijeenroepen van een algemene vergadering op een termijn van niet langer dan vier weken na indiening van het verzoek.
– 3. Indien aan het verzoek binnen veertien dagen geen gevolg wordt gegeven, kunnen, tenzij in de statuten de wijze van bijeenroeping der algemene vergadering voor dit geval anders is geregeld, de verzoekers zelf tot die bijeenroeping overgaan op de wijze waarop het bestuur de algemene vergadering bijeenroept of bij advertentie in ten minste één ter plaatse waar de vereniging gevestigd is, veelgelezen dagblad. De verzoekers kunnen alsdan anderen dan bestuursleden belasten met de leiding der vergadering en het opstellen der notulen. (Ontw. 2.2.1.17; Wet CV 24 (oud); BW art. 2:27 lid 4 sub *d*, 37 lid 2, 38 lid 1, 39 lid 1, 41*a*, 52, 109 e.v., 219 e.v.; BW art. 5:127 lid 2)
– 4. Tenzij de statuten anders bepalen, wordt aan de eis van schriftelijkheid van het verzoek bedoeld in lid 2 voldaan indien het verzoek elektronisch is vastgelegd.
– 5. Tenzij de statuten anders bepalen kan, indien een lid of afgevaardigde hiermee instemt, de bijeenroeping geschieden door een langs elektronische weg toegezonden leesbaar en reproduceerbaar bericht aan het adres dat door hem voor dit doel is bekend gemaakt.

Art. 41a

Afdelingen van een vereniging

De artikelen 37-41 zijn van overeenkomstige toepassing op de afdelingen van een vereniging die geen rechtspersonen zijn en die een algemene vergadering en een bestuur hebben; hetgeen in die artikelen omtrent de statuten is bepaald, kan in een afdelingsreglement worden neergelegd.

Art. 42

Statutenwijziging; ontbinding

– 1. In de statuten van de vereniging kan geen verandering worden gebracht dan door een besluit van een algemene vergadering, waartoe is opgeroepen met de mededeling dat aldaar wijziging van de statuten zal worden voorgesteld. De termijn voor oproeping tot een zodanige vergadering bedraagt ten minste zeven dagen.

– 2. Zij die de oproeping tot de algemene vergadering ter behandeling van een voorstel tot statutenwijziging hebben gedaan, moeten ten minste vijf dagen vóór de vergadering een afschrift van dat voorstel, waarin de voorgedragen wijziging woordelijk is opgenomen, op een daartoe geschikte plaats voor de leden ter inzage leggen tot na afloop van de dag waarop de vergadering wordt gehouden. Aan de afdelingen waaruit de vereniging bestaat en aan afgevaardigden moet het voorstel ten minste veertien dagen vóór de vergadering ter kennis zijn gebracht; de vorige zin is alsdan niet van toepassing.

– 3. Het bepaalde in de eerste twee leden is niet van toepassing, indien in de algemene vergadering alle leden of afgevaardigden aanwezig of vertegenwoordigd zijn en het besluit tot statutenwijziging met algemene stemmen wordt genomen.

– 4. Het in dit artikel en de eerste twee leden van het volgende artikel bepaalde is van overeenkomstige toepassing op een besluit tot ontbinding. (Ontw. 2.2.1.18; Wet CV 25 (oud); BW art. 2:14, 15, 38, 39 lid 1, 123, 233, 293)

Art. 43

Gekwalificeerde meerderheid; notariële akte; nederlegging afschrift

– 1. Tenzij de statuten anders bepalen, behoeft een besluit tot statutenwijziging ten minste twee derden van de uitgebrachte stemmen.

– 2. Voor zover de bevoegdheid tot wijziging bij de statuten mocht zijn uitgesloten, is wijziging niettemin mogelijk met algemene stemmen in een vergadering, waarin alle leden of afgevaardigden aanwezig of vertegenwoordigd zijn.

– 3. Een bepaling in de statuten, welke de bevoegdheid tot wijziging van een of meer andere bepalingen beperkt, kan slechts worden gewijzigd met inachtneming van gelijke beperking.

– 4. Een bepaling in de statuten, welke de bevoegdheid tot wijziging van een of meer andere bepalingen uitsluit, kan slechts worden gewijzigd met algemene stemmen in een vergadering, waarin alle leden of afgevaardigden aanwezig of vertegenwoordigd zijn.

– 5. Heeft de vereniging volledige rechtsbevoegdheid, dan treedt de wijziging niet in werking dan nadat hiervan een notariële akte is opgemaakt. De bestuurders zijn verplicht een authentiek afschrift van de wijziging en de gewijzigde statuten neder te leggen ten kantore van het handelsregister.

– 6. De bestuurders van een vereniging met beperkte rechtsbevoegdheid, waarvan de statuten overeenkomstig artikel 30 lid 3 van dit Boek in afschrift ten kantore van het handelsregister zijn nedergelegd, zijn verplicht aldaar tevens een afschrift van de wijziging en van de gewijzigde statuten neder te leggen. (Ontw. 2.2.1.19; BW 2:6 lid 1, 14, 15, 17, 24*d*, 27 lid 4, 36 lid 3, 52, 54, 121, 124, 126, 231, 234, 236, 293; Overg.w. 39 lid 2, 45)

Art. 44

Taak en bevoegdheden bestuur

– 1. Behoudens beperkingen volgens de statuten is het bestuur belast met het besturen van de vereniging.

– 2. Slechts indien dit uit de statuten voortvloeit, is het bestuur bevoegd te besluiten tot het aangaan van overeenkomsten tot verkrijging, vervreemding en bezwaring van registergoederen, en tot het aangaan van overeenkomsten waarbij de vereniging zich als borg of hoofdelijk medeschuldenaar verbindt, zich voor een derde sterk maakt of zich tot zekerheidstelling voor een schuld van een ander verbindt. De statuten kunnen deze bevoegdheid aan beperkingen en voorwaarden binden. De uitsluiting, beperkingen en voorwaarden gelden mede voor de bevoegdheid tot vertegenwoordiging van de vereniging ter zake van deze handelingen, tenzij de statuten anders bepalen. (Ontw. 2.2.1.20; BW 1:88; 2:6 lid 2, 8, 14, 15, 29, 40, 45, 47, 52, 53*a*, 129, 239, 291; 8:192; Overg.w. 45)

Art. 45

Vertegenwoordigingsbevoegdheid (bestuur)

– 1. Het bestuur vertegenwoordigt de vereniging, voor zover uit de wet niet anders voortvloeit.

– 2. De statuten kunnen de bevoegdheid tot vertegenwoordiging bovendien toekennen aan een of meer bestuurders. Zij kunnen bepalen dat een bestuurder de vereniging slechts met medewerking van een of meer anderen mag vertegenwoordigen.

– 3. Bevoegdheid tot vertegenwoordiging die aan het bestuur of aan een bestuurder toekomt, is onbeperkt en onvoorwaardelijk, voor zover uit de wet niet anders voortvloeit. Een wettelijk

toegelaten of voorgeschreven beperking van of voorwaarde voor de bevoegdheid tot vertegenwoordiging kan slechts door de vereniging worden ingeroepen.
– 4. De statuten kunnen ook aan andere personen dan bestuurders bevoegdheid tot vertegenwoordiging toekennen. (Ontw. 2.2.1.20a; BW 1692 (oud); Wet CV 29 (oud); BW 2:6, 29 lid 2, 30 lid 3, 44, 52, 130, 240, 292; 3:65; 5:131, 135; Overg.w. 45; Rv 4 sub 3°, 5 lid 1 sub 2°)

Art. 46

Handelen voor de leden

De vereniging kan, voor zover uit de statuten niet het tegendeel voortvloeit, ten behoeve van de leden rechten bedingen en, voor zover dit in de statuten uitdrukkelijk is bepaald, te hunnen laste verplichtingen aangaan. Zij kan nakoming van bedongen rechten jegens en schadevergoeding aan een lid vorderen, tenzij dit zich daartegen verzet. (Ontw. 2.2.1.20b; BW 2:52; 6:253 v.; Overg.w. 45, 69; Wet CAO 15)

Art. 47

Vertegenwoordiging bij belangenstrijd

In alle gevallen waarin de vereniging een tegenstrijdig belang heeft met een of meer bestuurders of commissarissen kan de algemene vergadering een of meer personen aanwijzen om de vereniging te vertegenwoordigen. (BW 2:44, 63*f*, 146, 256; 5:135)

Art. 48

Jaarverslag; rekening en verantwoording; onderzoek

– 1. Het bestuur brengt op een algemene vergadering binnen zes maanden na afloop van het boekjaar, behoudens verlenging van deze termijn door de algemene vergadering, een jaarverslag uit over de gang van zaken in de vereniging en over het gevoerde beleid. Het legt de balans en de staat van baten en lasten met een toelichting ter goedkeuring aan de vergadering over. Deze stukken worden ondertekend door de bestuurders en commissarissen; ontbreekt de ondertekening van een of meer hunner, dan wordt daarvan onder opgave van redenen melding gemaakt. Na verloop van de termijn kan ieder lid van de gezamenlijke bestuurders in rechte vorderen dat zij deze verplichtingen nakomen.
– 2. Ontbreekt een raad van commissarissen en wordt omtrent de getrouwheid van de stukken aan de algemene vergadering niet overgelegd een verklaring afkomstig van een accountant als bedoeld in artikel 393 lid 1, dan benoemt de algemene vergadering jaarlijks een commissie van ten minste twee leden die geen deel van het bestuur mogen uitmaken. De commissie onderzoekt de stukken bedoeld in de tweede zin van lid 1, en brengt aan de algemene vergadering verslag van haar bevindingen uit. Het bestuur is verplicht de commissie ten behoeve van haar onderzoek alle door haar gevraagde inlichtingen te verschaffen, haar desgewenst de kas en de waarden te tonen en de boeken, bescheiden en andere gegevensdragers van de vereniging voor raadpleging beschikbaar te stellen.

Onderneming in vereniging

– 3. Een vereniging die een of meer ondernemingen in stand houdt welke ingevolge de wet in het handelsregister moeten worden ingeschreven, vermeldt bij de staat van baten en lasten de netto-omzet van deze ondernemingen. (Ontw. 2.2.1.23; BW 1695 (oud); Wet CV 27, 28 lid 4, 30 leden 1 en 2 (oud); BW 2:8, 10, 10*a*, 49 lid 4, 52, 58, 101, 102, 210, 299*a*, 391, 393 lid 5; 5:126 lid 2, 135; Overg.w. 46; Rv 771 e.v.)

Art. 49

Jaarrekening

– 1. Jaarlijks binnen zes maanden na afloop van het boekjaar van een vereniging als bedoeld in artikel 360 lid 3, behoudens verlenging van deze termijn met ten hoogste vijf maanden door de algemene vergadering op grond van bijzondere omstandigheden, maakt het bestuur een jaarrekening op en legt het deze voor de leden ter inzage ten kantore van de vereniging. Binnen deze termijn legt het bestuur ook het jaarverslag ter inzage voor de leden, tenzij de artikelen 396 lid 7, of 403 voor de vereniging gelden.
– 2. De jaarrekening wordt ondertekend door de bestuurders en door de commissarissen; ontbreekt de ondertekening van een of meer hunner, dan wordt daarvan onder opgave van reden melding gemaakt.
– 3. De jaarrekening wordt vastgesteld door de algemene vergadering die het bestuur uiterlijk een maand na afloop van de termijn doet houden. Vaststelling van de jaarrekening strekt niet tot kwijting aan een bestuurder onderscheidenlijk commissaris.
– 4. Artikel 48 lid 1 is niet van toepassing van de vereniging bedoeld in artikel 360 lid 3. Artikel 48 lid 2 is hierop van toepassing met dien verstande dat onder stukken wordt verstaan de stukken die ingevolge lid 1 worden overgelegd.
– 5. Een vereniging als bedoeld in artikel 360 lid 3 mag ten laste van de door de wet voorgeschreven reserves een tekort slechts delgen voor zover de wet dat toestaat. (BW 2:58 lid 4, 104, 215, 300 lid 4, 365 lid 2, 389 lid 6, 390)
– 6. Onze Minister van Economische Zaken kan desverzocht om gewichtige redenen ontheffing verlenen van de verplichting tot het opmaken, het overleggen en het vaststellen van de jaarrekening. (BW 2:58, 101, 210, 300, 383*a*, 392 lid 5)

Art. 50

Inzage ten kantore van de vereniging

De vereniging, bedoeld in artikel 360 lid 3, zorgt dat de opgemaakte jaarrekening, het jaarverslag en de krachtens artikel 392 lid 1 toe te voegen gegevens vanaf de oproep voor de algemene vergadering, bestemd tot behandeling van de jaarrekening, te haren kantore aanwezig zijn. De leden kunnen de stukken aldaar inzien en er kosteloos een afschrift van verkrijgen. (BW 2:58 lid 3, 102, 212, 383*a*, 392 lid 5)

Art. 50a

Inschrijving krachtens de Fw

De artikelen 131, 138, 139, 149 en 150 zijn van overeenkomstige toepassing in geval van faillissement van een vereniging waarvan de statuten zijn opgenomen in een notariële akte en die aan de heffing van vennootschapsbelasting is onderworpen. (BW 2:27, 28, 300*a*; Wet venn.bel. 1969 art. 2, 4)

Art. 51

Faillissement in handelsregister

In geval van faillissement of surséance van betaling van een vereniging die is ingeschreven in het handelsregister, worden de aankondigingen welke krachtens de Faillissementswet in de *Nederlandse Staatscourant* worden opgenomen, door hem die met die openbaarmaking is belast, mede ter inschrijving in dat register opgegeven. (Ontw. 2.2.1.25a; BW 2:6, 23*a* lid 5, 303; Fw 14 lid 3, 18, 167 lid 3, 193 lid 1, 216, 222 lid 2, 245, 248 lid 2, 256; Hrgw 18)

Art. 52

Afwijkende regelingen in schriftelijke statuten

Voorzover van de bepalingen van deze titel in de statuten kan worden afgeweken, kan deze afwijking alleen geschieden bij op schrift gestelde statuten. (Ontw. 2.2.1.26; BW 2:25)

TITEL 3
Coöperaties en onderlinge waarborgmaatschappijen

AFDELING 1
Algemene bepalingen

Art. 53

Doel coöperatie

– 1. De coöperatie is een bij notariële akte als coöperatie opgerichte vereniging. Zij moet zich blijkens de statuten ten doel stellen in bepaalde stoffelijke behoeften van haar leden te voorzien krachtens overeenkomsten, anders dan van verzekering, met hen gesloten in het bedrijf dat zij te dien einde te hunnen behoeve uitoefent of doet uitoefenen.

– 2. De onderlinge waarborgmaatschappij is een bij notariële akte als onderlinge waarborgmaatschappij opgerichte vereniging. Zij moet zich blijkens de statuten ten doel stellen met haar leden verzekeringsovereenkomsten te sluiten, een en ander in het verzekeringsbedrijf dat zij te dien einde ten behoeve van haar leden uitoefent.

– 3. De statuten van een coöperatie kunnen haar veroorloven overeenkomsten als die welke zij met haar leden sluit, ook met anderen aan te gaan; hetzelfde geldt voor de statuten van een onderlinge waarborgmaatschappij waarbij iedere verplichting van leden of oud-leden om in de tekorten bij te dragen is uitgesloten.

– 4. Indien een coöperatie of een onderlinge waarborgmaatschappij de in het vorige lid bedoelde bevoegdheid uitoefent, mag zij dat niet in een zodanige mate doen, dat de overeenkomsten met de leden slechts van ondergeschikte betekenis zijn. (Wet CV 1 (oud); Wet Levensverz. bedr. 11 (oud); Wet Schadeverz.bedr. 1 sub *e* (oud); BW 2:26 lid 1, 53*a*, 54, 56 lid 1, 62 sub *a*, 63, 344 e.v.; Overg.w. 42, 48, 49; K 246 e.v., 287 e.v.; Wet toezicht verzekeringsbedrijf 17)

Art. 53a

Schakelbepaling

De bepalingen van de vorige titel zijn, met uitzondering van de artikelen 26 lid 3 en 44 lid 2, op de coöperatie en de onderlinge waarborgmaatschappij van toepassing, voor zover daarvan in deze titel niet wordt afgeweken.

Art. 54

Oprichting bij notariële akte; naam

– 1. Een coöperatie en een onderlinge waarborgmaatschappij worden opgericht door een meerzijdige rechtshandeling bij notariële akte. (BW 2:64 lid 2, 175 lid 2, 286)

– 2. De naam van een coöperatie moet het woord 'coöperatief' bevatten, die van een onderlinge waarborgmaatschappij het woord 'onderling' of 'wederkerig'. De naam van de rechtspersoon moet aan het slot de letters W.A., B.A. of U.A. overeenkomstig artikel 56 dragen. (Ontw. 2.2.2.2; Wet CV 3, 5 (oud); Wet Levensverz.bedr. 12, 13 (oud); Wet Schadeverz. bedr. 10 lid 1, 11 (oud); BW 2:6, 61 sub *d*, 69, 180, 289; Overg.w. 42, 43, 44; Hrgw 3, 4, 6, 7, 18)

Art. 54a

Vervallen.

Art. 55

Aansprakelijkheid leden

– 1. Zij die bij de ontbinding leden waren, of minder dan een jaar te voren hebben opgehouden leden te zijn, zijn tegenover de rechtspersoon naar de in de statuten aangegeven maatstaf voor een tekort aansprakelijk; wordt een coöperatie of onderlinge waarborgmaatschappij ontbonden door haar insolventie nadat zij in staat van faillissement is verklaard, dan wordt de termijn van een jaar niet van de dag der ontbinding, maar van de dag der faillietverklaring gerekend. De statuten kunnen een langere termijn dan een jaar vaststellen.

– 2. Bevatten de statuten niet een maatstaf voor ieders aansprakelijkheid, dan zijn allen voor gelijke delen aansprakelijk.
– 3. Kan op een of meer van de leden of oud-leden het bedrag van zijn aandeel in het tekort niet worden verhaald, dan zijn voor het ontbrekende de overige leden en oud-leden, ieder naar evenredigheid van zijn aandeel, aansprakelijk. Deze aansprakelijkheid bestaat ook, indien de vereffenaars afzien van verhaal op een of meer leden of oud-leden, op grond dat door de uitoefening van het verhaalsrecht een bate voor de boedel niet zou worden verkregen. Indien de vereffening geschiedt onder toezicht van personen, door de wet met dat toezicht belast, kunnen de vereffenaars van dat verhaal slechts afzien met machtiging van deze personen.
– 4. De aansprakelijke leden en oud-leden zijn gehouden tot onmiddellijke betaling van hun aandeel in een geraamd tekort, vermeerderd met 50 ten honderd, of zoveel minder als de vereffenaars voldoende achten, tot voorlopige dekking van een nadere omslag voor de kosten van invordering en van het aandeel van hen, die in gebreke mochten blijven aan hun verplichting te voldoen.
– 5. Een lid of oud-lid is niet bevoegd tot verrekening van zijn schuld uit hoofde van dit artikel. (Ontw. 2.2.2.4; Wet CV 17, 35 (oud); BW 2:19, 23 e.v., 35, 52, 56, 61, 84, 90, 192; 6:6, 10, 12, 13, 102 lid 2, 127; 7A:1680; Overg.w. 43, 44 lid 2)

Art. 56

Uitgesloten, beperkte of wettelijke aansprakelijkheid

– 1. Een coöperatie of een onderlinge waarborgmaatschappij kan in afwijking van het in het vorige artikel bepaalde in haar statuten iedere verplichting van haar leden of oud-leden om in een tekort bij te dragen, uitsluiten of tot een maximum beperken. De leden kunnen hierop slechts een beroep doen, indien de rechtspersoon aan het slot van zijn naam in het eerste geval de letters U.A. (uitsluiting van aansprakelijkheid), en in het tweede geval de letters B.A. (beperkte aansprakelijkheid) heeft geplaatst. Een rechtspersoon waarop de eerste zin niet is toegepast, plaatst de letters W.A. (wettelijke aansprakelijkheid) aan het slot van zijn naam.

Voeren volledige naam

– 2. De genoemde rechtspersonen zijn, behoudens in telegrammen en reclames, verplicht haar naam volledig te voeren. (Ontw. 2.2.2.5; Wet CV 3 leden 2en 3 (oud); BW 2:52, 53 lid 3, 54 lid 2, 61, 75 lid 1, 186 lid 1; 8:1166; Overg.w. 43, 44; WED 1 sub 4°; Hrgw 23*a*)

Art. 57

Raad van commissarissen; taakomschrijving

– 1. Bij de statuten kan worden bepaald dat er een raad van commissarissen zal zijn. De raad bestaat uit een of meer natuurlijke personen.
– 2. De raad van commissarissen heeft tot taak toezicht te houden op het beleid van het bestuur en op de algemene gang van zaken in de rechtspersoon en de daarmee verbonden onderneming. Hij staat het bestuur met raad ter zijde. Bij de vervulling van hun taak richten de commissarissen zich naar het belang van de rechtspersoon en de daarmee verbonden onderneming.
– 3. Tenzij bij de statuten anders is bepaald, is de raad van commissarissen bevoegd iedere door de algemene vergadering benoemde bestuurder te allen tijde te schorsen. Deze schorsing kan te allen tijde door de algemene vergadering worden opgeheven.
– 4. Behoudens het bepaalde in artikel 47 vertegenwoordigt de raad van commissarissen de rechtspersoon in andere gevallen van strijdig belang met een of meer bestuurders dan het sluiten of wijzigen van overeenkomsten zoals deze met alle leden in gelijke omstandigheden worden gesloten. De statuten kunnen van deze bepaling afwijken. (BW 2:146, 256)
– 5. De statuten kunnen aanvullende bepalingen omtrent de taak en de bevoegdheden van de raad en van zijn leden bevatten.
– 6. Tenzij de statuten anders bepalen, kan de algemene vergadering aan de commissarissen als zodanig een bezoldiging toekennen.
– 7. Tenzij de statuten de commissarissen stemrecht toekennen, hebben zij als zodanig in de algemene vergadering slechts raadgevende stem.
– 8. Het bestuur verschaft de raad van commissarissen tijdig de voor de uitoefening van diens taak noodzakelijke gegevens. (BW 2:8, 9, 14, 15, 57*a*, 63*f*, 140 e.v., 250 e.v., 356 sub *b*, *c*)

Art. 57a

Benoeming commissarissen

– 1. Op de benoeming van commissarissen die niet reeds bij de akte van oprichting zijn aangewezen, is artikel 37 van overeenkomstige toepassing, tenzij zij overeenkomstig artikel 63*f* geschiedt.
– 2. Bij een aanbeveling of voordracht tot benoeming van een commissaris worden van de kandidaat medegedeeld zijn leeftijd, zijn beroep en de betrekkingen die hij bekleedt of die hij heeft bekleed voor zover die van belang zijn in verband met de vervulling van de taak van een commissaris. Tevens wordt vermeld aan welke rechtspersonen hij reeds als commissaris is verbonden; indien zich daaronder rechtspersonen bevinden, die tot een zelfde groep behoren, kan met de aanduiding van de groep worden volstaan. De aanbeveling en de voordracht worden met redenen omkleed. (BW 2:142, 252)

Art. 58

Jaarrekening

– 1. Jaarlijks binnen zes maanden na afloop van het boekjaar, behoudens verlenging van deze termijn met ten hoogste vijf maanden door de algemene vergadering op grond van bijzondere omstandigheden, maakt het bestuur een jaarrekening op en legt het deze voor de leden ter inzage ten kantore van de rechtspersoon. Binnen deze termijn legt het bestuur ook het jaarverslag ter inzage voor de leden, tenzij de artikelen 396 lid 7 of 403 voor de rechtspersoon gelden. De jaarrekening wordt vastgesteld door de algemene vergadering die het bestuur uiterlijk een maand na afloop van de termijn doet houden. Artikel 48 lid 2 is van overeenkomstige toepassing. Vaststelling van de jaarrekening strekt niet tot kwijting aan een bestuurder onderscheidenlijk commissaris. (BW 2:401)
– 2. De opgemaakte jaarrekening wordt ondertekend door de bestuurders en door de commissarissen; ontbreekt de ondertekening van een of meer hunner, dan wordt daarvan onder opgave van reden melding gemaakt.
– 3. De rechtspersoon zorgt dat de opgemaakte jaarrekening, het jaarverslag en de krachtens artikel 392 lid 1 toe te voegen gegevens vanaf de oproep voor de algemene vergadering, bestemd tot behandeling van de jaarrekening, te zijnen kantore aanwezig zijn. De leden kunnen de stukken aldaar inzien en er kosteloos een afschrift van verkrijgen.
– 4. Ten laste van de door de wet voorgeschreven reserves mag een tekort slechts worden gedelgd voor zover de wet dat toestaat. (BW 2:104, 215)
– 5. Onze Minister van Economische Zaken kan desverzocht om gewichtige redenen ontheffing verlenen van de verplichting tot het opmaken, het overleggen en het vaststellen van de jaarrekening. (Wet CV 30 (oud); BW 2:10, 48, 101 e.v., 210 e.v., 361 e.v., 391, 392, 393 lid 5, 399 lid 5 en 6; WOR 31*a*; WED 1 sub 4°)

Art. 59

Wijziging in overeenkomsten met leden

– 1. Coöperaties en onderlinge waarborgmaatschappijen zijn niet bevoegd door een besluit wijzigingen in de met haar leden in de uitoefening van haar bedrijf aangegane overeenkomsten aan te brengen, tenzij zij zich deze bevoegdheid in de overeenkomst op duidelijke wijze hebben voorbehouden. Een verwijzing naar statuten, reglementen, algemene voorwaarden of dergelijke, is daartoe niet voldoende.
– 2. Op een wijziging als in het vorige lid bedoeld kan de rechtspersoon zich tegenover een lid slechts beroepen indien de wijziging schriftelijk aan het lid was medegedeeld. (Ontw. 2.2.2.7; BW 2:12 e.v.; 27 lid 4 sub *c*, 36, 81, 192; 3:33, 35, 37; 6:231 lid 1 sub *c*, 232, 248, 258; Overg.w. 47 lid 1)

Art. 60

Voorwaarden voor uittreding

Voor de coöperatie geldt voorts dat, met behoud der vrijheid van uittreding uit de coöperatie, daaraan bij de statuten voorwaarden, in overeenstemming met haar doel en strekking, kunnen worden verbonden. Een voorwaarde welke verder gaat dan geoorloofd is, wordt in zoverre voor niet geschreven gehouden. (Ontw. 2.2.2.8; Wet CV 12 lid 1 (oud); BW 2 :35 lid 1 sub *b*, 36, 52, 61 sub *c*)

Art. 61

Lidmaatschap in geval van B.A. of W.A.; ledenlijst

Voor een coöperatie, die in haar statuten niet iedere verplichting van haar leden of oud-leden om in een tekort bij te dragen heeft uitgesloten, gelden bovendien de volgende bepalingen:
a. Het lidmaatschap wordt schriftelijk aangevraagd. Aan de aanvrager wordt eveneens schriftelijk bericht, dat hij als lid is toegelaten of geweigerd. Wanneer hij is toegelaten, wordt hem tevens medegedeeld onder welk nummer hij als lid in de administratie der coöperatie is ingeschreven. Niettemin behoeft, ten bewijze van de verkrijging van het lidmaatschap, van een schriftelijke aanvrage en een schriftelijk bericht als hiervoor bedoeld, niet te blijken.
b. De geschriften, waarbij het lidmaatschap wordt aangevraagd, worden gedurende ten minste tien jaren door het bestuur bewaard. Echter behoeven de hierbedoelde geschriften niet te worden bewaard voor zover het betreft diegenen, van wie het lidmaatschap kan blijken uit een door hen ondertekende, gedagtekende verklaring in de administratie van de coöperatie. (Overg.w. 73)
c. De opzegging van het lidmaatschap kan slechts geschieden, hetzij bij een afzonderlijk geschrift, hetzij door een door het lid ondertekende, gedagtekende verklaring in de administratie van de coöperatie. Het lid dat de opzegging doet, ontvangt daarvan een schriftelijke erkenning van het bestuur. Wordt de schriftelijke erkenning niet binnen veertien dagen gegeven, dan is het lid bevoegd de opzegging op kosten van de coöperatie bij deurwaardersexploot te herhalen.
d. Een door het bestuur gewaarmerkt afschrift van de ledenlijst wordt ten kantore van het handelsregister neergelegd bij de inschrijving van de coöperatie. Binnen een maand na het einde van ieder boekjaar wordt door het bestuur een schriftelijke opgave van de wijzigingen die de ledenlijst in de loop van het boekjaar heeft ondergaan, aan de ten kantore van het handelsregister neergelegde lijst toegevoegd of wordt, indien de Kamer van Koophandel en Fabrieken dit

nodig oordeelt, een nieuwe lijst neergelegd. (Ontw. 2.2.2.8a; Wet CV 11 leden 1, 2, 3, 13, 19 (oud); BW 2:10, 24, 33, 35 lid 1 sub *b*, 36; Hrgw 8 lid 3; WED 1 sub 4°)

Art. 62

Bijzondere bepalingen onderlinge waarborgmaatschappij

Voor een onderlinge waarborgmaatschappij gelden voorts de volgende bepalingen:

a. Zij die als verzekeringnemer bij een onderlinge waarborgmaatschappij een overeenkomst van verzekering lopende hebben, zijn van rechtswege lid van de waarborgmaatschappij. Bij de onderlinge waarborgmaatschappij die krachtens haar statuten ook verzekeringnemers die geen lid zijn mag verzekeren, kan van deze bepaling worden afgeweken.

b. Tenzij de statuten anders bepalen, duurt het lidmaatschap dat uit een verzekeringsovereenkomst ontstaat, voort totdat alle door het lid met de waarborgmaatschappij gesloten verzekeringsovereenkomsten zijn geëindigd. Bij overdracht of overgang van de rechten en verplichtingen uit zodanige overeenkomst gaat het lidmaatschap, voor zover uit die overeenkomst voortvloeiende, op de nieuwe verkrijger of de nieuwe verkrijgers over, een en ander behoudens afwijkende bepalingen in de statuten. (BW 6:251)

c. Indien het waarborgkapitaal van een onderlinge waarborgmaatschappij in aandelen is verdeeld, zijn de artikelen 79-89, 90-92, 95, 96 lid 1, 98 leden 1 en 6, en 98*c* leden 1 en 2 van dit boek van overeenkomstige toepassing. (Ontw. 2.2.2.9; BW 2:25, 34, 35, 52, 53 lid 3, 399; 5:125; Overg.w. 45, 47 lid 2; K 263; Wet toez. verz. bedr. 8, 28, 29, 37 e.v.; Besluit vrijgestelde onderlinge waarb.mijen Stb. 1986, 7)

Art. 63

Bescherming aanduiding 'coöperatief', 'onderling' of 'wederkerig'

– 1. Het is aan een persoon die geen coöperatie of een onderlinge waarborgmaatschappij is, verboden zaken te doen met gebruik van de aanduiding 'coöperatief', 'onderling' of 'wederkerig'.

– 2. Ingeval van overtreding van dit verbod kan iedere coöperatie of onderlinge waarborgmaatschappij vorderen, dat de overtreder zich op straffe van een door de rechter te bepalen dwangsom onthoudt het gewraakte woord bij het doen van zaken te gebruiken. (Ontw. 2.2.2.10; Rv 611*a*, 611*b*)

AFDELING 2

De raad van commissarissen bij de grote coöperatie en bij de grote onderlinge waarborgmaatschappij

Art. 63a

Begripsbepaling

In deze afdeling wordt onder een afhankelijke maatschappij verstaan:

a. een rechtspersoon waaraan de coöperatie of onderlinge waarborgmaatschappij of een of meer afhankelijke maatschappijen alleen of samen voor eigen rekening ten minste de helft van het geplaatste kapitaal verschaffen.

b. een vennootschap waarvan een onderneming in het handelsregister is ingeschreven en waarvoor de coöperatie of onderlinge waarborgmaatschappij als vennote jegens derden volledig aansprakelijk is voor alle schulden. (BW 2:24*a*, 152, 262)

Art. 63b

Verplichting tot opgave

– 1. Een coöperatie of onderlinge waarborgmaatschappij moet, indien lid 2 op haar van toepassing is, binnen twee maanden na de vaststelling van haar jaarrekening door de algemene vergadering, aan het handelsregister opgeven dat zij voldoet aan de in lid 2 gestelde voorwaarden. Totdat artikel 63*c* lid 3 toepassing heeft gevonden, vermeldt het bestuur in elk volgend jaarverslag wanneer de opgave is gedaan; wordt de opgaaf doorgehaald, dan wordt daarvan melding gemaakt in het eerste jaarverslag dat na de doorhaling wordt uitgebracht. (BW 2:53)

– 2. De verplichting tot opgave geldt, indien:

a. het eigen vermogen volgens de balans met toelichting ten minste een bij koninklijk besluit vastgesteld grensbedrag beloopt,

b. de rechtspersoon of een afhankelijke maatschappij krachtens wettelijke verplichting een ondernemingsraad heeft ingesteld, en

c. bij de rechtspersoon en haar afhankelijke maatschappijen te zamen in de regel ten minste honderd werknemers in Nederland werkzaam zijn.

– 3. Het in onderdeel *a* van lid 2 genoemde grensbedrag wordt ten hoogste eenmaal in de twee jaren verhoogd of verlaagd, evenredig aan de ontwikkeling van een bij algemene maatregel van bestuur aan te wijzen prijsindexcijfer sedert een bij die maatregel te bepalen datum; het wordt daarbij afgerond op het naaste veelvoud van een miljoen euro. Het bedrag wordt niet opnieuw vastgesteld zo lang als het onafgeronde bedrag minder dan een miljoen euro afwijkt van het laatst vastgestelde bedrag.

– 4. Onder het eigen vermogen wordt in onderdeel *a* van lid 2 begrepen de gezamenlijke verrichte en nog te verrichten inbreng van vennoten bij wijze van geldschieting in afhankelijke maatschappijen die commanditaire vennootschap zijn, voor zover dit niet tot dubbeltelling leidt. (BW 2:58, 63*a*, 63*c*, 153, 263, 373, 382, 391; Hrgw 8*a*, 28*a*, 29*a*; WOR 2 e.v.; WED 1 sub 4°)

Art. 63c

Rechtsgevolgen van 3 jaar inschrijving als structuur rechtspersoon

– 1. De artikelen 63*f* tot en met 63*j* zijn van toepassing op een rechtspersoon waaromtrent een in artikel 63*b* bedoelde opgaaf gedurende drie jaren onafgebroken is ingeschreven. Deze termijn wordt geacht niet te zijn onderbroken, indien een doorhaling van de opgaaf, welke tijdens die termijn ten onrechte heeft plaatsgevonden, ongedaan is gemaakt.

– 2. De doorhaling van de inschrijving op de grond dat de rechtspersoon niet meer voldoet aan de voorwaarden van artikel 63*b* lid 2 doet de toepasselijkheid van de artikelen 63*f* tot en met 63*j* slechts eindigen, indien na de doorhaling drie jaren zijn verstreken waarin de rechtspersoon niet opnieuw tot de opgaaf verplicht is geweest.

– 3. De coöperatie of onderlinge waarborgmaatschappij brengt haar statuten in overeenstemming met de artikelen 63*f* tot en met 63*j* welke voor haar gelden, uiterlijk met ingang van de dag waarop die artikelen krachtens lid 1 op haar van toepassing worden. (BW 2:42, 53*a*, 63*e*, 154, 264; Hrgw 8*a*, 28*a*, 29*a*; WED 1 sub 4°)

Art. 63d

Artt. 63f tot en met 63j buiten toepassing

– 1. De artikelen 63*f* tot en met 63*j* gelden niet voor een rechtspersoon wier werkzaamheid zich uitsluitend of nagenoeg uitsluitend beperkt tot het beheer en de financiering van afhankelijke maatschappijen en van haar en hun deelnemingen in andere rechtspersonen, mits de werknemers van de Nederlandse afhankelijke maatschappijen vertegenwoordigd zijn in een ondernemingsraad die de bevoegdheden heeft, bedoeld in de artikelen 158 en 268. (BW 2:63*a*)

– 2. Onze Minister van Justitie kan, gehoord de Sociaal-Economische Raad, aan een coöperatie of onderlinge waarborgmaatschappij op haar verzoek ontheffing verlenen van een of meer der artikelen 63*f* tot en met 63*j*. De ontheffing kan onder beperkingen worden verleend en daaraan kunnen voorschriften worden verbonden. Zij kan worden gewijzigd en ingetrokken. (BW 2:156, 266)

Art. 63e

Regeling overeenkomstig artt. 63f tot en met 63j

Een coöperatie of onderlinge waarborgmaatschappij waarvoor artikel 63*c* niet geldt, kan bij haar statuten de wijze van benoeming en ontslag van commissarissen en de taak en bevoegdheden van de raad van commissarissen regelen overeenkomstig de artikelen 63*f* tot en met 63*j*, indien zij of een afhankelijke maatschappij een ondernemingsraad heeft ingesteld waarop de bepalingen van de Wet op de ondernemingsraden van toepassing zijn. Deze regeling in de statuten verliest haar gelding zodra de ondernemingsraad ophoudt te bestaan of op die raad niet langer de bepalingen van de Wet op de ondernemingsraden van toepassing zijn. (BW 2:57, 63*a*, 157 lid 1, 267 lid 1; WOR 2 e.v.)

Art. 63f

Benoeming (raad van) commissarissen door de algemene vergadering

– 1. De grote coöperatie en de grote onderlinge waarborgmaatschappij hebben een raad van commissarissen.

– 2. De commissarissen worden, behoudens het bepaalde in lid 8, op voordracht van de raad van commissarissen benoemd door de algemene vergadering, voorzover de benoeming niet reeds is geschied bij de akte van oprichting of voordat dit artikel op de rechtspersoon van toepassing is geworden. (BW 2:40, 57, 57*a*, 63g, 63*h*)

– 3. De raad van commissarissen bestaat uit ten minste drie leden. Is het aantal commissarissen minder dan drie, dan bevordert de raad onverwijld maatregelen tot aanvulling van zijn ledental.

– 4. De algemene vergadering, de ondernemingsraad en het bestuur kunnen aan de raad van commissarissen personen aanbevelen om als commissaris voor te dragen. De raad van commissarissen deelt hun daartoe tijdig mede, wanneer en ten gevolge waarvan in zijn midden een plaats moet worden vervuld. (BW 2:40, 44, 53*a*; Wet Ondern.raden 23 v.)

– 5. De raad van commissarissen geeft aan de algemene vergadering en de ondernemingsraad kennis van de naam van degene die hij voordraagt, met inachtneming van artikel 57*a* lid 2.

Bezwaar

– 6. De algemene vergadering benoemt de voorgedragen persoon, tenzij de ondernemingsraad binnen twee maanden na de kennisgeving of de algemene vergadering zelf uiterlijk in de eerste vergadering na die twee maanden tegen de voordracht bezwaar maakt:

a. op grond dat de voorschriften van lid 4, tweede volzin, of lid 5 niet behoorlijk zijn nageleefd;

b. op grond van de verwachting dat de voorgedragen persoon ongeschikt zal zijn voor de vervulling van de taak van de commissaris; of

c. op grond van de verwachting dat de raad van commissarissen bij benoeming overeenkomstig het voornemen niet naar behoren zal zijn samengesteld. (BW 2:63*i*)

– 7. Het bezwaar wordt aan de raad van commissarissen onder opgave van redenen medegedeeld.

Procedure bij ondernemingskamer

– 8. Niettegenstaande het bezwaar van de ondernemingsraad kan de voorgedragen candidaat worden benoemd, indien de ondernemingskamer van het gerechtshof te Amsterdam het bezwaar ongegrond verklaart op verzoek van een daartoe door de raad van commissarissen aan-

gewezen vertegenwoordiger. Op diens verzoek benoemt de ondernemingskamer de voorgedragen candidaat, indien de algemene vergadering bezwaar heeft gemaakt of hem niet in haar daartoe bijeengeroepen vergadering heeft benoemd, tenzij de ondernemingskamer een bezwaar van de algemene vergadering gegrond acht. (Rv 429*a* v.; RO 72)
– 9. Verweer kan worden gevoerd door een vertegenwoordiger, daartoe aangewezen door de ledenvergadering of door de ondernemingsraad die het in lid 6 bedoelde bezwaar heeft gemaakt.
– 10. Tegen de beslissing van de ondernemingskamer staat geen rechtsmiddel open. De ondernemingskamer kan geen veroordeling in de proceskosten uitspreken.
– 11. Voor de toepassing van dit artikel wordt onder de ondernemingsraad verstaan de ondernemingsraad van de onderneming van de rechtspersoon of van een afhankelijke maatschappij. Zijn er twee of meer ondernemingsraden, dan zijn deze gelijkelijk bevoegd. Is voor de betrokken onderneming of ondernemingen een centrale ondernemingsraad ingesteld, dan komen de bevoegdheden van de ondernemingsraad volgens dit artikel toe aan de centrale ondernemingsraad. De ondernemingsraad neemt geen besluit als bedoeld in dit artikel dan na er ten minste eenmaal over te hebben overlegd met de rechtspersoon. (BW 2:57, 63*a*, 158, 268; Wet Ondern.raden 33 v.)

Art. 63g

Benoeming commissaris bij ontbreken RvC

– 1. Ontbreken alle commissarissen, dan kunnen de ondernemingsraad en het bestuur personen voor benoeming tot commissaris aanbevelen aan de ledenvergadering. Degene die de algemene vergadering bijeenroept, deelt de ondernemingsraad en het bestuur tijdig mede dat de benoeming van commissarissen onderwerp van behandeling zal zijn.
– 2. De benoeming is van kracht, tenzij de ondernemingsraad binnen twee maanden na overeenkomstig artikel 63*f* lid 5 in kennis te zijn gesteld van de naam van de benoemde persoon, overeenkomstig artikel 63*f* lid 6 bij de rechtspersoon bezwaar maakt. Niettegenstaande dit bezwaar wordt de benoeming van kracht, indien de ondernemingskamer van het gerechtshof te Amsterdam op verzoek van een daartoe door de algemene vergadering aangewezen vertegenwoordiger het bezwaar ongegrond verklaart. (Rv 429*a* v., 995; RO 72)
– 3. De leden van 10 en 11 van artikel 63*f* zijn van overeenkomstige toepassing. (BW 2:40, 41, 53*a*, 159, 269; Wet Ondern.raden 23 v.)

Art. 63h

Onverenigbaarheid van functies

– 1. Commissaris kunnen niet zijn:
a. personen in dienst van de rechtspersoon;
b. personen in dienst van een afhankelijke maatschappij; (BW 2:63*a*)
c. bestuurders en personen in dienst van een werknemersorganisatie welke pleegt betrokken te zijn bij de vaststelling van de arbeidsvoorwaarden van de onder *a* en *b* bedoelde personen.
– 2. De statuten mogen voor ten hoogste twee derden van het aantal commissarissen bepalen dat zij worden benoemd uit een kring waartoe ten minste de leden van de rechtspersoon behoren. (BW 2:160, 270)

Art. 63i

Zittingsperiode; ontslag; schorsing

– 1. Een commissaris treedt uiterlijk af, indien hij na zijn laatste benoeming vier jaren commissaris is geweest. De termijn kan bij de statuten worden verlengd tot de dag van de eerstvolgende algemene vergadering na afloop van de vier jaren of na de dag waarop dit artikel voor de rechtspersoon is gaan gelden.
– 2. De ondernemingskamer van het gerechtshof te Amsterdam kan op verzoek een commissaris ontslaan wegens verwaarlozing van zijn taak, wegens andere gewichtige redenen of wegens ingrijpende wijziging van de omstandigheden op grond waarvan handhaving van de commissaris redelijkerwijs niet van de rechtspersoon kan worden verlangd. Het verzoek kan worden ingediend door een vertegenwoordiger, daartoe aangewezen door de raad van commissarissen, door de algemene vergadering of door de ondernemingsraad. Artikel 63*f* lid 11 is van overeenkomstige toepassing. (BW 7A:1639*e* v.; Rv 429*a* v., 995; RO 72)
– 3. Een commissaris kan slechts worden geschorst door de raad van commissarissen. De schorsing vervalt van rechtswege, indien niet binnen een maand na de aanvang der schorsing een verzoek als bedoeld in lid 2 is ingediend bij de ondernemingskamer. (BW 2:57*a*, 63*f*, 161, 271, 356 sub *b*)

Art. 63j

Goedkeuring bestuursbesluiten

– 1. Aan de goedkeuring van de raad van commissarissen zijn onderworpen de besluiten van het bestuur omtrent:
a. uitgifte van schuldbrieven ten laste van de rechtspersoon;
b. uitgifte van schuldbrieven ten laste van een commanditaire vennootschap of vennootschap onder firma waarvan de rechtspersoon volledig aansprakelijke vennoot is; (K 16 v., 19 v.)
c. het aanvragen van toelating van de onder a en b bedoelde schuldbrieven tot de handel op een gereglementeerde markt of een multilaterale handelsfaciliteit, als bedoeld in artikel 1:1

van de Wet op het financieel toezicht of een met een gereglementeerde markt of multilaterale handelsfaciliteit vergelijkbaar systeem uit een staat die geen lidstaat is dan wel het aanvragen van een intrekking van zodanige toelating;
d. het aangaan of verbreken van duurzame samenwerking van de rechtspersoon of een afhankelijke maatschappij met een andere rechtspersoon of vennootschap dan wel als volledig aansprakelijk vennoot in een commanditaire vennootschap of vennootschap onder firma, indien deze samenwerking of verbreking van ingrijpende betekenis is voor de rechtspersoon; (BW 2:63*a*)
e. het nemen van een deelneming ter waarde van ten minste een vierde van het bedrag van het eigen vermogen volgens de balans met toelichting van de rechtspersoon, door deze of een afhankelijke maatschappij in het kapitaal van een vennootschap, alsmede het ingrijpend vergroten of verminderen van zulk een deelneming; (BW 2:24*c*, 63*a*)
f. investeringen welke een bedrag vereisen, gelijk aan een vierde van het eigen vermogen volgens de balans met toelichting van de rechtspersoon;
g. een voorstel tot wijziging der statuten; (BW 2:43, 53*a*)
h. een voorstel tot ontbinding van de rechtspersoon; (BW 2:50, 53*a*)
i. aangifte van faillissement en aanvrage van surséance van betaling; (Fw 1, 4, 213)
j. beëindiging van de arbeidsovereenkomst van een aanmerkelijk aantal werknemers van de rechtspersoon of van een afhankelijke maatschappij tegelijkertijd of binnen een kort tijdsbestek; (BW 2:63*a*; 7:667 e.v.; WOR 25)
k. ingrijpende wijziging in de arbeidsomstandigheden van een aanmerkelijk aantal werknemers van de rechtspersoon of van een afhankelijke maatschappij.
– 2. Het ontbreken van de goedkeuring van de raad van commissarissen op een besluit als bedoeld in lid 1 tast de vertegenwoordigingsbevoegdheid van het bestuur of bestuurders niet aan. (BW 2:6 lid 2, 130 lid 2)
– 3. Voor besluiten van de rechtspersoon als bedoeld in de onderdelen d, e, f, j en k van lid 1 is enig besluit vereist van het bestuur. (BW 2:164, 274)

TITEL 4
Naamloze vennootschappen

AFDELING 1
Algemene bepalingen

Art. 64

Definitie; aansprakelijkheid vennoten; oprichting

– 1. De naamloze vennootschap is een rechtspersoon met een in overdraagbare aandelen verdeeld maatschappelijk kapitaal. Een aandeelhouder is niet persoonlijk aansprakelijk voor hetgeen in naam van de vennootschap wordt verricht en is niet gehouden boven het bedrag dat op zijn aandeel behoort te worden gestort in de verliezen van de vennootschap bij te dragen. Ten minste één aandeel wordt gehouden door een ander dan en anders dan voor rekening van de vennootschap of een van haar dochtermaatschappijen.
– 2. De vennootschap wordt door een of meer personen opgericht bij notariële akte. Voor oprichting is vereist een verklaring van Onze Minister van Justitie dat hem van geen bezwaren is gebleken. De akte wordt getekend door iedere oprichter en door ieder die blijkens deze akte een of meer aandelen neemt.
– 3. De akte van oprichting moet binnen drie maanden na de dagtekening van de verklaring van geen bezwaar zijn verleden, op straffe van verval van de verklaring. Onze Minister kan op verzoek van belanghebbenden op grond van gewichtige redenen deze termijn met ten hoogste drie maanden verlengen. (Ontw. 2.3.1.1; BW 1690 (oud); K 36 (oud); BW 2:3, 4, 18, 21, 27, 53, 65 e.v., 68, 175 e.v., 286, 309, 334*a*; Overg.w. 29; K 22)

Art. 65

Akte van oprichting

De akte van oprichting van een naamloze vennootschap wordt verleden in de Nederlandse taal. Een volmacht tot medewerking aan die akte moet schriftelijk zijn verleend. (Ontw. 2.3.1.3; K 36*b* (oud); BW 2:27 lid 2, 176, 286 lid 2; 3:39, 60, 61)

Art. 66

Statuten; in akte

– 1. De akte van oprichting moet de statuten van de naamloze vennootschap bevatten. De statuten bevatten de naam, de zetel en het doel van de vennootschap.
– 2. De naam vangt aan of eindigt met de woorden Naamloze Vennootschap, hetzij voluit geschreven, hetzij afgekort tot 'N.V.'.
– 3. De zetel moet zijn gelegen in Nederland. (Ontw. 2.3.1.4; K 36*c* (oud); BW 1:10 lid 2; 2:27, 75, 77, 177, 286; Overg.w. 50; Rijkswetten zetelverplaatsing)

Art. 67

Aandelen; maatschappelijk, geplaatst, gestort kapitaal

– 1. De statuten vermelden het bedrag van het maatschappelijk kapitaal en het aantal en het bedrag van de aandelen in euro tot ten hoogste twee cijfers achter de komma. Zijn er verschil-

lende soorten aandelen, dan vermelden de statuten het aantal en het bedrag van elke soort. De akte van oprichting vermeldt het bedrag van het geplaatste kapitaal en van het gestorte deel daarvan. Zijn er verschillende soorten aandelen dan worden de bedragen van het geplaatste en van het gestorte kapitaal uitgesplitst per soort. De akte vermeldt voorts van ieder die bij de oprichting aandelen neemt de in artikel 86 lid 2 onder *b* en *c* bedoelde gegevens met het aantal en de soort van de door hem genomen aandelen en het daarop gestorte bedrag.
– 2. Het maatschappelijke en het geplaatste kapitaal moeten ten minste het minimumkapitaal bedragen. Het minimumkapitaal bedraagt vijfenveertigduizend euro. Bij algemene maatregel van bestuur wordt dit bedrag verhoogd, indien het recht van de Europese Gemeenschappen verplicht tot verhoging van het geplaatste kapitaal. Voor naamloze vennootschappen die bestaan op de dag voordat deze verhoging in werking treedt, wordt zij eerst achttien maanden na die dag van kracht.
– 3. Het gestorte deel van het geplaatste kapitaal moet ten minste vijfenveertigduizend euro bedragen.
– 4. Van het maatschappelijke kapitaal moet ten minste een vijfde gedeelte zijn geplaatst.
– 5. Een naamloze vennootschap die is ontstaan voor 1 januari 2002 kan het bedrag van het maatschappelijke kapitaal en het bedrag van de aandelen in gulden vermelden tot ten hoogste twee cijfers achter de komma. (Ontw. 2.3.1.5; K 36*d* (oud); BW 2:68 lid 2, 69, 74, 79 e.v., 94, 178, 311 lid 2, 318, 373)

Art. 67a

Omzetting kapitaal van gulden naar euro

– 1. Indien een naamloze vennootschap in de statuten het bedrag van het maatschappelijk kapitaal en het bedrag van de aandelen in gulden omzet in euro, wordt het bedrag van de geplaatste aandelen en het gestorte deel daarvan in euro berekend volgens de krachtens artikel 109L, vierde lid van het Verdrag betreffende de Europese Unie definitief vastgestelde omrekenkoers, afgerond tot ten hoogste twee cijfers achter de komma. Het afgeronde bedrag van elk aandeel in euro mag ten hoogste 15% hoger of lager liggen dan het oorspronkelijke bedrag van het aandeel in gulden. Het totaal van de bedragen van de aandelen in euro bedoeld in artikel 67 is het maatschappelijk kapitaal in euro. De som van de bedragen van de geplaatste aandelen en het gestorte deel daarvan in euro is het bedrag van het geplaatste kapitaal en het gestorte deel daarvan in euro. De akte vermeldt het bedrag van het geplaatste kapitaal en het gestorte deel daarvan in euro.
– 2. Is na omrekening volgens lid 1 de som van de bedragen van de geplaatste aandelen hoger dan het volgens de krachtens artikel 109L, vierde lid van het verdrag betreffende de Europese unie definitief vastgestelde omrekenkoers omgerekende bedrag van het geplaatst kapitaal, dan wordt het verschil ten laste gebracht van de uitkeerbare reserves of de reserves bedoeld in artikel 389 of 390. Zijn deze reserves niet toereikend, dan vormt de vennootschap een negatieve bijschrijvingsreserve ter grootte van het verschil dat niet ten laste van de uitkeerbare of niet-uitkeerbare reserves is gebracht. Totdat het verschil uit ingehouden winst of te vormen reserves is voldaan, mag de vennootschap geen uitkeringen bedoeld in artikel 105 doen. Door het voldoen aan het bepaalde in dit lid worden de aandelen geacht te zijn volgestort.
– 3. Is na omrekening volgens lid 1 de som van de bedragen van de geplaatste aandelen lager dan het volgens de krachtens artikel 109L, vierde lid van het Verdrag betreffende de Europese Unie definitief vastgestelde omrekenkoers omgerekende bedrag van het geplaatst kapitaal, dan houdt de vennootschap een niet-uitkeerbare reserve aan ter grootte van het verschil. Artikel 99 is niet van toepassing. (BW 2:67*c*, 121*a*, 125 lid 4, 178*a*)

Art. 67b

Afwijkende wijziging kapitaal; goedkeuring aandeelhouders

Indien de vennootschap in afwijking van artikel 67*a* het bedrag van de aandelen wijzigt, behoeft deze wijziging de goedkeuring van elke groep van aandeelhouders aan wier rechten de wijziging afbreuk doet. Bestaat krachtens de wijziging recht op geld of schuldvorderingen, dan mag het totale bedrag daarvan een tiende van het gewijzigde nominale bedrag van de aandelen niet te boven gaan. (BW 2:67*c*, 178*b*)

Art. 67c

Gebruik euro in maatschappelijk verkeer

– 1. Een naamloze vennootschap waarvan de statuten het maatschappelijk kapitaal en het bedrag van de aandelen in gulden vermelden, kan in het maatschappelijk verkeer de tegenwaarde in euro gebruiken tot ten hoogste twee cijfers achter de komma, mits daarbij wordt verwezen naar dit artikel. Dit gebruik van de tegenwaarde in euro heeft geen rechtsgevolg.

Statutenwijziging na 1-1-2002

– 2. Indien een naamloze vennootschap waarvan de statuten het bedrag van het maatschappelijk kapitaal en het bedrag van de aandelen in gulden vermelden, na 1 januari 2002 een wijziging aanbrengt in een of meer bepalingen waarin bedragen in gulden worden uitgedrukt, worden in de statuten alle bedragen omgezet in euro. De artikelen 67*a* en 67*b* zijn van toepassing. (BW 2:178*c*)

Art. 68

Ministeriële verklaring van geen bezwaar

– 1. Ter verkrijging van een verklaring van Onze Minister van Justitie dat hem van geen bezwa-

ren is gebleken, moeten aan hem alle inlichtingen verstrekt worden die noodzakelijk zijn voor het beoordelen van de aanvraag. Tevens moet aan Onze Minister ten bate van 's Rijks kas een bedrag van € 90,76 worden voldaan. Wij kunnen bij algemene maatregel van bestuur dit bedrag verhogen in verband met de stijging van het loon- en prijspeil.
– 2. De verklaring mag alleen worden geweigerd op grond dat er, gelet op de voornemens of de antecedenten van de personen die het beleid van de vennootschap zullen bepalen of mede bepalen, gevaar bestaat dat de vennootschap zal worden gebruikt voor ongeoorloofde doeleinden of dat haar werkzaamheid zal leiden tot benadeling van haar schuldeisers.
– 3. Ten behoeve van de uitoefening van het toezicht, bedoeld in lid 2, verstrekken het Uitvoeringsinstituut werknemersverzekeringen en de rijksbelastingdienst op zijn verzoek aan Onze Minister de inlichtingen die deze behoeft. Het instituut en de rijksbelastingdienst verlenen Onze Minister op verzoek kosteloos inzage van gegevens waarover zij beschikken of verstrekken kosteloos uittreksels daaruit. (Ontw. 2.3.1.6; K 36*e* (oud); BW 2:20, 64 lid 2, 100, 125, 174*a*, 179; 3:40 e.v.; Sr 340 e.v.)

Art. 69

Inschrijving hoofdelijke aansprakelijkheid bestuurders

– 1. De bestuurders zijn verplicht de vennootschap te doen inschrijven in het handelsregister en een authentiek afschrift van de akte van oprichting en van de daaraan ingevolge de artikelen 93a, 94 en 94a gehechte stukken, alsmede een afschrift van stukken die zijn opgesteld overeenkomstig artikel 94a lid 4, laatste zin, neer te leggen ten kantore van het handelsregister. Tegelijkertijd moeten zij opgave doen van het totaal van de vastgestelde en geraamde kosten die met de oprichting verband houden en ten laste van de vennootschap komen.
– 2. De bestuurders zijn naast de vennootschap hoofdelijk aansprakelijk voor elke tijdens hun bestuur verrichte rechtshandeling waardoor de vennootschap wordt verbonden in het tijdvak voordat:
a. de opgave ter eerste inschrijving in het handelsregister, vergezeld van de neer te leggen afschriften, is geschied,
b. het gestorte deel van het kapitaal ten minste het bij de oprichting voorgeschreven minimumkapitaal bedraagt, en
c. op het bij de oprichting geplaatste kapitaal ten minste een vierde van het nominale bedrag is gestort. (Ontw. 2.3.1.7; K 36*g* (oud); BW 2:29, 54, 57, 77, 80, 180, 289 lid 1, 365 lid 1 sub *a*; 6:6; Overg.w. 65 lid 2; K 29; Hrgw 1, 3 lid 1, 8, 9*a*, 9*b*, 30*a*, 31, 34)
– 3. De aansprakelijkheid als bedoeld in lid 2, onderdelen b en c, geldt niet, indien toepassing is gegeven aan artikel 94a lid 4, laatste zin, en onverwijld na het afleggen van de accountantsverklaring namens de vennootschap de stortingen zijn opgevraagd die noodzakelijk zijn om te voldoen aan artikel 67 lid 3 en artikel 80 lid 1.

Art. 70

Vervallen.

Art. 71

Omzetting NV in vereniging enz.

– 1. Wanneer de naamloze vennootschap zich krachtens artikel 18 omzet in een vereniging, coöperatie of onderlinge waarborgmaatschappij, wordt iedere aandeelhouder lid, tenzij hij de schadeloosstelling heeft gevraagd, bedoeld in lid 2.

Schadeloosstelling aandeelhouder

– 2. Op het besluit tot omzetting is artikel 100 van toepassing, tenzij de vennootschap zich omzet in een besloten vennootschap. Na zulk een besluit kan iedere aandeelhouder die niet met het besluit heeft ingestemd, de vennootschap schadeloosstelling vragen voor het verlies van zijn aandelen. Het verzoek tot schadeloosstelling moet schriftelijk aan de vennootschap worden gedaan binnen één maand nadat zij aan de aandeelhouder heeft meegedeeld, dat hij deze schadeloosstelling kan vragen. De mededeling geschiedt op de zelfde wijze als de oproeping tot een algemene vergadering.
– 3. Bij gebreke van overeenstemming wordt de schadeloosstelling bepaald door een of meer onafhankelijke deskundigen, ten verzoeke van de meest gerede partij te benoemen door de rechtbank bij de machtiging tot omzetting of door de voorzieningenrechter van die rechtbank. De artikelen 351 en 352 zijn van toepassing. (BW 2:181)

Art. 72

Omzetting BV in NV; akte van omzetting

– 1. Wanneer een besloten vennootschap zich krachtens artikel 18 omzet in een naamloze vennootschap, worden aan de akte van omzetting gehecht: (BW 2:175 e.v.)
a. een verklaring van Onze Minister van Justitie, waarop artikel 235 van toepassing is, dat hem van bezwaren tegen de omzetting en statutenwijziging niet is gebleken; (BW 2:125)
b. een verklaring van een accountant als bedoeld in artikel 393 lid 1, waaruit blijkt dat het eigen vermogen van de vennootschap op een dag binnen vijf maanden voor de omzetting ten minste overeenkwam met het gestorte en opgevraagde deel van het kapitaal.

Omzetting vereniging enz. in NV

– 2. Wanneer een andere rechtspersoon zich krachtens artikel 18 omzet in een naamloze vennootschap, worden aan de akte van omzetting gehecht:

a. een verklaring van Onze Minister van Justitie, waarop artikel 68 van toepassing is, dat hem van bezwaren tegen de omzetting en statutenwijziging niet is gebleken;
b. een verklaring van een accountant als bedoeld in artikel 393 lid 1, waaruit blijkt dat het eigen vermogen van de rechtspersoon op een dag binnen vijf maanden voor de omzetting ten minste het bedrag beloopt van het gestorte deel van het geplaatste kapitaal volgens de akte van omzetting; bij het eigen vermogen mag de waarde worden geteld van hetgeen na die dag uiterlijk onverwijld na de omzetting op aandelen zal worden gestort; (BW 2:67)
c. indien de rechtspersoon leden heeft, de schriftelijke toestemming van ieder lid wiens aandelen niet worden volgestort door omzetting van de reserves van de rechtspersoon; (BW 2:36 lid 4)
d. indien een stichting wordt omgezet, de rechterlijke machtiging daartoe.
– 3. Wanneer een vereniging, coöperatie of onderlinge waarborgmaatschappij zich krachtens artikel 18 omzet in een naamloze vennootschap, wordt ieder lid aandeelhouder. De omzetting kan niet geschieden, zolang een lid nog kan opzeggen op grond van artikel 36 lid 4. (BW 2:69, 183)

Art. 73

Vervallen.

Art. 74

Ontbinding bij gebrek aan baten of staking doelverwezenlijking

– 1. Op verzoek van het openbaar ministerie ontbindt de rechtbank de naamloze vennootschap wanneer deze haar doel, door een gebrek aan baten, niet kan bereiken, en kan de rechtbank de vennootschap ontbinden, wanneer deze haar werkzaamheid tot verwezenlijking van haar doel heeft gestaakt. Het openbaar ministerie deelt de Kamer van Koophandel en Fabrieken, in wier handelsregister de vennootschap is ingeschreven, mee dat het voornemens is een verzoek tot ontbinding in te stellen.

Geplaatst of gestort kapitaal te gering

– 2. De rechtbank ontbindt de vennootschap op verzoek van het openbaar ministerie wanneer het geplaatste kapitaal of het gestorte deel daarvan geringer is dan het minimumkapitaal.
– 3. Alvorens de ontbinding uit te spreken kan de rechter de vennootschap in de gelegenheid stellen binnen een door hem te bepalen termijn het verzuim te herstellen of zich om te zetten in een besloten vennootschap met beperkte aansprakelijkheid. (Ontw. 2.3.1.10a; BW 2:19 lid 1 sub *f*, 22 e.v., 23 e.v., 24, 185, 301 lid 1 sub *a*; Rv 429*a*, 995 e.v.)

Art. 75

Vermelding van naam, woonplaats en kapitaal

– 1. Uit alle geschriften, gedrukte stukken en aankondigingen, waarin de naamloze vennootschap partij is of die van haar uitgaan, met uitzondering van telegrammen en reclames, moeten de volledige naam van de vennootschap en haar woonplaats duidelijk blijken.
– 2. Indien melding wordt gemaakt van het kapitaal van de vennootschap, moet in elk geval worden vermeld welk bedrag is geplaatst, en hoeveel van het geplaatste bedrag is gestort. (Ontw. 2.3.1.11; K 37*c* (oud); BW 1:10 lid 2; 2:56 lid 2; 66, 76*a* lid 2, 78, 186; 8:1166; Hrgw 8, 32*a*; WED 1 sub 4°)

Art. 76

Vervallen.

Art. 76a

Beleggingsmaatschappij met veranderlijk kapitaal

– 1. Onder beleggingsmaatschappij met veranderlijk kapitaal wordt verstaan een naamloze vennootschap,
a. die uitsluitend ten doel heeft haar vermogen zodanig te beleggen dat de risico's daarvan worden gespreid, ten einde haar aandeelhouders in de opbrengst te doen delen,
b. waarvan het bestuur krachtens de statuten bevoegd is aandelen in haar kapitaal uit te geven, te verwerven en te vervreemden,
c. waarvoor aan een beheerder een vergunning is verleend als bedoeld in de Wet op het financieel toezicht voor plaatsing van haar aandelen, en
d. waarvan de statuten bepalen dat de vennootschap beleggingsmaatschappij met veranderlijk kapitaal is. (BW 2:392 lid 1 sub *e*)
– 2. De vennootschap doet aan het handelsregister en aan de Stichting Autoriteit Financiële Markten opgave dat zij een beleggingsmaatschappij met veranderlijk kapitaal is. Deze woorden moeten ook in alle geschriften, gedrukte stukken en aankondigingen, waarin de beleggingsmaatschappij met veranderlijk kapitaal partij is of die van haar uitgaan, met uitzondering van telegrammen en reclames, duidelijk bij haar naam worden vermeld. (BW 2:96*b*, 98 lid 8, 100 lid 7, 392 lid 1 sub *e*, 401; K 59 e.v.; Hrgw 8; WED 1 sub 4°)

Art. 77

Kantoor handelsregister

Wanneer in deze titel het kantoor van het handelsregister wordt vermeld, wordt onder het handelsregister verstaan het register dat wordt gehouden door de Kamer van Koophandel en Fabrieken die overeenkomstig artikel 18, zesde en zevende lid, van de Handelsregisterwet 2007 bevoegd is tot inschrijving. (Ontw. 2.3.1.13; K 37*e* lid 2 (oud); BW 2:66, 69, 75, 93*a*, 105, 126, 188; Overg.w. 65 lid 3)

Art. 78

Geplaatst kapitaal

Wanneer in de statuten wordt gesproken van de houders van zoveel aandelen als tezamen een zeker gedeelte van het maatschappelijk kapitaal der vennootschap uitmaken, wordt, tenzij het tegendeel uit de statuten blijkt, onder kapitaal verstaan het geplaatste gedeelte van het maatschappelijk kapitaal. (Ontw. 2.3.1.14; K 37*f* (oud); BW 2:66, 67, 75 lid 2, 110, 118 lid 8, 189)

Art. 78a

Orgaan vennootschap

Voor de toepassing van de artikelen 87, 96, 96*a*, 101 lid 6 en 129 wordt onder orgaan van de vennootschap verstaan de algemene vergadering, de vergadering van houders van aandelen van een bijzonder soort, het bestuur, de raad van commissarissen en de gemeenschappelijke vergadering van het bestuur en de raad van commissarissen.

AFDELING 2
De aandelen

Art. 79

Omschrijving

– 1. Aandelen zijn de gedeelten, waarin het maatschappelijk kapitaal bij de statuten is verdeeld.

– 2. Onderaandelen zijn de onderdelen, waarin de aandelen krachtens de statuten zijn of kunnen worden gesplitst.

– 3. De bepalingen van deze titel over aandelen en aandeelhouders vinden overeenkomstige toepassing op onderaandelen en houders van onderaandelen voor zover uit die bepalingen niet anders blijkt. (Ontw. 2.3.2.1; K 38 (oud); BW 2:64, 67, 118 lid 6, 190)

Art. 80

Stortingsplicht; beroepsemittenten; geen compensatie

– 1. Bij het nemen van het aandeel moet daarop het nominale bedrag worden gestort alsmede, indien het aandeel voor een hoger bedrag wordt genomen, het verschil tussen die bedragen. Bedongen kan worden dat een deel, ten hoogste drie vierden, van het nominale bedrag eerst behoeft te worden gestort nadat de vennootschap het zal hebben opgevraagd.

– 2. Het is geoorloofd aan hen die zich in hun beroep belasten met het voor eigen rekening plaatsen van aandelen, bij overeenkomst toe te staan op de door hen genomen aandelen minder te storten dan het nominale bedrag, mits ten minste vier en negentig ten honderd van dit bedrag uiterlijk bij het nemen van de aandelen in geld wordt gestort. (BW 2:94 lid 3)

– 3. Een aandeelhouder kan niet geheel of gedeeltelijk worden ontheven van de verplichting tot storting, behoudens het bepaalde in artikel 99.

– 4. De aandeelhouder en, in het geval van artikel 90, de voormalige aandeelhouder zijn niet bevoegd tot verrekening van hun schuld uit hoofde van dit artikel. (Ontw. 2.3.2.2.; K 38*a* (oud); BW 2:69 lid 2, 74 lid 2, 80*a*, 80*b*, 82 lid 3, 83, 84, 90, 94 lid 3, 105, 191, 373 lid 1 sub *a* en *b*; 6:127 e.v.; Fw 53)

Art. 80a

Storting in geld

– 1. Storting op een aandeel moet in geld geschieden voor zover niet een andere inbreng is overeengekomen.

– 2. Voor of bij de oprichting kan storting in vreemd geld slechts geschieden indien de akte van oprichting vermeldt dat storting in vreemd geld is toegestaan; na de oprichting kan dit slechts geschieden met toestemming van de naamloze vennootschap. Storting in een valuta die een eenheid is van de euro krachtens artikel 109L, vierde lid van het Verdrag betreffende de Europese Unie wordt niet beschouwd als storting in vreemd geld.

– 3. Met storting in vreemd geld wordt aan de stortingsplicht voldaan voor het bedrag waartegen het gestorte bedrag vrijelijk in Nederlands geld kan worden gewisseld. Bepalend is de wisselkoers op de dag van de storting dan wel, indien vroeger dan een maand voor de oprichting is gestort, op de dag van de oprichting of, na toepassing van de volgende zin, op de daar bedoelde dag. De vennootschap kan storting verlangen tegen de wisselkoers op een bepaalde dag binnen twee maanden voor de laatste dag waarop moet worden gestort, mits de aandelen of certificaten onverwijld na de uitgifte zullen worden toegelaten tot de handel op een gereglementeerde markt of een multilaterale handelsfaciliteit, als bedoeld in artikel 1:1 van de Wet op het financieel toezicht waarvoor een vergunning is verleend in een andere lidstaat of een met een gereglementeerde markt of multilaterale handelsfaciliteit vergelijkbaar systeem uit een staat die geen lidstaat is. (BW 2:80, 93*a*, 191*a*; K 59 e.v.)

Art. 80b

Inbreng anders dan in geld

– 1. Indien inbreng anders dan in geld is overeengekomen, moet hetgeen wordt ingebracht naar economische maatstaven kunnen worden gewaardeerd. Een recht op het verrichten van werk of diensten kan niet worden ingebracht.

– 2. Inbreng anders dan in geld moet onverwijld geschieden na het nemen van het aandeel of na de dag waartegen een bijstorting is uitgeschreven of waarop zij is overeengekomen. (BW 2:80, 80*a*, 94, 94*a*, 191*b*)

Art. 81

Aan een aandeelhouder kan niet, zelfs niet door wijziging van de statuten, tegen zijn wil enige verplichting boven de storting tot het nominale bedrag van het aandeel worden opgelegd. (Ontw. 2.3.2.3; K 38*b* (oud); BW 2:55 lid 3, 64, 121 e.v., 192)

Aandeelhouder slechts verplicht tot volstorten

Art. 82

– 1. De statuten bepalen of aandelen op naam of aan toonder luiden.

Aandelen op naam en aan toonder; afgifte toonderaandelen

– 2. Indien aandelen zowel op naam als aan toonder kunnen luiden, moet de naamloze vennootschap op verzoek van een aandeelhouder een op naam luidend volgestort aandeel aan toonder stellen of omgekeerd, voor zover de statuten niet anders bepalen, en wel ten hoogste tegen de kostprijs.

– 3. Bewijzen van aandeel aan toonder mogen niet aan de aandeelhouders worden afgegeven dan tegen storting van ten minste het volle bedrag van die aandelen, behoudens de bepaling van het tweede lid van artikel 80 van dit Boek.

– 4. Indien aandelen aan toonder door een statutenwijziging op naam worden gesteld kan de aandeelhouder de aan een aandeel verbonden rechten niet uitoefenen, tot na inlevering van het aandeelbewijs aan de vennootschap. Deze regeling is van overeenkomstige toepassing indien houders van aandelen aan toonder door fusie of splitsing houders worden van aandelen op naam, met dien verstande dat overlegging van het aandeelbewijs volstaat. (Ontw. 2.3.2.4; K 38*c* (oud); BW 2:83, 121, 309 e.v., 324 e.v., 334*a* e.v., 334*v* e.v.; 3:86, 87; Rv 474*c* lid 6)

Art. 83

Tegenover de latere verkrijger te goeder trouw staat aan de naamloze vennootschap niet het bewijs open, dat een aandeel aan toonder niet is volgestort, of dat op een aandeel op naam niet is gestort hetgeen een vanwege de vennootschap op het aandeelbewijs gestelde verklaring als storting op het nominale bedrag vermeldt. (Ontw. 2.3.2.5; K 38*d* (oud); BW 2:82 lid 3; 3:11, 86, 87, 88)

Bescherming derden te goeder trouw

Art. 84

De vereffenaar van een naamloze vennootschap en, in geval van faillissement, de curator zijn bevoegd tot uitschrijving en inning van alle nog niet gedane stortingen op de aandelen, onverschillig hetgeen bij de statuten daaromtrent is bepaald. (Ontw. 2.3.2.6; K 38*e* (oud); BW 2:90, 99, 127, 193; Fw 68)

Stortingsplicht bij vereffening of faillissement

Art. 85

– 1. Het bestuur van de vennootschap houdt een register waarin de namen en de adressen van alle houders van aandelen op naam zijn opgenomen, met vermelding van de datum waarop zij de aandelen hebben verkregen, de datum van de erkenning of betekening, alsmede van het op ieder aandeel gestorte bedrag. Daarin worden tevens opgenomen de namen en adressen van hen die een recht van vruchtgebruik of pandrecht op die aandelen hebben, met vermelding van de datum waarop zij het recht hebben verkregen, de datum van erkenning of betekening, alsmede met vermelding welke aan de aandelen verbonden rechten hun overeenkomstig de leden 2 en 4 van de artikelen 88 en 89 van dit boek toekomen.

Aandelenregister

– 2. Het register wordt regelmatig bijgehouden; daarin wordt mede aangetekend elk verleend ontslag van aansprakelijkheid voor nog niet gedane stortingen.

– 3. Het bestuur verstrekt desgevraagd aan een aandeelhouder, een vruchtgebruiker en een pandhouder om niet een uittreksel uit het register met betrekking tot zijn recht op een aandeel. Rust op het aandeel een recht van vruchtgebruik of een pandrecht, dan vermeldt het uittreksel aan wie de in de leden 2 en 4 van de artikelen 88 en 89 van dit Boek bedoelde rechten toekomen.

– 4. Het bestuur legt het register ten kantore van de vennootschap ter inzage van de aandeelhouders, alsmede van de vruchtgebruikers en pandhouders aan wie de in lid 4 van de artikelen 88 en 89 van dit Boek bedoelde rechten toekomen. De vorige zin is niet van toepassing op het gedeelte van het register dat buiten Nederland ter voldoening aan de aldaar geldende wetgeving of ingevolge beursvoorschriften wordt gehouden. De gegevens van het register omtrent niet-volgestorte aandelen zijn ter inzage van een ieder; afschrift of uittreksel van deze gegevens wordt ten hoogste tegen kostprijs verstrekt. (Ontw. 2.3.2.7; K 39 (oud); BW 2:61 sub *d*, 86*a*, 88, 89, 90, 194; Overg.w. 51; Rv 474*c*; Hrgw 8 lid 4; Wet toez. verz. bedr. 95; WED 1)

Art. 86

– 1. Voor de uitgifte en levering van aandeel op naam, niet zijnde een aandeel als bedoeld in artikel 86*c*, of de levering van een beperkt recht daarop, is vereist een daartoe bestemde ten overstaan van een in Nederland standplaats hebbende notaris verleden akte waarbij de betrokkenen partij zijn. Geen afzonderlijke akte is vereist voor de uitgifte van aandelen die bij de oprichting worden geplaatst. (BW 2:67, 98)

Uitgifte en levering aandelen op naam

– 2. Akten van uitgifte of levering moeten vermelden:

Inhoud notariële akte

a. de titel van de rechtshandeling en op welke wijze het aandeel of het beperkt recht daarop is verkregen;

b. naam, voornamen, geboortedatum, geboorteplaats, woonplaats en adres van de natuurlijke personen die bij de rechtshandeling partij zijn;
c. rechtsvorm, naam, woonplaats en adres van de rechtspersonen die bij de rechtshandeling partij zijn;
d. het aantal en de soort aandelen waarop de rechtshandeling betrekking heeft, alsmede
e. naam, woonplaats en adres van de vennootschap op welker aandelen de rechtshandeling betrekking heeft. (BW 2:67 lid 1, 86*a* e.v., 196; 3:83, 94, 98, 236, 239, 246; Rv 474*h;* Wet toez. verz. bedr. 95)

Art. 86a

Erkenning door of betekening aan vennootschap

– 1. De levering van een aandeel op naam of de levering van een beperkt recht daarop overeenkomstig artikel 86 lid 1 werkt mede van rechtswege tegenover de vennootschap. Behoudens in het geval dat de vennootschap zelf bij de rechtshandeling partij is, kunnen de aan het aandeel verbonden rechten eerst worden uitgeoefend nadat zij de rechtshandeling heeft erkend of de akte aan haar is betekend overeenkomstig de bepalingen van artikel 86*b,* dan wel deze heeft erkend door inschrijving in het aandeelhoudersregister als bedoeld in lid 2.

Spontane erkenning

– 2. De vennootschap die kennis draagt van de rechtshandeling als bedoeld in het eerste lid kan, zolang haar geen erkenning daarvan is verzocht noch betekening van de akte aan haar is geschied, die rechtshandeling eigener beweging erkennen door inschrijving van de verkrijger van het aandeel of het beperkte recht daarop in het aandeelhoudersregister. Zij doet daarvan aanstonds bij aangetekende brief mededeling aan de bij de rechtshandeling betrokken partijen met het verzoek alsnog een afschrift of uittreksel als bedoeld in artikel 86*b* lid 1 aan haar over te leggen. Na ontvangst daarvan plaatst zij, ten bewijze van de erkenning, een aantekening op het stuk op de wijze als in artikel 86*b* voor de erkenning wordt voorgeschreven; als datum van erkenning wordt de dag van de inschrijving vermeld.

Positie derde-verkrijger; goede trouw

– 3. Indien een rechtshandeling als bedoeld in het eerste lid heeft plaatsgevonden zonder dat dit heeft geleid tot een daarop aansluitende wijziging in het register van aandeelhouders, kan deze noch aan de vennootschap noch aan anderen die te goeder trouw de in het aandeelhoudersregister ingeschreven persoon als aandeelhouder of eigenaar van een beperkt recht op een aandeel hebben beschouwd, worden tegengeworpen. (BW 2:85, 196*a*; 3:88)

Art. 86b

Notariële akte

– 1. Behoudens het bepaalde in artikel 86*a* lid 2 geschiedt de erkenning in de akte dan wel op grond van overlegging van een notarieel afschrift of uittreksel van de akte.
– 2. Bij erkenning op grond van overlegging van een notarieel afschrift of uittreksel wordt een gedagtekende verklaring geplaatst op het overgelegde stuk.
– 3. De betekening geschiedt van een notarieel afschrift of uittreksel van de akte. (BW 2:196*b*)

Art. 86c

Formaliteiten levering

– 1. Voor de levering van een aandeel op naam of de levering van een beperkt recht daarop in een vennootschap, waarvan aandelen of certificaten van aandelen zijn toegelaten tot de handel op een gereglementeerde markt of een multilaterale handelsfaciliteit, als bedoeld in artikel 1:1 van de Wet op het financieel toezicht of een met een gereglementeerde markt of multilaterale handelsfaciliteit vergelijkbaar systeem uit een staat die geen lidstaat is, of waarvan aandelen of certificaten van aandelen, naar ten tijde van de rechtshandeling op goede gronden kan worden verwacht, daartoe spoedig zullen worden toegelaten, gelden de volgende bepalingen.

Levering van aandeel op naam

– 2. Voor de levering van een aandeel op naam of de levering van een beperkt recht daarop zijn vereist een daartoe bestemde akte alsmede, behoudens in het geval dat de vennootschap zelf bij die rechtshandeling partij is, schriftelijke erkenning door de vennootschap van de levering. De erkenning geschiedt in de akte, of door een gedagtekende verklaring houdende de erkenning op de akte of op een notarieel of door de vervreemder gewaarmerkt afschrift of uittreksel daarvan, of op de wijze als bedoeld in lid 3. Met de erkenning staat gelijk de betekening van die akte of dat afschrift of uittreksel aan de vennootschap. Betreft het de levering van niet volgestorte aandelen, dan kan de erkenning slechts geschieden wanneer de akte een vaste dagtekening draagt. (BW 2:84, 90)
– 3. Indien voor een aandeel een aandeelbewijs is afgegeven, kunnen de statuten bepalen dat voor de levering bovendien afgifte van dat aandeelbewijs aan de vennootschap is vereist. Dit vereiste geldt niet indien het aandeelbewijs is verloren, ontvreemd of vernietigd en niet volgens de statuten kan worden vervangen. Indien het aandeelbewijs aan de vennootschap wordt afgegeven, kan de vennootschap de levering erkennen door op dat aandeelbewijs een aantekening te plaatsen waaruit van de erkenning blijkt of door het afgegeven bewijs te vervangen door een nieuw aandeelbewijs luidende ten name van de verkrijger. (Rv 474*c* lid 2)
– 4. Een pandrecht kan ook worden gevestigd zonder erkenning door of betekening aan de vennootschap. Alsdan is artikel 239 van Boek 3 van overeenkomstige toepassing, waarbij erkenning door of betekening aan de vennootschap in de plaats treedt van de in lid 3 van dat artikel bedoelde mededeling. (BW 2:89 lid 6)

Art. 86d

Duplicaat verloren gegane aandeelbewijzen

– 1. De houder van een bewijs van aandeel aan toonder kan de vennootschap verzoeken hem een duplicaat te verstrekken van het verloren gegane aandeelbewijs.
– 2. De houder dient aannemelijk te maken dat het aandeelbewijs is verloren gegaan, onder vermelding van de identiteit van het betrokken aandeelbewijs.

Publicatie

– 3. De vennootschap publiceert de aanvraag om een duplicaat in de prijscourant van een gereglementeerde markt of een multilaterale handelsfaciliteit, als bedoeld in artikel 1:1 van de Wet op het financieel toezicht of een met een gereglementeerde markt of multilaterale handelsfaciliteit vergelijkbaar systeem uit een staat die geen lidstaat is of, indien de aandelen daarin niet zijn opgenomen, in een landelijk verspreid dagblad.

Belanghebbende

– 4. Iedere belanghebbende kan binnen zes weken vanaf de dag na de publicatie van de aanvraag door een verzoekschrift aan de rechtbank in verzet komen tegen de verstrekking van het duplicaat.

Verstrekking duplicaat

– 5. Indien niet tijdig verzet is ingesteld of indien een verzet bij onherroepelijk geworden uitspraak ongegrond is verklaard, wordt het duplicaat tegen vergoeding van de kosten verstrekt. Het duplicaat treedt in de plaats van het verloren gegane aandeelbewijs. Na het verstrekken van een duplicaat kunnen aan het vervangen bewijs van aandeel geen rechten worden ontleend.
– 6. Dit artikel is niet van toepassing voorzover de statuten van de vennootschap voorzien in een regeling ter vervanging van verloren gegane aandeelbewijzen.

Art. 87

Beperking overdracht of toedeling aandelen op naam

– 1. Bij de statuten kan de overdraagbaarheid van aandelen op naam worden beperkt. Deze beperking kan niet zodanig zijn dat zij de overdracht onmogelijk of uiterst bezwaarlijk maakt. Hetzelfde geldt voor de toedeling van aandelen uit een gemeenschap. Een overdracht in strijd met een beperking is ongeldig.
– 2. Indien de statuten de overdracht van aandelen onderwerpen aan de goedkeuring van een orgaan van de vennootschap of van derden, wordt de goedkeuring geacht te zijn verleend indien niet binnen een in de statuten gestelde termijn van ten hoogste drie maanden op het verzoek is beslist of indien de aandeelhouder niet gelijktijdig met de weigering van de goedkeuring opgave ontvangt van een of meer gegadigden die bereid zijn de aandelen waarop het verzoek om goedkeuring betrekking heeft te kopen. De regeling dient zodanig te zijn dat de aandeelhouder die dit verlangt een prijs ontvangt gelijk aan de waarde van zijn over te dragen aandeel of aandelen, vastgesteld door een of meer onafhankelijke deskundigen.
– 3. Indien de statuten bepalen dat een aandeelhouder die een of meer aandelen wil vervreemden deze eerst moet aanbieden aan mede-aandeelhouders of aan een door een orgaan van de vennootschap aan te wijzen derde, dient de regeling zodanig te zijn dat de aandeelhouder die dit verlangt een prijs ontvangt gelijk aan de waarde van zijn over te dragen aandeel of aandelen, vastgesteld door een of meer onafhankelijke deskundigen. De aandeelhouder blijft bevoegd zijn aanbod in te trekken mits dit geschiedt binnen een maand nadat hem bekend is aan welke gegadigden hij al de aandelen waarop het aanbod betrekking heeft kan verkopen en tegen welke prijs. Indien is vastgesteld dat niet al de aandelen waarop het aanbod betrekking heeft worden gekocht, zal de aanbieder de aandelen binnen een in de statuten te stellen termijn van ten minste drie maanden na die vaststelling vrijelijk mogen overdragen.
– 4. De vennootschap zelf kan slechts met instemming van de aandeelhouder, bedoeld in het tweede of derde lid, gegadigde zijn.
– 5. Bepalingen in de statuten omtrent de overdraagbaarheid van aandelen gelden niet, indien de houder krachtens de wet tot overdracht van zijn aandeel aan een eerdere houder verplicht is. (BW 2:64, 78*a*, 86, 89 lid 5, 195; 3:83, 88, 186; 6:203; 252, 271; Rv 474g lid 4)

Art. 87a

Verplichting tot aanbieding of overdracht

– 1. De statuten kunnen bepalen dat in gevallen, in de statuten omschreven, de aandeelhouder gehouden is zijn aandelen aan te bieden en over te dragen. De statuten kunnen daarbij bepalen dat zolang de aandeelhouder zijn verplichtingen tot aanbieding of overdracht niet nakomt, zijn stemrecht, zijn recht op deelname aan de algemene vergadering en zijn recht op uitkeringen is opgeschort.
– 2. De statuten kunnen bepalen dat indien een aandeelhouder niet binnen een in de statuten te bepalen redelijke termijn zijn statutaire verplichtingen tot aanbieding en overdracht van zijn aandelen is nagekomen, de vennootschap onherroepelijk gevolmachtigd is de aandelen aan te bieden en over te dragen. Wanneer er geen gegadigden zijn aan wie de aandeelhouder al zijn aandelen zal kunnen overdragen volgens een regeling in de statuten, ontbreekt de volmacht en is de aandeelhouder onherroepelijk van het bepaalde in lid 1 ontheven.
– 3. De regeling dient zodanig te zijn dat de aandeelhouder die dit verlangt een prijs ontvangt, gelijk aan de waarde van zijn aandeel of aandelen, vastgesteld door een of meer onafhankelijke deskundigen. (BW 2:195*a*)

Art. 87b

Opschorting rechten

– 1. De statuten kunnen bepalen dat van de aandeelhouder die niet of niet langer aan in de statuten gestelde eisen voldoet het stemrecht, het recht op deelname aan de algemene vergadering en het recht op uitkeringen is opgeschort.

– 2. Indien de aandeelhouder een of meer van de in lid 1 genoemde rechten niet kan uitoefenen en de aandeelhouder niet gehouden is zijn aandelen aan te bieden en over te dragen, is hij onherroepelijk van de in de statuten gestelde eisen ontheven wanneer de vennootschap niet binnen drie maanden na een verzoek daartoe van de aandeelhouder gegadigden heeft aangewezen aan wie hij al zijn aandelen zal kunnen overdragen volgens een regeling in de statuten.

– 3. De regeling dient zodanig te zijn dat de aandeelhouder die dit verlangt een prijs ontvangt, gelijk aan de waarde van zijn aandeel of aandelen, vastgesteld door een of meer onafhankelijke deskundigen. (BW 2:195*b*)

Art. 88

Vruchtgebruik op aandelen

– 1. De bevoegdheid tot het vestigen van vruchtgebruik op een aandeel kan bij de statuten niet worden beperkt of uitgesloten. (BW 2:319; 3:201 e.v.)

– 2. De aandeelhouder heeft het stemrecht op de aandelen waarop een vruchtgebruik is gevestigd. (BW 2:89 lid 2, 117, 118; 3:219)

– 3. In afwijking van het voorgaande lid komt het stemrecht toe aan de vruchtgebruiker, indien zulks bij de vestiging van het vruchtgebruik is bepaald en de vruchtgebruiker een persoon is, aan wie de aandelen vrijelijk kunnen worden overgedragen. Indien de vruchtgebruiker een persoon is aan wie de aandelen niet vrijelijk kunnen worden overgedragen, komt hem het stemrecht uitsluitend toe, indien dit bij de vestiging van het vruchtgebruik is bepaald en zowel deze bepaling als – bij overdracht van het vruchtgebruik – de overgang van het stemrecht is goedgekeurd door het vennootschapsorgaan dat bij de statuten is aangewezen om goedkeuring te verlenen tot een voorgenomen overdracht van aandelen, dan wel – bij ontbreken van zodanige aanwijzing – door de algemene vergadering. Van het bepaalde in de vorige zin kan in de statuten worden afgeweken. Bij een vruchtgebruik als bedoeld in de artikelen 19 en 21 van Boek 4 komt het stemrecht eveneens aan de vruchtgebruiker toe, tenzij bij de vestiging van het vruchtgebruik door partijen of door de kantonrechter op de voet van artikel 23 lid 4 van Boek 4 anders wordt bepaald. (BW 2:87, 89 lid 3, 107)

– 4. De aandeelhouder die geen stemrecht heeft, en de vruchtgebruiker die stemrecht heeft, hebben de rechten, die door de wet zijn toegekend aan de houders van met medewerking ener vennootschap uitgegeven certificaten van aandelen. De vruchtgebruiker die geen stemrecht heeft, heeft deze rechten, tenzij deze hem bij de vestiging of de overdracht van het vruchtgebruik of bij de statuten der vennootschap worden onthouden. (BW 2:89 lid 4, 92 lid 2, 99 lid 7, 103, 110, 112, 113, 114, 117, 123, 314 lid 2, 346)

– 5. Indien de statuten der vennootschap niet anders bepalen, komen ook aan de aandeelhouder toe de uit het aandeel voortspruitende rechten, strekkende tot het verkrijgen van aandelen, met dien verstande dat hij de waarde van deze rechten moet vergoeden aan de vruchtgebruiker, voor zover deze krachtens zijn recht van vruchtgebruik daarop aanspraak heeft. (Ontw. 2.3.2.8b; BW 2:85, 96*a*, 197; 3:9, 201, 216; Wet toez. verz. bedr. 95; Overg.w. 51)

Art. 89

Pandrecht op aandelen

– 1. De bevoegdheid tot verpanding van een aandeel aan toonder kan bij de statuten niet worden beperkt of uitgesloten. Op aandelen op naam kan pandrecht worden gevestigd, voor zover de statuten niet anders bepalen. (BW 2:319; 3:227 e.v., 236 e.v., 248 e.v.)

– 2. De aandeelhouder heeft het stemrecht op de verpande aandelen. (BW 2:88 lid 2, 117, 118; 3:247)

– 3. In afwijking van het voorgaande lid komt het stemrecht toe aan de pandhouder, indien zulks bij de vestiging van het pandrecht is bepaald en de pandhouder een persoon is, aan wie de aandelen vrijelijk kunnen worden overgedragen. Indien de pandhouder een persoon is aan wie de aandelen niet vrijelijk kunnen worden overgedragen, komt hem het stemrecht uitsluitend toe, indien dit bij de vestiging van het pandrecht is bepaald, en de bepaling is goedgekeurd door het vennootschapsorgaan dat bij de statuten is aangewezen om goedkeuring te verlenen tot een voorgenomen overdracht van aandelen, dan wel – bij ontbreken van zodanige aanwijzing – door de algemene vergadering. Treedt een ander in de rechten van de pandhouder, dan komt hem het stemrecht slechts toe, indien het in de vorige zin bedoelde orgaan dan wel, bij gebreke daarvan, de algemene vergadering de overgang van het stemrecht goedkeurt. Van het bepaalde in de voorgaande drie zinnen kan in de statuten worden afgeweken. (BW 2:87, 88 lid 3, 107)

– 4. De aandeelhouder die geen stemrecht heeft, en de pandhouder die stemrecht heeft, hebben de rechten die door de wet zijn toegekend aan de houders van met medewerking ener vennootschap uitgegeven certificaten van aandelen. De pandhouder die geen stemrecht heeft, heeft deze rechten, tenzij deze hem bij de vestiging of de overgang van het pandrecht of bij de statuten der vennootschap worden onthouden. (BW 2:88 lid 4, 92 lid 2, 99 lid 7, 100, 103, 110, 112, 113, 114, 117, 123, 314 lid 2, 317*a* lid 3, 346)

– 5. De bepalingen van de statuten ten aanzien van de vervreemding en overdracht van aandelen zijn van toepassing op de vervreemding en overdracht van de aandelen door de pandhouder of de verblijving van de aandelen aan de pandhouder, met dien verstande dat de pandhouder alle ten aanzien van de vervreemding en overdracht aan de aandeelhouder toekomende rechten uitoefent en diens verplichtingen ter zake nakomt.

– 6. Is het pandrecht overeenkomstig artikel 86*c* lid 4 gevestigd, dan komen de rechten volgens dit artikel de pandhouder eerst toe nadat het pandrecht door de vennootschap is erkend of aan haar is betekend. (Ontw. 2.3.2.8c; BW 2:85, 86, 87, 89*a*, 198; Overg.w. 51; Rv 474g; Wet toez. verz. bedr. 95)

Art. 89a

Inpandneming eigen aandelen

– 1. De naamloze vennootschap kan eigen aandelen of certificaten daarvan slechts in pand nemen, indien:

a. de in pand te nemen aandelen volgestort zijn, (BW 2:80 e.v.)

b. het nominale bedrag van de in pand te nemen en de reeds gehouden of in pand gehouden eigen aandelen en certificaten daarvan tezamen niet meer dan een tiende van het geplaatste kapitaal bedraagt, en

c. de algemene vergadering de pandovereenkomst heeft goedgekeurd. (BW 2:89, 98, 98*d* lid 3, 107 e.v.)

– 2. Dit artikel is niet van toepassing op aandelen en certificaten daarvan die een financiële onderneming die in Nederland het bedrijf van bank mag uitoefenen ingevolge de Wet op het financieel toezicht, in de gewone uitoefening van haar bedrijf in pand neemt. Deze aandelen en certificaten blijven buiten beschouwing bij de toepassing van de artikelen 98 lid 2 onder *b* en 98*a* lid 3. (BW 2:98, 98*c* lid 3, 118 lid 7, 198, 375, 378 lid 4, 400 lid 5; 3:227 e.v., 236 e.v.)

Art. 90

Aansprakelijkheid na overdracht of toedeling niet-volgestort aandeel

– 1. Na overdracht of toedeling van een niet volgestort aandeel blijft ieder van de vorige aandeelhouders voor het daarop nog te storten bedrag hoofdelijk jegens de naamloze vennootschap aansprakelijk. Het bestuur kan tezamen met de raad van commissarissen de vorige aandeelhouder bij authentieke of geregistreerde onderhandse akte van verdere aansprakelijkheid ontslaan; in dat geval blijft de aansprakelijkheid niettemin bestaan voor stortingen, uitgeschreven binnen een jaar na de dag waarop de authentieke akte is verleden of de onderhandse is geregistreerd. (Overg.w. 69)

– 2. Indien een vorig aandeelhouder betaalt, treedt hij in de rechten die de vennootschap tegen latere houders heeft. (Ontw. 2.3.2.9; K 39*b* (oud); BW 2:55, 80, 82, 84, 86, 199; 6:6 e.v., 150 e.v., 160 e.v.)

Art. 91

Vervallen.

Art. 91a

Informatieplicht

– 1. De houder van aandelen aan toonder die alle aandelen in het kapitaal van de vennootschap heeft verkregen, geeft hiervan schriftelijk kennis aan de vennootschap binnen acht dagen na de laatste verkrijging.

– 2. De houder van aandelen aan toonder die ophoudt houder te zijn van alle aandelen in het kapitaal van de vennootschap doordat een derde een of meer van zijn aandelen verkrijgt, geeft hiervan schriftelijk kennis aan de vennootschap binnen acht dagen nadien. Indien de houder van alle aandelen overlijdt of door fusie of splitsing ophoudt te bestaan, geven de verkrijgers hiervan schriftelijk kennis aan de vennootschap binnen een maand na het overlijden onderscheidenlijk de fusie of de splitsing.

– 3. Indien alle aandelen in het kapitaal van de vennootschap behoren tot een huwelijksgemeenschap of in een gemeenschap van een geregistreerd partnerschap, wordt de vennootschap geacht een enkele aandeelhouder te hebben in de zin van dit artikel en rust op ieder van de deelgenoten de verplichting tot kennisgeving overeenkomstig dit artikel.

– 4. Voor de toepassing van dit artikel worden aandelen gehouden door de vennootschap of haar dochtermaatschappijen niet meegeteld. (BW 2:118 lid 7, 228 lid 6, 311, 334*c*)

Art. 92

Gelijkheid van de aandeelhouders

– 1. Voor zover bij de statuten niet anders is bepaald, zijn aan alle aandelen in verhouding tot hun bedrag gelijke rechten en verplichtingen verbonden.

– 2. De naamloze vennootschap moet de aandeelhouders onderscheidenlijk certificaathouders die zich in gelijke omstandigheden bevinden, op dezelfde wijze behandelen.

– 3. De statuten kunnen bepalen dat aan aandelen van een bepaalde soort bijzondere rechten als in de statuten omschreven inzake de zeggenschap in de vennootschap zijn verbonden. (Ontw. 2.3.2.11; K 39*d* (oud); BW 2:8, 23*b* lid 1, 79, 96, 96*a*, 99, 103, 105, 110, 113, 117, 118, 201, 392 lid 1 sub *e*)

Uitkoop

Art. 92a

– 1. Hij die als aandeelhouder voor eigen rekening ten minste 95% van het geplaatste kapitaal van de naamloze vennootschap verschaft, kan tegen de gezamenlijke andere aandeelhouders een vordering instellen tot overdracht van hun aandelen aan de eiser. Hetzelfde geldt, indien twee of meer groepsmaatschappijen dit deel van het geplaatste kapitaal samen verschaffen en samen de vordering instellen tot overdracht aan een hunner. (BW 2:24*a*, 24*b*, 24*d*)
– 2. Over de vordering oordeelt in eerste aanleg de ondernemingskamer van het gerechtshof te Amsterdam. Van de uitspraak staat uitsluitend beroep in cassatie open. (RO 72, 99)
– 3. Indien tegen een of meer gedaagden verstek is verleend, moet de rechter ambtshalve onderzoeken of de eiser of eisers de vereisten van lid 1 vervullen.
– 4. De rechter wijst de vordering tegen alle gedaagden af, indien een gedaagde ondanks de vergoeding ernstige stoffelijke schade zou lijden door de overdracht, een gedaagde houder is van een aandeel waaraan de statuten een bijzonder recht inzake de zeggenschap in de vennootschap verbinden of een eiser jegens een gedaagde afstand heeft gedaan van zijn bevoegdheid de vordering in te stellen.
– 5. Indien de rechter oordeelt dat de leden 1 en 4 de toewijzing van de vordering niet beletten, kan hij bevelen dat een of drie deskundigen zullen berichten over de waarde van de over te dragen aandelen. De eerste drie zinnen van artikel 350 lid 3 en de artikelen 351 en 352 zijn van toepassing. De rechter stelt de prijs vast die de over te dragen aandelen op een door hem te bepalen dag hebben. Zo lang en voor zover de prijs niet is betaald, wordt hij verhoogd met rente, gelijk aan de wettelijke rente, van die dag af tot de overdracht; uitkeringen op de aandelen die in dit tijdvak betaalbaar worden gesteld, strekken op de dag van betaalbaarstelling tot gedeeltelijke betaling van de prijs. (Rv 194 e.v.)
– 6. De rechter die de vordering toewijst, veroordeelt de overnemer aan degenen aan wie de aandelen toebehoren of zullen toebehoren de vastgestelde prijs met rente te betalen tegen levering van het onbezwaarde recht op de aandelen. De rechter geeft omtrent de kosten van het geding zodanige uitspraak als hij meent dat behoort. Een gedaagde die geen verweer heeft gevoerd, wordt niet verwezen in de kosten. (BW 6:119, 120; Rv 237)
– 7. Staat het bevel tot overdracht bij gerechtelijk gewijsde vast, dan deelt de overnemer de dag en plaats van betaalbaarstelling en de prijs schriftelijk mee aan de houders van de over te nemen aandelen van wie hij het adres kent. Hij kondigt deze ook aan in een landelijk verspreid dagblad, tenzij hij van allen het adres kent.
– 8. De overnemer kan zich altijd van zijn verplichtingen ingevolge de leden 6 en 7 bevrijden door de vastgestelde prijs met rente voor alle nog niet overgenomen aandelen te consigneren, onder mededeling van hem bekende rechten van pand en vruchtgebruik en de hem bekende beslagen. Door deze mededeling gaat beslag over van de aandelen op het recht op uitkering. Door het consigneren gaat het recht op de aandelen onbezwaard op hem over en gaan rechten van pand of vruchtgebruik over op het recht op uitkering. Aan aandeel- en dividendbewijzen waarop na de overgang uitkeringen betaalbaar zijn gesteld, kan nadien geen recht jegens de vennootschap meer worden ontleend. De overnemer maakt het consigneren en de prijs per aandeel op dat tijdstip bekend op de wijze van lid 7. (BW 2:201*a*; 6:66 e.v.)

AFDELING 3
Het vermogen van de naamloze vennootschap

Art. 93

Rechtshandelingen namens een op te richten vennootschap

– 1. Uit rechtshandelingen, verricht namens een op te richten naamloze vennootschap, ontstaan slechts rechten en verplichtingen voor de vennootschap wanneer zij die rechtshandelingen na haar oprichting uitdrukkelijk of stilzwijgend bekrachtigt of ingevolge lid 4 wordt verbonden.

Hoofdelijke aansprakelijkheid

– 2. Degenen die een rechtshandeling verrichten namens een op te richten naamloze vennootschap zijn, tenzij met betrekking tot die rechtshandeling uitdrukkelijk anders is bedongen, daardoor hoofdelijk verbonden, totdat de vennootschap na haar oprichting de rechtshandeling heeft bekrachtigd.
– 3. Indien de vennootschap haar verplichtingen uit de bekrachtigde rechtshandeling niet nakomt, zijn degenen die namens de op te richten vennootschap handelden hoofdelijk aansprakelijk voor de schade die de derde dientengevolge lijdt, indien zij wisten of redelijkerwijs konden weten dat de vennootschap haar verplichtingen niet zou kunnen nakomen, onverminderd de aansprakelijkheid terzake van de bestuurders wegens de bekrachtiging. De wetenschap dat de vennootschap haar verplichtingen niet zou kunnen nakomen, wordt vermoed aanwezig te zijn, wanneer de vennootschap binnen een jaar na de oprichting in staat van faillissement wordt verklaard. (BW 2:9, 138; 3:55 e.v., 61, 66, 69; 6:6 e.v., 95 e.v., 162; Fw 43, 45)
– 4. De oprichters kunnen de vennootschap in de akte van oprichting slechts verbinden door het uitgeven van aandelen, het aanvaarden van stortingen daarop, het aanstellen van bestuur-

ders, het benoemen van commissarissen en het verrichten van rechtshandelingen als bedoeld in artikel 94 lid 1. Indien een oprichter hierbij onvoldoende zorgvuldigheid heeft betracht, zijn de artikelen 9 en 138 van overeenkomstige toepassing. (Ontw. 2.3.3.1; K 40 (oud); BW 2:4, 67 lid 4, 69, 80-80*b*, 93*a*, 94, 130, 132, 135, 142, 203)

Art. 93a

Bankverklaring

– 1. Indien voor of bij de oprichting op aandelen wordt gestort in geld, moeten aan de akte van oprichting een of meer verklaringen worden gehecht, inhoudende dat de bedragen die op de bij de oprichting te plaatsen aandelen moeten worden gestort:
a. hetzij terstond na de oprichting ter beschikking zullen staan van de naamloze vennootschap,
b. hetzij alle op een zelfde tijdstip, ten vroegste vijf maanden voor de oprichting, op een afzonderlijke rekening stonden welke na de oprichting uitsluitend ter beschikking van de vennootschap zal staan, mits de vennootschap de stortingen in de akte aanvaardt.
– 2. Indien vreemd geld is gestort, moet uit de verklaring blijken tegen hoeveel geld het vrijelijk kon worden gewisseld op een dag waarop krachtens artikel 80*a* lid 3 de koers bepalend is voor de stortingsplicht.
– 3. Een verklaring als bedoeld in lid 1 kan slechts worden afgelegd door een financiële onderneming als bedoeld in artikel 1:1 van de Wet op het financieel toezicht die in de Europese Unie of in een staat die partij is bij de Overeenkomst betreffende de Europese Economische Ruimte het bedrijf van bank mag uitoefenen. De verklaring kan slechts worden afgegeven aan een notaris.
– 4. Worden voor de oprichting aan de rekening, bedoeld in onderdeel *b* van lid 1, bedragen onttrokken, dan zijn de oprichters hoofdelijk jegens de vennootschap verbonden tot vergoeding van die bedragen, totdat de vennootschap de onttrekkingen uitdrukkelijk heeft bekrachtigd.
– 5. De notaris moet de bank wier verklaring hij heeft ontvangen terstond verwittigen van de oprichting. Indien de oprichting niet doorgaat, moet hij de bank de verklaring terugzenden.
– 6. Indien na de oprichting in vreemd geld is gestort, legt de vennootschap binnen twee weken na de storting een verklaring, als bedoeld in lid 2, van een in het derde lid bedoelde bank neer ten kantore van het handelsregister. (BW 2:4, 69, 77, 80*a*, 203*a*; Hrgw 14, 18)

Art. 94

Opneming rechtshandelingen in oprichtingsakte; beroepsemissie

– 1. Rechtshandelingen:
a. in verband met het nemen van aandelen waarbij bijzondere verplichtingen op de naamloze vennootschap worden gelegd,
b. rakende het verkrijgen van aandelen op andere voet dan waarop de deelneming in de naamloze vennootschap voor het publiek wordt opengesteld,
c. strekkende om enigerlei voordeel te verzekeren aan een oprichter der naamloze vennootschap of aan een bij de oprichting betrokken derde,
d. betreffende inbreng op aandelen anders dan in geld, moeten in haar geheel worden opgenomen in de akte van oprichting of in een geschrift dat daaraan in origineel of in authentiek afschrift wordt gehecht en waarnaar de akte van oprichting verwijst. Indien de vorige zin niet in acht is genomen, kunnen voor de vennootschap uit deze rechtshandelingen geen rechten of verplichtingen ontstaan.
– 2. Na de oprichting kunnen de in het vorige lid bedoelde rechtshandelingen zonder voorafgaande goedkeuring van de algemene vergadering slechts worden verricht, indien en voor zover aan het bestuur de bevoegdheid daartoe uitdrukkelijk bij de statuten is verleend.
– 3. Van het bepaalde in dit artikel zijn uitgezonderd de in artikel 80 lid 2 bedoelde overeenkomsten. (Ontw. 2.3.3.2, 2.3.3.3, 2.3.3.5; K 40*a*, 40*b*, 40*c*, 40*d* (oud); BW 2:4, 69, 80*a*, 80*b*, 93, 94*a*, 101, 122, 204, 312 lid 2 sub *d*, 392 lid 1 sub *e* en *f*)

Art. 94a

Beschrijving van inbreng anders dan in geld

– 1. Indien bij de oprichting inbreng op aandelen anders dan in geld wordt overeengekomen, maken de oprichters een beschrijving op van hetgeen wordt ingebracht, met vermelding van de daaraan toegekende waarde en van de toegepaste waarderingsmethoden. Deze methoden moeten voldoen aan normen die in het maatschappelijke verkeer als aanvaardbaar worden beschouwd. De beschrijving heeft betrekking op de toestand van hetgeen wordt ingebracht op een dag die niet eerder dan zes maanden voor de oprichting ligt. De beschrijving wordt door alle oprichters ondertekend en aan de akte van oprichting gehecht. (BW 2:69, 80*b*, 94*b*-94*c*, 105[4], 362)

Accountantsverklaring

– 2. Over de beschrijving van hetgeen wordt ingebracht moet een accountant als bedoeld in artikel 393, eerste lid een verklaring afleggen, die aan de akte van oprichting moet worden gehecht. Hierin verklaart hij dat de waarde van hetgeen wordt ingebracht, bij toepassing van in het maatschappelijke verkeer als aanvaardbaar beschouwde waarderingsmethoden, ten minste beloopt het bedrag van de stortingsplicht, in geld uitgedrukt, waaraan met de inbreng moet worden voldaan. Indien bekend is dat de waarde na de beschrijving aanzienlijk is gedaald, is een tweede verklaring vereist. (BW 2:4, 80 v., 94*b*-94*c*, 312, 313, 362[1])

– 3. De beschrijving en de accountantsverklaring zijn niet vereist, indien zulks in de akte van oprichting is bepaald ten aanzien van:

a. inbreng van effecten of geldmarktinstrumenten als bedoeld in artikel 1:1 van de Wet op het financieel toezicht, mits die effecten of geldmarktinstrumenten worden gewaardeerd tegen de gewogen gemiddelde koers waartegen zij gedurende drie maanden voorafgaande aan de dag van de inbreng op een gereglementeerde markt als bedoeld in artikel 1:1 van de Wet op het financieel toezicht zijn verhandeld; (BW 2:403, 404)

b. inbreng anders dan in geld, niet zijnde effecten of instrumenten als bedoeld in onderdeel a, die is gewaardeerd door een onafhankelijke persoon die blijkens zijn opleiding en werkzaamheid deskundig is in het uitvoeren van waarderingen, mits de deskundigenwaardering geschiedt met toepassing van in het maatschappelijk verkeer als aanvaardbaar beschouwde waarderingsmethoden en de waarde van hetgeen wordt ingebracht wordt bepaald op een dag die niet eerder dan zes maanden voor de dag van de inbreng ligt;

c. inbreng anders dan in geld, niet zijnde effecten of geldmarktinstrumenten als bedoeld in onderdeel a, waarvan de waarde wordt afgeleid uit een jaarrekening die is vastgesteld over het laatste boekjaar dat aan de inbreng voorafgaat en overeenkomstig Richtlijn 2006/43/EG van het Europees Parlement en de Raad van 17 mei 2006 betreffende de wettelijke controles van jaarrekeningen en geconsolideerde jaarrekeningen, tot wijziging van de Richtlijnen 78/660/EEG en 83/349/EEG van de Raad en houdende intrekking van Richtlijn 84/253/EEG van de Raad (*PbEG* L 157) aan een accountantscontrole is onderworpen. (BW 2:373)

– 4. Indien voor de oprichting bekend is dat de koers is beïnvloed door uitzonderlijke omstandigheden die ertoe leiden dat de waarde van effecten of instrumenten als bedoeld in lid 3, onderdeel a, op de dag van de inbreng aanzienlijk zal zijn gewijzigd of indien voor de oprichting bekend is dat de waarde van inbreng als bedoeld in lid 3, onderdeel b of c, op de dag van de inbreng als gevolg van nieuwe bijzondere omstandigheden aanzienlijk zal zijn gewijzigd, zijn de oprichters verplicht om alsnog een beschrijving op te maken die door alle oprichters wordt ondertekend en waarover een accountantsverklaring als bedoeld in lid 2 wordt afgelegd. De beschrijving en de accountantsverklaring worden aan de akte van oprichting gehecht. Geschiedt de inbreng na de oprichting en is in de periode tussen de oprichting en de inbreng bekend geworden dat zich omstandigheden als bedoeld in de eerste zin hebben voorgedaan, dan is het bestuur verplicht om alsnog een beschrijving op te maken waarover een accountantsverklaring als bedoeld in lid 2 wordt afgelegd.

Bewind

– 5. Indien bij de oprichting inbreng op aandelen anders dan in geld wordt overeengekomen onder toepassing van lid 3, legt de vennootschap binnen een maand na de dag van de inbreng ten kantore van het handelsregister een verklaring van de oprichters neer waarin de inbreng wordt beschreven, met vermelding van de daaraan toegekende waarde en de toegepaste waarderingsmethoden. In de verklaring wordt tevens vermeld of de toegekende waarde ten minste beloopt het bedrag van de stortingsplicht, in geld uitgedrukt, waaraan met de inbreng moet worden voldaan en wordt voorts vermeld dat zich in de periode tussen de waardering en de inbreng geen nieuwe bijzondere omstandigheden hebben voorgedaan. De oprichters ondertekenen de verklaring; ontbreekt de handtekening van een of meer hunner, dan wordt daarvan onder opgave van reden melding gemaakt.

– 6. De beschrijving en accountantsverklaring zijn niet vereist, indien aan de volgende voorwaarden is voldaan:

a. alle oprichters hebben besloten af te zien van de opstelling van de deskundigenverklaring;

b. een of meer rechtspersonen op wier jaarrekening titel 9 van toepassing is, of die krachtens de toepasselijke wet voldoen aan de eisen van de vierde richtlijn van de Raad van de Europese Gemeenschappen inzake het vennootschapsrecht, nemen alle uit te geven aandelen tegen inbreng anders dan in geld;

c. elke inbrengende rechtspersoon beschikt ten tijde van de inbreng over niet uitkeerbare reserves, voor zover nodig door het bestuur hiertoe afgezonderd uit de uitkeerbare reserves, ter grootte van het nominale bedrag der door de rechtspersoon genomen aandelen;

d. elke inbrengende rechtspersoon verklaart dat hij een bedrag van ten minste de nominale waarde der door hem genomen aandelen ter beschikking zal stellen voor de voldoening van schulden van de vennootschap aan derden, die ontstaan in het tijdvak tussen de plaatsing van de aandelen en een jaar nadat de vastgestelde jaarrekening van de vennootschap over het boekjaar van de inbreng is neergelegd ten kantore van het handelsregister, voor zover de vennootschap deze niet kan voldoen en de schuldeisers hun vordering binnen twee jaren na deze nederlegging schriftelijk aan een van de inbrengende rechtspersonen hebben opgegeven;

e. elke inbrengende rechtspersoon heeft zijn laatste vastgestelde balans met toelichting, met

de accountantsverklaring daarbij, neergelegd ten kantore van het handelsregister en sedert de balansdatum zijn nog geen achttien maanden verstreken;
f. elke inbrengende rechtspersoon zondert een reserve af ter grootte van het nominale bedrag der door hem genomen aandelen en kan dit doen uit reserves waarvan de aard dit niet belet;
g. de vennootschap doet ten kantore van het handelsregister opgave van het onder a bedoelde besluit en elke inbrengende rechtspersoon doet aan hetzelfde kantoor opgave van zijn onder d vermelde verklaring.
– 7. Indien het vorige lid is toegepast, mag een inbrengende rechtspersoon zijn tegen de inbreng genomen aandelen niet vervreemden in het tijdvak, genoemd in dat lid onder d, en moet hij de reserve, genoemd in dat lid onder f aanhouden tot twee jaar na dat tijdvak. Nadien moet de reserve worden aangehouden tot het bedrag van de nog openstaande opgegeven vorderingen als bedoeld in het vorige lid onder d. De oorspronkelijke reserve wordt verminderd met betalingen op de opgegeven vorderingen.
– 8. De inbrengende rechtspersoon en alle in lid 6 onder d bedoelde schuldeisers kunnen de kantonrechter van de woonplaats van de vennootschap verzoeken, een bewind over de vorderingen in te stellen, strekkende tot hun voldoening daarvan uit de krachtens lid 6 onder d ter beschikking gestelde bedragen. Voor zover nodig, zijn de bepalingen van de Faillissementswet omtrent de verificatie van vorderingen en de vereffening van overeenkomstige toepassing. Een schuldeiser kan zijn vordering niet met een schuld aan een inbrengende rechtspersoon verrekenen. Over de vorderingen kan slechts onder de last van het bewind worden beschikt en zij kunnen slechts onder die last worden uitgewonnen, behalve voor schulden die voortspruiten uit handelingen welke door de bewindvoerder in zijn hoedanigheid zijn verricht. De kantonrechter regelt de bevoegdheden en de beloning van de bewindvoerder; hij kan zijn beschikking te allen tijde wijzigen.

Art. 94b

Beschrijving na oprichting van inbreng anders dan in geld; accountantsverklaring

– 1. Indien na de oprichting inbreng op aandelen anders dan in geld wordt overeengekomen, maakt de vennootschap overeenkomstig artikel 94a lid 1 een beschrijving op van hetgeen wordt ingebracht. De beschrijving heeft betrekking op de toestand op een dag die niet eerder dan zes maanden ligt voor de dag waarop de aandelen worden genomen dan wel waartegen een bijstorting is uitgeschreven of waarop zij is overeengekomen. De bestuurders ondertekenen de beschrijving; ontbreekt de handtekening van een of meer hunner, dan wordt daarvan onder opgave van reden melding gemaakt. (BW 2:94[1], 102[2], 312[3])
– 2. Artikel 94a lid 2 is van overeenkomstige toepassing.
– 3. In de in artikel 94a lid 3, onderdeel a, b en c, bedoelde gevallen kan het bestuur besluiten dat wordt afgezien van de opstelling van de beschrijving en de accountantsverklaring. Is voor de inbreng bekend dat zich omstandigheden als bedoeld in artikel 94a lid 4, eerste zin, hebben voorgedaan, dan is het bestuur verplicht om alsnog een beschrijving op te maken waarover een accountantsverklaring als bedoeld in artikel 94a lid 2 wordt afgelegd.
– 4. Indien na de oprichting inbreng op aandelen anders dan in geld wordt overeengekomen onder toepassing van lid 3, legt de vennootschap niet later dan op de achtste dag voor de dag van de inbreng ten kantore van het handelsregister een aankondiging neer waarin hetgeen wordt ingebracht wordt beschreven, met vermelding van de daaraan toegekende waarde, de toegepaste waarderingsmethoden, de namen van de inbrengers, het bedrag van het aldus gestorte deel van het geplaatste kapitaal en de datum van het in artikel 96 lid 1 bedoelde besluit tot uitgifte. In de aankondiging wordt tevens vermeld of de toegekende waarde ten minste beloopt het bedrag van de stortingsplicht, in geld uitgedrukt, waaraan met de inbreng moet worden voldaan en wordt voorts vermeld dat zich ten opzichte van de waardering van de inbreng geen nieuwe bijzondere omstandigheden hebben voorgedaan. De bestuurders ondertekenen de aankondiging; ontbreekt de handtekening van een of meer hunner, dan wordt daarvan onder opgave van reden melding gemaakt. Binnen een maand na de dag van de inbreng legt de vennootschap ten kantore van het handelsregister een verklaring neer waarin wordt vermeld dat zich in de periode tussen de in de eerste zin bedoelde aankondiging en de inbreng geen nieuwe bijzondere omstandigheden ten aanzien van de waardering hebben voorgedaan. De bestuurders ondertekenen de verklaring; ontbreekt de handtekening van een of meer hunner, dan wordt daarvan onder opgave van reden melding gemaakt. (BW 2:77; WED 1, 4°)
– 5. Blijven een beschrijving en accountantsverklaring als bedoeld in lid 3, tweede zin, achterwege en vindt de inbreng plaats overeenkomstig artikel 94a lid 3, onderdeel b of c, dan kunnen een of meer houders van aandelen die op de dag van het in artikel 96 lid 1 bedoelde besluit tot uitgifte alleen of gezamenlijk ten minste vijf procent van het geplaatste kapitaal vertegenwoordigen, van het bestuur verlangen dat het alsnog een beschrijving opmaakt waarover een accountantsverklaring als bedoeld in artikel 94a lid 2 wordt afgelegd. Het bestuur geeft hieraan uitvoering, mits de aandeelhouders hun verlangen uiterlijk op de dag die voorafgaat aan de dag van de inbreng aan het bestuur kenbaar hebben gemaakt en zij ten tijde van de indiening van

het verzoek nog steeds ten minste vijf procent van het geplaatste kapitaal, zoals dat voor het besluit tot uitgifte luidde, vertegenwoordigen. (BW 2:72, 77, 80*b*, 94*a*, 204*b*)

– 6. Indien alle aandeelhouders hebben besloten af te zien van de opstelling van de beschrijving en accountantsverklaring en overeenkomstig artikel 94a lid 6, onder b-g, is gehandeld, is geen beschrijving of accountantsverklaring vereist en is artikel 94a leden 7 en 8 van overeenkomstige toepassing.

– 7. De vennootschap legt, binnen acht dagen na de dag waarop de aandelen zijn genomen dan wel waarop de bijstorting opeisbaar werd, de accountantsverklaring bij de inbreng of een afschrift daarvan neer ten kantore van het handelsregister met opgave van de namen van de inbrengers en van het bedrag van het aldus gestorte deel van het geplaatste kapitaal.

– 8. Dit artikel is niet van toepassing voor zover de inbreng bestaat uit aandelen of certificaten van aandelen, daarin converteerbare rechten of winstbewijzen van een andere rechtspersoon, waarop de vennootschap een openbaar bod heeft uitgebracht, mits deze effecten of een deel daarvan zijn toegelaten tot de handel op een gereglementeerde markt of een multilaterale handelsfaciliteit, als bedoeld in artikel 1:1 van de Wet op het financieel toezicht of een met een gereglementeerde markt of multilaterale handelsfaciliteit vergelijkbaar systeem uit een staat die geen lidstaat is.

Art. 94c

Tot 2 jaar na de oprichting door de NV goed te keuren rechtshandelingen

– 1. Een rechtshandeling die de naamloze vennootschap heeft verricht zonder goedkeuring van de algemene vergadering of zonder de verklaring, bedoeld in lid 3, kan ten behoeve van de vennootschap worden vernietigd, indien de rechtshandeling:

a. strekt tot het verkrijgen van goederen, met inbegrip van vorderingen die worden verrekend, die een jaar voor de oprichting of nadien toebehoorden aan een oprichter, en

b. is verricht voordat twee jaren zijn verstreken na de inschrijving van de vennootschap in het handelsregister.

– 2. Indien de goedkeuring wordt gevraagd, maakt de vennootschap een beschrijving op van de te verkrijgen goederen en van de tegenprestatie. De beschrijving heeft betrekking op de toestand van het beschrevene op een dag die niet voor de oprichting ligt. In de beschrijving worden de waarden vermeld die aan de goederen en tegenprestatie worden toegekend alsmede de toegepaste waarderingsmethoden. Deze methoden moeten voldoen aan normen die in het maatschappelijke verkeer als aanvaardbaar worden beschouwd. De bestuurders ondertekenen de beschrijving; ontbreekt de handtekening van een of meer hunner, dan wordt daarvan onder opgave van reden melding gemaakt. (BW art. 2:94*b* lid 1, 101 lid 2, 362)

– 3. Artikel 94a lid 2 is van overeenkomstige toepassing, met dien verstande dat de verklaring moet inhouden dat de waarde van de te verkrijgen goederen, bij toepassing van in het maatschappelijke verkeer als aanvaardbaar beschouwde waarderingsmethoden, overeenkomt met ten minste de waarde van de tegenprestatie.

– 4. Artikel 94b lid 3 is van overeenkomstige toepassing. Vindt een rechtshandeling plaats met toepassing van de vorige zin, dan kan deze niet op grond van lid 1 worden vernietigd wegens het ontbreken van de in lid 3 bedoelde verklaring. Artikel 94b lid 4 is van overeenkomstige toepassing, met dien verstande dat de datum van de in lid 1 bedoelde rechtshandeling in de beschrijving wordt vermeld. (WED art. 1 sub 4)

– 5. Op het ter inzage leggen en in afschrift ter beschikking stellen van de in de vorige leden bedoelde stukken is artikel 102 van overeenkomstige toepassing. (BW art. 2:77, 94*a*-94*c*, 101, 105 lid 4, 362, 378 lid 3; WED 1 art. sub 4)

– 6. De vennootschap legt binnen acht dagen na de rechtshandeling of na de goedkeuring, indien achteraf verleend, de in het derde lid bedoelde verklaring of een afschrift daarvan neer ten kantore van het handelsregister.

– 7. Voor de toepassing van dit artikel blijven buiten beschouwing:

a. verkrijgingen op een openbare veiling of ter beurze,

b. verkrijgingen die onder de bedongen voorwaarden tot de gewone bedrijfsuitoefening van de vennootschap behoren,

c. verkrijgingen waarvoor een verklaring als bedoeld in artikel 94a lid 2 is afgelegd,

d. verkrijgingen ten gevolge van fusie of splitsing.

Art. 94d

Vervallen.

Art. 95

Het nemen van eigen aandelen door de NV

– 1. De naamloze vennootschap mag geen eigen aandelen nemen.

– 2. Aandelen die de vennootschap in strijd met het vorige lid heeft genomen, gaan op het tijdstip van het nemen over op de gezamenlijke bestuurders. Iedere bestuurder is hoofdelijk aansprakelijk voor de volstorting van deze aandelen met de wettelijke rente van dat tijdstip af. Zijn de aandelen bij de oprichting geplaatst, dan is dit lid van overeenkomstige toepassing op de gezamenlijke oprichters. (BW art. 6:6 e.v., 119, 120)

– 3. Neemt een ander een aandeel in eigen naam maar voor rekening van de vennootschap, dan wordt hij geacht het voor eigen rekening te nemen. (BW art. 2:98*a*, 98*d*, 205; BW art. 3:60 e.v.; BW art. 7:400 e.v.)

Art. 96

Aandelenuitgifte na oprichting

– 1. De naamloze vennootschap kan na de oprichting slechts aandelen uitgeven ingevolge een besluit van de algemene vergadering of van een ander vennootschapsorgaan dat daartoe bij besluit van de algemene vergadering of bij de statuten voor een bepaalde duur van ten hoogste vijf jaren is aangewezen. Bij de aanwijzing moet zijn bepaald hoeveel aandelen mogen worden uitgegeven. De aanwijzing kan telkens voor niet langer dan vijf jaren worden verlengd. Tenzij bij de aanwijzing anders is bepaald, kan zij niet worden ingetrokken.

– 2. Zijn er verschillende soorten aandelen, dan is voor de geldigheid van het besluit van de algemene vergadering tot uitgifte of tot aanwijzing vereist een voorafgaand of gelijktijdig goedkeurend besluit van elke groep houders van aandelen van een zelfde soort aan wier rechten de uitgifte afbreuk doet. (BW art. 2:92, 99 lid 5, 317 lid 5)

– 3. De vennootschap legt binnen acht dagen na een besluit van de algemene vergadering tot uitgifte of tot aanwijzing een volledige tekst daarvan neer ten kantore van het handelsregister. (WED art. 1 sub 4°)

– 4. De vennootschap doet binnen acht dagen na afloop van elk kalenderkwartaal ten kantore van het handelsregister opgave van elke uitgifte van aandelen in het afgelopen kalenderkwartaal, met vermelding van aantal en soort. (WED art. 1 sub 4°)

– 5. Dit artikel is van overeenkomstige toepassing op het verlenen van rechten tot het nemen van aandelen, maar is niet van toepassing op het uitgeven van aandelen aan iemand die een voordien reeds verkregen recht tot het nemen van aandelen uitoefent. (BW art. 2:77, 80 lid 5, 96*a*, 96*b*, 107, 164, 206, 320)

Art. 96a

Voorkeursrecht aandeelhouders op uit te geven aandelen

– 1. Behoudens de beide volgende leden heeft iedere aandeelhouder bij uitgifte van aandelen een voorkeursrecht naar evenredigheid van het gezamenlijke bedrag van zijn aandelen. Tenzij de statuten anders bepalen, heeft hij evenwel geen voorkeursrecht op aandelen die worden uitgegeven tegen inbreng anders dan in geld. Hij heeft geen voorkeursrecht op aandelen die worden uitgegeven aan werknemers van de naamloze vennootschap of van een groepsmaatschappij. (BW art. 2:88 lid 5)

– 2. Voor zover de statuten niet anders bepalen, hebben houders van aandelen die

a. niet boven een bepaald percentage van het nominale bedrag of slechts in beperkte mate daarboven delen in de winst, of

b. niet boven het nominale bedrag of slechts in beperkte mate daarboven delen in een overschot na vereffening, (BW art. 2:23 e.v., 92, 105) geen voorkeursrecht op uit te geven aandelen.

– 3. Voor zover de statuten niet anders bepalen, hebben de aandeelhouders geen voorkeursrecht op uit te geven aandelen in een van de in het vorige lid onder *a* en *b* omschreven soorten.

– 4. De vennootschap kondigt de uitgifte met voorkeursrecht en het tijdvak waarin dat kan worden uitgeoefend, aan in de *Staatscourant* en in een landelijk verspreid dagblad, tenzij alle aandelen op naam luiden en de aankondiging aan alle aandeelhouders schriftelijk geschiedt aan het door hen opgegeven adres.

– 5. Het voorkeursrecht kan worden uitgeoefend gedurende ten minste twee weken na de dag van aankondiging in de *Staatscourant* of na de verzending van de aankondiging aan de aandeelhouders.

– 6. Het voorkeursrecht kan worden beperkt of uitgesloten bij besluit van de algemene vergadering. In het voorstel hiertoe moeten de redenen voor het voorstel en de keuze van de voorgenomen koers van uitgifte schriftelijk worden toegelicht. Het voorkeursrecht kan ook worden beperkt of uitgesloten door het ingevolge artikel 96 lid 1 aangewezen vennootschapsorgaan, indien dit bij besluit van de algemene vergadering of bij de statuten voor een bepaalde duur van ten hoogste vijf jaren is aangewezen als bevoegd tot het beperken of uitsluiten van het voorkeursrecht. De aanwijzing kan telkens voor niet langer dan vijf jaren worden verlengd. Tenzij bij de aanwijzing anders is bepaald, kan zij niet worden ingetrokken. (BW art. 2:107)

– 7. Voor een besluit van de algemene vergadering tot beperking of uitsluiting van het voorkeursrecht of tot aanwijzing is een meerderheid van ten minste twee derden der uitgebrachte stemmen vereist, indien minder dan de helft van het geplaatste kapitaal in de vergadering is vertegenwoordigd. De vennootschap legt binnen acht dagen na het besluit een volledige tekst daarvan neer ten kantore van het handelsregister. (BW art. 2:77, 99, 120, 317 lid 4; WED art. 1 sub 4°)

– 8. Bij het verlenen van rechten tot het nemen van aandelen hebben de aandeelhouders een voorkeursrecht; de vorige leden zijn van overeenkomstige toepassing. Aandeelhouders hebben geen voorkeursrecht op aandelen die worden uitgegeven aan iemand die een voordien reeds verkregen recht tot het nemen van aandelen uitoefent. (BW art. 2:4, 80 e.v., 94*b*, 94*c*, 96, 96*b*, 206*a*, 320)

Art. 96b

Beleggingsmaatschappij met veranderlijk kapitaal

De artikelen 96 en 96*a* gelden niet voor een beleggingsmaatschappij met veranderlijk kapitaal. (BW 2:76*a*)

Art. 97

Plaatsing tot lager bedrag dan bedrag uitgifte

Indien, in het geval van uitgifte van aandelen na de oprichting, bekend is gemaakt welk bedrag zal worden uitgegeven en slechts een lager bedrag kan worden geplaatst, wordt dit laatste bedrag slechts geplaatst indien de voorwaarden van uitgifte dat uitdrukkelijk bepalen. (BW 2:96)

Art. 98

Verkrijging niet volgestorte eigen aandelen

– 1. Verkrijging door de naamloze vennootschap van niet volgestorte aandelen in haar kapitaal is nietig. (BW 3:40 e.v.)

Volgestorte eigen aandelen

– 2. Volgestorte eigen aandelen mag de vennootschap slechts verkrijgen om niet of indien het eigen vermogen, verminderd met de verkrijgingsprijs, niet kleiner is dan het gestorte en opgevraagde deel van het kapitaal, vermeerderd met de reserves die krachtens de wet of de statuten moeten worden aangehouden. Onverminderd het bepaalde in de vorige zin beloopt, indien de aandelen van de vennootschap zijn toegelaten tot de handel op een gereglementeerde markt of op een multilaterale handelsfaciliteit, als bedoeld in artikel 1:1 van de Wet op het financieel toezicht of een met een gereglementeerde markt of multilaterale handelsfaciliteit vergelijkbaar systeem uit een staat die geen lidstaat is, het nominale bedrag van de aandelen in haar kapitaal die de vennootschap verkrijgt, houdt of in pand houdt of die worden gehouden door een dochtermaatschappij, niet meer dan de helft van het geplaatste kapitaal.

– 3. Voor het vereiste in lid 2 is bepalend de grootte van het eigen vermogen volgens de laatst vastgestelde balans, verminderd met de verkrijgingsprijs voor aandelen in het kapitaal van de vennootschap, het bedrag van leningen als bedoeld in artikel 98c lid 2 en uitkeringen uit winst of reserves aan anderen die zij en haar dochtermaatschappijen na de balansdatum verschuldigd werden. Is een boekjaar meer dan zes maanden verstreken zonder dat de jaarrekening is vastgesteld, dan is verkrijging overeenkomstig lid 2 niet toegestaan. (BW 2:364 e.v.)

– 4. Verkrijging anders dan om niet kan slechts plaatsvinden indien en voor zover de algemene vergadering het bestuur daartoe heeft gemachtigd. Deze machtiging geldt voor ten hoogste vijf jaar. In afwijking van de vorige volzin geldt in het geval de aandelen van een vennootschap zijn toegelaten tot de handel op een gereglementeerde markt of op een multilaterale handelsfaciliteit, als bedoeld in artikel 1:1 van de Wet op het financieel toezicht of een met een gereglementeerde markt of multilaterale handelsfaciliteit vergelijkbaar systeem uit een staat die geen lidstaat is deze machtiging voor ten hoogste achttien maanden. De algemene vergadering bepaalt in de machtiging hoeveel aandelen mogen worden verkregen, hoe zij mogen worden verkregen en tussen welke grenzen de prijs moet liggen. De statuten kunnen de verkrijging door de vennootschap van eigen aandelen uitsluiten of beperken. (BW 2:107, 129)

Vervreemding door pandhouder

– 5. De machtiging is niet vereist, voor zover de statuten toestaan dat de vennootschap eigen aandelen verkrijgt om, krachtens een voor hen geldende regeling, over te dragen aan werknemers in dienst van de vennootschap of van een groepsmaatschappij. Deze aandelen moeten zijn opgenomen in de prijscourant van een beurs.

– 6. De leden 1-4 gelden niet voor aandelen die de vennootschap onder algemene titel verkrijgt. (BW 2:23*b*, 311)

– 7. De leden 2-4 gelden niet voor aandelen die een financiële onderneming die ingevolge de Wet op het financieel toezicht in Nederland het bedrijf van bank mag uitoefenen, in opdracht en voor rekening van een ander verkrijgt. (BW 2:89*a*, 98*a* lid 3; 7:400 e.v.)

– 8. De leden 2-4 gelden niet voor een beleggingsmaatschappij met veranderlijk kapitaal. Het geplaatste kapitaal van zulk een beleggingsmaatschappij, verminderd met het bedrag van de aandelen die zij zelf houdt, moet ten minste een tiende van het maatschappelijke kapitaal bedragen. (BW 2:76*a*)

– 9. Onder het begrip aandelen in dit artikel zijn certificaten daarvan begrepen. (Ontw. 2.3.3.7; K 41*a* (oud); BW 2:82 e.v., 86, 98*a-d*, 118 lid 7, 207, 373, 378 lid 4, 385 lid 5)

Art. 98a

Rechtsgevolgen (onwettig) verkregen eigen aandelen

– 1. Verkrijging van aandelen op naam in strijd met de leden 2-4 van het vorige artikel is nietig. De bestuurders zijn hoofdelijk aansprakelijk jegens de vervreemder te goeder trouw die door de nietigheid schade lijdt.

– 2. Aandelen aan toonder en certificaten van aandelen die de naamloze vennootschap in strijd met de leden 2-4 van het vorige artikel heeft verkregen, gaan op het tijdstip van de verkrijging over op de gezamenlijke bestuurders. Iedere bestuurder is hoofdelijk aansprakelijk voor de vergoeding aan de vennootschap van de verkrijgingsprijs met de wettelijke rente daarover van dat tijdstip af.

– 3. De vennootschap kan niet langer dan gedurende drie jaren na omzetting in een naamloze vennootschap of nadat zij eigen aandelen om niet of onder algemene titel heeft verkregen, samen met haar dochtermaatschappijen meer aandelen in haar kapitaal houden dan een tiende van het geplaatste kapitaal; eigen aandelen die zij zelf in pand heeft, worden meegeteld. De aandelen die de vennootschap te veel houdt, gaan op het einde van de laatste dag van die drie jaren over op de gezamenlijke bestuurders. Dezen zijn hoofdelijk aansprakelijk voor de betaling aan de vennootschap van de waarde van de aandelen op dat tijdstip met de wettelijke rente van dat tijdstip af. Onder het begrip aandelen in dit lid zijn certificaten daarvan begrepen. (BW 2:72, 89*a* lid 2, 98*d*)

– 4. Het vorige lid is van overeenkomstige toepassing op elk niet volgestort eigen aandeel dat de vennootschap onder algemene titel heeft verkregen en niet binnen drie jaren daarna heeft vervreemd of ingetrokken. (BW 2:311)

– 5. Het derde lid is van overeenkomstige toepassing op elk eigen aandeel of certificaat daarvan dat de vennootschap ingevolge het vijfde lid van het vorige artikel heeft verkregen zonder machtiging van de algemene vergadering en dat zij gedurende een jaar houdt. (BW 2:9, 82 e.v., 95, 98, 98*b*, 99, 129, 207*a*; 3:11, 15, 40; 6:6 e.v., 95, 102, 119, 120)

Art. 98b

Middellijke vertegenwoordiger verplicht tot overdracht

Indien een ander in eigen naam voor rekening van de naamloze vennootschap aandelen in haar kapitaal of certificaten daarvan verkrijgt, moet hij deze onverwijld tegen betaling aan de vennootschap overdragen. Indien deze aandelen op naam luiden, is het tweede lid van het vorige artikel van overeenkomstige toepassing. (BW 2:98, 98*d* lid 3, 207*b*; 3:60 e.v.; 7:400 e.v.)

Art. 98c

Verboden handelingen vennootschap bij verkrijgen aandelen door anderen

– 1. De vennootschap mag niet, met het oog op het nemen of verkrijgen door anderen van aandelen in haar kapitaal of van certificaten daarvan, zekerheid stellen, een koersgarantie geven, zich op andere wijze sterk maken of zich hoofdelijk of anderszins naast of voor anderen verbinden. Dit verbod geldt ook voor haar dochtermaatschappijen.

– 2. De vennootschap en haar dochtermaatschappijen mogen niet, met het oog op het nemen of verkrijgen door anderen van aandelen in het kapitaal van de vennootschap of van certificaten daarvan, leningen verstrekken, tenzij het bestuur daartoe besluit en er is voldaan aan de volgende voorwaarden:

a. het verstrekken van de lening, met inbegrip van de rente die de vennootschap ontvangt en de zekerheden die aan de vennootschap worden verstrekt, geschiedt tegen billijke marktvoorwaarden;

b. het eigen vermogen, verminderd met het bedrag van de lening, is niet kleiner dan het gestorte en opgevraagde deel van het kapitaal, vermeerderd met de reserves die krachtens de wet of de statuten moeten worden aangehouden;

c. de kredietwaardigheid van de derde of, wanneer het meerpartijentransacties betreft, van iedere erbij betrokken tegenpartij is nauwgezet onderzocht;

d. indien de lening wordt verstrekt met het oog op het nemen van aandelen in het kader van een verhoging van het geplaatste kapitaal van de vennootschap of met het oog op het verkrijgen van aandelen die de vennootschap in haar kapitaal houdt, is de prijs waarvoor de aandelen worden genomen of verkregen billijk.

– 3. Voor het vereiste in lid 2, onderdeel b, is bepalend de grootte van het eigen vermogen volgens de laatst vastgestelde balans, verminderd met de verkrijgingsprijs voor aandelen in het kapitaal van de vennootschap en uitkeringen uit winst of reserves aan anderen die zij en haar dochtermaatschappijen na de balansdatum verschuldigd werden. Is een boekjaar meer dan zes maanden verstreken zonder dat de jaarrekening is vastgesteld, dan is een transactie als bedoeld in lid 2 niet toegestaan. (BW 2:87, 89*a* lid 2, 98 lid 7, 207*c*, 367 sub *f*, 370 sub *e*, 374, 376; 3:227 e.v., 236 e.v., 253, 259, 277, 284; 6:12; 7:850 e.v.; 7A:1777 e.v.)

– 4. De vennootschap houdt een niet-uitkeerbare reserve aan ter grootte van het bedrag van de in lid 2 bedoelde leningen.

– 5. Een besluit van het bestuur tot het verstrekken van een lening als bedoeld in lid 2 is onderworpen aan de voorafgaande goedkeuring van de algemene vergadering. Het besluit tot goedkeuring wordt genomen met een meerderheid van ten minste twee derden van de uitgebrachte stemmen, indien minder dan de helft van het geplaatste kapitaal ter vergadering is vertegenwoordigd. In afwijking van de vorige volzin wordt in het geval aandelen of certificaten van aandelen van de vennootschap zijn toegelaten tot de handel op een gereglementeerde markt als bedoeld in artikel 1:1 van de Wet op het financieel toezicht dan wel op een multilaterale handelsfaciliteit als bedoeld in artikel 1:1 van de Wet op het financieel toezicht het besluit tot goedkeuring genomen met ten minste 95 procent van de uitgebrachte stemmen.

– 6. Wanneer aan de algemene vergadering de in lid 5 bedoelde goedkeuring wordt gevraagd, wordt zulks bij de oproeping tot de algemene vergadering vermeld. Gelijktijdig met de oproeping wordt ten kantore van de vennootschap een rapport ter inzage van de aandeelhouders en de houders van met medewerking van de vennootschap uitgegeven certificaten van haar aan-

delen gelegd waarin melding wordt gemaakt van de redenen voor het verstrekken van de lening, het voor de vennootschap daaraan verbonden belang, de voorwaarden waartegen de lening zal worden verstrekt, de koers waartegen de aandelen door de derde zullen worden genomen of verkregen en de aan de lening verbonden risico's voor de liquiditeit en de solvabiliteit van de vennootschap.
– 7. De vennootschap legt binnen acht dagen na de in lid 5 bedoelde goedkeuring het in lid 6 bedoelde rapport of een afschrift daarvan neer ten kantore van het handelsregister.
– 8. De leden 1 tot en met 7 gelden niet, indien aandelen of certificaten van aandelen worden genomen of verkregen door of voor werknemers in dienst van de vennootschap of van een groepsmaatschappij.
– 9. De leden 1 tot en met 7 gelden niet voor een financiële onderneming die ingevolge de Wet op het financieel toezicht in Nederland het bedrijf van bank mag uitoefenen, voor zover zij handelt in de gewone uitoefening van haar bedrijf.

Art. 98d

Verkrijgen door dochtermaatschappij van aandelen NV

– 1. Een dochtermaatschappij mag voor eigen rekening geen aandelen nemen of doen nemen in het kapitaal van de naamloze vennootschap. Zulke aandelen mogen dochtermaatschappijen voor eigen rekening slechts verkrijgen of doen verkrijgen, voor zover de naamloze vennootschap zelf ingevolge de leden 1-6 van artikel 98 eigen aandelen mag verkrijgen.
– 2. Indien is gehandeld in strijd met het vorige lid, zijn de bestuurders van de naamloze vennootschap hoofdelijk aansprakelijk tot vergoeding aan de dochtermaatschappij van de verkrijgingsprijs met de wettelijke rente daarover van het tijdstip af waarop de aandelen zijn genomen of verkregen. Betaling van de vergoeding geschiedt tegen overdracht van deze aandelen. Een bestuurder behoeft de verkrijgingsprijs niet te vergoeden, indien hij bewijst dat het nemen of verkrijgen niet aan de naamloze vennootschap is te wijten.
– 3. Een dochtermaatschappij mag,
a. nadat zij dochtermaatschappij is geworden,
b. nadat de vennootschap waarvan zij dochtermaatschappij is, is omgezet in een naamloze vennootschap, of
c. nadat zij als dochtermaatschappij aandelen in het kapitaal van de naamloze vennootschap om niet of onder algemene titel heeft verkregen, niet langer dan gedurende drie jaren samen met de naamloze vennootschap en haar andere dochtermaatschappijen meer van deze aandelen voor eigen rekening houden of doen houden dan een tiende van het geplaatste kapitaal. De bestuurders van de naamloze vennootschap zijn hoofdelijk aansprakelijk voor de vergoeding aan de dochtermaatschappij van de waarde van de aandelen die zij te veel houdt of doet houden op het einde van de laatste dag van die drie jaren, met de wettelijke rente van dat tijdstip af. Betaling van de vergoeding geschiedt tegen overdracht van de aandelen. Een bestuurder behoeft de vergoeding niet te betalen, indien hij bewijst dat het niet aan de naamloze vennootschap is te wijten dat de aandelen nog worden gehouden.
– 4. Onder het begrip aandelen in dit artikel zijn certificaten daarvan begrepen. (BW 2:87, 89*a*, 95, 98, 98*a*, 98*b*, 98*c*, 207*d*, 373 lid 3, 378 lid 4 sub *b*, 385 lid 5)

Art. 99

Besluit tot kapitaalvermindering

– 1. De algemene vergadering kan besluiten tot vermindering van het geplaatste kapitaal door intrekking van aandelen of door het bedrag van aandelen bij statutenwijziging te verminderen. In dit besluit moeten de aandelen waarop het besluit betrekking heeft, worden aangewezen en moet de uitvoering van het besluit zijn geregeld.
– 2. Een besluit tot intrekking kan slechts betreffen aandelen die de vennootschap zelf houdt of waarvan zij de certificaten houdt, dan wel alle aandelen van een soort waarvan voor de uitgifte in de statuten is bepaald dat zij kunnen worden ingetrokken met terugbetaling, of wel de uitgelote aandelen van een soort waarvan voor de uitgifte in de statuten is bepaald dat zij kunnen worden uitgeloot met terugbetaling.
– 3. Vermindering van het bedrag van aandelen zonder terugbetaling en zonder ontheffing van de verplichting tot storting moet naar evenredigheid op alle aandelen van een zelfde soort geschieden. Van het vereiste van evenredigheid mag worden afgeweken met instemming van alle betrokken aandeelhouders.
– 4. Gedeeltelijke terugbetaling op aandelen of ontheffing van de verplichting tot storting is slechts mogelijk ter uitvoering van een besluit tot vermindering van het bedrag van de aandelen. Zulk een terugbetaling of ontheffing moet naar evenredigheid op alle aandelen geschieden, tenzij voor de uitgifte van een bepaalde soort aandelen in de statuten is bepaald dat terugbetaling of ontheffing kan geschieden uitsluitend op die aandelen; voor die aandelen geldt de eis van evenredigheid. Van het vereiste van evenredigheid mag worden afgeweken met instemming van alle betrokken aandeelhouders.
– 5. Zijn er verschillende soorten aandelen, dan is voor een besluit tot kapitaalvermindering

een voorafgaand of gelijktijdig goedkeurend besluit vereist van elke groep houders van aandelen van een zelfde soort aan wier rechten afbreuk wordt gedaan. (BW 2:96 lid 2, 317 lid 5)
– 6. Voor een besluit tot kapitaalvermindering is een meerderheid van ten minste twee derden der uitgebrachte stemmen vereist, indien minder dan de helft van het geplaatste kapitaal in de vergadering is vertegenwoordigd. Deze bepaling is van overeenkomstige toepassing op een besluit als bedoeld in het vijfde lid. (BW 2:96*a* lid 7, 118, 317 lid 4)
– 7. De oproeping tot een vergadering waarin een in dit artikel genoemd besluit wordt genomen, vermeldt het doel van de kapitaalvermindering en de wijze van uitvoering. Het tweede, derde en vierde lid van artikel 123 zijn van overeenkomstige toepassing. (K 41*c* (oud); BW 2:67, 80 lid 1 en 3, 88, 89, 92, 100, 107 e.v., 164, 208, 325, 378)

Art. 100

Publicatie; kapitaalvermindering; zekerheidstelling; verzet door crediteuren

– 1. De naamloze vennootschap legt de in artikel 99 lid 1 bedoelde besluiten neer ten kantore van het handelsregister en kondigt de nederlegging aan in een landelijk verspreid dagblad. (BW 2:77, 113 lid 2)
– 2. De vennootschap moet, op straffe van gegrondverklaring van een verzet als bedoeld in het volgende lid, voor iedere schuldeiser die dit verlangt zekerheid stellen of hem een andere waarborg geven voor de voldoening van zijn vordering. Dit geldt niet, indien de schuldeiser voldoende waarborgen heeft of de vermogenstoestand van de vennootschap voldoende zekerheid biedt dat de vordering zal worden voldaan.
– 3. Binnen twee maanden na de in het eerste lid vermelde aankondiging kan iedere schuldeiser door een verzoekschrift aan de rechtbank tegen het besluit tot kapitaalvermindering in verzet komen met vermelding van de waarborg die wordt verlangd. De rechter wijst het verzoek af, indien de verzoeker niet aannemelijk heeft gemaakt dat als gevolg van de kapitaalvermindering twijfel omtrent de voldoening van zijn vordering gewettigd is en dat de vennootschap onvoldoende waarborgen heeft gegeven voor de voldoening van zijn vordering. (Rv 261 e.v., 995, 997)
– 4. Voordat de rechter beslist, kan hij de vennootschap in de gelegenheid stellen binnen een door hem bepaalde termijn een door hem omschreven waarborg te geven. Op een ingesteld rechtsmiddel kan hij, indien het kapitaal al is verminderd, het stellen van een waarborg bevelen en daaraan een dwangsom verbinden. (Rv 611*a*)
– 5. Een besluit tot vermindering van het geplaatste kapitaal wordt niet van kracht zolang verzet kan worden gedaan. Indien tijdig verzet is gedaan, wordt het besluit eerst van kracht, zodra het verzet is ingetrokken of de opheffing van het verzet uitvoerbaar is. Een voor de vermindering van het kapitaal vereiste akte van statutenwijziging kan niet eerder worden verleden.
– 6. Indien de vennootschap haar kapitaal wegens geleden verliezen vermindert tot een bedrag dat niet lager is dan dat van haar eigen vermogen, behoeft zij geen waarborg te geven en wordt het besluit onmiddellijk van kracht.
– 7. Dit artikel is niet van toepassing, indien een beleggingsmaatschappij met veranderlijk kapitaal wettig verkregen eigen aandelen intrekt. (K 41*d*, 41*f* lid 1 (oud); BW 2:15, 76*a*, 99, 209, 316, 325; WED 1)

Art. 101

Jaarrekening

– 1. Jaarlijks binnen vijf maanden na afloop van het boekjaar der vennootschap, behoudens verlenging van deze termijn met ten hoogste zes maanden door de algemene vergadering op grond van bijzondere omstandigheden, maakt het bestuur een jaarrekening op en legt het deze voor de aandeelhouders ter inzage ten kantore van de vennootschap. Indien van de vennootschap effecten zijn toegelaten tot de handel op een gereglementeerde markt als bedoeld in de Wet op het financieel toezicht, bedraagt de termijn vier maanden. Deze termijn kan niet worden verlengd. Binnen deze termijn legt het bestuur ook het jaarverslag ter inzage voor de aandeelhouders, tenzij de artikelen 396 lid 7 of 403 voor de vennootschap gelden. Het bestuur van de vennootschap waarop de artikelen 158 tot en met 161 en 164 van toepassing zijn, zendt de jaarrekening ook toe aan de in artikel 158 lid 11 bedoelde ondernemingsraad. (BW 2:58, 98 lid 3, 210, 391, 394 leden 2 en 3, 401; Rv 1001 lid 1)
– 2. De jaarrekening wordt ondertekend door de bestuurders en door de commissarissen; ontbreekt de ondertekening van een of meer hunner, dan wordt daarvan onder opgave van reden melding gemaakt. (BW 2:94*b* lid 1, 139, 140, 150, 312 lid 4)
– 3. De jaarrekening wordt vastgesteld door de algemene vergadering. Vaststelling van de jaarrekening strekt niet tot kwijting aan een bestuurder onderscheidenlijk commissaris. (BW 2:10, 48, 58, 94 lid 2, 157 lid 2; WED 1 sub 4°)
– 4. Besluiten waarbij de jaarrekening wordt vastgesteld, worden in de statuten niet onderworpen aan de goedkeuring van een orgaan van de vennootschap of van derden.
– 5. De statuten bevatten geen bepalingen die toelaten dat voorschriften of bindende voorstellen voor de jaarrekening of enige post daarvan worden gegeven.
– 6. De statuten kunnen bepalen dat een ander orgaan van de vennootschap dan de algemene

vergadering de bevoegdheid heeft te bepalen welk deel van het resultaat van het boekjaar wordt gereserveerd of hoe het verlies zal worden verwerkt.
– 7. Onze Minister van Economische Zaken kan desverzocht om gewichtige redenen ontheffing verlenen van de verplichting tot het opmaken, het overleggen en het vaststellen van de jaarrekening. Geen ontheffing kan worden verleend ten aanzien van het opmaken van de jaarrekening van een vennootschap waarvan effecten zijn toegelaten tot de handel op een gereglementeerde markt als bedoeld in de Wet op het financieel toezicht. (Ontw. 2.3.3.13; K 42 (oud); BW 2:58 lid 5, 78*a*, 102 e.v., 105, 210, 361 e.v., 379 lid 4, 380 lid 3, 391, 392 lid 4, 394 lid 5; WOR 31*a*)

Art. 102

Inzage ten kantore van de NV

– 1. De naamloze vennootschap zorgt dat de opgemaakte jaarrekening, het jaarverslag en de krachtens artikel 392 lid 1 toe te voegen gegevens vanaf de oproep voor de algemene vergadering, bestemd tot hun behandeling, te haren kantore aanwezig zijn. De houders van haar aandelen of van met haar medewerking uitgegeven certificaten daarvan kunnen de stukken aldaar inzien en er kosteloos een afschrift van verkrijgen. (BW 2:88, 89, 114)
– 2. Luiden deze aandelen of certificaten aan toonder of heeft de vennootschap schuldbrieven aan toonder uitstaan, dan kan tevens ieder de stukken, voor zover zij na vaststelling openbaar gemaakt moeten worden, inzien en daarvan tegen ten hoogste de kostprijs een afschrift verkrijgen. Deze bevoegdheid vervalt zodra deze stukken zijn neergelegd ten kantore van het handelsregister. (K 42*b* (oud); BW 2:77, 108, 212, 394, 369-398, 402, 403; WOR 31*a*; WED 1 sub 4°)

Art. 103

Vervallen.

Art. 104

Beschikking over voorgeschreven reserves

Ten laste van de door de wet voorgeschreven reserves mag een tekort slechts worden gedelgd voor zover de wet dat toestaat. (BW 2:58 lid 4, 94*a*, 215, 365 lid 2, 389, 390)

Art. 105

Dividend

– 1. Voor zover bij de statuten niet anders is bepaald, komt de winst de aandeelhouders ten goede. (BW 2:88, 92, 96*a* lid 2, 312 lid 2 sub *c*; 7A:1670)
– 2. De naamloze vennootschap kan aan de aandeelhouders en andere gerechtigden tot de voor uitkering vatbare winst slechts uitkeringen doen voor zover haar eigen vermogen groter is dan het bedrag van het gestorte en opgevraagde deel van het kapitaal vermeerderd met de reserves die krachtens de wet of de statuten moeten worden aangehouden. (BW 2:94*a* lid 4, 98 lid 2, 365 lid 2, 389 lid 4, 390)
– 3. Uitkering van winst geschiedt na de vaststelling van de jaarrekening waaruit blijkt dat zij geoorloofd is. (BW 2:101)
– 4. De vennootschap mag tussentijds slechts uitkeringen doen, indien de statuten dit toelaten en aan het vereiste van het tweede lid is voldaan blijkens een tussentijdse vermogensopstelling. Deze heeft betrekking op de stand van het vermogen op ten vroegste de eerste dag van de derde maand voor de maand waarin het besluit tot uitkering bekend wordt gemaakt. Zij wordt opgemaakt met inachtneming van in het maatschappelijke verkeer als aanvaardbaar beschouwde waarderingsmethoden. In de vermogensopstelling worden de krachtens de wet of de statuten te reserveren bedragen opgenomen. Zij wordt ondertekend door de bestuurders; ontbreekt de handtekening van een of meer hunner, dan wordt daarvan onder opgave van reden melding gemaakt. De vennootschap legt de vermogensopstelling ten kantore van het handelsregister neer binnen acht dagen na de dag waarop het besluit tot uitkering wordt bekend gemaakt. (BW 2:72 lid 1 sub *b*, 77, 103, 139, 313, 362, 365 e.v.; WED 1 sub 4°)
– 5. Bij de berekening van de winstverdeling tellen de aandelen die de vennootschap in haar kapitaal houdt, mede, tenzij bij de statuten anders is bepaald.
– 6. Bij de berekening van het winstbedrag, dat op ieder aandeel zal worden uitgekeerd, komt slechts het bedrag van de verplichte stortingen op het nominale bedrag van de aandelen in aanmerking, tenzij bij de statuten anders is bepaald. (BW 2:80 lid 1)
– 7. De statuten kunnen bepalen dat de vordering van een aandeelhouder niet door verloop van vijf jaren verjaart, doch eerst na een langere termijn vervalt. Een zodanige bepaling is alsdan van overeenkomstige toepassing op de vordering van een houder van een certificaat van een aandeel op de aandeelhouder. (BW 2:101; 3:308; Overg.w. 73)

Terugbetaling bij ontbreken goede trouw

– 8. Een uitkering in strijd met het tweede of vierde lid moet worden terugbetaald door de aandeelhouder of andere winstgerechtigde die wist of behoorde te weten dat de uitkering niet geoorloofd was.
– 9. Geen van de aandeelhouders kan geheel worden uitgesloten van het delen in de winst.
– 10. De statuten kunnen bepalen dat de winst waartoe houders van aandelen van een bepaalde soort gerechtigd zijn, geheel of gedeeltelijk te hunnen behoeve wordt gereserveerd. (K 42*d* (oud); BW 2:88 lid 5, 216)

Art. 106

Vervallen.

AFDELING 4

De algemene vergadering

Art. 107

Bevoegdheden; verkrijgen van inlichtingen

– 1. Aan de algemene vergadering behoort, binnen de door de wet en de statuten gestelde grenzen, alle bevoegdheid, die niet aan het bestuur of aan anderen is toegekend.
– 2. Het bestuur en de raad van commissarissen verschaffen haar alle verlangde inlichtingen, tenzij een zwaarwichtig belang der vennootschap zich daartegen verzet. (Ontw. 2.3.4.1; K 43 (oud); BW 2:13, 14, 15, 17, 40, 128, 129, 140 e.v., 158 e.v., 217)

Art. 107a

Besluiten onderworpen aan goedkeuring algemene vergadering

– 1. Aan de goedkeuring van de algemene vergadering zijn onderworpen de besluiten van het bestuur omtrent een belangrijke verandering van de identiteit of het karakter van de vennootschap of de onderneming, waaronder in ieder geval:
a. overdracht van de onderneming of vrijwel de gehele onderneming aan een derde;
b. het aangaan of verbreken van duurzame samenwerking van de vennootschap of een dochtermaatschappij met een andere rechtspersoon of vennootschap dan wel als volledig aansprakelijke vennote in een commanditaire vennootschap of vennootschap onder firma, indien deze samenwerking of verbreking van ingrijpende betekenis is voor de vennootschap;
c. het nemen of afstoten van een deelneming in het kapitaal van een vennootschap ter waarde van ten minste een derde van het bedrag van de activa volgens de balans met toelichting of, indien de vennootschap een geconsolideerde balans opstelt, volgens de geconsolideerde balans met toelichting volgens de laatst vastgestelde jaarrekening van de vennootschap, door haar of een dochtermaatschappij.
– 2. Het ontbreken van de goedkeuring van de algemene vergadering op een besluit als bedoeld in lid 1 tast de vertegenwoordigingsbevoegdheid van bestuur of bestuurders niet aan. (BW 2:9, 130, 164 lid 1; WOR 25)

Art. 108

Jaarvergadering

– 1. Jaarlijks wordt ten minste één algemene vergadering gehouden.
– 2. Wanneer bij de statuten niet een kortere termijn is gesteld, wordt de jaarvergadering gehouden binnen zes maanden na afloop van het boekjaar der vennootschap. (Ontw. 2.3.4.2; K 43*a* (oud); BW 2:101 e.v., 128, 218)

Art. 108a

Vergadering bij sterke vermogensdaling

Binnen drie maanden nadat het voor het bestuur aannemelijk is dat het eigen vermogen van de naamloze vennootschap is gedaald tot een bedrag gelijk aan of lager dan de helft van het gestorte en opgevraagde deel van het kapitaal, wordt een algemene vergadering gehouden ter bespreking van zo nodig te nemen maatregelen. (BW 2:112)

Art. 109

Bijeenroeping algemene vergadering

Het bestuur en de raad van commissarissen zijn bevoegd tot het bijeenroepen van een algemene vergadering; bij de statuten kan deze bevoegdheid ook aan anderen worden verleend. (Ontw. 2.3.4.3; K 43*b* (oud); BW 2:110, 111, 112, 129, 140, 219)

Art. 110

Rechterlijke machtiging tot bijeenroeping

– 1. Een of meer houders van aandelen die gezamenlijk ten minste een tiende gedeelte van het geplaatste kapitaal vertegenwoordigen, of een zoveel geringer bedrag als bij de statuten is bepaald, kunnen door de voorzieningenrechter van de rechtbank op hun verzoek worden gemachtigd tot de bijeenroeping van een algemene vergadering. De voorzieningenrechter wijst dit verzoek af, indien hem niet is gebleken, dat verzoekers voordien aan het bestuur en aan de raad van commissarissen schriftelijk en onder nauwkeurige opgave van de te behandelen onderwerpen het verzoek hebben gericht een algemene vergadering bijeen te roepen, en dat noch het bestuur noch de raad van commissarissen – daartoe in dit geval gelijkelijk bevoegd – de nodige maatregelen hebben getroffen, opdat de algemene vergadering binnen zes weken na het verzoek kon worden gehouden.
– 2. Voor de toepassing van dit artikel worden met houders van aandelen gelijkgesteld de houders van de certificaten van aandelen, welke met medewerking van de vennootschap zijn uitgegeven. (Ontw. 2.3.4.4; K 43*c* (oud); BW art. 2:41 lid 2, 88, 89, 112, 113, 117 lid 2, 123, 220, 346; BW art. 3:259; Rv art. 261 e.v., 995 e.v.)
– 3. Tenzij de statuten anders bepalen, wordt aan de eis van schriftelijkheid van het verzoek als bedoeld in lid 1 voldaan indien dit verzoek elektronisch is vastgelegd.

Art. 111

Procedure (machtiging)

– 1. De voorzieningenrechter van de rechtbank verleent, na verhoor of oproeping van de naamloze vennootschap, de verzochte machtiging, indien de verzoekers summierlijk hebben doen blijken, dat de in het vorige artikel gestelde voorwaarden zijn vervuld, en dat zij een redelijk belang hebben bij het houden van de vergadering. De voorzieningenrechter van de rechtbank stelt de vorm en de termijnen voor de oproeping tot de algemene vergadering vast. Hij kan tevens iemand aanwijzen, die met de leiding van de algemene vergadering zal zijn belast. (BW art. 2:110)

– 2. Bij de oproeping ingevolge het eerste lid wordt vermeld dat zij krachtens rechterlijke machtiging geschiedt. De op deze wijze gedane oproeping is rechtsgeldig, ook indien mocht blijken dat de machtiging ten onrechte was verleend.

– 3. Tegen de beschikking van de voorzieningenrechter is generlei voorziening toegelaten, behoudens cassatie in het belang der wet. (Ontw. 2.3.4.5; K 43*d* (oud); BW art. 2:221; RO art. 98)

Art. 112

Bijeenroepen door aandeelhouder

Indien zij, die krachtens artikel 109 van dit Boek of de statuten tot de bijeenroeping bevoegd zijn, in gebreke zijn gebleven een bij artikel 108 of artikel 108*a* van dit Boek of de statuten voorgeschreven algemene vergadering te doen houden, kan iedere aandeelhouder door de voorzieningenrechter van de rechtbank worden gemachtigd zelf daartoe over te gaan. Artikel 110 lid 2 en artikel 111 van dit Boek zijn van overeenkomstige toepassing. (Ontw. 2.3.4.6; K 43*e* (oud); BW art. 2:222; BW art. 3:259)

Art. 113

Op te roepen personen; wijze van oproeping

– 1. Tot de algemene vergadering worden opgeroepen de aandeelhouders alsmede de houders van de certificaten van aandelen, welke met medewerking van de vennootschap zijn uitgegeven. (BW art. 2:88, 89)

– 2. De oproeping geschiedt door aankondiging in een landelijk verspreid dagblad. (BW art. 2:100 lid 1, 223 lid 2, 224 lid 3, 314 lid 3)

– 3. De statuten kunnen bepalen dat de houders van aandelen op naam worden opgeroepen door middel van oproepingsbrieven gericht aan de adressen van die aandeelhouders zoals deze zijn vermeld in het register van aandeelhouders. (Ontw. 2.3.4.7; K 43*f* (oud); BW art. 2:117, 223; BW art. 3:259)

– 4. Tenzij de statuten anders bepalen kan, indien de houder van aandelen op naam alsmede de houder van de certificaten van aandelen, welke met medewerking van de vennootschap zijn uitgegeven, hiermee instemt, de oproeping geschieden door een langs elektronische weg toegezonden leesbaar en reproduceerbaar bericht aan het adres dat door hem voor dit doel aan de vennootschap is bekend gemaakt.

– 5. De statuten kunnen bepalen dat de houders van aandelen aan toonder alsmede de houders van de certificaten van aandelen, welke met medewerking van de vennootschap zijn uitgegeven, worden opgeroepen door een langs elektronische weg openbaar gemaakte aankondiging, welke tot aan de algemene vergadering rechtstreeks en permanent toegankelijk is.

Art. 114

Agenda; mededelingen

– 1. Bij de oproeping worden de te behandelen onderwerpen vermeld of wordt medegedeeld dat de aandeelhouders en de houders van met medewerking van de vennootschap uitgegeven certificaten van haar aandelen er ten kantore van de vennootschap kennis van kunnen nemen.

– 2. Omtrent onderwerpen waarvan de behandeling niet bij de oproeping of op de zelfde wijze is aangekondigd met inachtneming van de voor de oproeping gestelde termijn, kan niet wettig worden besloten, tenzij het besluit met algemene stemmen wordt genomen in een vergadering, waarin het gehele geplaatste kapitaal vertegenwoordigd is.

– 3. Mededelingen welke krachtens de wet of de statuten aan de algemene vergadering moeten worden gericht, kunnen geschieden door opneming hetzij in de oproeping hetzij in het stuk dat ter kennisneming ten kantore der vennootschap is neergelegd, mits daarvan in de oproeping melding wordt gemaakt. (Ontw. 2.3.4.8; K 43*g* (oud); BW art. 2:14, 15, 99, 115, 116, 120 lid 2, 123, 142 lid 3, 158, 224; BW art. 3:259)

Art. 114a

Verzoek om behandeling

– 1. Een onderwerp, waarvan de behandeling schriftelijk is verzocht door een of meer houders van aandelen die daartoe krachtens het volgende lid gerechtigd zijn, wordt opgenomen in de oproeping of op dezelfde wijze aangekondigd indien de vennootschap het verzoek niet later dan op de zestigste dag voor die van de vergadering heeft ontvangen en mits geen zwaarwichtig belang van de vennootschap zich daartegen verzet.

– 2. Om behandeling kan worden verzocht door een of meer houders van aandelen die alleen of gezamenlijk ten minste een honderdste gedeelte van het geplaatste kapitaal vertegenwoordigen of, indien de aandelen zijn toegelaten tot de handel op een gereglementeerde markt of een multilaterale handelsfaciliteit, als bedoeld in artikel 1:1 van de Wet op het financieel toezicht of een met een gereglementeerde markt of multilaterale handelsfaciliteit vergelijkbaar systeem uit een staat die geen lidstaat is ten minste een waarde vertegenwoordigen van € 50 miljoen. Bij algemene maatregel van bestuur kan dit bedrag worden verhoogd of verlaagd in verband met de ontwikkeling van het loon- en prijspeil.

– 3. In de statuten kan het vereiste gedeelte van het kapitaal of de waarde van de aandelen lager worden gesteld en de termijn voor indiening van het verzoek worden verkort.

– 4. Voor de toepassing van dit artikel worden met de houders van aandelen gelijkgesteld de houders van de certificaten van aandelen die met medewerking van de vennootschap zijn uitgegeven. (BW art. 2:107, 109, 113, 114, 224*a*)

– 5. Tenzij de statuten anders bepalen, wordt aan de eis van schriftelijkheid van het verzoek als bedoeld in lid 1 voldaan indien dit verzoek elektronisch is vastgelegd.

Art. 115

Termijn voor oproeping

Behoudens het bepaalde bij de tweede zin van het eerste lid van artikel 111 van dit Boek, geschiedt de oproeping niet later dan op de vijftiende dag vóór die der vergadering. Was die termijn korter of heeft de oproeping niet plaats gehad, dan kunnen geen wettige besluiten worden genomen, tenzij met algemene stemmen in een vergadering, waarin het gehele geplaatste kapitaal vertegenwoordigd is. (Ontw. 2.3.4.9; K 43*h* (oud); BW art. 2:14, 15, 120 lid 2, 128, 225)

Art. 116

Plaats van de vergadering

De algemene vergaderingen worden gehouden in Nederland ter plaatse bij de statuten vermeld, of anders in de gemeente waar de naamloze vennootschap haar woonplaats heeft. In een algemene vergadering, gehouden elders dan behoort, kunnen wettige besluiten slechts worden genomen, indien het gehele geplaatste kapitaal vertegenwoordigd is. (Ontw. 2.3.4.10; K 44 (oud); BW art. 1:10 lid 2; BW art. 2:14, 15, 24*d*, 120 lid 2, 128, 226)

Art. 117

Rechten aandeelhouders; deponeren bewijsstukken; raadgevende stem

– 1. Iedere aandeelhouder is bevoegd, in persoon of bij een schriftelijk gevolmachtigde, de algemene vergaderingen bij te wonen, daarin het woord te voeren en het stemrecht uit te oefenen. Houders van onderaandelen, tezamen uitmakende het bedrag van een aandeel, oefenen deze rechten gezamenlijk uit, hetzij door één van hen, hetzij door een schriftelijk gevolmachtigde. Bij de statuten kan de bevoegdheid van aandeelhouders zich te doen vertegenwoordigen, worden beperkt. De bevoegdheid van aandeelhouders zich te doen vertegenwoordigen door een advocaat, notaris, kandidaat-notaris, registeraccountant of accountant-administratieconsulent kan niet worden uitgesloten.

– 2. Iedere houder van een met medewerking van de vennootschap uitgegeven certificaat van een aandeel is bevoegd, in persoon of bij een schriftelijk gevolmachtigde, de algemene vergadering bij te wonen en daarin het woord te voeren. De voorlaatste en de laatste zin van lid 1 zijn van overeenkomstige toepassing.

– 3. De statuten kunnen bepalen dat een aandeelhouder niet gerechtigd is tot deelname aan de algemene vergadering zolang hij in gebreke is te voldoen aan een wettelijke of statutaire verplichting. Wanneer bij de statuten is bepaald dat de houders van aandelen de bewijsstukken van hun recht vóór de algemene vergadering in bewaring moeten geven, worden bij de oproeping voor die vergadering vermeld de plaats waar en de dag waarop zulks uiterlijk moet geschieden. Die dag kan niet vroeger worden gesteld dan op de zevende dag voor die der vergadering. Indien de statuten voorschriften overeenkomstig de voorgaande bepalingen van dit lid bevatten, gelden deze mede voor de houders van de certificaten van aandelen die met medewerking van de vennootschap zijn uitgegeven.

– 4. De bestuurders en de commissarissen hebben als zodanig in de algemene vergaderingen een raadgevende stem.

– 5. De accountant aan wie de opdracht tot het onderzoek van de jaarrekening is verleend, bedoeld in artikel 393 lid 1, is bevoegd de algemene vergadering die besluit over de vaststelling van de jaarrekening bij te wonen en daarin het woord te voeren. (Ontw. 2.3.4.11; BW 1696 (oud); K 44*a* (oud); BW art. 2:12, 38, 79, 88 lid 4, 89 lid 4, 92, 227; BW art. 3:39, 61, 259)

– 6. Aan de eis van schriftelijkheid van de volmacht wordt voldaan indien de volmacht elektronisch is vastgelegd.

– 7. Indien aandelen van de vennootschap of met medewerking van de vennootschap uitgegeven certificaten daarvan zijn toegelaten tot de handel op een gereglementeerde markt als bedoeld in de Wet op het financieel toezicht, kan bij de statuten de bevoegdheid van aandeelhouders of certificaathouders zich te doen vertegenwoordigen niet worden uitgesloten of beperkt.

Art. 117a

Elektronisch communicatiemiddel

– 1. De statuten kunnen bepalen dat iedere aandeelhouder bevoegd is om, in persoon of bij een schriftelijk gevolmachtigde, door middel van een elektronisch communicatiemiddel aan de algemene vergadering deel te nemen, daarin het woord te voeren en het stemrecht uit te oefenen.

– 2. Voor de toepassing van lid 1 is vereist dat de aandeelhouder via het elektronisch communicatiemiddel kan worden geïdentificeerd, rechtstreeks kan kennisnemen van de verhandelingen ter vergadering en het stemrecht kan uitoefenen. De statuten kunnen bepalen dat

bovendien is vereist dat de aandeelhouder via het elektronisch communicatiemiddel kan deelnemen aan de beraadslaging.
– 3. Bij of krachtens de statuten kunnen voorwaarden worden gesteld aan het gebruik van het elektronisch communicatiemiddel. Indien deze voorwaarden krachtens de statuten worden gesteld, worden deze bij de oproeping bekend gemaakt.
– 4. Lid 1 tot en met 3 zijn van overeenkomstige toepassing op de rechten van iedere houder van een met medewerking van de vennootschap uitgegeven certificaat van een aandeel.
– 5. Aan de eis van schriftelijkheid van de volmacht wordt voldaan indien de volmacht elektronisch is vastgelegd.

Art. 117b

Stemmen via elektronisch communicatiemiddel

– 1. De statuten kunnen bepalen dat stemmen die voorafgaand aan de algemene vergadering via een elektronisch communicatiemiddel worden uitgebracht gelijk worden gesteld met stemmen die ten tijde van de vergadering worden uitgebracht. Deze stemmen worden niet eerder uitgebracht dan op de in het derde lid bedoelde uiterste dag van registratie.
– 2. Voor de toepassing van lid 1 hebben als stem- of vergadergerechtigde te gelden zij die op een bij de bijeenroeping van een algemene vergadering te bepalen tijdstip die rechten hebben en als zodanig zijn ingeschreven in een door het bestuur aangewezen register, ongeacht wie ten tijde van de algemene vergadering de rechthebbenden op de aandelen zijn.
– 3. De uiterste dag van de registratie mag niet vroeger worden gesteld dan op de dertigste dag voor die van de vergadering.
– 4. Bij de oproeping wordt de dag van de registratie vermeld, alsmede de wijze waarop de stem- of vergadergerechtigden zich kunnen laten registreren en de wijze waarop zij hun rechten kunnen uitoefenen.

Art. 118

Stemrecht

– 1. Slechts aandeelhouders hebben stemrecht. Iedere aandeelhouder heeft ten minste één stem. De statuten kunnen bepalen dat een aandeelhouder niet gerechtigd is tot uitoefening van het stemrecht zolang hij in gebreke is te voldoen aan een wettelijke of statutaire verplichting.
– 2. Indien het maatschappelijk kapitaal in aandelen van een zelfde bedrag is verdeeld, brengt iedere aandeelhouder zoveel stemmen uit als hij aandelen heeft. (BW art. 2:92)
– 3. Indien het maatschappelijk kapitaal in aandelen van verschillend bedrag is verdeeld, is het aantal stemmen van iedere aandeelhouder gelijk aan het aantal malen, dat het bedrag van het kleinste aandeel is begrepen in het gezamenlijk bedrag van zijn aandelen; gedeelten van stemmen worden verwaarloosd.
– 4. Echter kan het door een zelfde aandeelhouder uit te brengen aantal stemmen bij de statuten worden beperkt, mits aandeelhouders wier bedrag aan aandelen gelijk is, hetzelfde aantal stemmen uitbrengen en de beperking voor de houders van een groter bedrag aan aandelen niet gunstiger is geregeld dan voor de houders van een kleiner bedrag aan aandelen.
– 5. Van het bepaalde bij het tweede en het derde lid kan bij de statuten ook op andere wijze worden afgeweken, mits aan eenzelfde aandeelhouder niet meer dan zes stemmen worden toegekend indien het maatschappelijk kapitaal is verdeeld in honderd of meer aandelen, en niet meer dan drie stemmen indien het kapitaal in minder dan honderd aandelen is verdeeld.
– 6. Onderaandelen die tezamen het bedrag van een aandeel uitmaken worden met een zodanig aandeel gelijkgesteld. (BW art. 2:79 lid 3)
– 7. Voor een aandeel dat toebehoort aan de vennootschap of aan een dochtermaatschappij daarvan kan in de algemene vergadering geen stem worden uitgebracht; evenmin voor een aandeel waarvan een hunner de certificaten houdt. Vruchtgebruikers en pandhouders van aandelen die aan de vennootschap en haar dochtermaatschappijen toebehoren, zijn evenwel niet van hun stemrecht uitgesloten, indien het vruchtgebruik of pandrecht was gevestigd voordat het aandeel aan de vennootschap of een dochtermaatschappij daarvan toebehoorde. De vennootschap of een dochtermaatschappij daarvan kan geen stem uitbrengen voor een aandeel waarop zij een recht van vruchtgebruik of een pandrecht heeft. (Ontw. 2.3.4.12; K 44*b* (oud); BW art. 2 :13, 24*a*, 24*d*, 38, 88, 89, 105 lid 4, 117, 228; BW art. 8:171 lid 2; Wet giraal eff. verk. art. 15, 39)

Art. 118a

Volmacht certificaathouder

– 1. Indien met medewerking van de vennootschap certificaten van aandelen zijn uitgegeven die zijn toegelaten tot de handel op een gereglementeerde markt of een multilaterale handelsfaciliteit, als bedoeld in artikel 1:1 van de Wet op het financieel toezicht of een met een gereglementeerde markt of multilaterale handelsfaciliteit vergelijkbaar systeem uit een staat die geen lidstaat is wordt de houder van de certificaten op zijn verzoek gevolmachtigd om met uitsluiting van de volmachtgever het stemrecht verbonden aan het betreffende aandeel of de betreffende aandelen uit te oefenen in een in de volmacht aangegeven algemene vergadering.

Een aldus gevolmachtigde certificaathouder kan het stemrecht naar eigen inzicht uitoefenen. De artikelen 88 lid 4 en 89 lid 4 zijn niet van toepassing.
– 2. De stemgerechtigde kan de volmacht slechts beperken, uitsluiten of een gegeven volmacht herroepen indien:
a. een openbaar bod is aangekondigd of uitgebracht op aandelen in het kapitaal van de vennootschap of op certificaten of de gerechtvaardigde verwachting bestaat dat daartoe zal worden overgegaan, zonder dat over het bod overeenstemming is bereikt met de vennootschap;
b. een houder van certificaten of meerdere houders van certificaten en aandelen volgens een onderlinge regeling tot samenwerking al dan niet samen met dochtermaatschappijen ten minste 25% van het geplaatst kapitaal van de vennootschap verschaffen of doen verschaffen; of
c. naar het oordeel van de stemgerechtigde uitoefening van het stemrecht door een houder van certificaten wezenlijk in strijd is met het belang van de vennootschap en de daarmee verbonden onderneming.
De stemgerechtigde brengt het besluit tot beperking, intrekking of herroeping gemotiveerd ter kennis van de certificaathouders en de overige aandeelhouders.
– 3. De bevoegdheid tot beperking, uitsluiting of herroeping bestaat niet indien de stemgerechtigde rechtspersoonlijkheid heeft en de meerderheid van stemmen in het bestuur van de rechtspersoon kan worden uitgebracht door
a. bestuurders of gewezen bestuurders alsmede commissarissen of gewezen commissarissen van de vennootschap of haar groepsmaatschappijen;
b. natuurlijke personen in dienst van de vennootschap of haar groepsmaatschappijen;
c. vaste adviseurs van de vennootschap of haar groepsmaatschappijen.
– 4. Bij het besluit tot het beperken, uitsluiten of herroepen van de volmacht en het besluit over de wijze waarop het stemrecht wordt uitgeoefend, kunnen de in het lid 3 bedoelde personen geen stem uitbrengen. (BW 2:118; 3:60 e.v.; 7:423)

Art. 119

Registratiedatum

– 1. De algemene vergadering kan het bestuur voor een periode van ten hoogste vijf jaren machtigen bij de bijeenroeping van een algemene vergadering te bepalen dat voor de toepassing van artikel 117 leden 1 en 2 en artikel 117*a* leden 1 en 4 als stem- of vergadergerechtigde hebben te gelden zij die op een daarbij te bepalen tijdstip die rechten hebben en als zodanig zijn ingeschreven in een door het bestuur aangewezen register, ongeacht wie ten tijde van de algemene vergadering de rechthebbenden op de aandelen of certificaten zijn. De machtiging kan ook voor onbepaalde tijd worden verleend bij de statuten.
– 2. De uiterste dag van registratie mag niet vroeger worden gesteld dan op de dertigste dag voor die der vergadering.
– 3. Bij de oproeping voor de vergadering wordt de dag van registratie vermeld alsmede de wijze waarop de stem- of vergadergerechtigden zich kunnen laten registreren en de wijze waarop zij hun rechten kunnen uitoefenen.

Art. 120

Meerderheid van stemmen; quorum

– 1. Alle besluiten waaromtrent bij de wet of de statuten geen grotere meerderheid is voorgeschreven, worden genomen bij volstrekte meerderheid van de uitgebrachte stemmen. Staken de stemmen bij verkiezing van personen, dan beslist het lot, staken de stemmen bij een andere stemming, dan is het voorstel verworpen; een en ander voor zover in de wet of de statuten niet een andere oplossing is aangegeven. Deze oplossing kan bestaan in het opdragen van de beslissing aan een derde.
– 2. Tenzij bij de wet of de statuten anders is bepaald, is de geldigheid van besluiten niet afhankelijk van het ter vergadering vertegenwoordigd gedeelte van het kapitaal.
– 3. Indien in de statuten is bepaald dat de geldigheid van een besluit afhankelijk is van het ter vergadering vertegenwoordigd gedeelte van het kapitaal en dit gedeelte ter vergadering niet vertegenwoordigd was, kan, tenzij de statuten anders bepalen, een nieuwe vergadering worden bijeengeroepen waarin het besluit kan worden genomen, onafhankelijk van het op deze vergadering vertegenwoordigd gedeelte van het kapitaal. Bij de oproeping tot de nieuwe vergadering moet worden vermeld dat en waarom een besluit kan worden genomen, onafhankelijk van het ter vergadering vertegenwoordigd gedeelte van het kapitaal.
– 4. Het bestuur van de vennootschap houdt van de genomen besluiten aantekening. De aantekeningen liggen ten kantore van de vennootschap ter inzage van de aandeelhouders en de houders van de met medewerking van de vennootschap uitgegeven certificaten van haar aandelen. Aan ieder van dezen wordt desgevraagd afschrift of uittreksel van deze aantekeningen verstrekt tegen ten hoogste de kostprijs. (Ontw. 2.3.4.14; K 44*d* (oud); BW art. 2:13, 14, 15, 96*a* lid 7, 99 lid 6, 114, 115, 116, 121, 133 lid 2, 134 lid 2, 230, 317; BW art. 8:171 lid 1; OBW art. 52 lid 1)

Art. 121

Statutenwijziging

– 1. De algemene vergadering is bevoegd de statuten te wijzigen; voor zover bij de statuten de bevoegdheid tot wijziging mocht zijn uitgesloten, is wijziging niettemin mogelijk met algemene stemmen in een vergadering waarin het gehele geplaatste kapitaal is vertegenwoordigd. (BW art. 2:127)

– 2. Een bepaling in de statuten, die de bevoegdheid tot wijziging van een of meer andere bepalingen der statuten beperkt, kan slechts worden gewijzigd met inachtneming van gelijke beperking.

– 3. Een bepaling in de statuten, die de bevoegdheid tot wijziging van een of meer andere bepalingen uitsluit, kan slechts worden gewijzigd met algemene stemmen in een vergadering waarin het gehele geplaatste kapitaal is vertegenwoordigd. (Ontw. 2.3.4.15; K 45 (oud); BW art. 2:14, 15, 17, 18, 42, 43, 122 e.v., 231)

Art. 121a

Omzetting kapitaal; totstandkoming besluit

– 1. Het besluit tot verhoging van het bedrag van de aandelen en van het maatschappelijk kapitaal volgens artikel 67*a* wordt genomen bij volstrekte meerderheid van stemmen. Het besluit tot vermindering van het bedrag van de aandelen en van het maatschappelijk kapitaal wordt genomen met een meerderheid van ten minste twee-derde van de uitgebrachte stemmen indien minder dan de helft van het geplaatste kapitaal is vertegenwoordigd. Zijn er verschillende soorten aandelen, dan is naast het besluit tot verhoging of verlaging een voorafgaand of gelijktijdig goedkeurend besluit nodig van elke groep van houders van aandelen waaraan de omzetting afbreuk doet.

– 2. Voor de toepassing van deze bepaling wordt onder aandelen van een bepaalde soort tevens begrepen aandelen met een onderscheiden nominale waarde.

Art. 122

Bescherming verkregen rechten van derden

Wijziging van een bepaling der statuten, waarbij aan een ander dan aan aandeelhouders der vennootschap als zodanig enig recht is toegekend, kan indien de gerechtigde in de wijziging niet toestemt, aan diens recht geen nadeel toebrengen; tenzij ten tijde van de toekenning van het recht de bevoegdheid tot wijziging bij die bepaling uitdrukkelijk was voorbehouden. (Ontw. 2.3.4.16; K 45*a* (oud); BW art. 2:14, 15, 232; BW art. 6:253 e.v.)

Art. 123

Aankondiging voorstel tot statutenwijziging

– 1. Wanneer aan de algemene vergadering een voorstel tot wijziging van de statuten zal worden gedaan, moet zulks steeds bij de oproeping tot de algemene vergadering worden vermeld. (BW art. 2:114)

– 2. Degenen die zodanige oproeping hebben gedaan, moeten tegelijkertijd een afschrift van dat voorstel waarin de voorgedragen wijziging woordelijk is opgenomen, ten kantore van de vennootschap nederleggen ter inzage voor iedere aandeelhouder tot de afloop der vergadering. Artikel 114 lid 2 is van overeenkomstige toepassing.

– 3. De aandeelhouders moeten in de gelegenheid worden gesteld van de dag der nederlegging tot die der algemene vergadering een afschrift van het voorstel, gelijk bij het vorige lid bedoeld, te verkrijgen. Deze afschriften worden kosteloos verstrekt.

– 4. Hetgeen in dit artikel met betrekking tot aandeelhouders is bepaald, is van overeenkomstige toepassing op houders van met medewerking der vennootschap uitgegeven certificaten van aandelen. (Ontw. 2.3.4.17; K 45*b* (oud); BW art. 2:14, 15, 18, 42, 72, 233; BW art. 3:259; WED art. 1)

Art. 124

Notariële akte

– 1. Van een wijziging in de statuten wordt, op straffe van nietigheid, een notariële akte opgemaakt. De akte wordt verleden in de Nederlandse taal. (BW 2:64 lid 2, 65)

– 2. Die akte kan bestaan in een notarieel proces-verbaal van de algemene vergadering, waarin de wijziging aangenomen is, of in een later verleden notariële akte. Het bestuur is bevoegd de akte te doen verlijden, ook zonder daartoe door de algemene vergadering te zijn gemachtigd. De algemene vergadering kan het bestuur of een of meer andere personen machtigen de veranderingen aan te brengen, die nodig mochten blijken om de bij het volgende artikel bedoelde verklaring te verkrijgen.

– 3. Wordt het maatschappelijke kapitaal gewijzigd, dan vermeldt de akte welk deel daarvan is geplaatst. (Ontw. 2.3.4.18; K 45*c* (oud); BW 2:18, 43, 72, 125, 234, 293)

Art. 125

Ministeriële verklaring van geen bezwaar

– 1. De wijziging in de statuten wordt niet van kracht, dan nadat door Onze Minister van Justitie is verklaard, dat hem van bezwaren niet is gebleken.

– 2. De in lid één bedoelde verklaring mag alleen worden geweigerd op grond dat door de wijziging de vennootschap een verboden karakter zou verkrijgen of dat er gevaar bestaat dat door de wijziging de vennootschap gebruikt zal worden voor ongeoorloofde doeleinden. (BW art. 2:20; BW art. 3:40)

– 3. Ter verkrijging van deze verklaring moeten aan Onze Minister van Justitie alle inlichtingen verstrekt worden die noodzakelijk zijn voor het beoordelen van de aanvraag. Tevens moet aan Onze Minister ten bate van 's Rijks kas een bedrag van € 90,76 worden voldaan. Wij kunnen bij algemene maatregel van bestuur dit bedrag verhogen in verband met de stijging van het loon- en prijspeil.

– 4. De verklaring is niet vereist bij een omzetting van de bedragen van de aandelen of van het maatschappelijk of het geplaatste kapitaal in euro volgens artikel 67*a*. (Ontw. 2.3.4.19; K 45*d* (oud); BW art. 2:18, 21, 68, 72, 174*a*, 235, 317)

Art. 126

Nederlegging authentiek afschrift

De bestuurders zijn verplicht een authentiek afschrift van de wijziging en de gewijzigde statuten neder te leggen ten kantore van het handelsregister. (Ontw. 2.3.4.20; BW art. 2:6, 18, 43, 69, 72, 77, 236, 293; Hrgw art. 19)

Art. 127

Statutenwijziging tijdens faillissement

Gedurende het faillissement der naamloze vennootschap kan in haar statuten geen wijziging worden aangebracht dan met toestemming van de curator. (Ontw. 2.3.4.21; K 45*f* (oud); BW art. 2:14, 15, 18, 23*a* lid 5, 72, 84, 121, 237; Fw art. 68 e.v.)

Art. 128

Besluitvorming buiten vergadering

– 1. De statuten kunnen bepalen dat besluitvorming van aandeelhouders op andere wijze dan in een vergadering kan geschieden, tenzij aandelen aan toonder of, met medewerking van de vennootschap, certificaten van aandelen zijn uitgegeven. Indien de statuten een zodanige regeling bevatten, is zulk een besluitvorming slechts mogelijk met algemene stemmen van de stemgerechtigde aandeelhouders. De stemmen worden schriftelijk uitgebracht. (Ontw. 2.3.4.23; K 46*b* (oud); BW art. 2:40 lid 2, 107, 238)

– 2. Tenzij de statuten anders bepalen kunnen de stemmen ook langs elektronische weg worden uitgebracht.

AFDELING 5

Het bestuur van de naamloze vennootschap en het toezicht op het bestuur

Art. 129

Taak bestuur

– 1. Behoudens beperkingen volgens de statuten is het bestuur belast met het besturen van de vennootschap.

– 2. De statuten kunnen bepalen dat een met name of in functie aangeduide bestuurder meer dan één stem wordt toegekend. Een bestuurder kan niet meer stemmen uitbrengen dan de andere bestuurders tezamen.

– 3. Besluiten van het bestuur kunnen bij of krachtens de statuten slechts worden onderworpen aan de goedkeuring van een orgaan van de vennootschap.

– 4. De statuten kunnen bepalen dat het bestuur zich dient te gedragen naar de aanwijzingen van een orgaan van de vennootschap die de algemene lijnen van het te voeren beleid op nader in de statuten aangegeven terreinen betreffen. (Ontw. 2.3.5.1; K 47 (oud); BW art. 2:8, 9, 44, 78*a*, 95, 130, 151, 164, 239, 291; BW art. 7A:1673; BW art. 8:192)

Art. 130

Vertegenwoordigingsbevoegdheid

– 1. Het bestuur vertegenwoordigt de vennootschap, voor zover uit de wet niet anders voortvloeit.

– 2. De bevoegdheid tot vertegenwoordiging komt mede aan iedere bestuurder toe. De statuten kunnen echter bepalen dat zij behalve aan het bestuur slechts toekomt aan een of meer bestuurders. Zij kunnen voorts bepalen dat een bestuurder de vennootschap slechts met medewerking van een of meer anderen mag vertegenwoordigen.

– 3. Bevoegdheid tot vertegenwoordiging die aan het bestuur of aan een bestuurder toekomt, is onbeperkt en onvoorwaardelijk, voor zover uit de wet niet anders voortvloeit. Een wettelijk toegelaten of voorgeschreven beperking van of voorwaarde voor de bevoegdheid tot vertegenwoordiging kan slechts door de vennootschap worden ingeroepen.

– 4. De statuten kunnen ook aan andere personen dan bestuurders bevoegdheid tot vertegenwoordiging toekennen. (Ontw. 2.3.5.2; K 47*a*, 47*b* (oud); BW art. 2:6 lid 2, 9, 14, 15, 45, 129, 136, 146, 151, 240, 292; BW art. 3:65; BW art. 5:131; BW art. 8:178; Hrgw art. 8, 13)

Art. 131

Bevoegde rechter

De rechtbank, binnen welker rechtsgebied de vennootschap haar woonplaats heeft, neemt kennis van alle rechtsvorderingen betreffende de overeenkomst tussen de naamloze vennootschap en de bestuurder, daaronder begrepen de vordering bedoeld bij artikel 138 van dit Boek, waarvan het bedrag onbepaald is of € 5000 te boven gaat. Dezelfde rechtbank neemt kennis van verzoeken als bedoeld in artikel 685 van Boek 7 betreffende de in de eerste zin genoemde overeenkomst. (Ontw. 2.3.5.4; K 47*e* (oud); BW art. 1:10 lid 2; BW art. 2:149, 241; RO art. 38, 39 sub 2, 53; Wet loonvorming art. 20)

Art. 132

Benoeming bestuurders

– 1. De benoeming van bestuurders geschiedt voor de eerste maal bij de akte van oprichting en later door de algemene vergadering, tenzij zij overeenkomstig artikel 162 van dit Boek door de raad van commissarissen geschiedt.

– 2. De statuten kunnen de kring van benoembare personen beperken door eisen te stellen waaraan de bestuurders moeten voldoen. De eisen kunnen terzijde worden gesteld door een besluit van de algemene vergadering genomen met twee derden van de uitgebrachte stemmen die meer dan de helft van het geplaatste kapitaal vertegenwoordigen. (Ontw. 2.3.5.5; K 48 (oud); BW 2:37, 66, 107, 242; WOR 30)

Art. 133

Oligarchische clausule

– 1. Bij de statuten kan worden bepaald, dat de benoeming door de algemene vergadering zal geschieden uit een voordracht, die ten minste twee personen voor iedere te vervullen plaats bevat.

– 2. De algemene vergadering kan echter aan zodanige voordracht steeds het bindend karakter ontnemen bij een besluit genomen met twee derden van de uitgebrachte stemmen, die meer dan de helft van het geplaatste kapitaal vertegenwoordigen. (BW 2:37 lid 4)

– 3. De vorige leden zijn niet van toepassing, indien de benoeming geschiedt door de raad van commissarissen. (Ontw. 2.3.5.6; K 48*a* (oud); BW 2:132, 142 lid 2, 162, 243; Overg.w. 52 lid 3)

Art. 134

Schorsing; ontslag; ontstentenis of belet bestuurder

– 1. Iedere bestuurder kan te allen tijde worden geschorst en ontslagen door degene die bevoegd is tot benoeming.

– 2. Indien in de statuten is bepaald dat het besluit tot schorsing of ontslag slechts mag worden genomen met een versterkte meerderheid in een algemene vergadering, waarin een bepaald gedeelte van het kapitaal is vertegenwoordigd, mag deze versterkte meerderheid twee derden der uitgebrachte stemmen, vertegenwoordigende meer dan de helft van het kapitaal, niet te boven gaan.

– 3. Een veroordeling tot herstel van de arbeidsovereenkomst tussen naamloze vennootschap en bestuurder kan door de rechter niet worden uitgesproken. (BW 7:682)

– 4. De statuten moeten voorschriften bevatten omtrent de wijze, waarop in het bestuur van de vennootschap voorlopig wordt voorzien ingeval van ontstentenis of belet van bestuurders. (Ontw. 2.3.5.7; K 48*b* (oud); BW 2:8, 9, 14, 15, 37 lid 6, 132, 133, 147, 162, 244, 356 sub *b*; 7:677; WOR 30)

Art. 135

Bezoldigingsbeleid

– 1. De vennootschap heeft een beleid op het terrein van bezoldiging van het bestuur. Het beleid wordt vastgesteld door de algemene vergadering.
In het bezoldigingsbeleid komen ten minste de in artikel 383*c* tot en met *e* omschreven onderwerpen aan de orde, voor zover deze het bestuur betreffen.

– 2. Indien de vennootschap krachtens wettelijke bepalingen een ondernemingsraad heeft ingesteld wordt het beloningsbeleid schriftelijk en gelijktijdig met de aanbieding aan de algemene vergadering ter kennisneming aan de ondernemingsraad aangeboden. Voor de toepassing van de vorige zin is het bepaalde in artikel 158 lid 11 van overeenkomstige toepassing op de dochtermaatschappij bedoeld in de leden 1 en 2 van artikel 24*a*.

– 3. De bezoldiging van bestuurders wordt met inachtneming van het beleid, bedoeld in lid 1, vastgesteld door de algemene vergadering, tenzij bij de statuten een ander orgaan is aangewezen.

– 4. Indien in de statuten is bepaald dat een ander orgaan dan de algemene vergadering de bezoldiging vaststelt, legt dat orgaan ten aanzien van regelingen in de vorm van aandelen of rechten tot het nemen van aandelen een voorstel ter goedkeuring voor aan de algemene vergadering. In het voorstel moet ten minste zijn bepaald hoeveel aandelen of rechten tot het nemen van aandelen aan het bestuur mogen worden toegekend en welke criteria gelden voor toekenning of wijziging. Het ontbreken van de goedkeuring van de algemene vergadering tast de vertegenwoordigingbevoegdheid van het orgaan niet aan. (Ontw. 2.3.5.8; K 48*c* (oud); BW 2:245, 383; 7:617, 618, 619, 624 leden 4 en 5)

Art. 136

Aangifte tot faillietverklaring

Tenzij bij de statuten anders is bepaald, is het bestuur zonder opdracht der algemene vergadering niet bevoegd aangifte te doen tot faillietverklaring van de naamloze vennootschap. (Ontw. 2.3.5.10; K 48*e* (oud); BW 2:246; Fw 1, 4)

Art. 137

Rechtshandelingen schriftelijk vastgelegd

– 1. Rechtshandelingen van de vennootschap jegens de houder van alle aandelen in het kapitaal van de vennootschap of jegens een deelgenoot in een huwelijksgemeenschap of in een gemeenschap van een geregistreerd partnerschap waartoe alle aandelen in het kapitaal van de vennootschap behoren, waarbij de vennootschap wordt vertegenwoordigd door deze aandeelhouder of door een van de deelgenoten, worden schriftelijk vastgelegd. Voor de toepassing van de vorige zin worden aandelen gehouden door de vennootschap of haar dochtermaatschappijen niet meegeteld. Indien de eerste zin niet in acht is genomen, kan de rechtshandeling ten behoeve van de vennootschap worden vernietigd.

– 2. Lid 1 is niet van toepassing op rechtshandelingen die onder de bedongen voorwaarden tot de gewone bedrijfsuitoefening van de vennootschap behoren. (BW 2:94*c*, 204*c*)

Art. 138

Hoofdelijke aansprakelijkheid bestuurders in geval van faillissement wegens onbehoorlijk bestuur

– 1. In geval van faillissement van de naamloze vennootschap is iedere bestuurder jegens de boedel hoofdelijk aansprakelijk voor het bedrag van de schulden voor zover deze niet door vereffening van de overige baten kunnen worden voldaan, indien het bestuur zijn taak kennelijk onbehoorlijk heeft vervuld en aannemelijk is dat dit een belangrijke oorzaak is van het faillissement. (BW 6:6 e.v.)

– 2. Indien het bestuur niet heeft voldaan aan zijn verplichtingen uit de artikelen 10 of 394, heeft het zijn taak onbehoorlijk vervuld en wordt vermoed dat onbehoorlijke taakvervulling een belangrijke oorzaak is van het faillissement. Hetzelfde geldt indien de vennootschap volledig aansprakelijk vennoot is van een vennootschap onder firma of commanditaire vennootschap en niet voldaan is aan de verplichtingen uit artikel 15*i* van Boek 3. Een onbelangrijk verzuim wordt niet in aanmerking genomen.

– 3. Niet aansprakelijk is de bestuurder die bewijst dat de onbehoorlijke taakvervulling door het bestuur niet aan hem te wijten is en dat hij niet nalatig is geweest in het treffen van maatregelen om de gevolgen daarvan af te wenden.

– 4. De rechter kan het bedrag waarvoor de bestuurders aansprakelijk zijn verminderen indien hem dit bovenmatig voorkomt, gelet op de aard en de ernst van de onbehoorlijke taakvervulling door het bestuur, de andere oorzaken van het faillissement, alsmede de wijze waarop dit is afgewikkeld. De rechter kan voorts het bedrag van de aansprakelijkheid van een afzonderlijke bestuurder verminderen indien hem dit bovenmatig voorkomt, gelet op de tijd gedurende welke die bestuurder als zodanig in functie is geweest in de periode waarin de onbehoorlijke taakvervulling plaats vond.

– 5. Is de omvang van het tekort nog niet bekend, dan kan de rechter, al dan niet met toepassing van het vierde lid, bepalen dat van het tekort tot betaling waarvan hij de bestuurders veroordeelt, een staat wordt opgemaakt overeenkomstig de bepalingen van de zesde titel van het tweede boek van het Wetboek van Burgerlijke Rechtsvordering.

– 6. De vordering kan slechts worden ingesteld op grond van onbehoorlijke taakvervulling in de periode van drie jaren voorafgaande aan het faillissement. Een aan de bestuurder verleende kwijting staat aan het instellen van de vordering niet in de weg. (Fw 249)

– 7. Met een bestuurder wordt voor de toepassing van dit artikel gelijkgesteld degene die het beleid van de vennootschap heeft bepaald of mede heeft bepaald, als ware hij bestuurder. De vordering kan niet worden ingesteld tegen de door de rechter benoemde bewindvoerder. (BW 2:68 lid 2, 179 lid 2)

– 8. Dit artikel laat onverlet de bevoegdheid van de curator tot het instellen van een vordering op grond van de overeenkomst met de bestuurder of op grond van artikel 9.

– 9. Indien een bestuurder ingevolge dit artikel aansprakelijk is en niet in staat is tot betaling van zijn schuld terzake, kan de curator de door die bestuurder onverplicht verrichte rechtshandelingen waardoor de mogelijkheid tot verhaal op hem is verminderd, ten behoeve van de boedel door een buitengerechtelijke verklaring vernietigen, indien aannemelijk is dat deze geheel of nagenoeg geheel met het oogmerk van vermindering van dat verhaal zijn verricht. Artikel 45 leden 4 en 5 van Boek 3 is van overeenkomstige toepassing.

– 10. Indien de boedel ontoereikend is voor het instellen van een rechtsvordering op grond van dit artikel of artikel 9 of voor het instellen van een voorafgaand onderzoek naar de mogelijkheid daartoe, kan de curator Onze Minister van Justitie verzoeken hem bij wijze van voorschot de benodigde middelen te verschaffen. Onze Minister kan regels stellen voor de beoordeling van de gegrondheid van het verzoek en de grenzen waarbinnen het verzoek kan worden toegewezen. Het verzoek moet de gronden bevatten waarop het berust, alsmede een beredeneerde schatting van de kosten en de omvang van het onderzoek. Het verzoek, voor zover het betreft het instellen van een voorafgaand onderzoek, behoeft de goedkeuring van de rechter-commissaris. (BW 2:9, 131, 149, 248; Fw 2 lid 4, 64 e.v., 68 e.v.; Sr 342, 343, 347; Wet venn. bel. 1969 art. 2; Wet loonbel. 1964 art. 32 sub *a*; Coörd. wet soc. verz. art. 16*c* sub *a*)

Art. 139

Aansprakelijkheid voor jaarrekening e.d.

Indien door de jaarrekening, door tussentijdse cijfers die de vennootschap bekend heeft gemaakt of door het jaarverslag een misleidende voorstelling wordt gegeven van de toestand der vennootschap, zijn de bestuurders tegenover derden hoofdelijk aansprakelijk voor de schade, door dezen dientengevolge geleden. De bestuurder die bewijst dat dit aan hem niet te wijten is, is niet aansprakelijk. (K 49*b* (oud); BW 2:9, 101, 103, 105 lid 4, 150, 249, 361, 362, 391; 6:6 e.v., 95, 102, 194; Sr 336)

Art. 140

Raad van commissarissen; taakomschrijving

– 1. Bij de statuten kan worden bepaald dat er een raad van commissarissen zal zijn. De raad bestaat uit een of meer natuurlijke personen.

– 2. De raad van commissarissen heeft tot taak toezicht te houden op het beleid van het bestuur en op de algemene gang van zaken in de vennootschap en de met haar verbonden onderneming. Hij staat het bestuur met raad ter zijde. Bij de vervulling van hun taak richten de commissarissen zich naar het belang van de vennootschap en de met haar verbonden onderneming.
– 3. De statuten kunnen aanvullende bepalingen omtrent de taak en de bevoegdheden van de raad en van zijn leden bevatten.
– 4. De statuten kunnen bepalen dat een met name of in functie aangeduide commissaris meer dan één stem wordt toegekend. Een commissaris kan niet meer stemmen uitbrengen dan de andere commissarissen tezamen. (Ontw. 2.3.5.14; K 50 (oud); BW 2:8, 14, 15, 47, 107 lid 2, 109, 146, 151, 158 e.v., 250)

Art. 141

Verschaffen gegevens

– 1. Het bestuur verschaft de raad van commissarissen tijdig de voor de uitoefening van diens taak noodzakelijke gegevens.
– 2. Het bestuur stelt ten minste een keer per jaar de raad van commissarissen schriftelijk op de hoogte van de hoofdlijnen van het strategisch beleid, de algemene en financiële risico's en het beheers- en controlesysteem van de vennootschap. (Ontw. 2.3.5.15; K 50*a* (oud); BW 2:57 lid 8, 251)

Art. 142

Benoeming commissarissen

– 1. De commissarissen die niet reeds bij de akte van oprichting zijn aangewezen, worden benoemd door de algemene vergadering. De statuten kunnen de kring van benoembare personen beperken door eisen te stellen waaraan de commissarissen moeten voldoen. De eisen kunnen terzijde worden gesteld door een besluit van de algemene vergadering genomen met twee derden van de uitgebrachte stemmen die meer dan de helft van het geplaatste kapitaal vertegenwoordigen.
– 2. De eerste twee leden van artikel 133 van dit Boek zijn van overeenkomstige toepassing, indien de benoeming door de algemene vergadering geschiedt.
– 3. Bij een aanbeveling of voordracht tot benoeming van een commissaris worden van de kandidaat medegedeeld zijn leeftijd, zijn beroep, het bedrag aan door hem gehouden aandelen in het kapitaal der vennootschap en de betrekkingen die hij bekleedt of die hij heeft bekleed voor zover die van belang zijn in verband met de vervulling van de taak van een commissaris. Tevens wordt vermeld aan welke rechtspersonen hij reeds als commissaris is verbonden; indien zich daaronder rechtspersonen bevinden, die tot een zelfde groep behoren, kan met de aanduiding van de groep worden volstaan. De aanbeveling en de voordracht tot benoeming of herbenoeming worden (BW 2:114)gemotiveerd. Bij herbenoeming wordt rekening gehouden met de wijze waarop de kandidaat zijn taak als commissaris heeft vervuld. (Ontw. 2.3.5.16; K 50*b* (oud); BW 2:57*a*, 63*f*, 63*i*, 65, 66, 158, 159, 160, 161, 252)

Art. 143

Afwijkende benoeming

Bij de statuten kan worden bepaald dat een of meer commissarissen, doch ten hoogste een derde van het gehele aantal, zullen worden benoemd door anderen dan de algemene vergadering. Is de benoeming van commissarissen geregeld overeenkomstig de artikelen 158 en 159 van dit Boek, dan vindt de vorige zin geen toepassing. (Ontw. 2.3.5.17; K 50*c* (oud); BW 2:253)

Art. 144

Schorsing en ontslag

– 1. Een commissaris kan worden geschorst en ontslagen door degene, die bevoegd is tot benoeming, tenzij artikel 161 leden 2 en 3 of artikel 161*a* van dit Boek van toepassing is.
– 2. Het tweede en het derde lid van artikel 134 van dit Boek zijn van overeenkomstige toepassing. (Ontw. 2.3.5.18; K 50*d* (oud); BW art. 2:57*a*, 142, 143, 254, 356 sub *b*; BW art. 7:677, 680)

Art. 145

Bezoldiging

De algemene vergadering kan aan de commissarissen een bezoldiging toekennen. (Ontw. 2.3.5.19; K 50*e* (oud); BW art. 2:135, 255, 383)

Art. 146

Vertegenwoordiging bij tegenstrijdig belang

Tenzij bij de statuten anders is bepaald, wordt de naamloze vennootschap in alle gevallen waarin zij een tegenstrijdig belang heeft met een of meer bestuurders, vertegenwoordigd door commissarissen. De algemene vergadering is steeds bevoegd een of meer andere personen daartoe aan te wijzen. (Ontw. 2.3.5.20; K 51 (oud); BW art. 2:47, 130, 256; BW art. 3:68; BW art. 5:133)

Art. 147

Bevoegdheid tot schorsing bestuurder

– 1. Tenzij bij de statuten anders is bepaald, is de raad van commissarissen bevoegd iedere bestuurder te allen tijde te schorsen.
– 2. De schorsing kan te allen tijde door de algemene vergadering worden opgeheven, tenzij de bevoegdheid tot benoeming van de bestuurders bij de raad van commissarissen berust. (Ontw. 2.3.5.21; K 51*a* (oud); BW art. 2:57, 107, 134, 162, 257, 356 sub *b*)

Art. 148

Vervallen.

Art. 149

Aansprakelijkheid commissarissen

Het bepaalde bij de artikelen 9, 131 en 138 vindt overeenkomstige toepassing ten aanzien van de taakvervulling door de raad van commissarissen. (Ontw. 2.3.5.23; K 51*c* (oud); BW art. 2:259)

Art. 150

Aansprakelijkheid voor jaarrekening

Indien door de jaarrekening een misleidende voorstelling wordt gegeven van de toestand der vennootschap, zijn de commissarissen naast de bestuurders tegenover derden hoofdelijk aansprakelijk voor de schade, door dezen dientengevolge geleden. De commissaris die bewijst dat zulks niet aan een tekortkoming zijnerzijds in het toezicht is te wijten, is niet aansprakelijk. (K 52 (oud); BW art. 2:9, 101, 139, 140 lid 2, 260, 362; BW art. 6:6 e.v., 95, 102, 194; Sr art. 336)

Art. 151

Verrichten bestuurshandelingen

– 1. Allen, commissarissen of anderen, die, zonder deel uit te maken van het bestuur der naamloze vennootschap, krachtens enige bepaling der statuten of krachtens besluit der algemene vergadering, voor zekere tijd of onder zekere omstandigheden daden van bestuur verrichten, worden te dien aanzien, wat hun rechten en verplichtingen ten opzichte van de vennootschap en van derden betreft, als bestuurders aangemerkt.

– 2. Het goedkeuren van bepaalde bestuurshandelingen of het daartoe machtigen geldt niet als het verrichten van daden van bestuur. (Ontw. 2.3.5.26, 2.3.5.27; K 52*a*, 52*b* (oud); BW art. 2:9, 129, 130 lid 4, 164, 261)

AFDELING 6

De raad van commissarissen bij de grote naamloze vennootschap

Art. 152

Afhankelijke maatschappij

In deze afdeling wordt onder een afhankelijke maatschappij verstaan:

a. een rechtspersoon waaraan de naamloze vennootschap of een of meer afhankelijke maatschappijen alleen of samen voor eigen rekening ten minste de helft van het geplaatste kapitaal verschaffen,

b. een vennootschap waarvan een onderneming in het handelsregister is ingeschreven en waarvoor de naamloze vennootschap of een afhankelijke maatschappij als vennote jegens derden volledig aansprakelijk is voor alle schulden. (BW art. 2:24*d*, 63*a*, 262)

Art. 153

Verplichte opgaaf voor grote NV

– 1. Een naamloze vennootschap moet, indien het volgende lid op haar van toepassing is, binnen twee maanden na de vaststelling van haar jaarrekening door de algemene vergadering ten kantore van het handelsregister opgaaf doen, dat zij aan de in dat lid gestelde voorwaarden voldoet. Totdat artikel 154 lid 3 van dit Boek toepassing heeft gevonden, vermeldt het bestuur in elk volgend jaarverslag wanneer de opgaaf is gedaan; wordt de opgaaf doorgehaald, dan wordt daarvan melding gemaakt in het eerste jaarverslag dat na de datum van die doorhaling wordt uitgebracht. (BW art. 2:77)

– 2. De verplichting tot het doen van een opgaaf geldt, indien:

a. het geplaatste kapitaal der vennootschap tezamen met de reserves volgens de balans met toelichting ten minste een bij koninklijk besluit vastgesteld grensbedrag beloopt,

b. de vennootschap of een afhankelijke maatschappij krachtens wettelijke verplichting een ondernemingsraad heeft ingesteld, en

c. bij de vennootschap en haar afhankelijke maatschappijen, tezamen in de regel ten minste honderd werknemers in Nederland werkzaam zijn.

– 3. De verplichting tot het doen van een opgaaf geldt niet voor:

a. een vennootschap die afhankelijke maatschappij is van een rechtspersoon waarop de artikelen 63*f* tot en met 63*j*, de artikelen 158 tot en met 161 en 164 of de artikelen 268 tot en met 271 en 274 van toepassing zijn, een vennootschap die afhankelijke maatschappij is van een Europese naamloze vennootschap in de zin van Verordening (EG) Nr. 2157/2001 (*Pb* L 294) waarvan in de statuten is bepaald dat de artikelen 158 leden 1 tot en met 12, 159, 161, 161*a* en 164 van overeenkomstige toepassing zijn, danwel een vennootschap die afhankelijke maatschappij is van een Europese coöperatieve vennootschap in de zin van Verordening (EG) Nr. 1435/2003 (*PbEU* L 207) waarvan in de statuten is bepaald dat de artikelen 158 leden 1 tot en met 12, 159, 161*a* en 164 van overeenkomstige toepassing zijn en dat het ontslag van leden van het toezichthoudend orgaan geschiedt door de algemene vergadering, bedoeld in artikel 52 van de Verordening, bij volstrekte meerderheid van de uitgebrachte stemmen vertegenwoordigend ten minste een derde van het totale aantal stemrechten op grond van de statuten.

b. een vennootschap wier werkzaamheid zich uitsluitend of nagenoeg uitsluitend beperkt tot het beheer en de financiering van groepsmaatschappijen, en van haar en hun deelnemingen in

andere rechtspersonen, mits de werknemers in dienst van de vennootschap en de groepsmaatschappijen in meerderheid buiten Nederland werkzaam zijn,
c. een vennootschap die uitsluitend of nagenoeg uitsluitend aan een vennootschap als bedoeld onder *b* of in artikel 263 lid 3 onder *b*, en aan de in die bepalingen genoemde groepsmaatschappijen en rechtspersonen diensten ten behoeve van het beheer en de financiering verleent, en (BW art. 2:24*b*)
d. een vennootschap waarin voor ten minste de helft van het geplaatste kapitaal volgens een onderlinge regeling tot samenwerking wordt deelgenomen door twee of meer rechtspersonen waarop de artikelen 63*f* tot en met 63*j*, de artikelen 158 tot en met 161 en 164 of de artikelen 268 tot en met 271 en 274 van toepassing zijn of die afhankelijke maatschappij zijn van zulk een rechtspersoon.
– 4. Het in onderdeel *a* van lid 2 genoemde grensbedrag wordt ten hoogste eenmaal in de twee jaren verhoogd of verlaagd, evenredig aan de ontwikkeling van een bij algemene maatregel van bestuur aan te wijzen prijsindexcijfer sedert een bij die maatregel te bepalen datum; het wordt daarbij afgerond op het naaste veelvoud van een miljoen euro. Het bedrag wordt niet opnieuw vastgesteld zo lang als het onafgeronde bedrag minder dan een miljoen euro afwijkt van het laatst vastgestelde bedrag.
– 5. Onder het geplaatste kapitaal met de reserves wordt in lid 2 onder *a* begrepen de gezamenlijke verrichte en nog te verrichten inbreng van vennoten bij wijze van geldschieting in afhankelijke maatschappijen die commanditaire vennootschap zijn, voor zover dit niet tot dubbeltelling leidt. (Ontw. 2.3.5A.1; K art. 52*c* (oud); BW art. 2:63*b*, 101, 152, 154, 263, 373, 382, 391; K art.20 lid 3; Hrgw art. 8*a*, 28*a*, 29*a*; Bankwet 1948 art. 27*c*; Macht.wet PTT Ned. NV art. 2; WOR art. 2 e.v.; WED art. 1 sub 4)

Art. 154

Rechtsgevolgen van 3 jaar inschrijving; structuurvennootschap

– 1. De artikelen 158-164 van dit Boek zijn van toepassing op een vennootschap waaromtrent een opgaaf als bedoeld in het vorige artikel gedurende drie jaren onafgebroken is ingeschreven; deze termijn wordt geacht niet te zijn onderbroken, indien een doorhaling van de opgaaf, welke tijdens die termijn ten onrechte heeft plaatsgevonden, is ongedaan gemaakt.
– 2. De doorhaling van de inschrijving op grond van de omstandigheid dat de vennootschap niet meer voldoet aan de voorwaarden, genoemd in het tweede lid van het vorige artikel, doet de toepasselijkheid van de artikelen 158-164 van dit Boek slechts eindigen, indien drie jaren na de doorhaling zijn verstreken en de vennootschap gedurende die termijn niet opnieuw tot het doen van de opgaaf is verplicht geweest.
– 3. De vennootschap brengt haar statuten in overeenstemming met de artikelen 158-164 welke voor haar gelden, uiterlijk met ingang van de dag waarop die artikelen krachtens lid 1 op haar van toepassing worden.
– 4. In de eerstvolgende vergadering nadat de vennootschap waarop de artikelen 158 tot en met 164 of 158 tot en met 161 en 164 van toepassing zijn gaat voldoen aan de voorwaarden bedoeld in de artikelen 153 lid 3, 154 lid 2, 155 of 155*a*, doet het bestuur aan de algemene vergadering het voorstel in de statuten de wijze van benoeming en ontslag van commissarissen en de taak en bevoegdheden van de raad van commissarissen te regelen zonder toepassing van de artikelen 158 tot en met 164 respectievelijk de artikelen 158 tot en met 161 en 164, dan wel het voorstel deze artikelen geheel of met uitzondering van artikel 162 te blijven toepassen. Het besluit wordt genomen met volstrekte meerderheid van stemmen. De bevoegdheid van de algemene vergadering tot het nemen van een besluit ter uitvoering van dit artikel kan niet worden beperkt.
– 5. Uiterlijk twaalf maanden nadat het besluit bedoeld in lid 4 is genomen, legt het bestuur aan de algemene vergadering een voorstel tot wijziging van de statuten voor. Indien de algemene vergadering geen besluit tot statutenwijziging neemt, stelt de ondernemingskamer van het gerechtshof te Amsterdam op verzoek van degene die daartoe krachtens het volgende lid bevoegd is, de statuten vast. De laatste twee zinnen van lid 4 zijn van overeenkomstige toepassing.
– 6. Een verzoek tot vaststelling van de statuten kan worden ingediend door een daartoe aangewezen vertegenwoordiger van het bestuur of van de raad van commissarissen en door degene die gerechtigd is tot agendering ingevolge artikel 114*a*.
– 7. De ondernemingskamer regelt zo nodig de gevolgen van de door haar genomen beslissing. De griffier van de ondernemingskamer doet ten kantore van het handelsregister waar de vennootschap is ingeschreven een afschrift van de beschikking van de ondernemingskamer neerleggen. (Ontw. 2.3.5A.2; K 52*d*, 52*o* (oud); BW art. 2:63*c*, 118*a*, 121, 153, 155, 157 lid 1, 264; OBW art. 52 lid 2; Hrgw art. 8*a*, 28*a*, 29*a*; WED art. 1 sub 4; WOR art. 25 lid 1 onder *e*)

Art. 155

Uitzonderingen

– 1. In afwijking van artikel 154 geldt artikel 162 niet voor een vennootschap waarin een deelneming voor ten minste de helft van het geplaatste kapitaal wordt gehouden:

a. door een rechtspersoon waarvan de werknemers in meerderheid buiten Nederland werkzaam zijn, of door afhankelijke maatschappijen daarvan
b. volgens een onderlinge regeling tot samenwerking door een aantal van zulke rechtspersonen of maatschappijen, of
c. volgens een onderlinge regeling tot samenwerking door een of meer van zulke rechtspersonen en een of meer rechtspersonen waarvoor artikel 153 lid 3 onder *a* of artikel 263 lid 3 onder *a* geldt of waarop de artikelen 63*f* tot en met 63*j*, de artikelen 158 tot en met 161 en 164 of de artikelen 268 tot en met 271 en 274 van toepassing zijn.
– 2. De uitzondering volgens het vorige lid geldt echter niet, indien de werknemers in dienst van de vennootschap, tezamen met die in dienst van de rechtspersoon of rechtspersonen, in meerderheid in Nederland werkzaam zijn.
– 3. Voor de toepassing van dit artikel worden onder werknemers, in dienst van een rechtspersoon, begrepen de werknemers in dienst van groepsmaatschappijen. (Ontw. 2.3.5A.3; K 52*e* (oud); BW art. 2:3, 24*b*, 24*c*, 24*d*, 152, 153, 154, 157, lid 2, 265, 382)

Art. 155a

Uitzonderingen

– 1. In afwijking van artikel 154 geldt artikel 162 niet voor een vennootschap waarin:
a. een natuurlijk persoon het gehele geplaatste kapitaal verschaft of doet verschaffen, of twee of meer natuurlijke personen volgens een onderlinge regeling tot samenwerking het gehele geplaatste kapitaal verschaffen of doen verschaffen;
b. een stichting, een vereniging of een rechtspersoon als bedoeld in artikel 1 het gehele geplaatste kapitaal voor eigen rekening verschaft of doet verschaffen, of twee of meer van zulke rechtspersonen volgens een onderlinge regeling tot samenwerking het gehele geplaatste kapitaal voor eigen rekening verschaffen of doen verschaffen.
– 2. Met de natuurlijke persoon bedoeld in lid 1 worden gelijkgesteld de echtgenoot of echtgenote en de geregistreerde partner. Eveneens worden gelijkgesteld de bloedverwanten in rechte lijn, mits dezen binnen zes maanden na het overlijden van de natuurlijke persoon een onderlinge regeling tot samenwerking zijn aangegaan. (BW art. 2:265*a*)

Art. 156

Ontheffing door minister

Onze Minister van Justitie kan, gehoord de Sociaal-Economische Raad, aan een vennootschap op haar verzoek ontheffing verlenen van een of meer der artikelen 158-164 van dit Boek; de ontheffing kan onder beperkingen worden verleend en daaraan kunnen voorschriften worden verbonden; zij kan voorts worden gewijzigd en ingetrokken. (Ontw. 2.3.5A.4; K 52*f* (oud); BW art. 2:266)

Art. 157

Overeenkomstige regelingen voor niet verplichte NV's

– 1. Een vennootschap waarvoor artikel 154 van dit Boek niet geldt, kan bij haar statuten de wijze van benoeming en ontslag van commissarissen en de taak en bevoegdheden van de raad van commissarissen regelen overeenkomstig de artikelen 158-164 van dit Boek indien zij of een afhankelijke maatschappij een ondernemingsraad heeft ingesteld waarop de bepalingen van de Wet op de ondernemingsraden van toepassing zijn. Zij mag daarbij artikel 162 buiten toepassing laten. De in dit lid bedoelde regeling in de statuten verliest haar gelding zodra de ondernemingsraad ophoudt te bestaan of op de ondernemingsraad niet langer de bepalingen van de Wet op de ondernemingsraden van toepassing zijn. (BW art. 2:76 lid 5, 152)
– 2. Een vennootschap waarvoor artikel 155 of 155*a* geldt, kan de bevoegdheid tot benoeming en ontslag van bestuurders regelen overeenkomstig artikel 162. (Ontw. 2.3.5A.5; K 52*g* (oud); BW art. 2:267; WOR art. 2)

Art. 158

Raad van commissarissen

– 1. De vennootschap heeft een raad van commissarissen.
– 2. De raad van commissarissen bestaat uit ten minste drie leden. Is het aantal commissarissen minder dan drie, dan neemt de raad onverwijld maatregelen tot aanvulling van zijn ledental. (BW art. 2:142, 143, 159, 160)
– 3. De raad van commissarissen stelt een profielschets voor zijn omvang en samenstelling vast, rekening houdend met de aard van de onderneming, haar activiteiten en de gewenste deskundigheid en achtergrond van de commissarissen. De raad bespreekt de profielschets voor het eerst bij vaststelling en vervolgens bij iedere wijziging in de algemene vergadering en met de ondernemingsraad.
– 4. De commissarissen worden, behoudens het bepaalde in lid 9, op voordracht van de raad van commissarissen benoemd door de algemene vergadering, voor zover de benoeming niet reeds is geschied bij de akte van oprichting of voordat dit artikel op de vennootschap van toepassing is geworden. De raad van commissarissen maakt de voordracht gelijktijdig bekend aan de algemene vergadering en aan de ondernemingsraad. De voordracht is met redenen omkleed. Onverminderd het bepaalde in artikel 160 kunnen de statuten de kring van benoembare personen niet beperken. (BW art. 2:107, 129; WOR art. 23 e.v.)
– 5. De algemene vergadering en de ondernemingsraad kunnen aan de raad van commissaris-

sen personen aanbevelen om als commissaris te worden voorgedragen. De raad deelt hun daartoe tijdig mede wanneer, ten gevolge waarvan en overeenkomstig welk profiel in zijn midden een plaats moet worden vervuld. Indien voor de plaats het in lid 6 bedoelde versterkte recht van aanbeveling geldt, doet de raad van commissarissen daarvan eveneens mededeling.
– 6. Voor een derde van het aantal leden van de raad van commissarissen geldt dat de raad van commissarissen een door de ondernemingsraad aanbevolen persoon op de voordracht plaatst, tenzij de raad van commissarissen bezwaar maakt tegen de aanbeveling op grond van de verwachting dat de aanbevolen persoon ongeschikt zal zijn voor de vervulling van de taak van commissaris of dat de raad van commissarissen bij benoeming overeenkomstig de aanbeveling niet naar behoren zal zijn samengesteld. Indien het getal der leden van de raad van commissarissen niet door drie deelbaar is, wordt het naastgelegen lagere getal dat wel door drie deelbaar is in aanmerking genomen voor de vaststelling van het aantal leden waarvoor dit versterkte recht van aanbeveling geldt.
– 7. Indien de raad van commissarissen bezwaar maakt, deelt hij de ondernemingsraad het bezwaar onder opgave van redenen mede. De raad treedt onverwijld in overleg met de ondernemingsraad met het oog op het bereiken van overeenstemming over de voordracht. Indien de raad van commissarissen constateert dat geen overeenstemming kan worden bereikt, verzoekt een daartoe aangewezen vertegenwoordiger van de raad aan de ondernemingskamer van het gerechtshof te Amsterdam het bezwaar gegrond te verklaren. Het verzoek wordt niet eerder ingediend dan nadat vier weken zijn verstreken na aanvang van het overleg met de ondernemingsraad. De raad van commissarissen plaatst de aanbevolen persoon op de voordracht indien de ondernemingskamer het bezwaar ongegrond verklaart. Verklaart de ondernemingskamer het bezwaar gegrond, dan kan de ondernemingsraad een nieuwe aanbeveling doen overeenkomstig het bepaalde in lid 6.
– 8. De ondernemingskamer doet de ondernemingsraad oproepen. Tegen de beslissing van de ondernemingskamer staat geen rechtsmiddel open.
De ondernemingskamer kan geen veroordeling in de proceskosten uitspreken.
– 9. De algemene vergadering kan bij volstrekte meerderheid van de uitgebrachte stemmen, vertegenwoordigend ten minste een derde van het geplaatste kapitaal, de voordracht afwijzen. Indien de aandeelhouders bij volstrekte meerderheid van stemmen hun steun aan de kandidaat onthouden, maar deze meerderheid niet ten minste een derde van het geplaatste kapitaal vertegenwoordigde, kan een nieuwe vergadering worden bijeengeroepen waarin de voordracht kan worden afgewezen met volstrekte meerderheid van stemmen. Alsdan maakt de raad van commissarissen een nieuwe voordracht op. De leden 5 tot en met 8 zijn van toepassing. Indien de algemene vergadering de voorgedragen persoon niet benoemt en niet besluit tot afwijzing van de voordracht, benoemt de raad van commissarissen de voorgedragen persoon. (RV art. 261 e.v.; RO art. 66)
– 10. De algemene vergadering kan de bevoegdheid die haar volgens lid 5 toekomt voor een door haar te bepalen duur van telkens ten hoogste twee achtereenvolgende jaren, overdragen aan een commissie van aandeelhouders waarvan zij de leden aanwijst; in dat geval doet de raad van commissarissen aan de commissie de mededeling bedoeld in lid 5. De algemene vergadering kan te allen tijde de overdracht ongedaan maken.
– 11. Voor de toepassing van dit artikel wordt onder de ondernemingsraad verstaan de ondernemingsraad van de onderneming van de vennootschap of van de onderneming van een afhankelijke maatschappij. Indien er meer dan één ondernemingsraad is, worden de bevoegdheden van dit artikel door deze raden afzonderlijk uitgeoefend; als er sprake is van een voordracht als bedoeld in lid 6 worden de bevoegdheden van dit lid door deze raden gezamenlijk uitgeoefend. Is voor de betrokken onderneming of ondernemingen een centrale ondernemingsraad ingesteld, dan komen de bevoegdheden van de ondernemingsraad volgens dit artikel toe aan de centrale ondernemingsraad.
– 12. In de statuten kan worden afgeweken van de leden 2, 4 tot en met 7 en 9, met dien verstande dat niet kan worden afgeweken van de eerste twee zinnen van lid 9. Voor het besluit tot wijziging van de statuten is de voorafgaande goedkeuring van de raad van commissarissen en de toestemming van de ondernemingsraad vereist. (Ontw. 2.3.5A.6; K 52*h* (oud); BW art. 2:63*f*, 140, 142, 159, 268; WOR art. 33 e.v.; Macht. wet PTT Ned. NV art. 2)

Art. 159

Benoeming commissarissen

– 1. Ontbreken alle commissarissen, anders dan ingevolge het bepaalde in artikel 161*a*, dan geschiedt de benoeming door de algemene vergadering.
– 2. De ondernemingsraad kan personen voor benoeming tot commissaris aanbevelen. Degene die de algemene vergadering bijeenroept, deelt de ondernemingsraad daartoe tijdig mede dat de benoeming van commissarissen onderwerp van behandeling in de algemene vergadering zal zijn, met vermelding of benoeming van een commissaris plaatsvindt overeen-

komstig het aanbevelingsrecht van de ondernemingsraad op grond van artikel 158 lid 6. (BW art. 2:109, 114)
– 3. De leden 6, 7, 8, 10 en 11 van het vorig artikel zijn van overeenkomstige toepassing. (Rv art. 261 e.v., 995; RO art. 66; Ontw. 2.3.5A.7; K 52*i* (oud); BW art. 2:107, 142 lid 1, 158, 269; WOR art. 23 e.v.)

Art. 160

Onverenigbaarheid van functies

Commissaris kunnen niet zijn:
a. personen die in dienst zijn van de vennootschap;
b. personen die in dienst zijn van een afhankelijke maatschappij;
c. bestuurders en personen in dienst van een werknemersorganisatie welke pleegt betrokken te zijn bij de vaststelling van de arbeidsvoorwaarden van de onder *a* en *b* bedoelde personen. (Ontw. 2.3.5A.8; K 52*j* (oud); BW art. 2:152, 270)

Art. 161

Zittingsperiode; ontslag; schorsing

– 1. Een commissaris treedt uiterlijk af, indien hij na zijn laatste benoeming vier jaren commissaris is geweest. De termijn kan bij de statuten worden verlengd tot de dag van de eerstvolgende algemene vergadering na afloop van de vier jaren of na de dag waarop dit artikel voor de rechtspersoon is gaan gelden. (BW art. 2:142 lid 4)
– 2. De ondernemingskamer van het gerechtshof te Amsterdam kan op een desbetreffend verzoek een commissaris ontslaan wegens verwaarlozing van zijn taak, wegens andere gewichtige redenen of wegens ingrijpende wijziging der omstandigheden op grond waarvan handhaving als commissaris redelijkerwijze niet van de vennootschap kan worden verlangd. Het verzoek kan worden ingediend door de vennootschap, ten deze vertegenwoordigd door de raad van commissarissen, alsmede door een daartoe aangewezen vertegenwoordiger van de algemene vergadering of van de ondernemingsraad, bedoeld in lid 11 van artikel 158. De leden 10 en 11 van artikel 158 zijn van overeenkomstige toepassing. (BW art. 6:258; BW art. 7:667; Rv art. 261 e.v., 995; RO art. 66)
– 3. Een commissaris kan worden geschorst door de raad van commissarissen; de schorsing vervalt van rechtswege, indien de vennootschap niet binnen een maand na de aanvang der schorsing een verzoek als bedoeld in het vorige lid bij de ondernemingskamer heeft ingediend. (Ontw. 2.3.5A.9; K 52*k* (oud); BW art. 2:63*i*, 144, 158 lid 12, 271, 356 sub b)

Art. 161a

Opzeggen van vertrouwen

– 1. De algemene vergadering kan bij volstrekte meerderheid van de uitgebrachte stemmen, vertegenwoordigend ten minste een derde van het geplaatste kapitaal, het vertrouwen in de raad van commissarissen opzeggen. Het besluit is met redenen omkleed. Het besluit kan niet worden genomen ten aanzien van commissarissen die zijn aangesteld door de ondernemingskamer overeenkomstig lid 3.
– 2. Een besluit als bedoeld in lid 1 wordt niet genomen dan nadat het bestuur de ondernemingsraad van het voorstel voor het besluit en de gronden daartoe in kennis heeft gesteld. De kennisgeving geschiedt ten minste 30 dagen voor de algemene vergadering waarin het voorstel wordt behandeld. Indien de ondernemingsraad een standpunt over het voorstel bepaalt, stelt het bestuur de raad van commissarissen en de algemene vergadering van dit standpunt op de hoogte. De ondernemingsraad kan zijn standpunt in de algemene vergadering doen toelichten.
– 3. Het besluit bedoeld in lid 1 heeft het onmiddellijk ontslag van de leden van de raad van commissarissen tot gevolg. Alsdan verzoekt het bestuur onverwijld aan de ondernemingskamer van het gerechtshof te Amsterdam tijdelijk een of meer commissarissen aan te stellen. De ondernemingskamer regelt de gevolgen van de aanstelling.
– 4. De raad van commissarissen bevordert dat binnen een door de ondernemingskamer vastgestelde termijn een nieuwe raad wordt samengesteld met inachtneming van artikel 158. (BW 2:114*a*, 158 lid 5, 271*a*, 356, 357)

Art. 162

Benoeming en ontslag bestuur

De raad van commissarissen benoemt de bestuurders der vennootschap; deze bevoegdheid kan niet door enige bindende voordracht worden beperkt. Hij geeft de algemene vergadering kennis van een voorgenomen benoeming van een bestuurder der vennootschap; hij ontslaat een bestuurder niet dan nadat de algemene vergadering over het voorgenomen ontslag is gehoord. Het elfde lid van artikel 158 van dit Boek is van overeenkomstige toepassing. (Ontw. 2.3.5A.10; K 52*l* (oud); BW 2:132, 133, 134, 154, 155, 155*a*, 157, 272; Wet Ondern.raden 30)

Art. 163

Vervallen.

Art. 164

Goedkeuring bestuursbesluiten

– 1. Aan de goedkeuring van de raad van commissarissen zijn onderworpen de besluiten van het bestuur omtrent:
a. uitgifte en verkrijging van aandelen in en schuldbrieven ten laste van de vennootschap of

van schuldbrieven ten laste van een commanditaire vennootschap of vennootschap onder firma waarvan de vennootschap volledig aansprakelijke vennote is; (BW 2:79; K 16 e.v., 19 e.v.)
b. medewerking aan de uitgifte van certificaten van aandelen;
c. het aanvragen van toelating van de onder a en b bedoelde stukken tot de handel op een gereglementeerde markt of een multilaterale handelsfaciliteit, als bedoeld in artikel 1:1 van de Wet op het financieel toezicht of een met een gereglementeerde markt of multilaterale handelsfaciliteit vergelijkbaar systeem uit een staat die geen lidstaat is dan wel het aanvragen van een intrekking van zodanige toelating;
d. het aangaan of verbreken van duurzame samenwerking van de vennootschap of een afhankelijke maatschappij met een andere rechtspersoon of vennootschap dan wel als volledig aansprakelijke vennote in een commanditaire vennootschap of vennootschap onder firma, indien deze samenwerking of verbreking van ingrijpende betekenis is voor de vennootschap;
e. het nemen van een deelneming ter waarde van ten minste een vierde van het bedrag van het geplaatste kapitaal met de reserves volgens de balans met toelichting van de vennootschap, door haar of een afhankelijke maatschappij in het kapitaal van een andere vennootschap, alsmede het ingrijpend vergroten of verminderen van zulk een deelneming; (BW 2:152)
f. investeringen welke een bedrag gelijk aan ten minste een vierde gedeelte van het geplaatste kapitaal met de reserves der vennootschap volgens haar balans met toelichting vereisen;
g. een voorstel tot wijziging van de statuten; (BW 2:121, 123)
h. een voorstel tot ontbinding van de vennootschap; (BW 2:19 lid 1 onder *a*)
i. aangifte van faillissement en aanvraag van surséance van betaling; (Fw 1, 4, 213)
j. beëindiging van de arbeidsovereenkomst van een aanmerkelijk aantal werknemers van de vennootschap of van een afhankelijke maatschappij tegelijkertijd of binnen een kort tijdsbestek; (BW 2:152; 7:667 e.v.; WOR 25)
k. ingrijpende wijziging in de arbeidsomstandigheden van een aanmerkelijk aantal werknemers van de vennootschap of van een afhankelijke maatschappij; (BW 2:152)
l. een voorstel tot vermindering van het geplaatste kapitaal. (BW 2:99)
– 2. Het ontbreken van de goedkeuring van de raad van commissarissen op een besluit als bedoeld in lid 1 tast de vertegenwoordigingsbevoegdheid van bestuur of bestuurders niet aan. (Ontw. 2.3.5A.12; K 52*n* (oud); BW 2:6 lid 2, 130 leden 2 en 3, 140, 141, 151 lid 2, 274)

Art. 165

Vervallen.

AFDELING 7

Art. 166-174

Vervallen.

AFDELING 8
Het beroep

Art. 174a

Beroep bij CBB

De aanvrager kan beroep instellen bij het College van Beroep voor het bedrijfsleven tegen:
a. de weigering van een verzoek als bedoeld in artikel 64, lid 3, tweede zin;
b. de weigering van een verklaring als bedoeld in artikel 68, lid 2;
c. de weigering van een verklaring als bedoeld in artikel 125, lid 2 en
d. een beschikking tot weigering, wijziging of intrekking van de ontheffing, alsmede een beschikking tot verlening van de ontheffing voor zover daaraan voorschriften zijn verbonden dan wel daarbij beperkingen zijn opgelegd als bedoeld in artikel 156. (Wet bestuursrechtspr. bedr. org. 18 e.v.)

TITEL 5
Besloten vennootschappen met beperkte aansprakelijkheid

AFDELING 1
Algemene bepalingen

Art. 175

Definitie BV; aansprakelijkheid; oprichting

– 1. De besloten vennootschap met beperkte aansprakelijkheid is een rechtspersoon met een in aandelen verdeeld maatschappelijk kapitaal. Aandeelbewijzen worden niet uitgegeven; de aandelen zijn niet vrij overdraagbaar. Een aandeelhouder is niet persoonlijk aansprakelijk voor hetgeen in naam van de vennootschap wordt verricht en is niet gehouden boven het bedrag dat op zijn aandelen behoort te worden gestort in de verliezen van de vennootschap bij te dragen.
– 2. De vennootschap wordt door een of meer personen opgericht bij notariële akte. Voor oprichting is vereist een verklaring van Onze Minister van Justitie dat hem van geen bezwaren is

gebleken. De akte wordt getekend door iedere oprichter en door ieder die blijkens deze akte een of meer aandelen neemt.
– 3. De akte van oprichting moet binnen drie maanden na de dagtekening van de verklaring van geen bezwaar zijn verleden, op straffe van verval van de verklaring. Onze Minister kan op verzoek van belanghebbenden op grond van gewichtige redenen deze termijn met ten hoogste drie maanden verlengen. (Ontw. 2.3A.1.1; K 57 (oud); BW 2:3, 4, 18, 21, 64, 179, 309, 334*a*; Overg.w. 29 lid 1)

Art. 176

Akte van oprichting

De akte van oprichting van de vennootschap wordt verleden in de Nederlandse taal. Een volmacht tot medewerking aan die akte moet schriftelijk zijn verleend. (Ontw. 2.3A.1.2; K 57*a* (oud); BW 2:27 lid 2, 65, 286 lid 2; 3:39, 60, 61)

Art. 177

Statuten; naam, zetel en doel

– 1. De akte van oprichting moet de statuten van de vennootschap bevatten. De statuten bevatten de naam, de zetel en het doel van de vennootschap.
– 2. De naam vangt aan of eindigt met de woorden Besloten Vennootschap met beperkte aansprakelijkheid, hetzij voluit geschreven, hetzij afgekort tot 'B.V.'. (BW 2: 186)
– 3. De zetel moet zijn gelegen in Nederland. (Ontw. 2.3A.1.3; K 57*b* (oud); BW 1:10 lid 2; BW 2:27, 54, 66, 286)

Art. 178

Aandelen; maatschappelijk, geplaatst, gestort kapitaal

– 1. De statuten vermelden het bedrag van het maatschappelijk kapitaal en het aantal en het bedrag van de aandelen in euro tot ten hoogste twee cijfers achter de komma. Zijn er verschillende soorten aandelen, dan vermelden de statuten het aantal en het bedrag van elke soort. De akte van oprichting vermeldt het bedrag van het geplaatste kapitaal en van het gestorte deel daarvan. Zijn er verschillende soorten aandelen dan worden de bedragen van het geplaatste en van het gestorte kapitaal uitgesplitst per soort. De akte vermeldt voorts van ieder die bij de oprichting aandelen neemt de in artikel 196 lid 2 onder *b* en *c* bedoelde gegevens met het aantal en de soort van de door hem genomen aandelen en het daarop gestorte bedrag.

Minimumkapitaal

– 2. Het maatschappelijke en het geplaatste kapitaal en het gestorte deel daarvan moeten bij de oprichting ten minste het minimumkapitaal bedragen dat bij koninklijk besluit is vastgesteld. Het minimumkapitaal wordt ten hoogste eenmaal in de twee jaren verhoogd of verlaagd, evenredig aan de ontwikkeling sedert 1 januari 1985 van een bij algemene maatregel van bestuur aan te wijzen prijsindexcijfer; het wordt daarbij afgerond op het naaste veelvoud van tweeduizendvijfhonderd euro. Het minimumkapitaal wordt niet opnieuw vastgesteld zo lang als het minder dan tweeduizend euro afwijkt van het onafgeronde bedrag.
– 3. Is de som van het gestorte en opgevraagde deel van het kapitaal en de reserves die krachtens een andere wetsbepaling of de statuten moeten worden aangehouden, geringer dan het laatst vastgestelde minimumkapitaal, dan moet de vennootschap een reserve aanhouden ter grootte van het verschil. (BW 2:215, 216)
– 4. Van het maatschappelijke kapitaal moet ten minste een vijfde gedeelte zijn geplaatst.
– 5. Een besloten vennootschap die is ontstaan voor 1 januari 2002 kan het bedrag van het maatschappelijk kapitaal en het bedrag van de aandelen in gulden vermelden tot ten hoogste twee cijfers achter de komma. (Ontw. 2.3A.1.4; K 36*d*, 57*c* (oud); BW 2:67, 179 lid 2, 180 lid 2, 185, 189, 190 e.v., 205)

Art. 178a

Omzetting kapitaal van gulden naar euro

– 1. Indien een besloten vennootschap in de statuten het bedrag van het maatschappelijk kapitaal en het bedrag van de aandelen in gulden omzet in euro, wordt het bedrag van de geplaatste aandelen en het gestorte deel daarvan in euro berekend volgens de krachtens artikel 109L, vierde lid van het Verdrag betreffende de Europese Unie definitief vastgestelde omrekenkoers, afgerond tot ten hoogste twee cijfers achter de komma. Het afgeronde bedrag van elk aandeel in euro mag ten hoogste 15% hoger of lager liggen dan het oorspronkelijke bedrag van het aandeel in gulden. Het totaal van de bedragen van de aandelen in euro bedoeld in artikel 178 is het maatschappelijk kapitaal in euro. De som van de bedragen van de geplaatste aandelen en het gestorte deel daarvan in euro is het bedrag van het geplaatste kapitaal en het gestorte deel daarvan in euro. De akte vermeldt het bedrag van het geplaatste kapitaal en het gestorte deel daarvan in euro.
– 2. Is na omrekening volgens lid 1 de som van de bedragen van de geplaatste aandelen hoger dan het volgens de krachtens artikel 109L, vierde lid van het verdrag betreffende de Europese unie definitief vastgestelde omrekenkoers omgerekende bedrag van het geplaatst kapitaal, dan wordt het verschil ten laste gebracht van de uitkeerbare reserves of de reserves bedoeld in artikel 389 of 390. Zijn deze reserves niet toereikend, dan vormt de vennootschap een negatieve bijschrijvingsreserve ter grootte van het verschil dat niet ten laste van de uitkeerbare of niet-uitkeerbare reserves is gebracht. Totdat het verschil uit ingehouden winst of te vormen

reserves is voldaan, mag de vennootschap geen uitkeringen bedoeld in artikel 216 doen. Door het voldoen aan het bepaalde in dit lid worden de aandelen geacht te zijn volgestort.
– 3. Is na omrekening volgens lid 1 de som van de bedragen van de geplaatste aandelen lager dat het volgens de krachtens artikel 109L, vierde lid van het Verdrag betreffende de Europese Unie definitief vastgestelde omrekenkoers omgerekende bedrag van het geplaatst kapitaal, dan houdt de vennootschap een niet-uitkeerbare reserve aan ter grootte van het verschil. Artikel 208 is niet van toepassing. (BW 2:67*a*, 178*c*, 231*a*, 235 lid 4)

Art. 178b

Afwijkende wijziging kapitaal; goedkeuring aandeelhouders

Indien de vennootschap in afwijking van artikel 178*a* het bedrag van de aandelen wijzigt, behoeft deze wijziging de goedkeuring van elke groep van aandeelhouders aan wier rechten de wijziging afbreuk doet. Bestaat krachtens de wijziging recht op geld of schuldvorderingen, dan mag het gezamenlijk bedrag daarvan een tiende van het gewijzigde nominale bedrag van de aandelen niet te boven gaan. (BW 2:67*b*, 178*c*)

Art. 178c

Gebruik euro in maatschappelijk verkeer

– 1. Een besloten vennootschap waarvan de statuten het maatschappelijk kapitaal en het bedrag van de aandelen in gulden vermelden, kan in het maatschappelijk verkeer de tegenwaarde in euro gebruiken tot ten hoogste twee cijfers achter de komma, mits daarbij wordt verwezen naar dit artikel. Dit gebruik van de tegenwaarde in euro heeft geen rechtsgevolg.

Statutenwijziging na 1-1-2002

– 2. Indien een besloten vennootschap waarvan de statuten het bedrag van het maatschappelijk kapitaal en het bedrag van de aandelen in gulden vermelden, na 1 januari 2002 een wijziging aanbrengt in een of meer bepalingen waarin bedragen in gulden worden uitgedrukt, worden in de statuten alle bedragen omgezet in euro. De artikelen 178*a* en 178*b* zijn van toepassing. (BW 2:67*c*)

Art. 179

Ministeriële verklaring van geen bezwaar

– 1. Ter verkrijging van een verklaring van Onze Minister van Justitie dat hem van geen bezwaren is gebleken, moeten aan hem alle inlichtingen verstrekt worden die noodzakelijk zijn voor het beoordelen van de aanvraag. Tevens moet aan Onze Minister ten bate van 's Rijks kas een bedrag van € 90,76 worden voldaan. Wij kunnen bij algemene maatregel van bestuur dit bedrag verhogen in verband met de stijging van het loon- en prijspeil.
– 2. De verklaring mag alleen worden geweigerd op grond dat er, gelet op de voornemens of de antecedenten van de personen die het beleid van de vennootschap zullen bepalen of mede bepalen, gevaar bestaat dat de vennootschap zal worden gebruikt voor ongeoorloofde doeleinden of dat haar werkzaamheid zal leiden tot benadeling van haar schuldeisers.
– 3. Ten behoeve van de uitoefening van het toezicht, bedoeld in lid 2, verstrekken het Uitvoeringsinstituut werknemersverzekeringen en de rijksbelastingdienst op zijn verzoek aan Onze Minister de inlichtingen die deze behoeft. Het instituut en de rijksbelastingdienst verlenen Onze Minister op verzoek kosteloos inzage van gegevens waarover zij beschikken of verstrekken kosteloos uittreksels daaruit. (Ontw. 2.3A.1.5; K 36*e*, 57*c* (oud); BW 2:20, 68, 175 lid 2, 235, 284*a*; 3:40 e.v.; Sr 340 e.v.)

Art. 180

Inschrijving; hoofdelijke aansprakelijkheid bestuurders

– 1. De bestuurders zijn verplicht de vennootschap te doen inschrijven in het handelsregister en een authentiek afschrift van de akte van oprichting en van de daaraan ingevolge de artikelen 203*a*, 204 en 204*a* gehechte stukken neer te leggen ten kantore van het handelsregister. Tegelijkertijd moeten zij opgave doen van het totaal van de vastgestelde en geraamde kosten die met de oprichting verband houden en ten laste van de vennootschap komen. (BW 2:188)
– 2. De bestuurders zijn naast de vennootschap hoofdelijk aansprakelijk voor elke tijdens hun bestuur verrichte rechtshandeling waardoor de vennootschap wordt verbonden in het tijdvak voordat:
a. de opgave ter eerste inschrijving in het handelsregister, vergezeld van de neer te leggen afschriften, is geschied,
b. het gestorte deel van het kapitaal ten minste het bij de oprichting voorgeschreven minimumkapitaal bedraagt, en
c. op het bij de oprichting geplaatste kapitaal ten minste een vierde van het nominale bedrag is gestort. (Ontw. 2.3A.1.6; K 36g (oud), 57*c* (oud); BW 2:29, 54, 69, 178, 188, 289 lid 1; 6:6 v.; Overg.w. 65 lid 2; K 29; Hrgw 1, 3 lid 1, 8, 9*a*, 9*b*, 30*a*, 31, 34)

Art. 181

Omzetting BV in vereniging enz.

– 1. Wanneer de besloten vennootschap zich krachtens artikel 18 omzet in een vereniging, coöperatie of onderlinge waarborgmaatschappij, wordt iedere aandeelhouder lid, tenzij hij de schadeloosstelling heeft gevraagd, bedoeld in lid 2.

Schadeloosstelling aandeelhouder

– 2. Op het besluit tot omzetting is artikel 209 van toepassing, tenzij de vennootschap zich omzet in een naamloze vennootschap. Na zulk een besluit kan iedere aandeelhouder die niet met het besluit heeft ingestemd, de vennootschap schadeloosstelling vragen voor het verlies van zijn aandelen. Het verzoek tot schadeloosstelling moet schriftelijk aan de vennootschap

worden gedaan binnen één maand nadat zij aan de aandeelhouder heeft meegedeeld dat hij deze schadeloosstelling kan vragen. De mededeling geschiedt op de zelfde wijze als de oproeping tot een algemene vergadering.
– 3. Bij gebreke van overeenstemming wordt de schadeloosstelling bepaald door een of meer onafhankelijke deskundigen, ten verzoeke van de meest gerede partij te benoemen door de rechtbank bij de machtiging tot omzetting of door de voorzieningenrechter van die rechtbank. De artikelen 351 en 352 zijn van toepassing. (BW 2:71)

Art. 182

Vervallen.

Art. 183

Omzetting NV in BV; akte van omzetting

– 1. Wanneer een naamloze vennootschap zich krachtens artikel 18 omzet in een besloten vennootschap, worden aan de akte van omzetting gehecht: (BW 2:175 e.v.)
a. een verklaring van Onze Minister van Justitie, waarop artikel 125 van toepassing is, dat hem van bezwaren tegen de omzetting en statutenwijziging niet is gebleken; (BW 2:125)
b. een verklaring van een deskundige als bedoeld in artikel 393, waaruit blijkt dat het eigen vermogen van de vennootschap op een dag binnen vijf maanden voor de omzetting ten minste overeenkwam met het gestorte en opgevraagde deel van het kapitaal volgens de akte van omzetting.

Omzetting vereniging enz. in BV

– 2. Wanneer een andere rechtspersoon zich krachtens artikel 18 omzet in een besloten vennootschap, worden aan de akte van omzetting gehecht:
a. een verklaring van Onze Minister van Justitie waarop artikel 179 van toepassing is, dat hem van bezwaren tegen de omzetting en statutenwijziging niet is gebleken;
b. een verklaring van een deskundige als bedoeld in artikel 393, waaruit blijkt dat het eigen vermogen van de rechtspersoon op een dag binnen vijf maanden voor de omzetting ten minste het bedrag beloopt van het gestorte deel van het geplaatste kapitaal volgens de akte van omzetting; bij het eigen vermogen mag de waarde worden geteld van hetgeen na die dag uiterlijk onverwijld na de omzetting op aandelen zal worden gestort; (BW 2:67)
c. indien de rechtspersoon leden heeft, de schriftelijke toestemming van ieder lid wiens aandelen niet worden volgestort door omzetting van de reserves van de rechtspersoon; (BW 2:36 lid 4)
d. indien een stichting wordt omgezet, de rechterlijke machtiging daartoe.

Akte van omzetting

– 3. Wanneer een vereniging, coöperatie of onderlinge waarborgmaatschappij zich krachtens artikel 18 omzet in een besloten vennootschap, wordt ieder lid aandeelhouder. De omzetting kan niet geschieden, zolang een lid nog kan opzeggen op grond van artikel 36 lid 4.
– 4. Na de omzetting kunnen een aandeelhouder, een vruchtgebruiker en een pandhouder de aan een aandeel verbonden rechten niet uitoefenen, zolang zij niet in het in artikel 194 bedoelde register zijn ingeschreven. Voor zover aandeelbewijzen zijn uitgegeven, vindt geen inschrijving plaats dan tegen afgifte van de aandeelbewijzen aan de vennootschap. (BW 2:18, 72, 180, 197, 198)

Art. 184

Vervallen.

Art. 185

Ontbinding bij gebrek aan baten of staking doelverwezenlijking

– 1. Op verzoek van het openbaar ministerie ontbindt de rechtbank de vennootschap, wanneer deze haar doel, door een gebrek aan baten, niet kan bereiken, en kan de rechtbank de vennootschap ontbinden, wanneer deze haar werkzaamheden tot verwezenlijking van haar doel heeft gestaakt. Het openbaar ministerie deelt de Kamer van Koophandel en Fabrieken, in wier handelsregister de vennootschap is ingeschreven, mee dat het voornemens is een verzoek tot ontbinding in te stellen.

Te gering eigen vermogen

– 2. Op verzoek van het openbaar ministerie wordt een vennootschap waarvan het eigen vermogen geringer is dan het laatst vastgestelde minimumkapitaal door de rechtbank ontbonden, indien:
a. zij in strijd met de wet winst of reserves heeft uitgekeerd,
b. zij in strijd met de wet haar kapitaal heeft verminderd,
c. zij of een dochtermaatschappij aandelen in haar kapitaal of certificaten daarvan in strijd met de wet heeft verkregen, of
d. het eigen vermogen nooit ten minste het bij de oprichting vereiste minimumkapitaal heeft geëvenaard. (BW 2:178, 207 e.v., 207*d*, 208, 215, 216)
– 3. Alvorens de ontbinding uit te spreken kan de rechter de vennootschap in de gelegenheid stellen binnen een door hem te bepalen termijn het verzuim te herstellen. (Ontw. 2.3A.1.13; BW 2:19 lid 1 sub *f*, 22 e.v., 23 e.v., 24, 74, 301 lid 1 sub *a*; Rv 429*a*, 995 e.v.)

Art. 186

Vermelding naam, woonplaats en kapitaal

– 1. Uit alle geschriften, gedrukte stukken en aankondigingen, waarin de vennootschap partij

is of die van haar uitgaan, met uitzondering van telegrammen en reclames, moeten de volledige naam van de vennootschap en haar woonplaats duidelijk blijken.
– 2. Indien melding wordt gemaakt van het kapitaal van de vennootschap, moet daarbij in elk geval worden vermeld welk bedrag is geplaatst, en hoeveel van het geplaatste bedrag is gestort. (Ontw. 2.3A.1.14; K 37*c*, 57*c* (oud); BW 1:10 lid 2; 2:56 lid 2, 75, 177, 189; 8:1166; Hrgw 8, 32*a*; WED 1 sub 4°)

Art. 187

Vervallen.

Art. 188

Kantoor handelsregister

Wanneer in deze titel het kantoor van het handelsregister wordt vermeld, wordt onder het handelsregister verstaan het register dat wordt gehouden door de Kamer van Koophandel en Fabrieken die overeenkomstig artikel 18, zesde en zevende lid, van de Handelsregisterwet 2007 bevoegd is tot inschrijving. (Ontw. 2.3A.1.16; K 37*e*, 57*c* (oud); BW 2:77, 177, 180, 186, 236; Overg.w. 65 lid 3)

Art. 189

Geplaatst kapitaal

Wanneer in de statuten wordt gesproken van de houders van zoveel aandelen als tezamen een zeker gedeelte van het maatschappelijk kapitaal der vennootschap uitmaken, wordt, tenzij het tegendeel uit de statuten blijkt, onder kapitaal verstaan het geplaatste gedeelte van het maatschappelijk kapitaal. (Ontw. 2.3A.1.17; K 37*f*, 57*c* (oud); BW 2:78, 177, 178, 186 lid 2)

Art. 189a

Orgaan vennootschap

Voor de toepassing van de artikelen 195, 206, 210 lid 6 en 239 wordt onder orgaan van de vennootschap verstaan de algemene vergadering van aandeelhouders, de vergadering van houders van aandelen van een bijzonder soort, het bestuur, de raad van commissarissen en de gemeenschappelijke vergadering van het bestuur en de raad van commissarissen.

AFDELING 2
De aandelen

Art. 190

Omschrijving

Aandelen zijn de gedeelten, waarin het maatschappelijk kapitaal bij de statuten is verdeeld. (Ontw. 2.3A.2.1; K 57*g* (oud); BW 2:79 lid 1, 175, 178, 201)

Art. 191

Stortingsplicht; geen compensatie

– 1. Bij het nemen van het aandeel moet daarop het nominale bedrag worden gestort. Bedongen kan worden dat een deel, ten hoogste drie vierden, van het nominale bedrag eerst behoeft te worden gestort nadat de vennootschap het zal hebben opgevraagd.
– 2. Een aandeelhouder kan niet geheel of gedeeltelijk worden ontheven van de verplichting tot storting, behoudens het bepaalde in artikel 208.
– 3. De aandeelhouder en, in het geval van artikel 199, de voormalige aandeelhouder zijn niet bevoegd tot verrekening van hun schuld uit hoofde van dit artikel. (Ontw. 2.3A.2.2; K 57 (oud); BW 2:80, 191*a*, 191*b*, 193, 199; 6:127 e.v.; Fw 53)

Art. 191a

Storting; geldsoort

– 1. Storting op een aandeel moet in geld geschieden voor zover niet een andere inbreng is overeengekomen.
– 2. Voor of bij de oprichting kan storting in vreemd geld slechts geschieden, indien de akte van oprichting vermeldt dat storting in vreemd geld is toegestaan; na de oprichting kan dit slechts geschieden met toestemming van de vennootschap. Storting in een valuta die een eenheid is van de euro krachtens artikel 109L, vierde lid van het Verdrag betreffende de Europese Unie wordt niet beschouwd als storting in vreemd geld.
– 3. Met storting in vreemd geld wordt aan de stortingsplicht voldaan voor het bedrag waartegen het gestorte bedrag vrijelijk in Nederlands geld kan worden gewisseld. Bepalend is de wisselkoers op de dag van de storting dan wel, indien vroeger dan een maand voor de oprichting is gestort, op de dag van de oprichting. (BW 2:80*a*, 176, 178, 203*a*)

Art. 191b

Inbreng anders dan in geld

– 1. Indien inbreng anders dan in geld is overeengekomen, moet hetgeen wordt ingebracht naar economische maatstaven kunnen worden gewaardeerd. Een recht op het verrichten van werk of diensten kan niet worden ingebracht.
– 2. Inbreng anders dan in geld moet onverwijld geschieden na het nemen van het aandeel of na de dag waartegen een bijstorting is uitgeschreven of waarop zij is overeengekomen. (BW 2:80*b*, 191, 204, 204*a*, 204*b*)

Art. 192

Aandeelhouder slechts verplicht tot volstorten

Aan een aandeelhouder kan niet, zelfs niet door wijziging van de statuten, tegen zijn wil enige verplichting boven de storting tot het nominale bedrag van het aandeel worden opgelegd. (Ontw. 2.3A.2.3; K 57*i* (oud); BW 2:55 lid 3, 81, 175 lid 1, 231)

Art. 193

Faillissement en stortingsplicht

De vereffenaar van een vennootschap en, in geval van faillissement, de curator, zijn bevoegd tot uitschrijving en inning van alle nog niet gedane stortingen op de aandelen, onverschillig hetgeen bij de statuten daaromtrent is bepaald. (BW 2:19, 23 e.v., 84, 199, 237; Fw 68)

Art. 194

Aandelenregister; datum verkrijging, erkenning of betekening

– 1. Het bestuur van de vennootschap houdt een register waarin de namen en de adressen van alle aandeelhouders zijn opgenomen, met vermelding van de datum waarop zij de aandelen hebben verkregen, de datum van de erkenning of betekening, alsmede van het op ieder aandeel gestorte bedrag. Daarin worden tevens opgenomen de namen en adressen van hen die een recht van vruchtgebruik of pandrecht op aandelen hebben, met vermelding van de datum waarop zij het recht hebben verkregen, de datum van erkenning of betekening, alsmede met vermelding welke aan de aandelen verbonden rechten hun overeenkomstig de leden 2 en 4 van de artikelen 197 en 198 van dit boek toekomen.

– 2. Het register wordt regelmatig bijgehouden; daarin wordt mede aangetekend elk verleend ontslag van aansprakelijkheid voor nog niet gedane stortingen.

– 3. Het bestuur verstrekt desgevraagd aan een aandeelhouder, een vruchtgebruiker en een pandhouder om niet een uittreksel uit het register met betrekking tot zijn recht op een aandeel. Rust op het aandeel een recht van vruchtgebruik of een pandrecht, dan vermeldt het uittreksel aan wie de in de leden 2 en 4 van de artikelen 197 en 198 van dit Boek bedoelde rechten toekomen.

– 4. Het bestuur legt het register ten kantore van de vennootschap ter inzage van de aandeelhouders, alsmede van de vruchtgebruikers en pandhouders aan wie de in lid 4 van de artikelen 197 en 198 van dit Boek bedoelde rechten toekomen. De gegevens van het register omtrent niet-volgestorte aandelen zijn ter inzage van een ieder; afschrift of uittreksel van deze gegevens wordt ten hoogste tegen kostprijs verstrekt. (Ontw. 2.3A.2.5; K 57*k* (oud); BW 2:85, 196*a*, 197, 198; Overg.w. 51; Rv 474*c*; WED 1 sub 4°)

Art. 195

Beperking bij overdracht of toedeling van aandelen; blokkeringsregeling

– 1. Een aandeelhouder kan, voor zover de statuten deze bevoegdheid niet beperken of uitsluiten, een of meer van zijn aandelen vrijelijk overdragen aan zijn echtgenoot of geregistreerde partner, aan zijn bloed- en aanverwanten, in de rechte lijn onbeperkt en in de zijlijn in de tweede graad, aan een mede-aandeelhouder en aan de vennootschap. De kring van personen aan wie de aandeelhouder een of meer van zijn aandelen vrijelijk kan overdragen, kan bij de statuten worden uitgebreid tot zijn bloed- en aanverwanten in de zijlijn, of sommigen van hen, in de derde en vierde graad.

– 2. Voor iedere andere overdracht dan die welke ingevolge het vorige lid vrijelijk kan geschieden, dienen de statuten een blokkeringsregeling te bevatten.

– 3. De overdracht krachtens legaat geldt voor de toepassing van de blokkeringsregeling als een overdracht door de erflater.

– 4. Deze blokkeringsregeling dient zodanig te zijn dat de aandeelhouder voor de overdracht, wil zij geldig zijn, de goedkeuring behoeft van een bij de statuten daartoe aangewezen orgaan der vennootschap. De overdracht moet plaatsvinden binnen drie maanden nadat de goedkeuring is verleend. De goedkeuring wordt geacht te zijn verleend indien het orgaan der vennootschap dat met de beslissing is belast niet gelijktijdig met de weigering van de goedkeuring aan de verzoeker opgave doet van een of meer gegadigden die bereid zijn al de aandelen waarop het verzoek om goedkeuring betrekking heeft tegen contante betaling te kopen.

– 5. Het vierde lid vindt geen toepassing, voor zover de statuten een blokkeringsregeling bevatten, volgens welke de aandeelhouder die een of meer aandelen wil vervreemden, deze eerst moet aanbieden aan zijn mede-aandeelhouders. Deze regeling kan voorts inhouden dat, zo de mede-aandeelhouders het aanbod niet aanvaarden, het aanbod moet geschieden aan andere gegadigden, aangewezen door een bij de statuten daarmede belast orgaan der vennootschap. De aanbieder blijft bevoegd zijn aanbod in te trekken, mits dit geschiedt binnen een maand nadat hem bekend is aan welke gegadigden hij al de aandelen waarop het aanbod betrekking heeft kan verkopen en tegen welke prijs. Indien vaststaat dat niet al de aandelen waarop het aanbod betrekking heeft tegen contante betaling worden gekocht, zal de aanbieder de aandelen binnen drie maanden na die vaststelling vrijelijk mogen overdragen.

– 6. De blokkeringsregeling dient zodanig te zijn dat de aandeelhouder, indien hij dit verlangt, van degenen die als gegadigden in de zin van het vierde lid worden opgegeven of aan wie ingevolge de blokkeringsregeling als bedoeld in het vijfde lid moet worden aangeboden een prijs ontvangt, gelijk aan de waarde van zijn aandeel of aandelen, vastgesteld door een of meer onafhankelijke deskundigen.

– 7. De vennootschap zelf kan slechts met de instemming van de aandeelhouder ingevolge het vierde of het vijfde lid gegadigde zijn.

– 8. Beperking van de overdraagbaarheid van de aandelen kan niet zodanig geschieden, dat

die overdracht onmogelijk of uiterst bezwaarlijk wordt gemaakt. Hetzelfde geldt voor toedeling van aandelen uit een gemeenschap.
– 9. Bepalingen in de statuten omtrent overdraagbaarheid van aandelen gelden niet, indien de houder krachtens de wet tot overdracht van zijn aandeel aan een eerdere houder verplicht is. (Ontw. 2.3A.2.6; K 57*l* (oud); BW 2:200 (oud); BW 2:86 e.v., 87, 189*a*; 3:83; 6:252)

Art. 195a

Verplichting tot aanbieding of overdracht

– 1. De statuten kunnen bepalen dat in gevallen, in de statuten omschreven, de aandeelhouder gehouden is zijn aandelen aan te bieden en over te dragen. De statuten kunnen daarbij bepalen dat zolang de aandeelhouder zijn verplichtingen tot aanbieding of overdracht niet nakomt, zijn stemrecht, zijn recht op deelname aan de algemene vergadering en zijn recht op uitkeringen is opgeschort.
– 2. De statuten kunnen bepalen dat indien een aandeelhouder niet binnen een bepaalde redelijke termijn zijn statutaire verplichtingen tot aanbieding en overdracht van zijn aandelen is nagekomen, de vennootschap onherroepelijk gevolmachtigd is de aandelen aan te bieden en over te dragen. Wanneer er geen gegadigden zijn aan wie de aandeelhouder al zijn aandelen zal kunnen overdragen volgens een regeling in de statuten, ontbreekt de volmacht en is de aandeelhouder onherroepelijk van het bepaalde in lid 1 ontheven.
– 3. De regeling dient zodanig te zijn dat de aandeelhouder die dit verlangt een prijs ontvangt, gelijk aan de waarde van zijn aandeel of aandelen, vastgesteld door een of meer onafhankelijke deskundigen. (BW 2:87*a*)

Art. 195b

Opschorting rechten

– 1. De statuten kunnen bepalen dat van de aandeelhouder die niet of niet langer aan in de statuten gestelde eisen voldoet het stemrecht, het recht op deelname aan de algemene vergadering en het recht op uitkeringen is opgeschort.
– 2. Indien de aandeelhouder een of meer van de in lid 1 genoemde rechten niet kan uitoefenen en de aandeelhouder niet gehouden is zijn aandelen aan te bieden en over te dragen, is hij onherroepelijk van de in de statuten gestelde eisen ontheven wanneer de vennootschap niet binnen drie maanden na een verzoek daartoe van de aandeelhouder gegadigden heeft aangewezen aan wie hij al zijn aandelen zal kunnen overdragen volgens een regeling in de statuten.
– 3. De regeling dient zodanig te zijn dat de aandeelhouder die dit verlangt een prijs ontvangt, gelijk aan de waarde van zijn aandeel of aandelen, vastgesteld door een of meer onafhankelijke deskundigen. (BW 2:87*b*)

Art. 196

Uitgifte en levering aandelen op naam

– 1. Voor de uitgifte en levering van een aandeel of de levering van een beperkt recht daarop is vereist een daartoe bestemde ten overstaan van een in Nederland standplaats hebbende notaris verleden akte waarbij de betrokkenen partij zijn. Geen afzonderlijke akte is vereist voor de uitgifte van aandelen die bij de oprichting worden geplaatst. (BW 2:178, 207)

Inhoud notariële akte

– 2. Akten van uitgifte of levering moeten vermelden:
a. de titel van de rechtshandeling en op welke wijze het aandeel of het beperkt recht daarop is verkregen;
b. naam, voornamen, geboortedatum, geboorteplaats, woonplaats en adres van de natuurlijke personen die bij de rechtshandeling partij zijn;
c. rechtsvorm, naam, woonplaats en adres van de rechtspersonen die bij de rechtshandeling partij zijn;
d. het aantal en de soort aandelen waarop de rechtshandeling betrekking heeft, alsmede
e. naam, woonplaats en adres van de vennootschap op welker aandelen de rechtshandeling betrekking heeft. (BW 2:86, 178 lid 1, 196*a* e.v.; 3:83, 94, 98, 236, 239, 246; Rv 474*h*)

Art. 196a

Erkenning van of betekening aan vennootschap

– 1. De levering van een aandeel of de levering van een beperkt recht daarop overeenkomstig artikel 196 lid 1 werkt mede van rechtswege tegenover de vennootschap. Behoudens in het geval dat de vennootschap zelf bij de rechtshandeling partij is, kunnen de aan het aandeel verbonden rechten eerst worden uitgeoefend nadat zij de rechtshandeling heeft erkend of de akte aan haar is betekend overeenkomstig de bepalingen van artikel 196*b*, dan wel deze heeft erkend door inschrijving in het aandeelhoudersregister als bedoeld in lid 2.

Spontane erkenning

– 2. De vennootschap die kennis draagt van de rechtshandeling als bedoeld in het eerste lid kan, zolang haar geen erkenning daarvan is verzocht noch betekening van de akte aan haar is geschied, die rechtshandeling eigener beweging erkennen door inschrijving van de verkrijger van het aandeel of het beperkte recht in het aandeelhoudersregister. Zij doet daarvan aanstonds bij aangetekende brief mededeling aan de bij de rechtshandeling betrokken partijen met het verzoek alsnog een afschrift of uittreksel als bedoeld in artikel 196*b* lid 1 aan haar over te leggen. Na ontvangst daarvan plaatst zij, ten bewijze van de erkenning, een aantekening op het stuk op de wijze als in artikel 196*b* voor de erkenning wordt voorgeschreven; als datum van erkenning wordt de dag van de inschrijving vermeld.

– 3. Indien een rechtshandeling als bedoeld in het eerste lid heeft plaatsgevonden zonder dat dit heeft geleid tot een daarop aansluitende wijziging in het register van aandeelhouders, kan deze noch aan de vennootschap noch aan anderen die te goeder trouw de in het aandeelhoudersregister ingeschreven persoon als aandeelhouder of eigenaar van een beperkt recht op een aandeel hebben beschouwd, worden tegengeworpen. (BW 2:86*a*, 194; 3:88)

Positie derde-verkrijger; goede trouw

Art. 196b

Notarieel geschrift

– 1. Behoudens het bepaalde in artikel 196*a* lid 2 geschiedt de erkenning in de akte dan wel op grond van overlegging van een notarieel afschrift of uittreksel van de akte.
– 2. Bij erkenning op grond van overlegging van een notarieel afschrift of uittreksel wordt een gedagtekende verklaring geplaatst op het overgelegde stuk.
– 3. De betekening geschiedt van een notarieel afschrift of uittreksel van de akte. (BW 2:86*b*)

Art. 197

Vruchtgebruik op aandelen

– 1. De bevoegdheid tot het vestigen van vruchtgebruik op een aandeel kan bij de statuten niet worden beperkt of uitgesloten. (BW 3:201 v.)
– 2. De aandeelhouder heeft het stemrecht op de aandelen waarop een vruchtgebruik is gevestigd. (BW 2:198 lid 2, 227, 228; 3:219)
– 3. In afwijking van het voorgaande lid komt het stemrecht toe aan de vruchtgebruiker, indien zulks bij de vestiging van het vruchtgebruik is bepaald en de vruchtgebruiker een persoon is, aan wie de aandelen overeenkomstig artikel 195 lid 1 van dit Boek vrijelijk kunnen worden overgedragen. Indien de vruchtgebruiker niet zulk een persoon is, komt hem het stemrecht uitsluitend toe, indien dit bij de vestiging van het vruchtgebruik is bepaald en de statuten dit niet verbieden, mits zowel deze bepaling als – bij overdracht van het vruchtgebruik – de overgang van het stemrecht is goedgekeurd door het vennootschapsorgaan dat bij de statuten is aangewezen om goedkeuring te verlenen tot een voorgenomen overdracht van aandelen, dan wel – bij ontbreken van zodanige aanwijzing – door de algemene vergadering van aandeelhouders. Bij een vruchtgebruik als bedoeld in de artikelen 19 en 21 van Boek 4 komt het stemrecht eveneens aan de vruchtgebruiker toe, tenzij bij de vestiging van het vruchtgebruik door partijen of door de kantonrechter op de voet van artikel 23 lid 4 van Boek 4 anders wordt bepaald. (BW 2:198 lid 3, 217)
– 4. De aandeelhouder die geen stemrecht heeft en de vruchtgebruiker die stemrecht heeft, hebben de rechten, die door de wet zijn toegekend aan de houders van met medewerking ener vennootschap uitgegeven certificaten van aandelen. De vruchtgebruiker die geen stemrecht heeft, heeft deze rechten, indien de statuten dit bepalen en bij de vestiging of overdracht van het vruchtgebruik niet anders is bepaald. (BW 2:198 lid 4, 212, 220, 223, 227, 346)
– 5. Uit het aandeel voortspruitende rechten, strekkende tot het verkrijgen van aandelen, komen aan de aandeelhouder toe met dien verstande dat hij de waarde daarvan moet vergoeden aan de vruchtgebruiker, voor zover deze krachtens zijn recht van vruchtgebruik daarop aanspraak heeft. (Ontw. 2.3A.2.7a; BW 2:88, 194; 3:9, 201, 216; Overg.w. 51; Wet giraal eff. verk. art. 23)

Art. 198

Pandrecht op aandelen

– 1. Op aandelen kan pandrecht worden gevestigd, indien de statuten niet anders bepalen. (BW 3:227 v., 236 v., 248 v.)
– 2. De aandeelhouder heeft het stemrecht op de verpande aandelen. (BW 2:197 lid 2, 227, 228; 3:247)
– 3. In afwijking van het voorgaande lid komt het stemrecht toe aan de pandhouder, indien zulks bij de vestiging van het pandrecht is bepaald en de pandhouder een persoon is, aan wie de aandelen overeenkomstig artikel 195 lid 1 van dit Boek vrijelijk kunnen worden overgedragen. Indien de pandhouder niet zulk een persoon is, komt hem het stemrecht uitsluitend toe indien dit bij de vestiging van het pandrecht is bepaald en de vestiging van het pandrecht is goedgekeurd door het vennootschapsorgaan dat bij de statuten is aangewezen om goedkeuring te verlenen tot een voorgenomen overdracht van aandelen, dan wel – bij ontbreken van zodanige aanwijzing – door de algemene vergadering van aandeelhouders. Treedt een ander in de rechten van de pandhouder, dan komt hem het stemrecht slechts toe, indien het in de vorige zin bedoelde orgaan dan wel, bij gebreke daarvan, de algemene vergadering de overgang van het stemrecht goedkeurt. De bevoegdheid tot toekenning van het stemrecht aan de pandhouder kan in de statuten worden uitgesloten. (BW 2:197 lid 3, 217)
– 4. De aandeelhouder die geen stemrecht heeft en de pandhouder die stemrecht heeft, hebben de rechten, die door de wet zijn toegekend aan de houders van met medewerking ener vennootschap uitgegeven certificaten van aandelen. De pandhouder die geen stemrecht heeft, heeft deze rechten indien de statuten dit bepalen en bij de vestiging of overgang van het pandrecht niet anders is bepaald. (BW 2:197 lid 4, 212, 220, 223, 227, 346)
– 5. Artikel 195 van dit Boek en de statutaire bepalingen ten aanzien van de vervreemding en overdracht van aandelen zijn van toepassing op de vervreemding en overdracht van de aande-

len door de pandhouder of de verblijving van de aandelen aan de pandhouder, met dien verstande dat de pandhouder alle ten aanzien van de vervreemding en overdracht aan de aandeelhouder toekomende rechten uitoefent en diens verplichtingen ter zake nakomt. (Ontw. 2.3A.2.7b; BW 2:89, 89*a*, 195, 196, 319; Overg.w. 51; Rv 474g; Wet giraal eff. verk. artt. 20, 21, 42)

Art. 199

Aansprakelijkheid na overdracht of toedeling niet-volgestort aandeel

– 1. Na overdracht of toedeling van een niet volgestort aandeel blijft ieder van de vorige aandeelhouders voor het daarop nog te storten bedrag hoofdelijk jegens de vennootschap aansprakelijk. Het bestuur kan te zamen met de raad van commissarissen de vorige aandeelhouders bij authentieke of geregistreerde onderhandse akte van verdere aansprakelijkheid ontslaan; in dat geval blijft de aansprakelijkheid niettemin bestaan voor stortingen, uitgeschreven binnen een jaar na de dag waarop de authentieke akte is verleden of de onderhandse is geregistreerd. (BW 2:191, 193, 194; 6:6 e.v., 160)

– 2. Indien een vorige aandeelhouder betaalt, treedt hij in de rechten die de vennootschap tegen latere houders heeft. (Ontw. 2.3A.2.8; K 57*n* (oud); BW 2:90; 6:150)

Art. 200

Vervallen.

Art. 201

Positie aandeelhouders in principe gelijk

– 1. Voor zover bij de statuten niet anders is bepaald, zijn aan alle aandelen in verhouding tot hun bedrag gelijke rechten en verplichtingen verbonden.

– 2. De vennootschap moet de aandeelhouders onderscheidenlijk certificaathouders die zich in gelijke omstandigheden bevinden, op de zelfde wijze behandelen.

– 3. De statuten kunnen bepalen dat aan aandelen van een bepaalde soort bijzondere rechten als in de statuten omschreven inzake de zeggenschap in de vennootschap zijn verbonden. (Ontw. 2.3A.2.9; K 57*o* (oud); BW 2:8, 23*b* lid 1, 92, 190, 212, 216. 220, 227, 228, 346)

Art. 201a

Uitkoop

– 1. Hij die als aandeelhouder voor eigen rekening ten minste 95% van het geplaatste kapitaal van de vennootschap verschaft, kan tegen de gezamenlijke andere aandeelhouders een vordering instellen tot overdracht van hun aandelen aan de eiser. Hetzelfde geldt, indien twee of meer groepsmaatschappijen dit deel van het geplaatste kapitaal samen verschaffen en samen de vordering instellen tot overdracht aan een hunner. (BW 2:24*a*, 24*d*)

– 2. Over de vordering oordeelt in eerste aanleg de ondernemingskamer van het gerechtshof te Amsterdam. Van de uitspraak staat uitsluitend beroep in cassatie open. (RO 72, 99)

– 3. Indien tegen een of meer gedaagden verstek is verleend, moet de rechter ambtshalve onderzoeken of de eiser of eisers de vereisten van lid 1 vervullen.

– 4. De rechter wijst de vordering tegen alle gedaagden af, indien een gedaagde ondanks de vergoeding ernstige stoffelijke schade zou lijden door de overdracht, een gedaagde houder is van een aandeel waaraan de statuten een bijzonder recht inzake de zeggenschap in de vennootschap verbinden of een eiser jegens een gedaagde afstand heeft gedaan van zijn bevoegdheid de vordering in te stellen.

– 5. Indien de rechter oordeelt dat de leden 1 en 4 de toewijzing van de vordering niet beletten, kan hij bevelen dat een of drie deskundigen zullen berichten over de waarde van de over te dragen aandelen. De eerste drie zinnen van artikel 350 lid 3 en de artikelen 351 en 352 zijn van toepassing. De rechter stelt de prijs vast die de over te dragen aandelen op een door hem te bepalen dag hebben. Zo lang en voor zover de prijs niet is betaald, wordt hij verhoogd met rente, gelijk aan de wettelijke rente, van die dag af tot de overdracht; uitkeringen op de aandelen die in dit tijdvak betaalbaar worden gesteld, strekken op de dag van betaalbaarstelling tot gedeeltelijke betaling van de prijs. (Rv 221 e.v.)

– 6. De rechter die de vordering toewijst, veroordeelt de overnemer aan degenen aan wie de aandelen toebehoren of zullen toebehoren de vastgestelde prijs met rente te betalen tegen levering van het onbezwaarde recht op de aandelen. De rechter geeft omtrent de kosten van het geding zodanige uitspraak als hij meent dat behoort. Een gedaagde die geen verweer heeft gevoerd, wordt niet verwezen in de kosten. (BW 6:119, 120; Rv 56)

– 7. Staat het bevel tot overdracht bij gerechtelijk gewijsde vast, dan deelt de overnemer de dag en plaats van betaalbaarstelling en de prijs schriftelijk mee aan de houders van de over te nemen aandelen van wie hij het adres kent. Hij kondigt deze ook aan in een landelijk verspreid dagblad, tenzij hij van allen het adres kent.

– 8. De overnemer kan zich altijd van zijn verplichtingen ingevolge de leden 6 en 7 bevrijden door de vastgestelde prijs met rente voor alle nog niet overgenomen aandelen te consigneren, onder mededeling van hem bekende rechten van pand en vruchtgebruik en de hem bekende beslagen. Door deze mededeling gaat beslag over van de aandelen op het recht op uitkering. Door het consigneren gaat het recht op de aandelen onbezwaard op hem over en gaan rechten van pand of vruchtgebruik over op het recht op uitkering. Aan aandeel- en dividendbewijzen waarop na de overgang uitkeringen betaalbaar zijn gesteld, kan nadien geen recht jegens de vennootschap meer worden ontleend. De overnemer maakt het consigneren en de prijs per aandeel op dat tijdstip bekend op de wijze van lid 7. (BW 2:92*a*; 6:66 e.v.)

Art. 202

Toondercertificaten niet toegestaan

Certificaten aan toonder van aandelen mogen niet worden uitgegeven. Indien in strijd hiermede is gehandeld, kunnen, zolang certificaten aan toonder uitstaan, de aan het aandeel verbonden rechten niet worden uitgeoefend. (Ontw. 2.3A.2.10; K 57*p* (oud))

AFDELING 3

Het vermogen van de vennootschap

Art. 203

Rechtshandelingen namens een op te richten vennootschap; hoofdelijke aansprakelijkheid

– 1. Uit rechtshandelingen, verricht namens een op te richten besloten vennootschap met beperkte aansprakelijkheid, ontstaan slechts rechten en verplichtingen voor de vennootschap wanneer zij die rechtshandelingen na haar oprichting uitdrukkelijk of stilzwijgend bekrachtigt of ingevolge lid 4 wordt verbonden.

– 2. Degenen die een rechtshandeling verrichten namens een op te richten besloten vennootschap met beperkte aansprakelijkheid zijn, tenzij met betrekking tot die rechtshandeling uitdrukkelijk anders is bedongen, daardoor hoofdelijk verbonden, totdat de vennootschap na haar oprichting de rechtshandeling heeft bekrachtigd.

– 3. Indien de vennootschap haar verplichtingen uit de bekrachtigde rechtshandeling niet nakomt, zijn degenen die namens de op te richten vennootschap handelden hoofdelijk aansprakelijk voor de schade die de derde dientengevolge lijdt, indien zij wisten of redelijkerwijs konden weten dat de vennootschap haar verplichtingen niet zou kunnen nakomen, onverminderd de aansprakelijkheid terzake van de bestuurders wegens de bekrachtiging. De wetenschap dat de vennootschap haar verplichtingen niet zou kunnen nakomen, wordt vermoed aanwezig te zijn, wanneer de vennootschap binnen een jaar na de oprichting in staat van faillissement wordt verklaard. (BW 2:9, 248; Fw 43, 45)

– 4. De oprichters kunnen de vennootschap in de akte van oprichting slechts verbinden door het uitgeven van aandelen, het aanvaarden van stortingen daarop, het aanstellen van bestuurders, het benoemen van commissarissen en het verrichten van rechtshandelingen als bedoeld in artikel 204 lid 1. Indien een oprichter hierbij onvoldoende zorgvuldigheid heeft betracht, zijn de artikelen 9 en 248 van overeenkomstige toepassing. (Ontw. 2.3A.3.1; K 40, 57*r* (oud); BW 2:4, 93, 176, 180 lid 2; 3:55 e.v., 61, 66, 69; 6:6 e.v., 95 e.v., 162)

Art. 203a

Bankverklaring

– 1. Indien voor of bij de oprichting op aandelen wordt gestort in geld, moeten aan de akte van oprichting een of meer verklaringen worden gehecht, inhoudende dat de bedragen die op de bij de oprichting te plaatsen aandelen moeten worden gestort:

a. hetzij terstond na de oprichting ter beschikking zullen staan van de vennootschap;

b. hetzij alle op een zelfde tijdstip, ten vroegste vijf maanden voor de oprichting, op een afzonderlijke rekening stonden welke na de oprichting uitsluitend ter beschikking van de vennootschap zal staan, mits de vennootschap de stortingen in de akte aanvaardt.

– 2. Indien vreemd geld is gestort, moet uit de verklaring blijken tegen hoeveel geld het vrijelijk kon worden gewisseld op een dag waarop daarmee krachtens artikel 191*a* lid 3 kon worden voldaan aan de stortingsplicht.

– 3. Een verklaring als bedoeld in het eerste lid kan slechts worden afgelegd door een financiele onderneming als bedoeld in artikel 1:1 van de Wet op het financieel toezicht die in de Europese Unie of een staat die partij is bij de Overeenkomst betreffende de Europese Economische Ruimte het bedrijf van bank mag uitoefenen. De verklaring kan slechts worden afgegeven aan een notaris.

– 4. Worden voor de oprichting aan de rekening, bedoeld in onderdeel *b* van lid 1, bedragen onttrokken, dan zijn de oprichters hoofdelijk jegens de vennootschap verbonden tot vergoeding van die bedragen, totdat de vennootschap de onttrekkingen uitdrukkelijk heeft bekrachtigd.

– 5. De notaris moet de bank wier verklaring hij heeft ontvangen terstond verwittigen van de oprichting. Indien de oprichting niet doorgaat, moet hij de bank de verklaring terugzenden.

– 6. Indien na de oprichting in vreemd geld is gestort, legt de vennootschap binnen twee weken na de storting een verklaring, als bedoeld in lid 2, van een in het derde lid bedoelde bank neer ten kantore van het handelsregister. (BW 2:4, 93*a*, 188, 191*a*; Hrgw 30, 30*a*, 31)

Art. 204

Opneming rechtshandelingen in oprichtingsakte

– 1. Rechtshandelingen:

a. in verband met het nemen van aandelen waarbij bijzondere verplichtingen op de vennootschap worden gelegd,

b. strekkende om enigerlei voordeel te verzekeren aan een oprichter der vennootschap of aan een bij de oprichting betrokken derde, *c.* betreffende inbreng op aandelen anders dan in geld, moeten in haar geheel worden opgenomen in de akte van oprichting of in een geschrift dat daaraan in origineel of in authentiek afschrift wordt gehecht en waarnaar de akte van oprichting verwijst. Indien de vorige zin niet in acht is genomen, kunnen voor de vennootschap uit deze rechtshandelingen geen rechten of verplichtingen ontstaan.

– 2. Na de oprichting kunnen de in het vorige lid bedoelde rechtshandelingen zonder voorafgaande goedkeuring van de algemene vergadering slechts worden verricht, indien en voor zover aan het bestuur de bevoegdheid daartoe uitdrukkelijk bij de statuten is verleend. (Ontw. 2.3A.3.2; K 40*a*, 57*r* (oud); BW 2:4, 94, 178, 378 lid 3; 3:69)

Art. 204a

Beschrijving van inbreng anders dan in geld

– 1. Indien bij de oprichting inbreng op aandelen anders dan in geld wordt overeengekomen, maken de oprichters een beschrijving op van hetgeen wordt ingebracht, met vermelding van de daaraan toegekende waarde en van de toegepaste waarderingsmethoden. Deze methoden moeten voldoen aan normen die in het maatschappelijke verkeer als aanvaardbaar worden beschouwd. De beschrijving heeft betrekking op de toestand van hetgeen wordt ingebracht op een dag die niet eerder ligt dan hetzij vijf maanden voor de oprichting hetzij een maand voordat de ministeriële verklaring van geen bezwaar is aangevraagd voor een oprichting die uiterlijk een maand na de verklaring van geen bezwaar geschiedt. De beschrijving wordt door alle oprichters ondertekend. De vennootschap legt deze te haren kantore ter inzage van de houders van haar aandelen of van certificaten daarvan die met haar medewerking zijn uitgegeven. (BW 2:180)

– 2. Over de beschrijving van hetgeen wordt ingebracht moet een registeraccountant, of een accountant-administratieconsulent een verklaring afleggen. Indien wordt ingebracht in een vennootschap waarvan de jaarrekening moet worden onderzocht, mag slechts hij die bevoegd is tot het verplichte onderzoek van de jaarrekening, de verklaring over de beschrijving afleggen. Hetzelfde geldt, indien de waarde van alle in te brengen activa, zonder aftrek van passiva, ten minste € 3 600 000 bedraagt. De verklaring houdt in dat de waarde van hetgeen wordt ingebracht, bij toepassing van in het maatschappelijke verkeer als aanvaardbaar beschouwde waarderingsmethoden, ten minste beloopt het in de verklaring genoemde bedrag van de stortingsplicht, in geld uitgedrukt, waaraan met de inbreng moet worden voldaan. De verklaring moet aan de akte van oprichting worden gehecht. Indien bekend is dat de waarde na de beschrijving aanzienlijk is gedaald, is een tweede verklaring vereist. (BW 2:4, 362)

– 3. De beschrijving en accountantsverklaring zijn niet vereist, indien alle oprichters hiervan hebben afgezien en een rechtspersoon die aandelen heeft genomen of waarvan een groepsmaatschappij aandelen heeft genomen, de volgende vereisten vervult:

a. de rechtspersoon heeft bij het handelsregister waar de vennootschap is ingeschreven een verklaring neergelegd dat hij zich hoofdelijk aansprakelijk stelt voor de uit rechtshandelingen van de vennootschap voortvloeiende schulden;

b. zijn laatste vastgestelde balans met toelichting is krachtens de toepasselijke wet vastgesteld en onderzocht in overeenstemming met de vierde richtlijn van de Europese Gemeenschappen inzake het vennootschapsrecht; een in het Nederlands, Frans, Duits of Engels gesteld exemplaar daarvan en van de accountantsverklaring daarover overeenkomstig die wet is neergelegd ten kantore van het handelsregister en sedert de balansdatum zijn nog geen achttien maanden verlopen;

c. blijkens de onder *b* bedoelde balans overtreft het eigen vermogen van de rechtspersoon het nominaal gestorte bedrag van de aandelen waarop na de balansdatum wordt ingebracht met toepassing van dit lid in vennootschappen waarvoor de rechtspersoon een verklaring heeft afgelegd als bedoeld onder *a. (BW 2:188)*

– 4. Artikel 404 is van overeenkomstige toepassing met dien verstande, dat de verklaring niet kan worden ingetrokken binnen twee jaren na de inbreng. (BW 2:94*a*, 191*b*)

Art. 204b

Beschrijving na oprichting van inbreng anders dan in geld

– 1. Indien na de oprichting inbreng op aandelen anders dan in geld wordt overeengekomen, maakt de vennootschap overeenkomstig artikel 204*a* lid 1 een beschrijving op van hetgeen wordt ingebracht. De beschrijving heeft betrekking op de toestand op een dag die niet eerder dan vijf maanden ligt voor de dag waarop de aandelen worden genomen dan wel waartegen een bijstorting is uitgeschreven of waarop zij is overeengekomen. De bestuurders ondertekenen de beschrijving; ontbreekt de handtekening van een of meer hunner, dan wordt daarvan onder opgave van reden melding gemaakt.

– 2. Artikel 204*a* lid 2 is van overeenkomstige toepassing.

– 3. De leden 3 en 4 van artikel 204*a* zijn van toepassing, met dien verstande dat niet de oprichters maar alle aandeelhouders moeten hebben afgezien van het opstellen van de beschrijving en de accountantsverklaring.

– 4. De vennootschap legt, binnen acht dagen na de dag waarop de aandelen zijn genomen dan

wel waarop de bijstorting opeisbaar werd, de accountantsverklaring bij de inbreng of een afschrift daarvan neer ten kantore van het handelsregister met opgave van de namen van de inbrengers en van het bedrag van het aldus gestorte deel van het geplaatste kapitaal. (BW 2:188; WED 1 sub 4°)
– 5. Dit artikel is niet van toepassing voor zover de inbreng bestaat uit aandelen, certificaten van aandelen, daarin converteerbare rechten of winstbewijzen van een andere rechtspersoon, waarop de vennootschap een openbaar bod heeft uitgebracht, mits deze effecten of een deel daarvan zijn toegelaten tot de handel op een gereglementeerde markt of een multilaterale handelsfaciliteit, als bedoeld in artikel 1:1 van de Wet op het financieel toezicht of een met een gereglementeerde markt of multilaterale handelsfaciliteit vergelijkbaar systeem uit een staat die geen lidstaat is. (BW 2:94*b*, 204*a*)

Art. 204c

Tot 2 jaar na de oprichting door de BV goed te keuren rechtshandelingen

– 1. Een rechtshandeling die de vennootschap heeft verricht zonder goedkeuring van de algemene vergadering van aandeelhouders of zonder de verklaring, bedoeld in lid 3, kan ten behoeve van de vennootschap worden vernietigd, indien de rechtshandeling:
a. strekt tot het verkrijgen van goederen, met inbegrip van vorderingen die worden verrekend, die een jaar voor de oprichting of nadien toebehoorden aan een oprichter of aandeelhouder, en
b. is verricht voordat twee jaren zijn verstreken na de inschrijving van de vennootschap in het handelsregister.
– 2. Indien de goedkeuring wordt gevraagd, maakt de vennootschap een beschrijving op van de te verkrijgen goederen en van de tegenprestatie. De beschrijving heeft betrekking op de toestand van het beschrevene op een dag die niet voor de oprichting ligt. In de beschrijving worden de waarden vermeld die aan de goederen en tegenprestatie worden toegekend alsmede de toegepaste waarderingsmethoden. Deze methoden moeten voldoen aan normen die in het maatschappelijke verkeer als aanvaardbaar worden beschouwd. De bestuurders ondertekenen de beschrijving; ontbreekt de handtekening van een of meer hunner, dan wordt daarvan onder opgave van reden melding gemaakt. (BW 2:362)
– 3. Artikel 204*a* lid 2 is van overeenkomstige toepassing, met dien verstande dat de verklaring moet inhouden dat de waarde van de te verkrijgen goederen, bij toepassing van in het maatschappelijke verkeer als aanvaardbaar beschouwde waarderingsmethoden, overeenkomt met ten minste de waarde van de tegenprestatie.
– 4. Op het ter inzage leggen en in afschrift ter beschikking stellen van de in de vorige leden bedoelde stukken is artikel 212 van overeenkomstige toepassing.
– 5. De vennootschap legt binnen acht dagen na de rechtshandeling of na de goedkeuring, indien achteraf verleend, de in het derde lid bedoelde verklaring of een afschrift daarvan neer ten kantore van het handelsregister. (BW 2:188; WED 1 sub 4°)
– 6. Voor de toepassing van dit artikel blijven buiten beschouwing:
a. verkrijgingen op een openbare veiling of ter beurze,
b. verkrijgingen die onder de bedongen voorwaarden tot de gewone bedrijfsuitoefening van de vennootschap behoren,
c. verkrijgingen waarvoor een accountantsverklaring als bedoeld in artikel 204*a* is afgelegd, en
d. verkrijgingen ten gevolge van fusie of splitsing. (BW 2:309, 334*a*)
– 7. De leden 3 en 4 van artikel 204*a* zijn van overeenkomstige toepassing, met dien verstande dat niet de oprichters maar alle aandeelhouders moeten hebben afgezien van het opstellen van de beschrijving en de accountantsverklaring en dat de waarde van alle tegenprestaties waarbij dat is geschied, wordt overtroffen door het eigen vermogen van de medeaansprakelijke rechtspersoon. (BW 2:94*c*, 204, 378 lid 3)

Art. 205

Eigen aandelen

De vennootschap kan geen eigen aandelen nemen. (BW 2:95, 207-207*d*)

Art. 206

Uitgifte aandelen na de oprichting

– 1. De vennootschap kan slechts ingevolge een besluit van de algemene vergadering na de oprichting aandelen uitgeven, voor zover bij de statuten geen ander orgaan is aangewezen. De algemene vergadering kan haar bevoegdheid hiertoe overdragen aan een ander orgaan en kan deze overdracht herroepen.
– 2. Het vorige lid is van overeenkomstige toepassing op het verlenen van rechten tot het nemen van aandelen, maar is niet van toepassing op het uitgeven van aandelen aan iemand die een voordien reeds verkregen recht tot het nemen van aandelen uitoefent. (BW 2:96, 206*a*, 217)

Art. 206a

Voorkeursrecht aandeelhouders op uit te geven aandelen

– 1. Voor zover de statuten niet anders bepalen, heeft iedere aandeelhouder bij uitgifte van aandelen een voorkeursrecht naar evenredigheid van het gezamenlijke bedrag van zijn aandelen, behoudens de beide volgende leden. Hij heeft geen voorkeursrecht op aandelen die worden uitgegeven aan werknemers van de vennootschap of van een groepsmaatschappij. Het voorkeursrecht kan, telkens voor een enkele uitgifte, worden beperkt of uitgesloten bij besluit van de algemene vergadering, voor zover de statuten niet anders bepalen. (BW 2:217)

– 2. Voor zover de statuten niet anders bepalen, hebben houders van aandelen die

a. niet boven een bepaald percentage van het nominale bedrag of slechts in beperkte mate daarboven delen in de winst, of

b. niet boven het nominale bedrag of slechts in beperkte mate daarboven delen in een overschot na vereffening, geen voorkeursrecht op uit te geven aandelen.

– 3. Voor zover de statuten niet anders bepalen, hebben de aandeelhouders geen voorkeursrecht op uit te geven aandelen in een van de in het vorige lid onder *a* en *b* omschreven soorten.

– 4. De vennootschap kondigt de uitgifte met voorkeursrecht en het tijdvak waarin dat kan worden uitgeoefend, aan in een schriftelijke mededeling aan alle aandeelhouders aan het door hen opgegeven adres.

– 5. Het voorkeursrecht kan worden uitgeoefend gedurende ten minste vier weken na de dag van de verzending van de aankondiging.

– 6. Voor zover de statuten niet anders bepalen, hebben de aandeelhouders een voorkeursrecht bij het verlenen van rechten tot het nemen van andere aandelen dan de in lid 2 onder *a* en *b* omschreven soorten; de vorige leden zijn van overeenkomstige toepassing. Aandeelhouders hebben geen voorkeursrecht op aandelen die worden uitgegeven aan iemand die een voordien reeds verkregen recht tot het nemen van aandelen uitoefent. (BW 2:4, 96*a*, 206)

Art. 207

Verkrijging eigen aandelen door de BV

– 1. Verkrijging door de vennootschap van niet volgestorte aandelen in haar kapitaal is nietig. (BW 3:40 v.)

– 2. Volgestorte eigen aandelen mag de vennootschap slechts verkrijgen om niet of indien:

a. het eigen vermogen, verminderd met de verkrijgingsprijs, niet kleiner is dan het gestorte en opgevraagde deel van het kapitaal vermeerderd met de reserves die krachtens de wet of de statuten moeten worden aangehouden, (BW 2:207*c* lid 3, 365 lid 3, 389 lid 2, 390)

b. het nominale bedrag van de te verkrijgen en de reeds door de vennootschap en haar dochtermaatschappijen tezamen gehouden aandelen in haar kapitaal niet meer dan de helft van het geplaatste kapitaal bedraagt,

c. de statuten de verkrijging toestaan, en

d. machtiging tot de verkrijging is verleend door de algemene vergadering van aandeelhouders of door een ander vennootschapsorgaan dat daartoe bij de statuten of door de algemene vergadering van aandeelhouders is aangewezen.

– 3. Voor de geldigheid van de verkrijging is bepalend de grootte van het eigen vermogen volgens de laatst vastgestelde balans, verminderd met de verkrijgingsprijs voor aandelen in het kapitaal van de vennootschap en uitkeringen uit winst of reserves aan anderen, die zij en haar dochtermaatschappijen na de balansdatum verschuldigd werden. Is een boekjaar meer dan zes maanden verstreken zonder dat de jaarrekening is vastgesteld, dan is verkrijging overeenkomstig lid 2 niet toegestaan. (BW 2:364 e.v., 373)

– 4. De vorige leden gelden niet voor aandelen die de vennootschap onder algemene titel verkrijgt. (BW 2:23*b*)

– 5. Onder het begrip aandelen in dit artikel zijn certificaten daarvan begrepen. (BW 2:98, 205, 207*a*)

Art. 207a

Rechtsgevolgen van (onwettig) verkregen eigen aandelen

– 1. Verkrijging van aandelen in strijd met het tweede lid van het vorige artikel is nietig. De bestuurders zijn hoofdelijk aansprakelijk jegens de vervreemder te goeder trouw die door de nietigheid schade lijdt.

– 2. De vennootschap mag niet langer dan gedurende drie jaren nadat zij eigen aandelen om niet of onder algemene titel heeft verkregen, samen met haar dochtermaatschappijen meer aandelen in haar kapitaal houden dan de helft van het geplaatste kapitaal. De bestuurders zijn hoofdelijk aansprakelijk voor de vergoeding aan de vennootschap van de waarde van de aandelen die zij te veel houdt of doet houden op het einde van de laatste dag van die drie jaren, met de wettelijke rente van dat tijdstip af. Betaling van de vergoeding geschiedt tegen overdracht van de aandelen.

– 3. Lid 2 is van overeenkomstige toepassing op elk niet volgestort aandeel dat de vennootschap onder algemene titel heeft verkregen en niet binnen drie jaren daarna heeft vervreemd of ingetrokken.

– 4. Onder het begrip aandelen in dit artikel zijn certificaten daarvan begrepen. (BW 2:98*a*, 207; 3:11, 15, 40; 6:6 e.v., 95, 102, 119, 120)

Art. 207b

Verkrijging door middellijke vertegenwoordiger

Indien een ander in eigen naam aandelen in het kapitaal van de vennootschap of certificaten daarvan neemt of verkrijgt voor rekening van de vennootschap zelf, wordt hij geacht deze voor eigen rekening te nemen dan wel te verkrijgen. (BW 2:98*b*; 3:60 e.v.; 7:400 e.v.; K 76 e.v.)

Art. 207c

Verboden handelingen bij verkrijgen aandelen door anderen

– 1. De vennootschap mag niet, met het oog op het nemen of verkrijgen door anderen van aandelen in haar kapitaal of van certificaten daarvan, zekerheid stellen, een koersgarantie geven, zich op andere wijze sterk maken of zich hoofdelijk of anderszins naast of voor anderen verbinden. Dit verbod geldt ook voor haar dochtermaatschappijen.
– 2. Leningen met het oog op het nemen of verkrijgen van aandelen in haar kapitaal of van certificaten daarvan, mag de vennootschap slechts verstrekken tot ten hoogste het bedrag van de uitkeerbare reserves en voor zover de statuten dit toestaan.
– 3. De vennootschap houdt een niet uitkeerbare reserve aan tot het uitstaande bedrag van de in het vorige lid genoemde leningen. (BW 2:98*c*, 187, 215; 3:227 e.v., 236 e.v., 253, 259, 277, 284; 6:12; 7:850 e.v.; 7A:1777 e.v.)

Art. 207d

Verkrijging eigen aandelen door dochtermaatschappij

– 1. Een dochtermaatschappij mag voor eigen rekening geen aandelen nemen of doen nemen in het kapitaal van de vennootschap. Zulke aandelen mogen dochtermaatschappijen voor eigen rekening onder bijzondere titel slechts verkrijgen of doen verkrijgen, voor zover de vennootschap zelf ingevolge de leden 1-3 van artikel 207 eigen aandelen mag verkrijgen.
– 2. Indien is gehandeld in strijd met het vorige lid, zijn de bestuurders van de vennootschap hoofdelijk aansprakelijk tot vergoeding aan de dochtermaatschappij van de verkrijgingsprijs met de wettelijke rente daarover van het tijdstip af waarop de aandelen zijn genomen of verkregen. Betaling van de vergoeding geschiedt tegen overdracht van deze aandelen. Een bestuurder behoeft de verkrijgingsprijs niet te vergoeden, indien hij bewijst dat het nemen of verkrijgen niet aan de vennootschap is te wijten.
– 3. Een dochtermaatschappij mag, nadat zij dochtermaatschappij is geworden of nadat zij als dochtermaatschappij aandelen in het kapitaal van de vennootschap om niet of onder algemene titel heeft verkregen, niet langer dan gedurende drie jaren samen met de vennootschap en haar andere dochtermaatschappijen meer van deze aandelen voor eigen rekening houden of doen houden dan de helft van het geplaatste kapitaal. De bestuurders van de vennootschap zijn hoofdelijk aansprakelijk voor de vergoeding aan de dochtermaatschappij van de waarde van de aandelen die zij te veel houdt of doet houden op het einde van de laatste dag van die drie jaren, met de wettelijke rente van dat tijdstip af. Betaling van de vergoeding geschiedt tegen overdracht van de aandelen. Een bestuurder behoeft de vergoeding niet te betalen, indien hij bewijst dat het niet aan de vennootschap is te wijten dat de aandelen nog worden gehouden.
– 4. Onder het begrip aandelen in dit artikel zijn certificaten daarvan begrepen. (BW 2:98*d*, 207, 385 lid 5; 6:119, 120)

Art. 208

Besluit tot kapitaalvermindering

– 1. De algemene vergadering van aandeelhouders kan besluiten tot vermindering van het geplaatste kapitaal door intrekking van aandelen of door het bedrag van aandelen bij statutenwijziging te verminderen. In dit besluit moeten de aandelen waarop het besluit betrekking heeft, worden aangewezen en moet de uitvoering van het besluit zijn geregeld. Het gestorte en opgevraagde deel van het kapitaal mag niet kleiner worden dan het ten tijde van het besluit voorgeschreven minimumkapitaal. (BW 2:178)
– 2. Een besluit tot intrekking kan slechts betreffen aandelen die de vennootschap zelf houdt of waarvan zij de certificaten houdt, dan wel alle aandelen van een soort waarvan alle aandeelhouders instemmen of waarvan voor de uitgifte in de statuten is bepaald dat zij kunnen worden ingetrokken met terugbetaling, of wel de uitgelote aandelen van een soort waarvan voor de uitgifte in de statuten is bepaald dat zij kunnen worden uitgeloot met terugbetaling.
– 3. Vermindering van het bedrag van aandelen zonder terugbetaling en zonder ontheffing van de verplichting tot storting moet naar evenredigheid op alle aandelen van een zelfde soort geschieden. Van het vereiste van evenredigheid mag worden afgeweken met instemming van alle betrokken aandeelhouders.
– 4. Gedeeltelijke terugbetaling op aandelen of ontheffing van de verplichting tot storting is slechts mogelijk ter uitvoering van een besluit tot vermindering van het bedrag van de aandelen. Zulk een terugbetaling of ontheffing moet naar evenredigheid op alle aandelen geschieden, tenzij voor de uitgifte van een bepaalde soort aandelen in de statuten is bepaald dat terugbetaling of ontheffing kan geschieden uitsluitend op die aandelen; voor die aandelen geldt de eis van evenredigheid. Van het vereiste van evenredigheid mag worden afgeweken met instemming van alle betrokken aandeelhouders.
– 5. De oproeping tot een vergadering waarin een in dit artikel genoemd besluit wordt genomen, vermeldt het doel van de kapitaalvermindering en de wijze van uitvoering. Het tweede, derde en vierde lid van artikel 233 zijn van overeenkomstige toepassing. (Ontw. 2.3A.3.5; K 41*c*, 57*r* (oud); BW 2:99, 191, 209, 218 e.v., 325)

Art. 209

Publicatie kapitaalvermindering; zekerheidstelling; verzet door crediteuren

– 1. De vennootschap legt de in het vorige artikel bedoelde besluiten neer ten kantore van het handelsregister en kondigt de nederlegging aan in een landelijk verspreid dagblad. (BW 2:188)
– 2. De vennootschap moet, op straffe van gegrondverklaring van een verzet als bedoeld in het volgende lid, voor iedere schuldeiser die dit verlangt zekerheid stellen of hem een andere waarborg geven voor de voldoening van zijn vordering. Dit geldt niet, indien de schuldeiser voldoende waarborgen heeft of de vermogenstoestand van de vennootschap voldoende zekerheid biedt dat de vordering zal worden voldaan.
– 3. Binnen twee maanden na de in het eerste lid vermelde aankondiging kan iedere schuldeiser door een verzoekschrift aan de rechtbank tegen het besluit tot kapitaalvermindering in verzet komen met vermelding van de waarborg die wordt verlangd. (Rv 261 e.v., 995, 997)
– 4. Voordat de rechter beslist, kan hij de vennootschap in de gelegenheid stellen binnen een door hem gestelde termijn een door hem omschreven waarborg te geven. Op een ingesteld rechtsmiddel kan hij, indien het kapitaal al is verminderd, het stellen van een waarborg bevelen en daaraan een dwangsom verbinden. (Rv 611*a*)
– 5. Een besluit tot vermindering van het geplaatste kapitaal wordt niet van kracht zolang verzet kan worden gedaan. Indien tijdig verzet is gedaan, wordt het besluit eerst van kracht, zodra het verzet is ingetrokken of de opheffing van het verzet uitvoerbaar is. Een voor de vermindering van het kapitaal vereiste akte van statutenwijziging kan niet eerder worden verleden.
– 6. Indien de vennootschap haar kapitaal wegens geleden verliezen vermindert tot een bedrag dat niet lager is dan dat van haar eigen vermogen, behoeft zij geen waarborg te geven en wordt het besluit onmiddellijk van kracht. (Ontw. 2.3A.3.6; K 41*d*, 41*f* lid 1, 57*r* (oud); BW 2:15, 100, 311, 316, 325)

Art. 210

Jaarrekening

– 1. Jaarlijks binnen vijf maanden na afloop van het boekjaar der vennootschap, behoudens verlenging van deze termijn met ten hoogste zes maanden door de algemene vergadering op grond van bijzondere omstandigheden, maakt het bestuur een jaarrekening op en legt het deze voor de aandeelhouders ter inzage ten kantore van de vennootschap. Binnen deze termijn legt het bestuur ook het jaarverslag ter inzage voor de aandeelhouders, tenzij de artikelen 396 lid 7 of 403 voor de vennootschap gelden. Het bestuur van de vennootschap waarop de artikelen 268 tot en met 271 en 274 van toepassing zijn, zendt de jaarrekening ook toe aan de in artikel 268 lid 11 bedoelde ondernemingsraad. (BW 2:58, 101, 391, 394 leden 2 en 3, 401)
– 2. De jaarrekening wordt ondertekend door de bestuurders en door de commissarissen; ontbreekt de ondertekening van een of meer hunner, dan wordt daarvan onder opgave van reden melding gemaakt. (BW 2:249, 250, 260, 273)
– 3. De jaarrekening wordt vastgesteld door de algemene vergadering. Vaststelling van de jaarrekening strekt niet tot kwijting aan een bestuurder onderscheidenlijk commissaris.
– 4. Besluiten waarbij de jaarrekening wordt vastgesteld, worden in de statuten niet onderworpen aan de goedkeuring van een orgaan van de vennootschap of van derden.
– 5. De statuten bevatten geen bepalingen die toelaten dat voorschriften of bindende voorstellen voor de jaarrekening of enige post daarvan worden gegeven.
– 6. De statuten kunnen bepalen dat een ander orgaan van de vennootschap dan de algemene vergadering de bevoegdheid heeft te bepalen welk deel van het resultaat van het boekjaar wordt gereserveerd of hoe het verlies wordt verwerkt.
– 7. Onze Minister van Economische Zaken kan desverzocht om gewichtige redenen ontheffing verlenen van de verplichting tot het opmaken, het overleggen en het vaststellen van de jaarrekening. (Ontw. 2.3A.2.7; K 42, 57*r* (oud); BW 2:10, 48, 58, 101, 189*a*, 212, 361 e.v., 391 e.v.; WED 1 sub 4°; WOR 31*a*)

Art. 211

Vervallen.

Art. 212

Inzage ten kantore BV

De vennootschap zorgt dat de opgemaakte jaarrekening, het jaarverslag en de krachtens artikel 392 lid 1 toe te voegen gegevens vanaf de oproep voor de algemene vergadering, bestemd tot hun behandeling, te haren kantore aanwezig zijn. De houders van haar aandelen of van met haar medewerking uitgegeven certificaten op naam daarvan kunnen de stukken aldaar inzien en er kosteloos een afschrift van verkrijgen. (K 57*t* (oud); BW 2:102, 197, 198, 218, 223, 394; WOR 31*a*; WED 1 sub 4°)

Art. 213-214

Vervallen.

Art. 215

Tekort ten laste van de reserves

Ten laste van de door de wet voorgeschreven reserves mag een tekort slechts worden gedelgd voor zover de wet dat toestaat. (BW 2:104, 178 lid 3, 365 lid 3, 389 leden 4 en 6, 390)

Art. 216

Dividend

– 1. Voor zover bij de statuten niet anders is bepaald, komt de winst de aandeelhouders ten goede. (BW 2:201, 312 lid 2 sub *i*; 7A:1670)

– 2. De vennootschap kan aan de aandeelhouders en andere gerechtigden tot de voor uitkering vatbare winst slechts uitkeringen doen voor zover het eigen vermogen groter is dan het gestorte en opgevraagde deel van het kapitaal vermeerderd met de reserves die krachtens de wet of de statuten moeten worden aangehouden. (BW 2:178, 365 lid 3, 389 leden 4 en 6, 390)

– 3. Uitkering van winst geschiedt na de vaststelling van de jaarrekening waaruit blijkt dat zij geoorloofd is. (BW 2:210)

– 4. De vennootschap mag tussentijds slechts uitkeringen doen, indien de statuten dit toelaten en aan het vereiste van het tweede lid is voldaan. (BW 2:249)

– 5. Bij de berekening van de winstverdeling tellen de aandelen die de vennootschap in haar kapitaal houdt, mede, tenzij bij de statuten anders is bepaald. (Ontw. 2.3A.3.13; K 42*d*, 57*r* (oud); BW 2:105, 197 lid 5, 228 lid 6; Overg.w. 52)

– 6. Bij de berekening van het winstbedrag, dat op ieder aandeel zal worden uitgekeerd, komt slechts het bedrag van de verplichte stortingen op het nominale bedrag van de aandelen in aanmerking, tenzij bij de statuten anders is bepaald. (BW 2:191)

– 7. De statuten kunnen bepalen dat de vordering van een aandeelhouder niet door verloop van vijf jaren verjaart, doch eerst na een langere termijn vervalt. Een zodanige bepaling is alsdan van overeenkomstige toepassing op de vordering van de houder van een certificaat van een aandeel op de aandeelhouder. (BW 3:308)

– 8. Geen van de aandeelhouders kan geheel worden uitgesloten van het delen in de winst.

– 9. De statuten kunnen bepalen dat de winst waartoe houders van aandelen van een bepaalde soort gerechtigd zijn, geheel of gedeeltelijk te hunnen behoeve wordt gereserveerd. (BW 2:105)

AFDELING 4

De algemene vergadering van aandeelhouders

Art. 217

Bevoegdheid; verkrijgen van inlichtingen

– 1. Aan de algemene vergadering van aandeelhouders behoort, binnen de door de wet en de statuten gestelde grenzen, alle bevoegdheid, die niet aan het bestuur of aan anderen is toegekend.

– 2. Het bestuur en de raad van commissarissen verschaffen haar alle verlangde inlichtingen, tenzij een zwaarwichtig belang der vennootschap zich daartegen verzet. (Ontw. 2.3A.4.1; K 43, 58*b* (oud); BW art. 2:13, 14, 15, 17, 40, 107, 238, 239 e.v., 250 e.v., 268 e.v)

Art. 218

Algemene vergadering

– 1. Jaarlijks wordt ten minste één algemene vergadering gehouden.

– 2. Wanneer bij de statuten niet een kortere termijn is gesteld, wordt de jaarvergadering gehouden binnen zes maanden na afloop van het boekjaar der vennootschap. (Ontw. 2.3A.4.2; K 43*a*, 58*b* (oud); BW art. 2:108, 210, 238)

Art. 219

Bijeenroeping algemene vergadering

Het bestuur en de raad van commissarissen zijn bevoegd tot het bijeenroepen van een algemene vergadering; bij de statuten kan deze bevoegdheid ook aan anderen worden verleend. (Ontw. 2.3A.4.3; K 43*b*, 58*b* (oud); BW art. 2:41, 109, 220, 221, 223, 239, 250, 268)

Art. 220

Rechterlijke machtiging tot bijeenroeping

– 1. Een of meer houders van aandelen die gezamenlijk ten minste een tiende gedeelte van het geplaatste kapitaal vertegenwoordigen, of een zoveel geringer bedrag als bij de statuten is bepaald, kunnen door de voorzieningenrechter van de rechtbank op hun verzoek worden gemachtigd tot de bijeenroeping van een algemene vergadering. De voorzieningenrechter wijst dit verzoek af, indien hem niet is gebleken, dat verzoekers voordien aan het bestuur en aan de raad van commissarissen, schriftelijk en onder nauwkeurige opgave van de te behandelen onderwerpen het verzoek hebben gericht een algemene vergadering bijeen te roepen, en dat noch het bestuur noch de raad van commissarissen – daartoe in dit geval gelijkelijk bevoegd – de nodige maatregelen hebben getroffen, opdat de algemene vergadering binnen zes weken na het verzoek kon worden gehouden.

– 2. Voor de toepassing van dit artikel worden met houders van aandelen gelijkgesteld de houders van de certificaten op naam van aandelen, welke met medewerking van de vennootschap zijn uitgegeven. (Ontw. 2.3A.4.4; K 43*c*, 58*b* (oud); BW art. 2:41 lid 2, 110, 197, 198, 222, 224, 227 lid 2, 238, 346; Rv art. 261 e.v., 995 e.v.)

– 3. Tenzij de statuten anders bepalen, wordt aan de eis van schriftelijkheid van het verzoek als bedoeld in lid 1 voldaan indien dit verzoek elektronisch is vastgelegd.

Art. 221

Procedure

– 1. De voorzieningenrechter van de rechtbank verleent, na verhoor of oproeping van de vennootschap, de verzochte machtiging, indien de verzoekers summierlijk hebben doen blijken, dat de in het vorige artikel gestelde voorwaarden zijn vervuld, en dat zij een redelijk belang hebben bij het houden van de vergadering. De voorzieningenrechter van de rechtbank stelt de vorm en de termijnen voor de oproeping tot de algemene vergadering vast. Hij kan tevens iemand aanwijzen, die met de leiding van de algemene vergadering zal zijn belast. (BW art. 2:220)

– 2. Bij de oproeping ingevolge het eerste lid wordt vermeld dat zij krachtens rechterlijke machtiging geschiedt. De op deze wijze gedane oproeping is rechtsgeldig, ook indien mocht blijken dat de machtiging ten onrechte was verleend.

– 3. Tegen de beschikking van de voorzieningenrechter is generlei voorziening toegelaten, behoudens cassatie in het belang der wet. (Ontw. 2.3A.4.5; K 43*d*, 58*b* (oud); BW art. 2:111; RO art. 98)

Art. 222

Bijeenroeping door aandeelhouder

Indien zij, die krachtens artikel 219 tot de bijeenroeping bevoegd zijn, in gebreke zijn gebleven een bij artikel 218 of de statuten voorgeschreven algemene vergadering te doen houden, kan iedere aandeelhouder door de voorzieningenrechter van de rechtbank worden gemachtigd zelf daartoe over te gaan. Artikel 220 lid 2 en artikel 221 zijn van overeenkomstige toepassing. (Ontw. 2.3A.4.6; K 43*e*, 58*b* (oud); BW art. 2:112, 197, 198)

Art. 223

Oproeping aandeelhouders

– 1. De oproeping tot een algemene vergadering van aandeelhouders geschiedt door middel van oproepingsbrieven gericht aan de adressen der aandeelhouders, zoals deze zijn vermeld in het register van aandeelhouders.

– 2. Zijn er met medewerking van de vennootschap certificaten op naam van haar aandelen uitgegeven, dan worden de houders daarvan opgeroepen door aankondiging in een landelijk verspreid dagblad. De statuten kunnen deze oproeping anders regelen. (Ontw. 2.3A.4.7; K 43*f*, 58*b* (oud); BW art. 2:113, 114, 194, 224, 225)

– 3. Tenzij de statuten anders bepalen kan, indien de houder van aandelen op naam alsmede de houder van de certificaten van aandelen, welke met medewerking van de vennootschap zijn uitgegeven, hiermee instemt, de oproeping geschieden door een langs elektronische weg toegezonden leesbaar en reproduceerbaar bericht aan het adres dat door hem voor dit doel aan de vennootschap is bekend gemaakt.

Art. 224

Inhoud oproeping

– 1. De oproeping vermeldt de te behandelen onderwerpen. Bij de oproeping in een dag- of nieuwsblad worden de te behandelen onderwerpen vermeld of wordt meegedeeld dat de houders van met medewerking van de vennootschap uitgegeven certificaten van haar aandelen er ten kantore van de vennootschap kennis van kunnen nemen.

– 2. Omtrent onderwerpen waarvan de behandeling niet bij de oproeping of op de zelfde wijze is aangekondigd met inachtneming van de voor oproeping gestelde termijn, kan niet wettig worden besloten, tenzij het besluit met algemene stemmen wordt genomen in een vergadering waarin het gehele geplaatste kapitaal vertegenwoordigd is. (BW 2:14, 15)

– 3. Mededelingen welke krachtens de wet of de statuten aan de algemene vergadering moeten worden gericht, kunnen geschieden door opneming in de oproeping alsmede, in voorkomend geval, hetzij in de aankondiging in een dag- of nieuwsblad, hetzij in het stuk dat ter kennisneming ten kantore van de vennootschap is neergelegd, mits daarvan in de aankondiging melding wordt gemaakt. (K 43*g* (oud); BW art. 2:113, 114, 197, 198, 225, 230 lid 3, 252 lid 3, 314)

Art. 224a

Verzoek om behandeling

– 1. Een onderwerp, waarvan de behandeling schriftelijk is verzocht door een of meer houders van aandelen die alleen of gezamenlijk ten minste een honderdste gedeelte van het geplaatste kapitaal vertegenwoordigen, wordt opgenomen in de oproeping of op dezelfde wijze aangekondigd indien de vennootschap het verzoek niet later dan op de dertigste dag voor die van de vergadering heeft ontvangen en mits geen zwaarwichtig belang van de vennootschap zich daartegen verzet. In de statuten kan het vereiste gedeelte van het kapitaal lager worden gesteld en de termijn voor indiening van het verzoek worden verkort.

– 2. Voor de toepassing van dit artikel worden met de houders van aandelen gelijkgesteld de houders van de certificaten van aandelen die met medewerking van de vennootschap zijn uitgegeven. (BW art. 2:114*a*, 217, 219, 223, 224)

– 3. Tenzij de statuten anders bepalen, wordt aan de eis van schriftelijkheid van het verzoek als bedoeld in lid 1 voldaan indien dit verzoek elektronisch is vastgelegd.

Art. 225

Termijn voor oproeping

Behoudens het bepaalde bij de tweede zin van het eerste lid van artikel 221 geschiedt de oproeping niet later dan op de vijftiende dag vóór die der vergadering. Was die termijn korter of heeft de oproeping niet plaats gehad, dan kunnen geen wettige besluiten worden genomen, tenzij met algemene stemmen in een vergadering, waarin het gehele geplaatste kapitaal vertegenwoordigd is. (Ontw. 2.3A.4.8; K 43*h*, 58*b* (oud); BW art. 2:14, 15, 115, 223, 230 lid 2)

Art. 226

Plaats van de vergadering

De algemene vergaderingen worden gehouden in Nederland ter plaatse bij de statuten vermeld, of anders in de gemeente waar de vennootschap haar woonplaats heeft. In een algemene vergadering, gehouden elders dan behoort, kunnen wettige besluiten slechts worden genomen, indien het gehele geplaatste kapitaal vertegenwoordigd is. (Ontw. 2.3A.4.9; K 44, 58*b* (oud); BW art. 1:10 lid 2; 2:14, 15, 24*d*, 116, 230 lid 2)

Art. 227

Bijwoning in persoon of bij gevolmachtigde; raadgevende stem

– 1. Iedere aandeelhouder is bevoegd, in persoon of bij schriftelijk gevolmachtigde, de algemene vergadering van aandeelhouders bij te wonen, daarin het woord te voeren en het stemrecht uit te oefenen. Bij de statuten kan de bevoegdheid van aandeelhouders zich te doen vertegenwoordigen, worden beperkt.

De bevoegdheid van aandeelhouders zich te doen vertegenwoordigen door een advocaat, notaris, kandidaat-notaris, registeraccountant of accountant-administratieconsulent kan niet worden uitgesloten.

– 2. Iedere houder van een met medewerking van de vennootschap uitgegeven certificaat op naam van een aandeel is bevoegd, in persoon of bij schriftelijk gevolmachtigde, de algemene vergadering bij te wonen en daarin het woord te voeren. De laatste zin van lid 1 is van overeenkomstige toepassing.

– 3. De statuten kunnen bepalen dat een aandeelhouder niet gerechtigd is tot deelname aan de algemene vergadering zolang hij in gebreke is te voldoen aan een wettelijke of statutaire verplichting. De statuten kunnen bepalen, dat voor bijwoning van de aandeelhoudersvergadering vereist is, dat de aandeelhouder van zijn voornemen hiertoe kennis geeft aan het bestuur van de vennootschap. Bij de oproeping van de vergadering wordt alsdan vermeld de dag waarop de kennisgeving uiterlijk moet geschieden. Deze dag kan niet vroeger worden gesteld dan op de derde dag voor die der vergadering. Indien de statuten een voorschrift overeenkomstig de voorgaande bepalingen van dit lid voor de aandeelhouders bevatten, geldt dat mede voor de houders van de certificaten op naam van aandelen, die met medewerking van de vennootschap zijn uitgegeven.

– 4. De bestuurders en de commissarissen hebben als zodanig in de algemene vergaderingen een raadgevende stem.

– 5. Aan de eis van schriftelijkheid van de volmacht wordt voldaan indien de volmacht elektronisch is vastgelegd. (Ontw. 2.3A.4.10; K 58*a* (oud); BW art. 2:12, 38, 117, 190, 197 lid 2, 198 lid 2, 201; BW art. 3:39, 61; BW 1696 (oud))

Art. 227a

Elektronisch communicatiemiddel

– 1. De statuten kunnen bepalen dat iedere aandeelhouder bevoegd is om, in persoon of bij een schriftelijk gevolmachtigde, door middel van een elektronisch communicatiemiddel aan de algemene vergadering deel te nemen, daarin het woord te voeren en het stemrecht uit te oefenen.

– 2. Voor de toepassing van lid 1 is vereist dat de aandeelhouder via het elektronisch communicatiemiddel kan worden geïdentificeerd, rechtstreeks kan kennisnemen van de verhandelingen ter vergadering en het stemrecht kan uitoefenen. De statuten kunnen bepalen dat bovendien is vereist dat de aandeelhouder via het elektronisch communicatiemiddel kan deelnemen aan de beraadslaging.

– 3. Bij of krachtens de statuten kunnen voorwaarden worden gesteld aan het gebruik van het elektronisch communicatiemiddel. Indien deze voorwaarden krachtens de statuten worden gesteld, worden deze bij de oproeping bekend gemaakt.

– 4. Lid 1 tot en met 3 zijn van overeenkomstige toepassing op de rechten van een met medewerking van de vennootschap uitgegeven certificaat van een aandeel.

– 5. Aan de eis van schriftelijkheid van de volmacht wordt voldaan indien de volmacht elektronisch is vastgelegd.

Art. 227b

Stemmen via elektronisch communicatiemiddel

De statuten kunnen bepalen dat stemmen die voorafgaand aan de algemene vergadering via een elektronisch communicatiemiddel worden uitgebracht, doch niet eerder dan op de dertigste dag voor die van de vergadering, gelijk worden gesteld met stemmen die ten tijde van de vergadering worden uitgebracht.

Art. 228

Stemrecht

– 1. Slechts aandeelhouders hebben stemrecht. Iedere aandeelhouder heeft ten minste één stem. De statuten kunnen bepalen dat een aandeelhouder niet gerechtigd is tot uitoefening van het stemrecht zolang hij in gebreke is te voldoen aan een wettelijke of statutaire verplichting.

– 2. Indien het maatschappelijk kapitaal in aandelen van een zelfde bedrag is verdeeld, brengt iedere aandeelhouder zoveel stemmen uit als hij aandelen heeft. (BW 2:201)
– 3. Indien het maatschappelijk kapitaal in aandelen van verschillend bedrag is verdeeld, is het aantal stemmen van iedere aandeelhouder gelijk aan het aantal malen, dat het bedrag van het kleinste aandeel is begrepen in het gezamenlijk bedrag van zijn aandelen; gedeelten van stemmen worden verwaarloosd.
– 4. Echter kan het door een zelfde aandeelhouder uit te brengen aantal stemmen bij de statuten worden beperkt, mits aandeelhouders wier bedrag aan aandelen gelijk is, hetzelfde aantal stemmen uitbrengen en de beperking voor de houders van een groter bedrag aan aandelen niet gunstiger is geregeld dan voor de houders van een kleiner bedrag aan aandelen.
– 5. Van het bepaalde bij het tweede en het derde lid kan bij de statuten ook op andere wijze worden afgeweken, mits aan eenzelfde aandeelhouder niet meer dan zes stemmen worden toegekend indien het maatschappelijk kapitaal is verdeeld in honderd of meer aandelen, en niet meer dan drie stemmen indien het kapitaal in minder dan honderd aandelen is verdeeld.
– 6. Voor een aandeel dat toebehoort aan de vennootschap of aan een dochtermaatschappij daarvan kan in de algemene vergadering geen stem worden uitgebracht; evenmin voor een aandeel waarvan een hunner de certificaten houdt. Vruchtgebruikers en pandhouders van aandelen die aan de vennootschap en haar dochtermaatschappijen toebehoren, zijn evenwel niet van hun stemrecht uitgesloten, indien het vruchtgebruik of pandrecht was gevestigd voordat het aandeel aan de vennootschap of een dochtermaatschappij daarvan toebehoorde. De vennootschap of een dochtermaatschappij daarvan kan geen stem uitbrengen voor een aandeel waarop zij een recht van vruchtgebruik of een pandrecht heeft. (Ontw. 2.3A.4.11; K 44*b*, 58*b* (oud); BW art. 2:13, 24*a*, 24*d*, 38, 88, 89, 118, 190 e.v., 197, 198, 216 lid 5, 227; Wet gir. eff. verk. art. 15, 39)

Art. 229

Vervallen.

Art. 230

Meerderheid van stemmen; quorum

– 1. Alle besluiten waaromtrent bij de statuten geen grotere meerderheid is voorgeschreven, worden genomen bij volstrekte meerderheid van de uitgebrachte stemmen. Staken de stemmen bij verkiezing van personen, dan beslist het lot, staken de stemmen bij een andere stemming, dan is het voorstel verworpen; een en ander voor zover in de statuten niet een andere oplossing is aangegeven. Deze oplossing kan bestaan in het opdragen van de beslissing aan een derde.
– 2. Tenzij bij de statuten anders is bepaald, is de geldigheid van besluiten niet afhankelijk van het ter vergadering vertegenwoordigd gedeelte van het kapitaal.
– 3. Indien in de statuten is bepaald dat de geldigheid van een besluit afhankelijk is van het ter vergadering vertegenwoordigd gedeelte van het kapitaal en dit gedeelte ter vergadering niet vertegenwoordigd was, kan, tenzij de statuten anders bepalen, een nieuwe vergadering worden bijeengeroepen waarin het besluit kan worden genomen, onafhankelijk van het op deze vergadering vertegenwoordigd gedeelte van het kapitaal. Bij de oproeping tot de nieuwe vergadering moet worden vermeld dat en waarom een besluit kan worden genomen, onafhankelijk van het ter vergadering vertegenwoordigd gedeelte van het kapitaal.
– 4. Het bestuur van de vennootschap houdt van de genomen besluiten aantekening. De aantekeningen liggen ten kantore van de vennootschap ter inzage van de aandeelhouders en de houders van de met medewerking van de vennootschap uitgegeven certificaten van haar aandelen. Aan ieder van dezen wordt desgevraagd afschrift of uittreksel van deze aantekeningen verstrekt tegen ten hoogste de kostprijs. (Ontw. 2.3A.4.13; K 44*d*, 58*b* (oud); BW art. 2:13, 14, 15, 120, 223, 224, 225, 231, 243 lid 2, 244 lid 2; OBW art. 52 lid 1)

Art. 231

Statutenwijziging

– 1. De algemene vergadering is bevoegd de statuten te wijzigen; voor zover bij de statuten de bevoegdheid tot wijziging mocht zijn uitgesloten, is wijziging niettemin mogelijk met algemene stemmen in een vergadering waarin het gehele geplaatste kapitaal is vertegenwoordigd. (BW 2:237)
– 2. Een bepaling in de statuten, die de bevoegdheid tot wijziging van een of meer andere bepalingen der statuten beperkt, kan slechts worden gewijzigd met inachtneming van gelijke beperking.
– 3. Een bepaling in de statuten, die de bevoegdheid tot wijziging van een of meer andere bepalingen uitsluit, kan slechts worden gewijzigd met algemene stemmen in een vergadering waarin het gehele geplaatste kapitaal is vertegenwoordigd. (Ontw. 2.3A.4.14; K 45, 58*b* (oud); BW art. 2:14, 15, 17, 18, 42, 43, 121, 232 e.v.)

Art. 231a

Omzetting kapitaal; totstandkoming besluit

– 1. Het besluit tot verhoging van het bedrag van de aandelen en van het maatschappelijk kapitaal volgens artikel 178*a* wordt genomen bij volstrekte meerderheid van stemmen. Het besluit tot vermindering van het bedrag van de aandelen en van het maatschappelijk kapitaal wordt genomen met een meerderheid van ten minste twee-derde van de uitgebrachte stemmen indien minder dan de helft van het geplaatste kapitaal is vertegenwoordigd. Zijn er verschillende soorten aandelen, dan is naast het besluit tot verhoging of verlaging een voorafgaand of gelijktijdig goedkeurend besluit nodig van elke groep van houders van aandelen waaraan de omzetting afbreuk doet.

– 2. Voor de toepassing van deze bepaling wordt onder aandelen van een bepaalde soort tevens begrepen aandelen met een onderscheiden nominale waarde.

Art. 232

Statutenwijziging en rechten van derden

Wijziging van een bepaling der statuten, waarbij aan een ander dan aan aandeelhouders der vennootschap als zodanig enig recht is toegekend, kan indien de gerechtigde in de wijziging niet toestemt, aan diens recht geen nadeel toebrengen; tenzij ten tijde van de toekenning van het recht de bevoegdheid tot wijziging bij die bepaling uitdrukkelijk was voorbehouden. (Ontw. 2.3A.4.15; K 45*a*, 58*b* (oud); BW art. 2:14, 15, 122; BW art. 6:253 e.v.)

Art. 233

Aankondiging voorstel tot statutenwijziging

– 1. Wanneer aan de algemene vergadering een voorstel tot wijziging van de statuten zal worden gedaan, moet zulks steeds bij de oproeping tot de algemene vergadering worden vermeld. (BW art. 2:224)

– 2. Degenen die zodanige oproeping hebben gedaan, moeten tegelijkertijd een afschrift van dat voorstel waarin de voorgedragen wijziging woordelijk is opgenomen, ten kantore van de vennootschap nederleggen ter inzage voor iedere aandeelhouder tot de afloop der vergadering. Artikel 224 lid 2 is van overeenkomstige toepassing.

– 3. De aandeelhouders moeten in de gelegenheid worden gesteld van de dag der nederlegging tot die der algemene vergadering een afschrift van het voorstel, gelijk bij het vorige lid bedoeld, te verkrijgen. Deze afschriften worden kosteloos verstrekt.

– 4. Hetgeen in dit artikel met betrekking tot aandeelhouders is bepaald, is van overeenkomstige toepassing op houders van met medewerking der vennootschap uitgegeven certificaten op naam van aandelen. (Ontw. 2.3A.4.16; K 45*b*, 58*b* (oud); BW art. 2:14, 15, 18, 42, 72, 123, 183; BW art. 3:259)

Art. 234

Notariële akte; wijziging maatschappelijk kapitaal

– 1. Van een wijziging in de statuten wordt, op straffe van nietigheid, een notariële akte opgemaakt. De akte wordt verleden in de Nederlandse taal. (BW art. 2:18, 72, 175 lid 2, 176)

– 2. Die akte kan bestaan in een notarieel proces-verbaal van de algemene vergadering, waarin de wijziging aangenomen is, of in een later verleden notariële akte. Het bestuur is bevoegd de akte te doen verlijden, ook zonder daartoe door de algemene vergadering te zijn gemachtigd. De algemene vergadering kan het bestuur of een of meer andere personen machtigen de veranderingen aan te brengen, die nodig mochten blijken om de bij het volgende artikel bedoelde verklaring te verkrijgen.

– 3. Wordt het maatschappelijke kapitaal gewijzigd, dan vermeldt de akte welk deel daarvan is geplaatst. (Ontw. 2.3A.4.17; K 45*c*, 58*b* (oud); BW art. 2:43, 124, 183, 293)

Art. 235

Ministeriële verklaring van geen bezwaar

– 1. De wijziging in de statuten wordt niet van kracht, dan nadat door Onze Minister van Justitie is verklaard dat hem van bezwaren niet is gebleken.

– 2. De in lid één bedoelde verklaring mag alleen worden geweigerd op grond dat door de wijziging de vennootschap een verboden karakter zou verkrijgen of dat er gevaar bestaat dat door de wijziging de vennootschap gebruikt zal worden voor ongeoorloofde doeleinden.

– 3. Ter verkrijging van deze verklaring moeten aan Onze Minister van Justitie alle inlichtingen verstrekt worden die noodzakelijk zijn voor het beoordelen van de aanvraag. Tevens moet aan Onze Minister ten bate van 's Rijks kas een bedrag van € 90,76 worden voldaan. Wij kunnen bij algemene maatregel van bestuur dit bedrag verhogen in verband met de stijging van het loon- en prijspeil.

– 4. De verklaring is niet vereist bij een omzetting van de bedragen van de aandelen of van het maatschappelijk of het geplaatste kapitaal in euro volgens artikel 178*a*. (Ontw. 2.3A.4.18; K 45*d*, 58*b* (oud); BW art. 2:18, 21, 72, 125, 179, 183, 284*a*, 317)

Art. 236

Nederlegging authentiek afschrift

De bestuurders zijn verplicht een authentiek afschrift van de wijziging en de gewijzigde statuten neder te leggen ten kantore van het handelsregister. (Ontw. 2.3A.4.19; BW art. 2:6, 18, 43, 72, 126, 180, 188, 293; Hrgw art. 19)

Art. 237

Statutenwijziging tijdens faillissement

Gedurende het faillissement der vennootschap kan in haar statuten geen wijziging worden aangebracht dan met toestemming van de curator. (Ontw. 2.3A.4.20; K 45*f* (oud), 58*b* (oud); BW art. 2:14, 15, 18, 23*a* lid 5, 72, 127, 193, 231, 310 lid 2; Fw art. 68 e.v.)

Art. 238

Besluitvorming buiten vergadering

– 1. De statuten kunnen bepalen dat besluitvorming van aandeelhouders op andere wijze dan in een vergadering kan geschieden, tenzij met medewerking van de vennootschap certificaten op naam van aandelen zijn uitgegeven. Indien de statuten een zodanige regeling bevatten, is zulk een besluitvorming slechts mogelijk met algemene stemmen van de stemgerechtigde aandeelhouders. De stemmen worden schriftelijk uitgebracht. (Ontw. 2.3A.4.21; K 46*b*, 58*b* (oud); BW art. 2:40 lid 2, 128, 218)

– 2. Tenzij de statuten anders bepalen kunnen de stemmen ook langs elektronische weg worden uitgebracht.

AFDELING 5
Het bestuur van de vennootschap en het toezicht op het bestuur

Art. 239

Taak bestuur

– 1. Behoudens beperkingen volgens de statuten is het bestuur belast met het besturen van de vennootschap.

– 2. De statuten kunnen bepalen dat een met name of in functie aangeduide bestuurder meer dan één stem wordt toegekend. Een bestuurder kan niet meer stemmen uitbrengen dan de andere bestuurders tezamen.

– 3. Besluiten van het bestuur kunnen bij of krachtens de statuten slechts worden onderworpen aan de goedkeuring van een ander orgaan van de vennootschap.

– 4. De statuten kunnen bepalen dat het bestuur zich dient te gedragen naar de aanwijzingen van een orgaan van de vennootschap die de algemene lijnen van het te voeren beleid op nader in de statuten aangegeven terreinen betreffen. (Ontw. 2.3A.5.1; K 47, 58*c* (oud); BW art. 2:8, 9, 44, 129, 240, 256, 261, 274, 291; BW art. 7A:1673; BW art. 8:192)

Art. 240

Vertegenwoordigingsbevoegdheid

– 1. Het bestuur vertegenwoordigt de vennootschap, voor zover uit de wet niet anders voortvloeit.

– 2. De bevoegdheid tot vertegenwoordiging komt mede aan iedere bestuurder toe. De statuten kunnen echter bepalen dat zij behalve aan het bestuur slechts toekomt aan een of meer bestuurders. Zij kunnen voorts bepalen dat een bestuurder de vennootschap slechts met medewerking van een of meer anderen mag vertegenwoordigen.

– 3. Bevoegdheid tot vertegenwoordiging die aan het bestuur of aan een bestuurder toekomt, is onbeperkt en onvoorwaardelijk, voor zover uit de wet niet anders voortvloeit. Een wettelijk toegelaten of voorgeschreven beperking van of voorwaarde voor de bevoegdheid tot vertegenwoordiging kan slechts door de vennootschap worden ingeroepen.

– 4. De statuten kunnen ook aan andere personen dan bestuurders bevoegdheid tot vertegenwoordiging toekennen. (Ontw. 2.3A.5.2; K 47*a*, 47*b*, 58*c* (oud); BW art. 2:6 lid 2, 9, 14, 15, 45, 130, 239, 246, 256, 261, 292; BW art. 3:65; BW art. 5:131; AWR art. 42; Hrgw art. 8, 13)

Art. 241

Bevoegde rechter

De rechtbank, binnen welker rechtsgebied de vennootschap haar woonplaats heeft, neemt kennis van alle rechtsvorderingen betreffende de overeenkomst tussen de vennootschap en de bestuurder, daaronder begrepen de vordering bedoeld bij artikel 248 van dit Boek, waarvan het bedrag onbepaald is of € 5000 te boven gaat. Dezelfde rechtbank neemt kennis van verzoeken als bedoeld in artikel 685 van Boek 7 betreffende de in de eerste zin genoemde overeenkomst. (Ontw. 2.3A.5.3; K 47*e*, 58*c* (oud); BW 1:10 lid 2; 2:131, 259; RO 38, 39 sub 2, 53; Wet loonvorming 20)

Art. 242

Benoeming van bestuurders

– 1. De benoeming van bestuurders geschiedt voor de eerste maal bij de akte van oprichting en later door de algemene vergadering van aandeelhouders, tenzij zij overeenkomstig artikel 272 van dit Boek door de raad van commissarissen geschiedt.

– 2. De statuten kunnen de kring van benoembare personen beperken door eisen te stellen waaraan de bestuurders moeten voldoen. De eisen kunnen terzijde worden gesteld door een besluit van de algemene vergadering genomen met twee derden van de uitgebrachte stemmen die meer dan de helft van het geplaatste kapitaal vertegenwoordigen. (Ontw. 2.3A.5.4; K 48, 58*c* (oud); BW 2:37, 132, 177, 217; WOR 30)

Art. 243

Oligarchische clausule

– 1. Bij de statuten kan worden bepaald, dat de benoeming door de algemene vergadering zal geschieden uit een voordracht, die ten minste twee personen voor iedere te vervullen plaats bevat.

– 2. De algemene vergadering kan echter aan zodanige voordracht steeds het bindend karakter ontnemen bij een besluit genomen met twee derden van de uitgebrachte stemmen, die meer dan de helft van het geplaatste kapitaal vertegenwoordigen. (BW 2:37 lid 4)

– 3. De vorige leden zijn niet van toepassing, indien de benoeming geschiedt door de raad van commissarissen. (Ontw. 2.3A.5.5; K 48*c*, 58*c* (oud); BW 2:133, 242, 252 lid 2, 272; Overg.w. 52 lid 3)

Art. 244

Schorsing; ontslag; ontstentenis of belet

– 1. Iedere bestuurder kan te allen tijde worden geschorst en ontslagen door degene die bevoegd is tot benoeming.

– 2. Indien in de statuten is bepaald dat het besluit tot schorsing of ontslag slechts mag worden genomen met een versterkte meerderheid in een algemene vergadering, waarin een bepaald gedeelte van het kapitaal is vertegenwoordigd, mag deze versterkte meerderheid twee derden der uitgebrachte stemmen, vertegenwoordigende meer dan de helft van het kapitaal, niet te boven gaan.

– 3. Een veroordeling tot herstel van de arbeidsovereenkomst tussen vennootschap en bestuurder kan door de rechter niet worden uitgesproken. (BW 7:682)

– 4. De statuten moeten voorschriften bevatten omtrent de wijze, waarop in het bestuur van de vennootschap voorlopig wordt voorzien in geval van ontstentenis of belet van bestuurders. (Ontw. 2.3A.5.6; K 48*b*, 58*c* (oud); BW 2:8, 9, 14, 15, 37 lid 6, 134, 242, 243, 257, 272, 356 sub *b*; 7:677; WOR 30)

Art. 245

Bezoldiging

Voor zover bij de statuten niet anders is bepaald, wordt de bezoldiging van bestuurders door de algemene vergadering vastgesteld. (Ontw. 2.3A.5.7; K 48*c*, 58*c* lid 1 (oud); BW 2:135, 217, 383; 7:617, 618, 619, 624 leden 4 en 5)

Art. 246

Aangifte tot faillietverklaring

Tenzij bij de statuten anders is bepaald, is het bestuur zonder opdracht der algemene vergadering niet bevoegd aangifte te doen tot faillietverklaring van de vennootschap. (Ontw. 2.3A.5.9; K 58*c* (oud); BW 2:136; Fw 1, 4)

Art. 247

Rechtshandelingen schriftelijk vastgelegd

– 1. Rechtshandelingen van de vennootschap jegens de houder van alle aandelen in het kapitaal van de vennootschap of jegens een deelgenoot in een huwelijksgemeenschap of in een gemeenschap van een geregistreerd partnerschap waartoe alle aandelen in het kapitaal van de vennootschap behoren, waarbij de vennootschap wordt vertegenwoordigd door deze aandeelhouder of door een van de deelgenoten, worden schriftelijk vastgelegd. Voor de toepassing van de vorige zin worden aandelen gehouden door de vennootschap of haar dochtermaatschappijen niet meegeteld. Indien de eerste zin niet in acht is genomen, kan de rechtshandeling ten behoeve van de vennootschap worden vernietigd.

– 2. Lid 1 is niet van toepassing op rechtshandelingen die onder de bedongen voorwaarden tot de gewone bedrijfsuitoefening van de vennootschap behoren. (BW 2:94*c*, 204*c*)

Art. 248

Hoofdelijke aansprakelijkheid bestuurders in geval van faillissement wegens onbehoorlijk bestuur

– 1. In geval van faillissement van de vennootschap is iedere bestuurder jegens de boedel hoofdelijk aansprakelijk voor het bedrag van de schulden voor zover deze niet door vereffening van de overige baten kunnen worden voldaan, indien het bestuur zijn taak kennelijk onbehoorlijk heeft vervuld en aannemelijk is dat dit een belangrijke oorzaak is van het faillissement. (BW art. 6:6 e.v.)

– 2. Indien het bestuur niet heeft voldaan aan zijn verplichtingen uit de artikelen 10 of 394, heeft het zijn taak onbehoorlijk vervuld en wordt vermoed dat onbehoorlijke taakvervulling een belangrijke oorzaak is van het faillissement. Hetzelfde geldt indien de vennootschap volledig aansprakelijk vennoot is van een vennootschap onder firma of commanditaire vennootschap en niet voldaan is aan de verplichtingen uit artikel 15*i* van Boek 3. Een onbelangrijk verzuim wordt niet in aanmerking genomen.

– 3. Niet aansprakelijk is de bestuurder die bewijst dat de onbehoorlijke taakvervulling door het bestuur niet aan hem te wijten is en dat hij niet nalatig is geweest in het treffen van maatregelen om de gevolgen daarvan af te wenden.

– 4. De rechter kan het bedrag waarvoor de bestuurders aansprakelijk zijn verminderen indien hem dit bovenmatig voorkomt, gelet op de aard en de ernst van de onbehoorlijke taakvervulling door het bestuur, de andere oorzaken van het faillissement, alsmede de wijze waarop dit is afgewikkeld. De rechter kan voorts het bedrag van de aansprakelijkheid van een afzonderlijke bestuurder verminderen indien hem dit bovenmatig voorkomt, gelet op de tijd gedurende welke die bestuurder als zodanig in functie is geweest in de periode waarin de onbehoorlijke taakvervulling plaats vond.

– 5. Is de omvang van het tekort nog niet bekend, dan kan de rechter, al dan niet met toepassing van het vierde lid, bepalen dat van het tekort tot betaling waarvan hij de bestuurders veroordeelt, een staat wordt opgemaakt overeenkomstig de bepalingen van de zesde titel van het tweede boek van het Wetboek van Burgerlijke Rechtsvordering.

– 6. De vordering kan slechts worden ingesteld op grond van onbehoorlijke taakvervulling in

de periode van drie jaren voorafgaande aan het faillissement. Een aan de bestuurder verleende kwijting staat aan het instellen van de vordering niet in de weg. (Fw art. 249)
– 7. Met een bestuurder wordt voor de toepassing van dit artikel gelijkgesteld degene die het beleid van de vennootschap heeft bepaald of mede heeft bepaald, als ware hij bestuurder. De vordering kan niet worden ingesteld tegen de door de rechter benoemde bewindvoerder. (BW art. 2:68 lid 2, 179 lid 2)
– 8. Dit artikel laat onverlet de bevoegdheid van de curator tot het instellen van een vordering op grond van de overeenkomst met de bestuurder of op grond van artikel 9.
– 9. Indien een bestuurder ingevolge dit artikel aansprakelijk is en niet in staat is tot betaling van zijn schuld terzake, kan de curator de door die bestuurder onverplicht verrichte rechtshandelingen waardoor de mogelijkheid tot verhaal op hem is verminderd, ten behoeve van de boedel door een buitengerechtelijke verklaring vernietigen, indien aannemelijk is dat deze geheel of nagenoeg geheel met het oogmerk van vermindering van dat verhaal zijn verricht. Artikel 45 leden 4 en 5 van Boek 3 is van overeenkomstige toepassing. (Fw art. 42 e.v.)
– 10. Artikel 138 lid 10 is van toepassing. (BW art. 2:9, 138, 241, 259; Sr art. 342, 343, 347)

Art. 249

Aansprakelijkheid voor de jaarrekening

Indien door de jaarrekening, door tussentijdse cijfers of door het jaarverslag voor zover deze bekend zijn gemaakt, een misleidende voorstelling wordt gegeven van de toestand der vennootschap, zijn de bestuurders tegenover derden hoofdelijk aansprakelijk voor de schade, door dezen dientengevolge geleden. De bestuurder die bewijst dat dit aan hem niet te wijten is, is niet aansprakelijk. (Ontw. 2.3A.5.12; K 49*b*, 58*c* (oud); BW 2:9, 139, 210, 260, 361, 362, 391; 6:6 e.v., 95, 102, 194; Sr 336)

Art. 250

Raad van commissarissen; taakomschrijving

– 1. Bij de statuten kan worden bepaald dat er een raad van commissarissen zal zijn. De raad bestaat uit een of meer natuurlijke personen.
– 2. De raad van commissarissen heeft tot taak toezicht te houden op het beleid van het bestuur en op de algemene gang van zaken in de vennootschap en de met haar verbonden onderneming. Hij staat het bestuur met raad ter zijde. Bij de vervulling van hun taak richten de commissarissen zich naar het belang van de vennootschap en de met haar verbonden onderneming.
– 3. De statuten kunnen aanvullende bepalingen omtrent de taak en de bevoegdheden van de raad en van zijn leden bevatten.
– 4. De statuten kunnen bepalen dat een met name of in functie aangeduide commissaris meer dan één stem wordt toegekend. Een commissaris kan niet meer stemmen uitbrengen dan de andere commissarissen tezamen. (Ontw. 2.3A.5.13; K 50, 58*c* (oud); BW 2:8, 14, 15, 47, 57, 140, 210 lid 2, 217 lid 2, 219, 256, 261, 268 e.v.)

Art. 251

Verkrijging van gegevens

– 1. Het bestuur verschaft de raad van commissarissen tijdig de voor de uitoefening van diens taak noodzakelijke gegevens. (Ontw. 2.3A.5.14; K 50*a*, 58*c* (oud); BW 2:57 lid 8, 141)
– 2. Het bestuur stelt ten minste een keer per jaar de raad van commissarissen schriftelijk op de hoogte van de hoofdlijnen van het strategisch beleid, de algemene en financiële risico's en het beheers- en controlesysteem van de vennootschap.

Art. 252

Benoeming commissarissen

– 1. De commissarissen die niet reeds bij de akte van oprichting zijn aangewezen, worden benoemd door de algemene vergadering van aandeelhouders. De statuten kunnen de kring van benoembare personen beperken door eisen te stellen waaraan de commissarissen moeten voldoen. De eisen kunnen terzijde worden gesteld door een besluit van de algemene vergadering genomen met twee derden van de uitgebrachte stemmen die meer dan de helft van het geplaatste kapitaal vertegenwoordigen.
– 2. De eerste twee leden van artikel 243 van dit Boek zijn van overeenkomstige toepassing, indien de benoeming door de algemene vergadering van aandeelhouders geschiedt.
– 3. Bij een aanbeveling of voordracht tot benoeming van een commissaris worden van de kandidaat medegedeeld zijn leeftijd, zijn beroep, het bedrag aan door hem gehouden aandelen in het kapitaal der vennootschap en de betrekkingen die hij bekleedt of die hij heeft bekleed voor zover die van belang zijn in verband met de vervulling van de taak van een commissaris. Tevens wordt vermeld aan welke rechtspersonen hij reeds als commissaris is verbonden; indien zich daaronder rechtspersonen bevinden, die tot een zelfde groep behoren, kan met de aanduiding van die groep worden volstaan. De aanbeveling en de voordracht tot benoeming of herbenoeming worden gemotiveerd. Bij herbenoeming wordt rekening gehouden met de wijze waarop de kandidaat zijn taak als commissaris heeft vervuld. (Ontw. 2.3A.5.15; K 50*b*, 58*c* (oud); BW 2:57*a*, 63*f*, 63*i*, 142, 176, 224, 268, 269, 270, 271)

Art. 253

Afwijkende benoeming

Bij de statuten kan worden bepaald dat een of meer commissarissen, doch ten hoogste een derde van het gehele aantal, zullen worden benoemd door anderen dan de algemene vergadering. Is de benoeming van commissarissen geregeld overeenkomstig de artikelen 268 en 269 van dit Boek, dan vindt de vorige zin geen toepassing. (Ontw. 2.3A.5.16; K 50*c*, 58*c* (oud); BW 2:143)

Art. 254

Schorsing en ontslag

– 1. Een commissaris kan worden geschorst en ontslagen door degene die bevoegd is tot benoeming, tenzij artikel 271 leden 2 en 3 of artikel 271*a* van dit Boek van toepassing is.
– 2. Het tweede en het derde lid van artikel 244 van dit Boek zijn van overeenkomstige toepassing. (Ontw. 2.3A.5.17; K 50*d*, 58*c* (oud); BW 2:47 lid 2, 144, 252, 253, 271, 356 sub *b*; 7:677, 680)

Art. 255

Bezoldiging

De algemene vergadering kan aan de commissarissen een bezoldiging toekennen. (Ontw. 2.3A.5.18; K 50*e*, 58*c* (oud); BW 2:145, 245, 383)

Art. 256

Vertegenwoordiging bij tegenstrijdig belang

Tenzij bij de statuten anders is bepaald, wordt de vennootschap in alle gevallen waarin zij een tegenstrijdig belang heeft met een of meer bestuurders, vertegenwoordigd door commissarissen. De algemene vergadering is steeds bevoegd een of meer andere personen daartoe aan te wijzen. (Ontw. 2.3A.5.19; K 51, 58*c* (oud); BW 2:146, 217, 240; 3:68)

Art. 257

Bevoegdheid tot schorsing bestuurders

– 1. Tenzij bij de statuten anders is bepaald, is de raad van commissarissen bevoegd iedere bestuurder te allen tijde te schorsen.
– 2. De schorsing kan te allen tijde door de algemene vergadering worden opgeheven, tenzij de bevoegdheid tot benoeming van de bestuurders bij de raad van commissarissen berust. (Ontw. 2.3A.5.20; K 51*a*, 58*c* (oud); BW 2:147, 217, 244, 272, 356 sub *b*)

Art. 258

Vervallen.

Art. 259

Aansprakelijkheid commissarissen

Het bepaalde bij de artikelen 9, 241 en 248 vindt overeenkomstige toepassing ten aanzien van de taakvervulling door de raad van commissarissen. (Ontw. 2.3A.5.22; K 51*c*, 58*c* (oud); BW 2:149)

Art. 260

Aansprakelijkheid voor de jaarrekening

Indien door de openbaar gemaakte jaarrekening een misleidende voorstelling wordt gegeven van de toestand der vennootschap, zijn de commissarissen naast de bestuurders tegenover derden hoofdelijk aansprakelijk voor de schade, door dezen dientengevolge geleden. De commissaris die bewijst dat zulks niet aan een tekortkoming zijnerzijds in het toezicht is te wijten, is niet aansprakelijk. (Ontw. 2.3A.5.23; K 52, 58*c* (oud); BW 2:9, 150, 210, 249, 250 lid 2, 361, 362; 6:6 e.v., 95, 102, 194; Sr 336)

Art. 261

Verrichten bestuurshandelingen

– 1. Allen, commissarissen of anderen, die, zonder deel uit te maken van het bestuur der vennootschap, krachtens enige bepaling der statuten of krachtens besluit der algemene vergadering, voor zekere tijd of onder zekere omstandigheden daden van bestuur verrichten, worden te dien aanzien, wat hun rechten en verplichtingen ten opzichte van de vennootschap en van derden betreft, als bestuurders aangemerkt.
– 2. Het goedkeuren van bepaalde bestuurshandelingen of het daartoe machtigen geldt niet als het verrichten van daden van bestuur. (Ontw. 2.3A.5.24 en 25; K 52*a*, 58*c* (oud); BW 2:9, 151, 234, 239, 240 lid 4, 274)

AFDELING 6

De raad van commissarissen bij de grote besloten vennootschap met beperkte aansprakelijkheid

Art. 262

Afhankelijke maatschappij

In deze afdeling wordt onder een afhankelijke maatschappij verstaan:
a. een rechtspersoon waaraan de vennootschap of een of meer afhankelijke maatschappijen alleen of samen voor eigen rekening ten minste de helft van het geplaatste kapitaal verschaffen, (BW 2:24*d*)
b. een vennootschap waarvan een onderneming in het handelsregister is ingeschreven en waarvoor de vennootschap of een afhankelijke maatschappij als vennote jegens derden volledig aansprakelijk is voor alle schulden. (BW 2:63*a*, 152)

Art. 263

Verplichting opgaaf voor grote BV

– 1. Een besloten vennootschap met beperkte aansprakelijkheid moet, indien het volgende lid op haar van toepassing is, binnen twee maanden na de vaststelling van haar jaarrekening door de algemene vergadering ten kantore van het handelsregister opgaaf doen, dat zij aan de in dat lid gestelde voorwaarden voldoet. Totdat artikel 264 lid 3 van dit Boek toepassing heeft gevonden, vermeldt het bestuur in elk volgend jaarverslag wanneer de opgaaf is gedaan; wordt de opgaaf doorgehaald, dan wordt daarvan melding gemaakt in het eerste jaarverslag dat na de datum van die doorhaling wordt uitgebracht. (BW 2:188)

Structuurvennootschap

– 2. De verplichting tot het doen van opgaaf geldt, indien:
a. het geplaatste kapitaal der vennootschap te zamen met de reserves volgens de balans met toelichting ten minste een bij koninklijk besluit vastgesteld grensbedrag beloopt,
b. de vennootschap of een afhankelijke maatschappij krachtens wettelijke verplichting een ondernemingsraad heeft ingesteld, en
c. bij de vennootschap en haar afhankelijke maatschappijen, tezamen in de regel ten minste honderd werknemers in Nederland werkzaam zijn.
– 3. De verplichting tot het doen van een opgaaf geldt niet voor:
a. een vennootschap die afhankelijke maatschappij is van een rechtspersoon waarop de artikelen 63*f* tot en met 63*j*, de artikelen 158 tot en met 161 en 164 of de artikelen 268 tot en met 271 en 274 van toepassing zijn,
b. een vennootschap wier werkzaamheid zich uitsluitend of nagenoeg uitsluitend beperkt tot het beheer en de financiering van groepsmaatschappijen, en van haar en hun deelnemingen in andere rechtspersonen, mits de werknemers in dienst van de vennootschap en de groepsmaatschappijen in meerderheid buiten Nederland werkzaam zijn,
c. een vennootschap die uitsluitend of nagenoeg uitsluitend aan een vennootschap als bedoeld onder *b* of in artikel 153 lid 3 onder *b*, en aan de in die bepalingen genoemde groepsmaatschappijen en rechtspersonen diensten ten behoeve van het beheer en de financiering verleent, en (BW 2:24*b*)
d. een vennootschap waarin voor ten minste de helft van het geplaatste kapitaal volgens een onderlinge regeling tot samenwerking wordt deelgenomen door twee of meer rechtspersonen waarop de artikelen 63*f* tot en met 63*j*, de artikelen 158 tot en met 161 en 164 of de artikelen 268 tot en met 271 en 274 van toepassing zijn of die afhankelijke maatschappij zijn van zulk een rechtspersoon.
– 4. Het in onderdeel *a* van lid 2 genoemde grensbedrag wordt ten hoogste eenmaal in de twee jaren verhoogd of verlaagd, evenredig aan de ontwikkeling van een bij algemene maatregel van bestuur aan te wijzen prijsindexcijfer sedert een bij die maatregel te bepalen datum; het wordt daarbij afgerond op het naaste veelvoud van een miljoen euro. Het bedrag wordt niet opnieuw vastgesteld zo lang als het onafgeronde bedrag minder dan een miljoen euro afwijkt van het laatst vastgestelde bedrag.
– 5. Onder het geplaatste kapitaal met de reserves wordt in lid 2 onder *a* begrepen de gezamenlijke verrichte en nog te verrichten inbreng van vennoten bij wijze van geldschieting in afhankelijke maatschappijen die commanditaire vennootschap zijn, voor zover dit niet tot dubbeltelling leidt. (Ontw. 2.3A.5A.1; K 52*c*, 58*c* (oud); BW 2:63*b*, 153, 210, 262, 264, 373, 382, 391; K 20 lid 3, 275; Hrgw 8*a*, 28*a*, 29*a*; Bankwet 1948 art. 27; WOR 2 e.v.; WED 1 sub 4°)

Art. 264

Rechtsgevolgen van 3 jaar; inschrijving; structuurvennootschap

– 1. De artikelen 268-274 van dit Boek zijn van toepassing op een vennootschap waaromtrent een opgaaf als bedoeld in het vorige artikel gedurende drie jaren onafgebroken is ingeschreven; deze termijn wordt geacht niet te zijn onderbroken, indien een doorhaling van de opgaaf, welke tijdens die termijn ten onrechte heeft plaatsgevonden, is ongedaan gemaakt.
– 2. De doorhaling van de inschrijving op grond van de omstandigheid dat de vennootschap niet meer voldoet aan de voorwaarden, genoemd in het tweede lid van het vorige artikel, doet de toepasselijkheid van de artikelen 268-274 van dit Boek slechts eindigen, indien drie jaren na de doorhaling zijn verstreken en de vennootschap gedurende die termijn niet opnieuw tot het doen van de opgaaf is verplicht geweest.
– 3. De vennootschap brengt haar statuten in overeenstemming met de artikelen 268-274 welke voor haar gelden, uiterlijk met ingang van de dag waarop die artikelen krachtens lid 1 op haar van toepassing worden.
– 4. In de eerstvolgende vergadering nadat de vennootschap waarop de artikelen 268 tot en met 274 of 268 tot en met 271 en 274 van toepassing zijn gaat voldoen aan de voorwaarden bedoeld in de artikelen 263 lid 3, 264 lid 2, 265 of 265*a*, doet het bestuur aan de algemene vergadering het voorstel in de statuten de wijze van benoeming en ontslag van commissarissen en de taak en bevoegdheden van de raad van commissarissen te regelen zonder toepassing van de artikelen 268 tot en met 274 respectievelijk de artikelen 268 tot en met 271 en 274, dan wel het voorstel deze artikelen geheel of met uitzondering van artikel 272 te blijven toepassen. Het besluit wordt genomen met volstrekte meerderheid van stemmen. De bevoegdheid van de algemene vergadering tot het nemen van een besluit ter uitvoering van dit artikel kan niet worden beperkt.
– 5. Uiterlijk twaalf maanden nadat het besluit bedoeld in lid 4 is genomen, legt het bestuur aan de algemene vergadering een voorstel tot wijziging van de statuten voor. Indien de algemene vergadering geen besluit tot statutenwijziging neemt, stelt de ondernemingskamer van

het gerechtshof te Amsterdam op verzoek van degene die daartoe krachtens het volgende lid bevoegd is, de statuten vast. De laatste twee zinnen van lid 4 zijn van overeenkomstige toepassing.
– 6. Een verzoek tot vaststelling van de statuten kan worden ingediend door een daartoe aangewezen vertegenwoordiger van het bestuur of van de raad van commissarissen en door degene die gerechtigd is tot agendering ingevolge artikel 224*a*.
– 7. De ondernemingskamer regelt zo nodig de gevolgen van de door haar genomen beslissing. De griffier van de ondernemingskamer doet ten kantore van het handelsregister waar de vennootschap is ingeschreven een afschrift van de beschikking van de ondernemingskamer neerleggen. (Ontw. 2.3A.5A.2; K 52*d*, 58*c* (oud); BW 2:63*c*, 154, 231, 263, 265, 267 lid 1; Overg.w. 52 lid 2; Hrgw 8*a*, 28*a*, 29*a*; WED 1 sub 4°; WOR 25 lid 1 onder *e*)

Art. 265

Uitzonderingen

– 1. In afwijking van artikel 264 geldt artikel 272 niet voor een vennootschap waarin een deelneming voor ten minste de helft van het geplaatste kapitaal wordt gehouden:
a. door een rechtspersoon waarvan de werknemers in meerderheid buiten Nederland werkzaam zijn, of door afhankelijke maatschappijen daarvan
b. volgens een onderlinge regeling tot samenwerking door een aantal van zulke rechtspersonen of maatschappijen, of
c. volgens een onderlinge regeling tot samenwerking door een of meer van zulke rechtspersonen en een of meer rechtspersonen waarvoor artikel 153 lid 3 onder *a* of artikel 263 lid 3 onder *a* geldt of waarop de artikelen 63*f* tot en met 63*j*, de artikelen 158 tot en met 161 en 164 of de artikelen 268 tot en met 271 en 274 van toepassing zijn.
– 2. De uitzondering volgens het vorige lid geldt echter niet, indien de werknemers in dienst van de vennootschap, tezamen met die in dienst van de rechtspersoon of rechtspersonen, in meerderheid in Nederland werkzaam zijn.
– 3. Voor de toepassing van dit artikel worden onder werknemers, in dienst van een rechtspersoon, begrepen de werknemers in dienst van groepsmaatschappijen. (Ontw. 2.3A.5A.3; K 52*e*, 58*c* (oud); BW 2:24*b*, 24*c*, 24*d*, 155, 262, 263, 264, 267 lid 2, 380, 382)

Art. 265a

Uitzonderingen

– 1. In afwijking van artikel 264 geldt artikel 272 niet voor een vennootschap waarin:
a. een natuurlijk persoon het gehele geplaatste kapitaal verschaft of doet verschaffen, of twee of meer natuurlijke personen volgens een onderlinge regeling tot samenwerking het gehele geplaatste kapitaal verschaffen of doen verschaffen;
b. een stichting, een vereniging of een rechtspersoon als bedoeld in artikel 1 het gehele geplaatste kapitaal voor eigen rekening verschaft of doet verschaffen, of twee of meer van zulke rechtspersonen volgens een onderlinge regeling tot samenwerking het gehele geplaatste kapitaal voor eigen rekening verschaffen of doen verschaffen.
– 2. Met de natuurlijke persoon bedoeld in lid 1 worden gelijkgesteld de echtgenoot of echtgenote en de geregistreerde partner. Eveneens worden gelijkgesteld de bloedverwanten in rechte lijn, mits dezen binnen zes maanden na het overlijden van de natuurlijke persoon een onderlinge regeling tot samenwerking zijn aangegaan. (BW 2:155*a*)

Art. 266

Ontheffing door minister

Onze Minister van Justitie kan, gehoord de Sociaal-Economische Raad, aan een vennootschap op haar verzoek ontheffing verlenen van een of meer der artikelen 268-274 van dit Boek; de ontheffing kan onder beperkingen worden verleend en daaraan kunnen voorschriften worden verbonden; zij kan voorts worden gewijzigd en ingetrokken. (Ontw. 2.3A.5A.4; K 52*f*, 58*c* (oud); BW 2:63*d* lid 2, 156)

Art. 267

Overeenkomstige regelingen mogelijk voor de niet-verplichte BV's

– 1. Een vennootschap waarvoor artikel 264 van dit Boek niet geldt, kan bij haar statuten de wijze van benoeming en ontslag van commissarissen en de taak en bevoegdheden van de raad van commissarissen regelen overeenkomstig de artikelen 268-274 van dit Boek indien zij of een afhankelijke maatschappij een ondernemingsraad heeft ingesteld waarop de bepalingen van de Wet op de ondernemingsraden van toepassing zijn. Zij mag daarbij artikel 272 buiten toepassing laten. De in dit lid bedoelde regeling in de statuten verliest haar gelding zodra de ondernemingsraad ophoudt te bestaan of op de ondernemingsraad niet langer de bepalingen van de Wet op de ondernemingsraden van toepassing zijn. (BW 2:262)
– 2. Een vennootschap waarvoor artikel 265 of 265*a* geldt, kan de bevoegdheid tot benoeming en ontslag van bestuurders regelen overeenkomstig artikel 272. (Ontw. 2.3A.5A.5; K 52*g*, 58*c* (oud); BW 2:63*e*, 157, 187, 263, 264, 265; WOR 2)

Art. 268

Raad van commissarissen
Aanvulling ledental

– 1. De vennootschap heeft een raad van commissarissen.
– 2. De raad van commissarissen bestaat uit ten minste drie leden. Is het aantal commissaris-

sen minder dan drie, dan neemt de raad onverwijld maatregelen tot aanvulling van zijn ledental. (BW art. 2:252, 253, 269, 270)

– 3. De raad van commissarissen stelt een profielschets voor zijn omvang en samenstelling vast, rekening houdend met de aard van de onderneming, haar activiteiten en de gewenste deskundigheid en achtergrond van de commissarissen. De raad bespreekt de profielschets voor het eerst bij vaststelling en vervolgens bij iedere wijziging in de algemene vergadering en met de ondernemingsraad. (BW art. 2:270)

Voordracht

– 4. De commissarissen worden, behoudens het bepaalde in lid 9, op voordracht van de raad van commissarissen benoemd door de algemene vergadering, voor zover de benoeming niet reeds is geschied bij de akte van oprichting of voordat dit artikel op de vennootschap van toepassing is geworden. De voordracht is met redenen omkleed. Onverminderd het bepaalde in artikel 270 kunnen de statuten de kring van benoembare personen niet beperken. (BW art. 2:217, 239; WOR art. 23 e.v.)

Aanbeveling AvA en OR

– 5. De algemene vergadering en de ondernemingsraad kunnen aan de raad van commissarissen personen aanbevelen om als commissaris te worden voorgedragen. De raad deelt hun daartoe tijdig mede wanneer, ten gevolge waarvan en overeenkomstig welk profiel in zijn midden een plaats moet worden vervuld. Indien voor de plaats het in lid 6 bedoelde versterkte recht van aanbeveling geldt, doet de raad van commissarissen daarvan eveneens mededeling. De raad van commissarissen maakt de voordracht gelijktijdig bekend aan de algemene vergadering en aan de ondernemingsraad. De voordracht wordt met redenen omkleed.

Bezwaar

– 6. Voor een derde van het aantal leden van de raad van commissarissen geldt dat de raad van commissarissen een door de ondernemingsraad aanbevolen persoon op de voordracht plaatst, tenzij de raad van commissarissen bezwaar maakt tegen de aanbeveling op grond van de verwachting dat de aanbevolen persoon ongeschikt zal zijn voor de vervulling van de taak van commissaris of dat de raad van commissarissen bij benoeming overeenkomstig de aanbeveling niet naar behoren zal zijn samengesteld. Indien het getal der leden van de raad van commissarissen niet door drie deelbaar is, wordt het naastgelegen lagere getal dat wel door drie deelbaar is in aanmerking genomen voor de vaststelling van het aantal leden waarvoor dit versterkte recht van aanbeveling geldt.

Bezwaar RvC

– 7. Indien de raad van commissarissen bezwaar maakt, deelt hij de ondernemingsraad het bezwaar onder opgave van redenen mede. De raad treedt onverwijld in overleg met de ondernemingsraad met het oog op het bereiken van overeenstemming over de voordracht. Indien de raad van commissarissen constateert dat geen overeenstemming kan worden bereikt, verzoekt een daartoe aangewezen vertegenwoordiger van de raad aan de ondernemingskamer van het gerechtshof te Amsterdam het bezwaar gegrond te verklaren. Het verzoek wordt niet eerder ingediend dan nadat vier weken zijn verstreken na aanvang van het overleg met de ondernemingsraad. De raad van commissarissen plaatst de aanbevolen persoon op de voordracht indien de ondernemingskamer het bezwaar ongegrond verklaart. Verklaart de ondernemingskamer het bezwaar gegrond, dan kan de ondernemingsraad een nieuwe aanbeveling doen overeenkomstig het bepaalde in lid 6.

– 8. De ondernemingskamer doet de ondernemingsraad oproepen. Tegen de beslissing van de ondernemingskamer staat geen rechtsmiddel open. De ondernemingskamer kan geen veroordeling in de proceskosten uitspreken.

– 9. De algemene vergadering kan bij volstrekte meerderheid van de uitgebrachte stemmen, vertegenwoordigend ten minste een derde van het geplaatste kapitaal, de voordracht afwijzen. Indien de aandeelhouders bij volstrekte meerderheid van stemmen hun steun aan de kandidaat onthouden, maar deze meerderheid niet ten minste een derde van het geplaatste kapitaal vertegenwoordigde, kan een nieuwe vergadering worden bijeengeroepen waarin de voordracht kan worden afgewezen met volstrekte meerderheid van stemmen. Alsdan maakt de raad van commissarissen een nieuwe voordracht op. De leden 5 tot en met 8 zijn van toepassing. Indien de algemene vergadering de voorgedragen persoon niet benoemt en niet besluit tot afwijzing van de voordracht, benoemt de raad van commissarissen de voorgedragen persoon. (Rv art. 261, 995; RO art. 66)

– 10. De algemene vergadering kan de bevoegdheid die haar volgens lid 5 toekomt voor een door haar te bepalen duur van telkens ten hoogste twee achtereenvolgende jaren, overdragen aan een commissie van aandeelhouders waarvan zij de leden aanwijst; in dat geval geeft de raad van commissarissen aan de commissie de kennisgeving van lid 5. De algemene vergadering kan te allen tijde de overdracht ongedaan maken. (BW art. 2:269 lid 3)

– 11. Voor de toepassing van dit artikel wordt onder de ondernemingsraad verstaan de ondernemingsraad van de onderneming van de vennootschap of van de onderneming van een afhankelijke maatschappij. Indien er meer dan één ondernemingsraad is, worden de bevoegdheden van dit artikel door deze raden afzonderlijk uitgeoefend; als er sprake is van een voordracht als bedoeld in lid 6 worden de bevoegdheden van dit lid door deze raden ge-

zamenlijk uitgeoefend. Is voor de betrokken onderneming of ondernemingen een centrale ondernemingsraad ingesteld, dan komen de bevoegdheden van de ondernemingsraad volgens dit artikel toe aan de centrale ondernemingsraad.
– 12. In de statuten kan worden afgeweken van de leden 2, 4 tot en met 7 en 9, met dien verstande dat niet kan worden afgeweken van de eerste twee zinnen van lid 9. Voor het besluit tot wijziging van de statuten is de voorafgaande goedkeuring van de raad van commissarissen en de toestemming van de ondernemingsraad vereist. (Ontw. 2.3A.5A.6; K 52*h*, 58*c* (oud); BW art. 2:158, 250, 252, 253, 262, 269; WOR art. 33 e.v.)

Art. 269

Benoeming commissarissen bij ontbreken RvC

– 1. Ontbreken alle commissarissen, anders dan ingevolge het bepaalde in artikel 271*a*, dan geschiedt de benoeming door de algemene vergadering.
– 2. De ondernemingsraad kan personen voor benoeming tot commissaris aanbevelen. Degene die de algemene vergadering van aandeelhouders bijeenroept, deelt de ondernemingsraad daartoe tijdig mede dat de benoeming van commissarissen onderwerp van behandeling in de algemene vergadering zal zijn, met vermelding of benoeming van een commissaris plaatsvindt overeenkomstig het aanbevelingsrecht van de ondernemingsraad op grond van artikel 268 lid 6. (BW art. 2:219, 220, 223, 224)
– 3. De leden 6, 7, 8, 10 en 11 van het vorig artikel zijn van overeenkomstige toepassing. (Rv art. 261 e.v., 995; RO art. 66) (Ontw. 2.3A.5A.7; K 52*i*, 58*c* (oud); BW art. 2:63g, 159, 217, 252 lid 1, 268; WOR art. 23 e.v.)

Art. 270

Onverenigbaarheid van functies

Commissaris kunnen niet zijn:
a. personen die in dienst zijn van de vennootschap;
b. personen die in dienst zijn van een afhankelijke maatschappij;
c. bestuurders en personen in dienst van een werknemersorganisatie welke pleegt betrokken te zijn bij de vaststelling van de arbeidsvoorwaarden van de onder *a* en *b* bedoelde personen. (Ontw. 2.3A.5A.8; K 52*j*, 58*c* (oud); BW art. 2:63*h*, 160, 262)

Art. 271

Zittingsperiode; ontslag; schorsing

– 1. Een commissaris treedt uiterlijk af, indien hij na zijn laatste benoeming vier jaren commissaris is geweest. De termijn kan bij de statuten worden verlengd tot de dag van de eerstvolgende algemene vergadering na afloop van de vier jaren of na de dag waarop dit artikel voor de rechtspersoon is gaan gelden. (BW art. 2:252 lid 4)
– 2. De ondernemingskamer van het gerechtshof te Amsterdam kan op een desbetreffend verzoek een commissaris ontslaan wegens verwaarlozing van zijn taak, wegens andere gewichtige redenen of wegens ingrijpende wijziging der omstandigheden op grond waarvan handhaving als commissaris redelijkerwijze niet van de vennootschap kan worden verlangd. Het verzoek kan worden ingediend door de vennootschap, ten deze vertegenwoordigd door de raad van commissarissen, alsmede door een daartoe aangewezen vertegenwoordiger van de algemene vergadering of van de ondernemingsraad, bedoeld in lid 11 van artikel 268. De leden 10 en 11 van artikel 268 zijn van overeenkomstige toepassing. (BW art. 2:345; BW art. 6:258; BW art. 7:667 e.v.; Rv art. 261 e.v., 995 e.v.; RO art. 66)
– 3. Een commissaris kan worden geschorst door de raad van commissarissen; de schorsing vervalt van rechtswege, indien de vennootschap niet binnen een maand na de aanvang der schorsing een verzoek als bedoeld in het vorige lid bij de ondernemingskamer heeft ingediend. (Ontw. 2.3A.5A.9; K 52*h*, 58*c* (oud); BW art. 2:63*i*, 161, 254, 268 lid 12, 356 sub *b*)

Art. 271a

Opzeggen van vertrouwen

– 1. De algemene vergadering kan bij volstrekte meerderheid van de uitgebrachte stemmen, vertegenwoordigend ten minste een derde van het geplaatste kapitaal, het vertrouwen in de raad van commissarissen opzeggen. Het besluit is met redenen omkleed. Het besluit kan niet worden genomen ten aanzien van commissarissen die zijn aangesteld door de ondernemingskamer overeenkomstig lid 3.
– 2. Een besluit als bedoeld in lid 1 wordt niet genomen dan nadat het bestuur de ondernemingsraad van het voorstel voor het besluit en de gronden daartoe in kennis heeft gesteld. De kennisgeving geschiedt ten minste 30 dagen voor de algemene vergadering waarin het voorstel wordt behandeld. Indien de ondernemingsraad een standpunt over het voorstel bepaalt, stelt het bestuur de raad van commissarissen en de algemene vergadering van dit standpunt op de hoogte. De ondernemingsraad kan zijn standpunt in de algemene vergadering doen toelichten.
– 3. Het besluit bedoeld in lid 1 heeft het onmiddellijk ontslag van de leden van de raad van commissarissen tot gevolg. Alsdan verzoekt het bestuur onverwijld aan de ondernemingskamer van het gerechtshof te Amsterdam tijdelijk een of meer commissarissen aan te stellen. De ondernemingskamer regelt de gevolgen van de aanstelling.
– 4. De raad van commissarissen bevordert dat binnen een door de ondernemingskamer vast-

gestelde termijn een nieuwe raad wordt samengesteld met inachtneming van artikel 268. (BW art. 2:161*a*, 224*a*, 268 lid 5, 356, 357)

Art. 272

Benoeming en ontslag bestuur

De raad van commissarissen benoemt de bestuurders der vennootschap; deze bevoegdheid kan niet door enige bindende voordracht worden beperkt. Hij geeft de algemene vergadering kennis van een voorgenomen benoeming van een bestuurder der vennootschap; hij ontslaat een bestuurder niet dan nadat de algemene vergadering over het voorgenomen ontslag is gehoord. Het elfde lid van artikel 268 van dit Boek is van overeenkomstige toepassing. (Ontw. 2.3A.5A.10; K 52*l*, 58*c* (oud); BW art. 2:162, 242, 243, 244, 264, 265, 265*a*, 267 ; WOR art. 31)

Art. 273

Vervallen.

Art. 274

Door raad goed te keuren bestuursbesluiten

– 1. Aan de goedkeuring van de raad van commissarissen zijn onderworpen de besluiten van het bestuur omtrent:

a. uitgifte en verkrijging van aandelen in en schuldbrieven ten laste van de vennootschap of van schuldbrieven ten laste van een commanditaire vennootschap of vennootschap onder firma waarvan de vennootschap volledig aansprakelijke vennote is; (BW 2:190, 206, 207 e.v.; K 16 e.v., 19 e.v.)

b. medewerking aan de uitgifte van certificaten op naam van aandelen;

c. het aanvragen van toelating van de onder a en b bedoelde schuldbrieven onderscheidenlijk certificaten tot de handel op een gereglementeerde markt of een multilaterale handelsfaciliteit, als bedoeld in artikel 1:1 van de Wet op het financieel toezicht of een met een gereglementeerde markt of multilaterale handelsfaciliteit vergelijkbaar systeem uit een staat die geen lidstaat is dan wel het aanvragen van een intrekking van zodanige toelating;

d. het aangaan of verbreken van duurzame samenwerking van de vennootschap of een afhankelijke maatschappij met een andere rechtspersoon of vennootschap dan wel als volledig aansprakelijke vennote in een commanditaire vennootschap of vennootschap onder firma, indien deze samenwerking of verbreking van ingrijpende betekenis is voor de vennootschap;

e. het nemen van een deelneming ter waarde van ten minste een vierde van het bedrag van het geplaatste kapitaal met de reserves volgens de balans met toelichting van de vennootschap, door haar of een afhankelijke maatschappij in het kapitaal van een andere vennootschap, alsmede het ingrijpend vergroten of verminderen van zulk een deelneming; (BW 2:262)

f. investeringen welke een bedrag gelijk aan ten minste een vierde gedeelte van het geplaatste kapitaal met de reserves der vennootschap volgens haar balans met toelichting vereisen;

g. een voorstel tot wijziging van de statuten; (BW 2:231, 233)

h. een voorstel tot ontbinding van de vennootschap; (BW 2:19 lid 1 onder *b*)

i. aangifte van faillissement en aanvraag van surséance van betaling; (Fw 1, 4, 213)

j. beëindiging van de arbeidsovereenkomst van een aanmerkelijk aantal werknemers van de vennootschap of van een afhankelijke maatschappij tegelijkertijd of binnen een kort tijdsbestek; (BW 2:262; 7:667; WOR 25)

k. ingrijpende wijziging in de arbeidsomstandigheden van een aanmerkelijk aantal werknemers van de vennootschap of van een afhankelijke maatschappij; (BW 2:262)

l. een voorstel tot vermindering van het geplaatste kapitaal. (BW 2:208)

– 2. Het ontbreken van goedkeuring van de raad van commissarissen op een besluit als bedoeld in lid 1 tast de vertegenwoordigingsbevoegdheid van het bestuur of bestuurders niet aan. (Ontw. 2.3A.5A.12; K 52*n*, 58*c* (oud); BW 2:6 lid 2, 164, 240 leden 2 en 3, 250, 251, 261 lid 2)

Art. 275

Vervallen.

AFDELING 7

Art. 276-284

Vervallen.

AFDELING 8
Het beroep

Art. 284a

Beroep bij CBB

De aanvrager kan beroep instellen bij het College van Beroep voor het bedrijfsleven tegen:

a. een weigering van het verzoek als bedoeld in artikel 175, lid 3, tweede zin;

b. een weigering van de verklaring als bedoeld in artikel 179, lid 2;

c. een weigering van de verklaring als bedoeld in artikel 235, lid 2 en

d. een beschikking tot weigering, wijziging of intrekking van de ontheffing, alsmede een beschikking tot verlening van de ontheffing voor zover daaraan voorschriften zijn verbonden dan wel daarbij beperkingen zijn opgelegd in artikel 266. (Wet bestuursrechtspr. bedr.org. 18 e.v.)

Art. 285

Geen leden; beperking doelstelling

– 1. Een stichting is een door een rechtshandeling in het leven geroepen rechtspersoon, welke geen leden kent en beoogt met behulp van een daartoe bestemd vermogen een in de statuten vermeld doel te verwezenlijken.

– 2. Indien de statuten een of meer personen de bevoegdheid geven in de vervulling van ledige plaatsen in organen van de stichting te voorzien, wordt zij niet uit dien hoofde aangemerkt leden te kennen.

– 3. Het doel van de stichting mag niet inhouden het doen van uitkeringen aan oprichters of aan hen die deel uitmaken van haar organen noch ook aan anderen, tenzij wat deze laatsten betreft de uitkeringen een ideële of sociale strekking hebben. (Ontw. 2.4.1; Wet St. 1 (oud); BW 23, 4, 18, 21, 286 lid 4, 301, 304; Overg.w 29, 53 e.v.)

Art. 286

Notariële oprichtingsakte

– 1. Een stichting moet worden opgericht bij notariële akte.

– 2. De akte moet worden verleden in de Nederlandse taal. Indien de stichting haar zetel heeft in de provincie Fryslân kan de akte in de Friese taal worden verleden. Een volmacht tot medewerking aan de akte moet schriftelijk zijn verleend. De stichting kan worden opgericht door een uiterste wilsbeschikking, gemaakt bij een notariële akte die in een andere dan de Nederlandse of de Friese taal is verleden; de statuten van de stichting moeten ook dan in de Nederlandse of Friese taal luiden. (BW 2:27 lid 2; 3:39; 4:985)

– 3. De akte bevat de statuten van de stichting.

– 4. De statuten moeten inhouden:

a. de naam der stichting, met het woord stichting als deel van de naam;

b. het doel der stichting; (BW 2:7, 20, 285 lid 3)

c. de wijze van benoeming en ontslag der bestuurders; (BW 2:285 lid 2, 299)

d. de gemeente in Nederland waar zij haar zetel heeft; (BW 1:10 lid 2; 2:287)

e. de bestemming van het overschot na vereffening van de stichting in geval van ontbinding, of de wijze waarop de bestemming zal worden vastgesteld.

– 5. De notaris, ten overstaan van wie de akte is verleden, draagt zorg dat de statuten bevatten hetgeen in de leden 2-4 is genoemd. Bij verzuim is hij persoonlijk jegens hen die daardoor schade hebben geleden, aansprakelijk. (Ontw. 2.4.2; Wet St. 3 (oud); BW 2:27, 65, 66, 176, 177, 6:162; Overg.w. 57, 58, 61; Wet notarisambt 73)

Art. 287

Zetel

Bij gebreke van een aanwijzing van een zetel in de statuten, heeft de stichting haar zetel in de gemeente, waar de notaris voor wie de akte is verleden, ten tijde van het passeren der akte zijn standplaats had. (Ontw. 2.4.3; Wet St. 4 lid 2 (oud))

Art. 288

Vervallen.

Art. 289

Inschrijving in handelsregister

– 1. De bestuurders zijn verplicht de stichting benevens de naam, de voornamen en de woonplaats of laatste woonplaats van de oprichter of oprichters te doen inschrijven in het handelsregister en een authentiek afschrift dan wel een authentiek uittreksel van de akte van oprichting bevattende de statuten, ten kantore van dat register neer te leggen. (Hrgw 4, 7, 18)

– 2. Zolang de opgave ter eerste inschrijving en nederlegging niet zijn geschied, is iedere bestuurder voor een rechtshandeling, waardoor hij de stichting verbindt, naast de stichting hoofdelijk aansprakelijk. (Ontw. 2.4.4; Wet St. 7 (oud); BW 2:6, 29, 69 lid 2, 180 lid 2; 6:6, 7; Overg. w. 57 e.v.)

Art. 290

Vervallen.

Art. 291

Taak en bevoegdheden bestuur

– 1. Behoudens beperkingen volgens de statuten is het bestuur belast met het besturen van de stichting.

– 2. Slechts indien dit uit de statuten voortvloeit, is het bestuur bevoegd te besluiten tot het aangaan van overeenkomsten tot verkrijging, vervreemding en bezwaring van registergoederen, en tot het aangaan van overeenkomsten waarbij de stichting zich als borg of hoofdelijk medeschuldenaar verbindt, zich voor een derde sterk maakt of zich tot zekerheidstelling voor een schuld van een ander verbindt. De statuten kunnen deze bevoegdheid aan beperkingen en voorwaarden binden. De uitsluiting, beperkingen en voorwaarden gelden mede voor de bevoegdheid tot vertegenwoordiging van de stichting ter zake van deze handelingen, tenzij de statuten anders bepalen. (Ontw. 2.4.5; BW 1:88; 2:6 lid 2, 8, 9, 14, 15, 44, 129, 239, 292; Overg. w. 63)

Art. 292

Vertegenwoordigingsbevoegdheid bestuur

– 1. Het bestuur vertegenwoordigt de stichting, voor zover uit de wet niet anders voortvloeit.
– 2. De statuten kunnen de bevoegdheid tot vertegenwoordiging bovendien toekennen aan een of meer bestuurders. Zij kunnen bepalen dat een bestuurder de stichting slechts met medewerking van een of meer anderen mag vertegenwoordigen.
– 3. Bevoegdheid tot vertegenwoordiging die aan het bestuur of aan een bestuurder toekomt, is onbeperkt en onvoorwaardelijk, voor zover uit de wet niet anders voortvloeit. Een wettelijk toegelaten of voorgeschreven beperking van of voorwaarde voor de bevoegdheid tot vertegenwoordiging kan slechts door de stichting worden ingeroepen.
– 4. De statuten kunnen ook aan andere personen dan bestuurders bevoegdheid tot vertegenwoordiging toekennen. (Ontw. 2.4.5a; Wet St. 8 (oud); BW 2:6, 45, 130, 240, 289 lid 2, 291; 3:65; 5:131; Overg.w. 63; Rv 4 sub 3°, 5 lid 1 sub 2°)

Art. 293

Statutenwijziging

De statuten van de stichting kunnen door haar organen slechts worden gewijzigd, indien de statuten daartoe de mogelijkheid openen. De wijziging moet op straffe van nietigheid bij notariële akte tot stand komen. De bestuurders zijn verplicht een authentiek afschrift van de wijziging en de gewijzigde statuten neer te leggen ten kantore van het in artikel 289 van dit Boek bedoelde register. (Ontw. 2.4.6; Wet St. 6 (oud); BW 2:6 lid 1, 14, 15, 17, 18, 42, 43, 121, 124, 126, 231, 234, 236, 294, 295; Hrgw 19)

Art. 294

Statutenwijziging door rechtbank

– 1. Indien ongewijzigde handhaving van de statuten zou leiden tot gevolgen, die bij de oprichting redelijkerwijze niet kunnen zijn gewild, en de statuten de mogelijkheid van wijziging niet voorzien of zij die tot wijziging de bevoegdheid hebben, zulks nalaten, kan de rechtbank op verzoek van een oprichter, het bestuur of het openbaar ministerie de statuten wijzigen.
– 2. De rechtbank wijkt daarbij zo min mogelijk van de bestaande statuten af; indien wijziging van het doel noodzakelijk is, wijst zij een doel aan dat aan het bestaande verwant is. Met inachtneming van het vorenstaande is de rechtbank bevoegd, zo nodig, de statuten op andere wijze te wijzigen dan is verzocht.
– 3. Met overeenkomstige toepassing van de beide vorige leden kan de rechtbank de statuten wijzigen om ontbinding van de stichting op een grond als vermeld in artikel 21 of artikel 301 lid 1 onder *a* te voorkomen. (Ontw. 2.4.7; Wet St. 9, 17 (oud); BW 2:295, 296, 301 lid 2, 302; 3:42; 6:258; Overg.w. 54 lid 2, 55 lid 2; Rv 429*a* e.v., 995 e.v.)

Art. 295

Vernietiging statutenwijziging

Een besluit tot wijziging van de statuten kan te allen tijde op verzoek van de stichting, van een belanghebbende of van het openbaar ministerie door de rechtbank worden vernietigd, indien de wijziging tot gevolg heeft dat de stichting kan worden ontbonden op een grond als bedoeld in de artikelen 21 of 301 lid 1, en die wijziging niet tot omzetting leidt. Overigens zijn artikel 15 leden 3 en 4 en artikel 16 van toepassing. (BW 2:14, 15, 16, 17, 18, 19, 296, 302; 3:53; Rv 429*a* e.v., 995)

Art. 296

Ambtshalve uitoefening bevoegdheden

In een geding, waarin ontbinding van een stichting op een grond als vermeld in artikel 21 of 301 lid 1 onder *a* wordt verzocht, kan de rechtbank de bevoegdheden in de beide voorgaande artikelen genoemd, ambtshalve uitoefenen. (Ontw. 2.4.9; Wet St. 18 (oud); BW 2:18, 295, 302)

Art. 297

Inlichtingen OM aan bestuur

– 1. Het openbaar ministerie bij de rechtbank is, bij ernstige twijfel of de wet of de statuten te goeder trouw worden nageleefd, dan wel het bestuur naar behoren wordt gevoerd, bevoegd aan het bestuur inlichtingen te verzoeken.
– 2. Bij niet- of niet-behoorlijke voldoening aan het verzoek kan de voorzieningenrechter van de rechtbank, desverzocht, bevelen dat aan het openbaar ministerie de boeken, bescheiden en andere gegevensdragers van de stichting voor raadpleging beschikbaar worden gesteld en de waarden der stichting worden getoond. Tegen de beschikking van de voorzieningenrechter staat geen hoger beroep of cassatie open. (Ontw. 2.4.10; Wet St. 11 (oud); BW 2:9, 10, 19, 20, 298 lid 1 sub *b*; Rv 429*a* e.v., 995 e.v., 999; AWR 49, 53*a*)

Art. 298

Ontslag en schorsing bestuurder

– 1. Een bestuurder die:
a. iets doet of nalaat in strijd met de bepalingen van de wet of van de statuten, dan wel zich schuldig maakt aan wanbeheer, of
b. niet of niet behoorlijk voldoet aan een door de voorzieningenrechter van de rechtbank, ingevolge het vorige artikel, gegeven bevel, kan door de rechtbank worden ontslagen. Dit kan geschieden op verzoek van het openbaar ministerie of iedere belanghebbende.
– 2. De rechtbank kan, hangende het onderzoek, voorlopige voorzieningen in het bestuur treffen en de bestuurder schorsen.
– 3. Een door de rechtbank ontslagen bestuurder kan gedurende vijf jaar na het ontslag geen

bestuurder van een stichting worden. (Ontw. 2.4.11; Wet St. 12 (oud); BW art. 2:9, 302; Rv art. 429*a* e.v., 995 e.v.)

Art. 299

Aanvulling bestuur door rechtbank

Telkens wanneer het door de statuten voorgeschreven bestuur geheel of gedeeltelijk ontbreekt en daarin niet overeenkomstig de statuten wordt voorzien, kan de rechtbank, op verzoek van iedere belanghebbende of het openbaar ministerie in de vervulling van de ledige plaats voorzien. De rechtbank neemt daarbij zoveel mogelijk de statuten in acht. (Ontw. 2.4.12; Wet St. 13 (oud); BW 2:19, 285 lid 2, 286 lid 4 sub *c*, 302; Rv 429*a* e.v., 995 e.v.)

Art. 299a

Vermelding netto-omzet ondernemingen

Een stichting die een of meer ondernemingen in stand houdt welke ingevolge de wet in het handelsregister moeten worden ingeschreven, vermeldt bij de staat van baten en lasten de netto-omzet van deze ondernemingen. (BW 2:10, 48 lid 3)

Art. 300

Jaarrekening

– 1. Jaarlijks binnen zes maanden na afloop van het boekjaar van een stichting als bedoeld in artikel 360 lid 3, behoudens verlenging van deze termijn met ten hoogste vijf maanden door het in lid 3 bedoelde orgaan op grond van bijzondere omstandigheden, maakt het bestuur een jaarrekening op en legt het deze voor hen die deel uitmaken van het in lid 3 bedoelde orgaan ter inzage ten kantore van de stichting. Binnen deze termijn legt het bestuur ook de krachtens artikel 392 lid 1 toe te voegen gegevens ter inzage voor hen die deel uitmaken van het in lid 3 bedoelde orgaan en het jaarverslag, tenzij artikel 396 lid 7, voor zover het betreft het jaarverslag, of artikel 403 voor de stichting gelden. Zij die deel uitmaken van het in lid 3 bedoelde orgaan kunnen kosteloos een afschrift van deze stukken verkrijgen.

– 2. De jaarrekening wordt ondertekend door de bestuurders en door hen die deel uitmaken van het toezicht houdende orgaan; ontbreekt de ondertekening van een of meer hunner, dan wordt daarvan onder opgave van reden melding gemaakt.

– 3. De jaarrekening wordt uiterlijk een maand na afloop van de termijn vastgesteld door het daartoe volgens de statuten bevoegde orgaan. Indien de statuten deze bevoegdheid niet aan enig orgaan verlenen, komt deze bevoegdheid toe aan het toezicht houdende orgaan en bij gebreke daarvan aan het bestuur.

– 4. Een stichting als bedoeld in artikel 360 lid 3 mag ten laste van de door de wet voorgeschreven reserves een tekort slechts delgen voor zover de wet dat toestaat. (BW 2:49 lid 4, 58 lid 4, 104, 215, 365 lid 2, 389 lid 6, 390)

– 5. Onze Minister van Economische Zaken kan desverzocht om gewichtige redenen ontheffing verlenen van de verplichting tot het opmaken, het overleggen en het vaststellen van de jaarrekening. (BW 2:49, 58, 101, 210, 383*a*, 392 lid 5)

Art. 300a

Toepasselijkheid van enkele artikelen op stichting

De artikelen 131, 138, 139, 149 en 150 zijn van overeenkomstige toepassing in geval van faillissement van een stichting die aan de heffing van vennootschapsbelasting is onderworpen. (BW 2:50*a*; Wet venn. bel. 1969 art. 2, 4)

Art. 301

Ontbinding door rechtbank

– 1. De rechtbank ontbindt de stichting op verzoek van een belanghebbende of het openbaar ministerie, indien:

a. het vermogen van de stichting ten enenmale onvoldoende is voor de verwezenlijking van haar doel, en de mogelijkheid dat een voldoend vermogen door bijdragen of op andere wijze in afzienbare tijd zal worden verkregen, in hoge mate onwaarschijnlijk is;

b. het doel der stichting is bereikt of niet meer kan worden bereikt, en wijziging van het doel niet in aanmerking komt.

– 2. De rechtbank kan ook ambtshalve de stichting ontbinden tegelijk met de afwijzing van een verzoek als bedoeld in artikel 294. (Ontw. 2.4.14; Wet St. 15 (oud); BW 2:21, 22, 23 e.v., 24 e.v.; Rv 429*a* e.v., 995 e.v.)

Art. 302

Inschrijving rechterlijke uitspraken

In kracht van gewijsde gegane rechterlijke uitspraken, inhoudende:
doorhaling, aanvulling of wijziging van het in het register ingeschrevene, (BW 2:289 lid 5)
wijziging van de statuten van de stichting, (BW 2:294, 296)
wijziging van of voorziening in het bestuur, of (BW 2:298, 299)
vernietiging van een besluit tot wijziging van de statuten, (BW 2:295, 296)
worden door de zorg van de griffier van het college waarvoor de zaak laatstelijk aanhangig was ingeschreven in het in artikel 289 van dit Boek genoemde register. (Ontw. 2.4.15; Wet St. 23 (oud); BW 2:6)

Art. 303

Inschrijving krachtens de Fw

In geval van faillissement of surséance van betaling van een stichting worden de aankondigingen welke krachtens de Faillissementswet in de *Nederlandse Staatscourant* worden opgenomen, door hem die met de openbaarmaking is belast, mede ter inschrijving in het register, bedoeld in artikel 289 van dit Boek, opgegeven. (Ontw. 2.4.15a; BW 2:6, 51; Fw 14 lid 3, 18, 167 lid 3, 193 lid 1, 216, 222 lid 2, 245, 248 lid 2, 256; Hrgw 18)

Art. 304

Deelnemers pensioenfonds; pensioenrechten en aanspraken

– 1. De deelnemers aan een pensioenfonds of aan een fonds als bedoeld in artikel 631, lid 3, onder *c*, van Boek 7, worden voor de toepassing van artikel 285 van dit Boek niet beschouwd als leden van een stichting die als een zodanig fonds werkzaam is.

– 2. Voor de toepassing van artikel 285 lid 3 van dit Boek gelden als uitkeringen aan oprichters van zulk een stichting of aan hen die deel uitmaken van haar organen, niet de uitkeringen die voortvloeien uit een recht op pensioen of uit een aanspraak krachtens een arbeidsovereenkomst waarin een beding als bedoeld in artikel 631, lid 3, onder *c*, van Boek 7, is opgenomen. (Ontw. 2.4.16*a*; Overg.w. 53)

Art. 305-307

Vervallen.

TITEL 7
Fusie en splitsing

AFDELING 1
Algemene bepaling

Art. 308

Toepassingsgebied

– 1. De bepalingen van deze titel zijn van toepassing op de vereniging, de coöperatie, de onderlinge waarborgmaatschappij, de stichting, de naamloze vennootschap en de besloten vennootschap met beperkte aansprakelijkheid. (BW 2:26 e.v., 53, 64 e.v., 175 e.v., 285 e.v.)

– 2. Zij zijn niet van toepassing op verenigingen zonder volledige rechtsbevoegdheid en op verenigingen van appartementseigenaars. (BW 2:30; 5:124 e.v.)

– 3. Deze titel is voorts van toepassing op een naamloze vennootschap, een besloten vennootschap met beperkte aansprakelijkheid of een Europese coöperatieve vennootschap die fuseert met een kapitaalvennootschap of coöperatieve vennootschap naar het recht van een andere lidstaat van de Europese Unie of de Europese Economische Ruimte.

AFDELING 2
Algemene bepalingen omtrent fusies

Art. 309

Omschrijving juridische fusie

Fusie is de rechtshandeling van twee of meer rechtspersonen waarbij een van deze het vermogen van de andere onder algemene titel verkrijgt of waarbij een nieuwe rechtspersoon die bij deze rechtshandeling door hen samen wordt opgericht, hun vermogen onder algemene titel verkrijgt. (BW 2:310, 311, 318; 3:80 lid 2; 4:946; 7:662 e.v.; Wet belastingen rechtsverkeer 15 lid 1 letter *e*, 35 lid 4)

Art. 310

Geoorloofde en verboden fusies

– 1. Rechtspersonen kunnen fuseren met rechtspersonen die de zelfde rechtsvorm hebben.

– 2. Wordt de verkrijgende rechtspersoon nieuw opgericht, dan moet hij de rechtsvorm hebben van de fuserende rechtspersonen.

– 3. Voor de toepassing van dit artikel worden de naamloze en de besloten vennootschap als rechtspersonen met de zelfde rechtsvorm aangemerkt.

– 4. Een verkrijgende vereniging, coöperatie, onderlinge waarborgmaatschappij of stichting kan ook fuseren met een naamloze of besloten vennootschap waarvan zij alle aandelen houdt. Een verkrijgende stichting, naamloze of besloten vennootschap kan ook fuseren met een vereniging, coöperatie of onderlinge waarborgmaatschappij waarvan zij het enige lid is.

– 5. Een ontbonden rechtspersoon mag niet fuseren, indien reeds uit hoofde van de vereffening een uitkering is gedaan. (BW 2:19, 23 e.v.)

– 6. Een rechtspersoon mag niet fuseren gedurende faillissement of surséance van betaling. (BW 2:323; Fw 1 e.v., 213 e.v.)

Art. 311

Rechtsgevolgen van fusie voor rechtspersonen, leden en aandeelhouders

– 1. Met uitzondering van de verkrijgende rechtspersoon houden de fuserende rechtspersonen door het van kracht worden van de fusie op te bestaan.

– 2. De leden of aandeelhouders van de verdwijnende rechtspersonen worden door de fusie lid of aandeelhouder van de verkrijgende rechtspersoon, uitgezonderd in de gevallen van de artikelen 310 lid 4, 333, 333a of 333h lid 3, of wanneer krachtens de ruilverhouding van de aandelen zelfs geen recht bestaat op een enkel aandeel. (BW 2:325)

Art. 312

Het voorstel tot fusie

– 1. De besturen van de te fuseren rechtspersonen stellen een voorstel tot fusie op.

– 2. Dit voorstel vermeldt ten minste:

a. de rechtsvorm, naam en zetel van de te fuseren rechtspersonen; (BW 2:27, 66, 177, 286)

b. de statuten van de verkrijgende rechtspersoon zoals die luiden en zoals zij na de fusie zullen luiden of, indien de verkrijgende rechtspersoon nieuw wordt opgericht, het ontwerp van de akte van oprichting; (BW 2:66, 68, 177)
c. welke rechten of vergoedingen ingevolge artikel 320 ten laste van de verkrijgende rechtspersoon worden toegekend aan degenen die anders dan als lid of aandeelhouder bijzondere rechten hebben jegens de verdwijnende rechtspersonen, zoals rechten op een uitkering van winst of tot het nemen van aandelen, en met ingang van welk tijdstip; (BW 2:96*a*, 105, 216)
d. welke voordelen in verband met de fusie worden toegekend aan een bestuurder of commissaris van een te fuseren rechtspersoon of aan een ander die bij de fusie is betrokken;
e. de voornemens over de samenstelling na de fusie van het bestuur en, als er een raad van commissarissen zal zijn, van die raad;
f. voor elk van de verdwijnende rechtspersonen het tijdstip met ingang waarvan financiële gegevens zullen worden verantwoord in de jaarrekening of andere financiële verantwoording van de verkrijgende rechtspersoon; (BW 2:361 e.v.)
g. de voorgenomen maatregelen in verband met de overgang van het lidmaatschap of aandeelhouderschap van de verdwijnende rechtspersonen;
h. de voornemens omtrent voortzetting of beëindiging van werkzaamheden;
i. wie in voorkomend geval het besluit tot fusie moeten goedkeuren.
– 3. Het voorstel tot fusie wordt ondertekend door de bestuurders van elke te fuseren rechtspersoon; ontbreekt de handtekening van een of meer hunner, dan wordt daarvan onder opgave van reden melding gemaakt.
– 4. Tenzij alle fuserende rechtspersonen verenigingen of stichtingen zijn, moet het voorstel tot fusie zijn goedgekeurd door de raden van commissarissen en wordt het door de commissarissen mede ondertekend; ontbreekt de handtekening van een of meer hunner, dan wordt daarvan onder opgave van redenen melding gemaakt. Voorts vermeldt het voorstel de invloed van de fusie op de grootte van de goodwill en de uitkeerbare reserves van de verkrijgende rechtspersoon. (BW 2:37, 129, 239, 291, 326)

Art. 313

Schriftelijke toelichting; opmaken jaarrekening of tussentijdse vermogensopstelling

– 1. In een schriftelijke toelichting geeft het bestuur van elke te fuseren rechtspersoon de redenen voor de fusie met een uiteenzetting over de verwachte gevolgen voor de werkzaamheden en een toelichting uit juridisch, economisch en sociaal oogpunt.
– 2. Indien het laatste boekjaar van de rechtspersoon, waarover een jaarrekening of andere financiële verantwoording is vastgesteld, meer dan zes maanden voor de nederlegging van het voorstel tot fusie is verstreken, maakt het bestuur een jaarrekening of tussentijdse vermogensopstelling op. Deze heeft betrekking op de stand van het vermogen op ten vroegste de eerste dag van de derde maand voor de maand waarin zij wordt neergelegd. De vermogensopstelling wordt opgemaakt met inachtneming van de indeling en de waarderingsmethoden die in de laatst vastgestelde jaarrekening of andere financiële verantwoording zijn toegepast, tenzij daarvan gemotiveerd wordt afgeweken op de grond dat de aktuele waarde belangrijk afwijkt van de boekwaarde. In de vermogensopstelling worden de krachtens de wet of de statuten te reserveren bedragen opgenomen. (BW 2:362 e.v., 384)
– 3. In de gevallen van de artikelen 310 lid 4 en 333 is geen toelichting vereist voor de verdwijnende rechtspersoon, tenzij anderen dan de verkrijgende rechtspersoon een bijzonder recht jegens de verdwijnende rechtspersoon hebben, zoals een recht op uitkering van winst of tot het nemen van aandelen. (BW 2:327)

Art. 313a

Vervallen.

Art. 314

Nederlegging voorstel tot fusie e.d.

– 1. Elke te fuseren rechtspersoon legt ten kantore van het handelsregister neer: (BW 2:29, 77, 188, 289; Hrgw 4, 7)
a. het voorstel tot fusie, (BW 2:312)
b. de laatste drie vastgestelde jaarrekeningen of andere financiële verantwoordingen van de te fuseren rechtspersonen, met de accountantsverklaring daarbij, voor zover deze stukken ter inzage liggen of moeten liggen, (BW 2:361 e.v., 393, 394)
c. de jaarverslagen van de te fuseren rechtspersonen over de laatste drie afgesloten jaren, voor zover deze ter inzage liggen of moeten liggen, (BW 2:391)
d. tussentijdse vermogensopstellingen of niet vastgestelde jaarrekeningen, voor zover vereist ingevolge artikel 313 lid 2 en voor zover de jaarrekening van de rechtspersoon ter inzage moet liggen.
– 2. Tegelijkertijd legt het bestuur de stukken, met inbegrip van jaarrekeningen en jaarverslagen die niet ter openbare inzage behoeven te liggen, samen met de toelichtingen van de besturen op het voorstel neer ten kantore van de rechtspersoon of, bij gebreke van een kantoor, aan de woonplaats van een bestuurder. De stukken liggen tot het tijdstip van de fusie, en op het

adres van de verkrijgende rechtspersoon onderscheidenlijk van een bestuurder daarvan nog zes maanden nadien, ter inzage voor de leden of aandeelhouders, en voor hen die een bijzonder recht jegens de rechtspersoon hebben, zoals een recht op een uitkering van winst of tot het nemen van aandelen. In dit tijdvak kunnen zij kosteloos een afschrift daarvan krijgen. (BW 2:102, 212, 329)

– 3. De te fuseren rechtspersonen kondigen in een landelijk verspreid dagblad aan dat de stukken zijn neergelegd, met opgave van de openbare registers waar zij liggen en van het adres waar zij krachtens lid 2 ter inzage liggen.

– 4. Indien de ondernemingsraad of medezeggenschapsraad van een te fuseren rechtspersoon of een vereniging van werknemers die werknemers van de rechtspersoon of van een dochtermaatschappij onder haar leden telt, schriftelijk een advies of opmerkingen indient, worden deze tegelijk met het voorstel tot fusie of onmiddellijk na ontvangst, neergelegd op het adres bedoeld in lid 2. De tweede en derde zin van lid 2 zijn van overeenkomstige toepassing. (WOR 25)

– 5. Indien de besturen van de te fuseren rechtspersonen het voorstel tot fusie wijzigen, zijn de leden 1-4 van overeenkomstige toepassing.

– 6. De leden 2 en 4 gelden niet voor stichtingen.

Art. 315

Gewijzigde omstandigheden na fusievoorstel

– 1. Het bestuur van elke te fuseren rechtspersoon is verplicht de algemene vergadering en de andere te fuseren rechtspersonen in te lichten over na het voorstel tot fusie gebleken belangrijke wijzigingen in de omstandigheden die de mededelingen in het voorstel tot fusie of in de toelichting hebben beïnvloed. (BW 2:40, 107, 217, 312, 313)

– 2. Voor een stichting geldt deze verplichting jegens degenen die blijkens de statuten de fusie moeten goedkeuren.

Art. 316

Waarborgen voor schuldeisers; verzet door schuldeisers

– 1. Ten minste een van de te fuseren rechtspersonen moet, op straffe van gegrondverklaring van een verzet als bedoeld in het volgende lid, voor iedere schuldeiser van deze rechtspersonen die dit verlangt zekerheid stellen of hem een andere waarborg geven voor de voldoening van zijn vordering. Dit geldt niet, indien de schuldeiser voldoende waarborgen heeft of de vermogenstoestand van de verkrijgende rechtspersoon na de fusie niet minder waarborg zal bieden dat de vordering zal worden voldaan, dan er voordien is.

– 2. Tot een maand nadat alle te fuseren rechtspersonen de nederlegging van het voorstel tot fusie hebben aangekondigd kan iedere schuldeiser door een verzoekschrift aan de rechtbank tegen het voorstel tot fusie in verzet komen met vermelding van de waarborg die wordt verlangd. (BW 2:314 lid 3; Rv 429*a* e.v., 995, 997)

– 3. Voordat de rechter beslist, kan hij de rechtspersonen in de gelegenheid stellen binnen een door hem gestelde termijn een door hem omschreven waarborg te geven.

– 4. Indien tijdig verzet is gedaan, mag de akte van fusie eerst worden verleden, zodra het verzet is ingetrokken of de opheffing van het verzet uitvoerbaar is. (BW 2:323 lid 1 sub *b*)

– 5. Indien de akte van fusie al is verleden, kan de rechter op een ingesteld rechtsmiddel het stellen van een door hem omschreven waarborg bevelen en daaraan een dwangsom verbinden. (BW 2:100, 209, 318, 334 lid 3, 404; Rv 611*a*)

Art. 317

Besluit tot fusie; bevoegde organen

– 1. Het besluit tot fusie wordt genomen door de algemene vergadering; in een stichting wordt het besluit genomen door degene die de statuten mag wijzigen of, als geen ander dat mag, door het bestuur. Het besluit mag niet afwijken van het voorstel tot fusie. (BW 2:40, 107, 217, 312)

– 2. Een besluit tot fusie kan eerst worden genomen na verloop van een maand na de dag waarop alle fuserende rechtspersonen de nederlegging van het voorstel tot fusie hebben aangekondigd. (BW 2:314 lid 3)

– 3. Een besluit tot fusie wordt genomen op dezelfde wijze als een besluit tot wijziging van de statuten. Vereisen de statuten hiervoor goedkeuring, dan geldt dit ook voor het besluit tot fusie. Vereisen de statuten voor de wijziging van afzonderlijke bepalingen verschillende meerderheden, dan is voor een besluit tot fusie de grootste daarvan vereist, en sluiten de statuten wijziging van bepalingen uit, dan zijn de stemmen van alle stemgerechtigde leden of aandeelhouders vereist; een en ander tenzij die bepalingen na de fusie onverminderd zullen gelden. (BW 2:42 e.v., 121 e.v., 231 e.v., 293 e.v.)

– 4. Lid 3 geldt niet, voor zover de statuten een andere regeling voor besluiten tot fusie geven.

– 5. Een besluit tot fusie van een stichting behoeft de goedkeuring van de rechtbank, tenzij de statuten het mogelijk maken alle bepalingen daarvan te wijzigen. De rechtbank wijst het verzoek af, indien er gegronde redenen zijn om aan te nemen dat de fusie strijdig is met het belang van de stichting. (BW 2:323 lid 1 sub *d*, 330, 334 lid 3; Rv 429*a*, 995)

Art. 317a

Vervallen.

Art. 318

Notariële akte van fusie; van kracht worden fusie

– 1. De fusie geschiedt bij notariële akte en wordt van kracht met ingang van de dag na die waarop de akte is verleden. De akte mag slechts worden verleden binnen zes maanden na de aankondiging van de nederlegging van het voorstel of, indien dit als gevolg van gedaan verzet niet mag, binnen een maand na intrekking of nadat de opheffing van het verzet uitvoerbaar is geworden. (BW 2:27, 64, 179, 286, 314 lid 3, 316)

– 2. Aan de voet van de akte verklaart de notaris dat hem is gebleken dat de vormvoorschriften in acht zijn genomen voor alle besluiten die deze en de volgende afdeling en de statuten voor het totstandkomen van de fusie vereisten en dat voor het overige de daarvoor in deze en de volgende afdeling en in de statuten gegeven voorschriften zijn nageleefd. (BW 2:323 lid 1 sub *b*)

– 3. De verkrijgende rechtspersoon doet de fusie binnen acht dagen na het verlijden inschrijven in het handelsregister waar elke gefuseerde rechtspersoon en hijzelf staan ingeschreven, naar gelang van elks inschrijfplicht. Daarbij wordt een afschrift van de akte van fusie met de notariële verklaring aan de voet daarvan ten kantore van elk register neergelegd. (BW 2:29, 69, 180, 289; Hrgw 4, 7)

– 4. De verkrijgende rechtspersoon doet binnen een maand opgave van de fusie aan de beheerders van andere openbare registers waarin overgang van rechten of de fusie kan worden ingeschreven. Gaat door de fusie een registergoed op de verkrijgende rechtspersoon over, dan is deze verplicht binnen deze termijn aan de bewaarder van de openbare registers, bedoeld in afdeling 2 van titel 1 van Boek 3, de voor de inschrijving van de fusie vereiste stukken aan te bieden. (BW 2:332, 334 lid 3)

Art. 319

Pandrecht en vruchtgebruik

– 1. Pandrecht en vruchtgebruik op een recht van lidmaatschap of op aandelen van de verdwijnende rechtspersonen gaan over op hetgeen daarvoor in de plaats treedt.

– 2. Rust het pandrecht of vruchtgebruik op een recht van lidmaatschap of op aandelen waarvoor niets in de plaats treedt, dan moet de verkrijgende rechtspersoon een gelijkwaardige vervanging geven. (BW 2:88, 89, 197, 198)

Art. 320

Bijzondere rechten jegens een verdwijnende vennootschap

– 1. Hij die, anders dan als lid of aandeelhouder, een bijzonder recht jegens een verdwijnende rechtspersoon heeft, zoals een recht op een uitkering van winst of tot het nemen van aandelen, moet een gelijkwaardig recht in de verkrijgende rechtspersoon krijgen, of schadeloosstelling.

– 2. De schadeloosstelling wordt bij gebreke van overeenstemming bepaald door een of meer onafhankelijke deskundigen, ten verzoeke van de meest gerede partij te benoemen door de voorzieningenrechter van de rechtbank van het arrondissement waarin de woonplaats van de verkrijgende rechtspersoon is gelegen. (BW 1:10 lid 2)

– 3. Artikel 319 is van overeenkomstige toepassing op pandrecht of vruchtgebruik dat op de bijzondere rechten was gevestigd. (BW 2:312, 334 lid 3)

Art. 321

Laatste boekjaar; verplichtingen omtrent de jaarrekening; wettelijke reserves

– 1. Op het tijdstip met ingang waarvan de verkrijgende rechtspersoon de financiële gegevens van een verdwijnende rechtspersoon zal verantwoorden in de eigen jaarrekening of andere financiële verantwoording, is het laatste boekjaar van die verdwijnende rechtspersoon geëindigd.

– 2. De verplichtingen omtrent de jaarrekening of andere financiële verantwoording van de verdwijnende rechtspersonen rusten na de fusie op de verkrijgende rechtspersoon.

– 3. Waarderingsverschillen tussen de verantwoording van activa en passiva in de laatste jaarrekening of andere financiële verantwoording van de verdwijnende rechtspersonen en in de eerste jaarrekening of andere financiële verantwoording waarin de verkrijgende rechtspersoon deze activa en passiva verantwoordt, moeten worden toegelicht. (BW 2:378 e.v.)

– 4. De verkrijgende rechtspersoon moet wettelijke reserves vormen op de zelfde wijze als waarop de verdwijnende rechtspersonen wettelijke reserves moesten aanhouden, tenzij de wettelijke grond voor het aanhouden daarvan is vervallen. (BW 2:207*c*, 334, 361 e.v., 365 lid 3, 389 lid 2, 390)

Art. 322

Wijziging of ontbinding o.g.v. redelijkheid en billijkheid

– 1. Indien ten gevolge van de fusie een overeenkomst van een fuserende rechtspersoon naar maatstaven van redelijkheid en billijkheid niet ongewijzigd in stand behoort te blijven, wijzigt of ontbindt de rechter de overeenkomst op vordering van een der partijen. Aan de wijziging of ontbinding kan terugwerkende kracht worden verleend.

– 2. De bevoegdheid tot het instellen van de vordering vervalt door verloop van zes maanden na de nederlegging van de akte van fusie ten kantore van de openbare registers van de woonplaatsen van de gefuseerde rechtspersonen. (BW 2:318 lid 3)

– 3. Indien uit de wijziging of ontbinding van de overeenkomst schade ontstaat voor de wederpartij, is de rechtspersoon gehouden tot vergoeding daarvan. (BW 6:78, 95 e.v., 258, 265 e.v., 277)

Art. 323

Vernietiging door rechter van een fusie

– 1. De rechter kan een fusie alleen vernietigen:
a. indien de door een notaris ondertekende akte van fusie geen authentiek geschrift is;
b. wegens het niet naleven van artikel 310, leden 5 en 6, artikel 316, lid 4 of 318 lid 2;
c. wegens nietigheid, het niet van kracht zijn of een grond tot vernietiging van een voor de fusie vereist besluit van de algemene vergadering of, in een stichting, van het bestuur;
d. wegens het niet naleven van artikel 317 lid 5.
– 2. Vernietiging geschiedt door een uitspraak van de rechter van de woonplaats van de verkrijgende rechtspersoon op vordering tegen de rechtspersoon van een lid, aandeelhouder, bestuurder of andere belanghebbende. Een niet door de rechter vernietigde fusie is geldig.
– 3. De bevoegdheid tot het instellen van de vordering tot vernietiging vervalt door herstel van het verzuim of door verloop van zes maanden na de nederlegging van de akte van fusie ten kantore van de openbare registers van de woonplaatsen van de gefuseerde rechtspersonen. (BW 2:15 lid 5, 318 lid 3)
– 4. De fusie wordt niet vernietigd:
a. indien de rechtspersoon binnen een door de rechter te bepalen tijdvak het verzuim heeft hersteld, (BW 2:21 lid 2)
b. indien de reeds ingetreden gevolgen van de fusie bezwaarlijk ongedaan kunnen worden gemaakt. (BW 3:53 lid 2)
– 5. Heeft de eiser tot vernietiging van de fusie schade geleden door een verzuim dat tot vernietiging had kunnen leiden, en vernietigt de rechter de fusie niet, dan kan de rechter de rechtspersoon veroordelen tot vergoeding van de schade. De rechtspersoon heeft daarvoor verhaal op de schuldigen aan het verzuim en, tot ten hoogste het genoten voordeel, op degenen die door het verzuim zijn bevoordeeld.
– 6. De vernietiging wordt, door de zorg van de griffier van het gerecht waar de vordering laatstelijk aanhangig was, ingeschreven in het handelsregister waarin de fusie ingevolge artikel 318 lid 3 moet zijn ingeschreven.
– 7. De rechtspersonen zijn hoofdelijk aansprakelijk voor verbintenissen die, ten laste van de rechtspersoon waarin zij gefuseerd zijn geweest, zijn ontstaan na de fusie en voordat de vernietiging in de registers is ingeschreven. (BW 2:334; 6:6)
– 8. De onherroepelijke uitspraak tot vernietiging van een fusie is voor ieder bindend. Verzet door derden en herroeping zijn niet toegestaan. (BW 2:13 e.v.; 3:59; Rv 376 e.v., 382 e.v., 429*a* e.v., 995 e.v.)

Art. 323a-323b

Vervallen.

AFDELING 3
Bijzondere bepalingen voor fusies van naamloze en besloten vennootschappen

Art. 324

Reikwijdte

Deze afdeling is van toepassing, indien een naamloze of besloten vennootschap fuseert.

Art. 325

Ruilverhouding afhankelijk van prijs

– 1. Indien aandelen of certificaten van aandelen in het kapitaal van een te fuseren vennootschap zijn toegelaten tot de handel op een gereglementeerde markt of een multilaterale handelsfaciliteit, als bedoeld in artikel 1:1 van de Wet op het financieel toezicht of een met een gereglementeerde markt of multilaterale handelsfaciliteit vergelijkbaar systeem uit een staat die geen lidstaat is, kan de ruilverhouding afhankelijk zijn van de prijs van die aandelen onderscheidenlijk certificaten op die markt op een of meer in het voorstel tot fusie te bepalen tijdstippen, gelegen voor de dag waarop de fusie van kracht wordt.
– 2. Indien krachtens de ruilverhouding van de aandelen recht bestaat op geld of schuldvorderingen, mag het gezamenlijke bedrag daarvan een tiende van het nominale bedrag van de toegekende aandelen niet te boven gaan. (BW 2:326 lid 1 sub *a*)
– 3. Bij de akte van fusie kan de verkrijgende vennootschap aandelen in haar kapitaal die zij zelf of een andere fuserende vennootschap houdt, intrekken tot ten hoogste het bedrag van de aandelen die zij toekent aan haar nieuwe aandeelhouders. De artikelen 99, 100, 208 en 209 gelden niet voor dit geval. (BW 2:326 lid 1 sub *d*, 334)
– 4. Aandelen in het kapitaal van de verdwijnende vennootschappen die worden gehouden door of voor rekening van de fuserende vennootschappen, vervallen.

Art. 326

Gegevens in voorstel tot fusie

Het voorstel tot fusie vermeldt naast de in artikel 312 genoemde gegevens:

a. de ruilverhouding van de aandelen en eventueel de omvang van de betalingen krachtens de ruilverhouding; (BW 2:325 lid 1)
b. met ingang van welk tijdstip en in welke mate de aandeelhouders van de verdwijnende vennootschappen zullen delen in de winst van de verkrijgende vennootschap; (BW 2:334)
c. hoeveel aandelen eventueel zullen worden ingetrokken met toepassing van artikel 325 lid 3. (BW 2:334y)

Art. 327

Bestuursmededelingen in toelichting bij voorstel tot fusie

In de toelichting op het voorstel tot fusie moet het bestuur mededelen:
a. volgens welke methode of methoden de ruilverhouding van de aandelen is vastgesteld;
b. of deze methode of methoden in het gegeven geval passen;
c. tot welke waardering elke gebruikte methode leidt;
d. indien meer dan een methode is gebruikt, of het bij de waardering aangenomen betrekkelijke gewicht van de methoden in het maatschappelijke verkeer als aanvaardbaar kan worden beschouwd; en
e. welke bijzondere moeilijkheden er eventueel zijn geweest bij de waardering en bij de bepaling van de ruilverhouding. (BW 2:312, 313, 328)

Art. 328

Accountantsonderzoek

– 1. Een door het bestuur aangewezen accountant als bedoeld in artikel 393 moet het voorstel tot fusie onderzoeken en moet verklaren of de voorgestelde ruilverhouding van de aandelen, mede gelet op de bijgevoegde stukken, naar zijn oordeel redelijk is. Hij moet tevens verklaren dat de som van de eigen vermogens van de verdwijnende vennootschappen, elk bepaald naar de dag waarop haar jaarrekening of tussentijdse vermogensopstelling betrekking heeft, bij toepassing van in het maatschappelijke verkeer als aanvaardbaar beschouwde waarderingsmethoden ten minste overeen kwam met het nominaal gestorte bedrag op de gezamenlijke aandelen die hun aandeelhouders ingevolge de fusie verkrijgen, vermeerderd met betalingen waarop zij krachtens de ruilverhouding recht hebben.
– 2. De accountant moet tevens een verslag opstellen, waarin hij zijn oordeel geeft over de mededelingen, bedoeld in artikel 327.
– 3. Indien twee of meer van de fuserende vennootschappen naamloze vennootschappen zijn, wordt slechts de zelfde persoon als accountant aangewezen, indien de voorzitter van de ondernemingskamer van het gerechtshof te Amsterdam de aanwijzing op hun eenparige verzoek heeft goedgekeurd. (BW 2:334; RO 72)
– 4. De accountants zijn bij alle fuserende vennootschappen gelijkelijk tot onderzoek bevoegd.
– 5. Op de verklaring van de accountant is artikel 314 van overeenkomstige toepassing en op zijn verslag de leden 2 en 3 van artikel 314. (BW 2:325, 326, 393)
– 6. De eerste volzin van lid 1 en lid 2 blijven buiten toepassing indien de aandeelhouders van de fuserende vennootschappen daarmee instemmen.

Art. 329

Stukken ook ter inzage voor certificaathouders

Artikel 314 lid 2 geldt ook ten behoeve van houders van met medewerking van de vennootschap uitgegeven certificaten van haar aandelen.

Art. 330

Besluit tot fusie door a.v.

– 1. Voor het besluit tot fusie van de algemene vergadering is in elk geval een meerderheid van ten minste twee derden vereist, indien minder dan de helft van het geplaatste kapitaal ter vergadering is vertegenwoordigd. (BW 2:317)
– 2. Zijn er verschillende soorten aandelen, dan is naast het besluit tot fusie van de algemene vergadering vereist een voorafgaand of gelijktijdig goedkeurend besluit van elke groep houders van aandelen van een zelfde soort aan wier rechten de fusie afbreuk doet. Goedkeuring kan eerst geschieden na verloop van een maand na de dag waarop alle fuserende vennootschappen de nederlegging van het voorstel tot fusie hebben aangekondigd. (BW 2:96 lid 2)
– 3. De algemene vergadering kan machtiging verlenen de veranderingen aan te brengen die nodig mochten blijken om de ministeriële verklaring van geen bezwaar te verkrijgen op de statutenwijziging van de verkrijgende vennootschap, indien voorgenomen, of voor de oprichting van de verkrijgende vennootschap.
– 4. De notulen van de algemene vergaderingen waarin tot fusie wordt besloten of waarin deze ingevolge lid 2 wordt goedgekeurd, worden opgemaakt bij notariële akte. (BW 2:107, 217, 331, 334)

Art. 331

Besluit tot fusie door bestuur

– 1. Tenzij de statuten anders bepalen, kan een verkrijgende vennootschap bij bestuursbesluit tot fusie besluiten.
– 2. Dit besluit kan slechts worden genomen, indien de vennootschap het voornemen hiertoe heeft vermeld in de aankondiging dat het voorstel tot fusie is neergelegd. (BW 2:314 lid 3)
– 3. Het besluit kan niet worden genomen, indien een of meer aandeelhouders die tezamen

ten minste een twintigste van het geplaatste kapitaal vertegenwoordigen, of een zoveel geringer bedrag als in de statuten is bepaald, binnen een maand na de aankondiging aan het bestuur hebben verzocht de algemene vergadering bijeen te roepen om over de fusie te besluiten. De artikelen 317 en 330 zijn dan van toepassing. (BW 2:107, 129, 217, 239)

Art. 332

Ministeriële verklaring van geen bezwaar

De ministeriële verklaring dat van geen bezwaren is gebleken tegen de wijziging van de statuten van de verkrijgende vennootschap moet zijn verleend voordat de akte van fusie wordt verleden. (BW 2:125, 235)

Art. 333

Niet-toepasselijkheid van bepalingen

– 1. Indien de verkrijgende vennootschap fuseert met een vennootschap waarvan zij alle aandelen houdt of met een vereniging, coöperatie of onderlinge waarborgmaatschappij waarvan zij het enige lid is, zijn de artikelen 326-328 niet van toepassing.

– 2. Indien iemand, of een ander voor zijn rekening, alle aandelen houdt in het kapitaal van de te fuseren vennootschappen en de verkrijgende vennootschap geen aandelen toekent ingevolge de akte van fusie, zijn de artikelen 326-328 niet van toepassing.

– 3. Indien een verkrijgende vereniging, coöperatie, onderlinge waarborgmaatschappij of stichting fuseert met een naamloze of besloten vennootschap waarvan zij alle aandelen houdt, is van deze afdeling slechts van toepassing artikel 329.

Art. 333a

Aandeelhouderschap na fusie

– 1. De akte van fusie kan bepalen dat de aandeelhouders van de verdwijnende vennootschappen aandeelhouder worden van een groepsmaatschappij van de verkrijgende vennootschap. Zij worden dan geen aandeelhouder van de verkrijgende vennootschap.

– 2. Zulk een fusie is slechts mogelijk, indien de groepsmaatschappij alleen of samen met een andere groepsmaatschappij het gehele geplaatste kapitaal van de verkrijgende vennootschap verschaft. De artikelen 317, leden 1 tot en met 4, 330 en 331 zijn op het besluit van de groepsmaatschappij van overeenkomstige toepassing.

– 3. De groepsmaatschappij die de aandelen toekent geldt naast de verkrijgende vennootschap als fuserende rechtspersoon. Op haar rusten de verplichtingen die ingevolge de artikelen 312-329 op een verkrijgende vennootschap rusten, met uitzondering van de verplichtingen uit de artikelen 316, 317, 318 lid 4, 321 lid 2 en lid 4, 323, lid 7; voor de toepassing van artikel 328 lid 3 blijft zij buiten beschouwing. De artikelen 312 lid 2 onder *b*, 320, 325 lid 3 en 326 lid 1 onder *b* gelden alsdan niet voor de verkrijgende vennootschap.

AFDELING 3A

Bijzondere bepalingen voor grensoverschrijdende fusies

Art. 333b

Reikwijdte

– 1. Deze afdeling is van toepassing indien een naamloze vennootschap, een besloten vennootschap met beperkte aansprakelijkheid of een Europese coöperatieve vennootschap fuseert met een kapitaalvennootschap of coöperatieve vennootschap naar het recht van een andere lidstaat van de Europese Unie of de Europese Economische Ruimte.

– 2. Deze afdeling is van toepassing op een naamloze vennootschap die beleggingsinstelling is als bedoeld in de Wet op het financieel toezicht waarvan de rechten van deelneming op verzoek van de deelnemers direct of indirect worden ingekocht of terugbetaald ten laste van de activa van de instelling.

Art. 333c

Grensoverschrijdende fusie

– 1. Een naamloze of besloten vennootschap kan fuseren met een kapitaalvennootschap die is opgericht naar het recht van een andere lidstaat van de Europese Unie of de Europese Economische Ruimte. Een naamloze of besloten vennootschap kan voorts verkrijgende vennootschap zijn bij een fusie tussen kapitaalvennootschappen die zijn opgericht naar het recht van een andere lidstaat van de Europese Unie of de Europese Economische Ruimte.

– 2. Een Europese coöperatieve vennootschap met zetel in Nederland kan fuseren met een coöperatieve vennootschap opgericht naar het recht van een of meer andere lidstaten van de Europese Unie of de Europese Economische Ruimte. Een Europese coöperatieve vennootschap met zetel in Nederland kan voorts verkrijgende vennootschap zijn bij een fusie tussen coöperatieve vennootschappen opgericht naar het recht van een of meer andere lidstaten van de Europese Unie of de Europese Economische Ruimte. Op de fusie zijn tevens de artikelen 324 tot en met 333 van toepassing, tenzij in deze afdeling anders is bepaald.

– 3. Een naamloze of besloten vennootschap kan met toepassing van artikel 333a fuseren met een kapitaalvennootschap naar het recht van een andere lidstaat van de Europese Unie of de Europese Economische Ruimte, mits de verkrijgende vennootschap en de groepsmaatschappij bedoeld in artikel 333a lid 1 vennootschappen met zetel in Nederland zijn.

– 4. Een beleggingsinstelling bedoeld in artikel 333b lid 2 kan fuseren met een naamloze vennootschap opgericht naar het recht van een andere lidstaat van de Europese Unie of de Europese Economische Ruimte waarvan het doel is de collectieve belegging van uit het publiek aangetrokken kapitaal met toepassing van het beginsel van risicospreiding en waarvan de rechten van deelneming ten laste van de activa van de vennootschap op verzoek van de houders direct of indirect worden ingekocht of terugbetaald. Met dergelijke inkopen of terugbetalingen wordt gelijkgesteld ieder handelen van een dergelijke vennootschap om te voorkomen dat de waarde van haar deelnemingsrechten ter beurze aanzienlijk afwijkt van de intrinsieke waarde.

Art. 333d

Gegevens fusievoorstel

Het gezamenlijke voorstel tot fusie vermeldt naast de in artikel 312 en 326 genoemde gegevens:
a. de rechtsvorm, naam en statutaire zetel van de verkrijgende vennootschap;
b. de waarschijnlijke gevolgen van de fusie voor de werkgelegenheid;
c. indien van toepassing informatie over de procedure voor de vaststelling van regelingen met betrekking tot medezeggenschap als bedoeld in artikel 333k in de verkrijgende vennootschap;
d. informatie over de waardering van de activa en passiva die overgaan naar de verkrijgende vennootschap;
e. de datum van de laatst vastgestelde of krachtens artikel 313 opgemaakte jaarrekening of tussentijdse vermogensopstelling die is gebruikt om de voorwaarden voor de fusie vast te stellen;
f. een voorstel voor de hoogte van de schadeloosstelling voor een aandeel bij toepassing van artikel 333h.

Art. 333e

Aankondiging fusie

– 1. De fuserende vennootschap kondigt voor de fuserende vennootschappen in de *Staatscourant* aan:
a. rechtsvorm, naam en statutaire zetel;
b. aanduiding van en inschrijvingsnummer bij het register waarin de gegevens betreffende de fuserende vennootschappen zijn ingeschreven;
c. de regelingen volgens welke de rechten van minderheidsaandeelhouders en schuldeisers kunnen worden uitgeoefend, en het adres waar zij kosteloos volledige inlichtingen betreffende die rechten kunnen verkrijgen.
– 2. Zijn er meer fuserende vennootschappen met zetel in Nederland, dan kunnen zij volstaan met een gezamenlijke aankondiging.
– 3. Artikel 314 lid 3 is niet van toepassing.

Art. 333f

Terinzagelegging schriftelijke toelichting

De schriftelijke toelichting bedoeld in artikel 314 lid 2 ligt tot het tijdstip van de fusie ter inzage voor de ondernemingsraad of, indien bij de door de vennootschap in stand gehouden onderneming een ondernemingsraad ontbreekt, voor werknemers van de vennootschap.

Art. 333g

Accountantsonderzoek

In de verklaring als bedoeld in artikel 328 lid 1 tweede volzin moet het nominaal gestorte bedrag op de gezamenlijke aandelen die de aandeelhouders ingevolge de fusie verkrijgen, vermeerderd met betalingen waarop zij krachtens ruilverhouding recht hebben, voorts worden vermeerderd met het totaal bedrag van schadeloosstellingen waarop aandeelhouders op grond van artikel 333h recht kunnen doen gelden.

Art. 333h

Schadeloosstelling

– 1. Indien de verkrijgende vennootschap een vennootschap naar het recht van een andere lidstaat van de Europese Unie of de Europese Economische Ruimte is, kan de aandeelhouder van een verdwijnende vennootschap die tegen het fusiebesluit heeft gestemd binnen een maand na de datum van het besluit bij de verdwijnende vennootschap een verzoek indienen tot schadeloosstelling.
– 2. De schadeloosstelling wordt bij gebreke van overeenstemming bepaald door een of meer onafhankelijke deskundigen, op verzoek van de meest gerede partij te benoemen door de voorzitter van de ondernemingskamer van het gerechtshof te Amsterdam.
– 3. De aandelen waarop het verzoek betrekking heeft, vervallen op het moment dat de fusie van kracht wordt.
– 4. Voor de toepassing van dit artikel worden met aandeelhouders gelijkgesteld de houders van certificaten van aandelen als bedoeld in artikel 118a.

Art. 333i

Van kracht worden fusie

– 1. In afwijking van artikel 318 lid 1 wordt een fusie waarbij de verkrijgende vennootschap een vennootschap is naar het recht van een andere lidstaat van de Europese Unie of de Europese Economische Ruimte van kracht op de wijze en de datum bepaald door het recht van het land waar de verkrijgende vennootschap haar statutaire zetel heeft.
– 2. Artikel 318 lid 2 is niet van toepassing.
– 3. De notaris verklaart dat hem is gebleken dat de vormvoorschriften in acht zijn genomen

voor alle besluiten die de afdelingen 2, 3 en 3a van deze titel en de statuten vereisen voor de deelneming van de vennootschap aan de grensoverschrijdende fusie en dat voor het overige de daarvoor in deze afdelingen gegeven voorschriften zijn nageleefd.

– 4. Indien de verkrijgende vennootschap een vennootschap is naar het recht van een andere lidstaat van de Europese Unie of de Europese Economische Ruimte kan de notaris de verklaring bedoeld in lid 3 eerst afgeven indien geen verzoek tot schadeloosstelling als bedoeld in artikel 333h is ingediend of de schadeloosstelling is betaald, tenzij de andere fuserende vennootschappen hebben besloten dat de verkrijgende vennootschap de schadeloosstelling moet voldoen. In dat geval vermeldt de notaris in de verklaring dat het verzoek is ingediend.

– 5. Indien de verkrijgende vennootschap een vennootschap naar Nederlands recht is, verklaart de notaris aan de voet van de akte bedoeld in artikel 318 lid 1 dat hem is gebleken dat de vormvoorschriften als bedoeld in dat lid in acht zijn genomen, dat door de verdwijnende vennootschappen op hetzelfde fusievoorstel is beslist en dat de regelingen met betrekking tot medezeggenschap zijn vastgesteld overeenkomstig artikel 333k.

Art. 333j

Mededeling aan registers

De beheerder van het handelsregister waar de verkrijgende rechtspersoon is ingeschreven, doet onverwijld na de inschrijving van de fusie mededeling aan de registers bedoeld in artikel 333e waar de verdwijnende vennootschappen staan ingeschreven.

Art. 333k

Medezeggenschap

– 1. In dit artikel wordt onder regelingen met betrekking tot medezeggenschap verstaan regelingen met betrekking tot medezeggenschap als bedoeld in artikel 1:1 lid 1 van de Wet rol werknemers bij de Europese vennootschap.

– 2. Indien

a. bij ten minste een van de fuserende vennootschappen in de zes maanden voorafgaande aan datum van neerlegging van het fusievoorstel bedoeld in artikel 314 gemiddeld meer dan vijfhonderd werknemers werkzaam zijn en op deze fuserende vennootschap regelingen met betrekking tot medezeggenschap van toepassing zijn, of

b. regelingen met betrekking tot medezeggenschap op een van de fuserende vennootschappen van toepassing zijn en de verkrijgende vennootschap niet voldoet aan de bepalingen van artikel 157, 158 tot en met 164 of 158 tot en met 161 en 164 dan wel 267, 268 tot en met 274 of 268 tot en met 271 en 274, zijn de artikelen 12 leden twee tot en met vier van Verordening (EG) nr. 2157/2001 van de Raad van de Europese Unie van 8 oktober 2001 betreffende het statuut van de Europese vennootschap (SE) en 1:4 tot en met 1:12, 1:14 lid 1, 2, 3 onderdeel a en 4, 1:16, 1:17, 1:18 lid 1 onderdelen a, h, i en j, lid 3 en 6, 1:20, 1:21 lid 2 onderdeel a, met dien verstande dat het in dat onderdeel genoemde percentage van 25 wordt vervangen door $33^1/_3$, lid 4 en 5, 1:26 lid 3 en 1:31 lid 2 van de Wet rol werknemers bij Europese rechtspersonen alsmede de artikelen 670 lid 4 en 11 en 670a lid 1 onderdeel a van Boek 7 van het Burgerlijk Wetboek van overeenkomstige toepassing.

– 3. De algemene vergadering van elke fuserende vennootschap kan besluiten af te zien van het openen van onderhandelingen over regelingen met betrekking tot medezeggenschap. Dit besluit heeft tot gevolg dat de referentievoorschriften voor regelingen met betrekking tot medezeggenschap als bedoeld in artikel 1:31 van de Wet rol werknemers bij Europese rechtspersonen vanaf de datum van inschrijving van de fusie van toepassing zijn op de verkrijgende vennootschap.

– 4. De bijzondere onderhandelingsgroep, bedoeld in artikel 1:1 van de Wet rol werknemers bij Europese rechtspersonen, kan besluiten af te zien van het openen van onderhandelingen of tot het beëindigen van onderhandelingen over regelingen met betrekking tot medezeggenschap. Dit besluit beëindigt de procedure tot sluiting van een overeenkomst als bedoeld in artikel 1:11 lid 1 van de Wet rol werknemers bij Europese rechtspersonen. Een zodanig besluit van de bijzondere onderhandelingsgroep behoeft een meerderheid van twee derde van haar aantal leden, tevens vertegenwoordigende twee derde van de werknemers en afkomstig uit ten minste twee lidstaten.

– 5. Indien de verkrijgende vennootschap een vennootschap naar Nederlands recht is, wordt de toepassing van de artikelen 158 tot en met 164 of 158 tot en met 161 en 164 danwel 268 tot en met 274 of 268 tot en met 271 en 274 of de uitwerking van de medezeggenschap in de statuten vastgelegd.

– 6. De algemene vergadering kan aan het besluit tot fusie als bedoeld in artikel 317 de voorwaarde verbinden dat zij de toepassing van de artikelen 158 tot en met 164 of 158 tot en met 161 en 164 danwel 268 tot en met 274 of 268 tot en met 271 en 274 of de uitwerking van de regelingen met betrekking tot medezeggenschap goedkeurt. De algemene vergadering kan bij het besluit tot goedkeuring machtiging verlenen in de statuten de veranderingen aan te brengen die nodig zijn voor deze toepassing of uitwerking.

– 7. Indien een vennootschap binnen drie jaar na het van kracht worden van de fusie deelneemt aan een fusie als bedoeld in deze titel, is dit artikel van overeenkomstige toepassing.
– 8. Bij toepassing van artikel 1:17 lid 2 van de Wet rol werknemers bij Europese rechtspersonen wordt de termijn van zes maanden bedoeld in artikel 318 lid 1 verlengd tot drie maanden na het einde van de verlengde onderhandelingsperiode bedoeld in artikel 1:17 lid 2 van de Wet rol werknemers bij Europese rechtspersonen, met dien verstande dat de maximale termijn één jaar en drie maanden bedraagt.

Art. 333l

Nietigheid of vernietiging

De nietigheid of vernietiging van een fusie op grond van deze afdeling kan niet worden uitgesproken. Artikel 323 is niet van toepassing.

Art. 334

Vervallen.

AFDELING 4
Algemene bepalingen omtrent splitsingen

Art. 334a

Begripsbepaling

– 1. Splitsing is zuivere splitsing en afsplitsing.

Zuivere splitsing

– 2. Zuivere splitsing is de rechtshandeling waarbij het vermogen van een rechtspersoon die bij de splitsing ophoudt te bestaan onder algemene titel overeenkomstig de aan de akte van splitsing gehechte beschrijving wordt verkregen door twee of meer andere rechtspersonen.

Afsplitsing

– 3. Afsplitsing is de rechtshandeling waarbij het vermogen of een deel daarvan van een rechtspersoon die bij de splitsing niet ophoudt te bestaan onder algemene titel overeenkomstig de aan de akte van splitsing gehechte beschrijving wordt verkregen door een of meer andere rechtspersonen waarvan ten minste één overeenkomstig het bepaalde in deze of de volgende afdeling lidmaatschapsrechten of aandelen in zijn kapitaal toekent aan de leden of aan aandeelhouders van de splitsende rechtspersoon of waarvan ten minste één bij de splitsing door de splitsende rechtspersoon wordt opgericht.
– 4. Partij bij de splitsing is de splitsende rechtspersoon alsmede elke verkrijgende rechtspersoon, met uitzondering van rechtspersonen die bij de splitsing worden opgericht. (BW 2:308, 334*c*, 334*n*; 3:32 e.v., 80 lid 2; 4:946; 7:662; Kad. 33 lid 5)

Art. 334b

Vereisten voor splitsing

– 1. De partijen bij een splitsing moeten dezelfde rechtsvorm hebben.
– 2. Wordt een verkrijgende rechtspersoon bij de splitsing opgericht, dan moet hij de rechtsvorm hebben van de splitsende rechtspersoon.
– 3. Voor de toepassing van dit artikel worden de naamloze en de besloten vennootschap als rechtspersonen met de zelfde rechtsvorm aangemerkt.
– 4. Bij splitsing van een vereniging, coöperatie, onderlinge waarborgmaatschappij of stichting kunnen ook naamloze of besloten vennootschappen worden opgericht, mits de splitsende rechtspersoon daarvan bij de splitsing alle aandelen verkrijgt.
– 5. Een ontbonden rechtspersoon mag niet partij zijn bij een splitsing, indien reeds uit hoofde van de vereffening een uitkering is gedaan.
– 6. Een rechtspersoon mag niet partij zijn bij een splitsing gedurende faillissement of surséance van betaling.
– 7. Een splitsende rechtspersoon mag in faillissement of surséance van betaling zijn, mits alle verkrijgende rechtspersonen bij de splitsing opgerichte naamloze of besloten vennootschappen zijn en de splitsende rechtspersoon daarvan bij de splitsing enig aandeelhouder wordt. Indien de splitsende rechtspersoon in faillissement is, kan de curator tot splitsing besluiten en rusten de verplichtingen die ingevolge deze en de volgende afdeling op het bestuur rusten, op de curator; indien de rechtspersoon in surséance van betaling is, behoeft het besluit tot splitsing de goedkeuring van de bewindvoerder. De tweede zin van artikel 334*d*, artikel 334*f* lid 2 onderdeel *e* voor zover het betreft de waarde van het deel van het vermogen dat de splitsende rechtspersoon zal behouden, artikel 334*g* lid 2, artikel 334*i* lid 1, artikel 334*k*, artikel 334*w* en artikel 334*ff* lid 3 gelden niet in faillissement; de tweede zin van artikel 334*d* en artikel 334*w* gelden niet in surséance. (BW 2:19, 23 e.v., 334*u*; Fw 1 e.v., 213 e.v.)

Art. 334c

Ophouden te bestaan

– 1. Indien het gehele vermogen van de splitsende rechtspersoon overgaat, houdt hij door het van kracht worden van de splitsing op te bestaan.
– 2. Lid 1 geldt niet, indien ten minste een verkrijgende rechtspersoon een bij de splitsing opgerichte naamloze of besloten vennootschap is en de splitsende rechtspersoon daarvan bij de splitsing alle aandelen verkrijgt. (BW 2:18 lid 6, 23 e.v., 34 lid 2, 36 lid 4, 311)

Art. 334d

Vermogensvereisten

Behalve voor zover de verkrijgende rechtspersonen naamloze of besloten vennootschappen zijn, moet de waarde van het deel van het vermogen van de splitsende rechtspersoon dat elke verkrijgende rechtspersoon verkrijgt ten tijde van de splitsing ten minste nul zijn. Behalve voor zover de splitsende vennootschap een naamloze of besloten vennootschap is, geldt hetzelfde voor de waarde van het deel van het vermogen dat een voortbestaande splitsende rechtspersoon behoudt, vermeerderd met de waarde van aandelen in het kapitaal van verkrijgende rechtspersonen die hij bij de splitsing verkrijgt. (BW 2:334*b* lid 7, 334*v*)

Art. 334e

Aandeelhouders

– 1. De leden of aandeelhouders van de splitsende rechtspersoon worden door de splitsing lid of aandeelhouder van alle verkrijgende rechtspersonen.

– 2. Geen aandelen in het kapitaal van een verkrijgende vennootschap worden verkregen voor aandelen in het kapitaal van een splitsende vennootschap die door of voor rekening van die verkrijgende vennootschap of door of voor rekening van de splitsende vennootschap worden gehouden.

– 3. Lid 1 geldt voorts niet voor zover:

a. de verkrijgende rechtspersonen bij de splitsing opgerichte naamloze of besloten vennootschappen zijn en de splitsende rechtspersoon daarvan bij de splitsing alle aandelen verkrijgt;

b. ten aanzien van verkrijgende vennootschappen artikel 334*cc* of artikel 334*ii* wordt toegepast;

c. krachtens de ruilverhouding van de aandelen zelfs geen recht bestaat op een enkel aandeel. (BW 2:34, 36 lid 4, 79 e.v., 190 e.v.)

Art. 334f

Het voorstel tot splitsing

– 1. De besturen van de partijen bij de splitsing stellen een voorstel tot splitsing op.

– 2. Dit voorstel vermeldt ten minste:

a. de rechtsvorm, naam en zetel van de partijen bij de splitsing en, voor zover de verkrijgende rechtspersonen bij de splitsing worden opgericht, van deze rechtspersonen; (BW 2:27, 66, 177, 286)

b. de statuten van de verkrijgende rechtspersonen en van de voortbestaande splitsende rechtspersoon, zoals die statuten luiden en zoals zij na de splitsing zullen luiden dan wel, voor zover de verkrijgende rechtspersonen bij de splitsing worden opgericht, het ontwerp van de akte van oprichting; (BW 2:66, 68, 177)

c. of het gehele vermogen van de splitsende rechtspersoon zal overgaan of een gedeelte daarvan;

d. een beschrijving aan de hand waarvan nauwkeurig kan worden bepaald welke vermogensbestanddelen van de splitsende rechtspersoon zullen overgaan op elk van de verkrijgende rechtspersonen en, indien niet het gehele vermogen van de splitsende rechtspersoon zal overgaan, welke vermogensbestanddelen door hem zullen worden behouden, alsmede een pro forma winst- en verliesrekening dan wel exploitatierekening van de verkrijgende rechtspersonen en de voortbestaande splitsende rechtspersoon;

e. de waarde, bepaald naar de dag waarop de in artikel 334*g* lid 2 bedoelde jaarrekening of tussentijdse vermogensopstelling van de splitsende rechtspersoon betrekking heeft en berekend met inachtneming van de derde zin van die bepaling, van het deel van het vermogen dat elke verkrijgende rechtspersoon zal verkrijgen en van het deel dat de voortbestaande splitsende rechtspersoon zal behouden, alsmede de waarde van aandelen in het kapitaal van verkrijgende rechtspersonen die de voortbestaande splitsende rechtspersoon bij de splitsing zal verkrijgen;

f. welke rechten of vergoedingen ingevolge artikel 334*p* ten laste van de verkrijgende rechtspersonen worden toegekend aan degenen die anders dan als lid of aandeelhouder bijzondere rechten hebben jegens de splitsende rechtspersoon, zoals rechten op een uitkering van winst of tot het nemen van aandelen, en met ingang van welk tijdstip de toekenning geschiedt; (BW 2:96*a*, 105, 216)

g. welke voordelen in verband met de splitsing worden toegekend aan een bestuurder of commissaris van een partij bij de splitsing of aan een ander die bij de splitsing is betrokken;

h. de voornemens over de samenstelling na de splitsing van de besturen van de verkrijgende rechtspersonen en van de voortbestaande splitsende rechtspersoon, alsmede, voor zover er raden van commissarissen zullen zijn, van die raden;

i. het tijdstip met ingang waarvan financiële gegevens betreffende elk deel van het vermogen dat zal overgaan zullen worden verantwoord in de jaarrekening of andere financiële verantwoording van de verkrijgende rechtspersonen;

j. de voorgenomen maatregelen in verband met het verkrijgen door de leden of aandeelhouders van de splitsende rechtspersoon van het lidmaatschap of aandeelhouderschap van de verkrijgende rechtspersonen;

k. de voornemens omtrent voortzetting of beëindiging van werkzaamheden;

l. wie in voorkomend geval het besluit tot splitsing moet goedkeuren.

– 3. Het voorstel tot splitsing wordt ondertekend door de bestuurders van elke partij bij de splitsing; ontbreekt de handtekening van een of meer hunner, dan wordt daarvan onder opgave van redenen melding gemaakt.

– 4. Tenzij alle partijen bij de splitsing verenigingen of stichtingen zijn, moet het voorstel tot splitsing zijn goedgekeurd door de raden van commissarissen en wordt het door de commissarissen mede ondertekend; ontbreekt de handtekening van een of meer hunner, dan wordt daarvan onder opgave van redenen melding gemaakt. Voorts vermeldt het voorstel de invloed van de splitsing op de grootte van de goodwill en de uitkeerbare reserves van de verkrijgende rechtspersonen en van de voortbestaande splitsende rechtspersoon. (BW 2:37, 63*a* e.v., 129, 140, 152 e.v., 239, 250, 262 e.v., 291, 312, 334*b* lid 7, 334*y*, 334*hh*, 334*ii* lid 3)

Art. 334g

Schriftelijke toelichting omtrent gevolgen

– 1. In een schriftelijke toelichting geeft het bestuur van elke partij bij de splitsing de redenen voor de splitsing met een uiteenzetting over de verwachte gevolgen voor de werkzaamheden en een toelichting uit juridisch, economisch en sociaal oogpunt.

Tussentijdse financiële verantwoording

– 2. Indien het laatste boekjaar van de rechtspersoon, waarover een jaarrekening of andere financiële verantwoording is vastgesteld, meer dan zes maanden voor de nederlegging van het voorstel tot splitsing is verstreken, maakt het bestuur een jaarrekening of tussentijdse vermogensopstelling op. Deze heeft betrekking op de stand van het vermogen op ten vroegste de eerste dag van de derde maand voor de maand waarin zij wordt neergelegd. De vermogensopstelling wordt opgemaakt met inachtneming van de indeling en de waarderingsmethoden die in de laatst vastgestelde jaarrekening of andere financiële verantwoording zijn toegepast, tenzij daarvan gemotiveerd wordt afgeweken op grond dat de actuele waarde belangrijk afwijkt van de boekwaarde. In de vermogensopstelling worden de krachtens de wet of de statuten te reserveren bedragen opgenomen. (BW 2:313, 334*b* lid 7, 334*z*, 362 e.v., 384)

Art. 334h

Terinzagelegging

– 1. Elke partij bij de splitsing legt ten kantore van het handelsregister neer: (BW 2:29, 77, 188, 289)

a. het voorstel tot splitsing; (BW 2:334*f*)

b. de laatste drie vastgestelde jaarrekeningen of andere financiële verantwoordingen van de partijen bij de splitsing, met de accountantsverklaring daarbij, voor zover deze stukken ter inzage liggen of moeten liggen; (BW 2:361 e.v., 393, 394)

c. de jaarverslagen van de partijen bij de splitsing over de laatste drie afgesloten jaren, voor zover deze ter inzage liggen of moeten liggen; (BW 2:391)

d. tussentijdse vermogensopstellingen of niet vastgestelde jaarrekeningen, voor zover vereist ingevolge artikel 334g lid 2 en voor zover de jaarrekening van de rechtspersoon ter inzage moet liggen.

– 2. Tegelijkertijd legt het bestuur de stukken, met inbegrip van jaarrekeningen en jaarverslagen die niet ter openbare inzage hoeven te liggen, samen met de toelichtingen van de besturen op het voorstel neer ten kantore van de rechtspersoon of, bij gebreke van een kantoor, aan de woonplaats van een bestuurder. De stukken liggen tot het tijdstip van de splitsing op het adres van elke verkrijgende rechtspersoon en de voortbestaande gesplitste rechtspersoon, onderscheidenlijk op het adres van een bestuurder daarvan, nog zes maanden nadien ter inzage voor de leden of aandeelhouders en voor hen die een bijzonder recht jegens de rechtspersoon hebben, zoals een recht op een uitkering van winst of tot het nemen van aandelen. In dit tijdvak kunnen zij kosteloos een afschrift daarvan krijgen. (BW 2:102, 212, 334*dd*)

– 3. De partijen bij de splitsing kondigen in een landelijk verspreid dagblad aan dat de stukken zijn neergelegd, met opgave van de openbare registers waar zij liggen en van het adres waar zij krachtens lid 2 ter inzage liggen.

– 4. Indien de ondernemingsraad of medezeggenschapsraad van een partij bij de splitsing of een vereniging van werknemers die werknemers van die partij of van een dochtermaatschappij onder haar leden telt, schriftelijk een advies of opmerkingen indient, worden deze tegelijk met het voorstel tot splitsing of onmiddellijk na ontvangst neergelegd op het adres bedoeld in lid 2. De tweede en derde zin van lid 2 zijn van overeenkomstige toepassing.

– 5. Indien de besturen van de partijen bij de splitsing het voorstel tot splitsing wijzigen, zijn de leden 1 tot en met 4 van overeenkomstige toepassing.

– 6. De leden 2 en 4 gelden niet voor stichtingen. (BW 2:314, 334*aa*, 334*dd*, 334*ii* lid 3)

Art. 334i

Wijziging van omstandigheden

– 1. Het bestuur van elke partij bij de splitsing is verplicht de algemene vergadering en de andere partijen bij de splitsing in te lichten over na het voorstel tot splitsing gebleken belangrijke wijzigingen in de omstandigheden die de mededelingen in het voorstel tot splitsing of in de toelichting hebben beïnvloed.

– 2. Voor een stichting geldt deze verplichting jegens degenen die blijkens de statuten de splitsing moeten goedkeuren. (BW 2:40, 107, 217, 315, 334*b* lid 7, 334*f*, 334*g*, 334*ii* lid 3)

Art. 334j

Overgang rechtsverhouding

– 1. Een rechtsverhouding waarbij de splitsende rechtspersoon partij is mag, op straffe van gegrondverklaring van een verzet als bedoeld in artikel 334*l*, slechts in haar geheel overgaan.

– 2. Is echter een rechtsverhouding verbonden met verschillende vermogensbestanddelen die op onderscheiden verkrijgende rechtspersonen overgaan, dan mag zij worden gesplitst in dier voege dat zij overgaat op alle betrokken verkrijgende rechtspersonen naar evenredigheid van het verband dat de rechtsverhouding heeft met de vermogensbestanddelen die elke rechtspersoon verkrijgt.

– 3. Indien een rechtsverhouding mede verbonden is met vermogensbestanddelen die de voortbestaande splitsende rechtspersoon behoudt, is lid 2 te zijnen aanzien van overeenkomstige toepassing.

– 4. De leden 1 tot en met 3 laten de rechten die de wederpartij bij een rechtsverhouding kan ontlenen aan de artikelen 334*k* en 334*r* onverlet. (BW 2:334*ii* lid 3)

Art. 334k

Zekerheidstelling

Ten minste een van de partijen bij de splitsing moet, op straffe van gegrondverklaring van een verzet als bedoeld in artikel 334*l*, voor iedere schuldeiser van deze partijen die dit verlangt zekerheid stellen of hem een andere waarborg geven voor de voldoening van zijn vordering. Dit geldt niet, indien de schuldeiser voldoende waarborgen heeft of de vermogenstoestand van de rechtspersoon die na de splitsing zijn schuldenaar zal zijn niet minder waarborg zal bieden dat de vordering zal worden voldaan, dan er voordien is. (BW 2:316 lid 1, 334*b* lid 7, 334*ii* lid 3)

Art. 334l

Verzet wegens strijd met art. 334j

– 1. Tot een maand nadat alle partijen bij de splitsing de nederlegging van het voorstel tot splitsing hebben aangekondigd kan iedere wederpartij bij een rechtsverhouding van zulk een partij door een verzoekschrift aan de rechtbank tegen het voorstel tot splitsing in verzet komen op grond dat het voorstel ten aanzien van zijn rechtsverhouding strijdt met artikel 334*j* of dat een krachtens artikel 334*k* verlangde waarborg niet is gegeven. In het laatste geval vermeldt het verzoekschrift de waarborg die wordt verlangd. (Rv 429*a* e.v.)

– 2. Voordat de rechter beslist, kan hij de partijen bij de splitsing in de gelegenheid stellen binnen een door hem gestelde termijn een door hem omschreven wijziging in het voorstel tot splitsing aan te brengen en het gewijzigde voorstel overeenkomstig artikel 334*h* openbaar te maken, onderscheidenlijk een door hem omschreven waarborg te geven.

– 3. Indien tijdig verzet is gedaan, mag de akte van splitsing eerst worden verleden, zodra het verzet is ingetrokken of de opheffing van het verzet uitvoerbaar is.

– 4. Indien de akte van splitsing al is verleden, kan de rechter op een ingesteld rechtsmiddel:

a. bevelen dat een rechtsverhouding die in strijd met artikel 334*j* is overgegaan geheel of gedeeltelijk wordt overgedragen aan een of meer door hem aan te wijzen verkrijgende rechtspersonen of aan de voortbestaande gesplitste rechtspersoon, of bepalen dat twee of meer van deze rechtspersonen hoofdelijk tot nakoming van de uit de rechtsverhouding voortvloeiende verbintenissen verbonden zijn;

b. bevelen dat een door hem omschreven waarborg wordt gegeven.

De rechter kan aan een bevel een dwangsom verbinden.

– 5. Indien door een overdracht als bedoeld in lid 4 onder *a* de overdragende of verkrijgende rechtspersoon nadeel lijdt, is de andere rechtspersoon gehouden dit goed te maken. (BW 2:100, 209, 316, 334*u*, 334*ii* lid 3)

Art. 334m

Bevoegdheid besluit tot splitsing

– 1. Het besluit tot splitsing wordt genomen door de algemene vergadering; in een stichting wordt het besluit genomen door degene die de statuten mag wijzigen of, als geen ander dat mag, door het bestuur. Het besluit mag niet afwijken van het voorstel tot splitsing. (BW 2:40, 107, 217, 312)

– 2. Een besluit tot splitsing kan eerst worden genomen na verloop van een maand na de dag waarop alle partijen bij de splitsing de nederlegging van het voorstel tot splitsing hebben aangekondigd. (BW 2:334*h* lid 3)

– 3. Een besluit tot splitsing wordt genomen op dezelfde wijze als een besluit tot wijziging van de statuten. Vereisen de statuten hiervoor goedkeuring, dan geldt dit ook voor het besluit tot splitsing. Vereisen de statuten voor de wijziging van afzonderlijke bepalingen verschillende meerderheden, dan is voor een besluit tot splitsing de grootste daarvan vereist, en sluiten de statuten wijziging van bepalingen uit, dan zijn de stemmen van alle stemgerechtigde leden of aandeelhouders vereist; een en ander tenzij die bepalingen na de splitsing onverminderd zullen gelden. (BW 2:42 e.v., 121 e.v., 231 e.v., 293 e.v.)

– 4. Lid 3 geldt niet voor zover de statuten een andere regeling voor besluiten tot splitsing geven.

– 5. Een besluit tot splitsing van een stichting behoeft de goedkeuring van de rechtbank, tenzij de statuten het mogelijk maken alle bepalingen daarvan te wijzigen. De rechtbank wijst het verzoek af, indien er gegronde redenen zijn om aan te nemen dat de splitsing strijdig is met het belang van de stichting. (BW 2:317, 334*u*, 334*ff*, 334*ii*)

Art. 334n

Notariële akte; inschrijving in registers

– 1. De splitsing geschiedt bij notariële akte en wordt van kracht met ingang van de dag na die waarop de akte is verleden. De akte mag slechts worden verleden binnen zes maanden na de aankondiging van de nederlegging van het voorstel tot splitsing of, indien dit als gevolg van gedaan verzet niet mag, binnen een maand na intrekking of nadat de opheffing van het verzet uitvoerbaar is geworden. (BW 2:27, 64, 179, 286, 334*h* lid 3, 334*l*)

– 2. Aan de voet van de akte verklaart de notaris dat hem is gebleken dat de vormvoorschriften in acht zijn genomen voor alle besluiten die deze en de volgende afdeling en de statuten voor het tot stand komen van de splitsing vereisen en dat voor het overige de daarvoor in deze en de volgende afdeling en in de statuten gegeven voorschriften zijn nageleefd. Aan de akte wordt de in artikel 334*f* lid 2 onder *d* bedoelde beschrijving gehecht.

– 3. Elke verkrijgende rechtspersoon en de gesplitste rechtspersoon doen de splitsing binnen acht dagen na het verlijden inschrijven in het handelsregister, al naar gelang van elks inschrijfplicht. Indien de gesplitste rechtspersoon bij de splitsing is opgehouden te bestaan, is elke verkrijgende rechtspersoon tot inschrijving verplicht. Bij elke inschrijving wordt een afschrift van de akte van splitsing met de notariële verklaring aan de voet daarvan ten kantore van het register neergelegd. (BW 2:29, 69, 180, 289)

– 4. De verkrijgende rechtspersonen, elk voor zover het goederen betreft die bij de splitsing op hen zijn overgegaan, doen binnen een maand na de splitsing opgave aan de beheerders van andere openbare registers waarin overgang van rechten of de splitsing kan worden ingeschreven. Gaat door de splitsing een registergoed op een verkrijgende vennootschap over, dan is de gesplitste rechtspersoon of, zo deze bij de splitsing is opgehouden te bestaan, elk van de verkrijgende rechtspersonen in zijn plaats verplicht binnen deze termijn aan de bewaarder van de openbare registers, bedoeld in afdeling 2 van titel 1 van Boek 3, de voor de inschrijving van de splitsing vereiste stukken aan te bieden. (BW 2:318, 334*u*, 334*gg*, 334*ii*)

Art. 334o

Pandrecht of vruchtgebruik

– 1. De rechthebbende van een pandrecht of vruchtgebruik op een recht van lidmaatschap of op aandelen in het kapitaal van de splitsende rechtspersoon verkrijgt eenzelfde recht op hetgeen het lid of de aandeelhouder krachtens de akte van splitsing verkrijgt. Indien de splitsende rechtspersoon na de splitsing voortbestaat, blijft daarnaast het bestaande pandrecht of recht van vruchtgebruik in stand.

– 2. Vervallen aandelen waarop een pandrecht of vruchtgebruik rust, en treedt daarvoor niets in de plaats, dan moeten de verkrijgende rechtspersonen de rechthebbende een gelijkwaardige vervanging geven. (BW 2:88 e.v., 197 e.v., 319, 334*p* lid 3, 334*ii*)

Art. 334p

Bijzonder rechthebbenden

– 1. Hij die, anders dan als lid of aandeelhouder, een bijzonder recht jegens de splitsende rechtspersoon heeft, zoals een recht op een uitkering van winst of tot het nemen van aandelen, moet hetzij zodanige rechten in verkrijgende rechtspersonen krijgen, dat deze, waar toepasselijk samen met het recht dat hij jegens de voortbestaande splitsende rechtspersoon heeft, gelijkwaardig zijn aan zijn recht voor de splitsing, hetzij schadeloosstelling krijgen.

– 2. De schadeloosstelling wordt bij gebreke van overeenstemming bepaald door een of meer onafhankelijke deskundigen, ten verzoeke van de meest gerede partij te benoemen door de voorzieningenrechter van de rechtbank van het arrondissement waarin de woonplaats van de splitsende rechtspersoon is gelegen.

– 3. Artikel 334*o* is van overeenkomstige toepassing op pandrecht of vruchtgebruik dat op de bijzondere rechten was gevestigd. (BW 2:320, 334*ii*)

Art. 334q

Financiële verantwoording

– 1. Indien de gesplitste rechtspersoon bij de splitsing ophoudt te bestaan, is zijn laatste boekjaar geëindigd op het tijdstip met ingang waarvan de financiële gegevens betreffende zijn vermogen zullen worden verantwoord in de jaarrekening of andere financiële verantwoording van de verkrijgende rechtspersonen.

– 2. Indien de gesplitste rechtspersoon bij de splitsing ophoudt te bestaan, rusten de verplichtingen omtrent zijn jaarrekening of andere financiële verantwoording na de splitsing op de gezamenlijke verkrijgende rechtspersonen.

– 3. Waarderingsverschillen tussen de verantwoording van activa en passiva in de laatste jaarrekening of andere financiële verantwoording van de gesplitste rechtspersoon en in de eerste jaarrekening of andere financiële verantwoording waarin een verkrijgende rechtspersoon deze activa en passiva verantwoordt, moeten worden toegelicht.

– 4. De verkrijgende rechtspersonen moeten wettelijke reserves vormen op dezelfde wijze als waarop de gesplitste rechtspersoon wettelijke reserves moest aanhouden, tenzij de wettelijke grond voor het aanhouden daarvan is vervallen. (BW 2:207*c*, 321, 334*ii*, 361 e.v., 365 lid 3, 378 e.v., 389 lid 2, 390)

Art. 334r

Redelijkheid en billijkheid

– 1. Indien ten gevolge van de splitsing een overeenkomst van een partij bij de splitsing naar maatstaven van redelijkheid en billijkheid niet ongewijzigd in stand behoort te blijven, wijzigt of ontbindt de rechter de overeenkomst op vordering van een der partijen bij de overeenkomst. Aan de wijziging of ontbinding kan terugwerkende kracht worden verleend.

– 2. De bevoegdheid tot het instellen van de vordering vervalt door verloop van zes maanden na de nederlegging van de akte van splitsing ten kantore van de openbare registers van de woonplaatsen van de verkrijgende rechtspersonen en de gesplitste rechtspersoon.

– 3. Indien uit de wijziging of ontbinding van de overeenkomst schade ontstaat voor de wederpartij, is de betrokken rechtspersoon gehouden tot vergoeding daarvan. (BW 2:322, 334*j*, 334*ii*; 6:78, 95 e.v., 248, 258)

Art. 334s

Rechthebbende vermogensbestanddeel

– 1. De leden 2 tot en met 4 zijn van toepassing indien van een vermogensbestanddeel aan de hand van de aan de akte van splitsing gehechte beschrijving niet kan worden bepaald welke rechtspersoon daarop na de splitsing rechthebbende is.

– 2. Indien het gehele vermogen van de gesplitste rechtspersoon is overgegaan, zijn de verkrijgende rechtspersonen gezamenlijk rechthebbende. Elke verkrijgende rechtspersoon deelt in het vermogensbestanddeel naar evenredigheid van de waarde van het deel van het vermogen van de gesplitste rechtspersoon dat hij verkrijgt.

– 3. Indien niet het gehele vermogen is overgegaan, is de gesplitste rechtspersoon rechthebbende.

– 4. Voor zover verkrijgende rechtspersonen uit hoofde van lid 2 aansprakelijk zijn voor schulden, zijn zij hoofdelijk verbonden. (BW 2:334*ii*)

Art. 334t

Aansprakelijkheid tot nakoming verbintenissen

– 1. De verkrijgende rechtspersonen en de voortbestaande gesplitste rechtspersoon zijn aansprakelijk tot nakoming van de verbintenissen van de gesplitste rechtspersoon ten tijde van de splitsing.

– 2. Voor ondeelbare verbintenissen zijn de verkrijgende rechtspersonen en de voortbestaande gesplitste rechtspersoon elk voor het geheel aansprakelijk.

– 3. Voor deelbare verbintenissen is de verkrijgende rechtspersoon waarop de verbintenis is overgegaan of, zo de verbintenis niet op een verkrijgende rechtspersoon is overgegaan, de voortbestaande gesplitste rechtspersoon voor het geheel aansprakelijk. De aansprakelijkheid voor deelbare verbintenissen is voor elke andere rechtspersoon beperkt tot de waarde van het vermogen dat hij bij de splitsing heeft verkregen of behouden.

– 4. Andere rechtspersonen dan de rechtspersoon waarop de verbintenis is overgegaan of, zo de verbintenis niet op een verkrijgende rechtspersoon is overgegaan, dan de voortbestaande gesplitste rechtspersoon zijn niet tot nakoming gehouden voordat de laatstbedoelde rechtspersoon in de nakoming van de verbintenis is tekortgeschoten.

– 5. Ten aanzien van de aansprakelijkheid zijn de bepalingen betreffende hoofdelijke verbondenheid van overeenkomstige toepassing. (BW 2:334*ii*; 6:6)

Art. 334u

Vernietigingsgronden

– 1. De rechter kan een splitsing alleen vernietigen:

a. indien de door een notaris ondertekende akte van splitsing geen authentiek geschrift is;

b. wegens het niet naleven van artikel 334*b* leden 5 of 6, artikel 334*l* lid 3 of de eerste zin van artikel 334*n* lid 2;

c. wegens nietigheid, het niet van kracht zijn of een grond tot vernietiging van een voor de splitsing vereist besluit van de algemene vergadering of, in een stichting, van het bestuur;

d. wegens het niet naleven van artikel 334*m* lid 5.

– 2. Vernietiging geschiedt door een uitspraak van de rechter van de woonplaats van de gesplitste rechtspersoon op vordering tegen alle verkrijgende rechtspersonen en de voortbestaande gesplitste rechtspersoon van een lid, aandeelhouder, bestuurder of andere belanghebbende. Een niet door de rechter vernietigde splitsing is geldig.

– 3. De bevoegdheid tot het instellen van de vordering tot vernietiging vervalt door herstel van het verzuim of door verloop van zes maanden na de nederlegging van de akte van splitsing ten kantore van de openbare registers van de woonplaatsen van de verkrijgende rechtspersonen en de gesplitste rechtspersoon. (BW 2:318 lid 3)

– 4. De splitsing wordt niet vernietigd:

a. indien het verzuim binnen een door de rechter te bepalen termijn is hersteld; (BW 2:21 lid 2)

b. indien de reeds ingetreden gevolgen van de splitsing bezwaarlijk ongedaan kunnen worden gemaakt. (BW 3:53 lid 2)

– 5. Heeft de eiser tot vernietiging van de splitsing schade geleden door een verzuim dat tot vernietiging had kunnen leiden, en vernietigt de rechter de splitsing niet, dan kan de rechter de verkrijgende rechtspersonen en de voortbestaande gesplitste rechtspersoon veroordelen tot vergoeding van de schade. De rechtspersonen hebben daarvoor verhaal op de schuldigen aan het verzuim en, tot ten hoogste het genoten voordeel, op degenen die door het verzuim zijn bevoordeeld.
– 6. De vernietiging wordt, door de zorg van de griffier van het gerecht waar de vordering laatstelijk aanhangig was, ingeschreven in het handelsregister waarin de splitsing ingevolge artikel 334*n* lid 3 moet zijn ingeschreven.
– 7. De gesplitste rechtspersoon is naast de betrokken verkrijgende rechtspersoon hoofdelijk verbonden tot nakoming van verbintenissen die ten laste van de verkrijgende rechtspersonen zijn ontstaan na de splitsing en voordat de vernietiging in de registers is ingeschreven.
– 8. De onherroepelijke uitspraak tot vernietiging van een splitsing is voor een ieder bindend. Verzet door derden en herroeping zijn niet toegestaan. (BW 2:323; 3: 59; Rv 376 e.v., 382 e.v., 429*a* e.v., 995 e.v.)

AFDELING 5
Bijzondere bepalingen voor splitsingen waarbij een naamloze of besloten vennootschap wordt gesplitst of wordt opgericht

Art. 334v

Reikwijdte

Deze afdeling is van toepassing, indien bij een splitsing een naamloze of besloten vennootschap wordt gesplitst of wordt opgericht. (BW 2:324)

Art. 334w

Vermogensvereisten

Ten tijde van de splitsing moet de waarde van het deel van het vermogen dat de voortbestaande splitsende vennootschap behoudt vermeerderd met de waarde van aandelen in het kapitaal van verkrijgende rechtspersonen die zij bij de splitsing verkrijgt, ten minste overeen komen met het gestorte en opgevraagde deel van het kapitaal vermeerderd met de reserves die de vennootschap onmiddellijk na de splitsing krachtens de wet of de statuten moet aanhouden. (BW 2:334*b* lid 7, 334*d*, 334*hh*, 334*ii*)

Art. 334x

Ruilverhouding afhankelijk van prijs

– 1. Indien aandelen of certificaten van aandelen in het kapitaal van een splitsende vennootschap zijn toegelaten tot de handel op een gereglementeerde markt of een multilaterale handelsfaciliteit, als bedoeld in artikel 1:1 van de Wet op het financieel toezicht of een met een gereglementeerde markt of multilaterale handelsfaciliteit vergelijkbaar systeem uit een staat die geen lidstaat is, kan de ruilverhouding afhankelijk zijn van de prijs van die aandelen onderscheidenlijk certificaten op dat handelsplatform op een of meer in het voorstel tot splitsing te bepalen tijdstippen, gelegen voor de dag waarop de splitsing van kracht wordt.
– 2. Indien krachtens de ruilverhouding van de aandelen recht bestaat op geld of schuldvorderingen, mag het gezamenlijke bedrag daarvan een tiende van het nominale bedrag van de door de betrokken vennootschap toegekende aandelen niet te boven gaan.
– 3. Bij de akte van splitsing kan een verkrijgende vennootschap aandelen in haar kapitaal die zij zelf houdt of krachtens de akte van splitsing verkrijgt, intrekken tot ten hoogste het bedrag van de aandelen die zij toekent aan haar nieuwe aandeelhouders. De artikelen 99, 100, 208 en 209 gelden niet voor dit geval.
– 4. Aandelen in het kapitaal van de splitsende vennootschap die worden gehouden door of voor rekening van een verkrijgende rechtspersoon of door of voor rekening van de splitsende vennootschap vervallen, indien de splitsende vennootschap bij de splitsing ophoudt te bestaan. (BW 2:325, 334*ii*)

Art. 334y

Vereisten voorstel tot splitsing

Het voorstel tot splitsing vermeldt naast de in artikel 334*f* genoemde gegevens:
a. de ruilverhouding van de aandelen en eventueel de omvang van de betalingen krachtens de ruilverhouding;
b. met ingang van welk tijdstip en in welke mate de aandeelhouders van de splitsende vennootschap zullen delen in de winst van de verkrijgende vennootschappen;
c. hoeveel aandelen eventueel zullen worden ingetrokken met toepassing van artikel 334*x* lid 3. (BW 2:326, 334*hh*, 334*ii*)

Art. 334z

Toelichting

In de toelichting op het voorstel tot splitsing moet het bestuur mededelen:
a. volgens welke methode of methoden de ruilverhouding van de aandelen is vastgesteld;
b. of deze methode of methoden in het gegeven geval passen;
c. tot welke waardering elke gebruikte methode leidt;
d. indien meer dan een methode is gebruikt, of het bij de waardering aangenomen betrekke-

lijke gewicht van de methoden in het maatschappelijk verkeer als aanvaardbaar kan worden beschouwd; en

e. welke bijzondere moeilijkheden er eventueel zijn geweest bij de waardering en bij de bepaling van de ruilverhouding. (BW 2:327, 334g, 334*hh*, 334*ii*)

Art. 334aa

Accountantsonderzoek naar ruilverhouding aandelen

– 1. Een door het bestuur aangewezen accountant als bedoeld in artikel 393 moet het voorstel tot splitsing onderzoeken en moet verklaren of de voorgestelde ruilverhouding van de aandelen, mede gelet op de bijgevoegde stukken, naar zijn oordeel redelijk is.

– 2. Indien de splitsende vennootschap na de splitsing voortbestaat, moet de accountant voorts verklaren dat de waarde van het deel van het vermogen dat de vennootschap zal behouden vermeerderd met de waarde van aandelen in het kapitaal van verkrijgende rechtspersonen die zij bij de splitsing verkrijgt, bepaald naar de dag waarop haar jaarrekening of tussentijdse vermogensopstelling betrekking heeft en bij toepassing van in het maatschappelijk verkeer als aanvaardbaar beschouwde waarderingsmethoden, ten minste overeen kwam met het gestorte en opgevraagde deel van het kapitaal vermeerderd met de reserves die de vennootschap onmiddellijk na de splitsing krachtens de wet of de statuten moet aanhouden.

– 3. De accountant moet tevens een verslag opstellen, waarin hij zijn oordeel geeft over de mededelingen, bedoeld in artikel 334*z*.

– 4. Indien twee of meer van de partijen bij de splitsing naamloze vennootschappen zijn, wordt slechts dezelfde persoon als accountant aangewezen, indien de voorzitter van de ondernemingskamer van het gerechtshof te Amsterdam de aanwijzing op hun eenparig verzoek heeft goedgekeurd. (RO 72)

– 5. De accountants zijn bij alle partijen bij de splitsing gelijkelijk tot onderzoek bevoegd.

– 6. Op de verklaring van de accountant is artikel 334*h* van overeenkomstige toepassing en op zijn verslag de leden 2 en 3 van artikel 334*h*. (BW 2:328, 334*y*, 334*hh*, 334*ii*, 393)

– 7. De leden 1 en 3 blijven buiten toepassing indien de aandeelhouders van elke partij bij de splitsing daarmee instemmen.

Art. 334bb

Overeenkomstige toepassing

– 1. Ten aanzien van de door een verkrijgende naamloze vennootschap toegekende aandelen zijn artikel 94a, leden 1, 2, 6, 7 en 8, en artikel 94b, leden 1, 2, 6, 7 en 8 van overeenkomstige toepassing en ten aanzien van de door een verkrijgende besloten vennootschap toegekende aandelen de artikelen 204a en 204b. Een ingevolge de artikelen 94a of 204a vereiste verklaring van een accountant behoeft echter niet aan de akte van oprichting te worden gehecht.

– 2. Op een ingevolge lid 1 vereiste verklaring van een accountant is artikel 334h van overeenkomstige toepassing. (BW 2:334*ii*)

Art. 334cc

Aandeelhouders bij zuivere splitsing

– 1. In het geval van een zuivere splitsing kan de akte van splitsing bepalen dat onderscheiden aandeelhouders van de splitsende rechtspersoon aandeelhouder worden van onderscheiden verkrijgende rechtspersonen. In dat geval:

a. vermeldt het voorstel tot splitsing naast de in de artikelen 334*f* en 334*y* genoemde gegevens welke aandeelhouders van welke verkrijgende rechtspersonen aandeelhouder worden;

b. deelt het bestuur in de toelichting op het voorstel tot splitsing mee volgens welke criteria deze verdeling is vastgesteld;

c. moet de accountant bedoeld in artikel 334*aa* mede verklaren dat de voorgestelde verdeling, mede gelet op de bijgevoegde stukken, naar zijn oordeel redelijk is; en

d. wordt het besluit tot splitsing door de algemene vergadering van de splitsende vennootschap genomen met een meerderheid van drie vierden van de uitgebrachte stemmen in een vergadering waarin 95% van het geplaatste kapitaal is vertegenwoordigd. (BW 2:334*a* lid 2, 334*ii*)

– 2. Onderdeel c van het eerste lid blijft buiten toepassing indien de aandeelhouders van elke partij bij de splitsing daarmee instemmen.

Art. 334dd

Certificaten van aandelen

Artikel 334*h* lid 2 geldt ook ten behoeve van houders van met medewerking van de vennootschap uitgegeven certificaten van haar aandelen. (BW 2:329, 334*ii*)

Art. 334ee

Stemquotum besluit tot splitsing

– 1. Voor het besluit tot splitsing van de algemene vergadering is in elk geval een meerderheid van ten minste twee derden vereist, indien minder dan de helft van het geplaatste kapitaal ter vergadering is vertegenwoordigd.

– 2. Zijn er verschillende soorten aandelen, dan is naast het besluit tot splitsing van de algemene vergadering vereist een voorafgaand of gelijktijdig goedkeurend besluit van elke groep van houders van aandelen van een zelfde soort aan wier rechten de splitsing afbreuk doet. Goedkeuring kan eerst geschieden na verloop van een maand na de dag waarop alle partijen bij

de splitsing de nederlegging van het voorstel tot splitsing hebben aangekondigd. (BW 2:96 lid 2)
– 3. De algemene vergadering kan machtiging verlenen de veranderingen aan te brengen die nodig mochten blijken om de ministeriële verklaring van geen bezwaar te verkrijgen op de statutenwijzigingen van de verkrijgende vennootschappen en de voortbestaande splitsende vennootschap, indien voorgenomen, of voor de oprichting van een verkrijgende vennootschap.
– 4. De notulen van de algemene vergaderingen waarin tot splitsing wordt besloten of waarin deze ingevolge lid 2 wordt goedgekeurd, worden opgemaakt bij notariële akte. (BW 2:107, 217, 330, 334*m*, 334*ff*, 334*ii*)

Art. 334ff

Bestuursbesluit tot splitsing

– 1. Tenzij de statuten anders bepalen, kan een verkrijgende vennootschap bij bestuursbesluit tot splitsing besluiten. Hetzelfde geldt voor de splitsende vennootschap, mits alle verkrijgende rechtspersonen bij de splitsing opgerichte naamloze of besloten vennootschappen zijn en de splitsende vennootschap daarvan bij de splitsing enig aandeelhouder wordt. (BW 2:334*h* lid 3)
– 2. Dit besluit kan slechts worden genomen, indien de vennootschap het voornemen hiertoe heeft vermeld in de aankondiging dat het voorstel tot splitsing is neergelegd.
– 3. Het besluit kan niet worden genomen, indien een of meer aandeelhouders die tezamen ten minste een twintigste van het geplaatste kapitaal vertegenwoordigen, of een zoveel geringer bedrag als in de statuten is bepaald, binnen een maand na de aankondiging aan het bestuur hebben verzocht de algemene vergadering bijeen te roepen om over de splitsing te besluiten. De artikelen 334*m* en 334*ee* zijn dan van toepassing. (BW 2:107, 129, 217, 239, 331, 334*b* lid 7, 334*ii*)

Art. 334gg

Ministeriële verklaring van geen bezwaar

De ministeriële verklaring dat van geen bezwaren is gebleken tegen de wijziging van de statuten van de verkrijgende vennootschappen en de voortbestaande splitsende vennootschap moet zijn verleend voordat de akte van splitsing wordt verleden. (BW 2:125, 235, 332, 334*n*)

Art. 334hh

Verkrijgende vennootschap enig aandeelhouder

Indien alle verkrijgende vennootschappen bij de splitsing worden opgericht en de splitsende rechtspersoon daarvan bij de splitsing enig aandeelhouder wordt, zijn de artikelen 334*f* lid 4 eerste zin, 334*w* en 334*y* tot en met 334*aa* niet van toepassing.

Art. 334ii

Aandeelhouder groepsmaatschappij i.p.v. verkrijgende vennootschap

– 1. De akte van splitsing kan bepalen dat de aandeelhouders van de splitsende vennootschap aandeelhouder worden van een groepsmaatschappij van een verkrijgende vennootschap. Zij worden dan geen aandeelhouder van die verkrijgende vennootschap.
– 2. Zulk een splitsing is slechts mogelijk, indien de groepsmaatschappij alleen of samen met een andere groepsmaatschappij het gehele geplaatste kapitaal van de verkrijgende vennootschap verschaft. De artikelen 334*m*, leden 1 tot en met 4, 334*ee* en 334*ff* zijn op het besluit van de groepsmaatschappij van overeenkomstige toepassing.
– 3. De groepsmaatschappij die de aandelen toekent geldt naast de verkrijgende vennootschap als partij bij de splitsing. Op haar rusten de verplichtingen die ingevolge de artikelen 334*f* tot en met 334*dd* op een verkrijgende rechtspersoon rusten, met uitzondering van de verplichtingen uit de artikelen 334*k* tot en met 334*m* en 334*q* leden 2 en 4; voor de toepassing van artikel 334*aa* lid 4 blijft zij buiten beschouwing; de artikelen 334*s*, 334*t* en 334*u* lid 7 gelden voor haar niet. De artikelen 334*f* lid 2 onder *b*, 334*x* lid 3 en 334*y* onder *b* gelden alsdan niet voor de verkrijgende vennootschap. Voor de toepassing van de artikelen 94*b* en 204*b* worden de verkrijging door de verkrijgende vennootschap en de toekenning van aandelen door de groepsmaatschappij beschouwd als werden zij door dezelfde vennootschap gedaan. (BW 2:24*b*, 334)

TITEL 8
Geschillenregeling en het recht van enquête

AFDELING 1
Geschillenregeling

Art. 335

Toepassingsgebied

– 1. De bepalingen van deze afdeling zijn van toepassing op de besloten vennootschap met beperkte aansprakelijkheid. (BW 2:175)
– 2. De bepalingen van deze afdeling zijn eveneens van toepassing op de naamloze vennootschap waarvan de statuten:
a. uitsluitend aandelen op naam kennen, (BW 2:82, 85 e.v.)
b. een blokkeringsregeling bevatten, en (BW 2:87)

c. niet toelaten dat met medewerking van de vennootschap certificaten aan toonder worden uitgegeven.

Art. 336

Vordering tot overdracht van aandelen in het belang van de vennootschap

– 1. Een of meer houders van aandelen die alleen of gezamenlijk ten minste een derde van het geplaatste kapitaal verschaffen, kunnen van een aandeelhouder die door zijn gedragingen het belang van de vennootschap zodanig schaadt, dat het voortduren van zijn aandeelhouderschap in redelijkheid niet kan worden geduld, in rechte vorderen dat hij zijn aandelen overeenkomstig artikel 341 overdraagt. (BW 2:24*d*)

– 2. De vordering kan niet worden ingesteld door de vennootschap of een dochtermaatschappij van de vennootschap. De houder van aandelen waarvan de vennootschap of een dochtermaatschappij certificaten houdt, kan de vordering slechts instellen indien en voor zover certificaten door anderen worden gehouden. Een aandeelhouder ten titel van beheer kan de vordering slechts voor door hem beheerde aandelen instellen indien de desbetreffende certificaathouders daarmee tevoren hebben ingestemd. (BW 2:24*a*, 118 lid 7, 228 lid 6)

– 3. Tot de kennisneming van de vordering is in eerste aanleg bevoegd de rechtbank van de woonplaats van de vennootschap. Hoger beroep kan uitsluitend worden ingesteld bij de ondernemingskamer van het gerechtshof te Amsterdam. Artikel 344 van het Wetboek van Burgerlijke Rechtsvordering is van toepassing met dien verstande dat voor 'een meervoudige kamer' wordt gelezen: de ondernemingskamer. (BW 1:10; Rv 997*a*; RO 72)

– 4. De rechter kan zijn beslissing omtrent de vordering voor een door hem te bepalen termijn aanhouden, indien ten processe blijkt dat de vennootschap of één of meer aandeelhouders op zich nemen maatregelen te treffen waardoor het nadeel dat de vennootschap lijdt zoveel mogelijk wordt ongedaan gemaakt of beperkt. (BW 2:337-341)

Art. 337

Statutaire regeling

Indien de statuten of een overeenkomst een regeling bevatten voor de oplossing van geschillen tussen aandeelhouders, zijn de eisers niet ontvankelijk in hun vordering, tenzij gebleken is dat die regeling niet kan worden toegepast.

Art. 338

Verbod tot vervreemding

– 1. Nadat de dagvaarding aan hem is betekend en tot de dag waarop het vonnis onherroepelijk is geworden, kan de gedaagde zijn aandelen niet vervreemden, verpanden of daarop een vruchtgebruik vestigen, tenzij de eisers daarvoor toestemming verlenen. Indien de eisers de toestemming weigeren, kan de rechter voor wie het geschil aanhangig is op vordering van gedaagde de toestemming verlenen, indien gedaagde bij de rechtshandeling een redelijk belang heeft. Tegen de beslissing van de rechter staat geen hogere voorziening open. (BW 2:88, 89, 197, 198)

– 2. Nadat het vonnis waarbij de vordering is toegewezen onherroepelijk is geworden, kan de gedaagde de aandelen slechts overdragen met inachtneming van de bepalingen van artikel 339 tot en met 341.

Art. 339

Vaststelling van de prijs

– 1. Indien de vordering wordt toegewezen benoemt de rechter een of drie deskundigen die over de prijs van de aandelen schriftelijk bericht moeten uitbrengen. De artikelen 194 tot en met 200 van het Wetboek van Burgerlijke Rechtsvordering zijn voor het overige van toepassing. De deskundigen vangen hun werkzaamheden pas aan, nadat het vonnis onherroepelijk is geworden. Tegen de deskundigenbenoeming staat geen hogere voorziening open.

– 2. Indien de eisers zulks gevorderd hebben, kan de rechter bij het vonnis waarbij de vordering wordt toegewezen, de gedaagde verbieden het stemrecht nog uit te oefenen. Dit verbod kan uitvoerbaar bij voorraad worden verklaard. (BW 2:118, 228)

– 3. De deskundigen stellen hun bericht op met inachtneming van hetgeen omtrent de vaststelling van de waarde van de aandelen in de blokkeringsregeling is bepaald. De artikelen 351 en 352 zijn van overeenkomstige toepassing. (BW 2:195; Rv 221-225)

Art. 340

Bepaling prijs

– 1. Nadat de deskundigen hun bericht hebben uitgebracht, bepaalt de rechter de prijs van de aandelen. Bij hetzelfde vonnis bepaalt hij tevens wie van de partijen de kosten van het deskundigenbericht moet dragen. Hij kan ook bepalen dat de vennootschap de kosten moet dragen na deze ter zake te hebben gehoord. Hij kan de kosten verdelen tussen partijen onderling of tussen partijen of een van hen en de vennootschap. (Rv 57*c*, 224, 225)

– 2. Het vonnis houdt tevens een veroordeling in van de eisers tot contante betaling van de hun zo nodig na toepassing van artikel 341 lid 5 over te dragen aandelen. Indien artikel 341 lid 6 van toepassing is, omvat die veroordeling mede de certificaathouders die met het instellen van de vordering hebben ingestemd.

Art. 341

Levering en betaling van de aandelen

– 1. De gedaagde is verplicht binnen twee weken nadat hem een afschrift van het onherroepelijk geworden vonnis als bedoeld in artikel 340 lid 1 is betekend, zijn aandelen aan de eisers te leveren en de eisers zijn verplicht de aandelen tegen gelijktijdige betaling van de vastgestelde prijs te aanvaarden, behoudens het bepaalde in lid 2. De aanvaarding geschiedt zoveel mogelijk naar evenredigheid van ieders aandelenbezit, tenzij anders wordt overeengekomen. Met eisers worden gelijkgesteld de aandeelhouders die zich in het rechtsgeding aan de zijde van de eisers hebben gevoegd en daarbij de wens te kennen hebben gegeven in dezelfde positie als de eisers te worden geplaatst.

– 2. Indien in de statutaire blokkeringsregeling is bepaald dat de aandeelhouder die een of meer aandelen wil vervreemden, deze moet aanbieden aan zijn mede-aandeelhouders of anderen, biedt de vennootschap de aandelen onverwijld nadat een afschrift van het onherroepelijk geworden vonnis aan haar is betekend, schriftelijk namens de gedaagde aan de aandeelhouders of anderen aan, zoveel mogelijk met overeenkomstige toepassing van de statutaire regeling en deelt hun daarbij tevens de vastgestelde prijs mee. Zij kunnen het aanbod binnen een maand na verzending van de mededeling aanvaarden door schriftelijke kennisgeving aan de vennootschap. De vennootschap kan slechts met instemming van de gedaagde aandelen aanvaarden. Binnen een week na het verstrijken van deze termijn deelt de vennootschap aan de gedaagde en de eisers mee of en zo ja hoeveel aandelen zijn aanvaard en aan wie deze zijn toegewezen. De gedaagde is verplicht onverwijld na ontvangst van deze mededeling zijn aandelen aan de mede-aandeelhouders of de anderen te leveren tegen gelijktijdige betaling. (BW 2:195)

– 3. Indien in het geval van lid 2 geen aandelen zijn aanvaard of minder aandelen zijn aanvaard dan zijn aangeboden, of de vastgestelde prijs niet binnen twee weken na ontvangst van de mededeling van de vennootschap omtrent de toewijzing van de aandelen aan de gedaagde die tot gelijktijdige levering wilde overgaan wordt voldaan, vindt lid 1 toepassing ten aanzien van de aandelen, de overgebleven aandelen of de aandelen waarvoor niet tijdig betaling is ontvangen.

– 4. Blijft de gedaagde in gebreke met de levering van zijn aandelen, dan levert de vennootschap namens hem de aandelen tegen gelijktijdige betaling.

– 5. Blijven een of meer eisers in gebreke met de aanvaarding van de aandelen tegen gelijktijdige betaling van de vastgestelde prijs, dan zijn de overige eisers verplicht om binnen twee weken nadat dit is komen vast te staan die aandelen tegen gelijktijdige betaling te aanvaarden, ieder zoveel mogelijk naar evenredigheid van zijn aandelenbezit. (BW 2:340 lid 2)

– 6. Is een eiser aandeelhouder ten titel van beheer, dan zijn naast hem de certificaathouders die met het instellen van de vordering hebben ingestemd, aansprakelijk voor het krachtens dit artikel verschuldigde, ieder zoveel mogelijk naar evenredigheid van zijn bezit aan certificaten. Blijven een of meer van deze certificaathouders in gebreke, dan zijn de overige certificaathouders die met het instellen van de vordering hebben ingestemd verplicht dat deel te voldoen, ieder zoveel mogelijk naar evenredigheid van zijn bezit aan certificaten. (BW 2:340 lid 2)

– 7. Op verzoek van de meest gerede partij beslist de rechter die de vordering in eerste instantie of in hoger beroep heeft toegewezen over geschillen betreffende de uitvoering van de regeling. Tegen deze beslissing staat geen hogere voorziening open.

Art. 342

Vordering tot overgang stemrecht

– 1. Een of meer houders van aandelen die alleen of gezamenlijk ten minste een derde van het geplaatste kapitaal verschaffen, kunnen van een stemgerechtigde vruchtgebruiker of pandhouder van een aandeel in rechte vorderen dat het stemrecht op het aandeel overgaat op de houder van het aandeel, indien die vruchtgebruiker of pandhouder door zijn gedragingen het belang van de vennootschap zodanig schaadt dat in redelijkheid niet kan worden geduld dat hij het stemrecht blijft uitoefenen. (BW 2:24*d*, 88, 89, 197, 198)

– 2. Een afschrift van het exploit van dagvaarding moet onverwijld door eisers aan de houder van het aandeel, die niet zelf tevens eiser is, worden betekend. Artikel 336, leden 2, 3 en 4 en artikel 339 lid 2 zijn van toepassing en de artikelen 337 en 338 lid 1 zijn van overeenkomstige toepassing, in dier voege dat in het geval van artikel 338 lid 1 de vruchtgebruiker of pandhouder het vruchtgebruik of het pandrecht niet op een ander kan doen overgaan.

– 3. Indien de vordering tot overgang van het stemrecht is toegewezen, vindt de overgang plaats door het in kracht van gewijsde gaan van het vonnis. (Rv 997*a*)

Art. 342a

Vervallen.

Art. 343

Vordering tot overname aandelen in het belang van aandeelhouder

– 1. De aandeelhouder die door gedragingen van een of meer mede-aandeelhouders zodanig in zijn rechten of belangen wordt geschaad dat het voortduren van zijn aandeelhouderschap in redelijkheid niet meer van hem kan worden gevergd, kan van die mede-aandeelhouders in rechte vorderen dat zijn aandelen overeenkomstig de leden 3, 4 en 5 van dit artikel worden overgenomen. De artikelen 336 leden 3 en 4, 337, 338 lid 1, 339 leden 1 en 3, en 340 lid 1 zijn van toepassing. Het vonnis houdt tevens in een veroordeling van de eisers tot levering aan gedaagden van de hun, zo nodig na toepassing van het zevende lid, over te dragen aandelen. (Rv 997*a*)

Betaling en levering

– 2. De aandeelhouder tegen wie een vordering is ingesteld kan een andere aandeelhouder in het geding oproepen, indien hij van oordeel is dat de vordering ook of uitsluitend tegen die aandeelhouder had behoren te worden ingesteld.
De artikelen 210 tot en met 216 van het Wetboek van Burgerlijke Rechtsvordering zijn van overeenkomstige toepassing.

– 3. Binnen twee weken nadat hem een afschrift van het onherroepelijk geworden vonnis als bedoeld in artikel 340 lid 1 is betekend, is ieder van de gedaagden verplicht het door de rechter vastgestelde aantal aandelen tegen gelijktijdige betaling van de vastgestelde prijs over te nemen, behoudens het bepaalde in lid 4 en is de eiser verplicht zijn aandelen aan de gedaagden te leveren. Met gedaagden worden gelijkgesteld de aandeelhouders die zich in het rechtsgeding aan de zijde van de gedaagden hebben gevoegd en daarbij de wens te kennen hebben gegeven in dezelfde positie als de gedaagden te worden geplaatst.

– 4. Indien in de statutaire blokkeringsregeling is bepaald dat de aandeelhouder die een of meer aandelen wil vervreemden deze moet aanbieden aan zijn mede-aandeelhouders of anderen, biedt de vennootschap de aandelen onverwijld nadat een afschrift van het onherroepelijk geworden vonnis aan haar is betekend, schriftelijk namens de eiser aan de aandeelhouders of anderen aan, zoveel mogelijk met overeenkomstige toepassing van de statutaire regeling en deelt hun daarbij tevens de vastgestelde prijs mee. Zij kunnen het aanbod binnen een maand na verzending van de mededeling aanvaarden door schriftelijke kennisgeving aan de vennootschap. De vennootschap kan slechts met instemming van de eiser aandelen aanvaarden. Binnen een week na het verstrijken van deze termijn deelt de vennootschap aan de eiser en de gedaagden mee of en zo ja hoeveel aandelen zijn aanvaard en aan wie deze zijn toegewezen. De eiser is verplicht onverwijld na ontvangst van deze mededeling zijn aandelen aan de mede-aandeelhouders of de anderen te leveren tegen gelijktijdige betaling. (BW 2:195)

– 5. Indien in het geval van lid 4 geen aandelen zijn aanvaard of minder aandelen zijn aanvaard dan zijn aangeboden, of de vastgestelde prijs niet binnen twee weken na ontvangst van de mededeling van de vennootschap omtrent de toewijzing van de aandelen aan de eiser die tot gelijktijdige levering wilde overgaan wordt voldaan, vindt ten aanzien van de aandelen, de overgebleven aandelen of de aandelen waarvoor niet tijdig betaling is ontvangen lid 3 toepassing, met dien verstande dat de aanvaarding van de niet afgenomen aandelen door de gedaagden zoveel mogelijk geschiedt naar evenredigheid van het voor ieder overeenkomstig lid 3 vastgestelde aantal aandelen.

– 6. Blijft de eiser in gebreke met de levering van zijn aandelen, dan levert de vennootschap namens hem de aandelen, tegen gelijktijdige betaling.

– 7. Blijven een of meer gedaagden in gebreke met de aanvaarding van de aandelen tegen gelijktijdige betaling van de vastgestelde prijs, dan zijn de overige gedaagden verplicht om binnen twee weken nadat dit is komen vast te staan die aandelen tegen gelijktijdige betaling te aanvaarden, zoveel mogelijk naar evenredigheid van het voor ieder overeenkomstig lid 3 vastgestelde aantal aandelen.

– 8. Is een gedaagde aandeelhouder ten titel van beheer, dan zijn naast hem de certificaathouders aansprakelijk voor het krachtens dit artikel verschuldigde, ieder zoveel mogelijk naar evenredigheid van zijn bezit aan certificaten. Blijven een of meer certificaathouders in gebreke, dan zijn de overige certificaathouders verplicht dat deel te voldoen, ieder zoveel mogelijk naar evenredigheid van zijn bezit aan certificaten.

– 9. Op verzoek van de meest gerede partij beslist de rechter die de vordering in eerste instantie of in hoger beroep heeft toegewezen over geschillen betreffende de uitvoering van de regeling. Tegen deze beslissing staat geen hogere voorziening open. (BW 2:341)

AFDELING 2
Het recht van enquête

Art. 344

Toepassingsgebied

De bepalingen van deze afdeling zijn van toepassing op:
a. de coöperatie, de onderlinge waarborgmaatschappij, de naamloze vennootschap en de besloten vennootschap met beperkte aansprakelijkheid; (BW 2:53, 64, 175)
b. de stichting en de vereniging met volledige rechtsbevoegdheid die een onderneming in stand houden waarvoor ingevolge de wet een ondernemingsraad moet worden ingesteld. (BW 2:26, 285; WOR 2 e.v.)

Art. 345

Verzoekschrift tot enquête

– 1. Op schriftelijk verzoek van degenen die krachtens de artikelen 346 en 347 daartoe bevoegd zijn, kan de ondernemingskamer van het gerechtshof te Amsterdam een of meer personen benoemen tot het instellen van een onderzoek naar het beleid en de gang van zaken van

een rechtspersoon, hetzij in de gehele omvang daarvan, hetzij met betrekking tot een gedeelte of een bepaald tijdvak. Onder het beleid en de gang van zaken van een rechtspersoon zijn mede begrepen het beleid en de gang van zaken van een commanditaire vennootschap of een vennootschap onder firma waarvan de rechtspersoon volledig aansprakelijke vennoot is. (K 15 e.v., 19 e.v.)
– 2. De advocaat-generaal bij het gerechtshof te Amsterdam kan om redenen van openbaar belang een verzoek doen tot het instellen van een onderzoek als bedoeld in het eerste lid. Hij kan ter voorbereiding van een verzoek een of meer deskundige personen belasten met het inwinnen van inlichtingen over het beleid en de gang van zaken van de rechtspersoon. De rechtspersoon is verplicht de gevraagde inlichtingen te verschaffen en desgevraagd ook inzage in zijn boeken en bescheiden te geven aan de deskundigen. (BW 2:297; Rv 44, 261 e.v., 995 e.v., RO 72)

Art. 346

Enquêterecht; bevoegd tot verzoek

Tot het indienen van een verzoek als bedoeld in artikel 345 zijn bevoegd
a. indien het betreft een vereniging, een coöperatie of een onderlinge waarborgmaatschappij: de leden van de rechtspersoon ten getale van ten minste 300, of zoveel leden als ten minste een tiende gedeelte van het ledental uitmaken, of zoveel leden als tezamen bevoegd zijn tot het uitbrengen van ten minste een tiende gedeelte der stemmen in de algemene vergadering; (BW 2:24*d*, 41 lid 2)
b. indien het betreft een naamloze vennootschap of een besloten vennootschap met beperkte aansprakelijkheid: een of meer houders van aandelen of van certificaten van aandelen, die alleen of gezamenlijk ten minste een tiende gedeelte van het geplaatste kapitaal vertegenwoordigen of rechthebbenden zijn op een bedrag van aandelen of certificaten daarvan tot een nominale waarde van € 225 000 of zoveel minder als de statuten bepalen; (BW 2:24*d*, 110, 220)
c. degenen, aan wie daartoe bij de statuten of bij overeenkomst met de rechtspersoon de bevoegdheid is toegekend. (BW 2:355 lid 1, 359)

Art. 347

Enquêterecht werknemersorganisaties

Tot het indienen van een verzoek als bedoeld in artikel 345 is voorts bevoegd een vereniging van werknemers die in de onderneming van de rechtspersoon werkzame personen onder haar leden telt en ten minste twee jaar volledige rechtsbevoegdheid bezit, mits zij krachtens haar statuten ten doel heeft de belangen van haar leden als werknemers te behartigen en als zodanig in de bedrijfstak of onderneming werkzaam is. (BW 2:27, 28)

Art. 348

Afschrift naar toezichthoudende instelling

Indien de rechtspersoon wegens het bedrijf dat hij uitoefent, is onderworpen aan het toezicht van de Nederlandsche Bank N.V., doet de griffier een afschrift van het verzoekschrift ook aan de toezichthoudende instelling toekomen. (BW 2:353 lid 2, 355 lid 3 en 4, 358 lid 3)

Art. 349

Niet-ontvankelijkheid

– 1. De verzoekers en de advocaat-generaal zijn niet ontvankelijk, indien niet blijkt dat zij schriftelijk tevoren hun bezwaren tegen het beleid of de gang van zaken hebben kenbaar gemaakt aan het bestuur en de raad van commissarissen en sindsdien een zodanige termijn is verlopen dat de rechtspersoon redelijkerwijze de gelegenheid heeft gehad deze bezwaren te onderzoeken en naar aanleiding daarvan maatregelen te nemen.
– 2. Een vereniging van werknemers is voorts niet ontvankelijk, indien zij niet tevoren de ondernemingsraad die is verbonden aan een onderneming die de rechtspersoon zelfstandig of als volledig aansprakelijke vennoot in stand houdt, in de gelegenheid heeft gesteld schriftelijk van zijn gevoelen te doen blijken. De advocaat-generaal deelt bij zijn verzoek mede of hij de ondernemingsraad in de gelegenheid heeft gesteld van zijn gevoelen te doen blijken. (Ontw. 2.6.6)

Art. 349a

Horen getuigen en deskundigen

– 1. De ondernemingskamer behandelt het verzoek met de meeste spoed. De verzoekers en de rechtspersoon verschijnen hetzij bij advocaat, hetzij bijgestaan door hun advocaten. Alvorens te beslissen kan de ondernemingskamer ook ambtshalve getuigen en deskundigen horen. (Rv 189 e.v., 221 e.v., 429*j*)

Onmiddellijke voorziening

– 2. Indien in verband met de toestand van de rechtspersoon of in het belang van het onderzoek een onmiddellijke voorziening is vereist, kan de ondernemingskamer in elke stand van het geding op verzoek van de indieners van het in artikel 345 bedoelde verzoek een zodanige voorziening treffen voor ten hoogste de duur van het geding. (Rv 116, 289 e.v.)

Art. 350

Gronden voor toewijzing

– 1. De ondernemingskamer wijst het verzoek slechts toe, wanneer blijkt van gegronde redenen om aan een juist beleid te twijfelen.
– 2. Indien de ondernemingskamer het verzoek afwijst, en daarbij beslist dat het naar haar oordeel niet op redelijke grond is gedaan, kan de rechtspersoon tegen de verzoeker of verzoekers bij de ondernemingskamer een eis instellen tot vergoeding van de schade die hij ten ge-

volge van het verzoek lijdt. Voor de instelling van een vordering tegen een verzoeker geldt als diens woonplaats mede de woonplaats die hij voor de indiening van het verzoek heeft gekozen. (BW art. 6:95 e.v.)

– 3. Wordt het verzoek toegewezen, dan stelt de ondernemingskamer het bedrag vast dat het onderzoek ten hoogste mag kosten. De ondernemingskamer kan hangende het onderzoek dit bedrag op verzoek van de door haar benoemde personen verhogen, na verhoor, althans oproeping van de oorspronkelijke verzoekers. De ondernemingskamer bepaalt de vergoeding van de door haar benoemde personen. De rechtspersoon betaalt de kosten van het onderzoek; in geval van geschil beslist de ondernemingskamer op verzoek van de meest gerede partij. De ondernemingskamer kan bepalen dat de rechtspersoon voor de betaling der kosten zekerheid moet stellen. (Ontw. 2.6.7; Rv 261 e.v., 995 e.v.)

Art. 351

Informatie aan met het onderzoek belaste personen

– 1. De door de ondernemingskamer benoemde personen zijn gerechtigd tot raadpleging van de boeken, bescheiden en andere gegevensdragers van de rechtspersoon en de vennootschap bedoeld in artikel 345 lid 1 waarvan zij de kennisneming tot een juiste vervulling van hun taak nodig achten. De bezittingen van de rechtspersoon en de vennootschap moeten hun desverlangd worden getoond. De bestuurders, de commissarissen zo die er zijn, alsmede degenen die in dienst zijn van de rechtspersoon of de vennootschap, zijn verplicht desgevraagd alle inlichtingen te verschaffen die nodig zijn voor de uitvoering van het onderzoek. Eenzelfde verplichting rust op hen die bestuurders of commissarissen van de rechtspersoon of vennootschap waren, of bij deze in dienst waren, gedurende het tijdvak waarover het onderzoek zich uitstrekt.

– 2. De ondernemingskamer kan, indien dit voor de juiste vervulling van hun taak nodig is, de door haar benoemde personen op hun verzoek machtigen tot het raadplegen van de boeken, bescheiden en andere gegevensdragers en het zich doen tonen van de bezittingen van een rechtspersoon die nauw verbonden is met de rechtspersoon ten aanzien waarvan het onderzoek plaatsvindt. De bepalingen van de derde en de vierde volzin van het lid 1 zijn van overeenkomstige toepassing.

– 3. Het is de met het onderzoek belaste personen verboden, hetgeen hun bij hun onderzoek blijkt, verder bekend te maken dan hun opdracht met zich brengt. (Ontw. 2.6.8; BW 2:339, 393; Sr 272, 273)

Art. 352

Rechterlijke bevelen

– 1. Wanneer aan een met het onderzoek belaste persoon wordt geweigerd overeenkomstig het vorige artikel de boeken, bescheiden en andere gegevensdragers te raadplegen of zich de bezittingen te doen tonen, geeft de voorzitter van de ondernemingskamer op verzoek van die persoon de bevelen die de omstandigheden nodig maken.

– 2. De bevelen kunnen inhouden de opdracht aan de openbare macht om voor zoveel nodig bijstand te verlenen en de last om een woning binnen te treden, wanneer de plaats waar de boeken, bescheiden en andere gegevensdragers of de bezittingen zich bevinden, een woning is, of alleen door een woning toegankelijk. De woning wordt niet tegen de wil van de bewoner binnengetreden dan na vertoon van de last van de voorzitter. (Ontw. 2.6.9; BW 2:339; Gr.w. 12; Rv 261 e.v., 995 e.v.)

Art. 352a

Horen van getuigen

De met het onderzoek belaste personen kunnen de ondernemingskamer verzoeken een of meer personen als getuigen te horen. In het verzoek worden de namen en adressen van de te horen personen alsmede de feiten en omstandigheden waarover deze moeten worden gehoord vermeld. De onderzoekers zijn bevoegd bij het verhoor aanwezig te zijn en aan de getuigen vragen te stellen. (Rv 189 e.v.)

Art. 353

Verslag uitkomst enquête

– 1. Het verslag van de uitkomst van het onderzoek wordt ter griffie van het gerechtshof te Amsterdam nedergelegd.

– 2. De advocaat-generaal bij het gerechtshof, de rechtspersoon, alsmede de verzoekers en hun advocaten, ontvangen een exemplaar van het verslag. In het geval, bedoeld in artikel 348, ontvangt ook De Nederlandsche Bank N.V. een exemplaar van het verslag. De ondernemingskamer kan bepalen dat het verslag voorts geheel of gedeeltelijk ter inzage ligt voor de door haar aan te wijzen andere personen of voor een ieder.

– 3. Het is aan anderen dan de rechtspersoon verboden mededelingen aan derden te doen uit het verslag, voor zover dat niet voor een ieder ter inzage ligt, tenzij zij daartoe op hun verzoek door de voorzitter van de ondernemingskamer zijn gemachtigd. Een vereniging van werknemers is echter zonder een zodanige machtiging bevoegd tot het verstrekken van mededelingen uit het verslag aan de ondernemingsraad, die aan een door de rechtspersoon gedreven onderneming is verbonden.

– 4. Ten spoedigste na de nederlegging geeft de griffier daarvan kennis aan de verzoeker of verzoekers en aan de rechtspersoon; indien de ondernemingskamer dit beveelt, draagt hij voorts zorg voor de bekendmaking van de nederlegging en van de in het tweede lid bedoelde beschikking in de *Nederlandse Staatscourant*. (Ontw. 2.6.10; Rv 261 e.v., 995 e.v.; Sr 272)

Art. 354

Verhaal kosten enquête

De ondernemingskamer kan na kennisneming van het verslag op verzoek van de rechtspersoon beslissen, dat deze de kosten van het onderzoek geheel of gedeeltelijk kan verhalen op de verzoekers, indien uit het verslag blijkt dat het verzoek niet op redelijke grond is gedaan, dan wel op een bestuurder, een commissaris of een ander die in dienst van de rechtspersoon is, indien uit het verslag blijkt dat deze verantwoordelijk is voor een onjuist beleid of een onbevredigende gang van zaken van de rechtspersoon. De laatste zin van het tweede lid van artikel 350 van dit Boek is van toepassing. (Ontw. 2.6.11; BW 2:9, 350; Rv 261 e.v., 995 e.v.)

Art. 355

Voorzieningen in geval van wanbeleid

– 1. Indien uit het verslag van wanbeleid is gebleken, kan de ondernemingskamer op verzoek van de oorspronkelijke verzoekers en, indien het verslag voor hen ter inzage ligt, op verzoek van anderen die aan de in artikel 346 of 347 van dit Boek gestelde vereisten voldoen, of op verzoek van de advocaat-generaal, ingesteld om redenen van openbaar belang, een of meer van de in het volgende artikel genoemde voorzieningen treffen, welke zij op grond van de uitkomst van het onderzoek geboden acht.

– 2. Het verzoek moet worden gedaan binnen twee maanden na nederlegging van het verslag ter griffie.

– 3. De artikelen 348 en 349*a* zijn van overeenkomstige toepassing.

– 4. In het geval, bedoeld in artikel 348, neemt de ondernemingskamer geen beslissing, alvorens De Nederlandsche Bank N.V. in de gelegenheid te hebben gesteld over het verzoek te worden gehoord.

– 5. De ondernemingskamer kan haar beslissing voor een door haar te bepalen termijn aanhouden, indien de rechtspersoon op zich neemt, bepaalde maatregelen te treffen die een einde maken aan het wanbeleid of die de gevolgen welke daaruit zijn voortgevloeid, zoveel mogelijk ongedaan maken of beperken. (Ontw. 2.6.12; Rv art. 261 e.v., 995 e.v.)

Art. 356

De voorzieningen

De voorzieningen, bedoeld in het vorige artikel, zijn:

a. schorsing of vernietiging van een besluit van de bestuurders, commissarissen, van de algemene vergadering of van enig ander orgaan van de rechtspersoon; (BW 2:13 e.v.; 3:53)

b. schorsing of ontslag van een of meer bestuurders of commissarissen; (BW 2:37 lid 5, 57, 63*f*, 63*i*, 134, 144, 147, 161, 162, 244, 254, 257, 271, 272)

c. tijdelijke aanstelling van een of meer bestuurders of commissarissen; (BW 2:37, 57, 132, 142, 158, 162, 242, 252, 268, 272, 357 lid 4)

d. tijdelijke afwijking van de door de ondernemingskamer aangegeven bepalingen van de statuten;

e. tijdelijke overdracht van aandelen ten titel van beheer;

f. ontbinding van de rechtspersoon. (Ontw. 2.6.13; K 54*a* (oud); BW 2:23 e.v., 357 lid 6)

Art. 357

Geldigheidsduur voorzieningen

– 1. De ondernemingskamer bepaalt de geldingsduur van de door haar getroffen tijdelijke voorzieningen; zij kan op verzoek van de verzoekers, bedoeld in artikel 355 van dit Boek, of van de rechtspersoon dan wel van de advocaat-generaal die duur verlengen en verkorten.

– 2. De ondernemingskamer regelt zo nodig de gevolgen van de door haar getroffen voorzieningen.

– 3. Een door de ondernemingskamer getroffen voorziening kan door de rechtspersoon niet ongedaan worden gemaakt; een besluit daartoe is nietig. (BW 2:13 e.v.; 3:53)

– 4. De ondernemingskamer kan aan degenen die zij tijdelijk aanstelt tot bestuurder of commissaris, een beloning ten laste van de rechtspersoon toekennen.

– 5. Zij kan aan hen opdragen haar regelmatig verslag uit te brengen.

– 6. De ondernemingskamer spreekt de ontbinding van de rechtspersoon niet uit, wanneer het belang van de leden of aandeelhouders of van degenen die in dienst van de rechtspersoon zijn, dan wel het openbaar belang zich daartegen verzet. (Ontw. 2.6.14; K 54*b* (oud); Rv 261 e.v., 995 e.v.)

Art. 358

Voorlopige tenuitvoerlegging

– 1. De ondernemingskamer kan de voorlopige tenuitvoerlegging der voorzieningen genoemd in artikel 356 onder *a-e* bevelen. (Rv 404)

– 2. De griffier der ondernemingskamer doet ten kantore van het handelsregister, waar de rechtspersoon of vennootschap is ingeschreven, een afschrift van de beschikkingen der ondernemingskamer nederleggen. Van beschikkingen die niet voorlopig ten uitvoer kunnen worden gelegd, geschiedt de nederlegging zodra zij in kracht van gewijsde zijn gegaan. (BW 2:29, 54 lid 3, 69, 77, 180, 188; Hrgw 1)

– 3. In het geval, bedoeld in artikel 348, ontvangt De Nederlandsche Bank N.V. van de griffier een afschrift van de beschikkingen van de ondernemingskamer. (Ontw. 2.6.15)

Art. 359

Cassatie

Tot het instellen van een beroep in cassatie tegen de beschikkingen van de ondernemingskamer uit hoofde van deze afdeling is, buiten de personen bedoeld in artikel 426, eerste lid, van het Wetboek van Burgerlijke Rechtsvordering, de rechtspersoon bevoegd, ongeacht of deze bij de ondernemingskamer is verschenen.

AFDELING 3

Het openbaar bod

Art. 359a

Reikwijdte afdeling

– 1. Deze afdeling is van toepassing op de vennootschap waarvan aandelen zijn toegelaten tot de handel op een gereglementeerde markt als bedoeld in artikel 1:1 van de Wet op het financieel toezicht, tenzij het een beleggingsmaatschappij is als bedoeld in dat artikel waarvan de rechten van deelneming op verzoek van de deelnemers direct of indirect worden ingekocht of terugbetaald ten laste van de activa van de beleggingsmaatschappij.

– 2. In deze afdeling wordt een certificaat van aandelen dat met medewerking van de vennootschap is uitgegeven gelijk gesteld met een aandeel en wordt een certificaathouder gelijk gesteld met een aandeelhouder.

Art. 359b

Statutaire bepalingen

– 1. De statuten van de vennootschap kunnen bepalen dat een openbare mededeling betreffende de aankondiging van een openbaar bod, als bedoeld in artikel 5:70 of 5:74 van de Wet op het financieel toezicht, op aandelen uitgegeven door de vennootschap, tot gevolg heeft dat:

a. de vennootschap, totdat openbaarmaking van het resultaat van de gestanddoening van het bod heeft plaatsgevonden of het bod is vervallen, geen handelingen verricht die het slagen van het bod kunnen frustreren, tenzij voorafgaand aan de handeling goedkeuring wordt verleend door de algemene vergadering of de handeling het zoeken naar een alternatief openbaar bod betreft; de oproeping voor de algemene vergadering geschiedt niet later dan op de vijftiende dag voor die van de vergadering;

b. besluiten van de vennootschap die voor de in de aanhef bedoelde openbare mededeling zijn genomen en die nog niet geheel zijn uitgevoerd, de goedkeuring van de algemene vergadering behoeven indien het besluit niet behoort tot de normale uitoefening van de onderneming en de uitvoering het slagen van het bod kan frustreren; de oproeping voor de algemene vergadering geschiedt niet later dan op de vijftiende dag voor die van de vergadering;

c. statutaire beperkingen van de overdracht van aandelen en beperkingen van de overdracht van aandelen die tussen de vennootschap en haar aandeelhouders of tussen aandeelhouders onderling zijn overeengekomen, niet gelden jegens de bieder wanneer hem tijdens de periode voor aanvaarding van een openbaar bod aandelen worden aangeboden;

d. statutaire beperkingen van de uitoefening van het stemrecht en beperkingen van de uitoefening van het stemrecht die tussen de vennootschap en haar aandeelhouders of tussen aandeelhouders onderling zijn overeengekomen, niet gelden in de algemene vergadering die besluit over handelingen als bedoeld onder *a* of *b*;

e. in de algemene vergadering elk aandeel in verband met het besluit over handelingen of besluiten als bedoeld onder *a* of *b* recht geeft op één stem.

– 2. De statuten van de vennootschap kunnen bepalen dat de houder van aandelen die ten gevolge van een openbaar bod ten minste 75% van het geplaatste kapitaal vertegenwoordigt, bevoegd is op korte termijn na het einde van de periode voor aanvaarding van het bod een algemene vergadering bijeen te roepen waarin bijzondere statutaire rechten van aandeelhouders in verband met een besluit tot benoeming of ontslag van een bestuurder of commissaris niet gelden. De oproeping geschiedt niet later dan op de vijftiende dag voor die van de vergadering. In de vergadering geeft elk aandeel ten aanzien van dat besluit recht op één stem en gelden statutaire beperkingen van de uitoefening van het stemrecht en beperkingen van de uitoefening van het stemrecht die tussen de vennootschap en haar aandeelhouders of tussen aandeelhouders onderling zijn overeengekomen niet.

– 3. De aandeelhouder heeft recht op een billijke vergoeding van de schade die hij lijdt door de toepassing van lid 1, onderdeel *c*, *d*, of *e*, of lid 2.

– 4. Indien een openbaar bod wordt aangekondigd op een vennootschap die lid 1 of lid 2 toepast, door een vennootschap of rechtspersoon die niet dezelfde of een vergelijkbare bepaling of bepalingen toepast overeenkomstig de nationale regels ter uitvoering van artikel 9 lid 2 en lid 3 of artikel 11 van richtlijn nr. 2004/25/EG van het Europees Parlement en de Raad van 21 april 2004 betreffende het openbaar overnamebod (*PbEU* L 142), of door een dochtermaatschappij daarvan, kan de doelvennootschap besluiten dat het ingevolge lid 1 of lid 2 bepaalde niet geldt. Het besluit is onderworpen aan de goedkeuring van de algemene vergadering, die niet eerder mag zijn verleend dan 18 maanden voordat het bod is aangekondigd.

– 5. De toepassing van lid 1 onderscheidenlijk lid 2 wordt gemeld aan de Stichting Autoriteit Financiële Markten. Melding vindt ook plaats aan de toezichthoudende instantie van andere lidstaten van de Europese Unie waar de aandelen zijn toegelaten tot de handel op een gereglementeerde markt of waar de toelating is aangevraagd.

– 6. De ondernemingskamer van het gerechtshof te Amsterdam neemt kennis van alle rechtsvorderingen betreffende de toepassing van de leden 1 tot en met 4, ingediend door een aandeelhouder, een houder van certificaten van aandelen die met medewerking van de vennootschap zijn uitgegeven, een bestuurder of een commissaris.

Art. 359c

Vordering tot overdracht aandelen

– 1. Hij die een openbaar bod heeft uitgebracht en als aandeelhouder voor eigen rekening ten minste 95% van het geplaatste kapitaal van de doelvennootschap verschaft alsmede ten minste 95% van de stemrechten van de doelvennootschap vertegenwoordigt, kan tegen de gezamenlijke andere aandeelhouders een vordering instellen tot overdracht van hun aandelen aan hem. Hetzelfde geldt, indien twee of meer groepsmaatschappijen dit deel van het geplaatste kapitaal samen verschaffen en dit deel van de stemrechten samen vertegenwoordigen en zij samen de vordering instellen tot overdracht aan degene die het openbaar bod heeft uitgebracht.

– 2. Zijn er verschillende soorten aandelen dan kan de vordering slechts worden ingesteld ten aanzien van de soort waarvan de eiser of eisers ten minste 95% van het geplaatste kapitaal verschaffen en 95% van de stemrechten vertegenwoordigen.

– 3. De vordering moet binnen drie maanden na afloop van de termijn voor aanvaarding van het bod worden ingesteld.

– 4. Over de vordering oordeelt in eerste aanleg de ondernemingskamer van het gerechtshof te Amsterdam. Van de uitspraak staat uitsluitend beroep in cassatie open.

– 5. Indien tegen een of meer gedaagden verstek is verleend, moet de rechter ambtshalve onderzoeken of de eiser of eisers de vereisten van lid 1 onderscheidenlijk lid 2 vervult of vervullen.

– 6. Indien de rechter oordeelt dat de leden 1 en 2 de toewijzing van de vordering niet beletten, stelt hij een billijke prijs vast voor de over te dragen aandelen op een door hem te bepalen dag. Wanneer een openbaar bod als bedoeld in artikel 5:74 van de Wet op het financieel toezicht is uitgebracht, wordt de waarde van de bij het bod geboden tegenprestatie, mits ten minste 90% van de aandelen is verworven waarop het bod betrekking had, geacht een billijke prijs te zijn. Wanneer een openbaar bod als bedoeld in artikel 5:70 van de Wet op het financieel toezicht is uitgebracht, wordt de waarde van de bij het bod geboden tegenprestatie geacht een billijke prijs te zijn. In afwijking van de tweede of derde zin kan de rechter bevelen dat een of drie deskundigen zullen berichten over de waarde van de over te dragen aandelen. De eerste drie zinnen van artikel 350 lid 3 en de artikelen 351 en 352 zijn dan van toepassing. De prijs luidt in geld. Zo lang en voor zover de prijs niet is betaald, wordt hij verhoogd met rente, gelijk aan de wettelijke rente, vanaf de dag die door de rechter is bepaald voor de vaststelling van de prijs tot de overdracht; uitkeringen op de aandelen die in dit tijdvak betaalbaar worden gesteld, strekken op de dag van betaalbaarstelling tot gedeeltelijke betaling van de prijs.

– 7. De rechter die de vordering toewijst, veroordeelt de overnemer aan degenen aan wie de aandelen toebehoren of zullen toebehoren de vastgestelde prijs met rente te betalen tegen levering van het onbezwaarde recht op de aandelen. De rechter geeft omtrent de kosten van het geding zodanige uitspraak als hij meent dat behoort. Een gedaagde die geen verweer heeft gevoerd, wordt niet verwezen in de kosten.

– 8. Staat het bevel tot overdracht bij gerechtelijk gewijsde vast, dan deelt de overnemer de dag en plaats van betaalbaarstelling en de prijs schriftelijk mee aan de houders van de over te nemen aandelen van wie hij het adres kent. Hij kondigt deze ook aan in een landelijk verspreid dagblad, tenzij hij van allen het adres kent.

– 9. De overnemer kan zich altijd van zijn verplichtingen ingevolge de leden 7 en 8 bevrijden door de vastgestelde prijs met rente voor alle nog niet overgenomen aandelen te consigneren, onder mededeling van hem bekende rechten van pand en vruchtgebruik en de hem bekende beslagen. Door deze mededeling gaat beslag over van de aandelen op het recht op uitkering. Door het consigneren gaat het recht op de aandelen onbezwaard op hem over en gaan rechten van pand of vruchtgebruik over op het recht op uitkering. Aan aandeel- en dividendbewijzen waarop na de overgang uitkeringen betaalbaar zijn gesteld, kan nadien geen recht jegens de vennootschap meer worden ontleend. De overnemer maakt het consigneren en de prijs per aandeel op dat tijdstip bekend op de wijze van lid 8.

Art. 359d

Vordering tot overneming aandelen

– 1. Tegen degene die een openbaar bod heeft uitgebracht en als aandeelhouder voor eigen rekening ten minste 95% van het geplaatste kapitaal van de doelvennootschap verschaft als-

mede ten minste 95% van de stemrechten van de doelvennootschap vertegenwoordigt, kan door een andere aandeelhouder een vordering worden ingesteld tot overneming van de aandelen van de andere aandeelhouder. Hetzelfde geldt, indien twee of meer groepsmaatschappijen dit deel van het geplaatste kapitaal samen verschaffen en dit deel van de stemrechten samen vertegenwoordigen en een van hen het openbaar bod heeft uitgebracht.
– 2. Zijn er verschillende soorten aandelen dan kan de vordering worden ingesteld ten aanzien van de soort waarvan degene die een openbaar bod heeft uitgebracht alleen of samen met groepsmaatschappijen ten minste 95% van het geplaatste kapitaal verschaft en 95% van de stemrechten vertegenwoordigt.
– 3. De vordering moet binnen drie maanden na afloop van de termijn voor aanvaarding van het bod worden ingesteld.
– 4. Over de vordering oordeelt in eerste aanleg de ondernemingskamer van het gerechtshof te Amsterdam. Van de uitspraak staat uitsluitend beroep in cassatie open.
– 5. Indien tegen een of meer gedaagden verstek is verleend, moet de rechter ambtshalve onderzoeken of de gedaagden de vereisten van lid 1 onderscheidenlijk lid 2 vervullen.
– 6. Staat het bevel tot overneming bij gerechtelijk gewijsde vast, dan deelt de overnemer de dag en plaats van betaalbaarstelling van de prijs schriftelijk mee aan de houders van de over te nemen aandelen.
– 7. Artikel 359*c*, leden 6, 7 en 9, is van overeenkomstige toepassing.

TITEL 9
De jaarrekening en het jaarverslag

AFDELING 1
Algemene bepaling

Art. 360

Toepassingsgebied

– 1. Deze titel is van toepassing op de coöperatie, de onderlinge waarborgmaatschappij, de naamloze vennootschap en de besloten vennootschap met beperkte aansprakelijkheid. Ongeacht hun rechtsvorm is deze titel op banken als bedoeld in artikel 415 van toepassing. (BW 2:53 e.v., 64 e.v., 175 e.v.)
– 2. Deze titel is eveneens van toepassing op een commanditaire vennootschap of een vennootschap onder firma waarvan alle vennoten die volledig jegens schuldeisers aansprakelijk zijn voor de schulden, kapitaalvennootschappen naar buitenlands recht zijn. (K 16, 19)
– 3. Deze titel is eveneens van toepassing op de stichting en de vereniging die een of meer ondernemingen in stand houden welke ingevolge de wet in het handelsregister moeten worden ingeschreven, indien de netto-omzet van deze ondernemingen gedurende twee opeenvolgende boekjaren zonder onderbreking nadien gedurende twee opeenvolgende boekjaren, de helft of meer bedraagt van het in artikel 396 lid 1, onder *b*, bedoelde bedrag, zoals gewijzigd op grond van artikel 398 lid 4. Indien de stichting of vereniging bij of krachtens de wet verplicht is een financiële verantwoording op te stellen die gelijkwaardig is aan een jaarrekening als bedoeld in deze titel en indien deze openbaar wordt gemaakt, blijft de eerste volzin buiten toepassing. (BW 2:49, 50, 300, 361 lid 2, 383*a*, 392 lid 5, 398 lid 5)

AFDELING 2
Algemene bepalingen omtrent de jaarrekening

Art. 361

Jaarrekening

– 1. Onder jaarrekening wordt verstaan: de enkelvoudige jaarrekening die bestaat uit de balans en de winst- en verliesrekening met de toelichting, en de geconsolideerde jaarrekening indien de rechtspersoon een geconsolideerde jaarrekening opstelt. (BW 2:10, 364, 377)
– 2. Coöperaties en de in artikel 360 lid 3 bedoelde stichtingen en verenigingen vervangen de winst- en verliesrekening door een exploitatierekening, indien het in artikel 362 lid 1 bedoelde inzicht daardoor wordt gediend; op deze rekening zijn de bepalingen omtrent de winst- en verliesrekening zoveel mogelijk van overeenkomstige toepassing. Bepalingen omtrent winst en verlies zijn zoveel mogelijk van overeenkomstige toepassing op het exploitatiesaldo. (BW 2:53 e.v.)
– 3. De bepalingen van deze titel gelden voor jaarrekeningen en hun onderdelen, zowel in de vorm waarin zij door het bestuur zijn opgemaakt als in de vorm waarin zij door het bevoegde orgaan van de rechtspersoon zijn vastgesteld. (BW 2:58, 101, 210)
– 4. Bij de toepassing van de artikelen 367, 370 lid 1, 375, 376, 377 lid 5 en 381 moeten overeenkomstige vermeldingen als met betrekking tot groepsmaatschappijen worden opgenomen met betrekking tot andere maatschappijen:
a. die op voet van de leden 1, 3 en 4 van artikel 24*a* rechten in de rechtspersoon kunnen uitoefenen, ongeacht of zij rechtspersoonlijkheid hebben, of

b. die dochtermaatschappij zijn van de rechtspersoon, van een groepsmaatschappij of van een maatschappij als bedoeld in onderdeel *a.* (BW 2:24*a*, 24*b*, 363 lid 3; Rv 999 e.v.)

Art. 362

Gegevens in de jaarrekening

– 1. De jaarrekening geeft volgens normen die in het maatschappelijk verkeer als aanvaardbaar worden beschouwd een zodanig inzicht dat een verantwoord oordeel kan worden gevormd omtrent het vermogen en het resultaat, alsmede voor zover de aard van een jaarrekening dat toelaat, omtrent de solvabiliteit en de liquiditeit van de rechtspersoon. Indien de internationale vertakking van zijn groep dit rechtvaardigt kan de rechtspersoon de jaarrekening opstellen naar de normen die in het maatschappelijk verkeer in een van de andere lidstaten van de Europese Gemeenschappen als aanvaardbaar worden beschouwd en het in de eerste volzin bedoelde inzicht geven. (BW art. 2:24*b*)

– 2. De balans met de toelichting geeft getrouw, duidelijk en stelselmatig de grootte van het vermogen en zijn samenstelling in actief- en passiefposten op het einde van het boekjaar weer. De balans mag het vermogen weergeven, zoals het wordt samengesteld met inachtneming van de bestemming van de winst of de verwerking van het verlies, of, zolang deze niet vaststaat, met inachtneming van het voorstel daartoe. Bovenaan de balans wordt aangegeven of daarin de bestemming van het resultaat is verwerkt. (BW art. 2:363 lid 4, 364 e.v.)

– 3. De winst- en verliesrekening met de toelichting geeft getrouw, duidelijk en stelselmatig de grootte van het resultaat van het boekjaar en zijn afleiding uit de posten van baten en lasten weer. (BW art. 2:363 lid 4, 377)

– 4. Indien het verschaffen van het in lid 1 bedoelde inzicht dit vereist, verstrekt de rechtspersoon in de jaarrekening gegevens ter aanvulling van hetgeen in de bijzondere voorschriften van en krachtens deze titel wordt verlangd. Indien dit noodzakelijk is voor het verschaffen van dat inzicht, wijkt de rechtspersoon van die voorschriften af; de reden van deze afwijking wordt in de toelichting uiteengezet, voor zover nodig onder opgaaf van de invloed ervan op vermogen en resultaat.

– 5. De baten en lasten van het boekjaar worden in de jaarrekening opgenomen, onverschillig of zij tot ontvangsten of uitgaven in dat boekjaar hebben geleid.

– 6. De jaarrekening wordt vastgesteld met inachtneming van hetgeen omtrent de financiële toestand op de balansdatum is gebleken tussen het opmaken van de jaarrekening en de algemene vergadering waarin zij wordt behandeld, voor zover dat onontbeerlijk is voor het in lid 1 bedoelde inzicht. Blijkt nadien dat de jaarrekening in ernstige mate tekortschiet in het geven van dit inzicht, dan bericht het bestuur daaromtrent onverwijld aan de leden of aandeelhouders en legt het een mededeling daaromtrent neder ten kantore van het handelsregister; bij de mededeling wordt een accountantsverklaring gevoegd, indien de jaarrekening overeenkomstig artikel 393 is onderzocht. (WED art. 1 sub 4°)

– 7. Indien de werkzaamheid van de rechtspersoon of de internationale vertakking van zijn groep dat rechtvaardigt, mag de jaarrekening of alleen de geconsolideerde jaarrekening worden opgesteld in een vreemde geldeenheid. De posten worden in de Nederlandse taal omschreven, tenzij de algemene vergadering tot het gebruik van een andere taal heeft besloten. (BW art. 2:10, 373 lid 5, 384, 391 lid 1; WvK art. 6 lid 2; AWR art. 53*a*)

– 8. Een rechtspersoon kan de jaarrekening opstellen volgens de door de International Accounting Standards Board vastgestelde en door de Europese Commissie goedgekeurde standaarden, mits de rechtspersoon daarbij alle voor hem van toepassing zijnde vastgestelde en goedgekeurde standaarden toepast. Een rechtspersoon die de geconsolideerde jaarrekening opstelt volgens deze titel, kan niet de enkelvoudige jaarrekening opstellen volgens de vastgestelde en goedgekeurde standaarden. Een rechtspersoon die de geconsolideerde jaarrekening opstelt volgens de in de eerste zin van dit lid genoemde standaarden, kan in de enkelvoudige jaarrekening de waarderingsgrondslagen toepassen die hij ook in de geconsolideerde jaarrekening heeft toegepast.

– 9. De rechtspersoon die de jaarrekening opstelt volgens de in lid 8 bedoelde standaarden, past van deze titel slechts de afdelingen 7 tot en met 10 en de artikelen 365 lid 2, 373, 383, 383*b* tot en met 383*e*, 389 leden 8 en 10, en 390 toe. Banken passen tevens artikel 421 lid 5 toe.

– 10. De rechtspersoon vermeldt in de toelichting volgens welke standaarden de jaarrekening is opgesteld.

Art. 363

Door jaarrekening beoogd inzicht

– 1. De samenvoeging, de ontleding en de rangschikking van de gegevens in de jaarrekening en de toelichting op die gegevens zijn gericht op het inzicht dat de jaarrekening krachtens artikel 362 lid 1 beoogt te geven. Daarbij worden de voorschriften krachtens lid 6 en de andere afdelingen van deze titel in acht genomen.

– 2. Het is niet geoorloofd in de jaarrekening activa en passiva of baten en lasten tegen elkaar te laten wegvallen, indien zij ingevolge deze titel in afzonderlijke posten moeten worden opgenomen.

– 3. Een post behoeft niet afzonderlijk te worden vermeld, indien deze in het geheel van de jaarrekening van te verwaarlozen betekenis is voor het wettelijk vereiste inzicht. Krachtens deze titel vereiste vermeldingen mogen achterwege blijven voor zover zij op zichzelf genomen en tezamen met soortgelijke vermeldingen voor dit inzicht van te verwaarlozen betekenis zouden zijn. Vermeldingen krachtens de artikelen 378, 382 en 383 mogen evenwel niet achterwege blijven.

– 4. De indeling van de balans en van de winst- en verliesrekening mag slechts wegens gegronde redenen afwijken van die van het voorafgaande jaar; in de toelichting worden de verschillen aangegeven en worden de redenen die tot afwijking hebben geleid, uiteengezet. (BW 2:362 lid 2 en 3)

– 5. Zoveel mogelijk wordt bij iedere post van de jaarrekening het bedrag van het voorafgaande boekjaar vermeld; voor zover nodig, wordt dit bedrag ter wille van de vergelijkbaarheid herzien en wordt de afwijking ten gevolge van de herziening toegelicht.

– 6. Wij kunnen voor de indeling van de jaarrekening bij algemene maatregel van bestuur modellen en nadere voorschriften vaststellen, die gelden voor de daarbij omschreven rechtspersonen. Bij de toepassing daarvan worden de indeling, benaming en omschrijving van de daarin voorkomende posten aangepast aan de aard van het bedrijf van de rechtspersoon, voor zover dat krachtens de algemene maatregel is toegelaten.

AFDELING 3

Voorschriften omtrent de balans en de toelichting daarop

§ 1. Hoofdindeling van de balans

Art. 364

Vaste en vlottende activa; passiva

– 1. Op de balans worden de activa onderscheiden in vaste en vlottende activa, al naar gelang zij zijn bestemd om de uitoefening van de werkzaamheid van de rechtspersoon al of niet duurzaam te dienen.

– 2. Onder de vaste activa worden afzonderlijk opgenomen de immateriële, materiële en financiële vaste activa.

– 3. Onder de vlottende activa worden afzonderlijk opgenomen de voorraden, vorderingen, effecten, liquide middelen, en, voor zover zij niet onder de vorderingen zijn vermeld, de overlopende activa.

– 4. Onder de passiva worden afzonderlijk opgenomen het eigen vermogen, de voorzieningen, de schulden en, voor zover zij niet onder de schulden zijn vermeld, de overlopende passiva. (BW 2:365 v., 373 v.)

§ 2. Activa

Art. 365

Immateriële vaste activa; reserve

– 1. Onder de immateriële vaste activa worden afzonderlijk opgenomen:

a. kosten die verband houden met de oprichting en met de uitgifte van aandelen; (BW 2:69[1], 180[1])

b. kosten van onderzoek en ontwikkeling;

c. kosten van verwerving ter zake van concessies, vergunningen en rechten van intellectuele eigendom;

d. kosten van goodwill die van derden is verkregen;

e. vooruitbetalingen op immateriële vaste activa.

– 2. Voor zover de rechtspersoon de kosten, vermeld in de onderdelen *a* en *b* van lid 1, activeert, moet hij deze toelichten en moet hij ter hoogte daarvan een reserve aanhouden. (BW 2:104, 215, 364, 368, 373 lid 4, 385 lid 4, 386 lid 3, 387 lid 4, 397 lid 5)

Art. 366

Materiële vaste activa

– 1. Onder de materiële vaste activa worden afzonderlijk opgenomen:

a. bedrijfsgebouwen en -terreinen;

b. machines en installaties;

c. andere vaste bedrijfsmiddelen, zoals technische en administratieve uitrusting;

d. materiële vaste bedrijfsactiva in uitvoering en vooruitbetalingen op materiële vaste activa;

e. niet aan het produktieproces dienstbare materiële vaste activa.

– 2. Indien de rechtspersoon op of met betrekking tot materiële vaste activa slechts een beperkt zakelijk of persoonlijk duurzaam genotsrecht heeft, wordt dit vermeld. (BW 2:364, 368, 385[3], 386[4], 387[4, 5], 396[3], 397[5])

Art. 367

Financiële vaste activa

Onder de financiële vaste activa worden afzonderlijk opgenomen:

a. aandelen, certificaten van aandelen en andere vormen van deelneming in groepsmaatschappijen;

b. andere deelnemingen;
c. vorderingen op groepsmaatschappijen;
d. vorderingen op andere rechtspersonen en vennootschappen die een deelneming hebben in de rechtspersoon of waarin de rechtspersoon een deelneming heeft;
e. overige effecten;
f. overige vorderingen, met afzonderlijke vermelding van de vorderingen uit leningen en voorschotten aan leden of houders van aandelen op naam. (BW 2:24*b*, 24*c*, 364, 368, 389, 396 lid 3, 397 lid 5)

Art. 368

Overzicht verloop posten vaste activa

– 1. Het verloop van elk der posten, behorende tot de vaste activa, gedurende het boekjaar wordt in een sluitend overzicht weergegeven. Daaruit blijken:
a. de boekwaarde aan het begin van het boekjaar;
b. de som van de waarden waartegen de in het boekjaar verkregen activa zijn te boek gesteld, en de som van de boekwaarden der activa waarover de rechtspersoon aan het einde van het boekjaar niet meer beschikt;
c. de herwaarderingen over het boekjaar overeenkomstig artikel 390 lid 1;
d. de afschrijvingen, de waardeverminderingen en de terugneming daarvan over het boekjaar; (BW 2:386, 387)
e. de boekwaarde aan het einde van het boekjaar.
– 2. Voorts worden voor elk der posten behorende tot de vaste activa opgegeven:
a. de som der herwaarderingen die betrekking hebben op de activa welke op de balansdatum aanwezig zijn; (BW 2:390)
b. de som der afschrijvingen en waardeverminderingen op de balansdatum. (BW 2:396 lid 3, 397[5])

Art. 369

Tot de vlottende activa behorende voorraden

Onder de tot de vlottende activa behorende voorraden worden afzonderlijk opgenomen:
a. grond- en hulpstoffen;
b. onderhanden werk;
c. gereed produkt en handelsgoederen;
d. vooruitbetalingen op voorraden. (BW 2:364, 385 lid 2 en 3, 387 lid 2 en 3, 396 lid 3, 397 lid 5)

Art. 370

Tot de vlottende activa behorende vorderingen

– 1. Onder de tot de vlottende activa behorende vorderingen worden afzonderlijk opgenomen:
a. vorderingen op handelsdebiteuren;
b. vorderingen op groepsmaatschappijen; (BW 2:24*b*)
c. vorderingen op andere rechtspersonen en vennootschappen die een deelneming hebben in de rechtspersoon of waarin de rechtspersoon een deelneming heeft; (BW 2:24*c*)
d. opgevraagde stortingen van geplaatst kapitaal; (BW 2:80, 191)
e. overige vorderingen, met uitzondering van die waarop de artikelen 371 en 372 van toepassing zijn, en met afzonderlijke vermelding van de vorderingen uit leningen en voorschotten aan leden of houders van aandelen op naam. (BW 2:53, 85 e.v., 194 e.v.)
– 2. Bij elk van de in lid 1 vermelde groepen van vorderingen wordt aangegeven tot welk bedrag de resterende looptijd langer is dan een jaar. (BW 2:364, 396 lid 3, 397 lid 5)

Art. 371

Tot de vlottende activa behorende effecten

– 1. Behoren tot de vlottende activa aandelen en andere vormen van belangen in niet in de consolidatie betrokken maatschappijen als bedoeld in artikel 361 lid 4, dan worden deze afzonderlijk onder de effecten opgenomen. Vermeld wordt de gezamenlijke waarde van de overige tot de vlottende activa behorende effecten die zijn toegelaten tot de handel op een gereglementeerde markt of een multilaterale handelsfaciliteit, als bedoeld in artikel 1:1 van de Wet op het financieel toezicht of een met een gereglementeerde markt of multilaterale handelsfaciliteit vergelijkbaar systeem uit een staat die geen lidstaat is. (BW 2:406 e.v.)
– 2. Omtrent de effecten wordt vermeld, in hoeverre deze niet ter vrije beschikking van de rechtspersoon staan. (BW 2:364, 396 lid 3, 397 lid 5)

Art. 372

Liquide middelen

– 1. Onder de liquide middelen worden opgenomen de kasmiddelen, de tegoeden op bank- en girorekeningen, alsmede de wissels en cheques. (K 100 e.v., 178 e.v.)
– 2. Omtrent de tegoeden wordt vermeld, in hoeverre deze niet ter vrije beschikking van de rechtspersoon staan. (BW 2:364, 396 lid 3, 397 lid 5)

§ 3. Passiva

Art. 373

Eigen vermogen

– 1. Onder het eigen vermogen worden afzonderlijk opgenomen:

a. het geplaatste kapitaal; (BW 2:67, 80, 98, 207 lid 3, 263 lid 2 sub *a*, 378 lid 1, 2)
b. agio; (BW 2:80)
c. herwaarderingsreserves; (BW 2:263, 389 lid 6, 390)
d. andere wettelijke reserves, onderscheiden naar hun aard;
e. statutaire reserves;
f. overige reserves;
g. niet verdeelde winsten, met afzonderlijke vermelding van het resultaat na belastingen van het boekjaar, voor zover de bestemming daarvan niet in de balans is verwerkt.
– 2. Is het geplaatste kapitaal niet volgestort, dan wordt in plaats daarvan het gestorte kapitaal vermeld of, indien stortingen zijn uitgeschreven, het gestorte en opgevraagde kapitaal. Het geplaatste kapitaal wordt in deze gevallen vermeld.
– 3. Het kapitaal wordt niet verminderd met het bedrag van eigen aandelen of certificaten daarvan die de rechtspersoon of een dochtermaatschappij houdt. (BW 2:24*a*, 98-98*d*, 207-207*d*)
– 4. Wettelijke reserves zijn de reserves die moeten worden aangehouden ingevolge de artikelen 67a lid 2, 67a lid 3, 94a lid 6 onderdeel f., 98c lid 4, 178 lid 3, 178a lid 2, 178a lid 3, 207c lid 3, 365 lid 2, 389, leden 6 en 8, 390, 401 lid 2, en 423 lid 4.
– 5. In een jaarrekening die in een vreemde geldeenheid wordt opgesteld, wordt de in lid 1 onderdeel a bedoelde post opgenomen in die geldeenheid, naar de koers op de balansdatum. Tevens worden dan deze koers en het bedrag in Nederlands geld vermeld. Voor de toepassing van artikel 178 lid 3 wordt naar de zelfde koers gerekend. (BW 2:105, 216) (BW 2:362 lid 7, 364 lid 4, 378, 411)

Art. 374

Verplichte voorzieningen op balans

– 1. Op de balans worden voorzieningen opgenomen tegen naar hun aard duidelijk omschreven verplichtingen die op de balansdatum als waarschijnlijk of als vaststaand worden beschouwd, maar waarvan niet bekend is in welke omvang of wanneer zij zullen ontstaan. Tevens kunnen voorzieningen worden opgenomen tegen uitgaven die in een volgend boekjaar zullen worden gedaan, voor zover het doen van die uitgaven zijn oorsprong mede vindt voor het einde van het boekjaar en de voorziening strekt tot gelijkmatige verdeling van lasten over een aantal boekjaren.
– 2. Waardevermindering van een actief wordt niet door vorming van een voorziening tot uitdrukking gebracht.
– 3. De voorzieningen worden gesplitst naar de aard der verplichtingen, verliezen en kosten waartegen zij worden getroffen; zij worden overeenkomstig de aard nauwkeurig omschreven. In de toelichting wordt zoveel mogelijk aangegeven in welke mate de voorzieningen als langlopend moeten worden beschouwd.
– 4. In ieder geval worden afzonderlijk opgenomen:
a. de voorziening voor belastingverplichtingen, die na het boekjaar kunnen ontstaan, doch aan het boekjaar of een voorafgaand boekjaar moeten worden toegerekend, met inbegrip van de voorziening voor belastingen die uit waardering boven de verkrijgings- of vervaardigingsprijs kan voortvloeien; (BW 2:390 lid 5)
b. de voorziening voor pensioenverplichtingen. (BW 2:364 lid 4, 396 lid 3, 397 lid 5)

Art. 375

Schulden

– 1. Onder de schulden worden afzonderlijk opgenomen:
a. obligatieleningen, pandbrieven en andere leningen met afzonderlijke vermelding van de converteerbare leningen;
b. schulden aan kredietinstellingen;
c. ontvangen vooruitbetalingen op bestellingen voor zover niet reeds op actiefposten in mindering gebracht;
d. schulden aan leveranciers en handelskredieten;
e. te betalen wissels en cheques; (K 100, 178)
f. schulden aan groepsmaatschappijen; (BW 2:24*b*)
g. schulden aan rechtspersonen en vennootschappen die een deelneming hebben in de rechtspersoon of waarin de rechtspersoon een deelneming heeft, voor zover niet reeds onder *f* vermeld; (BW 2:24*c*)
h. schulden ter zake van belastingen en premiën van sociale verzekering;
i. schulden ter zake van pensioenen;
j. overige schulden.
– 2. Bij elke in lid 1 vermelde groep van schulden wordt aangegeven tot welk bedrag de resterende looptijd langer is dan een jaar, met aanduiding van de rentevoet daarover en met afzonderlijke vermelding tot welk bedrag de resterende looptijd langer is dan vijf jaar.
– 3. Onderscheiden naar de in lid 1 genoemde groepen, wordt aangegeven voor welke schulden zakelijke zekerheid is gesteld en in welke vorm dat is geschied. Voorts wordt medegedeeld

ten aanzien van welke schulden de rechtspersoon zich, al dan niet voorwaardelijk, heeft verbonden tot het bezwaren of niet bezwaren van goederen, voor zover dat noodzakelijk is voor het verschaffen van het in artikel 362 lid 1 bedoelde inzicht.
– 4. Aangegeven wordt tot welk bedrag schulden in rang zijn achtergesteld bij de andere schulden; de aard van deze achterstelling wordt toegelicht.
– 5. Is het bedrag waarmee de schuld moet worden afgelost hoger dan het ontvangen bedrag, dan mag het verschil, mits afzonderlijk vermeld, uiterlijk tot de aflossing worden geactiveerd. (BW 2:386 lid 5)
– 6. Het bedrag wordt vermeld dat de rechtspersoon op leningen die zijn opgenomen onder de schulden met een resterende looptijd van meer dan een jaar, moet aflossen tijdens het boekjaar, volgend op dat waarop de jaarrekening betrekking heeft.
– 7. Bij converteerbare leningen worden de voorwaarden van conversie medegedeeld. (BW 2:364[4], 376, 396[3], 397[4])

Art. 376

Vermelding zekerheidstelling voor schulden van derden

Heeft de rechtspersoon zich aansprakelijk gesteld voor schulden van anderen of loopt hij nog risico voor verdisconteerde wissels of chèques, dan worden de daaruit voortvloeiende verplichtingen, voor zover daarvoor op de balans geen voorzieningen zijn opgenomen, vermeld en ingedeeld naar de vorm der geboden zekerheid. Afzonderlijk worden vermeld de verplichtingen die ten behoeve van groepsmaatschappijen zijn aangegaan. (BW 2:24*b*, 374; K 100 v., 109, 142, 178, 189)

AFDELING 4
Voorschriften omtrent de winst- en verliesrekening en de toelichting daarop

Art. 377

Gegevens op de winst- en verliesrekening

– 1. Op de winst- en verliesrekening worden afzonderlijk opgenomen:
a. de baten en lasten uit de gewone bedrijfsuitoefening, de belastingen daarover en het resultaat uit de gewone bedrijfsuitoefening na belastingen;
b. de buitengewone baten en lasten, de belastingen daarover en het buitengewone resultaat na belastingen;
c. de overige belastingen;
d. het resultaat na belastingen.
– 2. De baten en lasten uit de gewone bedrijfsuitoefening worden hetzij overeenkomstig lid 3, hetzij overeenkomstig lid 4 gesplitst.
– 3. Afzonderlijk worden opgenomen:
a. de netto-omzet; (BW 2:380)
b. de toe- of afneming van de voorraad gereed produkt en onderhanden werk ten opzichte van de voorafgaande balansdatum; (BW 2:369, 385)
c. de geactiveerde produktie ten behoeve van het eigen bedrijf;
d. de overige bedrijfsopbrengsten;
e. de lonen;
f. de sociale lasten met afzonderlijke vermelding van de pensioenlasten;
g. de kosten van grond- en hulpstoffen en de overige externe kosten; (BW 2:385)
h. de afschrijvingen en de waardeverminderingen ten laste van de immateriële en de materiële vaste activa, gesplitst naar die groepen activa; (BW 2:386, 387)
i. waardeverminderingen van vlottende activa, voor zover zij de bij de rechtspersoon gebruikelijke waardeverminderingen overtreffen; (BW 2:387 lid 2 en 3)
j. de overige bedrijfskosten;
k. het resultaat uit deelnemingen; (BW 2:24*c*, 389)
l. opbrengsten van andere effecten en vorderingen, die tot de vaste activa behoren; (BW 2:367)
m. de overige rentebaten en soortgelijke opbrengsten;
n. de wijzigingen in de waarde van de financiële vaste activa en van de effecten die tot de vlottende activa behoren; (BW 2:367, 371)
o. de rentelasten en soortgelijke kosten.
– 4. Afzonderlijk worden opgenomen:
a. de netto-omzet; (BW 2:380)
b. de kostprijs van de omzet, met uitzondering van de daarin opgenomen rentelasten, doch met inbegrip van de afschrijvingen en waardeverminderingen; (BW 2:386, 387)
c. het bruto-omzetresultaat als saldo van de posten *a* en *b*;
d. de verkoopkosten, met inbegrip van de afschrijvingen en buitengewone waardeverminderingen;
e. de algemene beheerskosten, met inbegrip van de afschrijvingen en waardeverminderingen;
f. de overige bedrijfsopbrengsten;

g. het resultaat uit deelnemingen; (BW 2:24*c*, 389)
h. opbrengsten uit andere effecten en vorderingen die tot de vaste activa behoren; (BW 2:367)
i. de overige rentebaten en soortgelijke opbrengsten;
j. de wijzigingen in de waarde van de financiële vaste activa en van de effecten die tot de vlottende activa behoren; (BW 2:367, 371)
k. de rentelasten en soortgelijke kosten.
– 5. Bij de posten *k-o* van lid 3 en de posten *g-k* van lid 4 worden afzonderlijk vermeld de baten en lasten uit de verhouding met groepsmaatschappijen. (BW 2:24*b*)
– 6. Onder de netto-omzet wordt verstaan de opbrengst uit levering van goederen en diensten uit het bedrijf van de rechtspersoon, onder aftrek van kortingen en dergelijke en van over de omzet geheven belastingen. (BW 2:380)
– 7. Als buitengewone baten en lasten worden aangemerkt de baten en lasten die niet uit de gewone uitoefening van het bedrijf van de rechtspersoon voortvloeien. Tenzij deze baten en lasten van ondergeschikte betekenis zijn voor de beoordeling van het resultaat, worden zij naar aard en omvang toegelicht; hetzelfde geldt voor de baten en lasten welke aan een ander boekjaar moeten worden toegerekend, voor zover zij niet tot de buitengewone baten en lasten zijn gerekend. (BW 2:362, 364, 396[4], 397[3])

AFDELING 5
Bijzondere voorschriften omtrent de toelichting

Art. 378

Overzicht verloop eigen vermogen

– 1. Het verloop van het eigen vermogen gedurende het boekjaar wordt weergegeven in een overzicht. Daaruit blijken:
a. het bedrag van elke post aan het begin van het boekjaar;
b. de toevoegingen en de verminderingen van elke post over het boekjaar, gesplitst naar hun aard;
c. het bedrag van elke post aan het einde van het boekjaar.
– 2. In het overzicht wordt de post gestort en opgevraagd kapitaal uitgesplitst naar de soorten aandelen. Afzonderlijk worden vermeld de eindstand en de gegevens over het verloop van de aandelen in het kapitaal van de rechtspersoon en van de certificaten daarvan, die deze zelf of een dochtermaatschappij voor eigen rekening houdt of doet houden. Vermeld wordt op welke post van het eigen vermogen de verkrijgingsprijs of boekwaarde daarvan in mindering is gebracht.
– 3. Opgegeven wordt op welke wijze stortingen op aandelen zijn verricht die in het boekjaar opeisbaar werden of vrijwillig zijn verricht, met de zakelijke inhoud van de in het boekjaar verrichte rechtshandelingen, waarop een der artikelen 94, 94*c*, 204 of 204*c* van toepassing is. Een naamloze vennootschap vermeldt iedere verwerving en vervreemding voor haar rekening van eigen aandelen en certificaten daarvan; daarbij worden medegedeeld de redenen van verwerving, het aantal, het nominale bedrag en de overeengekomen prijs van de bij elke handeling betrokken aandelen en certificaten en het gedeelte van het kapitaal dat zij vertegenwoordigen.
– 4. Een naamloze vennootschap vermeldt de gegevens omtrent het aantal, de soort en het nominale bedrag van de eigen aandelen of de certificaten daarvan:
a. die zij of een ander voor haar rekening op de balansdatum in pand heeft;
b. die zij of een dochtermaatschappij op de balansdatum houdt op grond van verkrijging met toepassing van artikel 98 lid 5. (BW 2:10*a*, 24*a*, 80*a*, 80*b*, 93-94 *c*, 98 v., 191*a*, 191*b*, 204- 204*c*, 362, 363[3], 364, 373, 396[4+5], 397[3], 400[5])

Art. 379

Gegevens

– 1. De rechtspersoon vermeldt naam, woonplaats en het verschafte aandeel in het geplaatste kapitaal van elke maatschappij:
a. waaraan hij alleen of samen met een of meer dochtermaatschappijen voor eigen rekening ten minste een vijfde van het geplaatste kapitaal verschaft of doet verschaffen, of
b. waarin hij als vennoot jegens de schuldeisers volledig aansprakelijk is voor de schulden.
– 2. Van elke in onderdeel *a* van lid 1 bedoelde maatschappij vermeldt de rechtspersoon ook het bedrag van het eigen vermogen en resultaat volgens haar laatst vastgestelde jaarrekening, tenzij:
a. de rechtspersoon de financiële gegevens van de maatschappij consolideert; (BW 2:405 v.)
b. de rechtspersoon de maatschappij op zijn balans of geconsolideerde balans overeenkomstig artikel 389 leden 1 tot en met 7 verantwoordt;
c. de rechtspersoon de financiële gegevens van de maatschappij wegens te verwaarlozen belang dan wel op grond van artikel 408 niet consolideert; of
d. minder dan de helft van het kapitaal van de maatschappij voor rekening van de rechtspersoon wordt verschaft en de maatschappij wettig haar balans niet openbaar maakt.

– 3. Tenzij zulk een maatschappij haar belang in de rechtspersoon wettig niet pleegt te vermelden, vermeldt de rechtspersoon:
a. naam en woonplaats van de maatschappij die aan het hoofd van zijn groep staat, en
b. naam en woonplaats van elke maatschappij die zijn financiële gegevens consolideert in haar openbaar gemaakte geconsolideerde jaarrekening, alsmede de plaats waar afschriften daarvan tegen niet meer dan de kostprijs zijn te verkrijgen.
– 4. Onze Minister van Economische Zaken kan van de verplichtingen, bedoeld in de leden 1, 2 en 3, desverzocht ontheffing verlenen, indien gegronde vrees bestaat dat door de vermelding ernstig nadeel kan ontstaan. Deze ontheffing kan telkens voor ten hoogste vijf jaren worden gegeven. In de toelichting wordt vermeld dat ontheffing is verleend of aangevraagd. Hangende de aanvraag is openbaarmaking niet vereist. (BW 2:399[5], 400[6])
– 5. De vermeldingen, vereist in dit artikel en in artikel 414 mogen gezamenlijk worden opgenomen. De rechtspersoon mag het deel van de toelichting dat deze vermeldingen bevat afzonderlijk ter inzage van ieder neerleggen ten kantore van het handelsregister, mits beide delen van de toelichting naar elkaar verwijzen. (BW 2:24*a*, 24*b*, 24*d*, 402, 414)

Art. 380

Bijdrage van verschillende bedrijfstakken tot de netto-omzet

– 1. Indien de inrichting van het bedrijf van de rechtspersoon is afgestemd op werkzaamheden in verschillende bedrijfstakken, wordt met behulp van cijfers inzicht gegeven in de mate waarin elk van de soorten van die werkzaamheden tot de netto-omzet heeft bijgedragen.
– 2. De netto-omzet wordt op overeenkomstige wijze gesplitst naar de onderscheiden gebieden waarin de rechtspersoon goederen en diensten levert.
– 3. Artikel 379 lid 4 is van overeenkomstige toepassing. (BW 2:377 lid 3 onder *a* en lid 4 onder *a*, 396 lid 5, 397 lid 4, 399 lid 2, 400 lid 2)

Art. 381

Belangrijke financiële verplichtingen

– 1. Vermeld wordt tot welke belangrijke, niet in de balans opgenomen, financiële verplichtingen de rechtspersoon voor een aantal toekomstige jaren is verbonden, zoals die welke uit langlopende overeenkomsten voortvloeien. Daarbij worden afzonderlijk vermeld de verplichtingen jegens groepsmaatschappijen. Artikel 375 lid 3 is van overeenkomstige toepassing. (BW 2:24*b*)
– 2. Tevens wordt vermeld wat de aard, het zakelijk doel en de financiële gevolgen van niet in de balans opgenomen regelingen van de rechtspersoon zijn, indien de risico's of voordelen die uit deze regelingen voortvloeien van betekenis zijn en voor zover de openbaarmaking van dergelijke risico's of voordelen noodzakelijk is voor de beoordeling van de financiële positie van de rechtspersoon.
– 3. Vermeld wordt welke van betekenis zijnde transacties door de rechtspersoon niet onder normale marktvoorwaarden met verbonden partijen zijn aangegaan, de omvang van die transacties, de aard van de betrekking met de verbonden partij, alsmede andere informatie over die transacties die nodig is voor het verschaffen van inzicht in de financiële positie van de rechtspersoon. Informatie over individuele transacties kan overeenkomstig de aard ervan worden samengevoegd, tenzij gescheiden informatie nodig is om inzicht te verschaffen in de gevolgen van transacties met verbonden partijen voor de financiële positie van de rechtspersoon. Vermelding van transacties tussen twee of meer leden van een groep kan achterwege blijven, mits dochtermaatschappijen die partij zijn bij de transactie geheel in eigendom zijn van een of meer leden van de groep.

Art. 381a

Waardering tegen actuele waarde

Indien financiële instrumenten tegen de actuele waarde worden gewaardeerd, vermeldt de rechtspersoon:
a. indien de actuele waarde met behulp van waarderingsmodellen en -technieken is bepaald, de aannames die daaraan ten grondslag liggen;
b. per categorie van financiële instrumenten, de actuele waarde, de waardeveranderingen die in de winst- en verliesrekening zijn opgenomen, de waardeveranderingen die op grond van artikel 390 lid 1 in de herwaarderingsreserve zijn opgenomen, en de waardeveranderingen die op de vrije reserves in mindering zijn gebracht; en
c. per categorie van afgeleide financiële instrumenten, informatie over de omvang en de aard van de instrumenten, alsmede de voorwaarden die op het bedrag, het tijdstip en de zekerheid van toekomstige kasstromen van invloed kunnen zijn.

Art. 381b

Geen waardering tegen actuele waarde

Indien financiële instrumenten niet tegen de actuele waarde worden gewaardeerd, vermeldt de rechtspersoon:
a. voor iedere categorie afgeleide financiële instrumenten:
1° de actuele waarde van de instrumenten, indien deze kan worden bepaald door middel van een van de krachtens artikel 384 lid 4 voorgeschreven methoden;
2° informatie over de omvang en de aard van de instrumenten; en

b. voor financiële vaste activa die zijn gewaardeerd tegen een hoger bedrag dan de actuele waarde en zonder dat uitvoering is gegeven aan de tweede zin van artikel 387 lid 4:
1° de boekwaarde en de actuele waarde van de afzonderlijke activa of van passende groepen van de afzonderlijke activa;
2° de reden waarom de boekwaarde niet is verminderd, alsmede de aard van de aanwijzingen die ten grondslag liggen aan de overtuiging dat de boekwaarde zal kunnen worden gerealiseerd.

Art. 382

Gemiddeld aantal werknemers

Medegedeeld wordt het gemiddelde aantal gedurende het boekjaar bij de rechtspersoon werkzame werknemers, ingedeeld op een wijze die is afgestemd op de inrichting van het bedrijf. De vennootschap doet daarbij opgave van het aantal werknemers dat buiten Nederland werkzaam is. Heeft artikel 377 lid 3 geen toepassing in de winst- en verliesrekening gevonden, dan worden de aldaar onder *e* en *f* verlangde gegevens vermeld. (BW 2:153, 155, 263, 365, 363 lid 3, 410 lid 5)

Art. 382a

Opgave honoraria

– 1. Opgegeven worden de in het boekjaar ten laste van de rechtspersoon gebrachte totale honoraria voor het onderzoek van de jaarrekening, totale honoraria voor andere controleopdrachten, totale honoraria voor adviesdiensten op fiscaal terrein en totale honoraria voor andere niet-controlediensten, uitgevoerd door de externe accountant en de accountantsorganisatie, genoemd in artikel 1, eerste lid, onder a en e, van de Wet toezicht accountantsorganisaties.
– 2. Indien de rechtspersoon dochtermaatschappijen heeft of de financiële gegevens van andere maatschappijen consolideert, worden de honoraria die in het boekjaar te hunnen laste zijn gebracht, in de opgave begrepen.
– 3. De honoraria hoeven niet opgegeven te worden door een rechtspersoon waarvan de financiële gegevens zijn geconsolideerd in een geconsolideerde jaarrekening waarop krachtens het toepasselijke recht de verordening van het Europees Parlement en de Raad betreffende de toepassing van internationale standaarden voor jaarrekeningen of de zevende richtlijn van de Raad van de Europese Gemeenschappen inzake het vennootschapsrecht van toepassing is.

Art. 383

Betalingen e.d. aan bestuurders en commissarissen

– 1. Opgegeven worden het bedrag van de bezoldigingen, met inbegrip van de pensioenlasten, en van de andere uitkeringen voor de gezamenlijke bestuurders en gewezen bestuurders en, afzonderlijk, voor de gezamenlijke commissarissen en gewezen commissarissen. De vorige zin heeft betrekking op de bedragen die in het boekjaar ten laste van de rechtspersoon zijn gekomen. Indien de rechtspersoon dochtermaatschappijen heeft of de financiële gegevens van andere maatschappijen consolideert, worden de bedragen die in het boekjaar te hunnen laste zijn gekomen, in de opgave begrepen. Een opgave die herleid kan worden tot een enkele natuurlijke persoon mag achterwege blijven.
– 2. Met uitzondering van de laatste zin is lid 1 tevens van toepassing op het bedrag van de leningen, voorschotten en garanties, ten behoeve van bestuurders en commissarissen van de rechtspersoon verstrekt door de rechtspersoon, zijn dochtermaatschappijen en de maatschappijen waarvan hij de gegevens consolideert. Opgegeven worden de nog openstaande bedragen, de rentevoet, de belangrijkste overige bepalingen en de aflossingen gedurende het boekjaar. (BW 2:24*a*, 37, 57, 63*f*, 135, 145, 245, 255, 363 lid 3, 399 lid 2, 400 lid 2, 406 e.v.)

Art. 383a

Vermelding gegevens m.b.t. bestemming resultaat

De in artikel 360 lid 3 bedoelde stichtingen en verenigingen vermelden zowel de statutaire regeling omtrent de bestemming van het resultaat als de wijze waarop het resultaat na belastingen wordt bestemd. (BW 2:49, 50, 300, 392 lid 5)

Art. 383b

Reikwijdte

In afwijking van artikel 383 gelden de artikelen 383*c* tot en met 383*e* voor de naamloze vennootschap, met uitzondering van de naamloze vennootschap waarvan de statuten uitsluitend aandelen op naam kennen, een blokkeringsregeling bevatten en niet toelaten dat met medewerking van de vennootschap certificaten aan toonder worden uitgegeven.

Art. 383c

Opgave bedrag bezoldiging

– 1. De vennootschap doet opgave van het bedrag van de bezoldiging voor iedere bestuurder. Dit bedrag wordt uitgesplitst naar
a. periodiek betaalde beloningen,
b. beloningen betaalbaar op termijn,
c. uitkeringen bij beëindiging van het dienstverband,
d. winstdelingen en bonusbetalingen, voor zover deze bedragen in het boekjaar ten laste van de vennootschap zijn gekomen.
Indien de vennootschap een bezoldiging in de vorm van bonus heeft betaald die geheel of gedeeltelijk is gebaseerd op het bereiken van de door of vanwege de vennootschap gestelde doe-

len, doet zij hiervan mededeling. Daarbij vermeldt de vennootschap of deze doelen in het verslagjaar zijn bereikt.

– 2. De vennootschap doet opgave van het bedrag van de bezoldiging voor iedere gewezen bestuurder, uitgesplitst naar beloningen betaalbaar op termijn en uitkeringen bij beëindiging van het dienstverband, voor zover deze bedragen in het boekjaar ten laste van de vennootschap zijn gekomen.

– 3. De vennootschap doet opgave van het bedrag van de bezoldiging voor iedere commissaris, voor zover deze bedragen in het boekjaar ten laste van de vennootschap zijn gekomen. Indien de vennootschap een bezoldiging in de vorm van winstdeling of bonus heeft toegekend, vermeldt zij deze afzonderlijk onder opgave van de redenen die ten grondslag liggen aan het besluit tot het toekennen van bezoldiging in deze vorm aan een commissaris. De laatste twee volzinnen van lid 1 zijn van overeenkomstige toepassing.

– 4. De vennootschap doet opgave van het bedrag van de bezoldiging van iedere gewezen commissaris, voor zover dit bedrag in het boekjaar ten laste van de vennootschap is gekomen.

– 5. Indien de vennootschap dochtermaatschappijen heeft of de financiële gegevens van andere maatschappijen consolideert, worden de bedragen die in het boekjaar te hunnen laste zijn gekomen, in de opgaven begrepen, toegerekend naar de betreffende categorie van bezoldiging bedoeld in de leden 1 tot en met 4.

Art. 383d

Opgave prijs aandelen

– 1. De vennootschap die bestuurders of werknemers rechten toekent om aandelen in het kapitaal van de vennootschap of een dochtermaatschappij te nemen of te verkrijgen, doet voor iedere bestuurder en voor de werknemers gezamenlijk opgave van:

a. de uitoefenprijs van de rechten en de prijs van de onderliggende aandelen in het kapitaal van de vennootschap indien die uitoefenprijs lager ligt dan de prijs van die aandelen op het moment van toekenning van de rechten;

b. het aantal aan het begin van het boekjaar nog niet uitgeoefende rechten;

c. het aantal door de vennootschap in het boekjaar verleende rechten met de daarbij behorende voorwaarden; indien dergelijke voorwaarden gedurende het boekjaar worden gewijzigd, dienen deze wijzigingen afzonderlijk te worden vermeld;

d. het aantal gedurende het boekjaar uitgeoefende rechten, waarbij in ieder geval worden vermeld het bij die uitoefening behorende aantal aandelen en de uitoefenprijzen;

e. het aantal aan het einde van het boekjaar nog niet uitgeoefende rechten, waarbij worden vermeld:

– de uitoefenprijs van de verleende rechten;

– de resterende looptijd van de nog niet uitgeoefende rechten;

– de belangrijkste voorwaarden die voor uitoefening van de rechten gelden;

– een financieringsregeling die in verband met de toekenning van de rechten is getroffen; en andere gegevens die voor de beoordeling van de waarde van de rechten van belang zijn;

f. indien van toepassing: de door de vennootschap gehanteerde criteria die gelden voor de toekenning of uitoefening van de rechten.

– 2. De vennootschap die commissarissen rechten toekent om aandelen in het kapitaal van de vennootschap of een dochtermaatschappij te verkrijgen, doet voorts voor iedere commissaris opgave van deze rechten, alsmede van de redenen die ten grondslag liggen aan het besluit tot het toekennen van deze rechten aan de commissaris. Lid 1 is van overeenkomstige toepassing.

– 3. De vennootschap vermeldt hoeveel aandelen in het kapitaal van de vennootschap per balansdatum zijn ingekocht of na balansdatum zullen worden ingekocht dan wel hoeveel nieuwe aandelen per balansdatum zijn geplaatst of na balansdatum zullen worden geplaatst ten behoeve van de uitoefening van de rechten bedoeld in lid 1 en lid 2.

– 4. Voor de toepassing van dit artikel wordt onder aandelen tevens verstaan de certificaten van aandelen welke met medewerking van de vennootschap zijn uitgegeven.

Art. 383e

Opgave bedrag leningen

De vennootschap doet opgave van het bedrag van de leningen, voorschotten en garanties, ten behoeve van iedere bestuurder en iedere commissaris van de vennootschap verstrekt door de vennootschap, haar dochtermaatschappijen en de maatschappijen waarvan zij de gegevens consolideert. Opgegeven worden de nog openstaande bedragen, de rentevoet, de belangrijkste overige bepalingen, en de aflossingen gedurende het boekjaar.

AFDELING 6

Voorschriften omtrent de grondslagen van waardering en van bepaling van het resultaat

Art. 384

Waardering activa en passiva

– 1. Bij de keuze van een grondslag voor de waardering van een actief en van een passief en voor de bepaling van het resultaat laat de rechtspersoon zich leiden door de voorschriften van artikel 362 leden 1-4. Als grondslag komen in aanmerking de verkrijgings- of vervaardigingsprijs en de actuele waarde. (BW 2:366, 367, 369, 388)

– 2. Bij de toepassing van de grondslagen wordt voorzichtigheid betracht. Winsten worden slechts opgenomen, voor zover zij op de balansdatum zijn verwezenlijkt. Verplichtingen die hun oorsprong vinden vóór het einde van het boekjaar, worden in acht genomen, indien zij vóór het opmaken van de jaarrekening zijn bekend geworden. Voorzienbare verplichtingen en mogelijke verliezen die hun oorsprong vinden vóór het einde van het boekjaar kunnen in acht worden genomen indien zij vóór het opmaken van de jaarrekening bekend zijn geworden.

– 3. Bij de waardering van activa en passiva wordt uitgegaan van de veronderstelling dat het geheel der werkzaamheden van de rechtspersoon waaraan die activa en passiva dienstbaar zijn, wordt voortgezet, tenzij die veronderstelling onjuist is of haar juistheid aan gerede twijfel onderhevig is; alsdan wordt dit onder mededeling van de invloed op vermogen en resultaat in de toelichting uiteengezet.

– 4. Bij algemene maatregel van bestuur kunnen regels worden gesteld omtrent de inhoud, de grenzen en de wijze van toepassing van waardering tegen actuele waarden.

– 5. De grondslagen van de waardering van de activa en de passiva en de bepaling van het resultaat worden met betrekking tot elk der posten uiteengezet. De grondslagen voor de omrekening van in vreemde valuta luidende bedragen worden uiteengezet; tevens wordt vermeld op welke wijze koersverschillen zijn verwerkt.

– 6. Slechts wegens gegronde redenen mogen de waardering van activa en passiva en de bepaling van het resultaat geschieden op andere grondslagen dan die welke in het voorafgaande boekjaar zijn toegepast. De reden der verandering wordt in de toelichting uiteengezet. Tevens wordt inzicht gegeven in haar betekenis voor vermogen en resultaat, aan de hand van aangepaste cijfers voor het boekjaar of voor het voorafgaande boekjaar. (BW 2:362, 377, 385 v.)

– 7. Waardeveranderingen van:
a. financiële instrumenten;
b. andere beleggingen; en
c. agrarische voorraden waarvoor frequente marktnoteringen bestaan die op grond van lid 1 tegen de actuele waarde worden gewaardeerd,
kunnen in afwijking van de tweede zin van lid 2 onmiddellijk in het resultaat worden opgenomen, tenzij in deze afdeling anders is bepaald. Waardeveranderingen van afgeleide financiële instrumenten, voorzover niet bedoeld in lid 8, worden, zo nodig in afwijking van lid 2, onmiddellijk ten gunste of ten laste van het resultaat gebracht.

– 8. Waardeveranderingen van financiële instrumenten die dienen en effectief zijn ter dekking van risico's inzake activa, activa in bestelling en andere nog niet op de balans opgenomen verplichtingen, dan wel inzake voorgenomen transacties worden rechtstreeks ten gunste dan wel ten laste van de herwaarderingsreserve gebracht, voor zover dat noodzakelijk is om te bereiken dat deze waardeveranderingen in dezelfde periode in het resultaat worden verwerkt als de waardeveranderingen die zij beogen af te dekken.

Art. 385

Afzonderlijke waardering

– 1. De activa en passiva worden, voor zover zij in hun betekenis voor het in artikel 362 lid 1 bedoelde inzicht verschillen, afzonderlijk gewaardeerd.

– 2. De waardering van gelijksoortige bestanddelen van voorraden en effecten mag geschieden met toepassing van gewogen gemiddelde prijzen, van de regels 'eerst-in, eerst-uit' (Fifo), 'laatst-in, eerst-uit' (Lifo), of van soortgelijke regels. (BW 2:367, 369, 371)

– 3. Materiële vaste activa en voorraden van grond- en hulpstoffen die geregeld worden vervangen en waarvan de gezamenlijke waarde van ondergeschikte betekenis is, mogen tegen een vaste hoeveelheid en waarde worden opgenomen, indien de hoeveelheid, samenstelling en waarde slechts aan geringe veranderingen onderhevig zijn. (BW 2:366, 369)

– 4. De in artikel 365 lid 1 onder *d* en *e* genoemde activa worden opgenomen tot ten hoogste de daarvoor gedane uitgaven, verminderd met de afschrijvingen.

– 5. Eigen aandelen of certificaten daarvan die de rechtspersoon houdt of doet houden, mogen niet worden geactiveerd. De aan het belang in een dochtermaatschappij toegekende waarde wordt, al dan niet evenredig aan het belang, verminderd met de verkrijgingsprijs van aandelen in de rechtspersoon en van certificaten daarvan, die de dochtermaatschappij voor eigen rekening houdt of doet houden; heeft zij deze aandelen of certificaten verkregen voor het tijdstip waarop zij dochtermaatschappij werd, dan komt evenwel hun boekwaarde op dat tijdstip in mindering of een evenredig deel daarvan. (BW 2:24*a*, 98-98*d*, 207*d*, 373)

Art. 386

Afschrijvingen

– 1. De afschrijvingen geschieden onafhankelijk van het resultaat van het boekjaar.

– 2. De methoden volgens welke de afschrijvingen zijn berekend, worden in de toelichting uiteengezet.

– 3. De geactiveerde kosten in verband met de oprichting en met de uitgifte van aandelen

worden afgeschreven in ten hoogste vijf jaren. De kosten van onderzoek en ontwikkeling voor zover geactiveerd en de geactiveerde kosten van goodwill worden afgeschreven naar gelang van de verwachte gebruiksduur. De afschrijvingsduur mag vijf jaren slechts te boven gaan, indien de goodwill aan een aanzienlijk langer tijdvak kan worden toegerekend; alsdan moet de afschrijvingsduur met de redenen hiervoor worden opgegeven. (BW 2:365 lid 1 sub *a* sub *a*, 365 lid 1 sub *d*)
– 4. Op vaste activa met beperkte gebruiksduur wordt jaarlijks afgeschreven volgens een stelsel dat op de verwachte toekomstige gebruiksduur is afgestemd. (BW 2:364)
– 5. Op het overeenkomstig artikel 375 lid 5 geactiveerde deel van een schuld wordt tot de aflossing jaarlijks een redelijk deel afgeschreven. (BW 2:387)

Art. 387

Waardeverminderingen

– 1. Waardeverminderingen van activa worden onafhankelijk van het resultaat van het boekjaar in aanmerking genomen.
– 2. Vlottende activa worden gewaardeerd tegen actuele waarde, indien deze op de balansdatum lager is dan de verkrijgings- of vervaardigingsprijs. De waardering geschiedt tegen een andere lagere waarde, indien het in artikel 362 lid 1 bedoelde inzicht daardoor wordt gediend.
– 3. Indien redelijkerwijs een buitengewone waardevermindering van vlottende activa op korte termijn valt te voorzien, mag bij de waardering hiermede rekening worden gehouden.
– 4. Bij de waardering van de vaste activa wordt rekening gehouden met een vermindering van hun waarde, indien deze naar verwachting duurzaam is. Bij de waardering van de financiele vaste activa mag in ieder geval met op de balansdatum opgetreden waardevermindering rekening worden gehouden.
– 5. De afboeking overeenkomstig de voorgaande leden wordt, voor zover zij niet krachtens artikel 390 lid 3 aan de herwaarderingsreserve wordt onttrokken, ten laste van de winst- en verliesrekening gebracht. De afboeking wordt ongedaan gemaakt, zodra de waardevermindering heeft opgehouden te bestaan. De afboekingen ingevolge lid 3 en die ingevolge lid 4, alsmede de terugnemingen, worden afzonderlijk in de winst- en verliesrekening of in de toelichting opgenomen. (BW art. 2:364, 377 lid 3 sub *i*)

Art. 388

Verkrijgingsprijs; vervaardigingsprijs

– 1. De verkrijgingsprijs waartegen een actief wordt gewaardeerd, omvat de inkoopprijs en de bijkomende kosten.
– 2. De vervaardigingsprijs waartegen een actief wordt gewaardeerd, omvat de aanschaffingskosten van de gebruikte grond- en hulpstoffen en de overige kosten, welke rechtstreeks aan de vervaardiging kunnen worden toegerekend. In de vervaardigingsprijs kunnen voorts worden opgenomen een redelijk deel van de indirecte kosten en de rente op schulden over het tijdvak dat aan de vervaardiging van het actief kan worden toegerekend; in dat geval vermeldt de toelichting dat deze rente is geactiveerd.

Art. 389

Waardering van deelnemingen

– 1. De deelnemingen in maatschappijen waarin de rechtspersoon invloed van betekenis uitoefent op het zakelijke en financiële beleid, worden verantwoord overeenkomstig de leden 2 en 3. Indien de rechtspersoon of een of meer van zijn dochtermaatschappijen alleen of samen een vijfde of meer van de stemmen van de leden, vennoten of aandeelhouders naar eigen inzicht kunnen uitbrengen of doen uitbrengen, wordt vermoed dat de rechtspersoon invloed van betekenis uitoefent. (BW 2:24*a*, 24*d*)
– 2. De rechtspersoon bepaalt de netto-vermogenswaarde van de deelneming door de activa, voorzieningen en schulden van de maatschappij waarin hij deelneemt te waarderen en haar resultaat te berekenen op de zelfde grondslagen als zijn eigen activa, voorzieningen, schulden en resultaat. Deze wijze van waardering moet worden vermeld.
– 3. Wanneer de rechtspersoon onvoldoende gegevens ter beschikking staan om de netto-vermogenswaarde te bepalen, mag hij uitgaan van een waarde die op andere wijze overeenkomstig deze titel is bepaald en wijzigt hij deze waarde met het bedrag van zijn aandeel in het resultaat en in de uitkeringen van de maatschappij waarin hij deelneemt. Deze wijze van waardering moet worden vermeld.
– 4. In de jaarrekening van een rechtspersoon die geen bank is als bedoeld in artikel 415 mag de verantwoording van een deelneming in een bank overeenkomstig afdeling 14 van deze titel geschieden. In de jaarrekening van een bank als bedoeld in artikel 415 wordt een deelneming in een rechtspersoon die geen bank is, verantwoord overeenkomstig de voorschriften voor banken met uitzondering van artikel 424 en onverminderd de eerste zin van lid 5.
Deze uitzondering behoeft niet te worden toegepast ten aanzien van deelnemingen, waarin werkzaamheden worden verricht, die rechtstreeks liggen in het verlengde van het bankbedrijf.
– 5. In de jaarrekening van een rechtspersoon die geen verzekeringsmaatschappij is als bedoeld in artikel 427 mag de verantwoording van een deelneming in een verzekeringsmaatschappij overeenkomstig afdeling 15 van deze titel geschieden. In de jaarrekening van een

verzekeringsmaatschappij als bedoeld in artikel 427 wordt een deelneming in een rechtspersoon die geen verzekeringsmaatschappij is, verantwoord overeenkomstig de voorschriften voor verzekeringsmaatschappijen, onverminderd de eerste zin van lid 4 van dit artikel.

– 6. De rechtspersoon houdt een reserve aan ter hoogte van zijn aandeel in het positieve resultaat uit deelnemingen en in rechtstreekse vermogensvermeerderingen sedert de eerste waardering overeenkomstig lid 2 of lid 3. Deelnemingen waarvan het cumulatief resultaat sedert die eerste waardering niet positief is, worden daarbij niet in aanmerking genomen. De reserve wordt verminderd met de uitkeringen waarop de rechtspersoon sedertdien tot het moment van het vaststellen van de jaarrekening recht heeft verkregen, alsmede met rechtstreekse vermogensverminderingen bij de deelneming; uitkeringen die hij zonder beperkingen kan bewerkstelligen, worden eveneens in mindering gebracht. Deze reserve kan in kapitaal worden omgezet. Onder de in dit lid bedoelde uitkeringen worden niet begrepen uitkeringen in aandelen.

– 7. Indien de waarde bij de eerste waardering overeenkomstig lid 2 of lid 3 lager is dan de verkrijgingsprijs of de voorafgaande boekwaarde van de deelneming, wordt het verschil zichtbaar ten laste van de winst- en verliesrekening of van het eigen vermogen gebracht, dan wel als goodwill geactiveerd. Voor deze berekening wordt ook de verkrijgingsprijs verminderd overeenkomstig artikel 385 lid 5.

– 8. Waardevermeerderingen of waardeverminderingen van deelnemingen wegens omrekening van het daarin geïnvesteerde vermogen en het resultaat vanuit de valuta van de deelneming naar de valuta waarin de rechtspersoon zijn jaarrekening opmaakt, komen ten gunste respectievelijk ten laste van een reserve omrekeningsverschillen. Valutakoersverschillen op leningen aangegaan ter dekking van valutakoersrisico van buitenlandse deelnemingen, komen eveneens ten gunste respectievelijk ten laste van deze reserve. De reserve kan een negatief saldo hebben. Bij gehele of gedeeltelijke vervreemding van het belang in de desbetreffende deelneming wordt het gedeelte van de reserve dat op het vervreemde deel van die deelneming betrekking heeft aan deze reserve onttrokken. Indien de reserve omrekeningsverschillen een negatief saldo heeft, kunnen ter hoogte van dit saldo geen uitkeringen worden gedaan ten laste van de reserves. (BW 2:373 lid 1 sub *c*)

– 9. Wegens in de toelichting te vermelden gegronde redenen mag worden afgeweken van toepassing van lid 1. (BW 2:384, 426, 445)

– 10. Verschillen in het eigen vermogen en het resultaat volgens de enkelvoudige jaarrekening en volgens de geconsolideerde jaarrekening van de rechtspersoon worden in de toelichting bij de enkelvoudige jaarrekening vermeld.

Art. 390

Herwaarderingsreserve

– 1. Waardevermeerderingen van materiële vaste activa, immateriële vaste activa en voorraden die geen agrarische voorraden zijn, worden opgenomen in een herwaarderingsreserve. Waardevermeerderingen van andere activa die tegen actuele waarde worden gewaardeerd, worden opgenomen in een herwaarderingsreserve, tenzij ze krachtens artikel 384 ten gunste van het resultaat worden gebracht. Voorts vormt de rechtspersoon een herwaarderingsreserve ten laste van de vrije reserves of uit het resultaat van het boekjaar, voor zover in het boekjaar waardevermeerderingen van activa die op de balansdatum nog aanwezig zijn, ten gunste van het resultaat van het boekjaar zijn gebracht. Een herwaarderingsreserve wordt niet gevormd voor activa bedoeld in de vorige zin waarvoor frequente marktnoteringen bestaan. Ter hoogte van het bedrag van ten laste van de herwaarderingsreserve gebrachte uitgestelde verliezen op financiële instrumenten als bedoeld in artikel 384 lid 8, kunnen geen uitkeringen ten laste van de reserves worden gedaan. De herwaarderingsreserve kan worden verminderd met latente belastingverplichtingen met betrekking tot activa die zijn geherwaardeerd op een hoger bedrag.

– 2. De herwaarderingsreserve kan in kapitaal worden omgezet.

– 3. De herwaarderingsreserve is niet hoger dan het verschil tussen de boekwaarde op basis van de verkrijgings- of vervaardigingsprijs en de boekwaarde op basis van de bij de waardering gehanteerde actuele waarde van de activa waarop de herwaarderingsreserve betrekking heeft. Deze reserve wordt verminderd met het uit hoofde van een bepaald actief in de reserve opgenomen bedrag als het desbetreffende actief wordt vervreemd. Een waardevermindering van een activum, gewaardeerd tegen actuele waarde, wordt ten laste van de herwaarderingsreserve gebracht voor zover dit activum hieraan voorafgaande ten gunste van de herwaarderingsreserve is opgewaardeerd.

– 4. De verminderingen van de herwaarderingsreserve die ten gunste van de winst- en verliesrekening worden gebracht, worden in een afzonderlijke post opgenomen.

– 5. In de toelichting wordt uiteengezet, of en op welke wijze in samenhang met de herwaardering rekening wordt gehouden met de invloed van belastingen op vermogen en resultaat. (BW 2:58 lid 4, 104, 215, 368 lid 1 sub *c*, 373 lid 1 sub *c*, 374 lid 4, 389)

AFDELING 7
Jaarverslag

Art. 391

Getrouw beeld

– 1. Het jaarverslag geeft een getrouw beeld van de toestand op de balansdatum, de ontwikkeling gedurende het boekjaar en de resultaten van de rechtspersoon en van de groepsmaatschappijen waarvan de financiële gegevens in zijn jaarrekening zijn opgenomen. Het jaarverslag bevat, in overeenstemming met de omvang en de complexiteit van de rechtspersoon en groepsmaatschappijen, een evenwichtige en volledige analyse van de toestand op de balansdatum, de ontwikkeling gedurende het boekjaar en de resultaten. Indien noodzakelijk voor een goed begrip van de ontwikkeling, de resultaten of de positie van de rechtspersoon en groepsmaatschappijen, omvat de analyse zowel financiële als niet-financiële prestatie-indicatoren, met inbegrip van milieu- en personeelsaangelegenheden. Het jaarverslag geeft tevens een beschrijving van de voornaamste risico's en onzekerheden waarmee de rechtspersoon wordt geconfronteerd. Het jaarverslag wordt in de Nederlandse taal gesteld, tenzij de algemene vergadering tot het gebruik van een andere taal heeft besloten. (BW 2:24*b*, 362 lid 7, 405, 406)

– 2. In het jaarverslag worden mededelingen gedaan omtrent de verwachte gang van zaken; daarbij wordt, voor zover gewichtige belangen zich hiertegen niet verzetten, in het bijzonder aandacht besteed aan de investeringen, de financiering en de personeelsbezetting en aan de omstandigheden waarvan de ontwikkeling van de omzet en van de rentabiliteit afhankelijk is. Mededelingen worden gedaan omtrent de werkzaamheden op het gebied van onderzoek en ontwikkeling. Vermeld wordt hoe bijzondere gebeurtenissen waarmee in de jaarrekening geen rekening behoeft te worden gehouden, de verwachtingen hebben beïnvloed. De naamloze vennootschap waarop artikel 383*b* van toepassing is, doet voorts mededeling van het beleid van de vennootschap aangaande de bezoldiging van haar bestuurders en commissarissen en de wijze waarop dit beleid in het verslagjaar in de praktijk is gebracht.

– 3. Ten aanzien van het gebruik van financiële instrumenten door de rechtspersoon en voor zover zulks van betekenis is voor de beoordeling van zijn activa, passiva, financiële toestand en resultaat, worden de doelstellingen en het beleid van de rechtspersoon inzake risicobeheer vermeld. Daarbij wordt aandacht besteed aan het beleid inzake de afdekking van risico's verbonden aan alle belangrijke soorten voorgenomen transacties. Voorts wordt aandacht besteed aan de door de rechtspersoon gelopen prijs-, krediet-, liquiditeits- en kasstroomrisico's.

– 4. Het jaarverslag mag niet in strijd zijn met de jaarrekening. Indien het verschaffen van het in lid 1 bedoelde overzicht dit vereist, bevat het jaarverslag verwijzingen naar en aanvullende uitleg over posten in de jaarrekening.

– 5. Bij algemene maatregel van bestuur kunnen nadere voorschriften worden gesteld omtrent de inhoud van het jaarverslag. Deze voorschriften kunnen in het bijzonder betrekking hebben op naleving van een in de algemene maatregel van bestuur aan te wijzen gedragscode en op de inhoud, de openbaarmaking en het accountantsonderzoek van een verklaring inzake corporate governance. (BW 2:58, 101, 139, 210, 249, 362 e.v., 392, 399 lid 6; WOR 31*a*)

– 6. De voordracht voor een krachtens lid 5 vast te stellen algemene maatregel van bestuur wordt niet eerder gedaan dan vier weken nadat het ontwerp aan beide kamers der Staten-Generaal is overgelegd.

AFDELING 8
Overige gegevens

Art. 392

Aanvullende gegevens

– 1. Het bestuur voegt de volgende gegevens toe aan de jaarrekening en het jaarverslag:
a. de accountantsverklaring, bedoeld in artikel 393 lid 5 of een mededeling waarom deze ontbreekt; (Rv 999)
b. een weergave van de statutaire regeling omtrent de bestemming van de winst;
c. een opgave van de bestemming van de winst of de verwerking van het verlies, of, zolang deze niet vaststaat, het voorstel daartoe;
d. een weergave van de statutaire regeling omtrent de bijdrage in een tekort van een coöperatie of onderlinge waarborgmaatschappij, voor zover deze van de wettelijke bepalingen afwijkt; (BW 2:53, 55, 56)
e. een lijst van namen van degenen aan wie een bijzonder statutair recht inzake de zeggenschap in de rechtspersoon toekomt, met een omschrijving van de aard van dat recht, tenzij omtrent deze gegevens mededeling is gedaan in het jaarverslag op grond van artikel 391 lid 5;
f. een opgave van het aantal winstbewijzen en soortgelijke rechten met vermelding van de bevoegdheden die zij geven;
g. een opgave van de gebeurtenissen na de balansdatum met belangrijke financiële gevolgen voor de rechtspersoon en de in zijn geconsolideerde jaarrekening betrokken maatschappijen

tezamen, onder mededeling van de omvang van die gevolgen. (BW 2:362 lid 6, 391 lid 2, 405, 406)
h. opgave van het bestaan van nevenvestigingen en van de landen waar nevenvestigingen zijn, alsmede van hun handelsnaam indien deze afwijkt van die van de rechtspersoon.
– 2. De gegevens mogen niet in strijd zijn met de jaarrekening en met het jaarverslag. (BW 2:361 e.v., 391)
– 3. Is een recht als bedoeld in lid 1 onder *e* in een aandeel belichaamd, dan wordt vermeld hoeveel zodanige aandelen elk der rechthebbenden houdt. Komt een zodanig recht aan een vennootschap, vereniging, coöperatie, onderlinge waarborgmaatschappij of stichting toe, dan worden tevens de namen van de bestuurders daarvan medegedeeld.
– 4. Het bepaalde in lid 1 onder *e* en in lid 3 is niet van toepassing, voor zover Onze Minister van Economische Zaken desverzocht aan de rechtspersoon wegens gewichtige redenen ontheffing heeft verleend; deze ontheffing kan telkens voor ten hoogste vijf jaren worden verleend. Geen ontheffing kan worden verleend van het bepaalde in lid 1 onder *e* wanneer omtrent deze gegevens mededeling moet worden gedaan in het jaarverslag op grond van artikel 391 lid 5. (BW 2:403; WOR 31*a*; Rv 999 e.v.)
– 5. Het bestuur van een stichting of een vereniging als bedoeld in artikel 360 lid 3 behoeft de gegevens, bedoeld in lid 1, onder *b* en *c*, niet aan de jaarrekening en het jaarverslag toe te voegen. (BW 2:49, 50, 300, 383*a*)

AFDELING 9
Deskundigenonderzoek

Art. 393

Accountantsonderzoek

– 1. De rechtspersoon verleent opdracht tot onderzoek van de jaarrekening aan een registeraccountant of aan een Accountant-Administratieconsulent ten aanzien van wie bij de inschrijving in het in artikel 36, eerste lid, van de Wet op de Accountants-Administratieconsulenten bedoelde register een aantekening is geplaatst als bedoeld in artikel 36, derde lid, van die wet. De opdracht kan worden verleend aan een organisatie waarin accountants die mogen worden aangewezen, samenwerken. (BW 2:72 lid 1, 94*a* lid 2, 204*a* lid 2; WED 1 sub 4°)
– 2. Tot het verlenen van de opdracht is de algemene vergadering van leden of aandeelhouders bevoegd. Gaat deze daartoe niet over, dan is de raad van commissarissen bevoegd of, zo deze ontbreekt of in gebreke blijft, het bestuur. De aanwijzing van een accountant wordt door generlei voordracht beperkt. De opdracht kan worden ingetrokken door de algemene vergadering en door degene die haar heeft verleend; de door het bestuur verleende opdracht kan bovendien door de raad van commissarissen worden ingetrokken. De opdracht kan enkel worden ingetrokken om gegronde redenen; daartoe behoort niet een meningsverschil over methoden van verslaggeving of controlewerkzaamheden. De algemene vergadering hoort de accountant op diens verlangen omtrent de intrekking van een hem verleende opdracht of omtrent het hem kenbaar gemaakte voornemen daartoe. Het bestuur en de accountant stellen de Stichting Autoriteit Financiële Markten onverwijld in kennis van de intrekking van de opdracht door de rechtspersoon of tussentijdse beëindiging ervan door de accountant en geven hiervoor een afdoende motivering. (BW 2:107, 129, 140, 153, 217, 239, 250)
– 3. De accountant onderzoekt of de jaarrekening het in artikel 362 lid 1 vereiste inzicht geeft. Hij gaat voorts na, of de jaarrekening aan de bij en krachtens de wet gestelde voorschriften voldoet, of het jaarverslag, voor zover hij dat kan beoordelen, overeenkomstig deze titel is opgesteld en met de jaarrekening verenigbaar is, en of de in artikel 392 lid 1, onderdelen b tot en met g vereiste gegevens zijn toegevoegd.
– 4. De accountant brengt omtrent zijn onderzoek verslag uit aan de raad van commissarissen en aan het bestuur. Hij maakt daarbij ten minste melding van zijn bevindingen met betrekking tot de betrouwbaarheid en continuïteit van de geautomatiseerde gegevensverwerking.
– 5. De accountant geeft de uitslag van zijn onderzoek weer in een verklaring omtrent de getrouwheid van de jaarrekening. De accountant kan een afzonderlijke verklaring afgeven voor de enkelvoudige jaarrekening en voor de geconsolideerde jaarrekening. De accountantsverklaring omvat ten minste:
a. een vermelding op welke jaarrekening het onderzoek betrekking heeft en welke wettelijke voorschriften op de jaarrekening toepasselijk zijn;
b. een beschrijving van de reikwijdte van het onderzoek, waarin ten minste wordt vermeld welke richtlijnen voor de accountantscontrole in acht zijn genomen;
c. een oordeel of de jaarrekening het vereiste inzicht geeft en aan de bij en krachtens de wet gestelde regels voldoet;
d. een verwijzing naar bepaalde zaken waarop de accountant in het bijzonder de aandacht vestigt, zonder een verklaring als bedoeld in lid 6, onderdeel b, af te geven;
e. een vermelding van de gebleken tekortkomingen naar aanleiding van het onderzoek over-

eenkomstig lid 3 of het jaarverslag overeenkomstig deze titel is opgesteld en of de in artikel 392 lid 1, onder b tot en met g, vereiste gegevens zijn toegevoegd.
f. een oordeel over de verenigbaarheid van het jaarverslag met de jaarrekening.
– 6. De accountantsverklaring, bedoeld in lid 5, heeft de vorm van:
a. een goedkeurende verklaring;
b. een verklaring met beperking;
c. een afkeurende verklaring; of
d. een verklaring van oordeelonthouding.
De accountant ondertekent en dagtekent de accountantsverklaring.
– 7. De jaarrekening kan niet worden vastgesteld, indien het daartoe bevoegde orgaan geen kennis heeft kunnen nemen van de verklaring van de accountant, die aan de jaarrekening moest zijn toegevoegd, tenzij onder de overige gegevens een wettige grond wordt medegedeeld waarom de verklaring ontbreekt. (BW 2:361 e.v., 392, 396 lid 6, 403; Rv 999 e.v.)
– 8. Iedere belanghebbende kan van de rechtspersoon nakoming van de in lid 1 omschreven verplichting vorderen.

AFDELING 10
Openbaarmaking

Art. 394

Termijn openbaarmaking

– 1. De rechtspersoon is verplicht tot openbaarmaking van de jaarrekening binnen acht dagen na de vaststelling. De openbaarmaking geschiedt door nederlegging van een volledig in de Nederlandse taal gesteld exemplaar of, als dat niet is vervaardigd, een exemplaar in het Frans, Duits of Engels, ten kantore van het handelsregister dat wordt gehouden door de Kamer van Koophandel en Fabrieken die overeenkomstig artikel 18, zesde en zevende lid, van de Handelsregisterwet 2007 bevoegd is tot inschrijving. Op het exemplaar moet de dag van vaststelling en goedkeuring zijn aangetekend.
– 2. Is de jaarrekening niet binnen twee maanden na afloop van de voor het opmaken voorgeschreven termijn overeenkomstig de wettelijke voorschriften vastgesteld, dan maakt het bestuur onverwijld de opgemaakte jaarrekening op de in lid 1 voorgeschreven wijze openbaar; op de jaarrekening wordt vermeld dat zij nog niet is vastgesteld. Binnen twee maanden na gerechtelijke vernietiging van een jaarrekening moet de rechtspersoon een afschrift van de in de uitspraak opgenomen bevelen met betrekking tot de jaarrekening neerleggen ten kantore van het handelsregister, met vermelding van de uitspraak. (BW 2:58, 101, 210; Rv 1002)
– 3. Uiterlijk dertien maanden na afloop van het boekjaar moet de rechtspersoon de jaarrekening op de in lid 1 voorgeschreven wijze openbaar hebben gemaakt.
– 4. Gelijktijdig met en op dezelfde wijze als de jaarrekening wordt een in de zelfde taal of in het Nederlands gesteld exemplaar van het jaarverslag en van de overige in artikel 392 bedoelde gegevens openbaar gemaakt. Het voorafgaande geldt, behalve voor de in artikel 392 lid 1 onder *a, c, f* en *g* genoemde gegevens, niet, indien de stukken ten kantore van de rechtspersoon ter inzage van een ieder worden gehouden en op verzoek een volledig of gedeeltelijk afschrift daarvan ten hoogste tegen de kostprijs wordt verstrekt; hiervan doet de rechtspersoon opgaaf ter inschrijving in het handelsregister.
– 5. De vorige leden gelden niet, indien Onze Minister van Economische Zaken de in artikel 58, artikel 101 of artikel 210 genoemde ontheffing heeft verleend; alsdan wordt een afschrift van die ontheffing ten kantore van het handelsregister nedergelegd.
– 6. De in de vorige leden bedoelde bescheiden worden gedurende zeven jaren bewaard. De Kamer van Koophandel en Fabrieken mag de op deze bescheiden geplaatste gegevens overbrengen op andere gegevensdragers, die zij in hun plaats in het handelsregister bewaart, mits die overbrenging geschiedt met juiste en volledige weergave der gegevens en deze gegevens gedurende de volledige bewaartijd beschikbaar zijn en binnen redelijke tijd leesbaar kunnen worden gemaakt.
– 7. Iedere belanghebbende kan van de rechtspersoon nakoming van de in de leden 1-5 omschreven verplichtingen vorderen. (BW 2:138 lid 2, 248 lid 2, 362, 391, 392, 395, 396 lid 7, 403 lid 3; Rv 1001; WED 1 sub 4°)
– 8. Een vennootschap waarvan effecten zijn toegelaten tot de handel op een gereglementeerde markt als bedoeld in de Wet op het financieel toezicht wordt geacht te hebben voldaan aan:
a. lid 1, indien zij de vastgestelde jaarrekening op grond van artikel 5:25o, eerste lid, van die wet heeft toegezonden aan de Stichting Autoriteit Financiële Markten;
b. lid 2, eerste volzin, indien zij mededeling heeft gedaan op grond van artikel 5:25o, tweede lid, van die wet aan de Stichting Autoriteit Financiële Markten;
c. vierde lid, eerste volzin, indien zij het jaarverslag en de overige in artikel 392 bedoelde ge-

gevens op grond van artikel 5:25o, vierde lid, van de Wet op het financieel toezicht heeft toegezonden aan de Stichting Autoriteit Financiële Markten.

Art. 395

Andere wijze van openbaarmaking

– 1. Wordt de jaarrekening op andere wijze dan ingevolge het vorige artikel openbaar gemaakt, dan wordt daaraan in ieder geval de in artikel 393 lid 5 bedoelde accountantsverklaring toegevoegd. Voor de toepassing van de vorige zin geldt als de jaarrekening van een rechtspersoon waarop artikel 397 van toepassing is, mede de jaarrekening in de vorm waarin zij ingevolge dat artikel openbaar mag worden gemaakt. Is de verklaring niet afgelegd, dan wordt de reden daarvan vermeld.

– 2. Wordt slechts de balans of de winst- en verliesrekening, al dan niet met toelichting, of wordt de jaarrekening in beknopte vorm op andere wijze dan ingevolge het vorige artikel openbaar gemaakt, dan wordt dit ondubbelzinnig vermeld onder verwijzing naar de openbaarmaking krachtens wettelijk voorschrift, of, zo deze niet is geschied, onder mededeling van dit feit. De in artikel 393 lid 5 bedoelde accountantsverklaring mag alsdan niet worden toegevoegd. Bij de openbaarmaking wordt medegedeeld of de accountant deze verklaring heeft afgelegd. Is de verklaring afgelegd, dan wordt vermeld welke strekking als bedoeld in artikel 393 lid 6 de accountantsverklaring heeft en wordt tevens vermeld of de accountant in de verklaring in het bijzonder de aandacht heeft gevestigd op bepaalde zaken, zonder een verklaring als bedoeld in artikel 393 lid 6, onderdeel *b*, af te geven. Is de verklaring niet afgelegd, dan wordt de reden daarvan vermeld.

– 3. Is de jaarrekening nog niet vastgesteld, dan wordt dit bij de in lid 1 en lid 2 bedoelde stukken vermeld. Indien een mededeling als bedoeld in de laatste zin van artikel 362 lid 6 is gedaan, wordt dit eveneens vermeld. (BW 2:394; WED 1 sub 4°)

AFDELING 11

Vrijstellingen op grond van de omvang van het bedrijf van de rechtspersoon

Art. 396

Vrijstelling publicatieplicht

– 1. De leden 3 tot en met 9 gelden voor een rechtspersoon die op twee opeenvolgende balansdata, zonder onderbreking nadien op twee opeenvolgende balansdata, heeft voldaan aan twee of drie van de volgende vereisten:

a. de waarde van de activa volgens de balans met toelichting bedraagt, op de grondslag van verkrijgings- en vervaardigingsprijs, niet meer dan € 4 400 000; (BW art. 2:365 e.v.)

b. de netto-omzet over het boekjaar bedraagt niet meer dan € 8 800 000; (BW art. 2:377 lid 3 sub *a* en lid 4 sub *a*)

c. het gemiddeld aantal werknemers over het boekjaar bedraagt minder dan 50.

– 2. Voor de toepassing van lid 1 worden meegeteld de waarde van de activa, de netto-omzet en het getal der werknemers van groepsmaatschappijen, die in de consolidatie zouden moeten worden betrokken als de rechtspersoon een geconsolideerde jaarrekening zou moeten opmaken. Dit geldt niet, indien de rechtspersoon artikel 408 toepast. (BW art. 2:24*b*)

– 3. Van de ingevolge afdeling 3 voorgeschreven opgaven behoeft geen andere te worden gedaan dan voorgeschreven in de artikelen 364, 373, 375 lid 3 en 376, alsmede, zonder uitsplitsing naar soort schuld of vordering, in de artikelen 370 lid 2 en 375 lid 2 en de opgave van het ingehouden deel van het resultaat.

– 4. In de winst- en verliesrekening worden de posten genoemd in artikel 377 lid 3 onder a-d en g, onderscheidenlijk lid 4 onder a-c en f, samengetrokken tot een post bruto-bedrijfsresultaat; de rechtspersoon vermeldt in een verhoudingscijfer in welke mate de netto-omzet ten opzichte van die van het vorige jaar is gestegen of gedaald.

– 5. Het in artikel 378 lid 1 genoemde overzicht wordt slechts gegeven voor de herwaarderingsreserve, behoudens de tweede zin van artikel 378 lid 3; opgegeven worden het aantal geplaatste aandelen en het bedrag per soort, aantal en bedrag van de in het boekjaar uitgegeven aandelen en van de aandelen en certificaten daarvan die de rechtspersoon of een dochtermaatschappij voor eigen rekening houdt. De artikelen 380, 381 leden 2 en 3, 381b, aanhef en onder a, en 383 lid 1 zijn niet van toepassing.

– 6. In afwijking van afdeling 6 van deze titel komen voor de waardering van de activa en passiva en voor de bepaling van het resultaat ook in aanmerking de grondslagen voor de bepaling van de belastbare winst, bedoeld in hoofdstuk II van de Wet op de vennootschapsbelasting 1969, mits de rechtspersoon daarbij alle voor hem van toepassing zijnde fiscale grondslagen toepast. Indien de rechtspersoon deze grondslagen toepast, maakt zij daarvan melding in de toelichting. Bij algemene maatregel van bestuur kunnen nadere regels worden gesteld omtrent het gebruik van deze grondslagen en de toelichting die daarbij gegeven wordt. (BW art. 2:58 lid 1, 101 lid 1, 210 lid 1)

– 7. De artikelen 383b tot en met 383e, 391 en 393 lid 1 zijn niet van toepassing.

– 8. Artikel 394 is slechts van toepassing met betrekking tot een overeenkomstig lid 3 be-

perkte balans en de toelichting. In de openbaar gemaakte toelichting blijven achterwege de nadere gegevens omtrent de winst- en verliesrekening, alsmede de gegevens bedoeld in artikel 378 lid 3, tweede zin.
– 9. Indien de rechtspersoon geen winst beoogt, behoeft hij artikel 394 niet toe te passen, mits hij
a. de in lid 8 bedoelde stukken aan schuldeisers en houders van aandelen in zijn kapitaal of van certificaten daarvan op hun verzoek onmiddellijk kosteloos toezendt of ten kantore van de rechtspersoon ter inzage geeft; en
b. ten kantore van het handelsregister een verklaring van een accountant heeft neergelegd, inhoudende dat de rechtspersoon in het boekjaar geen werkzaamheden heeft verricht buiten de doelomschrijving en dat dit artikel op hem van toepassing is.

Art. 397

Vervolg vrijstelling

– 1. Behoudens artikel 396 gelden de leden 3 tot en met 7 voor een rechtspersoon die op twee opeenvolgende balansdata, zonder onderbreking nadien op twee opeenvolgende balansdata, heeft voldaan aan twee of drie van de volgende vereisten:
a. de waarde van de activa volgens de balans met toelichting, bedraagt, op de grondslag van verkrijgings- en vervaardigingsprijs, niet meer dan € 17 500 000; (BW art. 2:365 e.v.)
b. de netto-omzet over het boekjaar bedraagt niet meer dan € 35 000 000; (BW art. 2:377 lid 3 sub *a*, lid 4 sub *a*)
c. het gemiddeld aantal werknemers over het boekjaar bedraagt minder dan 250.
– 2. Voor de toepassing van lid 1 worden meegeteld de waarde van de activa, de netto-omzet en het getal der werknemers van groepsmaatschappijen, die in de consolidatie zouden moeten worden betrokken als de rechtspersoon een geconsolideerde jaarrekening zou moeten opmaken. Dit geldt niet, indien de rechtspersoon artikel 408 toepast. (BW art. 2:24*b*, 405 e.v.)
– 3. In de winst- en verliesrekening worden de posten genoemd in artikel 377 lid 3, onder *a-d* en g, onderscheidenlijk lid 4, onder *a-c* en *f*, samengetrokken tot een post bruto-bedrijfsresultaat; de rechtspersoon vermeldt in een verhoudingscijfer, in welke mate de netto-omzet ten opzichte van die van het vorige jaar is gestegen of gedaald.
– 4. Artikel 380 is niet van toepassing. Artikel 382a is niet van toepassing, mits de in dat artikel bedoelde gegevens aan de Stichting Autoriteit Financiële Markten op diens verzoek worden verstrekt.
– 5. Van de in afdeling 3 voorgeschreven opgaven behoeven in de openbaar gemaakte balans met toelichting slechts vermelding die welke voorkomen in de artikelen 364, 365 lid 1 onder *d*, 366, 367 onder *a-d*, 370 lid 1 onder *b* en *c*, 373, 374 leden 3 en 4, 375 lid 1 onder *a*, *b*, *f* en g en lid 3, alsmede 376 en de overlopende posten. De leden 2 van de artikelen 370 en 375 vinden toepassing zowel op het totaal van de vorderingen en schulden als op de posten uit lid 1 van die artikelen welke afzonderlijke vermelding behoeven. De openbaar te maken winst- en verliesrekening en de toelichting mogen worden beperkt overeenkomstig lid 3 en lid 4.
– 6. De informatie die ingevolge artikel 381 lid 2 moet worden vermeld, wordt beperkt tot informatie over de aard en het zakelijk doel van de aldaar genoemde regelingen. Artikel 381 lid 3 is niet van toepassing, tenzij de rechtspersoon een naamloze vennootschap is, in welk geval de vermelding als bedoeld in artikel 381 lid 3 beperkt is tot transacties die direct of indirect zijn aangegaan tussen de vennootschap en haar voornaamste aandeelhouders en tussen de vennootschap en haar leden van het bestuur en van de raad van commissarissen. (BW art. 2:395 lid 1, 398)
– 7. De gegevens, bedoeld in artikel 392 lid 1, onderdelen *e* en *f*, en lid 3, worden niet openbaar gemaakt.
– 8. In het jaarverslag behoeft geen aandacht te worden besteed aan niet-financiële prestatie-indicatoren als bedoeld in artikel 391 lid 1.

Art. 398

Reikwijdte

– 1. Artikel 396 of artikel 397 geldt voor het eerste en tweede boekjaar ook voor een rechtspersoon die op de balansdatum van het eerste boekjaar aan de desbetreffende vereisten heeft voldaan.
– 2. Artikel 396 leden 3 tot en met 8 en artikel 397 leden 3 tot en met 7 zijn van toepassing voor zover de algemene vergadering uiterlijk zes maanden na het begin van het boekjaar niet anders heeft besloten.
– 3. De artikelen 396 en 397 zijn niet van toepassing op:
a. een rechtspersoon die effecten heeft uitstaan die zijn toegelaten tot de handel op een gereglementeerde markt of een multilaterale handelsfaciliteit, als bedoeld in artikel 1:1 van de Wet op het financieel toezicht of een met een gereglementeerde markt of multilaterale handelsfaciliteit vergelijkbaar systeem uit een staat die geen lidstaat is of
b. een beleggingsmaatschappij waarvoor artikel 401 lid 1 geldt.
– 4. Bij algemene maatregel van bestuur worden de in artikel 396 lid 1 en artikel 397 lid 1 ge-

noemde bedragen verlaagd, indien het recht van de Europese Gemeenschappen daartoe verplicht, en kunnen zij worden verhoogd, voor zover geoorloofd.
– 5. Voor de toepassing van de artikelen 396 lid 1 en 397 lid 1 op een stichting of een vereniging als bedoeld in artikel 360 lid 3 wordt uitgegaan van het totaal van de activa van de stichting of vereniging en, met inachtneming van artikel 396 lid 2, van de netto-omzet en het gemiddeld aantal werknemers van de onderneming of ondernemingen die deze stichting of vereniging in stand houdt.

AFDELING 12
Bepalingen omtrent rechtspersonen van onderscheiden aard

Art. 399

Vervallen.

Art. 400

Financiële instellingen

Onze Minister van Financiën kan financiële instellingen die geen bank als bedoeld in artikel 415 zijn, op haar verzoek al dan niet onder voorwaarden toestaan afdeling 14, met uitzondering van artikel 424, toe te passen.

Art. 401

Beheerder en beleggingsmaatschappij

– 1. Een beheerder en een beleggingsmaatschappij waarop het Deel Gedragstoezicht financiele ondernemingen van de Wet op het financieel toezicht van toepassing is, moeten in aanvulling op de bepalingen van deze titel tevens voldoen aan de vereisten voor zijn onderscheidenlijk haar jaarrekening, gesteld bij of krachtens die wet. Voor deze beheerder en beleggingsmaatschappij kan bij of krachtens die wet van de artikelen 394, lid 2, 3 of 4, en 403 worden afgeweken.
– 2. De beleggingen van een beleggingsmaatschappij als bedoeld in artikel 1:1 van de Wet op het financieel toezicht mogen tegen marktwaarde worden gewaardeerd. Nadelige koersverschillen ten opzichte van de voorafgaande balansdatum behoeven niet ten laste van de winst- en verliesrekening te worden gebracht, mits zij op de reserves worden afgeboekt; voordelige koersverschillen mogen op de reserves worden bijgeboekt. De bedragen worden in de balans of in de toelichting vermeld.
– 3. Op een beleggingsmaatschappij met veranderlijk kapitaal is artikel 378 lid 3, tweede zin, niet van toepassing. (BW 2:76*a*)

Art. 402

Rechtspersoon wiens financiële gegevens zijn verwerkt in een geconsolideerde jaarrekening

Zijn de financiële gegevens van een rechtspersoon verwerkt in zijn geconsolideerde jaarrekening, dan behoeft in de eigen winst- en verliesrekening slechts het resultaat uit deelnemingen na aftrek van de belastingen daarover als afzonderlijke post te worden vermeld. In de toelichting van de geconsolideerde jaarrekening wordt de toepassing van de vorige zin meegedeeld. (BW 2:361 lid 4, 379, 389, 405 e.v.)

Art. 403

Groepsmaatschappijen

– 1. Een tot een groep behorende rechtspersoon behoeft de jaarrekening niet overeenkomstig de voorschriften van deze titel in te richten, mits:
a. de balans in elk geval vermeldt de som van de vaste activa, de som van de vlottende activa, en het bedrag van het eigen vermogen, van de voorzieningen en van de schulden, en de winst- en verliesrekening in elk geval vermeldt het resultaat uit de gewone bedrijfsuitoefening en het saldo der overige baten en lasten, een en ander na belastingen;
b. de leden of aandeelhouders na de aanvang van het boekjaar en voor de vaststelling van de jaarrekening schriftelijk hebben verklaard met afwijking van de voorschriften in te stemmen;
c. de financiële gegevens van de rechtspersoon door een andere rechtspersoon of vennootschap zijn geconsolideerd in een geconsolideerde jaarrekening waarop krachtens het toepasselijke recht de verordening van het Europees Parlement en de Raad betreffende de toepassing van internationale standaarden voor jaarrekeningen, de zevende richtlijn van de Raad van de Europese Gemeenschappen inzake het vennootschapsrecht of een der beide richtlijnen van de Raad van de Europese Gemeenschappen betreffende de jaarrekening en de geconsolideerde jaarrekening van banken en andere financiële instellingen dan wel van verzekeringsondernemingen van toepassing is; (BW art. 2:405 e.v., 415 e.v., 427 e.v.)
d. de geconsolideerde jaarrekening, voor zover niet gesteld of vertaald in het Nederlands, is gesteld of vertaald in het Frans, Duits of Engels;
e. de accountantsverklaring en het jaarverslag, zijn gesteld of vertaald in de zelfde taal als de geconsolideerde jaarrekening; (BW art. 2:391, 393 lid 5)
f. de onder *c* bedoelde rechtspersoon of vennootschap schriftelijk heeft verklaard zich hoofdelijk aansprakelijk te stellen voor de uit rechtshandelingen van de rechtspersoon voortvloeiende schulden; en
g. de verklaringen, bedoeld in de onderdelen *b* en *f* zijn neergelegd ten kantore van het handelsregister waar de rechtspersoon is ingeschreven alsmede, telkens binnen zes maanden na

de balansdatum of binnen een maand na een geoorloofde latere openbaarmaking, de stukken of vertalingen, genoemd in de onderdelen *d* en *e* dan wel een verwijzing naar het kantoor van het handelsregister waar zij liggen.

– 2. Zijn in de groep of het groepsdeel waarvan de gegevens in de geconsolideerde jaarrekening zijn opgenomen, de in lid 1 onder *f* bedoelde rechtspersoon of vennootschap en een andere nevengeschikt, dan is lid 1 slechts van toepassing, indien ook deze andere rechtspersoon of vennootschap een verklaring van aansprakelijkstelling heeft afgelegd; in dat geval zijn lid 1 onder *g* en artikel 404 van overeenkomstige toepassing.

– 3. Voor een rechtspersoon waarop lid 1 van toepassing is, gelden de artikelen 391 tot en met 394 niet.

Bank

– 4. Indien de tot de groep behorende rechtspersoon een bank als bedoeld in artikel 415 is, vermeldt de balans in afwijking van lid 1, onder *a*, in elk geval de som van de activa en van de passiva en het bedrag van het eigen vermogen en vermeldt de winst- en verliesrekening in elk geval het resultaat uit de gewone bedrijfsuitoefening, het bedrag der belastingen en het saldo der overige baten en lasten.

Verzekeringsmaatschappij

– 5. Indien de tot de groep behorende rechtspersoon een verzekeringsmaatschappij als bedoeld in artikel 427 is, vermeldt de balans in afwijking van lid 1, onder *a*, in elk geval de som van de beleggingen en van de vorderingen, en het bedrag van het eigen vermogen, van de technische voorzieningen en van de schulden, en bestaat de winst- en verliesrekening in elk geval uit de niet-technische rekening, waarop ten minste worden vermeld de resultaten voor belastingen uit de gewone uitoefening van het schade- en levensverzekeringsbedrijf, het saldo der overige baten en lasten en het resultaat uit de gewone bedrijfsuitoefening na belastingen. (BW art. 2:24*b*, 404, 414)

Art. 404

Intrekking aansprakelijkstelling

– 1. Behoudens de artikelen 204*a* lid 4 en 204*c* lid 7 kan een in artikel 403 bedoelde aansprakelijkstelling worden ingetrokken door nederlegging van een daartoe strekkende verklaring ten kantore van het handelsregister.

– 2. Niettemin blijft de aansprakelijkheid bestaan voor schulden die voortvloeien uit rechtshandelingen welke zijn verricht voordat jegens de schuldeiser een beroep op de intrekking kan worden gedaan.

– 3. De overblijvende aansprakelijkheid wordt ten opzichte van de schuldeiser beëindigd, indien de volgende voorwaarden zijn vervuld:

a. de rechtspersoon behoort niet meer tot de groep;

b. een mededeling van het voornemen tot beëindiging heeft ten minste twee maanden lang ter inzage gelegen ten kantore van het handelsregister waar de rechtspersoon is ingeschreven;

c. ten minste twee maanden zijn verlopen na de aankondiging in een landelijk verspreid dagblad dat en waar de mededeling ter inzage ligt;

d. tegen het voornemen heeft de schuldeiser niet tijdig verzet gedaan of zijn verzet is ingetrokken dan wel bij onherroepelijke rechterlijke uitspraak ongegrond verklaard.

– 4. Indien de schuldeiser dit verlangt moet, op straffe van gegrondverklaring van een verzet als bedoeld in lid 5, voor hem zekerheid worden gesteld of hem een andere waarborg worden gegeven voor de voldoening van zijn vorderingen waarvoor nog aansprakelijkheid loopt. Dit geldt niet, indien hij na het beëindigen van de aansprakelijkheid, gezien de vermogenstoestand van de rechtspersoon of uit anderen hoofde, voldoende waarborgen heeft dat deze vorderingen zullen worden voldaan.

– 5. Tot twee maanden na de aankondiging kan de schuldeiser voor wiens vordering nog aansprakelijkheid loopt, tegen het voornemen tot beëindiging verzet doen door een verzoekschrift aan de rechtbank van de woonplaats van de rechtspersoon die hoofdschuldenaar is.

– 6. De rechter verklaart het verzet slechts gegrond nadat een door hem omschreven termijn om een door hem omschreven waarborg te geven is verlopen, zonder dat deze is gegeven. (BW 2:100, 209, 316, 403; Rv 429*a*, 995, 997)

Art. 404a

Vervallen.

AFDELING 13
Geconsolideerde jaarrekening

Art. 405

Omschrijving

– 1. Een geconsolideerde jaarrekening is de jaarrekening waarin de activa, passiva, baten en lasten van de rechtspersonen en vennootschappen die een groep of groepsdeel vormen en andere in de consolidatie meegenomen rechtspersonen en vennootschappen, als één geheel worden opgenomen.

– 2. De geconsolideerde jaarrekening moet overeenkomstig artikel 362 lid 1 inzicht geven betreffende het geheel van de in de consolidatie opgenomen rechtspersonen en vennootschappen. (BW 2:379 lid 6 (oud), 392 lid 1 sub *h* 404*a* (oud); BW 2:24*b*, 360, 361, 362; 406 e.v.)

Art. 406

Overheersende zeggenschap

– 1. De rechtspersoon die, alleen of samen met een andere groepsmaatschappij, aan het hoofd staat van zijn groep, stelt een geconsolideerde jaarrekening op, waarin opgenomen de eigen financiële gegevens met die van zijn dochtermaatschappijen in de groep, andere groepsmaatschappijen en andere rechtspersonen waarop hij een overheersende zeggenschap kan uitoefenen of waarover hij de centrale leiding heeft.

– 2. Een rechtspersoon waarop lid 1 niet van toepassing is, maar die in zijn groep een of meer dochtermaatschappijen heeft of andere rechtspersonen waarop hij een overheersende zeggenschap kan uitoefenen of waarover hij de centrale leiding heeft, stelt een geconsolideerde jaarrekening op. Deze omvat de financiële gegevens van het groepsdeel, bestaande uit de rechtspersoon, zijn dochtermaatschappijen in de groep, andere groepsmaatschappijen die onder de rechtspersoon vallen en andere rechtspersonen waarop hij een overheersende zeggenschap kan uitoefenen of waarover hij de centrale leiding heeft.

– 3. De rechtspersoon die geen bank als bedoeld in artikel 415 is, en waarvan de geconsolideerde jaarrekening voor een belangrijk deel de financiële gegevens van één of meer banken bevat, geeft in de toelichting ten minste inzicht in de solvabiliteit van de banken als één geheel.

– 4. De rechtspersoon die geen verzekeringsmaatschappij als bedoeld in artikel 427 lid 1 is, en waarvan de geconsolideerde jaarrekening voor een belangrijk deel de financiële gegevens van één of meer verzekeringsmaatschappijen bevat, geeft in de toelichting ten minste inzicht in de solvabiliteit van de verzekeringsmaatschappijen als één geheel.

– 5. In de geconsolideerde jaarrekening van een rechtspersoon, die geen bank als bedoeld in artikel 415 is, mag ten aanzien van in de consolidatie te betrekken maatschappijen die bank zijn, tezamen met de in artikel 426 lid 1, tweede zin, bedoelde maatschappijen, artikel 424 worden toegepast. (BW 2:24*a*, 24*b*, 379, 400 lid 5, 405, 407 e.v.; WOR 31*a*)

Art. 407

Uitgezonderde gegevens

– 1. De verplichting tot consolidatie geldt niet voor gegevens:

a. van in de consolidatie te betrekken maatschappijen wier gezamenlijke betekenis te verwaarlozen is op het geheel,

b. van in de consolidatie te betrekken maatschappijen waarvan de nodige gegevens slechts tegen onevenredige kosten of met grote vertraging te verkrijgen of te ramen zijn,

c. van in de consolidatie te betrekken maatschappijen waarin het belang slechts wordt gehouden om het te vervreemden.

Geen consolidatie

– 2. Consolidatie mag achterwege blijven, indien

a. bij consolidatie de grenzen van artikel 396 niet zouden worden overschreden;

b. geen in de consolidatie te betrekken maatschappij effecten heeft uitstaan die zijn toegelaten tot de handel op een gereglementeerde markt of een multilaterale handelsfaciliteit, als bedoeld in artikel 1:1 van de Wet op het financieel toezicht of een met een gereglementeerde markt of multilaterale handelsfaciliteit vergelijkbaar systeem uit een staat die geen lidstaat is; en

c. niet binnen zes maanden na de aanvang van het boekjaar daartegen schriftelijk bezwaar bij de rechtspersoon is gemaakt door ten minste een tiende der leden of door houders van ten minste een tiende van het geplaatste kapitaal. (BW 2:24*d*)

– 3. Indien de rechtspersoon groepsmaatschappijen beheert krachtens een regeling tot samenwerking met een rechtspersoon waarvan de financiële gegevens niet in zijn geconsolideerde jaarrekening worden opgenomen, mag hij zijn eigen financiële gegevens buiten de geconsolideerde jaarrekening houden. Dit geldt slechts, indien de rechtspersoon geen andere werkzaamheden heeft dan het beheren en financieren van groepsmaatschappijen en deelnemingen, en indien hij in zijn balans artikel 389 toepast. (BW 2:24*b*, 24*c*, 408)

Art. 408

Geen consolidatie groepsdeel

– 1. Consolidatie van een groepsdeel mag achterwege blijven, mits:

a. niet binnen zes maanden na de aanvang van het boekjaar daartegen schriftelijk bezwaar bij de rechtspersoon is gemaakt door ten minste een tiende der leden of door houders van ten minste een tiende van het geplaatste kapitaal; (BW 2:24*d*)

b. de financiële gegevens die de rechtspersoon zou moeten consolideren zijn opgenomen in de geconsolideerde jaarrekening van een groter geheel;

c. de geconsolideerde jaarrekening en het jaarverslag zijn opgesteld overeenkomstig de voorschriften van de zevende richtlijn van de Raad van de Europese Gemeenschappen inzake het vennootschapsrecht of overeenkomstig de voorschriften van een der richtlijnen van de Raad van de Europese Gemeenschappen betreffende de jaarrekening en de geconsolideerde jaarrekening van banken en andere financiële instellingen dan wel van verzekeringsondernemingen dan wel, indien deze voorschriften niet behoeven te zijn gevolgd, op gelijkwaardige wijze;

d. de geconsolideerde jaarrekening met accountantsverklaring en jaarverslag, voor zover niet gesteld of vertaald in het Nederlands, zijn gesteld of vertaald in het Frans, Duits of Engels, en wel in de zelfde taal; en
e. telkens binnen zes maanden na de balansdatum of binnen een maand na een geoorloofde latere openbaarmaking ten kantore van het handelsregister waar de rechtspersoon is ingeschreven de in onderdeel *d* genoemde stukken of vertalingen zijn neergelegd dan wel een verwijzing is neergelegd naar het kantoor van het handelsregister waar zij liggen. (Hrgw 9*b*)
– 2. Onze Minister van Justitie kan voorschriften voor de jaarrekening aanwijzen die, zo nodig aangevuld met door hem gegeven voorschriften, als gelijkwaardig zullen gelden aan voorschriften overeenkomstig de zevende richtlijn. Intrekking van een aanwijzing kan slechts boekjaren betreffen die nog niet zijn begonnen.
– 3. De rechtspersoon moet de toepassing van lid 1 in de toelichting vermelden. (BW 2:404*a* (oud); BW 2:379 lid 2 sub *c*; 403)

Art. 409

Opname in geconsolideerde jaarrekening

De financiële gegevens van een rechtspersoon of vennootschap mogen in de geconsolideerde jaarrekening worden opgenomen naar evenredigheid tot het daarin gehouden belang, indien:
a. in die rechtspersoon of vennootschap een of meer in de consolidatie opgenomen maatschappijen krachtens een regeling tot samenwerking met andere aandeelhouders, leden of vennoten samen de rechten of bevoegdheden kunnen uitoefenen als bedoeld in artikel 24*a*, lid 1; en
b. hiermee voldaan wordt aan het wettelijke inzichtvereiste. (BW 2:362)

Art. 410

De bepalingen van deze titel zijn van toepassing op de geconsolideerde jaarrekening

– 1. De bepalingen van deze titel over de jaarrekening en onderdelen daarvan, uitgezonderd de artikelen 365 lid 2, 378, 379, 382a, 383, 383*b* tot en met 383*e*, 389 leden 6 en 8, en 390, zijn van overeenkomstige toepassing op de geconsolideerde jaarrekening.
– 2. Voorraden hoeven niet te worden uitgesplitst, indien dat wegens bijzondere omstandigheden onevenredige kosten zou vergen.
– 3. Wegens gegronde, in de toelichting te vermelden redenen mogen andere waarderingsmethoden en grondslagen voor de berekening van het resultaat worden toegepast dan in de eigen jaarrekening van de rechtspersoon.
– 4. Staat een buitenlandse rechtspersoon mede aan het hoofd van de groep, dan mag het groepsdeel waarvan hij aan het hoofd staat, in de consolidatie worden opgenomen overeenkomstig zijn recht, met een uiteenzetting van de invloed daarvan op het vermogen en resultaat.
– 5. De in artikel 382 bedoelde gegevens worden voor het geheel van de volledig in de consolidatie betrokken maatschappijen vermeld; afzonderlijk worden de in de eerste zin van artikel 382 bedoelde gegevens vermeld voor het geheel van de naar evenredigheid in de consolidatie betrokken maatschappijen. (BW 2:361 lid 4 (oud); BW 2:405)

Art. 411

Eigen vermogen

– 1. In de geconsolideerde jaarrekening behoeft het eigen vermogen niet te worden uitgesplitst.
– 2. Het aandeel in het groepsvermogen en in het geconsolideerde resultaat dat niet aan de rechtspersoon toekomt, wordt vermeld. (BW 2:373)

Art. 412

Balansdatum

– 1. De balansdatum voor de geconsolideerde jaarrekening is de zelfde als voor de jaarrekening van de rechtspersoon zelf.
– 2. In geen geval mag de geconsolideerde jaarrekening worden opgemaakt aan de hand van gegevens, opgenomen meer dan drie maanden voor of na de balansdatum.

Art. 413

Waardeverschil ten gevolge van eerste opname in geconsolideerde jaarrekening

Indien de gegevens van een maatschappij voor het eerst in de consolidatie worden opgenomen en daarbij een waardeverschil ontstaat ten opzichte van de daaraan voorafgaande waardering van het belang daarin, moeten dit verschil en de berekeningswijze worden vermeld. Is de waarde lager, dan is artikel 389 lid 7 van toepassing op het verschil; is de waarde hoger, dan wordt het verschil opgenomen in het groepsvermogen, voor zover het geen nadelen weerspiegelt die aan de deelneming zijn verbonden. (BW 2:24*c*, 389)

Art. 414

Voorgeschreven vermelding van naam en woonplaats en gronden voor consolidatie

– 1. De rechtspersoon vermeldt, onderscheiden naar de hierna volgende categorieën, de naam en woonplaats van rechtspersonen en vennootschappen:
a. die hij volledig in zijn geconsolideerde jaarrekening betrekt;
b. waarvan de financiële gegevens in de geconsolideerde jaarrekening worden opgenomen voor een deel, evenredig aan het belang daarin; (BW 2:409)
c. waarin een deelneming wordt gehouden die in de geconsolideerde jaarrekening overeenkomstig artikel 389 wordt verantwoord;

d. die dochtermaatschappij zijn zonder rechtspersoonlijkheid en niet ingevolge de onderdelen *a, b* of *c* zijn vermeld;
e. waaraan een of meer volledig in de consolidatie betrokken maatschappijen of dochtermaatschappijen daarvan alleen of samen voor eigen rekening ten minste een vijfde van het geplaatste kapitaal verschaffen of doen verschaffen, en die niet ingevolge de onderdelen *a, b* of *c* zijn vermeld.
– 2. Tevens wordt vermeld:
a. op grond van welke omstandigheid elke maatschappij volledig in de consolidatie wordt betrokken, tenzij deze bestaat in het kunnen uitoefenen van het merendeel van de stemrechten en het verschaffen van een daaraan evenredig deel van het kapitaal;
b. waaruit blijkt dat een rechtspersoon of vennootschap waarvan financiële gegevens overeenkomstig artikel 409 in de geconsolideerde jaarrekening zijn opgenomen, daarvoor in aanmerking komt;
c. in voorkomend geval de reden voor het niet consolideren van een dochtermaatschappij, vermeld ingevolge lid 1 onder *c, d* of *e*;
d. het deel van het geplaatste kapitaal dat wordt verschaft;
e. het bedrag van het eigen vermogen en resultaat van elke krachtens onderdeel *e* van lid 1 vermelde maatschappij volgens haar laatst vastgestelde jaarrekening.
– 3. Indien vermelding van naam, woonplaats en het gehouden deel van het geplaatste kapitaal van een dochtermaatschappij waarop onderdeel *c* van lid 1 van toepassing is, dienstig is voor het wettelijk vereiste inzicht, mag zij niet achterwege blijven, al is de deelneming van te verwaarlozen betekenis. Onderdeel *e* van lid 2 geldt niet ten aanzien van maatschappijen waarin een belang van minder dan de helft wordt gehouden en die wettig de balans niet openbaar maken.
– 4. Artikel 379 lid 4 is van overeenkomstige toepassing op de vermeldingen op grond van de leden 1 en 2.
– 5. Vermeld wordt ten aanzien van welke rechtspersonen de rechtspersoon een aansprakelijkstelling overeenkomstig artikel 403 heeft afgegeven. (BW 2:24*a*, 24*c*, 24*d*, 379, 389, 392[1g], 403)

AFDELING 14
Bepalingen voor banken

Art. 415

Begripsbepaling

In deze afdeling wordt onder bank verstaan: een financiële onderneming met zetel in Nederland die een vergunning heeft voor het uitoefenen van het bedrijf van kredietinstelling als bedoeld in artikel 1:1 van de Wet op het financieel toezicht. (BW 2:360, 400, 425; Rv 999 e.v.)

Art. 416

Toepasselijke artikelen

– 1. Voor zover in deze afdeling niet anders is bepaald, gelden de afdelingen 1, 2, 5 tot en met 10 en 13 van deze titel voor banken, alsmede de artikelen 365 lid 2, 366 lid 2, 368, 373 leden 2 tot en met 5, 374, leden 1, 2, en 4, 375 leden 5 en 7, 376, tweede volzin, 377 lid 7, en de artikelen 402, 403 en 404. (BW 2:421)

Vaste activa

– 2. Voor banken gelden de deelnemingen, de immateriële en de materiële activa als vaste activa. Andere effecten en verdere activa gelden als vaste activa, voor zover zij bestemd zijn om duurzaam voor de bedrijfsuitoefening te worden gebruikt. (BW 2:365 e.v., 384 e.v., 422 e.v.)
– 3. Over een ontwerp van een algemene maatregel van bestuur als bedoeld in artikel 363, zesde lid, voor zover deze strekt ter uitvoering van de bepalingen van deze afdeling, en over een ontwerp van een algemene maatregel van bestuur als bedoeld in artikel 417 wordt De Nederlandsche Bank N.V. gehoord.

Hoorplicht Ned. Bank

– 4. Ten aanzien van een bank geeft Onze Minister van Economische Zaken geen beslissing op een verzoek om ontheffing als bedoeld in de artikelen 58 lid 5, 101 lid 4, 210 lid 4, 379 lid 4 of 392 lid 4 dan nadat hij daarover De Nederlandsche Bank N.V. heeft gehoord.

Art. 417

Nadere regelgeving

Bij algemene maatregel van bestuur worden ter uitvoering van richtlijnen van de raad van de Europese Gemeenschappen inzake de jaarrekening en de geconsolideerde jaarrekening van banken regels gesteld met betrekking tot de balans en de winst- en verliesrekening alsmede de toelichtingen daarop. (BW 2:416 lid 3)

Art. 418

Dit artikel is niet gepubliceerd.

Art. 419

Afwijkingen

De indeling, de benaming en de omschrijving van de posten van de balans en de winst- en verliesrekening mogen voor banken die niet één van de in artikel 360, eerste zin, genoemde rechtsvormen hebben, of voor gespecialiseerde banken afwijkingen bevatten, voor zover deze wegens hun rechtsvorm respectievelijk de bijzondere aard van hun bedrijf noodzakelijk zijn. (BW 2:362, 364 e.v., 377 e.v.)

Art. 420

Waardeverminderingen

– 1. Waardeverminderingen op de tot de vaste activa behorende effecten en deelnemingen mogen in de winst- en verliesrekening met de ongedaanmakingen van de afboekingen worden gesaldeerd, voor zover de waardeverminderingen niet aan de herwaarderingsreserve worden onttrokken.

– 2. Het eerste lid is eveneens van toepassing op de waardeverminderingen en ongedaanmakingen van de afboekingen ter zake van vorderingen op bankiers, klanten en voorzieningen voor voorwaardelijke verplichtingen en onherroepelijk toegezegde verplichtingen die tot een kredietrisico kunnen leiden.

– 3. Waardestijgingen van de niet tot de vaste activa, maar wel tot de handelsportefeuille behorende effecten die tegen actuele waarde worden gewaardeerd, worden in de winst- en verliesrekening in aanmerking genomen. Waardeverminderingen van deze effecten worden overeenkomstig artikel 387 leden 1 tot en met 3 in aanmerking genomen. (BW 2:363 lid 2, 387 lid 1-3, 421)

Art. 421

Samenvoeging gesaldeerde bedragen

– 1. Artikel 368 is van toepassing op de posten, behorende tot de vaste activa; gesaldeerde bedragen als bedoeld in artikel 420 lid 1 mogen met andere posten in het overzicht worden samengevoegd.

– 2. Artikel 376 tweede volzin is alleen van toepassing op de posten buiten de balanstelling.

– 3. Gelijksoortige handelingen als bedoeld in artikel 378 lid 3, tweede zin, mogen gezamenlijk worden verantwoord. Artikel 378 lid 4 onder *a* geldt niet voor de aandelen of certificaten daarvan die de bank in de gewone bedrijfsuitoefening in pand heeft genomen.

– 4. Artikel 381 lid 1, eerste volzin, is slechts van toepassing voor zover de desbetreffende gegevens niet in de posten buiten de balanstelling zijn opgenomen. Artikel 381 leden 2 en 3 is niet van toepassing.

– 5. Met uitzondering van de nog openstaande bedragen is de tweede zin van artikel 383 lid 2 niet van toepassing. (BW 2:416 lid 1)

Art. 422

Waardepapieren

– 1. Waardepapieren met een vaste of van de rentestand afhankelijke rente die tot de vaste activa behoren, worden op de grondslag van de verkrijgingsprijs of tegen aflossingswaarde gewaardeerd, onverminderd de toepassing van artikel 387 lid 4.

– 2. Indien deze waardepapieren tegen aflossingswaarde in de balans worden opgenomen, wordt het verschil tussen de verkrijgingsprijs en de aflossingswaarde vermeld en over de jaren sinds de aanschaf gespreid als resultaat verantwoord. Het verschil mag ook in één keer worden verantwoord, indien de verkrijgingsprijs hoger was dan de aflossingswaarde.

– 3. De niet tot de vaste activa behorende effecten worden gewaardeerd op de grondslag van de verkrijgingsprijs, tegen aflossingswaarde of tegen actuele waarde. In geval van waardering tegen aflossingswaarde wordt de eerste zin van lid 2 op overeenkomstige wijze toegepast.

Art. 423

Vreemde valuta

– 1. Vaste activa in vreemde valuta die niet door contante of termijntransacties worden gedekt, worden opgenomen tegen de dagkoers op de balansdatum of op de datum van verkrijging van deze activa.

– 2. Niet afgewikkelde termijntransacties in vreemde valuta worden opgenomen tegen de dag- of termijnkoers op de balansdatum.

– 3. De overige activa en passiva in vreemde valuta worden opgenomen tegen de dagkoers op de balansdatum.

– 4. Verschillen, ontstaan bij de omrekening van activa en passiva worden in de winst- en verliesrekening verantwoord. Zij mogen evenwel ten gunste of ten laste van een niet-uitkeerbare reserve worden gebracht, voor zover zij betrekking hebben op vaste activa of termijntransacties ter dekking daarvan; het totaal van de positieve verschillen en dat van de negatieve verschillen wordt alsdan vermeld.

Art. 424

Bankrisico's

Een bank mag op de balans onder de passiva onmiddellijk na de voorzieningen een post omvattende de dekking voor algemene bankrisico's opnemen, voor zover zulks geboden is om redenen van voorzichtigheid wegens de algemene risico's van haar bankbedrijf. Het saldo van de toegevoegde en onttrokken bedragen aan deze post wordt als afzonderlijke post in de winst- en verliesrekening opgenomen. (BW 2:362 leden 1 en 4, 389)

Art. 425

Vrijstelling

Een bank waarop een vrijstelling van toepassing is als bedoeld in artikel 3:111, eerste lid, van de Wet op het financieel toezicht, behoeft de jaarrekening en het jaarverslag niet volgens de voorschriften van deze titel in te richten, mits de financiële gegevens zijn opgenomen in de geconsolideerde jaarrekening, het jaarverslag en de overige gegevens van de bank op wier aansprakelijkheid de vrijstelling is gegrond; de artikelen 393 en 394 gelden niet voor de bank waarop de vrijstelling van toepassing is. Aan de geconsolideerde jaarrekening worden een jaarverslag en overige gegevens toegevoegd, die betrekking hebben op de in de geconsolideerde jaarrekening begrepen rechtspersonen en instellingen gezamenlijk. (BW 2:405 e.v.)

Art. 426

Verantwoording volgens voorschriften voor banken

– 1. Maatschappijen die geen bank zijn en die in de geconsolideerde jaarrekening van een bank worden opgenomen, worden verantwoord overeenkomstig de voorschriften voor banken. Artikel 424 mag evenwel slechts ten aanzien van maatschappijen als bedoeld in de vorige zin wier werkzaamheden rechtstreeks in het verlengde van het bankbedrijf liggen of die bestaan uit het verrichten van nevendiensten in het verlengde van het bankbedrijf, worden toegepast.

– 2. De groepsmaatschappij aan het hoofd van de groep die de gegevens consolideert van een groep of een groepsdeel, welke geen of nagenoeg geen andere werkzaamheid heeft dan de uitoefening van het bankbedrijf, wordt in de geconsolideerde jaarrekening opgenomen overeenkomstig de voorschriften voor banken. Dit geldt slechts, indien deze groepsmaatschappij geen andere werkzaamheid heeft dan het beheren en financieren van groepsmaatschappijen en deelnemingen.

– 3. De leden 2 en 3 van artikel 407 zijn niet van toepassing. Indien een bank artikel 407 lid 1 onder *c* toepast ten aanzien van een dochtermaatschappij die eveneens bank is, en waarin het belang wordt gehouden vanwege een financiële bijstandsverlening, wordt de jaarrekening van laatstgenoemde bank gevoegd bij de geconsolideerde jaarrekening van eerstgenoemde bank. De belangrijke voorwaarden, waaronder de financiële bijstandsverlening plaatsvindt, worden vermeld. (BW 2:389, 405 e.v., 424)

AFDELING 15
Bepalingen voor verzekeringsmaatschappijen

§ 1. Algemene bepalingen

Art. 427

Begripsbepaling

– 1. In deze afdeling wordt onder verzekeringsmaatschappij verstaan: een financiële onderneming met zetel in Nederland die ingevolge de Wet op het financieel toezicht het bedrijf van verzekeraar mag uitoefenen of de werkzaamheden van een entiteit voor risico-acceptatie mag verrichten, en waarop artikel 3:72 van die wet van toepassing is.

– 2. Een rechtspersoon die het verzekeringsbedrijf uitoefent, doch die geen verzekeringsmaatschappij is, mag de voor verzekeringsmaatschappijen geldende voorschriften toepassen, indien het in artikel 362 lid 1 bedoelde inzicht daardoor wordt gediend.

– 3. De uitoefening van het natura-uitvaartverzekeringsbedrijf wordt voor de toepassing van deze afdeling aangemerkt als de uitoefening van het levensverzekeringsbedrijf. Een natura-uitvaartverzekering wordt voor de toepassing van deze afdeling aangemerkt als een levensverzekering. (BW 2:360, 403 lid 5, 408 lid 1 sub *c*; Rv 999 e.v.)

Art. 428

Reikwijdte

– 1. Voor zover in deze afdeling niet anders is bepaald, gelden de afdelingen 1, 2, 5 tot en met 10 en 13 van deze titel voor verzekeringsmaatschappijen, alsmede de artikelen 365, 366 lid 2, 368 lid 1, 373, 374, 375, leden 2, 3 en 5 tot en met 7, 376, 377 lid 7, 402, 403 en 404. (BW 2:431, 436 lid 4, 441 lid 1, 445 lid 4)

– 2. Voor verzekeringsmaatschappijen gelden de deelnemingen en de immateriële activa als vaste activa. Andere beleggingen en verdere activa gelden als vaste activa, voor zover zij bestemd zijn om duurzaam voor de bedrijfsuitoefening te worden gebruikt.

Invloed van Pensioen- en Verzekeringskamer

– 3. Over ontwerpen van een algemene maatregel van bestuur als bedoeld in de artikelen 363 lid 6 of 442 lid 1, voor zover deze strekken ter uitvoering van de bepalingen van deze afdeling, en over een ontwerp van een algemene maatregel van bestuur als bedoeld in artikel 444 lid 2 wordt de Nederlandsche Bank N.V. gehoord.

– 4. Ten aanzien van een verzekeringsmaatschappij geeft Onze Minister van Economische Zaken geen beslissing op een verzoek om ontheffing als bedoeld in de artikelen 58 lid 5, 101 lid 4, 210 lid 4 of 392 lid 4 dan nadat hij daarover de Nederlandsche Bank N.V. heeft gehoord. (BW 2:416; Besluit modellen jaarrekening)

§ 2. Voorschriften omtrent de balans en de toelichting daarop

Art. 429

Activa/passiva

– 1. Onder de activa worden afzonderlijk opgenomen:
a. de immateriële activa op de wijze bepaald in artikel 365;
b. de beleggingen;

c. de beleggingen waarbij de tot uitkering gerechtigde het beleggingsrisico draagt, alsmede de spaarkasbeleggingen;
d. de vorderingen;
e. de overige activa;
f. de overlopende activa; en
g. afgeleide financiële instrumenten.
– 2. Onder de passiva worden afzonderlijk opgenomen:
a. het eigen vermogen, op de wijze bepaald in artikel 373;
b. de achtergestelde schulden;
c. de technische voorzieningen eigen aan het verzekeringsbedrijf;
d. de technische voorzieningen voor verzekeringen waarbij de tot uitkering gerechtigde het beleggingsrisico draagt en die voor spaarkassen;
e. de voorzieningen, op de wijze bepaald in artikel 374;
f. de niet-opeisbare schulden in het kader van een herverzekeringsovereenkomst van een maatschappij die haar verplichtingen herverzekert;
g. de schulden;
h. de overlopende passiva; en (BW 2:364, 365 e.v., 378 e.v.)
i. afgeleide financiële instrumenten.
– 3. Indien toepassing is gegeven aan artikel 430 lid 6, worden de beleggingen, bedoeld in lid 1, onderdeel *b*, onderscheiden in:
a. beleggingen die gelden als vaste activa;
b. beleggingen die gelden als vlottende activa, behorende tot de handelsportefeuille; en
c. beleggingen die gelden als vlottende activa, niet behorende tot de handelsportefeuille.

Art. 430

Beleggingen

– 1. Onder de beleggingen worden afzonderlijk opgenomen:
a. terreinen en gebouwen, al dan niet in aanbouw, en de vooruitbetalingen daarop, met afzonderlijke vermelding van de terreinen en gebouwen voor eigen gebruik;
b. beleggingen in groepsmaatschappijen en deelnemingen;
c. overige financiële beleggingen. (BW 2:431)
– 2. Op de balans van een maatschappij die herverzekeringen aanneemt, worden onder de beleggingen tevens afzonderlijk opgenomen de niet ter vrije beschikking staande vorderingen in het kader van een herverzekeringsovereenkomst.
– 3. Bij de beleggingen in groepsmaatschappijen en deelnemingen worden afzonderlijk vermeld:
a. aandelen, certificaten van aandelen en andere vormen van deelneming in groepsmaatschappijen;
b. andere deelnemingen;
c. waardepapieren met een vaste of van de rentestand afhankelijke rente uitgegeven door en vorderingen op groepsmaatschappijen; en
d. waardepapieren met een vaste of van de rentestand afhankelijke rente uitgegeven door en vorderingen op andere rechtspersonen en vennootschappen die een deelneming hebben in de verzekeringsmaatschappij of waarin de verzekeringsmaatschappij een deelneming heeft.
– 4. Van de overige financiële beleggingen worden afzonderlijk vermeld:
a. aandelen, certificaten van aandelen, deelnemingsbewijzen en andere niet-vastrentende waardepapieren;
b. waardepapieren met een vaste of van de rentestand afhankelijke rente;
c. belangen in beleggingspools;
d. vorderingen uit leningen voor welke zakelijke zekerheid is gesteld;
e. andere vorderingen uit leningen;
f. deposito's bij banken;
g. andere financiële beleggingen.
– 5. Tenzij de post andere financiële beleggingen van ondergeschikte betekenis is op het geheel van de overige financiële beleggingen, wordt zij naar aard en omvang toegelicht. (BW 2:366, 367)
– 6. Indien beleggingen die gelden als vaste activa op andere grondslagen worden gewaardeerd dan beleggingen die gelden als vlottende activa en die al dan niet behoren tot de handelsportefeuille, worden de beleggingen, genoemd in lid 1, onderdelen *a* of *c*, en lid 4, onderdelen *a* tot en met g, onderscheiden in:
a. beleggingen die gelden als vaste activa,
b. beleggingen die gelden als vlottende activa, behorende tot de handelsportefeuille; en
c. beleggingen die gelden als vlottende activa, niet behorende tot de handelsportefeuille.

Art. 431

Overige financiële beleggingen

Artikel 368 lid 1 is niet van toepassing op de overige financiële beleggingen, bedoeld in artikel 430 lid 1, onder *c*.

Art. 432

Vorderingen

– 1. Onder de vorderingen worden afzonderlijk opgenomen:
a. vorderingen uit verzekeringsovereenkomsten, anders dan herverzekering, met afzonderlijke vermelding van de vorderingen op verzekeringnemers en op tussenpersonen;
b. vorderingen uit herverzekeringsovereenkomsten;
c. overige vorderingen.
– 2. Onderscheiden naar de in lid 1 genoemde groepen, worden aangegeven de vorderingen op groepsmaatschappijen en de vorderingen op andere rechtspersonen en vennootschappen die een deelneming hebben in de verzekeringsmaatschappij of waarin de verzekeringsmaatschappij een deelneming heeft.

Art. 433

Overige activa

– 1. Onder de overige activa worden afzonderlijk opgenomen:
a. materiële activa als bedoeld in artikel 366 lid 1 die niet onder de post terreinen en gebouwen moeten worden opgenomen, alsmede voorraden als bedoeld in artikel 369;
b. liquide middelen, als bedoeld in artikel 372 lid 1;
c. andere activa.
– 2. Tenzij de post andere activa van ondergeschikte betekenis is op het geheel van de overige activa, wordt zij naar aard en omvang toegelicht.

Art. 434

Overlopende activa

– 1. Onder de overlopende activa worden afzonderlijk opgenomen:
a. vervallen, maar nog niet opeisbare rente en huur;
b. overlopende acquisitiekosten, voor zover niet reeds in mindering gebracht op de technische voorziening niet-verdiende premies dan wel op de technische voorziening levensverzekering;
c. overige overlopende activa.
– 2. Vermeld worden de overlopende acquisitiekosten voor onderscheidenlijk levensverzekering en schadeverzekering.

Art. 435

Technische voorzieningen

– 1. Onder de technische voorzieningen worden afzonderlijk opgenomen:
a. de voorziening voor niet-verdiende premies en de voorziening voor lopende risico's, waaronder de catastrofevoorziening indien deze is getroffen;
b. de voorziening voor levensverzekering;
c. de voorziening voor te betalen schaden of voor te betalen uitkeringen;
d. de voorziening voor winstdeling en kortingen;
e. de voorziening voor latente winstdelingsverplichtingen;
f. de egalisatievoorziening, voor zover egalisatie van winsten en verliezen bij of krachtens de wet is toegestaan;
g. de overige technische voorzieningen.
– 2. Artikel 374 is van toepassing op de verzekeringstechnische voorzieningen, voor zover de aard van de technische voorzieningen zich daartegen niet verzet.
– 3. Op de technische voorzieningen, daaronder begrepen de technische voorzieningen, bedoeld in artikel 429 lid 2, onder *d*, wordt het deel dat door herverzekeringsovereenkomsten wordt gedekt op de balans in mindering gebracht. Eveneens worden op deze voorzieningen de rentestandkortingen in mindering gebracht.
– 4. Indien op de technische voorzieningen acquisitiekosten in mindering zijn gebracht, worden deze afzonderlijk vermeld.
– 5. Tenzij de voorziening voor lopende risico's van ondergeschikte betekenis is op het geheel van de voorziening niet-verdiende premies wordt de omvang toegelicht.
– 6. In het levensverzekeringsbedrijf behoeft geen technische voorziening voor niet-verdiende premies onderscheidenlijk voor te betalen uitkeringen te worden vermeld.
– 7. Onder de technische voorziening levensverzekering mag de voorziening, bedoeld in artikel 374 lid 4, onder *b*, worden opgenomen. In dat geval wordt in de toelichting het bedrag van de voorziening vermeld. (BW 2:374)

Art. 435a

Toelichting

– 1. In de toelichting worden mutatieoverzichten opgenomen betreffende:
a. de onder de voorziening voor lopende risico's opgenomen catastrofevoorziening;
b. de op de technische voorzieningen in mindering gebrachte nog af te schrijven post rentestandkortingen;
c. de nog af te schrijven acquisitiekosten;
d. de voorziening voor latente winstdelingverplichtingen.
– 2. Uit elk van de in lid 1 bedoelde overzichten blijkt:

a. het bedrag van de post aan het begin van het boekjaar;
b. de toevoegingen of verminderingen van de post over het boekjaar, gesplitst naar hun aard;
c. het bedrag van de post aan het einde van het boekjaar.
– 3. In de toelichting worden de grondslagen voor de vorming en waardering van een voorziening voor latente winstdelingverplichtingen vermeld.
– 4. Een verzekeringsmaatschappij met zetel in Nederland die het levensverzekeringsbedrijf uitoefent, vermeldt in een in de toelichting opgenomen overzicht de kwantitatieve uitkomst en de gehanteerde grondslagen van de krachtens de Wet op het financieel toezicht door de Nederlandsche Bank voorgeschreven toets op de toereikendheid van de technische voorzieningen.

Art. 436

Schulden

– 1. Onder de schulden worden afzonderlijk opgenomen:
a. schulden uit verzekeringsovereenkomsten, anders dan herverzekering;
b. schulden uit herverzekeringsovereenkomsten;
c. obligatieleningen, pandbrieven en andere leningen met afzonderlijke vermelding van converteerbare leningen;
d. schulden aan banken;
e. overige schulden, met afzonderlijke vermelding van schulden ter zake van belastingen en premiën sociale verzekering.
– 2. Onderscheiden naar de in lid 1 genoemde groepen, worden aangegeven de schulden aan groepsmaatschappijen en de schulden aan andere rechtspersonen en vennootschappen die een deelneming hebben in de verzekeringsmaatschappij of waarin de verzekeringsmaatschappij een deelneming heeft.
– 3. Artikel 375 lid 2 is van toepassing op elke in lid 1 vermelde groep van schulden.
– 4. Artikel 376 is niet van toepassing op verplichtingen uit verzekeringsovereenkomsten. (BW 2:375)

§ 3. Voorschriften omtrent de winst- en verliesrekening en de toelichting daarop

Art. 437

Winst- en verliesrekening

– 1. In deze afdeling wordt onder de winst- en verliesrekening verstaan: een technische rekening schadeverzekering, een technische rekening levensverzekering en een niet-technische rekening. De technische rekeningen worden toegepast naar gelang van de aard van het bedrijf van de verzekeringsmaatschappij.
– 2. Een verzekeringsmaatschappij die uitsluitend herverzekert of die naast herverzekering het schadeverzekeringsbedrijf uitoefent, mag de technische rekeningen toepassen naar gelang de aard van de overeenkomsten die worden herverzekerd, dan wel uitsluitend de technische rekening schadeverzekering. Indien uitsluitend de technische rekening schadeverzekering wordt toegepast, worden afzonderlijk de brutopremies vermeld, onderscheiden naar levensverzekering en schadeverzekering.
– 3. Op de technische rekening schadeverzekering worden afzonderlijk opgenomen de baten en de lasten uit de gewone uitoefening van het schadeverzekeringsbedrijf en het resultaat daarvan voor belastingen.
– 4. Op de technische rekening levensverzekering worden afzonderlijk opgenomen de baten en de lasten uit de gewone uitoefening van het levensverzekeringsbedrijf en het resultaat daarvan voor belastingen.
– 5. Op de niet-technische rekening worden afzonderlijk opgenomen:
a. de resultaten voor belastingen uit de gewone uitoefening van het schadeverzekeringsbedrijf en het levensverzekeringsbedrijf, de opbrengsten en lasten uit beleggingen alsmede de niet-gerealiseerde opbrengsten en verliezen van beleggingen welke niet worden toegewezen aan of toekomen aan het schade- of levensverzekeringsbedrijf, en de toegerekende opbrengsten uit beleggingen overgeboekt van of aan de technische rekeningen, de andere baten en lasten, de belastingen op het resultaat van de gewone bedrijfsuitoefening, en dit resultaat na belastingen;
b. de buitengewone baten en lasten, de belastingen daarover en het buitengewone resultaat na belastingen;
c. de overige belastingen;
d. het resultaat na belastingen. (BW 2:377)
– 6. Op de niet gerealiseerde opbrengsten en verliezen van beleggingen is artikel 438 lid 4 van toepassing.

Art. 438

Technische rekening

– 1. Afzonderlijk worden op de technische rekeningen, onder aftrek van herverzekeringsbaten en -lasten, opgenomen:
a. de verdiende premies;

b. de opbrengsten uit beleggingen;
c. de niet-gerealiseerde opbrengsten van beleggingen;
d. de overige baten;
e. de schaden of uitkeringen;
f. de toe- of afneming van de technische voorzieningen die niet onder andere posten moeten worden vermeld;
g. de toe- of afneming van de technische voorziening voor winstdeling en kortingen;
h. de bedrijfskosten;
i. de lasten in verband met beleggingen;
j. het niet-gerealiseerde verlies van beleggingen, op de wijze, bedoeld in lid 4;
k. de overige lasten;
l. de aan de niet-technische rekening toe te rekenen opbrengsten uit beleggingen;
m. de toe- of afneming van de egalisatievoorziening.
– 2. Tenzij aan het schadeverzekeringsbedrijf beleggingen rechtstreeks kunnen worden toegewezen, worden in de technische rekening schadeverzekering de posten *b* en *c* van lid 1 vervangen door een post die de aan het schadeverzekeringsbedrijf toegerekende opbrengsten van beleggingen omvat, en vervallen de posten *i, j* en *l* van lid 1. Post *m* wordt slechts in de technische rekening schadeverzekering opgenomen.
– 3. Bij de toerekening van opbrengsten van beleggingen van het ene deel van de winst- en verliesrekening aan het andere, worden de reden en de grondslag vermeld.
– 4. Waardestijgingen van beleggingen die op de grondslag van de actuele waarde worden gewaardeerd, mogen in de winst- en verliesrekening in aanmerking worden genomen onder post *c* van lid 1 of, indien de uitzondering van het tweede lid zich niet voordoet dan wel artikel 445 lid 3 wordt toegepast, in de niet-technische rekening. Indien de eerste volzin toepassing vindt, worden de waardeverminderingen van deze beleggingen niet als een last in verband met beleggingen overeenkomstig artikel 440 lid 5 onder *b* verantwoord, maar opgenomen onder post *j* van lid 1. Waardestijgingen en waardeverminderingen van de beleggingen, bedoeld in artikel 429 lid 1, onder *c*, moeten in de winst- en verliesrekening in aanmerking worden genomen op de wijze als in de eerste twee volzinnen aangegeven. (BW 2:384 lid 5, 387 lid 4, 5)
– 5. Tenzij toepassing is gegeven aan de eerste zin van lid 4, worden in het boekjaar gerealiseerde waardestijgingen van beleggingen die op de grondslag van de actuele waarde worden gewaardeerd in de winst- en verliesrekening in aanmerking genomen onder post *b* van lid 1.

Art. 439

Technische en niet-technische rekeningen

– 1. Op de technische en niet-technische rekeningen worden de volgende posten, naar gelang zij daarop voorkomen, overeenkomstig de volgende leden uitgesplitst.
– 2. De verdiende premies worden uitgesplitst in:
a. de brutopremies die tijdens het boekjaar zijn vervallen, uitgezonderd de samen met de premies geïnde belastingen of andere bij of krachtens de wet vereiste bijdragen;
b. de door de verzekeringsmaatschappij betaalde en verschuldigde herverzekeringspremies, onder aftrek van de bij de aanvang van het boekjaar verschuldigde herverzekeringspremies;
c. de toe- of afneming van de technische voorziening voor niet-verdiende premies, alsmede, indien van toepassing, van de technische voorziening voor lopende risico's;
d. het herverzekeringsdeel van de toe- of afneming, bedoeld onder *c.*
– 3. In de technische rekening levensverzekering mag de toe- of afneming van de technische voorziening niet-verdiende premies onderdeel uitmaken van de toe- of afneming van de technische voorziening levensverzekering en behoeft de uitsplitsing, bedoeld in lid 2, onder *d*, niet te worden gemaakt.
– 4. De schaden dan wel uitkeringen worden gesplitst in:
a. de voor eigen rekening betaalde schaden of uitkeringen, met afzonderlijke opneming van de totaal betaalde schaden of uitkeringen en van het daarin begrepen herverzekeringsdeel;
b. de toe- of afneming van de voorziening voor te betalen schaden of uitkeringen voor eigen rekening, met afzonderlijke opneming van het herverzekeringsdeel en van de som van deze beide bedragen.
– 5. Bij de post toe- of afneming van de technische voorzieningen die niet onder andere posten moet worden vermeld, wordt afzonderlijk opgenomen:
a. de toe- of afneming van de technische voorziening voor levensverzekering voor eigen rekening met afzonderlijke opneming van het herverzekeringsdeel en van de som van beide bedragen;
b. de toe- of afneming van de overige technische voorzieningen.
– 6. Tenzij de cumulatieve uitloop over de drie voorgaande boekjaren en de uitloop in het boekjaar telkens minder bedraagt dan tien procent van het resultaat van de technische rekening van het desbetreffende boekjaar, worden in de toelichting in een overzicht per branchegroep vermeld de aard en omvang van de uitloop in het boekjaar van de ten laste van de drie

voorgaande boekjaren gevormde voorzieningen voor te betalen schaden of uitkeringen. In dit overzicht worden tevens per branchegroep vermeld de aard en omvang van de totale uitloop in het boekjaar van de ten laste van het vierde voorgaande boekjaar en de boekjaren daarvoor gevormde voorzieningen voor te betalen schaden of uitkeringen. In dit overzicht wordt het effect van toegepaste discontering aangegeven.

Art. 440

Bedrijfskosten

– 1. Bij de bedrijfskosten worden afzonderlijk vermeld:
a. de acquisitiekosten;
b. de toe- of afneming van de overlopende acquisitiekosten;
c. de beheerskosten, de personeelskosten en de afschrijvingen op bedrijfsmiddelen, voor zover deze niet onder de acquisitiekosten, de schaden of de lasten in verband met beleggingen zijn opgenomen;
d. de op de bedrijfskosten in mindering gebrachte provisie en winstdeling die ter zake van herverzekeringsovereenkomsten is ontvangen.
– 2. Als acquisitiekosten worden aangemerkt de middellijk of onmiddellijk met het sluiten van verzekeringsovereenkomsten samenhangende kosten.
– 3. Bij de opbrengsten uit beleggingen worden afzonderlijk vermeld:
a. de opbrengsten uit deelnemingen;
b. de opbrengsten uit andere beleggingen, gesplitst naar opbrengsten uit terreinen en gebouwen en uit de overige beleggingen;
c. de terugnemingen van de waardeverminderingen van beleggingen, voor zover niet in de herwaarderingsreserve opgenomen;
d. de opbrengsten bij verkoop van beleggingen.
– 4. Onderscheiden naar de in lid 3 onder *a* en *b* genoemde groepen worden de opbrengsten uit de verhouding met groepsmaatschappijen aangegeven.
– 5. Bij de lasten in verband met beleggingen worden afzonderlijk vermeld:
a. de kosten in verband met het beheer van beleggingen, met inbegrip van de rentekosten;
b. de waardeverminderingen van beleggingen, voor zover niet aan de herwaarderingsreserve onttrokken, alsmede de afschrijvingen op beleggingen;
c. het verlies bij verkoop van beleggingen.
– 6. Het bedrag van de winstdeling en dat van de kortingen worden in de toelichting opgenomen.

§ 2a. Het overzicht van de samenstelling van het totaalresultaat

Art. 440a

Totaalresultaat

In aansluiting op de winst- en verliesrekening wordt een overzicht van de samenstelling van het totaalresultaat opgenomen. Het totaalresultaat is gelijk aan het verschil in eigen vermogen tussen de balans aan het begin van het boekjaar en de balans aan het eind van het boekjaar, gecorrigeerd voor kapitaalstortingen en kapitaalonttrekkingen.

§ 4. Bijzondere voorschriften omtrent de toelichting

Art. 441

Art. 380 niet van toepassing

– 1. Artikel 380 is niet van toepassing.
– 2. Een verzekeringsmaatschappij die het schadeverzekerings- of schadeherverzekeringsbedrijf uitoefent, vermeldt in een overzicht de volgende gegevens, waarin het herverzekeringsdeel is begrepen:
a. de geboekte premies;
b. de verdiende premies;
c. de schaden;
d. de bedrijfskosten; en
e. de som van de herverzekeringsbaten- en lasten.
– 3. Deze gegevens worden gesplitst naar schadeverzekering en herverzekering, indien ten minste een tiende deel van de geboekte premies uit herverzekeringsovereenkomsten afkomstig is.
– 4. De gegevens met betrekking tot schadeverzekering worden onderscheiden naar de volgende groepen:
a. ongevallen en ziekte;
b. wettelijke aansprakelijkheid motorrijtuigen;
c. motorrijtuigen overig;
d. zee-, transport- en luchtvaartverzekering;
e. brand en andere schade aan zaken;
f. algemene aansprakelijkheid, met uitzondering van de wettelijke aansprakelijkheid motorrijtuigen en van de aansprakelijkheid voor zee, transport en luchtvaart;

g. krediet en borgtocht;
h. rechtsbijstand;
i. hulpverlening; en
j. diverse geldelijke verliezen, indien de geboekte premies voor een groep meer dan € 10 000 000 bedragen. De verzekeringsmaatschappij vermeldt ten minste de gegevens van haar drie belangrijkste groepen.

– 5. Een verzekeringsmaatschappij die het levensverzekerings- of levensherverzekeringsbedrijf uitoefent, vermeldt in een overzicht de geboekte premies, met inbegrip van het herverzekeringsdeel, en het saldo van de herverzekeringsbaten en -lasten. De geboekte premies worden gesplitst naar levensverzekering en herverzekering, indien ten minste een tiende deel van de geboekte premies uit herverzekeringsovereenkomsten afkomstig is.

– 6. De geboekte premies levensverzekering worden onderscheiden naar:
a. premies uit collectieve verzekeringsovereenkomsten en die uit individuele overeenkomsten;
b. koopsommen en weerkerende betalingen; en
c. premies van overeenkomsten waarbij de tot uitkering gerechtigde het beleggingsrisico draagt, van overeenkomsten met en van overeenkomsten zonder winstdeling; een onder *a, b* of *c* vermelde categorie die een tiende gedeelte of minder bedraagt van het totaal van de geboekte premies behoeft niet te worden vermeld.

– 7. Vermeld wordt het bedrag van de premies, met inbegrip van het herverzekeringsdeel, die zijn geboekt op verzekeringsovereenkomsten gesloten vanuit:
a. Nederland;
b. het overige grondgebied van de Europese Gemeenschappen; en
c. de landen daarbuiten, telkens indien dat bedrag groter is dan het twintigste deel van het totaal van de geboekte premies.

– 8. Opgegeven wordt het bedrag van de betaalde en verschuldigde provisies, ongeacht de aard van de provisie. (BW 2:378 e.v.)

– 9. In de toelichting wordt vermeld:
a. het bedrag van de solvabiliteit waarover de verzekeringsmaatschappij tenminste moet beschikken;
b. het bedrag van de solvabiliteit dat het bestuur van de verzekeringsmaatschappij noodzakelijk acht;
c. het bedrag van de aanwezige solvabiliteit.

§ 5. Bijzondere voorschriften omtrent de grondslagen van waardering en van bepaling van het resultaat

Art. 442

Grondslagen van waardering

– 1. Als actuele waarde van de beleggingen komt slechts in aanmerking de marktwaarde overeenkomstig de regels gesteld bij algemene maatregel van bestuur, onverminderd het bepaalde in artikel 389.

– 2. De beleggingen waarbij de tot uitkering gerechtigde het beleggingsrisico draagt, alsmede spaarkasbeleggingen worden gewaardeerd op de grondslag van de actuele waarde.

– 3. Voor elk der posten behorende tot de beleggingen die op de balansdatum aanwezig zijn, wordt de verkrijgings- of vervaardigingsprijs opgegeven, indien de waardering op de grondslag van de actuele waarde geschiedt.

– 4. Indien beleggingen in terreinen en gebouwen op de grondslag van de actuele waarde worden gewaardeerd, behoeft artikel 386 lid 4 niet te worden toegepast. Indien het beleggingen in terreinen en gebouwen in eigen gebruik betreft, wordt in de toelichting op de winst- en verliesrekening het bedrag van de aan deze beleggingen toegerekende opbrengst aangegeven alsmede het toegerekende bedrag van de huisvestingskosten. (BW 2:384 e.v.)

– 5. De beleggingen, bedoeld in artikel 430 lid 4, onder *a*, waaronder de beleggingen in converteerbare obligaties en afgeleide financiële instrumenten, voor zover niet bedoeld in artikel 384 lid 8, worden op de grondslag van de actuele waarde gewaardeerd.

Art. 443

Waardepapieren

– 1. Waardepapieren met een vaste rente of van de rentestand afhankelijke rente die tot de beleggingen behoren, worden op de grondslag van de actuele waarde of tegen de aflossingswaarde gewaardeerd, onverminderd de toepassing van artikel 387 lid 4. Indien deze waardepapieren geen aflossingswaarde kennen, worden zij op grondslag van de actuele waarde of tegen de verkrijgingsprijs gewaardeerd, onverminderd de toepassing van artikel 387 lid 4.

– 2. Indien deze waardepapieren tegen aflossingswaarde op de balans worden opgenomen, wordt het verschil tussen de verkrijgingsprijs en de aflossingswaarde vermeld en over de jaren sinds de aanschaf gespreid als resultaat verantwoord. Het verschil mag ook in één keer als resultaat worden verantwoord, indien de verkrijgingsprijs hoger was dan de aflossingswaarde.

– 3. *Vervallen.*
– 4. De vorderingen uit leningen voor welke zakelijke zekerheid is gesteld en de andere vorderingen uit leningen, bedoeld in artikel 430 lid 4, onder *d* en *e*, mogen eveneens tegen aflossingswaarde worden gewaardeerd. (BW 2:422 lid 1 en 2)

Art. 444

Waarderingsgrondslag

– 1. De technische voorzieningen worden gewaardeerd op voor de bedrijfstak aanvaardbare grondslagen. Bij de waardering van de technische voorzieningen wordt ervan uitgegaan dat de verzekeringsmaatschappij in staat moet zijn te voldoen aan haar naar maatstaven van redelijkheid en billijkheid voorzienbare verplichtingen uit verzekeringsovereenkomsten. De bepaling van de technische voorziening voor levensverzekering en van die voor periodiek te betalen schaden of uitkeringen geschiedt door terzake deskundigen.
– 2. Ten behoeve van financiële ondernemingen met zetel in Nederland die herverzekeraar zijn als bedoeld in artikel 1:1 van de Wet op het financieel toezicht en geen vergunning hebben voor het uitoefenen van het bedrijf van verzekeraar als bedoeld in artikel 1:1 van die wet, worden bij algemene maatregel van bestuur regels gesteld omtrent de waardering van de technische voorziening voor te betalen schade.

§ 6. Bijzondere bepalingen voor de geconsolideerde jaarrekening

Art. 445

Verantwoording volgens voorschriften voor verzekeringsmaatschappijen

– 1. Maatschappijen die geen verzekeringsmaatschappij zijn en die in de geconsolideerde jaarrekening van een verzekeringsmaatschappij worden opgenomen, worden verantwoord overeenkomstig de voorschriften voor verzekeringsmaatschappijen.
– 2. De groepsmaatschappij aan het hoofd van de groep die de gegevens consolideert van een groep of een groepsdeel, welke geen of nagenoeg geen andere werkzaamheid heeft dan de uitoefening van het verzekeringsbedrijf, wordt in de geconsolideerde jaarrekening opgenomen overeenkomstig de voorschriften voor verzekeringsmaatschappijen. Dit geldt slechts, indien deze groepsmaatschappij geen of nagenoeg geen andere werkzaamheid heeft dan het beheren en financieren van groepsmaatschappijen en deelnemingen.
– 3. In een geconsolideerde winst- en verliesrekening die zowel schade- als levensverzekeringsmaatschappijen betreft, mogen alle opbrengsten van beleggingen in de niet-technische rekening worden opgenomen. Zowel in de technische rekening schadeverzekering als in de technische rekening levensverzekering vervallen dan de posten *i*, *j* en *l* van artikel 438 lid 1 en worden de posten *b* en *c* dan artikel 438 lid 1 vervangen door een post die onderscheidenlijk de aan de technische rekening schadeverzekering en levensverzekering toegerekende opbrengsten van beleggingen omvat.
– 4. Artikel 407 lid 2 is niet van toepassing. (BW 2:389, 405 e.v., 426)

Art. 446

Uitzondering elimineren winst en verlies

– 1. Winsten en verliezen die voortvloeien uit overeenkomsten tussen in de consolidatie opgenomen maatschappijen behoeven niet te worden geëlimineerd, indien de overeenkomsten op basis van marktvoorwaarden zijn aangegaan en daaruit ten gunste van tot uitkering gerechtigden rechten voortvloeien. De toepassing van deze uitzondering wordt vermeld, alsmede de invloed daarvan op het vermogen en resultaat, tenzij deze invloed van ondergeschikte betekenis is.
– 2. De termijn van drie maanden, bedoeld in artikel 412 lid 2, wordt verlengd tot zes maanden voor in de geconsolideerde jaarrekening op te nemen gegevens ter zake van herverzekering.
– 3. Indien een buitenlandse verzekeringsmaatschappij deel uitmaakt van de groep, mogen de technische voorzieningen van deze maatschappij in de consolidatie worden opgenomen overeenkomstig de waarderingsvoorschriften van haar recht, voor zover dat recht afwijking van die voorschriften niet toestaat. Het gemaakte gebruik van de uitzondering wordt in de toelichting vermeld.
– 4. Het derde lid is van overeenkomstige toepassing ten aanzien van de beleggingen waarbij de tot uitkering gerechtigde het beleggingsrisico draagt en ten aanzien van de spaarkasbeleggingen.

AFDELING 16
Rechtspleging

Art. 447

Inrichting jaarrekening bij rechterlijke aanwijzing

– 1. Op verzoek van degenen die krachtens artikel 448 daartoe bevoegd zijn, kan de ondernemingskamer van het gerechtshof te Amsterdam aan een rechtspersoon of vennootschap als bedoeld in artikel 360 waarop deze titel van toepassing is, een statutair in Nederland gevestigde effectenuitgevende instelling als bedoeld in artikel 1, onderdeel *b*, van de Wet toezicht financiële verslaggeving of een beleggingsinstelling als bedoeld in artikel 1:1 van de Wet op

het financieel toezicht bevelen de jaarrekening, het jaarverslag of de daaraan toe te voegen overige gegevens in te richten overeenkomstig door haar te geven aanwijzingen.
– 2. Het verzoek kan slechts worden ingediend op de grond dat de verzoeker van oordeel is dat de in het eerste lid bedoelde stukken niet voldoen aan de bij of krachtens artikel 3 van verordening (EG) 1606/2002 van het Europees Parlement en de Raad van de Europese Unie van 19 juli 2002 betreffende de toepassing van internationale standaarden voor jaarrekeningen (*PbEG* L 243), deze titel, onderscheidenlijk de Wet op het financieel toezicht gestelde voorschriften. Het verzoekschrift vermeldt in welk opzicht de stukken herziening behoeven.
– 3. Het verzoek heeft geen betrekking op een accountantsverklaring als bedoeld in artikel 393 lid 5.

Art. 448

Bevoegd tot indiening verzoek

– 1. Tot het indienen van het in artikel 447 bedoelde verzoek is bevoegd:
a. iedere belanghebbende;
b. de advocaat-generaal bij het gerechtshof te Amsterdam in het openbaar belang.
– 2. Tot het indienen van het verzoek is voorts bevoegd de Stichting Autoriteit Financiële Markten, voor zover het stukken betreft die betrekking hebben op een effectenuitgevende instelling als bedoeld in artikel 1, onderdeel *b*, van de Wet toezicht financiële verslaggeving en met inachtneming van het in artikel 4 van die wet bepaalde.

Art. 449

Termijnen

– 1. Het verzoek wordt ingediend binnen twee maanden na de dag waarop de jaarrekening is vastgesteld. Indien het in artikel 447 bedoelde verzoek wordt gedaan ten aanzien van een effectenuitgevende instelling als bedoeld in artikel 1, onderdeel *b*, van de Wet toezicht financiële verslaggeving bedraagt de in de eerste volzin bedoelde termijn zes maanden.
– 2. Het verzoek omtrent de jaarrekening die niet is vastgesteld, kan worden gedaan tot twee maanden of, voor zover het een effectenuitgevende instelling betreft als bedoeld in artikel 1, onderdeel *b*, van de Wet toezicht financiële verslaggeving, zes maanden na de dag der nederlegging van de jaarrekening ten kantore van het handelsregister. Indien na de dag der nederlegging de jaarrekening alsnog wordt vastgesteld, dan eindigt de termijn twee maanden of, voor zover het een effectenuitgevende instelling betreft als bedoeld in artikel 1, onderdeel *b*, van de Wet toezicht financiële verslaggeving, zes maanden na de dag waarop uit een neergelegde mededeling of uit de neergelegde jaarrekening blijkt van die vaststelling.
– 3. Indien een bericht als bedoeld in artikel 3, tweede lid, van de Wet toezicht financiële verslaggeving algemeen verkrijgbaar is gesteld, dan eindigt de termijn twee maanden na de dag waarop dit bericht algemeen verkrijgbaar is gesteld op de bij of krachtens dat artikel voorgeschreven wijze, doch niet eerder dan de termijnen, bedoeld lid 1 en lid 2.
– 4. Ter zake van tekortkomingen die niet uit de stukken blijken, eindigt de termijn twee maanden of, voor zover het een effectenuitgevende instelling betreft als bedoeld in artikel 1, onderdeel *b*, van de Wet toezicht financiële verslaggeving, zes maanden na de dag waarop de indiener van het verzoek daarvan in redelijkheid niet meer onkundig kon zijn, maar uiterlijk twee jaar na verloop van de termijn ingevolge de vorige leden.

Art. 450

Behandeling met gesloten deuren

– 1. De ondernemingskamer behandelt het in artikel 447 bedoelde verzoek met de meeste spoed. De zaak zal met gesloten deuren worden behandeld; de uitspraak geschiedt in het openbaar.
– 2. Bij de bepaling van de dag waarop de behandeling aanvangt bepaalt de ondernemingskamer tevens een termijn waarbinnen de rechtpersoon, vennootschap, effectenuitgevende instelling of beleggingsinstelling, bedoeld in artikel 447, lid 1, waarop het verzoek betrekking heeft, een verweerschrift kan indienen.
– 3. Onverminderd de leden 4 tot en met 8 worden andere belanghebbenden dan de rechtpersoon, vennootschap, effectenuitgevende instelling of beleggingsinstelling, bedoeld in artikel 447, lid 1, waarop het verzoek betrekking heeft, niet opgeroepen en kunnen zij geen verweerschrift indienen.
– 4. Indien het verzoek wordt gedaan ten aanzien van een effectenuitgevende instelling als bedoeld in artikel 1, onderdeel *b*, van de Wet toezicht financiële verslaggeving en het verzoek niet is gedaan door de Stichting Autoriteit Financiële Markten, wordt deze in de gelegenheid gesteld te worden gehoord over de in het verzoek genoemde onderwerpen en, indien artikel 194 van het Wetboek van Burgerlijke rechtsvordering toepassing heeft gevonden, in de gelegenheid gesteld haar mening over het deskundigenbericht aan de ondernemingskamer kenbaar te maken.
– 5. De ondernemingskamer beslist niet dan nadat zij de accountant die met het onderzoek van de jaarrekening is belast geweest, in de gelegenheid heeft gesteld te worden gehoord over de in het verzoek genoemde onderwerpen.
– 6. De ondernemingskamer geeft, indien het verzoek wordt gedaan ten aanzien van een ver-

zekeraar of kredietinstelling als bedoeld in artikel 1:1 van de Wet op het financieel toezicht, geen beslissing zonder dat de Nederlandsche Bank N.V. in de gelegenheid is gesteld te worden gehoord over de in het verzoek genoemde onderwerpen.
– 7. De ondernemingskamer geeft, indien het verzoek wordt gedaan ten aanzien van een beleggingsonderneming als bedoeld in artikel 1:1 van de Wet op het financieel toezicht, geen beslissing zonder De Nederlandsche Bank N.V. en de Stichting Autoriteit Financiële Markten in de gelegenheid te hebben gesteld te worden gehoord over de in het verzoek genoemde onderwerpen.
– 8. De ondernemingskamer geeft, indien het verzoek wordt gedaan ten aanzien van een beleggingsinstelling als bedoeld in artikel 1:1 van de Wet op het financieel toezicht, geen beslissing zonder De Nederlandsche Bank N.V. en de Stichting Autoriteit Financiële Markten in de gelegenheid te hebben gesteld te worden gehoord over de in het verzoek genoemde onderwerpen.

Art. 451

Bevel tot inrichting jaarrekening en jaarverslag

– 1. Indien de ondernemingskamer het in artikel 447 bedoelde verzoek toewijst, geeft zij aan de rechtspersoon, vennootschap, of instelling een bevel omtrent de wijze waarop deze de jaarrekening, het jaarverslag of de overige gegevens moet inrichten. Het bevel bevat daaromtrent nauwkeurige aanwijzingen.
– 2. De rechtspersoon, vennootschap of instelling is verplicht de stukken met inachtneming van het bevel op te maken en voor zover het de jaarrekening betreft, te besluiten omtrent de vaststelling.
– 3. De ondernemingskamer kan, ook ambtshalve, beslissen dat het bevel mede of uitsluitend een of meer toekomstige stukken betreft.
– 4. Indien het bevel betrekking heeft op de jaarrekening waarop het verzoek ziet, kan de ondernemingskamer het besluit tot vaststelling van die jaarrekening vernietigen. De ondernemingskamer kan de gevolgen van de vernietiging beperken.
– 5. Op verzoek van de rechtspersoon, vennootschap of instelling kan de ondernemingskamer wegens wijziging van omstandigheden haar bevel, voor zover dit betrekking heeft op toekomstige stukken, intrekken. Zij beslist niet dan na degene op wiens verzoek het bevel is gegeven in de gelegenheid te hebben gesteld te worden gehoord.

Art. 452

Nadere toelichting

– 1. Op verzoek van de Stichting Autoriteit Financiële Markten kan de ondernemingskamer van het gerechthof te Amsterdam een statutair in Nederland gevestigde effectenuitgevende instelling als bedoeld in artikel 1, onderdeel b, van de Wet toezicht financiële verslaggeving bevelen aan de verzoeker een nadere toelichting omtrent de toepassing van de bij of krachtens artikel 3 van verordening (EG) 1606/2002 van het Europees Parlement en de Raad van de Europese Unie van 19 juli 2002 betreffende de toepassing van internationale standaarden voor jaarrekeningen (*PbEG* L 243) of deze titel geldende voorschriften in de jaarrekening, het jaarverslag of in de overige gegevens te verschaffen.
– 2. Het verzoek wordt met redenen omkleed en kan worden gedaan tot zes maanden na de dag van deponering bij de Stichting Autoriteit Financiële Markten van de in artikel 447 bedoelde stukken op grond van artikel 5*a* van de Wet toezicht effectenverkeer 1995 met inachtneming van het in artikel 2 tot en met 4 van de Wet toezicht financiële verslaggeving bepaalde.
– 3. De leden 1 en 2 van artikel 450 zijn van overeenkomstige toepassing. Andere belanghebbenden dan de rechtspersoon, vennootschap, effectenuitgevende instelling of beleggingsinstelling, bedoeld in artikel 447, lid 1, waarop het verzoek betrekking heeft, worden niet opgeroepen en kunnen geen verweerschrift indienen.
– 4. Indien de ondernemingskamer het verzoek toewijst, kan zij aan de effectenuitgevende instelling een bevel geven omtrent de wijze waarop deze een nadere toelichting omtrent de toepassing van de in het eerste lid bedoeld voorschriften verschaft. De effectenuitgevende instelling is verplicht met inachtneming van het bevel de nadere toelichting te verschaffen.
– 5. De ondernemingkamer kan bepalen dat, indien of zolang de effectenuitgevende instelling niet voldoet aan het bevel, de effectenuitgevende instelling aan de Autoriteit Financiële Markten een door de ondernemingskamer vast te stellen dwangsom verbeurt. De artikelen 611*a* tot en met 611*i* van het Wetboek van Burgerlijke Rechtsvordering zijn van overeenkomstige toepassing.

Art. 453

Afschrift beschikking

– 1. De griffier van de ondernemingskamer doet ten kantore van het handelsregister van de plaats, waar de rechtspersoon, vennootschap of instelling volgens haar statuten haar zetel heeft, een afschrift van de beschikking van de ondernemingskamer neerleggen. Indien de beschikking betrekking heeft op een effectenuitgevende instelling als bedoeld in artikel 1, onderdeel *b*, van de Wet toezicht financiële verslaggeving verstrekt de griffier van de ondernemingskamer voorts een afschrift van de beschikking aan de Stichting Autoriteit Finan-

ciële Markten. Afschriften van beschikkingen die niet voorlopig ten uitvoer kunnen worden gelegd, worden nedergelegd zodra zij in kracht van gewijsde zijn gegaan.
– 2. Tot het instellen van beroep in cassatie tegen de beschikkingen van de ondernemingskamer uit hoofde van deze titel is, buiten de personen, bedoeld in het eerste lid van artikel 426 van het Wetboek van Burgerlijke Rechtsvordering, bevoegd de rechtspersoon, vennootschap of instelling ten aanzien waarvan de ondernemingskamer een beschikking heeft genomen, ongeacht of deze bij de ondernemingskamer is verschenen.

Art. 454

Onvoldoende financiële verslaggeving buitenlandse instelling

– 1. Op verzoek van de Stichting Autoriteit Financiële Markten kan de ondernemingskamer van het gerechtshof te Amsterdam aan een naar het recht van een andere staat opgerichte effectenuitgevende instelling als bedoeld in artikel 1, onderdeel b, onder 2°, van de Wet toezicht financiële verslaggeving bevelen een openbare mededeling te doen waarin wordt uitgelegd dat de jaarlijkse financiële verslaggeving als bedoeld in artikel 1, onderdeel d, onder 4° en 5°, van de Wet toezicht financiële verslaggeving niet voldoet aan de voorschriften, bedoeld in artikel 5:25c, tweede, vierde of vijfde lid, of artikel 5:25v, eerste lid, van de Wet op het financieel toezicht of waarin wordt uitgelegd hoe die voorschriften in de toekomst zullen worden toegepast.
– 2. De Stichting Autoriteit Financiële Markten kan het verzoek slechts indienen op de grond dat de in lid 1 bedoelde stukken niet voldoen aan de in artikel 5:25c, tweede, vierde of vijfde lid, of artikel 5:25v, eerste lid, van de Wet op het financieel toezicht bedoelde voorschriften. Het verzoekschrift vermeldt in welk opzicht de stukken niet voldoen.
– 3. Het verzoek heeft geen betrekking op de verklaring van de accountant, bedoeld in artikel 5:25c, vierde lid, van de Wet op het financieel toezicht.
– 4. Het verzoek wordt ingediend uiterlijk zes maanden na de dag waarop de jaarrekening op grond van artikel 5:25c, eerste lid, algemeen verkrijgbaar is gesteld. De leden 3 en 4 van artikel 449 zijn van overeenkomstige toepassing.
– 5. Op de behandeling van het verzoek door de ondernemingskamer zijn de leden 1 tot en met 3 en 5 tot en met 7 van artikel 450 van overeenkomstige toepassing.

Art. 455

Bevel ondernemingskamer

– 1. Indien de ondernemingskamer het in artikel 454 bedoelde verzoek toewijst, geeft zij de effectenuitgevende instelling een bevel om binnen een door de ondernemingskamer te stellen termijn in een openbare mededeling uit te leggen:
a. op welke wijze de in artikel 5:25c van de Wet op het financieel toezicht bedoelde voorschriften in de toekomst zullen worden toegepast en de gevolgen daarvan voor de financiële verslaggeving te beschrijven; of
b. op welke onderdelen de financiële verslaggeving niet voldoet aan de in artikel 5:25c van de Wet op het financieel toezicht bedoelde voorschriften en de gevolgen daarvan voor de financiële verslaggeving te beschrijven. Het bevel bevat daartoe nauwkeurige aanwijzingen.
– 2. De effectenuitgevende instelling is verplicht met inachtneming van het bevel de openbare mededeling te doen.
– 3. Op verzoek van de effectenuitgevende instelling kan de ondernemingskamer wegens wijziging van omstandigheden haar bevel voor zover dit betrekking heeft op toekomstige stukken intrekken. De ondernemingskamer beslist niet dan na de Stichting Autoriteit Financiële Markten te hebben gehoord.
– 4. Indien de beschikking betrekking heeft op een naar het recht van een andere staat opgerichte effectenuitgevende instelling als bedoeld in artikel 1, onderdeel b, onder 2°, van de Wet toezicht financiële verslaggeving verstrekt de griffier van de ondernemingskamer een afschrift van de beschikking aan de Stichting Autoriteit Financiële Markten.
– 5. De artikelen 452 lid 5 en 453 lid 2 zijn van overeenkomstige toepassing.

BOEK 3
Vermogensrecht in het algemeen

TITEL 1
Algemene bepalingen

AFDELING 1
Begripsbepalingen

Art. 1

Goederen zijn alle zaken en alle vermogensrechten. (Ontw. 3.1.1.0; BW 555, 559 (oud); BW 3:2, 6; 8:7) **Goederen**

Art. 2

Zaken zijn de voor menselijke beheersing vatbare stoffelijke objecten. (Ontw. 3.1.1.1; BW 5:1 e.v., 15; 8:7) **Zaken**

Art. 3

– 1. Onroerend zijn de grond, de nog niet gewonnen delfstoffen, de met de grond verenigde beplantingen, alsmede de gebouwen en werken die duurzaam met de grond zijn verenigd, hetzij rechtstreeks, hetzij door vereniging met andere gebouwen of werken. (BW 562-564 (oud); BW 5:20 e.v., 71, 75, 89, 99, 101; 6:174 lid 3; Overg.w. 76, 77) **Roerend/onroerend**

– 2. Roerend zijn alle zaken die niet onroerend zijn. (Ontw. 3.1.1.2; BW 565-574 (oud); BW 5:4 e.v.; 6:173)

Art. 4

– 1. Al hetgeen volgens verkeersopvatting onderdeel van een zaak uitmaakt, is bestanddeel van die zaak. **Bestanddelen**

– 2. Een zaak die met een hoofdzaak zodanig verbonden wordt dat zij daarvan niet kan worden afgescheiden zonder dat beschadiging van betekenis wordt toegebracht aan een der zaken, wordt bestanddeel van de hoofdzaak. (Ontw. 3.1.1.3; BW 556 (oud); BW 3:227 lid 2, 254; 5:3, 14, 15, 16, 20; 8:1 leden 3-6; Overg.w. 76, 77)

Art. 5

Inboedel is het geheel van tot huisraad en tot stoffering en meubilering van een woning dienende roerende zaken, met uitzondering van boekerijen en verzamelingen van voorwerpen van kunst, wetenschap of geschiedkundige aard. (Ontw. 3.1.1.3a; BW 570 (oud); BW 1:88 lid 1 onder *a*, 165, 175; BW 4:28, 29, 97) **Inboedel**

Art. 6

Rechten die, hetzij afzonderlijk hetzij tezamen met een ander recht, overdraagbaar zijn, of er toe strekken de rechthebbende stoffelijk voordeel te verschaffen, ofwel verkregen zijn in ruil voor verstrekt of in het vooruitzicht gesteld stoffelijk voordeel, zijn vermogensrechten. (Ontw. 3.1.1.5; BW 3:1, 83) **Vermogensrechten**

Art. 7

Een afhankelijk recht is een recht dat aan een ander recht zodanig verbonden is, dat het niet zonder dat andere recht kan bestaan. (Ontw. 3.1.1.6; BW 3:82; 5:101 lid 2; 7:851) **Afhankelijk recht**

Art. 8

Een beperkt recht is een recht dat is afgeleid uit een meer omvattend recht, hetwelk met het beperkte recht is bezwaard. (Ontw. 3.1.1.7; BW 3:81, 86 lid 2, 98, 106, 177, 238 lid 2, 262, 282) **Beperkt recht**

Art. 9

– 1. Natuurlijke vruchten zijn zaken die volgens verkeersopvatting als vruchten van andere zaken worden aangemerkt. **Natuurlijke en burgerlijke vruchten**

– 2. Burgerlijke vruchten zijn rechten die volgens verkeersopvatting als vruchten van goederen worden aangemerkt.

– 3. De afzonderlijke termijnen van een lijfrente gelden als vruchten van het recht op de lijfrente. **Termijnen van lijfrente**

– 4. Een natuurlijke vrucht wordt een zelfstandige zaak door haar afscheiding, een burgerlijke vrucht een zelfstandig recht door haar opeisbaar worden. (Ontw. 3.1.1.9; BW 557, 558, 811 (oud); BW 3:97, 120 e.v., 172, 216, 237 lid 4, 266, 312; 5:1 lid 3, 17, 45, 90 lid 1; 6:24 lid 2, 206, 275; 7:14, 604; 7A:1576*n*; Rv 494, 507, 732; Fw 35 lid 2)

Art. 10

Registergoederen zijn goederen voor welker overdracht of vestiging inschrijving in daartoe bestemde openbare registers noodzakelijk is. (Ontw. 3.1.1.10; BW 1:92; 3:16 e.v., 89, 97 lid 1, 227) **Registergoederen**

Art. 11

Goede trouw van een persoon, vereist voor enig rechtsgevolg, ontbreekt niet alleen, indien hij **Goede trouw** de feiten of het recht, waarop zijn goede trouw betrekking moet hebben, kende, maar ook indien hij ze in de gegeven omstandigheden behoorde te kennen. Onmogelijkheid van onderzoek belet niet dat degene die goede reden tot twijfel had, aangemerkt wordt als iemand die de feiten of het recht behoorde te kennen. (Ontw. 3.1.1.12; BW 3:118 lid 3; 6:2 lid 1, 248)

Art. 12

Redelijkheid en billijkheid

Bij de vaststelling van wat redelijkheid en billijkheid eisen, moet rekening worden gehouden met algemeen erkende rechtsbeginselen, met de in Nederland levende rechtsovertuigingen en met de maatschappelijke en persoonlijke belangen, die bij het gegeven geval zijn betrokken. (Ontw. 3.1.1.13; BW 2:8, 15 lid 1 sub *b*; 3:298; 6:2, 248, 258; 8:119)

Art. 13

Misbruik van bevoegdheid

– 1. Degene aan wie een bevoegdheid toekomt, kan haar niet inroepen, voor zover hij haar misbruikt.

– 2. Een bevoegdheid kan onder meer worden misbruikt door haar uit te oefenen met geen ander doel dan een ander te schaden of met een ander doel dan waarvoor zij is verleend of in geval men, in aanmerking nemende de onevenredigheid tussen het belang bij de uitoefening en het belang dat daardoor wordt geschaad, naar redelijkheid niet tot die uitoefening had kunnen komen.

– 3. Uit de aard van een bevoegdheid kan voortvloeien dat zij niet kan worden misbruikt. (Ontw. 3.1.1.14; BW art. 1:366 onder *b*; BW art. 3:178 lid 3, 303; BW art. 5:1 lid 2, 21 lid 2, 37, 44, 50, 54, 79; BW art. 6:2, 248)

BW 3

Art. 14

Strijd met publiekrecht

Een bevoegdheid die iemand krachtens het burgerlijk recht toekomt, mag niet worden uitgeoefend in strijd met geschreven of ongeschreven regels van publiekrecht. (Ontw. 3.1.1.15)

Art. 15

Schakelbepaling

De artikelen 11-14 vinden buiten het vermogensrecht toepassing, voor zover de aard van de rechtsbetrekking zich daartegen niet verzet. (Ontw. 3.1.1.16; BW 3:59, 79, 326)

AFDELING 1A
Elektronisch vermogensrechtelijk rechtsverkeer

Art. 15a

Elektronische handtekening

– 1. Een elektronische handtekening heeft dezelfde rechtsgevolgen als een handgeschreven handtekening, indien de methode die daarbij is gebruikt voor authentificatie voldoende betrouwbaar is, gelet op het doel waarvoor de elektronische gegevens werden gebruikt en op alle overige omstandigheden van het geval.

– 2. Een in lid 1 bedoelde methode wordt vermoed voldoende betrouwbaar te zijn, indien een elektronische handtekening voldoet aan de volgende eisen:
a. zij is op unieke wijze aan de ondertekenaar verbonden;
b. zij maakt het mogelijk de ondertekenaar te identificeren;
c. zij komt tot stand met middelen die de ondertekenaar onder zijn uitsluitende controle kan houden; en
d. zij is op zodanige wijze aan het elektronisch bestand waarop zij betrekking heeft verbonden, dat elke wijziging achteraf van de gegevens kan worden opgespoord;
e. zij is gebaseerd op een gekwalificeerd certificaat als bedoeld in artikel 1.1, onderdeel *ss*, van de Telecommunicatiewet; en
f. zij is gegenereerd door een veilig middel voor het aanmaken van elektronische handtekeningen als bedoeld in artikel 1.1, onderdeel *vv*, van de Telecommunicatiewet.

– 3. Een in lid 1 bedoelde methode kan niet als onvoldoende betrouwbaar worden aangemerkt op de enkele grond dat deze:
- niet is gebaseerd op een gekwalificeerd certificaat als bedoeld in artikel 1.1, onderdeel *ss*, van de Telecommunicatiewet;
- niet is gebaseerd op een door een certificatiedienstverlener als bedoeld in artikel 18.16, eerste lid, Telecommunicatiewet afgegeven certificaat; of
- niet met een veilig middel voor het aanmaken van elektronische handtekeningen is aangemaakt als bedoeld in artikel 1.1, onderdeel *vv*, van de Telecommunicatiewet.

– 4. Onder elektronische handtekening wordt een handtekening verstaan die bestaat uit elektronische gegevens die zijn vastgehecht aan of logisch geassocieerd zijn met andere elektronische gegevens en die worden gebruikt als middel voor authentificatie.

– 5. Onder ondertekenaar wordt degene verstaan die een middel voor het aanmaken van elektronische handtekeningen als bedoeld in artikel 1.1, onderdeel *uu*, van de Telecommunicatiewet gebruikt.

– 6. Tussen partijen kan van lid 2 en 3 worden afgeweken.

Art. 15b

Gekwalificeerd certificaat

Een gekwalificeerd certificaat als bedoeld in artikel 1.1, onderdeel *ss*, van de Telecommunica-

tiewet, afgegeven aan het publiek door een certificatiedienstverlener gevestigd in een derde land, heeft dezelfde geldigheid als een gekwalificeerd certificaat afgegeven door een in de Europese Gemeenschap dan wel een van de overige staten die partij zijn bij de Overeenkomst betreffende de Europese Economische Ruimte gevestigde certificatiedienstverlener, indien:
a. de certificatiedienstverlener voldoet aan de in richtlijn nr. 99/93/EG van het Europees Parlement en de Raad van 13 december 1999 betreffende een gemeenschappelijk kader voor elektronische handtekeningen (*PbEG* L 13) gestelde eisen en beschikt over een in het kader van een in een lidstaat van de Europese Gemeenschap Gemeenschap dan wel een van de overige staten die partij zijn bij de Overeenkomst betreffende de Europese Economische Ruimte afgegeven bewijs van toetsing als bedoeld in artikel 18.16, eerste lid Telecommunicatiewet, dan wel
b. een in de Europese Gemeenschap of een van de overige staten die partij zijn bij de Overeenkomst betreffende de Europese Economische Ruimte gevestigde certificatiedienstverlener die voldoet aan de eisen van richtlijn nr. 99/93/EG van het Europees Parlement en de Raad van 13 december 1999 betreffende een gemeenschappelijk kader voor elektronische handtekeningen (*PbEG* L 13) voor dat certificaat instaat, dan wel
c. het certificaat of de certificatiedienstverlener is erkend in het kader van een bilaterale of multilaterale overeenkomst tussen de Europese Gemeenschap dan wel een van de overige staten die partij zijn bij de Overeenkomst betreffende de Europese Economische Ruimte en derde landen of internationale organisaties.

Art. 15c

Schakelbepaling

Buiten het vermogensrecht vinden de bepalingen van deze afdeling overeenkomstige toepassing, voor zover de aard van de rechtshandeling of van de rechtsbetrekking zich daartegen niet verzet.

Art. 15d

Gegevensverstrekking bij dienst informatieverstrekking

– 1. Degene die een dienst van de informatiemaatschappij verleent, maakt de volgende gegevens gemakkelijk, rechtstreeks en permanent toegankelijk voor degenen die gebruik maken van deze dienst, in het bijzonder om informatie te verkrijgen of toegankelijk te maken:
a. zijn identiteit en adres van vestiging;
b. gegevens die een snel contact en een rechtstreekse en effectieve communicatie met hem mogelijk maken, met inbegrip van zijn elektronische postadres;
c. voor zover hij in een handelsregister of een vergelijkbaar openbaar register is ingeschreven: het register waar hij is ingeschreven en zijn inschrijvingsnummer, of een vergelijkbaar middel ter identificatie in dat register;
d. voor zover een activiteit aan een vergunningsstelsel is onderworpen: de gegevens over de bevoegde toezichthoudende autoriteit;
e. voor zover hij een gereglementeerd beroep uitoefent:
– de beroepsvereniging of -organisatie waarbij hij is ingeschreven,
– de beroepstitel en de lidstaat van de Europese Unie of andere staat die partij is bij de Overeenkomst betreffende de Europese Economische Ruimte waar die is toegekend,
– een verwijzing naar de beroepsregels die in Nederland van toepassing zijn en de wijze van toegang daartoe;
f. voor zover hij een aan de BTW onderworpen activiteit uitoefent: het btw-identificatienummer zoals bedoeld in artikel 2*a*, eerste lid, onder g, van de Wet op de Omzetbelasting 1968.
– 2. De dienstverlener geeft aanduidingen van prijzen in een dienst van de informatiemaatschappij duidelijk en ondubbelzinnig aan, met de uitdrukkelijke vermelding of, en zo mogelijk welke, belasting en leveringskosten daarbij inbegrepen zijn.
– 3. Onder dienst van de informatiemaatschappij wordt verstaan elke dienst die gewoonlijk tegen vergoeding, langs elektronische weg, op afstand en op individueel verzoek van de afnemer van de dienst wordt verricht zonder dat partijen gelijktijdig op dezelfde plaats aanwezig zijn. Een dienst wordt langs elektronische weg verricht indien deze geheel per draad, per radio, of door middel van optische of andere elektromagnetische middelen wordt verzonden, doorgeleid en ontvangen met behulp van elektronische apparatuur voor de verwerking, met inbegrip van digitale compressie, en de opslag van gegevens.

Art. 15e

Commerciële communicatie

– 1. Indien commerciële communicatie deel uitmaakt van een dienst van de informatiemaatschappij of een dergelijke dienst vormt, zorgt degene in wiens opdracht de commerciële communicatie geschiedt dat:
a. de commerciële communicatie duidelijk als zodanig herkenbaar is;
b. de commerciële communicatie zijn identiteit vermeldt;
c. de commerciële communicatie, indien deze verkoopbevorderende aanbiedingen, wedstrijden of spelen omvat, een duidelijke en ondubbelzinnige vermelding bevat van de aard en de voorwaarden van de aanbieding of de deelneming;

d. ongevraagde commerciële communicatie door middel van elektronische post reeds bij de ontvangst duidelijk en ondubbelzinnig als zodanig herkenbaar is.
– 2. *Vervallen.*
– 3. Onder commerciële communicatie als bedoeld in dit artikel wordt verstaan elke vorm van communicatie bestemd voor het aanprijzen van de goederen, diensten of het imago van een onderneming, instelling of persoon die een commerciële, industriële of ambachtelijke activiteit of een gereglementeerd beroep uitoefent, met uitzondering van informatie die rechtstreeks toegang geeft tot de activiteit van de onderneming, instelling of persoon, in het bijzonder een domeinnaam of een elektronisch postadres. Mededelingen over goederen of diensten of het imago van een onderneming, instelling of persoon die onafhankelijk van deze en in het bijzonder zonder financiële tegenprestatie zijn samengesteld, zijn geen commerciële communicatie.

Art. 15f

Info bij minister aan te wijzen rechtspersoon

– 1. Degenen die diensten van de informatiemaatschappij verlenen of gebruiken kunnen zich richten tot een door Onze Minister van Justitie in overeenstemming met Onze Minister van Economische Zaken aan te wijzen rechtspersoon teneinde:
a. algemene informatie te verkrijgen over hun contractuele rechten en plichten alsmede over klachtenprocedures en rechtsmiddelen in het geval van een geschil;
b. nadere gegevens te verkrijgen over de autoriteiten of organisaties waar zij nadere informatie of praktische bijstand kunnen krijgen.
– 2. De rechtspersoon, bedoeld in lid 1, werkt bij de uitoefening van zijn taken samen met de overeenkomstige organisaties in andere lidstaten van de Europese Unie en de overige staten die partij zijn bij de Overeenkomst betreffende de Europese Economische Ruimte.
– 3. De controleurs van de Belastingdienst/Fiscale Inlichtingen- en Opsporingsdienst – Economische Controle Dienst (Belastingdienst/FIOD-ECD) worden aangewezen als ambtenaren, belast met de opsporing van overtredingen van de voorschriften gesteld bij de artikelen 15*d* en 15*e* lid 1.

AFDELING 1B
Het voeren van een administratie

Art. 15i

Het voeren van een administratie

– 1. Een ieder die een bedrijf of zelfstandig een beroep uitoefent, is verplicht van zijn vermogenstoestand en van alles betreffende zijn bedrijf of beroep, naar de eisen van dat bedrijf of beroep, op zodanige wijze een administratie te voeren en de daartoe behorende boeken, bescheiden en andere gegevensdragers op zodanige wijze te bewaren, dat te allen tijde zijn rechten en verplichtingen kunnen worden gekend.
– 2. De leden 2 tot en met 4 van artikel 10 van Boek 2 zijn van overeenkomstige toepassing.

Art. 15j

Openlegging gegevensdragers

Openlegging van tot een administratie behorende boeken, bescheiden en andere gegevensdragers kunnen, voorzover zij daarbij een rechtstreeks en voldoende belang hebben, vorderen:
a. erfgenamen, ten aanzien van de boekhouding van de erflater;
b. deelgenoten in een gemeenschap, ten aanzien van de boekhouding betreffende de gemeenschap;
c. vennoten, ten aanzien van de boekhouding van de vennootschap;
d. schuldeisers in het geval van faillissement of toepassing van de schuldsaneringsregeling natuurlijke personen, ten aanzien van de boekhouding van de failliet onderscheidenlijk degene ten aanzien van wie de schuldsaneringsregeling van toepassing is.

AFDELING 2
Inschrijvingen betreffende registergoederen

Art. 16

Openbare registers

– 1. Er worden openbare registers gehouden, waarin feiten die voor de rechtstoestand van registergoederen van belang zijn, worden ingeschreven. (BW 3:10)
– 2. Welke deze openbare registers zijn, waar en op welke wijze een inschrijving in de registers kan worden verkregen, welke stukken daartoe aan de bewaarder moeten worden aangeboden, wat deze stukken moeten inhouden, hoe de registers worden ingericht, hoe de inschrijvingen daarin geschieden, en hoe de registers kunnen worden geraadpleegd, wordt geregeld bij de wet. (Ontw. 3.1.2.1; Kad. 8, 10, 11 e.v., 99 e.v.)

Art. 17

Inschrijfbare feiten

– 1. Behalve die feiten waarvan inschrijving krachtens andere wetsbepalingen mogelijk is, kunnen in deze registers de volgende feiten worden ingeschreven: (BW 3:28, 237 lid 4, 254 lid 3; 5:61 lid 2; Kad. 45, 46, 47)
a. rechtshandelingen die een verandering in de rechtstoestand van registergoederen brengen

of in enig ander opzicht voor die rechtstoestand van belang zijn; (BW 3:89, 98, 186, 260; 5:31, 60, 109 lid 1, 139 lid 3; 6:143 lid 4, 252 lid 2; Kad. 24, 26, 28, 29)
b. erfopvolgingen die registergoederen betreffen, daaronder begrepen de opvolging door de Staat krachtens de artikelen 189 en 226 lid 4 van Boek 4, en de afgifte van registergoederen aan de Staat krachtens artikel 226 leden 1 en 2 van Boek 4; (BW 3:24 lid 3; Kad. 26)
c. vervulling van de voorwaarde, gesteld in een ingeschreven voorwaardelijke rechtshandeling, en de verschijning van een onzeker tijdstip, aangeduid in de aan een ingeschreven rechtshandeling verbonden tijdsbepaling, alsmede de dood van een vruchtgebruiker van een registergoed; (BW 3:38, 203 lid 2; Kad. 30)
d. reglementen en andere regelingen die tussen medegerechtigden in registergoederen zijn vastgesteld; (BW 3:168 lid 4; Kad. 31)
e. rechterlijke uitspraken die de rechtstoestand van registergoederen of de bevoegdheid daarover te beschikken betreffen, mits zij uitvoerbaar bij voorraad zijn of een verklaring van de griffier wordt overgelegd, dat daartegen geen gewoon rechtsmiddel meer openstaat of dat hem drie maanden na de uitspraak niet van het instellen van een gewoon rechtsmiddel is gebleken, benevens de tegen de bovenbedoelde uitspraken ingestelde rechtsmiddelen; (BW 3:27, 29, 237 lid 4, 300, 301, 302; 5:32, 116 lid 5; 6:260 lid 3; Rv 513a; Onteig.w. 54f, 59; Landinrichtingswet 208; Grondwaterwet 36; Kad. 25, 39)
f. instelling van rechtsvorderingen en indiening van verzoekschriften ter verkrijging van een rechterlijke uitspraak die de rechtstoestand van een registergoed betreft; (Kad. 38 v.)
g. executoriale en conservatoire beslagen op registergoederen; (Kad. 32)
h. naamsveranderingen die tot registergoederen gerechtigde personen betreffen; (Kad. 33)
i. verjaring die leidt tot verkrijging van een registergoed of tenietgaan van een beperkt recht dat een registergoed is; (BW 3:24 lid 2 onder *e*, 99 v., 106, 323; Kad. 34)
j. beschikkingen en uitspraken, waarbij een krachtens een bijzondere wetsbepaling ingeschreven beschikking wordt vernietigd, ingetrokken of gewijzigd; (Kad. 45; Wet op het openbare bibliotheekwerk 31; Waterleidingwet 23; Natuurbeschermingswet 20; Wet agrarisch grondverkeer 39; Vorderingswet 14, 25; Oorlogswet voor Nederland 65; Wet inzake de luchtverontreiniging 60; Wet geluidhinder 164; Belemmeringenwet Privaatrecht 6; Belemmeringenwet landsverdediging 7a; Luchtvaartwet 48; Deltaschadewet 7; Waterstaatswet 14; Wet voorkeursrecht gemeenten 4)
k. de aanleg en verwijdering van een net, bestaande uit een of meer kabels of leidingen, bestemd voor transport van vaste, vloeibare of gasvormige stoffen, van energie of van informatie.
– 2. Huur- en pachtovereenkomsten en andere feiten die alleen persoonlijke rechten geven of opheffen, kunnen slechts worden ingeschreven, indien een bijzondere wetsbepaling dit toestaat. (Ontw. 3.1.2.2; BW 6:260 lid 3 en lid 5; Tijdelijke wet huurkoop onroerende zaken 4; Kad. 26; Overgangsw. 78)

Art. 18

Bewijs van ontvangst

Worden de bewaarder der registers stukken ter inschrijving aangeboden, dan verstrekt hij de aanbieder een bewijs van ontvangst, vermeldende de aard dier stukken alsmede dag, uur en minuut van de aanbieding. (Ontw. 3.1.2.2a; BW 3:19 lid 2 en lid 3, 21, Kad. 13, 17)

Art. 19

Tijdstip inschrijving

– 1. Indien de voor een inschrijving nodige stukken worden aangeboden, de aangeboden stukken aan de wettelijke eisen voldoen en andere wettelijke vereisten voor inschrijving zijn vervuld, dan geschiedt de inschrijving terstond na de aanbieding.
– 2. Als tijdstip van inschrijving geldt het tijdstip van aanbieding van de voor de inschrijving vereiste stukken.
– 3. Op verlangen van de aanbieder tekent de bewaarder de verrichte inschrijving op het ontvangstbewijs aan of doet hij in de gevallen en op een wijze bij of krachtens de wet, bedoeld in artikel 16, tweede lid, vast te stellen, daarvan mededeling aan de aanbieder. (BW 3:20; Kad. 17)
– 4. Indien de bewaarder vermoedt dat de in de aangeboden stukken vermelde kenmerken niet overeenstemmen met die welke met betrekking tot het registergoed behoren te worden vermeld, of dat de in te schrijven rechtshandeling door een onbevoegde is verricht of onverenigbaar is met een andere rechtshandeling, ter inschrijving waarvan hem de nodige stukken zijn aangeboden, is hij bevoegd de aanbieder en andere belanghebbenden daarop opmerkzaam te maken. (Ontw. 3.1.2.3; BW 3:18; Kad. 17, 18 v., 59)

Art. 20

Weigering inschrijving

– 1. De bewaarder der registers weigert een inschrijving te doen, indien niet is voldaan aan de eisen, bedoeld in artikel 19, eerste lid. Hij boekt de aanbieding in het register van voorlopige aantekeningen met vermelding van de gerezen bedenkingen. (Kad. 8 lid 1 onder *d*, 11, 15, 18 e.v.)
– 2. Wanneer de weigering ten onrechte is geschied, beveelt de voorzieningenrechter van de rechtbank, rechtdoende in kort geding, op vordering van de belanghebbende de bewaarder de

inschrijving alsnog te verrichten, zulks onverminderd de bevoegdheid van de gewone rechter. De voorzieningenrechter kan de oproeping van door hem aan te wijzen andere belanghebbenden gelasten. Het bevel van de voorzieningenrechter is van rechtswege uitvoerbaar bij voorraad. (Rv 12*a*, 52 e.v., 289 e.v.; Kad. 14, 16)

– 3. Wordt de geweigerde inschrijving alsnog bevolen, dan verricht de bewaarder haar terstond nadat de eiser haar opnieuw heeft verzocht.

– 4. Indien de belanghebbende binnen twee weken na de oorspronkelijke aanbieding aan de bewaarder een dagvaarding in kort geding ter verkrijging van het in lid 2 bedoelde bevel heeft doen uitbrengen en de aanvankelijk geweigerde inschrijving alsnog is verricht op een hernieuwde aanbieding van dezelfde stukken, gedaan binnen een week na een in eerste aanleg gegeven bevel, wordt de inschrijving geacht te zijn geschied op het tijdstip waarop de oorspronkelijke aanbieding plaatsvond. Hetzelfde geldt, indien de bewaarder op een hernieuwde aanbieding alsnog overgaat tot inschrijving binnen twee weken hetzij na de oorspronkelijke aanbieding, hetzij na een hem tijdig uitgebrachte dagvaarding hangende het geding in eerste aanleg. (Kad. 14, 16)

– 5. Een feit waarvan slechts blijkt uit een overeenkomstig lid 1, tweede zin, geboekt stuk wordt geacht niet door raadpleging van de registers kenbaar te zijn, tenzij het krachtens het vorige lid geacht moet worden reeds ten tijde van de raadpleging ingeschreven te zijn geweest. (BW 3:23, 24 lid 1, 25, 26)

– 6. Een voorlopige aantekening wordt door de bewaarder doorgehaald, zodra hem is gebleken dat de voorwaarden voor toepassing van het vierde lid niet meer kunnen worden vervuld, of de inschrijving met inachtneming van het tijdstip van oorspronkelijke aanbieding alsnog heeft plaatsgevonden. (Ontw. 3.1.2.4)

Art. 21

Rangorde inschrijving

– 1. De rangorde van inschrijvingen die op een zelfde registergoed betrekking hebben, wordt bepaald door de volgorde der tijdstippen van inschrijving, tenzij uit de wet een andere rangorde voortvloeit. (BW 1226 (oud); BW 3:177 lid 3, 261, 262; Rv 505 lid 3)

– 2. Vinden twee inschrijvingen op één zelfde tijdstip plaats en zouden deze leiden tot onderling onverenigbare rechten van verschillende personen op dat goed, dan wordt de rangorde bepaald:

a. ingeval de ter inschrijving aangeboden akten op verschillende dagen zijn opgemaakt: door de volgorde van die dagen;

b. ingeval beide akten op dezelfde dag zijn opgemaakt en het notariële akten, daaronder begrepen notariële verklaringen, betreft: door de volgorde van de tijdstippen waarop ieder van die akten of verklaringen is opgemaakt. (Ontw. 3.1.2.4a; BW 3:19 lid 2; Wet Notarisambt 26 lid 3, 30 lid 7; Overg.w. 78 lid 2)

Art. 22

Niet-inachtneming formaliteiten

Wanneer een feit in de registers is ingeschreven, kan daarna de geldigheid van de inschrijving niet meer worden betwist op grond dat de formaliteiten die voor de inschrijving worden vereist, niet zijn in acht genomen. (Ontw. 3.1.2.5; BW 1235 (oud))

Art. 23

Goede trouw

Het beroep van een verkrijger van een registergoed op goede trouw wordt niet aanvaard, wanneer dit beroep insluit een beroep op onbekendheid met feiten die door raadpleging van de registers zouden zijn gekend. (Ontw. 3.1.2.6; BW 3:11, 20 lid 5, 88, 99)

Art. 24

Bescherming tegen onvolledigheid registers

– 1. Indien op het tijdstip waarop een rechtshandeling tot verkrijging van een recht op een registergoed onder bijzondere titel in de registers wordt ingeschreven, een eveneens voor inschrijving in de registers vatbaar feit niet met betrekking tot dat registergoed ingeschreven was, kan dit feit aan de verkrijger niet worden tegengeworpen, tenzij hij het kende. (BW 3:17, 23, 88; Overg.w. 78 lid 3)

– 2. Het eerste lid is niet van toepassing ten aanzien van:

a. feiten die naar hun aard vatbaar zijn voor inschrijving in een register van de burgerlijke stand, een huwelijksgoederenregister of een boedelregister, ook indien het feit in een gegeven geval daarin niet kan worden ingeschreven, omdat daarop de Nederlandse wet niet van toepassing is; (BW 1:16, 116)

b. in het curateleregister ingeschreven ondercuratelestelling en opheffing van curatele; (BW 1:391; 3:17 lid 1 onder *e*)

c. in het faillissementsregister, het surséanceregister en het register schuldsaneringsregeling natuurlijke personen ingeschreven rechterlijke uitspraken; (Fw 19, 222*a*, 294)

d. aanvaarding en verwerping van een nalatenschap; (BW 3:17 lid 1 onder *b*; 4:1075, 1090)

e. verjaring. (BW 3:17 lid 1 onder *i*; 99, 105, 106)

– 3. Het eerste lid is evenmin van toepassing ten aanzien van erfopvolgingen en uiterste wilsbeschikkingen die op het tijdstip van de inschrijving van de rechtshandeling nog niet ingeschreven waren, doch daarna, mits binnen drie maanden na de dood van de erflater, alsnog in de registers zijn ingeschreven. (Ontw. 3.1.2.7; BW 3:17 lid 1 onder *b*, 25, 26, 27 lid 3, 30, 116)

Art. 25

Bescherming tegen onjuistheid registers

Indien op het tijdstip waarop een rechtshandeling ter verkrijging van een recht op een registergoed onder bijzondere titel wordt ingeschreven, een feit met betrekking tot dat registergoed in de registers was ingeschreven krachtens een authentieke akte waarin het feit door een ambtenaar met kracht van authenticiteit werd vastgesteld, kan de onjuistheid van dit feit aan de verkrijger niet worden tegengeworpen, tenzij hij deze onjuistheid kende of door raadpleging van de registers de mogelijkheid daarvan had kunnen kennen. (Ontw. 3.1.2.8; BW 3: 24, 26, 30; Rv 183 e.v.; Overg.w. 78 lid 3)

Art. 26

Bescherming tegen onjuistheid feit

Indien op het tijdstip waarop een rechtshandeling ter verkrijging van een recht op een registergoed onder bijzondere titel wordt ingeschreven, met betrekking tot dat registergoed een onjuist feit in de registers ingeschreven was, kan de onjuistheid van dit feit door hem die redelijkerwijze voor overeenstemming van de registers met de werkelijkheid had kunnen zorgdragen, aan de verkrijger niet worden tegengeworpen, tenzij deze de onjuistheid kende of door raadpleging van de registers de mogelijkheid daarvan had kunnen kennen. (Ontw. 3.1.2.8a; BW 1376*a* (oud); BW 3:24, 25, 36, 88; Overg.w. 78 lid 3)

Art. 27

Rechterlijke verklaring omtrent recht op registergoed

– 1. Hij die beweert enig recht op een registergoed te hebben, kan alle belanghebbenden bij openbare oproeping, en daarnaast hen die als rechthebbende of beslaglegger op dat goed ingeschreven staan, ieder bij name dagvaarden om te horen verklaren dat hem het recht waarop hij aanspraak maakt, toekomt. Alvorens een zodanige eis toe te wijzen, kan de rechter de maatregelen bevelen en de bewijsopdrachten doen, welke hij in het belang van mogelijke niet-verschenen rechthebbenden nuttig oordeelt. Een krachtens dit artikel verkregen verklaring wordt niet in de registers ingeschreven, voordat het vonnis in kracht van gewijsde is gegaan. (Kad. 25)

– 2. Tegen het vonnis is geen verzet toegelaten. Hoger beroep en cassatie staan volgens de gewone regels open, behoudens de volgende uitzonderingen. Artikel 335 van het Wetboek van Burgerlijke Rechtsvordering is niet van toepassing. De dagvaarding waarbij het rechtsmiddel wordt ingesteld, moet op straffe van niet-ontvankelijkheid binnen acht dagen worden ingeschreven in het register, bedoeld in artikel 433 van het Wetboek van Burgerlijke Rechtsvordering. De termijn voor hoger beroep begint voor niet-verschenen belanghebbenden te lopen vanaf de betekening van de uitspraak aan hen bij name, voor zover zij ingeschreven waren, of bij openbaar exploit, zo zij niet ingeschreven waren. Cassatie staat alleen open voor verschenen belanghebbenden.

– 3. De krachtens lid 1 ingeschreven verklaring wordt ten aanzien van niet-verschenen belanghebbenden die niet bij name zijn gedagvaard, vermoed juist te zijn, zolang het tegendeel niet bewezen is. (BW 3:24 e.v.)

Op de onjuistheid kan echter geen beroep worden gedaan ten nadele van hen die, daarmee onbekend, de verkrijger van het vonnis onder bijzondere titel zijn opgevolgd.

– 4. Een openbare oproeping als bedoeld in lid 1 geschiedt overeenkomstig artikel 54, tweede en derde lid van het Wetboek van Burgerlijke Rechtsvordering. Een openbaar exploit als bedoeld in lid 2 geschiedt op dezelfde wijze, tenzij de rechter nadere maatregelen voorschrijft als bedoeld in lid 1. De in lid 1 bedoelde maatregelen kunnen bestaan in het voorschrijven van al of niet herhaalde aankondigingen van een door de rechter vast te stellen inhoud in één of meer binnen- of buitenlandse dagbladen. (Ontw. 3.1.2.9; BW 3:29, 30, 119; 6:174 lid 4)

Art. 28

Verklaring van waardeloosheid

– 1. Is een inschrijving waardeloos, dan zijn degenen te wier behoeve zij anders zou hebben gestrekt, verplicht van deze waardeloosheid aan hem die daarbij een onmiddellijk belang heeft, op diens verzoek een schriftelijke verklaring af te geven. De verklaringen vermelden de feiten waarop de waardeloosheid berust, tenzij de inschrijving een hypotheek of een beslag betreft.

– 2. Verklaringen als in lid 1 bedoeld kunnen in de registers worden ingeschreven. Indien de inschrijving een hypotheek of een beslag betreft, machtigen deze verklaringen na inschrijving gezamenlijk de bewaarder tot doorhaling daarvan. (Ontw. 3.1.2.10; BW 1239 e.v. (oud); BW 3:29, 273 lid 2, 274, 300; Rv 513*a*; Kad. 35)

Art. 29

Bevel tot doorhaling

– 1. Worden de vereiste verklaringen niet afgegeven, dan verklaart de rechtbank de inschrijving waardeloos op vordering van de onmiddellijk belanghebbende. Wordt ter verkrijging van dit bevel iemand die in de registers staat ingeschreven gedagvaard, dan worden daarmee tevens gedagvaard al zijn rechtverkrijgenden die geen nieuwe inschrijving hebben genomen. (Rv 438*a*)

– 2. Alvorens een zodanige verklaring uit te spreken kan de rechter de maatregelen bevelen en

de bewijsopdrachten doen, welke hij in het belang van mogelijk niet-verschenen rechthebbenden nuttig oordeelt.
– 3. Verzet, hoger beroep en cassatie moeten op straffe van niet- ontvankelijkheid binnen acht dagen na het instellen van het rechtsmiddel worden ingeschreven in de registers, bedoeld in artikel 433 van het Wetboek van Burgerlijke Rechtsvordering. Zo voor een ingeschreven gedaagde geen verzet, maar hoger beroep openstaat, geldt hetzelfde voor zijn rechtverkrijgenden die geen nieuwe inschrijving hebben genomen. In afwijking van artikel 143 van dat wetboek begint de termijn van verzet in elk geval te lopen vanaf de betekening van het vonnis aan de ingeschreven gedaagde, ook als de betekening niet aan hem in persoon geschiedt, zulks mede ten opzichte van zijn rechtverkrijgenden die geen nieuwe inschrijving hebben genomen, tenzij de rechter hiertoe nadere maatregelen heeft bevolen en aan dat bevel niet is voldaan. Cassatie staat alleen open voor verschenen belanghebbenden.
– 4. Het vonnis dat de verklaring bevat, kan niet worden ingeschreven, voordat het in kracht van gewijsde is gegaan. Indien de waardeloze inschrijving een hypotheek of beslag betreft, machtigt het vonnis na inschrijving de bewaarder tot doorhaling daarvan. (Ontw. 3.1.2.10a; BW 1241 (oud); BW 3:27, 28, 274 lid 3, 300; Rv 513*a*; Kad. 8 lid 3)

Art. 30

Aansprakelijkheid Staat

Onverminderd de aansprakelijkheden van de Dienst voor het kadaster en de openbare registers, bedoeld in artikel 117, eerste en tweede lid, van de Kadasterwet, is de Staat aansprakelijk, wanneer iemand ten gevolge van omstandigheden die naar redelijkheid en billijkheid niet voor zijn rekening komen, door toepassing van een der artikelen 24, 25 of 27 zijn recht verliest. (Ontw. 3.1.2.11; BW 1266 e.v. (oud); BW 3:270 lid 6; 6:170; Wet Notarisambt 73; Kad. 117)

Art. 31

Nederlandse notaris

Waar een wetsbepaling die betrekking heeft op registergoederen, een notariële akte of een notariële verklaring voorschrijft, is een akte of verklaring van een Nederlandse notaris vereist. (Ontw. 3.1.2.12; BW 3:89, 96, 98, 186 lid 1, 234 lid 3, 260, 262, 268, 270; 5:31, 60, 61, 93 lid 2, 109, 139, 143; 6:252; Rv 514 e.v., 539, 544 e.v., 551 e.v.; Kad. 18, 24, 26, 27, 30, 31, 33 lid 2, 34, 35, 36, 37, 41 lid 1, 59 lid 3, 61 lid 5; Wet Notarisambt 1)

TITEL 2
Rechtshandelingen

Art. 32

Handelingsonbekwaamheid

– 1. Iedere natuurlijke persoon is bekwaam tot het verrichten van rechtshandelingen, voor zover de wet niet anders bepaalt. (Ontw. 3.2.1. lid 1; BW 1365 (oud); BW 1:234, 235, 381; 3:63; 4:944 e.v.; 1053; 6:31, 209, 218, 222, 276; 7:415, 612)
– 2. Een rechtshandeling van een onbekwame is vernietigbaar. Een eenzijdige rechtshandeling van een onbekwame, die niet tot een of meer bepaalde personen gericht was, is echter nietig. (Ontw. 3.2.1 leden 2 en 3; BW 1356 sub 2°, 1367, 1482 (oud); BW 3:24 lid 2 onder *b*, 49 e. v., 52 lid 1 onder *a*, 58 lid 2; 6:146; 7:612; 7A:1714; Overg.w. 80 lid 2, 81 lid 2)

Art. 33

Wil en verklaring

Een rechtshandeling vereist een op een rechtsgevolg gerichte wil die zich door een verklaring heeft geopenbaard. (Ontw. 3.2.2.; BW 1356 (oud); BW 3:34, 35, 36, 37, 44, 61 lid 2; 6:217 e.v., 228, 231 onder *c*, 232)

Art. 34

Geestelijke stoornis

– 1. Heeft iemand wiens geestvermogens blijvend of tijdelijk zijn gestoord, iets verklaard, dan wordt een met de verklaring overeenstemmende wil geacht te ontbreken, indien de stoornis een redelijke waardering der bij de handeling betrokken belangen belette, of indien de verklaring onder invloed van die stoornis is gedaan. Een verklaring wordt vermoed onder invloed van de stoornis te zijn gedaan, indien de rechtshandeling voor de geestelijk gestoorde nadelig was, tenzij het nadeel op het tijdstip van de rechtshandeling redelijkerwijze niet was te voorzien.
– 2. Een zodanig ontbreken van wil maakt een rechtshandeling vernietigbaar. Een eenzijdige rechtshandeling die niet tot een of meer bepaalde personen gericht was, wordt door het ontbreken van wil echter nietig. (Ontw. 3.2.2a; BW 1356 (oud); BW 1:32, 73; 3:33, 35, 44, 49 e.v., 52 lid 1 onder *d*; Overg.w. 80 lid 2, 81 lid 2)

Art. 35

Gerechtvaardigd vertrouwen

Tegen hem die eens anders verklaring of gedraging, overeenkomstig de zin die hij daaraan onder de gegeven omstandigheden redelijkerwijze mocht toekennen, heeft opgevat als een door die ander tot hem gerichte verklaring van een bepaalde strekking, kan geen beroep worden gedaan op het ontbreken van een met deze verklaring overeenstemmende wil. (Ontw. 3.2.3; BW 1356 (oud); BW art. 2:16 lid 2; BW art. 3:11, 33, 34, 35, 37, 61 lid 2, 66; 6:2, 225, 231 onder *c*, 232, 248)

Art. 36

Derdenbescherming

Tegen hem die als derde op grond van een verklaring of gedraging, overeenkomstig de zin die hij daaraan onder de gegeven omstandigheden redelijkerwijze mocht toekennen, het ontstaan, bestaan of tenietgaan van een bepaalde rechtsbetrekking heeft aangenomen en in redelijk vertrouwen op de juistheid van die veronderstelling heeft gehandeld, kan door degene om wiens verklaring of gedraging het gaat, met betrekking tot deze handeling op de onjuistheid van die veronderstelling geen beroep worden gedaan. (Ontw. 3.2.3*a*; BW 1376*a* (oud); BW art. 3:24, 35, 44 lid 5, 88; BW art. 6:34, 156, 159)

Art. 37

Vorm en werking der verklaring

– 1. Tenzij anders is bepaald, kunnen verklaringen, met inbegrip van mededelingen, in iedere vorm geschieden, en kunnen zij in een of meer gedragingen besloten liggen.
– 2. Indien bepaald is dat een verklaring schriftelijk moet worden gedaan, kan zij, voor zover uit de strekking van die bepaling niet anders volgt, ook bij exploit geschieden.
– 3. Een tot een bepaalde persoon gerichte verklaring moet, om haar werking te hebben, die persoon hebben bereikt. Nochtans heeft ook een verklaring die hem tot wie zij was gericht, niet of niet tijdig heeft bereikt, haar werking, indien dit niet of niet tijdig bereiken het gevolg is van zijn eigen handeling, van de handeling van personen voor wie hij aansprakelijk is, of van andere omstandigheden die zijn persoon betreffen en rechtvaardigen dat hij het nadeel draagt.
– 4. Wanneer een door de afzender daartoe aangewezen persoon of middel een tot een ander gerichte verklaring onjuist heeft overgebracht, geldt het ter kennis van de ontvanger gekomene als de verklaring van de afzender, tenzij de gevolgde wijze van overbrenging door de ontvanger was bepaald. (BW 3:35)
– 5. Intrekking van een tot een bepaalde persoon gerichte verklaring moet, om haar werking te hebben, die persoon eerder dan of gelijktijdig met de ingetrokken verklaring bereiken. (Ontw. 3.2.4; BW 1356 (oud); BW 3:44, 94 lid 1, 176 lid 1; 6:217, 219, 221, 223, 224, 228, 236 onder *l*, 237 onder *m*; LUVI 39 lid 3)

Art. 38

Tijdsbepaling; voorwaarde

– 1. Tenzij uit de wet of uit de aard van de rechtshandeling anders voortvloeit, kan een rechtshandeling onder een tijdsbepaling of een voorwaarde worden verricht.
– 2. De vervulling van een voorwaarde heeft geen terugwerkende kracht. (Ontw. 3.2.5; BW 1289 e.v., 1304 e.v. (oud); BW 3:17 lid 1 onder *c*, 40, 42, 81 lid 2 onder *a* en *b*, 84 lid 4, 85, 91, 92; 6:21 e.v., 39, 40, 161 lid 2 onder *c*; 7A:1576, 1576*h*; Rv 483*a* e.v.; Fw 35*b*, 129 e.v.)

Art. 39

Niet-naleving vormvereiste

Tenzij uit de wet anders voortvloeit, zijn rechtshandelingen die niet in de voorgeschreven vorm zijn verricht, nietig. (Ontw. 3.2.6; BW 1:24, 66, 88 lid 3, 89, 90 lid 4, 115, 223, 224; 2:4, 14, 15, 27, 38 lid 4, 65, 117 lid 1, 176, 227 lid 1, 286 lid 2; 3:37, 40 leden 2 en 3, 42, 58, 61 lid 1, 62, 183, 260, 275; 4:190, 191; 5:88; 6:82, 226; 7:271, 409 lid 3, 613, 619, 653, 667, 900;7A:1576*i*, 1576*j*; Pw 2; Tijd. wet huurkoop onr. zaken 2, 3; Wet op het notarisambt 21; Overg.w. 79, 80 lid 2, 81 leden 1 en 3)

Art. 40

Strijd met wet, goede zeden, openbare orde

– 1. Een rechtshandeling die door inhoud of strekking in strijd is met de goede zeden of de openbare orde, is nietig.
– 2. Strijd met een dwingende wetsbepaling leidt tot nietigheid van de rechtshandeling, doch, indien de bepaling uitsluitend strekt ter bescherming van één der partijen bij een meerzijdige rechtshandeling, slechts tot vernietigbaarheid, een en ander voor zover niet uit de strekking van de bepaling anders voortvloeit. (BW art. 3:49 e.v.)
– 3. Het vorige lid heeft geen betrekking op wetsbepalingen die niet de strekking hebben de geldigheid van daarmede strijdige rechtshandelingen aan te tasten. (Ontw. 3.2.7; BW 1371 (oud), 1373 (oud); BW art. 1:121, BW 400; BW art. 2:20, 68, 125, 179, 235; BW art. 3:39, 41, 42, 43; BW art. 4:935, 938; BW art. 6:94 lid 3, BW art. 109 lid 3[3], 203e.v.,229; BW art. 7A:1637*r*; Colportagewet art. 23; Huurwet art. 2; Wet cons. geldkrediet art. 31, 33, 34; OBW art. 79, 80 lid 2, 81)

Art. 41

Partiële nietigheid

Betreft een grond van nietigheid slechts een deel van een rechtshandeling, dan blijft deze voor het overige in stand, voor zover dit, gelet op inhoud en strekking van de handeling, niet in onverbrekelijk verband met het nietige deel staat. (Ontw. 3.2.7a; BW art. 3:92, 235; BW art. 6:265; Colportagewet art. 40 lid 2; Tijdelijke wet huurkoop onr. zaken art. 15; ONBW art. 79, 80 lid 2, 81 leden 1 en 3)

Art. 42

Conversie

Beantwoordt de strekking van een nietige rechtshandeling in een zodanige mate aan die van een andere, als geldig aan te merken rechtshandeling, dat aangenomen moet worden dat die andere rechtshandeling zou zijn verricht, indien van de eerstgenoemde wegens haar ongeldigheid was afgezien, dan komt haar de werking van die andere rechtshandeling toe, tenzij dit onredelijk zou zijn jegens een belanghebbende die niet tot de rechtshandeling als partij heeft medegewerkt. (Ontw. 3.2.8; BW 2:294; 3:41, 54, 58, 74 lid 4, 198; 5:78; 6:2, 230, 248, 259; 7:671

lid 2; Colportagewet 40 lid 2; Huurwet 2 jo. 29; Tijdelijke wet huurkoop onr. zaken 2 lid 4, 9; Pw 6; Overg.w. 79, 80 lid 2, 81)

Art. 43

Nietige rechtshandelingen

– 1. Rechtshandelingen die, hetzij rechtstreeks, hetzij door tussenkomende personen, strekken tot verkrijging door:

a. rechters, leden van het openbaar ministerie, gerechtsauditeurs, griffiers, advocaten, deurwaarders en notarissen van goederen waarover een geding aanhangig is voor het gerecht, onder welks rechtsgebied zij hun bediening uitoefenen;

b. ambtenaren, van goederen die door hen of te hunnen overstaan worden verkocht, of

c. personen met openbaar gezag bekleed, van goederen die toebehoren aan het Rijk, provincies, gemeenten of andere openbare instellingen en aan hun beheer zijn toevertrouwd, zijn nietig en verplichten de verkrijgers tot schadevergoeding.

– 2. Lid 1 onder *a* heeft geen betrekking op uiterste wilsbeschikkingen, door een erflater ten voordele van zijn wettelijke erfgenamen gemaakt, noch op rechtshandelingen krachtens welke deze erfgenamen goederen der nalatenschap verkrijgen.

– 3. In het geval bedoeld in het eerste lid onder *c* is de rechtshandeling geldig, indien zij met Onze goedkeuring is geschied of het een verkoop in het openbaar betreft. Indien de rechtshandeling strekt tot verkrijging door een lid van de gemeenteraad of een wethouder, onderscheidenlijk de burgemeester komt de in de vorige zin bedoelde bevoegdheid tot goedkeuring toe aan gedeputeerde staten, onderscheidenlijk de Commissaris van de Koningin. (Ontw. 3.2.9.; BW 1504-1506 (oud); BW 3:40, 41, 44 lid 4; 7:410; Gem.w. 26; Prov.w. 12; Overg.w. 79, 80 lid 2, 81 leden 1 en 3)

Art. 44

Bedreiging, bedrog, misbruik van omstandigheden

– 1. Een rechtshandeling is vernietigbaar, wanneer zij door bedreiging, door bedrog of door misbruik van omstandigheden is tot stand gekomen. (BW 1357, 1485 (oud); BW 3:41, 42, 49 e.v., 66; 6:3, 228 jo.216, 248; Overg.w. 79-81)

– 2. Bedreiging is aanwezig, wanneer iemand een ander tot het verrichten van een bepaalde rechtshandeling beweegt door onrechtmatig deze of een derde met enig nadeel in persoon of goed te bedreigen. De bedreiging moet zodanig zijn, dat een redelijk oordelend mens daardoor kan worden beïnvloed. (BW 1359-1362 (oud); BW 1:71, 225; 3:52 lid 1 sub *b*)

– 3. Bedrog is aanwezig, wanneer iemand een ander tot het verrichten van een bepaalde rechtshandeling beweegt door enige opzettelijk daartoe gedane onjuiste mededeling, door het opzettelijk daartoe verzwijgen van enig feit dat de verzwijger verplicht was mede te delen, of door een andere kunstgreep. Aanprijzingen in algemene bewoordingen, ook al zijn ze onwaar, leveren op zichzelf geen bedrog op. (BW 1364 (oud); BW 1:225; 3:52 lid 1 sub *c*; 4:937, 940; 7:678; 7A:1828; 8:558; K 251; Sr 326 e.v.)

– 4. Misbruik van omstandigheden is aanwezig, wanneer iemand die weet of moet begrijpen dat een ander door bijzondere omstandigheden, zoals noodtoestand, afhankelijkheid, lichtzinnigheid, abnormale geestestoestand of onervarenheid, bewogen wordt tot het verrichten van een rechtshandeling, het tot stand komen van die rechtshandeling bevordert, ofschoon hetgeen hij weet of moet begrijpen hem daarvan zou behoren te weerhouden. (BW 1:225; 3:52 lid 1 sub *b*, 54; 4:951; 6:233; 7A:1718; 8:558; Colportagewet 25)

– 5. Indien een verklaring is tot stand gekomen door bedreiging, bedrog of misbruik van omstandigheden van de zijde van iemand die geen partij bij de rechtshandeling is, kan op dit gebrek geen beroep worden gedaan jegens een wederpartij die geen reden had het bestaan ervan te veronderstellen. (Ontw. 3.2.10; BW 1359 (oud))

Art. 45

Pauliana

– 1. Indien een schuldenaar bij het verrichten van een onverplichte rechtshandeling wist of behoorde te weten dat daarvan benadeling van een of meer schuldeisers in hun verhaalsmogelijkheden het gevolg zou zijn, is de rechtshandeling vernietigbaar en kan de vernietigingsgrond worden ingeroepen door iedere door de rechtshandeling in zijn verhaalsmogelijkheden benadeelde schuldeiser, onverschillig of zijn vordering vóór of na de handeling is ontstaan.

– 2. Een rechtshandeling anders dan om niet, die hetzij meerzijdig is, hetzij eenzijdig en tot een of meer bepaalde personen gericht, kan wegens benadeling slechts worden vernietigd, indien ook degenen met of jegens wie de schuldenaar de rechtshandeling verrichtte, wisten of behoorden te weten dat daarvan benadeling van een of meer schuldeisers het gevolg zou zijn.

– 3. Wordt een rechtshandeling om niet wegens benadeling vernietigd, dan heeft de vernietiging ten aanzien van de bevoordeelde die wist noch behoorde te weten dat van de rechtshandeling benadeling van een of meer schuldeisers het gevolg zou zijn, geen werking, voor zover hij aantoont dat hij ten tijde van de verklaring of het instellen van de vordering tot vernietiging niet ten gevolge van de rechtshandeling gebaat was.

– 4. Een schuldeiser die wegens benadeling tegen een rechtshandeling opkomt, vernietigt deze slechts te zijnen behoeve en niet verder dan nodig is ter opheffing van de door hem ondervonden benadeling. (BW 3:193, 264; 4:1107)

– 5. Rechten, door derden te goeder trouw anders dan om niet verkregen op goederen die het voorwerp waren van de vernietigde rechtshandeling, worden geëerbiedigd. Ten aanzien van de derde te goeder trouw die om niet heeft verkregen, heeft de vernietiging geen werking voor zover hij aantoont dat hij op het ogenblik dat het goed van hem wordt opgeëist, niet ten gevolge van de rechtshandeling gebaat is. (Ontw. 3.2.11; BW 1377, 1989 (oud); BW 2:138 lid 9, 248 lid 9; 3:49, 190; 4:967 lid 2, 1024 lid 2; Fw 42; Rv 737; Coördinatiewet sociale verzekering 16*d* lid 11; Wet verplichte deelneming in een bedrijfspensioenfonds 18*b* lid 11)

Derden te goeder trouw

Art. 46

Vermoeden van wetenschap

– 1. Indien de rechtshandeling waardoor een of meer schuldeisers zijn benadeeld, is verricht binnen één jaar voor het inroepen van de vernietigingsgrond en de schuldenaar zich niet reeds voor de aanvang van die termijn tot die rechtshandeling had verplicht, wordt vermoed dat men aan beide zijden wist of behoorde te weten dat een zodanige benadeling het gevolg van de rechtshandeling zou zijn:

1° bij overeenkomsten, waarbij de waarde der verbintenis aan de zijde van de schuldenaar aanmerkelijk die der verbintenis aan de andere zijde overtreft; (Sr 341 sub 2°, 343 sub 2°)

2° bij rechtshandelingen ter voldoening van of zekerheidstelling voor een niet opeisbare schuld; (Sr 341 sub 3°, 343 sub 3°; BW 3:227 e.v., 260 e.v.)

3° bij rechtshandelingen, door de schuldenaar die een natuurlijk persoon is, verricht met of jegens:

a. zijn echtgenoot, zijn pleegkind of een bloed- of aanverwant tot in de derde graad; (BW 1:3)

b. een rechtspersoon waarin hij, zijn echtgenoot, zijn pleegkind of een bloed- of aanverwant tot in de derde graad bestuurder of commissaris is, dan wel waarin deze personen, afzonderlijk of tezamen, als aandeelhouder rechtstreeks of middellijk voor ten minste de helft van het geplaatste kapitaal deelnemen;

4° bij rechtshandelingen, door de schuldenaar die rechtspersoon is, verricht met of jegens een natuurlijk persoon:

a. die bestuurder of commissaris van de rechtspersoon is, dan wel met of jegens diens echtgenoot, pleegkind of bloed- of aanverwant tot in de derde graad;

b. die al dan niet tezamen met zijn echtgenoot, zijn pleegkinderen en zijn bloed- of aanverwanten tot in de derde graad, als aandeelhouder rechtstreeks of middellijk voor ten minste de helft van het geplaatste kapitaal deelneemt;

c. wiens echtgenoot, pleegkinderen of bloed- of aanverwanten tot in de derde graad, afzonderlijk of tezamen, als aandeelhouder rechtstreeks of middellijk voor tenminste de helft van het geplaatste kapitaal deelnemen;

5° bij rechtshandelingen, door de schuldenaar die rechtspersoon is, verricht met of jegens een andere rechtspersoon, indien

a. een van deze rechtspersonen bestuurder is van de andere;

b. een bestuurder, natuurlijk persoon, van een van deze rechtspersonen, of diens echtgenoot, pleegkind of bloed- of aanverwant tot in de derde graad, bestuurder is van de andere;

c. een bestuurder, natuurlijk persoon, of een commissaris van een van deze rechtspersonen, of diens echtgenoot, pleegkind of bloed- of aanverwant tot in de derde graad, afzonderlijk of tezamen, als aandeelhouder rechtstreeks of middellijk voor ten minste de helft van het geplaatste kapitaal deelneemt in de andere;

d. in beide rechtspersonen voor ten minste de helft van het geplaatste kapitaal rechtstreeks of middellijk wordt deelgenomen door dezelfde rechtspersoon, dan wel dezelfde natuurlijke persoon, al dan niet tezamen met zijn echtgenoot, zijn pleegkinderen en zijn bloed- of aanverwanten tot in de derde graad;

6° bij rechtshandelingen, door de schuldenaar die rechtspersoon is, verricht met of jegens een groepsmaatschappij. (BW 2:24*b*)

– 2. Met een echtgenoot wordt een geregistreerde partner of een andere levensgezel gelijkgesteld. (BW 1:80*a* e.v., 432 lid 1)

– 3. Onder pleegkind wordt verstaan hij die duurzaam als eigen kind is verzorgd en opgevoed. (Succ. wet 1956 art. 19)

– 4. Onder bestuurder, commissaris of aandeelhouder wordt mede verstaan hij die minder dan een jaar vóór de rechtshandeling bestuurder, commissaris of aandeelhouder is geweest.

– 5. Indien de bestuurder van een rechtspersoon-bestuurder zelf een rechtspersoon is, wordt deze rechtspersoon met de rechtspersoon-bestuurder gelijkgesteld. (Ontw. 3.2.11*a*; BW 3:47, 48; Fw 43)

Art. 47

Rechtshandeling om niet

In geval van benadeling door een rechtshandeling om niet, die de schuldenaar heeft verricht binnen één jaar vóór het inroepen van de vernietigingsgrond, wordt vermoed dat hij wist of behoorde te weten dat benadeling van een of meer schuldeisers het gevolg van de rechtshandeling zou zijn. (Ontw. 3.2.11b; BW 3:46, 48, Fw 45)

Art. 48

Schuldenaar

Onder schuldenaar in de zin van de drie vorige artikelen is begrepen hij op wiens goed voor de schuld van een ander verhaal kan worden genomen. (Ontw. 3.2.11c; BW 3:231, 284^2, 287^2, 291, 292; 6:12, 13, 30, 35, 73, 139^2, 157, 159^2; 8:20, 69, 214 sub *b*, 215, 225, 226, 489, 510, 824 sub *b*, 825, 835, 836, 954, 980, 1131, 1154, 1196; Rv 435, 708; Invorderingswet 16^3)

Art. 49

Wijzen van vernietiging

Een vernietigbare rechtshandeling wordt vernietigd hetzij door een buitengerechtelijke verklaring, hetzij door een rechterlijke uitspraak.

Art. 50

Buitengerechtelijke vernietiging

– 1. Een buitengerechtelijke verklaring die een rechtshandeling vernietigt, wordt door hem in wiens belang de vernietigingsgrond bestaat, gericht tot hen die partij bij de rechtshandeling zijn.

– 2. Een buitengerechtelijke verklaring kan een rechtshandeling met betrekking tot een registergoed die heeft geleid tot een inschrijving in de openbare registers of tot een tot levering van een registergoed, bestemde akte, slechts vernietigen indien alle partijen in de vernietiging berusten. (Ontw. 3.2.14; BW 1:89; 3:17 jo 26 en 37 Kadasterwet, 24, 37, 52^2, 56, 88)

Art. 51

Rechterlijke vernietiging

– 1. Een rechterlijke uitspraak vernietigt een rechtshandeling, doordat zij een beroep in rechte op een vernietigingsgrond aanvaardt.

– 2. Een rechtsvordering tot vernietiging van een rechtshandeling wordt ingesteld tegen hen die partij bij de rechtshandeling zijn.

– 3. Een beroep in rechte op een vernietigingsgrond kan te allen tijde worden gedaan ter afwering van een op de rechtshandeling steunende vordering of andere rechtsmaatregel. Hij die dit beroep doet, is verplicht om zo spoedig mogelijk daarvan mededeling te doen aan de partijen bij de rechtshandeling die niet in het geding zijn verschenen. (Ontw. 3.2.15; BW 1:89; 3:56; 6:149)

Art. 52

Verjaring bij vernietigbaarheid

– 1. Rechtsvorderingen tot vernietiging van een rechtshandeling verjaren:

a. in geval van onbekwaamheid: drie jaren nadat de onbekwaamheid is geëindigd, of, indien de onbekwame een wettelijke vertegenwoordiger heeft, drie jaren nadat de handeling ter kennis van de wettelijke vertegenwoordiger is gekomen;

b. in geval van bedreiging of misbruik van omstandigheden: drie jaren nadat deze invloed heeft opgehouden te werken;

c. in geval van bedrog, dwaling of benadeling: drie jaren nadat het bedrog, de dwaling of de benadeling is ontdekt;

d. in geval van een andere vernietigingsgrond: drie jaren nadat de bevoegdheid om deze vernietigingsgrond in te roepen, aan degene aan wie deze bevoegdheid toekomt, ten dienste is komen te staan.

– 2. Na de verjaring van de rechtsvordering tot vernietiging van de rechtshandeling kan deze niet meer op dezelfde vernietigingsgrond door een buitengerechtelijke verklaring worden vernietigd. (Ontw. 3.2.17; BW 1363 (oud), 1490 (oud); BW 1:89; 2:15^5; 3:32, 34^2, 44, 45, 51^3, 54^1, 55, 195^1, 264^2, 306 v.; 5:141^2; 6:228, 229, 235^4; 7:23^2; BW 967^1, 1729^1; Colportageweg 23^4; Overgangsw. 72-73a, 82)

Art. 53

Terugwerkende kracht vernietiging

– 1. De vernietiging werkt terug tot het tijdstip waarop de rechtshandeling is verricht.

– 2. Indien de reeds ingetreden gevolgen van een rechtshandeling bezwaarlijk ongedaan gemaakt kunnen worden, kan de rechter desgevraagd aan een vernietiging geheel of ten dele haar werking ontzeggen. Hij kan aan een partij die daardoor onbillijk wordt bevoordeeld, de verplichting opleggen tot een uitkering in geld aan de partij die benadeeld wordt. (Ontw. 3.2.17b; BW 1487 (oud), 1488 (oud), 1489 (oud); BW 1:77; 2:4; 3:45^5; 56, 198; 6:203 v.; Fw 51; Grootboekwet 77; Overgangsw. 74)

Art. 54

Wijziging in plaats van vernietiging bij misbruik van omstandigheden

– 1. De bevoegdheid om ter vernietiging van een meerzijdige rechtshandeling een beroep te doen op misbruik van omstandigheden vervalt, wanneer de wederpartij tijdig een wijziging van de gevolgen van de rechtshandeling voorstelt, die het nadeel op afdoende wijze opheft.

– 2. Bovendien kan de rechter op verlangen van een der partijen, in plaats van een vernietiging wegens misbruik van omstandigheden uit te spreken, ter opheffing van dit nadeel de gevolgen van de rechtshandeling wijzigen. (Ontw. 3.2.17c; BW 3:56, 197, 198; 6:230; Pachtwet 6, Tijdelijke wet huurkoop onr. zaken 2^4; Overgangsw. 74)

Art. 55

Bevestiging

– 1. De bevoegdheid om ter vernietiging van een rechtshandeling een beroep op een vernietigingsgrond te doen vervalt, wanneer hij aan wie deze bevoegdheid toekomt, de rechtshandeling heeft bevestigd, nadat de verjaringstermijn ter zake van de rechtsvordering tot vernietiging op die grond een aanvang heeft genomen.

– 2. Eveneens vervalt de bevoegdheid om een beroep op een vernietigingsgrond te doen, wanneer een onmiddellijk belanghebbende na de aanvang van de verjaringstermijn aan hem aan wie deze bevoegdheid toekomt een redelijke termijn heeft gesteld om te kiezen tussen bevestiging en vernietiging en deze binnen deze termijn geen keuze heeft gedaan. (Ontw. 3.2.18; BW 1363 (oud), 1492 (oud); BW 2:15[6]; 3:33, 37, 52[1], 54, 69[4]; 6:88)

Termijnstelling

Art. 56

Partij

Voor de toepassing van de artikelen 50-55 gelden mede als partij:

a. in geval van eenzijdige tot een of meer bepaalde personen gerichte rechtshandeling: die personen;

b. in geval van andere eenzijdige rechtshandelingen: zij die onmiddellijk belanghebbenden zijn bij de instandhouding van die handeling. (Ontw. 3.2.18b; BW 1:89[3 en 4], 90[4]; 3:50[1], 51[2])

Art. 57

Toestemming van derde

Behoeft een rechtshandeling om het beoogde gevolg te hebben goedkeuring, machtiging, vergunning of enige andere vorm van toestemming van een overheidsorgaan of van een andere persoon, die geen partij bij de rechtshandeling is, dan kan iedere onmiddellijk belanghebbende aan hen die partij bij de rechtshandeling zijn geweest, aanzeggen dat, indien niet binnen een redelijke, bij die aanzegging gestelde termijn die toestemming wordt verkregen, de handeling te zijnen aanzien zonder gevolg zal blijven. (Ontw. 3.2.19; BW 3:55, 58; gemeentewet 228; Provinciewet 91, 93, 100, 130, 164)

Art. 58

Bekrachtiging (convalescentie)

– 1. Wanneer eerst na het verrichten van een rechtshandeling een voor haar geldigheid gesteld wettelijk vereiste wordt vervuld, maar alle onmiddellijk belanghebbenden die zich op dit gebrek hadden kunnen beroepen, in de tussen de handeling en de vervulling van het vereiste liggende tijdsruimte de handeling als geldig hebben aangemerkt, is daarmede de rechtshandeling bekrachtigd.

– 2. Het vorige lid is niet van toepassing op het geval dat een rechtshandeling nietig is als gevolg van handelingsonbekwaamheid van degene die haar heeft verricht en deze vervolgens handelingsbekwaam wordt.

– 3. Inmiddels verkregen rechten van derden behoeven aan bekrachtiging niet in de weg te staan, mits zij worden geëerbiedigd. (Ontw. 3.2.20; BW 2:14[2]; 3:32, 69; Overgangswet 81[1 en 3])

Art. 59

Schakelbepaling

Buiten het vermogensrecht vinden de bepalingen van deze titel overeenkomstige toepassing, voor zover de aard van de rechtshandeling of van de rechtsbetrekking zich daartegen niet verzet. (Ontw. 3.2.21; BW 3:79, 326)

TITEL 3

Volmacht

Art. 60

Volmacht

– 1. Volmacht is de bevoegdheid die een volmachtgever verleent aan een ander, de gevolmachtigde, om in zijn naam rechtshandelingen te verrichten.

– 2. Waar in deze titel van rechtshandeling wordt gesproken, is daaronder het in ontvangst nemen van een verklaring begrepen.

Art. 61

Volmachtverlening; schijn van volmachtverlening

– 1. Een volmacht kan uitdrukkelijk of stilzwijgend worden verleend.

– 2. Is een rechtshandeling in naam van een ander verricht, dan kan tegen de wederpartij, indien zij op grond van een verklaring of gedraging van die ander heeft aangenomen en onder de gegeven omstandigheden redelijkerwijze mocht aannemen dat een toereikende volmacht was verleend, op de onjuistheid van deze veronderstelling geen beroep worden gedaan.

– 3. Indien een volgens wet of gebruik openbaar gemaakte volmacht beperkingen bevat, die zo ongebruikelijk zijn dat de wederpartij ze daarin niet behoefde te verwachten, kunnen deze haar niet worden tegengeworpen, tenzij zij ze kende. (Ontw. 3.3.2; BW 1830 (oud); BW 2:5, 29, 289; 3:32 e.v., 60; 6:146; Hrgw 18)

Art. 62

Algemeen en bijzonder

– 1. Een algemene volmacht strekt zich slechts uit tot daden van beschikking, indien schriftelijk en ondubbelzinnig is bepaald dat zij zich ook tot die daden uitstrekt. Onder algemene volmacht wordt verstaan de volmacht die alle zaken van de volmachtgever en alle rechtshandelingen omvat, met uitzondering van hetgeen ondubbelzinnig is uitgesloten.

– 2. Een bijzondere volmacht die in algemene bewoordingen is verleend, strekt zich slechts uit tot daden van beschikking indien dit ondubbelzinnig is bepaald. Niettemin strekt een volmacht die voor een bepaald doel is verleend, zich uit tot alle daden van beheer en van beschikking die dienstig kunnen zijn tot het bereiken van dit doel. (Ontw. 3.3.3; BW 1832, 1833 (oud); BW 3:37, 170; Overg.w. 83)

Art. 63

Handelingsonbekwaamheid

– 1. De omstandigheid dat iemand onbekwaam is tot het verrichten van rechtshandelingen voor zichzelf, maakt hem niet onbekwaam tot het optreden als gevolmachtigde.

– 2. Wanneer een volmacht door een onbekwaam persoon is verleend, is een krachtens die volmacht door de gevolmachtigde verrichte rechtshandeling op gelijke wijze geldig, nietig of vernietigbaar, als wanneer zij door de onbekwame zelf zou zijn verricht. (Ontw. 3.3.4; BW 1835 (oud); BW 1:234, 381; 3:32, 78; Rv 622)

Art. 64

Substitutie

Tenzij anders is bepaald, is een gevolmachtigde slechts in de navolgende gevallen bevoegd de hem verleende volmacht aan een ander te verlenen:

a. voor zover de bevoegdheid hiertoe uit de aard der te verrichten rechtshandelingen noodzakelijk voortvloeit of in overeenstemming is met het gebruik;

b. voor zover de verlening van de volmacht aan een andere persoon in het belang van de volmachtgever noodzakelijk is en deze zelf niet in staat is een voorziening te treffen;

c. voor zover de volmacht goederen betreft, die gelegen zijn buiten het land waarin de gevolmachtigde zijn woonplaats heeft. (Ontw. 3.3.5; BW 1840 (oud); BW 3:74)

Art. 65

Gezamenlijke volmacht

Is een volmacht aan twee of meer personen tezamen verleend, dan is ieder van hen bevoegd zelfstandig te handelen, tenzij anders is bepaald. (Ontw. 3.3.5a; BW 2:45, 130, 240, 292; 3:170 v.; 5:131)

Art. 66

Uitoefening volmacht

– 1. Een door de gevolmachtigde binnen de grenzen van zijn bevoegdheid in naam van de volmachtgever verrichte rechtshandeling treft in haar gevolgen de volmachtgever.

– 2. Voor zover het al of niet aanwezig zijn van een wil of van wilsgebreken, alsmede bekendheid of onbekendheid met feiten van belang zijn voor de geldigheid of de gevolgen van een rechtshandeling, komen ter beoordeling daarvan de volmachtgever of de gevolmachtigde of beiden in aanmerking, al naar gelang het aandeel dat ieder van hen heeft gehad in de totstandkoming van de rechtshandeling en in de bepaling van haar inhoud. (Ontw. 3.3.6; BW 1836, 1844 (oud); BW 3:33, 34, 35, 36, 78; 6:172; 8:63; Rv 263 v.)

Art. 67

Nader te noemen volmachtgever

– 1. Hij die een overeenkomst aangaat in naam van een nader te noemen volmachtgever, moet diens naam noemen binnen de door de wet, de overeenkomst of het gebruik bepaalde termijn of, bij gebreke hiervan, binnen een redelijke termijn.

– 2. Wanneer hij de naam van de volmachtgever niet tijdig noemt, wordt hij geacht de overeenkomst voor zichzelf te hebben aangegaan, tenzij uit de overeenkomst anders voortvloeit. (Ontw. 3.3.7; K 67*a* (oud); BW 3:70, 78)

Art. 68

Selbsteintritt

Tenzij anders is bepaald, kan een gevolmachtigde slechts dan als wederpartij van de volmachtgever optreden, wanneer de inhoud van de te verrichten rechtshandeling zo nauwkeurig vaststaat, dat strijd tussen beider belangen uitgesloten is. (Ontw. 3.3.7a; BW 2:146, 256; 8:61)

Art. 69

Bekrachtiging

– 1. Wanneer iemand zonder daartoe bevoegd te zijn als gevolmachtigde in naam van een ander heeft gehandeld, kan laatstgenoemde de rechtshandeling bekrachtigen en haar daardoor hetzelfde gevolg verschaffen, als zou zijn ingetreden wanneer zij krachtens een volmacht was verricht.

– 2. Is voor het verlenen van een volmacht tot de rechtshandeling een bepaalde vorm vereist, dan geldt voor de bekrachtiging hetzelfde vereiste.

– 3. Een bekrachtiging heeft geen gevolg, indien op het tijdstip waarop zij geschiedt, de wederpartij reeds heeft te kennen gegeven dat zij de handeling wegens het ontbreken van een volmacht als ongeldig beschouwt, tenzij de wederpartij op het tijdstip dat zij handelde heeft begrepen of onder de gegeven omstandigheden redelijkerwijs heeft moeten begrijpen dat geen toereikende volmacht was verleend.

– 4. Een onmiddellijk belanghebbende kan degene in wiens naam gehandeld is, een redelijke termijn voor de bekrachtiging stellen. Hij behoeft niet met een gedeeltelijke of voorwaardelijke bekrachtiging genoegen te nemen.

– 5. Rechten door de volmachtgever vóór de bekrachtiging aan derden verleend, blijven gehandhaafd. (Ontw. 3.3.8; BW 1844 (oud); BW 2:93, 204; 3:58, 61, 78; 6:32, 201, 202; Overg.w. 84)

Art. 70

Instaan voor volmacht

Hij die als gevolmachtigde handelt, staat jegens de wederpartij in voor het bestaan en de omvang van de volmacht, tenzij de wederpartij weet of behoort te begrijpen dat een toereikende volmacht ontbreekt of de gevolmachtigde de inhoud van de volmacht volledig aan de wederpartij heeft medegedeeld. (Ontw. 3.3.9; BW 1843 (oud); BW 3:35, 36, 76 e. v.; 6:228)

Art. 71

Bewijs van volmacht

– 1. Verklaringen, door een gevolmachtigde afgelegd, kunnen door de wederpartij als ongeldig van de hand worden gewezen, indien zij de gevolmachtigde terstond om bewijs van de volmacht heeft gevraagd en haar niet onverwijld hetzij een geschrift waaruit de volmacht volgt is overgelegd, hetzij de volmacht door de volmachtgever is bevestigd.
– 2. Bewijs van volmacht kan niet worden verlangd, indien de volmacht door de volmachtgever ter kennis van de wederpartij was gebracht, indien zij op een door wet of gebruik bepaalde wijze was bekendgemaakt, of indien zij voortvloeit uit een aanstelling waarmede de wederpartij bekend is. (Ontw. 3.3.10; BW 3:61, 67, 78; 6:201)

Art. 72

Einde volmacht

Een volmacht eindigt:
a. door de dood, de ondercuratelestelling, het faillissement van de volmachtgever of het ten aanzien van hem van toepassing verklaren van de schuldsaneringsregeling natuurlijke personen;
b. door de dood, de ondercuratelestelling, het faillissement van de gevolmachtigde of het ten aanzien van hem van toepassing verklaren van de schuldsaneringsregeling natuurlijke personen, tenzij anders is bepaald;
c. door herroeping door de volmachtgever;
d. door opzegging door de gevolmachtigde. (Ontw. 3.3.11; BW 1850, 1851, 1854 (oud); BW 1:378 e.v., 413 e.v.; 3:73 e.v.; Rv 146; Fw 1 e.v., 284 e.v.)

Art. 73

Resterende bevoegdheden

– 1. Niettegenstaande de dood of de ondercuratelestelling van de volmachtgever blijft de gevolmachtigde bevoegd de rechtshandelingen te verrichten, die nodig zijn voor het beheer van een onderneming.
– 2. Niettegenstaande de dood of de ondercuratelestelling van de volmachtgever blijft de gevolmachtigde bevoegd rechtshandelingen te verrichten, die niet zonder nadeel kunnen worden uitgesteld. Hetzelfde geldt indien de gevolmachtigde de volmacht heeft opgezegd.
– 3. De in de vorige leden vermelde bevoegdheid eindigt een jaar na het overlijden, de ondercuratelestelling of de opzegging. (Ontw. 3.3.12; BW 1:378; 2:23; 6:198 e.v.)

Art. 74

Afwijking van beëindigingsgronden; onherroepelijke volmacht

– 1. Voor zover een volmacht strekt tot het verrichten van een rechtshandeling in het belang van de gevolmachtigde of van een derde, kan worden bepaald dat zij onherroepelijk is, of dat zij niet eindigt door de dood of ondercuratelestelling van de volmachtgever. Eerstgenoemde bepaling sluit, tenzij anders blijkt, de tweede in.
– 2. Bevat de volmacht een bepaling als in het vorige lid bedoeld, dan mag de wederpartij aannemen dat het aldaar voor de geldigheid van die bepaling gestelde vereiste vervuld is, tenzij het tegendeel voor haar duidelijk kenbaar is.
– 3. Tenzij anders is bepaald, kan de gevolmachtigde een overeenkomstig het eerste lid onherroepelijk verleende volmacht ook buiten de in artikel 64 genoemde gevallen aan een ander verlenen.
– 4. De rechtbank kan op verzoek van de volmachtgever, of van een erfgenaam of de curator van de volmachtgever, een bepaling als in het eerste lid bedoeld wegens gewichtige redenen wijzigen of buiten werking stellen. (Ontw. 3.3.13; BW art. 3:72; BW art. 6:258)

Art. 75

Ontkrachting bewijsstukken

– 1. Na het einde van de volmacht moet de gevolmachtigde desgevorderd geschriften waaruit de volmacht blijkt, teruggeven of toestaan dat de volmachtgever daarop aantekent dat de volmacht is geëindigd. In geval van een bij notariële akte verleende volmacht tekent de notaris die de minuut onder zijn berusting heeft, op verzoek van de volmachtgever het einde van de volmacht daarop aan.
– 2. Wanneer te vrezen is dat een gevolmachtigde van een volmacht ondanks haar einde gebruik zal maken, kan de volmachtgever zich wenden tot de voorzieningenrechter van de rechtbank met verzoek de wijze van bekendmaking van het einde van de volmacht te bepalen, die ten gevolge zal hebben dat het tegen een ieder kan worden ingeroepen. Tegen een toewijzende beschikking krachtens dit lid is geen hogere voorziening toegelaten. (Ontw. 3.3.14; BW 1851 (oud); BW art. 3:76, 78; Rv art. 429*c* e.v.)

Art. 76

Bescherming na einde volmacht

– 1. Een oorzaak die de volmacht heeft doen eindigen, kan tegenover een wederpartij die noch van het einde van de volmacht, noch van die oorzaak kennis droeg, slechts worden ingeroepen:
a. indien het einde van de volmacht of de oorzaak die haar heeft doen eindigen aan de wederpartij was medegedeeld of was bekend gemaakt op een wijze die krachtens wet of verkeers-

opvattingen meebrengt dat de volmachtgever het einde van de volmacht aan de wederpartij kan tegenwerpen;
b. indien de dood van de volmachtgever van algemene bekendheid was;
c. indien de aanstelling of tewerkstelling, waaruit de volmacht voortvloeide, op een voor derden kenbare wijze was beëindigd;
d. indien de wederpartij van de volmacht op geen andere wijze had kennis gekregen dan door een verklaring van de gevolmachtigde.

Aansprakelijkheid gevolmachtigde

– 2. In de gevallen van het vorige lid is de gevolmachtigde die voortgaat op naam van de volmachtgever te handelen, tot schadevergoeding gehouden jegens de wederpartij die van het einde van de volmacht geen kennis droeg. Hij is niet aansprakelijk indien hij wist noch behoorde te weten dat de volmacht was geëindigd. (Ontw. 3.3.16; BW 1852, 1855 (oud); BW art. 1:390; 2:5; BW art. 3:33 e.v., 70, 75; Hrgw art. 31)

Art. 77

Gebonden erfgenamen

Wordt ondanks de dood van de volmachtgever krachtens de volmacht een geldige rechtshandeling verricht, dan worden de erfgenamen van de volmachtgever en de wederpartij gebonden alsof de handeling bij het leven van de volmachtgever was verricht. (Ontw. 3.3.16a; BW art. 3:72, 73, 76)

Art. 78

Schakelbepaling

Wanneer iemand optreedt als vertegenwoordiger uit anderen hoofde dan volmacht, zijn de artikelen 63, lid 1, 66, lid 1, 67, 69, 70, 71 en 75 lid 2 van overeenkomstige toepassing, voor zover uit de wet niet anders voortvloeit. (Ontw. 3.3.16b; BW art. 3:79)

Art. 79

Schakelbepaling

Buiten het vermogensrecht vinden de bepalingen van deze titel overeenkomstige toepassing, voor zover de aard van de rechtshandeling of van de rechtsbetrekking zich daartegen niet verzet. (Ontw. 3.3.16c; BW art. 3:59, 78, 326)

TITEL 4
Verkrijging en verlies van goederen

AFDELING 1
Algemene bepalingen

Art. 80

Verkrijging

– 1. Men kan goederen onder algemene en onder bijzondere titel verkrijgen.
– 2. Men verkrijgt goederen onder algemene titel door erfopvolging, door boedelmenging, door fusie als bedoeld in artikel 309 van Boek 2 en door splitsing als bedoeld in artikel 334*a* van Boek 2. (BW 1:93 e.v.)
– 3. Men verkrijgt goederen onder bijzondere titel door overdracht, door verjaring en door onteigening, en voorts op de overige in de wet voor iedere soort aangegeven wijzen van rechtsverkrijging. (BW 3:83 e.v., 99 e.v.; Onteig.w. 59)

Verlies

– 4. Men verliest goederen op de voor iedere soort in de wet aangegeven wijzen. (Ontw. 3.4.1.1; BW 639 (oud); BW 3:1, 81 lid 2, 83 e.v., 99 e.v.)

Art. 81

Vestiging, tenietgaan en beperkte rechten

– 1. Hij aan wie een zelfstandig en overdraagbaar recht toekomt, kan binnen de grenzen van dat recht de in de wet genoemde beperkte rechten vestigen. Hij kan ook zijn recht onder voorbehoud van een zodanig beperkt recht overdragen, mits hij de voorschriften zowel voor overdracht van een zodanig goed, als voor vestiging van een zodanig beperkt recht in acht neemt. (BW 3:8, 83, 98; Kad. 25 lid 4)
– 2. Beperkte rechten gaan teniet door:
a. het tenietgaan van het recht waaruit het beperkte recht is afgeleid; (BW 750, 765, 783, 854 (oud))
b. verloop van de tijd waarvoor, of de vervulling van de ontbindende voorwaarde waaronder het beperkte recht is gevestigd; (BW 765, 783, 854, 856 (oud); BW 3:38)
c. afstand; (BW 854 (oud); BW 3:98, 224, 258 lid 2; 5:82 lid 1, 84)
d. opzegging, indien de bevoegdheid daartoe bij de wet of bij de vestiging van het recht aan de hoofdgerechtigde, aan de beperkt gerechtigde of aan beiden is toegekend; (BW 5:86 lid 2 en 3 e.v., 104 lid 2)
e. vermenging; (BW 753, 765, 783, 854 (oud); BW 3:258 lid 1; 5:83, 84) en voorts op de overige in de wet voor iedere soort aangegeven wijzen van tenietgaan. (BW 3:86 lid 2, 106, 177 lid 1, 203 lid 2 en 3, 258 lid 1, 273 lid 1, 282; 5:78, 97 lid 1, 104 lid 2)
– 3. Afstand en vermenging werken niet ten nadele van hen die op het tenietgaande beperkte recht op hun beurt een beperkt recht hebben. Vermenging werkt evenmin ten voordele van hen die op het bezwaarde goed een beperkt recht hebben en het tenietgaande recht moesten eerbiedigen. (Ontw. 3.4.1.2; BW 3:274; 5:83, 84 lid 3, 93 lid 2; 6:161; Overg.w. 85)

Art. 82

Afhankelijke rechten volgen het recht waaraan zij verbonden zijn. (Ontw. 3.4.1.2a; BW 3:7, 227; 5:63 lid 1, 101 lid 2; 7:853 lid 1)

Afhankelijk recht

AFDELING 2

Overdracht van goederen en afstand van beperkte rechten

Art. 83

Overdraagbaarheid

– 1. Eigendom, beperkte rechten en vorderingsrechten zijn overdraagbaar, tenzij de wet of de aard van het recht zich tegen een overdracht verzet. (BW 3:7, 8, 98, 226; 5:91; 6:106 lid 2)

– 2. De overdraagbaarheid van vorderingsrechten kan ook door een beding tussen schuldeiser en schuldenaar worden uitgesloten.

– 3. Alle andere rechten zijn slechts overdraagbaar, wanneer de wet dit bepaalt. (Ontw. 3.4.2.1; BW 2:86, 87, 195, 196)

Art. 84

Vereisten voor overdracht

– 1. Voor overdracht van een goed wordt vereist een levering krachtens geldige titel, verricht door hem die bevoegd is over het goed te beschikken. (BW 639 (oud); BW art. 3:86 e.v.)

– 2. Bij de titel moet het goed met voldoende bepaaldheid omschreven zijn. (BW art. 6:227)

– 3. Een rechtshandeling die ten doel heeft een goed over te dragen tot zekerheid of die de strekking mist het goed na de overdracht in het vermogen van de verkrijger te doen vallen, is geen geldige titel van overdracht van dat goed. (BW art. 3:237 e.v.; BW art. 7:55; OBW art. 86, 117-119)

– 4. Wordt ter uitvoering van een voorwaardelijke verbintenis geleverd, dan wordt slechts een recht verkregen, dat aan dezelfde voorwaarde als die verbintenis is onderworpen. (Ontw. 3.4.2.2; BW art. 6:21 e.v.)

Art. 85

Overdracht onder tijdsbepaling

– 1. Een verbintenis strekkende tot overdracht van een goed voor een bepaalde tijd, wordt aangemerkt als een verbintenis tot vestiging van een vruchtgebruik op het goed voor de gestelde tijd.

– 2. Een verbintenis strekkende tot overdracht van een goed onder opschortende tijdsbepaling, wordt aangemerkt als een verbintenis tot onmiddellijke overdracht van het goed met gelijktijdige vestiging van een vruchtgebruik van de vervreemder op het goed voor de gestelde tijd. (Ontw. 3.4.2.2a; BW 3:81; Overg.w. 87)

Art. 86

Bescherming tegen beschikkingsonbevoegdheid

– 1. Ondanks onbevoegdheid van de vervreemder is een overdracht overeenkomstig artikel 90, 91 of 93 van een roerende zaak, niet-registergoed, of een recht aan toonder of order geldig, indien de overdracht anders dan om niet geschiedt en de verkrijger te goeder trouw is. (BW 3:3[2], 10, 11, 45[5], 84[1], 87[1], 119[1], 238[1]; 8:198[1], 789[1]; Rv 453a[2], 474a[1], 475b[2], 479i[2], 500, 712, 720, 724[2]; F 35[3])

Verval beperkte rechten

– 2. Rust op een in het vorige lid genoemd goed dat overeenkomstig artikel 90, 91 of 93 anders dan om niet wordt overgedragen, een beperkt recht dat de verkrijger op dit tijdstip kent noch behoort te kennen, dan vervalt dit recht, in het geval van overdracht overeenkomstig artikel 91 onder dezelfde opschortende voorwaarde als waaronder geleverd is. (BW 3:8, 238[2]; 6:22 v.)

– 3. Niettemin kan de eigenaar van een roerende zaak, die het bezit daarvan door diefstal heeft verloren, deze gedurende drie jaren, te rekenen van de dag van de diefstal af, als zijn eigendom opeisen, tenzij:

a. de zaak door een natuurlijke persoon die niet in de uitoefening van een beroep of bedrijf handelde, is verkregen van een vervreemder die van het verhandelen aan het publiek van soortgelijke zaken anders dan als veilinghouder zijn bedrijf maakt in een daartoe bestemde bedrijfsruimte, zijnde een gebouwde onroerende zaak of een gedeelte daarvan met de bij het een en ander behorende grond, en in de normale uitoefening van dat bedrijf handelde; of

b. het geld dan wel toonder- of orderpapier betreft. (BW 1:92; 3:296 v.; 6:111 v.; Rv 491 v., 730 v.; F 60a, 60b; Sr 310 v.; Sv 353)

– 4. Op de in het vorige lid bedoelde termijn zijn de artikelen 316, 318 en 319 betreffende de stuiting van de verjaring van een rechtsvordering van overeenkomstige toepassing. (Ontw. 3.4.2.3a; BW 2014 (oud); Overgangsw. 88)

Art. 86a

Cultuurgoederen

– 1. Artikel 86 kan niet worden tegengeworpen aan een lid-staat van de Europese Unie of aan een andere staat die partij is bij de Overeenkomst betreffende de Europese Economische Ruimte die een roerende zaak opeist, die krachtens de nationale wetgeving van die staat een cultuurgoed is in de zin van artikel 1, onder 1, van richtlijn nr. 93/7/EEG van de Raad van de Europese Gemeenschappen van 15 maart 1993 betreffende de teruggave van cultuurgoederen die op onrechtmatige wijze buiten het grondgebied van een lid-staat zijn gebracht (*PbEG* L 74), mits die zaak in de zin van die richtlijn op onrechtmatige wijze buiten het grondgebied van die staat is gebracht.

– 2. Artikel 86 kan evenmin worden tegengeworpen aan degene die als eigenaar een roerende zaak opeist, die op het tijdstip waarop hij het bezit daarvan verloor, krachtens de Wet tot behoud van cultuurbezit als beschermd voorwerp was aangewezen of waarvan het buiten Nederland brengen op grond van artikel 14*a* van die wet verboden is. Degene die toen op de lijst waarop het beschermde voorwerp was geplaatst of op een inventarislijst, bedoeld in artikel 14*a*, tweede lid, van die wet, als eigenaar werd vermeld, wordt vermoed toen eigenaar van de zaak geweest te zijn.

– 3. De rechter die een vordering als bedoeld in lid 1 toewijst, kent aan de bezitter een naar gelang van de omstandigheden vast te stellen billijke vergoeding toe, indien deze bij de verkrijging van de zaak de nodige zorgvuldigheid heeft betracht. Hetzelfde geldt indien de rechter een vordering als bedoeld in lid 2 toewijst, tenzij opeising zonder vergoeding bij toepasselijkheid van artikel 86 lid 3 mogelijk zou zijn geweest.

– 4. De vergoeding omvat in elk geval hetgeen aan de bezitter verschuldigd is krachtens de artikelen 120 en 121. Zij wordt bij afgifte van de zaak uitgekeerd. (BW 3:99 lid 2, 118 lid 3, 238, 290 e.v., 310*a* e.v.; 6:52 e.v., 100, 101; Rv 1008 e.v.)

Art. 87

Wegwijsplicht

– 1. Een verkrijger die binnen drie jaren na zijn verkrijging gevraagd wordt wie het goed aan hem vervreemdde, dient onverwijld de gegevens te verschaffen, die nodig zijn om deze terug te vinden of die hij ten tijde van zijn verkrijging daartoe voldoende mocht achten. Indien hij niet aan deze verplichting voldoet, kan hij de bescherming die de artikelen 86 en 86*a* aan een verkrijger te goeder trouw bieden, niet inroepen.

– 2. Het vorige lid is niet van toepassing ten aanzien van geld. (Ontw. 3.4.2.3aa: BW 3:11, 86; Overg.w. 88)

Art. 88

Beschikkingsonbevoegdheid bij o.a. registergoederen en rechten op naam

– 1. Ondanks onbevoegdheid van de vervreemder is een overdracht van een registergoed, van een recht op naam, of van een ander goed waarop artikel 86 niet van toepassing is, geldig, indien de verkrijger te goeder trouw is en de onbevoegdheid voortvloeit uit de ongeldigheid van een vroegere overdracht, die niet het gevolg was van onbevoegdheid van de toenmalige vervreemder.

– 2. Lid 1 geldt niet voor roerende zaken die krachtens de Wet tot behoud van cultuurbezit als beschermd voorwerp zijn aangewezen voor zover de overdracht ongeldig is als gevolg van het bepaalde in artikel 7 van die wet. (Ontw. 3.4.2.3b; BW 1910 (oud); BW 3:10, 11, 24, 45 lid 5, 84 lid 1, 86, 86*a*, 119 lid 1, 239 lid 4)

Art. 89

Levering onroerende zaken

– 1. De voor overdracht van onroerende zaken vereiste levering geschiedt door een daartoe bestemde, tussen partijen opgemaakte notariële akte, gevolgd door de inschrijving daarvan in de daartoe bestemde openbare registers. Zowel de verkrijger als de vervreemder kan de akte doen inschrijven. (BW 671, 671*a* (oud); BW 3:3 lid 1, 16 e.v., 84 lid 1, 96, 98, 260 lid 1, 300 lid 2, 301; Rv 505, 726 lid 1, 730 e.v.; Fw 35 lid 1; Kad. 8 e.v., 11 e.v., 18 e.v., 25 e.v.; Notariswet 37; Onteig.w. 59; Tijd. wet huurkoop onr. zaken 2, 5; Vorderingswet 25)

– 2. De tot levering bestemde akte moet nauwkeurig de titel van overdracht vermelden; bijkomstige bedingen die niet de overdracht betreffen, kunnen in de akte worden weggelaten.

– 3. Treedt bij een akte van levering iemand als gevolmachtigde van een der partijen op, dan moet in de akte de volmacht nauwkeurig worden vermeld. (BW 3:60)

– 4. Het in dit artikel bepaalde vindt overeenkomstige toepassing op de levering, vereist voor de overdracht van andere registergoederen. (Ontw. 3.4.2.4; BW 743, 760, 767, 807 lid 2, 865 (oud); BW 3:10; 8:199, 790; Overg.w. 91)

Art. 90

Levering roerende zaken

– 1. De levering vereist voor de overdracht van roerende zaken, niet-registergoederen, die in de macht van de vervreemder zijn, geschiedt door aan de verkrijger het bezit der zaak te verschaffen. (Ontw. 3.4.2.5; BW 667, 807^{2} (oud); BW 3:3^{2}, 10, 84^{1}, 86 v., 96, 97, 98, 114, 115; Rv 491 v., 730 v.)

– 2. Blijft de zaak na de levering in handen van de vervreemder, dan werkt de levering tegenover een derde die een ouder recht op de zaak heeft, eerst vanaf het tijdstip dat de zaak in handen van de verkrijger is gekomen, tenzij de oudere gerechtigde met vervreemding heeft ingestemd. (Ontw. 3.4.2.5; BW 3:97^{2}, 111, 115^{a}, 237^{1}, 238^{1}; 7:42^{1}; F 35^{1})

Art. 91

Opschortende voorwaarde

De levering van in het vorige artikel bedoelde zaken ter uitvoering van een verbintenis tot overdracht onder opschortende voorwaarde, geschiedt door aan de verkrijger de macht over de zaak te verschaffen.

Art. 92

Goederenrechtelijke gevolgen eigendomsvoorbehoud

– 1. Heeft een overeenkomst de strekking dat de een zich de eigendom van een zaak die in de macht van de ander wordt gebracht, voorbehoudt totdat een door de ander verschuldigde prestatie is voldaan, dan wordt hij vermoed zich te verbinden tot overdracht van de zaak aan de ander onder opschortende voorwaarde van voldoening van die prestatie. (BW 3:38, 84 leden 3 en 4; 6:180 lid 2; 7:9 lid 3)

– 2. Een eigendomsvoorbehoud kan slechts geldig worden bedongen ter zake van vorderingen betreffende de tegenprestatie voor door de vervreemder aan de verkrijger krachtens overeenkomst geleverde of te leveren zaken of krachtens een zodanige overeenkomst tevens ten behoeve van de verkrijger verrichte of te verrichten werkzaamheden, alsmede ter zake van de vorderingen wegens tekortschieten in de nakoming van zodanige overeenkomsten. Voor zover een voorwaarde op deze grond nietig is, wordt zij voor ongeschreven gehouden. (BW 3:84 lid 3)

– 3. Een voorwaarde als in lid 1 bedoeld wordt voor vervuld gehouden, wanneer de vervreemder op enige andere wijze dan door voldoening van de tegenprestatie wordt bevredigd, wanneer de verkrijger van zijn verplichting daartoe wordt bevrijd uit hoofde van artikel 60 van Boek 6, of wanneer de verjaring van de rechtsvordering ter zake van de tegenprestatie is voltooid. Behoudens afwijkend beding, geldt hetzelfde bij afstand van het recht op de tegenprestatie. (Ontw. 3.4.2.5b; BW 3:306 e.v.; Overg.w. 89)

Art. 92a

Vervallen.

Art. 93

Levering rechten aan toonder of order

De levering, vereist voor de overdracht van een recht aan toonder waarvan het toonderpapier in de macht van de vervreemder is, geschiedt door de levering van dit papier op de wijze en met de gevolgen als aangegeven in de artikelen 90, 91 en 92. Voor overdracht van een recht aan order, waarvan het orderpapier in de macht van de vervreemder is, geldt hetzelfde, met dien verstande dat voor de levering tevens endossement vereist is. (Ontw. 3.4.2.6; BW 668 lid 3 (oud); BW 3:84 lid 1, 236 lid 1; 6:130 lid 3, 142 e.v.; Rv 491, 495 lid 1, 730 e.v.)

Art. 94

Levering rechten op naam e.d.

– 1. Buiten de in het vorige artikel geregelde gevallen worden tegen een of meer bepaalde personen uit te oefenen rechten geleverd door een daartoe bestemde akte, en mededeling daarvan aan die personen door de vervreemder of verkrijger. (BW 668 leden 1 en 2 (oud); BW 2:86, 196; 3:37, 84 lid 1, 236 lid 2, 239 leden 1 en 2, 300 lid 2; 6:34, 130, 142 e.v.; Rv 431*a*, 730 e.v.; Fw 35)

– 2. De levering van een tegen een bepaalde, doch op de dag waarop de akte wordt opgemaakt onbekende persoon uit te oefenen recht dat op die dag aan de vervreemder toebehoort, werkt terug tot die dag, indien de mededeling met bekwame spoed wordt gedaan, nadat die persoon bekend is geworden.

Levering zonder mededeling akte

– 3. Deze rechten kunnen ook worden geleverd door een daartoe bestemde authentieke of geregistreerde onderhandse akte, zonder mededeling daarvan aan de personen tegen wie die rechten moeten worden uitgeoefend, mits deze rechten op het tijdstip van de levering reeds bestaan of rechtstreeks zullen worden verkregen uit een dan reeds bestaande rechtsverhouding. De levering kan niet worden tegengeworpen aan de personen tegen wie deze rechten moeten worden uitgeoefend dan na mededeling daarvan aan die personen door de vervreemder of de verkrijger. Voor de verkrijger van een recht dat overeenkomstig de eerste zin is geleverd, geldt artikel 88 lid 1 slechts, indien hij te goeder trouw is op het tijdstip van de in tweede zin bedoelde mededeling.

– 4. De personen tegen wie het recht moet worden uitgeoefend, kunnen verlangen dat hun een door de vervreemder gewaarmerkt uittreksel van de akte en haar titel wordt ter hand gesteld. Bedingen die voor deze personen van geen belang zijn, behoeven daarin niet te worden opgenomen. Is van een titel geen akte opgemaakt, dan moet hun de inhoud, voor zover voor hen van belang, schriftelijk worden medegedeeld. (Ontw. 3.4.2.7; Overg.w. 90)

Art. 95

Levering in andere gevallen

Buiten de in de artikelen 89-94 geregelde gevallen en behoudens het in de artikelen 96 en 98 bepaalde, worden goederen geleverd door een daartoe bestemde akte. (Ontw. 3.4.2.7a; BW 3:84 lid 1, 300 lid 2; Rv 730 e.v.)

Art. 96

Levering aandeel in goed

De levering van een aandeel in een goed geschiedt op overeenkomstige wijze en met overeenkomstige gevolgen als is bepaald met betrekking tot levering van dat goed. (Ontw. 3.4.2.7b; BW 3:89 e.v., 175)

Art. 97

Levering toekomstige goederen

– 1. Toekomstige goederen kunnen bij voorbaat worden geleverd, tenzij het verboden is deze tot onderwerp van een overeenkomst te maken of het registergoederen zijn. (BW 3:10, 110, 115 sub *a*, 237 lid 4; Fw 35 lid 2)

– 2. Een levering bij voorbaat van een toekomstig goed werkt niet tegen iemand die het goed ingevolge een eerdere levering bij voorbaat heeft verkregen. Betreft het een roerende zaak, dan werkt zij jegens deze vanaf het tijdstip dat de zaak in handen van de verkrijger is gekomen. (Ontw. 3.4.2.10; BW 3:90)

Art. 98

Beperkte rechten; vestiging, overdracht, afstand

Tenzij de wet anders bepaalt, vindt al hetgeen in deze afdeling omtrent de overdracht van een goed is bepaald, overeenkomstige toepassing op de vestiging, de overdracht en de afstand van een beperkt recht op een zodanig goed. (Ontw. 3.4.2.11; BW 3:8, 81[1, 2 sub c], 224, 236 v., 258, 260; 5:82[1])

AFDELING 3
Verkrijging en verlies door verjaring

Art. 99

Verkrijgende verjaring

– 1. Rechten op roerende zaken die niet-registergoederen zijn, en rechten aan toonder of order worden door een bezitter te goeder trouw verkregen door een onafgebroken bezit van drie jaren, andere goederen door een onafgebroken bezit van tien jaren.

– 2. Lid 1 geldt niet voor roerende zaken die krachtens de Wet tot behoud van cultuurbezit als beschermd voorwerp zijn aangewezen of deel uitmaken van een openbare collectie of van een inventarislijst als bedoeld in artikel 14*a*, tweede lid, van die wet, mits het bezit na die aanwijzing of gedurende dit deel uitmaken is begonnen. (Ontw. 3.4.3.1; BW 665 (oud), 1992 (oud), 2000 (oud); BW 3:11, 17 lid 1 sub *i*, 24 lid 2 sub *e*, 80 lid 3, 107 e.v., 118, 306 e.v., 310*b*; Overg.w. 92)

Art. 100

Nalatenschap

Hij die een nalatenschap in bezit heeft genomen, kan die nalatenschap en de daartoe behorende goederen niet eerder door verjaring ten nadele van de rechthebbende verkrijgen dan nadat diens rechtsvordering tot opeising van die nalatenschap is verjaard. (Ontw. 3.4.3.2.; BW 3:306, 315)

Art. 101

Aanvang verjaring

Een verjaring begint te lopen met de aanvang van de dag na het begin van het bezit. (Ontw. 3.4.3.3; BW 1999 (oud); BW 3:313 e.v.)

Art. 102

Voortzetting verjaring

– 1. Hij die een ander onder algemene titel in het bezit opvolgt, zet een lopende verjaring voort. (BW 3:80 lid 2, 116)

– 2. Hetzelfde doet de bezitter te goeder trouw die het bezit van een ander anders dan onder algemene titel heeft verkregen. (Ontw. 3.4.3.4: BW 1995 (oud); BW 3:114 e.v., 118)

Art. 103

Onvrijwillig bezitsverlies

Onvrijwillig bezitsverlies onderbreekt de loop der verjaring niet, mits het bezit binnen het jaar wordt terugverkregen of een binnen het jaar ingestelde rechtsvordering tot terugverkrijging van het bezit leidt. (Ontw. 3.4.3.4a; BW 616 (oud), 2015 (oud); BW 3:125)

Art. 104

Stuiting of verlenging verjaring

– 1. Wanneer de verjaring van de rechtsvordering strekkende tot beëindiging van het bezit wordt gestuit of verlengd, wordt daarmede de verkrijgende verjaring dienovereenkomstig gestuit of verlengd. (BW 2015 e.v. (oud), 2023 e.v. (oud); BW 3:316 e.v., 320 e.v.)

– 2. In dit en de beide volgende artikelen wordt onder verjaring van een rechtsvordering de verjaring van de bevoegdheid tot tenuitvoerlegging van de uitspraak waarbij de eis is toegewezen, begrepen. (Ontw. 3.4.3.5; BW 3:324)

Art. 105

Verkrijging door extinctieve verjaring

– 1. Hij die een goed bezit op het tijdstip waarop de verjaring van de rechtsvordering strekkende tot beëindiging van het bezit wordt voltooid, verkrijgt dat goed, ook al was zijn bezit niet te goeder trouw. (BW 3:104 lid 2, 306, 314 lid 2)

– 2. Heeft iemand vóór dat tijdstip het bezit onvrijwillig verloren, maar het na dat tijdstip, mits binnen het jaar na het bezitsverlies of uit hoofde van een binnen dat jaar ingestelde rechtsvordering, terugverkregen, dan wordt hij als de bezitter op het in het vorige lid aangegeven tijdstip aangemerkt. (Ontw. 3.4.3.8; BW 3:125; Overg.w. 93)

Art. 106

Tenietgaan beperkt recht

Wanneer de verjaring van de rechtsvordering van een beperkt gerechtigde tegen de hoofdgerechtigde tot opheffing van een met het beperkte recht strijdige toestand wordt voltooid, gaat het beperkte recht teniet, voor zover de uitoefening daarvan door die toestand is belet. (Ontw. 3.4.3.8a; BW 754 e.v. (oud), 765 sub 3 (oud), 783 (oud), 854 sub 5 (oud); BW 3:104 lid 2, 306, 314 lid 1; Overg.w. 94)

TITEL 5
Bezit en houderschap

Art. 107

Bezit

– 1. Bezit is het houden van een goed voor zichzelf.

– 2. Bezit is onmiddellijk, wanneer iemand bezit zonder dat een ander het goed voor hem houdt.

– 3. Bezit is middellijk, wanneer iemand bezit door middel van een ander die het goed voor hem houdt.

Houderschap

– 4. Houderschap is op overeenkomstige wijze onmiddellijk of middellijk. (Ontw. 3.5.1; BW 585 (oud), 596[1] (oud); BW 3:90, 99 v., 108, 109, 118, 119-124; 6:173-180; Overgangsw. 95)

Art. 108

Houden voor zichzelf of voor een ander

Of iemand een goed houdt en of hij dit voor zichzelf of voor een ander doet, wordt naar verkeersopvatting beoordeeld, met inachtneming van de navolgende regels en overigens op grond van uiterlijke feiten. (Ontw. 3.5.2; BW 585 (oud), 596[1] (oud))

Art. 109

Vermoeden van bezit

Wie een goed houdt, wordt vermoed dit voor zichzelf te houden. (Ontw. 3.5.3; BW 590 (oud))

Art. 110

Verkrijging voor een ander

Bestaat tussen twee personen een rechtsverhouding die de strekking heeft dat hetgeen de ene op bepaalde wijze zal verkrijgen, door hem voor de ander zal worden gehouden, dan houdt de ene het ter uitvoering van die rechtsverhouding door hem verkregene voor de ander. (Ontw. 3.5.4; BW 596 (oud); BW 3:90, 97; 5:16[1]; Wet Giraal Effectenverkeer)

Art. 111

Interversie van houderschap

Wanneer men heeft aangevangen krachtens een rechtsverhouding voor een ander te houden, gaat men daarmede onder dezelfde titel voort, zolang niet blijkt dat hierin verandering is gebracht, hetzij ten gevolge van een handeling van hem voor wie men houdt, hetzij ten gevolge van een tegenspraak van diens recht. (Ontw. 3.5.5; BW 591, 592, 1996, 1997 (oud); BW 3:90 lid 2, 97 lid 2, 115)

Art. 112

Bezitsverkrijging

Bezit wordt verkregen door inbezitneming, door overdracht of door opvolging onder algemene titel. (Ontw. 3.5.6; BW 594 (oud), 597 (oud), 599 (oud); BW 3:113 v.)

Art. 113

Inbezitneming

– 1. Men neemt een goed in bezit door zich daarover de feitelijke macht te verschaffen. (BW 5:4)

– 2. Wanneer een goed in het bezit van een ander is, zijn enkele op zichzelf staande machtsuitoefeningen voor een inbezitneming onvoldoende. (Ontw. 3.5.7; BW 594 (oud); BW 3:108, 117)

Art. 114

Bezitsoverdracht

Een bezitter draagt zijn bezit over door de verkrijger in staat te stellen die macht uit te oefenen, die hij zelf over het goed kon uitoefenen. (Ontw. 3.5.8; BW 599 (oud); BW 3:90 v., 102[2])

Art. 115

Overdracht van zaak door tweezijdige verklaring

Voor de overdracht van het bezit is een tweezijdige verklaring zonder feitelijke handeling voldoende: (BW 3:90 e.v., 102 lid 2)

a. wanneer de vervreemder de zaak bezit en hij haar krachtens een bij de levering gemaakt beding voortaan voor de verkrijger houdt; (BW 3:90 lid 2, 97 lid 2)

b. wanneer de verkrijger houder van de zaak voor de vervreemder was; (BW 667 lid 2 (oud))

c. wanneer een derde voor de vervreemder de zaak hield, en haar na de overdracht voor de ontvanger houdt. In dit geval gaat het bezit niet over voordat de derde de overdracht heeft erkend, dan wel de vervreemder of de verkrijger de overdracht aan hem heeft medegedeeld. (Ontw. 3.5.9)

Art. 116

Opvolging onder algemene titel

Hij die onder een algemene titel een ander opvolgt, volgt daarmede die ander op in diens bezit en houderschap, met alle hoedanigheden en gebreken daarvan. (Ontw. 3.5.10; BW 597 (oud); BW 3:80 lid 2, 102 lid 1)

Art. 117

Bezitsverlies

– 1. Een bezitter van een goed verliest het bezit, wanneer hij het goed kennelijk prijsgeeft, of wanneer een ander het bezit van het goed verkrijgt. (BW 3:112 e.v.; 5:18)

– 2. Zolang niet een der in het vorige lid genoemde gronden van bezitsverlies zich heeft voorgedaan, duurt een aangevangen bezit voort. (Ontw. 3.5.11; BW 598 e.v. (oud))

Art. 118

Bezit te goeder trouw

– 1. Een bezitter is te goeder trouw, wanneer hij zich als rechthebbende beschouwt en zich ook redelijkerwijze als zodanig mocht beschouwen. (BW 587 (oud), 588 lid 1 (oud); BW 3:11, 86 e.v., 99, 102 lid 2, 105 lid 1, 120, 121; Fw 35 lid 3)

– 2. Is een bezitter eenmaal te goeder trouw, dan wordt hij geacht dit te blijven. (BW 2003 (oud); BW 3:121 lid 3)

– 3. Goede trouw wordt vermoed aanwezig te zijn; het ontbreken van goede trouw moet worden bewezen. (Ontw. 3.5.12; BW 589 (oud), 2002 (oud))

Art. 119

Processuele functie

– 1. De bezitter van een goed wordt vermoed rechthebbende te zijn. (BW 604 sub 1, 605 sub 1, 2014 lid 1 (oud); BW 5:47 lid 2)

– 2. Ten aanzien van registergoederen wijkt dit vermoeden, wanneer komt vast te staan dat de wederpartij of diens rechtsvoorganger te eniger tijd rechthebbende was en dat de bezitter zich niet kan beroepen op verkrijging nadien onder bijzondere titel waarvoor inschrijving in de registers vereist is. (Ontw. 3.5.13; BW 3:10, 16 e.v., 80 lid 3)

Art. 120

Bezit te goeder trouw; recht op vruchten

– 1. Aan een bezitter te goeder trouw behoren de afgescheiden natuurlijke en de opeisbaar geworden burgerlijke vruchten toe. (BW 630^1 (oud); BW 3:9, 118, 124; $6:24^2$, 206, 275)

Vergoeding van kosten en schade

– 2. De rechthebbende op een goed, die dit opeist van een bezitter te goeder trouw of die het van deze heeft terugontvangen, is verplicht de ten behoeve van het goed gemaakte kosten alsmede de schade waarvoor de bezitter op grond van het in titel 3 van Boek 6 bepaalde uit hoofde van zijn bezit jegens derden aansprakelijk mocht zijn, aan deze te vergoeden, voor zover de bezitter niet door de vruchten van het goed en de overige voordelen die hij ter zake heeft genoten, voor het een en ander is schadeloos gesteld. De rechter kan de verschuldigde vergoeding beperken, indien volledige vergoeding zou leiden tot onbillijke bevoordeling van de bezitter jegens de rechthebbende. (BW 630^2 v. (oud), 658^3 v. (oud); BW 3:122, 123, 243^2; 6:173 v.)

Retentierecht

– 3. Zolang een bezitter te goeder trouw de hem verschuldigde vergoeding niet heeft ontvangen, is hij bevoegd de afgifte van het goed op te schorten. (BW 630^2 (oud); BW 3:290 v.)

– 4. Het in dit artikel bepaalde is ook van toepassing op hem die meent en mocht menen dat hij het bezit rechtmatig heeft verkregen, ook al weet hij dat de handelingen die voor de levering van het recht nodig zijn, niet hebben plaatsgevonden. (Ontw. 3.5.14)

Art. 121

Bezit niet te goeder trouw; vruchten, schade

– 1. Een bezitter die niet te goeder trouw is, is jegens de rechthebbende behalve tot afgifte van het goed ook verplicht tot het afgeven van de afgescheiden natuurlijke en de opeisbaar geworden burgerlijke vruchten, onverminderd zijn aansprakelijkheid op grond van het in titel 3 van Boek 6 bepaalde voor door de rechthebbende geleden schade. (BW 634 (oud); BW 3:9, 118, 124; $6:24^2$, 162 v., 206, 275)

Kosten

– 2. Hij heeft tegen de rechthebbende alleen een vordering tot vergoeding van de kosten die hij ten behoeve van het goed of tot winning van de vruchten heeft gemaakt, voor zover hij deze vergoeding van de rechthebbende kan vorderen op grond van het bepaalde omtrent ongerechtvaardigde verrijking. (BW $634^{sub\ 1}$ (oud), 658^3 (oud), 660 (oud); BW 3:122, 123; 6:212)

– 3. Het in dit artikel bepaalde is ook op de bezitter te goeder trouw van toepassing vanaf het tijdstip waarop de rechthebbende zijn recht tegen hem heeft ingeroepen. (Ontw. 3.5.15; BW 588^2 (oud), 630^1 (oud); BW 3:118)

Art. 122

Overdracht i.p.v. vergoeding

Indien de rechthebbende ter bevrijding van de door hem ingevolge de beide vorige artikelen verschuldigde vergoedingen op zijn kosten het goed aan de bezitter wil overdragen, is de bezitter gehouden hieraan mede te werken. (Ontw. 3.5.15a; BW 3:124, 300; 6:24 lid 2, 207, 275; Overg.w. 96)

Art. 123

Ius tollendi

Heeft de bezitter van een zaak daaraan veranderingen of toevoegingen aangebracht, dan is hij bevoegd om, in plaats van de hem op grond van de artikelen 120 en 121 daarvoor toekomende vergoeding te vorderen, deze veranderingen of toevoegingen weg te nemen, mits hij de zaak in de oude toestand terugbrengt. (Ontw. 3.5.15b; BW 636 (oud); BW 3:124, 208 lid 2, 266; 5:75 lid 3, 89 lid 3, 105 lid 2; 6:24 lid 2, 206, 275)

Art. 124

Houderschap

Wanneer iemand een goed voor een ander houdt en dit door een derde als rechthebbende van hem wordt opgeëist, vindt hetgeen in de voorgaande vier artikelen omtrent de bezitter is bepaald, te zijnen aanzien toepassing met inachtneming van de rechtsverhouding waarin hij tot die ander stond. (Ontw. 3.5.16; BW 6:24 lid 2, 206, 275)

Art. 125

Bezitsbescherming

– 1. Hij die het bezit van een goed heeft verkregen, kan op grond van een daarna ingetreden bezitsverlies of bezitsstoornis tegen derden dezelfde rechtsvorderingen instellen tot terugverkrijging van het goed en tot opheffing van de stoornis, die de rechthebbende op het goed toekomen. Nochtans moeten deze rechtsvorderingen binnen het jaar na het verlies of de stoornis worden ingesteld. (BW 604 sub 4, 605 sub 3, 613 e.v. (oud); BW 3:103)

– 2. De vordering wordt afgewezen, indien de gedaagde een beter recht dan de eiser heeft tot het houden van het goed of de storende handelingen krachtens een beter recht heeft verricht, tenzij de gedaagde met geweld of op heimelijke wijze aan de eiser het bezit heeft ontnomen of diens bezit heeft gestoord.

– 3. Het in dit artikel bepaalde laat voor de bezitter, ook nadat het in het eerste lid bedoelde jaar is verstreken, en voor de houder onverlet de mogelijkheid een vordering op grond van onrechtmatige daad in te stellen, indien daartoe gronden zijn. (Ontw. 3.5.17; BW 624 (oud); BW 6:103, 162 e. v.)

TITEL 6
Bewind
Gereserveerd.

TITEL 7
Gemeenschap

AFDELING 1
Algemene bepalingen

Art. 166

Gemeenschap

– 1. Gemeenschap is aanwezig, wanneer een of meer goederen toebehoren aan twee of meer deelgenoten gezamenlijk. (BW 628 (oud), 658e.v. (oud), 1112 e.v. (oud); BW art. 1:100; BW art. 3:1, 189 e.v., 230; BW art. 5:13 lid 1, 14 lid 3, 15, 59 lid 1, 60 e.v., 76, 106 e.v., BW art. 6:15 e. v.; BW BW art. 4:1167 e.v., 1655 e.v.; Rv art. 429c lid 4 en lid 5)

– 2. De aandelen van de deelgenoten zijn gelijk, tenzij uit hun rechtsverhouding anders voortvloeit. (BW art. 1:100; BW art. 7A:1670)

Redelijkheid en billijkheid

– 3. Op de rechtsbetrekkingen tussen de deelgenoten is artikel 2 van Boek 6 van overeenkomstige toepassing. (Ontw. 3.7.1.1; BW art. 6:248)

Art. 167

Zaaksvervanging

Goederen die geacht moeten worden in de plaats van een gemeenschappelijk goed te treden behoren tot de gemeenschap. (Ontw. 3.7.1.1a; BW 1:124, 433; 3:177, 213 lid 1, 215 lid 1, 229 lid 3, 246 lid 5)

Art. 168

Beheersregeling

– 1. De deelgenoten kunnen het genot, het gebruik en het beheer van gemeenschappelijke goederen bij overeenkomst regelen. (BW 3:170, 174; Zaaizaad- en Plantgoedwet, 49)

– 2. Voor zover een overeenkomst ontbreekt, kan de kantonrechter op verzoek van de meest gerede partij een zodanige regeling treffen, zo nodig met onderbewindstelling van de goederen. Hij houdt daarbij naar billijkheid rekening zowel met de belangen van partijen als met het algemeen belang. (BW 3:12, 185; 5:78; 6:259; Rv 658 e.v.)

– 3. Een bestaande regeling kan op verzoek van de meest gerede partij door de kantonrechter wegens onvoorziene omstandigheden gewijzigd of buiten werking gesteld worden. (BW 6:258)

– 4. Een regeling is ook bindend voor de rechtverkrijgenden van een deelgenoot. (BW 1:116 lid 1, 120, lid 2; 3:17 lid 1 onder *d*, 24, 25, 26, 44, 80, 175 lid 2, 178 lid 5, 191 lid 2)

– 5. Op een overeenkomstig lid 2 ingesteld bewind zijn, voor zover de kantonrechter niet anders heeft bepaald, de artikelen 154, 157 tot en met 166, 168, 172, 173 en 174 van Boek 4 van overeenkomstige toepassing, met dien verstande dat de kantonrechter de in artikel 159 van Boek 4 bedoelde beloning ook op grond van bijzondere omstandigheden anders kan regelen, alsmede dat hij de in artikel 160 van Boek 4 bedoelde zekerheidstelling te allen tijde kan bevelen. Het kan door een gezamenlijk besluit van de deelgenoten of op verzoek van een hunner door de kantonrechter worden opgeheven. (Ontw. 3.7.1.2)

Art. 169

Gebruik

Tenzij een regeling anders bepaalt, is iedere deelgenoot bevoegd tot het gebruik van een gemeenschappelijk goed, mits dit gebruik met het recht van de overige deelgenoten te verenigen is. (Ontw. 3.7.1.3; BW 3:168; 5:60 e.v.)

Art. 170

Beheer

– 1. Handelingen dienende tot gewoon onderhoud of tot behoud van een gemeenschappelijk goed, en in het algemeen handelingen die geen uitstel kunnen lijden, kunnen door ieder der deelgenoten zo nodig zelfstandig worden verricht. Ieder van hen is bevoegd ten behoeve van de gemeenschap verjaring te stuiten. (BW 3:61, 69, 70, 175 lid 3, 316 e.v.)

– 2. Voor het overige geschiedt het beheer door de deelgenoten tezamen, tenzij een regeling anders bepaalt. Onder beheer zijn begrepen alle handelingen die voor de normale exploitatie van het goed dienstig kunnen zijn, alsook het aannemen van aan de gemeenschap verschuldigde prestaties. (BW 6:15 lid 2, 34)

– 3. Tot andere handelingen betreffende een gemeenschappelijk goed dan in de vorige leden vermeld, zijn uitsluitend de deelgenoten tezamen bevoegd. (Ontw. 3.7.1.3a; BW 3:174, 183, 190, 192, 193)

Art. 171

Procederen

Tenzij een regeling anders bepaalt, is iedere deelgenoot bevoegd tot het instellen van rechtsvorderingen en het indienen van verzoekschriften ter verkrijging van een rechterlijke uitspraak ten behoeve van de gemeenschap. Een regeling die het beheer toekent aan een of meer der deelgenoten, sluit, tenzij zij anders bepaalt, deze bevoegdheid voor de anderen uit. (Ontw. 3.7.1.3b; BW 3:168, 170 lid 2; 6:15 e.v.)

Art. 172

Delen van vruchten en andere voordelen en uitgaven

Tenzij een regeling anders bepaalt, delen de deelgenoten naar evenredigheid van hun aandelen in de vruchten en andere voordelen die het gemeenschappelijke goed oplevert, en moeten zij in dezelfde evenredigheid bijdragen tot de uitgaven die voortvloeien uit handelingen welke bevoegdelijk ten behoeve van de gemeenschap zijn verricht. (Ontw. 3.7.1.4; BW 3:9, 166, 168, 170)

Art. 173

Rekening en verantwoording

Ieder der deelgenoten kan van degene onder hen die voor de overigen beheer heeft gevoerd, jaarlijks en in ieder geval bij het einde van het beheer rekening en verantwoording vorderen. (Ontw. 3.7.1.5; Rv 771)

Art. 174

Machtiging tot te gelde maken en bezwaren

– 1. De rechter die ter zake van een vordering tot verdeling bevoegd zou zijn of voor wie een zodanige vordering reeds aanhangig is kan een deelgenoot op diens verzoek ten behoeve van de voldoening van een voor rekening van de gemeenschap komende schuld of om andere gewichtige redenen machtigen tot het te gelde maken van een gemeenschappelijk goed. Indien een deelgenoot voor wie een te verkopen goed een bijzondere waarde heeft, bereid is het goed tegen vergoeding van de geschatte waarde over te nemen, kan de voormelde rechter deze overneming bevelen. (BW 1122 (oud); BW 3:166 lid 3, 181; 181, 182 lid 1, 183, 185; Rv 429*a* e.v., 429*c* lid 5, 677-680)

– 2. De in lid 1 bedoelde rechter kan een deelgenoot op diens verzoek machtigen een gemeenschappelijk goed te bezwaren met een recht van pand of hypotheek tot zekerheid voor de voldoening van een voor rekening van de gemeenschap komende schuld die reeds bestaat of waarvan het aangaan geboden is voor het behoud van een goed der gemeenschap. (Ontw. 3.7.1.7; BW 3:231, 236 e.v., 251, 260 e.v.)

Art. 175

Beschikkingsbevoegdheid over aandeel

– 1. Tenzij uit de rechtsverhouding tussen de deelgenoten anders voortvloeit, kan ieder van hen over zijn aandeel in een gemeenschappelijk goed beschikken. (BW 3:89 e.v., 166 lid 3, 168, 176, 177, 190, 191 lid 2; Wet giraal effectenverkeer 16, 17, 26, 41)

– 2. Indien uit de rechtsverhouding tussen de deelgenoten voortvloeit dat zij niet, tenzij met aller toestemming, bevoegd zijn over hun aandeel te beschikken, zijn de leden 3 en 4 van artikel 168 van overeenkomstige toepassing.

– 3. De schuldeisers van een deelgenoot kunnen zijn aandeel in een gemeenschappelijk goed uitwinnen. Na de uitwinning van een aandeel kunnen beperkingen van de bevoegdheid om over de aandelen te beschikken niet worden ingeroepen tussen de verkrijger van dat aandeel en de overige deelgenoten. (Ontw. 3.7.1.8; BW 3:276; 5:117 lid 1)

Art. 176

Verkrijging aandeel

– 1. De verkrijger van een aandeel of een beperkt recht daarop moet van de verkrijger onverwijld mededeling doen aan de overige deelgenoten of aan degene die door de deelgenoten of de rechter met het beheer over het goed is belast.

– 2. Een overgedragen aandeel wordt verkregen onder de last aan de gemeenschap te vergoeden hetgeen de vervreemder haar schuldig was. Vervreemder en verkrijger zijn hoofdelijk voor deze vergoeding aansprakelijk. De verkrijger kan zich aan deze verplichting onttrekken door zijn aandeel op zijn kosten aan de overige deelgenoten over te dragen; dezen zijn verplicht aan een zodanige overdracht mede te werken.

– 3. De vorige leden zijn niet van toepassing bij uitwinning van de gezamenlijke aandelen in een gemeenschappelijk goed. (Ontw. 3.7.1.8a; BW 3:37 lid 1, 94, 122, 182, 224; 5:66 lid 2, 82, 122; 6:10, 11, 208)

Art. 177

Verdeling met beperkt recht op aandeel

– 1. Wordt een gemeenschappelijk goed verdeeld of overgedragen, terwijl op het aandeel van een deelgenoot een beperkt recht rust, dan komt dat recht te rusten op het goed voor zover dit door die deelgenoot wordt verkregen, en wordt het goed voor het overige van dat recht bevrijd, onverminderd hetgeen de beperkt gerechtigde of de deelgenoot op wiens aandeel zijn recht rust, krachtens hun onderlinge verhouding van de onder wegens een door deze aldus ontvangen overwaarde heeft te vorderen.

– 2. Een verdeling, alsmede een overdracht waartoe de deelgenoten zich na bezwaring met het beperkte recht hebben verplicht, behoeft de medewerking van de beperkt gerechtigde.
– 3. Een bij toedeling van het goed aan de in het eerste lid genoemde deelgenoot bedongen recht van pand of hypotheek tot waarborg van hetgeen hij aan een of meer der deelgenoten ten gevolge van de verdeling schuldig is of mocht worden, heeft, mits het gelijktijdig met de levering van het hem toegedeelde daarop wordt gevestigd, voorrang boven een beperkt recht dat een deelgenoot tevoren op zijn aandeel had gevestigd. (Ontw. 3.7.1.8b; BW 1212 (oud); BW 3:182, 213 lid 1, 229, 261; 5:114; 8:206, 796, 1313; Overg.w. 100)

Art. 178

Verdeling vorderen

– 1. Ieder der deelgenoten, alsmede hij die een beperkt recht op een aandeel heeft, kan te allen tijde verdeling van een gemeenschappelijk goed vorderen, tenzij uit de aard van de gemeenschap of uit het in de volgende leden bepaalde anders voortvloeit. (BW 1:99 lid 2; 3:182, 186, 189, 193; 5:63 lid 2; Rv 677 e.v., 733)
– 2. Op verlangen van een deelgenoot kan de rechter voor wie een vordering tot verdeling aanhangig is, bepalen dat alle of sommige opeisbare schulden die voor rekening van de gemeenschap komen, moeten worden voldaan alvorens tot de verdeling wordt overgegaan. (BW 1125 (oud), 1132 (oud); BW 3:174 lid 1, 192, 193)
– 3. Indien de door een onmiddellijke verdeling getroffen belangen van een of meer deelgenoten aanmerkelijk groter zijn dan de belangen die door de verdeling worden gediend, kan de rechter voor wie een vordering tot verdeling aanhangig is, op verlangen van een deelgenoot een of meermalen, telkens voor ten hoogste drie jaren, een vordering tot verdeling uitsluiten. (BW 3:13, 180, 193)
– 4. Indien geen vordering tot verdeling aanhangig is, kan een beslissing als bedoeld in de leden 2 en 3 op verzoek van ieder van de deelgenoten worden gegeven door de rechter die ter zake van de vordering tot verdeling bevoegd zou zijn.
– 5. Zij die bevoegd zijn verdeling te vorderen, kunnen hun bevoegdheid daartoe een of meer malen bij overeenkomst, telkens voor ten hoogste vijf jaren, uitsluiten. De leden 3 en 4 van artikel 168 zijn op een zodanige overeenkomst van overeenkomstige toepassing. (Ontw. 3.7.1.9)

Art. 179

Verdeling gehele gemeenschap

– 1. Indien verdeling van een gemeenschappelijk goed wordt gevorderd, kan ieder der deelgenoten verlangen dat alle tot de gemeenschap behorende goederen en de voor rekening van de gemeenschap komende schulden in de verdeling worden begrepen, tenzij er gewichtige redenen zijn voor een gedeeltelijke verdeling. Van de verdeling worden die goederen uitgezonderd, die wegens een der in artikel 178 genoemde gronden onverdeeld moeten blijven.
– 2. De omstandigheid dat bij een verdeling een of meer goederen zijn overgeslagen, heeft alleen ten gevolge dat daarvan een nadere verdeling kan worden gevorderd. (BW 1158 oud)
– 3. Op de toedeling van een schuld is afdeling 3 van titel 2 van Boek 6 van toepassing. (Ontw. 3.7.1.9a; BW 1:99, 137, 345 lid 1, 351; 3:185; Rv 680; Overg.w. 101)

Art. 180

Verdeling gevorderd door schuldeiser

– 1. Een schuldeiser die een opeisbare vordering op een deelgenoot heeft, kan verdeling van de gemeenschap vorderen, doch niet verder dan nodig is voor het verhaal van zijn vordering. Artikel 178 lid 3 is van toepassing.
– 2. Heeft een schuldeiser een bevel tot verdeling van de gemeenschap verkregen dan behoeft de verdeling zijn medewerking. (Ontw. 3.7.1.9b; Rv 492 (oud); BW 6:38 e.v.; Rv 677 e.v., 733; Overg.w. 101)

Art. 181

Onzijdig persoon

– 1. Voor het geval dat deelgenoten of zij wier medewerking vereist is, niet medewerken tot een verdeling nadat deze bij rechterlijke uitspraak is bevolen, benoemt de rechter die in eerste aanleg van de vordering tot verdeling heeft kennis genomen, indien deze benoeming niet reeds bij die uitspraak heeft plaatsgehad, op verzoek van de meest gerede partij een onzijdig persoon die hen bij de verdeling vertegenwoordigt en daarbij hun belangen naar eigen beste inzicht behartigt. Hebben degenen die niet medewerken tegenstrijdige belangen, dan wordt voor ieder van hen een onzijdig persoon benoemd.
– 2. Een onzijdig persoon is verplicht hetgeen aan de door hem vertegenwoordigde persoon ingevolge de verdeling toekomt, voor deze in ontvangst te nemen en daarover tot de afgifte aan de rechthebbende op de voet van artikel 410 van Boek 1 het bewind te voeren.
– 3. De beloning die de onzijdige persoon ten laste van de rechthebbende toekomt, wordt op zijn verzoek vastgesteld door de rechter die hem benoemde. (Ontw. 3.7.1.10; BW 1117 lid 1 (oud); BW 3:177, 183 lid 2, 300 lid 1; Rv 677; Overg.w. 102)

Art. 182

Begrip verdeling

Als een verdeling wordt aangemerkt iedere rechtshandeling waartoe alle deelgenoten, hetzij in persoon, hetzij vertegenwoordigd, medewerken en krachtens welke een of meer van hen een of meer goederen der gemeenschap met uitsluiting van de overige deelgenoten verkrijgen. De handeling is niet een verdeling, indien zij strekt tot nakoming van een voor rekening van de gemeenschap komende schuld aan een of meer deelgenoten, die niet voortspruit uit een rechtshandeling als bedoeld in de vorige zin. (Ontw. 3.7.1.11; BW 3:176 lid 2, 183 lid 2, 186 lid 2, 188, 194 lid 1, 196; 6:45, 216, 261 lid 2; Wet op belastingen van rechtsverkeer 3 sub *b*, 7, 12, 15 lid 1 sub *f* en *g*; Overg.w. 101)

Art. 183

Vorm van verdeling

– 1. De verdeling kan geschieden op de wijze en in de vorm die partijen goeddunkt, mits de deelgenoten en zij wier medewerking vereist is, allen het vrije beheer over hun goederen hebben en in persoon of bij een door hen aangewezen vertegenwoordiger medewerken, dan wel in geval van bewind over hun recht, worden vertegenwoordigd door de bewindvoerder, voorzien van de daartoe vereiste toestemming of machtiging. (BW 1115 (oud); BW 1:418 lid 4; 3:58, 97, 177, 181, 195; Rv 677 e.v.)

– 2. In andere gevallen moet, tenzij de rechter anders bepaalt, de verdeling geschieden bij notariële akte en worden goedgekeurd door de kantonrechter die bevoegd is de wettelijke vertegenwoordiger van degene die het vrije beheer over zijn goederen mist, tot beschikkingshandelingen te machtigen. (Ontw. 3.7.1.12; BW 1120 (oud); 1:250, 313, 385, 386; Rv 429*c* lid 3, 893, 966*a*; Overg.w. 101)

Art. 184

Toerekening

– 1. Ieder der deelgenoten kan bij een verdeling verlangen dat op het aandeel van een andere deelgenoot wordt toegerekend hetgeen deze aan de gemeenschap schuldig is. De toerekening geschiedt ongeacht de gegoedheid van de schuldenaar. Is het een schuld onder tijdsbepaling, dan wordt zij voor haar contante waarde op het tijdstip der verdeling toegerekend.

– 2. Het vorige lid is niet van toepassing op schulden onder een opschortende voorwaarde die nog niet vervuld is. (Ontw. 3.7.1.13; BW 1132 (oud); BW 3:178; 6:21 e.v., 127; Fw 56; Overg.w. 101)

Art. 185

Verdeling door rechter

– 1. Voor zover de deelgenoten en zij wier medewerking vereist is, over een verdeling niet tot overeenstemming kunnen komen, gelast op vordering van de meest gerede partij de rechter de wijze van verdeling of stelt hij zelf de verdeling vast, rekening houdende naar billijkheid zowel met de belangen van partijen als met het algemeen belang. (BW 3:12, 168 lid 2, 177, 179, 181; Rv 680, 733)

– 2. Als wijzen van verdeling komen daarbij in aanmerking:

a. toedeling van een gedeelte van het goed aan ieder der deelgenoten;

b. overbedeling van een of meer deelgenoten tegen vergoeding van de overwaarde;

c. verdeling van de netto-opbrengst van het goed of een gedeelte daarvan, nadat dit op een door de rechter bepaalde wijze zal zijn verkocht. (BW 2:23*b* lid 3)

– 3. Zo nodig kan de rechter bepalen dat degene die overbedeeld wordt, de overwaarde geheel of ten dele in termijnen mag voldoen. Hij kan daaraan de voorwaarde verbinden dat zekerheid tot een door hem bepaald bedrag en van een door hem bepaalde aard wordt gesteld. (Ontw. 3.7.1.14; BW 6:51; Rv 616)

Art. 186

Levering

– 1. Voor de overgang van het aan ieder der deelgenoten toegedeelde is een levering vereist op dezelfde wijze als voor overdracht is voorgeschreven. (BW 3:89, 90, 94, 95, 96; 6:261, 265; Rv 808*d*; Fw 35; Auteurswet 2 lid 2)

– 2. Hetgeen een deelgenoot verkrijgt, houdt hij onder dezelfde titel als waaronder de deelgenoten dit tezamen vóór de verdeling hielden. (Ontw. 3.7.1.14a; BW 3:111, 116; Overg.w. 101)

Art. 187

Papieren en bewijzen van eigendom

– 1. De papieren en bewijzen van eigendom, tot de toegedeelde goederen behorende, worden overgegeven aan hem, aan wie de goederen zijn toegedeeld.

– 2. Algemene boedelpapieren en stukken als bedoeld in lid 1, die betrekking hebben op aan meer deelgenoten toegedeelde goederen, verblijven bij hem die de meerderheid der betrokken deelgenoten daartoe heeft benoemd, onder verplichting aan de overige deelgenoten inzage, en zo iemand dit verlangt, afschriften of uittreksels op diens kosten af te geven.

– 3. Bij gebreke van een meerderheid als bedoeld in het vorige lid geschiedt de daar bedoelde benoeming op verlangen van een deelgenoot door de rechter die de verdeling vaststelt, of in andere gevallen op verzoek van een deelgenoot door de kantonrechter. Tegen een beslissing krachtens dit lid is geen hogere voorziening toegelaten. (Ontw. 3.7.1.15; BW 1127 (oud); Overg. w. 101)

Art. 188

Schadevergoeding

– 1. Tenzij anders is overeengekomen, zijn deelgenoten verplicht in evenredigheid van hun aandelen elkander de schade te vergoeden die het gevolg is van een uitwinning of stoornis, voortgekomen uit een vóór de verdeling ontstane oorzaak, alsmede, wanneer een vordering voor het volle bedrag is toegedeeld, de schade die voortvloeit uit onvoldoende gegoedheid van de schuldenaar op het ogenblik van de verdeling. (BW 6:95 e.v.)

– 2. Wordt een deelgenoot door zijn eigen schuld uitgewonnen of gestoord, dan zijn de overige deelgenoten niet verplicht tot vergoeding van zijn schade. (BW 6:101)

– 3. Een verplichting tot vergoeding van schade die voortvloeit uit onvoldoende gegoedheid van de schuldenaar vervalt door verloop van drie jaren na de verdeling en na het opeisbaar worden van de toegedeelde vordering.

– 4. Indien verhaal op een deelgenoot voor zijn aandeel in een krachtens het eerste lid verschuldigde schadevergoeding onmogelijk blijkt, wordt het aandeel van ieder der andere deelgenoten naar evenredigheid verhoogd. (Ontw. 3.7.1.16; BW 1130, 1131 (oud); BW 3:310, 196; 6:6 lid 1; Rv 70, 71)

AFDELING 2
Enige bijzondere gemeenschappen

Art. 189

Bijzondere gemeenschappen

– 1. De bepalingen van deze titel gelden niet voor een huwelijksgemeenschap, gemeenschap van een geregistreerd partnerschap, maatschap, vennootschap of rederij, zolang zij niet ontbonden zijn, noch voor de gemeenschap van een in appartementsrechten gesplitst gebouw, zolang de splitsing niet is opgeheven.

– 2. Voor de gemeenschap van een nalatenschap, voor een ontbonden huwelijksgemeenschap, ontbonden gemeenschap van een geregistreerd partnerschap, maatschap, vennootschap of rederij en voor de gemeenschap van een gebouw waarvan de splitsing in appartementsrechten is opgeheven, gelden de volgende bepalingen van deze afdeling, alsmede die van de eerste afdeling, voor zover daarvan in deze afdeling niet wordt afgeweken. (Ontw. 3.7.2.0; BW 1:99 e.v.; 4:202; 5:143; 7A:1683 e.v.; 8:160, 770)

Art. 190

Beschikkingsbevoegdheid deelgenoot over aandeel gemeenschapsgoed

– 1. Een deelgenoot kan niet beschikken over zijn aandeel in een tot de gemeenschap behorend goed afzonderlijk, en zijn schuldeisers kunnen een zodanig aandeel niet uitwinnen, zonder toestemming van de overige deelgenoten.

– 2. Nochtans kan een deelgenoot op een zodanig aandeel ook zonder toestemming van de andere deelgenoten een recht van pand of hypotheek vestigen. Zolang het goed tot de gemeenschap behoort, kan de pand- of hypotheekhouder niet tot verkoop overgaan, tenzij de overige deelgenoten hierin toestemmen. (Ontw. 3.7.2.1; BW 3:170, 177, 178, 179, 246 lid 4)

Art. 191

Beschikkingsbevoegdheid deelgenoot over aandeel gemeenschap

– 1. Tenzij uit de rechtsverhouding tussen de deelgenoten anders voortvloeit, kan ieder der deelgenoten over zijn aandeel in de gehele gemeenschap beschikken en kunnen zijn schuldeisers een zodanig aandeel uitwinnen.

– 2. Indien uit de rechtsverhouding tussen de deelgenoten voortvloeit dat zij niet, tenzij met aller toestemming bevoegd zijn over hun aandeel te beschikken, zijn de leden 3 en 4 van artikel 168 van overeenkomstige toepassing. (Ontw. 3.7.2.2; BW 3:96, 175 lid 2, 176, 190 lid 1; Rv 474*bb*)

Art. 192

Verhaal

Tot de gemeenschap behorende schulden kunnen op de goederen van de gemeenschap worden verhaald. (Ontw. 3.7.2.2a; BW 1147 (oud); BW 1:100 lid 2; 3:178, 179, 276, 277)

Art. 193

Verzoek benoeming vereffenaar

– 1. Een schuldeiser wiens vordering op de goederen der gemeenschap kan worden verhaald, kan de rechter verzoeken een vereffenaar te benoemen wanneer tot verdeling van de gemeenschap wordt overgegaan voordat de opeisbare schulden daarvan zijn voldaan of wanneer voor hem het gevaar bestaat dat hij niet ten volle of niet binnen een redelijke tijd zal worden voldaan, hetzij omdat de gemeenschap niet toereikend is of niet behoorlijk beheerd of afgewikkeld wordt, hetzij omdat een schuldeiser zich op de goederen van de gemeenschap gaat verhalen. Afdeling 3 van titel 6 van Boek 4 betreffende de vereffening van een nalatenschap is van toepassing of overeenkomstige toepassing.

– 2. Ook een schuldeiser van een deelgenoot kan de rechter verzoeken een vereffenaar te benoemen, wanneer zijn belangen door een gedraging van de deelgenoten ernstig worden geschaad.

– 3. Voor de ontbonden gemeenschap van een maatschap of vennootschap zijn de leden 1 en 2 niet van toepassing en gelden de volgende zinnen. Een schuldeiser wiens vordering op de goederen van de gemeenschap kan worden verhaald, is bevoegd zich tegen verdeling van de gemeenschap te verzetten. Een verdeling die na dit verzet is tot stand gekomen, is vernietigbaar met dien verstande dat de vernietigingsgrond slechts kan worden ingeroepen door de schuldeiser die zich verzette en dat hij de verdeling slechts te zijnen behoeve kan vernietigen en niet verder dan nodig is tot opheffing van de door hem ondervonden benadeling. (Ontw. 3.7.2.2b; BW 1113 (oud); BW art. 3:45, 180)

Art. 194

Boedelbeschrijving

– 1. Ieder der deelgenoten kan vorderen dat een verdeling aanvangt met een boedelbeschrijving.

– 2. Een deelgenoot die opzettelijk tot de gemeenschap behorende goederen verzwijgt, zoek maakt of verborgen houdt, verbeurt zijn aandeel in die goederen aan de andere deelgenoten. (Ontw. 3.7.2.3; BW 1110 (oud), 1119 (oud); BW art. 3:44 lid 3; Rv art. 671 e.v.; ONBW art. 103)

AFDELING 3
Nietige en vernietigbare verdelingen

Art. 195

Nietige verdeling

– 1. Een verdeling waaraan niet alle deelgenoten en alle andere personen wier medewerking vereist was, hebben deelgenomen, is nietig, tenzij zij is geschied bij een notariële akte, in welk geval zij slechts kan worden vernietigd op vordering van degene die niet aan de verdeling heeft deelgenomen. Deze rechtsvordering verjaart door verloop van één jaar nadat de verdeling te zijner kennis gekomen is. (BW art. 3:49 e.v., 52 lid 1, 53 e.v., 58, 177, 178, 182, 183, 198, 316 e.v.; ONBW art. 91)

– 2. Heeft aan een verdeling iemand deelgenomen die niet tot de gemeenschap gerechtigd was, of is een deelgenoot bij de verdeling opgekomen voor een groter aandeel dan hem toekwam, dan kan het ten onrechte uitgekeerde ten behoeve van de gemeenschap worden teruggevorderd; voor het overige blijft de verdeling van kracht. (Ontw. 3.7.3.1; BW art. 3:171; BW art. 6:203)

Art. 196

Vernietigbare verdeling

– 1. Behalve op de algemene voor vernietiging van rechtshandelingen geldende gronden is een verdeling ook vernietigbaar, wanneer een deelgenoot omtrent de waarde van een of meer der te verdelen goederen en schulden heeft gedwaald en daardoor voor meer dan een vierde gedeelte is benadeeld. (BW 1158 (oud); BW art. 3:32 leden 2 en 3, 34, 40 lid 2, 44, 49, 50, 53, 54, 188, 197-199, 200; BW art. 6:203 e.v.)

– 2. Wanneer een benadeling voor meer dan een vierde is bewezen, wordt de benadeelde vermoed omtrent de waarde van een of meer der te verdelen goederen en schulden te hebben gedwaald.

– 3. Om te beoordelen of benadeling heeft plaatsgehad, worden de goederen en schulden der gemeenschap geschat naar hun waarde op het tijdstip van de verdeling. Goederen en schulden die onverdeeld zijn gelaten worden niet meegerekend. (BW 1123 (oud), 1159 (oud))

– 4. Een verdeling is niet op grond van dwaling omtrent de waarde van een of meer der te verdelen goederen en schulden vernietigbaar, indien de benadeelde de toedeling te zijnen bate of schade heeft aanvaard. (Ontw. 3.7.3.2; BW 1164 (oud))

Art. 197

Opheffing benadeling

De bevoegdheid tot vernietiging van een verdeling uit hoofde van benadeling vervalt, wanneer de andere deelgenoten aan de benadeelde hetzij in geld, hetzij in natura opleggen hetgeen aan diens aandeel ontbrak. (Ontw. 3.7.3.3; BW 1160 (oud); BW 3:53, 54)

Art. 198

Wijziging i.p.v. vernietiging

Wordt een beroep in rechte op vernietigbaarheid van een verdeling gedaan, dan kan de rechter, onverminderd het in de artikelen 53 en 54 bepaalde, op verlangen van een der partijen de verdeling wijzigen, in plaats van de vernietiging uit te spreken. (Ontw. 3.7.3.3a; BW 3:185)

Art. 199

Dwaling n.v.t.

Op een verdeling zijn de artikelen 228-230 van Boek 6 niet van toepassing. (Ontw. 3.7.3.3b; BW 6:216)

Art. 200

Vervaltermijn

Een rechtsvordering tot vernietiging van een verdeling vervalt door verloop van drie jaren na de verdeling. (Ontw. 3.7.3.4; BW 1162 (oud), BW art. 3:52, 188 lid 3, 195 lid 1)

TITEL 8
Vruchtgebruik

Art. 201

Vruchtgebruik

Vruchtgebruik geeft het recht om goederen die aan een ander toebehoren, te gebruiken en daarvan de vruchten te genieten. (Ontw. 3.8.1.; BW 803 (oud), BW 3:1, 8, 9, 207, 212, 215, 216, 217, 226; 5:1, 84)

Art. 202

Ontstaan

Vruchtgebruik ontstaat door vestiging of door verjaring. (Ontw. 3.8.2.; BW 806 (oud); BW 3:81, 98, 99; 5:72; BW 1706)

Art. 203

Vestiging

– 1. Vruchtgebruik kan worden gevestigd ten behoeve van één persoon, ofwel ten behoeve van twee of meer personen hetzij gezamenlijk hetzij bij opvolging. In het laatste geval moeten ook de later geroepenen op het ogenblik van de vestiging bestaan.

Duur

– 2. Vruchtgebruik kan niet worden gevestigd voor langer dan het leven van de vruchtgebruiker. Vruchtgebruik ten behoeve van twee of meer personen wast bij het einde van het recht van een hunner bij dat van de anderen aan, bij ieder in evenredigheid van zijn aandeel, en eindigt eerst door het tenietgaan van het recht van de laatst overgeblevene, tenzij anders is bepaald.

Einde vruchtgebruik door ontbinding rechtspersoon

– 3. Is de vruchtgebruiker een rechtspersoon, dan eindigt het vruchtgebruik door ontbinding van de rechtspersoon, en in ieder geval na verloop van dertig jaren na de dag van vestiging. (Ontw. 3.8.3.; BW 805 (oud), 854 (oud), 855 (oud), 857 (oud); BW 1:2, 412, 2:19, 20, 301)

Art. 204

Vervallen.

Art. 205

Notariële beschrijving

– 1. Tenzij een bewind reeds tot een voldoende boedelbeschrijving heeft geleid of daartoe verplicht, moet de vruchtgebruiker in tegenwoordigheid of na behoorlijke oproeping van de hoofdgerechtigde een notariële beschrijving van de goederen opmaken. De beschrijving kan ondershands worden opgemaakt, indien de hoofdgerechtigde tegenwoordig is en hoofdgerechtigde en vruchtgebruiker een regeling hebben getroffen omtrent haar bewaring. (BW 830 (oud), Rv 671 v.)

– 2. Zowel de vruchtgebruiker als de hoofdgerechtigde hebben het recht om in de beschrijving alle bijzonderheden te doen opnemen, die dienstig zijn om de toestand waarin de aan het vruchtgebruik onderworpen zaken zich bevinden, te doen kennen.

– 3. De hoofdgerechtigde is bevoegd de levering en afgifte van de aan het vruchtgebruik onderworpen goederen op te schorten, indien de vruchtgebruiker niet terzelfder tijd zijn verplichting tot beschrijving nakomt. (BW 3:221; 6:52)

– 4. De vruchtgebruiker moet jaarlijks aan de hoofdgerechtigde een ondertekende nauwkeurige opgave zenden van de goederen die niet meer aanwezig zijn, van de goederen die daarvoor in de plaats zijn gekomen, en van de voordelen die de goederen hebben opgeleverd en die geen vruchten zijn. (BW 3:213, 221)

– 5. De vruchtgebruiker kan van de verplichtingen die ingevolge de voorgaande leden op hem rusten, niet worden vrijgesteld. (BW 830 (oud))

– 6. Tenzij anders is bepaald, komen de kosten van de beschrijving en van de in lid 4, bedoelde jaarlijkse opgave ten laste van de vruchtgebruiker. (Ontw. 3.8.4)

Art. 206

Zekerheid stellen

– 1. De vruchtgebruiker moet voor de nakoming van zijn verplichtingen jegens de hoofdgerechtigde zekerheid stellen, tenzij hij hiervan is vrijgesteld of de belangen van de hoofdgerechtigde reeds voldoende zijn beveiligd door de instelling van een bewind. (BW 831 (oud), 832 (oud); BW 1:418 v.; 3:205; 6:51, Rv 616)

– 2. Is de vruchtgebruiker van het stellen van zekerheid vrijgesteld, dan kan de hoofdgerechtigde jaarlijks verlangen dat hem de aan het vruchtgebruik onderworpen zaken worden getoond. Ten aanzien van waardepapieren en gelden kan, behoudens bijzondere omstandigheden, met overlegging van een verklaring van een geregistreerde krediet-instelling worden volstaan. (Wet toezicht Kredietwezen 1, 2, 13; Ontw. 3.8.5)

Art. 207

Gebruiken en verbruiken

– 1. Een vruchtgebruiker mag de aan het vruchtgebruik onderworpen goederen gebruiken of verbruiken overeenkomstig de bij de vestiging van het vruchtgebruik gestelde regels of, bij gebreke van zodanige regels, met inachtneming van de aard van de goederen en de ten aanzien van het gebruik of verbruik bestaande plaatselijke gewoonten. (BW 808 (oud), 812 (oud), 819 (oud))

– 2. Een vruchtgebruiker is voorts bevoegd tot alle handelingen die tot een goed beheer van de aan het vruchtgebruik onderworpen goederen dienstig kunnen zijn. Tot alle overige handelingen ten aanzien van die goederen zijn de hoofdgerechtigde en de vruchtgebruiker slechts tezamen bevoegd. (BW 3:170)

– 3. Jegens de hoofdgerechtigde is de vruchtgebruiker verplicht ten aanzien van de aan het vruchtgebruik onderworpen goederen en het beheer daarover de zorg van een goed vruchtgebruiker in acht te nemen. (BW 812 (oud), 831 (oud); Ontw. 3.8.6)

Art. 208

Verandering bestemming

– 1. Van zaken die aan het vruchtgebruik zijn onderworpen, mag de vruchtgebruiker de bestemming die deze bij de aanvang van het vruchtgebruik hadden, niet veranderen zonder toestemming van de hoofdgerechtigde of machtiging van de kantonrechter. (BW 819 (oud); Rv 429a v.)

– 2. Tenzij in de akte van vestiging anders is bepaald, is de vruchtgebruiker van een zaak, zowel tijdens de duur van zijn recht als bij het einde daarvan, bevoegd om aan de zaak aangebrachte veranderingen en toevoegingen weg te nemen, mits hij de zaak in de oude toestand terugbrengt. (BW 3:123; 5:14, 89; Ontw. 3.8.6a)

Art. 209

Verzekeringsplicht

– 1. De vruchtgebruiker is verplicht het voorwerp van zijn vruchtgebruik ten behoeve van de hoofdgerechtigde te verzekeren tegen die gevaren, waartegen het gebruikelijk is een verzekering te sluiten. In ieder geval is de vruchtgebruiker, indien een gebouw aan zijn vruchtgebruik is onderworpen, verplicht dit tegen brand te verzekeren. (BW 853 (oud); BW 3:213)

– 2. Voor zover de vruchtgebruiker aan de in het eerste lid omschreven verplichtingen niet voldoet, is de hoofdgerechtigde bevoegd zelf een verzekering te nemen en is de vruchtgebruiker verplicht hem de kosten daarvan te vergoeden. (Pachtwet 29[3]; Ontw. 3.8.7)

Art. 210

Vruchtgebruik vorderingsrechten

– 1. Tenzij bij de vestiging anders is bepaald, is de vruchtgebruiker bevoegd in en buiten rechte nakoming te eisen van aan het vruchtgebruik onderworpen vorderingen en tot het in ontvangst nemen van betalingen. (BW 3:170[2], 171, 207, 218)

– 2. Tenzij bij de vestiging anders is bepaald, is hij tot ontbinding en opzegging van overeenkomsten slechts bevoegd, wanneer dit tot een goed beheer dienstig kan zijn. (BW 3:207; 6:265)

– 3. De hoofdgerechtigde is slechts bevoegd de in de vorige leden genoemde bevoegdheden uit te oefenen, indien hij daartoe toestemming van de vruchtgebruiker of machtiging van de kantonrechter heeft gekregen. Tegen de machtiging van de kantonrechter krachtens dit lid is geen hogere voorziening toegelaten. (Ontw. 3.8.8; Rv 429 e.v.)

Art. 211

Soort goederen

– 1. Ook wanneer bij de beschrijving of in een jaarlijkse opgave een of meer goederen die aan het vruchtgebruik onderworpen zijn, slechts naar hun soort zijn aangeduid, behoudt de hoofdgerechtigde daarop zijn recht.

– 2. De vruchtgebruiker is verplicht zodanige goederen afgescheiden van zijn overig vermogen te houden. (Ontw. 3.8.9; BW 3:205; 5:15)

Art. 212

Vervreemden en bezwaren

– 1. Voor zover de aan een vruchtgebruik onderworpen goederen bestemd zijn om vervreemd te worden, is de vruchtgebruiker tot vervreemding overeenkomstig hun bestemming bevoegd. (BW 3:83 v.)

– 2. Bij de vestiging van het vruchtgebruik kan aan de vruchtgebruiker de bevoegdheid worden gegeven ook over andere dan de in het vorige lid genoemde goederen te beschikken. Ten aanzien van deze goederen vinden de artikelen 208, 210 lid 2 en 217 lid 2, en 3, tweede zin, en lid 4, geen toepassing. (BW 3:202)

– 3. In andere gevallen mag een vruchtgebruiker slechts vervreemden of bezwaren met toestemming van de hoofdgerechtigde of machtiging van de kantonrechter. De machtiging wordt alleen gegeven, wanneer het belang van de vruchtgebruiker of de hoofdgerechtigde door de vervreemding of bezwaring wordt gediend en het belang van de ander daardoor niet wordt geschaad. (BW 3:174[2], 213, 214; Rv 429 e.v.; Ontw. 3.8.10)

Art. 213

Zaaksvervanging

– 1. Hetgeen in de plaats van aan vruchtgebruik onderworpen goederen treedt doordat daarover bevoegdelijk wordt beschikt, behoort aan de hoofdgerechtigde toe en is eveneens aan het vruchtgebruik onderworpen. Hetzelfde is het geval met hetgeen door inning van aan vruchtgebruik onderworpen vorderingen wordt ontvangen, en met vorderingen tot vergoeding die in de plaats van aan vruchtgebruik onderworpen goederen treden, waaronder begrepen vorderingen ter zake van waardevermindering van die goederen. (BW 3:58, 207 lid 2, 229, 283; Onteigeningswet 4, 45)

– 2. Ook zijn aan het vruchtgebruik onderworpen de voordelen die een goed tijdens het vruchtgebruik oplevert en die geen vruchten zijn. (Ontw. 3.8.11; BW 861 (oud))

Art. 214

Belegging van gelden

– 1. Tenzij bij de vestiging anders is bepaald, moeten gelden die tot het vruchtgebruik behoren, in overleg met de hoofdgerechtigde vruchtdragend belegd of in het belang van de overige aan het vruchtgebruik onderworpen goederen besteed worden.

– 2. In geval van geschil omtrent hetgeen ten aanzien van de in het eerste lid bedoelde gelden dient te geschieden, beslist daaromtrent de persoon die bij de vestiging van het vruchtgebruik daartoe is aangewezen, of bij gebreke van een zodanige aanwijzing, de kantonrechter. Tegen een beschikking van de kantonrechter krachtens dit lid is geen hogere voorziening toegelaten. (Ontw. 3.8.12; Rv 429a)

Art. 215

Bevoegdheid tot vervreemden en verteren

– 1. Is bij de vestiging van een vruchtgebruik of daarna aan de vruchtgebruiker de bevoegdheid gegeven tot gehele of gedeeltelijke vervreemding en vertering van aan het vruchtgebruik onderworpen goederen, dan kan de hoofdgerechtigde bij het einde van het vruchtgebruik af-

gifte vorderen van de in vruchtgebruik gegeven goederen of hetgeen daarvoor in de plaats getreden is, voor zover de vruchtgebruiker of zijn rechtverkrijgenden niet bewijzen dat die goederen verteerd of door toeval tenietgegaan zijn.
– 2. Bij verlening van de bevoegdheid tot vervreemding en vertering kunnen een of meer personen worden aangewezen, wier toestemming voor de vervreemding en voor de vertering nodig is. Staat het vruchtgebruik onder bewind, dan zijn de vervreemding en de vertering van de medewerking van de bewindvoerder afhankelijk.
– 3. Is aan de vruchtgebruiker de bevoegdheid tot vervreemding en vertering verleend, dan mag hij de goederen ook voor gebruikelijke kleine geschenken bestemmen. (Ontw. 3.8.13; BW 3:207, 213, 225; 4:19, 21, 23, 30 e.v.)

Art. 216

Vruchttrekking

De vruchtgebruiker komen alle vruchten toe, die tijdens het vruchtgebruik afgescheiden of opeisbaar worden. Bij de vestiging van het vruchtgebruik kan nader worden bepaald wat met betrekking tot het vruchtgebruik als vrucht moet worden beschouwd. (Ontw. 3.8.14; BW 808-811 (oud); BW 2:88 lid 5, 197 lid 5; 3:4, 9; 5:17, 90; 6:24 lid 2; BW 7A:1576n)

Art. 217

Bevoegdheid tot verhuren of verpachten

– 1. De vruchtgebruiker is bevoegd de aan het vruchtgebruik onderworpen zaken te verhuren of te verpachten, voor zover bij de vestiging van het vruchtgebruik niet anders is bepaald. (BW 819 (oud); BW 3:207, 226; 5:94 lid 1)
– 2. Indien bij de vestiging van het vruchtgebruik een onroerende zaak niet verhuurd of verpacht was, kan de vruchtgebruiker niet verhuren of verpachten zonder toestemming van de hoofdgerechtigde of machtiging van de kantonrechter, tenzij de bevoegdheid daartoe hem bij de vestiging van het vruchtgebruik is toegekend. (BW 819 (oud))
– 3. Na het einde van het vruchtgebruik is de hoofdgerechtigde verplicht een bevoegdelijk aangegane huur of verpachting gestand te doen. Hij kan nochtans gestanddoening weigeren, voor zover zonder zijn toestemming hetzij de overeengekomen tijdsduur van de huur langer is dan met het plaatselijk gebruik overeenstemt of bedrijfsruimte in de zin van de zesde afdeling van titel 4 van Boek 7 is verhuurd voor een langere tijd dan vijf jaren, hetzij de verpachting is geschied voor een langere duur dan twaalf jaren voor hoeven en zes jaren voor los land, hetzij de verhuring of verpachting is geschied op ongewone, voor hem bezwarende voorwaarden. (BW 819 lid 2 (oud); BW 7:201 e.v., 232 e.v., 290 e.v.; Pw 12)
– 4. De hoofdgerechtigde verliest de bevoegdheid gestanddoening te weigeren, wanneer de huurder of pachter hem een redelijke termijn heeft gesteld om zich omtrent de gestanddoening te verklaren en hij zich niet binnen deze termijn heeft uitgesproken. (BW 820, 864 (oud); Pw 34)
– 5. Indien de hoofdgerechtigde volgens de vorige leden niet verplicht is tot gestanddoening van een door de vruchtgebruiker aangegane verhuring van woonruimte waarin de huurder bij het eindigen van het vruchtgebruik zijn hoofdverblijf heeft en waarop de artikelen 271 tot en met 277 van Boek 7 van toepassing zijn, moet hij de huurovereenkomst niettemin met de huurder voortzetten met dien verstande dat artikel 269 lid 2 van Boek 7, van overeenkomstige toepassing is. (Ontw. 3.8.16)

Art. 218

Procederen

Tot het instellen van rechtsvorderingen en het indienen van verzoekschriften ter verkrijging van een rechterlijke uitspraak die zowel het recht van de vruchtgebruiker als dat van de hoofdgerechtigde betreft, is ieder van hen bevoegd, mits hij zorg draagt dat de ander tijdig in het geding wordt geroepen. (Ontw. 3.8.17; BW 828, 848 (oud); BW 3:178 lid 4, 207 lid 2, 296; 5:2; Rv 261 e.v., 491)

Art. 219

Stemrecht

Buiten de gevallen, geregeld in de artikelen 88 en 197 van Boek 2 en artikel 123 van Boek 5, blijft de uitoefening van stemrecht, verbonden aan een goed dat aan vruchtgebruik is onderworpen, de hoofdgerechtigde toekomen, tenzij bij de vestiging van het vruchtgebruik anders is bepaald. Bij een vruchtgebruik als bedoeld in de artikelen 19 en 20 van Boek 4 komt het stemrecht eveneens aan de vruchtgebruiker toe, tenzij bij de vestiging van het vruchtgebruik door partijen of door de kantonrechter op de voet van artikel 23 lid 4 van Boek 4 anders wordt bepaald. (Ontw. 3.8.17a)

Art. 220

Gewone lasten en herstellingen

– 1. Gewone lasten en herstellingen worden door de vruchtgebruiker gedragen en verricht. De vruchtgebruiker is verplicht, wanneer buitengewone herstellingen nodig zijn, aan de hoofdgerechtigde van deze noodzakelijkheid kennis te geven en hem gelegenheid te verschaffen tot het doen van deze herstellingen. De hoofdgerechtigde is niet tot het doen van enige herstelling verplicht.
– 2. Nochtans is een hoofdgerechtigde, aan wie tengevolge van een beperking in het genot van de vruchtgebruiker een deel van de vruchten toekomt, verplicht naar evenredigheid bij te dra-

gen in de lasten en kosten, die volgens het voorgaande lid ten laste van de vruchtgebruiker komen. (Ontw. 3.8.18; BW 840-844 (oud); BW 3:221; 5:96 lid 2, 123; 7:217)

Art. 221

Tekortschieten vruchtgebruiker

– 1. Indien de vruchtgebruiker in ernstige mate tekortschiet in de nakoming van zijn verplichtingen, kan de rechtbank op vordering van de hoofdgerechtigde aan deze het beheer toekennen of het vruchtgebruik onder bewind stellen.
– 2. De rechtbank kan hangende het geding het vruchtgebruik bij voorraad onder bewind stellen.
– 3. De rechtbank kan voor het bewind of beheer zodanige voorschriften geven als zij dienstig acht. Op het bewind zijn voor het overige de artikelen 154, 157 tot en met 166, 168, 170, 172, 173, 174 en 177 lid 1 van Boek 4 van overeenkomstige toepassing, met dien verstande dat de kantonrechter de in artikel 159 van Boek 4 bedoelde beloning ook op grond van bijzondere omstandigheden anders kan regelen, alsmede dat hij de in artikel 160 van Boek 4 bedoelde zekerheidstelling te allen tijde kan bevelen. Het bewind kan door een gezamenlijk besluit van de vruchtgebruiker en de hoofdgerechtigde of op verzoek van een hunner door de rechtbank worden opgeheven. (Ontw. 3.8.19; BW 833, 836, 863 (oud); BW 6:74)

Art. 222

Algemeenheid van goederen

– 1. Wanneer een nalatenschap, onderneming of soortgelijke algemeenheid in vruchtgebruik is gegeven, kan de hoofdgerechtigde van de vruchtgebruiker verlangen dat de tot die algemeenheid behorende schulden uit de tot het vruchtgebruik behorende goederen worden voldaan of, voor zover de hoofdgerechtigde deze schulden uit eigen middelen heeft voldaan, dat hem het betaalde, vermeerderd met rente van de dag der betaling af, uit het vruchtgebruik wordt teruggegeven. Voldoet de vruchtgebruiker een schuld uit eigen vermogen, dan behoeft de hoofdgerechtigde hem het voorgeschotene eerst bij het einde van het vruchtgebruik terug te geven.
– 2. Het in het voorgaande lid bepaalde vindt overeenkomstige toepassing, wanneer het vruchtgebruik is gevestigd op bepaalde goederen en daarop buitengewone lasten drukken. (Ontw. 3.8.20; BW 845 (oud); BW 3:220)

Art. 223

Vruchtgebruik overdragen of bezwaren

Een vruchtgebruiker kan zijn recht overdragen of bezwaren zonder dat daardoor de duur van het recht gewijzigd wordt. Naast de verkrijger is de oorspronkelijke vruchtgebruiker hoofdelijk voor alle uit het vruchtgebruik voortspruitende verplichtingen jegens de hoofdgerechtigde aansprakelijk. Is aan de oorspronkelijke vruchtgebruiker bij de vestiging van het vruchtgebruik een grotere bevoegdheid tot vervreemding, verbruik of vertering gegeven dan de wet aan de vruchtgebruiker toekent, dan komt die ruimere bevoegdheid niet aan de latere verkrijgers van het vruchtgebruik toe. (Ontw. 3.8.20a; BW 819 (oud); BW 3:98, 207, 212, 215, 228, 236 e.v., 242 e.v.; 6:6 e.v.)

Art. 224

Afstand

Indien een vruchtgebruiker uit hoofde van de aan het vruchtgebruik verbonden lasten en verplichtingen op zijn kosten afstand van zijn recht wil doen, is de hoofdgerechtigde gehouden hieraan mede te werken. (Ontw. 3.8.21a; BW 3:81, 98, 122, 300; 6:208)

Art. 225

Restitutieplicht

Na het eindigen van het vruchtgebruik rust op de vruchtgebruiker of zijn rechtverkrijgenden de verplichting de goederen ter beschikking van de hoofdgerechtigde te stellen. (Ontw. 3.8.22; BW 829, 831 (oud), BW 3:81, 203, 207 lid 3, 224, 253, 273, 282)

Art. 226

Gebruik en bewoning

– 1. Op een recht van gebruik en een recht van bewoning vinden de regels betreffende vruchtgebruik overeenkomstige toepassing, behoudens de navolgende bepalingen.
– 2. Indien enkel het recht van gebruik is verleend, heeft de rechthebbende de bevoegdheid de aan zijn recht onderworpen zaken te gebruiken en er de vruchten van te genieten, die hij voor zich en zijn gezin behoeft.
– 3. Indien enkel het recht van bewoning is verleend, heeft de rechthebbende de bevoegdheid de aan zijn recht onderworpen woning met zijn gezin te bewonen.
– 4. Hij die een der in dit artikel omschreven rechten heeft, kan zijn recht niet vervreemden of bezwaren, noch de zaak door een ander laten gebruiken of de woning door een ander laten bewonen. (Ontw. 3.8.24; BW 865-875 (oud); BW 3:83, 98, 204 e.v.; 5:123; Onteigeningswet 41*a*)

TITEL 9
Rechten van pand en hypotheek

AFDELING 1
Algemene bepalingen

Art. 227

Pand en hypotheek

– 1. Het recht van pand en het recht van hypotheek zijn beperkte rechten, strekkende om op de daaraan onderworpen goederen een vordering tot voldoening van een geldsom bij voorrang boven andere schuldeisers te verhalen. Is het recht op een registergoed gevestigd, dan is het een recht van hypotheek; is het recht op een ander goed gevestigd, dan is het een recht van pand. (BW 1196 (oud), 1208 (oud); BW 3:8, 10, 236 v., 260 v., 276 v.; 8:202 v., 792 v.; Rv 461a v., 544 v.; Fw 57 v., 230 v.; Pandhuiswet)
– 2. Een recht van pand of hypotheek op een zaak strekt zich uit over al hetgeen de eigendom van de zaak omvat. (Ontw. 3.9.1.1; BW 1209 (oud), 1211 oud; BW 3:4, 254, 266; 5:3, 14 v., 20; 8:203, 793)

Art. 228

Vestigingsmogelijkheden

Op alle goederen die voor overdracht vatbaar zijn, kan een recht van pand hetzij van hypotheek worden gevestigd. (Ontw. 3.9.1.2; BW 1210 (oud); BW 3:81, 83 v., 97)

Art. 229

Zaaksvervanging

– 1. Het recht van pand of hypotheek brengt van rechtswege mee een recht van pand op alle vorderingen tot vergoeding die in de plaats van het verbonden goed treden, waaronder begrepen vorderingen ter zake van waardevermindering van het goed.
– 2. Dit pandrecht gaat boven ieder op de vordering gevestigd ander pandrecht. (Ontw. 3.9.1.3; K 297 (oud); BW 3:246, 283; 6:74 v., 95 v., 162 v.; Rv 455a[1], 507a[1]; Overgangsw. 69)

Art. 230

Ondeelbaarheid

Een recht van pand of hypotheek is ondeelbaar, zelfs dan wanneer de verbintenis waarvoor het recht is gevestigd, twee of meer schuldeisers of schuldenaars heeft en de verbintenis tussen hen wordt verdeeld. (Ontw. 3.9.1.4; BW 1206 (oud); BW 3:234; 6:6, 15; Onteigeningswet 43)

Art. 231

Ook toekomstige vordering

– 1. Een recht van pand of hypotheek kan zowel voor een bestaande als voor een toekomstige vordering worden gevestigd. De vordering kan op naam, aan order of aan toonder luiden. Zij kan zowel een vordering op de pand- of hypotheekgever zelf als een vordering op een ander zijn. (BW 3:7, 82, 233, 234, 323; 6:142; Rv 483*e*)

Bepaalbare vorderingen

– 2. De vordering waarvoor pand of hypotheek wordt gegeven, moet voldoende bepaalbaar zijn. (Ontw. 3.9.1.5; BW 3:260 lid 1; 6:227)

Art. 232

Vervallen.

Art. 233

Aansprakelijkheid derde pand- of hypotheekgever

– 1. De pand- of hypotheekgever die niet tevens de schuldenaar is, is aansprakelijk voor waardevermindering van het goed, voor zover de waarborg van de schuldeiser daardoor in gevaar wordt gebracht en daarvan aan de pand- of hypotheekgever of aan een persoon waarvoor deze aansprakelijk is, een verwijt kan worden gemaakt. (BW 6:169 e.v.)
– 2. Door hem ten behoeve van het goed anders dan tot onderhoud daarvan gemaakte kosten kan hij van de pand- of hypotheekhouder terugvorderen, doch slechts indien deze zich op het goed heeft verhaald en voor zover genoemde kosten tot een hogere opbrengst van het goed te diens bate hebben geleid. (Ontw. 3.9.1.6a; BW 1251 (oud); BW 3:265 e.v.)

Art. 234

Eerst verkoop van goederen schuldenaar

– 1. Indien voor een zelfde vordering zowel goederen van de schuldenaar als van een derde zijn verpand of verhypothekeerd, kan de derde, wanneer de schuldeiser tot executie overgaat, verlangen dat die van de schuldenaar mede in de verkoop worden begrepen en het eerst worden verkocht. (BW 3:248, 268; 6:139, 150 sub *a* en *b*)
– 2. Zijn voor een zelfde vordering twee of meer goederen verpand of verhypothekeerd en rust op een daarvan een beperkt recht dat de schuldeiser bij de executie niet behoeft te eerbiedigen, dan heeft de beperkt gerechtigde een overeenkomstige bevoegdheid als in het eerste lid is vermeld. (BW 3:282; 6:150 sub *c*)
– 3. Indien de schuldeiser weigert aan een op lid 1 of lid 2 gegrond verlangen te voldoen, kan de voorzieningenrechter van de rechtbank op verzoek van de meest gerede partij of, in geval van een hypotheek, van de notaris ten overstaan van wie de verkoop zal geschieden, op deze weigering beslissen. Het verzoek schorst de executie. Tegen een beschikking krachtens dit lid is geen hogere voorziening toegelaten. (Ontw. 3.9.1.6b; BW 1244 (oud); BW 3:270 lid 3, 273 lid 2; Rv 429*c* lid 7, 429*d* lid 4)

Art. 235

Verbod van toe-eigening

Elk beding waarbij de pand- of hypotheekhouder de bevoegdheid wordt gegeven zich het verbonden goed toe te eigenen, is nietig. (Ontw. 3.9.1.7; BW 1200, 1223 (oud); BW 3:250 lid 3, 251 lid 2, 255 lid 1, 268 lid 2 en lid 5)

AFDELING 2
Pandrecht

Art. 236

Vestiging vuistpand

– 1. Pandrecht op een roerende zaak, op een recht aan toonder of order, of op het vruchtgebruik van een zodanige zaak of recht, wordt gevestigd door de zaak of het toonder- of orderpapier te brengen in de macht van de pandhouder of van een derde omtrent wie partijen zijn overeengekomen. De vestiging van een pandrecht op een recht aan order of op het vruchtgebruik daarvan vereist tevens endossement.

– 2. Op andere goederen wordt pandrecht gevestigd op overeenkomstige wijze als voor de levering van het te verpanden goed is bepaald. (Ontw. 3.9.2.1; BW 1198 lid 1, 1198*bis* (oud); BW 2:86 lid 5, 196 lid 3; 3:83 e.v., 98, 237, 238, 240; 7A:1576*f* lid 1; K 110 e.v., 176, 191 e.v., 508; Grootboekwet 39, 46 e.v.; Rijksoctrooiwet 40)

Art. 237

Vestiging bezitloos pand

– 1. Pandrecht op een roerende zaak, op een recht aan toonder, of op het vruchtgebruik van een zodanige zaak of recht, kan ook worden gevestigd bij authentieke of geregistreerde onderhandse akte, zonder dat de zaak of het toonderpapier wordt gebracht in de macht van de pandhouder of van een derde. (BW 3:84 leden 2 en 3, 97, 98, 238, 254, 258 lid 1; Overg.w. 86)

– 2. De pandgever is verplicht in de akte te verklaren dat hij tot het verpanden van het goed bevoegd is alsmede hetzij dat op het goed geen beperkte rechten rusten, hetzij welke rechten daarop rusten. (BW 3:8, 84 lid 1, 97, 239 lid 2; Sr 225, 227, 326)

– 3. Wanneer de pandgever of de schuldenaar in zijn verplichtingen jegens de pandhouder tekortschiet of hem goede grond geeft te vrezen dat in die verplichtingen zal worden tekortgeschoten, is deze bevoegd te vorderen dat de zaak of het toonderpapier in zijn macht of in die van een derde wordt gebracht. Rusten op het goed meer pandrechten, dan kan iedere pandhouder jegens wie de pandgever of de schuldenaar tekortschiet, deze bevoegdheid uitoefenen, met dien verstande dat een andere dan de hoogst gerangschikte slechts afgifte kan vorderen aan een tussen de gezamenlijke pandhouders overeengekomen of door de rechter aan te wijzen pandhouder of derde. (BW 3:221, 238, 248 e.v., 257, 267; 6:74 e.v.; Rv 496, 709)

– 4. Wanneer de pandgever of de schuldenaar in zijn verplichtingen jegens de pandhouder die een bij voorbaat gevestigd pandrecht op te velde staande vruchten of beplantingen heeft, tekortschiet, kan de kantonrechter de pandhouder op diens verzoek machtigen zelf de te velde staande vruchten of beplantingen in te oogsten. Is de pandgever eigenaar van de grond of ontleent hij zijn recht op de vruchten of beplantingen aan een beperkt recht op de grond, dan kan de beschikking waarbij het verzoek wordt toegewezen, worden ingeschreven in de openbare registers. (BW 3:16, 17 lid 1 onder *e*, 23 e.v., 45, 266; 5:17; Rv 494, 507, 709 lid 2; Fw 35 lid 2)

– 5. Tegen een beschikking krachtens het vorige lid is geen hogere voorziening toegelaten. (Ontw. 3.9.2.2)

Art. 238

Bescherming tegen beschikkingsonbevoegdheid pandgever

– 1. Ondanks onbevoegdheid van de pandgever is de vestiging van een pandrecht op een roerende zaak, op een recht aan toonder of order of op het vruchtgebruik van een zodanige zaak of recht geldig, indien de pandhouder te goeder trouw is op het tijdstip waarop de zaak of het toonder- of geëndosseerde orderpapier in zijn macht of in die van een derde is gebracht. (BW 1198 lid 5 (oud); BW 3:11, 86 lid 1, 90 lid 2, 111; 7:42 lid 2; Fw 35 lid 2 en 3)

Rangwisseling

– 2. Rust op een in lid 1 genoemd goed een beperkt recht dat de pandhouder op het in dat lid bedoelde tijdstip kent noch behoort te kennen, dan gaat het pandrecht in rang boven dit beperkte recht. (BW 3:11, 86 lid 2, 248 lid 3, 253)

– 3. Wordt het pandrecht gevestigd op een roerende zaak waarvan de eigenaar het bezit door diefstal heeft verloren, of op een vruchtgebruik op een zodanige zaak, dan zijn lid 3, aanhef en onder *b*, en lid 4 van artikel 86 van overeenkomstige toepassing. (Ontw. 3.9.2.2a)

– 4. Dit artikel kan niet worden tegengeworpen aan degene die de zaak opeist, indien volgens artikel 86*a*, leden 1 en 2, of volgens artikel 7 van de Wet tot teruggave cultuurgoederen afkomstig uit bezet gebied ook artikel 86 niet aan hem tegengeworpen zou kunnen worden.

Art. 239

Stil pandrecht op vordering op naam

– 1. Pandrecht op een tegen een of meer bepaalde personen uit te oefenen recht dat niet aan toonder of order luidt, of op het vruchtgebruik van een zodanig recht kan ook worden gevestigd bij authentieke of geregistreerde onderhandse akte, zonder mededeling daarvan aan die personen, mits dit recht op het tijdstip van de vestiging van het pandrecht reeds bestaat of rechtstreeks zal worden verkregen uit een dan reeds bestaande rechtsverhouding. (BW art. 2:86 lid 5, 196 lid 3; BW art. 3:84 lid 3, 97, 210, 236 lid 2 jo. 94 lid 1, 246; Rv art. 475; Fw art. 35 lid 2; Overg.w. art. 86)

– 2. Het tweede lid van artikel 237 is van overeenkomstige toepassing.
– 3. Wanneer de pandgever of de schuldenaar in zijn verplichtingen jegens de pandhouder tekortschiet of hem goede grond geeft te vrezen dat in die verplichtingen zal worden tekortgeschoten, is deze bevoegd van de verpanding mededeling te doen aan de in het eerste lid genoemde personen. Pandhouder en pandgever kunnen overeenkomen dat deze bevoegdheid op een ander tijdstip ingaat. (BW art. 3:237 lid 3, 246; BW art. 6:74 e.v.)
– 4. Artikel 88 geldt slechts voor de pandhouder wiens recht overeenkomstig lid 1 is gevestigd, indien hij te goeder trouw is op het tijdstip van de in lid 3 bedoelde mededeling. (Ontw. 3.9.2.3; BW 3:238 lid 1)

Art. 240

Pandrecht op aandeel in goed

Pandrecht op een aandeel in een goed wordt gevestigd op overeenkomstige wijze en met overeenkomstige gevolgen als voorgeschreven ten aanzien van de vestiging van pandrecht op dat goed. (Ontw. 3.9.2.3a; BW 3:96, 175 e.v.)

Art. 241

Verklaring pandhouder

De pandhouder is verplicht desgevorderd aan de pandgever een schriftelijke verklaring af te geven van de aard en, voor zover mogelijk, het bedrag van de vordering waarvoor het verpande tot zekerheid strekt. (Ontw. 3.9.2.3b; BW 3:237 lid 2, 260 lid 1)

Art. 242

Herverpanding

Een pandhouder is niet bevoegd het goed dat hij in pand heeft, te herverpanden, tenzij deze bevoegdheid hem ondubbelzinnig is toegekend. (Ontw. 3.9.2.4; BW 3:238)

Art. 243

Zorgplicht pandhouder

– 1. Hij die uit hoofde van een pandrecht een zaak onder zich heeft, moet als een goed pandhouder voor de zaak zorgdragen. (BW 3:257; 6:27)

Vergoeding kosten

– 2. Door een pandhouder betaalde kosten tot behoud en tot onderhoud, met inbegrip van door hem betaalde aan het goed verbonden lasten, moeten hem door de pandgever worden terugbetaald; het pandrecht strekt mede tot zekerheid daarvoor. Andere door hem ten behoeve van het pand gemaakte kosten kan hij van de pandgever slechts terugvorderen, indien hij ze met diens toestemming heeft gemaakt, onverminderd diens aansprakelijkheid uit zaakwaarneming of ongerechtvaardigde verrijking. (Ontw. 3.9.2.5; BW 1203 (oud); BW 3:120 lid 2, 245; 6:198 e.v., 212; Overg.w. 70)

Art. 244

Pandrecht voor rente

Tenzij anders is bedongen, strekt een pandrecht tot zekerheid van een of meer bepaalde vorderingen tevens tot zekerheid voor drie jaren rente die over deze vorderingen krachtens overeenkomst of wet verschuldigd is. (Ontw. 3.9.2.5a; BW 3:263; Overg.w. 108)

Art. 245

Rechtsvordering tegen derden

Tot het instellen van rechtsvorderingen tegen derden ter bescherming van het verpande goed is zowel de pandhouder als de pandgever bevoegd, mits hij zorg draagt dat de ander tijdig in het geding wordt geroepen. (Ontw. 3.9.2.6; BW 1198 lid 4 (oud); BW 3:124, 218, 243 lid 2, 246; 5:95; Rijksoctrooiwet 43 lid 4; Overg.w. 107)

Art. 246

Inningsbevoegdheid vordering

– 1. Rust het pandrecht op een vordering, dan is de pandhouder bevoegd in en buiten rechte nakoming daarvan te eisen en betalingen in ontvangst te nemen. Deze bevoegdheden blijven bij de pandgever, zolang het pandrecht niet aan de schuldenaar van de vordering is medegedeeld. (BW art. 3:229, 239; BW art. 6:34, 130; WvK art. 118)
– 2. Degene aan wie de in lid 1 bedoelde bevoegdheden toekomen, is tevens bevoegd tot opzegging, wanneer de vordering niet opeisbaar is, maar door opzegging opeisbaar gemaakt kan worden. Hij is jegens de ander gehouden niet nodeloos van deze bevoegdheid gebruik te maken.
– 3. Rust op de vordering meer dan één pandrecht, dan komen de in de vorige leden aan de pandhouder toegekende bevoegdheden alleen aan de hoogst gerangschikte pandhouder toe. (BW art. 3:248 lid 3)
– 4. Na mededeling van de verpanding aan de schuldenaar kan de pandgever deze bevoegdheden slechts uitoefenen, indien hij daartoe toestemming van de pandhouder of machtiging van de kantonrechter heeft verkregen. (BW art. 3:210 lid 3)
– 5. Bij inning van een verpande vordering door de pandhouder of met machtiging van de kantonrechter door de pandgever komen de pandrechten waarmee de vordering bezwaard was, op het geïnde te rusten. (Ontw. 3.9.2.7; BW art. 3:210, 213, 229 lid 1, 235, 245, 253, 255; Rv art. 490*b*)

Art. 247

Stemrecht

Buiten de gevallen, geregeld in de artikelen 89 en 198 van Boek 2, blijft de uitoefening van stemrecht, verbonden aan een goed waarop een pandrecht rust, de pandgever toekomen, tenzij anders is bedongen. (Ontw. 3.9.2.8; BW 3:219; Rv 474*ba*)

Art. 248

Parate executie bij pand

– 1. Wanneer de schuldenaar in verzuim is met de voldoening van hetgeen waarvoor het pand tot waarborg strekt, is de pandhouder bevoegd het verpande goed te verkopen en het hem verschuldigde op de opbrengst te verhalen. (BW 3:234; 6:81 e.v.; 7:19, 47)

– 2. Partijen kunnen bedingen dat eerst tot verkoop kan worden overgegaan, nadat de rechter op vordering van de pandhouder heeft vastgesteld dat de schuldenaar in verzuim is.

– 3. Een lager gerangschikte pandhouder of beslaglegger kan het verpande goed slechts verkopen met handhaving van de hoger gerangschikte pandrechten. (Ontw. 3.9.2.9; BW 1201, 1202 (oud); BW 3:246 lid 3, 249 e.v., 268; Fw 57 e.v., 63*a*; Rv 461*a* e.v.; Overg.w. 109)

Art. 249

Mededeling van voorgenomen verkoop

– 1. Tenzij anders is bedongen, is een pandhouder die tot verkoop wil overgaan verplicht, voor zover hem dit redelijkerwijze mogelijk is, ten minste drie dagen tevoren de voorgenomen verkoop met vermelding van plaats en tijd op bij algemene maatregel van bestuur te bepalen wijze mede te delen aan de schuldenaar en de pandgever, alsmede aan hen die op het goed een beperkt recht hebben of daarop beslag hebben gelegd. (BW 3:8, 37, 252, 253, 282; ATW 2)

Lossing

– 2. De aanzegging moet zo nauwkeurig mogelijk de som aangeven, waarvoor het pand kan worden gelost. Lossing kan tot op het tijdstip van de verkoop plaatsvinden, mits ook de reeds gemaakte kosten van executie worden voldaan. (Ontw. 3.9.2.10; BW 3:269; 6:30, 73, 150 onder *b* en *c*; Overg.w. 110)

Art. 250

Openbare verkoop

– 1. De verkoop geschiedt in het openbaar naar de plaatselijke gewoonten en op de gebruikelijke voorwaarden.

– 2. Bestaat het pand uit goederen die op een markt of beurs verhandelbaar zijn, dan kan de verkoop geschieden op een markt door tussenkomst van een tussenpersoon in het vak of ter beurze door die van een bevoegde tussenpersoon overeenkomstig de regels en gebruiken die aldaar voor een gewone verkoop gelden. (K 59, 62)

– 3. De pandhouder is bevoegd mede te bieden. (Ontw. 3.9.2.11; BW 1201 (oud); BW 3:251, 254; Rv 463 e.v.; Rijksoctrooiw. 42; Wet Rijkspostspaarbank 10 lid 7; Wet giraal effectenverkeer 22; Overg.w. 110)

Art. 251

Afwijkende wijze van verkoop

– 1. Tenzij anders is bedongen, kan de voorzieningenrechter van de rechtbank op verzoek van de pandhouder of de pandgever bepalen dat het pand zal worden verkocht op een van het vorige artikel afwijkende wijze, of op verzoek van de pandhouder bepalen dat het pand voor een door de voorzieningenrechter van de rechtbank vast te stellen bedrag aan de pandhouder als koper zal verblijven. (BW 1202 lid 1 (oud); Rv 261, 267)

– 2. Nadat de pandhouder bevoegd is geworden tot verkoop over te gaan, kunnen pandhouder en pandgever een van het vorige artikel afwijkende wijze van verkoop overeenkomen. Rust op het verpande goed een beperkt recht of een beslag, dan is daartoe tevens de medewerking van de beperkt gerechtigde of de beslaglegger vereist. (Ontw. 3.9.2.12; BW 3:8, 253, 282; Overg.w. 110)

Art. 252

Mededeling van verkoop

Tenzij anders is bedongen, is de pandhouder verplicht, voor zover hem dit redelijkerwijze mogelijk is, uiterlijk op de dag volgende op die van de verkoop daarvan op bij algemene maatregel van bestuur te bepalen wijze kennis te geven aan de schuldenaar en de pandgever, alsmede aan hen die op het goed een beperkt recht hebben of daarop beslag hebben gelegd. (Ontw. 3.9.2.13; BW 1202 lid 2 (oud); BW 3:249 lid 1, 255; Rv 523; Overg.w. 110)

Art. 253

Verdeling opbrengst

– 1. De pandhouder houdt, na voldoening van de kosten van executie, van de netto-opbrengst af het aan hem verschuldigde bedrag waarvoor hij pandrecht heeft. Het overschot wordt aan de pandgever uitgekeerd. Zijn er pandhouders of andere beperkt gerechtigden, wier recht op het goed door de executie is vervallen, of hebben schuldeisers op het goed of op de opbrengst beslag gelegd, dan handelt de pandhouder overeenkomstig het bepaalde in artikel 490*b* van het Wetboek van Burgerlijke Rechtsvordering.

– 2. De pandhouder kan de door hem aan de voormelde belanghebbenden uit te keren bedragen niet voldoen door verrekening, tenzij het een uitkering aan de pandgever betreft en deze uitkering niet plaats vindt gedurende diens faillissement, surséance, de toepassing ten aanzien van hem van de schuldsaneringsregeling natuurlijke personen of de vereffening van zijn nalatenschap. Is ten aanzien van de pandgever de schuldsaneringsregeling natuurlijke personen van toepassing, dan kan niettemin een uitkering aan de pandgever door verrekening worden voldaan indien het pandrecht is gevestigd na de uitspraak tot de toepassing van de schuldsaneringsregeling en zowel de vordering als de schuld na die uitspraak zijn ontstaan. (Ontw. 3.9.2.14; BW 3:8, 255, 270, 277 lid 1, 282; 6:127 lid 2; 7:19; Rv 481 e.v.; Fw 53, 57 e.v.; Overg.w. 110)

Art. 254

Executie volgens hypotheekregels

– 1. Wanneer op roerende zaken die volgens verkeersopvatting bestemd zijn om een bepaalde onroerende zaak duurzaam te dienen en door hun vorm als zodanig zijn te herkennen, of op machinerieën of werktuigen die bestemd zijn om daarmede een bedrijf in een bepaalde hiertoe ingerichte fabriek of werkplaats uit te oefenen, overeenkomstig artikel 237 een pandrecht is gevestigd voor een vordering waarvoor ook hypotheek gevestigd is op die onroerende zaak, fabriek of werkplaats of op een daarop rustend beperkt recht, kan worden bedongen, dat de schuldeiser bevoegd is de verpande en verhypothekeerde goederen tezamen volgens de voor hypotheek geldende regels te executeren.
– 2. Executeert de schuldeiser overeenkomstig het beding, dan zijn de artikelen 268-273 op het pandrecht van overeenkomstige toepassing en is de toepasselijkheid van de artikelen 248-253 uitgesloten.
– 3. Het beding kan, onder vermelding van de pandrechten waarop het betrekking heeft, worden ingeschreven in de registers waarin de hypotheek is ingeschreven. (Ontw. 3.9.2.14a; BW 3:16 e.v., 234, 260 lid 1; 8:3-6, 203, 793; Rv 461*c*, 553; Overg.w. 77)

Art. 255

Pand op geld

– 1. Bestaat het pand uit geld dan is de pandhouder, zodra zijn vordering opeisbaar is geworden, zonder voorafgaande aanzegging bevoegd zich uit het pand te voldoen overeenkomstig artikel 253. Hij is daartoe verplicht, indien de pandgever zulks vordert en deze bevoegd is de vordering in de verpande valuta te voldoen.
– 2. Artikel 252 vindt overeenkomstige toepassing. (Ontw. 3.9.2.15; BW 3:246 lid 5, 250; 6:121 e.v.)

Art. 256

Tenietgaan pandrecht

Wanneer een pandrecht is tenietgegaan, is de pandhouder verplicht te verrichten hetgeen zijnerzijds nodig is opdat de pandgever de hem toekomende feitelijke macht over het goed herkrijgt, en desverlangd aan de pandgever een schriftelijk bewijs te verstrekken dat het pandrecht geëindigd is. Is de vordering waarvoor het pandrecht tot zekerheid strekte met een beperkt recht bezwaard, dan rust een overeenkomstige verplichting op de beperkt gerechtigde. (Ontw. 3.9.2.16; BW 1205 lid 1 (oud); BW 3:8, 81 lid 2 en 3 82, 248 lid 3, 253, 258 lid 1, 274 lid 1, 323; 6:48, 139 lid 2, 157 lid 2; Rv 491 e.v., 730 e.v.)

Art. 257

Ernstige mate van tekortschieten

Indien degene die uit hoofde van een pandrecht een zaak onder zich heeft, in ernstige mate in de zorg voor de zaak tekortschiet, kan de rechtbank op vordering van de pandgever of een pandhouder bevelen dat de zaak aan een van hen wordt afgegeven of in gerechtelijke bewaring van een derde wordt gesteld. (Ontw. 3.9.2.17; BW 1205 lid 1 (oud); BW 3:221, 237 lid 3 en 4, 243, 258 lid 1, 267; Rv 709, 794 e.v.)

Art. 258

Einde en afstand pandrecht

– 1. Wanneer een in pand gegeven goed als bedoeld in artikel 236 lid 1 in de macht van de pandgever komt, eindigt het pandrecht, tenzij het met toepassing van artikel 237 lid 1 werd gevestigd. (BW 1198 lid 3 (oud))
– 2. Afstand van een pandrecht kan geschieden bij enkele overeenkomst, mits van de toestemming van de pandhouder uit een schriftelijke of elektronische verklaring blijkt. Indien van de toestemming uit een elektronische verklaring blijkt, is artikel 227*a* lid 1 van Boek 6 van overeenkomstige toepassing. (Ontw. 3.9.2.18; BW 3:81 lid 2 onder *c*, 98, 237, 239)

AFDELING 3
Pandrecht van certificaathouders

Art. 259

Pandrecht van certificaathouders

– 1. Wanneer iemand door het uitgeven van certificaten derden doet delen in de opbrengst van door hem op eigen naam verkregen aandelen of schuldvorderingen, hebben de certificaathouders een vordering tot uitkering van het hun toegezegde tegen de uitgever van de certificaten.
– 2. Zijn de oorspronkelijke aandelen of schuldvorderingen op naam gesteld en de certificaten uitgegeven met medewerking van de uitgever van de oorspronkelijke aandelen of schuldvorderingen, dan verkrijgen de certificaathouders tevens gezamenlijk een pandrecht op die aandelen of schuldvorderingen. Zijn de certificaten uitgegeven voor schuldvorderingen op naam zonder medewerking van de schuldenaar, dan verkrijgen de certificaathouders een zodanig pandrecht door mededeling van de uitgifte aan de schuldenaar. Zijn de certificaten uitgegeven voor aandelen of schuldvorderingen aan toonder, dan verkrijgen de certificaathouders een zodanig pandrecht, zonder dat het papier in de macht van de certificaathouders of een derde behoeft te worden gebracht. (BW 3: 37)
– 3. Dit pandrecht geeft aan de certificaathouders alleen de bevoegdheid in geval van nietuitbetaling van het hun verschuldigde met inachtneming van de volgende regels het pand ge-

heel of gedeeltelijk te doen verkopen en zich uit de opbrengst te voldoen. Een certificaathouder die hiertoe wenst over te gaan, wendt zich tot de voorzieningenrechter van de rechtbank van het arrondissement waarin de woonplaats van degene die de certificaten heeft uitgegeven, is gelegen met verzoek een bewindvoerder over het pand te benoemen, die voor de verkoop en de verdeling van de opbrengst zorg draagt. Indien niet alle certificaathouders met de verkoop instemmen, wordt slechts een deel van het pand dat overeenkomt met het recht van de andere certificaathouders verkocht; de rechten van deze laatsten gaan door de verdeling van de opbrengst onder hen teniet. De voorzieningenrechter kan op verlangen van elke certificaathouder of ambtshalve maatregelen bevelen in het belang van de certificaathouders die niet met de verkoop hebben ingestemd, en bepalen dat de verkoop door hem moet worden goedgekeurd, wil zij geldig zijn. (Ontw. 3.9.3.1; BW 3:236 e.v; Overg.w. 112)

AFDELING 4
Recht van hypotheek

Art. 260

Vestiging hypotheek

– 1. Hypotheek wordt gevestigd door een tussen partijen opgemaakte notariële akte waarbij de hypotheekgever aan de hypotheekhouder hypotheek op een registergoed verleent, gevolgd door haar inschrijving in de daartoe bestemde openbare registers. De akte moet een aanduiding bevatten van de vordering waarvoor de hypotheek tot zekerheid strekt, of van de feiten aan de hand waarvan die vordering zal kunnen worden bepaald. Tevens moet het bedrag worden vermeld waarvoor de hypotheek wordt verleend of, wanneer dit bedrag nog niet vaststaat, het maximumbedrag dat uit hoofde van de hypotheek op het goed kan worden verhaald. De hypotheekhouder moet in de akte woonplaats kiezen in Nederland. (BW 1217 lid 1, 1221, 1224, 1231 (oud); BW 1:10, 15; 3:10, 16 e.v., 21, 89 lid 1, 97, 231 lid 2, 241, 263; 8:202 lid 1, 207, 792 lid 1, 797; Wet te boek gestelde luchtvaartuigen 11 e.v.; Kadasterwet 18 e.v., 24 lid 2, 47 lid 2, 48 lid 2, Fw 35; Rv 508)

– 2. Tenzij anders is bedongen, komen de kosten van verlening en vestiging ten laste van de schuldenaar. (BW 1237 (oud))

– 3. Bij de in het eerste lid bedoelde akte kan iemand slechts krachtens een bij authentieke akte verleende volmacht als gevolmachtigde voor de hypotheekgever optreden. (BW 1217 lid 2 (oud); BW 3:60 e.v., 89 lid 3, 275; 8:202 lid 2, 792 lid 2)

– 4. Voor het overige vinden de algemene voorschriften die voor vestiging van beperkte rechten op registergoederen gegeven zijn, ook op de vestiging van een hypotheek toepassing. (Ontw. 3.9.4.2; BW 3:98)

Art. 261

Hypotheek voor onbetaalde koopppenningen

– 1. Is bij een koopovereenkomst hypotheek op het verkochte goed tot waarborg van onbetaalde kooppenningen bedongen en is dit beding in de leveringsakte vermeld, dan heeft deze hypotheek, mits de akte waarbij zij werd verleend tegelijk met de leveringsakte wordt ingeschreven, voorrang boven alle andere aan de koper ontleende rechten, ten aanzien waarvan tegelijk een inschrijving plaatsvond. (BW 1227 (oud); BW 3:19 lid 2, 21, 262)

– 2. Lid 1 vindt overeenkomstig toepassing op een bij een verdeling bedongen hypotheek op een toegedeeld goed tot waarborg van hetgeen hij aan wie het goed is toegedeeld, aan de andere deelgenoten ten gevolge van de verdeling schuldig is of mocht worden. (Ontw. 3.9.4.5; BW 1228 (oud); BW 3:177 lid 3, 182 e.v.; Overg.w. 113)

Art. 262

Afwijkende rangorde

– 1. Bij een notariële akte die in de registers wordt ingeschreven, kan worden bepaald dat een hypotheek ten aanzien van een of meer hypotheken op hetzelfde goed een hogere rang heeft dan haar volgens het tijdstip van haar inschrijving toekomt, mits uit de akte blijkt dat de gerechtigden tot die andere hypotheek of hypotheken daarin toestemmen.

– 2. Met overeenkomstige toepassing van het eerste lid kan ook worden bepaald dat een hypotheek en een ander beperkt recht ten aanzien van elkaar worden geacht in andere volgorde te zijn ontstaan dan is geschied. (Ontw. 3.9.4.6; BW 3:19 lid 2, 21, 261)

Art. 263

Hypotheek voor rente

– 1. Tenzij in de hypotheekakte anders is bepaald, strekt een hypotheek tot zekerheid van een of meer bepaalde vorderingen tevens tot zekerheid voor drie jaren rente die daarover krachtens de wet verschuldigd is. (BW 1229 (oud); BW 3:244; 6:119, 120; 8:205, 795; Fw 128)

– 2. Een beding dat een hypotheek tot zekerheid van een of meer bepaalde vorderingen tevens strekt tot zekerheid van rente over een langer tijdvak dan drie jaren zonder vermelding van een maximumbedrag, is nietig. (Ontw. 3.9.4.7; BW 3:260 lid 1; Overg.w. 114)

Art. 264

Huurbeding

– 1. Indien de hypotheekakte een uitdrukkelijk beding bevat waarbij de hypotheekgever in zijn bevoegdheid is beperkt, hetzij om het bezwaarde goed buiten toestemming van de hypotheekhouder te verhuren of te verpachten, hetzij ten aanzien van de wijze waarop of van de tijd gedurende welke het goed zal kunnen worden verhuurd of verpacht, hetzij ten aanzien van de vooruitbetaling van huur- of pachtpenningen, hetzij om het recht op de huur- of pachtpenningen te vervreemden of te verpanden, kan dit beding niet alleen tegen latere verkrijgers van het bezwaarde goed, maar ook tegen de huurder of pachter en tegen degene aan wie het recht op de huur- of pachtpenningen werd vervreemd of verpand, worden ingeroepen, zulks zowel door de hypotheekhouder, als na de uitwinning van het bezwaarde goed door de koper, dit laatste echter alleen voor zover deze bevoegdheid op het tijdstip van de verkoop nog aan de hypotheekhouder toekwam en deze de uitoefening daarvan blijkens de verkoopvoorwaarden aan de koper overlaat. (BW 1230 (oud); BW 3:13, 23 e.v.; Rv 505 lid 2, 544 e.v., 555 e.v.)

– 2. De inroeping kan niet geschieden, voordat het in artikel 544 van het Wetboek van Burgerlijke Rechtsvordering bedoelde exploit van aanzegging of overneming is uitgebracht. De bepalingen betreffende vernietigbaarheid zijn van toepassing met dien verstande dat de termijn van artikel 52 lid 1 loopt vanaf de voormelde aanzegging of overneming en dat een in strijd met het beding gekomen rechtshandeling slechts wordt vernietigd ten behoeve van degene die het inroept, en niet verder dan met diens recht in overeenstemming is. (BW 3:41, 45 lid 4, 49 e.v., 55)

– 3. Indien het beding is gemaakt met betrekking tot hoeven of los land, heeft het slechts werking voor zover het niet in strijd is met enig dwingend wettelijk voorschrift omtrent pacht. Zodanig beding heeft geen werking, voor zover de grondkamer bindend aan de pachtovereenkomst een daarmee strijdige inhoud heeft gegeven, dan wel het beding niet kon worden nageleefd, omdat de grondkamer een wijzigingsovereenkomst die aan het beding beantwoordde, heeft vernietigd. Een beding dat de hypotheekgever verplicht is hoeven voor kortere tijd dan twaalf jaren en los land voor kortere tijd dan zes jaren te verpachten, is nietig. (BW 1230 lid 2 (oud); Pw 12 lid 1)

– 4. Indien het beding is gemaakt met betrekking tot huur van woonruimte of huur van bedrijfsruimte, heeft het slechts werking, voor zover het niet in strijd is met enig dwingend wettelijk voorschrift omtrent zodanige huur. Het beding dat de verhuur van woonruimte of bedrijfsruimte uitsluit, kan niet tegen de huurder worden ingeroepen, voor zover de woonruimte of bedrijfsruimte ten tijde van de vestiging van de hypotheek reeds was verhuurd en de nieuwe verhuring niet op ongewone, voor de hypotheekhouder meer bezwarende voorwaarden heeft plaatsgevonden. (BW 7:232 e.v., 290 e.v.)

– 5. Voor zover een beroep op een beding tot gevolg zal hebben dat de huurder van woonruimte, waarop de artikelen 271 tot en met 277 van Boek 7 van toepassing zijn, moet ontruimen, kan het beding slechts worden ingeroepen nadat de voorzieningenrechter van de rechtbank daartoe op verzoek van de hypotheekhouder verlof heeft verleend. Het verlof is niet vereist ten aanzien van een huurovereenkomst met vernietiging waarvan de huurder schriftelijk heeft ingestemd of die is tot stand gekomen na de bekendmaking, bedoeld in artikel 516 van het Wetboek van Burgerlijke Rechtsvordering. (Rv 261 e.v., 549)

– 6. De voorzieningenrechter verleent het verlof, tenzij ook met instandhouding van de huurovereenkomst kennelijk een voldoende opbrengst zal worden verkregen om alle hypotheekhouders die het beding hebben gemaakt en dit jegens de huurder kunnen inroepen, te voldoen. Zo hij het verlof verleent, veroordeelt hij tevens de opgeroepen of verschenen huurders en onderhuurders tot ontruiming en stelt hij een termijn vast van ten hoogste één jaar na de betekening aan de huurder of onderhuurder van zijn beschikking, waarbinnen geen ontruiming mag plaatsvinden. Tegen een beschikking waarbij het verlof wordt verleend, staan geen hogere voorzieningen open. (Rv 555 e.v.; Tijd. wet huurkoop onr. zaken 6)

– 7. Indien het recht van de huurder of pachter door vernietiging krachtens lid 2 verloren gaat, wordt aan hem uit de bij de executie verkregen netto-opbrengst van het goed met voorrang onmiddellijke na hen tegen wie hij zijn recht niet kon inroepen, een vergoeding uitgekeerd ten bedrage van de schade die hij als gevolg van de vernietiging lijdt. Is de koper bevoegd het beding in te roepen, dan wordt van hetgeen aan de schuldeisers met een lagere rang toekomt, een met de te verwachten schade overeenkomend bedrag gereserveerd, totdat vaststaat dat de koper van zijn bevoegdheid geen gebruik maakt. (BW 3:282; Tijd. wet huurkoop onr. zaken 5 lid 2)

– 8. Onder de huurder in de zin van dit artikel wordt begrepen degene die ingevolge artikel 266 lid 1 of artikel 267 lid 1 van Boek 7 medehuurder is. (Ontw. 3.9.4.8; Overg.w. 71)

Art. 265

Beding niet-verandering

Indien de hypotheekakte een uitdrukkelijk beding bevat, volgens hetwelk de hypotheekgever de inrichting of gedaante van het bezwaarde goed niet of niet zonder toestemming van de hypotheekhouder mag veranderen, kan op dit beding geen beroep worden gedaan, wanneer tot de verandering machtiging is verleend aan de huurder door de kantonrechter op grond van de bepalingen betreffende huur of aan de pachter of verpachter door de grondkamer op grond van de bepalingen betreffende pacht. (Ontw. 3.9.4.8a; BW 1223*a* (oud); BW 7:215; Pw 30)

Art. 266

Ius tollendi

Is een zaak aan hypotheek onderworpen en heeft de hypotheekgever hieraan na de vestiging van de hypotheek veranderingen of toevoegingen aangebracht zonder dat hij verplicht was deze mede tot onderpand voor de vordering te doen strekken, dan is hij bevoegd deze veranderingen en toevoegingen weg te nemen, mits hij de zaak in de oude toestand terugbrengt en desverlangd voor de tijd dat dit nog niet is geschied, ter zake van de waardevermindering zekerheid stelt. Degene die gerechtigd is tot te velde staande vruchten of beplantingen, is bevoegd deze in te oogsten; kon dit voor de executie niet geschieden dan zijn hij en de koper verplicht zich jegens elkaar te gedragen overeenkomstig de verplichtingen die afgaande en opkomende pachters op grond van de bepalingen betreffende pacht jegens elkaar hebben. (Ontw. 3.9.4.8b; BW 3:4, 123, 124, 227 lid 2, 237 lid 4; 5:17, 75 lid 3, 105 lid 2; 6:51; 7:216; Pw 35; Rv 494, 507, 723; Overg.w. 115)

Art. 267

Beheersbeding; ontruimingsbeding

In de hypotheekakte kan worden bedongen dat de hypotheekhouder bevoegd is om het verhypothekeerde goed in beheer te nemen, indien de hypotheekgever in zijn verplichtingen jegens hem in ernstige mate te kort schiet en de voorzieningenrechter van de rechtbank hem machtiging verleent. Eveneens kan in de akte worden bedongen dat de hypotheekhouder bevoegd is de aan de hypotheek onderworpen zaak onder zich te nemen, indien zulks met het oog op de executie vereist is. Zonder uitdrukkelijke bedingen mist de hypotheekhouder deze bevoegdheden. (Ontw. 3.9.4.9; BW 3:221, 237 lid 3, 257, 261 e.v., 267, 555 e.v.; Overg.w. 71)

Art. 268

Parate executie bij hypotheek

– 1. Indien de schuldenaar in verzuim is met de voldoening van hetgeen waarvoor de hypotheek tot waarborg strekt, is de hypotheekhouder bevoegd het verbonden goed in het openbaar ten overstaan van een bevoegde notaris te doen verkopen. (BW 1223 lid 2 (oud); BW 3:234, 248 e.v.; 6:81 e.v.; 7:19; Fw 57 e.v., 63*a*, 182; Rv 508 e.v.)

Onderhandse verkoop

– 2. Op verzoek van de hypotheekhouder of de hypotheekgever kan de voorzieningenrechter van de rechtbank bepalen dat de verkoop ondershands zal geschieden bij een overeenkomst die hem bij het verzoek ter goedkeuring wordt voorgelegd. Indien door de hypotheekgever of door een hypotheekhouder, beslaglegger of beperkt gerechtigde, die bij een hogere opbrengst van het goed belang heeft, voor de afloop van de behandeling van het verzoek aan de voorzieningenrechter een gunstiger aanbod wordt voorgelegd, kan deze bepalen dat de verkoop overeenkomstig dit aanbod zal geschieden. (BW 3:251 lid 1; Rv 261 e.v., 267, 279)

– 3. Het in lid 2 bedoelde verzoek wordt ingediend binnen de in het Wetboek van Burgerlijke Rechtsvordering daarvoor bepaalde termijn. Tegen een beschikking krachtens lid 2 is geen hogere voorziening toegelaten. (Rv 548)

– 4. Een executie als in de vorige leden bedoeld geschiedt met inachtneming van de daarvoor in het Wetboek van Burgerlijke Rechtsvordering voorgeschreven formaliteiten. (Rv 544 e.v.)

– 5. De hypotheekhouder kan niet op andere wijze zijn verhaal op het verbonden goed uitoefenen. Een daartoe strekkend beding is nietig. (Ontw. 3.9.4.11)

Art. 269

Lossing

Tot op het tijdstip van de toewijzing ter veiling of van de goedkeuring door de voorzieningenrechter van de onderhandse verkoop kan de verkoop worden voorkomen door voldoening van hetgeen waarvoor de hypotheek tot waarborg strekt, alsmede van de reeds gemaakte kosten van executie. (Ontw. 3.9.4.14; BW 1248 (oud); BW 3:249 lid 2, 263; 6:30, 73, 150 onder *b* en *c*, Fw 58 lid 2; Tijdelijke wet huurkoop onr. zaken 7 lid 5)

Art. 270

Voldoening koopprijs bij notaris

– 1. De koper is gehouden de koopprijs te voldoen in handen van de notaris, te wiens overstaan de openbare verkoop heeft plaatsgevonden of door wie de akte van overdracht ingevolge de onderhandse verkoop is verleden. De kosten van de executie worden uit de koopprijs voldaan. (Rv 524, 551 lid 5)

– 2. Wanneer geen hypotheken van een ander dan de verkoper zijn ingeschreven en geen schuldeiser op het goed of op de koopprijs beslag heeft gelegd of zijn vordering ontleent aan artikel 264 lid 7, en evenmin door de executie een beperkt recht op het goed vervalt of een recht van een huurder of pachter verloren gaat, draagt de notaris aan de verkoper uit de netto-opbrengst van het goed af hetgeen aan deze blijkens een door hem aan de notaris te verstrekken verklaring krachtens zijn door hypotheek verzekerde vordering of vorderingen toekomt; het overschot keert de notaris uit aan hem wiens goed is verkocht. (BW 3:264 lid 7, 272, 273 lid 1, 277 lid 1, 282; Rv 551 lid 1)

– 3. Zijn er meer hypotheekhouders of zijn er schuldeisers of beperkt gerechtigden als in het vorige lid bedoeld, dan stort de notaris de netto-opbrengst onverwijld bij een door hem aangewezen bewaarder die aan de eisen van artikel 445 van het Wetboek van Burgerlijke Rechtsvordering voldoet. Wanneer het goed door de eerste hypotheekhouder is verkocht en deze vóór of op de betaaldag aan de notaris een verklaring heeft overgelegd van hetgeen hem van de opbrengst toekomt krachtens de door de eerste hypotheek verzekerde vordering of andere vorderingen die eveneens door hypotheek zijn verzekerd en in rang onmiddellijk bij de eerste aansluiten, met vermelding van schuldeisers wier vordering boven de zijne rang neemt, blijft de storting nochtans achterwege voor hetgeen aan de verkoper blijkens deze verklaring toekomt, en keert de notaris dit aan deze uit. Deze verklaring moet zijn voorzien van een aantekening van de voorzieningenrechter van de rechtbank binnen welker rechtsgebied het verbonden goed zich geheel of grotendeels bevindt, inhoudende dat hij de verklaring heeft goedgekeurd, nadat hem summierlijk van de juistheid ervan is gebleken. Tegen de goedkeuring is geen hogere voorziening toegelaten. (BW 3:271, 272, 273 lid 2; Rv 445, 551 lid 2; Fw 57)

– 4. Ingeval de notaris ernstige redenen heeft om te vermoeden dat de hem ingevolge de leden 2 of 3 verstrekte verklaring onjuist is, kan hij de uitkering aan de hypotheekhouder opschorten tot de in lid 3 aangewezen voorzieningenrechter op vordering van de meest gerede partij of op verlangen van de notaris omtrent de uitkering heeft beslist. (Rv 551 lid 2)

– 5. Wanneer de hypotheekhouders, de schuldeisers die op het goed of op de koopprijs beslag hebben gelegd of hun vorderingen ontlenen aan artikel 264 lid 7, de beperkt gerechtigden wier recht door de executie vervalt, alsmede degene wiens goed is verkocht het vóór de betaaldag omtrent de verdeling van de te storten som eens zijn geworden, blijft de storting achterwege en keert de notaris aan ieder het hem toekomende uit. (BW 3:271 lid 2, 282; 6:154; Rv 551 lid 3)

– 6. Voor zover de verplichtingen welke ingevolge dit artikel op de notaris rusten, niet worden nagekomen, is de Staat jegens belanghebbenden voor de daaruit voor hen voortvloeiende schade met de notaris hoofdelijk aansprakelijk. (BW 3:30 lid 3; 6:102; Rv 551 lid 4; Wet Notarisambt 73)

– 7. Van het in dit artikel bepaalde kan in de verkoopvoorwaarden niet worden afgeweken. (Ontw. 3.9.4.16; Rv 551 lid 6; Overg.w. 116)

Art. 271

Rangregeling

– 1. Na de betaling van de koopprijs zijn alle in het vijfde lid van het vorige artikel genoemde belanghebbenden bevoegd een gerechtelijke rangregeling te verzoeken om tot verdeling van de opbrengst te komen overeenkomstig de formaliteiten die in het Wetboek van Burgerlijke Rechtsvordering zijn voorgeschreven. (BW 3:13, 253, 272 lid 2, 303; Rv 552; Fw 57 lid 4)

– 2. Indien deze belanghebbenden met betrekking tot de verdeling alsnog tot overeenstemming komen en daarvan door een authentieke akte doen blijken aan de bewaarder bij wie de opbrengst is gestort, dan keert deze aan ieder het hem volgens deze akte toekomende uit. (Ontw. 3.9.4.17; BW 1256 (oud); BW 3:270 lid 5; Overg.w. 116)

Art. 272

Rekening en verantwoording

– 1. Een verkoper die van de notaris betaling heeft ontvangen, is verplicht desverlangd aan hem wiens goed is verkocht, en aan de schuldenaar binnen één maand na de betaling rekening en verantwoording te doen. (BW 3:270[2 en 3]; Fw 57[3])

– 2. Een hypotheekhouder, een schuldeiser of een beperkt gerechtigde, die in de rangregeling is begrepen, kan binnen één maand na de sluiting daarvan gelijke rekening en verantwoording vragen, indien hij daarbij een rechtstreeks belang heeft. (Ontw. 3.9.4.18; BW 3:282; Rv 490c; Overgangsw. 116)

Art. 273

Zuivering

– 1. Door de levering ingevolge een executoriale verkoop en de voldoening van de koopprijs gaan alle op het verkochte goed rustende hypotheken teniet en vervallen de ingeschreven beslagen, alsook de beperkte rechten die niet tegen de verkoper ingeroepen kunnen worden. (BW 3:89, 234, 282)

– 2. Wanneer de koper aan de president van de rechtbank binnen welker rechtsgebied het verbonden goed zich geheel of grotendeels bevindt, de bewijsstukken overlegt, dat de verkoop met inachtneming van de wettelijke voorschriften heeft plaatsgehad en dat de koopprijs in handen van de notaris is gestort, wordt hem van het tenietgaan en vervallen van de in het vorige lid bedoelde hypotheken, beperkte rechten en beslagen een verklaring verstrekt. Tegen de beschikking die een zodanige verklaring inhoudt, is geen hogere voorziening toegelaten. (BW 3:268, 270[1]; Rv 544 v.)

– 3. De verklaring kan bij of na de levering in de registers worden ingeschreven. Zij machtigt dan de bewaarder der registers tot doorhaling van de inschrijvingen betreffende hypotheken en beslagen. (Ontw. 3.9.4.19; BW 3:17, 28, 274[2]; Fw 188; Rv 526; Kadasterwet 8[3], 35[3], 48[2], 100; Overgangsw. 116)

Art. 274

Doorhaling

– 1. Wanneer een hypotheek is tenietgegaan, is de schuldeiser verplicht aan de rechthebbende op het bezwaarde goed op diens verzoek en op diens kosten bij authentieke akte een verklaring af te geven, dat de hypotheek is vervallen. Is de vordering waarvoor de hypotheek tot zekerheid strekte met een beperkt recht bezwaard, dan rust een overeenkomstige verplichting op de beperkt gerechtigde. (BW 1239 (oud); BW 3:28, 82, 273[1], 323)

– 2. Deze verklaringen kunnen in de registers worden ingeschreven. Zij machtigen dan tezamen de bewaarder tot doorhaling. (BW 1240 (oud); BW 3:17, 273^3)
– 3. Worden de vereiste verklaringen niet afgegeven, dan is artikel 29 van overeenkomstige toepassing. (BW 1241 (oud))
– 4. Is de hypotheek door vermenging tenietgegaan, dan wordt de bewaarder tot doorhaling gemachtigd door een daartoe strekkende verklaring, afgelegd bij authentieke akte door hem aan wie het goed toebehoort, tenzij op de vordering een beperkt recht rust. (Ontw. 3.9.4.20; BW 3:28, 81^3; 6:161; Kadasterwet 8^3, 35^4, 48^2, 100)

Art. 275

Volmacht

Een volmacht tot het afleggen van een verklaring als bedoeld in het vorige artikel moet schriftelijk zijn verleend. (Ontw. 3.9.4.20a; BW 1240^2 (oud); BW 3:60 v., 260^3)

TITEL 10
Verhaalsrecht op goederen

AFDELING 1
Algemene bepalingen

Art. 276

Verhaalsrecht op alle goederen

Tenzij de wet of een overeenkomst anders bepaalt, kan een schuldeiser zijn vordering op alle goederen van zijn schuldenaar verhalen. (Ontw. 3.10.1.1; BW 1177 (oud); BW 7:633; Rv 435 e.v., 439 e.v., 447, 448, 502 e.v.; Fw 20, 21; Pandhuiswet 8 lid 2, 25 lid 2)

Art. 277

Gelijkheid crediteuren

– 1. Schuldeisers hebben onderling een gelijk recht om, na voldoening van de kosten van executie, uit de netto-opbrengst van de goederen van hun schuldenaar te worden voldaan naar evenredigheid van ieders vordering, behoudens de door de wet erkende redenen van voorrang. (BW 1178 (oud); BW 3:253, 270 lid 1, 278 e.v., 298; Rv 480 e.v., 551 e.v.; Fw 163 e.v., 180 e.v.)

Overeenkomst van achterstelling

– 2. Bij overeenkomst van een schuldeiser met de schuldenaar kan worden bepaald dat zijn vordering jegens alle of bepaalde andere schuldeisers een lagere rang neemt dan de wet hem toekent. (Ontw. 3.10.1.2.)

Art. 278

Vormen van voorrang

– 1. Voorrang vloeit voort uit pand, hypotheek en voorrecht en uit de andere in de wet aangegeven gronden. (BW 1179 lid 1 (oud); BW 3:236 e.v., 260 e.v., 282, 292)

Voorrechten

– 2. Voorrechten ontstaan alleen uit de wet. Zij rusten of op bepaalde goederen of op alle tot een vermogen behorende goederen. (Ontw. 3.10.1.3; BW 1180, 1184 (oud); BW 3:284 e.v., 288; 5:114; 8:160 e.v., 220 e.v., 820 e.v., 830 e.v.)

Art. 279

Rangorde pand, hypotheek en voorrecht

Pand en hypotheek gaan boven voorrecht, tenzij de wet anders bepaalt. (Ontw. 3.10.1.3a; BW 1180 lid 2 (oud); BW 3:284 lid 2, 285 lid 2, 287 lid 2; 292; 8:204, 217, 222, 224, 794, 827, 832, 834)

Art. 280

Rangorde voorrechten: speciale t.o.v. algemene

Voorrechten op bepaalde goederen hebben voorrang boven die welke op alle tot een vermogen behorende goederen rusten, tenzij de wet anders bepaalt. (Ontw. 3.10.1.3b; BW 1184 (oud); BW 3:283 e.v., 288)

Art. 281

Rangorde voorrechten onderling

– 1. Onderscheiden voorrechten die op hetzelfde bepaalde goed rusten, hebben gelijke rang, tenzij de wet anders bepaalt.
– 2. De voorrechten op alle goederen worden uitgeoefend in de volgorde waarin de wet hen plaatst. (Ontw. 3.10.1.3c; BW 1195 (oud); BW 3:284 lid 3, 285 lid 2, 286 lid 3, 287 lid 2, 288; 8:211, 212, 213, 217, 218, 832, 833, 834)

Art. 282

Voorrang beperkt gerechtigde ter zake van schadevergoeding; bedrag

Indien door een executie een ander beperkt recht dan pand of hypotheek vervalt, omdat het niet kan worden ingeroepen tegen een pand- of hypotheekhouder of een beslaglegger op het goed, wordt aan de beperkt gerechtigde uit de netto-opbrengst van het goed, met voorrang onmiddellijk na de vorderingen van degenen tegen wie hij zijn recht niet kan inroepen, terzake van zijn schade een vergoeding uitgekeerd. De vergoeding wordt gesteld op het bedrag van de waarde die het vervallen recht, zo het bij de executie in stand zou zijn gebleven, ten tijde van de executie zou hebben gehad. (Ontw. 3.10.1.3d; BW 3:253, 270, 273 lid 1, 284 lid 1, 292; Rv 480, 490*b*, 551; Fw 57, 182)

AFDELING 2
Bevoorrechte vorderingen op bepaalde goederen

Art. 283

Zaaksvervanging

Een voorrecht op een bepaald goed strekt zich mede uit over vorderingen tot vergoedingen die in de plaats van dat goed zijn getreden, waaronder begrepen vorderingen ter zake van waardevermindering van het goed. (Ontw. 3.10.3.2; BW 3:229; 5:146; Rv 455*a*; Overg.w. 118)

Art. 284

Voorrecht wegens kosten tot behoud

– 1. Een vordering tot voldoening van kosten, tot behoud van een goed gemaakt, is bevoorrecht op het goed dat aldus is behouden. (BW 3:120 lid 2, 121 lid 2, 124, 233, 237, 243; 6:206, 207; 7:601 lid 3)

Verhaalsrecht

– 2. De schuldeiser kan de vordering op het goed verhalen, zonder dat hem rechten van derden op dit goed kunnen worden tegengeworpen, tenzij deze rechten na het maken van de kosten tot behoud zijn verkregen. Een na het maken van die kosten overeenkomstig artikel 237 gevestigd pandrecht kan slechts aan de schuldeiser worden tegengeworpen, indien de zaak of het toonderpapier in de macht van de pandhouder of een derde is gebracht. Een na het maken van die kosten overeenkomstig artikel 90 verkregen recht kan slechts aan de schuldeiser worden tegengeworpen, indien tevens aan de eisen van lid 2 van dat artikel is voldaan. (BW 3:279, 285 lid 2)

Voorrang

– 3. Het voorrecht heeft voorrang boven alle andere voorrechten, tenzij de vorderingen waaraan deze andere voorrechten zijn verbonden, na het maken van de kosten tot behoud zijn ontstaan. (Ontw. 3.10.3.3; BW 1185 sub 4, 1193, 1194 (oud))

Art. 285

Aanneming van werk

– 1. Hij die uit hoofde van een overeenkomst tot aanneming van werk een vordering wegens bearbeiding van een zaak heeft, is deswege op die zaak bevoorrecht, mits hij persoonlijk aan de uitvoering van in de uitoefening van zijn bedrijf aangenomen werk pleegt deel te nemen dan wel een vennootschap of een rechtspersoon is, waarvan een of meer beherende vennoten of bestuurders dit plegen te doen. Het voorrecht vervalt na verloop van twee jaren sedert het ontstaan van de vordering.

– 2. Het voorrecht heeft voorrang boven een overeenkomstig artikel 237 op de zaak gevestigd pandrecht, tenzij dit recht eerst na het ontstaan van de bevoorrechte vordering is gevestigd en de zaak in de macht van de pandhouder of een derde is gebracht. (Ontw. 3.10.3.5; BW 1185 sub 5° en 8°, 1193 (oud); BW 3:279, 286, 288 sub *e*; 7:750 e.v.)

Art. 286

Schuld appartementseigenaar

– 1. De door een appartementseigenaar of een vruchtgebruiker van een appartementsrecht aan de gezamenlijke appartementseigenaars of de vereniging van eigenaars verschuldigde, in het lopende of het voorafgaande kalenderjaar opeisbaar geworden bijdragen zijn bevoorrecht op het appartementsrecht.

– 2. In geval van bearbeiding van een gebouw dat in appartementen is verdeeld, rust het voorrecht van artikel 285 op ieder appartement voor het bedrag, waarvoor de eigenaar van dat appartement aansprakelijk is.

– 3. Bij samenloop van het voorrecht van het eerste lid en dat van artikel 285 heeft het laatstgenoemde voorrang. (Ontw. 3.10.3.6; BW 1185 sub 9°, 1193 , 1194 lid 2 (oud); BW 5:112, 113, 122 lid 3, 123)

Art. 287

Schadevergoeding en verzekering

– 1. De vordering tot vergoeding van schade is bevoorrecht op de vordering die de schuldenaar uit hoofde van verzekering van zijn aansprakelijkheid op de verzekeraar mocht hebben, voor zover deze vordering de verplichting tot vergoeding van deze schade betreft.

– 2. De schuldeiser kan zijn vordering verhalen op de vordering waarop het voorrecht rust, zonder dat hem andere rechten van derden op deze laatste vordering dan het ingevolge artikel 936 lid 2 van Boek 7 aan de tussenpersoon toekomende recht op afdracht, kunnen worden tegengeworpen. (Ontw. 3.10.3.15; Ontw. 7.17.1.11BW 3:279, 280; 6:95 e.v.)

AFDELING 3

Bevoorrechte vorderingen op alle goederen

Art. 288

Voorrechten op alle goederen

De bevoorrechte vorderingen op alle goederen zijn de vorderingen ter zake van:

a. de kosten van de aanvraag tot faillietverklaring, doch alleen ter zake van het faillissement dat op de aanvraag is uitgesproken, alsmede van de kosten, door een schuldeiser gemaakt, ter verkrijging van vereffening buiten faillissement; (BW 1195 sub 1° (oud); Fw 1, 182)

b. de kosten van lijkbezorging, voor zover zij in overeenstemming zijn met de omstandigheden van de overledene; (BW 1195 sub 2° (oud))

c. hetgeen een werknemer, een gewezen werknemer en hun nabestaanden ter zake van reeds vervallen termijnen van pensioen van de werkgever te vorderen hebben, voor zover de vordering niet ouder is dan een jaar; (BW 1195 sub 3° (oud))

d. hetgeen waarop een werknemer, niet zijnde een bestuurder van de rechtspersoon bij wie hij in dienst is, een gewezen werknemer en hun nabestaanden ter zake van in de toekomst tot uitkering komende termijnen van pensioen jegens de werkgever recht hebben; (BW 1195 sub 4° (oud))

e. al hetgeen een werknemer over het lopende en het voorafgaande kalenderjaar in geld op grond van de arbeidsovereenkomst van zijn werkgever te vorderen heeft, alsmede de bedragen door de werkgever aan de werknemer in verband met de beëindiging van de arbeidsovereenkomst verschuldigd uit hoofde van de bepalingen van het Burgerlijk Wetboek betreffende de arbeidsovereenkomst. (Ontw. 3.10.4.1; BW 1195 sub 6° (oud); BW 3:281 lid 2; 7:616 e.v., 667 e.v.)

Art. 289

Overige voorrechten

– 1. Eveneens bevoorrecht op alle goederen zijn de vorderingen die zijn ontstaan uit de oplegging van de in de artikelen 49 en 50 van het Verdrag tot oprichting van de Europese Gemeenschap voor Kolen en Staal van 18 april 1951, (*Trb.* 1951, 82) bedoelde heffingen en verhogingen wegens vertraging in de betaling van deze vorderingen.

– 2. Dit voorrecht heeft dezelfde rang als het voorrecht terzake van de vordering wegens omzetbelasting. (Ontw. 3.10.4.2; BW 1195*a* (oud); Wet omzetbelasting 1968 art. 40 jo. Invord.wet 1990 art. 21; Alg.wet douane art. 152)

AFDELING 4
Retentierecht

Art. 290

Definitie retentierecht

Retentierecht is de bevoegdheid die in de bij de wet aangegeven gevallen aan een schuldeiser toekomt, om de nakoming van een verplichting tot afgifte van een zaak aan zijn schuldenaar op te schorten totdat de vordering wordt voldaan. (Ontw. 3.10.4A.1; BW 6:27, 52 e.v., 57, 59, 64, 66 e.v.; 8:1196; Fw 60)

Art. 291

Werking tegen rechten van derden op de zaak

– 1. De schuldeiser kan het retentierecht mede inroepen tegen derden die een recht op de zaak hebben verkregen, nadat zijn vordering was ontstaan en de zaak in zijn macht was gekomen.

– 2. Hij kan het retentierecht ook inroepen tegen derden met een ouder recht, indien zijn vordering voortspruit uit een overeenkomst die de schuldenaar bevoegd was met betrekking tot de zaak aan te gaan, of hij geen reden had om aan de bevoegdheid van de schuldenaar te twijfelen. (Ontw. 3.10.4A.2; BW 1576*o* (oud); BW 3:11, 120, 124; 6:12 e.v., 53)

– 3. De schuldeiser kan het retentierecht niet inroepen tegen de minister van Onderwijs, Cultuur en Wetenschap die op grond van artikel 7 van de Wet tot teruggave cultuurgoederen afkomstig uit bezet gebied een rechtsvordering instelt.

Art. 292

Voorrang

De schuldeiser kan zijn vordering op de zaak verhalen met voorrang boven allen tegen wie het retentierecht kan worden ingeroepen. (Ontw. 3.10.4A.4; BW 3:276, 277 lid 1, 278, 291; Rv 479*h* e.v.; Fw 60, 110, 113, 119, 132, 143, 145, 157, 173*b*, 180, 257 lid 2)

Art. 293

Kosten

Het retentierecht kan mede worden uitgeoefend voor de kosten die de schuldeiser heeft moeten maken ter zake van de zorg die hij krachtens de wet ten aanzien van de zaak in acht moet nemen. (Ontw. 3.10.4A.4a; BW 6:27, 59, 64, 66 e.v., 90)

Art. 294

Einde retentierecht

Het retentierecht eindigt doordat de zaak in de macht komt van de schuldenaar of de rechthebbende, tenzij de schuldeiser haar weer uit hoofde van dezelfde rechtsverhouding onder zich krijgt. (Ontw. 3.10.4A.5; BW 3:258 lid 1, 295; 6:52 lid 2)

Art. 295

Opeisen zaak

Raakt de zaak uit de macht van de schuldeiser, dan kan hij haar opeisen onder dezelfde voorwaarden als een eigenaar. (Ontw. 3.10.4A.5a; BW 3:83 e.v., 107 e.v., 244; 5:2)

TITEL 11
Rechtsvorderingen

Art. 296

Vordering tot nakoming

– 1. Tenzij uit de wet, uit de aard der verplichting of uit een rechtshandeling anders volgt, wordt hij die jegens een ander verplicht is iets te geven, te doen of na te laten, daartoe door de rechter, op vordering van de gerechtigde, veroordeeld. (BW 3:305; 6:3 e.v., 167 e.v.)

– 2. Hij die onder een voorwaarde of een tijdsbepaling tot iets is gehouden, kan onder die voorwaarde of tijdsbepaling worden veroordeeld. (Ontw. 3.11.1; BW 3:303, 326; 6:21 e.v., 38 e.v.)

Art. 297

Gevolgen van reële executie

Indien een prestatie door tenuitvoerlegging van een executoriale titel wordt afgedwongen, heeft dit dezelfde rechtsgevolgen als die van een vrijwillige nakoming van de uit die titel blijkende verplichting tot die prestatie. (Ontw. 3.11.2; BW 3:300; Rv 477*b*, 491-500, 555-558)

Art. 298

Botsende rechten op levering

Vervolgen twee of meer schuldeisers ten aanzien van één goed met elkaar botsende rechten op levering, dan gaat in hun onderlinge verhouding het oudste recht op levering voor, tenzij uit de wet, uit de aard van hun rechten, of uit de eisen van redelijkheid en billijkheid anders voortvloeit. (Ontw. 3.11.2a; BW 6:103; Rv 491 e.v., 497, 730 e.v., 736)

Art. 299

Reële executie tot feitelijk doen of nalaten

– 1. Wanneer iemand niet verricht waartoe hij is gehouden, kan de rechter hem jegens wie de verplichting bestaat, op diens vordering machtigen om zelf datgene te bewerken waartoe nakoming zou hebben geleid. (BW 1276 e.v. (oud); BW 6:79)

– 2. Op gelijke wijze kan hij jegens wie een ander tot een nalaten is gehouden, worden gemachtigd om hetgeen in strijd met die verplichting is verricht, teniet te doen.

– 3. De kosten die noodzakelijk zijn voor de uitvoering der machtiging, komen ten laste van hem die zijn verplichting niet is nagekomen. De uitspraak waarbij de machtiging wordt verleend, kan tevens de voldoening van deze kosten op vertoon van de daartoe nodige, in de uitspraak te vermelden bescheiden gelasten. (Ontw. 3.11.3; Rv 558)

Art. 300

Reële executie tot verrichten rechtshandeling; dwangvertegenwoordiger

– 1. Is iemand jegens een ander gehouden een rechtshandeling te verrichten, dan kan, tenzij de aard van de rechtshandeling zich hiertegen verzet, de rechter op vordering van de gerechtigde bepalen dat zijn uitspraak dezelfde kracht heeft als een in wettige vorm opgemaakte akte van degene die tot de rechtshandeling gehouden is, of dat een door hem aan te wijzen vertegenwoordiger de handeling zal verrichten. Wijst de rechter een vertegenwoordiger aan, dan kan hij bepalen dat de door deze te verrichten handeling zijn goedkeuring behoeft. (BW 1217 lid 3, 1241 (oud); BW 2:288 lid 3; 3:181; 5:145; Onteig.w. 59 lid 1)

Uitspraak in plaats van akte

– 2. Is de gedaagde gehouden om tezamen met de eiser een akte op te maken, dan kan de rechter bepalen dat zijn uitspraak in de plaats van de akte of een deel daarvan zal treden. (Ontw. 3.11.14; BW 3:89; 8:199)

Art. 301

Inschrijving van de uitspraak

– 1. Een uitspraak waarvan de rechter heeft bepaald dat zij in de plaats treedt van een tot levering van een registergoed bestemde akte of van een deel van een zodanige akte, kan slechts in de openbare registers worden ingeschreven, indien zij is betekend aan degene die tot de levering werd veroordeeld, en

a. in kracht van gewijsde is gegaan, of

b. uitvoerbaar bij voorraad is en een termijn van veertien dagen of zoveel korter of langer als in de uitspraak is bepaald, sedert de betekening van de uitspraak is verstreken.

– 2. Verzet, hoger beroep en cassatie moeten op straffe van niet-ontvankelijkheid binnen acht dagen na het instellen van het rechtsmiddel worden ingeschreven in de registers, bedoeld in artikel 433 van het Wetboek van Burgerlijke Rechtsvordering. In afwijking van artikel 143 van dat wetboek begint de verzettermijn te lopen vanaf de betekening van het vonnis aan de veroordeelde, ook als de betekening niet aan hem in persoon geschiedt. (BW 3:29 lid 3)

– 3. Indien de werking van een uitspraak als bedoeld in lid 1 door de rechter aan een voorwaarde is gebonden, weigert de bewaarder de inschrijving van die uitspraak, indien niet tevens een notariële verklaring of een authentiek afschrift daarvan wordt overgelegd, waaruit van de vervulling van de voorwaarde blijkt. (Ontw. 3.11.4a; BW 3:17 lid 1 sub *e*, 89 lid 1, 273 lid 2; Rv 430 lid 3, 525 lid 2; Kad. 45)

Art. 302

Declaratoir vonnis

Op vordering van een bij een rechtsverhouding onmiddellijk betrokken persoon spreekt de rechter omtrent die rechtsverhouding een verklaring van recht uit. (Ontw. 3.11.7)

Art. 303

Vereiste van voldoende belang

Zonder voldoende belang komt niemand een rechtsvordering toe. (Ontw. 3.11.8)

Art. 304

Rechtsvordering niet afsplitsbaar

Een rechtsvordering kan niet van het recht tot welks bescherming zij dient, worden gescheiden. (Ontw. 3.11.9; BW 3:94 e.v.)

Art. 305

Arbiters

De in de voorgaande artikelen van deze titel aan de rechter toegekende bevoegdheden komen mede aan scheidsmannen toe, tenzij partijen anders zijn overeengekomen. (Ontw. 3.11.9a; Rv 611*i*, 1020 e.v., 1036, 1054 e.v.)

Art. 305a

Belangenbehartigers bevoegd tot instellen rechtsvordering

– 1. Een stichting of vereniging met volledige rechtsbevoegdheid kan een rechtsvordering instellen die strekt tot bescherming van gelijksoortige belangen van andere personen, voorzover zij deze belangen ingevolge haar statuten behartigt. (BW art. 2:27, 28, 285, 286 lid 4)

– 2. Een rechtspersoon als bedoeld in lid 1 is niet ontvankelijk, indien hij in de gegeven omstandigheden onvoldoende heeft getracht het gevorderde door het voeren van overleg met de

gedaagde te bereiken. Een termijn van twee weken na de ontvangst door de gedaagde van een verzoek tot overleg onder vermelding van het gevorderde, is daartoe in elk geval voldoende.
– 3. Een rechtsvordering als bedoeld in lid 1 kan strekken tot veroordeling van de gedaagde tot het openbaar maken of laten openbaar maken van de uitspraak, zulks op een door de rechter te bepalen wijze en op kosten van de door de rechter aan te geven partij of partijen. Zij kan niet strekken tot schadevergoeding te voldoen in geld. (BW art. 6:103)
– 4. Een gedraging kan niet ten grondslag worden gelegd aan een rechtsvordering als bedoeld in lid 1, voor zover degene die door deze gedraging wordt getroffen, daartegen bezwaar maakt.
– 5. Een rechterlijke uitspraak heeft geen gevolg ten aanzien van een persoon tot bescherming van wiens belang de rechtsvordering strekt en die zich verzet tegen werking van de uitspraak ten opzichte van hem, tenzij de aard van de uitspraak meebrengt dat de werking niet slechts ten opzichte van deze persoon kan worden uitgesloten. (BW art. 2:46; BW art. 3:303, 305*b* lid 2, 316; BW art. 6:162, 198 e.v., 240 e.v., 256; Awb art. 1:2, 8:1)

Art. 305b

Toevertrouwde belangen

– 1. Een rechtspersoon als bedoeld in artikel 1 van Boek 2 kan een rechtsvordering instellen die strekt tot bescherming van gelijksoortige belangen van andere personen, voor zover hem de behartiging van deze belangen is toevertrouwd.
– 2. De leden 2 tot en met 5 van artikel 305*a* van dit Boek zijn van overeenkomstige toepassing. (Awb 1:2, 8:1)

Art. 305c

Buitenlandse onderneming bevoegd tot instellen rechtsvordering

– 1. Een organisatie of openbaar lichaam met zetel buiten Nederland welke geplaatst is op de lijst, bedoeld in artikel 4 lid 3 van richtlijn nr. 98/27/EG van het Europees Parlement en de Raad van de Europese Unie van 19 mei 1998 betreffende het doen staken van inbreuken in het raam van de bescherming van consumentenbelangen (*PbEG* L 166), kan een rechtsvordering instellen die strekt tot bescherming van de gelijksoortige belangen van andere personen die hun gewone verblijfplaats hebben in het land waar de organisatie of het openbaar lichaam gezeteld is, voorzover de organisatie deze belangen ingevolge haar doelstelling behartigt of aan het openbaar lichaam de behartiging van deze belangen is toevertrouwd.
– 2. De leden 2 tot en met 5 van artikel 305*a* zijn van overeenkomstige toepassing.
– 3. Een stichting of vereniging met volledige rechtsbevoegdheid met zetel in Nederland die ingevolge haar statuten de belangen behartigt van eindgebruikers van niet voor een beroep of bedrijf bestemde goederen of diensten, kan, teneinde geplaatst te worden op de lijst, bedoeld in lid 1, Onze Minister van Justitie verzoeken de Commissie van de Europese Gemeenschappen mede te delen dat zij ter bescherming van deze belangen een rechtsvordering kan instellen. Onze Minister deelt in dat geval de Commissie tevens de naam en de doelstelling van de stichting of vereniging mee.

Art. 305d

Bevel Gerechtshof 's-Gravenhage

– 1. Het gerechtshof te 's-Gravenhage kan op verzoek van:
a. de Consumentenautoriteit;
b. de Stichting Autoriteit Financiële Markten, of
c. een stichting of vereniging met volledige rechtsbevoegdheid, die krachtens haar statuten tot taak heeft de bescherming van gelijksoortige belangen van andere personen,
bevelen dat degene die een overtreding als bedoeld in artikel 1.1 onder k van de Wet handhaving consumentenbescherming pleegt van de wettelijke bepalingen, bedoeld in onderdeel a van de bijlage bij de Wet handhaving consumentenbescherming, die overtreding staakt.
– 2. Het gerechtshof kan eveneens op hun verzoek bevelen dat een gedragscode die een handelen in strijd met de artikelen 193a tot en met 193i van Boek 6 bevordert door de houder van die gedragscode, bedoeld in artikel 193a, onder i, van Boek 6, wordt aangepast.
– 3. Het gerechtshof kan voorts worden verzocht degene die de overtreding pleegt, dan wel de houder van de gedragscode die het handelen in strijd met de artikelen 193a tot en met 193i van Boek 6 bevordert, te veroordelen tot het openbaar maken of openbaar laten maken van de beschikking, bedoeld in de leden 1 en 2. Indien er sprake is van een misleidende handelspraktijk als bedoeld in de artikelen 193c tot en met 193g van Boek 6, kan het gerechtshof op verzoek de handelaar tevens veroordelen tot rectificatie van de informatie. De openbaarmaking of rectificatie geschiedt op een door het gerechtshof te bepalen wijze en op kosten van de door het gerechtshof aan te geven partij of partijen.
– 4. Artikel 305a lid 2 is van overeenkomstige toepassing, indien een stichting of een vereniging met volledige rechtsbevoegdheid die krachtens haar statuten tot taak heeft het behartigen van de collectieve belangen van personen, een verzoek indient als bedoeld in de leden 1, 2 en 3.
– 5. Het gerechtshof behandelt het verzoek onverwijld.
– 6. Geschillen ter zake van de tenuitvoerlegging van de in de leden 1, 2 en 3 bedoelde veroor-

delingen, alsmede van de veroordeling tot betaling van een dwangsom, zo deze is opgelegd, worden bij uitsluiting door het gerechtshof te 's-Gravenhage beslist.

Art. 306

Extinctieve verjaring

Indien de wet niet anders bepaalt, verjaart een rechtsvordering door verloop van twintig jaren. (Ontw. 3.11.10; BW 2004 (oud); BW 3:52, 86 lid 3, 99 e.v., 178, 307 e.v., 324; 5:46; 6:56; 8:1700 e.v.; K 168*a* e.v., 228*a* e.v.; Overg.w. 73; Rv 611*g*)

Art. 307

Nakoming

– 1. Een rechtsvordering tot nakoming van een verbintenis uit overeenkomst tot een geven of een doen verjaart door verloop van vijf jaren na de aanvang van de dag, volgende op die waarop de vordering opeisbaar is geworden.

– 2. In geval van een verbintenis tot nakoming na onbepaalde tijd loopt de in lid 1 bedoelde termijn pas van de aanvang van de dag, volgende op die waartegen de schuldeiser heeft medegedeeld tot opeising over te gaan, en verjaart de in lid 1 bedoelde rechtsvordering in elk geval door verloop van twintig jaren na de aanvang van de dag, volgende op die waartegen de opeising, zonodig na opzegging door de schuldeiser, op zijn vroegst mogelijk was. (Ontw. 3.11.11; BW 3:311, 313, 323; 6:140 lid 4; 7:28, 853; Overg.w. 73)

Art. 308

Verjaring

Rechtsvorderingen tot betaling van renten van geldsommen, lijfrenten, dividenden, huren, pachten en voorts alles wat bij het jaar of een kortere termijn moet worden betaald, verjaren door verloop van vijf jaren na de aanvang van de dag, volgende op die waarop de vordering opeisbaar is geworden. (Ontw. 3.11.12; BW 2012 (oud); BW 1:403; 3:324 lid 3)

Art. 309

Onverschuldigde betaling

Een rechtsvordering uit onverschuldigde betaling verjaart door verloop van vijf jaren na de aanvang van de dag, volgende op die waarop de schuldeiser zowel met het bestaan van zijn vordering als met de persoon van de ontvanger is bekend geworden en in ieder geval twintig jaren nadat de vordering is ontstaan. (Ontw. 3.11.12*a*; BW 6:203 e.v.)

Art. 310

Verjaring rechtsvorderingen

– 1. Een rechtsvordering tot vergoeding van schade of tot betaling van een bedongen boete verjaart door verloop van vijf jaren na de aanvang van de dag, volgende op die waarop de benadeelde zowel met de schade of de opeisbaarheid van de boete als met de daarvoor aansprakelijke persoon bekend is geworden, en in ieder geval door verloop van twintig jaren na de gebeurtenis waardoor de schade is veroorzaakt of de boete opeisbaar is geworden.

Milieuschade

– 2. Is de schade een gevolg van verontreiniging van lucht, water of bodem, van de verwezenlijking van een gevaar als bedoeld in artikel 175 van Boek 6 dan wel van beweging van de bodem als bedoeld in artikel 177, eerste lid, onder *b*, van Boek 6, dan verjaart de rechtsvordering tot vergoeding van schade, in afwijking van het aan het slot van lid 1 bepaalde, in ieder geval door verloop van dertig jaren na de gebeurtenis waardoor de schade is veroorzaakt.

– 3. Voor de toepassing van lid 2 wordt onder gebeurtenis verstaan een plotseling optredend feit, een voortdurend feit of een opeenvolging van feiten met dezelfde oorzaak. Bestaat de gebeurtenis uit een voortdurend feit, dan begint de termijn van dertig jaren bedoeld in lid 2 te lopen nadat dit feit is opgehouden te bestaan. Bestaat de gebeurtenis uit een opeenvolging van feiten met dezelfde oorzaak, dan begint deze termijn te lopen na dit laatste feit.

Minderjarige slachtoffers zedenmisdrijf

– 4. Indien de gebeurtenis waardoor de schade is veroorzaakt, een misdrijf oplevert als bedoeld in de artikelen 240*b*, 242 tot en met 250 en 273*f* van het Wetboek van Strafrecht en is gepleegd ten aanzien van een minderjarige, verjaart de rechtsvordering tot vergoeding van schade tegen de schuldige aan het misdrijf niet zolang het recht tot strafvordering niet door verjaring is vervallen.

– 5. In afwijking van de leden 1 en 2 verjaart een rechtsvordering tot vergoeding van schade door letsel of overlijden slechts door verloop van vijf jaren na de aanvang van de dag volgende op die waarop de benadeelde zowel met de schade als met de daarvoor aansprakelijke persoon bekend is geworden. Indien de benadeelde minderjarig was op de dag waarop de schade en de daarvoor aansprakelijke persoon bekend zijn geworden, verjaart de rechtsvordering slechts door verloop van vijf jaren na de aanvang van de dag volgende op die waarop de benadeelde meerderjarig is geworden. (Ontw. 3.11.13; BW art. 3:70; BW art. 6:74, 91 e.v., 103, 162, 200, 207, 212, 210 lid 2, 277, 314; BW art. 7:23 lid 2; ONBW art.119*a*; Sr art. 70, 71 onder 3)

Art. 310a

Cultuurgoed

– 1. Een rechtsvordering tot opeising van een roerende zaak die krachtens de nationale wetgeving van een lid-staat van de Europese Unie of van een andere staat die partij is bij de Overeenkomst betreffende de Europese Economische Ruimte een cultuurgoed is in de zin van artikel 1, onder 1, van de richtlijn, bedoeld in artikel 86*a*, en waarvan die staat teruggave vordert op de grond dat zij op onrechtmatige wijze buiten zijn grondgebied is gebracht, verjaart door verloop van één jaar na de aanvang van de dag, volgende op die waarop de plaats waar de zaak zich bevindt en de identiteit van de bezitter of de houder aan die staat zijn bekend geworden, en in elk geval door verloop van dertig jaren na de aanvang van de dag volgende op die waarop de zaak buiten het grondgebied van die staat is gebracht.

– 2. De laatste termijn bedraagt vijfenzeventig jaren in het geval van zaken die deel uitmaken van openbare collecties in de zin van artikel 1, onder 1, van de richtlijn, bedoeld in artikel 86*a*, en van kerkelijke goederen als bedoeld in de richtlijn in de lid-staten van de Europese Unie of in de andere staten die partij zijn bij de Overeenkomst betreffende de Europese Economische Ruimte, waar deze zijn onderworpen aan speciale beschermende maatregelen krachtens nationaal recht.

Art. 310b

Beschermd voorwerp

– 1. Een rechtsvordering tot opeising van een roerende zaak die krachtens de Wet tot behoud van cultuurbezit als beschermd voorwerp is aangewezen of deel uitmaakt van een openbare collectie of van een inventarislijst als bedoeld in artikel 14*a*, tweede lid, van die wet en die na die aanwijzing of gedurende dit deel uitmaken uit het bezit van de eigenaar is geraakt, verjaart door verloop van vijf jaren na de aanvang van de dag waarop de plaats waar de zaak zich bevindt en de identiteit van de bezitter of de houder zijn bekend geworden, en in elk geval door verloop van dertig jaren na de aanvang van de dag waarop een niet-rechthebbende bezitter van de zaak is geworden.

– 2. De verjaring krachtens lid 1 treedt in elk geval niet in voordat de rechtsvordering tot teruggave van de zaak is verjaard, die de Staat voor de rechter van een andere lid-staat van de Europese Unie of van een andere staat die partij is bij de Overeenkomst betreffende de Europese Economische Ruimte kan instellen op grond dat de zaak op onrechtmatige wijze buiten het grondgebied van Nederland is gebracht. (BW 3:99)

Art. 311

Ontbinding, herstel of ongedaanmaking

– 1. Een rechtsvordering tot ontbinding van een overeenkomst op grond van een tekortkoming in de nakoming daarvan of tot herstel van een tekortkoming verjaart door verloop van vijf jaren na de aanvang van de dag, volgende op die waarop de schuldeiser met de tekortkoming bekend is geworden en in ieder geval twintig jaren nadat de tekortkoming is ontstaan. (BW 3:312; 6:267 lid 2, 268, 270 leden 2 en 3; 7:23 lid 2)

– 2. Een rechtsvordering tot ongedaanmaking als bedoeld in artikel 271 van Boek 6 verjaart door verloop van vijf jaren na de aanvang van de dag, volgende op die waarop de overeenkomst is ontbonden. (Ontw. 3.11.13aa)

Art. 312

Tekortkoming in nakoming nevenverplichtingen

Rechtsvorderingen terzake van een tekortkoming in de nakoming, alsmede die tot betaling van wettelijke of bedongen rente en die tot afgifte van vruchten, verjaren, behoudens stuiting of verlenging, niet later dan de rechtsvordering tot nakoming van de hoofdverplichting of, zo de tekortkoming vatbaar is voor herstel, de rechtsvordering tot herstel van de tekortkoming. (Ontw. 3.11.13ab; BW 3:121, 314; 6:24, 206, 275; 7:23 lid 2)

Art. 313

Aanvang verjaring

Indien de wet niet anders bepaalt, begint de termijn van verjaring van een rechtsvordering tot nakoming van een verplichting om te geven of te doen met de aanvang van de dag, volgende op die waarop de onmiddellijke nakoming kan worden gevorderd. (Ontw. 3.11.15; BW 3:101, 307; Overg.w. 73)

Art. 314

Opheffing onrechtmatige toestand

– 1. De termijn van verjaring van een rechtsvordering tot opheffing van een onrechtmatige toestand begint met de aanvang van de dag, volgende op die waarop de onmiddellijke opheffing van die toestand gevorderd kan worden. (BW 3:86 lid 3, 106, 312)

Beëindiging bezit niet-rechthebbende

– 2. De termijn van verjaring van een rechtsvordering strekkende tot beëindiging van het bezit van een niet-rechthebbende begint met de aanvang van de dag, volgende op die waarop een niet-rechthebbende bezitter is geworden of de onmiddellijke opheffing gevorderd kon worden van de toestand waarvan diens bezit de voortzetting vormt. (Ontw. 3.11.15a; BW 3:101, 105, 119, 121, 125; 5:2)

Art. 315

Opeisen nalatenschap

De termijn van verjaring van een rechtsvordering tot opeising van een nalatenschap begint met de aanvang van de dag, volgende op die van het overlijden van de erflater. (Ontw. 3:11.15b; BW 882 (oud))

Art. 316

Stuiting door instelling eis

– 1. De verjaring van een rechtsvordering wordt gestuit door het instellen van een eis, alsmede door iedere andere daad van rechtsvervolging van de zijde van de gerechtigde, die in de vereiste vorm geschiedt. (BW 2016 (oud))

– 2. Leidt een ingestelde eis niet tot toewijzing, dan is de verjaring slechts gestuit, indien binnen zes maanden, nadat het geding door het in kracht van gewijsde gaan van een uitspraak of op andere wijze is geëindigd, een nieuwe eis wordt ingesteld en deze alsnog tot toewijzing leidt. Wordt een daad van rechtsvervolging ingetrokken, dan stuit zij de verjaring niet. (BW 2017, 2018 (oud); BW 3:324)

– 3. De verjaring van een rechtsvordering wordt ook gestuit door een handeling, strekkende tot verkrijging van een bindend advies, mits van die handeling met bekwame spoed mededeling wordt gedaan aan de wederpartij en zij tot verkrijging van een bindend advies leidt. Is dit laatste niet het geval, dan is het vorige lid van overeenkomstige toepassing. (Ontw. 3.11.16; BW 3:86 lid 2, 104; Overg.w. 120)

Bindend advies

Art. 317

– 1. De verjaring van een rechtsvordering tot nakoming van een verbintenis wordt gestuit door een schriftelijke aanmaning of door een schriftelijke mededeling waarin de schuldeiser zich ondubbelzinnig zijn recht op nakoming voorbehoudt. (BW art. 6:82)

Stuiting door aanmaning of mededeling

– 2. De verjaring van andere rechtsvorderingen wordt gestuit door een schriftelijke aanmaning, indien deze binnen zes maanden wordt gevolgd door een stuitingshandeling als in het vorige artikel omschreven. (Ontw. 3.11.17; BW 2016 (oud); BW art. 3:37 lid 2; ONBW 120)

Art. 318

Erkenning van het recht tot welks bescherming een rechtsvordering dient, stuit de verjaring van de rechtsvordering tegen hem die het recht erkent. (Ontw. 3.11.18; BW 2019 (oud))

Stuiting door erkenning

Art. 319

– 1. Door stuiting van de verjaring van een rechtsvordering, anders dan door het instellen van een eis die door toewijzing wordt gevolgd, begint een nieuwe verjaringstermijn te lopen met de aanvang van de volgende dag. Is een bindend advies gevraagd en verkregen, dan begint de nieuwe verjaringstermijn te lopen met de aanvang van de dag, volgende op die waarop het bindend advies is uitgebracht. (BW 3:324)

Aanvang nieuwe verjaringstermijn

– 2. De nieuwe verjaringstermijn is gelijk aan de oorspronkelijke, doch niet langer dan vijf jaren. Niettemin treedt de verjaring in geen geval op een eerder tijdstip in dan waarop ook de oorspronkelijke termijn zonder stuiting zou zijn verstreken. (Ontw. 3.11.18a)

Art. 320

Wanneer een verjaringstermijn zou aflopen tijdens het bestaan van een verlengingsgrond of binnen zes maanden na het verdwijnen van een zodanige grond, loopt de termijn voort totdat zes maanden na het verdwijnen van die grond zijn verstreken. (Ontw. 3.11.19; BW 2023 e.v. (oud); BW 3:321; Fw 36; Overg.w. 121)

Verlenging verjaringstermijn

Art. 321

– 1. Een grond voor verlenging van de verjaring bestaat:

Gronden voor verlenging verjaring

a. tussen niet van tafel en bed gescheiden echtgenoten; (BW 2025 (oud))

b. tussen een wettelijke vertegenwoordiger en de onbekwame die hij vertegenwoordigt; (BW 1:247, 337, 386)

c. tussen een bewindvoerder en de rechtshebbende voor wie hij het bewind voert, ter zake van vorderingen die dit bewind betreffen; (BW 1:370, 410, 431 e.v.)

d. tussen rechtspersonen en haar bestuurders; (BW 2:8)

e. tussen een beneficiair aanvaarde nalatenschap en een erfgenaam; (BW 4:1076 e.v.)

f. tussen de schuldeiser en zijn schuldenaar die opzettelijk het bestaan van de schuld of de opeisbaarheid daarvan verborgen houdt;

g. tussen geregistreerde partners.

– 2. De onder *b* en *c* genoemde gronden voor verlenging duren voort totdat de eindrekening van de wettelijke vertegenwoordiger of de bewindvoerder is gesloten. (Ontw. 3.11.20; BW 3:320; Overg.w. 121)

Art. 322

– 1. De rechter mag niet ambtshalve het middel van verjaring toepassen. (BW 1987 (oud); Rv 48)

Geen ambtshalve toepassing

– 2. Afstand van verjaring geschiedt door een verklaring van hem die de verjaring kan inroepen. (BW 1985 (oud); BW3:37)

– 3. Voordat de verjaring voltooid is, kan geen afstand van verjaring worden gedaan. (Ontw. 3.11.20a; BW 1984 (oud))

Afstand

Art. 323

– 1. Door voltooiing van de verjaring van de rechtsvordering tot nakoming van een verbintenis gaan de pand- of hypotheekrechten die tot zekerheid daarvan strekken, teniet. (BW 3:92 lid 3, 105 lid 1, 106)

Tenietgaan pand, hypotheek

– 2. Nochtans verhindert de verjaring niet dat het pandrecht op het verbonden goed wordt uitgeoefend, indien dit bestaat in een roerende zaak of een recht aan toonder of order en deze zaak of het toonder- of orderpapier in de macht van de pandhouder of een derde is gebracht. (BW 3:236 lid 1; 6:56)

– 3. De rechtsvordering tot nakoming van een verbintenis tot zekerheid waarvan een hypotheek strekt, verjaart niet voordat twintig jaren zijn verstreken na de aanvang van de dag volgend op die waarop de hypotheek aan de verbintenis is verbonden. (Ontw. 3.11.20b; BW 3:307; Overg.w. 122)

Art. 324

Verjaring tenuitvoerlegging

– 1. De bevoegdheid tot tenuitvoerlegging van een rechterlijke of arbitrale uitspraak verjaart door verloop van twintig jaren na de aanvang van de dag, volgende op die van de uitspraak, of, indien voor tenuitvoerlegging daarvan vereisten zijn gesteld waarvan de vervulling niet afhankelijk is van de wil van degene die de uitspraak heeft verkregen, na de aanvang van de dag, volgende op die waarop deze vereisten zijn vervuld.

– 2. Wordt vóórdat de verjaring is voltooid, door een der partijen ter aantasting van de ten uitvoer te leggen veroordeling een rechtsmiddel of een eis ingesteld, dan begint de termijn eerst met de aanvang van de dag, volgende op die waarop het geding daarover is geëindigd.

– 3. De verjaringstermijn bedraagt vijf jaren voor wat betreft hetgeen ingevolge de uitspraak bij het jaar of kortere termijn moet worden betaald. (BW 3:308)

– 4. Voor wat betreft renten, boeten, dwangsommen en andere bijkomende veroordelingen, treedt de verjaring, behoudens stuiting of verlenging, niet later in dan de verjaring van de bevoegdheid tot tenuitvoerlegging van de hoofdveroordeling. (Ontw. 3.11.20c; BW 3:312, 325; Overg.w. 123)

Art. 325

Overeenkomstige toepassing

Op de verjaring van het vorige artikel zijn de artikelen 319-323 van overeenkomstige toepassing.

Stuiting

– 2. De verjaring van het vorige artikel wordt gestuit door:

a. betekening van de uitspraak of schriftelijke aanmaning;

b. erkenning van de in de uitspraak vastgestelde verplichting;

c. iedere daad van tenuitvoerlegging, mits daarvan binnen de door de wet voorgeschreven tijd of, bij gebreke van zodanig voorschrift, met bekwame spoed mededeling aan de wederpartij wordt gedaan. (Ontw. 3.11.20d; Overg.w. 123)

Art. 326

Schakelbepaling

Buiten het vermogensrecht vinden de bepalingen van deze titel overeenkomstige toepassing, voor zover de aard van de betrokken rechtsverhouding zich daartegen niet verzet. (Ontw. 3.11.21; BW 3:59, 79)

BOEK 4
Erfrecht

TITEL 1
Algemene bepalingen

Art. 1

Erfopvolging

– 1. Erfopvolging heeft plaats bij versterf of krachtens uiterste wilsbeschikking.
– 2. Van de erfopvolging bij versterf kan worden afgeweken bij een uiterste wilsbeschikking die een erfstelling of een onterving inhoudt. (Ontw. 4.1.1; BW 4:877, 921 lid 1 (oud); BW 4:9 e.v., 13 e.v., 42 e.v., 115)

Art. 2

Tijdstip overlijden

– 1. Wanneer de volgorde waarin twee of meer personen zijn overleden niet kan worden bepaald, worden die personen geacht gelijktijdig te zijn overleden en valt aan de ene persoon geen voordeel uit de nalatenschap van de andere ten deel.
– 2. Indien een belanghebbende ten gevolge van omstandigheden die hem niet kunnen worden toegerekend, moeilijkheden ondervindt bij het bewijs van de volgorde van overlijden, kan de rechter hem een of meermalen uitstel verlenen, zulks voor zover redelijkerwijs mag worden aangenomen dat het bewijs binnen de termijn van het uitstel kan worden geleverd. (Ont. 4.1.2; BW 878 (oud); BW 4:9, 12, 56; Rv 150 e.v.)

Art. 3

Onwaardigheid

– 1. Van rechtswege zijn onwaardig om uit een nalatenschap voordeel te trekken:
a. hij die onherroepelijk veroordeeld is ter zake dat hij de overledene heeft omgebracht, heeft getracht hem om te brengen, dat feit heeft voorbereid of daaraan heeft deelgenomen; (Sr 45, 46, 47, 48, 287 e.v.)
b. hij die onherroepelijk veroordeeld is wegens een opzettelijk tegen de erflater gepleegd misdrijf waarop naar de Nederlandse wettelijke omschrijving een vrijheidsstraf is gesteld met een maximum van ten minste vier jaren, dan wel wegens poging tot, voorbereiding van, of deelneming aan een dergelijk misdrijf; (Sr 45, 46, 47, 48)
c. hij van wie bij onherroepelijke rechterlijke uitspraak is vastgesteld dat hij tegen de erflater lasterlijk een beschuldiging van een misdrijf heeft ingebracht, waarop naar de Nederlandse wettelijke omschrijving een vrijheidsstraf met een maximum van ten minste vier jaren is gesteld; (BW 6:106, 162; Sr 262 e.v.)
d. hij die de overledene door een feitelijkheid of door bedreiging met een feitelijkheid heeft gedwongen of belet een uiterste wilsbeschikking te maken; (BW 3:44; 4:42, 55, 111 e.v.; Sr 284)
e. hij die de uiterste wil van de overledene heeft verduisterd, vernietigd of vervalst. (BW 1:107; 3:194; 4:184 lid 2 sub *c*)
– 2. Rechten door derden te goeder trouw verkregen voordat de onwaardigheid is vastgesteld worden geëerbiedigd. In geval echter de goederen om niet zijn verkregen, kan de rechter aan de rechthebbenden, en ten laste van hem die daardoor voordeel heeft genoten, een naar billijkheid te bepalen vergoeding toekennen. (BW 1:422 lid 2)
– 3. Een onwaardigheid vervalt, wanneer de erflater aan de onwaardige op ondubbelzinnige wijze zijn gedraging heeft vergeven. (Ontw. 4.1.3; BW 4:885, 959 (oud); BW 4:12, 63 lid 2)

Art. 4

Belemmering erfrechtelijke bevoegdheden

– 1. Een voor het openvallen van een nalatenschap verrichte rechtshandeling is nietig, voor zover zij de strekking heeft een persoon te belemmeren in zijn vrijheid om bevoegdheden uit te oefenen, welke hem krachtens dit Boek met betrekking tot die nalatenschap toekomen.
– 2. Overeenkomsten strekkende tot beschikking over nog niet opengevallen nalatenschappen in hun geheel of over een evenredig deel daarvan, zijn nietig. (Ontw. 4.1.3*b*; BW 1370, 4:921 lid 2 (oud); BW 4:42, 62, 63 e.v., 71, 190, 201; 7:177)

Art. 5

Betalingsregeling

– 1. Op verzoek van de schuldenaar kan de rechtbank wegens gewichtige redenen bepalen dat een geldsom die krachtens dit Boek of, in verband met de verdeling van de nalatenschap, krachtens titel 7 van Boek 3 is verschuldigd, al dan niet vermeerderd met een in de beschikking te bepalen rente, eerst na verloop van zekere tijd, hetzij ineens, hetzij in termijnen behoeft te worden voldaan. Hierbij let de rechtbank op de belangen van beide partijen; aan een inwilliging kan de voorwaarde worden verbonden dat binnen een bepaalde tijd een door de rechtbank goedgekeurde zakelijke of persoonlijke zekerheid voor de voldoening van hoofdsom en rente wordt gesteld.
– 2. Een in het vorige lid bedoelde beschikking kan op verzoek van een der partijen, gegrond op ten tijde van die beschikking niet voorziene omstandigheden, door de in het vorige lid ge-

noemde rechtbank worden gewijzigd. (Ontw. 4.1.3*c*; BW 1:145 lid 2; 3:185 lid 3; 4:13 lid 3, 37, 80, 125; 6:51; Rv 616)

Art. 6

Waarde goederennalatenschap

In dit Boek wordt onder de waarde van de goederen der nalatenschap verstaan de waarde van die goederen op het tijdstip onmiddellijk na het overlijden van de erflater, waarbij geen rekening wordt gehouden met het vruchtgebruik dat daarop krachtens afdeling 1 of 2 van titel 3 kan komen te rusten. (Ontw. 4.1.3*d*; BW 4:37, 65, 76, 80)

Art. 7

Schulden nalatenschap

– 1. Schulden van de nalatenschap zijn:
a. de schulden van de erflater die niet met zijn dood tenietgaan, voor zover niet begrepen in onderdeel *i*;
b. de kosten van lijkbezorging, voor zover zij in overeenstemming zijn met de omstandigheden van de overledene;
c. de kosten van vereffening van de nalatenschap, met inbegrip van het loon van de vereffenaar;
d. de kosten van executele, met inbegrip van het loon van de executeur;
e. de schulden uit belastingen die ter zake van het openvallen der nalatenschap worden geheven, voor zover zij op de erfgenamen komen te rusten;
f. de schulden die ontstaan door toepassing van afdeling 2 van titel 3;
g. de schulden ter zake van legitieme porties waarop krachtens artikel 80 aanspraak wordt gemaakt;
h. de schulden uit legaten welke op een of meer erfgenamen rusten;
i. de schulden uit giften en andere handelingen die ingevolge artikel 126 worden aangemerkt als legaten.
– 2. Bij de voldoening van de schulden ten laste van de nalatenschap worden achtereenvolgens met voorrang voldaan:
1° de schulden, bedoeld in lid 1 onder *a* tot en met *e*;
2° de schulden, bedoeld in lid 1 onder *f*;
3° de schulden, bedoeld in lid 1 onder *g*. Ontbreken schulden als bedoeld in lid 1 onder *f*, dan worden eerst de schulden, bedoeld in lid 1 onder *a* tot en met *c*, en vervolgens de schulden, bedoeld in lid 1 onder *d*, *e* en *g*, met voorrang voldaan.
– 3. In de nalatenschap van de langstlevende ouder, bedoeld in artikel 20, en de stiefouder, bedoeld in artikel 22, wordt een verplichting tot overdracht van goederen als bedoeld in die artikelen met een schuld als bedoeld in lid 1 onder *a* gelijkgesteld. (Ontw. 4.1.3*e*; BW 4 37, 65, 80 lid 2, 144, 184, 211, 215)

Art. 8

Gelijkstelling echtgenoten en geregistreerde partners

– 1. In dit Boek worden met echtgenoten gelijkgesteld geregistreerde partners.
– 2. Voor de toepassing van lid 1 is mede begrepen onder:
a. huwelijk: geregistreerd partnerschap;
b. gehuwd: als partner geregistreerd;
c. huwelijksgemeenschap: gemeenschap van een geregistreerd partnerschap;
d. trouwbeloften: beloften tot het aangaan van een geregistreerd partnerschap;
e. echtscheiding: beëindiging van een geregistreerd partnerschap op de wijze als bedoeld in artikel 80*c* onder *c* of *d* van Boek 1.
– 3. Onder stiefkind van de erflater wordt in dit Boek verstaan een kind van de echtgenoot of geregistreerde partner van de erflater, van welk kind de erflater niet zelf ouder is. Zodanig kind blijft stiefkind, indien het huwelijk of het geregistreerd partnerschap is geëindigd. (Ontw. 4.1.4; BW 4:879*a* (oud); BW 1:80*a* e.v., 395, 395*a*)

TITEL 2

Erfopvolging bij versterf

Art. 9

Bestaanseis

Ten einde als erfgenaam bij versterf te kunnen optreden, moet men bestaan op het ogenblik dat de nalatenschap openvalt. (Ontw. 4.2.1; BW 4:883 (oud); BW 1:2, 412; 2:30 lid 1; 4:2, 56)

Art. 10

Parentele stelsel

– 1. De wet roept tot een nalatenschap als erfgenamen uit eigen hoofde achtereenvolgens:
a. de niet van tafel en bed gescheiden echtgenoot van de erflater tezamen met diens kinderen;
b. de ouders van de erflater tezamen met diens broers en zusters;
c. de grootouders van de erflater;
d. de overgrootouders van de erflater.
– 2. De afstammelingen van een kind, broer, zuster, grootouder of overgrootouder worden bij plaatsvervulling geroepen.

BW 4

– 3. Alleen zij die tot de erflater in familierechtelijke betrekking stonden, worden tot de in de vorige leden genoemde bloedverwanten gerekend. (Ontw. 4.2.2; BW 4:899 e.v. (oud); BW 1:197; 4:8, 12)

Art. 11

Erven voor gelijke delen

– 1. Degenen die tezamen uit eigen hoofde tot een nalatenschap worden geroepen, erven voor gelijke delen.
– 2. In afwijking van lid 1 is het erfdeel van een halfbroer of halfzuster de helft van het erfdeel van een volle broer, een volle zuster of een ouder.
– 3. Wanneer het erfdeel van een ouder door toepassing van de leden 1 en 2 minder zou bedragen dan een kwart, wordt het verhoogd tot een kwart en worden de erfdelen van de overige erfgenamen naar evenredigheid verminderd. (Ontw. 4.2.3; BW 4:899 e.v. (oud))

Art. 12

Plaatsvervulling

– 1. Plaatsvervulling geschiedt met betrekking tot personen die op het ogenblik van het openvallen van de nalatenschap niet meer bestaan, die onwaardig zijn, onterfd zijn of verwerpen of wier erfrecht is vervallen.
– 2. Zij die bij plaatsvervulling erven, worden staaksgewijze geroepen tot het erfdeel van degene wiens plaats zij vervullen.
– 3. Degenen die de erflater verder dan de zesde graad bestaan, erven niet. (Ontw. 4.2.6; BW 4:888 e.v., 908 (oud); BW 4:2, 3, 9, 131, 190)

TITEL 3
Het erfrecht bij versterf van de niet van tafel en bed gescheiden echtgenoot en van de kinderen alsmede andere wettelijke rechten

AFDELING 1
Het erfrecht bij versterf van de niet van tafel en bed gescheiden echtgenoot en van de kinderen

Art. 13

Wettelijke verdeling

– 1. De nalatenschap van de erflater die een echtgenoot en een of meer kinderen als erfgenamen achterlaat, wordt, tenzij de erflater bij uiterste wilsbeschikking heeft bepaald dat deze afdeling geheel buiten toepassing blijft, overeenkomstig de volgende leden verdeeld.
– 2. De echtgenoot verkrijgt van rechtswege de goederen van de nalatenschap. De voldoening van de schulden van de nalatenschap komt voor zijn rekening. Onder schulden van de nalatenschap zijn hier tevens begrepen de ten laste van de gezamenlijke erfgenamen komende uitgaven ter voldoening aan testamentaire lasten.
– 3. Ieder van de kinderen verkrijgt als erfgenaam van rechtswege een geldvordering ten laste van de echtgenoot, overeenkomend met de waarde van zijn erfdeel. Deze vordering is opeisbaar:
a. indien de echtgenoot in staat van faillissement is verklaard of ten aanzien van hem de schuldsaneringsregeling natuurlijke personen van toepassing is verklaard;
b. wanneer de echtgenoot is overleden.
De vordering is ook opeisbaar in door de erflater bij uiterste wilsbeschikking genoemde gevallen.
– 4. De in lid 3 bedoelde geldsom wordt, tenzij de erflater, dan wel de echtgenoot en het kind tezamen, anders hebben bepaald, vermeerderd met een percentage dat overeenkomt met dat van de wettelijke rente, voor zover dit percentage hoger is dan zes, berekend per jaar vanaf de dag waarop de nalatenschap is opengevallen, bij welke berekening telkens uitsluitend de hoofdsom in aanmerking wordt genomen.
– 5. Is de vordering, bedoeld in lid 3, opeisbaar geworden doordat ten aanzien van de echtgenoot de schuldsaneringsregeling natuurlijke personen van toepassing is verklaard, dan is de vordering, voor zover zij onvoldaan is gebleven, door beëindiging van de toepassing van de schuldsaneringsregeling natuurlijke personen op grond van artikel 356 lid 2 van de Faillissementswet wederom niet opeisbaar. Artikel 358 lid 1 van de Faillissementswet vindt ten aanzien van de vordering geen toepassing.
– 6. In deze titel wordt onder echtgenoot niet begrepen een van tafel en bed gescheiden echtgenoot. (Ontw. 4.2A.1.1; BW 1:169, 173, 176; 4:7, 10 lid 3, 12, 17; 6:120, 249; 7:423 lid 2, 438 lid 2, 675; 7A:1623*i*, 1632, 1648 lid 2, 1780 lid 1; Fw 1 e.v., 284 e.v.)

Art. 14

Aansprakelijkheid; verhaalbaarheid

– 1. Indien de nalatenschap overeenkomstig artikel 13 is verdeeld, is de echtgenoot van de erflater tegenover de schuldeisers en tegenover de kinderen verplicht tot voldoening van de schulden der nalatenschap. In de onderlinge verhouding van de echtgenoot en de kinderen komen de schulden der nalatenschap voor rekening van de echtgenoot.
– 2. Voor schulden van de nalatenschap, alsmede voor schulden van de echtgenoot die konden worden verhaald op de goederen van een gemeenschap waarvan de echtgenoot en de erflater

de deelgenoten waren, neemt de schuldeiser in zijn verhaal op de goederen die krachtens artikel 13 lid 2 aan de echtgenoot toebehoren, rang voor degenen die verhaal nemen voor andere schulden van de echtgenoot.
– 3. Voor schulden van de nalatenschap kunnen de goederen van een kind niet worden uitgewonnen, met uitzondering van de in artikel 13 lid 3 bedoelde geldvordering. Uitwinning van die goederen is wel mogelijk voor zover de geldvordering van het kind is verminderd door betaling of door overdracht van goederen, tenzij het kind goederen van de echtgenoot aanwijst die voldoende verhaal bieden.
– 4. De uit lid 1, tweede zin, voortvloeiende draagplicht van de echtgenoot geldt mede wanneer de schulden van de nalatenschap de baten overtreffen, onverminderd artikel 184 lid 2. (Ontw. 4.2A.1.2; BW 4:204 lid 1 sub *b*, 224)

Art. 15

Vaststelling geldvordering

– 1. Voor zover de erfgenamen over de vaststelling van de omvang van de in artikel 13 lid 3 bedoelde geldvordering niet tot overeenstemming kunnen komen, wordt deze op verzoek van de meest gerede partij door de kantonrechter vastgesteld. De artikelen 677 tot en met 679 van het Wetboek van Burgerlijke Rechtsvordering zijn van overeenkomstige toepassing.
– 2. Indien bij de vaststelling van de in artikel 13 lid 3 bedoelde geldvordering:
a. omtrent de waarde van de goederen en de schulden van de nalatenschap is gedwaald en daardoor een erfgenaam voor meer dan een vierde is benadeeld,
b. het saldo van de nalatenschap anderszins onjuist is berekend, dan wel
c. de geldvordering niet is berekend overeenkomstig het deel waarop het kind aanspraak kon maken, wordt de vaststelling op verzoek van een kind of de echtgenoot dienovereenkomstig door de kantonrechter gewijzigd. Op de vaststelling is hetgeen omtrent verdeling is bepaald in de artikelen 196 leden 2, 3 en 4, 199 en 200 van Boek 3 van overeenkomstige toepassing.
– 3. Bij de vaststelling van de geldvordering zijn de artikelen 229 tot en met 233 van overeenkomstige toepassing.
– 4. De artikelen 187 en 188 van Boek 3 zijn op de vaststelling van overeenkomstige toepassing. (Ontw. 4.2A.1.3; BW 7:900 e.v.)

Art. 16

Boedelbeschrijving

– 1. De echtgenoot en ieder kind kunnen verlangen dat een boedelbeschrijving wordt opgemaakt. De boedelbeschrijving bevat een waardering van de goederen en de schulden van de nalatenschap.
– 2. Heeft de echtgenoot of een kind niet het vrije beheer over zijn vermogen, dan levert zijn wettelijk vertegenwoordiger binnen een jaar na het overlijden van de erflater een ter bevestiging van haar deugdelijkheid door hem ondertekende boedelbeschrijving in ter griffie van de rechtbank van de woonplaats van de echtgenoot onderscheidenlijk het kind. De kantonrechter kan bepalen dat de boedelbeschrijving bij notariële akte dient te geschieden.
– 3. Op de boedelbeschrijving en de waardering zijn de artikelen 673 tot en met 676 van het Wetboek van Burgerlijke Rechtsvordering van overeenkomstige toepassing. De echtgenoot en ieder kind zijn voor de toepassing van de in de vorige volzin genoemde bepalingen partij bij de boedelbeschrijving.
– 4. De echtgenoot en ieder kind hebben jegens elkaar recht op inzage in en afschrift van alle bescheiden en andere gegevensdragers, die zij voor de vaststelling van hun aanspraken behoeven. De daartoe strekkende inlichtingen worden door hen desverzocht verstrekt. Zij zijn jegens elkaar gehouden tot medewerking aan de verstrekking van inlichtingen door derden. (Ontw. 4.2A.1.4; BW 1:338; 2:10; BW 4:86)

Art. 17

Betaling geldvordering en verhoging

– 1. De echtgenoot kan, behoudens het bepaalde in de leden 2 en 3, de in artikel 13 lid 3 bedoelde geldvordering en de in lid 4 van dat artikel bedoelde verhoging te allen tijde geheel of gedeeltelijk voldoen. Een betaling wordt in de eerste plaats in mindering gebracht op de hoofdsom, vervolgens op de verhoging, tenzij de erflater, dan wel de echtgenoot en het kind tezamen, anders hebben bepaald.
– 2. Indien een kind een bevoegdheid toekomt tot het doen van een verzoek als bedoeld in artikel 19, 20, 21 of 22, gaan de echtgenoot of diens erfgenamen niet over tot voldoening dan na te hebben gehandeld overeenkomstig artikel 25 lid 3.
– 3. Is het in lid 2 bedoelde kind minderjarig, of meerderjarig doch heeft dit niet het vrije beheer over zijn vermogen, dan behoeft de voldoening de goedkeuring van de kantonrechter. Deze beslist naar de maatstaf van artikel 26 lid 1. (Ontw. 4.2A.1.5)

Art. 18

Ongedaanmaking

– 1. De echtgenoot kan binnen drie maanden vanaf de dag waarop de nalatenschap is opengevallen, door middel van een verklaring bij notariële akte, binnen die termijn gevolgd door inschrijving in het boedelregister, de verdeling overeenkomstig artikel 13 ongedaan maken. In

naam van de echtgenoot kan de verklaring slechts krachtens uitdrukkelijke voor dit doel afgegeven schriftelijke volmacht worden afgelegd.
– 2. De verklaring werkt terug tot het tijdstip van het openvallen der nalatenschap. Voor het verstrijken van de in lid 1 genoemde termijn verkregen rechten van derden, mede-erfgenamen daaronder begrepen, worden geëerbiedigd. Indien de echtgenoot voor het afleggen van de verklaring op de voet van artikel 13 lid 2 betalingen heeft gedaan, worden deze tussen de echtgenoot en de kinderen verrekend.
– 3. De omstandigheid dat de echtgenoot onder curatele staat of dat de goederen die deze uit de nalatenschap van de erflater verkrijgt onder een bewind vallen, staat aan uitoefening van de in lid 1 bedoelde bevoegdheid niet in de weg. De bevoegdheid wordt alsdan uitgeoefend overeenkomstig de regels die voor de curatele onderscheidenlijk het desbetreffende bewind gelden. Is de echtgenoot in staat van faillissement verklaard, is ten aanzien van hem de schuldsaneringsregeling natuurlijke personen van toepassing verklaard dan wel aan hem surseance van betaling verleend, dan wordt deze bevoegdheid uitgeoefend door de curator, door de bewindvoerder, onderscheidenlijk door de echtgenoot met medewerking van de bewindvoerder.
– 4. Indien ten aanzien van de erflater afdeling 2 of 3 van titel 18 van Boek 1 is toegepast, loopt de in lid 1 genoemde termijn van drie maanden vanaf de dag waarop de beschikking, bedoeld in artikel 417 lid 1 onderscheidenlijk artikel 427 lid 1 van Boek 1, in kracht van gewijsde is gegaan. (Ontw. 4.2A.1.6; BW 4:14 lid 1, 182 lid 2, 188 lid 1 sub *b*)

Art. 19

Hertrouwen langstlevende ouder

Indien een kind overeenkomstig artikel 13 lid 3 een geldvordering op zijn langstlevende ouder ter zake van de nalatenschap van zijn eerst overleden ouder heeft verkregen, en die ouder aangifte heeft gedaan van zijn voornemen opnieuw een huwelijk te willen aangaan, is deze verplicht aan het kind op diens verzoek goederen over te dragen met een waarde van ten hoogste die geldvordering, vermeerderd met de in lid 4 van dat artikel bedoelde verhoging. De overdracht vindt, tenzij de ouder daarvan afziet, plaats onder voorbehoud van het vruchtgebruik van de goederen. (Ontw. 4.2A.1.7; BW 1:43; 2:88 lid 3, 197 lid 3; 3:81; 4:23, 25, 26)

Art. 20

Overlijden hertrouwde langstlevende

Indien een kind overeenkomstig artikel 13 lid 3 een geldvordering op zijn langstlevende ouder ter zake van de nalatenschap van zijn eerst overleden ouder heeft verkregen en de langstlevende ouder bij diens overlijden gehuwd was, is de stiefouder verplicht aan het kind op diens verzoek goederen over te dragen met een waarde van ten hoogste die geldvordering, vermeerderd met de in lid 4 van dat artikel bedoelde verhoging. Wordt de nalatenschap van de langstlevende ouder niet overeenkomstig artikel 13 verdeeld, dan rust de in de vorige zin bedoelde verplichting op de erfgenamen van de langstlevende ouder. (Ontw. 4.2A.1.8)

Art. 21

Vordering op stiefouder

Indien een kind overeenkomstig artikel 13 lid 3 een geldvordering op zijn stiefouder ter zake van de nalatenschap van zijn overleden ouder heeft verkregen, is de stiefouder verplicht aan het kind op diens verzoek goederen over te dragen met een waarde van ten hoogste die geldvordering, vermeerderd met de in lid 4 van dat artikel bedoelde verhoging. De overdracht vindt, tenzij de stiefouder daarvan afziet, plaats onder voorbehoud van het vruchtgebruik van de goederen. (Ontw. 4.2A.1.9; BW 2:88 lid 3, 197 lid 3; 4:23 e.v.)

Art. 22

Overlijden van stiefouder

Indien een kind overeenkomstig artikel 13 lid 3 een geldvordering op zijn stiefouder ter zake van de nalatenschap van zijn overleden ouder heeft verkregen, en de stiefouder is overleden, zijn diens erfgenamen verplicht aan het kind op diens verzoek goederen over te dragen met een waarde van ten hoogste die geldvordering, vermeerderd met de in lid 4 van dat artikel bedoelde verhoging. (Ontw. 4.2A.1.10; BW 4:24 e.v.)

Art. 23

Rechtsverhouding vruchtgebruiker/ bloot eigenaar

– 1. Op het in de artikelen 19 en 21 bedoelde vruchtgebruik zijn de bepalingen van titel 8 van Boek 3 van toepassing, met dien verstande dat:
a. de echtgenoot is vrijgesteld van de jaarlijkse opgave als bedoeld in artikel 205 lid 4, alsmede van het stellen van zekerheid als bedoeld in artikel 206 lid 1, en artikel 206 lid 2 niet van toepassing is;
b. een machtiging als bedoeld in artikel 212 lid 3 ook gegeven kan worden voor zover de verzorgingsbehoefte van de echtgenoot of de nakoming van zijn verplichtingen overeenkomstig artikel 13 lid 2 dit nodig maakt.
– 2. De kantonrechter kan op de in lid 1 onder *b* bedoelde grond, op verzoek van de echtgenoot aan deze de bevoegdheid tot gehele of gedeeltelijke vervreemding en vertering als bedoeld in artikel 215 van Boek 3 toekennen. De hoofdgerechtigde wordt in het geding geroepen. Bij de beschikking kan de kantonrechter nadere regelingen treffen.
– 3. In afwijking van de eerste zin van artikel 213 lid 1 van Boek 3 en van artikel 215 lid 1 van

Boek 3 verkrijgt de hoofdgerechtigde, tenzij hij met de echtgenoot anders overeenkomt, op het tijdstip van vervreemding een vordering op de echtgenoot ter grootte van de waarde die het goed op dat tijdstip had. Op de vordering zijn de leden 3 en 4 van artikel 13 en lid 1 van artikel 15 van overeenkomstige toepassing, met dien verstande dat de in artikel 13 lid 4 bedoelde vermeerdering wordt berekend vanaf het tijdstip van het ontstaan van de vordering.
– 4. Bij de vestiging van het vruchtgebruik of daarna kunnen nadere regelingen worden getroffen door de echtgenoot en de hoofdgerechtigde, dan wel door de kantonrechter op verzoek van een van hen.
– 5. De echtgenoot is niet bevoegd het vruchtgebruik over te dragen of te bezwaren.
– 6. Het vruchtgebruik kan niet worden ingeroepen tegen schuldeisers die zich op de daaraan onderworpen goederen verhalen ter zake van schulden van de nalatenschap of schulden van de echtgenoot die konden worden verhaald op de goederen van een gemeenschap waarvan de echtgenoot en de erflater de deelgenoten waren. In geval van zodanige uitwinning is artikel 282 van Boek 3 niet van toepassing. (Ontw. 4.2A.1.11; BW 3:201 e.v.)

Art. 24

Aan wilsrechten onderworpen goederen

– 1. De in de artikelen 19, 20, 21 en 22 bedoelde verplichting tot overdracht betreft goederen die deel hebben uitgemaakt van de nalatenschap van de erflater of van de door diens overlijden ontbonden huwelijksgemeenschap. In afwijking van de eerste zin heeft de in de artikelen 21 en 22 bedoelde verplichting tot overdracht geen betrekking op goederen die van de zijde van de stiefouder in de huwelijksgemeenschap met de erflater zijn gevallen.
– 2. De in de artikelen 19, 20, 21 en 22 bedoelde verplichting tot overdracht betreft mede goederen die in de plaats zijn gekomen voor goederen als bedoeld in lid 1, eerste zin. Indien een goed is verkregen met middelen die voor minder dan de helft afkomstig zijn uit de in lid 1 bedoelde nalatenschap of ontbonden huwelijksgemeenschap, valt het niet onder de in de eerste zin bedoelde verplichting. Is een goed mede met middelen uit een lening verkregen, dan blijven deze middelen voor de toepassing van de tweede zin buiten beschouwing.
– 3. Een goed dat behoort tot het vermogen van degene die tot overdracht is verplicht of tot de huwelijksgemeenschap waarin deze is gehuwd, wordt vermoed deel te hebben uitgemaakt van de in lid 1, eerste zin, bedoelde nalatenschap of ontbonden huwelijksgemeenschap of voor zodanig goed in de plaats te zijn gekomen. (Ontw. 4.2A.1.11*a*; BW 1:124, 125)

Art. 25

Waarde over te dragen goederen

– 1. De waarde van de over te dragen goederen, vast te stellen naar het tijdstip van de overdracht, wordt in de eerste plaats in mindering gebracht op de aan het kind verschuldigde hoofdsom en vervolgens op de verhoging, tenzij door de erflater of bij de overdracht anders is bepaald. Voor de toepassing van de artikelen 19 en 21 wordt de waarde van de goederen vastgesteld zonder daarbij het vruchtgebruik in aanmerking te nemen.
– 2. Een kind dat voornemens is een in de artikelen 19, 20, 21 en 22 bedoeld verzoek te doen, is gehouden de andere kinderen die een dergelijk verzoek kunnen doen, op een zodanig tijdstip van zijn voornemen in kennis te stellen dat zij tijdig kunnen beslissen eveneens een verzoek te doen.
– 3. Degene die tot overdracht van goederen verplicht kan worden, kan een kind een redelijke termijn stellen waarbinnen een verzoek als bedoeld in de artikelen 19, 20, 21 en 22 kan worden gedaan. Gaat hij daartoe over, dan stelt hij ook de andere kinderen die een zodanig verzoek kunnen doen, daarvan in kennis.
– 4. Bestaat tussen degene die tot overdracht van goederen verplicht is en het kind, of tussen twee of meer kinderen geen overeenstemming over de overdracht van een goed, dan beslist op verzoek van een hunner de kantonrechter, rekening houdende naar billijkheid met de belangen van ieder van hen.
– 5. Voor zover een kind de in artikel 13 lid 3 bedoelde vordering aan een andere persoon overdraagt, gaat de in de artikelen 19, 20, 21 en 22 bedoelde bevoegdheid teniet.
– 6. Bij uiterste wilsbeschikking kan de erflater de verplichtingen, bedoeld in de artikelen 19 tot en met 22, uitbreiden, beperken of opheffen. (Ontw. 4.2A.1.12; Rv 676*a*)

Art. 26

Minderjarige kinderen

– 1. Indien een minderjarig kind een bevoegdheid heeft als in de artikelen 19, 20, 21 en 22 bedoeld, dient zijn wettelijke vertegenwoordiger binnen drie maanden na het verkrijgen van de bevoegdheid aan de kantonrechter schriftelijk zijn voornemen met betrekking tot de uitoefening van die bevoegdheid mede te delen. Heeft het kind geen wettelijke vertegenwoordiger, dan loopt deze termijn vanaf de dag van de benoeming. De kantonrechter verleent zijn goedkeuring aan het voornemen of onthoudt deze daaraan, rekening houdende naar billijkheid met de belangen van het kind, de andere kinderen aan wie de bevoegdheid eveneens toekomt en van degene jegens wie de bevoegdheid bestaat. Hij kan aan de goedkeuring voorwaarden verbinden. Zo nodig neemt de kantonrechter een eigen beslissing.
– 2. Hetzelfde geldt indien het kind meerderjarig is doch het vrije beheer over zijn vermogen

niet heeft. Staat de in artikel 13 lid 3 bedoelde geldvordering onder een bewind, dan wordt een in lid 1 bedoelde bevoegdheid uitgeoefend overeenkomstig de regels die voor het desbetreffende bewind gelden. Is het kind in staat van faillissement verklaard, is ten aanzien van hem de schuldsaneringsregeling natuurlijke personen van toepassing verklaard dan wel aan hem surseance van betaling verleend, dan rust de verplichting op de curator, op de bewindvoerder, onderscheidenlijk op het kind met medewerking van de bewindvoerder.

– 3. Indien met goedkeuring van de kantonrechter is afgezien van het doen van een verzoek als genoemd in de artikelen 19, 20, 21 en 22, kan zodanig verzoek nadien niet alsnog worden gedaan. Bij zijn goedkeuring kan de kantonrechter anders bepalen. (Ontw. 4.2A.1.13; BW 1:48, 253*j*, 342 lid 2, 362, 409 e.v., 431 e.v.; Fw 1 e.v., 213 e.v., 284 e.v.)

Art. 27

Stiefkinderen

Bij uiterste wilsbeschikking kan de erflater bepalen dat een stiefkind in een verdeling als bedoeld in artikel 13 als eigen kind wordt betrokken. In dat geval is deze afdeling van toepassing, behoudens voor zover de erflater anders heeft bepaald. De afstammelingen van het stiefkind worden bij plaatsvervulling geroepen. (Ontw. 4.2A.1.14; BW 4:12, 21, 22)

AFDELING 2
Andere wettelijke rechten

Art. 28

Voortgezette bewoning/voortgezet gebruik

– 1. Indien de woning die de echtgenoot van de erflater bij diens overlijden bewoont, tot de nalatenschap of de ontbonden huwelijksgemeenschap behoort of de erflater, anders dan krachtens huur, ten gebruike toekwam, is de echtgenoot jegens de erfgenamen bevoegd tot voortzetting van de bewoning gedurende een termijn van zes maanden onder gelijke voorwaarden als tevoren. De echtgenoot is op gelijke wijze en voor gelijke duur bevoegd tot voortzetting van het gebruik van de inboedel, voor zover die tot de nalatenschap of de ontbonden huwelijksgemeenschap behoort of de erflater ten gebruike toekwam.

– 2. Jegens de erfgenamen en de echtgenoot van de erflater hebben degenen die tot diens overlijden met hem een duurzame gemeenschappelijke huishouding hadden, overeenkomstige bevoegdheden met betrekking tot het gebruik van de woning en de inboedel die tot de nalatenschap of de ontbonden huwelijksgemeenschap behoren. (Ontw. 4.2A.2.1)

Art. 29

Vruchtgebruik op woning en inboedel

– 1. Voor zover de echtgenoot van de erflater tengevolge van uiterste wilsbeschikkingen van de erflater niet of niet enig rechthebbende is op de tot de nalatenschap van de erflater behorende woning, die ten tijde van het overlijden door de erflater en zijn echtgenoot tezamen of door de echtgenoot alleen bewoond werd, of op de tot de nalatenschap behorende inboedel daarvan, zijn de erfgenamen verplicht tot medewerking aan de vestiging van een vruchtgebruik op die woning en die inboedel ten behoeve van de echtgenoot, voor zover deze dit van hen verlangt. De eerste zin geldt niet voor zover de kantonrechter op een daartoe strekkend verzoek artikel 33 lid 2, onder *a*, heeft toegepast.

– 2. Zolang de echtgenoot een beroep op lid 1 toekomt, zijn de erfgenamen niet bevoegd tot beschikking over die goederen, noch tot verhuring of verpachting daarvan; gedurende dat tijdsbestek kunnen die goederen slechts worden uitgewonnen voor de in artikel 7 lid 1 onder *a* tot en met *f* genoemde schulden.

– 3. De leden 1 en 2 zijn van overeenkomstige toepassing op de legatarissen en de door een testamentaire last bevoordeelden met betrekking tot de goederen die zij als zodanig uit de nalatenschap hebben verkregen. (Ontw. 4.2A.2.2; BW 4:39)

Art. 30

Vruchtgebruik op andere goederen

– 1. De erfgenamen zijn verplicht tot medewerking aan de vestiging van een vruchtgebruik op andere goederen van de nalatenschap dan bedoeld in artikel 29 ten behoeve van de echtgenoot van de erflater, voor zover de echtgenoot daaraan, de omstandigheden in aanmerking genomen, voor zijn verzorging – daaronder begrepen de nakoming van de overeenkomstig artikel 35 lid 2 op hem rustende verplichtingen – behoefte heeft en die medewerking van hen verlangt.

– 2. Lid 1 is mede van toepassing met betrekking tot hetgeen moet worden geacht in de plaats te zijn gekomen van goederen van de nalatenschap. Voorts is lid 1 mede van toepassing op een geldvordering als bedoeld in artikel 13 lid 3, indien de erflater bij uiterste wilsbeschikking de gronden voor opeisbaarheid heeft uitgebreid. Een vruchtgebruik op een geldvordering als bedoeld in de tweede zin eindigt in elk geval indien de echtgenoot in staat van faillissement is verklaard of ten aanzien van hem de schuldsaneringsregeling natuurlijke personen van toepassing is verklaard. In het laatstbedoelde geval herleeft door beëindiging van de toepassing van de schuldsaneringsregeling natuurlijke personen op grond van artikel 356 lid 2 van de Faillissementswet het vruchtgebruik op de vordering, voorzover deze onvoldaan is gebleven. Artikel 358 lid 1 van de Faillissementswet vindt ten aanzien van de vordering geen toepassing.

– 3. De voorgaande leden zijn van overeenkomstige toepassing op de legatarissen en de door een testamentaire last bevoordeelden met betrekking tot de goederen die zij als zodanig uit de nalatenschap hebben verkregen. Onder goederen als bedoeld in de eerste zin worden mede begrepen ingevolge een legaat of een testamentaire last verkregen geldsommen en beperkte rechten op goederen van de nalatenschap.
– 4. De erflater kan bij uiterste wilsbeschikking goederen aanwijzen die vóór of na andere voor bezwaring met het vruchtgebruik in aanmerking komen.
– 5. Voor zover de erflater de in het vorige lid toegekende bevoegdheid niet heeft uitgeoefend, komen gelegateerde en krachtens een testamentaire last verkregen goederen slechts voor bezwaring met vruchtgebruik in aanmerking, indien de overige goederen der nalatenschap tot verzorging van de echtgenoot onvoldoende zijn. Voor zover een making is te beschouwen als voldoening aan een natuurlijke verbintenis van de erflater, komt zij pas na de andere makingen voor bezwaring met vruchtgebruik in aanmerking.
– 6. Voor zover de echtgenoot en degenen die hun medewerking aan de vestiging van het vruchtgebruik moeten verlenen, niet tot overeenstemming kunnen komen over de goederen waarop dit zal komen te rusten, gelast op verzoek van een hunner de kantonrechter de aanwijzing van die goederen of wijst hij deze zelf aan, rekening houdende naar billijkheid met de belangen van ieder van hen.
– 7. Bij de bepaling van de behoefte aan verzorging wordt op hetgeen de echtgenoot toekomt, in mindering gebracht hetgeen hij krachtens erfrecht aan goederen uit de nalatenschap had kunnen verkrijgen met uitzondering van het vruchtgebruik dat hij ingevolge het vorige artikel had kunnen doen vestigen. Voorts komt daarop in mindering hetgeen hij had kunnen verkrijgen uit een sommenverzekering die door het overlijden van de erflater tot uitkering komt. (Ontw. 4.2A.2.3; BW 4:39, 152)

Art. 31

Bepalingen m.b.t. vruchtgebruik

– 1. Op het vruchtgebruik ingevolge de artikelen 29 en 30 zijn de leden 1, 2, 4 en 5 van artikel 23 van overeenkomstige toepassing. Het vruchtgebruik kan niet worden ingeroepen tegen schuldeisers die zich op de daaraan onderworpen goederen verhalen ter zake van schulden als bedoeld in artikel 7 lid 1 onder *a* tot en met *f*. De uitwinning is echter niet toegelaten, indien de echtgenoot niet met vruchtgebruik belaste goederen der nalatenschap aanwijst die voldoende verhaal bieden.
– 2. De mogelijkheid om aanspraak te maken op vestiging van het vruchtgebruik vervalt, indien de echtgenoot niet binnen een redelijke, hem door een belanghebbende gestelde termijn, en uiterlijk voor de toepassing van artikel 29 zes maanden en voor de toepassing van artikel 30 een jaar na het overlijden van de erflater heeft verklaard op de vestiging van het vruchtgebruik aanspraak te maken.
– 3. De rechtsvordering ingevolge de artikelen 29 en 30 verjaart door verloop van een jaar en drie maanden na het openvallen der nalatenschap.
– 4. Heeft de erflater bij uiterste wilsbeschikking aan zijn echtgenoot de bevoegdheid ontzegd om zich bij de overdracht van een goed ingevolge de artikelen 19 en 21 een vruchtgebruik voor te behouden, dan vervalt, in afwijking van lid 2, de mogelijkheid om ingevolge artikel 29 of 30 aanspraak te maken op vestiging van het vruchtgebruik op dat goed door verloop van drie maanden nadat op overdracht van het goed aanspraak is gemaakt. In dat geval verjaart de rechtsvordering tot vestiging van het vruchtgebruik door verloop van een jaar en drie maanden nadat op overdracht van het goed aanspraak is gemaakt. (Ontw. 4.2A.2.4; BW 4:39)

Art. 32

Vruchtgebruik en echtscheidingsprocedure

De echtgenoot kan geen aanspraak maken op vestiging van het vruchtgebruik ingevolge de artikelen 29 en 30, wanneer een procedure tot echtscheiding of tot scheiding van tafel en bed van de erflater en de echtgenoot meer dan een jaar voor het openvallen van de nalatenschap was aangevangen en de echtscheiding of de scheiding van tafel en bed ten gevolge van het overlijden van de erflater niet meer tot stand heeft kunnen komen. De eerste zin blijft buiten toepassing indien de omstandigheid dat de echtscheiding of de scheiding van tafel en bed niet meer tot stand heeft kunnen komen, niet in overwegende mate de echtgenoot kan worden aangerekend. (Ontw. 4.2A.2.4*a*; BW 4:39)

Art. 33

Bevoegdheid kantonrechter

– 1. De kantonrechter kan op verzoek van een hoofdgerechtigde, mits daardoor een zwaarwegend belang van deze wordt gediend en in vergelijking hiermede het belang van de echtgenoot niet ernstig wordt geschaad:
a. aan die hoofdgerechtigde een met vruchtgebruik belast goed uit de nalatenschap, al dan niet onder de last van het vruchtgebruik, toedelen;
b. het vruchtgebruik van een of meer goederen beëindigen;
c. aan het vruchtgebruik verbonden bevoegdheden van de echtgenoot beperken of hem deze ontzeggen;

d. het vruchtgebruik in het belang van de hoofdgerechtigde onder bewind stellen.
– 2. De kantonrechter kan, onverminderd lid 1, voor zover de echtgenoot aan het vruchtgebruik, de omstandigheden in aanmerking genomen, voor zijn verzorging, daaronder begrepen de nakoming van de overeenkomstig artikel 35 lid 2 op hem rustende verplichtingen, geen behoefte heeft:
a. op verzoek van een rechthebbende de verplichting tot medewerking aan de vestiging van het vruchtgebruik opheffen, of
b. op verzoek van een hoofdgerechtigde het vruchtgebruik beëindigen.
– 3. De andere rechthebbenden worden in het geding geroepen. Bij zijn beschikking kan de kantonrechter nadere regelingen treffen.
– 4. Een rechthebbende kan te allen tijde, ter afwering van een vordering of andere rechtsmaatregel, gericht op de nakoming van een verplichting tot medewerking aan de vestiging van het vruchtgebruik, een beroep in rechte doen op de in lid 2 genoemde grond voor opheffing van die verplichting.
– 5. De kantonrechter houdt bij de toepassing van lid 2 in ieder geval rekening met:
a. de leeftijd van de echtgenoot;
b. de samenstelling van de huishouding waartoe de echtgenoot behoort;
c. de mogelijkheden van de echtgenoot om zelf in de verzorging te voorzien door middel van arbeid, pensioen, eigen vermogen dan wel andere middelen of voorzieningen;
d. hetgeen in de gegeven omstandigheden als een passend verzorgingsniveau voor de echtgenoot kan worden beschouwd. (Ontw. 4.2A.2.5; BW 4:39)

Art. 34

Inkorting en verhaal door vruchtgebruiker

– 1. Voor zover de nalatenschap niet toereikend is tot voldoening van hetgeen de echtgenoot ingevolge de artikelen 29 en 30 toekomt, kan hij overgaan tot inkorting van de daarvoor vatbare giften, met overeenkomstige toepassing van artikel 89, leden 2 en 3, en artikel 90, leden 1 en 3. De artikelen 66, 68 en 69 zijn van overeenkomstige toepassing. Verkrijgt de echtgenoot ook door deze inkorting niet hetgeen hem toekomt, dan kan hij zich verhalen op hetgeen een legitimaris door inkorting heeft verkregen.
– 2. De echtgenoot verkrijgt door uitoefening van de bevoegdheden, bedoeld in lid 1, het vruchtgebruik van de geldsom waarvoor de inkorting is geschied of waarvoor hij verhaal heeft genomen. Op het vruchtgebruik zijn de leden 1, 2, 4 en 5 van artikel 23 van overeenkomstige toepassing.
– 3. Zo nodig kan het vruchtgebruik van de echtgenoot zich uitstrekken over alle goederen der nalatenschap en alle geldsommen waarvoor de in lid 1 bedoelde giften kunnen worden ingekort.
– 4. Geschillen over de toepassing van het onderhavige artikel en de artikelen 35 tot en met 37 worden op verzoek van de meest gerede partij beslist door de kantonrechter. (Ontw. 4.2A.2.5*a*)

Art. 35

Som ineens

– 1. Een kind van de erflater, een kind als bedoeld in artikel 394 van Boek 1 daaronder begrepen, kan aanspraak maken op een som ineens, voor zover deze nodig is voor:
a. zijn verzorging en opvoeding tot het bereiken van de leeftijd van achttien jaren; en voorts voor:
b. zijn levensonderhoud en studie tot het bereiken van de leeftijd van een en twintig jaren.
– 2. De som ter zake van de verzorging en opvoeding komt het kind niet toe, voor zover de echtgenoot of een erfgenaam van de erflater krachtens wet of overeenkomst is gehouden om in de kosten daarvan te voorzien. De som ter zake van levensonderhoud en studie komt het kind niet toe, voor zover de echtgenoot van de erflater krachtens artikel 395*a* van Boek 1 verplicht is om in de kosten daarvan te voorzien.
– 3. Op de som ineens komt in mindering hetgeen de rechthebbende had kunnen verkrijgen krachtens erfrecht of krachtens een sommenverzekering die door het overlijden van de erflater tot uitkering komt. (Ontw. 4.2A.6; BW 4:39)

Art. 36

Som ineens

– 1. Een kind, stiefkind, pleegkind, behuwdkind of kleinkind van de erflater dat in diens huishouding of in het door hem uitgeoefende beroep of bedrijf gedurende zijn meerderjarigheid arbeid heeft verricht zonder een voor die arbeid passende beloning te ontvangen, kan aanspraak maken op een som ineens, strekkend tot een billijke vergoeding.
– 2. Op de som komt in mindering hetgeen de rechthebbende van de erflater heeft ontvangen of krachtens making of sommenverzekering op het leven van de erflater verkrijgt of had kunnen verkrijgen, voor zover dat als een beloning voor zijn werkzaamheden kan worden beschouwd. (Ontw. 4.2A.2.6; BW 4:39)

Art. 37

Verval- en verjaringstermijn

– 1. Degene die krachtens de artikelen 35 en 36 aanspraak maakt op een som ineens, heeft een vordering op de gezamenlijke erfgenamen. De mogelijkheid om aanspraak te maken op een

som ineens vervalt, indien de rechthebbende niet binnen een redelijke, hem door een belanghebbende gestelde termijn, en uiterlijk negen maanden na het overlijden van de erflater, heeft verklaard dat hij de som ineens wenst te ontvangen.
– 2. De vordering is niet opeisbaar totdat zes maanden zijn verstreken na het overlijden van de erflater.
– 3. De rechtsvordering verjaart door verloop van een jaar na het overlijden van de erflater. Indien die erflater een echtgenoot achterlaat, wordt voor degene die krachtens artikel 36 aanspraak op een som ineens heeft gemaakt, deze termijn verlengd tot een jaar na het overlijden van die echtgenoot.
– 4. De sommen ineens bedragen gezamenlijk ten hoogste de helft van de waarde der nalatenschap; voor zoveel nodig ondergaan zij elk een evenredige vermindering. Onder de waarde der nalatenschap wordt in dit artikel verstaan de waarde van de goederen der nalatenschap, verminderd met de in artikel 7 lid 1 onder *a* tot en met *e* vermelde schulden.
– 5. De voldoening van de sommen ineens komt ten laste van het gedeelte der nalatenschap waarover niet bij uiterste wilsbeschikking is beschikt, en vervolgens, zo dit onvoldoende is, van de makingen; artikel 87 lid 2, tweede zin, is op een inkorting van overeenkomstige toepassing. (Ontw. 4.2A.2.8)

Art. 38

Overdracht onderneming erflater

– 1. Op verzoek van een kind of stiefkind van de erflater kan de kantonrechter, mits daardoor een zwaarwegend belang van het kind of stiefkind wordt gediend en in vergelijking hiermede het belang van de rechthebbende niet ernstig wordt geschaad, de rechthebbende verplichten tot overdracht tegen een redelijke prijs aan het kind of stiefkind, dan wel diens echtgenoot, van de tot de nalatenschap of de ontbonden huwelijksgemeenschap behorende goederen die dienstbaar waren aan een door de erflater uitgeoefend beroep of bedrijf dat door het kind of stiefkind dan wel diens echtgenoot wordt voortgezet. Bij zijn beschikking kan de kantonrechter nadere regelingen treffen.
– 2. Het vorige lid is van overeenkomstige toepassing ten aanzien van aandelen in een naamloze vennootschap of een besloten vennootschap met beperkte aansprakelijkheid waarvan de erflater bestuurder was en waarin deze alleen of met zijn medebestuurders de meerderheid der aandelen hield, indien het kind of stiefkind, dan wel diens echtgenoot ten tijde van het overlijden bestuurder van die vennootschap is of nadien die positie van de erflater voortzet.
– 3. Het vorige lid is slechts van toepassing voor zover de statutaire regels omtrent overdracht van aandelen zich daartegen niet verzetten.
– 4. Het recht om een verzoek als bedoeld in de leden 1 en 2 te doen, vervalt na verloop van een jaar na het overlijden van de erflater.
– 5. De leden 1 tot en met 4 zijn van overeenkomstige toepassing ingeval de echtgenoot van de erflater een door de erflater uitgeoefend beroep of bedrijf voortzet, ook indien de echtgenoot ingevolge deze afdeling het vruchtgebruik van de desbetreffende goederen heeft of kan verkrijgen. (Ontw. 4.2A.2.9; BW 4:39)

Art. 39

Recht op inzage etc.

Degene aan wie een in de artikelen 29 tot en met 33, 35, 36 en 38 bedoeld recht toekomt en niet erfgenaam is, heeft dezelfde bevoegdheden als in artikel 78 aan een legitimaris worden toegekend. (Ontw. 4.2A.2.10)

Art. 40

Aanvang verval- en verjaringstermijn bij vermissing

Indien ten aanzien van de erflater afdeling 2 of 3 van titel 18 van Boek 1 is toegepast, lopen de termijnen, genoemd in lid 1 van artikel 28, de leden 2 en 3 van artikel 31, de tweede zin van het eerste lid, de eerste zin van het tweede lid en de eerste zin van het derde lid van artikel 37, alsmede het vierde lid van artikel 38 vanaf de dag waarop de beschikking, bedoeld in artikel 417 lid 1 onderscheidenlijk artikel 427 lid 1 van Boek 1, in kracht van gewijsde is gegaan. (Ontw. 4.2A.2.10*a*; BW 4:80)

Art. 41

Dwingend recht

Bij uiterste wilsbeschikking kan van het in deze afdeling bepaalde niet worden afgeweken. (Ontw. 4.2A.2.11)

TITEL 4
Uiterste willen

AFDELING 1
Uiterste wilsbeschikkingen in het algemeen

Art. 42

Uiterste wilsbeschikking

– 1. Een uiterste wilsbeschikking is een eenzijdige rechtshandeling, waarbij een erflater een beschikking maakt, die eerst werkt na zijn overlijden en die in dit Boek is geregeld of in de wet als zodanig wordt aangemerkt.

– 2. De erflater kan een uiterste wilsbeschikking steeds eenzijdig herroepen.
– 3. Een uiterste wilsbeschikking kan alleen bij uiterste wil en slechts door de erflater persoonlijk worden gemaakt en herroepen. (Ontw. 4.3.1.2)

Art. 43

Vernietigbaarheid

– 1. Een uiterste wilsbeschikking is niet vatbaar voor vernietiging op de grond dat zij door misbruik van omstandigheden is tot stand gekomen.
– 2. Een uiterste wilsbeschikking, gemaakt onder invloed van een onjuiste beweegreden, is slechts dan vernietigbaar, wanneer de door de erflater ten onrechte veronderstelde omstandigheid die zijn beweegreden tot de beschikking is geweest, in de uiterste wil zelf is aangeduid en de erflater de beschikking niet zou hebben gemaakt, indien hij van de onjuistheid dier veronderstelling had kennis gedragen.
– 3. Een uiterste wilsbeschikking kan niet op grond van bedreiging, bedrog of een onjuiste beweegreden worden vernietigd, wanneer de erflater haar heeft bevestigd nadat de invloed van de bedreiging heeft opgehouden te werken of het bedrog of de onjuistheid van de beweegreden is ontdekt. (Ontw. 4.3.1.3; BW 3:44)

Art. 44

Nietigheid

– 1. Een uiterste wilsbeschikking waarvan de inhoud in strijd is met de goede zeden of de openbare orde, is nietig.
– 2. Eveneens is een uiterste wilsbeschikking nietig, wanneer voor deze een in de uiterste wil vermelde beweegreden die in strijd is met de goede zeden of de openbare orde, beslissend is geweest. (Ontw. 4.3.1.4; BW 4:938 (oud); BW 3:40)

Art. 45

Voor niet geschreven houden

– 1. Een voorwaarde of een last die onmogelijk te vervullen is, of die in strijd is met de goede zeden, de openbare orde of een dwingende wetsbepaling, wordt voor niet geschreven gehouden. De beschikking waaraan de voorwaarde of de last is toegevoegd, is nietig, indien deze de beslissende beweegreden tot die beschikking is geweest.
– 2. Een voorwaarde of last die de strekking heeft de bevoegdheid tot vervreemding of bezwaring van goederen uit te sluiten, wordt voor niet geschreven gehouden. (Ontw. 4.3.1.6; BW 4:931, 935 (oud))

Art. 46

Uitleg

– 1. Bij de uitlegging van een uiterste wilsbeschikking dient te worden gelet op de verhoudingen die de uiterste wil kennelijk wenst te regelen, en op de omstandigheden waaronder de uiterste wil is gemaakt.
– 2. Daden of verklaringen van de erflater buiten de uiterste wil mogen slechts dan voor uitlegging van een beschikking worden gebruikt, indien deze zonder die daden of verklaringen geen duidelijke zin heeft.
– 3. Wanneer een erflater zich klaarblijkelijk in de aanduiding van een persoon of een goed heeft vergist, wordt de beschikking naar de bedoeling van de erflater ten uitvoer gebracht, indien deze bedoeling ondubbelzinnig met behulp van de uiterste wil of met andere gegevens kan worden vastgesteld. (Ontw. 4.3.1.8; BW 4:932 e.v. (oud))

Art. 47

Uitvoering blijvend onmogelijk

Wanneer de uitvoering van een beschikking, anders dan als gevolg van een na het overlijden van de erflater ingetreden omstandigheid, blijvend onmogelijk is, vervalt de beschikking, zonder dat een andere beschikking daarvoor in de plaats mag worden gesteld, tenzij de wet het tegendeel bepaalt, of uit de uiterste wil zelf is af te leiden dat de erflater die andere beschikking zou hebben gemaakt, wanneer hem de onmogelijkheid bekend was geweest. (Ontw. 4.3.1.9; BW 3:42; 6:78)

Art. 48

Aanwas

Wanneer in eenzelfde uiterste wil twee of meer personen tot hetzelfde, al of niet voor bepaalde delen, zijn geroepen en de beschikking ten opzichte van een geroepene geen gevolg heeft, vindt ten behoeve van de overigen aanwas naar evenredigheid van de hun toekomende delen plaats, tenzij uit de uiterste wil zelf het tegendeel is af te leiden. (Ontw. 4.3.1.10; BW 4:1049 e.v. (oud); BW 4:3, 43 e.v., 47, 62, 131, 190 e.v., 201)

Art. 49

Ontbreken gelegateerd goed

– 1. Een ten laste van een erfgenaam gemaakt legaat van een bepaald goed, of van een op een bepaald goed te vestigen recht, vervalt indien het goed bij het openvallen van de nalatenschap daartoe niet behoort, tenzij uit de uiterste wil zelf is af te leiden dat de erflater de beschikking niettemin heeft gewild.
– 2. Kan in laatstgenoemd geval degene op wie de verplichting rust, zich het gelegateerde goed niet of slechts ten koste van een onevenredig grote opoffering verschaffen, dan is hij gehouden de waarde van het goed uit te keren.
– 3. Voor de toepassing van het eerste lid wordt een goed geacht niet tot de nalatenschap te

behoren, indien de erflater tot overdracht van het goed verplicht was en deze verbintenis niet met zijn dood is tenietgegaan. (Ontw. 4.3.1.10a; BW 4:103 (oud); BW 4:47)

Art. 50

Staat ten tijde van overlijden

– 1. Tenzij de erflater anders heeft beschikt, wordt een gelegateerd goed geleverd in de staat waarin het zich op het ogenblik van overlijden van de erflater bevindt.

– 2. Mitsdien is een erfgenaam niet verplicht het vermaakte goed te bevrijden van enig beperkt recht dat daarop is gevestigd.

– 3. Is een vordering van de erflater op een erfgenaam, een beperkt recht van de erflater op een goed van een erfgenaam, of een goed van de erflater waarop een beperkt recht van een erfgenaam is gevestigd gelegateerd, dan vindt geen vermenging plaats, tenzij het legaat wordt verworpen. (Ontw. 4.3.1.10b; BW 4:1010, 1012 (oud); BW 3:81; 6:161)

Art. 51

Legaat ten laste van huwelijksgemeenschap

– 1. Wanneer een echtgenoot ten laste van zijn gezamenlijke erfgenamen een bepaald goed uit de huwelijksgemeenschap heeft vermaakt, kan de legataris levering van het gehele goed van hen vorderen, doch zij kunnen, voor zover het goed bij de verdeling van de huwelijksgemeenschap aan de andere echtgenoot of diens erfgenamen wordt toebedeeld, volstaan met uitkering van de waarde van het goed. Deze bevoegdheid komt ook toe aan de andere echtgenoot die enig erfgenaam is, en diens erfgenamen.

– 2. Het vorige lid is alleen van toepassing indien de huwelijksgemeenschap op het ogenblik dat de beschikking werd gemaakt, nog niet ontbonden was. (Ontw. 4.3.1.11; BW 4:950 (oud); BW 4:47)

Art. 52

Ten voordele van echtgenoot

Een beschikking, getroffen ten voordele van degene met wie de erflater op het tijdstip van het maken van de uiterste wil gehuwd was of reeds trouwbeloften gewisseld had, vervalt door een daarna ingetreden echtscheiding of scheiding van tafel en bed, tenzij uit de uiterste wil zelf het tegendeel is af te leiden. (Ontw. 4.3.1.12; BW 1:49, 150 e.v., 169 e.v.; 4:43)

Art. 53

Ten voordele van bloedverwanten

Een uiterste wilsbeschikking ten voordele van de naaste bloedverwanten of het naaste bloed van de erflater, zonder nadere aanduiding, wordt vermoed gemaakt te zijn ten voordele van de door de wet geroepen bloedverwanten van de erflater naar evenredigheid van ieders aandeel bij versterf. (Ontw. 4.3.1.13; BW 4:924 (oud); BW 4:10)

Art. 54

Verjaring bij vernietigbaarheid

– 1. Rechtsvorderingen tot vernietiging van een uiterste wilsbeschikking verjaren een jaar nadat de dood van de erflater alsmede de uiterste wilsbeschikking en de vernietigingsgrond ter kennis zijn gekomen van hem die een beroep op deze grond kan doen, dan wel van zijn rechtsvoorganger.

– 2. De bevoegdheid om ter vernietiging van een uiterste wilsbeschikking een beroep op een vernietigingsgrond te doen vervalt buiten het geval bedoeld in artikel 51 lid 3 van Boek 3 uiterlijk drie jaren nadat de dood van de erflater en de uiterste wilsbeschikking ter kennis zijn gekomen van degene aan wie deze bevoegdheid toekomt, dan wel van zijn rechtsvoorganger. (Ontw. 4.3.1.13a; BW 3:52 lid 2; 4:110)

AFDELING 2
Wie uiterste wilsbeschikkingen kunnen maken en wie daaruit voordeel kunnen genieten

Art. 55

Bekwaamheid

– 1. Behalve zij die handelingsbekwaam zijn, kunnen ook minderjarigen die de leeftijd van zestien jaren hebben bereikt, en zij die op een andere grond dan wegens een geestelijke stoornis onder curatele zijn gesteld, uiterste wilsbeschikkingen maken.

– 2. Hij die wegens een geestelijke stoornis onder curatele staat, kan slechts met toestemming van de kantonrechter uiterste wilsbeschikkingen maken. De kantonrechter kan aan zijn toestemming voorwaarden verbinden.

– 3. De bekwaamheid van de erflater wordt beoordeeld naar de staat, waarin hij zich bevond op het ogenblik dat de beschikking werd gemaakt. (Ontw. 4.3.2.1; BW 4:944 (oud); BW 1:31, 233, 234, 378, 382; 3:32)

Art. 56

Bestaanseis

– 1. Om aan een making een recht te kunnen ontlenen, moet men bestaan op het ogenblik dat de nalatenschap openvalt. Rechten uit een making ten voordele van een rechtspersoon die voor dat ogenblik is opgehouden te bestaan ten gevolge van een fusie of een splitsing, komen toe aan de verkrijgende rechtspersoon, onderscheidenlijk de verkrijgende rechtspersoon waarvan de aan de akte van splitsing gehechte beschrijving dat bepaalt. Indien aan de hand van de aan de akte van splitsing gehechte beschrijving niet kan worden bepaald welke rechtspersoon in de plaats en de rechten treedt van de gesplitste rechtspersoon, is artikel 334*s* van Boek 2 van overeenkomstige toepassing.

– 2. Indien een erflater heeft bepaald dat hetgeen hij aan een afstammeling van een ouder van de erflater nalaat, bij het overlijden van de bevoordeelde of op een eerder tijdstip zal ten deel vallen aan diens alsdan bestaande afstammelingen staaksgewijze, ontlenen dezen aan de making een recht, ook al bestonden zij nog niet bij het overlijden van de erflater.
– 3. Heeft een erflater bepaald dat hetgeen hij aan iemand nalaat, bij het overlijden van de bevoordeelde of op een eerder tijdstip zal ten deel vallen aan een afstammeling van een ouder van de erflater, en tevens dat indien die afstammeling dat tijdstip niet overleeft, diens alsdan bestaande afstammelingen staaksgewijze in diens plaats zullen treden, dan verkrijgen dezen dit recht, ook al bestonden zij nog niet bij het overlijden van de erflater.
– 4. Indien een erflater heeft bepaald dat hetgeen de bevoordeelde van het hem nagelatene bij zijn overlijden of op een eerder tijdstip onverteerd zal hebben gelaten, alsdan zal ten deel vallen aan een dan bestaande bloedverwant van de erflater in de erfelijke graad, verkrijgt deze dit recht, ook al bestond hij nog niet bij het overlijden van de erflater. (Ontw. 4.3.2.2; BW 4:946, 1020 e.v. (oud); BW 1:2, 412 e.v., 426 e.v.; 2:30, 288, 309 e.v. 334*a* e.v.; 4:70, 139, 141)

Art. 57

Voogd erflater

– 1. Een erflater kan geen uiterste wilsbeschikking maken ten voordele van degene die op het tijdstip van het maken van de beschikking zijn voogd is.
– 2. Hij die voogd van de erflater is geweest, kan uit diens uiterste wilsbeschikkingen geen voordeel genieten, indien de erflater binnen het jaar na zijn meerderjarig worden en voor het afleggen en sluiten van de voogdijrekening is overleden.
– 3. Het in de vorige leden bepaalde is niet toepasselijk op bloedverwanten van de erflater in de opgaande lijn, die zijn voogden zijn of geweest zijn. (Ontw. 4.3.2.4; BW 4:951 (oud); BW 1:3, 233, 234, 280 e.v., 372 e.v.; 4:55 lid 1, 62)

Art. 58

Leermeesters

Minderjarigen kunnen geen uiterste wilsbeschikking maken ten voordele van hun leermeesters, met wie zij tezamen wonen. (Ontw. 4.3.2.5; BW 4:952 (oud); BW 4:55 lid 1, 60, 62)

Art. 59

Beroepsbeoefenaren individuele gezondheidszorg

– 1. De beroepsbeoefenaren op het gebied van de individuele gezondheidszorg, die iemand gedurende de ziekte waaraan hij is overleden, bijstand hebben verleend, alsmede de geestelijk verzorgers die hem gedurende die ziekte hebben bijgestaan, kunnen geen voordeel trekken uit de uiterste wilsbeschikkingen die zodanig persoon gedurende de behandeling of de bijstand te hunnen behoeve heeft gemaakt.
– 2. Ook kan degene die een voor de verzorging of verpleging van bejaarden of geestelijk gestoorden bestemde instelling exploiteert of die daarvan de leiding heeft of daarin werkzaam is, geen voordeel trekken uit de uiterste wilsbeschikkingen, welke zodanig persoon gedurende een verblijf in die instelling te zijnen behoeve heeft gemaakt. (Ontw. 4.3.2.6; BW 4:953 (oud); BW 4:60, 62)

Art. 60

Vergelding bewezen diensten

Van het in de twee voorgaande artikelen bepaalde zijn uitgezonderd:
a. de beschikkingen tot vergelding van bewezen diensten, bij wijze van legaat gemaakt, met inachtneming echter zowel van de gegoedheid van de maker, als van de diensten die aan deze zijn bewezen;
b. de beschikkingen ten voordele van iemand die bloed- of aanverwant tot de vierde graad of de echtgenoot van de erflater is. (Ontw. 4.3.2.6*a*; BW 4:952 lid 2, 953 lid 3 (oud))

Art. 61

Notaris

De notaris of andere persoon, die een uiterste wil of een akte van bewaargeving van een niet gesloten aangeboden onderhandse uiterste wil heeft verleden, en de getuigen die daarbij zijn tegenwoordig geweest, kunnen niet bij die uiterste wil worden bevoordeeld. (Ontw. 4.3.2.7; BW 4:954 (oud); BW 4:62, 93 e.v.; Wet Notarisambt)

Art. 62

Vernietigbaarheid

– 1. Een uiterste wilsbeschikking die in strijd is met het in de artikelen 57-61 bepaalde, is vernietigbaar. De vernietiging vindt slechts plaats voor zover deze nodig is tot opheffing van het nadeel van degene die zich op de vernietigingsgrond beroept.
– 2. Een beschikking ten behoeve van een tussenbeidekomende persoon is op gelijke wijze vernietigbaar als een ten behoeve van de uitgesloten persoon zelf.
– 3. De vader, de moeder, de afstammelingen en de echtgenoot van een uitgesloten persoon worden geacht tussenbeidekomende personen te zijn, behalve wanneer zij bloedverwant in de rechte lijn of echtgenoot van de erflater zijn.
– 4. Indien een legataris in verband met een krachtens de vorige leden vernietigbaar legaat gehouden is een tegenprestatie te verrichten, is artikel 54 van Boek 3 van overeenkomstige toepassing. (Ontw. 4.3.2.8; BW 4:958 (oud); BW 3:45, 49 e.v.)

AFDELING 3
Legitieme portie

§ 1. Algemene bepalingen

Art. 63

Legitieme portie

– 1. De legitieme portie van een legitimaris is het gedeelte van de waarde van het vermogen van de erflater, waarop de legitimaris in weerwil van giften en uiterste wilsbeschikkingen van de erflater aanspraak kan maken.

– 2. Legitimarissen zijn de afstammelingen van de erflater die door de wet als erfgenamen tot zijn nalatenschap worden geroepen, hetzij uit eigen hoofde, hetzij bij plaatsvervulling met betrekking tot personen die op het ogenblik van het openvallen der nalatenschap niet meer bestaan of die onwaardig zijn.

– 3. De legitimaris die de nalatenschap verwerpt, verliest zijn recht op de legitieme portie, tenzij hij bij het afleggen van de verklaring bedoeld in artikel 191, tevens verklaart dat hij zijn legitieme portie wenst te ontvangen. (Ontw. 4.3.3.1; BW 4:960 (oud); BW 4:3, 71 e.v., 80)

Art. 64

Breukdeel legitieme

– 1. De legitieme portie van een kind van de erflater bedraagt de helft van de waarde waarover de legitieme porties worden berekend, gedeeld door het aantal in artikel 10 lid 1 onder *a* genoemde, door de erflater achtergelaten personen.

– 2. Afstammelingen van een kind van de erflater dat op het ogenblik van het openvallen van de nalatenschap niet meer bestaat, worden voor de toepassing van het eerste lid tezamen als een door de erflater achtergelaten kind geteld. Afstammelingen van een kind van de erflater die legitimaris zijn, kunnen ieder slechts voor hun deel opkomen. (Ontw. 4.3.3.2; BW 4:961 (oud))

§ 2. De omvang van de legitieme portie

Art. 65

Berekening legitieme

De legitieme porties worden berekend over de waarde van de goederen der nalatenschap, welke waarde wordt vermeerderd met de bij deze berekening in aanmerking te nemen giften en verminderd met de schulden, vermeld in artikel 7 lid 1 onder *a* tot en met *c* en *f*. Buiten beschouwing blijven giften waaruit schulden als bedoeld in artikel 7 lid 1 onder *i* zijn ontstaan. (Ontw. 4.3.3.4; BW 4:968 (oud); BW 4:6)

Art. 66

Waardering giften

– 1. Voor de toepassing van deze afdeling worden giften gewaardeerd naar het tijdstip van de prestatie, behoudens het in de volgende leden bepaalde. Met een mogelijkheid dat de erflater de gift had kunnen herroepen wordt geen rekening gehouden.

– 2. Giften waarbij de erflater zich het genot van het geschonkene gedurende zijn leven heeft voorbehouden, en andere giften van een voordeel bestemd om pas na zijn overlijden ten volle te worden genoten, worden geschat naar de waarde onmiddellijk na zijn overlijden. Hetzelfde geldt voor giften van prestaties die de erflater bij zijn overlijden nog niet had verricht, met dien verstande dat met deze giften, evenals met de uit dien hoofde nagelaten schulden, geen rekening wordt gehouden voor zover de nalatenschap niet toereikend is. Een gift die bestaat in de aanwijzing van een begunstigde bij sommenverzekering, wordt in aanmerking genomen tot haar waarde overeenkomstig artikel 188 leden 2 en 3 van Boek 7.

– 3. Giften, bestaande in de vervreemding van een goed door de erflater tegen verschaffing door de wederpartij van een aan het leven van de erflater gebonden recht, worden gewaardeerd als een gift van dat goed, verminderd met de waarde van de door de erflater ontvangen of hem bij zijn overlijden nog verschuldigde prestaties, voor zover deze niet bestonden in genot van dat goed. (Ontw. 4.3.3.4*a*; BW 4:968 (oud); BW 4:67, 70, 89, 233)

Art. 67

In aanmerking komende giften

Bij de berekening van de legitieme porties worden de volgende door de erflater gedane giften in aanmerking genomen:

a. giften die kennelijk gedaan en aanvaard zijn met het vooruitzicht dat daardoor legitimarissen worden benadeeld;

b. giften die de erflater gedurende zijn leven te allen tijde had kunnen herroepen of die hij bij de gift voor inkorting vatbaar heeft verklaard;

c. giften van een voordeel, bestemd om pas na zijn overlijden ten volle te worden genoten;

d. giften, door de erflater aan een afstammeling gedaan, mits deze of een afstammeling van hem legitimaris van de erflater is;

e. andere giften, voor zover de prestatie binnen vijf jaren voor zijn overlijden is geschied. (Ontw. 4.3.3.5; BW 4:70, 89 lid 2)

Art. 68

Giften aan echtgenoot

Giften van de erflater aan zijn echtgenoot worden voor de toepassing van deze afdeling buiten beschouwing gelaten voor zover zich, ten gevolge van een gemeenschap van goederen waarin de erflater en de echtgenoot ten tijde van de gift gehuwd waren of ten gevolge van een tussen hen op dat tijdstip geldend verrekenbeding, geen verrijking ten koste van het vermogen van de gever heeft voorgedaan. (Ontw. 4.3.3.6*a*; BW 4:8)

Art. 69

Geen giften

– 1. Voor de toepassing van deze afdeling worden niet als giften beschouwd:

a. giften aan personen ten aanzien van wie de erflater moreel verplicht was bij te dragen in hun onderhoud tijdens zijn leven of na zijn dood, voor zover zij als uitvloeisel van die verplichting zijn aan te merken en in overeenstemming waren met het inkomen en het vermogen van de erflater;

b. gebruikelijke giften voor zover zij niet bovenmatig waren.

– 2. Lid 1 is niet van toepassing op giften als bedoeld in artikel 7 lid 1 onder *i.* (Ontw. 4.3.3.7; BW 1:88 lid 1 sub *b*; 4:87, 126)

Art. 70

Toerekening giften

– 1. De waarde van giften, door de erflater aan een legitimaris gedaan, komt in mindering van diens legitieme portie.

– 2. Voor de toepassing van het vorige lid worden giften aan een afstammeling die legitimaris zou zijn geweest indien hij de erflater had overleefd of niet onwaardig was geweest, aangemerkt als giften aan de van hem afstammende legitimarissen, naar evenredigheid van hun legitieme portie.

– 3. Met een gift wordt gelijkgesteld hetgeen een legitimaris verkrijgt of kan verkrijgen uit een door de erflater ter nakoming van een natuurlijke verbintenis gesloten sommenverzekering die geen pensioenverzekering is en die door het overlijden van de erflater tot uitkering komt. (Ontw. 4.3.3.8; BW 4:968 (oud); BW 4:76)

Art. 71

In mindering brengen

De waarde van al hetgeen een legitimaris krachtens erfrecht verkrijgt, komt in mindering van zijn legitieme portie. (Ontw. 4.3.3.8*a*; BW 4:76)

Art. 72

Toerekening van erfrechtelijke verkrijging

De waarde van hetgeen een legitimaris als erfgenaam kan verkrijgen, komt ook in mindering van zijn legitieme portie wanneer hij de nalatenschap verwerpt, tenzij

a. de goederen onder een voorwaarde, een last of een bewind zijn nagelaten, of

b. ten laste van de legitimaris legaten zijn gemaakt die verplichten tot iets anders dan betaling van een geldsom of overdracht van goederen der nalatenschap, en de verwerping binnen drie maanden na het overlijden van de erflater geschiedt. (Ontw. 4.3.3.8*aa*; BW 4:63 lid 3, 75, 76, 77, 117 e.v., 130 e.v., 137 e.v., 153 e.v., 190 e.v.)

Art. 73

Toerekening bij verwerping nalatenschap

– 1. De waarde van een legaat aan een legitimaris van een bepaalde geldsom of van niet in een vorderingsrecht bestaande goederen der nalatenschap komt ook in mindering van zijn legitieme portie wanneer hij het legaat verwerpt, tenzij

a. het legaat onder een voorwaarde, een last of een bewind is gemaakt, of

b. ten laste van de legitimaris sublegaten zijn gemaakt die verplichten tot iets anders dan betaling van een geldsom, of

c. het legaat later dan zes maanden na het overlijden van de erflater, of indien de legitimaris mede-erfgenaam is, pas na de verdeling der nalatenschap opeisbaar wordt, of

d. het legaat ten laste komt van een of meer erfgenamen wier erfdelen ontoereikend zijn om het legaat daaruit te voldoen, en de verwerping binnen drie maanden na het overlijden van de erflater geschiedt.

– 2. Heeft de erflater de in artikel 125 lid 2 bedoelde bevoegdheid ontzegd aan een legitimaris, dan kan deze het legaat binnen drie maanden na het overlijden van de erflater verwerpen, zonder dat de waarde ervan in mindering komt van zijn legitieme portie. (Ontw. 4.3.3.8 *ab*; BW 4:76, 77, 117 e.v., 130 e.v., 153 e.v.)

Art. 74

Legitieme in termijnen

– 1. De contante waarde van een aan een legitimaris gemaakt legaat van een in termijnen te betalen geldsom komt ook bij verwerping in mindering van zijn legitieme portie, indien in de uiterste wil is vermeld dat zonder deze beschikking de voortzetting van een beroep of bedrijf van de erflater in ernstige mate zou worden bemoeilijkt. Met een beroep of bedrijf van de erflater wordt gelijkgesteld een onderneming, gedreven door een naamloze vennootschap of een besloten vennootschap met beperkte aansprakelijkheid waarvan de erflater bestuurder was en waarin deze alleen of met zijn medebestuurders de meerderheid der aandelen hield.

– 2. Is de vermelde grond onjuist, dan kan de legitimaris binnen drie maanden na het overlijden van de erflater verklaren dat hij betaling van de contante waarde ineens verlangt. Degene die de juistheid van de grond staande houdt, moet haar bewijzen. Is de opgegeven grond juist, doch laat deze een snellere afbetaling toe, dan kan de rechter de verbintenis uit het legaat in die zin wijzigen.

– 3. Indien de legitimaris zulks binnen drie maanden na het overlijden van de erflater verzoekt, kan de kantonrechter de met het legaat belaste personen bevelen zekerheid te stellen; de kantonrechter stelt het bedrag en de aard van de zekerheid vast. Wordt daaraan niet voldaan binnen de door de kantonrechter daarvoor gestelde termijn, dan komt het legaat niet in mindering van zijn legitieme portie indien de legitimaris het alsnog verwerpt. (Ontw. 4.3.3.8*b*; BW 4:76, 77)

Art. 75

Bewind in belang legitimaris

– 1. De waarde van hetgeen een legitimaris krachtens erfrecht onder bewind kan verkrijgen, komt ook bij verwerping in mindering van zijn legitieme portie, indien het bewind is ingesteld op de in de uiterste wil vermelde grond:
a. dat de legitimaris ongeschikt of onmachtig is in het beheer te voorzien, of
b. dat zonder bewind de goederen hoofdzakelijk diens schuldeisers zouden ten goede komen.
– 2. De legitimaris die de nalatenschap of het legaat heeft aanvaard is gedurende drie maanden na het overlijden van de erflater bevoegd de juistheid van de opgegeven grond te betwisten; alsdan moet degene die haar staande houdt haar bewijzen. Is de opgegeven grond juist, doch rechtvaardigt dit de door de erflater vastgestelde regels van het bewind niet, dan kan de rechter die regels wijzigen of zelfs ten dele opheffen.
– 3. Is vermelde grond onjuist, dan kan de legitimaris binnen een maand nadat de uitspraak waarbij de onjuistheid is vastgesteld, in kracht van gewijsde is gegaan, schriftelijk aan de bewindvoerder verklaren dat hij zijn legitieme in geld wenst te ontvangen. De bewindvoerder maakt daartoe het onder bewind gestelde met overeenkomstige toepassing van artikel 147 voor zover nodig te gelde; het restant van de goederen keert hij uit aan degenen aan wie deze zouden zijn toegekomen indien de legitimaris de nalatenschap of het legaat had verworpen.
– 4. Staan goederen onder bewind waarvan de waarde krachtens artikel 70 in mindering van de legitieme komt en vermeldt de akte waarbij het bewind is ingesteld een grond als bedoeld in lid 1, dan zijn de leden 2 en 3 van overeenkomstige toepassing. Vermeldt de akte niet een grond als bedoeld in lid 1, dan kan de legitimaris aanspraak maken op ontvangst van zijn legitieme in geld op de wijze als voorzien in lid 3, met dien verstande dat de aldaar bedoelde verklaring binnen drie maanden na het overlijden van de erflater moet worden afgelegd.
– 5. Bij de vaststelling van de op de legitieme portie toe te rekenen waarde wordt met het bewind slechts rekening gehouden, indien de vermelde grond onjuist is verklaard doch de legitimaris geen gebruik maakt van de hem in lid 3, eerste zin, verleende bevoegdheid. (Ontw. 4.3.3.8*g*; BW 4:76, 77, 178; 7:182)

Art. 76

Vruchtgebruik niet waardedrukkend

Bij de vaststelling van de waarde van hetgeen overeenkomstig de artikelen 70 tot en met 75 op de legitieme portie in mindering komt, wordt geen rekening gehouden met het vruchtgebruik dat daarop krachtens afdeling 1 of 2 van titel 3 kan komen te rusten. (Ontw. 4.3.3.8 *ga*; BW 4:6, 13 e.v., 28 e.v.)

Art. 77

Verlenging termijnen

De in de artikelen 72, 73 lid 1, laatste zinsnede, en lid 2, 74 leden 2 en 3 en 75 leden 2 en 4 bedoelde termijnen kunnen door de kantonrechter een of meermalen op grond van bijzondere omstandigheden worden verlengd, zelfs nadat de termijn reeds was verlopen. (Ontw. 4.3.3.8*h*; BW 4:85; Rv 676*a*)

Art. 78

Recht op inzage etc.

– 1. Een legitimaris die niet erfgenaam is, kan tegenover de erfgenamen en met het beheer der nalatenschap belaste executeurs aanspraak maken op inzage en een afschrift van alle bescheiden die hij voor de berekening van zijn legitieme portie behoeft; zij verstrekken hem desverlangd alle daartoe strekkende inlichtingen.
– 2. Op zijn verzoek kan de kantonrechter een of meer der erfgenamen en met het beheer der nalatenschap belaste executeurs doen oproepen ten einde de deugdelijkheid van de boedelbeschrijving in tegenwoordigheid van de verzoeker onder ede te bevestigen. (Ontw. 4.3.3.9; BW 4:142 e.v.; Rv 658 e.v., 666 e.v., 671 e.v., 676)

§ 3. Het geldend maken van de legitieme portie

Art. 79

Vordering op gezamenlijke erfgenamen

Terzake van zijn legitieme portie kan de legitimaris een vordering verkrijgen:
a. op de gezamenlijke erfgenamen dan wel de echtgenoot van de erflater, door daarop aanspraak te maken overeenkomstig artikel 80 lid 1, dan wel
b. op een begiftigde, door inkorting als bedoeld in artikel 89. (Ontw. 4.3.3.10)

Art. 80

Aansprakelijke personen

– 1. Een legitimaris die daarop aanspraak maakt, heeft terzake van hetgeen hem met inachtneming van de artikelen 70 tot en met 76 als legitieme portie toekomt, een vordering in geld op

de gezamenlijke erfgenamen dan wel, wanneer de nalatenschap is verdeeld overeenkomstig artikel 13, op de als erfgenaam achtergelaten echtgenoot van de erflater.
– 2. De erfgenamen en, na verdeling overeenkomstig artikel 13, de echtgenoot zijn niet verplicht de vorderingen te voldoen, voor zover deze tezamen de waarde der nalatenschap te boven gaan; voor zover nodig ondergaan de vorderingen elk een evenredige vermindering. Onder de waarde van de nalatenschap wordt hier verstaan de waarde van de goederen van de nalatenschap, verminderd met de in artikel 7 lid 1 onder *a*, *b*, *c* en *f* vermelde schulden. (Ontw. 4.3.3.11)

Art. 81

Opeisbaarheid legitieme vordering

– 1. De vordering is niet opeisbaar voordat zes maanden zijn verstreken na het overlijden van de erflater.
– 2. Voor zover nodig in afwijking van lid 1 is de vordering, indien de nalatenschap is verdeeld overeenkomstig artikel 13, opeisbaar indien:
a. de echtgenoot in staat van faillissement is verklaard of ten aanzien van hem de schuldsaneringsregeling natuurlijke personen van toepassing is verklaard;
b. de echtgenoot is overleden.
Voorzover de vordering ten laste komt van een legaat aan een ander dan de echtgenoot, leidt de eerste zin niet tot een later tijdstip van opeisbaarheid dan voortvloeit uit lid 1.
– 3. Zolang goederen der nalatenschap kunnen worden belast met een vruchtgebruik krachtens artikel 29 of artikel 30, is de vordering niet opeisbaar. Bij de toepassing van de eerste zin blijft artikel 31 lid 4, eerste zin, buiten beschouwing.
– 4. Zolang een vruchtgebruik krachtens artikel 29 of artikel 30 bestaat, is de vordering niet opeisbaar, voor zover de echtgenoot daarvoor is verbonden. In geval van faillissement van de echtgenoot of het ten aanzien van hem van toepassing verklaren van de schuldsaneringsregeling natuurlijke personen wordt de vordering opeisbaar, voor zover de echtgenoot daarvoor is verbonden.
– 5. Voor zover voor de vordering anderen dan de echtgenoot zijn verbonden, kan, zolang een vruchtgebruik krachtens artikel 29 of artikel 30 bestaat, van elk van die anderen slechts het gedeelte van de vordering worden opgeëist dat overeenkomt met het gedeelte dat zijn aandeel in de niet met vruchtgebruik belaste goederen van de nalatenschap uitmaakt van de goederen van de nalatenschap.
– 6. Is de vordering, bedoeld in artikel 80 lid 1, opeisbaar geworden doordat ten aanzien van de echtgenoot de schuldsaneringsregeling natuurlijke personen van toepassing is verklaard, dan is de vordering, voor zover zij onvoldaan is gebleven, door beëindiging van de toepassing van de schuldsaneringsregeling natuurlijke personen op grond van artikel 356 lid 2 van de Faillissementswet wederom niet opeisbaar. Artikel 358 lid 1 van de Faillissementswet vindt ten aanzien van de vordering geen toepassing. (Ontw. 4.3.3.11*a*; BW 4:13 lid 3, 37 lid 2, 86, 125 lid 1; Fw 1 e.v., 284 e.v., 350 e.v.)

Art. 82

Voorwaarde niet-opeisbaarheid

Een erflater kan aan een uiterste wilsbeschikking ten behoeve van zijn niet van tafel en bed gescheiden echtgenoot de voorwaarde verbinden dat de vordering van een legitimaris, voor zover deze ten laste zou komen van de echtgenoot, eerst opeisbaar is na diens overlijden. Een voorwaarde als bedoeld in de vorige zin kan op overeenkomstige wijze worden verbonden aan een making ten behoeve van een andere levensgezel, indien deze met de erflater een gemeenschappelijke huishouding voert en een notarieel verleden samenlevingsovereenkomst is aangegaan. (Ontw. 4.3.3.11*b*)

Art. 83

Andere omstandigheden

Bij uiterste wilsbeschikking kan de erflater de opeisbaarheid van de vordering van de legitimaris, voorzover deze ten laste zou komen van de echtgenoot of de in artikel 82, tweede zin, bedoelde andere levensgezel, ook doen afhangen van andere omstandigheden dan die welke genoemd zijn in de artikelen 81 lid 2 en 82. (Ontw. 4.3.3.11 *ba*)

Art. 84

Rente

De vorderingen worden verhoogd met een percentage dat overeenkomt met dat van de wettelijke rente, voor zover dit percentage hoger is dan zes, berekend per jaar vanaf de dag waarop aanspraak op de legitieme portie is gemaakt, bij welke berekening telkens uitsluitend de hoofdsom in aanmerking wordt genomen. (Ontw. 4.3.3.11*c*; BW 4:13 lid 4)

Art. 85

Vervaltermijn

– 1. De mogelijkheid om aanspraak te maken op de legitieme portie vervalt, indien de legitimaris niet binnen een hem door een belanghebbende gestelde redelijke termijn, en uiterlijk vijf jaren na het overlijden van de erflater, heeft verklaard dat hij zijn legitieme portie wenst te ontvangen.
– 2. Indien negen maanden na het overlijden van de erflater niet vaststaat in hoeverre diens echtgenoot aanspraak zal maken op vestiging van een vruchtgebruik krachtens artikel 30, vervalt het deel van de vordering dat ten laste van de echtgenoot zou komen, tenzij de legitimaris

binnen die termijn aan de echtgenoot heeft verklaard dat hij zijn legitieme portie wenst te ontvangen. Artikel 77 is op deze termijn van overeenkomstige toepassing. (Ontw. 4.3.3.11*d*; BW 4:86)

Art. 86

Vermoeden van overlijden

Indien ten aanzien van de erflater afdeling 2 of 3 van titel 18 van Boek 1 is toegepast, lopen de termijnen, genoemd in lid 1 van artikel 81 en de leden 1 en 2 van artikel 85 vanaf de dag waarop de beschikking, bedoeld in artikel 417 lid 1 onderscheidenlijk artikel 427 lid 1 van Boek 1, in kracht van gewijsde is gegaan. (Ontw. 4.3.3.11*e*; BW 4:18 lid 4, 40)

Art. 87

Volgorde inkorting

– 1. De voldoening van de schulden aan de legitimarissen komt als eerste ten laste van het gedeelte der nalatenschap waarover de erflater niet door erfstellingen of legaten heeft beschikt. Erft een afstammeling van een onterfde legitimaris bij plaatsvervulling, dan wordt voor de vordering van die legitimaris als eerste het aan de afstammeling toekomende gedeelte van de nalatenschap ingekort, tenzij uit de uiterste wil iets anders voortvloeit.

– 2. Indien inkorting overeenkomstig lid 1 onvoldoende is, worden de makingen ingekort. Tenzij uit de uiterste wil iets anders voortvloeit, komen alle erfstellingen en legaten gelijkelijk naar evenredigheid van hun waarde voor inkorting in aanmerking, met dien verstande dat voor zover een making is te beschouwen als voldoening aan een natuurlijke verbintenis van de erflater, zij pas na de andere makingen voor inkorting in aanmerking komt.

– 3. Het gedeelte van de nalatenschap dat aan een legitimaris toekomt en zijn legitieme portie niet te boven gaat, kan in afwijking van de leden 1 en 2 pas als laatste worden ingekort. De inkorting van dat gedeelte geschiedt alsdan, met vermindering van de vordering waarvoor wordt ingekort, zodanig dat beide legitimarissen een zelfde evenredig deel van hun legitieme porties verkrijgen.

– 4. Inkorting van een legaat geschiedt door een verklaring aan de legataris door de met het legaat belaste erfgenamen of, indien de nalatenschap is verdeeld overeenkomstig artikel 13, de echtgenoot van de erflater. Artikel 120 lid 4, tweede zin, is van overeenkomstige toepassing.

– 5. Voor zover de schuld aan een legitimaris ten laste komt van het erfdeel van de echtgenoot of andere levensgezel van de erflater en haar voldoening eerst kan worden verlangd op een met toepassing van artikel 81 lid 2, 82 of 83 vast te stellen tijdstip, is de echtgenoot of andere levensgezel daarvoor met zijn gehele vermogen aansprakelijk, ook als hij de nalatenschap beneficiair had aanvaard.

– 6. Voor zover de schuld aan een legitimaris ten laste komt van een aan de echtgenoot of andere levensgezel gemaakt legaat waaraan een voorwaarde als bedoeld in artikel 82 of 83 is verbonden, komt zij, onder de bedoelde voorwaarde, door voldoening van het legaat en een verklaring overeenkomstig lid 4 op de echtgenoot of andere levensgezel te rusten.

– 7. Voor de toepassing van dit artikel wordt een last die strekt tot een uitgave van geld of een goed uit de nalatenschap, gelijkgesteld met een legaat. (Ontw. 4.3.3.12; BW 4:973 (oud); BW 4:190)

Art. 88

Voldoening belastingen

Voor zover de vordering van de legitimaris ingevolge artikel 81 lid 2 of een voorwaarde als bedoeld in artikel 82 niet opeisbaar is, is de echtgenoot of de andere levensgezel, bedoeld in artikel 82, op verzoek van de legitimaris verplicht tot voldoening voor hem van de belasting, geheven ter zake van de verkrijging van zijn vordering. De vordering van de legitimaris wordt verminderd met het ingevolge de eerste zin voor de legitimaris voldane bedrag. (Ontw. 4.3.3.12*a*)

Art. 89

Inkorting giften

– 1. Is hetgeen een legitimaris op grond van zijn in artikel 80 lid 1 bedoelde vordering kan verkrijgen onvoldoende om hem zijn legitieme portie te verschaffen, dan kan hij de daarvoor vatbare giften inkorten, voor zover zij aan zijn legitieme portie afbreuk doen. Bij de bepaling van de vordering, bedoeld in de eerste zin, wordt rekening gehouden met een eventuele vermindering ingevolge de artikelen 80 lid 2 en 87 lid 3. Buiten beschouwing blijven de verhoging, bedoeld in artikel 84, alsmede het deel van de vordering dat ingevolge artikel 85 lid 2 is vervallen.

– 2. Voor inkorting vatbaar zijn de in artikel 67 bedoelde giften.

– 3. Een gift komt voor inkorting slechts in aanmerking, voor zover de legitimaris zijn legitieme portie niet door inkorting van jongere giften kan verkrijgen. Giften van een voordeel bestemd om pas na het overlijden van de erflater ten volle te worden genoten, worden hierbij beschouwd als giften op het tijdstip van zijn overlijden. (Ontw. 4.3.3.13)

Art. 90

Wijze van inkorting

– 1. Inkorting van een gift geschiedt door een verklaring aan de begiftigde. Deze is verplicht de waarde van het ingekorte gedeelte van de gift aan de legitimaris te vergoeden, voor zover dit niet, alle omstandigheden in aanmerking genomen, onredelijk is.

– 2. Een gift kan niet worden ingekort voor zover zij in mindering van de legitieme portie van een mede-legitimaris komt.
– 3. De bevoegdheid van een legitimaris tot inkorting van een gift vervalt na verloop van een hem daarvoor door de begiftigde gestelde redelijke termijn, en uiterlijk vijf jaren na het overlijden van de erflater. (Ontw. 4.3.3.14; BW 4:972, 976 (oud))

Art. 91

Stiefkinderen

– 1. Indien de erflater makingen of giften heeft gedaan aan een stiefkind, wordt in afwijking van de artikelen 80 tot en met 89 op die makingen en giften niet ingekort, behoudens voorzover de waarde daarvan hoger is dan twee maal hetgeen de legitieme portie van een kind van de erflater had belopen, indien de door de erflater aldus bevoordeelde stiefkinderen diens eigen kinderen waren geweest. De in de eerste zin bedoelde waarde wordt vermeerderd met de waarde van hetgeen alsdan overeenkomstig artikel 70 lid 3 met een gift gelijkgesteld zou worden.
– 2. Voorzover voor de in artikel 80 bedoelde vordering van de legitimaris in verband met lid 1 niet overeenkomstig artikel 87 kan worden ingekort, wordt deze verminderd.
– 3. De erflater kan bij een gift aan een stiefkind of bij uiterste wilsbeschikking bepalen dat lid 1 geheel of ten dele buiten toepassing blijft. (Ontw. 4.3.3.14*a*)

Art. 92

Uitoefening bevoegdheden legitimaris

– 1. Na het overlijden van de legitimaris komen zijn bevoegdheden toe aan hen die tot zijn nalatenschap gerechtigd zijn.
– 2. In het geval van faillissement van de legitimaris of het ten aanzien van hem van toepassing verklaren van de schuldsaneringsregeling natuurlijke personen kunnen zijn bevoegdheden worden uitgeoefend door de curator in het faillissement onderscheidenlijk de bewindvoerder in de schuldsaneringsregeling.
– 3. De bevoegdheden van een legitimaris kunnen slechts tezamen met zijn erfdeel worden overgedragen. (Ontw. 4.3.3.15)

AFDELING 4
Vorm van uiterste willen

Art. 93

Door 2 of meer personen gemaakt

Een uiterste wil die bij dezelfde akte door twee of meer personen is gemaakt, is nietig. (Ontw. 4.3.5.1; BW 4:977 (oud))

Art. 94

Tussenkomst notaris

Behoudens hetgeen in de artikelen 97-107 is bepaald, kan een uiterste wil alleen worden gemaakt bij een notariële akte of bij een aan een notaris in bewaring gegeven onderhandse akte. (Ontw. 4.3.5.2; BW 4:978 (oud); BW 4:95 e.v., 109)

Art. 95

Onderhandse uiterste wil

– 1. Een onderhandse uiterste wil kan niet geldig worden gemaakt door hem die door onkunde of door andere oorzaken niet in staat is geweest de uiterste wil te lezen.
– 2. Een bij onderhandse akte gemaakte uiterste wil moet door de erflater zijn ondertekend. Is de uiterste wil door een ander dan de erflater of met mechanische middelen geschreven, en bestaat de wil uit meer dan één bladzijde, dan moet iedere bladzijde zijn genummerd en door de handtekening van de erflater zijn gewaarmerkt.
– 3. Een onderhandse uiterste wil wordt door de erflater aan een notaris ter hand gesteld. De erflater moet daarbij verklaren dat het aangeboden stuk zijn uiterste wil bevat en dat aan de vereisten van het vorige lid is voldaan. Indien het stuk gesloten wordt aangeboden, kan de erflater bij de aanbieding tevens verklaren dat het stuk slechts mag worden geopend, indien bepaalde door hem genoemde voorwaarden op de dag van zijn overlijden zijn vervuld.
– 4. Van de bewaargeving en de verklaringen van de erflater maakt de notaris een akte op die door de erflater en de notaris wordt ondertekend.
– 5. Wanneer de erflater verklaart dat hij door een met name door hem genoemde, na de ondertekening van de uiterste wil opgekomen oorzaak verhinderd wordt de akte van bewaargeving te ondertekenen, vervangt die verklaring zijn ondertekening van de akte van bewaargeving, mits zij daarin wordt opgenomen.
– 6. De onderhandse uiterste wil blijft berusten onder de minuten van de notaris die deze akte heeft ontvangen. (Ontw. 4.5.3.4; BW 4:979 (oud))

Art. 96

Bewijslast

Op degene die de geldigheid van een in bewaring gegeven uiterste wil bestrijdt op grond dat de erflater de wil niet eigenhandig heeft ondertekend of geschreven of de bladzijden waaruit de wil bestaat niet eigenhandig heeft gewaarmerkt, rust de bewijslast daarvan. (Ontw. 4.3.5.6)

Art. 97

Onderhands stuk

Bij een onderhands, door de erflater geheel met de hand geschreven, gedagtekend en ondertekend stuk kunnen zonder verdere formaliteiten beschikkingen worden gemaakt tot:

a. het maken van legaten van:
1° kleren, lijfstoebehoren en bepaalde lijfsieraden;
2° bepaalde tot de inboedel behorende zaken en bepaalde boeken;
b. bepaling dat goederen, bedoeld onder *a*, buiten een huwelijksgemeenschap vallen;
c. aanwijzing van een persoon als bedoeld in artikel 25, tweede en vierde lid, van de Auteurswet en artikel 5, tweede lid, van de Wet op de naburige rechten. (Ontw. 4.3.5.7; BW 4:982 (oud))

Art. 98

Noodtestament

– 1. In geval van oorlog of burgeroorlog kunnen militairen en andere tot de krijgsmacht behorende personen een uiterste wil maken ten overstaan van een officier van de krijgsmacht.
– 2. Ook buiten het geval van oorlog of burgeroorlog kan op deze wijze een uiterste wil worden gemaakt door militairen en andere personen, die behoren tot een gedeelte van de krijgsmacht dat is aangewezen:
a. ter deelneming aan een militaire expeditie;
b. ter bestrijding van een vijandelijke macht;
c. ter handhaving van de onzijdigheid van de Staat;
d. tot enig optreden hetzij tot collectieve of individuele zelfverdediging, hetzij tot handhaving of herstel van de internationale orde en veiligheid; of
e. ter voldoening aan een vordering van het bevoegde gezag in geval van oproerige beweging.
– 3. In krijgsgevangenschap kan in plaats van een officier ook een onderofficier optreden.
– 4. Officieren en onderofficieren mogen hun medewerking slechts verlenen, indien de erflater zich niet tot een bevoegde notaris of consulaire ambtenaar kan wenden. Niet-inachtneming van dit voorschrift schaadt de geldigheid van de uiterste wil niet. (Ontw. 4.3.5.8; BW 4:993 (oud); BW 4:103 e.v.)

Art. 99

Vervallen.

Art. 100

Einde noodtestament

– 1. De in artikel 98 lid 1 vermelde mogelijkheid blijft bestaan, totdat de Koning heeft vastgesteld dat voor de toepassing van die bepaling de oorlog of de burgeroorlog als geëindigd moet worden beschouwd.
– 2. De in artikel 98 lid 2 vermelde mogelijkheid blijft bestaan, totdat op de bij algemene maatregel van bestuur te bepalen wijze is bekendgemaakt dat de aanwijzing is geëindigd. (Ontw. 4.3.5.8*b*; BW 4:993*b* (oud); BW 4:106 e.v.)

Art. 101

Aan boord zeeschip/luchtvaartuig

Zij die zich op een reis aan boord van een zeeschip of luchtvaartuig bevinden, kunnen een uiterste wil maken ten overstaan van de gezagvoerder of de eerste officier, of bij gebreke van deze personen ten overstaan van hem die hun plaats vervult. (Ontw. 4.3.5.9; BW 4:995 (oud); BW 4:103 e.v.)

Art. 102

Geïsoleerde plaats

Op plaatsen waar voor de erflater het normale verkeer met een notaris of bevoegde consulaire ambtenaar verboden of verbroken is als gevolg van rampen, gevechtshandelingen, besmettelijke ziekten of andere buitengewone omstandigheden, kan hij een uiterste wil maken ten overstaan van een Nederlandse consulaire ambtenaar, ook indien deze niet krachtens de gewone regelen bevoegd is, of de burgemeester, de secretaris of een wethouder der gemeente, een kandidaat-notaris, een advocaat, een officier van de krijgsmacht of van een gemeentelijke of regionale brandweer, of een daartoe door de minister van justitie bevoegd verklaarde ambtenaar. (Ontw. 4.5.3.10; BW 4:995 (oud); BW 4:103 e.v.)

Art. 103

Vormvoorschriften

– 1. De uiterste willen, bedoeld in de artikelen 98, 101 en 102, worden verleden in tegenwoordigheid van twee getuigen. Zij worden op behoorlijke wijze op schrift gesteld en door de erflater, alsmede door de getuigen en degene te wiens overstaan zij zijn verleden, ondertekend.
– 2. De getuigen moeten meerderjarig zijn en de taal verstaan, waarin de uiterste wil is opgesteld. In de gevallen van de artikelen 98 en 102 geldt het vereiste van meerderjarigheid niet voor getuigen die militairen zijn of deelnemen aan het bestrijden van een ramp of een zwaar ongeval als bedoeld in artikel 1 van de Wet rampen en zware ongevallen.
– 3. Indien de erflater of een van de getuigen verklaart door onkunde of een andere met name door hem genoemde oorzaak niet te kunnen ondertekenen, vervangt die verklaring zijn ondertekening, mits zij in de akte wordt opgenomen. (Ontw. 4.3.5.11; BW 4:996 (oud))

Art. 104

Vormvoorschriften

– 1. De erflater is in de gevallen van de artikelen 98, 101 en 102 ook bevoegd een door hem ondertekende onderhandse uiterste wil te maken, die hij in tegenwoordigheid van twee getuigen in bewaring geeft aan een persoon te wiens overstaan hij ingevolge die artikelen een uiterste wil kan doen verlijden. Deze persoon maakt daarvan onmiddellijk een akte van be-

waargeving op, hetzij op het papier van de uiterste wil, hetzij op de omslag daarvan, hetzij op een afzonderlijk papier; het vorige artikel is op die akte van overeenkomstige toepassing.
– 2. De artikelen 98 lid 4 en 100 zijn van overeenkomstige toepassing.
– 3. Op degene die de geldigheid van de in bewaring gegeven uiterste wil bestrijdt op grond dat de erflater de wil niet eigenhandig heeft ondertekend, rust de bewijslast daarvan. (Ontw. 4.3.5.12; BW 4:997 (oud))

Art. 105

Zonder bewaargeving

Indien in een geval, bedoeld in het vorige artikel, de onderhandse uiterste wil is gedagtekend en de erflater overlijdt zonder dat de uiterste wil overeenkomstig de wet in bewaring is gegeven, is de uiterste wil niettemin geldig, tenzij de erflater redelijkerwijze alsnog een uiterste wil overeenkomstig de voorgaande artikelen van deze afdeling had kunnen maken. (Ontw. 4.3.5.12*a*; BW 4:997*a* (oud))

Art. 106

Testamentenregister

– 1. Hij die een akte van uiterste wil, van bewaargeving of van terugneming, als bedoeld in de artikelen 98, 100 tot en met 105 en 113, onder zich heeft, zendt de akte zo spoedig mogelijk in gesloten omslag naar het testamentenregister te 's-Gravenhage.
– 2. Het vorige lid geldt niet voor akten, opgemaakt door of ten overstaan van een volgens de gewone regelen bevoegde notaris of consulaire ambtenaar, en voor de door dezen in bewaring genomen akten van uiterste wil. (Ontw. 4.3.5.12*b*; BW 4:998 (oud))

Art. 107

Geldigheidsduur

– 1. De uiterste willen, bedoeld in de artikelen 98 en 100 tot en met 104, zijn vernietigbaar, indien de erflater overlijdt meer dan zes maanden nadat voor hem de mogelijkheid is geëindigd, een uiterste wil te maken op een van de in die artikelen genoemde wijzen.
– 2. De termijn wordt telkens met een maand verlengd, indien de erflater redelijkerwijze niet in staat is geweest in de laatstverstreken maand een uiterste wil te maken. (Ontw. 4.3.5.13; BW 4:999 (oud))

Art. 108

Vernietigbaarheid

Een uiterste wil die op een in een der artikelen 98, 101, 102 en 104 vermelde wijze, doch niet onder de daar aangegeven omstandigheden is gemaakt, is, indien de erflater binnen zes maanden daarna overlijdt, niet van rechtswege nietig, doch vernietigbaar. (Ontw. 4.3.5.13*a*)

Art. 109

Nietigheid

– 1. Een uiterste wil is nietig, indien aan de akte van uiterste wil of aan de akte van bewaargeving, zo deze voorgeschreven is, de vereiste ondertekening door de erflater ontbreekt.
– 2. Een uiterste wil die ten overstaan van een notaris moet worden gemaakt is nietig, indien de akte van uiterste wil niet door een notaris is ondertekend. Een uiterste wil, die aan een notaris in bewaring moet worden gegeven, is nietig, indien een door een notaris ondertekende akte van bewaargeving ontbreekt. Is echter, in dit laatste geval, de akte van uiterste wil door een notaris ondertekend, dan is de uiterste wil vernietigbaar.
– 3. Het vorige lid is van overeenkomstige toepassing op een uiterste wil die ten overstaan van een in de artikelen 98, 101 en 102 genoemde persoon moet worden gemaakt of aan een aldaar genoemde persoon in bewaring moet worden gegeven.
– 4. Het niet inachtnemen van andere door de wet voor de geldigheid van de uiterste wil gestelde vormvereisten maakt de uiterste wil vernietigbaar. (Ontw. 4.3.5.14)

Art. 110

Schakelbepaling

Het bepaalde in artikel 54 is van overeenkomstige toepassing op de bevoegdheid tot vernietiging van een uiterste wil. (Ontw. 4.3.5.14*a*)

AFDELING 5
Herroeping van uiterste wilsbeschikkingen

Art. 111

Vormvoorschriften herroeping

Voor het herroepen van een uiterste wilsbeschikking gelden dezelfde vormvoorschriften als voor het maken van die beschikking. (Ontw. 4.3.6.1; BW 4:1039 (oud))

Art. 112

Latere uiterste wilsbeschikking

Een latere uiterste wilsbeschikking die een vroegere niet uitdrukkelijk herroept, doet deze vervallen voor zover zij door de latere beschikking onuitvoerbaar is geworden of vervangen is. (Ontw. 4.3.6.2; BW 4:1041 (oud))

Art. 113

Herroeping door teruggave

Een erflater kan te allen tijde zijn onderhandse, in bewaring gegeven uiterste wil terugvorderen, mits hij ter verantwoording van de notaris of andere persoon die de akte krachtens wettelijk voorschrift onder zich heeft, van de teruggave doet blijken bij een ten overstaan van die notaris of, met overeenkomstige toepassing van artikel 103, ten overstaan van die persoon verleden akte. Door de teruggave wordt de onderhandse uiterste wil herroepen. (Ontw. 4.3.6.4; BW 4:981 (oud); BW 4:106)

Art. 114

Herroeping door vernietiging

Een uiterste wilsbeschikking die geldig bij een onderhands en niet in bewaring gegeven stuk getroffen is, wordt herroepen wanneer de erflater dit stuk vernietigt. Is het stuk vernietigd, dan wordt dit vermoed door de erflater te zijn geschied. (Ontw. 4.3.6.5)

TITEL 5

Onderscheiden soorten van uiterste wilsbeschikkingen

AFDELING 1

Erfstellingen

Art. 115

Erfstelling

Een erfstelling is een uiterste wilsbeschikking, krachtens welke de erflater aan een of meer daarbij aangewezen personen zijn gehele nalatenschap of een aandeel daarin nalaat. (Ontw. 4.4.1.1; BW 4:1001 (oud))

Art. 116

Gelijkstelling

Bij uiterste wilsbeschikking ingestelde erfgenamen hebben gelijke rechten en verplichtingen als erfgenamen bij versterf. (Ontw. 4.4.1.2)

AFDELING 2

Legaten

§ 1. Algemene bepalingen

Art. 117

Legaat

– 1. Een legaat is een uiterste wilsbeschikking waarin de erflater aan een of meer personen een vorderingsrecht toekent.

– 2. Een legaat komt, tenzij het aan een of meer bepaalde erfgenamen of legatarissen is opgelegd, ten laste van de gezamenlijke erfgenamen.

– 3. Is de prestatie deelbaar, dan zijn de belaste erfgenamen ieder voor een deel, evenredig aan zijn erfdeel, verbonden, tenzij de erflater anders heeft beschikt. (Ontw. 4.4.2.1; BW 4:1004 (oud); BW 4:87, 120 e.v.; 6:6)

Art. 118

Ontbreken met legaat belaste persoon

– 1. Is een bepaalde persoon die als erfgenaam met een legaat is belast, niet erfgenaam geworden of is zijn erfrecht vervallen, en voorziet de uiterste wil hierin niet, dan rust de hem opgelegde verplichting, tenzij uit haar aard iets anders voortvloeit, op degenen aan wie zijn erfdeel toevalt; zij kunnen echter volstaan met uitkering aan de legataris van hetgeen zij in de plaats van de belaste persoon uit de nalatenschap genieten of van de waarde daarvan.

– 2. Is een met een sublegaat belaste persoon niet legataris geworden of is zijn recht uit het hem gemaakte legaat vervallen, en voorziet de uiterste wil hierin niet, dan rust de hem opgelegde verplichting, tenzij uit haar aard iets anders voortvloeit, op degenen die met het hem gemaakte legaat waren belast; zij kunnen echter volstaan met voldoening aan de sublegataris van het aan de belaste persoon gelegateerde of van de waarde daarvan. (Ontw. 4.4.2.2.; BW 4:132)

Art. 119

Kennisgeving legataris

Degenen op wie een legaat rust, alsmede de executeur, dragen zorg dat de legataris zo spoedig mogelijk van het legaat wordt kennis gegeven. Is het adres van een legataris hun onbekend gebleven, dan delen zij dit mede aan de kantonrechter, die hun het doen van nasporingen of een bepaalde wijze van oproeping kan gelasten. (Ontw. 4.4.2.2*a*)

Art. 120

Legaat

– 1. Schulden van de nalatenschap uit een legaat worden slechts ten laste van de nalatenschap voldaan, indien alle andere schulden van de nalatenschap daaruit ten volle kunnen worden voldaan.

– 2. Voor zover de nalatenschap niet toereikend is om de schulden uit legaten te voldoen uit de erfdelen van de erfgenamen op wie zij rusten, worden zij verminderd.

– 3. Tenzij uit de uiterste wil een andere wijze van vermindering voortvloeit, ondergaan deze verplichtingen alle een evenredige vermindering, met dien verstande dat, voor zover de prestatie is te beschouwen als voldoening aan een natuurlijke verbintenis van de erflater, die verplichting pas na de andere voor vermindering in aanmerking komt.

– 4. Vermindering geschiedt door een verklaring aan de legataris door de met het legaat belaste erfgenamen of, indien de nalatenschap is verdeeld overeenkomstig artikel 13, de echtgenoot van de erflater. Voor zover de prestatie reeds is verricht, blijft de rechtsgrond daarvoor in stand, behoudens de mogelijkheid van terugvordering en verhaal als bedoeld in de artikelen 216 en 220 lid 3.

– 5. Ondanks de vermindering blijven de erfgenamen die met hun gehele vermogen aansprakelijk zijn, gehouden tot voldoening voor het geheel. (Ontw. 4.4.2.4)

Art. 121

Vermindering sublegaten en lasten

– 1. Een legataris is bevoegd de hem opgelegde sublegaten en tot een uitgave in geld of goed verplichtende lasten te verminderen, voor zover de waarde van het hem gelegateerde ontoereikend is of door inkorting of vermindering ontoereikend wordt om aan de hem opgelegde verplichtingen te voldoen.
– 2. Tenzij uit de uiterste wil een andere wijze van vermindering voortvloeit, ondergaan deze verplichtingen alle een evenredige vermindering, met dien verstande dat voor zover de prestatie is te beschouwen als voldoening aan een natuurlijke verbintenis van de erflater, die verplichting pas na de andere voor vermindering in aanmerking komt. (Ontw. 4.4.2.4*a*)

Art. 122

Opleg door legataris

– 1. Een legataris wiens legaat wordt ingekort of verminderd, is bevoegd volledige voldoening van het legaat te verlangen, mits hij het bedrag van de inkorting of vermindering in geld oplegt.
– 2. Maakt de legataris geen gebruik van deze bevoegdheid, dan kan de wederpartij ermede volstaan hem de waarde van het ingekorte of verminderde legaat uit te keren. (Ontw. 4.4.2.4*b*; BW 4:972 lid 2 (oud))

Art. 123

Wijziging legaat

– 1. De rechter kan op verzoek van de legataris of van hem die met het legaat belast is, de verbintenissen uit een legaat wijzigen of geheel of gedeeltelijk opheffen op grond van na het overlijden van de erflater ingetreden omstandigheden welke van dien aard zijn, dat de andere partij naar maatstaven van redelijkheid en billijkheid ongewijzigde instandhouding van die verbintenissen niet mag verwachten.
– 2. Bij een wijziging of opheffing neemt de rechter zoveel mogelijk de bedoeling van de erflater in acht.
– 3. De artikelen 258 leden 1, tweede zin, 2 en 3 van Boek 6 en 260 leden 1 en 2 van Boek 6 zijn van overeenkomstige toepassing. (Ontw. 4.4.2.5*a*)

Art. 124

Vruchten van legaat

Tenzij de erflater anders heeft beschikt, heeft een legataris aan wie een bepaald goed der nalatenschap of het vruchtgebruik van een zodanig goed, van de gehele nalatenschap of van een aandeel daarin is vermaakt, recht op uitkering van de vruchten van het hem vermaakte die de erfgenamen hebben geïnd nadat zijn vordering opeisbaar is geworden. De rechtsvordering tot uitkering van deze vruchten verjaart door verloop van drie jaren nadat zij zijn geïnd. (Ontw. 4.4.2.7; BW 4:1006 lid 2 (oud))

Art. 125

Opeisbaarheid legaat

– 1. Een legaat van een geldsom wordt zes maanden na het overlijden van de erflater opeisbaar, tenzij hij anders heeft beschikt.
– 2. Nochtans kan een erfgenaam aan wie een goed der nalatenschap is gelegateerd tegen vergoeding van de waarde of een gedeelte daarvan, de betaling van die vergoeding opschorten tot de verdeling van de nalatenschap, tenzij de erflater anders heeft beschikt.
– 3. Degene op wie de schuld uit een legaat van een geldsom rust, komt niet in verzuim door het enkele verstrijken van een voor de voldoening bepaalde termijn.
– 4. Op legaten van een geldsom is artikel 5 van overeenkomstige toepassing. (Ontw. 4.4.2.7*a*)

§ 2. Giften en andere handelingen die worden aangemerkt als legaten

Art. 126

Quasi-legaat

– 1. Een schenking of andere gift wordt, voor zover deze de strekking heeft dat zij pas na het overlijden van de schenker of gever wordt uitgevoerd, en zij niet reeds tijdens het leven van de schenker of gever is uitgevoerd, voor de toepassing van hetgeen in dit Boek is bepaald betreffende inkorting en vermindering aangemerkt als een legaat ten laste van de gezamenlijke erfgenamen. In afwijking van de artikelen 87 lid 2 en 120 lid 3 komt de schenking of andere gift, indien daarbij niet anders is bepaald, als laatste voor inkorting en vermindering in aanmerking. Kan de schenking of andere gift tot aan het overlijden van de schenker of gever worden herroepen, dan mist de tweede zin toepassing.
– 2. Lid 1 is van overeenkomstige toepassing op:
a. een beding dat een goed van een der partijen onder opschortende voorwaarde of onder opschortende tijdsbepaling zonder redelijke tegenprestatie op een ander overgaat of kan overgaan, voor zover het beding wordt toegepast in geval van overlijden van degene aan wie het goed toebehoort; wederkerigheid van het beding geldt niet als tegenprestatie;
b. een begunstiging bij een sommenverzekering, voorzover de uitkering die door het overlijden van de verzekeringnemer verschuldigd wordt, als een gift geldt;
c. een omzetting van een natuurlijke verbintenis in een rechtens afdwingbare, voor zover deze

de strekking heeft dat de verbintenis pas na het overlijden van de schuldenaar zal worden nagekomen, en deze verbintenis niet reeds tijdens diens leven is nagekomen.
– 3. De artikelen 66 en 68 zijn van overeenkomstige toepassing. (Ontw. 4.4.2.7*b*)

Art. 127

Inkorting bij sommenverzekering en derdenbeding

Betreft de inkorting of de vermindering een begunstiging bij een sommenverzekering of een andere begunstiging bij een beding ten behoeve van een derde, dan heeft zij tot gevolg dat de begunstigde verplicht is tot vergoeding van de waarde van het ingekorte of in mindering komende gedeelte aan de gezamenlijke erfgenamen, voor zover dit niet, alle omstandigheden in aanmerking genomen, onredelijk is. Indien de nalatenschap is verdeeld overeenkomstig artikel 13, is de in de eerste zin bedoelde vergoeding verschuldigd aan de echtgenoot van de erflater. Een begunstiging als bedoeld in de eerste zin kan slechts worden ingekort of verminderd binnen drie jaar nadat de begunstigde de prestatie heeft ontvangen. (Ontw. 4.4.2.7*c*)

Art. 128

Gelijkstelling

Hetgeen met betrekking tot legatarissen is bepaald in de artikelen 29 lid 3 en 30 lid 3 is van overeenkomstige toepassing op degenen die zijn bevoordeeld door een handeling als bedoeld in artikel 126. Met gelegateerde goederen als bedoeld in artikel 30 lid 5 worden gelijkgesteld goederen die zijn verkregen krachtens een handeling als bedoeld in artikel 126. Hetgeen met betrekking tot legatarissen is bepaald in de artikelen 216 en 220 lid 3 is van overeenkomstige toepassing op degenen die zijn bevoordeeld door een handeling als bedoeld in artikel 126 leden 1 en 2, onder *c*, alsmede, voor zover dit niet, alle omstandigheden in aanmerking genomen, onredelijk is, door een handeling als bedoeld in artikel 126 lid 2, onder *b*. (Ontw. 4.4.2.7*e*)

Art. 129

Voorwaarde

Bij uiterste wilsbeschikking kan een voorwaarde als bedoeld in artikel 82 worden verbonden aan een handeling als bedoeld in artikel 126. (Ontw. 4.4.2.7*f*)

AFDELING 3
Testamentaire lasten

Art. 130

Testamentaire last

– 1. Een testamentaire last is een uiterste wilsbeschikking waarin de erflater aan de gezamenlijke erfgenamen of aan een of meer bepaalde erfgenamen of legatarissen een verplichting oplegt, die niet bestaat in de uitvoering van een legaat.
– 2. Een testamentaire last kan ook worden opgelegd aan een executeur. De hem opgelegde verplichting rust mede op de gezamenlijke erfgenamen, tenzij uit haar aard of uit de uiterste wil iets anders voortvloeit.
– 3. Artikel 120 is van overeenkomstige toepassing op een last die strekt tot een uitgave van geld of van een goed uit de nalatenschap; deze wordt tegelijk met een legaat en in gelijke mate verminderd. (Ontw. 4.4.3.1)

Art. 131

Vervallenverklaring last

– 1. Een erfgenaam of legataris op wie een testamentaire last rust, verkrijgt zijn recht onder de ontbindende voorwaarde dat het wegens niet-uitvoering van de last wordt vervallen verklaard door de rechter.
– 2. De vervallenverklaring kan door de rechter worden uitgesproken op verzoek van elke onmiddellijk bij de vervallenverklaring belanghebbende.
– 3. Een erfgenaam die met zijn gehele vermogen jegens schuldeisers van de erflater en legatarissen aansprakelijk was, blijft jegens hen na de vervallenverklaring van zijn recht tot voldoening gehouden, onverminderd zijn recht van verhaal op degenen aan wie het door hem geërfde opkomt. (Ontw. 4.4.3.2; BW 3:38)

Art. 132

Belaste persoon geen erfgenaam of legataris

Is een last aan een bepaalde persoon als erfgenaam of legataris opgelegd en is hij niet erfgenaam of legataris geworden of is zijn recht vervallen, dan rust de hem opgelegde verplichting, tenzij uit haar aard of uit de uiterste wil iets anders voortvloeit, op degenen aan wie zijn erfdeel toevalt of die met het hem gemaakte legaat waren belast. (Ontw. 4.4.3.2*a*; BW 4:118)

Art. 133

Beïnvloeding vervulling voorwaarde

– 1. Is de vervulling van een aan een testamentaire last toegevoegde opschortende voorwaarde belet door degene op wie de last rust, dan geldt de voorwaarde als vervuld, indien de redelijkheid en billijkheid dit verlangen.
– 2. Is de vervulling van een aan een testamentaire last toegevoegde ontbindende voorwaarde teweeggebracht door degene op wie de last rust, dan geldt de voorwaarde als niet vervuld, indien de redelijkheid en billijkheid dit verlangen.
– 3. Artikel 140 lid 1 is van overeenkomstige toepassing. (Ontw. 4.4.3.2*b*; BW 4:139; 6:23)

Art. 134

Wijziging last

– 1. De rechter kan op verzoek van degene op wie de last rust of van het openbaar ministerie de last wijzigen of geheel of gedeeltelijk opheffen:

a. op grond van na het overlijden van de erflater ingetreden omstandigheden welke van dien aard zijn dat de ongewijzigde instandhouding van de last uit een oogpunt van de daarbij betrokken persoonlijke en maatschappelijke belangen ongerechtvaardigd zou zijn;
b. op grond dat de last door inkorting of vermindering van de last, of van de making waaraan hij is verbonden, bezwaarlijk of onmogelijk uitvoerbaar is geworden;
c. in geval de last ingevolge artikel 132 op een ander is komen te rusten dan degenen aan wie hij bij de uiterste wilsbeschikking is opgelegd.
– 2. Bij een wijziging of opheffing neemt de rechter zoveel mogelijk de bedoeling van de erflater in acht.
– 3. De artikelen 258 leden 1, tweede zin, 2 en 3 van Boek 6 en 260 leden 1 en 2 van Boek 6 zijn van overeenkomstige toepassing. (Ontw. 4.4.3.3)

AFDELING 4
Stichtingen

Art. 135

Testamentaire stichting

– 1. Wanneer een erflater iets heeft vermaakt aan een stichting die hij in een bij notariële akte gemaakte uiterste wilsbeschikking heeft in het leven geroepen, is de stichting erfgenaam of legataris, naar gelang het haar vermaakte aan een erfstelling of aan een legaat beantwoordt.
– 2. Heeft hij bij een in andere vorm gemaakte uiterste wil verklaard een stichting in het leven te roepen, dan wordt deze beschikking aangemerkt als een aan de gezamenlijke erfgenamen opgelegde last om die stichting op te richten.
– 3. Degene op wie een last om een stichting op te richten rust, kan daartoe op vordering van het openbaar ministerie worden veroordeeld door de rechtbank van het sterfhuis of, indien de erflater zijn laatste woonplaats niet in Nederland had, door de rechtbank te 's-Gravenhage. De rechter kan bepalen dat het vonnis dezelfde rechtskracht heeft als een in wettige vorm opgemaakte akte van hem die tot de rechtshandeling gehouden is, of dat een door de rechter aan te wijzen vertegenwoordiger de handeling zal verrichten. (Ontw. 4.4.4.1; BW 2:285 e.v.)

AFDELING 5
Makingen onder tijdsbepaling en onder voorwaarde

Art. 136

Tijdsbepaling

– 1. Bevat een uiterste wil een erfstelling onder tijdsbepaling, dan wordt deze beschikking aangemerkt als een dadelijk ingaande erfstelling van degene die, bij uitvoering van de uiterste wil zoals deze luidt, het laatst tot het erfdeel zou zijn geroepen, belast met een legaat van vruchtgebruik van het erfdeel voor de gestelde tijd ten behoeve van degene die het eerst tot het erfdeel zou zijn geroepen.
– 2. In geval van een erfstelling onder een ontbindende tijdsbepaling zonder een daarbij aansluitende erfstelling onder opschortende tijdsbepaling komt de eerstgeroepene vruchtgebruik met bevoegdheid tot vervreemding en vertering toe, voor zover de erflater deze bevoegdheid niet heeft uitgesloten. (Ontw. 4.4.5.1)

Art. 137

Bestaanseis

Om aan een making onder opschortende voorwaarde een recht te kunnen ontlenen, moet men nog bestaan op het ogenblik dat de voorwaarde wordt vervuld, tenzij uit de uiterste wil of uit de aard van de beschikking het tegendeel voortvloeit. (Ontw. 4.4.5.3; BW 4:1044 (oud); BW 4:9, 56)

Art. 138

Voorwaarde

– 1. Wanneer een erfstelling onder een voorwaarde is gemaakt, wordt degene aan wie het vermaakte tot de vervulling der voorwaarde toekomt, als de uitsluitend rechthebbende aangemerkt voor zover het betreft de door en tegen derden uit te oefenen rechten en rechtsvorderingen.
– 2. Voor het overige vinden, zolang de vervulling der voorwaarden onzeker is, de wettelijke voorschriften betreffende het vruchtgebruik, zoals geregeld in titel 8 van Boek 3, overeenkomstige toepassing. Dientengevolge is hij verplicht het vermaakte gelijk een vruchtgebruiker te bewaren en in stand te houden, tenzij de erflater hem de bevoegdheid heeft toegekend om de goederen te verteren en onvoorwaardelijk te vervreemden.
– 3. In geval van een erfstelling onder een ontbindende voorwaarde zonder een daarbij aansluitende erfstelling onder opschortende voorwaarde is hij jegens degene aan wie het vermaakte bij vervulling van de voorwaarde toekomt, bevoegd de goederen te vervreemden en te verteren op dezelfde voet als een vruchtgebruiker aan wie deze bevoegdheid is gegeven, voor zover de erflater niet anders heeft bepaald. (Ontw. 4.4.5.4)

Art. 139

Beletten/teweegbrengen vervulling voorwaarde

– 1. Is de vervulling van een aan een erfstelling toegevoegde voorwaarde belet door iemand

aan wie het vermaakte toekomt zolang de voorwaarde niet is vervuld, dan geldt zij als vervuld, indien de redelijkheid en billijkheid dit verlangen.
– 2. Is de vervulling van de voorwaarde teweeggebracht door iemand aan wie het vermaakte bij vervulling van de voorwaarde toekomt, dan geldt zij als niet vervuld, indien de redelijkheid en billijkheid dit verlangen. (Ontw. 4.4.5.4*a*; BW 4:133)

Art. 140

Beperking in tijd

– 1. Is een aan een erfstelling toegevoegde voorwaarde dertig jaren na het overlijden van de erflater nog niet vervuld, dan vervalt de beschikking, wanneer het een opschortende voorwaarde is; is het een ontbindende voorwaarde, dan vervalt de voorwaarde. Hiermede strijdige beschikkingen van de erflater zijn nietig.
– 2. Het vorige lid vindt mede toepassing op een legaat van een bepaald goed der nalatenschap of van een beperkt recht op een zodanig goed. (Ontw. 4.4.5.5)

Art. 141

Making over de hand

Het voorgaande artikel vindt geen toepassing op een making onder een ontbindende voorwaarde en een daarbij aansluitende making onder opschortende voorwaarde, volgens welke het vermaakte of het onverteerde deel daarvan op het tijdstip van overlijden van de bezwaarde of op een eerder tijdstip zal ten deel vallen aan de verwachter, indien deze het aangewezen tijdstip overleeft. (Ontw. 4.4.5.6)

AFDELING 6
Executeurs

Art. 142

Een of meer executeurs

– 1. Een erflater kan bij uiterste wilsbeschikking een of meer executeurs benoemen. Hij kan aan een executeur de bevoegdheid toekennen een of meer andere executeurs aan zich toe te voegen of in zijn plaats te stellen; hij kan ook beschikken dat wanneer een benoemde executeur komt te ontbreken, de kantonrechter bevoegd is op verzoek van een belanghebbende een vervanger te benoemen.
– 2. Zijn er twee of meer executeurs, dan kan, tenzij de erflater anders heeft beschikt, ieder van hen alle werkzaamheden alleen verrichten.
– 3. Bij verschil van mening tussen de executeurs beslist op verzoek van een van hen de kantonrechter. Deze kan een verdeling van de werkzaamheden of van het hun toekomende loon vaststellen. (Ontw. 4.4.6.1; BW 4:1052, 1063 (oud); BW 2:130, 240)

Art. 143

Aanvaarding taak executeur

– 1. Men wordt executeur door aanvaarding van zijn benoeming na het overlijden van de erflater. De kantonrechter kan op verzoek van een belanghebbende een termijn stellen, na afloop waarvan de benoeming niet meer kan worden aanvaard.
– 2. Handelingsonbekwamen, zij van wie één of meer goederen onder een bewind als bedoeld in titel 19 van Boek 1 zijn gesteld, en zij die in staat van faillissement verkeren of ten aanzien van wie de schuldsaneringsregeling natuurlijke personen van toepassing is verklaard, kunnen niet executeur worden. (Ontw. 4.4.6.2; BW 4:1053, 1068 lid 1 (oud); BW 1:234, 235, 381; FW 1 e.v., 284 e.v.; Rv 676*a*)

Art. 144

Taak en beloning executeur

– 1. Onverminderd de testamentaire lasten die de erflater aan de executeur mocht hebben opgelegd, heeft deze, voor zover de erflater niet anders heeft beschikt, tot taak de goederen der nalatenschap te beheren en de schulden der nalatenschap te voldoen, die tijdens zijn beheer uit die goederen behoren te worden voldaan.
– 2. Tenzij bij uiterste wil anders is geregeld, komt de executeur, of als er meer dan een executeur is, hun tezamen, een ten honderd van de waarde van het vermogen van de erflater op diens sterfdag toe.
– 3. Artikel 159 leden 2 en 3 is van overeenkomstige toepassing. (Ontw. 4.4.6.3)

Art. 145

Beheer van goederen nalatenschap

– 1. Is een executeur benoemd, die tot taak heeft goederen der nalatenschap te beheren, dan kunnen de erfgenamen, tenzij hij zijn benoeming niet aanvaardt, niet zonder zijn medewerking of machtiging van de kantonrechter over die goederen of hun aandeel daarin beschikken, voordat zijn bevoegdheid tot beheer is geëindigd.
– 2. Gedurende zijn beheer vertegenwoordigt hij bij de vervulling van zijn taak de erfgenamen in en buiten rechte. (Ontw. 4.4.6.3*a*)

Art. 146

Aanwijzing boedelnotaris

– 1. De executeur die met het beheer van de nalatenschap is belast, kan een boedelnotaris aanwijzen; deze geeft van de aanvaarding van zijn opdracht kennis aan de erfgenamen.
– 2. Hij moet met bekwame spoed een boedelbeschrijving met inbegrip van een voorlopige staat van de schulden der nalatenschap opmaken en de hem bekende schuldeisers oproepen

tot indiening van hun vorderingen bij de boedelnotaris of, indien deze ontbreekt, bij een der executeurs. De aanmelding van een vordering stuit de verjaring. (Ontw. 4.4.6.3*b*; BW 4:197)

Art. 147

Tegeldemaking goederen

– 1. De executeur is bevoegd door hem beheerde goederen te gelde te maken, voor zover dit nodig is voor de tot zijn taak behorende voldoening van schulden der nalatenschap en de nakoming der hem opgelegde lasten.
– 2. Tenzij de erflater anders heeft beschikt, treedt de executeur omtrent de keuze van de te gelde te maken goederen en de wijze van tegeldemaking zoveel mogelijk in overleg met de erfgenamen en stelt hij, zo bij een erfgenaam bezwaar bestaat tegen een voorgenomen tegeldemaking, die erfgenaam in de gelegenheid de beslissing van de kantonrechter in te roepen.
– 3. De erflater kan bepalen dat de executeur voor de tegeldemaking van een goed de toestemming van de erfgenamen behoeft. Deze toestemming kan echter vervangen worden door een machtiging van de kantonrechter.
– 4. Het in de vorige leden ten aanzien van de erfgenamen bepaalde geldt mede ten aanzien van hen aan wie het vruchtgebruik van de nalatenschap of van een aandeel daarin is vermaakt. (Ontw. 4.4.6.3*c*; BW 4:215; Rv 676*a*)

Art. 148

Informatieplicht

De executeur moet aan een erfgenaam alle door deze gewenste inlichtingen omtrent de uitoefening van zijn taak geven. (Ontw. 4.4.6.4)

Art. 149

Einde taak executeur

– 1. De taak van een executeur eindigt:
a. wanneer hij zijn werkzaamheden als zodanig heeft voltooid;
b. door tijdverloop, indien hij voor een bepaalde tijd was benoemd;
c. door zijn dood, het ten aanzien van hem van toepassing verklaren van de schuldsaneringsregeling natuurlijke personen, zijn faillietverklaring, zijn ondercuratelestelling of door de instelling van een bewind als bedoeld in titel 19 van Boek 1 over een of meer van zijn goederen;
d. wanneer de nalatenschap overeenkomstig de derde afdeling van de zesde titel moet worden vereffend;
e. in de bij de uiterste wil bepaalde gevallen;
f. door ontslag dat de kantonrechter hem met ingang van een bepaalde dag verleent.
– 2. Het ontslag wordt hem verleend, hetzij op eigen verzoek, hetzij om gewichtige redenen, zulks op verzoek van een mede-executeur, een erfgenaam of het openbaar ministerie, dan wel ambtshalve. Hangende het onderzoek kan de kantonrechter voorlopige voorzieningen treffen en de executeur schorsen.
– 3. Een gewezen executeur blijft verplicht te doen wat niet zonder nadeel voor de afwikkeling van de nalatenschap kan worden uitgesteld, totdat degene die na hem tot het beheer van de nalatenschap bevoegd is, dit heeft aanvaard.
– 4. Eindigt de hoedanigheid van executeur door diens faillissement of ondercuratelestelling dan rust de in het vorige lid bedoelde verplichting op de curator, indien deze van de executele kennis draagt; eindigt de hoedanigheid van executeur door het ten aanzien van hem van toepassing verklaren van de schuldsaneringsregeling natuurlijke personen of de onderbewindstelling van een of meer van zijn goederen, dan geldt hetzelfde voor de in die gevallen optredende bewindvoerder. Eindigt de hoedanigheid van executeur door diens dood, dan zijn de erfgenamen verplicht, indien zij van de executele kennis dragen, het overlijden van de executeur mede te delen aan de erfgenamen van degene die hem heeft benoemd. (Ontw. 4.4.6.5; BW 1:378 e.v., 431 e.v.; 4:164, 202 e.v.; Fw 1 e.v., 284 e.v.; Rv 676*a*)

Art. 150

Einde beheer

– 1. Een executeur die zijn taak, met het oog waarop hem het beheer was opgedragen, heeft volgebracht, is bevoegd zijn beheer te beëindigen door de goederen ter beschikking van de erfgenamen te stellen.
– 2. De erfgenamen kunnen de bevoegdheid van een executeur tot beheer beëindigen:
a. na voldoening van de schulden der nalatenschap en nakoming der lasten, waarvan de afwikkeling reeds tot zijn taak behoort of nog binnen het jaar na het overlijden van de erflater tot zijn taak zou kunnen gaan behoren;
b. wanneer een jaar en zes maanden is verlopen sedert een of meer der executeurs de nalatenschap in beheer hebben kunnen nemen. De kantonrechter kan deze termijn, ook na het verstrijken daarvan, op verzoek van een executeur een of meer malen verlengen.
– 3. Wanneer de erfgenamen de nodige middelen voor de in lid 2 onder *a* bedoelde afwikkeling ter beschikking van de executeur stellen, kunnen zij zijn beheersbevoegdheid voor het overige beëindigen.
– 4. Zijn niet alle erfgenamen bekend of niet allen bereid de goederen in ontvangst te nemen, dan zijn de artikelen 225 en 226 van overeenkomstige toepassing. (Ontw. 4.4.6.5*a*; Rv 676*a*)

Art. 151

Rekening en verantwoording

Een executeur wiens bevoegdheid tot beheer van de nalatenschap is geëindigd, is verplicht aan degene die na hem tot het beheer bevoegd is, rekening en verantwoording af te leggen, op de wijze als voor bewindvoerders is bepaald. (Ontw. 4.4.6.5*b*)

Art. 152

Vruchtgebruik echtgenoot erflater

Voor de toepassing van de bepalingen van deze afdeling wordt de echtgenoot van de erflater die een recht van vruchtgebruik heeft krachtens afdeling 2 van titel 3, als een erfgenaam aangemerkt. De bevoegdheden, bedoeld in artikel 150 leden 2 en 3, komen mede aan die echtgenoot toe. (Ontw. 4.4.6.5*c*; BW 4:30 e.v., 195 lid 2)

AFDELING 7
Testamentair bewind

§ 1. Algemene bepalingen

Art. 153

Instelling bewind

– 1. Een erflater kan bij uiterste wilsbeschikking bewind instellen over een of meer door hem nagelaten of vermaakte goederen.
– 2. Tenzij de erflater anders heeft bepaald, treedt het bewind in werking op het tijdstip van zijn overlijden. (Ontw. 4.4.7.1)

Art. 154

Zaaksvervanging

Tenzij bij de instelling anders is bepaald, omvat het bewind ook de goederen die geacht moeten worden in de plaats van een onder bewind staand goed te treden, benevens de vruchten en andere voordelen die zulk een goed oplevert, zolang de vruchten niet zijn uitgekeerd aan degene die daarop recht heeft ingevolge artikel 162. (Ontw. 4.4.7.1*a*; BW 1:433 lid 1; 3:167)

Art. 155

Wettelijk vermoeden

– 1. Het bewind over een erfdeel of een legaat wordt vermoed te zijn ingesteld in het belang van de rechthebbende, tenzij een der volgende leden van toepassing is.
– 2. Het bewind over een vruchtgebruik wordt vermoed zowel in het belang van de vruchtgebruiker als van de hoofdgerechtigde te zijn ingesteld. Hetzelfde geldt voor het bewind over de rechten van gebruik en bewoning.
– 3. Het bewind over een voorwaardelijke making wordt vermoed te zijn ingesteld in het belang van zowel degene die het goed bij vervulling der voorwaarde verkrijgt, als van degene die het alsdan verliest.
– 4. Het bewind over goederen of aandelen in goederen die gemeenschappelijk beheerd dienen te worden, wordt vermoed te zijn ingesteld in een gemeenschappelijk belang. (Ontw. 4.4.7.1*aa*; BW 3:226 lid 1; 4:46, 155, 167, 169, 175)

Art. 156

Onbekende belanghebbende

Is het bewind uitsluitend of mede ingesteld in het belang van een ander dan de rechthebbende op de onder bewind gestelde goederen, dan wordt die ander, zolang niet vaststaat wie hij is, voor de toepassing van deze afdeling aangemerkt als iemand die niet in staat is zijn wil te bepalen. (Ontw. 4.4.7.1*b*)

§ 2. De bewindvoerder

Art. 157

Benoeming bewindvoerder

– 1. Indien de uiterste wil niet voorziet in de regeling der benoeming van een bewindvoerder, wijst de kantonrechter een of meer bewindvoerders aan op verzoek van de rechthebbende, een erfgenaam, legataris of andere belanghebbende dan wel van de executeur. De kantonrechter vergewist zich van de bereidheid van de door hem te benoemen personen.
– 2. Handelingsonbekwamen, zij van wie een of meer goederen onder een bewind als bedoeld in titel 19 van Boek 1 zijn gesteld, zij die in staat van faillissement verkeren of ten aanzien van wie de schuldsaneringsregeling natuurlijke personen van toepassing is verklaard, alsmede de personen genoemd in artikel 59 kunnen niet tot bewindvoerder worden benoemd.
– 3. Rechtspersonen met volledige rechtsbevoegdheid kunnen tot bewindvoerder worden benoemd.
– 4. Zo nodig kan een tijdelijke bewindvoerder worden benoemd.
– 5. De door de rechter benoemde wordt bewindvoerder daags nadat de griffier hem van zijn benoeming mededeling heeft gedaan, tenzij de beschikking een later tijdstip vermeldt.
– 6. De niet door de rechter benoemde wordt bewindvoerder daags nadat hij de benoeming heeft aanvaard. (Ontw. 4.4.7.1*c*; BW 1:431 e.v., 435; Fw 1 e.v., 284 e.v.; Rv 676*a*)

Art. 158

Twee of meer bewindvoerders

– 1. Zijn er twee of meer bewindvoerders, dan kan ieder van hen alle werkzaamheden die tot het bewind behoren alleen verrichten, tenzij de uiterste wil of de kantonrechter anders bepaalt.

– 2. Bij verschil van mening tussen de bewindvoerders beslist op verzoek van een van hen de kantonrechter, tenzij bij uiterste wil een andere regeling is getroffen.
– 3. De kantonrechter kan desverzocht, indien daartoe een gewichtige reden bestaat, een verdeling van de werkzaamheden vaststellen of wijzigen. (Ontw. 4.4.7.1*d*; BW 1:437)

Art. 159

Beloning

– 1. Tenzij bij uiterste wil anders is geregeld, komt de bewindvoerder, of als er meer dan een bewindvoerder is, hun tezamen, per jaar een ten honderd van de waarde aan het einde van dat jaar van het onder bewind staande vermogen toe.
– 2. Zijn er twee of meer bewindvoerders en bevat de uiterste wil geen regeling omtrent de verdeling van hun beloning, dan ontvangt elk van hen een gelijke beloning, tenzij de kantonrechter anders bepaalt of zij tezamen anders overeenkomen.
– 3. Op grond van onvoorziene omstandigheden kan de kantonrechter, hetzij ambtshalve, hetzij op verzoek van de bewindvoerder, van de rechthebbende of iemand in wiens belang het bewind is ingesteld, voor bepaalde of voor onbepaalde tijd de beloning anders regelen dan bij de uiterste wil of de wet is aangegeven. (Ontw. 4.4.7.1*e*; BW 1:447; 6:258)

Art. 160

Beschrijving

– 1. De bewindvoerder moet zo spoedig mogelijk een beschrijving opmaken van de goederen waarop het bewind betrekking heeft. Is hij door de rechter benoemd, dan moet hij een afschrift van de beschrijving tegen ontvangstbewijs inleveren ter griffie van de rechtbank van de woonplaats van de rechthebbende. Tot het stellen van zekerheid is hij slechts verplicht, indien dit bij de instelling van het bewind is bepaald.
– 2. Tenzij bij de instelling van het bewind anders is bepaald, moet de bewindvoerder het bewind en zijn benoeming doen inschrijven:
a. in de openbare registers, bedoeld in afdeling 2 van titel 1 van Boek 3, indien het bewind betrekking heeft op registergoederen;
b. in het register van aandeelhouders, bedoeld in de artikelen 85 en 194 van Boek 2, indien het bewind betrekking heeft op aandelen op naam in een naamloze vennootschap of een besloten vennootschap met beperkte aansprakelijkheid;
c. in het handelsregister indien het bewind betrekking heeft op een onderneming of een aandeel in een vennootschap. (Ontw. 4.4.7.1 f; BW 1:436)

Art. 161

Rekening en verantwoording

– 1. De bewindvoerder legt, tenzij andere tijdstippen zijn bepaald, jaarlijks en aan het einde van zijn bewind rekening en verantwoording af aan de rechthebbende en aan degenen in wier belang het bewind is ingesteld. Aan het einde van zijn bewind legt hij rekening en verantwoording mede af aan degene die hem in het beheer van de goederen opvolgt. Is de bewindvoerder benoemd door de rechter, dan legt hij ten overstaan van deze de rekening en verantwoording af.
– 2. Indien de rechthebbende of een belanghebbende niet in staat is tot het opnemen van de rekening, of het onzeker is wie de rechthebbende of belanghebbende is, wordt de rekening en verantwoording aan de kantonrechter afgelegd, tenzij de uiterste wil iets anders bepaalt. Goedkeuring van deze rekening en verantwoording door de kantonrechter belet niet dat de rechthebbende of belanghebbende na het einde van het bewind nogmaals over dezelfde tijdsruimte rekening en verantwoording vraagt, voor zover dit niet onredelijk is.
– 3. De kantonrechter kan de bewindvoerder – hetzij op diens verzoek, hetzij ambtshalve – vrijstelling van de verplichting tot het afleggen van de periodieke rekening en verantwoording te zijnen overstaan verlenen; hij kan ook beschikken dat de bewindvoerder de rekening en verantwoording op deze wijze slechts eens in een bepaald aantal jaren zal afleggen.
– 4. Voor het overige vindt het bepaalde aangaande de voogdijrekening in de paragrafen 10 en 11 van afdeling 6 van titel 14 van Boek 1 overeenkomstige toepassing (Ontw. 4.4.7.1 g; BW 1:445)

Art. 162

Uitkering vruchten

– 1. Voor zover bij de instelling van het bewind niet anders is bepaald, wordt telkens bij het afleggen van de rekening en verantwoording hetgeen de goederen netto aan vruchten hebben opgebracht, onder aftrek van de verschuldigde beloning, uitgekeerd aan degene die daarop recht heeft. Op verzoek van deze kan de kantonrechter andere tijdstippen voor de uitkering vaststellen.
– 2. Zolang er onzekerheid bestaat wie de rechthebbende is of de rechthebbende niet tot ontvangst in staat is, blijft de netto-opbrengst onder het bewind van de bewindvoerder, tenzij de uiterste wil of de kantonrechter anders bepaalt. (Ontw. 4.4.7.1*h*; BW 1:446; 4:154)

Art. 163

Aansprakelijkheid

De bewindvoerder is jegens de rechthebbende aansprakelijk, indien hij in de zorg van een goed bewindvoerder tekortschiet, tenzij de tekortkoming hem niet kan worden toegerekend. (Ontw. 4.4.7.1*i*; BW 1:444; 4:171; 6:74 lid 1)

Art. 164

Einde bewindvoerderschap

– 1. De hoedanigheid van bewindvoerder eindigt:
a. bij het einde van het bewind;
b. door tijdsverloop, indien hij voor een bepaalde tijd was benoemd;
c. door zijn dood, het ten aanzien van hem van toepassing verklaren van de schuldsaneringsregeling natuurlijke personen, zijn faillietverklaring, zijn ondercuratelestelling of door de instelling van een bewind als bedoeld in titel 19 van Boek 1 over een of meer van zijn goederen;
d. in de bij de uiterste wil bepaalde gevallen;
e. door ontslag dat de kantonrechter hem met ingang van een bepaalde dag verleent.
– 2. Het ontslag wordt hem verleend hetzij op eigen verzoek, hetzij wegens gewichtige redenen, zulks op verzoek van een medebewindvoerder, van de rechthebbende, van iemand in wiens belang het bewind is ingesteld of van het openbaar ministerie, dan wel ambtshalve. Hangende het onderzoek kan de kantonrechter voorlopige voorzieningen in het bewind treffen en de bewindvoerder schorsen. (Ontw. 4.4.7.1*j*; BW 1:378 e.v., 431 e.v., 448; 4:149; Fw 1 e.v., 284 e.v.; Rv 676*a*)

Art. 165

Verplichtingen gewezen bewindvoerder

– 1. De gewezen bewindvoerder draagt de goederen die hij wegens het bewind beheert af aan degene die na hem tot het beheer daarover bevoegd is. Hij mag de afdracht opschorten tot de voldoening van een hem toekomend saldo.
– 2. De gewezen bewindvoerder blijft voorts al datgene doen, wat niet zonder nadeel voor de rechthebbende of de belanghebbende kan worden uitgesteld, totdat degene die na hem tot het beheer der goederen bevoegd is, dit heeft aanvaard.
– 3. Eindigt de hoedanigheid van bewindvoerder door diens faillissement of ondercuratelestelling dan rust de in lid 2 bedoelde verplichting op de curator, indien deze van het bewind kennis draagt; eindigt de hoedanigheid van bewindvoerder door het ten aanzien van hem van toepassing verklaren van de schuldsaneringsregeling natuurlijke personen of de onderbewindstelling van een of meer van zijn goederen, dan geldt hetzelfde voor de in die gevallen optredende bewindvoerder. Eindigt de hoedanigheid van bewindvoerder door diens dood, dan zijn de erfgenamen verplicht, indien zij van het bewind kennis dragen, de kantonrechter te verzoeken een andere bewindvoerder te benoemen. (Ontw. 4.4.7.1*k*; BW 1:448 lid 3)

§ 3. De gevolgen van het bewind

Art. 166

Beheer

De rechthebbende is naast de bewindvoerder bevoegd tot handelingen dienende tot gewoon onderhoud van de goederen die hij in gebruik heeft en tot handelingen die geen uitstel kunnen lijden. Voor het overige komt het beheer uitsluitend toe aan de bewindvoerder. (Ontw. 4.4.7.1*l*; BW 1:438 lid 1; 3:170 lid 1)

Art. 167

Bevoegdheid rechthebbende

– 1. Indien het bewind is ingesteld in het belang van de rechthebbende, is deze slechts met medewerking of toestemming van de bewindvoerder bevoegd tot andere handelingen dan die in het vorige artikel bedoeld, welke een onder bewind staand goed rechtstreeks betreffen. Hetzelfde geldt voor de bevoegdheden van een vruchtgebruiker met betrekking tot de goederen waarop onder bewind gesteld vruchtgebruik rust en die verder gaan dan het gebruik daarvan.
– 2. Indien het bewind is ingesteld in het belang van een ander dan de rechthebbende of in een gemeenschappelijk belang, is de rechthebbende slechts onder voorbehoud van het bewind bevoegd tot het verrichten van een handeling als bedoeld in lid 1.
– 3. Indien het bewind zowel in het belang van de rechthebbende als van een of meer anderen of in een gemeenschappelijk belang is ingesteld, dan is de rechthebbende slechts met medewerking of toestemming van de bewindvoerder en onder voorbehoud van dat bewind bevoegd tot het verrichten van een handeling als bedoeld in lid 1. (Ontw. 4.4.7.1*m*; BW 1: 38 lid 2; Fw 238)

Art. 168

Onbevoegd verrichte handelingen

– 1. Een rechtshandeling die ondanks zijn uit de artikelen 166 en 167 voortvloeiende onbevoegdheid is verricht door of gericht tot de rechthebbende is niettemin geldig, indien de wederpartij het bewind kende noch behoorde te kennen. Niettemin is geen veroordeling mogelijk tot nakoming van een uit de rechtshandeling voortvloeiende verbintenis tot vervreemding of bezwaring van een onder het bewind staand goed.
– 2. De uit het bewind voortvloeiende ongeldigheid van beschikking door de rechthebbende over een goed als bedoeld in artikel 88 van Boek 3, staat niet in de weg aan de geldigheid van een latere overdracht daarvan indien de derde verkrijger te goeder trouw is. De vorige zin is van overeenkomstige toepassing op de vestiging, overdracht en afstand van een beperkt recht op zulk een goed. (Ontw. 4.4.7.1*n*; BW 1:439; 3:86, 296)

Art. 169

– 1. De bewindvoerder mag met toestemming van de rechthebbende:

Bevoegdheden bewindvoerder

a. de in artikel 167 lid 1 bedoelde handelingen verrichten;
b. geld lenen of de rechthebbende als borg of hoofdelijk schuldenaar verbinden;
c. een overeenkomst tot beëindiging van een geschil aangaan; hij behoeft deze toestemming niet in het geval van artikel 87 van het Wetboek van Burgerlijke Rechtsvordering, of indien het voorwerp van het geschil een waarde van € 700 niet te boven gaat.

– 2. Is het bewind uitsluitend of mede in het belang van een ander dan de rechthebbende of in hun gemeenschappelijk belang ingesteld, dan is ook toestemming van die ander vereist.

– 3. Verleent iemand wiens toestemming is vereist deze niet, dan kan de kantonrechter haar desverzocht door zijn machtiging vervangen. De kantonrechter kan de machtiging verlenen onder zodanige voorwaarden als hij geraden acht. (Ontw. 4.4.7.1o; BW 1:441)

Art. 170

Verdeling gemeenschap

– 1. Behoren de goederen die onder het bewind staan of die met een onder het bewind staand beperkt recht zijn belast tot een gemeenschap, dan is de bewindvoerder bevoegd tot het vorderen van verdeling en is hij, met toestemming van de rechthebbende, bevoegd tot het aangaan van een overeenkomst tot uitsluiting van verdeling voor een bepaalde tijd.

– 2. De bewindvoerder is met toestemming van de rechthebbende bevoegd tot medewerking aan de verdeling.

– 3. De leden 2 en 3 van artikel 169 zijn van overeenkomstige toepassing. (Ontw. 4.4.7.1*p*; BW 1:441; 3:178 lid 1)

Art. 171

Nadere regeling bevoegdheden/verplichtingen

– 1. Bij de uiterste wil kunnen de bevoegdheden en verplichtingen van de bewindvoerder nader worden geregeld; zij kunnen daarbij ruimer of beperkter worden vastgesteld dan uit de voorgaande bepalingen van deze afdeling voortvloeit.

– 2. De kantonrechter kan op verzoek van de bewindvoerder, de rechthebbende of een persoon in wiens belang het bewind uitsluitend of mede is ingesteld, de regels omtrent het voeren van het bewind wijzigen op grond van onvoorziene omstandigheden. De kantonrechter kan het verzoek toewijzen onder door hem te stellen voorwaarden. (Ontw. 4.4.7.1*q*; BW 4:163; 6:258)

Art. 172

Vertegenwoordigingsbevoegdheid

– 1. De bewindvoerder die, anders dan in de vorm van medewerking of toestemming, zijn taak uitoefent, is bevoegd daarbij de rechthebbende te vertegenwoordigen of in eigen naam te zijnen behoeve op te treden.

– 2. De bepalingen van titel 3 van Boek 3 zijn in geval van vertegenwoordiging van overeenkomstige toepassing op de rechten en verplichtingen van een wederpartij. Regels die de bevoegdheid van de bewindvoerder betreffen, en feiten die voor een oordeel omtrent zijn bevoegdheid van belang zijn, kunnen niet aan de wederpartij worden tegengeworpen, indien deze met die regels of feiten niet bekend was of behoorde te zijn. (Ontw. 4.4.7.1*r*; BW 1:441, 442)

Art. 173

Vertegenwoordiging in rechte

De bewindvoerder vertegenwoordigt de rechthebbende in gedingen ter zake van onder het bewind staande goederen. Hij kan zich, alvorens in rechte op te treden, te zijner verantwoording doen machtigen door de rechthebbende en degenen in wier belang het bewind uitsluitend of mede is ingesteld. Wordt de machtiging niet verleend, dan kan de kantonrechter haar door zijn machtiging vervangen. (4.4.7.1*s*; BW 1:441, 443; Rv 676*a*)

Art. 174

Aansprakelijkheid rechthebbende voor bewindvoerder

– 1. De rechthebbende is, onverminderd het bepaalde in artikel 172 van Boek 6, aansprakelijk voor alle schulden die voortspruiten uit rechtshandelingen die de bewindvoerder in zijn hoedanigheid in naam van de rechthebbende verricht.

– 2. Voor zover de rechthebbende onder het bewind staande goederen aanwijst die voldoende verhaal bieden, kunnen zijn overige goederen niet worden uitgewonnen voor de in lid 1 bedoelde schulden. (Ontw. 4.4.7.1*t*; BW 1:96 lid 1, 442)

Art. 175

Verhaal op bewindsgoederen

– 1. Tijdens het bewind kunnen de onder het bewind staande goederen ten laste van de rechthebbende slechts worden uitgewonnen voor:
a. de schulden van de nalatenschap, voor zover die schulden ten laste van die goederen kunnen worden gebracht;
b. de schulden die de goederen betreffen;
c. de schulden voortvloeiend uit rechtshandelingen die door de rechthebbende binnen de grenzen van zijn in de artikelen 166 en 167 bedoelde bevoegdheid zijn verricht;
d. de schulden voortvloeiend uit rechtshandelingen die ondanks onbevoegdheid van de rechthebbende krachtens artikel 168 lid 1 geldig zijn, tenzij de bewindvoerder goederen van de

rechthebbende aanwijst die niet onder bewind staan en die geheel of gedeeltelijk verhaal bieden;
e. de schulden waarvoor de rechthebbende overeenkomstig artikel 174 wegens gedragingen van de bewindvoerder aansprakelijk is.
– 2. De goederen kunnen voor de in lid 1 onder *e* bedoelde schulden ook worden uitgewonnen, nadat ze onder last van het bewind op een andere rechthebbende zijn overgegaan.
– 3. De goederen worden vrij van het bewind uitgewonnen, tenzij dit uitsluitend of mede in het belang van een ander dan de rechthebbende of in een gemeenschappelijk belang is ingesteld. (Ontw. 4.4.7.1*u*; BW 1:96; 4:7, 182, 184)

Art. 176

Verhaal voor andere schulden

Indien het bewind uitsluitend is ingesteld in het belang van een ander dan de rechthebbende, dan wel in een gemeenschappelijk belang, kunnen de onder bewind gestelde goederen ten laste van de rechthebbende ook voor andere schulden worden uitgewonnen, doch dan slechts onder de last van het bewind. (Ontw. 4.4.7.1*v*; BW 4:155 lid 4, 167 lid 2)

§ 4. Einde van het bewind

Art. 177

Einde door tijdsverloop

– 1. Het bewind eindigt door het verstrijken van de termijn waarvoor het werd ingesteld.
– 2. Het bewind eindigt door verwerping van de nalatenschap of het legaat waarbij de goederen zijn vermaakt, indien het door het bewind gediende belang daarmede vervalt. De beëindiging door verwerping heeft geen terugwerkende kracht. (Ontw. 4.4.7.1*w*)

Art. 178

Bewind in belang van rechthebbende

– 1. Het bewind eindigt door het overlijden van de rechthebbende indien het uitsluitend in diens belang was ingesteld. Is deze een rechtspersoon, dan eindigt het door diens ontbinding, en voorts door diens opzegging wanneer dertig jaren na het overlijden van de erflater zijn verlopen.
– 2. De rechtbank kan een zodanig bewind ook opheffen op verzoek van de bewindvoerder op grond van onvoorziene omstandigheden en voorts indien aannemelijk is dat de rechthebbende de onder bewind staande goederen zelf op verantwoorde wijze zal kunnen besturen. Na verloop van vijf jaren na het overlijden van de erflater kan het bewind op deze laatste grond ook worden opgeheven op verzoek van de rechthebbende. Bij afwijzing van een verzoek tot opheffing kan de rechtbank desverzocht de regels omtrent het bewind, al dan niet onder door haar te stellen voorwaarden, wijzigen. (Ontw. 4.4.7.2; BW 6:258)

Art. 179

Bewind in belang van een ander

– 1. Voor zover het bewind is ingesteld in het belang van een ander dan de rechthebbende, eindigt het, wanneer dat belang vervalt, alsmede wanneer de rechthebbende en degene in wiens belang de instelling geschiedde, een gemeenschappelijk besluit tot opheffing schriftelijk ter kennis van de bewindvoerder brengen. Het besluit tot opheffing kan ook slechts een of meer der onder bewind gestelde goederen betreffen.
– 2. Is het bewind ingesteld in het belang van degene die is bevoordeeld bij een legaat onder opschortende tijdsbepaling of opschortende voorwaarde of bij een testamentaire last, dan kan het, wanneer dertig jaren na het overlijden van de erflater zijn verstreken, door opzegging worden beëindigd. (Ontw. 4.4.7.3; BW 4:130 e.v., 136 e.v.)

Art. 180

Bewind in gemeenschappelijk belang

– 1. Voor zover het bewind is ingesteld in het gemeenschappelijk belang van de rechthebbende en een of meer anderen, eindigt het wanneer dat belang vervalt.
– 2. Het bewind kan eveneens worden beëindigd door opzegging, wanneer vijf jaren na het overlijden van de erflater zijn verstreken. (Ontw. 4.4.7.4)

Art. 181

Wijze van opzegging

– 1. De in de vorige artikelen bedoelde opzegging kan slechts geschieden door de rechthebbende, en dat wel schriftelijk en met inachtneming van een termijn van een maand.
– 2. De opzegging moet worden gericht tot de bewindvoerder en tot de belanghebbenden zo die er zijn. (Ontw. 4.4.7.5)

TITEL 6
Gevolgen van de erfopvolging

AFDELING 1
Algemene bepalingen

Art. 182

Overgang van rechten en schulden

– 1. Met het overlijden van de erflater volgen zijn erfgenamen van rechtswege op in zijn voor overgang vatbare rechten en in zijn bezit en houderschap. De eerste zin geldt niet wanneer de

nalatenschap ingevolge artikel 13 wordt verdeeld; in dat geval volgt de echtgenoot van rechtswege op in het bezit en houderschap van de erflater.
– 2. Zij worden van rechtswege schuldenaar van de schulden van de erflater die niet met zijn dood tenietgaan. Is een prestatie deelbaar, dan is ieder van hen verbonden voor een deel, evenredig aan zijn erfdeel, tenzij zij hoofdelijk zijn verbonden. (Ontw. 4.5.1.1; BW 4:880, 1002 (oud); BW 3:80 lid 2, 116; 4:7; 6:6)

Art. 183

Hereditatis petitio

Een erfgenaam kan de goederen van de nalatenschap met inbegrip van die welke de erflater op het tijdstip van zijn overlijden voor derden hield, opvorderen van iedere derde die deze goederen zonder recht houdt. Is de nalatenschap verdeeld overeenkomstig artikel 13, dan komt de in de vorige zin bedoelde bevoegdheid uitsluitend toe aan de echtgenoot van de erflater. (Ontw. 4.5.1.2; BW 881 (oud))

Art. 184

Verhaal op nalatenschap

– 1. Schuldeisers van de nalatenschap kunnen hun vorderingen op de goederen der nalatenschap verhalen.
– 2. Een erfgenaam is niet verplicht een schuld der nalatenschap ten laste van zijn overig vermogen te voldoen, tenzij hij:
a. zuiver aanvaardt, behalve voor zover de schuld niet op hem rust en onverminderd de artikelen 14 lid 3 en 87 lid 5;
b. de voldoening van de schuld verhindert en hem daarvan een verwijt kan worden gemaakt;
c. opzettelijk goederen der nalatenschap zoek maakt, verbergt of op andere wijze aan het verhaal van schuldeisers der nalatenschap onttrekt; of
d. vereffenaar is, in de vervulling van zijn verplichtingen als zodanig in ernstige mate tekortschiet, en hem daarvan een verwijt kan worden gemaakt.
– 3. In ieder geval kunnen, wanneer uit de nalatenschap een uitkering heeft plaatsgevonden aan een erfgenaam die de nalatenschap beneficiair heeft aanvaard, de schuldeisers van de nalatenschap zich op het vermogen van die erfgenaam verhalen tot de waarde van hetgeen hij uit de nalatenschap heeft verkregen. Artikel 223 lid 1 vindt daarbij overeenkomstige toepassing.
– 4. Hij die ingevolge lid 2 onder *b* of *c* met zijn gehele vermogen aansprakelijk is geworden, blijft dit ook na verwerping van de nalatenschap.
– 5. Lid 2 is van overeenkomstige toepassing op de verplichting van een erfgenaam tot nakoming van een last die bestaat uit een uitgave van geld of van een goed dat niet tot de nalatenschap behoort. (Ontw. 4.5.1.3; BW 4:7)

Art. 185

Beraad

– 1. Gedurende drie maanden na het overlijden van de erflater kan op goederen van een nalatenschap die niet door alle erfgenamen zuiver is aanvaard, geen verhaal worden genomen, tenzij de schuldeiser hiertoe ook in geval van faillissement van de erflater had kunnen overgaan.
– 2. Gedurende die tijd kan de kantonrechter op verzoek van een belanghebbende de maatregelen voorschrijven die hij in diens belang nodig acht.
– 3. De termijn kan voor de afloop daarvan door de kantonrechter ten aanzien van bepaalde schuldeisers een of meer malen op grond van bijzondere omstandigheden worden verlengd. De verlenging wordt in het boedelregister ingeschreven. (Ontw. 4.5.1.4; BW 4:1070 e.v. (oud); Fw 57; Rv 676*a*)

Art. 186

Openbaar boedelregister

– 1. De griffiers van de rechtbanken houden een openbaar boedelregister, waarin krachtens wettelijk voorschrift feiten worden ingeschreven, die voor de rechtstoestand van opengevallen nalatenschappen van belang zijn.
– 2. Een notaris die is betrokken bij de afwikkeling van de nalatenschap, doet zich in het boedelregister inschrijven.
– 3. De wijze van inrichting en raadpleging van het boedelregister worden bij algemene maatregel van bestuur geregeld.
– 4. Bij algemene maatregel van bestuur kan worden bepaald dat de openbare boedelregisters, bedoeld in het eerste lid, in afwijking van het eerste lid door een ander of door anderen dan de griffiers van de rechtbanken worden gehouden. Bij algemene maatregel van bestuur kan eveneens worden bepaald dat de verstrekking van gegevens ter inschrijving in het openbaar boedelregister door degenen die daartoe bevoegd of die daartoe gehouden zijn, uitsluitend op een in die maatregel aan te geven wijze plaats vindt. (Ontw. 4.5.1.4*a*; BW 4:191, 197)

Art. 187

Verklaring van erfrecht; derdenbescherming

– 1. Hij die is afgegaan op de in een verklaring van erfrecht vermelde feiten, geldt te dezen aanzien als te goeder trouw.
– 2. Een schuldenaar die, afgaande op de in een verklaring van erfrecht vermelde feiten, heeft

betaald aan iemand die niet bevoegd was de betaling te ontvangen, kan aan degene aan wie betaald moest worden, tegenwerpen dat hij bevrijdend heeft betaald.

– 3. Het in de vorige leden bepaalde lijdt uitzondering, indien van degene die op de verklaring is afgegaan, op grond van bijzondere omstandigheden een nader onderzoek kon worden gevergd, dat hem de onjuistheid van de verklaring zou hebben doen blijken. (Ontw. 4.5.1.5; BW 3:11, 86, 88, 99; 6:34)

Art. 188

Verklaring van erfrecht

– 1. Een verklaring van erfrecht is een notariële akte waarin een notaris een of meer van de volgende feiten vermeldt:

a. dat een of meer in de verklaring genoemde personen, al dan niet voor bepaalde erfdelen, erfgenaam zijn of de enige erfgenamen zijn, met vermelding of zij de nalatenschap reeds hebben aanvaard;

b. dat al dan niet aan de echtgenoot van de erflater het vruchtgebruik van een of meer tot de nalatenschap behorende goederen krachtens afdeling 2 van titel 3 toekomt, met vermelding of aan hem een machtiging tot vervreemden of bezwaren of een bevoegdheid tot vervreemding en vertering is verleend, alsmede of en tot welk tijdstip de echtgenoot een beroep toekomt op artikel 29 leden 1 en 3;

c. dat de nalatenschap is verdeeld overeenkomstig artikel 13, met vermelding of en tot welk moment de echtgenoot de bevoegdheid toekomt als bedoeld in artikel 18 lid 1;

d. dat al dan niet het beheer van de nalatenschap aan executeurs, bewindvoerders of krachtens de derde afdeling van deze titel benoemde vereffenaars is opgedragen, met vermelding van hun bevoegdheden; of

e. dat een of meer in de verklaring genoemde personen executeur, bewindvoerder of vereffenaar zijn.

– 2. Bij algemene maatregel van bestuur kunnen nadere voorschriften omtrent de inhoud en de opstelling van deze verklaringen worden vastgesteld. (Ontw. 4.5.1.5*a*)

Art. 189

Verkrijging door de Staat

Indien en voor zover een erflater geen erfgenamen heeft, worden de goederen der nalatenschap op het ogenblik van zijn overlijden door de Staat onder algemene titel verkregen. (Ontw. 4.5.1.5*b*; BW 4:1172 e.v. (oud); BW 3:80)

AFDELING 2

Aanvaarding en verwerping van nalatenschappen en van legaten

Art. 190

Keuzebevoegdheid

– 1. Een erfgenaam kan een nalatenschap aanvaarden of verwerpen. Een aanvaarding kan zuiver geschieden of onder voorrecht van boedelbeschrijving.

– 2. De erflater kan de erfgenamen in hun keuze niet beperken. Evenmin kan een erfgenaam dienaangaande vóór het openvallen der nalatenschap een beslissing nemen.

– 3. De keuze kan alleen onvoorwaardelijk en zonder tijdsbepaling geschieden. Zij kan niet een deel van het erfdeel betreffen. Hetgeen aan een erfgenaam die reeds aanvaard heeft, opkomt door de vervulling van een door de erflater aan een erfstelling toegevoegde voorwaarde kan evenwel nog afzonderlijk aanvaard of verworpen worden.

– 4. Een eenmaal gedane keuze is onherroepelijk en werkt terug tot het ogenblik van het openvallen der nalatenschap. Een aanvaarding of verwerping kan niet op grond van dwaling, noch op grond van benadeling van een of meer schuldeisers worden vernietigd. (Ontw. 4.5.2.1; BW 4:1090, 1091, 1093, 1103, 1104 (oud); BW 3:38)

Art. 191

Aflegging verklaring

– 1. De in het vorige artikel bedoelde keuze wordt gedaan door het afleggen van een daartoe strekkende verklaring ter griffie van de rechtbank van het sterfhuis. De verklaring wordt in het boedelregister ingeschreven.

– 2. Zolang de nalatenschap niet door alle erfgenamen is aanvaard, kan de kantonrechter de maatregelen voorschrijven die hij tot behoud van de goederen nodig acht. (Ontw. 4.5.2.2; BW 4:1103 (oud); BW 4:185; Rv 676*a*)

Art. 192

Zuivere aanvaarding

– 1. Een erfgenaam die zich ondubbelzinnig en zonder voorbehoud als een zuiver aanvaard hebbende erfgenaam gedraagt, aanvaardt daardoor de nalatenschap zuiver, tenzij hij zijn keuze reeds eerder heeft gedaan.

– 2. Indien een erfgenaam zijn keuze nog niet heeft gedaan, kan de kantonrechter hem daarvoor op verzoek van een belanghebbende een termijn stellen, die ingaat op de dag nadat de belanghebbende deze beschikking aan de erfgenaam heeft doen betekenen en de beschikking onder vermelding van de gedane betekening heeft doen inschrijven in het boedelregister. De kantonrechter kan op verzoek van de erfgenaam de termijn voor de afloop daarvan een of meer malen verlengen; de verlenging wordt in het boedelregister ingeschreven.

– 3. Laat de erfgenaam de termijn verlopen zonder inmiddels een keuze te hebben gedaan, dan wordt hij geacht de nalatenschap zuiver te aanvaarden.
– 4. Een erfgenaam die nog geen keuze heeft gedaan, wordt geacht beneficiair te aanvaarden, wanneer een of meer zijner mede-erfgenamen door een verklaring beneficiair aanvaarden, tenzij hij alsnog de nalatenschap zuiver aanvaardt of verwerpt binnen drie maanden nadat hij van die beneficiaire aanvaarding kennis heeft gekregen of, indien voor hem op het tijdstip van die beneficiaire aanvaarding een overeenkomstig het tweede lid gestelde of verlengde termijn liep, binnen die termijn. De zuivere aanvaarding kan slechts geschieden op de wijze als bepaald in het eerste lid van het vorige artikel. (Ontw. 4.5.2.3; BW 4:1094, 1096 (oud); BW 4:186, 193 lid 2; Rv 676*a*)

Art. 193

Wettelijke vertegenwoordiger

– 1. Een wettelijke vertegenwoordiger van een erfgenaam kan voor deze niet zuiver aanvaarden en behoeft voor verwerping een machtiging van de kantonrechter. Hij is verplicht een verklaring van beneficiaire aanvaarding of van verwerping af te leggen binnen drie maanden vanaf het tijdstip waarop de nalatenschap, of een aandeel daarin, de erfgenaam toekomt. Deze termijn kan overeenkomstig artikel 192 lid 2, tweede zin, worden verlengd.
– 2. Heeft hij de termijn laten verlopen, dan geldt de nalatenschap als door de erfgenaam beneficiair aanvaard. De kantonrechter kan hiervan aantekening doen houden in het boedelregister.
– 3. De leden 1 en 2 zijn niet van toepassing in het geval, bedoeld in artikel 41 van de Faillissementswet. (Ontw. 4.5.2.4; BW 4:1092 (oud); BW 1:345 lid 4, 337 lid 1, 384, 441; 4:186)

Art. 194

Ontdekking nadelige uiterste wil

– 1. Een erfgenaam die na zuivere aanvaarding bekend wordt met een uiterste wil, volgens welke de legaten en lasten die hij moet voldoen, tot een geringer bedrag uit zijn erfdeel kunnen worden bestreden dan zonder die uiterste wil het geval zou zijn geweest, wordt, indien hij binnen drie maanden na die ontdekking het verzoek daartoe doet, door de kantonrechter gemachtigd om alsnog beneficiair te aanvaarden. Nochtans komen de schulden der nalatenschap met uitzondering van de hem tevoren niet bekende legaten, alsmede de hem tevoren reeds bekende lasten, ten laste van zijn gehele vermogen voor zover hij deze ook zonder die uiterste wil niet uit zijn erfdeel had kunnen bestrijden.
– 2. Een erfgenaam die na zuivere aanvaarding bekend wordt met een uiterste wil, volgens welke zijn erfdeel groter is dan het zonder die uiterste wil zou zijn geweest, of met een na zijn aanvaarding voorgevallen gebeurtenis waardoor zijn erfdeel is vergroot, wordt, indien hij binnen drie maanden na die ontdekking het verzoek daartoe doet, door de kantonrechter gemachtigd alsnog beneficiair te aanvaarden. Nochtans moet hij de schulden der nalatenschap en de lasten met zijn gehele vermogen voldoen, voor zover dat ook zonder die uiterste wil of zonder die gebeurtenis het geval zou zijn geweest. (Ontw. 4.5.2.4*b*)

Art. 195

Beneficiaire aanvaarding

– 1. Is een nalatenschap door een of meer erfgenamen beneficiair aanvaard en moet zij uit dien hoofde overeenkomstig de volgende afdeling van deze titel worden vereffend, dan zijn alle erfgenamen vereffenaar.
– 2. Voor de toepassing van de bepalingen van deze en de volgende afdeling inzake vereffening wordt de echtgenoot van de erflater die een recht van vruchtgebruik heeft krachtens afdeling 2 van titel 3, als een erfgenaam aangemerkt, tenzij uit de strekking van de bepalingen anders voortvloeit. (Ontw. 4.5.2.5; BW 4:30 e.v., 152)

Art. 196

Bekendmaking beneficiaire aanvaarding

De kantonrechter kan, op verzoek van een belanghebbende of ambtshalve, de erfgenamen gelasten de beneficiaire aanvaarding bekend te maken in de *Staatscourant* en in een of meer door hem aangewezen nieuwsbladen. (Ontw. 4.5.2.5*a*; Rv 676*a*)

Art. 197

Boedelnotaris

– 1. Een notaris die op verzoek van een erfgenaam als boedelnotaris voor de beneficiair aanvaarde nalatenschap optreedt, doet zich als zodanig inschrijven in het boedelregister en geeft daarvan zo spoedig mogelijk kennis aan de overige erfgenamen.
– 2. Op een verzoek, uiterlijk een maand na die kennisgeving gedaan door de meerderheid van de erfgenamen of door een of meer erfgenamen die samen voor meer dan de helft gerechtigd zijn in de nalatenschap, kan de kantonrechter een andere notaris, die daartoe bereid is, als boedelnotaris aanwijzen. Deze doet de vervanging inschrijven en brengt haar zo spoedig mogelijk ter kennis van de eerst aangewezene en de erfgenamen.
– 3. In geval van bekendmaking van de beneficiaire aanvaarding overeenkomstig het vorige artikel, wordt de aanwijzing van een boedelnotaris op dezelfde wijze, onder vermelding van zijn naam en adres, bekendgemaakt. (Ontw. 4.5.2.5*b*; BW 4:146; Rv 676*a*)

Art. 198

Bevoegdheden als vereffenaars

Tenzij de kantonrechter anders bepaalt, oefenen de erfgenamen hun bevoegdheden als vereffenaars van de beneficiair aanvaarde nalatenschap tezamen uit, doch kunnen daden van gewoon onderhoud en tot behoud van de goederen, en in het algemeen daden die geen uitstel kunnen lijden, door ieder van hen zo nodig zelfstandig worden verricht. (Ontw. 4.5.2.5*c*)

Art. 199

Zekerheidstelling

– 1. Op verzoek van een belanghebbende of van de boedelnotaris kan de kantonrechter een of meer erfgenamen van een nalatenschap die beneficiair aanvaard is, gelasten zekerheid te stellen voor hun beheer en de nakoming van hun overige verplichtingen. De kantonrechter stelt het bedrag en de aard van de zekerheid vast.

– 2. Wanneer een erfgenaam blijkt dat de schulden der beneficiair aanvaarde nalatenschap de baten overtreffen, doet hij hiervan ten spoedigste mededeling aan de kantonrechter. (Ontw. 4.5.2.6; BW 4:1081 (oud); BW 4:203 lid 1 sub *b*)

Art. 200

Gevolgen beneficiaire aanvaarding

– 1. Met betrekking tot een erfgenaam die onder voorrecht van boedelbeschrijving heeft aanvaard, geldt tot het einde van de vereffening het in de volgende leden bepaalde, tenzij hij voor de op hem rustende schulden der nalatenschap met zijn gehele vermogen aansprakelijk is.

– 2. Vorderingen van de erflater op de erfgenaam en beperkte rechten van de erflater op een goed van de erfgenaam, alsmede vorderingen van de erfgenaam op de erflater en beperkte rechten van de erfgenaam op een goed van de erflater gaan niet door vermenging teniet.

– 3. Heeft de erfgenaam een schuld der nalatenschap uit zijn overig vermogen voldaan, dan treedt hij op als schuldeiser van de nalatenschap voor het bedrag van die schuld in de rang die zij had. De vorige zin is van overeenkomstige toepassing op een last die verplicht tot een uitgave in geld ten laste van de nalatenschap welke de erfgenaam uit zijn overige vermogen heeft gedaan. (Ontw. 4.5.2.6*a*)

Art. 201

Legaat

– 1. Een legaat wordt verkregen zonder dat een aanvaarding nodig is, behoudens de bevoegdheid van de legataris om het legaat te verwerpen zolang hij het niet aanvaard heeft.

– 2. De kantonrechter kan op verzoek van een belanghebbende aan de legataris een termijn stellen, waarbinnen deze moet verklaren of hij al dan niet verwerpt; bij gebreke van een verklaring binnen de gestelde termijn verliest de legataris de bevoegdheid om te verwerpen.

– 3. De verwerping van een legaat moet op ondubbelzinnige wijze geschieden, maar is aan geen vorm gebonden. (Ontw. 4.5.2.7; BW 4:117 e.v.; Rv 676*a*)

AFDELING 3
Vereffening van de nalatenschap

Art. 202

Gronden voor vereffening

– 1. Een nalatenschap wordt, behoudens het in artikel 221 bepaalde, overeenkomstig de in deze afdeling gegeven voorschriften vereffend:

a. wanneer zij door een of meer erfgenamen onder voorrecht van boedelbeschrijving is aanvaard, tenzij er een tot voldoening van de opeisbare schulden en legaten bevoegde executeur is en deze kan aantonen dat de goederen der nalatenschap ruimschoots toereikend zijn om alle schulden der nalatenschap te voldoen; geschillen dienaangaande worden door de kantonrechter beslist;

b. wanneer de rechtbank een vereffenaar heeft benoemd.

– 2. Indien het saldo van de nalatenschap positief is kan de wettelijke vertegenwoordiger van een erfgenaam die voor deze beneficiair heeft aanvaard de kantonrechter verzoeken om ontheffing van de verplichting om te vereffenen volgens de wet.

– 3. Een nalatenschap die overeenkomstig artikel 13 is verdeeld, wordt in afwijking van lid 1 onder *a* slechts vereffend volgens de wet wanneer de echtgenoot van de erflater haar beneficiair heeft aanvaard. (Ontw. 4.5.3.1; BW 4:193; Rv 676*a*)

Art. 203

Benoeming vereffenaar

– 1. Na een aanvaarding onder voorrecht van boedelbeschrijving, kan de rechtbank een vereffenaar benoemen:

a. op verzoek van een erfgenaam;

b. op verzoek van een belanghebbende of van het openbaar ministerie, wanneer hij die met het beheer der nalatenschap belast is in ernstige mate in de vervulling van zijn verplichtingen tekortschiet, daartoe ongeschikt is of niet voldoet aan een last tot zekerheidsstelling, wanneer de schulden der nalatenschap de baten blijken te overtreffen, of wanneer tot een verdeling van de nalatenschap wordt overgegaan voordat deze vereffend is.

– 2. De door de rechter benoemde persoon treedt als vereffenaar in de plaats van de erfgenamen. (Ontw. 4.5.3.3)

Art. 204

Benoeming vereffenaar

– 1. Is een nalatenschap niet onder voorrecht van boedelbeschrijving aanvaard, dan kan de rechtbank een vereffenaar benoemen:

a. op verzoek van een belanghebbende of van het openbaar ministerie, wanneer er geen erfgenamen zijn, wanneer het niet bekend is of er erfgenamen zijn, of wanneer de nalatenschap niet door een executeur wordt beheerd en de erfgenamen die bekend zijn haar geheel of ten dele onbeheerd laten;
b. op verzoek van een schuldeiser van de nalatenschap, wanneer tot een verdeling van de nalatenschap wordt overgegaan voordat de opeisbare schulden daarvan zijn voldaan, of wanneer voor hem het gevaar bestaat dat hij niet ten volle of niet binnen redelijke tijd zal worden voldaan, hetzij omdat de nalatenschap niet toereikend is of niet behoorlijk beheerd en afgewikkeld wordt, hetzij omdat een schuldeiser zich op de goederen van de nalatenschap gaat verhalen;
c. op verzoek van een of meer andere schuldeisers van een erfgenaam, wanneer hun belangen door een gedraging van de erfgenamen of van de executeur ernstig worden geschaad.
– 2. Indien de nalatenschap is verdeeld overeenkomstig artikel 13, is lid 1, onder *b* en *c*, van overeenkomstige toepassing op het geheel van de goederen die hebben behoord tot de huwelijksgemeenschap van de erflater en zijn echtgenoot, de in die gemeenschap gevallen of daarop verhaalbare schulden, alsmede hetgeen daarvoor in de plaats is getreden. (Ontw. 4.5.3.4; BW 4:1172 (oud); Fw 198 e.v. (oud))

Art. 205

Vereffening na verwerping erfgenaam

Wanneer een schuldeiser van een erfgenaam die de nalatenschap verworpen heeft, hierdoor klaarblijkelijk is benadeeld, kan de rechtbank op zijn verzoek bepalen dat de nalatenschap mede in het belang van de schuldeisers van degene die verworpen heeft zal worden vereffend, en kan zij zo nodig een vereffenaar benoemen. (Ontw. 4.5.3.4*a*; BW 4:219)

Art. 206

Formaliteiten benoeming

– 1. De rechtbank beslist niet op het verzoek tot benoeming van een vereffenaar dan na verhoor of behoorlijke oproeping van de verzoeker, alsmede voor zover zij bestaan en bekend zijn, van de erfgenamen de boedelnotaris en de executeur.
– 2. De rechtbank kan als vereffenaar onder de nodige door haar te bepalen waarborgen een erfgenaam, een executeur of een andere persoon aanwijzen. Benoemt zij twee of meer vereffenaars, dan kan, tenzij bij de benoeming of later door de kantonrechter anders wordt bepaald, ieder van hen alle werkzaamheden alleen verrichten.
– 3. Een door de rechter benoemde vereffenaar heeft recht op het loon dat door de kantonrechter vóór het opmaken van de uitdelingslijst wordt vastgesteld.
– 4. Hij wordt vereffenaar op de dag, waarop de beslissing die de benoeming inhoudt in kracht van gewijsde is gegaan, of – zo deze uitvoerbaar bij voorraad is verklaard – daags nadat de griffier hem van zijn benoeming mededeling heeft gedaan.
– 5. Hij kan worden ontslagen hetzij op eigen verzoek, hetzij om gewichtige redenen, zulks op verzoek van een medevereffenaar, een erfgenaam, een schuldeiser van de nalatenschap of het openbaar ministerie, dan wel ambtshalve. Hangende het onderzoek kan de rechtbank voorlopige voorzieningen treffen en de vereffenaar schorsen. De taak van de vereffenaar eindigt door zijn dood, het ten aanzien van hem van toepassing verklaren van de schuldsaneringsregeling natuurlijke personen, zijn faillietverklaring, zijn ondercuratelestelling of indien een bewind als bedoeld in titel 19 van Boek 1 over een of meer van zijn goederen wordt ingesteld. De rechter benoemt een of meer vereffenaars waar dezen ontbreken voordat de vereffening is geëindigd; hij kan een opengevallen plaats doen bezetten.
– 6. De griffier doet de benoeming van een vereffenaar, alsmede het eindigen van zijn hoedanigheid onverwijld in het boedelregister inschrijven. De vereffenaar maakt haar bekend in de *Staatscourant* en in een of meer bij de benoeming voorgeschreven nieuwsbladen. (Ontw. 4.5.3.5; BW 1:378 e.v., 431 e.v.; 4:142, 186, 197, 198; Fw 1 e.v., 284 e.v.; Rv 676*a*)

Art. 207

Rekening en verantwoording

Hij die als vereffenaar door een ander is opgevolgd, is verplicht aan zijn opvolger rekening en verantwoording af te leggen op de wijze als voor bewindvoerders is bepaald. (Ontw. 4.5.3.5*a*)

Art. 208

Rechter-commissaris

– 1. Bij de benoeming van een vereffenaar of bij een latere beschikking kan de rechtbank een harer leden tot rechter-commissaris benoemen.
– 2. Indien een rechter-commissaris is benoemd, worden
a. de overeenkomstig deze afdeling aan de kantonrechter toekomende taken en bevoegdheden door de rechter-commissaris uitgeoefend, tenzij de wet anders bepaalt;
b. de in de artikelen 211 lid 3, 214 lid 5 en 218 lid 1 bedoelde stukken, zo een boedelnotaris ontbreekt, ter griffie van de rechtbank neergelegd. (Ontw. 4.5.3.5*b*; BW 4:209, 218; Fw 223*a*)

Art. 209

Kosteloze vereffening/ opheffing vereffening

– 1. Indien de geringe waarde der baten van een nalatenschap daartoe aanleiding geeft, kan de kantonrechter op verzoek van de vereffenaar of een belanghebbende hetzij de kosteloze vereffening van de nalatenschap, hetzij de opheffing van de vereffening bevelen. Op een verzoek tot opheffing wordt de verzoeker gehoord of behoorlijk opgeroepen, alsmede voor zover zij bestaan en bekend zijn, de erfgenamen, de vereffenaar en de boedelnotaris. Indien een rechter-commissaris is benoemd, komt de in de eerste zin bedoelde bevoegdheid, op voordracht van de rechter-commissaris, aan de rechtbank toe.

– 2. Bij het bevel tot opheffing van de vereffening stelt de kantonrechter onderscheidenlijk de rechtbank tevens het bedrag der reeds gemaakte vereffeningskosten vast, en brengt dat ten laste van de boedel of, wanneer de boedel daartoe onvoldoende is, ten laste van de erfgenamen, voor zover dezen met hun gehele vermogen aansprakelijk zijn.

– 3. Na de opheffing is artikel 226 van overeenkomstige toepassing.

– 4. De opheffing wordt op dezelfde wijze als de benoeming van een vereffenaar ingeschreven en bekend gemaakt.

– 5. Indien na de opheffing van een vereffening de benoeming van een vereffenaar wordt verzocht, is de verzoeker verplicht aan te tonen dat er voldoende baten aanwezig zijn om de kosten van de vereffening te bestrijden. (Ontw. 4.5.3.6; Fw 16)

Art. 210

Inlichtingenplicht

– 1. Vereffenaars geven aan de kantonrechter alle door deze gewenste inlichtingen en zijn verplicht diens aanwijzingen bij vereffening te volgen.

– 2. Indien een rechter-commissaris is benoemd, is deze bevoegd ter opheldering van alle omstandigheden, de vereffening betreffende, getuigen en deskundigen te horen op dezelfde wijze als voor een rechter-commissaris in geval van faillissement is bepaald. (Ontw. 4.5.3.7; Fw 66)

Art. 211

Taken vereffenaar

– 1. Een vereffenaar heeft tot taak de nalatenschap als een goed vereffenaar te beheren en te vereffenen. Voor de vereffening wordt een last die tot een uitgave van geld of van een goed uit de nalatenschap verplicht, gelijkgesteld met een legaat.

– 2. Hij vertegenwoordigt bij de vervulling van zijn taak de erfgenamen in en buiten rechte. Zij zijn niet bevoegd zonder zijn medewerking of machtiging van de kantonrechter over de goederen der nalatenschap of hun aandeel daarin te beschikken.

– 3. Hij moet met bekwame spoed een onderhandse of notariële boedelbeschrijving opmaken of doen opmaken, waarin de schulden der nalatenschap in de vorm van een voorlopige staat zijn opgenomen. Hij moet deze ten kantore van de boedelnotaris of, indien deze ontbreekt, ter griffie van de rechtbank neerleggen, ter inzage van de erfgenamen en de schuldeisers der nalatenschap; andere schuldeisers van een erfgenaam, ook indien deze de nalatenschap verworpen heeft, kunnen tot inzage gemachtigd worden door de kantonrechter.

– 4. De kantonrechter kan in geval van aanvaarding onder voorrecht van boedelbeschrijving de erfgenamen ontheffen van de verplichting om de boedelbeschrijving ter inzage te leggen.

– 5. Een door de rechter benoemde vereffenaar kan een boedelnotaris aanwijzen, indien dit nog niet is geschied. De notaris die deze opdracht heeft aanvaard, geeft daarvan kennis aan de erfgenamen en doet zich inschrijven in het boedelregister. (Ontw. 4.5.3.8; BW 4:145, 186, 204 lid 1 sub *c*, 205, 219; Rv 676*a*)

Art. 212

Goederen onttrekken aan verhaal

Wanneer de wettelijke vertegenwoordiger van een erfgenaam of een door de rechter benoemde vereffenaar aan schuldeisers der nalatenschap schade heeft toegebracht, doordat hij opzettelijk goederen der nalatenschap aan het verhaal van de schuldeisers heeft onttrokken, kunnen zij van hem de voldoening van hun vordering eisen, voor zover hij niet bewijst dat hun schade op een lager bedrag moet worden gesteld. (Ontw. 4.5.3.8*a*; BW 4:184)

Art. 213

Vereffenaar ontbonden huwelijksgemeenschap

Is de erflater gehuwd geweest in een gemeenschap van goederen, dan kan de rechtbank op verzoek van de vereffenaar van de nalatenschap een vereffenaar van de ontbonden huwelijksgemeenschap benoemen, in welk geval zij met overeenkomstige toepassing van het in deze afdeling bepaalde wordt vereffend. De eerste zin is niet van toepassing indien de huwelijksgemeenschap reeds voor het overlijden van de erflater was verdeeld. (Ontw. 4.5.3.8*b*; BW 3:168)

Art. 214

Oproeping schuldeisers

– 1. Een vereffenaar roept de schuldeisers der nalatenschap, zo dit nog niet is geschied, openlijk op om hun vorderingen vóór een door de kantonrechter bepaalde datum bij de boedelnotaris of, indien deze ontbreekt, bij hemzelf in te dienen. De oproeping geschiedt op dezelfde wijze als de bekendmaking van de beneficiaire aanvaarding of de benoeming van de vereffenaar en zoveel mogelijk tegelijkertijd.

– 2. De vereffenaar moet bovendien de hem bekende schuldeisers der nalatenschap per brief oproepen. Is hem het adres van een schuldeiser der nalatenschap onbekend gebleven, dan deelt hij dit mede aan de kantonrechter.

– 3. Aanmelding van een vordering stuit de verjaring.

– 4. De vereffenaar geeft, indien hij zich met een ingediende vordering of een ingeroepen

voorrang niet kan verenigen, daarvan onverwijld onder opgave van redenen kennis aan hem die de vordering heeft ingediend.
– 5. Zo spoedig mogelijk na het verstrijken van de bij de oproep der schuldeisers gestelde termijn legt de vereffenaar een lijst van de door hem erkende en betwiste vorderingen en aanspraken op voorrang ten kantore van de boedelnotaris of, indien deze ontbreekt, ter griffie van de rechtbank neer, ter inzage van de erfgenamen, de legatarissen en allen die zich als schuldeiser hebben aangemeld. Hij geeft ieder van hen van deze neerlegging kennis. (Ontw. 4.5.3.9; BW 4:221)

Art. 215

Tegeldemaking goederen

– 1. De vereffenaar maakt de goederen der nalatenschap te gelde, voor zover dit voor de voldoening van de schulden der nalatenschap nodig is. Goederen die een schuldeiser der nalatenschap te vorderen heeft, worden zoveel mogelijk in de laatste plaats te gelde gemaakt.
– 2. Omtrent de keuze van de te gelde te maken goederen en de wijze van tegeldemaking treedt de vereffenaar zoveel mogelijk in overleg met de erfgenamen. Bestaat tegen de voorgenomen tegeldemaking van een goed bezwaar bij een erfgenaam of een schuldeiser die het goed te vorderen heeft dan stelt de vereffenaar hem in de gelegenheid de beslissing van de kantonrechter in te roepen.
– 3. Het in het vorige lid ten aanzien van de erfgenamen bepaalde geldt mede ten aanzien van hen aan wie het vruchtgebruik van de nalatenschap of van een aandeel daarin is vermaakt.
– 4. Artikel 68 van Boek 3 is op de vereffenaar van overeenkomstige toepassing.
– 5. Met betrekking tot door de erflater gesloten sommenverzekeringen zonder onherroepelijk geworden aanwijzing van een derde als begunstigde, is artikel 22*a* Faillissementswet van overeenkomstige toepassing, waarbij dient te worden gelezen voor:
a. de curator: de vereffenaar
b. de rechter-commissaris: de kantonrechter
c. de verzekeringnemer: de erfgenamen dan wel, indien de nalatenschap is verdeeld overeenkomstig afdeling 1 van titel 3, de echtgenoot van de erflater. (Ontw. 4.5.3.10; BW 4:1059 (oud); Rv 676*a*)

Art. 216

Terugvordering legaat

Een door de rechter benoemde vereffenaar kan hetgeen uit de nalatenschap aan een legataris is uitgekeerd, binnen drie jaar daarna terugvorderen, voor zover dit nodig is om schulden als bedoeld in artikel 7 lid 1 onder *a* tot en met *g* te voldoen. Artikel 122 lid 1 is van overeenkomstige toepassing. (Ontw. 4.5.3.10*a*)

Art. 217

Verrekening

– 1. Indien iemand zowel schuldenaar als schuldeiser van de nalatenschap is, zijn de bepalingen van de Faillissementswet omtrent de bevoegdheid tot verrekening van overeenkomstige toepassing.
– 2. Indien iemand met de erflater deelgenoot was in een gemeenschap die tijdens de vereffening wordt verdeeld, is artikel 56 van de Faillissementswet van overeenkomstige toepassing. (Ontw. 4.5.3.10*b*; Fw 53)

Art. 218

Rekening en verantwoording

– 1. Een vereffenaar is verplicht binnen zes maanden nadat de voor het indienen van vorderingen gestelde tijd is verstreken, een rekening en verantwoording benevens een uitdelingslijst ten kantore van de boedelnotaris of, indien deze ontbreekt, ter griffie van de rechtbank ter kennisneming van een ieder neer te leggen. De kantonrechter kan deze termijn verlengen.
– 2. De vereffenaar maakt de neerlegging op dezelfde wijze openlijk bekend als de oproep tot aanmelding van vorderingen en bovendien per brief aan de erfgenamen, de legatarissen en allen die zich als schuldeiser hebben aangemeld.
– 3. Binnen een maand na deze openlijke bekendmaking kan iedere belanghebbende tegen de rekening en verantwoording of tegen de uitdelingslijst bij de kantonrechter of, indien een rechter-commissaris is benoemd, bij de rechtbank in verzet komen.
– 4. Verbintenissen die tot levering van een goed der nalatenschap of tot vestiging van een beperkt recht op een zodanig goed verplichten, worden in een geldschuld omgezet, voor zover een tekort dit nodig maakt. Andere verbintenissen die niet in geld luiden, en verbintenissen onder een opschortende voorwaarde worden in de uitdelingslijst slechts op verzoek van de schuldeiser opgenomen; in dat geval worden zij omgezet in een geldschuld. De vordering van een legitimaris wordt, indien zij ingevolge artikel 81 lid 2, een voorwaarde als bedoeld in artikel 82 of een beschikking als bedoeld in artikel 83 niet opeisbaar is, niet in de uitdelingslijst opgenomen.
– 5. Voor het overige vinden bij de berekening van ieders vordering, het opmaken van de uitdelingslijst en het verzet daartegen de dienaangaande in de Faillissementswet voorkomende voorschriften zoveel mogelijk overeenkomstige toepassing. (Ontw. 4.5.3.11; BW 4:221; Fw 130 e.v.; Rv 676*a*)

Art. 219

Schuldeisers van verwerpende echtgenoten

Wanneer de rechter heeft bepaald dat de nalatenschap mede in het belang van de schuldeisers van iemand die haar verworpen heeft, wordt vereffend, kunnen ook deze schuldeisers hun vorderingen indienen. Zij worden in de uitdelingslijst opgenomen, doch slechts batig gerangschikt voor zover een overschot aan hun schuldenaar zou zijn toegekomen, indien deze niet verworpen had; te dien einde kan de vereffenaar voor zoveel nodig verdeling van de nalatenschap vorderen en aan de verdeling deelnemen. (Ontw. 4.5.3.11*b*; BW 4:205)

Art. 220

Verbindend geworden uitdelingslijst

– 1. Na het verbindend worden van een uitdelingslijst is de vereffenaar verplicht een ieder het hem volgens de uitdelingslijst toekomende uit te keren. Geldsbedragen waarover niet binnen zes maanden is beschikt of die gereserveerd zijn, geeft een door de rechter benoemde vereffenaar in bewaring ter plaatse tot het ontvangen van gerechtelijke consignatiën aangewezen.

– 2. Schuldeisers van de nalatenschap die pas na het verbindend worden van een uitdelingslijst opkomen, hebben, onverminderd hun verhaal op de goederen van erfgenamen die met hun gehele vermogen aansprakelijk zijn, alleen recht van verhaal op de alsdan nog onverkochte goederen en op het saldo der nalatenschap. Zij worden daaruit voldaan naar gelang zij zich aanmelden.

– 3. Bovendien hebben schuldeisers als bedoeld in artikel 7 lid 1 onder *a* tot en met g die niet voldaan zijn, nog een recht van verhaal tegen legatarissen, voor zover dezen een uitkering hebben ontvangen en niet voldoende goederen voor verhaal als bedoeld in het vorige lid aanwijzen. Het recht van verhaal tegen een legataris vervalt drie jaren na het verbindend worden van de uitdelingslijst, volgens welke de uitkering aan hem is geschied.

– 4. Wanneer een ingevolge artikel 218 lid 4, derde zin, niet in de uitdelingslijst opgenomen vordering van een legitimaris opeisbaar wordt, kan de legitimaris, onverminderd zijn verhaal overeenkomstig de leden 2 en 3, voor het gedeelte van de schuld aan hem dat overeenkomstig artikel 87 leden 5 en 6 op een erfgenaam of legataris rust, deze erfgenaam of legataris aanspreken. (Ontw. 4.5.3.12; Fw 187, 192)

Art. 221

Vrijstelling van verplichtingen

– 1. De in de artikelen 214, eerste en vijfde lid, en 218 omschreven verplichtingen rusten op de erfgenamen die uit hoofde van aanvaarding onder voorrecht van boedelbeschrijving vereffenaar zijn, slechts indien de kantonrechter dit bepaalt.

– 2. Een door de rechter benoemde vereffenaar behoeft een rekening en verantwoording en een uitdelingslijst niet neer te leggen, wanneer alle hem voor de afloop van de in artikel 218, eerste lid, bedoelde termijn bekend geworden schulden ten volle worden voldaan, of wanneer de kantonrechter hem van deze neerlegging vrijstelt. Deze vrijstelling wordt niet verleend, wanneer een schuldeiser daartegen bezwaar maakt.

– 3. Wordt de rekening en verantwoording niet neergelegd, dan geschiedt zij aan hen die een recht op het overschot hebben, op de wijze als voor bewindvoerders is bepaald. (Ontw. 4.5.3.13; Rv 676*a*)

Art. 222

Schakelbepaling

Gedurende de vereffening zijn van titel 7 van Boek 3 slechts van toepassing de artikelen 166, 167, 169, 170 lid 1 en 194 lid 2. (Ontw. 4.5.3.13*a*)

Art. 223

Verhaal individuele schuldeisers

– 1. Gedurende de vereffening is een schuldeiser alleen bevoegd zijn vordering op goederen der nalatenschap ten uitvoer te leggen, indien deze bevoegdheid hem ook in geval van faillissement van de erflater zou zijn toegekomen. De artikelen 57 tot en met 60 van de Faillissementswet zijn van overeenkomstige toepassing, met dien verstande dat de in de artikelen 58 lid 1, 59*a* leden 3 en 5 en 60 lid 3 bedoelde bevoegdheden van de rechter-commissaris, zo ter zake van de vereffening geen rechter-commissaris is benoemd, uitgeoefend worden door de kantonrechter.

– 2. Ook tijdens de vereffening kan een schuldeiser van de nalatenschap zijn vorderingsrecht, of de voorrang die zijn vordering toekomt, bij vonnis doen vaststellen. Een vonnis waarbij een vordering tegen een vereffenaar is vastgesteld, kan op de persoonlijke goederen van een erfgenaam die met zijn gehele vermogen aansprakelijk is, alleen worden ten uitvoer gelegd, indien deze in het geding partij is geweest.

– 3. Op verzoek van een vereffenaar kunnen reeds gelegde beslagen, voor zover dat voor de vereffening nodig is, door de kantonrechter worden opgeheven. (Ontw. 4.5.3.14; BW 4:185 lid 1; Rv 676*a*)

Art. 224

Voorrang nalatenschapsschuldeisers

Eerst nadat de bekende schuldeisers van de vereffende nalatenschap volledig zijn voldaan, hebben de overige schuldeisers van een erfgenaam recht van verhaal op de goederen der nalatenschap. (Ontw. 4.5.3.15)

Art. 225

– 1. Wanneer niet alle erfgenamen bekend zijn of daaromtrent onzekerheid bestaat, is een vereffenaar verplicht door oproepingen in veel gelezen dagbladen of door andere doelmatige middelen de erfgenamen op te sporen. **Onbekende erfgenamen**

– 2. Is een vereffenaar benoemd omdat de nalatenschap geheel of ten dele onbeheerd werd gelaten, dan neemt de vereffening een einde, zodra alle erfgenamen het beheer hebben aanvaard en de reeds gemaakte kosten van vereffening hebben voldaan. (Ontw. 4.5.3.16; BW 4:204)

Art. 226

– 1. Is de vereffening voltooid en met een overschot geëindigd, dan geeft een door de rechter benoemde vereffenaar de overgebleven goederen af aan de erfgenamen, dan wel, indien de nalatenschap ingevolge artikel 13 is verdeeld, aan de echtgenoot van de erflater. Zijn er geen erfgenamen, is het niet bekend of er erfgenamen zijn, of zijn de erfgenamen niet bereid de goederen in ontvangst te nemen, dan geeft hij deze aan de Staat af. **Afgifte overgebleven goederen**

– 2. Zijn de erfgenamen die zich tot de inontvangstneming bereid tonen, slechts tot een deel van de nalatenschap gerechtigd, dan draagt de vereffenaar zorg, dat de nalatenschap eerst wordt verdeeld. Daarna geeft hij hetgeen is toegedeeld aan erfgenamen die onbekend zijn of hebben nagelaten tot de verdeling mede te werken, aan de Staat af.

– 3. De Staat is bevoegd de hem afgegeven goederen te verkopen; registergoederen mag hij slechts in het openbaar verkopen, tenzij de kantonrechter hem tot onderhandse verkoop machtigt.

– 4. Is een goed van de nalatenschap of hetgeen daarvoor in de plaats is gekomen binnen twintig jaren nadat de nalatenschap is opengevallen door niemand opgeëist, dan vervalt het aan de Staat. (Ontw. 4.5.3.16*a*; BW 3:178, 182; 4:189; Rv 676*a*)

AFDELING 4

Verdeling van de nalatenschap

Art. 227

Onverminderd de voorschriften die voor de verdeling van iedere gemeenschap gelden, zijn op de verdeling van een nalatenschap de navolgende bepalingen van toepassing. (Ontw. 4.5.4.1) **Schakelbepaling**

Art. 228

– 1. Tot de schulden van een erfgenaam, die bij de verdeling op verlangen van een of meer der overige erfgenamen op zijn aandeel worden toegerekend, behoort hetgeen hij aan de erflater schuldig is gebleven. **Toerekening van schulden**

– 2. Ook schulden als bedoeld in artikel 7 lid 1 onder *f* tot en met *h* van een erfgenaam aan een mede-erfgenaam worden, voor zover zij bij de verdeling opeisbaar zijn, op verlangen en ten behoeve van de mede-erfgenaam toegerekend op het aandeel van de schuldenaar. (Ontw. 4.5.4.2; BW 4:1132 (oud); BW 3:184)

Art. 229

– 1. Erfgenamen zijn verplicht ten behoeve van hun mede-erfgenamen de waarde van de hun door de erflater gedane giften in te brengen, voor zover de erflater dit, hetzij bij de gift hetzij bij uiterste wilsbeschikking, heeft voorgeschreven. **Inbreng van giften**

– 2. Een bij de gift opgelegde verplichting tot inbreng kan bij uiterste wilsbeschikking worden ongedaan gemaakt.

Art. 230

Erfgenamen die bij plaatsvervulling opkomen, moeten behalve de door henzelf ontvangen giften, ieder naar de mate van zijn erfdeel de giften inbrengen die hij wiens plaats zij innemen, had moeten inbrengen, was hij erfgenaam geweest. (Ontw. 4.5.4.4; BW 4:1135 lid 3 (oud); BW 4:12) **Inbreng bij plaatsvervulling**

Art. 231

Ook als de begiftigde in een gemeenschap van goederen of deelgenootschap is gehuwd, komt de gehele gift voor inbreng in aanmerking, tenzij de erflater het tegendeel heeft bepaald. (Ontw. 4.5.4.5; BW 4:1136 (oud)) **In gemeenschap van goederen etc. gehuwd**

Art. 232

– 1. De aansprakelijkheid van de erfgenamen jegens de schuldeisers van de nalatenschap wordt door een verplichting tot inbreng niet gewijzigd. **Ongewijzigde aansprakelijkheid**

– 2. Bij overgang van het erfdeel van een erfgenaam gaat zijn recht op of verplichting tot inbreng mede over. (Ontw. 4.5.4.7)

Art. 233

– 1. Verplichting tot inbreng betekent dat bij de verdeling van de nalatenschap de waarde van de gift in mindering komt van het aandeel van de tot inbreng verplichte erfgenaam in het hem en de erfgenamen, te wier behoeve de inbreng verplicht is, uit de nalatenschap toekomende gedeelte, vermeerderd met de onderling in te brengen bedragen. De waarde van de giften **Wijze van inbreng** wordt berekend op de wijze als uit artikel 66 voortvloeit; deze waarde wordt verhoogd met een rente van zes procent per jaar vanaf de dag dat de nalatenschap is opengevallen. De artikelen 68 en 70 lid 3 zijn van overeenkomstige toepassing.

– 2. Inbreng is niet verplicht voor zover de waarde van de gift groter is dan het aandeel van de erfgenaam. (Ontw. 4.5.4.8)

Art. 877-1176

Vervallen.

BOEK 5
Zakelijke rechten

TITEL 1
Eigendom in het algemeen

Art. 1

Eigendom

– 1. Eigendom is het meest omvattende recht dat een persoon op een zaak kan hebben. (BW 3:8, 81 lid 1, 83, 98)
– 2. Het staat de eigenaar met uitsluiting van een ieder vrij van de zaak gebruik te maken, mits dit gebruik niet strijdt met rechten van anderen en de op wettelijke voorschriften en regels van ongeschreven recht gegronde beperkingen daarbij in acht worden genomen. (Ontw. 5.1.3; BW 625 (oud); BW 3:13, 14, 40; 5:21 e.v., 37, 54 e.v.; 6:162; Gr.w. 14; Belemmeringenwet Privaatrecht 2, 16; Waterstaatswet 1900 9 lid 3 e.v.)
– 3. De eigenaar van de zaak wordt, behoudens rechten van anderen, eigenaar van de afgescheiden vruchten. (Ontw. 5.1.1, 5.1.3; BW 3:2, 9, 216; 5:17, 90 lid 1)

Art. 2

Revindicatie

De eigenaar van een zaak is bevoegd haar van een ieder die haar zonder recht houdt, op te eisen. (Ontw. 5.1.4; BW 629 (oud); BW 3:27 e.v., 119 e.v., 296, 302; 5:47; Rv 491-500, 538-541, 555-558, 730-737; Pw 129 sub *a* en *b*; Auteurswet 26 e.v.)

Art. 3

Natrekking

Voor zover de wet niet anders bepaalt, is de eigenaar van een zaak eigenaar van al haar bestanddelen. (Ontw. 5.1.5; BW 643 (oud); BW 3:4; 5:14, 20)

TITEL 2
Eigendom van roerende zaken

Art. 4

Inbezitneming

Hij die een aan niemand toebehorende roerende zaak in bezit neemt, verkrijgt daarvan de eigendom. (Ontw. 5.2.1; BW 640 (oud); BW 3: 113; 5: 18)

Art. 5

Overgang rechtspositie vinder

– 1. Hij die een onbeheerde zaak vindt en onder zich neemt, is verplicht:
a. met bekwame spoed overeenkomstig lid 2, eerste zin, van de vondst aangifte te doen, tenzij hij terstond na de vondst daarvan mededeling heeft gedaan aan degene die hij als eigenaar of als tot ontvangst bevoegd mocht beschouwen;
b. met bekwame spoed tevens overeenkomstig lid 2, tweede zin, mededeling van de vondst te doen, indien deze is gedaan in een woning, een gebouw of een vervoermiddel, tenzij hij krachtens het bepaalde onder *a,* slot ook niet tot aangifte verplicht was;
c. de zaak in bewaring te geven aan de gemeente die dit vordert.
– 2. De in lid 1 onder *a* bedoelde aangifte kan in iedere gemeente worden gedaan bij de daartoe aangewezen ambtenaar. De in lid 1 onder *b* bedoelde mededeling geschiedt bij degene die de woning bewoont of het gebouw of vervoermiddel in gebruik of exploitatie heeft, dan wel bij degene die daar voor hem toezicht houdt.
– 3. De vinder is te allen tijde bevoegd de zaak aan enige gemeente in bewaring te geven. Zolang hij dit niet doet, is hij verplicht zelf voor bewaring en onderhoud zorg te dragen.
– 4. De vinder kan van de in lid 2, eerste zin, bedoelde ambtenaar een bewijs van aangifte of van inbewaringgeving verlangen. (Ontw. 5.2.3; BW 5:6, 7; 6:199 lid 1; Overg.w. 151)

Art. 6

Eigendomsverkrijging door vinder

– 1. De vinder die aan de hem in artikel 5 lid 1 gestelde eisen heeft voldaan, verkrijgt de eigendom van de zaak één jaar na de in artikel 5 lid 1 onder *a* bedoelde aangifte of mededeling, mits de zaak zich op dat tijdstip nog bevindt in de macht van de vinder of van de gemeente.
– 2. Is de zaak anders dan op haar vordering aan de gemeente in bewaring gegeven en valt zij onder de niet-kostbare zaken, aangewezen bij of krachtens een algemene maatregel van bestuur als bedoeld in artikel 12 onder *b,* dan is lid 1 niet van toepassing en is de burgemeester drie maanden na de inbewaringgeving bevoegd de zaak voor rekening van de gemeente te verkopen of haar om niet aan een derde over te dragen of te vernietigen.
– 3. Is de zaak in bewaring gegeven aan de gemeente en is noch lid 1, noch lid 2 van toepassing, dan is de burgemeester één jaar na de inbewaringgeving bevoegd de zaak voor rekening van de gemeente te verkopen of haar om niet aan een derde over te dragen of te vernietigen.
– 4. De vorige leden gelden niet, wanneer de eigenaar of een ander die tot ontvangst van de zaak bevoegd is, zich daartoe heeft aangemeld bij degene die de zaak in bewaring heeft vóórdat de toepasselijke termijn is verstreken of, in de gevallen van de leden 2 en 3, op een tijdstip na

het verstrijken van de termijn, waarop de gemeente de zaak redelijkerwijs nog te zijner beschikking kan stellen. (Ontw. 5.2.4; BW 5:8, 11; Overg.w. 151)

Art. 7

Vondst in woning enz.

De vinder kan, door de zaak onverwijld af te geven aan de bewoner van de woning of de gebruiker of exploitant van de ruimte waar de vondst is gedaan, dan wel aan degene die daar voor hem toezicht houdt, zijn rechtspositie met alle daaraan verbonden verplichtingen doen overgaan op die bewoner, gebruiker of exploitant met dien verstande dat geen recht op beloning bestaat. (Ontw. 5.2.5; Overg.w. 151 lid 5)

Art. 8

Bewaring gevonden zaak onmogelijk: verkoop, overdracht om niet, vernietiging

– 1. Indien een aan de gemeente in bewaring gegeven zaak aan snel tenietgaan of achteruitgang onderhevig is of wegens de onevenredig hoge kosten of ander nadeel de bewaring daarvan niet langer van de gemeente kan worden gevergd, is de burgemeester bevoegd haar te verkopen.

– 2. Indien de zaak zich niet voor verkoop leent, is de burgemeester bevoegd haar om niet aan een derde in eigendom over te dragen of te vernietigen.

Dier

– 3. Indien de gevonden zaak een dier is, is de burgemeester na verloop van twee weken, nadat het dier door de gemeente in bewaring is genomen, bevoegd het zo mogelijk tegen betaling van een koopprijs, en anders om niet, aan een derde in eigendom over te dragen. Mocht ook dit laatste zijn uitgesloten, dan is de burgemeester bevoegd het dier te doen afmaken. De termijn van twee weken behoeft niet te worden in acht genomen, indien het dier slechts met onevenredig hoge kosten gedurende dat tijdvak kan worden bewaard, of afmaking om geneeskundige redenen vereist is.

– 4. De opbrengst treedt in de plaats van de zaak. (Ontw. 5.2.6; BW 5:6; 6:90; Overg.w. 151)

Art. 9

Gevonden geld

Bestaat de aan de gemeente in bewaring gegeven zaak in geld, dan is de gemeente slechts verplicht aan degene die haar kan opeisen, een gelijk bedrag uit te keren, en vervalt deze verplichting zodra de burgemeester tot verkoop voor rekening van de gemeente bevoegd zou zijn geweest. (Ontw. 5.2.6a; BW 5:6 lid 2 lid 3, 8 lid 4, 11; Overg.w. 151)

Art. 10

Kosten van bewaring

– 1. Hij die de zaak opeist van de gemeente of van de vinder die aan de hem in artikel 5 lid 1 gestelde eisen heeft voldaan, is verplicht de kosten van bewaring en onderhoud en tot opsporing van de eigenaar of een andere tot ontvangst bevoegde te vergoeden. De gemeente of de vinder is bevoegd de afgifte op te schorten totdat deze verplichting is nagekomen. Indien degene die de zaak opeist, de verschuldigde kosten niet binnen een maand nadat ze hem zijn opgegeven, heeft voldaan, wordt hij geacht zijn recht op de zaak te hebben prijsgegeven.

Vindersloon

– 2. De vinder die aan de op hem rustende verplichtingen heeft voldaan, heeft naar omstandigheden recht op een redelijke beloning. (Ontw. 5.2.7; BW 3:290 e.v.; 5:7; 6:200; Overg.w. 151)

Art. 11

In ontvangst nemen door vinder

Indien een vinder die op grond van artikel 6 lid 1 eigenaar is geworden van een aan de gemeente in bewaring gegeven zaak, zich niet binnen één maand na zijn verkrijging bij de gemeente heeft aangemeld om de zaak in ontvangst te nemen, is de burgemeester bevoegd de zaak voor rekening van de gemeente te verkopen, om niet aan een derde over te dragen of te vernietigen. (Ontw. 5.2.8; BW 5:6 lid 1; Overg.w. 151)

Art. 12

Nadere regels bij AMvB

Bij of krachtens algemene maatregel van bestuur kunnen:

a. nadere regels worden gesteld omtrent de uitoefening van de uit de artikelen 5-11 voor de gemeenten voortvloeiende bevoegdheden;

b. groepen van niet-kostbare zaken worden aangewezen, waarvoor artikel 6 lid 2 geldt;

c. nadere regels worden gesteld omtrent de aanwijzing van bepaalde soorten personen en instellingen, waarbij deze, geheel of gedeeltelijk en al dan niet onder nadere voorwaarden, worden vrijgesteld van de aangifteplicht van artikel 5 lid 1 onder *a* of voor de afwikkeling van vondsten worden gelijkgesteld met een gemeente;

d. voor de afwikkeling van vondsten door personen of instellingen als bedoeld onder *c* groepen van niet afgehaalde zaken met gevonden zaken worden gelijkgesteld. (Ontw. 5.2.8a; Overg.w. 151)

Art. 13

Schatvinding

– 1. Een schat komt voor gelijke delen toe aan degene die hem ontdekt, en aan de eigenaar van de onroerende of roerende zaak, waarin de schat wordt aangetroffen.

– 2. Een schat is een zaak van waarde, die zolang verborgen is geweest dat daardoor de eigenaar niet meer kan worden opgespoord.

– 3. De ontdekker is verplicht van zijn vondst aangifte te doen overeenkomstig artikel 5 lid 1 onder *a*. Indien geen aangifte is gedaan of onzeker is aan wie de zaak toekomt, kan de gemeente overeenkomstig artikel 5 lid 1 onder *c* vorderen dat deze aan haar in bewaring wordt gegeven, totdat vaststaat wie rechthebbende is. (Ontw. 5.2.9; BW 642 (oud); BW 3:213[2]; Monumentenwet 22 v.; Overg.w. 152)

Art. 14

Natrekking roerende zaken

– 1. De eigendom van een roerende zaak die een bestanddeel wordt van een andere roerende zaak die als hoofdzaak is aan te merken, gaat over aan de eigenaar van deze hoofdzaak.

– 2. Indien geen der zaken als hoofdzaak is aan te merken en zij toebehoren aan verschillende eigenaars, worden deze mede-eigenaars van de nieuwe zaak, ieder voor een aandeel evenredig aan de waarde van de zaak.

– 3. Als hoofdzaak is aan te merken de zaak waarvan de waarde die van de andere zaak aanmerkelijk overtreft of die volgens verkeersopvatting als zodanig wordt beschouwd. (Ontw. 5.2.10; BW 643 (oud); BW 3:4; 5:3, 16[1], 20)

Art. 15

Vermenging

Worden roerende zaken die aan verschillende eigenaars toebehoren door vermenging tot één zaak verenigd, dan is het vorige artikel van overeenkomstige toepassing. (Ontw. 5.2.11; BW 662 (oud), 663 (oud), 664 (oud); BW 3:4; 5:3, 14)

Art. 16

Zaaksvorming

– 1. Indien iemand uit een of meer roerende zaken een nieuwe zaak vormt, wordt deze eigendom van de eigenaar van de oorspronkelijke zaken. Behoorden deze toe aan verschillende eigenaars, dan zijn de vorige twee artikelen van overeenkomstige toepassing.

– 2. Indien iemand voor zichzelf een zaak vormt of doet vormen uit of mede uit een of meer hem niet toebehorende roerende zaken, wordt hij eigenaar van de nieuwe zaak, tenzij de kosten van de vorming dit wegens hun geringe omvang niet rechtvaardigen.

– 3. Bij het verwerken van stoffen tot een nieuwe stof of het kweken van planten zijn de vorige leden van overeenkomstige toepassing. (Ontw. 5.2.12; BW 661 (oud); BW 3:3; 5:3, 14 e.v.)

Art. 17

Vruchttrekking

Degene die krachtens zijn genotsrecht op een zaak gerechtigd is tot de vruchten daarvan, verkrijgt de eigendom der vruchten door haar afscheiding. (Ontw. 5.2.15; BW 3:9, 216; 5:1 lid 3, 90)

Art. 18

Verlies van eigendom

De eigendom van een roerende zaak wordt verloren, wanneer de eigenaar het bezit prijsgeeft met het oogmerk om zich van de eigendom te ontdoen. (Ontw. 5.2.16; BW 3:117 lid 1; 5:4)

Art. 19

Verlies van dieren

– 1. De eigenaar van tamme dieren verliest daarvan de eigendom, wanneer zij, nadat zij uit zijn macht zijn gekomen, zijn verwilderd.

– 2. De eigenaar van andere dieren verliest daarvan de eigendom, wanneer zij de vrijheid verkrijgen en de eigenaar niet terstond beproeft ze weder te vangen of zijn pogingen daartoe staakt. (Ontw. 5.2.17; BW 5:23; Overg.w. 153)

TITEL 3
Eigendom van onroerende zaken

Art. 20

Grond

– 1. De eigendom van de grond omvat, voor zover de wet niet anders bepaalt:

a. de bovengrond;

b. de daaronder zich bevindende aardlagen;

c. het grondwater dat door een bron, put of pomp aan de oppervlakte is gekomen;

d. het water dat zich op de grond bevindt en niet in open gemeenschap met water op eens anders erf staat; (BW 5:29)

e. gebouwen en werken die duurzaam met de grond zijn verenigd, hetzij rechtstreeks, hetzij door vereniging met andere gebouwen en werken, voor zover ze geen bestanddeel zijn van eens anders onroerende zaak; (Ontw. 5.3.1; BW 656 (oud); BW 3:3, 120-124; 5:58, 60, 70, 101; 6:251 lid 1, 252; Belemmeringenwet privaatrecht 5)

f. met de grond verenigde beplantingen. (Ontw. 5.3.1; BW 626 lid 1 en 2 (oud), 643 (oud), 655 (oud); BW 3:4; 5:3, 14; Overg. w. 154)

– 2. In afwijking van lid 1 behoort de eigendom van een net, bestaande uit een of meer kabels of leidingen, bestemd voor transport van vaste, vloeibare of gasvormige stoffen, van energie of van informatie, dat in, op of boven de grond van anderen is of wordt aangelegd, toe aan de bevoegde aanlegger van dat net dan wel aan diens rechtsopvolger.

Art. 21

Gebruik ruimte

– 1. De bevoegdheid van de eigenaar van de grond om deze te gebruiken, omvat de bevoegdheid tot gebruik van de ruimte boven en onder de oppervlakte.

– 2. Het gebruik van de ruimte boven en onder de oppervlakte is aan anderen toegestaan, in-

dien dit zo hoog boven of zo diep onder de oppervlakte plaats vindt, dat de eigenaar geen belang heeft zich daartegen te verzetten. (BW 3:13, 14; 5:54)
– 3. De vorige leden zijn niet van toepassing op de bevoegdheid tot vliegen. (Ontw. 5.3.2; BW 626 lid 3 (oud))

Art. 22

Betreden andermans erf

Wanneer een erf niet is afgesloten, mag ieder er zich op begeven, tenzij de eigenaar schade of hinder hiervan kan ondervinden of op duidelijke wijze kenbaar heeft gemaakt, dat het verboden is zonder zijn toestemming zich op het erf te bevinden, een en ander onverminderd hetgeen omtrent openbare wegen is bepaald. (Ontw. 5.3.3; Sr 460, 461)

Art. 23

Opsporen voorwerp of dier

– 1. Is een voorwerp of een dier anders dan door opzet of grove nalatigheid van de eigenaar op de grond van een ander terecht gekomen, dan moet de eigenaar van de grond hem op zijn verzoek toestaan het voorwerp of het dier op te sporen en weg te voeren. (BW 5:19)
– 2. De bij de opsporing en wegvoering aangerichte schade moet door de eigenaar van het voorwerp of het dier aan de eigenaar van de grond worden vergoed. Voor deze vordering heeft laatstgenoemde een retentierecht op het voorwerp of het dier. (Ontw. 5.3.4; BW 3:290 e.v.; 6:179; Veewet 65)

Art. 24

Eigendom Staat onroerende zaken

Aan de Staat behoren onroerende zaken die geen andere eigenaar hebben. (Ontw. 5.3.5; BW 576 (oud))

Art. 25

Zeebodem

De bodem van de territoriale zee en van de Waddenzee is eigendom van de Staat. (Ontw. 5.3.6; BW 576a (oud); Rv 436, 479, 703; Overg.w. 156)

Art. 26

Zeestranden

De stranden der zee tot aan de duinvoet worden vermoed eigendom van de Staat te zijn. (Ontw. 5.3.7; BW 577 (oud); Rv 436, 479, 703)

Art. 27

Openbare vaarwateren

– 1. De grond waarop zich openbare vaarwateren bevinden, wordt vermoed eigendom van de Staat te zijn.
– 2. Dit vermoeden werkt niet tegenover een openbaar lichaam:
a. dat die wateren onderhoudt en het onderhoud niet van de Staat heeft overgenomen;
b. dat die wateren onderhield en waarvan dit onderhoud door de Staat of door een ander openbaar lichaam is overgenomen. (Ontw. 5.3.7a; BW 577 (oud); BW 5:28; Rv 436, 479, 703)

Art. 28

Openbare onroerende zaken

– 1. Onroerende zaken die openbaar zijn, met uitzondering van de stranden der zee, worden, wanneer zij door een openbaar lichaam worden onderhouden, vermoed eigendom van dat openbare lichaam te zijn. (BW 5:25; Rv 436, 479, 703; Wegenwet 4 e.v.)
– 2. Dit vermoeden werkt niet tegenover hem aan wie het onderhoud is overgenomen. (Ontw. 5.3.8; BW 577 (oud); Wegenwet 13)

Art. 29

Aanwas; afslag

De grens van een langs een water liggend erf verplaatst zich met de oeverlijn, behalve in geval van opzettelijke drooglegging of tijdelijke overstroming. Een overstroming is niet tijdelijk, indien tien jaren na de overstroming het land nog door het water wordt overspoeld en de drooglegging niet is begonnen. (Ontw. 5.3.9; BW 646, 647, 648, 649, 651, 652 (oud); BW 5:34; Deltawet 7 lid 3; Onteigeningswet 48, 55 e.v.; Pw 21; Rivierenwet 19; Overg.w. 157)

Art. 30

Grensvastlegging

– 1. Een verplaatsing van de oeverlijn wijzigt de grens niet meer, nadat deze is vastgelegd, hetzij door de eigenaars van land en water overeenkomstig artikel 31, hetzij door de rechter op vordering van een hunner tegen de ander overeenkomstig artikel 32. De vastlegging geldt jegens een ieder.
– 2. Indien bij de vastlegging in plaats van de werkelijke eigenaar van een erf iemand die als zodanig in de openbare registers was ingeschreven, partij is geweest, is niettemin het vorige lid van toepassing, tenzij de werkelijke eigenaar tegen inschrijving van de akte of het vonnis verzet heeft gedaan voordat zij is geschied. (Ontw. 5.3.10; BW 3:27 lid 1, 119; 5:34; Rivierenwet 19, 23 e.v.; Overg.w. 157)

Art. 31

Bij notariële akte

– 1. De vastlegging van de grens door de eigenaars van land en water geschiedt bij een daartoe bestemde notariële akte, binnen veertien dagen gevolgd door de inschrijving daarvan in de openbare registers.
– 2. De bewaarder der registers is bevoegd van de inschrijving kennis te geven aan ieder die als rechthebbende of beslaglegger op een der erven staat ingeschreven. (BW 3:19 lid 4)
– 3. Voor zover de in de akte beschreven grens van de toenmalige oeverlijn afwijkt, kan een derde die op het ogenblik van de inschrijving een recht op een der erven heeft, daarvan huurder

of pachter is of daarop een beslag heeft doen inschrijven, de toenmalige oeverlijn als vastgelegde grens aanmerken. (Ontw. 5.3.10a; BW 5:34; Kad.w. 25; Overg.w. 157)

Art. 32

Bij rechterlijke uitspraak

– 1. Een vordering tot vastlegging van de grens wordt slechts toegewezen, indien de instelling ervan in de openbare registers is ingeschreven en allen die toen als rechthebbende of beslaglegger op een der erven stonden ingeschreven, tijdig in het geding zijn geroepen. (BW 3:27 lid 1; Kad.w. 39)

– 2. De rechter bepaalt de grens overeenkomstig de oeverlijn op het tijdstip van de inschrijving van de vordering. Alvorens de eis toe te wijzen, kan hij de maatregelen bevelen en de bewijsopdrachten doen, die hij in het belang van niet-verschenen belanghebbenden nuttig oordeelt. (BW 3:27 lid 1, 29 lid 2; 5:34; Rv 12*a*)

– 3. De kosten van de vordering komen ten laste van de eiser. (Rv 56)

– 4. Verzet, hoger beroep en cassatie moeten op straffe van niet-ontvankelijkheid binnen acht dagen na het instellen van het rechtsmiddel worden ingeschreven in de registers, bedoeld in artikel 433 van het Wetboek van Burgerlijke Rechtsvordering. In afwijking van artikel 143 van dat wetboek begint de verzettermijn te lopen vanaf de betekening van het vonnis aan de ingeschrevene, ook als de betekening niet aan hem in persoon geschiedt, tenzij de rechter hiertoe nadere maatregelen heeft bevolen en aan dat bevel niet is voldaan. (BW 3:29 lid 3; Kad.w. 40)

– 5. De vastlegging treedt in op het tijdstip dat het vonnis waarbij de vordering is toegewezen, in de openbare registers wordt ingeschreven. Deze inschrijving geschiedt niet voordat het vonnis in kracht van gewijsde is gegaan. (Ontw. 5.3.10b; Kad.w. 26; Overg.w. 157)

Art. 33

Verplaatsing oeverlijn

– 1. Verplaatst zich, nadat de grens is vastgelegd, de oeverlijn van een openbaar water landinwaarts, dan moet de eigenaar van het overspoelde erf het gebruik van het water overeenkomstig de bestemming dulden. (BW 5:27, 28)

– 2. Verplaatst zich, nadat de grens is vastgelegd, de oeverlijn van een water dat de eigenaar van het aanliggende erf voor enig doel mag gebruiken, in de richting van het water, dan kan de eigenaar van dat erf vorderen dat hem op de drooggekomen grond een of meer erfdienstbaarheden worden verleend, waardoor hij zijn bevoegdheden ten aanzien van het water kan blijven uitoefenen. (BW 5:70 e.v.; Rivierenwet 28)

– 3. Het vorige lid is van overeenkomstige toepassing ten behoeve van hem die het water voor enig doel mag gebruiken en daartoe een erfdienstbaarheid op het aan het water liggende erf heeft. (BW 5:70 e.v.)

– 4. In geval van grensvastlegging overeenkomstig artikel 32 zijn de vorige leden reeds van toepassing, wanneer de oeverlijn zich na de inschrijving van de vordering verplaatst. (Ontw. 5.3.11; BW 5:34)

Art. 34

Bepaling oeverlijn

De oeverlijn in de zin van de vorige vijf artikelen wordt bepaald door de normale waterstand, of, bij wateren waarvan het peil periodiek wisselt, door de normale hoogwaterstand. Grond, met andere dan gewoonlijk in het water levende planten begroeid, wordt echter gerekend aan de landzijde van de oeverlijn te liggen, ook al wordt die grond bij hoogwater overstroomd. (Ontw. 5.3.12; BW 578 (oud); Rivierenwet 19; Overg.w. 157)

Art. 35

Verplaatsing duin

– 1. Nieuw duin dat zich op het strand vormt, behoort aan de eigenaar van het aan het strand grenzende duin, wanneer beide duinen een geheel zijn geworden, zodanig dat zij niet meer van elkander kunnen worden onderscheiden.

– 2. Daarentegen verliest deze eigenaar de grond welke door afneming van het duin deel van het strand wordt.

– 3. Uitbreiding of afneming van een duin als bedoeld in de leden 1 en 2 brengt geen wijziging meer in de eigendom nadat de grens is vastgesteld, hetzij door de eigenaars van strand en duin, hetzij door de rechter op vordering van een hunner tegen de ander. De artikelen 30-32 zijn van overeenkomstige toepassing.

– 4. Buiten het geval van de leden 1 en 2 brengt uitbreiding of afneming van een duin geen wijziging in de eigendom. (Ontw. 5.3.13; BW 650 (oud); BW 5:26; Kad.w. 25, 26; Overg.w. 158)

Art. 36

Afscheiding van twee erven door muur e.d.; grens

Dient een muur, hek, heg of greppel, dan wel een niet bevaarbaar stromend water, een sloot, gracht of dergelijke watergang als afscheiding van twee erven, dan wordt het midden van deze afscheiding vermoed de grens tussen deze erven te zijn. Dit vermoeden geldt niet, indien een muur slechts aan één zijde een gebouw of werk steunt. (Ontw. 5.3.14; BW 706, 710 (oud); BW 5:59, 62)

TITEL 4

Bevoegdheden en verplichtingen van eigenaars van naburige erven

Art. 37

Hinder

De eigenaar van een erf mag niet in een mate of op een wijze die volgens artikel 162 van Boek 6 onrechtmatig is, aan eigenaars van andere erven hinder toebrengen zoals door het verspreiden van rumoer, trillingen, stank, rook of gassen, door het onthouden van licht of lucht of door het ontnemen van steun. (Ontw. 5.1.2 lid 1; 5.4.0; BW 3:13 lid 2; 5:1 lid 2, 21, 40; 6:168, 174 lid 1; Overg.w. 159, 161)

Art. 38

Aflopend water

Lagere erven moeten het water ontvangen dat van hoger gelegen erven van nature afloopt. (Ontw. 5.4.1; BW 673 lid 1 (oud); BW 5:39 e.v., 41, 52, 53; Overg.w. 159, 161)

Art. 39

Waterloop

De eigenaar van een erf mag niet in een mate of op een wijze die volgens artikel 162 van Boek 6 onrechtmatig is, aan eigenaars van andere erven hinder toebrengen door wijziging te brengen in de loop, hoeveelheid of hoedanigheid van over zijn erf stromend water of van het grondwater, dan wel door gebruik van water dat zich op zijn erf bevindt en in open gemeenschap staat met het water op eens anders erf. (Ontw. 5.4.2; BW 676 lid 2 (oud); BW 5:37, 41, 52, 53; 6:168; Overg.w. 159, 161)

Art. 40

Voorbijstromend water

– 1. De eigenaar van een erf dat aan een openbaar of stromend water grenst, mag van het water gebruik maken tot bespoeling, tot drenking van vee of tot andere dergelijke doeleinden, mits hij daardoor aan eigenaars van andere erven geen hinder toebrengt in een mate of op een wijze die volgens artikel 162 van Boek 6 onrechtmatig is.

– 2. Betreft het een openbaar water, dan is het vorige lid slechts van toepassing voor zover de bestemming van het water zich er niet tegen verzet. (Ontw. 5.4.3; BW 676 lid 1 (oud); BW 3:14; 5:27, 28, 37, 41; 6:168; Overg.w. 159, 161)

Art. 41

Van de artikelen 38, 39 en 40 lid 1 kan bij verordening worden afgeweken. (Ontw. 5.4.3a)

Art. 42

Beplanting bij grenslijn

– 1. Het is niet geoorloofd binnen de in lid 2 bepaalde afstand van de grenslijn van eens anders erf bomen, heesters of heggen te hebben, tenzij de eigenaar daartoe toestemming heeft gegeven of dat erf een openbare weg of een openbaar water is.

– 2. De in lid 1 bedoelde afstand bedraagt voor bomen twee meter te rekenen vanaf het midden van de voet van de boom en voor de heesters en heggen een halve meter, tenzij ingevolge een verordening of een plaatselijke gewoonte een kleinere afstand is toegelaten.

– 3. De nabuur kan zich niet verzetten tegen de aanwezigheid van bomen, heesters of heggen die niet hoger reiken dan de scheidsmuur tussen de erven.

– 4. Ter zake van een volgens dit artikel ongeoorloofde toestand is slechts vergoeding verschuldigd van de schade, ontstaan na het tijdstip waartegen tot opheffing van die toestand is aangemaand. (Ontw. 5.4.4; BW 713 (oud); BW 3:13, 14, 17 lid 1, 314; 5:1 lid 2; 6:95 e.v.; Overg. w. 159, 161)

Art. 43

Omschrijving muur

Onder muur wordt in deze en de volgende titel verstaan iedere van steen, hout of andere daartoe geschikte stof vervaardigde, ondoorzichtige afsluiting. (Ontw. 5.4.5; BW 698 (oud); BW 5:49, 50 leden 1 en 3, 51, 62, 66 lid 3, 67, 68)

Art. 44

Overhangende beplanting

– 1. Indien een nabuur wiens beplantingen over eens anders erf heenhangen, ondanks aanmaning van de eigenaar van dit erf, nalaat het overhangende te verwijderen, kan laatstgenoemde eigenaar eigenmachtig het overhangende wegsnijden en zich toeëigenen.

Doorschietende wortels

– 2. Degene op wiens erf wortels van een ander erf doorschieten, mag deze voor zover ze doorgeschoten zijn weghakken en zich toeëigenen. (Ontw. 5.4.6; BW 714 leden 2 en 3 (oud); BW 3:113; 5:4)

Art. 45

Afvallende vruchten

Vruchten die van de bomen van een erf op een naburig erf vallen, behoren aan hem wie de vruchten van dit laatste erf toekomen. (Ontw. 5.4.7; BW 3:9 lid 1; 5:17, 23)

Art. 46

Vordering tot afpaling

De eigenaar van een erf kan te allen tijde van de eigenaar van het aangrenzende erf vorderen dat op de grens van hun erven behoorlijk waarneembare afpalingstekens gesteld of de bestaande zo nodig vernieuwd worden. De eigenaars dragen in de kosten hiervan voor gelijke delen bij. (Ontw. 5.4.8; BW 678 (oud); BW 5:1, 31, 32, 47, 48, 49 lid 1, 54 lid 1, 57 lid 1, 60 e.v.; Rv 126 lid 8; Overg.w. 159)

Art. 47

Vordering tot grensbepaling

– 1. Indien de loop van de grens tussen twee erven onzeker is, kan ieder der eigenaars te allen tijde vorderen dat de rechter de grens bepaalt.
– 2. In geval van onzekerheid waar de grens tussen twee erven ligt, geldt niet het wettelijk vermoeden dat de bezitter eigenaar is.
– 3. Bij het bepalen van de grens kan de rechter naar gelang van de omstandigheden het gebied waarover onzekerheid bestaat, in gelijkwaardige of ongelijkwaardige delen verdelen dan wel het in zijn geheel aan een der partijen toewijzen, al dan niet met toekenning van een schadevergoeding aan een der partijen. (Ontw. 5.4.9; BW 3:119 lid 1, 218; 5:95; Rv 126 lid 8; Overg. w. 159)

Art. 48

Afsluiting erf

De eigenaar van een erf is bevoegd dit af te sluiten. (Ontw. 5.4.10; BW 679 (oud); BW 5:21, 22, 49, 57)

Art. 49

Scheidsmuur

– 1. Ieder der eigenaars van aangrenzende erven in een aaneengebouwd gedeelte van een gemeente kan te allen tijde vorderen dat de andere eigenaar ertoe meewerkt, dat op de grens van de erven een scheidsmuur van twee meter hoogte wordt opgericht, voor zover een verordening of een plaatselijke gewoonte de wijze of de hoogte der afscheiding niet anders regelt. De eigenaars dragen in de kosten van de afscheiding voor gelijke delen bij.
– 2. Het vorige lid is niet toepasselijk, indien een der erven een openbare weg of een openbaar water is. (Ontw. 5.4.11; BW 690 (oud); BW 5:43, 46, 48, 62, 68; Overg.w. 159, 161)

Art. 50

Vensters, balkons

– 1. Tenzij de eigenaar van het naburige erf daartoe toestemming heeft gegeven, is het niet geoorloofd binnen twee meter van de grenslijn van dit erf vensters of andere muuropeningen, dan wel balkons of soortgelijke werken te hebben, voor zover deze op dit erf uitzicht geven.
– 2. De nabuur kan zich niet verzetten tegen de aanwezigheid van zodanige openingen of werken, indien zijn erf een openbare weg of een openbaar water is, indien zich tussen de erven openbare wegen of openbare wateren bevinden of indien het uitzicht niet verder reikt dan tot een binnen twee meter van de opening of het werk zich bevindende muur. Uit dezen hoofde geoorloofde openingen of werken blijven geoorloofd, ook nadat de erven hun openbare bestemming hebben verloren of de muur is gesloopt.
– 3. De in dit artikel bedoelde afstand wordt gemeten rechthoekig uit de buitenkant van de muur daar, waar de opening is gemaakt, of uit de buitenste naar het naburige erf gekeerde rand van het vooruitspringende werk tot aan de grenslijn der erven of de muur.
– 4. Wanneer de nabuur als gevolg van verjaring geen wegneming van een opening of werk meer kan vorderen, is hij verplicht binnen een afstand van twee meter daarvan geen gebouwen of werken aan te brengen die de eigenaar van het andere erf onredelijk zouden hinderen, behoudens voor zover zulk een gebouw of werk zich daar reeds op het tijdstip van de voltooiing van de verjaring bevond.
– 5. Ter zake van een volgens dit artikel ongeoorloofde toestand is slechts vergoeding verschuldigd van schade, ontstaan na het tijdstip waartegen opheffing van die toestand is aangemaand. (Ontw. 5.4.12; BW 695, 697 (oud); BW 3:306, 314; 5:42, 43, 51; Overg.w. 159, 161)

Art. 51

Ondoorzichtige vensters

In muren, staande binnen de in het vorige artikel aangegeven afstand, mogen steeds lichtopeningen worden gemaakt, mits zij van vaststaande en ondoorzichtige vensters worden voorzien. (Ontw. 5.4.13; BW 693, 694 (oud); BW 5:43; Overg.w. 159, 161)

Art. 52

Afwatering

– 1. Een eigenaar is verplicht de afdekking van zijn gebouwen en werken zodanig in te richten, dat daarvan het water niet op eens anders erf afloopt.
– 2. Afwatering op de openbare weg is geoorloofd, indien zij niet bij de wet of verordening verboden is. (Ontw. 5.4.14; BW 700 (oud); BW 5:38 e.v., 53, 68)

Art. 53

Afvoer water of vuilnis

Een eigenaar is verplicht er voor te zorgen dat geen water of vuilnis van zijn erf in de goot van eens anders erf komt. (Ontw. 5.4.15; BW 701 (oud); BW 5:68)

Art. 54

Overbouw

– 1. Is een gebouw of werk ten dele op, boven of onder het erf van een ander gebouwd en zou de eigenaar van het gebouw of werk door wegneming van het uitstekende gedeelte onevenredig veel zwaarder benadeeld worden dan de eigenaar van het erf door handhaving daarvan, dan kan de eigenaar van het gebouw of werk te allen tijde vorderen dat hem tegen schadeloosstelling een erfdienstbaarheid tot het handhaven van de bestaande toestand wordt verleend of, ter keuze van de eigenaar van het erf, een daartoe benodigd gedeelte van het erf wordt overgedragen.

– 2. Het vorige lid is van overeenkomstige toepassing, wanneer een gebouw of werk na verloop van tijd over andermans erf is gaan overhellen.
– 3. De vorige leden zijn niet van toepassing, indien dit voortvloeit uit een op de wet of rechtshandeling gegronde verplichting tot het dulden van de bestaande toestand of indien de eigenaar van het gebouw of werk ter zake van de bouw of zijn verkrijging kwade trouw of grove schuld verweten kan worden. (Ontw. 5.4.16; BW 3:13; 5:1, 21, 46, 70 e.v.; 6:95 e.v., 252; Overg. w. 159, 161)

Art. 55

Dreigende instorting

Indien door een dreigende instorting van een gebouw of werk een naburig erf in gevaar wordt gebracht, kan de eigenaar van dat erf te allen tijde vorderen dat maatregelen worden genomen teneinde het gevaar op te heffen. (Ontw. 5.4.16a; BW 702 (oud); BW 6:174; Rv 126 lid 8)

Art. 56

Gebruik andermans onroerende zaak

Wanneer het voor het verrichten van werkzaamheden ten behoeve van een onroerende zaak noodzakelijk is van een andere onroerende zaak tijdelijk gebruik te maken, is de eigenaar van deze zaak gehouden dit na behoorlijke kennisgeving en tegen schadeloosstelling toe te staan, tenzij er voor deze eigenaar gewichtige redenen bestaan dit gebruik te weigeren of tot een later tijdstip te doen uitstellen. (Ontw. 5.4.17; BW 699 (oud); BW 3:95; 6:95 e.v.)

Art. 57

Aanwijzing noodweg

– 1. De eigenaar van een erf dat geen behoorlijke toegang heeft tot een openbare weg of een openbaar vaarwater, kan van de eigenaars van de naburige erven te allen tijde aanwijzing van een noodweg ten dienste van zijn erf vorderen tegen vooraf te betalen of te verzekeren vergoeding van de schade welke hun door die noodweg wordt berokkend.
– 2. Indien zich na de aanwijzing van de noodweg onvoorziene omstandigheden voordoen, waardoor die weg een grotere last aan de eigenaar van het erf veroorzaakt dan waarmee bij het bepalen van de in lid 1 bedoelde vergoeding was gerekend, kan de rechter het bedrag van de vergoeding verhogen.
– 3. Bij de aanwijzing van de noodweg wordt rekening gehouden met het belang van het ingesloten erf, dat langs die weg de openbare weg of het openbare water zo snel mogelijk kan worden bereikt, en met het belang van de bezwaarde erven om zo weinig mogelijk overlast van die weg te ondervinden. Is een erf van de openbare weg afgesloten geraakt, doordat het ten gevolge van een rechtshandeling een andere eigenaar heeft gekregen dan een vroeger daarmee verenigd gedeelte dat aan de openbare weg grenst of een behoorlijke toegang daartoe heeft, dan komt dit afgescheiden gedeelte het eerst voor de belasting met een noodweg in aanmerking.
– 4. Wanneer een wijziging in de plaatselijke omstandigheden dat wenselijk maakt, kan een noodweg op vordering van een onmiddellijk belanghebbende eigenaar worden verlegd.
– 5. Een noodweg vervalt, hoelang hij ook heeft bestaan, zodra hij niet meer nodig is. (Ontw. 5.4.18; BW 715 e.v. (oud); BW 5:48; 6:258)

Art. 58

Noodwaterleiding

– 1. De eigenaar van een erf die water dat elders te zijner beschikking staat, door een leiding wil aanvoeren, kan tegen vooraf te betalen of te verzekeren schadevergoeding van de eigenaars der naburige erven vorderen te gedogen dat deze leiding door of over hun erven gaat.
– 2. De laatste vier leden van het vorige artikel vinden daarbij overeenkomstige toepassing. (Ontw. 5.4.19; BW 5:20; Belemmeringenwet Privaatrecht)

Art. 59

Grens onder watergang

– 1. Wanneer de grens van twee erven in de lengterichting onder een niet bevaarbaar stromend water, een sloot, gracht of dergelijke watergang doorloopt, heeft de eigenaar van elk dier erven met betrekking tot die watergang in zijn gehele breedte dezelfde bevoegdheden en verplichtingen als een mede-eigenaar. Iedere eigenaar is verplicht de op zijn erf gelegen kant van het water, de sloot, de gracht of de watergang te onderhouden.
– 2. Iedere eigenaar is gerechtigd en verplicht hetgeen tot onderhoud daaruit wordt verwijderd, voor zijn deel op zijn erf te ontvangen.
– 3. Een door de eigenaars overeengekomen afwijkende regeling is ook bindend voor hun rechtverkrijgenden. (Ontw. 5.4.20; BW 706 e.v. (oud); BW 3:17 lid 1 sub *a*, 168 e.v.; 5:36, 60 e.v.; Overg.w. 159, 161)

TITEL 5
Mandeligheid

Art. 60

Ontstaan

Mandeligheid ontstaat, wanneer een onroerende zaak gemeenschappelijk eigendom is van de eigenaars van twee of meer erven en door hen tot gemeenschappelijk nut van die erven wordt bestemd bij een tussen hun opgemaakte notariële akte, gevolgd door inschrijving daarvan in de openbare registers. (Ontw. 5.5.1; BW 3:3, 7, 16, 17 lid 1, 89, 166 e.v., 5:75; Overgangswet 162)

Art. 61

Einde

– 1. Mandeligheid die is ontstaan ingevolge het vorige artikel, eindigt:
a. wanneer de gemeenschap eindigt;
b. wanneer de bestemming van de zaak tot gemeenschappelijk nut van de erven wordt opgeheven bij een tussen de mede-eigenaars opgemaakte notariële akte, gevolgd door inschrijving daarvan in de openbare registers;
c. zodra het nut van de zaak voor elk van de erven is geëindigd.
– 2. Het feit dat het nut van de zaak voor elk van de erven is geëindigd, kan in de openbare registers worden ingeschreven. (Ontw. 5.5.1a; BW 3:17 lid 1, 89, 186 lid 2)

Art. 62

Vrijstaande scheidsmuur

– 1. Een vrijstaande scheidsmuur, een hek of een heg is gemeenschappelijk eigendom en mandelig, indien de grens van twee erven die aan verschillende eigenaars toebehoren, er in de lengterichting onderdoor loopt.

Geen verdeling

– 2. De scheidsmuur die twee gebouwen of werken, welke aan verschillende eigenaars toebehoren, gemeen hebben, is eveneens gemeenschappelijk eigendom en mandelig. (Ontw. 5.5.2; BW 681 (oud), 698 (oud), 710 (oud); BW 5:20, 36, 43, 49, 54, 59, 67; Overgangswet 162)

Art. 63

Afhankelijk recht

– 1. Het recht op een mandelige zaak kan niet worden gescheiden van de eigendom der erven.
– 2. Een vordering tot verdeling van een mandelige zaak is uitgesloten. (Ontw. 5.5.3; BW 3:7, 82, 178, 182; 5:60, 66 lid 1)

Art. 64

Toegang

Mandeligheid brengt mede dat ieder mede-eigenaar aan de overige mede-eigenaars toegang tot de mandelige zaak moet geven. (Ontw. 5.5.4; BW 5:21, 22, 48, 69)

Art. 65

Onderhoud, reiniging, vernieuwing

Mandelige zaken moeten op kosten van alle mede-eigenaars worden onderhouden, gereinigd en, indien nodig, vernieuwd. (Ontw. 5.5.5; BW 683 lid 1, 690, 698, 704, 708, 711 (oud); BW 3:170, 172; 5:46, 49, 69)

Art. 66

Overdracht mandelig aandeel

– 1. Een mede-eigenaar van een mandelige zaak kan zijn aandeel in die zaak ook afzonderlijk van zijn erf aan de overige mede-eigenaars overdragen.
– 2. Indien een mede-eigenaar hiertoe op zijn kosten wil overgaan uit hoofde van de lasten van onderhoud, reiniging en vernieuwing in de toekomst, zijn de overige mede-eigenaars gehouden tot die overdracht mede te werken, mits hij hun zo nodig een recht van opstal of erfdienstbaarheid verleent, waardoor zij met betrekking tot de zaak hun rechten kunnen blijven uitoefenen.
– 3. De vorige leden zijn niet van toepassing op een muur die twee gebouwen of werken gemeen hebben, noch op een muur, hek of heg waardoor twee erven in een aaneengebouwd gedeelte van een gemeente van elkaar worden gescheiden. (Ontw. 5.5.6; BW 683 (oud); BW 3:89, 96, 122, 176 lid 2, 224; 5:62 lid 2, 63, 65, 69, 70 e.v., 82, 101; 6:208)

Art. 67

Bouwen tegen en in scheidsmuur

– 1. Iedere mede-eigenaar mag tegen de mandelige scheidsmuur aanbouwen en daarin tot op de helft der dikte balken, ribben, ankers en andere werken aanbrengen, mits hij aan de muur en aan de door de buur bevoegdelijk daarmee verbonden werken geen nadeel toebrengt.
– 2. Behalve in noodgevallen kan een mede-eigenaar vorderen dat, vóór de andere mede-eigenaar begint met aanbrengen van het werk, deskundigen zullen vaststellen op welke wijze dit kan geschieden zonder nadeel voor de muur of voor bevoegd aangebrachte werken van de eerst vermelde eigenaar. (Ontw. 5.5.7; BW 684, 689 lid 2 (oud); 5:55, 69)

Art. 68

Gootrecht

Iedere mede-eigenaar mag op de mandelige scheidsmuur tot op de helft der dikte een goot aanleggen, mits het water niet op het erf van de andere mede-eigenaar uitloost. (Ontw. 5.5.8; BW 686 (oud); BW 5:38, 52 lid 1, 69)

Art. 69

Afwijkende regeling

De artikelen 64, 65, 66 lid 2, 67 en 68 vinden geen toepassing voorzover een overeenkomstig artikel 168 van boek 3 getroffen regeling anders bepaalt. (Ontw. 5.5.8a)

TITEL 6
Erfdienstbaarheden

Art. 70

Erfdienstbaarheid

– 1. Een erfdienstbaarheid is een last, waarmede een onroerende zaak – het dienende erf – ten behoeve van een andere onroerende zaak – het heersende erf – is bezwaard.

Retributie

– 2. In de akte van vestiging van een erfdienstbaarheid kan aan de eigenaar van het heersende erf de verplichting worden opgelegd aan de eigenaar van het dienende erf op al dan niet regelmatig terugkerende tijdstippen een geldsom – de retributie – te betalen. (Ontw. 5.6.1; BW 721 (oud); BW 3:3, 7, 8, 81, 82; 5:20, 77, 118)

Art. 71

Inhoud van de last

– 1. De last die een erfdienstbaarheid op het dienende erf legt, bestaat in een verplichting om op, boven of onder een der beide erven iets te dulden of niet te doen. In de akte van vestiging kan worden bepaald dat de last bovendien een verplichting inhoudt tot het aanbrengen van gebouwen, werken of beplantingen die voor de uitoefening van die erfdienstbaarheid nodig zijn, mits deze gebouwen, werken en beplantingen zich geheel of gedeeltelijk op het dienende erf zullen bevinden. (BW 6:252)

– 2. De last die een erfdienstbaarheid op het dienende erf legt, kan ook bestaan in een verplichting tot onderhoud van het dienende erf of van gebouwen, werken of beplantingen die zich geheel of gedeeltelijk op het dienende erf bevinden of zullen bevinden. (Ontw. 5.6.2; BW 722 (oud))

Art. 72

Ontstaan

Erfdienstbaarheden kunnen ontstaan door vestiging en door verjaring. (Ontw. 6.5.3; BW 742 (oud), 744 (oud), 746 (oud); BW 3:83, 84, 89, 98, 105; 5: 73, 114 lid 3, 117 lid 4, 118, 139)

Art. 73

Inhoud en wijze van uitoefening

– 1. De inhoud van de erfdienstbaarheid en de wijze van uitoefening worden bepaald door de akte van vestiging en, voor zover in die akte regelen daaromtrent ontbreken, door de plaatselijke gewoonte. Is een erfdienstbaarheid te goeder trouw geruime tijd zonder tegenspraak op een bepaalde wijze uitgeoefend, dan is in geval van twijfel deze wijze van uitoefening beslissend.

– 2. Niettemin kan de eigenaar van het dienende erf voor de uitoefening van de erfdienstbaarheid een ander gedeelte van het erf aanwijzen dan waarop de erfdienstbaarheid ingevolge het vorige lid dient te worden uitgeoefend, mits deze verplaatsing zonder vermindering van genot voor de eigenaar van het heersende erf mogelijk is. Kosten, noodzakelijk voor zodanige verandering, komen ten laste van de eigenaar van het dienende erf. (Ontw. 5.6.4; BW 738, 739 lid 2 (oud); BW 5:78)

Art. 74

Minst bezwarende wijze

De uitoefening der erfdienstbaarheid moet op de voor het dienende erf minst bezwarende wijze geschieden. (Ontw. 5.6.5; BW 738 lid 1, 740 (oud))

Art. 75

Bevoegdheden en verplichtingen

– 1. De eigenaar van het heersende erf is bevoegd om op zijn kosten op het dienende erf alles te verrichten wat voor de uitoefening van de erfdienstbaarheid noodzakelijk is.

– 2. Hij is eveneens bevoegd om op zijn kosten op het dienende erf gebouwen, werken en beplantingen aan te brengen, die voor de uitoefening van de erfdienstbaarheid noodzakelijk zijn.

– 3. Hij is verplicht het door hem op het dienende erf aangebrachte te onderhouden, voor zover dit in het belang van het dienende erf nodig is; hij is bevoegd het weg te nemen, mits hij het erf in de oude toestand terugbrengt.

– 4. De eigenaar van het dienende erf heeft geen recht van gebruik van de gebouwen, werken en beplantingen, die daarop door de eigenaar van het heersende erf rechtmatig zijn aangebracht.

– 5. In de akte van vestiging kan van de vorige leden worden afgeweken.

– 6. In geval van mandeligheid zijn in plaats van de leden 3 en 4 de uit dien hoofde geldende regels van toepassing. (Ontw. 5.6.6; BW 735 (oud); BW 5:20)

Art. 76

Verdeling heersend in dienend erf

– 1. Wanneer het heersende erf wordt verdeeld, blijft de erfdienstbaarheid bestaan ten behoeve van ieder gedeelte, ten voordele waarvan zij kan strekken. (BW 737 (oud))

– 2. Wanneer het dienende erf wordt verdeeld, blijft de last rusten op ieder gedeelte, ten aanzien waarvan naar de akte van vestiging en de aard der erfdienstbaarheid de uitoefening mogelijk is. (BW 741 (oud))

– 3. In de akte van vestiging kan van de vorige leden worden afgeweken. (Ontw. 5.6.7; BW 3:177)

Art. 77

Meer eigenaren hoofdelijkheid voor geldelijke verplichtingen

– 1. Behoort het heersende of het dienende erf toe aan twee of meer personen, hetzij als deelgenoten, hetzij als eigenaars van verschillende gedeelten daarvan, dan zijn zij hoofdelijk verbonden tot nakoming van de uit de erfdienstbaarheid voortvloeiende geldelijke verplichtingen die tijdens hun recht opeisbaar worden, voor zover deze niet over hun rechten zijn verdeeld.

– 2. Na overdracht of toedeling van het heersende of het dienende erf of van een gedeelte daarvan of een aandeel daarin zijn de verkrijger en zijn rechtsvoorganger hoofdelijk verbonden voor de in lid 1 bedoelde geldelijke verplichtingen die in de voorafgaande twee jaren opeisbaar zijn geworden.

– 3. In de akte van vestiging kan van de vorige leden worden afgeweken, doch van het tweede lid niet ten nadele van de verkrijger. (Ontw. 5.6.7a; BW 3:166, 5:70 lid 2, 75, 92; 6:6 e.v.; Overgangsw. 164)

Art. 78

Wijziging of opheffing

De rechter kan op vordering van de eigenaar van het dienende erf een erfdienstbaarheid wijzigen of opheffen:

a. op grond van onvoorziene omstandigheden welke van dien aard zijn dat naar maatstaven van redelijkheid en billijkheid ongewijzigde instandhouding van de erfdienstbaarheid niet van de eigenaar van het dienende erf kan worden gevergd:

b. indien ten minste twintig jaren na het ontstaan van de erfdienstbaarheid zijn verlopen en het ongewijzigd voortbestaan van de erfdienstbaarheid in strijd is met het algemeen belang. (Ontw. 5.6.8; BW 739 lid 2 (oud), 750 (oud), 751 (oud), 752 (oud); BW 3:12, 81 lid 2, 168 lid 2, 185, lid 1; 5:80, 81; 6:258, 259; Overgangsw. 165)

Art. 79

Opheffing op vordering eigenaar dienend erf

De rechter kan op vordering van de eigenaar van het dienende erf een erfdienstbaarheid opheffen, indien de uitoefening daarvan onmogelijk is geworden of de eigenaar van het heersende erf geen redelijk belang bij de uitoefening meer heeft, en het niet aannemelijk is dat de mogelijkheid van uitoefening of het redelijk belang daarbij zal terugkeren. (Ontw. 5.6.8a; BW 750 (oud), 751 (oud), 752 (oud); BW 5:80, 81 lid 1; 6:259)

Art. 80

Wijziging op vordering eigenaar heersend erf

De rechter kan op vordering van de eigenaar van het heersende erf de inhoud van een erfdienstbaarheid, wanneer door onvoorziene omstandigheden de uitoefening blijvend of tijdelijk onmogelijk is geworden of het belang van de eigenaar van het heersende erf aanzienlijk is verminderd, zodanig wijzigen dat de mogelijkheid van uitoefening of het oorspronkelijke belang wordt hersteld, mits deze wijziging naar maatstaven van redelijkheid en billijkheid van de eigenaar van het dienende erf kan worden gevergd. (Ontw. 5.6.8b; BW 750, 751, 752 (oud); BW 5:78, 79, 81; 6:258, 259)

Art. 81

Voorwaarden

– 1. De rechter kan een vordering als bedoeld in de artikelen 78-80 toewijzen onder door hem te stellen voorwaarden.

Beperkt recht

– 2. Rust op een der erven beperkt recht, dan is de vordering slechts toewijsbaar, indien de beperkt gerechtigde in het geding is geroepen. Bij het oordeel of aan de maatstaven van de artikelen 78 onder *a.*, 79 en 80 is voldaan, dient mede met zijn belangen rekening te worden gehouden. (Ontw. 5.6.8ba; BW 3:218; 5:78 e.v., 95)

Art. 82

Afstand

– 1. Indien de eigenaar van het heersende erf uit hoofde van de aan de erfdienstbaarheid verbonden lasten en verplichtingen op zijn kosten afstand van zijn recht wil doen, is de eigenaar van het dienende erf gehouden hieraan mede te werken.

– 2. In de akte van vestiging kan voor de eerste twintig jaren anders worden bepaald. (Ontw. 5.6.8c; BW 3:98, 224)

Art. 83

Vermenging

Indien op het tijdstip waarop het heersende en het dienende erf één eigenaar verkrijgen, een derde een der erven in huur of pacht of uit hoofde van een ander persoonlijk recht in gebruik heeft, gaat de erfdienstbaarheid pas door vermenging teniet bij het einde van dit gebruiksrecht. (Ontw. 5.6.9a; BW 753 (oud); BW 3:81 lid 3, 106, 203 lid 2)

Art. 84

Beperkt gerechtigden

– 1. Hij die een recht van erfpacht, opstal of vruchtgebruik op een onroerende zaak heeft, kan een erfdienstbaarheid ten behoeve van deze zaak bedingen. Hij kan haar ook met een erfdienstbaarheid belasten.

– 2. Erfdienstbaarheden, bedongen door een beperkt gerechtigde ten behoeve van de zaak waarop zijn recht rust of door een opstaller ten behoeve van de opstal, gaan bij het einde van het beperkte recht slechts teniet, indien dit in de akte van vestiging van de erfdienstbaarheid is bepaald. Blijft de erfdienstbaarheid voortbestaan, dan staat een beding als bedoeld in artikel 82 lid 2 niet langer aan afstand van de erfdienstbaarheid in de weg.

– 3. Erfdienstbaarheden, gevestigd door een beperkt gerechtigde ten laste van de zaak waarop zijn recht rust of door een opstaller ten laste van de opstal, gaan teniet bij het einde van het beperkte recht, tenzij dit eindigt door vermenging of afstand of de eigenaar van de zaak waarop het beperkte recht rustte bij een in de openbare registers ingeschreven akte heeft verklaard met de vestiging van de erfdienstbaarheid in te stemmen.

– 4. De erfpachter, opstaller of vruchtgebruiker wordt voor de toepassing van de overige artikelen van deze titel aangemerkt als eigenaar van het heersende, onderscheidenlijk het dienende erf. (Ontw. 5.6.10; BW 771 (oud); BW 3:81 lid 3, 83, 201, 228; 5:71, 85, 101; Onteig.w. 4)

TITEL 7
Erfpacht

Art. 85

Erfpacht

– 1. Erfpacht is een zakelijk recht dat de erfpachter de bevoegdheid geeft eens anders onroerende zaak te houden en te gebruiken. (BW 3:8, 201; 5:110; 7A:1584; Pachtwet 1, 59)

Canon

– 2. In de akte van vestiging kan aan de erfpachter de verplichting worden opgelegd aan de eigenaar op al dan niet regelmatig terugkerende tijdstippen een geldsom – de canon – te betalen. (Ontw. 5.7.1.1; BW 767 (oud); 5:87², 92, 110 lid 3)

Art. 86

Duur

Partijen kunnen in de akte van vestiging de duur van de erfpacht regelen. (Ontw. 5.7.1.2; BW 3:81², 106; 5:87, 97, 98, 104²)

Art. 87

Opzegging

– 1. Een erfpacht kan door de erfpachter worden opgezegd, tenzij in de akte van vestiging anders is bepaald. (BW 3:45, 48, 98 jo. 89 lid 4, 207 lid 2; 5:97)

– 2. Een erfpacht kan door de eigenaar worden opgezegd, indien de erfpachter in verzuim is de canon over twee achtereenvolgende jaren te betalen of in ernstige mate tekortschiet in de nakoming van zijn andere verplichtingen. Deze opzegging moet op straffe van nietigheid binnen acht dagen worden betekend aan degenen die als beperkt gerechtigde of beslaglegger op de erfpacht in de openbare registers staan ingeschreven. Na het einde van de erfpacht is de eigenaar verplicht de waarde die de erfpacht dan heeft aan de erfpachter te vergoeden, na aftrek van hetgeen hij uit hoofde van de erfpacht van de erfpachter te vorderen heeft, de kosten daaronder begrepen. (BW 3:213, 229; 5:99; 6:127)

– 3. Een beding dat ten nadele van de erfpachter van het vorige lid afwijkt is nietig. In de akte van vestiging kan aan de eigenaar de bevoegdheid worden toegekend tot opzegging, behoudens op grond van tekortschieten van de erfpachter in de nakoming van zijn verplichtingen. (Ontw. 5.7.1.2a; BW 3:81 lid 1 onder *d*; 88, 97, 104², 116; 6:237 onder *d*, Overgangsw. 166, 167; Pachtwet 59)

Art. 88

Exploit; opzegtermijn

– 1. Iedere opzegging geschiedt bij exploit. Zij geschiedt tenminste een jaar voor het tijdstip waartegen wordt opgezegd, doch in het geval van artikel 87 lid 2 tenminste een maand voor dat tijdstip.

– 2. In het geval van artikel 87 lid 2 weigert de bewaarder de inschrijving van de opzegging als niet tevens wordt overgelegd de betekening daarvan aan degenen die in de openbare registers als beperkt gerechtigde of beslaglegger op de erfpacht stonden ingeschreven. (Ontw. 5.7.1.2b; BW 3:17 lid 1 onder *a*; 301 lid 3; 5:98, 104 lid 2, 116; Overg.w. 167)

Art. 89

Genot van de zaak

– 1. Voor zover niet in de akte van vestiging anders is bepaald, heeft de erfpachter hetzelfde genot van de zaak als een eigenaar. (BW 767 lid 1 (oud); BW 5:1, 20 e.v.; Jachtwet 4)

– 2. Hij mag echter zonder toestemming van de eigenaar niet een andere bestemming aan de zaak geven of een handeling in strijd met de bestemming van de zaak verrichten. (BW 768 (oud); Pw 30)

– 3. Voor zover niet in de akte van vestiging anders is bepaald, heeft de erfpachter, zowel tijdens de duur van de erfpacht als bij het einde daarvan, de bevoegdheid gebouwen, werken en beplantingen, die door hemzelf of een rechtsvoorganger onverplicht zijn aangebracht of van de eigenaar tegen vergoeding der waarde zijn overgenomen, weg te nemen, mits hij de in erfpacht gegeven zaak in de oude toestand terugbrengt. (Ontw. 5.7.1.3; BW 3:123, 208 lid 2, 266; 5:75 lid 3, 99, 100 lid 3, 105 lid 2; 7:216)

Art. 90

Vruchttrekking

– 1. Voor zover niet in de akte van vestiging anders is bepaald, behoren vruchten die tijdens de duur der erfpacht zijn afgescheiden of opeisbaar geworden, en voordelen van roerende aard, die de zaak oplevert, aan de erfpachter. (BW 3:9; 5:13, 17)

– 2. Voordelen van onroerende aard behoren aan de eigenaar toe. Zij zijn eveneens aan de erfpacht onderworpen, tenzij in de akte van vestiging anders is bepaald. (Ontw. 5.7.1.4; BW 3:213 lid 2; 5:29 e.v.)

Art. 91

Overdracht; toedeling

– 1. In de akte van vestiging kan worden bepaald dat de erfpacht niet zonder toestemming van de eigenaar kan worden overgedragen of toebedeeld. Een zodanige bepaling staat aan executie door schuldeisers niet in de weg. (BW 3:83 lid 1, 98, 186, 228; 5:84, 93, 94)

– 2. In de akte van vestiging kan ook worden bepaald, dat de erfpachter zijn recht niet zonder toestemming van de eigenaar kan splitsen door overdracht of toedeling van de erfpacht op een gedeelte van de zaak.

– 3. Een beding als in de vorige leden bedoeld kan ook worden gemaakt ten aanzien van de appartementsrechten, waarin een gebouw door de erfpachter wordt gesplitst. Het kan slechts

aan een verkrijger onder bijzondere titel van een recht op het appartementsrecht worden tegengeworpen, indien het in de akte van splitsing is omschreven. (BW 5:106 lid 1 en 6)
– 4. Indien de eigenaar de vereiste toestemming zonder redelijke gronden weigert of zich niet verklaart, kan zijn toestemming op verzoek van degene die haar behoeft, worden vervangen door een machtiging van de kantonrechter van de rechtbank van het arrondissement waarin de zaak of het grootste gedeelte daarvan is gelegen. (Ontw. 5.7.1.5; BW 771 (oud); Rv 261 lid 1 e.v.)

Art. 92

Meer erfpachters hoofdelijkheid voor geldelijke verplichtingen

– 1. Behoort de erfpacht toe aan twee of meer personen, hetzij als deelgenoten hetzij als erfpachter van verschillende gedeelten van de zaak, dan zijn zij hoofdelijk verbonden voor de gehele canon die tijdens hun recht opeisbaar wordt, voor zover deze niet over hun rechten verdeeld is. (BW 5:85 lid 2, 115; 6:7; Overg.w. 168)
– 2. Na overdracht of toedeling van de erfpacht op de zaak of een gedeelte daarvan of van een aandeel in de erfpacht zijn de verkrijger en zijn rechtsvoorganger hoofdelijk verbonden voor de door laatstgenoemde verschuldigde canon die in de voorafgaande vijf jaren opeisbaar is geworden. (BW 2:90, 199; 3:308; 5:122 lid 3; 6:7 e.v.)
– 3. In de akte van vestiging kan van de vorige leden worden afgeweken, doch van het tweede lid niet ten nadele van de verkrijger. (Ontw. 5.7.1.5a; BW 5:77, 104 lid 1)

Art. 93

Ondererfpacht

– 1. De erfpachter is bevoegd de zaak waarop het recht van erfpacht rust, geheel of ten dele in ondererfpacht te geven, voor zover in de akte van vestiging niet anders is bepaald. Aan de ondererfpachter komen ten aanzien van de zaak niet meer bevoegdheden toe dan de erfpachter jegens de eigenaar heeft. (BW 3:98 jo. 89; 5:91 lid 1)
– 2. De ondererfpacht gaat bij het einde van de erfpacht teniet, tenzij deze eindigt door vermenging of afstand. De eigenaar kan voor de ter zake van de erfpacht verschuldigde canon het recht van erfpacht vrij van ondererfpacht uitwinnen. Het in de vorige zinnen van dit lid bepaalde geldt niet, indien de eigenaar bij een in de openbare registers ingeschreven notariële akte heeft verklaard met de vestiging van de ondererfpacht in te stemmen. (BW 3:16, 81 lid 3; 6:160, 161)
– 3. Voor de toepassing van de overige artikelen van deze titel wordt de erfpachter in zijn verhouding tot de ondererfpachter als eigenaar aangemerkt. (Ontw. 5.7.1.5b; BW 5:84, 104 lid 2)

Art. 94

Verhuur of verpachting

– 1. De erfpachter is bevoegd de zaak waarop het recht van erfpacht rust, te verhuren of te verpachten, voor zover in de akte van vestiging niet anders is bepaald. (BW 5:88 lid 1, 93 lid 1)
– 2. Na het einde van de erfpacht is de eigenaar verplicht een bevoegdelijk aangegane verhuur of verpachting gestand te doen. Hij kan nochtans gestanddoening weigeren, voor zover zonder zijn toestemming hetzij de overeengekomen tijdsduur van de huur langer is dan met het plaatselijk gebruik overeenstemt of bedrijfsruimte in de zin van de zesde afdeling van titel 4 van Boek 7 is verhuurd voor een langere tijd dan vijf jaren, hetzij de verpachting is geschied voor een langere duur dan twaalf jaren voor hoeven en zes jaren voor los land, hetzij de verhuring of verpachting is geschied op ongewone voor hem bezwarende voorwaarden. (BW 3:264 leden 1 en 2; 7:290 e.v.; Pw 12)
– 3. Hij verliest de bevoegdheid gestanddoening te weigeren, wanneer de huurder of pachter hem een redelijke termijn heeft gesteld om zich omtrent de gestanddoening te verklaren en hij zich niet binnen deze termijn heeft uitgesproken. (BW 3:55 lid 2)
– 4. Indien de eigenaar volgens de vorige leden niet verplicht is tot gestanddoening van een door de erfpachter aangegane verhuring van woonruimte waarin de huurder bij het eindigen van de erfpacht zijn hoofdverblijf heeft en waarop de artikelen 271 tot en met 277 van Boek 7 van toepassing zijn, moet hij de huurovereenkomst niettemin met de huurder voortzetten met dien verstande dat artikel 269 lid 2 van Boek 7, van overeenkomstige toepassing is. (Ontw. 5.7.1.6; BW 3:217; 5:104 lid 2)

Art. 95

Procederen

Tot het instellen van rechtsvorderingen en het indienen van verzoekschriften ter verkrijging van een rechterlijke uitspraak die zowel het recht van de eigenaar als dat van de erfpachter betreft, is ieder van hen bevoegd, mits hij zorg draagt dat de ander tijdig in het geding wordt geroepen. (Ontw. 5.7.1.7; BW 3:218, 245; 5:81, 104 lid 1)

Art. 96

Gewone en buitengewone lasten en herstellingen

– 1. Gewone lasten en herstellingen worden door de erfpachter gedragen en verricht. De erfpachter is verplicht, wanneer buitengewone herstellingen nodig zijn, aan de eigenaar van deze noodzakelijkheid kennis te geven en hem gelegenheid te verschaffen tot het doen van deze herstellingen. De eigenaar is niet tot het doen van enige herstelling verplicht.
– 2. De erfpachter is verplicht de buitengewone lasten die op de zaak drukken te voldoen.

– 3. In de akte van vestiging kan van de vorige leden worden afgeweken. (Ontw. 5.7.1.8; BW 770, 774 (oud); BW 3:220 lid 1; 5:89, 99; 6:174 lid 2; 7:217; Pw 26 lid 1)

Art. 97

Wijziging of opheffing bij onvoorziene omstandigheden

– 1. Indien vijf en twintig jaren na de vestiging van de erfpacht zijn verlopen, kan de rechter op vordering van de eigenaar of de erfpachter de erfpacht wijzigen of opheffen op grond van onvoorziene omstandigheden, welke van dien aard zijn dat naar maatstaven van redelijkheid en billijkheid ongewijzigde instandhouding van de akte van vestiging niet van de eigenaar of de erfpachter kan worden gevergd. (BW 3:17 lid 1 onder *e*; 5:78, 79, 80; 6:258; Pw 59)
– 2. De rechter kan de vordering onder door hem vast te stellen voorwaarden toewijzen.
– 3. Rust op de erfpacht of op de zaak een beperkt recht, dan is de vordering slechts toewijsbaar, indien de beperkt gerechtigde in het geding is geroepen en ook te zijnen aanzien aan de maatstaf van lid 1 is voldaan. (Ontw. 5.7.1.8a; BW 3:24; 5:81, 95, 104 lid 2; Overg.w. 169)

Art. 98

Doorlopen erfpacht

– 1. Wanneer de tijd waarvoor de erfpacht is gevestigd, is verstreken en de erfpachter de zaak niet op dat tijdstip heeft ontruimd, blijft de erfpacht doorlopen, tenzij de eigenaar uiterlijk zes maanden na dat tijdstip doet blijken dat hij haar als geëindigd beschouwt. De eigenaar en de erfpachter kunnen de verlengde erfpacht opzeggen op de wijze en met inachtneming van de termijn vermeld in artikel 88.
– 2. Ieder beding dat ten nadele van de erfpachter van dit artikel afwijkt, is nietig. (Ontw. 5.7.1.9a; BW 5:104 lid 2)

Art. 99

Vergoeding na einde erfpacht

– 1. Na het einde van de erfpacht heeft de voormalige erfpachter recht op vergoeding van de waarde van nog aanwezige gebouwen, werken en beplantingen, die door hemzelf of een rechtsvoorganger zijn aangebracht of van de eigenaar tegen vergoeding der waarde zijn overgenomen.
– 2. In de akte van vestiging kan worden bepaald dat de erfpachter geen recht heeft op de in het eerste lid bedoelde vergoeding:
a. indien de in erfpacht gegeven grond een andere bestemming had dan die van woningbouw;
b. indien de erfpachter de gebouwen, werken en beplantingen niet zelf heeft bekostigd;
c. indien de erfpacht geëindigd is door opzegging door de erfpachter;
d. voor zover de gebouwen, werken en beplantingen onverplicht waren aangebracht en hij ze bij het einde van de erfpacht mocht wegnemen. (BW 5:87, 89 lid 1)
– 3. De eigenaar is bevoegd van de door hem ingevolge dit artikel verschuldigde vergoeding af te houden hetgeen hij uit hoofde van de erfpacht van de erfpachter te vorderen heeft. (Ontw. 5.7.1.11; BW 5:87 lid 2, 100 lid 1, 105 lid 3; 6:95 e.v., 127 e.v., 212; Overg.w. 170; Pw 31)

Art. 100

Retentierecht

– 1. De erfpachter heeft een retentierecht op de in erfpacht uitgegeven zaak totdat hem de verschuldigde vergoeding is betaald. (BW 5:99)
– 2. Ieder van het vorige lid afwijkend beding is nietig.
– 3. De eigenaar heeft een retentierecht op hetgeen de erfpachter mocht hebben afgebroken, totdat hem hetgeen hij uit hoofde van de erfpacht heeft te vorderen is voldaan. (Ontw. 5.7.1.12; BW 772 lid 2 (oud); BW 3:290 e.v.; 5:89 lid 3, 105 lid 3; Overg.w. 180)

TITEL 8
Opstal

Art. 101

Opstal

– 1. Het recht van opstal is een zakelijk recht om in, op of boven een onroerende zaak van een ander gebouwen, werken of beplantingen in eigendom te hebben of te verkrijgen. (BW 758 (oud); BW 3:3, 4, 8; 5:1, 20, 70, 85)
– 2. Het recht van opstal kan zelfstandig dan wel afhankelijk van een ander zakelijk recht of van een recht van huur of pacht op de onroerende zaak worden verleend. (BW 3:7, 82; 7:203 e.v.; Pachtwet)

Retributie

– 3. In de akte van vestiging kan de opstaller de verplichting worden opgelegd aan de eigenaar op al dan niet regelmatig terugkerende tijdstippen een geldsom – de retributie – te betalen. (Ontw. 5.8.1; BW 5:70 lid 2, 86 lid 2)

Art. 102

Bevoegdheden opstaller

De bevoegdheden van de opstaller tot het gebruiken, aanbrengen en wegnemen van de gebouwen, werken en beplantingen kunnen in de akte van vestiging worden beperkt. (Ontw. 5.8.1a; BW 5:105 lid 2)

Art. 103

Genot

Bij gebreke van een regeling daaromtrent in de akte van vestiging heeft de opstaller ten aanzien van de zaak waarop zijn recht rust, de bevoegdheden die voor het volle genot van zijn recht nodig zijn. (Ontw. 5.8.3; BW 5:89, 90)

Art. 104

Overeenkomstige toepassing regels erfpacht

– 1. De artikelen 92 en 95 zijn van overeenkomstige toepassing op het recht van opstal.
– 2. De artikelen 86, 87, 88, 91, 93, 94, 97 en 98 zijn van overeenkomstige toepassing op een zelfstandig recht van opstal. (Ontw. 5.8.4; BW 5:101 lid 2, 105 lid 3; Overg.w. 171)

Art. 105

Bevoegdheden en gevolgen bij tenietgaan

– 1. Wanneer het recht van opstal tenietgaat, gaat de eigendom van de gebouwen, werken en beplantingen van rechtswege over op de eigenaar van de onroerende zaak waarop het rustte. (BW 5:101)
– 2. Voor zover niet in de akte van vestiging anders is bepaald, heeft de opstaller bij het einde van zijn recht de bevoegdheid gebouwen, werken en beplantingen die door hemzelf of een rechtsvoorganger onverplicht zijn aangebracht dan wel van de eigenaar tegen vergoeding der waarde zijn overgenomen weg te nemen, mits hij de onroerende zaak waarop het recht rustte in de oude toestand terugbrengt. (BW 761 (oud); BW 3:266; 5: 89 lid 3)
– 3. De artikelen 99 en 100 zijn van overeenkomstige toepassing, met dien verstande dat het aan de opstaller toekomende retentierecht slechts de gebouwen, werken en beplantingen omvat. (Ontw. 5.8.6; BW 762 (oud); BW 3:291 e.v.)

TITEL 9
Appartementsrechten

AFDELING 1
Algemene bepalingen

Art. 106

Splitsing

– 1. Een eigenaar, erfpachter of opstaller is bevoegd zijn recht op een gebouw met toebehoren en op de daarbij behorende grond met toebehoren te splitsen in appartementsrechten. (BW 5:109)
– 2. Een eigenaar, erfpachter of opstaller is eveneens bevoegd zijn recht op een stuk grond te splitsen in appartementsrechten. (Besl. splitsing app. art. 6)
– 3. Een appartementsrecht is op zijn beurt voor splitsing in appartementsrechten vatbaar. Een appartementseigenaar is tot deze ondersplitsing bevoegd, voor zover in de akte van splitsing niet anders is bepaald. (BW 5:144 lid 1 sub *b*)
– 4. Onder appartementsrecht wordt verstaan een aandeel in de goederen die in de splitsing zijn betrokken, dat de bevoegdheid omvat tot het uitsluitend gebruik van bepaalde gedeelten van het gebouw die blijkens hun inrichting bestemd zijn of worden om als afzonderlijk geheel te worden gebruikt. Het aandeel kan mede omvatten de bevoegdheid tot het uitsluitend gebruik van bepaalde gedeelten van de bij het gebouw behorende grond. In het geval van lid 2 omvat het aandeel de bevoegdheid tot het uitsluitend gebruik van bepaalde gedeelten van het stuk grond, die blijkens hun inrichting of aanduiding bestemd zijn of worden om als afzonderlijk geheel te worden gebruikt.
– 5. Onder appartementseigenaar wordt verstaan de gerechtigde tot een appartementsrecht.
– 6. Onder gebouw wordt in deze titel mede verstaan een groep van gebouwen die in één splitsing zijn betrokken. (BW 5:101, 115, 116; Ontw. 5.10.1.1; BW 875*a* (oud); Rv 261)
– 7. Een erfpachter of opstaller is tot een splitsing in appartementsrechten slechts bevoegd na verkregen toestemming van de grondeigenaar. Indien deze de vereiste toestemming kennelijk zonder redelijke grond weigert of zich niet verklaart, kan de toestemming op verzoek van degene die haar behoeft worden vervangen door een machtiging van de kantonrechter van de rechtbank van het arrondissement waarin het gebouw of het grootste gedeelte daarvan is gelegen.

Art. 107

Splitsing i.v.m. beoogde stichting of gewijzigde inrichting

Een eigenaar, erfpachter of opstaller is ook bevoegd in verband met een door hem beoogde stichting of gewijzigde inrichting van een gebouw zijn recht op het gebouw met toebehoren en de daarbij behorende grond met toebehoren te splitsen in appartementsrechten. Ook in geval van zodanige splitsing ontstaan de appartementsrechten op het tijdstip van inschrijving van de akte van splitsing. (Ontw. 5.10.1.1a.; BW 875*b* (oud); BW 5:108, 111, 144 lid 1 sub *d*)

Art. 108

Verplichtingen van eigenaars

– 1. De appartementseigenaars zijn jegens elkander verplicht de bouw, de inrichting van het gebouw of de inrichting of aanduiding van de grond tot stand te brengen en in stand te houden in overeenstemming met het daaromtrent in de akte van splitsing bepaalde. (BW 5:107, 109, 111)
– 2. De rechter kan de uitspraak op een vordering, gegrond op het vorige lid, aanhouden wanneer een op artikel 144 lid 1 onder *c*, *d* of *h* gegrond verzoek aanhangig is. (Rv 261 e.v.) (Ontw. 5.10.1.1b.; BW 875*c* (oud))

Art. 109

Wijze van splitsing

– 1. De splitsing geschiedt door een daartoe bestemde notariële akte, gevolgd door inschrijving van die akte in de openbare registers. (BW 3:89; Kad. 20; Woningwet 56*h*)

– 2. Aan de minuut van de akte van splitsing wordt een tekening gehecht, aangevende de begrenzing van de onderscheidene gedeelten van het gebouw en de grond, die bestemd zijn als afzonderlijk geheel te worden gebruikt en waarvan volgens de akte het uitsluitend gebruik in een appartementsrecht zal zijn begrepen. De tekening dient te voldoen aan de eisen, krachtens de wet bedoeld in artikel 16 lid 2 van Boek 3 voor de inschrijving daarvan te stellen.

– 3. Waar in de bepalingen van deze titel wordt gesproken van de akte van splitsing, is hieronder de tekening begrepen, tenzij uit de bepaling het tegendeel blijkt. (BW 5:111) (Ontw. 5.10.1.2.; BW 875*d* (oud))

Art. 110

Beschikkingsonbevoegdheid

– 1. Ondanks onbevoegdheid van degene die de splitsing heeft verricht, om over een daarin betrokken registergoed te beschikken, is de splitsing geldig, indien zij is gevolgd door een geldige overdracht van een appartementsrecht of vestiging van een beperkt recht op een appartementsrecht. (BW 3:88, 89; Overg.w. 172 lid 1)

– 2. Een ongeldige splitsing wordt eveneens als geldig aangemerkt, wanneer een appartementsrecht is verkregen door verjaring. (Ontw. 5.10.1.2a; BW 3:99, 105)

Art. 111

Inhoud akte van splitsing

De akte van splitsing moet inhouden:

a. de vermelding van de plaatselijke ligging van het gebouw of de grond;

b. een nauwkeurige omschrijving van de onderscheiden gedeelten van het gebouw of de grond, die bestemd zijn om als afzonderlijk geheel te worden gebruikt, welke omschrijving kan plaatsvinden door verwijzing naar de in artikel 109 lid 2 bedoelde tekening, alsmede de vermelding voor elk dier gedeelten, tot welk appartementsrecht de bevoegdheid tot gebruik daarvan behoort;

c. de kadastrale aanduiding van de appartementsrechten en de vermelding van de appartementseigenaar;

d. een reglement, waartoe geacht worden te behoren de bepalingen van een nauwkeurig aangeduid modelreglement dat is ingeschreven in de openbare registers ter plaatse waar de akte moet worden ingeschreven. (Ontw. 5.10.1.4; BW 875*e* (oud); BW 5:112; Overg.w. 172 lid 2)

Art. 112

Inhoud reglement

– 1. Het reglement moet inhouden:

a. welke schulden en kosten voor rekening van de gezamenlijke appartementseigenaars komen;

b. een regeling omtrent een jaarlijks op te stellen exploitatierekening, lopende over het voorafgaande jaar, en de door de appartementseigenaars te storten bijdragen;

c. een regeling omtrent het gebruik, het beheer en het onderhoud van de gedeelten die niet bestemd zijn om als afzonderlijk geheel te worden gebruikt;

d. door wiens zorg en tegen welke gevaren het gebouw ten behoeve van de gezamenlijke appartementseigenaars moet worden verzekerd; (BW 5:136)

e. de oprichting van een vereniging van eigenaars, die ten doel heeft het behartigen van gemeenschappelijke belangen van de appartementseigenaars, en de statuten van de vereniging. (BW 2:26 e.v.; 5:124 e.v.)

– 2. De statuten van de vereniging van eigenaars moeten bevatten:

a. de naam van de vereniging en de gemeente waar zij haar zetel heeft. De naam van de vereniging moet aanvangen met de woorden: 'Vereniging van Eigenaars', hetzij voluit geschreven, hetzij afgekort tot 'V. v. E.', en voorts melding maken van de ligging van het gebouw of de grond;

b. het doel van de vereniging;

c. een regeling omtrent door de appartementseigenaars periodiek, tenminste jaarlijks, aan de vereniging verschuldigde bijdragen;

d. de wijze van bijeenroeping van de vergadering van eigenaars en de bepaling van het aantal stemmen dat ieder der appartementseigenaars in de vergadering kan uitbrengen.

– 3. Het reglement kan een regeling inhouden, krachtens welke aan alle of bepaalde appartementsrechten mede verbonden is het lidmaatschap van een andere, nader in het reglement omschreven vereniging of coöperatie, voor zover dit lidmaatschap in overeenstemming is met de statuten van die vereniging of coöperatie. (BW 5:125)

– 4. Het reglement kan inhouden een regeling omtrent het gebruik, het beheer en het onderhoud van de gedeelten die bestemd zijn om als afzonderlijk geheel te worden gebruikt. Een zodanige regeling kan inhouden dat de vergadering van eigenaars bevoegd is een appartementseigenaar of degene die zijn rechten uitoefent, om nader in het reglement aangegeven gewichtige redenen het gebruik van deze gedeelten te ontzeggen. (BW 5:120, 121) (Ontw. 5.10.1.5; BW 875*f* (oud); BW 5:130, 144)

Art. 113

Verhouding van aandelen

– 1. De aandelen die door de splitsing in appartementsrechten ontstaan, zijn gelijk, tenzij bij de akte van splitsing een andere verhouding is bepaald. In het laatste geval blijkt uit de akte op welke grondslag die verhouding berust.
– 2. In de schulden en kosten die ingevolge de wet of het reglement voor rekening van de gezamenlijke appartementseigenaars komen, moeten zij onderling en jegens de vereniging van eigenaars voor elk appartementsrecht een gelijk deel bijdragen, tenzij daarvoor bij het reglement een andere verhouding is bepaald.
– 3. Indien de appartementseigenaars voor een in het vorige lid genoemde schuld jegens de schuldeisers gezamenlijk aansprakelijk zijn en de verschuldigde prestatie deelbaar is, zijn zij ieder verbonden voor een deel, in de verhouding bedoeld in het vorige lid.
– 4. Indien de appartementseigenaars voor een in lid 2 genoemde schuld gezamenlijk aansprakelijk zijn, is de vereniging voor die schuld hoofdelijk verbonden.
– 5. Voor de schulden der vereniging zijn zij die appartementseigenaar waren ten tijde van het ontstaan van de schuld, met de vereniging hoofdelijk verbonden, en wel, indien de prestatie deelbaar is, ieder voor een deel in de verhouding bedoeld in lid 2. (Ontw. 5.10.1.6; BW 875*g* (oud); BW 3:286; 6:6 e.v.; 7A:1670; 8:181)

Art. 114

Hypotheek, beslag of voorrecht

– 1. Rust op het ogenblik van de inschrijving van de akte van splitsing een hypotheek, een beslag of een voorrecht op alle in de splitsing betrokken registergoederen, dan rust dit verband, beslag of voorrecht van dat ogenblik af op elk der appartementsrechten voor de gehele schuld.
– 2. Rust op het ogenblik van de inschrijving van de akte van splitsing een hypotheek, een beslag of een voorrecht op slechts een deel van de registergoederen, dan blijft de bevoegdheid tot uitwinning van dit deel ondanks de splitsing bestaan; door de uitwinning wordt met betrekking tot dat deel de splitsing beëindigd. (BW 3:260 e. v.; 5:117)
– 3. Een recht van erfdienstbaarheid, erfpacht, opstal of vruchtgebruik, dat op dat ogenblik van de inschrijving van de akte van splitsing rust op de registergoederen of een deel daarvan, bestaat daarna ongewijzigd voort. (BW 3:201, 226; 5:70, 85, 101) (Ontw. 5.10.1.7; BW 875*h* (oud))

Art. 115

Splitsing en recht van erfpacht of opstal

– 1. Wanneer een recht van erfpacht of opstal in de splitsing wordt betrokken, wordt de canon of retributie die daarna opeisbaar wordt, over de appartementsrechten verdeeld in een verhouding als bedoeld in artikel 113 lid 2.
– 2. De vereniging van eigenaars is hoofdelijk verbonden voor de door een of meer appartementseigenaars verschuldigde canon of retributie. (Ontw. 5.10.1.8; BW 875*i* (oud); BW 5:85, 101 lid 3; 6:6 e. v.)

Art. 116

Splitsing bij erfpacht of opstal

– 1. Wanneer een recht van erfpacht of opstal in de splitsing betrokken is, geldt ter aanvulling van de artikelen 87 leden 2 en 3 en 88 het in de volgende leden bepaalde.
– 2. Opzegging van het recht wegens verzuim in de betaling van de canon of retributie kan slechts geschieden, wanneer de gehele canon of retributie over twee achtereenvolgende jaren onbetaald is gebleven.
– 3. Rust op een of meer appartementsrechten een beperkt recht of een beslag dan zijn artikel 87 lid 2, tweede zin, en artikel 88 lid 2 mede van overeenkomstige toepassing met betrekking tot dit beperkte recht of dit beslag.
– 4. Is het voor een appartementsrecht verschuldigde deel van de canon of retributie over de twee achtereenvolgende jaren onbetaald gebleven, dan kan het appartementsrecht door de rechter op vordering van de grondeigenaar aan deze worden toegewezen. De dagvaarding moet op straffe van niet-ontvankelijkheid binnen acht dagen worden betekend aan hen die als beperkt gerechtigde of beslaglegger op het appartementsrecht in de openbare registers staan ingeschreven. (BW 5:143 lid 1 onder *a*, 144 lid 1 onder *e*)
– 5. Door inschrijving in de openbare registers van het vonnis waarbij de toewijzing is uitgesproken, gaat het appartementsrecht op de grondeigenaar over en gaan de daarop rustende beperkte rechten en beslagen teniet. Deze inschrijving geschiedt niet, voordat het vonnis in kracht van gewijsde is gegaan. Na deze inschrijving is de grondeigenaar verplicht de waarde die het appartementsrecht heeft op het tijdstip van de inschrijving aan de gewezen appartementseigenaar te vergoeden, na aftrek van hetgeen hij uit hoofde van de erfpacht van de gewezen appartementseigenaar te vorderen heeft, de kosten daaronder begrepen. (BW 3:17 lid 1 sub *f*, 213, 229)
– 6. In de akte van vestiging kan worden aangegeven op welke wijze de waarde als bedoeld in het vorige lid zal worden bepaald.
– 7. Ieder beding dat ten nadele van een appartementseigenaar van dit artikel afwijkt, is nietig. (Ontw. 5.10.1.8a; BW 875*j* (oud))

Art. 117

Overdracht enz.

– 1. Een appartementsrecht kan als een zelfstandig registergoed worden overgedragen, toegedeeld, bezwaard en uitgewonnen.
– 2. Onverminderd het in artikel 114 lid 2 bepaalde kunnen goederen die in de splitsing betrokken zijn niet geheel of voor een deel worden overgedragen, verdeeld, bezwaard of uitgewonnen.
– 3. Beëindiging van de splitsing met betrekking tot een gedeelte van de in de splitsing betrokken registergoederen kan slechts geschieden door wijziging van de akte van splitsing. (BW 5:139)
– 4. In afwijking van lid 2 kunnen in de splitsing betrokken onroerende zaken door de gezamenlijke appartementseigenaars belast worden met een erfdienstbaarheid. (BW 5:70, 84) (Ontw. 5.10.1.9; BW 875*k* (oud))

Art. 118

Vestiging erfdienstbaarheid

– 1. Een appartementseigenaar kan, voor zover in de akte van splitsing niet anders is bepaald, zonder medewerking van de overige appartementseigenaars op het gedeelte van de onroerende zaken dat bestemd is om als afzonderlijk geheel door hem te worden gebruikt, een erfdienstbaarheid vestigen ten behoeve van een ander gedeelte van die zaken of van een andere onroerende zaak. (BW 5:70, 106 lid 3)
– 2. Een appartementseigenaar kan, voor zover in de akte van splitsing niet anders is bepaald, zonder medewerking van de overige appartementseigenaars de vestiging van een erfdienstbaarheid die uitsluitend strekt ten behoeve van een gedeelte van de onroerende zaken dat bestemd is om als afzonderlijk geheel door hem te worden gebruikt, aannemen en van zodanige erfdienstbaarheid afstand doen.
– 3. De in dit artikel bedoelde erfdienstbaarheden gaan teniet, wanneer de bevoegdheid tot uitsluitend gebruik van het gedeelte dat met de erfdienstbaarheid is belast of ten behoeve waarvan de erfdienstbaarheid is bedongen eindigt. (BW 3:81; 5:117) (Ontw. 5.10.1.9a; BW 875*n* (oud))

Art. 118a

Vestigen rechten van erfpacht en opstal

– 1. Een appartementseigenaar kan, voor zover in de akte van splitsing niet anders is bepaald, zonder medewerking van de overige appartementseigenaars en beperkt gerechtigden op het gedeelte van de onroerende zaken dat bestemd is om als afzonderlijk geheel door hem te worden gebruikt, een recht van erfpacht en, behoudens voor zover het betreft in de splitsing betrokken gebouwen, werken en beplantingen, een recht van opstal vestigen.
– 2. In de akte van vestiging van het recht wordt bepaald in hoeverre de gerechtigde naast de appartementseigenaar hoofdelijk aansprakelijk is voor de ter zake van het appartementsrecht verschuldigde bijdragen.
– 3. Tenzij bij de vestiging van het recht van erfpacht anders wordt bepaald, wordt het aan een appartementsrecht verbonden stemrecht in de vergadering van eigenaars uitgeoefend door de erfpachter. Tenzij bij de vestiging van het recht van opstal anders wordt bepaald, behoudt de appartementseigenaar die een recht van opstal heeft gevestigd, het aan zijn appartementsrecht verbonden stemrecht in de vergadering van eigenaars.

Art. 119

Veranderingen in afzonderlijk geheel

– 1. Een appartementseigenaar mag zonder toestemming van de overige appartementseigenaars in een gedeelte dat bestemd is om als afzonderlijk geheel door hem te worden gebruikt, veranderingen aanbrengen, mits deze geen nadeel aan een ander gedeelte toebrengen. Van hetgeen hij bij een geoorloofde verandering wegneemt wordt hij enig eigenaar.
– 2. Hij is verplicht de vereniging van eigenaars onverwijld van een verandering kennis te geven. Leidt de verandering tot een wijziging van de verzekeringspremie, dan komt het verschil voor rekening van hem en zijn rechtsopvolgers.
– 3. Blijkt ten gevolge van een verandering de waarde van de in de splitsing betrokken goederen bij de opheffing van de splitsing te zijn verminderd, dan wordt hiermede, ook al was de verandering geoorloofd, bij de verdeling van de gemeenschap rekening gehouden ten laste van hem die de verandering heeft aangebracht of zijn rechtsopvolger.
– 4. Bij het reglement kan van dit artikel worden afgeweken en kunnen voor de toepassing van lid 2 wijzigingen in de wijze van gebruik met veranderingen worden gelijkgesteld. (Ontw. 5.10.1.12; BW 875*l* (oud))

Art. 120

Gebruik en ingebruikgeving

– 1. Onverminderd het in artikel 112 lid 4 bepaalde is een appartementseigenaar bevoegd het gedeelte dat bestemd is om als afzonderlijk geheel door hem te worden gebruikt, zelf te gebruiken of aan een ander in gebruik te geven, met inbegrip van het hem toekomende medegebruik van de gedeelten die niet bestemd zijn om als afzonderlijk geheel te worden gebruikt.
– 2. Voorschriften van het reglement omtrent gebruik, beheer en onderhoud zijn ook van toe-

passing op degeen die het gebruik verkrijgt. Andere bepalingen van het reglement kunnen in het reglement op de gebruiker van toepassing worden verklaard.
– 3. Ten aanzien van een huurder geldt een na het tot stand komen van de huurovereenkomst ingeschreven reglementsbepaling niet, tenzij hij daarin heeft toegestemd. Weigert hij zijn toestemming of verklaart hij zich niet, dan kan de kantonrechter van de rechtbank van het arrondissement waarin het gebouw of het grootste deel daarvan is gelegen, op verzoek van iedere appartementseigenaar beslissen dat de reglementsbepaling ten aanzien van de huurder komt te gelden. (Rv 429*a*)
– 4. Na opheffing van de splitsing zijn de gerechtigden tot de goederen die in de splitsing waren betrokken, verplicht een verhuur gestand te doen, mits de tijd van de verhuur in overeenstemming is met het plaatselijk gebruik en de verhuur niet op ongewone, voor hen bezwarende voorwaarden is geschied. (BW 3:217; 5:112, 143, 144) (Ontw. 5.10.1.13; BW 875*m* (oud))

Art. 121

Machtiging rechter in plaats van medewerking of toestemming

– 1. In alle gevallen waarin een appartementseigenaar voor het verrichten van een bepaalde handeling met betrekking tot de gedeelten die niet bestemd zijn als afzonderlijk geheel gebruikt te worden en, in het geval van een beding als bedoeld in artikel 112 lid 4, met betrekking tot gedeelten die bestemd zijn als afzonderlijk geheel gebruikt te worden, medewerking of toestemming behoeft van een of meer andere appartementseigenaars, van de vereniging van eigenaars of van haar organen, of waarin de vereniging of haar organen voor het verrichten van zodanige handeling toestemming behoeven van een of meer appartementseigenaars, kan die medewerking of toestemming op verzoek van degeen die haar behoeft, worden vervangen door een machtiging van de kantonrechter van de rechtbank van het arrondissement waarin het gebouw of het grootste gedeelte daarvan is gelegen. De machtiging kan worden verleend, indien de medewerking of toestemming zonder redelijke grond wordt geweigerd of degene die haar moet geven zich niet verklaart. (Rv 261)
– 2. Gaat de handeling met kosten gepaard, dan kan de kantonrechter op verzoek van een appartementseigenaar of van de vereniging van eigenaars tevens bepalen in welke verhouding alle of bepaalde appartementseigenaars of de vereniging van eigenaars in de kosten moeten bijdragen.
– 3. Betreft het de aanbrenging van een nieuw werk of nieuwe installatie, dan kan de kantonrechter desverzocht ook een regeling vaststellen, bepalende dat en in welke verhouding de appartementseigenaars van alle of bepaalde appartementsrechten de kosten van onderhoud van het werk of de installatie in de toekomst zullen dragen. (BW 3:17, 24) (Ontw. 5.10.1.15; BW 875*o* (oud))

Art. 122

Overgang appartementsrecht

– 1. Overgang onder bijzondere titel of toedeling van een appartementsrecht omvat, voor zover niet anders is bepaald, mede de als appartementseigenaar verkregen rechten.
– 2. Na de overgang of toedeling moet de verkrijger onverwijld schriftelijk aan de vereniging van eigenaars mededeling doen van zijn verkrijging. (BW 3:24)
– 3. Voor de ter zake van het verkregene verschuldigde bijdragen die in het lopende of het voorafgaande boekjaar opeisbaar zijn geworden of nog zullen worden, zijn de verkrijger en de vroegere appartementseigenaar hoofdelijk aansprakelijk. (BW 3:286; 6:6)
– 4. In het reglement kan worden bepaald in hoeverre voor bijdragen, genoemd in het vorige lid, alleen de vroegere eigenaar of alleen de verkrijger aansprakelijk zal zijn. In het reglement kan ook worden bepaald dat voor bepaalde bijdragen die later opeisbaar worden de vroegere appartementseigenaar in plaats van de verkrijger verbonden zal zijn. (BW 5:112, 113)
– 5. De notaris draagt zorg dat aan de akte van overdracht of toedeling een door het bestuur van de vereniging van eigenaars afgegeven verklaring wordt gehecht, die met betrekking tot de in lid 3 genoemde bijdragen waarvoor de verkrijger aansprakelijk zal zijn, een opgave inhoudt van hetgeen de betrokken appartementseigenaar op de dag van de overdracht of toedeling aan de vereniging schuldig is. De verkrijger is jegens de vereniging niet verder aansprakelijk dan tot het bedrag dat uit de opgave blijkt.
– 6. De verklaring houdt tevens een opgave in van de omvang van het reservefonds van de vereniging, bedoeld in artikel 126 lid 1. (Ontw. 5.10.15a; BW 875*p* (oud))

Art. 123

Vruchtgebruik

– 1. In geval van vruchtgebruik van een appartementsrecht treedt de vruchtgebruiker in de plaats van de appartementseigenaar ten aanzien van de aansprakelijkheid voor de gezamenlijke schulden en de aan de gezamenlijke appartementseigenaars en de vereniging van eigenaars verschuldigde bijdragen. De vruchtgebruiker is echter bevoegd de door hem betaalde bedragen, voor zover zij niet betrekking hebben op de gewone lasten en herstellingen, bij het einde van het vruchtgebruik van de appartementseigenaar terug te vorderen. (BW 3:201, 207)
– 2. Wanneer de appartementseigenaar schulden of bijdragen als bedoeld in lid 1 heeft vol-

daan, kan hij van de vruchtgebruiker vorderen dat deze hem de betaalde bedragen, vermeerderd met de rente vanaf de dag der betaling, teruggeeft voor zover zij op gewone lasten en herstellingen betrekking hebben. Van de andere door de appartementseigenaar betaalde bedragen is de vruchtgebruiker slechts de rente van de dag der betaling tot het einde van het vruchtgebruik verschuldigd.

– 3. Tenzij bij de instelling van het vruchtgebruik anders wordt bepaald wordt het aan een appartementsrecht verbonden stemrecht in de vergadering van eigenaars uitgeoefend door de vruchtgebruiker. (BW 5:127)

– 4. Artikel 122 is van overeenkomstige toepassing bij de vestiging, bij overdracht en bij het einde van het vruchtgebruik van een appartementsrecht. (Ontw. 5.1.10.15b; BW 875*q* (oud))

AFDELING 2
De vereniging van eigenaars

Art. 124

Rechtspersoonlijkheid vereniging van eigenaars

– 1. De vereniging van eigenaars is een rechtspersoon.

– 2. Titel 1 van Boek 2 is van toepassing behoudens de artikelen 4, 6, 13 lid 2, 17, 18, 19 leden 1-3, lid 4, tweede zin, lid 6, tweede zin, en lid 7, 20, 21 en 22 en met inachtneming van de in de volgende artikelen van de onderhavige titel aangegeven afwijkingen.

– 3. Titel 2 van Boek 2 is slechts van toepassing voor zover de onderhavige afdeling daarnaar verwijst. (Ontw. 5.10.2.0; BW 876 (oud); BW 5:112)

Art. 125

Bevoegdheden; lidmaatschap

– 1. Aan de vergadering van eigenaars komen in de vereniging alle bevoegdheden toe, die niet door wet of statuten aan andere organen zijn opgedragen. (BW 2:40)

– 2. Iedere appartementseigenaar is van rechtswege lid van de vereniging van eigenaars. Wanneer een lid ophoudt appartementseigenaar te zijn, eindigt zijn lidmaatschap van rechtswege. (BW 5:123)

– 3. Artikel 40 lid 2 van Boek 2 is van toepassing. (Ontw. 5.10.2.1; BW 876*b* (oud))

Art. 126

Beheer, vertegenwoordiging en toezicht op nakoming verplichtingen

– 1. De vereniging van eigenaars voert het beheer over de gemeenschap, met uitzondering van de gedeelten die bestemd zijn als afzonderlijk geheel te worden gebruikt. De vereniging houdt een reservefonds in stand ter bestrijding van andere dan de gewone jaarlijkse kosten.

– 2. De vereniging kan binnen de grenzen van haar bevoegdheid de gezamenlijke appartementseigenaars in en buiten rechte vertegenwoordigen. (BW 2:48; 3:218; 5:131, 136)

– 3. De vereniging ziet toe op de nakoming van de verplichtingen die voor de appartementseigenaars uit het bij of krachtens de wet en het reglement bepaalde jegens elkander voortvloeien en kan te dien einde in rechte tegen hen optreden. Onder appartementseigenaars wordt hier begrepen hij die een gebruiksrecht aan een appartementseigenaar ontleent. (Ontw. 5.10.2.1a; BW 876*a* (oud); BW 5:112, 123)

Art. 127

Toegang tot vergadering

– 1. Alle appartementseigenaars hebben toegang tot de vergadering van eigenaars. De besluiten worden genomen bij volstrekte meerderheid van de uitgebrachte stemmen, voor zover de statuten niet anders bepalen. (BW 5:123 lid 3)

– 2. Tenzij de statuten anders bepalen, wordt de voorzitter van de vergadering van eigenaars door de vergadering uit de leden der vereniging benoemd. Zowel de voorzitter als het bestuur van de vereniging zijn bevoegd de vergadering bijeen te roepen.

– 3. In geval van ondersplitsing komen de stemmen van de appartementseigenaar wiens recht is gesplitst, toe aan de gerechtigden tot de door de ondersplitsing ontstane appartementsrechten. Deze stemmen worden in de vergadering van eigenaars uitgebracht door het bestuur van de bij de ondersplitsing opgerichte vereniging van eigenaars. De stemmen behoeven niet eensluidend te worden uitgebracht. De gerechtigden tot de door de ondersplitsing ontstane appartementsrechten zijn bevoegd de vergadering van eigenaars bij te wonen. Het bestuur, bedoeld in de tweede zin, is bevoegd om in de vergadering het woord te voeren. (Ontw. 5.10.2.1b; BW 876*b* leden 2 en 3 (oud); BW 2:37 lid 1, 41)

Art. 128

Gebruik gemeenschappelijke gedeelten

– 1. De vergadering van eigenaars is bevoegd regels te stellen betreffende het gebruik van de gedeelten die niet bestemd zijn als afzonderlijk geheel te worden gebruikt, voor zover het reglement daarover geen bepalingen bevat.

– 2. Iedere appartementseigenaar kan een gebruiker vragen te verklaren of hij bereid is een in het vorige lid bedoelde regel na te leven. Is de gebruiker daartoe niet bereid of verklaart hij zich niet, dan kan de kantonrechter binnen wiens rechtsgebied het gebouw of het grootste gedeelte daarvan is gelegen, op verzoek van iedere appartementseigenaar beslissen dat de regel ten aanzien van de gebruiker komt te gelden. (Ontw. 5.10.2.1c; BW 876*c* (oud); BW 5:120; Rv 261)

Art. 129

Besluit in strijd met akte van splitsing: nietigheid; art. 2:14

– 1. Voor de toepassing van artikel 14 van Boek 2 wordt de akte van splitsing gelijkgesteld met de statuten. (BW 5:109)

– 2. Voor de toepassing van artikel 15 lid 1 onder *c* van Boek 2 geldt het reglement dat krachtens artikel 111 onder *d* deel van de akte van splitsing uitmaakt, niet als een reglement. (Ontw. 5.10.2.1ca)

Art. 130

Vernietiging besluit

– 1. In afwijking van artikel 15 lid 3 van Boek 2 geschiedt de vernietiging van een besluit van een orgaan van de vereniging van eigenaars door een uitspraak van de kantonrechter van de rechtbank van het arrondissement waarin het gebouw of het grootste gedeelte daarvan is gelegen, op verzoek van degene die de vernietiging krachtens dit lid kan vorderen. (BW 5:121)

– 2. Het verzoek tot vernietiging moet worden gedaan binnen een maand na de dag waarop de verzoeker van het besluit heeft kennis genomen of heeft kunnen kennis nemen.

– 3. De verzoeker, alle andere stemgerechtigden en de vereniging van eigenaars worden bij name opgeroepen om op het verzoek te worden gehoord. Hoger beroep kan slechts worden ingesteld binnen een maand na de dagtekening der eindbeschikking. (Rv 358)

– 4. De rechter voor wie het verzoek aanhangig is, is bevoegd het besluit te schorsen totdat op het verzoek onherroepelijk is beslist. (Ontw. 5.10.2.1d; BW 876*d* (oud); BW 2:15)

Art. 131

Bestuur

– 1. Het bestuur van de vereniging wordt gevormd door één bestuurder, tenzij de statuten bepalen dat er twee of meer zullen zijn. In het laatste geval wordt de vereniging, voor zover in de statuten niet anders is bepaald, tegenover derden door ieder der bestuurders vertegenwoordigd. (BW 2:45)

– 2. Het bestuur wordt door de vergadering van eigenaars, al dan niet uit de leden, benoemd en kan te allen tijde door haar worden geschorst of ontslagen. Een veroordeling tot herstel van de dienstbetrekking tussen de vereniging en een bestuurder kan door de rechter niet worden uitgesproken. (BW 2:37; 7:677, 680, 681, 682)

– 3. Voor zover de statuten niet anders bepalen, beheert het bestuur de middelen der vereniging en draagt het zorg voor de tenuitvoerlegging van de besluiten van de vergadering van eigenaars.

– 4. Bij besluit van de vergadering van eigenaars kan van het vorige lid worden afgeweken en kunnen aan het bestuur aanwijzingen met betrekking tot de uitoefening van zijn taak worden gegeven. Deze besluiten kunnen niet worden ingeroepen tegen de wederpartij, tenzij zij haar bekend waren of behoorden te zijn. (Ontw. 5.10.2.1e; BW 876*e* (oud))

Art. 132

Toegang afzonderlijke gedeelten

De appartementseigenaars en de gebruikers van de voor het gebruik als afzonderlijk geheel bestemde gedeelten zijn verplicht een bestuurder en door hem aan te wijzen personen toegang tot die gedeelten te verschaffen, wanneer dit voor de vervulling van de taak van het bestuur noodzakelijk is. (Ontw. 5.10.2.1f; BW 876*f* (oud))

Art. 133

Belet of ontstentenis bestuur

– 1. Bij belet of ontstentenis van het bestuur wordt dit vervangen door de voorzitter van de vergadering van eigenaars, tenzij in de statuten of door de vergadering een andere voorziening is getroffen.

– 2. In gevallen waarin de vereniging of de gezamenlijke appartementseigenaars een belang hebben, tegenstrijdig met dat van een bestuurder, treedt de voorzitter van de vergadering van eigenaars bij belet of ontstentenis van andere bestuurders eveneens in de plaats van het bestuur. (Ontw. 5.10.2.1g; BW 876g (oud); BW 2:146)

Art. 134

Exploiten

– 1. Exploiten en kennisgevingen, gericht tot de gezamenlijke appartementseigenaars, kunnen aan de persoon of de woonplaats van een bestuurder van de vereniging worden gedaan; zij behoeven dan niet de namen en de woonplaatsen van de appartementseigenaars te bevatten.

– 2. De bestuurder deelt de appartementseigenaars onverwijld de inhoud van het exploit of de kennisgeving mede. (Ontw. 5.10.2.1h; BW 876*h* (oud); BW 1:10; Rv 50)

Art. 135

Toepasselijkheid bepalingen Boek 2

De artikelen 45 lid 4 en 48 van Boek 2 zijn van toepassing. (Ontw. 5.10.2.1i)

AFDELING 3

Rechten uit verzekeringsovereenkomsten

Art. 136

Beheer over verzekeringspenningen

– 1. Hij, die krachtens het reglement verplicht is het gebouw te doen verzekeren, vertegenwoordigt de gezamenlijke appartementseigenaars bij de uitoefening van de rechten die uit de verzekeringsovereenkomst voortvloeien, en voert voor hen het beheer over de ontvangen verzekeringspenningen. (K 264)

– 2. Zodra tot herstel is besloten, worden de verzekeringspenningen tot dit doel aangewend, met dien verstande dat de verhouding van de waarde van de appartementsrechten na het herstel dezelfde moet zijn als tevoren. Bij de berekening van die waarde mag echter geen rekening worden gehouden met veranderingen die een appartementseigenaar in het gedeelte dat bestemd is om als afzonderlijk geheel door hem te worden gebruikt, heeft aangebracht, tenzij hij hiervan tijdig aan de vereniging van eigenaars had kennis gegeven.

– 3. Herstel van schade aan gedeelten die bestemd zijn om als afzonderlijk geheel te worden gebruikt, geschiedt zoveel mogelijk volgens de aanwijzingen van de appartementseigenaars die het aangaat. (BW 5:138)

– 4. Uitkering aan ieder der appartementseigenaars van het hem toekomende aandeel in de assurantiepenningen geschiedt slechts:

a. indien na het herstel van de schade een overschot aanwezig blijkt te zijn;

b. indien drie maanden zijn verlopen nadat de vergadering van eigenaars heeft besloten van herstel of verder herstel af te zien;

c. in geval van opheffing van de splitsing.

– 5. Van het bepaalde in dit artikel kan in het reglement worden afgeweken. (Ontw. 5.10.3.1; BW 876*j* (oud))

Art. 137

Gereserveerd.

Art. 138

Geschillen over herstel

Geschillen over herstel of de wijze van herstel beslist de kantonrechter van de rechtbank van het arrondissement waarin het gebouw of het grootste gedeelte daarvan is gelegen, op verzoek van de meest gerede partij. Hoger beroep kan slechts worden ingesteld binnen een maand na de dagtekening van de eindbeschikking. (Ontw. 5.10.3.1b; BW 876*k* (oud); Rv 261 lid 1, 358)

AFDELING 4
Wijziging van de akte van splitsing en opheffing van de splitsing

Art. 139

Wijziging akte van splitsing

– 1. De akte van splitsing kan worden gewijzigd met medewerking van alle appartementseigenaars. (BW 5:111, 114, 118)

– 2. De wijziging kan ook met medewerking van het bestuur geschieden, indien het tot de wijziging strekkende besluit is genomen in de vergadering van eigenaars met een meerderheid van ten minste vier vijfden van het aantal stemmen dat aan de appartementseigenaars toekomt of met een zodanige grotere meerderheid als in de akte van splitsing is bepaald. De termijn voor oproeping tot de vergadering bedraagt ten minste vijftien dagen. Artikel 42 leden 1, eerste zin, 2, eerste zin, en 3 van Boek 2 is van overeenkomstige toepassing.

– 3. Wijziging van de akte van splitsing behoeft de toestemming van hen die een beperkt recht op een appartementsrecht hebben, van hen die daarop beslag hebben gelegd alsmede, indien een recht van erfpacht of opstal in de splitsing is betrokken, van de grondeigenaar. Ook is toestemming nodig van de gerechtigden tot een erfdienstbaarheid, indien hun recht door de wijziging wordt verkort. (Ontw. 5.10.4.1; BW 876*l* (oud); BW 5:143)

– 4. Indien de wijziging uitsluitend betrekking heeft op het reglement, is de toestemming van de beslagleggers niet nodig.

– 5. De wijziging geschiedt door een daartoe bestemde notariële akte, gevolgd door inschrijving van die akte in de openbare registers. Indien de wijziging betrekking heeft op de begrenzing van gedeelten van het gebouw of de grond die bestemd zijn als afzonderlijk geheel te worden gebruikt, is artikel 109 lid 2 van overeenkomstige toepassing.

Art. 140

Machtiging rechter

– 1. Indien een of meer der in de leden 1 en 3 van het vorige artikel genoemden zich niet verklaren of zonder redelijke grond weigeren hun medewerking of toestemming te verlenen, kan deze worden vervangen door een machtiging van de kantonrechter van de rechtbank van het arrondissement waarin het gebouw of het grootste gedeelte daarvan is gelegen. (BW 5:121; Rv 261 e.v.)

– 2. De machtiging kan slechts worden verleend op verzoek van een of meer appartementseigenaars aan wie ten minste de helft van het aantal stemmen in de vergadering van eigenaars toekomt.

– 3. De machtiging kan ook op verzoek van twee appartementseigenaars, of op verzoek van een appartementseigenaar aan wie verschillende appartementsrechten toebehoren worden verleend, wanneer de wijziging uitsluitend strekt tot een verandering van de onderlinge begrenzing der gedeelten die bestemd zijn door hen als afzonderlijk geheel te worden gebruikt, al dan niet gepaard gaande met een verandering in de onderlinge verhouding van hun aandelen in de goederen die in de splitsing zijn betrokken, of van hun bijdragen in de schulden en kosten die ingevolge de wet of het reglement voor rekening van de gezamenlijke appartementseigenaars komen.

– 4. Alle personen wier medewerking of toestemming ingevolge artikel 139 is vereist, worden bij name opgeroepen om op een verzoek als in de vorige leden bedoeld te worden gehoord. (Ontw. 5.10.4.2; BW 876*m* (oud); BW 5:143)

Art. 140a

Vernietiging besluit tot wijziging akte van splitsing

– 1. Op vordering van een appartementseigenaar die niet voor een overeenkomstig artikel 139 lid 2 bij meerderheid van stemmen genomen besluit tot wijziging van de akte van splitsing heeft gestemd, wordt het besluit bij rechterlijke uitspraak vernietigd.

– 2. De bevoegdheid om vernietiging te vorderen verjaart door verloop van drie maanden, welke termijn begint met de aanvang van de dag, volgende op die waarop het besluit door de vergadering van eigenaars is genomen.

– 3. De rechter kan de vordering afwijzen, wanneer de eiser geen schade lijdt of hem een redelijke schadeloosstelling wordt aangeboden en voor de betaling hiervan voldoende zekerheid is gesteld.

Art. 141

Vernietiging wijziging

– 1. Bij gebreke van de in de artikelen 139 en 140 bedoelde toestemming of daarvoor in de plaats tredende machtiging wordt de wijziging vernietigd bij rechterlijke uitspraak op vordering van degeen wiens toestemming achterwege is gebleven. (BW 5:130)

– 2. De bevoegdheid om vernietiging te vorderen verjaart door verloop van een jaar, welke termijn begint met de aanvang van de dag, volgende op die waarop degeen die de vernietiging kan vorderen kennis heeft genomen van de wijziging dan wel hem schriftelijk van die wijziging mededeling is gedaan. (BW 3:313)

– 3. De rechter kan de vordering afwijzen, wanneer de eiser geen schade lijdt of hem een redelijke schadeloosstelling wordt aangeboden en voor de betaling hiervan voldoende zekerheid is gesteld. (Ontw. 5.10.4.2a; BW 876*n* (oud))

Art. 142

Beperkte rechten, beslagen en voorrechten

– 1. Beperkte rechten en beslagen, waarmee de appartementsrechten zijn belast, rusten na de wijziging van de akte van splitsing op de gewijzigde appartementsrechten, tenzij de akte van wijziging anders bepaalt.

– 2. Voorrechten blijven na de wijziging bestaan. (BW 3:283 e.v.) (Ontw. 5.10.4.2b; BW 876*o* (oud))

Art. 143

Opheffing splitsing

– 1. De splitsing wordt van rechtswege opgeheven:

a. bij het eindigen van een in de splitsing betrokken recht van erfpacht of opstal, wanneer naast dit recht geen andere registergoederen in de splitsing betrokken zijn en de beëindiging niet gepaard gaat met de vestiging van een nieuw recht van erfpacht of opstal van de appartementseigenaars op dezelfde onroerende zaak; (BW 5:86, 87, 97)

b. door inschrijving in de openbare registers van het vonnis waarbij een in de splitsing betrokken kadastraal perceel in zijn geheel is onteigend, wanneer geen andere percelen in de splitsing betrokken zijn.

– 2. In alle andere gevallen geschiedt de opheffing van de splitsing door een daartoe bestemde notariële akte, gevolgd door inschrijving van die akte in de openbare registers. De artikelen 139 leden 1 en 3, 140 leden 1, 2 en 4 en 141 zijn van overeenkomstige toepassing. (Ontw. 5.10.4.2c; BW 876*p* (oud))

Art. 144

Rechterlijk bevel

– 1. Op verzoek van een persoon wiens medewerking of toestemming tot de wijziging van de akte van splitsing of tot opheffing van de splitsing is vereist, kan de kantonrechter van de rechtbank van het arrondissement waarin het gebouw of het grootste gedeelte daarvan is gelegen, bevelen dat de akte van splitsing wordt gewijzigd dan wel de splitsing wordt opgeheven:

a. wanneer de akte van splitsing niet voldoet aan de in de artikelen 111 en 112 gestelde vereisten;

b. wanneer uit de inrichting van de gedeelten van het gebouw of uit de inrichting of aanduiding van de gedeelten van de grond die bestemd zijn als afzonderlijk geheel te worden gebruikt, deze bestemming niet blijkt;

c. wanneer de bouw of inrichting van het gebouw dan wel de inrichting of aanduiding van de grond niet of niet meer beantwoordt aan de omschrijving in de akte van splitsing; (BW 5:108)

d. in geval van splitsing met toepassing van artikel 107, wanneer de stichting of de gewijzigde inrichting van het gebouw niet binnen een termijn van drie jaren te rekenen vanaf de dag van de inschrijving is voltooid;

e. wanneer een recht van erfpacht of opstal dat naast een of meer andere registergoederen in de splitsing betrokken is, eindigt; (BW 5:97, 105, 116)

f. wanneer een deel der in de splitsing betrokken registergoederen is uitgewonnen, een gedeelte van de kadastrale percelen is onteigend, of degene die de splitsing verricht heeft onbevoegd was over een deel der in de splitsing betrokken registergoederen te beschikken;
g. wanneer het gebouw ernstig is beschadigd of geheel of gedeeltelijk is gesloopt, tenzij herstel binnen redelijke tijd is te verwachten;
h. wanneer alle appartementseigenaars zich bij een overeenkomst tot de wijziging of opheffing hebben verbonden.
– 2. Aan de toewijzing van het verzoek kan de rechter voorwaarden verbinden.
– 3. Artikel 140 lid 4 is van overeenkomstige toepassing. (Ontw. 5.10.4.2d; BW 876*q* (oud); Rv 261 e.v.)

Art. 145

Voldoen aan rechterlijk bevel

– 1. De appartementseigenaars zijn verplicht aan een bevel als bedoeld in het vorige artikel uitvoering te geven, zodra de beschikking in kracht van gewijsde is gegaan. De in de artikelen 139 leden 1 en 3 en 143 lid 2 bedoelde toestemming is in dit geval niet vereist.
– 2. Indien de kantonrechter met toepassing van artikel 300 van Boek 3 een vertegenwoordiger heeft aangewezen, stelt hij op verzoek van de meest gerede partij of ambtshalve diens salaris vast; het salaris komt ten laste van de vertegenwoordigde. (Ontw. 5.10.4.2e; BW 876*r* (oud))

Art. 146

Beperkte rechten, beslagen en voorrechten

Beperkte rechten, beslagen en voorrechten op een appartementsrecht rusten na opheffing van de splitsing op het aandeel van de gewezen appartementseigenaar in de goederen die in de splitsing betrokken waren. (Ontw. 5.10.4.2f; BW 876*s* lid 1 (oud); BW 3:229; 5:114, 118, 143)

Art. 147

Ontbinding vereniging

– 1. De vereniging van eigenaars wordt door opheffing van de splitsing van rechtswege ontbonden.
– 2. De vereffening geschiedt met inachtneming van de volgende afwijkingen van de artikelen 23-24 van Boek 2.
– 3. De vereffenaar draagt hetgeen na voldoening der schuldeisers van het vermogen van de ontbonden vereniging is overgebleven, over aan hen die bij de opheffing van de splitsing appartementseigenaar waren, ieder voor een aandeel als bedoeld in artikel 113 lid 1.
– 4. De artikelen 23 lid 1, derde zin, en lid 4 en 23*c* lid 1 van Boek 2 zijn niet van toepassing. De in artikel 23*b* lid 4 van Boek 2 bedoelde nederlegging geschiedt binnen het arrondissement waar het gebouw of het grootste gedeelte daarvan is gelegen. In plaats van de in 24, lid 2, van Boek 2 en artikel 995, eerste lid, tweede volzin, van het Wetboek van Burgerlijke Rechtsvordering aangewezen rechter geldt als bevoegd diezelfde rechter binnen wiens rechtsgebied het gebouw of het grootste gedeelte daarvan is gelegen. (Ontw. 5.10.4.2g; BW 876*t* (oud))

I.1 BURGERLIJK WETBOEK BOEK 6

BOEK 6
Algemeen gedeelte van het verbintenissenrecht

TITEL 1
Verbintenissen in het algemeen

AFDELING 1
Algemene bepalingen

Art. 1

Ontstaan

Verbintenissen kunnen slechts ontstaan, indien dit uit de wet voortvloeit. (Ontw. 6.1.1.1; BW 1269 (oud); BW 1:157, 392; 6:2 lid 1, 3, 24, 162 e.v., 198 e.v., 203, 213 e.v., 248 lid 1, 271)

Art. 2

Redelijkheid en billijkheid

– 1. Schuldeiser en schuldenaar zijn verplicht zich jegens elkaar te gedragen overeenkomstig de eisen van redelijkheid en billijkheid.
– 2. Een tussen hen krachtens wet, gewoonte of rechtshandeling geldende regel is niet van toepassing, voor zover dit in de gegeven omstandigheden naar maatstaven van redelijkheid en billijkheid onaanvaardbaar zou zijn. (Ontw. 6.1.1.2; BW 1374 lid 3 , 1375 (oud); BW art. 1:399; BW art. 2:8, 15 lid 1; BW art. 3:12, 166 lid 3; BW art. 6:8, 23, 94, 101, 109, 166 lid 2, 211, 212, 233 onder *a*, 248, 258 jo 216; BW art. 7:865; BW art. 8:162)

Art. 3

Natuurlijke verbintenis

– 1. Een natuurlijke verbintenis is een rechtens niet- afdwingbare verbintenis.
– 2. Een natuurlijke verbintenis bestaat:
a. wanneer de wet of een rechtshandeling aan een verbintenis de afdwingbaarheid onthoudt; (BW 3:306; 7A:1825)
b. wanneer iemand jegens een ander een dringende morele verplichting heeft van zodanige aard dat naleving daarvan, ofschoon rechtens niet afdwingbaar, naar maatschappelijke opvattingen als voldoening van een aan die ander toekomende prestatie moet worden aangemerkt. (Ontw. 6.1.1.3; BW 1395 lid 2 (oud); BW 6:203)

Art. 4

Schakelbepaling

Op natuurlijke verbintenissen zijn de wettelijke bepalingen betreffende verbintenissen van overeenkomstige toepassing, tenzij de wet of haar strekking meebrengt dat een bepaling geen toepassing mag vinden op een niet-afdwingbare verbintenis. (Ontw. 6.1.1.4; BW 3:45, 323 lid 2; 6:6 e.v., 27 e.v., 56, 127, 131, 142 e.v.; 7:853)

Art. 5

Omzetting

– 1. Een natuurlijke verbintenis wordt omgezet in een rechtens afdwingbare door een overeenkomst van de schuldenaar met de schuldeiser. (BW 7A:1827)
– 2. Een door de schuldenaar tot de schuldeiser gericht aanbod tot een zodanige overeenkomst om niet, geldt als aanvaard, wanneer het aanbod ter kennis van de schuldeiser is gekomen en deze het niet onverwijld heeft afgewezen. (BW 6:160 lid 2, 218 e.v., 251 lid 3, 253 lid 4)
– 3. Op de overeenkomst zijn de bepalingen betreffende schenkingen en giften niet van toepassing. (Ontw. 6.1.1.5; BW 7A:1703 e.v.)

AFDELING 2
Pluraliteit van schuldenaren en hoofdelijke verbondenheid

Art. 6

Hoofdregel

– 1. Is een prestatie door twee of meer schuldenaren verschuldigd, dan zijn zij ieder voor een gelijk deel verbonden, tenzij uit wet, gewoonte of rechtshandeling voortvloeit dat zij voor ongelijke delen of hoofdelijk verbonden zijn. (BW 2:55; 3:188 lid 1; 4:1146; 7A:1680)

Hoofdelijk

– 2. Is de prestatie ondeelbaar of vloeit uit wet, gewoonte of rechtshandeling voort dat de schuldenaren ten aanzien van een zelfde schuld ieder voor het geheel aansprakelijk zijn, dan zijn zij hoofdelijk verbonden. (BW 1:85 lid 1, 102, 304 lid 1, 390 lid 1; 2:4 lid 4, 9, 11, 29 lid 4, 30 lid 2, 69 lid 2, 90 lid 1, 93 lid 2, 138, 139, 149, 150, 180 lid 2, 199 lid 1, 203 lid 2, 248, 249, 259, 260, 289 lid 4; 3:176 lid 2, 223; 4:1063, 1066 lid 2; 5:77, 92, 113 lid 3, 5, 115 lid 2, 122 lid 3; 6:99, 102, 166, 170, 180 lid 1, 251 lid 2; 7:407, 606, 850 lid 3; 7A:1786; 8:422 lid 6, 442, 545 lid 1, 932 lid 3, 941, 1006 lid 1; K 18, 21, 146, 221; Fw 136)
– 3. Uit een overeenkomst van een schuldenaar met zijn schuldeiser kan voortvloeien dat, wanneer de schuld op twee of meer rechtsopvolgers overgaat, dezen voor ongelijke delen of hoofdelijk verbonden zullen zijn. (Ontw. 6.1.2.1; BW 1316 e.v., 1332 e.v. (oud); BW 6:15)

Art. 7

Aansprakelijkheid

– 1. Indien twee of meer schuldenaren hoofdelijk verbonden zijn, heeft de schuldeiser tegenover ieder van hen recht op nakoming voor het geheel.

BW 6

– 2. Nakoming door een der schuldenaren bevrijdt ook zijn medeschuldenaren tegenover de schuldeiser. Hetzelfde geldt, wanneer de schuld wordt gedelgd door inbetalinggeving of verrekening, alsmede wanneer de rechter op vordering van een der schuldenaren artikel 60 toepast, tenzij hij daarbij anders bepaalt. (Ontw. 6.1.2.2; BW 6:9, 30, 34, 45, 72, 127; Rv 68 e.v.; Fw 136)

Art. 8

Redelijkheid en billijkheid

Op de rechtsbetrekkingen tussen de hoofdelijke schuldenaren onderling is artikel 2 van overeenkomstige toepassing. (Ontw. 6.1.2.2a; BW 3:166 lid 3; 6:248; 7:865)

Art. 9

Afstand om niet

– 1. Iedere hoofdelijke schuldenaar is bevoegd namens de overige schuldenaren een aanbod tot afstand om niet van het vorderingsrecht te aanvaarden, voor zover de afstand ook de andere schuldenaren betreft. (BW 1476 (oud); BW 6:14, 160)

Uitstel van betaling

– 2. Uitstel van betaling, door de schuldeiser aan een der schuldenaren verleend, werkt ook ten aanzien van zijn medeschuldenaren, voor zover blijkt dat dit de bedoeling van de schuldeiser is. (Ontw. 6.1.2.3; BW 6:72, 131 lid 2)

Art. 10

Bijdrageplicht

– 1. Hoofdelijke schuldenaren zijn, ieder voor het gedeelte van de schuld dat hem in hun onderlinge verhouding aangaat, verplicht overeenkomstig de volgende leden in de schuld en in de kosten bij te dragen. (BW 1328 (oud); BW 6:102, 165, 166 lid 2, 170 lid 3; 7:866; 7A:1670 lid 1; 8:545 lid 2, 1006 lid 2)

– 2. De verplichting tot bijdragen in de schuld die ten laste van een der hoofdelijke schuldenaren wordt gedelgd voor meer dan het gedeelte dat hem aangaat, komt op iedere medeschuldenaar te rusten voor het bedrag van dit meerdere, telkens tot ten hoogste het gedeelte van de schuld dat de medeschuldenaar aangaat. (BW 1329 lid 1 (oud))

– 3. In door een hoofdelijke schuldenaar in redelijkheid gemaakte kosten moet iedere medeschuldenaar bijdragen naar evenredigheid van het gedeelte van de schuld dat hem aangaat, tenzij de kosten slechts de schuldenaar persoonlijk betreffen. (Ontw. 6.1.2.4; BW 6:12; Fw 136 lid 2)

Art. 11

Verweermiddelen medeschuldenaar

– 1. Een uit hoofde van het vorige artikel tot bijdragen aangesproken medeschuldenaar kan de verweermiddelen die hij op het tijdstip van het ontstaan van de verplichting tot bijdragen jegens de schuldeiser had, ook inroepen tegen de hoofdelijke schuldenaar die de bijdrage van hem verlangt.

– 2. Niettemin kan hij een zodanig verweermiddel niet tegen deze schuldenaar inroepen, indien het na hun beider verbintenis is ontstaan uit een rechtshandeling die de schuldeiser met of jegens de aangesprokene heeft verricht.

– 3. Een beroep op verjaring van de rechtsvordering van de schuldeiser komt de tot bijdragen aangesprokene slechts toe, indien op het tijdstip van het ontstaan van de verplichting tot bijdragen zowel hijzelf als degene die de bijdrage verlangt, jegens de schuldeiser de voltooiing van de verjaring had kunnen inroepen. (BW 3:322; 7:853)

– 4. De vorige leden zijn slechts van toepassing, voor zover uit de rechtsverhouding tussen de schuldenaren niet anders voortvloeit. (Ontw. 6.1.2.5; BW 6:8; 7:868)

Art. 12

Subrogatie

– 1. Wordt de schuld ten laste van een hoofdelijke schuldenaar gedelgd voor meer dan het gedeelte dat hem aangaat, dan gaan de rechten van de schuldeiser jegens de medeschuldenaren en jegens derden krachtens subrogatie voor dit meerdere op die schuldenaar over, telkens tot ten hoogste het gedeelte dat de medeschuldenaar of de derde aangaat in zijn verhouding tot die schuldenaar. (BW 1438 onder 3 (oud), 1439 (oud); BW 6:10, 13, 150 v.; 7:866, 869)

– 2. Door de subrogatie wordt de vordering, indien zij een andere prestatie dan geld betrof, omgezet in een geldvordering van gelijke waarde. (Ontw. 6.1.2.7; BW 7:854)

Art. 13

Omslag

– 1. Blijkt verhaal op een hoofdelijke schuldenaar voor een vordering als bedoeld in de artikelen 10 en 12 geheel of gedeeltelijk onmogelijk, dan wordt het onverhaalbaar gebleken deel over al zijn medeschuldenaren omgeslagen naar evenredigheid van de gedeelten waarvoor de schuld ieder van hen in hun onderlinge verhouding aanging. (BW 1329 lid 2 (oud))

– 2. Werd de schuld geheel of gedeeltelijk gedelgd ten laste van een hoofdelijke schuldenaar wie de schuld zelf niet aanging en blijkt op geen van de medeschuldenaren wie de schuld wel aanging verhaal mogelijk, dan wordt het onverhaalbaar gebleken deel over alle medeschuldenaren wie de schuld niet aanging, omgeslagen naar evenredigheid van de bedragen waarvoor ieder op het tijdstip van de delging van de schuld jegens de schuldeiser aansprakelijk was.

– 3. Ieder der in een omslag betrokkenen blijft gerechtigd het bijgedragene alsnog van hem die geen verhaal bood, terug te vorderen. (Ontw. 6.1.2.7a; BW 2:55 lid 3; 3:188 lid 4; 6: 102 lid 2, 152; 7:869)

Art. 14

Afstand door de schuldeiser van zijn vorderingsrecht jegens een hoofdelijke schuldenaar bevrijdt deze niet van zijn verplichting tot bijdragen. De schuldeiser kan hem niettemin van zijn verplichting tot bijdragen jegens een medeschuldenaar bevrijden door zich jegens deze laatste te verbinden zijn vordering op hem te verminderen met het bedrag dat als bijdrage gevorderd had kunnen worden. (Ontw. 6.1.2.7b; BW 6:9, 10, 13, 160)

Interne werking afstand

AFDELING 3
Pluraliteit van schuldeisers

Art. 15

Hoofdregel

– 1. Is een prestatie aan twee of meer schuldeisers verschuldigd, dan heeft ieder van hen een vorderingsrecht voor een gelijk deel, tenzij uit wet, gewoonte of rechtshandeling voortvloeit dat de prestatie hun voor ongelijke delen toekomt of dat zij gezamenlijk één vorderingsrecht hebben. (BW 3:166 lid 2)

– 2. Is de prestatie ondeelbaar of valt het recht daarop in een gemeenschap, dan hebben zij gezamenlijk één vorderingsrecht. (BW 1332 v. (oud); 3:166 e.v.)

– 3. Aan de schuldenaar kan niet worden tegengeworpen dat het vorderingsrecht in een gemeenschap valt, wanneer dit recht voortspruit uit een overeenkomst die hij met de deelgenoten heeft gesloten, maar hij niet wist noch behoefde te weten dat dit recht van die gemeenschap ging deel uitmaken. (Ontw. 6.1.3.1; BW 1314, 1315 (oud); BW 3:35, 36; 6:6, 34)

Art. 16

Gemeenschap van vorderingsrecht

Wanneer met de schuldenaar is overeengekomen dat twee of meer personen als schuldeiser de prestatie van hem voor het geheel kunnen vorderen, des dat de voldoening aan de een hem ook jegens de anderen bevrijdt, doch in de onderlinge verhouding van die personen de prestatie niet aan hen allen gezamenlijk toekomt, zijn op hun rechtsverhouding jegens de schuldenaar de in geval van gemeenschap geldende regels van overeenkomstige toepassing. (Ontw. 6.1.3.2; BW 3:166 e.v.)

AFDELING 4
Alternatieve verbintenissen

Art. 17

Keuzebevoegdheid

– 1. Een verbintenis is alternatief, wanneer de schuldenaar verplicht is tot één van twee of meer verschillende prestaties ter keuze van hemzelf, van de schuldeiser of van een derde. (BW 1308 (oud); BW 5:54 lid 1)

– 2. De keuze komt toe aan de schuldenaar, tenzij uit wet, gewoonte of rechtshandeling anders voortvloeit. (Ontw. 6.1.4.1; BW 1309 (oud); BW 6:28)

Art. 18

Werking keuze

Een alternatieve verbintenis wordt enkelvoudig door het uitbrengen van de keuze door de daartoe bevoegde. (Ontw. 6.1.4.2)

Art. 19

Overgang keuzebevoegdheid

– 1. Wanneer de keuze aan een der partijen toekomt, gaat de bevoegdheid om te kiezen op de andere partij over, indien deze haar wederpartij een redelijke termijn heeft gesteld tot bepaling van haar keuze en deze daarbinnen haar keuze niet heeft uitgebracht. (BW 6:58 e.v.)

– 2. De bevoegdheid om te kiezen gaat echter niet over op de schuldeiser voordat deze het recht heeft om nakoming te vorderen, noch op de schuldenaar voordat deze het recht heeft om te voldoen. (BW 6:38, 39)

– 3. Indien op de vordering een pandrecht of een beslag rust en de aangevangen executie bij gebreke van een keuze niet kan worden voortgezet, kan de pandhouder of de beslaglegger aan beide partijen een redelijke termijn stellen om overeenkomstig hun onderlinge rechtsverhouding een keuze uit te brengen. Indien de keuze niet binnen deze termijn geschiedt, gaat de bevoegdheid tot kiezen op de pandhouder of beslaglegger over. Zij zijn gehouden niet nodeloos van deze bevoegdheid gebruik te maken. (Ontw. 6.1.4.3; BW 3:55 lid 2, 69[4], 217 lid 4, 246 lid 2; 5:94 lid 3; 6 :88 lid 1, 158; 7:40, 852 lid 2 · 3; Rv 477 lid 4; Fw 37)

Art. 20

Onmogelijke prestatie

– 1. De onmogelijkheid om een of meer der prestaties te verrichten doet geen afbreuk aan de bevoegdheid om te kiezen.

– 2. Indien de keuze aan de schuldenaar toekomt, is deze echter niet bevoegd een onmogelijke prestatie te kiezen, tenzij de onmogelijkheid een gevolg is van een aan de schuldeiser toe te rekenen oorzaak of deze met de keuze instemt. (Ontw. 6.1.4.4; BW 1310 v. (oud); BW 6:17 lid 2, 58 e.v., 74 e.v., 265, 266)

AFDELING 5

Voorwaardelijke verbintenissen

Art. 21

Voorwaardelijke verbintenis

Een verbintenis is voorwaardelijk, wanneer bij rechtshandeling haar werking van een toekomstige onzekere gebeurtenis afhankelijk is gesteld. (Ontw. 6.1.5.1; BW 1289 (oud), 1299 (oud); BW 3:17 lid 1 onder *c*, 32 e.v., 38, 81 lid 2 onder *b*, 84 lid 4, 91, 92; 4:931, 935 e.v., 1044 v.; 6:26, 161 lid 2 onder *c*, Rv 483*a* e.v.; Fw 35b, 129 e.v.)

Art. 22

Opschortende en ontbindende voorwaarde

Een opschortende voorwaarde doet de werking der verbintenis eerst met het plaatsvinden der gebeurtenis aanvangen; een ontbindende voorwaarde doet de verbintenis met het plaatsvinden der gebeurtenis vervallen. (Ontw. 6.1.5.2; BW 1299 (oud), 1301 (oud); BW 3:92 lid 1; 6:24, 25; 7:45 lid 1)

Art. 23

Beletten of teweegbrengen vervulling

– 1. Wanneer de partij die bij de niet-vervulling belang had, de vervulling heeft belet, geldt de voorwaarde als vervuld, indien redelijkheid en billijkheid dit verlangen.

– 2. Wanneer de partij die bij de vervulling belang had, deze heeft teweeggebracht, geldt de voorwaarde als niet vervuld, indien redelijkheid en billijkheid dit verlangen. (Ontw. 6.1.5.3; BW 1296 (oud); BW 6:2, 248)

Art. 24

Ongedaanmaking

– 1. Nadat een ontbindende voorwaarde is vervuld, is de schuldeiser verplicht de reeds verrichte prestaties ongedaan te maken, tenzij uit de inhoud of strekking van de rechtshandeling anders voortvloeit. (BW 1301 (oud), 1395[1] (oud); BW 3:38 lid 2, 84 lid 4; 6:271)

– 2. Strekt de verplichting tot ongedaanmaking tot teruggave van een goed, dan komen de na de vervulling van de voorwaarde afgescheiden natuurlijke of opeisbaar geworden burgerlijke vruchten aan de schuldenaar toe en zijn de artikelen 120-124 van Boek 3 van overeenkomstige toepassing met betrekking tot hetgeen daarin is bepaald omtrent de vergoeding van kosten en van schade, voor zover die kosten en die schade na de vervulling zijn ontstaan. (Ontw. 6.1.5.4.; BW 3:9; 1 lid 3; 6:173, 174, 179, 206, 275)

Art. 25

Ongedaanmaking vóór vervulling opschortende voorwaarde

Is een krachtens een verbintenis onder opschortende voorwaarde verschuldigde prestatie vóór de vervulling van de voorwaarde verricht, dan kan overeenkomstig afdeling 2 van titel 4 ongedaanmaking van de prestatie worden gevorderd, zolang de voorwaarde niet in vervulling is gegaan. (Ontw. 6.1.5.4a; BW 6:39)

Art. 26

Schakelbepaling

Op voorwaardelijke verbintenissen zijn de bepalingen betreffende onvoorwaardelijke verbintenissen van toepassing, voor zover het voorwaardelijk karakter van de betrokken verbintenis zich daartegen niet verzet. (Ontw. 6.1.5.5; BW 3:296 lid 2[2]; 6:1 e.v., 25; 7:855 lid 1; Rv 476*a* lid 2 onder *b*, 477 lid 3, 483*a*, 483*b*; Fw 130)

AFDELING 6

Nakoming van verbintenissen

Art. 27

Zorgplicht vóór aflevering specieszaak

Hij die een individueel bepaalde zaak moet afleveren, is verplicht tot de aflevering voor deze zaak zorg te dragen op de wijze waarop een zorgvuldig schuldenaar dit in de gegeven omstandigheden zou doen. (Ontw. 6.1.6.1; BW 1271 (oud); BW 3:2; 6:64, 74 e.v.; 7:9, 17, 19, 50)

Art. 28

Kwaliteit af te leveren soortzaak

Indien de verschuldigde zaak of zaken slechts zijn bepaald naar de soort en binnen de aangeduide soort verschil in kwaliteit bestaat, mag hetgeen de schuldenaar aflevert, niet beneden goede gemiddelde kwaliteit liggen. (Ontw. 6.1.6.2; BW 1016 (oud), 1428 (oud); BW 6:42, 112; 7:17, 50)

Art. 29

Nakoming in gedeelten

De schuldenaar is zonder toestemming van de schuldeiser niet bevoegd het verschuldigde in gedeelten te voldoen. (Ontw. 6.1.6.3; BW 1335 (oud), 1426 (oud); BW 6:43-45; BW 1576, 1576*h*; Fw 233; Tijd. wet huurkoop onr. goed 7)

Art. 30

Nakoming door ander

– 1. Een verbintenis kan door een ander dan de schuldenaar worden nagekomen, tenzij haar inhoud of strekking zich daartegen verzet. (BW 1418 (oud), 1419 (oud); BW 6:150; 7:603 lid 2, 850)

– 2. De schuldeiser komt niet in verzuim, indien hij een door een derde aangeboden voldoening weigert met goedvinden van de schuldenaar. (Ontw. 6.1.6.4; BW 6:58, 73)

Art. 31

Aan handelingsonbekwame

Betaling aan een onbekwame schuldeiser bevrijdt de schuldenaar, voor zover het betaalde de onbekwame tot werkelijk voordeel heeft gestrekt of in de macht is gekomen van diens wettelijke vertegenwoordiger. (Ontw. 6.1.6.5; BW 1423, 1638*f*(oud); BW 1:234, 381; 6:209, 276)

Art. 32

Aan onbevoegde

Betaling aan een ander dan de schuldeiser of dan degene die met hem of in zijn plaats bevoegd is haar te ontvangen, bevrijdt de schuldenaar, voor zover degene aan wie betaald moest worden de betaling heeft bekrachtigd of erdoor is gebaat. (Ontw. 6.1.6.6; BW 1421 (oud); BW 3:58, 69; BW 1638*f* lid 1 (oud); Fw 52 lid 3, 240 lid 3)

Art. 33

Onbevoegdheid schuldeiser

Is de betaling gedaan in weerwil van een beslag of terwijl de schuldeiser wegens een beperkt recht, een bewind of een soortgelijk beletsel onbevoegd was haar te ontvangen, en wordt de schuldenaar deswege genoodzaakt opnieuw te betalen, dan heeft hij verhaal op de schuldeiser. (Ontw. 6.1.6.6a; BW 1424 (oud); BW art. 3:45, 170 lid 2, 210, 246; BW 7:633; Rv art. 457, 475*b*, 720, 722; Fw art. 23; Overg.w. 177)

Art. 34

Bescherming schuldenaar bij betaling aan onbevoegde

– 1. De schuldenaar die heeft betaald aan iemand die niet bevoegd was de betaling te ontvangen, kan aan degene aan wie betaald moest worden, tegenwerpen dat hij bevrijdend heeft betaald, indien hij op redelijke gronden heeft aangenomen dat de ontvanger der betaling als schuldeiser tot de prestatie gerechtigd was of dat uit anderen hoofde aan hem moest worden betaald. (BW 1422 (oud); BW 3:94, 236 lid 1)

– 2. Indien iemand zijn recht om betaling te vorderen verliest, in dier voege dat het met terugwerkende kracht aan een ander toekomt, kan de schuldenaar een inmiddels gedane betaling aan die ander tegenwerpen, tenzij hetgeen hij omtrent dit verlies kon voorzien, hem van de betaling had behoren te weerhouden. (Ontw 6.1.6.7; BW 3:94 lid 2; 6:35, 36)

Art. 35

Betaling door derde aan derde

– 1. Is in geval van betaling door een derde te zijnen aanzien aan de vereiste van één der leden van het vorige artikel voldaan, dan kan hij te zijnen behoeve de bevrijdende werking van die betaling inroepen.

– 2. De schuldenaar kan de bevrijdende werking van die betaling te zijnen behoeve inroepen, indien, bij betaling door hemzelf, ook wat hem betreft aan die vereisten zou zijn voldaan. (Ontw. 6.1.6.7a; BW 6:36)

Art. 36

Verhaal

In de gevallen, bedoeld in de twee voorgaande artikelen, heeft de ware gerechtigde verhaal op degene die de betaling zonder recht heeft ontvangen. (Ontw. 6.1.6.7b; Overg.w. 177)

Art. 37

Opschorten

De schuldenaar is bevoegd de nakoming van zijn verbintenis op te schorten, indien hij op redelijke gronden twijfelt aan wie de betaling moet geschieden. (Ontw. 6.1.6.7c; BW 6:52 e.v., 67; Wet op de consignatie van gelden (Wet van 27 augustus 1980, Stb. 473); Overg.w. 180)

Art. 38

Terstond nakomen

Indien geen tijd voor de nakoming is bepaald, kan de verbintenis terstond worden nagekomen en kan terstond nakoming worden gevorderd. (Ontw. 6.1.6.9; BW 7:26 lid 1, 2, 50, 605 lid 1)

Art. 39

Tijdsbepaling

– 1. Is wel een tijd voor de nakoming bepaald, dan wordt vermoed dat dit slechts belet dat eerdere nakoming wordt gevorderd. (BW 1306 (oud); BW 3:38 lid 1; 6:52 e.v., 83 sub *a*)

– 2. Betaling vóór de vervaldag geldt niet als onverschuldigd. (Ontw. 6.1.6.9a; BW 1305 (oud); BW 6:203; 7A:1576*e*)

Art. 40

Verval tijdsbepaling

De schuldenaar kan de tijdsbepaling niet meer inroepen:

a. wanneer hij in staat van faillissement is verklaard of ten aanzien van hem de schuldsaneringsregeling natuurlijke personen van toepassing is verklaard; (Fw 38, 53, 131, 262 lid 2, 284 e.v.)

b. wanneer hij in gebreke blijft de door hem toegezegde zekerheid te verschaffen;

c. wanneer door een aan hem toe te rekenen oorzaak de voor de vordering gestelde zekerheid verminderd is, tenzij het overgeblevene nog een voldoende waarborg voor de voldoening oplevert. (Ontw. 6.1.6.10; BW 1307 (oud); BW 6:51 lid 3; 7A:1576c)

Art. 41

Plaats van nakoming: haalschuld

Indien geen plaats voor de nakoming is bepaald, moet de aflevering van een verschuldigde zaak geschieden:

a. in geval van een individueel bepaalde zaak: ter plaatse waar zij zich bij het ontstaan van de verbintenis bevond; (BW 1429 lid 1 (oud))

b. in geval van een naar de soort bepaalde zaak: ter plaatse waar de schuldenaar zijn beroep of bedrijf uitoefent of, bij gebreke daarvan, zijn woonplaats heeft. (Ontw. 6.1.6.11; BW 1:10, 14, 15; 6:115-118, 138; 7:605 lid 3; Overg.w. 178)

Art. 42

Aflevering door beschikkingsonbevoegde

Hij die ter nakoming van een verbintenis een zaak heeft afgeleverd waarover hij niet bevoegd was te beschikken, kan vorderen dat deze wordt afgegeven aan degene aan wie zij toekomt, mits hij tegelijkertijd een andere, aan de verbintenis beantwoordende zaak aanbiedt en het belang van de schuldeiser zich niet tegen teruggave verzet. (Ontw. 6.1.6.12; BW 1420 (oud); BW 3:86, 88; Overg.w. 177)

Art. 43

Toerekening betaling

– 1. Verricht de schuldenaar een betaling die zou kunnen worden toegerekend op twee of meer verbintenissen jegens een zelfde schuldeiser, dan geschiedt de toerekening op de verbintenis welke de schuldenaar bij de betaling aanwijst. (BW 1432 (oud); BW 6:44 lid 2)

– 2. Bij gebreke van zodanige aanwijzing geschiedt de toerekening in de eerste plaats op de opeisbare verbintenissen. Zijn er ook dan nog meer verbintenissen waarop de toerekening zou kunnen plaatsvinden, dan geschiedt deze in de eerste plaats op de meest bezwarende en zijn de verbintenissen even bezwarend, op de oudste. Zijn de verbintenissen bovendien even oud, dan geschiedt de toerekening naar evenredigheid. (Ontw. 6.1.6.13; BW 1435 (oud); BW 6:29, 44 lid 1, 137; Fw 233)

Art. 44

Toerekening betaling geldsom

– 1. Betaling van een op een bepaalde verbintenis toe te rekenen geldsom strekt in de eerste plaats in mindering van de kosten, vervolgens in mindering van de verschenen rente en ten slotte in mindering van de hoofdsom en de lopende rente. (BW 1433 (oud); BW 6:43 lid 2)

– 2. De schuldeiser kan, zonder daardoor in verzuim te komen, een aanbod tot betaling weigeren, indien de schuldenaar een andere volgorde voor de toerekening aanwijst. (BW 1433 (oud); BW 6:43 lid 1, 58, 137)

– 3. De schuldeiser kan volledige aflossing van de hoofdsom weigeren, indien daarbij niet tevens de verschenen en lopende rente alsmede de kosten worden voldaan. (Ontw. 6.1.6.14)

Art. 45

Inbetalinggeving

Slechts met toestemming van de schuldeiser kan een schuldenaar zich van zijn verbintenis bevrijden door een andere prestatie dan de verschuldigde, al mocht zij van gelijke of zelfs hogere waarde zijn. (Ontw. 6.1.6.15; BW 1425 (oud); BW 6:29)

Art. 46

Betaling per cheque

– 1. Wanneer de schuldeiser een cheque, postcheque, overschrijvingsorder of een ander hem bij wijze van betaling aangeboden papier in ontvangst neemt, wordt vermoed dat dit geschiedt onder voorbehoud van goede afloop.

– 2. Is de schuldeiser bevoegd de nakoming van een op hem rustende verplichting tot het tijdstip van de betaling op te schorten, dan behoudt hij dit opschortingsrecht totdat zekerheid van goede afloop bestaat of door hem had kunnen worden verkregen. (Ontw. 6.1.6.15a; BW 6:52 e.v., 114; 8:399 e.v., 916 e.v.)

Art. 47

Kosten van betaling

– 1. De kosten van betaling komen ten laste van degene die de verbintenis nakomt.

– 2. De kosten van een kwitantie komen ten laste van degene ten behoeve van wie het stuk wordt afgegeven. (Ontw. 6.1.6.16; BW 1431 (oud); BW 6:70; 7:12, 13, 50)

Art. 48

Kwitantie

– 1. De schuldeiser is verplicht voor iedere voldoening een kwitantie af te geven, tenzij uit overeenkomst, gewoonte of billijkheid anders voortvloeit. (BW 6:141, 160 lid 3[3])

Bewijsstuk

– 2. Indien de schuldeiser een ter zake van de schuld afgegeven bewijsstuk heeft, kan de schuldenaar bij voldoening bovendien de afgifte van dat bewijsstuk vorderen, tenzij de schuldeiser een redelijk belang heeft bij het behoud van het stuk en daarop de nodige aantekening tot bewijs van de bevrijding van de schuldenaar stelt. (BW 6:141, 143, 160 lid 3; Rv 843*a*)

– 3. De schuldenaar kan de nakoming van zijn verbintenis opschorten, indien de schuldeiser niet voldoet aan het voorschrift van het eerste lid. (Ontw. 6.1.6.17; BW 6:52 e.v.)

Art. 49

Kwijting op papier

– 1. Bij voldoening van een vordering aan toonder of order kan de schuldenaar eisen dat een kwijting op het papier wordt gesteld en dat hem het papier wordt afgegeven. (BW 6:128 lid 1, 160 lid 3)

– 2. Indien de voldoening niet de gehele vordering betreft of de schuldeiser het papier nog voor de uitoefening van andere rechten nodig heeft, kan hij het papier behouden, mits hij naast de kwijting die op het papier is gesteld, tevens een afzonderlijke kwijting afgeeft. (BW 6:128 lid 2, 160 lid 3; Rv 843*a*)

– 3. Hij kan, ongeacht of geheel of gedeeltelijk voldaan wordt volstaan met de enkele afgifte van een kwijting, mits hij op verlangen van de wederpartij aantoont dat het papier vernietigd of waardeloos geworden is, of zekerheid stelt voor twintig jaren of een zoveel kortere tijdsduur als verwacht mag worden dat de wederpartij nog aan een vordering uit hoofde van het papier bloot zal kunnen staan. (BW 3:306; 6:51, 128 lid 3, 160 lid 3)

– 4. De schuldenaar kan de nakoming van zijn verbintenis opschorten, indien de schuldeiser niet aan de vorige leden voldoet. (Ontw. 6.1.6.17a; BW 6:52 e.v.)

Art. 50

Vermoedens

– 1. Moeten op achtereenvolgende tijdstippen gelijksoortige prestaties worden verricht, dan leveren de kwitanties van twee achtereenvolgende termijnen het vermoeden op dat ook de vroegere termijnen zijn voldaan. (BW 1430 (oud); Overg.w. 179)

– 2. Indien de schuldeiser een kwitantie afgeeft voor de hoofdsom, wordt vermoed dat ook de rente en de kosten zijn voldaan. (Ontw. 6.1.6.18; BW 1806 (oud))

Art. 51

Zekerheidstelling

– 1. Wanneer uit de wet voortvloeit dat iemand verplicht is tot het stellen van zekerheid of dat het stellen van zekerheid voorwaarde is voor het intreden van enig rechtsgevolg, heeft hij die daartoe overgaat, de keuze tussen persoonlijke en zakelijke zekerheid. (BW 1867 (oud); BW 3:236 e.v., 260 e.v.; 7:850 e.v.)

– 2. De aangeboden zekerheid moet zodanig zijn, dat de vordering en, zo daartoe gronden zijn, de daarop vallende rente en kosten behoorlijk gedekt zijn en dat de schuldeiser daarop zonder moeite verhaal zal kunnen nemen. (BW 1864 (oud); BW 8:11 lid 2)

– 3. Is de gestelde zekerheid door een niet aan de schuldeiser toe te rekenen oorzaak onvoldoende geworden, dan is de schuldenaar verplicht haar aan te vullen of te vervangen. (Ontw. 6.1.6.21; BW 1866 lid 1 (oud); ; 8:11 lid 3)

AFDELING 7
Opschortingsrechten

Art. 52

Opschortingsbevoegdheid

– 1. Een schuldenaar die een opeisbare vordering heeft op zijn schuldeiser, is bevoegd de nakoming van zijn verbintenis op te schorten tot voldoening van zijn vordering plaatsvindt, indien tussen vordering en verbintenis voldoende samenhang bestaat om deze opschorting te rechtvaardigen. (BW 1514 (oud), 1550 (oud), 1849 (oud); BW 3:290 e.v.; 6:57, 262-264; 7:27)

Samenhang

– 2. Een zodanige samenhang kan onder meer worden aangenomen ingeval de verbintenissen over en weer voortvloeien uit dezelfde rechtsverhouding of uit zaken die partijen regelmatig met elkaar hebben gedaan. (Ontw. 6.1.6A.1; BW 6:59; Overg.w. 180)

Art. 53

Werking tegen schuldeisers wederpartij

Een opschortingsrecht kan ook worden ingeroepen tegen de schuldeisers van de wederpartij. (Ontw. 6.1.6A.2; BW 3:291; Fw 60; Overg.w. 180)

Art. 54

Geen opschortingsbevoegdheid

Geen bevoegdheid tot opschorting bestaat:

a. voor zover de nakoming van de verbintenis van de wederpartij wordt verhinderd door schuldeisersverzuim; (BW 6:58 e.v.)

b. voor zover de nakoming van de verbintenis van de wederpartij blijvend onmogelijk is; (BW 6:264)

c. voor zover op de vordering van de wederpartij geen beslag is toegelaten. (Ontw. 6.1.6A.3; BW 6:135 sub *a*, 58; 7:633 lid 1; Rv 475*a*; Overg.w. 180)

Art. 55

Zekerheidstelling

Zodra zekerheid is gesteld voor de voldoening van de verbintenis van de wederpartij, vervalt de bevoegdheid tot opschorting, tenzij deze voldoening daardoor onredelijk zou worden vertraagd. (Ontw. 6.1.6A.4; BW 6:51, 264; Overg.w. 180)

Art. 56

Verjaring

Een bevoegdheid tot opschorting blijft ook na verjaring van de rechtsvordering op de wederpartij in stand. (Ontw. 6.1.6A.5; BW 3:306 e.v.; 6:131 lid 1; Overg.w. 180)

Art. 57

Retentierecht

Indien een bevoegdheid tot opschorting voldoet aan de omschrijving van het retentierecht in artikel 290 van Boek 3, zijn de bepalingen van de onderhavige afdeling van toepassing, voor zover daarvan in afdeling 4 van titel 10 van Boek 3 niet is afgeweken. (Ontw. 6.1.6A.6)

AFDELING 8
Schuldeisersverzuim

Art. 58

Verhindering nakoming

De schuldeiser komt in verzuim, wanneer nakoming van de verbintenis verhinderd wordt doordat hij de daartoe noodzakelijke medewerking niet verleent of doordat een ander beletsel van zijn zijde opkomt, tenzij de oorzaak van verhindering hem niet kan worden toegerekend. (Ontw. 6.1.7.1; BW 6:30 lid 2, 44 leden 2 en 3, 54 sub *a*, 59, 90, 266; 7:10 lid 2, 32)

Art. 59

Opschorting door schuldenaar

De schuldeiser komt eveneens in verzuim, wanneer hij ten gevolge van hem toe te rekenen omstandigheden niet voldoet aan een verplichting zijnerzijds jegens de schuldenaar en deze op die grond bevoegdelijk de nakoming van zijn verbintenis jegens de schuldeiser opschort. (Ontw. 6.1.7.2; BW 3:290 e.v.; 6:52 lid 1, 58, 75, 262-264)

Art. 60

Bevrijding van verbintenis

Is de schuldeiser in verzuim, dan kan de rechter op vordering van de schuldenaar bepalen dat deze van zijn verbintenis bevrijd zal zijn, al dan niet onder door de rechter te stellen voorwaarden. (Ontw. 6.1.7.3; BW 6:73)

Art. 61

Debiteursverzuim eindigt

– 1. Verzuim van de schuldeiser maakt een einde aan verzuim van de schuldenaar.

– 2. Zolang de schuldeiser in verzuim is, kan de schuldenaar niet in verzuim geraken. (Ontw. 6.1.7.4; BW 6:81 e. v.)

Art. 62

Geen executiemaatregelen

Gedurende het verzuim van de schuldeiser is deze niet bevoegd maatregelen tot executie te nemen. (Ontw. 6.1.7.5; BW 6:73)

Art. 63

Vergoeding van kosten

De schuldenaar heeft, binnen de grenzen der redelijkheid, recht op vergoeding van de kosten, gevallen op een aanbod of een inbewaringstelling als bedoeld in de artikelen 66-70 of op andere wijze als gevolg van het verzuim gemaakt. (Ontw. 6.1.7.6; BW 6:70, 73)

Art. 64

Verlichting aansprakelijkheid

Komt tijdens het verzuim van de schuldeiser een omstandigheid op, die behoorlijke nakoming geheel of gedeeltelijk onmogelijk maakt, dan wordt dit niet aan de schuldenaar toegerekend, tenzij deze door zijn schuld of die van een ondergeschikte is tekortgeschoten in de zorg die in de gegeven omstandigheden van hem mocht worden gevergd. (Ontw. 6.1.7.7; BW 6:27, 28, 74 e.v., 266 lid 2)

Art. 65

Soortzaken

Wanneer bij een verbintenis tot aflevering van soortzaken de schuldenaar bepaalde, aan de verbintenis beantwoordende zaken voor de aflevering heeft aangewezen en de schuldeiser daarvan heeft verwittigd, dan is hij in geval van verzuim van de schuldeiser nog slechts tot aflevering van deze zaken verplicht. Hij blijft echter bevoegd tot aflevering van andere zaken die aan de verbintenis beantwoorden. (Ontw. 6.1.7.8; BW 6:28; 7:10 lid 2)

Art. 66

Inbewaringstelling

Strekt de verbintenis tot betaling van een geldsom of tot aflevering van een zaak, dan is in geval van verzuim van de schuldeiser de schuldenaar bevoegd het verschuldigde ten behoeve van de schuldeiser in bewaring te stellen. (Ontw. 6.1.7.9; BW 1440 lid 1 (oud), 1448 (oud); BW 6:60, 67, 73, 90, 265; 7:600 e.v.; 8:490 e.v., 569 e. v., 955 e. v., 1132 e. v., 1154 e. v., 1197 e. v.; Overg.w. 181)

Art. 67

Wijze van inbewaringstelling

De inbewaringstelling van een geldsom geschiedt door consignatie overeenkomstig de wet, die van een af te leveren zaak door deze in bewaring te geven aan iemand die zijn bedrijf maakt van het bewaren van zaken als de betrokkene ter plaatse waar de aflevering moet geschieden. Op deze bewaring zijn de regels betreffende gerechtelijke bewaring van toepassing, voor zover uit de artikelen 68-71 niet anders voortvloeit. (Ontw. 6.1.7.10; BW 1440 lid1 (oud), 1448 (oud); BW 6:66, 68, 73, 89; 7:600 e.v.; Rv 445, 797-797e; Wet consignatie van gelden 9; Overg.w. 181)

Art. 68

Rente

Gedurende de bewaring loopt over een in bewaring gestelde geldsom geen rente ten laste van de schuldenaar. (Ontw. 6.1.7.11; BW 6:61, 67, 73; Overg.w. 181)

Art. 69

Zuivering

– 1. Gedurende de bewaring kan de schuldeiser zijn verzuim slechts zuiveren door het in bewaring gestelde te aanvaarden.

– 2. Zolang de schuldeiser het in bewaring gestelde niet heeft aanvaard, is de bewaargever bevoegd het uit de bewaring terug te nemen. (Ontw. 6.1.7.12; BW 1444 (oud); BW 6:73; Overg.w. 181)

Art. 70

Vergoeding kosten

De bewaarder mag de zaak slechts aan de schuldeiser afgeven, indien deze hem alle kosten van de bewaring voldoet. Hij is na de afgifte verplicht aan de bewaargever terug te betalen, wat deze reeds had voldaan. Is de zaak afgegeven, vóórdat de schuldeiser alle kosten voldeed, dan gaan de rechten te dier zake door de betaling aan de bewaargever op de bewaarder over. (Ontw. 6.1.7.13; BW 1443 (oud); BW 6:63, 73; Rv 797-797e; Overg.w. 181)

Art. 71

Verjaring

De rechtsvordering tegen de schuldenaar verjaart niet later dan de rechtsvordering tot uitlevering van het in bewaring gestelde. (Ontw. 6.1.7.13a; BW 3:306 v.; Wet op de consignatie van gelden van 27 augustus 1980, Stb. 473, 7, 10; Overg. w. 181)

Art. 72

Hoofdelijke verbondenheid

In geval van hoofdelijke verbondenheid gelden de rechtsgevolgen van het verzuim van de schuldeiser jegens ieder van de schuldenaren. (Ontw. 6.1.7.14; BW 6:7)

Art. 73

Aanbod derde

Weigert de schuldeiser een aanbod van een derde, dan zijn de artikelen 60, 62, 63 en 66-70 ten behoeve van de derde van overeenkomstige toepassing, mits het aanbod aan de verbintenis beantwoordt en de derde bij de voldoening een gerechtvaardigd belang heeft. (Ontw. 6.1.7.16; BW 6:30, 150[sub b en c])

AFDELING 9

De gevolgen van het niet nakomen van een verbintenis

§ 1. Algemene bepalingen

Art. 74

Tekortkoming

– 1. Iedere tekortkoming in de nakoming van een verbintenis verplicht de schuldenaar de schade die de schuldeiser daardoor lijdt te vergoeden, tenzij de tekortkoming de schuldenaar niet kan worden toegerekend. (BW 1272, 1273, 1275, 1278, 1280 (oud); BW 3:296 e.v.; 6:27 e.v., 78, 95 e.v., 119-120, 265 e.v.)

– 2. Voor zover nakoming niet reeds blijvend onmogelijk is, vindt lid 1 slechts toepassing met inachtneming van hetgeen is bepaald in de tweede paragraaf betreffende het verzuim van de schuldenaar. (Ontw. 6.1.8.1; BW 6:75 e.v., 81 e.v.; Overg.w. 182)

Art. 75

Overmacht

Een tekortkoming kan de schuldenaar niet worden toegerekend, indien zij niet is te wijten aan zijn schuld, noch krachtens wet, rechtshandeling of in het verkeer geldende opvattingen voor zijn rekening komt. (Ontw. 6.1.8.2; BW 1280, 1281 (oud); BW 6:64)

Art. 76

Hulppersonen

Maakt de schuldenaar bij de uitvoering van een verbintenis gebruik van de hulp van andere personen, dan is hij voor hun gedragingen op gelijke wijze als voor eigen gedragingen aansprakelijk. (Ontw. 6.1.8.3; BW 1427, 1649, 1840 (oud); K 469 lid 2, 523, 811 lid 3, 920 lid 3 (oud); BW 3:64; 6:170-172; 7:404, 603 leden 2 en 3)

Art. 77

Gebruikte zaken

Wordt bij de uitvoering van een verbintenis gebruik gemaakt van een zaak die daartoe ongeschikt is, dan wordt de tekortkoming die daardoor ontstaat de schuldenaar toegerekend, tenzij dit, gelet op inhoud en strekking van de rechtshandeling waaruit de verbintenis voortspruit, de in het verkeer geldende opvattingen en de overige omstandigheden van het geval, onredelijk zou zijn. (Ontw. 6.1.8.3a; BW 6:173, 185 e.v.)

Art. 78

Schadevergoeding bij overmacht

– 1. Indien een tekortkoming de schuldenaar niet kan worden toegerekend, maar hij in verband met die tekortkoming een voordeel geniet dat hij bij behoorlijke nakoming niet zou hebben gehad, heeft de schuldeiser met toepassing van de regels betreffende ongerechtvaardigde verrijking recht op vergoeding van zijn schade tot ten hoogste het bedrag van dit voordeel.

– 2. Bestaat dit voordeel uit een vordering op een derde, dan kan de schuldenaar aan het vorige lid voldoen door overdracht van die vordering. (Ontw. 6.1.8.4; BW 1481, 1753 (oud); BW 6:103, 212, 277 lid 2)

Art. 79

Executie en verrekening bij overmacht

Is de schuldeiser wiens schuldenaar door een hem niet toe te rekenen oorzaak verhinderd is na te komen, desondanks in staat zelf zich door executie of verrekening het verschuldigde te verschaffen, dan is hij daartoe bevoegd. (Ontw. 6.1.8.4a; BW 3:296 e.v.; 6:127 e.v.)

Art. 80

Rechten vóór opeisbaarheid

– 1. De gevolgen van niet-nakoming treden reeds in voordat de vordering opeisbaar is:

a. indien vaststaat dat nakoming zonder tekortkoming onmogelijk zal zijn;

b. indien de schuldeiser uit een mededeling van de schuldenaar moet afleiden dat deze in de nakoming zal tekortschieten; of (BW 6:83 onder *c*)

c. indien de schuldeiser goede gronden heeft te vrezen dat de schuldenaar in de nakoming zal tekortschieten en deze niet voldoet aan een schriftelijke aanmaning met opgave van die gronden om zich binnen een bij die aanmaning gestelde redelijke termijn bereid te verklaren zijn verplichtingen na te komen. (BW 7:34)

– 2. Het oorspronkelijke tijdstip van opeisbaarheid blijft gelden voor de verschuldigdheid van schadevergoeding wegens vertraging en de toerekening aan de schuldenaar van onmogelijk worden van nakoming tijdens zijn verzuim. (Ontw. 6.1.8.5)

§ 2. Verzuim van de schuldenaar

Art. 81

Verzuim

De schuldenaar is in verzuim gedurende de tijd dat de prestatie uitblijft nadat zij opeisbaar is geworden en aan de eisen van de artikelen 82 en 83 is voldaan, behalve voor zover de vertraging hem niet kan worden toegerekend of nakoming reeds blijvend onmogelijk is. (Ontw. 6.1.8.6; BW 6:61, 74 lid 2)

Art. 82

Ingebrekestelling

– 1. Het verzuim treedt in, wanneer de schuldenaar in gebreke wordt gesteld bij een schriftelijke aanmaning waarbij hem een redelijke termijn voor de nakoming wordt gesteld, en nakoming binnen deze termijn uitblijft.

– 2. Indien de schuldenaar tijdelijk niet kan nakomen of uit zijn houding blijkt dat aanmaning nutteloos zou zijn, kan de ingebrekestelling plaatsvinden door een schriftelijke mededeling waaruit blijkt dat hij voor het uitblijven van de nakoming aansprakelijk wordt gesteld. (Ontw. 6.1.8.7; BW 1274, 1279 (oud); BW art. 3:37; BW art. 6:80 lid 1 sub *b* en *c*, 83 sub *c*)

Art. 83

Verzuim zonder ingebrekestelling

Het verzuim treedt zonder ingebrekestelling in:

a. wanneer een voor de voldoening bepaalde termijn verstrijkt zonder dat de verbintenis is nagekomen, tenzij blijkt dat de termijn een andere strekking heeft.

b. wanneer de verbintenis voortvloeit uit onrechtmatige daad of strekt tot schadevergoeding als bedoeld in artikel 74 lid 1 en de verbintenis niet terstond wordt nagekomen; (BW 6:119-120)

c. wanneer de schuldeiser uit een mededeling van de schuldenaar moet afleiden dat deze in de nakoming van de verbintenis zal tekortschieten. (Ontw. 6.1.8.8; BW 6:80 lid 1 sub *b*, 205, 274; Overg.w. 183)

Art. 84

Verlegging risico

Elke onmogelijkheid van nakoming, ontstaan tijdens het verzuim van de schuldenaar en niet toe te rekenen aan de schuldeiser, wordt aan de schuldenaar toegerekend; deze moet de daardoor ontstane schade vergoeden, tenzij de schuldeiser de schade ook bij behoorlijke en tijdige nakoming zou hebben geleden. (Ontw. 6.1.8.10; BW 1273, 1427, 1480 leden 1, 2 en 3 (oud))

Art. 85

Vertragingsschade

Tot vergoeding van schade wegens vertraging in de nakoming is de schuldenaar slechts verplicht over de tijd waarin hij in verzuim is geweest. (Ontw. 6.1.8.10a; BW 6:119-120, 125)

Art. 86

Weigering van zuivering verzuim

De schuldeiser kan een na het intreden van het verzuim aangeboden nakoming weigeren, zolang niet tevens betaling wordt aangeboden van de inmiddels tevens verschuldigd geworden schadevergoeding en van de kosten. (Ontw. 6.1.8.10b; BW 6:269)

Art. 87

Vervangende schadevergoeding

– 1. Voor zover nakoming niet reeds blijvend onmogelijk is, wordt de verbintenis omgezet in een tot vervangende schadevergoeding, wanneer de schuldenaar in verzuim is en de schuldeiser hem schriftelijk mededeelt dat hij schadevergoeding in plaats van nakoming vordert.

– 2. Geen omzetting vindt plaats, die door de tekortkoming, gezien haar ondergeschikte betekenis, niet wordt gerechtvaardigd. (Ontw. 6.1.8.11; BW 6:265 lid 1)

§ 3. Verdere gevolgen van niet-nakoming

Art. 88

Rechtsverlies door termijnstelling

– 1. De schuldenaar die in de nakoming van zijn verbintenis is tekort geschoten, kan aan de schuldeiser een redelijke termijn stellen, waarbinnen deze moet mededelen welke van de hem bij de aanvang van de termijn ten dienste staande middelen hij wenst uit te oefenen, op straffe van slechts aanspraak te kunnen maken:

a. op de schadevergoeding waarop de tekortkoming recht geeft en, zo de verbintenis strekt tot betaling van een geldsom, op die geldsom; (BW 6:74, 78, 111 e.v.)

b. op ontbinding van de overeenkomst waaruit de verbintenis voortspruit, indien de schuldenaar zich erop beroept dat de tekortkoming hem niet kan worden toegerekend. (BW 6:75, 265 e.v.)

– 2. Heeft de schuldeiser nakoming verlangd, doch wordt daaraan niet binnen een redelijke termijn voldaan, dan kan hij al zijn rechten wederom doen gelden; het vorige lid is van overeenkomstige toepassing. (Ontw. 6.1.8.13)

Art. 89

Niet-protesteren

De schuldeiser kan op een gebrek in de prestatie geen beroep meer doen, indien hij niet binnen bekwame tijd nadat hij het gebrek heeft ontdekt of redelijkerwijze had moeten ontdekken, bij de schuldenaar terzake heeft geprotesteerd. (Ontw. 6.1.8.14; BW 1547 (oud); BW 7:23)

Art. 90

Verkoop

– 1. Bij een verhindering tot aflevering van een zaak die aan snel tenietgaan of achteruitgaan onderhevig is of waarvan om een andere reden de verdere bewaring zo bezwaarlijk is dat zij in de gegeven omstandigheden niet van de schuldenaar kan worden gevergd, is deze bevoegd de zaak op een geschikte wijze te doen verkopen. De schuldenaar is jegens de schuldeiser tot een

zodanige verkoop gehouden, wanneer diens belangen deze verkoop onmiskenbaar eisen of de schuldeiser te kennen geeft de verkoop te verlangen.
– 2. De netto-opbrengst treedt voor de zaak in de plaats, onverminderd de rechten van de schuldeiser wegens tekortkomingen in de nakoming van de verbintenis. (Ontw. 6.1.8.14a; BW 5:8; 6:67; 7:30, 32; 8:491, 570, 957, 1133, 1154, 1198)

§ 4. Boetebeding

Art. 91

Boetebeding

Als boetebeding wordt aangemerkt ieder beding waarbij is bepaald dat de schuldenaar, indien hij in de nakoming van zijn verbintenis tekortschiet, gehouden is een geldsom of een andere prestatie te voldoen, ongeacht of zulks strekt tot vergoeding van schade of enkel tot aansporing om tot nakoming over te gaan. (Ontw. 6.1.8.16; BW 1285, 1340, 1343 lid 1 (oud); BW 3:310, 324; 6:142 lid 2, 157 lid 4)

Art. 92

Inroeping boetebeding

– 1. De schuldeiser kan geen nakoming vorderen zowel van het boetebeding als van de verbintenis waaraan het boetebeding verbonden is. (BW 1343 lid 2 (oud))
– 2. Hetgeen ingevolge een boetebeding verschuldigd is treedt in de plaats van de schadevergoeding op grond van de wet. (BW 1343 lid 1 (oud))
– 3. De schuldeiser kan geen nakoming vorderen van het boetebeding, indien de tekortkoming niet aan de schuldenaar kan worden toegerekend. (Ontw. 6.1.8.17; BW 1344 (oud); BW 6: 75)

Art. 93

Aanmaning

Voor het vorderen van nakoming van het boetebeding is een aanmaning of een andere voorafgaande verklaring nodig in dezelfde gevallen als deze is vereist voor het vorderen van schadevergoeding op grond van de wet. (Ontw. 6.1.8.17a)

Art. 94

Matiging en aanvulling

– 1. Op verlangen van de schuldenaar kan de rechter, indien de billijkheid dit klaarblijkelijk eist, de bedongen boete matigen, met dien verstande dat hij de schuldeiser ter zake van de tekortkoming niet minder kan toekennen dan de schadevergoeding op grond van de wet. (BW 6:95 e.v., 109 lid 1)
– 2. Op verlangen van de schuldeiser kan de rechter, indien de billijkheid dit klaarblijkelijk eist, naast een bedongen boete die bestemd is in de plaats te treden van de schadevergoeding op grond van de wet, aanvullende schadevergoeding toekennen.
– 3. Van lid 1 afwijkende bedingen zijn nietig. (Ontw. 6.1.8.18; BW 3:41; 7:650 lid 6, 680 lid 5; 7A:1576*b* lid 2)

AFDELING 10

Wettelijke verplichtingen tot schadevergoeding

Art. 95

Vergoedbare schade

De schade die op grond van een wettelijke verplichting tot schadevergoeding moet worden vergoed, bestaat in vermogensschade en ander nadeel, dit laatste voor zover de wet op vergoeding hiervan recht geeft. (Ontw. 6.1.9.1; BW 3:310; 6:96, 106)

Art. 96

Vermogensschade

– 1. Vermogensschade omvat zowel geleden verlies als gederfde winst.
– 2. Als vermogensschade komen mede voor vergoeding in aanmerking:
a. redelijke kosten ter voorkoming of beperking van schade die als gevolg van de gebeurtenis waarop de aansprakelijkheid berust, mocht worden verwacht;
b. redelijke kosten ter vaststelling van schade en aansprakelijkheid;
c. redelijke kosten ter verkrijging van voldoening buiten rechte, wat de kosten onder *b* en *c* betreft, behoudens voor zover in het gegeven geval krachtens artikel 241 van het Wetboek van Burgerlijke Rechtsvordering de regels betreffende proceskosten van toepassing zijn. (Ontw. 6.1.9.2)

Art. 97

Begroting van schade

De rechter begroot de schade op de wijze die het meest met de aard ervan in overeenstemming is. Kan de omvang van de schade niet nauwkeurig worden vastgesteld, dan wordt zij geschat. (Ontw. 6.1.9.3; BW art. 6:104, 105, 119-120, 212, 272; BW art. 7:36-38; BW art. 8:387-388; Rv art. 612 e.v.)

Art. 98

Causaal verband

Voor vergoeding komt slechts in aanmerking schade die in zodanig verband staat met de gebeurtenis waarop de aansprakelijkheid van de schuldenaar berust, dat zij hem, mede gezien de aard van de aansprakelijkheid en van de schade, als een gevolg van deze gebeurtenis kan worden toegerekend. (Ontw. 6.1.9.4; BW art. 6:74 lid 1, 102, 162 lid 1)

Art. 99

Meer gebeurtenissen

Kan de schade een gevolg zijn van twee of meer gebeurtenissen voor elk waarvan een andere persoon aansprakelijk is, en staat vast dat de schade door ten minste één van deze gebeurtenissen is ontstaan, dan rust de verplichting om de schade te vergoeden op ieder van deze personen, tenzij hij bewijst dat deze niet het gevolg is van een gebeurtenis waarvoor hijzelf aansprakelijk is. (Ontw. 6.1.9.4a; BW 2:9; 6:102 lid 1, 166 lid 1)

Art. 100

Verrekening van voordeel

Heeft een zelfde gebeurtenis voor de benadeelde naast schade tevens voordeel opgeleverd, dan moet, voor zover dit redelijk is, dit voordeel bij de vaststelling van de te vergoeden schade in rekening worden gebracht. (Ontw. 6.1.9.5; BW 6:104)

Art. 101

Eigen schuld

– 1. Wanneer de schade mede een gevolg is van een omstandigheid die aan de benadeelde kan worden toegerekend, wordt de vergoedingsplicht verminderd door de schade over de benadeelde en de vergoedingsplichtige te verdelen in evenredigheid met de mate waarin de aan ieder toe te rekenen omstandigheden tot de schade hebben bijgedragen, met dien verstande dat een andere verdeling plaatsvindt of de vergoedingsplicht geheel vervalt of in stand blijft, indien de billijkheid dit wegens de uiteenlopende ernst van de gemaakte fouten of andere omstandigheden van het geval eist. (BW art. 6:108 lid 3; BW art. 8:83, 1155)

– 2. Betreft de vergoedingsplicht schade, toegebracht aan een zaak die een derde voor de benadeelde in zijn macht had, dan worden bij toepassing van het vorige lid omstandigheden die aan de derde toegerekend kunnen worden, toegerekend aan de benadeelde. (Ontw. 6.1.9.6; BW art. 8:545, 1006)

Art. 102

Medeschuld

– 1. Rust op ieder van twee of meer personen een verplichting tot vergoeding van dezelfde schade, dan zijn zij hoofdelijk verbonden. Voor de bepaling van hetgeen zij krachtens artikel 10 in hun onderlinge verhouding jegens elkaar moeten bijdragen, wordt de schade over hen verdeeld met overeenkomstige toepassing van artikel 101, tenzij uit wet of rechtshandeling een andere verdeling voortvloeit. (BW 6:6 e.v., 165 lid 2, 166 lid 2, 170 lid 3)

Medeschuld en eigen schuld

– 2. Wanneer de schade mede een gevolg is van een omstandigheid die aan de benadeelde kan worden toegerekend, vindt artikel 101 toepassing op de vergoedingsplicht van ieder van de in het vorige lid bedoelde personen afzonderlijk, met dien verstande dat de benadeelde in totaal van hen niet meer kan vorderen dan hem zou zijn toegekomen, indien voor de omstandigheden waarop hun vergoedingsplichten berusten, slechts één persoon aansprakelijk zou zijn geweest. Indien verhaal op een der tot bijdragen verplichte personen niet ten volle mogelijk blijkt, kan de rechter op verlangen van een hunner bepalen dat bij toepassing van artikel 13 het onvoldaan gebleven deel mede over de benadeelde omgeslagen wordt. (Ontw. 6.1.9.8; BW 8:545, 1006)

Art. 103

Vorm van schadevergoeding

Schadevergoeding wordt voldaan in geld. Nochthans kan de rechter op vordering van de benadeelde schadevergoeding in andere vorm dan betaling van een geldsom toekennen. Wordt niet binnen redelijke termijn aan een zodanige uitspraak voldaan, dan herkrijgt de benadeelde zijn bevoegdheid om schadevergoeding in geld te verlangen. (Ontw. 6.1.9.9; BW 3:296 e.v.; 6:78 lid 2, 111 e.v., 167 e.v., 196)

Art. 104

Schadebegroting: winstafdracht

Indien iemand die op grond van onrechtmatige daad of een tekortkoming in de nakoming van een verbintenis jegens een ander aansprakelijk is, door die daad of tekortkoming winst heeft genoten, kan de rechter op vordering van die ander de schade begroten op het bedrag van die winst of op een gedeelte daarvan. (Ontw. 6.1.9.9a; BW 6:97)

Art. 105

Toekomstige schade

– 1. De begroting van nog niet ingetreden schade kan door de rechter geheel of gedeeltelijk worden uitgesteld of na afweging van goede en kwade kansen bij voorbaat geschieden. In het laatste geval kan de rechter de schuldenaar veroordelen, hetzij tot betaling van een bedrag ineens, hetzij tot betaling van periodiek uit te keren bedragen, al of niet met verplichting tot zekerheidstelling; deze veroordeling kan geschieden onder door de rechter te stellen voorwaarden. (BW 6:51, 97, 260 lid 1; Rv 612 e.v.)

– 2. Voor zover de rechter de schuldenaar veroordeelt tot betaling van periodiek uit te keren bedragen, kan hij in zijn uitspraak bepalen dat deze op verzoek van elk van de partijen door de rechter die in eerste aanleg van de vordering tot schadevergoeding heeft kennis genomen, kan worden gewijzigd, indien zich na de uitspraak omstandigheden voordoen, die voor de omvang van de vergoedingsplicht van belang zijn en met de mogelijkheid van het intreden waarvan bij de vaststelling der bedragen geen rekening is gehouden. (Ontw. 6.1.9.10; BW 1:401 lid 1)

Art. 106

Ander nadeel dan vermogensschade

– 1. Voor nadeel dat niet in vermogensschade bestaat, heeft de benadeelde recht op een naar billijkheid vast te stellen schadevergoeding:

a. indien de aansprakelijke persoon het oogmerk had zodanig nadeel toe te brengen;

b. indien de benadeelde lichamelijk letsel heeft opgelopen, in zijn eer of goede naam is geschaad of op andere wijze in zijn persoon is aangetast;

c. indien het nadeel gelegen is in aantasting van de nagedachtenis van een overledene en toegebracht is aan de niet van tafel en bed gescheiden echtgenoot, de geregistreerde partner of een bloedverwant tot in de tweede graad van de overledene, mits de aantasting plaatsvond op een wijze die de overledene, ware hij nog in leven geweest, recht zou hebben gegeven op schadevergoeding wegens het schaden van zijn eer of goede naam. (BW 1407, 1408, 1411, 1637*w* (oud); BW art. 6:95, 96)

– 2. Het recht op een vergoeding, als in het vorige lid bedoeld, is niet vatbaar voor overgang en beslag, tenzij het bij overeenkomst is vastgelegd of ter zake een vordering in rechte is ingesteld. Voor overgang onder algemene titel is voldoende dat de gerechtigde aan de wederpartij heeft medegedeeld op de vergoeding aanspraak te maken. (Ontw. 6.1.9.11; BW art. 3:80 lid 2, 94; BW art. 6:142 e.v.)

Art. 107

Schadevergoeding bij letsel

– 1. Indien iemand ten gevolge van een gebeurtenis waarvoor een ander aansprakelijk is, lichamelijk of geestelijk letsel oploopt, is die ander behalve tot vergoeding van de schade van de gekwetste zelf, ook verplicht tot vergoeding van de kosten die een derde anders dan krachtens een verzekering ten behoeve van de gekwetste heeft gemaakt en die deze laatste, zo hij ze zelf zou hebben gemaakt, van die ander had kunnen vorderen.

Verweermiddelen

– 2. Hij die krachtens het vorige lid door de derde tot schadevergoeding wordt aangesproken kan hetzelfde verweer voeren dat hem jegens de gekwetste ten dienste zou hebben gestaan. (Ontw. 6.1.9.11a; BW 1407 (oud); BW 6:197)

Art. 107a

Loonaanspraak

– 1. Indien iemand ten gevolge van een gebeurtenis waarvoor een ander aansprakelijk is, lichamelijk of geestelijk letsel oploopt, houdt de rechter bij de vaststelling van de schadevergoeding waarop de gekwetste aanspraak kan maken rekening met de aanspraak op loon die de gekwetste heeft krachtens artikel 629, lid 1, van Boek 7 of krachtens individuele of collectieve arbeidsovereenkomst.

Verhaalsrecht werkgever

– 2. Indien een werkgever krachtens artikel 629, lid 1, van Boek 7 of krachtens individuele of collectieve arbeidsovereenkomst verplicht is tijdens ziekte of arbeidsongeschiktheid van de gekwetste het loon door te betalen, heeft hij, indien de ongeschiktheid tot werken van de gekwetste het gevolg is van een gebeurtenis waarvoor een ander aansprakelijk is, jegens deze ander recht op schadevergoeding ten bedrage van de door hem betaalde loon, doch ten hoogste tot het bedrag, waarvoor de aansprakelijke persoon, bij het ontbreken van de loondoorbetalingsverplichting aansprakelijk zou zijn, verminderd met een bedrag, gelijk aan dat van de schadevergoeding tot betaling waarvan de aansprakelijke persoon jegens de gekwetste is gehouden.

– 3. De in lid 2 bedoelde aansprakelijke is eveneens verplicht tot vergoeding van de door de werkgever gemaakte redelijke kosten ter nakoming van zijn in artikel 658a van Boek 7 bedoelde verplichtingen. De aansprakelijke kan hetzelfde verweer voeren dat hem jegens de gekwetste ten dienste zou hebben gestaan. (BW 6: 197)

– 4. Indien de aansprakelijke persoon een werknemer is, heeft de werkgever slechts recht op schadevergoeding indien de ongeschiktheid tot werken het gevolg is van diens opzet of bewuste roekeloosheid.

Art. 108

Schadevergoeding bij overlijden

– 1. Indien iemand ten gevolge van een gebeurtenis waarvoor een ander jegens hem aansprakelijk is overlijdt, is die ander verplicht tot vergoeding van schade door het derven van levensonderhoud:

a. aan de niet van tafel en bed gescheiden echtgenoot, de geregistreerde partner en de minderjarige kinderen van de overledene, tot ten minste het bedrag van het hun krachtens de wet verschuldigde levensonderhoud; (BW art. 1:81, 245 lid 2, 392-394, 395*a*, 404 lid 1)

b. aan andere bloed- of aanverwanten van de overledene, mits deze reeds ten tijde van het overlijden geheel of ten dele in hun levensonderhoud voorzag of daartoe krachtens rechterlijke uitspraak verplicht was; (BW art. 1:392, 395, 396)

c. aan degenen die reeds vóór de gebeurtenis waarop de aansprakelijkheid berust, met de overledene in gezinsverband samenwoonden en in wier levensonderhoud hij geheel of voor een groot deel voorzag, voor zover aannemelijk is dat een en ander zonder het overlijden zou zijn voortgezet en zij redelijkerwijze niet voldoende in hun levensonderhoud kunnen voorzien;

d. aan degene die met de overledene in gezinsverband samenwoonde en in wiens levensonderhoud de overledene bijdroeg door het doen van de gemeenschappelijke huishouding, voor zover hij schade lijdt doordat na het overlijden op andere wijze in de gang van deze huishouding moet worden voorzien. (BW 1406 (oud))

– 2. Bovendien is de aansprakelijke verplicht aan degene te wiens laste de kosten van lijkbezorging zijn gekomen, deze kosten te vergoeden, voor zover zij in overeenstemming zijn met de omstandigheden van de overledene.

Verweermiddelen

– 3. Hij die krachtens de vorige leden tot schadevergoeding wordt aangesproken, kan hetzelfde verweer voeren, dat hem tegenover de overledene zou hebben ten dienste gestaan. (Ontw. 6.1.9.12)

Art. 109

Matigingsrecht

– 1. Indien toekenning van volledige schadevergoeding in de gegeven omstandigheden waaronder de aard van de aansprakelijkheid, de tussen partijen bestaande rechtsverhouding en hun beider draagkracht, tot kennelijk onaanvaardbare gevolgen zou leiden, kan de rechter een wettelijke verplichting tot schadevergoeding matigen. (BW 1392[2] (oud), 1639*r* [5] (oud), 1838[2] (oud); BW 6:94[1])

– 2. De matiging mag niet geschieden tot een lager bedrag dan waarvoor de schuldenaar zijn aansprakelijkheid door verzekering heeft gedekt of verplicht was te dekken. (BW 6:110)

– 3. Ieder beding in strijd met lid 1 is nietig. (Ontw. 6.1.9.12a; BW 6)

Art. 110

Limitering

Opdat de aansprakelijkheid die ter zake van schade kan ontstaan niet hetgeen redelijkerwijs door verzekering kan worden gedekt, te boven gaat, kunnen bij algemene maatregel van bestuur bedragen worden vastgesteld, waarboven de aansprakelijkheid zich niet uitstrekt. Afzonderlijke bedragen kunnen worden bepaald naar gelang van onder meer de aard van de gebeurtenis, de aard van de schade en de grond van de aansprakelijkheid. (Ontw. 6.1.9.12b)

AFDELING 11
Verbintenissen tot betaling van een geldsom

Art. 111

Nominaal bedrag

Een verbintenis tot betaling van een geldsom moet naar haar nominale bedrag worden voldaan, tenzij uit wet, gewoonte of rechtshandeling anders voortvloeit. (Ontw. 6.1.9A.1; BW 1793 lid 2 (oud))

Art. 112

Gangbaar geld

Het geld dat ter voldoening van de verbintenis wordt betaald, moet op het tijdstip van de betaling gangbaar zijn in het land in welks geld de betaling geschiedt. (Ontw. 6.1.9A.2; BW 1793 lid 2 (oud); BW 6:28; Muntwet 1948 12 lid 2)

Art. 113

Vervallen.

Art. 114

Girale betaling

– 1. Bestaat in een land waar de betaling moet of mag geschieden ten name van de schuldeiser een rekening, bestemd voor girale betaling, dan kan de schuldenaar de verbintenis voldoen door het verschuldigde bedrag op die rekening te doen bijschrijven, tenzij de schuldeiser betaling op die rekening geldig heeft uitgesloten.

– 2. In het geval van het vorige lid geschiedt de betaling op het tijdstip waarop de rekening van de schuldeiser wordt gecrediteerd. (Ontw. 6.1.9A.3; Onteigeningswet: 59[2]; Octrooireglement: 33[4])

Art. 115

Plaats van betaling

De plaats waar de betaling moet geschieden wordt bepaald door de artikelen 116-118, tenzij uit wet, gewoonte of rechtshandeling voortvloeit dat op een andere plaats moet of mag worden betaald. (Ontw. 6.1.9A.4; BW 1429 (oud); BW 6:41)

Art. 116

Woonplaats schuldeiser

– 1. De betaling moet worden gedaan aan de woonplaats van de schuldeiser op het tijdstip van de betaling. (BW 1429 lid 2 (oud); BW 1: 10-15; 6: 41 sub *b*, 118)

– 2. De schuldeiser is bevoegd een andere plaats voor de betaling aan te wijzen in het land van de woonplaats van de schuldeiser op het tijdstip van de betaling of op het tijdstip van het ontstaan van de verbintenis. (Ontw. 6.1.9A.5; BW 3: 37)

Art. 117

Andere plaats

Indien de betaling overeenkomstig artikel 116 moet geschieden op een andere plaats dan de woonplaats van de schuldeiser op het tijdstip van het ontstaan van de verbintenis en het voldoen aan de verbintenis daardoor voor de schuldenaar aanmerkelijk bezwaarlijker zou worden, is deze bevoegd de betaling op te schorten, totdat de schuldeiser in een der in artikel 116, lid 2 bedoelde landen een andere plaats voor de betaling heeft aangewezen, waaraan een zodanig bezwaar niet is verbonden. (Ontw. 6.1.9A.6; BW 6:52-57)

Art. 118

Plaats van bedrijf

Indien de verbintenis is ontstaan bij de uitoefening van bedrijfs- of beroepsbezigheden van de schuldeiser, geldt in de artikelen 116 en 117 de plaats van vestiging waar die bezigheden worden uitgeoefend, als woonplaats van de schuldeiser. (Ontw. 6.1.9A.7; BW 1:14)

Art. 119

Vertragingsschade; wettelijke rente

– 1. De schadevergoeding, verschuldigd wegens vertraging in de voldoening van een geldsom, bestaat in de wettelijke rente van die som over de tijd dat de schuldenaar met de voldoening daarvan in verzuim is geweest. (BW 1286 (oud); BW 6:81-87)

– 2. Telkens na afloop van een jaar wordt het bedrag waarover de wettelijke rente wordt berekend, vermeerderd met de over dat jaar verschuldigde rente. (BW 1287 (oud))

– 3. Een bedongen rente die hoger is dan die welke krachtens de vorige leden verschuldigd zou zijn, loopt in plaats daarvan door nadat de schuldenaar in verzuim is gekomen. (Ontw. 6.1.9A.8; BW 6:120, 125; Overg.w. 182)

Art. 119a

Schadevergoeding wegens vertraging voldoening geldsom

– 1. De schadevergoeding, verschuldigd wegens vertraging in de voldoening van een geldsom, bestaat in het geval van een handelsovereenkomst in de wettelijke rente van die som met ingang van de dag volgend op de dag die is overeengekomen als de uiterste dag van betaling tot en met de dag waarop de schuldenaar de geldsom heeft voldaan. Onder handelsovereenkomst wordt verstaan de overeenkomst om baat die een of meer van de partijen verplicht iets te geven of te doen en die tot stand is gekomen tussen een of meer natuurlijke personen die handelen in de uitoefening van een beroep of bedrijf of rechtspersonen.

– 2. Indien geen uiterste dag van betaling is overeengekomen, is de wettelijke rente van rechtswege verschuldigd:

a. vanaf 30 dagen na de aanvang van de dag, volgende op die waarop de schuldenaar de factuur heeft ontvangen, of

b. indien de datum van ontvangst van de factuur niet vaststaat, of indien de schuldenaar de factuur ontvangt voordat hij de prestatie heeft ontvangen, vanaf 30 dagen na de aanvang van de dag, volgende op die waarop de prestatie is ontvangen, of

c. indien de schuldenaar een termijn heeft bedongen waarbinnen hij de ontvangen prestatie kan aanvaarden dan wel kan beoordelen of deze aan de overeenkomst beantwoordt, en indien hij de factuur ontvangt voordat hij de prestatie heeft aanvaard of beoordeeld, vanaf 30 dagen na de aanvang van de dag, volgende op die waarop de schuldenaar de prestatie heeft aanvaard of beoordeeld, dan wel, indien hij zich niet over goedkeuring of aanvaarding uitspreekt, vanaf 30 dagen na de aanvang van de dag volgende op die waarop de termijn verstrijkt.

– 3. Telkens na afloop van een jaar wordt het bedrag waarover de wettelijke rente wordt berekend, vermeerderd met de over dat jaar verschuldigde rente.

– 4. Geen wettelijke rente is verschuldigd wanneer de schuldeiser zelf in verzuim is.

– 5. De wettelijke rente is verschuldigd behalve voor zover de vertraging niet aan de schuldenaar kan worden toegerekend.

– 6. Voor de toepassing van dit artikel wordt met de wettelijke rente gelijkgesteld een andere overeengekomen rente.

Art. 120

Wettelijke rente

– 1. De wettelijke rente bedoeld in artikel 119 wordt bij algemene maatregel van bestuur vastgesteld. Wettelijke rente die loopt op het tijdstip van inwerkingtreding van een nieuwe bij algemene maatregel van bestuur vastgestelde rentevoet, wordt met ingang van dat tijdstip volgens de nieuwe rentevoet berekend.

– 2. De wettelijke rente bedoeld in artikel 119*a* is gelijk aan de herfinancieringsrente die door de Europese Centrale Bank is vastgesteld voor haar meest recente basisherfinancieringstransactie die heeft plaatsgevonden voor de eerste kalenderdag van het betreffende halfjaar, vermeerderd met zeven procentpunten. Wettelijke rente die loopt op de eerste dag van het betreffende halfjaar, wordt met ingang van dat tijdstip volgens de nieuwe rentevoet berekend gedurende een half jaar. (Ontw. 6.1.9A.9; BW 1286 lid 4 (oud); BW 1:376; Onteig.w. 54*q* lid 3, 55 lid 3)

Art. 121

Valutaschuld; keuze aan schuldenaar

– 1. Strekt een verbintenis tot betaling van ander geld dan dat van het land waar de betaling moet geschieden, dan is de schuldenaar bevoegd de verbintenis in het geld van de plaats van betaling te voldoen. (BW 6:116-118, 122, 124)

– 2. Het vorige lid geldt niet, indien uit wet, gewoonte of rechtshandeling voortvloeit dat de schuldenaar verplicht is tot betaling effectief in het geld tot betaling waarvan de verbintenis strekt. (Ontw. 6.1.9A.10)

Art. 122

Voldoening in vreemde valuta onmogelijk

– 1. Strekt een verbintenis tot betaling van ander geld dan dat van het land waar de betaling moet geschieden en is de schuldenaar niet in staat of beweert hij niet in staat te zijn in dit geld te voldoen, dan kan de schuldeiser voldoening in het geld van de plaats van betaling vorderen. (BW 6:116-118, 124)

– 2. Het vorige lid geldt mede, indien de schuldenaar verplicht is tot betaling effectief in het geld tot betaling waarvan de verbintenis strekt. (Ontw. 6.1.9A.11)

Art. 123

Rechtsvordering en executie in Nederland

– 1. Ingeval in Nederland een rechtsvordering wordt ingesteld ter verkrijging van een geldsom, uitgedrukt in buitenlands geld, kan de schuldeiser veroordeling vorderen tot betaling te zijner keuze in dat buitenlandse geld of in Nederlands geld. (BW 6:124)

– 2. De schuldeiser die een in buitenlands geld luidende executoriale titel in Nederland kan executeren, kan het hem verschuldigde bij deze executie opeisen in Nederlands geld. (BW 6:124; EEG-executieverdrag 26 v.)

– 3. De vorige leden gelden mede, indien de schuldenaar verplicht is tot betaling effectief in het geld tot betaling waarvan de verbintenis strekt. (Ontw. 6.1.9A.12)

Art. 124

Koers van omrekening

Wordt de verbintenis als gevolg van toepassing van de artikelen 121, 122 of 123 of van omzetting in een vordering tot schadevergoeding overeenkomstig het bepaalde in afdeling 9 van titel 1 voldaan in ander geld dan tot betaling waarvan zij strekt, dan geschiedt de omrekening naar de koers van de dag waarop de betaling plaatsvindt. (Ontw. 6.1.9A.13; BW 6:126)

Art. 125

Koerswijzigingsschade

– 1. Artikel 119 laat onverlet het recht van de schuldeiser op vergoeding van de schade die hij heeft geleden, doordat na het intreden van het verzuim de koers van het geld tot betaling waarvan de verbintenis strekt, zich ten opzichte van die van het geld van een of meer andere landen heeft gewijzigd.

– 2. Het vorige lid is niet van toepassing, indien de verbintenis strekt tot betaling van Nederlands geld, de betaling in Nederland moet geschieden en de schuldeiser op het tijdstip van het ontstaan van de verbintenis zijn woonplaats in Nederland had. (Ontw. 6.1.9A.14; BW 1:14)

Art. 126

Omschrijving koers

Voor de toepassing van deze afdeling geldt als koers de koers tegen welke de schuldeiser zich onverwijld het geld kan verschaffen, zulks met inachtneming van hetgeen uit wet, gewoonte en inhoud of strekking van de verbintenis mocht voortvloeien. (Ontw. 6.1.9A.15)

AFDELING 12
Verrekening

Art. 127

Vereisten

– 1. Wanneer een schuldenaar die de bevoegdheid tot verrekening heeft, aan zijn schuldeiser verklaart dat hij zijn schuld met een vordering verrekent, gaan beide verbintenissen tot hun gemeenschappelijk beloop teniet. (BW 3:37; 6:7, 128, 133, 135, 140^{1}, 141)

– 2. Een schuldenaar heeft de bevoegdheid tot verrekening, wanneer hij een prestatie te vorderen heeft die beantwoordt aan zijn schuld jegens dezelfde wederpartij en hij bevoegd is zowel tot betaling van de schuld als tot het afdwingen van de betaling van de vordering. (BW 6:3, 21, 39, 42, 52, 65, 73, 79, 121, 130 v., 135, 136, 138, 7:17)

– 3. De bevoegdheid tot verrekening bestaat niet ten aanzien van een vordering en een schuld die in van elkaar gescheiden vermogens vallen. (Ontw. 6.1.10.4.; BW 1461-1463 (oud); BW 2 :55^{5}, 80^{4}, 191^{3}; 6:$236^{\text{onder } f}$, $237^{\text{onder } g}$; 7A:1623*j*, 1638*r*; Fw 53 v., 234 v.; Invord.w. 1990 24)

Art. 128

Toonder- of ordervordering

– 1. De schuldeiser van een vordering aan toonder of order brengt deze in verrekening door zijn verrekeningsverklaring op het papier te stellen en dit aan de wederpartij af te geven. (BW 6:48 lid 2)

– 2. Indien de verrekening niet zijn gehele vordering betreft of hij het papier nog voor de uitoefening van andere rechten nodig heeft, kan hij het papier behouden, mits hij de verklaring niet alleen op het papier stelt, maar haar ook schriftelijk tot de wederpartij richt. (BW 3:37 lid 2)

– 3. Hij kan, ongeacht of de verrekening de gehele vordering betreft, bij enkele, niet op het papier gestelde schriftelijke verklaring verrekenen, mits hij op verlangen van de wederpartij aantoont dat het papier vernietigd of waardeloos geworden is, of zekerheid stelt voor twintig jaren of voor een zoveel kortere tijdsduur als verwacht mag worden dat de wederpartij nog aan een vordering uit hoofde van het papier bloot zal kunnen staan. (Ontw. 6.1.10.5; BW 3:306; 6:49, 127 lid 1, 146; Fw 55)

Art. 129

Terugwerkende kracht

– 1. De verrekening werkt terug tot het tijdstip, waarop de bevoegdheid tot verrekening is ontstaan. (BW 6:133, 134)

– 2. Is over één der vorderingen of over beide reeds opeisbare rente betaald, dan werkt de verrekening niet verder terug dan tot het einde van de laatste termijn waarover rente is voldaan.

– 3. Indien voor de bepaling van de werking van een verrekening bij geldschulden een koersberekening nodig is, geschiedt deze volgens dezelfde maatstaven als wanneer op de dag der verrekening wederzijdse betaling had plaatsgevonden. (Ontw. 6.1.10.6; BW 6:124)

Art. 130

Overgang vordering

– 1. Is een vordering onder bijzondere titel overgegaan, dan is de schuldenaar bevoegd ondanks de overgang ook een tegenvordering op de oorspronkelijke schuldeiser in verrekening te brengen, mits deze tegenvordering uit dezelfde rechtsverhouding als de overgegane vordering voortvloeit of reeds vóór de overgang aan hem is opgekomen en opeisbaar geworden. (BW 3:80 lid 3; 6:127 lid 2, 145)

Beslag; bezwaring

– 2. Het vorige lid is van overeenkomstige toepassing, wanneer op een vordering beslag is gelegd of een beperkt recht is gevestigd waarvan mededeling aan de schuldenaar is gedaan. (BW 3:8, 94, 202, 239, 246 lid 1; Rv 475 e.v.)

– 3. De vorige leden zijn niet van toepassing, indien de overgang of de vestiging van het beperkte recht een vordering aan toonder of order betrof en is geschied overeenkomstig artikel 93 van Boek 3. (Ontw. 6.1.10.7; BW 1467 (oud), 1470 (oud); BW 3:36, 45; 6:128, 146 lid 1, 147, 148, 236 onder *f*; Invord.w. 1990 art. 25)

Art. 131

Verjaring; uitstel

– 1. De bevoegdheid tot verrekening eindigt niet door verjaring van de rechtsvordering. (BW 3:306 v.; 6:56, 268; 7:23[2])

– 2. Uitstel van betaling of van executie, bij wijze van gunst door de schuldeiser verleend, staat aan verrekening door de schuldeiser niet in de weg. (Ontw. 6.1.10.8; BW 1464 (oud); BW 6:127[2])

Art. 132

Beroep op weigeringsgrond

Wordt een verrekeningsverklaring uitgebracht door een daartoe bevoegde, dan kan niettemin de wederpartij die grond had om nakoming van haar verbintenis te weigeren, aan de verrekeningsverklaring haar werking ontnemen door op de weigeringsgrond een beroep te doen, onverwijld nadat die verklaring werd uitgebracht en zij tot dit beroep in staat was. (Ontw. 6.1.10.9; BW 3:49; 6:52 v., 127, 262 v.)

Art. 133

Eigen bevoegdheid tot verrekening

Nadat de ene partij een verrekeningsverklaring heeft uitgebracht, kan de andere partij, mits onverwijld, aan die verklaring haar werking ontnemen door alsnog gebruik te maken van een eigen bevoegdheid tot verrekening, doch alleen indien deze laatste verrekening verder terugwerkt. (Ontw. 6.1.10.10; BW 6:127[2], 129)

Art. 134

Verrekening bij ontbinding

De schuldenaar uit een wederkerige overeenkomst, die tot verrekening bevoegd is, kan aan de verklaring van zijn wederpartij, strekkende tot ontbinding van de overeenkomst wegens nietnakoming, haar werking ontnemen door onverwijld van zijn bevoegdheid tot verrekening gebruik te maken. (Ontw. 6.1.10.11; BW 6:127[2], 129, 267[1])

Art. 135

Onbevoegdheid

Een schuldenaar is niet bevoegd tot verrekening:

a. voor zover beslag op de vordering van de wederpartij niet geldig zou zijn; (BW 6:54[onder c], 106[2]; Rv 475*a* v., 479)

b. indien zijn verplichting strekt tot vergoeding van schade die hij opzettelijk heeft toegebracht. (Ontw. 6.1.10.12; BW 1465 (oud); BW 6:127[2]; Ambtenarenwet 116, 119 v.; Invord.w. 1990 24)

Art. 136

Verrekening als verweer

De rechter kan een vordering ondanks een beroep van de gedaagde op verrekening toewijzen, indien de gegrondheid van dit verweer niet op eenvoudige wijze is vast te stellen en de vordering overigens voor toewijzing vatbaar is. (Ontw. 6.1.10.13; Fw 53[3], 234[3])

Art. 137

Volgorde van toerekening

– 1. Voor zover een verrekeningsverklaring onvoldoende aangeeft welke verbintenissen in de verrekening zijn betrokken, geldt de volgorde van toerekening, aangegeven in de artikelen 43 lid 2 en 44 lid 1. (BW 6:43[1], 127[1])

– 2. De wederpartij van degene die heeft verklaard te verrekenen, kan door een onverwijld protest aan die verklaring haar werking ontnemen, indien de toerekening op de haar verschuldigde hoofdsom, kosten en met inachtneming van artikel 129 te berekenen rente in deze verklaring in een andere volgorde is geschied dan die van artikel 44 lid 1. (Ontw. 6.1.10.15; BW 1469 (oud); BW 6:44[2], 133, 140[1])

Art. 138

Verschil in plaats

– 1. De omstandigheid dat de plaats van voldoening der verbintenissen niet dezelfde is, sluit verrekening niet uit. Hij die verrekent, is in dit geval verplicht zijn wederpartij de schade te vergoeden die deze lijdt, doordat niet wederzijds te bestemder plaatse voldoening geschiedt. (BW 6:41, 95 v., 115 v., 127[2])

– 2. De wederpartij van degene die ondanks een verschil in de plaats van nakoming heeft verrekend, kan door een onverwijld protest aan de verklaring tot verrekening haar werking ontnemen, als zij er een gerechtvaardigd belang bij heeft dat geen verrekening, maar nakoming plaatsvindt. (Ontw. 6.1.10.16; BW 1468 (oud))

Art. 139

Positie borg

– 1. De borg en degene wiens goed voor de schuld van een ander verbonden is, kunnen de opschorting van hun aansprakelijkheid inroepen, voor zover de schuldeiser bevoegd is zijn vordering met een opeisbare schuld aan de schuldenaar te verrekenen. (BW 3:227, 284[2], 287[2], 291, 292; 6:52; 7:852)

– 2. Zij kunnen de bevrijding van hun aansprakelijkheid inroepen, voor zover de schuldeiser een bevoegdheid tot verrekening met een schuld aan de schuldenaar heeft doen verloren gaan, tenzij hij daartoe een redelijke grond had of hem geen schuld treft. (Ontw. 6.1.10.17; BW 1466 (oud); 1471 (oud))

Art. 140

Van rechtswege

– 1. Moeten tussen twee partijen krachtens wet, gewoonte of rechtshandeling geldvorderingen en geldschulden in één rekening worden opgenomen, dan worden zij in de volgorde waarin partijen volgens de voorgaande artikelen van deze afdeling of krachtens hun onderlinge rechtsverhouding tot verrekening bevoegd worden, dadelijk van rechtswege verrekend en is op ieder tijdstip alleen het saldo verschuldigd. Artikel 137 is niet van toepassing. (BW 6:111 v., 127[1])

– 2. De partij die de rekening bijhoudt, sluit deze jaarlijks af en deelt het op dat tijdstip verschuldigde saldo mede aan de wederpartij met opgave van de aan deze nog niet eerder medegedeelde posten waaruit het is samengesteld. (BW 1:359[1])

– 3. Indien de wederpartij niet binnen redelijke tijd tegen het ingevolge het vorige lid medegedeelde saldo protesteert, geldt dit als tussen partijen vastgesteld.

– 4. Na vaststelling van het saldo kan ten aanzien van de afzonderlijke posten geen beroep meer worden gedaan op het intreden van verjaring of op het verstrijken van een vervaltermijn. De rechtsvordering tot betaling van het saldo verjaart door verloop van vijf jaren na de dag, volgende op die waarop de rekening is geëindigd en het saldo opeisbaar is geworden. (BW 3:306, 307)

– 5. Uit de tussen partijen bestaande rechtsverhouding kan anders voortvloeien dan in de vorige leden is bepaald. (Ontw. 6.1.10.18)

Art. 141

Kwitantie; bewijsstuk

Indien een verbintenis geheel of gedeeltelijk door verrekening tenietgaat, zijn de leden 1 en 2 van artikel 48 van overeenkomstige toepassing. (Ontw. 6.1.10.19; BW 6:160[3])

TITEL 2

Overgang van vorderingen en schulden en afstand van vorderingen

AFDELING 1

Gevolgen van overgang van vorderingen

Art. 142

Overgang nevenrechten

– 1. Bij overgang van een vordering op een nieuwe schuldeiser verkrijgt deze de daarbij behorende nevenrechten, zoals rechten van pand en hypotheek en uit borgtocht, voorrechten en de bevoegdheid om de ter zake van de vordering en de nevenrechten bestaande executoriale titels ten uitvoer te leggen. (BW 1:93 e.v.; 3:93 e.v., 186, 236 e.v., 260 e.v., 283 e.v., 288 e.v.; 4:880 lid 1, 1002, lid 2; 6:143 lid 2, 150 e.v., 159 lid 2, 251, 252 lid 4; 7:850 e.v.;)

– 2. Onder de nevenrechten zijn tevens begrepen het recht van de vorige schuldeiser op bedongen rente of boete of op een dwangsom, behalve voor zover de rente opeisbaar of de boete of dwangsom reeds verbeurd was op het tijdstip van de overgang. (Ontw. 6.2.1.1; BW 6:91 e.v., 153; 7:14; Rv 611*a* e.v.; Overg.w. 186)

Art. 143

Afgifte bewijsstukken

– 1. In geval van overgang van een vordering is de vorige schuldeiser verplicht de op de vordering en op de nevenrechten betrekking hebbende bewijsstukken af te geven aan de nieuwe schuldeiser. Behoudt hij zelf belang bij een bewijsstuk, dan is hij slechts verplicht om aan de nieuwe schuldeiser op diens verlangen en op diens kosten een afschrift of uittreksel af te geven, waaruit met overeenkomstige bewijskracht als uit het oorspronkelijke stuk van de vordering blijkt.

Executoriale titel

– 2. De vorige schuldeiser is tevens verplicht tot afgifte van de in het vorige artikel bedoelde executoriale titels of, indien hijzelf belang bij deze titels behoudt, om de nieuwe schuldeiser tot tenuitvoerlegging daarvan in de gelegenheid te stellen.

Pand

– 3. In geval van overgang van de gehele vordering is de vorige schuldeiser verplicht de zich in zijn handen bevindende panden af te geven aan de nieuwe schuldeiser.

– 4. In geval van overgang van een vordering waaraan hypotheek is verbonden, is de vorige schuldeiser verplicht desverlangd ertoe mede te werken dat uit de openbare registers van deze overgang blijkt. (Ontw. 6.2.1.2; BW 3:17, 24)

Hypotheek

Art. 144

– 1. Brengt de overdracht van een vordering mee dat verplichtingen die uit het schuldeiserschap of uit nevenrechten voortvloeien, overgaan op de nieuwe schuldeiser, dan staat de vorige schuldeiser in voor de nakoming van deze verplichtingen. (BW 3:94; 6:251[2])

Instaan

– 2. Lid 1 is niet van toepassing in geval van overdracht van een vordering aan toonder of order overeenkomstig artikel 93 van Boek 3. (Ontw. 6.2.1.3)

Art. 145

Overgang van een vordering laat de verweermiddelen van de schuldenaar onverlet. (Ontw. 6.2.1.4; BW 3:36; 6:146)

Verweermiddelen

Art. 146

– 1. Na een overdracht overeenkomstig artikel 93 van Boek 3 van een vordering aan toonder of aan order kan de schuldenaar een verweermiddel, gegrond op zijn verhouding tot een vorige schuldeiser, niet tegenwerpen aan de verkrijger en diens rechtsopvolgers, tenzij op het tijdstip van de overdracht het verweermiddel bekend was aan de verkrijger of voor hem kenbaar was uit het papier. (BW 6:130[3]; 8:441, 940; K 116, 176, 199)

Verweermiddel jegens vorige schuldeiser

– 2. Een beroep op onbekwaamheid of onbevoegdheid kan ook jegens een daarmee niet bekende verkrijger worden gedaan, indien zij ten tijde van zijn verkrijging kenbaar was uit een in een openbaar register opgenomen inschrijving, bij of krachtens de wet voorgeschreven teneinde kennisneming mogelijk te maken van de feiten waarop de onbevoegdheid of onbekwaamheid berust. (Ontw. 6.2.1.4a; BW 1:16 v., 116, 391; 2:29, 289; 6:148; Fw 19; Hrgw)

Art. 147

In geval van overdracht van een papier aan toonder of aan order verliest degene die volgens dat papier schuldenaar is, en aan wie is toe te rekenen dat het papier tegen zijn wil in omloop is of dat zijn handtekening vals of het papier vervalst is, de bevoegdheid zich daarop te beroepen tegenover de verkrijger te goeder trouw en diens rechtsopvolgers. (Ontw. 6.2.1.5; BW 3:93; 6:148; K 168, 228)

Valsheid

Art. 148

De artikelen 146 en 147 zijn van overeenkomstige toepassing in geval van vestiging van een beperkt recht op een vordering aan toonder of aan order. (Ontw. 6.2.1.6; BW 3:98, 201 v., 236 v.)

Beperkt recht

Art. 149

– 1. Oefent de schuldenaar na overgang van de vordering onder bijzondere titel jegens de oorspronkelijke schuldeiser een bevoegdheid uit tot vernietiging of ontbinding van de rechtshandeling waaruit de vordering voortspruit, dan is hij verplicht om de nieuwe schuldeiser zo spoedig mogelijk daarvan mededeling te doen, tenzij de vernietiging of ontbinding niet aan deze kan worden tegengeworpen. (BW 3:36, 49 v.; 6:74 v., 145, 146, 265 v.)

Vernietiging of ontbinding

– 2. Na verjaring van de rechtsvordering tot vernietiging of ontbinding wordt een beroep op de vernietigings- of ontbindingsgrond ter afwering van een op de rechtshandeling steunende rechtsvordering of andere rechtsmaatregel gericht tot de nieuwe schuldeiser en is de schuldenaar verplicht zo spoedig mogelijk nadien mededeling daarvan aan de oorspronkelijke schuldeiser te doen. (BW 3:51[3], 52, 311; 6:74 v., 268)

– 3. De vorige leden zijn van overeenkomstige toepassing ter zake van de uitoefening van een bevoegdheid van de schuldenaar tot vernietiging of ontbinding, nadat op de vordering met mededeling aan hem een beperkt recht is gevestigd. (Ontw. 6.2.1.6a; BW 3:98, 201 v., 236 v., 246)

AFDELING 2
Subrogatie

Art. 150

Een vordering gaat bij wijze van subrogatie over op een derde:

Gevallen van subrogatie

a. indien een hem toebehorend goed voor de vordering wordt uitgewonnen; (BW 3:248, 268, 284[2], 292)

b. indien hij de vordering voldoet omdat een hem toebehorend goed voor de vordering verbonden is; (BW 3:248, 268, 284[2], 292)

c. indien hij de vordering voldoet om uitwinning te voorkomen van een hem niet toebehorend goed, mits door de uitwinning een recht dat hij op het goed heeft, verloren zou gaan of de voldoening van een hem toekomend vorderingsrecht in gevaar zou worden gebracht; (BW 3:282)

d. krachtens overeenkomst tussen de derde die de vordering voldoet en de schuldenaar, mits de schuldeiser op het tijdstip van de voldoening deze overeenkomst kende of hem daarvan kennis was gegeven. (Ontw. 6.2.2.7; BW 1152, 1246, 1436 v. (oud); BW 3:37[3]; 6:30, 73, 142, 143, 145; Overg.w. 187)

Art. 151

Beperkingen

– 1. Subrogatie overeenkomstig artikel 150 vindt niet plaats voor zover de schuld de derde aangaat in zijn verhouding tot de schuldenaar.

– 2. De rechten van de schuldeiser jegens borgen en personen die geen schuldenaar zijn, gaan slechts op de derde over tot ten hoogste de bedragen, waarvoor de schuld ieder van hen aangaat in hun verhouding tot de schuldenaar. (Ontw. 6.2.2.8; BW 6:12, 142; Overg.w. 188)

Art. 152

Omslag

– 1. Blijkt verhaal krachtens subrogatie overeenkomstig artikel 150 geheel of gedeeltelijk onmogelijk, dan wordt het onvoldaan gebleven deel over de gesubrogeerde en andere in lid 2 van het vorige artikel genoemde derden omgeslagen naar evenredigheid van de bedragen waarvoor ieder op het tijdstip van de voldoening jegens de schuldeiser aansprakelijk was.

– 2. De gesubrogeerde kan van geen der andere bij de omslag betrokken derden een groter bedrag vorderen dan de oorspronkelijke schuldeiser op het tijdstip van de voldoening op deze had kunnen verhalen.

– 3. Ieder der in de omslag betrokkenen blijft gerechtigd het bijgedragene alsnog van hem die geen verhaal bood, terug te vorderen. (Ontw. 6.2.2.9; BW 6:13, 7:869; Overg.w. 188)

Art. 153

Bedongen rente

In het geval van subrogatie in de hoofdvordering verkrijgt de gesubrogeerde het recht op bedongen rente slechts voor zover deze betrekking heeft op het tijdvak na de overgang. (Ontw. 6.2.2.9a; BW 2:90^{2}, 199^{2}; 6:12, 142^{2}, 150; K 131^{3}, 162^{1}, 204^{3}, 284)

Art. 154

Benadeling gesubrogeerde

De schuldeiser is jegens degene die, zo hij de vordering voldoet, zal worden gesubrogeerd, verplicht zich te onthouden van elke gedraging die ten koste van deze afbreuk doet aan de rechten waarin hij mag verwachten krachtens de subrogatie te zullen treden. (Ontw. 6.2.2.9b; BW 1885 (oud); K 284 (oud); BW 2:90^{2}, 199^{2}; 6:12, 74 v., 150; K 131^{3}, 162^{1}, 204^{3}, 284)

AFDELING 3

Schuld- en contractsoverneming

Art. 155

Schuldoverneming

Een schuld gaat van de schuldenaar over op een derde, indien deze haar van de schuldenaar overneemt. De schuldoverneming heeft pas werking jegens de schuldeiser, indien deze zijn toestemming geeft nadat partijen hem van de overneming kennis hebben gegeven. (Ontw. 6.2.3.10; BW 3:32 v., 37^{1,3}; 6:216, 217 v.)

Art. 156

Toestemming bij voorbaat

– 1. Heeft de schuldeiser bij voorbaat zijn toestemming tot een schuldoverneming gegeven, dan vindt de overgang plaats, zodra de schuldenaar tot overeenstemming is gekomen met de derde en partijen de schuldeiser schriftelijk van de overneming kennis hebben gegeven.

– 2. De schuldeiser kan een bij voorbaat gegeven toestemming niet herroepen, tenzij hij zich de bevoegdheid daartoe bij de toestemming heeft voorbehouden. (Ontw. 6.2.3.11; BW 3:37^{2,3}; 6:159)

Art. 157

Overgang nevenrechten enz.

– 1. De bij de vordering behorende nevenrechten worden na het tijdstip van de overgang tegen de nieuwe in plaats van tegen de oude schuldenaar uitgeoefend.

– 2. Tot zekerheid van de overgegane schuld strekkende rechten van pand en hypotheek op een aan een der partijen toebehorend goed blijven bestaan; die op een niet aan partijen toebehorend goed en rechten uit borgtocht gaan door de overgang teniet, tenzij de pand- of hypotheekgever of borg tevoren in handhaving heeft toegestemd.

– 3. Voorrechten op bepaalde goederen waarop de schuldeiser niet tevens een verhaalsrecht jegens derden heeft, gaan door de overgang teniet, tenzij de schuldoverneming plaatsvindt ter uitvoering van de overdracht van een onderneming waartoe ook het goed waarop het voorrecht rust, behoort. Voorrechten op het vermogen van de schuldenaar gelden na de overgang als voorrechten op het vermogen van de nieuwe schuldenaar. (BW 3:276, 284; 8:215, 226, 825, 836)

– 4. Bedongen rechten en boeten, alsmede dwangsommen die vóór de overgang aan de schuldenaar werden opgelegd, worden door de nieuwe in plaats van door de oude schuldenaar verschuldigd, voor zover zij na het tijdstip van de overgang zijn opeisbaar geworden of verbeurd. (Ontw. 6.2.3.12; BW 6:142, 159)

Art. 158

Wegvallen onderliggende rechtsverhouding

Indien de rechtsverhouding tussen de vorige en de nieuwe schuldenaar op grond waarvan de schuld is overgenomen, nietig, vernietigd of ontbonden is, kan de schuldeiser de schuld weer op de vorige schuldenaar doen overgaan door daartoe strekkende kennisgevingen aan de beide betrokken partijen; elk van hen kan de schuldeiser daartoe een redelijke termijn stellen. (Ontw. 6.2.3.13; BW 6:210, 271)

Art. 159

Contractsoverneming

– 1. Een partij bij een overeenkomst kan haar rechtsverhouding tot de wederpartij met medewerking van deze laatste overdragen aan een derde bij een tussen haar en de derde opgemaakte akte.

– 2. Hierdoor gaan alle rechten en verplichtingen over op de derde, voor zover niet ten aanzien van bijkomstige of reeds opeisbaar geworden rechten of verplichtingen anders is bepaald.

– 3. Artikel 156 en de leden 1-3 van artikel 157 zijn van overeenkomstige toepassing. (Ontw. 6.2.3.14; BW 3:32 v., 6:142, 143, 145, 216, 217 v.)

AFDELING 4
Afstand en vermenging

Art. 160

Afstand

– 1. Een verbintenis gaat teniet door een overeenkomst van de schuldeiser met de schuldenaar, waarbij hij van zijn vorderingsrecht afstand doet. (BW 3:32 v., 98; 6:216, 217 v.)

– 2. Een door de schuldeiser tot de schuldenaar gericht aanbod tot afstand om niet geldt als aanvaard, wanneer de schuldenaar van het aanbod heeft kennisgenomen en het niet onverwijld heeft afgewezen. (BW 6:5[2], 253[4])

– 3. De artikelen 48 leden 1 en 2 en 49 leden 1-3 zijn van overeenkomstige toepassing. (Ontw. 6.2.4.14a; BW 6:141)

Art. 161

Vermenging

– 1. Een verbintenis gaat teniet door vermenging, wanneer door overgang van de vordering of de schuld de hoedanigheid van schuldeiser en die van schuldenaar zich in één persoon verenigen.

– 2. Het vorige lid is niet van toepassing:

a. zolang de vordering en de schuld in van elkaar gescheiden vermogens vallen;

b. in geval van overdracht overeenkomstig artikel 93 van Boek 3 van een vordering aan toonder of order; (K 110[3], 176, 191[3])

c. indien de voormelde vereniging van hoedanigheden het gevolg is van een rechtshandeling onder ontbindende voorwaarde, zolang niet vaststaat dat de voorwaarde niet meer in vervulling kan gaan. (BW 3:38[2])

– 3. Tenietgaan van een verbintenis door vermenging laat de op de vordering rustende rechten van derden onverlet. (Ontw. 6.2.4.14b; BW 3:81, 201 v., 236 v., 283, 287; 8:214, 225, 824, 835; Overg.w. 189)

TITEL 3
Onrechtmatige daad

AFDELING 1
Algemene bepalingen

Art. 162

Onrechtmatige daad

– 1. Hij die jegens een ander een onrechtmatige daad pleegt, welke hem kan worden toegerekend, is verplicht de schade die de ander dientengevolge lijdt, te vergoeden.

– 2. Als onrechtmatige daad worden aangemerkt een inbreuk op een recht en een doen of nalaten in strijd met een wettelijke plicht of met hetgeen volgens ongeschreven recht in het maatschappelijk verkeer betaamt, een en ander behoudens de aanwezigheid van een rechtvaardigingsgrond.

– 3. Een onrechtmatige daad kan aan de dader worden toegerekend, indien zij te wijten is aan zijn schuld of aan een oorzaak welke krachtens de wet of de in het verkeer geldende opvattingen voor zijn rekening komt. (Ontw. 6.3.1.1; BW 1401 e.v. (oud); BW art. 3:121, 125, 310, 314; BW art. 5:37 e.v.; BW art. 6:74, 75, 98, 101, 102 lid 2, 163 e.v., 198, 200, 204, 212 leden 2 en 3, 277; BW art. 8:544, 545, 1005, 1006; RO art. 39 sub 1, 44 lid 3, 56 lid 5, 92 lid 3; Sr art. 14c lid 1 sub 1, 74 lid 2 onder *e*; Sv art. 332; OBW art. 173)

Art. 163

Relativiteitsbeginsel

Geen verplichting tot schadevergoeding bestaat, wanneer de geschonden norm niet strekt tot bescherming tegen de schade zoals de benadeelde die heeft geleden. (Ontw. 6.3.1.2; BW art. 3:40)

Art. 164

Leeftijd

Een gedraging van een kind dat de leeftijd van veertien jaren nog niet heeft bereikt, kan aan hem niet als een onrechtmatige daad worden toegerekend. (Ontw. 6.3.1.2a)

Art. 165

Personen met gebrek

– 1. De omstandigheid dat een als een doen te beschouwen gedraging van een persoon van veertien jaren of ouder verricht is onder invloed van een geestelijke of lichamelijke tekortkoming, is geen beletsel haar als een onrechtmatige daad aan de dader toe te rekenen.

– 2. Is jegens de benadeelde tevens een derde wegens onvoldoende toezicht aansprakelijk, dan is deze derde jegens de dader verplicht tot bijdragen in de schadevergoeding voor het gehele bedrag van zijn aansprakelijkheid jegens de benadeelde. (Ontw. 6.3.1.2b; BW 6:10, 101, 102 lid 1, 197)

Art. 166

Groepsverband

– 1. Indien één van tot een groep behorende personen onrechtmatig schade toebrengt en de kans op het aldus toebrengen van schade deze personen had behoren te weerhouden van hun gedragingen in groepsverband, zijn zij hoofdelijk aansprakelijk indien deze gedragingen hun kunnen worden toegerekend.

– 2. Zij moeten onderling voor gelijke delen in de schadevergoeding bijdragen, tenzij in de omstandigheden van het geval de billijkheid een andere verdeling vordert. (Ontw. 6.3.1.5; BW 6:10 e.v., 197; Sr 47, 48, 141)

Art. 167

Rectificatie

– 1. Wanneer iemand krachtens deze titel jegens een ander aansprakelijk is ter zake van een onjuiste of door onvolledigheid misleidende publicatie van gegevens van feitelijke aard, kan de rechter hem op vordering van die ander veroordelen tot openbaarmaking van een rectificatie op een door de rechter aan te geven wijze.

– 2. Hetzelfde geldt, indien aansprakelijkheid ontbreekt, omdat de publicatie aan de dader wegens diens onbekendheid met de onjuistheid of onvolledigheid niet als een onrechtmatige daad is toe te rekenen.

– 3. In het geval van lid 2 kan de rechter die de vordering toewijst bepalen dat de kosten van het geding en van de openbaarmaking van de rectificatie geheel of gedeeltelijk moeten worden gedragen door degene die de vordering heeft ingesteld. Elk der partijen heeft voor het gedeelte van de kosten van het geding en van de openbaarmaking van de rectificatie dat ingevolge de uitspraak door hem moet worden gedragen, verhaal op ieder die voor de door de publicatie ontstane schade aansprakelijk is. (Ontw. 6.3.1.5a; BW 1416*c* (oud); BW 6:103, 194 e.v.; Rv 56 e.v.)

Art. 168

Maatschappelijke belangen; afwijzing verbod

– 1. De rechter kan een vordering, strekkende tot verbod van een onrechtmatige gedraging, afwijzen op de grond dat deze gedraging op grond van zwaarwegende maatschappelijke belangen behoort te worden geduld. De benadeelde behoudt zijn recht op vergoeding van de schade overeenkomstig de onderhavige titel.

– 2. In het geval van artikel 170 is de ondergeschikte voor deze schade niet aansprakelijk.

– 3. Wordt aan een veroordeling tot schadevergoeding of tot het stellen van zekerheid daarvoor niet voldaan, dan kan de rechter alsnog een verbod van de gedraging opleggen. (Ontw. 6.3.1.5b; BW 3:296; 6:105)

AFDELING 2

Aansprakelijkheid voor personen en zaken

Art. 169

Kinderen

– 1. Voor schade aan een derde toegebracht door een als een doen te beschouwen gedraging van een kind dat nog niet de leeftijd van veertien jaren heeft bereikt en aan wie deze gedraging als een onrechtmatige daad zou kunnen worden toegerekend als zijn leeftijd daaraan niet in de weg zou staan, is degene die het ouderlijk gezag of de voogdij over het kind uitoefent, aansprakelijk.

– 2. Voor schade, aan een derde toegebracht door een fout van een kind dat de leeftijd van veertien jaren al wel maar die van zestien jaren nog niet heeft bereikt, is degene die het ouderlijk gezag of de voogdij over het kind uitoefent, aansprakelijk, tenzij hem niet kan worden verweten dat hij de gedraging van het kind niet heeft belet. (Ontw. 6.3.2.1.; BW 1403 (oud); BW 1:245, 251 e.v., 280 e.v., 292 e.v., 295, 336; 6:164, 183, 197)

Art. 170

Aansprakelijkheid voor ondergeschikten

– 1. Voor schade, aan een derde toegebracht door een fout van een ondergeschikte, is degene in wiens dienst de ondergeschikte zijn taak vervult aansprakelijk, indien de kans op de fout door de opdracht tot het verrichten van deze taak is vergroot en degene in wiens dienst hij stond, uit hoofde van hun desbetreffende rechtsbetrekking zeggenschap had over de gedragingen waarin de fout was gelegen.

– 2. Stond de ondergeschikte in dienst van een natuurlijke persoon en was hij niet werkzaam voor een beroep of bedrijf van deze persoon, dan is deze slechts aansprakelijk, indien de ondergeschikte bij het begaan van de fout handelde ter vervulling van de hem opgedragen taak.

– 3. Zijn de ondergeschikte en degene in wiens dienst hij stond, beiden voor de schade aansprakelijk, dan behoeft de ondergeschikte in hun onderlinge verhouding niet in de schadevergoeding bij te dragen, tenzij de schade een gevolg is van zijn opzet of bewuste roekeloosheid. Uit de omstandigheden van het geval, mede gelet op de aard van hun verhouding, kan anders voortvloeien dan in de vorige zin is bepaald. (Ontw. 6.3.2.2; BW 1403 (oud); BW 3:66; 6:101, 102, 171, 181, 183, 257; 7:603 lid 3 610; 8:365, 366)

Art. 171

Niet-ondergeschikten

Indien een niet ondergeschikte die in opdracht van een ander werkzaamheden ter uitoefening van diens bedrijf verricht, jegens een derde aansprakelijk is voor een bij die werkzaamheden begane fout, is ook die ander jegens de derde aansprakelijk. (Ontw. 6:3.2.3; BW 1403, lid 3 (oud); BW 6:170, 181 lid 2, 183, 197; 7:1 e.v.)

Art. 172

Vertegenwoordiger

Indien een gedraging van een vertegenwoordiger ter uitoefening van de hem als zodanig toekomende bevoegdheden een fout jegens een derde inhoudt, is ook de vertegenwoordigde jegens de derde aansprakelijk. (Ontw. 6.3.2.4; BW 1:337, 343, 386, 441; 3:60 e.v.; 6:183; 7:400 e.v.; Fw 68)

Art. 173

Gebrekkige zaken

– 1. De bezitter van een roerende zaak waarvan bekend is dat zij, zo zij niet voldoet aan de eisen die men in de gegeven omstandigheden aan de zaak mag stellen, een bijzonder gevaar voor personen of zaken oplevert, is, wanneer dit gevaar zich verwezenlijkt, aansprakelijk, tenzij aansprakelijkheid op grond van de vorige afdeling zou hebben ontbroken indien hij dit gevaar op het tijdstip van ontstaan daarvan zou hebben gekend.

– 2. Indien de zaak niet aan de in het vorige lid bedoelde eisen voldoet wegens een gebrek als bedoeld in afdeling 3 van titel 3, bestaat geen aansprakelijkheid op grond van het vorige lid voor schade als in die afdeling bedoeld, tenzij

a. alle omstandigheden in aanmerking genomen, aannemelijk is dat het gebrek niet bestond op het tijdstip waarop het produkt in het verkeer is gebracht of dat het gebrek op een later tijdstip is ontstaan; of

b. het betreft zaakschade ter zake waarvan krachtens afdeling 3 van titel 3 geen recht op vergoeding bestaat op grond van de in die afdeling geregelde franchise.

– 3. De vorige leden zijn niet van toepassing op dieren, schepen en luchtvaartuigen. (Ontw. 6.3.2.5; BW 1403 (oud); BW 3:2 e.v.; 5:1 e.v.; 6:174-183, 197; 8:1, 540 e.v., 780, 1000 e.v.; Wegenverkeerswet 31)

Art. 174

Aansprakelijkheid voor opstallen

– 1. De bezitter van een opstal die niet voldoet aan de eisen die men daaraan in de gegeven omstandigheden mag stellen, en daardoor gevaar voor personen of zaken oplevert, is, wanneer dit gevaar zich verwezenlijkt, aansprakelijk, tenzij aansprakelijkheid op grond van de vorige afdeling zou hebben ontbroken indien hij dit gevaar op het tijdstip van het ontstaan ervan zou hebben gekend.

– 2. Bij erfpacht rust de aansprakelijkheid op de bezitter van het erfpachtsrecht. Bij openbare wegen rust zij op het overheidslichaam dat moet zorgen dat de weg in goede staat verkeert, bij kabels en leidingen op de kabel- en leidingbeheerder, behalve voor zover de kabel of leiding zich bevindt in een gebouw of werk en strekt tot toevoer of afvoer ten behoeve van dat gebouw of werk. (BW 5:85 e.v.; Wegenwet 15-18)

– 3. Bij ondergrondse werken rust de aansprakelijkheid op degene die op het moment van het bekend worden van de schade het werk in de uitoefening van zijn bedrijf gebruikt. Indien na het bekend worden van de schade een ander gebruiker wordt, blijft de aansprakelijkheid rusten op degene die ten tijde van dit bekend worden gebruiker was. Indien de schade is bekend geworden na beëindiging van het gebruik van het ondergrondse werk, rust de aansprakelijkheid op degene die de laatste gebruiker was.

– 4. Onder opstal in dit artikel worden verstaan gebouwen en werken, die duurzaam met de grond zijn verenigd, hetzij rechtstreeks, hetzij door vereniging met andere gebouwen of werken.

– 5. Degene die in de openbare registers als eigenaar van de opstal of van de grond staat ingeschreven, wordt vermoed de bezitter van de opstal te zijn.

– 6. Voor de toepassing van dit artikel wordt onder openbare weg mede begrepen het weglichaam, alsmede de weguitrusting. (Ontw. 6.3.2.7; BW 1405 (oud); BW 3:3, 16 e.v., 107 e.v.; 5:101 e.v.; 6:177, 180, 181, 183, 197; Overg. w. 189*a* lid 1; Sr 427)

Art. 175

Aansprakelijkheid gevaarlijke stoffen

– 1. Degene die in de uitoefening van zijn beroep of bedrijf een stof gebruikt of onder zich heeft, terwijl van deze stof bekend is dat zij zodanige eigenschappen heeft, dat zij een bijzonder gevaar van ernstige aard voor personen of zaken oplevert, is aansprakelijk, wanneer dit gevaar zich verwezenlijkt. Onder degene die een bedrijf uitoefent, wordt mede begrepen elke rechtspersoon die de stof in de uitoefening van zijn taak gebruikt of onder zich heeft. Als bijzonder gevaar van ernstige aard geldt in elk geval dat de stof ontplofbaar, oxyderend, ontvlambaar, licht ontvlambaar of zeer licht ontvlambaar, dan wel vergiftig of zeer vergiftig is volgens de criteria en methoden, vastgesteld krachtens artikel 9.2.3.1, derde lid, van de Wet milieubeheer.

– 2. Bevindt de stof zich in de macht van een bewaarder die er zijn bedrijf van maakt zodanige stoffen te bewaren, dan rust de aansprakelijkheid uit het eerste lid op deze. Met een zodanige bewaarder wordt gelijkgesteld de vervoerder, expediteur, stuwadoor, bewaarder of soortgelijke ondernemer, die de stof ten vervoer of uit hoofde van een met het vervoer samenhangende overeenkomst in ontvangst heeft genomen, zulks voor de periode waarin de stof zich in zijn macht bevindt zonder dat afdeling 4 van titel 6, 4 van titel 11, 1 van titel 14 of 4 van titel 19 van Boek 8 van toepassing is.
– 3. Bevindt de stof zich in een leiding, dan rust de aansprakelijkheid uit het eerste lid op de leidingbeheerder, behalve voor zover de leiding zich bevindt in een gebouw of werk en strekt tot toevoer of afvoer ten behoeve van dit gebouw of werk.
– 4. Is de schade een gevolg van verontreiniging met de stof van lucht, water of bodem, dan rust de aansprakelijkheid uit het eerste lid op degene die bij de aanvang van de tot verontreiniging leidende gebeurtenis door dit artikel als aansprakelijke persoon werd aangewezen. Heeft de verontreiniging plaatsgevonden doordat de stof in verpakte toestand in water of bodem is gekomen of op de bodem is achtergelaten, dan wordt die gebeurtenis geacht op dit tijdstip reeds te zijn aangevangen.
– 5. Vormt de stof, al of niet tezamen met andere bestanddelen, een roerende zaak als bedoeld in artikel 173 lid 1, is zij in een zodanige zaak verpakt of is zij opgeslagen in een daartoe bestemd gebouw of werk als bedoeld in artikel 174, vierde lid, dan rust de aansprakelijkheid uit de artikelen 173 en 174, voor wat betreft de schade die door verwezenlijking van het aan de stof verbonden gevaar is veroorzaakt, op dezelfde persoon als op wie krachtens de voorgaande leden aansprakelijkheid ter zake van de stof rust.
– 6. Een stof wordt geacht aan de omschrijving van de eerste zin van het eerste lid te voldoen, wanneer zij bij algemene maatregel van bestuur als zodanig is aangewezen. Een stof kan in elk geval worden aangewezen, als zij volgens de criteria en methoden, vastgesteld krachtens artikel 9.2.3.1, derde lid, van de Wet milieubeheer, behoort tot een der categorieën bedoeld in het tweede lid van dat artikel. De aanwijzing kan worden beperkt tot bepaalde concentraties van de stof, tot bepaalde in de algemene maatregel van bestuur te omschrijven gevaren die aan de stof verbonden zijn, en tot bepaalde daarin te omschrijven situaties waarin de stof zich bevindt. (BW 3:310 leden 2 en 3; 6:178, 181 lid 3, 184, 197; 7:60 e.v.; 8:20 e.v., 60 e.v., 620 e.v., 1030 e.v., 1210 e.v., 1670 e.v.)

Art. 176

Exploitant stortplaats

– 1. De exploitant van een stortplaats is aansprakelijk voor de schade die voor of na de sluiting van de stortplaats ontstaat als gevolg van verontreiniging van lucht, water of bodem met de daar voor die sluiting gestorte stoffen.
– 2. In dit artikel wordt onder exploitant van een stortplaats verstaan:
a. degene voor wie een vergunning geldt als bedoeld in artikel 8.1 van de Wet milieubeheer om op het in lid 6 bedoelde terrein een stortplaats op te richten, te veranderen of de werking daarvan te veranderen of in werking te hebben;
b. een ieder die de stortplaats exploiteert zonder dat voor hem een zodanige vergunning geldt.
– 3. Indien na het bekend worden van de schade een ander exploitant van de stortplaats wordt, blijft de aansprakelijkheid voor die schade rusten op degene die tijdens dit bekend worden exploitant was.
– 4. Indien de schade is bekend geworden na de sluiting van de stortplaats, rust de aansprakelijkheid op degene die de laatste exploitant was. Geen aansprakelijkheid op grond van dit artikel bestaat, wanneer op het tijdstip waarop de schade bekend wordt, meer dan twintig jaren waren verstreken nadat de stortplaats was gesloten met inachtneming van de geldende overheidsvoorschriften, of de schade een gevolg is van gebruik van de grond in strijd met hetgeen wegens de aanwezigheid van de gesloten stortplaats omtrent dit gebruik is voorgeschreven.
– 5. Indien de exploitatie als stortplaats wettelijk is toegelaten, zijn degenen die de stoffen waardoor de verontreiniging is opgetreden, daar hebben gestort of doen storten, noch aansprakelijk krachtens artikel 175, noch krachtens afdeling 4 van titel 6, 4 van titel 11, 1 van titel 14 of 4 van titel 19 van Boek 8. Indien op de stortplaats een zaak als bedoeld in artikel 173 of een stof als bedoeld in artikel 175 is gestort, rust de aansprakelijkheid uit die artikelen op degene die krachtens de voorgaande leden als exploitant van de stortplaats aansprakelijk is.
– 6. Onder stortplaats is begrepen elk terrein dat door de exploitant daarvan is bestemd voor het storten van al of niet verpakte, geheel of ten dele van anderen afkomstige stoffen met als doel dat de exploitant of die anderen zich van die stoffen ontdoen door ze daar op of in de bodem te brengen. Onder storten wordt mede begrepen elke vorm van deponeren of afgeven van de stof op de stortplaats. (BW 3:310 leden 2 en 3; 6:178, 182, 184, 197; 8:620 e.v., 1030 e.v., 1210 e.v., 1670 e.v.)

Art. 177

Exploitant mijnbouwwerk

– 1. De exploitant van een mijnbouwwerk als bedoeld in artikel 1, onderdeel *n*, van de Mijnbouwwet is aansprakelijk voor de schade die ontstaat door:
a. uitstroming van delfstoffen als bedoeld in artikel 1, onderdeel *a*, van de Mijnbouwwet als gevolg van het niet beheersen van de ondergrondse natuurkrachten die door de aanleg of bij de exploitatie van het werk zijn ontketend;
b. beweging van de bodem als gevolg van de aanleg of de exploitatie van dat werk.
– 2. In dit artikel wordt onder exploitant van een mijnbouwwerk verstaan:
a. de houder van een vergunning als bedoeld in artikel 6 of 25 van de Mijnbouwwet, die een mijnbouwwerk aanlegt of doet aanleggen dan wel in gebruik heeft;
b. een ieder die, anders dan als ondergeschikte, een mijnbouwwerk aanlegt of doet aanleggen dan wel in gebruik heeft zonder dat hij houder is van een vergunning als bedoeld in onderdeel *a*, tenzij hij in opdracht van een ander handelt die houder is van een vergunning als vorenbedoeld dan wel, indien die ander dat niet is, hij daarmee niet bekend was of behoorde te zijn.
– 3. Voor schade door uitstroming van delfstoffen is aansprakelijk degene die ten tijde van de gebeurtenis waardoor de uitstroming plaatsvindt, exploitant van een mijnbouwwerk is. Indien na deze gebeurtenis een ander exploitant wordt van het mijnbouwwerk, blijft de aansprakelijkheid voor deze schade rusten op degene die ten tijde van die gebeurtenis exploitant was. Indien de gebeurtenis plaatsvindt nadat het mijnbouwwerk is verlaten, rust de aansprakelijkheid op degene die de laatste exploitant van het werk was, tenzij op het tijdstip van die gebeurtenis meer dan vijf jaren waren verstreken nadat het werk was verlaten met inachtneming van de geldende overheidsvoorschriften.
– 4. Voor schade door beweging van de bodem is aansprakelijk degene die ten tijde van het bekend worden van deze schade exploitant is. Indien na het bekend worden een ander exploitant wordt, blijft de aansprakelijkheid rusten op degene die ten tijde van dit bekend worden exploitant was. Indien deze schade bekend wordt na sluiting van het mijnbouwwerk, rust de aansprakelijkheid op degene die de laatste exploitant was.
– 5. Indien op de gebeurtenis waardoor de uitstroming of de beweging van de bodem is ontstaan, tevens een aansprakelijkheid uit artikel 173, 174 of 175 kan worden gegrond, rust die aansprakelijkheid, wat betreft de door die uitstroming of beweging van de bodem veroorzaakte schade, op dezelfde persoon als op wie de aansprakelijkheid ter zake van het mijnbouwwerk rust. (BW 3:310 leden 2 en 3; 6:174 lid 3, 178, 182, 184, 197; overg.w. 189a lid 2)

Art. 178

Uitzonderingen aansprakelijkheid

Geen aansprakelijkheid krachtens artikel 175, 176 of 177 bestaat indien:
a. de schade is veroorzaakt door gewapend conflict, burgeroorlog, opstand, binnenlandse onlusten, oproer of muiterij;
b. de schade is veroorzaakt door een natuurgebeuren van uitzonderlijke, onvermijdelijke en onweerstaanbare aard, behoudens de in artikel 177 lid 1 bedoelde ondergrondse natuurkrachten in het geval van dat artikel;
c. de schade is veroorzaakt uitsluitend door voldoening aan een bevel of dwingend voorschrift van de overheid;
d. de schade is veroorzaakt bij een handeling met een stof als bedoeld in artikel 175 in het belang van de benadeelde zelf, waarbij het jegens deze redelijk was hem aan het gevaar voor schade bloot te stellen;
e. de schade is veroorzaakt uitsluitend door een handelen of nalaten van een derde, geschied met het opzet schade te veroorzaken, zulks onverminderd het bepaalde in de artikelen 170 en 171;
f. het gaat om hinder, verontreiniging of andere gevolgen, ter zake waarvan aansprakelijkheid op grond van de vorige afdeling zou hebben ontbroken, zo zij door de aangesprokene bewust zouden zijn veroorzaakt.

Art. 179

Dieren

De bezitter van een dier is aansprakelijk voor de door het dier aangerichte schade, tenzij aansprakelijkheid op grond van de vorige afdeling zou hebben ontbroken indien hij de gedraging van het dier waardoor de schade werd toegebracht, in zijn macht zou hebben gehad. (Ontw. 6.3.2.8; BW 1404 (oud); BW 3:107 e.v.; 5:23; 6:180, 181, 183; RO 39 onder 1e; Rv 98 onder 1e; Sr 425)

Art. 180

Medebezitters

– 1. In de gevallen van de artikelen 173, 174 en 179 zijn medebezitters hoofdelijk aansprakelijk.
– 2. In geval van overdracht van een zaak onder opschortende voorwaarde van voldoening van een tegenprestatie rust de aansprakelijkheid die de artikelen 173, 174 en 179 op de bezitter leggen, vanaf het tijdstip van deze overdracht op de verkrijger. (Ontw. 6.3.2.9; BW 6:10, 22; 7:10)

Art. 181

Uitoefening bedrijf

– 1. Worden de in de artikelen 173, 174 en 179 bedoelde zaken, opstallen of dieren gebruikt in de uitoefening van een bedrijf, dan rust de aansprakelijkheid uit de artikelen 173 lid 1, 174 lid 1 en lid 2, eerste zin, en 179 op degene die dit bedrijf uitoefent, tenzij het een opstal betreft en het ontstaan van de schade niet met de uitoefening van het bedrijf in verband staat.

– 2. Wanneer de zaken, opstallen of dieren in de uitoefening van een bedrijf worden gebruikt door ze ter beschikking te stellen voor gebruik in de uitoefening van het bedrijf van een ander, dan wordt die ander als de uit hoofde van het vorige lid aansprakelijke persoon aangemerkt. (Ontw. 6.3.2.10)

– 3. Wanneer een stof als bedoeld in artikel 175 in de uitoefening van een bedrijf wordt gebruikt door deze stof ter beschikking te stellen voor gebruik in de uitoefening van het beroep of bedrijf van een ander, wordt die ander als de uit hoofde van artikel 175 lid 1 aansprakelijke persoon aangemerkt. (BW 6:171, 173, 174, 175, 179)

Art. 182

Hoofdelijkheid exploitanten

Indien er in de gevallen van de artikelen 176 en 177 tegelijkertijd twee of meer al of niet gezamenlijk handelende exploitanten zijn, zijn zij hoofdelijk aansprakelijk. (BW 6 6 e.v.)

Art. 183

Risico-aansprakelijkheid

– 1. Ter zake van aansprakelijkheid op grond van deze afdeling kan de aangesprokene geen beroep doen op zijn jeugdige leeftijd of geestelijke of lichamelijke tekortkoming.

– 2. Degene die het ouderlijk gezag of voogdij uitoefent over een kind dat nog niet de leeftijd van veertien jaren heeft bereikt, is in zijn plaats uit de artikelen 173 en 179 voor de daar bedoelde zaken en dieren aansprakelijk, tenzij deze worden gebruikt in de uitoefening van een bedrijf. (Ontw. 6.3.2.11; BW 6:164, 165, 169, 181)

Art. 184

Uitbreiding schadebegrip

– 1. Onder de schade waarvoor op grond van de artikelen 173-182 aansprakelijkheid bestaat, vallen ook:

a. de kosten van iedere redelijke maatregel ter voorkoming of beperking van schade door wie dan ook genomen, nadat een ernstige en onmiddellijke dreiging is ontstaan dat schade zal worden veroorzaakt die krachtens die artikelen voor vergoeding in aanmerking komt;

b. schade en verlies veroorzaakt door zulke maatregelen.

– 2. Indien de maatregelen, bedoeld in het vorige lid, door een ander worden genomen dan degene die de schade zou hebben geleden ter zake waarvan de ernstige en onmiddellijke dreiging is ontstaan, kan deze ander slechts vergoeding van de in het vorige lid bedoelde kosten, schaden en verliezen vorderen, voor zover zij gevorderd hadden kunnen worden door degene die de dreigende schade zou hebben geleden, en kan de aangesprokene jegens die ander hetzelfde verweer voeren als hem jegens deze ten dienste zou hebben gestaan. (BW 6:96 lid 2, 145)

AFDELING 3

Produktenaansprakelijkheid

Art. 185

Risico-aansprakelijkheid producent

– 1. De producent is aansprakelijk voor de schade veroorzaakt door een gebrek in zijn produkt, tenzij:

a. hij het produkt niet in het verkeer heeft gebracht;

b. het, gelet op de omstandigheden, aannemelijk is dat het gebrek dat de schade heeft veroorzaakt, niet bestond op het tijdstip waarop hij het produkt in het verkeer heeft gebracht, dan wel dat dit gebrek later is ontstaan;

c. het produkt noch voor de verkoop of voor enige andere vorm van verspreiding met een economisch doel van de producent is vervaardigd, noch is vervaardigd of verspreid in het kader van de uitoefening van zijn beroep of bedrijf;

d. het gebrek een gevolg is van het feit dat het produkt in overeenstemming is met dwingende overheidsvoorschriften;

e. het op grond van de stand van de wetenschappelijke en technische kennis op het tijdstip waarop hij het produkt in het verkeer bracht, onmogelijk was het bestaan van het gebrek te ontdekken;

f. wat de producent van een grondstof of fabrikant van een onderdeel betreft, het gebrek is te wijten aan het ontwerp van het produkt waarvan de grondstof of het onderdeel een bestanddeel vormt, dan wel aan de instructies die door de fabrikant van het produkt zijn verstrekt.

– 2. De aansprakelijkheid van de producent wordt verminderd of opgeheven rekening houdende met alle omstandigheden, indien de schade is veroorzaakt zowel door een gebrek in het produkt als door schuld van de benadeelde of een persoon voor wie de benadeelde aansprakelijk is. (Richtl. art. 8 lid 2)

– 3. De aansprakelijkheid van de producent wordt niet verminderd, indien de schade is veroorzaakt zowel door een gebrek in het produkt als door de gedraging van een derde. (Ontw. 6.3.3.1; BW 1407*a* (oud); BW 6:186 v., 197; 7:24[2]; Richtl. art. 1, 7*a*-7*f*, 8 lid 1)

Art. 186

Gebrekkig product

– 1. Een produkt is gebrekkig, indien het niet de veiligheid biedt die men daarvan mag verwachten, alle omstandigheden in aanmerking genomen en in het bijzonder

a. de presentatie van het produkt;

b. het redelijkerwijs te verwachten gebruik van het produkt;

c. het tijdstip waarop het produkt in het verkeer werd gebracht.

– 2. Een produkt mag niet als gebrekkig worden beschouwd uitsluitend omdat nadien een beter produkt in het verkeer is gebracht. (Ontw. 6.3.3.2; BW 1407*b* (oud); BW 6:185, 187; Richtl. art. 6 lid 2)

Art. 187

Begripsbepaling

– 1. Onder product wordt voor de toepassing van deze afdeling verstaan een roerende zaak, ook nadat deze een bestanddeel is gaan vormen van een andere roerende of onroerende zaak, alsmede elektriciteit. (Richtl. art. 2)

– 2. Onder 'producent' wordt voor de toepassing van artikel 185 tot en met 193 verstaan de fabrikant van een eindprodukt, de producent van een grondstof of de fabrikant van een onderdeel, alsmede een ieder die zich als producent presenteert door zijn naam, zijn merk of een ander onderscheidingsteken op het produkt aan te brengen.

– 3. Onverminderd de aansprakelijkheid van de producent, wordt een ieder die een produkt in de Europese Economische Ruimte invoert om dit te verkopen, te verhuren, te leasen of anderszins te verstrekken in het kader van zijn commerciële activiteiten, beschouwd als producent; zijn aansprakelijkheid is dezelfde als die van de producent.

– 4. Indien niet kan worden vastgesteld wie de producent van het produkt is, wordt elke leverancier als producent ervan beschouwd, tenzij hij de benadeelde binnen een redelijke termijn de identiteit meedeelt van de producent of van degene die hem het produkt heeft geleverd. Indien ten aanzien van een in de Europese Economische Ruimte geïmporteerd produkt niet kan worden vastgesteld wie de importeur van dat produkt is, wordt eveneens elke leverancier als producent ervan beschouwd, tenzij hij de benadeelde binnen een redelijke termijn de identiteit meedeelt van de importeur in de Europese Economische Ruimte of van een leverancier binnen de Europese Economische Ruimte die hem het produkt heeft geleverd. (Ontw. 6.3.3.3; BW 1407*c* (oud); Richtl. art. 3)

Art. 188

Bewijslast

De benadeelde moet de schade, het gebrek en het oorzakelijk verband tussen het gebrek en de schade bewijzen. (Ontw. 6.3.3.3a; BW 1407*d* (oud); Rv 177; Richtl. art. 4)

Art. 189

Hoofdelijke verbondenheid

Indien verschillende personen op grond van artikel 185, eerste lid, aansprakelijk zijn voor dezelfde schade, is elk hunner voor het geheel aansprakelijk. (Ontw. 6.3.3.4; BW 1407*d* (oud); BW 6:6 e.v., 102 lid 1; Richtl. art. 5)

Art. 190

Schade

– 1. De aansprakelijkheid, bedoeld in artikel 185, eerste lid, bestaat voor

a. schade door dood of lichamelijk letsel; (BW 6:107, 108)

b. schade door het produkt toegebracht aan een andere zaak die gewoonlijk voor gebruik of verbruik in de privésfeer is bestemd en door de benadeelde ook hoofdzakelijk in de privésfeer is gebruikt of verbruikt, met toepassing van een franchise ten belope van € 500. (BW 7:24 lid 2 sub *c*)

– 2. Het bedrag genoemd in het eerste lid wordt bij algemene maatregel van bestuur aangepast, indien op grond van artikel 18, tweede lid, van de EEG-richtlijn van 25 juli 1985 (*PbEG* nr. L 210) de in die richtlijn genoemde bedragen worden herzien. (Ontw. 6.3.3.5; BW 1407*f* (oud); Richtl. art. 9)

Art. 191

Verjaring en verval

– 1. De rechtsvordering tot schadevergoeding van de benadeelde tegen de producent ingevolge artikel 185, eerste lid, verjaart door verloop van drie jaren na de aanvang van de dag, volgende op die waarop de benadeelde met de schade, het gebrek en de identiteit van de producent bekend is geworden of had moeten worden. (BW 3:306 e.v.)

– 2. Het recht op schadevergoeding van de benadeelde jegens de producent ingevolge artikel 185, eerste lid, vervalt door verloop van tien jaren na de aanvang van de dag, volgende op die waarop de producent de zaak die de schade heeft veroorzaakt, in het verkeer heeft gebracht. Hetzelfde geldt voor het recht van een derde die mede voor de schade aansprakelijk is, terzake van regres jegens de producent. (Ontw. 6.3.3.6; BW 1407*g* (oud); Richtl. art. 10, 11)

Art. 192

Exoneratie

– 1. De aansprakelijkheid van de producent uit hoofde van deze afdeling kan jegens de benadeelde niet worden uitgesloten of beperkt.

– 2. Is jegens de benadeelde tevens een derde aansprakelijk die het produkt niet gebruikt in de uitoefening van een beroep of bedrijf, dan kan niet ten nadele van die derde worden afgeweken van de regels inzake het regres. (Ontw. 6.3.3.7; BW 1407*h* (oud); BW 6:10, 102 lid 1; Richtl. art. 12)

Art. 193

Aanvullend karakter

Het recht op schadevergoeding jegens de producent uit hoofde van deze afdeling komt de benadeelde toe, onverminderd alle andere rechten of vorderingen. (Ontw. 6.3.3.8; BW 1407*i* (oud); Richtl. art. 13)

AFDELING 3A
Oneerlijke handelspraktijken

Art. 193a

Begripsbepaling

– 1. In deze afdeling wordt verstaan onder:
a. consument: natuurlijk persoon die niet handelt in de uitoefening van een beroep of bedrijf;
b. handelaar: natuurlijk persoon of rechtspersoon die handelt in de uitoefening van een beroep of bedrijf of degene die ten behoeve van hem handelt;
c. product: goed, elektriciteit daaronder begrepen, of dienst;
d. handelspraktijk: iedere handeling, omissie, gedraging, voorstelling van zaken of commerciele communicatie, met inbegrip van reclame en marketing, van een handelaar, die rechtstreeks verband houdt met de verkoopbevordering, verkoop of levering van een product aan consumenten;
e. besluit over een overeenkomst: een door een consument genomen besluit over de vraag of, en, zo ja, hoe en op welke voorwaarden hij een product koopt, geheel of gedeeltelijk betaalt, behoudt of van de hand doet, of een contractueel recht uitoefent in verband met het product, ongeacht of de consument overgaat tot handelen;
f. professionele toewijding: normale niveau van bijzondere vakkundigheid en van zorgvuldigheid dat redelijkerwijs van een handelaar ten aanzien van consumenten mag worden verwacht, in overeenstemming met de op hem rustende verantwoordelijkheid, voortvloeiend uit de voor die handelaar geldende professionele standaard en eerlijke marktpraktijken;
g. uitnodiging tot aankoop: commerciële boodschap die de kenmerken en de prijs van het product op een aan het gebruikte medium aangepaste wijze vermeldt en de consument aldus in staat stelt een aankoop te doen;
h. ongepaste beïnvloeding: uitbuiten van een machtspositie ten aanzien van de consument om, zelfs zonder gebruik van of dreiging met fysiek geweld, pressie uit te oefenen op een wijze die het vermogen van de consument om een geïnformeerd besluit te nemen, aanzienlijk beperkt;
i. gedragscode: regels die vaststellen hoe handelaren die zich aan de code binden, zich gedragen met betrekking tot een of meer bepaalde handelspraktijken of bedrijfssectoren en die niet bij of krachtens wettelijke voorschriften zijn vastgesteld;
j. houder van een gedragscode: rechtspersoon of groep van handelaren die verantwoordelijk is voor het opstellen en herzien van een gedragscode of het toezien op de naleving van de gedragscode door degenen die zich hieraan hebben gebonden;
k. richtlijn: richtlijn nr. 2005/29/EG van het Europees Parlement en de Raad van de Europese Unie van 11 mei 2005 betreffende oneerlijke handelspraktijken van ondernemingen jegens consumenten op de interne markt (*PbEG* L 149).
– 2. In deze afdeling wordt mede verstaan onder gemiddelde consument: het gemiddelde lid van een specifieke groep waarop de handelaar zich richt of het gemiddelde lid van een specifieke groep waarvan de handelaar redelijkerwijs kan voorzien dat die groep wegens hun geestelijke of lichamelijke beperking, hun leeftijd of goedgelovigheid bijzonder vatbaar is voor de handelspraktijk of voor het onderliggende product.
– 3. Deze afdeling is niet van toepassing op de certificering van goederen van edelmetaal en de vermelding van het edelmetaalgehalte voor deze goederen.

Art. 193b

Oneerlijke handelspraktijk

– 1. Een handelaar handelt onrechtmatig jegens een consument indien hij een handelspraktijk verricht die oneerlijk is.
– 2. Een handelspraktijk is oneerlijk indien een handelaar handelt:
a. in strijd met de vereisten van professionele toewijding, en
b. het vermogen van de gemiddelde consument om een geïnformeerd besluit te nemen merkbaar is beperkt of kan worden beperkt,
waardoor de gemiddelde consument een besluit over een overeenkomst neemt of kan nemen, dat hij anders niet had genomen.
– 3. Een handelspraktijk is in het bijzonder oneerlijk indien een handelaar:
a. een misleidende handelspraktijk verricht als bedoeld in de artikelen 193c tot en met 193g, of

b. een agressieve handelspraktijk verricht als bedoeld in de artikelen 193h en 193i.

– 4. De gangbare en rechtmatige reclamepraktijk waarbij overdreven uitspraken worden gedaan of uitspraken die niet letterlijk dienen te worden genomen, maken een reclame op zich niet oneerlijk.

Art. 193c

Misleidende handelspraktijk

– 1. Een handelspraktijk is misleidend indien informatie wordt verstrekt die feitelijk onjuist is of die de gemiddelde consument misleidt of kan misleiden, al dan niet door de algemene presentatie van de informatie, zoals ten aanzien van:

a. het bestaan of de aard van het product;

b. de voornaamste kenmerken van het product, zoals beschikbaarheid, voordelen, risico's, uitvoering, samenstelling, accessoires, klantenservice en klachtenbehandeling, procédé en datum van fabricage of verrichting, levering, geschiktheid voor het gebruik, gebruiksmogelijkheden, hoeveelheid, specificatie, geografische of commerciële oorsprong, van het gebruik te verwachten resultaten, of de resultaten en wezenlijke kenmerken van op het product verrichte tests of controles;

c. de verplichtingen van de handelaar, de motieven voor de handelspraktijk en de aard van het verkoopproces, een verklaring of een symbool in verband met directe of indirecte sponsoring of erkenning van de handelaar of het product;

d. de prijs of de wijze waarop de prijs wordt berekend, of het bestaan van een specifiek prijsvoordeel;

e. de noodzaak van een dienst, onderdeel, vervanging of reparatie;

f. de hoedanigheid, kenmerken en rechten van de handelaar of zijn tussenpersoon, zoals zijn identiteit, vermogen, kwalificaties, status, erkenning, affiliatie, connecties, industriële, commerciële of eigendomsrechten of zijn prijzen, bekroningen en onderscheidingen;

g. de rechten van de consument waaronder het recht van herstel of vervanging van de afgeleverde zaak of het recht om de prijs te verminderen, of de risico's die de consument eventueel loopt,

waardoor de gemiddelde consument een besluit over een overeenkomst neemt of kan nemen, dat hij anders niet had genomen.

– 2. Een handelspraktijk is eveneens misleidend indien:

a. door de marketing van het product waaronder het gebruik van vergelijkende reclame verwarring wordt geschapen ten aanzien van producten, handelsmerken, handelsnamen of andere onderscheidende kenmerken van een concurrent;

b. de handelaar een verplichting die is opgenomen in een gedragscode niet nakomt, voor zover:

1° de verplichting concreet en kenbaar is, en

2° de handelaar aangeeft dat hij aan die gedragscode gebonden is,

waardoor de gemiddelde consument een besluit over een overeenkomst neemt of kan nemen, dat hij anders niet had genomen.

Art. 193d

Misleidende omissie

– 1. Een handelspraktijk is bovendien misleidend indien er sprake is van een misleidende omissie.

– 2. Een misleidende omissie is iedere handelspraktijk waarbij essentiële informatie welke de gemiddelde consument nodig heeft om een geïnformeerd besluit over een transactie te nemen, wordt weggelaten, waardoor de gemiddelde consument een besluit over een overeenkomst neemt of kan nemen, dat hij anders niet had genomen.

– 3. Van een misleidende omissie is eveneens sprake indien essentiële informatie als bedoeld in lid 2 verborgen wordt gehouden of op onduidelijke, onbegrijpelijke, dubbelzinnige wijze dan wel laat verstrekt wordt, of het commerciële oogmerk, indien dit niet reeds duidelijk uit de context blijkt, niet laat blijken, waardoor de gemiddelde consument een besluit over een overeenkomst neemt of kan nemen, dat hij anders niet had genomen.

– 4. Bij de beoordeling of essentiële informatie is weggelaten of verborgen is gehouden worden de feitelijke context, de beperkingen van het communicatiemedium alsook de maatregelen die zijn genomen om de informatie langs andere wegen ter beschikking van de consument te stellen, in aanmerking genomen.

Art. 193e

Essentiële informatie

In het geval van een uitnodiging tot aankoop is de volgende informatie, voor zover deze niet reeds uit de context blijkt, essentieel als bedoeld in artikel 193d lid 2:

a. de voornaamste kenmerken van het product, in de mate waarin dit gezien het medium en het product passend is;

b. de identiteit en het geografisch adres van de handelaar, zijn handelsnaam en, in voorkomend geval, de identiteit en het geografisch adres van de handelaar namens wie hij optreedt;

c. de prijs, inclusief belastingen, of, als het om een product gaat waarvan de prijs redelijkerwijs

niet vooraf kan worden berekend, de manier waarop de prijs wordt berekend en, in voorkomend geval, de extra vracht-, leverings- of portokosten of, indien deze kosten redelijkerwijs niet vooraf kunnen worden berekend, het feit dat deze extra kosten moeten worden betaald;
d. de wijze van betaling, levering, uitvoering en het beleid inzake klachtenbehandeling, indien deze afwijken van de vereisten van professionele toewijding; en
e. indien er een recht op herroeping of annulering is, het bestaan van dit recht.

Commerciële communicatie

Art. 193f

Indien er sprake is van commerciële communicatie, reclame of marketing daaronder begrepen, is de informatie genoemd bij of krachtens de volgende artikelen in ieder geval essentieel als bedoeld in artikel 193d lid 2:
a. artikel 15d leden 1 en 2 en artikel 15e lid 1 van Boek 3;
b. artikel 46c lid 1 van Boek 7;
c. artikel 48f leden 1 en 2 van Boek 7;
d. artikel 501 lid 1 van Boek 7;
e. artikelen 73 tot en met 75 van de Geneesmiddelenwet;
f. artikelen 4:20, 4:73 en 5:13 van de Wet op het financieel toezicht;
g. artikel 2b van de Prijzenwet.

Zwarte lijst misleidende handelspraktijken

Art. 193g

De volgende handelspraktijken zijn onder alle omstandigheden misleidend:
a. beweren aan een gedragscode gebonden te zijn en daarnaar te handelen, wanneer dit niet het geval is;
b. een vertrouwens-, kwaliteits- of ander soortgelijk label aanbrengen zonder daarvoor de vereiste toestemming te hebben gekregen;
c. beweren dat een gedragscode door een publieke of andere instantie is erkend wanneer dit niet het geval is;
d. beweren dat een handelaar of een product door een openbare of particuliere instelling is aanbevolen, erkend of goedgekeurd terwijl dat niet het geval is, of iets dergelijks beweren zonder dat aan de voorwaarde voor de aanbeveling, erkenning of goedkeuring is voldaan;
e. producten tegen een genoemde prijs te koop aanbieden zonder dat de handelaar aangeeft dat er een gegrond vermoeden bestaat dat hij deze producten of gelijkwaardige producten niet tegen die prijs kan leveren of door een andere handelaar kan doen leveren gedurende een periode en in hoeveelheden die, rekening houdend met het product, de omvang van de voor het product gevoerde reclame en de aangeboden prijs, redelijk zijn;
f. producten tegen een genoemde prijs te koop aanbieden en vervolgens:
1° weigeren het aangeboden artikel aan de consument te tonen, of
2° weigeren een bestelling op te nemen of het product binnen een redelijke termijn te leveren, of
3° een exemplaar van het artikel met gebreken tonen, met de bedoeling een ander product aan te prijzen;
g. bedrieglijk beweren dat het product slechts gedurende een zeer beperkte tijd beschikbaar zal zijn of dat het slechts onder speciale voorwaarden gedurende een zeer beperkte tijd beschikbaar zal zijn om de consument onmiddellijk te doen beslissen en hem geen kans of onvoldoende tijd te geven een geïnformeerd besluit te nemen;
h. de consument met wie de handelaar voorafgaand aan de transactie heeft gecommuniceerd in een taal die geen officiële taal is van de lidstaat waar de handelaar gevestigd is, beloven een klantendienst te verschaffen en deze dienst vervolgens enkel beschikbaar te stellen in een andere taal zonder dit duidelijk aan de consument te laten weten alvorens de consument de overeenkomst aangaat;
i. beweren of anderszins de indruk wekken dat een product legaal kan worden verkocht terwijl dit niet het geval is;
j. wettelijke rechten van consumenten voorstellen als een onderscheidend kenmerk van het aanbod van de handelaar;
k. redactionele inhoud in de media, waarvoor de handelaar heeft betaald, gebruiken om reclame te maken voor een product, zonder dat dit duidelijk uit de inhoud of uit duidelijk door de consument identificeerbare beelden of geluiden blijkt;
l. feitelijk onjuiste beweringen doen betreffende de aard en de omvang van het gevaar dat de persoonlijke veiligheid van de consument of zijn gezin zou bedreigen indien de consument het product niet koopt;
m. een product dat lijkt op een door een bepaalde fabrikant vervaardigd product op een zodanige wijze aanbevelen dat bij de consument doelbewust de verkeerde indruk wordt gewekt dat het product inderdaad door die fabrikant is vervaardigd, terwijl dit niet het geval is;
n. een piramidesysteem opzetten, beheren of aanbevelen waarbij de consument tegen beta-

ling kans maakt op een vergoeding die eerder voortkomt uit het aanbrengen van nieuwe consumenten in het systeem dan uit de verkoop of het verbruik van goederen;
o. beweren dat de handelaar op het punt staat zijn zaak te beëindigen of te verhuizen, indien dit niet het geval is;
p. beweren dat producten het winnen bij kansspelen kunnen vergemakkelijken;
q. bedrieglijk beweren dat een product ziekten, gebreken of misvormingen kan genezen;
r. feitelijk onjuiste informatie verstrekken over marktomstandigheden of de mogelijkheid het product te bemachtigen met de bedoeling de consument het product te doen aanschaffen tegen voorwaarden die minder gunstig zijn dan de normale marktvoorwaarden;
s. in de context van een handelspraktijk beweren dat er een wedstrijd wordt georganiseerd of prijzen worden uitgeloofd zonder de aangekondigde prijzen of een redelijk alternatief daadwerkelijk toe te kennen;
t. een product als gratis, voor niets of kosteloos te omschrijven als de consument iets anders moet betalen dan de onvermijdelijke kosten om in te gaan op het aanbod en het product af te halen dan wel dit te laten bezorgen;
u. marketingmateriaal voorzien van een factuur of een soortgelijk document waarin om betaling wordt gevraagd, waardoor bij de consument de indruk wordt gewekt dat hij het aangeprezen product al heeft besteld terwijl dat niet het geval is;
v. op bedrieglijke wijze beweren of de indruk wekken dat de handelaar niet optreedt ten behoeve van zijn handel, bedrijf, ambacht of beroep of zich op bedrieglijke wijze voordoen als consument;
w. op bedrieglijke wijze de indruk wekken dat voor een bepaald product service na verkoop beschikbaar is in een andere lidstaat dan die waar het product wordt verkocht.

Art. 193h

Agressieve handelspraktijk

– 1. Een handelspraktijk is in haar feitelijke context, al haar kenmerken en omstandigheden in aanmerking genomen, agressief indien door intimidatie, dwang, waaronder het gebruik van lichamelijk geweld, of ongepaste beïnvloeding, de keuzevrijheid of de vrijheid van handelen van de gemiddelde consument met betrekking tot het product aanzienlijk wordt beperkt of kan worden beperkt waardoor de gemiddelde consument een besluit over een overeenkomst neemt of kan nemen, dat hij anders niet had genomen.
– 2. Bij de bepaling of een handelspraktijk agressief is, wordt rekening gehouden met:
a. het tijdstip, de plaats, de aard en de vasthoudendheid die bij de handelspraktijk wordt gedemonstreerd;
b. het gebruik van dreigende gedragingen of dreigende of grove taal;
c. het uitbuiten door de handelaar van bepaalde tegenslagen of omstandigheden die zo ernstig zijn dat zij het beoordelingsvermogen van de consument kunnen beperken, hetgeen de handelaar bekend is, met het oogmerk het besluit van de consument met betrekking tot het product te beïnvloeden;
d. bezwarende of disproportionele niet-contractuele belemmeringen die door de handelaar zijn opgelegd ten aanzien van een consument die zijn rechten uit de overeenkomst wenst uit te oefenen waaronder het recht om de overeenkomst te beëindigen of een ander product te kiezen;
e. het dreigen met maatregelen die wettelijk niet kunnen worden genomen.

Art. 193i

Zwarte lijst

De volgende handelspraktijken zijn onder alle omstandigheden agressief:
a. de indruk geven dat de consument het pand niet mag verlaten alvorens er een overeenkomst is opgesteld;
b. het verzoek van de consument om zijn huis te verlaten of niet meer terug te komen, te negeren, behalve indien, en voor zover wettelijk gerechtvaardigd wordt beoogd een contractuele verplichting te doen naleven;
c. hardnekkig en ongewenst aandringen per telefoon, fax, e-mail of andere afstandsmedia tenzij, voorzover wettelijk gerechtvaardigd, wordt beoogd een contractuele verplichting te doen naleven;
d. een consument die op grond van een verzekeringspolis een vordering indient, om documenten vragen die redelijkerwijs niet relevant kunnen worden geacht om de geldigheid van de vordering te beoordelen, dan wel systematisch weigeren antwoord te geven op daaromtrent gevoerde correspondentie met de bedoeling de consument ervan te weerhouden zijn contractuele rechten uit te oefenen;
e. kinderen in reclame er rechtstreeks toe aanzetten om geadverteerde producten te kopen of om hun ouders of andere volwassenen ertoe over te halen die producten voor hen te kopen;
f. vragen om onmiddellijke dan wel uitgestelde betaling of om terugzending of bewaring van producten die de handelaar heeft geleverd, maar waar de consument niet om heeft gevraagd,

tenzij het product een vervangingsgoed is als bedoeld in artikel 46f lid 3 van Boek 7 van het Burgerlijk Wetboek;

g. de consument uitdrukkelijk meedelen dat, als hij het product of de dienst niet koopt, de baan of de bestaansmiddelen van de handelaar in het gedrang komen;

h. de bedrieglijke indruk wekken dat de consument al een prijs heeft gewonnen of zal winnen dan wel door een bepaalde handeling te verrichten een prijs zal winnen of een ander soortgelijk voordeel zal behalen, als er in feite:

1° geen sprake is van een prijs of een ander soortgelijk voordeel; of

2° als het ondernemen van stappen om in aanmerking te komen voor de prijs of voor een ander soortgelijk voordeel afhankelijk is van de betaling van een bedrag door de consument of indien daaraan voor hem kosten zijn verbonden.

Art. 193j

Bewijslast

– 1. Indien een vordering wordt ingesteld, of een verzoekschrift als bedoeld in artikel 305d lid 1 van Boek 3 wordt ingediend ingevolge de artikelen 193b tot en met 193i, rust op de handelaar de bewijslast ter zake van de materiële juistheid en volledigheid van de informatie die hij heeft verstrekt als dat passend lijkt, gelet op de omstandigheden van het geval en met inachtneming van de rechtmatige belangen van de handelaar en van elke andere partij bij de procedure.

– 2. Indien op grond van artikel 193b onrechtmatig door de handelaar is gehandeld, is hij voor de dientengevolge ontstane schade aansprakelijk, tenzij hij bewijst dat zulks noch aan zijn schuld is te wijten noch op andere grond voor zijn rekening komt.

AFDELING 4

Misleidende en vergelijkende reclame

Art. 194

Misleidende mededeling

Hij die omtrent goederen of diensten die door hem of degene ten behoeve van wie hij handelt in de uitoefening van een beroep of bedrijf worden aangeboden, een mededeling openbaar maakt of laat openbaar maken, handelt onrechtmatig jegens een ander die handelt in de uitoefening van zijn bedrijf, indien deze mededeling in een of meer opzichten misleidend is, zoals ten aanzien van:

a. de aard, samenstelling, hoeveelheid, hoedanigheid, eigenschappen of gebruiksmogelijkheden;

b. de herkomst, de wijze op het tijdstip van vervaardigen;

c. de omvang van de voorraad;

d. de prijs of de wijze van berekenen daarvan;

e. de aanleiding of het doel van de aanbieding;

f. de toegekende onderscheidingen, getuigschriften of andere door derden uitgebrachte beoordelingen of gedane verklaringen, of de gebezigde wetenschappelijke of vaktermen, technische bevindingen of statistische gegevens;

g. de voorwaarden, waaronder goederen worden geleverd of diensten worden verricht of de betaling plaatsvindt;

h. de omvang, inhoud of tijdsduur van de garantie;

i. de identiteit, hoedanigheden, bekwaamheid of bevoegdheid en degene door wie, onder wiens leiding of toezicht of met wiens medewerking de goederen zijn of worden vervaardigd of aangeboden of de diensten worden verricht. (Ontw. 6.3.4.1; BW 1416*a* (oud); BW 6:162, 195; Sr 328*bis*; Handelsnaamw. 3-5*b*; Warenwet 14-14*a* joAlgemeen Besluit (Warenwet); Omroepwet 49 joVoorschriften voor de Ned. etherreclame)

Art. 194a

Vergelijkende reclame

– 1. Onder vergelijkende reclame wordt verstaan elke vorm van reclame waarbij een concurrent dan wel door een concurrent aangeboden goederen of diensten uitdrukkelijk of impliciet worden genoemd.

– 2. Vergelijkende reclame is, wat de vergelijking betreft, geoorloofd op voorwaarde dat deze:

a. niet misleidend of een misleidende handelspraktijk als bedoeld in de artikelen 193c tot en met 193g is;

b. goederen of diensten vergelijkt die in dezelfde behoeften voorzien of voor hetzelfde doel zijn bestemd;

c. op objectieve wijze een of meer wezenlijke, relevante, controleerbare en representatieve kenmerken van deze goederen en diensten, zoals de prijs, met elkaar vergelijkt;

d. er niet toe leidt dat op de markt de adverteerder wordt verward met een concurrent, of de merken, handelsnamen, andere onderscheidende kenmerken, goederen of diensten van de adverteerder met die van een concurrent;

e. niet de goede naam schaadt van of zich niet kleinerend uitlaat over de merken, handelsna-

men, andere onderscheidende kenmerken, goederen, diensten, activiteiten of omstandigheden van een concurrent;
f. voor producten met een benaming van oorsprong in elk geval betrekking heeft op producten met dezelfde benaming;
g. geen oneerlijk voordeel oplevert ten gevolge van de bekendheid van een merk, handelsnaam of andere onderscheidende kenmerken van een concurrent dan wel van de oorsprongsbenamingen van concurrerende producten; en
h. niet goederen of diensten voorstelt als een imitatie of namaak van goederen of diensten met een beschermd merk of beschermde handelsnaam.
– 3. Elke vergelijking die verwijst naar een speciale aanbieding, moet duidelijk en ondubbelzinnig het einde en, zo de speciale aanbieding nog niet loopt, het begin aangeven van de periode gedurende welke de speciale prijs of andere specifieke voorwaarden gelden dan wel vermelden dat de speciale aanbieding loopt zo lang de voorraad strekt of de diensten kunnen worden verleend.

Art. 195

Omkering bewijslast

– 1. Indien een vordering ingevolge artikel 194 of artikel 194*a* wordt ingesteld tegen iemand die inhoud en inkleding van de mededeling geheel of ten dele heeft bepaald of doen bepalen, rust op hem de bewijslast ter zake van de juistheid of volledigheid van de feiten die in de mededeling zijn vervat of daardoor worden gesuggereerd en waarop het beweerde misleidende karakter van de mededeling berust onderscheidenlijk waarop de ongeoorloofdheid van de vergelijkende reclame berust. Ingeval van vergelijkende reclame dient degene die inhoud en inkleding van de mededeling geheel of ten dele zelf heeft bepaald of doen bepalen binnen korte termijn de bewijzen aan te dragen waarop de materiële juistheid en volledigheid van de feitelijke gegevens in de reclame rust.
– 2. Indien volgens artikel 194 en artikel 194*a* onrechtmatig is gehandeld door iemand die inhoud en inkleding van de mededeling geheel of ten dele zelf heeft bepaald of doen bepalen, is hij voor de dientengevolge ontstane schade aansprakelijk, tenzij hij bewijst dat zulks noch aan zijn schuld is te wijten noch op andere grond voor zijn rekening komt. (Ontw. 6.3.4.2; BW 1416*b* (oud);)

Art. 196

Verbod; rectificatie

– 1. Indien iemand door het openbaar maken of laten openbaar maken van een in artikel 194 omschreven mededeling of een ongeoorloofde vergelijkende reclame aan een ander schade heeft toegebracht of dreigt toe te brengen, kan de rechter hem op vordering van die ander niet alleen het openbaar maken of laten openbaar maken van zodanige mededeling of zodanige ongeoorloofde vergelijkende reclame verbieden, maar ook hem laten veroordelen tot het op een door de rechter aangegeven wijze openbaar maken of laten openbaar maken van een rectificatie van die mededeling of die ongeoorloofde vergelijkende reclame.
– 2. Indien een vordering als in het vorige lid bedoeld wordt toegewezen jegens iemand die niet tevens aansprakelijk is voor de in artikel 195 lid 2 bedoelde schade, is artikel 167 lid 3 van overeenkomstige toepassing. (Ontw. 6.3.4.3; BW 1416c (oud); BW 6:167; Rv 237 e.v.)

AFDELING 4A
Aansprakelijkheid bij elektronisch rechtsverkeer

Art. 196B

Aansprakelijkheid bij elektronisch rechtsverkeer

– 1. Indien een certificatiedienstverlener een certificaat aan het publiek afgeeft als een gekwalificeerd certificaat als bedoeld in artikel 1.1, onderdeel *ss*, van de Telecommunicatiewet, of indien hij voor een zodanig certificaat publiekelijk instaat, en een persoon op grond daarvan handelt in redelijk vertrouwen op:
a. de juistheid, op het tijdstip van afgifte, van alle in het certificaat opgenomen gegevens en de opneming van alle voor dit certificaat voorgeschreven gegevens;
b. het feit dat, op het tijdstip van uitgifte, degene die in het certificaat is aangeduid als ondertekenaar de houder was van de gegevens voor het aanmaken van elektronische handtekeningen die behoren bij de in het certificaat vermelde gegevens voor het verifiëren van elektronische handtekeningen;
c. het feit dat de gegevens voor het aanmaken van elektronische handtekeningen en de gegevens voor het verifiëren van elektronische handtekeningen, indien zij beide door de certificatiedienstverlener zijn gegenereerd, complementair kunnen worden gebruikt;
is de certificatiedienstverlener aansprakelijk voor de dientengevolge door deze persoon geleden schade, tenzij de certificatiedienstverlener bewijst dat hij niet onzorgvuldig heeft gehandeld.
– 2. Een certificatiedienstverlener die een certificaat aan het publiek heeft afgegeven als een gekwalificeerd certificaat of voor een zodanig certificaat publiekelijk instaat, en nalaat de intrekking van dat certificaat te registreren, is, indien een persoon in redelijk vertrouwen daarop

handelt, aansprakelijk voor de door deze persoon dientengevolge geleden schade, tenzij de certificatiedienstverlener bewijst dat hij niet onzorgvuldig heeft gehandeld.
– 3. Een certificatiedienstverlener kan in een gekwalificeerd certificaat beperkingen ten aanzien van het gebruik daarvan opnemen, mits die beperkingen voor derden duidelijk zijn. Een certificatiedienstverlener is niet aansprakelijk voor schade die het gevolg is van het gebruik van een gekwalificeerd certificaat in strijd met daarin overeenkomstig de vorige volzin opgenomen beperkingen.
– 4. Een certificatiedienstverlener kan in een gekwalificeerd certificaat een grens aangeven voor de waarde van de transacties waarvoor het certificaat kan worden gebruikt, mits deze grens voor derden duidelijk is. Een certificatiedienstverlener is niet aansprakelijk voor schade die het gevolg is van een overschrijding van een overeenkomstig de vorige volzin opgenomen grens.

Art. 196c

Diensten informatiemaatschappij; aansprakelijkheid

– 1. Degene die diensten van de informatiemaatschappij verricht als bedoeld in artikel 15*d* lid 3 van Boek 3, bestaande uit het doorgeven van van een ander afkomstige informatie of het verschaffen van toegang tot een communicatienetwerk is niet aansprakelijk voor de doorgegeven informatie, indien hij:
a. niet het initiatief tot het doorgeven van de informatie neemt;
b. niet degene is die bepaalt aan wie de informatie wordt doorgegeven; en
c. hij de doorgegeven informatie niet heeft geselecteerd of gewijzigd.
– 2. Voor de toepassing van lid 1 wordt onder het enkele doorgeven van van een ander afkomstige informatie en het enkele verschaffen van toegang tot een communicatienetwerk mede verstaan de geautomatiseerde, tussentijdse en tijdelijke opslag van de doorgegeven informatie, voor zover deze opslag uitsluitend geschiedt ten behoeve van het doorgeven van die informatie en de duur van deze opslag niet langer is dan daarvoor redelijkerwijs noodzakelijk is.
– 3. Degene die diensten van de informatiemaatschappij verricht als bedoeld in artikel 15*d* lid 3 van Boek 3, bestaande uit het geautomatiseerd, tussentijds en tijdelijk opslaan van van een ander afkomstige informatie voor zover het opslaan enkel geschiedt om het later doorgeven van die informatie aan anderen op hun verzoek doeltreffender te maken, is niet aansprakelijk voor het geautomatiseerd, tussentijds en tijdelijk opslaan van de informatie indien hij:
a. de informatie niet wijzigt;
b. de toegangsvoorwaarden voor de informatie in acht neemt;
c. de in de bedrijfstak geldende of gebruikelijke regels betreffende de bijwerking van de informatie naleeft;
d. niet de in de bedrijfstak geldende of gebruikelijke technologie voor het verkrijgen van gegevens over het gebruik van de informatie wijzigt, en
e. prompt de nodige maatregelen neemt om de informatie te verwijderen of de toegang daartoe onmogelijk te maken, zodra hij weet dat de informatie is verwijderd van de plaats waar deze zich oorspronkelijk in het communicatienetwerk bevond of de toegang daartoe onmogelijk is gemaakt, of dat een bevoegde autoriteit heeft bevolen de informatie te verwijderen van de plaats waar deze zich oorspronkelijk in het communicatienetwerk bevond of de toegang daartoe heeft verboden.
– 4. Degene die diensten van de informatiemaatschappij verricht als bedoeld in artikel 15*d* lid 3 van Boek 3, bestaande uit het op verzoek opslaan van van een ander afkomstige informatie, is niet aansprakelijk voor de opgeslagen informatie, indien hij:
a. niet weet van de activiteit of informatie met een onrechtmatig karakter en, in geval van een schadevergoedingsvordering, niet redelijkerwijs behoort te weten van de activiteit of informatie met een onrechtmatig karakter, dan wel
b. zodra hij dat weet of redelijkerwijs behoort te weten, prompt de informatie verwijdert of de toegang daartoe onmogelijk maakt.
– 5. Het hiervoor bepaalde staat niet in de weg aan het verkrijgen van een rechterlijk verbod of bevel.

AFDELING 5
Tijdelijke regeling verhaalsrechten

Art. 197

Artikelen buiten toepassing

– 1. De artikelen 165, 166, 169, 171, 173, 174, 175, 176, 177 en 185, alsmede de afdelingen 4 van titel 6, 4 van titel 11, 1 van titel 14 en 4 van titel 19 van Boek 8 blijven buiten toepassing:
a. bij de vaststelling van het totale bedrag waarvoor aansprakelijkheid naar burgerlijk recht zou bestaan, vereist voor de berekening van het bedrag waarvoor verhaal bestaat krachtens artikel 107*a* en de artikelen 99 van de Wet werk en inkomen naar arbeidsvermogen, 90 van de Wet op de arbeidsongeschiktheidsverzekering, 68 van de Wet arbeidsongeschiktheidsverzekering zelfstandigen, 60 van de Wet arbeidsongeschiktheidsvoorziening jonggehandicapten,

52*a* van de Ziektewet, 61 van de Algemene nabestaandenwet, 65*b* van Algemene Wet Bijzondere Ziektenkosten en 8 van de Wet arbeidsongeschiktheidsvoorziening militairen;
b. bij de vaststelling van het bedrag, bedoeld in artikel 3 van de Verhaalswet ongevallen ambtenaren waarboven de gehoudenheid krachtens die wet of krachtens artikel 70 van de Wet privatisering ABP zich niet uitstrekt.

Geen subrogatie

– 2. Rechten uit de artikelen 165, 166, 169, 171, 173, 174, 175, 176, 177 en 185, alsmede de afdelingen 4 van titel 6, 4 van titel 11, 1 van titel 14 en 4 van titel 19 van Boek 8 zijn niet vatbaar voor subrogatie:
a. krachtens artikel 962 van Boek 7, behoudens voor zover de uitkering door de verzekeraar de aansprakelijkheid van de verzekerde betreft en een ander krachtens deze artikelen mede aansprakelijk was;
b. krachtens artikel 6, derde lid, van de Wet schadefonds geweldsmisdrijven.
– 3. Degene wiens verhaal of subrogatie door de vorige leden wordt uitgesloten, kan de in het tweede lid bedoelde rechten evenmin krachtens overeenkomst verkrijgen of te zijnen behoeve door de gerechtigde op diens naam doen uitoefenen. (Ontw. 6.3.5.1; BW 3:40 lid 2)

TITEL 4
Verbintenissen uit andere bron dan onrechtmatige daad of overeenkomst

AFDELING 1
Zaakwaarneming

Art. 198

Zaakwaarneming

Zaakwaarneming is het zich willens en wetens en op redelijke grond inlaten met de behartiging van eens anders belang, zonder de bevoegdheid daartoe aan een rechtshandeling of een elders in de wet geregelde rechtsverhouding te ontlenen. (Ontw. 6.4.1.1; BW 1390 (oud); BW 1:2; 6:1, 202; Sr 450)

Art. 199

Verplichtingen zaakwaarnemer

– 1. De zaakwaarnemer is verplicht bij de waarneming de nodige zorg te betrachten en, voor zover dit redelijkerwijze van hem kan worden verlangd, de begonnen waarneming voort te zetten.
– 2. De zaakwaarnemer doet, zodra dit redelijkerwijze mogelijk is, aan de belanghebbende verantwoording van hetgeen hij heeft verricht. Heeft hij voor de belanghebbende gelden uitgegeven of ontvangen, dan doet hij daarvan rekening. (Ontw. 6.4.1.2.; BW 1390 e.v. (oud); BW 6:74; 7:403 lid 2)

Art. 200

Verplichtingen belanghebbende

– 1. De belanghebbende is, voor zover zijn belang naar behoren is behartigd, gehouden de zaakwaarnemer de schade te vergoeden, die deze als gevolg van de waarneming heeft geleden.
– 2. Heeft de zaakwaarnemer in de uitoefening van een beroep of bedrijf gehandeld, dan heeft hij, voor zover dit redelijk is, bovendien recht op een vergoeding voor zijn verrichtingen, met inachtneming van de prijzen die daarvoor ten tijde van de zaakwaarneming gewoonlijk werden berekend. (Ontw. 6.4.1.3.; BW 1393 v. (oud); BW 5:10^2; 6:95 v.; 7:405, 8:25, 572)

Art. 201

Vertegenwoordigingsbevoegdheid

Een zaakwaarnemer is bevoegd rechtshandelingen te verrichten in naam van de belanghebbende, voor zover diens belang daardoor naar behoren wordt behartigd. (Ontw. 6.4.1.4.; BW 1393 (oud); BW 3:66, 71, 78)

Art. 202

Goedkeuring door belanghebbende

Heeft iemand die is opgetreden ter behartiging van eens anders belang, zich zonder redelijke grond daarmede ingelaten of dit belang niet naar behoren behartigd, dan kan de belanghebbende door goedkeuring van het optreden zijn bevoegdheid prijsgeven jegens hem het gebrek in te roepen. Aan de belanghebbende kan door hem een redelijke termijn voor de goedkeuring worden gesteld. (Ontw. 6.4.1.5.; BW 3:69, 78; 6:198, 200)

AFDELING 2
Onverschuldigde betaling

Art. 203

Terugvordering; ongedaanmaking

– 1. Degene die een ander zonder rechtsgrond een goed heeft gegeven, is gerechtigd dit van de ontvanger als onverschuldigd betaald terug te vorderen.
– 2. Betreft de onverschuldigde betaling een geldsom, dan strekt de vordering tot teruggave van een gelijk bedrag.
– 3. Degene die zonder rechtsgrond een prestatie van andere aard heeft verricht, heeft eveneens jegens de ontvanger recht op ongedaanmaking daarvan. (Ontw. 6.4.2.1; BW 1395 (oud); BW 3:53, 66, 78, 309; 6:1, 3, 24, 25, 27 e.v., 42, 111 e.v., 210, 227 e.v., 258 e.v., 271; Overg.w. 190)

Art. 204

Toerekenbaarheid tekortkoming

– 1. Heeft de ontvanger in een periode waarin hij redelijkerwijze met een verplichting tot teruggave van het goed geen rekening behoefde te houden, niet als een zorgvuldig schuldenaar voor het goed zorg gedragen, dan wordt hem dit niet toegerekend.

– 2. Degene die namens een ander, maar onbevoegd een niet aan die ander verschuldigde geldsom heeft ontvangen, is van zijn verplichting tot teruggave bevrijd, voor zover hij die geldsom aan die ander heeft doorbetaald in een periode waarin hij redelijkerwijze met die verplichting geen rekening behoefde te houden. (Ontw. 6.4.2.3; BW 1399 (oud); BW 6:27, 74, 75, 78, 210 lid 1, 212 lid 3, 278; Overg.w. 190)

Art. 205

Ontvangst te kwader trouw

Heeft de ontvanger het goed te kwader trouw aangenomen, dan is hij zonder ingebrekestelling in verzuim. (Ontw. 6.4.2.4; BW 1398 (oud); BW 6:81 e.v., 210 lid 1; Overg.w. 190)

Art. 206

Vruchten, kosten en schade

De artikelen 120, 121, 123 en 124 van Boek 3 zijn van overeenkomstige toepassing met betrekking tot hetgeen daarin is bepaald omtrent de afgifte van vruchten en de vergoeding van kosten en schade. (Ontw. 6.4.2.5; BW 1400 (oud); BW 6:208, 210 lid 1; Overg.w. 190)

Art. 207

Kosten van ontvangst en teruggave; uitgaven

De ontvanger heeft, tenzij hij het goed te kwader trouw heeft aangenomen, binnen de grenzen van de redelijkheid ook recht op vergoeding van de kosten van het ontvangen en teruggeven van het goed, alsmede van uitgaven in de in artikel 204 bedoelde periode die zouden zijn uitgebleven als hij het goed niet had ontvangen. (Ontw. 6.4.2.6; BW 6:47, 206, 208, 210 lid 1; Overg.w. 190)

Art. 208

Afstand en overdracht

De ontvanger verliest zijn recht op de in de beide vorige artikelen bedoelde vergoedingen, indien de wederpartij afstand doet van haar recht op terugvordering en, voor zover nodig, het onverschuldigd betaalde ter bevrijding van deze vergoedingen op haar kosten aan de ontvanger overdraagt. De ontvanger is verplicht aan een zodanige overdracht mede te werken. (Ontw. 6.4.2.6a; BW 3:84, 122; Overg.w. 190)

Art. 209

Ontvanger handelingsonbekwaam

Op de onbekwame die een onverschuldigde betaling heeft ontvangen, rusten de in deze afdeling omschreven verplichtingen slechts, voor zover het ontvangene hem tot werkelijk voordeel heeft gestrekt of in de macht van zijn wettelijke vertegenwoordiger is gekomen. (Ontw. 6.4.2.7; BW 1487 (oud); BW 1:234, 381; 3:32; 6:31, 210 lid 1, 276)

Art. 210

Andersoortige prestaties; waardevergoeding

– 1. Op de ongedaanmaking van prestaties die niet in het geven van een goed hebben bestaan, zijn de artikelen 204-209 van overeenkomstige toepassing.

– 2. Sluit de aard van de prestatie uit dat zij ongedaan wordt gemaakt, dan treedt, voor zover dit redelijk is, vergoeding van de waarde van de prestatie op het ogenblik van ontvangst daarvoor in de plaats, indien de ontvanger door de prestatie is verrijkt, indien het aan hem is toe te rekenen dat de prestatie is verricht, of indien hij erin had toegestemd een tegenprestatie te verrichten. (Ontw. 6.4.2.8; BW 6:203 lid 3, 212, 271, 278; Overg.w. 190)

Art. 211

Nietige overeenkomst

– 1. Kan een prestatie die op grond van een nietige overeenkomst is verricht, naar haar aard niet ongedaan worden gemaakt en behoort zij ook niet in rechte op geld te worden gewaardeerd, dan is een tot ongedaanmaking van een tegenprestatie of tot vergoeding van de waarde daarvan strekkende vordering, voor zover deze deswege in strijd met redelijkheid en billijkheid zou zijn, eveneens uitgesloten.

– 2. Is ingevolge het vorige lid terugvordering van een overgedragen goed uitgesloten, dan brengt de nietigheid van de overeenkomst niet de nietigheid van de overdracht mede. (Ontw. 6.4.2.9; BW 3:39, 40, 84, 278; Overg.w. 190)

AFDELING 3

Ongerechtvaardigde verrijking

Art. 212

Schadevergoeding

– 1. Hij die ongerechtvaardigd is verrijkt ten koste van een ander, is verplicht, voor zover dit redelijk is, diens schade te vergoeden tot het bedrag van zijn verrijking. (BW 6:95 e.v.)

– 2. Voor zover de verrijking is verminderd als gevolg van een omstandigheid die niet aan de verrijkte kan worden toegerekend, blijft zij buiten beschouwing. (BW 6:75 lid 1)

– 3. Is de verrijking verminderd in de periode waarin de verrijkte redelijkerwijze met een verplichting tot vergoeding van de schade geen rekening behoefde te houden, dan wordt hem dit niet toegerekend. Bij de vaststelling van deze vermindering wordt mede rekening gehouden met uitgaven die zonder de verrijking zouden zijn uitgebleven. (Ontw. 6.4.3.1; BW 3:99 e.v., 120 lid 1, 121 lid 2, 243 lid 2, 310; 6:78, 204, 207, 210 lid 2; Overg.w. 190)

TITEL 5
Overeenkomsten in het algemeen

AFDELING 1
Algemene bepalingen

Art. 213

– 1. Een overeenkomst in de zin van deze titel is een meerzijdige rechtshandeling, waarbij een of meer partijen jegens een of meer andere een verbintenis aangaan. **Overeenkomst**

– 2. Op overeenkomsten tussen meer dan twee partijen zijn de wettelijke bepalingen betreffende overeenkomsten niet toepasselijk, voor zover de strekking van de betrokken bepalingen in verband met de aard van de overeenkomst zich daartegen verzet. (Ontw. 6.5.1.1; BW 1349 (oud); BW 3:32 e.v.; 6:1, 254, 261, 279) **Meerpartijenovereenkomst**

Art. 214

– 1. Een overeenkomst door een der partijen gesloten in de uitoefening van haar bedrijf of beroep, is behalve aan de wettelijke bepalingen ook onderworpen aan een standaardregeling, wanneer voor de bedrijfstak waartoe het bedrijf behoort, of voor het beroep ten aanzien van zodanige overeenkomst een standaardregeling geldt. De bijzondere soorten van overeenkomsten waarvoor standaardregelingen kunnen worden vastgesteld en de bedrijfstak of het beroep, waarvoor elk dezer regelingen bestemd is te gelden, worden bij algemene maatregel van bestuur aangewezen. **Standaardregeling**

– 2. Een standaardregeling wordt vastgesteld, gewijzigd en ingetrokken door een daartoe door Onze Minister van Justitie te benoemen commissie. Bij de wet worden nadere regelen gesteld omtrent de wijze van samenstelling en de werkwijze van de commissies.

– 3. De vaststelling, wijziging of intrekking van een standaardregeling wordt niet van kracht voordat zij door Ons is goedgekeurd en met Ons goedkeuringsbesluit in de *Nederlandse Staatscourant* is afgekondigd.

– 4. Bij een standaardregeling kan worden afgeweken van wettelijke bepalingen, voor zover daarvan ook afwijking bij overeenkomst, al of niet met inachtneming van een bepaalde vorm, is toegelaten. De vorige zin lijdt uitzondering, wanneer uit een wettelijke bepaling iets anders voortvloeit.

– 5. Partijen kunnen in hun overeenkomst van een standaardregeling afwijken. Een standaardregeling kan echter voor afwijking een bepaalde vorm voorschrijven. (Ontw. 6.5.1.2.; BW 6:248 lid 2; 7:6; Wet RO 99; Wet Commissies Standaardregelingen, *Stb.* 1989, 567)

Art. 215

Voldoet een overeenkomst aan de omschrijving van twee of meer door de wet geregelde bijzondere soorten van overeenkomsten, dan zijn de voor elk van die soorten gegeven bepalingen naast elkaar op de overeenkomst van toepassing, behoudens voor zover deze bepalingen niet wel verenigbaar zijn of de strekking daarvan in verband met de aard van de overeenkomst zich tegen toepassing verzet. (Ontw. 6.5.1.4.; BW 7:22, 290 lid 1,418,610; 8:41, 121) **Gemengde overeenkomst**

Art. 216

Hetgeen in deze en de volgende drie afdelingen is bepaald, vindt overeenkomstige toepassing op andere meerzijdige vermogensrechtelijke rechtshandelingen, voor zover de strekking van de betrokken bepalingen in verband met de aard van de rechtshandeling zich daartegen niet verzet. (Ontw. 6.5.1.6.; BW 2:64 lid 2, 175 lid 2; 3:84 e.v., 98, 168, 178 e. v., 182 e. v, 6:248, 258; 7:15) **Schakelbepaling**

AFDELING 2
Het tot stand komen van overeenkomsten

Art. 217

– 1. Een overeenkomst komt tot stand door een aanbod en de aanvaarding daarvan. **Aanbod en aanvaarding**

– 2. De artikelen 219-225 zijn van toepassing, tenzij iets anders voortvloeit uit het aanbod, uit een andere rechtshandeling of uit een gewoonte. (Ontw. 6.5.2.1; BW 1356 sub 1° (oud); BW 3:32 e.v., 37 e.v.; AB 3; CISG 9, 15, 16, 18) **Aanvullend recht**

Art. 218

Een aanbod is geldig, nietig of vernietigbaar overeenkomstig de regels voor meerzijdige rechtshandelingen. (Ontw. 6.5.2.1a; BW 1356 sub 1° (oud); BW 3:32 lid 2, 34 lid 2, 39, 40, 44, 45, 54; 6:226, 228, 229, 233; Overg.w. 79-82) **Aantastbaarheid**

Art. 219

– 1. Een aanbod kan worden herroepen, tenzij het een termijn voor de aanvaarding inhoudt of de onherroepelijkheid ervan op andere wijze uit het aanbod volgt. **Herroeping**

– 2. De herroeping kan slechts geschieden, zolang het aanbod niet is aanvaard en evenmin een mededeling, houdende de aanvaarding is verzonden. Bevat het aanbod de mededeling dat het **Vrijblijvend aanbod** vrijblijvend wordt gedaan, dan kan de herroeping nog onverwijld na de aanvaarding geschieden.

Optiebeding

– 3. Een beding waarbij één der partijen zich verbindt om, indien de wederpartij dit wenst, met haar een bepaalde overeenkomst te sluiten, geldt als een onherroepelijk aanbod. (Ontw. 6.5.2.2.; BW 1356 sub 1° (oud); BW 3:37 lid 3; 6:217 lid 2, 220-223; CISG 15, 16)

Art. 220

Uitloving

– 1. Een bij wijze van uitloving voor een bepaalde tijd gedaan aanbod kan wegens gewichtige redenen worden herroepen of gewijzigd.

– 2. In geval van herroeping of wijziging van een uitloving kan de rechter aan iemand die op grond van de uitloving met de voorbereiding van een gevraagde prestatie is begonnen, een billijke schadeloosstelling toekennen. (Ontw. 6.5.2.3; BW 1356 sub 1° (oud); BW 6:217 lid 2)

Art. 221

Verval aanbod

– 1. Een mondeling aanbod vervalt, wanneer het niet onmiddellijk wordt aanvaard, een schriftelijk aanbod, wanneer het niet binnen een redelijke tijd wordt aanvaard.

– 2. Een aanbod vervalt, doordat het wordt verworpen. (Ontw. 6.5.2.4.; BW 1356 sub 1° (oud); BW 3:37 lid 3, 38 lid 1; 6:217 lid 2, 223 e. v., 237 sub *a*; CISG 18, 19)

Art. 222

Geen verval aanbod

Een aanbod vervalt niet door de dood of het verlies van handelingsbekwaamheid van een der partijen, noch doordat een der partijen de bevoegdheid tot het sluiten van de overeenkomst verliest als gevolg van een bewind. (Ontw. 6.5.2.5.; BW 1356 sub 1° (oud); BW 1:380, 409 e.v., 431 e.v.; 3:32; 6:217 lid 2; 7:415, 674, 763; 1683)

Art. 223

Te late aanvaarding

– 1. De aanbieder kan een te late aanvaarding toch als tijdig gedaan laten gelden, mits hij dit onverwijld aan de wederpartij mededeelt.

– 2. Indien een aanvaarding te laat plaatsvindt, maar de aanbieder begrijpt of behoort te begrijpen dat dit voor de wederpartij niet duidelijk was, geldt de aanvaarding als tijdig gedaan, tenzij hij onverwijld aan de wederpartij mededeelt dat hij het aanbod als vervallen beschouwt. (Ontw. 6.5.2.5a.; BW 1356 sub 1° (oud); BW 3:37; 6:221, 224; CISG 21)

Art. 224

Moment totstandkoming en ontvangsttheorie

Indien een aanvaarding de aanbieder niet of niet tijdig bereikt door een omstandigheid op grond waarvan zij krachtens artikel 37 lid 3, tweede zin, van Boek 3 niettemin haar werking heeft, wordt de overeenkomst geacht tot stand te zijn gekomen op het tijdstip waarop zonder de storende omstandigheid de verklaring zou zijn ontvangen. (Ontw. 6.5.2.7.; BW 1356 sub 1° (oud); BW 6:217 lid 2, 221, 223)

Art. 225

Afwijkende aanvaarding

– 1. Een aanvaarding die van het aanbod afwijkt, geldt als een nieuw aanbod en als een verwerping van het oorspronkelijke.

– 2. Wijkt een tot aanvaarding strekkend antwoord op een aanbod daarvan slechts op ondergeschikte punten af, dan geldt dit antwoord als aanvaarding en komt de overeenkomst overeenkomstig deze aanvaarding tot stand, tenzij de aanbieder onverwijld bezwaar maakt tegen de verschillen.

Verschillende algemene voorwaarden

– 3. Verwijzen aanbod en aanvaarding naar verschillende algemene voorwaarden, dan komt aan de tweede verwijzing geen werking toe, wanneer daarbij niet tevens de toepasselijkheid van de in de eerste verwijzing aangegeven algemene voorwaarden uitdrukkelijk van de hand wordt gewezen. (Ontw. 6.5.2.8; BW 1356 sub 1° (oud); BW 6:217, 221; CISG 19)

Art. 226

Vorm voorovereenkomst

Stelt de wet voor de totstandkoming van een overeenkomst een vormvereiste, dan is dit voorschrift van overeenkomstige toepassing op een overeenkomst waarbij een partij in wier belang het strekt, zich tot het aangaan van een zodanige overeenkomst verbindt, tenzij uit de strekking van het voorschrift anders voortvloeit. (Ontw. 6.5.2.9; BW 3:37 lid 1, 39, 40 lid 2, 69 lid 2; 6:214 lid 5, 219 lid 3)

Art. 227

Bepaalbaarheid

De verbintenissen die partijen op zich nemen, moeten bepaalbaar zijn. (Ontw. 6.5.2.10; BW 1356 sub 3°, 1369 (oud); BW 3:84 lid 2, 231 lid 2; 6:248)

Art. 227a

Overeenkomst langs elektronische weg

– 1. Indien uit de wet voortvloeit dat een overeenkomst slechts in schriftelijke vorm geldig of onaantastbaar tot stand komt, is aan deze eis tevens voldaan indien de overeenkomst langs elektronische weg is totstandgekomen en

a. raadpleegbaar door partijen is;
b. de authenticiteit van de overeenkomst in voldoende mate gewaarborgd is;
c. het moment van totstandkoming van de overeenkomst met voldoende zekerheid kan worden vastgesteld; en
d. de identiteit van de partijen met voldoende zekerheid kan worden vastgesteld.

– 2. Lid 1 is niet van toepassing op:
a. overeenkomsten die rechten doen ontstaan of overdragen ten aanzien van onroerende zaken, met uitzondering van huurrechten;
b. overeenkomsten waarbij persoonlijke of zakelijke zekerheden worden verstrekt door personen die niet handelen in de uitoefening van een beroep of bedrijf; voor zover de aard van de overeenkomst of van de rechtsbetrekking waarvan zij deel uitmaakt zich daartegen verzet.
– 3. Lid 1 is niet van toepassing op:
a. overeenkomsten waarvoor de wet de tussenkomst voorschrijft van de rechter, een overheidsorgaan of een beroepsbeoefenaar die een publieke taak uitoefent; en
b. overeenkomsten die onder het familierecht of het erfrecht vallen.

Art. 227b

Eisen totstandkoming overeenkomst langs elektronische weg

– 1. Voordat een overeenkomst langs elektronische weg tot stand komt verstrekt degene die een dienst van de informatiemaatschappij verleent als bedoeld in artikel 15*d* lid 3 van Boek 3 de wederpartij ten minste op duidelijke, begrijpelijke en ondubbelzinnige wijze informatie over:
a. de wijze waarop de overeenkomst tot stand zal komen en in het bijzonder welke handelingen daarvoor nodig zijn;
b. het al dan niet archiveren van de overeenkomst nadat deze tot stand zal zijn gekomen, alsmede, indien de overeenkomst wordt gearchiveerd, op welke wijze deze voor de wederpartij te raadplegen zal zijn;
c. de wijze waarop de wederpartij van door hem niet gewilde handelingen op de hoogte kan geraken, alsmede de wijze waarop hij deze kan herstellen voordat de overeenkomst tot stand komt;
d. de talen waarin de overeenkomst kan worden gesloten;
e. de gedragscodes waaraan hij zich heeft onderworpen en de wijze waarop deze gedragscodes voor de wederpartij langs elektronische weg te raadplegen zijn.
– 2. De dienstverlener stelt voor of bij het sluiten van de overeenkomst de voorwaarden daarvan, niet zijnde algemene voorwaarden als bedoeld in artikel 231, op zodanige wijze aan de wederpartij ter beschikking, dat deze door hem kunnen worden opgeslagen zodat deze voor hem toegankelijk zijn ten behoeve van latere kennisneming.
– 3. Lid 1 is niet van toepassing op overeenkomsten die uitsluitend door middel van de uitwisseling van elektronische post of een soortgelijke vorm van individuele communicatie tot stand zijn gekomen.
– 4. Een overeenkomst die tot stand is gekomen onder invloed van het niet naleven door de dienstverlener van zijn in lid 1, aanhef en onder *a*, *c* of *d*, genoemde verplichtingen, is vernietigbaar. Indien de dienstverlener zijn in lid 1, aanhef en onder *a* of *c* genoemde verplichting niet is nagekomen, wordt vermoed dat een overeenkomst onder invloed daarvan tot stand is gekomen.
– 5. Gedurende de tijd dat de dienstverlener de informatie, bedoeld in lid 1, onder *b* en *e* en lid 2, niet heeft verstrekt, kan de wederpartij de overeenkomst ontbinden.
– 6. Tussen partijen die handelen in de uitoefening van een beroep of bedrijf kan van lid 1 worden afgeweken.

Art. 227c

Dienst informatiemaatschappij

– 1. Degene die een dienst van de informatiemaatschappij als bedoeld in artikel 15*d* lid 3 van Boek 3 verleent, stelt de wederpartij passende, doeltreffende en toegankelijke middelen ter beschikking waarmee de wederpartij voor de aanvaarding van de overeenkomst van door hem niet gewilde handelingen op de hoogte kan geraken en waarmee hij deze kan herstellen.
– 2. Indien een wederpartij van een dienstverlener langs elektronische weg een verklaring uitbrengt die door de dienstverlener mag worden opgevat hetzij als een aanvaarding van een door hem langs elektronische weg gedaan aanbod, hetzij als een aanbod naar aanleiding van een door hem langs elektronische weg gedane uitnodiging om in onderhandeling te treden, bevestigt de dienstverlener zo spoedig mogelijk langs elektronische weg de ontvangst van deze verklaring. Zolang de ontvangst van een aanvaarding niet is bevestigd, kan de wederpartij de overeenkomst ontbinden. Het niet tijdig bevestigen van de ontvangst van een aanbod geldt als verwerping daarvan.
– 3. Een verklaring als bedoeld in lid 2 en de ontvangstbevestiging worden geacht te zijn ontvangen, wanneer deze toegankelijk zijn voor de partijen tot wie zij zijn gericht.
– 4. De leden 1 en 2 zijn niet van toepassing indien de overeenkomst uitsluitend door middel van de uitwisseling van elektronische post of een soortgelijke vorm van individuele communicatie tot stand komt.
– 5. Een overeenkomst die tot stand is gekomen onder invloed van het niet naleven door de dienstverlener van zijn in lid 1 genoemde verplichting, is vernietigbaar. Indien de dienstverle-

ner zijn in lid 1 genoemde verplichting niet is nagekomen, wordt vermoed dat een overeenkomst onder invloed daarvan tot stand is gekomen.
– 6. Van dit artikel kan slechts worden afgeweken tussen partijen die handelen in de uitoefening van een beroep of bedrijf.

Art. 228

Dwaling

– 1. Een overeenkomst die is tot stand gekomen onder invloed van dwaling en bij een juiste voorstelling van zaken niet zou zijn gesloten, is vernietigbaar:
a. indien de dwaling te wijten is aan een inlichting van de wederpartij, tenzij deze mocht aannemen dat de overeenkomst ook zonder deze inlichting zou worden gesloten;
b. indien de wederpartij in verband met hetgeen zij omtrent de dwaling wist of behoorde te weten, de dwalende had behoren in te lichten;
c. indien de wederpartij bij het sluiten van de overeenkomst van dezelfde onjuiste veronderstelling als de dwalende is uitgegaan, tenzij zij ook bij een juiste voorstelling van zaken niet had behoeven te begrijpen dat de dwalende daardoor van het sluiten van de overeenkomst zou worden afgehouden.
– 2. De vernietiging kan niet worden gegrond op een dwaling die een uitsluitend toekomstige omstandigheid betreft of die in verband met de aard van de overeenkomst, de in het verkeer geldende opvattingen of de omstandigheden van het geval voor rekening van de dwalende behoort te blijven. (Ontw. 6.5.2.11; BW 1357-1358, 1485 (oud); BW art. 1:71 lid 2, 225 lid 1; BW art. 3:11 e.v., 35, 41, 42, 44, 49 e.v., 66, 196, 199; BW art. 6:229, 230; BW art. 7:6, 22, 23; WvK art. 251; ONBW art. 79-81)

Art. 229

Voortbouwende overeenkomst

Een overeenkomst die de strekking heeft voort te bouwen op een reeds tussen partijen bestaande rechtsverhouding, is vernietigbaar, indien deze rechtsverhouding ontbreekt, tenzij dit in verband met de aard van de overeenkomst, de in het verkeer geldende opvattingen of de omstandigheden van het geval voor rekening van degene die zich op dit ontbreken beroept, behoort te blijven. (Ontw. 6.5.2.12.; BW 1356 sub 4, 1371 (oud); BW 3:40, 49 e.v.; 6:228, 230, 261 jo. 265; Overg.w. 79-81)

Art. 230

Wijziging overeenkomst

– 1. De bevoegdheid tot vernietiging op grond van de artikelen 228 en 229 vervalt, wanneer de wederpartij tijdig een wijziging van de gevolgen van de overeenkomst voorstelt, die het nadeel dat de tot vernietiging bevoegde bij instandhouding van de overeenkomst lijdt, op afdoende wijze opheft.
– 2. Bovendien kan de rechter op verlangen van een der partijen, in plaats van de vernietiging uit te spreken, de gevolgen van de overeenkomst ter opheffing van dit nadeel wijzigen. (Ontw. 6.5.2.12a; BW 3:54, 197 e.v.; Overg.w. 79-81)

AFDELING 3
Algemene voorwaarden

Art. 231

Begripsbepalingen

In deze afdeling wordt verstaan onder:
a. algemene voorwaarden: een of meer bedingen die zijn opgesteld teneinde in een aantal overeenkomsten te worden opgenomen, met uitzondering van bedingen die de kern van de prestaties aangeven, voor zover deze laatstgenoemde bedingen duidelijk en begrijpelijk zijn geformuleerd;
b. gebruiker: degene die algemene voorwaarden in een overeenkomst gebruikt;
c. wederpartij: degene die door ondertekening van een geschrift of op andere wijze de gelding van algemene voorwaarden heeft aanvaard. (Ontw. 6.5.2A.1; Overg.w. 191)

Art. 232

Gebondenheid

Een wederpartij is ook dan aan de algemene voorwaarden gebonden als bij het sluiten van de overeenkomst de gebruiker begreep of moest begrijpen dat zij de inhoud daarvan niet kende. (Ontw. 6.5.2A.2; BW art. 3:33, 35; BW art. 6:213 lid 2, 216)

Art. 233

Vernietigbaarheid

Een beding in algemene voorwaarden is vernietigbaar
a. indien het, gelet op de aard en de overige inhoud van de overeenkomst, de wijze waarop de voorwaarden zijn tot stand gekomen, de wederzijds kenbare belangen van partijen en de overige omstandigheden van het geval, onredelijk bezwarend is voor de wederpartij; of
b. indien de gebruiker aan de wederpartij niet een redelijke mogelijkheid heeft geboden om van de algemene voorwaarden kennis te nemen. (Ontw. 6.5.2A.2a.; BW art. 3:41, 49 e.v.; BW art. 6:248)

Art. 234

Mogelijkheid kennisneming

– 1. De gebruiker heeft aan de wederpartij de in artikel 233 onder *b* bedoelde mogelijkheid geboden, indien hij

a. hetzij de algemene voorwaarden voor of bij het sluiten van de overeenkomst aan de wederpartij ter hand heeft gesteld,
b. hetzij, indien dit redelijkerwijs niet mogelijk is, voor de totstandkoming van de overeenkomst aan de wederpartij heeft bekend gemaakt dat de voorwaarden bij hem ter inzage liggen of bij een door hem opgegeven Kamer van Koophandel en Fabrieken of een griffie van een gerecht zijn gedeponeerd, alsmede dat zij op verzoek zullen worden toegezonden,
c. hetzij, indien de overeenkomst langs elektronische weg tot stand komt, de algemene voorwaarden voor of bij het sluiten van de overeenkomst aan de wederpartij langs elektronische weg ter beschikking heeft gesteld op een zodanige wijze dat deze door hem kunnen worden opgeslagen en voor hem toegankelijk zijn ten behoeve van latere kennisneming of, indien dit redelijkerwijs niet mogelijk is, voor de totstandkoming van de overeenkomst aan de wederpartij heeft bekend gemaakt waar van de voorwaarden langs elektronische weg kan worden kennisgenomen, alsmede dat zij op verzoek langs elektronische weg of op andere wijze zullen worden toegezonden.
– 2. Indien de voorwaarden niet voor of bij het sluiten van de overeenkomst aan de wederpartij zijn ter hand gesteld, zijn de bedingen tevens vernietigbaar indien de gebruiker de voorwaarden niet op verzoek van de wederpartij onverwijld op zijn kosten aan haar toezendt.
– 3. Het in de leden 1 onder *b* en 2 omtrent de verplichting tot toezending bepaalde is niet van toepassing, voor zover deze toezending redelijkerwijze niet van de gebruiker kan worden gevergd. (Ontw. 6.5.2A.2b)

Art. 235

Toepasselijkheid art. 233 en 234

– 1. Op de vernietigingsgronden bedoeld in de artikelen 233 en 234 kan geen beroep worden gedaan door
a. een rechtspersoon bedoeld in artikel 360 van Boek 2, die ten tijde van het sluiten van de overeenkomst laatstelijk zijn jaarrekening openbaar heeft gemaakt, of ten aanzien waarvan op dat tijdstip laatstelijk artikel 403 lid 1 van Boek 2 is toegepast;
b. een partij op wie het onder *a* bepaalde niet van toepassing is, indien op voormeld tijdstip bij haar vijftig of meer personen werkzaam zijn of op dat tijdstip uit een opgave krachtens de Handelsregisterwet 2007 blijkt dat bij haar vijftig of meer personen werkzaam zijn. (BW 2:153 lid 2 onder *c*, 263 lid 2 onder *c*, 396 lid 2, 397 lid 2)
– 2. Op de vernietigingsgrond bedoeld in artikel 233 onder *a*, kan mede een beroep worden gedaan door een partij voor wie de algemene voorwaarden door een gevolmachtigde zijn gebruikt, mits de wederpartij meermalen overeenkomsten sluit waarop dezelfde of nagenoeg dezelfde algemene voorwaarden van toepassing zijn.
– 3. Op de vernietigingsgronden bedoeld in de artikelen 233 en 234, kan geen beroep worden gedaan door een partij die meermalen dezelfde of nagenoeg dezelfde algemene voorwaarden in haar overeenkomsten gebruikt.

Begin verjaringstermijn

– 4. De termijn bedoeld in artikel 52 lid 1 onder *d* van Boek 3, begint met de aanvang van de dag, volgende op die waarop een beroep op het beding is gedaan. (Ontw. 6.5.2A.2c.; BW 3:49 e.v.; 6:243)

Art. 236

Onredelijk bezwarend; zwarte lijst

Bij een overeenkomst tussen een gebruiker en een wederpartij, natuurlijk persoon, die niet handelt in de uitoefening van een beroep of bedrijf, wordt als onredelijk bezwarend aangemerkt een in de algemene voorwaarden voorkomend beding (BW 7:5 lid 2, 857)
a. dat de wederpartij geheel en onvoorwaardelijk het recht ontneemt de door de gebruiker toegezegde prestatie op te eisen; (BW 6:248 lid 1)
b. dat de aan de wederpartij toekomende bevoegdheid tot ontbinding, zoals deze in afdeling 5 van titel 5 is geregeld, uitsluit of beperkt;
c. dat een de wederpartij volgens de wet toekomende bevoegdheid tot opschorting van de nakoming uitsluit of beperkt of de gebruiker een verdergaande bevoegdheid tot opschorting verleent dan hem volgens de wet toekomt; (BW 3:290 v.; 6:52 v., 262)
d. dat de beoordeling van de vraag of de gebruiker in de nakoming van een of meer van zijn verbintenissen is te kort geschoten aan hem zelf overlaat, of dat de uitoefening van de rechten die de wederpartij ter zake van een zodanige tekortkoming volgens de wet toekomen, afhankelijk stelt van de voorwaarde dat deze eerst een derde in rechte heeft aangesproken;
e. krachtens hetwelk de wederpartij aan de gebruiker bij voorbaat toestemming verleent zijn uit de overeenkomst voortvloeiende verplichtingen op een der in afdeling 3 van titel 2 bedoelde wijzen op een derde te doen overgaan, tenzij de wederpartij te allen tijde de bevoegdheid heeft de overeenkomst te ontbinden, of de gebruiker jegens de wederpartij aansprakelijk is voor de nakoming door de derde, of de overgang plaatsvindt in verband met de overdracht van een onderneming waartoe zowel die verplichtingen als de daartegenover bedongen rechten behoren;
f. dat voor het geval uit de overeenkomst voor de gebruiker voortvloeiende rechten op een

derde overgaan, ertoe strekt bevoegdheden of verweermiddelen die de wederpartij volgens de wet jegens die derde zou kunnen doen gelden, uit te sluiten of te beperken; (BW 6:130, 145)
g. dat een wettelijke verjarings- of vervaltermijn waarbinnen de wederpartij enig recht moet geldend maken, tot een verjarings- onderscheidenlijk vervaltermijn van minder dan een jaar verkort; (BW 3:307 v.)
h. dat voor het geval bij de uitvoering van de overeenkomst schade aan een derde wordt toegebracht door de gebruiker of door een persoon of zaak waarvoor deze aansprakelijk is, de wederpartij verplicht deze schade hetzij aan de derde te vergoeden, hetzij in haar verhouding tot de gebruiker voor een groter deel te dragen dan waartoe zij volgens de wet verplicht zou zijn;
i. dat de gebruiker de bevoegdheid geeft de door hem bedongen prijs binnen drie maanden na het sluiten van de overeenkomst te verhogen, tenzij de wederpartij bevoegd is in dat geval de overeenkomst te ontbinden; (BW 6:258; 7:35)
j. dat in geval van een overeenkomst tot het geregeld afleveren van zaken, elektriciteit daaronder begrepen, of tot het geregeld doen van verrichtingen, leidt tot stilzwijgende verlenging of vernieuwing van meer dan een jaar; (BW 6:237 sub *k*)
k. dat de bevoegdheid van de wederpartij om bewijs te leveren uitsluit of beperkt, of dat de uit de wet voortvloeiende verdeling van de bewijslast ten nadele van de wederpartij wijzigt, hetzij doordat het een verklaring van haar bevat omtrent de deugdelijkheid van de haar verschuldigde prestatie, hetzij doordat het haar belast met het bewijs dat een tekortkoming van de gebruiker aan hem kan worden toegerekend;
l. dat ten nadele van de wederpartij afwijkt van artikel 37 van Boek 3, tenzij het betrekking heeft op de vorm van door de wederpartij af te leggen verklaringen of bepaalt dat de gebruiker het hem door de wederpartij opgegeven adres als zodanig mag blijven beschouwen totdat hem een nieuw adres is meegedeeld;
m. waarbij een wederpartij die bij het aangaan van de overeenkomst werkelijke woonplaats in een gemeente in Nederland heeft, woonplaats kiest anders dan voor het geval zij te eniger tijd geen bekende werkelijke woonplaats in die gemeente zal hebben, tenzij de overeenkomst betrekking heeft op een registergoed en woonplaats ten kantore van een notaris wordt gekozen; (BW 1576*k*)
n. dat voorziet in de beslechting van een geschil door een ander dan hetzij de rechter die volgens de wet bevoegd zou zijn, hetzij een of meer arbiters, tenzij het de wederpartij een termijn gunt van tenminste een maand nadat de gebruiker zich schriftelijk jegens haar op het beding heeft beroepen, om voor beslechting van het geschil door de volgens de wet bevoegde rechter te kiezen. (Rv 98*a*) (Ontw. 6.5.2A.3.)

Art. 237

Onredelijk bezwarend; grijze lijst

Bij een overeenkomst tussen een gebruiker en een wederpartij, natuurlijk persoon, die niet handelt in de uitoefening van een beroep of bedrijf, wordt vermoed onredelijk bezwarend te zijn een in de algemene voorwaarden voorkomend beding (BW 7:5², 857)
a. dat de gebruiker een, gelet op de omstandigheden van het geval, ongebruikelijk lange of onvoldoende bepaalde termijn geeft om op een aanbod of een andere verklaring van de wederpartij te reageren; (BW 6:221¹)
b. dat de inhoud van de verplichtingen van de gebruiker wezenlijk beperkt ten opzichte van hetgeen de wederpartij, mede gelet op de wettelijke regels die op de overeenkomst betrekking hebben, zonder dat beding redelijkerwijs mocht verwachten;
c. dat de gebruiker de bevoegdheid verleent een prestatie te verschaffen die wezenlijk van de toegezegde prestatie afwijkt, tenzij de wederpartij bevoegd is in dat geval de overeenkomst te ontbinden;
d. dat de gebruiker van zijn gebondenheid aan de overeenkomst bevrijdt of hem de bevoegdheid daartoe geeft anders dan op in de overeenkomst vermelde gronden welke van dien aard zijn dat deze gebondenheid niet meer van hem kan worden gevergd; (BW 6:75 v., 265 v.)
e. dat de gebruiker een ongebruikelijk lange of onvoldoende bepaalde termijn voor de nakoming geeft; (BW 6:38)
f. dat de gebruiker of een derde geheel of ten dele bevrijdt van een wettelijke verplichting tot schadevergoeding; (BW 6:95 v.)
g. dat een de wederpartij volgens de wet toekomende bevoegdheid tot verrekening uitsluit of beperkt of de gebruiker een verdergaande bevoegdheid tot verrekening verleent dan hem volgens de wet toekomt; (BW 6:127 v.)
h. dat als sanctie op bepaalde gedragingen van de wederpartij, nalaten daaronder begrepen, verval stelt van haar toekomende rechten of van de bevoegdheid bepaalde verweren te voeren, behoudens voor zover deze gedragingen het verval van die rechten of verweren rechtvaardigen;
i. dat voor het geval de overeenkomst wordt beëindigd anders dan op grond van het feit dat de wederpartij in de nakoming van haar verbintenis is tekort geschoten, de wederpartij verplicht

een geldsom te betalen, behoudens voor zover het betreft een redelijke vergoeding voor door de gebruiker geleden verlies of gederfde winst;
j. dat de wederpartij verplicht tot het sluiten van een overeenkomst met de gebruiker of met een derde, tenzij dit, mede gelet op het verband van die overeenkomst met de in dit artikel bedoelde overeenkomst, redelijkerwijze van de wederpartij kan worden gevergd;
k. dat voor een overeenkomst als bedoeld in artikel 236 onder *j* een duur bepaalt van meer dan een jaar, tenzij de wederpartij de bevoegdheid heeft de overeenkomst telkens na een jaar op te zeggen;
l. dat de wederpartij aan een opzegtermijn bindt die langer is dan drie maanden of langer dan de termijn waarop de gebruiker de overeenkomst kan opzeggen;
m. dat voor de geldigheid van een door de wederpartij te verrichten verklaring een strengere vorm dan het vereiste van een onderhandse akte stelt; (BW 6:236 sub *l*)
n. dat bepaalt dat een door de wederpartij verleende volmacht onherroepelijk is of niet eindigt door haar dood of ondercuratelestelling, tenzij de volmacht strekt tot levering van een registergoed.

Art. 238

Bedingen met betrekking tot vertegenwoordiging

– 1. Bij een overeenkomst als bedoeld in de artikelen 236 en 237, kan jegens de wederpartij geen beroep worden gedaan
a. op het feit dat de overeenkomst in naam van een derde is gesloten, indien dit beroep berust op het enkele feit dat een beding van deze strekking in de algemene voorwaarden voorkomt;
b. op het feit dat de algemene voorwaarden beperkingen bevatten van de bevoegdheid van een gevolmachtigde van de gebruiker, die zo ongebruikelijk zijn dat de wederpartij ze zonder het beding niet behoefde te verwachten, tenzij zij ze kende. (Ontw. 6.5.2A.4a)

Uitleg beding

– 2. Bij een overeenkomst als bedoeld in de artikelen 236 en 237 moeten de bedingen duidelijk en begrijpelijk zijn opgesteld. Bij twijfel over de betekenis van een beding, prevaleert de voor de wederpartij gunstigste uitleg. (BW 6:240 lid 1)

Art. 239

Wijziging en beperking grijze lijst bij AMvB

– 1. Bij algemene maatregel van bestuur kunnen de onderdelen *a-n* van artikel 237 worden gewijzigd en kan hun toepassingsgebied worden beperkt.
– 2. Alvorens een voordracht tot vaststelling, wijziging of intrekking van een maatregel als bedoeld in het eerste lid te doen, kan Onze Minister van Justitie de naar zijn oordeel representatieve organisaties van hen die bij het sluiten van de overeenkomsten waarop de maatregel betrekking heeft, algemene voorwaarden plegen te gebruiken en van hen die bij die overeenkomsten als hun wederpartij plegen op te treden, horen.
– 3. Een besluit als in het eerste lid bedoeld wordt zodra het is vastgesteld toegezonden aan de voorzitters van de beide Kamers van de Staten-Generaal. Een dergelijk besluit treedt niet in werking dan nadat twee maanden zijn verstreken sinds de datum van uitgifte van het *Staatsblad* waarin het is geplaatst. (Ontw. 6.5.2A.5; Gr.w. 107)

Art. 240

Toetsing op initiatief belangenorganisatie

– 1. Op vordering van een rechtspersoon als bedoeld in lid 3 kunnen bepaalde bedingen in bepaalde algemene voorwaarden onredelijk bezwarend worden verklaard; de artikelen 233 onder *a*, 236 en 237 zijn van overeenkomstige toepassing. Voor de toepassing van de vorige zin wordt een beding in algemene voorwaarden dat in strijd is met een dwingende wetsbepaling, als onredelijk bezwarend aangemerkt. Bij de beoordeling van een beding blijft de uitlegregel van artikel 238 lid 2, tweede zin, buiten toepassing.
– 2. De vordering kan worden ingesteld tegen de gebruiker, alsmede tegen een rechtspersoon met volledige rechtsbevoegdheid die ten doel heeft de behartiging van de belangen van personen die een beroep of bedrijf uitoefenen, indien hij het gebruik van de algemene voorwaarden door die personen bevordert.
– 3. De vordering komt toe aan rechtspersonen met volledige rechtsbevoegdheid die ten doel hebben de behartiging van belangen van personen die een beroep of bedrijf uitoefenen of van eindgebruikers van niet voor een beroep of bedrijf bestemde goederen of diensten. Zij kan slechts betrekking hebben op algemene voorwaarden die worden gebruikt of bestemd zijn te worden gebruikt in overeenkomsten met personen wier belangen door de rechtspersoon worden behartigd. (BW 6:196 lid 2 sub *a*)
– 4. De eiser is niet ontvankelijk indien niet blijkt dat hij, alvorens de vordering in te stellen, de gebruiker of, in het geval bedoeld in artikel 1003 van het Wetboek van Burgerlijke Rechtsvordering, de aldaar bedoelde vereniging, de gelegenheid heeft geboden om in onderling overleg de algemene voorwaarden zodanig te wijzigen dat de bezwaren die grond voor de vordering zouden opleveren, zijn weggenomen. Een termijn van twee weken na de ontvangst van een verzoek tot overleg onder vermelding van de bezwaren, is daartoe in elk geval voldoende.
– 5. Voor zover een rechtspersoon met het gebruik van bedingen in algemene voorwaarden

heeft ingestemd, komt hem geen vordering als bedoeld in lid 1 toe. (Ontw. 6.5.2A.6; BW 3:303; 6:242, 243, 244 lid 2; RO 67; Rv 4 sub 13, 9 lid 3, 1003 e.v.; Overg.w. 191)

– 6. Met een rechtspersoon als bedoeld in lid 3 wordt gelijk gesteld een organisatie of openbaar lichaam met zetel buiten Nederland welke geplaatst is op de lijst, bedoeld in artikel 4 lid 3 van richtlijn nr. 98/27/EG van het Europees Parlement en de Raad van de Europese Unie van 19 mei 1998 betreffende het doen staken van inbreuken in het raam van de bescherming van consumentenbelangen (*PbEG* L 166), mits de vordering betrekking heeft op algemene voorwaarden die worden gebruikt of bestemd zijn te worden gebruikt in overeenkomsten met personen die hun gewone verblijfplaats hebben in het land waar de organisatie of het openbaar lichaam gezeteld is, en de organisatie deze belangen ingevolge haar doelstelling behartigt of aan het openbaar lichaam de behartiging van deze belangen is toevertrouwd.

Art. 241

Gerechtshof 's-Gravenhage bevoegd

– 1. Het Gerechtshof te 's-Gravenhage is bij uitsluiting bevoegd tot kennisneming van vorderingen als in het vorige artikel bedoeld.

– 2. De in het vorige artikel bedoelde rechtspersonen hebben de bevoegdheden, geregeld in de artikelen 217 en 376 van het Wetboek van Burgerlijke Rechtsvordering; artikel 379 van dat wetboek is niet van toepassing.

– 3. Op vordering van de eiser kan aan de uitspraak worden verbonden

a. een verbod van het gebruik van de door de uitspraak getroffen bedingen of van het bevorderen daarvan;

b. een gebod om een aanbeveling tot het gebruik van deze bedingen te herroepen;

c. een veroordeling tot het openbaar maken of laten openbaar maken van de uitspraak, zulks op door de rechter te bepalen wijze en op kosten van de door de rechter aan te geven partij of partijen.

– 4. De rechter kan in zijn uitspraak aangeven op welke wijze het onredelijk bezwarend karakter van de bedingen waarop de uitspraak betrekking heeft, kan worden weggenomen.

– 5. Geschillen terzake van de tenuitvoerlegging van de in lid 3 bedoelde veroordelingen, alsmede van de veroordeling tot betaling van een dwangsom, zo deze is opgelegd, worden bij uitsluiting door het Gerechtshof te 's-Gravenhage beslist.

– 6. Tot kennisneming van vorderingen in kort geding strekkende tot veroordelingen als bedoeld in lid 3, ingesteld door rechtspersonen als bedoeld in artikel 240 lid 3, is de voorzieningenrechter van de rechtbank te 's-Gravenhage bij uitsluiting bevoegd. Lid 5, alsmede de artikelen 62, 116 lid 2, 1003, 1005, 1006 van het Wetboek van Burgerlijke Rechtsvordering zijn van overeenkomstige toepassing. (Ontw. 6.5.2A.7; RO 67; Rv 62 , 116 lid 2, 1003 e.v.)

Art. 242

Wijziging of opheffing uitspraak

– 1. Op vordering van een of meer van degenen tegen wie de in artikel 240 lid 1 bedoelde uitspraak is gedaan, kan de rechter die uitspraak wijzigen of opheffen op grond dat zij tengevolge van een wijziging in de omstandigheden niet langer gerechtvaardigd is. De vordering wordt ingesteld tegen de rechtspersoon op wiens vordering de uitspraak was gedaan.

– 2. Indien de rechtspersoon op wiens vordering de uitspraak was gedaan, is ontbonden, wordt de zaak met een verzoekschrift ingeleid. Voor de toepassing van artikel 279 lid 1 van het Wetboek van Burgerlijke Rechtsvordering worden rechtspersonen als bedoeld in artikel 240 lid 3 als belanghebbenden aangemerkt.

– 3. Artikel 241 leden 1, 2, 3 onder *c* en 5 is van overeenkomstige toepassing.

– 4. De vorige leden zijn niet van toepassing voor zover de uitspraak betrekking had op een beding dat door de wet als onredelijk bezwarend wordt aangemerkt. (Ontw. 6.5.2A.8; BW 1:401; RO 67; Rv 62, 116 lid 2, 261 e.v., 1003 e.v.)

Art. 243

Vernietigbaarheid verboden beding

Een beding in algemene voorwaarden dat door degene jegens wie een verbod tot gebruik ervan is uitgesproken, in strijd met het verbod in een overeenkomst wordt opgenomen, is vernietigbaar. Artikel 235 is van overeenkomstige toepassing. (Ontw. 6.5.2A.9; BW 3:50)

Art. 244

Bescherming beknelde tussenschakel

– 1. Een persoon die handelt in de uitoefening van een beroep of bedrijf, kan geen beroep doen op een beding in een overeenkomst met een partij die terzake van de goederen of diensten waarop die overeenkomst betrekking heeft, met gebruikmaking van algemene voorwaarden overeenkomsten met haar afnemers heeft gesloten, voor zover een beroep op dat beding onredelijk zou zijn wegens zijn nauwe samenhang met een in de algemene voorwaarden voorkomend beding dat krachtens deze afdeling is vernietigd of door een uitspraak als bedoeld in artikel 240 lid 1 is getroffen.

– 2. Is tegen de gebruiker een vordering als bedoeld in artikel 240 lid 1 ingesteld, dan is hij bevoegd die persoon in het geding te roepen teneinde voor recht te horen verklaren dat een beroep als bedoeld in het vorige lid onredelijk zou zijn. Artikel 241 leden 2, 3 onder *c*, 4 en 5

alsmede de artikelen 210, 211 en 215 van het Wetboek van Burgerlijke Rechtsvordering zijn van overeenkomstige toepassing.
– 3. Op de uitspraak is artikel 242 van overeenkomstige toepassing.
– 4. Op eerdere overeenkomsten met betrekking tot de voormelde goederen en diensten zijn de leden 1-3 van overeenkomstige toepassing. (Ontw. 6.5.2A.10; BW 7:25)

Art. 245

Deze afdeling is noch van toepassing op arbeidsovereenkomsten, noch op collectieve arbeidsovereenkomsten. (Ontw. 6.5.2A.11) **Afdeling 3 niet van toepassing**

Art. 246

Noch van de artikelen 231-244, noch van de bepalingen van de in artikel 239 lid 1 bedoelde algemene maatregelen van bestuur kan worden afgeweken. De bevoegdheid om een beding krachtens deze afdeling door een buitengerechtelijke verklaring te vernietigen, kan niet worden uitgesloten. (Ontw. 6.5.2A.12; BW 3:49, 50) **Dwingend recht**

Art. 247

– 1. Op overeenkomsten tussen partijen die handelen in de uitoefening van een beroep of bedrijf en die beide in Nederland gevestigd zijn, is deze afdeling van toepassing, ongeacht het recht dat de overeenkomst beheerst. **Internationale overeenkomsten**
– 2. Op overeenkomsten tussen partijen die handelen in de uitoefening van een beroep of bedrijf en die niet beide in Nederland gevestigd zijn, is deze afdeling niet van toepassing, ongeacht het recht dat de overeenkomst beheerst.
– 3. Een partij is in de zin van de leden 1 en 2 in Nederland gevestigd, indien haar hoofdvestiging, of, zo de prestatie volgens de overeenkomst door een andere vestiging dan de hoofdvestiging moet worden verricht, deze andere vestiging zich in Nederland bevindt.
– 4. Op overeenkomsten tussen een gebruiker en een wederpartij, natuurlijk persoon, die niet handelt in de uitoefening van een beroep of bedrijf, is, indien de wederpartij haar gewone verblijfplaats in Nederland heeft, deze afdeling van toepassing, ongeacht het recht dat de overeenkomst beheerst. (Ontw. 6.5.2A.13)

AFDELING 4
Rechtsgevolgen van overeenkomsten

Art. 248

– 1. Een overeenkomst heeft niet alleen de door partijen overeengekomen rechtsgevolgen, maar ook die welke, naar de aard van de overeenkomst, uit de wet, de gewoonte of de eisen van redelijkheid en billijkheid voortvloeien. **Wet, gewoonte en redelijkheid en billijkheid**
– 2. Een tussen partijen als gevolg van de overeenkomst geldende regel is niet van toepassing, voor zover dit in de gegeven omstandigheden naar maatstaven van redelijkheid en billijkheid onaanvaardbaar zou zijn. (Ontw. 6.5.3.1; BW 1374-1375, 1383 (oud); BW 2:8, 15; BW 3:11, 12, 35, 166 lid 3, 298; BW 6:2, 8, 52 e.v., 88, 89, 216, 233, 237 sub *h*, 258, 262 e.v.; BW 7:23, 865)

Art. 249

De rechtsgevolgen van een overeenkomst gelden mede voor de rechtverkrijgenden onder algemene titel, tenzij uit de overeenkomst iets anders voortvloeit. In het geval van verdeling van een nalatenschap ingevolge artikel 13 van Boek 4 gelden de rechtsgevolgen van de overeenkomst niet mede voor de kinderen van de erflater, tenzij uit de overeenkomst anders voortvloeit. (Ontw. 6.5.3.2; BW 1354 (oud); BW art. 7:415, 674; BW art. 7A:1648, 1683) **Algemene titel**

Art. 250

Bij overeenkomst kan worden afgeweken van de volgende artikelen van deze afdeling, met uitzondering van de artikelen 251 lid 3, 252 lid 2 voor zover het de eis van een notariële akte betreft, en lid 3, 253 lid 1, 257, 258, 259 en 260. (Ontw. 6.5.3.2a) **Deels dwingend**

Art. 251

– 1. Staat een uit een overeenkomst voortvloeiende, voor overgang vatbaar recht in een zodanig verband met een aan de schuldeiser toebehorend goed, dat hij bij dat recht slechts belang heeft, zolang hij het goed behoudt, dan gaat dat recht over op degene die dat goed onder bijzondere titel verkrijgt. **Kwalitatieve rechten**
– 2. Is voor het recht een tegenprestatie overeengekomen, dan gaat de verplichting tot het verrichten van die tegenprestatie mede over, voor zover deze betrekking heeft op de periode na de overgang. De vervreemder blijft naast de verkrijger jegens de wederpartij aansprakelijk, behoudens voor zover deze zich na de overgang in geval van uitblijven van de tegenprestatie van haar verbintenis kan bevrijden door ontbinding of beëindiging van de overeenkomst. (BW art. 6:6 lid 2, 252 lid 4)
– 3. Het in de vorige leden bepaalde geldt niet, indien de verkrijger van het goed tot de wederpartij bij de overeenkomst een verklaring richt dat hij de overgang van het recht niet aanvaardt. (BW art. 6:250)
– 4. Uit de rechtshandeling waarbij het goed wordt overgedragen, kan voortvloeien dat geen

overgang plaatsvindt. (Ontw. 6.5.3.3; BW 1354 (oud); BW art. 2:62 onder *b*; BW art. 3:83 leden 2 en 3, 303; BW art. 6:155 e.v.; BW art. 7A:1612)

Art. 252

Kwalitatieve verplichtingen Registergoed

– 1. Bij een overeenkomst kan worden bedongen dat de verplichting van een der partijen om iets te dulden of niet te doen ten aanzien van een haar toebehorend registergoed, zal overgaan op degenen die het goed onder bijzondere titel zullen verkrijgen, en dat mede gebonden zullen zijn degenen die van de rechthebbende een recht tot gebruik van het goed zullen verkrijgen.

Inschrijving in registers

– 2. Voor de werking van het in lid 1 bedoelde beding is vereist dat van de overeenkomst tussen partijen een notariële akte wordt opgemaakt, gevolgd door inschrijving daarvan in de openbare registers. Degene jegens wie de verplichting bestaat, waarop het beding betrekking heeft, moet in de akte ter zake van de inschrijving woonplaats kiezen in Nederland.

Geen werking

– 3. Ook na inschrijving heeft het beding geen werking:

a. jegens hen die voor de inschrijving onder bijzondere titel een recht op het goed of tot gebruik van het goed hebben verkregen;

b. jegens een beslaglegger op het goed of een recht daarop, indien de inschrijving op het tijdstip van de inschrijving van het proces-verbaal van inbeslagneming nog niet had plaats gevonden; (Rv 505)

c. jegens hen die hun recht hebben verkregen van iemand die ingevolge het onder *a* of *b* bepaalde niet aan de bedongen verplichting gebonden was.

Tegenprestatie

– 4. Is voor de verplichting een tegenprestatie overeengekomen, dan gaat bij de overgang van de verplichting het recht op de tegenprestatie mee over, voor zover deze betrekking heeft op de periode na de overgang en ook het beding omtrent deze tegenprestatie in de registers ingeschreven is.

Reikwijdte

– 5. Dit artikel is niet van toepassing op verplichtingen die een rechthebbende beperken in zijn bevoegdheid het goed te vervreemden of te bezwaren. (Ontw. 6.5.3.4; BW 1354 (oud); BW 3:17 lid 2, 83, 300 lid 2; 6:157 lid 4, 250, 259; Fw 35*a*; Rv 505; Kad. 47 lid 2 Overg.w. 192)

Art. 253

Derdenbeding

– 1. Een overeenkomst schept voor een derde het recht een prestatie van een der partijen te vorderen of op andere wijze jegens een van hen een beroep op de overeenkomst te doen, indien de overeenkomst een beding van die strekking inhoudt en de derde dit beding aanvaardt. (BW 6:250)

– 2. Tot de aanvaarding kan het beding door degene die het heeft gemaakt, worden herroepen.

– 3. Een aanvaarding of herroeping van het beding geschiedt door een verklaring, gericht tot een van de beide andere betrokkenen. (BW 3:37)

– 4. Is het beding onherroepelijk en jegens de derde om niet gemaakt, dan geldt het als aanvaard, indien het ter kennis van de derde is gekomen en door deze niet onverwijld is afgewezen. (Ontw. 6.5.3.5; BW 1353; BW 3:300 lid 1; 6:254 e.v.; 8:60 lid 2, 441; Overg.w. 81, 193)

Art. 254

Positie van derde na aanvaarding

– 1. Nadat de derde het beding heeft aanvaard, geldt hij als partij bij de overeenkomst.

– 2. Hij kan, indien dit met de strekking van het beding in overeenstemming is, daaraan ook rechten ontlenen over de periode vóór de aanvaarding. (Ontw. 6.5.3.5a; BW 1353 (oud); BW 6:255 e.v., 279; Overg.w. 193)

Art. 255

Aanwijzing

– 1. Heeft een beding ten behoeve van een derde ten opzichte van die derde geen gevolg, dan kan degene die het beding heeft gemaakt, hetzij zichzelf, hetzij een andere derde als rechthebbende aanwijzen.

– 2. Hij wordt geacht zichzelf als rechthebbende te hebben aangewezen, wanneer hem door degene van wie de prestatie is bedongen, een redelijke termijn voor de aanwijzing is gesteld en hij binnen deze termijn geen aanwijzing heeft uitgebracht. (Ontw. 6.5.3.6; BW 1353 (oud) BW 6:253, 254, 256; Overg.w. 193)

Art. 256

Nakoming

De partij die een beding ten behoeve van een derde heeft gemaakt, kan nakoming jegens de derde vorderen, tenzij deze zich daartegen verzet. (Ontw. 6.5.3.7; BW 1353 (oud); BW 6:253, 254, 255; Overg.w. 193)

Art. 257

Blokkering 'paardensprong'

Kan een partij bij een overeenkomst ter afwering van haar aansprakelijkheid voor een gedraging van een aan haar ondergeschikte aan de overeenkomst een verweermiddel jegens haar wederpartij ontlenen, dan kan ook de ondergeschikte, indien hij op grond van deze gedraging door de wederpartij wordt aangesproken, dit verweermiddel inroepen, als ware hijzelf bij de overeenkomst partij. (Ontw. 6.5.3.8a; BW 6:76, 170, 250; 7:608; 8:72, 361-366; Overg.w. 194)

Art. 258

Onvoorziene omstandigheden

– 1. De rechter kan op verlangen van een der partijen de gevolgen van een overeenkomst wijzigen of deze geheel of gedeeltelijk ontbinden op grond van onvoorziene omstandigheden wel-

ke van dien aard zijn dat de wederpartij naar maatstaven van redelijkheid en billijkheid ongewijzigde instandhouding van de overeenkomst niet mag verwachten. Aan de wijziging of ontbinding kan terugwerkende kracht worden verleend.
– 2. Een wijziging of ontbinding wordt niet uitgesproken, voor zover de omstandigheden krachtens de aard van de overeenkomst of de in het verkeer geldende opvattingen voor rekening komen van degene die zich erop beroept.
– 3. Voor de toepassing van dit artikel staat degene op wie een recht of een verplichting uit een overeenkomst is overgegaan, met een partij bij die overeenkomst gelijk. (Ontw. 6.5.3.11; BW 1374 (oud); BW art. 1:159, 401 lid 1; BW art. 3:12, 35, 54, 168 lid 3; BW art. 5:78 e.v., 97; BW art. 6:2, 60, 75, 103, 228 e.v., 248 lid 2, 250, 259 e.v., 263, 265 e.v.; BW art. 7A:1589; CISG art. 79; ONBW art. 195)

Art. 259

Voortdurende verplichtingen

– 1. Indien een overeenkomst ertoe strekt een rechthebbende op of een gebruiker van een registergoed als zodanig te verplichten tot een prestatie die niet bestaat in of gepaard gaat met het dulden van voortdurend houderschap, kan de rechter op zijn verlangen de gevolgen van de overeenkomst wijzigen of deze geheel of gedeeltelijk ontbinden:
a. indien ten minste tien jaren na het sluiten van de overeenkomst zijn verlopen en het ongewijzigd voortduren van de verplichting in strijd is met het algemeen belang;
b. indien de schuldeiser bij de nakoming van de verplichting geen redelijk belang meer heeft en het niet aannemelijk is dat dit belang zal terugkeren.
– 2. Voor de termijn vermeld in lid 1 onder *a* telt mee de gehele periode waarin rechthebbende op of gebruikers van het goed aan een beding van dezelfde strekking gebonden zijn geweest. De termijn geldt niet, voor zover de strijd met het algemeen belang hierin bestaat dat het beding een beletsel vormt voor verwerkelijking van een geldend bestemmingsplan. (Ontw. 6.5.3.12; BW art. 3:14; BW art. 5:78[1], sub *b*, 79, 80; BW art. 6:250, 252, 258, 260; BW art. 7A:1623*e*, lid 1, sub 5; 1631*a* lid 2, sub 31636*b*; Pachtwet art. 40 en 51; Wet ruimtelijke ordening art. 28; ONBW art. 195)

Art. 260

Nadere bepalingen voor toepassing art. 258 en 259

– 1. Een wijziging of ontbinding als bedoeld in de artikelen 258 en 259 kan worden uitgesproken onder door de rechter te stellen voorwaarden.
– 2. Indien hij op grond van die artikelen de overeenkomst wijzigt of gedeeltelijk ontbindt, kan hij bepalen dat een of meer der partijen de overeenkomst binnen een bij de uitspraak vast te stellen termijn door een schriftelijke verklaring geheel zal kunnen ontbinden. De wijziging of gedeeltelijke ontbinding treedt niet in, voordat deze termijn is verstreken.
– 3. Is de overeenkomst die op grond van de artikelen 258 en 259 wordt gewijzigd of geheel of gedeeltelijk ontbonden, ingeschreven in de openbare registers, dan kan ook de uitspraak waarbij de wijziging of ontbinding plaatsvond, daarin worden ingeschreven, mits deze uitspraak in kracht van gewijsde is gegaan of uitvoerbaar bij voorraad is.
– 4. Wordt iemand te dier zake gedagvaard aan zijn overeenkomstig artikel 252 lid 2, eerste zin, gekozen woonplaats, dan zijn daarmee tevens gedagvaard al zijn rechtverkrijgenden die geen nieuwe inschrijving hebben genomen. Artikel 29 lid 2 en lid 3, tweede tot en met vierde zin, van Boek 3 zijn van overeenkomstige toepassing.
– 5. Andere rechtsfeiten die een ingeschreven overeenkomst wijzigen of beëindigen, zijn eveneens inschrijfbaar, voor zover het rechterlijke uitspraken betreft mits zij in kracht van gewijsde zijn gegaan of uitvoerbaar bij voorraad zijn. (Ontw. 6.5.3.12a; , BW 3:17 lid 1, sub *e*, 24; 6:250; Overg.w. 195)

AFDELING 5
Wederkerige overeenkomsten

Art. 261

Wederkerige overeenkomst

– 1. Een overeenkomst is wederkerig, indien elk van beide partijen een verbintenis op zich neemt ter verkrijging van de prestatie waartoe de wederpartij zich daartegenover jegens haar verbindt.

Schakelbepaling

– 2. De bepalingen omtrent wederkerige overeenkomsten zijn van overeenkomstige toepassing op andere rechtsbetrekkingen die strekken tot het wederzijds verrichten van prestaties, voor zover de aard van die rechtsbetrekkingen zich daartegen niet verzet. (Ontw. 6.5.4.1; BW 1349 (oud); BW 3:32 e.v.; 6:1, 213, 279)

Art. 262

Exceptio non adimpleti contractus

– 1. Komt een der partijen haar verbintenis niet na, dan is de wederpartij bevoegd de nakoming van haar daartegenover staande verplichtingen op te schorten.
– 2. In geval van gedeeltelijke of niet behoorlijke nakoming is opschorting slechts toegelaten, voor zover de tekortkoming haar rechtvaardigt. (Ontw. 6.5.4.2; BW 1514 (oud); 3:290 e. v.; 6:52 e.v., 59, 74, 78, 81e. v., 263 e.v.; Overg.w. 180)

Art. 263

Onzekerheidsexceptie

– 1. De partij die verplicht is het eerst te presteren, is niettemin bevoegd de nakoming van haar verbintenis op te schorten, indien na het sluiten van de overeenkomst te harer kennis gekomen omstandigheden haar goede grond geven te vrezen dat de wederpartij haar daartegenover staande verplichtingen niet zal nakomen.

– 2. In geval er goede grond bestaat te vrezen dat slechts gedeeltelijk of niet behoorlijk zal worden nagekomen, is de opschorting slechts toegelaten voor zover de tekortkoming haar rechtvaardigt. (Ontw. 6.5.4.4; BW 6:52-57, 80, 228, 258, 264; 7:27; Overg.w. 180)

Art. 264

Schakelbepaling

In geval van opschorting op grond van de artikelen 262 en 263 zijn de artikelen 54 onder *b* en *c* en 55 niet van toepassing. (Ontw. 6.5.4.4a; Overg.w. 180)

Art. 265

Ontbinding

– 1. Iedere tekortkoming van een partij in de nakoming van een van haar verbintenissen geeft aan de wederpartij de bevoegdheid om de overeenkomst geheel of gedeeltelijk te ontbinden, tenzij de tekortkoming, gezien haar bijzondere aard of geringe betekenis, deze ontbinding met haar gevolgen niet rechtvaardigt.

– 2. Voor zover nakoming niet blijvend of tijdelijk onmogelijk is, ontstaat de bevoegdheid tot ontbinding pas, wanneer de schuldenaar in verzuim is. (Ontw. 6.5.4.6; BW 1302-1303 (oud); BW 3:38, 311; 6:74 e.v., 81 e.v., 236 onder *b*, *e* en *i*, 237 onder *c*, *d* en *i*, 248 lid 2, 258 e.v., 266 e.v., 277; 7:6, 10, 33 e.v., 39, 46; 7A:1576*q*, 1589, 1636; Overg.w. 182; CISG 49, 51, 64, 66 e.v.)

Art. 266

Schuldeisersverzuim

– 1. Geen ontbinding kan worden gegrond op een tekortkoming in de nakoming van een verbintenis ten aanzien waarvan de schuldeiser zelf in verzuim is.

– 2. Wordt echter tijdens het verzuim van de schuldeiser behoorlijke nakoming geheel of gedeeltelijk onmogelijk, dan kan de overeenkomst ontbonden worden, indien door schuld van de schuldenaar of zijn ondergeschikte is tekortgeschoten in de zorg die in de gegeven omstandigheden van hem mocht worden gevergd. (Ontw. 6.5.4.7; BW 1302-1303 (oud); BW 6:54 sub *a*, 58 e.v., 64; Overg.w. 182)

Art. 267

Wijzen van ontbinding

– 1. De ontbinding vindt plaats door een schriftelijke verklaring van de daartoe gerechtigde. Indien de overeenkomst langs elektronische weg is totstandgekomen, kan deze tevens door een langs elektronische weg uitgebrachte verklaring worden ontbonden. Artikel 227*a* lid 1 is van overeenkomstige toepassing.

– 2. Zij kan ook op zijn vordering door de rechter worden uitgesproken. (Ontw. 6.5.4.8; BW 1302-1303 (oud); BW 3:37 lid 2; 6:134, 149; 7:231, 686; Fw 38; Tijdelijke wet huurkoop onr. zaken 11; Overg.w. 182)

Art. 268

Verjaring

De bevoegdheid tot buitengerechtelijke ontbinding vervalt door verjaring van de rechtsvordering tot ontbinding. De verjaring staat niet in de weg aan gerechtelijke of buitengerechtelijke ontbinding ter afwering van een op de overeenkomst steunende rechtsvordering of andere rechtsmaatregel. (Ontw. 6.5.4.8a; BW 1302-1303 (oud); BW 3:51 lid 3, 52 lid 2; 311; 7:23 lid 2; Overg.w. 73, 73*a*)

Art. 269

Geen terugwerkende kracht

De ontbinding heeft geen terugwerkende kracht, behoudens dat een aanbod tot nakoming, gedaan nadat de ontbinding is gevorderd, geen werking heeft, indien de ontbinding wordt uitgesproken. (Ontw. 6.5.4.9, BW 1302-1303 (oud); BW 3:38, 92; 6:86, 271-276; 7:39; Overg.w. 182)

Art. 270

Gedeeltelijke ontbinding

Een gedeeltelijke ontbinding houdt een evenredige vermindering in van de wederzijdse prestaties in hoeveelheid of hoedanigheid. (Ontw. 6.5.4.10; BW 1302-1303 (oud); BW 6:265; 7:39 leden 2 en 3; 7:210; Overg.w. 182)

Art. 271

Rechtsgevolgen ontbinding; ongedaanmaking

Een ontbinding bevrijdt de partijen van de daardoor getroffen verbintenissen. Voor zover deze reeds zijn nagekomen, blijft de rechtsgrond voor deze nakoming in stand, maar ontstaat voor partijen een verbintenis tot ongedaanmaking van de reeds door hen ontvangen prestaties. (Ontw. 6.5.4.14; BW 1302-1303 (oud); BW 3:311 lid 2; 6:24 lid 1, 52 e.v., 203 e.v., 269, 272, 277, 278; 7:39; Fw 37*a*; Overg.w. 182)

Art. 272

Waardevergoeding

– 1. Sluit de aard van de prestatie uit dat zij ongedaan wordt gemaakt, dan treedt daarvoor een vergoeding in de plaats ten belope van haar waarde op het tijdstip van de ontvangst.

– 2. Heeft de prestatie niet aan de verbintenis beantwoord, dan wordt deze vergoeding beperkt tot het bedrag van de waarde die de prestatie voor de ontvanger op dit tijdstip in de gegeven omstandigheden werkelijk heeft gehad. (Ontw. 6.5.4.15; BW 6:210^{2}, 212, 271, 273-276, 278; 7:10$^{3 \text{ en } 4}$; Overg.w. 182)

Art. 273

Zorgplicht ontvanger

Een partij die een prestatie heeft ontvangen, is vanaf het tijdstip dat zij redelijkerwijze met een ontbinding rekening moet houden, verplicht er als een zorgvuldig schuldenaar zorg voor te dragen dat de ingevolge die ontbinding verschuldigde ongedaanmaking van de prestatie mogelijk zal zijn. Artikel 78 is van overeenkomstige toepassing. (Ontw. 6.5.4.16; BW 6:27, 74, 75, 204[1], 271; 7:10[4], 39; Overg.w. 182)

Art. 274

Ontvangst te kwader trouw

Heeft een partij in weerwil van een dreigende ontbinding te kwader trouw een prestatie ontvangen, dan wordt zij na de ontbinding geacht vanaf de ontvangst van de prestatie in verzuim geweest te zijn. (Ontw. 6.5.4.17; BW 3:11; 6:81 v., 84 v., 205, 271 v.; Overg.w. 182)

Art. 275

Vruchten, kosten en schade

De artikelen 120-124 van Boek 3 zijn van overeenkomstige toepassing met betrekking tot hetgeen daarin is bepaald omtrent de afgifte van vruchten en de vergoeding van kosten en schade. (Ontw. 6.5.4.18; BW 3:312; 6:24[2], 206 v.; 7:39; Overg.w. 182)

Art. 276

Ontvanger handelingsonbekwaam

Op de onbekwame die een prestatie heeft ontvangen, rusten de in deze afdeling omschreven verplichtingen slechts, voor zover het ontvangene hem tot werkelijk voordeel heeft gestrekt of in de macht van zijn wettelijke vertegenwoordiger is gekomen. (Ontw. 6.5.4.19; BW 1:234, 381; 3:32; 6:31, 209, 271, 272; 7:39 Overg.w. 182)

Art. 277

Ontbinding en schadevergoeding

– 1. Wordt een overeenkomst geheel of gedeeltelijk ontbonden, dan is de partij wier tekortkoming een grond voor ontbinding heeft opgeleverd, verplicht haar wederpartij de schade te vergoeden die deze lijdt, doordat geen wederzijdse nakoming doch ontbinding van de overeenkomst plaatsvindt.

– 2. Indien de tekortkoming niet aan de schuldenaar kan worden toegerekend, is het vorige lid slechts van toepassing binnen de grenzen van het in artikel 78 bepaalde. (Ontw. 6.5.4.20; BW 1303 (oud); BW 6:74 e.v., 95 e.v., 265; 7A:1684[2]; Overg.w. 182)

Art. 278

Wijziging in waardeverhouding

– 1. De partij die ontbinding kiest van een reeds uitgevoerde overeenkomst, nadat de verhouding in waarde tussen hetgeen wederzijds bij ongedaanmaking zou moeten worden verricht, zich te haren gunste heeft gewijzigd, is verplicht door bijbetaling de oorspronkelijke waardeverhouding te herstellen, indien aannemelijk is dat zij zonder deze wijziging geen ontbinding zou hebben gekozen.

– 2. Het vorige lid is van overeenkomstige toepassing ingeval de partij te wier gunste de wijziging is ingetreden, op andere grond dan ontbinding de stoot tot ongedaanmaking geeft en aannemelijk is dat zij daartoe zonder deze wijziging niet zou zijn overgegaan. (Ontw. 6.5.4.21; BW 6:203, 273 v.; Overg.w. 182)

Art. 279

Meerpartijenovereenkomst

– 1. Op overeenkomsten waaruit tussen meer dan twee partijen verbintenissen voortvloeien, vinden de bepalingen betreffende wederkerige overeenkomsten met inachtneming van de volgende leden overeenkomstige toepassing, voor zover de aard van de overeenkomst zich daartegen niet verzet.

– 2. De partij die een verbintenis op zich heeft genomen ter verkrijging van een daartegenover van een of meer der andere partijen bedongen prestatie, kan haar recht op ontbinding gronden op een tekortkoming in de nakoming van de verbintenis jegens haarzelf.

– 3. Schiet een partij met samenhangende rechten en verplichtingen zelf tekort in de nakoming van haar verbintenis, dan kunnen in ieder geval de overige partijen gezamenlijk de overeenkomst ontbinden. (Ontw. 6.5.4.22; BW 6:213[2], 254, 261 v.; Overg.w. 182)

BOEK 7
Bijzondere overeenkomsten

TITEL 1
Koop en ruil

AFDELING 1
Koop: Algemene bepalingen

Art. 1

Koop is de overeenkomst waarbij de een zich verbindt een zaak te geven en de ander om daarvoor een prijs in geld te betalen. (Ontw. 7.1.1.1; BW 1493 (oud); BW 3:2; 7:9, 26; Overg.w. 196 lid 1; CISG 1 e.v.) **Koop**

Art. 2

– 1. De koop van een tot bewoning bestemde onroerende zaak of bestanddeel daarvan wordt, indien de koper een natuurlijk persoon is die niet handelt in de uitoefening van een beroep of bedrijf, schriftelijk aangegaan. **Koop woning**

– 2. De tussen partijen opgemaakte akte of een afschrift daarvan moet aan de koper ter hand worden gesteld, desverlangd tegen afgifte aan de verkoper van een gedateerd ontvangstbewijs. Gedurende drie dagen na deze terhandstelling heeft de koper het recht de koop te ontbinden. Komt, nadat de koper van dit recht gebruik gemaakt heeft, binnen zes maanden tussen dezelfde partijen met betrekking tot dezelfde zaak of hetzelfde bestanddeel daarvan opnieuw een koop tot stand, dan ontstaat het recht niet opnieuw.

– 3. De leden 1-2 zijn van overeenkomstige toepassing op de koop van deelnemings- of lidmaatschapsrechten die recht geven op het gebruik van een tot bewoning bestemde onroerende zaak of bestanddeel daarvan.

– 4. Van het in de leden 1-3 bepaalde kan niet ten nadele van de koper worden afgeweken, behoudens bij een standaardregeling als bedoeld in artikel 214 van Boek 6.

– 5. De leden 1-4 zijn niet van toepassing op huurkoop en koop op een openbare veiling ten overstaan van een notaris. Zij zijn evenmin van toepassing op een koop als bedoeld in artikel 48*a* onder *a*. (BW 3:39, 40; 6:267 e.v.; 7:3 lid 2, 5, 48*c*, 766; Tijd. wet huurkoop onr. zaken; Overg.w. 197 lid 1)

Art. 3

– 1. De koop van een registergoed kan worden ingeschreven in de openbare registers, bedoeld in afdeling 2 van titel 1 van Boek 3, tenzij op het tijdstip van de inschrijving levering van dat goed door de verkoper nog niet mogelijk zou zijn geweest wegens de in artikel 97 van Boek 3 vervatte uitsluiting van levering bij voorbaat van toekomstige registergoederen. Bij de koop van een tot bewoning bestemde onroerende zaak of bestanddeel daarvan kan, indien de koper een natuurlijk persoon is die niet handelt in de uitoefening van een beroep of bedrijf, van het in de vorige zin bepaalde niet ten nadele van de koper worden afgeweken.

– 2. Gedurende de bedenktijd, bedoeld in artikel 2 lid 2, kan inschrijving slechts plaatsvinden indien de koopakte is opgesteld en medeondertekend door een in Nederland gevestigde notaris.

– 3. Tegen de koper wiens koop is ingeschreven kunnen niet worden ingeroepen:

a. een na de inschrijving van die koop tot stand gekomen vervreemding of bezwaring door de verkoper, tenzij deze vervreemding of bezwaring voortvloeit uit een eerder ingeschreven koop of plaatsvond uit hoofde van een recht op levering dat volgens artikel 298 van Boek 3 ging voor dat van de koper en dat de koper op het tijdstip van de inschrijving van de koop kende of ten aanzien waarvan op dat tijdstip het proces-verbaal van een conservatoir beslag tot levering was ingeschreven;

b. vervreemdingen of bezwaringen die plaatsvinden als vervolg op de onder *a* bedoelde vervreemding of bezwaring door de verkoper;

c. een onderbewindstelling die na de inschrijving van de koop is tot stand gekomen of die, zo zij tevoren was tot stand gekomen, toen niet in de openbare registers was ingeschreven, dit laatste tenzij de koper haar op het tijdstip van de inschrijving van de koop kende;

d. een na de inschrijving van de koop tot stand gekomen verhuring of verpachting;

e. een na de inschrijving van de koop ingeschreven beding als bedoeld in artikel 252 van Boek 6;

f. een executoriaal of conservatoir beslag waarvan het proces-verbaal na de inschrijving van de koop is ingeschreven;

g. een faillissement of surséance van betaling van de verkoper of toepassing ten aanzien van hem van de schuldsaneringsregeling natuurlijke personen, uitgesproken na de dag waarop de koop is ingeschreven.

– 4. De inschrijving van de koop verliest de in lid 3 bedoelde werking met terugwerkende kracht, indien het goed niet binnen zes maanden na de inschrijving aan de koper geleverd is. In dat geval wordt bovendien de koop niet geacht kenbaar te zijn door raadpleging van de openbare registers.

– 5. Nadat de inschrijving haar werking heeft verloren, kan gedurende zes maanden geen koop tussen dezelfde partijen met betrekking tot hetzelfde goed worden ingeschreven.

– 6. Inschrijving van de koop vindt slechts plaats indien onder de koopakte een ondertekende en gedateerde verklaring van een notaris is opgenomen, die zijn naam, voornamen, standplaats en kwaliteit bevat en waarin verklaard wordt dat de leden 1, 2 en 5 niet aan inschrijving in de weg staan.

– 7. De leden 1-6 zijn niet van toepassing op huurkoop. (BW 1:431 e.v., 459 e.v.; 3:23, 40, 84, 236, 260; 7:201 e.v.; Rv 502 e.v., 725 e.v.; Fw 1 e.v., 213 e.v., 284 e.v.; Pachtwet; Tijd. wet huurkoop onr. zaken; Overg.w. 197 lid 1)

Art. 4

Koopprijs

Wanneer de koop is gesloten zonder dat de prijs is bepaald, is de koper een redelijke prijs verschuldigd; bij de bepaling van die prijs wordt rekening gehouden met de door de verkoper ten tijde van het sluiten van de overeenkomst gewoonlijk bedongen prijzen. (Ontw. 7.1.1.2; BW 7:405 lid 2, 601 lid 2; Wet op het Notarisambt 37; CISG 55)

Art. 5

Consumentenkoop

– 1. In deze titel wordt verstaan onder 'consumentenkoop': de koop met betrekking tot een roerende zaak, elektriciteit daaronder begrepen, die wordt gesloten door een verkoper die handelt in de uitoefening van een beroep of bedrijf, en een koper, natuurlijk persoon, die niet handelt in de uitoefening van een beroep of bedrijf. (BW 3:3 lid 2; 6:236, 237)

– 2. Wordt de zaak verkocht door een gevolmachtigde die handelt in de uitoefening van beroep of bedrijf, dan wordt de koop aangemerkt als een consumentenkoop, tenzij de koper ten tijde van het sluiten van de overeenkomst weet dat de volmachtgever niet handelt in de uitoefening van een beroep of bedrijf. (BW 3:60 e.v.; 6:238)

– 3. De vorige leden zijn niet van toepassing indien de overeenkomst door leidingen naar de verbruiker aangevoerd water betreft.

– 4. Indien de te leveren roerende zaak nog tot stand moet worden gebracht en de overeenkomst krachtens welke deze zaak moet worden geleverd voldoet aan de omschrijving van artikel 750, dan wordt de overeenkomst mede als een consumentenkoop aangemerkt indien de overeenkomst wordt gesloten door een aannemer die handelt in de uitoefening van een beroep of bedrijf, en een opdrachtgever, natuurlijk persoon, die niet handelt in de uitoefening van een beroep of bedrijf. De bepalingen van deze titel en die van afdeling 1 van titel 12 zijn naast elkaar van toepassing. In geval van strijd zijn de bepalingen van deze titel van toepassing. (Ontw. 7.1.1.4; BW 3:10; 7:6, 46*b*; Overg.w. 196 lid 2)

Art. 6

Dwingend recht

– 1. Bij een consumentenkoop kan van de afdelingen 1-7 van deze titel niet ten nadele van de koper worden afgeweken en kunnen de rechten en vorderingen die de wet aan de koper ter zake van een tekortkoming in de nakoming van de verplichtingen van de verkoper toekent, niet worden beperkt of uitgesloten. (BW 3:40 lid 2, 49 e.v.; 6:74 e.v.)

– 2. Lid 1 is niet van toepassing op de artikelen 11, 12, 13, 26 en 35, doch bedingen in algemene voorwaarden waarbij ten nadele van de koper wordt afgeweken van die artikelen, worden als onredelijk bezwarend aangemerkt.

– 3. De toepasselijkheid op de consumentenkoop van een recht dat de door de richtlijn nr. 99/44/EG van het Europees Parlement en de Raad van de Europese Unie van 25 mei 1999 betreffende bepaalde aspecten van de verkoop van en de garanties voor consumptiegoederen (*PbEG* L 171) voorziene bescherming niet of slechts ten dele biedt, kan er niet toe leiden dat de koper de bescherming verliest die hem krachtens deze richtlijn wordt geboden door de dwingende bepalingen van het recht van de lidstaat van de Europese Unie of de andere staat die partij is bij de Overeenkomst betreffende de Europese Economische Ruimte, waar hij zijn gewone verblijfplaats heeft. (Ontw. 7.1.1.4a; BW 6:236)

Art. 6a

Garantie

– 1. Indien in geval van een consumentenkoop in een garantie door de verkoper of de producent bepaalde eigenschappen zijn toegezegd, bij het ontbreken waarvan de koper bepaalde rechten of vorderingen worden toegekend, dan kan de koper deze uitoefenen onverminderd alle andere rechten of vorderingen die de wet de koper toekent.

– 2. In een garantie moet op duidelijke en begrijpelijke wijze worden vermeld welke in lid 1 bedoelde rechten of vorderingen een koper worden toegekend en moet worden vermeld dat deze een koper toekomen onverminderd de rechten of vorderingen die de wet hem toekent.

BW 7

Voorts moeten in een garantie de naam en het adres worden vermeld van de verkoper of de producent van wie de garantie afkomstig is, alsmede de duur en het gebied waarvoor de garantie geldt.
– 3. De in lid 2 bedoelde gegevens moeten de koper op zijn verlangen worden verstrekt. Dit geschiedt schriftelijk of op een andere ter beschikking van de koper staande en voor hem toegankelijke duurzame gegevensdrager.
– 4. De aan de koper door de verkoper of de producent in een garantiebewijs toegekende rechten of vorderingen komen hem ook toe indien de zaak niet de eigenschappen bezit die in een reclame door deze verkoper of producent zijn toegezegd.
– 5. In dit artikel wordt verstaan onder:
a. garantie: een in een garantiebewijs of reclame gedane toezegging als bedoeld in lid 1;
b. producent: de fabrikant van de zaak, degene die de zaak in de Europese Economische Ruimte invoert, alsmede een ieder die zich als producent presenteert door zijn naam, zijn merk of een ander onderscheidingsteken op de zaak aan te brengen. (Overg.w. 196 lid 5)

Art. 7

Ongevraagd toezenden

– 1. Degene aan wie een zaak is toegezonden en die redelijkerwijze mag aannemen dat deze toezending is geschied ten einde hem tot een koop te bewegen, is ongeacht enige andersluidende mededeling van de verzender jegens deze bevoegd de zaak om niet te behouden, tenzij het hem is toe te rekenen dat de toezending is geschied. (BW 6:210 lid 2)
– 2. De toezending aan een natuurlijk persoon die niet handelt in de uitoefening van een beroep of bedrijf van een niet door deze bestelde zaak met het verzoek tot betaling van een prijs, terugzending of bewaring, is niet toegestaan. Wordt desalniettemin een zaak toegezonden als bedoeld in de eerste volzin, dan is het in lid 1 bepaalde omtrent de bevoegdheid, de zaak om niet te behouden, van overeenkomstige toepassing.
– 3. Indien de ontvanger in de gevallen, bedoeld in de leden 1-2, de zaak terugzendt, komen de kosten hiervan voor rekening van de verzender.
– 4. Lid 2 is van overeenkomstige toepassing op het verrichten ten behoeve van een natuurlijk persoon die niet handelt in de uitoefening van een beroep of bedrijf van een niet door deze opgedragen dienst. (Ontw. 7.1.1.5; Overg.w. 196 lid 4)

Art. 8

Schakelbepaling

Wordt een nieuw gebouwde of te bouwen woning, bestaande uit een onroerende zaak of bestanddeel daarvan, verkocht en is de koper een natuurlijk persoon die niet handelt in de uitoefening van een beroep of bedrijf, dan zijn de artikelen 767 en 768 van overeenkomstige toepassing. Hiervan kan niet ten nadele van de koper worden afgeweken, behoudens bij een standaardregeling als bedoeld in artikel 214 van Boek 6. (BW 3:40; 7:2; Overg.w. 197 lid 1)

AFDELING 2
Verplichtingen van de verkoper

Art. 9

Hoofdverplichtingen verkoper

– 1. De verkoper is verplicht de verkochte zaak met toebehoren in eigendom over te dragen en af te leveren. Onder toebehoren zijn de aanwezige titelbewijzen en bescheiden begrepen; voor zover de verkoper zelf daarbij belang behoudt, is hij slechts verplicht om aan de koper op diens verlangen en op diens kosten een afschrift of uittreksel af te geven. (BW 1510, 1511, 1518 (oud); BW 3:84, 89 e.v., 300, 301; 6:27, 143; CISG 30)
– 2. Onder aflevering wordt verstaan het stellen van de zaak in het bezit van de koper. (BW 3:90, 114, 115)
– 3. In geval van koop met eigendomsvoorbehoud wordt onder aflevering verstaan het stellen van de zaak in de macht van de koper. (Ontw. 7.1.2.1, BW 3:92; 7A:1576*l* lid 1)

Art. 10

Risico

– 1. De zaak is voor risico van de koper van de aflevering af, zelfs al is de eigendom nog niet overgedragen. Derhalve blijft hij de koopprijs verschuldigd, ongeacht tenietgaan of achteruitgang van de zaak door een oorzaak die niet aan de verkoper kan worden toegerekend. (BW 6:265; 7:11)
– 2. Hetzelfde geldt van het ogenblik af, waarop de koper in verzuim is met het verrichten van een handeling waarmede hij aan de aflevering moet medewerken. Ingeval naar de soort bepaalde zaken zijn verkocht, doet het verzuim van de koper het risico eerst op hem overgaan, wanneer de verkoper de voor de uitvoering van de overeenkomst bestemde zaken heeft aangewezen en de koper daarvan heeft verwittigd. (BW 1497 (oud); BW 6:58 e.v., 65, 266; 7:31; CISG 65)
– 3. Indien de koper op goede gronden het recht op ontbinding van de koop of op vervanging van de zaak inroept, blijft deze voor risico van de verkoper. (BW 6:265 e.v.; 7:21 lid 1 sub c, 35 lid 1)
– 4. Wanneer de zaak na de aflevering voor risico van de verkoper is gebleven, is het teniet-

gaan of de achteruitgang ervan door toedoen van de koper eveneens voor rekening van de verkoper. De koper moet echter van het ogenblik af dat hij redelijkerwijs rekening moet houden met het feit dat hij de zaak zal moeten teruggeven, als een zorgvuldig schuldenaar voor het behoud ervan zorgen; artikel 78 van Boek 6 is van overeenkomstige toepassing. (Ontw. 7.1.2.2; BW 1533 (oud); BW 6:273; 7:29 lid 1, 46; 7A:1576*m* lid 4; CISG 66-70)

Art. 11

Risico bij consumentenkoop

Indien bij een consumentenkoop de zaak bij de koper wordt bezorgd door de verkoper of een door deze aangewezen vervoerder, is de zaak pas voor risico van de koper van de bezorging af, zelfs al was zij reeds eerder afgeleverd in de zin van artikel 9. (Ontw. 7.1.2.2a; BW 7:5, 6 lid 2, 10; Overg.w. 196 lid 2)

Art. 12

Kosten

– 1. Kosten van aflevering, die van weging en telling daaronder begrepen, komen ten laste van de verkoper.

– 2. Kosten van afhalen en kosten van een koopakte en van de overdracht komen ten laste van de koper. (Ontw. 7.1.2.3; BW 1502, 1512 (oud); BW 7:6 lid 2, 13)

Art. 13

Kosten bij consumentenkoop

Indien bij een consumentenkoop de zaak bij de koper wordt bezorgd door de verkoper of een door deze aangewezen vervoerder, kunnen daarvoor slechts kosten worden gevorderd, voor zover zij bij het sluiten van de overeenkomst door de verkoper afzonderlijk zijn opgegeven of door de verkoper de gegevens zijn verschaft op grond waarvan zij door hem worden berekend. Hetzelfde geldt voor kosten, verschuldigd voor andere werkzaamheden die de verkoper in verband met de koop voor de koper verricht. (Ontw. 7.1.2.3a; BW 7:5, 6 lid 2, 12; Overg.w. 196 lid 2)

Art. 14

Vruchten

Van de dag van aflevering af komen de vruchten toe aan de koper, met dien verstande dat burgerlijke vruchten van dag tot dag berekend worden. (Ontw. 7.1.2.4; BW 1517 lid 2 (oud); BW 3:9; 5:1 lid 3; 7:5, 6 lid 1, 47; 7A:1576*n*)

Art. 15

Lasten

– 1. De verkoper is verplicht de verkochte zaak in eigendom over te dragen vrij van alle bijzondere lasten en beperkingen, met uitzondering van die welke de koper uitdrukkelijk heeft aanvaard. (BW 1528 (oud))

– 2. Ongeacht enig andersluidend beding staat de verkoper in voor de afwezigheid van lasten en beperkingen die voortvloeien uit feiten die vatbaar zijn voor inschrijving in de openbare registers, doch daarin ten tijde van het sluiten van de overeenkomst niet waren ingeschreven. (Ontw. 7.1.2.5; BW 3:17; 6:252; 7:9, 19, 20, 27; CISG 41, 42)

Art. 16

Bijstaan in geding

Wanneer tegen de koper een vordering wordt ingesteld tot uitwinning of tot erkenning van een recht waarmede de zaak niet belast had mogen zijn, is de verkoper gehouden in het geding te komen ten einde de belangen van de koper te verdedigen. (Ontw. 7.1.2.6; BW 1528 (oud); BW 7:9, 27; Rv 212, 213)

Art. 17

Conformiteit

– 1. De afgeleverde zaak moet aan de overeenkomst beantwoorden. (BW art. 6:28)

– 2. Een zaak beantwoordt niet aan de overeenkomst indien zij, mede gelet op de aard van de zaak en de mededelingen die de verkoper over de zaak heeft gedaan, niet de eigenschappen bezit die de koper op grond van de overeenkomst mocht verwachten. De koper mag verwachten dat de zaak de eigenschappen bezit die voor een normaal gebruik daarvan nodig zijn en waarvan hij de aanwezigheid niet behoefde te betwijfelen, alsmede de eigenschappen die nodig zijn voor een bijzonder gebruik dat bij de overeenkomst is voorzien.

– 3. Een andere zaak dan is overeengekomen, of een zaak van een andere soort, beantwoordt evenmin aan de overeenkomst. Hetzelfde geldt indien het afgeleverde in getal, maat of gewicht van het overeengekomene afwijkt.

– 4. Is aan de koper een monster of model getoond of verstrekt, dan moet de zaak daarmede overeenstemmen, tenzij het slechts bij wijze van aanduiding werd verstrekt zonder dat de zaak daaraan behoefde te beantwoorden.

– 5. De koper kan zich er niet op beroepen dat de zaak niet aan de overeenkomst beantwoordt wanneer hem dit ten tijde van het sluiten van de overeenkomst bekend was of redelijkerwijs bekend kon zijn. Ook kan de koper zich er niet op beroepen dat de zaak niet aan de overeenkomst beantwoordt wanneer dit te wijten is aan gebreken of ongeschiktheid van grondstoffen afkomstig van de koper, tenzij de verkoper hem voor deze gebreken of ongeschiktheid had moeten waarschuwen.

– 6. Bij koop van een onroerende zaak wordt vermelding van de oppervlakte vermoed slechts als aanduiding bedoeld te zijn, zonder dat de zaak daaraan behoeft te beantwoorden. (Ontw. 7.1.2.7; BW 1519-1526 (oud) BW art. 3:3 lid 1; BW art. 7:9, 18, 21, 23, 24; CISG art. 35, 36)

Art. 18

Conformiteit bij consumentenkoop

– 1. Bij de beoordeling van de vraag of een op grond van een consumentenkoop afgeleverde zaak aan de overeenkomst beantwoordt, gelden mededelingen die door of ten behoeve van een vorige verkoper van die zaak, handelend in de uitoefening van een beroep of bedrijf, omtrent de zaak zijn openbaar gemaakt, als mededelingen van de verkoper, behoudens voor zover deze een bepaalde mededeling kende noch behoorde te kennen of deze mededeling uiterlijk ten tijde van het sluiten van de overeenkomst op een voor de koper duidelijke wijze is herroepen, dan wel de koop niet door deze mededeling beïnvloed kan zijn.
– 2. Bij een consumentenkoop wordt vermoed dat de zaak bij aflevering niet aan de overeenkomst heeft beantwoord, indien de afwijking van het overeengekomene zich binnen een termijn van zes maanden na aflevering openbaart, tenzij de aard van de zaak of de aard van de afwijking zich daartegen verzet.
– 3. Indien in geval van een consumentenkoop de verkoper verplicht is zorg te dragen voor de installatie van de zaak en deze installatie ondeugdelijk is uitgevoerd, wordt dit gelijkgesteld aan een gebrek aan overeenstemming van de zaak aan de overeenkomst. Hetzelfde geldt indien de installatie door de koper ondeugdelijk is uitgevoerd en dit te wijten is aan de montagevoorschriften die met de levering van de zaak aan de koper zijn verstrekt. (Ontw. 7.1.2.7a; BW 7:5, 6 lid 1, 17, 23-25; Overg.w. 196 lid 2)

Art. 19

Executie

– 1. In geval van een executoriale verkoop kan de koper zich er niet op beroepen dat de zaak behept is met een last of een beperking die er niet op had mogen rusten, of dat deze niet aan de overeenkomst beantwoordt, tenzij de verkoper dat wist. (BW 1548 (oud); Rv 430 e.v., 463 e.v., 474g lid 3, 514, 516 lid 2)
– 2. Hetzelfde geldt indien de verkoop bij wijze van parate executie plaatsvindt, mits de koper dit wist of had moeten weten. Bij een consumentenkoop kan de koper zich er echter wel op beroepen dat de zaak niet aan de overeenkomst beantwoordt. (Ontw. 7.1.2.8; BW 3:248, 268)

AFDELING 3
Bijzondere gevolgen van niet-nakoming van de verplichtingen van de verkoper

Art. 20

Opheffing last of beperking

Is de zaak behept met een last of een beperking die er niet op had mogen rusten, dan kan de koper eisen dat de last of de beperking wordt opgeheven, mits de verkoper hieraan redelijkerwijs kan voldoen. (Ontw. 7.1.3.1; BW 7:15, 22, 27; Overg.w. 196 lid 3)

Art. 21

Recht op correcte nakoming bij non-conformiteit

– 1. Beantwoordt het afgeleverde niet aan de overeenkomst, dan kan de koper eisen:
a. aflevering van het ontbrekende;
b. herstel van de afgeleverde zaak, mits de verkoper hieraan redelijkerwijs kan voldoen; (CISG 46 lid 3)
c. vervanging van de afgeleverde zaak, tenzij de afwijking van het overeengekomene te gering is om dit te rechtvaardigen, dan wel de zaak na het tijdstip dat de koper redelijkerwijze met ongedaanmaking rekening moet houden, teniet of achteruit is gegaan doordat hij niet als een zorgvuldig schuldenaar voor het behoud ervan heeft gezorgd. (BW 6:265; 7:10 lid 4; CISG 46 lid 2)
– 2. De kosten van nakoming van de in lid 1 bedoelde verplichtingen kunnen niet aan de koper in rekening worden gebracht.
– 3. De verkoper is verplicht om, mede gelet op de aard van de zaak en op het bijzondere gebruik van de zaak dat bij de overeenkomst is voorzien, binnen een redelijke termijn en zonder ernstige overlast voor de koper, zijn in lid 1 bedoelde verplichtingen na te komen.
– 4. Bij een consumentenkoop komt de koper in afwijking van lid 1 slechts dan geen herstel of vervanging van de afgeleverde zaak toe indien herstel of vervanging onmogelijk is of van de verkoper niet gevergd kan worden.
– 5. Herstel of vervanging kan bij een consumentenkoop van de verkoper niet gevergd worden indien de kosten daarvan in geen verhouding staan tot de kosten van uitoefening van een ander recht of een andere vordering die de koper toekomt, gelet op de waarde van de zaak indien zij aan de overeenkomst zou beantwoorden, de mate van afwijking van het overeengekomene en de vraag of de uitoefening van een ander recht of een andere vordering geen ernstige overlast voor de koper veroorzaakt.
– 6. Indien bij een consumentenkoop de verkoper niet binnen een redelijke tijd nadat hij daartoe door de koper schriftelijk is aangemaand, aan zijn verplichting tot herstel van de afgeleverde zaak heeft voldaan, is de koper bevoegd het herstel door een derde te doen plaatsvinden en de kosten daarvan op de verkoper te verhalen. (Ontw. 7.1.3.2; BW 3:299; 7:5, 6 lid 1, 22; Overg.w. 196 leden 2 en 3)

Art. 22

Overige bevoegdheden

– 1. Beantwoordt het afgeleverde niet aan de overeenkomst, dan heeft bij een consumentenkoop de koper voorts de bevoegdheid om:
a. de overeenkomst te ontbinden, tenzij de afwijking van het overeengekomene, gezien haar geringe betekenis, deze ontbinding met haar gevolgen niet rechtvaardigt;
b. de prijs te verminderen in evenredigheid met de mate van afwijking van het overeengekomene.
– 2. De in lid 1 bedoelde bevoegdheden ontstaan pas wanneer herstel en vervanging onmogelijk zijn of van de verkoper niet gevergd kunnen worden, danwel de verkoper tekort is geschoten in een verplichting als bedoeld in artikel 21 lid 3.
– 3. Voorzover daarvan in deze afdeling niet is afgeweken zijn op de in lid 1 onder *b* bedoelde bevoegdheid de bepalingen van afdeling 5 van titel 5 van Boek 6 omtrent ontbinding van een overeenkomst van overeenkomstige toepassing.
– 4. De rechten en bevoegdheden genoemd in lid 1 en de artikelen 20 en 21 komen de koper toe onverminderd alle andere rechten en vorderingen. (Ontw. 7.1.3.3; Overg.w. 196 lid 3)

Art. 23

Waarschuwingsplicht koper

– 1. De koper kan er geen beroep meer op doen dat hetgeen is afgeleverd niet aan de overeenkomst beantwoordt, indien hij de verkoper daarvan niet binnen bekwame tijd nadat hij dit heeft ontdekt of redelijkerwijs had behoren te ontdekken, kennis heeft gegeven. Blijkt echter aan de zaak een eigenschap te ontbreken die deze volgens de verkoper bezat, of heeft de afwijking betrekking op feiten die hij kende of behoorde te kennen doch die hij niet heeft meegedeeld, dan moet de kennisgeving binnen bekwame tijd na de ontdekking geschieden. Bij een consumentenkoop moet de kennisgeving binnen bekwame tijd na de ontdekking geschieden, waarbij een kennisgeving binnen een termijn van twee maanden na de ontdekking tijdig is. (BW art. 6:89; BW art. 7:17, 18; CISG art. 39 lid 1, 40)
– 2. Rechtsvorderingen en verweren, gegrond op feiten die de stelling zouden rechtvaardigen dat de afgeleverde zaak niet aan de overeenkomst beantwoordt, verjaren door verloop van twee jaren na de overeenkomstig het eerste lid gedane kennisgeving. Doch de koper behoudt de bevoegdheid om aan een vordering tot betaling van de prijs zijn recht op vermindering daarvan of op schadevergoeding tegen te werpen. (BW art. 3:51 lid 3, 52; BW art. 7:17, 18; CISG art. 39 lid 2)

Verjaring

– 3. De termijn loopt niet zolang de koper zijn rechten niet kan uitoefenen als gevolg van opzet van de verkoper. (Ontw. 7.1.3.5; BW 1547 (oud); OBW art. 196 lid 3)

Art. 24

Schadevergoeding bij consumentenkoop vanwege non-conformiteit

– 1. Indien op grond van een consumentenkoop een zaak is afgeleverd die niet de eigenschappen bezit die de koper op grond van de overeenkomst mocht verwachten, heeft de koper jegens de verkoper recht op schadevergoeding overeenkomstig de afdelingen 9 en 10 van titel 1 van Boek 6. (BW 7:25)
– 2. Bestaat de tekortkoming in een gebrek als bedoeld in afdeling 3 van titel 3 van Boek 6, dan is de verkoper niet aansprakelijk voor schade als in die afdeling bedoeld, tenzij
a. hij het gebrek kende of behoorde te kennen,
b. hij de afwezigheid van het gebrek heeft toegezegd of
c. het betreft zaakschade terzake waarvan krachtens afdeling 3 van titel 3 van Boek 6 geen recht op vergoeding bestaat op grond van de in die afdeling geregelde franchise, onverminderd zijn verweren krachtens de afdelingen 9 en 10 van titel 1 van Boek 6.
– 3. Indien de verkoper de schade van de koper vergoedt krachtens lid 2 onder *a* of *b*, is de koper verplicht zijn rechten uit afdeling 3 van titel 3 van Boek 6 aan de verkoper over te dragen. (Ontw. 7.1.3.7; BW 7:5, 6 lid 1, 17 lid 2, 18; Overg.w. 196 lid 2 en 3)

Art. 25

Regresrecht

– 1. Heeft de koper, in geval van een tekortkoming als bedoeld in artikel 24, een of meer van zijn rechten ter zake van die tekortkoming tegen de verkoper uitgeoefend, dan heeft de verkoper recht op schadevergoeding jegens degene van wie hij de zaak heeft gekocht, mits ook deze bij die overeenkomst in de uitoefening van zijn beroep of bedrijf heeft gehandeld. Kosten ter zake van verweer worden slechts vergoed voor zover zij in redelijkheid door de verkoper zijn gemaakt.
– 2. Van lid 1 kan niet ten nadele van de verkoper worden afgeweken.
– 3. Het recht op schadevergoeding krachtens lid 1 komt de verkoper niet toe indien de afwijking betrekking heeft op feiten die hij kende of behoorde te kennen, dan wel haar oorzaak vindt in een omstandigheid die is voorgevallen nadat de zaak aan hem werd afgeleverd.
– 4. Indien aan de zaak een eigenschap ontbreekt die deze volgens de verkoper bezat, is het recht van de verkoper op schadevergoeding krachtens lid 1 beperkt tot het bedrag waarop hij aanspraak had kunnen maken indien hij de toezegging niet had gedaan.

– 5. Op het verhaal krachtens eerdere koopovereenkomsten zijn de vorige leden van overeenkomstige toepassing.
– 6. De vorige leden zijn niet van toepassing voor zover het betreft schade als bedoeld in artikel 24 lid 2. (Ontw. 7.1.3.9; Overg.w. 196 lid 3, 6)

AFDELING 4
Verplichtingen van de koper

Art. 26

Betaling koopprijs

– 1. De koper is verplicht de prijs te betalen.
– 2. De betaling moet geschieden ten tijde en ter plaatse van de aflevering. Bij een consumentenkoop kan de koper tot vooruitbetaling van ten hoogste de helft van de koopprijs worden verplicht. (BW 6:41, 111 e.v.; 7A:1576 e.v.; Overg.w. 196 lid 2; CISG 57, 58 lid 1, 59)
– 3. Is voor de eigendomsoverdracht een notariële akte vereist, gevolgd door inschrijving daarvan in de daartoe bestemde openbare registers, dan moet het verschuldigde ten tijde van de ondertekening van de akte tenminste uit de macht van de koper zijn gebracht en behoeft het pas na de inschrijving in de macht van de verkoper te worden gebracht.
– 4. Bij de koop van een tot bewoning bestemde onroerende zaak of bestanddeel daarvan, kan de koper die een natuurlijk persoon is en niet handelt in de uitoefening van een beroep of bedrijf, niet worden verplicht tot vooruitbetaling van de koopprijs, behoudens dat kan worden bedongen dat hij ter verzekering van de nakoming van zijn verplichtingen een bedrag dat niet hoger is dan 10% van de koopprijs, in depot stort bij een notaris dan wel voor dit bedrag vervangende zekerheid stelt. Van het in de eerste zin bepaalde kan niet ten nadele van de koper worden afgeweken, behoudens bij een standaardregeling als bedoeld in artikel 214 van Boek 6. Het teveel betaalde geldt als onverschuldigd betaald.
– 5. Lid 4 is van overeenkomstige toepassing op de koop van deelnemings- of lidmaatschapsrechten die recht geven op het gebruik van een tot bewoning bestemde onroerende zaak of bestanddeel daarvan.
– 6. De leden 4-5 zijn niet van toepassing op een koop als bedoeld in artikel 48*a* onder *a*. (Ontw. 7.1.4.1; BW 1549, 1550 (oud); BW 3:89; 7:5, 6 lid 2, 767; Overg.w. 197 lid 1)

Art. 27

Opschorting van betaling

Wanneer de koper gestoord wordt of goede grond heeft te vrezen dat hij gestoord zal worden door een vordering tot uitwinning of tot erkenning van een recht op de zaak dat daarop niet had mogen rusten, kan hij de betaling van de koopprijs opschorten, tenzij de verkoper voldoende zekerheid stelt om het nadeel te dekken dat de koper dreigt te lijden. (Ontw. 7.1.4.2; BW 1552 (oud); BW 6:51, 52 e.v.; 7:15, 16, 20; CISG 71 lid 1)

Art. 28

Verjaring

Bij een consumentenkoop verjaart de rechtsvordering tot betaling van de koopprijs door verloop van twee jaren. (Ontw. 7.1.4.2b; BW 3:307; 7:5, 6 lid 1; Overg.w. 196 lid 2)

Art. 29

Ontvangst- en zorgplicht bij weigeren zaak

– 1. Heeft de koper de zaak ontvangen doch is hij voornemens deze te weigeren, dan moet hij als een zorgvuldig schuldenaar voor het behoud ervan zorgen; hij heeft op de zaak een retentierecht totdat hij door de verkoper voor de door hem in redelijkheid gemaakte kosten schadeloos is gesteld. (BW 3:290 e.v.; 6:27; 7:10 lid 4; CISG 86 lid 1)
– 2. De koper die voornemens is een aan hem verzonden en op de plaats van bestemming te zijner beschikking gestelde zaak te weigeren, moet, zo dit geen betaling van de koopprijs en geen ernstige bezwaren of onredelijke kosten meebrengt, deze in ontvangst nemen, tenzij de verkoper op de plaats van bestemming aanwezig is of iemand aldaar bevoegd is zich voor zijn rekening met de zorg voor de zaak te belasten. (Ontw. 7.1.4.3; BW 7:30; CISG 86 lid 2)

Art. 30

Zorgplicht; verkoopplicht

Wanneer in de gevallen, in artikel 29 voorzien, de zaak aan snel tenietgaan of achteruitgang onderhevig is of wanneer de bewaring daarvan ernstige bezwaren of onredelijke kosten zou meebrengen, is de koper verplicht de zaak op een geschikte wijze te doen verkopen. (Ontw. 7.1.4.5; BW 6:90; 7:32; CISG 88 lid 2)

AFDELING 5
Bijzondere gevolgen van verzuim van de koper

Art. 31

Verzuim bij specificeren

Indien de overeenkomst aan de koper de bevoegdheid geeft door aanwijzing van maat of vorm of op andere wijze de zaak te specificeren en hij daarmede in verzuim is, kan de verkoper daartoe zelf overgaan, met inachtneming van de hem bekende behoeften van de koper. (Ontw. 7.1.5.1; BW 6:58 e.v.; 7:10 lid 2; CISG 65)

Art. 32

Verkoopplicht

Ingeval de koper met de inontvangstneming in verzuim is, vindt artikel 30 overeenkomstige toepassing. (Ontw. 7.1.5.2; BW 6:58 e.v., 90; 7:34)

AFDELING 6
Bijzondere gevallen van ontbinding

Art. 33

Ontbinding bij niet-inontvangstname

Indien de aflevering van een roerende zaak op een bepaalde dag essentieel is en op die dag de koper niet in ontvangst neemt, levert zulks een grond op tot ontbinding als bedoeld in artikel 265 van Boek 6. (Ontw. 7.1.6.1; BW 1554 (oud); BW 6:60; CISG 64)

Art. 34

Vrees voor niet-betaling

De verkoper kan de koop door een schriftelijke verklaring ontbinden, indien het achterwege blijven van inontvangstneming hem goede grond geeft te vrezen dat de prijs niet zal worden betaald. (Ontw. 7.1.6.2; BW 6:80 lid 1 sub *c*, 83 sub *c*, 265 e.v.; 7:32)

Art. 35

Verhoging koopprijs (cons.koop)

– 1. Indien de verkoper bij een consumentenkoop krachtens een bij die overeenkomst gemaakt beding de koopprijs na het sluiten van de koop verhoogt, is de koper bevoegd de koop door een schriftelijke verklaring te ontbinden, tenzij bedongen is dat de aflevering langer dan drie maanden na de koop zal plaatsvinden.

– 2. Voor de toepassing van lid 1 wordt onder koopprijs begrepen het bedrag dat bij het sluiten van de overeenkomst onder voorbehoud van prijswijziging voorlopig als koopprijs is opgegeven. (Ontw. 7.1.6.2a; BW 6:265 e.v.; 7:5, 6 lid 2, 22; Overg.w. 196 lid 2)

AFDELING 7
Schadevergoeding

Art. 36

Zaken met dagwaarde

– 1. In geval van ontbinding van de koop is, wanneer de zaak een dagprijs heeft, de schadevergoeding gelijk aan het verschil tussen de in de overeenkomst bepaalde prijs en de dagprijs ten dage van de niet-nakoming.

– 2. Voor de berekening van deze schadevergoeding is de in aanmerking te nemen dagprijs die van de markt waar de koop plaatsvond, of, indien er geen dergelijke dagprijs is of deze bezwaarlijk zou kunnen worden toegepast, de prijs van de markt die deze redelijkerwijs kan vervangen; hierbij wordt rekening gehouden met verschillen in de kosten van vervoer van de zaak. (Ontw. 7.1.7.1; BW art. 6:95 e.v., 277 e.v., BW art. 7:38; BW art. 7A:1576*t*; OBW art. 196 lid 3; CISG art. 76)

Art. 37

Dekkingskoop

Heeft de koper of de verkoper een dekkingskoop gesloten en is hij daarbij redelijk te werk gegaan, dan komt hem het verschil toe tussen de overeengekomen prijs en die van de dekkingskoop. (Ontw. 7.1.7.2; BW 6:95 e.v., 277 e.v.; 7:5, 6 lid 1, 38; Overg.w. 196 lid 3; CISG 75)

Art. 38

Hogere schadevergoeding

De bepalingen van de twee voorgaande artikelen sluiten het recht op een hogere schadevergoeding niet uit ingeval meer schade is geleden. (Ontw. 7.1.7.3; BW 6:95 e.v.; Overg.w. 196 lid 3; CISG 74)

AFDELING 8
Recht van reclame

Art. 39

Recht van reclame

– 1. De verkoper van een roerende, aan de koper afgeleverde zaak die niet een registergoed is, kan, indien de prijs niet betaald is en in verband daarmee aan de vereisten voor een ontbinding als bedoeld in artikel 265 van Boek 6 is voldaan, de zaak door een tot de koper gerichte schriftelijke verklaring terugvorderen. Door deze verklaring wordt de koop ontbonden en eindigt het recht van de koper of zijn rechtsverkrijger; de artikelen 271, 273, 275 en 276 van Boek 6 zijn van overeenkomstige toepassing. (BW 3:3 lid 2, 10; 7:43, 44)

Gedeeltelijke betaling

– 2. Is slechts de prijs van een bepaald deel van het afgeleverde niet betaald, dan kan de verkoper slechts dat deel terugvorderen. Is ten aanzien van het geheel een deel van de prijs niet betaald, dan kan de verkoper een daaraan evenredig deel van het afgeleverde terugvorderen indien het afgeleverde voor een zodanige verdeling vatbaar is. In beide gevallen wordt de koop slechts voor het teruggevorderde deel van het afgeleverde ontbonden.

– 3. In alle andere gevallen van gedeeltelijke betaling van de prijs kan de verkoper slechts het afgeleverde in zijn geheel terugvorderen tegen teruggave van het reeds betaalde. (Ontw. 7.1.8.1; BW 1191, 1192*a* (oud); K 233 (oud); Overg.w. 196 lid 3)

Art. 40

Faillissement koper

– 1. Is de koper in staat van faillissement verklaard of is aan hem surséance van betaling verleend, dan heeft de terugvordering geen gevolg, indien door de curator, onderscheidenlijk door de koper en de bewindvoerder, binnen een hun daartoe door de verkoper bij diens verklaring te stellen redelijke termijn de koopprijs wordt betaald of voor deze betaling zekerheid wordt gesteld.

Schuldsanering koper

– 2. Het eerste lid is van overeenkomstige toepassing indien ten aanzien van de koper de schuldsaneringsregeling natuurlijke personen van toepassing is verklaard, tenzij de koopovereenkomst tot stand is gekomen na de uitspraak tot de toepassing van de schuldsaneringsregeling. (Ontw. 7.1.8.2; K 239 (oud); BW 6:51; Fw 37 e.v., 236 e.v., 284 e.v.; Overg.w. 196 lid 3)

Art. 41

Dezelfde staat

De bevoegdheid tot terugvordering kan slechts worden uitgeoefend voor zover het afgeleverde zich nog in dezelfde staat bevindt als waarin het werd afgeleverd. (Ontw. 7.1.8.3; K 231 lid 1, 234 (oud); Overg.w. 196 lid 3)

Art. 42

Derdenbescherming

– 1. Tenzij de zaak in handen van de koper is gebleven, vervalt de bevoegdheid tot terugvordering wanneer de zaak overeenkomstig artikel 90 lid 1 of artikel 91 van Boek 3 anders dan om niet is overgedragen aan een derde die redelijkerwijs niet behoefde te verwachten dat het recht zou worden uitgeoefend. (BW 1192*a* lid 1 (oud); K 238 lid 1 (oud); BW 3:86 lid 1)

– 2. Is de zaak na de aflevering anders dan om niet in vruchtgebruik gegeven of verpand, dan is lid 1 van overeenkomstige toepassing. (Ontw. 7.1.8.4; BW art. 3:201 e.v., 238 lid 1; Overg.w. 196 lid 3)

Art. 43

Handelspapier

De verkoper kan zijn in artikel 39 omschreven bevoegdheid niet uitoefenen, indien de koper voor de volle koopprijs handelspapier heeft geaccepteerd.

Bij acceptatie voor een gedeelte van de prijs kan de verkoper die bevoegdheid slechts uitoefenen, indien hij ten behoeve van de koper zekerheid stelt voor de vergoeding van hetgeen de koper uit hoofde van zijn acceptatie zou moeten betalen. (Ontw. 7.1.8.6; K 236 (oud); BW 6:46, 51; Overg.w. 196 lid 3)

Art. 44

Vervaltermijn

De in artikel 39 omschreven bevoegdheid van de verkoper vervalt, wanneer zowel zes weken zijn verstreken nadat de vordering tot betaling van de koopprijs opeisbaar is geworden, als zestig dagen, te rekenen van de dag waarop de zaak onder de koper of onder iemand van zijnentwege is opgeslagen. (Ontw. 7.1.8.7; BW 1191 (oud); K 232 lid 2 (oud); BW 6:38, 40 sub *c*; Overg.w. 196 lid 3)

AFDELING 9

Koop op proef

Art. 45

Opschortende voorwaarde

– 1. Koop op proef wordt geacht te zijn gesloten onder de opschortende voorwaarde dat de zaak de koper voldoet.

– 2. Laat deze een termijn, voldoende om de zaak te beoordelen, voorbijgaan zonder de verkoper van zijn beslissing in kennis te stellen, dan kan hij de zaak niet meer weigeren. (Ontw. 7.1.9.1; BW 1499 (oud); BW 6:22, 23, 25, 26; Overg.w. 196[3])

Art. 46

Risico

Zolang de koop niet definitief is, is de zaak voor risico van de verkoper. (Ontw. 7.1.9.2; BW 7:10; Overg.w. 196 lid 3)

AFDELING 9A

Overeenkomsten op afstand

Art. 46a

Begripsbepaling

In deze afdeling wordt verstaan onder:

a. overeenkomst op afstand: de overeenkomst waarbij, in het kader van een door de verkoper of dienstverlener georganiseerd systeem voor verkoop of dienstverlening op afstand, tot en met het sluiten van de overeenkomst uitsluitend gebruik wordt gemaakt van één of meer technieken voor communicatie op afstand;

b. koop op afstand: de overeenkomst op afstand die een consumentenkoop is;

c. overeenkomst op afstand tot het verrichten van diensten: de tot het verrichten van diensten strekkende overeenkomst op afstand tussen een dienstverlener die handelt in de uitoefening van een beroep of bedrijf en een wederpartij, natuurlijk persoon, die niet handelt in de uitoefening van een beroep of bedrijf;

d. financiële dienst: iedere dienst van bancaire aard of op het gebied van kredietverstrekking, verzekering, individuele pensioenen, beleggingen en betalingen;

e. techniek voor communicatie op afstand: een middel dat zonder gelijktijdige persoonlijke

aanwezigheid van partijen kan worden gebruikt voor het sluiten van de overeenkomst op afstand;
f. communicatietechniekexploitant: een natuurlijke persoon of rechtspersoon die zijn bedrijf maakt van het ter beschikking stellen van één of meer technieken voor communicatie op afstand aan verkopers of dienstverleners;
g. richtlijn nr. 97/7/EG: richtlijn nr. 97/7/EG van het Europees Parlement en de Raad van de Europese Unie van 20 mei 1997 betreffende de bescherming van de consument bij op afstand gesloten overeenkomsten (*PbEG* L 144);
h. richtlijn nr. 2002/65/EG: richtlijn nr. 2002/65/EG van het Europees Parlement en de Raad van de Europese Unie van 23 september 2002 betreffende de verkoop op afstand van financiële diensten aan consumenten (*PbEG* L 271).

Art. 46b

Afbakening reikwijdte

– 1. Artikel 5 lid 3 is niet van toepassing op koop op afstand.
– 2. Deze afdeling is niet van toepassing op de koop op afstand:
a. die wordt gesloten met gebruikmaking van distributieautomaten of geautomatiseerde handelsruimten;
b. op een veiling.
– 3. De artikelen 46*c*-46*e* en 46*f* lid 1 zijn niet van toepassing op de koop op afstand van hoofdzakelijk levensmiddelen die worden afgeleverd aan de koper op diens woon- of verblijfplaats of werkplek door frequent en op gezette tijden langskomende bezorgers. (BW 7:46*i*, 46*j*)

Art. 46c

Gegevensverstrekking aan wederpartij

– 1. Tijdig voordat de koop op afstand wordt gesloten, moeten aan de wederpartij met alle aan de gebruikte techniek voor communicatie op afstand aangepaste middelen en op duidelijke en begrijpelijke wijze, de volgende gegevens worden verstrekt, waarvan het commerciële oogmerk ondubbelzinnig moet blijken:
a. de identiteit en, indien de koop op afstand verplicht tot vooruitbetaling van de prijs of een gedeelte daarvan, het adres van de verkoper;
b. de belangrijkste kenmerken van de zaak;
c. de prijs, met inbegrip van alle belastingen, van de zaak;
d. voor zover van toepassing: de kosten van aflevering;
e. de wijze van betaling, aflevering of uitvoering van de koop op afstand;
f. het al dan niet van toepassing zijn van de mogelijkheid van ontbinding overeenkomstig de artikelen 46*d* lid 1 en 46e;
g. indien de kosten van het gebruik van de techniek voor communicatie op afstand worden berekend op een andere grondslag dan het basistarief: de hoogte van het geldende tarief;
h. de termijn voor de aanvaarding van het aanbod, dan wel de termijn voor het gestand doen van de prijs;
i. voor zover van toepassing, in geval van een koop op afstand die strekt tot voortdurende of periodieke aflevering van zaken: de minimale duur van de overeenkomst.
– 2. Tijdig bij de nakoming van de koop op afstand en, voor zover het niet aan derden af te leveren zaken betreft, uiterlijk bij de aflevering, moeten aan de koper op duidelijke en begrijpelijke wijze schriftelijk of, voor zover het de in de onderdelen *a* en *c*-*e* bedoelde gegevens betreft, op een andere te zijner beschikking staande en voor hem toegankelijke duurzame gegevensdrager, de volgende gegevens worden verstrekt, behoudens voor zover zulks reeds is geschied voordat de koop op afstand werd gesloten:
a. de gegevens, bedoeld in de onderdelen *a*-*f* van lid 1;
b. de vereisten voor de gebruikmaking van het recht tot ontbinding overeenkomstig de artikelen 46*d* lid 1 en 46*e* lid 2;
c. het bezoekadres van de vestiging van de verkoper waar de koper een klacht kan indienen;
d. voor zover van toepassing: gegevens omtrent de garantie en omtrent in het kader van de koop op afstand aangeboden diensten;
e. indien de koop op afstand een duur heeft van meer dan een jaar dan wel een onbepaalde duur: de vereisten voor opzegging van de overeenkomst. (BW 7:46*b* lid 3, 46i, 46*j*)

Art. 46d

Ontbinding

– 1. Gedurende zeven werkdagen na de ontvangst van de zaak heeft de koper het recht de koop op afstand zonder opgave van redenen te ontbinden. Indien niet is voldaan aan alle in artikel 46*c* lid 2 gestelde eisen, bedraagt deze termijn drie maanden. De eerste zin is van overeenkomstige toepassing vanaf de voldoening binnen de in de tweede zin bedoelde termijn aan alle in artikel 46*c* lid 2 gestelde eisen.
– 2. In geval van ontbinding overeenkomstig lid 1 kan de verkoper, behoudens ten hoogste de rechtstreekse kosten van het terugzenden van de zaak, aan de koper geen vergoeding in rekening brengen.
– 3. In geval van ontbinding overeenkomstig lid 1 heeft de koper recht op kosteloze teruggave

van het door hem aan de verkoper betaalde. De teruggave moet zo spoedig mogelijk en in ieder geval binnen dertig dagen na de ontbinding plaatsvinden.

– 4. De leden 1-3 zijn niet van toepassing op de koop op afstand:

a. van zaken waarvan de prijs gebonden is aan de schommelingen op de financiële markt, waarop de verkoper geen invloed heeft;

b. van zaken die:

1° zijn tot stand gebracht overeenkomstig specificaties van de koper;

2° duidelijk persoonlijk van aard zijn;

3° door hun aard niet kunnen worden teruggezonden;

4° snel kunnen bederven of verouderen;

c. van audio- en video-opnamen en computerprogrammatuur, indien de koper hun verzegeling heeft verbroken;

d. van kranten en tijdschriften. (BW 7:46*b* lid 3, 46*e*, 46*i*, 46*j*)

Art. 46e

Ontbinding kredietovereenkomst

– 1. Ontbinding van de koop op afstand overeenkomstig artikel 46*d* lid 1 brengt van rechtswege en zonder dat de koper een boete is verschuldigd de ontbinding mee van een overeenkomst die ertoe strekt dat de verkoper aan de koper ten behoeve van de voldoening van de prijs een geldsom leent.

– 2. In geval van ontbinding van de koop op afstand overeenkomstig artikel 46*d* lid 1 heeft de koper tevens het recht een ingevolge een overeenkomst tussen de verkoper en een derde aangegane overeenkomst die ertoe strekt dat de derde aan de koper ten behoeve van de voldoening van de prijs een geldsom leent, zonder boete te ontbinden. (BW 7:46*b* lid 3, 46*i*, 46*j*)

Art. 46f

Verzuim zonder ingebrekestelling

– 1. Het verzuim van de verkoper treedt zonder ingebrekestelling in, wanneer de koop op afstand niet uiterlijk binnen dertig dagen, te rekenen van de dag waarop de koper zijn bestelling bij de verkoper heeft gedaan, is nagekomen, behalve voor zover de vertraging de verkoper niet kan worden toegerekend of nakoming reeds blijvend onmogelijk is.

– 2. Indien nakoming onmogelijk is doordat de gekochte zaak niet beschikbaar is, moet de koper daarvan zo spoedig mogelijk worden kennis gegeven en heeft hij recht op kosteloze teruggave van het door hem aan de verkoper betaalde. De teruggave moet zo spoedig mogelijk en in ieder geval binnen dertig dagen na de kennisgeving plaatsvinden.

– 3. Indien in het in lid 2 bedoelde geval de verkoper krachtens een voor dan wel bij het sluiten van de koop op afstand gemaakt beding de bevoegdheid heeft, een zaak van gelijke kwaliteit en prijs te geven, komen de kosten van het terugzenden van de zaak in geval van ontbinding van de koop op afstand overeenkomstig artikel 46*d* lid 1 ten laste van de verkoper. De koper moet daarvan op duidelijke en begrijpelijke wijze worden kennis gegeven. (BW 7:46*b* lid 3, 46*i*, 46*j*)

Art. 46g

Frauduleus gebruik betaalkaart

De natuurlijke persoon die niet handelt in de uitoefening van een beroep of bedrijf, van wie een betaalkaart frauduleus is gebruikt in het kader van koop op afstand, kan niet worden verplicht tot betaling van de hem als gevolg van dat frauduleuze gebruik in rekening gebrachte bedragen, behoudens voor zover dat gebruik een gevolg is van een omstandigheid die aan hem kan worden toegerekend. Het terzake reeds betaalde geldt als onverschuldigd betaald. (BW 7:46*i*, 46*j*)

Art. 46h

Telefonische communicatie

– 1. Aan een natuurlijk persoon die niet handelt in de uitoefening van een beroep of bedrijf moeten bij het gebruik van de telefoon voor het doen van ongevraagde oproepen ter bevordering van de totstandkoming van een koop op afstand, aan het begin van elk gesprek duidelijk de identiteit van de verkoper, alsmede het commerciële oogmerk van de oproep worden medegedeeld.

– 2. Het gebruik van automatische oproepsystemen zonder menselijke tussenkomst, faxen en elektronische berichten voor het overbrengen van ongevraagde communicatie, ter bevordering van de totstandkoming van een koop op afstand, aan een natuurlijk persoon die niet handelt in de uitoefening van een beroep of bedrijf, is uitsluitend toegestaan, indien de desbetreffende persoon daarvoor voorafgaand toestemming heeft verleend onverminderd hetgeen is bepaald in lid 3.

– 3. Een ieder die elektronische contactgegevens voor elektronische berichten heeft verkregen in het kader van de verkoop van een zaak mag deze gegevens gebruiken voor het overbrengen van communicatie ter bevordering van de totstandkoming van een koop op afstand met betrekking tot eigen gelijksoortige zaken, mits bij de verkrijging van de contactgegevens aan de klant duidelijk en uitdrukkelijk de gelegenheid is geboden om kosteloos en op gemakkelijke wijze verzet aan te tekenen tegen het gebruik van die elektronische contactgegevens, en, indien de klant hiervan geen gebruik heeft gemaakt, hem bij elke overgebrachte communicatie de mogelijkheid wordt geboden om onder dezelfde voorwaarden verzet aan te tekenen tegen het verder gebruik van zijn elektronische contactgegevens. Artikel 41, tweede lid, van de Wet bescherming persoonsgegevens is van overeenkomstige toepassing.

– 4. Bij het gebruik van elektronische berichten ter bevordering van de totstandkoming van een koop op afstand dienen te allen tijde de volgende gegevens te worden vermeld:

a. de werkelijke identiteit van degene namens wie de communicatie wordt overgebracht, en

b. een geldig postadres of nummer waaraan de ontvanger een verzoek tot beëindiging van dergelijke communicatie kan richten.

– 5. Het gebruik van andere dan de in lid 2 genoemde technieken voor communicatie op afstand voor het overbrengen van ongevraagde communicatie of het doen van ongevraagde mededelingen, ter bevordering van de totstandkoming van een koop op afstand, aan een natuurlijk persoon die niet handelt in de uitoefening van een beroep of bedrijf, is toegestaan, tenzij de desbetreffende persoon te kennen heeft gegeven dat hij communicatie of mededelingen waarbij van deze technieken gebruik wordt gemaakt, niet wenst te ontvangen.

– 6. Degene die ongevraagd communicatie overbrengt of mededelingen doet ter bevordering van de totstandkoming van een koop op afstand, neemt passende maatregelen om ten minste eenmaal per jaar de personen, bedoeld in lid 5, bekend te maken met de mogelijkheden tot het doen van een kennisgeving als bedoeld in lid 5. De bekendmaking kan via een of meer dag-, nieuws- of huis-aan-huisbladen of op een andere geschikte wijze plaatsvinden.

– 7. Aan de maatregelen, bedoeld in de leden 2 en 5, zijn voor de in die leden bedoelde personen geen kosten verbonden. (BW 7:46*i*, 46*j*)

Art. 46i

Overeenkomsten op afstand tot verrichten van diensten

– 1. De artikelen 46*b* lid 2, 46*c*, 46*d* leden 1-3 en 4, onderdeel *a*, 46*e* en 46*f* leden 1 en 2 zijn van overeenkomstige toepassing op de overeenkomst op afstand tot het verrichten van diensten die niet een financiële dienst zijn. De artikelen 46g-46*h* zijn van overeenkomstige toepassing op overeenkomsten op afstand tot het verrichten van diensten.

– 2. In afwijking van lid 1 zijn de in dat lid genoemde artikelen niet van toepassing op de overeenkomst op afstand:

a. tot het verrichten van diensten, die wordt gesloten met een telecommunicatie-exploitant door gebruikmaking van een openbare telefoon;

b. tot aanneming van werk die strekt tot de bouw van een onroerende zaak.

– 3. In afwijking van lid 1 zijn de artikelen 46*c*-46*e* en 46*f* lid 1 niet van toepassing op de overeenkomst op afstand tot het verrichten van diensten die logies, vervoer, het restaurantbedrijf of vrijetijdsbesteding betreft, indien de dienstverlener zich er bij het sluiten van de overeenkomst toe verplicht, deze diensten te verrichten op een bepaalde datum of tijdens een bepaalde periode.

– 4. In afwijking van lid 1 is artikel 46*c* lid 2 niet van toepassing op de overeenkomst op afstand tot het verrichten van diensten die in één keer worden verricht met behulp van een techniek voor communicatie op afstand en die in rekening worden gebracht door de communicatietechniekexploitant. Desalniettemin moet aan de wederpartij steeds het bezoekadres van de vestiging van de dienstverlener waar de wederpartij een klacht kan indienen, worden medegedeeld.

– 5. In afwijking van lid 1 is artikel 46*d* niet van toepassing op de overeenkomst op afstand tot het verrichten van diensten:

a. waarvan de nakoming met instemming van de wederpartij is begonnen voordat de in artikel 46*d* lid 1, eerste en derde volzin, bedoelde termijn is verstreken;

b. betreffende weddenschappen en loterijen.

– 6. In geval van een overeenkomst op afstand tot het verrichten van diensten lopen de in artikel 46*d* lid 1, eerste en tweede volzin, bedoelde termijnen vanaf het sluiten van de overeenkomst. (BW 7:46*j*)

– 7. Een beding in een overeenkomst op afstand tot het verrichten van financiële diensten dat de wederpartij belast met het bewijs ter zake van de naleving van de verplichtingen die krachtens richtlijn nr. 2002/65/EG op de dienstverlener rusten, is vernietigbaar.

Art. 46j

Dwingend recht

– 1. Van deze afdeling kan niet ten nadele van de koper dan wel de wederpartij worden afgeweken.

– 2. Lid 1 is niet van toepassing op artikel 46*f* lid 1.

– 3. De toepasselijkheid op de overeenkomst van een recht dat de door richtlijn nr. 97/7/EG respectievelijk richtlijn nr. 2002/65/EG voorziene bescherming niet of slechts ten dele biedt, kan er niet toe leiden dat de koper dan wel de wederpartij de bescherming verliest die hem krachtens richtlijn nr. 97/7/EG respectievelijk richtlijn nr. 2002/65/EG wordt geboden door de dwingende bepalingen van het recht van de lid-staat van de Europese Unie of de andere staat die partij is bij de Overeenkomst betreffende de Europese Economische Ruimte, waar hij zijn gewone verblijfplaats heeft. (BW art. 3:40)

AFDELING 10
Koop van vermogensrechten

Art. 47

Schakelbepaling

Een koop kan ook op een vermogensrecht betrekking hebben. In dat geval zijn de bepalingen van de vorige afdelingen van toepassing voor zover dit in overeenstemming is met de aard van het recht. (Ontw. 7.1.10.1; Overg.w. 196 lid 3)

Art. 48

Verkoop nalatenschap

– 1. Hij die een nalatenschap verkoopt zonder de goederen daarvan stuk voor stuk op te geven, is slechts gehouden voor zijn hoedanigheid van erfgenaam in te staan. (BW 1573 (oud); BW 4:879, 921 lid 1)
– 2. Heeft de verkoper reeds vruchten genoten, een tot de nalatenschap behorende vordering geïnd of goederen uit de nalatenschap vervreemd, dan moet hij die aan de koper vergoeden. (BW 1574 (oud); BW 7:14)
– 3. De koper moet aan de verkoper vergoeden hetgeen deze wegens de schulden en lasten der nalatenschap heeft betaald en hem voldoen hetgeen hij als schuldeiser van de nalatenschap te vorderen had. (Ontw. 7.1.10.2; BW 1575 (oud); Overg.w. 196 lid 3)

AFDELING 10A
Koop van rechten van gebruik in deeltijd van onroerende zaken

Art. 48a

Definitie

In deze afdeling en de daarop berustende bepalingen wordt verstaan onder:
a. koop: iedere overeenkomst en ieder samenstel van overeenkomsten met een duur van ten minste drie jaren en met de strekking dat de ene partij – de verkoper – tegen betaling van een totaalprijs aan de andere partij – de koper – een zakelijk of persoonlijk recht geeft of zich verbindt te geven tot het gebruik voor ten minste een week per jaar van een of meer tot bewoning bestemde onroerende zaken of bestanddelen daarvan;
b. verkoper: een verkoper als bedoeld onder *a*, die bij de koop handelt in de uitoefening van een beroep of bedrijf; (BW 7:5 lid 1)
c. koper: een koper als bedoeld onder *a*, die een natuurlijk persoon is en bij de koop niet handelt in de uitoefening van een beroep of bedrijf; (BW 7:5 lid 1)
d. richtlijn: richtlijn nr. 94/47/EG van het Europees Parlement en van de Raad van de Europese Unie van 26 oktober 1994 betreffende de bescherming van de verkrijger voor wat bepaalde aspecten betreft van overeenkomsten inzake de verkrijging van een recht van deeltijds gebruik van onroerende goederen (*PbEG* L 280). (Ontw 7.1.10A.1; Overg.w. 198)

Art. 48b

Akte

– 1. De koop wordt schriftelijk aangegaan. De koopakte moet ten minste de bij algemene maatregel van bestuur bepaalde gegevens bevatten.
– 2. De in lid 1 bedoelde, tussen partijen opgemaakte, akte of een afschrift daarvan moet aan de koper worden ter hand gesteld, desverlangd tegen afgifte aan de verkoper van een gedateerd ontvangstbewijs.
– 3. De in lid 1 bedoelde akte moet zijn gesteld in de bij algemene maatregel van bestuur bepaalde taal of talen. (Ontw 7.1.10A.2; BW 7:48*c*, 48*f*; Overg.w. 198)

Art. 48c

Ontbinding binnen 10 dagen

– 1. Gedurende tien dagen na de terhandstelling van de akte of een afschrift daarvan overeenkomstig artikel 48*b* lid 2 heeft de koper het recht de koop zonder opgave van redenen te ontbinden. Indien de akte niet alle bij algemene maatregel van bestuur bepaalde gegevens vermeldt, wordt deze termijn verlengd met de tijd die is verstreken vanaf de terhandstelling van de akte of een afschrift daarvan totdat alle ontbrekende gegevens alsnog schriftelijk aan de koper zijn verstrekt, doch ten hoogste met drie maanden.
– 2. De koper oefent zijn in lid 1 bedoelde recht de overeenkomst te ontbinden uit door binnen de gestelde termijn een daartoe strekkende verklaring te richten tot de verkoper of tot degene die daartoe overeenkomstig het in de algemene maatregel van bestuur bepaalde in de akte is vermeld. De verklaring wordt gedaan op een wijze die voor bewijs vatbaar is naar het volgens Nederlands internationaal privaatrecht toepasselijke recht. De gestelde termijn is in acht genomen, indien een schriftelijke verklaring binnen die termijn is verzonden.
– 3. In geval van ontbinding overeenkomstig de leden 1-2 is de koper aan de verkoper geen enkele vergoeding verschuldigd. (Ontw. 7.1.10A.3; BW 6:267 e.v.; 7:48*d*, 48*e*; Overg.w. 198)

Art. 48d

Geen betalingsverplichting binnen 10 dagen

De koper kan binnen de in artikel 48*c* lid 1 bedoelde termijn niet worden verplicht tot vooruitbetaling van de prijs of een gedeelte daarvan. Binnen deze termijn gedane vooruitbetalingen gelden als onverschuldigd betaald. (Ontw. 7.1.10A.4; 6:203 e.v.; Overg.w. 198)

Art. 48e

Ontbinding

– 1. Ontbinding van de koop overeenkomstig artikel 48*c* leden 1-2 brengt van rechtswege en

zonder dat de koper een boete is verschuldigd de ontbinding mee van een overeenkomst die ertoe strekt dat de verkoper aan de koper ten behoeve van de voldoening van de prijs een geldsom leent.
– 2. In geval van ontbinding van de koop overeenkomstig artikel 48*c* leden 1-2 heeft de koper tevens het recht een ingevolge een overeenkomst tussen de verkoper en een derde aangegane overeenkomst die ertoe strekt dat de derde aan de koper ten behoeve van de voldoening van de prijs een geldsom leent, zonder boete te ontbinden. Op de ontbinding overeenkomstig de voorgaande zin is artikel 48*c* lid 2 van overeenkomstige toepassing.
– 3. Op de ontbinding overeenkomstig de leden 1-2 is artikel 48*c* lid 3 van overeenkomstige toepassing. (Ontw. 7.1.10A.5; Overg.w. 198)

Art. 48f

Informatieplicht

– 1. De verkoper moet aan een ieder die verzoekt om inlichtingen over de onroerende zaak of zaken waarop het in artikel 48*a* onder *a* bedoelde, door hem te koop aangeboden recht betrekking heeft, de volgende bescheiden ter hand stellen:
a. een ontwerp van de in artikel 48*b* lid 1 bedoelde akte;
b. een schriftelijke mededeling betreffende de wijze waarop nadere inlichtingen kunnen worden verkregen.
– 2. In reclame voor de onroerende zaak of zaken waarop het in artikel 48*a* onder *a* bedoelde, door de verkoper te koop aangeboden recht betrekking heeft, moet worden medegedeeld dat de in het vorige lid bedoelde bescheiden verkrijgbaar zijn, alsmede waar zij verkrijgbaar zijn.
– 3. Tot het aanbrengen van wijzigingen in het overeenkomstig lid 1 onder *a* ter hand gestelde ontwerp is de verkoper slechts bevoegd met wederzijds goedvinden, dan wel indien deze wijzigingen voortvloeien uit omstandigheden buiten zijn wil.
– 4. De verkoper moet wijzigingen als bedoeld in lid 3 mededelen voordat de koop wordt gesloten. Bovendien moeten zij uitdrukkelijk in de in artikel 48*b* lid 1 bedoelde akte worden vermeld.
– 5. De in lid 1 onder *b* bedoelde mededeling moet zijn gesteld in de bij algemene maatregel van bestuur bepaalde taal. (Ontw. 7.1.10A.6; Overg.w. 198)

Art. 48g

Geen afwijking ten nadele koper

– 1. Van het bij of krachtens deze afdeling bepaalde kan niet ten nadele van de koper worden afgeweken.
– 2. Aan de koper kan, indien de in de koop bedoelde onroerende zaak is gelegen op het grondgebied van een lid-staat van de Europese Unie of van een andere staat die partij is bij de Overeenkomst betreffende de Europese Economische Ruimte, de hem krachtens de richtlijn door het recht van die staat toegekende bescherming niet worden onthouden, ongeacht het recht dat de koop beheerst. (Ontw. 7.1.10A.7; BW 3:40 lid 2; Overg.w. 198)

AFDELING 12
Ruil

Art. 49

Ruil

Ruil is de overeenkomst waarbij partijen zich verbinden elkaar over en weer een zaak in de plaats van een andere te geven. (Ontw. 7.1.12.1; BW 1577 (oud); Overg.w. 196 lid 3)

Art. 50

Schakelbepaling

De bepalingen betreffende koop vinden overeenkomstige toepassing, met dien verstande dat elke partij wordt beschouwd als verkoper voor de prestatie die zij verschuldigd is, en als koper voor die welke haar toekomt. (Ontw. 7.1.12.2; BW 1582 (oud); BW 7:1 e.v.; Overg.w. 196 lid 3)

TITEL 2
Financiëlezekerheidsovereenkomsten

Art. 51

Begripsbepaling

In deze titel wordt verstaan onder:
a. financiëlezekerheidsovereenkomst: een financiëlezekerheidsovereenkomst tot overdracht of een financiëlezekerheidsovereenkomst tot vestiging van een pandrecht;
b. financiëlezekerheidsovereenkomst tot overdracht: een overeenkomst op grond waarvan de onder *d* of *e* bedoelde goederen worden overgedragen als waarborg voor een verplichting;
c. financiëlezekerheidsovereenkomst tot vestiging van een pandrecht: een overeenkomst op grond waarvan een pandrecht wordt verschaft op de onder *d* of *e* bedoelde goederen;
d. geld: op een rekening of deposito gecrediteerd tegoed in geld;
e. effecten: aandelen en andere met aandelen gelijk te stellen effecten, obligaties en andere schuldinstrumenten indien deze op de kapitaalmarkt verhandelbaar zijn, en alle andere gewoonlijk verhandelde effecten waarmee die aandelen, obligaties of andere effecten via inschrijving, koop of omruiling kunnen worden verkregen of die aanleiding kunnen geven tot afwikkeling in geld met uitsluiting van waardepapieren die een betalingsopdracht belicha-

men, inclusief rechten van deelneming in instellingen voor collectieve belegging, geldmarktinstrumenten en vorderingen op of rechten ten aanzien van een van de voornoemde instrumenten;
f. gelijkwaardige goederen:
1. wanneer het betreft geld: hetzelfde bedrag in dezelfde valuta;
2. wanneer het betreft effecten: effecten van dezelfde uitgevende instelling of debiteur, behorende tot dezelfde emissie of categorie, ter waarde van hetzelfde nominale bedrag, luidende in dezelfde valuta en van dezelfde soort, onderscheidenlijk andere goederen indien de financiëlezekerheidsoverkomst voorziet in de overdracht daarvan na het plaatsvinden van een gebeurtenis die betrekking heeft op of gevolgen heeft voor de effecten waarop de schuldenaar een pandrecht heeft gevestigd;
g. executiegrond: verzuim of een andere omstandigheid op grond waarvan de zekerheidsnemer krachtens een financiëlezekerheidsovereenkomst of de wet gerechtigd is verpande goederen te verkopen of zich toe te eigenen dan wel gebruik te maken van een verrekenbeding;
h. verrekenbeding: een beding in een financiëlezekerheidsovereenkomst of een overeenkomst waarvan een financiëlezekerheidsovereenkomst deel uitmaakt, of een wettelijk voorschrift, op grond waarvan bij het voldoen aan de voorwaarden van een executiegrond:
– de verplichtingen van partijen onmiddellijk opeisbaar worden, alsmede omgezet in een verplichting tot het betalen van een bedrag dat hun geschatte actuele waarde vertegenwoordigt, dan wel de verplichtingen vervallen en worden vervangen door een verplichting tot het betalen van het voornoemde bedrag, of
– de verplichtingen van partijen worden verrekend en alleen het saldo verschuldigd is. (BW 3:83 e.v., 236; 6:81, 127 e.v.)

Art. 52

Reikwijdte

– 1. Deze titel is van toepassing op financiëlezekerheidsovereenkomsten waarbij ten minste een van de partijen is:
a. een overheidsinstantie, met inbegrip van:
– instellingen behorend tot de overheidssector van de lidstaten van de Europese Unie die belast zijn met of een rol spelen bij het beheer van de overheidsschuld en;
– instellingen behorend tot de overheidssector van de lidstaten van de Europese Unie die zijn gemachtigd om voor klanten rekeningen aan te houden.
b. een centrale bank, de Europese Centrale Bank, de Bank voor Internationale Betalingen, een multilaterale ontwikkelingsbank, het Internationaal Monetair Fonds en de Europese Investeringsbank.
c. een financiële onderneming onder financieel toezicht, met inbegrip van een bank, beheerder, beleggingsinstelling, beleggingsonderneming, financiële instelling, levensverzekeraar of schadeverzekeraar als bedoeld in artikel 1:1 van de Wet op het financieel toezicht.
d. een centrale tegenpartij, een afwikkelende instantie of een verrekeningsinstituut als bedoeld in artikel 212*a*, onderdeel *c*, *d* en *e*, van de Faillissementswet, inclusief onder het nationale recht van de lidstaten van de Europese Unie vallende gereglementeerde instellingen die actief zijn op de markten voor rechten op overdracht op termijn van goederen, opties en derivaten, en een andere dan een natuurlijke persoon die optreedt als trustee of in een vertegenwoordigende hoedanigheid namens een of meer personen waaronder enigerlei obligatiehouders of houders van andere schuldinstrumenten of enige instelling als omschreven in onderdeel *a*, *b*, *c* of dit onderdeel.
– 2. Deze titel is niet van toepassing indien een van de partijen bij een financiëlezekerheidsovereenkomst een natuurlijke persoon is die niet handelt in de uitoefening van een beroep of bedrijf.

Art. 53

Gebruik of verkoop verpande goederen

– 1. Bij een financiëlezekerheidsovereenkomst tot vestiging van een pandrecht kan worden bedongen dat de zekerheidsnemer de verpande goederen kan gebruiken of verkopen en de opbrengst behouden.
– 2. Uitoefening van het recht tot gebruik of verkoop brengt van rechtswege een verplichting van de zekerheidsnemer mee tot overdracht van gelijkwaardige goederen aan de zekerheidsgever, uiterlijk op het tijdstip waarop moet worden voldaan aan de vordering waarvoor het verpande tot zekerheid strekt.
– 3. In afwijking van lid 2 kan in de financiëlezekerheidsovereenkomst worden bepaald dat de zekerheidsnemer de vordering waarvoor het verpande tot zekerheid strekt verrekent met de waarde van gelijkwaardige goederen, op het tijdstip waarop de vordering moet worden voldaan of zoveel eerder als zich een executiegrond voordoet.
– 4. Het pandrecht strekt zich van rechtswege uit over de goederen die als gevolg van dit artikel in de plaats worden gesteld van de verbonden goederen. (BW 3:229; 7:51 sub f)

Art. 54

Aanvullend recht

– 1. Tenzij anders is bedongen in een financiëlezekerheidsovereenkomst tot de vestiging van een pandrecht, is de zekerheidsnemer, wanneer aan de voorwaarden van een executiegrond wordt voldaan, bevoegd:
a. effecten waarop het pandrecht rust te verkopen en het hem verschuldigde op de opbrengst te verhalen onderscheidenlijk deze effecten zich toe te eigenen en de waarde van de effecten te verrekenen met het hem verschuldigde;
b. geld waarop het pandrecht rust te verrekenen met het hem verschuldigde.
– 2. De verkoop van effecten geschiedt op een markt door tussenkomst van een tussenpersoon in het vak of ter beurze door die van een bevoegde tussenpersoon overeenkomstig de regels en gebruiken die aldaar voor een gewone verkoop gelden.
– 3. De zekerheidsnemer kan zich effecten toe-eigenen indien dit in de financiëlezekerheidsovereenkomst tot de vestiging van een pandrecht is bedongen en de waardering van de effecten is gebaseerd op de waarde op een markt of ter beurze.
– 4. In afwijking van lid 2 en lid 3 kan in een financiëlezekerheidsovereenkomst worden bedongen dat de voorzieningenrechter van de rechtbank op verzoek van de zekerheidsnemer of de zekerheidsgever kan bepalen dat effecten worden verkocht op een afwijkende wijze, of dat de voorzieningenrechter op verzoek van de zekerheidsnemer kan bepalen dat effecten voor een door de voorzieningenrechter vast te stellen bedrag bij wege van toe-eigening aan de zekerheidsnemer zullen verblijven.
– 5. De artikelen 235, 248 leden 1 en 2, 249, 250, 251 en 252 van Boek 3 zijn niet van toepassing. (BW 3:253; 255; 6:127 e.v.; 7:51 sub g; Rv 490b; Fw 53)

Art. 55

Overdracht ter nakoming financiëlezekerheidsovereenkomst

Een overdracht ter nakoming van een financiëlezekerheidsovereenkomst tot overdracht is geen overdracht tot zekerheid of een overdracht die de strekking mist het goed na de overdracht in het vermogen van de verkrijger te doen vallen in de zin van artikel 84 lid 3 van Boek 3. De regels betreffende pandrecht zijn op een zodanige overeenkomst en de uitvoering daarvan niet van toepassing of overeenkomstige toepassing. (BW 3:227 e.v., 236 e.v.)

Art. 56

Vervallen. (Fw 212f)

TITEL 3
Schenking

Art. 175

Begripsbepaling

– 1. Schenking is de overeenkomst om niet, die er toe strekt dat de ene partij, de schenker, ten koste van eigen vermogen de andere partij, de begiftigde, verrijkt.
– 2. Het tot een bepaalde persoon gericht schenkingsaanbod geldt als aangenomen, wanneer deze na er van kennis te hebben genomen het niet onverwijld heeft afgewezen.

Art. 176

Misbruik van omstandigheden

Indien de schenker feiten stelt waaruit volgt dat de schenking door misbruik van omstandigheden is tot stand gekomen, rust bij een beroep op vernietigbaarheid de bewijslast van het tegendeel op de begiftigde, tenzij van de schenking een notariële akte is opgemaakt of deze verdeling van de bewijslast in de gegeven omstandigheden in strijd met de eisen van redelijkheid en billijkheid zou zijn.

Art. 177

Schenking na overlijden

– 1. Voor zover een schenking de strekking heeft dat zij pas na het overlijden van de schenker zal worden uitgevoerd, en zij niet reeds tijdens het leven van de schenker is uitgevoerd, vervalt zij met het overlijden van de schenker, tenzij de schenking door de schenker persoonlijk is aangegaan en van de schenking een notariële akte is opgemaakt. Voor zover de schenking betrekking heeft op kleren, lijfstoebehoren, bepaalde lijfsieraden, bepaalde tot de inboedel behorende zaken en bepaalde boeken, kan worden volstaan met een door de schenker geheel met de hand geschreven, gedagtekende en ondertekende onderhandse akte.
– 2. Indien een bevoegdheid is bedongen tot herroeping van een schenkingsovereenkomst als bedoeld in lid 1, kan deze herroeping behalve bij een tot de begiftigde gerichte verklaring ook bij een uiterste wilsbeschikking van de schenker zonder mededeling aan de begiftigde geschieden.

Art. 178

Vernietigbaarheid

– 1. Een schenking is vernietigbaar, indien zij gedurende een ziekte van de schenker wordt gedaan hetzij aan een beroepsbeoefenaar op het gebied van de individuele gezondheidszorg die hem bijstand verleent, hetzij aan een geestelijk verzorger die hem gedurende de ziekte bijstaat.
– 2. Ook is een schenking vernietigbaar indien zij gedurende een verblijf van de schenker in een voor de verzorging of verpleging van bejaarden of geestelijk gestoorden bestemde instel-

ling wordt gedaan aan degene die de instelling exploiteert of die daarvan de leiding heeft of daarin werkzaam is.
– 3. Artikel 62 leden 2 en 3 van Boek 4 is van overeenkomstige toepassing.
– 4. De bevoegdheid tot vernietiging op grond van de leden 1 en 2 verjaart drie jaar nadat de in lid 1 bedoelde ziekte, onderscheidenlijk het in lid 2 bedoelde verblijf, is geëindigd.
– 5. Na het overlijden van de schenker kan de vernietiging van de schenking op grond van lid 1 of lid 2 mede plaatsvinden door een ieder die door de schenking nadeel lijdt. De vernietiging vindt slechts plaats voor zover deze nodig is tot opheffing van het nadeel van degene die zich op de vernietigingsgrond beroept. Een rechtsvordering tot vernietiging ingevolge de eerste zin verjaart op een met overeenkomstige toepassing van artikel 54 van Boek 4 te bepalen tijdstip, en in ieder geval drie jaar nadat de in lid 1 bedoelde ziekte, onderscheidenlijk het in lid 2 bedoelde verblijf, is geëindigd.

Art. 179

Herroepen aanbod tot schenking

– 1. Een aanbod tot schenking dat de aanbieder ten tijde van zijn overlijden nog kon herroepen, komt, in afwijking van artikel 222 van Boek 6, door zijn dood te vervallen, tenzij uit een overeenkomst of uit het aanbod zelf het tegendeel voortvloeit.
– 2. Is het aanbod bij wijze van uitloving voor een bepaalde tijd gedaan, dan komt het door het overlijden van de aanbieder binnen die tijd te vervallen, indien ten tijde van het overlijden een gewichtige reden tot herroeping als bedoeld in artikel 220 lid 1 van Boek 6 bestond of het overlijden zelf een zodanige reden oplevert; alsdan is artikel 220 lid 2 van Boek 6 van overeenkomstige toepassing.

Art. 180

Ontbindende voorwaarde

Op schenkingen onder een ontbindende voorwaarde en een daarbij aansluitende schenking onder opschortende voorwaarde zijn de artikelen 140 lid 1 en 141 van Boek 4 van overeenkomstige toepassing.

Art. 181

Aanvaarding aanbod tot schenking

– 1. Een aanbod tot schenking dat door de dood van de aanbieder niet vervalt, kan niet worden aanvaard door iemand die op het tijdstip van overlijden van de aanbieder nog niet bestond.
– 2. Lid 1 is niet van toepassing:
a. indien de schenker heeft bepaald dat hetgeen hij schenkt aan een afstammeling van zijn vader of moeder, bij het overlijden van die afstammeling of op een eerder tijdstip zal ten deel vallen aan diens alsdan bestaande afstammelingen staaksgewijze;
b. indien de schenker heeft bepaald dat hetgeen hij aan iemand schenkt, bij het overlijden van de begiftigde of op een eerder tijdstip zal ten deel vallen aan een afstammeling van een ouder van de schenker, en tevens dat, indien die afstammeling dat tijdstip niet overleeft, diens alsdan bestaande afstammelingen staaksgewijze in diens plaats zullen treden;
c. indien de schenker heeft bepaald dat hetgeen de begiftigde van het hem geschonkene bij zijn overlijden of op een eerder tijdstip onverteerd zal hebben gelaten, alsdan zal ten deel vallen aan een dan bestaande bloedverwant van de schenker in de erfelijke graad.

Art. 182

Onder bewind staan geschonkene

– 1. Bij een aanbod tot schenking dat schriftelijk wordt gedaan, kan worden bepaald dat het geschonkene onder bewind zal staan.
– 2. Het bewind heeft dezelfde rechtsgevolgen als een bij uiterste wilsbeschikking ingesteld bewind, met dien verstande dat
a. de termijnen bedoeld in de 178 leden 1 en 2, 179 lid 2 en 180 lid 2 van Boek 4, aanvangen op het tijdstip waarop de schenking wordt uitgevoerd, en
b. het bewind, voor zover het niet in het belang van een ander dan de begiftigde is ingesteld, ook eindigt wanneer de schenker en de begiftigde een gemeenschappelijk besluit tot opheffing schriftelijk ter kennis van de bewindvoerder brengen.

Art. 183

Aansprakelijkheid voor gebreken

– 1. Een schenker is voor gebreken in het recht of voor feitelijke gebreken alleen aansprakelijk, wanneer hij deze niet heeft opgegeven ofschoon zij hem bekend waren, en de begiftigde deze gebreken niet ter gelegenheid van de aflevering van het geschonken goed had kunnen ontdekken.
– 2. Deze aansprakelijkheid strekt zich, behoudens in het geval van bedrog, niet uit tot schade geleden ten aanzien van het geschonken goed zelf.

Art. 184

Vernietigbaarheid

– 1. In de navolgende gevallen is een schenking, ongeacht of zij reeds is uitgevoerd, vernietigbaar:
a. indien de begiftigde in verzuim is met de voldoening van een hem bij de schenking opgelegde verplichting, waarvan noch de schenker noch een derde nakoming kan vorderen;
b. indien de begiftigde opzettelijk een misdrijf jegens de schenker of diens naaste betrekkingen pleegt;

c. indien een begiftigde die wettelijk of krachtens overeenkomst verplicht is tot onderhoud van de schenker bij te dragen, in verzuim is deze verplichting na te komen.
– 2. In lid 1, onder *b*, wordt mede verstaan onder misdrijf: poging tot, voorbereiding van en deelneming aan een misdrijf.

Art. 185

Rechtsvordering tot vernietiging

– 1. Rechtsvorderingen tot vernietiging van de schenking op grond van artikel 184 verjaren door verloop van een jaar, te rekenen van de dag waarop het feit dat grond tot vernietiging oplevert, ter kennis van de schenker is gekomen.
– 2. Na het overlijden van de schenker kan vernietiging van de schenking op grond van het in het vorige artikel bepaalde slechts plaatsvinden door een rechterlijke uitspraak en, in de gevallen genoemd in artikel 184 lid 1, onder *b* en *c*, alleen indien het feit dat grond tot vernietiging oplevert, de dood van de schenker heeft veroorzaakt.

Art. 186

Schakelbepaling

– 1. De bepalingen van deze titel zijn van overeenkomstige toepassing op andere giften dan schenkingen, voor zover de strekking van de betrokken bepalingen in verband met de aard van de handeling zich daartegen niet verzet.
– 2. Als gift wordt aangemerkt iedere handeling die er toe strekt dat degeen die de handeling verricht, een ander ten koste van eigen vermogen verrijkt. Zolang degene tot wiens verrijking de handeling strekt, de prestatie niet heeft ontvangen, noch daarop aanspraak kan maken, worden handelingen als bedoeld in de eerste volzin niet beschouwd als gift.

Art. 187

Tegenprestatie

– 1. Is de begiftigde in verband met de gift gehouden een tegenprestatie te verrichten, dan is artikel 186 lid 1, behoudens voor zover het artikel 182 betreft, van toepassing, en gelden voorts de volgende twee leden.
– 2. In het geval, bedoeld in artikel 177 lid 1, vervalt de gift niet, doch is zij vernietigbaar. De vernietiging werkt terug tot het overlijden van degene die de gift doet. De bevoegdheid tot vernietiging vervalt indien de begiftigde tijdig een aanvullende prestatie toezegt, die de handeling haar in artikel 186 lid 2 bedoelde strekking ontneemt. Bovendien kan de rechter op verlangen van een erfgenaam of van de begiftigde, in plaats van de vernietiging uit te spreken, te dien einde de gevolgen van de handeling wijzigen.
– 3. Is de gift vernietigbaar op grond van artikel 178, dan is artikel 54 van Boek 3 van overeenkomstige toepassing.
– 4. Op handelingen die ten dele als gift, ten dele als nakoming van een natuurlijke verbintenis zijn te beschouwen, zijn de vorige leden van overeenkomstige toepassing.

Art. 188

Aanwijzing begunstigde

– 1. De aanwijzing van een begunstigde bij een sommenverzekering wordt, wanneer zij is aanvaard of kan worden aanvaard, aangemerkt als een gift, tenzij zij geschiedt ter nakoming van een verbintenis anders dan een uit schenking. De artikelen 177, 179, 181, 182 en 187 zijn op deze giften niet van toepassing.
– 2. Als waarde van een gift door begunstiging bij een sommenverzekering geldt de waarde van de daaruit voortvloeiende rechten op uitkering. Indien de begunstiging slechts ten dele als gift wordt aangemerkt, geldt als waarde van de gift een evenredig deel van de waarde van de daaruit voortvloeiende rechten op uitkering.
– 3. Het bedrag dat de verzekeraar krachtens de wet of een overeenkomst met de verzekeringnemer op de uitkering inhoudt, komt in de eerste plaats op de waarde van de gift in mindering.

Art. 7.3.12b

Vervallen.

TITEL 4
Huur

AFDELING 1
Algemene bepalingen

Art. 201

Begripsbepaling

– 1. Huur is de overeenkomst waarbij de ene partij, de verhuurder, zich verbindt aan de andere partij, de huurder, een zaak of een gedeelte daarvan in gebruik te verstrekken en de huurder zich verbindt tot een tegenprestatie.
– 2. Huur kan ook op vermogensrechten betrekking hebben. In dat geval zijn de bepalingen van deze afdeling en de afdelingen 2-4 van toepassing, voor zover de strekking van die bepalingen of de aard van het recht zich daartegen niet verzet.
– 3. De pachtovereenkomst wordt niet als huur aangemerkt. (BW 7A:1584, 1585 (oud); BW 1:346; 3:2, 6, 217, 226, 264; 6:213 e.v., 261 e.v.; 7A:1777 e.v.; Fw 39; Pachtwet)

Art. 202

Indien de huurder recht heeft op de vruchten van de zaak, geldt dit recht als een genotsrecht als bedoeld in artikel 17 van Boek 5. De huurder verkrijgt dit recht van de dag van ingang van de huur af met dien verstande dat burgerlijke vruchten van dag tot dag berekend worden. (BW 3:9)

Vruchten

AFDELING 2

Verplichtingen van de verhuurder

Art. 203

De verhuurder is verplicht de zaak ter beschikking van de huurder te stellen en te laten voor zover dat voor het overeengekomen gebruik noodzakelijk is. (BW 7A:1586 sub 1° (oud); BW 3:299; 6:27; 7:9; Pw 20)

Ter beschikking stellen

Art. 204

– 1. De verhuurder heeft met betrekking tot gebreken van de zaak de in deze afdeling omschreven verplichtingen.

Gebreken

– 2. Een gebrek is een staat of eigenschap van de zaak of een andere niet aan de huurder toe te rekenen omstandigheid, waardoor de zaak aan de huurder niet het genot kan verschaffen dat een huurder bij het aangaan van de overeenkomst mag verwachten van een goed onderhouden zaak van de soort als waarop de overeenkomst betrekking heeft.

– 3. Een feitelijke stoornis door derden zonder bewering van recht als bedoeld in artikel 211 en een bewering van recht zonder feitelijke stoornis zijn geen gebreken in de zin van lid 2. (BW 7A:1586sub 3° (oud); BW 7:241, 242 lid 1)

Art. 205

De uit deze afdeling voortvloeiende rechten van de huurder komen aan deze toe, onverminderd alle andere rechten en vorderingen. (BW 3:44, 290 e.v.; 6:74 e.v., 162 e.v., 228, 231 e.v., 262, 263, 265 e.v.)

Rechten huurder

Art. 206

– 1. De verhuurder is verplicht op verlangen van de huurder gebreken te verhelpen, tenzij dit onmogelijk is of uitgaven vereist die in de gegeven omstandigheden redelijkerwijs niet van de verhuurder zijn te vergen.

Verhelpen gebreken

– 2. Deze verplichting geldt niet ten aanzien van de kleine herstellingen tot het verrichten waarvan de huurder krachtens artikel 217 verplicht is, en ten aanzien van gebreken voor het ontstaan waarvan de huurder jegens de verhuurder aansprakelijk is.

– 3. Is de verhuurder met het verhelpen in verzuim, dan kan de huurder dit verhelpen zelf verrichten en de daarvoor gemaakte kosten, voor zover deze redelijk waren, op de verhuurder verhalen, desgewenst door deze in mindering van de huurprijs te brengen. Hiervan kan niet ten nadele van de huurder worden afgeweken. (BW 7A:1586, 1587 (oud); BW 3:40 lid 2, 299; 6:81 e.v., 127; 7:209, 210, 217, 222, 232, 242 lid 1; Overg.w. 206)

Art. 207

– 1. De huurder kan in geval van vermindering van huurgenot ten gevolge van een gebrek een daaraan evenredige vermindering van de huurprijs vorderen van de dag waarop hij van het gebrek behoorlijk heeft kennis gegeven aan de verhuurder of waarop het gebrek reeds in voldoende mate bekend was om tot maatregelen over te gaan, tot die waarop het gebrek is verholpen.

Huurvermindering

– 2. De huurder heeft geen aanspraak op huurvermindering terzake van gebreken die hij krachtens artikel 217 verplicht is te verhelpen, of voor het ontstaan waarvan hij jegens de verhuurder aansprakelijk is. (BW 6:267, 270; 7:209, 222, 242 lid 1, 257)

Art. 208

Onverminderd de gevolgen van niet-nakoming van de verplichting van artikel 206 is de verhuurder tot vergoeding van de door een gebrek veroorzaakte schade verplicht, indien het gebrek na het aangaan van de overeenkomst is ontstaan en aan hem is toe te rekenen, alsmede indien het gebrek bij het aangaan van de overeenkomst aanwezig was en de verhuurder het toen kende of had behoren te kennen, of toen aan de huurder heeft te kennen gegeven dat de zaak het gebrek niet had. (BW 7A:1586, 1587, 1588 (oud); BW 6:74, 95 e.v.; 7:209, 210 lid 2, 222, 242 lid 1)

Schadevergoeding

Art. 209

Van de artikelen 206, leden 1 en 2, 207 en 208 kan niet ten nadele van de huurder worden afgeweken voor zover het gaat om gebreken die de verhuurder bij het aangaan van de overeenkomst kende of had behoren te kennen. (BW 3:40 lid 2; Overg.w. 206)

Dwingend recht

Art. 210

– 1. Indien een gebrek dat de verhuurder ingevolge artikel 206 niet verplicht is te verhelpen, het genot dat de huurder mocht verwachten, geheel onmogelijk maakt, is zowel de huurder als de verhuurder bevoegd de huur op de voet van artikel 267 van Boek 6 te ontbinden.

Ontbinding huurovereenkomst

– 2. Een verplichting van een der partijen tot schadevergoeding ter zake van een gebrek omvat mede de door het eindigen van de huur ingevolge lid 1 veroorzaakte schade. (BW 7A:1589 (oud); BW 6:265, 277; 7:10, 11)

Art. 211

Inmenging door derde

– 1. Wanneer tegen de huurder door een derde een vordering wordt ingesteld tot uitwinning of tot verlening van een recht waarmee de zaak waarop de huurovereenkomst betrekking heeft, ingevolge die overeenkomst niet belast had mogen zijn, is de verhuurder na kennisgeving daarvan door de huurder gehouden in het geding te komen ten einde de belangen van de huurder te verdedigen.

– 2. De verhuurder moet aan de huurder alle door deze vordering ontstane kosten vergoeden, doch, als de kennisgeving niet onverwijld is geschied, alleen de na de kennisgeving ontstane kosten.

– 3. Wanneer tegen de onderhuurder een vordering betreffende het ondergehuurde wordt ingesteld door de hoofdverhuurder, zijn de voorgaande leden van overeenkomstige toepassing op de onderverhuurder. Voor de toepassing van artikel 212 van het Wetboek van Burgerlijke Rechtsvordering wordt deze vordering gelijkgesteld aan een vordering tot uitwinning. (BW 7A:1593, 1594 (oud); BW 6:252, 7:16, 204 lid 3, 222; Pw 22)

AFDELING 3

De verplichtingen van de huurder

Art. 212

Tegenprestatie

De huurder is verplicht de tegenprestatie op de overeengekomen wijze en tijdstippen te voldoen. (BW 7A:1596 sub 2° (oud); BW 3:308; 6:27 e.v., 50, 111 e.v.; 7:274, 296)

Art. 213

Goed huurderschap

De huurder is verplicht zich ten aanzien van het gebruik van de gehuurde zaak als een goed huurder te gedragen. (BW 7A:1596 sub 1° (oud); BW 6:248; 7:274 lid 1 onder *a*, 296 lid 1 onder *a*)

Art. 214

Overeengekomen gebruik

De huurder is slechts bevoegd tot het gebruik van de zaak dat is overeengekomen, en, zo daaromtrent niets is overeengekomen, tot het gebruik waartoe de zaak naar zijn aard bestemd is. (BW 7A:1596 sub 1° (oud))

Art. 215

Zelfredzaamheid huurder

– 1. De huurder is niet bevoegd de inrichting of gedaante van het gehuurde geheel of gedeeltelijk te veranderen dan na schriftelijke toestemming van de verhuurder, tenzij het gaat om veranderingen en toevoegingen die bij het einde van de huur zonder noemenswaardige kosten kunnen worden ongedaan gemaakt en verwijderd.

– 2. Indien het de huur van woonruimte betreft, verleent de verhuurder binnen acht weken de toestemming in ieder geval, indien de voorgenomen veranderingen de verhuurbaarheid van het gehuurde niet schaden, dan wel niet leiden tot een waardedaling van het gehuurde.

– 3. Indien de verhuurder de toestemming niet verleent, kan de huurder vorderen dat de rechter hem zal machtigen tot het aanbrengen van de veranderingen. Indien de verhuurder niet tevens de eigenaar, vruchtgebruiker of erfpachter van de zaak is, draagt de verhuurder ervoor zorg dat ook de eigenaar, vruchtgebruiker of erfpachter tijdig in het geding wordt geroepen. Indien op de zaak een hypotheek rust, bestaat deze verplichting tevens ten aanzien van de hypotheekhouder.

– 4. De rechter wijst de vordering in ieder geval toe, indien de verhuurder op grond van lid 2 toestemming had behoren te geven. In andere gevallen wijst hij de vordering slechts toe, indien de veranderingen noodzakelijk zijn voor een doelmatig gebruik van het gehuurde door de huurder of het woongenot verhogen en geen zwaarwichtige bezwaren aan de zijde van de verhuurder zich tegen het aanbrengen daarvan verzetten.

– 5. De rechter kan aan de machtiging voorwaarden verbinden of daarbij een last opleggen; hij kan op vordering van de verhuurder de huurprijs verhogen, indien de veranderingen daartoe aanleiding geven.

– 6. Van de voorgaande leden kan niet ten nadele van de huurder worden afgeweken, tenzij het de buitenzijde van gehuurde woonruimte betreft. (BW 7A:1633 (oud); BW 3:40 lid 2; 5:119; Overg.w. 206, 206*a*, 207)

Art. 216

Ongedaanmaking veranderingen

– 1. De huurder is tot de ontruiming bevoegd door hem aangebrachte veranderingen en toevoegingen ongedaan te maken, mits daarbij het gehuurde in de toestand wordt gebracht, die bij het einde van de huur redelijkerwijs in overeenstemming met de oorspronkelijke kan worden geacht.

– 2. De huurder is niet verplicht tot het ongedaan maken van geoorloofde veranderingen en toevoegingen, onverminderd de bevoegdheid van de rechter om hem op de voet van artikel 215

lid 5 de verplichting op te leggen hiervoor vóór de ontruiming van het gehuurde zorg te dragen.
– 3. De huurder kan ter zake van geoorloofde veranderingen en toevoegingen die na het einde van de huurovereenkomst niet ongedaan worden gemaakt, vergoeding vorderen voor zover artikel 212 van Boek 6 dat toestaat. (BW 7A:1603 (oud); BW 3:123; 5:89; 7:224, 242 lid 2)

Art. 217

Kleine herstellingen

De huurder is verplicht te zijnen koste de kleine herstellingen te verrichten, tenzij deze nodig zijn geworden door het tekortschieten van de verhuurder in de nakoming van zijn verplichting tot het verhelpen van gebreken. (BW 7A:1619 (oud); BW 7:206, 240, 242 lid 1)

Art. 218

Schade aan verhuurde zaak

– 1. De huurder is aansprakelijk voor schade aan de verhuurde zaak die is ontstaan door een hem toe te rekenen tekortschieten in de nakoming van een verplichting uit de huurovereenkomst.
– 2. Alle schade wordt vermoed daardoor te zijn ontstaan, behoudens brandschade en, in geval van huur van een gebouwde onroerende zaak of een gedeelte daarvan, schade aan de buitenzijde van het gehuurde.
– 3. Onverminderd artikel 224 lid 2 wordt de huurder vermoed het gehuurde in onbeschadigde toestand te hebben ontvangen. (BW 7A:1600 (oud); BW 6:74 e.v.; Pw 28)

Art. 219

Aansprakelijkheid voor anderen

De huurder is jegens de verhuurder op gelijke wijze als voor eigen gedragingen aansprakelijk voor de gedragingen van hen die met zijn goedvinden het gehuurde gebruiken of zich met zijn goedvinden daarop bevinden. (BW 7A:1602 (oud); BW 6:76, 169 e.v.; Pw 28)

Art. 220

Dringende werkzaamheden

– 1. Indien gedurende de huurtijd dringende werkzaamheden aan het gehuurde moeten worden uitgevoerd of de verhuurder krachtens artikel 56 van Boek 5 iets moet toestaan ten behoeve van een naburig erf, moet de huurder daartoe gelegenheid geven, onverminderd zijn aanspraken op vermindering van de huurprijs, op ontbinding van de huurovereenkomst en op schadevergoeding.
– 2. Lid 1 is van overeenkomstige toepassing wanneer de verhuurder met voortzetting van de huurovereenkomst wil overgaan tot renovatie van de gebouwde onroerende zaak waarop die overeenkomst betrekking heeft, en daartoe aan de huurder een, gelet op het belang van de verhuurder en de belangen van de huurder en eventuele onderhuurders, redelijk voorstel doet. Een dergelijk voorstel wordt schriftelijk gedaan. Onder renovatie wordt zowel sloop met vervangende nieuwbouw als gedeeltelijke vernieuwing door verandering of toevoeging verstaan.
– 3. Indien de renovatie tien of meer woningen of bedrijfsruimten die een bouwkundige eenheid vormen, betreft wordt het in lid 2 bedoelde voorstel vermoed redelijk te zijn, wanneer 70% of meer van de huurders daarmee heeft ingestemd. De huurder die niet met het voorstel heeft ingestemd, kan binnen acht weken na de schriftelijke kennisgeving van de verhuurder aan hem dat 70% of meer van de huurders met het voorstel heeft ingestemd een beslissing van de rechter vorderen omtrent de redelijkheid van het voorstel.
– 4. De voorgaande leden doen niet af aan de bevoegdheid van de verhuurder om de huurovereenkomst op te zeggen op de grond dat hij de zaak dringend nodig heeft voor renovatie, voor zover zulks kan worden gebracht onder de wettelijke opzeggingsgronden die gelden voor een gebouwde onroerende zaak als waarop de huurovereenkomst betrekking heeft. (BW 7A:1391 lid 1 (oud); BW 7:274 lid 1 onder *c*, 296 lid 1 onder *b*; Pw 26 e.v.; Overg.w. 208)

Art. 221

Ingebruikgeving aan ander

De huurder is bevoegd het gehuurde geheel of gedeeltelijk aan een ander in gebruik te geven, tenzij hij moest aannemen dat de verhuurder tegen het in gebruik geven aan die ander redelijke bezwaren zal hebben. (BW 7A: 595 (oud); BW 7:211, 220, 230*a* lid 4, 244, 269, 274 lid 1 onder *c*, 276, 278, 281, 282, 296 lid 3, 297, 299, 306, 308, 309, 310; Pw 32; Overg.w. 208*b*)

Art. 222

In kennis stellen van gebreken

Indien de huurder gebreken aan de zaak ontdekt of derden hem in zijn genot storen of enig recht op de zaak beweren, moet hij daarvan onverwijld aan de verhuurder kennis geven, bij gebreke waarvan hij verplicht is aan de verhuurder de door de nalatigheid ontstane schade te vergoeden. (BW 6:74 e.v., 95 e.v.; 7:206, 207, 208, 211, 270*a*)

Art. 223

Gelegenheid geven tot bezichtiging

De huurder van een onroerende zaak of een gedeelte daarvan is, indien de verhuurder tot verhuur na afloop van lopende huur of tot verkoop wenst over te gaan, verplicht te dulden dat aan de zaak de gebruikelijke kennisgevingen van het te huur of te koop zijn worden aangebracht, en aan belangstellenden gelegenheid te geven tot bezichtiging.

Art. 224

Oplevering

– 1. De huurder is verplicht het gehuurde bij het einde van de huur weer ter beschikking van de verhuurder te stellen.

– 2. Indien tussen de huurder en verhuurder een beschrijving van het verhuurde is opgemaakt, is de huurder gehouden de zaak in dezelfde staat op te leveren waarin deze volgens de beschrijving is aanvaard, met uitzondering van geoorloofde veranderingen en toevoegingen en hetgeen door ouderdom is teniet gegaan of beschadigd. Indien geen beschrijving is opgemaakt, wordt de huurder, behoudens tegenbewijs, verondersteld het gehuurde in de staat te hebben ontvangen zoals deze is bij het einde van de huurovereenkomst. (BW 7A:1598, 1599 (oud); BW 7:216, 218 lid 3, 242 lid 2)

Art. 225

Schadevergoeding

Houdt de huurder na het einde van de huur het gehuurde onrechtmatig onder zich, dan kan de verhuurder over de tijd dat hij het gehuurde mist, een vergoeding vorderen gelijk aan de huurprijs, onverminderd, indien zijn schade meer dan deze vergoeding bedraagt, zijn recht op dit meerdere. (BW 6:95 e.v., 162; 7:230)

AFDELING 4

De overgang van de huur bij overdracht van de verhuurde zaken en het eindigen van de huur

Art. 226

Koop breekt geen huur

– 1. Overdracht van de zaak waarop de huurovereenkomst betrekking heeft en vestiging of overdracht van een zelfstandig recht van vruchtgebruik, erfpacht of opstal op de zaak waarop de huurovereenkomst betrekking heeft, door de verhuurder doen de rechten en verplichtingen van de verhuurder uit de huurovereenkomst, die daarna opeisbaar worden, overgaan op de verkrijger.

– 2. Overdracht door een schuldeiser van de verhuurder wordt met overdracht door de verhuurder gelijkgesteld.

– 3. De verkrijger wordt slechts gebonden door die bedingen van de huurovereenkomst, die onmiddellijk verband houden met het doen hebben van het gebruik van de zaak tegen een door de huurder te betalen tegenprestatie.

– 4. Bij huur van een gebouwde onroerende zaak of een gedeelte daarvan alsmede van een woonwagen in de zin van artikel 235 en van een standplaats in de zin van artikel 236, kan niet van de voorgaande leden worden afgeweken. (BW 7A:1612 (oud); BW 3:36, 40, 83 e.v., 201 e.v., 217, 264; 5:85 e.v., 94, 101 e.v., 104; 7:227; Pw 34; Overg.w. 206)

Art. 227

Ander beperkt recht

In geval van vestiging of overdracht van een beperkt recht op de verhuurde zaak, dat niet onder artikel 226 lid 1 is begrepen, is de gerechtigde jegens de huurder verplicht zich te onthouden van een uitoefening van dat recht, die het gebruik door de huurder belemmert.

Art. 228

Eindigen huur

– 1. Een huur voor bepaalde tijd aangegaan, eindigt, zonder dat daartoe een opzegging vereist is, wanneer die tijd is verstreken.

– 2. Een huur voor onbepaalde tijd aangegaan of voor onbepaalde tijd verlengd eindigt door opzegging. Heeft de huur betrekking op een onroerende zaak die noch woonruimte, noch bedrijfsruimte is, dan dient de opzegging te geschieden tegen een voor huurbetaling overeengekomen dag op een termijn van tenminste een maand. (BW 7A: 1606 (oud); BW 7: 230*a*, 271, 293; Fw 39, 238)

Art. 229

Overlijden huurder of verhuurder

– 1. De dood van de huurder of de verhuurder doet de huur niet eindigen.

– 2. Indien de erfgenamen van de huurder niet bevoegd zijn de zaak aan een ander in gebruik te geven, kunnen zij, onderscheidenlijk zijn echtgenoot of geregistreerde partner in het geval zijn nalatenschap overeenkomstig artikel 13 van Boek 4 wordt verdeeld, gedurende zes maanden na het overlijden van hun erflater de overeenkomst op een termijn van tenminste een maand opzeggen.

– 3. Indien een huurder twee of meer erfgenamen nalaat, is de verhuurder verplicht zijn medewerking te verlenen aan de toedeling van de rechten en verplichtingen van de overleden huurder uit de huurovereenkomst door de gezamenlijke erfgenamen aan een of meer van hen, tenzij de verhuurder tegen een of meer van de aangewezenen redelijke bezwaren heeft. De eerste zin is niet van toepassing indien de nalatenschap ingevolge artikel 13 van Boek 4 is verdeeld. (BW 7A:1611, 1632 (oud); BW 7:268 lid 8, 302; Overg.w. 208*c*)

Art. 230

Stilzwijgende verlenging

Indien na afloop van een huurovereenkomst de huurder met goedvinden van de verhuurder het gebruik van het gehuurde behoudt, wordt daardoor, tenzij van een andere bedoeling blijkt, de overeenkomst, ongeacht de tijd waarvoor zij was aangegaan, voor onbepaalde tijd verlengd. (BW 7A:1623 (oud); BW 7:225, 242 lid 2)

Art. 230a

Ontruimingsbescherming

– 1. Heeft de huur betrekking op een gebouwde onroerende zaak of gedeelte daarvan en is die zaak of dat gedeelte noch woonruimte, noch bedrijfsruimte in de zin van deze titel, dan kan de

huurder na het einde van de huurovereenkomst de rechter verzoeken de termijn waarbinnen ontruiming moet plaats vinden, te verlengen. Het verzoek moet worden ingediend binnen twee maanden na het tijdstip waartegen schriftelijk ontruiming is aangezegd.
– 2. Het eerste lid geldt niet in geval de huurder zelf de huur heeft opgezegd, uitdrukkelijk in de beëindiging daarvan heeft toegestemd of veroordeeld is tot ontruiming wegens niet nakoming van zijn verplichtingen.
– 3. De verhuurder kan niet verlangen dat de huurder voor het einde van de in lid 1 bedoelde termijn tot ontruiming overgaat. De indiening van het verzoek schorst de verplichting om tot ontruiming over te gaan, totdat op het verzoek is beslist.
– 4. Het verzoek wordt slechts toegewezen indien de belangen van de huurder en van de onderhuurder aan wie bevoegdelijk is onderverhuurd, door de ontruiming ernstiger worden geschaad dan die van de verhuurder bij voortzetting van het gebruik door de huurder. Het verzoek wordt niettemin afgewezen, indien de verhuurder aannemelijk maakt dat van hem wegens onbehoorlijk gebruik van het verhuurde, wegens ernstige overlast, de medegebruikers dan wel hemzelf aangedaan, of wegens wanbetaling niet gevergd kan worden dat de huurder langer het recht op het gebruik van de zaak of gedeelte daarvan behoudt.
– 5. De verlenging kan worden uitgesproken voor een termijn van ten hoogste een jaar na het eindigen van de overeenkomst. Deze termijn kan op verzoek van de huurder nog tweemaal telkens met ten hoogste een jaar worden verlengd. Het verzoek tot verlenging moet uiterlijk een maand voor het verstrijken van de termijn worden ingediend. Lid 3, tweede zin, en lid 4 zijn van toepassing.
– 6. Zo partijen het niet eens zijn over de som die de huurder gedurende de termijn waarmee de verlenging heeft plaats gevonden, voor het gebruik van de zaak of gedeelte daarvan verplicht is te betalen, stelt rechter deze som vast op een, gezien het huurpeil ter plaatse, redelijk bedrag. Hij kan, zo een der partijen dit verzoekt, te dier zake een voorlopige voorziening treffen. Voor het overige blijven gedurende deze termijn de rechten en verplichtingen uit de huurovereenkomst tussen partijen van kracht.
– 7. Bij afwijzing van het verzoek stelt de rechter het tijdstip van ontruiming vast. De beschikking geldt als een veroordeling tot ontruiming tegen dat tijdstip.
– 8. Tegen een beschikking krachtens dit artikel staat geen hogere voorziening open.
– 9. Van dit artikel kan niet ten nadele van de huurder worden afgeweken. (BW art. 7:221, 233, 271 lid 8, 272, 290 lid 2, 293, 295; ONBW art. 208*d*)

Art. 231

Ontbinding huurovereenkomst

– 1. Ontbinding van een huurovereenkomst met betrekking tot een gebouwde onroerende zaak alsmede een woonwagen in de zin van artikel 235 en een standplaats in de zin van artikel 236 op de grond dat de huurder tekortgeschoten is in de nakoming van zijn verplichtingen, kan slechts geschieden door de rechter, behoudens in het geval van lid 2 en van artikel 210.
– 2. De verhuurder kan de overeenkomst op de voet van artikel 267 van Boek 6 ontbinden op de grond dat door gedragingen in het gehuurde de openbare orde is verstoord en het gehuurde deswege op grond van artikel 174*a* van de Gemeentewet dan wel op grond van een verordening als bedoeld in artikel 174 van die wet is gesloten, door gedragingen in zodanig gebouw in strijd met artikel 2 of 3 van de Opiumwet is gehandeld en het desbetreffende gebouw deswege op grond van artikel 13*b* van die wet is gesloten, of zodanig gebouw op grond van artikel 97 van de Woningwet is gesloten.
– 3. Van lid 1 kan niet ten nadele van de huurder worden afgeweken. (BW 7A:1597, 1623*n* lid 1, 1636 lid 1 (oud); BW art. 3:40 lid 2; BW art. 6:265 e.v.; OBW 206)

AFDELING 5
Huur van woonruimte

ONDERAFDELING 1
Algemeen

Art. 232

Reikwijdte

– 1. Deze afdeling is uitsluitend van toepassing op huur van woonruimte.
– 2. Deze afdeling is niet van toepassing op huur welke een gebruik van woonruimte betreft dat naar zijn aard slechts van korte duur is.
– 3. De artikelen 206 lid 3, 270, 271 lid 4, 272, 273, 274, 275, 276, 277 en 281 zijn gedurende negen maanden na het ingaan van de overeenkomst niet van toepassing op huur van woonruimte die niet een zelfstandige woning vormt en deel uitmaakt van een woning waarin de verhuurder zijn hoofdverblijf heeft en waarin niet eerder aan dezelfde huurder deze of andere woonruimte is verhuurd geweest.
– 4. De artikelen 206 lid 3, 269 lid 1 en 2, 270, 271 tot en met 277, 278 leden 1 en 2 en 281 zijn niet van toepassing op de huur van woonruimte in gebouwen, welke aan een gemeente toebe-

horen en ten tijde van het aangaan van de overeenkomst voor afbraak zijn bestemd. (BW 7A:1623*a* lid 1 (oud); HPW 2 (oud)))

Art. 233

Woonruimte

Onder woonruimte wordt verstaan een gebouwde onroerende zaak voor zover deze als zelfstandige dan wel niet zelfstandige woning is verhuurd, dan wel een woonwagen of een standplaats, alsmede de onroerende aanhorigheden. (BW 7A:1623*a* lid 2 (oud))

Art. 234

Zelfstandige woonruimte

Onder zelfstandige woning wordt verstaan de woning welke een eigen toegang heeft en welke de bewoner kan bewonen zonder daarbij afhankelijk te zijn van wezenlijke voorzieningen buiten de woning. (BW 7A:1623*a* lid 3 (oud); HPW 1 (oud); BW 7:269)

Art. 235

Woonwagen

Onder woonwagen wordt verstaan een voor bewoning bestemd gebouw, dat is geplaatst op een standplaats, in zijn geheel of in delen kan worden verplaatst en waarvoor een bouwvergunning als bedoeld in artikel 40 van de Woningwet is afgegeven. (BW 7A:1623*a* lid 4 (oud))

Art. 236

Standplaats

Onder standplaats wordt verstaan een kavel, bestemd voor het plaatsen van een woonwagen, waarop voorzieningen aanwezig zijn die op het leidingnet van de openbare nutsbedrijven, andere instellingen of van gemeenten kunnen worden aangesloten. (BW 7A:1623*a* lid 5 (oud))

Art. 237

Prijs, huurprijs, servicekosten

– 1. In deze afdeling wordt onder prijs verstaan het geheel van de verplichtingen die de huurder tegenover de verhuurder bij of ter zake van huur op zich neemt.

– 2. Onder huurprijs wordt verstaan de prijs die is verschuldigd voor het enkele gebruik van de woonruimte.

– 3. Onder servicekosten wordt verstaan de vergoeding voor de in verband met de bewoning van de woonruimte geleverde zaken en diensten. Bij algemene maatregel van bestuur kunnen zaken en diensten worden aangewezen waarvoor de vergoeding moet worden aangemerkt als servicekosten.

Art. 238

Huurcommissie

Onder huurcommissie wordt verstaan de huurcommissie bedoeld in artikel 21 van de Uitvoeringswet huurprijzen woonruimte.

Art. 239

Minister

Onder Onze Minister wordt verstaan de Minister voor Wonen, Wijken en Integratie.

Art. 240

Kleine herstellingen

Bij algemene maatregel van bestuur kunnen herstellingen worden aangewezen die moeten worden aangemerkt als kleine herstellingen die krachtens artikel 217 voor rekening van de huurder zijn. Van de krachtens het onderhavige artikel vastgestelde bepalingen kan niet ten nadele van de huurder worden afgeweken. (BW 3:40 lid 2; Overg.w. 206)

Art. 241

Gebreken

Bij of krachtens algemene maatregel van bestuur wordt bepaald welke tekortkomingen in elk geval als gebreken worden aangemerkt. Van de krachtens dit artikel vastgestelde bepalingen kan niet ten nadele van de huurder worden afgeweken. (BW 3:40 lid 2; Overg.w. 206)

Art. 242

Dwingend recht

– 1. Behoudens bij standaardregeling bedoeld in artikel 214 van Boek 6 kan niet ten nadele van de huurder worden afgeweken van de artikelen 204, 206 leden 1 en 2, 207, 208 en 217, tenzij het gaat om herstellingen aan door de huurder aangebrachte veranderingen en toevoegingen of gebreken aan door de huurder aangebrachte veranderingen en toevoegingen.

– 2. Van de artikelen 216 lid 3, 224 lid 2 en 230 kan niet ten nadele van de huurder worden afgeweken. (BW 3:40; Overg.w. 206)

Art. 243

Voorzieningen i.v.m. energiebesparing

– 1. Indien woonruimte in een gebouwde onroerende zaak voorzieningen behoeft als bedoeld in lid 2, kan de rechter op verzoek van de huurder bepalen dat de verhuurder verplicht is deze verbetering op eigen kosten aan te brengen, mits de huurder zich bereid heeft verklaard tot het betalen van een huurverhoging die in redelijke verhouding staat tot deze kosten. Van deze bepaling kan niet ten nadele van de huurder worden afgeweken. (BW 3:40 lid 2; Overg.w. 206)

– 2. Voorzieningen als bedoeld in lid 1 zijn:

a. het thermisch isoleren van de uitwendige scheidingsconstructies;

b. het thermisch isoleren van de constructie die de scheiding vormt met de kruipruimte;

c. het ten behoeve van de verwarmingsinstallatie plaatsen van een verwarmingsketel met een opwekkingsrendement van ten minste 80%, indien de bestaande verwarmingsketel ten minste tien jaren oud is.

Art. 244

In gebruik geven woonruimte aan ander

In afwijking van artikel 221 is de huurder van woonruimte niet bevoegd het gehuurde geheel of gedeeltelijk aan een ander in gebruik te geven. De huurder van een zelfstandige woning die in die woning zijn hoofdverblijf heeft, is echter bevoegd een deel daarvan aan een ander in gebruik te geven. (BW 7:266 e.v., 269)

Art. 245

Nadere regels

In de Uitvoeringswet huurprijzen woonruimte worden nadere regels gegeven aangaande huurprijzen en andere vergoedingen.

ONDERAFDELING 2

Huurprijzen en andere vergoedingen

§ 1. Huurprijzen

Art. 246

Overeengekomen huurprijs

Ter zake van huur gelden de huurprijzen die partijen zijn overeengekomen, voorzover uit deze onderafdeling niet anders voortvloeit. (HPW 3 (oud))

Art. 247

Liberalisatie

De volgende artikelen van deze onderafdeling zijn, behoudens de artikelen 249, 251, 259, 261 lid 1 en 264, niet van toepassing op een overeenkomst van huur en verhuur, die betrekking heeft op een zelfstandige woning, ten aanzien waarvan bij de aanvang van de bewoning een huurprijs gold of geldt, die, indien nodig herleid tot een bedrag per jaar, hoger is dan het krachtens artikel 3 lid 2 van de Uitvoeringswet huurprijzen woonruimte vastgesteld bedrag, indien
a. die overeenkomst op of na 1 juli 1994 is totstandgekomen, dan wel,
b. die overeenkomst betrekking heeft op een woning die is totstandgekomen op of na 1 juli 1989. (HPW 2, 3 (oud))

Art. 248

Verhoging huurprijs

– 1. De huurprijs kan worden verhoogd hetzij op grond van een beding in de huurovereenkomst dat in deze wijziging voorziet, hetzij indien een dergelijk beding niet van kracht is, op de wijze als voorgeschreven in de artikelen 252 en 253. Gedurende het bestaan van een dergelijk beding is toepassing van de artikelen 252 en 253 uitgesloten. Indien een dergelijk beding niet meer van kracht is, kan vanaf een tijdvak van twaalf maanden na het tijdstip waarop laatstelijk toepassing is gegeven aan het beding, aan de hiervoor genoemde artikelen toepassing worden gegeven.
– 2. Leidt toepassing van een beding als bedoeld in lid 1 tot verhoging van de huurprijs met een hoger percentage dan het door Onze Minister vastgestelde maximale huurverhogingspercentage als bedoeld in artikel 10 lid 2 van de Uitvoeringswet huurprijzen woonruimte, dan is het beding nietig voorzover zij tot dit hogere percentage leidt en geldt de huurprijs als verhoogd met het door Onze Minister vastgestelde maximale huurverhogingspercentage. (HPW 4 (oud))

Art. 249

Uitspraak huurcommissie over huurprijs

De huurder kan tot uiterlijk zes maanden na het tijdstip waarop een door hem met betrekking tot die woonruimte voor de eerste maal aangegane huurovereenkomst is ingegaan, de huurcommissie verzoeken uitspraak te doen over de redelijkheid van de overeengekomen huurprijs. (HPW 17 (oud))

Art. 250

Verhoging huurprijs op verzoek verhuurder

– 1. De huurprijs kan op verzoek van de verhuurder worden verhoogd op de wijze voorgeschreven in de artikelen 252 en 253:
a. gedurende het eerste tijdvak van twaalf maanden na de dag van ingang van de huur ten hoogste eenmaal, en
b. telkens tegen het einde van elkaar opvolgende tijdvakken van twaalf maanden na hetzij het ingaan van de onder *a* bedoelde verhoging, hetzij bij gebreke van zodanige verhoging de dag van ingang van de huur.
– 2. Een verhoging van de huurprijs krachtens lid 1 is niet mogelijk, zolang er tussen huurder en verhuurder geen overeenstemming is dat de, bij toepassing van de artikelen 12 en 16 van de Uitvoeringswet huurprijzen woonruimte, geconstateerde gebreken ten aanzien van de woonruimte zijn opgeheven.
– 3. In afwijking van lid 1 kan de huurprijs worden verhoogd tegen het einde van een tijdvak dat even zoveel korter dan twaalf maanden is als het daaraan voorafgaande tijdvak langer dan twaalf maanden is geweest.
– 4. De huurprijs kan op verzoek van de huurder worden verlaagd op de wijze voorgeschreven in de artikelen 252 en 254. (HPW 4 (oud); Overg.w. 208*f*)

Art. 251

Eenmaal verhogen per 12 maanden

Bepalingen in huurovereenkomsten die tot gevolg hebben dat de huurprijs in enig tijdvak van twaalf maanden meer dan eenmaal wordt verhoogd, zijn nietig, tenzij het gaat om het geval van artikel 255. (HPW 5 (oud); Overg.w. 208*f*)

Art. 252

Voorstel tot wijziging huurprijs

– 1. Een voorstel tot wijziging van de huurprijs moet tenminste twee maanden voor de voorgestelde dag van ingang van de wijziging schriftelijk worden gedaan.
– 2. Het in lid 1 bedoelde voorstel dient te vermelden:
a. de geldende huurprijs;
b. het percentage of het bedrag van de wijziging van de huurprijs;
c. de voorgestelde huurprijs;
d. de voorgestelde dag van ingang van de voorgestelde huurprijs;
e. de wijze waarop en het tijdvak waarbinnen de huurder, wanneer hij bezwaren heeft tegen het voorstel, daarvan kan doen blijken, en de gevolgen die deze onderafdeling verbindt aan het niet doen blijken van bezwaren.
– 3. Voor het doen van een voorstel tot verlaging van de huurprijs dient gebruik te worden gemaakt van een krachtens artikel 47 lid 1 onder *c* van de Uitvoeringswet huurprijzen woonruimte vastgesteld formulier.
– 4. Indien een overeenkomst tot wijziging van de huurprijs tot stand komt naar aanleiding van een voorstel daartoe, dat niet voldoet aan lid 1 en lid 2 aanhef en onder *b*, *d* of *e* dan wel aan het in lid 3 bepaalde, blijft de voordien geldende huurprijs verschuldigd, tenzij blijkt dat degene tot wie het voorstel was gericht niet door het verzuim is benadeeld. (HPW 19 (oud); OBW art. 208*f*)

Art. 253

Niet-instemming met verhoging

– 1. Indien de huurder voor het tijdstip waarop de verhoging van de huurprijs blijkens het voorstel had moeten ingaan, schriftelijk verklaart met het voorstel van de verhuurder niet in te stemmen, kan de verhuurder tot zes weken na dat tijdstip onder overlegging van een afschrift van dat voorstel en van voornoemde verklaring van de huurder de huurcommissie verzoeken uitspraak te doen over de redelijkheid van het voorstel.
– 2. De huurder kan de huurcommissie binnen drie maanden na het in lid 1 bedoelde tijdstip verzoeken uitspraak te doen over de redelijkheid van het voorstel, indien:
a. hij noch vóór het in lid 1 bedoelde tijdstip de daar bedoelde schriftelijke verklaring doet, noch door het betalen van de voorgestelde huurverhoging doet blijken met die verhoging in te stemmen, en
b. de verhuurder hem binnen zes weken na het in lid 1 bedoelde tijdstip bij aangetekend schrijven nogmaals van het voorstel in kennis heeft gesteld, waarbij een afschrift van het voorstel is gevoegd, en hij met het voorstel tot huurverhoging niet instemt.
De huurder legt bij dit verzoek een afschrift over van het voorstel en van dat schrijven.
– 3. De huurder wordt geacht de voorgestelde verhoging van de huurprijs met ingang van de in het voorstel genoemde datum van ingang met de verhuurder te zijn overeengekomen indien hij, na ontvangst van het in het tweede lid bedoelde schrijven, niet binnen drie maanden na die datum van ingang een verzoek tot de huurcommissie heeft gericht. (HPW 20 (oud); OBW art. 208*f*)
– 4. Indien de huurder het in het tweede lid bedoelde verzoek doet, stelt de huurcommissie de verhuurder daarvan onverwijld in kennis.
– 5. Indien de verhuurder een voorstel als bedoeld in artikel 252 lid 1 aanhef bij aangetekend schrijven heeft gedaan, kan hij, indien voldaan is aan lid 2 onder *a* en *b*, binnen zes weken na het in lid 1 bedoelde tijdstip de huurcommissie verzoeken uitspraak te doen over de redelijkheid van het voorstel. De verhuurder legt bij dit verzoek een afschrift over van het voorstel en een bewijs van aangetekende verzending.

Art. 254

Niet-instemming met verlaging

Indien de verhuurder met een voorstel van de huurder tot verlaging van de huurprijs niet instemt, kan de huurder tot uiterlijk zes weken na het tijdstip waarop de verlaging blijkens het voorstel had moeten ingaan, de huurcommissie verzoeken uitspraak te doen over de redelijkheid van het voorstel. (HPW 23 (oud); OBW art. 208*f*)

Art. 255

Voorzieningen en veranderingen aan de woning

– 1. De huurprijs van woonruimte waarin of waaraan gedurende de huurtijd door of vanwege de verhuurder:
a. voorzieningen zijn aangebracht die verband houden met een maatregel die gericht is op het opheffen of verminderen van beperkingen die een gehandicapte bij het normale gebruik van zijn woonruimte ondervindt, in de kosten waarvan ingevolge enige wettelijke regeling een financiële tegemoetkoming is verleend, of
b. veranderingen of toevoegingen, waaronder niet wordt verstaan het verhelpen van gebreken als bedoeld in artikel 204, zijn aangebracht, waardoor het woongerief geacht kan worden te zijn gestegen en die niet ingrepen zijn als bedoeld onder *a*,
is de huurprijs, vermeerderd met een bedrag dat in redelijke verhouding staat tot de door de verhuurder gemaakte kosten van deze ingrepen, veranderingen of toevoegingen met dien ver-

stande dat de nieuwe huurprijs niet hoger mag zijn dan die welke bij toepassing van de regels bedoeld in artikel 10 lid 1 van de Uitvoeringswet huurprijzen woonruimte als redelijk is aan te merken.
– 2. Indien partijen geen overeenstemming hebben kunnen bereiken over het bedrag van de verhoging, kan ieder van hen binnen drie maanden na de totstandkoming van de ingrepen, veranderingen of toevoegingen de huurcommissie verzoeken daarover een uitspraak te doen. (HPW art. 10, 10*a* (oud))
– 3. Onder gehandicapte in het eerste lid wordt verstaan een persoon die ten gevolge van ziekte of gebrek aantoonbare beperkingen ondervindt.

Art. 256

Vervallen.

Art. 257

Vermindering huurprijs i.v.m. gebreken

– 1. Voor de vordering van de huurder tot vermindering van de huurprijs op grond van artikel 207 lid 1 in verbinding met artikel 242 geldt een met inachtneming van de volgende leden toe te passen vervaltermijn van zes maanden na de aanvang van de dag volgend op die waarop de huurder van het gebrek kennis heeft gegeven aan de verhuurder.
– 2. Is de vordering van de huurder gegrond op een tekortkoming die krachtens artikel 241 als een gebrek heeft te gelden, dan kan de huurder, in plaats van zijn vordering binnen de in lid 1 bedoelde termijn bij de rechter in te stellen, binnen zes maanden na de aanvang van de dag volgend op die waarop de huurder van het gebrek heeft kennis gegeven aan de verhuurder, de huurcommissie verzoeken over de vermindering uitspraak te doen overeenkomstig de in artikel 16 lid 2 van de Uitvoeringswet huurprijzen woonruimte bedoelde algemene maatregel van bestuur. De huurder kan eerst een verzoek tot de huurcommissie richten, indien de verhuurder niet binnen zes weken na de aanvang van de dag volgend op die waarop de huurder van het gebrek kennis heeft gegeven aan de verhuurder, het gebrek heeft verholpen.
– 3. Na het verstrijken van de in de voorgaande leden bedoelde termijn van zes maanden kan, voor wat het verleden betreft, geen huurvermindering worden verlangd over een langere periode dan zes maanden, voorafgaande aan het instellen van de vordering of het indienen van het verzoek.

§ 2. Andere vergoedingen

Art. 258

Vaststelling huurprijs en servicekosten

Indien de huurovereenkomst meer omvat dan het enkele gebruik van de woonruimte en bij die overeenkomst slechts de hoogte van de prijs en niet die van de huurprijs is vastgesteld, stelt de huurcommissie op verzoek van de huurder de huurprijs vast en het voorschotbedrag voor de servicekosten. Een dergelijk verzoek kan ook door de verhuurder worden gedaan, indien de overeengekomen prijs lager is dan 55% van de krachtens artikel 10 lid 1 van de Uitvoeringswet huurprijzen woonruimte geldende maximale huurprijsgrens. (HPW 11*a*, 12 (oud); BW 7:237)

Art. 259

Servicekosten

– 1. De betalingsverplichting van de huurder met betrekking tot servicekosten beloopt het bedrag dat door de huurder en verhuurder is overeengekomen of, bij gebreke van overeenstemming, het bedrag dat in overeenstemming is met de voor de berekening daarvan geldende wettelijke voorschriften of met hetgeen als een redelijke vergoeding voor de geleverde zaken en diensten kan worden beschouwd.
– 2. De verhuurder verstrekt de huurder elk jaar, uiterlijk zes maanden na het verstrijken van een kalenderjaar, een naar de soort uitgesplitst overzicht van de in dat kalenderjaar in rekening gebrachte servicekosten, met vermelding van de wijze van berekening daarvan. Indien aan de verhuurder kosten in rekening worden gebracht die niet een kalenderjaar betreffen, maar een andere periode van twaalf maanden, die een boekjaar vormt en in het verstreken kalenderjaar eindigt, neemt de verhuurder de kosten over die andere periode in het overzicht van dat verstreken kalenderjaar op.
– 3. Bij beëindiging van de huurovereenkomst heeft het overzicht als in lid 2 bedoeld betrekking op het tijdvak van het kalenderjaar dat op het tijdstip van de beëindiging reeds is verstreken.
– 4. De verhuurder biedt de huurder desverzocht de gelegenheid, na verstrekking van het overzicht bedoeld in lid 2, tot inzage van de aan het overzicht ten grondslag liggende boeken en andere bescheiden of van afschriften daarvan. (HPW 6, 12 (oud); BW 7:237 lid 3; Overg.w. 208*g*)

Art. 260

Uitspraak huurcommissie over servicekosten

– 1. Indien de huurder en verhuurder geen overeenstemming hebben kunnen bereiken over een betalingsverplichting van de huurder met betrekking tot servicekosten, kan de huurder of verhuurder de huurcommissie verzoeken uitspraak daarover te doen.
– 2. Het verzoek heeft betrekking op niet meer dan één tijdvak van ten hoogste twaalf maan-

den voor elke kostensoort waarop het verzoek betrekking heeft. Het verzoek kan worden gedaan tot uiterlijk vierentwintig maanden nadat de in artikel 259 lid 2 genoemde termijn voor het verstrekken van het overzicht door de verhuurder is verstreken. (HPW 13 (oud); Overg.w. 208g)

Art. 261

Verhoging voorschotbedrag t.z.v. servicekosten

– 1. Het voorschotbedrag dat de huurder krachtens overeenkomst of rechterlijke uitspraak ter zake van de servicekosten verschuldigd is, mag, tenzij na het ingaan van de huur anders is overeengekomen, slechts worden verhoogd:

a. met ingang van de dag, volgend op het einde van de betalingstermijn waarin de overeengekomen uitbreiding van de levering van zaken of diensten heeft plaatsgevonden dan wel met ingang van de betalingstermijn met ingang waarvan die uitbreiding heeft plaats gevonden;

b. met ingang van de dag, volgende op de betalingstermijn, waarin het laatste overzicht, bedoeld in artikel 259, aan de huurder is verstrekt met dien verstande dat elk overzicht slechts eenmaal tot een verhoging mag leiden.

– 2. De huurder is gebonden aan een wijziging van de levering van zaken of diensten en het daarbij behorende gewijzigde voorschotbedrag, indien die wijziging betrekking heeft op zaken of diensten die slechts aan een aantal huurders gezamenlijk geleverd kunnen worden, en tenminste 70% van die huurders daarmee heeft ingestemd. Een huurder die niet met de wijziging heeft ingestemd, kan binnen acht weken na de schriftelijke kennisgeving van de verhuurder dat overeenstemming is bereikt met tenminste 70% van de huurders, een beslissing van de rechter vorderen omtrent de redelijkheid van het voorstel.

– 3. Indien het door de huurder verschuldigde voorschotbedrag aanzienlijk hoger is dan de te verwachten servicekosten, kan de huurcommissie op verzoek van de huurder het voorschotbedrag verlagen tot een bedrag dat in redelijke verhouding staat tot die kosten. (HPW 12 lid 4 (oud))

§ 3. Slotbepalingen

Art. 262

Binding aan uitspraak huurcommissie

– 1. Wanneer de huurcommissie op een verzoek van de huurder of verhuurder als bedoeld in de paragrafen 1 en 2 uitspraak heeft gedaan, worden zij geacht te zijn overeengekomen wat in die uitspraak is vastgesteld, tenzij een van hen binnen acht weken nadat aan hen afschrift van die uitspraak is verzonden, een beslissing van de rechter heeft gevorderd over het punt waarover de huurcommissie om een uitspraak was verzocht.

– 2. Tegen een beslissing krachtens dit artikel is geen hogere voorziening toegelaten.

Art. 263

Ingangsdatum wijziging huurprijs

Een wijziging van de huurprijs, vastgesteld in een uitspraak van de huurcommissie of van de rechter, mag in rekening worden gebracht met ingang van de in het voorstel tot wijziging voorgestelde dag dan wel indien de huurprijs is vastgesteld zonder dat daartoe een voorstel is gedaan, de dag waarop vaststelling is verzocht aan de huurcommissie of vaststelling is gevorderd bij de rechter. Zo in de uitspraak een latere dag van ingang wordt vastgesteld, geldt die wijziging met ingang van die latere dag. (HPW 26, 28 (oud))

Art. 264

Nietige bedingen

– 1. Elk in verband met de totstandkoming van een huurovereenkomst betreffende woonruimte gemaakt beding, niet de huurprijs betreffende, voorzover daarbij ten behoeve van een der partijen een niet redelijk voordeel wordt overeengekomen, is nietig.

– 2. Elk in verband met de totstandkoming van een zodanige huurovereenkomst gemaakt beding, voorzover daarbij door of tegenover een derde enig niet redelijk voordeel wordt overeengekomen, is nietig. (HPW 6 (oud))

Art. 265

Dwingend recht

Van de bepalingen van deze onderafdeling kan niet worden afgeweken, tenzij uit die bepalingen anders voortvloeit. (HPW 37 (oud))

ONDERAFDELING 3

Medehuur en voortzetting van de huur

Art. 266

Echtgenoot en geregistreerd partner

– 1. De echtgenoot of geregistreerde partner van een huurder is van rechtswege medehuurder, zolang de woonruimte de echtgenoot of geregistreerde partner tot hoofdverblijf strekt, ongeacht of de huurovereenkomst voor dan wel na het aangaan van het huwelijk of van het geregistreerde partnerschap is gesloten.

– 2. Voor de verplichtingen uit de huurovereenkomst, behalve voor zover deze reeds opeisbaar waren voordat de echtgenoot of geregistreerde partner medehuurder werd, zijn de huurder en de medehuurder jegens de verhuurder hoofdelijk aansprakelijk.

– 3. Indien de huurovereenkomst ten aanzien van de huurder eindigt, wordt de medehuurder huurder.
– 4. Indien de in lid 1 bedoelde echtgenoot of geregistreerde partner hetzij ingevolge een beschikking als bedoeld in artikel 826, lid 1 onder *a*, van het Wetboek van Burgerlijke Rechtsvordering, hetzij ingevolge onderlinge overeenstemming in verband met een verzoek tot echtscheiding of scheiding van tafel en bed, dan wel ingevolge beëindiging van geregistreerd partnerschap niet het gebruik heeft van de echtelijke woning, brengt dit voor de toepassing van dit artikel geen verandering in het hoofdverblijf.
– 5. In geval van echtscheiding of scheiding van tafel en bed of beëindiging van geregistreerd partnerschap kan de rechter op verzoek van een echtgenoot of geregistreerde partner bepalen wie van de echtgenoten of geregistreerde partners huurder van de woonruimte zal zijn. De rechter bepaalt tevens de dag van ingang van de huur met deze echtgenoot of partner. Op dezelfde dag eindigt de huur met de andere echtgenoot of partner. (BW 7A:1623*g* (oud); BW 1:30 e.v., 80*a*, 150, 165, 169, 175; 6:6; 7:267, 270*a*, 271 lid 2)

Art. 267

Duurzame gemeenschappelijke huishouding

– 1. Indien op het gezamenlijk verzoek van een huurder en van een andere persoon die in de woonruimte zijn hoofdverblijf heeft en met de huurder een duurzame gemeenschappelijke huishouding heeft, alsmede van een medehuurder wanneer die er is, de verhuurder niet binnen drie maanden schriftelijk heeft verklaard er mede in te stemmen dat die andere persoon medehuurder zal zijn, kunnen de huurder en die andere persoon, alsmede een medehuurder wanneer die er is, gezamenlijk verzoeken dat de rechter zal bepalen dat deze persoon met ingang van een in het vonnis te bepalen tijdstip medehuurder zal zijn.
– 2. Nadat een verzoek aan de verhuurder als bedoeld in lid 1 is gedaan, kan een vordering tot ontbinding van de huur op de grond dat de huurder in strijd met hetgeen overeengekomen is, met een ander in de woonruimte een gemeenschappelijke huishouding heeft, niet meer worden toegewezen. Deze grond levert alsdan evenmin een grond voor opzegging van de huurovereenkomst op.
– 3. De rechter wijst de vordering bedoeld in lid 1 slechts af:
a. indien de persoon bedoeld in lid 1 niet gedurende tenminste twee jaren in de woonruimte zijn hoofdverblijf heeft en met de huurder een duurzame gemeenschappelijke huishouding heeft;
b. indien, mede gelet op hetgeen is komen vast te staan omtrent de gemeenschappelijke huishouding en de tijdsduur daarvan, de vordering kennelijk slechts de strekking heeft de persoon bedoeld in lid 1 op korte termijn de positie van huurder te verschaffen;
c. indien de persoon bedoeld in lid 1 vanuit financieel oogpunt onvoldoende waarborg biedt voor een behoorlijke nakoming van de huur.
– 4. Voor de verplichtingen uit de huur zijn de persoon die de huur heeft aangegaan en ieder van de personen die op grond van dit artikel medehuurder of huurder is, hoofdelijk jegens de verhuurder aansprakelijk, met dien verstande dat een medehuurder niet aansprakelijk is voor verplichtingen die reeds opeisbaar waren voordat hij medehuurder werd.
– 5. De bepalingen omtrent het eindigen van de huur zijn op de personen bedoeld in lid 4 afzonderlijk van toepassing met dien verstande dat een persoon de hoedanigheid van medehuurder in ieder geval verliest, indien hij zijn hoofdverblijf niet langer in de woonruimte heeft. Indien de huur ten aanzien van de huurder eindigt, wordt de medehuurder huurder.
– 6. Is ten aanzien van de woonruimte hoofdstuk II van de Huisvestingswet van toepassing, dan zet de medehuurder in afwijking van lid 5 de huur slechts voort, indien de rechter dit heeft bepaald op een daartoe door die persoon binnen acht weken na het tijdstip waarop hij huurder is geworden, ingestelde vordering en in elk geval zolang op deze vordering nog niet onherroepelijk is beslist. De rechter wijst de vordering slechts af, indien de eiser niet een voor hem geldende huisvestingsvergunning als bedoeld in artikel 7 lid 1 van die wet overlegt.
– 7. Ieder van de personen bedoeld in lid 4 kan vorderen dat de rechter zal bepalen dat een of meer van deze personen de huur met ingang van een in het vonnis te bepalen tijdstip niet langer zullen voortzetten. De rechter wijst de vordering slechts toe, indien dit naar billijkheid, met inachtneming van de omstandigheden van het geval, geboden is, met dien verstande dat hij de vordering in ieder geval toewijst, indien de eiser aantoont dat de persoon waarop de vordering betrekking heeft, zijn positie van medehuurder heeft verkregen op grond van een niet mede door de eiser aan de verhuurder gedaan verzoek of van een door hem ingestelde vordering bedoeld in lid 1. (BW 7A:1623*h* (oud); BW 6:6; 7:266, 268)

Art. 268

Voortzetting huur na overlijden huurder

– 1. Bij overlijden van de huurder zet de medehuurder de huur als huurder voort. Hij kan de huur binnen zes maanden na het overlijden bij exploot of aangetekende brief opzeggen met ingang van de eerste dag van de tweede maand na de opzegging.
– 2. De persoon die niet op grond van lid 1 huurder wordt, doch wel in de woonruimte zijn

hoofdverblijf heeft en met de overleden huurder een duurzame gemeenschappelijk huishouding heeft gehad, zet de huur voort gedurende zes maanden na het overlijden van de huurder; de tweede zin van lid 1 is van toepassing. Hij zet de huur ook nadien voort, indien de rechter dit heeft bepaald op een daartoe strekkende binnen die termijn ingestelde vordering, en in elk zolang op deze vordering niet onherroepelijk is beslist.

– 3. De rechter wijst de vordering bedoeld in lid 2 in ieder geval af:

a. indien de eiser niet aannemelijk heeft gemaakt dat hij aan de vereisten van lid 2 voldoet;

b. indien de eiser vanuit financieel oogpunt onvoldoende waarborg biedt voor een behoorlijke nakoming van de huur;

c. indien het woonruimte betreft waarop hoofdstuk II van de Huisvestingswet van toepassing is, indien de eiser niet een huisvestingsvergunning als bedoeld in artikel 7 lid 1 van die wet overlegt.

– 4. Lid 4, de eerste zin van lid 5 en lid 7 van artikel 267 zijn van overeenkomstige toepassing

– 5. Komt vast te staan, dat een persoon ten onrechte een beroep op voortzetting van de huur krachtens dit artikel heeft gedaan, dan blijft hij over de tijd gedurende welke hij het genot van de woonruimte heeft gehad jegens de verhuurder aansprakelijk voor de nakoming van de huur die voor hem zou hebben bestaan als hij huurder was geweest. Heeft meer dan één persoon ten onrechte een beroep op voortzetting van de huur gedaan, dan is ieder van hen jegens de verhuurder hoofdelijk aansprakelijk.

– 6. Zijn er geen personen die krachtens dit artikel de huur voortzetten, dan eindigt deze aan het eind van de tweede maand na het overlijden van de huurder. De erfgenamen zijn bevoegd de huur tegen het eind van de eerste maand na het overlijden van de huurder te doen eindigen. Wanneer de nalatenschap van de huurder ingevolge artikel 13 van Boek 4 wordt verdeeld, komt de bevoegdheid van de erfgenamen, bedoeld in de vorige zin, toe aan zijn echtgenoot of geregistreerde partner.

– 7. Van dit artikel kan niet ten nadele van de personen aan wie dit artikel recht op voortzetting van de huur toekent en van de erfgenamen, onderscheidenlijk de echtgenoot of geregistreerde partner, bedoeld in lid 6, worden afgeweken.

– 8. Van artikel 229 leden 1 en 3 kan niet worden afgeweken. (BW 7A:1623*i* (oud); BW art. 3:40; BW art. 6:6; BW art. 7:266, 267, 270*a*; ONBW art. 206)

Art. 269

Zelfredzaamheid huurder

– 1. De onderhuur die betrekking heeft op een zelfstandige woning waar de onderhuurder zijn hoofdverblijf heeft, wordt in geval van beëindiging van de huur tussen huurder en verhuurder voortgezet door de verhuurder.

– 2. De verhuurder kan binnen zes maanden nadat hij op grond van lid 1 de onderhuur heeft voortgezet vorderen dat de rechter zal bepalen dat de huur met ingang van een in het vonnis te bepalen tijdstip zal eindigen op de grond dat:

a. de wederpartij vanuit financieel oogpunt onvoldoende waarborg biedt voor een behoorlijk nakoming van de huur;

b. de onderhuur is aangegaan met de kennelijke strekking de onderhuurder de positie van huurder te verschaffen;

c. in de gegeven omstandigheden naar maatstaven van redelijkheid en billijkheid, mede gelet op de inhoud van de huurovereenkomsten die betrekking hebben op soortgelijke woonruimte alsmede op de inhoud van de geëindigde huur tussen hem en de huurder en de inhoud van de voortgezette huurovereenkomst, niet van hem kan worden gevergd dat hij de huur met de wederpartij voortzet;

d. de wederpartij indien het woonruimte betreft waarop hoofdstuk II van de Huisvestingswet van toepassing is, niet een huisvestingsvergunning als bedoeld in artikel 7 lid 1 van die wet overlegt.

– 3. Ingeval van onderverhuur welke al dan niet een zelfstandige woning vormt, zet degene die op grond van de artikelen 266, 267 en 268 huurder is geworden of de huur heeft voortgezet, als onderverhuurder de huur met de onderhuurder voort. (BW 7A:1623*k* (oud); BW art. 7:234, 244, 270*a*)

Art. 270

Woningruil

– 1. De huurder die een ruil van woonruimte wenst te bewerkstelligen, kan vorderen dat de rechter hem zal machtigen om een ander in zijn plaats als huurder te stellen. Indien op de woonruimte hoofdstuk II van de Huisvestingswet van toepassing is, moet de eiser een ten behoeve van de voorgestelde huurder afgegeven huisvestingsvergunning als bedoeld in artikel 7 lid 1 van die wet met betrekking tot woonruimte overleggen.

– 2. De rechter beslist met inachtneming van de omstandigheden van het geval, met dien verstande dat hij de vordering slechts kan toewijzen, indien de huurder een zwaarwichtig belang bij de ruil van woonruimte heeft en dat hij deze afwijst, indien de voorgestelde huurder vanuit

financieel oogpunt niet voldoende waarborg biedt voor een behoorlijke nakoming van de huur. De rechter kan aan de machtiging voorwaarden verbinden of daarbij een last opleggen.
– 3. Van deze bepaling kan niet ten nadele van de huurder worden afgeweken. (BW 7A:1632*l* (oud); BW 6:159; 7:307)

Art. 270a

Voortzetting huur; mededelingsplicht

Ingeval van voortzetting van de huur op grond van de artikelen 266, 268 en 269 is degene die de huur voortzet, verplicht daarvan mededeling te doen aan de verhuurder. (BW 7:222; Overg.w. 208*h*)

ONDERAFDELING 4
Het eindigen van de huur

Art. 271

Opzegging

– 1. In afwijking van artikel 228 lid 1 eindigt een voor bepaalde tijd aangegane huur niet door het enkele verloop van de huurtijd; zij kan door elk van beide partijen worden opgezegd tegen een voor de betaling van de huurprijs overeengekomen dag, niet vallend voor het verstrijken van de bepaalde tijd.
– 2. Een voor onbepaalde tijd aangegane of voor onbepaalde tijd verlengde huur kan door elk van beide partijen worden opgezegd tegen een voor de betaling van de huurprijs overeengekomen dag.
– 3. De opzegging moet geschieden bij exploot of bij aangetekende brief. Is ingevolge artikel 266 de echtgenoot of geregistreerde partner van de huurder medehuurder, dan moet de opzegging aan beide echtgenoten of geregistreerde partners afzonderlijk worden gedaan.
– 4. De opzegging door de verhuurder moet op straffe van nietigheid de gronden vermelden die tot de opzegging hebben geleid. Een opzegging door de verhuurder op andere dan de in artikel 274 lid 1 genoemde gronden, is nietig. De huurder moet bij de opzegging worden gevraagd binnen zes weken aan de verhuurder mede te delen of hij al dan niet toestemt in beëindiging van de overeenkomst.
– 5. Bij de opzegging moeten de volgende termijnen in acht worden genomen:
a. bij opzegging door de huurder: een termijn gelijk aan de tijd die tussen twee opvolgende voor betaling van de huurprijs overeengekomen dagen verstrijkt, doch niet korter dan een maand en niet langer dan drie maanden;
b. bij opzegging door de verhuurder: een termijn niet korter dan drie maanden, voor elk jaar dat de huurder krachtens overeenkomst ononderbroken het gehuurde in gebruik heeft gehad verlengd met één maand tot ten hoogste zes maanden.
– 6. Een opzegging die in strijd met lid 1, lid 3 of lid 5 onder *a* is gedaan en een opzegging die op een kortere termijn is gedaan dan die van lid 5 onder *b* gelden niettemin als waren zij gedaan tegen de voorgeschreven dag en met inachtneming van de voorgeschreven termijn.
– 7. Elk beding waarbij in strijd met lid 5 onder *a* een langere opzegtermijn of waarbij in strijd met lid 5 onder *b* een kortere opzegtermijn wordt overeengekomen of waarbij van andere bepalingen van dit artikel wordt afgeweken, is nietig. Eveneens is nietig elk beding dat de huur zonder opzegging doet eindigen.
– 8. Dit artikel geldt niet, indien de beëindiging geschiedt met wederzijds goedvinden nadat de huur is ingegaan. (BW 7A:1623*b* (oud); BW 3:39, 40; 7:288 e.v., 293, 300; Fw 39, 238; Pw 36; Overg.w. 206)

Art. 272

Vordering beëindiging huur

– 1. Een opgezegde huurovereenkomst blijft, tenzij de huurder de overeenkomst heeft opgezegd of na de opzegging door de verhuurder schriftelijk in de beëindiging ervan heeft toegestemd, na de dag waartegen rechtsgeldig is opgezegd van rechtswege van kracht, tot de rechter onherroepelijk heeft beslist op een vordering van de verhuurder als in lid 2 bedoeld.
– 2. De verhuurder kan, indien hij zes weken na de opzegging niet van de huurder een schriftelijke mededeling heeft ontvangen dat hij in de beëindiging van de huurovereenkomst toestemt, op de gronden vermeld in de opzegging vorderen dat de rechter het tijdstip zal vaststellen waarop de huurovereenkomst zal eindigen. (BW 7A:1623*c* lid 1 en 2 (oud); BW 7:273, 274, 282, 295, 300; Pw 36 e.v.)

Art. 273

Beslissing op vordering

– 1. Bij zijn beslissing op de vordering bedoeld in artikel 272 lid 2 neemt de rechter uitsluitend de in de opzegging vermelde gronden in aanmerking.
– 2. Indien de rechter de vordering afwijst, wordt de overeenkomst van rechtswege verlengd. De rechter beslist of de overeenkomst voor onbepaalde tijd of voor een door hem vast te stellen bepaalde tijd wordt verlengd.
– 3. Indien de rechter de vordering toewijst, stelt hij tevens het tijdstip van ontruiming vast. De toewijzing geldt als een veroordeling tot ontruiming tegen dat tijdstip. (BW art. 7A:1623*d* (oud); BW art. 7:274, 275, 282)

Art. 274

Toewijzingsgronden

– 1. De rechter kan de vordering slechts toewijzen
a. indien de huurder zich niet heeft gedragen zoals een goed huurder betaamt;
b. indien de verhuurder zijn vordering grondt op een beding als omschreven in lid 2 en aan de eisen van dat lid is voldaan, tenzij de verhuurder geen belang meer heeft bij de ontruiming;
c. indien de verhuurder aannemelijk maakt dat hij het verhuurde zo dringend nodig heeft voor eigen gebruik, vervreemding van de gehuurde woonruimte niet daaronder begrepen, dat van hem, de belangen van beide partijen en van onderhuurders naar billijkheid in aanmerking genomen, niet kan worden gevergd dat de huurovereenkomst wordt verlengd, en tevens blijkt dat de huurder, met uitzondering van de huurder, bedoeld in lid 4, andere passende woonruimte kan verkrijgen;
d. indien de huurder niet toestemt in een redelijk aanbod tot het aangaan van een nieuwe huurovereenkomst met betrekking tot dezelfde woonruimte, voor zover, in het geval dat onderafdeling 2 op de opgezegde huurovereenkomst van toepassing is, dit aanbod niet een wijziging inhoudt van de huurprijs of van de servicekosten;
e. indien de verhuurder een krachtens een geldend bestemmingsplan op het verhuurde liggende bestemming wil verwezenlijken;
f. indien de huurovereenkomst een onzelfstandige woning betreft, die deel uitmaakt van de woning waarin de verhuurder zijn hoofdverblijf heeft, en de verhuurder aannemelijk maakt dat zijn belangen bij beëindiging van de huur zwaarder wegen dan die van de huurder bij voortzetting daarvan.
– 2. In het geval dat uitdrukkelijk is bedongen dat de gehuurde woonruimte na afloop van de bij dat beding overeengekomen termijn moet worden ontruimd, kan de verhuurder overeenkomstig lid 1 aanhef en onder *b*, op dat beding de in dat lid bedoelde vordering gronden:
a. indien de verhuurder die de woonruimte niet zelf heeft bewoond, noch deze eerder heeft verhuurd, na afloop van die termijn de woning zelf wil betrekken;
b. indien de verhuurder die zelf de vorige bewoner van de woonruimte is, na afloop van die termijn die woonruimte zelf opnieuw wil betrekken;
c. indien de verhuurder jegens wie de vorige huurder het recht heeft verkregen na afloop van die termijn de woning opnieuw te betrekken, deze huurder daartoe gelegenheid wil geven.
– 3. Onder eigen gebruik in de zin van lid 1 onder *c*, wordt mede begrepen:
a. renovatie van woonruimte die zonder beëindiging van de huur niet mogelijk is, en
b. het verstrekken van een zelfstandige woning aan een gehandicapte, indien die woning:
1° reeds bij de bouw ervan was ingericht en bestemd voor bewoning door een gehandicapte, dan wel
2° na de bouw met geldelijke steun op grond van enige wettelijke regeling aangepast is ten behoeve van bewoning door een gehandicapte;
c. het verstrekken aan een oudere van een zelfstandige woning welke onderdeel uitmaakt van een complex van zelfstandige woningen, welk complex reeds bij de bouw ervan was ingericht en bestemd voor de bewoning door ouderen.
Bij de beoordeling van de vraag of andere woonruimte voor de huurder passend is, houdt de rechter geen rekening met de bijdragen van het Rijk, die de huurder ter tegemoetkoming in de kosten, verbonden aan het genot van een woning, kan verkrijgen.
– 4. Onder eigen gebruik in de zin van lid 1 onder *c*, wordt bovendien mede begrepen het verstrekken van woonruimte aan een student, indien:
1° die woonruimte krachtens de huurovereenkomst bestemd is voor studenten, als bedoeld in dit lid;
2° de huurder, tegen wie de in lid 1 bedoelde vordering is ingesteld, niet heeft voldaan aan een schriftelijk verzoek van de verhuurder, dat deze jaarlijks kan doen, om binnen drie maanden een kopie van het bewijs van zijn inschrijving aan een instelling, universiteit of hogeschool als bedoeld in dit lid inzake het lopende studiejaar over te leggen, en
3° in de huurovereenkomst met de huurder tegen wie de in lid 1 bedoelde vordering is ingesteld, is bepaald dat die woonruimte na beëindiging van de huurovereenkomst opnieuw aan een student als bedoeld in dit lid zal worden verhuurd.
Onder student wordt in dit lid verstaan een deelnemer die is ingeschreven aan een instelling als bedoeld in artikel 1.1.1, onderdeel *b*, van de Wet educatie en beroepsonderwijs of een student die is ingeschreven aan een universiteit of hogeschool als bedoeld in artikel 1.2, onderdelen *a* en *b*, van de Wet op het hoger onderwijs en wetenschappelijk onderzoek.
– 5. Een vordering, gegrond op eigen gebruik in de zin van lid 1 onder *c* is niet toewijsbaar
a. ten aanzien van woonruimte waarop hoofdstuk II van de Huisvestingswet van toepassing is, zolang de verhuurder geen huisvestingsvergunning als bedoeld in artikel 7 lid 1 van die wet overlegt behoudens het geval dat het eigen gebruik in iets anders bestaat dan bewoning;
b. indien de verhuurder de rechtsopvolger van de vorige verhuurder is en de opzegging is ge-

schied binnen drie jaar nadat de rechtsopvolging schriftelijk ter kennis van de huurder is gebracht. (BW art. 7A:1623*e* (oud); BW art. 6:265; BW art. 7:231, 280, 281, 282, 296; Pw art. 39)
– 6. In de gevallen bedoeld in lid 1 onder *a* en *d* kan de rechter, voordat hij de vordering toewijst, aan de huurder een termijn van ten hoogste een maand toestaan om alsnog aan zijn verplichtingen te voldoen of het aanbod te aanvaarden.
– 7. Onder gehandicapte in het derde lid wordt verstaan een persoon die ten gevolge van ziekte of gebrek aantoonbare beperkingen ondervindt.

Art. 275

Verhuis- en inrichtingskosten

De rechter kan in zijn beslissing tot toewijzing van de vordering tot beëindiging van de huurovereenkomst op de gronden, bedoeld in artikel 274 lid 1 onder *c* en *e*, een bedrag vaststellen dat de verhuurder aan de huurder moet betalen ter tegemoetkoming in diens verhuis- en inrichtingskosten. Voordat hij een beslissing geeft, waarin dit bedrag wordt vastgesteld, brengt de rechter zijn voornemen ter kennis van partijen en stelt hij een termijn waarbinnen de verhuurder de opzegging kan intrekken. Maakt de verhuurder van deze bevoegdheid gebruik, dan beslist de rechter uitsluitend omtrent de proceskosten. (BW 7A:1623*e* lid 6 (oud); BW 7:282, 297)

Art. 276

Wil tot eigen gebruik niet aanwezig

– 1. Indien de verhuurder de overeenkomst heeft opgezegd op de grond, bedoeld in artikel 274 lid 1 onder *c* en de vordering tot beëindiging van de huurovereenkomst is toegewezen dan wel de huurder met de beëindiging heeft ingestemd, is de verhuurder jegens de huurder tot schadevergoeding gehouden, indien de wil om het verhuurde duurzaam in eigen gebruik te nemen in werkelijkheid niet aanwezig is geweest.
– 2. Behoudens tegenbewijs wordt die wil geacht niet aanwezig te zijn geweest, indien niet binnen een jaar na het einde van de overeenkomst het verhuurde duurzaam door hem in gebruik is genomen.
– 3. De rechter die een vordering op de grond, bedoeld in artikel 274 lid 1 onder *c*, toewijst, kan op verlangen van de huurder of ambtshalve een bedrag bepalen dat de verhuurder aan de huurder moet betalen, indien later mocht blijken dat de wil om het verhuurde duurzaam in eigen gebruik te nemen in werkelijkheid niet aanwezig is geweest, onverminderd het recht van de huurder op verdere schadevergoeding.
– 4. De vordering van de huurder op grond van dit artikel vervalt vijf jaren na het einde van de huurovereenkomst.
– 5. De verhuurder is eveneens tot schadevergoeding gehouden jegens onderhuurders aan wie bevoegdelijk is onderverhuurd of die krachtens artikel 269 bevoegd waren hun overeenkomst met de hoofdverhuurder voort te zetten. De voorgaande leden zijn van overeenkomstige toepassing. (BW 7A:1623*e* lid 7 (oud); BW 7:244, 282, 299)

Art. 277

Herhaling vordering tot vaststelling einde huur

– 1. Indien de rechter de huurovereenkomst heeft verlengd, kan de verhuurder de overeenkomst opnieuw met inachtneming van artikel 271 en van de in lid 2 vermelde termijnen opzeggen en overeenkomstig de artikelen 272 tot en met 274 vorderen dat de rechter het tijdstip zal vaststellen, waarop de overeenkomst zal eindigen.
– 2. Indien de rechter de overeenkomst voor onbepaalde tijd heeft verlengd, kan de verhuurder haar niet eerder opnieuw opzeggen dan drie jaren nadat deze beslissing onherroepelijk is geworden. Indien de rechter de overeenkomst voor bepaalde tijd heeft verlengd, kan de verhuurder haar niet eerder opzeggen dan drie maanden voor het einde van de tijd waarvoor is verlengd. (BW 7A:1623*f* (oud); BW 7:282, 300 lid 4)

Art. 278

Einde onderhuur

– 1. Een onderhuurovereenkomst van woonruimte die niet krachtens artikel 269 na beëindiging van de hoofdhuur door de hoofdverhuurder wordt voortgezet, eindigt op het door de rechter op vordering van de hoofdverhuurder overeenkomstig artikel 273 lid 3 vastgestelde tijdstip van ontruiming.
– 2. Indien de hoofdhuurder bij de beëindiging en de bepaling van het tijdstip van ontruiming onvoldoende voor de belangen van de onderhuurder heeft gewaakt, is hij verplicht de schade die de onderhuurder daardoor lijdt te vergoeden.
– 3. De hoofdhuurder tegen wie door de hoofdverhuurder een vordering wordt ingesteld, die mede de belangen van de onderhuurder raakt, is bevoegd om deze in het geding te roepen. (BW 6:74, 95 e.v.; 7:269, 282, 306; Rv 118; Overg.w. 208*i*)

Art. 279

Onbewoonbaar door gebrek

– 1. Indien een gebrek in de zin van artikel 204 het deel van gehuurde woonruimte dat voor de huurder en zijn gezin voor bewoning noodzakelijk is, onbewoonbaar maakt dan wel werkzaamheden tot verhelpen van een zodanig gebrek dit doen of zullen doen, is de huurder bevoegd de huur op de voet van artikel 267 van Boek 6 te ontbinden.

– 2. De huurder heeft dezelfde bevoegdheid, wanneer het gebruik van de gehuurde woonruimte gevaren oplevert.
– 3. Artikel 210 lid 2 is van overeenkomstige toepassing. (BW 6:265 e.v.; 7:282)

Art. 280

Terme de grâce

Alvorens op de voet van artikel 231 een ontbinding uit te spreken, kan de rechter de huurder een termijn van ten hoogste een maand toestaan om alsnog aan zijn verplichtingen te voldoen. (BW 7:274 lid 5)

Art. 281

Verwezenlijking bestemmingsplan

– 1. Indien iemand op de voet van artikel 226 verhuurder is geworden en een krachtens een geldend bestemmingsplan op het verhuurde liggende bestemming wil verwezenlijken, ontbindt de rechter op vordering van de verhuurder de huurovereenkomst met ingang van een door hem te bepalen dag.
– 2. De huurder en de onderhuurder aan wie bevoegdelijk is onderverhuurd of met wie de huurovereenkomst anders op de voet van artikel 269 zou zijn voortgezet, hebben recht op schadeloosstelling. Wanneer de huurtijd of onderhuurtijd zonder de ontbinding nog een jaar of langer zou hebben geduurd, is de schadeloosstelling ten minste gelijk aan de huurprijs van twee jaren. Wanneer de huurtijd of onderhuurtijd zonder de ontbinding minder dan een jaar zou hebben geduurd, is de schadeloosstelling ten minste gelijk aan de huurprijs van een jaar. Bij de berekening van de schade wordt niet gelet op veranderingen die kennelijk zijn tot stand gebracht om de schadeloosstelling te verhogen. (BW 7A:1623*o* (oud); BW 7:274 lid 1 onder *e*, 282, 310)

Art. 282

Dwingend recht

Van de artikelen 272 tot en met 281 kan niet ten nadele van de huurder dan wel onderhuurder worden afgeweken. (BW 3:40 lid 2; BW 7:230*a* lid 9, 242, 291; Overg.w. 206)

AFDELING 6
Huur van bedrijfsruimte

Art. 290

Definitiebepaling

– 1. De bepalingen van deze afdeling zijn van toepassing op huur en verhuur van bedrijfsruimte.
– 2. Onder bedrijfsruimte wordt verstaan:
a. een gebouwde onroerende zaak of gedeelte daarvan, die krachtens overeenkomst van huur en verhuur is bestemd voor de uitoefening van een kleinhandelsbedrijf, van een restaurant- of cafébedrijf, van een afhaal- of besteldienst of van een ambachtsbedrijf, een en ander indien in de verhuurde ruimte een voor het publiek toegankelijk lokaal voor rechtstreekse levering van roerende zaken of voor dienstverlening aanwezig is;
b. een gebouwde onroerende zaak of gedeelte daarvan die krachtens zulk een overeenkomst bestemd is voor de uitoefening van een hotelbedrijf;
c. een onroerende zaak die krachtens zulk een overeenkomst is bestemd voor de uitoefening van een kampeerbedrijf.
– 3. Tot de in lid 2 bedoelde bedrijfsruimte worden ook gerekend de onroerende aanhorigheden, de bij het een en ander behorende grond en de, mede gelet op de bestemming van die bedrijfsruimte, afhankelijke woning. (BW 7A:1624 (oud); BW 6:215)

Art. 291

Dwingend recht

– 1. Van de bepalingen van deze afdeling kan niet ten nadele van de huurder worden afgeweken.
– 2. Bedingen die ten nadele van de huurder afwijken van de bepalingen van deze afdeling, kunnen evenwel, behoudens wanneer het betreft een afwijking van artikel 307, niet op die grond worden vernietigd, indien zij zijn goedgekeurd door de rechter.
– 3. Ieder van de partijen kan een zodanige goedkeuring verzoeken. De goedkeuring wordt alleen gegeven indien het beding de rechten die de huurder aan deze afdeling ontleent, niet wezenlijk aantast of diens maatschappelijke positie in vergelijking met die van de verhuurder zodanig is dat hij de bescherming van de onderhavige afdeling in redelijkheid niet behoeft.
– 4. Het verzoek bevat, behalve de gronden waarop het berust, de tekst van de goed te keuren bedingen. (BW 7A:1629 (oud); BW 3:40 lid 2, 7:301; Overg.w. 206)

Art. 292

Duur overeenkomst

– 1. De huurovereenkomst geldt voor vijf jaar of, als een langere bepaalde duur is overeengekomen, voor die langere duur.
– 2. De huurovereenkomst die voor vijf jaar geldt, wordt na het verstrijken daarvan van rechtswege met vijf jaar verlengd. De overeenkomst die is aangegaan voor een termijn die langer is dan vijf jaar maar korter dan tien jaar, wordt na het verstrijken van die termijn van rechts-

wege verlengd met een tweede termijn die zoveel korter is dan vijf jaar als de eerste termijn langer is dan vijf jaar. (BW 7A:1625, 1626 lid 1 (oud); BW 7:301)

Art. 293

Opzegging

– 1. De overeenkomst die voor vijf jaar geldt, en de overeenkomst die is aangegaan voor een termijn langer dan vijf jaar, maar korter dan tien jaar, kunnen tegen het einde van de termijn en tegen het einde van de in artikel 292 lid 2 bedoelde tweede termijn door ieder van de partijen worden opgezegd. Artikel 228 lid 1 en lid 2, eerste zin, is niet van toepassing.

– 2. De opzegging moet geschieden bij exploot of bij aangetekende brief. De termijn van opzegging bedraagt tenminste een jaar.

– 3. Geen opzegging is vereist, indien de beëindiging geschiedt met wederzijds goedvinden, nadat de huurovereenkomst is totstandgekomen. (BW 7A:1627, 1631 (oud); BW 7:301; Fw 39, 238; Pw 36)

Art. 294

Opzeggingsgronden

Een opzegging door de verhuurder is nietig indien zij niet de gronden vermeldt die tot de opzegging hebben geleid. (BW 7A:1627 lid 2 sub *a*, 1631 lid 2 sub *a* (oud); BW 7:301)

Art. 295

Vordering tot beëindiging

– 1. Een opgezegde huurovereenkomst blijft, tenzij de huurder de overeenkomst heeft opgezegd of na de opzegging door de verhuurder schriftelijk in de beëindiging ervan heeft toegestemd, na de dag waartegen rechtsgeldig is opgezegd van rechtswege van kracht, tot de rechter onherroepelijk heeft beslist op een vordering van de verhuurder als in lid 2 bedoeld. De rechter kan evenwel, indien het verweer van de huurder hem kennelijk ongegrond voorkomt, zijn toewijzend vonnis uitvoerbaar bij voorraad verklaren.

– 2. De verhuurder kan, indien hij zes weken na de opzegging niet van de huurder een schriftelijke mededeling heeft ontvangen dat hij in de beëindiging van de huurovereenkomst toestemt, op de gronden vermeld in de opzegging vorderen dat de rechter het tijdstip zal vaststellen waarop de overeenkomst zal eindigen. (BW 7A:1627*a* (oud); BW 7:272, 301)

Art. 296

Toewijzingsgronden

– 1. Indien de opzegging is gedaan tegen het einde van de in artikel 292 lid 1 bedoelde eerste termijn waarvoor de huurovereenkomst geldt of is aangegaan, kan de rechter de vordering slechts toewijzen, op de grond dat:

a. de bedrijfsvoering van de huurder niet is geweest zoals een goed huurder betaamt, of

b. de verhuurder aannemelijk maakt dat hij, zijn echtgenoot, zijn geregistreerde partner, een bloed- of aanverwant in de eerste graad of een pleegkind het verhuurde persoonlijk in duurzaam gebruik wil nemen en hij daartoe het verhuurde dringend nodig heeft. Onder duurzaam gebruik wordt niet begrepen vervreemding van de bedrijfsruimte, maar wel renovatie van de bedrijfsruimte die zonder beëindiging van de huur niet mogelijk is.

– 2. Een vordering, ingesteld op de in lid 1 onder *b* bedoelde grond, is niet toewijsbaar indien de verhuurder de rechtsopvolger is van een vorige verhuurder en hij niet is diens echtgenoot, geregistreerde partner, bloed- of aanverwant in de eerste graad of pleegkind, en de opzegging is geschied binnen drie jaar nadat de rechtopvolging schriftelijk ter kennis van de huurder is gebracht. Onder pleegkind wordt verstaan degene die duurzaam als eigen kind is verzorgd en opgevoed.

– 3. Indien de opzegging is gedaan tegen het einde van de termijn waarmee de overeenkomst krachtens artikel 292 lid 2 is verlengd, kan de rechter de vordering toewijzen, op grond van een redelijke afweging van de belangen van de verhuurder bij beëindiging van de overeenkomst tegen die van de huurder en van de onderhuurder aan wie bevoegdelijk is onderverhuurd, bij verlenging van de overeenkomst. De rechter wijst de vordering in elk geval af indien van de huurder, bij een redelijke afweging van de voormelde belangen van hem en van de onderhuurder aan wie bevoegdelijk is onderverhuurd, tegen de voormelde belangen van de verhuurder, niet kan worden gevergd dat hij het gehuurde ontruimt.

– 4. In het geval van lid 3 wijst de rechter de vordering in ieder geval toe indien zich een der in lid 1, onder *a* en *b*, in samenhang met lid 2 omschreven gronden voordoet en voorts indien:

c. de huurder niet toestemt in een redelijk aanbod tot het aangaan van een nieuwe overeenkomst met betrekking tot het gehuurde, voor zover dit aanbod niet een wijziging van de huurprijs inhoudt, of

d. de verhuurder een krachtens een geldig bestemmingsplan op het verhuurde liggende bestemming wil verwezenlijken.

– 5. Indien de rechter de vordering toewijst, stelt hij tevens het tijdstip van de ontruiming vast. De toewijzing geldt als een veroordeling tot ontruiming tegen dat tijdstip. (BW 7A:1628, 1631*a* (oud); BW 7:274, 301)

Art. 297

Verhuis- en inrichtingskosten

– 1. De rechter kan in zijn beslissing tot toewijzing van de vordering een bedrag vaststellen dat

de verhuurder aan de huurder of aan degene aan wie bevoegdelijk is onderverhuurd, moet betalen ter tegemoetkoming in diens verhuis- en inrichtingskosten.
– 2. Alvorens een beslissing te geven waarin een bedrag als bedoeld in lid 1 wordt vastgesteld, brengt de rechter zijn voornemen ter kennis van partijen en stelt hij een termijn vast waarbinnen de verhuurder de bevoegdheid heeft de vordering in te trekken.
– 3. Indien de verhuurder binnen deze termijn zijn vordering intrekt, geeft de rechter slechts een beslissing over de proceskosten. (BW 7A:1628 lid 2, 1631*a* lid 3 (oud); BW 7:221, 275, 301)

Art. 298

Terme de grâce

In het geval, bedoeld in artikel 296 lid 4 onder *c*, kan de rechter de huurder een termijn toestaan van ten hoogste een maand om het aanbod tot het aangaan van een nieuwe overeenkomst alsnog te aanvaarden. (BW 7A:1631*a* lid 5 (oud); BW 7:280, 301)

Art. 299

Wil tot eigen gebruik niet aanwezig

– 1. Indien de overeenkomst is opgezegd op de grond dat een in artikel 296 lid 1 onder *b* genoemde persoon het verhuurde persoonlijk in duurzaam gebruik wil nemen en de huurder in de beëindiging van de overeenkomst heeft toegestemd dan wel de vordering tot beëindiging van de overeenkomst op die grond dan wel op de grond, bedoeld in artikel 296 lid 3, is toegewezen, is de verhuurder jegens de huurder en degene die bevoegdelijk heeft ondergehuurd, tot schadevergoeding gehouden, indien de wil om het verhuurde persoonlijk in duurzaam gebruik te nemen in werkelijkheid niet aanwezig is geweest.
– 2. Behoudens tegenbewijs wordt die wil geacht niet aanwezig te zijn geweest, indien het verhuurde niet binnen een jaar na het einde van de overeenkomst door een persoon als bedoeld in artikel 296 lid 1 onder *b* in duurzaam gebruik is genomen.
– 3. De rechter kan in een beslissing tot toewijzing van een vordering tot beëindiging, gegrond op de in artikel 296 lid 1 onder *b* bedoelde wil van een der daar bedoelde personen, op verzoek van de huurder of ambtshalve een bedrag bepalen dat de verhuurder aan de huurder of degene die bevoegdelijk heeft ondergehuurd moet betalen, indien later mocht blijken dat die wil in werkelijkheid niet aanwezig is geweest, onverminderd het recht van de huurder op verdere schadevergoeding.
– 4. De vordering van de huurder of onderhuurder tot schadevergoeding of tot betaling van het in lid 3 bedoelde bedrag vervalt vijf jaren na het einde van de huurovereenkomst. (BW 7A:1628*a*, 1631*a* lid 4 (oud); BW 7:276, 301)

Art. 300

Voortzetting voor onbepaalde tijd

– 1. Indien de oorspronkelijk duur van de overeenkomst krachtens artikel 292 lid 2 is verlengd en de verlengde overeenkomst niet tegen het einde van de in dat lid bedoelde tweede termijn is opgezegd, wordt de overeenkomst voortgezet voor onbepaalde tijd, tenzij uit de overeenkomst een bepaalde tijd voortvloeit of partijen een bepaalde tijd overeenkomen.
– 2. Wordt de overeenkomst krachtens lid 1 voor onbepaalde tijd voortgezet, dan kan zij door ieder van de partijen worden opgezegd. Wordt de overeenkomst voor bepaalde tijd voortgezet of is zij aangegaan voor een duur van tien jaar of langer, dan eindigt zij, in afwijking van artikel 228 lid 1, niet door het enkele verloop van de huurtijd, maar kan zij door ieder van de partijen tegen het einde van die huurtijd worden opgezegd.
– 3. De opzegging moet voldoen aan de vereisten van de artikelen 293 leden 2 en 3 en van artikel 294. De artikelen 295 tot en met 299 zijn van overeenkomstige toepassing.
– 4. Indien een vordering tot vaststelling van het tijdstip waarop de overeenkomst zal eindigen, is afgewezen, en uit de overeenkomst niet voortvloeit dat zij dan wordt voortgezet voor een bepaalde termijn tegen het einde waarvan zij opnieuw opgezegd kan worden, kan de overeenkomst slechts rechtsgeldig opnieuw opgezegd worden nadat een termijn van een jaar is verstreken nadat de afwijzing onherroepelijk is geworden. De rechter kan bij zijn afwijzende beslissing een langere termijn vaststellen. (BW 7A:1631*b*, 1631*c*, 1631*d* (oud); BW 7:277, 301)

Art. 301

Overeenkomst van twee jaar of korter

– 1. De artikelen 291 tot en met 300 zijn niet van toepassing op een overeenkomst van twee jaar of korter.
– 2. Indien het gebruik, aangevangen krachtens een overeenkomst als bedoeld in lid 1, langer dan twee jaar heeft geduurd, geldt van rechtswege een overeenkomst op de tussen partijen overeengekomen voorwaarden, doch voor vijf jaar, waarop de reeds verstreken twee jaar in mindering komen. De artikelen van 291 tot en met 300 zijn op deze overeenkomst van toepassing.
– 3. Het in lid 2 bedoelde rechtsgevolg treedt niet in, indien partijen voor het verstrijken van de termijn van twee jaar een andere overeenkomst sluiten die onder artikel 292 lid 1 valt, dan wel een daarvan afwijkende overeenkomst, mits de in artikel 291 bedoelde goedkeuring is verzocht voor het verstrijken van de termijn van twee jaar.
– 4. Indien voor het verstrijken van deze termijn op de voet van artikel 291 goedkeuring van afwijkende bedingen is verzocht en de rechter dit verzoek afwijst, kan hij op verzoek van de

verhuurder tevens bepalen dat de overeenkomst wordt beëindigd en het tijdstip van de ontruiming vaststellen. Deze vaststelling geldt als een veroordeling tot ontruiming tegen dat tijdstip. (BW 7A:1630 (oud))

Art. 302

Opzegging door erfgenamen huurder

Opzegging van de overeenkomst door de erfgenamen van de huurder, onderscheidenlijk zijn echtgenoot of geregistreerde partner, op de voet van artikel 229 lid 2 dient te geschieden op een termijn van tenminste zes maanden. Artikel 293 lid 2, eerste zin, en lid 3 is van toepassing. (BW 7A:1632 (oud); BW 7:229)

Art. 303

Wijziging huurprijs

– 1. Zowel de huurder als de verhuurder kunnen vorderen dat de rechter de huurprijs, zo deze niet overeenstemt met die van vergelijkbare bedrijfsruimte ter plaatse, nader zal vaststellen:
a. indien de overeenkomst voor bepaalde tijd geldt, na afloop van de overeengekomen duur;
b. in alle andere gevallen, telkens wanneer tenminste vijf jaar zijn verstreken sinds de dag waarop de laatste door partijen vastgestelde huurprijs is ingegaan of waarop de laatste door de rechter vastgestelde huurprijs is gevorderd.
– 2. Bij de nadere vaststelling van de huurprijs let de rechter op het gemiddelde van de huurprijzen van vergelijkbare bedrijfsruimte ter plaatse, die zich hebben voorgedaan in een tijdvak van vijf jaren voorafgaande aan de dag van het instellen van de vordering. Iedere aldus in de vergelijking te betrekken huurprijs wordt herleid volgens de algemene ontwikkeling van het prijspeil sinds de dag waarop die huurprijs gold tot aan die van het instellen van de vordering. Zo het niet mogelijk is de rechter de voor de toepassing van deze maatstaf benodigde gegevens te verschaffen, maakt de rechter een schatting aan de hand van de wel te zijner beschikking staande gegevens, waarbij hij die maatstaf zoveel mogelijk als richtsnoer bezigt.
– 3. De rechter wijst een vordering tot verhoging van de huurprijs af, voor zover deze is gegrond op verbeteringen van het gehuurde, die op kosten van de huurder zijn aangebracht.
– 4. Indien de rechter de huurprijs nader vaststelt, geldt deze met ingang van de dag waarop deze is gevorderd, tenzij hij op vordering van een der partijen op grond van de bijzondere omstandigheden van het geval een andere ingangsdatum vaststelt. Hij kan daarbij tevens bepalen dat de huurprijs gedurende een door hem vast te stellen termijn van ten hoogste vijf jaren geleidelijk zal worden aangepast. (BW 7A:1632*a* (oud); BW 7:304 lid 2, 305)

Art. 304

Deskundigenadvies

– 1. Een vordering tot nadere huurprijsvaststelling is slechts ontvankelijk, indien deze vergezeld gaat van een advies omtrent de nadere huurprijs, opgesteld door een of meer door partijen gezamenlijk benoemde ter zake deskundigen.
– 2. Indien partijen geen overeenstemming bereiken over de benoeming van een deskundige, benoemt de rechter deze op verzoek van de meest gerede partij. Indien een zodanig verzoek wordt gedaan, geldt de dag van dat verzoek voor de toepassing van artikel 303 leden 1, 2 en 4 als de dag waarop de vordering tot nadere vaststelling van de huurprijs is ingesteld.
– 3. De kosten van het advies zijn proceskosten als bedoeld in artikel 237 van het Wetboek van Burgerlijke Rechtsvordering; de artikelen 195, 196, 199 en 244 van dat wetboek zijn van overeenkomstige toepassing.

Art. 305

Voorzieningen i.v.m. energiebesparing

– 1. De verhuurder die ingevolge een besluit als bedoeld in artikel 13 of 15 van de Woningwet voorzieningen als bedoeld in artikel 243 lid 2 heeft getroffen, is, ook buiten de gevallen van artikel 303 lid 1 onder *a* en *b*, bevoegd om ter doorberekening van de kosten van deze voorzieningen, voor zover redelijk, een daarop afgestemde verhoging van de huur te verlangen. Indien de huurder en de verhuurder geen overeenstemming hebben kunnen bereiken over het bedrag van de verhoging, kan ieder van hen vaststelling van de verhoging door de rechter vorderen.
– 2. Dit artikel is, behalve op bedrijfsruimte in de zin van artikel 290, ook van toepassing op een gebouwde onroerende zaak of gedeelte daarvan, indien deze zaak of dit gedeelte voor de uitoefening van een ander bedrijf is verhuurd dan waarop bedrijfsruimte in de zin van artikel 290 betrekking heeft.

Art. 306

Einde onderhuur

– 1. Een onderhuurovereenkomst van bedrijfsruimte eindigt op het door de rechter op vordering van de hoofdverhuurder overeenkomstig artikel 296 lid 5 vastgestelde tijdstip van ontruiming.
– 2. Indien de hoofdhuurder de onderhuurder niet of niet juist heeft voorgelicht omtrent de termijn waarvoor de hoofdhuur geldt of is aangegaan, of hij bij de beëindiging van de hoofdhuur en de bepaling van het tijdstip van ontruiming onvoldoende voor de belangen van de onderhuurder heeft gewaakt, is hij verplicht de schade die de onderhuurder daardoor lijdt, te vergoeden.
– 3. De hoofdhuurder tegen wie door de hoofdverhuurder een vordering wordt ingesteld, die

mede de belangen van de onderhuurder raakt, is bevoegd om deze in het geding te roepen. (BW 6:74, 95 e.v.; 7:278; Rv 118; Overg.w. 208*j*)

Art. 307

Indeplaatsstelling

– 1. Indien overdracht door de huurder aan een derde van het in het gehuurde door de huurder zelf of een ander uitgeoefende bedrijf gewenst wordt, kan de huurder vorderen dat hij gemachtigd wordt om die derde als huurder in zijn plaats te stellen.
– 2. De rechter beslist met inachtneming van de omstandigheden van het geval, met dien verstande dat hij de vordering slechts kan toewijzen, indien de huurder of de ander die het bedrijf uitoefent, een zwaarwichtig belang heeft bij de overdracht van het bedrijf en dat hij haar steeds afwijst, indien de voorgestelde huurder niet voldoende waarborgen biedt voor een volledige nakoming van de overeenkomst en voor een behoorlijke bedrijfsvoering.
– 3. De rechter kan aan de machtiging voorwaarden verbinden of daarbij een last opleggen. (BW 7A:1635 (oud); BW art. 6:159; BW art. 7:270; Pw art. 49)

Art. 308

Vergoeding voor huurder en onderhuurder

– 1. Indien de verhuurder, nadat de huurovereenkomst door opzegging zijnerzijds is geëindigd, voordeel geniet tengevolge van het feit dat het verhuurde vervolgens wordt gebezigd voor de uitoefening van een bedrijf, gelijksoortig aan het door de gewezen huurder of de onderhuurder aan wie bevoegdelijk is onderverhuurd aldaar uitgeoefende bedrijf, kan de gewezen huurder of de onderhuurder aan wie bevoegdelijk is onderverhuurd van de verhuurder een naar billijkheid te berekenen vergoeding vorderen.
– 2. Voordeel, voortvloeiend uit de aard of ligging van het verhuurde of uit de daaraan aangebrachte veranderingen, komt voor de toepassing van lid 1 niet in aanmerking.
– 3. De vergoeding kan niet worden toegekend, wanneer het verhuurde voor de uitoefening van het gelijksoortige bedrijf eerst wordt gebezigd nadat sedert het eindigen van de huurovereenkomst meer dan een jaar is verstreken (BW 7A:1635*a* (oud); BW art. 6:100; BW art. 7:221)

Art. 309

Schadeloosstelling bij afbraak

– 1. Indien een verhuurder op wie de rechten en verplichtingen uit de huurovereenkomst op de voet van artikel 226 zijn overgegaan, deze overeenkomst door opzegging doet eindigen in verband met de omstandigheid dat het gebouwde met het oog op de uitvoering van werken in het algemeen belang zal worden afgebroken, is hij aan de huurder en de onderhuurder aan wie voor die overgang bevoegdelijk is onderverhuurd, een schadeloosstelling verschuldigd wegens het verlies van de kans dat de huurverhouding zonder deze overgang zou hebben voortgeduurd.
– 2. De verhuurder is de in lid 1 bedoelde schadeloosstelling eveneens verschuldigd indien de overgang is geschied nadat de vorige verhuurder de huurovereenkomst heeft opgezegd in verband met de omstandigheid dat na de overgang het gebouwde met het oog op de uitvoering van werken in het algemeen belang zal worden afgebroken. Is de eigendom van het verhuurde overgedragen nadat de huurovereenkomst reeds door de opzegging was geëindigd, dan is de schadeloosstelling verschuldigd door de eigenaar die tot afbraak overgaat.
– 3. Een opzegging wordt vermoed in verband met de omstandigheid dat het gebouwde met het oog op de uitvoering van werken in het algemeen belang zal worden afgebroken, indien de afbraak binnen zes jaar na de opzegging aanvangt.
– 4. Werken tot verwezenlijking van een bestemmingsplan, strekkende tot reconstructie van een bebouwde kom, worden in elk geval geacht in het algemeen belang te zijn.
– 5. Dit artikel is, behalve op bedrijfsruimte in de zin van artikel 290, ook van toepassing op een gebouwde onroerende zaak of gedeelte daarvan, indien deze zaak of dit gedeelte voor de uitoefening van een ander bedrijf is verhuurd dan waarop bedrijfsruimte in de zin van artikel 290 betrekking heeft. (BW 7A:1636*a* (oud); BW 7:226, 296, 310; Pw 34, 38; Onteig.w. 42)

Art. 310

Verwezenlijking bestemmingsplan

– 1. Indien een verhuurder op wie de rechten en verplichtingen uit de huurovereenkomst op de voet van artikel 226 zijn overgegaan, een krachtens een geldend bestemmingsplan op het verhuurde liggende bestemming wil verwezenlijken, ontbindt de rechter op vordering van de verhuurder de huurovereenkomst met ingang van een door hem te bepalen dag.
– 2. De huurder en de onderhuurder aan wie bevoegdelijk is onderverhuurd, kunnen een schadeloosstelling vorderen. Bij de bepaling daarvan wordt rekening gehouden met de kans dat de huurverhouding zonder de overgang zou hebben voortgeduurd.
– 3. Dit artikel is, behalve op bedrijfsruimte in de zin van artikel 290, ook van toepassing op een gebouwde onroerende zaak of gedeelte daarvan, indien deze zaak of dit gedeelte voor de uitoefening van een ander bedrijf is verhuurd dan waarop bedrijfsruimte in de zin van artikel 290 betrekking heeft. (BW 7A:1636*b* (oud); BW 7:221, 226, 281, 309; Pw 48, 51, 52; Onteig.w. 42)

TITEL 5
Pacht

AFDELING 1
Algemene bepalingen

Art. 311

Pacht is de overeenkomst waarbij de ene partij, de verpachter, zich verbindt aan de andere partij, de pachter, een onroerende zaak of een gedeelte daarvan in gebruik te verstrekken ter uitoefening van de landbouw en de pachter zich verbindt tot een tegenprestatie. **Begripsbepaling; pacht**

Art. 312

Onder landbouw wordt verstaan, steeds voorzover bedrijfsmatig uitgeoefend: akkerbouw; weidebouw; veehouderij; pluimveehouderij; tuinbouw, daaronder begrepen fruitteelt en het kweken van bomen, bloemen en bloembollen; de teelt van griendhout en riet; elke andere tak van bodemcultuur, met uitzondering van de bosbouw. **Begripsbepaling; landbouw**

Art. 313

– 1. Een hoeve is een complex bestaande uit een of meer gebouwen of gedeelten daarvan en het daarbij behorende land, dienende tot de uitoefening van de landbouw. **Begripsbepaling; hoeve**

– 2. Hetgeen in deze titel is bepaald met betrekking tot los land, geldt mede met betrekking tot een of meer gebouwen of gedeelten daarvan, welke dienen tot de uitoefening van de landbouw.

– 3. Indien echter tussen dezelfde partijen bij één overeenkomst los land en bij een andere overeenkomst een of meer gebouwen of gedeelten daarvan zijn verpacht, worden de bepalingen omtrent verpachting van hoeven op beide overeenkomsten van toepassing met ingang van het tijdstip waarop de laatste van beide overeenkomsten is gesloten.

– 4. Onder hoeve en los land worden begrepen de daarbij behorende, niet tot de uitoefening van de landbouw dienende gronden met inbegrip van de zich daarop bevindende houtopstanden.

Art. 314

In deze titel wordt onder pleegkind verstaan degenen die duurzaam als eigen kind is onderhouden en opgevoed. **Begripsbepaling; pleegkind**

Art. 315

Op de omvang van het gepachte dat langs een water ligt, zijn de artikelen 29 en 34 van Boek 5 van toepassing, tenzij de verpachter aan een vastlegging van de grens overeenkomstig de artikelen 30 tot en met 32 van Boek 5 is gebonden. **Schakelbepaling**

Art. 316

– 1. Het recht van de pachter op de vruchten van de gepachte zaak is een genotsrecht als bedoeld in artikel 17 van Boek 5. **Genotsrecht**

– 2. Het recht van de pachter op de vruchten omvat de bij het einde van de pacht nog te velde staande vruchten, tenzij bij ontbinding van de overeenkomst door de rechter anders wordt bepaald.

AFDELING 2
Vorm van de pachtovereenkomst

Art. 317

– 1. De pachtovereenkomst, de overeenkomst tot wijziging en die tot beëindiging van een pachtovereenkomst moeten schriftelijk worden aangegaan. **Schriftelijkheidsvereiste**

– 2. Zolang de overeenkomst niet schriftelijk is aangegaan, kan de meest gerede partij de schriftelijke vastlegging daarvan vorderen.

– 3. In het in het vorige lid bedoelde geval legt de rechter de overeenkomst schriftelijk vast met dien verstande dat nietige bedingen, zoveel mogelijk overeenkomstig de bedoelingen van partijen, in overeenstemming worden gebracht met de wet.

AFDELING 3
Goedkeuring van de pachtovereenkomst

Art. 318

– 1. De pachtovereenkomst, de overeenkomst tot wijziging en die tot beëindiging van een pachtovereenkomst behoeven de goedkeuring van de grondkamer. **Goedkeuring grondkamer**

– 2. Ten aanzien van de overeenkomst tot beëindiging van een pachtovereenkomst vervalt het vereiste van goedkeuring door de feitelijke uitvoering van de overeenkomst.

Art. 319

– 1. De grondkamer keurt de pachtovereenkomst goed, tenzij: **Onthouden goedkeuring**

a. de overeengekomen pachtprijs dan wel de vergoeding, daarbij in aanmerking genomen de

verdere inhoud van de overeenkomst, hoger is dan ingevolge het bepaalde krachtens de artikelen 327 lid 1 en 327 lid 3 onderscheidenlijk 393 is toegelaten;
b. de overige verplichtingen, voor de pachter uit de overeenkomst voortvloeiende, als buitensporig moeten worden beschouwd;
c. de overeenkomst zou leiden tot een ondoelmatige verkaveling of een ondoelmatige ligging van het land ten opzichte van de bedrijfsgebouwen of van de woning;
d. de overeenkomst, indien deze betrekking heeft op land, dat begrepen is geweest in een ruil- of herverkaveling of dat gelegen is in de IJsselmeerpolders, zou leiden tot:
1° een verkaveling of een ligging van het land ten opzichte van de bedrijfsgebouwen of van de woning, die minder doelmatig is dan de bestaande;
2° een geringere dan de bestaande bedrijfsgrootte;
e. door de overeenkomst algemene belangen van de landbouw zouden worden geschaad; de grondkamer is onder meer bevoegd als schadelijk voor de algemene belangen van de landbouw aan te merken overeenkomsten, welke zouden leiden tot:
1° een zo geringe bedrijfsgrootte, dat de ondernemer zijn volledige arbeidskracht op het bedrijf niet produktief kan maken;
2° gebruik van het land ter verkrijging van neveninkomsten, anders dan voor zelfvoorziening;
3° vergroting van een bedrijf, waarvan uitbreiding voor de ondernemer niet van overwegende betekenis is, terwijl in de nabijheid een of meer kleine bedrijven uitbreiding behoeven;
f. de overeenkomst bepalingen bevat, welke in strijd zijn met deze titel.
– 2. Indien de pachtovereenkomst zou leiden tot een van de in het eerste lid, onder c, d en e genoemde gevolgen, kan de grondkamer haar goedkeuring verlenen, wanneer weigering op grond van bijzondere omstandigheden onredelijk zou zijn of zou indruisen tegen het landbouwbelang. Indien de pachtovereenkomst zou leiden tot een van de in lid 1, onder d, genoemde gevolgen, kan de grondkamer voorts haar goedkeuring verlenen, wanneer omstandigheden, gelegen in de persoon van de verpachter, de goedkeuring in het belang van een verantwoorde bedrijfsvoering wenselijk maken.
– 3. Het bepaalde in lid 1 onder c en onder e met betrekking tot het gestelde onder 1°, 2° en 3° blijft buiten toepassing bij overeenkomsten met echtgenoten of geregistreerde partners, bloed- of aanverwanten in de rechte lijn, pleegkinderen en medepachters.
– 4. Bij de toetsing van de overeenkomst aan het bepaalde in lid 1, onder e, mag de grondkamer niet letten op de persoon van de pachter.
– 5. Het bepaalde in lid 1, onder c en d en onder e met betrekking tot het gestelde onder 1°, 2° en 3°, blijft buiten toepassing, indien uit een verklaring van burgemeester en wethouders van de gemeente, waarin het land is gelegen, blijkt dat dit is opgenomen in een goedgekeurd bestemmingsplan en daarbij een niet tot de landbouw betrekkelijke bestemming heeft gekregen.
– 6. Voor de geldigheid van bepalingen, welke in strijd met de wet zijn, kan op de goedkeuring van de overeenkomst door de grondkamer geen beroep worden gedaan.
– 7. Het in de voorgaande leden bepaalde vindt overeenkomstige toepassing ten aanzien van de overeenkomst tot wijziging of beëindiging van een pachtovereenkomst.

Art. 320

Gevolgen onthouden goedkeuring

– 1. Indien de grondkamer haar goedkeuring aan de pachtovereenkomst of aan de overeenkomst tot wijziging of beëindiging van een pachtovereenkomst onthoudt, wijzigt zij de overeenkomst op het punt of de punten, welke in verband met het bepaalde in artikel 319 lid 1, de goedkeuring verhinderen, of vernietigt zij haar.
– 2. De door de grondkamer gewijzigde overeenkomst geldt als een tussen partijen aangegane en goedgekeurde overeenkomst. In geval van wijziging in verband met het bepaalde in artikel 319 lid 1, onder *c*, *d* en *e*, alsmede in geval van vernietiging regelt de grondkamer zo nodig de gevolgen.

Art. 321

Inzending

– 1. Ieder der partijen is verplicht de pachtovereenkomst of de overeenkomst tot wijziging van een pachtovereenkomst binnen twee maanden, nadat zij is aangegaan, aan de grondkamer ter goedkeuring in te zenden.
– 2. Ieder der partijen is verplicht de overeenkomst tot beëindiging van een pachtovereenkomst binnen twee maanden nadat zij is aangegaan, aan de grondkamer ter goedkeuring in te zenden.
– 3. Zodra een der partijen aan de verplichting heeft voldaan, is die van de andere partij vervallen.
– 4. Op de ingevolge artikel 317 lid 3 schriftelijk vastgelegde overeenkomst past de grondkamer de artikelen 319 en 320 ambtshalve toe.

Art. 322

Gevolgen geen inzending

– 1. Wanneer niet is voldaan aan het bepaalde in artikel 321 lid 1 kan de verpachter, zolang de pachtovereenkomst door de grondkamer niet is goedgekeurd, niet een rechtsvordering tot be-

taling van de pachtprijs tegen de pachter instellen en geldt de pachtovereenkomst voor onbepaalde tijd, zonder dat zij door een van de partijen kan worden opgezegd; wordt de goedkeuring verleend, dan gaat de in artikel 325 bedoelde duur in bij de aanvang van het pachtjaar, volgende op dat, waarin de overeenkomst is ingezonden.
– 2. De grondkamer is bevoegd op verzoek van een partij in bijzondere gevallen bij de goedkeuring te bepalen, dat de in artikel 325 bedoelde duur op een eerder tijdstip ingaat.

Art. 323

Gebondenheid aan niet-goedgekeurde overeenkomst tot wijziging/beëindiging

– 1. Aan een overeenkomst tot wijziging of – voorzover die niet reeds feitelijk is uitgevoerd – aan een overeenkomst tot beëindiging van een pachtovereenkomst, die nog niet door de grondkamer is goedgekeurd, zijn partijen slechts in zoverre gebonden, dat zij niet eenzijdig kunnen terugtreden.
– 2. Indien de overeenkomst niet binnen twee maanden, nadat zij werd aangegaan, ter goedkeuring is ingezonden, is de grondkamer bevoegd haar te doen ingaan op een later tijdstip dan werd overeengekomen, doch uiterlijk op het tijdstip van inzending.

Art. 324

Ontwerp-overeenkomst

– 1. Zij die voornemens zijn met elkaar een pachtovereenkomst of een overeenkomst tot wijziging van een pachtovereenkomst aan te gaan, zijn bevoegd een ontwerp-pachtovereenkomst, onderscheidenlijk een ontwerp-overeenkomst tot wijziging van een pachtovereenkomst ter goedkeuring aan de grondkamer in te zenden.
– 2. De grondkamer beoordeelt de ontwerp-overeenkomst met toepassing van artikel 319 leden 1 tot en met 5; zij kan haar goedkeuring afhankelijk stellen van wijzigingen, welke zij in verband met het bepaalde in artikel 319 lid 1 nodig oordeelt.
– 3. Indien binnen twee maanden, nadat de grondkamer of de Centrale Grondkamer een ontwerp-pachtovereenkomst of een ontwerp-overeenkomst tot wijziging van een pachtovereenkomst heeft goedgekeurd, een overeenkomst wordt ingezonden, die gelijk is aan de ontwerp-overeenkomst, zoals deze werd goedgekeurd, is de grondkamer tot goedkeuring gehouden.
– 4. Op het verzoek tot goedkeuring van een ontwerp-pachtovereenkomst kan niet meer worden beslist, nadat de daarin als pachter genoemde persoon als zodanig op het goed is toegelaten.

AFDELING 4
Duur van de pachtovereenkomst

Art. 325

Duur pachtovereenkomst

– 1. De pachtovereenkomst geldt voor een bepaalde tijd. Deze tijd bedraagt twaalf jaren voor een hoeve en zes jaren voor los land.
– 2. Een pachtovereenkomst kan voor een langere duur worden aangegaan, mits een bepaalde datum van beëindiging is vastgesteld.
– 3. Een pachtovereenkomst kan voor een kortere duur worden aangegaan, mits een bepaalde datum van beëindiging is vastgesteld. De kortere duur behoeft de goedkeuring van de grondkamer, welke hetzij vóór het aangaan van de overeenkomst, hetzij bij de toetsing daarvan kan worden verleend.
– 4. De grondkamer verleent haar goedkeuring aan de kortere duur alleen op grond van de bijzondere omstandigheden van het geval en indien de algemene belangen van de landbouw daardoor niet worden geschaad. Zij vermeldt in haar beschikking de reden van haar goedkeuring. Als bijzondere omstandigheden worden niet beschouwd beperkingen, aan de verpachter door derden opgelegd.
– 5. De pachtovereenkomst die geldt voor de duur van ten minste twaalf jaren voor een hoeve en ten minste zes jaren voor los land, wordt telkens van rechtswege met zes jaren verlengd.
– 6. Heeft de grondkamer een kortere termijn goedgekeurd, dan vindt geen verlenging van rechtswege plaats, maar kan de rechter op vordering van de pachter de overeenkomst verlengen voor een door de rechter vast te stellen periode op de grond dat de bijzondere omstandigheden, bedoeld in lid 4 zich niet hebben voorgedaan en zich ook niet meer kunnen voordoen. De vordering moet worden ingesteld binnen een daartoe door de grondkamer in haar beschikking vastgestelde termijn. Op de verlengde overeenkomst is lid 5 van toepassing.
– 7. Heeft de grondkamer een termijn van een jaar of korter goedgekeurd, dan vindt geen verlenging plaats.

Art. 326

Herziening

– 1. Telkens voor het verstrijken van een pachttermijn kan de pachter of de verpachter aan de grondkamer verzoeken andere bepalingen van de pachtovereenkomst dan met betrekking tot de tegenprestatie te herzien.
– 2. De grondkamer herziet deze, indien de bijzondere omstandigheden van het geval daartoe aanleiding geven en noch het algemeen landbouwbelang, noch een redelijk belang van de andere partij zich daartegen verzet.

– 3. De wijziging gaat in met ingang van de nieuwe pachttermijn.
– 4. Geen wijziging kan worden gevorderd op grond van artikel 258 van Boek 6.

AFDELING 5
Pachtprijs

Art. 327

Nadere regelgeving

– 1. Bij of krachtens algemene maatregel van bestuur worden regelen vastgesteld ten aanzien van de hoogst toelaatbare pachtprijs.
– 2. De in lid 1 bedoelde regelen strekken tot bevordering van pachtprijzen, welke in een redelijke verhouding staan tot de bedrijfsuitkomsten bij een behoorlijke bedrijfsvoering, met dien verstande, dat bij het vaststellen van die regelen de redelijke belangen van de verpachter mede in acht worden genomen.
– 3. Met inachtneming van de in lid 1 bedoelde regelen kunnen de grondkamers, ieder voor haar gebied, zo nodig streeksgewijs, ten aanzien van de pachtprijs bij besluit nadere regelen vaststellen. Zodanig besluit vervalt een jaar na het tijdstip van zijn inwerkingtreding.
– 4. Deze besluiten behoeven de goedkeuring van Onze Minister van Landbouw, Natuur en Voedselkwaliteit en worden in de *Nederlandse Staatscourant* bekend gemaakt.

Art. 328

Pachtprijs

– 1. Als tegenprestatie kan slechts worden bedongen een pachtprijs met of zonder bijkomstige verplichtingen.
– 2. Als pachtprijs kan slechts worden bedongen een uitsluitend naar tijdruimte bepaald en niet van de prijs van produkten of andere factoren afhankelijk gesteld bedrag in Nederlands geld.
– 3. De grondkamer kan echter, hetzij vóór het aangaan van de overeenkomst op verzoek van een der partijen, hetzij bij de toetsing daarvan, afwijking van het in de leden 1 en 2 bepaalde goedkeuren.
– 4. Heeft de grondkamer zulk een goedkeuring verleend of verleent zij deze bij de toetsing, dan wordt de overeengekomen tegenprestatie door haar beoordeeld naar de strekking van het bepaalde krachtens de artikelen 327 leden 1 en 2.

Art. 329

Lasten vanwege landinrichting

Bedongen kan worden dat de lasten die de verpachter ten gevolge van landinrichting op grond van de Landinrichtingswet of de Wet inrichting landelijk gebied, van reconstructie op grond van de Reconstructiewet Midden-Delfland of van de Reconstructiewet concentratiegebieden of van herinrichting op grond van de Herinrichtingswet Oost-Groningen en de Gronings-Drentse Veenkoloniën, zijn of zullen worden opgelegd, ten dele ten laste van de pachter komen.

Art. 330

Vermindering pachtprijs bij minder opbrengst

– 1. De pachter heeft aanspraak op een vermindering van de pachtprijs over een pachtjaar of een pachtseizoen, gedurende hetwelk tengevolge van buitengewone omstandigheden de opbrengst van het bedrijf aanzienlijk minder is geweest dan bij het aangaan van de overeenkomst te verwachten was of de pachter tijdelijk het genot van het gepachte geheel of gedeeltelijk heeft moeten missen.
– 2. Tot vermindering geven geen aanleiding:
a. een verlaging van de prijs van de voortbrengselen van het bedrijf;
b. omstandigheden welke aan de pachter zijn toe te rekenen of waarvan hij de gevolgen door verzekering of op andere wijze redelijkerwijs had kunnen voorkomen;
c. schade, welke de pachter op een ander kan verhalen.
– 3. De vordering van de pachter vervalt zes maanden na het eindigen van het pachtjaar of het pachtseizoen, waarover de pachtprijs verschuldigd is.

Art. 331

Verhoging pachtprijs wegens hogere lasten

– 1. De verpachter heeft aanspraak op een verhoging van de pachtprijs over een pachtjaar of een pachtseizoen, gedurende hetwelk de lasten, die de verpachter door publiekrechtelijke lichamen zijn opgelegd wegens buitengewone werken, waardoor des pachters bedrijf gebaat wordt, aanzienlijk hoger zijn geweest dan bij het aangaan van de overeenkomst te verwachten was.
– 2. De vordering van de verpachter vervalt zes maanden na het eindigen van het pachtjaar of het pachtseizoen, waarover de pachtprijs verschuldigd is.

Art. 332

Verhoging pachtprijs wegens buitengewone werken

– 1. De verpachter heeft aanspraak op een verhoging van de pachtprijs over een pachtjaar of over een pachtseizoen, indien hij voor eigen rekening buitengewone werken heeft uitgevoerd, waardoor het bedrijf van de pachter dermate is gebaat, dat een verhoging van de pachtprijs van de pachter kan worden verlangd.
– 2. De vordering van de verpachter vervalt zes maanden na het eindigen van het pachtjaar of het pachtseizoen, waarover de pachtprijs verschuldigd is.

Art. 333

Herziening van rechtswege

– 1. De pachtprijs wordt van rechtswege herzien overeenkomstig de wijziging van de krachtens artikel 327 lid 1 gegeven regelen. De verpachter kan, onder schriftelijke mededeling daarvan aan de pachter, echter geheel of ten dele van een verhoging afzien.
– 2. Niettemin kan de pachter of de verpachter binnen een tijdvak van een jaar na de inwerkingtreding van een wijziging van de regelen als bedoeld in artikel 327 lid 1 aan de grondkamer verzoeken de tegenprestatie te herzien. De grondkamer herziet deze indien redelijkheid en billijkheid dit verlangen of gewijzigde omstandigheden dit rechtvaardigen.
– 3. Onverminderd het bepaalde in de leden 1 en 2 kan de pachter of de verpachter voor het verstrijken van een pachtperiode van drie jaren aan de grondkamer verzoeken de tegenprestatie te herzien. De grondkamer herziet deze indien redelijkheid en billijkheid dit verlangen of gewijzigde omstandigheden dit rechtvaardigen.
– 4. De in de leden 1 en 2 bedoelde herziening gaat in met ingang van het pachtjaar volgende op het tijdstip waarop een wijziging van de regelen, bedoeld in artikel 327 lid 1 in werking is getreden. De herziening als bedoeld in lid 3 gaat in met ingang van de nieuwe driejarige periode.

Art. 334

Pachtersomslag

– 1. Indien in een waterschap waarin het verpachte is gelegen een pachtersomslag wordt geheven als bedoeld in artikel 116, onderdeel *b*, van de Waterschapswet (*Stb.* 1991, 444) of de heffing van die omslag wordt beëindigd, wordt de pachtprijs van rechtswege verlaagd, onderscheidenlijk verhoogd met een bedrag waarvan de hoogte is vastgesteld bij de regelen als bedoeld in artikel 327 lid 1.
– 2. De in het eerste lid bedoelde verlaging, onderscheidenlijk verhoging geschiedt overeenkomstig de regelen als bedoeld in artikel 327 lid 1, en gaat voorts in met ingang van het belastingjaar waarover de omslag wordt geheven, onderscheidenlijk niet meer wordt geheven.

Art. 335

Onvoorziene omstandigheden

Op grond van artikel 258 van Boek 6 kan geen wijziging van de tegenprestatie dan wel van de vergoeding worden gevorderd.

AFDELING 6
Verplichtingen van de verpachter

Art. 336

Verplichtingen verpachter

De verpachter is verplicht het verpachte ter beschikking van de pachter te stellen en te laten voor zover dat voor het overeengekomen gebruik noodzakelijk is.

Art. 337

Gebreken

– 1. De verpachter heeft met betrekking tot gebreken van het verpachte de in deze afdeling omschreven verplichtingen.
– 2. Een gebrek is een staat of eigenschap van de verpachte zaak of een andere niet aan de pachter toe te rekenen omstandigheid, waardoor de zaak aan de pachter niet het genot kan verschaffen dat een pachter bij het aangaan van de overeenkomst mag verwachten van een goed onderhouden zaak van de soort als waarop de overeenkomst betrekking heeft.
– 3. Een feitelijke stoornis door derden zonder bewering van recht als bedoeld in artikel 344 en een bewering van recht zonder feitelijke stoornis, zijn geen gebreken in de zin van lid 2.

Art. 338

Rechten pachter

De uit deze afdeling voortvloeiende rechten van de pachter komen aan deze toe, onverminderd alle andere rechten en vorderingen.

Art. 339

Verhelpen gebreken

– 1. De verpachter is verplicht op verlangen van de pachter gebreken te verhelpen, tenzij dit onmogelijk is of uitgaven vereist die in de gegeven omstandigheden redelijkerwijs niet van de verpachter zijn te vergen.
– 2. Deze verplichting bestaat niet ten aanzien van de kleine herstellingen tot het verrichten waarvan de pachter krachtens artikel 351 verplicht is, en ten aanzien van gebreken voor het ontstaan waarvan de pachter jegens de verpachter aansprakelijk is.
– 3. Is de verpachter met het verhelpen in verzuim, dan kan de pachter dit verhelpen zelf verrichten en de daarvoor gemaakte kosten, voor zover deze redelijk waren, op de verpachter verhalen, desgewenst door deze in mindering op de pachtprijs te brengen.

Art. 340

Vermindering pachtprijs

– 1. De pachter kan in geval van vermindering van pachtgenot ten gevolge van een gebrek een daaraan evenredige vermindering van de pachtprijs vorderen van de dag waarop hij van het gebrek behoorlijk heeft kennis gegeven aan de verpachter of waarop het gebrek reeds in voldoende mate bekend was om tot maatregelen over te gaan, tot die waarop het gebrek is verholpen.
– 2. De pachter heeft geen aanspraak op pachtvermindering terzake van gebreken die hij

krachten artikel 351 verplicht is te verhelpen, of voor het ontstaan waarvan hij jegens de verpachter aansprakelijk is.

Art. 341

Schadevergoeding

Onverminderd de gevolgen van niet-nakoming van de verplichting van artikel 339 is de verpachter tot vergoeding van de door een gebrek veroorzaakte schade verplicht, indien het gebrek na het aangaan van de overeenkomst is ontstaan en aan hem is toe te rekenen, alsmede indien het gebrek bij het aangaan van de overeenkomst aanwezig was en de verpachter het toen kende of had behoren te kennen, of toen aan de pachter heeft te kennen gegeven dat de zaak het gebrek niet had.

Art. 342

Dwingend recht

Van artikel 341 kan niet ten nadele van de pachter worden afgeweken, voor zover het gaat om gebreken die de verpachter bij het aangaan van de pachtovereenkomst kende of had behoren te kennen.

Art. 343

Ontbinding

– 1. Indien een gebrek dat de verpachter ingevolge artikel 339 niet verplicht is te verhelpen, het genot dat de pachter mocht verwachten geheel onmogelijk maakt, is zowel de pachter als de verpachter bevoegd de overeenkomst op de voet van artikel 267 van Boek 6 te ontbinden.

– 2. Een verplichting van een der partijen tot schadevergoeding ter zake van een gebrek omvat mede de door het eindigen van de overeenkomst ingevolge lid 1 veroorzaakte schade.

Art. 344

Verdediging belangen pachter

– 1. Wanneer tegen de pachter door een derde een vordering wordt ingesteld tot uitwinning of tot verlening van een recht waarmee het verpachte ingevolge de pachtovereenkomst niet belast had mogen zijn, is de verpachter na kennisgeving daarvan door de pachter gehouden in het geding te komen ten einde de belangen van de pachter te verdedigen.

– 2. De verpachter moet aan de pachter alle door deze vordering ontstane kosten vergoeden, doch, als de kennisgeving niet onverwijld is geschied, alleen de na de kennisgeving ontstane kosten.

– 3. Wanneer tegen de onderpachter een vordering betreffende het ondergepachte wordt ingesteld door de hoofdverpachter, zijn de voorgaande leden van overeenkomstige toepassing op de onderverpachter.

Art. 345

Wederopbouw

– 1. De verpachter is verplicht tot wederopbouw van door brand of storm tenietgegane opstallen, voorzover de wederopbouw noodzakelijk is voor de uitoefening van het bedrijf op het gepachte. Deze verplichting bestaat niet, indien de pachtovereenkomst voor kortere dan de wettelijke duur geldt en bestaat ook niet voor de onderverpachter.

– 2. De grondkamer kan de verpachter op diens verzoek, hetzij vóór het aangaan van de overeenkomst, hetzij bij een toetsing, van deze verplichting ontheffen, indien de opstallen niet op redelijke voorwaarden voor de herbouwwaarde verzekerd kunnen worden of aannemelijk is, dat bij tenietgaan van de opstallen de verplichting tot wederopbouw op grond van het bepaalde in de eerste zin van lid 4 zal vervallen.

– 3. Indien de verpachter, hoewel de opstallen op redelijke voorwaarden voor de herbouwwaarde verzekerd kunnen worden, niet of niet afdoende tegen brand- of stormschade verzekerd is, en niet anderszins zekerheid biedt de in lid 1 genoemde verplichting te zullen nakomen, kan de rechter de pachter op diens verzoek machtigen een verzekering of een aanvullende verzekering voor ten hoogste de duur van de lopende pachttermijn te sluiten en de premie voor rekening van de verpachter te betalen. Indien het betreft het sluiten van een aanvullende verzekering, moet deze worden gesloten bij de verzekeraar bij wie de opstallen verzekerd zijn, tenzij de rechter in zijn beschikking anders bepaalt. Onder verzekering voor de herbouwwaarde wordt verstaan een verzekering tot zodanig bedrag, dat daarmede kan worden voldaan aan de in lid 1, eerste zin, omschreven verplichting.

– 4. De verplichting van de verpachter tot wederopbouw vervalt, indien de wederopbouw, de algemene belangen van de landbouw of de bijzondere omstandigheden van het geval in aanmerking genomen, van de verpachter in redelijkheid niet kan worden gevergd. Indien de pachter voor de door brand ontstane schade aansprakelijk is, wordt de verplichting van de verpachter tot wederopbouw geschorst, zolang de pachter aan zijn verplichting tot schadevergoeding niet heeft voldaan.

AFDELING 7

Verplichtingen van de pachter

Art. 346

Tegenprestatie

De pachter is verplicht de tegenprestatie op de overeengekomen wijze en tijdstippen te voldoen.

Art. 347

Goed pachter

De pachter is verplicht zich ten aanzien van het gebruik van het gepachte als een goed pachter te gedragen.

Art. 348

Veranderingen aan het gepachte

– 1. De pachter is niet bevoegd de bestemming, inrichting of gedaante van het gepachte geheel of gedeeltelijk te veranderen dan na schriftelijke toestemming van de verpachter, tenzij het gaat om veranderingen en toevoegingen die bij het einde van de pacht zonder noemenswaardige kosten kunnen worden ongedaan gemaakt en verwijderd.

– 2. Indien de verpachter de toestemming niet verleent, kan de pachter aan de grondkamer machtiging vragen tot het aanbrengen van de veranderingen. Indien de verpachter niet tevens de eigenaar, vruchtgebruiker of erfpachter van de zaak is, draagt de verpachter ervoor zorg dat ook de eigenaar, vruchtgebruiker of erfpachter tijdig in het geding wordt geroepen. Indien op de zaak een hypotheek rust, bestaat deze verplichting tevens ten aanzien van de hypotheekhouder.

– 3. De grondkamer verleent de machtiging slechts, indien de veranderingen noodzakelijk zijn voor een doelmatig gebruik van het gepachte door de pachter en geen zwaarwichtige bezwaren aan de zijde van de verpachter zich tegen het aanbrengen daarvan verzetten.

– 4. De grondkamer kan aan de machtiging voorwaarden verbinden of daarbij een last opleggen. Zij kan op verzoek van de verpachter de pachtprijs verhogen, indien de veranderingen daartoe aanleiding geven.

Art. 349

Ongedaanmaking veranderingen

– 1. De pachter is tot de ontruiming bevoegd door hem aangebrachte veranderingen en toevoegingen ongedaan te maken, mits daarbij het gepachte in de toestand wordt gebracht, die bij het einde van de pacht redelijkerwijs in overeenstemming met de oorspronkelijke kan worden geacht.

– 2. De pachter is niet verplicht tot het ongedaan maken van geoorloofde veranderingen en toevoegingen, onverminderd de bevoegdheid van de rechter om hem op de voet van artikel 348 lid 4 de verplichting op te leggen hiervoor vóór de ontruiming van het gepachte zorg te dragen.

Art. 350

Vergoeding voor verbeteringen

– 1. Bij het einde van de pacht is de verpachter verplicht de pachter een naar billijkheid te bepalen vergoeding te geven voor de door de pachter aan het gepachte aangebrachte veranderingen en toevoegingen die een verbetering zijn.

– 2. Deze vergoeding kan niet overtreffen het bedrag waarmee de waarde van het gepachte bij het einde van de pacht tengevolge van de aangebrachte verbeteringen is verhoogd. De vergoeding wordt lager gesteld naarmate de pachter de vruchten van de aangebrachte verbeteringen reeds heeft kunnen genieten.

– 3. De vergoeding kan slechts worden gevorderd, indien de pachter tijdig aan de verpachter, onder opgave van geschatte kosten, schriftelijk mededeling van de voorgenomen verbetering heeft gedaan en hetzij de verpachter zich daartegen niet binnen een maand na ontvangst van de mededeling heeft verzet, hetzij de rechter op vordering van de pachter deze tot het aanbrengen van de verbetering heeft gemachtigd.

– 4. Op de vordering tot machtiging zijn de leden 2 en 4, eerste zin, van artikel 348 van overeenkomstige toepassing.

– 5. De vordering tot vergoeding van de verbetering kan niet later worden ingesteld dan drie maanden na het einde van de pachtovereenkomst.

– 6. De pachter kan geen vordering tot vergoeding voor verbeteringen gronden op artikel 212 van Boek 6.

Art. 351

Kleine herstellingen

De pachter is verplicht te zijnen koste de kleine herstellingen te verrichten, tenzij deze nodig zijn geworden door het tekortschieten van de verpachter in de nakoming van zijn verplichting tot het verhelpen van gebreken.

Art. 352

Aansprakelijkheid pachter

– 1. De pachter is aansprakelijk voor schade aan het gepachte die is ontstaan door een hem toe te rekenen tekortschieten in de nakoming van een verplichting uit de pachtovereenkomst.

– 2. Alle schade, behalve brandschade, wordt vermoed te zijn ontstaan door een hem toe te rekenen tekortschieten als bedoeld in het eerste lid.

– 3. Onverminderd artikel 358 lid 2 wordt de pachter vermoed het gepachte in goede staat te hebben ontvangen.

Art. 353

Aansprakelijkheid pachter voor gedrag derden

De pachter is jegens de verpachter op gelijke wijze als voor eigen gedragingen aansprakelijk voor de gedragingen van hen die met zijn goedvinden het gepachte gebruiken of zich met zijn goedvinden daarop bevinden.

Art. 354

Dringende werkzaamheden

– 1. Indien gedurende de pacht dringende werkzaamheden aan het gepachte moeten worden uitgevoerd of de verpachter krachtens artikel 56 van Boek 5 iets moet toestaan ten behoeve van een naburig erf, moet de pachter daartoe gelegenheid geven, onverminderd zijn aanspraken op vermindering van de pachtprijs, op ontbinding van de pachtovereenkomst en op schadevergoeding.
– 2. De verpachter is niet bevoegd verbeteringen op of aan het verpachte aan te brengen dan na schriftelijke toestemming van pachter.
– 3. Indien de pachter de toestemming niet verleent, kan de verpachter aan de grondkamer machtiging vragen tot het aanbrengen van de verbeteringen.
– 4. De grondkamer verleent de machtiging slechts, indien de verbeteringen noodzakelijk zijn voor een doelmatig gebruik van het gepachte en geen zwaarwichtige bezwaren aan de zijde van de pachter zich tegen het aanbrengen daarvan verzetten.
– 5. De grondkamer kan aan de machtiging voorwaarden verbinden of daarbij een last opleggen. Zij kan op verzoek van de pachter of de verpachter de pachtprijs herzien, indien de verbeteringen daartoe aanleiding geven.

Art. 355

Onderverpachting

De pachter is niet dan met schriftelijke toestemming van de verpachter bevoegd tot onderverpachting.

Art. 356

Kennisgeving gebreken

Indien de pachter gebreken aan het gepachte ontdekt of derden hem in zijn genot storen of enig recht op het gepachte beweren, moet hij daarvan onverwijld aan de verpachter kennis geven, bij gebreke waarvan hij verplicht is aan de verpachter de door de nalatigheid ontstane schade te vergoeden.

Art. 357

Dulden bezichtiging enz.

Indien de verpachter tot verpachting of verhuring na afloop van de lopende pacht of tot verkoop van het gepachte wenst over te gaan, is de pachter verplicht te dulden dat aan het gepachte de gebruikelijke kennisgevingen van het te pachten, te huur of te koop zijn worden aangebracht, en aan belangstellenden gelegenheid te geven tot bezichtiging.

Art. 358

Oplevering in goede staat

– 1. De pachter is verplicht het gepachte bij het einde van de pacht weer in goede staat ter beschikking van de verpachter te stellen.
– 2. Indien tussen de pachter en de verpachter een beschrijving van gepachte gebouwen is opgemaakt, is de pachter gehouden de gebouwen in dezelfde staat op te leveren waarin deze volgens de beschrijving zijn aanvaard, met uitzondering van geoorloofde veranderingen en toevoegingen en hetgeen door ouderdom is tenietgegaan of beschadigd.

Art. 359

Vergoeding bij onrechtmatig bezit

Houdt de pachter na het einde van de pacht het gepachte onrechtmatig onder zich, dan kan de verpachter over de tijd dat hij het gepachte mist, een vergoeding vorderen gelijk aan de pachtprijs, onverminderd, indien zijn schade meer dan deze vergoeding bedraagt, zijn recht op dit meerdere.

Art. 360

Afgaande en opkomende pachters

– 1. De afgaande en opkomende pachters zijn verplicht elkander over en weer met al datgene te gerieven, wat vereist wordt om het betrekken en het verlaten van het gepachte gemakkelijker te maken, zowel wat betreft het gebruik voor het volgende jaar, het inoogsten van nog te velde staande vruchten en het betrekken van de gebouwen als anderszins.
– 2. De te dezen nalatige pachter is zowel jegens de andere pachter als jegens de verpachter tot schadevergoeding gehouden.

AFDELING 8
Overgang van de pacht bij overdracht van de verpachte zaken

Art. 361

Zakelijke werking

– 1. Overdracht van de zaak waarop de pachtovereenkomst betrekking heeft en vestiging of overdracht van een zelfstandig recht van vruchtgebruik, erfpacht of opstal op de zaak waarop de pachtovereenkomst betrekking heeft, door de verpachter doen de rechten en verplichtingen van de verpachter uit de pachtovereenkomst, die daarna opeisbaar worden, overgaan op de verkrijger.
– 2. Overdracht door een schuldeiser van de verpachter wordt met overdracht door de verpachter gelijkgesteld.
– 3. De verkrijger wordt slechts gebonden door die bedingen van de pachtovereenkomst, die onmiddellijk verband houden met het doen hebben van het gebruik van de zaak tegen een door de pachter te betalen tegenprestatie.

Art. 362

Vestiging/overdracht overige beperkte rechten

In geval van vestiging of overdracht van een beperkt recht op de verpachte zaak, dat niet onder artikel 361 lid 1 is begrepen, is de gerechtigde jegens de pachter verplicht zich te onthouden van een uitoefening van dat recht, die het gebruik door de pachter belemmert.

AFDELING 9
Pachtoverneming

Art. 363

Indeplaatsstelling van pachter

– 1. De pachter kan zich tot de rechter wenden met de vordering zijn echtgenoot of geregistreerde partner, één of meer zijner bloed- en aanverwanten in de rechte lijn, één of meer van zijn pleegkinderen of één of meer van de medepachters – of twee of meer van deze gezamenlijk – in zijn plaats als pachter te stellen.
– 2. Indien de pachter een vordering, als bedoeld in het vorige lid, heeft gedaan, is de verpachter bevoegd zich tot de rechter te wenden met de vordering een of meer anderen van de in het vorige lid genoemde belanghebbenden in de plaats van de pachter te stellen.
– 3. De rechter beslist naar billijkheid, met inachtneming van de overige bepalingen van dit artikel.
– 4. De rechter wijst de vordering af, indien op grond van het gestelde in artikel 319 lid 1, onder d en e, eerste zinsnede, en met inachtneming van het bepaalde in artikel 319, leden 2 en 5, de goedkeuring aan een nieuwe pachtovereenkomst zou zijn onthouden.
– 5. De rechter wijst de vordering af, indien de voorgestelde pachter niet voldoende waarborgen voor een behoorlijke bedrijfsvoering biedt.
– 6. Indien de rechter de vordering zou moeten afwijzen, omdat op grond van het gestelde in artikel 319 lid 1, onder d en e, eerste zinsnede, de goedkeuring aan een nieuwe pachtovereenkomst zou zijn onthouden, is hij bevoegd de pachtovereenkomst te wijzigen op het punt of de punten, welke die goedkeuring zouden verhinderen. Het bepaalde in artikel 320 lid 2 is van overeenkomstige toepassing.
– 7. De rechter kan de toewijzing van de vordering afhankelijk stellen van de vervulling van zodanige voorwaarden, als hij in het belang van de verpachter noodzakelijk oordeelt.
– 8. Indien de pachtovereenkomst ingevolge het in het zesde lid bepaalde tegen de wil van de voorgestelde pachter is gewijzigd, kan deze, mits binnen een maand na de dag van het vonnis, van de indeplaatsstelling afzien door een kennisgeving bij aangetekende brief aan de verpachter. In dat geval staat de voorgestelde pachter geen beroep open.

Art. 364

Medepacht

– 1. De pachter kan zich tot de rechter wenden met de vordering zijn echtgenoot of geregistreerde partner, één of meer zijner bloed- en aanverwanten in de rechte lijn of één of meer van zijn pleegkinderen – of twee of meer van deze gezamenlijk – aan te merken als medepachter.
– 2. Het bepaalde in artikel 363 leden 3 tot en met 8 is van overeenkomstige toepassing met dien verstande dat in plaats van 'voorgestelde pachter' telkens wordt gelezen: 'voorgestelde medepachter'.

Art. 365

Ontslag medepachter

– 1. De medepachter, die niet of niet meer persoonlijk betrokken is bij de exploitatie van het gepachte, kan zich tot de rechter wenden met de vordering uit de pacht te worden ontslagen. De rechter beslist naar billijkheid met dien verstande, dat hij de vordering toewijst, tenzij de belangen van de verpachter of van de medepachter daardoor ernstig zouden worden geschaad.
– 2. De verpachter kan zich tot de rechter wenden met de vordering de medepachter die niet of niet meer persoonlijk betrokken is bij de exploitatie van het gepachte, te ontslaan uit de pacht. De tweede volzin van het eerste lid is van overeenkomstige toepassing.
– 3. De medepachter kan zich tot de rechter wenden met de vordering de andere medepachter uit de pacht te ontslaan op de grond dat de onderlinge verhouding een gemeenschappelijke bedrijfsvoering ernstig bemoeilijkt.

AFDELING 10
Het eindigen van de pachtovereenkomst

Art. 366

Overlijden (ver)pachter

– 1. De dood van de pachter of de verpachter doet de pacht niet eindigen.
– 2. Indien de erfgenamen van de pachter niet bevoegd zijn het gepachte aan een ander in gebruik te geven, kunnen zij gedurende zes maanden na het overlijden van hun erflater de overeenkomst op een termijn van ten minste zes maanden bij exploot of aangetekende brief opzeggen.
– 3. Indien een pachter twee of meer erfgenamen nalaat, is de verpachter verplicht zijn medewerking te verlenen aan de toedeling van de rechten en verplichtingen van de overleden pach-

ter uit de pachtovereenkomst door de gezamenlijke erfgenamen aan een of meer van hen, tenzij de verpachter tegen een of meer van de aangewezenen redelijke bezwaren heeft.

Art. 367

Opzegging

– 1. De overeenkomst kan tegen het einde van iedere in artikel 325 bedoelde termijn door ieder van de partijen worden opgezegd.

– 2. De opzegging moet geschieden bij exploot of bij aangetekende brief. De termijn van opzegging bedraagt ten minste een jaar.

– 3. Geen opzegging is vereist, indien de beëindiging geschiedt met wederzijds goedvinden, nadat de pachtovereenkomst is totstandgekomen.

Art. 368

Nietige opzegging

Een opzegging door de verpachter is nietig, indien zij niet de gronden vermeldt die tot opzegging hebben geleid.

Art. 369

Verzet

– 1. Indien de pachter binnen zes weken na de opzegging aan de verpachter bij exploot of aangetekende brief meedeelt zich tegen de opzegging te verzetten met opgave van de redenen waarop hij dit verzet grondt, blijft de opgezegde overeenkomst van kracht, totdat de rechter onherroepelijk heeft beslist op een vordering van de verpachter als bedoeld in lid 2. De rechter kan evenwel, indien het verweer van de pachter hem kennelijk ongegrond voorkomt, zijn toewijzend vonnis uitvoerbaar bij voorraad verklaren.

– 2. Indien de pachter zich overeenkomstig het eerste lid tijdig tegen de opzegging heeft verzet, kan de verpachter op de gronden vermeld in de opzegging vorderen dat de rechter het tijdstip zal vaststellen waarop de overeenkomst zal eindigen.

Art. 370

Opzeggingsgronden

– 1. De rechter kan de vordering slechts toewijzen op de grond dat:

a. de bedrijfsvoering door de pachter niet is geweest zoals een goed pachter betaamt of de pachter anderszins ernstig is tekortgeschoten in de nakoming van zijn verplichtingen;

b. de verpachter aannemelijk maakt dat hij, zijn echtgenoot, zijn geregistreerde partner, een bloed- of aanverwant in de eerste graad of een pleegkind het verpachte duurzaam in gebruik wil nemen en hij het verpachte daartoe dringend nodig heeft;

c. een redelijke afweging van de belangen van de verpachter bij beëindiging van de overeenkomst tegen die van de pachter bij verlenging van de overeenkomst in het voordeel van de verpachter uitvalt;

d. de pachter niet toestemt in een redelijk aanbod tot het aangaan van een nieuwe pachtovereenkomst, voor zover dit aanbod niet een wijziging van de pachtprijs inhoudt;

e. aan de gronden voor algehele ontbinding van de pachtovereenkomst krachtens artikel 377 is voldaan.

– 2. Onder duurzaam gebruik in de zin van lid 1 onder *b* wordt niet begrepen vervreemding van het verpachte.

Art. 371

Termijn aanvaarding redelijk aanbod

– 1. In het geval, bedoeld in artikel 370 lid 1 onder *d*, kan de rechter de pachter een termijn toestaan van ten hoogste een maand om het aanbod tot het aangaan van een nieuwe overeenkomst alsnog te aanvaarden.

– 2. Betreft het aanbod een nieuwe overeenkomst voor een kortere duur dan die van artikel 325 lid 1, dan kan de rechter het aanbod slechts als redelijk aanmerken, indien de bijzondere omstandigheden van het geval dit rechtvaardigen en de algemene belangen van de landbouw niet worden geschaad. Artikel 325 lid 4, tweede en derde zin, is van overeenkomstige toepassing. Indien de pachter het aanbod aanvaardt, is artikel 325 leden 6 en 7 van overeenkomstige toepassing op de door die aanvaarding tot stand gekomen overeenkomst.

Art. 372

Tijdstip ontruiming

– 1. Indien de rechter de vordering toewijst, stelt hij tevens het tijdstip van de ontruiming vast. De toewijzing geldt als een veroordeling tot ontruiming tegen dat tijdstip.

– 2. Indien in het verpachte bedrijfsgebouwen zijn begrepen kan de rechter in zijn beslissing tot toewijzing een bedrag vaststellen dat de verpachter aan de pachter moet betalen ter tegemoetkoming in diens verhuis- en inrichtingskosten. Artikel 297 leden 2 en 3 is van overeenkomstige toepassing.

Art. 373

Schadevergoeding

– 1. Indien de overeenkomst is opgezegd op de in artikel 370 lid 1 onder b of e bedoelde gronden en de pachter in de beëindiging van de overeenkomst heeft toegestemd dan wel de vordering tot beëindiging van de overeenkomst op die grond is toegewezen, is de verpachter jegens de pachter tot schadevergoeding gehouden, indien de wil om het verpachte persoonlijk in duurzaam gebruik te nemen of om aan het verpachte de in artikel 377 bedoelde bestemming te geven in werkelijkheid niet aanwezig is geweest.

– 2. Behoudens tegenbewijs wordt die wil geacht niet aanwezig te zijn geweest, indien niet binnen een jaar na het einde van de pachtovereenkomst het verpachte door de verpachter of door de echtgenoot of geregistreerde partner, door een bloed of aanverwant in de eerste graad of door een pleegkind van de verpachter in duurzaam gebruik is genomen, onderscheidenlijk aan het verpachte de in artikel 377 bedoelde bestemming is gegeven.

– 3. De rechter is bevoegd op verzoek van de verpachter of ambtshalve in zijn in artikel 372 bedoelde beslissing een bedrag te bepalen, dat de verpachter aan de pachter moet betalen, indien later mocht blijken dat die wil in werkelijkheid niet aanwezig is geweest, onverminderd het recht van de pachter op verdere vergoeding.

– 4. De vordering van de pachter tot schadevergoeding of tot betaling van het in lid 3 bedoelde bedrag vervalt vijf jaren na het einde van de pachtovereenkomst.

Art. 374

Toewijzing voor gedeelte

De rechter kan, hetzij op verzoek van een der partijen, hetzij ambtshalve op grond van de billijkheid de vordering slechts voor een gedeelte van het verpachte toewijzen. In dat geval vermindert de rechter de geldende tegenprestatie dienovereenkomstig. De pachter kan alsdan de overeenkomst voor het overige beëindigen op het tijdstip van het eindigen van de pacht ter zake van het eerst vermeld gedeelte. Hij geeft hiervan bij aangetekende brief kennis aan de verpachter binnen een maand nadat het vonnis onaantastbaar is geworden.

Art. 375

(vervallen)

Art. 376

Tekortschieten pachter

– 1. Ontbinding van de pachtovereenkomst op de grond dat de pachter tekortgeschoten is in de nakoming van zijn verplichtingen, kan slechts geschieden door de rechter, behoudens in het geval van artikel 343 lid 1. De pachter wordt in ieder geval geacht in de nakoming van zijn verplichtingen te zijn tekortgeschoten, indien hij

a. het gepachte niet langer voor de uitoefening van de landbouw gebruikt, of

b. in de pachtovereenkomst vastgelegde beheersverplichtingen ter behoud van op het gepachte aanwezige natuurwaarden, niet naleeft of aan deze natuurwaarden anderszins schade heeft toegebracht.

– 2. Indien de pachter met de nakoming van zijn verplichtingen in gebreke is, kan de rechter hem op zijn verlangen nog een betrekkelijk korte termijn gunnen om alsnog aan zijn verplichtingen te voldoen.

– 3. De rechter kan op verzoek van de verpachter, alvorens op de vordering tot ontbinding te beslissen, een onderzoek bevelen naar de nakoming door de pachter van diens verplichting tot onderhoud en, zo dit onderzoek daartoe aanleiding geeft, aan de pachter zodanige aanwijzingen omtrent het uitvoeren van deze verplichting verstrekken als door de omstandigheden worden geboden, zulks met vaststelling van een termijn waarbinnen die aanwijzingen moeten worden opgevolgd.

– 4. Indien de pachter nalaat de aanwijzingen binnen de gestelde termijn op te volgen, geldt dit als een tekortkoming als bedoeld in lid 1, tenzij de pachter aannemelijk maakt dat dit nalaten hem niet kan worden toegerekend.

Art. 377

Ontbinding wegens niet-agrarische bestemming

– 1. Indien de verpachter het verpachte of een gedeelte daarvan wil bestemmen voor niet tot de landbouw betrekkelijke doeleinden, en die bestemming in overeenstemming is met het algemeen belang, ontbindt de rechter op vordering van de verpachter de pachtovereenkomst geheel of ten dele met ingang van een bij de uitspraak te bepalen dag. De voorgenomen bestemming wordt geacht in overeenstemming met het algemeen belang te zijn, indien zij in overeenstemming is met een onherroepelijk bestemmingsplan.

– 2. Bij ontbinding voor een gedeelte van het verpachte vermindert de rechter de tegenprestatie dienovereenkomstig. De pachter kan alsdan de pachtovereenkomst voor het overige beëindigen op het in vorige lid bedoelde tijdstip. Hij geeft hiervan bij aangetekende brief kennis aan de verpachter binnen een maand nadat het vonnis in kracht van gewijsde is gegaan.

– 3. Indien de rechter de pachtovereenkomst op grond van de leden 1 en 2 ontbindt, veroordeelt hij de verpachter de pachter schadeloos te stellen over de tijd, welke de pachter bij nietontbinding ingevolge de pachtovereenkomst nog op het gepachte had kunnen blijven.

– 4. Indien de pachtovereenkomst voor de in artikel 325, eerste of tweede lid, bedoelde duur is aangegaan of geldt, dan wel voor een kortere duur is aangegaan, doch nadien voor zes jaren is verlengd, wordt bij de bepaling van de schadeloosstelling rekening gehouden met de mogelijkheid, dat de pachtovereenkomst zou zijn verlengd. Bij de beoordeling van de mogelijkheid van verlenging houdt de rechter geen rekening met het voornemen van de verpachter het verpachte of een gedeelte daarvan te bestemmen voor niet tot de landbouw betrekkelijke doeleinden.

– 5. Het bepaalde in het vierde lid, eerste volzin, vindt geen toepassing, indien de pachtverhouding is aangevangen, nadat aan het verpachte bij een bestemmingsplan een niet tot de

landbouw betrekkelijke bestemming is gegeven. In dat geval wordt de pachtovereenkomst met betrekking tot een hoeve of los land, welke is aangegaan voor langer dan twaalf, onderscheidenlijk zes jaren, voor de bepaling van de schadeloosstelling geacht te zijn aangegaan voor twaalf, onderscheidenlijk zes jaren, met dien verstande, dat, indien de ontbinding plaats vindt na die termijn, de overeenkomst geacht wordt telkens voor zes jaren te zijn verlengd.
– 6. Indien evenwel het verpachte sinds een tijdstip, liggend voor het besluit tot vaststelling van het bestemmingsplan, bedoeld in het vijfde lid, achtereenvolgens bij personen die ten tijde van de opvolging in het gebruik tot de voorgaande gebruiker in enige in artikel 363, eerste lid, genoemde betrekking stonden persoonlijk in gebruik is geweest voor een tot de landbouw betrekkelijk doel, blijft het bepaalde in het tweede lid van toepassing.
– 7. Indien de pachtovereenkomst ingevolge artikel 322 voor onbepaalde tijd geldt, wordt voor de berekening van de schadeloosstelling uitgegaan van de overeengekomen duur, doch ingeval de overeenkomst voor onbepaalde tijd is aangegaan nimmer van een langere dan de in artikel 325, eerste lid, bedoelde duur. Voor de berekening van de schadeloosstelling wordt op gelijke wijze als ten aanzien van pachtovereenkomsten, waarop artikel 322 niet van toepassing is, aangenomen, dat de pachtovereenkomst zou kunnen worden verlengd; het vierde lid, tweede volzin, vijfde en zesde lid, vinden overeenkomstige toepassing.
– 8. Bij de berekening van de schadeloosstelling wordt niet gelet op feitelijke veranderingen die kennelijk zijn aangebracht om de schadeloosstelling te verhogen.
– 9. Artikel 373 is van overeenkomstige toepassing.

AFDELING 11
Het voorkeursrecht van de pachter

Art. 378

Voorkeursrecht pachter

– 1. De verpachter die tot vervreemding van het verpachte of een deel daarvan wil overgaan, is verplicht de pachter uit hoofde van een door de grondkamer goedgekeurde pachtovereenkomst die voor ten minste de wettelijke duur is aangegaan dan wel is aangegaan voor een kortere duur, doch nadien voor ten minste zes jaren is verlengd, bij voorkeur in de gelegenheid te stellen het recht dat hij voornemens is aan te bieden, te verkrijgen overeenkomstig de regels van deze afdeling. Onder vervreemding worden begrepen overdracht van eigendom of vestiging of overdracht van erfpacht, opstal of vruchtgebruik.
– 2. De verpachter geeft van zijn voornemen tot vervreemding onder vermelding van de prijs bij exploot of bij aangetekende brief kennis aan de pachter.
– 3. De pachter geeft binnen een maand na de kennisgeving eveneens bij aangetekende brief of exploot aan de verpachter te kennen of hij, indien overeenstemming wordt bereikt over de prijs, bereid is eigenaar dan wel erfpachter, opstaller of vruchtgebruiker te worden.
– 4. Indien de pachter zich niet binnen de termijn, bedoeld in artikel 378 lid 3, daartoe bereid verklaart, is het in lid 1 van artikel 378 bepaalde gedurende een jaar na afloop van deze termijn niet van toepassing.
– 5. In die periode mag vervreemding, anders dan in het openbaar, niet geschieden tegen een prijs die lager is dan de prijs die de verpachter in zijn in lid 2 van artikel 378 bedoelde kennisgeving heeft vermeld.

Art. 379

Taxatie

– 1. Indien geen overeenstemming wordt bereikt over de prijs, kan de verpachter de grondkamer verzoeken de marktwaarde van het verpachte of het te vervreemden deel daarvan te taxeren.
– 2. Indien de verpachter, nadat op het verzoek onherroepelijk is beslist, bereid is het verpachte of het te vervreemden deel daarvan tegen de getaxeerde waarde of een lagere prijs aan de pachter te vervreemden, geeft hij daarvan bij exploot of aangetekende brief kennis aan de pachter.
– 3. Indien de pachter niet binnen een maand na het uitbrengen van het exploot of de verzending van de aangetekende brief het aanbod bij exploot of aangetekende brief heeft aanvaard, is het in lid 1 van artikel 378 bepaalde gedurende een jaar na afloop van die termijn niet van toepassing. Artikel 378 lid 5 is van overeenkomstige toepassing met dien verstande dat de verkoop niet mag geschieden tegen een prijs die lager is dan de in het vorige lid bedoelde prijs.
– 4. Indien de verpachter de kennisgeving, bedoeld in het tweede lid niet heeft gedaan binnen een jaar nadat op het verzoek om taxatie onherroepelijk is beslist, zijn de bepalingen van artikel 378 en volgende wederom van toepassing.

Art. 380

Geen voorkeursrecht

– 1. De in artikel 378 lid 1 bedoelde verplichting bestaat niet:
a. in geval van verkoop krachtens wetsbepaling of krachtens een bevel van de rechter en van executoriale verkoop;
b. wanneer de verpachter overgaat tot vervreemding aan zijn echtgenoot of geregistreerde

partner, aan een bloed of aanverwant in de rechte lijn of in de zijlijn tot in de tweede graad of aan een pleegkind;
c. in geval van een rechtshandeling die als een verdeling van een gemeenschap is aan te merken;
d. in geval de rechter op vordering van de verpachter oordeelt dat deze een ernstige reden heeft om de pachter niet in de gelegenheid te stellen eigenaar dan wel erfpachter, opstaller of vruchtgebruiker te worden.
e. in geval degene aan wie de vervreemding plaats vindt, tevoren schriftelijk aan de pachter verklaart afstand te doen van zijn bevoegdheid de pachtovereenkomst op te zeggen op de in artikel 370 lid 1 onder *b* bedoelde grond.
– 2. Evenmin bestaat de in artikel 378 lid 1 bedoelde verplichting, wanneer de grondkamer op verzoek van de verpachter heeft vastgesteld dat deze een ernstige reden heeft om de pachter niet in de gelegenheid te stellen eigenaar of beperkt gerechtigde te worden. Als ernstige reden wordt steeds beschouwd de omstandigheid dat de pachter een slecht landgebruiker is.

Art. 381

Geen voorkeursrecht bij niet-agrarische bestemming

– 1. De in artikel 378 lid 1 bedoelde verplichting bestaat voorts niet, wanneer en voor zover het verpachte is gelegen in een geldend bestemmingsplan, waarbij daaraan een andere dan landbouwkundige bestemming is gegeven. Op verzoek van de verpachter verklaren burgemeester en wethouders schriftelijk, of in zulk een plan al dan niet een landbouwkundige bestemming aan het verpachte is gegeven.
– 2. Evenmin bestaat de in artikel 378 lid 1 bedoelde verplichting, wanneer de verpachter overgaat tot vervreemding van het verpachte aan een derde en de grondkamer, op gezamenlijk verzoek van de verpachter en die derde, heeft vastgesteld, dat aannemelijk is, dat de derde het verpachte voor andere dan landbouwkundige doeleinden zal gebruiken of doen gebruiken.
– 3. De in artikel 378 lid 1 bedoelde verplichting bestaat evenmin, voor zover het verpachte is gelegen in een gebied waarvoor een structuurvisie als bedoeld in artikel 2.1 van de Wet ruimtelijke ordening is vastgesteld en de verpachter ingevolge het bepaalde in de artikelen 2 juncto artikel 4, eerste lid, onder a, 6, 10 tot en met 24 en 27 van de Wet voorkeursrecht gemeenten dan wel artikel 9a, eerste of tweede lid, juncto artikel 4, eerste lid, onder a, of 6 van die wet overgaat tot de vervreemding van het verpachte aan de gemeente onderscheidenlijk de provincie of de Staat.

Art. 382

Kennisgeving openbare verkoop

De verpachter is verplicht om, alvorens tot openbare verkoop van het verpachte wordt overgegaan, behoudens in geval van executoriale verkoop, de pachter ten minste een maand voor de verkoop bij exploot of aangetekende brief daarvan kennis te geven.

Art. 383

Twaalf jaren-termijn

Indien de verpachter in strijd heeft gehandeld met artikel 378 lid 1, 378 lid 5 of 379 lid 3, kan de verkrijger van het verpachte onder bijzondere titel de overeenkomst slechts op de in artikel 370 lid 1 onder b bedoelde grond opzeggen, nadat twaalf jaren zijn verstreken na het einde van het pachtjaar, waarin de verpachter de vorige verpachter is opgevolgd.

Art. 384

Vergoeding

– 1. De pachter die van zijn recht van voorkeur gebruik heeft gemaakt en het uit dien hoofde verkregene binnen een periode van tien jaar na die verkrijging deels of geheel vervreemdt, is aan de verpachter een vergoeding verschuldigd als bedoeld in het tweede tot en met vierde lid.
– 2. De vergoeding bedraagt het verschil tussen de prijs die door de pachter is betaald voor het verkregene en de waarde daarvan in pachtvrije staat ten tijde van de verkrijging.
– 3. Indien de waarde in pachtvrije staat ten tijde van de vervreemding door de pachter lager is dan de waarde in pachtvrije staat ten tijde van de verkrijging, bedraagt in afwijking van het tweede lid de vergoeding het verschil tussen de prijs die door de pachter is betaald voor het verkregene en de waarde daarvan in pachtvrije staat ten tijde van de vervreemding.
– 4. De in het tweede en derde lid bedoelde vergoeding neemt telkens af met ééntiende deel voor elk jaar dat verstreken is gerekend van de verkrijging door de pachter af en vermindert voorts naar evenredigheid indien sprake is van vervreemding van een deel van het object.
– 5. Het bepaalde in het eerste lid is niet van toepassing:
a. indien de vervreemding plaatsvindt aan de echtgenoot of geregistreerde partner van de pachter, aan één of meer van zijn bloed- of aanverwanten in de rechte lijn, aan één of meer van zijn pleegkinderen of aan één of meer van de medepachters, met dien verstande dat indien zij binnen de in het eerste lid bedoelde periode tot gehele of gedeeltelijke vervreemding van het object overgaan, zij de in het eerste lid bedoelde vergoeding verschuldigd zijn;
b. indien de vervreemding plaatsvindt door één of meer van de bloed- of aanverwanten in de rechte lijn van de pachter of door één of meer van diens pleegkinderen aan één of meer van hun bloedverwanten in de rechte lijn of pleegkinderen, met dien verstande dat indien laatstge-

noemden binnen de in het eerste lid bedoelde periode tot gehele of gedeeltelijke vervreemding van het object overgaan, zij de in het eerste lid bedoelde vergoeding verschuldigd zijn.
– 6. Voor de toepassing van dit artikel wordt onder vervreemding mede verstaan: elke overeenkomst of andere rechtshandeling in welke vorm en onder welke benaming ook aangegaan of verricht, strekkende tot het anderszins overgaan van het verkregene, waarvan moet worden aangenomen dat zij niet zou zijn aangegaan of zou zijn verricht indien de in het eerste lid bedoelde vergoeding niet zou zijn verschuldigd.

AFDELING 12
Bijzondere pachtovereenkomsten

§ 1. Verpachting door openbare lichamen

Art. 385

Verpachting door openbare lichamen

Indien het Rijk, een provincie, een gemeente, een rechtspersoonlijkheid bezittend lichaam als bedoeld in de Wet gemeenschappelijke regelingen, een waterschap, een veenschap of een veenpolder aan hun in eigendom toebehorende hoeven of los land een bestemming heeft gegeven voor niet tot de landbouw betrekkelijke doeleinden van openbaar nut, kunnen zij aan de grondkamer verzoeken goed te keuren, dat bij verpachting van zulke hoeven of zodanig los land in de overeenkomst een of meer van de volgende bedingen zullen worden opgenomen:
a. dat de overeenkomst in afwijking van het bepaalde in artikel 325 lid 1, tweede zin, geldt voor de overeengekomen tijd;
b. dat de verlenging niet zal plaats hebben, indien en voorzover de verpachter bij exploot of aangetekend schrijven uiterlijk zes maanden voor het verstrijken van de termijn waarvoor de pachtovereenkomst is aangegaan de overeenkomst heeft opgezegd op de grond, dat de verlenging met de bestemming van het verpachte onverenigbaar is;
c. dat de pachter niet bevoegd zal zijn aan de grondkamer machtiging te vragen bestemming, inrichting of gedaante van het gepachte te veranderen;
d. dat de overeenkomst door de verpachter te allen tijde kan worden beëindigd, indien en voorzover de bestemming de beëindiging naar zijn oordeel noodzakelijk maakt.

Art. 386

Onderzoek grondkamer

De grondkamer onderzoekt uitsluitend of de bestemming het beding redelijkerwijs noodzakelijk kan maken. Zij treedt niet in een beoordeling dezer bestemming.

Art. 387

Schadeloosstelling pachter

– 1. In geval de pachtovereenkomst niet wordt verlengd op grond van het beding, genoemd in artikel 385 onder *b*, heeft de pachter geen recht op schadeloosstelling.
– 2. In geval van beëindiging op grond van het beding, genoemd in artikel 385, onder *d*, heeft de pachter recht op schadeloosstelling over de tijd, welke hij bij niet-beëindiging ingevolge de pachtovereenkomst nog op het gepachte had kunnen blijven.
– 3. Bij gedeeltelijke beëindiging is de pachter bevoegd de pachtovereenkomst ook voor het overige te beëindigen. Hij geeft hiervan bij aangetekende brief kennis aan de verpachter binnen een maand na de beëindiging, bedoeld in artikel 385 onder *d*.

§ 2. Verpachting binnen reservaten

Art. 388

Begripsbepaling; reservaat

In deze paragraaf wordt verstaan onder 'reservaat' een gebied waar de eigendom dan wel de erfpacht van landbouwgronden door de Staat, een publiekrechtelijke rechtspersoon of een bij koninklijk besluit aangewezen particuliere terreinbeherende natuurbeschermingsorganisatie is verworven en waar een beheer gevoerd kan worden gericht op doeleinden van natuur- en landschapsbehoud anders dan door middel van een daartoe te sluiten overeenkomst betreffende het richten van de bedrijfsvoering van agrarische bedrijven op doeleinden van natuur- en landschapsbehoud.

Art. 389

Behoud natuur en landschap

– 1. In een pachtovereenkomst met betrekking tot een hoeve of los land gelegen in een reservaat, kunnen een of meer verplichtingen worden opgenomen welke ten doel hebben de opzet en de bedrijfsvoering te richten op het behoud van natuur en landschap.
– 2. Niet als buitensporige verplichtingen als bedoeld in artikel 319, eerste lid, onderdeel *b*, worden die verplichtingen aangemerkt:
a. die deel uitmaken van een pachtovereenkomst gesloten met betrekking tot door de Staat of een bij koninklijk besluit aangewezen particuliere terreinbeherende natuurbeschermingsorganisatie in eigendom dan wel erfpacht verworven percelen, gelegen in een reservaat,
b. die gewenst zijn in verband met de instandhouding of ontwikkeling van de op het land aanwezige waarden van natuur en landschap en
c. waarvoor bij de overeenkomst een vergoeding wordt bedongen.

Art. 390

Indien toepassing is gegeven aan artikel 389 geldt, in afwijking in zoverre van het bepaalde in artikel 325, de pachtovereenkomst voor zowel een hoeve als los land voor de duur van zes jaren.

Pachtovereenkomst voor 6 jaar

Art. 391

– 1. Indien toepassing is gegeven aan artikel 389 wordt de pachtovereenkomst in afwijking van artikel 325 telkens met zes jaren verlengd.

Verlenging met 6 jaar

– 2. De rechter kan de in artikel 370 bedoelde vordering, behalve op de daar bedoelde gronden, ook toewijzen op de grond dat de verpachter met betrekking tot de instandhouding of ontwikkeling van de op het land aanwezige waarden van natuur en landschap een zodanig beheer wil voeren dat verdere verpachting hiermee niet in overeenstemming is. Bij alle toewijzingsgronden houdt hij rekening met de billijkheid in verband met de bijzondere aard van de pachtovereenkomst.

Art. 392

De grondkamer herziet de in het eerste lid van artikel 326 bedoelde bepalingen van de pachtovereenkomst, indien dit gewenst is met het oog op de instandhouding of ontwikkeling van de op het land aanwezige waarden van natuur en landschap.

Herziening door grondkamer

Art. 393

– 1. De vergoeding die ingevolge artikel 389 lid 2 onder *c* is bedongen, wordt niet aangemerkt als pachtprijs.

Vergoeding ex art. 389 lid 2 sub c

– 2. De vergoeding kan niet meer bedragen dan de pachtprijs zoals opgenomen in een door de grondkamer goedgekeurde pachtovereenkomst.

– 3. Bij algemene maatregel van bestuur worden nadere regelen vastgesteld ten aanzien van de hoogst toelaatbare vergoeding.

Art. 394

– 1. De pachter of de verpachter kan aan de grondkamer verzoeken de vergoeding bedoeld in artikel 389 lid 2 onder *c* te herzien

Herziening vergoeding ex art. 389 lid 2 sub c

a. voor het verstrijken van een pachtperiode van drie jaren;

b. binnen een tijdvak van een jaar na inwerkingtreding van een wijziging van de regelen als bedoeld in artikel 393 lid 3.

– 2. De grondkamer herziet de vergoeding, indien redelijkheid en billijkheid dit verlangen of gewijzigde omstandigheden dit rechtvaardigen.

– 3. Indien het verzoek met toepassing van het eerste lid, onder *a*, is ingediend, gaat de herziening van de vergoeding door de grondkamer in met ingang van de nieuwe driejarige pachtperiode.

– 4. Indien het verzoek met toepassing van het eerste lid, onder *b*, is ingediend, gaat de herziening van de vergoeding door de grondkamer in met ingang van het pachtjaar volgende op het tijdstip waarop de herziening van de regelen, bedoeld in artikel 393 lid 3, in werking is getreden.

– 5. Zijn de regelen, bedoeld in artikel 393 lid 3, herzien na het tijdstip waarop de grondkamer heeft beslist, dan beslist de Centrale Grondkamer met inachtneming van deze regelen, indien een der partijen dit verzoekt.

§ 3. Pacht van geringe oppervlakten

Art. 395

– 1. De artikelen 313 lid 2, 317-329, 332, 333, 348 leden 2-4, 350, 363, 364 en 366-384 zijn niet van toepassing op pachtovereenkomsten betreffende los land dat niet groter is dan één hectare.

Pacht van geringe oppervlakten

– 2. De grondkamer is bevoegd hetzij voor haar gehele ressort, hetzij voor een gedeelte daarvan, bij besluit voor een bepaalde tak van bodemcultuur de in het vorige lid genoemde oppervlakte te verlagen, doch niet tot minder dan 50 are. De besluiten van de grondkamer worden in de *Nederlandse Staatscourant* bekendgemaakt.

– 3. Dit besluit behoeft de goedkeuring van Onze Minister van Landbouw, Natuur en Voedselkwaliteit.

– 4. Overeenkomsten, in welke vorm en onder welke benaming ook aangegaan welke tot gevolg hebben dat door de ene partij aan de andere partij, – daaronder begrepen natuurlijke of rechtspersonen die in een samenwerkingsverband een landbouwbedrijf uitoefenen – tegen voldoening van een tegenprestatie los land in gebruik wordt gegeven ter uitoefening van de landbouw, gelden voor de toepassing van dit artikel als één overeenkomst. Voor de toepassing van dit artikel worden mede als één overeenkomst in aanmerking genomen die overeenkomsten waarvan op grond van feiten en omstandigheden moet worden aangenomen dat zij niet of voor een andere oppervlakte gesloten zouden zijn indien de oppervlaktegrenzen als bedoeld in dit artikel niet zouden zijn gesteld.

§ 4. Teeltpacht en geliberaliseerde pacht

Art. 396

Teeltpacht

– 1. De artikelen 313 lid 2, 318-325, 327, 328, 332, 333, 363, 364, 366-374 en 378-384 zijn niet van toepassing op pachtovereenkomsten betreffende los land:
a. waarvan partijen dat in de pachtovereenkomst hebben bepaald;
b. die zijn aangegaan voor één- of tweejarige teelten voor de duur van ten hoogste één onderscheidenlijk twee jaar;
c. die zijn aangegaan voor teelten waarvoor vruchtwisseling noodzakelijk is, en
d. waarbij overigens is voldaan aan het bepaalde in het tweede en derde lid.
– 2. De pachtovereenkomst als bedoeld in het eerste lid wordt door een der partijen ter registratie aan de grondkamer gezonden.
– 3. De inzending ter registratie dient binnen twee maanden nadat de pachtovereenkomst is aangegaan te hebben plaatsgevonden. De inzending geschiedt met toepassing van de in de Uitvoeringswet grondkamers voorgeschreven formaliteiten voor een verzoek tot goedkeuring van een pachtovereenkomst en wordt gericht tot de grondkamer die ter zake van een zodanig verzoek bevoegd is. De secretaris van de grondkamer doet ieder der partijen mededeling van een registratie.
– 4. Indien de verpachter ten behoeve van een onderverpachting overeenkomstig het bepaalde in het eerste lid de in artikel 355 bedoelde toestemming niet verleent, kan de pachter de grondkamer machtiging vragen tot de gewenste onderverpachting over te gaan. De grondkamer verleent deze machtiging, wanneer door de onderverpachting het algemeen landbouwbelang gediend wordt en geen redelijk belang van de verpachter zich daartegen verzet. De grondkamer kan aan de machtiging voorwaarden verbinden of daarbij een last opleggen en kan daarbij op verzoek van de verpachter de tegenprestatie in afwijking van de regelen als bedoeld in artikel 327 lid 1 herzien, indien de bij de onderverpachting overeengekomen tegenprestatie daartoe aanleiding geeft.

Art. 397

Geliberaliseerde pacht

– 1. De bepalingen van de artikelen 313 lid 2, 319 lid 1 onder a, c en d, 325, 327, 328, 332, 333, 363 tot en met 374, 378 tot en met 384, 399a en 399c lid 1 zijn niet van toepassing op pachtovereenkomsten betreffende los land:
a. waarvan partijen dat in de pachtovereenkomst hebben bepaald en
b. die zijn aangegaan voor een duur van zes jaren of korter.
– 2. De bepalingen van de artikelen 313 lid 2, 319 lid 1 onder c en d, 325, 363 tot en met 374 en 378 tot en met 384 zijn niet van toepassing op pachtovereenkomsten betreffende los land:
a. waarvan partijen dat in de pachtovereenkomst hebben bepaald en
b. die zijn aangegaan voor een duur langer dan zes jaren.
– 3. De grondkamer maakt van haar in artikel 320 bedoelde bevoegdheid tot wijziging van de pachtovereenkomst slechts gebruik, indien daardoor sprake blijft van een pachtovereenkomst als bedoeld in dit artikel.
– 4. Bij algemene maatregel van bestuur kan worden bepaald dat op de pachtovereenkomsten als bedoeld in het eerste lid tevens de artikelen 319 lid 1 onder a, 327, 328, 332, 333, 399a en 399c lid 1 van toepassing zijn. De algemene maatregel van bestuur treedt niet eerder in werking dan acht weken na de datum van uitgifte van het *Staatsblad* waarin hij is geplaatst. Van de plaatsing wordt onverwijld mededeling gedaan aan beide kamers der Staten-Generaal.

Art. 398

Geen einde van rechtswege door overlijden

– 1. Een overeenkomst als bedoeld in de artikelen 396 en 397 gaat niet van rechtswege teniet door de dood van de verpachter of van de pachter.
– 2. Na de dood van de pachter zet dan wel zetten diens echtgenoot of geregistreerde partner, een of meer van diens bloed- of aanverwanten in de rechte lijn, een of meer van diens pleegkinderen of iedere medepachter of onderpachter de in lid 1 bedoelde overeenkomst voort, tenzij de verpachter na het overlijden van de pachter schriftelijk wordt medegedeeld dat daarvan wordt afgezien.
– 3. Een mededeling als bedoeld in het tweede lid geschiedt:
a. binnen één maand na het overlijden van de pachter, voor zover het een overeenkomst als bedoeld in artikel 396 betreft;
b. binnen drie maanden na het overlijden van de pachter, voor zover het een overeenkomst als bedoeld in artikel 397 betreft.

AFDELING 13
Dwingend recht

Art. 399

Dwingend recht

Van de bepalingen van de artikelen 311 tot en met 314, 317 tot en met 332, 335, 345, 347, 348, 350, 352 lid 3, 353, 354 leden 2-5, 360 tot en met 383, 384 leden 2 en 3, 389 lid 2, 390 tot en met

394, 395 lid 4 en artikel 396, leden 2 tot en met 4, en artikel 398 kan niet ten nadele van de pachter worden afgeweken.

Art. 399a

Nietig is elk beding in een pachtovereenkomst, ingevolge hetwelk de geldelijke lasten, welke de verpachter door publiekrechtelijke lichamen zijn of zullen worden opgelegd, geheel of ten dele ten laste van de pachter komen.

Art. 399b

Indien een pachtovereenkomst is aangegaan onder voorwaarde dat de overeenkomst door de grondkamer geheel of ten dele ongewijzigd zal worden goedgekeurd, wordt deze voorwaarde voor niet geschreven gehouden.

Art. 399c

– 1. Een beding waarin een verpachter, indien de grondkamer onderscheidenlijk de Centrale Grondkamer de pachtovereenkomst of een overeenkomst tot wijziging van een pachtovereenkomst heeft vastgesteld, een hogere tegenprestatie bedingt dan ingevolge deze wet is geoorloofd, is nietig. Onder de tegenprestatie worden prestaties, bedongen of genoten krachtens andere met de pachtovereenkomst verband houdende overeenkomsten, mede begrepen.

– 2. Een beding in een overeenkomst tussen een afgaande en een opgaande pachter, verband houdende met de overgang van het bedrijf, waarin meer is bedongen dan een redelijke vergoeding voor de verrichte prestatie, is nietig.

– 3. Een beding in een overeenkomst van het verlenen van bemiddeling of andere diensten bij het sluiten van een pachtovereenkomst of van een overeenkomst tot wijziging of beëindiging van een pachtovereenkomst waarin meer is bedongen dan een redelijke vergoeding, is nietig.

AFDELING 14
Slotbepalingen

Art. 399d

– 1. De bepalingen betreffende pacht vinden overeenkomstige toepassing op overeenkomsten, waardoor of krachtens welke tegen een vergoeding ineens of in termijnen zakelijke genotsrechten voor 25 jaar of korter, dan wel voor onbepaalde tijd op hoeven of los land worden gevestigd. In geval van zakelijke genotsrechten voor onbepaalde tijd blijft de overeenkomstige toepassing van bepalingen van deze wet beperkt tot 25 jaar na de vestiging.

– 2. De bepalingen, die voor het zakelijke genotsrecht gelden, vinden slechts toepassing, voorzover zij niet in strijd zijn met dwingende bepalingen betreffende pacht.

Art. 399e

– 1. Het aanstellen of het aangesteld houden van een zetboer behoeft de voorafgaande goedkeuring van de grondkamer.

– 2. Onder zetboer wordt verstaan degene, aan wie de exploitatie van een hoeve of los land door de eigenaar of rechthebbende is overgedragen en die daarbij een belangrijke invloed op de leiding van het bedrijf heeft verkregen en als tegenprestatie een vergoeding ontvangt.

– 3. De grondkamer keurt de aanstelling van de zetboer slechts goed, indien daarvoor bijzondere redenen aanwezig zijn. Zij treedt niet in een beoordeling van de voorwaarden der aanstelling.

TITEL 7
Opdracht

AFDELING 1
Opdracht in het algemeen

Art. 400

Definitie

– 1. De overeenkomst van opdracht is de overeenkomst waarbij de ene partij, de opdrachtnemer, zich jegens de andere partij, de opdrachtgever, verbindt anders dan op grond van een arbeidsovereenkomst werkzaamheden te verrichten die in iets anders bestaan dan het tot stand brengen van een werk van stoffelijke aard, het bewaren van zaken, het uitgeven van werken of het vervoeren of doen vervoeren van personen of zaken. (BW art. 1637 (oud); BW art. 6:2, 198 e.v., 213, 248, 261; BW art. 7:414 e.v., 425 e.v., 428 e.v., 610 e.v.; BW art. 7A:1640 e.v.; BW art. 8:20 e.v., 80 e.v., 370 e.v., 500 e.v., 890 e.v., 970 e.v., 1090 e.v., 1140 e.v., 1170 e.v.)

– 2. De artikelen 401-412 zijn, onverminderd artikel 413, van toepassing, tenzij iets anders voortvloeit uit de wet, de inhoud of aard van de overeenkomst van opdracht of van een andere rechtshandeling, of de gewoonte. (Ontw. 7.7.1.1)

Art. 401

Zorgplicht opdrachtnemer

De opdrachtnemer moet bij zijn werkzaamheden de zorg van een goed opdrachtnemer in acht nemen. (Ontw. 7.7.1.2; BW 1837 lid 1, 1838 lid 1 (oud); BW 7:401 (oud); BW art. 3:207, 243; BW art. 6:2, 27, 248; BW art. 7:445 lid 1, 602, 611; BW art. 7A:1596 sub 1, 1781)

Art. 402

Aanwijzingen opdrachtnemer

– 1. De opdrachtnemer is gehouden gevolg te geven aan tijdig verleende en verantwoorde aanwijzingen omtrent de uitvoering van de opdracht.

– 2. De opdrachtnemer die op redelijke grond niet bereid is de opdracht volgens de hem gegeven aanwijzingen uit te voeren, kan, zo de opdrachtgever hem niettemin aan die aanwijzingen houdt, de overeenkomst opzeggen wegens gewichtige redenen. (Ontw. 7.7.1.3; BW 7:402 (oud); BW 7:445 lid 1; 7A:1639*d*)

Art. 403

Informatieplicht opdrachtnemer

– 1. De opdrachtnemer moet de opdrachtgever op de hoogte houden van zijn werkzaamheden ter uitvoering van de opdracht en hem onverwijld in kennis stellen van de voltooiing van de opdracht, indien de opdrachtgever daarvan onkundig is. (BW 7:420 lid 3, 421 lid 2)

Rekening en verantwoording

– 2. De opdrachtnemer doet aan de opdrachtgever verantwoording van de wijze waarop hij zich van de opdracht heeft gekweten. Heeft hij bij de uitvoering van de opdracht ten laste van de opdrachtgever gelden uitgegeven of te diens behoeve gelden ontvangen, dan doet hij daarvan rekening. (Ontw. 7.7.1.4; BW 1839 (oud); 7:403 (oud); BW 7:445 lid 1; Rv 771 e.v.)

Art. 404

Persoon als feitelijke opdrachtnemer

Indien de opdracht is verleend met het oog op een persoon die met de opdrachtnemer of in zijn dienst een beroep of een bedrijf uitoefent, is die persoon gehouden de werkzaamheden, nodig voor de uitvoering van de opdracht, zelf te verrichten, behoudens voor zover uit de opdracht voortvloeit dat hij deze onder zijn verantwoordelijkheid door anderen mag laten uitvoeren; alles onverminderd de aansprakelijkheid van de opdrachtnemer. (Ontw. 7.7.1.5; BW 1840 (oud); 7:404 (oud); BW 6:30, 76, 170 v.; 7:407; 7A:1639*a*)

Art. 405

Loon

– 1. Indien de overeenkomst door de opdrachtnemer in de uitoefening van zijn beroep of bedrijf is aangegaan, is de opdrachtgever hem loon verschuldigd. (BW 1831, 1845 (oud); 7:405 (oud); BW 6:200^{2}; 7:411, 416^{4}, 418^{2}, 425, 601)

– 2. Indien loon is verschuldigd doch de hoogte niet door partijen is bepaald, is de opdrachtgever het op de gebruikelijke wijze berekende loon of, bij gebreke daarvan, een redelijk loon verschuldigd. (Ontw. 7.7.1.6; BW 6:248^{1}; 7:4; 7A:1637*q*; K 75*a*)

Art. 406

Onkosten

– 1. De opdrachtgever moet aan de opdrachtnemer de onkosten verbonden aan de uitvoering van de opdracht vergoeden, voor zover deze niet in het loon zijn begrepen. (BW 1845^{1} (oud); 7:406 (oud); BW 3:243; 6:200; 7A:1785, 1789)

Schadevergoeding

– 2. De opdrachtgever moet de opdrachtnemer de schade vergoeden die deze lijdt ten gevolge van de hem niet toe te rekenen verwezenlijking van een aan de opdracht verbonden bijzonder gevaar. Heeft de opdrachtnemer in de uitoefening van zijn beroep of bedrijf gehandeld, dan geldt de vorige zin slechts, indien dat gevaar de risico's welke de uitoefening van dat beroep of bedrijf naar zijn aard meebrengt, te buiten gaat. Geschiedt de uitvoering van de opdracht anderszins tegen loon, dan is de eerste zin slechts van toepassing, indien bij de vaststelling van het loon met het gevaar geen rekening is gehouden. (Ontw. 7.7.1.7; BW 1846 (oud); BW 6:74, 75, 162^{3})

Art. 407

Twee of meer opdrachtgevers/opdrachtnemers

– 1. Indien twee of meer personen tezamen een opdracht hebben gegeven, zijn zij hoofdelijk tegenover de opdrachtnemer verbonden. (BW 1848 (oud); BW 6:6^{2})

– 2. Indien twee of meer personen tezamen een opdracht hebben ontvangen, is ieder van hen voor het geheel aansprakelijk ter zake van een tekortkoming in de nakoming, tenzij de tekortkoming niet aan hem kan worden toegerekend. (Ontw. 7.7.1.8; BW 1841 (oud); 7:407 (oud); BW 2:9; 6:6^{2}, 74 v., 102; 7:415, 606; Overg.w. 210)

Art. 408

Opzegging overeenkomst

– 1. De opdrachtgever kan te allen tijde de overeenkomst opzeggen. (BW 3:72$^{\text{sub } c}$; 7:413^{2}, 422$^{1 \text{ en } 2}$, 503^{1})

– 2. De opdrachtnemer die de overeenkomst is aangegaan in de uitoefening van een beroep of bedrijf, kan, behoudens gewichtige redenen, de overeenkomst slechts opzeggen, indien zij voor onbepaalde duur geldt en niet door volbrenging eindigt. (BW 3:72$^{\text{sub } d}$; 7:504^{1}, 605^{2}; 7A:1639*w*)

– 3. Een natuurlijk persoon die een opdracht heeft verstrekt anders dan in de uitoefening van een beroep of bedrijf, is, onverminderd artikel 406, ter zake van een opzegging geen schadevergoeding verschuldigd. (Ontw. 7.7.1.10; BW 1850, 1851, 1853, 1854 (oud); 7:414 (oud); BW 7:411^{2}, 413^{1}, 416^{3}, 417$^{2 \text{ en } 4}$)

Art. 409

Einde overeenkomst

– 1. Indien de opdracht met het oog op een bepaalde persoon is verleend, eindigt zij door zijn dood. (BW 1850; 7:415$^{1 \text{ sub } a}$ (oud); BW 3:72$^{\text{sub } b}$; 7:404, 422$^{1 \text{ sub } b}$, 438^{1}; 7A:1639*l*, 1648, 1683$^{\text{sub } 4}$)

– 2. Alsdan zijn diens erfgenamen, indien zij kennis dragen van de erfopvolging en van de opdracht, verplicht al datgene te doen wat de omstandigheden in het belang van de wederpartij eisen. Een overeenkomstige verplichting rust op degenen in wier dienst of met wie de opdrachtnemer een beroep of bedrijf uitoefende. (Ontw. 7.7.1.12; BW 1856 (oud); 7:415^{4} (oud); 7:422^{4})

Art. 410

Dood opdrachtgever

– 1. De dood van de opdrachtgever doet de opdracht slechts eindigen, indien dit uit de overeenkomst voortvloeit, en dan eerst vanaf het tijdstip waarop de opdrachtnemer de dood heeft gekend. (BW 1850$^{\text{sub } 3}$, 1855 (oud); 7:415$^{1 \text{ sub } a}$ (oud); BW 3:72$^{\text{sub } a}$; 7A:1639*m*)

– 2. Eindigt de opdracht door de dood van de opdrachtgever, dan is de opdrachtnemer niettemin verplicht al datgene te doen wat de omstandigheden in het belang van de wederpartij eisen. (Ontw. 7.7.1.13; BW 1837^{2} (oud); 7:415^{3} (oud); BW 3:73)

Art. 411

Loon

– 1. Indien de overeenkomst eindigt voordat de opdracht is volbracht of de tijd waarvoor zij is verleend, is verstreken, en de verschuldigdheid van loon afhankelijk is van de volbrenging of van het verstrijken van die tijd, heeft de opdrachtnemer recht op een naar redelijkheid vast te stellen deel van het loon. Bij de bepaling hiervan wordt onder meer rekening gehouden met de reeds door de opdrachtnemer verrichte werkzaamheden, het voordeel dat de opdrachtgever daarvan heeft, en de grond waarop de overeenkomst is geëindigd.

– 2. In het in lid 1 bedoelde geval heeft de opdrachtnemer slechts recht op het volle loon, indien het einde van de overeenkomst aan de opdrachtgever is toe te rekenen en de betaling van het volle loon, gelet op alle omstandigheden van het geval, redelijk is. Op het bedrag van het loon worden de besparingen die voor de opdrachtnemer uit de voortijdige beëindiging voortvloeien, in mindering gebracht. (Ontw. 7.7.1.14; BW 7:416 (oud); BW 7:405, 413^{2}, 426, 431^{2}, 435^{2})

Art. 412

Verjaring vordering tot afgifte stukken

Een rechtsvordering tegen de opdrachtnemer tot afgifte van de stukken die hij ter zake van de opdracht onder zich heeft gekregen, verjaart door verloop van vijf jaren na de aanvang van de dag, volgende op die waarop zijn bemoeiingen zijn geëindigd. (Ontw. 7.7.1.15; BW 2011 (oud); 7:417 (oud); BW 3:296 e.v., 307; 7:413 lid 3; Overg.w. 73)

Art. 413

Verhouding lastgever-derde; rechten derde

– 1. Van artikel 408 lid 3 kan niet worden afgeweken.

– 2. Van de artikelen 408 lid 1 en 411 kan niet worden afgeweken ten nadele van een opdrachtgever als bedoeld in artikel 408 lid 3.

– 3. Van artikel 412 kan slechts op dezelfde voet worden afgeweken als van de regels inzake de verjaring van rechtsvorderingen die in titel 11 van Boek 3 zijn opgenomen. (Ontw. 7.7.1.16)

AFDELING 2

Lastgeving

Art. 414

Omschrijving

– 1. Lastgeving is de overeenkomst van opdracht waarbij de ene partij, de lasthebber, zich jegens de andere partij, de lastgever, verbindt voor rekening van de lastgever een of meer rechtshandelingen te verrichten. (BW 1829, 1837 lid 1(oud); BW 1:90 lid 3 ; 3:32 v.; 6:198 v., 213 v., 261; 7:400 lid 1)

– 2. De overeenkomst kan de lasthebber verplichten te handelen in eigen naam; zij kan ook verplichten te handelen in naam van de lastgever. (Ontw. 7.7.2.1; BW 7:400 (oud); BW 3:60 v., 7:416 lid 2)

Art. 415

Twee of meer lasthebbers

Indien een lastgeving met twee of meer lasthebbers is aangegaan, is ieder van hen bevoegd zelfstandig te handelen. (Ontw. 7.7.2.2; BW 7:408 (oud); 2:45, 130, 240, 292; 3:65, 170 e.v.; 5:131; 6:6 lid 2, 7 lid 2; 7:407, 424)

Art. 416

Selbsteintritt

– 1. Een lasthebber kan slechts als wederpartij van de lastgever optreden, indien de inhoud van de rechtshandeling zo nauwkeurig vaststaat dat strijd tussen beider belangen is uitgesloten.

– 2. Een lasthebber die slechts in eigen naam mag handelen, kan niettemin als wederpartij van de lastgever optreden, indien de inhoud van de rechtshandeling zo nauwkeurig vaststaat dat strijd tussen beider belangen is uitgesloten.

– 3. Indien de lastgever een persoon is als bedoeld in artikel 408 lid 3, is voor een rechtshandeling waarbij de lasthebber als zijn wederpartij optreedt, op straffe van vernietigbaarheid zijn schriftelijke toestemming vereist. (BW 3:39 e.v.; 7:417 lid 2; Overg.w. 79)

– 4. De lasthebber die in overeenstemming met de vorige leden als wederpartij van de lastgever optreedt, behoudt zijn recht op loon. (Ontw. 7.7.2.3; BW 7:409 (oud); BW 2:146, 256; 3:68, 78; 7:405, 417 lid 3 en 4, 418, 424; 8:61)

Art. 417

Dienen van twee heren

– 1. Een lasthebber mag slechts tevens als lasthebber van de wederpartij optreden, indien de inhoud van de rechtshandeling zo nauwkeurig vaststaat dat strijd tussen de belangen van beide lastgevers is uitgesloten. (BW 7:416 lid 1)

– 2. Indien de lastgever een persoon is als bedoeld in artikel 408 lid 3, is voor de geoorloofdheid van een rechtshandeling waarbij de lasthebber ook als lasthebber van de wederpartij optreedt, zijn schriftelijke toestemming vereist. (BW 7:416 lid 3)

– 3. Een lasthebber heeft geen recht op loon jegens een lastgever ten opzichte van wie hij in strijd met het in de vorige leden bepaalde handelt, onverminderd zijn gehoudenheid tot vergoeding van de dientengevolge door die lastgever geleden schade. Van deze bepaling kan niet ten nadele van een lastgever worden afgeweken. (BW 6:74 e.v., 95 e.v., 119, 277; 7:405, 416 lid 4)

– 4. Indien een der lastgevers een persoon is als bedoeld in artikel 408 lid 3, en de rechtshandeling strekt tot koop of verkoop dan wel huur of verhuur van een onroerende zaak of een gedeelte daarvan of van een recht waaraan de zaak is onderworpen, heeft de lasthebber geen recht op loon jegens de koper of huurder. Van deze bepaling kan niet ten nadele van de koper of huurder worden afgeweken, tenzij de rechtshandeling strekt tot huur of verhuur van een tot woonruimte bestemd gedeelte van een zelfstandige woning. (Ontw. 7.7.2.4; BW 1843*a* (oud); 7:410 (oud); BW 7:1 e.v., 405, 416 lid 4, 418, 424, 427; 7A:1623*a* lid 3)

Art. 418

(In)direct belang lasthebber

– 1. Heeft, buiten de gevallen bedoeld in de artikelen 416 en 417, een lasthebber direct of indirect belang bij de totstandkoming van de rechtshandeling, dan is hij verplicht de lastgever daarvan in kennis te stellen, tenzij de inhoud van de rechtshandeling zo nauwkeurig vaststaat dat strijd tussen beider belangen is uitgesloten.

– 2. Een lasthebber heeft geen recht op loon jegens een lastgever ten opzichte van wie hij in strijd met het in lid 1 bepaalde handelt, onverminderd zijn gehoudenheid tot vergoeding van de dientengevolge door de lastgever geleden schade. Van deze bepaling kan niet ten nadele van de lastgever worden afgeweken. (Ontw. 7.7.2.4a; BW 6:74 e.v., 95 e.v., 119, 277; 7:405, 416 lid 4[4], 417 lid 3, 424, 427)

Art. 419

Schade lastgever bij wanprestatie derde

Indien een lasthebber in eigen naam een overeenkomst heeft gesloten met een derde die in de nakoming van zijn verplichtingen tekortschiet, is de derde binnen de grenzen van hetgeen omtrent zijn verplichting tot schadevergoeding overigens uit de wet voortvloeit, jegens de lasthebber mede gehouden tot vergoeding van de schade die de lastgever door de tekortkoming heeft geleden. (Ontw. 7.7.2.4aa; BW 7:411 (oud); BW 6:74 e.v., 95 e.v., 119, 277; 7:424)

Art. 420

Verhouding lastgever-derde; rechten lastgever

– 1. Indien een lasthebber die in eigen naam een overeenkomst heeft gesloten met een derde, zijn verplichtingen jegens de lastgever niet nakomt, in staat van faillissement geraakt of indien ten aanzien van hem de schuldsaneringsregeling natuurlijke personen van toepassing wordt verklaard, kan de lastgever de voor overgang vatbare rechten van de lasthebber jegens de derde door een schriftelijke verklaring aan hen beiden op zich doen overgaan, behoudens voor zover zij in de onderlinge verhouding tussen lastgever en lasthebber aan deze laatste toekomen. (BW 3:83, 110; 6:142 e.v., 145, 251 lid 1; 7:421 lid 1; 8:63; Fw 35, 284 e.v.)

– 2. Dezelfde bevoegdheid heeft de lastgever indien de derde zijn verplichtingen tegenover de lasthebber niet nakomt, tenzij deze de lastgever voldoet alsof de derde zijn verplichtingen was nagekomen. (Rv 431*a*)

– 3. De lasthebber is in de gevallen in dit artikel bedoeld gehouden de naam van de derde aan de lastgever op diens verzoek mede te delen. (Ontw. 7.7.2.4b; BW 7:412 (oud); K 240, 241 (oud); BW 7:403, 421, 424)

Art. 421

Verhouding lastgever-derde; rechten derde

– 1. Indien een lasthebber die in eigen naam een overeenkomst heeft gesloten met een derde, zijn verplichtingen jegens de derde niet nakomt, in staat van faillissement geraakt of indien ten aanzien van hem de schuldsaneringsregeling natuurlijke personen van toepassing wordt verklaard, kan de derde na schriftelijke mededeling aan de lasthebber en de lastgever zijn rechten uit de overeenkomst tegen de lastgever uitoefenen, voor zover deze op het tijdstip van de mededeling op overeenkomstige wijze jegens de lasthebber gehouden is. (BW 3:110; 6:145; 7:420 lid 1)

– 2. De lasthebber is in het geval in dit artikel bedoeld gehouden de naam van de lastgever aan de derde op diens verzoek mede te delen. (Ontw. 7.7.2.4c; BW 7:413 (oud); BW 7:403, 420 lid 3, 424)

Art. 422

Einde lastgeving

– 1. Lastgeving eindigt, behalve door opzegging overeenkomstig artikel 408, door:
a. de dood, de ondercuratelestelling, het faillissement van de lastgever of het ten aanzien van hem van toepassing verklaren van de schuldsaneringsregeling natuurlijke personen, met dien verstande dat de dood of de ondercuratelestelling de overeenkomst doet eindigen op het tijdstip waarop de lasthebber daarvan kennis krijgt;
b. de dood, de ondercuratelestelling, het faillissement van de lasthebber of het ten aanzien van hem van toepassing verklaren van de schuldsaneringsregeling natuurlijke personen. (BW 1:378 e.v.; 3:72; 7:409 lid 1, 410 lid 1, 423 lid 2; Fw 1 e.v., 284 e.v.)
– 2. Van artikel 408 lid 1 voor zover van toepassing op lastgeving, en van lid 1 onder *a* kan niet worden afgeweken. Voor zover de overeenkomst strekt tot het verrichten van een rechtshandeling in het belang van de lasthebber of van een derde, kan echter worden bepaald dat zij niet door de lastgever kan worden opgezegd, of dat zij niet eindigt door de dood of de ondercuratelestelling van de lastgever. Artikel 74 leden 1, tweede zin, 2 en 4 van Boek 3 is van overeenkomstige toepassing. (BW 1837 lid 2, 1850, 1855, 1856 (oud); BW 7:413 lid 2, 423 lid 2)
– 3. Eindigt de lastgeving door de dood of de ondercuratelestelling van de lastgever, dan is de lasthebber niettemin verplicht al datgene te doen wat de omstandigheden in het belang van de wederpartij eisen. (BW 7:410 lid 2)
– 4. Eindigt de lastgeving door de dood van de lasthebber, dan zijn diens erfgenamen, indien zij kennis dragen van de erfopvolging en van de lastgeving, verplicht al datgene te doen wat de omstandigheden in het belang van de wederpartij eisen. Een overeenkomstige verplichting rust op degenen in wier dienst of met wie de lasthebber een beroep of bedrijf uitoefende. (Ontw. 7.7.2.5; BW 7:415 (oud); BW 7:409 lid 2, 424)

Art. 423

Uitsluiting

– 1. Indien is bedongen dat de lasthebber een aan de lastgever toekomend recht in eigen naam en met uitsluiting van de lastgever zal uitoefenen, mist deze de bevoegdheid tot deze uitoefening voor de duur van de overeenkomst ook jegens derden. De uitsluiting kan niet worden tegengeworpen aan derden die haar kenden noch behoorden te kennen. (BW 3:11, 84 lid 3)
– 2. Indien de lasthebber die de uitsluiting bedong, een rechtspersoon is die zich ingevolge zijn statuten ten doel stelt de gezamenlijke belangen van meer lastgevers door de uitoefening van de aan hen toekomende rechten te behartigen, kan in afwijking van artikel 422 lid 2 worden overeengekomen dat de lastgeving niet zal eindigen door opzegging door de lastgever op een termijn die minder dan een jaar bedraagt, noch door diens dood, ondercuratelestelling, faillissement of het ten aanzien van hem van toepassing verklaren van de schuldsaneringsregeling natuurlijke personen. Dit beding sluit niet uit dat de overeenkomst op een termijn van tenminste één maand kan worden opgezegd door de erfgenamen van de lastgever of, in geval van diens faillissement of ondercuratelestelling, door de curator dan wel, indien ten aanzien van de lastgever de schuldsaneringsregeling natuurlijke personen van toepassing is verklaard, door de bewindvoerder. Wanneer de nalatenschap van de lastgever ingevolge artikel 13 van Boek 4 wordt verdeeld, komt de bevoegdheid van de erfgenamen, bedoeld in de vorige zin, toe aan zijn echtgenoot of geregistreerde partner. (Ontw. 7.7.2.5a; BW 3:74; 7:422, 424; Overg.w. 69, 81)

Art. 424

Overeenkomstige toepassing

– 1. De artikelen 415-423 zijn van overeenkomstige toepassing op andere overeenkomsten dan lastgeving krachtens welke de ene partij verplicht of bevoegd is voor rekening van de andere partij rechtshandelingen te verrichten, voor zover de strekking van de betrokken bepalingen in verband met de aard van de overeenkomst zich daartegen niet verzet. (BW 7:427)
– 2. Het vorige lid is niet van toepassing op overeenkomsten tot het vervoeren of doen vervoeren van personen of zaken. (Ontw. 7.7.2.6; BW 7:418 (oud); BW 8:20 e.v., 80 e.v., 370 e.v., 500 e.v., 890 e.v., 970 e.v., 1090 e.v., 1140 e.v.)

AFDELING 3
Bemiddelingsovereenkomst

Art. 425

Omschrijving

De bemiddelingsovereenkomst is de overeenkomst van opdracht waarbij de ene partij, de opdrachtnemer, zich tegenover de andere partij, de opdrachtgever, verbindt tegen loon als tussenpersoon werkzaam te zijn bij het tot stand brengen van een of meer overeenkomsten tussen de opdrachtgever en derden. (Ontw. 7.7.4.1; BW 6:213 e.v.; 7:400 e.v., 405; K 62)

Art. 426

Recht op loon

– 1. De tussenpersoon heeft recht op loon zodra door zijn bemiddeling de overeenkomst tussen de opdrachtgever en de derde is tot stand gekomen. (BW 7:405, 416 lid 4, 417 lid 3, 418 lid 2, 431 lid 1)
– 2. Indien het recht op loon afhankelijk is gesteld van de uitvoering van de bemiddelde over-

eenkomst en deze overeenkomst niet wordt uitgevoerd, is de opdrachtgever het loon ook verschuldigd, tenzij de niet-uitvoering niet aan hem kan worden toegerekend. (Ontw. 7.7.4.2; K 67, 74*d* (oud); BW 6:75; 7:411, 431 lid 2; K 75*a*)

Art. 427

Overeenkomstige toepassing

De artikelen 417 en 418 zijn van overeenkomstige toepassing op overeenkomsten waarbij de ene partij jegens de andere partij verplicht of bevoegd is als tussenpersoon werkzaam te zijn als bedoeld in artikel 425, met dien verstande dat met een tussenpersoon die tevens werkzaam is voor de wederpartij, gelijkgesteld is een tussenpersoon die zelf als wederpartij optreedt. (Ontw. 7.7.4.3; BW 7:424 lid 1)

AFDELING 4
Agentuurovereenkomst

Art. 428

Omschrijving agentuurovereenkomst

– 1. De agentuurovereenkomst is een overeenkomst waarbij de ene partij, de principaal, aan de andere partij, de handelsagent, opdraagt, en deze zich verbindt, voor een bepaalde of een onbepaalde tijd en tegen beloning bij de totstandkoming van overeenkomsten bemiddeling te verlenen, en deze eventueel op naam en voor rekening van de principaal te sluiten zonder aan deze ondergeschikt te zijn. (BW 7:400, 414, 425; K 75)

– 2. De bepalingen van deze afdeling zijn niet van toepassing op agentuurovereenkomsten waarop de de Wet op het financieel toezicht van toepassing is.

– 3. Ieder der partijen is verplicht de wederpartij op haar verzoek een ondertekend geschrift te verschaffen dat de dan geldende inhoud van de agentuurovereenkomst weergeeft. (Ontw. 7.7.5.1; K 74 (oud); BW 7:400, 445 lid 1; K 62; RO 39; Overg.w. 211 lid 1)

Art. 429

Derdenbeding

– 1. De handelsagent kan zich voor verplichtingen die voor derden uit een door hem bemiddelde of afgesloten overeenkomst voortvloeien, uitsluitend schriftelijk aansprakelijk stellen.

– 2. Tenzij schriftelijk anders is overeengekomen, is de handelsagent krachtens een beding van delcredere slechts aansprakelijk voor de gegoedheid van de derde.

– 3. Hij kan zich niet aansprakelijk stellen tot een hoger bedrag dan de overeengekomen provisie, tenzij het beding betrekking heeft op een bepaalde overeenkomst of op overeenkomsten die hij zelf in naam van de principaal sluit.

– 4. Indien er een kennelijke wanverhouding is tussen het risico dat de handelsagent op zich heeft genomen, en de bedongen provisie, kan de rechter het bedrag waarvoor de handelsagent aansprakelijk is, matigen, voor zover dit bedrag de provisie te boven gaat. De rechter houdt met alle omstandigheden rekening, in het bijzonder met de wijze waarop de handelsagent de belangen van de principaal heeft behartigd. (Ontw. 7.7.5.2; K 74*b* (oud); BW 6:94, 109; 7:431, 445 lid 1, 850 e.v.; K 75*a*)

Art. 430

Verplichtingen principaal

– 1. De principaal moet alles doen wat in de gegeven omstandigheden van zijn kant nodig is om de handelsagent in staat te stellen zijn werkzaamheden te verrichten. (BW 6:248; 7A:1638*z*)

– 2. Hij moet aan de handelsagent het nodige documentatiemateriaal ter beschikking stellen over de goederen en diensten waarvoor de handelsagent bemiddelt, en hem alle inlichtingen verschaffen die nodig zijn voor de uitvoering van de agentuurovereenkomst.

– 3. Hij is verplicht de handelsagent onverwijld te waarschuwen, indien hij voorziet dat in een uitgesproken geringere mate dan de handelsagent mocht verwachten, overeenkomsten zullen of mogen worden afgesloten.

– 4. Hij moet de handelsagent binnen een redelijke termijn op de hoogte stellen van zijn aanvaarding of weigering of de niet-uitvoering van een door de handelsagent aangebrachte overeenkomst. (Ontw. 7.7.5.3; K 74*c* (oud); BW 7:445 lid 1)

Art. 431

Recht op provisie

– 1. De handelsagent heeft recht op provisie voor de overeenkomsten die tijdens de duur der agentuurovereenkomst zijn tot stand gekomen:

a. indien de overeenkomst door zijn tussenkomst is tot stand gekomen;

b. indien de overeenkomst is tot stand gekomen met iemand die hij reeds vroeger voor een dergelijke overeenkomst had aangebracht;

c. indien de overeenkomst is afgesloten met iemand die behoort tot de klantenkring die, of gevestigd is in het gebied dat aan de handelsagent is toegewezen, tenzij uitdrukkelijk is overeengekomen dat de handelsagent ten aanzien van die klantenkring of in dat gebied niet het alleenrecht heeft. (BW 7:405 lid 2, 426 lid 1)

– 2. De handelsagent heeft recht op provisie voor de voorbereiding van na het einde van de agentuurovereenkomst tot stand gekomen overeenkomsten:

a. indien deze hoofdzakelijk aan de tijdens de duur van de agentuurovereenkomst door hem verrichte werkzaamheden zijn te danken en binnen een redelijke termijn na de beëindiging van die overeenkomst zijn afgesloten, of

b. indien hij of de principaal, overeenkomstig de voorwaarden bepaald in het eerste lid, de bestelling van de derde heeft ontvangen voor de beëindiging van de agentuurovereenkomst.

– 3. De handelsagent heeft geen recht op provisie, indien deze krachtens het tweede lid is verschuldigd aan zijn voorganger, tenzij uit de omstandigheden voortvloeit dat het billijk is de provisie tussen hen beiden te verdelen. (Ontw. 7.7.5.4; K 74*d* (oud); BW 7:411, 426 lid 2, 445 lid 1; K 75*a*)

Art. 432

Recht op provisie en bemiddeling

– 1. Indien de rol van de handelsagent zich heeft beperkt tot het verlenen van bemiddeling bij de totstandkoming van de overeenkomst, wordt de order die hij aan zijn principaal heeft doen toekomen, voor wat betreft het recht op provisie krachtens artikel 426 geacht te zijn aanvaard, tenzij de principaal de handelsagent binnen de redelijke termijn, bedoeld in artikel 430 lid 4, mededeelt dat hij de order weigert of een voorbehoud maakt. Bij gebreke van een in de agentuurovereenkomst bepaalde termijn bedraagt de termijn een maand vanaf het tijdstip waarop hem de order is medegedeeld.

– 2. Het beding dat het recht op provisie doet afhangen van de uitvoering van de overeenkomst, dient uitdrukkelijk te worden gemaakt. (BW 7:426 lid 2, 445 lid 1)

– 3. Indien het beding, bedoeld in het tweede lid, is gemaakt, ontstaat het recht op provisie uiterlijk wanneer de derde zijn deel van de overeenkomst heeft uitgevoerd, of dit had moeten doen, indien de principaal zijn deel van de transactie had uitgevoerd. (Ontw. 7.7.5.5; K 74*e* (oud); BW 7:425, 431, 445 lid 2; K 75*a*)

Art. 433

Opgaveplicht principaal

– 1. De principaal is verplicht na afloop van iedere maand aan de handelsagent een schriftelijke opgave te verstrekken van de over die maand verschuldigde provisie, onder vermelding van de gegevens waarop de berekening berust; deze opgave moet worden verstrekt voor het einde van de volgende maand. Partijen kunnen schriftelijk overeenkomen dat de opgave twee- of driemaandelijks wordt verstrekt.

– 2. De handelsagent is bevoegd van de principaal inzage te verlangen van de nodige bewijsstukken, echter zonder afgifte te kunnen verlangen. Hij kan zich op zijn kosten doen bijstaan door een deskundige, aanvaard door de principaal of, bij afwijzing, benoemd door de voorzieningenrechter van de bevoegde rechtbank op verzoek van de handelsagent.

– 3. Echter kunnen partijen schriftelijk overeenkomen dat de inzage van de bewijsstukken zal geschieden aan een derde; indien deze zijn taak niet vervult, zal de voorzieningenrechter van de rechtbank een plaatsvervanger aanwijzen.

– 4. De overlegging van de bewijsstukken door de principaal geschiedt onder verplichting tot geheimhouding door de handelsagent en in de vorige leden vermelde personen. Deze laatsten zijn echter niet verplicht tot geheimhouding tegenover de handelsagent voor zover het betreft een in het eerste lid bedoeld gegeven. (Ontw. 7.7.5.6; K 74*f* (oud); BW 7:445 lid 1, 619, 624 leden 4 en 5; K 8-11; Rv 429*c*, 771 e.v.; Sr 272)

Art. 434

Tijdstip opeisbaarheid provisie

De provisie wordt uiterlijk opeisbaar op het tijdstip waarop de schriftelijke opgave, bedoeld in artikel 433, moet worden verstrekt. (Ontw. 7.7.5.7; K 74g (oud); BW 6:38; 7: 445 lid 2)

Art. 435

Recht op beloning

– 1. De handelsagent heeft recht op een beloning, indien hij bereid is zijn verplichtingen uit de agentuurovereenkomst na te komen of deze reeds heeft nagekomen, doch de principaal van de diensten van de handelsagent geen gebruik heeft gemaakt of in aanzienlijk geringere mate gebruik heeft gemaakt dan deze als normaal mocht verwachten, tenzij de gedraging van de principaal voortvloeit uit omstandigheden welke redelijkerwijs niet voor zijn rekening komen.

– 2. Bij de bepaling van deze beloning wordt rekening gehouden met het bedrag van de in de voorafgaande tijd verdiende provisie en met alle andere ter zake in acht te nemen factoren, zoals de onkosten die de handelsagent zich door het niet verrichten van werkzaamheden bespaart. (Ontw. 7.7.5.8; K 74*h* (oud); BW 6:58 e.v.; 7:411 lid 2, 426 lid 2, 441 lid 1; 7A:1638*d*)

Art. 436

Voortzetting onbepaalde termijn

Een agentuurovereenkomst die na het verstrijken van de termijn waarvoor zij is aangegaan, door beide partijen wordt voortgezet, bindt partijen voor onbepaalde tijd op dezelfde voorwaarden. (Ontw. 7.7.5.9; K 74*i* (oud); BW 7A:1639*f*)

Art. 437

Opzeggingsbevoegdheid partijen

– 1. Indien de agentuurovereenkomst is aangegaan voor een onbepaalde tijd of voor een bepaalde tijd met recht van tussentijdse opzegging, is ieder der partijen bevoegd haar te doen eindigen met inachtneming van de overeengekomen opzeggingstermijn. Bij gebreke van een overeenkomst dienaangaande zal de opzeggingstermijn vier maanden bedragen, vermeerderd met een maand na drie jaren looptijd van de overeenkomst en met twee maanden na zes jaren. (BW 7:408 lid 1, 2, 422, 438 lid 2, 439 lid 1; 7A:1639*g*, 1639*i*; K 75*b* lid 1)

Termijn

– 2. De termijn van opzegging kan niet korter zijn dan een maand in het eerste jaar van de overeenkomst, twee maanden in het tweede jaar en drie maanden in de volgende jaren. Indien partijen langere termijnen overeenkomen, mogen deze voor de principaal niet korter zijn dan voor de handelsagent. (BW 7:438 lid 2, 445 lid 1; 7A:1639*i*; K 75*b* lid 2)

– 3. Opzegging behoort plaats te vinden tegen het einde van een kalendermaand. (Ontw. 7.7.5.10; K 74*j* (oud); BW 7A:1639*h* lid 1; K 75*b* lid 2; Fw 40, 239)

Art. 438

Einde overeenkomst

– 1. De agentuurovereenkomst eindigt door het overlijden van de handelsagent. (BW 7:409 lid 1; 7A:1639*l*, 1648)

– 2. In geval van overlijden van de principaal zijn zowel zijn erfgenamen als de handelsagent bevoegd, mits binnen negen maanden na het overlijden, de overeenkomst te doen eindigen met een opzeggingstermijn van vier maanden. Wanneer de nalatenschap van de principaal ingevolge artikel 13 van Boek 4 wordt verdeeld, komt de bevoegdheid van de erfgenamen, bedoeld in de vorige zin, toe aan zijn echtgenoot of geregistreerde partner. (Ontw. 7.7.5.11; 74*k* (oud); BW 7:410 lid 1, 422, 437 lid 2; 7A:1639*m*)

Art. 439

Onregelmatige opzegging

– 1. De partij die de overeenkomst beëindigt zonder eerbiediging van haar duur of zonder inachtneming van de wettelijke of overeengekomen opzeggingstermijn en zonder dat de wederpartij daarin toestemt, is schadeplichtig, tenzij zij de overeenkomst doet eindigen om een dringende, aan de wederpartij onverwijld medegedeelde reden. (BW 7:441)

– 2. Dringende redenen zijn omstandigheden van zodanige aard dat van de partij die de overeenkomst doet eindigen, redelijkerwijs niet gevergd kan worden de overeenkomst, zelfs tijdelijk, in stand te laten. (BW 7:440 lid 1, 678, 679)

– 3. Indien de beëindiging van de overeenkomst wegens een dringende reden gegrond is op omstandigheden waarvoor de wederpartij een verwijt treft, is laatstgenoemde schadeplichtig. (BW 7:442 lid 4)

– 4. Een beding waardoor aan een der partijen de beslissing wordt overgelaten of er een dringende reden aanwezig is, is nietig. (Ontw. 7.7.5.12; K 74*l* (oud); BW 3:40; 7:437, 444, 445 lid 1, 677, 900)

Art. 440

Ontbinding door kantonrechter

– 1. Ieder der beide partijen is bevoegd de kantonrechter te verzoeken de agentuurovereenkomst te ontbinden op grond van:

a. omstandigheden die een dringende reden opleveren in de zin van artikel 439 lid 2;

b. verandering in de omstandigheden welke van dien aard is, dat de billijkheid eist dat aan de overeenkomst dadelijk of na korte tijd een einde wordt gemaakt. (BW 6:258, 260; 7:605 lid 5; Rv 429*a*)

– 2. Spreekt de rechter de ontbinding uit op grond van een omstandigheid als bedoeld in het eerste lid onder *a* en kan van deze omstandigheid de verweerder een verwijt worden gemaakt, dan is deze schadeplichtig. (BW 7:441)

– 3. Spreekt de rechter de ontbinding uit op grond van hetgeen is bepaald in het eerste lid onder *b*, dan kan hij aan een der partijen een vergoeding toekennen. Hij kan bepalen dat deze in termijnen wordt betaald.

– 4. Het vijfde, zesde, zevende, negende, tiende en elfde lid van artikel 685 van Boek 7 zijn van overeenkomstige toepassing. (Ontw. 7.7.5.13; K 74*m* (oud); BW 7:444, 445 lid 1)

Art. 441

Omvang schadeplichtigheid

– 1. De partij die, krachtens artikel 439 of artikel 440 lid 2, schadeplichtig is, is aan de wederpartij een som verschuldigd gelijk aan de beloning over de tijd dat de agentuurovereenkomst bij regelmatige beëindiging had behoren voort te duren. Voor de vaststelling van deze som wordt rekening gehouden met de in de voorafgaande tijd verdiende provisie en met alle andere ter zake in acht te nemen factoren. (BW 7:411, 431, 435 lid 2, 438, 677, 680, 689)

– 2. De rechter is bevoegd deze som te verminderen, indien zij hem met het oog op de omstandigheden te hoog voorkomt. (BW 6:109)

– 3. De benadeelde partij kan, in plaats van de schadeloosstelling in de voorafgaande leden bedoeld, volledige vergoeding van haar schade vorderen, onder gehoudenheid de omvang daarvan te bewijzen. (Ontw. 7.7.5.14; K 74*n* (oud); BW 6:95 e.v.; 7:445 lid 1)

Art. 442

Klantenvergoeding

– 1. Ongeacht het recht om schadevergoeding te vorderen, heeft de handelsagent bij het einde van de agentuurovereenkomst recht op een vergoeding, klantenvergoeding, voor zover:

a. hij de principaal nieuwe klanten heeft aangebracht of de overeenkomsten met de bestaande klanten aanmerkelijk heeft uitgebreid en de overeenkomsten met deze klanten de principaal nog aanzienlijke voordelen opleveren, en

b. de betaling van deze vergoeding billijk is, gelet op alle omstandigheden, in het bijzonder op de verloren provisie uit de overeenkomsten met deze klanten.
– 2. Het bedrag van de vergoeding is niet hoger dan dat van de beloning van één jaar, berekend naar het gemiddelde van de laatste vijf jaren of, indien de overeenkomst korter heeft geduurd, naar het gemiddelde van de gehele duur daarvan.
– 3. Het recht op vergoeding vervalt, indien de handelsagent de principaal niet uiterlijk een jaar na het einde van de overeenkomst heeft medegedeeld dat hij vergoeding verlangt.
– 4. De vergoeding is niet verschuldigd, indien de overeenkomst is beëindigd:
a. door de principaal onder omstandigheden die de handelsagent ingevolge artikel 439 lid 3 schadeplichtig maken;
b. door de handelsagent, tenzij deze beëindiging wordt gerechtvaardigd door omstandigheden die de principaal kunnen worden toegerekend, of wordt gerechtvaardigd door leeftijd, invaliditeit of ziekte van de handelsagent, op grond waarvan redelijkerwijs niet meer van hem kan worden gevergd dat hij zijn werkzaamheden voortzet;
c. door de handelsagent die, overeenkomstig een afspraak met de principaal, zijn rechten en verplichtingen uit hoofde van de agentuurovereenkomst aan een derde overdraagt. (Ontw. 7.7.5.15; K 74*o* (oud); BW 6:74 e.v., 159; 7:445 lid 2; Overg.w. 211 lid 2)

Art. 443

Concurrentiebeding

– 1. Een beding dat de handelsagent beperkt in zijn vrijheid om na het einde van de agentuurovereenkomst werkzaam te zijn, is slechts geldig voor zover:
a. het op schrift is gesteld, en
b. betrekking heeft op het soort goederen of diensten waarvan hij de vertegenwoordiging had, en op het gebied, of de klantenkring en het gebied, aan hem toevertrouwd.
– 2. Zodanig beding is slechts geldig gedurende ten hoogste twee jaren na het einde van de overeenkomst.
– 3. Aan zodanig beding kan de principaal geen rechten ontlenen, indien de overeenkomst is geëindigd:
a. doordat hij haar zonder toestemming van de handelsagent heeft beëindigd zonder inachtneming van de wettelijke of overeengekomen termijn en zonder een dringende aan de handelsagent onverwijld medegedeelde reden;
b. doordat de handelsagent de overeenkomst heeft beëindigd vanwege een dringende, onverwijld aan de principaal medegedeelde reden waarvoor laatstgenoemde een verwijt treft;
c. door een rechterlijke uitspraak, gegrond op omstandigheden ter zake waarvan de principaal een verwijt treft.
– 4. De rechter kan, indien de handelsagent dat vraagt, zulk een beding geheel of gedeeltelijk teniet doen op grond dat, in verhouding tot het te beschermen belang van de principaal, de handelsagent door het beding onbillijk wordt benadeeld.

Art. 444

Verjaringstermijn

Rechtsvorderingen gegrond op de artikelen 439 en 440 verjaren door verloop van één jaar na het feit dat de vordering deed ontstaan. (Ontw. 7.7.5.17; K 74*q* (oud); BW 3:306, 310; 7:445 lid 1; 7A:1639*u*)

Art. 445

Toepasselijkheid art. 445

– 1. Partijen kunnen niet afwijken van de artikelen 401, 402, 403 en 426 lid 2 noch van de artikelen 428 lid 3, 429, 430, 431 lid 2, 432 lid 2, 433, 437 lid 2, 439, 440, 441, 443 en 444.
– 2. Evenmin kan ten nadele van de handelsagent worden afgeweken van de artikelen 432 lid 3, 434 en, vóór het einde van de overeenkomst, van artikel 442. (Ontw. 7.7.5.18; K 74*r* (oud))

AFDELING 5
De overeenkomst inzake geneeskundige behandeling

Art. 446

Behandelingsovereenkomst

– 1. De overeenkomst inzake geneeskundige behandeling – in deze afdeling verder aangeduid als de behandelingsovereenkomst – is de overeenkomst waarbij een natuurlijke persoon of een rechtspersoon, de hulpverlener, zich in de uitoefening van een geneeskundig beroep of bedrijf tegenover een ander, de opdrachtgever, verbindt tot het verrichten van handelingen op het gebied van de geneeskunst, rechtstreeks betrekking hebbende op de persoon van de opdrachtgever of van een bepaalde derde. Degene op wiens persoon de handelingen rechtstreeks betrekking hebben wordt verder aangeduid als de patiënt.
– 2. Onder handelingen op het gebied van de geneeskunst worden verstaan:
a. alle verrichtingen – het onderzoeken en het geven van raad daaronder begrepen – rechtstreeks betrekking hebbende op een persoon en ertoe strekkende hem van een ziekte te genezen, hem voor het ontstaan van een ziekte te behoeden of zijn gezondheidstoestand te beoordelen, dan wel deze verloskundige bijstand te verlenen;

b. andere dan de onder *a* bedoelde handelingen, rechtstreeks betrekking hebbende op een persoon, die worden verricht door een arts of tandarts in die hoedanigheid.
– 3. Tot de handelingen, bedoeld in lid 1, worden mede gerekend het in het kader daarvan verplegen en verzorgen van de patiënt en het overigens rechtstreeks ten behoeve van de patiënt voorzien in de materiële omstandigheden waaronder die handelingen kunnen worden verricht.
– 4. Geen behandelingsovereenkomst is aanwezig, indien het betreft handelingen ter beoordeling van de gezondheidstoestand of medische begeleiding van een persoon, verricht in opdracht van een ander dan die persoon in verband met de vaststelling van aanspraken of verplichtingen, de toelating tot een verzekering of voorziening, of de beoordeling van de geschiktheid voor een opleiding, een arbeidsverhouding of de uitvoering van bepaalde werkzaamheden.

Art. 447

Minderjarigen

– 1. Een minderjarige die de leeftijd van zestien jaren heeft bereikt, is bekwaam tot het aangaan van een behandelingsovereenkomst ten behoeve van zichzelf, alsmede tot het verrichten van rechtshandelingen die met de overeenkomst onmiddellijk verband houden.
– 2. De minderjarige is aansprakelijk voor de daaruit voortvloeiende verbintenissen, onverminderd de verplichting van zijn ouders tot voorziening in de kosten van verzorging en opvoeding.
– 3. In op die behandelingsovereenkomst betrekking hebbende aangelegenheden is de minderjarige bekwaam in en buiten rechte op te treden. (BW 1:233 e.v., 247, 337, 404; 3:32; 7:612)

Art. 448

Verplichtingen hulpverlener

– 1. De hulpverlener licht de patiënt op duidelijke wijze, en desgevraagd schriftelijk in over het voorgenomen onderzoek en de voorgestelde behandeling en over de ontwikkelingen omtrent het onderzoek, de behandeling en de gezondheidstoestand van de patiënt. De hulpverlener licht een patiënt die de leeftijd van twaalf jaren nog niet heeft bereikt op zodanige wijze in als past bij zijn bevattingsvermogen.
– 2. Bij het uitvoeren van de in lid 1 neergelegde verplichting laat de hulpverlener zich leiden door hetgeen de patiënt redelijkerwijze dient te weten ten aanzien van:
a. de aard en het doel van het onderzoek of de behandeling die hij noodzakelijk acht en van de uit te voeren verrichtingen;
b. de te verwachten gevolgen en risico's daarvan voor de gezondheid van de patiënt;
c. andere methoden van onderzoek of behandeling die in aanmerking komen;
d. de staat van en de vooruitzichten met betrekking tot diens gezondheid voor wat betreft het terrein van het onderzoek of de behandeling.
– 3. De hulpverlener mag de patiënt bedoelde inlichtingen slechts onthouden voor zover het verstrekken ervan kennelijk ernstig nadeel voor de patiënt zou opleveren. Indien het belang van de patiënt dit vereist, dient de hulpverlener de desbetreffende inlichtingen aan een ander dan de patiënt te verstrekken. De inlichtingen worden de patiënt alsnog gegeven, zodra bedoeld nadeel niet meer te duchten is. De hulpverlener maakt geen gebruik van zijn in de eerste volzin bedoelde bevoegdheid dan nadat hij daarover een andere hulpverlener heeft geraadpleegd. (BW 7:457)

Art. 449

Patiënt wil geen inlichtingen

Indien de patiënt te kennen heeft gegeven geen inlichtingen te willen ontvangen, blijft het verstrekken daarvan achterwege, behoudens voor zover het belang dat de patiënt daarbij heeft niet opweegt tegen het nadeel dat daaruit voor hemzelf of anderen kan voortvloeien.

Art. 450

Toestemmingsvereiste

– 1. Voor verrichtingen ter uitvoering van een behandelingsovereenkomst is de toestemming van de patiënt vereist.
– 2. Indien de patiënt minderjarig is en de leeftijd van twaalf maar nog niet die van zestien jaren heeft bereikt, is tevens de toestemming van de ouders die het gezag over hem uitoefenen of van zijn voogd vereist. De verrichting kan evenwel zonder de toestemming van de ouders of de voogd worden uitgevoerd, indien zij kennelijk nodig is teneinde ernstig nadeel voor de patiënt te voorkomen, alsmede indien de patiënt ook na de weigering van de toestemming, de verrichting weloverwogen blijft wensen.
– 3. In het geval waarin een patiënt van zestien jaren of ouder niet in staat kan worden geacht tot een redelijke waardering van zijn belangen ter zake, worden door de hulpverlener en een persoon als bedoeld in de leden 2 of 3 van artikel 465, de kennelijke opvattingen van de patiënt, geuit in schriftelijke vorm toen deze tot bedoelde redelijke waardering nog in staat was en inhoudende een weigering van toestemming als bedoeld in lid 1, opgevolgd. De hulpverlener kan hiervan afwijken indien hij daartoe gegronde redenen aanwezig acht. (BW 1:233, 245, 251 e.v., 280 e.v.; 3:34 lid 1; 7:457 lid 3, 465, 466 lid 2)

Art. 451

Op verzoek van de patiënt legt de hulpverlener in ieder geval schriftelijk vast voor welke verrichtingen van ingrijpende aard deze toestemming heeft gegeven.

Vastleggen toestemming

Art. 452

De patiënt geeft de hulpverlener naar beste weten de inlichtingen en de medewerking die deze redelijkerwijs voor het uitvoeren van de overeenkomst behoeft.

Verplichtingen patiënt

Art. 453

De hulpverlener moet bij zijn werkzaamheden de zorg van een goed hulpverlener in acht nemen en handelt daarbij in overeenstemming met de op hem rustende verantwoordelijkheid, voortvloeiende uit de voor hulpverleners geldende professionele standaard. (BW art. 6:2, 248; BW art. 7:401, 454 lid 3, 459 lid 3, 463)

'Goed hulpverlenerschap'

Art. 454

Dossierplicht

– 1. De hulpverlener richt een dossier in met betrekking tot de behandeling van de patiënt. Hij houdt in het dossier aantekening van de gegevens omtrent de gezondheid van de patiënt en de te diens aanzien uitgevoerde verrichtingen en neemt andere stukken, bevattende zodanige gegevens, daarin op, een en ander voor zover dit voor een goede hulpverlening aan hem noodzakelijk is.

– 2. De hulpverlener voegt desgevraagd een door de patiënt afgegeven verklaring met betrekking tot de in het dossier opgenomen stukken aan het dossier toe.

– 3. Onverminderd het bepaalde in artikel 455, bewaart de hulpverlener de bescheiden, bedoeld in de vorige leden, gedurende vijftien jaren, te rekenen vanaf het tijdstip waarop zij zijn vervaardigd, of zoveel langer als redelijkerwijs uit de zorg van een goed hulpverlener voortvloeit. (BW 7:453, 456)

Art. 455

– 1. De hulpverlener vernietigt de door hem bewaarde bescheiden, bedoeld in artikel 454, binnen drie maanden na een daartoe strekkend verzoek van de patiënt.

Vernietiging op verzoek patiënt

– 2. Lid 1 geldt niet voor zover het verzoek bescheiden betreft waarvan redelijkerwijs aannemelijk is dat de bewaring van aanmerkelijk belang is voor een ander dan de patiënt, alsmede voor zover het bepaalde bij of krachtens de wet zich tegen vernietiging verzet.

Art. 456

De hulpverlener verstrekt aan de patiënt desgevraagd zo spoedig mogelijk inzage in en afschrift van de bescheiden, bedoeld in artikel 454. De verstrekking blijft achterwege voor zover dit noodzakelijk is in het belang van de bescherming van de persoonlijke levenssfeer van een ander. De hulpverlener mag voor de verstrekking van het afschrift een redelijke vergoeding in rekening brengen.

Inzage

Art. 457

– 1. Onverminderd het in artikel 448 lid 3, tweede volzin, bepaalde draagt de hulpverlener zorg, dat aan anderen dan de patiënt geen inlichtingen over de patiënt dan wel inzage in of afschrift van de bescheiden, bedoeld in artikel 454, worden verstrekt dan met toestemming van de patiënt. Indien verstrekking plaatsvindt, geschiedt deze slechts voor zover daardoor de persoonlijke levenssfeer van een ander niet wordt geschaad. De verstrekking kan geschieden zonder inachtneming van de beperkingen, bedoeld in de voorgaande volzinnen, indien het bij of krachtens de wet bepaalde daartoe verplicht.

Geheimhouding

– 2. Onder anderen dan de patiënt zijn niet begrepen degenen die rechtstreeks betrokken zijn bij de uitvoering van de behandelingsovereenkomst en degene die optreedt als vervanger van de hulpverlener, voor zover de verstrekking noodzakelijk is voor de door hen in dat kader te verrichten werkzaamheden.

– 3. Daaronder zijn evenmin begrepen degenen wier toestemming ter zake van de uitvoering van de behandelingsovereenkomst op grond van de artikelen 450 en 465 is vereist. Indien de hulpverlener door inlichtingen over de patiënt dan wel inzage in of afschrift van de bescheiden te verstrekken niet geacht kan worden de zorg van een goed hulpverlener in acht te nemen, laat hij zulks achterwege. (BW 7:453, 458)

Art. 458

– 1. In afwijking van het bepaalde in artikel 457 lid 1 kunnen zonder toestemming van de patiënt ten behoeve van statistiek of wetenschappelijk onderzoek op het gebied van de volksgezondheid aan een ander desgevraagd inlichtingen over de patiënt of inzage in de bescheiden, bedoeld in artikel 454, worden verstrekt indien:

Uitzonderingen geheimhouding

a. het vragen van toestemming in redelijkheid niet mogelijk is en met betrekking tot de uitvoering van het onderzoek is voorzien in zodanige waarborgen, dat de persoonlijke levenssfeer van de patiënt niet onevenredig wordt geschaad, of

b. het vragen van toestemming, gelet op de aard en het doel van het onderzoek, in redelijkheid niet kan worden verlangd en de hulpverlener zorg heeft gedragen dat de gegevens in zodanige

vorm worden verstrekt dat herleiding tot individuele natuurlijke personen redelijkerwijs wordt voorkomen.
– 2. Verstrekking overeenkomstig lid 1 is slechts mogelijk indien:
a. het onderzoek een algemeen belang dient,
b. het onderzoek niet zonder de desbetreffende gegevens kan worden uitgevoerd, en
c. voor zover de betrokken patiënt tegen een verstrekking niet uitdrukkelijk bezwaar heeft gemaakt.
– 3. Bij een verstrekking overeenkomstig lid 1 wordt daarvan aantekening gehouden in het dossier. (BW 7:467)

Art. 459

Geen overige waarnemers

– 1. De hulpverlener voert verrichtingen in het kader van de behandelingsovereenkomst uit buiten de waarneming van anderen dan de patiënt, tenzij de patiënt ermee heeft ingestemd dat de verrichtingen kunnen worden waargenomen door anderen. Indien de hulpverlener apotheker is, is de verplichting, bedoeld in de eerste volzin, niet van toepassing voor zover het de visuele waarneming door anderen dan de patiënt betreft.
– 2. Onder anderen dan de patiënt zijn niet begrepen degenen van wie beroepshalve de medewerking bij de uitvoering van de verrichting noodzakelijk is.
– 3. Daaronder zijn evenmin begrepen degenen wier toestemming ter zake van de verrichting op grond van de artikelen 450 en 465 is vereist. Indien de hulpverlener door verrichtingen te doen waarnemen niet geacht kan worden de zorg van een goed hulpverlener in acht te nemen, laat hij zulks niet toe.

Art. 460

Niet opzeggen

De hulpverlener kan, behoudens gewichtige redenen, de behandelingsovereenkomst niet opzeggen. (BW 7:408, 685)

Art. 461

Loon hulpverlener

De opdrachtgever is de hulpverlener loon verschuldigd, behoudens voor zover deze voor zijn werkzaamheden loon ontvangt op grond van het bij of krachtens de wet bepaalde dan wel uit de overeenkomst anders voortvloeit.

Art. 462

Mede-aansprakelijkheid ziekenhuis

– 1. Indien ter uitvoering van een behandelingsovereenkomst verrichtingen plaatsvinden in een ziekenhuis dat bij die overeenkomst geen partij is, is het ziekenhuis voor een tekortkoming daarbij mede aansprakelijk, als ware het zelf bij de overeenkomst partij. (BW 6:6, 102)
– 2. Onder ziekenhuis als bedoeld in lid 1 worden verstaan een krachtens artikel 5 van de Wet toelating zorginstellingen als ziekenhuis, verpleeginrichting of zwakzinnigeninrichting toegelaten instelling of afdeling daarvan, een academisch ziekenhuis alsmede een abortuskliniek in de zin van de Wet afbreking zwangerschap.

Art. 463

Geen beperkingen aansprakelijkheid

De aansprakelijkheid van een hulpverlener of, in het geval bedoeld in artikel 462, van het ziekenhuis, kan niet worden beperkt of uitgesloten. (BW 3:40)

Art. 464

Schakelbepaling

– 1. Indien in de uitoefening van een geneeskundig beroep of bedrijf anders dan krachtens een behandelingsovereenkomst handelingen op het gebied van de geneeskunst worden verricht, zijn deze afdeling alsmede de artikelen 404, 405 lid 2 en 406 van afdeling 1 van deze titel van overeenkomstige toepassing voor zover de aard van de rechtsbetrekking zich daartegen niet verzet.
– 2. Betreft het handelingen als omschreven in artikel 446 lid 4, dan:
a. worden de in artikel 454 bedoelde bescheiden slechts bewaard zolang dat noodzakelijk is in verband met het doel van het onderzoek, tenzij het bepaalde bij of krachtens de wet zich tegen vernietiging verzet;
b. wordt de persoon op wie het onderzoek betrekking heeft in de gelegenheid gesteld mee te delen of hij de uitslag en de gevolgtrekking van het onderzoek wenst te vernemen. Indien die wens is geuit en de handelingen niet worden verricht in verband met een tot stand gekomen arbeidsverhouding of burgerrechtelijke verzekering dan wel een opleiding waartoe de betrokkene reeds is toegelaten, wordt bedoelde persoon tevens in de gelegenheid gesteld mee te delen of hij van de uitslag en de gevolgtrekking als eerste kennis wenst kennis te nemen teneinde te kunnen beslissen of daarvan mededeling aan anderen wordt gedaan.

Art. 465

Verplichtingen jegens ouders/curator

– 1. De verplichtingen die voor de hulpverlener uit deze afdeling jegens de patiënt voortvloeien worden, indien de patiënt de leeftijd van twaalf jaren nog niet heeft bereikt, door de hulpverlener nagekomen jegens de ouders die het gezag over de patiënt uitoefenen dan wel jegens zijn voogd.
– 2. Hetzelfde geldt indien de patiënt de leeftijd van twaalf jaren heeft bereikt, maar niet in staat kan worden geacht tot een redelijke waardering van zijn belangen ter zake, tenzij zoda-

nige patiënt meerderjarig is en onder curatele staat of ten behoeve van hem het mentorschap is ingesteld, in welke gevallen nakoming jegens de curator of de mentor geschiedt.
– 3. Indien een meerderjarige patiënt die niet in staat kan worden geacht tot een redelijke waardering van zijn belangen ter zake, niet onder curatele staat of ten behoeve van hem niet het mentorschap is ingesteld, worden de verplichtingen die voor de hulpverlener uit deze afdeling jegens de patiënt voortvloeien, door de hulpverlener nagekomen jegens de persoon die daartoe door de patiënt schriftelijk is gemachtigd in zijn plaats op te treden. Ontbreekt zodanige persoon, of treedt deze niet op, dan worden de verplichtingen nagekomen jegens de echtgenoot, de geregistreerde partner of andere levensgezel van de patiënt, tenzij deze persoon dat niet wenst, dan wel, indien ook zodanige persoon ontbreekt, jegens een ouder, kind, broer of zus van de patiënt, tenzij deze persoon dat niet wenst.
– 4. De hulpverlener komt zijn verplichtingen na jegens de in de leden 1 en 2 bedoelde wettelijke vertegenwoordigers van de patiënt en de in lid 3 bedoelde personen, tenzij die nakoming niet verenigbaar is met de zorg van een goed hulpverlener.
– 5. De persoon jegens wie de hulpverlener krachtens de leden 2 of 3 gehouden is de uit deze afdeling jegens de patiënt voortvloeiende verplichtingen na te komen, betracht de zorg van een goed vertegenwoordiger. Deze persoon is gehouden de patiënt zoveel mogelijk bij de vervulling van zijn taak te betrekken.
– 6. Verzet de patiënt zich tegen een verrichting van ingrijpende aard waarvoor een persoon als bedoeld in de leden 2 of 3 toestemming heeft gegeven, dan kan de verrichting slechts worden uitgevoerd indien zij kennelijk nodig is teneinde ernstig nadeel voor de patiënt te voorkomen. (BW 1:233, 245, 251 e.v., 280 e.v., 378 e.v., 450 e.v.; 3:34 lid 1; 7:450, 457 lid 3, 466)

Art. 466

Verrichting zonder toestemming

– 1. Is op grond van artikel 465 voor het uitvoeren van een verrichting uitsluitend de toestemming van een daar bedoelde persoon in plaats van die van de patiënt vereist, dan kan tot de verrichting zonder die toestemming worden overgegaan indien de tijd voor het vragen van die toestemming ontbreekt aangezien onverwijlde uitvoering van de verrichting kennelijk nodig is teneinde ernstig nadeel voor de patiënt te voorkomen.
– 2. Een volgens de artikelen 450 en 465 vereiste toestemming mag worden verondersteld te zijn gegeven, indien de desbetreffende verrichting niet van ingrijpende aard is.

Art. 467

Wetenschappelijk onderzoek anonieme stoffen

– 1. Van het lichaam afgescheiden anonieme stoffen en delen kunnen worden gebruikt voor medisch statistisch of ander medisch wetenschappelijk onderzoek voor zover de patiënt van wie het lichaamsmateriaal afkomstig is, geen bezwaar heeft gemaakt tegen zodanig onderzoek en het onderzoek met de vereiste zorgvuldigheid wordt verricht.
– 2. Onder onderzoek met van het lichaam afgescheiden anonieme stoffen en delen wordt verstaan onderzoek waarbij is gewaarborgd dat het bij het onderzoek te gebruiken lichaamsmateriaal en de daaruit te verkrijgen gegevens niet tot de persoon herleidbaar zijn. (BW 7:458)

Art. 468

Dwingend recht

Van de bepalingen van deze afdeling en van de artikelen 404, 405 lid 2 en 406 kan niet ten nadele van de patiënt worden afgeweken. (BW 3:40)

TITEL 7A
Reisovereenkomst

Art. 500

Begripsbepalingen

– 1. In deze titel en de daarop berustende bepalingen wordt verstaan onder:
a. reisorganisator: degene die, in de uitoefening van zijn bedrijf, op eigen naam aan het publiek of aan een groep personen van te voren georganiseerde reizen aanbiedt;
b. reisovereenkomst: de overeenkomst waarbij een reisorganisator zich jegens zijn wederpartij verbindt tot het verschaffen van een door hem aangeboden van te voren georganiseerde reis die een overnachting of een periode van meer dan 24 uren omvat alsmede ten minste twee van de volgende diensten:
1° vervoer,
2° verblijf,
3° een andere niet met vervoer of verblijf verband houdende, toeristische dienst die een significant deel van de reis uitmaakt;
c. reiziger:
1° de wederpartij van de reisorganisator,
2° degene te wiens behoeve de reis is bedongen en die dat beding heeft aanvaard, of
3° degene aan wie overeenkomstig artikel 506 de rechtsverhouding tot de reisorganisator is overgedragen.
– 2. Degene die in de uitoefening van zijn bedrijf als tussenpersoon optreedt van een niet in

Nederland gevestigde reisorganisator, wordt jegens zijn wederpartij als reisorganisator aangemerkt. (Ontw. 7.7A.1)

Art. 501

Vermelding reissom en andere gegevens

– 1. Indien de reisorganisator een algemeen verkrijgbare prospectus of andere publikatie uitgeeft, vermeldt hij daarin de reissom en de andere bij algemene maatregel van bestuur bepaalde gegevens.

– 2. Vóór het sluiten van de reisovereenkomst deelt de reisorganisator de wederpartij schriftelijk of op andere begrijpelijke en toegankelijke wijze de in het eerste lid bedoelde gegevens mee, voor zover die gegevens aan de wederpartij nog niet bekend zijn door verstrekking van de algemeen verkrijgbare prospectus of andere publikatie.

– 3. Het tweede lid is niet van toepassing indien de reisovereenkomst minder dan 72 uren voor de aanvang van de reis wordt gesloten. (Ontw. 7.7A.2; BW 3:33 e.v.; 6:194 e.v.; 217 e.v., 231 e.v., 234; 7:507, 512 lid 2)

Art. 502

Afschrift voorwaarden

– 1. De reisorganisator verschaft de wederpartij na het sluiten van de overeenkomst onverwijld een afschrift van de voorwaarden, voor zover deze niet reeds in de overgelegde bescheiden besloten liggen.

– 2. Vóór de aanvang van de reis deelt de reisorganisator de wederpartij of degene aan wie overeenkomstig artikel 506 de rechtsverhouding tot de reisorganisator is overgedragen schriftelijk of op andere begrijpelijke en toegankelijke wijze de bij algemene maatregel van bestuur bepaalde gegevens mee. (Ontw. 7.7A.3; BW 6:231 e.v., 234)

Art. 503

Opzegging door reiziger

– 1. De reiziger kan de reisovereenkomst te allen tijde met onmiddellijke ingang opzeggen.

Schadevergoeding

– 2. Indien de reiziger opzegt wegens een aan hem toe te rekenen omstandigheid, vergoedt de reiziger de reisorganisator de schade die deze tengevolge van de opzegging lijdt. De schadevergoeding bedraagt ten hoogste eenmaal de reissom.

Recht op teruggave/ kwijtschelding

– 3. Indien de reiziger opzegt wegens een niet aan hem toe te rekenen omstandigheid, heeft hij recht op teruggave of kwijtschelding van de reissom of, indien de reis reeds ten dele is genoten, een evenredig deel daarvan. (Ontw. 7.7A.4; BW 6:75, 91, 95 e.v., 160, 162 lid 3)

Art. 504

Opzegging door reisorganisatie

– 1. Onverminderd artikel 505, vierde lid, kan de reisorganisator de reisovereenkomst slechts opzeggen wegens gewichtige, de reiziger onverwijld meegedeelde omstandigheden.

– 2. Indien de reisorganisator opzegt wegens een niet aan de reiziger toe te rekenen omstandigheid, biedt hij deze een andere reis van gelijke of betere kwaliteit aan. Onverminderd het derde lid heeft de reiziger die dat aanbod niet aanvaardt, recht op teruggave of kwijtschelding van de reissom of, indien de reis reeds ten dele is genoten, een evenredig deel daarvan.

– 3. In geval van opzegging vergoedt de reisorganisator de reiziger de door deze geleden vermogensschade en een bedrag voor het derven van reisgenot, tenzij

a. hij de overeenkomst opzegt omdat het aantal aanmeldingen kleiner is dan het vereiste minimumaantal en de reiziger binnen de in de overeenkomst aangegeven termijn schriftelijk van de opzegging in kennis is gesteld, of

b. de opzegging het gevolg is van overmacht, waaronder overboeken niet is begrepen. Onder overmacht worden in deze titel verstaan abnormale en onvoorzienbare omstandigheden die onafhankelijk zijn van de wil van degene die zich erop beroept en waarvan de gevolgen ondanks alle voorzorgsmaatregelen niet konden worden vermeden. (Ontw. 7.7A.5; BW 6:75, 95 e.v., 106; 7:505[4], 510, 511)

Art. 505

Wijziging ovk

– 1. De reisorganisator kan bedingen dat hij de reisovereenkomst op een wezenlijk punt mag wijzigen wegens gewichtige, de reiziger onverwijld medegedeelde omstandigheden. De reiziger kan de wijziging afwijzen.

– 2. Behoudens lid 1 kan de reisorganisator bedingen dat hij de reisovereenkomst mag wijzigen wegens gewichtige, de reiziger onverwijld meegedeelde omstandigheden. De reiziger kan de wijziging slechts afwijzen indien zij hem tot nadeel van meer dan geringe betekenis strekt.

Verhoging reissom

– 3. De reisorganisator kan bedingen dat hij tot twintig dagen voor de aanvang van de reis de reissom mag verhogen in verband met wijzigingen in de vervoerkosten met inbegrip van brandstofkosten, de verschuldigde heffingen of de toepasselijke wisselkoersen. Bij toepassing van dit beding geeft de reisorganisator aan op welke wijze de verhoging is berekend. De reiziger kan de verhoging afwijzen.

– 4. Na een afwijzing als in de voorgaande leden bedoeld, kan de reisorganisator de reisovereenkomst opzeggen. De reiziger heeft recht op teruggave of kwijtschelding van de reissom of, indien de reis reeds ten dele is genoten, een evenredig deel daarvan. Indien de reisorganisator opzegt na een afwijzing door de reiziger als bedoeld in de leden 1 en 2 is bovendien artikel 504, derde lid, van overeenkomstige toepassing. (Ontw. 7.7A.6; BW 6:236[sub *1*], 237[sub *c*]; 7:504)

Art. 506

Overdracht aan derde

– 1. Tijdig voor de aanvang van de reis kan de reiziger zijn rechtsverhouding tot de reisorganisator overdragen aan een derde die aan alle voorwaarden van de reisovereenkomst voldoet. Een termijn van zeven dagen voor de aanvang van de reis wordt geacht in ieder geval tijdig te zijn.

– 2. De overdracht vindt plaats door een daarop gerichte overeenkomst met de derde en schriftelijke mededeling daarvan door de overdragende reiziger aan de reisorganisator. De overdragende reiziger en de derde zijn hoofdelijk verbonden tot betaling van de reissom en de kosten in verband met de overdracht. (Ontw. 7.7A.7; BW 6:6 e.v., 159; 7:500[1 sub c]; 7A:1635)

Art. 507

Uitvoering overeenkomst

– 1. De reisorganisator is verplicht tot uitvoering van de reisovereenkomst overeenkomstig de verwachtingen die de reiziger op grond van de reisovereenkomst redelijkerwijs mocht hebben.

Schadevergoeding

– 2. Indien de reis niet verloopt overeenkomstig de verwachtingen die de reiziger op grond van de reisovereenkomst redelijkerwijs mocht hebben, is de reisorganisator verplicht de schade te vergoeden, tenzij de tekortkoming in de nakoming niet aan hem is toe te rekenen noch aan de persoon van wiens hulp hij bij de uitvoering van de overeenkomst gebruik maakt, omdat:

a. de tekortkoming in de uitvoering van de reisovereenkomst is toe te rekenen aan de reiziger;

b. de tekortkoming in de uitvoering van de reisovereenkomst die niet te voorzien was of kon worden opgeheven, is toe te rekenen aan een derde die niet bij de levering van de in de reis begrepen diensten is betrokken; of

c. de tekortkoming in de uitvoering van de overeenkomst is te wijten aan overmacht als bedoeld in artikel 504 lid 3 onder *b* dan wel aan een gebeurtenis die de organisator of degene van wiens hulp hij bij de uitvoering van de reisovereenkomst gebruik maakt, met inachtneming van alle mogelijke zorgvuldigheid niet kon voorzien of verhelpen.

– 3. De reisorganisator is naar gelang van de omstandigheden verplicht de reiziger hulp en bijstand te verlenen, indien de reis niet verloopt overeenkomstig de verwachtingen die deze op grond van de reisovereenkomst redelijkerwijs mocht hebben. Indien de oorzaak daarvan aan de reiziger moet worden toegerekend, is de reisorganisator tot verlening van hulp en bijstand slechts verplicht voor zover dat redelijkerwijs van hem gevergd kan worden. De kosten voor de verleende hulp en bijstand komen in dat geval voor rekening van de reiziger. De kosten voor de verleende hulp en bijstand komen voor rekening van de reisorganisator, indien de tekortkoming in de nakoming aan hem of aan de persoon van wiens hulp hij bij de uitvoering van de overeenkomst gebruik maakt, overeenkomstig het tweede lid is toe te rekenen. (Ontw. 7.7A.8; BW 6:58 e.v., 74 e.v., 95 e.v., 265 e.v.; 7:17 lid 2)

Art. 508

Geen uitsluiting/beperking aansprakelijkheid

– 1. Tenzij het tweede lid van dit artikel van toepassing is, kan de reisorganisator zijn aansprakelijkheid voor schade, veroorzaakt door dood of letsel van de reiziger, niet uitsluiten of beperken.

– 2. Indien op een in de reisovereenkomst begrepen dienst een verdrag van toepassing is, kan de reisorganisator zich beroepen op een uitsluiting of beperking van aansprakelijkheid die dat verdrag aan een dienstverlener als zodanig toekent of toestaat. (Ontw. 7.7A.9; BW 6:107, 108)

Art. 509

Opzet, roekeloosheid etc.

– 1. De reisorganisator kan zijn aansprakelijkheid voor schade die uit zijn eigen handelen of nalaten ontstaat niet beperken of uitsluiten, indien dat handelen of nalaten geschiedt met het opzet de schade te veroorzaken of het handelen of nalaten roekeloos geschiedt en met de wetenschap dat de schade daaruit waarschijnlijk zou voortvloeien.

– 2. Voor zover de reisorganisator niet zelf de in de reisovereenkomst begrepen diensten verleent, kan hij zijn aansprakelijkheid voor andere dan de in artikel 508 bedoelde schade beperken tot driemaal de reissom. (Ontw. 7.7A.10; BW 7:511; 8:111, 519, 984)

Art. 510

Ander nadeel dan vermogensschade

Een tekortkoming in de nakoming van een verbintenis die hem kan worden toegerekend, verplicht de reisorganisator mede tot vergoeding van ander nadeel dan vermogensschade, voor zover door die tekortkoming derving van reisgenot is veroorzaakt. (Ontw. 7.7A.11; BW 6:106; 7:511)

Art. 511

Vergoeding derving reisgenot

De vergoeding voor derving van reisgenot als bedoeld in de artikelen 504, derde lid, en 510 bedraagt ten hoogste eenmaal de reissom. (Ontw. 7.7A.12; BW 6:106; 7:509 lid 2)

Art. 512

Financieel onvermogen reisorganisator

– 1. De reisorganisator neemt de maatregelen die nodig zijn om te verzekeren dat, wanneer hij wegens financieel onvermogen zijn verplichtingen jegens de reiziger niet of niet verder kan nakomen, wordt zorggedragen hetzij voor overneming van zijn verplichtingen door een ander hetzij voor terugbetaling van de reissom of, indien de reis reeds ten dele is genoten, een evenredig deel daarvan. Indien de reiziger reeds op de plaats van bestemming is aangekomen dient, voor zover de reisovereenkomst dat vervoer omvat, in ieder geval te worden zorggedragen voor de terugreis.

– 2. De reisorganisator maakt de in het eerste lid bedoelde maatregelen openbaar door deze te vermelden in de algemeen verkrijgbare prospectus of andere publikatie, bedoeld in artikel 501, of op andere begrijpelijke en toegankelijke wijze. (Ontw. 7.7A.13; BW 6:194 e.v.; Fw 1 e.v., 213 e.v.)

Art. 513

Geen afwijking ten nadele reiziger

Van het bij of krachtens deze titel bepaalde kan ten nadele van de reiziger niet worden afgeweken. (Ontw. 7.7A.14; BW 3:40 e.v.; 7: 6, 410 lid 4, 416 lid 3, 862)

TITEL 9
Bewaarneming

Art. 600

Omschrijving

Bewaarneming is de overeenkomst waarbij de ene partij, de bewaarnemer, zich tegenover de andere partij, de bewaargever, verbindt, een zaak die de bewaargever hem toevertrouwt of zal toevertrouwen, te bewaren en terug te geven. (Ontw. 7.9.1.1; BW 1731, 1736 (oud); BW 3:2; 7:602, 605 lid 4; 8:1094, 1132, 1145; Rv 795 e.v.)

Art. 601

Loon

– 1. Indien de overeenkomst door de bewaarnemer in de uitoefening van zijn beroep of bedrijf is aangegaan, is de bewaargever hem loon verschuldigd. (BW 7:405 lid 1)

– 2. Indien loon verschuldigd is, doch de hoogte niet door partijen is bepaald, is de bewaargever het op de gebruikelijke wijze berekende loon of, bij gebreke daarvan, een redelijk loon verschuldigd. (BW 7:405 lid 2)

Onkosten en schade

– 3. De bewaargever moet aan de bewaarnemer de aan de bewaring verbonden onkosten vergoeden, voor zover deze niet in het loon zijn begrepen, alsook de schade die de bewaarnemer als gevolg van de bewaring heeft geleden.

Art. 602

Zorgplicht

De bewaarnemer moet bij de bewaring de zorg van een goed bewaarder in acht nemen. (Ontw. 7.9.1.3; BW 1743, 1744 (oud); BW 6:27, 28; 7:401)

Art. 603

Gebruik; onderbewaarneming

– 1. De bewaarnemer mag de zaak slechts gebruiken voor zover de bewaargever daarvoor toestemming heeft gegeven, of het gebruik nodig is om de zaak in goede staat te houden of te brengen. (BW 1749 (oud); BW 7:602)

– 2. Zonder toestemming van de bewaargever mag de bewaarnemer de zaak niet aan een derde in bewaring geven, tenzij dit in het belang van de bewaargever noodzakelijk is. (BW 3:64 sub *b*; 7:404, 602, 608 lid 4)

– 3. Voor gedragingen van een onderbewaarnemer met betrekking tot de zaak is de bewaarnemer op gelijke wijze aansprakelijk als voor eigen gedragingen, tenzij de bewaarneming niet tegen bewaarloon geschiedt en de bewaarnemer tot het in onderbewaring geven genoodzaakt was ten gevolge van hem niet toe te rekenen omstandigheden. (Ontw. 7.9.1.4; BW 6:76, 171)

Art. 604

Vruchten

De vruchten die de zaak in het tijdvak tussen de ontvangst en de teruggave oplevert, moeten door de bewaarnemer aan de bewaargever worden afgedragen. (Ontw. 7.9.1.5; BW 1755 lid 1 (oud); BW 3:9)

Art. 605

Teruggave; terugneming

– 1. De bewaargever kan onverwijlde teruggave en de bewaarnemer onverwijlde terugneming van de zaak vorderen. (BW 1762, 1763 (oud); BW 6:38; 7:414 lid 1, 416)

– 2. Wegens gewichtige redenen kan de kantonrechter van de rechtbank van het arrondissement waarin de zaak zich bevindt, op verzoek van een van de partijen een van het vorige lid of van de overeenkomst afwijkend tijdstip voor de teruggave of terugneming bepalen. Dit lid is niet van toepassing in geval van gerechtelijke bewaring.

– 3. De teruggave moet geschieden op de plaats waar de zaak volgens de overeenkomst moet worden bewaard, tenzij bij de overeenkomst een andere plaats voor de teruggave is aangewezen. (BW 1761 (oud); BW 6:41)

– 4. De bewaarnemer is gehouden de zaak terug te geven in de staat waarin hij haar heeft ontvangen. (Ontw. 7.9.1.6; BW 1752 (oud); BW 6:27, 74 e.v.; 8:21, 378, 895, 1095, 1173)

Art. 606

Twee of meer bewaarnemers

Indien twee of meer personen te zamen een zaak in bewaring hebben genomen, zijn zij hoofdelijk verbonden tot teruggave daarvan en tot vergoeding van de schade die het gevolg is van een tekortschieten in de nakoming van die verplichting, tenzij de tekortkoming aan geen van hen kan worden toegerekend. (Ontw. 7.9.1.7; BW 6: e.v., 74, 102)

Art. 607

– 1. Indien ter zake van een bewaarneming een ceel of een ander stuk aan toonder of order is afgegeven, geldt levering daarvan vóór de aflevering van de daarin aangeduide zaken als levering van die zaken. Ceel

– 2. Het eerste lid is niet van toepassing op registergoederen. (Ontw. 7.9.7a; BW 3:10, 93, 98, 236 e.v.; 8:50, 417, 924; Rv 474*a*, 474*b*)

Art. 608

Derdenwerking bewaarnemingsovereenkomst

– 1. Indien een onderbewaarnemer door een bewaargever buiten overeenkomst voor met betrekking tot de zaak geleden schade wordt aangesproken, is hij jegens deze niet verder aansprakelijk dan hij zou zijn als wederpartij bij de overeenkomst, waarbij de bewaargever de zaak in bewaring gegeven heeft.

– 2. Indien een bewaarnemer buiten overeenkomst voor met betrekking tot de zaak geleden schade wordt aangesproken door een derde die geen bewaargever is, is hij niet verder aansprakelijk dan hij als wederpartij van de bewaargever uit de met deze gesloten overeenkomst zou zijn.

– 3. Indien een onderbewaarnemer door een zodanige derde wordt aangesproken, is hij niet verder aansprakelijk dan hij als bewaarnemer op grond van het vorige lid zou zijn.

– 4. De vorige leden kunnen niet worden ingeroepen door een bewaarnemer of onderbewaarnemer die bij het sluiten van de overeenkomst uit hoofde waarvan hij de zaak ontving, wist of had behoren te weten dat zijn wederpartij jegens degene door wie hij werd aangesproken, niet bevoegd was de zaak aan hem in bewaring te geven.

Art. 609

Aansprakelijkheid hotelhouder

– 1. De hotelhouder is als een bewaarnemer aansprakelijk voor beschadiging of verlies van zaken, die in het hotel zijn meegebracht door een gast die daar zijn intrek heeft genomen. (BW 1746, 1747 (oud); 6:74 e.v.; 7:602, 605 lid 4, 608)

– 2. Hij is niet aansprakelijk voor gedragingen van personen die de gast zelf in het hotel heeft meegebracht of uitgenodigd, en voor schade door zaken die de gast zelf heeft meegebracht. (BW 1748 (oud))

– 3. Hij heeft op de in lid 1 bedoelde zaken een retentierecht voor al hetgeen hij van de gast te vorderen heeft ter zake van logies, kost, consumpties en als hotelhouder verrichte diensten. (Ontw. 7.9.9; BW 1766 (oud); BW 3:290 e.v.; 6:52 e.v.; 8:106, 505 e.v., 975 e.v., 1150 e.v.)

TITEL 10
Arbeidsovereenkomst

AFDELING 1
Algemene bepalingen

Art. 610

Definitie arbeidsovereenkomst

– 1. De arbeidsovereenkomst is de overeenkomst waarbij de ene partij, de werknemer, zich verbindt in dienst van de andere partij, de werkgever, tegen loon gedurende zekere tijd arbeid te verrichten. (BW 7A:1637*a* (oud); BW 7:615, 687 e.v.; K 375, 396 e.v., 452; RO 39; Rv 97 e.v.; BBA 1)

– 2. Indien een overeenkomst zowel aan de omschrijving van lid 1 voldoet als aan die van een andere door de wet geregelde bijzondere soort van overeenkomst, zijn de bepalingen van deze titel en de voor de andere soort van overeenkomst gegeven bepalingen naast elkaar van toepassing. In geval van strijd zijn de bepalingen van deze titel van toepassing. (Ontw. 7.10.1.1; BW 7A:1637*c* lid 1 (oud); BW 6:215; 7A:1624, 1640 e.v.)

Art. 610a

Rechtsvermoeden van arbeidsovereenkomst

Hij die ten behoeve van een ander tegen beloning door die ander gedurende drie opeenvolgende maanden, wekelijks dan wel gedurende ten minste twintig uren per maand arbeid verricht, wordt vermoed deze arbeid te verrichten krachtens arbeidsovereenkomst.

Art. 610b

Rechtsvermoeden arbeidsomvang

Indien een arbeidsovereenkomst ten minste drie maanden heeft geduurd, wordt de bedongen arbeid in enige maand vermoed een omvang te hebben gelijk aan de gemiddelde omvang van de arbeid per maand in de drie voorafgaande maanden.

Art. 611

Goed werkgever/werknemer

De werkgever en de werknemer zijn verplicht zich als een goed werkgever en een goed werknemer te gedragen. (Ontw. 7.1.10.8; BW 7A:1638*z*, 1639*d* (oud); BW 6:2, 248)

Art. 612

Minderjarige

– 1. Een minderjarige die de leeftijd van zestien jaren heeft bereikt, is bekwaam tot het aangaan van een arbeidsovereenkomst. Hij staat in alles wat betrekking heeft op die arbeidsovereenkomst met een meerderjarige gelijk, en kan zonder bijstand van zijn wettelijke vertegenwoordiger in rechte verschijnen.

– 2. Indien een daartoe onbekwame minderjarige een arbeidsovereenkomst heeft aangegaan en vervolgens vier weken in dienst van de werkgever arbeid heeft verricht zonder dat zijn wettelijke vertegenwoordiger een beroep op de in de onbekwaamheid gelegen vernietigingsgrond heeft gedaan, wordt hij geacht de toestemming van die vertegenwoordiger tot het aangaan van deze arbeidsovereenkomst te hebben verkregen.
– 3. Een onbekwame minderjarige die met toestemming van de wettelijke vertegenwoordiger een arbeidsovereenkomst heeft aangegaan, staat in alles wat betrekking heeft op die arbeidsovereenkomst met een meerderjarige gelijk, behoudens het bepaalde in lid 4.
– 4. Een onbekwame minderjarige kan niet zonder bijstand van zijn wettelijke vertegenwoordiger in rechte verschijnen, behalve wanneer de rechter is gebleken dat de wettelijke vertegenwoordiger niet bij machte is zich te verklaren. (Ontw. 7.10.1.3; BW 7A:1637*g*, 1637*h* (oud); BW 1:233, 234, 253*i*, 337; 3:32, 49 e.v.; 7:447, 631 lid 5)

Art. 613

Beroep op schriftelijk beding tot wijziging

De werkgever kan slechts een beroep doen op een schriftelijk beding dat hem de bevoegdheid geeft een in de arbeidsovereenkomst voorkomende arbeidsvoorwaarde te wijzigen, indien hij bij de wijziging een zodanig zwaarwichtig belang heeft dat het belang van de werknemer dat door de wijziging zou worden geschaad, daarvoor naar maatstaven van redelijkheid en billijkheid moet wijken. (BW 3:39; 6:248; 7:611)

Art. 613a-613c

Vervallen.

Art. 614

Aanvang verjaringstermijn

De termijn, bedoeld in artikel 52 lid 1 onder *d* van Boek 3, begint met betrekking tot uit deze titel voortvloeiende vernietigingsgronden met de aanvang van de dag volgende op die waarop een beroep op het beding is gedaan. (BW 6:235 lid 4)

Art. 615

Uitzondering

De bepalingen van deze titel zijn niet van toepassing ten aanzien van personen in dienst van staat, provincie, gemeente, waterschap of enig ander publiekrechtelijk lichaam, tenzij zij, hetzij vóór of bij de aanvang van de dienstbetrekking door of namens partijen, hetzij bij wet of verordening, van toepassing zijn verklaard. (BW 7A:1637*z* (oud))

AFDELING 2
Loon

Art. 616

Loon betalen

De werkgever is verplicht de werknemer zijn loon op de bepaalde tijd te voldoen. (Ontw. 7.10.3.12; BW 7A:1638 (oud); BW 3:288 sub *e*; 6:38; 7:679 lid 3; K 413, 419, 425, 427, 452*f*, 452*m*)

Art. 617

Vorm van loon

– 1. De vastgestelde vorm van loon mag niet anders zijn dan:
a. geld;
b. indien die vorm van loon gewoonte is of wenselijk is wegens de aard van de onderneming van de werkgever: zaken, geschikt voor het persoonlijk gebruik van de werknemer en zijn huisgenoten, met uitzondering van alcoholhoudende drank en andere voor de gezondheid schadelijke genotmiddelen;
c. het gebruik van een woning, alsmede verlichting en verwarming daarvan;
d. diensten, voorzieningen en werkzaamheden door of voor rekening van de werkgever te verrichten, onderricht, kost en inwoning daaronder begrepen;
e. effecten, vorderingen, andere aanspraken en bewijsstukken daarvan en bonnen.
– 2. Aan de in lid 1 onder *b*, *c* en *d* bedoelde zaken, diensten en voorzieningen mag geen hogere waarde worden toegekend dan die welke met de werkelijke waarde daarvan overeenkomt. (Ontw. 7.10.3.1; BW art. 7A:1637*p* (oud); BW art. 7:621, 631; K art. 391, 450*b*, 452*p*; WOR art. 27)

Art. 618

Loon volgens gebruik of billijkheid

Indien geen loon is vastgesteld, heeft de werknemer aanspraak op het loon dat ten tijde van het sluiten van de overeenkomst voor arbeid als de overeengekomene gebruikelijk was of, bij gebreke van een dergelijke maatstaf, op een loon dat met inachtneming van de omstandigheden van het geval naar billijkheid wordt bepaald. (Ontw. 7.10.3.2; BW art. 7A:1637*q* (oud); BW art. 2:135, 245; BW art. 6:200 lid 2, 248; BW art. 7:4, 405 lid 2, 601 lid 2, 616, 621, 624)

Art. 619

Bewijsstukken voor loonberekening

– 1. Indien het loon voor het geheel of voor een gedeelte bestaat in een bedrag dat afhankelijk is gesteld van enig gegeven dat uit de boeken, bescheiden of andere gegevensdragers van de werkgever moet kunnen blijken, heeft de werknemer het recht van de werkgever overlegging te verlangen van zodanige bewijsstukken, als hij nodig heeft om dat gegeven vast te kunnen stellen. (BW art. 2:10; BW art. 3:15*a*; BW art. 7:624 lid 4; K art. 8 e.v.)
– 2. Partijen kunnen bij schriftelijke overeenkomst overeenkomen aan wie, in afwijking van

lid 1, overlegging van genoemde bewijsstukken zal geschieden. Als zodanig kunnen niet worden aangewezen werknemers die in dienst van de werkgever met de boekhouding zijn belast. (BW art. 3:39)
– 3. Slechts aan de werknemer komt de bevoegdheid toe om ter vernietiging van een beding dat afwijkt van lid 1 of lid 2, tweede zin, een beroep op de vernietigingsgrond te doen. (BW art. 3:49 e.v.)
– 4. De overlegging van de bewijsstukken door of vanwege de werkgever geschiedt desverlangd onder de uitdrukkelijke verplichting tot geheimhouding door de werknemer en degene die hem overeenkomstig lid 2 vervangt; deze kan echter nimmer tot geheimhouding tegenover de werknemer worden verplicht, behoudens voor zover het betreft de winst in de onderneming van de werkgever of in een deel daarvan gemaakt. (Ontw. 7.10.3.16; BW art. 7A:1638*e* (oud); BW art. 7:433; Rv art. 191)

Art. 620

Voldoening in geld

– 1. De voldoening van het in geld vastgestelde loon geschiedt in Nederlands wettig betaalmiddel of door girale betaling overeenkomstig artikel 114 van Boek 6.
– 2. De voldoening van het in geld vastgestelde loon kan in buitenlands geld geschieden, indien dit overeengekomen is. De werknemer is echter bevoegd voldoening in Nederlands geld te verlangen met ingang van de tweede komende betaaldag. Indien omrekening nodig is, geschiedt deze naar de koers, bedoeld in de artikelen 124 en 126 van Boek 6.
– 3. De voldoening van het in andere bestanddelen dan in geld vastgestelde loon geschiedt volgens hetgeen daarover is overeengekomen of, als daarover niets is overeengekomen, volgens het gebruik. (Ontw. 7.10.3.9; BW art. 7A:1638*h*, 1638*i* (oud); BW art. 6:111 e.v.; BW art. 7:617, 618, 621, 623, 650 lid 4; K art. 391, 426, 450*b*, 452*p*)

Art. 621

Niet bevrijdende voldoening

– 1. Voldoening van het loon, anders dan bij artikel 620 is bepaald of, in andere vormen is vastgesteld dan door artikel 617 is toegestaan, is niet bevrijdend. De werknemer behoudt het recht om het verschuldigde loon of, zo dit in een andere vorm dan geld is vastgesteld, de waarde van de verschuldigde prestatie van de werkgever te vorderen zonder gehouden te zijn het bij de niet-bevrijdende voldoening ontvangene terug te geven.
– 2. Niettemin kan de rechter bij toewijzing van de vordering van de werknemer de veroordeling beperken tot zodanig bedrag als hem met het oog op de omstandigheden billijk zal voorkomen, maar uiterlijk tot de som waarop de door de werknemer geleden schade zal worden vastgesteld.
– 3. Een rechtsvordering van de werknemer op grond van dit artikel verjaart door verloop van zes maanden na de dag waarop de niet-bevrijdende voldoening plaatsvindt. (Ontw. 7.10.3.9; BW art. 7A:1638*j* (oud); BW art. 3:306; BW art. 6:203 e.v.; BW art. 7:631 lid 7 en 8)

Art. 622

Plaats van voldoening

De voldoening van in geld vastgesteld loon die niet met toepassing van artikel 114 van Boek 6 plaatsvindt, geschiedt hetzij ter plaatse waar de arbeid in de regel wordt verricht, hetzij ten kantore van de werkgever indien dit gelegen is in dezelfde gemeente als die waarin de meerderheid van de werknemers woont, hetzij aan de woning van de werknemer, ter keuze van de werkgever. (Ontw. 7.10.3.11; BW art. 7A:1638*k* (oud); BW art. 1:10 e.v; BW art. 6:41, 115 e.v.)

Art. 623

Tijdstip van betaling

– 1. De werkgever is verplicht het in geld naar tijdruimte vastgestelde loon te voldoen telkens na afloop van het tijdvak waarover het loon op grond van de overeenkomst moet worden berekend, met dien verstande dat het tijdvak voor voldoening niet korter is dan één week en niet langer is dan één maand.
– 2. Het tijdvak na afloop waarvan het loon moet worden voldaan, kan bij schriftelijke overeenkomst worden verlengd, maar niet langer dan tot een maand wanneer het tijdvak waarover het loon op grond van de overeenkomst moet worden berekend, een week of korter is, en tot niet langer dan tot een kwartaal wanneer het tijdvak waarover het loon op grond van de overeenkomst moet worden berekend, een maand of langer is.
– 3. Slechts aan de werknemer komt de bevoegdheid toe om ter vernietiging van een beding dat afwijkt van dit artikel, een beroep op de vernietigingsgrond te doen. (Ontw. 7.10.3.13; BW 7A:1638*l* (oud); BW 3:49 e.v.; 6:38, 39; 7:624, 625; K 427, 450*b*, 452*m*)

Art. 624

Niet naar tijdruimte vastgesteld loon

– 1. Indien het in geld vastgestelde loon afhankelijk is van de uitkomsten van de te verrichten arbeid, houdt de werkgever de betalingstermijnen aan die gelden voor het naar tijdruimte vastgestelde loon voor vergelijkbare arbeid, tenzij met inachtneming van artikel 623 andere termijnen zijn overeengekomen. (BW 7A:1638*m* (oud))
– 2. Indien op de betaaldag het bedrag van het loon als genoemd in lid 1 nog niet te bepalen is, is de werkgever verplicht tot voldoening van een voorschot ten bedrage van het loon waarop de werknemer gemiddeld per betalingstermijn aanspraak kon maken over de drie maanden voor-

afgaande aan de betaaldag of, indien dat niet mogelijk is, ten bedrage van het voor vergelijkbare arbeid gebruikelijke loon. (BW 7A:1638*p* lid 2 (oud); BW 6:29)

– 3. Schriftelijk kan worden overeengekomen dat het voorschot op een lager bedrag wordt gesteld, maar niet op minder dan drie vierde van het gemiddelde loon over drie maanden voorafgaande aan de betaaldag onderscheidenlijk van het voor vergelijkbare arbeid gebruikelijke loon. (BW 7A:1638*p* lid 2 (oud))

– 4. Voor zover het in geld vastgestelde loon bestaat in een bedrag dat afhankelijk is gesteld van enig gegeven dat uit de boeken, bescheiden of andere gegevensdragers van de werkgever moet kunnen blijken, is de werkgever tot voldoening verplicht telkens wanneer het bedrag van dat loon kan worden bepaald, met dien verstande dat ten minste eenmaal per jaar voldoening plaatsvindt. (BW 7A:1638*n* (oud); BW 7:619)

– 5. Slechts aan de werknemer komt de bevoegdheid toe om ter vernietiging van een beding dat afwijkt van dit artikel, een beroep op de vernietigingsgrond te doen. (Ontw. 7.10.3.14; BW 3:49 e.v.; 7:625; K 391, 450*b*, 452*p*)

Art. 625

Niet-tijdige betaling

– 1. Voor zover het in geld vastgesteld loon of het gedeelte dat overblijft na aftrek van hetgeen door de werkgever overeenkomstig artikel 628 mag worden verrekend, en na aftrek van hetgeen waarop derden overeenkomstig artikel 633 rechten doen gelden, niet wordt voldaan uiterlijk de derde werkdag na die waarop ingevolge de artikelen 623 en 624 lid 1 de voldoening had moeten geschieden, heeft de werknemer, indien dit niet-voldoen aan de werkgever is toe te rekenen, aanspraak op een verhoging wegens vertraging. Deze verhoging bedraagt voor de vierde tot en met de achtste werkdag vijf procent per dag en voor elke volgende werkdag een procent, met dien verstande dat de verhoging in geen geval de helft van het verschuldigde te boven zal gaan. Niettemin kan de rechter de verhoging beperken tot zodanig bedrag als hem met het oog op de omstandigheden billijk zal voorkomen.

– 2. Van dit artikel kan niet ten nadele van de werknemer worden afgeweken. (Ontw. 7.10.3.15 lid 1; BW 7A:1638*q* lid 1 (oud); BW 3:40 lid 2, 49 e.v., 288 sub *e*; 6:75, 119; 7:679 lid 2 sub *c*; K 389, 391, 447, 450*b*, 452*p*; Fw 40 lid 4, 239 lid 3)

Art. 626

Schriftelijke opgave

– 1. De werkgever is verplicht bij elke voldoening van het in geld vastgestelde loon de werknemer een schriftelijke opgave te verstrekken van het loonbedrag, van de bedragen waaruit dit is samengesteld, van de bedragen die op het loonbedrag zijn ingehouden, alsmede van het bedrag van het loon waarop een persoon van de leeftijd van de werknemer over de termijn waarover het loon is berekend ingevolge het bepaalde bij of krachtens de Wet minimumloon en minimumvakantiebijslag aanspraak heeft, tenzij zich ten opzichte van de vorige voldoening in geen van deze bedragen een wijziging heeft voorgedaan.

– 2. De opgave vermeldt voorts de naam van de werkgever en van de werknemer, de termijn waarover het loon is berekend, alsmede de overeengekomen arbeidsduur.

– 3. Van dit artikel kan niet ten nadele van de werknemer worden afgeweken. (BW 7A:1638*o* lid 2, 3 en 4 (oud); BW 3:40 lid 2, 49 e.v.)

Art. 627

Geen arbeid, geen loon

Geen loon is verschuldigd voor de tijd gedurende welke de werknemer de bedongen arbeid niet heeft verricht. (Ontw. 7.10.3.6; BW 7A:1638*b* (oud); BW 7:628, 629, 634, 639; K 391, 414, 415, 450*b*, 452*p*)

Art. 628

Geen arbeid, toch loon

– 1. De werknemer behoudt het recht op het naar tijdruimte vastgestelde loon indien hij de overeengekomen arbeid niet heeft verricht door een oorzaak die in redelijkheid voor rekening van de werkgever behoort te komen.

– 2. Indien hem krachtens enige wettelijk voorgeschreven verzekering of krachtens enige verzekering of uit enig fonds waarin de deelneming is overeengekomen bij of voortvloeit uit de arbeidsovereenkomst, een geldelijke uitkering toekomt, wordt het loon verminderd met het bedrag van die uitkering.

– 3. Indien het loon in geld op andere wijze dan naar tijdruimte is vastgesteld, zijn de bepalingen van dit artikel van toepassing, met dien verstande dat als loon wordt beschouwd het gemiddelde loon dat de werknemer, wanneer hij niet verhinderd was geweest, gedurende die tijd had kunnen verdienen.

– 4. Het loon wordt echter verminderd met het bedrag van de onkosten die de werknemer zich door het niet-verrichten van de arbeid heeft bespaard.

– 5. Van de leden 1 tot en met 4 kan voor de eerste zes maanden van de arbeidsovereenkomst slechts bij schriftelijke overeenkomst worden afgeweken ten nadele van de werknemer.

– 6. In geval van elkaar opvolgende arbeidsovereenkomsten in de zin van artikel 668*a* kan een afwijking als bedoeld in lid 5 in totaal voor ten hoogste zes maanden worden overeengekomen.

– 7. Na het verstrijken van de termijn, bedoeld in lid 5, kan van dit artikel slechts bij collectieve arbeidsovereenkomst of bij regeling door of namens een daartoe bevoegd bestuursorgaan worden afgeweken ten nadele van de werknemer. (Ontw. 7.10.3.8; BW art. 7A:1638*d* (oud); BW art. 3:40 lid 2, 49 e.v.; BW art. 7:435, 625; K art. 450)

Art. 628a

Loonaanspraak per oproep

– 1. Indien een arbeidsomvang van minder dan 15 uur per week is overeengekomen en de tijdstippen waarop de arbeid moet worden verricht niet zijn vastgelegd, dan wel indien de omvang van de arbeid niet of niet eenduidig is vastgelegd, heeft de werknemer voor iedere periode van minder dan drie uur waarin hij arbeid heeft verricht, recht op het loon waarop hij aanspraak zou hebben indien hij drie uur arbeid zou hebben verricht.

– 2. Van dit artikel kan niet ten nadele van de werknemer worden afgeweken.

Art. 629

Loonaanspraak bij ziekte of zwangerschap

– 1. Voor zover het loon niet meer bedraagt dan het bedrag, bedoeld in artikel 17, eerste lid, van de Wet financiering sociale verzekeringen, met betrekking tot een loontijdvak van een dag, behoudt de werknemer voor een tijdvak van 104 weken recht op 70% van het naar tijdruimte vastgestelde loon, maar de eerste 52 weken ten minste op het voor hem geldende wettelijke minimumloon, indien hij de bedongen arbeid niet heeft verricht omdat hij in verband met ongeschiktheid ten gevolge van ziekte, zwangerschap of bevalling daartoe verhinderd was.

– 2. Het in lid 1 bedoelde recht geldt voor een tijdvak van zes weken voor de werknemer die doorgaans op minder dan vier dagen per week uitsluitend of nagenoeg uitsluitend diensten verricht ten behoeve van het huishouden van de natuurlijke persoon tot wie hij in dienstbetrekking staat.

Uitsluitingsgronden

– 3. De werknemer heeft het in lid 1 bedoelde recht niet:

a. indien de ziekte door zijn opzet is veroorzaakt of het gevolg is van een gebrek waarover hij in het kader van een aanstellingskeuring valse informatie heeft verstrekt en daardoor de toetsing aan de voor de functie opgestelde belastbaarheidseisen niet juist kon worden uitgevoerd;

b. voor de tijd, gedurende welke door zijn toedoen zijn genezing wordt belemmerd of vertraagd;

c. voor de tijd, gedurende welke hij, hoewel hij daartoe in staat is, zonder deugdelijke grond passende arbeid als bedoeld in artikel 658*a* lid 4 voor de werkgever of voor een door de werkgever aangewezen derde, waartoe de werkgever hem in de gelegenheid stelt, niet verricht;

d. voor de tijd, gedurende welke hij zonder deugdelijke grond weigert mee te werken aan door de werkgever of door een door hem aangewezen deskundige gegeven redelijke voorschriften of getroffen maatregelen die erop gericht zijn om de werknemer in staat te stellen passende arbeid als bedoeld in artikel 658*a* lid 4 te verrichten;

e. voor de tijd, gedurende welke hij zonder deugdelijke grond weigert mee te werken aan het opstellen, evalueren en bijstellen van een plan van aanpak als bedoeld in artikel 658*a* lid 3;

f. voor de tijd gedurende welke hij zonder deugdelijke grond zijn aanvraag om een uitkering als bedoeld in artikel 64, eerste lid, van de Wet werk en inkomen naar arbeidsvermogen later indient dan in dat artikel is voorgeschreven.

– 4. In afwijking van lid 1 heeft de vrouwelijke werknemer het in dat lid bedoelde recht niet gedurende de periode dat zij zwangerschaps- of bevallingsverlof geniet overeenkomstig artikel 3:1, tweede en derde lid, van de Wet arbeid en zorg.

Aftrek uitkering

– 5. Het loon wordt verminderd met het bedrag van enige geldelijke uitkering die de werknemer toekomt krachtens enige wettelijke voorgeschreven verzekering of krachtens enige verzekering of uit enig fonds waarin de werknemer niet deelneemt, voorzover deze uitkering betrekking heeft op de bedongen arbeid waaruit het loon wordt genoten. Het loon wordt voorts verminderd met het bedrag van de inkomsten, door de werknemer in of buiten dienstbetrekking genoten voor werkzaamheden die hij heeft verricht gedurende de tijd dat hij, zo hij daartoe niet verhinderd was geweest, de bedongen arbeid had kunnen verrichten.

Controlevoorschriften

– 6. De werkgever is bevoegd de betaling van het in het lid 1 bedoelde loon op te schorten voor de tijd, gedurende welke de werknemer zich niet houdt aan door de werkgever schriftelijk gegeven redelijke voorschriften omtrent het verstrekken van de inlichtingen die de werkgever behoeft om het recht op loon vast te stellen.

– 7. De werkgever kan geen beroep meer doen op enige grond het loon geheel of gedeeltelijk niet te betalen of de betaling daarvan op te schorten, indien hij de werknemer daarvan geen kennis heeft gegeven onverwijld nadat bij hem het vermoeden van het bestaan daarvan is gerezen of redelijkerwijs had behoren te rijzen.

– 8. Artikel 628 lid 3 is van overeenkomstige toepassing.

Wachtdagen

– 9. Van dit artikel kan ten nadele van de werknemer slechts in zoverre worden afgeweken dat bedongen kan worden dat de werknemer voor de eerste twee dagen van het in lid 1 of lid 2 bedoelde tijdvak geen recht op loon heeft.

– 10. Voor de toepassing van de leden 1, 2 en 9 worden perioden, waarin de werknemer in verband met ongeschiktheid ten gevolge van ziekte, zwangerschap of bevalling verhinderd is geweest zijn arbeid te verrichten, samengeteld indien zij elkaar met een onderbreking van minder dan vier weken opvolgen, of indien zij direct voorafgaan aan en aansluiten op een periode waarin zwangerschaps- of bevallingsverlof wordt genoten als bedoeld in artikel 3:1, tweede en derde lid, van de Wet arbeid en zorg, tenzij de ongeschiktheid redelijkerwijs niet geacht kan worden voort te vloeien uit dezelfde oorzaak.

Verlenging loondoorbetaling

– 11. Het tijdvak van 104 weken, bedoeld in lid 1, wordt verlengd:
a. met de duur van de vertraging indien de aanvraag, bedoeld in artikel 64, eerste lid, van de Wet werk en inkomen naar arbeidsvermogen later wordt gedaan dan in of op grond van dat artikel is voorgeschreven;
b. met de duur van het verlengde tijdvak dat het Uitvoeringsinstituut werknemersverzekeringen op grond van artikel 24, eerste lid, van de Wet werk en inkomen naar arbeidsvermogen heeft vastgesteld en met de duur van het tijdvak, bedoeld in artikel 25, negende lid, eerste zin, van die wet;
c. met de duur van de verlenging van de wachttijd, bedoeld in artikel 19, eerste lid, van de Wet op de arbeidsongeschiktheidsverzekering, indien die wachttijd op grond van het zevende lid van dat artikel wordt verlengd; en
d. met de duur van het tijdvak dat het Uitvoeringsinstituut werknemersverzekeringen op grond van artikel 71*a*, negende lid, van de Wet op de arbeidsongeschiktheidsverzekering heeft vastgesteld.
– 12. Indien de werknemer passende arbeid als bedoeld in artikel 658*a* lid 4 verricht, blijft de arbeidsovereenkomst onverkort in stand. (BW 7A:1638*c* (oud); BW 6:107*a*; 7:435, 616 e.v.; K 415, 415*a* e.v., 450*b*, 452*p*)
– 13. Voor de toepassing van lid 2 wordt onder het verrichten van diensten ten behoeve van een huishouden mede verstaan het verlenen van zorg aan de leden van dat huishouden.

Art. 629a

Deskundigenoordeel

– 1. De rechter wijst een vordering tot betaling van loon als bedoeld in artikel 629 af, indien bij de eis niet een verklaring is gevoegd van een deskundige, benoemd door het Uitvoeringsinstituut werknemersverzekeringen, genoemd in hoofdstuk 5 van de Wet structuur uitvoeringsorganisatie werk en inkomen, omtrent de verhindering van de werknemer om de bedongen of andere passende arbeid te verrichten respectievelijk diens nakoming van de verplichtingen, bedoeld in artikel 660*a*.
– 2. Lid 1 geldt niet indien de verhindering respectievelijk de nakoming niet wordt betwist of het overleggen van de verklaring in redelijkheid niet van de werknemer kan worden gevergd.
– 3. De deskundige, die zijn benoeming heeft aanvaard, is verplicht zijn onderzoek onpartijdig en naar beste weten te volbrengen.
– 4. De deskundige die de hoedanigheid van arts bezit, kan de voor zijn onderzoek van belang zijnde inlichtingen over de werknemer inwinnen bij de behandelend arts of de behandelend artsen. Zij verstrekken de gevraagde inlichtingen voor zover daardoor de persoonlijke levenssfeer van de werknemer niet onevenredig wordt geschaad.
– 5. De rechter kan op verzoek van een der partijen of ambtshalve bevelen dat de deskundige zijn verklaring nader schriftelijk of mondeling toelicht of aanvult.

Kosten veroordeling

– 6. De werknemer wordt ter zake van een vordering als bedoeld in het eerste lid slechts in de kosten van de werkgever als bedoeld in artikel 237 van het Wetboek van Burgerlijke Rechtsvordering veroordeeld in geval van kennelijk onredelijk gebruik van procesrecht.
– 7. Bij collectieve arbeidsovereenkomst of bij regeling door of namens een daartoe bevoegd bestuursorgaan kan worden bepaald dat de in het eerste lid bedoelde deskundige door een ander dan het Uitvoeringsinstituut werknemersverzekeringen, genoemd in hoofdstuk 5 van de Wet structuur uitvoeringsorganisatie werk en inkomen wordt aangewezen. (BW 7A:1638*ca* (oud))

Art. 629b

Vervallen.

Art. 630

Verhindering tot betaling

– 1. De werkgever die tijdelijk is verhinderd het loon, voor zover dit in een andere vorm dan in geld is vastgesteld, te voldoen zonder dat deze verhindering het gevolg is van een eigen toedoen van de werknemer, is aan deze een vergoeding schuldig, waarvan het bedrag bij overeenkomst wordt vastgesteld of, bij gebreke van een overeenkomst, door de rechter wordt bepaald volgens het gebruik of de billijkheid.
– 2. Van dit artikel kan niet ten nadele van de werknemer worden afgeweken. (Ontw. 7.10.3.10; BW 7A:1638*u* (oud); BW 3:40 lid 2, 49 e.v.; 6:74 e.v.; 7:617)

Art. 631

Looninhouding

– 1. Een beding waarbij de werkgever het recht krijgt enig bedrag van het loon op de betaaldag in te houden, is nietig, onverminderd de bevoegdheid van de werknemer om de werkgever een

schriftelijke volmacht te verlenen om uit het te betalen loon betalingen in zijn naam te verrichten. Deze volmacht is te allen tijde herroepelijk.
– 2. Bedingen waarbij de werknemer zich jegens de werkgever verbindt het ontvangen loon of zijn overige inkomsten of een gedeelte daarvan op bepaalde wijze te besteden, en bedingen waarbij de werknemer zich verbindt zijn benodigdheden op een bepaalde plaats of bij een bepaalde persoon aan te schaffen, zijn nietig.

Pensioenpremie

– 3. De leden 1 en 2 zijn niet van toepassing op het beding waarbij de werknemer zich verbindt:
a. deel te nemen in een pensioenfonds als bedoeld in artikel 1 van de Pensioenwet en ten aanzien waarvan aan de voorschriften van die wet wordt voldaan;
b. bij te dragen tot de premiebetaling voor een verzekering overeenkomstig de voorschriften dienaangaande door de Pensioenwet gesteld;
c. deel te nemen in enig ander fonds dan in onderdeel *a* bedoeld, mits dat fonds voldoet aan de voorwaarden, bij algemene maatregel van bestuur gesteld;
d. deel te nemen aan een regeling tot sparen te zijnen behoeve, anders dan in de onderdelen *a* tot en met *c* bedoeld, mits die regeling voldoet aan de voorwaarden, bij algemene maatregel van bestuur gesteld.
Onder enig ander fonds als bedoeld in onderdeel *c*, wordt niet verstaan een fonds dat tot doel heeft aan de werkgever of aan de werknemer een uitkering te doen die verband houdt met het recht van de werknemer op doorbetaling van loon tijdens ziekte, zwangerschap of bevalling als bedoeld in artikel 629 lid 1, of met de betaling van een uitkering als bedoeld in artikel 83 van de Wet werk en inkomen naar arbeidsvermogen dan wel als bedoeld in artikel 75*a* van de Wet op de arbeidsongeschiktheidsverzekering.
– 4. Voor de nakoming van een beding als bedoeld in lid 3 mag de werkgever de daartoe nodige bedragen op het loon van de werknemer inhouden; hij is alsdan verplicht deze bedragen overeenkomstig het beding ten behoeve van de werknemer te voldoen.
– 5. Op de deelneming door een minderjarige aan een regeling als bedoeld in lid 3 is artikel 612 van overeenkomstige toepassing.
– 6. Indien de werknemer ingevolge een nietig beding als bedoeld in lid 2 een overeenkomst met de werkgever of een derde heeft aangegaan, heeft hij het recht hetgeen hij uit dien hoofde heeft voldaan van de werkgever te vorderen. Indien hij de overeenkomst met de werkgever heeft aangegaan, heeft hij bovendien de bevoegdheid de overeenkomst te vernietigen.
– 7. De rechter kan bij toewijzing van een vordering van de werknemer op grond van lid 6 de verplichting tot betaling van de werkgever beperken tot zodanig bedrag als hem met het oog op de omstandigheden billijk voorkomt, maar uiterlijk tot de som waarop hij de door de werknemer geleden schade vaststelt.
– 8. Een rechtsvordering van de werknemer op grond van dit artikel verjaart door verloop van zes maanden na de dag van het ontstaan van het vorderingsrecht.

Art. 632

Verrekening

– 1. Behalve bij het einde van de arbeidsovereenkomst is verrekening door de werkgever van zijn schuld ter zake van het uit te betalen loon slechts toegelaten met de volgende vorderingen op de werknemer:
a. de door de werknemer aan de werkgever verschuldigde schadevergoeding; (BW 6:95 e.v.; 7:651, 661, 686)
b. de boetes, door de werknemer volgens artikel 650 aan de werkgever verschuldigd, mits door deze een schriftelijk bewijs wordt afgegeven, die het bedrag vermeldt van iedere boete alsmede de tijd waarop en de reden waarom zij is opgelegd, met opgave van de overtreden bepaling van een schriftelijk aangegane overeenkomst; (BW 7:613 e.v.)
c. de voorschotten op het loon, door de werkgever in geld aan de werknemer verstrekt, mits daarvan schriftelijk blijkt;
d. het bedrag van hetgeen op het loon te veel is betaald; (BW 6:203)
e. de huurprijs van een woning of een andere ruimte, een stuk grond of van werktuigen, machines en gereedschappen, door de werknemer in eigen bedrijf gebruikt, en die bij schriftelijke overeenkomst door de werkgever aan de werknemer zijn verhuurd. (BW 7A:1596)
– 2. Verrekening heeft geen plaats op het deel van het loon waarop beslag onder de werkgever niet geldig kan zijn. Ter zake van hetgeen de werkgever krachtens lid 1, onderdeel *b*, zou kunnen vorderen, mag door hem bij elke voldoening van het loon niet meer worden verrekend dan een tiende gedeelte van het in geld vastgestelde loon dat alsdan zou moeten worden voldaan. (BW 7:633 lid 1; Rv 475*b* e.v., 720)
– 3. Hetgeen de werkgever uit hoofde van een op het loon gelegd beslag inhoudt, komt in mindering op het voor verrekening toegelaten maximum.
– 4. Een beding waardoor de werkgever een ruimere bevoegdheid tot verrekening zou krijgen, is vernietigbaar, met dien verstande dat de werknemer bevoegd is tot vernietiging ter zake van

elke afzonderlijke verrekeningsverklaring van de werkgever die van de geldigheid van het beding uitgaat. (Ontw. 7.10.3.17; BW 7A:1638*r* (oud); BW 3:40 lid 2, 49 e.v.; 6:127 e.v.; 7:667 e.v.; Fw 53 e.v., 234 e.v.)

Art. 633

Loonbeslag

– 1. Overdracht, verpanding of elke andere handeling waardoor de werknemer enig recht op zijn loon aan derden toekent, is slechts in zover geldig als een beslag op zijn loon geldig zou zijn.
– 2. Een volmacht tot de vordering van loon wordt schriftelijk verleend. Deze volmacht is te allen tijde herroepelijk.
– 3. Van dit artikel kan niet worden afgeweken. (Ontw. 7.10.3.18; BW 7A:1638*g* (oud); BW 3:39, 40, 60 e.v., 83, 94, 236, 239; 6:33, 54 sub *c*, 135 sub *a*; 7:623 lid 2; 7A:1576*f*, 1576*g*; K 428; Fw 21 sub 2; Rv 475*b* e.v., 720)

AFDELING 3
Vakantie en verlof

Art. 634

Geen arbeid, geen vakantie

– 1. De werknemer verwerft over ieder jaar waarin hij gedurende de volledige overeengekomen arbeidsduur recht op loon heeft gehad, aanspraak op vakantie van ten minste vier maal de overeengekomen arbeidsduur per week of, als de overeengekomen arbeidsduur in uren per jaar is uitgedrukt, van ten minste een overeenkomstige tijd.
– 2. De werknemer die over een deel van een jaar recht op loon heeft gehad, verwerft over dat deel aanspraak op vakantie die een evenredig gedeelte bedraagt van datgene waarop hij recht zou hebben gehad als hij gedurende het gehele jaar recht had op loon over de volledige overeengekomen arbeidsduur.
– 3. Bij collectieve arbeidsovereenkomst of bij regeling door of namens een daartoe bevoegd bestuursorgaan kan ten aanzien van werknemers wier arbeidsovereenkomst eindigt nadat deze ten minste een maand heeft geduurd, van lid 2 worden afgeweken in dier voege dat de aanspraak op vakantie wordt berekend over tijdvakken van een maand. (BW 7A:1638*bb*, 1638*cc* (oud); BW 7:627, 637, 645; K 381, 414; WOR 27)

Art. 635

Geen arbeid, toch vakantie

– 1. In afwijking van artikel 634 verwerft de werknemer aanspraak op vakantie over het tijdvak, gedurende hetwelk hij geen recht heeft op in geld vastgesteld loon, omdat:
a. hij, anders dan voor oefening en opleiding, als dienstplichtige is opgeroepen ter vervulling van zijn militaire dienst of vervangende dienst;
b. hij vakantie als bedoeld in artikel 641 lid 3 geniet;
c. hij, met toestemming van de werkgever, deelneemt aan een bijeenkomst die wordt georganiseerd door een vakvereniging waarvan hij lid is;
d. hij, anders dan ten gevolge van de arbeidsongeschiktheid, bedoeld in de leden 2 tot en met 4, tegen zijn wil niet in staat is om de overeengekomen arbeid te verrichten;
e. hij verlof als bedoeld in artikel 643 geniet;
f. hij verlof als bedoeld in hoofdstuk 5, afdeling 2, van de Wet arbeid en zorg geniet.
– 2. In afwijking van artikel 634 verwerft de vrouwelijke werknemer die wegens zwangerschap of bevalling niet gedurende een geheel jaar aanspraak op loon verwerft, over de volledige overeengekomen arbeidsduur aanspraak op vakantie over het tijdvak dat zij recht heeft op een uitkering als bedoeld in hoofdstuk 3, afdeling 2, van de Wet arbeid en zorg.
– 3. In afwijking van artikel 634 verwerft de werknemer die wegens adoptieverlof of verlof voor het opnemen van een pleegkind niet gedurende een geheel jaar aanspraak op loon verwerft, over de volledige overeengekomen arbeidsduur aanspraak op vakantie over het tijdvak dat hij recht heeft op een uitkering als bedoeld in hoofdstuk 3, afdeling 2, van de Wet arbeid en zorg.
– 4. In afwijking van artikel 634 verwerft de werknemer die de bedongen arbeid niet verricht wegens ziekte, ongeacht of hij aanspraak heeft op loon, aanspraak op vakantie over het tijdvak van de laatste zes maanden waarin de arbeid niet werd verricht, met dien verstande dat tijdvakken worden samengeteld als zij elkaar met een onderbreking van minder dan een maand opvolgen. De werknemer die de bedongen arbeid slechts voor een gedeelte van de overeengekomen arbeidsduur niet verricht wegens ziekte, verwerft slechts aanspraak op vakantie die een evenredig gedeelte bedraagt van datgene waarop hij recht zou hebben gehad als hij gedurende de volledige arbeidsduur arbeid zou hebben verricht. Indien de ziekte door opzet van de werknemer is ontstaan of het gevolg is van een gebrek waarover hij in het kader van een aanstellingskeuring opzettelijk valse inlichtingen heeft gegeven, verwerft de werknemer evenmin aanspraak op vakantie. De werknemer heeft evenmin aanspraak op vakantie voor de tijd gedurende welke hij door zijn toedoen zijn genezing belemmert of vertraagt, hij, hoewel hij daartoe in staat is, zonder deugdelijke grond passende arbeid als bedoeld in artikel 658*a* lid 4 voor de werkgever of voor een door de werkgever met toestemming van het Uitvoeringsinstituut

werknemersverzekeringen aangewezen derde, waartoe de werkgever hem in de gelegenheid stelt, niet verricht dan wel hij zonder deugdelijke grond weigert mee te werken aan door de werkgever of door een door hem aangewezen deskundige gegeven redelijke voorschriften en getroffen maatregelen die erop gericht zijn om de werknemer in staat te stellen passende arbeid te verrichten.

– 5. De jeugdige werknemer verwerft aanspraak op vakantie over de tijd die hij besteedt aan het volgen van het onderricht waartoe hij krachtens de wet door de werkgever in de gelegenheid moet worden gesteld.

– 6. Indien een aanspraak op vakantie is verworven die het in artikel 634 bedoelde minimum te boven gaat, kan voorzover die aanspraak dat minimum te boven gaat, bij schriftelijke overeenkomst van de leden 1 tot en met 4 worden afgeweken ten nadele van de werknemer. (BW 7A:1638*dd* (oud); BW 7:628, 629, 636, 637, 645, 667 e.v.; K 414)

Art. 636

Aanmerking vakantiedagen met instemming werknemer

– 1. Dagen of gedeelten van dagen waarop de werknemer de overeengekomen arbeid niet verricht wegens een van de redenen, bedoeld in artikel 635 leden 1, 4 en 5 kunnen slechts indien in een voorkomend geval de werknemer ermee instemt worden aangemerkt als vakantie, met dien verstande dat de werknemer ten minste recht houdt op het in artikel 634 bedoelde minimum.

– 2. Dagen of gedeelten van dagen waarop de werknemer de overeengekomen arbeid niet verricht wegens een van de redenen, bedoeld in artikel 635, leden 2 en 3 kunnen niet worden aangemerkt als vakantie. (Ontw. 7.10.2.9; BW 7A:1638*ee* lid 1 (oud); BW 7:636, 638, 645)

Art. 637

Aanmerking ziektedagen als vakantiedagen

– 1. Bij schriftelijke overeenkomst kan worden bepaald dat dagen of gedeelten van dagen waarop de werknemer in enig jaar de overeengekomen arbeid niet heeft verricht wegens de reden, bedoeld in artikel 635 lid 4 worden aangemerkt als vakantie tot ten hoogste het aantal vakantiedagen dat voor dat jaar boven het in artikel 634 bedoelde minimum is overeengekomen.

– 2. Dagen of gedeelten van dagen waarop de werknemer tijdens een vastgestelde vakantie ziek is, gelden niet als vakantie. In afwijking van de vorige volzin kan bij schriftelijke overeenkomst worden bepaald dat de in enig jaar verleende vakantiedagen of gedeelten daarvan waarop de werknemer ziek is, als vakantie gelden tot ten hoogste het aantal vakantiedagen dat voor dat jaar boven het in artikel 634 bedoelde minimum is overeengekomen.

– 3. Indien in enig jaar zowel lid 1 als lid 2, tweede volzin, worden toegepast, kunnen in totaal niet meer dan het aantal vakantiedagen dat voor dat jaar boven het in artikel 634 bedoelde minimum is overeengekomen, als vakantie gelden. (Ontw. 7.10.2.9; BW 7A:1638*ee* lid 2 (oud); BW 7:645)

Art. 638

Vaststelling vakantie

– 1. De werkgever is verplicht de werknemer ieder jaar in de gelegenheid te stellen de vakantie op te nemen waarop de werknemer op grond van artikel 634 ten minste aanspraak heeft.

Wensen werknemer

– 2. Voorzover in de vaststelling van de vakantie niet is voorzien bij schriftelijke overeenkomst dan wel bij of krachtens collectieve arbeidsovereenkomst of regeling door of namens een daartoe bevoegd bestuursorgaan of de wet, stelt de werkgever de tijdstippen van aanvang en einde van de vakantie vast overeenkomstig de wensen van de werknemer tenzij gewichtige redenen zich daartegen verzetten. Indien de werkgever niet binnen twee weken nadat de werknemer zijn wensen schriftelijk heeft kenbaar gemaakt, schriftelijk aan de werknemer gewichtige redenen heeft aangevoerd, is de vakantie vastgesteld overeenkomstig de wensen van de werknemer.

– 3. In geval van gewichtige redenen wordt de vakantie op zodanige wijze vastgesteld dat de werknemer als desverlangd, voorzover zijn aanspraak daartoe toereikend is, gedurende twee opeenvolgende weken of tweemaal een week geen arbeid behoeft te verrichten.

– 4. De werkgever stelt de vakantie zo tijdig vast dat de werknemer gelegenheid heeft tot het treffen van voorbereidingen voor de besteding van de vakantie.

– 5. De werkgever kan, indien daartoe gewichtige redenen zijn, na overleg met de werknemer, het vastgestelde tijdvak van de vakantie wijzigen. De schade die de werknemer lijdt ten gevolge van de wijziging van het tijdvak van de vakantie, wordt door de werkgever vergoed.

– 6. De werkgever is verplicht de werknemer de resterende aanspraak op vakantie in dagen of uren te verlenen, tenzij gewichtige redenen zich daartegen verzetten.

– 7. Indien een aanspraak op vakantie is verworven die het in artikel 634 bedoelde minimum te boven gaat, kan voorzover die aanspraak dat minimum te boven gaat, bij schriftelijke overeenkomst van de in lid 2 genoemde termijn worden afgeweken ten nadele van de werknemer. (Ontw. 7.10.2.10, 7.10.2.11; BW 7A:1638*ff*, 1638gg (oud); BW 7:645)

Art. 639

Behoud loon

– 1. De werknemer behoudt gedurende zijn vakantie recht op loon.

Vakantiebonnen

– 2. Indien hierin bij collectieve arbeidsovereenkomst of bij regeling door of namens een daartoe bevoegd bestuursorgaan is voorzien, kan de werkgever aan zijn verplichting om gedurende de vakantie loon te betalen voldoen hetzij door aan de werknemer vakantiebonnen over te dragen ten laste van een fonds, hetzij door betaling aan een fonds ten laste waarvan de werknemer gelijkwaardige rechten verwerft. Voor de toepassing van dit artikel worden vakantiebonnen als loon beschouwd. (Ontw. 7.10.2.12; BW 7A:1638*hh* (oud); BW 7:616 e.v., 633, 641 lid 1, 645)

Art. 640

Geen schadevergoeding

– 1. De werknemer kan tijdens de duur van de arbeidsovereenkomst geen afstand doen van zijn aanspraak op vakantie tegen schadevergoeding.

– 2. Indien een aanspraak op vakantie is verworven die het in artikel 634 bedoelde minimum te boven gaat, kan voorzover die aanspraak dat minimum te boven gaat, bij schriftelijke overeenkomst van lid 1 worden afgeweken. (Ontw. 7.10.2.15; BW 7A:1638*kk* (oud); BW 7:645)

Art. 641

Vakantie en einde dienstbetrekking

– 1. Een werknemer die bij het einde van de arbeidsovereenkomst nog aanspraak op vakantie heeft, heeft recht op een uitkering in geld tot een bedrag van het loon over een tijdvak overeenkomend met de aanspraak, tenzij artikel 639 lid 2 van toepassing is.

– 2. De werkgever is verplicht aan de werknemer een verklaring uit te reiken waaruit blijkt over welk tijdvak de werknemer bij het einde van de arbeidsovereenkomst nog aanspraak op vakantie heeft.

– 3. Indien de werknemer een nieuwe arbeidsovereenkomst aangaat, heeft hij tegenover de nieuwe werkgever aanspraak op vakantie zonder behoud van loon gedurende het tijdvak waarover hij blijkens de in lid 2 bedoelde verklaring nog aanspraak op vakantie had.

– 4. Bij schriftelijke overeenkomst kan van lid 3 worden afgeweken, met dien verstande dat de werknemer ten minste recht houdt op het in artikel 634 bedoelde minimum. (Ontw. 7.10.2.13, 7.10.2.14; BW 7A:1638*ii*, 1638*jj* (oud); BW 7:635, 642, 645, 667 e.v.; K 381, 414)

Art. 642

Verjaring

Een rechtsvordering tot toekenning van vakantie verjaart door verloop van vijf jaren na de laatste dag van het kalenderjaar waarin de aanspraak is ontstaan. (Ontw. 7.10.2.16; BW 7A:1638*ll* (oud); BW 3:306; 7:645, 683; K 381, 414)

Art. 643

Verlof, lidmaatschap van vertegenwoordigende organen

– 1. De werknemer kan verlangen dat de werkgever hem verlof zonder behoud van loon verleent voor het als lid bijwonen van vergaderingen van de Eerste Kamer der Staten-Generaal, van vertegenwoordigende organen van publiekrechtelijke lichamen die bij rechtstreekse verkiezing worden samengesteld, uitgezonderd echter de Tweede Kamer der Staten-Generaal, alsmede van commissies uit deze organen. Deze bepaling vindt mede toepassing op de werknemer die deel uitmaakt van een met algemeen bestuur belast orgaan van een waterschap. (Gr. w. 50 e.v., 129, 133)

– 2. Indien daarover tussen de werkgever en de werknemer geen overeenstemming bestaat, stelt de rechter op verzoek van de meest gerede partij vast in welke mate dit verlof behoort te worden verleend. De rechter beoordeelt in hoever, gezien het belang dat de werknemer aan de in lid 1 bedoelde vergaderingen kan deelnemen, in redelijkheid van de werkgever kan worden gevergd dat de werknemer afwezig is. De beschikking van de rechter is uitvoerbaar bij voorraad. (Rv 52)

– 3. De leden 1 en 2 vinden overeenkomstige toepassing op gedeputeerden, wethouders en leden van het dagelijks bestuur van een waterschap, wier functie niet als een volledige wordt bezoldigd. Bij algemene maatregel van bestuur wordt bepaald, welke gedeputeerdenfuncties en wethoudersfuncties voor de toepassing van dit artikel als volledig bezoldigd worden aangemerkt.

– 4. Dit artikel blijft buiten toepassing ten aanzien van die groepen werknemers voor wie uit hoofde van verlening van rijksvergoeding bij of krachtens de wet een andere regeling is vastgesteld. (BW 7A:1638*nn* (oud); BW 7:645; Alg. Rijksambt.reg. 33*a*)

Art. 644

Vervallen.

Art. 645

Dwingend recht

Van de artikelen 634 tot en met 643 kan niet ten nadele van de werknemer worden afgeweken, tenzij zodanige afwijking bij die artikelen is toegelaten. (Ontw. 7.10.2.17; BW 7A:1638*mm* (oud); BW 3:40)

AFDELING 4
Gelijke behandeling

Art. 646

Gelijke behandeling mannen en vrouwen

– 1. De werkgever mag geen onderscheid maken tussen mannen en vrouwen bij het aangaan

van de arbeidsovereenkomst, het verstrekken van onderricht aan de werknemer, in de arbeidsvoorwaarden, bij de arbeidsomstandigheden, bij de bevordering en bij de opzegging van de arbeidsovereenkomst.
– 2. Van lid 1 mag, voor zover het betreft het aangaan van de arbeidsovereenkomst en het verstrekken van onderricht, worden afgeweken indien het gemaakte onderscheid is gebaseerd op een kenmerk dat verband houdt met het geslacht en dat kenmerk wegens de aard van de betrokken specifieke beroepsactiviteiten of de context waarin deze worden uitgevoerd, een wezenlijk en bepalend beroepsvereiste is, mits het doel legitiem is en het vereiste evenredig aan dat doel is. Daarbij is artikel 5, derde lid, van de Wet gelijke behandeling van mannen en vrouwen van overeenkomstige toepassing.
– 3. Van lid 1 mag worden afgeweken indien het bedingen betreft die op de bescherming van de vrouw, met name in verband met zwangerschap of moederschap, betrekking hebben.
– 4. Van lid 1 mag worden afgeweken indien het bedingen betreft die vrouwelijke werknemers in een bevoorrechte positie beogen te plaatsen ten einde nadelen op te heffen of te verminderen en het onderscheid in een redelijke verhouding staat tot het beoogde doel.
– 5. In dit artikel wordt onder onderscheid verstaan direct en indirect onderscheid alsmede de opdracht tot het maken van onderscheid. Onder direct onderscheid wordt verstaan onderscheid tussen mannen en vrouwen. Onder direct onderscheid wordt mede verstaan onderscheid op grond van zwangerschap, bevalling en moederschap. Onder indirect onderscheid wordt verstaan onderscheid op grond van andere hoedanigheden dan het geslacht, bijvoorbeeld echtelijke staat of gezinsomstandigheden, dat onderscheid op grond van geslacht tot gevolg heeft.
– 6. Het in dit artikel neergelegde verbod van direct onderscheid houdt mede in een verbod op intimidatie en een verbod op seksuele intimidatie.
– 7. Onder intimidatie als bedoeld in lid 6 wordt verstaan: gedrag dat met het geslacht van een persoon verband houdt en dat tot doel of gevolg heeft dat de waardigheid van de persoon wordt aangetast en dat een bedreigende, vijandige, beledigende, vernederende of kwetsende omgeving wordt gecreëerd.
– 8. Onder seksuele intimidatie als bedoeld in lid 6 wordt verstaan: enige vorm van verbaal, non-verbaal of fysiek gedrag met een seksuele connotatie dat als doel of gevolg heeft dat de waardigheid van de persoon wordt aangetast, in het bijzonder wanneer een bedreigende, vijandige, beledigende, vernederende of kwetsende situatie wordt gecreëerd. (BW art. 7A:1637*ij* leden 1-5, 7 (oud); BW art. 3:40; BW art. 7:648; Gr.w. art.1)
– 9. De werkgever mag de werknemer die het in de leden 7 en 8 bedoelde gedrag afwijst of lijdzaam ondergaat, niet benadelen.
– 10. Het in lid 1 neergelegde verbod van onderscheid geldt niet ten aanzien van indirect onderscheid indien dat onderscheid objectief gerechtvaardigd wordt door een legitiem doel en de middelen voor het bereiken van dat doel passend en noodzakelijk zijn.
– 11. Een beding in strijd met lid 1 is nietig.
– 12. Indien degene die meent dat te zijnen nadeel een onderscheid is of wordt gemaakt als bedoeld in dit artikel, in rechte feiten aanvoert die dat onderscheid kunnen doen vermoeden, dient de wederpartij te bewijzen dat niet in strijd met dit artikel is gehandeld.
– 13. De leden 2 en 3 zijn niet van toepassing op het verbod van intimidatie en seksuele intimidatie, bedoeld in lid 6.

Art. 647

Vernietigbare beëindiging

– 1. De opzegging van de arbeidsovereenkomst door de werkgever in strijd met artikel 646 lid 1 of wegens de omstandigheid dat de werknemer in of buiten rechte een beroep heeft gedaan op artikel 646 lid 1 of terzake bijstand heeft verleend is vernietigbaar.
– 2. Indien de werknemer niet binnen twee maanden na de opzegging een beroep op deze vernietigingsgrond doet, vervalt zijn bevoegdheid daartoe. Artikel 55 van Boek 3 is niet van toepassing.
– 3. Een rechtsvordering in verband met de vernietiging verjaart door verloop van zes maanden na de dag waartegen is opgezegd.
– 4. De opzegging, bedoeld in artikel 646 lid 1, maakt de werkgever niet schadeplichtig. (BW 1637*ij* lid 6 (oud); BW art. 3:49 e.v.)
– 5. De werkgever mag de werknemer niet benadelen wegens de omstandigheid dat de werknemer in of buiten rechte een beroep heeft gedaan op artikel 646 lid 1 of terzake bijstand heeft verleend.

Art. 648

Gelijke behandeling bij verschil arbeidsduur

– 1. De werkgever mag geen onderscheid maken tussen werknemers op grond van een verschil in arbeidsduur in de voorwaarden waaronder een arbeidsovereenkomst wordt aangegaan, voortgezet dan wel opgezegd, tenzij een dergelijk onderscheid objectief gerechtvaardigd is. De opzegging van de arbeidsovereenkomst door de werkgever in strijd met de vorige zin of

wegens de omstandigheid dat de werknemer in of buiten rechte een beroep heeft gedaan op het bepaalde in de vorige zin of terzake bijstand heeft verleend is vernietigbaar. Artikel 647, leden 2 en 3, is van toepassing.
– 2. Een beding in strijd met lid 1 is nietig. (BW art. 3:40)
– 3. De opzegging, bedoeld in de eerste zin van lid 1, maakt de werkgever niet schadeplichtig.
– 4. De Commissie gelijke behandeling, genoemd in artikel 11 van de Algemene wet gelijke behandeling, kan onderzoeken of een onderscheid is of wordt gemaakt als bedoeld in het eerste lid. De artikelen 12, 13, 14, 15, 20, tweede lid, en 33 van de Algemene wet gelijke behandeling zijn van overeenkomstige toepassing. (BW art. 7A:1637*ij a* (oud))
– 5. De werkgever mag de werknemer niet benadelen wegens de omstandigheid dat de werknemer in of buiten rechte een beroep heeft gedaan op het bepaalde in lid 1 of terzake bijstand heeft verleend.

Art. 649

Gelijke behandeling arbeidsovereenkomst (on)bepaalde tijd

– 1. De werkgever mag geen onderscheid maken tussen werknemers in de arbeidsvoorwaarden op grond van het al dan niet tijdelijke karakter van de arbeidsovereenkomst, tenzij een dergelijk onderscheid objectief gerechtvaardigd is.
– 2. De opzegging van de arbeidsovereenkomst door de werkgever wegens de omstandigheid dat de werknemer in of buiten rechte een beroep heeft gedaan op het bepaalde in lid 1 of terzake bijstand heeft verleend, is vernietigbaar. Artikel 647 leden 2 en 3 is van toepassing.
– 3. Een beding in strijd met lid 1 is nietig.
– 4. De Commissie gelijke behandeling, genoemd in artikel 11 van de Algemene wet gelijke behandeling, kan onderzoeken of een onderscheid is of wordt gemaakt als bedoeld in lid 1. De artikelen 12, 13, 14, 15, 20, tweede lid en 33 van de Algemene wet gelijke behandeling zijn van overeenkomstige toepassing.
– 5. De werkgever mag de werknemer niet benadelen wegens de omstandigheid dat de werknemer in of buiten rechte een beroep heeft gedaan op het bepaalde in lid 1 of terzake bijstand heeft verleend.
– 6. Het bepaalde in de leden 1 tot en met 5 is niet van toepassing op een uitzendovereenkomst als bedoeld in artikel 690.

AFDELING 5
Enkele bijzondere bedingen in de arbeidsovereenkomst

Art. 650

Boetebeding

– 1. De werkgever kan slechts boete stellen op de overtreding van de voorschriften van de arbeidsovereenkomst, indien in de arbeidsovereenkomst de voorschriften op de overtreding waarvan boete is gesteld en het bedrag van de boete zijn vermeld.
– 2. De overeenkomst waarbij boete wordt bedongen, wordt schriftelijk aangegaan.
– 3. De overeenkomst waarbij boete is bedongen, vermeldt nauwkeurig de bestemming van de boete. Zij mogen noch onmiddellijk noch middellijk strekken tot persoonlijk voordeel van de werkgever zelf of van degene aan wie de werkgever de bevoegdheid heeft verleend om aan werknemers een boete op te leggen.
– 4. Iedere boete, in een overeenkomst bedongen, is op een bepaald bedrag gesteld, uitgedrukt in het geld waarin het loon in geld is vastgesteld. (BW 7:620)
– 5. Binnen een week mag aan de werknemer geen hoger bedrag aan gezamenlijke boetes worden opgelegd dan zijn in geld vastgesteld loon voor een halve dag. Geen afzonderlijke boete mag hoger dan dit bedrag worden gesteld.
– 6. Elk beding in strijd met enige bepaling van dit artikel is nietig. Echter mag, doch alleen ten aanzien van werknemers wier in geld vastgesteld loon meer bedraagt dan het voor hen geldende minimumloon bij schriftelijk aangegane overeenkomst van de bepalingen van de leden 3, 4 en 5 worden afgeweken. Is zulks geschied, dan zal de rechter steeds bevoegd zijn de boete op een kleinere som te bepalen, indien de opgelegde boete hem bovenmatig voorkomt. (BW 3:40; 6:94; 7:680 lid 5)
– 7. Ondergaat het bedrag van het loon, genoemd in lid 6, wijziging, dan wordt de werking van bedingen waarbij van de leden 3, 4 en 5 is afgeweken, geschorst jegens de werknemer wiens in geld vastgesteld loon niet meer bedraagt dan het gewijzigde bedrag van het minimumloon.
– 8. Onder het stellen en bedingen van boete in de zin van dit artikel wordt begrepen het door de werkgever bedingen van boete als bedoeld in de artikelen 91 tot en met 94 van Boek 6. (BW 7A:1637*u* (oud); 7:632, 653; K 378, 423 e.v., 450*b*)

Art. 651

Boete of schadevergoeding

– 1. De mogelijkheid een boete op te leggen laat het recht op schadevergoeding op grond van de wet onverlet. Echter mag de werkgever ter zake van een zelfde feit niet boete heffen en tevens schadevergoeding vorderen.

– 2. Elk beding in strijd met de tweede zin van lid 1 is nietig. (BW 7A:1637*v* (oud); BW 3:40; 6:91 e.v.)

Art. 652

Proeftijd

– 1. Indien partijen een proeftijd overeenkomen, is deze voor beide partijen gelijk.
– 2. De proeftijd wordt schriftelijk overeengekomen.
– 3. Bij het aangaan van een arbeidsovereenkomst voor onbepaalde tijd kan een proeftijd worden overeengekomen van ten hoogste twee maanden.
– 4. Bij het aangaan van een arbeidsovereenkomst voor bepaalde tijd kan een proeftijd worden overeengekomen van ten hoogste:
a. een maand, indien de overeenkomst is aangegaan voor korter dan twee jaren;
b. twee maanden, indien de overeenkomst is aangegaan voor twee jaren of langer.
– 5. Indien het einde van een arbeidsovereenkomst voor bepaalde tijd niet op een kalenderdatum is gesteld, kan een proeftijd worden overeengekomen van ten hoogste een maand.
– 6. Van de leden 4, onder *a*, en 5, kan slechts bij collectieve arbeidsovereenkomst of bij regeling door of namens een daartoe bevoegd bestuursorgaan worden afgeweken ten nadele van de werknemer.
– 7. Elk beding waarbij de proeftijd niet voor beide partijen gelijk is dan wel op langer dan twee maanden wordt gesteld, alsmede elk beding waarbij door het aangaan van een nieuwe proeftijd de gezamenlijke proeftijden langer dan twee maanden worden, is nietig. (Ontw. 7.10.5.10 lid 3; BW 7A:1639*n* (oud); BW 3:40; 7:45, 676; K 391, 450*b*, 452*p*)

Art. 653

Concurrentiebeding

– 1. Een beding tussen de werkgever en de werknemer waarbij deze laatste wordt beperkt in zijn bevoegdheid om na het einde van de overeenkomst op zekere wijze werkzaam te zijn, is slechts geldig, indien de werkgever dit schriftelijk is overeengekomen met een meerderjarige werknemer. (BW art. 1:233; BW art. 3:39; BW art. 7:612)
– 2. De rechter kan zulk een beding geheel of gedeeltelijk vernietigen op grond dat, in verhouding tot het te beschermen belang van de werkgever, de werknemer door dat beding onbillijk wordt benadeeld.
– 3. Aan een beding als bedoeld in lid 1 kan de werkgever geen rechten ontlenen, indien hij wegens de wijze waarop de overeenkomst is geëindigd, schadeplichtig is. (BW art. 7:677 e.v.)
– 4. Indien een beding als bedoeld in lid 1 de werknemer in belangrijke mate belemmert om anders dan in dienst van de werkgever werkzaam te zijn, kan de rechter steeds bepalen dat de werkgever voor de duur van de beperking aan de werknemer een vergoeding moet betalen. De rechter stelt de hoogte van deze vergoeding met het oog op de omstandigheden van het geval naar billijkheid vast; hij kan toestaan dat de vergoeding op de door hem te bepalen wijze in termijnen wordt betaald. De vergoeding is niet verschuldigd, indien de werknemer wegens de wijze waarop de overeenkomst is geëindigd, schadeplichtig is. (Ontw. 7.10.4.5; BW 7A:1637*x* (oud); BW art. 6:91 e.v.; BW art. 7:443, 650, 677 e.v., 685; WvK art. 403)

AFDELING 6
Enkele bijzondere verplichtingen van de werkgever

Art. 654

Kosten m.b.t. geschrift

– 1. Wanneer een arbeidsovereenkomst schriftelijk wordt aangegaan of gewijzigd, zijn de kosten van het geschrift en andere bijkomende kosten ten laste van de werkgever.
– 2. De werkgever is verplicht kosteloos een volledig, door hem ondertekend, afschrift van het geschrift waarbij de arbeidsovereenkomst is aangegaan of gewijzigd, aan de werknemer te verstrekken. (Ontw. 7.10.1.2; BW 7A:1637*d* (oud); BW 7:12, 655 lid 6; K 376, 398)

Art. 655

Schriftelijke opgave gegevens

– 1. De werkgever is verplicht aan de werknemer een schriftelijke opgave te verstrekken met ten minste de volgende gegevens:
a. naam en woonplaats van partijen;
b. de plaats of plaatsen waar de arbeid wordt verricht;
c. de functie van de werknemer of de aard van zijn arbeid;
d. het tijdstip van indiensttreding;
e. indien de overeenkomst voor bepaalde tijd is gesloten, de duur van de overeenkomst;
f. de aanspraak op vakantie of de wijze van berekening van de aanspraak;
g. de duur van de door partijen in acht te nemen opzegtermijnen of de wijze van berekening van deze termijnen;
h. het loon en de termijn van uitbetaling alsmede, indien het loon afhankelijk is van de uitkomsten van de te verrichten arbeid, de per dag of per week aan te bieden hoeveelheid arbeid, de prijs per stuk en de tijd die redelijkerwijs met de uitvoering is gemoeid;
i. de gebruikelijke arbeidsduur per dag of per week;
j. of de werknemer gaat deelnemen aan een pensioenregeling;

k. indien de werknemer voor een langere termijn dan een maand werkzaam zal zijn buiten Nederland, mede de duur van die werkzaamheid, de huisvesting, de toepasselijkheid van de Nederlandse sociale verzekeringswetgeving dan wel opgave van de voor de uitvoering van die wetgeving verantwoordelijke organen, de geldsoort waarin betaling zal plaatsvinden, de vergoedingen waarop de werknemer recht heeft en de wijze waarop de terugkeer geregeld is;
l. de toepasselijke collectieve arbeidsovereenkomst of regeling door of namens een daartoe bevoegd bestuursorgaan;
m. of de arbeidsovereenkomst een uitzendovereenkomst is als bedoeld in artikel 690.
– 2. Voor zover de gegevens, bedoeld in lid 1, onderdelen *a* tot en met *j*, zijn vermeld in een schriftelijk aangegane arbeidsovereenkomst of in de opgave, bedoeld in artikel 626, kan vermelding achterwege blijven. Voor zover de gegevens, bedoeld in het eerste lid, onderdelen *f* tot en met *i*, zijn vermeld in een toepasselijke collectieve arbeidsovereenkomst of regeling door of namens een daartoe bevoegd bestuursorgaan, kan worden volstaan met een verwijzing naar deze overeenkomst of regeling.
– 3. De werkgever verstrekt de opgave binnen een maand na de aanvang van de werkzaamheden of zo veel eerder als de overeenkomst eindigt. De gegevens, bedoeld in lid 1, onderdeel *k*, worden verstrekt voor het vertrek. De opgave wordt door de werkgever ondertekend. Wijziging in de gegevens wordt binnen een maand nadat de wijziging van kracht is geworden, aan de werknemer schriftelijk medegedeeld, tenzij deze voortvloeit uit wijziging van een wettelijk voorschrift, collectieve arbeidsovereenkomst of regeling door of namens een daartoe bevoegd bestuursorgaan.
– 4. Indien de overeenkomst betreft het doorgaans op minder dan drie dagen per week uitsluitend of nagenoeg uitsluitend verrichten van huishoudelijke of persoonlijke diensten ten behoeve van een natuurlijk persoon, behoeft de werkgever slechts op verlangen van de werknemer de gegevens te verstrekken.
– 5. De werkgever die weigert de opgave te verstrekken of daarin onjuiste mededelingen opneemt, is jegens de werknemer aansprakelijk voor de daardoor veroorzaakte schade. (BW 6:74, 95 e.v.)
– 6. De leden 1 tot en met 5 zijn van overeenkomstige toepassing op een overeenkomst die de voorwaarden regelt van een of meer arbeidsovereenkomsten die partijen zullen sluiten indien na oproep arbeid wordt verricht, en op het aangaan van een andere overeenkomst dan een arbeidsovereenkomst, al dan niet gevolgd door andere soortgelijke overeenkomsten, waarbij de ene partij, natuurlijk persoon, zich verbindt voor de andere partij tegen beloning arbeid te verrichten, tenzij deze overeenkomst wordt aangegaan in beroep of bedrijf. Op de in dit lid bedoelde overeenkomsten is artikel 654 van overeenkomstige toepassing.
– 7. Indien lid 6 van toepassing is, wordt in de schriftelijke opgave, bedoeld in lid 1, tevens vermeld welke overeenkomst is aangegaan.
– 8. Een beding in strijd met dit artikel is nietig. (BW 7A:1637*f* (oud); BW 3:40)

Art. 656

Getuigschrift

– 1. De werkgever is verplicht bij het einde van de arbeidsovereenkomst de werknemer op diens verzoek een getuigschrift uit te reiken.
– 2. Het getuigschrift vermeldt:
a. de aard van de verrichte arbeid en de arbeidsduur per dag of per week;
b. de begindatum en de einddatum van het dienstverband;
c. een opgave van de wijze waarop de werknemer aan zijn verplichtingen heeft voldaan;
d. een opgave van de wijze waarop de arbeidsovereenkomst is geëindigd;
e. indien de werkgever de arbeidsovereenkomst heeft opgezegd, de reden daartoe.
– 3. De in lid 2, onderdelen *c*, *d* en *e*, genoemde gegevens worden slechts op verzoek van de werknemer in het getuigschrift vermeld.
– 4. Indien de werknemer de arbeidsovereenkomst heeft opgezegd en hij deswege schadeplichtig is geworden, is de werkgever gerechtigd dit in het getuigschrift te vermelden.
– 5. De werkgever die weigert het gevraagde getuigschrift af te geven, nalaat aan een verzoek als bedoeld in lid 3 te voldoen, in het getuigschrift door opzet of schuld onjuiste mededelingen opneemt of het getuigschrift van een kenmerk voorziet of op een bepaalde wijze inricht om daarmee aangaande de werknemer enige mededeling te doen die niet in de bewoordingen van het getuigschrift is vervat, is zowel jegens de werknemer als jegens derden aansprakelijk voor de daardoor veroorzaakte schade.
– 6. Van dit artikel kan niet ten nadele van de werknemer worden afgeweken. (Ontw. 7.10.4.4; BW 7A:1638*aa* (oud); BW 3:40, 49 e.v.)

Art. 657

Verplichte vacaturemelding

– 1. De werkgever is verplicht de werknemer met een arbeidsovereenkomst voor bepaalde tijd tijdig en duidelijk in kennis te stellen van een vacature terzake van een arbeidsovereenkomst voor onbepaalde tijd.

– 2. Het bepaalde in lid 1 is niet van toepassing op een uitzendovereenkomst als bedoeld in artikel 690.

Art. 658

Bescherming tegen gevaar

– 1. De werkgever is verplicht de lokalen, werktuigen en gereedschappen waarin of waarmee hij de arbeid doet verrichten, op zodanige wijze in te richten en te onderhouden alsmede voor het verrichten van de arbeid zodanige maatregelen te treffen en aanwijzingen te verstrekken als redelijkerwijs nodig is om te voorkomen dat de werknemer in de uitoefening van zijn werkzaamheden schade lijdt.
– 2. De werkgever is jegens de werknemer aansprakelijk voor de schade die de werknemer in de uitoefening van zijn werkzaamheden lijdt, tenzij hij aantoont dat hij de in lid 1 genoemde verplichtingen is nagekomen of dat de schade in belangrijke mate het gevolg is van opzet of bewuste roekeloosheid van de werknemer.
– 3. Van de leden 1 en 2 en van hetgeen titel 3 van Boek 6, bepaalt over de aansprakelijkheid van de werkgever kan niet ten nadele van de werknemer worden afgeweken.
– 4. Hij die in de uitoefening van zijn beroep of bedrijf arbeid laat verrichten door een persoon met wie hij geen arbeidsovereenkomst heeft, is overeenkomstig de leden 1 tot en met 3 aansprakelijk voor de schade die deze persoon in de uitoefening van zijn werkzaamheden lijdt. De kantonrechter is bevoegd kennis te nemen van vorderingen op grond van de eerste zin van dit lid. (Ontw. 7.10.4.2; BW art. 7A:1638*x* (oud); BW art. 3:40, 49 e.v.; BW art. 6:74 e.v., 95 e.v., 107 e.v., 170; BW art. 7:661, 690 e.v.; WvK art. 391, 450*b*, 452*p*)

Art. 658a

Reïntegratieverplichtingen werkgever

– 1. De werkgever bevordert ten aanzien van de werknemer die in verband met ongeschiktheid ten gevolge van ziekte verhinderd is de bedongen arbeid te verrichten, de inschakeling in de arbeid in zijn bedrijf. Indien vaststaat dat de eigen arbeid niet meer kan worden verricht en in het bedrijf van de werkgever geen andere passende arbeid voorhanden is, bevordert de werkgever, gedurende het tijdvak waarin de werknemer jegens hem recht op loon heeft op grond van artikel 629, artikel 71*a*, negende lid, van de Wet op de arbeidsongeschiktheidsverzekering of artikel 25, negende lid, van de Wet werk en inkomen naar arbeidsvermogen, de inschakeling van de werknemer in voor hem passende arbeid in het bedrijf van een andere werkgever.
– 2. Uit hoofde van de uitoefening van zijn taak, bedoeld in lid 1, is de werkgever verplicht zo tijdig mogelijk zodanige maatregelen te treffen en aanwijzingen te verstrekken als redelijkerwijs nodig is, opdat de werknemer, die in verband met ongeschiktheid ten gevolge van ziekte verhinderd is de bedongen arbeid te verrichten, in staat wordt gesteld de eigen of andere passende arbeid te verrichten.

Plan van aanpak

– 3. Uit hoofde van de uitoefening van zijn taak, bedoeld in lid 1, stelt de werkgever in overeenstemming met de werknemer een plan van aanpak op als bedoeld in artikel 71*a*, tweede lid, van de Wet op de arbeidsongeschiktheidsverzekering en artikel 25, tweede lid, van de Wet werk en inkomen naar arbeidsvermogen. Het plan van aanpak wordt met medewerking van de werknemer regelmatig geëvalueerd en zo nodig bijgesteld.
– 4. Onder passende arbeid als bedoeld in lid 1 en 2 wordt verstaan alle arbeid die voor de krachten en bekwaamheden van de werknemer is berekend, tenzij aanvaarding om redenen van lichamelijke, geestelijke of sociale aard niet van hem kan worden gevergd.
– 5. De werkgever en degene door wie de werkgever zich op grond van de artikelen 13, 14 en 14a van de Arbeidsomstandighedenwet laat bijstaan, verstrekken een re-integratiebedrijf als bedoeld in artikel 1 van de Wet werk en inkomen naar arbeidsvermogen gegevens voor zover deze noodzakelijk zijn voor de uitvoering van de door de werkgever aan dit bedrijf opgedragen werkzaamheden, alsmede het burgerservicenummer of, bij het ontbreken daarvan, het sociaal-fiscaalnummer van de persoon wiens inschakeling in de arbeid door dat re-integratiebedrijf wordt bevorderd. Het re-integratiebedrijf verwerkt deze gegevens slechts voor zover dat noodzakelijk is voor deze werkzaamheden en gebruikt slechts met dat doel het burgerservicenummer of, bij het ontbreken daarvan, het sociaal-fiscaalnummer bij die verwerking.
– 6. Dit artikel is van overeenkomstige toepassing op de eigenrisicodrager, bedoeld in artikel 1, eerste lid, onderdeel *h*, van de Ziektewet en de personen, bedoeld in artikel 29, tweede lid, onderdelen *a*, *b* en *c*, van die wet, die laatstelijk met hem een arbeidsovereenkomst zijn aangegaan, gedurende de periode dat de eigenrisicodrager aan die personen ziekengeld moet betalen.

Art. 658b

Deskundigenoordeel

– 1. De rechter wijst een vordering tot nakoming van de verplichting, bedoeld in artikel 658*a* lid 2, af, indien bij de eis niet een verklaring is gevoegd van een deskundige, benoemd door het Uitvoeringsinstituut werknemersverzekeringen, genoemd in hoofdstuk 5 van de Wet structuur uitvoeringsorganisatie werk en inkomen, omtrent de nakoming van die verplichting door de werkgever.

– 2. Lid 1 geldt niet indien de nakoming niet wordt betwist of het overleggen van de verklaring in redelijkheid niet van de werknemer kan worden gevergd.
– 3. De deskundige, die zijn benoeming heeft aanvaard, is verplicht zijn onderzoek onpartijdig en naar beste weten te volbrengen.
– 4. De deskundige die de hoedanigheid van arts bezit, kan de voor zijn onderzoek van belang zijnde inlichtingen over de werknemer inwinnen bij de behandelend arts of de behandelend artsen. Zij verstrekken de gevraagde inlichtingen voor zover daardoor de persoonlijke levenssfeer van de werknemer niet onevenredig wordt geschaad.
– 5. De rechter kan op verzoek van een der partijen of ambtshalve bevelen dat de deskundige zijn verklaring nader schriftelijk of mondeling toelicht of aanvult.
– 6. De werknemer wordt ter zake van een vordering als bedoeld in het eerste lid slechts in de kosten van de werkgever, bedoeld in artikel 237 van het Wetboek van Burgerlijke Rechtsvordering, veroordeeld in geval van kennelijk onredelijk gebruik van procesrecht.
– 7. Bij collectieve arbeidsovereenkomst of bij regeling door of namens een daartoe bevoegd bestuursorgaan kan worden bepaald dat de in het eerste lid bedoelde deskundige door een ander dan het Uitvoeringsinstituut werknemersverzekeringen, genoemd in hoofdstuk 5 van de Wet structuur uitvoeringsorganisatie werk en inkomen wordt aangewezen.

AFDELING 7
Enkele bijzondere verplichtingen van de werknemer

Art. 659

Persoonlijk arbeid verrichten

– 1. De werknemer is verplicht de arbeid zelf te verrichten; hij kan zich daarin niet dan met toestemming van de werkgever door een derde doen vervangen.
– 2. De rechtsvordering tot nakoming van de arbeidsverplichting van de werknemer onder de bepaling van een dwangsom of van gijzeling is niet toegelaten. (Ontw. 7.10.2.2; BW 7A:1639*a* (oud); BW 6:30; 7:404, 603 lid 2; Rv 587, 611*a*; Fw 37 lid 2)

Art. 660

Nakoming voorschriften

De werknemer is verplicht zich te houden aan de voorschriften omtrent het verrichten van de arbeid alsmede aan die welke strekken ter bevordering van de goede orde in de onderneming van de werkgever, door of namens de werkgever binnen de grenzen van algemeen verbindende voorschriften, of overeenkomst aan hem, al dan niet tegelijk met andere werknemers, gegeven. (Ontw. 7.10.2.3; BW 7A:1639*b* (oud); BW 7:402 lid 1; K 417, 452*i*)

Art. 660a

Verplichtingen werknemer bij ziekte

De werknemer die in verband met ongeschiktheid ten gevolge van ziekte verhinderd is de bedongen arbeid te verrichten, is verplicht:
a. gevolg te geven aan door de werkgever of een door hem aangewezen deskundige gegeven redelijke voorschriften en mee te werken aan door de werkgever of een door hem aangewezen deskundige getroffen maatregelen als bedoeld in artikel 658*a* lid 2;
b. zijn medewerking te verlenen aan het opstellen, evalueren en bijstellen van een plan van aanpak als bedoeld in artikel 658*a* lid 3;
c. passende arbeid als bedoeld in artikel 658*a* lid 4 te verrichten waartoe de werkgever hem in de gelegenheid stelt.

Art. 661

Aansprakelijkheid en draagplicht t.o.v. werkgever

– 1. De werknemer die bij de uitvoering van de overeenkomst schade toebrengt aan de werkgever of aan een derde jegens wie de werkgever tot vergoeding van die schade is gehouden, is te dier zake niet jegens de werkgever aansprakelijk, tenzij de schade een gevolg is van zijn opzet of bewuste roekeloosheid. Uit de omstandigheden van het geval kan, mede gelet op de aard van de overeenkomst, anders voortvloeien dan in de vorige zin is bepaald.
– 2. Afwijking van lid 1 en van artikel 170 lid 3 van Boek 6 ten nadele van de werknemer is slechts mogelijk bij schriftelijke overeenkomst en slechts voor zover de werknemer te dier zake verzekerd is. (Ontw. 7.10.4.3; BW 7A:1639 *da* (oud); BW 3:39; 6:162 e.v., 257; 7:600, 658)

AFDELING 8
Rechten van de werknemer bij overgang van een onderneming

Art. 662

Begripsbepalingen

– 1. In afwijking van artikel 615 is deze afdeling ook van toepassing op de werknemer die arbeid verricht in een onderneming die in stand wordt gehouden door staat, provincie, gemeente, waterschap of enig ander publiekrechtelijk lichaam.
– 2. Voor de toepassing van deze afdeling wordt verstaan onder:
a. overgang: de overgang, ten gevolge van een overeenkomst, een fusie of een splitsing, van een economische eenheid die haar identiteit behoudt;
b. economische eenheid: een geheel van georganiseerde middelen, bestemd tot het ten uitvoer brengen van een al dan niet hoofdzakelijk economische activiteit.

– 3. Voor de toepassing van deze afdeling wordt een vestiging of een onderdeel van een onderneming of vestiging beschouwd als een onderneming. (BW 7A:1639*aa* lid 1 (oud); BW 3:201 e.v.; 7:1 e.v., 670 lid 8; 7A:1584 e.v.; Pachtwet)

Art. 663

Gevolgen overgang onderneming

Door de overgang van een onderneming gaan de rechten en verplichtingen die op dat tijdstip voor de werkgever in die onderneming voortvloeien uit een arbeidsovereenkomst tussen hem en een daar werkzame werknemer van rechtswege over op de verkrijger. Evenwel is die werkgever nog gedurende een jaar na de overgang naast de verkrijger hoofdelijk verbonden voor de nakoming van de verplichtingen uit de arbeidsovereenkomst, die zijn ontstaan vóór dat tijdstip. (BW 7A:1639*bb* (oud); BW 2:309 e.v.; 7:664, 673, lid 1 sub*b*; WOR 25 lid 1; Wet CAO 14*a*; Wet AVV 2*a*)

Art. 664

Pensioenen

– 1. Artikel 663, eerste volzin, is niet van toepassing op rechten en verplichtingen van de werkgever die voortvloeien uit een pensioenovereenkomst als bedoeld in artikel 1 van de Pensioenwet indien:

a. de verkrijger met de werknemer, bedoeld in artikel 663, dezelfde pensioenovereenkomst sluit, die hij reeds voor het tijdstip van overgang heeft gesloten met zijn werknemers;

b. de verkrijger op grond van artikel 2 van de Wet verplichte deelneming in een bedrijfstakpensioenfonds 2000, verplicht is deel te nemen in een bedrijfstakpensioenfonds en de werknemer, bedoeld in artikel 663, gaat deelnemen in dat fonds;

c. bij collectieve arbeidsovereenkomst of bij regeling door of namens een daartoe bevoegd bestuursorgaan is afgeweken van de pensioenovereenkomst, bedoeld in de aanhef.

– 2. Het eerste lid is niet van toepassing indien de werknemer, bedoeld in artikel 663, voor de overgang op grond van artikel 2 van de Wet verplichte deelneming in een bedrijfstakpensioenfonds 2000, verplicht is deel te nemen in een bedrijfstakpensioenfonds en deze zelfde verplichting blijft gelden na de overgang.

– 3. Artikel 663, eerste volzin, is niet van toepassing op rechten en verplichtingen van de werkgever die voortvloeien uit een spaarregeling als bedoeld in artikel 3, eerste lid, van de Pensioen- en spaarfondsenwet zoals de Pensioen- en spaarfondsenwet luidde op de dag voorafgaand aan de inwerkingtreding van de Pensioenwet indien de verkrijger de werknemer, bedoeld in artikel 663, opneemt in de spaarregeling die reeds voor het tijdstip van overgang gold voor zijn werknemers. (BW 7A:1639*cc* (oud); BW 2:67, 79 e.v., 178, 190 e.v., 309 e.v.)

Art. 665

Gewichtige reden

Indien de overgang van een onderneming een wijziging van de omstandigheden ten nadele van de werknemer tot gevolg heeft en de arbeidsovereenkomst deswege wordt ontbonden ingevolge artikel 685, geldt zij met het oog op de toepassing van lid 8 van dat artikel als ontbonden wegens een reden welke voor rekening van de werkgever komt. (BW 7A:1639*dd* (oud))

Art. 665a

Informatie werknemers

Indien in een onderneming geen ondernemingsraad is ingesteld, noch een personeelsvertegenwoordiging is ingesteld krachtens artikel 35*c*, eerste lid, of artikel 35*d*, eerste lid, van de Wet op de ondernemingraden, stelt de werkgever de eigen werknemers die betrokken zijn bij de overgang van de onderneming tijdig in kennis van

a. het voorgenomen besluit tot overgang;

b. de voorgenomen datum van de overgang;

c. de reden van de overgang;

d. de juridische, economische, en sociale gevolgen van de overgang voor de werknemers, en

e. de ten aanzien van de werknemers overwogen maatregelen. (Overg.w. 212)

Art. 666

Uitzonderingen

– 1. De artikelen 662 tot en met 665, en artikel 670, lid 8, zijn niet van toepassing op de overgang van een onderneming indien de werkgever in staat van faillissement is verklaard en de onderneming tot de boedel behoort.

– 2. Deze afdeling is niet van toepassing met betrekking tot de bemanning van een zeeschip. (BW 7A:1639*aa* lid 2 (oud); BW 8:2; K 310; Fw 1 e.v.)

AFDELING 9
Einde van de arbeidsovereenkomst

Art. 667

Bepaalde tijd

– 1. Een arbeidsovereenkomst eindigt van rechtswege, wanneer de tijd is verstreken bij overeenkomst, bij de wet of door het gebruik aangegeven. (BW 6:248)

– 2. Voorafgaande opzegging is in dat geval nodig:

a. indien zulks bij schriftelijk aangegane overeenkomst is bepaald; (BW 7A:1606)

b. indien volgens de wet of het gebruik opzegging behoort plaats te vinden en daarvan niet, waar zulks geoorloofd is, bij schriftelijk aangegane overeenkomst is afgeweken. (BW 7:656; K 431; Fw 40, 239)

Tussentijdse opzegging

– 3. Een arbeidsovereenkomst als bedoeld in lid 1 kan slechts tussentijds worden opgezegd indien voor ieder der partijen dat recht schriftelijk is overeengekomen.

Ragetlieregel

– 4. Indien een voor onbepaalde tijd aangegane arbeidsovereenkomst, die anders dan door rechtsgeldige opzegging of door ontbinding door de rechter is geëindigd, éénmaal of meermalen is voortgezet door een arbeidsovereenkomst voor bepaalde tijd met tussenpozen van niet meer dan drie maanden, is in afwijking van lid 1 voor de beëindiging van die laatste arbeidsovereenkomst voorafgaande opzegging nodig. De termijn van opzegging wordt berekend vanaf het tijdstip van totstandkoming van de arbeidsovereenkomst voor onbepaalde tijd.

– 5. Van een voortgezette arbeidsovereenkomst als bedoeld in lid 4 is eveneens sprake indien eenzelfde werknemer achtereenvolgens in dienst is geweest bij verschillende werkgevers die redelijkerwijze geacht moeten worden ten aanzien van de verrichte arbeid elkanders opvolger te zijn.

Onbepaalde tijd

– 6. Voor de beëindiging van een voor onbepaalde tijd aangegane arbeidsovereenkomst is voorafgaande opzegging nodig.

– 7. Een beding, krachtens hetwelk de arbeidsovereenkomst van rechtswege eindigt wegens het in het huwelijk treden van de werknemer of wegens het aangaan van een geregistreerd partnerschap door de werknemer, is nietig. (BW 3:40)

– 8. Een beding, krachtens hetwelk de arbeidsovereenkomst van rechtswege eindigt wegens zwangerschap of bevalling van de werkneemster, is nietig. (BW 7A:1639*e* (oud); BW 3:40; 7:646, 647, 670)

Art. 668

Stilzwijgende voortzetting

– 1. Indien de arbeidsovereenkomst na het verstrijken van de tijd, bedoeld in artikel 667 lid 1, door partijen zonder tegenspraak wordt voortgezet, wordt zij geacht voor dezelfde tijd, doch telkens ten hoogste voor een jaar, op de vroegere voorwaarden wederom te zijn aangegaan.

– 2. Hetzelfde geldt, wanneer in de gevallen waarin opzegging nodig is, tijdige opzegging achterwege blijft en de gevolgen van de voortzetting der arbeidsovereenkomst niet opzettelijk zijn geregeld. (BW 7A:1639*f* (oud); BW 5:98; 7:436, 670 lid 6; 7A:1609, 1623)

Art. 668a

Keten van arbeidsovereenkomsten

– 1. Vanaf de dag dat tussen dezelfde partijen:

a. arbeidsovereenkomsten voor bepaalde tijd elkaar met tussenpozen van niet meer dan drie maanden hebben opgevolgd en een periode van 36 maanden, deze tussenpozen inbegrepen, hebben overschreden, geldt met ingang van die dag de laatste arbeidsovereenkomst als aangegaan voor onbepaalde tijd;

b. meer dan 3 voor bepaalde tijd aangegane arbeidsovereenkomsten elkaar hebben opgevolgd met tussenpozen van niet meer dan 3 maanden, geldt de laatste arbeidsovereenkomst als aangegaan voor onbepaalde tijd.

Opvolgend werkgeverschap

– 2. Lid 1 is van overeenkomstige toepassing op elkaar opvolgende arbeidsovereenkomsten tussen een werknemer en verschillende werkgevers, die ten aanzien van de verrichte arbeid redelijkerwijze geacht moeten worden elkanders opvolger te zijn.

– 3. Lid 1, onderdeel *a* en laatste zinsnede, is niet van toepassing op een arbeidsovereenkomst aangegaan voor niet meer dan 3 maanden die onmiddellijk volgt op een tussen dezelfde partijen aangegane arbeidsovereenkomst voor 36 maanden of langer.

– 4. De termijn van opzegging wordt berekend vanaf het tijdstip van totstandkoming van de eerste arbeidsovereenkomst als bedoeld onder *a* of *b* van lid 1.

– 5. Van de leden 1 tot en met 4 kan slechts bij collectieve arbeidsovereenkomst of bij regeling door of namens een daartoe bevoegd bestuursorgaan worden afgeweken ten nadele van de werknemer. (BW art. 7:628, 668)

Art. 669

Mededeling reden van opzegging

Degene die de arbeidsovereenkomst opzegt, geeft de andere partij op diens verzoek schriftelijk opgave van de reden van opzegging. (BW 7A:1639g (oud); BW art. 7:414, 437, 605, 861; WvK art. 434; BBA 1945 art. 6, 9; WOR art. 21 lid 2)

Art. 670

Opzegverbod bij ziekte

– 1. De werkgever kan niet opzeggen gedurende de tijd dat de werknemer ongeschikt is tot het verrichten van zijn arbeid wegens ziekte, tenzij de ongeschiktheid:

a. ten minste twee jaren heeft geduurd, of

b. een aanvang heeft genomen nadat een verzoek om toestemming als bedoeld in artikel 6 van het Buitengewoon Besluit Arbeidsverhoudingen 1945 door het Uitvoeringsinstituut werknemersverzekeringen, genoemd in hoofdstuk 5 van de Wet structuur uitvoeringsorganisatie werk en inkomen is ontvangen.

Voor de berekening van de termijn, bedoeld in onderdeel *a*, worden perioden van ongeschiktheid tot het verrichten van arbeid tengevolge van zwangerschap voorafgaand aan het zwangerschapsverlof en perioden van ongeschiktheid tijdens het zwangerschaps- of bevallingsverlof, bedoeld in artikel 3:1, tweede en derde lid, van de Wet arbeid en zorg, niet in aanmerking genomen. Voorts worden perioden van ongeschiktheid tot het verrichten van arbeid, anders dan bedoeld in de vorige zin, samengeteld, indien zij elkaar met een onderbreking van minder dan vier weken opvolgen, of indien zij direct voorafgaan aan en aansluiten op een periode waarin zwangerschaps- of bevallingsverlof wordt genoten overeenkomstig artikel 3:1, tweede en derde lid, van de Wet arbeid en zorg, tenzij de ongeschiktheid redelijkerwijs niet geacht kan worden voort te vloeien uit dezelfde oorzaak.

Zwangerschap

– 2. De werkgever kan de arbeidsovereenkomst met een werkneemster niet opzeggen gedurende de zwangerschap. De werkgever kan ter staving van de zwangerschap een verklaring van een arts of van een verloskundige verlangen. Voorts kan de werkgever de arbeidsovereenkomst van de werkneemster niet opzeggen gedurende de periode waarin zij bevallingsverlof als bedoeld in artikel 3:1, derde lid, van de Wet arbeid en zorg geniet en na werkhervatting, gedurende het tijdvak van zes weken aansluitend op dat bevallingsverlof, dan wel aansluitend op een periode van ongeschiktheid tot het verrichten van arbeid die haar oorzaak vindt in de bevalling of de daaraan voorafgaande zwangerschap en die aansluit op dat bevallingsverlof.

Dienstplicht

– 3. De werkgever kan niet opzeggen gedurende de tijd dat de werknemer verhinderd is de bedongen arbeid te verrichten, omdat hij als dienstplichtige is opgeroepen ter vervulling van zijn militaire dienst of vervangende dienst.

OR-lidmaatschap

– 4. De werkgever kan de arbeidsovereenkomst niet opzeggen met de werknemer die lid is van:

1° een ondernemingsraad, een centrale ondernemingsraad, een groepsondernemingsraad, een vaste commissie van die raden of van een onderdeelcommissie van de ondernemingsraad, of van een personeelsvertegenwoordiging;

2° een bijzondere onderhandelingsgroep of een Europese ondernemingsraad als bedoeld in de Wet op de Europese ondernemingsraden, dan wel die krachtens die wet optreedt als vertegenwoordiger bij een andere wijze van informatieverstrekking en raadpleging van werknemers;

3° een bijzondere onderhandelingsgroep, of een SE-ondernemingsraad of als werknemersvertegenwoordiger lid is van het toezichthoudend of het bestuursorgaan van de SE als bedoeld in hoofdstuk 1 van de Wet rol werknemers bij Europese rechtspersonen, dan wel die krachtens die wet optreedt als vertegenwoordiger bij een andere wijze van informatieverstrekking en raadpleging van werknemers;

4° een bijzondere onderhandelingsgroep, of een SCE-ondernemingsraad of als werknemersvertegenwoordiger lid is van het toezichthoudend of het bestuursorgaan van de SCE als bedoeld in hoofdstuk 2 van de Wet rol werknemers bij Europese rechtspersonen dan wel die krachtens hoofdstuk 2 van die wet optreedt als vertegenwoordiger bij een andere wijze van informatieverstrekking en raadpleging van werknemers.

Indien de werkgever aan de ondernemingsraad of de personeelsvertegenwoordiging een secretaris heeft toegevoegd, is de eerste volzin op die secretaris van overeenkomstige toepassing. Indien de werkgever aan de ondernemingsraad een secretaris heeft toegevoegd, is de eerste volzin van dit lid van overeenkomstige toepassing op die secretaris.

Lidmaatschap vakbond

– 5. De werkgever kan de arbeidsovereenkomst niet opzeggen wegens het lidmaatschap van de werknemer van een vereniging van werknemers die krachtens haar statuten ten doel heeft de belangen van de leden als werknemer te behartigen dan wel wegens het verrichten van of deelnemen aan activiteiten ten behoeve van die vereniging, tenzij die activiteiten in de arbeidstijd van de werknemer worden verricht zonder toestemming van de werkgever.

Vertegenwoordigd overleg

– 6. De werkgever kan de arbeidsovereenkomst met de werknemer die daarvoor verlof heeft, niet opzeggen wegens het bijwonen van vergaderingen als bedoeld in artikel 643. Hetzelfde geldt indien tussen partijen geen overeenstemming over het verlof bestaat zolang de rechter omtrent het verlof niet heeft beschikt.

Ouderschapsverlof

– 7. De werkgever kan de arbeidsovereenkomst niet opzeggen wegens de omstandigheid dat de werknemer zijn recht op adoptieverlof of verlof voor het opnemen van een pleegkind als bedoeld in artikel 3:2 van de Wet arbeid en zorg, op kort- en langdurend zorgverlof als bedoeld in hoofdstuk 5 van de Wet arbeid en zorg, dan wel zijn recht op ouderschapsverlof als bedoeld in hoofdstuk 6 van de Wet arbeid en zorg geldend maakt.

Overgang onderneming

– 8. De werkgever kan de arbeidsovereenkomst met de in zijn onderneming werkzame werknemer niet opzeggen wegens de in artikel 662, lid 2, onderdeel *a*, bedoelde overgang van die onderneming. (BW art. 7:666 lid 1)

Niet werken op zondag

– 9. De werkgever kan de arbeidsovereenkomst niet opzeggen wegens de omstandigheid dat de werknemer geen instemming verleent aan het werken op zondag als bedoeld in artikel 5:6, tweede lid, tweede zin of vierde lid, tweede zin, van de Arbeidstijdenwet. (BW 7A:1639*h* (oud); BW art. 7:646, 647, 667, 670*b*, 675, 677, 680 lid 5, 681; Fw art. 40, 239)

– 10. De termijn van twee jaren, bedoeld in lid 1, onderdeel *a*, wordt verlengd:

a. met de duur van de vertraging indien de aanvraag, bedoeld in artikel 64, eerste lid, van de Wet werk en inkomen naar arbeidsvermogen later wordt gedaan dan in of op grond van dat artikel is voorgeschreven;
b. met de duur van de verlenging van de wachttijd, bedoeld in artikel 19, eerste lid, van de Wet op de arbeidsongeschiktheidsverzekering, indien die wachttijd op grond van het zevende lid van dat artikel wordt verlengd; en
c. met de duur van het tijdvak dat het Uitvoeringsinstituut werknemersverzekeringen op grond van artikel 24, eerste lid, of artikel 25, negende lid, van de Wet werk en inkomen naar arbeidsvermogen dan wel op grond van artikel 71*a*, negende lid, van de Wet op de arbeidsongeschiktheidsverzekering heeft vastgesteld.

SE-ondernemingsraad

– 11. Voor de toepassing van lid 4 en artikel 670*a* lid 1 wordt tevens onder de SE-ondernemingsraad verstaan: het orgaan dat de werknemers vertegenwoordigt in een SE die haar statutaire zetel heeft in een andere lidstaat, en dat is ingesteld krachtens de bepalingen in het nationale recht van die lidstaat ter omzetting van de richtlijn nr. 2001/86 van de Raad van de Europese Unie van 8 oktober 2001 tot aanvulling van het statuut van de Europese vennootschap met betrekking tot de rol van de werknemers (*PbEG* L 294).

Driekwart dwingend recht

– 12. Voor de toepassing van het vierde lid en artikel 670*a* lid 1 wordt tevens onder de SCE-ondernemingsraad verstaan: het orgaan dat de werknemers vertegenwoordigt in een SCE die haar statutaire zetel heeft in een andere lidstaat, en dat is ingesteld krachtens de bepalingen in het nationale recht van die lidstaat ter omzetting van de richtlijn nr. 2003/72/EG van de Raad van de Europese Unie van 22 juli 2003 tot aanvulling van het statuut van de Europese coöperatieve vennootschap met betrekking tot de rol van de werknemers (*PbEG* L 207).
– 13. Van de leden 1 eerste zin en 3 kan slechts worden afgeweken bij collectieve arbeidsovereenkomst of bij regeling door of namens een daartoe bevoegd bestuursorgaan.

Art. 670a

Opzeggen na toestemming kantonrechter

– 1. De werkgever kan zonder voorafgaande toestemming van de kantonrechter de arbeidsovereenkomst niet opzeggen met een werknemer die:
a. geplaatst is op een kandidatenlijst voor een ondernemingsraad dan wel een personeelsvertegenwoordiging of korter dan twee jaar geleden lid is geweest van een ondernemingsraad, van een centrale ondernemingsraad, van een groepsondernemingsraad of van een commissie van die raden, van een personeelsvertegenwoordiging of van een bijzondere onderhandelingsgroep of een Europese ondernemingsraad, een SE-ondernemingsraad of een SCE-ondernemingsraad als bedoeld in de Wet op de Europese ondernemingsraden respectievelijk de hoofdstukken 1 respectievelijk 2 van de Wet rol werknemers bij Europese rechtspersonen dan wel die korter dan twee jaar geleden krachtens een van die wetten is opgetreden als vertegenwoordiger bij een andere wijze van informatieverstrekking en raadpleging van werknemers;
b. lid is van een voorbereidingscommissie van een ondernemingsraad, van een centrale ondernemingsraad of van een groepsondernemingsraad;
c. als deskundige werknemer als bedoeld in artikel 13, eerste en tweede lid, of als deskundige persoon als bedoeld in artikel 14, eerste lid, van de Arbeidsomstandighedenwet werkzaam is;
d. een functionaris voor de gegevensbescherming als bedoeld in artikel 62 van de Wet bescherming persoonsgegevens werkzaam is.
– 2. De toestemming van de kantonrechter wordt gevraagd bij verzoekschrift. De kantonrechter verleent de toestemming slechts indien de werkgever aannemelijk heeft gemaakt dat opzegging geen verband houdt met een omstandigheid als bedoeld in lid 1. Van de uitspraak staat geen hoger beroep of beroep in cassatie open. (BW art. 7:670*b*, 675, 677)

Art. 670b

Opzegverboden niet van toepassing

– 1. De artikelen 670 en 670*a* zijn niet van toepassing bij een opzegging gedurende de proeftijd of wegens een dringende reden.
– 2. De leden 1 tot en met 9 van artikel 670 en artikel 670*a* zijn niet van toepassing indien de werknemer schriftelijk met de opzegging instemt of indien de opzegging geschiedt wegens de beëindiging van de werkzaamheden van de onderneming of van het onderdeel van de onderneming, waarin de werknemer uitsluitend of in hoofdzaak werkzaam is. De opzegging wegens beëindiging van de werkzaamheden kan evenwel niet betreffen de werkneemster die zwangerschaps- of bevallingsverlof geniet als bedoeld in artikel 3:1 van de Wet arbeid en zorg.
– 3. Artikel 670, lid 1, aanhef en onder *a*, is niet van toepassing, indien de werknemer die in verband met ongeschiktheid ten gevolge van ziekte verhinderd is de bedongen arbeid te verrichten, zonder deugdelijke grond weigert:
a. gevolg te geven aan door de werkgever of een door hem aangewezen deskundige gegeven redelijke voorschriften en mee te werken aan door de werkgever of een door hem aangewezen deskundige getroffen maatregelen om hem in staat te stellen de eigen of andere passende arbeid te verrichten;

b. passende arbeid als bedoeld in artikel 658*a* lid 4 te verrichten waartoe de werkgever hem in de gelegenheid stelt;
c. zijn medewerking te verlenen aan het opstellen, evalueren en bijstellen van een plan van aanpak als bedoeld in artikel 25, tweede lid, van de Wet werk en inkomen naar arbeidsvermogen dan wel artikel 71*a*, tweede lid, van de Wet op de arbeidsongeschiktheidsverzekering. (BW 7: 676, 678)

Art. 671

Vervallen.

Art. 672

Opzegging tegen bepaalde dag

– 1. Opzegging geschiedt tegen het einde van de maand, tenzij bij schriftelijke overeenkomst of door het gebruik een andere dag daarvoor is aangewezen.

Termijn

– 2. De door de werkgever in acht te nemen termijn van opzegging bedraagt bij een arbeidsovereenkomst die op de dag van opzegging:
a. korter dan vijf jaar heeft geduurd: één maand;
b. vijf jaar of langer, maar korter dan tien jaar heeft geduurd: twee maanden;
c. tien jaar of langer, maar korter dan vijftien jaar heeft geduurd: drie maanden;
d. vijftien jaar of langer heeft geduurd: vier maanden.
– 3. De door de werknemer in acht te nemen termijn van opzegging bedraagt één maand.
– 4. Indien de toestemming bedoeld in artikel 6 van het Buitengewoon Besluit Arbeidsverhoudingen 1945 is verleend, wordt de door de werkgever in acht te nemen termijn van opzegging verkort met één maand, met dien verstande dat de resterende termijn van opzegging ten minste één maand bedraagt.
– 5. De termijn, bedoeld in lid 2, kan slechts worden verkort bij collectieve arbeidsovereenkomst of bij regeling door of namens een daartoe bevoegd bestuursorgaan. De termijn kan schriftelijk worden verlengd.
– 6. Van de termijn, bedoeld in lid 3, kan schriftelijk worden afgeweken. De termijn van opzegging voor de werknemer mag bij verlenging niet langer zijn dan zes maanden en voor de werkgever niet korter dan het dubbele van die voor de werknemer.
– 7. Van lid 4 kan, voor zover het betreft de resterende termijn van opzegging van één maand, slechts bij collectieve arbeidsovereenkomst of bij regeling door of namens een daartoe bevoegd bestuursorgaan worden afgeweken ten nadele van de werknemer.
– 8. Bij collectieve arbeidsovereenkomst of bij regeling door of namens een daartoe bevoegd bestuursorgaan, mag de termijn van opzegging, bedoeld in lid 6, tweede volzin, voor de werkgever worden verkort, mits de termijn niet korter is dan die voor de werknemer.
– 9. Voor de toepassing van lid 2 worden arbeidsovereenkomsten geacht eenzelfde, niet onderbroken arbeidsovereenkomst te vormen in geval van herstel van de arbeidsovereenkomst ingevolge artikel 682. (BW 7A: 1639*j* (oud); BW 3: 39; 7: 675, 680 lid 5, 684; Fw 40, 239)

Art. 673

Vervallen.

Art. 674

Dood van werknemer

– 1. De arbeidsovereenkomst eindigt door de dood van de werknemer.

Overlijdensuitkering

– 2. Niettemin is de werkgever verplicht aan de nagelaten betrekkingen van de werknemer over de periode vanaf de dag na overlijden tot en met één maand na de dag van het overlijden, een uitkering te verlenen ten bedrage van het loon dat de werknemer laatstelijk rechtens toekwam.
– 3. Voor de toepassing van dit artikel wordt onder nagelaten betrekkingen verstaan de langstlevende der echtgenoten dan wel geregistreerde partners van wie de werknemer niet duurzaam gescheiden leefde dan wel degene met wie de werknemer ongehuwd samenleefde, bij ontstentenis van deze de minderjarige kinderen tot wie de overledene in familierechtelijke betrekking stond en bij ontstentenis van dezen degene met wie de werknemer in gezinsverband leefde en in wiens kosten van bestaan hij grotendeels voorzag. Van ongehuwd samenleven als bedoeld in de eerste zin is sprake indien twee ongehuwde personen een gezamenlijke huishouding voeren, met uitzondering van bloedverwanten in de eerste graad. Van een gezamenlijke huishouding als bedoeld in de tweede zin is sprake indien de betrokkenen hun hoofdverblijf hebben in dezelfde woning en zij blijk geven zorg te dragen voor elkaar door middel van het leveren van een bijdrage in de kosten van de huishouding dan wel op andere wijze in elkaars verzorging voorzien.
– 4. De overlijdensuitkering, bedoeld in lid 2, kan worden verminderd met het bedrag van de uitkering dat aan de nagelaten betrekkingen ter zake van het overlijden van de werknemer toekomt krachtens een wettelijk voorgeschreven ziekte- of arbeidsongeschiktheidsverzekering en krachtens de Toeslagenwet.
– 5. Lid 2 geldt niet indien de werknemer onmiddellijk voorafgaande aan het overlijden door toepassing van artikel 629 lid 3, geen aanspraak had op loon als bedoeld in artikel 629 lid 1 of

indien ten gevolge van het toedoen van de werknemer geen aanspraak bestaat op een uitkering krachtens een wettelijk voorgeschreven ziekte- of arbeidsongeschiktheidsverzekering.
– 6. Van dit artikel kan niet ten nadele van de nagelaten betrekkingen worden afgeweken. (BW 7A: 1639*l* (oud); BW 3: 40, 49 e.v.; 6: 249; 7: 229, 438; 7A: 1648, 1683 lid 4, 1780; K 415*e*)

Art. 675

Dood van werkgever

De arbeidsovereenkomst eindigt niet door de dood van de werkgever, tenzij uit de overeenkomst het tegendeel voortvloeit. Echter zijn zowel de erfgenamen van de werkgever als de werknemer bevoegd de arbeidsovereenkomst, voor een bepaalde tijd aangegaan, op te zeggen met inachtneming van de artikelen 670, 670*a* en 672, als ware zij aangegaan voor onbepaalde tijd. Wanneer de nalatenschap van de werkgever ingevolge artikel 13 van Boek 4 wordt verdeeld, komt de bevoegdheid van de erfgenamen, bedoeld in de vorige zin, toe aan zijn echtgenoot of geregistreerde partner. (BW 7A: 1639*m* (oud); BW 6: 249; 7: 229, 415 lid 1 sub *a*, 438; 7A: 1648, 1683 sub 4°, 1780; K 434)

Art. 676

Opzegging tijdens proeftijd

– 1. Indien een proeftijd is bedongen, is ieder der partijen, zolang die tijd niet is verstreken, bevoegd de arbeidsovereenkomst met onmiddellijke ingang op te zeggen.
– 2. Bij een zodanige opzegging zijn de artikelen 681 en 682 niet van toepassing. (BW 7A: 1639*n* leden 1 en 2 (oud); BW 7: 45, 652; K 391, 450*b*, 452*p*)

Art. 677

Opzegging wegens dringende reden

– 1. Ieder der partijen is bevoegd de arbeidsovereenkomst onverwijld op te zeggen om een dringende reden, onder gelijktijdige mededeling van die reden aan de wederpartij. De partij die opzegt zonder een dringende reden of zonder gelijktijdige mededeling van de dringende reden is schadeplichtig. (BW 7: 647 lid 4, 653 lid 3, 678, 679, 680; K 423 lid 3, 435)
– 2. De partij die opzegt tegen een eerdere dag dan tussen partijen geldt, is schadeplichtig.
– 3. Eveneens is schadeplichtig de partij die door opzet of schuld aan de wederpartij een dringende reden heeft gegeven om de arbeidsovereenkomst onverwijld op te zeggen, indien de wederpartij van die bevoegdheid heeft gebruik gemaakt of de rechter op die grond krachtens artikel 685 de arbeidsovereenkomst heeft ontbonden.
– 4. Ingeval een der partijen schadeplichtig is, heeft de wederpartij de keus de in artikel 680 genoemde gefixeerde schadevergoeding of een volledige schadevergoeding te vorderen.
– 5. Het niet in acht nemen van artikel 670, leden 1 tot en met 9, of van artikel 670*a* maakt de werkgever niet schadeplichtig. (BW 7A: 1639*o* (oud); BW 2: 37, 134, 144, 244; 3: 49 e.v.; 5: 131 lid 2; 6: 265 e.v.; 7: 414 lid 3, 682 lid 1, 683, 686, 689; BBA 1945 6, 9)
De werknemer kan in die gevallen gedurende twee maanden na de opzegging van de arbeidsovereenkomst een beroep doen op de vernietigingsgrond. Het beroep op de vernietigingsgrond geschiedt door kennisgeving aan de werkgever. Artikel 55 van Boek 3 is niet van toepassing.

Art. 678

Dringende redenen voor werkgever

– 1. Voor de werkgever worden als dringende redenen in de zin van lid 1 van artikel 677 beschouwd zodanige daden, eigenschappen of gedragingen van de werknemer, die ten gevolge hebben dat van de werkgever redelijkerwijze niet kan gevergd worden de arbeidsovereenkomst te laten voortduren. (BW 7:611, 679)
– 2. Dringende redenen zullen onder andere aanwezig geacht kunnen worden: (BW 7:439 lid 2; K 382, 436)
a. wanneer de werknemer bij het sluiten van de overeenkomst de werkgever heeft misleid door het vertonen van valse of vervalste getuigschriften, of deze opzettelijk valse inlichtingen heeft gegeven omtrent de wijze waarop zijn vorige arbeidsovereenkomst is geëindigd; (BW 7:656)
b. wanneer hij in ernstige mate de bekwaamheid of geschiktheid blijkt te missen tot de arbeid waarvoor hij zich heeft verbonden; (BW 7:670 lid 3)
c. wanneer hij zich ondanks waarschuwing overgeeft aan dronkenschap of ander liederlijk gedrag;
d. wanneer hij zich schuldig maakt aan diefstal, verduistering, bedrog of andere misdrijven, waardoor hij het vertrouwen van de werkgever onwaardig wordt; (Sr 310, 321, 326)
e. wanneer hij de werkgever, diens familieleden of huisgenoten, of zijn medewerknemers mishandelt, grovelijk beledigt of op ernstige wijze bedreigt; (Sr 261, 285, 300)
f. wanneer hij de werkgever, diens familieleden of huisgenoten, of zijn medewerknemers verleidt of tracht te verleiden tot handelingen, strijdig met de wetten of de goede zeden;
g. wanneer hij opzettelijk, of ondanks waarschuwing roekeloos, eigendom van de werkgever beschadigt of aan ernstig gevaar blootstelt; (Sr 350)
h. wanneer hij opzettelijk, of ondanks waarschuwing roekeloos, zich zelf of anderen aan ernstig gevaar blootstelt;

i. wanneer hij bijzonderheden aangaande de huishouding of het bedrijf van de werkgever, die hij behoorde geheim te houden, bekendmaakt; (Sr 272)
j. wanneer hij hardnekkig weigert te voldoen aan redelijke bevelen of opdrachten, hem door of namens de werkgever verstrekt; (BW 7:660)
k. wanneer hij op andere wijze grovelijk de plichten veronachtzaamt, welke de arbeidsovereenkomst hem oplegt;
l. wanneer hij door opzet of roekeloosheid buiten staat geraakt of blijft de bedongen arbeid te verrichten.
– 3. Bedingen waarbij aan de werkgever de beslissing wordt overgelaten of er een dringende reden in de zin van artikel 677 lid 1 aanwezig is, zijn nietig. (BW 7A:1639*p* (oud); BW 3:40; 7:613*b*, 677; 7A:1671; K 382, 436)

Art. 679

Dringende redenen voor werknemer

– 1. Voor de werknemer worden als dringende redenen in de zin van artikel 677 lid 1 beschouwd zodanige omstandigheden, die ten gevolge hebben dat van de werknemer redelijkerwijze niet kan gevergd worden de arbeidsovereenkomst te laten voortduren. (BW 6: 248; 7: 439 lid 2, 611, 678)
– 2. Dringende redenen zullen onder andere aanwezig geacht kunnen worden:
a. wanneer de werkgever de werknemer, diens familieleden of huisgenoten mishandelt, grovelijk beledigt of op ernstige wijze bedreigt, of gedoogt dat dergelijke handelingen door een van zijn huisgenoten of ondergeschikten worden gepleegd; (Sr 261, 285, 300)
b. wanneer hij de werknemer, diens familieleden of huisgenoten verleidt of tracht te verleiden tot handelingen, strijdig met de wetten of de goede zeden, of gedoogt dat een dergelijke verleiding of poging tot verleiding door een van zijn huisgenoten of ondergeschikten worden gepleegd;
c. wanneer hij het loon niet op de daarvoor bepaalde tijd voldoet; (BW 7: 616, 625)
d. wanneer hij, waar kost en inwoning overeengekomen zijn, niet op behoorlijke wijze daarin voorziet; (BW 7: 617 lid 1 sub *d*)
e. wanneer hij de werknemer wiens loon afhankelijk van de uitkomsten van de te verrichten arbeid is vastgesteld, geen voldoende arbeid verschaft; (BW 7: 624)
f. wanneer hij de werknemer wiens loon afhankelijk van de uitkomsten van de te verrichten arbeid is vastgesteld, de bedongen hulp niet of niet in behoorlijke mate verschaft;
g. wanneer hij op andere wijze grovelijk de plichten veronachtzaamt welke de arbeidsovereenkomst hem oplegt;
h. wanneer hij, zonder dat de aard van de arbeidsovereenkomst dit medebrengt, de werknemer niettegenstaande diens weigering gelast arbeid in het bedrijf van een andere werkgever te verrichten;
i. wanneer de voortduring van de arbeidsovereenkomst voor de werknemer zou zijn verbonden met ernstige gevaren voor leven, gezondheid, zedelijkheid of goede naam, die niet duidelijk waren ten tijde van het sluiten van de arbeidsovereenkomst;
j. wanneer de werknemer door ziekte of andere oorzaken zonder zijn toedoen buiten staat geraakt de bedongen arbeid te verrichten.
– 3. Bedingen waarbij aan de werknemer de beslissing wordt overgelaten of er een dringende reden in de zin van artikel 677 lid 1 aanwezig is, zijn nietig. (BW 7A: 1639*q* (oud); BW 3: 40; 7: 613*b*, 679 lid 3; 7A: 1671; K 384, 437)

Art. 680

Wettelijke schadeloosstelling

– 1. De gefixeerde schadevergoeding, bedoeld in artikel 677 lid 4, is gelijk aan het bedrag van het in geld vastgesteld loon voor de tijd, dat de arbeidsovereenkomst bij regelmatige opzegging had behoren voort te duren. (BW 7: 670, 671; K 438, 442)
– 2. Is het loon van de werknemer, hetzij voor het geheel, hetzij gedeeltelijk, niet naar tijdruimte vastgesteld, dan geldt de maatstaf van artikel 618.
– 3. Elk beding waarbij ten behoeve van de werknemer een gefixeerde schadevergoeding tot een lager bedrag wordt bedongen, is nietig. (BW 3: 40)
– 4. Bij schriftelijke overeenkomst mag een gefixeerde schadevergoeding tot een hoger bedrag worden vastgesteld.

Matiging

– 5. De rechter is bevoegd de gefixeerde schadevergoeding, zo deze hem met het oog op de omstandigheden van het geval bovenmatig voorkomt, op een kleinere som te bepalen, doch niet op minder dan het in geld vastgesteld loon voor de duur van de opzeggingstermijn ingevolge artikel 672, noch op minder dan het in geld vastgesteld loon voor 3 maanden. (BW 6: 91 e.v., 109; 7: 653)
– 6. Indien de door de werknemer verschuldigde gefixeerde schadevergoeding meer bedraagt dan het in geld vastgesteld loon voor een maand of de door de werkgever verschuldigde gefixeerde schadevergoeding meer bedraagt dan het in geld vastgesteld loon voor 3 maanden,

kan de rechter toestaan dat de schadevergoeding op door hem te bepalen wijze in termijnen wordt betaald.
– 7. Over het bedrag van de verschuldigde gefixeerde schadevergoeding is de wettelijke rente verschuldigd, te rekenen van de dag waarop de arbeidsovereenkomst is geëindigd. (BW 7A: 1639*r* (oud); BW 6: 119, 120; 7: 441, 689)

Art. 680a

Matiging loonvordering

De rechter is bevoegd een vordering tot doorbetaling van loon die gegrond is op de vernietigbaarheid van de opzegging van de arbeidsovereenkomst te matigen, indien toewijzing in de gegeven omstandigheden tot onaanvaardbare gevolgen zou leiden, doch op niet minder dan het in geld vastgestelde loon voor de duur van de opzegtermijn ingevolge artikel 672 noch op minder dan het in geld vastgestelde loon voor drie maanden.

Art. 681

Kennelijk onredelijke beëindiging

– 1. Indien een van de partijen de arbeidsovereenkomst, al of niet met inachtneming van de voor de opzegging geldende bepalingen, kennelijk onredelijk opzegt, kan de rechter steeds aan de wederpartij een schadevergoeding toekennen.
– 2. opzegging van de arbeidsovereenkomst door de werkgever zal onder andere kennelijk onredelijk geacht kunnen worden:
a. wanneer deze geschiedt zonder opgave van redenen of onder opgave van een voorgewende of valse reden;
b. wanneer, mede in aanmerking genomen de voor de werknemer getroffen voorzieningen en de voor hem bestaande mogelijkheden om ander passend werk te vinden, de gevolgen van de opzegging voor hem te ernstig zijn in vergelijking met het belang van de werkgever bij de opzegging;
c. wanneer deze geschiedt in verband met een verhindering van de werknemer om de bedongen arbeid te verrichten als bedoeld in artikel 670 lid 3;
d. wanneer deze geschiedt in afwijking van een in de bedrijfstak of de onderneming krachtens wettige regeling of gebruik geldende getalsverhouding- of anciënniteitsregeling, tenzij hiervoor zwaarwichtige gronden aanwezig zijn;
e. wanneer deze geschiedt wegens het enkele feit dat de werknemer met een beroep op een ernstig gewetensbezwaar weigert de bedongen arbeid te verrichten.
– 3. opzegging van de arbeidsovereenkomst door de werknemer zal onder andere kennelijk onredelijk geacht kunnen worden:
a. wanneer deze geschiedt zonder opgave van redenen of onder opgave van een voorgewende of valse reden;
b. wanneer de gevolgen van de opzegging voor de werkgever te ernstig zijn in vergelijking met het belang van de werknemer bij de opzegging.
– 4. Een beding waarbij aan een van de partijen de beslissing wordt overgelaten of de arbeidsovereenkomst al of niet kennelijk onredelijk is opgezegd, is nietig. (BW 7A: 1639*s* (oud); BW art. 3:40; BW art. 7:416 leden 1 en 2, 667 e.v., 670, 676 e.v., 683)

Art. 682

Herstel arbeidsovereenkomst

– 1. De rechter kan de werkgever die schadeplichtig is geworden volgens artikel 677 of die de arbeidsovereenkomst kennelijk onredelijk opzegt, ook veroordelen de arbeidsovereenkomst te herstellen.
– 2. Indien de rechter een zodanige veroordeling uitspreekt, kan hij bepalen voor of op welk tijdstip de arbeidsovereenkomst moet worden hersteld en kan hij voorzieningen treffen omtrent de rechtsgevolgen van de onderbreking.
– 3. De rechter kan in het vonnis, houdende de veroordeling tot herstel van de arbeidsovereenkomst, bepalen dat de verplichting tot herstel vervalt door betaling van een in het vonnis vastgestelde afkoopsom. Is in het vonnis geen afkoopsom vastgesteld, dan zal de rechter deze op verzoek van de werkgever alsnog vaststellen. Een zodanig verzoek schorst de tenuitvoerlegging van het vonnis, voor zover het betreft de veroordeling tot herstel van de arbeidsovereenkomst, totdat op het verzoek is beslist, met dien verstande dat de werkgever in ieder geval verplicht blijft gedurende de schorsing het loon te betalen.
– 4. De rechter stelt de hoogte van de afkoopsom met het oog op de omstandigheden van het geval naar billijkheid vast; hij kan toestaan dat de afkoopsom op door hem te bepalen wijze in termijnen wordt betaald.
– 5. Indien een afkoopsom wegens het niet naleven van een verplichting om een arbeidsovereenkomst te herstellen op andere wijze is vastgesteld, kan de rechter het bedrag van de verschuldigde afkoopsom op verzoek van de meest gerede partij wijzigen in zodanig bedrag als hem met het oog op de omstandigheden van het geval billijk zal voorkomen en kan hij toelaten dat de afkoopsom op door hem te bepalen wijze in termijnen wordt betaald. (BW 7A: 1639*t* (oud); BW 2: 37, 134, 244; 5: 131; 7: 673, 676, 683)

Art. 683

Verjaringstermijn

– 1. Iedere rechtsvordering krachtens artikelen 677 lid 4, 681 lid 1 en 682 lid 1, verjaart na verloop van zes maanden.

– 2. Iedere rechtsvordering van de werknemer in verband met de vernietiging van de opzegging van de arbeidsovereenkomst krachtens artikel 677 lid 5, verjaart na verloop van zes maanden. (BW 7A:1639*u* (oud); BW 3:306, 310; 7:444, 621 lid 3, 631 lid 8, 642; K 391, 450*b*, 452*p*)

Art. 684

Opzegging langdurige dienstbetrekking

– 1. Indien de arbeidsovereenkomst is aangegaan voor langer dan vijf jaren of voor de duur van het leven van een bepaalde persoon, is niettemin de werknemer bevoegd, van het tijdstip waarop vijf jaren sedert haar aanvang zijn verlopen, haar op te zeggen met inachtneming van een termijn van zes maanden.

– 2. Van dit artikel kan niet ten nadele van de werknemer worden afgeweken. (BW 7A: 1639*v* (oud); BW 3: 40; 7: 670, 671; K 391, 450*b*, 452*p*)

Art. 685

Ontbinding arbeidsovereenkomst door kantonrechter

– 1. Ieder der partijen is te allen tijde bevoegd zich tot de kantonrechter te wenden met het verzoek de arbeidsovereenkomst wegens gewichtige redenen te ontbinden. Elk beding waarbij deze bevoegdheid wordt uitgesloten of beperkt, is nietig. De kantonrechter kan het verzoek slechts inwilligen indien hij zich ervan heeft vergewist of het verzoek verband houdt met het bestaan van een opzegverbod als bedoeld in de artikelen 647, 648, 670 en 670*a* of enig ander verbod tot opzegging van de arbeidsovereenkomst.

– 2. Als gewichtige redenen worden beschouwd omstandigheden die een dringende reden als bedoeld in artikel 677 lid 1 zouden hebben opgeleverd indien de arbeidsovereenkomst deswege onverwijld opgezegd zou zijn, alsook veranderingen in de omstandigheden, welke van dien aard zijn, dat de arbeidsovereenkomst billijkheidshalve dadelijk of na korte tijd behoort te eindigen.

– 3. Het verzoek wordt gedaan aan de ingevolge de artikelen 99, 100, en 107 tot en met 109 van het Wetboek van Burgerlijke Rechtsvordering bevoegde kantonrechter.

– 4. Het verzoekschrift vermeldt de plaats waar de arbeid gewoonlijk wordt verricht, alsmede de naam en de woonplaats of bij gebreke van een woonplaats in Nederland het werkelijk verblijf van de wederpartij.

– 5. De kantonrechter kan, indien het verzoek verknocht is aan een zaak die tussen dezelfde personen reeds voor een andere rechter aanhangig is, de verwijzing naar die andere rechter bevelen. De griffier zendt een afschrift van de beschikking, alsmede het verzoekschrift en de overige stukken van het geding ter verdere behandeling aan de rechter naar wie is verwezen.

– 6. De behandeling vangt niet later aan dan in de vierde week volgende op die waarin het verzoekschrift is ingediend.

– 7. Indien de rechter het verzoek inwilligt, bepaalt hij op welk tijdstip de arbeidsovereenkomst eindigt.

Vergoeding

– 8. Indien de rechter het verzoek inwilligt wegens veranderingen in de omstandigheden kan hij, zo hem dat met het oog op de omstandigheden van het geval billijk voorkomt, aan een van de partijen ten laste van de wederpartij een vergoeding toekennen; hij kan toestaan dat de vergoeding op door hem te bepalen wijze in termijnen wordt betaald.

– 9. Alvorens een ontbinding waaraan een vergoeding verbonden wordt, uit te spreken, stelt de rechter de partijen van zijn voornemen in kennis en stelt hij een termijn, binnen welke de verzoeker de bevoegdheid heeft zijn verzoek in te trekken. Indien de verzoeker dat doet, zal de rechter alleen een beslissing geven omtrent de proceskosten.

– 10. Lid 9 is van overeenkomstige toepassing indien de rechter voornemens is een ontbinding uit te spreken zonder daaraan een door de verzoeker verzochte vergoeding te verbinden.

– 11. Tegen een beschikking krachtens dit artikel kan hoger beroep noch cassatie worden ingesteld. (BW 7A: 1639*w* (oud); BW art. 6:258, 260, 265; BW art. 7:440, 605 lid 2, 665, 677 lid 3; K art. 383, 439; Rv art. 261 lid 1 e.v.)

Art. 686

Tekortkoming

De bepalingen van deze afdeling sluiten voor geen van beide partijen de mogelijkheid uit van ontbinding wegens een tekortkoming in de nakoming van de overeenkomst en van schadevergoeding. De ontbinding kan slechts door de rechter worden uitgesproken. (BW 7A:1639*x* (oud); BW art. 6:265, 267 lid 2)

AFDELING 10

Bijzondere bepalingen voor handelsvertegenwoordigers

Art. 687

Overeenkomst handelsvertegenwoordiging

De overeenkomst van handelsvertegenwoordiging is een arbeidsovereenkomst waarbij de ene partij, de handelsvertegenwoordiger, zich tegenover de andere partij, de patroon, verbindt tegen loon dat geheel of gedeeltelijk uit provisie bestaat, bij de totstandkoming van overeenkomsten bemiddeling te verlenen, en deze eventueel in naam van de patroon te sluiten. (K 75 (oud); BW 7: 400)

Art. 688

Overeenkomstige toepassing

– 1. Op de overeenkomst van handelsvertegenwoordiging zijn de artikelen 426, 429, 430 leden 2 tot en met 4, 431, 432, 433 en 434 van overeenkomstige toepassing.
– 2. Van de artikelen 426 lid 2, 429, 430 leden 2 tot en met 4, 431 lid 2 en 433 kan niet worden afgeweken.
– 3. Van de artikelen 432 lid 3 en 434 kan niet ten nadele van de handelsvertegenwoordiger worden afgeweken.
– 4. Van de artikelen 426 lid 1 en 431 lid 1 kan slechts schriftelijk ten nadele van de handelsvertegenwoordiger worden afgeweken. (K 75*a* (oud))

Art. 689

Dwingend recht

In afwijking van het bepaalde in artikel 680 lid 2 wordt voor de vaststelling van de gefixeerde schadevergoeding, bedoeld in artikel 677 lid 4, rekening gehouden met de in de voorafgaande tijd verdiende provisie en met alle andere ter zake in acht te nemen factoren. (K 75*c* (oud); BW 7: 441)

AFDELING 11
Bijzondere bepalingen ter zake van de uitzendovereenkomst

Art. 690

Begripsbepaling

De uitzendovereenkomst is de arbeidsovereenkomst waarbij de werknemer door de werkgever, in het kader van de uitoefening van het beroep of bedrijf van de werkgever ter beschikking wordt gesteld van een derde om krachtens een door deze aan de werkgever verstrekte opdracht arbeid te verrichten onder toezicht en leiding van de derde.

Art. 691

Toepassing art. 7:668a BW

– 1. Op de uitzendovereenkomst is artikel 668*a* eerst van toepassing zodra de werknemer in meer dan 26 weken arbeid heeft verricht.
– 2. In de uitzendovereenkomst kan schriftelijk worden bedongen dat die overeenkomst van rechtswege eindigt doordat de terbeschikkingstelling van de werknemer door de werkgever aan de derde als bedoeld in artikel 690 op verzoek van die derde ten einde komt. Indien een beding als bedoeld in de vorige volzin in de uitzendovereenkomst is opgenomen, kan de werknemer die overeenkomst onverwijld opzeggen.
– 3. Een beding als bedoeld in lid 2 verliest zijn kracht indien de werknemer in meer dan 26 weken arbeid voor de werkgever heeft verricht. Na het verstrijken van deze termijn vervalt de bevoegdheid van de werknemer tot opzegging als bedoeld in lid 2.
– 4. Voor de berekening van de termijnen, bedoeld in de leden 1 en 3, worden perioden waarin arbeid wordt verricht die elkaar opvolgen met tussenpozen van minder dan een jaar mede in aanmerking genomen.
– 5. Voor de berekening van de termijnen, bedoeld in de leden 1 en 3, worden perioden waarin voor verschillende werkgevers arbeid wordt verricht die ten aanzien van de verrichte arbeid redelijkerwijze geacht moeten worden elkanders opvolger te zijn mede in aanmerking genomen.
– 6. Dit artikel is niet van toepassing op de uitzendovereenkomst waarbij de werkgever en de derde in een groep zijn verbonden als bedoeld in artikel 24*b* van Boek 2 dan wel de één een dochtermaatschappij is van de ander als bedoeld in artikel 24*a* van Boek 2.
– 7. Van de termijnen bedoeld in de leden 1, 3 en 4 en van lid 5 kan slechts bij collectieve arbeidsovereenkomst of bij regeling door of namens een daartoe bevoegd bestuursorgaan worden afgeweken ten nadele van de werknemer.

TITEL 12
Aanneming van werk

AFDELING 1
Aanneming van werk in het algemeen

Art. 750

Begripsbepaling

– 1. Aanneming van werk is de overeenkomst waarbij de ene partij, de aannemer, zich jegens de andere partij, de opdrachtgever, verbindt om buiten dienstbetrekking een werk van stoffelijke aard tot stand te brengen en op te leveren, tegen een door de opdrachtgever te betalen prijs in geld.
– 2. Bestaat de tegenprestatie niet of niet geheel in geld, dan vindt deze titel toepassing, voor zover de aard van de tegenprestatie zich daartegen niet verzet. (Ontw. 7.12.1; BW 7A: 1639 (oud); BW 7: 5 lid 4; Overg.w. 217 lid 1, en 3)

Art. 751

Aansprakelijkheid bij uitbesteding werk

De aannemer is bevoegd het werk onder zijn leiding door anderen te doen uitvoeren, en ten aanzien van onderdelen ook de leiding aan anderen over te laten, zulks onverminderd zijn aansprakelijkheid voor de deugdelijke nakoming van de overeenkomst. (Ontw. 7.12.2; BW 6: 74, 76; 7: 762)

Art. 752

Bedongen prijs

– 1. Indien de prijs bij het sluiten van de overeenkomst niet is bepaald of slechts een richtprijs is bepaald, is de opdrachtgever een redelijke prijs verschuldigd. Bij de bepaling van de prijs wordt rekening gehouden met de door de aannemer ten tijde van het sluiten van de overeenkomst gewoonlijk bedongen prijzen en met de door hem ter zake van de vermoedelijke prijs gewekte verwachtingen.

– 2. Indien een richtprijs was bepaald, zal deze richtprijs met niet meer dan 10% mogen worden overschreden, tenzij de aannemer de opdrachtgever zo tijdig mogelijk voor de waarschijnlijkheid van een verdere overschrijding heeft gewaarschuwd, om hem de gelegenheid te geven het werk alsnog te beperken of te vereenvoudigen. De aannemer zal binnen de grenzen van het redelijke aan zulke beperking of vereenvoudiging moeten meewerken.

– 3. Lid 2 is van overeenkomstige toepassing op aannemingen van werk waarbij de prijs afhankelijk is gesteld van de bij de overeenkomst geschatte tijdsduur voor de uitvoering van het werk. (Ontw. 7.12.3)

Art. 753

Kostenverhogende omstandigheden

– 1. Indien na het sluiten van de overeenkomst kostenverhogende omstandigheden ontstaan of aan het licht komen zonder dat zulks aan de aannemer kan worden toegerekend, zal de rechter op vordering van de aannemer de overeengekomen prijs geheel of gedeeltelijk aan de kostenverhoging kunnen aanpassen, mits de aannemer bij het bepalen van de prijs geen rekening heeft behoeven te houden met de kans op zulke omstandigheden.

– 2. De aannemer mag de prijs zonder tussenkomst van de rechter aanpassen, indien de kostenverhoging het gevolg is van door de opdrachtgever verschafte onjuiste gegevens welke voor de prijsbepaling van belang zijn, tenzij de aannemer de onjuistheid der gegevens vóór het vaststellen van de prijs had behoren te ontdekken.

– 3. Het in de leden 1 en 2 bepaalde geldt slechts indien de aannemer de opdrachtgever zo spoedig mogelijk voor de noodzaak van een prijsverhoging heeft gewaarschuwd, opdat deze tijdig hetzij gebruik kan maken van het hem in artikel 764 toegekende recht, hetzij een voorstel kan doen tot beperking of vereenvoudiging van het werk. (Ontw. 7.12.4; BW 6: 258)

Art. 754

Onjuistheden in opdracht

De aannemer is bij het aangaan of het uitvoeren van de overeenkomst verplicht de opdrachtgever te waarschuwen voor onjuistheden in de opdracht voor zover hij deze kende of redelijkerwijs behoorde te kennen. Hetzelfde geldt in geval van gebreken en ongeschiktheid van zaken afkomstig van de opdrachtgever, daaronder begrepen de grond waarop de opdrachtgever een werk laat uitvoeren, alsmede fouten of gebreken in door de opdrachtgever verstrekte plannen, tekeningen, berekeningen, bestekken of uitvoeringsvoorschriften. (Ontw. 7.12.4a; BW 7: 760)

Art. 755

Verandering in overeengekomen werk

In geval van door de opdrachtgever gewenste toevoegingen of veranderingen in het overeengekomen werk kan de aannemer slechts dan een verhoging van de prijs vorderen, wanneer hij de opdrachtgever tijdig heeft gewezen op de noodzaak van een daaruit voortvloeiende prijsverhoging, tenzij de opdrachtgever die noodzaak uit zichzelf had moeten begrijpen. Van deze bepaling kan niet ten nadele van de opdrachtgever worden afgeweken, behoudens bij een standaardregeling als bedoeld in artikel 214 van Boek 6. (Ontw. 7.12.5; BW 7A: 1646 (oud))

Art. 756

Geen tijdige oplevering

– 1. Indien reeds vóór de vastgestelde tijd van oplevering waarschijnlijk wordt dat het werk niet op tijd of niet behoorlijk zal worden opgeleverd, kan de rechter de overeenkomst op vordering van de opdrachtgever geheel of gedeeltelijk ontbinden.

– 2. Indien reeds vóór de oplevering waarschijnlijk wordt dat de opdrachtgever niet op tijd of niet behoorlijk aan zijn verplichtingen zal voldoen, of dat de aannemer de overeenkomst niet zal kunnen uitvoeren ten gevolge van een omstandigheid die hem niet kan worden toegerekend, kan de rechter de overeenkomst op vordering van de aannemer geheel of gedeeltelijk ontbinden.

– 3. De rechter bepaalt de gevolgen van de ontbinding; hij kan de ontbinding ook doen afhangen van door hem te stellen voorwaarden. (Ontw. 7.12.6; BW 6: 80, 265 e.v.)

Art. 757

Tenietgaan zaak

– 1. Wordt de uitvoering van het werk onmogelijk doordat de zaak waarop of waaraan het werk moet worden uitgevoerd, tenietgaat of verloren raakt zonder dat dit aan de aannemer kan worden toegerekend, dan is de aannemer gerechtigd tot een evenredig deel van de vastgestelde prijs op grondslag van de reeds verrichte arbeid en gemaakte kosten. In geval van op-

zet of grove schuld van de opdrachtgever is de aannemer gerechtigd tot een bedrag berekend overeenkomstig het bepaalde in artikel 764 lid 2.
– 2. Bevond de zaak zich echter in het geval, bedoeld in het vorige lid, onder de aannemer, dan is de opdrachtgever tot geen enkele vergoeding gehouden, tenzij het tenietgaan of verloren raken aan zijn schuld was te wijten, in welk geval het vorige lid onverminderd toepassing vindt. (Ontw. 7.12.7; BW 7A: 1643 (oud))

Art. 758

Stilzwijgende aanvaarding

– 1. Indien de aannemer te kennen heeft gegeven dat het werk klaar is om te worden opgeleverd en de opdrachtgever het werk niet binnen een redelijke termijn keurt en al dan niet onder voorbehoud aanvaardt dan wel onder aanwijzing van de gebreken weigert, wordt de opdrachtgever geacht het werk stilzwijgend te hebben aanvaard. Na de aanvaarding wordt het werk als opgeleverd beschouwd.
– 2. Na oplevering is het werk voor risico van de opdrachtgever. Derhalve blijft hij de prijs verschuldigd, ongeacht tenietgaan of achteruitgang van het werk door een oorzaak die niet aan de aannemer kan worden toegerekend.
– 3. De aannemer is ontslagen van de aansprakelijkheid voor gebreken die de opdrachtgever op het tijdstip van oplevering redelijkerwijs had moeten ontdekken. (Ontw. 7.12.7a)

Art. 759

Gebreken na oplevering

– 1. Indien het werk na oplevering gebreken vertoont waarvoor de aannemer aansprakelijk is, moet de opdrachtgever, tenzij zulks in verband met de omstandigheden niet van hem kan worden gevergd, aan de aannemer de gelegenheid geven de gebreken binnen een redelijke termijn weg te nemen, onverminderd de aansprakelijkheid van de aannemer voor schade ten gevolge van de gebrekkige oplevering.
– 2. De opdrachtgever kan vorderen dat de aannemer de gebreken binnen redelijke termijn wegneemt, tenzij de kosten van herstel in geen verhouding zouden staan tot het belang van de opdrachtgever bij herstel in plaats van schadevergoeding. (Ontw. 7.12.8)

Art. 760

Gevolgen ondeugdelijke uitvoering werk

– 1. De gevolgen van een ondeugdelijke uitvoering van het werk, die te wijten is aan gebreken of ongeschiktheid van door de aannemer gebruikte materialen of hulpmiddelen, komen voor rekening van de aannemer.
– 2. Is de ondeugdelijke uitvoering echter te wijten aan gebreken of ongeschiktheid van zaken afkomstig van de opdrachtgever, daaronder begrepen de grond waarop hij een werk laat uitvoeren, dan komen de gevolgen voor zijn rekening, voor zover de aannemer niet zijn in artikel 754 bedoelde waarschuwingsplicht heeft geschonden of anderszins met betrekking tot deze gebreken in deskundigheid of zorgvuldigheid tekort is geschoten.
– 3. Lid 2 is van overeenkomstige toepassing in geval van fouten of gebreken in door de opdrachtgever verstrekte plannen, tekeningen, berekeningen, bestekken of uitvoeringsvoorschriften. (Ontw. 7.12.10; BW 7: 754)

Art. 761

Verjaring rechtsvordering

– 1. Elke rechtsvordering wegens een gebrek in het opgeleverde werk verjaart door verloop van twee jaren nadat de opdrachtgever ter zake heeft geprotesteerd. Indien de opdrachtgever de aannemer een termijn heeft gesteld waarbinnen deze het gebrek zal kunnen wegnemen, begint de verjaring pas te lopen bij het einde van die termijn, of zoveel eerder als de aannemer te kennen heeft gegeven het gebrek niet te zullen herstellen.
– 2. De rechtsvordering verjaart in ieder geval door verloop van twintig jaren na de oplevering in geval van aanneming van bouwwerken en door verloop van tien jaren na de oplevering in alle andere gevallen.
– 3. Indien de rechtsvordering krachtens het bepaalde in de vorige leden zou verjaren tussen het tijdstip waarop de aannemer aan de opdrachtgever heeft medegedeeld dat hij het gebrek zal onderzoeken of herstellen, en het tijdstip waarop hij het onderzoek en de pogingen tot herstel kennelijk als beëindigd beschouwt, wordt de verjaringstermijn verlengd overeenkomstig artikel 320 van Boek 3.
– 4. De leden 1-3 laten onverlet de bevoegdheid van de opdrachtgever om aan een vordering tot betaling van de prijs zijn recht op vermindering daarvan door gedeeltelijke ontbinding van de overeenkomst of op schadevergoeding tegen te werpen. (Ontw. 7.12.11; BW 3: 306, 310; 6: 265 e.v.)

Art. 762

Aansprakelijkheid verborgen gebreken

De aansprakelijkheid van de aannemer voor hem bekende verborgen gebreken die hij heeft verzwegen, kan niet worden uitgesloten of beperkt, noch kan zij aan kortere verjaringstermijnen worden onderworpen dan die voorzien in artikel 761. Verzwijging door degenen die de aannemer met de leiding over de uitvoering van het werk heeft belast, wordt gelijkgesteld met verzwijging door de aannemer. (Ontw. 7.12.12; BW 7: 751)

Art. 763

Indien de aannemer na het sluiten van de overeenkomst overlijdt of duurzaam arbeidsongeschikt wordt, kan ieder der partijen de overeenkomst beëindigen, voor zover zij, gezien de aard van de overeenkomst, aan het overlijden of de duurzame arbeidsongeschiktheid een redelijk belang bij beëindiging kan ontlenen. Voor de reeds verrichte arbeid en gemaakte kosten is de opdrachtgever een naar redelijkheid en met inachtneming van alle omstandigheden te bepalen vergoeding verschuldigd. (Ontw. 7.12.13; BW 7A: 1648 (oud))

Arbeidsongeschiktheid of overlijden aannemer

Art. 764

– 1. De opdrachtgever is te allen tijde bevoegd de overeenkomst geheel of gedeeltelijk op te zeggen.

Opzegging overeenkomst door opdrachtgever

– 2. In geval van zulke opzegging zal hij de voor het gehele werk geldende prijs moeten betalen, verminderd met de besparingen die voor de aannemer uit de opzegging voortvloeien, tegen aflevering door de aannemer van het reeds voltooide werk. Indien de prijs afhankelijk was gesteld van de werkelijk door de aannemer te maken kosten, wordt de door de opdrachtgever verschuldigde prijs berekend op grondslag van de gemaakte kosten, de verrichte arbeid en de winst die de aannemer over het gehele werk zou hebben gemaakt. (Ontw. 7.12.14; BW 7A: 1647 (oud); BW 7: 753 lid 3, 757 lid 2)

AFDELING 2

Bijzondere bepalingen voor de bouw van een woning in opdracht van een natuurlijk persoon die niet handelt in de uitoefening van een beroep of bedrijf

Art. 765

Deze afdeling is van toepassing op aanneming van werk die strekt tot de bouw van een woning, bestaande uit een onroerende zaak of bestanddeel daarvan, in opdracht van een natuurlijk persoon die niet handelt in de uitoefening van een beroep of bedrijf. (Ontw. 7.12.15; BW 7: 2, 5, 8; Overg.w. 217 lid 2)

Toepassingsbereik

Art. 766

– 1. Een overeenkomst als bedoeld in artikel 765 wordt schriftelijk aangegaan.

Schriftelijkheidsvereiste

– 2. De tussen partijen opgemaakte akte of een afschrift daarvan moet aan de opdrachtgever ter hand worden gesteld, desverlangd tegen afgifte aan de aannemer van een gedateerd ontvangstbewijs. Gedurende drie dagen na deze terhandstelling heeft de opdrachtgever het recht de overeenkomst te ontbinden. Komt, nadat de opdrachtgever van dit recht gebruik gemaakt heeft, binnen zes maanden tussen dezelfde partijen met betrekking tot dezelfde te bouwen woning opnieuw een overeenkomst tot stand, dan ontstaat het recht niet opnieuw.

– 3. De leden 1-2 zijn niet van toepassing indien de overeenkomst strekt tot de bouw van een woning op grond die de opdrachtgever reeds toebehoort, en de overeenkomst niet met de koop van deze grond in verband staat. (Ontw. 7.12.16; BW 3: 39; 6: 267 e.v.; 7: 2, 48c)

Art. 767

De opdrachtgever kan slechts worden verplicht tot het doen van betalingen die, althans bij benadering, overeenstemmen met de voortgang van de bouw of met de waarde van de aan hem overgedragen goederen, behoudens dat kan worden bedongen dat hij ter verzekering van de nakoming van zijn verplichtingen een bedrag dat niet hoger is dan 10% van de aanneemsom, in depot stort bij een notaris dan wel voor dit bedrag vervangende zekerheid stelt. Het teveel betaalde geldt als onverschuldigd betaald. (Ontw. 7.12.17; BW 7: 8, 26)

Betaling

Art. 768

– 1. De opdrachtgever kan, zonder beroep te doen op artikel 262 van Boek 6 en onder behoud van zijn recht op oplevering, maximaal 5% van de aanneemsom inhouden op de laatste termijn of laatste termijnen en dit bedrag in plaats van aan de aannemer te betalen, in depot storten bij een notaris.

Storting deel aanneemsom in depot notaris

– 2. De notaris brengt het bedrag in de macht van de aannemer nadat drie maanden zijn verstreken na het tijdstip van oplevering, tenzij de opdrachtgever van de in artikel 262 van Boek 6 toegekende bevoegdheid wenst gebruik te maken. In dat geval deelt de opdrachtgever aan de notaris mee tot welk bedrag het depot moet worden gehandhaafd.

– 3. De notaris brengt het bedrag voorts in de macht van de aannemer voor zover de opdrachtgever daarin toestemt, de aannemer vervangende zekerheid stelt of bij een uitspraak die partijen bindt, is beslist dat een depot niet of niet langer gerechtvaardigd is.

– 4. Indien de opdrachtgever aan de aannemer schadevergoeding verschuldigd is wegens de in lid 1 bedoelde depotstorting of de door de aannemer gestelde vervangende zekerheid, wordt deze gesteld op de wettelijke rente bedoeld in artikel 119 van Boek 6. Gedurende de drie maanden bedoeld in lid 2, is zij niet verschuldigd, zelfs niet indien geen gebreken worden geconstateerd. (Ontw. 7.12.18; BW 7: 8; Overg.w. 91 lid 3)

Art. 769

Van deze afdeling en voor zover voor de toepassing van artikel 768 nodig, van artikel 262 van

Dwingend recht

Boek 6, kan niet ten nadele van de opdrachtgever worden afgeweken, behoudens bij een standaardregeling als bedoeld in artikel 214 van Boek 6. (Ontw. 7.12.19; BW 3: 40)

TITEL 14
Borgtocht

AFDELING 1
Algemene bepalingen

Art. 850

Omschrijving

– 1. Borgtocht is de overeenkomst waarbij de ene partij, de borg, zich tegenover de andere partij, de schuldeiser, verbindt tot nakoming van een verbintenis, die een derde, de hoofdschuldenaar, tegenover de schuldeiser heeft of zal krijgen. (BW 1857 (oud); BW 1: 88, 89; 2: 44^2, 291^2; 6: 51; Rv 52^3, 54; Wet op het Notarisambt 73*b*)
– 2. Voor de geldigheid van een borgtocht is niet vereist dat de hoofdschuldenaar deze kent. (BW 1860 (oud))
– 3. Op borgtocht zijn de bepalingen omtrent hoofdelijke verbintenissen van toepassing, voor zover daarvan in deze titel niet wordt afgeweken. (Ontw. 7.14.1.1; BW 6: 6 v., 150 v.; 7: 852^1)

Art. 851

Afhankelijk recht

– 1. De borgtocht is afhankelijk van de verbintenis van de hoofdschuldenaar, waarvoor zij is aangegaan. (BW 1858^1 (oud); BW 3: 7)
– 2. Borgtocht kan slechts voor toekomstige verbintenissen van de hoofdschuldenaar worden aangegaan, voor zover zij voldoende bepaalbaar zijn. (Ontw. 7.14.1.2 BW 3: 84^2, 231, 7: 861)

Art. 852

Verweermiddelen

– 1. Verweermiddelen die de hoofdschuldenaar jegens de schuldeiser heeft, kunnen ook door de borg worden ingeroepen, indien zij het bestaan, de inhoud of het tijdstip van nakoming van de verbintenis van de hoofdschuldenaar betreffen. (BW 6: 7^2, 9^2, 14; 7: 868)

Opschortingsbevoegdheid

– 2. Indien de hoofdschuldenaar bevoegd is om ter vernietiging van de rechtshandeling waaruit de verbintenis voortspruit, een beroep op een vernietigingsgrond te doen en hem door de borg of door de schuldeiser een redelijke termijn is gesteld ter uitoefening van die bevoegdheid, is de borg gedurende die termijn bevoegd de nakoming van zijn verbintenis op te schorten. (BW 3: 44; 6: 52 v., 139^1)
– 3. Zolang de hoofdschuldenaar bevoegdelijk de nakoming van zijn verbintenis jegens de schuldeiser opschort, is ook de borg bevoegd de nakoming van zijn verbintenis op te schorten. (Ontw. 7.14.1.3; BW 1884 (oud); BW 6: 52 v., 262 v. 7: 857, $862^{\text{sub } a}$, 863)

Art. 853

Tenietgaan

Door voltooiing van de verjaring van de rechtsvordering tot nakoming van de verbintenis van de hoofdschuldenaar, gaat de borgtocht teniet. (Ontw. 7.14.1.4; BW 3: 306 v., 323^1; 7: 857, $862^{\text{sub } a}$, 863)

Art. 854

Andere verbintenis dan betaling geldsom

Strekt de verbintenis van de hoofdschuldenaar tot iets anders dan tot betaling van een geldsom, dan geldt de borgtocht voor de vordering tot schadevergoeding in geld, verschuldigd op grond van niet-nakoming van die verbintenis, tenzij uitdrukkelijk anders is bedongen. (Ontw. 7.14.1.5; BW 6: 87, 103, 277; 7: 857, $862^{\text{sub } a}$, 863)

Art. 855

Nakoming borg subsidiair

– 1. De borg is niet gehouden tot nakoming voordat de hoofdschuldenaar in de nakoming van zijn verbintenis is tekort geschoten. (BW 6: 74 v.)
– 2. De schuldeiser die de hoofdschuldenaar overeenkomstig artikel 82 van Boek 6 in gebreke stelt, is verplicht hiervan tegelijkertijd de borg mededeling te doen. (Ontw. 7.14.1.6; BW 7: 857, $862^{\text{sub } a}$, 863)

Art. 856

Wettelijke rente

– 1. De borg is slechts wettelijke rente verschuldigd over het tijdvak dat hijzelf in verzuim is, tenzij de hoofdschuldenaar in verzuim is krachtens artikel 83 onder *b* van Boek 6. (BW 6: 81 v., 85, 119)

Kosten rechtsvervolging hoofdschuldenaar

– 2. De borg is gehouden de kosten van rechtsvervolging van de hoofdschuldenaar te vergoeden, indien hij tijdig door mededeling van het voornemen tot rechtsvervolging in de gelegenheid is gesteld deze kosten te voorkomen. (Ontw. 7.14.1.7; BW 1862 (oud); BW 7: 857, 858^2, $862^{\text{sub } a}$, 863; Rv 56 v.)

AFDELING 2
Borgtocht, aangegaan buiten beroep of bedrijf

Art. 857

Particuliere borgtocht

De bepalingen van deze afdeling zijn van toepassing op borgtochten die zijn aangegaan door een natuurlijk persoon die noch handelde in de uitoefening van zijn beroep of bedrijf, noch ten behoeve van de normale uitoefening van het bedrijf van een naamloze vennootschap of besloten vennootschap met beperkte aansprakelijkheid, waarvan hij bestuurder is en alleen of met zijn medebestuurders de meerderheid der aandelen heeft. (Ontw. 7.14.2.1; BW art. 1:88 lid 4; BW art. 6:236, 237; BW art. 7:5 lid 1, 414 lid 3, 863, 864)

Art. 858

Maximumbedrag

– 1. Indien het bedrag van de verbintenis van de hoofdschuldenaar op het tijdstip van het aangaan van de borgtocht niet vaststaat, is de borgtocht slechts geldig, voor zover een in geld uitgedrukt maximum-bedrag is overeengekomen.

– 2. Overeenkomstig artikel 856 verschuldigde rente en kosten kunnen ongeacht dit maximum worden gevorderd. (Ontw. 7.14.2.2; BW 7: $862^{\text{sub } a}$, 863)

Art. 859

Bewijs

– 1. Tegenover de borg wordt de borgtocht slechts door een door hem ondertekend geschrift bewezen. (Rv 183^1, 185^1)

– 2. De borgtocht kan door alle middelen worden bewezen, indien vaststaat dat de borg de verbintenis van de hoofdschuldenaar geheel of gedeeltelijk is nagekomen.

– 3. Voor het bewijs van de overeenkomst die tot het aangaan van de borgtocht verplicht, geldt dezelfde eis als gesteld in lid 1 en in het geval van lid 2 dezelfde vrijheid. (Ontw. 7.14.2.3; BW 7: $862^{\text{sub } a}$, 863)

Art. 860

Bezwarende voorwaarden

De borg is niet gebonden, voor zover voor zijn verbintenis meer bezwarende voorwaarden zouden gelden dan die waaronder de hoofdschuldenaar gebonden is, behoudens voor zover het betreft de wijze waarop tegenover de borg het bewijs van bestaan en omvang van de verbintenis van de hoofdschuldenaar geleverd kan worden. (Ontw. 7.14.2.4; BW 1859 (oud); BW 7: $862^{\text{sub } a}$, 863)

Art. 861

Toekomstige verbintenissen

– 1. Een borgtocht die voor toekomstige verbintenissen is aangegaan, kan:

a. te allen tijde worden opgezegd, indien zij niet voor een bepaalde duur geldt;

b. na vijf jaren worden opgezegd, indien zij wel voor een bepaalde duur geldt.

– 2. Na de opzegging duurt de borgtocht voor de reeds ontstane verbintenissen voort.

– 3. Een borg is niet verbonden voor toekomstige verbintenissen tot vergoeding van schade, waarvoor de hoofdschuldenaar jegens de schuldeiser aansprakelijk is, voor zover de schuldeiser de schade had kunnen voorkomen door een toezicht als redelijkerwijs van hem gevergd kon worden. (BW 6: 101; 7: 854)

– 4. Een borg is evenmin verbonden voor toekomstige verbintenissen uit een rechtshandeling die de schuldeiser onverplicht heeft verricht, nadat hij bekend was geworden met omstandigheden die de mogelijkheid van verhaal op de hoofdschuldenaar aanmerkelijk hebben verminderd, zulks tenzij de borg uitdrukkelijk met de rechtshandeling heeft ingestemd of deze handeling geen uitstel kon lijden. (Ontw. 7.14.2.5; BW 3: 45 v.; 7: 851^2, $862^{\text{sub } a}$, 863, 864^1; F 42-45)

Art. 862

Dwingend recht

Niet kan ten nadele van de borg worden afgeweken:

a. van de artikelen 852-856 en 858-861;

b. van de verplichtingen die de schuldeiser krachtens artikel 154 van Boek 6 jegens de borg heeft met het oog op diens mogelijke subrogatie. (Ontw. 7.14.2.6)

Art. 863

Overeenkomstige toepassing

De bepalingen van deze afdeling zijn van overeenkomstige toepassing op overeenkomsten, waarbij iemand als bedoeld in artikel 857 zich verbindt tot een bepaalde prestatie voor het geval een derde een bepaalde verbintenis met een andere inhoud jegens de schuldeiser niet nakomt. (Ontw. 7.14.2.7; BW 7: 864)

Art. 864

Last tot aangaan borgtocht

– 1. Indien in opdracht en voor rekening van iemand als bedoeld in artikel 857 ter zake van de verbintenis van een ander een borgtocht of een overeenkomst als bedoeld in artikel 863 wordt aangegaan, heeft de opdrachtnemer voor hetgeen hij aan de schuldeiser heeft voldaan, geen recht op vergoeding jegens de opdrachtgever voor zover de onderhavige afdeling aan diens aansprakelijkheid als borg in de weg gestaan zou hebben. Artikel 861 is tussen opdrachtgever en opdrachtnemer van overeenkomstige toepassing. (BW 7: 406)

– 2. Van het eerste lid kan slechts worden afgeweken, indien dit geschiedt bij een door de opdrachtgever ondertekend geschrift waarin de aard van de afwijking wordt omschreven, en het een opdracht betreft aan een bank of andere instelling die haar bedrijf van het verstrekken van borgtochten maakt. (Ontw. 7.14.2.8)

AFDELING 3

De gevolgen van de borgtocht tussen de hoofdschuldenaar en de borg en tussen borgen en voor de verbintenis aansprakelijke niet-schuldenaren onderling

Art. 865

Redelijkheid en billijkheid

Op de rechtsbetrekkingen tussen hoofdschuldenaar en borg en op die tussen borgen en voor de verbintenis aansprakelijke niet-schuldenaren onderling is artikel 2 van Boek 6 van overeenkomstige toepassing. (Ontw. 7.14.3.1)

Art. 866

Regres

– 1. De borg heeft voor het gehele bedrag dat hij aan hoofdsom, rente en kosten aan de schuldeiser heeft moeten voldoen, krachtens artikel 10 van Boek 6 een vordering op de hoofdschuldenaar.

– 2. De borg kan noch aan artikel 10, noch aan artikel 12 van Boek 6 een vordering op de hoofdschuldenaar ontlenen voor wettelijke rente over de periode waarin hij door hem persoonlijk betreffende omstandigheden in verzuim is geweest of voor kosten die hem persoonlijk betreffen of door hem in redelijkheid niet behoefden te worden gemaakt.

– 3. Heeft iemand zich ter zake van dezelfde verbintenis borg gesteld voor twee of meer hoofdelijk verbonden hoofdschuldenaren, dan zijn deze in afwijking van artikel 10 lid 1 en artikel 12 lid 1 van Boek 6, jegens de borg hoofdelijk verbonden voor hetgeen deze aan hoofdsom, rente en kosten op hen kan verhalen.

– 4. Uit de rechtsverhouding tussen de borg en een of meer hoofdschuldenaren kan iets anders voortvloeien dan de leden 1-3 meebrengen. (Ontw. 7.14.3.2; BW 1876 (oud))

Art. 867

Nakoming borg en hoofdschuldenaar

Indien de borg de verbintenis is nagekomen zonder de hoofdschuldenaar daarvan mededeling te doen en deze daarna zijnerzijds de schuldeiser heeft betaald, kan de hoofdschuldenaar tegenover de borg volstaan met overdracht aan deze van zijn vordering wegens onverschuldigde betaling op de schuldeiser. (Ontw. 7.14.3.3; BW 1879 (oud); BW art. 6:203)

Art. 868

Verweermiddelen

Een krachtens artikel 10 van Boek 6 aangesproken hoofdschuldenaar kan de verweermiddelen die hij op het tijdstip van het ontstaan van de verhaalsvordering jegens de schuldeiser had, ook inroepen tegen de borg; de leden 2 en 4 van artikel 11 van Boek 6 zijn van overeenkomstige toepassing. (Ontw. 7.14.3.4; BW art. 7:852, 866 lid 1)

Art. 869

Omslaan onverhaalbare deel

De borg te wiens laste de schuld is gedelgd, kan met overeenkomstige toepassing van artikel 152 van Boek 6 het onverhaalbaar gebleken gedeelte omslaan over zich zelf, zijn medeborgen en de niet-schuldenaren die voor de verbintenis aansprakelijk waren. (Ontw. 7.14.3.6; BW 1881 (oud))

Art. 870

Regres achterborg

De achterborg die de verbintenis van de borg is nagekomen, kan ten behoeve van zich zelf het verhaal uitoefenen dat de borg, indien hij zelf de verbintenis was nagekomen, zou hebben gehad jegens de hoofdschuldenaar of jegens medeborgen of niet-schuldenaren die voor de verbintenis aansprakelijk waren. (Ontw. 7.14.3.7; BW 1860 lid 2 (oud); BW art. 7:866, 869)

TITEL 15

Vaststellingsovereenkomst

Art. 900

Omschrijving

– 1. Bij een vaststellingsovereenkomst binden partijen, ter beëindiging of ter voorkoming van onzekerheid of geschil omtrent hetgeen tussen hen rechtens geldt, zich jegens elkaar aan een vaststelling daarvan, bestemd om ook te gelden voor zover zij van de tevoren bestaande rechtstoestand mocht afwijken. (BW art. 1:345 lid 3, 441 lid 2 sub *e*; BW art. 6:261 e.v.; BW art. 7:906 lid 1; RO art. 43, 55 lid 2, 66; Rv art. 24, 153, 329; Fw art. 104; Gem.w. art. 171)

– 2. De vaststelling kan tot stand komen krachtens een beslissing van partijen gezamenlijk of krachtens een aan één van hen of aan een derde opgedragen beslissing. (Rv art. 87, 131)

– 3. Een bewijsovereenkomst staat met een vaststellingsovereenkomst gelijk voor zover zij een uitsluiting van tegenbewijs meebrengt. (BW art. 6:236 sub *k* en *n*; Rv art. 152, 153, 168)

– 4. Deze titel is niet van toepassing op de overeenkomst van arbitrage. (Ontw. 7.15.1; BW 1888 lid 1 (oud); Rv art. 1020 e.v.)

Art. 901

Vereisten totstandkoming

– 1. De totstandkoming van de vaststelling is gebonden aan de vereisten waaraan moet worden voldaan om de met de beslissing beoogde rechtstoestand, uitgaande van die waarvan zij mogelijk afwijkt, tot stand te brengen.

– 2. Ieder van de partijen is jegens de andere verplicht te verrichten hetgeen van haar zijde nodig is om aan de vereisten voor de totstandkoming van de vaststelling te voldoen.

– 3. Voor zover aan deze vereisten kan worden voldaan door een verklaring van partijen of een hunner, wordt deze verklaring in de vaststellingsovereenkomst besloten geacht, tenzij uit de overeenkomst anders voortvloeit. (Ontw. 7.15.2)

Art. 902

Geldigheid

Een vaststelling ter beëindiging van onzekerheid of geschil op vermogensrechtelijk gebied is ook geldig als zij in strijd mocht blijken met dwingend recht, tenzij zij tevens naar inhoud of strekking in strijd komt met de goede zeden of de openbare orde. (Ontw. 7.15.3; BW 3: 40 e.v.)

Art. 903

Rechten van derden

Een vaststelling van hetgeen in het verleden rechtens is geweest, kan geen afbreuk doen aan inmiddels verkregen rechten van derden. (Ontw. 7.15.4; BW 1894 (oud))

Art. 904

Vernietigbaarheid beslissing

– 1. Indien gebondenheid aan een beslissing van een partij of van een derde in verband met inhoud of wijze van totstandkoming daarvan in de gegeven omstandigheden naar maatstaven van redelijkheid en billijkheid onaanvaardbaar zou zijn, is die beslissing vernietigbaar. (BW art. 6:248 lid 2, 258)

– 2. Indien de beslissing van een partij of een derde vernietigd wordt, nietig blijkt of niet binnen een aan die partij of derde daartoe te stellen redelijke termijn wordt verkregen, kan de rechter een beslissing geven, tenzij uit de overeenkomst of de aard van de beslissing voortvloeit dat zij op andere wijze moet worden vervangen. (Ontw. 7.15.5; BW art. 3:39-44, 49 e.v., 52 lid 1 sub *d*; BW art. 6:228; BW art. 7:906 leden 2-4)

Art. 905

Ontbinding

Indien een ontbinding van een vaststellingsovereenkomst wegens een tekortkoming in de nakoming daarvan een reeds tot stand gekomen, aan een partij of een derde opgedragen beslissing zou treffen, kan deze ontbinding niet door een eenzijdige verklaring geschieden en kan de rechter haar afwijzen op de grond dat degene die haar vordert, voldoende middelen heeft om van de wederpartij opheffing van of vergoeding voor de tekortkoming te verkrijgen. (Ontw. 7.15.6; BW 6: 74 e.v., 265 lid 1, 267)

Art. 906

Overeenkomstige toepassing

– 1. De bepalingen van deze titel vinden overeenkomstige toepassing, wanneer een vaststelling haar rechtsgrond elders dan in een overeenkomst vindt.

– 2. Artikel 904 vindt overeenkomstige toepassing wanneer aan een der partijen bij een rechtsverhouding of aan een derde de bevoegdheid is gegeven de regeling van de verhouding aan te vullen of te wijzigen.

– 3. Lid 2 geldt niet voor aanvulling of wijziging bij een besluit van een orgaan van een rechtspersoon, indien dit besluit krachtens artikel 15 van Boek 2 bij strijd met redelijkheid en billijkheid vernietigbaar is.

– 4. De leden 1 en 2 gelden niet voor zover de strekking van de betrokken bepaling in verband met de aard van de rechtsverhouding zich tegen de overeenkomstige toepassing verzet. (Ontw. 7.15.7)

Art. 907

Verbindendverklaring collectieve schadeovereenkomst

– 1. Een overeenkomst strekkende tot vergoeding van schade die is veroorzaakt door een gebeurtenis of gelijksoortige gebeurtenissen, gesloten door een stichting of vereniging met volledige rechtsbevoegdheid met één of meer andere partijen, die zich bij deze overeenkomst hebben verbonden tot vergoeding van deze schade, kan door de rechter op gezamenlijk verzoek van de partijen die de overeenkomst hebben gesloten verbindend worden verklaard voor personen aan wie de schade is veroorzaakt, mits de stichting of vereniging de belangen van deze personen ingevolge haar statuten behartigt. Onder personen aan wie de schade is veroorzaakt worden mede begrepen personen die een vordering ter zake van deze schade onder algemene of bijzondere titel hebben verkregen.

– 2. De overeenkomst bevat in ieder geval:

a. een omschrijving van de groep dan wel groepen van personen ten behoeve van wie de overeenkomst is gesloten, naar gelang van de aard en de ernst van hun schade;

b. een zo nauwkeurig mogelijke aanduiding van het aantal personen dat tot deze groep of groepen behoort;

c. de vergoeding die aan deze personen wordt toegekend;

d. de voorwaarden waaraan deze personen moeten voldoen om voor die vergoeding in aanmerking te komen;

e. de wijze waarop de vergoeding wordt vastgesteld en kan worden verkregen;

f. de naam en de woonplaats van degene aan wie de in artikel 908 leden 2 en 3 bedoelde schriftelijke mededeling kan worden gedaan.

– 3. De rechter wijst het verzoek af indien:

a. de overeenkomst niet aan lid 2 voldoet;

b. de hoogte van de toegekende vergoedingen niet redelijk is, mede gelet op de omvang van de

schade, de eenvoud en snelheid waarmee de vergoedingen verkregen kunnen worden en de mogelijke oorzaken van de schade;
c. onvoldoende zekerheid is gesteld voor de voldoening van de vorderingen van degenen ten behoeve van wie de overeenkomst is gesloten;
d. de overeenkomst niet voorziet in een onafhankelijke vaststelling van de vergoedingen ingevolge de overeenkomst;
e. de belangen van de personen ten behoeve van wie de overeenkomst is gesloten anderszins onvoldoende gewaarborgd zijn;
f. de stichting of vereniging, bedoeld in lid 1 niet voldoende representatief is ter zake van de belangen van degenen ten behoeve van wie de overeenkomst is gesloten;
g. de groep van personen ten behoeve van wie de overeenkomst is gesloten van onvoldoende omvang is om een verbindendverklaring te rechtvaardigen;
h. er een rechtspersoon is die ingevolge de overeenkomst de vergoedingen verstrekt, en deze geen partij is bij de overeenkomst.
– 4. De rechter kan alvorens te beslissen partijen gelegenheid geven de overeenkomst aan te vullen of te wijzigen.
– 5. Het verzoek, bedoeld in lid 1, stuit de verjaring van een rechtsvordering tot vergoeding van schade tegen de personen die partij zijn bij de overeenkomst, voorzover de overeenkomst in de vergoeding van deze schade voorziet. Indien het verzoek onherroepelijk is toegewezen, begint een nieuwe verjaringstermijn te lopen met de aanvang van de dag, volgende op die waarop definitief is beslist welke vergoeding wordt toegekend. Voorts begint een nieuwe verjaringstermijn te lopen met de aanvang van de dag volgende op die waarop een mededeling als bedoeld in artikel 908 lid 2 is gedaan. Indien het verzoek niet tot toewijzing leidt, begint een nieuwe verjaringstermijn te lopen met de aanvang van de dag, volgende op die waarop dit onherroepelijk vaststaat. Indien de overeenkomst ingevolge artikel 908 lid 4 wordt opgezegd, begint een nieuwe verjaringstermijn te lopen met de aanvang van de dag, volgende op die waarop dit overeenkomstig dat lid plaatsvindt. Artikel 319 lid 2 van Boek 3 is van toepassing.
– 6. De overeenkomst kan bepalen dat een recht op vergoeding ingevolge de overeenkomst vervalt indien een gerechtigde tot een vergoeding niet binnen een termijn van ten minste één jaar na de aanvang van de dag, volgende op die waarop hij met de opeisbaarheid van zijn vergoeding bekend is geworden, daarop aanspraak heeft gemaakt.

Art. 908

Gevolgen verbindendverklaring

– 1. Zodra het verzoek tot verbindendverklaring onherroepelijk is toegewezen heeft de overeenkomst, bedoeld in artikel 907, tussen partijen en de gerechtigden tot een vergoeding de gevolgen van een vaststellingsovereenkomst waarbij ieder der gerechtigden als partij geldt.
– 2. De verbindendverklaring heeft geen gevolg ten aanzien van een gerechtigde tot een vergoeding die binnen een door de rechter te bepalen termijn van ten minste drie maanden na de in artikel 1017 lid 3 van het Wetboek van Burgerlijke Rechtsvordering bedoelde aankondiging van de beschikking door een schriftelijke mededeling aan de in artikel 907 lid 2, onder *f*, bedoelde persoon heeft laten weten niet gebonden te willen zijn.
– 3. Voor een gerechtigde tot een vergoeding die bij de in lid 2 bedoelde aankondiging niet met zijn schade bekend kon zijn heeft een verbindendverklaring geen gevolg indien hij na het bekend worden van zijn schade door een schriftelijke mededeling aan de in artikel 907 lid 2, onder *f*, bedoelde persoon heeft laten weten niet gebonden te willen zijn. Een partij die zich bij de overeenkomst heeft verbonden tot vergoeding van schade kan een gerechtigde tot een vergoeding als bedoeld in de eerste zin schriftelijk een termijn van ten minste zes maanden stellen waarbinnen deze kan laten weten niet gebonden te willen zijn. Daarbij wordt tevens mededeling gedaan van de naam en de woonplaats van de in artikel 907 lid 2, onder *f*, bedoelde persoon.
– 4. Een beding dat een partij bij de overeenkomst ten nadele van de gerechtigden tot een vergoeding van een verbintenis bevrijdt is na een verbindendverklaring nietig, tenzij het de partijen, die zich bij de overeenkomst hebben verbonden tot de vergoeding van de schade gezamenlijk de bevoegdheid geeft om uiterlijk binnen zes maanden na verloop van de in lid 2 bedoelde door de rechter te bepalen termijn de overeenkomst op te zeggen op de grond dat de verbindendverklaring voor te weinig gerechtigden tot een vergoeding gevolgen heeft. Opzegging vindt in dat geval plaats door aankondiging in twee nieuwsbladen en door een schriftelijke mededeling aan de stichting of vereniging, bedoeld in artikel 907 lid 1. De partijen die de overeenkomst hebben opgezegd dragen er zorg voor dat daarvan zo spoedig mogelijk schriftelijk mededeling wordt gedaan aan de bekende gerechtigden tot een vergoeding, waarbij de partijen zich kunnen houden aan de laatste hen bekende woonplaatsen van de gerechtigden tot een vergoeding.
– 5. Nadat de overeenkomst verbindend is verklaard kunnen de partijen die de overeenkomst hebben gesloten zich niet beroepen op de vernietigingsgronden als bedoeld in de artikelen 44

lid 3 van Boek 3 en 228 van Boek 6, en kan een gerechtigde tot een vergoeding zich niet beroepen op de vernietigingsgrond als bedoeld in artikel 904 lid 1.

Art. 909

Beslissing over vergoeding

– 1. Een ingevolge de overeenkomst genomen definitieve beslissing over de vergoeding die een gerechtigde tot een vergoeding toekomt, is bindend. Indien evenwel deze beslissing, of de wijze waarop deze tot stand is gekomen, naar maatstaven van redelijkheid en billijkheid onaanvaardbaar is, is de rechter bevoegd over de vergoeding te beslissen.
– 2. Indien een beslissing over de toekenning van een vergoeding niet binnen een daartoe te stellen redelijke termijn wordt verkregen, is de rechter bevoegd over de vergoeding te beslissen.
– 3. De stichting of vereniging, bedoeld in artikel 907 lid 1, kan nadat de overeenkomst verbindend is verklaard nakoming jegens een gerechtigde tot een vergoeding vorderen, tenzij deze zich daartegen verzet.
– 4. De gerechtigde tot een vergoeding ontvangt krachtens de overeenkomst geen vergoeding waardoor hij in een duidelijk voordeliger positie zou geraken.
– 5. Indien de partij of de partijen, die zich bij de overeenkomst hebben verbonden tot de vergoeding van schade, aan hun verplichtingen uit de overeenkomst kunnen voldoen door betaling van een in de overeenkomst vastgesteld bedrag, en het totaalbedrag van de verschuldigde vergoedingen het totaal te voldoene bedrag overschrijdt, worden, nadat dit gebleken is, de nadien nog verschuldigde vergoedingen naar evenredigheid verminderd tot het beloop van het dan nog overgebleven bedrag. Naar gelang van onder meer de aard en de ernst van de schade kan in de overeenkomst een van dan de in de eerste zin afwijkende wijze van vermindering worden opgenomen. De betaling van een nog verschuldigde vergoeding kan worden opgeschort indien in verband met het in de eerste en tweede zin bepaalde op redelijke gronden kan worden betwijfeld welk bedrag dient te worden voldaan.

Art. 910

Andere schuldenaren

– 1. Zijn naast de partij of partijen die zich bij de overeenkomst hebben verbonden tot de vergoeding van schade, andere schuldenaren hoofdelijk aansprakelijk, dan is artikel 14 van Boek 6 van overeenkomstige toepassing. Tenzij van een andere bedoeling blijkt, wordt de overeenkomst geacht mede een beding in te houden als in die bepaling bedoeld.
– 2. Indien de partij of de partijen, die zich bij de overeenkomst hebben verbonden tot de vergoeding van schade, aan hun verplichtingen uit de overeenkomst hebben voldaan door betaling van een in de overeenkomst vastgesteld bedrag en er na voldoening van de gerechtigden tot een vergoeding een restant is overgebleven, kan deze partij, of kunnen deze partijen gezamenlijk de rechter die de overeenkomst verbindend heeft verklaard, verzoeken om degene die deze gelden beheert te bevelen dit restant aan deze partij of, in geval van meer partijen, aan elke partij in evenredigheid van ieders bijdrage, uit te keren. De rechter wijst het verzoek af indien onvoldoende aannemelijk is dat alle gerechtigden tot een vergoeding zijn voldaan.

TITEL 17
Verzekering

AFDELING 1
Algemene bepalingen

Art. 925

Begripsbepaling

– 1. Verzekering is een overeenkomst waarbij de ene partij, de verzekeraar, zich tegen het genot van premie jegens haar wederpartij, de verzekeringnemer, verbindt tot het doen van een of meer uitkeringen, en bij het sluiten der overeenkomst voor partijen geen zekerheid bestaat, dat, wanneer of tot welk bedrag enige uitkering moet worden gedaan, of ook hoe lang de overeengekomen premiebetaling zal duren. Zij is hetzij schadeverzekering, hetzij sommenverzekering.
– 2. Persoonsverzekering is de verzekering welke het leven of de gezondheid van een mens betreft. (Ontw. 7.17.1.1.; K 246 (oud); BW 3:35; 6:213, 248; 7:926, 944, 964))

Art. 926

Uitkering

– 1. Onder uitkering is begrepen een prestatie anders dan in geld.
– 2. In deze afdeling wordt onder de tot uitkering gerechtigde verstaan degene die in geval van verwezenlijking van het risico krachtens de verzekering recht heeft op uitkering of door aanvaarding van de aanwijzing recht op uitkering kan krijgen. (Ontw. 7.17.1.1a; BW 6:253, 7:925, 929, 930, 940 lid 4, 941 lid 1, 942 lid 2, 945, 957, 965)

Art. 927

Reikwijdte

De bepalingen van deze titel zijn niet van toepassing op herverzekering. (Ontw. 7.17.1.2; K 271 (oud))

Art. 928

Mededelingsplicht

– 1. De verzekeringnemer is verplicht vóór het sluiten van de overeenkomst aan de verzekeraar alle feiten mede te delen die hij kent of behoort te kennen, en waarvan, naar hij weet of behoort te begrijpen, de beslissing van de verzekeraar of, en zo ja, op welke voorwaarden, hij de verzekering zal willen sluiten, afhangt of kan afhangen.

– 2. Indien de belangen van een bij het aangaan van de verzekering bekende derde worden gedekt, omvat de in lid 1 bedoelde verplichting mede de hem betreffende feiten die deze kent of behoort te kennen, en waarvan naar deze weet of behoort te begrijpen, de beslissing van de verzekeraar afhangt of kan afhangen. De vorige zin mist toepassing bij persoonsverzekering.

– 3. Betreft een persoonsverzekering het risico van een bekende derde die de leeftijd van zestien jaren heeft bereikt, dan omvat de mededelingsplicht mede de hem betreffende feiten die deze kent of behoort te kennen en waarvan, naar hij weet of behoort te begrijpen, de beslissing van de verzekeraar afhangt of kan afhangen.

– 4. De mededelingsplicht betreft niet feiten die de verzekeraar reeds kent of behoort te kennen, en evenmin feiten, die niet tot een voor de verzekeringnemer ongunstiger beslissing zouden hebben geleid. De verzekeringnemer of de derde, bedoeld in lid 2 of lid 3, kan zich er echter niet op beroepen dat de verzekeraar bepaalde feiten reeds kent of behoort te kennen indien op een daarop gerichte vraag een onjuist of onvolledig antwoord is gegeven. De mededelingsplicht betreft voorts geen feiten waarnaar ingevolge de artikelen 4 tot en met 6 van de Wet op de medische keuringen in de daar bedoelde gevallen geen medisch onderzoek mag worden verricht en geen vragen mogen worden gesteld.

– 5. De verzekeringnemer is slechts verplicht feiten mede te delen omtrent zijn strafrechtelijk verleden of omtrent dat van derden, voor zover zij zijn voorgevallen binnen de acht jaren die aan het sluiten van de verzekering vooraf zijn gegaan en voor zover de verzekeraar omtrent dat verleden uitdrukkelijk een vraag heeft gesteld in niet voor misverstand vatbare termen.

– 6. Indien de verzekering is gesloten op de grondslag van een door de verzekeraar opgestelde vragenlijst, kan deze zich er niet op beroepen dat vragen niet zijn beantwoord, of feiten waarnaar niet was gevraagd, niet zijn medegedeeld, en evenmin dat een in algemene termen vervatte vraag onvolledig is beantwoord, tenzij is gehandeld met het opzet de verzekeraar te misleiden. (Ontw. 7.17.1.4; K 251 (oud); BW 6: 228; 7:925 lid 2, 938 lid 1, 943 lid 3; Overg.w. 221 lid 1)

Art. 929

Gevolgen bij niet nakomen mededelingsplicht

– 1. De verzekeraar die ontdekt dat aan de in artikel 928 omschreven mededelingsplicht niet is voldaan, kan de gevolgen daarvan slechts inroepen indien hij de verzekeringnemer binnen twee maanden na de ontdekking op de niet-nakoming wijst onder vermelding van de mogelijke gevolgen.

– 2. De verzekeraar die ontdekt dat de verzekeringnemer heeft gehandeld met het opzet hem te misleiden of die bij kennis van de ware stand van zaken geen verzekering zou hebben gesloten, kan de overeenkomst binnen twee maanden na ontdekking met dadelijke ingang opzeggen.

– 3. De verzekeringnemer kan de overeenkomst met dadelijke ingang opzeggen binnen twee maanden nadat de verzekeraar overeenkomstig lid 1 heeft gehandeld of zich bij de verwezenlijking van het risico op de niet-nakoming van de mededelingsplicht beroept. Bij persoonsverzekering kan de verzekeringnemer de beëindiging beperken tot de persoon, wiens risico het beroep op de niet-nakoming betreft. (Ontw. 7.17.1.5; K 251 (oud); BW 7: 925 lid 2, 933, 939, 943 lid 3, 982; Overg.w. 221 lid 2)

Art. 930

Uitkering bij niet nakomen mededelingsplicht

– 1. Indien aan de in artikel 928 omschreven mededelingsplicht niet is voldaan, bestaat alleen recht op uitkering overeenkomstig de leden 2 en 3.

– 2. De bedongen uitkering geschiedt onverkort, indien de niet of onjuist meegedeelde feiten van geen belang zijn voor de beoordeling van het risico, zoals dit zich heeft verwezenlijkt.

– 3. Indien aan lid 2 niet is voldaan, maar de verzekeraar bij kennis van de ware stand van zaken een hogere premie zou hebben bedongen, of de verzekering tot een lager bedrag zou hebben gesloten, wordt de uitkering verminderd naar evenredigheid van hetgeen de premie meer of de verzekerde som minder zou hebben bedragen. Zou de verzekeraar bij kennis van de ware stand van zaken andere voorwaarden hebben gesteld, dan is slechts een uitkering verschuldigd als waren deze voorwaarden in de overeenkomst opgenomen.

– 4. In afwijking van de leden 2 en 3 is geen uitkering verschuldigd indien de verzekeraar bij kennis van de ware stand van zaken geen verzekering zou hebben gesloten.

– 5. In afwijking van de leden 2 en 3 is geen uitkering verschuldigd aan de verzekeringnemer of de derde, bedoeld in artikel 928 lid 2 of lid 3, die heeft gehandeld met het opzet de verzekeraar te misleiden. Evenmin is een uitkering verschuldigd aan de derde indien de verzekeringnemer, met het opzet de verzekeraar te misleiden, niet heeft voldaan aan de mededelingsplicht betreffende de derde. (Ontw. 7.17.1.6; K 251 (oud); BW 3:42, 309; 6:203; 7:943 lid 3, 982; Overg. w. 221 lid 2)

Art. 931

Geen beroep op vernietigingsgronden

De verzekeraar kan zich niet beroepen op de vernietigingsgronden als bedoeld in de artikelen 44 lid 3 van Boek 3 en 228 van Boek 6. (Ontw. 7.17.1.6a); BW 7:943 lid 1; Overg.w. 221 lid 1)

Art. 932

Polis

– 1. De verzekeraar geeft zo spoedig mogelijk een akte, polis genaamd, af, waarin de overeenkomst is vastgelegd. De vorige zin geldt niet indien de aard van de overeenkomst afwijkend gebruik rechtvaardigt en de verzekeringnemer bij afgifte van de polis geen belang heeft.

– 2. Op wijzigingen in de overeenkomst is lid 1 van overeenkomstige toepassing.

– 3. Indien een door een verzekeraar afgegeven bewijsstuk verloren is gegaan, geeft hij desverlangd tegen vergoeding van de kosten een nieuw bewijsstuk af. Indien het bewijsstuk aan toonder of order is gesteld en bij een verzekering van zaken die door middel van documenten plegen te worden verhandeld, kan de verzekeraar als voorwaarde voor het doen van een uitkering aan de houder van een nieuw bewijsstuk verlangen, dat hem door de houder gedurende de tijd dat de verzekeraar tot betaling kan worden gedwongen, zekerheid wordt gesteld. (Ontw. 7.17.1.8; K 255 e.v. (oud); BW 6:233, 234 lid 1; 7:943 lid 1, 949)

Art. 933

Schriftelijke mededelingen

– 1. Alle mededelingen waartoe de bepalingen van deze titel of de overeenkomst de verzekeraar aanleiding geven, geschieden schriftelijk. De verzekeraar kan zich daarbij houden aan de laatste hem bekende woonplaats van de geadresseerde.

– 2. Bij algemene maatregel van bestuur kunnen van lid 1 afwijkende regels worden gesteld ten aanzien van de verzending van mededelingen langs elektronische weg.

– 3. De voordracht voor een krachtens het tweede lid vast te stellen algemene maatregel van bestuur wordt niet eerder gedaan dan vier weken nadat het ontwerp aan de beide kamers der Staten-Generaal is overgelegd. (Ontw. 7.17.1.9; BW 3:37; 6:236 sub l; 7:943 lid 2)

Art. 934

Niet betalen vervolgpremie

Het niet nakomen van de verplichting tot betaling van de vervolgpremie kan eerst leiden tot beëindiging of schorsing van de verzekeringsovereenkomst of de dekking, nadat de schuldenaar na de vervaldag onder vermelding van de gevolgen van het uitblijven van betaling vruchteloos is aangemaand tot betaling binnen een termijn van 14 dagen, aanvangende de dag na aanmaning. De eerste zin geldt niet voor het geval bedoeld in artikel 83, onder *c*, van Boek 6. (Ontw. 7.17.1.10; BW 6:82; 7:943 lid 3, 980)

Art. 935

Verrekening

– 1. De verzekeraar kan hetgeen hij schuldig is aan de tot uitkering gerechtigde die geen schuldenaar van de premie is, verrekenen met opeisbare premie voor dezelfde verzekering, de schade wegens vertraging in de voldoening daarvan en de kosten, bedoeld in artikel 96 lid 2, onder *c*, van Boek 6. De eerste zin geldt niet bij verzekeringen die aan toonder of order zijn gesteld.

– 2. Bij een verzekering tegen aansprakelijkheid kan de verzekeraar in afwijking van artikel 127 lid 2 van Boek 6 geen andere premie, schade en kosten als bedoeld in lid 1 verrekenen met hetgeen hij aan de tot uitkering gerechtigde schuldig is, dan die ter zake van dezelfde verzekering. (Ontw. 7.17.1.10a; BW 6:146; 7:943 lid 1, 947, 948, 966; Overg.w. 221 lid 3)

Art. 936

Betaling door tussenpersoon

– 1. Heeft een tussenpersoon zich bij de verzekeringsovereenkomst tegenover de verzekeraar tot betaling van premie en kosten als eigen schuld verbonden, dan is de verzekeringnemer jegens de verzekeraar gekweten voor zover de premie en kosten voor rekening van de tussenpersoon zijn gekomen of aan deze zijn voldaan. De verzekeringnemer is tot vergoeding van die premie en kosten aan de tussenpersoon gehouden.

– 2. Is een uitkering verschuldigd geworden, dan is de verzekeraar desverlangd, ongeacht rechten van derden, gehouden daarvan aan de tussenpersoon zoveel af te dragen als deze ingevolge het in lid 1 bepaalde van de verzekeringnemer heeft te vorderen. Is de verzekeringnemer krachtens de verzekeringsovereenkomst tot de uitkering gerechtigd, dan heeft de verzekeraar eenzelfde verplichting ten aanzien van andere verzekeringen waarbij dezelfde nemer en dezelfde tussenpersoon zijn betrokken.

– 3. De verzekeraar die voornemens is een uitkering te doen aan een ander dan de tussenpersoon, verzoekt deze laatste om binnen tien dagen het bedrag op te geven, dat deze ingevolge lid 1 van de verzekeringnemer heeft te vorderen. Indien de tussenpersoon daaraan gevolg geeft, draagt de verzekeraar voor zoveel mogelijk het opgegeven bedrag aan hem af. Heeft de verzekeraar hieraan voldaan of heeft de tussenpersoon binnen de gestelde termijn niets opgegeven, dan staat het de verzekeraar vrij aan de ander de nog verschuldigde uitkering te doen.

– 4. De leden 2 en 3 missen toepassing:

a. bij verzekeringen die aan toonder of order zijn gesteld, tenzij de verzekeringnemer tot de uitkering is gerechtigd;

b. bij verplichte aansprakelijkheidsverzekering.
– 5. Het in lid 2, tweede zin, bepaalde mist bovendien toepassing:
a. indien op het recht op uitkering een pandrecht rust als bedoeld in artikel 229 van Boek 3, of een voorrecht als bedoeld in artikel 283 van Boek 3;
b. bij onverplichte verzekering tegen aansprakelijkheid.
– 6. Wanneer de tussenpersoon de uitkering namens de tot uitkering gerechtigde in ontvangst neemt, is hij bevoegd om de vergoeding als bedoeld in lid 1, tweede zin, te verrekenen met hetgeen hij aan de tot uitkering gerechtigde schuldig is tot het bedrag van zijn uit de leden 2, 4 en 5 voortvloeiende aanspraken. (Ontw. 7.17.1.11; BW 7:935, 937 943; WAM 6; Overg.w. 221 lid 3)

Art. 937

Kwijting

De verzekeraar die een uitkering doet aan de tussenpersoon, is jegens de tot uitkering gerechtigde gekweten voorzover hetgeen hij aan de tot uitkering gerechtigde verschuldigd is aan deze laatste is voldaan, doch in ieder geval voorzover de tot uitkering gerechtigde door de betaling aan de tussenpersoon is gebaat. (Ontw. 7.17.1.11a; BW 943 lid 2; Overg.w. 221 lid 3)

Art. 938

Geen risico

– 1. Behoudens het geval van opzet van de verzekeringnemer of de derde, bedoeld in artikel 928 lid 2 of lid 3 om de verzekeraar te misleiden is geen premie verschuldigd indien in het geheel geen risico is gelopen. Indien over een vol verzekeringsjaar geen risico is gelopen, is over dat jaar geen premie verschuldigd. De verzekeraar heeft recht op een billijke vergoeding van de te zijnen laste gekomen kosten.
– 2. Gedurende één maand na afloop van een vol verzekeringsjaar waarin geen risico is gelopen, mag elke partij de overeenkomst met ingang van het nieuwe verzekeringsjaar opzeggen. Deze opzegging heeft geen rechtskracht, indien risico is gelopen tussen de aanvang van het nieuwe verzekeringsjaar en de opzegging.
– 3. Is slechts risico gelopen over een kleiner aantal zaken of een kleinere hoeveelheid dan was verzekerd, dan zijn de leden 1 en 2 van toepassing voor zover geen risico is gelopen. (Ontw. 7.17.1.12; K 281, 282 (oud))

Art. 939

Tussentijdse opzegging

Behalve bij opzegging wegens opzet de verzekeraar te misleiden, wordt bij tussentijdse opzegging de lopende premie naar billijkheid verminderd. (Ontw. 7.17.1.12a; BW 7:929, 940 lid 2, 943 lid 1, 948, 949)

Art. 940

Opzegging tegen einde verzekeringsperiode

– 1. Bij opzegging tegen het einde van een verzekeringsperiode teneinde verlenging van de overeenkomst te verhinderen, wordt een termijn van twee maanden in acht genomen.
– 2. De verzekeringnemer en, tenzij het een persoonsverzekering betreft, de verzekeraar kunnen een overeenkomst die is aangegaan voor een periode van meer dan vijf jaar, of die voor zulk een periode is verlengd, opzeggen tegen het einde van elk vijfde jaar binnen die periode. Daarbij geldt de in lid 1 genoemde termijn.
– 3. Indien de verzekeraar de bevoegdheid heeft bedongen de overeenkomst tussentijds op te zeggen, komt de verzekeringnemer een gelijke bevoegdheid toe. Tenzij jegens hem is gehandeld met het opzet tot misleiding neemt de verzekeraar onderscheidenlijk de verzekeringnemer daarbij een termijn van twee maanden in acht. Indien een verzekering dekking biedt tegen schade veroorzaakt door risico's als bedoeld in artikel 3:38 van de Wet op het financieel toezicht, kan, bij de verwezenlijking van een dergelijk risico of bij een dreiging van het ophanden zijn daarvan, de verzekeraar onderscheidenlijk de verzekeringnemer in afwijking van deze termijn van twee maanden, de overeenkomst met inachtneming van een termijn van zeven dagen opzeggen. De verzekeraar kan slechts tussentijds opzeggen op in de overeenkomst vermelde gronden welke van dien aard zijn dat gebondenheid aan de overeenkomst niet meer van de verzekeraar kan worden gevergd.
– 4. Indien de verzekeraar de voorwaarden van de overeenkomst ten nadele van de verzekeringnemer of de tot uitkering gerechtigde wijzigt, is de verzekeringnemer gerechtigd de overeenkomst op te zeggen tegen de dag waarop de wijziging ingaat, en in ieder geval gedurende één maand nadat de wijziging hem is meegedeeld.
– 5. De verzekeraar kan een persoonsverzekering niet beëindigen of wijzigen op grond van verzwaring van het gezondheidsrisico, voor zover dat is gelegen in de persoon van degeen, die de verzekering betreft. (Ontw. 7.17.1.13; BW 3:13; 6:237 onder d, 248, 258; 7:925 lid 2, 943 leden 2 en 3, 977; Overg.w. 221 lid 4)

Art. 941

Verwezenlijking van risico

– 1. Zodra de verzekeringnemer of de tot uitkering gerechtigde van de verwezenlijking van het risico op de hoogte is, of behoort te zijn, is hij verplicht aan de verzekeraar de verwezenlijking te melden. Dit geschiedt zo spoedig als redelijkerwijs mogelijk is.
– 2. De verzekeringnemer en de tot uitkering gerechtigde zijn verplicht binnen redelijke ter-

mijn de verzekeraar alle inlichtingen en bescheiden te verschaffen welke voor deze van belang zijn om zijn uitkeringsplicht te beoordelen.
– 3. Indien door de tot uitkering gerechtigde een verplichting als bedoeld in de leden 1 of 2 niet is nagekomen, kan de verzekeraar de uitkering verminderen met de schade die hij daardoor lijdt.
– 4. De verzekeraar kan het vervallen van het recht op uitkering wegens niet-nakoming van een verplichting als bedoeld in de leden 1 en 2 slechts bedingen voor het geval hij daardoor in een redelijk belang is geschaad.
– 5. Het recht op uitkering vervalt indien de verzekeringnemer of de tot uitkering gerechtigde een verplichting als bedoeld in de leden 1 en 2 niet is nagekomen met het opzet de verzekeraar te misleiden, behoudens voor zover deze misleiding het verval van het recht op uitkering niet rechtvaardigt. (Ontw. 7.17.1.14; K 283 (oud); BW 7:926, 943 lid 2)

Art. 942

Verjaring

– 1. Een rechtsvordering tegen de verzekeraar tot het doen van een uitkering verjaart door verloop van drie jaren na de aanvang van de dag, volgende op die waarop de tot uitkering gerechtigde met de opeisbaarheid daarvan bekend is geworden. Niettemin verjaart de rechtsvordering bij verzekering tegen aansprakelijkheid niet voordat zes maanden zijn verstreken nadat de vordering waartegen de verzekering dekking verleent, binnen de voor deze geldende verjarings- of vervaltermijn is ingesteld.
– 2. De verjaring wordt gestuit door een schriftelijke mededeling, waarbij op uitkering aanspraak wordt gemaakt. Een nieuwe verjaringstermijn begint te lopen met de aanvang van de dag, volgende op die waarop de verzekeraar hetzij de aanspraak erkent, hetzij bij aangetekende brief ondubbelzinnig heeft medegedeeld de aanspraak af te wijzen onder eveneens ondubbelzinnige vermelding van het in lid 3 vermelde gevolg.
– 3. In geval van afwijzing verjaart de rechtsvordering door verloop van zes maanden. (Ontw. 7.17.15; BW 3:307 lid 1, 317; 7:943 lid 2; WAM 10 lid 5)

Art. 943

Dwingend recht

– 1. Van de artikelen 931, 932, 935 lid 2, 936 en 939 kan niet worden afgeweken.
– 2. Van de artikelen 933, eerste lid, eerste zin, 937, 940 leden 1, 3 en 5, 941 leden 1, 2, 4 en 5 en 942 kan niet ten nadele van de verzekeringnemer of de tot uitkering gerechtigde worden afgeweken.
– 3. Van de artikelen 928 tot en met 930, 934 en 940 leden 2 en 4 kan niet ten nadele van de verzekeringnemer of de tot uitkering gerechtigde worden afgeweken indien de verzekeringnemer een natuurlijk persoon is en hij de verzekering sluit anders dan in de uitoefening van een beroep of bedrijf. (Ontw. 7.17.1.16; BW 3:40 e.v.; BW 7:963, 986)

AFDELING 2
Schadeverzekering

Art. 944

Begripsbepaling

Schadeverzekering is de verzekering strekkende tot vergoeding van vermogensschade die de verzekerde zou kunnen lijden. (Ontw. 7.17.2.1; K 246 (oud); BW 6:95, 96; 7:925)

Art. 945

Verzekerde

In deze afdeling wordt onder verzekerde verstaan degene die in geval van door hem geleden schade krachtens de verzekering recht heeft op vergoeding of door aanvaarding van de aanwijzing recht op vergoeding kan krijgen. (Ontw. 7.17.2.2; BW 6:253; 7:926 lid 2, 957)

Art. 946

Belangen verzekeringnemer

– 1. De overeenkomst dekt slechts belangen van de verzekeringnemer, tenzij anders is overeengekomen.
– 2. Indien ingevolge een huwelijk of geregistreerd partnerschap een zaak in een gemeenschap valt, zijn bij een verzekering van die zaak de deelgenoten voor hun belang verzekerde. (Ontw. 7.17.2.4; K 264 e.v.; BW 1:80b, 93 e.v., 114, 123 e.v., 128; 3:170)

Art. 947

Herroepen aanwijzing derde

De verzekeringnemer kan de aanwijzing van een derde aan wie in geval van schade een uitkering moet worden gedaan, slechts herroepen met medewerking van de verzekeraar of van de derde. Met betrekking tot een reeds gevallen schade kunnen de verzekeringnemer en de verzekeraar de aanwijzing ook niet gezamenlijk ongedaan maken. (Ontw. 7.17.2.4a; BW 6:253, 254; 7:948 lid 5, 949, 963 lid 3)

Art. 948

Overgang bij overdracht

– 1. Bij overdracht van een zaak of een beperkt recht waaraan een zaak is onderworpen, gaan de rechten en verplichtingen uit de verzekering die het belang van de vervreemder bij het behoud van de zaak dekt, met het risico op de verkrijger over, ook indien het risico al voor de overdracht overgaat. Hetzelfde geldt voor bijkomstige verzekeringen die bij diezelfde overeenkomst tot stand zijn gekomen. Geen overgang vindt plaats indien zulks voortvloeit uit de rechtshandeling waarbij het goed wordt overgedragen of uit een verklaring van de nieuwe belanghebbende aan de verzekeraar.

– 2. De overeenkomst vervalt een maand nadat zij op de nieuwe verzekerde is overgegaan, tenzij deze binnen die termijn aan de verzekeraar verklaart de overeenkomst voort te zetten. In dat geval kan de verzekeraar binnen twee maanden nadat de verklaring is afgelegd, de overeenkomst met inachtneming van een termijn van een maand opzeggen.

– 3. Premies verschenen voordat de nieuwe verzekerde heeft verklaard de overeenkomst voort te zetten, zijn uitsluitend door de verzekeringnemer verschuldigd.

– 4. Het in lid 2 bepaalde leidt niet tot verlenging van de duur van de overeenkomst noch tot beperking van het recht tot opzegging uit anderen hoofde.

– 5. De leden 1 tot en met 4 missen toepassing, indien de verzekering de verkrijger aanwijst als derde, bedoeld in artikel 947. (Ontw. 7.17.2.5; K 263 (oud); BW 6: 251; 7:226, 939, 949; Overg.w. 221 lid 5)

Art. 949

Houder van polis is verzekerde

Bij verzekeringen als bedoeld in artikel 932 lid 3, tweede zin, geldt de houder van de polis of van een ander door de verzekeraar afgegeven bewijsstuk als verzekerde, mits het verzekerde belang bij hem berust. De artikelen 253 lid 2 van Boek 6, 947, 948 en 950 missen hier toepassing. (Ontw. 7.17.2.5a)

Art. 950

Overlijden verzekeringnemer

Indien de verzekeringnemer overlijdt, kunnen zijn erfgenamen en de verzekeraar de overeenkomst binnen negen maanden nadat zij met dit overlijden bekend zijn geworden met inachtneming van een termijn van een maand opzeggen. (Ontw. 7.17.2.5b; BW art. 7:949; OBW 221 lid 1)

Art. 951

Gebrekkige zaak

De verzekeraar vergoedt geen schade aan een verzekerde zaak indien die is veroorzaakt door de aard of een gebrek van die zaak. (Ontw. 7.17.2.8; K 249 (oud))

Art. 952

Opzet of roekeloosheid

De verzekeraar vergoedt geen schade aan de verzekerde die de schade met opzet of door roekeloosheid heeft veroorzaakt. (Ontw. 7.17.2.9; K 276, 294 (oud); BW art. 3:40, OBW art. 221 lid 1)

Art. 953

Verbod tot erkenning

Indien een verzekering tegen aansprakelijkheid bepaalde erkenningen door de verzekerde verbiedt, heeft overtreding van dat verbod geen gevolg voor zover de erkenning juist is. Een verbod tot erkenning van feiten heeft nimmer gevolg. (Ontw. 7.17.2.9b; BW 7:963 lid 2)

Art. 954

Betaling aan benadeelde

– 1. Indien in geval van een verzekering tegen aansprakelijkheid de verzekeraar ingevolge artikel 941 de verwezenlijking van het risico is gemeld, kan de benadeelde verlangen, dat indien de verzekeraar een uitkering verschuldigd is, het bedrag dat de verzekerde daarvan ter zake van de schade van de benadeelde door dood of letsel te vorderen heeft, aan hem wordt betaald.

– 2. De benadeelde kan zonder melding deze betaling verlangen indien de verzekerde een rechtspersoon was die heeft opgehouden te bestaan en de verplichting tot vergoeding van de schade van de benadeelde niet op een ander is overgegaan.

– 3. Indien de benadeelde zijn in lid 1 bedoelde bevoegdheid nog niet heeft uitgeoefend, kan de verzekeraar slechts bevrijdend aan de verzekerde betalen nadat hij de benadeelde tevergeefs verzocht heeft binnen vier weken mede te delen of hij deze bevoegdheid wil uitoefenen, of indien deze daarvan afstand heeft gedaan.

– 4. De verzekerde is niet bevoegd ten nadele van de benadeelde over zijn vordering op de verzekeraar te beschikken, voorzover deze vordering schade door dood of letsel betreft, noch is deze vordering in zoverre voor anderen dan de benadeelde vatbaar voor beslag.

– 5. Voorzover de verzekeraar in verband met overschrijding van een verzekerde som tot minder gehouden is dan het bedrag waarvoor de verzekerde aansprakelijk is, wordt de verschuldigde uitkering naar evenredigheid toegerekend aan de schade van elk der benadeelden alsmede, voorzover zij benadeelden betreft met zowel schade door dood of letsel als andere schade, aan deze onderscheiden schadesoorten. Niettemin blijft de verzekeraar die, onbekend met het bestaan van vorderingen van andere benadeelden, te goeder trouw aan een benadeelde of de verzekerde een groter bedrag dan het aan deze toekomende deel heeft uitgekeerd, jegens de andere benadeelden slechts gehouden tot het beloop van het overblijvende gedeelte van de verzekerde som. De betaling aan de benadeelden kan worden opgeschort voorzover in verband met het in de eerste zin bepaalde op redelijke gronden kan worden betwijfeld welk bedrag dient te worden voldaan.

– 6. De benadeelde die ter zake van zijn schade door dood of letsel een rechtsvordering instelt tegen de verzekeraar, is daartoe slechts bevoegd indien hij er zorg voor draagt dat de verzekerde tijdig in het geding wordt geroepen. Dit lijdt uitzondering in het geval, bedoeld in lid 2.

– 7. De leden 1 tot en met 6 missen toepassing voor zover de benadeelde schadeloos is gesteld of voor zover hem door de wet jegens de verzekeraar een eigen recht op schadevergoeding is toegekend. (Ontw. 7.17.2.9c; BW 3:246 lid 1, 287; 7:423, 941, 963 lid 4; Rv 12a; Overg.w. 221 lid 6)

Art. 955

Verzekerde som

– 1. De verzekerde som is het hoogste bedrag van de schadevergoeding tot uitkering waarvan de verzekeraar als gevolg van eenzelfde voorval kan worden verplicht, behoudens het bij artikel 959 bepaalde.

– 2. Door een uitkering als bedoeld in lid 1, wordt de verzekerde som niet verminderd. (Ontw. 7.17.2.12; BW 7:958)

Art. 956

Herbouwwaarde, vervangingswaarde

Een gebouw is naar zijn herbouwwaarde, en andere zaken zijn naar hun vervangingswaarde verzekerd. Vervangingswaarde is het bedrag benodigd voor het verkrijgen van naar soort, kwaliteit, hoeveelheid, staat en ouderdom gelijkwaardige zaken. (Ontw. 7.17.2.13; K 287 (oud); BW 7:958)

Art. 957

Voorkoming of vermindering van schade

– 1. Zodra de verzekeringnemer of de verzekerde van de verwezenlijking van het risico of het ophanden zijn daarvan op de hoogte is, of behoort te zijn, is elk hunner, naar mate hij daartoe in de gelegenheid is, verplicht binnen redelijke grenzen alle maatregelen te nemen, die tot voorkoming of vermindering van de schade kunnen leiden.

– 2. De verzekeraar vergoedt de kosten aan het nemen van de in lid 1 bedoelde maatregelen verbonden, en de schade aan zaken die daarbij worden ingezet.

– 3. Indien de verzekerde de in lid 1 bedoelde verplichting niet is nagekomen, kan de verzekeraar de uitkering verminderen met de schade die hij daardoor lijdt. (Ontw. 7.17.2.18; K 283 (oud); BW 7:926 lid 2, 952, 959, 963 leden 5 en 6)

Art. 958

Totaal verlies

– 1. Er is totaal verlies, wanneer een zaak:

a. is tenietgegaan,

b. zo is beschadigd dat zij heeft opgehouden een zaak van de verzekerde soort te zijn, of

c. buiten de macht van de verzekerde is geraakt en herkrijging niet is te verwachten.

– 2. Bij totaal verlies vergoedt de verzekeraar de waarde van het verzekerde belang bij de zaak.

– 3. Heeft de verzekeraar in het geval van lid 1 onder *c* voldaan aan zijn verplichting en wordt het daarna mogelijk de zaak te herkrijgen, dan heeft de verzekeraar ter keuze van de verzekerde recht op terugbetaling van de vergoeding of op overdracht van de zaak.

– 4. De verzekeraar vergoedt in geval van verzekering tegen vervangings-, herbouw- of nieuwwaarde bij gedeeltelijke schade te zijner keuze hetzij de kosten van herstel en de waardevermindering naar verkoopwaarde ondanks herstel, hetzij de verzekerde waarde van de onbeschadigde zaak verminderd met de verkoopwaarde van de restanten.

– 5. Indien het bedrag van de verzekerde som lager is dan de waarde die aan de schadeberekening ten grondslag ligt, wordt de vergoeding volgens de leden 2 en 4 verminderd naar evenredigheid van hetgeen dat bedrag lager is dan de waarde. (Ontw. 7.17.2.21; BW 3:95; 7:956, 960)

Art. 959

Kosten voor verzekeraar

– 1. De in artikel 957 bedoelde vergoeding en de redelijke kosten tot het vaststellen van de schade gemaakt, komen ten laste van de verzekeraar, ook al zou daardoor, tezamen met de vergoeding van de schade, de verzekerde som worden overschreden.

– 2. Indien de naar de grondslag van de verzekering berekende waarde van de onbeschadigde zaak niet ten volle is verzekerd, komt de in artikel 957 bedoelde vergoeding slechts met overeenkomstige toepassing van artikel 958 lid 5 ten laste van de verzekeraar. (Ontw. 7.17.2.22; BW 7:963 lid 6)

Art. 960

Voordeliger positie

De verzekerde zal krachtens de verzekering geen vergoeding ontvangen waardoor hij in een duidelijk voordeliger positie zou geraken. De vorige zin mist toepassing bij voorafgaande taxatie van de waarde van een zaak tot stand gekomen krachtens een aan een deskundige opgedragen beslissing of krachtens een beslissing van partijen overeenkomstig het advies van een deskundige. (Ontw. 7.17.2.24; K 274 (oud); BW 7:900 e.v., 961, 963 lid 1)

Art. 961

Meer verzekeringen voor dezelfde schade

– 1. Indien dezelfde schade door meer dan een verzekering wordt gedekt, kan de verzekerde met inachtneming van artikel 960 elke verzekeraar aanspreken. De verzekeraar is daarbij bevoegd de nakoming van zijn verplichting tot schadevergoeding op te schorten totdat de verzekerde de andere verzekeringen heeft genoemd.

– 2. Voor de toepassing van lid 1 wordt met schade die door een verzekering wordt gedekt gelijkgesteld schade die door de verzekeraar onverplicht wordt vergoed.

– 3. De verzekeraars hebben onderling verhaal opdat ieder zijn deel draagt, naar evenredigheid van de bedragen waarvoor een ieder afzonderlijk kan worden aangesproken. Verzekeraars

hebben op gelijke voet onderling verhaal voor hun redelijke kosten tot het vaststellen van de schade, alsmede voor hun redelijke kosten van verweer in en buiten rechte. De verzekerde is jegens de verzekeraars afzonderlijk verplicht zich te onthouden van elke gedraging die ten koste van dezen afbreuk doet aan hun onderling verhaal.
– 4. De bij eenzelfde verzekering betrokken verzekeraars zijn niet verder aansprakelijk dan voor hun evenredig deel van hetgeen in totaal ten laste van die verzekering komt. (Ontw. 7.17.2.24a; K 277, 278 (oud); BW art. 6:96 lid 2; ONBW art. 221 lid 7)

Art. 962

Subrogatie

– 1. Indien de verzekerde ter zake van door hem geleden schade anders dan uit verzekering vorderingen tot schadevergoeding op derden heeft, gaan die vorderingen bij wijze van subrogatie op de verzekeraar over voor zover deze, al dan niet verplicht, die schade vergoedt. De verzekerde moet zich, nadat het risico zich heeft verwezenlijkt, onthouden van elke gedraging welke aan het recht van de verzekeraar tegen die derden afbreuk doet.
– 2. De verzekeraar kan de vordering waarin hij is gesubrogeerd, of die hij door overdracht heeft verkregen, niet ten nadele van het recht op schadevergoeding van de verzekerde uitoefenen.
– 3. De verzekeraar krijgt geen vordering op de verzekeringnemer, een mede-verzekerde, de niet van tafel en bed gescheiden echtgenoot of de geregistreerde partner van een verzekerde, de andere levensgezel van een verzekerde, noch op de bloedverwanten in de rechte lijn van een verzekerde, op een werknemer of de werkgever van de verzekerde, of op degene die in dienst staat tot dezelfde werkgever als de verzekerde. Deze regel geldt niet voor zover zulk een persoon jegens de verzekerde aansprakelijk is wegens een omstandigheid die afbreuk zou hebben gedaan aan de uitkering, indien die omstandigheid aan de verzekerde zou zijn toe te rekenen. (Ontw. 7.17.2.25; K 284 (oud); BW art. 3:95; BW art. 6:150 e.v.; BW art. 7:661, 963 lid 1)

Art. 963

Dwingend recht

– 1. Van de artikelen 960 en 962 lid 2 en lid 3, eerste zin, kan niet worden afgeweken.
– 2. Van artikel 953 kan niet ten nadele van de verzekerde worden afgeweken.
– 3. Van artikel 947, tweede zin, kan niet ten nadele van de derde worden afgeweken.
– 4. Van artikel 954 kan niet ten nadele van de benadeelde worden afgeweken.
– 5. Van artikel 957 lid 2 kan niet ten nadele van de verzekeringnemer of de verzekerde worden afgeweken.
– 6. Van artikel 959 lid 1 kan niet ten nadele van de verzekeringnemer of de verzekerde worden afgeweken voor zover de in dit lid bedoelde kosten niet het bedrag overschrijden dat gelijk is aan de verzekerde som en de verzekeringnemer een natuurlijk persoon is die de verzekering anders dan in de uitoefening van een beroep of bedrijf heeft gesloten. (Ontw. 7.17.2.25a; BW 7:943, 986; Overg.w. 221 lid 1)

AFDELING 3
Sommenverzekering

§ 1. Algemene bepalingen

Art. 964

Begripsbepaling

Sommenverzekering is de verzekering waarbij het onverschillig is of en in hoeverre met de uitkering schade wordt vergoed. Zij is slechts toegelaten bij persoonsverzekering en bij verzekeringen welke daartoe bij algemene maatregel van bestuur, zonodig binnen daarbij vast te stellen grenzen, zijn aangewezen. (Ontw. 7.17.3.1; BW 7:925, 944)

Art. 965

Verzekerde, begunstigde, uitkering

In deze afdeling wordt verstaan onder verzekerde: degene op wiens leven of gezondheid de verzekering betrekking heeft; onder begunstigde: degene die tot het ontvangen van een uitkering is aangewezen. Onder uitkering zijn de bedragen, bedoeld in de artikelen 978 lid 2, 980 lid 2, 981 en 983 begrepen. (Ontw. 7.17.3.2; BW 7:926, 945)

Art. 966

Mogelijkheden verzekeringnemer

– 1. De verzekeringnemer kan door schriftelijke mededeling aan de verzekeraar:
a. zichzelf of, al dan niet naast zichzelf, één of meer derden als begunstigde aanwijzen, hetzij als hoofdgerechtigde, hetzij als beperkt gerechtigde;
b. het recht op uitkering onder bewind stellen;
c. een beschikking als onder *a* of *b* bedoeld herroepen of wijzigen.
– 2. De verzekeraar kan een aanwijzing of een wijziging daarvan afwijzen, indien zij de nakoming van zijn uitkeringsverplichting onredelijk zou bemoeilijken. Hij oefent dit recht uit door binnen een maand na de aanwijzing of de wijziging de verzekeringnemer van zijn afwijzing in kennis te stellen.
– 3. Het bewind over een recht op uitkering heeft dezelfde rechtsgevolgen als een bij uiterste wilsbeschikking ingesteld bewind, met dien verstande dat:

a. de termijnen bedoeld in de artikelen 178, 179 lid 2 en 180 lid 2 van Boek 4 aanvangen op het tijdstip waarop de uitkering of de eerste van een reeks uitkeringen opeisbaar wordt, en
b. het bewind, voor zover het niet in het belang van een ander dan de begunstigde is ingesteld, ook eindigt wanneer de verzekeringnemer en de begunstigde een gemeenschappelijk besluit tot opheffing schriftelijk ter kennis van de bewindvoerder brengen.
– 4. Een aanwijzing van een begunstigde als hoofdgerechtigde tot zekerheid geldt als een aanwijzing als pandhouder. Op een aanwijzing als hoofdgerechtigde tot aflossing van een schuld is de vorige zin van overeenkomstige toepassing, tenzij de aanwijzing is beperkt tot hetgeen ter zake aan de begunstigde is verschuldigd. (Ontw. 7.17.3.4; K 302 (oud); BW 3:210, 246; 6:253; 7:182 lid 2, 967 lid 8, 968, 969, 972, 974)

Art. 967

Vervallen aanwijzing begunstigde

– 1. Tenzij van een andere bedoeling blijkt, vervalt de aanwijzing van een begunstigde, indien hij overlijdt vóórdat:
a. hij de aanwijzing heeft aanvaard, of
b. een uitkering waarop de aanwijzing betrekking had, opeisbaar is geworden.
– 2. Is de begunstigde in hoedanigheid aangeduid, dan wordt de aanwijzing vermoed te zijn gedaan ten behoeve van hem die deze hoedanigheid bezit ten tijde dat de aanwijzing volgens artikel 968, onder *b* tot en met *d*, onherroepelijk wordt. Indien de begunstigde zowel bij naam als in hoedanigheid is aangeduid, wordt de aanwijzing vermoed te zijn gedaan ten behoeve van de bij naam aangewezen begunstigde.
– 3. In afwijking van het in lid 2 bepaalde strekt de begunstiging steeds ten behoeve van de begunstigde wiens aanwijzing door aanvaarding onherroepelijk is geworden, terwijl hij de in de aanwijzing aangeduide hoedanigheid bezat.
– 4. Zijn de als zodanig aangeduide erfgenamen van de verzekeringnemer of van de verzekerde als begunstigden aangewezen, dan worden daaronder diegenen verstaan die als erfgenamen tot de nalatenschap zijn geroepen, ongeacht of zij haar hebben aanvaard. Zij zijn tot de uitkering gerechtigd in dezelfde verhouding als waarin zij tot de nalatenschap zijn geroepen.
– 5. Is de nalatenschap van de verzekeringnemer of van de verzekerde als begunstigde aangewezen, dan komt het recht op uitkering toe aan de erfgenamen die de nalatenschap hebben aanvaard. Zij zijn tot de uitkering gerechtigd in dezelfde verhouding als waarin zij in de nalatenschap delen.
– 6. Zijn als zodanig aangeduide kinderen als begunstigden aangewezen, dan worden daaronder hun afstammelingen bij plaatsvervulling begrepen.
– 7. Indien een uitkering door de dood van de verzekerde opeisbaar wordt en deze en een begunstigde derde gelijktijdig zijn overleden, dan wel indien beiden zijn gestorven en men niet kan weten wie het eerst is overleden, valt, tenzij van een andere bedoeling blijkt, de uitkering niet aan die begunstigde ten deel.
– 8. Zolang geen derde als begunstigde is aangewezen, komt het recht op uitkering toe aan de verzekeringnemer. De verzekeringnemer wordt voorts geacht zichzelf als begunstigde te hebben aangewezen voor het geval dat geen aanwijzing van een derde als begunstigde gevolg heeft. (Ontw. 7.17.3.4a; BW 4:2, 10 lid 2; 6:15, 255; 7:969 lid 3; Rv 479ka lid 2)

Art. 968

Onherroepelijke begunstiging

De aanwijzing van een derde als begunstigde kan niet worden herroepen:
a. indien die derde haar heeft aanvaard;
b. indien het risico is geëindigd door het overlijden van de verzekerde;
c. indien een uitkering opeisbaar wordt;
d. indien dit uit de overeenkomst voortvloeit. (Ontw. 7.17.3.5; BW 6:253)

Art. 969

Aanvaarding aanwijzing door begunstigde

– 1. De begunstigde derde verkrijgt zijn recht op uitkering door aanvaarding van zijn aanwijzing. In afwijking van artikel 253 leden 3 en 4 van Boek 6 kan hij slechts aanvaarden door een tot de verzekeraar gerichte verklaring. Tenzij de aanwijzing onherroepelijk is volgens artikel 968, onder *b* tot en met *d*, kan de begunstigde slechts schriftelijk aanvaarden met op gelijke wijze aan de verzekeraar kenbaar gemaakte toestemming van de verzekeringnemer.
– 2. Is de aanwijzing volgens artikel 968, onder *b* tot en met *d*, onherroepelijk, dan kan de begunstigde derde zijn aanwijzing door een tot de verzekeraar gerichte verklaring afwijzen.
– 3. De begunstigde derde maakt de aanvaarding van zijn aanwijzing ongedaan door afstand te doen van zijn recht op uitkering. (Ontw. 7.17.3.6a; BW 6:253; 7:966, 974)

Art. 970

Overdracht rechten

– 1. De rechten van de verzekeringnemer uit een sommenverzekering kunnen, onverminderd de tweede zin, slechts gezamenlijk worden overgedragen. Uit een sommenverzekering voortvloeiende vorderingsrechten kunnen afzonderlijk worden overgedragen, voor zover uit de wet of de overeenkomst niet anders voortvloeit.
– 2. Levering van rechten uit een verzekering vereist een daartoe bestemde akte en schrifte-

lijke mededeling daarvan aan de verzekeraar door de vervreemder of de verkrijger. (Ontw. 7.17.3.6b; BW 3:83 lid 2, 94 lid 1)

Art. 971

Pandrecht

– 1. Bij het vestigen van een pandrecht op uit een sommenverzekering voortvloeiende rechten mist artikel 239 van Boek 3 toepassing.

– 2. Indien het pandrecht rust op een recht op uitkering, treedt voor de toepassing van de artikelen 246 en 253 van Boek 3 en artikel 490*b* van het Wetboek van Burgerlijke Rechtsvordering de hoofdgerechtigde voor de pandgever in de plaats. Heeft een als hoofdgerechtigde aangewezen derde zijn aanwijzing nog niet aanvaard, dan stelt de pandhouder de derde daartoe in de gelegenheid.

– 3. In afwijking van lid 2 kan de pandhouder een overschot als bedoeld in artikel 253 lid 1, tweede zin, van Boek 3 ook afdragen aan de verzekeraar. De verzekeraar is het bedrag verschuldigd aan de hoofdgerechtigde. (Ontw. 7.17.3.6c)

Art. 972

Uitoefenen rechten

– 1. De verzekeringnemer kan zijn uit de overeenkomst voortvloeiende rechten slechts uitoefenen met schriftelijke toestemming:

a. van de begunstigde, wanneer een aanwijzing volgens artikel 968 onherroepelijk is;

b. van de beperkt gerechtigde, wanneer een beperkt recht is gevestigd op de voor de verzekeringnemer uit de overeenkomst voortvloeiende rechten, dan wel op het recht op een uitkering.

– 2. Indien uitoefening van de in lid 1 bedoelde rechten niet zou leiden tot wijziging van de rechtspositie van de begunstigde, onderscheidenlijk de beperkt gerechtigde, is daarvoor diens toestemming niet vereist. (Ontw. 7.17.3.7d; BW 7:966 lid 1, 970, 971, 974, 978, 979)

Art. 973

Opzet

Aan de overeenkomst kunnen geen rechten worden ontleend door degeen die onherroepelijk veroordeeld is ter zake dat hij de verwezenlijking van het risico opzettelijk teweeg heeft gebracht of daaraan opzettelijk meegewerkt heeft. (Ontw. 7.17.3.8; BW 3:40; 4:3; 7:974)

Art. 974

Dwingend recht

Van de vormvoorschriften van de artikelen 966 lid 1 en 969 lid 1, tweede zin, en van de artikelen 972 en 973 kan niet worden afgeweken. (Ontw. 7.17.3.8a; BW 7:943, 963, 986)

§ 2. Levensverzekering

Art. 975

Begripsbepaling

Levensverzekering is de in verband met het leven of de dood gesloten sommenverzekering met dien verstande dat ongevallenverzekering niet als levensverzekering wordt beschouwd. (Ontw. 7.17.3.9; BW 7:925, 944, 964; Wet toezicht verzekeringsbedrijf 1 lid 1 onder b)

Art. 976

Reikwijdte

De artikelen 978 lid 1, 980 lid 1 en 981, en artikel 986 voor zover het op deze bepalingen betrekking heeft, missen toepassing bij verzekeringen strekkende tot voorziening in de kosten van lijkbezorging. Bij algemene maatregel van bestuur kunnen hiervoor nadere maatstaven worden gesteld. De waarde van deze verzekeringen en de uit deze verzekeringen voortvloeiende rechten zijn niet vatbaar voor beslag en blijven buiten het faillissement van of de toepassing van de schuldsaneringsregeling op de verzekeringnemer en vereffening van zijn nalatenschap. (Ontw. 7.17.3.9a; BW 3:276; 4:202 e.v.; 7:926 lid 1; Fw 20, 295 lid 1; Rv 479l e.v.)

Art. 977

Geen opzegging/ontbinding door verzekeraar

– 1. Behoudens het elders in deze titel bepaalde kan de verzekering niet door de verzekeraar worden opgezegd of ontbonden, noch krachtens enig beding vervallen. De eerste zin staat niet in de weg aan een beding dat de verzekering eindigt of door de verzekeraar kan worden opgezegd, indien zij als gevolg van in de overeenkomst voorziene verrekening van premie, bedongen rente en kosten niet langer premievrije waarde of afkoopwaarde heeft.

– 2. Behoudens het elders in deze afdeling bepaalde kan de verzekeraar de verzekering slechts afkopen of premievrij voortzetten met medewerking van de verzekeringnemer, verkregen na het aangaan van de overeenkomst. (Ontw. 7.17.3.12a; BW 7:929, 978, 980, 986 lid 2)

Art. 978

Afkoop

– 1. De verzekeringnemer heeft het recht de verzekering, voor zover deze stellig voorziet in een of meer uitkeringen, geheel of gedeeltelijk door de verzekeraar te doen afkopen. Door afkoop eindigt de verzekering, behoudens voor zover uit de verzekering nog uitkeringen kunnen voortvloeien. De afkoopwaarde komt de verzekeringnemer toe.

– 2. Indien de verzekering premievrije waarde heeft, komt de verzekeringnemer het recht toe, haar premievrij te doen voortzetten. Dit recht kan worden uitgesloten voor het geval dat bij premievrijmaking tegen verminderde bedragen de hoogte van de verminderde uitkering of uitkeringen beneden een bij algemene maatregel van bestuur vast te stellen grens zou blijven. (Ontw. 7.17.3.13; BW 7:979, 980 lid 2, 981, 983, 984 986 leden 2, 3 en 4; Rv 479m)

Art. 979

Belening

– 1. De verzekeringnemer heeft het recht de verzekering als bedoeld in artikel 978 lid 1 tot het bedrag van de afkoopwaarde bij de verzekeraar te belenen op bij deze gebruikelijke voorwaarden.

– 2. De verzekeraar mag het bedrag dat hij ter zake van de belening betaalt, vermeerderd met rente en kosten, voor zover het hem niet wordt terugbetaald, in mindering brengen op de contante waarde van periodieke uitkeringen, en inhouden op betalingen uit hoofde of ten laste van de verzekering. (Ontw. 7.17.3.14; BW 6:127 e.v., 237 onder g)

Art. 980

Niet-betalen vervolgpremie

– 1. Het niet-betalen van vervolgpremie heeft eerst gevolg, indien de verzekeraar na de vervaldag de verzekeringnemer, de begunstigde, indien deze zijn aanwijzing heeft aanvaard, de pandhouder en de beslaglegger door een mededeling op dat gevolg heeft gewezen en betaling binnen een daarbij op ten minste één maand gestelde termijn is uitgebleven.

– 2. Indien betaling is uitgebleven, wordt de verzekering die premievrije waarde heeft, premievrij voortgezet of, indien de overeenkomst daarin voorziet, voortgezet door middel van verrekening van de premie en de bedongen rente en kosten met de afkoopwaarde. Bestaat geen recht op voortzetting als in de vorige zin bedoeld, dan eindigt de verzekering, en heeft de verzekeringnemer bij een verzekering die afkoopwaarde heeft, recht op die waarde.

– 3. In afwijking van lid 1 kan worden bedongen dat van de vervaldag af rente en kosten verschuldigd zijn. (Ontw. 7.17.3.15; BW 7:933, 934, 969, 971, 977, 978, 986 lid 3; Rv. 479)

Art. 981

Overlijden door onverzekerde oorzaak

Overlijdt de verzekerde ten gevolge van een van het risico uitgesloten oorzaak en heeft de verzekering afkoopwaarde, dan wordt de verzekeraar een bedrag verschuldigd gelijk aan de afkoopwaarde berekend naar de dag voorafgaande aan het overlijden. Dat bedrag komt de begunstigde toe. Heeft de verzekering geen afkoopwaarde, maar wel premievrije waarde, dan wordt de verzekeringnemer geacht de dag vóór het overlijden het recht te hebben uitgeoefend als bedoeld in artikel 978 lid 2 en wordt de verzekerde geacht te zijn overleden door een niet van het risico uitgesloten oorzaak. (Ontw. 7.17.3.16; BW 7:978, 986 lid 2)

Art. 982

Onjuiste leeftijd of geslacht

– 1. Indien de leeftijd of het geslacht van de verzekerde onjuist is opgegeven, wordt de verzekering geacht te zijn gesloten tot de aan de juiste leeftijd of het juiste geslacht aangepaste uitkering, of uitkeringen, bij handhaving van hetgeen omtrent de premiebetaling is overeengekomen. De artikelen 929 en 930 en 983 missen in zoverre toepassing.

– 2. Lid 1 mist toepassing indien de verzekeraar bij kennis van de juiste leeftijd of het juiste geslacht geen verzekering zou hebben gesloten. (Ontw. 7.17.3 16a; BW 7:929, 930, 986 lid 2)

Art. 983

Afkoopwaarde

– 1. Indien een verzekering die de verzekeringnemer krachtens wet of overeenkomst kan doen afkopen, overeenkomstig artikel 929 wordt opgezegd, verkrijgt de verzekeringnemer recht op de afkoopwaarde van de dag vóór haar beëindiging.

– 2. De begunstigde verkrijgt recht op een op gelijke wijze berekend bedrag, indien de verzekeraar bij het einde van het risico een beroep doet op de gevolgen van het niet nakomen van artikel 928. Zou echter de toepassing van artikel 930 lid 2 of 3 tot een hogere uitkering leiden, dan verkrijgt de begunstigde daarop aanspraak.

– 3. De verzekeraar die ingevolge artikel 929 de verzekeringnemer op het niet nakomen van artikel 928 wijst onder voorbehoud van zijn rechten of die de gevolgen van dat niet nakomen inroept, stelt de begunstigde die zijn aanwijzing heeft aanvaard, en de pandhouder daarvan in kennis. In het geval, bedoeld in de eerste zin, stelt de verzekeraar ook de beslaglegger in kennis, tenzij nog geen verklaring als bedoeld in artikel 476*a*, eerste lid, Wetboek van Burgerlijke Rechtsvordering is gedaan. (Ontw. 7.17.3.17; BW 7:929, 930, 933, 969, 971, 978, 986 lid 3)

Art. 984

Afkopen door pandhouder

– 1. Rust een pandrecht op de rechten van de verzekeringnemer, dan kan de pandhouder de verzekering doen afkopen, tenzij de verzekeringnemer de bevoegdheid mist de verzekering te doen afkopen. Tevens kan de pandhouder de begunstiging wijzigen ten behoeve van de verzekeringnemer, voor zover deze niet onherroepelijk is. Hij kan de verzekering slechts doen afkopen indien de schuldenaar in verzuim is gekomen en nadat hij daarna zijn voornemen tot het doen afkopen ten minste vier weken tevoren, bij aangetekende brief of bij deurwaardersexploit, aan de verzekeringnemer heeft medegedeeld. De verzekeraar is niet gehouden te onderzoeken of de schuldenaar in verzuim is. De pandhouder doet een afschrift van de brief of het exploit, bedoeld in de derde zin, toekomen aan de verzekeraar.

– 2. Om de verzekering te kunnen doen afkopen, dient de pandhouder bij de mededeling van een voornemen van afkoop tevens te vermelden dat de verzekeringnemer, tenzij deze bevoegdheid is uitgesloten, de verzekering binnen de termijn van vier weken, bedoeld in lid 1,

kan belenen ter voldoening, voor zover mogelijk, van hetgeen aan de pandhouder verschuldigd is.
– 3. Heeft de pandhouder de verzekering doen afkopen of de verzekeringnemer deze overeenkomstig lid 2 beleend, dan rust het pandrecht nog slechts op de vordering ter zake van die afkoop of die belening.
– 4. De pandhouder is niet bevoegd tot verkoop overeenkomstig artikel 248 van Boek 3. (Ontw. 7.17.3.20; BW 3:246; 7:966, 970, 971, 978, 979, 986 lid 1; Fw 21a, 295a; Rv 479l, 479m)

Art. 985

Verjaring

Een rechtsvordering tegen de verzekeraar tot het doen van een uitkering verjaart door verloop van vijf jaar na de dag waarop die vordering opeisbaar is geworden, tenzij een langere termijn is bedongen. (Ontw. 7.17.3.24; BW 3:308; 7:977)

Art. 986

Dwingend recht

– 1. Van artikel 984 kan niet worden afgeweken.
– 2. Van de artikelen 977, 981 en 982 kan niet ten nadele van de verzekeringnemer, de begunstigde of de pandhouder worden afgeweken.
– 3. Van de artikelen 978 lid 2, 980, en 983 kan niet ten nadele van de verzekeringnemer, de begunstigde, de pandhouder of de beslaglegger worden afgeweken, indien de verzekeringnemer is een natuurlijk persoon en deze de verzekering sluit anders dan in verband met de uitoefening van een beroep of bedrijf.
– 4. Beperking of uitsluiting van het recht, bedoeld in artikel 978 lid 1, kan niet worden tegengeworpen aan schuldeisers van de verzekeringnemer, de curator in het faillissement van de verzekeringnemer, diens bewindvoerder in geval van surséance van betaling of toepassing van de schuldsaneringsregeling, dan wel de vereffenaar van de nalatenschap van de verzekeringnemer. Bij een verzekering die recht geeft op periodieke uitkeringen of verstrekkingen, mist de eerste zin toepassing voor zover de ter zake voldane premies, mede op de grond dat de verzekering bepaalt dat zij niet kan worden afgekocht, voor de heffing van de inkomstenbelasting in aanmerking konden worden genomen voor de bepaling van het belastbaar inkomen uit werk en woning. (Ontw. 7.17.3.25; BW 7:943, 963, 974)

Art. 7.17.3.7

(Vervallen)

Art. 7.17.3.7a

(Vervallen)

Art. 7.17.3.7b

(Vervallen)

Art. 7.17.3.7c

(Vervallen)

Art. 7.17.3.20a

(Vervallen)

Art. 7.17.3.20b

(Vervallen)

Art. 7.17.3.21

(Vervallen)

Art. 7.17.3.21a

(Vervallen)

Art. 7.17.3.21b

(Vervallen)

Art. 7.17.3.23

(Vervallen)

Art. 7.17.3.23a

(Vervallen)

Art. 7.17.3.23b

(Vervallen)

TITEL 18
Lijfrente

Art. 990

Begripsbepaling

Lijfrente is het van het in leven zijn van één of meer personen afhankelijke recht op een periodieke uitkering in geld. (Ontw. 7.18.1)

Art. 991

Omzetting in vordering tot vergoeding

– 1. Indien een uitkering op de vervaldag niet is betaald en ook binnen een maand na een schriftelijke aanmaning nog niet is voldaan, kan de gerechtigde de lijfrente, voor zover nog verschuldigd, bij een schriftelijke mededeling aan de schuldenaar omzetten in een vordering tot vergoeding van het bedrag dat is vereist voor het kopen van een gelijke lijfrente.

– 2. Nochtans is de schuldenaar van de lijfrente bevoegd de nakoming van zijn verbintenis op te schorten indien hij op redelijke gronden betwijfelt of het lijf nog in leven is. (Ontw. 7.18.2; BW 7A:1818, 1819 (oud); BW 6:37, 87)

Art. 992

Verschuldigde rente bij overlijden

Over een periode waarin het lijf overlijdt, is de rente slechts verschuldigd naar evenredigheid van het aantal dagen dat hij heeft geleefd. Indien de rente vooruit moest worden betaald blijft zij over de gehele termijn verschuldigd. (Ontw. 7.18.3; BW 7A:1822 (oud))

I.1 WIJZIGINGSWET BOEK 7 BURGERLIJK WETBOEK VASTSTELLING TITEL 13 (VENNOOTSCHAP) (KS 28746)

Wet van ..., Stb. ..., houdende vaststelling van titel 7.13 (vennootschap) van het Burgerlijk Wetboek

Wij Beatrix, bij de gratie Gods, Koningin der Nederlanden, Prinses van Oranje-Nassau, enz. enz. enz.

Allen, die deze zullen zien of horen lezen, saluut! doen te weten:

Alzo Wij in overweging genomen hebben dat het wenselijk is titel 7.13 (vennootschap) van het Burgerlijk Wetboek vast te stellen;

Zo is het, dat Wij, de Raad van State gehoord, en met gemeen overleg der Staten-Generaal, hebben goedgevonden en verstaan, gelijk Wij goedvinden en verstaan bij deze:

Art. I

Titel 13 van Boek 7 van het Burgerlijk Wetboek wordt als volgt vastgesteld:

TITEL 13

Vennootschap

AFDELING 1

Algemene bepalingen

Art. 800

– 1. Vennootschap is de overeenkomst tot samenwerking voor gemeenschappelijke rekening van twee of meer personen, de vennoten, welke samenwerking is gericht op het behalen van vermogensrechtelijk voordeel ten behoeve van alle vennoten door middel van inbreng door ieder van de vennoten.

– 2. De vennoten moeten zich tegenover elkaar gedragen zoals een goed vennoot betaamt.

Art. 801

– 1. De openbare vennootschap is de vennootschap tot het uitoefenen van een beroep of bedrijf dan wel tot het verrichten van beroeps- of bedrijfshandelingen, die op een voor derden duidelijk kenbare wijze naar buiten optreedt onder een door haar als zodanig gevoerde naam.

– 2. De stille vennootschap is de vennootschap die niet een openbare vennootschap is.

Art. 802

– 1. Een openbare vennootschap is rechtspersoon indien dit in de overeenkomst van vennootschap is bepaald en de overeenkomst, althans hetgeen daarvan in de eerste en tweede zin van lid 3 is omschreven, is opgenomen in een akte die wordt verleden ten overstaan van een in Nederland gevestigde notaris. De akte wordt verleden in de Nederlandse taal. Een volmacht tot medewerking aan de akte moet schriftelijk zijn verleend.

– 2. Op een zodanige vennootschap is artikel 5 van Boek 2 van toepassing. Titel 1 van Boek 2 is overigens slechts van toepassing voor zover de onderhavige titel daarnaar verwijst.

– 3. In de akte, bedoeld in lid 1, wordt ten minste opgenomen dat de vennootschap rechtspersoon is, alsmede haar naam, haar doel en haar zetel, die moet zijn gelegen in Nederland. Voorts wordt in de akte opgenomen hetgeen de overeenkomst inhoudt ter zake van de vertegenwoordigingsbevoegdheid van de vennoten, de winst- of verliesdeling, het boekjaar, alsmede de ontbinding of voortzetting van de vennootschap –uittreding, opvolging en toetreding daaronder begrepen. Wijzigingen van de overeenkomst ter zake van in de eerste en tweede zin genoemde onderwerpen worden op straffe van nietigheid eveneens opgenomen in een akte als aangeduid in lid 1.

– 4. Een zodanige vennootschap moet op alle geschriften, gedrukte stukken en aankondigingen waarin zij partij is of die van haar uitgaan, met uitzondering van telegrammen en reclames, haar naam en haar zetel vermelden. De naam vangt aan of eindigt met de woorden Openbare Vennootschap met rechtspersoonlijkheid, hetzij voluit geschreven, hetzij afgekort tot 'OVR'.

Art. 803

– 1. Indien de overeenkomst van vennootschap nietig is en ten name van deze niet bestaande vennootschap een vermogen is gevormd, benoemt de rechter op verzoek van een belanghebbende of het openbaar ministerie een of meer vereffenaars. Artikel 22 van Boek 2 is van overeenkomstige toepassing. Het vermogen wordt zo veel mogelijk vereffend en verdeeld overeenkomstig artikel 830. Degenen die zijn opgetreden als besturende vennoten of als ten behoeve van het vermogen handelende personen, zijn hoofdelijk verbonden voor de tot dit vermogen behorende schulden overeenkomstig artikel 4 lid 4, tweede tot en met vierde volzin, van Boek 2.

– 2. Indien alsnog een geldige overeenkomst van vennootschap is aangegaan ter opvolging in het

vermogen, kan de rechter desverzocht toestaan dat dit niet overeenkomstig artikel 830 zoveel mogelijk wordt vereffend en verdeeld, doch dat het in die vennootschap wordt ingebracht.

Art. 804

Vervallen

AFDELING 2
De inbreng

Art. 805

– 1. De inbreng waartoe iedere vennoot is gehouden, bestaat uit het ten behoeve van de samenwerking leveren van een prestatie, in het bijzonder uit het ter beschikking stellen van geld, goederen, genot van goederen of arbeid.

– 2. De inbreng van geld, goederen of genot van goederen verplicht tot inbreng in de vennootschappelijke gemeenschap, en bij een openbare vennootschap die rechtspersoon is tot inbreng in die rechtspersoon. Op een zodanige inbreng van een goed zijn de bepalingen omtrent koop, op een zodanige inbreng van genot van een goed de artikelen 201 tot en met 231 van Boek 7 van overeenkomstige toepassing, een en ander voor zover de aard van de rechtsverhouding zich daartegen niet verzet.

– 3. Iedere vennoot kan ten behoeve van de vennootschap de naleving van de verplichting tot inbreng vorderen.

– 4. Van dit artikel kan niet worden afgeweken.

Art. 806

– 1. Bij een vennootschap die geen rechtspersoon is, kan een vennoot niet beschikken over zijn aandeel in een bepaald tot de vennootschappelijke gemeenschap behorend goed noch, behoudens in geval van overdracht van zijn aandeel bij zijn opvolging als vennoot of in geval van overdracht van een aandeel aan een toetredende vennoot, over zijn aandeel in die gemeenschap. Zijn schuldeisers kunnen een aandeel als in de vorige volzin bedoeld niet uitwinnen. Verdeling van die gemeenschap kan niet worden gevorderd.

– 2. Tot de vennootschappelijke gemeenschap behorende schulden kunnen op de goederen van die gemeenschap worden verhaald, ook al zijn na het ontstaan van die schulden vennoten uitgetreden, toegetreden of opgevolgd.

Art. 807

Een vennoot kan, behoudens in geval van overdracht van zijn aandeel bij zijn opvolging of in geval van overdracht van een aandeel aan een toetredende vennoot, niet beschikken over zijn aandeel in de vennootschap die rechtspersoon is. Zijn schuldeisers kunnen zijn aandeel niet uitwinnen.

Art. 808

Slechts de economische deelgerechtigdheid van een vennoot in het vermogen van de vennootschap valt in een gemeenschap van goederen waarin hij is gehuwd of als partner is geregistreerd.

AFDELING 3
De besturende vennoten; de gebondenheid tegenover derden

Art. 809

– 1. Iedere vennoot is besturend vennoot.

– 2. Indien het bestuur uitsluitend wordt opgedragen aan een of meer derden, hebben dezen dezelfde bevoegdheden en verplichtingen als die welke ingevolge deze titel voor besturende vennoten gelden.

– 3. Een besturend vennoot is gehouden tot een behoorlijke vervulling van zijn taak.

– 4. Een besturend vennoot is ten minste éénmaal per jaar rekening en verantwoording verschuldigd aan zijn medevennoten.

Art. 810

Een besturend vennoot is bevoegd voor rekening van de vennootschap alle rechtshandelingen te verrichten die gelet op het doel van de vennootschap tot haar normale werkzaamheden behoren. Voor het verrichten van andere rechtshandelingen voor rekening van de vennootschap behoeft hij de instemming van de andere vennoten.

Art. 811

– 1. Ten aanzien van handelingen die dienstig kunnen zijn tot verwezenlijking van het doel van een openbare vennootschap, is iedere besturend vennoot van die vennootschap bevoegd haar zonder beperking te vertegenwoordigen. Met betrekking tot deze bevoegdheid kan uitsluitend bij de overeenkomst van vennootschap anders worden bepaald.

– 2. Zolang de opgave ter inschrijving van de openbare vennootschap in het handelsregister niet overeenkomstig de eisen van het Handelsregisterbesluit 1996 is geschied, geldt zij ten aanzien van een derde als algemeen voor alle zaken, als aangegaan voor onbepaalde tijd, en als geen der vennoten uitsluitend van of beperkend in zijn bevoegdheid om rechtshandelingen in naam van

de vennootschap te verrichten, tenzij wat dit laatste betreft de derde van een in de overeenkomst van vennootschap voorziene uitsluiting of beperking niet onkundig was.

Art. 812

Een besturend vennoot van een stille vennootschap kan slechts in haar naam handelen, wanneer hij hiertoe van de andere vennoten volmacht heeft.

Art. 813

– 1. De vennoten van een openbare vennootschap zijn hoofdelijk verbonden voor de verbintenissen van de vennootschap.

– 2. Indien een openbare vennootschap een opdracht heeft ontvangen, is ieder van de vennoten voor het geheel aansprakelijk ter zake van een tekortkoming in de nakoming, tenzij de tekortkoming niet aan hem kan worden toegerekend.

– 3. De vennoten van een stille vennootschap zijn voor de verbintenissen van de maatschap die een deelbare prestatie betreffen, ieder voor een gelijk deel verbonden, tenzij in de overeenkomst met de derde is bepaald dat zij voor ongelijke delen of hoofdelijk verbonden zijn.

AFDELING 4

Het voeren van administratie; winst en verlies

Art. 814

– 1. De besturende vennoten zijn verplicht van de vermogenstoestand van de vennootschap en van alles betreffende haar werkzaamheden, naar de eisen die voortvloeien uit deze werkzaamheden, op zodanige wijze een administratie te voeren en de daarbij behorende boeken, bescheiden en andere gegevensdragers op zodanige wijze te bewaren dat te allen tijde haar verplichtingen en rechten kunnen worden gekend.

– 2. Ieder der vennoten is bevoegd de boeken, bescheiden en andere gegevensdragers in te zien. Deze bevoegdheid kan niet bij overeenkomst aan een vennoot worden onthouden, tenzij daarin tevens wordt bepaald dat hij inzage kan doen nemen door een door hem aan te wijzen accountant als bedoeld in het eerste lid van artikel 393 van Boek 2.

– 3. Ten minste éénmaal per jaar worden door de besturende vennoten binnen vijf maanden na afloop van het boekjaar, behoudens een in de overeenkomst voorziene verlenging van deze termijn met ten hoogste zes maanden, de balans en de staat van baten en lasten opgemaakt. Het boekjaar is het kalenderjaar, tenzij in de overeenkomst een ander boekjaar is aangewezen.

– 4. De balans en de staat van baten en lasten moeten binnen een redelijke termijn na het opmaken daarvan worden vastgesteld door alle vennoten tezamen, of, doch uitsluitend indien zulks bij de overeenkomst van vennootschap is bepaald, bij een besluit van vennoten mits alle vennoten aan de beraadslaging hierover kunnen deelnemen, of door een of meer derden.

– 5. De besturende vennoten zijn verplicht de in de leden 1, 3 en 4 bedoelde boeken, bescheiden en andere gegevensdragers gedurende zeven jaren te bewaren.

– 6. Artikel 10 lid 4 van Boek 2 is van toepassing.

Art. 815

– 1. Iedere vennoot deelt voor een gelijk deel in de winst en in het verlies ongeacht de waarde van ieders inbreng in de vennootschap. Hiervan kan slechts bij de overeenkomst van vennootschap worden afgeweken.

– 2. De vaststelling van ieders deel geschiedt door alle vennoten tezamen, of, doch uitsluitend indien zulks bij de overeenkomst van vennootschap is bepaald, bij een besluit van vennoten mits alle vennoten aan de beraadslaging hierover kunnen deelnemen of door een of meer derden.

– 3. Is het deel van een vennoot slechts in de winst of het verlies bepaald, dan geldt dit deel voor winst én verlies.

– 4. Het beding dat een vennoot niet in de winst zal delen, is nietig, niet echter het beding dat een vennoot niet of slechts tot een bepaald bedrag in het verlies zal delen.

– 5. Het beding dat een vennoot een bepaalde rente over of een vaste vergoeding voor zijn inbreng in de vennootschap ontvangt, is niet geoorloofd indien het de strekking heeft dat een andere vennoot stelselmatig niet in de winst zal kunnen delen.

Art. 816

– 1. Iedere vennoot heeft na de vaststelling van de balans en de staat van baten en lasten recht op uitkering van zijn deel in de winst. Slechts bij of krachtens de overeenkomst van vennootschap kan anders worden bepaald.

– 2. Bij overeenkomst kan worden bepaald, dat iedere vennoot gehouden is zijn deel in het verlies aan te zuiveren.

AFDELING 5

Ontbinding en voortzetting van de vennootschap

Art. 817

– 1. De vennootschap wordt in haar geheel ontbonden:

a. in de gevallen waarin zulks uit de overeenkomst van vennootschap volgt;
b. ingevolge een daartoe strekkende overeenkomst van de vennoten;
c. in het geval waarin een of meer der vennoten uittreden en niet ten minste twee vennoten overblijven;
d. door de rechter in de gevallen die de wet bepaalt.
– 2. Een vennootschap die rechtspersoon is wordt ontbonden na faillietverklaring hetzij door opheffing van het faillissement als bedoeld in artikel 16 lid 1 Faillissementswet, hetzij door de beschikking, bedoeld in artikel 137a lid 1 Faillissementswet, hetzij door insolventie.
– 3. Wanneer de vennoten de vennootschap stilzwijgend voortzetten na het verstrijken van de tijd waarvoor zij is aangegaan, is de vennootschap voor onbepaalde tijd verlengd.

Art. 818

– 1. De vennootschap wordt alleen ontbonden ten aanzien van de vennoot die uittreedt:
a. indien het uittreden het gevolg is van een daartoe strekkende overeenkomst van de vennoten;
b. indien het uittreden het gevolg is van zijn dood, zijn onbekwaam worden of zijn faillissement, of, indien hij een rechtspersoon is, door het ophouden te bestaan;
c. indien het uittreden het gevolg is van het aanbreken van een in de overeenkomst van vennootschap voor uittreding aangeduid tijdstip;
d. indien het uittreden het gevolg is van zijn opzegging aan de andere vennoten, tenzij in de overeenkomst van vennootschap anders is bepaald, of van opzegging aan hem door één of meer andere vennoten, mits zulks in de overeenkomst van vennootschap is voorzien;
e. door de rechter in de gevallen die de wet bepaalt.
De vennootschap wordt overigens ten aanzien van een vennoot niet ontbonden door het in vervulling gaan van een in de overeenkomst van vennootschap opgenomen ontbindende voorwaarde.
– 2. Indien in de overeenkomst van vennootschap is bepaald dat in de gevallen, bedoeld in lid 1 onder b, c en d, de vennootschap slechts wordt voortgezet indien de overblijvende vennoten hiermee instemmen, kan die instemming slechts met bekwame spoed worden gegeven.
– 3. In de overeenkomst van vennootschap kan worden bepaald dat het onbekwaam worden van een vennoot slechts tot gevolg heeft dat hij ophoudt besturend vennoot te zijn.
– 4. Van dit artikel kan slechts worden afgeweken voorzover dit daaruit blijkt.

Art. 819

Een opzegging is vernietigbaar, indien zij in strijd met de redelijkheid en billijkheid is geschied.

Art. 820

– 1. De rechter kan op vordering van ieder der vennoten de vennootschap in haar geheel of ten aanzien van een of meer vennoten ontbinden wegens gewichtige redenen of op andere gronden die in de overeenkomst van vennootschap zijn voorzien.
– 2. Een zodanige ontbinding heeft geen terugwerkende kracht. De rechter kan de vordering toewijzen onder door hem te stellen voorwaarden en een partij die in de naleving van haar verplichtingen is tekort geschoten, met overeenkomstige toepassing van artikel 277 van Boek 6 tot schadevergoeding veroordelen.
– 3. De artikelen 265 tot en met 279 van Boek 6 zijn op een vennootschap niet van toepassing.
– 4. Indien er gronden zijn tot vernietiging van de overeenkomst van vennootschap, kan de vennootschap slechts in haar geheel of ten aanzien van een of meer vennoten door de rechter worden ontbonden op verzoek van een belanghebbende. Op verzoek van een belanghebbende of het openbaar ministerie ontbindt de rechter voorts een vennootschap die rechtspersoon is, indien de vennootschap niet voldoet aan de omschrijving van artikel 801 lid 1 of aan artikel 802 lid 4.
– 5. Van dit artikel kan niet worden afgeweken.

Art. 821

– 1. Indien een vennootschap die geen rechtspersoon is, alleen wordt ontbonden ten aanzien van een vennoot die uittreedt en de vennootschap wordt voortgezet door de overblijvende vennoten, wordt diens aandeel in de vennootschappelijke gemeenschap toegedeeld aan de overblijvende vennoten. Artikel 186 lid 1 van Boek 3 is van toepassing. Een onherroepelijke volmacht, verleend door de uittredende vennoot om de levering als in dit artikel bedoeld te bewerkstelligen, eindigt niet door diens faillissement of het ten aanzien van hem van toepassing verklaren van de schuldsaneringsregeling natuurlijke personen.
– 2. De vennootschap is gehouden ten behoeve van de uitgetreden vennoot, of in geval van diens overlijden ten behoeve van zijn erfgenamen, een bedrag te betalen dat gelijk is aan de waarde van zijn economische deelgerechtigdheid in het vermogen van de vennootschap zoals die nader bij of krachtens de overeenkomst van vennootschap kan zijn bepaald. In de overeenkomst kan worden bedongen dat dit bedrag in een of meer termijnen zal worden uitgekeerd. Is die waarde negatief, dan is de uitgetreden vennoot gehouden een bedrag gelijk aan de negatieve waarde aan de vennootschap te vergoeden.

– 3. De overblijvende vennoten zijn gehouden de schulden van de vennootschap voor hun rekening te nemen.
– 4. Indien een vennootschap die rechtspersoon is, alleen wordt ontbonden ten aanzien van een vennoot die uittreedt en de vennootschap wordt voortgezet door de overblijvende vennoten, wordt het aandeel in de vennootschap van de uittredende vennoot aan de overblijvende vennoten geleverd door een daartoe bestemde akte. Lid 1, derde zin, en lid 2 zijn van toepassing; de in lid 3 aangeduide verplichting rust op de vennootschap.
– 5. Van dit artikel kan slechts worden afgeweken voorzover dit daaruit blijkt.

Art. 822

Een beding in de overeenkomst van vennootschap dat in geval van de dood van een der vennoten de vennootschap voortduurt met de bij de overeenkomst aangewezen erfgenaam of erfgenamen geldt als aanvaard, wanneer dezen van het beding hebben kennisgenomen en het niet met bekwame spoed na de dood van de vennoot of eerder hebben afgewezen. Bij het voortduren van de vennootschap volgen de aangewezen erfgenaam of erfgenamen de overledene als vennoot op. Artikel 823, leden 2, 3 en 4, is van toepassing, waarbij de uitkering, bedoeld in lid 4, ten goede komt aan de erfgenamen in verhouding tot ieders deel in de nalatenschap.

Art. 823

– 1. Opvolging van een uit de vennootschap tredende vennoot of toetreding tot de vennootschap van een nieuwe vennoot kan alleen met medewerking van alle vennoten geschieden.
– 2. Bij opvolging van een vennoot gelden voor de opvolgende vennoot die de opvolging heeft aanvaard, de rechten en verplichtingen die voor hem uit de overeenkomst van vennootschap voortvloeien en wordt die overeenkomst ten aanzien van de uittredende vennoot op dat moment ontbonden.
– 3. Is de vennootschap geen rechtspersoon, dan wordt het aandeel van de uittredende vennoot in de goederen van de vennootschappelijke gemeenschap aan de opvolgende vennoot geleverd overeenkomstig artikel 96 van Boek 3. Is de vennootschap rechtspersoon, dan wordt het aandeel van de uittredende vennoot in de vennootschap geleverd door een daartoe bestemde akte.
– 4. De in lid 3 bedoelde levering geschiedt tegen uitkering aan de uittredende vennoot van een bedrag dat gelijk is aan de waarde van de economische deelgerechtigdheid van de uittredende vennoot in het vermogen van de vennootschap, zoals die nader bij of krachtens de overeenkomst van vennootschap kan zijn bepaald.
– 5. Van de leden 3 en 4 kan niet worden afgeweken.

Art. 824

– 1. Een rechtsvordering tegen de uitgetreden vennoot of zijn erfgenamen tot nakoming van ten tijde van zijn uittreden bestaande verbintenissen van de openbare vennootschap verjaart op het tijdstip dat ook de rechtsvordering tegen de vennootschap verjaart, en in ieder geval door verloop van vijf jaren na de aanvang van de dag volgend op die waarop zijn uittreden in het handelsregister is ingeschreven. Wordt zulk een verbintenis eerst opeisbaar na die inschrijving, dan begint op dat tijdstip die verjaringstermijn te lopen.
– 2. Een vennoot die toetreedt of opvolgt, is slechts verbonden voor de verbintenissen na zijn toetreding of opvolging ontstaan.

AFDELING 6
Vereffening en verdeling

Art. 825

– 1. Bij een ontbonden stille vennootschap geschiedt de vereffening door de gewezen vennoten gezamenlijk, tenzij bij of krachtens overeenkomst anders is bepaald.
– 2. Bij een ontbonden openbare vennootschap geschiedt de vereffening door de gewezen besturende vennoten gezamenlijk, tenzij bij of krachtens overeenkomst anders is bepaald.
– 3. De rechter kan een vereffenaar met ingang van een door hem bepaalde dag ontslaan, hetzij op diens verzoek, hetzij wegens gewichtige redenen op verzoek van een medevereffenaar, een gewezen vennoot of een belanghebbende, hetzij ambtshalve. In dit geval kan de rechter een andere vereffenaar benoemen. Indien vereffenaars ontbreken, benoemt de rechter een vereffenaar op verzoek van een gewezen vennoot of van een belanghebbende, of ambtshalve. Artikel 23, leden 3 en 6, van Boek 2 is van toepassing. De vereffenaar die door de rechter is benoemd, heeft recht op de beloning welke deze hem toekent.
– 4. Op de ontbonden vennootschap die geen rechtspersoon is, is titel 7 van Boek 3 niet van toepassing.
– 5. Handelingen die geen uitstel kunnen lijden, kunnen door iedere vereffenaar zonodig zelfstandig worden verricht.

Art. 826

– 1. Vereffenaars zijn met inachtneming van artikel 830 bevoegd tot het verrichten van alle

handelingen die ertoe strekken het vermogen van de vennootschap te vereffenen en tot verdeling of afwikkeling te brengen. Zij zijn gehouden tot een behoorlijke vervulling van hun taak.
– 2. Vereffenaars treden als zodanig op, waarbij zij bij een openbare vennootschap handelen onder de door deze gevoerde naam. In stukken en aankondigingen die van de openbare vennootschap uitgaan, moeten aan haar naam worden toegevoegd de woorden 'in liquidatie'.
– 3. De vereffenaar die door de rechter is benoemd, is verplicht alle de door deze gewenste inlichtingen te geven en diens aanwijzingen op te volgen. Tegen de aanwijzingen staan geen rechtsmiddelen open.

Art. 827

– 1. Na ontbinding van een vennootschap die geen rechtspersoon is blijft de vennootschappelijke gemeenschap voortbestaan totdat de vereffening is geëindigd. Een gewezen vennoot kan niet beschikken over zijn aandeel in een bepaald tot die gemeenschap behorend goed noch over zijn aandeel in die gemeenschap. Zijn schuldeisers kunnen een aandeel als in de vorige volzin bedoeld niet uitwinnen. Verdeling van die gemeenschap kan niet worden gevorderd.
– 2. Tot de vennootschappelijke gemeenschap behorende schulden kunnen na de ontbinding van de vennootschap op de goederen van die gemeenschap worden verhaald.

Art. 828

De openbare vennootschap die rechtspersoon is, blijft als rechtspersoon na haar ontbinding voortbestaan totdat de vereffening is geëindigd. Een gewezen vennoot kan niet beschikken over zijn aandeel in de rechtspersoon en zijn schuldeisers kunnen zijn aandeel niet uitwinnen.

Art. 829

Voor verbintenissen van de vennootschap, ontstaan door het handelen van vereffenaars, geldt artikel 813.

Art. 830

– 1. De vereffenaar roept de schuldeisers van de openbare vennootschap op om hun vorderingen binnen twee maanden bij hem in te dienen. De oproeping geschiedt in de Staatscourant. De hem bekende schuldeisers worden voorts per brief opgeroepen. Dit laatste geldt ook voor de hem bekende schuldeisers van een stille vennootschap.
– 2. Voor zover het vermogen van de vennootschap niet toereikend is om de schulden van de vennootschap te voldoen, kan de vereffenaar van iedere gewezen vennoot vorderen in de liquidatiekas datgene te storten waartoe hij naar evenredigheid van zijn door hem te dragen aandeel in het verlies is gehouden.
– 3. Door de vereffenaar wordt hetgeen na voldoening der schuldeisers van de vennootschap is overgebleven van het vermogen van de ontbonden vennootschap, aan de gewezen vennoten door overdracht toegedeeld of uitgekeerd in verhouding tot ieders economische deelgerechtigdheid.
– 4. Voor zover tot het overblijvende iets anders dan geld behoort en de overeenkomst van vennootschap geen nadere aanwijzing behelst, komen de in artikel 23b lid 3 van Boek 2 genoemde wijzen van verdeling in aanmerking.
– 5. Bij de bepaling van ieders economische deelgerechtigdheid gelden, tenzij bij de overeenkomst van vennootschap anders is voorzien, de leden 8 tot en met 10 van dit artikel. Op de deelgerechtigdheid van een gewezen vennoot wordt toegerekend hetgeen hij moet bijdragen aan de voor rekening van de vennootschap komende schulden.
– 6. De vereffenaar stelt ten behoeve van de gewezen vennoten een rekening en verantwoording op waaruit het overschot of tekort na voldoening van de schuldeisers van de vennootschap blijkt, en voorts op basis hiervan een plan dat de grondslagen bevat van de toedelingen of uitkeringen, en in geval van een tekort van de bijdragen van de gewezen vennoten in het tekort.
– 7. Voor zover de gewezen vennoten niet instemmen met de in het plan voorziene toedelingen, uitkeringen of bijdragen in het tekort, gelast de rechter binnen wiens rechtsgebied een van de vereffenaars woonplaats heeft, op verzoek van de vereffenaar of een gewezen vennoot op welke wijze, aan wie, door wie en in welke omvang deze dienen te geschieden. Hij kan ook een voorlopige toedeling of uitkering bevelen wanneer het saldo van het vermogen na voldoening van de schuldeisers der vennootschap daartoe aanleiding geeft.
– 8. De vennoten ontvangen zoveel mogelijk de waarde van hun inbreng in geld of goederen ten tijde van die inbreng. Zijn zij op de balans van de vennootschap gecrediteerd, dan geldt het gecrediteerde bedrag als waarde van de inbreng.
– 9. Tot het restant zijn de vennoten naar evenredigheid van hun winstaandeel gerechtigd.
– 10. Is hetgeen van het vermogen der vennootschap na voldoening der schuldeisers is overgebleven, minder dan de waarde van de inbreng van geld of goederen, dan wordt dit tekort door de vennoten gedragen naar evenredigheid van ieders aandeel in het verlies.

Art. 831

– 1. De vereffening eindigt op het tijdstip dat de in het plan voorziene of door de rechter bevolen toedelingen, uitkeringen of bijdragen in het verlies hebben plaatsgevonden. De vereffenaar doet van die beëindiging opgave in het handelsregister waarin de vennootschap is ingeschreven.

– 2. De vereffenaar of indien er meer vereffenaars zijn, degene die door de meerderheid van dezen daartoe is aangewezen, bewaart de boeken, bescheiden en andere gegevensdragers van de ontbonden vennootschap gedurende zeven jaren nadat haar vereffening is geëindigd. Ontbreekt de vereffenaar, of is deze of de aangewezen persoon niet bereid te bewaren, dan wordt een bewaarder op verzoek van een belanghebbende benoemd door de kantonrechter binnen wiens rechtsgebied een van de gewezen vennoten woonplaats heeft. Rechtsmiddelen staan niet open.
– 3. Binnen acht dagen na het ingaan van zijn bewaarplicht moet de bewaarder zijn naam en adres opgeven aan het handelsregister waarin de vennootschap is ingeschreven.
– 4. De in lid 2 bedoelde kantonrechter kan desverzocht machtiging geven tot raadpleging van de boeken, bescheiden en andere gegevensdragers aan iedere gewezen vennoot of zijn rechtverkrijgende die aantoont bij die raadpleging een redelijk belang te hebben.

Art. 831a

Van deze afdeling kan slechts worden afgeweken voorzover dit daaruit blijkt.

AFDELING 7
Verkrijgen en opgeven van rechtspersoonlijkheid; omzetting

Art. 832

– 1. Een bestaande openbare vennootschap kan rechtspersoonlijkheid verkrijgen.
– 2. Voor het verkrijgen van rechtspersoonlijkheid is vereist
a. dat in de overeenkomst van vennootschap wordt bepaald dat zij rechtspersoon is;
b. dat de aldus gewijzigde overeenkomst is opgenomen in een akte die wordt verleden ten overstaan van een in Nederland gevestigde notaris, waarbij de laatste twee zinnen van artikel 802 lid 1 van toepassing zijn;
c. dat alle goederen behorend tot de vennootschappelijke gemeenschap blijkens die akte onverwijld worden ingebracht in de rechtspersoon.
– 3. Voor de inbreng, bedoeld in lid 2, is een levering vereist op dezelfde wijze als voor overdracht is voorgeschreven. Artikel 805 lid 3 is van toepassing.
– 4. Na het ontstaan van de rechtspersoonlijkheid kunnen alle schulden van de vennootschap worden verhaald op de goederen van de vennootschappelijke gemeenschap voor zover nog aanwezig, en op de goederen van de rechtspersoon. De rechtspersoon treedt bij rechtsverhoudingen die op dat moment bestonden tussen de vennootschap en derden, in de positie van die vennootschap.

Art. 833

– 1. Een vennootschap die rechtspersoon is, kan haar rechtspersoonlijkheid opgeven.
– 2. Voor het opgeven van de rechtspersoonlijkheid is vereist:
a. dat in de overeenkomst van vennootschap de bepaling wordt geschrapt dat zij rechtspersoon is;
b. dat deze wijziging van de overeenkomst is opgenomen in een akte die wordt verleden ten overstaan van een in Nederland gevestigde notaris, waarbij de laatste twee zinnen van artikel 802 lid 1 van toepassing zijn;
c. dat alle goederen waartoe de rechtspersoon gerechtigd is, blijkens die akte onverwijld worden ingebracht in een vennootschappelijke gemeenschap waarvan de vennoten de deelgenoten zijn.
– 3. Voor de inbreng, bedoeld in lid 2, is een levering door de besturende vennoten vereist op dezelfde wijze als voor overdracht is voorgeschreven. Artikel 805 lid 3 is van toepassing.
– 4. Na het verdwijnen van de rechtspersoonlijkheid kunnen alle schulden van de vennootschap worden verhaald op de goederen van de niet meer bestaande rechtspersoon voor zover nog aanwezig, en op de vennootschappelijke gemeenschap. De vennootschap treedt bij rechtsverhoudingen die op dat moment bestonden tussen de rechtspersoon en derden, in de positie van die rechtspersoon.

Art. 834

– 1. Een openbare vennootschap die rechtspersoon is, kan zich met inachtneming van de volgende leden omzetten in een besloten vennootschap met beperkte aansprakelijkheid.
– 2. Voor de omzetting zijn vereist:
a. de overeenkomst van de vennoten daartoe of, indien de overeenkomst van vennootschap hierin voorziet, een besluit daartoe genomen met een meerderheid van twee derden van de uitgebrachte stemmen van de vennoten;
b. een notariële akte van omzetting die de statuten van de besloten vennootschap bevat;
c. een aanduiding in die akte van het vermogen van de openbare vennootschap en zijn bestanddelen, en hoeveel aandelen ieder der vennoten gelet op zijn economische deelgerechtigdheid in dat vermogen, in het kapitaal van de besloten vennootschap zal verkrijgen;
d. een rechterlijke machtiging.
– 3. Slechts de besturende vennoten van de openbare vennootschap kunnen machtiging tot omzetting verzoeken aan de rechtbank onder overlegging van een notarieel ontwerp van de akte.

De rechter gelast de oproeping van de vennoten die niet hebben ingestemd. De machtiging wordt in elk geval geweigerd indien een rechtsvordering tot nietigverklaring of vernietiging van de overeenkomst tot omzetting of het besluit daartoe aanhangig is, of indien de belangen van de vennoten die niet hebben ingestemd, onvoldoende zijn ontzien, en voorts indien een vennoot die niet heeft ingestemd en geen aandeelhouder wil worden van de vennootschap op zijn schriftelijk verzoek in te dienen binnen een maand nadat hem de mogelijkheid hiertoe door de vennootschap is meegedeeld, geen schadeloosstelling heeft verkregen voor het verlies van zijn economische deelgerechtigheid in het vermogen van de vennootschap. Deze schadeloosstelling wordt bij gebreke van overeenstemming bepaald door een of meer onafhankelijke deskundigen ten verzoeke van de meest gerede partij te benoemen door de rechtbank of haar voorzieningenrechter; de artikelen 351 en 352 van Boek 2 zijn van toepassing. De notaris verklaart in de akte van omzetting dat de machtiging op het ontwerp van de akte is verleend.

– 4. Aan de akte van omzetting worden gehecht:

a. een verklaring van onze Minister van Justitie waarop artikel 179 van Boek 2 van toepassing is, dat hem van bezwaren tegen de omzetting niet is gebleken;

b. een verklaring van een accountant als bedoeld in artikel 393 lid 1 van Boek 2, waaruit blijkt dat het eigen vermogen van de rechtspersoon op een dag binnen vijf maanden vóór de omzetting ten minste het bedrag beloopt van het gestorte deel van het geplaatste kapitaal volgens de akte van omzetting; bij het eigen vermogen mag de waarde worden geteld van hetgeen na die dag uiterlijk onverwijld na de omzetting op aandelen zal worden gestort.

– 5. De rechtspersoon doet opgave van de omzetting ter inschrijving in het handelsregister waar hij als openbare vennootschap met rechtspersoonlijkheid moet zijn ingeschreven, en voorts waar hij als besloten vennootschap met beperkte aansprakelijkheid moet worden ingeschreven.

– 6. Omzetting beëindigt het bestaan van de rechtspersoon niet.

– 7. Rechtsvorderingen tegen de vennoten van de openbare vennootschap of hun erfgenamen tot nakoming van ten tijde van de omzetting bestaande verbintenissen van die vennootschap, verjaren door verloop van vijf jaren na de aanvang van de dag waarop de omzetting overeenkomstig lid 5 in het handelsregister is ingeschreven. Wordt zulk een verbintenis eerst opeisbaar na die inschrijving, dan begint op dat tijdstip die verjaringstermijn te lopen.

Art. 835

– 1. Een besloten vennootschap met beperkte aansprakelijkheid kan zich met inachtneming van de leden 2 tot en met 5 omzetten in een openbare vennootschap met rechtspersoonlijkheid.

– 2. Voor de omzetting zijn vereist:

a. een besluit tot omzetting genomen met inachtneming van de vereisten voor een besluit tot statutenwijziging en in elk geval met een meerderheid van ten minste tweederden van de uitgebrachte stemmen;

b. een notariële akte van omzetting die de overeenkomst van openbare vennootschap bevat;

c. een aanduiding in die akte van het vermogen van de besloten vennootschap en zijn bestanddelen, en hoe groot de economische deelgerechtigheid van ieder der vennoten in het vermogen van de openbare vennootschap zal zijn, gelet op de aandelen die ieder van hen in het kapitaal van de besloten vennootschap houdt;

d. het naleven van artikel 209 van Boek 2 dat op het besluit tot omzetting van toepassing is;

e. een rechterlijke machtiging.

– 3. Slechts de besloten vennootschap kan machtiging tot omzetting verzoeken aan de rechtbank onder overlegging van een notarieel ontwerp van die akte. De rechter gelast de oproeping van de aandeelhouders die niet hebben ingestemd. De machtiging wordt in elk geval geweigerd indien het vereiste besluit nietig is of indien een rechtsvordering tot vernietiging daarvan aanhangig is, indien de belangen van de aandeelhouders die niet hebben ingestemd, onvoldoende zijn ontzien, en voorts indien een aandeelhouder die niet heeft ingestemd en geen vennoot wil worden, van de besloten vennootschap op zijn schriftelijk verzoek in te dienen binnen een maand nadat hem de mogelijkheid hiertoe is meegedeeld op dezelfde wijze als de oproeping tot een algemene vergadering, geen schadeloosstelling heeft verkregen voor het verlies van zijn aandelen. Deze schadeloosstelling wordt bij gebreke van overeenstemming bepaald door een of meer onafhankelijke deskundigen ten verzoeke van de meest gerede partij te benoemen door de rechtbank of haar voorzieningenrechter; de artikelen 351 en 352 van Boek 2 zijn van toepassing. De notaris verklaart in de akte van omzetting dat de machtiging op het ontwerp van de akte is verleend.

– 4. De rechtspersoon doet opgave van de omzetting ter inschrijving aan het handelsregister waar hij als besloten vennootschap met beperkte aansprakelijkheid moet zijn ingeschreven, en voorts waar hij als openbare vennootschap met rechtspersoonlijkheid zal moeten worden ingeschreven.

– 5. Omzetting beëindigt het bestaan van de rechtspersoon niet. De vennoten zijn slechts verbonden voor de verbintenissen van de vennootschap na de omzetting ontstaan.

AFDELING 8
De commanditaire vennootschap

Art. 836

– 1. De commanditaire vennootschap is de als zodanig optredende openbare vennootschap welke naast een of meer gewone vennoten een of meer commanditaire vennoten heeft.

– 2. De commanditaire vennoot is de vennoot die niet uitsluitend arbeid inbrengt, die uitgesloten is van de bevoegdheid om rechtshandelingen te verrichten voor rekening van de vennootschap, en die in het verlies der vennootschap niet verder behoeft te delen dan tot het bedrag van hetgeen hij heeft ingebracht of verplicht is in te brengen.

– 3. Artikel 802 is van toepassing, met dien verstande dat in afwijking van artikel 802 lid 4 de naam aanvangt of eindigt met de woorden Commanditaire Vennootschap met rechtspersoonlijkheid, hetzij voluit geschreven, hetzij afgekort tot 'CVR'.

– 4. De commanditaire vennootschap heeft geen in aandelen verdeeld kapitaal.

Art. 837

– 1. De gewone vennoten van de commanditaire vennootschap zijn hoofdelijk verbonden voor de verbintenissen van de vennootschap; de commanditaire vennoten zijn niet verbonden voor zodanige verbintenissen. Op de gewone vennoten is artikel 813 lid 2 van toepassing. Wordt een vennoot commanditair, dan is artikel 824 lid 1 van overeenkomstige toepassing.

– 2. Handelt een commanditaire vennoot al dan niet krachtens volmacht in naam van de vennootschap of oefent hij door zijn handelen een beslissende invloed uit op het optreden door de besturende vennoten namens de vennootschap, dan is hij tegenover derden hoofdelijk verbonden voor de verbintenissen der vennootschap die ten tijde van zijn handelen of daarna zijn ontstaan, tenzij zijn handelen deze verbondenheid niet of niet ten volle rechtvaardigt.

– 3. Is de naam van de commanditaire vennoot in de naam van de vennootschap opgenomen, dan is de commanditaire vennoot hoofdelijk verbonden voor de verbintenissen der vennootschap, ontstaan terwijl de vennootschap deze naam voert. Dit geldt niet indien een vennoot wiens naam in die der vennootschap voorkomt, commanditaire vennoot wordt.

Art. II

De inwerkingtreding van deze wet wordt bij de wet geregeld.

Wet van ..., Stb. ... houdende aanpassing van de wetgeving aan en invoering van titel I 7.13 (vennootschap) van het Burgerlijk Wetboek

Wij Beatrix, bij de gratie Gods, Koningin der Nederlanden, Prinses van Oranje-Nassau, enz. enz. enz.

Allen, die deze zullen zien of horen lezen, saluut! doen te weten:

Alzo Wij in overweging genomen hebben dat het wenselijk is de invoering te regelen van titel 7.13 (vennootschap) van het Burgerlijk Wetboek en in verband daarmee de wetgeving aan te passen;

Zo is het, dat Wij, de Raad van State gehoord, en met gemeen overleg der Staten-Generaal, hebben goedgevonden en verstaan, gelijk Wij goedvinden en verstaan bij deze:

HOOFDSTUK 1

Ministerie van Justitie

Art. 1

Wijzigingen

*Indien het bij koninklijke boodschap van 24 december 2002 ingediende voorstel van **wet tot vaststelling van titel 7.13 (vennootschap) van het Burgerlijk Wetboek** (Kamerstukken II 2002/03, 28 746, nr. 1-2) tot wet wordt verheven, worden in artikel I van die wet de volgende wijzigingen aangebracht:*

A. Aan artikel 800 wordt een lid toegevoegd, luidende:

– 3. Tussen de vennootschap en een vennoot kan geen arbeidsovereenkomst bestaan.

B. Na artikel 803 wordt een artikel ingevoegd, luidende:

Art. 804

Begripsbepaling

– 1. In wettelijke bepalingen buiten deze titel wordt met 'vennootschappen' gedoeld of mede gedoeld op vennootschappen in de zin van artikel 800, voorzover niet anders blijkt.

– 2. In wettelijke bepalingen buiten deze titel wordt met 'rechtspersonen' niet mede gedoeld op openbare vennootschappen met rechtspersoonlijkheid, voorzover niet anders blijkt.

C. In artikel 813, derde lid, wordt 'maatschap' vervangen door: vennootschap.

D. Artikel 817 wordt als volgt gewijzigd:

1. In het eerste lid, onderdeel c, wordt na 'en niet ten minste twee vennoten overblijven' ingevoegd: , opvolgende vennoten als bedoeld in de artikelen 822 en 823 daaronder begrepen.

2. In het eerste lid wordt na onderdeel c, met verlettering van onderdeel d tot onderdeel e, een nieuw onderdeel ingevoegd, luidende: d. door faillietverklaring van de vennootschap;

3. Het tweede lid komt te luiden:

– 2. Is de vennootschap ontbonden door haar faillietverklaring, dan kan zij worden voortgezet indien het faillissement eindigt door het in kracht van gewijsde gaan van de homologatie van een akkoord.

Da. In artikel 818, eerste lid, onder b, wordt 'of zijn faillissement' vervangen door: , zijn faillissement of het ten aanzien van hem van toepassing verklaren van de schuldsaneringsregeling natuurlijke personen.

E. Artikel 821 wordt als volgt gewijzigd:

1. De tweede volzin van het tweede lid komt te luiden: In de overeenkomst kan worden bedongen dat dit bedrag in een of meer termijnen of afhankelijk van een toekomstige gebeurtenis zal worden voldaan.

2. Het derde lid komt te luiden:

– 3. De overblijvende vennoten zijn, voor zover niet anders wordt overeengekomen, gehouden de schulden van de vennootschap voor hun rekening te nemen.

F. Artikel 823 wordt als volgt gewijzigd:

1. Het tweede lid komt te luiden:

– 2. Voor de opvolgende vennoot gelden vanaf het tijdstip van de aanvaarding van de opvolging de rechten en verplichtingen die voor hem uit de overeenkomst van vennootschap voortvloeien. Vindt de opvolging eerst plaats na het tijdstip van de ontbinding ten aanzien van de uittredende vennoot, dan kunnen voor de opvolgende vennoot die zulks heeft aanvaard ook rechten en verplichtingen gelden over de periode vanaf dat tijdstip.

2. Het vierde lid komt te luiden:

– 4. Artikel 821 lid 2 is van toepassing, met dien verstande dat in plaats van de vennootschap de

opvolgende vennoot gehouden is tot betaling van de in de eerste zin bedoelde vergoeding dan wel gerechtigd is tot de in de derde zin bedoelde vergoeding.

G. Artikel 825, vierde lid, vervalt, met vernummering van het vijfde tot het vierde lid.

H. Aan artikel 827 wordt een lid toegevoegd, luidende:
– 3. De leden 1 en 2 zijn van overeenkomstige toepassing indien na ontbinding van de vennootschap de vennootschappelijke gemeenschap door verkrijging onder algemene titel nog slechts toekomt aan één rechthebbende.

I. Artikel 830 wordt als volgt gewijzigd:
Aan het tweede lid wordt een zin toegevoegd luidende: Voorts doet de vereffenaar in het in de eerste zin bedoelde geval aangifte tot faillietverklaring, tenzij voldoende aannemelijk is dat het tekort zal worden voldaan door de gewezen vennoten of alle bekende schuldeisers desgevraagd instemmen met voortzetting van de vereffening buiten faillissement.

Ia. Aan artikel 831 wordt een lid toegevoegd, luidende:
– 5. Indien na het eindigen van de vereffening nog van het bestaan van een bate blijkt, kan de rechtbank op verzoek van een belanghebbende de vereffening heropenen en zo nodig een vereffenaar benoemen. Artikel 23c lid 1, tweede zin, en lid 2 van Boek 2 zijn van overeenkomstige toepassing.

J. Na artikel 831 worden, onder vernummering van artikel 831a tot artikel 831c, twee artikelen ingevoegd, luidende:

Art. 831a

Voortzetting beroep of bedrijf

– 1. Vereffening overeenkomstig deze afdeling kan achterwege blijven, indien de vennoten of de gewezen vennoten zulks schriftelijk overeenkomen en het door de vennootschap uitgeoefende beroep of bedrijf wordt voortgezet door een natuurlijke persoon, rechtspersoon of vennootschap die daartoe schriftelijk door hen is aangewezen en de aanwijzing schriftelijk heeft aanvaard. De vennoten of gewezen vennoten doen van deze voortzetting opgave in het handelsregister waarin de vennootschap is ingeschreven met vermelding van de naam en het adres van degene die het beroep of bedrijf voortzet.
– 2. Alle goederen die behoren tot de vennootschappelijke gemeenschap dan wel, indien de vennootschap rechtspersoon is, toebehoren aan de rechtspersoon, moeten worden geleverd aan degene die het beroep of bedrijf voortzet. Deze levering kan geschieden door de besturende vennoten of de gewezen besturende vennoten gezamenlijk, tenzij bij of krachtens de overeenkomst anders is bepaald. Is degene die het beroep of bedrijf voortzet onherroepelijk gemachtigd om de levering te bewerkstelligen, dan is daarop artikel 821 lid 1, derde zin, van overeenkomstige toepassing.
– 3. Behoort degene die het beroep of bedrijf voortzet, tot de gewezen vennoten, dan zijn de leden 2 en 3 van artikel 821 van overeenkomstige toepassing.
– 4. Bezit de vennootschap rechtspersoonlijkheid, dan verdwijnt deze zodra de vennootschap is ontbonden en de levering van alle goederen heeft plaatsgevonden.
– 5. Zodra het beroep of bedrijf van de vennootschap overeenkomstig lid 1 is voortgezet, kunnen alle schulden van de vennootschap tevens worden verhaald op de goederen van degene die het beroep of bedrijf voortzet. Degene die het beroep of bedrijf voortzet, treedt bij rechtsverhoudingen die op dat moment bestonden tussen de vennootschap en derden, in de positie van de vennootschap.
– 6. Voor schulden van de vennootschap neemt de schuldeiser in zijn verhaal op de goederen die hebben behoord tot de vennootschappelijke gemeenschap dan wel, indien de vennootschap rechtspersoon was, hebben toebehoord aan de rechtspersoon, rang voor degenen die verhaal nemen voor andere schulden van degene die het beroep of bedrijf voortzet.
– 7. Een schuldeiser van de vennootschap kan de rechter verzoeken een vereffenaar te benoemen wanneer voor hem het gevaar bestaat dat hij niet ten volle of niet binnen een redelijke tijd zal worden voldaan, hetzij omdat het vermogen van de ontbonden vennootschap niet toereikend is of niet behoorlijk beheerd wordt, hetzij omdat een schuldeiser zich op de goederen van de ontbonden vennootschap of de in lid 6 bedoelde goederen gaat verhalen. Het verzoek tot benoeming van een vereffenaar wordt gedaan binnen drie maanden nadat de schuldeiser van de voortzetting van het beroep of bedrijf in kennis is gesteld, doch in elk geval binnen zes maanden nadat de opgave aan het handelsregister overeenkomstig lid 1 is gedaan. Op deze vereffening, waarin ook de in lid 6 bedoelde goederen zijn betrokken, zijn de bepalingen van deze afdeling zoveel mogelijk van toepassing.

Art. 831b

De rechter kan op vordering van een schuldeiser die is benadeeld doordat enig voorschrift van deze afdeling niet is nageleefd, een toedeling, uitkering of verdeling als bedoeld in artikel 830 leden 3 en 4 vernietigen, met dien verstande dat de vernietiging slechts te zijnen behoeve plaatsvindt en niet verder dan nodig is tot opheffing van de door hem ondervonden benadeling. Indien de benadeling daardoor voldoende kan worden opgeheven, kan de rechter desverlangd, in plaats van de vernietiging uit te spreken, aan een of meer van de gewezen vennoten een verplichting opleggen tot een uitkering in geld aan die schuldeiser.

Vernietiging toedeling bij benadeling

Ja. In artikel 832, tweede lid, wordt een dubbele punt geplaatst aan het slot van de aanhef en wordt in onderdeel b de zinsnede 'waarbij de laatste twee zinnen van artikel 802 lid 1 van toepassing zijn' vervangen door: waarbij de laatste twee zinnen van artikel 802 lid 1 en de eerste twee zinnen van artikel 802 lid 3 van toepassing zijn.

Jb. Artikel 833 vierde lid, eerste zin, komt te luiden: Na het opgeven van de rechtspersoonlijkheid kunnen alle schulden van de vennootschap worden verhaald op de vennootschappelijke gemeenschap en op de goederen die daarin nog moeten worden ingebracht.

K. Artikel 836, tweede lid, komt te luiden:
– 2. De commanditaire vennoot is de vennoot die niet uitsluitend arbeid inbrengt en die uitgesloten is van de bevoegdheid om rechtshandelingen te verrichten voor rekening van de vennootschap.

L. Na artikel 836 wordt een artikel ingevoegd, luidende:

Art. 836a

De commanditaire vennoot behoeft in het verlies der vennootschap niet verder te delen dan tot het bedrag van hetgeen hij heeft ingebracht of verplicht is in te brengen. Van dit artikel kan niet worden afgeweken.

Delen in verlies vennootschap

HOOFDSTUK 9
Slotbepalingen

Art. I

Deze wet wordt aangehaald als: Invoeringswet titel 7.13 Burgerlijk Wetboek.

Citeertitel

Art. II

Deze wet en de wet van [...] tot vaststelling van titel 7.13 (vennootschap) van het Burgerlijk Wetboek (Stb. [...]) treden in werking op een bij koninklijk besluit te bepalen tijdstip.

Inwerkingtreding

BOEK 7A
Bijzondere overeenkomsten; vervolg

VIJFDE TITEL A
Van koop en verkoop op afbetaling

AFDELING 1
Van koop en verkoop op afbetaling in het algemeen

Art. 1576

Begripsbepaling

– 1. Koop en verkoop op afbetaling is de koop en verkoop, waarbij partijen overeenkomen dat de koopprijs wordt betaald in termijnen, waarvan twee of meer verschijnen, nadat de verkochte zaak aan de koper is afgeleverd.
– 2. De overeenkomst is niet van kracht voordat partijen de door de koper te betalen prijs hebben bepaald.
– 3. Alle overeenkomsten, welke dezelfde strekking hebben, onder welke vorm of welke benaming ook aangegaan, worden als koop en verkoop op afbetaling aangemerkt.
– 4. Koop en verkoop op afbetaling in de zin der wet zijn niet de overeenkomsten welke betrekking hebben op:
a. onroerende zaken,
b. zeeschepen waarvan de bruto-inhoud tenminste twintig kubieke meters of de bruto-tonnage tenminste 6 bedraagt, die te boek staan of die te boek gesteld kunnen worden in de openbare registers, bedoeld in afdeling 2 van titel 1 van Boek 3,
c. binnenschepen die te boek staan of die te boek gesteld moeten worden doch niet te boek staan in de openbare registers, bedoeld in afdeling 2 van titel 1 van Boek 3,
d. luchtvaartuigen die te boek staan in de openbare registers, bedoeld in afdeling 2 van titel 1 van Boek 3.
– 5. Het in deze titel bepaalde vindt overeenkomstige toepassing op vermogensrechten, niet zijnde registergoederen, voor zover dat in overeenstemming is met de aard van het recht. (BW 1:88 lid 1 sub *d*; 3:10, 296 lid 2; 6:29, 180; 7:1 e.v., 26 e.v., 49; 7A:1576*h*; 8:3*a*, 800 e.v.; Colportagewet art. 1; Tijd. wet huurkoop onr. zaken art. 1)

Art. 1576a

Dwingend recht

Van de bepalingen van deze titel mag slechts worden afgeweken, indien en voor zoover dit daaruit blijkt. (BW 3:40; 7A:1576*e* lid 3, 1576*l* lid 1, 1576*m* lid 5, 1576*n* leden 1 en 2, 1576*s*, 1576*v* lid 5; Wet op het consumentenkrediet 30, 71)

Art. 1576b

Gefixeerde schadevergoeding; boete

– 1. Bedingen, waarbij of krachtens welke den schuldenaar, voor het geval hij eenige verplichting uit de overeenkomst niet vervult, de betaling van zekere som als schadevergoeding of eenige straf wordt of kan worden opgelegd, kunnen alleen bij schriftelijk aangegane overeenkomst worden gemaakt.
– 2. Indien de overeengekomen of opgelegde schadevergoeding of straf den rechter bovenmatig voorkomt, kan deze haar, ten aanzien van het hem voorgelegde geval, verminderen of opheffen. (BW 3:39; 6:91 v.; 7A:1576*c* [3]; Colportagewet 24)

Art. 1576c

Beding van vervroegde opeisbaarheid

– 1. Vervroegde opeischbaarheid, als straf wegens nalatigheid van den kooper in het betalen van termijnen, kan alleen bedongen worden voor het geval de achterstand bedraagt, ten aanzien van één termijn tenminste een tiende, of ten aanzien van meer termijnen gezamenlijk tenminste een twintigste deel van den geheelen koopprijs.
– 2. Onder geheelen koopprijs wordt verstaan de som van alle betalingen, waartoe de kooper bij regelmatige nakoming van de overeenkomst gehouden is.
– 3. Het tweede lid van artikel 1576*b* is hier niet van toepassing. (BW 6:40, 82; 7A:1576*j*; 8:808)

Art. 1576d

Ingebrekestelling vereist

Op eenig beding, als bedoeld in de voorafgaande twee artikelen, kan wegens niet tijdige nakoming beroep alleen worden gedaan, indien de schuldenaar, na in gebreke te zijn gesteld, nalatig blijft om zijne verplichtingen na te komen. (BW 6:82; 7A:1576*f* [3], 1576*q*; 8:809; Tijd. wet huurkoop onr. goed 11)

Art. 1576e

Vervroegde betaling

– 1. De kooper is steeds bevoegd tot vervroegde betaling van één of meer eerstvolgende termijnen van den koopprijs.
– 2. In geval van vervroegde betaling ineens van het geheele nog verschuldigde bedrag heeft

hij recht op een aftrek, berekend naar vijf ten honderd 's jaars over elken daarbij vervroegd betaalden termijn. (Tijd. wet huurkoop onr. goed 12)
– 3. Van de bepalingen van dit artikel kan ten voordeele van den kooper door partijen worden afgeweken. (BW 6:39; 7:26 e.v.; 7A:1576*a*; 8:808)

Art. 1576f

Zekerheid voor betaling

– 1. Overdracht, inpandgeving of elke andere handeling, waardoor de kooper aan den verkooper of aan een derde eenig recht toekent op zijn loon, pensioen of andere periodieke inkomsten wegens arbeidsovereenkomst, kan ter zake van koop en verkoop op afbetaling, behalve voor opeischbare verplichtingen, alleen geschieden voor betalingen, waartoe de kooper bij regelmatige nakoming van de overeenkomst zal gehouden zijn, en voor de kosten. (BW 3:94, 236 e. v.)
– 2. De handeling heeft alsdan geene werking dan naar gelang bedoelde termijnen verschijnen overeenkomstig een bij schriftelijke overeenkomst vastgelegd plan van regelmatige afbetaling of naar gelang er kosten vallen, telkens tot het beloop daarvan. (BW 3:39)
– 3. Bovendien is vereischt, dat de kooper, na in gebreke te zijn gesteld, nalatig is gebleven. Alleen de termijnen en kosten, waarover de ingebrekestelling is geschied, en die, welke daarna verschijnen, komen in aanmerking bij het bepalen van bedoelde werking. (BW 6:82; 7A:1576*d*, 1576*q*)
– 4. Ten aanzien van hem, die de uitkeering wegens arbeidsovereenkomst verschuldigd is, heeft de handeling geen gevolg, alvorens de ingebrekestelling van den kooper en het plan van regelmatige afbetaling met opgave van hetgeen daarop voldaan is en van de gevorderde kosten schriftelijk te zijner kennis zijn gebracht, dan wel schriftelijk door hem zijn erkend. Betalingen, dienovereenkomstig te goeder trouw door hem gedaan, bevrijden hem tegenover den kooper. (BW 3:39; 7:633; 7A:1576*j*)

Art. 1576g

Volmacht tot invordering

Volmacht tot invordering van loon, pensioen of andere periodieke vorderingen ter zake van eene arbeidsovereenkomst, onder welken vorm of welke benaming ook, door den kooper verleend, is steeds herroepelijk. (BW 3:60, 74; 7:633)

AFDELING 2
Van huurkoop

Art. 1576h

Omschrijving

– 1. Huurkoop is de koop en verkoop op afbetaling, waarbij partijen overeenkomen, dat de verkochte zaak niet door enkele aflevering in eigendom overgaat, maar pas door vervulling van de opschortende voorwaarde van algehele betaling van wat door de koper uit hoofde van de koopovereenkomst verschuldigd is. (BW 7A:1576)
– 2. Alle overeenkomsten, welke dezelfde strekking hebben, hetzij als huur en verhuur, hetzij onder anderen vorm of andere benaming aangegaan, worden als huurkoop aangemerkt. (BW 6:22, 29; 7A:1576 lid 2)
– 3. Onder huurkoop is begrepen de overeenkomst, waarbij ter zake van een koop en verkoop een derde, die den eigendom der zaak verwerft, aan den kooper crediet verleent des dat het geheel van handelingen de strekking van huurkoop erlangt. (BW 1:88 lid 1 sub *d*; 8:800 e.v.; Rv 97 e.v., 490*a*; Fw 38*a*, 232 sub 3°, 237*a*; RO 39 lid 3; Wet op het consumentenkrediet 30, 71)

Art. 1576i

Akte

– 1. Huurkoop wordt aangegaan bij authentieke of onderhandsche akte, welke voldoet aan de bepalingen van artikel 1576*j*.
– 2. Hetzelfde geldt voor overeenkomsten, welke bestaande overeenkomsten zoodanig wijzigen of aanvullen, dat daardoor huurkoop zou ontstaan.
– 3. Wordt de overeenkomst aangegaan bij onderhandsche akte, dan moet deze, zoo de kooper dit verlangt, in dubbel worden opgemaakt.
– 4. Het dubbel, of zoo dit niet is opgemaakt, een authentiek of door den verkooper onderteekend afschrift, wordt zoo spoedig mogelijk na het sluiten van de overeenkomst door den verkooper aan den kooper verstrekt.
– 5. Verder afschrift kan de kooper te allen tijde tegen betaling van de kosten vorderen. (BW 3:39; 8:800; Rv 83 e.v.; Colportagewet 24; Tijd. wet huurkoop onr. zaken 2)

Art. 1576j

Inhoud akte

– 1. De akte van huurkoop moet duidelijk vermelden den geheelen koopprijs, als bedoeld in artikel 1576*c*, het plan van regelmatige afbetaling, als bedoeld in artikel 1576*f*, en de bedingen betreffende voorbehoud en overgang van eigendom. (BW 3:91, 92)
– 2. In de gevallen, bedoeld in het tweede en het derde lid van artikel 1576*h*, treden de overeenkomstige gegevens hiervoor in de plaats.
– 3. Ontbreekt eene akte, welke voldoet aan genoemde voorwaarden, dan geldt de overeenkomst niet als huurkoop, doch wordt de koop en verkoop op afbetaling geacht te zijn gesloten

zonder beding, dat de verkochte zaak niet door enkele aflevering aan den kooper overgaat. (BW 7A:1576; Tijd. wet huurkoop onr. zaken 2, 3)

Art. 1576k

Domicliekeuze

Ter zake van huurkoop kan de koper, indien hij bij het aangaan van de overeenkomst werkelijke woonplaats in een gemeente in Nederland heeft, geen woonplaats kiezen, behalve voor het geval dat hij te eniger tijd geen bekende werkelijke woonplaats in die gemeente mocht hebben. (BW 1:10, 14, 15; 6:236 sub *m*; Rv 126 lid 16; Wet op het consumentenkrediet 30, 71)

Art. 1576l

Verplichtingen huurverkoper

– 1. De verkoper is verplicht de verkochte zaak aan de koper te leveren door aan deze de macht over de zaak te verschaffen. Op zijn verdere verplichtingen zijn de bepalingen van de eerste, tweede en derde afdeling van titel 1 van Boek 7 van toepassing. (BW 7:1 e.v., 5, 6 e.v., 9 e.v., 20 e.v.)

Koop breekt geen huurkoop

– 2. Vervreemding door den verkooper van de in huurkoop afgeleverde zaak werkt niet ten nadeele van den huurkooper. (BW 3:86; 7A:1576*a*, 1586 e.v., 1612; Tijd. wet huurkoop onr. zaken 5; Wet op het consumentenkrediet 30, 71)

Art. 1576m

Rechten en verplichtingen van huurkoper

– 1. De kooper heeft van de zaak, die hij krachtens huurkoop onder zich heeft, het genot, ook voordat hij den eigendom daarvan verkrijgt.

– 2. Hij mag de zaak gebruiken overeenkomstig hare bestemming. (BW 7A:1596 sub 1°)

– 3. Hare gedaante of inrichting mag hij niet veranderen, noch de zaak verhuren of zijn genot aan anderen afstaan. (BW 7A:1590, 1595)

– 4. De zaak is voor risico van de koper van de aflevering af. De leden 2, 3 en 4 van artikel 10 van Boek 7 zijn van toepassing. (BW 7:5; 7A:1576*a*, 1589, 1600, 1641, 1643; Wet op het consumentenkrediet 30, 71)

– 5. Van deze bepalingen kan bij overeenkomst worden afgeweken. Van lid 4 kan echter bij een consumentenkoop niet ten nadele van de koper worden afgeweken. (BW 3:40; 7:5)

Art. 1576n

Vruchten

– 1. De vruchten, welke de zaak tijdens het genot oplevert, behooren den kooper toe. Voorzoover bij de akte van huurkoop hiervan is afgeweken, heeft de kooper niettemin het genot der vruchten, indien niet anders is overeengekomen.

– 2. De burgerlijke vruchten worden, voor zoover niet anders is overeengekomen, gerekend van dag tot dag verkregen te worden en den kooper toe te behooren, naarmate zijn genot duurt, welk ook het tijdstip moge wezen, waarop dezelve betaalbaar zijn.

– 3. De verplichting tot teruggave van de in huurkoop afgeleverde zaak omvat die tot teruggave van de vruchten, welke den verkooper toebehooren. (BW 3:9, 216; 7:14; Wet op het consumentenkrediet 30, 71)

Art. 1576o-1576p

Vervallen.

Art. 1576q

Voor ontbinding ingebrekestelling vereist

Ontbinding van huurkoop, of teruggave van eene in huurkoop gehouden zaak krachtens daartoe gemaakt beding, kan, wegens niet tijdige nakoming door den kooper van zijne verplichtingen, niet worden ingeroepen of gevorderd, tenzij de kooper, na in gebreke te zijn gesteld, nalatig blijft om zijne verplichtingen na te komen. (BW 6:82, 265; 7A:1576*d*, 1576*f*; 8:809 e.v.; Fw 38*a*; Tijd. wet huurkoop onr. zaken art. 11; Colportagewet 25)

Art. 1576r

Teruggave bij voorraad

Wanneer de verkoper ontbinding van de overeenkomst of teruggave van de in huurkoop afgeleverde zaak kan vorderen, kan de kantonrechter, indien de verkoper zulks verzoekt en daarbij redelijk belang heeft, bij voorlopige voorziening teruggave bij voorraad bevelen. (BW 7A:1576*v*; Rv 52, 97, 490*a* lid 2; RO 39 sub 3°)

Art. 1576s

Terugneming krachtens beding

Indien, wegens het niet nakomen door den kooper van zijne verplichtingen, de in huurkoop afgeleverde zaak krachtens daartoe gemaakt beding wordt teruggenomen, heeft dit ontbinding van de overeenkomst tot gevolg, tenzij tusschen partijen anders overeengekomen is. (BW 6:265; 7A:1576*a*, 1576*q*, 1576*v*; Wet op het consumentenkrediet 30, 71)

Art. 1576t

Verrekening

Indien bij ontbinding van de overeenkomst wegens het niet nakomen door den kooper van zijne verplichtingen de verkooper in beteren vermogenstoestand zou geraken dan bij het in stand blijven van de overeenkomst, vindt volledige verrekening plaats. (BW 6:265; 7:36, 629, 631; 8:810; K 74*h* lid 2; Fw 38*a*; Tijd. wet huurkoop onr. zaken art. 11)

Art. 1576u

Machtiging tot terughouding

Indien bij ontbinding der overeenkomst de kooper recht mocht hebben op eenige terugbetaling, kan hij door den rechter worden gemachtigd de zaak, die hij terug moet geven, onder zich te houden, totdat het hem verschuldigde wordt betaald of de verkooper daarvoor voldoende zekerheid heeft gesteld. (BW 3:290 e.v.; 6:51, 265; Rv 616 e.v.; Wet op het consumentenkrediet 30, 71)

Art. 1576v

Inlossing

– 1. Indien wegens niet betaling van verschenen termijnen de in huurkoop afgeleverde zaak is teruggenomen zonder voorafgaande rechterlijke tusschenkomst, kan de kooper gedurende veertien dagen na de terugneming de zaak inlossen, door betaling van de verschenen termijnen en de verschuldigde rente, boeten en kosten.
– 2. Mocht de overeenkomst zijn ontbonden, dan wordt dit door de inlossing ongedaan gemaakt.
– 3. Bij herhaling van het in het eerste lid genoemde geval heeft de kooper het recht van inlossing alleen onder volledige betaling.
– 4. Aan de vordering tot inlossing, anders dan onder volledige betaling, behoeft de verkooper niet te voldoen, indien omstandigheden aanwezig zijn, die tot toepassing van artikel 1576*r* aanleiding zouden geven.
– 5. Van de bepalingen van dit artikel kan ten voordeele van den kooper door partijen worden afgeweken. (BW 7A:1576*e*, 1576*s*)

Art. 1576w

Bevel tot teruggave

In het vonnis, waarbij de verplichting tot teruggave van eene in huurkoop afgeleverde zaak wordt vastgesteld of de overeenkomst wordt ontbonden, kan een bevel tot teruggave worden opgenomen.

Art. 1576x

Vaststelling geldswaarde

– 1. Bij het vonnis, dat bevel tot teruggave uit kracht van huurkoop inhoudt, kan de geldswaarde der terug te geven zaak worden vastgesteld.
– 2. In dat geval kan de tenuitvoerlegging ook door uitwinning geschieden. (BW 7A:1576r)

ZESDE TITEL

Art. 1577-1582

Vervallen.

ZEVENDE TITEL

Van huur en verhuur

EERSTE AFDEELING

Art. 1583-1585

Vervallen.

TWEEDE AFDEELING

Art. 1586-1616

Vervallen.

DERDE AFDEELING

Art. 1617-1623

Vervallen.

VIERDE AFDELING

Art. 1623a-1636b

Vervallen.

ZEVENDE TITEL A

EERSTE AFDEELING

Art. 1637-1637c

Vervallen.

TWEEDE AFDEELING

Art. 1637d-1637z

Vervallen.

DERDE AFDEELING

Art. 1638-1638oo

Vervallen.

Art. 1639

Vervallen

Art. 1639a-1639da

Vervallen.

VIJFDE AFDEELING

Art. 1639e-1639x

Vervallen.

VIJFDE AFDELING A

Art. 1639aa-1639dd

Vervallen.

ZESDE AFDELING

Art. 1639-1653

Vervallen.

ACHTSTE TITEL

Art. 1654

Vervallen.

NEGENDE TITEL

Van maatschap

EERSTE AFDEELING

Algemeene bepalingen

Art. 1655

Omschrijving

Maatschap is eene overeenkomst, waarbij twee of meerdere personen zich verbinden om iets in gemeenschap te brengen, met het oogmerk om het daaruit ontstaande voordeel met elkander te deelen. (BW 2: 26 lid 3, 64, 175; 3: 166 lid 1, 171; 5: 124; 6: 261; 7A: 1658, 1661, 1670, 1672; 8: 160; Rv 5 sub 2°; K 15 e.v., 452*q* e.v.)

Art. 1656

Vervallen.

Art. 1657

Indeling

Maatschappen zijn of algeheel, of bijzonder. (BW 7A: 1658, 1660)

Art. 1658

Alleen algehele maatschap van winst

De wet kent slechts de algeheele maatschap van winst. Zij verbiedt alle maatschappen, het zij van alle de goederen, het zij van een bepaald gedeelte van dezelve, onder eenen algemeenen titel; onverminderd de bepalingen, vastgesteld in den zevenden en achtsten titel van het eerste boek van dit Wetboek. (BW 1: 93 e.v., 121 e.v.; 3: 166 e.v.)

Art. 1659

Inbreng van arbeid

De algeheele maatschap van winst bevat slechts hetgeen partijen, onder welke benaming ook, gedurende den loop der maatschap door hare vlijt zullen verkrijgen.

Art. 1660

Bijzondere maatschap

De bijzondere maatschap is de zoodanige welke slechts betrekking heeft tot zekere bepaalde goederen, of tot derzelver gebruik, of tot de vruchten die daarvan zullen getrokken worden, of tot eene bepaalde onderneming, of tot de uitoefening van eenig bedrijf of beroep. (BW 3: 9; K 15)

TWEEDE AFDEELING

Van de verbindtenissen der vennooten onderling

Art. 1661

Begin

De maatschap begint van het oogenblik der overeenkomst, indien daarbij geen ander tijdstip bepaald is. (BW 2: 64, 68, 175, 179)

Art. 1662

Inbreng

– 1. De inbreng van de vennoot kan bestaan in geld, goederen, genot van goederen en arbeid.

– 2. Op de inbreng van een goed zijn de bepalingen omtrent koop, op de inbreng van genot van een goed de artikelen 1584-1623 van overeenkomstige toepassing, voor zover de aard van de rechtsverhouding zich daartegen niet verzet. (BW 1656, 1662-1664, 1668 (oud); BW 7: 1 e.v.)

Art. 1663-1664

Vervallen.

Art. 1665

Toerekening van betaling

Wanneer een der vennooten, voor zijne eigene rekening, eene opeischbare som te vorderen heeft van iemand die mede eene insgelijks opeischbare som verschuldigd is aan de maatschap, moet de betaling, welke hij ontvangt, op de inschuld der maatschap en op die van hemzelven, naar evenredigheid van beide die vorderingen, toegerekend worden, al ware het ook dat hij, bij de kwijting, alles in mindering of voldoening van zijne eigene inschuld mogt gebragt hebben; maar indien hij bij de kwijting bepaald heeft dat de geheele betaling zoude strekken voor de inschuld der maatschap, zal deze bepaling worden nagekomen. (BW 6: 43; 7A: 1666)

Art. 1666

Afdracht van ontvangen betaling

Indien een der vennooten zijn geheel aandeel in eene gemeene inschuld der maatschap ontvangen heeft, en de schuldenaar naderhand onvermogend is geworden, is die vennoot gehouden het ontvangene in de gemeene kas in te brengen, al had hij ook voor zijn aandeel kwijting gegeven. (BW 7A: 1665)

Art. 1667-1669

Vervallen.

Art. 1670

Aandeel in winst en verlies

– 1. Indien bij de overeenkomst van maatschap het aandeel van ieder vennoot in de winsten en de verliezen niet is bepaald, is elks aandeel geëvenredigd aan hetgeen hij in de maatschap heeft ingebragt.

– 2. Ten aanzien van degenen die slechts zijne nijverheid heeft ingebragt, wordt het aandeel in de winsten en de verliezen berekend gelijk te staan met het aandeel van dengenen der vennooten die het minst heeft ingebragt. (BW 2: 105, 216; 3: 172; 6: 10; 7A: 1655, 1672, 1680; K 33)

Art. 1671

Geen begroting aan vennoot of derde

– 1. De vennooten kunnen niet bedingen dat zij de regeling der hoegrootheid van hun aandeel aan een hunner of aan eenen derde zullen overlaten.

– 2. Een zoodanig beding wordt voorondersteld niet geschreven te zijn, en zullen alzoo de verordeningen van het voorgaande artikel worden in acht genomen. (BW 7: 4, 613*b*, 678, 679; 7A: 1672; K 74*l* lid 4, 391, 450*b*, 452*p*)

Art. 1672

Alle voordeel aan een vennoot

– 1. Het beding, waarbij aan een der vennooten alle de voordeelen mogten toegezegd zijn, is nietig.

– 2. Maar het is geoorloofd te bedingen dat alle de verliezen bij uitsluiting door een of meer der vennooten zullen gedragen worden. (BW 3: 40; 7A: 1671)

Art. 1673

Beherend vennoot

– 1. De vennoot die bij een bijzonder beding van de overeenkomst van maatschap met het beheer belast is, kan, zelfs in weerwil der overige vennooten, alle daden verrigten, welke tot zijn beheer betrekkelijk zijn.

– 2. Deze magt kan, zoo lang de maatschap duurt, niet zonder gewichtige reden herroepen worden; maar indien dezelve niet bij de overeenkomst der maatschap, maar bij eene latere akte, is gegeven, is zij, even als eene eenvoudige lastgeving, herroepelijk. (BW 2: 129, 134, 239, 244; 3: 168, 170, 171; 7: 400, 414; 7A: 1676 sub 1°, 1679, 1681 e.v.; K 17)

Art. 1674

Meer beherende vennoten

Indien verscheidene vennooten met het beheer belast zijn, zonder dat hunne bijzondere werkzaamheden bepaald zijn, of zonder beding dat de een buiten den anderen niets zoude mogen verrigten, is ieder van hen afzonderlijk tot alle handelingen, dat beheer betreffende, bevoegd. (BW 3: 170; 7: 408)

Art. 1675

Gemeenschappelijk beheer

Indien er bedongen is dat een der beheerders niets buiten den anderen zoude mogen verrigten, vermag de eene, zonder eene nieuwe overeenkomst, niet te handelen zonder medewerking van den anderen, al mogt deze zich ook voor het oogenblik in de onmogelijkheid bevinden om aan de daden van het beheer deel te nemen. (BW 3: 170)

Art. 1676

Regels omtrent beheer

Bij gebreke van bijzondere bedingen omtrent de wijze van beheer, moeten de volgende regelen worden in acht genomen:

1° De vennooten worden geacht zich over en weder de magt te hebben verleend om, de een voor den anderen, te beheeren.

Hetgeen ieder van hen verrigt is ook verbindende voor het aandeel der overige vennooten, zonder dat hij hunne toestemming hebbe bekomen; onverminderd het regt van deze laatstgemelden, of van een hunner, om zich tegen de handeling, zoo lang die nog niet gesloten is, te verzetten; (BW 7A: 1673, 1679, 1681 e.v.)

2° Ieder der vennooten mag gebruik maken van de goederen aan de maatschap toebehoorende, mits hij dezelve tot zoodanige einden gebruike, als waartoe zij gewoonlijk bestemd zijn, en mits hij zich van dezelve niet bediene tegen het belang der maatschap of op zoodanige wijze, dat de overige vennooten daardoor verhinderd worden om van die goederen, volgens hun regt, mede gebruik te maken;

3° Ieder vennoot heeft de bevoegdheid om de overige vennooten te verpligten in de onkosten te dragen, welke tot behoud der aan de maatschap behoorende goederen noodzakelijk zijn; (BW 3: 120 lid 2, 121 lid 2, 284 lid 1)

4° Geen der vennooten kan, zonder toestemming der overige, eenige nieuwigheden daarstellen ten aanzien der onroerende zaken, welke tot de maatschap behooren, al beweerde hij ook dat dezelve voor de maatschap voordeelig waren.

Art. 1677

Vervallen.

Art. 1678

Onder-maatschap

Elk der vennooten mag, zelfs zonder toestemming der overige, eenen derden persoon aannemen als deelgenoot in het aandeel hetwelk hij in de maatschap heeft; doch hij kan denzelven, zonder zoodanige toestemming, niet als medelid der maatschap toelaten, al mogt hij ook met het beheer der zaken van de maatschap belast zijn. (BW 7A: 1660, 1673, 1676 1°)

DERDE AFDEELING

Van de verbindtenissen der vennooten ten aanzien van derden

Art. 1679

Aansprakelijkheid voor schulden

De vennooten zijn niet ieder voor het geheel voor de schulden der maatschap verbonden; en een der vennooten kan de overige niet verbinden, indien deze hem daartoe geene volmagt gegeven hebben. (BW 3: 60 v.; 6: 6²; 7A: 1676 1°, 1681 v.; K 18 v.)

Art. 1680

Aansprakelijk voor gelijke delen

De vennooten kunnen door den schuldeischer, met wien zij gehandeld hebben, aangesproken worden, ieder voor gelijke som en gelijk aandeel, al ware het dat het aandeel in de maatschap van den eenen minder dan dat van den anderen bedroeg; ten zij, bij het aangaan der schuld, derzelver verpligting, om in evenredigheid van het aandeel in de maatschap van elk vennoot te dragen, uitdrukkelijk zij bepaald. (BW 6: 6¹; 7A: 1670, 1681)

Art. 1681

Handeling voor rekening der maatschap

Het beding dat eene handeling voor rekening der maatschap is aangegaan, verbindt slechts den vennoot die dezelve aangegaan heeft, maar niet de overige, ten zij de laatstgenoemde hem daartoe volmagt hadden gegeven, of de zaak ten voordeele der maatschap gestrekt hebbe. (BW 3: 60 e.v.; 7A: 1673, 1676 sub 1°)

Art. 1682

Maatschap kan nakoming vorderen

Indien een der vennooten in naam der maatschap eene overeenkomst heeft aangegaan, kan de maatschap de uitvoering daarvan vorderen. (BW 3:171; 7A:1676 sub 1°, 1681)

VIERDE AFDEELING

Van de verschillende wijzen waarop de maatschap eindigt

Art. 1683

Ontbinding maatschap

Een maatschap wordt ontbonden:

1° Door verloop van den tijd voor welken dezelve is aangegaan; (BW 7A: 1684, 1686)

2° Door het tenietgaan van een goed of de volbrenging der handeling, die het onderwerp der maatschap uitmaakt; (BW 7A: 1660)

3° Door opzegging van een vennoot aan de andere vennoten; (BW 7A: 1686 e.v.; 8: 183)

4° Door den dood of de curatele van één hunner, of indien hij in staat van faillissement is verklaard dan wel ten aanzien van hem de schuldsaneringsregeling natuurlijke personen van toepassing is verklaard. (BW 1: 378 e.v.; 2: 19; 3: 166 e.v., 189 lid 2; 7: 674, 675; 7A: 1611, 1648, 1688; 8: 182; Fw 1 e.v., 284 e.v.)

Art. 1684

Ontbinding wegens gewichtige redenen

– 1. De rechter kan op vordering van ieder der vennoten de maatschap wegens gewichtige redenen ontbinden.

– 2. Een zodanige ontbinding heeft geen terugwerkende kracht. De rechter kan de vordering toewijzen onder door hem te stellen voorwaarden en een partij die in de naleving van haar verplichtingen is tekortgeschoten, met overeenkomstige toepassing van artikel 277 van Boek 6 tot schadevergoeding veroordelen.

– 3. De artikelen 265-279 van Boek 6 zijn op een maatschap niet van toepassing. (BW 3: 166 e. v.; 7A: 1683 sub 1°, 1686)

Art. 1685

Vervallen.

Art. 1686

Opzegging

– 1. Een opzegging is vernietigbaar, indien zij in strijd met de redelijkheid en billijkheid is geschied.

– 2. Een vennootschap voor bepaalde tijd of voor een bepaald werk aangegaan, kan niet worden opgezegd, tenzij dit is bedongen. (BW 2: 8 lid 1; 3: 12; 7A: 1683 sub 3°, 1684; 8: 183)

Art. 1687

Vervallen.

Art. 1688

Voortzetting na overlijden

– 1. Indien bedongen is, dat, in geval van overlijden van een der vennooten, de maatschap met deszelfs erfgenaam, of alleen tusschen de overblijvende vennooten, zoude voortduren, moet dat beding worden nagekomen.

– 2. In het tweede geval, heeft de erfgenaam des overledenen geen verder regt dan op de verdeeling der maatschap, overeenkomstig de gesteldheid waarin dezelve zich ten tijde van dat overlijden bevond; doch hij deelt in de voordeelen en draagt in de verliezen, die de noodzakelijke gevolgen zijn van verrigtingen, welke vóór het overlijden van den vennoot, wiens erfgenaam hij is, hebben plaats gehad. (BW 3: 166 e.v.; 7A: 1683 sub 4°; K 30)

Art. 1689

Vervallen.

TIENDE TITEL

Art. 1690-1702

Vervallen.

ELFDE TITEL

Art. 1703-1730

Vervallen.

TWAALFDE TITEL

Art. 1731-1776

Vervallen.

DERTIENDE TITEL

Van bruikleening

EERSTE AFDEELING

Algemeene bepalingen

Art. 1777

Omschrijving

Bruikleening is eene overeenkomst, waarbij de eene partij aan de andere eene zaak om niet ten gebruike geeft, onder voorwaarde dat degene die deze zaak ontvangt, dezelve, na daarvan gebruik te hebben gemaakt, of na eenen bepaalden tijd, zal terug geven. (BW 1: 88; 7A: 1584 v., 1791)

Art. 1778

Uitlener eigenaar

De uitleener blijft eigenaar van de geleende zaak. (BW 7A: 1781 v., 1792)

Art. 1779

Vervallen.

Art. 1780

Erfgenamen

– 1. De verbintenissen, welke uit de bruiklening voortspruiten, gaan over op de erfgenamen van degene die ter leen geeft, onderscheidenlijk zijn echtgenoot of geregistreerde partner in het geval zijn nalatenschap overeenkomstig artikel 13 van Boek 4 wordt verdeeld, en van hem die ter leen ontvangt.

– 2. Maar indien men de uitleening gedaan heeft alleen uit aanmerking van dengenen die ter leen ontvangt, en aan deszelfs persoon in het bijzonder, kunnen deszelfs erfgenamen het verder genot van de geleende zaak niet blijven behouden. (BW 4: 880, 1002)

TWEEDE AFDEELING

Van de verpligtingen van dengenen die iets ter bruikleening ontvangt

Art. 1781

Zorg als goed huisvader

– 1. Die iets ter leen ontvangt is gehouden, als een goed huisvader, voor de bewaring en het behoud van de geleende zaak te zorgen.

– 2. Hij mag daarvan geen ander gebruik maken dan hetwelk de aard der zaak medebrengt, of bij de overeenkomst bepaald is. (BW 6: 199 lid 1; 7: 401, 602, 603 lid 1; 7A: 1596 sub 1, 1777, 1782 e.v.)

Art. 1782

Aansprakelijkheid voor verlies

Indien de geleende zaak verloren gaat door een toeval, hetwelk degene die dezelve ter leen ontvangen heeft, door zijne eigene zaak te gebruiken, had kunnen voorkomen, of indien hij, slechts een van beide kunnende behouden, aan de zijne den voorrang heeft gegeven, is hij voor het verlies der andere zaak aansprakelijk. (BW 6: 27, 74 v.; 7: 10, 11)

Art. 1783

Indien de zaak bij het ter leen geven geschat is, komt het verlies van dezelve, al ontstond dat ook door toeval, ten laste van dengenen die de zaak ter leen ontvangen heeft, ten ware het tegendeel mogt bedongen zijn.

Verlies geschatte zaak

Art. 1784

Indien de zaak alleen tengevolge van het gebruik waartoe dezelve geleend is, en buiten schuld van den gebruiker, in waarde vermindert, is deze wegens die vermindering niet aansprakelijk. (BW 6: 75)

Waardevermindering

Art. 1785

Indien de gebruiker, om van de geleende zaak gebruik te kunnen maken, eenige onkosten gemaakt heeft, kan hij dezelve niet terug vorderen. (BW 7: 406, 601[3]; 7A: 1789)

Onkosten

Art. 1786

Indien een zaak in bruikleen is gegeven aan twee of meer personen tezamen, zijn zij hoofdelijk verbonden tot teruggave daarvan en tot vergoeding van de schade die het gevolg is van een tekortschieten in de nakoming van die verplichting, tenzij de tekortkoming aan geen van hen kan worden toegerekend. (BW 6: 6 v., 74 v., 102; 7: 407, 606)

Hoofdelijke aansprakelijkheid

DERDE AFDEELING

Van de verpligtingen van den uitleener

Art. 1787

De uitleener kan de geleende zaak niet terug vorderen dan na verloop van den bepaalden tijd, of, bij gebreke eener dusdanige bepaling, nadat dezelve tot het gebruik waartoe zij was uitgeleend gediend heeft, of heeft kunnen dienen. (BW 6: 39; 7A: 1777, 1796)

Terugvordering

Art. 1788

Indien evenwel de uitleener, gedurende dat tijdsverloop, of voor dat de behoefte van den gebruiker opgehouden heeft, de geleende zaak, om dringende en onverwachts opkomende redenen, zelf benoodigd heeft, kan de regter, naar gelang der omstandigheden, den gebruiker noodzaken het geleende aan den uitleener terug te geven. (BW 7: 605 lid 2; 7A: 1615)

Voortijdige terugvordering

Art. 1789

Indien de gebruiker, gedurende de bruikleening tot behoud der zaak eenige buitengewone noodzakelijke onkosten heeft moeten maken, welke zoo dringende waren dat hij daarvan te voren aan den uitleener geene kennis heeft kunnen geven, is deze verpligt hem dezelve te vergoeden. (BW 3: 382, 383; 6: 200; 7A: 1785)

Noodzakelijke onkosten

Art. 1790

Indien de ter leen gegevene zaak zoodanige gebreken heeft, dat daardoor aan dengenen die zich van dezelve bedient nadeel zoude kunnen worden toegebragt, is de uitleener, zoo hij die gebreken gekend, en daarvan aan den gebruiker geene kennis gegeven heeft, voor de gevolgen verantwoordelijk. (BW 6: 162 e.v.; 7: 9; 7A: 1711, 1799)

Gebreken

VEERTIENDE TITEL

Van verbruikleening

EERSTE AFDEELING

Algemeene bepalingen

Art. 1791

Verbruikleening is eene overeenkomst, waarbij de eene partij aan de andere eene zekere hoeveelheid van verbruikbare goederen afgeeft, onder voorwaarde dat de laatstgemelde haar even zoo veel, van gelijke soort en hoedanigheid, terug geve. (BW 6: 28; 7A: 1777, 1800; W consumpt. geldkrediet 1 sub e, 3, 6, 27 e.v.; Pandhuiswet 57)

Omschrijving

Art. 1792

Uit krachte dezer verbruikleening, wordt degene die ter leen ontvangt rechthebbende op het geleende goed; en indien hetzelve, op welke wijze ook, vergaat, komt dat verlies voor zijne rekening. (BW 6: 74 v.; 7A: 1778)

Ontvanger rechthebbende

Art. 1793

De schuld, uit leening van geld voortspruitende, bestaat alleen in de geldsom die bij de overeenkomst is uitgedrukt. (BW 6: 111 v.; 7A: 1800; K 140, 213)

Geldlening

Art. 1794-1795

Vervallen.

TWEEDE AFDEELING
Van de verpligtingen des uitleeners

Art. 1796

Terugvordering na verstrijken termijn

De uitleener kan het ter leen gegevene niet terug eischen, voordat de tijd, bij de overeenkomst bepaald, verstreken is. (BW 6: 39; 7A: 1787 v., 1800 v.)

Art. 1797

Rechter verleent uitstel

Geene tijdsbepaling gemaakt zijnde, kan de regter, wanneer de uitleener de teruggave vordert, naar gelang der omstandigheden, aan dengenen die het goed ter leen ontvangen heeft, eenig uitstel toestaan. (BW 7: 605^2)

Art. 1798

Rechter bepaalt tijd van teruggave

Indien men is overeengekomen dat hij die een goed ter leen heeft ontvangen dit zal terug geven, wanneer hij daartoe in staat zal zijn, zal de regter, naar gelang der omstandigheden, den tijd der teruggave bepalen. (BW 6: 2, 38 v., 248)

Art. 1799

Gebreken

De bepaling van artikel 1790 is op verbruikleening toepasselijk.

DERDE AFDEELING
Van de verpligtingen des leeners

Art. 1800

Teruggave

Die iets ter leen ontvangt is verpligt hetzelve, in gelijke hoeveelheid en hoedanigheid, en op den bepaalden tijd, terug te geven. (BW 6: 28, 39; 7A: 1791, 1793, 1796 v.)

Art. 1801

Waarde vergoeden

– 1. Indien hij zich in de onmogelijkheid bevindt om hieraan te voldoen, is hij gehouden de waarde van het geleende te betalen, waarbij zal moeten in aanmerking genomen worden de tijd en de plaats, waarop het goed, ten gevolge der overeenkomst, had moeten worden terug gegeven.
– 2. Indien deze tijd en plaats niet bepaald zijn, moet de voldoening geschieden overeenkomstig de waarde welke het geleende goed, ten tijde waarop en ter plaatse alwaar de leening geschied is, gehad heeft. (BW 6: 39, 41, 115 v.)

VIERDE AFDEELING
Van het ter leen geven op interessen

Art. 1802-1803

Vervallen.

Art. 1804

Contractuele rente

De hoegrootheid der bij overeenkomst bedongene rente moet in geschrift worden bepaald. (BW 1: 376; 3: 308; 6: 119, 120)

Art. 1805

Onbepaalde rente

Indien de uitleener rente bedongen heeft, zonder dat het beloop daarvan bepaald zij, is degene die ter leen ontvangen heeft gehouden het beloop der wettelijke rente te voldoen. (BW 6: 119, 120)

Art. 1806

Vermoeden van betaling van rente

Het bewijs van de betaling der hoofdsom zonder voorbehoud van rente gegeven zijnde, doet de voldoening der rente vooronderstellen, en de schuldenaar wordt daarvan bevrijd. (BW 6: 44, 50, 160)

VIJFTIENDE TITEL
Van gevestigde of altijddurende renten

Art. 1807

Omschrijving

Het vestigen eener altijddurende rente is eene overeenkomst, waarbij de uitleener interessen bedingt, tegen betaling eener hoofdsom welke hij aanneemt niet terug te zullen vorderen. (BW 3: 308; 6: 50; Grootboekwet 1913)

Art. 1808

Aflossing

– 1. Deze rente is uit haren aard aflosbaar.
– 2. Partijen kunnen alleenlijk overeenkomen dat de aflossing niet geschieden zal dan na verloop van eenen zekeren tijd, welke niet langer dan voor tien jaren mag gesteld worden, of zonder dat zij den schuldeischer vooraf verwittigd hebben op eenen zekeren, door hen bevorens vastgestelden termijn, welke echter den tijd van een jaar niet zal mogen te boven gaan. (BW 3: 296 lid 2; 6: 39)

Art. 1809

Verplichte aflossing

De schuldenaar eener altijddurende rente kan tot de aflossing genoodzaakt worden:
1° Indien hij niets betaald heeft op de gedurende twee achtereenvolgende jaren verschuldigde renten; (BW 7A: 1819)

2° Indien hij verzuimt aan den geldschieter de bij de overeenkomst beloofde zekerheid te bezorgen; (BW 6: 51; 7A: 1819; Rv 616)
3° Indien hij in staat van faillissement is verklaard of ten aanzien van hem de schuldsaneringsregeling natuurlijke personen van toepassing is verklaard. (Fw 131 lid 2, 262, 284 e.v.)

Art. 1810

In de twee eerste gevallen, bij het vorige artikel vermeld, kan de schuldenaar zich van de verpligting tot aflossing ontheffen, indien hij binnen de twintig dagen, te rekenen van de geregtelijke aanmaning, alle de verschenen termijnen betaalt of de beloofde zekerheid stelt. (BW 6: 51, 81 e.v.; Rv 616)

Ontheffing van verplichte aflossing

ZESTIENDE TITEL
Van kans-overeenkomsten

EERSTE AFDEELING

Art. 1811

Vervallen.

TWEEDE AFDEELING

Art. 1812-1824

Vervallen.

DERDE AFDEELING
Van spel en weddingschap

Art. 1825

De wet staat geene regtsvordering toe, ter zake van eene schuld uit spel of uit weddingschap voortgesproten. (BW 6:3; Wet kansspelen 31 e.v.)

Geen vordering

Art. 1826

– 1. Onder de hier-boven staande bepaling zijn echter niet begrepen die spelen welke geschikt zijn tot ligchaamsoefening, als het schermen, wedloopen en dergelijke.
– 2. Niettemin kan de regter den eisch ontzeggen of verminderen, wanneer hem de som overmatig toeschijnt. (BW 6:109)

Sportwedstrijden

Art. 1827

Van de vorige twee artikelen kan op generlei wijze worden afgeweken. (BW 3:40; 6:5)

Dwingend recht

Art. 1828

In geen geval, kan hij die het verlorene vrijwillig betaald heeft hetzelve terug eischen, ten ware, van den kant van dengenen die gewonnen heeft, bedrog, list of opligting hebbe plaats gehad. (BW 3 44 lid 3; 6:5, 203 e.v.; Sr 326 e.v.)

Geen terugvordering

ZEVENTIENDE TITEL

Art. 1829-1856

Vervallen.

ACHTTIENDE TITEL

Art. 1857-1887

Vervallen.

NEGENTIENDE TITEL

Art. 1888-1901

Vervallen.

Algemene slotbepaling

Art. 2031

– 1. De Algemene termijnenwet is niet van toepassing op de termijnen, gesteld in de artikelen 280, onder *b*, en 281, tweede lid van Boek 1 en 252 van Boek 3, alsmede in titel 10 van Boek 7.
– 2. Onder algemeen erkende feestdagen worden in dit wetboek verstaan de in artikel 3 van de Algemene termijnenwet als zodanig genoemde en de bij of krachtens dat artikel daarmede gelijkgestelde dagen.

Termijnen

BOEK 8
Verkeersmiddelen en vervoer

I ALGEMENE BEPALINGEN

TITEL 1
Algemene bepalingen

Art. 1

Schepen

– 1. In dit wetboek worden onder schepen verstaan alle zaken, geen luchtvaartuig zijnde, die blijkens hun constructie bestemd zijn om te drijven en drijven of hebben gedreven.
– 2. Bij algemene maatregel van bestuur kunnen zaken, die geen schepen zijn, voor de toepassing van bepalingen van dit wetboek als schip worden aangewezen, dan wel bepalingen van dit wetboek niet van toepassing worden verklaard op zaken, die schepen zijn.

Bestanddelen

– 3. Voortbewegingswerktuigen en andere machinerieën worden bestanddeel van het schip op het ogenblik dat, na hun inbouw, hun bevestiging daaraan zodanig is als deze ook na voltooiing van het schip zal zijn. (OBW art. 253)

Scheepstoebehoren

– 4. Onder scheepstoebehoren worden verstaan de zaken, die, geen bestanddeel van het schip zijnde, bestemd zijn om het schip duurzaam te dienen en door hun vorm als zodanig zijn te herkennen, alsmede die navigatie- en communicatiemiddelen, die zodanig met het schip zijn verbonden, dat zij daarvan kunnen worden afgescheiden, zonder dat beschadiging van betekenis aan hen of aan het schip wordt toegebracht. (Rv art. 581; OBW art. 253)
– 5. Behoudens afwijkende bedingen wordt het scheepstoebehoren tot het schip gerekend. Een afwijkend beding kan worden ingeschreven in de openbare registers, bedoeld in afdeling 2 van Titel 1 van Boek 3. (Kadw art. 21, 26; OBW art. 253)
– 6. Voor de toepassing van het derde, het vierde en het vijfde lid van dit artikel wordt onder schip mede verstaan een schip in aanbouw. (Ontw. art. 8.1.1; WvK art. 309 (oud); BW art. 1:413 lid 2, sub *c*, 426; BW art. 3:4, 24-26, 254; BW art. 5:3, 14; BW art. 8:2, 3, 190, 203, 214, 567, 780, 793, 824, 1000; WvK art. 309 lid 1, 592 v.; Rv art. 4 sub 10 en sub 11, 562*a* v., 621 v., 721, 726; Sr art. 3, 7, 85 lid 4, 86, 166 v., 328, 381 v., 447*a*, 469 v.; Sv art. 4, 136*a*, 136*b*; OBW art. 253; Kadw art. 1)

Art. 2

Zeeschepen

– 1. In dit wetboek worden onder zeeschepen verstaan de schepen die als zeeschip teboekstaan in de openbare registers, bedoeld in afdeling 2 van titel 1 van Boek 3, en de schepen die niet teboekstaan in die registers en blijkens hun constructie uitsluitend of in hoofdzaak voor drijven in zee zijn bestemd.
– 2. Bij algemene maatregel van bestuur kunnen schepen, die geen zeeschepen zijn, voor de toepassing van bepalingen van dit wetboek als zeeschip worden aangewezen, dan wel bepalingen van dit wetboek niet van toepassing worden verklaard op schepen, die zeeschepen zijn.
– 3. In dit wetboek worden onder zeevissersschepen verstaan zeeschepen, die blijkens hun constructie uitsluitend of in hoofdzaak voor de bedrijfsmatige visvangst zijn bestemd. (Ontw. art. 8.1.2; WvK art. 310 (oud); BW art. 8:1, 3, 172, 190 e.v., 210 e.v., 220 e.v., 230 e.v., 541, 542, 610; WvK art. 309 lid 1, 310, 319, 374, 452; Kadw art. 1)

Art. 3

Binnenschepen

– 1. In dit wetboek worden onder binnenschepen verstaan de schepen die als binnenschip teboekstaan in de openbare registers, bedoeld in afdeling 2 van titel 1 van Boek 3, en de schepen die niet teboekstaan in die registers en blijkens hun constructie noch uitsluitend noch in hoofdzaak voor drijven in zee zijn bestemd.
– 2. Bij algemene maatregel van bestuur kunnen schepen, die geen binnenschepen zijn, voor de toepassing van bepalingen van dit wetboek als binnenschip worden aangewezen, dan wel bepalingen van dit wetboek niet van toepassing worden verklaard op schepen, die binnenschepen zijn. (Ontw.art. 8.1.3; WvK art. 748 lid 1 (oud); BW art. 8:1, 2, 780, 784 lid 1, 820 e.v., 830 e.v., 840 e.v., 880, 1000 e.v., 1010, 1020 e.v.; WvK art. 309 lid 1, 782; Kadw art. 1)

Art. 3a

Bestanddelen

– 1. In dit wetboek worden onder luchtvaartuigen verstaan toestellen die in de dampkring kunnen worden gehouden ten gevolge van krachten die de lucht daarop uitoefent, met uitzondering van toestellen die blijkens hun constructie bestemd zijn zich te verplaatsen op een luchtkussen, dat wordt in stand gehouden tussen het toestel en het oppervlak der aarde.
– 2. Het casco, de motoren, de luchtschroeven, de radiotoestellen en alle andere voorwerpen bestemd voor gebruik in of aan het toestel, onverschillig of zij daarin of daaraan zijn aangebracht dan wel tijdelijk ervan zijn gescheiden, zijn bestanddeel van het luchtvaartuig.
– 3. Bij algemene maatregel van bestuur kunnen zaken die geen luchtvaartuigen zijn, voor de

toepassing van bepalingen van dit wetboek als luchtvaartuig worden aangewezen, dan wel bepalingen van dit wetboek niet van toepassing worden verklaard op zaken die luchtvaartuigen zijn. (BW art. 7A:1576; BW art. 8:551 lid 2, 1300 e.v.; Kadw art. 1, 24)

Art. 3b

Begripsbepaling

In dit wetboek wordt verstaan onder:
a. spoorvoertuig: voertuig, bestemd voor het verkeer over spoorwegen;
b. spoorweginfrastructuur: spoorwegen als bedoeld in artikel 1 onder *b* van de Spoorwegwet en daarbij horende spoorweginfrastructuur als bedoeld in artikel 1 onder *c* van de Spoorwegwet;
c. beheerder van de spoorweginfrastructuur: de beheerder bedoeld in artikel 1 onder *h* van de Spoorwegwet dan wel, indien die bepaling niet van toepassing is, degene die de spoorweginfrastructuur ter beschikking stelt.
d. spoorwegonderneming: elke spoorwegonderneming als bedoeld in artikel 1 onder *f* van de Spoorwegwet.

Art. 4

Binnenwater

Onder voorbehoud van artikel 552 worden in dit boek de Dollart, de Waddenzee, het IJsselmeer, de stromen, de riviermonden en andere zo nodig voor de toepassing van bepalingen van dit boek bij algemene maatregel van bestuur aan te wijzen wateren, binnen zo nodig nader bij algemene maatregel van bestuur te bepalen grenzen, als binnenwater beschouwd. (Ontw. art. 8.1.4; WvK art. 748 lid 3 (oud); BW art. 8:40, 120, 370, 500, 532, 890 e.v., 970 e.v., 990 e.v., 1010; WvK art. 309 lid 1)

Art. 5

Opvarenden

In dit wetboek worden onder opvarenden verstaan alle zich aan boord van een schip bevindende personen. (Ontw. art. 8.1.5; BW art. 1:413 lid 2 sub *c*; BW art. 8:1, 485, 542, 563 lid 2, 612, 901, 948; WvK art. 309 lid 1, 341 e.v., 782 lid 1; Sr art. 4 sub 11, 85; Sv art. 136*a*)

Art. 6

Kapitein; schipper

In dit wetboek worden de kapitein en de schipper aangemerkt als lid van de bemanning. (Ontw. art. 8.1.5a; BW art. 8:211, 360 lid 3, 383, 517 lid 1, 556, 560, 561, 562, 565, 821, 982, 1010; WvK art. 309 lid 1)

Art. 7

Vervallen.

Art. 8

Bagage

In dit wetboek worden onder bagage verstaan de zaken, die een vervoerder in verband met een door hem gesloten overeenkomst van personenvervoer op zich neemt te vervoeren met uitzondering van zaken, vervoerd onder een het vervoer van zaken betreffende overeenkomst. (Ontw. art. 8.1.7; BW art. 8:100 lid 3, 106, 370 lid 4, 500 e.v., 612, 890 lid 4, 970 e.v., 1021, 1092, 1140 e.v., 1750; WvK art. 309 lid 1; L art. 6)

Art. 9

Vervallen.

Art. 10

Reder

In dit wetboek wordt onder reder verstaan de eigenaar van een zeeschip. (Ontw. art. 8.1.9; WvK art. 320 (oud); BW art. 5:1 e.v.; BW art. 8:2, 178 lid 3, 190, 192, 194, 195, 203, 214, 216, 217, 228, 260, 360, 364, 461, 564, 566, 612; WvK art. 309 lid 1)

Art. 11

Vervallen.

Art. 12

Ambtshalve toepassing nietigheid

In dit boek leidt strijd met een dwingende wetsbepaling tot ambtshalve toe te passen nietigheid van de rechtshandeling. (Ontw. art. 8.1.11; BW art. 3:40 lid 2)

Art. 13

Kernschade

Dit boek laat onverlet enige voor Nederland van kracht zijnde internationale overeenkomst of enige wet die de aansprakelijkheid voor kernschade regelt. (Ontw. art. 8.1.12; Gw art. 94; Wet AB art. 5)

Art. 14

Vervallen.

TITEL 2
Algemene bepalingen betreffende vervoer

AFDELING 1
Overeenkomst van goederenvervoer

Art. 20

Omschrijving

De overeenkomst van goederenvervoer is de overeenkomst, waarbij de ene partij (de vervoerder) zich tegenover de andere partij (de afzender) verbindt zaken te vervoeren. (Ontw.

BW 8

art. 8.2.1.1; WvK art. 91 (oud), 466 (oud), 809 (oud); BW art. 7:418 lid 2; BW art. 8:8, 40, 60, 370, 890, 1090, 1170, 1710 v.; WLv art. 2; OBW art. 251)

Art. 21

Hoofdverplichting vervoerder

De vervoerder is verplicht ten vervoer ontvangen zaken ter bestemming af te leveren en wel in de staat waarin hij hen heeft ontvangen. (Ontw. 8.2.1.2; K 91(oud); BW 8:42, 378, 895, 1095, 1173; L 25, 39)

Art. 22

Vertraging

Onverminderd artikel 21 is de vervoerder verplicht ten vervoer ontvangen zaken zonder vertraging te vervoeren. (Ontw. art. 8.2.1.3; WvK art. 92 (oud); BW art. 8:42, 379, 896, 1096, 1174; WLv art. 28; CMR art. 17)

Art. 23

Aansprakelijkheid vervoerder; overmacht

De vervoerder is niet aansprakelijk voor schade, voor zover deze is veroorzaakt door een omstandigheid die een zorgvuldig vervoerder niet heeft kunnen vermijden en voor zover zulk een vervoerder de gevolgen daarvan niet heeft kunnen verhinderen. (Ontw. art. 8.2.1.4; WvK art. 91 (oud), 92 (oud); BW art. 8:383, 898, 1098, 1175, 1280; WLv art. 39; CMR art. 17 lid 5)

Art. 24

Terbeschikkingstelling zaken

De afzender is verplicht de vervoerder de schade te vergoeden die deze lijdt doordat de overeengekomen zaken, door welke oorzaak dan ook, niet op de overeengekomen plaats en tijd te zijner beschikking zijn. (Ontw. art. 8.2.1.5; WvK art. 517*h* (oud), 520*i* (oud), 857 (oud); BW art. 8:64, 391, 907, 1110, 1187)

Art. 25

Opzeggingsbevoegdheid afzender

– 1. Alvorens zaken ter beschikking van de vervoerder zijn gesteld, is de afzender bevoegd de overeenkomst op te zeggen. Hij is verplicht de vervoerder de schade te vergoeden die deze ten gevolge van de opzegging lijdt.

– 2. De opzegging geschiedt door een mondelinge of schriftelijke kennisgeving en de overeenkomst eindigt op het ogenblik van ontvangst daarvan. (Ontw. art. 8.2.1.6; BW art. 8:65, 392 lid 1, 908 lid 1, 1111, 1188)

Art. 26

Opgaveplicht afzender

De afzender is verplicht de vervoerder omtrent de zaken alsmede omtrent de behandeling daarvan tijdig al die opgaven te doen, waartoe hij in staat is of behoort te zijn, en waarvan hij weet of behoort te weten, dat zij voor de vervoerder van belang zijn, tenzij hij mag aannemen dat de vervoerder deze gegevens kent. (Ontw. art. 8.2.1.7; WvK art. 479 (oud), 822 (oud); BW art. 8:66, 394, 398, 910, 914, 1114, 1118, 1191)

Art. 27

Verschaffen vervoersdocumenten

De afzender is verplicht de vervoerder de schade te vergoeden die deze lijdt doordat de documenten, die van de zijde van de afzender voor het vervoer vereist zijn, door welke oorzaak dan ook, niet naar behoren aanwezig zijn. (Ontw. art. 8.2.1.8; WvK art. 478 lid 1 (oud), 821 lid 1 (oud); BW art. 8:67, 395, 911, 1115, 1192)

Art. 28

Opzegging bij onbekende omstandigheid

– 1. Wanneer vóór of bij de aanbieding van de zaken aan de vervoerder omstandigheden aan de zijde van een der partijen zich opdoen of naar voren komen, die haar wederpartij bij het sluiten van de overeenkomst niet behoefde te kennen, doch die, indien zij haar wel bekend waren geweest, redelijkerwijs voor haar grond hadden opgeleverd de vervoerovereenkomst niet of op andere voorwaarden aan te gaan, is deze wederpartij bevoegd de overeenkomst op te zeggen.

– 2. De opzegging geschiedt door een mondelinge of schriftelijke kennisgeving en de overeenkomst eindigt op het ogenblik van ontvangst daarvan.

– 3. Naar maatstaven van redelijkheid en billijkheid zijn partijen na opzegging der overeenkomst verplicht elkaar de daardoor geleden schade te vergoeden. (Ontw. art. 8.2.1.9; BW art. 6:95 v., 258, 277; 8:68, 396, 912, 1116, 1193)

Art. 29

Vracht

De vracht is verschuldigd na aflevering van de zaken ter bestemming. (Ontw. art. 8.2.1.10; WvK art. 491, 517*p* lid 1, 831, 865 lid 1, 899 lid 1 (oud); BW art. 8:484, 947, 1128, 1194)

Art. 30

Retentierecht vervoerder

– 1. De vervoerder is gerechtigd afgifte van zaken, die hij in verband met de vervoerovereenkomst onder zich heeft, te weigeren aan ieder, die uit anderen hoofde dan de vervoerovereenkomst recht heeft op aflevering van die zaken, tenzij op de zaken beslag is gelegd en uit de vervolging van dit beslag een verplichting tot afgifte aan de beslaglegger voortvloeit.

– 2. De vervoerder kan het recht van retentie uitoefenen op zaken, die hij in verband met de vervoerovereenkomst onder zich heeft, voor hetgeen hem door de ontvanger verschuldigd is of zal worden terzake van het vervoer van die zaken. Hij kan dit recht tevens uitoefenen voor hetgeen bij wijze van rembours op die zaak drukt. Dit retentierecht vervalt zodra aan de vervoerder is betaald het bedrag waarover geen geschil bestaat en voldoende zekerheid is gesteld voor de betaling van die bedragen, waaromtrent wel geschil bestaat of welker hoogte nog niet kan worden vastgesteld. De vervoerder behoeft echter geen zekerheid te aanvaarden voor hetgeen bij wijze van rembours op de zaak drukt.

– 3. De in dit artikel aan de vervoerder toegekende rechten komen hem niet toe jegens een derde, indien hij op het tijdstip dat hij de zaak ten vervoer ontving, reden had te twijfelen aan de bevoegdheid van de afzender jegens die derde hem de zaak ten vervoer ter beschikking te stellen. (Ontw. art. 8.2.1.11; WvK art. 493, 494, 833, 834 (oud); BW art. 3:48, 290, 291; BW art. 6:51; BW art. 8:69, 489, 568, 954, 1131, 1196; Rv art. 631)

Art. 31

Aansprakelijkheid buiten overeenkomst

Wordt de vervoerder dan wel de afzender of een ondergeschikte van een hunner buiten overeenkomst aangesproken, dan zijn de artikelen 361 tot en met 366 van overeenkomstige toepassing. (Ontw. art. 8.2.1.12; WvK art. 321 lid 3, 459*a*, 473*a*, 780 lid 3, 791*a*, 815*a*, 931*a* (oud); BW art. 8:70 e.v., 91, 116, 880, 1081, 1720)

Art. 32

Toepassingsgebied

Deze afdeling geldt slechts ten aanzien van niet elders in dit boek geregelde overeenkomsten van goederenvervoer. (Ontw. art. 8.2.1.13; BW art. 8:92, 370, 890, 1090)

AFDELING 2

Overeenkomst van gecombineerd goederenvervoer

Art. 40

Begripsbepaling

De overeenkomst van gecombineerd goederenvervoer is de overeenkomst van goederenvervoer, waarbij de vervoerder (gecombineerd vervoerder) zich bij een en dezelfde overeenkomst tegenover de afzender verbindt dat het vervoer deels over zee, over binnenwateren, over de weg, over spoorwegen, door de lucht of door een pijpleiding dan wel door middel van enige andere vervoerstechniek zal geschieden. (Ontw. art. 8.2.2.1; BW art. 7:418 lid 2; BW art. 8:4, 20, 120, 370, 890, 1090, 1170, 1722; OBW art. 251)

Art. 41

Toepasselijke rechtsregelen

Bij een overeenkomst van gecombineerd goederenvervoer gelden voor ieder deel van het vervoer de op dat deel toepasselijke rechtsregelen. (Ontw. art. 8.2.2.2; WvK art. 517*v* lid 1, 517*w* lid 1, 871 lid 1, 872 lid 1 (oud); WOW art. 12 lid 1, 85 (oud); BW art. 7:610 lid 2; BW art. 8:42, 43, 101, 121, 370 leden 2 en 3, 890 leden 2 en 3, 1091, 1171; WLv art. 37, 38; CMR art. 2; VW art. 31; CIM art. 63; OBW art. 258)

Art. 42

Aansprakelijkheid gecombineerd vervoerder

– 1. Indien de gecombineerd vervoerder de zaken niet zonder vertraging ter bestemming aflevert in de staat waarin hij hen heeft ontvangen en niet is komen vast te staan, waar de omstandigheid, die het verlies, de beschadiging of de vertraging veroorzaakte, is opgekomen, is hij voor de daardoor ontstane schade aansprakelijk, tenzij hij bewijst, dat hij op geen der delen van het vervoer, waar het verlies, de beschadiging of de vertraging kan zijn opgetreden, daarvoor aansprakelijk is.

– 2. Nietig is ieder beding, waarbij van dit artikel wordt afgeweken. (Ontw. art. 8.2.2.3; WvK art. 517*v* lid 1, 517*w* lid 1, 871 lid 1, 872 lid 1 (oud); WOW art. 12 lid 2 (oud); BW art. 8:12, 21, 22, 43, 378, 379, 895, 896, 1095, 1096, 1173, 1174; ICC-Rules art. 5; OBW art. 258)

Art. 43

Hoogste bedrag aan schadevergoeding

– 1. Indien de gecombineerd vervoerder aansprakelijk is voor schade ontstaan door beschadiging, geheel of gedeeltelijk verlies, vertraging of enig ander schadeveroorzakend feit en niet is komen vast te staan waar de omstandigheid, die hiertoe leidde, is opgekomen, wordt zijn aansprakelijkheid bepaald volgens de rechtsregelen die toepasselijk zijn op dat deel of die delen van het vervoer, waarop deze omstandigheid kan zijn opgekomen en waaruit het hoogste bedrag aan schade vergoeding voortvloeit.

– 2. Nietig is ieder beding, waarbij van dit artikel wordt afgeweken. (Ontw. art. 8.2.2.4; WOW art. 12 lid 3 (oud); BW art. 8:12, 41; OBW art. 258)

Art. 44

CT-document

– 1. De gecombineerd vervoerder kan op verlangen van de afzender, geuit alvorens zaken te zijner beschikking worden gesteld, terzake van het vervoer een document (CT-document) opmaken, dat door hem wordt gedateerd en ondertekend en aan de afzender wordt afgegeven. De ondertekening kan worden gedrukt of door een stempel dan wel enig ander kenmerk van oorsprong worden vervangen.

– 2. Op het CT-document worden vermeld:

a. de afzender,

b. de ten vervoer ontvangen zaken met omschrijving van de algemene aard daarvan, zoals deze omschrijving gebruikelijk is,

c. een of meer der volgende gegevens met betrekking tot de onder *b* bedoelde zaken:

1° aantal,

2° gewicht,
3° volume,
4° merken,
d. de plaats waar de gecombineerd vervoerder de zaken ten vervoer heeft ontvangen,
e. de plaats waarheen de gecombineerd vervoerder op zich neemt de zaken te vervoeren,
f. de geadresseerde die, ter keuze van de afzender, wordt aangegeven hetzij bij name of andere aanduiding, hetzij als order van de afzender of van een ander, hetzij als toonder. De enkele woorden 'aan order' worden geacht de order van de afzender aan te geven,
g. de gecombineerd vervoerder,
h. het aantal exemplaren van het document indien dit in meer dan één exemplaar is uitgegeven,
i. al hetgeen overigens afzender en gecombineerd vervoerder gezamenlijk goeddunkt.
– 3. De aanduidingen vermeld in het tweede lid onder *a* tot en met *c* worden in het CT-document opgenomen aan de hand van door de afzender te verstrekken gegevens, met dien verstande dat de gecombineerd vervoerder niet verplicht is in het CT-document enig gegeven met betrekking tot de zaken op te geven of te noemen, waarvan hij redelijke gronden heeft te vermoeden, dat het niet nauwkeurig de in werkelijkheid door hem ontvangen zaken weergeeft of tot het toetsen waarvan hij geen redelijke gelegenheid heeft gehad. De gecombineerd vervoerder wordt vermoed geen redelijke gelegenheid te hebben gehad de hoeveelheid en het gewicht van gestorte of gepompte zaken te toetsen. De afzender staat in voor de juistheid, op het ogenblik van de inontvangstneming van de zaken, van de door hem verstrekte gegevens.
– 4. Partijen zijn verplicht elkaar de schade te vergoeden die zij lijden door het ontbreken van in het tweede lid genoemde gegevens. (Ontw. art. 8.2.2.5; BW art. 8:399 lid 1, 411, 412, 916, 918, 919, 1119; L art. 7 v.; ARV art. 58; CMR art. 5 lid 1; CIM art. 1, 8; ICC-Rules art. 3 sub *d*, 6, 7, 8, 9)

Art. 45

Verhandelbare exemplaren

De verhandelbare exemplaren van het CT-document, waarin is vermeld hoeveel van deze exemplaren in het geheel zijn afgegeven, gelden alle voor één en één voor alle. Niet verhandelbare exemplaren moeten als zodanig worden aangeduid. (Ontw. art. 8.2.2.6; BW art. 8:52, 413, 920; ICC-Rules art. 3 sub *d* ene)

Art. 46

CT-document als cognossement etc.

– 1. Voor het deel van het vervoer, dat overeenkomstig de tussen partijen gesloten overeenkomst zal plaatsvinden als vervoer over zee of binnenwateren, wordt het CT-document als cognossement aangemerkt.
– 2. Voor het deel van het vervoer, dat overeenkomstig de tussen partijen gesloten overeenkomst over de weg zal plaatsvinden, wordt het CT-document als vrachtbrief aangemerkt.
– 3. Voor het deel van het vervoer, dat overeenkomstig de tussen partijen gesloten overeenkomst over spoorwegen of door de lucht zal plaatsvinden, wordt het CT-document, mits het mede aan de daarvoor gestelde vereisten voldoet, als voor dergelijk vervoer bestemd document aangemerkt. (Ontw .art. 8.2.2.7; BW art. 8:399 v., 916 v., 1119 v.; WLv art. 7 v.; ARV art. 58 v.; CIM art. 6 v.; OBW art. 251)

Art. 47

Vervoersovereenkomst gaat boven CT-document

Indien een overeenkomst van gecombineerd goederenvervoer is gesloten en bovendien een CT-document is afgegeven, wordt, behoudens artikel 51 tweede lid, tweede volzin, de rechtsverhouding tussen de gecombineerd vervoerder en de afzender door de bedingen van de overeenkomst van gecombineerd goederenvervoer en niet door die van dit CT-document beheerst. Behoudens het in artikel 51 eerste lid gestelde vereiste van houderschap van het CT-document, strekt dit hun dan slechts tot bewijs van de ontvangst der zaken door de gecombineerd vervoerder. (Ontw. art. 8.2.2.8; BW art. 8:410, 917, 1123 lid 2)

Art. 48

Bewijskracht CT-document

– 1. Het CT-document bewijst, behoudens tegenbewijs, dat de gecombineerd vervoerder de zaken heeft ontvangen en wel zoals deze daarin zijn omschreven. Tegenbewijs tegen het CT-document wordt niet toegelaten, wanneer het is overgedragen aan een derde te goeder trouw.
– 2. Indien in het CT-document de clausule: 'aard, gewicht, aantal, volume of merken onbekend' of enige andere clausule van dergelijke strekking is opgenomen, binden zodanige in het CT-document voorkomende vermeldingen omtrent de zaken de gecombineerd vervoerder niet, tenzij bewezen wordt dat hij de aard, het gewicht, het aantal, het volume of de merken der zaken heeft gekend of had behoren te kennen.
– 3. Een CT-document, dat de uiterlijk zichtbare staat of gesteldheid van de zaak niet vermeldt, levert, behoudens tegenbewijs dat ook jegens een derde mogelijk is, een vermoeden op dat de gecombineerd vervoerder die zaak voor zover uiterlijk zichtbaar in goede staat of gesteldheid heeft ontvangen.

– 4. Een in het CT-document opgenomen waarde-opgave schept, behoudens tegenbewijs, een vermoeden, doch bindt niet de gecombineerd vervoerder die haar kan betwisten.
– 5. Verwijzingen in het CT-document worden geacht slechts die bedingen daarin te voegen, die voor degeen, jegens wie daarop een beroep wordt gedaan, duidelijk kenbaar zijn. Een dergelijk beroep is slechts mogelijk voor hem, die op schriftelijk verlangen van degeen jegens wie dit beroep kan worden gedaan of wordt gedaan, aan deze onverwijld die bedingen heeft doen toekomen.
– 6. Dit artikel laat onverlet de bepalingen die aan cognossement of vrachtbrief een grotere bewijskracht toekennen.
– 7. Nietig is ieder beding, waarbij van het vijfde lid van dit artikel wordt afgeweken. (Ontw. art. 8.2.2.9; BW art. 3:11, 90 e.v.; BW art. 8:414, 415, 921, 922, 1124; L 14; ICC-Rules art. 9, 10)

Art. 49

Levering CT-document aan order

Een CT-document aan order wordt geleverd op de wijze als aangegeven in afdeling 2 van Titel 4 van Boek 3. (Ontw. art. 8.2.2.10; BW art. 3:93, 94; BW art. 8:416, 923; WvK art. 110, 191; ICC-Rules art. 3 sub *b*)

Art. 50

Levering zaken door levering CT-document

Levering van het CT-document vóór de aflevering van de daarin vermelde zaken door de vervoerder geldt als levering van die zaken. (Ontw. art. 8.2.2.11; BW art. 7:607 lid 1; BW art. 8:417, 924)

Art. 51

Rechten van en jegens houder CT-document

– 1. Indien een CT-document is afgegeven, heeft uitsluitend de regelmatige houder daarvan, tenzij hij niet op rechtmatige wijze houder is geworden, jegens de gecombineerd vervoerder het recht aflevering van de zaken overeenkomstig de op deze rustende verplichtingen te vorderen. Onverminderd dit recht op aflevering heeft hij – en hij alleen – voor zover de gecombineerd vervoerder aansprakelijk is wegens het niet nakomen van de op hem rustende verplichting zaken zonder vertraging ter bestemming af te leveren in de staat waarin hij hen heeft ontvangen, uitsluitend het recht te dier zake schadevergoeding te vorderen.
– 2. Jegens de houder van het CT-document, die niet de afzender was, is de gecombineerd vervoerder gehouden aan en kan hij een beroep doen op de bedingen van het CT-document. Jegens iedere houder van het CT-document kan hij de daaruit duidelijk kenbare rechten tot betaling geldend maken. Jegens de houder van het CT-document, die ook de afzender was, kan de gecombineerd vervoerder zich bovendien op de bedingen van de overeenkomst van gecombineerd goederenvervoer en op zijn persoonlijke verhouding tot de afzender beroepen. (Ontw. art. 8.2.2.12; BW art. 3:86; BW art. 8:441, 940; WvK art. 115; ICC-Rules art. 4 sub *b*)

Art. 52

Rangorde houders CT-document

Van de houders van verschillende exemplaren van hetzelfde CT-document heeft hij het beste recht, die houder is van het exemplaar, waarvan ná de gemeenschappelijke voorman, die houder was van al die exemplaren, het eerst een ander houder is geworden te goeder trouw en onder bezwarende titel. (Ontw. art. 8.2.2.13; BW art. 3:11; BW art. 8:460, 942)

AFDELING 3

Overeenkomst tot het doen vervoeren van goederen

Art. 60

Omschrijving

De overeenkomst tot het doen vervoeren van goederen is de overeenkomst, waarbij de ene partij (de expediteur) zich jegens zijn wederpartij (de opdrachtgever) verbindt tot het te haren behoeve met een vervoerder sluiten van een of meer overeenkomsten van vervoer van door deze wederpartij ter beschikking te stellen zaken, dan wel tot het te haren behoeve maken van een beding in een of meer zodanige vervoerovereenkomsten. (Ontw. art. 8.2.3.0; K art. 86 e.v., 95 (oud); BW art. 6:253 e.v.; BW art. 7:418 lid 2; BW art. 8:20, 1740, 1741; OBW art. 251)

Art. 61

Expediteur aangemerkt als vervoerder

– 1. Voor zover de expediteur de overeenkomst tot het sluiten waarvan hij zich verbond, zelf uitvoert, wordt hij zelf aangemerkt als de vervoerder uit die overeenkomst.
– 2. Nietig is ieder beding, waarbij van dit artikel wordt afgeweken. (Ontw. art. 8.2.3.1; BW art. 8:12, 20, 62, 370, 890, 1090, 1170)

Art. 62

Mededelingsplicht expediteur

– 1. Indien de zaken niet zonder vertraging ter bestemming worden afgeleverd in de staat, waarin zij ter beschikking zijn gesteld, is de expediteur, voor zover hij een vervoerovereenkomst die hij met een ander zou sluiten, zelf uitvoerde, verplicht zulks onverwijld aan de opdrachtgever die hem kennis gaf van de schade mede te delen.

Schending mededelingsplicht

– 2. Doet de expediteur de in het eerste lid bedoelde mededeling niet, dan is hij, wanneer hij daardoor niet tijdig als vervoerder is aangesproken, naast vergoeding van de schade die de opdrachtgever overigens dientengevolge leed, een schadeloosstelling verschuldigd gelijk aan de

schadevergoeding, die hij zou hebben moeten voldoen, wanneer hij wel tijdig als vervoerder zou zijn aangesproken.
– 3. Nietig is ieder beding, waarbij van dit artikel wordt afgeweken. (Ontw. art. 8.2.3.2; BW art. 8:12, 61, 1740)

Art. 63

Verplichtingen expediteur

– 1. Indien de zaken niet zonder vertraging ter bestemming worden afgeleverd in de staat, waarin zij ter beschikking zijn gesteld, is de expediteur voor zover hij de vervoerovereenkomst, welke hij met een ander zou sluiten, niet zelf uitvoerde, verplicht de opdrachtgever onverwijld te doen weten welke vervoerovereenkomsten hij ter uitvoering van zijn verbintenis aanging. Hij is tevens verplicht de opdrachtgever alle documenten en gegevens ter beschikking te stellen, waarover hij beschikt of die hij redelijkerwijs kan verschaffen, voor zover deze althans kunnen dienen tot verhaal van opgekomen schade.
– 2. De opdrachtgever verkrijgt jegens degeen, met wie de expediteur heeft gehandeld, van het ogenblik af, waarop hij de expediteur duidelijk kenbaar maakt, dat hij hen wil uitoefenen, de rechten en bevoegdheden, die hem zouden zijn toegekomen, wanneer hij zelf als afzender de overeenkomst zou hebben gesloten. Hij kan ter zake in rechte optreden, wanneer hij overlegt een door de expediteur – of in geval van diens faillissement door diens curator – af te geven verklaring, dat tussen hem en de expediteur ten aanzien van de zaken een overeenkomst tot het doen vervoeren daarvan werd gesloten. Indien ten aanzien van de expediteur de schuldsaneringsregeling natuurlijke personen van toepassing is, geeft de bewindvoerder de verklaring af, tenzij de overeenkomst tot het doen vervoeren tot stand is gekomen na de uitspraak tot de toepassing van de schuldsaneringsregeling.
– 3. Komt de expediteur een verplichting als in het eerste lid bedoeld niet na, dan is hij, naast vergoeding van de schade die de opdrachtgever overigens dientengevolge leed, een schadeloosstelling verschuldigd gelijk aan de schadevergoeding die de opdrachtgever van hem had kunnen verkrijgen, wanneer hij de overeenkomst die hij sloot, zelf had uitgevoerd, verminderd met de schadevergoeding die de opdrachtgever mogelijkerwijs van de vervoerder verkreeg.
– 4. Nietig is ieder beding, waarbij van dit artikel wordt afgeweken. (Ontw. art. 8.2.3.3; BW art. 8:12, 1740)

Art. 64

Terbeschikkingstelling zaken

De opdrachtgever is verplicht de expediteur de schade te vergoeden die deze lijdt doordat de overeengekomen zaken, door welke oorzaak dan ook, niet op de overeengekomen plaats en tijd ter beschikking zijn. (Ontw. art. 8.2.3.4; BW art. 8:24, 391, 907, 1110, 1187)

Art. 65

Opzeggingsbevoegdheid opdrachtgever

– 1. Alvorens zaken ter beschikking zijn gesteld, is de opdrachtgever bevoegd de overeenkomst op te zeggen. Hij is verplicht de expediteur de schade te vergoeden die deze ten gevolge van de opzegging lijdt.
– 2. De opzegging geschiedt door schriftelijke kennisgeving en de overeenkomst eindigt op het ogenblik van ontvangst daarvan. (Ontw. art. 8.2.3.5; BW art. 8:25, 392, 908, 1111, 1188, 1740)

Art. 66

Opgaveplicht opdrachtgever

– 1. De opdrachtgever is verplicht de expediteur omtrent de zaken alsmede omtrent de behandeling daarvan tijdig al die opgaven te doen, waartoe hij in staat is of behoort te zijn, en waarvan hij weet of behoort te weten, dat zij voor de expediteur van belang zijn, tenzij hij mag aannemen, dat de expediteur deze gegevens kent.
– 2. De expediteur is niet gehouden, doch wel gerechtigd, te onderzoeken of de hem gedane opgaven juist en volledig zijn. (Ontw. art. 8.2.3.6; BW art. 8:26, 394, 910, 1114, 1191)

Art. 67

Verschaffen vervoersdocumenten

De opdrachtgever is verplicht de expediteur de schade te vergoeden die deze lijdt doordat de documenten, die van de zijde van de opdrachtgever voor het uitvoeren van de opdracht vereist zijn, door welke oorzaak dan ook, niet naar behoren aanwezig zijn. (Ontw. art. 8.2.3.7; BW art. 8:27, 395, 911, 1115, 1192)

Art. 68

Opzegging bij onbekende omstandigheid

– 1. Wanneer vóór of bij de terbeschikkingstelling van de zaken omstandigheden aan de zijde van een der partijen zich opdoen of naar voren komen, die haar wederpartij bij het sluiten van de overeenkomst niet behoefde te kennen, doch die, indien zij haar wel bekend waren geweest, redelijkerwijs voor haar grond hadden opgeleverd de overeenkomst niet of op andere voorwaarden aan te gaan, is deze wederpartij bevoegd de overeenkomst op te zeggen.
– 2. De opzegging geschiedt door schriftelijke kennisgeving en de overeenkomst eindigt op het ogenblik van ontvangst daarvan.
– 3. Naar maatstaven van redelijkheid en billijkheid zijn partijen na opzegging der overeenkomst verplicht elkaar de daardoor geleden schade te vergoeden. (Ontw. art. 8.2.3.8; BW art. 6:95 e.v., 258, 277; 8:28, 369, 912, 1116, 1193, 1740)

Art. 69

Retentierecht expediteur

– 1. De expediteur is gerechtigd afgifte van zaken of documenten, die hij in verband met de overeenkomst onder zich heeft, te weigeren aan ieder, die uit anderen hoofde dan de overeenkomst tot doen vervoeren recht heeft op aflevering daarvan, tenzij daarop beslag is gelegd en uit de vervolging van dit beslag een verplichting tot afgifte aan de beslaglegger voortvloeit.

– 2. De expediteur kan het recht van retentie uitoefenen op zaken of documenten, die hij in verband met de overeenkomst onder zich heeft, voor hetgeen hem terzake van de overeenkomst door zijn opdrachtgever verschuldigd is of zal worden. Hij kan dit recht tevens uitoefenen voor hetgeen bij wijze van rembours op de zaak drukt. Dit retentierecht vervalt zodra aan de expediteur is betaald het bedrag waarover geen geschil bestaat en voldoende zekerheid is gesteld voor de betaling van die bedragen, waaromtrent wel geschil bestaat of welker hoogte nog niet kan worden vastgesteld. De expediteur behoeft echter geen zekerheid te aanvaarden voor hetgeen bij wijze van rembours op de zaak drukt.

– 3. De in dit artikel aan de expediteur toegekende rechten komen hem niet toe jegens een derde, indien hij op het tijdstip dat hij de zaak of het document onder zich kreeg, reden had te twijfelen aan de bevoegdheid van de opdrachtgever jegens die derde hem die zaak of dat document ter beschikking te stellen. (Ontw. art. 8.2.3.9; BW art. 3:48, 290, 291; 6:51; 8:30, 489, 568, 954, 1131, 1196)

Art. 70

Aansprakelijkheid buiten overeenkomst jegens wederpartij

Indien een overeenkomst tot het doen vervoeren van goederen niet naar behoren wordt uitgevoerd, dan wel een zaak niet zonder vertraging ter bestemming wordt afgeleverd in de staat, waarin zij ter beschikking is gesteld, is de expediteur, die te dier zake door zijn wederpartij buiten overeenkomst wordt aangesproken, jegens deze niet verder aansprakelijk dan hij dit zou zijn op grond van de door hen gesloten overeenkomst tot het doen vervoeren van die zaak. (Ontw. art. 8.2.3.10; BW art. 8:362)

Art. 71

Aansprakelijkheid jegens derden

Indien een overeenkomst tot het doen vervoeren van goederen niet naar behoren wordt uitgevoerd, dan wel een zaak niet zonder vertraging ter bestemming wordt afgeleverd in de staat, waarin zij ter beschikking is gesteld, is de expediteur, die te dier zake buiten overeenkomst wordt aangesproken, behoudens de artikelen 361 tot en met 366, artikel 880 en artikel 1081, niet verder aansprakelijk dan hij dit zou zijn tegenover zijn opdrachtgever. (Ontw. art. 8.2.3.11; BW art. 8:363, 364)

Art. 72

Aansprakelijkheid bij aktie tegen ondergeschikte

Indien een vordering, als genoemd in het vorige artikel, buiten overeenkomst wordt ingesteld tegen een ondergeschikte van de expediteur, dan is deze ondergeschikte, mits hij de schade veroorzaakte in de werkzaamheden, waartoe hij werd gebruikt, niet verder aansprakelijk dan een dergelijke expediteur, die hem tot deze werkzaamheden gebruikte, dit op grond van het vorige artikel zou zijn. (Ontw. art. 8.2.3.12; BW art. 8:365)

Art. 73

Beperking aansprakelijkheid

Het totaal van de bedragen, verhaalbaar op de expediteur, al dan niet gezamenlijk met het bedrag, verhaalbaar op de wederpartij van degene die de vordering instelt, en hun ondergeschikten mag, behoudens in geval van schade ontstaan uit eigen handeling of nalaten van de aangesprokene, geschied hetzij met het opzet die schade te veroorzaken, hetzij roekeloos en met de wetenschap dat die schade er waarschijnlijk uit zou voortvloeien, niet overtreffen het totaal, dat op grond van de door hen ingeroepen overeenkomst is verschuldigd. (Ontw. art. 8.2.3.13; BW art. 8:366)

AFDELING 4

Overeenkomst van personenvervoer

Art. 80

Omschrijving

– 1. De overeenkomst van personenvervoer is de overeenkomst, waarbij de ene partij (de vervoerder) zich tegenover de andere partij verbindt een of meer personen (reizigers) te vervoeren.

– 2. De overeenkomst van personenvervoer als omschreven in artikel 100 is geen overeenkomst van personenvervoer in de zin van deze afdeling. (Ontw. art. 8.2.4.1; BW art. 7:418 lid 2; BW art. 8:120, 361 lid 3, 500, 970, 1140, 1750 e.v.; L art. 2; OBW art. 251)

Art. 81

Aansprakelijkheid vervoerder

De vervoerder is aansprakelijk voor schade veroorzaakt door dood of letsel in verband met het vervoer aan de reiziger overkomen. (Ontw. art. 8.2.4.2; BW art. 6:74, 105, 106, 107, 108; BW art. 8:82, 83, 84, 105, 504, 974, 1147; Sp art. 1; L art. 24 lid 1)

Art. 82

Overmacht vervoerder

– 1. De vervoerder is niet aansprakelijk voor schade ontstaan door dood of letsel, voor zover deze dood of dit letsel is veroorzaakt door een omstandigheid die een zorgvuldig vervoerder niet heeft kunnen vermijden en voor zover zulk een vervoerder de gevolgen daarvan niet heeft kunnen verhinderen.

– 2. De vervoerder kan niet om zich van zijn aansprakelijkheid voor schade door dood of letsel van de reiziger veroorzaakt te ontheffen, beroep doen op de gebrekkigheid of het slecht functioneren van het vervoermiddel of van het materiaal waarvan hij zich voor het vervoer bedient. (Ontw. art. 8.2.4.3; WvK art. 522 (oud), 920 (oud); BW art. 6:74 v.; BW art. 8:105, 504, 974, 1148; Sp art. 1; L art. 29; CACIV art. 2 lid 2; CVR art. 11 lid 2)

Eigen schuld reiziger

Art. 83

Indien de vervoerder bewijst, dat schuld of nalatigheid van de reiziger schade heeft veroorzaakt of daartoe heeft bijgedragen, kan de aansprakelijkheid van de vervoerder daarvoor geheel of gedeeltelijk worden opgeheven. (Ontw. art. 8.2.4.3*a*; BW art. 8:109 lid 1, 513, 981, 1155; L art. 29)

Dwingend recht

Art. 84

Nietig is ieder voor het aan de reiziger overkomen voorval gemaakt beding waarbij de ingevolge artikel 81 op de vervoerder drukkende aansprakelijkheid of bewijslast wordt verminderd op andere wijze dan in deze afdeling is voorzien. (Ontw. art. 8.2.4.3*b*; BW art. 8:12, 112, 520, 985, 1149)

Art. 85

Vordering bij dood of letsel

– 1. In geval van aan de reiziger overkomen letsel en van de dood van de reiziger zijn de artikelen 107 en 108 van Boek 6 niet van toepassing op de vorderingen die de vervoerder als wederpartij van een andere vervoerder tegen deze laatste instelt.

Limitering

– 2. De aansprakelijkheid van de vervoerder is in geval van dood of letsel van de reiziger beperkt tot een bij of krachtens algemene maatregel van bestuur te bepalen bedrag of bedragen. (Ontw. art. 8.2.4.4; BW art. 6:105, 106, 109; BW art. 8:110, 113, 518, 521, 983, 986, 1157, 1159; WLv art. 24 lid 2; OBW art. 258)

Reiziger niet tijdig aanwezig

Art. 86

De wederpartij van de vervoerder is verplicht deze de schade te vergoeden die hij lijdt doordat de reiziger, door welke oorzaak dan ook, niet tijdig ten vervoer aanwezig is. (Ontw. art. 8.2.4.5; BW art. 8:522, 986, 1160)

Document niet naar behoren aanwezig

Art. 87

De wederpartij van de vervoerder is verplicht deze de schade te vergoeden die hij lijdt doordat de documenten met betrekking tot de reiziger, die van haar zijde voor het vervoer vereist zijn, door welke oorzaak dan ook, niet naar behoren aanwezig zijn. (Ontw. 8.2.4.6; BW 8: 523, 986, 1161)

Art. 88

Opzegging vervoerder bij onbekende omstandigheid

– 1. Wanneer vóór of tijdens het vervoer omstandigheden aan de zijde van de wederpartij van de vervoerder of de reiziger zich opdoen of naar voren komen, die de vervoerder bij het sluiten van de overeenkomst niet behoefde te kennen, doch die, indien zij hem wel bekend waren geweest, redelijkerwijs voor hem grond hadden opgeleverd de vervoerovereenkomst niet of op andere voorwaarden aan te gaan, is de vervoerder bevoegd de overeenkomst op te zeggen en de reiziger uit het vervoermiddel te verwijderen.

– 2. De opzegging geschiedt door een mondelinge of schriftelijke kennisgeving aan de wederpartij van de vervoerder of aan de reiziger en de overeenkomst eindigt op het ogenblik van ontvangst van de eerst ontvangen kennisgeving.

– 3. Naar maatstaven van redelijkheid en billijkheid zijn partijen na opzegging der overeenkomst verplicht elkaar de daardoor geleden schade te vergoeden. (Ontw. art. 8.2.4.7; BW art. 6:258, 277; BW art. 8:524, 986, 1162)

Art. 89

Opzegging wederpartij bij onbekende omstandigheid

– 1. Wanneer vóór of tijdens het vervoer omstandigheden aan de zijde van de vervoerder zich opdoen of naar voren komen, die diens wederpartij bij het sluiten van de overeenkomst niet behoefde te kennen, doch die, indien zij haar wel bekend waren geweest, redelijkerwijs voor haar grond hadden opgeleverd de vervoerovereenkomst niet of op andere voorwaarden aan te gaan, is deze wederpartij van de vervoerder bevoegd de overeenkomst op te zeggen.

– 2. De opzegging geschiedt door een mondelinge of schriftelijke kennisgeving en de overeenkomst eindigt op het ogenblik van ontvangst daarvan.

– 3. Naar maatstaven van redelijkheid en billijkheid zijn partijen na opzegging der overeenkomst verplicht elkaar de daardoor geleden schade te vergoeden. (Ontw. art. 8.2.4.8; BW 6:258, 277; BW art. 8:525, 986, 1163)

Art. 90

Opzegging wederpartij mits geen vertraging reis

– 1. De wederpartij van de vervoerder is steeds bevoegd de overeenkomst op te zeggen. Zij is verplicht de vervoerder de schade te vergoeden, die deze ten gevolge van de opzegging lijdt.

– 2. Zij kan dit recht niet uitoefenen, wanneer daardoor de reis van het vervoermiddel zou worden vertraagd.

– 3. De opzegging geschiedt door een mondelinge of schriftelijke kennisgeving en de overeenkomst eindigt op het ogenblik van ontvangst daarvan. (Ontw. art. 8.2.4.9; BW art. 8:527, 986, 1165)

Art. 91

Aansprakelijkheid buiten overeenkomst

Wordt de vervoerder, zijn wederpartij, de reiziger of een ondergeschikte van een hunner buiten overeenkomst aangesproken, dan zijn de artikelen 361 tot en met 366 van overeenkomstige toepassing. (Ontw. art. 8.2.4.10; WvK art. 524*b* (oud), 921*b* (oud); BW art. 6:107, 108; BW art. 8:13, 116, 880, 1081, 1754)

Art. 92

Toepassingsgebied

Deze afdeling geldt slechts ten aanzien van niet elders in dit boek geregelde overeenkomsten van personenvervoer. (Ontw. art. 8.2.4.11; BW art. 8:32, 100, 500, 970, 1140)

AFDELING 5
Overeenkomst tot binnenlands openbaar personenvervoer

Art. 100

Begripsbepaling

– 1. De overeenkomst van personenvervoer in de zin van deze afdeling is de overeenkomst van personenvervoer, waarbij de ene partij (de vervoerder) zich tegenover de andere partij verbindt aan boord van een vervoermiddel, geen luchtvaartuig noch luchtkussenvoertuig zijnde, een of meer personen (reizigers) en al dan niet hun handbagage binnen Nederland hetzij over spoorwegen hetzij op andere wijze en dan volgens een voor een ieder kenbaar schema van reismogelijkheden (dienstregeling) te vervoeren. Tijd- of reisbevrachting is, voor zover het niet betreft vervoer over spoorwegen, geen overeenkomst van personenvervoer in de zin van deze afdeling. (WPVV art. 1 lid 1 onder *d*)

Vervoerder

– 2. Als vervoerder in de zin van deze afdeling wordt tevens beschouwd de instantie die op een mogelijkerwijs afgegeven vervoerbewijs is vermeld. Wordt enig vervoerbewijs afgegeven dan zijn de artikelen 56, tweede lid, 75, eerste lid en 186, eerste lid van boek 2 niet van toepassing. (BW art. 8:528, 986, 1166; WPVV art. 27 lid 6)

Handbagage

– 3. In deze afdeling wordt onder handbagage verstaan de bagage met inbegrip van levende dieren, die de reiziger als gemakkelijk mee te voeren, draagbare dan wel met de hand verrijdbare zaken op of bij zich heeft. (ARV art. 22, 23)

– 4. Bij algemene maatregel van bestuur, die voor ieder vervoermiddel onderling verschillende bepalingen kan bevatten, kunnen zaken, die geen handbagage zijn, voor de toepassing van bepalingen van deze afdeling als handbagage worden aangewezen, dan wel bepalingen van deze afdeling niet van toepassing worden verklaard op zaken, die handbagage zijn. (Ontw. art. 8.2.4A.1; WOBOP art. 1 (oud); BW art. 7:418 lid 2; BW art. 8:8, 80, 101, 104, 361 lid 3, 500, 970, 1140, 1141, 1750 e.v.; Sp art. 1; OBW art. 251, 258)

Art. 101

Verschillende vervoermiddelen

– 1. Indien een of meer vervoerders zich bij een en dezelfde overeenkomst verbinden tot vervoer met onderling al dan niet van aard verschillende vervoermiddelen, gelden voor ieder deel van het vervoer de op dat deel toepasselijke rechtsregelen.

Stapelvervoer

– 2. Indien een voertuig dat voor het vervoer wordt gebezigd aan boord van een schip wordt vervoerd, gelden voor dat deel van het vervoer de op het vervoer te water toepasselijke rechtsregelen, met dien verstande echter dat de vervoerder zich niet kan beroepen op lichamelijke of geestelijke tekortkomingen van de bestuurder van het voertuig die in de tijd, dat de reiziger aan boord daarvan was, tot schade leidden. (BW art. 8:1148 lid 2, 1150 lid 2)

– 3. Bij de overeenkomst waarbij de ene partij zich bij een en dezelfde overeenkomst tegenover de andere partij verbindt deels tot het vervoer van personen als bedoeld in artikel 100, deels tot ander vervoer, gelden voor ieder deel van het vervoer de op dat deel toepasselijke rechtsregelen. (Ontw. art. 8.2.4A.2; WOBOP art. 2 (oud); BW art. 8:41, 121, 1142) (8:105)

Art. 102

Vervoersperiode personen

– 1. Vervoer van personen omvat uitsluitend de tijd dat de reiziger aan boord van het vervoermiddel is, daarin instapt of daaruit uitstapt. (BW art. 8:1142)

– 2. Vervoer van personen per schip omvat bovendien de tijd dat de reiziger te water wordt vervoerd tussen wal en schip of tussen schip en wal, indien de prijs hiervan in de vracht is inbegrepen of het voor dit hulpvervoer gebezigde schip door de vervoerder ter beschikking van de reiziger is gesteld. Het omvat echter niet de tijd dat de reiziger verblijft op een ponton, een steiger, een veerstoep of enig ander schip, dat ligt tussen de wal en het schip aan boord waarvan hij vervoerd zal worden of werd, in een stationsgebouw, op een kade of enige andere haveninstallatie. (Ontw. art. 8.2.4A.3; WOBOP art. 3 (oud); BW art. 8:1, 501, 971, 1142)

Art. 103

Vervoersperiode handbagage

– 1. Vervoer van handbagage omvat uitsluitend de tijd dat deze aan boord van het vervoermiddel is, daarin wordt ingeladen of daaruit wordt uitgeladen, alsmede de tijd dat zij onder de hoede van de vervoerder is.

– 2. Vervoer van handbagage per schip omvat bovendien de tijd dat de handbagage te water wordt vervoerd tusen wal en schip of tussen schip en wal, indien de prijs hiervan in de vracht is inbegrepen of het voor dit hulpvervoer gebezigde schip door de vervoerder ter beschikking van de reiziger is gesteld. Het omvat echter niet de tijd dat de handbagage zich bevindt op een ponton, een steiger, een veerstoep of enig ander schip, dat ligt tussen de wal en het schip aan boord waarvan zij vervoerd zal worden of werd, in een stationsgebouw, op een kade of enige andere haveninstallatie, tenzij zij zich daar onder de hoede van de vervoerder bevindt. (Ontw. art. 8.2.4A.4.; WOBOP art. 4 (oud); BW art. 8:1, 100 lid 3, 501, 971 sub *b*, 1143 leden 1 en 2)

Art. 104

Vervallen.

Art. 105

Aansprakelijkheid bij dood of letsel

– 1. De vervoerder is aansprakelijk voor schade veroorzaakt door dood of letsel van de reiziger ten gevolge van een ongeval dat in verband met en tijdens het vervoer aan de reiziger is overkomen.

– 2. In afwijking van het eerste lid is de vervoerder niet aansprakelijk, voor zover het ongeval is veroorzaakt door een omstandigheid die een zorgvuldig vervoerder niet heeft kunnen vermijden en voor zover zulk een vervoerder de gevolgen daarvan niet heeft kunnen verhinderen.

– 3. Lichamelijke of geestelijke tekortkomingen van de bestuurder van het voertuig alsmede gebrekkigheid of slecht functioneren van het vervoermiddel of van het materiaal, waarvan hij zich voor het vervoer bedient, worden aangemerkt als een omstandigheid die een zorgvuldig vervoerder heeft kunnen vermijden en waarvan zulk een vervoerder de gevolgen heeft kunnen verhinderen. Onder materiaal wordt niet begrepen een ander vervoermiddel aan boord waarvan het vervoermiddel zich bevindt.

– 4. Bij de toepassing van het tweede lid wordt slechts dan rekening gehouden met een gedraging van een derde, indien geen andere omstandigheid, die mede tot het ongeval leidde, voor rekening van de vervoerder is. (Ontw. art. 8.2.4A.6; WOBOP art. 6 (oud); BW art. 6:95 e.v., 107, 108; BW art. 8:81, 82, 102, 109, 112, 504, 974, 1142 lid 2, 1147, 1148; Sp art. 1; L art. 24, 29; OBW art. 258)

– 5. In geval van vervoer over spoorwegen worden de beheerders van de spoorweginfrastructuur waarop het vervoer wordt verricht, beschouwd als personen van wier diensten de vervoerder bij de uitvoering van het vervoer gebruik maakt, en wordt die infrastructuur beschouwd als materiaal waarvan de vervoerder zich bij het vervoer bedient.

Art. 106

Aansprakelijkheid voor bagage

– 1. De vervoerder is aansprakelijk voor schade veroorzaakt door geheel of gedeeltelijk verlies dan wel beschadiging van handbagage of van een als bagage ten vervoer aangenomen voertuig of schip en de zaken aan boord daarvan, voor zover dit verlies of deze beschadiging is ontstaan tijdens het vervoer en is veroorzaakt

a. door een aan de reiziger overkomen ongeval dat voor rekening van de vervoerder komt, of

b. door een omstandigheid die een zorgvuldig vervoerder heeft kunnen vermijden of waarvan zulk een vervoerder de gevolgen heeft kunnen verhinderen.

– 2. Lichamelijke of geestelijke tekortkomingen van de bestuurder van het voertuig alsmede gebrekkigheid of slecht functioneren van het vervoermiddel of van het materiaal waarvan hij zich voor het vervoer bedient, worden aangemerkt als een omstandigheid die een zorgvuldig vervoerder heeft kunnen vermijden en waarvan zulk een vervoerder de gevolgen heeft kunnen verhinderen. Onder materiaal wordt niet begrepen een ander vervoermiddel aan boord waarvan het vervoermiddel zich bevindt.

– 3. Bij de toepassing van het eerste lid wordt slechts dan rekening gehouden met een gedraging van een derde, indien geen andere omstandigheid die mede tot het voorval leidde voor rekening van de vervoerder is.

– 4. In geval van vervoer over spoorwegen worden de beheerders van de spoorweginfrastructuur waarop het vervoer wordt verricht, beschouwd als personen van wier diensten de vervoerder bij de uitvoering van het vervoer gebruik maakt, en wordt die infrastructuur beschouwd als materiaal waarvan de vervoerder zich voor het vervoer bedient. (Ontw. art. 8.2.4A.7; WOBOP art. 7 (oud); BW art. 8:100 lid 3, 103, 109, 112, 505, 975, 1150, 1753 lid 4; L art. 31; OBW art. 258)

– 5. Dit artikel laat de artikelen 545 en 1006 onverlet.

Art. 107

Aansprakelijkheid voor onbekende zaken

De vervoerder is terzake van door de reiziger aan boord van het vervoermiddel gebrachte zaken, die hij, indien hij hun aard of gesteldheid had gekend, niet aan boord van het vervoermiddel zou hebben toegelaten en waarvoor hij geen bewijs van ontvangst heeft afgegeven, geen enkele schadevergoeding verschuldigd indien de reiziger wist of behoorde te weten dat de vervoerder de zaken niet ten vervoer zou hebben toegelaten; de reiziger is alsdan aansprakelijk voor alle kosten en schaden voor de vervoerder voortvloeiend uit de aanbieding ten vervoer of uit het vervoer zelf. (Ontw. art. 8.2.4A.8; WOBOP art. 8 (oud); BW art. 8:114, 508, 978, 1152)

Art. 108

Geen aansprakelijkheid bij vertraging

De vervoerder is niet aansprakelijk voor schade die is veroorzaakt door vertraging, door welke oorzaak dan ook vóór, tijdens of na het vervoer opgetreden, dan wel is veroorzaakt door welke afwijking van de dienstregeling dan ook. (Ontw. art. 8.2.4A.9; WOBOP art. 9 (oud); BW art. 8:515, 516, 981; L art. 28)

Art. 109

Eigen schuld reiziger

– 1. Indien de vervoerder bewijst, dat schuld of nalatigheid van de reiziger schade heeft veroorzaakt of daartoe heeft bijgedragen, kan de aansprakelijkheid van de vervoerder daarvoor geheel of gedeeltelijk worden opgeheven.

Hulppersonen

– 2. Indien personen van wier hulp de vervoerder bij de uitvoering van zijn verbintenis gebruik maakt, op verzoek van de reiziger diensten bewijzen, waartoe de vervoerder niet is verplicht, worden zij aangemerkt als te handelen in opdracht van de reiziger aan wie zij deze diensten bewijzen. (Ontw. art. 8.2.4A.10; WOBOP art. 10 (oud); BW art. 8:83, 513, 514, 981, 1155, 1156; L art. 29; ARV art. 2 lid 2)

Art. 110

Limitering

– 1. De in deze afdeling bedoelde aansprakelijkheid van de vervoerder is beperkt tot bij of krachtens algemene maatregel van bestuur te bepalen bedrag of bedragen.

– 2. Dit artikel laat de titels 7 en 12 van dit boek onverlet. (Ontw. art. 8.2.4A.11; WOBOP art. 11 (oud); BW art. 8: 85 lid 5, 518, 983, 1157)

Art. 111

Geen aansprakelijkheidsbeperking bij opzet vervoerder

– 1. De vervoerder kan zich niet beroepen op enige beperking van zijn aansprakelijkheid, voor zover de schade is ontstaan uit zijn eigen handeling of nalaten, geschied hetzij met het opzet die schade te veroorzaken, hetzij roekeloos en met de wetenschap dat die schade er waarschijnlijk uit zou voortvloeien.

– 2. Nietig is ieder beding, waarbij van dit artikel wordt afgeweken. (Ontw. art. 8.2.4A.12; WOBOP art. 12 (oud); BW art. 8:12, 519, 984, 1158; Wet AB art. 14)

Art. 112

Dwingend recht

Nietig is ieder vóór het aan de reiziger overkomen ongeval, of vóór het verlies of de beschadiging van handbagage of van als bagage ten vervoer aangenomen vaartuig of schip en de zaken aan boord daarvan, gemaakt beding, waarbij de ingevolge de artikelen 105 en 106 op de vervoerder drukkende aansprakelijkheid of bewijslast wordt verminderd op andere wijze dan in deze afdeling is voorzien. (Ontw. art. 8.2.4A.13; WOBOP art. 13 (oud); BW art. 8:12, 84, 520, 985, 1149, 1150 lid 4; Wet AB art. 14)

Art. 113

Schadevergoeding handbagage

– 1. In geval van verlies of beschadiging van handbagage wordt de vordering tot schadevergoeding gewaardeerd naar de omstandigheden.

Vordering bij dood of letsel

– 2. In geval van aan de reiziger overkomen letsel en van de dood van de reiziger zijn de artikelen 107 en 108 van Boek 6 niet van toepassing op de vorderingen die de vervoerder als wederpartij van een andere vervoerder tegen deze laatste instelt. (Ontw. art. 8.2.4A.14; WOBOP art. 14 (oud); BW art. 6:105, 106, 109; BW art. 8:85, 521, 986, 1159; L art. 24 lid 2; OBW art. 258)

Art. 114

Aansprakelijkheid reiziger

– 1. Onverminderd artikel 107 en onverminderd artikel 179 van Boek 6 is de reiziger aansprakelijk voor schade veroorzaakt door zijn handeling of nalaten, dan wel door zijn handbagage of een als bagage aangenomen voertuig of schip en de zaken aan boord daarvan.

– 2. In afwijking van het eerste lid is de reiziger niet aansprakelijk, voor zover de schade is veroorzaakt door een omstandigheid die een zorgvuldig reiziger niet heeft kunnen vermijden en voor zover zulk een reiziger de gevolgen daarvan niet heeft kunnen verhinderen.

– 3. De hoedanigheid of een gebrek van zijn handbagage, of een als bagage aangenomen vaartuig of schip en de zaken aan boord daarvan, wordt aangemerkt als een omstandigheid die een zorgvuldig reiziger heeft kunnen vermijden en waarvan zulk een reiziger de gevolgen heeft kunnen verhinderen.

– 4. De schade wordt aangemerkt het door de vervoerder naar zijn redelijk oordeel vast te stellen bedrag te belopen, doch indien de vervoerder meent dat de schade meer dan € 227 beloopt moet hij zulks bewijzen. (Ontw. art. 8.2.4A.15; WOBOP art. 15 (oud); BW art. 8:8, 509, 979, 1153; OBW art. 258)

Art. 115

Nadere regelgeving

Behoeft deze afdeling in het belang van een goede uitvoering ervan nadere regeling, dan geschiedt dit bij algemene maatregel van bestuur. (Ontw. art. 8.2.4A.16; WOBOP art. 16 (oud))

Art. 116

Aansprakelijkheid buiten overeenkomst

Wordt de vervoerder, zijn wederpartij, de reiziger of een ondergeschikte van een dezer buiten overeenkomst aangesproken, dan zijn de artikelen 361 tot en met 366 en 1081 van overeenkomstige toepassing. (Ontw. art. 8.2.4A.17; WOBOP art. 18 (oud); BW art. 8:31, 91, 880)

Art. 116a

Beroep op artt. 365 en 366

De beheerder van de spoorweginfrastructuur en een andere spoorwegonderneming die dezelfde spoorweginfrastructuur gebruikt, kunnen zich beroepen op de artikelen 365 en 366 op dezelfde voet als de daar bedoelde ondergeschikten dit kunnen.

AFDELING 6

Overeenkomst van gecombineerd vervoer van personen

Art. 120

Begripsbepaling

De overeenkomst van gecombineerd vervoer van personen is de overeenkomst van personenvervoer, waarbij de vervoerder (gecombineerd vervoerder) zich bij een en dezelfde overeenkomst verbindt dat het vervoer deels over zee, over binnenwateren, over de weg, over spoorwegen, door de lucht dan wel door middel van enige andere vervoerstechniek zal geschieden. (Ontw. art. 8.2.5.1; BW art. 7:418 lid 2; BW art. 8:4, 40, 80, 100, 500, 970, 1140, 1750 e.v.; OBW art. 251)

Art. 121

Toepasselijke rechtsregelen

Bij een overeenkomst van gecombineerd vervoer van personen gelden voor ieder deel van het vervoer de op dat deel toepasselijke rechtsregelen. (Ontw. art. 8.2.5.2; WOW art. 62 (oud); BW art. 8:41, 101, 501, 971, 1142, 1143; L art. 38; VW art. 31; OBW art. 258)

II ZEERECHT

TITEL 3

Het zeeschip en de zaken aan boord daarvan

AFDELING 1

Rederij van het zeeschip

Art. 160

Rederij

– 1. Indien een zeeschip blijkens de openbare registers bedoeld in afdeling 2 van Titel 1 van Boek 3 aan twee of meer personen gezamenlijk toebehoort, bestaat tussen hen een rederij. Wanneer de eigenaren van het schip onder een gemeenschappelijke naam optreden bestaat slechts een rederij, indien zulks uitdrukkelijk bij akte is overeengekomen en deze akte in die registers is ingeschreven.

– 2. De rederij is geen rechtspersoon. (Ontw. art. 8.3.1.1; WvK art. 323 (oud); BW art. 1:436 lid 3; BW art. 3:189; BW art. 7A:1655 e.v.; BW art. 8:2, 770, 771, 1770; WvK art. 16, 19; Rv art. 4 sub 10, 621, 622, 623; Sr art. 51 lid 3; Sv art. 528, 530; OBW art. 255)

Art. 161

Lidmaatschap rederij

Iedere mede-eigenaar is van rechtswege lid der rederij. Wanneer een lid ophoudt eigenaar te zijn, eindigt zijn lidmaatschap van rechtswege. (Ontw. art. 8.3.1.2; BW art. 5:125 lid 2; BW art. 8:171 lid 3 onder e, 174, 175, 186, 199, 200)

Art. 162

Redelijkheid en billijkheid

De leden der rederij moeten zich jegens elkander gedragen naar hetgeen door de redelijkheid en de billijkheid wordt gevorderd. (Ontw. art. 8.3.1.3; BW art. 2:8; BW art. 3:12; BW art. 8:186)

Art. 163

Boekhouder

In iedere rederij kan een boekhouder worden aangesteld. Een vennootschap is tot boekhouder benoembaar. (Ontw. art. 8.3.1.4; WvK art. 327 (oud); BW art. 2:64, 175; BW art. 7A:1655 v.; BW art. 8:169, 178, 179, 186; WVK art. 16, 311; Rv art. 4 sub 10, 621 e.v.)

Art. 164

Interne bevoegdheid boekhouder

De boekhouder kan slechts met toestemming van de leden der rederij overgaan tot enige buitengewone herstelling van het schip of tot benoeming of ontslag van een kapitein. (Ontw. art. 8.3.1.5; K art. 338 lid 2 (oud); BW art. 8:171; WvK art. 375)

Art. 165

Opening van zaken

De boekhouder geeft aan ieder lid der rederij op diens verlangen kennis en opening van alle aangelegenheden de rederij betreffende en inzage van alle boeken, brieven en documenten, op zijn beheer betrekking hebbende. (Ontw. art. 8.3.1.6; K art. 340*a* (oud); WvK art. WvK art. 8, 11)

Art. 166

Rekening en verantwoording

De boekhouder is verplicht, zo dikwijls een terzake mogelijk bestaand gebruik dit medebrengt, doch in ieder geval telkens na verloop van een jaar en bij het einde van zijn beheer, binnen zes maanden aan de leden der rederij rekening en verantwoording te doen van zijn beheer met overlegging van alle bewijsstukken daarop betrekking hebbende. Hij is verplicht aan ieder van hen uit te keren wat hem toekomt. (Ontw. art. 8.3.1.7, K art. 340*b* lid 1 (oud); BW art. 3:173; BW art. 8:1770; Rv art. 771)

Art. 167

Opnemen en sluiten rekening

Ieder lid der rederij is verplicht de rekening en verantwoording van de boekhouder binnen drie maanden op te nemen en te sluiten. (Ontw. art. 8.3.1.8; K art. 340*c* (oud); BW art. 8:176; Rv art. 4 sub 10, 782)

Art. 168

Goedkeuring rekening; binding

De goedkeuring der rekening en verantwoording door de meerderheid van de leden der rederij bindt slechts hen, die daartoe hebben medegewerkt, behoudens dat zij ook een lid dat aan de rekening en verantwoording niet heeft medegewerkt bindt, wanneer dit lid nalaat de rekening en verantwoording in rechte te betwisten binnen één jaar, nadat hij daarvan heeft kunnen kennis nemen en nadat de goedkeuring door de meerderheid hem schriftelijk is medegedeeld. (Ontw. art. 8.3.1.9; K art. 340*d* (oud); BW art. 2:11 lid 3; BW art. 3:195; BW art. 8:171; Rv art. 621)

Art. 169

Einde betrekking boekhouder

De betrekking van de boekhouder eindigt, indien over hem een provisionele bewindvoerder is benoemd, hij onder curatele is gesteld, terzake van krankzinnigheid in een gesticht is geplaatst, in staat van faillissement is verklaard of indien ten aanzien van hem de schuldsaneringsregeling natuurlijke personen van toepassing is verklaard. (Ontw. art. 8.3.1.10; K art. 330 (oud); BW art. 1:378 e.v., 435; BW art. 8:170, 179, 186; Fw art. 1 e.v., 284 e.v.)

Art. 170

Overneming aandeel boekhouder bij ontslag

– 1. Is de boekhouder lid der rederij, dan heeft hij, indien de leden zijn betrekking doen eindigen of hem een dringende reden hebben gegeven op grond waarvan hij zijnerzijds de betrekking doet eindigen, het recht te verlangen, dat zijn aandeel door de overige leden wordt overgenomen tegen zodanige prijs als deskundigen het op het tijdstip, waarop hij de overneming verlangt, waard zullen achten. Hij heeft dit recht niet, indien hij aan de leden der rederij een dringende reden heeft gegeven op grond waarvan zij de betrekking doen eindigen.

– 2. Hij moet van zijn verlangen tot overneming kennis geven aan de leden der rederij binnen een maand, nadat zijn betrekking is geëindigd. Wanneer aan zijn verlangen niet binnen een maand is voldaan of wanneer niet binnen twee weken na het overnemen van zijn aandeel de daarvoor bepaalde prijs aan hem is voldaan, kan de rechter op een binnen twee maanden door de boekhouder gedaan verzoek bevelen dat het schip wordt verkocht. De wijze van verkoop wordt door de rechter bepaald.

– 3. Door ieder van hen die tot de overneming verplicht zijn, wordt van het overgenomen aandeel een gedeelte verkregen, evenredig aan zijn aandeel in het schip. (Ontw. art. 8.3.1.11; K art. 328 (oud); BW art. 7:677, 678; BW art. 8:169, 174, 184, 186; Rv art. 621, 622)

Art. 171

Besluitvorming rederij

– 1. Alle besluiten, de aangelegenheden der rederij betreffende, worden genomen bij meerderheid van stemmen van de leden der rederij. (BW art. 2:120; BW art. 8:168)

– 2. Het kleinste aandeel geeft één stem; ieder groter aandeel zoveel stemmen als het aantal malen, dat in dit aandeel het kleinste begrepen is. (BW art. 2:118; BW art. 8:176, 181)

– 3. Besluiten tot

a. aanstelling van een boekhouder die geen lid is van de rederij, (BW art. 8:169, 172)

b. uitbreiding van de bevoegdheid van de boekhouder buiten de grenzen getrokken door artikel 178 eerste lid,

c. het sluiten, voor meer dan zes maanden, van een rompbevrachting, een tijdbevrachting of een overeenkomst, als genoemd in artikel 531 of artikel 991, (BW art. 8:373, 530, 892, 990)

d. ontbinding der rederij tijdens de loop van een overeenkomst tot vervoer, van een overeenkomst waarbij het schip ter beschikking van een ander is gesteld, of van een ter visvangst ondernomen reis, (BW art. 8:375, 894) vereisen eenstemmigheid. (Ontw. art. 8.3.1.12; K art. 313 lid 1, 334 (oud))

Art. 172

Zeevissersschepen

Op rederijen van zeevissersschepen is artikel 171 derde lid, onder *a* niet van toepassing. (Ontw. art. 8.3.1.13; K art. 340g (oud); BW art. 8:2 lid 3; WvK art. 319)

Art. 173

Bevel tot verkoop schip

Indien tengevolge van staking der stemmen de exploitatie van het schip wordt belet, kan de rechter op een binnen twee maanden door een lid der rederij gedaan verzoek bevelen dat het schip wordt verkocht. De wijze van verkoop wordt door de rechter bepaald. (Ontw. art. 8.3.1.14; K art. 335 (oud); BW art. 8:184; Rv art. 621)

Art. 174

Verplichte overneming aandeel

– 1. Indien is besloten omtrent enige buitengewone herstelling van het schip, omtrent benoeming of ontslag van de kapitein, dan wel omtrent het aangaan van een vervoerovereenkomst waarbij het schip ter beschikking van een ander wordt gesteld, kan ieder lid der rederij, dat tot

het besluit niet heeft medegewerkt of daartegen heeft gestemd, verlangen dat zij die vóór het besluit hebben gestemd, zijn aandeel overnemen tegen zodanige prijs, als deskundigen het op het tijdstip, waarop hij de overneming verlangt, waard zullen achten. Hij moet van zijn verlangen tot overneming kennisgeven aan de boekhouder of, indien er geen boekhouder is, aan hen, die voorstemden, binnen een maand nadat het besluit te zijner kennis is gebracht. Wanneer aan zijn verlangen niet binnen een maand is voldaan of wanneer niet binnen twee weken na het overnemen van zijn aandeel de daarvoor bepaalde prijs aan hem is voldaan, kan de rechter op een binnen twee maanden door het lid der rederij gedaan verzoek bevelen dat het schip wordt verkocht. De wijze van verkoop wordt door de rechter bepaald.
– 2. Door ieder van hen die tot de overneming verplicht zijn, wordt van het overgenomen aandeel een gedeelte verkregen, evenredig aan zijn aandeel in het schip. (Ontw. art. 8.3.1.15; K art. 337 (oud); BW art. 8:160, 170, 184; Rv art. 4 sub 10, 621, 622)

Art. 175

Vervallen.

Art. 176

Bijdragen tot de uitgaven

De leden der rederij moeten naar evenredigheid van hun aandeel bijdragen tot de uitgaven der rederij, waartoe bevoegdelijk is besloten. (Ontw. art. 8.3.1.16; K art. 336 (oud); BW art. 8:177, 181)

Art. 177

Verdeling winst en verlies

De leden der rederij delen in de winst en het verlies naar evenredigheid van hun aandeel in het schip. (Ontw. art. 8.3.1.17; K art. 340 (oud); BW art. 176)

Art. 178

Externe bevoegdheid boekhouder

– 1. Is een boekhouder aangesteld, dan is hij, onverminderd artikel 360 eerste lid en met uitsluiting van ieder lid der rederij, in alles wat de normale exploitatie van het schip medebrengt, bevoegd voor de rederij met derden te handelen en de rederij te vertegenwoordigen. (BW art. 2:130; BW art. 8:163, 164, 171, 180, 181, 462 lid 2, 564, 771 jo 944 lid 2; Rv art. 4 sub 10, 623)
– 2. Indien de rederij in het handelsregister is ingeschreven kunnen beperkingen van de bevoegdheid van de boekhouder aan derden, die daarvan onkundig waren, niet worden tegengeworpen, tenzij deze beperkingen uit dat register blijken. Is de rederij niet in het handelsregister ingeschreven, dan kunnen beperkingen van de bevoegdheid van de boekhouder aan derden slechts worden tegengeworpen, wanneer hun die bekend waren. (BW art. 2:5 lid 2; BW art. 8:179; Hrgw art. 31)
– 3. De boekhouder heeft alle verplichtingen na te komen, die de wet de reder oplegt. (Ontw. art. 8.3.1.18; K art. 331 (oud); BW art. 8:186, 192, 195, 564, 782, 785, 786; Sr art. 447*a*)

Art. 179

Derdenbescherming bij aanstelling of ontslag boekhouder

Indien de rederij in het handelsregister is ingeschreven, kunnen de aanstelling van een boekhouder of het eindigen van diens betrekking aan derden, die daarvan onkundig waren, niet worden tegengeworpen zo lang niet inschrijving daarvan in het handelsregister heeft plaats gehad. Is de rederij niet in het handelsregister ingeschreven dan kunnen de aanstelling van een boekhouder of het eindigen van diens betrekking aan derden slechts worden tegengeworpen wanneer dit hun bekend was. (Ontw. art. 8.3.1.19; K art. 329 (oud); BW art. 2:5; BW art. 8:178 lid 2, 462 lid 2, 771 jo 944 lid 2; Hrgw art. 31)

Art. 180

Ontstentenis boekhouder; vertegenwoordiging

– 1. Indien er geen boekhouder is, alsmede in geval van ontstentenis of belet van de boekhouder, wordt de rederij vertegenwoordigd en kan voor haar worden gehandeld door een of meer harer leden, mits alleen of tezamen eigenaars zijnde van meer dan de helft van het schip.
– 2. In de gevallen genoemd in het eerste lid kunnen handelingen, die geen uitstel kunnen lijden, zo nodig door ieder lid zelfstandig worden verricht en is ieder lid bevoegd ten behoeve van de rederij verjaring te stuiten. (Ontw. art. 8.3.1.20; K art. 330 (oud); BW art. 8:186, 564)

Art. 181

Aansprakelijkheid der leden

Voor de verbintenissen van de rederij zijn haar leden aansprakelijk, ieder naar evenredigheid van zijn aandeel in het schip. (Ontw. art. 8.3.1.21; K art. 326 (oud); BW art. 8:176, 177, 178 lid 1; WvK18; Rv art. 623)

Art. 182

Voortbestaan rederij bij dood enz.

De rederij wordt niet ontbonden door de dood van een harer leden noch door diens faillissement, het van toepassing verklaren van de schuldsaneringsregeling natuurlijke personen, plaatsing ter zake van krankzinnigheid in een gesticht of plaatsing onder curatele. (Ontw. art. 8.3.1.22; K art. 325 lid 1 (oud); BW art. 1:378; BW art. 7A:1683 sub 4; BW art. 8:184, 186; Fw art. 1 e.v., 284 e.v.)

Art. 183

Geen opzegging lidmaatschap

Het lidmaatschap der rederij kan niet worden opgezegd; evenmin kan een lid van het lidmaatschap der rederij worden vervallen verklaard. (Ontw. 8.3.1.23; K 325 lid 2 (oud); BW 7A:1683 sub 3°; 8:186)

Art. 184

Ontbinding; verkoop schip

Indien tot ontbinding der rederij is besloten, moet het schip worden verkocht. Indien binnen twee maanden na het besluit het schip nog niet is verkocht, kan de rechter op een binnen twee maanden door een lid der rederij gedaan verzoek, bevelen tot deze verkoop over te gaan. De wijze van verkoop wordt door de rechter bepaald. Een besluit tot verkoop of een ingevolge artikel 170, artikel 173 of artikel 174 gegeven bevel tot verkoop van het schip staat gelijk met een besluit tot ontbinding der rederij. (Ontw. art. 8.3.1.24; K art. 340*e* (oud); BW art. 8:171, 182, 183; Rv art. 621)

Art. 185

Vereffening

– 1. Na ontbinding blijft de rederij bestaan voor zover dit tot haar vereffening nodig is.

– 2. De boekhouder, zo die er is, is met de vereffening belast. (Ontw. art. 8.3.1.25; K art. 340*f* (oud); BW art. 2:23; BW art. 3:189, 200; WvK art. 32)

Art. 186

Nietig beding

Nietig is ieder beding, waarbij wordt afgeweken van de artikelen 161-163, 169, 170 eerste en tweede lid, 178 derde lid, 180, 182 en 183. (Ontw. art. 8.3.1.26; K art. 333 (oud))

AFDELING 2

Rechten op zeeschepen

Art. 190

Schip in aanbouw

– 1. In de afdelingen 2 tot en met 5 van titel 3 worden onder schepen mede verstaan schepen in aanbouw. Onder reder wordt mede verstaan de eigenaar van een zeeschip in aanbouw. (BW art. 8:217)

– 2. Indien een schip in aanbouw een schip in de zin van artikel 1 is geworden, ontstaat daardoor niet een nieuw schip. (Ontw. art. 8.3.2.1; K art. 310 (oud); BW art. 8:10, 780; WvK art. 309 lid 1, 312; Kadw art. 1)

Art. 191

Registers

In deze afdeling wordt onder de openbare registers verstaan de openbare registers, bedoeld in afdeling 2 van titel 1 van Boek 3. (Ontw. art. 8.3.2.2; K art. 314 (oud); BW art. 8:1 lid 5, 160, 781)

Art. 192

Verplichtingen; met reder gelijkgestelde personen

De in deze afdeling aan de reder opgelegde verplichtingen rusten, indien het schip toebehoort aan meer personen, aan een vennootschap onder firma, aan een commanditaire vennootschap of aan een rechtspersoon, mede op iedere mede-eigenaar, beherende vennoot of bestuurder. (Ontw. art. 8.3.2.3; K art. 317 lid 1 (oud); BW art. 2:44, 129, 239, 291; BW art. 8:10, 178 lid 3, 782; WvK art. 16, 19; Sr art. 447*a*)

Art. 193

Vervallen. (Ontw. art. 8.3.2.4; K art. 314 lid 1 (oud); BW art. 7A:1576 lid 4; BW art. 8:197, 203, 230, 783; Rv art. 4 sub 10, 320a, 565-568, 573, 576, 578, 579, 624, 635, 728b; Kadw art. 21, 85)

Art. 194

Teboekstelling

– 1. Teboekstelling is slechts mogelijk

– van een in aanbouw zijnd zeeschip: indien het in Nederland in aanbouw is; (WvK art. 312; BW art. 8:190 lid 1)

– van een afgebouwd zeeschip: indien het een Nederlands schip is in de zin van artikel 311 van het Wetboek van Koophandel

– dan wel ingeval het een zeevissersschip is: indien het is ingeschreven in een krachtens artikel 3 der Visserijwet 1963 aangehouden register.

– 2. Teboekstelling is niet mogelijk van een zeeschip dat reeds teboekstaat in de openbare registers, hetzij als zeeschip hetzij als binnenschip, of in enig soortgelijk buitenlands register. (BW art. 8:191)

– 3. In afwijking van het tweede lid is teboekstelling van een zeeschip dat in een buitenlands register teboekstaat mogelijk, wanneer dit schip, nadat de teboekstelling ervan in dat register is doorgehaald, een Nederlands schip in de zin van artikel 311 van het Wetboek van Koophandel zal zijn of wanneer dit schip als zeevissersschip is ingeschreven in een krachtens artikel 3 der Visserijwet 1963 aangehouden register. Deze teboekstelling heeft evenwel slechts rechtsgevolg, wanneer zij binnen 30 dagen is gevolgd door aantekening in de openbare registers, dat de teboekstelling in het buitenlandse register is doorgehaald, of wanneer, ingeval de bewaarder van een buitenlands register ondanks daartoe schriftelijk tot hem gericht verzoek doorhaling weigert, van dit verzoek en van het feit dat er geen gevolg aan is gegeven, aantekening in de openbare registers is geschied.

– 4. De teboekstelling wordt verzocht door de reder van het zeeschip. Hij moet daarbij ter inschrijving overleggen een door hem ondertekende verklaring, dat naar zijn beste weten het schip voor teboekstelling als zeeschip vatbaar is. Indien het een verzoek tot teboekstelling als zeeschip in aanbouw betreft, gaat deze verklaring vergezeld van een bewijs dat het schip in Nederland in aanbouw is. Indien het een verzoek tot teboekstelling als zeeschip, niet zijnde een zeeschip in aanbouw of een zeevissersschip, betreft, gaat deze verklaring vergezeld van een door of namens Onze Minister van Verkeer en Waterstaat afgegeven verklaring als bedoeld in artikel 311*a*, eerste lid, van het Wetboek van Koophandel. Indien het een verzoek tot teboekstelling als zeevissersschip betreft, gaat deze verklaring vergezeld van een bewijs dat het schip is ingeschreven in een krachtens artikel 3 van de Visserijwet 1963 aangehouden register. (Sr art. 389*ter*)

– 5. De teboekstelling in de openbare registers heeft geen rechtsgevolg, wanneer aan de vereisten van de voorgaande leden van dit artikel niet is voldaan.

– 6. Bij het verzoek tot teboekstelling wordt woonplaats gekozen in Nederland. Deze woonplaats wordt in het verzoek tot teboekstelling vermeld en kan door een andere in Nederland gelegen woonplaats worden vervangen. (Ontw. art. 8.3.2.5; K art. 314 lid 1 (oud), K art. 315 (oud); BW art. 2:10, 15; BW art. 8:230, 784, 1303; WvK art. 319; Rv art. 4 sub 10, 621, 622, 624)

Art. 195

Doorhaling teboekstelling

– 1. De teboekstelling wordt slechts doorgehaald

a. op verzoek van degeen, die in de openbare registers als reder vermeld staat; (BW art. 8:10)

b. op aangifte van de reder of ambtshalve

1° als het schip is vergaan, gesloopt is of blijvend ongeschikt voor drijven is geworden;

2° als van het schip gedurende 6 maanden na het laatste uitvaren of de dag, waartoe zich de laatst ontvangen berichten uitstrekken, in het geheel geen tijding is aangekomen, zonder dat dit aan een algemene storing in de berichtgeving kan worden geweten;

3° als het schip door rovers of vijanden is genomen;

4° als het schip, indien het niet in de openbare registers te boek zou staan, een binnenschip zou zijn in de zin van artikel 3 of artikel 780;

5° als het schip niet of niet meer de hoedanigheid van Nederlands schip heeft dan wel niet of niet meer is ingeschreven in een krachtens artikel 3 der Visserijwet 1963 aangehouden register. Ambtshalve doorhaling wegens het verlies van de hoedanigheid van Nederlands schip geschiedt uitsluitend na ontvangst van een mededeling van de intrekking van een verklaring als bedoeld in artikel 311*a*, eerste lid, van het Wetboek van Koophandel. Wanneer het schip de hoedanigheid van Nederlands schip heeft verloren door toewijzing na een executie buiten Nederland, dan wel de inschrijving van het schip in een krachtens artikel 3 der Visserijwet 1963 aangehouden register is doorgehaald, vindt doorhaling slechts plaats, wanneer hetzij de reder, degenen van wier recht uit een inschrijving blijkt en de beslagleggers gelegenheid hebben gehad hun rechten op de opbrengst geldend te maken en hun daartoe ook feitelijk de gelegenheid is gegeven, hetzij deze personen hun toestemming tot de doorhaling verlenen of hun vorderingen zijn voldaan. (WvK art. 311)

– 2. In de in het eerste lid onder *b* genoemde gevallen is de reder tot het doen van aangifte verplicht binnen drie maanden nadat de reden tot doorhaling zich heeft voorgedaan.

– 3. Wanneer ten aanzien van het schip inschrijvingen of voorlopige aantekeningen ten gunste van derden bestaan, geschiedt doorhaling slechts, wanneer geen dezer derden zich daartegen verzet. (BW art. 8:199, 202)

– 4. Doorhaling geschiedt slechts na op verzoek van de meest gerede partij verleende machtiging van de rechter. (Ontw. art. 8.3.2.6; K art. 316 (oud), 317 (oud), 318*t* (oud); BW art. 8:10, 194, 196, 230, 786, 1304; WvK art. 311, 667; Rv art. 429*a* e.v., 624; Sr art. 447*a*; Kadw art. 21)

Art. 196

Buitenlands register

– 1. Zolang de teboekstelling in de openbare registers niet is doorgehaald heeft teboekstelling van een zeeschip in een buitenlands register of vestiging in het buitenland van rechten daarop, voor vestiging waarvan in Nederland inschrijving in de openbare registers vereist zou zijn geweest, geen rechtsgevolg.

– 2. In afwijking van het eerste lid wordt een teboekstelling of vestiging van rechten als daar bedoeld erkend, wanneer deze geschiedde onder voorwaarde van doorhaling van de teboekstelling in de openbare registers binnen 30 dagen na de teboekstelling van het schip in het buitenlandse register. (Ontw. art. 8.3.2.7.; K art. 754 (oud); BW art. 8:194 lid 3, 195, 787)

Art. 197

Zakelijke rechten

De enige zakelijke rechten, waarvan een in de openbare registers teboekstaand zeeschip het voorwerp kan zijn, zijn de eigendom, de hypotheek, het vruchtgebruik en de in artikel 211 en artikel 217 eerste lid onder *b* genoemde voorrechten. (Ontw. art. 8.3.2.8; K art. 318*k* (oud), 318*u* (oud); BW art. 3:201 e.v., 227 e.v.; BW art. 5:1 v.; BW art. 8:193, 215, 217 lid 3, 230, 788)

Art. 198

Vervallen.

Art. 199

Registergoed

– 1. Een in de openbare registers teboekstaand zeeschip is een registergoed. (BW art. 3:10)

Inschrijving rechterlijke uitspraak

– 2. Bij toepassing van artikel 301 van Boek 3 ter zake van akten die op de voet van artikel 89 leden 1 en 4 van Boek 3 zijn bestemd voor de levering van zodanig zeeschip, kan de in het eerste genoemde artikel bedoelde uitspraak van de Nederlandse rechter niet worden ingeschreven, zolang zij niet in kracht van gewijsde is gegaan. (Ontw. art. 8.3.2.10; K art. 318 (oud); BW art. 3:96, 98, 186; BW art. 8:193, 195 lid 3, 230, 790; Wet teboekgestelde luchtvaartuigen art. 6; Fw art. 35)

Art. 200

Vervallen.

Art. 201

Verkrijgende verjaring

Eigendom, hypotheek en vruchtgebruik op een teboekstaand zeeschip worden door een bezitter te goeder trouw verkregen door een onafgebroken bezit van vijf jaren. (Ontw. art. 8.3.2.12; K art. 758 (oud); BW art. 3:99; BW art. 8:230, 791; Wet teboekgestelde luchtvaartuigen art. 7; OBW art. 258 lid 2)

Art. 202

Hypotheek

Onverminderd het bepaalde in artikel 260, eerste lid, van Boek 3 wordt in de notariële akte waarbij hypotheek wordt verleend op een teboekstaand zeeschip of op een recht waaraan een zodanig schip is onderworpen, duidelijk het aan de hypotheek onderworpen schip vermeld. (Ontw. art. 8.3.2.13; K art. 318*k* (oud), 318*l* (oud); BW art. 3:31, 227; BW art. 8:190, 193, 197, 203 e.v., 230, 792, 1310; Fw art. 35)

Art. 203

Zaken door de hypotheek omvat

Behoudens afwijkende, uit de openbare registers blijkende, bedingen omvat de hypotheek de zaken die uit hoofde van hun bestemming blijvend met het schip zijn verbonden en die toebehoren aan de reder van het schip. Artikel 266 van Boek 3 is niet van toepassing. (Ontw. art. 8.3.2.14; K art. 309 (oud); BW art. 3:227 lid 2, 254; BW art. 8:1, 10, 230, 793; OBW art. 253)

Art. 204

Rangorde

De door hypotheek gedekte vordering neemt rang na de vorderingen, genoemd in de artikelen 210, 211, 221, 222 eerste lid, 831 en 832 eerste lid, doch vóór alle andere vorderingen, waaraan bij deze of enige andere wet een voorrecht is toegekend. (Ontw. art. 8.3.2.15; K art. 318*m* (oud); BW art. 3:21, 279; BW art. 8:222 lid 2, 230, 794, 832 lid 2, 1311; OBW art. 252)

Art. 205

Rente

Indien de vordering rente draagt, strekt de hypotheek mede tot zekerheid voor de renten der hoofdsom, vervallen gedurende de laatste drie jaren voorafgaand aan het begin van de uitwinning en gedurende de loop hiervan. Artikel 263 van Boek 3 is niet van toepassing. (Ontw. art. 8.3.2.16; K 318*n* (oud); BW art. 8:230, 795, 1312; Fw art. 128)

Art. 206

Hypotheek op aandeel

Op hypotheek op een aandeel in een teboekstaand zeeschip is artikel 177 van Boek 3 niet van toepassing; de hypotheek blijft na vervreemding of toedeling van het schip in stand. (Ontw. art. 8.3.2.17; K art. 318*k* lid 2 (oud), 318*o* lid 1 (oud); BW art. 8:215, 230, 796, 1313)

Art. 207

Toepasselijke bepalingen

– 1. De eerste twee leden van artikel 264 van Boek 3 zijn in geval van een hypotheek waaraan een teboekstaand zeeschip is onderworpen, mede van toepassing op bevrachtingen.

– 2. De artikelen 234 en 261 van Boek 3 zijn op een zodanige hypotheek niet van toepassing. (Ontw. art. 8.3.2.18; K art. 318*p* (oud); BW art. 3:227-235, 260 e.v.; BW art. 8:230, 797, 1314; Rv art. 508 e.v.)

Art. 208

Vruchtgebruik

In geval van vruchtgebruik op een teboekstaand zeeschip zijn de bepalingen van artikel 217 van Boek 3 mede van toepassing op bevrachting voor zover die bepalingen niet naar hun aard uitsluitend op pacht, huur van bedrijfsruimte of huur van woonruimte van toepassing zijn. (Ontw. art. 8.3.2.19; K art. 765 (oud); BW art. 3:201 e.v.; BW art. 8:798)

AFDELING 3
Voorrechten op zeeschepen

Art. 210

Kosten bij uitwinning

– 1. In geval van uitwinning van een zeeschip worden de kosten van uitwinning, de kosten van bewaking tijdens deze uitwinning of verkoop, alsmede de kosten van gerechtelijke rangregeling en verdeling van de opbrengst onder de schuldeisers uit de opbrengst van de verkoop voldaan boven alle andere vorderingen, waaraan bij deze of enige andere wet een voorrecht is toegekend.

Kosten van wrakopruiming

– 2. In geval van verkoop van een gestrand, onttakeld of gezonken zeeschip, dat de overheid in het openbaar belang heeft doen opruimen, worden de kosten der wrakopruiming uit de opbrengst van de verkoop voldaan boven alle andere vorderingen, waaraan bij deze of enige andere wet een voorrecht is toegekend.

– 3. De in de vorige leden bedoelde vorderingen staan in rang gelijk en worden ponds-pondsgewijs betaald. (Ontw. art. 8.3.3.1; K art. 318*c*, 318*d* lid 1 (oud); BW art. 3:278 e.v.; BW art. 8:190, 222, 820, 832; Rv art. 562*a* e.v.; OBW art. 252)

Art. 210a

Retentierecht

Artikel 292 van Boek 3 en de artikelen 60, tweede lid, eerste zin, derde lid en vierde lid, en 299*b*, derde tot en met vijfde lid, van de Faillissementswet zijn op zeeschepen niet van toepassing. (BW art. 8:820*a*)

Art. 211

Voorrecht

Boven alle andere vorderingen waaraan bij deze of enige andere wet een voorrecht is toegekend zijn, behoudens artikel 210, op een zeeschip bevoorrecht:
a. in geval van beslag: de vorderingen ter zake van kosten na het beslag gemaakt tot behoud van het schip, daaronder begrepen de kosten van herstellingen, die onontbeerlijk waren voor het behoud van het schip; (Rv art. 562*a* e.v.)
b. de vorderingen ontstaan uit de arbeidsovereenkomsten van de kapitein of de andere leden der bemanning, met dien verstande dat de vorderingen met betrekking tot loon, salaris of beloningen slechts bevoorrecht zijn tot op een bedrag over een tijdvak van twaalf maanden verschuldigd; (WvK art. 375, 396)
c. de vorderingen ter zake van hulpverlening alsmede ter zake van de bijdrage van het schip in avarij-grosse;
d. de vorderingen ter zake van havengelden en maatregelen met betrekking tot een schip die noodzakelijk waren ter waarborging van de veiligheid van de haven of van derden, met dien verstande dat dit voorrecht vervalt doordat het schip een nieuwe reis aanvangt. (Ontw. art. 8.3.3.2; K art. 318*c* (oud); BW art. 3:278 e.v.; BW art. 8:6, 197, 212 e.v., 222, 224, 230, 557, 610 e.v., 821, 832, 834, 1820 e.v., 1830 e.v.; OBW art. 252; 85)

Art. 212

Renten en kosten

Wanneer een vordering uit hoofde van artikel 211 bevoorrecht is, zijn de renten hierop en de kosten ten einde een voor tenuitvoerlegging vatbare titel te verkrijgen gelijkelijk bevoorrecht. (Ontw. art. 8.3.3.3; K art. 318*e* (oud); BW art. 8:217 lid 3, 223, 230, 822)

Art. 213

Onderlinge rang

– 1. De bevoorrechte vorderingen, genoemd in artikel 211, nemen rang in de volgorde, waarin zij daar zijn gerangschikt.
– 2. Bevoorrechte vorderingen onder dezelfde letter vermeld, staan in rang gelijk, doch de vorderingen genoemd in artikel 211 onder *c* nemen onderling rang naar de omgekeerde volgorde van de tijdstippen, waarop zij ontstonden.
– 3. In rang gelijkstaande vorderingen worden ponds-pondsgewijs betaald. (Ontw. art. 8.3.3.4; K art. 318*d* (oud); BW art. 8:224, 230, 823; OBW art. 252)

Art. 214

Omvang voorrechten; schadevergoedingen

De voorrechten, genoemd in artikel 211, strekken zich uit tot
a. alle zaken, die uit hoofde van hun bestemming blijvend met het schip zijn verbonden en die toebehoren aan de reder van het schip; (BW art. 8:1, 10, 217 lid 3)
b. de schadevergoedingen, verschuldigd voor het verlies van het schip of voor niet herstelde beschadiging daarvan, daarbij inbegrepen dat deel van een beloning voor hulpverlening, van een beloning voor vlotbrengen of van een vergoeding in avarij-grosse, dat tegenover een zodanig verlies of beschadiging staat. Dit geldt eveneens wanneer deze schadevergoedingen of vorderingen tot beloning zijn overgedragen of met pandrecht zijn bezwaard. Deze schadevergoedingen omvatten echter niet vergoedingen welke zijn verschuldigd krachtens een overeenkomst van verzekering van het schip, die dekking geeft tegen het risico van verlies of avarij. Artikel 283 van Boek 3 is niet van toepassing. (Ontw. art. 8.3.3.5; K art. 318g (oud); BW art. 3:48; BW art. 8:225, 230, 542, 824)

Art. 215

Zaaksgevolg

– 1. De schuldeiser, die een voorrecht heeft op grond van artikel 211, vervolgt zijn recht op het schip, in wiens handen dit zich ook bevinde.

Inschrijfbaarheid; derdenbescherming

– 2. Voorrechten als bedoeld in artikel 211 kunnen worden ingeschreven in de openbare registers, bedoeld in afdeling 2 van Titel 1 van Boek 3. Artikel 24 lid 1 van Boek 3 is niet van toepassing. (Ontw. art. 8.3.3.6; K art. 318*o* (oud); BW art. 3:48; BW art. 8:197, 206, 217 lid 3, 230, 825)

Art. 216

Exploitatie door niet-eigenaar

De vorderingen genoemd in artikel 211, doen een voorrecht op het schip ontstaan en zijn alsdan daarop verhaalbaar, zelfs wanneer zij zijn ontstaan tijdens de terbeschikkingstelling van het schip aan een bevrachter, dan wel tijdens de exploitatie van het schip door een ander dan de reder, tenzij aan deze de feitelijke macht over het schip door een ongeoorloofde handeling was ontnomen en bovendien de schuldeiser niet te goeder trouw was. (Ontw. art. 8.3.3.7; K art. 318*r* (oud); BW art. 8:10, 217 lid 3, 230, 826)

Art. 217

Voorrecht bedrijfsvorderingen

– 1. Boven alle andere vorderingen, waaraan bij deze of enige andere wet een voorrecht is toegekend, doch na de bevoorrechte vorderingen genoemd in artikel 211, na de hypothecaire vorderingen, na de vorderingen genoemd in de artikelen 222 en 832 en na de vordering van de

pandhouder, zijn op een zeeschip, waaronder voor de toepassing van dit artikel niet is te verstaan een zeeschip in aanbouw, bij voorrang verhaalbaar:
a. de vorderingen, die voortvloeien uit rechtshandelingen, die de reder of een rompbevrachter binden en die rechtstreeks strekken tot het in bedrijf brengen of houden van het schip, alsmede de vorderingen die tegen een uit hoofde van artikel 461 gelezen met artikel 462 of artikel 943 gelezen met artikel 944 als vervoerder aangemerkte persoon kunnen worden geldend gemaakt. Onder rechtshandeling is hier het in ontvangst nemen van een verklaring begrepen;
b. de vorderingen, die uit hoofde van afdeling 1 van titel 6 op de reder rusten; (BW art. 8:197, 215)
c. de vorderingen, genoemd in artikel 752 voor zover zij op de reder rusten.
– 2. De in het eerste lid genoemde vorderingen staan in rang gelijk en worden ponds-pondsgewijs betaald.
– 3. De artikelen 212, 214 onder *a* en 216 zijn op de in het eerste lid genoemde vorderingen van toepassing. Op de vorderingen die in het eerste lid onder *b* worden genoemd, is ook artikel 215 van toepassing.
– 4. Artikel 283 van Boek 3 is niet van toepassing. (Ontw. art. 8.3.3.8; K art. 318*c* (oud), 318*f* (oud), 318*q* (oud), 318*r* (oud); BW art. 3:279; BW art. 8:10, 218, 230, 260, 360, 530, 827; OBW art. 252)

Art. 218

Bijzondere voorrechten

Na de vorderingen genoemd in artikel 217 zijn de vorderingen genoemd in de artikelen 284 en 285 van Boek 3, voor zover zij dit niet zijn op grond van enig ander artikel van deze titel, op een zeeschip bij voorrang verhaalbaar. (Ontw. art. 8.3.3.8a; K art. 318*h* lid 2 (oud); BW art. 8:230, 828; OBW art. 252)

Art. 219

Tenietgaan voorrechten

– 1. De krachtens deze afdeling verleende voorrechten gaan teniet door verloop van een jaar, tenzij de schuldeiser zijn vordering in rechte geldend heeft gemaakt. Deze termijn begint met de aanvang van de dag volgend op die, waarop de vordering opeisbaar wordt. Met betrekking tot de vordering voor hulploon begint deze termijn echter met de aanvang van de dag volgend op die, waarop de hulpverlening is beëindigd.
– 2. Het voorrecht gaat teniet met de vordering.
– 3. In geval van executoriale verkoop gaan de voorrechten mede teniet op het tijdstip waarop het proces-verbaal van verdeling wordt gesloten. (Ontw. art. 8.3.3.9; K art. 318*d* (oud); BW art. 8:227, 230, 829, 1790 e.v., 1820 e.v., 1830 e.v.; Fw art. 188; Rv art. 490)

AFDELING 4
Voorrechten op zaken aan boord van zeeschepen

Art. 220

Voorbehoud

Deze afdeling geldt onder voorbehoud van titel 15. (Ontw. art. 8.3.4.0; BW art. 8:3*a*, 830, 1300 e.v.)

Art. 221

Kosten bij uitwinning

– 1. In geval van uitwinning van zaken aan boord van een zeeschip worden de kosten van uitwinning, de kosten van bewaking daarvan tijdens deze uitwinning, alsmede de kosten van gerechtelijke rangregeling en verdeling van de opbrengst onder de schuldeisers, uit de opbrengst van de verkoop voldaan boven alle andere vorderingen, waaraan bij deze of enige andere wet een voorrecht is toegekend.
– 2. De in het eerste lid bedoelde vorderingen staan in rang gelijk en worden ponds-pondsgewijs betaald. (Ontw. art. 8.3.4.1; K art. 318*h* (oud); BW art. 3:278 e.v.; BW art. 8:210, 230, 831, 832; OBW art. 252)

Art. 222

Hulploon; avarij-grosse

– 1. Op zaken aan boord van een zeeschip zijn de vorderingen ter zake van hulpverlening en van een bijdrage van die zaken in avarij-grosse bevoorrecht. Deze vorderingen nemen daartoe rang na die welke zijn genoemd in de artikelen 210, 211, 221, 820, 821 en 831, doch vóór alle andere vorderingen, waaraan bij deze of enige andere wet een voorrecht is toegekend. (BW art. 8:557, 1010, 1020 e.v.)

Vordering uit vervoersovereenkomst

– 2. Op ten vervoer ontvangen zaken zijn bevoorrecht de vorderingen uit een met betrekking tot die zaken gesloten vervoerovereenkomst, dan wel uit artikel 488 of artikel 951 voortvloeiend, doch slechts voor zover aan de vervoerder door artikel 489 of artikel 954 een recht op de zaken wordt toegekend. Deze vorderingen nemen daartoe rang na die welke zijn genoemd in het eerste lid en in de artikelen 204 en 794, doch vóór alle andere vorderingen, waaraan bij deze of enige andere wet een voorrecht is toegekend. (Ontw. art. 8.3.4.2; K art. 318*h* (oud); BW art. 3:279 e.v.; BW art. 8:211, 217 lid 1, 223 e.v., 230, 370 e.v., 827 lid 1, 832, 834, 890 e.v., 1820 e.v., 1830 e.v.; OBW art. 252)

Art. 223

Renten en kosten

Wanneer een vordering uit hoofde van artikel 222 bevoorrecht is, zijn de renten hierop en de kosten teneinde een voor tenuitvoerlegging vatbare titel te verkrijgen gelijkelijk bevoorrecht. (Ontw. art. 8.3.4.3; K art. 318*j* (oud); BW art. 8:212, 230, 822, 833)

Art. 224

Onderlinge rang

– 1. De vorderingen ter zake van hulpverlening of bijdrage in avarij-grosse, die bevoorrecht zijn op grond van artikel 211, artikel 222 eerste lid, artikel 821 of artikel 832 eerste lid, nemen onderling rang naar de omgekeerde volgorde van de tijdstippen, waarop zij ontstonden.

– 2. De bevoorrechte vorderingen in het tweede lid van artikel 222 vermeld staan in rang gelijk.

– 3. De in artikel 284 van Boek 3 genoemde vordering neemt rang na de in de vorige leden genoemde vorderingen, ongeacht wanneer die vorderingen zijn ontstaan.

– 4. In rang gelijkstaande vorderingen worden ponds-pondsgewijs betaald. (Ontw. art. 8.3.4.4; K art. 318*i* (oud); BW art. 3:279; BW art. 8:213, 230, 834; OBW art. 252)

Art. 225

Omvang voorrechten; schadevergoedingen

De voorrechten, genoemd in artikel 222, strekken zich uit tot de schadevergoedingen, verschuldigd voor verlies of niet herstelde beschadiging, daarbij inbegrepen dat deel van een beloning voor hulpverlening, van een beloning voor vlotbrengen of van een vergoeding in avarij-grosse, dat tegenover een zodanig verlies of beschadiging staat. Dit geldt eveneens wanneer deze schadevergoedingen of vorderingen tot beloning zijn overgedragen of met pandrecht zijn bezwaard. Deze schadevergoedingen omvatten echter niet vergoedingen, welke zijn verschuldigd krachtens een overeenkomst van verzekering die dekking geeft tegen het risico van verlies of avarij. Artikel 283 van Boek 3 is niet van toepassing. (Ontw. art. 8.3.4.5; K art. 318*j* (oud); BW art. 3:48; BW art. 8:214, 230, 835)

Art. 226

Eigenaar-niet-debiteur

De in artikel 222 genoemde vorderingen doen een voorrecht op de daar vermelde zaken ontstaan en zijn alsdan daarop bij voorrang verhaalbaar, ook al is hun eigenaar op het tijdstip, dat het voorrecht is ontstaan, niet de schuldenaar van deze vorderingen. (Ontw. art. 8.3.4.6; K art. 318*r* (oud); BW art. 3:48; BW art. 8:216, 230, 836)

Art. 227

Tenietgaan voorrechten

– 1. Met de aflevering van de zaken aan de daartoe gerechtigde gaan, behalve in het geval van artikel 559, de in artikel 222 genoemde voorrechten teniet. Zij gaan mede teniet met de vordering en door, in geval van executoriale verkoop, niet tijdig verzet te doen tegen de verdeling van de koopprijs alsmede door gerechtelijke rangregeling.

– 2. Zij blijven in stand, zolang de zaken op grond van de artikelen 490, 955 of 574 zijn opgeslagen of daarop op grond van artikel 626 of artikel 636 van het Wetboek van Burgerlijke Rechtsvordering beslag is gelegd. (Ontw. art. 8.3.4.7; K art. 318*d* (oud); BW art. 8:219, 230, 837, 1820, 1830 e.v.)

Art. 228

Recht van reclame

De verkoper van brandstof voor de machines, van ketelwater, levensmiddelen of scheepsbenodigdheden kan het hem in afdeling 8 van Titel 1 van Boek 7 toegekende recht slechts gedurende 48 uur na het einde van de levering uitoefenen, doch zulks ook indien deze zaken zich bevinden in handen van de reder, een rompbevrachter of een tijdbevrachter van het schip. (Ontw. art. 8.3.4.8; BW art. 8:10, 373, 487, 530, 838, 950; OBW art. 258)

AFDELING 5
Slotbepalingen

Art. 230

Schip van Rijk of openbaar lichaam

– 1. De afdelingen 2 tot en met 4 van titel 3 zijn niet van toepassing op zeeschepen, welke toebehoren aan het Rijk of enig openbaar lichaam en uitsluitend bestemd zijn voor de uitoefening van

a. de openbare macht of
b. niet-commerciële overheidsdienst.

– 2. De beschikking waarbij de in het eerste lid bedoelde bestemming is vastgesteld, kan worden ingeschreven in de openbare registers, bedoeld in afdeling 2 van Titel 1 van Boek 3. Artikel 24 lid 1 van Boek 3 is niet van toepassing;

– 3. De inschrijving machtigt de bewaarder tot doorhaling van de teboekstelling van het schip in de openbare registers, bedoeld in afdeling 2 van titel 1 van Boek 3. (Ontw. art. 8.3.5.1; K art. 319*b* (oud); BW art. 8:840)

Art. 231

Nadere regeling bij AMvB

Behoeven de in de afdelingen 2 tot en met 5 van titel 3 geregelde onderwerpen in het belang van een goede uitvoering van de wet nadere regeling, dan geschiedt dit bij of krachtens algemene maatregel van bestuur, onverminderd de bevoegdheid tot regeling krachtens de Kadasterwet. (Ontw. art. 8.3.5.2; K art. 314, 319 (oud); BW art. 8:841; Sr art. 447*a*)

TITEL 4
Bemanning van een zeeschip

AFDELING 2
Kapitein

Art. 260

Bevoegdheid kapitein

– 1. De kapitein is bevoegd die rechtshandelingen te verrichten, welke rechtstreeks strekken om het schip in bedrijf te brengen of te houden. Onder rechtshandeling is hier het in ontvangst nemen van een verklaring begrepen.
– 2. De kapitein is bevoegd cognossementen af te geven voor zaken, die ten vervoer zijn ontvangen en aangenomen en passagebiljetten af te geven voor met het schip te vervoeren reizigers. Tevens is hij bevoegd namens de reder en de rechthebbenden op de zaken aan boord van het schip een overeenkomst omtrent hulpverlening te sluiten alsmede om het hulploon of de bijzondere vergoeding te innen. (Ontw. art. 8.4.2.13; K art. 360 lid 1, 362, 365, 366, 369, 505, 530 lid 2, 561 lid 2 (oud); BW art. 8:6, 10, 211, 217, 262, 360, 380, 383 lid 2 sub *a*, 388 lid 6, 399, 419, 461 lid 2, 485, 517, 558, 559, 569 lid 3, 982, 1780; WvK art. 309, 341 e.v.; Rv art. 4 sub 11, 564, 565, 638 lid 1; Sr art. 402, 405, 407)

Art. 261

Verplichting tot belangenbehartiging

– 1. De kapitein is verplicht voor de belangen van de bevrachters en van de rechthebbenden op de aan boord zijnde zaken, zo mogelijk ook na lossing daarvan, te waken en de maatregelen, die daartoe nodig zijn, te nemen.
– 2. Indien het noodzakelijk is onverwijld ter behartiging van deze belangen rechtshandelingen te verrichten, is de kapitein daartoe bevoegd. Onder rechtshandeling is hier het in ontvangst nemen van een verklaring begrepen.
– 3. Voor zover mogelijk geeft hij van bijzondere voorvallen terstond kennis aan de belanghebbenden bij de betrokken goederen en handelt hij in overleg met hen en volgens hun orders. (Ontw. art. 8.4.2.16; K art. 365, 366, 369, 371, 372 lid 3 (oud); BW art. 8:488, 860, 951, 1780; WvK art. 343, 357, 358; L art. 25, 638 lid 1; Rv art. 4 sub 11; Sr art. 402, 405, 407)

Art. 262

Beperking wettelijke bevoegdheid

– 1. Beperkingen van de wettelijke bevoegdheid van de kapitein gelden tegen derden slechts wanneer die hun bekend zijn gemaakt.
– 2. De kapitein verbindt zichzelf slechts dan, wanneer hij de grenzen zijner bevoegdheid overschrijdt. (Ontw. art. 8.4.2.19; K art. 360 lid 2, 363, 373, 561 lid 2 (oud); BW art. 2:45, 130; BW art. 3:66, 72; BW art. 8:461 lid 4, 462 leden 3 en 4, 861; WvK art. 359)

TITEL 5
Exploitatie

AFDELING 1
Algemene bepalingen

Art. 360

Reder en rompbevrachter hoofdelijk aansprakelijk

– 1. De reder is naast een rompbevrachter met deze hoofdelijk aansprakelijk uit een deze laatste bindende rechtshandeling, die rechtstreeks strekt tot het in bedrijf brengen of houden van het schip. Onder rechtshandeling is hier het in ontvangst nemen van een verklaring begrepen.
– 2. Het eerste lid is niet van toepassing indien aan degeen, met wie de daar genoemde rechtshandeling wordt verricht, kenbaar is gemaakt, dat de rompbevrachter de reder niet vermag te binden dan wel deze derde wist, of zonder eigen onderzoek moest weten, dat het in het eerste lid bedoelde doel werd overschreden. (BW art. 2:6)
– 3. Het eerste lid is niet van toepassing ten aanzien van vervoerovereenkomsten, overeenkomsten tot het verrichten van arbeid met de bemanning aangegaan en overeenkomsten als genoemd in afdeling 4 van titel 5 of afdeling 4 van titel 10. (BW art. 8:6; WvK art. 375, 396)
– 4. Het eerste lid is niet van toepassing, wanneer aan de reder de feitelijke macht over het schip door een ongeoorloofde handeling was ontnomen en bovendien de schuldeiser niet te goeder trouw was. (BW art. 8:216)
– 5. Hij, die loodsgelden, kanaal- of havengelden dan wel andere scheepvaartrechten voldoet ten behoeve van de reder, een rompbevrachter, een tijdbevrachter of de kapitein dan wel enige andere schuldenaar daarvan, wordt van rechtswege gesubrogeerd in de rechten van de schuldeiser van deze vorderingen. (Ontw. art. 8.5.1.1; K art. 321 lid 1 (oud); 322 (oud); BW art. 6:64 e.v., 150-154; BW art. 8:10, 160 e.v., 178, 217, 260, 261, 262, 370, 373, 380 lid 3, 500, 530, 890, 970)

Art. 361

Exploitatie-overeenkomsten

Keten der exploitatie-overeenkomsten

– 1. Onder 'exploitatie-overeenkomsten' worden verstaan: de bevrachtingen van het schip en de overeenkomsten tot vervoer van zaken of personen met het schip.
– 2. Onder 'keten der exploitatie-overeenkomsten' worden verstaan: de exploitatie-overeenkomsten gerangschikt:
a. wat betreft bevrachtingen: te beginnen met een mogelijkerwijs aangegane rompbevrachting en vervolgens in de volgorde, waarin de bevrachters hun bevoegdheid over het schip te beschikken van elkaar afleiden.
b. wat betreft vervoerovereenkomsten, die geen bevrachting zijn: te beginnen met de vervoerovereenkomst aangegaan door een vervoerder, die de beschikking heeft over het schip of een gedeelte daarvan, en te eindigen met de vervoerovereenkomst aangegaan tussen een vervoerder met het schip en zijn wederpartij, die niet wederom op haar beurt vervoerder met het schip is.
– 3. Voor de toepassing van de artikelen 361 tot en met 366 wordt een reiziger aangemerkt als partij bij de te zijnen aanzien gesloten vervoerovereenkomst.
– 4. In de artikelen 361 tot en met 366 worden onder beschadiging mede begrepen niet-aflevering, geheel of gedeeltelijk verlies, waardevermindering en vertraagde aflevering en wordt onder letsel mede begrepen vertraagde ontscheping. (Ontw. art. 8.5.1.2; BW art. 8:31, 71, 91, 116, 382, 461 lid 2, 531, 880, 943 lid 2, 991, 992, 994, 1081, 1720, 1754)

Art. 362

Aansprakelijkheid buiten overeenkomst jegens wederpartij

Indien een partij bij een exploitatie-overeenkomst door haar wederpartij daarbij terzake van een bij de exploitatie van het schip ontstane schade buiten overeenkomst wordt aangesproken, dan is zij jegens die wederpartij niet verder aansprakelijk dan zij dit zou zijn op grond van de door hen gesloten overeenkomst. (Ontw. art. 8.5.1.3; K art. 472 lid 1 (oud); BW art. 8:70, 361, 382 lid 1; 559; Rule IV*bis*; CIM art. 40; CMR art. 28)

Art. 363

Aansprakelijkheid buiten overeenkomst jegens andere partij

Indien een partij bij een exploitatie-overeenkomst terzake van een bij de exploitatie van het schip ontstane schade buiten overeenkomst wordt aangesproken door een andere partij bij een dusdanige overeenkomst, dan is zij tegenover deze niet verder aansprakelijk dan zij dit zou zijn als ware zij wederpartij bij de exploitatie-overeenkomst, die is aangegaan door degeen die haar aanspreekt en die in de keten der exploitatie-overeenkomsten tussen haar en deze laatste ligt. (Ontw. art. 8.5.1.4; K art. 321 lid 3 (oud), 459*a* (oud), 473*a* (oud); 524*b* (oud); BW art. 8:71, 361, 366, 382 lid 1)

Art. 364

Aansprakelijkheid jegens derden

– 1. Wordt een reder of een bevrachter van een schip, dan wel een vervoerder met een schip terzake van dood of letsel van een persoon of terzake van beschadiging van een zaak, buiten overeenkomst aangesproken door iemand die geen partij is bij een exploitatie-overeenkomst, dan is hij tegenover deze niet verder aansprakelijk dan hij uit overeenkomst zou zijn.
– 2. Was met betrekking tot de persoon of zaak een vervoerovereenkomst afgesloten en is de schade ontstaan in het tijdvak waarin een vervoerder met het schip als zodanig daarvoor aansprakelijk is, dan geldt als overeenkomst, bedoeld in lid 1, de laatste in de keten der exploitatie-overeenkomsten met betrekking tot die persoon of zaak aangegaan.
– 3. Was de persoon of zaak aan boord van het schip op grond van een overeenkomst met een partij bij een exploitatie-overeenkomst, doch is het vorige lid niet van toepassing, dan geldt de eerst bedoelde overeenkomst als overeenkomst bedoeld in lid 1.
– 4. Was de persoon of zaak buiten overeenkomst aan boord, dan geldt een vervoerovereenkomst als overeenkomst bedoeld in lid 1.
– 5. De aansprakelijkheid bedoeld in lid 1, is voor de toepassing van de leden 2 en 4 die van een vervoerder, en voor de toepassing van lid 3 die van de aldaar genoemde partij. (Ontw. art. 8.5.1.5; K art. 321 lid 3 (oud), 459*a* (oud), 473*a* (oud), 524*b* (oud); BW art. 8:71, 361, 366, 382 lid 1, 545, 1006)

Art. 365

Aansprakelijkheid bij aktie tegen ondergeschikte

Wordt een vordering als genoemd in de artikelen 362 tot en met 364 buiten overeenkomst ingesteld tegen een ondergeschikte van een partij bij een exploitatieovereenkomst en kan die partij ter afwering van haar aansprakelijkheid voor de gedraging van de ondergeschikte een verweermiddel jegens de eiser ontlenen aan de overeenkomst waardoor haar aansprakelijkheid in gevolge die artikelen wordt beheerst, dan kan ook de ondergeschikte dit verweermiddel inroepen, als ware hijzelf bij de overeenkomst partij. (Ontw. art. 8.5.1.6; K art. 472 lid 2 (oud); BW art. 6:257; BW art. 8:72, 382, 559; L art. 34*a*)

Art. 366

Beperking aansprakelijkheid

Het totaal van de bedragen verhaalbaar op een derde, die partij is bij een exploitatie-overeenkomst, en zijn ondergeschikten, al dan niet gezamenlijk met het bedrag verhaalbaar op de wederpartij van degeen, die de in de artikelen 363 of 364 genoemde vordering instelde en haar ondergeschikten, mag, behoudens in geval van schade ontstaan uit eigen handeling of nalaten van de aangesprokene, geschied hetzij met het opzet die schade te veroorzaken, hetzij roekeloos en met de wetenschap dat die schade er waarschijnlijk uit zou voortvloeien, niet overtreffen het totaal, dat op grond van de door hen ingeroepen overeenkomst is verschuldigd. (Ontw. art. 8.5.1.7; K art. 472 leden 3en 4 (oud); BW art. 8:73, 361, 382 lid 1, 559; L art. 34*a*)

AFDELING 2
Overeenkomst van goederenvervoer over zee

Art. 370

Begripsbepaling

– 1. De overeenkomst van goederenvervoer in de zin van deze titel is de overeenkomst van goederenvervoer, al dan niet tijd- of reisbevrachting zijnde, waarbij de ene partij (de vervoerder) zich tegenover de andere partij (de afzender) verbindt aan boord van een schip zaken uitsluitend over zee te vervoeren.
– 2. Vervoer over zee en binnenwateren aan boord van een en eenzelfde schip, dat deze beide wateren bevaart, wordt als vervoer over zee beschouwd, tenzij het varen van dit schip over zee kennelijk ondergeschikt is aan het varen over binnenwateren, in welk geval dit varen als varen over binnenwateren wordt beschouwd.
– 3. Vervoer over zee en binnenwateren aan boord van een en eenzelfde schip, dat zonder eigen beweegkracht deze beide wateren bevaart, wordt beschouwd als vervoer over zee voor zover, met inachtneming tevens van het tweede lid van dit artikel, het varen van het beweegkracht overbrengende schip als varen over zee wordt beschouwd. Voor zover dit niet het geval is, wordt het als vervoer over binnenwateren beschouwd.
– 4. Deze afdeling is niet van toepassing op overeenkomsten tot het vervoer van poststukken ter uitvoering van de universele postdienst bedoeld in de Postwet 2009 of onder een internationale postovereenkomst. Onder voorbehoud van artikel 510 is deze afdeling niet van toepassing op overeenkomsten tot het vervoeren van bagage. (Ontw. art. 8.5.2.1; K art. 466 (oud); BW art. 7:418 lid 2; BW art. 8:1, 8, 20, 500, 532, 890, 970, 1090, 1092, 1710 e.v.; Postwet art. 2; OBW art. 251)

Art. 371

Rechtstreekse werking cognossementsverdrag

– 1. Onder gewijzigd Verdrag wordt in dit artikel verstaan het Verdrag van 25 augustus 1924 ter vaststelling van enige eenvormige regelen betreffende het cognossement (*Trb.* 1953, 109) met inbegrip van de bepaling voorkomend in onderdeel 1 van het daarbij behorende Protocol van ondertekening, zoals dat Verdrag is gewijzigd bij het te Brussel op 23 februari 1968 ondertekende Protocol (*Trb.* 1979, 26) en als verder gewijzigd bij het te Brussel op 21 december 1979 ondertekendeProtocol (*Trb.* 1985, 122).
– 2. Voor de toepassing van dit artikel wordt onder verdragsstaat verstaan een staat, welke partij is bij het gewijzigd Verdrag.
– 3. De artikelen 1 tot en met 9 van het gewijzigd Verdrag worden toegepast op elk cognossement, dat betrekking heeft op vervoer van zaken tussen havens in twee verschillende staten, indien:
a. het cognossement is uitgegeven in een verdragsstaat, of
b. het vervoer plaats vindt vanuit een haven in een verdragsstaat, of
c. de overeenkomst, die in het cognossement is vervat of daaruit blijkt, bepaalt, dat op die overeenkomst toepasselijk zijn de bepalingen van het gewijzigd Verdrag of van enigerlei wetgeving, welke die verdragsbepalingen van kracht verklaart of in andere vorm of bewoordingen heeft overgenomen, ongeacht de nationaliteit van het schip, de vervoerder, de afzender, de geadresseerde of van iedere andere betrokken persoon. (Ontw. art. 8.5.2.1*a*; K art. 467*a* (oud); Rule X)

Art. 372

Beperking aansprakelijkheid

Deze afdeling laat de titels 7 en 12 van dit boek onverlet. (Ontw. art. 8.5.2.1b; BW art. 8:518 lid 2, 891, 983 lid 2; Rv art. 642*a* e.v.)

Art. 373

Tijd- of reisbevrachting

– 1. Tijd- of reisbevrachting in de zin van deze afdeling is de overeenkomst van goederenvervoer, waarbij de vervoerder zich verbindt tot vervoer aan boord van een schip, dat hij daartoe, anders dan bij wijze van rompbevrachting, geheel of gedeeltelijk en al dan niet op tijdbasis (tijdbevrachting of reisbevrachting) ter beschikking stelt van de afzender.
– 2. Onder 'vervrachter' is in deze afdeling de in het eerste lid genoemde vervoerder, onder 'bevrachter' de aldaar genoemde afzender te verstaan. (Ontw. art. 8.5.2.2; K art. 453, 460 e.v., 518*h* e.v. (oud); BW art. 8:228, 502, 530, 892, 972, 1093, 1144, 1713 lid 1, 1717; WvK art. 309 lid 1)

Art. 374

Huur enz. niet van toepassing

De wetsbepalingen omtrent huur, bewaarneming en bruikleen zijn op terbeschikkingstelling van een schip, anders dan bij wijze van rompbevrachting, niet van toepassing. (Ontw.

art. 8.5.2.3; BW art. 7:600 e.v.; BW art. 7A:1584 e.v., 1777 e.v.; BW art. 8:373, 503, 893, 973, 1094, 1145)

Art. 375

Eigendomsovergang breekt geen vervrachting

– 1. Bij eigendomsovergang van een tevoren vervracht, al dan niet teboekstaand, schip op een derde volgt deze in alle rechten en verplichtingen van de vervrachter op, die nochtans naast de nieuwe eigenaar aan de overeenkomst gebonden blijft.

– 2. Rechten en verplichtingen, welke vóór de eigendomsovergang opeisbaar zijn geworden, gaan op de derde niet over. (Ontw. art. 8.5.2.3a; K art. 456 (oud); BW art. 6:6, 7; BW art. 7A:1612; BW art. 8:373, 502, 530, 801, 894, 972; Pw art. 34)

Art. 376

Vervallen.

Art. 377

Vervoersovereenkomst onder cognossement

In deze titel wordt onder vervoerovereenkomst onder cognossement verstaan de vervoerovereenkomst neergelegd in een cognossement dan wel enig soortgelijk document dat een titel vormt voor het vervoer van zaken over zee; eveneens wordt er onder verstaan de vervoerovereenkomst neergelegd in een cognossement of soortgelijk document als genoemd, dat is uitgegeven uit hoofde van een charterpartij, van het ogenblik af waarop dit cognossement of soortgelijk document de verhouding tussen de vervoerder en de houder van het cognossement beheerst. (Ontw. art. 8.5.2.4a; BW art. 8:371, 1712; Rule I sub *b*)

Art. 378

Hoofdverplichting vervoerder

De vervoerder is verplicht ten vervoer ontvangen zaken ter bestemming af te leveren en wel in de staat, waarin hij hen heeft ontvangen. (Ontw. art. 8.5.2.5; BW art. 8:21, 379, 387, 895, 1095; L art. 25)

Art. 379

Vertraging

Onverminderd artikel 378 is de vervoerder verplicht ten vervoer ontvangen zaken zonder vertraging te vervoeren. (Ontw. art. 8.5.2.6; K art. 477 (oud); BW art. 8:22, 383, 387, 388 lid 2, 422, 896, 1096; WvK art. 370, 520*f*; L art. 28)

Art. 380

Tijdbevrachting; volmacht van kapitein

– 1. In geval van tijdbevrachting is de vervrachter verplicht de kapitein opdracht te geven binnen de grenzen door de overeenkomst gesteld de orders van de bevrachter op te volgen. De vervrachter staat er voor in, dat de kapitein de hem gegeven opdracht nakomt.

– 2. De bevrachter staat er voor in, dat het schip de plekken of plaatsen, waarheen hij het ter inlading, lossing of anderszins op grond van het eerste lid beveelt te gaan, veilig kan bereiken, innemen en verlaten. Indien deze plekken of plaatsen blijken niet aan deze vereisten te voldoen, is de bevrachter slechts in zoverre niet aansprakelijk als de kapitein, door de hem gegeven orders op te volgen, onredelijk handelde.

– 3. Onverminderd artikel 461 wordt de bevrachter mede verbonden door en kan hij rechten ontlenen aan een rechtshandeling, die de kapitein ingevolge het eerste lid van dit artikel verricht. Onder rechtshandeling is hier het in ontvangst nemen van een verklaring begrepen. (Ontw. art. 8.5.2.7; K art. 518*c* (oud); BW art. 8:260 v., 360, 373, 418, 860 e.v., 897, 1717; WvK art. 309 lid 1, 359, 518*g*)

Art. 381

Zorgplicht vervoerder

– 1. Onder een vervoerovereenkomst onder cognossement is de vervoerder verplicht vóór en bij de aanvang van de reis redelijke zorg aan te wenden voor:

a. het zeewaardig maken van het schip; (WvK art. 343)

b. het behoorlijk bemannen, uitrusten en bevoorraden van het schip;

c. het geschikt maken en in goede staat brengen van de ruimen, koel- en vrieskamers en alle andere delen van het schip, waarin zaken worden geladen, om deze daarin te bergen, te vervoeren en goed te houden. (BW8 art. 383 lid 1Rule art. III lid 2)

– 2. Onder een vervoerovereenkomst onder cognossement is de vervoerder, behoudens de artikelen 383, 388, 414 vierde lid en 423, verplicht de zaken behoorlijk en zorgvuldig te laden, te behandelen, te stuwen, te vervoeren, te bewaren, te verzorgen en te lossen. (Ontw. art. 8.5.2.8; K art. 468 leden 1 en 2 (oud); BW art. 8:260 e.v., 382, 383, 898; Rule art. III lid 1 , III lid 2) (BW art. 8:381 lid 1 onder *a*) (BW art. 8:81 lid 2)

Art. 382

Dwingend recht

– 1. Nietig is ieder beding in een vervoerovereenkomst onder cognossement, waardoor de vervoerder of het schip wordt ontheven van aansprakelijkheid voor verlies of beschadiging van of met betrekking tot zaken voortvloeiende uit nalatigheid, schuld of tekortkoming in het voldoen aan de verplichtingen in de artikelen 381, 399, 411, 414 eerste lid, 492, 493 of in artikel 1712 voorzien of waardoor deze aansprakelijkheid mocht worden verminderd op andere wijze dan in deze afdeling of in de artikelen 361 tot en met 366 is voorzien. Een beding, krachtens hetwelk de uitkering op grond van een gesloten verzekering aan de vervoerder komt of elk

ander beding van dergelijke strekking, wordt aangemerkt als te zijn gemaakt teneinde de vervoerder van zijn aansprakelijkheid te ontheffen. (Rule art. III lid 8)
– 2. Niettegenstaande het eerste lid is een beding, als daar genoemd, geldig mits het betreft:
a. een geoorloofd beding omtrent avarij-grosse; (Rule art. V)
b. levende dieren; (Rule art. I sub e)
c. zaken, die feitelijk op het dek worden vervoerd mits deze in het cognossement als deklading zijn opgegeven. (Ontw. art. 8.5.2.9; K art. 468 leden 10 en 11, 469b lid 2, 470 (oud); WvK art. 504, 506, ; BW art. 8:12, 384, 385, 386, 610 e.v., 754, 900, 902, 1099 sub *f*, 1100, 1102; WvK art. 698) (BW art. 8:382)

Art. 383

Wettelijke ontheffing van aansprakelijkheid

– 1. Onder een vervoerovereenkomst onder cognossement is noch de vervoerder noch het schip aansprakelijk voor verliezen of schaden, voortgevloeid of ontstaan uit onzeewaardigheid, tenzij deze is te wijten aan gebrek aan redelijke zorg aan de zijde van de vervoerder om het schip zeewaardig te maken, het behoorlijk te bemannen, uit te rusten of te bevoorraden, of om de ruimen, koel- en vrieskamers en alle andere delen van het schip, waarin de zaken worden geladen, geschikt te maken en in goede staat te brengen, zodat zij kunnen dienen tot het bergen, het vervoeren en het bewaren van de zaken, alles overeenkomstig het eerste lid van artikel 381. Telkens als verlies of schade is ontstaan uit onzeewaardigheid, rust de bewijslast ten aanzien van het aangewend zijn van de redelijke zorg op de vervoerder of op iedere andere persoon, die mocht beweren krachtens dit artikel van aan sprakelijkheid te zijn ontheven. (BW art. 8:504 lid 3, 505, 520, 898, 974 lid 3, 975, 985; WvK art. 343; Rule art. IV lid 1)

Andere schade-oorzaken

– 2. Onder een vervoerovereenkomst al dan niet onder cognossement is noch de vervoerder noch het schip aansprakelijk voor verlies of schade ontstaan of voortgevloeid uit:
a. een handeling, onachtzaamheid of nalatigheid van de kapitein, een ander lid van de bemanning, de loods of ondergeschikten van de vervoerder, gepleegd bij de navigatie of de behandeling van het schip; (BW art. 8:260, 261, 380, 860 e.v., 901; Rule art. IV, 2 sub *a*)
b. brand, tenzij veroorzaakt door de persoonlijke schuld van de vervoerder; (BW art. 8:899; Rule art. IV sub *a*, 2 sub *b*)
c. gevaren, onheilen en ongevallen van de zee of andere bevaarbare wateren; (Rule art. IV, 2 sub *c*)
d. een natuurgebeuren; (Rule art. IV, 2 sub *d*)
e. oorlogshandelingen; (Rule art. IV, 2 sub *e*; WvK art. 437, sub 2)
f. een daad van vijanden van de staat; (Rule art. IV, 2 sub *f*)
g. aanhouding of maatregelen van hogerhand of gerechtelijk beslag; (Rule art. IV, 2 sub g)
h. maatregelen van quarantaine; (Rule art. IV, 2 sub *h*)
i. een handeling of een nalaten van de afzender of eigenaar der zaken of van hun agent of vertegenwoordiger; (Rule art. IV, 2 sub *i*)
j. werkstakingen of uitsluitingen of stilstand of belemmering van de arbeid, tengevolge van welke oorzaak dan ook, hetzij gedeeltelijk hetzij geheel; (Rule art. IV, 2 sub *j*)
k. oproer of onlusten; (Rule art. IV, 2 sub *k*)
l. redding of poging tot redding van mensenlevens of goederen op zee; (Rule art. IV, 2 sub *l*)
m. verlies aan volume of gewicht of enig ander verlies, of enige andere schade, ontstaan uit een verborgen gebrek, de bijzondere aard of een eigen gebrek van de zaak; (BW art. 8:399, 411, 414, 484, 900, 1099 sub *c*, 1100; Rule art. IV, 2 sub *m*)
n. onvoldoende verpakking; (BW art. 8:1101; Rule art. IV, 2 sub *n*)
o. onvoldoende of gebrekkige merken; (BW art. 8:399, 411, 1099 sub *e*; Rule art. IV, 2 sub *o*)
p. verborgen gebreken, die ondanks een redelijke zorg niet te ontdekken waren; (Rule art. IV, 2 sub *p*)
q. enige andere oorzaak, niet voortgevloeid uit de persoonlijke schuld van de vervoerder, noch uit schuld of nalatigheid van zijn agenten of ondergeschikten; doch de bewijslast rust op degeen, die zich op deze ontheffing beroept, en het staat aan hem aan te tonen, dat noch zijn persoonlijke schuld, noch de nalatigheid of schuld van zijn agenten of ondergeschikten heeft bijgedragen tot het verlies of de schade. (Rule art. IV, 2 sub *q*)

Aansprakelijkheid afzender

– 3. Onder een vervoerovereenkomst onder cognossement is de afzender niet aansprakelijk voor door de vervoerder of het schip geleden verliezen of schaden, voortgevloeid of ontstaan uit welke oorzaak dan ook, zonder dat er is een handeling, schuld of nalatigheid van hem, van zijn agenten of van zijn ondergeschikten. (Rule art. IV lid 3)

Afwijking van koers

– 4. Generlei afwijking van de koers tot redding of poging tot redding van mensenlevens of goederen op zee en generlei redelijke afwijking van de koers wordt beschouwd als een schending van enige vervoerovereenkomst en de vervoerder is niet aansprakelijk voor enig verlies of enige schade daardoor ontstaan. (Rule art. IV lid 4; WvK art. 358*a*, 367-370, 638, 689, 785)
– 5. Het staat de afzender vrij aansprakelijkheid aan te tonen voor verlies of schade ontstaan of voortgevloeid uit de schuld van de vervoerder zelf of de schuld van zijn ondergeschikten, niet

bestaande uit een handeling, onachtzaamheid of nalatigheid als in het tweede lid onder *a* bedoeld. (Ontw. art. 8.5.2.10; K art. 469 leden 1-5 (oud); BW art. 8:381, 384, 392, 394, 395, 397, 899, 900, 1099, 1100, 1101) (BW art. 8:383 lid 2 onder a) (BW art. 8:383 lid 2 onder b) (BW art. 8:383 lid 2 onder c) (BW art. 8:383 lid 2 onder d) (BW art. 8:383 lid 2 onder k) (BW art. 8:383 lid 2 onder m) (BW art. 8:383 lid 2 onder n) (BW art. 8:383 lid 2 onder p)

Art. 384

Garantie en exoneratie

Het staat de vervoerder vrij geheel of gedeeltelijk afstand te doen van zijn uit de in het eerste lid van artikel 382 genoemde artikelen of uit de artikelen 383, 388, 414 vierde lid of 423 voortvloeiende rechten en ontheffingen van aansprakelijkheid of zijn uit deze artikelen voortvloeiende aansprakelijkheden en verplichtingen te vermeerderen, mits in geval van een vervoerovereenkomst onder cognossement deze afstand of deze vermeerdering blijkt uit het aan de afzender afgegeven cognossement. (Ontw. art. 8.5.2.11; K art. 469*b* lid 1 (oud); BW art. 8:385, 386, 387; Rule art. V lid 1)

Art. 385

Exoneratie bij bijzondere zaken

Niettegenstaande het eerste lid van artikel 382 is een beding als daar bedoeld geldig, wanneer het betreft zaken, die door hun karakter of gesteldheid een bijzondere overeenkomst rechtvaardigen en welker vervoer moet geschieden onder omstandigheden of op voorwaarden, die een bijzondere overeenkomst rechtvaardigen. Het hier bepaalde geldt echter slechts, wanneer voor het vervoer van deze zaken geen cognossement, doch een blijkens zijn bewoordingen onverhandelbaar document is afgegeven en het niet betreft een gewone handelslading, verscheept bij gelegenheid van een gewone handelsverrichting. (Ontw. art. 8.5.2.12; K art. 471 (oud); BW art. 8:902 lid 1 onder *b*; Rule art. VI)

Art. 386

Aansprakelijkheid vóór laden of na lossen

Niettegenstaande het eerste lid van artikel 382 staat het de vervoerder en de afzender vrij in een vervoerovereenkomst enig beding, enige voorwaarde, enig voorbehoud of enige ontheffing op te nemen met betrekking tot de verplichtingen en aansprakelijkheden van de vervoerder of het schip voor het verlies of de schaden opgekomen aan de zaken of betreffende hun bewaring, verzorging of behandeling vóór het laden in en na het lossen uit het over zee vervoerende schip. (Ontw. art. 8.5.2.13; K art. 470 (oud); BW art. 8:902 lid 1 onder *a*; Rule art. I sub *e*, VII)

Art. 387

Wanprestatie vervoerder; schadevergoeding afzender

Voor zover de vervoerder aansprakelijk is wegens niet nakomen van de op hem uit hoofde van de artikelen 378 en 379 rustende verplichtingen, heeft de afzender geen ander recht dan betaling van de in artikel 388 genoemde of de met toepassing van artikel 384 overeengekomen bedragen te vorderen. (Ontw. art. 8.5.2.14; BW art. 8:395, 441, 510, 903, 1103, 1180)

Art. 388

Beperking aansprakelijkheid; schadeberekening

– 1. Tenzij de aard en de waarde van zaken zijn opgegeven door de afzender vóór hun inlading en deze opgave in het cognossement, indien dit is afgegeven, is opgenomen, is noch de vervoerder noch het schip in enig geval aansprakelijk voor enig verlies van of enige schade aan de zaken of met betrekking tot deze voor een bedrag hoger dan de tegenwaarde van 666,67 rekeneenheden per collo of eenheid, dan wel twee rekeneenheden per kilogram brutogewicht der verloren gegane of beschadigde zaken, waarbij het hoogste dezer bedragen in aanmerking moet worden genomen. (BW art. 8:414 lid 4)

– 2. Het totale verschuldigde bedrag wordt berekend met inachtneming van de waarde welke zaken als de ten vervoer ontvangene zouden hebben gehad zoals, ten tijde waarop en ter plaatse waar, zij zijn afgeleverd of zij hadden moeten zijn afgeleverd. De in dit lid genoemde waarde wordt berekend naar de koers op de goederenbeurs of, wanneer er geen dergelijke koers is, naar de gangbare marktwaarde of, wanneer ook deze ontbreekt, naar de normale waarde van zaken van dezelfde aard en hoedanigheid. (BW art. 8:398, 510, 903; L art. 26)

– 3. Wanneer een laadkist, een laadbord of dergelijk vervoergerei is gebezigd om zaken bijeen te brengen, wordt iedere collo of eenheid, die volgens vermelding in het cognossement in dat vervoergerei is verpakt, beschouwd als een collo of eenheid als in het eerste lid bedoeld. Behalve in het geval hiervoor omschreven wordt dit vervoergerei als een collo of eenheid beschouwd.

– 4. De rekeneenheid genoemd in dit artikel is het bijzondere trekkingsrecht zoals dat is omschreven door het Internationale Monetaire Fonds. De bedragen genoemd in het eerste lid worden omgerekend in Nederlands geld naar de koers van de dag, waarop de betaling wordt verricht. De waarde van het Nederlandse geld, uitgedrukt in bijzondere trekkingsrechten, wordt berekend volgens de waarderingsmethode die door het Internationale Monetaire Fonds op de dag van omrekening wordt toegepast voor zijn eigen verrichtingen en transacties. (BW art. 8:759)

– 5. Noch de vervoerder noch het schip kan zijn aansprakelijkheid met een beroep op dit artikel of het vierde lid van artikel 414 beperken, wanneer bewezen is, dat de schade is ontstaan uit een handeling of nalaten van de vervoerder, geschied hetzij met het opzet schade te veroorzaken, hetzij roekeloos en met de wetenschap dat schade er waarschijnlijk uit zou voortvloeien. (BW art. 8:519, 754, 906, 1108, 1185; L art. 34)

– 6. Bij overeenkomst tussen de vervoerder, de kapitein of de agent van de vervoerder enerzijds en de afzender anderzijds, mogen andere maximumbedragen dan die, genoemd in het eerste lid, worden bepaald, mits deze bedragen in geval van een vervoerovereenkomst onder cognossement niet lager zijn dan de in het eerste lid genoemde.

– 7. Noch de vervoerder noch het schip is in enig geval aansprakelijk voor verlies of schade van of aan zaken of met betrekking tot deze, indien aard of waarde daarvan door de afzender opzettelijk verkeerdelijk is opgegeven en, indien een cognossement is afgegeven, daarin verkeerdelijk is opgenomen. (Ontw. art. 8.5.2.15; K art. 469*a* (oud); BW art. 8:381, 384, 387, 395, 398 lid 4, 414, 496, 750 e.v., 903, 1103, 1180; Rule art. IV lid 5)

Art. 389

Als waardevermindering aangemerkt

Indien met betrekking tot een zaak hulploon, een bijdrage in avarij-grosse of een schadevergoeding uit hoofde van artikel 488 is verschuldigd, wordt deze aangemerkt als een waardevermindering van die zaak. (Ontw. art. 8.5.2.16; BW art. 6:198 e.v.; BW art. 8:261, 395, 510, 567, 612, 860, 904, 1104, 1181)

Art. 390

Schip niet beschikbaar; opzegging

– 1. De tijd- of reisbevrachter is bevoegd de overeenkomst op te zeggen, wanneer hem door de vervrachter is medegedeeld dat het schip niet op de overeengekomen plaats of tijd te zijner beschikking is of zal kunnen zijn.

– 2. Hij kan deze bevoegdheid slechts uitoefenen door binnen een redelijke, niet meer dan 48 uur durende, termijn na ontvangst van een mededeling, als bedoeld in het eerste lid, het in het vijfde lid genoemde bericht te verzenden.

– 3. Indien bij gebreke van de ontvangst van een mededeling, als bedoeld in het eerste lid, het de bevrachter uit anderen hoofde bekend is, dat het schip niet op de overeengekomen plaats of tijd te zijner beschikking is of kan zijn, is hij, zonder dat enige ingebrekestelling is vereist, bevoegd de overeenkomst op te zeggen, doch slechts binnen een redelijke, niet meer dan 48 uur durende, termijn nadat hem dit bekend is geworden; gelijke bevoegdheid komt hem toe, indien hem na ontvangst van een mededeling, als bedoeld in het eerste lid, uit anderen hoofde bekend wordt, dat het schip op grond van andere omstandigheden dan welke de vervrachter tot zijn mededeling brachten, niet op de overeengekomen plaats of tijd te zijner beschikking is of kan zijn.

– 4. De in dit artikel genoemde termijn wordt geschorst op die zaterdagen, zondagen en plaatselijke feestdagen, waarop ten kantore van de bevrachter in het geheel niet wordt gewerkt.

– 5. De opzegging geschiedt door telegram of bericht per telex of door enig ander spoedbericht, waarvan de ontvangst duidelijk aantoonbaar is en de overeenkomst eindigt op het ogenblik van ontvangst daarvan. (Ontw. art. 8.5.2.17; K art. 458 (oud); BW art. 8:502, 1713)

Art. 391

Terbeschikkingstelling zaken

De afzender is verplicht de vervoerder de schade te vergoeden die deze lijdt doordat de overeengekomen zaken, door welke oorzaak dan ook, niet op de overeengekomen plaats en tijd te zijner beschikking zijn. (Ontw. art. 8.5.2.18; K art. 517*h* (oud); 520*i* (oud); BW art. 8:24, 64, 422, 907, 1110, 1187, 1714)

Art. 392

Zaken niet beschikbaar; opzegging

– 1. Alvorens zaken ter beschikking van de vervoerder zijn gesteld, is de afzender bevoegd de overeenkomst op te zeggen.

– 2. Zijn bij het verstrijken van de tijd, waarbinnen de zaken ter beschikking van de vervoerder moeten zijn gesteld, verlengd met de overligtijd, door welke oorzaak dan ook, in het geheel geen zaken ter beschikking van de vervoerder, dan is deze, zonder dat enige ingebrekestelling is vereist, bevoegd de overeenkomst op te zeggen.

– 3. Zijn bij het verstrijken van de in het tweede lid bedoelde tijd, door welke oorzaak dan ook, de overeengekomen zaken slechts gedeeltelijk ter beschikking van de vervoerder, dan is deze, zonder dat enige ingebrekestelling is vereist, bevoegd de overeenkomst op te zeggen dan wel de reis te aanvaarden.

– 4. De opzegging geschiedt door telegram of bericht per telex of door enig ander spoedbericht, waarvan de ontvangst duidelijk aantoonbaar is en de overeenkomst eindigt op het ogenblik van ontvangst daarvan, doch niet vóór lossing van de zaken.

– 5. Onder voorbehoud van het derde lid van artikel 383 is de afzender verplicht de vervoerder de schade te vergoeden die deze lijdt tengevolge van de opzegging of van de aanvaarding van de reis.

– 6. Dit artikel is niet van toepassing in geval van tijdbevrachting. (Ontw. art. 8.5.2.19; K art. 518*s* (oud), 518*t* (oud), 518*u* (oud), 518*x* (oud); BW art. 8:25, 65, 394, 395, 908, 1111, 1112, 1113, 1188, 1189, 1190, 1716)

Art. 393

Reisbevrachting; gedeeltelijke belading

– 1. In geval van reisbevrachting is de vervrachter tegen zekerheidstelling voor wat hij van de bevrachter heeft te vorderen, op diens verlangen verplicht de reis te aanvaarden met een gedeelte der overeengekomen zaken. De bevrachter is verplicht de vervrachter de dientengevolge geleden schade te vergoeden.

– 2. De vervrachter is bevoegd in plaats van de ontbrekende zaken andere aan te nemen. Hij is niet gehouden de vracht, die hij voor het vervoer van deze zaken ontvangt, met de bevrachter te verrekenen, behalve voor zover hij zijnerzijds van de bevrachter vergoeding van door hem geleden schade heeft geïnd of gevorderd. (Ontw. art. 8.5.2.22; K art. 518*x* (oud); 518*z* (oud); BW art. 6:51; BW art. 8:373, 392, 419, 502 lid 2, 909)

Art. 394

Opgaveplicht afzender

– 1. De afzender is verplicht de vervoerder omtrent de zaken alsmede omtrent de behandeling daarvan tijdig al die opgaven te doen, waartoe hij in staat is of behoort te zijn, en waarvan hij weet of behoort te weten, dat zij voor de vervoerder van belang zijn, tenzij hij mag aannemen dat de vervoerder deze gegevens kent. (BW 8:510)

– 2. De vervoerder is niet gehouden, doch wel gerechtigd, te onderzoeken of de hem gedane opgaven juist en volledig zijn. (BW 8:510)

– 3. Is bij het verstrijken van de tijd, waarbinnen de zaken ter beschikking van de vervoerder moeten zijn gesteld, door welke oorzaak dan ook, niet of slechts gedeeltelijk voldaan aan de in het eerste lid van dit artikel genoemde verplichting van de afzender, dan zijn, behalve in het geval van tijdbevrachting, het tweede, derde, vierde en vijfde lid van artikel 392 van overeenkomstige toepassing. (Ontw. 8.5.2.23; K 479 (oud); BW 8:26, 66, 383[3], 398, 399, 910, 1114, 1191)

Art. 395

Verschaffen vervoersdocumenten en inlichtingen

– 1. De afzender is verplicht de vervoerder de schade te vergoeden die deze lijdt doordat, door welke oorzaak dan ook, niet naar behoren aanwezig zijn de documenten en inlichtingen die van de zijde van de afzender vereist zijn voor het vervoer dan wel ter voldoening aan vóór de aflevering van de zaken te vervullen douane- en andere formaliteiten.

– 2. De vervoerder is verplicht redelijke zorg aan te wenden dat de documenten, die in zijn handen zijn gesteld, niet verloren gaan of onjuist worden behandeld. Een door hem ter zake verschuldigde schadevergoeding zal die, verschuldigd uit hoofde van de artikelen 387, 388 en 389 in geval van verlies van de zaken, niet overschrijden.

– 3. De vervoerder is niet gehouden, doch wel gerechtigd, te onderzoeken of de hem gedane opgaven juist en volledig zijn.

– 4. Zijn bij het verstrijken van de tijd waarbinnen de in het eerste lid genoemde documenten en inlichtingen aanwezig moeten zijn, deze, door welke oorzaak dan ook, niet naar behoren aanwezig, dan zijn, behalve in het geval van tijdbevrachting, het tweede, derde, vierde en vijfde lid van artikel 392 van overeenkomstige toepassing. (Ontw. art. 8.5.2.24; K art. 478 lid 1 (oud); BW art. 8:27, 67, 383 lid 3, 398, 399, 510, 911, 1115, 1192; WvK art. 347; Sr art. 470)

Art. 396

Opzegging bij onbekende omstandigheid

– 1. Wanneer vóór of bij de aanbieding van de zaken aan de vervoerder omstandigheden aan de zijde van een der partijen zich opdoen of naar voren komen, die haar wederpartij bij het sluiten van de overeenkomst niet behoefde te kennen, doch die, indien zij haar wel bekend waren geweest, redelijkerwijs voor haar grond hadden opgeleverd de vervoerovereenkomst niet of op andere voorwaarden aan te gaan, is deze wederpartij bevoegd de overeenkomst op te zeggen.

– 2. De opzegging geschiedt door telegram, bericht per telex of door enig ander spoedbericht, waarvan de ontvangst duidelijk aantoonbaar is en de overeenkomst eindigt op het ogenblik van ontvangst daarvan.

– 3. Naar maatstaven van redelijkheid en billijkheid zijn partijen na opzegging der overeenkomst verplicht elkaar de daardoor geleden schade te vergoeden. (Ontw. art. 8.5.2.25; K art. 464 (oud), 517*s* (oud), 517*t* (oud), 517*u bis* (oud), 520*a* (oud), 520*b* (oud), 520*c* (oud); BW art. 6:95 v., 258, 277; BW art. 8:28, 68, 510, 912, 1116, 1193)

Art. 397

Schade door materiaal of lading

– 1. De afzender is verplicht de vervoerder de schade te vergoeden, die materiaal, dat hij deze ter beschikking stelde of zaken die deze ten vervoer ontving dan wel de behandeling daarvan, de vervoerder berokkenden, behalve voor zover deze schade is veroorzaakt door een omstandigheid die een zorgvuldig afzender van de ten vervoer ontvangen zaken niet heeft kunnen vermijden en waarvan zulk een afzender de gevolgen niet heeft kunnen verhinderen.

– 2. Dit artikel laat de artikelen 383 derde lid, 398 en 423, alsmede de bepalingen nopens avarij-grosse onverlet. (Ontw. art. 8.5.2.26; BW art. 8:610 v., 913, 1020 e.v., 1117, 1715, 1719)

Art. 398

Gevaarlijke zaken

– 1. Ten vervoer ontvangen zaken, die een zorgvuldig vervoerder, indien hij geweten zou hebben dat zij na hun inontvangstneming gevaar zouden kunnen opleveren, met het oog daarop niet ten vervoer zou hebben willen ontvangen, mogen door hem op ieder ogenblik en op iedere plaats worden gelost, vernietigd dan wel op andere wijze onschadelijk gemaakt. Ten aanzien van ten vervoer ontvangen zaken, waarvan de vervoerder de gevaarlijkheid heeft gekend, geldt hetzelfde doch slechts dan wanneer zij onmiddellijk dreigend gevaar opleveren. De vervoerder is terzake geen enkele schadevergoeding verschuldigd en de afzender is aansprakelijk voor alle kosten en schaden voor de vervoerder voortvloeiende uit de aanbieding ten vervoer, uit het vervoer of uit de maatregelen zelf.

– 2. Door het treffen van de in het eerste lid bedoelde maatregel eindigt de overeenkomst met betrekking tot de daar genoemde zaken, doch, indien deze alsnog worden gelost, eerst na deze lossing. De vervoerder verwittigt zo mogelijk de afzender, degeen aan wie de zaken moeten worden afgeleverd en degeen, aan wie hij volgens de bepalingen van een mogelijkerwijs afgegeven cognossement bericht van aankomst van het schip moet zenden. Dit lid is niet van toepassing met betrekking tot zaken die de vervoerder na het treffen van de in het eerste lid bedoelde maatregel alsnog naar hun bestemming vervoert.

– 3. Indien zaken na beëindiging van de overeenkomst alsnog in feite worden afgeleverd, wordt vermoed, dat zij zich op het ogenblik van beëindiging van de overeenkomst bevonden in de staat, waarin zij feitelijk zijn afgeleverd; worden zij niet afgeleverd, dan wordt vermoed, dat zij op het ogenblik van beëindiging van de overeenkomst verloren zijn gegaan.

– 4. Indien de afzender na feitelijke aflevering een zaak niet naar haar bestemming vervoert, wordt het verschil tussen de waarden ter bestemming en ter plaatse van de aflevering, als bedoeld in de tweede volzin van het tweede lid van artikel 388, aangemerkt als waardevermindering van die zaak. Vervoert de afzender een zaak na de feitelijke aflevering alsnog naar haar bestemming, dan worden de kosten, die hij te dien einde maakt, aangemerkt als waardevermindering van die zaak.

– 5. Op de feitelijke aflevering is het tussen partijen overeengekomene alsmede het in deze afdeling nopens de aflevering van zaken bepaalde van toepassing, met dien verstande, dat deze feitelijke aflevering niet op grond van de eerste zin van het eerste lid of op grond van het tweede lid van artikel 484 de vracht verschuldigd doet zijn. De artikelen 490 en 491 zijn van overeenkomstige toepassing. (Rv art. 632)

– 6. Dit artikel laat artikel 423, alsmede de bepalingen nopens avarij-grosse onverlet. (BW art. 8:610 e.v., 1020 e.v.)

– 7. Nietig is ieder beding, waarbij van het eerste lid van dit artikel wordt afgeweken. (Ontw. art. 8.5.2.27; K art. 469 lid 6 (oud); BW art. 8:12, 261, 383 lid 2*q*, 394, 395, 397, 423, 424 lid 5, 425 lid 5, 426 lid 5, 510, 860, 914, 1118, 1716, 1718)

Art. 399

Afgifte cognossement

– 1. Na de zaken ontvangen en aangenomen te hebben, moet de vervoerder, de kapitein of de agent van de vervoerder op verlangen van de afzender aan deze een cognossement afgeven, dat onder meer vermeldt:

a. de voornaamste voor identificatie van de zaken nodige merken, zoals deze, voor de inlading van deze zaken is begonnen, door de afzender schriftelijk zijn opgegeven, mits deze merken zijn gestempeld of anderszins duidelijk zijn aangebracht op de onverpakte zaken of op de kisten of verpakkingen, die de zaken inhouden en wel zodanig, dat zij in normale omstandigheden tot het einde van de reis leesbaar zullen blijven;

b. òf het aantal der colli of het stuktal, òf de hoeveelheid òf het gewicht, al naar gelang der omstandigheden, zoals zulks door de afzender schriftelijk is opgegeven;

c. de uiterlijk zichtbare staat en gesteldheid der zaken; met dien verstande, dat geen vervoerder, kapitein of agent van de vervoerder verplicht zal zijn in het cognossement merken, aantal, hoeveelheid of gewicht op te geven of te noemen waarvan hij redelijke gronden heeft te vermoeden, dat zij niet nauwkeurig de in werkelijkheid door hem ontvangen zaken weergeven of tot het toetsen waarvan hij geen redelijke gelegenheid heeft gehad. De vervoerder wordt vermoed geen redelijke gelegenheid te hebben gehad de hoeveelheid en het gewicht van gestorte of gepompte zaken te toetsen.

– 2. Als de zaken ingeladen zijn, zal het cognossement, dat de vervoerder, kapitein of agent van de vervoerder aan de afzender afgeeft, indien deze dit verlangt, de vermelding 'geladen' bevatten, mits de afzender, indien hij vooraf enig op die zaken rechtgevend document heeft ontvangen, dit tegen afgifte van het 'geladen'-cognossement teruggeeft. De vervoerder, kapitein of agent van de vervoerder heeft eveneens het recht in de laadhaven op het oorspronkelijk afgegeven document de naam van het schip of van de schepen, aan boord waarvan de zaken werden geladen, en de datum of de data van inlading aan te tekenen, in welk geval het aldus aangevulde document, mits inhoudende de in dit artikel vermelde bijzonderheden, als een 'geladen'-cognossement in de zin van dit artikel wordt beschouwd. (Ontw. art. 8.5.2.28; K art. 504 lid 1 (oud), 506 lid 4 (oud); BW art. 8:44, 260, 382, 383 sub *o*, 384, 385, 394, 395, 412, 414, 916, 918, 1119, 1122; Rule III lid 3, Rule III lid 7)

Art. 410

Indien een vervoerovereenkomst is gesloten en bovendien een cognossement is afgegeven, wordt, behoudens artikel 441 tweede lid, tweede volzin, de rechtsverhouding tussen de vervoerder en de afzender door de bedingen van de vervoerovereenkomst en niet door die van dit cognossement beheerst. Behoudens het in artikel 441 eerste lid gestelde vereiste van houderschap van het cognossement, strekt dit hun dan slechts tot bewijs van de ontvangst der zaken door de vervoerder. (Ontw. art. 8.5.2.29; K art. 511 lid 1 (oud); BW art. 8:47, 917, 1123 lid 2) **Vervoersovereenkomst gaat boven cognossement**

Art. 411

De afzender wordt geacht ten behoeve van de vervoerder in te staan voor de juistheid op het ogenblik van de in ontvangstneming van de door hem opgegeven merken, getal, hoeveelheid en gewicht, en de afzender zal de vervoerder schadeloos stellen voor alle verliezen, schaden en kosten, ontstaan ten gevolge van onjuistheden in de opgave van deze bijzonderheden. Het recht van de vervoerder op dergelijke schadeloosstelling beperkt in genen dele zijn aansprakelijkheid en zijn verbintenissen, zoals zij uit de vervoerovereenkomst voortvloeien, tegenover elke andere persoon dan de afzender. (Ontw. art. 8.5.2.30; K art. 468 lid 3 (oud); BW art. 8:44 lid 3, 382, 383 sub *o*, 394, 397, 399, 414, 484, 494, 495, 496, 916 lid 2, 1119 lid 3; Rule art. III lid 5) **Instaan voor juistheid opgaven**

Art. 412

– 1. Het cognossement wordt gedateerd en door de vervoerder ondertekend en vermeldt de voorwaarden waarop het vervoer plaatsvindt, alsmede de plaats waar en de persoon aan wie de zaken moeten worden afgeleverd. Deze wordt, ter keuze van de afzender, aangegeven hetzij bij name of andere aanduiding, hetzij als order van de afzender of van een ander, hetzij als toonder. **Inhoud cognossement**

– 2. De enkele woorden 'aan order' worden geacht de order van de afzender aan te geven. (Ontw. art. 8.5.2.31; K art. 506 lid 1, 2 en 3 (oud); BW art. 8:44, 399, 416, 918, 919; WvK art.110, 191, 347)

Art. 413

Het cognossement wordt, tenzij het op naam is gesteld, afgegeven in één of meer exemplaren. De verhandelbare exemplaren, waarin is vermeld hoeveel van deze exemplaren in het geheel zijn afgegeven, gelden alle voor één en één voor alle. Niet verhandelbare exemplaren moeten als zodanig worden aangeduid. (Ontw. art. 8.5.2.32, K art. 507 lid 1 (oud); BW art. 8:45, 412, 460, 920) **Exemplaren van cognossement**

Art. 414

– 1. Tegenbewijs tegen het cognossement wordt niet toegelaten, wanneer het is overgedragen aan een derde te goeder trouw. (Rule III lid 4) **Bewijskracht cognossement**

– 2. Indien in het cognossement de clausule: 'inhoud, hoedanigheid, aantal, gewicht of maat onbekend', of enige andere clausule van dergelijke strekking is opgenomen, binden zodanige in het cognossement voorkomende vermeldingen omtrent de zaken de vervoerder niet, tenzij bewezen wordt, dat hij de inhoud of de hoedanigheid der zaken heeft gekend of had behoren te kennen of dat de zaken hem toegeteld, toegewogen of toegemeten zijn.

– 3. Een cognossement, dat de uiterlijk zichtbare staat of gesteldheid van de zaak niet vermeldt, levert, behoudens tegenbewijs dat ook jegens een derde mogelijk is, een vermoeden op dat de vervoerder die zaak voor zover uiterlijk zichtbaar in goede staat of gesteldheid heeft ontvangen.

– 4. De in het cognossement opgenomen opgave, bedoeld in artikel 388 eerste lid, schept behoudens tegenbewijs een vermoeden, doch bindt niet de vervoerder die haar kan betwisten. (Ontw. art. 8.5.2.33; K art. 510 lid 2 (oud), 513 (oud), 513*a* (oud), 514 (oud); BW art. 3:11, 90 e.v.; BW art. 8:48, 381, 382, 383, 384, 388 lid 5, 399, 921; Rule III lid 4, Rule IV, lid 5, sub *f*)

Art. 415

– 1. Verwijzingen in het cognossement worden geacht slechts die bedingen daarin in te voegen, die voor degeen, jegens wie daarop een beroep wordt gedaan, duidelijk kenbaar zijn. **Verwijzingen in cognossement**

– 2. Een dergelijk beroep is slechts mogelijk voor hem, die op schriftelijk verlangen van degeen jegens wie dit beroep kan worden gedaan of wordt gedaan, aan deze onverwijld die bedingen heeft doen toekomen.

– 3. Nietig is ieder beding, waarbij van het tweede lid van dit artikel wordt afgeweken. (Ontw. art. 8.5.2.34; K art. 511 lid 2 (oud); BW art. 3:11; BW art. 6:231 e.v.; BW art. 8:12, 48 lid 5, 922, 1122 lid 3)

Art. 416

Een cognossement aan order wordt geleverd op de wijze als aangegeven in afdeling 2 van Titel 4 van Boek 3. (Ontw. art. 8.5.2.35; K art. 508 (oud); BW art. 3:93, 94; BW art. 8:49, 412, 923; WvK art. 110, 191) **Levering cognossement aan order**

Art. 417

Levering van het cognossement vóór de aflevering van de daarin vermelde zaken door de ver- **Levering zaken door levering cognossement** voerder geldt als levering van die zaken. (Ontw. art. 8.5.2.36; K art. 517*a*(oud); BW art. 7:607; BW art. 8:50, 416, 924)

Art. 418

Aanwijzing plek van inlading en lossing

De vervoerder is verplicht de plek van inlading en lossing tijdig aan te wijzen; in geval van tijdbevrachting is echter artikel 380 van toepassing en in geval van reisbevrachting artikel 419. (Ontw. art. 8.5.2.37; K art. 520*h* lid 1 (oud), 520*l* (oud); BW art. 8:421, 422, 483, 925; WvK art. 359, 518g)

Art. 419

Reisbevrachting: aanwijzing door bevrachter

– 1. In geval van reisbevrachting is de bevrachter verplicht de plek van inlading en lossing tijdig aan te wijzen.

– 2. Hij moet daartoe aanwijzen een gebruikelijke plek, die terstond of binnen redelijke tijd beschikbaar is, waar het schip veilig kan komen, liggen, laden of lossen en waarvandaan het veilig kan vertrekken.

– 3. Wanneer de bevrachter niet aan deze verplichting voldoet of de bevrachters, als er meer zijn, niet eenstemmig zijn in de aanwijzing, is de vervrachter zonder dat enige aanmaning is vereist verplicht zelf de plek van inlading of lossing aan te wijzen.

– 4. Indien de bevrachter meer dan één plek aanwijst, geldt de tijd nodig voor het verhalen als gebruikte laad- of lostijd. De kosten van verhalen zijn voor zijn rekening.

– 5. De bevrachter staat er voor in, dat het schip op de plek, die hij op grond van het eerste lid ter inlading of lossing aanwijst, veilig kan komen, liggen, laden of lossen en daarvandaan veilig kan vertrekken. Indien deze plek blijkt niet aan deze vereisten te voldoen, is de bevrachter slechts in zoverre niet aansprakelijk als de kapitein, door de hem gegeven aanwijzing op te volgen, onredelijk handelde. (Ontw. art. 8.5.2.38; K art. 480 lid 2 (oud), 518*l* (oud), 518*m* (oud), 519*g* (oud), 519*h* (oud); BW art. 8:373, 380, 393, 418, 420, 502 lid 2, 926; WvK art. 359)

Art. 420

Aanwijzing laad- of loshaven

Wanneer in geval van reisbevrachting de bevrachter de bevoegdheid heeft laad- of loshaven nader aan te wijzen, is artikel 419 van overeenkomstige toepassing. (Ontw. art. 8.5.2.39; BW art. 8:502 lid 2, 927)

Art. 421

Laad- en stuwverplichting

Behalve in geval van bevrachting is de vervoerder verplicht de zaken aan boord van het schip te laden en te stuwen. (Ontw. art. 8.5.2.40; K art. 518*o* (oud), 518*p* (oud), 520*i*lid 2 (oud); BW art. 8:929; WvK art. 359)

Art. 422

Laadtijd; overligdagen; overliggeld

– 1. Voor zover de vervoerder verplicht is tot laden, is hij gehouden zulks in de overeengekomen laadtijd te doen.

– 2. Voor zover de afzender verplicht is tot laden of stuwen, staat hij er voor in dat zulks in de overeengekomen laadtijd geschiedt.

– 3. Werd geen laadtijd vastgesteld, dan behoort de inlading te geschieden zo snel als ter plekke voor een schip als het betrokken schip gebruikelijk of redelijk is.

– 4. Bepaalt de vervoerovereenkomst overliggeld, doch niet de overligtijd, dan wordt deze tijd vastgesteld op acht opeenvolgende etmalen of, als op de ligplek een ander aantal redelijk of gebruikelijk is, op dit aantal.

– 5. De wettelijke bepalingen omtrent boetebedingen zijn niet van toepassing op bedingen met betrekking tot overliggeld. (BW art. 6:91; BW art. 1285, 1340 e.v.)

– 6. Schuldenaren van overliggeld en een mogelijkerwijs uit hoofde van het tweede lid verschuldigde schadevergoeding zijn tot betaling daarvan hoofdelijk verbonden. (Ontw. art. 8.5.2.41; K art. 518*p* (oud), 518*q* (oud), 518*r* (oud), 518 *v*lid 2 (oud), 518*w* (oud), 520*i* lid 2 (oud); BW art. 6:6 e.v., 102; BW art. 8:379, 391, 392, 418, 421, 483, 931, 932; WvK art. 359)

Art. 423

Gevaarlijke zaken vervoer onder cognossement

– 1. Onder een vervoerovereenkomst onder cognossement mogen zaken van ontvlambare, explosieve of gevaarlijke aard, tot de inlading waarvan de vervoerder, de kapitein of de agent van de vervoerder geen toestemming zou hebben gegeven, wanneer hij de aard of de gesteldheid daarvan had gekend, te allen tijde vóór de lossing door de vervoerder op iedere plaats worden gelost of vernietigd of onschadelijk gemaakt zonder schadevergoeding, en de afzender van deze zaken is aansprakelijk voor alle schade en onkosten, middellijk of onmiddellijk voortgevloeid of ontstaan uit het inladen daarvan.

– 2. Indien onder een vervoerovereenkomst onder cognossement enige zaak, als bedoeld in het eerste lid, ingeladen met voorkennis en toestemming van de vervoerder, een gevaar wordt voor het schip of de lading, mag zij evenzo door de vervoerder worden gelost of vernietigd of onschadelijk gemaakt zonder enige aansprakelijkheid van de vervoerder, tenzij voor avarijgrosse, indien daartoe gronden bestaan. (Ontw. art. 8.5.2.42; K art. 469 lid 6 (oud); BW art. 8:381, 384, 397, 398 lid 6, 913, 914; Rule IV lid 6)

Art. 424

Vergaan of beschadiging schip; beëindiging overeenkomst

– 1. Behalve in geval van tijd- of reisbevrachting is de vervoerder wanneer, nadat de inlading een aanvang heeft genomen, het schip vergaat of zodanig beschadigd blijkt te zijn, dat het schip het herstel, nodig voor de uitvoering van de overeenkomst, niet waard is of dat dit herstel binnen redelijke tijd niet mogelijk is, na lossing van de zaken bevoegd de overeenkomst te beëindigen, mits hij dit zo spoedig mogelijk doet.

– 2. Vermoed wordt dat het vergaan of de beschadiging van het schip is te wijten aan een omstandigheid, die voor rekening van de vervoerder komt; voor rekening van de vervoerder komen die omstandigheden, die in geval van beschadiging van door hem vervoerde zaken voor zijn rekening komen.

– 3. De vervoerder verwittigt, zo mogelijk, de afzender, degeen aan wie de zaken moeten worden afgeleverd en degeen aan wie hij volgens de bepalingen van een mogelijkerwijs afgegeven cognossement bericht van aankomst van het schip moet zenden.

– 4. Het derde, het vierde en het vijfde lid van artikel 398 zijn van toepassing. (Ontw. art. 8.5.2.43; K art. 517*r*, 519*d* jo. 520*k* (oud); BW art. 8:261, 425, 426, 934, 1718)

Art. 425

Beschadiging schip bij bevrachting; opzegging overeenkomst

– 1. In geval van tijd- of reisbevrachting is ieder der partijen, mits zij dit zo spoedig mogelijk doet, bevoegd de overeenkomst geheel of met betrekking tot een gedeelte der zaken op te zeggen, wanneer het schip, zonder dat het vergaan is, zodanig beschadigd blijkt te zijn, dat het schip het herstel, nodig voor de uitvoering van de overeenkomst, niet waard is of dat dit herstel binnen redelijke tijd niet mogelijk is.

– 2. De reisbevrachter komt de hem in het eerste lid van dit artikel toegekende bevoegdheid ten aanzien van reeds aan boord ontvangen zaken niet toe, indien de vervrachter, zodra hem dit redelijkerwijs mogelijk was, heeft verklaard dat hij deze zaken, zij het niet in het bevrachte schip, ondanks de beëindiging van de overeenkomst naar hun bestemming zal vervoeren; zulk vervoer wordt vermoed op grond van de oorspronkelijke overeenkomst plaats te vinden.

– 3. De opzegging geschiedt door telegram of bericht per telex of door enig ander spoedbericht, waarvan de ontvangst duidelijk aantoonbaar is en de overeenkomst eindigt op het ogenblik van ontvangst daarvan, doch ten aanzien van reeds aan boord ontvangen zaken, eerst na lossing van die zaken. Een in een dergelijk telegram of bericht vervatte mededeling, dat de vervrachter zaken alsnog, doch niet in het bevrachte schip, naar hun bestemming zal vervoeren, houdt met betrekking tot die zaken opzegging van de overeenkomst in.

– 4. Ten aanzien van reeds ten vervoer ontvangen zaken wordt vermoed, dat de beschadiging van het schip is te wijten aan een omstandigheid, die voor rekening van de vervrachter komt; voor rekening van de vervrachter komen die omstandigheden, die in geval van beschadiging van door hem vervoerde zaken voor zijn rekening komen.

– 5. Het derde, het vierde en het vijfde lid van artikel 398 zijn van toepassing met dien verstande, dat ingeval van tijdbevrachting vracht verschuldigd blijft tot op het tijdstip van de lossing der zaken. (Ontw. art. 8.5.2.44; K art. 519*d*, 520*k* (oud); BW art. 8:261, 424, 426, 486, 502 lid 2, 935; WvK art. 701 sub 6)

Art. 426

Vergaan schip bij bevrachting; einde overeenkomst

– 1. In geval van tijd- of reisbevrachting eindigt de overeenkomst met het vergaan van het schip. In geval van langdurige tijdingloosheid wordt vermoed, dat het schip is vergaan te 2400 uur Universele Tijd van de dag, waarop het laatste bericht is ontvangen.

– 2. Ten aanzien van reeds ten vervoer ontvangen zaken wordt vermoed, dat het vergaan van het schip is te wijten aan een omstandigheid, die voor rekening van de vervrachter komt; voor rekening van de vervrachter komen die omstandigheden, die in geval van beschadiging van door hem vervoerde zaken voor zijn rekening komen.

– 3. Vervoert de vervrachter ondanks het vergaan van het schip zaken die reeds aan boord waren ontvangen alsnog naar hun bestemming, dan wordt in geval van reisbevrachting dit vervoer vermoed op grond van de oorspronkelijke overeenkomst plaats te vinden.

– 4. De vervrachter verwittigt de bevrachter zo spoedig als dit mogelijk is.

– 5. Het derde, het vierde en het vijfde lid van artikel 398 zijn van toepassing. (Ontw. art. 8.5.2.45; K art. 462 lid 1, 519*d* (oud); BW art. 8:261, 424, 425, 502 lid 2, 936)

Art. 440

Aflevering zaken vóór aankomst

– 1. De afzender – of, indien een cognossement is afgegeven, uitsluitend de in artikel 441 bedoelde houder daarvan en dan alleen tegen afgifte van alle verhandelbare exemplaren van dit cognossement – is bevoegd, voor zover de vervoerder hieraan redelijkerwijs kan voldoen, aflevering van ten vervoer ontvangen zaken of, indien daarvoor een cognossement is afgegeven, van alle daarop vermelde zaken gezamenlijk, vóór de aankomst ter bestemmingsplaats te verlangen, mits hij de vervoerder en de belanghebbenden bij de overige lading ter zake schadeloos stelt. Hij is verplicht tot bijdragen in een avarij-grosse, wanneer de avarij-grosse handeling plaatshad met het oog op een omstandigheid, waarvan reeds vóór de aflevering is gebleken.

– 2. Hij kan dit recht niet uitoefenen, wanneer door de voortijdige aflevering de reis zou worden vertraagd.
– 3. Zaken, die ingevolge het eerste lid zijn afgeleverd, worden aangemerkt als ter bestemming afgeleverde zaken en de bepalingen van deze afdeling nopens de aflevering van zaken, alsmede de artikelen 490 en 491 zijn van toepassing. (Ontw. art. 8.5.2.46; K art. 509, 519, 519*w*, 520*j* (oud); BW art. 8:413, 484, 610 e.v., 937, 938, 1020 e.v., 1125; L art. 15)

Art. 441

Recht cognossementhouder; verhouding tot vervoerder

– 1. Indien een cognossement is afgegeven, heeft uitsluitend de regelmatige houder daarvan, tenzij hij niet op rechtmatige wijze houder is geworden, jegens de vervoerder onder het cognossement het recht aflevering van de zaken overeenkomstig de op de vervoerder rustende verplichtingen te vorderen; daarbij is artikel 387 van toepassing.
– 2. Jegens de houder van het cognossement, die niet de afzender was, is de vervoerder onder cognossement gehouden aan en kan hij een beroep doen op de bedingen van dit cognossement. Jegens iedere houder van het cognossement, kan hij de uit het cognossement duidelijk kenbare rechten tot betaling geldend maken. Jegens de houder van het cognossement, die ook de afzender was, kan de vervoerder zich bovendien op de bedingen van de vervoerovereenkomst en op zijn persoonlijke verhouding tot de afzender beroepen. (Ontw. art. 8.5.2.47; K art. 510 lid 1, 511 (oud); BW art. 3:86; BW art. 6:253, 254; BW art. 8:51, 410, 415, 440, 442, 461, 488, 940; WvK art. 115)

Art. 442

Meer vervoerders onder cognossement

– 1. Indien bij toepassing van artikel 461 verscheidene personen als vervoerder onder het cognossement moeten worden aangemerkt zijn dezen jegens de in artikel 441 eerste lid bedoelde cognossementhouder hoofdelijk verbonden.
– 2. In het in het eerste lid genoemde geval is ieder der vervoerders gerechtigd de uit het cognossement blijkende rechten jegens de cognossementhouder uit te oefenen en is deze jegens iedere vervoerder gekweten tot op het opeisbare bedrag dat hij op grond van het cognossement aan één hunner heeft voldaan. Titel 7 van Boek 3 is niet van toepassing. (Ontw. art. 8.5.2.47a; K art. 518*d* lid 2 (oud); BW art. 6:6 e.v., 102, 253, 254; BW art. 8:410, 415, 462, 941; WvK art.146, 221)

Art. 460

Rangorde cognossementhouders

Van de houders van verschillende exemplaren van hetzelfde cognossement heeft hij het beste recht, die houder is van het exemplaar, waarvan ná de gemeenschappelijke voorman, die houder was van al die exemplaren, het eerst een ander houder is geworden te goeder trouw en onder bezwarende titel. (Ontw. 8.5.2.48; K 517 (oud); BW 3: 11; 8: 52, 412, 413, 441, 490, 942; K 347)

Art. 461

Vervoerder onder cognossement

– 1. Onverminderd de overige leden van dit artikel worden als vervoerder onder het cognossement aangemerkt hij die het cognossement ondertekende of voor wie een ander dit ondertekende alsmede hij wiens formulier voor het cognossement is gebezigd.
– 2. Indien de kapitein of een ander voor hem het cognossement ondertekende, wordt naast degene genoemd in het eerste lid, die tijd- of reisbevrachter, die vervoerder is bij de laatste overeenkomst in de keten der exploitatie-overeenkomsten als bedoeld in afdeling 1 van titel 5, als vervoerder onder het cognossement aangemerkt. Indien het schip in rompbevrachting is uitgegeven wordt naast deze eventuele tijd- of reisbevrachter ook de laatste rompbevrachter als vervoerder onder het cognossement aangemerkt. Is het schip niet in rompbevrachting uitgegeven dan wordt naast de hier genoemde eventuele tijd- of reisbevrachter ook de reder als vervoerder onder het cognossement aangemerkt.
– 3. In afwijking van de vorige leden wordt uitsluitend de laatste rompbevrachter, onderscheidenlijk de reder, als vervoerder onder het cognossement aangemerkt indien het cognossement uitsluitend deze rompbevrachter, onderscheidenlijk de reder, uitdrukkelijk als zodanig aanwijst en, in geval van aanwijzing van de rompbevrachter, bovendien diens identiteit uit het cognossement duidelijk kenbaar is.
– 4. Dit artikel laat het tweede lid van artikel 262 onverlet.
– 5. Nietig is ieder beding, waarbij van dit artikel wordt afgeweken. (Ontw. art. 8.5.2.49; K art. 517*x*, 518*c*, 518*k* (oud); BW art. 8:12, 217, 380, 442, 462, 480, 530, 827, 943; WvK art.100 lid 8jo. 108, 178 lid 6jo. 189)

Art. 462

Onbevoegde ondertekening cognossement; derdenbescherming

– 1. Het eerste lid van artikel 461 vindt geen toepassing indien een daar als vervoerder onder het cognossement aangemerkte persoon bewijst dat hij die het cognossement voor hem ondertekende daarbij de grenzen zijner bevoegdheid overschreed of dat het formulier zonder zijn toestemming is gebezigd. Desalniettemin wordt een in het eerste lid van artikel 461 bedoelde persoon als vervoerder onder het cognossement aangemerkt, indien de houder van het cognossement bewijst dat op het ogenblik van uitgifte van het cognossement, op grond van een

verklaring of gedraging van hem voor wie is ondertekend of wiens formulier is gebezigd, redelijkerwijze mocht worden aangenomen, dat hij die ondertekende daartoe bevoegd was of dat het formulier met toestemming was gebezigd.
– 2. In afwijking van het eerste lid wordt de rederij als vervoerder onder het cognossement aangemerkt indien haar boekhouder door ondertekening van het cognossement de grenzen zijner bevoegdheid overschreed, doch zij wordt niet gebonden jegens de eerste houder van het cognossement die op het ogenblik van uitgifte daarvan wist dat de boekhouder de grenzen zijner bevoegdheid overschreed. (BW art. 8:178, 179)
– 3. Een beroep op het tweede lid van artikel 461 is mogelijk ook indien de kapitein door ondertekening van het cognossement of door een ander de bevoegdheid te geven dit namens hem te ondertekenen, de grenzen zijner bevoegdheid overschreed, doch dergelijk beroep staat niet open aan de eerste houder van het cognossement die op het ogenblik van uitgifte daarvan wist dat de kapitein de grenzen zijner bevoegdheid overschreed.
– 4. Het derde lid vindt eveneens toepassing indien hij die namens de kapitein het cognossement ondertekende daarbij de grenzen zijner bevoegdheid overschreed. (Ontw. art. 8.5.2.49a; BW art. 8:217, 260 lid 2, 262, 827, 944)

Art. 480

Verhaal vervrachter

– 1. Is een vervrachter ingevolge artikel 461 tot meer gehouden dan waartoe hij uit hoofde van zijn bevrachting is verplicht of ontving hij minder dan waartoe hij uit dien hoofde is gerechtigd, dan heeft hij – mits de ondertekening van het cognossement of de afgifte van het formulier plaatsvond krachtens het in de bevrachting bepaalde, dan wel op verzoek van de bevrachter – deswege op deze laatste verhaal.
– 2. Hetzelfde geldt voor een ingevolge het eerste lid aangesproken bevrachter, die op zijn beurt vervrachter is. (Ontw. art. 8.5.2.50; K art. 518*d* lid 3 (oud), 518*k* lid 3 (oud); BW art. 8:502 lid 2, 945; WvK art. 520*f*)

Art. 481

Afgifte en kwijting cognossement

– 1. De houder van het cognossement, die zich tot ontvangst van de zaken heeft aangemeld, is verplicht, voordat hij deze heeft ontvangen, het cognossement van kwijting te voorzien en aan de vervoerder af te geven.
– 2. Hij is gerechtigd het cognossement tot zekerheid der afgifte daarvan bij een, in geval van geschil op verzoek van de meest gerede partij door de rechter aan te wijzen, derde in bewaring te geven totdat de zaken afgeleverd zijn. (Ontw. art. 8.5.2.51; K art. 515 leden 1 en 2 (oud); BW art. 8:483, 490, 946; BW art. 1767; Rv art. 627; WvK art. 520*f*)

Art. 482

Met cognossement gelijkgesteld document

– 1. Een door de vervoerder na intrekking van het cognossement afgegeven document dat de houder daarvan recht geeft op aflevering van in dat cognossement genoemde zaken, wordt met betrekking tot deze zaken met het cognossement gelijk gesteld. Het cognossement wordt vermoed van het hier bedoelde document deel uit te maken. Hij die dit document ondertekende of voor wie een ander dit ondertekende, noch hij wiens formulier werd gebruikt, wordt door het blote feit van deze ondertekening of dit gebruik als vervoerder onder het cognossement aangemerkt.
– 2. Tenzij in documenten als bedoeld in het eerste lid anders is bepaald, zijn de houders daarvan hoofdelijk verbonden voor de verbintenissen die uit het vervoer van de onder het cognossement vervoerde zaken voor de houder van dat cognossement voortvloeien. (Ontw. art. 8.5.2.52; BW art. 6:6 v., 102; BW art. 8:417, 441; WvK art. 520*f*)

Art. 483

Losverplichting vervoerder

– 1. Behalve in geval van bevrachting is de vervoerder verplicht de zaken uit het schip te lossen.
– 2. Op de lossing van de zaken vindt artikel 422 overeenkomstige toepassing. (Ontw. art. 8.5.2.53; K art. 517*i* lid 1 (oud), 517*j*-517*o* (oud), 519*j*-519*r* (oud), 520*m*-520*q* (oud); BW art. 8:418, 421, 490, 929, 933)

Art. 484

Vracht

– 1. De vracht is verschuldigd na aflevering van de zaken ter bestemming of ter plaatse, waar de vervoerder hen met inachtneming van artikel 440 afleverde. Is de vracht bepaald naar gewicht of omvang der zaken, dan wordt hij berekend naar deze gegevens bij aflevering.
– 2. Vracht die in één som voor alle zaken ter bestemming is bepaald, is, ook wanneer slechts een gedeelte van die zaken is afgeleverd, in zijn geheel verschuldigd.
– 3. Onder voorbehoud van het vijfde lid van dit artikel is voor zaken, die onderweg zijn verkocht omdat hun beschadigdheid verder vervoer redelijkerwijs niet toeliet, de vracht verschuldigd, doch ten hoogste tot het bedrag van hun opbrengst.
– 4. Vracht, die vooruit te voldoen is of voldaan is, is en blijft – behalve in geval van tijdbevrachting – in zijn geheel verschuldigd, ook wanneer de zaken niet ter bestemming worden afgeleverd. (BW art. 8:373)

– 5. In waardeloze toestand afgeleverde zaken worden aangemerkt als niet te zijn afgeleverd. Zaken, die niet zijn afgeleverd, of die in waardeloze toestand zijn afgeleverd, worden desalniettemin aangemerkt als afgeleverde zaken, voor zover het niet of in waardeloze toestand afleveren het gevolg is van de aard of een gebrek van de zaken, dan wel van een handeling of nalaten van een rechthebbende op of de afzender of ontvanger van de zaken. (Ontw. art. 8.5.2.54; K art. 491 (oud), 492 lid 1 (oud), 517*p* (oud), 517*q* (oud), 517*x* (oud), 519*u*, 519*v* (oud), 519*w* lid 1 (oud), 519*x* (oud), 519*z* (oud), 520 (oud); BW art. 8:29, 383, 398 lid 5, 411, 441 lid 2, 486, 489, 947, 1128; WvK art. 520*f*; L art. 16)

Art. 485

Vervoer voor eigen rekening

Voor zaken die door een opvarende voor eigen rekening in strijd met enig wettelijk verbod worden vervoerd is de hoogste vracht verschuldigd die ten tijde van de inlading voor soortgelijke zaken kon worden bedongen. Deze vracht is verschuldigd ook wanneer de zaken niet of in waardeloze toestand ter bestemming worden afgeleverd en de ontvanger is met de verscheper hoofdelijk voor deze vracht verbonden. (Ontw. art. 8.5.2.55; K art. 372 lid 2 (oud); BW art. 6:6 e.v., 102; BW art. 8:5, 484, 948; WvK art. 372, 520*f*)

Art. 486

Schip niet ter beschikking; geen vracht

Onder voorbehoud van de laatste zinsnede van het vijfde lid van artikel 425 is in geval van tijdbevrachting vracht niet verschuldigd over de tijd, dat de bevrachter het schip niet overeenkomstig de bedingen van de bevrachting te zijner beschikking heeft

a. ten gevolge van beschadiging daarvan, dan wel

b. doordat de vervrachter in de nakoming van zijn verplichtingen te kort schiet,

mits het schip meer dan 24 aaneengesloten uren niet ter beschikking van de bevrachter staat. (Ontw. art. 8.5.2.56; K art. 462 lid 2 (oud), 465 (oud); BW art. 6:81v.; BW art. 8:373, 484, 502 lid 2, 949; WvK art. 518*g*)

Art. 487

Verdeling exploitatielasten

– 1. Bij tijdbevrachting komen de brandstof voor de machines, het ketelwater, de havenrechten en soortgelijke rechten en uitgaven, die verschuldigd worden ten gevolge van uitgevoerde reizen en het vervoeren van zaken, ten laste van de bevrachter. De overige lasten der exploitatie van het schip komen ten laste van de vervrachter.

– 2. De vervrachter is gerechtigd en verplicht de zich bij het einde van de bevrachting nog aan boord bevindende brandstof van de bevrachter over te nemen tegen de marktprijs ten tijde en ter plaatse van de oplevering van het schip. (Ontw. art. 8.5.2.57; K art. 460 lid 3 (oud); BW art. 8:373, 502 lid 2, 950; WvK art. 518*g*)

Art. 488

'Kosten onderweg'

Onverminderd het omtrent avarij-grosse bepaalde en onverminderd afdeling 1 van Titel 4 van Boek 6 zijn de afzender, de ontvanger en, indien een cognossement is afgegeven, de in artikel 441 bedoelde houder daarvan, hoofdelijk verbonden de vervoerder de schade te vergoeden, geleden doordat deze zich als zaakwaarnemer inliet met de behartiging van de belangen van een rechthebbende op ten vervoer ontvangen zaken dan wel doordat de kapitein of de schipper zijn in artikel 261 of artikel 860 genoemde verplichtingen is nagekomen. (Ontw. art. 8.5.2.58; K art. 491 (oud), 517*s* (oud), 517*t* (oud), 520*c* (oud), 530*d* (oud), 520*r* (oud); BW art. 6:6 e.v., 102; BW art. 8:222 lid 2, 389, 398, 510, 832 lid 2, 951, 1129, 1195, 1714)

Art. 489

Retentierecht vervoerder

– 1. De vervoerder is gerechtigd afgifte van zaken, die hij in verband met de vervoerovereenkomst onder zich heeft, te weigeren aan ieder, die uit anderen hoofde dan de vervoerovereenkomst recht heeft op aflevering van die zaken, tenzij op de zaken beslag is gelegd en uit de vervolging van dit beslag een verplichting tot afgifte aan de beslaglegger voortvloeit.

– 2. De vervoerder kan het recht van retentie uitoefenen op zaken, die hij in verband met de vervoerovereenkomst onder zich heeft, voor hetgeen hem door de ontvanger verschuldigd is of zal worden terzake van het vervoer van die zaken alsmede voor hetgeen als bijdrage in avarij-grosse op die zaken verschuldigd is of zal worden. Dit retentierecht vervalt zodra aan de vervoerder is betaald het bedrag waarover geen geschil bestaat en voldoende zekerheid is gesteld voor de betaling van die bedragen, waaromtrent wel geschil bestaat of welker hoogte nog niet kan worden vastgesteld.

– 3. De in dit artikel aan de vervoerder toegekende rechten komen hem niet toe jegens een derde, indien hij op het tijdstip dat hij de zaak ten vervoer ontving, reden had te twijfelen aan de bevoegdheid van de afzender jegens die derde hem de zaak ten vervoer ter beschikking te stellen. (Ontw. art. 8.5.2.59; K art. 493 leden 1 en 2 (oud), 494 leden 1 en 2 (oud); BW art. 3:48, 290, 291; BW art.6:51, 52 e.v.; BW art. 8:30, 69, 222 lid 2, 510, 568, 832 lid 2, 954, 1131, 1196; Rv art. 631)

Art. 490

Opslag bij niet-ontvangst enz.

– 1. Voor zover hij die jegens de vervoerder recht heeft op aflevering van vervoerde zaken niet opkomt, weigert deze te ontvangen of deze niet met de vereiste spoed in ontvangst neemt, voor

zover op zaken beslag is gelegd, alsmede indien de vervoerder gegronde redenen heeft aan te nemen, dat een houder van een cognossement die als ontvanger opkomt, desalniettemin niet tot de aflevering gerechtigd is, is de vervoerder gerechtigd deze zaken voor rekening en gevaar van de rechthebbende bij een derde op te slaan in een daarvoor geschikte bewaarplaats of lichter. Op zijn verzoek kan de rechter bepalen dat hij deze zaken, desgewenst ook in het schip, onder zichzelf kan houden of andere maatregelen daarvoor kan treffen.
– 2. De derde-bewaarnemer en de ontvanger zijn jegens elkaar verbonden, als ware de omtrent de bewaring gesloten overeenkomst mede tussen hen aangegaan. De bewaarnemer is echter niet gerechtigd tot afgifte dan na schriftelijke toestemming daartoe van hem, die de zaken in bewaring gaf. (Ontw. art. 8.5.2.60; K art. 94 (oud), 495 (oud), 498 lid 1 (oud), 516 (oud), 517*j* (oud), 517*k* lid 2 (oud), 519*l* (oud), 520*m* lid 2 (oud); BW art. 7:600 e.v.; BW art. 8:227, 398 lid 5, 422 jo. 483, lid 424 4, 425 lid 5, 426 lid 5, 440, 460, 481, 489, 491, 510, 569, 837, 955, 1132, 1197; L art. 17; Rv art. 628)

Art. 491

Verkoop opgeslagen zaken

– 1. In geval van toepassing van artikel 490 kan de vervoerder, de bewaarnemer dan wel hij, die jegens de vervoerder recht heeft op de aflevering op zijn verzoek, door de rechter worden gemachtigd de zaken geheel of gedeeltelijk op de door deze te bepalen wijze te verkopen.
– 2. De bewaarnemer is verplicht de vervoerder zo spoedig mogelijk van de voorgenomen verkoop op de hoogte te stellen; de vervoerder heeft deze verplichting jegens degeen, die jegens hem recht heeft op de aflevering van de zaken, en jegens degeen, aan wie hij volgens de bepalingen van een mogelijkerwijs afgegeven cognossement bericht van aankomst van het schip moet zenden.
– 3. De opbrengst van het verkochte wordt in de consignatiekas gestort voor zover zij niet strekt tot voldoening van de kosten van opslag en verkoop alsmede, binnen de grenzen der redelijkheid, van de gemaakte kosten. Tenzij op de zaken beslag is gelegd voor een geldvordering, moet aan de vervoerder uit het in bewaring te stellen bedrag worden voldaan hetgeen hem verschuldigd is ter zake van het vervoer, alsmede een bijdrage in avarij-grosse; voor zover deze vorderingen nog niet vast staan, zal de opbrengst of een gedeelte daarvan op door de rechter te bepalen wijze tot zekerheid voor deze vorderingen strekken.
– 4. De in de consignatiekas gestorte opbrengst treedt in de plaats van de zaken. (Ontw. art. 8.5.2.61; K art. 496 (oud), 498 (oud), 516 lid 2 (oud); BW art. 6:51, 63, 67, 70; BW art. 7:600 e.v.; BW art. 8:398 lid 5, 424 lid 3, 440, 510, 570, 610 e.v., 957, 1020 e.v., 1133, 1198, 1710 sub *d*; L art. 18; Rv art. 632)

Art. 492

Tijdige kennisgeving van verliezen of schaden

– 1. Tenzij aan de vervoerder of zijn agent in de loshaven vóór of op het ogenblik van het weghalen van de zaken en van hun overgifte aan de krachtens de vervoerovereenkomst op de aflevering rechthebbende persoon schriftelijk kennis is gegeven van verliezen of schaden en van de algemene aard van deze verliezen of schaden, schept dit weghalen, tot op bewijs van het tegendeel, het vermoeden dat de zaken door de vervoerder zijn afgeleverd in de staat als in de vervoerovereenkomst omschreven.
– 2. Zijn de verliezen of schaden niet uiterlijk zichtbaar, dan moet de kennisgeving binnen drie dagen na de aflevering geschieden.
– 3. Schriftelijk voorbehoud is overbodig als de staat van de zaak op het ogenblik van de inontvangstneming door beide partijen gezamenlijk werd vastgesteld. (Ontw. art. 8.5.2.62; K art. 468 leden 4, 5 en 6 (oud); BW art. 8:382 lid 1; Rule III lid 6)

Art. 493

Medewerking bij onderzoek schade

Indien er zekerheid of vermoeden bestaat, dat er verlies of schade is, moeten de vervoerder en de ontvanger elkaar over en weer in redelijkheid alle middelen verschaffen om het onderzoek van de zaak en het natellen van de colli mogelijk te maken. (Ontw. art. 8.5.2.63; K art. 468 lid 9 (oud); BW art. 8:382 lid 1, 495, 510, 958, 1134, 1199; Rule III lid 6)

Art. 494

Gerechtelijk onderzoek naar toestand lading

– 1. Zowel de vervoerder als hij die jegens de vervoerder recht heeft op de aflevering, is bevoegd bij de aflevering van zaken de rechter te verzoeken een gerechtelijk onderzoek te doen plaatshebben naar de toestand waarin deze worden afgeleverd; tevens zijn zij bevoegd de rechter te verzoeken de daarbij bevonden verliezen of schaden gerechtelijk te doen begroten.
– 2. Indien dit onderzoek in tegenwoordigheid of na behoorlijke oproeping van de wederpartij heeft plaatsgehad, wordt het uitgebrachte rapport vermoed juist te zijn. (Ontw. art. 8.5.2.64; K art. 483 (oud), 484 (oud); BW art. 8:496, 510, 959, 1135; Rv art. 633)

Art. 495

Gerechtelijk onderzoek naar oorzaak verliezen of schaden

– 1. Zowel de vervoerder als hij die jegens de vervoerder recht heeft op de aflevering is, wanneer hij verliezen of schaden van zaken vermoedt, bevoegd de rechter te verzoeken vóór, bij of terstond na de aflevering daarvan en desgewenst aan boord van het schip een gerechtelijk onderzoek te doen plaatshebben naar de oorzaak daarvan.

– 2. Indien dit onderzoek in tegenwoordigheid of na behoorlijke oproeping van de wederpartij heeft plaatsgehad, wordt het uitgebrachte rapport vermoed juist te zijn. (Ontw. art. 8.5.2.65; K art. 489 (oud); BW art. 8:493, 496, 510, 960, 1135; Rv art. 633)

Art. 496

Kosten gerechtelijk onderzoek

– 1. De kosten van gerechtelijk onderzoek, als bedoeld in de artikelen 494 en 495, moeten worden voldaan door de aanvrager.

– 2. De rechter kan deze kosten en door het onderzoek geleden schade geheel of gedeeltelijk ten laste van de wederpartij van de aanvrager brengen, ook al zou daardoor het bedrag genoemd in het eerste lid van artikel 388 worden overschreden. (Ontw. art. 8.5.2.66; K art. 490 (oud); BW art. 8:510, 961, 1136; Rv art. 633)

AFDELING 3

Overeenkomst van personenvervoer over zee

Art. 500

Omschrijving

– 1. De overeenkomst van personenvervoer in de zin van deze titel is de overeenkomst van personenvervoer, al dan niet tijd- of reisbevrachting zijnde, waarbij de ene partij (de vervoerder) zich tegenover de andere partij verbindt aan boord van een schip een of meer personen (reizigers) en al dan niet hun bagage uitsluitend over zee te vervoeren. De overeenkomst van personenvervoer aan boord van een luchtkussenvoertuig noch de overeenkomst van personenvervoer als omschreven in artikel 100 is een overeenkomst van personenvervoer in de zin van deze afdeling.

– 2. Vervoer over zee en binnenwateren aan boord van een en eenzelfde schip, dat deze beide wateren bevaart, wordt als vervoer over zee beschouwd.

– 3. Hutbagage in de zin van deze afdeling is de bagage, met uitzondering van levende dieren die de reiziger in zijn hut heeft, die hij in zijn bezit, onder zijn toezicht of in zijn macht heeft, alsmede de bagage die hij aan boord heeft van een met hem als bagage ten vervoer aangenomen voertuig of schip, doch niet dit voertuig of schip zelf.

– 4. Bij algemene maatregel van bestuur kunnen zaken die geen hutbagage zijn voor de toepassing van bepalingen van deze afdeling als hutbagage worden aangewezen, dan wel bepalingen van deze afdeling niet van toepassing worden verklaard op zaken, die hutbagage zijn. (Ontw. art. 8.5.3.1; K art. 521, 919 lid 3 (oud); BW art. 7:418 lid 2; BW art. 8:1, 4, 8, 80, 361 lid 3, 370, 501, 505, 970, 1140, 1750 e.v.; Atheens verdrag art. 1 en 2; OBW art. 251)

Art. 501

Vervoersperiode

Vervoer over zee omvat:

a. met betrekking tot personen of hun hutbagage de tijd dat de reiziger of zijn hutbagage aan boord van het schip verblijft, de tijd van inscheping of ontscheping, alsmede de tijd dat de reiziger of zijn hutbagage te water wordt vervoerd tussen wal en schip of tussen schip en wal, indien de prijs hiervan in de vracht is inbegrepen of het voor dit hulpvervoer gebezigde schip door de vervoerder ter beschikking van de reiziger is gesteld. Vervoer over zee van personen omvat echter niet de tijd dat de reiziger verblijft in een stationsgebouw, op een kade of enige andere haveninstallatie;

b. met betrekking tot hutbagage bovendien de tijd dat de reiziger verblijft in een stationsgebouw, op een kade of enige andere haveninstallatie, indien die bagage is overgenomen door de vervoerder en niet weer aan de reiziger is afgeleverd;

c. met betrekking tot bagage die geen hutbagage is de tijd tussen het overnemen door de vervoerder hetzij te land, hetzij aan boord en de aflevering door de vervoerder;

d. met betrekking tot een levend dier de tijd dat het aan boord van het schip verblijft dan wel onder de hoede van de vervoerder is. (Ontw. art. 8.5.3.2; K art. 522 lid 1 (oud); BW art. 8:8, 102, 970, 971, 1142, 1143; Atheens verdrag art. 1 lid 8)

Art. 502

Tijd- of reisbevrachting

– 1. Tijd- of reisbevrachting in de zin van deze afdeling is de overeenkomst van personenvervoer, waarbij de vervoerder (de vervrachter) zich verbindt tot vervoer aan boord van een schip dat hij daartoe, anders dan bij wijze van rompbevrachting, in zijn geheel en al dan niet op tijdbasis (tijdbevrachting of reisbevrachting) ter beschikking stelt van zijn wederpartij (de bevrachter).

– 2. De in afdeling 2 van titel 5 in het bijzonder voor het geval van bevrachting gegeven bepalingen, alsmede artikel 375 zijn op deze bevrachting van overeenkomstige toepassing. (Ontw. art. 8.5.3.3; K art. 453 (oud); 458 (oud), 533*n* (oud), 533*q* (oud), 533*s* (oud); BW art. 8:373, 374, 380, 390, 393, 419, 420, 425, 426, 480, 486, 487, 530, 892, 972, 1093, 1144, 1752)

Art. 503

Huur enz. niet van toepassing

De wetsbepalingen omtrent huur, bewaarneming en bruikleen zijn op ter beschikkingstelling van een schip ten vervoer, anders dan bij wijze van rompbevrachting, niet van toepassing.

(Ontw. art. 8.5.3.4; BW art. 7:600 e.v.; BW art. 7A:1584 e.v., 1777 e.v.; BW art. 8:374, 530, 893, 973, 1094, 1145)

Art. 504

Aansprakelijkheid bij dood of letsel

– 1. De vervoerder is aansprakelijk voor schade veroorzaakt door dood of letsel van de reiziger, indien een voorval dat hiertoe leidde zich voordeed tijdens het vervoer en voor zover dit voorval is veroorzaakt door een omstandigheid die een zorgvuldig vervoerder heeft kunnen vermijden of door een omstandigheid waarvan zulk een vervoerder de gevolgen heeft kunnen verhinderen.

– 2. Vermoed wordt dat een zorgvuldig vervoerder de omstandigheid die leidde tot schipbreuk, aanvaring, stranding, ontploffing of brand heeft kunnen vermijden, alsmede dat zulk een vervoerder heeft kunnen verhinderen dat deze omstandigheid tot een dergelijk voorval leidde.

– 3. Gebrekkigheid of slecht functioneren van het schip of van het materiaal, waarvan hij zich voor het vervoer bedient wordt aangemerkt als een omstandigheid die een zorgvuldig vervoerder heeft kunnen vermijden en waarvan hij de gevolgen heeft kunnen verhinderen.

– 4. Bij de toepassing van dit artikel wordt slechts dan rekening gehouden met een gedraging van een derde, indien geen andere omstandigheid, die mede tot het voorval leidde, voor rekening van de vervoerder is. (Ontw. art. 8.5.3.5; K art. 522 (oud), 524 (oud), 524*a* (oud); BW art. 6:95 e.v., 107, 108; BW art. 8:81, 82, 105, 501, 505, 513, 517, 520, 974, 1147, 1148; L art. 24, 29; Atheens verdrag art. 3; OBW art. 258)

Art. 505

Aansprakelijkheid voor hutbagage en levend dier

– 1. De vervoerder is aansprakelijk voor schade veroorzaakt door geheel of gedeeltelijk verlies dan wel beschadiging van hutbagage of van een als bagage ten vervoer aangenomen levend dier, indien een voorval dat hiertoe leidde zich voordeed tijdens het vervoer en voor zover dit voorval is veroorzaakt door een omstandigheid die een zorgvuldig vervoerder heeft kunnen vermijden of waarvan zulk een vervoerder de gevolgen heeft kunnen verhinderen.

– 2. Behalve met betrekking tot een levend dier zijn het tweede en derde lid van artikel 504 van toepassing.

– 3. Bij de toepassing van dit artikel wordt slechts dan rekening gehouden met een gedraging van een derde, indien geen andere omstandigheid, die mede tot het voorval leidde, voor rekening van de vervoerder is.

– 4. Dit artikel laat de artikelen 545 en 1006 onverlet. (Ontw. art. 8.5.3.6; K art. 533 lid 2 (oud); BW art. 8:8, 106, 500 lid 3, 501, 506, 510, 511, 513, 516, 517, 520, 975, 976, 1150, 1753 lid 4; L art. 31; Atheens verdrag art. 1 onder 5*b*, 3)

Art. 506

Aansprakelijkheid voor overige bagage

Onder voorbehoud van artikel 505 is de vervoerder aansprakelijk voor schade veroorzaakt door geheel of gedeeltelijk verlies dan wel beschadiging van bagage, indien een voorval dat hiertoe leidde zich voordeed tijdens het vervoer, tenzij en voor zover dit voorval is veroorzaakt door een omstandigheid die een zorgvuldig vervoerder niet heeft kunnen vermijden en waarvan zulk een vervoerder de gevolgen niet heeft kunnen verhinderen. (Ontw. art. 8.5.3.7; K art. 533 lid 1 (oud); BW art. 8:8, 501, 510, 511, 513, 516, 517, 520, 976, 979, 1750 lid 2; Atheens verdrag art. 3 lid 3; L art. 25)

Art. 507

Geen aansprakelijkheid voor zaken van waarde

De vervoerder is niet aansprakelijk in geval van verlies of beschadiging overkomen aan geldstukken, verhandelbare documenten, goud, zilver, juwelen, sieraden, kunstvoorwerpen of andere zaken van waarde, tenzij deze zaken van waarde aan de vervoerder in bewaring zijn gegeven en hij overeengekomen is hen in zekerheid te zullen bewaren. (Ontw. art. 8.5.3.8; BW art. 7:600 v.; BW art. 8:517, 520, 977, 1151; Atheens verdrag art. 5)

Art. 508

Aansprakelijkheid voor onbekende zaken

De vervoerder is terzake van door de reiziger aan boord gebrachte zaken die hij, indien hij hun aard of gesteldheid had gekend, niet aan boord zou hebben toegelaten en waarvoor hij geen bewijs van ontvangst heeft afgegeven, geen enkele schadevergoeding verschuldigd indien de reiziger wist of behoorde te weten, dat de vervoerder de zaken niet ten vervoer zou hebben toegelaten; de reiziger is alsdan aansprakelijk voor alle kosten en schaden voor de vervoerder voortvloeiend uit de aanbieding ten vervoer of uit het vervoer zelf. (Ontw. art. 8.5.3.9; BW art. 8:107, 509, 512, 978, 1152)

Art. 509

Aansprakelijkheid reiziger

Onverminderd artikel 508 en onverminderd artikel 179 van Boek 6 is de reiziger verplicht de vervoerder de schade te vergoeden die hij of zijn bagage deze berokkende, behalve voor zover deze schade is veroorzaakt door een omstandigheid die een zorgvuldig reiziger niet heeft kunnen vermijden en voor zover zulk een reiziger de gevolgen daarvan niet heeft kunnen verhinderen. De reiziger kan niet om zich van zijn aansprakelijkheid te ontheffen beroep doen op de hoedanigheid of een gebrek van zijn bagage. (Ontw. art. 8.5.3.10; BW art. 8:8, 114, 979, 1153)

Art. 510

Vervoer van bagage, toepasselijke bepalingen

– 1. Onverminderd de bepalingen van deze afdeling zijn op het vervoer van bagage de artikelen 378, 387, 388 tweede lid, 389, 394 eerste en tweede lid, 395, 396, 398, 488 tot en met 491 en 493 tot en met 496 van toepassing. De in artikel 396 bedoelde opzegging kan ook mondeling geschieden. De in artikel 489 toegekende rechten en het in artikel 491 toegekende recht tot het zich laten voldoen uit het in bewaring te stellen bedrag van kosten terzake van het vervoer, kunnen worden uitgeoefend voor alles wat de wederpartij van de vervoerder of de reiziger aan de vervoerder verschuldigd is.
– 2. Partijen hebben de vrijheid af te wijken van in het eerste lid op hun onderlinge verhouding toepasselijk verklaarde bepalingen. (Ontw. art. 8.5.3.11; K art. 533 lid 1 (oud), 533*a* (oud); BW art. 8:8, 370 lid 4, 980, 1154, 1710-1722 jo. 1750 lid 2)

Art. 511

Tijdige kennisgeving schade of verlies bagage

– 1. De reiziger is gehouden de vervoerder schriftelijk kennis te geven:
a. in geval van uiterlijk zichtbare schade aan bagage:
(i) wat betreft hutbagage: voor of ten tijde van de ontscheping van de reiziger;
(ii) wat betreft alle andere bagage: voor of ten tijde van de aflevering;
b. in geval van niet uiterlijk zichtbare schade aan of verlies van bagage: binnen vijftien dagen na de aanvang van de dag, volgende op de dag van ontscheping of aflevering of die waarop de bagage had moeten worden afgeleverd.
– 2. Indien de reiziger niet aan zijn in het eerste lid van dit artikel omschreven verplichting voldoet, wordt, behoudens tegenbewijs, vermoed dat hij de bagage onbeschadigd heeft ontvangen.
– 3. Schriftelijke kennisgeving is overbodig indien de staat van de bagage op het ogenblik van in ontvangstneming gezamenlijk is vastgesteld of geïnspecteerd. (Ontw. art. 8.5.3.12; BW art. 8:8, 500 lid 3, 505, 506, 510, 516, 981; Atheens verdrag art. 15)

Art. 512

Onderzoek naar bagage

De vervoerder is niet gehouden, doch wel gerechtigd zich te overtuigen van de aard of gesteldheid van de bagage, indien hij vermoedt dat hij, de aard of gesteldheid van door de reiziger aan boord gebrachte bagage kennende, deze niet aan boord zou hebben toegelaten. De vervoerder is gehouden dit onderzoek te doen geschieden in tegenwoordigheid van de reiziger of, zo dit niet mogelijk is, in tegenwoordigheid van twee personen van wier hulp hij overigens bij de uitvoering van zijn verbintenis geen gebruik maakt. (Ontw. art. 8.5.3.13; BW art. 8:8, 394 lid 1 en lid 2, 396, 508, 981; ARV art. 22 lid 5, 27 lid 2)

Art. 513

Eigen schuld reiziger

Indien de vervoerder bewijst dat schuld of nalatigheid van de reiziger schade heeft veroorzaakt of daartoe heeft bijgedragen, kan de aansprakelijkheid van de vervoerder daarvoor geheel of gedeeltelijk worden opgeheven. (Ontw. art. 8.5.3.14; K art. 522 lid 2 (oud), 920 lid 1 (oud); BW art. 8:83, 109 lid 1, 981, 1155; Atheens verdrag art. 6; L art. 29)

Art. 514

Hulppersonen

Indien personen van wier hulp de vervoerder bij de uitvoering van zijn verbintenis gebruik maakt, op verzoek van de reiziger diensten bewijzen, waartoe de vervoerder niet is verplicht, worden zij aangemerkt als te handelen in opdracht van de reiziger aan wie zij deze diensten bewijzen. (Ontw. art. 8.5.3.15; BW art. 8:109 lid 2, 981, 1156; ARV art. 2 lid 2)

Art. 515

Vertragingsschade bij dienstregeling

Behoudens artikel 516 is de vervoerder die zich, anders dan bij wijze van bevrachting, verbond tot vervoer volgens een dienstregeling, niet aansprakelijk voor schade die is veroorzaakt door vertraging, door welke oorzaak dan ook, vóór, tijdens of na het vervoer opgetreden. (Ontw. art. 8.5.3.16; K art. 528 (oud); BW art. 8:100 lid 1, 108, 981; L art. 28)

Art. 516

Vertraging aflevering bagage na aankomst schip

Onder verlies of beschadiging van bagage wordt mede verstaan vermogensschade geleden doordat de bagage niet binnen een redelijke tijd te rekenen van het ogenblik van aankomst van het schip, waarop deze bagage werd vervoerd of zou worden vervoerd, aan de reiziger werd afgeleverd, doch niet wordt daaronder verstaan vertraging door een arbeidsconflict veroorzaakt. (Ontw. art. 8.5.3.17; BW art. 8:8, 505, 506, 510, 511, 515, 518, 520, 981; Atheens verdrag art. 1 lid 7)

Art. 517

Navigatiefouten of reddingspoging

– 1. Behoudens de artikelen 504 tot en met 507 is de vervoerder niet aansprakelijk voor schade ontstaan door een handeling, onachtzaamheid of nalatigheid van de kapitein of de schipper, een ander lid van de bemanning, de loods of de ondergeschikten van de vervoerder, gepleegd bij de navigatie van het schip.
– 2. Behoudens de artikelen 504 tot en met 507 wordt generlei afwijking van de koers tot redding of poging tot redding van mensenlevens of goederen en generlei redelijke afwijking van de koers beschouwd als een schending van enige vervoerovereenkomst en de vervoerder is

niet aansprakelijk voor enig verlies of enige schade daardoor ontstaan. (Ontw. art. 8.5.3.18; K art. 469 lid 2 sub *a* (oud), 469 lid 4 (oud); BW art. 8:6, 261, 383 lid 2 sub *a*, 383 lid 4, 860, 982, 1780)

Art. 518

Limitering

– 1. De aansprakelijkheid van de vervoerder is in geval van dood, letsel of vertraging van de reiziger en in geval van verlies, beschadiging of vertraging van diens bagage beperkt tot een bij of krachtens algemene maatregel van bestuur te bepalen bedrag of bedragen.
– 2. Dit artikel laat de titels 7 en 12 van dit boek onverlet. (Ontw. art. 8.5.3.19; BW art. 8:85 lid 5, 110, 983, 1157; Atheens verdrag art. 7, 8, 9, 10 en 19)

Art. 519

Geen aansprakelijkheidsbeperking bij opzet

– 1. De vervoerder kan zich niet beroepen op enige beperking van zijn aansprakelijkheid voor zover de schade is ontstaan uit zijn eigen handeling of nalaten, geschied hetzij met het opzet die schade te veroorzaken, hetzij roekeloos en met de wetenschap dat die schade er waarschijnlijk uit zou voortvloeien.
– 2. Nietig is ieder beding, waarbij van dit artikel wordt afgeweken. (Ontw. art. 8.5.3.20; BW art. 8:12, 111, 388 lid 5, 984, 1158; Atheens verdrag art. 13)

Art. 520

Dwingend recht

Nietig is ieder vóór het aan de reiziger overkomen voorval of vóór het verlies of de beschadiging van bagage gemaakt beding, waarbij de ingevolge de artikelen 504 tot en met 507 en 516 op de vervoerder drukkende aansprakelijkheid of bewijslast wordt verminderd op andere wijze dan in deze afdeling is voorzien. (Ontw. art. 8.5.3.21; K art. 524 (oud), 524*a* (oud); BW art. 8:12, 84, 112, 985, 1149, 1150 lid 4; Atheens verdrag art. 18)

Art. 521

Schadevergoeding bagage

– 1. In geval van verlies of beschadiging van bagage wordt de vordering tot schadevergoeding gewaardeerd naar de omstandigheden.

Vordering bij dood of letsel

– 2. In geval van aan de reiziger overkomen letsel en van de dood van de reiziger zijn de artikelen 107 en 108 van Boek 6 niet van toepassing op de vorderingen die de vervoerder als wederpartij van een andere vervoerder tegen deze laatste instelt. (Ontw. art. 8.5.3.22; K art. 522 lid 3 (oud), 920 lid 2 (oud); BW art. 6:105, 106, 109; BW art. 8:85, 113, 986, 1159; L art. 24 lid 2; OBW art. 258)

Art. 522

Reiziger niet tijdig aanwezig

De wederpartij van de vervoerder is verplicht deze de schade te vergoeden die hij lijdt doordat de reiziger, door welke oorzaak dan ook, niet tijdig ten vervoer aanwezig is. (Ontw. art. 8.5.3.23; BW art. 8:86, 986, 1160)

Art. 523

Document niet naar behoren aanwezig

De wederpartij van de vervoerder is verplicht deze de schade te vergoeden die hij lijdt doordat de documenten met betrekking tot de reiziger, die van haar zijde voor het vervoer vereist zijn, door welke oorzaak dan ook, niet naar behoren aanwezig zijn. (Ontw. art. 8.5.3.24; BW art. 8:87, 986, 1161)

Art. 524

Opzegging vervoerder bij onbekende omstandigheid

– 1. Wanneer vóór of tijdens het vervoer omstandigheden aan de zijde van de wederpartij van de vervoerder of de reiziger zich opdoen of naar voren komen, die de vervoerder bij het sluiten van de overeenkomst niet behoefde te kennen, doch die, indien zij hem wel bekend waren geweest, redelijkerwijs voor hem grond hadden opgeleverd de vervoerovereenkomst niet of op andere voorwaarden aan te gaan, is de vervoerder bevoegd de overeenkomst op te zeggen en de reiziger uit het schip te verwijderen.
– 2. De opzegging geschiedt door een mondelinge of schriftelijke kennisgeving aan de wederpartij van de vervoerder of aan de reiziger en de overeenkomst eindigt op het ogenblik van ontvangst van de eerst ontvangen kennisgeving.
– 3. Naar maatstaven van redelijkheid en billijkheid zijn partijen na opzegging der overeenkomst verplicht elkaar de daardoor geleden schade te vergoeden. (Ontw. art. 8.5.3.25; BW art. 6:258, 277; BW art. 8:88, 986, 1162)

Art. 525

Opzegging wederpartij bij onbekende omstandigheid

– 1. Wanneer vóór of tijdens het vervoer omstandigheden aan de zijde van de vervoerder zich opdoen of naar voren komen, die diens wederpartij bij het sluiten van de overeenkomst niet behoefde te kennen, doch die, indien zij haar wel bekend waren geweest, redelijkerwijs voor haar grond hadden opgeleverd de vervoerovereenkomst niet of op andere voorwaarden aan te gaan, is deze wederpartij van de vervoerder bevoegd de overeenkomst op te zeggen.
– 2. De opzegging geschiedt door een mondelinge of schriftelijke kennisgeving en de overeenkomst eindigt op het ogenblik van ontvangst daarvan.
– 3. Naar maatstaven van redelijkheid en billijkheid zijn partijen na opzegging der overeenkomst verplicht elkaar de daardoor geleden schade te vergoeden. (Ontw. art. 8.5.3.26; K art. 533 *g* (oud); BW art. 6:258, 277; BW art. 8:89, 986, 1163)

Art. 526

Einde overeenkomst bij wegblijven reiziger

Wanneer de reiziger na verlaten van het schip niet tijdig terugkeert kan de vervoerder de overeenkomst beschouwen als op dat tijdstip te zijn geëindigd. (Ontw. 8.5.3.27; K 533*k* (oud); BW 8: 986, 1164)

Art. 527

Opzegging wederpartij mits geen vertraging reis

– 1. De wederpartij van de vervoerder is steeds bevoegd de overeenkomst op te zeggen. Zij is verplicht de vervoerder de schade te vergoeden, die deze tengevolge van de opzegging lijdt.

– 2. Zij kan dit recht niet uitoefenen, wanneer daardoor de reis van het schip zou worden vertraagd.

– 3. De opzegging geschiedt door een mondelinge of schriftelijke kennisgeving en de overeenkomst eindigt op het ogenblik van ontvangst daarvan. (Ontw. art. 8.5.3.28; BW art. 8:90, 986, 1165)

Art. 528

Passagebiljet of ontvangstbewijs bagage

– 1. Wordt terzake van het vervoer een passagebiljet, een ontvangstbewijs voor bagage of enig soortgelijk document afgegeven, dan is de vervoerder verplicht daarin op duidelijke wijze zijn naam en woonplaats te vermelden.

– 2. Nietig is ieder beding, waarbij van het eerste lid van dit artikel wordt afgeweken.

– 3. De artikelen 56 tweede lid, 75 eerste lid en 186 eerste lid van Boek 2 zijn niet van toepassing. (Ontw. art. 8.5.3.29; K art. 530 (oud); BW art. 8:12, 100 lid 2, 260, 986, 1166; L art. 5)

AFDELING 4

Enige bijzondere overeenkomsten

Art. 530

Rompbevrachting

– 1. Onder de overeenkomst (rompbevrachting), waarbij de ene partij (de rompvervrachter) zich verbindt een schip uitsluitend ter zee terbeschikking te stellen van haar wederpartij (de rompbevrachter) zonder daarover nog enige zeggenschap te houden, ligt de exploitatie van het schip in handen van de rompbevrachter en geschiedt zij voor diens rekening.

– 2. Artikel 375 is van overeenkomstige toepassing. (Ontw. art. 8.5.4.1; BW art. 8:217, 228, 360, 373, 374, 461, 502, 503, 531, 532, 827, 838, 990, 998, 1730)

Art. 531

Terbeschikkingstelling anders dan voor vervoer zaken of personen

– 1. Op de overeenkomst, waarbij de ene partij zich verbindt een schip, anders dan bij wijze van rompbevrachting, uitsluitend ter zee terbeschikking te stellen van de andere partij voor andere doeleinden dan het daarmee vervoeren van zaken of personen zijn de bepalingen nopens avarij-grosse alsmede de bepalingen van deze titel en, indien het een binnenschip betreft, artikel 880 van overeenkomstige toepassing.

– 2. Partijen hebben de vrijheid af te wijken van in het eerste lid op hun onderlinge verhouding toepasselijk verklaarde bepalingen. (Ontw. 8.5.4.2; BW art. 8:3, 360, 361 e.v., 370 e.v., 500 e.v., 530, 532, 610 e.v., 991, 998, 1020 e.v., 1730; OBW art. 251)

Art. 532

Terbeschikkingstelling ter zee

Voor de toepassing van de bepalingen van deze afdeling wordt ter beschikkingstelling van een en eenzelfde schip ter zee en op binnenwateren beschouwd als terbeschikkingstelling ter zee, tenzij deze terbeschikkingstelling ter zee kennelijk ondergeschikt is aan die op binnenwateren, in welk geval zij als terbeschikkingstelling op binnenwateren wordt beschouwd. (Ontw. 8.5.4.3; BW art. 8:4, 370, 500, 890, 970, 998, 1730)

TITEL 6

Ongevallen

AFDELING 1

Aanvaring

Art. 540

Omschrijving

Aanvaring is de aanraking van schepen met elkaar. (Ontw. art. 8.6.1.2; K art. 534 lid 2 (oud); BW art. 8:1, 1001; WvK art.358*a*; Bruss. aanv. verdrag art. 1)

Art. 541

Schade zonder aanvaring

Onder voorbehoud van de Wet aansprakelijkheid olietankschepen vindt het in deze afdeling omtrent aanvaring bepaalde eveneens toepassing indien schade door een zeeschip is veroorzaakt zonder dat een aanvaring plaats had. (Ontw. 8.6.1.3; K 321 lid 2, 544, 544*a* lid 1 (oud); BW 8: 2, 1002; Rv 635; Bruss. aanv. verdrag art. 13)

Art. 542

Aansprakelijkheid

Indien een zeeschip door een aanvaring schade heeft veroorzaakt, dan wel aan een zeeschip, deszelfs opvarenden of de zaken aan boord daarvan door een schip schade is veroorzaakt, wordt de aansprakelijkheid voor deze schade geregeld door deze afdeling. (Ontw. art. 8.6.1.4;

K art. 534 lid 1 (oud); BW art. 6:162; BW art. 8:2, 5, 750 e.v., 1003, 1060 e.v.; WvK art.342, 343, 358*a*, 785; Sr art. 168, 169; Bruss. aanv. verdrag art. 1)

Art. 543

Toeval, overmacht, twijfel

Indien de aanvaring is veroorzaakt door toeval, indien zij is toe te schrijven aan overmacht of indien twijfel bestaat omtrent de oorzaken der aanvaring, wordt de schade gedragen door hen, die haar hebben geleden. (Ontw. art. 8.6.1.5; K art. 535 (oud); BW art. 6:76; BW art. 8:1004 lid 2; Bruss. aanv. verdrag art. 2)

Art. 544

Schuld van één schip

Indien de aanvaring is veroorzaakt door de schuld van één schip, is de eigenaar van het schip, dat de schuld had, verplicht de schade te vergoeden. (Ontw. art. 8.6.1.6; K art. 321 lid 2, 536 (oud); BW art. 6:162; BW art. 8:217 lid 1 sub *b*, 827 lid 1 sub *b*, 1005, 1790, 1792; WvK art.343; Rv art. 635; Sr art. 168, 169; Bruss. aanv. verdrag art. 3)

Art. 545

Schuld van twee of meer schepen

– 1. Indien twee of meer schepen gezamenlijk door hun schuld een aanvaring hebben veroorzaakt, zijn de eigenaren daarvan zonder hoofdelijkheid aansprakelijk voor de schade, toegebracht aan medeschuldige schepen en aan goederen, die zich aan boord daarvan bevinden, en hoofdelijk voor alle overige schade.

Aansprakelijkheidsverhouding

– 2. Is de aansprakelijkheid niet hoofdelijk, dan zijn de eigenaren van de schepen, die gezamenlijk door hun schuld de aanvaring hebben veroorzaakt, tegenover de benadeelden aansprakelijk in verhouding tot het gewicht van de schuld van hun schepen; indien echter de omstandigheden meebrengen, dat die verhouding niet kan worden vastgesteld of indien blijkt dat de schuld van deze schepen gelijkwaardig is wordt de aansprakelijkheid in gelijke delen verdeeld.

Draagplicht en regres

– 3. Is de aansprakelijkheid hoofdelijk, dan moet elk der aansprakelijke eigenaren zijn door het tweede lid van dit artikel vastgestelde aandeel in de betaling aan de schuldeiser voor zijn rekening nemen. Onder voorbehoud van artikel 364 en artikel 880 heeft hij, die meer dan zijn aandeel heeft betaald, voor het overschot verhaal op zijn medeschuldenaren, die minder dan hun aandeel hebben betaald. (Ontw. art. 8.6.1.7; K art. 536*a* (oud), 537 (oud); BW art. 3:1, 2; BW art. 6:6 lid 1, 10 leden 1 en 2; BW art. 8:106 lid 4, 505 lid 4, 975 lid 4, 1006, 1791; Rv art. 635; Bruss. aanv. verdrag art. 4; Gen. aanv. verdrag art. 4; Wet aansprakelijkheid olietankschepen art. 3*a*)

Art. 546

Geen wettelijke schuldvermoedens

Er bestaan geen wettelijke vermoedens van schuld met betrekking tot de aansprakelijkheid voor aanvaring; het schip, dat in aanraking komt met een andere, zo nodig behoorlijk verlichte, vaste of te bekwamer plaatse vastgemaakte zaak, geen schip zijnde, is aansprakelijk voor de schade, tenzij blijkt dat de aanraking niet is veroorzaakt door schuld van het schip. (Ontw. art. 8.6.1.8; K art. 544*a* lid 2 (oud); BW art. 8:1004 lid 1; Bruss. aanv. verdrag art. 6 lid 2)

Art. 547

Schuld van loods

De krachtens deze afdeling bestaande aansprakelijkheid wordt niet opgeheven ingeval de aanvaring is veroorzaakt door de schuld van een loods, zelfs niet als het gebruik van deze verplicht is. (Ontw. 8.6.1.9; K 539 (oud); BW art. 8:1007; Bruss. aanv. verdrag art. 5)

AFDELING 2
Hulpverlening

Art. 550

Voorbehoud

Deze afdeling geldt slechts onder voorbehoud van de Astronautenovereenkomst (*Trb.* 1968, 134). (Ontw. 8.6.2.0; BW art. 8:1010)

Art. 551

Begripsbepalingen

In deze afdeling wordt verstaan onder:

a. hulpverlening: iedere daad of werkzaamheid, verricht om hulp te verlenen aan een in bevaarbaar water of in welk ander water dan ook in gevaar verkerend schip of andere zaak;

b. schip: ieder schip of ander vaartuig, dan wel iedere constructie waarmee kan worden gevaren;

c. goederen: alle zaken die niet blijvend en opzettelijk aan de kust zijn bevestigd en de in risico zijnde vracht;

d. milieuschade: aanzienlijke fysieke schade aan de gezondheid van de mens, aan de marine fauna of flora of aan hulpbronnen in kust- of binnenwateren of daaraan grenzende gebieden, veroorzaakt door verontreiniging, besmetting, brand, ontploffing of soortgelijke ingrijpende gebeurtenissen;

e. betaling: iedere krachtens deze afdeling verschuldigde beloning, vergoeding of schadeloosstelling. (BW art. 8:1820)

Art. 552

Zee en zeestrand

Voor de toepassing van deze afdeling worden de wateren genoemd in artikel 21 van de Wet op de strandvonderij beschouwd tot de zee, en de stranden en oevers daarvan tot het zeestrand te behoren. (Ontw. 8.6.2.2.; K 570 (oud); BW 5: 25, 26; 8: 4, 558 lid 2, 1010)

Art. 553

Buiten toepassing

Deze afdeling is niet van toepassing in geval van hulpverlening aan:

a. vaste of drijvende platforms of verplaatsbare boorinstallaties wanneer die platforms of boorinstallaties op een lokatie in bedrijf zijn voor de exploratie, exploitatie of winning van minerale rijkdommen van de zeebodem;

b. een maritiem cultuurgoed dat van prehistorisch, archeologisch of historisch belang is en zich ten minste vijftig jaar op de zeebodem bevindt.

Art. 554

Mede van toepassing

Deze afdeling is mede van toepassing in geval van hulpverlening door of aan een oorlogsschip of ander niet-handelsschip, dat toebehoort aan, dan wel gebruikt of bevracht wordt door de Staat der Nederlanden of enige andere Staat die het Internationaal Verdrag inzake Hulpverlening, 1989 (*Trb.* 1990, 109), op die schepen van toepassing heeft verklaard.

Art. 555

Mede van toepassing

De bepalingen omtrent hulpverlening zijn van overeenkomstige toepassing in geval van hulpverlening:

a. aan op het vaste zeestrand of de oevers van bevaarbaar binnenwater gezonken of aangespoelde zaken;

b. door een schip aan een luchtvaartuig.

Art. 556

Aantastbaarheid hulpverleningsovereenkomst

– 1. Een overeenkomst omtrent hulpverlening kan op verlangen van een der partijen door de rechter geheel of gedeeltelijk worden vernietigd of gewijzigd wanneer zij is tot stand gekomen door misbruik van omstandigheden of onder invloed van gevaar en de overeengekomen voorwaarden onbillijk zijn, of de overeengekomen betaling buitensporig hoog of laag is in verhouding tot de daadwerkelijk verleende diensten.

– 2. Nietig is ieder beding waarbij van het bepaalde in het eerste lid wordt afgeweken.

Art. 557

Geen hulp bij redelijk verbod kapitein

– 1. Hulp aan in gevaar verkerende schepen, aan zich aan boord daarvan bevindende zaken of aan van een schip afkomstige driftige, aangespoelde of gezonken zaken mag niet worden verleend tegen een uitdrukkelijk en redelijk verbod van de reder of kapitein van het schip in. Hulp aan andere in gevaar verkerende zaken mag niet worden verleend tegen een uitdrukkelijk en redelijk verbod in van de rechthebbende op de zaak.

– 2. Een verbod tot hulpverlening kan steeds worden uitgevaardigd. (Ontw. 8.6.2.4; K 545 (oud); BW 8: 568 lid 1; K 345, 358*a*, 785; Sr 414; Wet strv. 5)

Art. 558

Leiding hulpverlening

– 1. Het verlenen van hulp aan een schip, aan zich aan boord daarvan bevindende zaken of aan van een schip afkomstige driftige, aangespoelde of gezonken zaken staat onder leiding van de kapitein en, wanneer er geen kapitein is of deze niet optreedt, onder leiding van de rechthebbende op het schip of de zaak.

– 2. Bij stranding of aanspoeling aan of op het vaste zeestrand berust de leiding, wanneer kapitein noch rechthebbende optreedt, bij de strandvonder.

– 3. Indien het noodzakelijk is onverwijld maatregelen te treffen, geldt het in dit artikel bepaalde niet, totdat de kapitein, de rechthebbende of de strandvonder de leiding op zich heeft genomen. (Ontw. 8.6.2.5; K 547 (oud); BW 8: 557; Wet strv. 3 lid 2, 5)

Art. 559

Herneming gezag schip

– 1. Wanneer een schip door de bemanning is verlaten en door hulpverleners of de strandvonder is overgenomen, staat het de kapitein steeds vrij naar zijn schip terug te keren en het gezag daarover te hernemen, in welk geval de hulpverleners of de strandvonder terstond het gezag aan de kapitein moeten overdragen.

– 2. Indien de kapitein of de rechthebbende bij de hulpverlening of ter plaatse, waar de geredde zaken worden aangebracht, tegenwoordig is en dit de hulpverlener of de strandvonder bekend is, moeten de hulpverleners of de strandvonder, onverminderd artikel 571, die zaken terstond te zijner beschikking stellen.

– 3. In de gevallen, waarin de geredde zaken niet op grond van het vorige lid terstond ter beschikking van de kapitein of van de rechthebbende moeten worden gesteld, moeten zij, voor zover zij tijdens de hulpverlening zich aan of op de buitengronden of het vaste zeestrand bevinden, terstond ter beschikking worden gesteld van de strandvonder. (Ontw. 8.6.2.6; K 549, 550, 551 (oud); BW 8: 6, 227 lid 1, 260, 557, 837 lid 1, 860; K 341, 345; Wet strv. 3 lid 2, 5)

Art. 560

Zorgplicht bij hulpverlening

– 1. De hulpverlener is jegens de reder van het schip of de rechthebbende op andere in gevaar verkerende zaken verplicht:

a. de hulpverlening met de nodige zorg uit te voeren;

b. bij de nakoming van de in onderdeel *a* bedoelde verplichting de nodige zorg te betrachten om milieuschade te voorkomen of te beperken;
c. in alle gevallen, waarin de omstandigheden dit redelijkerwijze vereisen, de bijstand in te roepen van andere hulpverleners; en
d. de tussenkomst van andere hulpverleners te aanvaarden, wanneer hierom redelijkerwijze wordt verzocht door de reder of de kapitein van het schip of de rechthebbende op andere in gevaar verkerende zaken, met dien verstande dat het bedrag van zijn beloning niet wordt verminderd, indien mocht blijken dat het verzoek onredelijk was.
– 2. De reder en de kapitein van het schip of de rechthebbende op andere in gevaar verkerende zaken zijn jegens de hulpverlener verplicht:
a. gedurende de hulpverlening volledig met hem samen te werken;
b. daarbij de nodige zorg te betrachten om milieuschade te voorkomen of te beperken; en
c. wanneer het schip of de andere zaken in veiligheid zijn gebracht, teruggave daarvan te aanvaarden wanneer zulks redelijkerwijze door de hulpverlener wordt verzocht.
– 3. Nietig is ieder beding, waarbij van onderdeel *b* van het eerste of tweede lid wordt afgeweken.

Art. 561

Hulploon bij gunstig gevolg

– 1. Hulp die met gunstig gevolg is verleend geeft recht op hulploon.
– 2. Behoudens artikel 564, is geen betaling krachtens deze afdeling verschuldigd, wanneer de hulp geen gunstig gevolg heeft gehad.
– 3. Hulp als omschreven in het eerste lid geeft recht op hulploon, ook al is de tot hulploon gerechtigde of hij, die gerechtigd is de vaststelling van het hulploon te vorderen, dezelfde persoon als hij die hulploon verschuldigd is. (Ontw. 8.6.2.7; K 552, 558 (oud); BW 6: 200; 8: 211 sub *c*, 214 sub *b*, 222 lid 1, 224, 225, 389, 569, 577, 821 sub *c*, 824 sub *b*, 832 lid 1, 834, 835, 904, 1010, 1820; K 370, 449; Rv 636, 637; Wet strv. 13)

Art. 562

Aansprakelijkheid schade

Indien een partij bij een overeenkomst omtrent hulpverlening door haar wederpartij daarbij terzake van een bij de hulpverlening veroorzaakte schade buiten overeenkomst wordt aangesproken, is zij jegens die wederpartij niet verder aansprakelijk dan zij dit zou zijn op grond van de door hen gesloten overeenkomst. De artikelen 365 en 366 zijn van overeenkomstige toepassing. (Ontw. 8.6.2.8a; BW 8: 362)

Art. 563

Vaststelling bedrag hulploon

– 1. Het bedrag van het hulploon wordt vastgesteld bij overeenkomst tussen partijen en bij gebreke daarvan door de rechter.
– 2. Het hulploon wordt vastgesteld met het oog op het aanmoedigen van hulpverlening, rekening houdend met de volgende criteria ongeacht de volgorde waarin zij hieronder zijn opgesomd:
a. de geredde waarde van het schip en de andere goederen;
b. de vakkundigheid en inspanningen van de hulpverleners, betoond bij het voorkomen of beperken van schade aan het milieu;
c. de mate van de door de hulpverleners verkregen gunstige uitslag;
d. de aard en ernst van het gevaar;
e. de vakkundigheid en inspanningen betoond door de hulpverleners bij de redding van het schip, de andere zaken en mensenlevens;
f. de door de hulpverleners gebruikte tijd, gemaakte kosten en geleden verliezen;
g. het risico van aansprakelijkheid en andere door de hulpverleners of hun uitrusting gelopen risico's;
h. de snelheid van de verleende diensten;
i. de beschikbaarheid en het gebruik van schepen of andere voor hulpverlening bestemde uitrusting;
j. de staat van gereedheid alsmede de doelmatigheid en de waarde van de uitrusting van de hulpverleners;
– 3. Voor hulp verleend aan een schip en de zaken aan boord daarvan is het hulploon uitsluitend verschuldigd door de reder van het schip, met dien verstande dat de reder een recht van verhaal heeft jegens de andere belanghebbenden voor hun onderscheiden aandeel. Voor hulp verleend aan andere zaken is het hulploon verschuldigd door de rechthebbende op die zaken.
– 4. Het hulploon, met uitzondering van rente en verhaalbare gerechtelijke kosten, mag de geredde waarden van het schip en de andere goederen niet overtreffen.
– 5. Wanneer het hulploon mede strekt tot vergoeding van gemaakte kosten en geleden schade geeft de rechter aan welke gemaakte kosten en geleden schade dit betreft.

Art. 564

Bijzondere vergoeding

– 1. Indien een hulpverlener hulp heeft verleend aan een schip dat zelf of wegens zijn lading schade dreigde toe te brengen aan het milieu en hij geen hulploon heeft verkregen krachtens artikel 563 dat ten minste gelijk is aan de volgens dit artikel vast te stellen bijzondere vergoeding, heeft hij recht op een bijzondere vergoeding van de zijde van de reder, gelijk aan de door hem gemaakte kosten zoals in dit artikel omschreven.

– 2. Indien de hulpverlener in de in het eerste lid bedoelde omstandigheden door zijn hulpverleningswerkzaamheden schade aan het milieu heeft voorkomen of heeft beperkt, kan de door de reder volgens het eerste lid aan de hulpverlener te betalen bijzondere vergoeding worden verhoogd met maximaal 30% van de door de hulpverlener gemaakte kosten. Indien echter de rechter, rekening houdend met de in het tweede lid van artikel 563 genoemde criteria, zulks billijk en rechtvaardig acht, kan hij die bijzondere vergoeding verder verhogen, maar de totale verhoging mag in geen geval meer bedragen dan 100% van de door de hulpverlener gemaakte kosten.

– 3. Voor de toepassing van het eerste en tweede lid worden onder kosten van de hulpverlener verstaan de voorschotten die door de hulpverlener redelijkerwijze zijn gedaan bij de hulpverlening en een billijk tarief voor uitrusting en personeel die daadwerkelijk en redelijkerwijze zijn ingezet tijdens de hulpverlening, in aanmerking nemend de criteria genoemd in artikel 563, tweede lid, onderdelen *h*, *i* en *j*.

– 4. De totale bijzondere vergoeding krachtens dit artikel wordt slechts betaald indien en voor zover deze vergoeding hoger is dan het hulploon dat de hulpverlener krachtens artikel 563 kan ontvangen.

– 5. Indien de hulpverlener nalatig is geweest en daardoor in gebreke is gebleven schade aan het milieu te voorkomen of te beperken, kan de rechter de krachtens dit artikel verschuldigde bijzondere vergoeding geheel of gedeeltelijk ontzeggen.

– 6. De rechter die een hulploon vaststelt als bedoeld in artikel 563 en een bijzondere vergoeding bepaalt als bedoeld in het eerste lid, is niet verplicht om het bedrag van het hulploon vast te stellen tot het beloop van de maximale waarde van het schip en de andere geredde goederen alvorens het bedrag van de bijzondere vergoeding te bepalen.

– 7. Geen bepaling van dit artikel doet afbreuk aan enig recht van verhaal van de reder van het schip.

Art. 565

Geen hulploon

– 1. Geen hulploon is verschuldigd door personen wier leven is gered.

– 2. Niettegenstaande het in lid 1 bepaalde is voor de afzonderlijke redding van opvarenden van een schip hulploon verschuldigd door de reder.

– 3. Degene die mensenlevens heeft gered en heeft deelgenomen aan de werkzaamheden die zijn verricht ter gelegenheid van het ongeval dat aanleiding heeft gegeven tot de hulpverlening, is gerechtigd tot een billijk aandeel in de betaling die aan de hulpverlener is toegekend voor de redding van het schip of andere zaken of voor het voorkomen of beperken van schade aan het milieu.

Art. 566

Gerechtigden tot hulploon

– 1. Gerechtigd tot hulploon zijn die personen of groepen van personen, die hulp hebben verleend.

– 2. Indien de hulp is verleend door personen of groepen, die afhankelijk van elkaar handelden, is aan deze groepen of personen gezamenlijk slechts één bedrag als hulploon verschuldigd.

– 3. Indien de hulp door een schip is verleend kunnen ook de leden der bemanning, die geen hulp verleenden, tot hulploon gerechtigd zijn. (Ontw. 8.6.2.10; K 559, 560 (oud); BW 3: 166 e.v.; 6: 15; 8: 6, 260 lid 2, 261, 860)

Art. 567

Afstand van hulploon

Afstand, jegens wie dan ook, door een lid der bemanning van zijn recht op een aandeel in het door een schip te verdienen of verdiende hulploon is nietig, tenzij het schip blijkens zijn constructie uitsluitend of in hoofdzaak voor hulpverlening of sleepdienst is bestemd of de afstand één bepaalde hulpverlening betreft. (Ontw. 8.6.2.11; K 563 (oud); BW 8: 1, 6, 12)

Art. 568

Geen hulploon bij verbod

– 1. Geen recht op betaling krachtens deze afdeling hebben zij, die hulp verleenden niettegenstaande een uitdrukkelijk en redelijk verbod als bedoeld in artikel 557, eerste lid.

Hulploon opvarenden

– 2. Opvarenden kunnen wegens hulp door hen verleend aan het schip, zich aan boord daarvan bevindende zaken of daarvan afkomstige driftige, aangespoelde of gezonken zaken, slechts recht op betaling hebben, wanneer door hen diensten zijn bewezen, waartoe zij redelijkerwijs niet zijn gehouden.

– 3. Geen betaling is verschuldigd krachtens deze afdeling tenzij de verleende diensten verder gaan dan wat redelijkerwijs kan worden aangemerkt als een gebruikelijke uitvoering van een overeenkomst die was gesloten voordat het gevaar ontstond.

Wangedrag hulpverleners

– 4. Indien de hulpverleners door hun schuld de hulpverlening hebben nodig gemaakt of bemoeilijkt of zich hebben schuldig gemaakt aan diefstal, verberging of andere bedriegelijke handelingen, kan de rechter de krachtens deze afdeling verschuldigde betaling geheel of gedeeltelijk ontzeggen. (Ontw. 8.6.2.12; K 556, 565 (oud); BW 8: 5, 557, 566; Sr 311 lid 2 sub *e*, 323)

Art. 569

Gerechtigden tot vorderen hulploon

– 1. Indien de hulp is verleend door onafhankelijk van elkaar handelende personen of groepen van personen is ieder dezer personen bevoegd vaststelling te vorderen van het hulploon of de bijzondere vergoeding die hem of de groep, waarvan hij deel uitmaakte, toekomt.

– 2. Indien de hulp is verleend door afhankelijk van elkaar handelende personen of groepen van personen is ieder dezer personen bevoegd vaststelling te vorderen van het hulploon of de bijzondere vergoeding die aan deze personen of groepen gezamenlijk toekomt.

– 3. Indien door een schip hulp is verleend, is uitsluitend de reder of de kapitein bevoegd omtrent het hulploon of de bijzondere vergoeding overeen te komen. De door hem gesloten overeenkomst bindt alle tot het hulploon of de bijzondere vergoeding gerechtigden. Hij is verplicht ieder van hen vóór de uitbetaling desverlangd het bedrag van het hulploon of de bijzondere vergoeding schriftelijk mede te delen. Bij gebreke van een overeenkomst is uitsluitend hij, niet alleen gerechtigd, doch ook verplicht gerechtelijke vaststelling van het hulploon of de bijzondere vergoeding te vorderen en dit te innen.

– 4. In het in artikel 561, derde lid, bedoelde geval is iedere tot hulploon of bijzondere vergoeding gerechtigde bevoegd de vaststelling daarvan door de rechter te vorderen, ook al mocht over het hulploon of de bijzondere vergoeding een overeenkomst zijn gesloten. (Ontw. 8.6.2.13; K 561 (oud); BW 6: 15, 213 e.v., 217 e.v.; 8: 10, 178, 180, 260 lid 2; Rv 4 sub 10, 637)

Art. 570

Verdeling hulploon

– 1. De verdeling van een hulploon als bedoeld in artikel 563 tussen hulpverleners geschiedt volgens de in dat artikel genoemde criteria.

– 2. De verdeling van een bijzondere vergoeding als bedoeld in artikel 564 tussen hulpverleners geschiedt met in aanmerkingneming van de criteria genoemd in artikel 563, tweede lid, onderdelen *h*, *i* en *j*.

– 3. Bij geschillen omtrent de verdeling van het hulploon en de bijzondere vergoeding tussen de daartoe gerechtigden wordt deze op vordering van de meest gerede partij door de rechter vastgesteld.

Art. 571

Retentierecht hulploon gerechtigden

– 1. Hij, die gerechtigd is vaststelling van het hulploon te vorderen, heeft – behoudens artikel 559, eerste en derde lid – jegens ieder, die daarvan afgifte verlangt, een retentierecht op de schepen of zaken, waaraan hulp is verleend, alsmede op de schepen aan welker zich aan boord bevindende zaken hulp is verleend, voor hetgeen ter zake van hulploon is verschuldigd.

– 2. Ter zake van de in artikel 564 bedoelde bijzondere vergoeding kan dit retentierecht worden uitgeoefend op de schepen, waaraan hulp is verleend.

– 3. Dit retentierecht vervalt zodra is betaald het bedrag, waarover geen geschil tussen partijen bestaat, en voldoende zekerheid is gesteld voor de betaling van die bedragen, waaromtrent wel geschil bestaat of welker hoogte nog niet kan worden vastgesteld. (Ontw. 8.6.2.17; K 566 lid 1 (oud); BW 3: 290, 291; 6: 51, 52 e.v.; 8: 489, 559 lid 2, 569, 954; Rv 637 lid 3; Wet strandv. 16)

Art. 572

Zekerheidstelling bij verschuldigde betaling

– 1. Degene die krachtens deze afdeling een betaling verschuldigd is, moet op verlangen van de hulpverlener voldoende zekerheid stellen voor hetgeen hij terzake van die betaling verschuldigd is, met inbegrip van rente en kosten.

– 2. Het schip en de andere zaken waaraan de hulp is verleend mogen niet zonder toestemming van de hulpverlener worden verwijderd van de eerste haven of plaats waar zij na beëindiging van de hulpverlening zijn aangekomen, totdat voldoende zekerheid is gesteld voor de in het eerste lid bedoelde betaling.

Art. 573

Voorschot via uitspraak

– 1. De rechter kan, voordat hij het hulploon of de bijzondere vergoeding vaststelt, bevelen dat aan degene die gerechtigd is de vaststelling daarvan te vorderen, een naar billijkheid te bepalen bedrag bij wijze van voorschot wordt betaald. De rechter kan aan dit bevel voorwaarden verbinden die gezien de omstandigheden billijk zijn, daaronder begrepen de voorwaarde dat voor de gehele of gedeeltelijke terugbetaling van het voorschot zekerheid zal worden gesteld.

– 2. Is krachtens artikel 572 zekerheid gesteld, dan wordt het bedrag van de gestelde zekerheid verminderd met het bedrag van het betaalde voorschot.

Art. 574

Bewaring schip enz.

– 1. Indien de rechthebbende op de schepen of andere zaken waaraan hulp is verleend, niet opkomt, is hij, die vaststelling van het hulploon of de bijzondere vergoeding kan vorderen, gerechtigd deze voor rekening en gevaar van de rechthebbende onder zich te houden dan wel bij een derde op te slaan in een daarvoor geschikte bewaarplaats.

– 2. De derde-bewaarnemer en de rechthebbende zijn jegens elkaar verbonden, als ware de omtrent de bewaring gesloten overeenkomst mede tussen hen aangegaan. De bewaarnemer is echter niet gerechtigd tot afgifte dan na schriftelijke toestemming daartoe van hem, die de zaken in bewaring gaf. (Ontw. 8.6.2.18; BW 7: 600 e.v.; 8: 227 lid 2, 490, 575, 576, 837 lid 2, 955; Rv 636)

Art. 575

Verkoop na rechterlijke machtiging

– 1. In geval van toepassing van artikel 574 kan hij, die gerechtigd is vaststelling van het hulploon of de bijzondere vergoeding te vorderen, de bewaarnemer dan wel de rechthebbende op de schepen of zaken, op zijn verzoek door de rechter worden gemachtigd hen geheel of gedeeltelijk op de door deze te bepalen wijze te verkopen.
– 2. De bewaarnemer is verplicht degeen, die de zaken in bewaring gaf, zo spoedig mogelijk van de voorgenomen verkoop op de hoogte te stellen; degeen die de zaken in bewaring gaf of onder zich hield, heeft deze verplichting jegens de hem bekende rechthebbenden op de zaken.
– 3. De opbrengst van het verkochte wordt in de consignatiekas gestort, voor zover zij niet strekt tot voldoening van de kosten van opslag en verkoop alsmede, binnen de grenzen der redelijkheid, van de gemaakte kosten. Tenzij op de zaken beslag is gelegd voor een geldvordering, moet aan degeen, die de zaken in bewaring gaf, uit het in bewaring te stellen bedrag worden voldaan hetgeen hem terzake van hulploon of bijzondere vergoeding is verschuldigd; voor zover het hulploon of de bijzondere vergoeding nog niet vaststaat, zal de opbrengst of een gedeelte daarvan op door de rechter te bepalen wijze tot zekerheid voor deze vordering strekken.
– 4. De in de consignatiekas gestorte opbrengst treedt in de plaats van de zaken. (Ontw. 8.6.2.19; BW 6: 51, 63, 66-70; 8: 211, 224, 491, 821, 834, 957; Rv 636, 637, 721)

Art. 576

Verkrijging eigendom geredde zaken

– 1. Hij, die gerechtigd is tot hulploon of bijzondere vergoeding, verkrijgt de eigendom van de zaak, waaraan hulp is verleend en waarvoor geen rechthebbende is opgekomen, twee jaren na de beëindiging van de hulpverlening, mits de zaak zich op dat tijdstip nog in zijn macht bevindt en hij datgene heeft gedaan wat redelijkerwijs van hem kan worden gevergd om de rechthebbende te ontdekken en van het gevolg van de hulpverlening op de hoogte te stellen.
– 2. Het eerste lid vindt geen toepassing, wanneer de rechthebbende zich binnen de in dat lid genoemde termijn bij hem, die vaststelling van het hulploon of de bijzondere vergoeding kan vorderen, heeft aangemeld en aan deze de kosten van bewaring en onderhoud en tot opsporing van de rechthebbende heeft vergoed. Degeen die vaststelling van het hulploon of de bijzondere vergoeding kan vorderen is bevoegd de afgifte op te schorten totdat deze verplichting is nagekomen. Indien de rechthebbende die de zaak opeist, de verschuldigde kosten niet binnen een maand nadat ze hem zijn opgegeven, heeft voldaan, wordt hij aangemerkt zijn recht op de zaak te hebben prijsgegeven. (Ontw. 8.6.2.20; BW 5: 5, 6, 10; Wet strandv. 19)

Art. 577

Zaakwaarneming

De wetsbepalingen omtrent zaakwaarneming vinden op hulpverlening geen toepassing. (Ontw. 8.6.2.21; BW 6: 198 e.v.)

AFDELING 3
Avarij-grosse

Art. 610

Omschrijving

Er is een avarij-grosse handeling, wanneer – en alleen wanneer – enige buitengewone opoffering of uitgave opzettelijk en redelijkerwijs wordt verricht of gedaan voor de gemeenschappelijke veiligheid met het doel de goederen, betrokken bij een gemeenschappelijke met een zeeschip uitgevoerde onderneming, voor gevaar – hoe of door wiens toedoen dit ook zij ontstaan – te behoeden. (Ontw. 8.6.3.1; K 699 (oud), 700 (oud); BW 8: 3, 211 sub *c*, 213 lid 2, 214 sub *b*, 222 lid 1, 224 lid 1, 225, 382 lid 2 sub *a*, 389, 397, 398 lid 6, 423, 440, 488, 489, 491, 531, 904, 913, 914 lid 8, 937, 938, 951, 954, 957, 991, 994, 1020, 1830 e.v.; K 624, 696, 697, 698, 701 onder 7°, 702, 708, 709, 710-721; Rv 638-642)

Art. 611

Onmiddellijk gevolg

Alleen zodanige verliezen, schaden of onkosten, die het onmiddellijke gevolg zijn van een avarij-grosse handeling, worden als avarij-grosse toegelaten. (Ontw. 8.6.3.2.)

Art. 612

Schuldenaar avarij-grosse bijdrage

– 1. Avarij-grosse wordt aan hem, die haar leed, vergoed door de reder, de belanghebbende bij verschuldigde vracht of passagegeld, de ontvanger van de lading en de eigenaren van de overige zich aan boord bevindende zaken, met uitzondering van brieven, andere poststukken of postpakketten, van bagage en van persoonlijke zaken van opvarenden die geen bagage zijn.
– 2. In afwijking van het eerste lid draagt een motorrijtuig of schip, dat door een vervoerder in verband met een overeenkomst van personenvervoer aan boord van het schip wordt vervoerd, bij in de avarij-grosse. (Ontw. 8.6.3.3; BW 8: 5, 8, 10, 500 leden 1, 3 en 4, 501, 528, 970 leden 1, 2 en 4, 971, 986, 1021)

Art. 613

Toepassing York-Antwerp Rules

De vergoedingen in avarij-grosse en de dragende waarden der in de avarij-grosse bijdragende belangen worden bovendien bepaald met inachtneming van de York-Antwerp Rules, nader omschreven bij algemene maatregel van bestuur. (Ontw. 8.6.3.5; BW 8: 1022)

AFDELING 4

Gevaarlijke stoffen aan boord van een zeeschip

Art. 620

Definities

In deze afdeling wordt verstaan onder:

a. 'gevaarlijke stof': een stof die als zodanig bij algemene maatregel van bestuur is aangewezen; de aanwijzing kan worden beperkt tot bepaalde concentraties van de stof, tot bepaalde in de algemene maatregel van bestuur te omschrijven gevaren die aan de stof verbonden zijn, en tot bepaalde daarin te omschrijven situaties waarin de stof zich bevindt;

b. 'schip': zeeschip, niet zijnde een luchtkussenvoertuig;

c. 'schade':

1° schade veroorzaakt door dood of letsel van enige persoon veroorzaakt door een gevaarlijke stof;

2° andere schade buiten het schip aan boord waarvan de gevaarlijke stof zich bevindt, veroorzaakt door die gevaarlijke stof, met uitzondering van verlies van of schade met betrekking tot andere schepen of binnenschepen en zaken aan boord daarvan, indien die schepen of binnenschepen deel uitmaken van een sleep, waarvan ook dit schip deel uitmaakt, of hecht met dit schip in een eenheid zijn gekoppeld;

3° de kosten van preventieve maatregelen en verlies of schade veroorzaakt door zulke maatregelen;

d. 'preventieve maatregel': iedere redelijke maatregel ter voorkoming of beperking van schade door wie dan ook genomen met uitzondering van de overeenkomstig deze afdeling aansprakelijke persoon nadat een gebeurtenis heeft plaatsgevonden;

e. 'gebeurtenis': elk feit of elke opeenvolging van feiten met dezelfde oorzaak, waardoor schade ontstaat of waardoor een ernstige en onmiddellijke dreiging van schade ontstaat;

f. 'reder': de persoon die in een register waarin het schip te boek staat, als eigenaar van het schip is ingeschreven, of, bij gebreke van enige teboekstelling, de persoon die het schip in eigendom heeft. (BW 6: 197; 8: 2, 1030, 1210, 1670)

Art. 621

Toepasselijkheid afdeling

– 1. Deze afdeling is niet van toepassing, indien de reder jegens degene die de vordering instelt, aansprakelijk is uit hoofde van een exploitatie-overeenkomst of jegens deze persoon een beroep op een exploitatie-overeenkomst heeft.

– 2. Deze afdeling is van toepassing op de periode waarin een gevaarlijke stof zich aan boord van een schip bevindt, daaronder begrepen de periode vanaf het begin van de inlading van de gevaarlijke stof in het schip tot het einde van de lossing van die stof uit het schip.

– 3. Deze afdeling is niet van toepassing op schade veroorzaakt wanneer het schip uitsluitend wordt gebruikt in een niet voor publiek toegankelijk gebied en zulk gebruik een onderdeel vormt van een in dat gebied plaatsvindende bedrijfsuitoefening.

– 4. Op zich overeenkomstig het tweede lid aan boord bevindende stoffen als bedoeld in artikel 175 van Boek 6 is dat artikel niet van toepassing, tenzij zich het geval van het derde lid voordoet. (BW 8: 1031, 1211, 1671)

Art. 622

Vervoer van vervoermiddelen

– 1. Indien een gevaarlijke stof zich bevindt in een vervoermiddel dat zich aan boord van een schip bevindt zonder dat de gevaarlijke stof uit dit gestapelde vervoermiddel wordt gelost, zal de gevaarlijke stof voor die periode geacht worden zich alleen aan boord van dat schip te bevinden. In afwijking van het in de vorige zin bepaalde zal, gedurende de handelingen bedoeld in artikel 623, vijfde lid, onderdelen *c*, *d* en *e*, de gevaarlijke stof geacht worden zich alleen aan boord van het gestapelde vervoermiddel te bevinden.

– 2. Indien een gevaarlijke stof zich bevindt in een schip dat wordt gesleept door een ander schip of door een binnenschip of wordt voortbewogen door een ander schip of door een binnenschip, dat hecht met dit schip in een eenheid gekoppeld is, zal de gevaarlijke stof geacht worden zich alleen aan boord van eerstgenoemd schip te bevinden. (BW 8: 1032, 1212, 1672)

Art. 623

Aansprakelijkheid reder

– 1. Hij die ten tijde van een gebeurtenis reder is van een schip aan boord waarvan zich een gevaarlijke stof bevindt, is aansprakelijk voor de schade door die stof veroorzaakt ten gevolge van die gebeurtenis. Bestaat de gebeurtenis uit een opeenvolging van feiten met dezelfde oorzaak, dan rust de aansprakelijkheid op degene die ten tijde van het eerste feit reder was.

– 2. De reder is niet aansprakelijk indien:

a. de schade is veroorzaakt door een oorlogshandeling, vijandelijkheden, burgeroorlog, opstand of natuurgebeuren van uitzonderlijke, onvermijdelijke en onweerstaanbare aard;
b. de schade uitsluitend is veroorzaakt door een handelen of nalaten van een derde, niet zijnde een persoon genoemd in het vijfde lid, onderdeel *a*, geschied met het opzet de schade te veroorzaken;
c. de afzender of enige andere persoon niet heeft voldaan aan zijn verplichting hem in te lichten over de gevaarlijke aard van de stof, en noch de reder noch de in het vijfde lid, onderdeel *a*, genoemde personen wisten of hadden behoren te weten dat deze gevaarlijk was.
– 3. Indien de reder bewijst dat de schade geheel of gedeeltelijk het gevolg is van een handelen of nalaten van de persoon die de schade heeft geleden, met het opzet de schade te veroorzaken, of van de schuld van die persoon, kan hij geheel of gedeeltelijk worden ontheven van zijn aansprakelijkheid tegenover die persoon.
– 4. De reder kan voor schade slechts uit anderen hoofde dan deze afdeling worden aangesproken in het geval van het tweede lid, onderdeel *c*, alsmede in het geval dat hij uit hoofde van arbeidsovereenkomst kan worden aangesproken.
– 5. Behoudens de artikelen 624 en 625 zijn voor schade niet aansprakelijk:
a. de ondergeschikten, vertegenwoordigers of lasthebbers van de reder of de leden van de bemanning,
b. de loods en ieder ander die, zonder bemanningslid te zijn, ten behoeve van het schip werkzaamheden verricht,
c. zij die anders dan tegen een uitdrukkelijk en redelijk verbod vanwege het schip in hulp verlenen aan het schip, de zich aan boord daarvan bevindende zaken of de opvarenden,
d. zij die op aanwijzing van een bevoegde overheidsinstantie hulp verlenen aan het schip, de zich aan boord daarvan bevindende zaken of de opvarenden,
e. zij die preventieve maatregelen nemen met uitzondering van de reder,
f. de ondergeschikten, vertegenwoordigers of lasthebbers van de in dit lid, onderdelen *b, c, d* en *e*, van aansprakelijkheid vrijgestelde personen, tenzij de schade is ontstaan uit hun eigen handelen of nalaten, geschied hetzij met het opzet die schade te veroorzaken, hetzij roekeloos en met de wetenschap dat die schade er waarschijnlijk uit zou voortvloeien.
– 6. De reder heeft, voor zover niet anders is overeengekomen, verhaal op de in het vijfde lid bedoelde personen, doch uitsluitend indien dezen ingevolge het slot van dit lid voor de schade kunnen worden aangesproken. (BW 8: 622, 1033, 1213, 1673)

Art. 624

Bewijslast op reder

– 1. Indien de reder bewijst dat de gevaarlijke stof tijdens de periode bedoeld in artikel 621, tweede lid, is geladen of gelost onder de uitsluitende verantwoordelijkheid van een door hem bij name genoemde ander dan de reder of zijn ondergeschikte, vertegenwoordiger of lasthebber, zoals de afzender of ontvanger, is de reder niet aansprakelijk voor de schade als gevolg van een gebeurtenis tijdens het laden of lossen van de gevaarlijke stof en is die ander voor deze schade aansprakelijk overeenkomstig deze afdeling.
– 2. Indien echter de gevaarlijke stof tijdens de periode bedoeld in artikel 621, tweede lid, is geladen of gelost onder de gezamenlijke verantwoordelijkheid van de reder en een door de reder bij name genoemde ander, zijn de reder en die ander hoofdelijk aansprakelijk overeenkomstig deze afdeling voor de schade als gevolg van een gebeurtenis tijdens het laden of lossen van de gevaarlijke stof.
– 3. Indien is geladen of gelost door een persoon in opdracht of ten behoeve van de vervoerder of een ander, zoals de afzender of de ontvanger, is niet deze persoon, maar de vervoerder of die ander aansprakelijk.
– 4. Indien een ander dan de reder op grond van het eerste of het tweede lid aansprakelijk is, kan die ander geen beroep doen op artikel 623, vierde lid en vijfde lid, onderdeel *b*.
– 5. Indien een ander dan de reder op grond van het eerste of het tweede lid aansprakelijk is, zijn ten aanzien van die ander titel 7 alsmede de artikelen 642*a* tot en met 642*z* van het Wetboek van Burgerlijke Rechtsvordering van overeenkomstige toepassing, met dien verstande dat in geval van hoofdelijke aansprakelijkheid:
a. de beperking van aansprakelijkheid krachtens titel 7 van het Wetboek van Koophandel geldt voor het geheel der naar aanleiding van eenzelfde gebeurtenis ontstane vorderingen gericht tegen beiden;
b. een fonds gevormd door één van hen overeenkomstig artikel 642*c* van het Wetboek van Burgerlijke Rechtsvordering wordt aangemerkt als door beiden te zijn gevormd en zulks ten aanzien van de vorderingen waarvoor het fonds werd gesteld.
– 6. In de onderlinge verhouding tussen de reder en de in het tweede lid van dit artikel genoemde ander is de reder niet tot vergoeding verplicht dan in geval van schuld van hemzelf of van zijn ondergeschikten, vertegenwoordigers of lasthebbers.
– 7. Dit artikel is niet van toepassing als tijdens de periode, bedoeld in artikel 621, tweede lid, is

geladen of gelost onder de uitsluitende of gezamenlijke verantwoordelijkheid van een persoon, genoemd in artikel 623, vijfde lid, onderdeel *c*, *d* of *e*. (BW 8: 1034, 1214, 1674)

Art. 625

Aansprakelijkheid afzender

Indien ingevolge artikel 623, tweede lid, onderdeel *c*, de reder niet aansprakelijk is, is de afzender of andere persoon aansprakelijk overeenkomstig deze afdeling en zijn te diens aanzien titel 7 alsmede de artikelen 642*a* tot en met 642*z* van het Wetboek van Burgerlijke Rechtsvordering van overeenkomstige toepassing. De afzender of andere persoon kan geen beroep doen op artikel 623, vierde lid. (BW 8: 1035, 1215, 1675)

Art. 626

Schadebegrip uitgebreid

Indien schade veroorzaakt door de gevaarlijke stof redelijkerwijs niet kan worden gescheiden van schade anderszins veroorzaakt, zal de gehele schade worden aangemerkt als schade in de zin van deze afdeling. (BW 8: 1036, 1216, 1676)

Art. 627

Schade op meerdere schepen

– 1. Wanneer door een gebeurtenis schade is veroorzaakt door gevaarlijke stoffen aan boord van meer dan één schip, dan wel aan boord van een schip en een binnenschip of een luchtkussenvoertuig, zijn de reders en de eigenaar of exploitant van de daarbij betrokken schepen, het binnenschip of het luchtkussenvoertuig, onverminderd het in artikel 623, tweede en derde lid, en artikel 624, afdeling 4 van titel 11 en afdeling 1 van titel 14 bepaalde, hoofdelijk aansprakelijk voor alle schade waarvan redelijkerwijs niet kan worden aangenomen dat zij veroorzaakt is door gevaarlijke stoffen aan boord van één of meer bepaalde schepen, binnenschip of luchtkussenvoertuig.

– 2. Het bepaalde in het eerste lid laat onverlet het beroep op beperking van aansprakelijkheid van de reder, eigenaar of exploitant krachtens titel 7 of titel 12, dan wel de artikelen 1218 tot en met 1220, ieder tot het voor hem geldende bedrag. (BW 8: 1037, 1217, 1677)

TITEL 7

Beperking van aansprakelijkheid voor maritieme vorderingen

Art. 750

Aansprakelijkheidsbeperking; begripsbepalingen

– 1. De reder van een schip en de hulpverlener kunnen door het stellen van één of meer fondsen als bedoeld in artikel 642*c* van het Wetboek van Burgerlijke Rechtsvordering hun aansprakelijkheid beperken voor de in artikel 752 genoemde vorderingen.

– 2. Onder reder worden in deze titel mede verstaan de bevrachter, de huurder of andere gebruiker van een schip met inbegrip van degene in wiens handen de exploitatie van een schip is gelegd. (BW 8: 360, 363, 373, 502)

– 3. Onder hulpverlener wordt in deze titel een ieder verstaan die werkzaamheden verricht in onmiddellijk verband met hulpverlening, waaronder in deze titel mede worden verstaan de in artikel 752, eerste lid, onder *d*, *e* en *f*, genoemde werkzaamheden of maatregelen. (BW 8: 550 e.v., 753 lid 1 sub *a*)

– 4. Onder schip wordt in deze titel zeeschip verstaan. Een schip in aanbouw wordt voor de toepassing van deze titel mede als schip aangemerkt van het ogenblik af, dat de stapelloop aanvangt. Een luchtkussenvoertuig wordt voor de toepassing van deze titel niet als schip aangemerkt. Een platform dat is gebouwd ter exploratie of exploitatie van de natuurlijke rijkdommen van de zeebodem of van de ondergrond daarvan en dat kan drijven, wordt voor de toepassing van deze titel niet als schip aangemerkt gedurende de tijd dat het op de zeebodem rust. (K 740*a* (oud); BW 8: 1, 203, 1060 e.v.; Rv 642*a* e.v.)

Art. 751

Persoon voor wie reder of hulpverlener aansprakelijk is

– 1. Indien een vordering als genoemd in artikel 752 wordt gericht tegen enige persoon voor wiens handeling, onachtzaamheid of nalatigheid de reder of de hulpverlener in beginsel aansprakelijk is, heeft deze persoon de in deze titel verleende bevoegdheid tot beperking van zijn aansprakelijkheid.

– 2. De verzekeraar van de aansprakelijkheid voor vorderingen, waarvoor op grond van deze titel beperking van aansprakelijkheid mogelijk is, kan zich in dezelfde mate als zijn verzekerde op die beperking beroepen. (K 740*b* (oud); BW 8: 1061)

Art. 752

Bevoegdheid tot beperking

– 1. Onder voorbehoud van de artikelen 753 en 754 bestaat de bevoegdheid tot beperking van aansprakelijkheid voor de hierna genoemde vorderingen ingesteld hetzij op grond van overeenkomst, hetzij buiten overeenkomst en zelfs wanneer de aansprakelijkheid uitsluitend voortvloeit uit eigendom of bezit van of een voorrecht op het schip of uit het feit, dat dit onder hoede of toezicht is van hem die zich op de beperking van aansprakelijkheid beroept:

a. vorderingen terzake van dood of letsel, dan wel terzake van verlies van of schade aan zaken (met inbegrip van schade aan kunstwerken van havens, aan dokken, waterwegen of hulpmiddelen voor de scheepvaart), opgekomen aan boord van het schip of in rechtstreeks verband

met de exploitatie van het schip of met werkzaamheden ter hulpverlening, alsmede voor vorderingen terzake van schade tengevolge van een of ander;
b. vorderingen terzake van schade ontstaan door vertraging bij het vervoer over zee van lading, reizigers of hun bagage;
c. vorderingen terzake van andere schade ontstaan door inbreuk op enig niet op overeenkomst gegrond vermogensrecht en opgekomen in rechtstreeks verband met de exploitatie van het schip of met werkzaamheden ter hulpverlening;
d. vorderingen terzake van het vlotbrengen, verwijderen, vernietigen of onschadelijk maken van een zee- of binnenschip dat is gezonken, schipbreuk heeft geleden, gestrand of verlaten is, met inbegrip van alles wat aan boord van zulk een schip is of is geweest;
e. vorderingen terzake van het verwijderen, vernietigen of onschadelijk maken van de lading van het schip;
f. vorderingen van een persoon terzake van maatregelen genomen om schade te voorkomen of te verminderen voor welke schade de daarvoor aansprakelijke persoon zijn aansprakelijkheid op grond van deze titel zou kunnen beperken, alsmede voor vorderingen terzake van verdere schade door zulke maatregelen geleden, één en ander echter met uitzondering van dusdanige vorderingen van deze aansprakelijke persoon zelf.
– 2. Aansprakelijkheid voor de in het eerste lid genoemde vorderingen kan worden beperkt, ook indien deze, al dan niet op grond van een overeenkomst, zijn ingesteld bij wijze van verhaal of vrijwaring. De aansprakelijkheid voor de vorderingen in het eerste lid genoemd onder *d*, *e* of *f*, kan echter niet worden beperkt voor zover deze vorderingen betrekking hebben op een vergoeding verschuldigd op grond van een overeenkomst met de aansprakelijke persoon. (K 740*c* (oud); BW 8: 217 lid 1 onder *c*, 1062)

Art. 753

Uitzonderingen

– 1. Deze titel is niet van toepassing op:
a. vorderingen uit hoofde van hulpverlening of bijdrage in avarijgrosse; (BW 8: 550 e.v., 610 e. v.)
b. vorderingen voor schade door verontreiniging door olie, zoals deze zijn bedoeld in het op 29 november 1969 tot stand gekomen Internationaal Verdrag inzake de wettelijke aansprakelijkheid voor schade door verontreiniging door olie of in enige kracht van wet hebbende wijziging van dat Verdrag of Protocol daarbij;
c. vorderingen onderworpen aan enig internationaal verdrag of enige wet, die de beperking van aansprakelijkheid voor kernschade regelt of verbiedt;
d. vorderingen tegen de exploitant van een nucleair schip terzake van kernschade;
e. vorderingen uit hoofde van arbeidsovereenkomst tegen de reder of de hulpverlener ingesteld door zijn ondergeschikten of hun rechtverkrijgenden voor zover deze vorderingen werkzaamheden betreffen in verband met het schip of de hulpverlening, al naar gelang de aansprakelijkheid van de reder of de hulpverlener voor deze vorderingen uit hoofde van de op de arbeidsovereenkomst toepasselijke wet niet of slechts tot een hoger bedrag dan op grond van deze titel het geval ware, kan worden beperkt.

Verrekening

– 2. Wanneer iemand die op grond van deze titel bevoegd is zijn aansprakelijkheid te beperken, gerechtigd is tegen een schuldeiser een vordering geldend te maken, die voortkomt uit hetzelfde voorval, zullen de respectieve vorderingen met elkaar worden verrekend en wordt de beperking van aansprakelijkheid slechts toegepast op het daarna mogelijkerwijs overblijvende saldo. (K 740*d* (oud); BW 8: 1063)

Art. 754

Opzet, roekeloosheid

Niemand is gerechtigd zijn aansprakelijkheid te beperken, indien bewezen is dat de schade is ontstaan door zijn eigen handeling of nalaten, geschied hetzij met het opzet die schade te veroorzaken hetzij roekeloos en met de wetenschap dat die schade er waarschijnlijk uit zou voortvloeien. (K 740*e* (oud); BW 8: 388 lid 5, 906, 1064; Rv 642*c* lid 1)

Art. 755

Bedrag aansprakelijkheidsbeperking

– 1. Het bedrag waartoe de aansprakelijkheid uit hoofde van deze titel voor niet in artikel 756 genoemde vorderingen, naar aanleiding van éénzelfde voorval ontstaan, kan worden beperkt (het bedrag van het fonds) beloopt:
a. wanneer het vorderingen betreft ter zake van dood of letsel, die niet zijn vorderingen als bedoeld in artikel 752, eerste lid, onder *d* of *e* (personenfonds)
1° 333 000 rekeneenheden voor een schip, waarvan de tonnage niet meer dan 500 bedraagt;
2° voor een schip, waarvan de tonnage groter is dan 500, wordt het onder 1 genoemde bedrag vermeerderd met
– 500 rekeneenheden voor elke toename van de tonnage met één van 501 tot en met 3 000;
– 333 rekeneenheden voor elke toename van de tonnage met één van 3 001 tot en met 30 000;
– 250 rekeneenheden voor elke toename van de tonnage met één van 30 001 tot en met 70 000;

– 167 rekeneenheden voor elke toename van de tonnage met één boven de 70 000.
b. wanneer het enige andere vordering betreft die niet is een vordering als bedoeld in artikel 752, eerste lid, onder *d* of *e* (zakenfonds)
1° 167 000 rekeneenheden voor een schip, waarvan de tonnage niet meer dan 500 bedraagt;
2° voor een schip, waarvan de tonnage groter is dan 500, wordt het onder 1 genoemde bedrag vermeerderd met
– 167 rekeneenheden voor elke toename van de tonnage met één van 501 tot en met 30 000;
– 125 rekeneenheden voor elke toename van de tonnage met één van 30 001 tot en met 70 000;
– 83 rekeneenheden voor elke toename van de tonnage met één boven de 70 000.
c. wanneer het vorderingen betreft als bedoeld in artikel 752, eerste lid, onder *d* of *e* (wrakkenfonds)
1° 262 000 rekeneenheden voor een schip, waarvan de tonnage niet meer dan 500 bedraagt;
2° voor een schip, waarvan de tonnage groter is dan 500, wordt het onder 1 genoemde bedrag vermeerderd met
– 333 rekeneenheden voor elke toename van de tonnage met één van 501 tot en met 6 000;
– 125 rekeneenheden voor elke toename van de tonnage met één van 6 001 tot en met 70 000;
– 83 rekeneenheden voor elke toename van de tonnage met één boven de 70 000.
– 2. Voor schepen, die blijkens hun constructie uitsluitend of in hoofdzaak zijn bestemd tot het vervoer van personen en waarvan de tonnage niet groter is dan 300, kan bij algemene maatregel van bestuur het bedrag waartoe uit hoofde van deze titel de aansprakelijkheid voor de in het eerste lid, aanhef en onder *b*, bedoelde vorderingen kan worden beperkt, op een lager aantal rekeneenheden worden gesteld dan genoemd in het eerste lid, onder *b*, onder 1.
– 3. Het bedrag waartoe de aansprakelijkheid van een hulpverlener aan een schip die niet van een zee- of binnenschip uit werkzaamheden verricht of die werkzaamheden uitsluitend verricht op het schip waaraan of met betrekking waartoe hij hulp verleent, kan worden beperkt, wordt berekend naar een tonnage van 1500 ton.
– 4. Voor de toepassing van deze titel wordt onder tonnage van het schip verstaan de brutotonnage van het schip berekend overeenkomstig de voorschriften voor meting vervat in Bijlage I van het op 23 juni 1969 te Londen tot stand gekomen Internationaal Verdrag betreffende de meting van schepen, 1969.
– 5. Op verzoek van de eigenaar kan door de inspecteur-generaal van de Inspectie Verkeer en Waterstaat een verklaring worden afgegeven betreffende de brutotonnage van een schip, berekend overeenkomstig de voorschriften voor meting vervat in Bijlage I van het op 23 juni 1969 te Londen tot stand gekomen Internationaal Verdrag betreffende de meting van schepen, 1969.
– 6. Deze verklaring wordt afgegeven tegen betaling van de kosten volgens een door Onze Minister van Verkeer en Waterstaat vast te stellen tarief. (K 740*f* (oud); BW 8: 756 e.v., 1065; Rv 642*c*, 642*t*)

Art. 756

Bedrag aansprakelijkheidsbeperking passagiersfonds

– 1. Wat betreft vorderingen ontstaan naar aanleiding van éénzelfde voorval terzake van dood of letsel van reizigers van een schip beloopt het bedrag waartoe de reder daarvan zijn aansprakelijkheid kan beperken (passagiersfonds), even vele malen 46 666 rekeneenheden als het schip volgens zijn veiligheidscertificaat gerechtigd is reizigers te vervoeren, doch niet meer dan 25 000 000 rekeneenheden.
– 2. Onder vorderingen terzake van dood of letsel van reizigers worden voor de toepassing van dit artikel verstaan dergelijke vorderingen ingediend naar aanleiding van een voorval overkomen aan enige persoon vervoerd aan boord van het schip
a. op grond van een overeenkomst tot het vervoer van reizigers;
b. die met toestemming van de vervoerder een voertuig of levende dieren vergezelt, die worden vervoerd op grond van een overeenkomst tot goederenvervoer. (K 740g (oud); BW 8: 757 e.v.)

Art. 757

Termijn wettelijke rente

Aan de bedragen vermeld in de artikelen 755 en 756 wordt toegevoegd de wettelijke rente berekend van de aanvang van de dag volgende op de dag van het voorval, dat aanleiding gaf tot de vordering, tot de aanvang van de dag volgende op de dag waarop hij, die een verzoek tot beperking van zijn aansprakelijkheid indiende, voldeed aan een hem krachtens artikel 642*c* van het Wetboek van Burgerlijke Rechtsvordering opgelegd bevel. (K 740*h* (oud); BW 6: 119, 120)

Art. 758

Adressanten vorderingen

– 1. De beperking van aansprakelijkheid als vastgesteld in artikel 755 geldt voor het geheel der naar aanleiding van éénzelfde voorval ontstane vorderingen gericht tegen

a. de persoon of personen genoemd in het tweede lid van artikel 750 en enige persoon voor wiens handeling, onachtzaamheid of nalatigheid dezen in beginsel aansprakelijk zijn, of
b. de reder van een schip die van dat schip uit hulp verleent, en de hulpverlener of hulpverleners die van dat schip uit hun werkzaamheden verricht of verrichten en enige persoon voor wiens handeling, onachtzaamheid of nalatigheid deze personen in beginsel aansprakelijk zijn, of
c. de hulpverlener of hulpverleners aan een schip die niet van een zee- of binnenschip uit werkzaamheden verricht of verrichten of die werkzaamheden verricht of verrichten uitsluitend op het schip waaraan of met betrekking waartoe hulp wordt verleend, en enige persoon voor wiens handeling, onachtzaamheid of nalatigheid deze personen in beginsel aansprakelijk zijn.
– 2. De beperking van aansprakelijkheid als vastgesteld in artikel 756 geldt voor het geheel der naar aanleiding van éénzelfde voorval ontstane vorderingen gericht tegen de persoon of de personen die in de in artikel 750, tweede lid, genoemde betrekking staan tot het in artikel 756 bedoelde schip, en enige persoon voor wiens handeling, onachtzaamheid of nalatigheid dezen in beginsel aansprakelijk zijn. (K 740*i* (oud); BW 8: 751 lid 2, 1066; Rv 642*d*)

Art. 759

Rekeneenheid

De rekeneenheid, genoemd in de artikelen 755 en 756, is het bijzondere trekkingsrecht, zoals dat is omschreven door het Internationale Monetaire Fonds. De bedragen genoemd in de artikelen 755 en 756 worden omgerekend in Nederlands geld naar de koers van de dag waarop de schuldenaar voldoet aan een ingevolge artikel 642*c* van het Wetboek van Burgerlijke Rechtsvordering gegeven bevel tot storting of andere zekerheidsstelling. De waarde van het Nederlandse geld, uitgedrukt in bijzondere trekkingsrechten, wordt berekend volgens de waarderingsmethode die door het Internationale Monetaire Fonds op de dag van omrekening wordt toegepast voor zijn eigen verrichtingen en transacties.

III BINNENVAARTRECHT

TITEL 8
Het binnenschip en de zaken aan boord daarvan

AFDELING 1
Rederij van het binnenschip

Art. 770

Rederij

– 1. Indien een binnenschip blijkens de openbare registers, bedoeld in afdeling 2 van Titel 1 van Boek 3 aan twee of meer personen gezamenlijk toebehoort, bestaat tussen hen een rederij. Wanneer de eigenaren van het schip onder een gemeenschappelijke naam optreden bestaat slechts een rederij, indien zulks uitdrukkelijk bij akte is overeengekomen en deze akte in die registers is ingeschreven.
– 2. De rederij is geen rechtspersoon. (Ontw. 8.8.1.1; K 323 (oud); BW 1: 436 lid 3; 3: 189; 7A: 1655 e.v.; 8: 3, 160, 944 lid 2, 1770; K 16, 19; Rv 4 lid 10, 621, 622, 623; Sr 51 lid 3; Sv 528, 530)

Art. 771

Overeenkomstige toepassing zeerecht

Afdeling 1 van titel 3 is op de rederij van een binnenschip van overeenkomstige toepassing. (Ontw. 8.8.1.2; Sr 447*a*)

AFDELING 2
Rechten op binnenschepen

Art. 780

Schip in aanbouw

– 1. In de afdelingen 2 tot en met 6 van titel 8 worden onder schepen mede verstaan schepen in aanbouw. (BW 8: 827)

Binnenschepen

– 2. Onder binnenschepen worden in de afdelingen 2 tot en met 6 van titel 8 mede verstaan draagvleugelboten, veerponten, alsmede baggermolens, drijvende kranen, elevatoren en alle drijvende werktuigen, pontons of materiaal van soortgelijke aard, die voldoen aan de in de artikelen 1 en 3 ten aanzien van binnenschepen vermelde vereisten.
– 3. Indien een schip in aanbouw een schip in de zin van artikel 1 is geworden, ontstaat daardoor niet een nieuw schip. (Ontw. 8.8.2.1; K 748 (oud); BW 8: 190, 1000; K 309 lid 1, 312; Binnenschepenwet 1 lid 2; Kad. 1)

Art. 781

Begripsbepaling

In deze afdeling wordt verstaan onder:
a. het Verdrag van Genève: de op 25 januari 1965 te Genève gesloten overeenkomst inzake inschrijving van binnenschepen, met Protocollen (*Trb.* 1966, 228);
b. verdragsstaat: een staat waarvoor het Verdrag van Genève van kracht is;

c. verdragsregister: een buiten Nederland in een verdragsstaat gehouden register, als bedoeld in artikel 2 van het Verdrag van Genève;
d. de openbare registers: de openbare registers, bedoeld in afdeling 2 van Titel 1 van Boek 3. (Ontw. 8.8.2.2; K 749 (oud); BW 8: 1 lid 5, 191, 770; Rv 571, 576)

Art. 782

Verplichtingen; met eigenaar gelijkgestelde personen

De in deze afdeling aan de eigenaar opgelegde verplichtingen rusten, indien het schip toebehoort aan meer personen, aan een vennootschap onder firma, aan een commanditaire vennootschap of aan een rechtspersoon, mede op iedere mede-eigenaar, beherende vennoot of bestuurder. (Ontw. 8.8.2.3; K 748 lid 4 (oud); BW 2: 44, 129, 239, 291; 8: 178 lid 3 jo. 771, 192; K 16, 19; Sr 447*a*)

Art. 783

Vervallen. (Ontw. 8.8.2.4; K 750 (oud); BW 7A: 1576 lid 4; 8: 193, 788, 793, 800, 801, 811, 840; Rv 4 sub 10°, 320a, 565-568, 573, 576, 578, 579, 624, 635, 728b; Kad. 21, 85)

Art. 784

Teboekstelling

– 1. Teboekstelling is slechts mogelijk
– van een in aanbouw zijnd binnenschip: indien het in Nederland in aanbouw is; (BW 8: 780 lid 1)
– van een afgebouwd binnenschip: indien aan ten minste één der volgende voorwaarden is voldaan:
a. dat de plaats, van waaruit de exploitatie van het schip gewoonlijk wordt geleid, in Nederland is gelegen;
b. dat, wanneer de eigenaar van het schip een natuurlijke persoon is, deze Nederlander is of zijn woonplaats in Nederland heeft; (BW 1: 10)
c. dat, wanneer de eigenaar van het schip een rechtspersoon of een vennootschap is, zijn zetel of de plaats van waaruit hij zijn bedrijf voornamelijk uitoefent, in Nederland is gelegen, (K 16; BW 2: 3) met dien verstande, dat in geval van mede-eigendom van het binnenschip de onder *b* en *c* genoemde voorwaarden niet als vervuld worden beschouwd, wanneer niet het schip tenminste voor de helft in eigendom toebehoort aan natuurlijke personen, rechtspersonen of vennootschappen, die aan deze voorwaarden voldoen.
– 2. Teboekstelling is niet mogelijk van een binnenschip dat reeds teboekstaat in de openbare registers, hetzij als binnenschip hetzij als zeeschip, of in een verdragsregister. (BW 8: 781)
– 3. In afwijking van het tweede lid is teboekstelling van een binnenschip dat in een verdragsregister teboekstaat mogelijk, wanneer dit schip, nadat de teboekstelling ervan in dat verdragsregister is doorgehaald, volgens het eerste lid kan worden teboekgesteld. Deze teboekstelling heeft evenwel slechts rechtsgevolg, wanneer zij is gevolgd door aantekening in de openbare registers, dat de teboekstelling in het verdragsregister is doorgehaald.
– 4. In afwijking van het tweede lid is teboekstelling van een binnenschip dat in een verdragsregister teboekstaat mogelijk, wanneer de bewaarder van dat register uit hoofde van het tweede lid van artikel 22 van Protocol no. 2 bij het Verdrag van Genève weigert het eigendomsrecht van de koper na gedwongen verkoop in te schrijven. (BW 8: 781)
– 5. De teboekstelling wordt verzocht door de eigenaar van het binnenschip. Hij moet daarbij ter inschrijving overleggen een door hem ondertekende verklaring, dat naar zijn beste weten het schip voor teboekstelling als binnenschip vatbaar is. (Sr 389*ter*)
– 6. De teboekstelling in de openbare registers heeft geen rechtsgevolg, wanneer aan de vereisten van de voorgaande leden van dit artikel niet is voldaan.
– 7. Bij het verzoek tot teboekstelling wordt woonplaats gekozen in Nederland. Deze woonplaats wordt in het verzoek tot teboekstelling vermeld en kan door een andere in Nederland gelegen woonplaats worden vervangen. (Ontw. 8.8.2.5; K 751 (oud); BW 2: 10, 15; 8: 194, 785, 840, 1303; Rv 4 sub 10°, 621, 622, 624, 625)

Art. 785

Verplichting tot teboekstelling

– 1. De eigenaar van een binnenschip is verplicht de teboekstelling daarvan te verzoeken. Aan deze verplichting moet worden voldaan binnen drie maanden, nadat volgens artikel 784 teboekstelling mogelijk is.
– 2. Geen verplichting tot teboekstelling bestaat
a. ten aanzien van vrachtschepen met minder dan 20 tonnen van 1000 kilogram laadvermogen of andere binnenschepen met minder dan 10 kubieke meters verplaatsing, zijnde de in kubieke meters uitgedrukte waterverplaatsing tussen het vlak van inzinking van het ledige binnenschip in zoet water en het vlak van de grootste toegelaten diepgang;
b. ten aanzien van afgebouwde binnenschepen, die teboekstaan in het register van een niet-verdragsstaat en in die staat voldoen aan tenminste één der in het eerste lid van artikel 3 van het Verdrag van Genève genoemde voorwaarden;
c. ten aanzien van binnenschepen, die komen van een niet-verdragsstaat en op weg zijn naar

het land waar zij zullen moeten worden teboekgesteld. (Ontw. 8.8.2.6; K 752 (oud); BW 8: 781, 840; Rv 576; Sr 447*a*; Besluit binnenschependocumenten (*Stb.* 1983, 548))

Art. 786

Doorhaling teboekstelling

– 1. De teboekstelling wordt slechts doorgehaald

a. op verzoek van degeen, die in de openbare registers als eigenaar vermeld staat

1° als de teboekstelling niet of niet meer verplicht is; (BW 8: 784, 785)

2° als het schip in een verdragsregister teboekstaat onder voorwaarde van doorhaling van de teboekstelling in de openbare registers;

3° als het schip in het register van een niet-verdragsstaat zal worden te boekgesteld en in die staat zal voldoen aan tenminste één der in het eerste lid van artikel 3 van het Verdrag van Genève genoemde voorwaarden. In dit geval heeft de doorhaling slechts rechtsgevolg, wanneer binnen 30 dagen daarna door de eigenaar wordt overgelegd een door hem ondertekende verklaring, dat het schip in het register van de genoemde staat teboekstaat en aldaar voldoet aan tenminste één der in het eerste lid van artikel 3 van het Verdrag van Genève genoemde voorwaarden. (BW 8: 781)

b. op aangifte van de eigenaar of ambtshalve

1° als het schip vergaan is, gesloopt is of blijvend ongeschikt voor drijven is geworden;

2° als het schip door rovers of vijanden is genomen;

3° als het schip, indien het niet in de openbare registers teboek zou staan, een zeeschip zou zijn in de zin van artikel 2 of een dergelijk zeeschip in aanbouw;

4° als het schip niet of niet meer voldoet aan tenminste één der in het eerste lid van artikel 784 voor teboekstelling genoemde voorwaarden;

5° als het schip in een verdragsregister teboekstaat zonder dat daarbij de voorwaarde van doorhaling van de teboekstelling in het Nederlandse register is gesteld. (BW 8: 841)

– 2. In de in het eerste lid onder *b* genoemde gevallen is de eigenaar tot het doen van aangifte verplicht binnen drie maanden nadat de reden tot doorhaling zich heeft voorgedaan.

– 3. Wanneer ten aanzien van het schip inschrijvingen of voorlopige aantekeningen ten gunste van derden bestaan, geschiedt doorhaling slechts, wanneer geen dezer derden zich daartegen verzet. (BW 8: 790, 792; Rv 566)

– 4. Doorhaling geschiedt slechts na op verzoek van de meest gerede partij verleende machtiging van de rechter. (Ontw. 8.8.2.7; K 316 (oud), 753 (oud); BW 8: 195, 787, 811, 840, 841, 1304; Rv 429*a* e.v., 624; Sr 389*ter*, 447*a*; Kad. 21)

Art. 787

Nog geen doorhaling en rechtsgevolg

– 1. Zolang de teboekstelling in de openbare registers niet is doorgehaald heeft teboekstelling van een binnenschip in een register van een niet-verdragsstaat of vestiging in een niet-verdragsstaat van rechten daarop, voor vestiging waarvan in Nederland inschrijving in de openbare registers vereist zou zijn geweest geen rechtsgevolg.

– 2. In afwijking van het eerste lid wordt een teboekstelling of vestiging van rechten als daar bedoeld erkend, wanneer deze geschiedde onder voorwaarde van doorhaling van de teboekstelling in de openbare registers binnen 30 dagen na de teboekstelling van het schip in het buitenlandse register. (Ontw. 8.8.2.8; K 754 (oud); BW 8: 196, 781, 784, 786, 840)

Art. 788

Zakelijke rechten

De enige zakelijke rechten, waarvan een in het register teboekstaand binnenschip het voorwerp kan zijn, zijn de eigendom, de hypotheek, het vruchtgebruik en de in artikel 821 en artikel 827 eerste lid onder *b* genoemde voorrechten. (Ontw. 8.8.2.9; K 755 (oud); BW 3: 201 e.v., 227 e.v.; 5: 1 e.v.; 8: 197, 783, 825, 827 lid 3, 840)

Art. 789

Vervallen.

Art. 790

Registergoed

– 1. Een in de openbare registers teboekstaand binnenschip is een registergoed. (BW 3: 10)

Inschrijving rechterlijke uitspraak

– 2. Bij toepassing van artikel 301 van Boek 3 ter zake van akten die op de voet van artikel 89 leden 1 en 4 van Boek 3 zijn bestemd voor de levering van een zodanig binnenschip, kan de in het eerste genoemde artikel bedoelde uitspraak van de Nederlandse rechter niet worden ingeschreven, zolang zij niet in kracht van gewijsde is gegaan. (Ontw. 8.8.2.11; K 757 (oud); BW 3: 96, 98, 186; 8: 199, 783, 786 lid 3, 840, 1306; Fw 35; Overg.w. 254)

Art. 791

Verkrijgende verjaring

Eigendom, hypotheek en vruchtgebruik op een teboekstaand binnenschip worden door een bezitter te goeder trouw verkregen door een onafgebroken bezit van vijf jaren. (Ontw. 8.8.2.12; K 758 (oud); BW 3: 99; 8: 201, 840, 1307; Overg.w. 258 lid 2)

Art. 792

Hypotheek

Onverminderd het bepaalde in artikel 260, eerste lid, van Boek 3 wordt in de notariële akte waarbij hypotheek wordt verleend op een teboekstaand binnenschip of een recht waaraan een zodanig schip is onderworpen, duidelijk vermeld:

a. het aan de hypotheek onderworpen schip;
b. de voorwaarden voor opeisbaarheid of een verwijzing naar een op het kantoor van inschrijving ingeschreven document waarin de voorwaarden voor opeisbaarheid zijn vastgelegd;
c. de bedongen rente en het tijdstip of de tijdstippen waarop deze vervalt. (Ontw. 8.8.2.13; K 759 (oud); BW 3: 31, 227; 8: 202, 780, 783, 788, 793 e.v., 805 sub *c*, 807, 840, 1310; Fw 35; Overg. w. 254)

Art. 793

Zaken door de hypotheek omvat

Behoudens afwijkende, uit de openbare registers blijkende, bedingen omvat de hypotheek de zaken die uit hoofde van hun bestemming blijvend met het schip zijn verbonden en die toebehoren aan de eigenaar van het schip. Artikel 266 van Boek 3 is niet van toepassing. (Ontw. 8.8.2.14; K 760 (oud); BW 3: 227 lid 2, 254; 8: 1, 203, 840; Overg.w. 253)

Art. 794

Rangorde

De door hypotheek gedekte vordering neemt rang na de vorderingen, genoemd in de artikelen 820, 821, 221, 222 eerste lid, 831 en 832 eerste lid, doch vóór alle andere vorderingen, waaraan bij deze of enige andere wet een voorrecht is toegekend. (Ontw. 8.8.2.15; K 761 (oud); BW 3: 21, 279; 8: 204, 222 lid 2, 832 lid 2, 840, 1311; Overg.w. 252)

Art. 795

Rente

Indien de vordering rente draagt, strekt de hypotheek mede tot zekerheid voor de renten der hoofdsom, vervallen gedurende de laatste drie jaren voorafgaand aan het begin van de uitwinning en gedurende de loop hiervan. Artikel 263 van Boek 3 is niet van toepassing. (Ontw. 8.8.2.16; K 762 (oud); BW 8: 205, 840, 1312; Fw 128)

Art. 796

Hypotheek op aandeel

Op hypotheek op een aandeel in een teboekstaand binnenschip is artikel 177 van Boek 3 niet van toepassing; de hypotheek blijft na vervreemding of toedeling van het schip in stand. (Ontw. 8.8.2.17; K 763 (oud); BW 8: 206, 825, 840, 1313)

Art. 797

Toepasselijke bepalingen

– 1. De eerste twee leden van artikel 264 van Boek 3 zijn in geval van een hypotheek waaraan een teboekstaand binnenschip is onderworpen, mede van toepassing op bevrachtingen.
– 2. De artikelen 234 en 261 van Boek 3 zijn op een zodanige hypotheek niet van toepassing. (Ontw. 8.8.2.18; K 764 (oud); BW 3: 227-235, 260 e.v.; 8: 207, 840, 1314; Rv 508 e.v.)

Art. 798

Vruchtgebruik

In geval van vruchtgebruik op een teboekstaand binnenschip zijn de bepalingen van artikel 217 van Boek 3 mede van toepassing op bevrachting voor zover die bepalingen niet naar hun aard uitsluitend op pacht, huur van bedrijfsruimte of huur van woonruimte van toepassing zijn. (Ontw. 8.8.2.19; K 765 (oud); BW 3: 201 e.v.; 8: 208)

AFDELING 3
Huurkoop van teboekstaande binnenschepen

Art. 800

Inhoud en vorm scheepshuurkoopovereenkomst

– 1. Scheepshuurkoop van een in het in artikel 783 genoemde register teboekstaand binnenschip komt tot stand bij een notariële akte, waarbij de koper zich verbindt tot betaling van een prijs in termijnen, waarvan twee of meer termijnen verschijnen nadat de verkoper aan de koper het schip ter beschikking heeft gesteld en de verkoper zich verbindt tot eigendomsoverdracht van het binnenschip na algehele betaling van hetgeen door de koper krachtens de overeenkomst is verschuldigd. (BW 3: 31)
– 2. De overeenkomst is slechts van kracht indien daartoe schriftelijk toestemming is verkregen van degenen van wier beperkt recht of beslag blijkt uit een inschrijving in de openbare registers, die reeds bestond op de dag van de inschrijving van de in artikel 805bedoelde hypotheek.
– 3. Voor de bedingen omtrent de terbeschikkingstelling van het schip kan worden verwezen naar een aan de akte te hechten en door partijen te ondertekenen geschrift.
– 4. De volmacht tot het aangaan van een scheepshuurkoop moet bij authentieke akte worden verleend. (Ontw. 8.8.2A.1; K 765*a* (oud); BW 7: 1; 7A: 1576, 1576*h*; 8: 792, 827, 838; Tijd. wet huurkoop onr. zaken 1, 2; Fw 38*a*, 232, 237*a*; Kad. 26; Overg.w. 254)

Art. 801

Inschrijving; rechtsgevolg

– 1. De overeenkomst kan worden ingeschreven in de openbare registers, bedoeld in afdeling 2 van Titel 1 van Boek 3.
– 2. Bij eigendomsovergang op een derde van een schip, ten aanzien waarvan reeds een scheepshuurkoopovereenkomst was ingeschreven in de openbare registers, bedoeld in afdeling 2 van Titel 1 van Boek 3, volgt deze derde in alle rechten en verplichtingen van de scheepshuurverkoper op, die nochtans naast de nieuwe eigenaar aan de overeenkomst gebonden blijft.

– 3. Rechten en verplichtingen welke vóór de eigendomsovergang opeisbaar zijn geworden, gaan op de derde niet over. (Ontw. 8.8.2A.2; K 765*b* (oud); Tijd. wet huurkoop onr. zaken 2, 4, 5)

Art. 802

Koper en verkoper

In de artikelen 803 tot en met 812 wordt onder koper de scheepshuurkoper en onder verkoper de scheepshuurverkoper verstaan. (Ontw. 8.8.2A.3; K 765*c* (oud); BW 8: 827, 838)

Art. 803

Vermelding samenstelling termijnen

– 1. Partijen zijn verplicht in de akte te vermelden welk deel van elk der te betalen termijnen strekt tot aflossing van de prijs voor de koop van het schip ('de koopsom'), welk deel strekt tot betaling van mogelijkerwijs verschuldigde rente en welk deel mogelijkerwijs betrekking heeft op de terbeschikkingstelling van het schip.

– 2. Nietig is ieder beding, waarbij van het eerste lid van dit artikel wordt afgeweken met dien verstande dat, bij gebreke of onduidelijkheid van de vermelding van de daar bedoelde verdeling, deze op verzoek van de meest gerede partij alsnog door de rechter wordt vastgesteld. (Ontw. 8.8.2A.4; K 765*d* (oud); BW 7A: 1576*j*; Tijd. wet huurkoop onr. zaken 2, 5)

Art. 804

Beding verhoging koopsom nietig

Nietig is ieder beding volgens hetwelk gedurende de contractsperiode een hogere koopsom kan worden vastgesteld. (Ontw. 8.8.2A.5; K 765*e* (oud); BW 8: 12; Tijd. wet huurkoop onr. zaken 10)

Art. 805

Verplichtingen huurverkoper

– 1. De verkoper is verplicht

a. het schip ter beschikking van de koper te stellen en te laten;

b. de koper te vrijwaren voor de gevolgen van

1° een staat of eigenschap van het schip

2° een op het schip gelegd beslag

3° zijn faillissement of het ten aanzien van hem van toepassing verklaren van de schuldsaneringsregeling natuurlijke personen

4° enige hem persoonlijk betreffende omstandigheid mits deze gevolgen ertoe leiden dat het schip aan de koper niet die mate van beschikking kan verschaffen die deze bij het aangaan van de overeenkomst er van mocht verwachten. De verkoper is niet verplicht de koper te vrijwaren voor de gevolgen van een feitelijke stoornis door derden zonder bewering van recht op het schip of van een bewering van recht op het schip zonder feitelijke stoornis;

c. zorg te dragen dat ten behoeve van de koper op de dag der overeenkomst hypotheek op de eigendom van het schip wordt gevestigd ten belope van een bedrag, gelijk aan driemaal de koopsom, terzake van hetgeen de verkoper aan de koper in verband met de scheepshuurkoop of de ontbinding daarvan verschuldigd is of zal worden; (BW 8: 792)

d. zich te onthouden van iedere eigendomsoverdracht van het schip en zodra de koper zal hebben voldaan aan zijn in de overeenkomst neergelegde verplichtingen tot betaling, het schip aan dezen in eigendom over te dragen vrij van na het tot stand komen van de scheepshuurkoop gevestigde hypotheken ten gunste van derden en vrij van boven hypotheek rangnemende voorrechten en beslagen terzake van vorderingen waarvan de verkoper de schuldenaar is. (BW 7A: 1576*l*, 1576*m*)

– 2. Nietig is ieder beding, waarbij ten nadele van de koper van het in het eerste lid onder *a*, *c* of *d* bepaalde wordt afgeweken, met dien verstande dat de hypotheek als daar onder *c* wordt bedoeld, wordt verleend op de door partijen nader overeen te komen voorwaarden of bij gebreke van overeenstemming daaromtrent op de voorwaarden door de rechter alsnog op verzoek van de meest gerede partij zo mogelijk in overeenstemming met het gebruik vast te stellen. (Rv 429*a* e.v.)

– 3. Nietig is ieder beding, waarbij ten nadele van de koper van het in het eerste lid onder *b* bepaalde wordt afgeweken ten aanzien van een feit dat de verkoper bij het aangaan van de overeenkomst kende.

– 4. Nietig is ieder beding, waarbij het bedrag van een door de verkoper mogelijkerwijs te betalen schadevergoeding wegens niet nakoming van zijn uit dit artikel voortvloeiende verplichtingen bij voorbaat wordt vastgesteld. (Ontw. 8.8.2A.6; K 765*f* (oud); BW 8: 12, 802)

Art. 806

Eigendomsaanvaarding koper

De koper die aan zijn in de overeenkomst neergelegde verplichtingen tot betaling heeft voldaan, is verplicht het schip in eigendom te aanvaarden, mits dit vrij zij van hypotheken ten gunste van derden en vrij van boven hypotheek rangnemende voorrechten en beslagen terzake van vorderingen, waarvan de verkoper de schuldenaar is. (Ontw. 8.8.2A.7; K 765g (oud); BW 7A: 1576*p*; 8: 802, 820, 821)

Art. 807

Aanwending huurkooptermijnen voor scheepshypotheken

– 1. Onder voorbehoud van artikel 808 is de koper gerechtigd door hem verschuldigde gedeelten van de termijnen die betrekking hebben op de koopsom en de rente aan te wenden tot

rechtstreekse betaling van opeisbare rente en aflossingen aan schuldeisers te wier behoeve hypotheek op het schip is gevestigd.
– 2. Indien en voor zover het door de koper aan de verkoper verschuldigde per termijn minder bedraagt dan het bedrag dat periodiek aan rente en aflossing aan de in het eerste lid bedoelde hypothecaire schuldeiser is verschuldigd, is deze, in afwijking van artikel 29 van Boek 6 gehouden de overeenkomstig het eerste lid betaalde huurkooptermijnen te ontvangen, onverminderd de verplichting van de hypothecaire schuldenaar tot betaling van het restant verschuldigde. De hypothecaire schuldeiser is verplicht de hypothecaire schuldenaar mede te delen welke opeisbare rente en aflossingen door de koper zijn betaald.
– 3. Indien de koper aan de in het eerste lid bedoelde hypothecaire schuldeiser heeft doen weten, dat hij van het hem in dit artikel toegekende recht gebruik wenst te maken, is deze laatste verplicht de koper in te lichten omtrent de grootte van de nog resterende hypothecaire schuld.
– 4. De betalingen overeenkomstig dit artikel aan een hypothecaire schuldeiser gedaan, strekken in mindering op hetgeen de koper aan de verkoper verschuldigd is. De koper stelt de verkoper onverwijld in kennis van deze betalingen.
– 5. Overdracht of inpandgeving van de vordering, die de verkoper op de koper heeft of een onder de koper ten laste van de verkoper gelegd beslag, kan aan de rechten, die de koper aan de bepalingen van dit artikel ontleent, geen afbreuk doen.
– 6. Bij openbare, eigenmachtige of executoriale verkoop van het schip ten behoeve van een hypothecaire schuldeiser of van een beslaglegger op het schip, heeft de koper de in artikel 269 van Boek 3 bedoelde bevoegdheid. Maakt hij van dit recht gebruik, dan is het derde lid van overeenkomstige toepassing. (Ontw. 8.8.2A.8; K 765*h* (oud); BW 8: 792, 802; Tijd. wet huurkoop onr. zaken 7)

Art. 808

Vervroegde aflossing koopsom

– 1. Na verloop van één jaar na het sluiten van de overeenkomst is de koper gerechtigd het restant van de verschuldigde koopsom geheel of ten dele vóór het verschijnen van de bij de overeenkomst vastgestelde termijnen te voldoen met herberekening van het rentebestanddeel in de termijnen die alsnog verschuldigd waren, zulks op de voorwaarden door partijen overeengekomen danwel overeen te komen of bij gebreke van overeenstemming daaromtrent door de rechter op verzoek van de meest gerede partij vast te stellen. (Rv 429*a* e.v.)
– 2. Nietig is ieder beding, waarbij ten nadele van de koper van dit artikel wordt afgeweken. (Ontw. 8.8.2A.9; K 765*i* (oud); BW 7A: 1576*e*; 8: 12, 802, 807; Tijd. wet huurkoop onr. zaken 12)

Art. 809

Ingebrekestelling van koper

– 1. In geval de koper niet aan zijn verplichting tot betaling van de koopsom of de rente, dan wel een termijn daarvan voldoet, kan de verkoper hierop eerst een beroep doen om krachtens een daartoe mogelijkerwijs gemaakt beding teruggave van het schip te vorderen, nadat hij de koper terzake in gebreke heeft gesteld en deze, nadat hem bij die ingebrekestelling een redelijke termijn is gesteld alsnog aan zijn verplichtingen te voldoen, hiermee in gebreke blijft.
– 2. Nietig is ieder beding, waarbij van dit artikel wordt afgeweken. (Ontw. 8.8.2A.10; K 765*j* (oud); BW 7A: 1576*d*, 1576*q*; 8: 12, 802; Tijd. wet huurkoop onr. zaken 11)

Art. 810

Verrekening bij ontbinding

– 1. Indien de overeenkomst is ontbonden tengevolge van het in gebreke blijven van de koper te voldoen aan zijn verplichting tot betaling van de koopsom of de rente, dan wel een termijn daarvan en de verkoper of de koper dientengevolge in een betere vermogenstoestand zou geraken dan bij in stand blijven van de overeenkomst, zijn partijen verplicht onverwijld tot volledige verrekening over te gaan.
– 2. Ieder beding, waarbij de verkoper zich de bevoegdheid voorbehoudt de waarde van het schip te bepalen, laat de bevoegdheid van de koper deze waarde op zijn verzoek nader door de rechter te doen vaststellen, onverlet. (Rv 429*a* e.v.)
– 3. Nietig is ieder beding, waarbij van dit artikel wordt afgeweken. (Ontw. 8.8.2A.11; K 765*k* (oud); BW 7A: 1576*t*; 8: 12, 802; Fw 38*a*, 237*a*; Tijd. wet huurkoop onr. zaken 11)

Art. 811

Vervallen.

Art. 812

Geen einde huurkoop van rechtswege

Nietig is ieder beding, krachtens hetwelk de overeenkomst van rechtswege eindigt. (Ontw. 8.8.2A.13; K 765*m* (oud); BW 8: 12)

AFDELING 4
Voorrechten op binnenschepen

Art. 820

Kosten bij uitwinning

– 1. In geval van uitwinning van een binnenschip worden de kosten van uitwinning, de kosten van bewaking tijdens deze uitwinning of verkoop, alsmede de kosten van gerechtelijke rangregeling en verdeling van de opbrengst onder de schuldeisers uit de opbrengst van de verkoop voldaan boven alle andere vorderingen, waaraan bij deze of enige andere wet een voorrecht is toegekend.

Kosten van wrakopruiming

– 2. In geval van verkoop van een gestrand, onttakeld of gezonken binnenschip, dat de overheid in het openbaar belang heeft doen opruimen, worden de kosten der wrakopruiming uit de opbrengst van de verkoop voldaan boven alle andere vorderingen, waaraan bij deze of enige andere wet een voorrecht is toegekend.

– 3. De in de vorige leden bedoelde vorderingen staan in rang gelijk en worden ponds-pondsgewijs betaald. (Ontw. 8.8.3.1; K 766 (oud); BW 3: 278 e.v.; 8: 210, 222, 780, 832; Rv 562*a* e.v.; Wet teboekgestelde luchtvaartuigen 16; Overg.w. 252)

Art. 820a

Retentierecht

Artikel 292 van Boek 3 en de artikelen 60, tweede lid, eerste zin, derde lid en vierde lid, en 299*b*, derde tot en met vijfde lid, van de Faillissementswet zijn op binnenschepen niet van toepassing.

Art. 821

Boven alle andere vorderingen waaraan bij deze of enige andere wet een voorrecht is toegekend zijn, behoudens artikel 820, op een binnenschip bevoorrecht:

a. in geval van beslag: de vorderingen ter zake van kosten na het beslag gemaakt tot behoud van het schip, daaronder begrepen de kosten van herstellingen, die onontbeerlijk waren voor het behoud van het schip; (Rv 562*a* e.v.)

b. de vorderingen ontstaan uit de arbeidsovereenkomsten van de schipper of de andere leden der bemanning, met dien verstande dat de vorderingen met betrekking tot loon, salaris of beloningen slechts bevoorrecht zijn tot op een bedrag over een tijdvak van zes maanden verschuldigd; (BW 7: 610-686)

c. de vorderingen ter zake van hulpverlening alsmede ter zake van de bijdrage van het schip in avarij-grosse. (Ontw. 8.8.3.2; K 767 (oud); BW 3: 278 e.v.; 8: 6, 211, 222, 224, 788, 822 e.v., 832, 834, 840, 1010 jo 557, 1020 e.v., 1820 e.v., 1830 e.v.; Overg.w. 252)

Art. 822

Renten en kosten

Wanneer een vordering uit hoofde van artikel 821 bevoorrecht is, zijn de renten hierop en de kosten teneinde een voor tenuitvoerlegging vatbare titel te verkrijgen gelijkelijk bevoorrecht. (Ontw. 8.8.3.3.; K 768 (oud); BW 8: 212, 223, 827 lid 3, 840)

Art. 823

Onderlinge rang

– 1. De bevoorrechte vorderingen, genoemd in artikel 821, nemen rang in de volgorde, waarin zij daar zijn gerangschikt.

– 2. Bevoorrechte vorderingen onder dezelfde letter vermeld, staan in rang gelijk, doch de vorderingen genoemd in artikel 821 onder *c* nemen onderling rang naar de omgekeerde volgorde van de tijdstippen, waarop zij ontstonden.

– 3. In rang gelijkstaande vorderingen worden ponds-pondsgewijs betaald. (Ontw. 8.8.3.4; K 769 (oud); BW 8: 213, 224, 840; Overg.w. 252)

Art. 824

Omvang voorrechten; schadevergoedingen

De voorrechten, genoemd in artikel 821, strekken zich uit tot

a. alle zaken, die uit hoofde van hun bestemming blijvend met het schip zijn verbonden en die toebehoren aan de eigenaar van het schip; (BW 8: 1, 827 lid 3)

b. de schadevergoedingen, verschuldigd voor het verlies van het schip of voor niet herstelde beschadiging daarvan, daarbij inbegrepen dat deel van een beloning voor hulpverlening, van een beloning voor vlotbrengen of van een vergoeding in avarij-grosse, dat tegenover een zodanig verlies of beschadiging staat. Dit geldt eveneens wanneer deze schadevergoedingen of vorderingen tot beloning zijn overgedragen of met pandrecht zijn bezwaard. Deze schadevergoedingen omvatten echter niet vergoedingen welke zijn verschuldigd krachtens een overeenkomst van verzekering van het schip, die dekking geeft tegen het risico van verlies of avarij. Artikel 283 van Boek 3 is niet van toepassing. (Ontw. 8.8.3.5; K 770 (oud); BW 3: 48; 8: 214, 225, 542, 840, 1003)

Art. 825

Zaaksgevolg

– 1. De schuldeiser, die een voorrecht heeft op grond van artikel 821, vervolgt zijn recht op het schip, in wiens handen dit zich ook bevinde.

Inschrijfbaarheid; derdenbescherming

– 2. Voorrechten als bedoeld in artikel 821 kunnen worden ingeschreven in de openbare registers bedoeld in afdeling 2 van Titel 1 van Boek 3. Artikel 24 lid 1 van Boek 3 is niet van toepassing. (Ontw. 8.8.3.6; K 771 (oud); BW 3: 48; 8: 215, 788, 796, 827 lid 3, 840)

Art. 826

Exploitatie door niet-eigenaar

De vorderingen genoemd in artikel 821, doen een voorrecht op het schip ontstaan en zijn alsdan daarop verhaalbaar, zelfs wanneer zij zijn ontstaan tijdens de exploitatie van het schip door een ander dan de eigenaar, tenzij aan deze de feitelijke macht over het schip door een ongeoorloofde handeling was ontnomen en bovendien de schuldeiser niet te goeder trouw was. (Ontw. 8.8.3.7; K 772 (oud); BW 8: 216, 827 lid 3, 840)

Art. 827

Voorrecht bedrijfsvorderingen

– 1. Boven alle andere vorderingen, waaraan bij deze of enige andere wet een voorrecht is toegekend, doch na de bevoorrechte vorderingen genoemd in artikel 821, na de hypothecaire vorderingen, na de vorderingen genoemd in de artikelen 222 en 832 en na de vordering van de pandhouder, zijn op een binnenschip, waaronder voor de toepassing van dit artikel niet is te verstaan een binnenschip in aanbouw, bij voorrang verhaalbaar:
a. de vorderingen, die voortvloeien uit rechtshandelingen die de eigenaar, de scheepshuurkoper of een bevrachter binden en die rechtstreeks strekken tot het in bedrijf brengen of houden van het schip, alsmede de vorderingen die tegen een uit hoofde van artikel 461 gelezen met artikel 462 of artikel 943 gelezen met artikel 944 als vervoerder aangemerkte persoon kunnen worden geldend gemaakt. Onder rechtshandeling is hier het in ontvangst nemen van een verklaring begrepen; (BW 8: 800, 860)
b. de vorderingen, die uit hoofde van afdeling 1 van titel 6 of afdeling 1 van titel 11 op de eigenaar rusten; (BW 8: 788, 825)
c. de vorderingen genoemd in artikel 1062 voor zover zij op de eigenaar rusten.
– 2. De in het eerste lid genoemde vorderingen staan in rang gelijk en worden ponds-pondsgewijs betaald.
– 3. De artikelen 822, 824 onder *a* en 826 zijn op de in het eerste lid genoemde vorderingen van toepassing. Op de vorderingen die in het eerste lid onder *b* worden genoemd, is ook artikel 825 van toepassing.
– 4. Artikel 283 van Boek 3 is niet van toepassing. (Ontw. 8.8.3.8; K 773 (oud); BW 3: 279; 8: 217, 828, 840, 860; Overg.w. 252)

Art. 828

Bijzondere voorrechten

Na de vorderingen genoemd in artikel 827 zijn de vorderingen genoemd in de artikelen 284 en 285 van Boek 3, voor zover zij dit niet zijn op grond van enig ander artikel van deze titel, op een binnenschip bij voorrang verhaalbaar. (Ontw. 8.8.3.8a; K 318*h* lid 2 (oud); BW 8: 218, 840; Overg.w. 252)

Art. 829

Tenietgaan voorrechten

– 1. De krachtens deze afdeling verleende voorrechten gaan te niet door verloop van een jaar, tenzij de schuldeiser zijn vordering in rechte geldend heeft gemaakt. Deze termijn begint met de aanvang van de dag volgend op die, waarop de vordering opeisbaar wordt. Met betrekking tot de vordering voor hulploon begint deze termijn echter met de aanvang van de dag volgend op die, waarop de hulpverlening is beëindigd.
– 2. Het voorrecht gaat teniet met de vordering.
– 3. In geval van executoriale verkoop gaan de voorrechten mede teniet op het tijdstip waarop het procesverbaal van verdeling wordt gesloten. (Ontw. 8.8.3.9; K 774 (oud); BW 8: 219, 227, 840, 1790 e.v., 1820 e.v., 1830 e.v.; Fw 188; Rv 490)

AFDELING 5

Voorrechten op zaken aan boord van binnenschepen

Art. 830

Voorbehoud

Deze afdeling geldt onder voorbehoud van titel 15. (Ontw. 8.8.4.0; BW 8: 3*a*, 220, 1300 e.v.)

Art. 831

Kosten bij uitwinning

– 1. In geval van uitwinning van zaken aan boord van een binnenschip worden de kosten van uitwinning, de kosten van bewaking daarvan tijdens deze uitwinning, alsmede de kosten van gerechtelijke rangregeling en verdeling van de opbrengst onder de schuldeisers, uit de opbrengst van de verkoop voldaan boven alle andere vorderingen, waaraan bij deze of enige andere wet een voorrecht is toegekend.
– 2. De in het vorige lid bedoelde vorderingen staan in rang gelijk en worden ponds-pondsgewijs betaald. (Ontw. 8.8.4.1; K 775 (oud); BW 3: 278 e.v.; 8: 221, 222, 820, 840; Overg.w. 252)

Art. 832

Hulploon; avarij-grosse

– 1. Op zaken aan boord van een binnenschip zijn de vorderingen ter zake van hulpverlening en van een bijdrage van die zaken in avarij-grosse bevoorrecht. Deze vorderingen nemen daartoe rang na die welke zijn genoemd in de artikelen 210, 211, 221, 820, 821 en 831, doch vóór alle andere vorderingen, waaraan bij deze of enige andere wet een voorrecht is toegekend. (BW 8: 557, 1010, 1020 e.v.)

Vordering uit vervoersovereenkomst

– 2. Op ten vervoer ontvangen zaken zijn bevoorrecht de vorderingen uit een met betrekking tot die zaken gesloten vervoerovereenkomst, dan wel uit artikel 488 of artikel 951 voortvloeiend, doch slechts voor zover aan de vervoerder door artikel 489 of artikel 954 een recht op de zaken wordt toegekend. Deze vorderingen nemen daartoe rang na die welke zijn genoemd in het eerste lid en in de artikelen 204 en 794, doch vóór alle andere vorderingen, waaraan bij deze of enige andere wet een voorrecht is toegekend. (Ontw. 8.8.4.2; K 775*a* (oud); BW 3: 279 e.v.; 8: 217 lid 1, 222, 224, 370 e.v., 821, 827 lid 1, 833 e.v., 840, 890 e.v., 1820 e.v., 1830 e.v.; Overg.w. 252)

Art. 833

Renten en kosten

Wanneer een vordering uit hoofde van artikel 832 bevoorrecht is, zijn de renten hierop en de kosten teneinde een voor tenuitvoerlegging vatbare titel te verkrijgen gelijkelijk bevoorrecht. (Ontw. 8.8.4.3; K 775*b* (oud); BW 8: 223, 822, 840)

Art. 834

Onderlinge rang

– 1. De vorderingen ter zake van hulpverlening of bijdrage in avarij-grosse, die bevoorrecht zijn op grond van artikel 211, artikel 222 eerste lid, artikel 821 of artikel 832 eerste lid, nemen onderling rang naar de omgekeerde volgorde van de tijdstippen, waarop zij ontstonden.

– 2. De bevoorrechte vorderingen in het tweede lid van artikel 832 vermeld staan in rang gelijk.

– 3. De in artikel 284 van Boek 3 genoemde vordering neemt rang na de in de vorige leden genoemde vorderingen, ongeacht wanneer die vorderingen zijn ontstaan.

– 4. In rang gelijkstaande vorderingen worden ponds-pondsgewijs betaald. (Ontw. 8.8.4.4; K 775*c* (oud); BW 3: 279; 8: 224, 823, 840; Overg.w. 252)

Art. 835

Omvang voorrechten; schadevergoedingen

De voorrechten, genoemd in artikel 832, strekken zich uit tot de schadevergoedingen, verschuldigd voor verlies of niet herstelde beschadiging, daarbij inbegrepen dat deel van een beloning voor hulpverlening, van een beloning voor vlotbrengen of van een vergoeding in avarij-grosse, dat tegenover een zodanig verlies of beschadiging staat. Dit geldt eveneens wanneer deze schadevergoedingen of vorderingen tot beloning zijn overgedragen of met pandrecht zijn bezwaard. Deze schadevergoedingen omvatten echter niet vergoedingen, welke zijn verschuldigd krachtens een overeenkomst van verzekering die dekking geeft tegen het risico van verlies of avarij. Artikel 283 van Boek 3 is niet van toepassing. (Ontw. 8.8.4.5; K 775*d* (oud); BW 3: 48; 8: 225, 824, 840)

Art. 836

Eigenaar niet-debiteur

De in artikel 832 genoemde vorderingen doen een voorrecht op de daar vermelde zaken ontstaan en zijn alsdan daarop bij voorrang verhaalbaar, ook al is hun eigenaar op het tijdstip, dat het voorrecht is ontstaan, niet de schuldenaar van deze vorderingen. (Ontw. 8.8.4.6; K 775*e* (oud); BW 3: 48; 8: 226, 826, 840)

Art. 837

Tenietgaan voorrechten

– 1. Met de aflevering van de zaken aan de daartoe gerechtigde gaan, behalve in het geval van artikel 559, de in artikel 832 genoemde voorrechten teniet. Zij gaan mede teniet met de vordering en door, in geval van executoriale verkoop, niet tijdig verzet te doen tegen de verdeling van de koopprijs alsmede door gerechtelijke rangregeling.

– 2. Zij blijven in stand, zolang de zaken op grond van de artikelen 490, 955 of 574 zijn opgeslagen of daarop op grond van artikel 626 of artikel 636 van het Wetboek van Burgerlijke Rechtsvordering beslag is gelegd. (Ontw. 8.8.4.7; K 775*f* (oud); BW 8: 227, 829, 840, 1820 e.v., 1830 e.v.)

Art. 838

Recht van reclame

De verkoper van brandstof voor de machines, van ketelwater, levensmiddelen of scheepsbenodigdheden kan het hem in afdeling 8 van Titel 1 van Boek 7 toegekende recht slechts gedurende 48 uur na het einde van de levering uitoefenen, doch zulks ook indien deze zaken zich bevinden in handen van de eigenaar, de scheepshuurkoper, een rompbevrachter of een tijdbevrachter van het schip. (Ontw. 8.8.4.8; BW 8: 228, 487, 800, 892, 950, 990; Overg.w. 258)

AFDELING 6
Slotbepalingen

Art. 840

Schip van Rijk of openbaar lichaam

– 1. De afdelingen 2 tot en met 5 van titel 8 zijn niet van toepassing op binnenschepen, welke toebehoren aan het Rijk of enig openbaar lichaam en uitsluitend bestemd zijn voor de uitoefening van

a. de openbare macht of

b. niet-commerciële overheidsdienst.

– 2. De beschikking waarbij de in het eerste lid bedoelde bestemming is vastgesteld, kan worden ingeschreven in de openbare registers, bedoeld in afdeling 2 van Titel 1 van Boek 3. Artikel 24 lid 1 van Boek 3 is niet van toepassing.

– 3. De inschrijving machtigt de bewaarder tot doorhaling van de teboekstelling van het schip in de openbare registers, bedoeld in afdeling 2 van titel 1 van Boek 3. (Ontw. 8.8.5.1; K 776 (oud); BW 8: 230)

Art. 841

Nadere regeling bij AMvB

– 1. Behoeven de in de afdelingen 2 tot en met 6 van titel 8 geregelde onderwerpen in het belang van een goede uitvoering van de wet nadere regeling, dan geschiedt dit bij of krachtens algemene maatregel van bestuur, onverminderd de bevoegdheid tot regeling krachtens de Kadasterwet.
– 2. In de in het eerste lid bedoelde algemene maatregel van bestuur kan, in afwijking van artikel 786 tweede lid, een nadere regeling worden gegeven met betrekking tot de termijn waarbinnen de eigenaar van een binnenschip, waarop het eerste lid onder *b* ten vijfde van dat artikel van toepassing is en waarvan de teboekstelling in het buitenlandse register heeft plaatsgevonden, voordat het Verdrag van Genève voor de staat van dat register van kracht is geworden, verplicht is tot het doen van aangifte tot doorhaling van de teboekstelling. (Ontw. 8.8.5.2; K 778 (oud); BW 8: 231; Sr 447*a*)

TITEL 9
Bemanning van een binnenschip

AFDELING 2
Schipper

Art. 860

Verplichting tot belangenbehartiging

– 1. De schipper is verplicht voor de belangen van de bevrachters en van de rechthebbenden op de aan boord zijnde zaken, zo mogelijk ook na lossing daarvan, te waken en de maatregelen die daartoe nodig zijn, te nemen.
– 2. Indien het noodzakelijk is onverwijld ter behartiging van deze belangen rechtshandelingen te verrichten, is de schipper daartoe bevoegd. Onder rechtshandeling is hier het in ontvangst nemen van een verklaring begrepen.
– 3. Voor zover mogelijk geeft hij van bijzondere voorvallen terstond kennis aan de belanghebbenden bij de betrokken goederen en handelt hij in overleg met hen en volgens hun orders. (Ontw. 8.9.2.10; K 784, 786 (oud); BW 3: 1, 2; 8: 6, 261, 488, 517, 821, 827, 897, 901, 926, 927, 943 lid 2, 948, 951, 982, 1010, 1780; K 782 e.v.; Rv 4 sub 11, 564, 565, 638; Sr 402, 405, 407; L 25)

Art. 861

Beperking wettelijke bevoegdheid

– 1. Beperkingen van de wettelijke bevoegdheid van de schipper gelden tegen derden slechts wanneer die hun bekend zijn gemaakt.
– 2. De schipper verbindt zichzelf slechts dan, wanneer hij de grenzen zijner bevoegdheid overschrijdt. (Ontw. 8.9.2.13; K 360 lid 2, 363, 373, 561 lid 2 (oud); BW 2: 45, 130; 3: 66, 72; 8: 262, 943 lid 4, 944 leden 3, en 4)

TITEL 10
Exploitatie

AFDELING 1
Algemene bepaling

Art. 880

Overeenkomstige toepassing zeerecht

Op de exploitatie van een binnenschip zijn de artikelen 361 tot en met 366 van overeenkomstige toepassing. (Ontw. 8.10.1.1; K 780 lid 3, 791*a*, 815*a*, 921*a*, 931*a* (oud); BW art. 8:3, 31, 70 e.v., 91, 116, 382 lid 1, 461 lid 2, 531, 545, 559, 943 lid 2, 991, 992, 994, 1006, 1081, 1720, 1754; Hague-Visby Rule IV*bis*; L art. 34*a*)

AFDELING 2
Overeenkomst van goederenvervoer over binnenwateren

Art. 889

Overeenkomst goederenvervoer binnenwateren

Partijen kunnen overeenkomen dat in afwijking van de afdelingen 1 en 2 alsmede in afwijking van afdeling 1 van titel 20 de bepalingen van het Verdrag van Boedapest inzake de overeenkomst voor het vervoer van goederen over de binnenwateren (CMNI) op het vervoer van toepassing zijn.

Art. 890

Begripsbepaling

– 1. De overeenkomst van goederenvervoer in de zin van deze titel is de overeenkomst van goederenvervoer, al dan niet tijd- of reisbevrachting zijnde, waarbij de ene partij (de vervoerder) zich tegenover de andere partij (de afzender) verbindt aan boord van een schip zaken uitsluitend over binnenwateren te vervoeren.
– 2. Vervoer over zee en binnenwateren aan boord van een en eenzelfde schip, dat deze beide wateren bevaart, wordt als vervoer over binnenwateren beschouwd, mits het varen van dit schip over zee kennelijk ondergeschikt is aan het varen over binnenwateren.
– 3. Vervoer over zee en binnenwateren aan boord van een en eenzelfde schip, dat zonder ei-

gen beweegkracht deze beide wateren bevaart, wordt beschouwd als vervoer over binnenwateren voor zover, met inachtneming tevens van het tweede lid van dit artikel, het varen van het beweegkracht overbrengende schip als varen over binnenwateren wordt beschouwd. Voor zover dit niet het geval is, wordt het als vervoer over zee beschouwd.
– 4. Deze afdeling is niet van toepassing op overeenkomsten tot het vervoeren van poststukken ter uitvoering van de universele postdienst bedoeld in de Postwet 2009 of onder een internationale postovereenkomst. Onder voorbehoud van artikel 980 is deze afdeling niet van toepassing op overeenkomsten tot het vervoeren van bagage. (Ontw. 8.10.2.1; K 809 (oud); BW art. 7:418 lid 2; BW art. 8:1, 4, 8, 20, 370, 500, 970, 998, 1090, 1092, 1710 e.v.; Postwet art. 2; OBW 251)

Art. 891

Beperking aansprakelijkheid

Deze afdeling laat de titels 7 en 12 van dit boek onverlet. (Ontw. 8.10.2.1a; BW 8: 372, 518 lid 2, 983 lid 2; Rv 642*a* e.v.)

Art. 892

Tijd- of reisbevrachting

– 1. Tijd- of reisbevrachting in de zin van deze afdeling is de overeenkomst van goederenvervoer, waarbij de vervoerder zich verbindt tot vervoer aan boord van een schip, dat hij daartoe, anders dan bij wijze van rompbevrachting, geheel of gedeeltelijk en al dan niet op tijdbasis (tijdbevrachting of reisbevrachting) ter beschikking stelt van de afzender.
– 2. De overeenkomst van vletten is de tijdbevrachting strekkende tot vervoer van zaken binnen een havencomplex. (BW 8: 950[2])
– 3. Ruimtebevrachting is de reisbevrachting tegen een naar inhoud van het schip bepaalde vracht. (BW 8: 928)
– 4. Onder 'vervrachter' is in deze afdeling de in het eerste lid genoemde vervoerder, onder 'bevrachter' de aldaar genoemde afzender te verstaan. (Ontw. 8.10.2.2; K 788 (oud), 797 v. (oud), 801 v. (oud); BW 8: 373, 502, 838, 972, 990, 1093, 1144, 1713[1], 1717; K 309[1])

Art. 893

Huur enz. niet van toepassing

De wetsbepalingen omtrent huur, bewaarneming en bruikleen zijn op terbeschikkingstelling van een schip, anders dan bij wijze van rompbevrachting, niet van toepassing. (Ontw. 8.10.2.3; BW art. 7:600 e.v.; BW art. 7A:1584 e.v., 1777 e.v.; BW art. 8:374, 503, 892, 973, 1094, 1145)

Art. 894

Eigendomsovergang breekt geen vervrachting

– 1. Bij eigendomsovergang van een tevoren vervracht, al dan niet teboekstaand, schip op een derde volgt deze in alle rechten en verplichtingen van de vervrachter op, die nochtans naast de nieuwe eigenaar aan de overeenkomst gebonden blijft.
– 2. Rechten en verplichtingen, welke vóór de eigendomsovergang opeisbaar zijn geworden, gaan op de derde niet over. (Ontw. 8.10.2.3a; K 791 (oud); BW 6: 6, 7; 7A: 1612; 8: 375, 502, 801, 892, 972, 990; Pachtwet, art. 34)

Art. 895

Hoofdverplichting vervoerder

De vervoerder is verplicht ten vervoer ontvangen zaken ter bestemming af te leveren en wel in de staat waarin hij hen heeft ontvangen. (Ontw. 8.10.2.4; K 811[1] (oud); BW 8: 21, 378, 896, 898, 899, 900, 901, 902, 903, 905, 1095; L 25)

Art. 896

Vertraging

Onverminderd artikel 895 is de vervoerder verplicht ten vervoer ontvangen zaken zonder vertraging te vervoeren. (Ontw. 8.10.2.5; K 820 (oud); BW 8: 22, 379, 903, 905, 930, 1096; L 28)

Art. 897

Tijdbevrachting; volmacht van schipper

– 1. In geval van tijdbevrachting is de vervrachter verplicht de schipper opdracht te geven binnen de grenzen door de overeenkomst gesteld de orders van de bevrachter op te volgen. De vervrachter staat er voor in, dat de schipper de hem gegeven opdracht nakomt.
– 2. De bevrachter staat er voor in, dat het schip de plekken of plaatsen, waarheen hij het ter inlading, lossing of anderszins op grond van het eerste lid beveelt te gaan, veilig kan bereiken, innemen en verlaten. Indien deze plekken of plaatsen blijken niet aan deze vereisten te voldoen, is de bevrachter slechts in zoverre niet aansprakelijk als de schipper, door de hem gegeven orders op te volgen, onredelijk handelde.
– 3. Onverminderd artikel 943 wordt de bevrachter mede verbonden door en kan hij rechten ontlenen aan een rechtshandeling, die de schipper ingevolge het eerste lid van dit artikel verricht. Onder rechtshandeling is hier het in ontvangst nemen van een verklaring begrepen. (Ontw. 8.10.2.6; K 797 (oud); BW 8: 260 v., 380, 860 v., 892, 925, 972[2], 1717; K 309[1])

Art. 898

Disculpatie vervoerder

– 1. De vervoerder is niet aansprakelijk voor schade ontstaan door een beschadiging, voor zover deze is veroorzaakt door een omstandigheid die een zorgvuldig vervoerder niet heeft kunnen vermijden en voor zover zulk een vervoerder de gevolgen daarvan niet heeft kunnen verhinderen.

Zorgplicht schip en materiaal

– 2. Ten aanzien van deugdelijkheid en geschiktheid van het schip en van het materiaal, waarvan hij zich bedient of die hij ter beschikking stelt, is van de vervoerder de zorg vereist van een zorgvuldig vervoerder, die aan boord van eigen schip vervoert en gebruik maakt van eigen materiaal. Voor ondeugdelijkheid of ongeschiktheid van materiaal, dat door afzender of ontvanger ter beschikking van de vervoerder is gesteld, is de vervoerder niet aansprakelijk, voor zover een zorgvuldig vervoerder zich van zulk materiaal zou hebben bediend. (BW 8: 902²)

– 3. Onder beschadiging worden mede verstaan geheel of gedeeltelijk verlies van zaken, vertraging, alsmede ieder ander schade veroorzakend feit. (Ontw. 8.10.2.7; K 811² (oud), 820 (oud); BW 6: 76; 8: 23, 381, 383¹, 899, 900, 901, 902, 1098; L 29; CMR art. 17 ² ,³ ᵉⁿ ⁵)

Art. 899

Vermoedens

Vermoed wordt dat een zorgvuldig vervoerder de volgende omstandigheden niet heeft kunnen vermijden:

a. brand; (BW 8: 383²ᵇ)

b. ontploffing; (BW 8: 1099ᶜ)

c. hitte; (BW 8: 1099ᵈ)

d. koude; (BW 8: 1099ᵈ)

e. optreden van knaagdieren of ongedierte; (BW 8: 1099ᶜ)

f. bederf; (BW 8: 1099ᶜ)

g. lekkage; (BW 8: 1099ᶜ)

h. smelting; (BW 8: 1099ᶜ)

i. ontvlamming; (BW 8: 1099ᶜ)

j. corrosie. (BW 8: 1099ᶜ) (Ontw. 8.10.2.8; BW 8: 383², 898, 902, 1099, 1100; CMR art. 17⁴)

Art. 900

Beschadiging of verlies zaken of dieren

Wanneer vervoerde zaken een beschadiging of een verlies lijden, waaraan zij door hun aard licht onderhevig zijn, wanneer levende dieren doodgaan of beschadigd worden, of wanneer door de afzender in een laadkist gestuwde zaken bij onbeschadigde laadkist een beschadiging of een verlies lijden, wordt vermoed dat de vervoerder noch de omstandigheid die deze beschadiging of dit verlies veroorzaakte heeft kunnen vermijden, noch heeft kunnen verhinderen, dat deze omstandigheid tot deze beschadiging of dit verlies leidde. (Ontw. 8.10.2.9; BW 8: 382²ᵇ, 383²ᵐ, 898, 902, 1099ᶜ ᵉⁿ ᶠ, 1100; CMR art. 17⁴)

Art. 901

Geen aansprakelijkheid bij navigatiefouten

– 1. De vervoerder is niet aansprakelijk voor schade ontstaan door een beschadiging voor zover deze, hoe dan ook, is veroorzaakt door een handeling, onachtzaamheid of nalatigheid van één of meer opvarenden van het schip, de sleepboot of de duwboot, gepleegd bij de navigatie daarvan, tenzij de navigatiefout niet zou zijn gemaakt indien de vervoerder bij de keuze van deze personen gehandeld zou hebben als van een zorgvuldig vervoerder mag worden verwacht. Het in de vorige zin bepaalde geldt ook voor zover de beschadiging mede werd veroorzaakt door een na de navigatiefout opgekomen omstandigheid, die een zorgvuldig vervoerder heeft kunnen vermijden of waarvan zulk een vervoerder de gevolgen heeft kunnen verhinderen. Fouten gepleegd bij het samenstellen van een sleep of van een duweenheid zijn navigatiefouten als hier bedoeld.

– 2. Voor schade ontstaan door eigen navigatiefouten is de vervoerder slechts aansprakelijk, wanneer hij deze beging hetzij met het opzet die schade te veroorzaken, hetzij roekeloos en met de wetenschap dat die schade er waarschijnlijk uit zou voortvloeien. (BW 8: 906)

– 3. Onder beschadiging worden mede verstaan geheel of gedeeltelijk verlies van zaken, vertraging, alsmede ieder ander schade veroorzakend feit. (Ontw. 8.10.2.10; K 813 (oud); BW 8: 5, 260 v., 383²ᵃ, 860 v., 898, 902; Hague-Visby Rule IV, lid 2 sub *a*)

Art. 902

Dwingend recht

– 1. Nietig is ieder beding, waarbij de ingevolge artikel 895 op de vervoerder drukkende aansprakelijkheid of bewijslast op andere wijze wordt verminderd dan in deze afdeling is voorzien, tenzij het betreft:

a. beschadiging opgekomen vóór of voortvloeiend uit een omstandigheid liggend vóór het laden in of na het lossen uit het schip; (BW 8: 386, 929)

b. het vervoer van zaken, die door hun karakter of gesteldheid een bijzondere overeenkomst rechtvaardigen en welker vervoer moet geschieden onder omstandigheden of op voorwaarden, die een bijzondere overeenkomst rechtvaardigen. Het hier bepaalde geldt echter slechts, wanneer voor het vervoer van deze zaken geen cognossement aan order of toonder, doch een blijkens zijn bewoordingen onverhandelbaar document is afgegeven en het niet betreft een gewone handelslading, verscheept bij gelegenheid van een gewone handelsverrichting. (BW 8: 385, 919)

– 2. In afwijking van het eerste lid staat het partijen vrij bij een in het bijzonder ten aanzien van het voorgenomen vervoer aangegane en in een afzonderlijk, niet naar in een ander geschrift voorkomende bedingen verwijzend, geschrift neergelegde overeenkomst te bedingen dat de vervoerder niet aansprakelijk is voor schade ontstaan door een beschadiging, voor zover deze is veroorzaakt door een in die overeenkomst ondubbelzinnig omschreven wijze van behande-

ling der zaken dan wel ondeugdelijkheid of ongeschiktheid van schip of materiaal. Ondanks zulk een beding blijft de vervoerder aansprakelijk voor door de omschreven wijze van behandeling dan wel ondeugdelijkheid of ongeschiktheid veroorzaakte beschadiging, voor zover een zorgvuldig vervoerder deze had kunnen verhinderen. (BW 8: 898[2])
– 3. Wordt voor het vervoer een cognossement of ander document afgegeven, dan moet, op straffe van nietigheid van een beding als bedoeld in het tweede lid, daarin uitdrukkelijk worden verwezen naar dit afzonderlijke geschrift. (BW 8: 915, 916)
– 4. Onder beschadiging worden mede verstaan niet-aflevering en geheel of gedeeltelijk verlies van zaken. (Ontw. 8.10.2.11; K 813 (oud), 814 (oud); BW 8: 12, 382[1], 385, 386, 898, 899, 900, 901, 1102; L 32; Wet AB 14)

Art. 903

Schadeberekening

– 1. Voor zover de vervoerder aansprakelijk is wegens niet nakomen van de op hem uit hoofde van de artikelen 895 en 896 rustende verplichtingen, heeft de afzender geen ander recht dan betaling te vorderen van een bedrag, dat wordt berekend met inachtneming van de waarde welke zaken als de ten vervoer ontvangene zouden hebben gehad zoals, ten tijde waarop en ter plaatse waar, zij zijn afgeleverd of zij hadden moeten zijn afgeleverd. (BW 8: 980)
– 2. De in het eerste lid genoemde waarde wordt berekend naar de koers op de goederenbeurs of, wanneer er geen dergelijke koers is, naar de gangbare marktwaarde of, wanneer ook deze ontbreekt, naar de normale waarde van zaken van dezelfde aard en hoedanigheid. (BW 8: 980)
– 3. De vervoerder is in geen geval aansprakelijk voor verlies of schade van of aan zaken of met betrekking tot deze, indien aard of waarde daarvan door de afzender opzettelijk verkeerdelijk is opgegeven en, indien een cognossement is afgegeven, daarin verkeerdelijk is opgenomen.
– 4. Nietig is ieder beding, waarbij van dit artikel ten nadele van de vervoerder wordt afgeweken. (Ontw. 8.10.2.12; K 816 (oud), 817 (oud); BW 8: 12, 387, 388, 904, 911, 914, 939, 940, 1103, 1180; L 26, 27)

Art. 904

Als waardevermindering aangemerkt

– 1. Indien met betrekking tot een zaak hulploon, een bijdrage in avarij-grosse of een schadevergoeding uit hoofde van artikel 951 is verschuldigd, wordt deze aangemerkt als een waardevermindering van die zaak. (BW 8: 980)
– 2. Nietig is ieder beding, waarbij van dit artikel ten nadele van de vervoerder wordt afgeweken. (Ontw. 8.10.2.13; BW 6: 198 v.; 8: 261, 389, 567, 612, 860, 911, 1104, 1181)

Art. 905

Limitering

– 1. Voor zover de vervoerder aansprakelijk is wegens niet nakomen van de op hem uit hoofde van de artikelen 895 en 896 rustende verplichtingen, is hij niet aansprakelijk boven bij of krachtens algemene maatregel van bestuur te bepalen bedragen.
– 2. Nietig is ieder beding, waarbij van dit artikel ten nadele van de vervoerder wordt afgeweken. (Ontw. 8.10.2.14; K 813[1] (oud), 818 (oud); BW 8: 12, 388[1], 518, 911, 939, 940, 961, 983, 1105, 1182; L 30)

Art. 906

Geen aansprakelijkheidsbeperking bij opzet

– 1. De vervoerder kan zich niet beroepen op enige beperking van zijn aansprakelijkheid, voor zover de schade is ontstaan uit zijn eigen handeling of nalaten, geschied hetzij met het opzet die schade te veroorzaken, hetzij roekeloos en met de wetenschap dat die schade er waarschijnlijk uit zou voortvloeien.
– 2. Nietig is ieder beding, waarbij van dit artikel wordt afgeweken. (Ontw. 8.10.2.15; K 819 (oud); BW 8: 12, 388[5], 519, 911, 939, 940, 984, 1108, 1185; L 34)

Art. 907

Terbeschikkingstelling zaken

De afzender is verplicht de vervoerder de schade te vergoeden die deze lijdt doordat de overeengekomen zaken, door welke oorzaak dan ook, niet op de overeengekomen plaats en tijd te zijner beschikking zijn. (Ontw. 8.10.2.16; K 857 (oud); BW 8: 24, 64, 391, 931, 1110, 1187, 1714)

Art. 908

Opzegging indien zaken niet beschikbaar

– 1. Alvorens zaken ter beschikking van de vervoerder zijn gesteld, is de afzender bevoegd de overeenkomst op te zeggen.
– 2. Zijn bij het verstrijken van de tijd, waarbinnen de zaken ter beschikking van de vervoerder moeten zijn gesteld, door welke oorzaak dan ook, in het geheel geen zaken ter beschikking van de vervoerder, dan is deze, zonder dat enige ingebrekestelling is vereist, bevoegd de overeenkomst op te zeggen.
– 3. Zijn bij het verstrijken van de in het tweede lid bedoelde tijd, door welke oorzaak dan ook, de overeengekomen zaken slechts gedeeltelijk ter beschikking van de vervoerder dan is deze, zonder dat enige ingebrekestelling is vereist, bevoegd de overeenkomst op te zeggen dan wel de reis te aanvaarden. De afzender is op verlangen van de vervoerder in geval van opzegging van de overeenkomst verplicht tot lossing van de reeds gestuwde zaken of, in geval de vervoerder de reis aanvaardt en het vertrek van het schip zonder herstuwing van de reeds gestuwde zaken niet mogelijk is, tot deze herstuwing.

– 4. De opzegging geschiedt door een mondelinge of schriftelijke kennisgeving of enig ander bericht, waarvan de ontvangst duidelijk aantoonbaar is en de overeenkomst eindigt op het ogenblik van ontvangst, doch niet vóór lossing van de zaken.
– 5. De afzender is verplicht de vervoerder de schade te vergoeden die deze lijdt tengevolge van de opzegging, van de aanvaarding van de reis, dan wel van lossing of herstuwing van reeds ingenomen zaken.
– 6. Dit artikel is niet van toepassing in geval van tijdbevrachting. (Ontw. 8.10.2.17; K 881 (oud), 882 (oud); BW 8: 25, 65, 392, 910, 911, 929, 1111, 1112, 1113, 1188, 1189, 1190, 1716)

Art. 909

Reisbevrachting; gedeeltelijke belading

– 1. In geval van reisbevrachting is de vervrachter na ontvangst van wat hij van de bevrachter heeft te vorderen, op diens verlangen verplicht de reis te aanvaarden met een gedeelte der overeengekomen zaken. De bevrachter is verplicht de vervrachter de vracht over de niet ter beschikking gestelde zaken vóór het begin van het vervoer te voldoen.
– 2. De vervrachter is bevoegd in plaats van de ontbrekende zaken andere aan te nemen. Hij is niet gehouden de vracht, die hij voor het vervoer van deze zaken ontvangt, met de bevrachter te verrekenen, behalve voor zover hij zijnerzijds van de bevrachter vracht over niet ter beschikking gestelde zaken heeft geïnd of gevorderd.
– 3. Is vertrek niet mogelijk zonder herstuwing van de reeds gestuwde zaken, dan is de bevrachter op verlangen van de vervrachter tot deze herstuwing verplicht. Hij is bovendien verplicht de vervrachter de schade te vergoeden die deze door herstuwing van reeds ingenomen zaken lijdt. (Ontw. 8.10.2.20; K 885 (oud), 886 (oud); BW 6: 51; 8: 11, 393, 892, 908, 926, 972[2])

Art. 910

Opgaveplicht afzender

– 1. De afzender is verplicht de vervoerder omtrent de zaken alsmede omtrent de behandeling daarvan tijdig al die opgaven te doen, waartoe hij in staat is of behoort te zijn, en waarvan hij weet of behoort te weten, dat zij voor de vervoerder van belang zijn, tenzij hij mag aannemen dat de vervoerder deze gegevens kent. (BW 8: 980)
– 2. De vervoerder is niet gehouden, doch wel gerechtigd, te onderzoeken of de hem gedane opgaven juist en volledig zijn. (BW 8: 980)
– 3. Is bij het verstrijken van de tijd, waarbinnen de zaken ter beschikking van de vervoerder moeten zijn gesteld, door welke oorzaak dan ook, niet of slechts gedeeltelijk voldaan aan de in het eerste lid van dit artikel genoemde verplichting van de afzender, dan zijn, behalve in het geval van tijdbevrachting, het tweede, derde, vierde en vijfde lid van artikel 908 en het vijfde lid van artikel 911 van overeenkomstige toepassing. (Ontw. 8.10.2.21; K 821[1] (oud), 822[1] (oud); BW 8: 26, 66, 394, 914, 916, 1114, 1191)

Art. 911

Verschaffen vervoersdocumenten en inlichtingen

– 1. De afzender is verplicht de vervoerder de schade te vergoeden die deze lijdt doordat, door welke oorzaak dan ook, niet naar behoren aanwezig zijn de documenten en inlichtingen, die van de zijde van de afzender vereist zijn voor het vervoer dan wel ter voldoening aan vóór de aflevering van de zaken te vervullen douane- en andere formaliteiten.
– 2. De vervoerder is verplicht redelijke zorg aan te wenden dat de documenten, die in zijn handen zijn gesteld, niet verloren gaan of onjuist worden behandeld. Een door hem terzake verschuldigde schadevergoeding zal die, verschuldigd uit hoofde van de artikelen 903 tot en met 906 in geval van verlies van de zaken, niet overschrijden.
– 3. De vervoerder is niet gehouden, doch wel gerechtigd, te onderzoeken of de hem gedane opgaven juist en volledig zijn.
– 4. Zijn bij het verstrijken van de tijd waarbinnen de in het eerste lid genoemde documenten en inlichtingen aanwezig moeten zijn, deze, door welke oorzaak dan ook, niet naar behoren aanwezig, dan zijn, behalve in het geval van tijdbevrachting, het tweede, derde, vierde en vijfde lid van artikel 908 van overeenkomstige toepassing.
– 5. Indien door het niet naar behoren aanwezig zijn van de in dit artikel bedoelde documenten of inlichtingen vervoer van zaken van de betrokken of van een andere afzender op de onderhavige reis wordt verlengd ten gevolge van vertraging in de aanvang of het verloop daarvan, zal de schadevergoeding niet minder bedragen dan het overliggeld over het aantal uren, waarmee het vervoer is verlengd. (Ontw. 8.10.2.22; K 821[1] (oud); BW 8: 27, 67, 395, 910, 914, 916, 980, 1115, 1192; Sr 470)

Art. 912

Opzegging bij onbekende omstandigheid

– 1. Wanneer vóór of bij de aanbieding van de zaken aan de vervoerder omstandigheden aan de zijde van een der partijen zich opdoen of naar voren komen, die haar wederpartij bij het sluiten van de overeenkomst niet behoefde te kennen, doch die, indien zij haar wel bekend waren geweest, redelijkerwijs voor haar grond hadden opgeleverd de vervoerovereenkomst niet of op andere voorwaarden aan te gaan, is deze wederpartij bevoegd de overeenkomst op te zeggen.
– 2. De opzegging geschiedt door een mondelinge of schriftelijke kennisgeving of enig ander

bericht, waarvan de ontvangst duidelijk aantoonbaar is en de overeenkomst eindigt op het ogenblik van ontvangst daarvan.
– 3. Naar maatstaven van redelijkheid en billijkheid zijn partijen na opzegging der overeenkomst verplicht elkaar de daardoor geleden schade te vergoeden. (Ontw. 8.10.2.23; K 803 (oud); BW 6: 95 v., 258, 277; 8: 28, 68, 396, 980, 1116, 1193)

Art. 913

Schade door materiaal of lading

– 1. De afzender is verplicht de vervoerder de schade te vergoeden, die materiaal, dat hij deze ter beschikking stelde of zaken die deze ten vervoer ontving dan wel de behandeling daarvan, de vervoerder berokkenden, behalve voor zover deze schade is veroorzaakt door een omstandigheid die een zorgvuldig afzender van de ten vervoer ontvangen zaken niet heeft kunnen vermijden en waarvan zulk een afzender de gevolgen niet heeft kunnen verhinderen.
– 2. Dit artikel laat artikel 914 en de bepalingen nopens avarij-grosse onverlet. (Ontw. 8.10.2.24; BW 8: 397, 610 v., 1020 v., 1117, 1715, 1719)

Art. 914

Gevaarlijke zaken

– 1. Ten vervoer ontvangen zaken, die een zorgvuldig vervoerder, indien hij geweten zou hebben dat zij na hun inontvangstneming gevaar zouden kunnen opleveren, met het oog daarop niet ten vervoer zou hebben willen ontvangen, mogen door hem op ieder ogenblik en op iedere plaats worden gelost, vernietigd dan wel op andere wijze onschadelijk gemaakt. Ten aanzien van ten vervoer ontvangen zaken, waarvan de vervoerder de gevaarlijkheid heeft gekend, geldt hetzelfde doch slechts dan wanneer zij onmiddellijk dreigend gevaar opleveren.
– 2. Indien de vervoerder op grond van het eerste lid gerechtigd is tot lossen, vernietigen of op andere wijze onschadelijk maken van zaken, is de afzender op verlangen van de vervoerder en wanneer hem dit redelijkerwijs mogelijk is, verplicht deze maatregel te nemen.
– 3. Door het treffen van de in het eerste of tweede lid bedoelde maatregel eindigt de overeenkomst met betrekking tot de daar genoemde zaken, doch, indien deze alsnog worden gelost, eerst na deze lossing. De vervoerder verwittigt zo mogelijk de afzender, degeen aan wie de zaken moeten worden afgeleverd en degeen, aan wie hij volgens de bepalingen van een mogelijkerwijs afgegeven vrachtbrief of cognossement bericht van aankomst van het schip moet zenden. Dit lid is niet van toepassing met betrekking tot zaken die de vervoerder na het treffen van de in het eerste of tweede lid bedoelde maatregel alsnog naar hun bestemming vervoert.
– 4. Naar maatstaven van redelijkheid en billijkheid zijn partijen na beëindiging van de overeenkomst verplicht elkaar de daardoor geleden schade te vergoeden.
– 5. Indien zaken na beëindiging van de overeenkomst alsnog in feite worden afgeleverd, wordt vermoed, dat zij zich op het ogenblik van beëindiging van de overeenkomst bevonden in de staat, waarin zij feitelijk zijn afgeleverd; worden zij niet afgeleverd, dan wordt vermoed, dat zij op het ogenblik van beëindiging van de overeenkomst verloren zijn gegaan.
– 6. Indien de afzender na feitelijke aflevering een zaak niet naar haar bestemming vervoert, wordt het verschil tussen de waarden ter bestemming en ter plaatse van de aflevering, beide als bedoeld in het tweede lid van artikel 903, aangemerkt als waardevermindering van die zaak. Vervoert de afzender een zaak na de feitelijke aflevering alsnog naar haar bestemming, dan worden de kosten die hij te dien einde maakt aangemerkt als waardevermindering van die zaak.
– 7. Op de feitelijke aflevering is het tussen partijen overeengekomene alsmede het in deze afdeling nopens de aflevering van zaken bepaalde van toepassing, met dien verstande, dat deze feitelijke aflevering niet op grond van de tweede zin van het eerste lid of op grond van het derde lid van artikel 947 de vracht verschuldigd doet zijn. De artikelen 955, 956 en 957 zijn van overeenkomstige toepassing. (Rv 632)
– 8. Dit artikel laat de bepalingen nopens avarij-grosse onverlet. (BW 8: 610 v., 1020 v.)
– 9. Nietig is ieder beding, waarbij van het eerste of het tweede lid van dit artikel wordt afgeweken. (Ontw. 8.10.2.25; K 822[2] (oud); BW 8: 12, 261, 398, 860, 910, 911, 913, 934[4], 935[6], 936[5], 980, 1118, 1716, 1718)

Art. 915

Vrachtbrief

– 1. Zowel de afzender als de vervoerder kunnen terzake van het vervoer een document (vrachtbrief) opmaken en verlangen dat dit of een mogelijkerwijs door hun wederpartij opgemaakt document, door hun wederpartij wordt getekend en aan hen wordt afgegeven. Dit document kan noch aan order noch aan toonder worden gesteld. De ondertekening kan worden gedrukt of door een stempel dan wel enig ander kenmerk van oorsprong worden vervangen.
– 2. In de vrachtbrief worden aan de hand van door de afzender te verstrekken gegevens vermeld:
a. de ten vervoer ontvangen zaken,
b. de plaats waar de vervoerder de zaken ten vervoer heeft ontvangen,
c. de plaats waarheen de vervoerder op zich neemt de zaken te vervoeren,
d. de geadresseerde,

e. de vracht,
f. al hetgeen overigens aan afzender en vervoerder gezamenlijk goeddunkt. De afzender staat in voor de juistheid, op het ogenblik van inontvangstneming van de zaken, van de door hem verstrekte gegevens.
– 3. Ondertekening door de afzender houdt op zichzelf niet in, dat hij de juistheid erkent van de aantekeningen die de vervoerder op de vrachtbrief ten aanzien van de zaken plaatste. (Ontw. 8.10.2.27; K 90 (oud); 789 (oud); BW 8: 1119)

Art. 916

Afgifte cognossement

– 1. Op verlangen van de afzender, geuit voor de inlading een aanvang neemt, is de vervoerder verplicht voor zaken, die hij ten vervoer ontving, een cognossement op te maken, te dateren, te ondertekenen en tegen intrekking van een ontvangstbewijs of ligcognossement, dat door hem mocht zijn afgegeven, aan de afzender af te geven. De afzender is verplicht de gegevens, die nodig zijn voor het opmaken van het cognossement te verstrekken en staat in voor de juistheid daarvan op het ogenblik van de inontvangstneming van de zaken. Op verlangen van de vervoerder is de afzender verplicht het cognossement mede te ondertekenen of hem een ondertekend afschrift daarvan ter hand te stellen.
– 2. Wanneer de zaken voor zij ten vervoer zijn ingeladen door de vervoerder worden ontvangen, is deze op verlangen van de afzender verplicht een ontvangstbewijs of een voorlopig cognossement op te maken, te dateren, te ondertekenen en af te geven. De afzender is verplicht de gegevens, die nodig zijn voor het opmaken van dit document, te verstrekken en hij staat in voor de juistheid daarvan op het ogenblik van de inontvangstneming van de zaken. (BW 8: 411)
– 3. Nadat de inlading is voltooid, is de vervoerder op verlangen van de afzender verplicht een dergelijk voorlopig cognossement hetzij om te ruilen tegen een cognossement, als in het eerste lid bedoeld, hetzij op het voorlopige cognossement de naam van het schip of de schepen, aan boord waarvan de zaken werden geladen, en de datum of de data van de inlading aan te tekenen en vervolgens deze gegevens te ondertekenen.
– 4. De ondertekening kan worden gedrukt of door een stempel dan wel enig ander kenmerk van oorsprong worden vervangen. (Ontw. 8.10.2.28; K 90 (oud), 840 (oud), 842 (oud), 858 (oud), 908 (oud); BW 8: 44, 260, 399, 910, 911, 918, 1119, 1122)

Art. 917

Vervoerovereenkomst gaat boven cognossement

Indien een vervoerovereenkomst is gesloten en bovendien een cognossement is afgegeven, wordt, behoudens artikel 940 tweede lid, tweede volzin, de rechtsverhouding tussen de vervoerder en de afzender door de bedingen van de vervoerovereenkomst en niet door die van dit cognossement beheerst. Behoudens het in artikel 940 eerste lid gestelde vereiste van houderschap van het cognossement, strekt dit hun dan slechts tot bewijs van de ontvangst der zaken door de vervoerder. (Ontw. 8.10.2.29; K 847 (oud); BW 8: 47, 410, 1123²)

Art. 918

Inhoud cognossement

Het cognossement, voor zover het geen ligcognossement is, vermeldt de ten vervoer ontvangen zaken, de plaats waar de vervoerder hen ten vervoer heeft ontvangen, de plaats waarheen de vervoerder op zich neemt hen te vervoeren, het schip aan boord waarvan de zaken worden geladen, en de geadresseerde. (Ontw. 8.10.2.30; K 842¹ ᵉⁿ ⁴ (oud); BW 8: 44, 399, 412, 916, 919)

Art. 919

Aanduiding geadresseerde

– 1. In het cognossement wordt de geadresseerde, ter keuze van de afzender, aangegeven hetzij bij name of andere aanduiding, hetzij als order van de afzender of van een ander, hetzij als toonder. Op verlangen van de vervoerder wordt vermeld aan wie deze kennis kan geven dat hij gereed is te lossen.
– 2. De enkele woorden 'aan order' worden geacht de order van de afzender aan te geven. (Ontw. 8.10.2.31; K 842² ᵉⁿ ³ (oud); BW 8: 44ᶠ, 412, 918, 923, 934; K 110, 191, 347)

Art. 920

Exemplaren van cognossement

De verhandelbare exemplaren van een cognossement, waarin is vermeld hoeveel van deze exemplaren in het geheel zijn afgegeven, gelden alle voor één en één voor alle. (Ontw. 8.10.2.31a; K 507¹ (oud); BW 8: 45, 413, 942)

Art. 921

Bewijskracht cognossement

– 1. Het cognossement bewijst, behoudens tegenbewijs, dat de vervoerder de zaken heeft ontvangen en wel wat hun aard betreft, zoals deze daarin in het algemeen zijn omschreven en overigens zoals deze daarin naar aantal, gewicht of maat zijn vermeld. Tegenbewijs tegen het cognossement wordt niet toegelaten, wanneer het is overgedragen aan een derde te goeder trouw.
– 2. Indien in het cognossement de clausule: 'aard, aantal, maat of gewicht onbekend' of enige andere clausule van dergelijke strekking is opgenomen, binden zodanige in het cognossement voorkomende vermeldingen omtrent de zaken de vervoerder niet, tenzij bewezen wordt, dat hij de aard, het aantal, de maat of het gewicht der zaken heeft gekend of had behoren te kennen.
– 3. Een cognossement, dat de uiterlijk zichtbare staat of gesteldheid van de zaak niet ver-

meldt, levert, behoudens tegenbewijs dat ook jegens een derde mogelijk is, een vermoeden op dat de vervoerder die zaak voor zover uiterlijk zichtbaar in goede staat of gesteldheid heeft ontvangen.
– 4. Ondertekening door de afzender van het cognossement of van een afschrift daarvan houdt op zichzelf niet in, dat hij de juistheid erkent van de aantekeningen die de vervoerder daarop ten aanzien van de zaken plaatste. (Ontw. 8.10.2.32; K 848 (oud), 849 (oud); BW 3: 11, 90 v.; 8: 48, 414, 916, 1124)

Art. 922

Verwijzingen in cognossement

– 1. Verwijzingen in het cognossement worden geacht slechts die bedingen daarin in te voegen, die voor degeen, jegens wie daarop een beroep wordt gedaan, duidelijk kenbaar zijn.
– 2. Een dergelijk beroep is slechts mogelijk voor hem, die op schriftelijk verlangen van degeen jegens wie dit beroep kan worden gedaan of wordt gedaan, aan deze onverwijld die bedingen heeft doen toekomen.
– 3. Nietig is ieder beding, waarbij van het tweede lid van dit artikel wordt afgeweken. (Ontw. 8.10.2.33; K 846^{2} (oud); BW 3: 11; 6: 231 v.; 8: 12, 48^{5}, 415, 1122^{3})

Art. 923

Levering cognossement aan order

Een cognossement aan order wordt geleverd op de wijze als aangegeven in afdeling 2 van Titel 4 van Boek 3. (Ontw. 8.10.2.34; K 843 (oud); BW 3: 93, 94; 8: 49, 416, 920; K 110, 191)

Art. 924

Levering zaken door levering cognossement

Levering van het cognossement vòòr de aflevering van de daarin vermelde zaken door de vervoerder geldt als levering van die zaken. (Ontw. 8.10.2.35; K 851 (oud); BW 7: 607; 8: 50, 417, 923)

Art. 925

Aanwijzing plek van inlading en lossing

De vervoerder is verplicht de plek van inlading en lossing tijdig aan te wijzen; in geval van tijdbevrachting is echter artikel 897 van toepassing en in geval van reisbevrachting artikel 926. (Ontw. 8.10.2.36; BW 8: 418, 929, 930, 931, 933; K 854)

Art. 926

Reisbevrachting: aanwijzing door bevrachter

– 1. In geval van reisbevrachting is de bevrachter verplicht de plek van inlading en lossing tijdig aan te wijzen.
– 2. Hij moet daartoe aanwijzen een plek, waar het schip veilig kan komen, liggen, laden of lossen en waarvandaan het veilig kan vertrekken.
– 3. Indien de aangewezen plek niet beschikbaar is, lopen laad- en lostijd zoals zij gelopen zouden hebben wanneer deze plek wel beschikbaar zou zijn geweest.
– 4. Wanneer de bevrachter niet aan deze verplichting voldoet, is de vervrachter zonder dat enige aanmaning is vereist bevoegd zelf de plek van inlading of lossing aan te wijzen.
– 5. Indien de bevrachter meer dan één plek aanwijst, geldt de tijd nodig voor het verhalen als gebruikte laad- of lostijd. De kosten van verhalen zijn voor zijn rekening.
– 6. De bevrachter staat er voor in, dat het schip op de plek, die hij op grond van het eerste lid ter inlading of lossing aanwijst, veilig kan komen, liggen, laden of lossen en daarvandaan veilig kan vertrekken. Indien deze plek blijkt niet aan deze vereisten te voldoen, is de bevrachter slechts in zoverre niet aansprakelijk als de schipper, door de hem gegeven aanwijzing op te volgen, onredelijk handelde. (Ontw. 8.10.2.37; K 874 (oud), 875 (oud), 889 (oud), 890 (oud); BW 8: 419, 925, 927, 972 lid 2)

Art. 927

Aanwijzing laad- of loshaven

Wanneer in geval van reisbevrachting de bevrachter de bevoegdheid heeft laad- of loshaven nader aan te wijzen, is artikel 926 van overeenkomstige toepassing. (Ontw. 8.10.2.38; BW 8: 420, 972 lid 2)

Art. 928

Ruimtebevrachting

In geval van ruimtebevrachting zijn alle kosten en tijdverlet, veroorzaakt om het schip de plek waar het ter beschikking moet worden gesteld te doen bereiken, ten laste van de bevrachter. De vergoeding voor tijdverlet zal niet minder bedragen dan het overliggeld voor de gebezigde uren. (Ontw. 8.10.2.39; BW 8: 892, 931, 932, 933, 972 lid 2)

Art. 929

Afzender moet laden, ontvanger moet lossen

– 1. De vervoerder is verplicht het schip ter inlading en ter lossing beschikbaar te stellen.
– 2. De afzender is verplicht de zaken aan boord van het schip te laden en te stuwen en de ontvanger is verplicht hen uit het schip te lossen. Wanneer de vervoerder daarbij aanwijzingen geeft voor de veiligheid van de vaart of ter voorkoming van schade zijn zij verplicht deze op te volgen. (Ontw. 8.10.2.40; K 859, 877, 893 (oud); BW 8: 421, 902 lid 1 sub *a*, 913, 925; K 854)

Art. 930

Begin laadtijd

– 1. De laadtijd gaat in op de dag volgende op die waarop de vervoerder aan de afzender of aan een door deze aangewezen persoon het schip heeft gemeld.
– 2. Indien het de afzender bekend is, dat het schip zich op de dag van het sluiten van de overeenkomst in de laadplaats bevindt, wordt de vervoerder beschouwd als op die dag de in het

eerste lid bedoelde melding te hebben verricht. (Ontw. 8.10.2.41; K 879 (oud); BW 8: 919, 925, 931, 932, 933; K 854)

Art. 931

Laadtijd; overligdagen; overliggeld

– 1. Voor zover de vervoerder verplicht is tot laden, is hij gehouden zulks in de overeengekomen laadtijd te doen.

– 2. Voor zover de afzender verplicht is tot laden of stuwen, staat hij er voor in dat zulks in de overeengekomen laadtijd geschiedt.

– 3. Wanneer overligtijd is bedongen, is de afzender gerechtigd deze tijd na afloop van de laadtijd voor inlading en stuwing te bezigen.

– 4. Bepaalt de vervoerovereenkomst overliggeld, doch niet de overligtijd, dan wordt deze tijd vastgesteld op vier opeenvolgende dagen of, als op de ligplek een ander aantal redelijk of gebruikelijk is, op dit aantal.

– 5. De laadtijd wordt verkort met het aantal uren, dat de belading eerder is aangevangen of de vervoerder het schip op verlangen van de afzender eerder voor belading beschikbaar hield dan het tijdstip, waarop ingevolge het eerste lid van artikel 930 de laadtijd inging. Hij wordt verlengd met het aantal uren, dat het schip na aanvang van de werktijd op de dag, waarop de laadtijd inging, nog niet voor belading beschikbaar was.

– 6. Laadtijd, bedongen overligtijd en de in het vierde lid bedoelde overligdagen worden, voor zover de afzender tot laden of stuwen verplicht is, verlengd met de uren, dat niet kan worden geladen of gestuwd door schuld van de vervoerder of door omstandigheden gelegen in het schip of in het materiaal van het schip waarvan de vervoerder of de afzender zich bedient. Zij nemen een einde, wanneer belading en stuwing zijn beëindigd. (Ontw. 8.10.2.42; K 878, 879, 883, 884, 888, 893 (oud); BW 8: 442, 896, 907, 908, 925, 932, 933; K 854)

Art. 932

Betaling overliggeld; AMvB laad- en lostijden

– 1. De afzender is gehouden tot betaling van overliggeld voor de overligtijd met uitzondering van de uren vermeld in de eerste zin van het zesde lid van artikel 931. Hij is bovendien verplicht de vervoerder de schade te vergoeden wanneer, door welke oorzaak dan ook, vervoer van zaken van de betrokken of van een andere afzender op de onderhavige reis wordt verlengd ten gevolge van vertraging in de aanvang of het verloop van dit vervoer, ontstaan doordat de afzender belading en stuwing niet had voltooid in de laadtijd en de bedongen of wettelijke overligtijd. Deze schadevergoeding zal niet minder bedragen dan het overliggeld over het aantal uren, waarmee het vervoer is verlengd.

– 2. De wettelijke bepalingen omtrent boetebedingen zijn niet van toepassing op bedingen met betrekking tot overliggeld. (BW 6: 91; BW 1285, 1340 v.)

– 3. Schuldenaren van overliggeld en een mogelijkerwijs uit hoofde van het tweede lid van artikel 931 verschuldigde schadevergoeding zijn tot betaling daarvan hoofdelijk verbonden. (BW 6: 6 v., 102)

– 4. Voorts gelden de regels, zo nodig vastgesteld bij algemene maatregel van bestuur, ten aanzien van het aantal der laad- en losdagen, de berekening van de laad-, los- en overligtijd, het bedrag van het overliggeld, de wijze, waarop het gewicht der te vervoeren of vervoerde zaken wordt bepaald, de duur van de werktijd en de uren, waarop deze begint en eindigt, voor zover niet bij plaatselijke verordening andere uren van aanvang en einde zijn bepaald, en de vergoeding voor of het meetellen van nachten, zaterdagen, zondagen en daarmede geheel of gedeeltelijk gelijkgestelde dagen, indien des nachts of op genoemde dagen geladen, gestuwd of gelost wordt, alsmede het begin van laad- en lostijd en de dagen en uren, waarop kennisgevingen van laad- of losgereedheid kunnen worden gedaan. (Ontw. 8.10.2.43; K 853 (oud), 862 (oud), 879 (oud), 880 (oud); BW 8: 422, 896, 907, 925, 930, 933, 947[7], 956, 997; K 854)

Art. 933

Lossen

De artikelen 930, 931 en 932 vinden overeenkomstige toepassing op lossen. (Ontw. 8.10.2.44; K 879 (oud), 894 (oud); BW 8: 483, 919, 947[7]; K 854)

Art. 934

Vergaan of beschadiging schip; beëindiging overeenkomst

– 1. Behalve in geval van tijd- of reisbevrachting is de vervoerder wanneer, nadat de inlading een aanvang heeft genomen, het schip vergaat of zodanig beschadigd blijkt te zijn, dat het herstel, nodig voor de uitvoering van de overeenkomst, niet zonder ingrijpende maatregel mogelijk is, na lossing van de zaken bevoegd de overeenkomst te beëindigen, mits hij dit zo spoedig mogelijk doet; een maatregel tot herstel, die lossing van de gehele lading noodzakelijk maakt, wordt daarbij vermoed een ingrijpende maatregel te zijn.

– 2. Vermoed wordt dat het vergaan of de beschadiging van het schip is te wijten aan een omstandigheid, die voor rekening van de vervoerder komt; voor rekening van de vervoerder komen die omstandigheden, die in geval van beschadiging van door hem vervoerde zaken voor zijn rekening komen.

– 3. De vervoerder verwittigt, zo mogelijk, de afzender, de geadresseerde en degeen aan wie

hij volgens de bepalingen van een mogelijkerwijs afgegeven cognossement bericht van gereedheid tot lossen moet zenden. (BW 8: 919)
– 4. Het vijfde, het zesde en het zevende lid van artikel 914 zijn van toepassing. (Ontw. 8.10.2.45; K 867 (oud); BW 8: 424, 860, 935, 936, 1718)

Art. 935

Beschadiging schip bij bevrachting; opzegging overeenkomst

– 1. In geval van tijd- of reisbevrachting is de vervrachter, mits hij dit zo spoedig mogelijk doet, bevoegd de overeenkomst geheel of met betrekking tot een gedeelte der zaken al dan niet uitdrukkelijk op te zeggen, wanneer het schip, zonder dat het vergaan is, zodanig beschadigd blijkt te zijn, dat het, naar het oordeel van de vervrachter, het herstel, nodig voor de uitvoering van de overeenkomst, niet waard is of dit herstel binnen redelijke tijd niet mogelijk is.
– 2. Wanneer in geval van reisbevrachting de vervrachter reeds aan boord ontvangen zaken, zij het niet in het bevrachte schip, ondanks de beëindiging van de overeenkomst, naar hun bestemming vervoert, wordt dit vervoer vermoed op grond van de oorspronkelijke overeenkomst plaats te vinden.
– 3. Door de opzegging eindigt de overeenkomst, doch ten aanzien van reeds aan boord ontvangen zaken, eerst na lossing van die zaken.
– 4. Ten aanzien van reeds ten vervoer ontvangen zaken wordt vermoed, dat de beschadiging van het schip is te wijten aan een omstandigheid, die voor rekening van de vervrachter komt; voor rekening van de vervrachter komen die omstandigheden, die in geval van beschadiging van door hem vervoerde zaken voor zijn rekening komen.
– 5. De vervrachter verwittigt, zo spoedig als dit mogelijk is, de bevrachter, de geadresseerde en degeen aan wie hij bericht van gereedheid tot lossen moet zenden.
– 6. Het vijfde, het zesde en het zevende lid van artikel 914 zijn van toepassing met dien verstande, dat in geval van tijdbevrachting vracht verschuldigd blijft tot op het tijdstip van de lossing der zaken. (Ontw. 8.10.2.46; K 801 (oud), 808 (oud), 901[3] (oud); BW 8: 425, 860, 892, 934, 936, 937, 949, 972[2])

Art. 936

Vergaan schip bij bevrachting; einde overeenkomst

– 1. In geval van tijd- of reisbevrachting eindigt de overeenkomst met het vergaan van het schip.
– 2. Ten aanzien van reeds ten vervoer ontvangen zaken wordt vermoed, dat het vergaan van het schip is te wijten aan een omstandigheid, die voor rekening van de vervrachter komt; voor rekening van de vervrachter komen die omstandigheden, die in geval van beschadiging van door hem vervoerde zaken voor zijn rekening komen.
– 3. Vervoert de vervrachter ondanks het vergaan van het schip zaken die reeds aan boord waren ontvangen alsnog naar hun bestemming, dan wordt in geval van reisbevrachting dit vervoer vermoed op grond van de oorspronkelijke overeenkomst plaats te vinden.
– 4. De vervrachter verwittigt, zo spoedig als dit mogelijk is, de bevrachter, de geadresseerde en degeen aan wie hij bericht van gereedheid tot lossen moet zenden.
– 5. Het vijfde, het zesde en het zevende lid van artikel 914 zijn van toepassing. (Ontw. 8.10.2.47; K 800 (oud), 801 (oud); BW 8: 426, 892, 934, 935, 972[2])

Art. 937

Aflevering zaken vóór aankomst

– 1. De afzender is, tenzij een cognossement is afgegeven, bevoegd zichzelf of een ander als geadresseerde aan te wijzen, een gegeven aanduiding van de geadresseerde te wijzigen, orders omtrent de aflevering te geven of te wijzigen dan wel aflevering van ten vervoer ontvangen zaken vóór de aankomst ter bestemming te verlangen, voor zover de vervoerder aan deze aanwijzingen redelijkerwijs kan voldoen en mits hij de vervoerder en de belanghebbenden bij de overige lading ter zake schadeloos stelt. Hij is verplicht tot bijdragen in een avarij-grosse, wanneer de avarij-grosse handeling plaatshad met het oog op een omstandigheid, waarvan reeds vóór de aflevering is gebleken. Wanneer het schip naar een niet eerder overeengekomen plaats of plek is gevaren, is hij verplicht de vervoerder terzake bovendien een redelijke vergoeding te geven.
– 2. Hij kan deze rechten niet uitoefenen, wanneer door het opvolgen van zijn aanwijzingen de reis zou worden vertraagd.
– 3. Deze rechten van de afzender vervallen al naarmate de geadresseerde op de losplek zaken ter lossing aanneemt of de geadresseerde van de vervoerder schadevergoeding verlangt omdat deze zaken niet aflevert.
– 4. Zaken, die ingevolge het eerste lid zijn afgeleverd, worden aangemerkt als ter bestemming afgeleverde zaken en de bepalingen van deze afdeling nopens de aflevering van zaken, alsmede de artikelen 955, 956 en 957 zijn van toepassing. (Ontw. 8.10.2.48; K 881 (oud), 901 (oud); BW 8: 440, 610 v., 913, 938, 947, 1020 v., 1125; CMR art. 12; L 15)

Art. 938

Bij cognossement

– 1. Indien een cognossement is afgegeven, is uitsluitend de in artikel 940 bedoelde houder daarvan en dan alleen tegen afgifte van alle verhandelbare exemplaren van dit cognossement, bevoegd, voor zover de vervoerder hieraan redelijkerwijs kan voldoen, aflevering van alle daarop vermelde zaken gezamenlijk vóór de aankomst ter bestemming te verlangen, mits hij de vervoerder en de belanghebbenden bij de overige lading terzake schadeloos stelt. Hij is verplicht tot bijdragen in een avarij-grosse, wanneer de avarij-grosse handeling plaats had met het oog op een omstandigheid, waarvan reeds vóór de aflevering is gebleken. Wanneer het schip naar een niet eerder overeengekomen plaats of plek is gevaren, is hij verplicht de vervoerder ter zake bovendien een redelijke vergoeding te geven.

– 2. Hij kan dit recht niet uitoefenen, wanneer door de voortijdige aflevering de reis zou worden vertraagd.

– 3. Zaken, die ingevolge het eerste lid zijn afgeleverd, worden aangemerkt als ter bestemming afgeleverde zaken en de bepalingen van deze afdeling nopens de aflevering van zaken, alsmede de artikelen 955, 956 en 957 zijn van toepassing. (Ontw. 8.10.2.49; K 844 (oud), 881 (oud); BW 8: 440, 610 v., 913, 920, 937, 947, 1020 v., 1125)

Art. 939

Aflevering aan geadresseerde op vrachtbrief

Indien geen cognossement doch aan de afzender een vrachtbrief die een geadresseerde vermeldt is afgegeven, heeft ook deze geadresseerde jegens de vervoerder het recht aflevering van de zaken overeenkomstig de op de vervoerder rustende verplichtingen te vorderen; daarbij zijn de artikelen 903, 905 en 906 van overeenkomstige toepassing. (Ontw. 8.10.2.50; BW 8: 937, 1126)

Art. 940

Recht cognossementhouder; verhouding tot vervoerder

– 1. Indien een cognossement is afgegeven, heeft uitsluitend de regelmatige houder daarvan, tenzij hij niet op rechtmatige wijze houder is geworden, jegens de vervoerder onder het cognossement het recht aflevering van de zaken overeenkomstig de op de vervoerder rustende verplichtingen te vorderen; daarbij zijn de artikelen 903, 905 en 906 van toepassing.

– 2. Jegens de houder van het cognossement, die niet de afzender was, is de vervoerder onder cognossement gehouden aan en kan hij een beroep doen op de bedingen van dit cognossement. Jegens iedere houder van het cognossement kan hij de uit het cognossement duidelijk kenbare rechten tot betaling geldend maken. Jegens de houder van het cognossement, die ook de afzender was, kan de vervoerder zich bovendien op de bedingen van de vervoerovereenkomst en op zijn persoonlijke verhouding tot de afzender beroepen. (Ontw. 8.10.2.51; K 845 (oud), 846 (oud), 847 (oud); BW 3: 86; 8: 51, 441, 917, 922, 938, 941, 943, 951; K 115)

Art. 941

Meer vervoerders onder cognossement

– 1. Indien bij toepassing van artikel 943 verscheidene personen als vervoerder onder het cognossement moeten worden aangemerkt zijn dezen jegens de in artikel 940 eerste lid bedoelde cognossementhouder hoofdelijk verbonden.

– 2. In het in het eerste lid genoemde geval is ieder der vervoerders gerechtigd de uit het cognossement blijkende rechten jegens de cognossementhouder uit te oefenen en is deze jegens iedere vervoerder gekweten tot op het opeisbare bedrag dat hij op grond van het cognossement aan één hunner heeft voldaan. Titel 7 van Boek 3 is niet van toepassing. (Ontw. 8.10.2.51a; K 908 (oud); BW 6: 6 v., 102; 8: 442, 917, 922, 944; K 146, 221)

Art. 942

Rangorde cognossementhouders

Van de houders van verschillende exemplaren van hetzelfde cognossement heeft hij het beste recht, die houder is van het exemplaar, waarvan ná de gemeenschappelijke voorman, die houder was van al die exemplaren, het eerst een ander houder is geworden te goeder trouw en onder bezwarende titel. (Ontw. 8.10.2.52; K 517 (oud); BW 3: 11; 8: 52, 460, 919, 920, 940, 955)

Art. 943

Vervoerder onder cognossement

– 1. Onverminderd de overige leden van dit artikel worden als vervoerder onder het cognossement aangemerkt hij die het cognossement ondertekende of voor wie een ander dit ondertekende alsmede hij wiens formulier voor het cognossement is gebezigd. Is het cognossement niet of op onleesbare wijze ondertekend, dan wordt de wederpartij van de afzender als vervoerder onder het cognossement aangemerkt.

– 2. Indien de schipper of een ander voor hem het cognossement ondertekende, wordt naast degenen genoemd in het eerste lid, die tijd- of reisbevrachter, die vervoerder is bij de laatste overeenkomst in de keten der exploitatie-overeenkomsten als bedoeld in afdeling 1 van titel 5, als vervoerder onder het cognossement aangemerkt. Indien het schip in rompbevrachting is uitgegeven wordt naast deze eventuele tijd- of reisbevrachter ook de laatste rompbevrachter als vervoerder onder het cognossement aangemerkt. Is het schip niet in rompbevrachting uitgegeven, dan wordt naast de hiergenoemde eventuele tijd- of reisbevrachter ook de eigenaar als vervoerder onder het cognossement aangemerkt.

– 3. In afwijking van de vorige leden wordt uitsluitend de laatste rompbevrachter, onderscheidenlijk de eigenaar, als vervoerder onder het cognossement aangemerkt indien het cognossement uitsluitend deze rompbevrachter, onderscheidenlijk de eigenaar, uitdrukkelijk als

zodanig aanwijst en, in geval van aanwijzing van de rompbevrachter, bovendien diens identiteit uit het cognossement duidelijk kenbaar is.
– 4. Dit artikel laat het tweede lid van artikel 861 onverlet.
– 5. Nietig is ieder beding, waarbij van dit artikel wordt afgeweken. (Ontw. 8.10.2.53; K 793 lid 2 (oud); BW 8: 12, 217, 461, 827, 897, 941, 944, 945, 990; K 100 sub 8 jo. 108, 178 sub 6 jo. 189)

Art. 944

Onbevoegde ondertekening cognossement; derdenbescherming

– 1. Het eerste lid, eerste volzin van artikel 943 vindt geen toepassing indien een daar als vervoerder onder het cognossement aangemerkte persoon bewijst dat hij die het cognossement voor hem ondertekende daarbij de grenzen zijner bevoegdheid overschreed of dat het formulier zonder zijn toestemming is gebezigd. Desalniettemin wordt een in het eerste lid, eerste volzin van artikel 943 bedoelde persoon als vervoerder onder het cognossement aangemerkt, indien de houder van het cognossement bewijst dat op het ogenblik van uitgifte van het cognossement, op grond van een verklaring of gedraging van hem voor wie is ondertekend of wiens formulier is gebezigd, redelijkerwijze mocht worden aangenomen, dat hij die ondertekende daartoe bevoegd was of dat het formulier met toestemming was gebezigd.
– 2. In afwijking van het eerste lid wordt de rederij als vervoerder onder het cognossement aangemerkt indien haar boekhouder door ondertekening van het cognossement de grenzen zijner bevoegdheid overschreed, doch zij wordt niet gebonden jegens de eerste houder van het cognossement die op het ogenblik van uitgifte daarvan wist dat de boekhouder de grenzen zijner bevoegdheid overschreed. (BW 8: 771 jo. 178, 179)
– 3. Een beroep op het tweede lid van artikel 943 is mogelijk ook indien de schipper door ondertekening van het cognossement of door een ander de bevoegdheid te geven dit namens hem te ondertekenen, de grenzen zijner bevoegdheid overschreed, doch dergelijk beroep staat niet open aan de eerste houder van het cognossement die op het ogenblik van uitgifte daarvan wist dat de schipper de grenzen zijner bevoegdheid overschreed.
– 4. Het derde lid vindt eveneens toepassing indien hij die namens de schipper het cognossement ondertekende daarbij de grenzen zijner bevoegdheid overschreed. (Ontw. 8.10.2.53a; BW 8: 217, 462, 827, 861)

Art. 945

Verhaal vervrachter

– 1. Is een vervrachter ingevolge artikel 943 tot meer gehouden dan waartoe hij uit hoofde van zijn bevrachting is verplicht of ontving hij minder dan waartoe hij uit dien hoofde is gerechtigd, dan heeft hij – mits de ondertekening van het cognossement of de afgifte van het formulier plaatsvond krachtens het in de bevrachting bepaalde, dan wel op verzoek van de bevrachter – deswege op deze laatste verhaal.
– 2. Hetzelfde geldt voor een ingevolge het eerste lid aangesproken bevrachter, die op zijn beurt vervrachter is. (Ontw. 8.10.2.54; K 793 lid 2 (oud); BW 8: 480, 972 lid 2)

Art. 946

Afgifte en kwijting cognossement

– 1. De houder van het cognossement, die zich tot ontvangst van de zaken heeft aangemeld, is verplicht, voordat hij deze heeft ontvangen, het cognossement van kwijting te voorzien en aan de vervoerder af te geven. (BW 8: 481^{1})

Afgifte ontvangstbewijzen

– 2. Hij is gerechtigd het cognossement tot zekerheid der afgifte daarvan bij een, in geval van geschil op verzoek van de meest gerede partij door de rechter aan te wijzen, derde in bewaring te geven totdat de zaken afgeleverd zijn. (BW 8: 481^{2})
– 3. Tenzij het cognossement in overeenstemming met het eerste lid van kwijting is voorzien en aan de vervoerder is afgegeven, is de ontvanger verplicht naarmate van de aflevering van de zaken ontvangstbewijzen daarvoor af te geven, voor zover althans dit de aflevering niet op onredelijke wijze vertraagt. (Ontw. 8.10.2.55; K 850$^{1 \text{ en } 2}$ (oud); BW 8: 481, 955; BW 1767; Rv 627)

Art. 947

Vracht

– 1. Een derde gedeelte van de vracht, berekend over de ten vervoer ontvangen zaken, – of, wanneer een beding als 'franco vracht tegen ontvangstbewijs' is gemaakt, twee derde gedeelte daarvan – is verschuldigd op het ogenblik, dat de vervoerder de zaken ten vervoer ontvangt of, wanneer door hem een vrachtbrief of cognossement wordt afgegeven, bij het afgeven hiervan. De overige vracht is verschuldigd na aflevering van de zaken ter bestemming of ter plaatse, waar de vervoerder hen met inachtneming van artikel 937 of artikel 938 afleverde. Is de vracht bepaald naar gewicht of omvang der zaken, dan wordt hij berekend naar deze gegevens bij aflevering.
– 2. Wanneer zaken weliswaar worden afgeleverd, doch niet ter bestemming, is distantievracht verschuldigd. Deze wordt berekend aan de hand van het door de zaken afgelegde gedeelte van het vervoer en de door de vervoerder gemaakte kosten. Hierbij wordt rekening gehouden met de gehele duur en lengte van het vervoer en het totaal van de daarvoor door de vervoerder te maken kosten.
– 3. Vracht, die in één som voor alle zaken is bepaald, is, ook wanneer slechts een gedeelte van die zaken ter bestemming is afgeleverd, in zijn geheel verschuldigd.

– 4. Vracht, die vooruit te voldoen is of voldaan is, is en blijft – behalve in geval van tijdbevrachting – in zijn geheel verschuldigd, ook wanneer de zaken niet ter bestemming worden afgeleverd. (BW 8: 892)
– 5. Zaken, die niet zijn afgeleverd, worden desalniettemin aangemerkt als afgeleverde zaken voor zover het niet afleveren het gevolg is van de aard of een gebrek van de zaken, dan wel van een handeling of nalaten van een rechthebbende op of de afzender, geadresseerde of ontvanger van de zaken.
– 6. Wanneer de vracht in het cognossement op een lager bedrag is vastgesteld dan in de vervoerovereenkomst, is het verschil aan de vervoerder vooruit te voldoen.
– 7. Wanneer de afzender niet de vóór het begin van het vervoer verschuldigde vracht heeft voldaan, is de vervoerder bevoegd het vertrek van het schip op te schorten. Met toestemming van de rechter is hij gerechtigd tot het nemen van de in de artikelen 955 en 957 genoemde maatregelen. Gaat hij hiertoe over, dan zijn deze artikelen alsmede artikel 956 van toepassing. De afzender is verplicht de vervoerder de schade te vergoeden, wanneer, door welke oorzaak dan ook, vervoer van zaken van de betrokken of van een andere afzender op de onderhavige reis wordt verlengd ten gevolge van deze opschorting. Deze schadevergoeding zal niet minder bedragen dan het overliggeld over het aantal uren, waarmee het vervoer is verlengd. (Ontw. 8.10.2.56; K 831 (oud), 832 (oud), 846 (oud), 865 (oud), 866 (oud), 888 (oud), 899 (oud), 900 (oud), 902 (oud), 904 (oud), 905 (oud), 906 (oud); BW 8: 29, 484, 914^7, 916, 940^2, 949, 954, 1128, 1194; L 16)

Art. 948

Vervoer voor eigen rekening

Voor zaken die door een opvarende voor eigen rekening in strijd met enig wettelijk verbod worden vervoerd is de hoogste vracht verschuldigd die ten tijde van de inlading voor soortgelijke zaken kon worden bedongen. Deze vracht is verschuldigd ook wanneer de zaken niet ter bestemming worden afgeleverd en de ontvanger is met de verscheper hoofdelijk voor deze vracht verbonden. (Ontw. 8.10.2.57; K 372^2 (oud); BW 6: 6 v., 102; 8: 5, 485, 947; K 372)

Art. 949

Schip niet ter beschikking; geen vracht

Onder voorbehoud van de laatste zinsnede van het zesde lid van artikel 935 is in geval van tijdbevrachting vracht niet verschuldigd over de tijd, dat de bevrachter het schip niet overeenkomstig de bedingen van de bevrachting te zijner beschikking heeft
a. ten gevolge van beschadiging daarvan, dan wel
b. doordat de vervrachter in de nakoming van zijn verplichtingen tekort schiet, mits het schip meer dan 24 aaneengesloten uren niet ter beschikking van de bevrachter staat. (Ontw. 8.10.2.58; K 798^2 (oud), 808 (oud); BW 8: 486, 892, 947, 972^2)

Art. 950

Verdeling exploitatielasten

– 1. Bij tijdbevrachting komen de brandstof voor de voortstuwingsinstallaties en de smeerolie, de havenrechten en soortgelijke rechten en uitgaven, die verschuldigd worden ten gevolge van uitgevoerde reizen en het vervoeren van zaken, ten laste van de bevrachter. De overige lasten der exploitatie van het schip komen ten laste van de vervrachter.
– 2. Bij vletten komen de havengelden ten laste van de vervrachter, tenzij het schip zich begeeft naar een andere gemeente. In dat geval komen de havengelden, verschuldigd in die andere gemeente, alsmede de havengelden, verschuldigd na terugkeer in de oorspronkelijke gemeente, ten laste van de bevrachter. (Ontw. 8.10.2.59; BW 8: 487, 892, 972^2)

Art. 951

'Kosten onderweg'

Onverminderd het omtrent avarij-grosse bepaalde en onverminderd afdeling 1 van Titel 4 van Boek 6 zijn de afzender en de ontvanger en, indien een cognossement is afgegeven, de in artikel 940 bedoelde houder daarvan, hoofdelijk verbonden de vervoerder de schade te vergoeden, geleden doordat deze zich als zaakwaarnemer inliet met de behartiging van de belangen van een rechthebbende op ten vervoer ontvangen zaken dan wel doordat de kapitein of de schipper zijn in de artikelen 261 of 860 genoemde verplichtingen is nagekomen. (Ontw. 8.10.2.60; K 805^1 (oud), 806 (oud), 831 (oud), 865^1 (oud); BW 6: 6 v., 102; 8: 222^2, 488, 832^2, 904, 914, 980, 1129, 1195, 1714)

Art. 952

Opheffing aansprakelijkheid afzender

Slechts een schriftelijk en ondubbelzinnig daartoe strekkend beding ontheft de afzender van zijn verplichtingen terzake van het vervoer. (Ontw. 8.10.2.61; K 838 (oud); L 20)

Art. 953

Rembours

– 1. De vervoerder is verplicht de bedragen, die als rembours op de zaak drukken, bij aflevering van de zaak van de ontvanger te innen en vervolgens aan de afzender af te dragen. Wanneer hij aan deze verplichting, door welke oorzaak dan ook, niet voldoet, is hij verplicht het bedrag van het rembours aan de afzender te vergoeden, doch indien deze geen of minder schade leed, ten hoogste tot op het bedrag van de geleden schade.
– 2. De ontvanger, die ten tijde van de aflevering weet dat een bedrag als rembours op de zaak

drukt, is verplicht aan de vervoerder het door deze aan de afzender verschuldigde bedrag te voldoen. (Ontw. 8.10.2.62; BW 8: 954, 1130, 1714^{c}; AVC 1983, 22; CMR art. 21)

Art. 954

Retentierecht vervoerder

– 1. De vervoerder is gerechtigd afgifte van zaken, die hij in verband met de vervoerovereenkomst onder zich heeft, te weigeren aan ieder, die uit anderen hoofde dan de vervoerovereenkomst recht heeft op aflevering van die zaken, tenzij op de zaken beslag is gelegd en uit de vervolging van dit beslag een verplichting tot afgifte aan de beslaglegger voortvloeit.

– 2. De vervoerder kan het recht van retentie uitoefenen op zaken, die hij in verband met de vervoerovereenkomst onder zich heeft, voor hetgeen hem verschuldigd is of zal worden ter zake van het vervoer van die zaken alsmede voor hetgeen als bijdrage in avarij-grosse op die zaken verschuldigd is of zal worden. Hij kan dit recht tevens uitoefenen voor hetgeen bij wijze van rembours op de zaak drukt. Indien een cognossement is afgegeven, kan hij dit recht slechts uitoefenen voor wat hem door de ontvanger verschuldigd is of zal worden, tenzij het cognossement bepaalt, dat de vracht of andere vorderingen terzake van het vervoer door de afzender moeten worden voldaan; in dat geval kan hij de zaken terughouden, totdat de afzender aan zijn verplichtingen voldoet. Dit retentierecht vervalt zodra aan de vervoerder is betaald het bedrag waarover geen geschil bestaat en voldoende zekerheid is gesteld voor de betaling van die bedragen, waaromtrent wel geschil bestaat of welker hoogte nog niet kan worden vastgesteld. De vervoerder behoeft echter geen zekerheid te aanvaarden voor hetgeen bij wijze van rembours op de zaak drukt.

– 3. De in dit artikel aan de vervoerder toegekende rechten komen hem niet toe jegens een derde, indien hij op het tijdstip dat hij de zaak ten vervoer ontving, reden had te twijfelen aan de bevoegdheid van de afzender jegens die derde hem de zaak ten vervoer ter beschikking te stellen. (Ontw. 8.10.2.63; K 833$^{1 \text{ en } 2}$ (oud), 834$^{1 \text{ en } 2}$ (oud); BW 3: 48, 290, 291; 6: 51, 52 v.; 8: 30, 69, 222^{2}, 489, 568, 832^{2}, 953, 956, 980, 1131, 1196; Rv 631)

Art. 955

Opslag bij niet-ontvangst enz.

– 1. Voor zover, nadat zo nodig de in artikel 933 bedoelde melding is geschied, hij die jegens de vervoerder recht heeft op aflevering van vervoerde zaken, niet opkomt, weigert deze te ontvangen of deze niet met de vereiste spoed in ontvangst neemt, voor zover op zaken beslag is gelegd, alsmede indien de vervoerder gegronde redenen heeft aan te nemen, dat een houder van een cognossement die als ontvanger opkomt, desalniettemin niet tot de aflevering gerechtigd is, is de vervoerder gerechtigd deze zaken voor rekening en gevaar van de rechthebbende bij een derde op te slaan in een daarvoor geschikte bewaarplaats of lichter. Op zijn verzoek kan de rechter bepalen, dat hij deze zaken, desgewenst ook in het schip, onder zichzelf kan houden of andere maatregelen daarvoor kan treffen. Hij is verplicht de afzender zo spoedig mogelijk op de hoogte te stellen.

– 2. De derde-bewaarnemer en de ontvanger zijn jegens elkaar verbonden, als ware de omtrent de bewaring gesloten overeenkomst mede tussen hen aangegaan. De bewaarnemer is echter niet gerechtigd tot afgifte dan na schriftelijke toestemming daartoe van hem, die de zaken in bewaring gaf. (Ontw. 8.10.2.64; K 94 (oud), 835 (oud), 860 (oud), 895 (oud); BW 7: 600 v.; 8: 227, 490, 569, 837, 914^{7}, 930, 931, 932, 933, 934$^{3 \text{ en } 4}$, 935^{6}, 936^{5}, 937, 938, 942, 946, 954, 956, 957, 980, 1132, 1197; L 17; Rv 628)

Art. 956

Rechten vervoerder

De vervoerder blijft in het geval van de artikelen 954 of 955, zolang hij de zaken niet heeft opgeslagen, voor ieder uur oponthoud gerechtigd tot overliggeld of, indien hij meer schade lijdt, tot volledige schadevergoeding. (Ontw. 8.10.2.65; K 863 (oud), 897 (oud); BW 8: 914, 932, 937, 938, 947, 980)

Art. 957

Verkoop opgeslagen zaken

– 1. In geval van toepassing van artikel 955 kan de vervoerder, de bewaarnemer dan wel hij, die jegens de vervoerder recht heeft op de aflevering, op zijn verzoek door de rechter worden gemachtigd de zaken geheel of gedeeltelijk op de door deze te bepalen wijze te verkopen.

– 2. De bewaarnemer is verplicht de vervoerder zo spoedig mogelijk van de voorgenomen verkoop op de hoogte te stellen; de vervoerder heeft deze verplichting jegens degeen, die jegens hem recht heeft op de aflevering van de zaken, en jegens degeen aan wie hij volgens artikel 933 melding moet doen.

– 3. De opbrengst van het verkochte wordt in de consignatiekas gestort voor zover zij niet strekt tot voldoening van de kosten van opslag en verkoop alsmede, binnen de grenzen der redelijkheid, van de gemaakte kosten. Tenzij op de zaken beslag is gelegd voor een geldvordering, moet aan de vervoerder uit het in bewaring te stellen bedrag worden voldaan hetgeen hem verschuldigd is terzake van het vervoer, op grond van een remboursbeding, alsmede een bijdrage in avarij-grosse; voor zover deze vorderingen nog niet vaststaan, zal de opbrengst of een gedeelte daarvan op door de rechter te bepalen wijze tot zekerheid voor deze vorderingen strekken.

– 4. De in de consignatiekas gestorte opbrengst treedt in de plaats van de zaken. (Ontw. 8.10.2.66; K 836 (oud); BW 6: 51, 63, 67, 70; 7: 600 e.v.; 8: 491, 610 e.v., 914 lid 7, 934 lid 3, 937, 938, 947, 980, 1020 e.v., 1133, 1198, 1710 sub *d*; L 18; Rv 632)

Art. 958

Medewerking bij onderzoek schade

Indien er zekerheid of vermoeden bestaat, dat er verlies of schade is, moeten de vervoerder en hij, die jegens de vervoerder recht heeft op de aflevering, elkaar over en weer in redelijkheid alle middelen verschaffen om het onderzoek van de zaak en het natellen van de colli mogelijk te maken. (Ontw. 8.10.2.67; K 468 lid 9 (oud); BW 8: 493, 960, 980, 1134, 1199)

Art. 959

Gerechtelijk onderzoek naar toestand lading

– 1. Zowel de vervoerder als hij die jegens de vervoerder recht heeft op de aflevering is bevoegd bij de aflevering van zaken de rechter te verzoeken een gerechtelijk onderzoek te doen plaatshebben naar het gewicht, de maat of enige andere omstandigheid, die van belang is bij de vaststelling van de vracht, alsmede naar de toestand waarin de zaken worden afgeleverd; tevens zijn zij bevoegd de rechter te verzoeken de daarbij bevonden verliezen of schaden gerechtelijk te doen begroten.

– 2. Indien dit onderzoek in tegenwoordigheid of na behoorlijke oproeping van de wederpartij heeft plaatsgehad, wordt het uitgebrachte rapport vermoed juist te zijn. (Ontw. 8.10.2.68; K 825 (oud); BW 8: 494, 961, 980, 1135; Rv 633)

Art. 960

Gerechtelijk onderzoek naar oorzaak verliezen of schaden

– 1. Zowel de vervoerder als hij die jegens de vervoerder recht heeft op de aflevering is, wanneer hij verliezen of schaden van zaken vermoedt, bevoegd de rechter te verzoeken bij of terstond na de aflevering daarvan en desgewenst aan boord van het schip, een gerechtelijk onderzoek te doen plaatshebben naar de oorzaak daarvan.

– 2. Indien dit onderzoek in tegenwoordigheid of na behoorlijke oproeping van de wederpartij heeft plaatsgehad, wordt het uitgebrachte rapport vermoed juist te zijn. (Ontw. 8.10.2.69; K 829 (oud); BW 8: 495, 958, 961, 980, 1135; Rv 633)

Art. 961

Kosten gerechtelijk onderzoek

– 1. De kosten van gerechtelijk onderzoek, als bedoeld in de artikelen 959 en 960, moeten worden voldaan door de aanvrager.

– 2. De rechter kan deze kosten en door het onderzoek geleden schade geheel of gedeeltelijk ten laste van de wederpartij van de aanvrager brengen, ook al zouden daardoor de bedragen genoemd in de in artikel 905 bedoelde algemene maatregel van bestuur worden overschreden. (Ontw. 8.10.2.70; K 830 (oud); BW 8: 496, 980, 1136; Rv 633)

AFDELING 3

Overeenkomst van personenvervoer over binnenwateren

Art. 970

Omschrijving

– 1. De overeenkomst van personenvervoer in de zin van deze titel is de overeenkomst van personenvervoer, al dan niet tijd- of reisbevrachting zijnde, waarbij de ene partij (de vervoerder) zich tegenover de andere partij verbindt aan boord van een schip een of meer personen (reizigers) en al dan niet hun bagage uitsluitend over binnenwateren te vervoeren. Vervoer tussen wal en schip als bedoeld in artikel 501 onder *a* wordt niet als vervoer over binnenwateren aangemerkt. De overeenkomst van personenvervoer aan boord van een luchtkussenvoertuig noch de overeenkomst van personenvervoer als omschreven in artikel 100 is een overeenkomst van personenvervoer in de zin van deze afdeling.

– 2. Hutbagage in de zin van deze afdeling is de bagage, met uitzondering van levende dieren die de reiziger in zijn hut heeft, die hij in zijn bezit, onder zijn toezicht of in zijn macht heeft, alsmede de bagage die hij aan boord heeft van een met hem als bagage ten vervoer aangenomen voertuig of schip, doch niet dit voertuig of schip zelf.

– 3. Handbagage in de zin van deze afdeling is de bagage, met uitzondering van levende dieren, die de reiziger als gemakkelijk mee te voeren, draagbare dan wel met de hand verrijdbare zaken op of bij zich heeft. (BW 8: 1141)

– 4. Bij algemene maatregel van bestuur kunnen zaken die geen hut- of handbagage zijn voor de toepassing van bepalingen van deze afdeling als hut- of handbagage worden aangewezen, dan wel bepalingen van deze afdeling niet van toepassing worden verklaard op zaken, die hut- of handbagage zijn. (Ontw. 8.10.3.1; K 919 (oud); BW 7: 418^2; 8: 1, 4, 8, 80, 361^3, 500, 971, 1140, 1750 v.; Overg.w. 251)

Art. 971

Vervoersperiode

Vervoer over binnenwateren omvat

a. met betrekking tot personen of hun hut- of handbagage de tijd dat de reiziger of zijn hut- of handbagage aan boord van het schip verblijft, de tijd van inscheping of ontscheping, alsmede, onder voorbehoud van artikel 501, de tijd dat de reiziger of zijn hut- of handbagage te water wordt vervoerd tussen wal en schip of tussen schip en wal, indien de prijs hiervan in de vracht is inbegrepen of het voor dit hulpvervoer gebezigde schip door de vervoerder ter beschikking van de reiziger is gesteld. Vervoer over binnenwateren van personen omvat echter niet de tijd dat de reiziger verblijft op een ponton, een steiger, een veerstoep of enig schip dat ligt tussen de wal en het schip aan boord waarvan hij vervoerd zal worden of werd, in een stationsgebouw, op een kade of enige andere haveninstallatie;

b. met betrekking tot hut- of handbagage bovendien de tijd dat de reiziger verblijft op een ponton, een steiger, een veerstoep of enig schip dat ligt tussen de wal en het schip aan boord waarvan hij vervoerd zal worden of werd, in een stationsgebouw, op een kade of enige andere haveninstallatie, indien die bagage is overgenomen door de vervoerder en niet weer aan de reiziger is afgeleverd;

c. met betrekking tot bagage die noch hut- noch handbagage is, de tijd tussen het overnemen daarvan door de vervoerder hetzij te land, hetzij aan boord en de aflevering door de vervoerder. (Ontw. 8.10.3.2; BW 8: 8, 102, 501, 970, 1142, 1143)

Art. 972

Tijd- of reisbevrachting

– 1. Tijd- of reisbevrachting in de zin van deze afdeling is de overeenkomst van personenvervoer, waarbij de vervoerder (de vervrachter) zich verbindt tot vervoer aan boord van een schip dat hij daartoe, anders dan bij wijze van rompbevrachting, in zijn geheel en al dan niet op tijdbasis (tijdbevrachting of reisbevrachting) ter beschikking stelt van zijn wederpartij (de bevrachter).

– 2. De in afdeling 2 van titel 10 in het bijzonder voor het geval van bevrachting gegeven bepalingen, alsmede artikel 894 zijn op deze bevrachting van overeenkomstige toepassing. (Ontw. 8.10.3.3; K 788 (oud); BW 8: 373, 502, 892, 893, 897, 909, 926, 927, 928, 935, 936, 945, 949, 950, 990, 1093, 1144, 1752)

Art. 973

Huur enz. niet van toepassing

De wetsbepalingen omtrent huur, bewaarneming en bruikleen zijn op terbeschikkingstelling van een schip ten vervoer, anders dan bij wijze van rompbevrachting, niet van toepassing. (Ontw. art. 8.10.3.4; BW art. 7:600; BW art. 7A:1584 e.v., 1777 e.v.; BW art. 8:374, 503, 893, 990, 1094, 1145)

Art. 974

Aansprakelijkheid bij dood of letsel

– 1. De vervoerder is aansprakelijk voor schade veroorzaakt door dood of letsel van de reiziger, indien een voorval dat hiertoe leidde zich voordeed tijdens het vervoer en voor zover dit voorval is veroorzaakt door een omstandigheid die een zorgvuldig vervoerder heeft kunnen vermijden of door een omstandigheid waarvan zulk een vervoerder de gevolgen heeft kunnen verhinderen.

– 2. Vermoed wordt dat een zorgvuldig vervoerder de omstandigheid die leidde tot schipbreuk, aanvaring, stranding, ontploffing of brand heeft kunnen vermijden, alsmede dat zulk een vervoerder heeft kunnen verhinderen dat deze omstandigheid tot een dergelijk voorval leidde.

– 3. Gebrekkigheid of slecht functioneren van het schip of van het materiaal waarvan hij zich voor het vervoer bedient, wordt aangemerkt als een omstandigheid die een zorgvuldig vervoerder heeft kunnen vermijden en waarvan hij de gevolgen heeft kunnen verhinderen.

– 4. Bij de toepassing van dit artikel wordt slechts dan rekening gehouden met een gedraging van een derde, indien geen andere omstandigheid, die mede tot het voorval leidde, voor rekening van de vervoerder is. (Ontw. 8.10.3.5; K 920 (oud), 921 (oud); BW 6: 95 v., 107, 108; 8: 81, 82, 105, 504, 971, 975, 976, 981, 982, 985, 1147, 1148; L 24, 29; Overg.w. 258)

Art. 975

Aansprakelijkheid voor hut- of handbagage

– 1. De vervoerder is aansprakelijk voor schade veroorzaakt door geheel of gedeeltelijk verlies dan wel beschadiging van hut- of handbagage met uitzondering van een zaak, die zich aan boord van een als bagage ten vervoer aangenomen voertuig of schip bevindt, indien een voorval dat hiertoe leidde zich voordeed tijdens het vervoer en voor zover dit voorval is veroorzaakt door een omstandigheid die een zorgvuldig vervoerder heeft kunnen vermijden of waarvan zulk een vervoerder de gevolgen heeft kunnen verhinderen.

– 2. Het tweede en derde lid van artikel 974 zijn van toepassing.

– 3. Bij de toepassing van dit artikel wordt slechts dan rekening gehouden met een gedraging van een derde, indien geen andere omstandigheid, die mede tot het voorval leidde, voor rekening van de vervoerder is.

– 4. Dit artikel laat de artikelen 545 en 1006 onverlet. (Ontw. 8.10.3.6; K 922[2] (oud); BW 8: 8, 106, 505, 506, 970[2 en 3], 971, 976, 980, 981, 982, 985, 1150, 1753[4]; L 31)

Art. 976

Aansprakelijkheid voor overige bagage

Onder voorbehoud van artikel 975 is de vervoerder aansprakelijk voor schade veroorzaakt door geheel of gedeeltelijk verlies dan wel beschadiging van bagage, indien een voorval dat hiertoe leidde zich voordeed tijdens het vervoer en voor zover dit voorval is veroorzaakt door een omstandigheid die een zorgvuldig vervoerder heeft kunnen vermijden of waarvan zulk een vervoerder de gevolgen heeft kunnen verhinderen. (Ontw. 8.10.3.7; K 922[1] (oud); BW 8: 8, 506, 971, 980, 981, 982, 985, 1150, 1750[2]; L 25)

Art. 977

De vervoerder is niet aansprakelijk in geval van verlies of beschadiging overkomen aan geldstukken, verhandelbare documenten, goud, zilver, juwelen, sieraden, kunstvoorwerpen of andere zaken van waarde, tenzij deze zaken van waarde aan de vervoerder in bewaring zijn gegeven en hij overeengekomen is hen in zekerheid te zullen bewaren. (Ontw. 8.10.3.8; BW 7: 600 v.; 8: 507, 982, 985, 1151)

Geen aansprakelijkheid voor zaken van waarde

Art. 978

De vervoerder is terzake van door de reiziger aan boord gebrachte zaken die hij, indien hij hun aard of gesteldheid had gekend, niet aan boord zou hebben toegelaten en waarvoor hij geen bewijs van ontvangst heeft afgegeven, geen enkele schadevergoeding verschuldigd indien de reiziger wist of behoorde te weten, dat de vervoerder de zaken niet ten vervoer zou hebben toegelaten; de reiziger is alsdan aansprakelijk voor alle kosten en schaden voor de vervoerder voortvloeiend uit de aanbieding ten vervoer of uit het vervoer zelf. (Ontw. 8.10.3.9; BW 8: 107, 508, 979, 1152)

Aansprakelijkheid voor onbekende zaken

Art. 979

Onverminderd artikel 978 en onverminderd artikel 179 van Boek 6 is de reiziger verplicht de vervoerder de schade te vergoeden die hij of zijn bagage deze berokkende, behalve voor zover deze schade is veroorzaakt door een omstandigheid die een zorgvuldig reiziger niet heeft kunnen vermijden en voor zover zulk een reiziger de gevolgen daarvan niet heeft kunnen verhinderen. De reiziger kan niet om zich van zijn aansprakelijkheid te ontheffen beroep doen op de hoedanigheid of een gebrek van zijn bagage. (Ontw. 8.10.3.10; BW 8: 8, 114, 509, 1153)

Aansprakelijkheid reiziger

Art. 980

– 1. Onverminderd de bepalingen van deze afdeling zijn op het vervoer van bagage de artikelen 895, 903 eerste en tweede lid, 904 eerste lid, 910 eerste en tweede lid, 911, 912, 914, 951 en 954 tot en met 961 van toepassing. De in artikel 954 toegekende rechten en het in artikel 957 toegekende recht tot het zich laten voldoen uit het in bewaring te stellen bedrag van kosten terzake van het vervoer, kunnen worden uitgeoefend voor alles wat de wederpartij van de vervoerder of de reiziger aan de vervoerder verschuldigd is.

– 2. Partijen hebben de vrijheid af te wijken van in het eerste lid op hun onderlinge verhouding toepasselijk verklaarde bepalingen. (Ontw. 8.10.3.11; K 922 lid 1 (oud); BW 8: 8, 510, 890 lid 4, 1154, 1710-1722 jo. 1750 lid 2)

Vervoer van bagage; toepasselijke bepalingen

Art. 981

Op de overeenkomst van personenvervoer zijn de artikelen 511 tot en met 516 van overeenkomstige toepassing. (Ontw. 8.10.3.12; K 920 lid 1 (oud); BW 8: 986)

Overeenkomstige toepassing zeerecht

Art. 982

– 1. Behoudens de artikelen 974 tot en met 977 is de vervoerder niet aansprakelijk voor schade ontstaan door een handeling, onachtzaamheid of nalatigheid van de kapitein of de schipper, een ander lid van de bemanning, de loods of de ondergeschikten van de vervoerder, gepleegd bij de navigatie van het schip.

– 2. Behoudens de artikelen 974 tot en met 977 wordt generlei afwijking van de koers tot redding of poging tot redding van mensenlevens of goederen en generlei redelijke afwijking van de koers beschouwd als een schending van enige vervoerovereenkomst en de vervoerder is niet aansprakelijk voor enig verlies of enige schade daardoor ontstaan. (Ontw. 8.10.3.13; BW 8: 6, 261, 517, 860, 901, 1780)

Navigatiefouten of reddingspoging

Art. 983

– 1. De aansprakelijkheid van de vervoerder is in geval van dood, letsel of vertraging van de reiziger en in geval van verlies, beschadiging of vertraging van diens bagage beperkt tot een bij of krachtens algemene maatregel van bestuur te bepalen bedrag of bedragen.

– 2. Dit artikel laat de titels 7 en 12 van dit boek onverlet. (Ontw. 8.10.3.14; BW 8: 85 lid 5, 110, 518, 1157)

Limitering

Art. 984

– 1. De vervoerder kan zich niet beroepen op enige beperking van zijn aansprakelijkheid voor zover de schade is ontstaan uit zijn eigen handeling of nalaten, geschied hetzij met het opzet die schade te veroorzaken, hetzij roekeloos en met de wetenschap dat die schade er waarschijnlijk uit zou voortvloeien.

– 2. Nietig is ieder beding, waarbij van dit artikel wordt afgeweken. (Ontw. 8.10.3.15; BW 8: 12, 111, 519, 906, 1158)

Geen aansprakelijkheidsbeperking bij opzet

Art. 985

Nietig is ieder vóór het aan de reiziger overkomen voorval of vóór het verlies of beschadiging van bagage gemaakt beding, waarbij de ingevolge de artikelen 974 tot en met 977 op de ver-

Dwingend recht

voerder drukkende aansprakelijkheid of bewijslast wordt verminderd op andere wijze dan in deze afdeling is voorzien. (Ontw. 8.10.3.16; K 921 (oud); BW 8: 12, 84, 112, 520, 1149, 1150 lid 4)

Art. 986

Overeenkomstige toepassing zeerecht

Op de overeenkomst van personenvervoer over binnenwateren zijn de artikelen 521 tot en met 528 van overeenkomstige toepassing. (Ontw. 8.10.3.17; K 920 lid 2 (oud); BW 8: 981)

AFDELING 4
Enige bijzondere overeenkomsten

Art. 990

Rompbevrachting

– 1. Onder de overeenkomst (rompbevrachting), waarbij de ene partij (de rompvervrachter) zich verbindt een schip uitsluitend op binnenwateren terbeschikking te stellen van haar wederpartij (de rompbevrachter) zonder daarover nog enige zeggenschap te houden, ligt de exploitatie van het schip in handen van de rompbevrachter en geschiedt zij voor diens rekening.
– 2. Artikel 894 is van overeenkomstige toepassing. (Ontw. 8.10.5.1; BW 8: 217, 228, 530, 532, 827, 838, 892, 893, 943, 972, 973, 991, 992, 994, 998, 1730)

Art. 991

Terbeschikkingstelling anders dan voor opslaan of vervoer zaken of personen

– 1. Op de overeenkomst, waarbij de ene partij zich verbindt een schip, anders dan bij wijze van rompbevrachting, uitsluitend op binnenwateren terbeschikking te stellen van de andere partij voor andere doeleinden dan het aan boord daarvan opslaan of het daarmee vervoeren van zaken of personen zijn de bepalingen nopens avarij-grosse alsmede de bepalingen van deze titel en, indien het een zeeschip betreft, de artikelen 361 tot en met 366 van overeenkomstige toepassing.
– 2. Partijen hebben de vrijheid af te wijken van in het eerste lid op hun onderlinge verhouding toepasselijk verklaarde bepalingen. (Ontw. 8.10.5.2; BW 8: 2, 4, 531, 532, 610 v., 880, 890 v., 970 v., 990, 998, 1020 v., 1730; Overg.w. 251)

Art. 992

Ligovereenkomst

– 1. De ligovereenkomst is de overeenkomst, waarbij de ene partij (de vervrachter) zich verbindt een schip anders dan bij wijze van rompbevrachting uitsluitend op binnenwateren terbeschikking te stellen van de andere partij (de bevrachter), teneinde aan boord daarvan zaken te laden, op te slaan en daaruit te lossen.
– 2. De ligovereenkomst kan voor bepaalde of voor onbepaalde tijd worden aangegaan. Indien zij voor bepaalde tijd is aangegaan en na afloop van die tijd stilzwijgend wordt verlengd, wordt zij vermoed een voor onbepaalde tijd aangegane overeenkomst te zijn.
– 3. Op de ligovereenkomst zijn de bepalingen nopens avarij-grosse alsmede de bepalingen van deze titel en, indien het een zeeschip betreft, de artikelen 361 tot en met 366 van overeenkomstige toepassing, met dien verstande, dat partijen de vrijheid hebben in hun onderlinge verhouding van deze bepalingen af te wijken. (Ontw. 8.10.5.3; K 907 (oud), 908 (oud); BW 8: 2, 4, 610 v., 880, 890 v., 893, 916, 937, 938, 998, 1020 v., 1730; Overg.w. 251)

Art. 993

Opzegging

– 1. Indien de ligovereenkomst voor onbepaalde tijd is aangegaan, kan zij door de bevrachter zonder termijn en door de vervrachter met een termijn van tenminste zeven dagen worden opgezegd.
– 2. Bij opzegging door de vervrachter moet het schip na afloop van de door deze gestelde termijn door de bevrachter zijn gelost.
– 3. De ligprijs is verschuldigd tot en met de dag, waarop de lossing is voltooid, doch in elk geval tot en met de tweede dag volgend op de dag van de opzegging door de bevrachter.
– 4. De opzegging geschiedt door een mondelinge of schriftelijke kennisgeving of enig ander bericht, waarvan de ontvangst duidelijk aantoonbaar is. (Ontw. 8.10.5.4; K 910 (oud); BW 8: 992, 1730)

Art. 994

Overeenkomst liggen en/of varen

– 1. De overeenkomst voor liggen en/of varen is de overeenkomst, waarbij de ene partij (de vervrachter) zich verbindt een schip, anders dan bij wijze van rompbevrachting, uitsluitend op binnenwateren ter beschikking te stellen van de andere partij (de bevrachter) en waarbij de bevrachter de keuze heeft het schip slechts te laten liggen of het, na een tijd van liggen, te laten varen.
– 2. Het liggen wordt beheerst door het omtrent de ligovereenkomst bepaalde; op het varen zijn de bepalingen nopens avarij-grosse, alsmede de bepalingen van deze titel en, indien het een zeeschip betreft, de artikelen 361 tot en met 366 van overeenkomstige toepassing. (Ontw. 8.10.5.6; K 788[2] (oud), 907 (oud); BW 8: 2, 4, 610 v., 880, 890 v., 892, 916, 937, 938, 970 v., 1020 v., 1730; Overg.w. 251)

Art. 995

Varen na gedeeltelijke lossing

De bevrachter heeft het recht het schip gedeeltelijk te lossen en daarna te laten varen. In dat geval is hij de vracht verschuldigd, die bij varen met de volle lading verschuldigd zou zijn geweest. (Ontw. 8.10.5.7; BW 8: 937, 938, 994, 1730)

Art. 996

Beëindiging ligtijd door vervrachter

– 1. De vervrachter kan, wanneer geen bepaalde ligtijd is overeengekomen, met een termijn van ten minste zeven dagen de ligtijd beëindigen door een mondelinge of schriftelijke kennisgeving aan de bevrachter, dan wel door enig ander bericht, waarvan de ontvangst duidelijk aantoonbaar is. Deelt de bevrachter aan de vervrachter niet binnen 48 uur na ontvangst van deze kennisgeving mede, dat hij het schip wenst te laten varen, dan gaat na afloop van deze termijn van 48 uur de lostijd in.

– 2. De ligprijs is verschuldigd tot en met de dag, waarop de lossing is voltooid, doch in elk geval tot en met de tweede dag volgend op de dag, waarop de vervrachter de in het eerste lid bedoelde mededeling deed. (Ontw. 8.10.5.8; K 911 (oud); BW 8: 993, 1730)

Art. 997

Varen na liggen

– 1. Indien de bevrachter het schip wenst te laten varen is de vervrachter verplicht uiterlijk op de eerste werkdag volgende op die, waarop hij daarvan kennisgeving heeft ontvangen, de reis aan te vangen. Wordt hij in de aanvaarding van de reis door de bevrachter opgehouden, dan is deze verplicht hem op de voet van artikel 932 schade te vergoeden.

– 2. Kan de reis door omstandigheden, die de vervrachter niet toe te rekenen zijn en die reeds bestonden ten tijde van de opdracht tot varen, niet worden aangevangen of vervolgd, dan blijft, zolang de verhindering duurt, de ligprijs verschuldigd. (Ontw. 8.10.5.9; K 912 (oud); BW 8: 994, 995, 1730)

Art. 998

Terbeschikkingstelling op binnenwateren

Voor de toepassing van de bepalingen van deze afdeling wordt ter beschikkingstelling van een en eenzelfde schip ter zee en op binnenwateren beschouwd als terbeschikkingstelling op binnenwateren, mits de terbeschikkingstelling ter zee kennelijk ondergeschikt is aan die op binnenwateren. (Ontw. 8.10.5.10; BW 8: 4, 370, 500, 532, 890, 970, 1730)

TITEL 11
Ongevallen

AFDELING 1
Aanvaring

Art. 1000

Binnenschepen

Onder binnenschepen worden in deze afdeling mede verstaan draagvleugelboten, vlotten, veerponten, beweegbare delen van schipbruggen, baggermolens, drijvende kranen, elevatoren en alle drijvende werktuigen, pontons of materiaal van soortgelijke aard, die voldoen aan de in de artikelen 1 en 3 ten aanzien van binnenschepen vermelde vereisten. (Ontw. 8.11.1.1; K 748 lid 1 (oud); BW 8: 780; Gen. aanv. verdrag art. 1 lid 4)

Art. 1001

Omschrijving

Aanvaring is de aanraking van schepen met elkaar. (Ontw. 8.11.1.2; K 936 lid 2 (oud); BW 8: 540; K 785)

Art. 1002

Schade zonder aanvaring

Het in deze afdeling omtrent aanvaring bepaalde vindt – voor zover niet afdeling 1 van titel 6 van toepassing is – eveneens toepassing indien schade door een binnenschip is veroorzaakt zonder dat een aanvaring plaatshad. (Ontw. 8.11.1.3; K 948 (oud), 949 lid 1 (oud); BW 8: 541, 1000; Gen. aanv. verdrag art. 1 lid 2)

Art. 1003

Aansprakelijkheid

Indien een binnenschip door een aanvaring schade heeft veroorzaakt, wordt de aansprakelijkheid voor deze schade geregeld door deze afdeling, voor zover althans niet afdeling 1 van titel 6 van toepassing is. (Ontw. 8.11.1.4; K 936 lid 1 (oud); BW 6: 162; 8: 3, 542, 827 lid 1 sub *b*, 1000; Sr 168, 169; Gen. aanv. verdrag art. 1 lid 1)

Art. 1004

Aansprakelijkheid; vermoedens

– 1. Verplichting tot schadevergoeding op grond van deze afdeling bestaat slechts indien de schade is veroorzaakt door schuld. Er bestaat geen wettelijk vermoeden van schuld terzake van een aanvaring, doch het schip, dat in aanraking komt met een andere, zo nodig behoorlijk verlichte, vaste of te bekwamer plaats vastgemaakte zaak, geen schip zijnde, is aansprakelijk voor de schade, tenzij blijkt dat de schade niet is veroorzaakt door schuld van het schip. (BW 8: 546)

Toeval, overmacht, twijfel

– 2. Indien de schade is veroorzaakt door toeval, indien zij is toe te schrijven aan overmacht of indien haar oorzaken niet kunnen worden vastgesteld, wordt zij gedragen door hen, die haar hebben geleden. (BW 8: 543)

Sleep

– 3. In geval van slepen is ieder binnenschip, dat deel uitmaakt van een sleep, slechts aansprakelijk indien er schuld aan zijn zijde is. (Ontw. 8.11.1.5; K 937 (oud), 949 lid 2 (oud); Gen. aanv. verdrag art. 2)

Art. 1005

Schuld van één schip

Indien de schade is veroorzaakt door de schuld van één binnenschip, is de eigenaar van dit schip verplicht de schade te vergoeden. (Ontw. 8.11.1.6; K 938 (oud); BW 6: 162; 8: 544, 827 lid 1 sub *b*, 1793; Rv 635; Sr 168, 169; Gen. aanv. verdrag art. 3)

Art. 1006

Schuld van twee of meer schepen

– 1. Indien twee of meer binnenschepen gezamenlijk door hun schuld schade hebben veroorzaakt, zijn de eigenaren daarvan zonder hoofdelijkheid aansprakelijk voor de schade, toegebracht aan medeschuldige schepen en aan goederen, die zich aan boord daarvan bevinden, en hoofdelijk voor alle overige schade.

Aansprakelijkheidsverhouding

– 2. Is de aansprakelijkheid niet hoofdelijk, dan zijn de eigenaren van de schepen, die gezamenlijk door hun schuld de schade hebben veroorzaakt, tegenover de benadeelden aansprakelijk in verhouding tot het gewicht van de schuld van hun schepen; indien echter de omstandigheden meebrengen, dat die verhouding niet kan worden vastgesteld of indien blijkt dat de schuld van deze schepen gelijkwaardig is, wordt de aansprakelijkheid in gelijke delen verdeeld.

Draagplicht en regres

– 3. Is de aansprakelijkheid hoofdelijk, dan moet elk der aansprakelijke eigenaren zijn door het tweede lid van dit artikel vastgestelde aandeel in de betaling aan de schuldeiser voor zijn rekening nemen. Onder voorbehoud van de artikelen 880 en 364 heeft hij, die meer dan zijn aandeel heeft betaald, voor het overschot verhaal op zijn medeschuldenaren die minder dan hun aandeel hebben betaald. Verlies, veroorzaakt door het onvermogen van een der eigenaren van de medeschuldige schepen om te betalen, wordt over de andere eigenaren omgeslagen in de door het tweede lid van dit artikel vastgestelde verhouding. (Ontw. 8.11.1.7; K 939, 940, 940*a* (oud); BW 3: 1, 2; 6: 6 lid 1, 10 leden 1 en 2, 13; 8: 106 lid 4, 505, 545, 975, 1794; Rv 635; Gen. aanv.verdrag art. 4)

Art. 1007

Schuld van loods

De krachtens deze afdeling bestaande aansprakelijkheid wordt niet opgeheven ingeval de schade is veroorzaakt door de schuld van een loods, zelfs niet als het gebruik van deze verplicht is. (Ontw. 8.11.1.8; K 942 (oud); BW 8: 547; Gen. aanv. verdrag art. 5)

AFDELING 2
Hulpverlening

Art. 1010

Overeenkomstige toepassing zeerecht

De hulpverlening door binnenschepen en de hulp aan binnenschepen, aan zich aan boord daarvan bevindende zaken of aan van een binnenschip afkomstige in bevaarbaar water of welk ander water dan ook driftige, aangespoelde of gezonken zaken worden geregeld door afdeling 2 van titel 6, met dien verstande dat hetgeen in die afdeling voor de reder is bepaald, wanneer het een binnenschip betreft, geldt voor de eigenaar daarvan en hetgeen voor de kapitein is bepaald, wanneer het een binnenschip betreft, geldt voor de schipper daarvan. (Ontw. 8.11.2.1; K 950 (oud); BW 8: 211 sub *c*, 224, 550 e.v., 821 sub *c*, 834, 1020, 1820; Rv 636, 637; Overg.w. 257)

AFDELING 3
Avarij-grosse

Art. 1020

Omschrijving

– 1. Avarij-grosse zijn de opofferingen en uitgaven redelijkerwijs verricht of gedaan bij aanwezigheid van bijzondere omstandigheden met het doel een binnenschip en de goederen aan boord daarvan uit een gemeenschappelijk gevaar, hoe of door wiens toedoen dit ook zij ontstaan, te redden.

– 2. Verlies van passagegeld is geen avarij-grosse. (Ontw. 8.11.3.1; K 951 (oud); BW 8: 3, 7, 382 lid 2 sub *a*, 389, 397, 398 lid 6, 423, 440, 488, 489, 491, 531, 610, 821 sub *c*, 823 lid 2, 824 sub *b*, 832 lid 1, 834 lid 1, 835, 904, 913, 914 lid 8, 937, 938, 951, 954, 957, 991, 994, 1830 e.v.; Rv 638-642)

Art. 1021

Schuldenaar avarij-grosse-bijdrage

– 1. Avarij-grosse wordt aan hem, die haar leed, vergoed door de eigenaar van het binnenschip, de belanghebbende bij de vracht, de ontvanger van de lading en de eigenaren van de overige zich aan boord bevindende zaken met uitzondering van postzendingen, mondvoorraden, passagiersbagage, zelfs wanneer geregistreerd, en van persoonlijke bezittingen.

– 2. In afwijking van het eerste lid draagt een motorrijtuig of schip, dat door een vervoerder in verband met een overeenkomst van personenvervoer aan boord van het binnenschip wordt vervoerd, bij in de avarij-grosse. (Ontw. 8.11.3.2; BW 8: 612)

Art. 1022

Toepassing Rijnregels I.V.R.

De vergoedingen in avarij-grosse en de dragende waarden der in de avarij-grosse bijdragende belangen worden bovendien bepaald met inachtneming van de Rijnregels I.V.R, nader omschreven bij algemene maatregel van bestuur. (Ontw. 8.11.3.3; BW 8: 613)

AFDELING 4
Gevaarlijke stoffen aan boord van een binnenschip

Art. 1030

Definities

In deze afdeling wordt verstaan onder:
a. *'gevaarlijke stof'*: een stof die als zodanig bij algemene maatregel van bestuur is aangewezen; de aanwijzing kan worden beperkt tot bepaalde concentraties van de stof, tot bepaalde in de algemene maatregel van bestuur te omschrijven gevaren die aan de stof verbonden zijn, en tot bepaalde daarin te omschrijven situaties waarin de stof zich bevindt;
b. *'schip'*: binnenschip, niet zijnde een luchtkussenvoertuig;
c. *'schade'*:
1° schade veroorzaakt door dood of letsel van enige persoon veroorzaakt door een gevaarlijke stof;
2° andere schade buiten het schip aan boord waarvan de gevaarlijke stof zich bevindt, veroorzaakt door die gevaarlijke stof, met uitzondering van verlies van of schade met betrekking tot andere schepen of zeeschepen en zaken aan boord daarvan, indien die schepen of zeeschepen deel uitmaken van een sleep, waarvan ook dit schip deel uitmaakt, of hecht met dit schip in een eenheid zijn gekoppeld;
3° de kosten van preventieve maatregelen en verlies of schade veroorzaakt door zulke maatregelen;
d. *'preventieve maatregel'*: iedere redelijke maatregel ter voorkoming of beperking van schade door wie dan ook genomen met uitzondering van de overeenkomstig deze afdeling aansprakelijke persoon nadat een gebeurtenis heeft plaatsgevonden;
e. *'gebeurtenis'*: elk feit of elke opeenvolging van feiten met dezelfde oorzaak, waardoor schade ontstaat of waardoor een ernstige en onmiddellijke dreiging van schade ontstaat;
f. *'eigenaar'*: hij die de zeggenschap heeft over het gebruik van het schip aan boord waarvan de gevaarlijke stof zich bevindt. De persoon die in een register waarin het schip te boek staat, als eigenaar van het schip is ingeschreven, of, bij gebreke van enige teboekstelling, de persoon die het schip in eigendom heeft, wordt aangemerkt als eigenaar, tenzij hij bewijst dat ten tijde van de gebeurtenis een door hem bij name genoemde ander de zeggenschap over het gebruik van het schip had of dat op dat tijdstip een ander zonder zijn toestemming en zonder dat hij zulks redelijkerwijs kon voorkomen de zeggenschap over het gebruik van het schip had. (BW 6: 197; 8: 3, 620, 1210, 1670)

Art. 1031

Toepasselijkheid afdeling

– 1. Deze afdeling is niet van toepassing, indien de eigenaar jegens degene die de vordering instelt, aansprakelijk is uit hoofde van een exploitatie-overeenkomst of jegens deze persoon een beroep op een exploitatie-overeenkomst heeft.
– 2. Deze afdeling is van toepassing op de periode waarin een gevaarlijke stof zich aan boord van een schip bevindt, daaronder begrepen de periode vanaf het begin van de inlading van de gevaarlijke stof in het schip tot het einde van de lossing van die stof uit het schip.
– 3. Deze afdeling is niet van toepassing op schade veroorzaakt wanneer het schip uitsluitend wordt gebruikt in een niet voor publiek toegankelijk gebied en zulk gebruik een onderdeel vormt van een in dat gebied plaatsvindende bedrijfsuitoefening.
– 4. Op zich overeenkomstig het tweede lid aan boord bevindende stoffen als bedoeld in artikel 175 van Boek 6 is dat artikel niet van toepassing, tenzij zich het geval van het derde lid voordoet. (BW 8: 621, 1211, 1671)

Art. 1032

Vervoer van vervoermiddelen

– 1. Indien een gevaarlijke stof zich bevindt in een vervoermiddel dat zich aan boord van een schip bevindt zonder dat de gevaarlijke stof uit dit gestapelde vervoermiddel wordt gelost, zal de gevaarlijke stof voor die periode geacht worden zich alleen aan boord van genoemd schip te bevinden.
– 2. Indien een gevaarlijke stof zich bevindt in een schip dat wordt gesleept door een ander schip of door een zeeschip of wordt voortbewogen door een ander schip of door een zeeschip, dat hecht met dit schip in een eenheid gekoppeld is, zal de gevaarlijke stof geacht worden zich alleen aan boord van laatstgenoemd schip of zeeschip te bevinden.
– 3. Gedurende de handelingen bedoeld in artikel 1033, vijfde lid, onderdelen *c*, *d* en *e*, zal de gevaarlijke stof geacht worden:
a. in afwijking van het eerste lid, zich alleen aan boord van het gestapelde vervoermiddel te bevinden;
b. in afwijking van het tweede lid, zich alleen aan boord van eerstgenoemd schip te bevinden. (BW 8: 622, 1212, 1672)

Art. 1033

Aansprakelijkheid eigenaar

– 1. Hij die ten tijde van een gebeurtenis eigenaar is van een schip aan boord waarvan zich een gevaarlijke stof bevindt, is aansprakelijk voor de schade door die stof veroorzaakt ten gevolge van die gebeurtenis. Bestaat de gebeurtenis uit een opeenvolging van feiten met dezelfde oorzaak, dan rust de aansprakelijkheid op degene die ten tijde van het eerste feit eigenaar was.

– 2. De eigenaar is niet aansprakelijk indien:

a. de schade is veroorzaakt door een oorlogshandeling, vijandelijkheden, burgeroorlog, opstand of natuurgebeuren van uitzonderlijke, onvermijdelijke en onweerstaanbare aard;

b. de schade uitsluitend is veroorzaakt door een handelen of nalaten van een derde, niet zijnde een persoon genoemd in het vijfde lid, onderdeel *a*, geschied met het opzet de schade te veroorzaken;

c. de afzender of enige andere persoon niet heeft voldaan aan zijn verplichting hem in te lichten over de gevaarlijke aard van de stof, en noch de eigenaar, noch de in het vijfde lid, onderdeel *a*, genoemde personen wisten of hadden behoren te weten dat deze gevaarlijk was.

– 3. Indien de eigenaar bewijst dat de schade geheel of gedeeltelijk het gevolg is van een handelen of nalaten van de persoon die de schade heeft geleden, met het opzet de schade te veroorzaken, of van de schuld van die persoon, kan hij geheel of gedeeltelijk worden ontheven van zijn aansprakelijkheid tegenover die persoon.

– 4. De eigenaar kan voor schade slechts uit anderen hoofde dan deze afdeling worden aangesproken in het geval van het tweede lid, onderdeel *c*, alsmede in het geval dat hij uit hoofde van arbeidsovereenkomst kan worden aangesproken.

– 5. Behoudens de artikelen 1034 en 1035 zijn voor schade niet aansprakelijk:

a. de ondergeschikten, vertegenwoordigers of lasthebbers van de eigenaar of de leden van de bemanning,

b. de loods en ieder ander die, zonder bemanningslid te zijn, ten behoeve van het schip werkzaamheden verricht,

c. zij die anders dan tegen een uitdrukkelijk en redelijk verbod vanwege het schip in hulp verlenen aan het schip, de zich aan boord daarvan bevindende zaken of de opvarenden,

d. zij die op aanwijzing van een bevoegde overheidsinstantie hulp verlenen aan het schip, de zich aan boord daarvan bevindende zaken of de opvarenden,

e. zij die preventieve maatregelen nemen met uitzondering van de eigenaar,

f. de ondergeschikten, vertegenwoordigers of lasthebbers van de in dit lid, onderdelen *b*, *c*, *d* en *e*, van aansprakelijkheid vrijgestelde personen, tenzij de schade is ontstaan uit hun eigen handelen of nalaten, geschied hetzij met het opzet die schade te veroorzaken, hetzij roekeloos en met de wetenschap dat die schade er waarschijnlijk uit zou voortvloeien.

– 6. De eigenaar heeft, voor zover niet anders is overeengekomen, verhaal op de in het vijfde lid bedoelde personen, doch uitsluitend indien dezen ingevolge het slot van dit lid voor de schade kunnen worden aangesproken. (BW 8: 623, 1032, 1213, 1673)

Art. 1034

Bewijslast op eigenaar

– 1. Indien de eigenaar bewijst dat de gevaarlijke stof tijdens de periode bedoeld in artikel 1031, tweede lid, is geladen of gelost onder de uitsluitende verantwoordelijkheid van een door hem bij name genoemde ander dan de eigenaar of zijn ondergeschikte, vertegenwoordiger of lasthebber, zoals de afzender of ontvanger, is de eigenaar niet aansprakelijk voor de schade als gevolg van een gebeurtenis tijdens het laden of lossen van de gevaarlijke stof en is die ander voor deze schade aansprakelijk overeenkomstig deze afdeling.

– 2. Indien echter de gevaarlijke stof tijdens de periode bedoeld in artikel 1031, tweede lid, is geladen of gelost onder de gezamenlijke verantwoordelijkheid van de eigenaar en een door de eigenaar bij name genoemde ander, zijn de eigenaar en die ander hoofdelijk aansprakelijk overeenkomstig deze afdeling voor de schade als gevolg van een gebeurtenis tijdens het laden of lossen van de gevaarlijke stof.

– 3. Indien is geladen of gelost door een persoon in opdracht of ten behoeve van de vervoerder of een ander, zoals de afzender of de ontvanger, is niet deze persoon, maar de vervoerder of die ander aansprakelijk.

– 4. Indien een ander dan de eigenaar op grond van het eerste of het tweede lid aansprakelijk is, kan die ander geen beroep doen op artikel 1033, vierde lid en vijfde lid, onderdeel *b*.

– 5. Indien een ander dan de eigenaar op grond van het eerste of het tweede lid aansprakelijk is, zijn ten aanzien van die ander titel 12 alsmede de artikelen 642*a* tot en met 642*z* van het Wetboek van Burgerlijke Rechtsvordering van overeenkomstige toepassing, met dien verstande dat in geval van hoofdelijke aansprakelijkheid:

a. de beperking van aansprakelijkheid krachtens titel 12 geldt voor het geheel der naar aanleiding van eenzelfde gebeurtenis ontstane vorderingen gericht tegen beiden;

b. een fonds gevormd door één van hen overeenkomstig artikel 642*c* van het Wetboek van

Burgerlijke Rechtsvordering wordt aangemerkt als door beiden te zijn gevormd en zulks ten aanzien van de vorderingen waarvoor het fonds werd gesteld.
– 6. In de onderlinge verhouding tussen de eigenaar en de in het tweede lid van dit artikel genoemde ander is de eigenaar niet tot vergoeding verplicht dan in geval van schuld van hemzelf of van zijn ondergeschikten, vertegenwoordigers of lasthebbers.
– 7. Dit artikel is niet van toepassing als tijdens de periode, bedoeld in artikel 1031, tweede lid, is geladen of gelost onder de uitsluitende of gezamenlijke verantwoordelijkheid van een persoon, genoemd in artikel 1033, vijfde lid, onderdeel *c*, *d* of *e*. (BW 8: 624, 1214, 1674)

Art. 1035

Aansprakelijkheid afzender

Indien ingevolge artikel 1033, tweede lid, onderdeel *c*, de eigenaar niet aansprakelijk is, is de afzender of andere persoon aansprakelijk overeenkomstig deze afdeling en zijn te diens aanzien titel 12 alsmede de artikelen 642*a* tot en met 642*z* van het Wetboek van Burgerlijke Rechtsvordering van overeenkomstige toepassing. De afzender of andere persoon kan geen beroep doen op artikel 1033, vierde lid. (BW 8: 625, 1215, 1675)

Art. 1036

Schadebegrip uitgebreid

Indien schade veroorzaakt door de gevaarlijke stof redelijkerwijs niet kan worden gescheiden van schade anderszins veroorzaakt, zal de gehele schade worden aangemerkt als schade in de zin van deze afdeling. (BW 8: 626, 1216, 1676)

Art. 1037

Schade op meerdere schepen

– 1. Wanneer door een gebeurtenis schade is veroorzaakt door gevaarlijke stoffen aan boord van meer dan één schip, dan wel aan boord van een schip en een zeeschip of een luchtkussenvoertuig, zijn de eigenaren en de reder of de exploitant van de daarbij betrokken schepen, het zeeschip of het luchtkussenvoertuig, onverminderd het in artikel 1033, tweede en derde lid, en artikel 1034, afdeling 4 van titel 6 en afdeling 1 van titel 14 bepaalde, hoofdelijk aansprakelijk voor alle schade waarvan redelijkerwijs niet kan worden aangenomen dat zij veroorzaakt is door gevaarlijke stoffen aan boord van één of meer bepaalde schepen, zeeschip of luchtkussenvoertuig.
– 2. Het bepaalde in het eerste lid laat onverlet het beroep op beperking van aansprakelijkheid van de reder, eigenaar of exploitant krachtens titel 7 of titel 12, dan wel de artikelen 1218 tot en met 1220, ieder tot het voor hem geldende bedrag. (BW 8: 627, 1217, 1677)

TITEL 12
Beperking van aansprakelijkheid van eigenaren van binnenschepen

Art. 1060

Begripsbepalingen

– 1. De eigenaar van een binnenschip en de hulpverlener kunnen door het stellen van één of meer fondsen als bedoeld in artikel 642*c* van het Wetboek van Burgerlijke Rechtsvordering hun aansprakelijkheid beperken voor de in artikel 1062 genoemde vorderingen. (BW 8: 3)
– 2. Onder eigenaar worden in deze titel mede verstaan de bevrachter, de huurder en de beheerder van een binnenschip met inbegrip van degene in wiens handen de exploitatie van een binnenschip is gelegd. (BW 8: 880, 892, 994)
– 3. Onder hulpverlener wordt in deze titel een ieder verstaan die werkzaamheden verricht in onmiddellijk verband met hulpverlening, waaronder in deze titel mede worden verstaan de in artikel 1062, eerste lid, onder *d*, *e* en *f*, genoemde werkzaamheden of maatregelen. (BW 8: 1010, 1063 lid 1 sub *a*; K 785)
– 4. Onder binnenschepen worden in deze titel mede verstaan draagvleugelboten, veerponten en kleine vaartuigen, baggermolens, drijvende kranen, elevatoren en alle andere drijvende en verplaatsbare werktuigen, pontons of materiaal van soortgelijke aard, die voldoen aan de in de artikelen 1 en 3 van dit boek ten aanzien van binnenschepen vermelde vereisten.
– 5. Een binnenschip in aanbouw wordt voor de toepassing van deze titel mede als binnenschip aangemerkt van het ogenblik af dat de stapelloop aanvangt. Een luchtkussenvoertuig wordt voor de toepassing van deze titel niet als binnenschip aangemerkt. (K 951*a* (oud); BW 8: 750 e.v.; Rv 642*a* e.v.)

Art. 1061

Persoon voor wie eigenaar of hulpverlener aansprakelijk is

– 1. Indien een vordering als genoemd in artikel 1062 wordt gericht tegen enige persoon voor wiens handeling, onachtzaamheid of nalatigheid de eigenaar of de hulpverlener in beginsel aansprakelijk is, heeft deze persoon de in deze titel verleende bevoegdheid tot beperking van zijn aansprakelijkheid.
– 2. De verzekeraar van de aansprakelijkheid voor vorderingen, waarvoor op grond van deze titel beperking van aansprakelijkheid mogelijk is, kan zich in dezelfde mate als zijn verzekerde op die beperking beroepen. (K 951*b* (oud); BW 8: 751)

Art. 1062

Bevoegdheid tot beperking

– 1. Onder voorbehoud van de artikelen 1063 en 1064 bestaat de bevoegdheid tot beperking van aansprakelijkheid voor de hierna genoemde vorderingen ingesteld hetzij op grond van

overeenkomst, hetzij buiten overeenkomst en zelfs wanneer de aansprakelijkheid uitsluitend voortvloeit uit eigendom of bezit van of een voorrecht op het schip of uit het feit, dat dit onder hoede of toezicht is van hem die zich op de beperking van aansprakelijkheid beroept:
a. vorderingen terzake van dood of letsel, dan wel terzake van verlies van of schade aan zaken (met inbegrip van schade aan kunstwerken van havens, aan dokken, waterwegen, sluizen, bruggen en hulpmiddelen voor de scheepvaart), opgekomen aan boord van het binnenschip of in rechtstreeks verband met de exploitatie van het binnenschip of met werkzaamheden ter hulpverlening, alsmede voor vorderingen terzake van schade tengevolge van een of ander;
b. vorderingen terzake van schade ontstaan door vertraging bij het vervoer van lading, reizigers of hun bagage;
c. vorderingen terzake van andere schade ontstaan door inbreuk op enig niet op overeenkomst gegrond vermogensrecht en opgekomen in rechtstreeks verband met de exploitatie van het binnenschip of met werkzaamheden ter hulpverlening;
d. vorderingen terzake van het vlotbrengen, verwijderen, vernietigen of onschadelijk maken van een zee- of binnenschip dat is gezonken, schipbreuk heeft geleden, gestrand of verlaten is, met inbegrip van alles wat aan boord van zulk een schip is of is geweest;
e. vorderingen terzake van het verwijderen, vernietigen of onschadelijk maken van de lading van het binnenschip;
f. vorderingen van een persoon terzake van maatregelen genomen om schade te voorkomen of te verminderen voor welke schade de daarvoor aansprakelijke persoon zijn aansprakelijkheid op grond van deze titel zou kunnen beperken, alsmede voor vorderingen terzake van verdere schade door zulke maatregelen geleden, één en ander echter met uitzondering van dusdanige vorderingen van deze aansprakelijke persoon zelf.
– 2. Aansprakelijkheid voor de in het eerste lid genoemde vorderingen kan worden beperkt, ook indien deze, al dan niet op grond van een overeenkomst, zijn ingesteld bij wijze van verhaal of vrijwaring. De aansprakelijkheid voor de vorderingen in het eerste lid genoemd onder *d*, *e* of *f*, kan echter niet worden beperkt voor zover deze vorderingen betrekking hebben op een vergoeding verschuldigd op grond van een overeenkomst met de aansprakelijke persoon. (K 951*c* (oud) BW 8: 752, 827 lid 1 sub *c*)

Art. 1063

Uitzondering

– 1. Deze titel is niet van toepassing op:
a. vorderingen uit hoofde van hulpverlening of bijdrage in avarijgrosse; (BW 8: 1010, 1020 e.v.)
b. vorderingen onderworpen aan enig internationaal verdrag of enige wet, die de beperking van aansprakelijkheid voor kernschade regelt of verbiedt;
c. vorderingen tegen de exploitant van een nucleair binnenschip terzake van kernschade;
d. vorderingen uit hoofde van arbeidsovereenkomst tegen de eigenaar of de hulpverlener ingesteld door zijn ondergeschikten of hun rechtverkrijgenden voor zover deze vorderingen werkzaamheden betreffen in verband met het binnenschip of de hulpverlener voor deze vorderingen uit hoofde van de op de arbeidsovereenkomst toepasselijke wet niet of slechts tot een hoger bedrag dan op grond van deze titel het geval ware, kan worden beperkt.
– 2. Wanneer iemand die op grond van deze titel bevoegd is zijn aansprakelijkheid te beperken, gerechtigd is tegen een schuldeiser een vordering geldend te maken, die voortkomt uit hetzelfde voorval, zullen de respectieve vorderingen met elkaar worden verrekend en wordt de beperking van aansprakelijkheid slechts toegepast op het daarna mogelijkerwijs overblijvende saldo. (K 951*d* (oud); BW 8: 753)

Art. 1064

Opzet, roekeloosheid

Niemand is gerechtigd zijn aansprakelijkheid te beperken, indien bewezen is dat de schade is ontstaan door zijn eigen handeling of nalaten, geschied hetzij met het opzet die schade te veroorzaken, hetzij roekeloos en met de wetenschap dat die schade er waarschijnlijk uit zou voortvloeien. (K 951*e* (oud); BW 8: 388 lid 5, 754, 906; Rv 642*c* lid 1)

Art. 1065

Bedrag aansprakelijkheidsbeperking

Het bedrag waartoe de aansprakelijkheid uit hoofde van deze titel voor vorderingen, naar aanleiding van éénzelfde voorval ontstaan, kan worden beperkt (het bedrag van het fonds), wordt berekend naar bij algemene maatregel van bestuur vast te stellen maatstaven welke verschillend kunnen zijn voor verschillende soorten schepen en voor een hulpverlener. Daarbij kunnen met betrekking tot de in artikel 1062, eerste lid, bedoelde vorderingen verschillende fondsen worden voorzien. (K 951*f* (oud); BW 8: 755; Rv 642*c*, 642*t*)

Art. 1066

Adressanten vorderingen

– 1. De beperking van aansprakelijkheid als vastgesteld krachtens de in artikel 1065 bedoelde algemene maatregel van bestuur geldt voor het geheel der naar aanleiding van éénzelfde voorval ontstane vorderingen, die niet zijn vorderingen als bedoeld in het tweede lid, gericht tegen
a. de persoon of personen genoemd in het tweede lid van artikel 1060 en enige persoon voor wiens handeling, onachtzaamheid of nalatigheid dezen in beginsel aansprakelijk zijn, of

b. de eigenaar van een binnenschip die van dat schip uit hulp verleent, en de hulpverlener of hulpverleners die van dat schip uit hun werkzaamheden verricht of verrichten en enige persoon voor wiens handeling, onachtzaamheid of nalatigheid deze personen in beginsel aansprakelijk zijn, of
c. de hulpverlener of hulpverleners aan een binnenschip die niet van een zee- of binnenschip uit werkzaamheden verricht of verrichten of die werkzaamheden verricht of verrichten uitsluitend op het binnenschip waaraan of met betrekking waartoe hulp wordt verleend, en enige persoon voor wiens handeling, onachtzaamheid of nalatigheid deze personen in beginsel aansprakelijk zijn.
– 2. De beperking van aansprakelijkheid als vastgesteld krachtens de in artikel 1065 bedoelde algemene maatregel van bestuur voor vorderingen terzake van dood of letsel van reizigers van een binnenschip geldt voor het geheel der naar aanleiding van éénzelfde voorval ontstane vorderingen gericht tegen de persoon of de personen die in de in artikel 1060, tweede lid, genoemde betrekking staan tot dat schip, en enige persoon voor wiens handeling, onachtzaamheid of nalatigheid dezen in beginsel aansprakelijk zijn. (K 951*g* (oud); BW 8: 758, 1061 lid 2; Rv 642*d*)

IV WEGVERVOERSRECHT

TITEL 13
Wegvervoer

AFDELING 1
Algemene bepalingen

Art. 1080

Nadere regelgeving

– 1. Bij algemene maatregel van bestuur kunnen zaken, die geen voertuigen zijn, voor de toepassing van bepalingen van deze titel als voertuig worden aangewezen, dan wel bepalingen van deze titel niet van toepassing worden verklaard op zaken, die voertuigen zijn.
– 2. Een takelwagen is niet een voertuig in de zin van deze titel. (BW 8: 20)
– 3. Een overeenkomst, waarbij de ene partij zich tegenover de andere partij verbindt een voertuig te besturen, dat hem daartoe door die andere partij ter beschikking is gesteld, is niet een overeenkomst van vervoer in de zin van deze titel. (Ontw. 8.13.1.1; WOW 2 (oud); BW 8: 1090, 1140, 1720 lid 3, 1754 lid 3; CMR 1 lid 2)

Art. 1081

Aansprakelijkheid buiten overeenkomst

Op de exploitatie van een voertuig zijn de artikelen 361 tot en met 366 van overeenkomstige toepassing, met dien verstande dat deze artikelen eveneens van overeenkomstige toepassing zijn wanneer degene op wie krachtens artikel 2 eerste en tweede lid van de Wet Aansprakelijkheidsverzekering Motorrijtuigen de verplichting tot verzekering rust, de in artikel 6 dier wet bedoelde verzekeraar of een ondergeschikte van een dezer buiten overeenkomst wordt aangesproken. De artikelen 361 tot en met 366 zijn bovendien van overeenkomstige toepassing, indien het Waarborgfonds Motorverkeer, genoemd in artikel 23 van eerdervermelde wet, dan wel het bureau, genoemd in het zesde lid van artikel 2 van die wet, of een ondergeschikte van een dezer buiten overeenkomst wordt aangesproken. (Ontw. 8.13.1.2; WOW 4-10 (oud); BW 8: 31, 71 e.v., 91, 116, 880; CMR 28; AVC 1983, 10)

AFDELING 2
Overeenkomst van goederenvervoer over de weg

Art. 1090

Begripsbepaling

De overeenkomst van goederenvervoer in de zin van deze titel is de overeenkomst van goederenvervoer, al dan niet tijd- of reisbevrachting zijnde, waarbij de ene partij (de vervoerder) zich tegenover de andere partij (de afzender) verbindt door middel van een voertuig zaken uitsluitend over de weg en anders dan over spoorwegen te vervoeren. (Ontw. art. 8.13.2.1; WOW art. 11 (oud); BW art. 7:418 lid 2; BW art. 8:20, 40, 370, 890, 1170, 1710 e.v.; CMR art. 1 lid 1 en 2; L art. 25 lid 3; OBW art. 251)

Art. 1091

Vervoersperiode stapelvervoer

Vervoer over de weg van zaken omvat voor de toepassing van artikel 1098 tweede lid, in afwijking van het elders bepaalde, het tijdvak dat het voertuig zich aan boord van een ander vervoermiddel en niet op de weg bevindt, doch dit slechts ten aanzien van zaken die daarbij niet uit dat voertuig werden uitgeladen. (Ontw. art. 8.13.2.2; WOW art. 13 (oud); BW art. 8:1142 lid 2, 1171; CMR art. 2)

Art. 1092

Reikwijdte

Deze afdeling is niet van toepassing op overeenkomsten tot lijkbezorging, overeenkomsten tot het vervoeren van verhuisgoederen of overeenkomsten tot het vervoeren van poststukken door of in opdracht van een verlener van de universele postdienst, bedoeld in de Postwet 2009 of onder een internationale postovereenkomst, ter uitvoering van de universele postdienst bedoeld in de Postwet 2009. Onder voorbehoud van artikel 1154 is deze afdeling niet van toepassing op overeenkomsten tot het vervoeren van bagage. (Ontw. art. 8.13.2.3; WOW art. 14 (oud); BW art. 8:8, 370 lid 4, 890 lid 4, 1170; CMR art. 1 lid 4 onder *a*, *b* en *c*; ARV art. 102 e.v.)

Art. 1093

Tijd- of reisbevrachting

– 1. Tijd- of reisbevrachting in de zin van deze afdeling is de overeenkomst van goederenvervoer, waarbij de vervoerder zich verbindt tot vervoer door middel van een voertuig, dat hij daartoe in zijn geheel met bestuurder en al dan niet op tijdbasis (tijdbevrachting of reisbevrachting) ter beschikking stelt van de afzender.

– 2. Onder 'vervrachter' is in deze afdeling de in het eerste lid genoemde vervoerder, onder 'bevrachter' de aldaar genoemde afzender te verstaan. (Ontw. art. 8.13.2.4; WOW art. 15 (oud); BW art. 8:373, 892, 1144; CMR art. 1)

Art. 1094

Huur enz. niet van toepassing

De wetsbepalingen omtrent huur, bewaarneming en bruikleen zijn op terbeschikkingstelling van een voertuig met bestuurder, ten einde door middel daarvan zaken te vervoeren, niet van toepassing. (Ontw. art. 8.13.2.5; WOW art.16 (oud); BW art. 7:600 e.v.; BW art. 7A:1584 e.v., 1777 e.v.; BW art. 8:374, 503, 893, 973, 1145)

Art. 1095

Hoofdverplichting vervoerder

De vervoerder is verplicht ten vervoer ontvangen zaken ter bestemming af te leveren en wel in de staat waarin hij hen heeft ontvangen. (Ontw. art. 8.13.2.6; WOW 17 (oud); BW art. 8:21, 378, 895, 1096, 1099, 1100, 1101, 1102, 1103, 1105, 1107, 1138, 1173; CMR art. 17 lid 1; L art. 25)

Art. 1096

Vertraging

Onverminderd artikel 1095 is de vervoerder verplicht ten vervoer ontvangen zaken zonder vertraging te vervoeren. (Ontw.art. 8.13.2.7; WOW 18 (oud); BW art. 8:22, 379, 896, 1099, 1100, 1101, 1103, 1105, 1107, 1138, 1154, 1174; CMR art. 17 lid 1, 19; AVC 1983 art. 16)

Art. 1097

Bevrachting; volmacht van bestuurder

– 1. In geval van bevrachting is de vervrachter verplicht de bestuurder opdracht te geven binnen de grenzen door de overeenkomst gesteld de orders van de bevrachter op te volgen. De vervrachter staat ervoor in, dat de bestuurder de hem gegeven opdracht nakomt.

– 2. De bevrachter staat in voor schade die de vervrachter lijdt door de plaatselijke gesteldheid van de plekken, waarheen hij de bestuurder van het voertuig op grond van het eerste lid ter inlading of lossing beveelt te gaan en hij is slechts in zoverre voor die schade niet aansprakelijk, als de bestuurder, door de hem gegeven orders op te volgen, onredelijk handelde. (Ontw. art. 8.13.2.8; WOW art. 19 (oud); BW art. 8:380, 419 lid 5, 897, 926 lid 6, 1144)

Art. 1098

Overmacht vervoerder

– 1. De vervoerder is niet aansprakelijk voor schade ontstaan door een beschadiging, voor zover deze is veroorzaakt door een omstandigheid die een zorgvuldig vervoerder niet heeft kunnen vermijden en voor zover zulk een vervoerder de gevolgen daarvan niet heeft kunnen verhinderen.

Instaan voor voertuig en materiaal

– 2. De vervoerder kan niet om zich van zijn aansprakelijkheid te ontheffen beroep doen op de gebrekkigheid van het voertuig of van het materiaal waarvan hij zich bedient, tenzij dit laatste door de afzender, de geadresseerde of de ontvanger te zijner beschikking is gesteld. Onder materiaal wordt niet begrepen een schip, luchtvaartuig of spoorvoertuig, waarop het voertuig zich bevindt. (BW art. 8:1091)

– 3. Onder beschadiging worden mede verstaan geheel of gedeeltelijk verlies van zaken, vertraging, alsmede ieder ander schade veroorzakend feit. (Ontw. art. 8.13.2.9; WOW art. 20 (oud); BW art. 6:76; BW art. 8:23, 381, 383, 898, 1100, 1101, 1102, 1175; CMR art. 17 lid 2, 3 en5; AVC 1983 art. 7; L art. 29)

Art. 1099

Bijzondere risico's

Onverminderd de artikelen 1100 en 1101 is de vervoerder, die de op hem uit hoofde van de artikelen 1095 en 1096 rustende verplichtingen niet nakwam, desalniettemin voor de daardoor ontstane schade niet aansprakelijk, voor zover dit niet nakomen het gevolg is van de bijzondere risico's verbonden aan een of meer van de volgende omstandigheden:

a. het vervoer van de zaken in een onoverdekt voertuig, wanneer dit uitdrukkelijk is overeengekomen en op de vrachtbrief is vermeld;

b. behandeling, lading, stuwing of lossing van de zaken door de afzender, de geadresseerde of personen, die voor rekening van de afzender of de geadresseerde handelen;

c. de aard van bepaalde zaken zelf, die door met deze aard zelf samenhangende oorzaken zijn blootgesteld aan geheel of gedeeltelijk verlies of aan beschadiging, in het bijzonder door ontvlamming, ontploffing, smelting, breuk, corrosie, bederf, uitdroging, lekkage, normaal kwaliteitsverlies, of optreden van ongedierte of knaagdieren; (BW art. 8:383 lid 2*m*, 899 sub *b*, *e-j*, 900)

d. hitte, koude, temperatuurverschillen of vochtigheid van de lucht, doch slechts indien niet is overeengekomen dat het vervoer zal plaatsvinden met een voertuig speciaal ingericht om de zaken aan invloed daarvan te onttrekken; (BW 8: 899*c en d*)
e. onvolledigheid of gebrekkigheid van de adressering, cijfers, letters of merken der colli; (BW 8: 383 lid 2*o*)
f. het feit dat het vervoer een levend dier betreft. (BW 8: 382 lid 2*b*, 900) (Ontw. art.8.13.2.10; WOW art. 21 (oud); BW art. 8:382 lid 2, 383, 899, 900, 1100, 1176, 1178; CMR art. 17 lid 4 en lid 5; AVC 1983, art. 7)

Art. 1100

Vermoedens bij bijzondere risico's

– 1. Wanneer de vervoerder bewijst dat, gelet op de omstandigheden van het geval, het niet nakomen van de op hem uit hoofde van de artikelen 1095 en 1096 rustende verplichtingen een gevolg heeft kunnen zijn van een of meer der in artikel 1099 genoemde bijzondere risico's, wordt vermoed, dat het niet nakomen daaruit voortvloeit. Degeen, die jegens de vervoerder recht heeft op de zaken, kan evenwel bewijzen, dat dit niet nakomen geheel of gedeeltelijk niet door een van deze risico's is veroorzaakt.
– 2. Het hierboven genoemde vermoeden bestaat niet in het in artikel 1099 onder *a* genoemde geval, indien zich een ongewoon groot tekort voordoet dan wel een ongewoon groot verlies van colli.
– 3. Indien in overeenstemming met het door partijen overeengekomene het vervoer plaatsvindt door middel van een voertuig, speciaal ingericht om de zaken te onttrekken aan de invloed van hitte, koude, temperatuurverschillen of vochtigheid van de lucht, kan de vervoerder ter ontheffing van zijn aansprakelijkheid ten gevolge van deze invloed slechts een beroep doen op artikel 1099 onder *c*, indien hij bewijst, dat alle maatregelen waartoe hij, rekening houdende met de omstandigheden, verplicht was, zijn genomen met betrekking tot de keuze, het onderhoud en het gebruik van deze inrichtingen en dat hij zich heeft gericht naar de bijzondere instructies bedoeld in het vijfde lid.
– 4. De vervoerder kan slechts beroep doen op artikel 1099 onder *f*, indien hij bewijst dat alle maatregelen, waartoe hij normaliter, rekening houdende met de omstandigheden, verplicht was, zijn genomen en dat hij zich heeft gericht naar de bijzondere instructies bedoeld in het vijfde lid.
– 5. De bijzondere instructies, bedoeld in het derde en het vierde lid van dit artikel, moeten aan de vervoerder vóór de aanvang van het vervoer zijn gegeven, hij moet deze uitdrukkelijk hebben aanvaard en zij moeten, indien voor dit vervoer een vrachtbrief is afgegeven, daarop zijn vermeld. De enkele vermelding op de vrachtbrief levert te dezer zake geen bewijs op. (Ontw. 8.13.2.11; WOW 22 (oud); BW 8: 382², 899, 900, 1177, 1178; CMR art. 18)

Art. 1101

Vermoedens bij niet of slecht verpakte zaken

Wanneer de vervoerder de op hem uit hoofde van de artikelen 1095 en 1096 rustende verplichtingen niet nakwam, wordt ten aanzien van
a. zaken, die onverpakt zijn, terwijl zij gelet op hun aard of de wijze van vervoer, verpakt hadden behoren te zijn, dan wel zaken die, gelet op hun aard of de wijze van vervoer, niet voldoende of niet doelmatig zijn verpakt;
b. onverpakte zaken, die niet vallen onder de omschrijving onder *a* gegeven, indien de vervoerder bewijst, dat gelet op de omstandigheden van het geval het niet nakomen een gevolg heeft kunnen zijn van het bijzondere risico verbonden aan het onverpakt zijn, vermoed dat de vervoerder noch de omstandigheid, die het niet nakomen veroorzaakte, heeft kunnen vermijden, noch de gevolgen daarvan heeft kunnen verhinderen en dat het niet nakomen niet is ontstaan door een of meer der in het tweede lid van artikel 1098 voor rekening van de vervoerder gebrachte omstandigheden. (Ontw. 8.13.2.12; WOW 23 (oud); BW 8: 383 lid 2 sub *n*, 900)

Art. 1102

Dwingend recht

– 1. Nietig is ieder beding, waarbij de ingevolge artikel 1095 op de vervoerder drukkende aansprakelijkheid of bewijslast op andere wijze wordt vermeerderd of verminderd dan in deze afdeling is voorzien, tenzij dit beding uitdrukkelijk en anders dan door een verwijzing naar in een ander geschrift voorkomende bedingen, is aangegaan bij een in het bijzonder ten aanzien van het voorgenomen vervoer aangegane en in een afzonderlijk geschrift neergelegde overeenkomst.
– 2. Bovendien is nietig ieder beding, waarbij de ingevolge artikel 1095 op de vervoerder drukkende aansprakelijkheid of bewijslast op andere wijze wordt vermeerderd of verminderd dan in deze afdeling is voorzien, wanneer dit beding
a. voorkomt in enig document, dat door een vermelding daarop is aangeduid als transportbrief of
b. tussen de vervoerder en de ontvanger is aangegaan bij de aflevering van de zaak. (Ontw. 8.13.2.13; WOW 24 (oud); BW 8: 12, 382 lid 1, 384, 385, 386, 902, 1099, 1106, 1122, 1179; CMR art. 41; L 32)

Art. 1103

Schadeberekening

– 1. Voor zover de vervoerder aansprakelijk is wegens niet nakomen van de op hem uit hoofde van de artikelen 1095 en 1096 rustende verplichtingen, heeft de afzender geen ander recht dan betaling te vorderen van een bedrag, dat wordt berekend met inachtneming van de waarde welke zaken als de ten vervoer ontvangene zouden hebben gehad zoals, ten tijde waarop en ter plaatse waar zij zijn afgeleverd of zij hadden moeten zijn afgeleverd.
– 2. De in het eerste lid genoemde waarde wordt berekend naar de koers op de goederenbeurs of, wanneer er geen dergelijke koers is, naar de gangbare martkwaarde of, wanneer ook deze ontbreekt, naar de normale waarde van zaken van dezelfde aard en hoedanigheid. (Ontw. 8.13.2.14; WOW 25 (oud); BW 8: 387, 388, 903, 1102, 1106, 1107, 1115, 1126, 1154, 1180; CMR art. 23, 25, 27)

Art. 1104

'Kosten onderweg'; waardevermindering

Indien met betrekking tot een zaak een schadevergoeding uit hoofde van artikel 1129 is verschuldigd, wordt deze aangemerkt als een waardevermindering van die zaak. (Ontw. 8.13.2.15; Wow 26 (oud); bw 6: 198 v.; 8: 389, 904, 1102, 1107, 1115, 1126, 1154, 1181)

Art. 1105

Limitering

Voor zover de vervoerder aansprakelijk is wegens niet nakomen van de op hem uit hoofde van de artikelen 1095 en 1096 rustende verplichtingen, is hij niet aansprakelijk boven bij of krachtens algemene maatregel van bestuur te bepalen bedragen. (Ontw. 8.13.2.16; WOW 27 (oud); BW 8: 388, 905, 1102, 1106, 1107, 1115, 1126, 1136, 1182; CMR art. 23[3]; AVC 1983, 6, 10)

Art. 1106

Aangeven hogere waarde

– 1. De afzender kan, mits de vervoerder hierin toestemt en tegen betaling van een overeen te komen bedrag, op de vrachtbrief een waarde van de zaken aangeven, die het maximum, vermeld in de in artikel 1105 genoemde algemene maatregel van bestuur, overschrijdt. In dat geval treedt het aangegeven bedrag in de plaats van dit maximum.
– 2. Nietig is ieder beding, ook indien het wordt aangegaan op de wijze als voorzien in het eerste lid van artikel 1102, waarbij het aldus aangegeven bedrag hoger wordt gesteld dan de in het eerste lid van artikel 1103 genoemde waarde. (Ontw. 8.13.2.17; WOW 28 (oud); BW 8: 12, 388[6], 1107, 1115, 1126, 1183; CMR art. 23[6], 24)

Art. 1107

Bijzonder belang bij aflevering

– 1. De afzender kan, mits de vervoerder hierin toestemt en tegen betaling van een overeen te komen bedrag, door vermelding op de vrachtbrief het bedrag van een bijzonder belang bij de aflevering voor het geval van verlies of beschadiging van vervoerde zaken en voor dat van overschrijding van een overeengekomen termijn van aflevering daarvan, vaststellen.
– 2. Indien een bijzonder belang bij de aflevering is aangegeven, kan, indien de vervoerder aansprakelijk is wegens niet nakomen van de op hem uit hoofde van de artikelen 1095 en 1096 rustende verplichtingen, onafhankelijk van de schadevergoedingen genoemd in de artikelen 1103 tot en met 1106 en tot ten hoogste eenmaal het bedrag van het aangegeven belang, een schadevergoeding worden gevorderd gelijk aan de bewezen bijkomende schade. (Ontw. 8.13.2.18; WOW 29 (oud); BW 8: 1115, 1126, 1184; CMR art. 23[6], 26)

Art. 1108

Geen aansprakelijkheidsbeperking bij opzet

– 1. De vervoerder kan zich niet beroepen op enige beperking van zijn aansprakelijkheid, voor zover de schade is ontstaan uit zijn eigen handeling of nalaten, geschied hetzij met het opzet die schade te veroorzaken, hetzij roekeloos en met de wetenschap dat die schade er waarschijnlijk uit zou voortvloeien.
– 2. Nietig is ieder beding, waarbij van dit artikel wordt afgeweken. (Ontw. 8.13.2.19; WOW 30 (oud); BW 8: 12, 388[5], 906, 1105, 1115, 1126, 1158, 1185; CMR art. 29; AVC 1983, 9; L 34)

Art. 1109

Opzegging indien voertuig niet beschikbaar

– 1. De afzender is bevoegd de overeenkomst op te zeggen, wanneer hem door de vervoerder is medegedeeld dat geen voertuig op de overeengekomen plaats of tijd voor het vervoer aanwezig is of zal kunnen zijn.
– 2. Hij kan deze bevoegdheid slechts uitoefenen terstond na ontvangst van deze mededeling.
– 3. Indien bij gebreke van de ontvangst van een mededeling, als bedoeld in het eerste lid, het de afzender uit anderen hoofde bekend is, dat het voertuig niet op de overeengekomen plaats of tijd voor het vervoer aanwezig is of kan zijn, is hij, zonder dat enige ingebrekestelling is vereist, bevoegd de overeenkomst op te zeggen, doch slechts binnen een redelijke termijn nadat hem dit bekend was; gelijke bevoegdheid komt hem toe, indien hem na ontvangst van een mededeling, als bedoeld in het eerste lid, uit anderen hoofde bekend wordt, dat het voertuig op grond van andere omstandigheden dan welke de vervoerder tot zijn mededeling brachten, niet op de overeengekomen plaats of tijd voor het vervoer aanwezig is of kan zijn.
– 4. De opzegging geschiedt door een mondelinge of schriftelijke kennisgeving of enig ander bericht, waarvan de ontvangst duidelijk aantoonbaar is, en de overeenkomst eindigt op het ogenblik van ontvangst daarvan.

– 5. Indien de vervoerder gehouden is de schade, die de afzender door de opzegging lijdt, te vergoeden, zal deze vergoeding niet meer bedragen dan de vracht voor het overeengekomen vervoer, of, in geval van tijdbevrachting, voor terbeschikkingstelling van het voertuig gedurende 24 uur. (Ontw. 8.13.2.20; WOW 31 (oud); BW 8: 390, 1098^3, 1144, 1186, 1713; AVC 1983, 5 en 12)

Art. 1110

Terbeschikkingstelling zaken

De afzender is verplicht de vervoerder de schade te vergoeden die deze lijdt doordat de overeengekomen zaken, door welke oorzaak dan ook, niet op de overeengekomen plaats en tijd te zijner beschikking zijn. (Ontw. 8.13.2.21; WOW 32 (oud); BW 8: 24, 64, 391, 907, 1187, 1714)

Art. 1111

Opzegging vóór terbeschikkingstelling

– 1. Alvorens zaken ter beschikking van de vervoerder zijn gesteld is de afzender bevoegd de overeenkomst op te zeggen. Hij is verplicht aan de vervoerder de vracht, die voor het vervoer van de zaken was overeengekomen, te voldoen.
– 2. De opzegging geschiedt door een mondelinge of schriftelijke kennisgeving of enig ander bericht, waarvan de ontvangst duidelijk aantoonbaar is, en de overeenkomst eindigt op het ogenblik van ontvangst daarvan.
– 3. Dit artikel is niet van toepassing ingeval van tijdbevrachting. (Ontw. 8.13.2.22; WOW 33 (oud); BW 8: 25, 65, 392^1, 908^1, 1116, 1188, 1716)

Art. 1112

Zaken niet beschikbaar; opzegging

– 1. Zijn bij het verstrijken van de tijd, waarbinnen de zaken ter beschikking van de vervoerder moeten zijn gesteld, door welke oorzaak dan ook, in het geheel geen zaken ter beschikking, dan is de vervoerder, zonder dat enige ingebrekestelling is vereist, bevoegd de overeenkomst op te zeggen. De afzender is verplicht hem de vracht, die voor het vervoer van de zaken was overeengekomen, te voldoen.
– 2. De opzegging geschiedt door een mondelinge of schriftelijke kennisgeving of enig ander bericht, waarvan de ontvangst duidelijk aantoonbaar is, en de overeenkomst eindigt op het ogenblik van ontvangst daarvan.
– 3. Dit artikel is niet van toepassing in geval van tijdbevrachting. (Ontw. 8.13.2.23; WOW 34 (oud); BW 8: 392^2, 908^2, 1110, 1114^4, 1115^4, 1144, 1189, 1716)

Art. 1113

Zaken gedeeltelijk beschikbaar; opzegging

– 1. Zijn bij het verstrijken van de tijd, waarbinnen de zaken ter beschikking van de vervoerder moeten zijn gesteld, door welke oorzaak dan ook, de overeengekomen zaken slechts gedeeltelijk ter beschikking van de vervoerder, dan is deze, zonder dat enige ingebrekestelling is vereist, bevoegd de overeenkomst op te zeggen, dan wel de reis te aanvaarden.
– 2. De afzender is op verlangen van de vervoerder in geval van opzegging van de overeenkomst verplicht tot lossing van de reeds gestuwde zaken of, in geval de vervoerder de reis aanvaardt en het vertrek van het voertuig zonder herstuwing van de reeds gestuwde zaken niet mogelijk is, tot deze herstuwing. Hij is verplicht de vervoerder de vracht, die voor het vervoer van de niet ter beschikking zijnde of ten gevolge van de opzegging niet vervoerde zaken was overeengekomen, te voldoen en deze bovendien de schade te vergoeden, die hij lijdt ten gevolge van de opzegging, van de aanvaarding van de reis, dan wel van lossing of herstuwing van reeds ingenomen zaken.
– 3. De opzegging geschiedt door een mondelinge of schriftelijke kennisgeving of enig ander bericht, waarvan de ontvangst duidelijk aantoonbaar is, en de overeenkomst eindigt op het ogenblik van ontvangst daarvan.
– 4. Dit artikel is niet van toepassing in geval van tijdbevrachting. (Ontw. 8.13.2.24; WOW 35 (oud); BW 8: 392^3, 908^3, 1110, 1114^4, 1115^4, 1144, 1190, 1716)

Art. 1114

Opgaveplicht afzender

– 1. De afzender is verplicht de vervoerder omtrent de zaken alsmede omtrent de behandeling daarvan tijdig al die opgaven te doen, waartoe hij in staat is of behoort te zijn, en waarvan hij weet of behoort te weten, dat zij voor de vervoerder van belang zijn, tenzij hij mag aannemen dat de vervoerder deze gegevens kent. (BW 8: 1154)
– 2. De afzender is verplicht de gegevens, die hij volgens het eerste lid aan de vervoerder moet verstrekken, zo mogelijk op of aan de te vervoeren zaken of derzelver verpakking duidelijk aan te brengen en wel zodanig, dat zij in normale omstandigheden tot het einde van het vervoer leesbaar zullen blijven. (BW 8: 1154)
– 3. De vervoerder is niet gehouden, doch wel gerechtigd, te onderzoeken of de hem gedane opgaven juist en volledig zijn. (BW 8: 1154)
– 4. Is bij het verstrijken van de tijd waarbinnen de zaken ter beschikking van de vervoerder moeten zijn gesteld, door welke oorzaak dan ook, niet of slechts gedeeltelijk voldaan aan de in het eerste of tweede lid van dit artikel genoemde verplichtingen van de afzender, dan zijn, behalve in het geval van tijdbevrachting, de artikelen 1112 en 1113 van overeenkomstige toepas-

sing. (Ontw. 8.13.2.25; WOW 36 (oud); BW 8: 26, 66, 394, 399[1a], 910, 1115, 1116, 1118, 1191; AVC 1983, 2)

Art. 1115

Verschaffen vervoersdocumenten en inlichtingen

– 1. De afzender is verplicht de vervoerder de schade te vergoeden die deze lijdt doordat, door welke oorzaak dan ook, niet naar behoren aanwezig zijn de documenten en inlichtingen, die van de zijde van de afzender vereist zijn voor het vervoer dan wel ter voldoening aan vóór de aflevering van de zaken te vervullen douane- en andere formaliteiten. (BW 8: 1154)

– 2. De vervoerder is verplicht redelijke zorg aan te wenden, dat de documenten, die in zijn handen zijn gesteld niet verloren gaan of onjuist worden behandeld. Een door hem ter zake verschuldigde schadevergoeding zal die, verschuldigd uit hoofde van de artikelen 1103 tot en met 1108 in geval van verlies van de zaken, niet overschrijden. (BW 8: 1154)

– 3. De vervoerder is niet gehouden, doch wel gerechtigd, te onderzoeken of de hem gedane opgaven juist en volledig zijn. (BW 8: 1154)

– 4. Zijn bij het verstrijken van de tijd, waarbinnen de in het eerste lid genoemde documenten en inlichtingen aanwezig moeten zijn, deze, door welke oorzaak dan ook, niet naar behoren aanwezig, dan zijn, behalve in het geval van tijdbevrachting, de artikelen 1112 en 1113 van overeenkomstige toepassing. (Ontw. 8.13.2.26; WOW 37 (oud); BW 8: 27, 67, 395, 911, 1192; CMR art. 11; AVC 1983, 2 en 14)

Art. 1116

Opzegging bij onbekende omstandigheid

– 1. Wanneer vóór of bij de aanbieding van de zaken aan de vervoerder omstandigheden aan de zijde van een der partijen zich opdoen of naar voren komen, die haar wederpartij bij het sluiten van de overeenkomst niet behoefde te kennen, doch die, indien zij haar wel bekend waren geweest, redelijkerwijs voor haar grond hadden opgeleverd de vervoerovereenkomst niet of op andere voorwaarden aan te gaan, is deze wederpartij bevoegd de overeenkomst op te zeggen.

– 2. De opzegging geschiedt door een mondelinge of schriftelijke kennisgeving of enig ander bericht, waarvan de ontvangst duidelijk aantoonbaar is, en de overeenkomst eindigt op het ogenblik van ontvangst daarvan.

– 3. Naar maatstaven van redelijkheid en billijkheid zijn partijen na op zegging der overeenkomst verplicht elkaar de daardoor geleden schade te vergoeden. (Ontw. 8.13.2.27; WOW 38 (oud); BW 6: 95 v., 258, 277; 8: 28, 68, 396, 912, 1111, 1154, 1193)

Art. 1117

Schade door materiaal of lading

– 1. De afzender is verplicht de vervoerder de buitengewone schade te vergoeden, die materiaal dat hij deze ter beschikking stelde of zaken die deze ten vervoer ontving, dan wel de behandeling daarvan, de vervoerder berokkenden, behalve voor zover deze schade is veroorzaakt door een omstandigheid die voor rekening van de vervoerder komt; voor rekening van de vervoerder komen die omstandigheden, die in geval van beschadiging van door hem vervoerde zaken voor zijn rekening komen.

– 2. Dit artikel laat artikel 1118 onverlet. (Ontw. 8.13.2.28; WOW 39 (oud); BW 8: 397, 913, 1154, 1715, 1719; CMR art. 10, 22)

Art. 1118

Gevaarlijke zaken

– 1. Zaken ten aanzien waarvan de afzender, door welke oorzaak dan ook, niet aan zijn verplichtingen uit hoofde van het eerste en tweede lid van artikel 1114 voldeed, mogen door de vervoerder op ieder ogenblik en op iedere plaats worden gelost, vernietigd of op andere wijze onschadelijk gemaakt, doch dit slechts dan wanneer zij onmiddellijk dreigend gevaar opleveren. De vervoerder is terzake geen enkele schadevergoeding verschuldigd en de afzender is aansprakelijk voor alle kosten en schaden voor de vervoerder voortvloeiende uit de aanbieding ten vervoer, uit het vervoer of uit deze maatregelen zelf.

– 2. Indien de vervoerder op grond van het eerste lid gerechtigd is tot lossen, vernietigen of op andere wijze onschadelijk maken van zaken, is de afzender op verlangen van de vervoerder en wanneer hem dit redelijkerwijs mogelijk is, verplicht deze maatregel te nemen.

– 3. Door het treffen van de in het eerste of tweede lid bedoelde maatregel eindigt de overeenkomst met betrekking tot de daar genoemde zaken, doch, indien deze alsnog worden gelost, eerst na deze lossing. De vervoerder verwittigt de afzender en zo mogelijk degeen aan wie de zaken moeten worden afgeleverd. Dit lid is niet van toepassing met betrekking tot zaken, die de vervoerder na het treffen van de in het eerste lid bedoelde maatregel alsnog naar hun bestemming vervoert.

– 4. Op de feitelijke aflevering is het tussen partijen overeengekomene als mede het in deze afdeling nopens de aflevering van zaken bepaalde van toepassing. De artikelen 1132, 1133, 1137 en 1138 zijn van overeenkomstige toepassing.

– 5. Nietig is ieder beding, waarbij van het eerste of het tweede lid van dit artikel wordt afgeweken. (Ontw. 8.13.2.29; WOW 40 (oud); BW 8: 12, 398, 423, 914, 1117, 1154, 1716, 1718; CMR art. 22; AVC 1983, 12 en 14)

Art. 1119

Vrachtbrief

– 1. Zowel de afzender als de vervoerder kunnen ter zake van het vervoer een vrachtbrief opmaken en verlangen dat deze of een mogelijkerwijs door hun wederpartij opgemaakte vrachtbrief door hun wederpartij wordt getekend en aan hen wordt afgegeven. De ondertekening kan worden gedrukt of door een stempel dan wel enig ander kenmerk van oorsprong worden vervangen.
– 2. Op de vrachtbrief worden volgens de daarop mogelijkerwijs voorkomende aanwijzingen de volgende aanduidingen vermeld:
a. de afzender, als hoedanig slechts één persoon kan worden genoemd;
b. de ten vervoer ontvangen zaken;
c. de plaats waar de vervoerder de zaken ten vervoer heeft ontvangen;
d. de plaats waarheen de vervoerder op zich neemt de zaken te vervoeren;
e. de geadresseerde, als hoedanig slechts één persoon kan worden genoemd;
f. de vervoerder;
g. al hetgeen overigens aan afzender en vervoerder gezamenlijk goeddunkt.
– 3. De aanduidingen vermeld in het tweede lid onder *a* tot en met *e* worden in de vrachtbrief opgenomen aan de hand van door de afzender te verstrekken gegevens. De afzender staat in voor de juistheid, op het ogenblik van inontvangstneming van de zaken, van deze gegevens. De aanduiding van de vervoerder wordt in de vrachtbrief opgenomen aan de hand van door deze te verstrekken gegevens en de vervoerder staat in voor de juistheid hiervan.
– 4. Partijen zijn verplicht elkaar de schade te vergoeden, die zij lijden door het ontbreken van in het tweede lid genoemde gegevens. (Ontw. 8.13.2.30; WOW 41 (oud); BW 8: 399, 915, 1122, 1126; CMR art. 4-7; AVC 1983, 20 en 21)

Art. 1120

Controle gegevens vrachtbrief

De vervoerder is niet gehouden, doch vóór de afgifte van de vrachtbrief aan de afzender wel gerechtigd, te onderzoeken of de daarop omtrent de zaken vermelde gegevens juist, nauwkeurig en volledig zijn. Hij is bevoegd zijn bevindingen ten aanzien van de zaken op de vrachtbrief aan te tekenen. (Ontw. 8.13.2.30a; WOW 42 (oud); BW 8: 395^3, 911^3, 1124; CMR art. 8; AVC 1983, 21)

Art. 1121

Aantal vrachtbrieven

Wanneer de te vervoeren zaken moeten worden geladen in verschillende voertuigen of wanneer het verschillende soorten zaken of afzonderlijke partijen betreft, hebben afzender zowel als vervoerder het recht te eisen, dat er evenveel vrachtbrieven worden opgemaakt als er voertuigen moeten worden gebruikt of als er soorten of partijen zaken zijn. (Ontw. 8.13.2.30b; WOW 43 (oud); BW 8: 1122; CMR art. 5^2)

Art. 1122

Transportbrief

– 1. Tenzij tussen hen een bevrachting is aangegaan, wordt op verlangen van afzender of vervoerder, mits dit te kennen is gegeven alvorens zaken ter beschikking van de vervoerder worden gesteld, de vrachtbrief voor deze zaken opgesteld in de vorm van een transportbrief. Aan de bovenvoorzijde van de vrachtbrief wordt wel alsdan met duidelijk leesbare letters het woord 'transportbrief' geplaatst.
– 2. De transportbrief wordt opgemaakt in overeenstemming met de vereisten genoemd in artikel 1119 en artikel 1121.
– 3. Verwijzingen in de transportbrief worden geacht slechts die bedingen daarin in te voegen, die voor degeen, jegens wie daarop een beroep wordt gedaan, duidelijk kenbaar zijn. Een dergelijk beroep is slechts mogelijk voor hem, die op schriftelijk verlangen van degeen jegens wie dit beroep kan worden gedaan of wordt gedaan, aan deze onverwijld die bedingen heeft doen toekomen. (BW 8: 415, 922)
– 4. Indien beide partijen zulks verlangen, kan ook in geval van bevrachting een transportbrief worden opgemaakt. Deze moet dan voldoen aan de in dit artikel gestelde eisen.
– 5. Nietig is ieder beding, waarbij van dit artikel wordt afgeweken. (Ontw. 8.13.2.31; WOW 44 (oud); BW 3: 11; 8: 12, 399, 916, 1102, 1119, 1120, 1121, 1123, 1124, 1125)

Art. 1123

Vervoerovereenkomst gaat boven transportbrief

– 1. Indien een transportbrief is afgegeven, wordt, onder voorbehoud van het tweede lid van dit artikel, de rechtsverhouding tussen de vervoerder enerzijds en de afzender of de geadresseerde anderzijds beheerst door de bedingen van deze transportbrief.
– 2. Indien een vervoerovereenkomst is gesloten en bovendien een transportbrief is afgegeven, wordt de rechtsverhouding tussen de vervoerder en de afzender door de bedingen van de vervoerovereenkomst en niet door die van deze transportbrief beheerst. De transportbrief strekt hun dan slechts, en dit onder voorbehoud van artikel 1124, tot bewijs van de ontvangst der zaken door de vervoerder. (Ontw. 8.13.2.32; WOW 45 (oud); BW 8: 47, 410, 917, 1102, 1122; CMR art. 13^2)

Art. 1124

Bewijskracht vrachtbrief

– 1. In de vrachtbrief vervatte gegevens omtrent de ten vervoer ontvangen zaken leveren geen bewijs op jegens de vervoerder, tenzij het gegevens betreft waarvan een zorgvuldig vervoerder de juistheid kan beoordelen.
– 2. Bevat de vrachtbrief een door de vervoerder afzonderlijk ondertekende verklaring dat hij de juistheid erkent van in die verklaring genoemde gegevens omtrent de ten vervoer ontvangen zaken, dan wordt tegenbewijs daartegen niet toegelaten.
– 3. Een vrachtbrief, die de uiterlijk zichtbare staat of gesteldheid van de zaak niet vermeldt, levert geen vermoeden op, dat de vervoerder die zaak, voor zover uiterlijk zichtbaar, in goede staat of gesteldheid heeft ontvangen.
– 4. Door de vervoerder op de vrachtbrief geplaatste aantekeningen, genoemd in artikel 1120, binden de afzender niet. Bevat echter de vrachtbrief een door de afzender afzonderlijk ondertekende verklaring, dat hij de juistheid van die aantekeningen erkent, dan wordt tegenbewijs daartegen niet toegelaten. (Ontw. 8.13.2.33; WOW 46 (oud); BW 3: 11, 90 v.; 8: 48, 414, 921, 1119, 1123, 1126; CMR art. 9)

Art. 1125

Instructies afzender; aflevering vóór aankomst

– 1. De afzender is bevoegd zichzelf of een ander als geadresseerde aan te wijzen, een gegeven aanduiding van de geadresseerde te wijzigen, orders omtrent de aflevering te geven of te wijzigen dan wel aflevering vóór de aankomst ter bestemming van zonder transportbrief ten vervoer ontvangen zaken of, wanneer een transportbrief is afgegeven, van alle daarop vermelde zaken, te verlangen.
– 2. De uitvoering van deze instructies moet mogelijk zijn op het ogenblik, dat de instructies de persoon, die deze moet uitvoeren, bereiken en zij mag noch de normale bedrijfsuitvoering van de vervoerder beletten, noch schade toebrengen aan de vervoerder of belanghebbenden bij de overige lading. Doet zij dit laatste desalniettemin, dan is de afzender verplicht de geleden schade te vergoeden. Wanneer het voertuig naar een niet eerder overeengekomen plaats is gereden, is hij verplicht de vervoerder terzake bovendien een redelijke vergoeding te geven.
– 3. Deze rechten van de afzender vervallen al naarmate de geadresseerde op de losplaats zaken aanneemt of de geadresseerde van de vervoerder schadevergoeding verlangt omdat deze zaken niet aflevert.
– 4. Zaken, die ingevolge het eerste lid zijn afgeleverd, worden aangemerkt als ter bestemming afgeleverde zaken en de bepalingen van deze afdeling nopens de aflevering van zaken, alsmede de artikelen 1132, 1133, 1137 en 1138 zijn van toepassing. (Ontw. 8.13.2.34; WOW 47 (oud); BW 8: 440, 937, 938; CMR art. 12; AVC 1983, 4)

Art. 1126

Aflevering aan geadresseerde op vrachtbrief

Indien aan de afzender een vrachtbrief is afgegeven, die een geadresseerde vermeldt, heeft ook deze geadresseerde jegens de vervoerder het recht aflevering van zaken overeenkomstig de op de vervoerder rustende verplichtingen te vorderen; daarbij zijn de artikelen 1103-1108 van overeenkomstige toepassing. (Ontw. 8.13.2.35; WOW 48 (oud); BW 8: 441, 939, 940, 1119; CMR art. 13; AVC 1983, 1[2])

Art. 1127

Afgifte ontvangstbewijs

De ontvanger is verplicht terstond na de aflevering van de zaken een ontvangstbewijs daarvoor af te geven. (Ontw. 8.13.2.36; WOW 49 (oud); BW 8: 946[3]; AVC 1983, 21)

Art. 1128

Vracht

– 1. Vracht is – behalve in geval van tijdbevrachting – verschuldigd op het ogenblik, dat de vervoerder de zaken ten vervoer ontvangt of, wanneer een vrachtbrief wordt afgegeven, bij het afgeven hiervan.
– 2. Vracht, die vooruit te voldoen is of voldaan is, is en blijft – behalve in geval van tijdbevrachting – in zijn geheel verschuldigd, ook wanneer de zaken niet ter bestemming worden afgeleverd. (BW 8: 1093)
– 3. Wanneer de afzender niet aan zijn uit dit artikel voortvloeiende verplichtingen heeft voldaan, is de vervoerder bevoegd het vervoer van de betrokken zaak op te schorten. Met toestemming van de rechter is hij gerechtigd tot het nemen van de in de artikelen 1132 en 1133 genoemde maatregelen. Gaat hij hiertoe over, dan zijn deze artikelen van toepassing. (Ontw. 8.13.2.37; WOW 50 (oud); BW 8: 29, 484, 947, 1194; AVC 1983, 3)

Art. 1129

'Kosten onderweg'

Onverminderd afdeling 1 van Titel 4 van Boek 6 zijn de afzender en de ontvanger hoofdelijk verbonden de vervoerder de schade te vergoeden, geleden doordat deze zich als zaakwaarnemer inliet met de behartiging van de belangen van een rechthebbende op ten vervoer ontvangen zaken. (Ontw. 8.13.2.38; WOW 51 (oud); BW 6: 6 v., 102; 8: 488, 951, 1104, 1154, 1195, 1714; CMR art. 14, 16[1])

Art. 1130

Rembours

– 1. De vervoerder is verplicht de bedragen, die als rembours op de zaak drukken, bij afleve-

ring van de zaak van de ontvanger te innen en vervolgens aan de afzender af te dragen. Wanneer hij aan deze verplichting, door welke oorzaak dan ook, niet voldoet, is hij verplicht het bedrag van het rembours aan de afzender te vergoeden, doch indien deze geen of minder schade leed, ten hoogste tot op het bedrag van de geleden schade.
– 2. De ontvanger, die ten tijde van de aflevering weet dat een bedrag als rembours op de zaak drukt, is verplicht aan de vervoerder het door deze aan de afzender verschuldigde bedrag te voldoen. (Ontw. 8.13.2.39; WOW 52 (oud); BW 8: 953, 1131, 1714[c]; CMR art. 21; AVC 1983, 22)

Art. 1131

Retentierecht vervoerder

– 1. De vervoerder is gerechtigd afgifte van zaken of documenten, die hij in verband met de vervoerovereenkomst onder zich heeft, te weigeren aan ieder, die uit anderen hoofde dan de vervoerovereenkomst recht heeft op aflevering daarvan, tenzij daarop beslag is gelegd en uit de vervolging van dit beslag een verplichting tot afgifte aan de beslaglegger voortvloeit.
– 2. De vervoerder kan het recht van retentie uitoefenen op zaken of documenten, die hij in verband met de vervoerovereenkomst onder zich heeft, voor hetgeen hem verschuldigd is of zal worden terzake van het vervoer van die zaken. Hij kan dit recht tevens uitoefenen voor hetgeen bij wijze van rembours op de zaak drukt. Dit retentierecht vervalt zodra aan de vervoerder is betaald het bedrag waarover geen geschil bestaat en voldoende zekerheid is gesteld voor de betaling van die bedragen, waaromtrent wel geschil bestaat of welker hoogte nog niet kan worden vastgesteld. De vervoerder behoeft echter geen zekerheid te aanvaarden voor hetgeen bij wijze van rembours op de zaak drukt.
– 3. De in dit artikel aan de vervoerder toegekende rechten komen hem niet toe jegens een derde, indien hij op het tijdstip dat hij de zaak of het document ten vervoer ontving, reden had te twijfelen aan de bevoegdheid van de afzender jegens die derde hem die zaak of dat document ten vervoer ter beschikking te stellen. (Ontw. 8.13.2.40; WOW 53 (oud); BW 3: 48, 290, 291; 6: 51, 52 v.; 8: 30, 69, 489, 954, 1128, 1130, 1154, 1196; CMR art. 13[2]; AVC 1983, 18; Rv 631)

Art. 1132

Opslag bij niet-ontvangst enz.

– 1. Voor zover hij die jegens de vervoerder recht heeft op aflevering van vervoerde zaken niet opkomt, weigert deze te ontvangen of deze niet met de vereiste spoed in ontvangst neemt, of voor zover op zaken beslag is gelegd, is de vervoerder gerechtigd deze zaken voor rekening en gevaar van de rechthebbende bij een derde op te slaan in een daarvoor geschikte bewaarplaats. Op zijn verzoek kan de rechter bepalen dat hij deze zaken, desgewenst ook in het voertuig, onder zichzelf kan houden of andere maatregelen daarvoor kan treffen. Hij is verplicht de afzender zo spoedig mogelijk op de hoogte te stellen.
– 2. De derde-bewaarnemer en de ontvanger zijn jegens elkaar verbonden, als ware de omtrent de bewaring gesloten overeenkomst mede tussen hen aangegaan. De bewaarnemer is echter niet gerechtigd tot afgifte dan na schriftelijke toestemming daartoe van hem, die de zaken in bewaring gaf. (Ontw. 8.13.2.41; WOW 54 (oud); BW 7: 600 v.; 8: 490, 569, 955, 1118, 1125, 1127, 1128, 1133, 1154, 1197; CMR art. 15, 16[2]; AVC 1983, 17; L 17; Rv 628)

Art. 1133

Verkoop opgeslagen zaken

– 1. In geval van toepassing van artikel 1132, kan de vervoerder, de bewaarnemer dan wel hij die jegens de vervoerder recht heeft op de aflevering, op zijn verzoek door de rechter worden gemachtigd de zaken geheel of gedeeltelijk op de door deze te bepalen wijze te verkopen.
– 2. De bewaarnemer is verplicht de vervoerder zo spoedig mogelijk van de voorgenomen verkoop op de hoogte te stellen; de vervoerder heeft deze verplichting jegens degeen, die jegens hem recht heeft op de aflevering van de zaken.
– 3. De opbrengst van het verkochte wordt in de consignatiekas gestort voor zover zij niet strekt tot voldoening van de kosten van opslag en verkoop alsmede, binnen de grenzen der redelijkheid, van de gemaakte kosten. Tenzij op de zaken beslag is gelegd voor een geldvordering, moet aan de vervoerder uit het in bewaring te stellen bedrag worden voldaan hetgeen hem verschuldigd is ter zake van het vervoer of op grond van een remboursbeding; voor zover deze vorderingen nog niet vast staan, zal de opbrengst of een gedeelte daarvan op door de rechter te bepalen wijze tot zekerheid voor deze vorderingen strekken.
– 4. De in de consignatiekas gestorte opbrengst treedt in de plaats van de zaken. (Ontw. 8.13.2.42; WOW 55 (oud); BW 6: 51, 63, 67, 70; 7: 600 v.; 8: 491, 957, 1118, 1125, 1128, 1138, 1154, 1198, 1710[d]; CMR art. 16[3, 4 en 5]; AVC 1983, 17; L 18; Rv 632)

Art. 1134

Medewerking bij onderzoek schade

Indien er zekerheid of vermoeden bestaat, dat er verlies of schade is, moeten de vervoerder en hij, die jegens de vervoerder recht heeft op de aflevering, elkaar over en weer in redelijkheid alle middelen verschaffen om het onderzoek van de zaak en het natellen van de colli mogelijk te maken. (Ontw. 8.13.2.48; WOW 56 (oud); BW 8: 493, 958, 1100, 1199; CMR art. 30[5])

Art. 1135

Gerechtelijk onderzoek naar toestand lading

– 1. Zowel de vervoerder als hij die jegens de vervoerder recht heeft op de aflevering is bevoegd bij de aflevering van zaken de rechter te verzoeken een gerechtelijk onderzoek te doen

plaatshebben naar de toestand waarin deze worden afgeleverd; tevens zijn zij bevoegd de rechter te verzoeken de daarbij bevonden verliezen of schaden gerechtelijk te doen begroten.
– 2. Indien dit onderzoek in tegenwoordigheid of na behoorlijke oproeping van de wederpartij heeft plaatsgehad, wordt het uitgebrachte rapport vermoed juist te zijn. (Ontw. 8.13.2.49; WOW 57 (oud); BW 8: 494, 495, 959, 960, 1136, 1154; Rv 633)

Art. 1136

Kosten gerechtelijk onderzoek

– 1. De kosten van gerechtelijk onderzoek, als bedoeld in artikel 1135, moeten worden voldaan door de aanvrager.
– 2. De rechter kan deze kosten en door het onderzoek geleden schade geheel of gedeeltelijk ten laste van de wederpartij van de aanvrager brengen, ook al zouden daardoor de bedragen genoemd in de in artikel 1105 bedoelde algemene maatregel van bestuur worden overschreden. (Ontw. 8.13.2.50; WOW 58 (oud); BW 8: 496, 961, 1154; Rv 633)

Art. 1137

Verloren gegane zaken

Indien binnen één jaar nadat de vervoerder aan degeen, die jegens hem recht op aflevering van zaken heeft, schadevergoeding heeft uitgekeerd ter zake van het niet afleveren van deze zaken, deze zaken of enige daarvan alsnog onder de vervoerder blijken te zijn of te zijn gekomen, is de vervoerder verplicht die afzender of die geadresseerde, die daartoe bij aangetekende brief het verlangen uitte, van deze omstandigheid bij aangetekende brief op de hoogte te brengen en heeft de afzender respectievelijk de geadresseerde gedurende dertig dagen na ontvangst van deze mededeling het recht tegen verrekening van de door hem ontvangen schadevergoeding opnieuw afleveren van deze zaken te verlangen. Hetzelfde geldt, indien de vervoerder terzake van het niet afleveren geen schadevergoeding heeft uitgekeerd, met dien verstande dat de termijn van één jaar begint met de aanvang van de dag volgende op die, waarop de zaken hadden moeten zijn afgeleverd. (Ontw. 8.13.2.51; WOW 59 (oud); BW 8: 1118, 1125, 1138, 1154, 1200; CMR 20)

Art. 1138

Teruggevonden zaken

Met betrekking tot ten vervoer ontvangen zaken, die de vervoerder onder zich heeft, doch ten aanzien waarvan hij niet meer uit hoofde van de vervoerovereenkomst tot aflevering is verplicht, is artikel 1133 van overeenkomstige toepassing met dien verstande, dat uit de opbrengst van het verkochte bovendien aan de vervoerder moet worden voldaan het bedrag, dat deze mogelijkerwijs voldeed ter zake van zijn aansprakelijkheid wegens het niet nakomen van de op hem uit hoofde van de artikelen 1095 en 1096 rustende verplichtingen. (Ontw. 8.13.2.52; WOW 60 (oud); BW 8: 1118, 1125, 1137, 1154, 1201; CMR 20 lid 4)

AFDELING 3
Overeenkomst van personenvervoer over de weg

Art. 1140

Begripsbepaling

– 1. De overeenkomst van personenvervoer in de zin van deze titel is de overeenkomst van personenvervoer, al dan niet tijd- of reisbevrachting zijnde, waarbij de ene partij (de vervoerder) zich tegenover de andere partij verbindt aan boord van een voertuig een of meer personen (reizigers) en al dan niet hun bagage uitsluitend over de weg en anders dan over spoorwegen te vervoeren.
– 2. De overeenkomst van personenvervoer als omschreven in artikel 100 is niet een overeenkomst van personenvervoer in de zin van deze afdeling. (Ontw. art. 8.13.3.1; WOW art. 61 (oud); BW art. 7:418 lid 2; BW art. 8:8, 80, 361 lid 3, jo. 1081, 500, 970, 1080, 1750 e.v.; OBW art. 251)

Art. 1141

Handbagage

– 1. Handbagage in de zin van deze afdeling is de bagage met inbegrip van levende dieren, die de reiziger als gemakkelijk mee te voeren, draagbare dan wel met de hand verrijdbare zaken op of bij zich heeft.
– 2. Bij algemene maatregel van bestuur kunnen zaken, die geen handbagage zijn, voor de toepassing van bepalingen van deze afdeling als handbagage worden aangewezen, dan wel bepalingen van deze afdeling niet van toepassing worden verklaard op zaken, die handbagage zijn. (Ontw. art. 8.13.3.1a; BW art. 8:8, 100 lid 3 enlid 4, 970 lid 3 enlid 4)

Art. 1142

Vervoersperiode reiziger; stapelvervoer

– 1. Vervoer over de weg van personen omvat uitsluitend de tijd dat de reiziger aan boord van het voertuig is, terwijl dit zich op de weg bevindt. Bovendien omvat het de tijd van zijn instappen daarin of uitstappen daaruit.
– 2. Vervoer over de weg van personen omvat voor de toepassing van artikel 1148 tweede lid, in afwijking van het elders bepaalde, het tijdvak dat het voertuig zich aan boord van een ander vervoermiddel en niet op de weg bevindt, doch dit slechts ten aanzien van de reiziger die zich aan boord van dat voertuig bevindt of die daar in- of uitstapt. (Ontw. art. 8.13.3.2; WOW art. 63 (oud); BW art. 8:101 lid 2, 102, 121, 501, 971, 1091, 1147, 1171)

Art. 1143

Vervoersperiode bagage; stapelvervoer

– 1. Vervoer over de weg van handbagage omvat uitsluitend de tijd dat deze aan boord van het voertuig is terwijl dit zich op de weg bevindt. Bovendien omvat het de tijd van inlading daarin en uitlading daaruit.
– 2. Voor bagage, die geen handbagage is, omvat het vervoer over de weg de tijd tussen het overnemen daarvan door de vervoerder en de aflevering door de vervoerder.
– 3. Vervoer over de weg van bagage omvat voor de toepassing van artikel 1150 tweede lid, in afwijking van het elders bepaalde, het tijdvak dat het voertuig, aan boord waarvan de bagage zich bevindt, zich aan boord van een ander vervoermiddel en niet op de weg bevindt, doch dit slechts ten aanzien van bagage, die zich aan boord van dat voertuig bevindt of die daarin wordt ingeladen dan wel daaruit wordt uitgeladen. (Ontw. art. 8.13.3.3; WOW art. 64 (oud); BW art.8:8, 103, 501, 971, 1142)

Art. 1144

Tijd- of reisbevrachting

– 1. Tijd- of reisbevrachting in de zin van deze afdeling is de overeenkomst van personenvervoer, waarbij de vervoerder (vervrachter) zich verbindt tot vervoer aan boord van een voertuig, dat hij daartoe in zijn geheel met bestuurder en al dan niet op tijdbasis (tijdbevrachting of reisbevrachting) ter beschikking stelt van zijn wederpartij (bevrachter).
– 2. De artikelen 1093, 1097, 1109, 1112 en 1113 zijn op deze bevrachting van overeenkomstige toepassing. (Ontw. art. 8.13.3.4; WOW art. 65 (oud); BW art. 8:373, 502, 892, 972, 1752)

Art. 1145

Huur enz. niet van toepassing

De wetsbepalingen omtrent huur, bewaarneming en bruikleen zijn op terbeschikkingstelling van een voertuig met bestuurder, ten einde aan boord daarvan personen te vervoeren, niet van toepassing. (Ontw. art. 8.13.3.5; WOW art. 66 (oud); BW art. 7:600 e.v.; BW art. 7A:1584 e.v., 1777 v.; BW art. 8:374, 503, 893, 973, 1094)

Art. 1146

Vervallen.

Art. 1147

Aansprakelijkheid bij dood of letsel

De vervoerder is aansprakelijk voor schade veroorzaakt door dood of letsel van de reiziger ten gevolge van een ongeval dat in verband met en tijdens het vervoer aan de reiziger is overkomen. (Ontw. art. 8.13.3.7; WOW art. 68 (oud); BW art. 6:95 e.v., 107, 108; BW art. 8: 81, 105, 504, 974, 1142, 1148, 1149; L art. 24 lid 1)

Art. 1148

Overmacht vervoerder

– 1. De vervoerder is niet aansprakelijk voor schade door dood of letsel van de reiziger veroorzaakt, voor zover het ongeval dat hiertoe leidde, is veroorzaakt door een omstandigheid die een zorgvuldig vervoerder niet heeft kunnen vermijden en voor zover zulk een vervoerder de gevolgen daarvan niet heeft kunnen verhinderen.
– 2. Lichamelijke of geestelijke tekortkomingen van de bestuurder van het voertuig alsmede gebrekkigheid of slecht functioneren van het voertuig of van het materiaal, waarvan hij zich voor het vervoer bedient, worden aangemerkt als een omstandigheid die een zorgvuldig vervoerder heeft kunnen vermijden en waarvan zulk een vervoerder de gevolgen heeft kunnen verhinderen. Onder materiaal wordt niet begrepen een schip, luchtvaartuig of spoorvoertuig, aan boord waarvan het voertuig zich bevindt.
– 3. Bij de toepassing van dit artikel wordt slechts dan rekening gehouden met een gedraging van een derde, indien geen andere omstandigheid, die mede tot het ongeval leidde, voor rekening van de vervoerder is. (Ontw. art. 8.13.3.8; WOW art. 69 (oud); BW art. 8:82, 105, 504, 974, 1142 lid 2, 1147, 1155; L art. 29)

Art. 1149

Dwingend recht

Nietig is ieder vóór het aan de reiziger overkomen ongeval gemaakt beding waarbij de ingevolge artikel 1147 op de vervoerder drukkende aansprakelijkheid of bewijslast wordt verminderd op andere wijze dan in deze afdeling is voorzien. (Ontw. art. 8.13.3.9; WOW art. 70 (oud); BW art. 8:12, 84, 112, 520, 985)

Art. 1150

Aansprakelijkheid voor (hand)bagage

– 1. De vervoerder is aansprakelijk voor schade veroorzaakt door geheel of gedeeltelijk verlies dan wel beschadiging van bagage voor zover dit verlies of deze beschadiging is ontstaan tijdens het vervoer en is veroorzaakt door een omstandigheid die een zorgvuldig vervoerder heeft kunnen vermijden of waarvan zulk een vervoerder de gevolgen heeft kunnen verhinderen. Voor schade veroorzaakt door geheel of gedeeltelijk verlies dan wel beschadiging van handbagage is hij bovendien aansprakelijk voor zover dit verlies of deze beschadiging is veroorzaakt door een aan de reiziger overkomen ongeval, dat voor rekening van de vervoerder komt.
– 2. Lichamelijke of geestelijke tekortkomingen van de bestuurder van het voertuig alsmede gebrekkigheid of slecht functioneren van het voertuig of van het materiaal waarvan hij zich voor het vervoer bedient, worden aangemerkt als een omstandigheid die een zorgvuldig vervoerder heeft kunnen vermijden en waarvan zulk een vervoerder de gevolgen heeft kunnen

verhinderen. Onder materiaal wordt niet begrepen een schip, luchtvaartuig of spoorwagon, aan boord waarvan het voertuig zich bevindt.

– 3. Bij de toepassing van het eerste lid wordt ten aanzien van handbagage slechts dan rekening gehouden met een gedraging van een derde, indien geen andere omstandigheid, die mede tot het voorval leidde, voor rekening van de vervoerder is.

– 4. Nietig is ieder vóór het verlies of de beschadiging van bagage gemaakt beding, waarbij de ingevolge dit artikel op de vervoerder drukkende aansprakelijkheid of bewijslast op andere wijze wordt verminderd dan in deze afdeling is voorzien. (Ontw. art. 8.13.3.10; WOW art. 71 (oud); BW art. 8:8, 12, 106, 505, 506, 520, 975, 976, 985, 1143, 1154, 1155, 1750 lid 2, 1753 lid 4; L art. 25, 31)

Art. 1151

Geen aansprakelijkheid voor zaken van waarde

De vervoerder is niet aansprakelijk in geval van verlies of beschadiging overkomen aan geldstukken, verhandelbare documenten, goud, zilver, juwelen, sieraden, kunstvoorwerpen of andere zaken van waarde, tenzij deze zaken van waarde aan de vervoerder in bewaring zijn gegeven en hij overeengekomen is hen in zekerheid te zullen bewaren. (Ontw. art. 8.13.3.10a; BW art. 7:600 e.v.; BW art. 8:507, 977)

Art. 1152

Aansprakelijkheid voor onbekende zaken

De vervoerder is terzake van door de reiziger aan boord van het voertuig gebrachte zaken die hij, indien hij hun aard of gesteldheid had gekend, niet aan boord van het voertuig zou hebben toegelaten en waarvoor hij geen bewijs van ontvangst heeft afgegeven, geen enkele schadevergoeding verschuldigd indien de reiziger wist of behoorde te weten, dat de vervoerder de zaken niet ten vervoer zou hebben toegelaten; de reiziger is alsdan aansprakelijk voor alle kosten en schaden voor de vervoerder voortvloeiend uit de aanbieding ten vervoer of uit het vervoer zelf. (Ontw. art. 8.13.3.10b; BW art. 8107, 508, 978, 1153)

Art. 1153

Aansprakelijkheid reiziger

Onverminderd artikel 1152 en onverminderd artikel 179 van Boek 6 is de reiziger verplicht de vervoerder de schade te vergoeden die hij of zijn bagage deze berokkende, behalve voor zover deze schade is veroorzaakt door een omstandigheid die een zorgvuldig reiziger niet heeft kunnen vermijden en voor zover zulk een reiziger de gevolgen daarvan niet heeft kunnen verhinderen. De reiziger kan niet om zich van zijn aansprakelijkheid te ontheffen beroep doen op de hoedanigheid of een gebrek van zijn bagage. (Ontw. art. 8.13.3.10c; BW art. 8:8, 114, 979, 1150)

Art. 1154

Vervoer van bagage; toepasselijke bepalingen

– 1. Onverminderd de bepalingen van deze afdeling zijn op het vervoer van bagage de artikelen 1095, 1096, 1103, 1104, 1114 eerste, tweede en derde lid, 1115 eerste, tweede en derde lid, 1116 tot en met 1118, 1129 en 1131 tot en met 1138 van toepassing. De in artikel 1131 toegekende rechten en het in artikel 1133 en artikel 1138 toegekende recht tot het zich laten voldoen uit het in bewaring stellen bedrag van kosten terzake van het vervoer, kunnen worden uitgeoefend voor alles wat de wederpartij van de vervoerder of de reiziger aan de vervoerder verschuldigd is.

– 2. Partijen hebben de vrijheid af te wijken van in het eerste lid op hun onderlinge verhouding toepasselijk verklaarde bepalingen. (Ontw. art. 8.13.3.11; WOW art. 72 (oud); BW art. 8:8, 510, 980, 1092, 1710-1722 jo. 1750 lid 2)

Art. 1155

Eigen schuld reiziger

Indien de vervoerder bewijst dat schuld of nalatigheid van de reiziger schade heeft veroorzaakt of daartoe heeft bijgedragen, kan de aansprakelijkheid van de vervoerder daarvoor geheel of gedeeltelijk worden opgeheven. (Ontw. art. 8.13.3.12; WOW art. 73 (oud); BW art. 8:83, 109, 513, 981; L art. 29)

Art. 1156

Hulppersonen

Indien personen van wier hulp de vervoerder bij de uitvoering van zijn verbintenis gebruik maakt, op verzoek van de reiziger diensten bewijzen, waartoe de vervoerder niet is verplicht, worden zij aangemerkt als te handelen in opdracht van de reiziger aan wie zij deze diensten bewijzen. (Ontw. art. 8.13.3.12a; BW art. 8:109 lid 2, 514, 981; ARV art. 2 lid 2)

Art. 1157

Limitering

De aansprakelijkheid van de vervoerder is in geval van dood, letsel of vertraging van de reiziger en in geval van verlies, beschadiging of vertraging van diens bagage beperkt tot een bij of krachtens algemene maatregel van bestuur te bepalen bedrag of bedragen. (Ontw. art. 8.13.3.13; WOW art. 74 (oud); BW art. 8:85 lid 5, 110, 518, 983)

Art. 1158

Geen aansprakelijkheidsbeperking bij opzet

– 1. De vervoerder kan zich niet beroepen op enige beperking van zijn aansprakelijkheid, voor zover de schade is ontstaan uit zijn eigen handeling of nalaten, geschied hetzij met het opzet die schade te veroorzaken, hetzij roekeloos en met de wetenschap, dat die schade er waarschijnlijk uit zou voortvloeien.

– 2. Nietig is ieder beding, waarbij van dit artikel wordt afgeweken. (Ontw. art. 8.13.3.14; WOW art. 75 (oud); BW art. 8:12, 111, 519, 984)

Art. 1159

Schadevergoeding bagage

– 1. In geval van verlies of beschadiging van bagage wordt de vordering tot schadevergoeding gewaardeerd naar de omstandigheden.

Vordering bij dood of letsel

– 2. In geval van aan de reiziger overkomen letsel of van de dood van de reiziger zijn de artikelen 107 en 108 van Boek 3 niet van toepassing op de vorderingen die vervoerder als wederpartij van een andere vervoerder tegen deze instelt. (Ontw. art. 8.13.3.15; WOW art. 76 (oud); BW art. 6:105, 106, 109; BW art. 8:85, 113, 521, 986; L art. 24 lid 2; OBW art. 258)

Art. 1160

Reiziger niet tijdig aanwezig

De wederpartij van de vervoerder is verplicht deze de schade te vergoeden die hij lijdt doordat de reiziger, door welke oorzaak dan ook, niet tijdig ten vervoer aanwezig is. (Ontw. art. 8.13.3.16; WOW art. 77 (oud); BW art. 8:86, 522, 986)

Art. 1161

Document niet naar behoren aanwezig

De wederpartij van de vervoerder is verplicht deze de schade te vergoeden die hij lijdt doordat de documenten met betrekking tot de reiziger, die van haar zijde vóór het vervoer vereist zijn, door welke oorzaak dan ook, niet naar behoren aanwezig zijn. (Ontw. art. 8.13.3.17; WOW art. 78 (oud); BW art. 8:87, 523, 986)

Art. 1162

Opzegging vervoerder bij onbekende omstandigheid

– 1. Wanneer vóór of tijdens het vervoer omstandigheden aan de zijde van de wederpartij van de vervoerder of de reiziger zich opdoen of naar voren komen, die de vervoerder bij het sluiten van de overeenkomst niet behoefde te kennen, doch die, indien zij hem wel bekend waren geweest, redelijkerwijs voor hem grond hadden opgeleverd de vervoerovereenkomst niet of op andere voorwaarden aan te gaan, is de vervoerder bevoegd de overeenkomst op te zeggen en de reiziger uit het voertuig te verwijderen.

– 2. De opzegging geschiedt door een mondelinge of schriftelijke kennisgeving aan de wederpartij van de vervoerder of aan de reiziger en de overeenkomst eindigt op het ogenblik van ontvangst van de eerst ontvangen kennisgeving.

– 3. Naar maatstaven van redelijkheid en billijkheid zijn partijen na op zegging der overeenkomst verplicht elkaar de daardoor geleden schade te vergoeden. (Ontw. art. 8.13.3.18; WOW art. 79 (oud); BW art. 6:258, 277; BW art. 8:88, 524, 986)

Art. 1163

Opzegging wederpartij bij onbekende omstandigheid

– 1. Wanneer vóór of tijdens het vervoer omstandigheden aan de zijde van de vervoerder zich opdoen of naar voren komen, die diens wederpartij bij het sluiten van de overeenkomst niet behoefde te kennen, doch die, indien zij haar wel bekend waren geweest, redelijkerwijs voor haar grond hadden opgeleverd de vervoerovereenkomst niet of op andere voorwaarden aan te gaan, is deze wederpartij van de vervoerder bevoegd de overeenkomst op te zeggen.

– 2. De opzegging geschiedt door een mondelinge of schriftelijke kennisgeving en de overeenkomst eindigt op het ogenblik van ontvangst daarvan.

– 3. Naar maatstaven van redelijkheid en billijkheid zijn partijen na opzegging der overeenkomst verplicht elkaar de daardoor geleden schade te vergoeden. (Ontw. art. 8.13.3.19; WOW art. 80 (oud); BW art. 6:258, 277; BW art. 8:89, 525, 986)

Art. 1164

Einde overeenkomst bij wegblijven reiziger

Wanneer de reiziger na verlaten van het voertuig niet tijdig terugkeert, kan de vervoerder de overeenkomst beschouwen als op dat tijdstip te zijn geëindigd. (Ontw. art. 8.13.3.20; WOW art. 81 (oud); BW art. 8:526, 986)

Art. 1165

Opzegging wederpartij mits geen vertraging reis

– 1. De wederpartij van de vervoerder is steeds bevoegd de overeenkomst op te zeggen. Zij is verplicht de vervoerder de schade te vergoeden die deze ten gevolge van de opzegging lijdt.

– 2. Zij kan dit recht niet uitoefenen, wanneer daardoor de reis van het voertuig zou worden vertraagd.

– 3. De opzegging geschiedt door een mondelinge of schriftelijke kennisgeving en de overeenkomst eindigt op het ogenblik van ontvangst daarvan. (Ontw. art. 8.13.3.21; WOW art. 82 (oud); BW art. 8:90, 527, 986)

Art. 1166

Passagebiljet of ontvangstbewijs bagage

– 1. Wordt ter zake van het vervoer een plaatsbewijs, een ontvangstbewijs voor bagage of enig soortgelijk document afgegeven, dan is de vervoerder verplicht daarin op duidelijke wijze zijn naam en woonplaats te vermelden.

– 2. Nietig is ieder beding, waarbij van het eerste lid van dit artikel wordt afgeweken.

– 3. De artikelen 56 tweede lid, 75 eerste lid en 186 eerste lid van Boek 2 zijn niet van toepassing. (Ontw. art. 8.13.3.22; WOW art. 83 (oud); BW art. 8:12, 100 lid 2, 528, 986; L art. 5; Wet personenvervoer art. 27 lid 6)

AFDELING 4

Verhuisovereenkomst

Art. 1170

Begripsbepaling

– 1. De verhuisovereenkomst in de zin van deze titel is de overeenkomst van goederenvervoer, waarbij de vervoerder (de verhuizer) zich tegenover de afzender (de opdrachtgever) verbindt verhuisgoederen te vervoeren, hetzij uitsluitend in een gebouw of woning, hetzij uitsluitend ten dele in een gebouw of woning en ten dele over de weg, hetzij uitsluitend over de weg. Vervoer over spoorwegen wordt niet als vervoer over de weg beschouwd.

– 2. Verhuisgoederen in de zin van deze titel zijn zaken die zich in een overdekte ruimte bevinden en die tot de stoffering, meubilering of inrichting van die ruimte bestemd zijn en als zodanig reeds zijn gebruikt met uitzondering van die zaken die volgens verkeersopvatting niet tot de gebruikelijke inhoud van die ruimte behoren. (BW art. 3:5)

– 3. Indien partijen overeenkomen, dat het geheel van het vervoer over de weg zal worden beheerst door het geheel van de rechtsregelen, die het zouden beheersen, wanneer het andere zaken dan verhuisgoederen zou betreffen, wordt deze overeenkomst niet als verhuisovereenkomst aangemerkt. (Ontw. art. 8.13.4.1, WOW art. 84 (oud); BW art. 7:418 lid 2; BW art. 8:20, 40, 370, 890, 1090, 1092, 1710; CMR art. 1 lid 4 sub *c*; OBW art. 251)

Art. 1171

Vervoersperiode stapelvervoer

Vervoer over de weg van verhuisgoederen omvat voor de toepassing van artikel 1175 tweede lid, in afwijking van het elders bepaalde, het tijdvak dat het voertuig aan boord waarvan de verhuisgoederen zich bevinden, zich aan boord van een ander vervoermiddel en niet op de weg bevindt, doch dit slechts ten aanzien van verhuisgoederen, die daarbij niet uit dat voertuig werden uitgeladen. (Ontw. art. 8.13.4.2; WOW art. 86 (oud); BW art. 8:1091, 1142 lid 2; CMR art. 2)

Art. 1172

In- en uitpakken; (de) monteren

De verhuizer is verplicht verhuisgoederen, die gelet op hun aard of de wijze van vervoer, ingepakt behoren te worden of uit elkaar genomen behoren te worden, in te pakken dan wel uit elkaar te nemen en ter bestemming uit te pakken, dan wel in elkaar te zetten. (Ontw. art. 8.13.4.3; WOW art. 87 (oud); BW art. 8:1173)

Art. 1173

Hoofdverplichting verhuizer

– 1. De verhuizer is verplicht de verhuisgoederen ter bestemming af te leveren en wel in de staat, waarin zij hem uit hoofde van artikel 1172 ter verpakking of demontage, dan wel in de staat, waarin zij hem ten vervoer ter beschikking zijn gesteld.

– 2. Onder afleveren wordt in deze afdeling verstaan het plaatsen van de verhuisgoederen ter bestemming op de daartoe mogelijkerwijs aangeduide plek en zulks, bij toepassing van artikel 1172, na hen te hebben uitgepakt of in elkaar gezet. (Ontw. art. 8.13.4.4; WOW art. 88 (oud); BW art. 8:21, 378, 895, 1095, 1174, 1175, 1176, 1177, 1178, 1179, 1182, 1184, 1194 lid 1, 1201)

Art. 1174

Vertraging

Onverminderd artikel 1173 is de verhuizer verplicht een aangevangen verhuizing zonder vertraging te voltooien. (Ontw. art. 8.13.4.5; WOW art. 89 (oud); BW art. 8:22, 379, 896, 1096, 1172, 1175, 1176, 1177, 1178, 1180, 1182, 1201)

Art. 1175

Overmacht verhuizer

– 1. Bij niet nakomen van de op hem uit hoofde van de artikelen 1173 en 1174 rustende verplichtingen is de verhuizer desalniettemin voor de daardoor ontstane schade niet aansprakelijk, voor zover dit niet nakomen is veroorzaakt door een omstandigheid die een zorgvuldig verhuizer niet heeft kunnen vermijden en voor zover zulk een verhuizer de gevolgen daarvan niet heeft kunnen verhinderen.

Instaan voor voertuig enz.

– 2. De verhuizer kan niet om zich van zijn aansprakelijkheid uit hoofde van de artikelen 1173 of 1174 te ontheffen beroep doen op:

a. de gebrekkigheid van het voertuig dat voor de verhuizing wordt gebezigd;

b. de gebrekkigheid van het materiaal, waarvan hij zich bedient, tenzij dit door de opdrachtgever te zijner beschikking is gesteld; onder materiaal wordt niet begrepen een schip, luchtvaartuig of spoorvoertuig, waarop het voertuig, dat voor de verhuizing wordt gebezigd, zich bevindt;

c. de gebrekkigheid van steunpunten benut voor de bevestiging van hijswerktuigen;

d. enig door toedoen van derden, wier handelingen niet voor rekening van de opdrachtgever komen, aan de verhuisgoederen overkomen ongeval.

– 3. Het eerste lid van dit artikel is eveneens van toepassing ten aanzien van aansprakelijkheid van de verhuizer uit anderen hoofde dan van de artikelen 1173 of 1174. (Ontw. art. 8.13.4.6; WOW art. 90 (oud); BW art. 8:23, 383, 898, 1098, 1171, 1178)

Art. 1176

Bijzondere risico's

Onverminderd de artikelen 1177 en 1178 is de verhuizer, die de op hem uit hoofde van de artikelen 1173 en 1174 rustende verplichtingen niet nakwam, desalniettemin voor de daardoor

ontstane schade niet aansprakelijk, voor zover dit niet nakomen het gevolg is van de bijzondere risico's verbonden aan een of meer van de volgende omstandigheden:
a. het inpakken of uit elkaar nemen, dan wel het uitpakken of in elkaar zetten van verhuisgoederen door de opdrachtgever of met behulp van enige persoon of enig middel door de opdrachtgever daartoe eigener beweging ter beschikking gesteld;
b. de keuze door de opdrachtgever – hoewel de verhuizer hem een andere mogelijkheid aan de hand deed – van een wijze van verpakking of uitvoering van de verhuisovereenkomst, die verschilt van wat voor de overeengekomen verhuizing gebruikelijk is;
c. de aanwezigheid onder de verhuisgoederen van zaken waarvoor de verhuizer, indien hij op de hoogte was geweest van hun aanwezigheid en hun aard, bijzondere maatregelen zou hebben getroffen;
d. de aard of de staat van de verhuisgoederen zelf, die door met deze aard of staat zelf samenhangende oorzaken zijn blootgesteld aan geheel of gedeeltelijk verlies of aan beschadiging. (Ontw. art. 8.13.4.7; WOW art. 91 (oud); BW art. 8:383, 899, 900, 1099, 1177)

Art. 1177

Vermoedens bij bijzondere risico's

Wanneer de verhuizer bewijst dat, gelet op de omstandigheden van het geval, het niet nakomen van de op hem uit hoofde van de artikelen 1173 en 1174 rustende verplichtingen een gevolg heeft kunnen zijn van een of meer der in artikel 1176 genoemde bijzondere risico's, wordt vermoed, dat het niet nakomen daaruit voortvloeit. (Ontw. 8.13.4.8; WOW 92 (oud); BW 8: 900, 1100, 1176)

Art. 1178

Vermoedens bij dieren, geld en kostbaarheden

– 1. Wanneer de verhuizer de op hem uit hoofde van de artikelen 1173 en 1174 rustende verplichtingen niet nakwam, wordt ten aanzien van:
a. levende dieren;
b. geld, geldswaardige papieren, juwelen, uit edelmetaal vervaardigde of andere kostbare kleinodiën vermoed dat de verhuizer noch de omstandigheid, die het niet nakomen veroorzaakte, heeft kunnen vermijden, noch de gevolgen daarvan heeft kunnen verhinderen en dat het niet nakomen niet is ontstaan door een of meer der in het tweede lid van artikel 1175 voor rekening van de verhuizer gebrachte omstandigheden.
– 2. De verhuizer kan geen beroep doen op het eerste lid onder *b*, indien de opdrachtgever hem de daar genoemde zaken afzonderlijk en onder opgave van hoeveelheid en waarde vóór het begin der verhuizing overhandigde. (Ontw. 8.13.4.9; WOW 93 (oud); BW 8: 900, 1099[f], 1100[4], 1176)

Art. 1179

Dwingend recht

– 1. Nietig is ieder beding, waarbij de ingevolge artikel 1173 op de verhuizer drukkende aansprakelijkheid of bewijslast op andere wijze wordt verminderd dan in deze afdeling is voorzien.
– 2. Wanneer het verhuisgoederen betreft, die door hun karakter of gesteldheid een bijzondere overeenkomst rechtvaardigen, staat het partijen in afwijking van het eerste lid vrij de op de verhuizer drukkende aansprakelijkheid of bewijslast te verminderen, doch slechts wanneer dit beding uitdrukkelijk en anders dan door een verwijzing naar in een ander geschrift voorkomende bedingen is aangegaan bij een in het bijzonder ten aanzien van de voorgenomen verhuizing aangegane en in een afzonderlijk geschrift neergelegde overeenkomst. (Ontw. 8.13.4.10; WOW 94 (oud); BW 8: 12, 382, 385, 902, 1102, 1180, 1181, 1182)

Art. 1180

Schadeberekening

Voor zover de verhuizer aansprakelijk is wegens niet nakomen van de op hem uit hoofde van de artikelen 1173 en 1174 rustende verplichtingen heeft de opdrachtgever geen ander recht dan te zijner keuze te vorderen betaling van een redelijk bedrag voor herstel van beschadigd verhuisgoed, dan wel betaling van een bedrag, dat wordt berekend met inachtneming van de waarde welke verhuisgoederen als die, waarop de verhuisovereenkomst betrekking heeft, zouden hebben gehad, zoals, ten tijde waarop en ter plaatse waar, zij zijn afgeleverd of zij hadden moeten zijn afgeleverd. (Ontw. 8.13.4.11; WOW 95 (oud); BW 8: 388, 903, 1103, 1179, 1183, 1184, 1192)

Art. 1181

'Kosten onderweg'; waardevermindering

Indien met betrekking tot een verhuisgoed een schadevergoeding uit hoofde van artikel 1195 is verschuldigd, wordt deze aangemerkt als een waardevermindering van dat verhuisgoed. (Ontw. 8.13.4.12; WOW 96 (oud); BW 8: 389, 904, 1104, 1179, 1184, 1192)

Art. 1182

Limitering

Voor zover de verhuizer aansprakelijk is wegens niet nakomen van de op hem uit hoofde van de artikelen 1173 en 1174 rustende verplichtingen, is hij niet aansprakelijk boven bij of krachtens algemene maatregel van bestuur te bepalen bedragen. Bij of krachtens deze maatregel kan worden vastgesteld welk bedrag van de geleden schade voor risico van de opdrachtgever blijft. (Ontw. 8.13.4.13; WOW 97 (oud); BW 8: 388, 905, 1105, 1179, 1183, 1184, 1192)

Art. 1183

Aangeven hogere waarde

– 1. De opdrachtgever kan, mits de verhuizer hierin toestemt en tegen betaling van een overeen te komen bedrag, schriftelijk een waarde van de verhuisgoederen aangeven, die het maximum, vermeld in de in artikel 1182 genoemde algemene maatregel van bestuur, overschrijdt. In dat geval treedt het aangegeven bedrag in de plaats van dit maximum.
– 2. Nietig is ieder beding waarbij het aldus aangegeven bedrag hoger wordt gesteld dan het hoogste der in artikel 1180 genoemde bedragen. (Ontw. 8.13.4.14; WOW 98 (oud); BW 8: 12, 388^6, 1106, 1184, 1192)

Art. 1184

Bijzonder belang bij aflevering

– 1. De opdrachtgever kan, mits de verhuizer hierin toestemt en tegen betaling van een overeen te komen bedrag, schriftelijk het bedrag van een bijzonder belang bij de aflevering voor het geval van verlies of beschadiging van vervoerd verhuisgoed en voor dat van overschrijding van een overeengekomen termijn van aanvang of einde der verhuizing vaststellen.
– 2. Indien een bijzonder belang bij de aflevering is aangegeven, kan, indien de verhuizer aansprakelijk is wegens niet nakomen van de op hem uit hoofde van artikel 1173 rustende verplichting dan wel op grond van overschrijding van een overeengekomen termijn van aanvang of einde der verhuizing, onafhankelijk van de schadevergoedingen genoemd in de artikelen 1180 tot en met 1183 en tot ten hoogste eenmaal het bedrag van het aangegeven belang, een schadevergoeding worden gevorderd gelijk aan de bewezen bijkomende schade. (Ontw. 8.13.4.15; WOW 99 (oud); BW 8: 1107, 1186, 1192)

Art. 1185

Geen aansprakelijkheidsbeperking bij opzet

– 1. De verhuizer kan zich niet beroepen op enige beperking van zijn aansprakelijkheid, voor zover de schade is ontstaan uit zijn eigen handeling of nalaten, geschied hetzij met het opzet die schade te veroorzaken, hetzij roekeloos en met de wetenschap dat die schade er waarschijnlijk uit zou voortvloeien.
– 2. Nietig is ieder beding, waarbij van dit artikel wordt afgeweken. (Ontw. 8.13.4.16; WOW 100 (oud); BW 8: 12, 388^5, 906, 1108, 1158, 1192)

Art. 1186

Geen aanvang verhuizing; opzegging

– 1. De opdrachtgever is bevoegd de overeenkomst op te zeggen, wanneer hem door de verhuizer is medegedeeld, dat hij niet op de overeengekomen plaats en tijd met de verhuizing een aanvang kan of zal kunnen maken.
– 2. Hij kan deze bevoegdheid slechts uitoefenen terstond na ontvangst van deze mededeling.
– 3. Indien bij gebreke van de ontvangst van een mededeling, als bedoeld in het eerste lid, het de opdrachtgever uit anderen hoofde bekend is, dat de verhuizer niet op de overeengekomen plaats of tijd met de verhuizing een aanvang maakt of kan maken, is hij, zonder dat enige ingebrekestelling is vereist, bevoegd de overeenkomst op te zeggen, doch slechts binnen een redelijke termijn, nadat hem dit bekend is geworden; gelijke bevoegdheid komt hem toe, indien hem na ontvangst van een mededeling, als bedoeld in het eerste lid, uit anderen hoofde bekend wordt, dat de verhuizer op grond van andere omstandigheden dan welke hem tot zijn mededeling brachten niet met de verhuizing op de overeengekomen plaats of tijd een aanvang maakt of kan maken.
– 4. De opzegging geschiedt door een mondelinge of schriftelijke kennisgeving en de overeenkomst eindigt op het ogenblik van ontvangst daarvan.
– 5. Indien de verhuizer gehouden is de schade, die de opdrachtgever door de opzegging lijdt, te vergoeden, zal deze vergoeding, behoudens artikel 1184, niet meer bedragen dan de overeengekomen verhuisprijs. (Ontw. 8.13.4.17; WOW 101 (oud); BW 8: 390, 1109, 1713^2)

Art. 1187

Terbeschikkingstelling verhuisgoederen

De opdrachtgever is verplicht de verhuizer de schade te vergoeden, die deze lijdt doordat de overeengekomen verhuisgoederen, door welke oorzaak dan ook, niet op de overeengekomen plaats en tijd te zijner beschikking zijn. (Ontw. 8.13.4.18; WOW 102 (oud); BW 8: 24, 391, 907, 1110, 1714)

Art. 1188

Opzegging vóór terbeschikkingstelling

– 1. Alvorens verhuisgoederen ter beschikking van de verhuizer zijn gesteld, is de opdrachtgever bevoegd de overeenkomst op te zeggen. Hij is verplicht aan de verhuizer de daardoor geleden schade te vergoeden.
– 2. De opzegging geschiedt door een mondelinge of schriftelijke kennisgeving en de overeenkomst eindigt op het ogenblik van ontvangst daarvan. (Ontw. 8.13.4.19; WOW 103 (oud); BW 8: 25, 392, 908, 1111, 1716)

Art. 1189

Verhuisgoederen niet beschikbaar; opzegging

– 1. Zijn bij het verstrijken van de tijd, waarbinnen de verhuisgoederen ter beschikking van de verhuizer moeten zijn gesteld, door welke oorzaak dan ook, in het geheel geen verhuisgoederen ter beschikking, dan is de verhuizer, zonder dat enige ingebrekestelling is vereist, bevoegd

de overeenkomst op te zeggen. De opdrachtgever is verplicht hem de daardoor geleden schade te vergoeden.
– 2. De opzegging geschiedt door een mondelinge of schriftelijke kennisgeving en de overeenkomst eindigt op het ogenblik van ontvangst daarvan. (Ontw. 8.13.4.20; WOW 104 (oud); BW 8: 392^2, 908^2, 1112, 1192, 1716)

Art. 1190

Verhuisgoederen gedeeltelijk beschikbaar; geen opzegging

– 1. Zijn bij het verstrijken van de tijd, waarbinnen de verhuisgoederen ter beschikking van de verhuizer moeten zijn gesteld, door welke oorzaak dan ook, de overeengekomen verhuisgoederen slechts gedeeltelijk ter beschikking, dan is de verhuizer op verlangen van de opdrachtgever desalniettemin verplicht de wel ter beschikking gestelde goederen te verhuizen.
– 2. De opdrachtgever is verplicht de verhuizer de daardoor geleden schade te vergoeden. (Ontw. 8.13.4.21; WOW 105 (oud); BW 8: 392^3, 908^3, 1113, 1716)

Art. 1191

Opgaveplicht opdrachtgever

– 1. De opdrachtgever is verplicht de verhuizer omtrent de verhuisgoederen alsmede omtrent de behandeling daarvan tijdig al die opgaven te doen, waartoe hij in staat is of behoort te zijn, en waarvan hij weet of behoort te weten, dat zij voor de verhuizer van belang zijn, tenzij hij mag aannemen dat de verhuizer deze gegevens kent.
– 2. De verhuizer is niet gehouden, doch wel gerechtigd, te onderzoeken of de hem gedane opgaven juist en volledig zijn. (Ontw. 8.13.4.22; WOW 106 (oud); BW 8: 26, 394, 910, 1114, 1192)

Art. 1192

Verschaffen verhuisdocumenten en inlichtingen

– 1. De opdrachtgever is verplicht de verhuizer de schade te vergoeden die deze lijdt doordat, door welke oorzaak dan ook, niet naar behoren aanwezig zijn de documenten en inlichtingen, die blijkens mededeling door de verhuizer van de zijde van de opdrachtgever vereist zijn voor de verhuizing dan wel ter voldoening aan vóór de aflevering van de verhuisgoederen te vervullen douane- en andere formaliteiten.
– 2. De verhuizer is verplicht redelijke zorg aan te wenden, dat de documenten, die in zijn handen zijn gesteld, niet verloren gaan of onjuist worden behandeld. Een terzake door hem verschuldigde schadevergoeding zal die, verschuldigd uit hoofde van de artikelen 1180 tot en met 1185 in geval van verlies van de verhuisgoederen, niet overschrijden.
– 3. De verhuizer is niet gehouden, doch wel gerechtigd, te onderzoeken of de hem gedane opgaven juist en volledig zijn.
– 4. Zijn bij het verstrijken van de tijd, waarbinnen de in het eerste lid genoemde documenten en inlichtingen aanwezig moeten zijn, deze, door welke oorzaak dan ook, niet naar behoren aanwezig, dan zijn de artikelen 1189 en 1190 van overeenkomstige toepassing. (Ontw. 8.13.4.23; WOW 107 (oud); BW 8: 27, 395, 911, 1115)

Art. 1193

Opzegging bij onbekende omstandigheid

– 1. Wanneer vóór of bij de aanbieding van de verhuisgoederen aan de verhuizer omstandigheden aan de zijde van één der partijen zich opdoen of naar voren komen, die haar wederpartij bij het sluiten van de overeenkomst niet behoefde te kennen, doch die, indien zij haar wel bekend waren geweest, redelijkerwijs voor haar grond hadden opgeleverd de verhuisovereenkomst niet of op andere voorwaarden aan te gaan, is deze wederpartij bevoegd de overeenkomst op te zeggen.
– 2. De opzegging geschiedt door een mondelinge of schriftelijke kennisgeving en de overeenkomst eindigt op het ogenblik van ontvangst daarvan.
– 3. Naar maatstaven van redelijkheid en billijkheid zijn partijen na opzegging der overeenkomst verplicht elkaar de daardoor geleden schade te vergoeden. (Ontw. 8.13.4.24; WOW 108 (oud); BW 6: 95 v., 258, 277; 8: 28, 396, 912, 1116, 1188)

Art. 1194

Tijdstip verschuldigdheid verhuisprijs

– 1. De verhuisprijs is verschuldigd op het ogenblik, dat de verhuizer de verhuisgoederen ter bestemming aflevert.

Opschorting

– 2. Indien partijen overeenkwamen, dat de verhuisprijs vóór het vertrek van het voertuig, waarin de verhuisgoederen zijn geladen, zal worden betaald en de opdrachtgever niet aan deze verplichting heeft voldaan, is de verhuizer bevoegd het vervoer van de betrokken verhuisgoederen op te schorten en is hij met toestemming van de rechter gerechtigd tot het nemen van de in de artikelen 1197 en 1198 genoemde maatregelen. Gaat hij hiertoe over, dan zijn deze artikelen van toepassing. (Ontw. 8.13.4.25; WOW 109 (oud); BW 8: 29, 484, 947, 1128, 1173^2)

Art. 1195

'Kosten onderweg'

Onverminderd afdeling 1 van Titel 4 van Boek 6 is de opdrachtgever verplicht de verhuizer de schade te vergoeden, geleden doordat deze zich als zaakwaarnemer inliet met de behartiging van de belangen van een rechthebbende op verhuisgoederen. (Ontw. 8.13.4.26; WOW 110 (oud); BW 6: 6 v., 102; 8: 488, 951, 1129, 1181, 1714)

Art. 1196

Geen retentierecht verhuizer

De verhuizer heeft geen retentierecht op verhuisgoederen en documenten, die hij in verband met de verhuisovereenkomst onder zich heeft. (Ontw. 8.13.4.27; WOW 111 (oud); BW 8: 30, 489, 954, 1131, 1194[2])

Art. 1197

Opslag bij niet-ontvangst enz.

– 1. Voor zover de opdrachtgever niet opkomt, weigert verhuisgoederen te ontvangen of deze niet met de vereiste spoed in ontvangst neemt, of voor zover op verhuisgoederen beslag is gelegd, is de verhuizer gerechtigd deze verhuisgoederen voor rekening en gevaar van de rechthebbende bij een derde op te slaan in een daarvoor geschikte bewaarplaats. Op zijn verzoek kan de rechter bepalen dat hij deze verhuisgoederen, desgewenst ook in het voor de verhuizing gebezigde voertuig, onder zichzelf kan houden of andere maatregelen daarvoor kan treffen. Hij is verplicht de opdrachtgever zo spoedig mogelijk op de hoogte te stellen.
– 2. De derde-bewaarnemer en de opdrachtgever zijn jegens elkaar verbonden, als ware de omtrent de bewaring gesloten overeenkomst mede tussen hen aangegaan. De bewaarnemer is echter niet gerechtigd tot afgifte dan na schriftelijke toestemming daartoe van hem, die de verhuisgoederen in bewaring gaf. (Ontw. 8.13.4.28; WOW 112 (oud); BW 7: 600 v.; 8: 490, 955, 1132, 1173[2], 1194, 1198; Rv 628)

Art. 1198

Verkoop opgeslagen verhuisgoederen

– 1. In geval van toepassing van artikel 1197 kan de verhuizer, de bewaarnemer dan wel de opdrachtgever door de rechter op zijn verzoek worden gemachtigd de verhuisgoederen geheel of gedeeltelijk op de door deze te bepalen wijze te verkopen.
– 2. De bewaarnemer is verplicht de verhuizer zo spoedig mogelijk van de voorgenomen verkoop op de hoogte te stellen; de verhuizer heeft deze verplichting jegens de opdrachtgever.
– 3. De opbrengst van het verkochte wordt in de consignatiekas gestort, voor zover zij niet strekt tot voldoening van de kosten van opslag en verkoop, alsmede, binnen de grenzen der redelijkheid, van de gemaakte kosten. Tenzij op de zaken beslag is gelegd voor een geldvordering, moet aan de verhuizer uit het in bewaring te stellen bedrag worden voldaan hetgeen hem verschuldigd is terzake van de verhuizing; voor zover deze vordering nog niet vaststaat, zal de opbrengst of een gedeelte daarvan op door de rechter te bepalen wijze tot zekerheid voor deze vordering strekken.
– 4. De in de consignatiekas gestorte opbrengst treedt in de plaats van de verhuisgoederen. (Ontw. 8.13.4.29; WOW 113 (oud); BW 6: 51, 63, 67, 70; 7: 600 v.; 8: 491, 957, 1133, 1194, 1201, 1710[d]; Rv 632)

Art. 1199

Medewerking onderzoek schade

Indien er zekerheid of vermoeden bestaat, dat er verlies of schade is, moeten de verhuizer en de opdrachtgever elkaar over en weer in redelijkheid alle middelen verschaffen om het onderzoek van de verhuisgoederen mogelijk te maken. (Ontw. 8.13.4.30; WOW 114 (oud); BW 8: 493, 958, 1134)

Art. 1200

Verloren gegane verhuisgoederen

Indien binnen drie jaren nadat de verhuizer aan de opdrachtgever schadevergoeding heeft uitgekeerd terzake van het niet afleveren van verhuisgoederen, deze verhuisgoederen of enige daarvan alsnog onder de verhuizer blijken te zijn of te zijn gekomen, is de verhuizer verplicht de opdrachtgever van deze omstandigheid bij aangetekende brief op de hoogte te brengen en heeft de opdrachtgever gedurende dertig dagen na ontvangst van deze mededeling het recht tegen verrekening van de door hem ontvangen schadevergoeding opnieuw aflevering van deze verhuisgoederen te verlangen. Hetzelfde geldt, indien de verhuizer terzake van het niet afleveren geen schadevergoeding heeft uitgekeerd, met dien verstande dat de termijn van drie jaren begint met de aanvang van de dag volgende op die, waarop de verhuisgoederen hadden moeten zijn afgeleverd. (Ontw. 8.13.4.31; WOW 115 (oud); BW 8: 1137, 1201)

Art. 1201

Teruggevonden verhuisgoederen

Met betrekking tot verhuisgoederen, die de verhuizer onder zich heeft, doch ten aanzien waarvan hij niet meer uit hoofde van de verhuisovereenkomst tot aflevering is verplicht, is artikel 1198 van overeenkomstige toepassing met dien verstande, dat uit de opbrengst van het verkochte bovendien aan de verhuizer moet worden voldaan het bedrag, dat deze mogelijkerwijs voldeed terzake van zijn aansprakelijkheid wegens het niet nakomen van de op hem uit hoofde van de artikelen 1173 en 1174 rustende verplichtingen. (Ontw. 8.13.4.32; WOW 116 (oud); BW 8: 1138)

TITEL 14
Ongevallen

AFDELING 1
Gevaarlijke stoffen aan boord van een voertuig

Art. 1210

Definities

In deze afdeling wordt verstaan onder:

a. '*gevaarlijke stof*': een stof die als zodanig bij algemene maatregel van bestuur is aangewezen; de aanwijzing kan worden beperkt tot bepaalde concentraties van de stof, tot bepaalde in de algemene maatregel van bestuur te omschrijven gevaren die aan de stof verbonden zijn, en tot bepaalde daarin te omschrijven situaties waarin de stof zich bevindt;
b. '*schade*':
1° schade veroorzaakt door dood of letsel van enige persoon veroorzaakt door een gevaarlijke stof;
2° andere schade buiten het voertuig aan boord waarvan de gevaarlijke stof zich bevindt, veroorzaakt door die gevaarlijke stof, met uitzondering van verlies van of schade met betrekking tot andere voertuigen en zaken aan boord daarvan, indien die voertuigen deel uitmaken van een sleep, waarvan ook dit voertuig deel uitmaakt;
3° de kosten van preventieve maatregelen en verlies of schade veroorzaakt door zulke maatregelen;
c. '*preventieve maatregel*': iedere redelijke maatregel ter voorkoming of beperking van schade door wie dan ook genomen met uitzondering van de overeenkomstig deze afdeling aansprakelijke persoon nadat een gebeurtenis heeft plaatsgevonden;
d. '*gebeurtenis*': elk feit of elke opeenvolging van feiten met dezelfde oorzaak, waardoor schade ontstaat of waardoor een ernstige en onmiddellijke dreiging van schade ontstaat;
e. '*exploitant*': hij die de zeggenschap heeft over het gebruik van het voertuig aan boord waarvan de gevaarlijke stof zich bevindt. Hij aan wie een kenteken als bedoeld in artikel 36, eerste lid, van de Wegenverkeerswet 1994 is opgegeven, of, bij gebreke daarvan, de eigenaar van het voertuig, wordt aangemerkt als exploitant, tenzij hij bewijst dat ten tijde van de gebeurtenis een door hem bij name genoemde ander de zeggenschap over het gebruik van het voertuig had of dat op dat tijdstip een ander zonder zijn toestemming en zonder dat hij zulks redelijkerwijs kon voorkomen de zeggenschap over het gebruik van het voertuig had. (BW 6: 197; 8: 620, 1030, 1670)

Art. 1211

Toepasselijkheid afdeling

– 1. Deze afdeling is niet van toepassing, indien de exploitant jegens degene die de vordering instelt, aansprakelijk is uit hoofde van een exploitatie-overeenkomst of jegens deze persoon een beroep op een exploitatie-overeenkomst heeft.
– 2. Deze afdeling is van toepassing op de periode waarin een gevaarlijke stof zich in een voertuig bevindt, daaronder begrepen de periode vanaf het begin van de inlading van de gevaarlijke stof in het voertuig tot het einde van de lossing van die stof uit het voertuig.
– 3. Deze afdeling is niet van toepassing op schade veroorzaakt wanneer het voertuig uitsluitend wordt gebruikt op een niet voor publiek toegankelijk terrein en zulk gebruik een onderdeel vormt van een op dat terrein plaatsvindende bedrijfsuitoefening.
– 4. Op zich overeenkomstig het tweede lid aan boord bevindende stoffen als bedoeld in artikel 175 van Boek 6 is dat artikel niet van toepassing, tenzij zich het geval van het derde lid voordoet.
– 5. Onverminderd het in het derde lid bepaalde is deze afdeling van overeenkomstige toepassing op luchtkussenvoertuigen, waar ook gebruikt. (BW 8: 621, 1031, 1671)

Art. 1212

Vervoer van vervoermiddelen

– 1. Indien een gevaarlijke stof zich bevindt in een vervoermiddel dat zich aan boord van een voertuig bevindt zonder dat de gevaarlijke stof uit dit gestapelde vervoermiddel wordt gelost, zal de gevaarlijke stof voor die periode geacht worden zich alleen aan boord van genoemd voertuig te bevinden.
– 2. Indien een gevaarlijke stof zich bevindt in een voertuig dat wordt voortbewogen door een ander voertuig, zal de gevaarlijke stof geacht worden zich alleen aan boord van het laatstgenoemde voertuig te bevinden.
– 3. Gedurende de handelingen bedoeld in artikel 1213, vijfde lid, onderdelen *c*, *d* en *e*, zal de gevaarlijke stof geacht worden:
a. in afwijking van het eerste lid, zich alleen aan boord van het gestapelde vervoermiddel te bevinden;
b. in afwijking van het tweede lid, zich alleen aan boord van eerstgenoemd voertuig te bevinden. (BW 8: 622, 1032, 1672)

Art. 1213

Aansprakelijkheid exploitant

– 1. Hij die ten tijde van een gebeurtenis exploitant is van een voertuig aan boord waarvan zich een gevaarlijke stof bevindt, is aansprakelijk voor de schade door die stof veroorzaakt ten gevolge van die gebeurtenis. Bestaat de gebeurtenis uit een opeenvolging van feiten met dezelfde oorzaak, dan rust de aansprakelijkheid op degene die ten tijde van het eerste feit exploitant was.
– 2. De exploitant is niet aansprakelijk indien:

a. de schade is veroorzaakt door een oorlogshandeling, vijandelijkheden, burgeroorlog, opstand of natuurgebeuren van uitzonderlijke, onvermijdelijke en onweerstaanbare aard;
b. de schade uitsluitend is veroorzaakt door een handelen of nalaten van een derde, niet zijnde een persoon genoemd in het vijfde lid, onderdeel *a*, geschied met het opzet de schade te veroorzaken;
c. de afzender of enige andere persoon niet heeft voldaan aan zijn verplichting hem in te lichten over de gevaarlijke aard van de stof, en noch de exploitant, noch de in het vijfde lid, onderdeel *a*, genoemde personen wisten of hadden behoren te weten dat deze gevaarlijk was.
– 3. Indien de exploitant bewijst dat de schade geheel of gedeeltelijk het gevolg is van een handelen of nalaten van de persoon die de schade heeft geleden, met het opzet de schade te veroorzaken, of van de schuld van die persoon, kan hij geheel of gedeeltelijk worden ontheven van zijn aansprakelijkheid tegenover die persoon.
– 4. De exploitant kan voor schade slechts uit anderen hoofde dan deze afdeling worden aangesproken in het geval van het tweede lid, onderdeel *c*, alsmede in het geval dat hij uit hoofde van arbeidsovereenkomst kan worden aangesproken. In het geval van het tweede lid, onderdeel *c*, kan de exploitant deze aansprakelijkheid beperken als ware hij op grond van deze afdeling aansprakelijk.
– 5. Behoudens de artikelen 1214 en 1215 zijn voor schade niet aansprakelijk:
a. de ondergeschikten, vertegenwoordigers of lasthebbers van de exploitant,
b. ieder die ten behoeve van het voertuig werkzaamheden verricht,
c. zij die anders dan tegen een uitdrukkelijk en redelijk verbod vanwege het voertuig in hulp verlenen aan het voertuig, de zich aan boord daarvan bevindende zaken of personen,
d. zij die op aanwijzing van een bevoegde overheidsinstantie hulp verlenen aan het voertuig, de zich aan boord daarvan bevindende zaken of personen,
e. zij die preventieve maatregelen nemen met uitzondering van de exploitant,
f. de ondergeschikten, vertegenwoordigers of lasthebbers van de in dit lid, onderdelen *b, c, d* en *e*, van aansprakelijkheid vrijgestelde personen, tenzij de schade is ontstaan uit hun eigen handelen of nalaten, geschied hetzij met het opzet die schade te veroorzaken, hetzij roekeloos en met de wetenschap dat die schade er waarschijnlijk uit zou voortvloeien.
– 6. De exploitant heeft, voor zover niet anders is overeengekomen, verhaal op de in het vijfde lid bedoelde personen, doch uitsluitend indien dezen ingevolge het slot van dit lid voor de schade kunnen worden aangesproken. (BW 8: 623, 1033, 1673)

Art. 1214

Bewijslast op exploitant

– 1. Indien de exploitant bewijst dat de gevaarlijke stof tijdens de periode bedoeld in artikel 1211, tweede lid, is geladen of gelost onder de uitsluitende verantwoordelijkheid van een door hem bij name genoemde ander dan de exploitant of zijn ondergeschikte, vertegenwoordiger of lasthebber, zoals de afzender of ontvanger, is de exploitant niet aansprakelijk voor de schade als gevolg van een gebeurtenis tijdens het laden of lossen van de gevaarlijke stof en is die ander voor deze schade aansprakelijk overeenkomstig deze afdeling.
– 2. Indien echter de gevaarlijke stof tijdens de periode bedoeld in artikel 1211, tweede lid, is geladen of gelost onder de gezamenlijke verantwoordelijkheid van de exploitant en een door de exploitant bij name genoemde ander, zijn de exploitant en die ander hoofdelijk aansprakelijk overeenkomstig deze afdeling voor de schade als gevolg van een gebeurtenis tijdens het laden of lossen van de gevaarlijke stof.
– 3. Indien is geladen of gelost door een persoon in opdracht of ten behoeve van de vervoerder of een ander, zoals de afzender of de ontvanger, is niet deze persoon, maar de vervoerder of die ander aansprakelijk.
– 4. Indien een ander dan de exploitant op grond van het eerste of het tweede lid aansprakelijk is, kan die ander geen beroep doen op artikel 1213, vierde lid en vijfde lid, onderdeel *b*.
– 5. Indien een ander dan de exploitant op grond van het eerste of het tweede lid aansprakelijk is, zijn ten aanzien van die ander de artikelen 1218 tot en met 1220 van overeenkomstige toepassing, met dien verstande dat in geval van hoofdelijke aansprakelijkheid:
a. de beperking van aansprakelijkheid als bepaald krachtens artikel 1218, eerste lid, geldt voor het geheel der naar aanleiding van eenzelfde gebeurtenis ontstane vorderingen gericht tegen beiden;
b. een fonds gevormd door één van hen overeenkomstig artikel 1219 wordt aangemerkt als door beiden te zijn gevormd en zulks ten aanzien van de vorderingen waarvoor het fonds werd gesteld.
– 6. In de onderlinge verhouding tussen de exploitant en de in het tweede lid van dit artikel genoemde ander is de exploitant niet tot vergoeding verplicht dan in geval van schuld van hemzelf of van zijn ondergeschikten, vertegenwoordigers of lasthebbers.
– 7. Dit artikel is niet van toepassing als tijdens de periode, bedoeld in artikel 1211, tweede lid,

is geladen of gelost onder de uitsluitende of gezamenlijke verantwoordelijkheid van een persoon, genoemd in artikel 1213, vijfde lid, onderdeel *c*, *d* of *e*. (BW 8: 624, 1034, 1674)

Art. 1215

Aansprakelijkheid afzender

Indien ingevolge artikel 1213, tweede lid, onderdeel *c*, de exploitant niet aansprakelijk is, is de afzender of andere persoon aansprakelijk overeenkomstig deze afdeling en zijn te diens aanzien de artikelen 1218 tot en met 1220 van overeenkomstige toepassing. De afzender of andere persoon kan geen beroep doen op artikel 1213, vierde lid. (BW 8: 625, 1035, 1675)

Art. 1216

Schadebegrip uitgebreid

Indien schade veroorzaakt door de gevaarlijke stof redelijkerwijs niet kan worden gescheiden van schade anderszins veroorzaakt, zal de gehele schade worden aangemerkt als schade in de zin van deze afdeling. (BW 8: 626, 1036, 1676)

Art. 1217

Schade op meerdere voertuigen

– 1. Wanneer door een gebeurtenis schade is veroorzaakt door gevaarlijke stoffen aan boord van meer dan één voertuig, dan wel aan boord van een voertuig of luchtkussenvoertuig en een zeeschip, een binnenschip of een spoorrijtuig, zijn de exploitanten van de daarbij betrokken voertuigen, de reder of de eigenaar van het daarbij betrokken zeeschip of het binnenschip en de exploitant van de spoorweg waarop de gebeurtenis met het daarbij betrokken spoorrijtuig plaatsvond, onverminderd het in artikel 1213, tweede en derde lid, en artikel 1214, afdeling 4 van titel 6, afdeling 4 van titel 11 en afdeling 4 van titel 19 bepaalde, hoofdelijk aansprakelijk voor alle schade waarvan redelijkerwijs niet kan worden aangenomen dat zij veroorzaakt is door gevaarlijke stoffen aan boord van één of meer bepaalde voertuigen, luchtkussenvoertuig, zeeschip of binnenschip, of spoorrijtuig dat gebruikt werd op een bepaalde spoorweg.

– 2. Het bepaalde in het eerste lid laat onverlet het beroep op beperking van aansprakelijkheid van de exploitant, reder of eigenaar krachtens deze afdeling, titel 7 of titel 12, dan wel de artikelen 1678 tot en met 1680, ieder tot het voor hem geldende bedrag. (BW 8: 627, 1037, 1677)

Art. 1218

Beperking aansprakelijkheid

– 1. De exploitant kan zijn aansprakelijkheid per gebeurtenis beperken tot een bij of krachtens algemene maatregel van bestuur te bepalen bedrag of bedragen die verschillend kunnen zijn voor vorderingen ter zake van dood of letsel en andere vorderingen.

– 2. De exploitant is niet gerechtigd zijn aansprakelijkheid te beperken indien de schade is ontstaan uit zijn eigen handelen of nalaten, geschied hetzij met het opzet die schade te veroorzaken, hetzij roekeloos en met de wetenschap dat die schade er waarschijnlijk uit zou voortvloeien. (BW 8: 627, 1037, 1677)

Art. 1219

Fonds

Ten einde zich te kunnen beroepen op de in artikel 1218 bedoelde beperking van aansprakelijkheid moet de exploitant een fonds of fondsen vormen overeenkomstig artikel 1220. (BW 8: 627, 1037, 1677)

Art. 1220

Vaststelling schadebedrag door rechtbank

– 1. Hij die gebruik wenst te maken van de hem in artikel 1218 gegeven bevoegdheid tot beperking van zijn aansprakelijkheid, verzoekt de rechtbank die bevoegd is kennis te nemen van de vorderingen tot vergoeding van schade, het bedrag waartoe zijn aansprakelijkheid is beperkt, vast te stellen en te bevelen dat tot een procedure ter verdeling van dit bedrag zal worden overgegaan.

– 2. Op het verzoek en de procedure ter verdeling zijn de artikelen 642*a*, tweede tot en met vierde lid, 642*b*, 642*c*, 642*e*, eerste lid, 642*f* tot en met 642*t*, eerste lid, en 642*u* tot en met 642*z* van het Wetboek van Burgerlijke Rechtsvordering van overeenkomstige toepassing.

– 3. Indien het krachtens artikel 1218, eerste lid, bepaalde bedrag voor vorderingen ter zake van dood of letsel onvoldoende is voor volledige vergoeding van deze vorderingen, worden deze vorderingen in evenredigheid gekort en zal het krachtens artikel 1218, eerste lid, bepaalde bedrag voor andere vorderingen naar evenredigheid worden verdeeld onder die vorderingen en de vorderingen ter zake van dood of letsel, voor zover deze onvoldaan zouden zijn.

– 4. De vorderingen van de exploitant ter zake van door hem vrijwillig en binnen de grenzen der redelijkheid gedane uitgaven en gebrachte offers ter voorkoming of beperking van schade staan in rang gelijk met andere vorderingen op het krachtens artikel 1218, eerste lid, bepaalde bedrag voor andere vorderingen dan die ter zake van dood of letsel. (BW 8: 627, 1037, 1677)

V LUCHTRECHT

TITEL 15
Het luchtvaartuig

AFDELING 1
Rechten op luchtvaartuigen

Art. 1300

Begripsbepaling

In deze titel wordt verstaan onder:
a. het Verdrag van Genève: het op 19 juni 1948 te Genève tot stand gekomen Verdrag betreffende de internationale erkenning van rechten op luchtvaartuigen (*Trb.* 1952, 86);
b. Verdragsstaat: een staat waarvoor het Verdrag van Genève van kracht is;
c. verdragsregister: een buiten Nederland gehouden register als bedoeld in artikel I, eerste lid, onder ii, van het Verdrag van Genève;
d. de openbare registers: de openbare registers, bedoeld in afdeling 2 van titel 1 van Boek 3. (BW 3: 287 lid 6; 7A: 1576; 8: 3*a*, 191, 781; Rv 584*a*, 729; Fw 59 sub *a*)

Art. 1301

Mede-eigenaar, beherend vennoot, bestuurder

De in deze afdeling aan de eigenaar opgelegde verplichtingen rusten, indien het luchtvaartuig toebehoort aan meer personen, aan een vennootschap onder firma, aan een commanditaire vennootschap of aan een rechtspersoon, mede op iedere mede-eigenaar, beherende vennoot of bestuurder. (BW 2: 44, 129, 239, 291; 8: 192, 782; Sr 447*a*)

Art. 1302

Vervallen. (BW 7A: 1576; 8: 193, 783; Rv 4 sub 11a°, 729; Fw 59a)

Art. 1303

Mogelijkheid teboekstelling

– 1. Teboekstelling is slechts mogelijk indien
a. het luchtvaartuig een Nederlands luchtvaartuig is in de zin van de Wet luchtvaart, en
b. het luchtvaartuig ten minste een bij algemene maatregel van bestuur vastgesteld gewicht heeft.
– 2. Teboekstelling is niet mogelijk van een luchtvaartuig dat reeds teboekstaat in de openbare registers, in een verdragsregister of in enig soortgelijk buitenlands register.
– 3. In afwijking van het tweede lid is teboekstelling van een in een verdragsregister of in enig soortgelijk register teboekstaand luchtvaartuig mogelijk, wanneer de eigenaar de eigendom van het luchtvaartuig heeft verkregen door toewijzing na een executie, welke in Nederland heeft plaatsgevonden.
– 4. De teboekstelling wordt verzocht door de eigenaar van het luchtvaartuig. Hij moet daarbij ter inschrijving overleggen een door hem ondertekende verklaring, dat naar zijn beste weten het luchtvaartuig voor teboekstelling vatbaar is. Deze verklaring behoeft de goedkeuring van de rechter. (Sr 389*ter*)
– 5. De teboekstelling in de openbare registers heeft geen rechtsgevolg, wanneer aan de vereisten van de voorgaande leden van dit artikel niet is voldaan.
– 6. Bij het verzoek tot teboekstelling wordt woonplaats gekozen in Nederland. Deze woonplaats wordt in het verzoek tot teboekstelling vermeld en kan door een andere in Nederland gelegen woonplaats worden vervangen. (BW 2: 10, 15; 8: 194, 784; Rv 4 sub 11*a*°, 624)

Art. 1304

Doorhaling teboekstelling

– 1. De teboekstelling wordt slechts doorgehaald
a. op verzoek van degene die in de openbare registers als eigenaar vermeld staat;
b. op aangifte van de eigenaar of ambtshalve
1° als het luchtvaartuig heeft opgehouden als zodanig te bestaan;
2° als van het luchtvaartuig gedurende twee maanden na het laatste vertrek geen tijding is ontvangen, zonder dat dit aan een algemene storing in de berichtgeving kan worden geweten;
3° als het luchtvaartuig niet of niet meer de hoedanigheid van Nederlands luchtvaartuig heeft;
4° als het luchtvaartuig, na een executie in een Verdragsstaat buiten Nederland, welke plaatsvond overeenkomstig het Verdrag van Genève, in een verdragsregister teboekstaat.
– 2. In de in het eerste lid, onder *b*, genoemde gevallen is de eigenaar van het luchtvaartuig tot het doen van aangifte verplicht binnen drie maanden nadat de reden tot doorhaling zich heeft voorgedaan.
– 3. Wanneer ten aanzien van het luchtvaartuig inschrijvingen of voorlopige aantekeningen ten gunste van derden bestaan, geschiedt, behalve in het geval, genoemd in het eerste lid, onderdeel *b*, onder 4°, doorhaling slechts wanneer geen dezer derden zich daartegen verzet.
– 4. Doorhaling geschiedt slechts na op verzoek van de meest gerede partij verleende machtiging van de rechter. (BW 8: 195, 786; Rv 624; Sr 447*a*)

Art. 1305

Zakelijke rechten

De enige zakelijke rechten waarvan een in de openbare registers teboekstaand luchtvaartuig het voorwerp kan zijn, zijn de eigendom, de hypotheek en de zakelijke rechten, bedoeld in de artikelen 1308 en 1309. (BW 3: 227 e.v.; 5: 1 e.v.; 8: 197, 788; Kad. 24)

Art. 1306

Levering luchtvaartuig

– 1. Een in de openbare registers teboekstaand luchtvaartuig is een registergoed.
– 2. Bij de toepassing van artikel 301 van Boek 3 ter zake van akten die op de voet van artikel 89, eerste en vierde lid, van Boek 3 zijn bestemd voor de levering van zodanig luchtvaartuig, kan de in het eerstgenoemde artikel bedoelde uitspraak van de Nederlandse rechter niet worden ingeschreven, zolang zij niet in kracht van gewijsde is gegaan. (BW 8: 199, 790)

Art. 1307

Verkrijgende verjaring

Eigendom en hypotheek op een teboekstaand luchtvaartuig worden door een bezitter te goeder trouw verkregen door een onafgebroken bezit van vijf jaren. (BW 8: 201, 791; Overg.w. 258 lid 3)

Art. 1308

Zakelijk recht houder

Op een teboekstaand luchtvaartuig kan een zakelijk recht worden gevestigd, bestaande in het recht van de houder van het luchtvaartuig om na betaling van een zeker bedrag of na vervulling van enige andere voorwaarde de eigendom daarvan krachtens een door hem reeds gesloten of nog te sluiten koopovereenkomst te verkrijgen. In de notariële akte bestemd voor de vestiging van dit recht, wordt duidelijk het aan dit recht onderworpen luchtvaartuig vermeld. (BW 8: 1305; Rv 584*p*)

Art. 1309

Huurovereenkomst

– 1. Op een teboekstaand luchtvaartuig kan een zakelijk recht worden gevestigd, bestaande in het recht van de houder tot gebruik van het luchtvaartuig uit een huurovereenkomst die voor ten minste zes maanden is gesloten. In de notariële akte bestemd voor de vestiging van dit recht, wordt duidelijk het aan dit recht onderworpen luchtvaartuig vermeld.
– 2. De huurovereenkomst geldt als titel voor de vestiging. Indien de huurovereenkomst in een notariële akte is neergelegd, die aan de eisen voor een akte van levering voldoet, geldt deze akte als akte van levering.
– 3. Op een huurovereenkomst ter zake van een teboekstaand luchtvaartuig is artikel 226 van Boek 7 niet van toepassing. (BW 8: 1305; Rv 584*p*)

Art. 1310

Vestiging hypotheek

Onverminderd het bepaalde in artikel 260, eerste lid, van Boek 3 wordt in de notariële akte waarbij hypotheek wordt verleend op een teboekstaand luchtvaartuig, duidelijk het aan de hypotheek onderworpen luchtvaartuig vermeld. (BW 8: 202, 792; Kad. 24; Fw 59*a*)

Art. 1311

Rangorde vordering

De door hypotheek gedekte vordering neemt rang na de vorderingen, genoemd in de artikelen 1315 en 1317, doch vóór alle andere vorderingen waaraan bij deze of enige andere wet een voorrecht is toegekend. (BW 3: 21, 279; 8: 204, 794)

Art. 1312

Zekerheid hypotheek

Indien de vordering rente draagt, strekt de hypotheek mede tot zekerheid voor de renten der hoofdsom, vervallen gedurende de laatste drie jaren voorafgaand aan het begin van de uitwinning en gedurende de loop hiervan. Artikel 263 van Boek 3 is niet van toepassing. (BW 8: 205, 795)

Art. 1313

Niet toepasselijke wetsbepaling

Op hypotheek op een aandeel in een teboekstaand luchtvaartuig is artikel 177 van Boek 3 niet van toepassing; de hypotheek blijft na vervreemding of toedeling van het luchtvaartuig in stand. (BW 8: 206, 796)

Art. 1314

Toepasselijke wetsbepalingen

Op een hypotheek op een teboekstaand luchtvaartuig zijn de artikelen 234, 261, 264, 265, 266 en 268-273 van Boek 3 en de artikelen 544-548 van het Wetboek van Burgerlijke Rechtsvordering niet van toepassing. (BW 8: 207, 797)

AFDELING 2
Voorrechten op luchtvaartuigen

Art. 1315

Uitwinning luchtvaartuig

In geval van uitwinning van een luchtvaartuig dat teboekstaat in de openbare registers of in een verdragsregister, worden de kosten van uitwinning, de kosten van bewaking tijdens deze uitwinning, de kosten na het beslag gemaakt tot behoud van het luchtvaartuig, daaronder begrepen de kosten van herstellingen die onontbeerlijk waren voor het behoud daarvan, alle andere kosten in het belang van de schuldeisers gemaakt tijdens de executie, alsmede de kosten van de gerechtelijke rangregeling en verdeling van de opbrengst onder de schuldeisers uit de opbrengst van de verkoop voldaan boven alle andere vorderingen waaraan bij deze of enige andere wet een voorrecht is toegekend. (BW 3: 278; 8: 210, 820, 1311, 1317)

Art. 1316

Niet toepasselijke wetsbepalingen

Artikel 292 van Boek 3 en de artikelen 60, tweede lid, eerste zin, derde lid en vierde lid, en 299*b*, derde tot en met vijfde lid, van de Faillissementswet zijn niet van toepassing op luchtvaartuigen die teboekstaan in de openbare registers of in een verdragsregister. (BW 8: 210*a*, 820*a*)

Art. 1317

Bevoorrechte vorderingen

– 1. Boven alle andere vorderingen waaraan bij deze of enige andere wet een voorrecht is toegekend zijn, behoudens artikel 1315, op een luchtvaartuig dat op het tijdstip van het ontstaan van de hierna genoemde vorderingen teboekstaat in de openbare registers of in een verdragsregister, bevoorrecht:

a. de vorderingen tot betaling van hulploon voor aan het luchtvaartuig verleende hulp;

b. de vorderingen tot betaling van buitengewone kosten, noodzakelijk voor het behoud van het luchtvaartuig.

– 2. Het eerste lid geldt slechts indien de hulp of de handeling tot behoud is beëindigd in Nederland of in een Verdragsstaat welks wetgeving aan de vorderingen, ontstaan vanwege deze handelingen, een voorrecht met zaaksgevolg toekent.

– 3. Artikel 284 van Boek 3 is niet van toepassing. (BW 3: 278 e.v.; 8: 211, 821, 1311, 1318, 1319, 1320; Kad. 92; Fw 59*a*, 299 lid 3)

Art. 1318

Rangorde bevoorrechte vorderingen

De bevoorrechte vorderingen, genoemd in artikel 1317, nemen onderling rang naar de omgekeerde volgorde van de tijdstippen waarop de gebeurtenissen plaatsvonden, waardoor zij ontstonden. (BW 8: 213, 823)

Art. 1319

Schuldeiser vervolgt zijn recht

De schuldeiser die een voorrecht heeft op grond van artikel 1317, vervolgt zijn recht op het luchtvaartuig, in wiens handen dit zich ook bevinde. (BW 3: 48; 8: 215, 825)

Art. 1320

Tenietgaan voorrechten

– 1. De krachtens deze afdeling op een luchtvaartuig verleende voorrechten gaan teniet door verloop van drie maanden, tenzij binnen die termijn het voorrecht is ingeschreven in de openbare registers of het verdragsregister waarin het luchtvaartuig teboekstaat, en bovendien het bedrag der vordering in der minne is vastgesteld dan wel langs gerechtelijke weg erkenning van het voorrecht en deszelfs omvang is gevorderd.

– 2. In geval van executoriale verkoop gaan de voorrechten mede teniet op het tijdstip waarop het proces-verbaal van verdeling wordt gesloten.

– 3. De in het eerste lid genoemde termijn begint met de aanvang van de dag volgende op die, waarop de hulpverlening of de handeling tot behoud waardoor de vordering is ontstaan, is beëindigd.

– 4. Voorrechten als bedoeld in artikel 1317 kunnen worden ingeschreven in de openbare registers. Artikel 24, eerste lid, van Boek 3 is niet van toepassing. (BW 3: 279; 8: 217, 827; Kad. 32)

AFDELING 3

Slotbepaling

Art. 1321

Nadere regeling bij of krachtens AMvB

Behoeven de in deze titel geregelde onderwerpen in het belang van een goede uitvoering van de wet nadere regeling, dan geschiedt dit bij of krachtens algemene maatregel van bestuur, onverminderd de bevoegdheid tot regeling krachtens de Kadasterwet. (BW 8: 231, 841; Sr 447*a*)

TITEL 16

Exploitatie

AFDELING 1

Algemene bepalingen

Art. 1340

Schakelbepaling

Op de exploitatie van een luchtvaartuig zijn, onverminderd de artikelen 1360, eerste lid, en 1402, eerste lid, de artikelen 361 tot en met 366 van overeenkomstige toepassing met dien verstande dat ook hij van wiens hulp de vervoerder bij de uitvoering van zijn verbintenis gebruik maakte, mits hij handelde in de werkzaamheden waartoe hij werd gebruikt, een beroep kan doen op artikel 365. (BW 6:76: Verdrag Montreal 29)

Art. 1341

Begripsbepaling

In deze titel wordt, voor zover het betreft vervoer van personen en bagage, onder een luchtvaartuig tevens een luchtkussenvoertuig verstaan. (BW 8:1)

Art. 1342

Begripsbepaling

In deze titel wordt onder aangegeven bagage verstaan de bagage die door of namens de reiziger, voordat hij een luchtreis onderneemt, aan de vervoerder ten vervoer wordt overhandigd. (BW 8:8, 1394, 1395; Verdrag Montreal 17)

Art. 1343

Verwijzingen in vervoerdocument

– 1. Verwijzingen in een vervoerdocument worden geacht slechts die bedingen daarin te voegen, die voor degeen, jegens wie daarop een beroep wordt gedaan, duidelijk kenbaar zijn.
– 2. Een dergelijk beroep is slechts mogelijk voor hem, die op schriftelijk verlangen van degeen jegens wie dit beroep kan worden gedaan of wordt gedaan, aan deze onverwijld die bedingen heeft doen toekomen.
– 3. Nietig is ieder beding waarbij van het tweede lid van dit artikel wordt afgeweken. (BW 3:41, 6:231 e.v.; 8:422, 922)

Art. 1344

Enkel luchtvervoer

Het luchtvervoer, achtereenvolgens door verschillende vervoerders te bewerkstelligen, wordt voor de toepassing van deze titel geacht een enkel luchtvervoer te vormen, wanneer het door de partijen als een enkele handeling is beschouwd, onverschillig of het in de vorm van een enkele overeenkomst dan wel in de vorm van een reeks van overeenkomsten is gesloten. (Verdrag Montreal 1)

Art. 1345

Vervoerder

– 1. In deze titel wordt, behoudens het bepaalde in het vierde en vijfde lid van dit artikel, onder de vervoerder mede verstaan de feitelijke vervoerder, met dien verstande dat de feitelijke vervoerder slechts onderworpen is aan de bepalingen van deze titel voor wat betreft het door hem verrichte deel van het vervoer.
– 2. Onder feitelijk vervoerder wordt verstaan hij die zonder vervoerder of opvolgend vervoerder als bedoeld in de artikelen 1350, 1352, 1390, 1392 of 1420 te zijn, doch met diens toestemming, het gehele in deze titel bedoelde vervoer of een deel daarvan verricht.
– 3. De in het tweede lid bedoelde toestemming wordt vermoed te zijn verleend.
– 4. Een eigen handeling of nalaten van de vervoerder of een eigen handeling of nalaten van degenen van wier hulp hij bij de uitvoering van zijn verbintenis gebruik maakte, mits gepleegd in de werkzaamheden waartoe zij werden gebruikt, kan niet leiden tot een aansprakelijkheid van de feitelijke vervoerder groter dan de in of krachtens de artikelen 1359, 1399 en 1400 vastgestelde aansprakelijkheid. Een door de vervoerder aangegaan beding dat zijn aansprakelijkheid uitbreidt buiten deze titel of waarin deze afstand doet van enig hem door of krachtens deze titel toegekend recht of waarbij een bijzonder belang bij de aflevering wordt vastgesteld als bedoeld in artikel 1359, eerste lid, en 1400, tweede lid, bindt de feitelijke vervoerder uitsluitend indien hij heeft toegestemd in een dergelijk beding.
– 5. Opdrachten als bedoeld in artikel 1373 hebben slechts uitwerking als zij tot de vervoerder zijn gericht. (BW 6:76)

Art. 1346

Reikwijdte

Afdeling 3 van deze titel is slechts van toepassing voorzover niet Verordening (EG) nr. 2027/97 van de Raad betreffende de aansprakelijkheid van luchtvervoerders bij ongevallen, zoals gewijzigd bij Verordening (EG) nr. 889/2002 van het Europees Parlement en de Raad van 13 mei 2002 (*PbEG* L140) van toepassing is.

Art. 1347

Rekeneenheid

De rekeneenheid, genoemd in deze titel, is het bijzondere trekkingsrecht, zoals dat is omschreven door het Internationale Monetaire Fonds. De bedragen in deze titel genoemd worden omgerekend in euro's naar de koers van de dag van betaling, danwel, in geval van een gerechtelijke procedure, naar die van de dag van de uitspraak. De waarde in euro's, uitgedrukt in bijzondere trekkingsrechten, wordt berekend volgens de waarderingsmethode die door het Internationale Monetaire Fonds op de dag van omrekening wordt toegepast voor zijn eigen verrichtingen en transacties.

AFDELING 2
Overeenkomst van goederenvervoer door de lucht

Art. 1350

Begripsbepaling

– 1. De overeenkomst van goederenvervoer in de zin van deze titel is de overeenkomst van goederenvervoer, al dan niet tijd- of reisbevrachting zijnde, waarbij de ene partij (de vervoerder) zich tegenover de andere partij (de afzender) verbindt aan boord van een luchtvaartuig zaken uitsluitend door de lucht te vervoeren.
– 2. Deze afdeling is niet van toepassing op overeenkomsten tot het vervoeren van postzendingen door of in opdracht van de verlener van de universele postdienst, bedoeld in de Postwet 2009 of onder een internationale postovereenkomst. Onder voorbehoud van artikel 1395 is deze afdeling niet van toepassing op overeenkomsten tot het vervoer van bagage. (BW 8:370, 890, 1092, 1390)

Art. 1351

Vervoer door de lucht

– 1. Vervoer door de lucht omvat de tijd dat de zaken zich onder de hoede van de vervoerder bevinden.

– 2. Het vervoer door de lucht omvat niet enig vervoer te land, ter zee of op de binnenwateren, bewerkstelligd buiten een luchthaven. Wanneer zodanig vervoer echter plaats heeft ter uitvoering van de luchtvervoerovereenkomst in verband met het inladen, de aflevering of de overlading, wordt schade vermoed het gevolg te zijn van een voorval tijdens het luchtvervoer. Wanneer een vervoerder, zonder toestemming van de afzender, het vervoer dat tussen de partijen is overeengekomen als luchtvervoer geheel of gedeeltelijk vervangt door een andere wijze van vervoer, wordt deze andere wijze van vervoer geacht deel uit te maken van het tijdvak van het luchtvervoer. (BW 8:1391, 1394, 1395, 1406; Verdrag Montreal 18)

Art. 1352

Tijd- of reisbevrachting

Tijd- of reisbevrachting in de zin van deze afdeling is de overeenkomst van goederenvervoer, waarbij de vervoerder (de vervrachter) zich verbindt tot vervoer aan boord van een luchtvaartuig, dat hij daartoe, anders dan bij een overeenkomst waarbij de ene partij zich verbindt een luchtvaartuig ter beschikking te stellen van haar wederpartij zonder daarover nog enige zeggenschap te houden, geheel of gedeeltelijk en al dan niet op tijdbasis (tijdbevrachting of reisbevrachting) ter beschikking stelt van de afzender (de bevrachter). (BW 8:373, 972, 1144, 1365 lid 4, 1392)

Art. 1353

Staat ten vervoer ontvangen zaken

– 1. De vervoerder is verplicht ten vervoer ontvangen zaken ter bestemming af te leveren en wel in de staat waarin hij deze heeft ontvangen.

– 2. De vervoerder is niet aansprakelijk, voorzover hij bewijst dat de schade uitsluitend het gevolg is van één of meer van de volgende omstandigheden:

a. de aard of een eigen gebrek van de zaken;

b. gebrekkige verpakking van de zaken door een ander dan de vervoerder of degenen, van wier hulp hij bij de uitvoering van zijn verbintenis gebruik maakte;

c. een oorlogshandeling of een gewapend conflict;

d. een overheidsdaad verricht in verband met de invoer, uitvoer of doorvoer van de zaken. (BW 8:21, 378, 895, 1095, 1173, 1356; Verdrag Montreal 18)

Art. 1354

Vertraging

– 1. De vervoerder is verplicht ten vervoer ontvangen zaken zonder vertraging te vervoeren.

– 2. De vervoerder is niet aansprakelijk voor schade voortvloeiend uit vertraging, indien hij en degenen van wier hulp hij bij de uitvoering van zijn verbintenis gebruik maakte, alle maatregelen hebben genomen, die redelijkerwijs gevergd konden worden om de schade te vermijden of het hem en hun onmogelijk was die maatregelen te nemen. (BW 6:76; 8:23, 108, 981, 1340, 1345, 1356, 1396; Verdrag Montreal 19)

Art. 1355

Ontheffing aansprakelijkheid

– 1. Indien de vervoerder bewijst dat schuld of nalatigheid van de persoon die schadevergoeding vordert of van de persoon aan wie hij zijn rechten ontleent, de schade heeft veroorzaakt of daartoe heeft bijgedragen, is de vervoerder geheel of gedeeltelijk ontheven van zijn aansprakelijkheid jegens die persoon voorzover die schuld of nalatigheid de schade heeft veroorzaakt of daartoe heeft bijgedragen.

– 2. Dit artikel is van toepassing op alle aansprakelijkheidsbepalingen in deze afdeling. (BW 6: 101; 8: 83, 109, 513, 1155, 1397; Verdrag Montreal 20)

Art. 1356

Nietig beding

Elk beding, strekkende om de vervoerder te ontheffen van zijn aansprakelijkheid uit hoofde van deze afdeling of om een lagere grens van aansprakelijkheid vast te stellen dan die welke krachtens deze afdeling is bepaald, is nietig, doch de nietigheid van dit beding heeft niet de nietigheid ten gevolge van de overeenkomst die onderworpen blijft aan deze titel. ((BW 3: 41; 8: 1398; Verdrag Montreal 26)

Art. 1357

Schadevergoeding naar waarde vervoerde zaken

– 1. Voor zover de vervoerder aansprakelijk is wegens niet nakomen van de op hem uit hoofde van artikel 1353 of artikel 1354 rustende verplichtingen, heeft de afzender geen ander recht dan betaling te vorderen van een bedrag, dat wordt berekend met inachtneming van de waarde welke zaken als de ten vervoer ontvangene zouden hebben gehad zoals, ten tijde waarop en ter plaatse waar, zij zijn afgeleverd of zij hadden moeten zijn afgeleverd.

– 2. De in het eerste lid genoemde waarde wordt berekend naar de koers op de goederenbeurs of, wanneer er geen dergelijke koers is, naar de gangbare marktwaarde of, wanneer ook deze ontbreekt, naar de normale waarde van zaken van dezelfde aard en hoedanigheid. (BW 8: 387, 388, 903, 1103, 1180, 1395)

Art. 1358

Waardevermindering van een zaak

Indien met betrekking tot een zaak een schadevergoeding uit hoofde van artikel 1377 is verschuldigd, wordt deze aangemerkt als een waardevermindering van die zaak. (BW 6: 198 e.v.; 8: 389, 904, 1104, 1181, 1377, 1395)

Art. 1359

Beperkte aansprakelijkheid bij luchtvervoer

– 1. Bij het luchtvervoer van zaken is de aansprakelijkheid van de vervoerder in geval van vernieling, verlies, beschadiging of vertraging beperkt tot een bedrag van zeventien rekeneenheden per kilogram, zulks behoudens bijzondere verklaring omtrent belang bij de aflevering, gedaan door de afzender bij de afgifte van de zaken aan de vervoerder en tegen betaling van een mogelijkerwijs verhoogd tarief. In dat geval is de vervoerder verplicht te betalen tot het bedrag van de opgegeven som, tenzij hij bewijst dat deze het werkelijk belang van de afzender bij de aflevering te boven gaat.

– 2. Bij vernieling, verlies, beschadiging of vertraging van een gedeelte van de zaken of van enig daarin opgenomen voorwerp wordt ter bepaling van de aansprakelijkheidsgrens van de vervoerder alleen in aanmerking genomen het totale gewicht van het betrokken collo of van de betrokken colli. Indien evenwel de vernieling, het verlies, de beschadiging of de vertraging van een gedeelte van de zaken of van enig daarin opgenomen voorwerp, de waarde van andere colli, gedekt door dezelfde luchtvrachtbrief of hetzelfde ontvangstbewijs of als die niet zijn uitgegeven, door dezelfde gegevens zoals die zijn vastgelegd in een ander middel bedoeld in artikel 1365, tweede lid, beïnvloedt, wordt het totale gewicht van deze colli in aanmerking genomen ter bepaling van de aansprakelijkheidsgrens.

– 3. Het eerste en het tweede lid zijn niet van toepassing op een eventuele aansprakelijkheid van de vervoerder voor de kosten van het geding met de partij tegen wie hij zich op deze bepalingen kan beroepen, inclusief rente, tenzij de vervoerder schriftelijk hetzij binnen een termijn van zes maanden na de datum van het voorval waardoor de schade werd veroorzaakt, hetzij vóór de aanvang van het proces, wanneer dit na die termijn is aanhangig gemaakt, een bedrag aan de eiser heeft aangeboden even groot als of groter dan het bedrag van de toegewezen schadevergoeding met uitsluiting van genoemde kosten van het geding. (BW 6:76; 8: 1399; Verdrag Montreal 22)

Art. 1360

Aansprakelijkheidsgrens ook voor hulpvervoerder

– 1. Indien een geding op grond van schade als bedoeld in deze afdeling aanhangig wordt gemaakt tegen een persoon van wiens hulp de vervoerder bij de uitvoering van zijn verbintenis gebruik maakte, zal deze, indien hij bewijst dat hij heeft gehandeld in de werkzaamheden waartoe hij werd gebruikt, zich kunnen beroepen op de aansprakelijkheidsgrens waarop de vervoerder zich krachtens artikel 1359 kan beroepen.

– 2. Het totale bedrag van de schadevergoeding, welke in dat geval van de vervoerder en de in het eerste lid bedoelde persoon kan worden verkregen, mag de in artikel 1359 vermelde grens niet overschrijden. (BW 6: 76, 257; 8: 72, 365, 1340, 1402; Verdrag Montreal 30)

Art. 1361

Vergoeding schade door afzender

De afzender is verplicht de vervoerder de schade te vergoeden die deze lijdt doordat de overeengekomen zaken, door welke oorzaak dan ook, niet op de overeengekomen plaats en tijd te zijner beschikking zijn. (BW 8: 24, 391, 907, 1110, 1187)

Art. 1362

Bevoegdheid opzegging overeenkomst door afzender

– 1. Alvorens zaken ter beschikking van de vervoerder zijn gesteld, is de afzender bevoegd de overeenkomst op te zeggen.

– 2. Zijn bij het verstrijken van de tijd, waarbinnen de zaken ter beschikking van de vervoerder moeten zijn gesteld, door welke oorzaak dan ook, in het geheel geen zaken ter beschikking van de vervoerder, dan is deze, zonder dat enige ingebrekestelling is vereist, bevoegd de overeenkomst op te zeggen.

– 3. Zijn bij het verstrijken van de in het tweede lid bedoelde tijd, door welke oorzaak dan ook, de overeengekomen zaken slechts gedeeltelijk ter beschikking van de vervoerder dan is deze, zonder dat enige ingebrekestelling is vereist, bevoegd de overeenkomst op te zeggen dan wel de reis te aanvaarden.

– 4. De opzegging geschiedt door een kennisgeving, waarvan de ontvangst duidelijk aantoonbaar is en de overeenkomst eindigt op het ogenblik van de ontvangst daarvan doch wat betreft gedeeltelijk ter beschikking gestelde zaken niet vóór het einde der vervoerperiode daarvan.

– 5. De afzender is verplicht de vervoerder de schade te vergoeden die deze lijdt tengevolge van de opzegging of van de aanvaarding van de reis.

– 6. Dit artikel is niet van toepassing ingeval van tijdbevrachting. (BW 8: 25, 392, 908, 1111)

Art. 1363

Bevoegdheid opzegging overeenkomst

– 1. Wanneer vóór of bij de aanbieding van de zaken aan de vervoerder omstandigheden aan de zijde van een van de partijen zich opdoen of naar voren komen, die haar wederpartij bij het sluiten van de overeenkomst niet behoefde te kennen, maar die, indien zij haar wel bekend waren geweest, redelijkerwijs voor haar grond hadden opgeleverd de vervoerovereenkomst

niet of op andere voorwaarden aan te gaan, is deze wederpartij bevoegd de overeenkomst op te zeggen.
– 2. De opzegging geschiedt door een kennisgeving, waarvan de ontvangst duidelijk aantoonbaar is en de overeenkomst eindigt op het ogenblik van ontvangst daarvan.
– 3. Naar maatstaven van redelijkheid en billijkheid zijn partijen na opzegging van de overeenkomst verplicht elkaar de daardoor geleden schade te vergoeden. (BW 6: 248, 258; 8: 18, 396, 912, 1116, 1193, 1407)

Art. 1364

Buitengewone schade

De afzender is verplicht de vervoerder de buitengewone schade te vergoeden, die materiaal dat hij deze ter beschikking stelde of zaken die deze ten vervoer ontving, dan wel de behandeling daarvan, de vervoerder berokkenden, behalve voor zover deze schade is veroorzaakt door een omstandigheid die voor rekening van de vervoerder komt; voor rekening van de vervoerder komen die omstandigheden, die in geval van beschadiging van door hem vervoerde zaken voor zijn rekening komen. (BW 8: 1117)

Art. 1365

Luchtvrachtbrief

– 1. Bij het vervoer van zaken moet een luchtvrachtbrief worden uitgereikt, die in elk geval een aanduiding van het gewicht van de zending dient te bevatten.
– 2. De uitreiking van een luchtvrachtbrief kan worden vervangen door het gebruik van ieder ander middel waardoor de gegevens betreffende het te verrichten vervoer worden vastgelegd. Indien van zodanig ander middel gebruik wordt gemaakt, reikt de vervoerder aan de afzender, op diens verzoek, een ontvangstbewijs uit dat identificatie van de zending mogelijk maakt en toegang geeft tot de door die andere middelen vastgelegde gegevens.
– 3. Indien nodig voor de vervulling van de formaliteiten van douane, politie en andere overheidsinstanties, kan van de afzender worden verlangd dat hij een document uitreikt dat de aard van de zaken aanduidt. Deze bepaling schept voor de vervoerder geen enkele verplichting, verbintenis of daaruit voortvloeiende aansprakelijkheid.
– 4. Het eerste lid geldt niet tussen partijen bij een bevrachting. (BW 8: 1352, 1359 lid 2, 1367, 1368, 1371, 1372, 1376, 1411; Verdrag Montreal 4, 5, 6)

Art. 1366

Drie exemplaren

– 1. De luchtvrachtbrief wordt door de afzender opgemaakt in drie oorspronkelijke exemplaren.
– 2. Het eerste exemplaar bevat de vermelding 'voor de vervoerder'; het wordt getekend door de afzender. Het tweede exemplaar bevat de vermelding 'voor de afzender'; het wordt getekend door de afzender en de vervoerder. Het derde exemplaar wordt getekend door de vervoerder en door hem, na ontvangst van de zaken, aan de afzender overhandigd.
– 3. De handtekening van de vervoerder en die van de afzender kunnen worden gedrukt of vervangen door een stempel dan wel langs electronische weg worden gezet.
– 4. Indien, op verzoek van de afzender, de vervoerder de luchtvrachtbrief opmaakt, wordt hij vermoed te handelen namens de afzender.
– 5. De artikelen 56, tweede lid, 75, eerste lid, en 186, eerste lid, van Boek 2 zijn niet van toepassing. (BW 8: 528, 986, 1166, 1368, 1372; Verdrag Montreal 7)

Art. 1367

Verscheidene colli

Wanneer er verscheidene colli zijn:
a. heeft de vervoerder het recht van de afzender te verlangen dat hij aparte luchtvrachtbrieven opmaakt;
b. heeft de afzender het recht van de vervoerder te verlangen dat hij aparte ontvangstbewijzen uitreikt, wanneer gebruik wordt gemaakt van de in artikel 1365, tweede lid, bedoelde middelen. (BW 8: 1368, 1372; Verdrag Montreal 8)

Art. 1368

Geldigheid vervoerovereenkomst bij niet-inachtneming bepalingen

Niet-inachtneming van de artikelen 1365 tot en met 1367 doet niet af aan het bestaan of de geldigheid van de vervoerovereenkomst, die desondanks onderworpen zal zijn aan de bepalingen van deze titel met inbegrip van die betreffende de beperking van de aansprakelijkheid. (Verdrag Montreal 9)

Art. 1369

Verklaringen van afzender

– 1. De afzender staat in voor de juistheid van de bijzonderheden en verklaringen betreffende de zaken die door of namens hem in de luchtvrachtbrief zijn opgenomen of die door of namens hem aan de vervoerder zijn verstrekt voor opneming in het ontvangstbewijs of in de gegevens vastgelegd door de andere middelen bedoeld in artikel 1365, tweede lid. De vorige zin is eveneens van toepassing in het geval waarin de namens de afzender handelende persoon tevens namens de vervoerder handelt.
– 2. De afzender is aansprakelijk voor alle schade die door de vervoerder of door enige andere persoon jegens wie de vervoerder aansprakelijk is, wordt geleden als gevolg van de onnauw-

keurigheid, onjuistheid of onvolledigheid van de bijzonderheden en verklaringen die door of namens de afzender zijn verstrekt.
– 3. Behoudens het bepaalde in het eerste en tweede lid van dit artikel is de vervoerder aansprakelijk voor alle schade die door de afzender of door enige andere persoon jegens wie de afzender aansprakelijk is, wordt geleden als gevolg van de onnauwkeurigheid, onjuistheid of onvolledigheid van de bijzonderheden en verklaringen die door of namens de vervoerder zijn opgenomen in het ontvangstbewijs of in de gegevens vastgelegd door de andere middelen bedoeld in artikel 1365, tweede lid. (BW 8: 411, 916, 1119 lid 3, 1366 lid 4)

Art. 1370

Informatieplicht afzender

– 1. De afzender is verplicht de vervoerder omtrent de zaken alsmede omtrent de behandeling daarvan tijdig al die opgaven te doen, waartoe hij in staat is of behoort te zijn en waarvan hij weet of behoort te weten dat zij voor de vervoerder van belang zijn, tenzij hij mag aannemen dat de vervoerder die gegevens kent.
– 2. De afzender is verplicht de inlichtingen en de documenten te verschaffen die vóór de aflevering van de zaken aan de geadresseerde nodig zijn om aan de formaliteiten inzake douane, politie of andere overheidsinstanties te voldoen. De afzender is jegens de vervoerder aansprakelijk voor alle schade die het gevolg is van het ontbreken, de onvolledigheid of de onnauwkeurigheid van die inlichtingen en documenten, behoudens in geval de schade is veroorzaakt door schuld van de vervoerder of van degenen van wier hulp hij bij de uitvoering van zijn verbintenis gebruik maakte.
– 3. De vervoerder is verplicht redelijke zorg aan te wenden dat de documenten, die in zijn handen zijn gesteld, niet verloren gaan of onjuist worden behandeld. Een door hem terzake verschuldigde schadevergoeding zal die, verschuldigd uit hoofde van de artikelen 1357, 1358 en 1359 in geval van verlies van de zaken, niet overschrijden.
– 4. De vervoerder is niet gehouden te onderzoeken of de hem gedane opgaven en de hem verschafte inlichtingen en documenten juist of voldoende zijn.
– 5. Is bij het verstrijken van de tijd, waarbinnen de zaken ter beschikking van de vervoerder moeten zijn gesteld, door welke oorzaak dan ook, niet of slechts gedeeltelijk voldaan aan de in het eerste lid bedoelde verplichting van de afzender of zijn bij het verstrijken van de tijd waarbinnen de in het tweede lid bedoelde documenten en inlichtingen aanwezig moeten zijn, deze, door welke oorzaak dan ook, niet naar behoren aanwezig, dan zijn, behalve in geval van tijdbevrachting, het tweede, derde, vierde en vijfde lid van artikel 1362 van overeenkomstige toepassing. (BW 6: 76; 8: 20, 394, 395, 910, 1114, 1191, 1395; Verdrag Montreal 16)

Art. 1371

Bewijs van overeenkomst

– 1. De luchtvrachtbrief of het ontvangstbewijs strekt, behoudens tegenbewijs, tot bewijs van het sluiten van de overeenkomst, van de ontvangst van de zaken en van de vervoervoorwaarden die erin worden vermeld.
– 2. Opgaven in de luchtvrachtbrief of het ontvangstbewijs betreffende het gewicht, de afmetingen en de verpakking van de zaken, als ook die betreffende het aantal colli, hebben kracht van bewijs behoudens tegenbewijs; die betreffende de hoeveelheid, de omvang en de toestand van de zaken strekken tegenover de vervoerder slechts tot bewijs, voor zover zij door deze juist zijn bevonden in tegenwoordigheid van de afzender en dit juist bevinden is vastgesteld in de luchtvrachtbrief of het ontvangstbewijs of indien het betreft opgaven omtrent de uiterlijke staat van de zaken. (BW 8: 1365; Verdrag Montreal 11)

Art. 1372

Reikwijdte

De artikelen 1365, eerste, tweede en vierde lid, 1366 en 1367 zijn niet van toepassing op het vervoer, dat in bijzondere omstandigheden buiten elke normale uitoefening van het luchtvaartbedrijf plaats heeft. (BW 8: 1411 lid 8; Verdrag Montreal 51)

Art. 1373

Rechten afzender

– 1. Onder voorwaarde dat hij al de uit de vervoerovereenkomst voortvloeiende verplichtingen nakomt, heeft de afzender het recht over de zaken te beschikken hetzij door deze op de luchthaven van vertrek of van bestemming terug te nemen, hetzij door deze tijdens de reis bij een landing op te houden, hetzij door deze op de plaats van bestemming of tijdens de reis te doen afleveren aan een ander dan de oorspronkelijk aangewezen geadresseerde, hetzij door terugzending te vragen naar de luchthaven van vertrek, voor zover de uitoefening van dat recht geen nadeel toebrengt aan de vervoerder of aan de andere afzenders en met de verplichting de daaruit voortvloeiende kosten te vergoeden.
– 2. Indien uitvoering van de opdrachten van de afzender onmogelijk is, moet de vervoerder hem daarvan onmiddellijk in kennis stellen.
– 3. Indien de vervoerder de opdrachten van de afzender inzake de beschikking over de zaken uitvoert zonder overlegging te vorderen van het aan deze uitgereikte exemplaar van de luchtvrachtbrief of het ontvangstbewijs, is hij, behoudens zijn recht van verhaal op de afzender,

aansprakelijk voor de schade die daardoor veroorzaakt mocht worden aan de regelmatige houder van de luchtvrachtbrief of van het ontvangstbewijs.

– 4. Het recht van de afzender eindigt op het moment waarop dat van de geadresseerde overeenkomstig artikel 1374 begint. Indien evenwel de geadresseerde de zaken weigert, of indien hij niet kan worden bereikt, herkrijgt de afzender zijn beschikkingsrecht. (BW 8: 1345 lid 5, 1375, 1376; Verdrag Montreal 12)

Art. 1374

Vordering aflevering door geadresseerde

– 1. Tenzij de afzender het hem ingevolge artikel 1373 toekomende recht heeft uitgeoefend, heeft de geadresseerde het recht onmiddellijk na aankomst van de zaken op de plaats van bestemming van de vervoerder aflevering van de zaken te vorderen tegen betaling van de verschuldigde bedragen en onder naleving van de vervoervoorwaarden.

– 2. Tenzij anders is bedongen, moet de vervoerder de geadresseerde onmiddellijk in kennis stellen van de aankomst van de zaken.

– 3. Indien het verlies van de zaken door de vervoerder wordt erkend, of indien de zaken na afloop van een termijn van zeven kalenderdagen, nadat zij hadden moeten aankomen, niet zijn aangekomen, is de geadresseerde gerechtigd de rechten die uit de overeenkomst voortvloeien, jegens de vervoerder geldend te maken. (BW 8: 1375, 1376; Verdrag Montreal 13, 52; ATW)

Art. 1375

Rechten afzender en geadresseerde

De afzender en de geadresseerde kunnen alle rechten doen gelden die hun onderscheidenlijk in de artikelen 1373 en 1374 zijn toegekend, ieder op zijn eigen naam, onverschillig of zij handelen in hun eigen belang of dat van een ander, onder voorwaarde dat zij de door de vervoerovereenkomst opgelegde verplichtingen nakomen. (BW 8: 1376; Verdrag Montreal 14)

Art. 1376

Verhouding tussen partijen

– 1. De artikelen 1373, 1374 en 1375 laten de verhouding tussen de afzender en de geadresseerde onderling en de verhouding van derden, die hun rechten ontlenen aan de afzender of de geadresseerde, onverlet.

– 2. Van de in het eerste lid genoemde artikelen kan alleen worden afgeweken door een uitdrukkelijke bepaling in de luchtvrachtbrief of in het ontvangstbewijs. (BW 8: 1365; Verdrag Montreal 15)

Art. 1377

Hoofdelijk verbonden tot vergoeden schade

Onverminderd afdeling 1 van Titel 4 van Boek 6 zijn de afzender en de geadresseerde hoofdelijk verbonden de vervoerder de schade te vergoeden, geleden doordat deze zich als zaakwaarnemer inliet met de behartiging van de belangen van een rechthebbende op ten vervoer ontvangen zaken. (BW 6: 6 e.v., 198 e.v.; 8: 488, 951, 1129, 1195, 1358, 1395)

Art. 1378

Weigeren van afgifte

– 1. De vervoerder is gerechtigd afgifte van zaken, die hij in verband met de vervoerovereenkomst onder zich heeft, te weigeren aan ieder, die uit anderen hoofde dan de vervoerovereenkomst recht heeft op aflevering van die zaken, tenzij op de zaken beslag is gelegd en uit de vervolging van dit beslag een verplichting tot afgifte aan de beslaglegger voortvloeit.

– 2. Het in het eerste lid aan de vervoerder toegekende recht komt hem niet toe jegens een derde, indien hij op het tijdstip dat hij de zaak ten vervoer ontving, reden had te twijfelen aan de bevoegdheid van de afzender jegens die derde hem de zaak ten vervoer ter beschikking te stellen. (BW 3: 298 e.v.; 8: 489, 954, 1131, 1395)

Art. 1379

Opslaan zaken bij derde

– 1. Voor zover hij die jegens de vervoerder recht heeft op aflevering van vervoerde zaken niet opkomt, weigert deze te ontvangen of deze niet met de vereiste spoed in ontvangst neemt, voor zover op zaken beslag is gelegd, alsmede indien de vervoerder gegronde redenen heeft aan te nemen dat hij die als gerechtigde opkomt desalniettemin niet tot de aflevering gerechtigd is, is de vervoerder gerechtigd deze zaken voor rekening en gevaar van de rechthebbende bij een derde op te slaan in een daarvoor geschikte bewaarplaats. Op zijn verzoek kan de rechter bepalen dat hij deze zaken onder zichzelf kan houden of andere maatregelen daarvoor kan treffen.

– 2. De derde-bewaarnemer en de ontvanger zijn jegens elkaar verbonden, als ware de omtrent de bewaring gesloten overeenkomst mede tussen hen aangegaan. De bewaarnemer is echter niet gerechtigd tot afgifte dan na schriftelijke toestemming daartoe van hem, die de zaken in bewaring gaf.

– 3. De vervoerder is verplicht voor rekening van de rechthebbende de afzender en tevens de ontvanger zo spoedig mogelijk door een kennisgeving, waarvan de ontvangst duidelijk aantoonbaar is, in kennis te stellen van de opslag en van de aanleiding daartoe. (BW 7: 600 e.v.; 8: 490, 955, 1132, 1395)

Art. 1380

Machtiging tot verkoop van zaken

– 1. In geval van toepassing van artikel 1379 kan de vervoerder, de bewaarnemer dan wel hij,

die jegens de vervoerder recht heeft op de aflevering, op zijn verzoek door de rechter worden gemachtigd de zaken geheel of gedeeltelijk op de door deze te bepalen wijze te verkopen.
– 2. De bewaarnemer is verplicht de vervoerder zo spoedig mogelijk van de voorgenomen verkoop op de hoogte te stellen; de vervoerder heeft deze verplichting jegens de afzender en jegens degene die jegens hem recht heeft op de aflevering van de zaken.
– 3. De opbrengst van het verkochte wordt in de consignatiekas gestort voor zover zij niet strekt tot voldoening van de kosten van opslag en verkoop alsmede, binnen de grenzen der redelijkheid, van de gemaakte kosten. Tenzij op de zaken beslag is gelegd voor een geldvordering, moet aan de vervoerder uit het in bewaring te stellen bedrag worden voldaan hetgeen hem verschuldigd is terzake van het vervoer; voor zover deze vorderingen nog niet vaststaan, zal de opbrengst of een gedeelte daarvan op door de rechter te bepalen wijze tot zekerheid voor deze vorderingen strekken.
– 4. De in de consignatiekas gestorte opbrengst treedt in de plaats van de zaken. (BW 6: 67; 8: 491, 957, 1133, 1395)

Art. 1381

Kosten van sortering van zaken

De kosten van sortering van de zaken, voor zover nodig voor de juiste aflevering, zijn voor rekening van de vervoerder.

Art. 1382

Aanname goede ontvangst

In geval van aanneming door de geadresseerde van de zaken zonder protest wordt vermoed dat deze in goede staat en in overeenstemming met het vervoerdocument of met de gegevens vastgelegd door de andere middelen bedoeld in artikel 1365, tweede lid, zijn afgeleverd. (BW 8: 414; Verdrag Montreal 31)

AFDELING 3
Overeenkomst van personenvervoer door de lucht

Art. 1390

Begripsbepaling

De overeenkomst van personenvervoer in de zin van deze titel is de overeenkomst van personenvervoer, al dan niet tijd- of reisbevrachting zijnde, waarbij de ene partij (de vervoerder) zich tegenover de andere partij verbindt aan boord van een luchtvaartuig een of meer personen (reizigers) en al dan niet hun bagage uitsluitend door de lucht te vervoeren. (BW 8: 500, 970, 1140, 1350)

Art. 1391

Tijdperk van luchtvervoer

Het tijdperk van het luchtvervoer van personen en hun niet aangegeven bagage omvat de tijd, dat de reiziger zich aan boord van het luchtvaartuig bevindt, alsmede de tijd van enige handeling verband houdend met het aan boord gaan en het verlaten van het luchtvaartuig. (BW 8: 501, 1351, 1406; Verdrag Montreal 17)

Art. 1392

Tijd- of reisbevrachting

Tijd- of reisbevrachting in de zin van deze afdeling is de overeenkomst van personenvervoer, waarbij de vervoerder (de vervrachter) zich verbindt tot vervoer aan boord van een luchtvaartuig dat hij daartoe, anders dan bij een overeenkomst waarbij de ene partij zich verbindt een luchtvaartuig ter beschikking te stellen van haar wederpartij zonder daarover nog enige zeggenschap te houden, in zijn geheel en al dan niet op tijdbasis (tijdbevrachting of reisbevrachting) ter beschikking stelt van zijn wederpartij (de bevrachter). (BW 8: 502, 972, 1144, 1352)

Art. 1393

Dood of letsel reiziger

De vervoerder is aansprakelijk voor schade veroorzaakt door dood of letsel van de reiziger, indien het ongeval dat de schade veroorzaakte, plaats vond tijdens de in artikel 1391 omschreven periode. (BW 8: 105, 504, 974, 1147, 1399; Verdrag Montreal 17)

Art. 1394

Vernieling, verlies of beschadiging van bagage

– 1. De vervoerder is aansprakelijk voor schade veroorzaakt door vernieling, verlies of beschadiging van aangegeven bagage indien het voorval dat de schade veroorzaakte, plaats vond tijdens de in artikel 1351 omschreven periode. De vervoerder is evenwel niet aansprakelijk voorzover de schade voortvloeide uit de aard of het eigen gebrek van de bagage.
– 2. De vervoerder is aansprakelijk voor schade veroorzaakt door vernieling, verlies of beschadiging van niet aangegeven bagage, daaronder begrepen persoonlijke bezittingen, indien de schade voortvloeide uit zijn schuld of die van degenen van wier hulp hij bij de uitvoering van zijn verbintenis gebruik maakte. (BW 6: 76; 8: 106, 505, 506, 975, 976, 1342; Verdrag Montreal 17)

Art. 1395

Schakelbepaling

– 1. Onverminderd deze afdeling zijn op het vervoer van aangegeven bagage de artikelen 1351, 1357, 1358, 1370, 1377, 1378, 1379 en 1380 van overeenkomstige toepassing.
– 2. Partijen hebben de vrijheid af te wijken van in het eerste lid op hun onderlinge verhouding toepasselijk verklaarde bepalingen. (BW 8: 1342)

Art. 1396

Vertraging

– 1. De vervoerder is aansprakelijk voor schade voortvloeiende uit vertraging in het luchtvervoer.

– 2. De vervoerder is niet aansprakelijk voor schade voorvloeiend uit vertraging, indien hij en degenen van wier hulp hij bij de uitvoering van zijn verbintenis gebruik maakte alle maatregelen hebben genomen, die redelijkerwijs gevergd konden worden om de schade te vermijden of het hem en hun onmogelijk was die maatregelen te nemen. (BW 6: 76; 8: 108, 515, 981, 1340, 1354, 1398; Verdrag Montreal 19)

Art. 1397

Ontheffing aansprakelijkheid

– 1. Indien de vervoerder bewijst dat schuld of nalatigheid van de persoon die schadevergoeding vordert of van de persoon aan wie hij zijn rechten ontleent, de schade heeft veroorzaakt of daartoe heeft bijgedragen, is de vervoerder geheel of gedeeltelijk ontheven van zijn aansprakelijkheid jegens die persoon voorzover die schuld of nalatigheid de schade heeft veroorzaakt of daartoe heeft bijgedragen.

– 2. Indien schadevergoeding wordt gevorderd wegens dood of letsel van een reiziger door een ander dan die reiziger, is de vervoerder eveneens geheel of gedeeltelijk ontheven van zijn aansprakelijkheid voorzover hij bewijst dat de schuld of nalatigheid van die reiziger de schade heeft veroorzaakt of daartoe heeft bijgedragen.

– 3. Dit artikel is van toepassing op alle aansprakelijkheidsbepalingen in deze afdeling, daaronder begrepen artikel 1399, eerste lid. (BW 6: 101; 8: 83, 109, 513, 1155, 1355; Verdrag Montreal 20)

Art. 1398

Nietig beding

– 1. Elk beding strekkende om de vervoerder te ontheffen van zijn aansprakelijkheid uit hoofde van deze afdeling of om een lagere grens van aansprakelijkheid vast te stellen dan die, welke krachtens deze afdeling is bepaald, is nietig, doch de nietigheid van dit beding heeft niet de nietigheid ten gevolge van de overeenkomst, die onderworpen blijft aan deze titel.

– 2. Deze bepaling laat artikel 1395, tweede lid, onverlet. (BW 3: 41; 8: 1356; Verdrag Montreal 26)

Art. 1399

Beperking aansprakelijkheid

– 1. Voor schade bedoeld in artikel 1393 die een bedrag van 100 000 rekeneenheden per reiziger niet te boven gaat, kan de vervoerder zijn aansprakelijkheid niet beperken of uitsluiten.

– 2. De vervoerder is niet aansprakelijk voor schade bedoeld in artikel 1393 voorzover deze een bedrag van 100 000 rekeneenheden per reiziger te boven gaat, indien hij bewijst dat:

a. de schade niet te wijten was aan de schuld of nalatigheid van hem of van degenen van wier hulp hij bij de uitvoering van zijn verbintenis gebruik maakte; of

b. de schade uitsluitend te wijten was aan de schuld of nalatigheid van een derde.

– 3. Artikel 1359, derde lid, is van overeenkomstige toepassing. (BW 8: 1359; Verdrag Montreal 21)

Art. 1400

Vertraging ex art. 1396

– 1. In geval van schade veroorzaakt door vertraging als bedoeld in artikel 1396 bij het vervoer van reizigers, is de aansprakelijkheid van de vervoerder beperkt tot 4150 rekeneenheden per reiziger.

– 2. Bij het vervoer van bagage is de aansprakelijkheid van de vervoerder in geval van vernieling, verlies, beschadiging of vertraging beperkt tot 1000 rekeneenheden per reiziger zulks behoudens bijzondere verklaring omtrent belang bij de aflevering gedaan door de reiziger bij de afgifte van de aangegeven bagage aan de vervoerder en tegen betaling van een mogelijkerwijs verhoogd tarief. In dat geval is de vervoerder verplicht te betalen tot het bedrag van de opgegeven som, tenzij hij bewijst dat deze het werkelijk belang van de reiziger bij de aflevering te boven gaat.

– 3. Artikel 1359, derde lid, is van overeenkomstige toepassing. (Verdrag Montreal 22)

Art. 1401

Nalatigheid vervoerder

De in artikel 1400 vermelde aansprakelijkheidsgrenzen zijn niet van toepassing, indien wordt bewezen dat de schade het gevolg is van een eigen handeling of nalaten van de vervoerder of van enige persoon van wiens hulp hij bij de uitvoering van zijn verbintenis gebruik maakte, welke plaats vond hetzij met het opzet schade te veroorzaken, hetzij roekeloos en met de wetenschap, dat schade er waarschijnlijk uit zou voortvloeien; in geval van een eigen handeling of nalaten van een persoon als hiervoor bedoeld moet tevens worden bewezen dat deze handelde in de uitoefening van de werkzaamheden waartoe hij werd gebruikt. (BW 6: 76; 8: 111, 519, 984, 1158; Verdrag Montreal 22)

Art. 1402

Aansprakelijkheidsgrenzen voor helper

– 1. Indien een geding op grond van schade als bedoeld in deze afdeling aanhangig wordt gemaakt tegen een persoon van wiens hulp de vervoerder bij de uitvoering van zijn verbintenis gebruik maakte, zal deze, indien hij bewijst dat hij in de werkzaamheden waartoe hij werd ge-

bruikt heeft gehandeld, zich kunnen beroepen op de aansprakelijkheidsgrenzen waarop de vervoerder zich krachtens de artikelen 1399 en 1400 kan beroepen.
– 2. Het totale bedrag van de schadevergoeding, welke in dat geval van de vervoerder en de in het eerste lid bedoelde persoon kan worden verkregen, mag de in artikel 1399 en artikel 1400 vermelde grenzen niet overschrijden.
– 3. Het eerste en het tweede lid zijn niet van toepassing indien wordt bewezen dat de schade het gevolg is van een eigen handeling of nalaten van de in het eerste lid bedoelde persoon, welke plaats vond hetzij met het opzet schade te veroorzaken, hetzij roekeloos en met de wetenschap dat schade er waarschijnlijk uit zou voortvloeien. (BW 6: 257; 8: 72, 365, 1360; Verdrag Montreal 30)

Art. 1403

Reikwijdte

In geval van aan de reiziger overkomen letsel en van de dood van de reiziger zijn de artikelen 107 en 108 van Boek 6 niet van toepassing op de vorderingen die de vervoerder als wederpartij van een andere vervoerder tegen deze laatste instelt. (BW 8: 85, 521, 986, 1159)

Art. 1404

Reiziger niet op tijd

De wederpartij van de vervoerder is verplicht deze de schade te vergoeden die hij lijdt doordat de reiziger, door welke oorzaak dan ook, niet tijdig ten vervoer aanwezig is. (BW 8: 86, 522, 986, 1160)

Art. 1405

Documenten niet naar behoren

De wederpartij van de vervoerder is verplicht deze de schade te vergoeden die hij lijdt doordat de documenten met betrekking tot de reiziger, die van haar zijde voor het vervoer vereist zijn, door welke oorzaak dan ook, niet naar behoren aanwezig zijn. (BW 8: 87, 523, 986, 1161)

Art. 1406

Schade door reiziger of bagage

– 1. Onverminderd artikel 179 van Boek 6 is de reiziger verplicht de vervoerder de schade te vergoeden, die hij of zijn bagage heeft berokkend en zulks door het blote feit, dat de gebeurtenis, die de schade veroorzaakte, plaats vond gedurende de in artikel 1391 omschreven periode, of wat betreft aangegeven bagage de in artikel 1351 omschreven periode.
– 2. De schade wordt aangemerkt het door de vervoerder naar zijn redelijk oordeel vast te stellen bedrag te belopen, maar indien de vervoerder meent dat de schade meer dan 227 euro beloopt, moet hij zulks bewijzen. (BW 8: 114)

Art. 1407

Opzeggen overeenkomst door vervoerder

– 1. Wanneer vóór of tijdens het vervoer omstandigheden aan de zijde van de wederpartij van de vervoerder of de reiziger zich opdoen of naar voren komen, die de vervoerder bij het sluiten van de overeenkomst niet behoefde te kennen, maar die, indien zij hem wel bekend waren geweest, redelijkerwijs voor hem grond hadden opgeleverd de vervoerovereenkomst niet of op andere voorwaarden aan te gaan, is de vervoerder bevoegd de overeenkomst op te zeggen en de reiziger uit het luchtvaartuig te verwijderen.
– 2. De opzegging geschiedt door een kennisgeving aan de wederpartij van de vervoerder of aan de reiziger en de overeenkomst eindigt op het ogenblik van ontvangst van de eerst ontvangen kennisgeving.
– 3. Naar maatstaven van redelijkheid en billijkheid zijn partijen na opzegging van de overeenkomst verplicht elkaar de daardoor geleden schade te vergoeden. (BW 6: 248, 258; 8: 88, 524, 986, 1162, 1363)

Art. 1408

Opzeggen overeenkomst door wederpartij

– 1. Wanneer vóór of tijdens het vervoer omstandigheden aan de zijde van de vervoerder zich opdoen of naar voren komen, die diens wederpartij bij het sluiten van de overeenkomst niet behoefde te kennen, maar die, indien zij haar wel bekend waren geweest, redelijkerwijs voor haar grond hadden opgeleverd de vervoerovereenkomst niet of op andere voorwaarden aan te gaan, is deze wederpartij van de vervoerder bevoegd de overeenkomst op te zeggen.
– 2. De opzegging geschiedt door een kennisgeving en de overeenkomst eindigt op het ogenblik van ontvangst daarvan.
– 3. Naar maatstaven van redelijkheid en billijkheid zijn partijen na opzegging der overeenkomst verplicht elkaar de daardoor geleden schade te vergoeden. (BW 6: 248, 258; 8: 89, 525, 986, 1163)

Art. 1409

Reiziger keert niet tijdig terug

Wanneer de reiziger na het verlaten van het luchtvaartuig niet tijdig terugkeert, kan de vervoerder de overeenkomst beschouwen als op dat tijdstip te zijn geëindigd. (BW 8: 526, 986, 1164)

Art. 1410

Opzeggen overeenkomst door wederpartij

– 1. De wederpartij van de vervoerder is steeds bevoegd de overeenkomst op te zeggen. Zij is verplicht de vervoerder de schade te vergoeden die deze ten gevolge van de opzegging lijdt.
– 2. Zij kan dit recht niet uitoefenen, wanneer daardoor de reis van het luchtvaartuig zou worden vertraagd.

– 3. De opzegging geschiedt door een kennisgeving en de overeenkomst eindigt op het ogenblik van ontvangst daarvan. (BW 8: 90, 527, 986, 1165)

Art. 1411

Vervoersdocument

– 1. Bij het vervoer van reizigers moet een individueel of collectief vervoersdocument worden uitgereikt.

– 2. De uitreiking van het in het eerste lid bedoelde vervoersdocument kan worden vervangen door het gebruik van ieder ander middel waardoor de gegevens betreffende de reis worden vastgelegd. Indien van zodanig ander middel gebruik wordt gemaakt, biedt de vervoerder aan de aldus vastgelegde gegevens in schriftelijke vorm aan de reiziger uit te reiken.

– 3. De vervoerder reikt aan de reiziger een identificatielabel uit voor elk stuk aangegeven bagage.

– 4. Aan de reiziger wordt een schriftelijke mededeling verstrekt inhoudende dat wanneer deze titel van toepassing is hij de aansprakelijkheid van de vervoerders regelt en kan beperken ter zake van dood of letsel en in geval van vernieling, verlies of beschadiging van bagage, alsmede in geval van vertraging.

– 5. Niet-inachtneming van het bepaalde in de voorgaande leden doet niet af aan het bestaan of de geldigheid van de vervoerovereenkomst, die desondanks onderworpen zal zijn aan de bepalingen van deze titel met inbegrip van die betreffende de beperking van de aansprakelijkheid.

– 6. Het eerste lid geldt niet tussen partijen bij een bevrachting.

– 7. De artikelen 56, tweede lid, 75, eerste lid, en 186, eerste lid, van Boek 2 zijn niet van toepassing.

– 8. Dit artikel is niet van toepassing op het vervoer dat in bijzondere omstandigheden buiten elke normale uitoefening van het luchtvaartbedrijf plaats vindt. (BW art. 8:528, 986, 1166, 1365; Verdrag Montreal art. 3)

Art. 1412

Afleveren bagage

De reiziger heeft het recht onmiddellijk na aankomst ter plaatse van zijn bestemming van de vervoerder te vorderen hem de bagage af te leveren. (BW art. 8:1374 lid 1)

Art. 1413

Wederpartij als zaakwaarnemer

Onverminderd afdeling 1 van Titel 4 van Boek 6 is de wederpartij van de vervoerder verplicht de vervoerder de schade te vergoeden, geleden doordat deze zich als zaakwaarnemer inliet met de behartiging van de belangen van de reiziger met betrekking tot diens bagage. (BW art. 6:198 e.v.; BW art. 8:1358, 1377, 1395)

Art. 1414

Bagage in goede staat afgeleverd

In geval van aanneming door de reiziger van de aangegeven bagage zonder protest wordt vermoed dat deze in goede staat en in overeenstemming met de gegevens vastgelegd door de andere middelen bedoeld in artikel 1411, tweede lid, is afgeleverd. (BW art. 8:1382)

AFDELING 4
Opvolgend vervoer

Art. 1420

Opvolgend vervoer

– 1. In de gevallen dat het vervoer wordt beheerst door artikel 1344 en dat het bewerkstelligd moet worden achtereenvolgens door verschillende vervoerders, is elke vervoerder die reizigers, bagage of andere zaken aanneemt onderworpen aan de in deze titel gegeven bepalingen; hij wordt aangemerkt als één der partijen die de vervoerovereenkomst hebben gesloten voor zover die overeenkomst betrekking heeft op het deel van het vervoer, dat onder zijn toezicht is bewerkstelligd.

– 2. In geval van zodanig vervoer hebben de reiziger of enige andere persoon die een van deze afgeleid recht heeft op schadevergoeding enkel verhaal op de vervoerder, die het vervoer heeft bewerkstelligd gedurende hetwelk het ongeval of de vertraging plaats vond, behalve in het geval dat de eerste vervoerder bij uitdrukkelijk beding de aansprakelijkheid voor het gehele vervoer op zich heeft genomen.

– 3. Indien het bagage en andere zaken betreft kan de reiziger respectievelijk de afzender de eerste vervoerder aanspreken; de reiziger of de geadresseerde die het recht op afgifte heeft of de reiziger heeft verhaal tegen de laatste vervoerder; zij kunnen daarenboven de vervoerder aanspreken die het vervoer heeft bewerkstelligd gedurende hetwelk de vernieling, het verlies, de beschadiging of de vertraging plaats had. Deze vervoerders zijn hoofdelijk aansprakelijk tegenover de reiziger, de afzender en de geadresseerde. (Verdrag Montreal 36)

TITEL 18
Overeenkomst van goederenvervoer over spoorwegen

AFDELING 1
Algemene bepalingen

Art. 1550

– 1. De overeenkomst van goederenvervoer in de zin van deze titel is de overeenkomst van goederenvervoer, waarbij de ene partij (de vervoerder) zich tegenover de andere partij (de afzender) verbindt tot het vervoer van zaken uitsluitend over spoorwegen. Partijen kunnen bedingen dat de onderhavige titel van toepassing is op het vervoer over de weg of binnenwateren dat in aanvulling op het vervoer over spoorwegen plaats vindt. **Begripsbepaling**

– 2. Deze titel is niet van toepassing op overeenkomsten tot het vervoer van postzendingen door of in opdracht van de houder van een concessie, bedoeld in de Postwet of onder een internationale postovereenkomst.

– 3. Deze titel is niet van toepassing op overeenkomsten tot het vervoer van bagage.

Art. 1551

Voor de toepassing van deze titel wordt verstaan onder: **Begripsbepaling**

a. de vervoerder: de contractuele vervoerder met wie de afzender de vervoerovereenkomst heeft gesloten, of een opvolgende vervoerder, die op grond van de vervoerovereenkomst aansprakelijk is;

b. ondervervoerder: een vervoerder die niet de vervoerovereenkomst heeft gesloten met de afzender, maar aan wie de onder *a* bedoelde vervoerder de uitvoering van het vervoer over spoorwegen, geheel of gedeeltelijk, heeft toevertrouwd;

c. intermodale transporteenheid: containers, wissellaadbakken, opleggers of andere soortgelijke bij intermodaal vervoer gebruikte laadeenheden.

d. VSG: Regeling vervoer over de spoorweg van gevaarlijke stoffen.

Art. 1552

De wetsbepalingen omtrent huur, bewaarneming en bruikleen zijn niet van toepassing op terbeschikkingstelling van een spoorvoertuig ten einde door middel daarvan zaken te vervoeren in dier voege dat degene die het spoorvoertuig ter beschikking stelt, verplicht is voor de voortbeweging daarvan zorg te dragen. **Reikwijdte bepalingen huur, bewaarneming en bruikleen**

Art. 1553

Elk beding dat middellijk of onmiddellijk afwijkt van het in deze titel en in artikel 1727 bepaalde is nietig, tenzij de vervoerovereenkomst niet onder bezwarende titel is gesloten. De nietigheid van dergelijke bedingen heeft niet de nietigheid van de overige bedingen van de vervoerovereenkomst tot gevolg. Niettemin kan een vervoerder een zwaardere aansprakelijkheid en zwaardere verplichtingen op zich nemen dan uit deze titel voortvloeien. **Nietigheid**

AFDELING 2
Sluiting en uitvoering van de vervoerovereenkomst

Art. 1554

– 1. Op grond van de vervoerovereenkomst is de vervoerder verplicht de zaken naar de plaats van bestemming te vervoeren en ze daar aan de geadresseerde af te leveren. **Verplichtingen vervoerder**

– 2. De vervoerovereenkomst moet worden vastgelegd in een vrachtbrief. Het ontbreken, de onregelmatigheid of het verlies van de vrachtbrief tast evenwel noch het bestaan, noch de geldigheid van de vervoerovereenkomst aan, die onderworpen blijft aan deze titel.

– 3. De vrachtbrief wordt door de afzender en de vervoerder ondertekend. De handtekening kan vervangen worden door een stempel of elke andere daartoe geëigende methode.

– 4. De vervoerder moet de aanneming ten vervoer op de vrachtbrief op de geëigende wijze bevestigen en de afzender het vrachtbriefduplicaat overhandigen.

– 5. De vrachtbrief heeft niet de betekenis van een cognossement.

– 6. Voor iedere zending moet een vrachtbrief worden opgemaakt. Behoudens indien anders is overeengekomen tussen de afzender en de vervoerder, kan een vrachtbrief slechts betrekking hebben op de lading van één spoorwagen.

– 7. De vrachtbrief, met inbegrip van de duplicaat-vrachtbrief, kan ook worden opgesteld in de vorm van elektronische registratie van gegevens, die kunnen worden omgezet in leesbare lettertekens. De voor de registratie en verwerking van de gegevens gebruikte procedures moeten uit functioneel oogpunt gelijkwaardig zijn, in het bijzonder wat betreft de bewijskracht van de vrachtbrief, die door deze elektronische gegevens wordt gevormd.

Art. 1555

– 1. De vrachtbrief moet de volgende aanduidingen bevatten: **Inhoud vrachtbrief**

a. de plaats en datum van het opmaken ervan;
b. de naam en het adres van de afzender;
c. de naam en het adres van de vervoerder die de vervoerovereenkomst gesloten heeft;
d. de naam en het adres van degene aan wie de zaken daadwerkelijk ten vervoer werden afgegeven, indien dit niet de in *c* vermelde vervoerder is;
e. de plaats en datum waarop de zaken in ontvangst werden genomen;
f. de plaats van de aflevering;
g. de naam en het adres van de geadresseerde;
h. de omschrijving van de aard der zaken en de verpakkingswijze, en voor gevaarlijke zaken hun omschrijving in de VSG voorgeschreven voor het internationale spoorwegvervoer van gevaarlijke zaken;
i. het aantal colli en de voor identificatie van stukgoedzendingen vereiste bijzondere merktekens en nummers;
j. het wagennummer, in geval van vervoer van volledige wagenlading;
k. het nummer van het op eigen wielen rollend spoorvoertuig dat als te vervoeren zaak ten vervoer wordt aangeboden;
l. bovendien, bij intermodale laadeenheden, de categorie, het nummer of de voor hun identificatie vereiste andere kenmerken;
m. de brutomassa of de op andere wijze uitgedrukte hoeveelheid der zaken;
n. een nauwkeurige lijst van de door overheidsinstanties voorgeschreven bescheiden die bij de vrachtbrief zijn gevoegd of ter beschikking van de vervoerder zijn gesteld bij een nader omschreven instantie of bij een in de overeenkomst vermelde instelling;
o. de op het vervoer betrekking hebbende kosten (vrachtprijs, bijkomende kosten en andere kosten die vanaf het sluiten van de overeenkomst tot aan de aflevering ontstaan) voorzover zij door de geadresseerde moeten worden betaald of bij een andere aanduiding dat de kosten verschuldigd zijn door de geadresseerde.
– 2. In voorkomend geval moet de vrachtbrief bovendien de volgende aanduidingen bevatten:
a. In geval van vervoer door opvolgende vervoerders: de tot aflevering der zaken verplichte vervoerder, voorzover die met zijn instemming is ingeschreven op de vrachtbrief;
b. de kosten die de afzender voor zijn rekening neemt;
c. het bedrag van het bij de aflevering van de zaken te innen rembours;
d. de aangegeven waarde der zaken en het bedrag van het bijzonder belang bij de aflevering;
e. de overeengekomen afleveringstermijn;
f. de lijst van aan de vervoerder overhandigde bescheiden, niet opgesomd in lid 1, onder *n*;
g. de vermeldingen door de afzender van het aantal en de beschrijving van de door hem op de wagen aangebrachte verzegelingen.
– 3. In de vrachtbrief kunnen de partijen bij de vervoerovereenkomst andere aanduidingen opnemen die zij nuttig achten.

Art. 1556

Aansprakelijkheid afzender

– 1. De afzender is aansprakelijk voor alle kosten en schade, die bij de vervoerder ontstaan ten gevolge van:
a. aanduidingen door de afzender op de vrachtbrief die onnauwkeurig, onjuist of onvolledig zijn of die op een andere dan de voor hen voorgeschreven plaats vermeld werden of
b. het verzuimen door de afzender om door de VSG voorgeschreven aanduidingen te vermelden.
– 2. Indien de vervoerder aanduidingen op de vrachtbrief vermeldt op verzoek van de afzender, wordt hij geacht te handelen in naam van de afzender, behoudens tegenbewijs.

Art. 1557

Rechten vervoerder bij verzuim afzender

Wanneer de afzender heeft verzuimd de door de VSG voorgeschreven aanduidingen te vermelden, kan de vervoerder op elk ogenblik, al naargelang de omstandigheden vereisen, de zaken uitladen, vernietigen of onschadelijk maken zonder dat dit aanleiding geeft tot enige schadeloosstelling, behalve indien hij bij de aanneming ten vervoer van de zaken kennis had van de gevaarlijke aard van de zaken.

Art. 1558

Aanvullend recht

– 1. Behoudens andersluidend beding tussen de afzender en de vervoerder moeten de kosten (vrachtprijs, bijkomende kosten en andere kosten, die vanaf het sluiten van de overeenkomst tot de aflevering ontstaan) door de afzender worden betaald.
– 2. Wanneer, op grond van een beding tussen de afzender en de vervoerder, de kosten ten laste van de geadresseerde worden gelegd en wanneer de geadresseerde noch de vrachtbrief in ontvangst genomen heeft, noch zijn rechten uit de vervoerovereenkomst overeenkomstig artikel 1565 lid 3 heeft doen gelden, noch de vervoerovereenkomst overeenkomstig artikel 1566 heeft gewijzigd, blijven de kosten ten laste van de afzender.

Art. 1559

– 1. De vervoerder heeft steeds het recht te onderzoeken of de vervoervoorwaarden vervuld zijn en of de zending overeenstemt met de door de afzender op de vrachtbrief vermelde gegevens. Wanneer dit onderzoek betrekking heeft op de inhoud van de zending vindt het voorzover mogelijk plaats in aanwezigheid van de rechthebbende; in het geval dat dit niet mogelijk is, doet de vervoerder beroep op twee onafhankelijke getuigen. **Onderzoek door vervoerder**

– 2. Indien de zending niet overeenstemt met de aanduidingen op de vrachtbrief of indien de voorschriften met betrekking tot het voorwaardelijk ten vervoer toelaten van de zaken niet zijn nageleefd, moet het resultaat van het onderzoek vermeld worden op het blad van de vrachtbrief dat de zaken vergezelt, en eveneens op de duplicaat-vrachtbrief, indien de vervoerder daar nog over beschikt. In dat geval komen de kosten van het onderzoek ten laste van de zaak, tenzij deze onmiddellijk betaald worden.

– 3. Wanneer de afzender zorg draagt voor de belading, kan hij eisen dat de vervoerder de staat van de zaken en van hun verpakking onderzoekt, alsook de juistheid van de op de vrachtbrief vermelde aanduidingen over het aantal colli, hun merktekens en nummers alsmede de brutomassa of de op andere wijze uitgedrukte hoeveelheid. De vervoerder is daartoe slechts verplicht, wanneer hem de daarvoor geëigende middelen ter beschikking staan. De vervoerder kan de kosten van het onderzoek terugvorderen. Het resultaat van de onderzoekingen wordt op de vrachtbrief vermeld.

Art. 1560

– 1. De vrachtbrief levert volledig bewijs, behoudens tegenbewijs, van het sluiten en de inhoud van de vervoerovereenkomst, alsmede van het ten vervoer aannemen van de zaken door de vervoerder. **Bewijskracht vrachtbrief**

– 2. Wanneer de vervoerder zorg heeft gedragen voor de belading, levert de vrachtbrief volledig bewijs, behoudens tegenbewijs, van de staat der zaken en hun verpakking zoals vermeld op de vrachtbrief of bij ontstentenis daarvan het bewijs van hun uiterlijk goede staat bij het ten vervoer aannemen door de vervoerder en de juistheid van de vermeldingen op de vrachtbrief over het aantal der colli, hun merktekens en nummers alsmede de brutomassa of de op andere wijze uitgedrukte hoeveelheid.

– 3. Wanneer de afzender zorg heeft gedragen voor de belading, levert de vrachtbrief alleen volledig bewijs, behoudens tegenbewijs, van de staat der zaken en hun verpakking, zoals vermeld op de vrachtbrief en bij ontstentenis daarvan het bewijs van hun uiterlijk goede staat en de juistheid van de in lid 2 opgesomde vermeldingen, in het geval dat de vervoerder deze heeft onderzocht en het resultaat van zijn onderzoek op de vrachtbrief heeft genoteerd.

– 4. De vrachtbrief levert evenwel niet volledig bewijs op in het geval dat zij een met redenen omkleed voorbehoud bevat. Een voorbehoud kan met name gemotiveerd worden door het feit dat de vervoerder niet over geëigende middelen beschikte om te onderzoeken of de zending beantwoordt aan de gegevens op de vrachtbrief.

Art. 1561

– 1. Afzender en vervoerder komen onderling overeen wie van hen het laden en lossen der zaken moet uitvoeren. Bij gebreke van een dergelijk beding ligt voor het laden en lossen van stukgoed de verplichting bij de vervoerder, terwijl voor wagenladingen de verplichting voor het laden bij de afzender ligt en die voor het lossen na de aflevering bij de geadresseerde. **Aanvullend recht**

– 2. De afzender is aansprakelijk voor alle gevolgen van de gebrekkige belading die hij heeft uitgevoerd en hij moet met name de door dit feit door de vervoerder geleden schade vergoeden. Het bewijs van de gebrekkige belading rust op de vervoerder.

Art. 1562

De afzender is jegens de vervoerder aansprakelijk voor alle schade en kosten veroorzaakt door het ontbreken of de gebrekkigheid van de verpakking, tenzij het gebrek uiterlijk zichtbaar was of de vervoerder er kennis van had bij het ten vervoer aannemen van de zaken en hij daarvoor geen voorbehoud maakte. **Aansprakelijkheid afzender**

Art. 1563

– 1. Met het oog op het naleven van de vereiste douane- of andere voorschriften van overheidsinstanties moet de afzender voorafgaand aan de aflevering van de zaken bij de vrachtbrief de noodzakelijke bescheiden voegen of deze aan de vervoerder ter beschikking stellen en hem alle gewenste inlichtingen verschaffen. **Verstrekking bescheiden en inlichtingen**

– 2. De vervoerder is niet gehouden na te gaan of deze bescheiden en inlichtingen juist en volledig zijn. De afzender is jegens de vervoerder aansprakelijk voor alle schade ontstaan door het ontbreken, de onvolledigheid of de onregelmatigheid van de bescheiden en inlichtingen, behalve in geval van schuld van de vervoerder.

– 3. De vervoerder is aansprakelijk voor de gevolgen van het verlies of het onregelmatig gebruik van de op de vrachtbrief vermelde en bijgevoegde of hem overhandigde bescheiden, tenzij het verlies of de door het onregelmatig gebruik van deze bescheiden veroorzaakte schade

het gevolg is van omstandigheden die de vervoerder niet kon vermijden of waarvan hij de gevolgen niet kon verhinderen. De eventuele schadevergoeding bedraagt evenwel niet meer dan die in geval van verlies van de zaken.
– 4. De afzender, door een vermelding op de vrachtbrief, of de geadresseerde, door een opdracht overeenkomstig artikel 1566 lid 3 kan vragen:
a. dat bij het naleven van de vereiste douane- of andere overheidsvoorschriften hijzelf aanwezig is ofwel zich doet vertegenwoordigen door een gevolmachtigde om alle inlichtingen te verschaffen en de ter zake dienende opmerkingen te maken;
b. dat hijzelf de vereiste douane- of andere overheidsvoorschriften naleeft of hen doet naleven door een gevolmachtigde;
c. dat, wanneer hijzelf of zijn gevolmachtigde bij het naleven van de vereiste douane- of andere overheidsvoorschriften aanwezig is of deze laatste zelf naleeft, hij de douane- en andere kosten betaalt.
In deze gevallen mogen noch de afzender, noch de geadresseerde die het recht heeft over de zaken te beschikken, of hun gevolmachtigde de zaken in bezit nemen.
– 5. Indien de afzender een plaats heeft aangewezen voor het naleven van de vereiste douane- of andere overheidsvoorschriften waar dat krachtens de geldende voorschriften niet mogelijk is of indien hij voor het naleven van deze voorschriften een andere, onuitvoerbare handelwijze heeft voorgeschreven, handelt de vervoerder op de volgens hem voor de rechthebbende voordeligste wijze en deelt hij de genomen maatregelen mee aan de afzender.
– 6. De vervoerder kan evenwel overeenkomstig de bepalingen van lid 5 handelen, indien de geadresseerde de vrachtbrief niet in ontvangst heeft genomen binnen de termijn die is voorgeschreven door de op de plaats van bestemming geldende voorschriften.
– 7. De afzender moet voldoen aan de overheidsvoorschriften voor wat betreft de verpakking en de afdekking van de zaken. Indien de afzender de zaken niet overeenkomstig deze voorschriften heeft verpakt of afgedekt, kan de vervoerder daarvoor zorgen; de daardoor ontstane kosten komen ten laste van de zaken.

Art. 1564

Aanvullend recht

– 1. De afzender en de vervoerder komen de afleveringstermijn overeen. Bij gebreke van een beding hieromtrent kan de afleveringstermijn nochtans nooit langer zijn dan die welke volgt uit de leden 2 tot en met 4.
– 2. Behoudens de leden 3 en 4 belopen de maximum afleveringstermijnen:
termijn van verzenden 12 uren;
termijn van vervoeren 24 uren.
– 3. De vervoerder kan toeslagtermijnen van bepaalde duur vaststellen: bij buitengewone omstandigheden die een ongebruikelijke verkeerstoename of ongebruikelijke moeilijkheden voor de bedrijfsuitvoering tot gevolg hebben, dan wel bij ladingen die bestemd zijn voor stations die slechts eenmaal per dag of niet dagelijks worden bediend.
De duur van de toeslagtermijnen moet opgenomen zijn in de Algemene vervoervoorwaarden.
– 4. De afleveringstermijn begint te lopen vanaf de aanneming ten vervoer van de zaken; hij wordt verlengd met de duur van een niet door de schuld van de vervoerder veroorzaakt oponthoud. De afleveringstermijn wordt geschorst op zaterdagen, zondagen en wettelijke feestdagen.

Art. 1565

Afgifte vrachtbrief en aflevering zaken

– 1. De vervoerder moet de vrachtbrief afgeven en de zaken afleveren aan de geadresseerde op de voor de aflevering voorziene plaats tegen kwijting en betaling van de uit de vervoerovereenkomst voortvloeiende vorderingen.
– 2. Met de aflevering aan de geadresseerde worden, wanneer zulks overeenkomstig de op de plaats van bestemming geldende voorschriften geschiedt, gelijkgesteld:
a. de afgifte van de zaken aan de douane of belastingsinstanties in hun expeditie- of opslagruimten, wanneer die zich niet onder de hoede van de vervoerder bevinden;
b. de opslag van de zaken bij de vervoerder of de inbewaringgeving ervan bij een expediteur of in een openbare douane-entrepot.
– 3. Na de aankomst van de zaken op de plaats van aflevering kan de geadresseerde aan de vervoerder verzoeken hem de vrachtbrief te overhandigen en aan hem de zaken af te leveren. Indien het verlies van de zaken is vastgesteld of indien de zaken niet binnen de in artikel 1577 bedoelde termijn aangekomen zijn, kan de geadresseerde in eigen naam zijn rechten uit de vervoerovereenkomst jegens de vervoerder doen gelden.
– 4. De rechthebbende kan de ontvangst van de zaken weigeren, zelfs na de inontvangstname van de vrachtbrief en het betalen van vorderingen voortvloeiend uit de vervoerovereenkomst, zolang niet is overgegaan tot de onderzoeken waar hij om heeft verzocht met het oog op het vaststellen van de beweerde schade.

– 5. Overigens vindt de aflevering van de zaken plaats overeenkomstig de op de plaats van aflevering geldende voorschriften.
– 6. Indien de zaken aan de geadresseerde zijn afgeleverd zonder voorafgaande inning van het rembours dat rust op de zaken, is de vervoerder gehouden de afzender de schade te vergoeden tot ten hoogste het bedrag van het rembours, onverminderd zijn regres op de geadresseerde.

Art. 1566

Rechten afzender

– 1. De afzender heeft het recht om over de zaken te beschikken en de vervoerovereenkomst door nadere opdrachten te wijzigen. Met name kan hij vragen aan de vervoerder
a. de zaken niet verder te vervoeren;
b. de aflevering uit te stellen;
c. de zaken aan een andere dan de op de vrachtbrief vermelde geadresseerde af te leveren;
d. de zaken op een andere dan de op de vrachtbrief vermelde plaats af te leveren.
– 2. Het recht van de afzender tot het wijzigen van de vervoerovereenkomst vervalt, zelfs wanneer hij de duplicaat-vrachtbrief in zijn bezit heeft, in de gevallen waarin de geadresseerde
a. de vrachtbrief in ontvangst genomen heeft;
b. de zaken aangenomen heeft;
c. zijn rechten overeenkomstig artikel 1565 lid 3 heeft doen gelden;
d. overeenkomstig lid 3 bevoegd is nadere opdrachten te geven; vanaf dat ogenblik moet de vervoerder de nadere opdrachten en aanwijzingen van de geadresseerde opvolgen.
– 3. Het recht tot het wijzigen van de vervoerovereenkomst komt aan de geadresseerde toe vanaf het ogenblik dat de vrachtbrief opgemaakt wordt, tenzij door de afzender anders aangegeven is op de vrachtbrief.
– 4. Het recht van de geadresseerde tot het wijzigen van de vervoerovereenkomst vervalt wanneer hij:
a. de vrachtbrief in ontvangst heeft genomen;
b. de zaken heeft aangenomen;
c. zijn rechten overeenkomstig artikel 1565 lid 3 heeft doen gelden;
d. overeenkomstig lid 5 voorgeschreven heeft de zaken af te leveren aan een derde, en wanneer deze zijn rechten overeenkomstig artikel 1565 lid 3 heeft doen gelden.
– 5. Indien de geadresseerde heeft voorgeschreven de zaken aan een derde af te leveren, is deze laatste niet bevoegd om de vervoerovereenkomst te wijzigen.

Art. 1567

Nadere bepalingen inzake latere wijzigingen

– 1. Wanneer de afzender of in geval van artikel 1566 lid 3 de geadresseerde de vervoerovereenkomst wil wijzigen door latere opdrachten, moet hij de vervoerder de duplicaat-vrachtbrief aanbieden waarop de wijzigingen aangebracht moeten zijn.
– 2. De afzender of in geval van artikel 1566 lid 3 de geadresseerde moet de vervoerder alle kosten en de schade vergoeden die voortvloeien uit het uitvoeren van de latere wijzigingen.
– 3. Het uitvoeren van latere wijzigingen moet mogelijk, geoorloofd en redelijk zijn op het ogenblik waarop de opdrachten aan degene die deze moet uitvoeren, bereiken en mag met name noch de gebruikelijke bedrijfsuitoefening van de vervoeronderneming belemmeren, noch de afzenders en geadresseerden van andere zendingen benadelen.
– 4. De latere wijzigingen mogen niet een splitsing van de zending tot gevolg hebben.
– 5. Wanneer de vervoerder, rekening houdend met de bepalingen genoemd in lid 3, de ontvangen instructies niet kan uitvoeren, moet hij onmiddellijk diegene die om de wijzigingen verzoekt, daarvan in kennis stellen.
– 6. In geval van schuld van de vervoerder is hij aansprakelijk voor de gevolgen van het niet of gebrekkig uitvoeren van een latere wijziging. De eventuele schadevergoeding bedraagt evenwel niet meer dan die in geval van verlies van de zaken.
– 7. De vervoerder die gevolg geeft aan latere wijzigingen van de afzender zonder het overleggen van de duplicaat-vrachtbrief te eisen, is jegens de geadresseerde aansprakelijk voor de daaruit voortvloeiende schade, indien de duplicaat-vrachtbrief aan deze laatste is overhandigd. De eventuele schadevergoeding bedraagt evenwel niet meer dan die in geval van verlies van de zaken.

Art. 1568

Belemmering in vervoer

– 1. In geval van een belemmering in het vervoer beslist de vervoerder of het de voorkeur verdient de zaken verder te vervoeren dan wel of het in het belang is van de beschikkingsgerechtigde hem om instructies te verzoeken, waarbij hij aan hem alle nuttige inlichtingen waarover hij beschikt, meedeelt.
– 2. Indien een verder vervoer niet mogelijk is, verzoekt de vervoerder de beschikkingsgerechtigde om instructies. Indien de vervoerder deze instructies niet tijdig kan verkrijgen, moet hij die maatregelen treffen welke hem het voordeligst lijken voor de belangen van beschikkingsgerechtigde.

Art. 1569

Belemmering in aflevering

– 1. In geval van een belemmering in de aflevering moet de vervoerder de afzender daarvan onverwijld op de hoogte stellen en moet hij hem om instructies verzoeken, tenzij de afzender door een vermelding op de vrachtbrief gevraagd heeft om in geval van een belemmering in de aflevering de zaken terug te zenden.
– 2. Wanneer de belemmering in de aflevering wegvalt, voordat instructies van de afzender de vervoerder bereiken, worden de zaken afgeleverd bij de geadresseerde. De afzender moet daarvan onverwijld in kennis worden gesteld.
– 3. In geval de geadresseerde weigert de zaken in ontvangst te nemen, is de afzender gerechtigd tot het geven van instructies, zelfs indien hij de duplicaat-vrachtbrief niet kan overleggen.
– 4. Wanneer de belemmering in de aflevering optreedt, nadat de geadresseerde de vervoerovereenkomst overeenkomstig artikel 1566 leden 3 en 5 gewijzigd heeft, moet de vervoerder deze geadresseerde inlichten.

Art. 1570

Kostenvergoeding vervoerder

– 1. De vervoerder heeft recht op vergoeding van de kosten veroorzaakt door:
a. het inwinnen van instructies,
b. het uitvoeren van de ontvangen instructie,
c. het niet of niet tijdig ontvangen van door hem verzochte instructie,
d. het nemen van een beslissing overeenkomstig artikel 1568 lid 1, zonder instructies gevraagd te hebben, tenzij deze kosten door zijn schuld veroorzaakt zijn. Hij kan met name de vrachtprijs voor het werkelijk gereden vervoertraject in rekening brengen en aanspraak maken op de daarmee overeenstemmende afleveringstermijn.
– 2. In de gevallen bedoeld in artikel 1568 lid 2 en in artikel 1569 lid 1 kan de vervoerder de zaken onmiddellijk en op kosten van de rechthebbende lossen. Na het lossen wordt het vervoer geacht beëindigd te zijn. De vervoerder bewaart vervolgens de zaken voor rekening van de rechthebbende. Hij kan de zaken evenwel toevertrouwen aan een derde en is dan slechts aansprakelijk voor de oordeelkundige keuze van die derde. De zaken blijven belast met de uit de vervoerovereenkomst voortvloeiende schuldvorderingen en alle andere kosten.
– 3. In geval van toepassing van lid 2 is artikel 1133 van overeenkomstige toepassing.
– 4. Indien in geval van belemmeringen in het vervoer of in de aflevering de afzender binnen redelijke tijd geen instructies meedeelt en de belemmering in het vervoer of in de aflevering niet opgelost kan worden overeenkomstig de bepalingen van de leden 2 en 3, kan de vervoerder de zaken op kosten van de afzender terugzenden of, indien zulks gerechtvaardigd is, vernietigen.

AFDELING 3
Aansprakelijkheid

Art. 1571

Aansprakelijkheid vervoerder

– 1. De vervoerder is aansprakelijk voor de schade ten gevolge van geheel of gedeeltelijk verlies of beschadiging van de zaken vanaf de aanneming ten vervoer tot aan de aflevering, alsmede ten gevolge van de vertraging in de aflevering.
– 2. De vervoerder is van deze aansprakelijkheid ontheven voorzover het verlies, de beschadiging of de vertraging in de aflevering is veroorzaakt door schuld van de rechthebbende, door een opdracht van de rechthebbende die niet het gevolg is van de schuld van de vervoerder, door eigen gebrek van de zaak (inwendig bederf, gewichtsverlies, enz.) of door omstandigheden die de vervoerder niet kon vermijden en waarvan hij de gevolgen niet kon verhinderen. Gebrekkigheid of slecht functioneren van het materiaal waarvan de vervoerder zich bedient, daaronder begrepen de spoorweginfrastructuur, wordt niet beschouwd als een omstandigheid die de vervoerder niet kon vermijden en waarvan hij de gevolgen niet kon verhinderen.
– 3. De vervoerder is van deze aansprakelijkheid ontheven, voorzover het verlies of de beschadiging een gevolg is van de bijzondere risico's, verbonden aan een of meer van de volgende feiten:
a. het vervoer in open wagens, verricht krachtens een beding dat is opgenomen in op de vervoerovereenkomst toepasselijke algemene vervoervoorwaarden en uitdrukkelijk is overeengekomen en vermeld op de vrachtbrief; behalve voor de schade veroorzaakt door weersomstandigheden aan de zaken, worden de zaken geladen in intermodale transporteenheden en in gesloten wegvoertuigen die op spoorwagens vervoerd worden, niet beschouwd als vervoerd in open wagen; indien de afzender dekkleden voor het vervoer van zaken in open wagens gebruikt, heeft de vervoerder dezelfde aansprakelijkheid als die bij het vervoer in open wagens zonder dekkleden, zelfs als het zaken betreft die volgens de Algemene vervoervoorwaarden niet in open wagens worden vervoerd;
b. het ontbreken of de gebrekkigheid van de verpakking bij zaken die door hun aard onderhevig zijn aan verliezen of beschadigingen, wanneer ze niet of gebrekkig zijn verpakt;

c. het laden van de zaken door de afzender of het lossen door de geadresseerde;
d. de aard van bepaalde zaken die door met deze aard zelf samenhangende oorzaken zijn blootgesteld aan geheel of gedeeltelijk verlies of aan beschadiging zoals in het bijzonder breuk, roest, inwendig en spontaan bederf, uitdroging, vermindering in massa;
e. de onjuiste, onnauwkeurige of onvolledige aanduiding of nummering van de colli;
f. het vervoer van levende dieren;
g. vervoer dat krachtens de toepasselijke bepalingen of op de vrachtbrief vermelde bedingen tussen de afzender en de vervoerder uitgevoerd moet worden onder begeleiding, indien het verlies of de beschadiging het gevolg is van een gevaar dat de begeleiding had moeten vermijden.

Art. 1572

Op eigen wielen rollende spoorvoertuigen

– 1. In geval van een vervoer van op eigen wielen rollende spoorvoertuigen die als te vervoeren zaak ten vervoer worden aangeboden, is de vervoerder aansprakelijk voor de schade ten gevolge van het verlies of beschadiging van de spoorvoertuigen en de bestanddelen daarvan vanaf de aanneming ten vervoer tot de aflevering alsmede voor de schade ten gevolge van de overschrijding van afleveringstermijn, tenzij hij bewijst dat de schade niet door zijn schuld veroorzaakt is.
– 2. De vervoerder is niet aansprakelijk voor schade die het gevolg is van het verlies van de losse bestanddelen waarvan geen melding wordt gemaakt op beide zijden van het voertuig of die niet opgenomen zijn in de inventaris die het voertuig begeleidt.

Art. 1573

Bewijslast

– 1. Het bewijs dat het verlies, de beschadiging of de vertraging in de aflevering door een van de in artikel 1571 lid 2 genoemde feiten is veroorzaakt, rust op de vervoerder.
– 2. Wanneer de vervoerder bewijst dat het verlies of de beschadiging, gelet op de omstandigheden van het geval, kan zijn ontstaan uit een of meer van de in artikel 1571 lid 3 genoemde bijzondere risico's, wordt vermoed dat het verlies of de beschadiging daardoor is veroorzaakt. De rechthebbende heeft evenwel het recht te bewijzen dat de schade geheel of gedeeltelijk niet door een van deze risico's is veroorzaakt.
– 3. Het vermoeden volgens lid 2 is niet van toepassing in het geval bedoeld in artikel 1571 lid 3, onder *a*, indien het een ongewoon groot verlies of een verlies van colli betreft.

Art. 1574

Opvolgende vervoerders

Wanneer een vervoer dat het onderwerp vormt van één en dezelfde vervoerovereenkomst, door meer opvolgende vervoerders wordt verricht, treedt iedere vervoerder door het overnemen van de zaken met de vrachtbrief toe tot de vervoerovereenkomst overeenkomstig de bepalingen van de vrachtbrief en neemt hij de daaruit voortvloeiende verplichtingen op zich. In dit geval is iedere vervoerder aansprakelijk voor de uitvoering van het vervoer op het gehele vervoertraject tot aan de aflevering.

Art. 1575

Aansprakelijkheid vervoerder en ondervervoerder

– 1. Wanneer de vervoerder de uitvoering van het vervoer geheel of gedeeltelijk heeft toevertrouwd aan een ondervervoerder, al dan niet op grond van een aan hem in de vervoerovereenkomst toegekende bevoegdheid, blijft de vervoerder niettemin aansprakelijk voor het volledige vervoer.
– 2. Alle bepalingen van deze titel die betrekking hebben op de aansprakelijkheid van de vervoerder zijn ook van toepassing op de aansprakelijkheid van de ondervervoerder met betrekking tot het door hem verrichte vervoer. Wanneer een vordering wordt ingesteld tegen zijn ondergeschikten en andere personen van wier diensten de ondervervoerder gebruik maakt bij de uitvoering van het vervoer, zijn de artikelen 1584 en 1587 van toepassing.
– 3. Een bijzondere overeenkomst waarin de vervoerder verplichtingen op zich neemt die niet op hem rusten krachtens deze titel, of waarin hij afziet van rechten die hem ingevolge deze titel zijn toegekend, is niet bindend voor de ondervervoerder die hiermee niet uitdrukkelijk en schriftelijk heeft ingestemd. Ongeacht of de ondervervoerder deze overeenkomst al dan niet heeft aanvaard, blijft de vervoerder niettemin gebonden aan de uit deze bijzondere overeenkomst voortvloeiende verplichtingen of afstand van rechten.
– 4. Wanneer en voorzover de vervoerder en de ondervervoerder aansprakelijk zijn, zijn zij hoofdelijk aansprakelijk.
– 5. Het totale bedrag van de schadevergoeding verschuldigd door de vervoerder, de ondervervoerder alsmede door hun ondergeschikten en andere personen van wier diensten zij gebruik maken voor de uitvoering van het vervoer is niet hoger dan de in deze titel voorgeschreven maximumbedragen.
– 6. Dit artikel doet geen afbreuk aan de mogelijke regresrechten tussen de vervoerder en de ondervervoerder.

Art. 1576

Rechtsvermoeden

Wanneer een zending, die overeenkomstig deze titel verzonden is, eveneens overeenkomstig deze titel is doorgezonden en wanneer na deze doorzending een gedeeltelijk verlies of een schade is vastgesteld, wordt vermoed dat het gedeeltelijk verlies of de schade is ontstaan tijdens de laatste vervoerovereenkomst, indien de zending onder de hoede van de vervoerder is gebleven en is doorgezonden in dezelfde toestand waarin zij op de plaats van doorzending is aangekomen.

Art. 1577

Verloren zaken

– 1. De rechthebbende kan zonder nader bewijs de zaken als verloren beschouwen, wanneer zij niet binnen 30 dagen na afloop van de afleveringstermijn aan de geadresseerde zijn afgeleverd of te zijner beschikking zijn gesteld.

– 2. De rechthebbende kan bij het ontvangen van de schadevergoeding voor de verloren zaken schriftelijk verzoeken er onverwijld in kennis van te worden gesteld in geval de zaken zijn teruggevonden binnen een jaar na de betaling van de schadevergoeding. De vervoerder bevestigt dit verzoek schriftelijk.

– 3. Binnen dertig dagen na ontvangst van de in lid 2 bedoelde kennisgeving kan de rechthebbende verzoeken dat de zaken aan hem worden afgeleverd tegen betaling van de schuldvorderingen die uit de vrachtbrief voortvloeien en tegen terugbetaling van de ontvangen schadevergoeding, onder aftrek, in voorkomend geval, van de kosten die in deze schadevergoeding begrepen zouden zijn geweest. Hij behoudt niettemin zijn in artikelen 1581 en 1583 bedoelde rechten op schadevergoeding voor overschrijding van de afleveringstermijn.

– 4. Bij gebreke van een in lid 2 bedoeld verzoek of van binnen de in lid 3 bedoelde termijn gegeven instructies, of indien de zaken meer dan een jaar na de betaling van de schadevergoeding teruggevonden zijn, beschikt de vervoerder daarover overeenkomstig de wetten en voorschriften die gelden op de plaats waar de zaken zich bevinden.

Art. 1578

Berekening schadevergoeding

– 1. In geval van geheel of gedeeltelijk verlies van de zaken moet de vervoerder, met uitsluiting van elke andere schadevergoeding, een schadevergoeding betalen berekend volgens de beursprijs, bij gebreke daarvan volgens de marktprijs en, bij gebreke van beide, volgens de gebruikelijke waarde van zaken van dezelfde aard en kwaliteit op de dag en de plaats waar de zaken in ontvangst zijn genomen.

– 2. De schadevergoeding bedraagt niet meer dan 17 rekeneenheden per ontbrekend kilogram brutomassa. De rekeneenheid is het bijzondere trekkingsrecht zoals dat is omschreven door het Internationale Monetaire Fonds. De bedragen genoemd in het eerste lid worden omgerekend in Nederlands geld naar de koers van de dag, waarop de betaling wordt verricht. De waarde van het Nederlandse geld, uitgedrukt in bijzondere trekkingsrechten, wordt berekend volgens de waarderingsmethode die door het Internationale Monetaire Fonds op de dag van omrekening wordt toegepast voor zijn eigen verrichtingen en transacties.

– 3. In geval van verlies van een op eigen wielen rollend spoorvoertuig dat als te vervoeren zaak ten vervoer is aangeboden of van verlies van een intermodale transporteenheid of van hun bestanddelen, is de schadevergoeding, met uitsluiting van elke andere schadevergoeding, beperkt tot de gebruikelijke waarde van het spoorvoertuig of de intermodale transporteenheid of hun bestanddelen op de dag en de plaats van het verlies. Indien het niet mogelijk is de dag of de plaats van het verlies vast te stellen, is de schadevergoeding beperkt tot de gebruikelijke waarde op de dag en de plaats van de inontvangstneming.

– 4. De vervoerder moet bovendien de vrachtprijs en de overige ter zake van het vervoer van de verloren zaken betaalde bedragen terugbetalen, met uitzondering van de accijnzen op zaken die vervoerd worden onder opschorting van die accijnzen.

Art. 1579

Aansprakelijkheid voor gewichtsverlies

– 1. Met betrekking tot zaken, die ingevolge hun aard in het algemeen een gewichtsverlies ondergaan tijdens het vervoer, is de vervoerder, ongeacht de lengte van het afgelegde traject, slechts aansprakelijk voor het gedeelte van het verlies dat meer bedraagt dan:

a. twee procent van de massa voor vloeibare of in vochtige toestand aangeboden zaken;

b. één procent van de massa voor droge zaken.

– 2. Op de in lid 1 bedoelde beperking van de aansprakelijkheid kan geen beroep worden gedaan, indien wordt bewezen, dat het verlies, gelet op de omstandigheden van het geval, geen gevolg is van oorzaken, die de afwijking rechtvaardigen.

– 3. In het geval dat meer colli met één enkele vrachtbrief zijn vervoerd, wordt het gewichtsverlies berekend voor iedere collo, wanneer de massa ervan bij vertrek afzonderlijk op de vrachtbrief is vermeld of op andere wijze kan worden vastgesteld.

– 4. In geval van geheel verlies van de zaak of in geval van verlies van colli vindt voor de berekening van de schadevergoeding geen aftrek plaats wegens gewichtsverlies tijdens het vervoer.

– 5. Dit artikel laat de artikelen 1571 en 1573 onverlet.

Art. 1580

Berekening waardevermindering

– 1. In geval van beschadiging van de zaken moet de vervoerder, met uitsluiting van elke andere schadevergoeding, een schadevergoeding betalen gelijk aan de waardevermindering van de zaken. Dit bedrag wordt berekend door op de overeenkomstig artikel 1578 bepaalde waarde van de zaken het op de plaats van bestemming vastgestelde percentage van de waardevermindering toe te passen.

– 2. De schadevergoeding bedraagt niet meer dan:

a. indien de gehele zending door de beschadiging in waarde is verminderd, het in geval van geheel verlies te betalen bedrag;

b. indien slechts een gedeelte van de zending door de beschadiging in waarde is verminderd, het in geval van verlies van het in waarde verminderde gedeelte te betalen bedrag.

– 3. In geval van beschadiging van een op eigen wielen rollend spoorvoertuig dat als te vervoeren zaak ten vervoer is aangeboden of van beschadiging van een intermodale transporteenheid of van hun bestanddelen wordt de aansprakelijkheid beperkt tot de herstelkosten, met uitsluiting van elke andere schadevergoeding. De schadevergoeding bedraagt niet meer dan het in geval van verlies te betalen bedrag.

– 4. De vervoerder moet bovendien de in artikel 1578 lid 4 vermelde kosten in de in lid 1 bepaalde verhouding terugbetalen.

Art. 1581

Schadevergoeding wegens overschrijden afleveringstermijn

– 1. Indien een schade, met inbegrip van een beschadiging, voortvloeit uit het overschrijden van de afleveringstermijn, moet de vervoerder een schadevergoeding betalen die niet meer bedraagt dan het viervoud van de vrachtprijs.

– 2. In geval van geheel verlies van de zaken komt de in lid 1 bedoelde schadevergoeding niet bovenop die bedoeld in artikel 1578.

– 3. In geval van gedeeltelijk verlies van de zaken bedraagt de in lid 1 bepaalde schadevergoeding niet meer dan het viervoud van de vrachtprijs van het niet verloren gedeelte van de zending.

– 4. In geval van beschadiging van zaken die niet het gevolg is van de overschrijding van de afleveringstermijn komt, in voorkomend geval, de in lid 1 bedoelde schadevergoeding bovenop die bedoeld in artikel 1580.

– 5. In geen geval kan de som van de in lid 1 bedoelde schadevergoeding en die van de artikelen 1578 en 1580 hoger zijn dan de schadevergoeding die verschuldigd is in geval van geheel verlies van de zaken.

– 6. Wanneer de afleveringstermijn overeenkomstig artikel 1564 lid 1 is vastgesteld bij overeenkomst, kan daarin in een van lid 1 afwijkende regeling tot schadevergoeding voorzien worden. Indien in dit geval de in artikel 1564 leden 2 tot en met 4 bedoelde afleveringstermijnen overschreden worden, kan de rechthebbende hetzij de schadevergoeding uit de bovenvermelde overeenkomst verlangen, hetzij de schadevergoeding die in de leden 1 tot en met 5 is voorzien.

Art. 1582

Overschrijding maximumbedrag art. 1578 lid 2

De afzender en de vervoerder kunnen overeenkomen dat de afzender in de vrachtbrief een waarde der zaken opneemt die het in artikel 1578 lid 2 voorgeschreven maximumbedrag overschrijdt. In dat geval treedt het aangegeven bedrag in de plaats van dit maximumbedrag.

Art. 1583

Bijzonder belang

De afzender en de vervoerder kunnen overeenkomen dat de afzender een bijzonder belang bij de aflevering aangeeft door op de vrachtbrief een bedrag in cijfers te vermelden voor het geval van verlies of beschadiging en het geval van overschrijding van de afleveringstermijn. In geval van aangifte van een belang bij de aflevering kan boven op de in de artikelen 1578, 1580 en 1581 bedoelde schadevergoedingen de vergoeding van de overige bewezen schade verlangd worden tot ten hoogste het bedrag van het aangegeven belang.

Art. 1584

Reikwijdte aansprakelijkheidsbeperkingen

De in de artikelen 1563 lid 3, 1567 leden 6 en 7, 1578, 1580 tot en met 1583 bedoelde beperkingen van aansprakelijkheid zijn niet van toepassing, indien is bewezen dat de schade is ontstaan uit een handeling of nalaten van de vervoerder geschied hetzij met het opzet die schade te veroorzaken, hetzij roekeloos en met de wetenschap dat die schade er waarschijnlijk uit zal voortvloeien.

Art. 1585

Rente

Indien de rechthebbende niet binnen een hem gestelde redelijke termijn de voor de definitieve regeling van de vordering nodige bewijsstukken aan de vervoerder overlegt, loopt de rente over de schadevergoeding niet tussen de afloop van deze termijn en de daadwerkelijke overlegging van de stukken.

Art. 1586

Aansprakelijkheid voor ondergeschikten

De vervoerder is aansprakelijk voor zijn ondergeschikten en voor andere personen van wier diensten hij gebruik maakt bij de uitvoering van het vervoer, wanneer deze ondergeschikten of andere personen handelen in de uitoefening van hun werkzaamheden. De beheerders van de spoorweginfrastructuur waarop het vervoer wordt verricht, worden beschouwd als personen van wier diensten de vervoerder gebruik maakt bij de uitvoering van het vervoer.

Art. 1587

Vordering wegens aansprakelijkheid

– 1. In alle gevallen waar deze titel van toepassing is, kan tegen de vervoerder slechts een vordering wegens aansprakelijkheid, ongeacht de rechtsgrond, worden ingesteld onder de voorwaarden en beperkingen van deze titel.

– 2. Hetzelfde geldt voor een vordering ingesteld tegen de ondergeschikten en de andere personen voor wie de vervoerder krachtens artikel 1586 aansprakelijk is.

AFDELING 4

Uitoefening van rechten

Art. 1588

Proces-verbaal

– 1. Wanneer een gedeeltelijk verlies of een beschadiging door de vervoerder wordt ontdekt of vermoed of door de rechthebbende wordt beweerd, moet de vervoerder onverwijld en zo mogelijk in aanwezigheid van de rechthebbende een proces-verbaal opmaken dat naargelang de aard van de schade, de toestand van de zaken en zo mogelijk de omvang, de oorzaak en het tijdstip van ontstaan van de schade vermeldt.

– 2. Een afschrift van dit proces-verbaal moet kosteloos aan de rechthebbende worden verstrekt.

– 3. Wanneer de rechthebbende niet met de vermeldingen in het proces-verbaal instemt, is artikel 1135 van overeenkomstige toepassing.

Art. 1589

Vorderingen buiten rechte

– 1. Vorderingen buiten rechte met betrekking tot de vervoerovereenkomst moeten schriftelijk worden ingediend bij de vervoerder tegen wie de rechtsvordering kan worden ingesteld.

– 2. Vorderingen buiten rechte kunnen ingediend worden door de personen die gerechtigd zijn rechtsvorderingen in te stellen tegen de vervoerder.

– 3. De afzender die een vordering buiten rechte indient, moet de duplicaat-vrachtbrief overleggen. Bij gebreke daarvan moet hij de machtiging van de geadresseerde overleggen of bewijzen dat deze laatste de zaken heeft geweigerd.

– 4. De geadresseerde die een vordering buiten rechte indient, moet de vrachtbrief overleggen, indien deze aan hem is afgegeven.

– 5. De vrachtbrief, de duplicaat-vrachtbrief en de overige bescheiden die de rechthebbende bij zijn vordering buiten rechte wil voegen, moeten worden overgelegd in origineel of in voorkomend geval op verzoek van de vervoerder, in een naar behoren gewaarmerkt afschrift.

– 6. Bij de regeling van de vordering buiten rechte kan de vervoerder de overlegging van het origineel van de vrachtbrief, de duplicaat-vrachtbrief of het remboursbewijs verlangen om er de regeling op te vermelden.

Art. 1590

Gerechtigd tot instellen rechtsvordering

– 1. Behoudens de leden 3 en 4, zijn tot het instellen van de op de vervoerovereenkomst gegronde rechtsvorderingen gerechtigd:

a. de afzender tot het tijdstip waarop de geadresseerde
i de vrachtbrief in ontvangst heeft genomen,
ii de zaken heeft aangenomen of
iii de hem krachtens artikel 1565 lid 3 of artikel 1566 lid 3 toekomende rechten heeft doen gelden;

b. de geadresseerde vanaf het tijdstip waarop hij
i de vrachtbrief in ontvangst heeft genomen,
ii de zaken heeft aangenomen of
iii de hem krachtens artikel 1565 lid 3 of artikel 1566 lid 3 toekomende rechten heeft doen gelden.

– 2. Het recht van de geadresseerde om een rechtsvordering in te stellen, vervalt zodra de door hem overeenkomstig artikel 1566 lid 5 aangewezen persoon de vrachtbrief in ontvangst heeft genomen, de zaken heeft aangenomen of de hem krachtens artikel 1565 lid 3 toekomende rechten heeft doen gelden.

– 3. De rechtsvordering tot terugbetaling van een bedrag dat op grond van de vervoerovereenkomst betaald is, komt slechts toe aan degene die de betaling heeft gedaan.

– 4. De rechtsvordering met betrekking tot rembours komt slechts toe aan de afzender.

– 5. Om rechtsvorderingen in te stellen moet de afzender de duplicaat-vrachtbrief overleggen. Bij gebreke daarvan moet hij een machtiging van de geadresseerde overleggen of bewijzen dat deze laatste de zaken heeft geweigerd. Indien nodig moet de afzender het bewijs leveren van het ontbreken of het verlies van de vrachtbrief.

– 6. Om rechtsvorderingen in te stellen moet de geadresseerde de vrachtbrief overleggen, indien deze aan hem is afgegeven.

Art. 1591

Vervoerders tegen wie rechtsvordering kan worden ingesteld

– 1. Behoudens de leden 3 en 4, kunnen de op de vervoerovereenkomst gegronde rechtsvorderingen uitsluitend worden ingesteld tegen de eerste of laatste vervoerder of tegen de vervoerder die dat deel van het vervoer verrichtte gedurende welke het feit dat tot de rechtsvordering heeft geleid, zich heeft voorgedaan.

– 2. Wanneer in geval het vervoer wordt verricht door opvolgende vervoerders, de vervoerder die de zaken moet afleveren met zijn instemming is ingeschreven op de vrachtbrief, kan overeenkomstig lid 1 de rechtsvordering tegen hem worden ingesteld, zelfs als hij de zaken of de vrachtbrief niet heeft ontvangen.

– 3. De rechtsvordering tot terugbetaling van een krachtens de vervoerovereenkomst betaald bedrag kan worden ingesteld tegen de vervoerder die dit bedrag heeft geïnd of tegen degene ten voordele van wie dit bedrag is geïnd.

– 4. De rechtsvordering ter zake van rembours kan alleen worden ingesteld tegen de vervoerder die de zaken op de plaats van afzending ten vervoer heeft aangenomen.

– 5. De rechtsvordering kan tegen een andere dan de in de leden 1 en 4 bedoelde vervoerders worden ingesteld als tegeneis of als verweer in een geding over een op dezelfde vervoerovereenkomst gegronde vordering.

– 6. Voorzover deze titel van toepassing is op de ondervervoerder, kan tegen hem eveneens een rechtsvordering worden ingesteld.

– 7. Indien de eiser de keuze heeft tussen meer vervoerders, vervalt zijn keuzerecht zodra de rechtsvordering tegen een van hen is ingesteld; dit geldt eveneens indien de eiser de keuze heeft tussen een of meer vervoerders en een ondervervoerder.

Art. 1592

Rechtsvermoeden

– 1. Door de inontvangstneming van de zaken door de rechthebbende wordt deze vermoed de zaken in goede staat en op tijd te hebben ontvangen.

– 2. Dit vermoeden kan slechts worden weerlegd:

a. in geval van gedeeltelijk verlies of beschadiging, indien

i het verlies of de beschadiging overeenkomstig artikel 1588 is vastgesteld vóór de inontvangstneming van de zaken door de rechthebbende;

ii de vaststelling, die overeenkomstig artikel 1588 had moeten geschieden, slechts door de schuld van de vervoerder achterwege is gebleven;

b. in geval van uiterlijk niet waarneembare schade, die is vastgesteld na de inontvangstneming van de zaken door de rechthebbende, indien deze

i de vaststelling overeenkomstig artikel 1588 onmiddellijk na de ontdekking van de schade en uiterlijk binnen zeven dagen na de inontvangstneming van de zaken verlangt, en

ii bovendien bewijst, dat de schade tussen de aanneming ten vervoer van de zaken en de aflevering is ontstaan;

c. in geval van overschrijding van de afleveringstermijn, indien de rechthebbende zijn rechten binnen zestig dagen bij een van de in artikel 1591 lid 1 bedoelde vervoerders heeft doen gelden;

d. indien de rechthebbende bewijst dat de schade is ontstaan uit een handeling of nalaten van de vervoerder geschied hetzij met het opzet die schade te veroorzaken, hetzij roekeloos en met de wetenschap dat die schade er waarschijnlijk uit zal voortvloeien.

– 3. Indien de zaken overeenkomstig artikel 1576 doorgezonden zijn, vervallen de vorderingen uit een der voorafgaande vervoerovereenkomsten in geval van gedeeltelijk verlies of beschadiging als betrof het een enkele overeenkomst.

AFDELING 5

Onderlinge betrekkingen tussen de vervoerders

Art. 1593

Betaling geïnde kosten

– 1. Elke vervoerder moet aan de betrokken vervoerders het hun toekomende aandeel betalen van de kosten of andere uit de vervoerovereenkomst ontstane schuldvorderingen, die hij ofwel bij vertrek, ofwel bij aankomst heeft geïnd of had moeten innen. De wijze van betaling wordt in een overeenkomst tussen de vervoerders vastgelegd.

– 2. Artikel 1560 is eveneens van toepassing op de betrekkingen tussen opvolgende vervoerders.

Art. 1594

Regresrecht

– 1. De vervoerder die krachtens deze titel een schadevergoeding heeft betaald, heeft recht van regres jegens de bij het vervoer betrokken vervoerders overeenkomstig de volgende bepalingen:

a. de vervoerder die de schade heeft veroorzaakt, is daarvoor alleen aansprakelijk;

b. wanneer de schade is veroorzaakt door meer vervoerders, is ieder van hen aansprakelijk voor de door hem veroorzaakte schade; is deze toedeling niet mogelijk, dan wordt de schadevergoeding onder hen volgens onderdeel *c* verdeeld;
c. indien niet kan worden bewezen welke vervoerder de schade heeft veroorzaakt, wordt de schadevergoeding onder alle bij het vervoer betrokken vervoerders verdeeld, met uitsluiting van hen die bewijzen, dat de schade niet door hen is veroorzaakt; de verdeling geschiedt naar evenredigheid van het aandeel in de vrachtprijs dat aan iedere vervoerder toekomt.
– 2. In geval van onvermogen om te betalen van een van de vervoerders wordt het te zijnen laste komende en door hem niet betaalde aandeel onder de andere bij het vervoer betrokken vervoerders verdeeld naar evenredigheid van het aandeel in de vrachtprijs dat aan ieder van hen toekomt.

Art. 1595

Geen betwisting gegrondheid betaling

– 1. De gegrondheid van de betaling verricht door de vervoerder die krachtens artikel 1594 het regres uitoefent, kan niet betwist worden door de vervoerder tegen wie het bedoeld regres wordt uitgeoefend, wanneer de schadevergoeding door de rechter is vastgesteld en wanneer deze laatstgenoemde vervoerder, naar behoren gedagvaard, de mogelijkheid is geboden tot tussenkomst in het geding. De rechter bij wie de hoofdvordering aanhangig is, stelt de termijnen voor de betekening van de dagvaarding en voor de tussenkomst vast.
– 2. De vervoerder die het regres uitoefent, moet zijn vordering instellen in één en hetzelfde geding tegen alle vervoerders met wie hij geen schikking heeft getroffen, op straffe van verlies van regres jegens de niet gedagvaarde vervoerders.
– 3. De rechter beslist in één uitspraak over alle bij hem aanhangige regresvorderingen.
– 4. Regresvorderingen kunnen niet aanhangig worden gemaakt door het instellen van een rechtsvordering in het geding dat de rechthebbende heeft ingesteld om schadevergoeding te verlangen op grond van de vervoerovereenkomst.

Art. 1596

Regelend recht

De vervoerders kunnen onderling overeenkomsten afsluiten die afwijken van de artikelen 1593 en 1594.

TITEL 19
Ongevallen

AFDELING 1
Aansprakelijkheid voor spoorvoertuigen en spoorweginfrastructuur

Art. 1661

Aansprakelijkheid voor spoorvoertuigen

– 1. De aansprakelijkheid op grond van artikel 173 van Boek 6 ten aanzien van een spoorvoertuig, dat bij een spoorwegonderneming in gebruik is, rust op die spoorwegonderneming. Is het spoorvoertuig in gebruik bij een bedrijf van andere aard, dan rust deze aansprakelijkheid op dit andere bedrijf. Wordt het spoorvoertuig gebruikt door het ter beschikking te stellen voor gebruik in de uitoefening van het bedrijf van een ander, dan rust die aansprakelijkheid op die ander.
– 2. De aansprakelijkheid op grond van artikel 174 van Boek 6 ten aanzien van de spoorweginfrastructuur rust op de beheerder.

AFDELING 2
Gevaarlijke stoffen aan boord van een spoorrijtuig

Art. 1670

Begripsbepaling

In deze afdeling wordt verstaan onder:
a. 'gevaarlijke stof': een stof die als zodanig bij algemene maatregel van bestuur is aangewezen; de aanwijzing kan worden beperkt tot bepaalde concentraties van de stof, tot bepaalde in de algemene maatregel van bestuur te omschrijven gevaren die aan de stof verbonden zijn, en tot bepaalde daarin te omschrijven situaties waarin de stof zich bevindt;
b. 'spoorvoertuig': elk voertuig, ingericht om op spoorstaven te rijden;
c. 'schade':
1° schade veroorzaakt door dood of letsel van enige persoon veroorzaakt door een gevaarlijke stof;
2° andere schade buiten het spoorvoertuig aan boord waarvan de gevaarlijke stof zich bevindt, veroorzaakt door die gevaarlijke stof, met uitzondering van verlies van of schade met betrekking tot andere spoorvoertuigen en zaken aan boord daarvan, indien die spoorvoertuigen deel uitmaken van een trein, waarvan ook dit spoorvoertuig deel uitmaakt;
3° de kosten van preventieve maatregelen en verlies of schade veroorzaakt door zulke maatregelen;
d. 'preventieve maatregel': iedere redelijke maatregel ter voorkoming of beperking van schade

door wie dan ook genomen met uitzondering van de overeenkomstig deze afdeling aansprakelijke persoon nadat een gebeurtenis heeft plaatsgevonden;
e. *'gebeurtenis'*: elk feit of elke opeenvolging van feiten met dezelfde oorzaak, waardoor schade ontstaat of waardoor een ernstige en onmiddellijke dreiging van schade ontstaat. (BW art. 6:197; BW art. 8:620, 1030, 1210)

Art. 1671

Reikwijdte afdeling

– 1. Deze afdeling is niet van toepassing, indien de spoorwegonderneming jegens degene die de vordering instelt, aansprakelijk is uit hoofde van een exploitatie-overeenkomst of jegens deze persoon een beroep op een exploitatie-overeenkomst heeft.
– 2. Deze afdeling is van toepassing op de periode waarin een gevaarlijke stof zich in een spoorvoertuig bevindt, daaronder begrepen de periode vanaf het begin van de inlading van de gevaarlijke stof in het spoorvoertuig tot het einde van de lossing van die stof uit het spoorvoertuig.
– 3. Deze afdeling is niet van toepassing op schade veroorzaakt wanneer het spoorvoertuig uitsluitend wordt gebruikt op een niet voor publiek toegankelijk terrein en zulk gebruik een onderdeel vormt van een op dat terrein plaatsvindende bedrijfsuitoefening.
– 4. Op zich overeenkomstig het tweede lid aan boord bevindende stoffen als bedoeld in artikel 175 van Boek 6 is dat artikel niet van toepassing, tenzij zich het geval van het derde lid voordoet. (BW 8: 621, 1031, 1211)

Art. 1672

Vervoer van vervoermiddelen

Indien een gevaarlijke stof zich bevindt in een vervoermiddel dat zich aan boord van een spoorvoertuig bevindt zonder dat de gevaarlijke stof uit dit gestapelde vervoermiddel wordt gelost, zal de gevaarlijke stof voor die periode geacht worden zich alleen aan boord van genoemd spoorvoertuig te bevinden. Gedurende de handelingen bedoeld in artikel 1673, vijfde lid, onderdelen *c*, *d* en *e*, echter zal de gevaarlijke stof geacht worden zich alleen aan boord van het gestapelde vervoermiddel te bevinden. (BW 8: 622, 1032, 1212)

Art. 1673

Aansprakelijkheid bij zeggenschap

– 1. De spoorwegonderneming die ten tijde van een gebeurtenis met een spoorvoertuig aan boord waarvan zich een gevaarlijke stof bevindt, de zeggenschap heeft over het gebruik van dat spoorvoertuig, is aansprakelijk voor de schade door deze stof veroorzaakt ten gevolge van deze gebeurtenis. Indien de gevaarlijke stof zich bevindt in een spoorvoertuig, voortbewogen door middel van tractie, berust de zeggenschap over het gebruik van dat spoorvoertuig bij de spoorwegonderneming die de zeggenschap over de tractie heeft. Bestaat de gebeurtenis uit een opeenvolging van feiten met dezelfde oorzaak, dan rust de aansprakelijkheid op de spoorwegonderneming die ten tijde van het eerste feit de zeggenschap over het gebruik van het spoorvoertuig had.
– 2. De spoorwegonderneming is niet aansprakelijk indien:
a. de schade is veroorzaakt door een oorlogshandeling, vijandelijkheden, burgeroorlog, opstand of natuurgebeuren van uitzonderlijke, onvermijdelijke en onweerstaanbare aard;
b. de schade uitsluitend is veroorzaakt door een handelen of nalaten van een derde, niet zijnde een persoon genoemd in het vijfde lid, onderdeel *a*, geschied met het opzet de schade te veroorzaken;
c. de afzender of enige andere persoon niet heeft voldaan aan zijn verplichting hem in te lichten over de gevaarlijke aard van de stof, en noch de spoorwegonderneming, noch de in het vijfde lid, onderdeel *a*, genoemde personen wisten of hadden behoren te weten dat deze gevaarlijk was.
– 3. Indien de spoorwegonderneming bewijst dat de schade geheel of gedeeltelijk het gevolg is van een handelen of nalaten van de persoon die de schade heeft geleden, met het opzet de schade te veroorzaken, of van de schuld van die persoon, kan hij geheel of gedeeltelijk worden ontheven van zijn aansprakelijkheid tegenover die persoon.
– 4. De spoorwegonderneming kan voor schade slechts uit anderen hoofde dan deze afdeling worden aangesproken in het geval van het tweede lid, onderdeel *c*, alsmede in het geval dat hij uit hoofde van arbeidsovereenkomst kan worden aangesproken. In het geval van het tweede lid, onderdeel *c*, kan de spoorwegonderneming deze aansprakelijkheid beperken als ware hij op grond van deze afdeling aansprakelijk.
– 5. Behoudens de artikelen 1674 en 1675 zijn voor schade niet aansprakelijk:
a. de ondergeschikten, vertegenwoordigers of lasthebbers van de spoorwegonderneming,
b. ieder die ten behoeve van het spoorrijtuig werkzaamheden verricht,
c. zij die anders dan tegen een uitdrukkelijk en redelijk verbod vanwege de spoorwegonderneming in hulp verlenen aan het spoorrijtuig, de zich aan boord daarvan bevindende zaken of personen,
d. zij die op aanwijzing van een bevoegde overheidsinstantie hulp verlenen aan het spoorrijtuig, de zich aan boord daarvan bevindende zaken of personen,

e. zij die preventieve maatregelen nemen met uitzondering van de spoorwegonderneming,
f. de ondergeschikten, vertegenwoordigers of lasthebbers van de in dit lid, onderdelen *b*, *c*, *d* en *e*, van aansprakelijkheid vrijgestelde personen, tenzij de schade is ontstaan uit hun eigen handelen of nalaten, geschied hetzij met het opzet die schade te veroorzaken, hetzij roekeloos en met de wetenschap dat die schade er waarschijnlijk uit zou voortvloeien.

– 6. De spoorwegonderneming heeft, voor zover niet anders is overeengekomen, verhaal op de in het zesde lid bedoelde personen, doch uitsluitend indien dezen ingevolge het slot van dit lid voor de schade kunnen worden aangesproken.

– 7. Voor de toepassing van dit en het volgende artikel wordt de beheerder van de door de spoorwegonderneming gebruikte spoorweginfrastructuur begrepen onder de in lid 5 onder *a* bedoelde personen. (BW art. 8:623, 1033, 1213, 1672)

Art. 1674

Bewijslast op spoorwegonderneming

– 1. Indien de spoorwegonderneming bewijst dat de gevaarlijke stof tijdens de periode bedoeld in artikel 1671, tweede lid, is geladen of gelost onder de uitsluitende verantwoordelijkheid van een door hem bij name genoemde ander dan de spoorwegonderneming of zijn ondergeschikte, vertegenwoordiger of lasthebber, zoals de afzender of ontvanger, is de spoorwegonderneming niet aansprakelijk voor de schade als gevolg van een gebeurtenis tijdens het laden of lossen van de gevaarlijke stof en is die ander voor deze schade aansprakelijk overeenkomstig deze afdeling.

– 2. Indien echter de gevaarlijke stof tijdens de periode bedoeld in artikel 1671, tweede lid, is geladen of gelost onder de gezamenlijke verantwoordelijkheid van de spoorwegonderneming en een door de spoorwegonderneming bij name genoemde ander, zijn de spoorwegonderneming en die ander hoofdelijk aansprakelijk overeenkomstig deze afdeling voor de schade als gevolg van een gebeurtenis tijdens het laden of lossen van de gevaarlijke stof.

– 3. Indien is geladen of gelost door een persoon in opdracht of ten behoeve van de vervoerder of een ander, zoals de afzender of de ontvanger, is niet deze persoon, maar de vervoerder of die ander aansprakelijk.

– 4. Indien een ander dan de spoorwegonderneming op grond van het eerste of het tweede lid aansprakelijk is, kan die ander geen beroep doen op artikel 1673, vijfde lid en zesde lid, onderdeel *b*.

– 5. Indien een ander dan de spoorwegonderneming op grond van het eerste of het tweede lid aansprakelijk is, zijn ten aanzien van die ander de artikelen 1678 tot en met 1680 van overeenkomstige toepassing, met dien verstande dat in geval van hoofdelijke aansprakelijkheid:
a. de beperking van aansprakelijkheid als bepaald krachtens artikel 1678, eerste lid, geldt voor het geheel der naar aanleiding van eenzelfde gebeurtenis ontstane vorderingen gericht tegen beiden;
b. een fonds gevormd door één van hen overeenkomstig artikel 1679 wordt aangemerkt als door beiden te zijn gevormd en zulks ten aanzien van de vorderingen waarvoor het fonds werd gesteld.

– 6. In de onderlinge verhouding tussen de spoorwegonderneming en de in het tweede lid van dit artikel genoemde ander is de spoorwegonderneming niet tot vergoeding verplicht dan in geval van schuld van hemzelf of van zijn ondergeschikten, vertegenwoordigers of lasthebbers.

– 7. Dit artikel is niet van toepassing als tijdens de periode, bedoeld in artikel 1671, tweede lid, is geladen of gelost onder de uitsluitende of gezamenlijke verantwoordelijkheid van een persoon, genoemd in artikel 1673, zesde lid, onderdeel *c*, *d* of *e*. (BW 8: 624, 1034, 1214)

Art. 1675

Aansprakelijkheid afzender

Indien ingevolge artikel 1673, derde lid, onderdeel *c*, de spoorwegonderneming niet aansprakelijk is, is de afzender of andere persoon aansprakelijk overeenkomstig deze afdeling en zijn te diens aanzien de artikelen 1678 tot en met 1680 van overeenkomstige toepassing. De afzender of andere persoon kan geen beroep doen op artikel 1673, vijfde lid. (BW art. 8:625, 1035, 1215)

Art. 1676

Schadebegrip uitgebreid

Indien schade veroorzaakt door de gevaarlijke stof redelijkerwijs niet kan worden gescheiden van schade anderszins veroorzaakt, zal de gehele schade worden aangemerkt als schade in de zin van deze afdeling. (BW art. 8:626, 1036, 1216)

Art. 1677

Schade op meerdere voertuigen

– 1. Wanneer door een gebeurtenis schade is veroorzaakt door gevaarlijke stoffen aan boord van een of meer spoorvoertuigen en een of meer voertuigen dan wel luchtkussenvoertuigen, zijn de spoorwegondernemingen die over het gebruik van die spoorvoertuigen de zeggenschap hadden, en de exploitanten van die voertuigen of luchtkussenvoertuigen, onverminderd het bepaalde in artikel 1673, tweede en derde lid, en artikel 1674 en afdeling 1 van titel 14 bepaalde, hoofdelijk aansprakelijk voor alle schade waarvan redelijkerwijs niet kan worden aangenomen dat zij veroorzaakt is door gevaarlijke stoffen aan boord van een bepaald spoorvoertuig of aan boord van een bepaald voertuig of luchtkussenvoertuig.

– 2. Het bepaalde in het eerste lid laat onverlet het beroep op beperking van aansprakelijkheid van de spoorwegonderneming of exploitant van dat voertuig of luchtkussenvoertuig krachtens deze afdeling of de artikelen 1218 tot en met 1220, ieder tot het voor hem geldende bedrag. (BW 8: 627, 1037, 1217)

Art. 1678

Beperking aansprakelijkheid

– 1. De spoorwegonderneming kan zijn aansprakelijkheid per gebeurtenis beperken tot een bij of krachtens algemene maatregel van bestuur te bepalen bedrag of bedragen die verschillend kunnen zijn voor vorderingen ter zake van dood of letsel en andere vorderingen.
– 2. De spoorwegonderneming is niet gerechtigd zijn aansprakelijkheid te beperken indien de schade is ontstaan uit zijn eigen handelen of nalaten, geschied hetzij met het opzet die schade te veroorzaken, hetzij roekeloos en met de wetenschap dat die schade er waarschijnlijk uit zou voortvloeien. (BW 8: 1217, 1218)

Art. 1679

Fonds

Ten einde zich te kunnen beroepen op de in artikel 1678 bedoelde beperking van aansprakelijkheid moet de spoorwegonderneming een fonds of fondsen vormen overeenkomstig artikel 1680. (BW 8: 1217, 1219)

Art. 1680

Vaststelling schadebedrag door rechtbank

– 1. Hij die gebruik wenst te maken van de hem in artikel 1678 gegeven bevoegdheid tot beperking van zijn aansprakelijkheid, verzoekt de rechtbank die bevoegd is kennis te nemen van de vorderingen tot vergoeding van schade, het bedrag waartoe zijn aansprakelijkheid is beperkt, vast te stellen en te bevelen dat tot een procedure ter verdeling van dit bedrag zal worden overgegaan.
– 2. Op het verzoek en de procedure ter verdeling zijn de artikelen 642*a*, tweede tot en met vierde lid, 642*b*, 642*c*, 642*e*, eerste lid, 642*f* tot en met 642*t*, eerste lid, en 642*u* tot en met 642*z* van het Wetboek van Burgerlijke Rechtsvordering van overeenkomstige toepassing.
– 3. Indien het krachtens artikel 1678, eerste lid, bepaalde bedrag voor vorderingen ter zake van dood of letsel onvoldoende is voor volledige vergoeding van deze vorderingen, worden deze vorderingen in evenredigheid gekort en zal het krachtens artikel 1678, eerste lid, bepaalde bedrag voor andere vorderingen naar evenredigheid worden verdeeld onder die vorderingen en de vorderingen ter zake van dood of letsel, voor zover deze onvoldaan zouden zijn.
– 4. De vorderingen van de spoorwegonderneming ter zake van door hem vrijwillig en binnen de grenzen der redelijkheid gedane uitgaven en gebrachte offers ter voorkoming of beperking van schade staan in rang gelijk met andere vorderingen op het krachtens artikel 1678, eerste lid, bepaalde bedrag voor andere vorderingen dan die ter zake van dood of letsel. (BW art. 8:1217, 1220)

VII SLOTBEPALINGEN

TITEL 20
Verjaring en verval

AFDELING 1
Algemene bepalingen

Art. 1700

Wijzigingsbeding verjaringstermijn

– 1. Een beding, waarbij een wettelijke termijn van verjaring of verval wordt gewijzigd, wordt aangemerkt als een beding ter wijziging van de aansprakelijkheid van hem, aan wie een beroep op deze termijn toekomt.
– 2. Behoudens artikel 1701 is ieder beding nietig, waarbij van het vorige lid wordt afgeweken. (Ontw. 8.18.1; WOW 117 (oud); WOBOP 19 (oud); BW 8: 12, 382)

Art. 1701

Contractuele verlenging verjaringstermijn

Een termijn, bij afloop waarvan een rechtsvordering verjaart of vervalt, kan worden verlengd bij overeenkomst tussen partijen, gesloten nadat het feit, dat de rechtsvordering heeft doen ontstaan, heeft plaatsgehad. In afwijking van het eerste lid van artikel 1700 wordt een dergelijke verlenging niet aangemerkt als een wijziging van aansprakelijkheid van hem aan wie een beroep op een dergelijke termijn toekomt. (Ontw. 8.18.2; WOW 118 (oud); WOBOP 20 (oud); BW 8: 1712 lid 3; Hague-Visby Rules III lid 6, vierde alinea; Atheens verdrag art. 16 lid 4)

Art. 1702

Opzettelijk verborgen houden schuld

Het feit, dat een schuldenaar opzettelijk het bestaan van de schuld voor de schuldeiser verborgen houdt, is niet van invloed op een termijn van verjaring of verval. (Ontw. 8.18.3)

AFDELING 2
Goederenvervoer

Art. 1710

Begripsbepaling

In artikel 1711 en in de artikelen 1713 tot en met 1720 wordt verstaan onder:
a. vervoerovereenkomst: een overeenkomst van goederenvervoer als genoemd in de afdelingen 1 van titel 2, 2 van titel 5, 2 van titel 10, 2 van titel 13 dan wel 4 van titel 13.
b. vervoerder: een vervoerder bij een vervoerovereenkomst.
c. afzender: een afzender, cognossementhouder, geadresseerde of ontvanger bij een vervoerovereenkomst. (BW 8: 1170)
d. dag van aflevering: dag waarop de onder de vervoerovereenkomst te vervoeren of vervoerde zaken uit het vervoermiddel zijn afgeleverd, dan wel, indien zij niet zijn afgeleverd, onder de al dan niet tot uitvoering gekomen vervoerovereenkomst hadden moeten zijn afgeleverd. Worden zaken na voortijdige beëindiging van de vervoerovereenkomst alsnog door de vervoerder in feite afgeleverd, dan geldt de dag dezer feitelijke aflevering als dag van aflevering. Worden zaken op grond van de artikelen 491, 957, 1133 of 1198 dan wel enig beding van dusdanige strekking verkocht, dan geldt de dag van de verkoop als dag van aflevering. (Ontw. 8.18.4; WOW 119 (oud); BW 8: 25, 392, 398, 424, 425, 426, 908, 914, 934, 935, 936, 1111, 1118, 1188, 1712, 1722)

Art. 1711

Verjaring na één jaar

Behoudens de artikelen 1712 en 1720 verjaart een op een vervoerovereenkomst gegronde rechtsvordering door verloop van één jaar. (Ontw. 8.18.5; WOW 120 (oud); K 93 (oud), 95 (oud), 468[7] (oud), 741 (oud), 826 (oud), 827 (oud), 952 (oud); BW 3: 306 v.; 8: 1713, 1714, 1750; CMR art. 32; AVC 1983, 22[9] en 27; ARV 45 en 90; L 36)

Art. 1712

Vervaltermijn vervoer onder cognossement

– 1. De vervoerder bij een vervoerovereenkomst onder cognossement, als bedoeld in artikel 377, is in ieder geval van alle aansprakelijkheid, welke dan ook, met betrekking tot de vervoerde zaken ontheven, tenzij een rechtsvordering wordt ingesteld binnen één jaar, welke termijn begint met de aanvang van de dag volgende op de dag van aflevering of de dag waarop de zaken hadden moeten zijn afgeleverd.
– 2. In afwijking van het eerste lid kunnen rechtsvorderingen tot verhaal op een derde zelfs na afloop van de in dat lid genoemde termijn worden ingesteld gedurende een termijn van drie maanden, te rekenen van de dag waar op degene die een zodanige rechtsvordering tot verhaal instelt ten aanzien van het van hemzelf gevorderde de zaak heeft geregeld of waarop hij te dien aanzien in rechte is aangesproken.
– 3. De in het eerste lid bedoelde termijn kan worden verlengd bij overeenkomst tussen partijen, gesloten nadat de gebeurtenis die de rechtsvordering heeft doen ontstaan, heeft plaats gehad. (Ontw. 8.18.6; K 468[7 en 8] (oud); BW 8: 382, 1701, 1711, 1720, 1721; Hague-Visby Rules III[6] en III[6bis])

Art. 1713

Vordering ex BW 8:390, 8:1109, 8:1186

– 1. Behoudens artikel 1716 en in afwijking van artikel 1717 begint in geval van een door een afzender tegen een vervoerder ingestelde rechtsvordering terzake van niet terbeschikkingstelling van het vervoermiddel of niet aanwezig zijn daarvan, de in artikel 1711 genoemde termijn met de aanvang van de dag, volgende op de dag dat het vervoermiddel ter beschikking gesteld had moeten zijn.
– 2. Het eerste lid is van overeenkomstige toepassing in geval van een door een afzender tegen een vervoerder ingestelde rechtsvordering terzake van het niet aanvangen van een verhuizing. (Ontw. 8.18.7; WOW 121 (oud); BW 8: 390, 1109, 1186)

Art. 1714

Aanvang termijn BW 8:1711

In afwijking van artikel 1717 en behoudens artikel 1719 begint de in artikel 1711 genoemde termijn met de aanvang van de dag, volgende op de dag van aflevering, indien het een rechtsvordering betreft terzake van het
a. ten vervoer ter beschikking stellen of ontvangen van bepaalde zaken, verschaffen van opgaven, inlichtingen of documenten betreffende deze zaken, betrachten van zorg ten aanzien van deze documenten, adresseren van bepaalde zaken of aanbrengen van gegevens op die zaken of op hun verpakking;
b. laden, behandelen, stuwen, herstuwen, vervoeren, lossen, opslaan, vernietigen of onschadelijk maken van bepaalde zaken dan wel berokkenen van schade door die zaken of door in- of uitladen daarvan;
c. afleveren van bepaalde zaken, verschaffen van middelen tot onderzoek en natellen daarvan, betalen van vracht daarover of van onkosten of extra-vergoedingen in verband met deze zaken, vergoeden van de in de artikelen 488, 951, 1129 of 1195 bedoelde schade en innen en afdragen van rembourgelden;
d. invullen, aanvullen, dateren, ondertekenen of afgeven van een cognossement, vrachtbrief,

ontvangstbewijs of een soortgelijk document. (Ontw. 8.18.8; WOW 122 (oud); BW 8: 1710, 1715, 1716; AVC 1983, 22[9] en 27)

Art. 1715

Vordering m.b.t. materiaal van afzender

In afwijking van artikel 1717 en behoudens artikel 1719 is op een rechtsvordering door de vervoerder of de afzender ingesteld met betrekking tot materiaal, dat van de zijde van de afzender ter beschikking moet worden gesteld of is gesteld, artikel 1714 van overeenkomstige toepassing met dien verstande, dat in geval de vervoerder volgens de overeenkomst niet tot teruggave van het materiaal verplicht is onder de dag van aflevering daarvan mede wordt verstaan de dag waarop dit materiaal te zijner beschikking werd gesteld. (Ontw. 8.18.9; WOW 123 (oud))

Art. 1716

Opzegging enz. vervoersovereenkomst

In afwijking van de artikelen 1713 en 1717 begint de in artikel 1711 genoemde termijn in geval van een rechtsvordering terzake van schade geleden door opzegging of door voortijdige beëindiging van de vervoerovereenkomst zonder opzegging, met de aanvang van de dag volgende op de dag dat de overeenkomst eindigt. (Ontw. 8.18.10; WOW 124 (oud); BW 8: 25, 392, 908, 1111-1113, 1188-1190)

Art. 1717

Vordering bij tijd- of reisbevrachting

Behoudens de artikelen 1713 tot en met 1716, 1718, 1719 en 1822 begint in geval van een rechtsvordering gegrond op een tijdbevrachting de in artikel 1711 genoemde termijn met de aanvang van de dag, volgende op die waarop de uitvoering van de overeenkomst is geëindigd; in geval van een rechtsvordering gegrond op een reisbevrachting begint deze termijn met de aanvang van de dag volgende op die waarop de reis, naar aanleiding waarvan de vordering is ontstaan, is geëindigd. (Ontw. 8.18.11; WOW 125 (oud); BW 8: 373, 892, 1093)

Art. 1718

Vordering bij niet verwittigen

In afwijking van artikel 1717 begint de in artikel 1711 genoemde termijn in geval van een rechtsvordering tot schadevergoeding, verschuldigd doordat aan een verplichting tot verwittigen of op de hoogte stellen niet werd voldaan, met de aanvang van de dag volgende op de dag waarop deze verplichting ontstond. (Ontw. 8.18.12; WOW 126 (oud); BW 8: 1721)

Art. 1719

Verlies of beschadiging vervoermiddel

In afwijking van de artikelen 1714, 1715 en 1717 begint in geval van een door een vervoerder ingestelde rechtsvordering tot vergoeding van schade geleden door verlies of beschadiging van een vervoermiddel de in artikel 1711 genoemde termijn met de aanvang van de dag, volgende op die waarop het verlies of de beschadiging plaatsvond. (Ontw. 8.18.13; WOW 127 (oud))

Art. 1720

Nieuwe termijn verhaal bij exploitatieovereenkomst

– 1. Behoudens artikel 1712 begint ten behoeve van een vervoerder of een afzender, voor zover deze verhaal zoekt op een partij bij een exploitatie-overeenkomst, als bedoeld in artikel 361, voor hetgeen door hem aan een derde is verschuldigd, een nieuwe termijn van verjaring of verval, welke drie maanden beloopt; deze termijn begint met de aanvang van de dag, volgende op de eerste der volgende dagen:

a. de dag waarop hij, die verhaal zoekt, aan de tot hem gerichte vordering heeft voldaan of

b. de dag waarop hij, die verhaal zoekt, terzake in rechte is aangesproken of

c. de dag waarop de verjaring, waarop hij, die verhaal zoekt, beroep zou kunnen doen, is gestuit of

d. de dag waarop de termijn van de verjaring of het verval van de rechtsvordering waarvoor verhaal wordt gezocht, is verlopen, waarbij geen rekening wordt gehouden met een mogelijkerwijs door partijen overeengekomen verlenging. (Alg. termijnenwet)

– 2. Het eerste lid kan er niet toe leiden, dat de voor rechtsvorderingen, gegrond op de desbetreffende exploitatie-overeenkomst, geldende termijn van verjaring of verval eerder verstrijkt ten aanzien van de rechtsvordering tot verhaal die op die exploitatie-overeenkomst is gegrond.

– 3. Voor de toepassing van dit artikel wordt een overeenkomst, waarbij door de ene partij een vervoermiddel anders dan bij wijze van bevrachting en anders dan bij wijze van een overeenkomst als bedoeld in artikel 1080 derde lid, ter beschikking wordt gesteld van haar wederpartij, als exploitatie-overeenkomst aangemerkt en worden de partijen bij die overeenkomst aangemerkt als vervoerder en afzender. (Ontw. art. 8.18.14); WOW art. 128 (oud); K art. 468 lid 8 (oud); BW art. 8:1741, 1754)

Art. 1721

Langste verjarings- of vervaltermijn toepasselijk

– 1. Indien uit hoofde van de artikelen 1710 tot en met 1720 enige rechtsvordering in verschillende termijnen verjaart of vervalt dan wel te haren aanzien het begin van de termijn, waarbinnen de rechtsvordering verjaart of vervalt, verschilt, geldt die bepaling die de termijn van verjaring of verval het laatst doet eindigen.

– 2. Het vorige lid laat artikel 1712 onverlet. (Ontw. art. 8.18.15; WOW art. 129 (oud))

Art. 1722

Vordering m.b.t. gecombineerd vervoer

– 1. De artikelen 1710 tot en met 1721 zijn van toepassing op overeenkomsten van gecombi-

neerd goederenvervoer, met dien verstande, dat onder afzender mede de houder van een CT-document wordt verstaan en onder dag van aflevering, de dag van aflevering onder de overeenkomst van gecombineerd goederenvervoer.
– 2. Indien bij een overeenkomst van gecombineerd goederenvervoer aan hem die de rechtsvordering instelt niet bekend is waar de omstandigheid, die tot de rechtsvordering aanleiding gaf, is opgekomen, wordt die der in aanmerking komende bepalingen van verjaring of verval toegepast die voor hem de gunstigste is.
– 3. Nietig is ieder beding, waarbij van het tweede lid van dit artikel wordt afgeweken. (Ontw. art. 8.18.16; WOW art. 130 (oud); BW art. 8:12, 40 e.v.)

Art. 1727

Verjaringstermijn

– 1. Een rechtsvordering gegrond op een overeenkomst tot goederenvervoer over spoorwegen verjaart door verloop van één jaar. De verjaringstermijn bedraagt evenwel twee jaar indien de rechtsvordering:
a. strekt tot betaling van een door de vervoerder van de geadresseerde geïnd rembours;
b. strekt tot betaling van de opbrengst van een door de vervoerder verrichte verkoop;
c. gegrond is op een schade ontstaan uit een handeling of nalaten geschied hetzij met het opzet die schade te veroorzaken, hetzij roekeloos en met de wetenschap dat die schade er waarschijnlijk uit zal voortvloeien;
d. gegrond is op één van de aan de doorzending voorafgaande vervoerovereenkomsten, in het geval bedoeld in artikel 1576.
– 2. De verjaring neemt een aanvang bij rechtsvorderingen:
a. tot schadevergoeding wegens geheel verlies: op de dertigste dag na afloop van de afleveringstermijn;
b. tot schadevergoeding wegens gedeeltelijk verlies, beschadiging of overschrijding van de aflevering: op de dag van de aflevering;
c. in alle overige gevallen: op de dag waarop het recht kan worden uitgeoefend.
De als begin van de verjaringstermijn vermelde dag is nimmer in deze termijn begrepen.
– 3. Ingeval overeenkomstig artikel 1589 een schriftelijke vordering buiten rechte met de nodige bewijsstukken is ingediend, is de verjaring geschorst tot de dag waarop de vervoerder de vordering schriftelijk afwijst en de bijgevoegde stukken terugzendt. Bij gedeeltelijke erkenning van de vordering begint de verjaringstermijn weer te lopen voor het nog betwiste gedeelte van de vordering. Het bewijs van de ontvangst van de vordering of van het antwoord en van de teruggave van de stukken rust op de partij die zich daarop beroept. Latere vorderingen buiten rechte met dezelfde inhoud schorsen de verjaring niet.

AFDELING 3
Bijzondere exploitatie-overeenkomsten

Art. 1730

Verjaring na één jaar

– 1. Een rechtsvordering gegrond op een overeenkomst, als bedoeld in afdeling 4 van titel 5 of afdeling 4 van titel 10, verjaart door verloop van één jaar.

Overeenkomstige toepassing

– 2. De artikelen 1710, 1713 tot en met 1722 en 1750 tot en met 1754 zijn van overeenkomstige toepassing. (Ontw. art. 8.18.17; BW art. 8:531, 991, 992 lid 3, 994 lid 2)

AFDELING 4
Overeenkomst tot het doen vervoeren van goederen

Art. 1740

Verjaring na negen maanden

– 1. Behoudens artikel 1741 verjaart een op een overeenkomst tot het doen vervoeren van goederen gegronde rechtsvordering door verloop van negen maanden. (BW 8: 60)

Aanvang

– 2. De in het eerste lid bedoelde termijn begint te lopen met de aanvang van de dag, volgende op de dag van aflevering. Voor de vaststelling van deze dag vindt artikel 1710 onder *d* overeenkomstige toepassing. Is de rechtsvordering echter gegrond op artikel 62 of op artikel 63, dan wel op enig beding van gelijke strekking, dan begint deze termijn met de aanvang van de dag, volgende op die waarop de opdrachtgever wist, dat de expediteur niet aan zijn verplichting tot het doen van mededelingen voldeed.
– 3. Is de rechtsvordering gegrond op artikel 65 of artikel 68, dan begint de termijn met de aanvang van de dag, volgende op de dag dat de overeenkomst tot het doen vervoeren van goederen eindigt. (Ontw. 8.18.18; K 95 (oud); BW 8: 1711)

Art. 1741

Nieuwe termijn verhaal op wederpartij

– 1. Ten behoeve van een partij bij een overeenkomst tot het doen vervoeren van goederen, voor zover deze verhaal zoekt op haar wederpartij voor hetgeen door haar aan een derde is verschuldigd, begint een nieuwe termijn van verjaring of verval, welke drie maanden beloopt; deze termijn begint met de aanvang van de dag, volgende op de eerste der volgende dagen:
a. de dag waarop hij, die verhaal zoekt, aan de tot hem gerichte vordering heeft voldaan of

b. de dag waarop hij, die verhaal zoekt, terzake in rechte is aangesproken of
c. de dag waarop de verjaring, waar op hij, die verhaal zoekt, beroep zou kunnen doen, is gestuit of
d. de dag waarop de termijn van de verjaring of het verval van de rechtsvordering waarvoor verhaal wordt gezocht, is verlopen, waarbij geen rekening wordt gehouden met een mogelijkerwijs door partijen overeengekomen verlenging. (ATW)
– 2. Het eerste lid kan er niet toe leiden, dat de voor rechtsvorderingen, gegrond op de desbetreffende overeenkomst tot het doen vervoeren van goederen, geldende termijn van verjaring of verval eerder verstrijkt ten aanzien van de rechtsvordering tot verhaal die op die overeenkomst tot het doen vervoeren van goederen is gegrond. (Ontw. 8.18.19; BW 8: 60, 1720, 1754)

AFDELING 5
Vervoer van personen

Art. 1750

Verjaring na één jaar

– 1. Behoudens de artikelen 1751 tot en met 1754 verjaart een op een overeenkomst van personenvervoer, als genoemd in de afdelingen 4 van titel 2, 5 van titel 2, 3 van titel 5, 3 van titel 10 en 3 van titel 13, gegronde rechtsvordering door verloop van één jaar, welke termijn begint met de aanvang van de dag, volgende op die waarop de reiziger het vervoermiddel heeft verlaten of had moeten verlaten.

Bagage

– 2. In afwijking van het eerste lid zijn op de verjaring van een rechtsvordering terzake van het vervoer van bagage, geen hut- of handbagage in de zin van de artikelen 100, 500, 970 of 1141, noch een als bagage ten vervoer aangenomen voertuig of schip of levend dier zijnde, de artikelen 1710 tot en met 1722 van overeenkomstige toepassing. (Ontw. 8.18.20; WOW 131 (oud); WOBOP 21 (oud); BW 8: 8, 510, 980, 1154)

Art. 1751

Vordering m.b.t. dood of letsel

– 1. Een rechtsvordering jegens de vervoerder terzake van aan een reiziger overkomen letsel verjaart door verloop van drie jaren, welke termijn begint met de aanvang van de dag, volgende op de dag van het de reiziger overkomen voorval of ongeval.
– 2. Een rechtsvordering jegens de vervoerder terzake van dood van een reiziger verjaart door verloop van drie jaren, welke termijn begint met de aanvang van de dag, volgende op de dag van overlijden van de reiziger, doch welke niet langer loopt dan vijf jaren beginnend met de aanvang van de dag, volgende op de dag van het de reiziger overkomen voorval of ongeval. (Ontw. 8.18.21; WOW 133 (oud); WOBOP 23 (oud); K 741, 952 (oud); BW 8: 81, 105, 504, 974, 1147, 1753; L 36; Atheens verdrag 16 lid 2)

Art. 1752

Vordering m.b.t. bevrachting

In geval van bevrachting strekkende tot het vervoer van personen zijn de artikelen 1713 eerste lid, 1716 tot en met 1719 en 1721 van overeenkomstige toepassing. (Ontw. 8.18.22; WOW 134 (oud); BW 8: 502, 972, 1144)

Art. 1753

Tijdige kennisgeving; verval

– 1. Een rechtsvordering jegens een vervoerder terzake van dood of letsel van de reiziger of terzake van hut- of handbagage in de zin van artikel 100, 500, 970 of artikel 1141, dan wel terzake van een als bagage ten vervoer aangenomen voertuig, schip of levend dier vervalt indien de rechthebbende niet binnen een termijn van drie maanden aan de vervoerder kennis heeft gegeven van het aan de reiziger overkomen voorval of ongeval.
– 2. De in het eerste lid genoemde termijn begint met de aanvang van de dag, volgende op de dag van het voorval of ongeval.
– 3. Het eerste lid van dit artikel blijft buiten toepassing indien
a. de rechthebbende binnen de in het eerste lid genoemde termijn schriftelijk bij de vervoerder een vordering heeft ingediend;
b. het voorval of ongeval te wijten is aan schuld van de vervoerder;
c. van het voorval of ongeval geen kennis is gegeven of niet binnen de in het eerste lid genoemde termijn kennis is gegeven, het één of het ander door omstandigheden, die niet voor rekening van de rechthebbende komen;
d. de vervoerder binnen de in het eerste lid genoemde termijn uit anderen hoofde kennis had van het voorval of ongeval.
– 4. Voor de toepassing van dit artikel wordt een omstandigheid als bedoeld in de artikelen 106 eerste lid onder *b,* 505, 975 en 1150 aangemerkt als een aan de reiziger overkomen voorval of ongeval. (Ontw. 8.18.23; WOW 132 (oud); WOBOP 22 (oud))

Art. 1754

Nieuwe termijn verhaal bij exploitatieovereenkomst

– 1. Ten behoeve van een vervoerder van personen, een wederpartij van een zodanige vervoerder of een reiziger, voor zover deze verhaal zoekt op een partij bij een exploitatie-overeenkomst, als bedoeld in artikel 361, dan wel op een reiziger voor hetgeen door hem aan een derde is verschuldigd, begint een nieuwe termijn van verjaring of verval, welke drie maanden be-

loopt; deze termijn begint met de aanvang van de dag, volgende op de eerste der volgende dagen:
a. de dag waarop hij, die verhaal zoekt, aan de tot hem gerichte vordering heeft voldaan of
b. de dag waarop hij, die verhaal zoekt, terzake in rechte is aangesproken of
c. de dag waarop de verjaring, waarop hij, die verhaal zoekt, beroep zou kunnen doen, is gestuit of
d. de dag waarop de termijn van de verjaring of het verval van de rechtsvordering waarvoor verhaal wordt gezocht, is verlopen, waarbij geen rekening wordt gehouden met een mogelijkerwijs door partijen overeengekomen verlenging. (ATW)
– 2. Het eerste lid kan er niet toe leiden, dat de voor rechtsvorderingen, gegrond op de desbetreffende exploitatie-overeenkomst, geldende termijn van verjaring of verval eerder verstrijkt ten aanzien van de rechtsvordering tot verhaal die op die exploitatie-overeenkomst is gegrond.
– 3. Voor de toepassing van dit artikel wordt een overeenkomst, waarbij door de ene partij een vervoermiddel anders dan bij wijze van bevrachting en anders dan bij wijze van een overeenkomst als bedoeld in artikel 1080 derde lid, ter beschikking wordt gesteld van haar wederpartij, als exploitatie-overeenkomst aangemerkt en worden de partijen bij die overeenkomst aangemerkt als vervoerder en diens wederpartij of reiziger. (Ontw. 8.18.24; WOW 135 (oud); BW 8: 1720, 1741)

AFDELING 7
Rederij

Art. 1770

Verjaring na vijf jaar

Een rechtsvordering tussen de leden ener rederij als zodanig en tussen deze leden en de boekhouder als zodanig verjaart door verloop van vijf jaren. (Ontw. 8.18.29; K 340*b* lid 2 (oud); BW 8: 160 e.v., 770 e.v.)

AFDELING 8
Rechtsvorderingen jegens kapitein of schipper

Art. 1780

Verjaring na twee jaar; aanvang

– 1. Een rechtsvordering tegen een kapitein of schipper terzake van schade door hem toegebracht in de uitoefening van zijn werkzaamheden verjaart door verloop van twee jaren, welke termijn begint met de aanvang van de dag, volgende op de dag waarop het schadeveroorzakende voorval plaatsvond.
– 2. Het eerste lid is niet van toepassing op rechtsvorderingen van de werkgever van de kapitein of de schipper. (Ontw. 8.18.30; BW 8: 1790, 1793)

AFDELING 9
Aanvaring

Art. 1790

Aanvaring zeeschepen

Een rechtsvordering tot vergoeding van schade veroorzaakt door een voorval, als bedoeld in afdeling 1 van titel 6, verjaart, indien zij niet op een overeenkomst is gegrond, door verloop van twee jaren, welke termijn begint met de aanvang van de dag, volgende op de dag van dit voorval. (Ontw. 8.18.31; K 742, 747 (oud); BW 8: 540, 541, 1792; Bruss. aanv. verdrag art. 7)

Art. 1791

Verhaal overschot

Een rechtsvordering tot verhaal van een overschot, als bedoeld in het derde lid van artikel 545, verjaart door verloop van één jaar, welke termijn begint met de aanvang van de dag, volgende op die waarop de betaling van het overschot heeft plaatsgehad. (Ontw. 8.18.32; BW 8: 1794; Bruss. aanv. verdrag art. 7 lid 2)

Art. 1792

Verlenging termijn BW 8: 1790

– 1. De verjaringstermijn, genoemd in artikel 1790, wordt verlengd met de dagen, gedurende welke het aansprakelijk geachte schip niet in beslag kon worden genomen binnen de staat, waarin de schuldeiser woont of de hoofdzetel van zijn bedrijf is gevestigd, met dien verstande echter dat
a. indien het schip binnen de termijn, gesteld in artikel 1790, aldus in beslag kon worden genomen, deze termijn met niet meer dan drie maanden wordt verlengd;
b. indien het schip niet binnen de termijn, gesteld in artikel 1790 aldus in beslag kon worden genomen, deze termijn eindigt met de aanvang van de dag, volgende op die waarop drie maanden zijn verlopen sinds het eerste tijdstip, waarop dit beslag mogelijk was en in ieder geval met de aanvang van de dag, volgende op die waarop vijf jaren zijn verlopen sinds het tijdstip van het voorval, bedoeld in afdeling 1 van titel 6.
– 2. Indien een rechtsvordering als bedoeld in artikel 1790 wordt ingesteld vóór de aanvang van de dag, volgende op die waarop vijf jaren zijn verlopen sinds het tijdstip van het voorval, bedoeld in afdeling 1 van titel 6, wordt vermoed dat het aansprakelijk geachte schip voordien

niet in beslag kon worden genomen binnen de staat, waarin de schuldeiser woont of de hoofdzetel van zijn bedrijf is gevestigd.

– 3. Bij de toepassing van dit artikel wordt geen rekening gehouden met een mogelijkerwijs door partijen overeengekomen verlenging van de in artikel 1790 gestelde termijn. (Ontw. 8.18.33; Bruss. aanv. verdrag art. 7 lid 4)

Art. 1793

Aanvaring binnenschepen

Een rechtsvordering tot vergoeding van schade veroorzaakt door een voorval, als bedoeld in afdeling 1 van titel 11, verjaart, indien zij niet op een overeenkomst is gegrond, door verloop van twee jaren, welke termijn begint met de aanvang van de dag, volgende op de dag van dit voorval. (Ontw. 8.18.34; K 953 (oud); BW 8: 1001, 1002; Gen. aanv. verdrag art. 7 en 8 lid 1)

Art. 1794

Verhaal overschot

– 1. Een rechtsvordering tot verhaal van een overschot, als bedoeld in het derde lid van artikel 1006, verjaart door verloop van één jaar.

– 2. De termijn van deze verjaring begint met de aanvang van de dag, volgende op die waarop het bedrag van de hoofdelijke aansprakelijkheid is vastgesteld bij een in kracht van gewijsde gegaan vonnis. Indien zulk een vaststelling niet is geschied, begint de termijn van deze verjaring met de aanvang van de dag, volgende op die waarop de tot het verhaal aanleiding gevende betaling heeft plaatsgevonden. Indien de rechtsvordering betrekking heeft op de verdeling van het aandeel van een onvermogende medeschuldenaar, begint de termijn van deze verjaring echter te lopen met de aanvang van de dag, volgende op die waarop de rechthebbende kennis heeft gekregen van het onvermogen van zijn medeschuldenaar. (Ontw. 8.18.35; K 952 (oud); Gen. aanv. verdrag art. 7 lid 2)

AFDELING 10
Hulpverlening

Art. 1820

Verjaring na twee jaar; aanvang

– 1. Een rechtsvordering ter zake van betaling als bedoeld in artikel 551, onder *e*, verjaart door verloop van twee jaren, welke termijn begint met de aanvang van de dag waarop de hulpverlening is beëindigd.

– 2. Onverminderd het in artikel 1701 bepaalde kan de in het eerste lid bedoelde termijn worden verlengd door een verklaring van hem die de verjaring kan inroepen, gedaan nadat het feit dat de rechtsvordering heeft doen ontstaan heeft plaatsgehad.

– 3. In afwijking van het eerste lid kunnen rechtsvorderingen tot verhaal op een derde zelfs na afloop van de in dat lid genoemde termijn worden ingesteld gedurende een termijn van drie maanden, te rekenen van de dag waarop degene die een zodanige rechtsvordering tot verhaal instelt ten aanzien van het van hemzelf gevorderde een regeling heeft getroffen of waarop hij te dien aanzien in rechte is aangesproken.

Art. 1821-1823

Vervallen.

AFDELING 11
Avarij-grosse

Art. 1830

Verjaring na één jaar; aanvang

– 1. Een rechtsvordering tot berekening en omslag van een avarij-grosse, en die tot benoeming van een dispacheur hiertoe, verjaart door verloop van één jaar.

– 2. De termijn van deze verjaring begint met de aanvang van de dag, volgende op de dag van het einde van de onderneming.

– 3. Indien de avarij-grosse geheel of gedeeltelijk uit hulploon bestaat en de vordering tot betaling van dit hulploon is ingesteld binnen de daarvoor in de artikelen 1820 en 1823 gestelde termijn, doch na verloop van een termijn van negen maanden, beginnende met de aanvang van de dag, volgende op die waarop de in het eerste lid genoemde termijn aanvangt, verjaren de in het eerste lid genoemde rechtsvorderingen door verloop van een termijn van drie maanden, welke termijn begint met de aanvang van de dag, volgende op die waarop de vordering tot betaling van hulploon is ingesteld. (Ontw. 8.18.40; K 745, 956 (oud); BW 8: 610 e.v., 1020 e.v.)

Art. 1831

Verval bij homologatie of herziening dispache

Het recht homologatie dan wel herziening van een berekening en omslag van een avarij-grosse (dispache) te verzoeken vervalt door verloop van zes jaren, welke termijn begint met de aanvang van de dag, volgende op die waarop de dispache of een uittreksel daarvan aan belanghebbenden is medegedeeld. (Ontw. 8.18.41; Rv 639)

Art. 1832

Bijdrage avarij-grosse

– 1. Een rechtsvordering tot betaling van een bijdrage in avarij-grosse verjaart door verloop van één jaar.

– 2. De termijn van deze verjaring begint met de aanvang van de dag, volgende op die waarop de dispache of een uittreksel daarvan dan wel, indien een verzoek tot herziening der dispache is gedaan, de naar aanleiding daarvan opgestelde dispache of een uittreksel daarvan aan partijen is medegedeeld of aan dezen is medegedeeld, dat deze dispache ter griffie van de rechtbank is gedeponeerd, doch in geval van homologatie eerst op de dag dat de dispache bij in kracht van gewijsde gegane beschikking is gehomologeerd. (Ontw. art. 8.18.42; K art. 745, 956 (oud); BW art. 8:389, 904)

AFDELING 12
Gevaarlijke stoffen aan boord van een zeeschip, een binnenschip, een voertuig en een spoorvoertuig

Art. 1833

Verjaringstermijn

Een rechtsvordering tot vergoeding van schade uit hoofde van de afdelingen 4 van titel 6, 4 van titel 11, 1 van titel 14 en 4 van titel 19 verjaart door verloop van drie jaren na de aanvang van de dag, volgende op die waarop de benadeelde bekend was of redelijkerwijze bekend had behoren te zijn met de schade en de daarvoor aansprakelijke persoon en in ieder geval door verloop van tien jaren na de gebeurtenis waardoor de schade is ontstaan. Indien de gebeurtenis bestond uit een opeenvolging van feiten met dezelfde oorzaak, loopt de termijn van tien jaren vanaf de dag waarop het laatste van die feiten plaatsvond.

AFDELING 13
Luchtrecht

Art. 1834

Verval van vordering jegens luchtvervoerder

– 1. Een vordering jegens een luchtvervoerder terzake van beschadiging van aangegeven bagage of andere zaken vervalt indien de rechthebbende niet onverwijld na de ontdekking ervan en in ieder geval, wanneer het aangegeven bagage betreft, binnen een termijn van zeven dagen en, wanneer het andere zaken betreft, binnen een termijn van veertien dagen aan de vervoerder protest doet. Deze termijn vangt aan op de dag volgende op de dag van de aanneming van de zaken.
– 2. Een vordering jegens een luchtvervoerder terzake van vertraging in het vervoer van bagage of andere zaken vervalt indien de rechthebbende niet binnen een termijn van eenentwintig dagen aan de vervoerder protest doet. Deze termijn vangt aan op de dag volgende op de dag dat de bagage of andere zaken te zijner beschikking zijn gesteld.
– 3. Elk protest moet worden ingebracht door middel van een op het luchtvervoerbewijs te stellen schriftelijk voorbehoud of door enig ander document verzonden binnen de voor het protest voorgeschreven termijn.
– 4. Het eerste noch het tweede lid van dit artikel is van toepassing in geval van bedrog van de vervoerder.
– 5. In dit artikel worden onder 'dagen' niet werkdagen maar kalenderdagen verstaan. (Verdrag Montreal 31)

Art. 1835

Vervaltermijn

Iedere vordering terzake van een overeenkomst van luchtvervoer vervalt door verloop van twee jaren, welke termijn aanvangt met de dag volgend op de dag van aankomst van het luchtvaartuig ter bestemming of de dag, waarop het luchtvaartuig had moeten aankomen of van de onderbreking van het luchtvervoer. (Verdrag Montreal 35)

Art. 1836

Aanvang vervaltermijn onduidelijk

– 1. Indien bij een overeenkomst van gecombineerd goederenvervoer aan hem die de rechtsvordering instelt niet bekend is waar de omstandigheid, die tot de rechtsvordering aanleiding gaf, is opgekomen, wordt die der in aanmerking komende bepalingen van verjaring of verval toegepast die voor hem de gunstigste is.
– 2. Nietig is ieder beding, waarbij van het eerste lid van dit artikel wordt afgeweken. (BW 3:41; 8:1722)

Algemene Slotbepaling

– 1. De Algemene termijnenwet is niet van toepassing op de termijnen gesteld in de afdelingen 2 van titel 5, 4 van titel 5, 2 van titel 10 en 4 van titel 10.
– 2. In de in het eerste lid genoemde afdelingen worden onder dag verstaan alle kalenderdagen met uitzondering van de Zondag, de Nieuwjaarsdag, de Christelijke tweede Paas- en Pinksterdagen, de beide Kerstdagen, de Hemelvaartsdag en de dag waarop de verjaardag van de Koning wordt gevierd. (K 517*b*, 853, 958 (oud))

Wet van 3 april 1969, Stb. 167, houdende vervanging van het eerste boek van het Burgerlijk Wetboek door Boek 1 van het nieuwe Burgerlijk Wetboek en, in verband daarmede, wijziging van dit boek en de overige boeken van het Burgerlijk Wetboek, het Wetboek van Burgerlijke Rechtsvordering, het Wetboek van Strafrecht, het Wetboek van Strafvordering en andere wetten, alsmede van overgangsbepalingen (Invoeringswet Boek 1 nieuw B.W.), zoals deze wet laatstelijk is gewijzigd bij de Wet van 6 maart 2008, Stb. 95

[Inwerkingtreding: 01-01-1970]

Wij JULIANA, Bij de gratie Gods, Koningin der Nederlanden, Prinses van Oranje-Nassau, enz., enz., enz.

Allen, die deze zullen zien of horen lezen, saluut! doen te weten:

Alzo Wij in overweging genomen hebben, dat het wenselijk is het eerste boek van het Burgerlijk Wetboek te vervangen door Boek 1 van het nieuwe Burgerlijk Wetboek en, in verband daarmede, dit boek alsmede het tweede, derde en vierde boek en de slotbepaling van het Burgerlijk Wetboek, het Wetboek van Burgerlijke Rechtsvordering, het Wetboek van Strafrecht, het Wetboek van Strafvordering en andere wetten te wijzigen, en overgangsbepalingen vast te stellen;

Zo is het, dat Wij, de Raad van State gehoord, en met gemeen overleg dert Staten-Generaal, hebben goedgevonden en verstaan, gelijk Wij goedvinden en verstaan bij deze:

Inleidende bepaling

De in deze wet zonder nadere aanduiding aangehaalde bepalingen zijn bepalingen van de nieuwe boeken van het Burgerlijk Wetboek.

TITEL 1

Overgangsbepalingen in verband met Boek 1

Art. 1

Wijzigingsverzoek voornamen; competentie

– 1. Artikel 4 lid 4 van Boek 1 is ook van toepassing op aanhangige of nog in te dienen verzoeken tot wijziging van voornamen, verkregen vóór het tijdstip van in werking treden van Boek 1, met dien verstande dat de bevoegdheid van de rechter wordt beoordeeld naar de wet, geldende op het tijdstip van indiening van het verzoek.

– 2. Artikel 4 lid 2 van Boek 1 is ook van toepassing, indien wijziging wordt verzocht van voornamen, verkregen vóór het tijdstip van in werking treden van Boek 1.

Art. 2

Bewijs van geslachtsnaam

Artikel 6 van Boek 1 is ook van toepassing op akten van geboorte die vóór het tijdstip van in werking treden van Boek 1 zijn opgemaakt.

Art. 3

Verzoek tot wijziging of vaststelling van namen

– 1. Artikel 7 leden 1-4 van Boek 1 is ook van toepassing op aanhangige of nog in te dienen verzoeken tot wijziging of vaststelling van namen van personen, geboren vóór het tijdstip van in werking treden van Boek 1.

– 2. Artikel 7 leden 3 en 4 van Boek 1 is bovendien van toepassing ingeval de wijziging of vaststelling van de geslachtsnaam heeft plaatsgevonden vóór het tijdstip van in werking treden van Boek 1.

– 3. Artikel 7 lid 5 van Boek 1 en de daarin bedoelde algemene maatregel van bestuur zijn niet van toepassing op verzoeken, ingediend vóór het tijdstip van in werking treden van Boek 1.

Art. 4

Voeren naam van (gewezen) echtgenoot

Artikel 9 van Boek 1 is ook van toepassing, indien het huwelijk is ontbonden vóór het tijdstip van in werking treden van Boek 1.

Art. 5

Verkrijging of verlies van woonplaats

– 1. De artikelen 10-12 en 14 van Boek 1 zijn van het tijdstip van in werking treden van Boek 1 af ook van toepassing, indien de feiten die volgens deze regelen de verkrijging of het verlies van een woonplaats bepalen, zijn voorgevallen vóór dat tijdstip.

– 2. Op een vóór dat tijdstip gekozen woonplaats blijft het tot dat tijdstip geldende artikel 81 van het Burgerlijk Wetboek van toepassing.

Art. 6

Akten burgerlijke stand

– 1. De artikelen 16-20 en 22-25 van Boek 1 zijn uitsluitend van toepassing op akten van de burgerlijke stand, op te maken na het tijdstip van in werking treden van Boek 1.

Akten van inschrijving

– 2. Artikel 21 van Boek 1 is uitsluitend van toepassing op brieven van wettiging, besluiten houdende wijziging of vaststelling van namen, buiten de burgerlijke stand opgemaakte authentieke akten van erkenning van een onwettig kind en rechterlijke uitspraken, die gedagtekend zijn na het tijdstip van in werking treden van Boek 1.

...ntmeldingen

– 3. Artikel 23 van Boek 1 is echter mede van toepassing op het opmaken van kantmeldingen, te plaatsen op akten van de burgerlijke stand die vóór het tijdstip van in werking treden van Boek 1 zijn opgemaakt.

– 4. Kantmeldingen ter zake van akten, opgemaakt vóór het tijdstip van in werking treden van Boek 1, die vóór dat tijdstip voorgeschreven of gebruikelijk waren, zullen op akten van de burgerlijke stand worden geplaatst, ongeacht of deze laatste voor of na dat tijdstip zijn opgemaakt.

...wijskracht; aanvul-...g, doorhaling, ver-...tering

– 5. De artikelen 26-28 van Boek 1 zijn ook van toepassing op akten van de burgerlijke stand die vóór het tijdstip van in werking treden van Boek 1 zijn opgemaakt.

– 6. Artikel 29 van Boek 1 is niet van toepassing op verzoeken en vorderingen, ingediend of gedaan vóór het tijdstip van in werking treden van Boek 1.

Art. 7

...ing huwelijk

De artikelen 50-57 van Boek 1 zijn ook van toepassing op voorgenomen huwelijken, waarvan de afkondiging is geschied vóór het tijdstip van in werking treden van Boek 1.

Art. 8

Nietigverklaring huwelijk

– 1. Na het tijdstip van in werking treden van Boek 1 kan de nietigverklaring van een vóór dat tijdstip aangegaan huwelijk niet langer worden gevorderd op een grond die de wet niet meer kent, of door personen die de wet tot het instellen van zulk een vordering niet langer bevoegd acht.

– 2. De nietigverklaring van een vóór het tijdstip van in werking treden van Boek 1 aangegaan huwelijk kan wegens het niet bereikt hebben van de vereiste ouderdom slechts worden gevorderd door de echtgenoot die de vereiste leeftijd miste, en door het openbaar ministerie.

– 3. Het in de vorige leden bepaalde is ook van toepassing, indien de rechtsvordering is ingesteld vóór het in het eerste lid genoemde tijdstip en de nietigverklaring niet vóór dat tijdstip is uitgesproken.

– 4. Indien het vonnis waarbij een huwelijk wordt nietig verklaard, na het in het eerste lid genoemde tijdstip in kracht van gewijsde gaat, is artikel 77 van Boek 1 van toepassing, ook al was de rechtsvordering ingesteld vóór dat tijdstip.

Art. 9

Huishouding; toestemming echtgenoot; bestuursopdracht

De artikelen 84, 86, 88, 89 en 90 van Boek 1 zijn alleen van toepassing op feiten, voorgevallen na het tijdstip van in werking treden van Boek 1.

Art. 10

Gemeenschap van goederen; bewijsregel

– 1. Ten aanzien van een gemeenschap van goederen, ontstaan vóór het tijdstip van in werking treden van Boek 1, zijn de artikelen 94-98, 100, 102 lid 2, 103 leden 4-6, 104, 106, 108, 109 en 112 van Boek 1 alleen van toepassing op feiten, voorgevallen na dat tijdstip.

– 2. Het tot het tijdstip van in werking treden van Boek 1 geldende artikel 179, tweede lid, van het Burgerlijk Wetboek blijft van toepassing ten aanzien van goederen die vóór dat tijdstip zijn verkregen.

Art. 11

Inschrijvingen huwelijksgoederenregister

– 1. Met betrekking tot inschrijvingen in het huwelijksgoederenregister, vóór het tijdstip van in werking treden van Boek 1 gedaan, als bedoeld in de tot dat tijdstip geldende artikelen 163, 165, 180, 185, 186, 300 en 304 van het Burgerlijk Wetboek, blijven die artikelen van toepassing.

– 2. Met betrekking tot inschrijvingen in het huwelijksgoederenregister als bedoeld in de artikelen 86, 90, 104, 105, 110, 112, 189 en 196 van Boek 1, die pas na het tijdstip van in werking treden van Boek 1 geschieden, zijn die artikelen van toepassing, ook wanneer de rechterlijke uitspraak vóór dat tijdstip is gedaan, de akte van afstand een vóór dat tijdstip ontbonden gemeenschap van goederen betreft, de eis tot opheffing van de gemeenschap van goederen vóór dat tijdstip is ingesteld, of de verzoening vóór dat tijdstip heeft plaatsgehad.

– 3. Ingeval een vóór het tijdstip van in werking treden van Boek 1 aangevangen wettelijke termijn voor de inschrijving van een akte van afstand van een gemeenschap van goederen op dat tijdstip nog lopende is, is artikel 106 van Boek 1 mede van toepassing.

Art. 12

Inschrijvingen huwelijksgoederenregister m.b.t. huwelijkse voorwaarden

– 1. Met betrekking tot inschrijvingen in het huwelijksgoederenregister, vóór het tijdstip van in werking treden van Boek 1 gedaan, van bepalingen in huwelijkse voorwaarden blijft het tot dat tijdstip geldende artikel 207 lid 1 van het Burgerlijk Wetboek van toepassing. Wordt evenwel na dat tijdstip een wijziging van die bepalingen ingeschreven, dan is na deze inschrijving artikel 116 van Boek 1 op alle bepalingen in de huwelijkse voorwaarden van de betrokken echtgenoten van toepassing.

– 2. Artikel 116 van Boek 1 is van toepassing op vóór het tijdstip van in werking treden van Boek 1 gemaakte bepalingen in huwelijkse voorwaarden, die niet vóór dat tijdstip overeenkomstig het tot dat tijdstip geldende artikel 207 lid 1 van het Burgerlijk Wetboek in het huwelijksgoederenregister zijn ingeschreven.

– 3. Artikel 120 lid 2 van Boek 1 is ook van toepassing op bepalingen in vóór het tijdstip van in werking treden van Boek 1 tijdens het huwelijk gemaakte of gewijzigde huwelijkse voorwaarden, die niet vóór dat tijdstip overeenkomstig het tot dat tijdstip geldende artikel 207 lid 1 van het Burgerlijk Wetboek in het huwelijksgoederenregister zijn ingeschreven.

– 4. De artikelen 118 en 120 lid 1 van Boek 1 zijn van toepassing op het maken of wijzigen van huwelijkse voorwaarden, plaatsvindend na het tijdstip van in werking treden van Boek 1, ook indien het huwelijk vóór dat tijdstip was voltrokken.

Art. 13

Bewijs buiten gemeenschap gehouden goederen

– 1. Artikel 130 van Boek 1 is ook van toepassing ten aanzien van huwelijkse voorwaarden die vóór het tijdstip van in werking treden van Boek 1 zijn tot stand gekomen.

Gemeenschappen van winst en verlies/ vruchten en inkomsten

– 2. Op gemeenschappen van winst en verlies en van vruchten en inkomsten, overeengekomen vóór het tijdstip van in werking treden van Boek 1, blijven ook na dat tijdstip de tevoren geldende artikelen 210-222 van het Burgerlijk Wetboek van toepassing, voor zover van die voorschriften niet bij huwelijkse voorwaarden uitdrukkelijk of door de aard der bedingen is afgeweken.

Deelgenootschappen

– 3. Op deelgenootschappen, bestaande op het tijdstip van in werking treden van Boek 1, zijn van dat tijdstip af de voorschriften van afdeling 2 van titel 8 van Boek 1 van toepassing, voor zover niet bij huwelijkse voorwaarden uitdrukkelijk of door de aard der bedingen een van die voorschriften afwijkende regeling is getroffen, met dien verstande dat het bewijs van de in artikel 143 onder *a* van Boek 1 bedoelde waarde van een bij het aangaan van een deelgenootschap aanwezig goed dat in de akte van huwelijkse voorwaarden of een daaraan vastgehechte staat was vermeld zonder opgave van de waarde, door alle middelen rechtens kan worden geleverd.

Art. 14

Toepassing 'lex hac edictali'

Na het tijdstip van in werking treden van Boek 1 zijn de tevoren geldende artikelen 236-240*a*, 899*a* en 949-949*b* van het Burgerlijk Wetboek slechts van toepassing, indien hetzij de hertrouwde echtgenoot, hetzij de nieuwe echtgenoot vóór dat tijdstip is overleden.

Art. 15

Vaderschap en afstamming van kinderen

– 1. Artikel 197 van Boek 1 is alleen van toepassing ten aanzien van kinderen die zijn geboren na het tijdstip van in werking treden van Boek 1.

– 2. Artikel 198 van Boek 1 is ook van toepassing ten aanzien van kinderen die zijn geboren vóór het tijdstip van in werking treden van Boek 1.

– 3. De artikelen 199-204 van Boek 1 zijn alleen van toepassing ten aanzien van kinderen die zijn geboren na het tijdstip van in werking treden van Boek 1.

Art. 16

Erkenning; wettiging van rechtswege

Een natuurlijk kind dat vóór het tijdstip van in werking treden van Boek 1 door de echtgenoot van de moeder is erkend, hetzij staande het huwelijk met de moeder hetzij na ontbinding van het huwelijk door de dood van de moeder, wordt van rechtswege gewettigd; de wettiging werkt van het tijdstip van in werking treden van Boek 1 af.

Art. 17

Nietige of vernietigbare erkenning

– 1. Artikel 224 van Boek 1 is niet van toepassing op erkenningen, vóór het tijdstip van in werking treden van Boek 1 gedaan.

– 2. De artikelen 225 en 226 van Boek 1 zijn mede van toepassing op erkenningen, vóór het in het eerste lid genoemde tijdstip gedaan.

Art. 18

Voogdij moeder van rechtswege

– 1. Een kind dat, naar de vóór het tijdstip van in werking treden van Boek 1 geldende voorschriften, met zijn moeder niet in burgerlijke betrekkingen stond, staat van dat tijdstip af van rechtswege onder voogdij van de moeder, mits deze daartoe op dat tijdstip bevoegd is en tenzij voordien een ander tot voogd benoemd was.

– 2. De moeder van een kind, als in het eerste lid bedoeld, die op het aldaar genoemde tijdstip onbevoegd was tot de voogdij over het kind, verkrijgt deze voogdij van rechtswege, indien deze openstaat op het tijdstip, waarop zij daartoe bevoegd wordt.

– 3. Indien op het in het eerste lid genoemde tijdstip de voogdij niet openstaat, kan de tot de voogdij bevoegde moeder de kantonrechter verzoeken haar tot voogdes te benoemen; op een zodanig verzoek is artikel 287 leden 4 en 5 van Boek 1 van toepassing.

Art. 19

(Toeziende) voogdij

Het in de artikelen 307 lid 1, 319, 322 lid 3, 324 lid 1, 327 lid 1 onder *b* aan het slot, 336 lid 3 van Boek 1 bepaalde is van het tijdstip van in werking treden van Boek 1 af mede van toepassing op voogdijen of toeziende voogdijen die vóór dat tijdstip zijn aangevangen.

Art. 20

Handelingsonbekwaamheid curandus

– 1. De bepalingen van het Burgerlijk Wetboek omtrent de handelingsonbekwaamheid van onder curatele gestelden, zoals deze bepalingen op het tijdstip van in werking treden van Boek 1 komen te luiden, zijn op de rechtshandelingen die onder curatele gestelden na dat tijdstip verrichten van toepassing, ook al is hun curatelestelling uitgesproken met toepassing van het vóór dat tijdstip geldende recht.

– 2. Op rechtshandelingen, verricht vóór het in het vorige lid genoemde tijdstip, is ook na dat tijdstip van toepassing het bepaalde in de voordien geldende artikelen 501 en 502 van het Burgerlijk Wetboek.

Art. 21

Gronden en bekendmaking ondercuratelestelling

– 1. Na het tijdstip van in werking treden van Boek 1 kan onder curatelestelling slechts worden uitgesproken op grond van een der in artikel 378 van Boek 1 genoemde omstandigheden, ook al is het verzoek of de vordering vóór dat tijdstip gedaan.

– 2. Artikel 390 van Boek 1 is van toepassing wanneer de uitspraak na het tijdstip van in werking treden van Boek 1 is gedaan, ook al was zij reeds vóór dat tijdstip verzocht of gevorderd.

Provisionele bewindvoerder

– 3. Ingeval vóór het tijdstip van in werking treden van Boek 1 krachtens het toen geldende artikel 495 van het Burgerlijk Wetboek een provisionele bewindvoerder is benoemd, is het in artikel 380 leden 2 en 3 van Boek 1 bepaalde slechts van toepassing na wijziging van deze uitspraak met overeenkomstige toepassing van artikel 380 lid 4 van Boek 1.

Art. 22

Levensonderhoud

– 1. Titel 17 van Boek 1 is, voor zover bij de wet niet anders is bepaald, van het tijdstip van het in werking treden van Boek 1 af mede van toepassing op verplichtingen tot en rechten op levensonderhoud, die vóór dat tijdstip bij overeenkomst waren geregeld of waren vastgesteld door een uitspraak van de rechter, die hetzij vóór dat tijdstip, hetzij, bij gebreke van verzet, hoger beroep of beroep in cassatie, na dat tijdstip in kracht van gewijsde is gegaan.

– 2. Op vorderingen tot het verstrekken van levensonderhoud, ten aanzien waarvan op het tijdstip van in werking treden van Boek 1 nog niet is beslist bij een uitspraak van de rechter, die in kracht van gewijsde is gegaan, is titel 17 van Boek 1 van dat tijdstip af van toepassing, met dien verstande dat over een tijdvak, gelegen vóór het tijdstip, niet een hoger bedrag kan worden toegewezen dan naar het gedurende dat tijdvak geldende recht geoorloofd was.

Art. 23

Levensonderhoud tussen grootouders en kleinkinderen

– 1. Indien verplichtingen tot en rechten op levensonderhoud van grootouders jegens kleinkinderen of van kleinkinderen jegens grootouders vóór het tijdstip van in werking treden van Boek 1 bij overeenkomst waren geregeld of door een uitspraak van de rechter, die in kracht van gewijsde is gegaan, waren vastgesteld, blijven zij ook na dat tijdstip in stand, met dien verstande dat op verzoeken tot wijziging van deze rechten en verplichtingen van toepassing blijft het recht, geldende ten tijde van hun regeling of vaststelling.

Tussen schoonouders en behuwdkinderen

– 2. Het vorige lid is van overeenkomstige toepassing op verplichtingen tot en rechten op levensonderhoud van schoonouders jegens behuwdkinderen of van behuwdkinderen jegens schoonouders, die niet in overeenstemming zijn met het in artikel 396 van Boek 1 bepaalde.

– 3. Uitspraken van de rechter, gedaan vóór het tijdstip van in werking treden van Boek 1, die, bij gebreke van hoger beroep of beroep in cassatie, na dat tijdstip in kracht van gewijsde gaan, blijven in stand.

– 4. Onverminderd het in artikel 401 van Boek 1 bepaalde, kunnen de tot levensonderhoud verplichten, in de vorige leden bedoeld, de rechter verzoeken de verplichting tot het verstrekken van levensonderhoud op te heffen met ingang van een door de rechter te bepalen tijdstip. Dit tijdstip kan niet vroeger worden gesteld dan zes maanden na dat van in werking treden van Boek 1.

Art. 24

Kosten van bevalling

Het tevoren geldende artikel 344*c* van het Burgerlijk Wetboek en de desbetreffende tevoren geldende bepalingen der artikelen 344*d*-344*f* en van het Wetboek van Burgerlijke Rechtsvordering zijn ook na het tijdstip van in werking treden van Boek 1 van toepassing, indien de bevalling vóór dat tijdstip heeft plaatsgevonden.

Art. 25

Bewind over goederen afwezige

Ingeval vóór het tijdstip van in werking treden van Boek 1 een bewindvoerder over de goederen van een afwezige is benoemd, blijft ook na dat tijdstip op de rechtsgevolgen daarvan het ten tijde van de benoeming geldende recht van toepassing.

Art. 26

Verklaring van vermoedelijk overlijden

– 1. Ingeval vóór het tijdstip van in werking treden van Boek 1 een verklaring van vermoedelijk overlijden is uitgesproken, blijft ook na dat tijdstip op de rechtsgevolgen daarvan het voordien geldende recht van toepassing.

– 2. Indien in een geding tot het verkrijgen van een verklaring van vermoedelijk overlijden het inleidende verzoekschrift is ingediend doch nog geen einduitspraak is gedaan vóór het tijdstip van in werking treden van Boek 1, zijn de artikelen 413-425 van Boek 1, alsmede de desbetreffende bepalingen van het Wetboek van Burgerlijke Rechtsvordering van toepassing, te beginnen met de eerste na dat tijdstip volgende uitspraak.

Art. 27

Procesrecht

– 1. Gedingen, waarin de inleidende dagvaarding is betekend dan wel het inleidende verzoekschrift of het eerste, door de president van de rechtbank te behandelen, verzoekschrift is inge-

diend vóór het tijdstip van in werking treden van Boek 1, worden geheel afgedaan met toepassing van de voorschriften van procesrechtelijke aard, die vóór dat tijdstip golden, zulks behoudens het in het vorige artikel bepaalde.
– 2. Het in het vorige lid bepaalde geldt ook voor de afdoening van een eis of verzoek, in het geding bij wege van reconventie gedaan.

Art. 28

Vervallen.

TITEL 2

Overgangsbepalingen in verband met Boek 2

Art. 29

Bestaande rechtspersonen

– 1. Ten aanzien van rechtspersonen die op het tijdstip van in werking treden van Boek 2 (Rechtspersonen) van het Burgerlijk Wetboek bestaan, zijn, voor zover niet anders is bepaald, dit boek en de bij de hoofdstukken 2-4 van de Invoeringswet Boek 2 nieuw B.W. vastgestelde bepalingen van toepassing op feiten die na dat tijdstip voorvallen.
– 2. Onder bestaande rechtspersonen zijn lichamen die door het in werking treden van Boek 2 rechtspersoonlijkheid verkrijgen, begrepen.

Art. 30

Gebreken in oprichtingshandeling; lichaam als rechtspersoon

Vanaf het tijdstip van in werking treden van Boek 2 zijn de bepalingen van dit boek die de gevolgen regelen van gebreken in de oprichtingshandeling van een rechtspersoon, mede van toepassing op een lichaam dat ten tijde van het in werking treden van Boek 2 als rechtspersoon optreedt.

Art. 31

Openbaarmaking en derdenbescherming

Artikel 5 leden 2 en 4 van Boek 2 is gedurende drie jaren na het tijdstip van in werking treden van Boek 2 niet van toepassing ten aanzien van een niet overeenkomstig de bepalingen van Boek 2 ingeschreven:
a. vereniging die op dat tijdstip bestaat en niet een coöperatieve vereniging of onderlinge waarborgmaatschappij is;
b. rechtspersoon die vanaf dat tijdstip ingevolge artikel 48 of 49 een onderlinge waarborgmaatschappij is;
c. stichting die op dat tijdstip bestaat en is ingeschreven in het openbaar centraal register bedoeld in artikel 7 lid 1 van de Wet op stichtingen;
d. rechtspersoon die vanaf dat tijdstip ingevolge de artikelen 53-56 of 58 een stichting is.

Art. 32

Ontbinding wegens soortbeschrijving

– 1. Ontbinding van een op het tijdstip van in werking treden van Boek 2 bestaande rechtspersoon op grond van artikel 19 van Boek 2 kan niet worden gevorderd voordat drie jaren na dat tijdstip zijn verstreken.
– 2. Het vorige lid geldt niet voor stichtingen waarop de Wet op stichtingen van toepassing was.

Art. 33

Rechtshandelingen tijdens ontbindingsprocedure

Artikel 21 van Boek 2 is mede van toepassing indien de ontbinding van de rechtspersoon is verzocht of gevorderd voor het tijdstip van in werking treden van Boek 2.

Art. 34

Rechterlijke vaststelling bij statutaire ontbinding

Het verzoek, bedoeld in artikel 22 van Boek 2, kan ook worden gedaan indien de rechtspersoon is ontbonden vóór het tijdstip van in werking treden van Boek 2.

Art. 35

Benoeming andere vereffenaars

– 1. Artikel 23 lid 3 van Boek 2 is mede van toepassing, indien de vereffening van een voor het tijdstip van in werking treden van Boek 2 ontbonden rechtspersoon geschiedt door niet bij een rechterlijke uitspraak benoemde vereffenaars.

Heropening vereffening

– 2. Artikel 23 laatste lid, van Boek 2 is mede van toepassing indien de vereffening voor het tijdstip van in werking treden van Boek 2 is voltooid.

Art. 36

Duurverlenging

Artikel 25 van Boek 2 is mede van toepassing indien de duur is verstreken voor het tijdstip van in werking treden van Boek 2.

Art. 37

Rechtspersoonlijkheid vereniging

– 1. Een op het tijdstip van in werking treden van Boek 2 bestaande vereniging die geen rechtspersoon was, bezit van dat tijdstip af rechtspersoonlijkheid.

Goederen van vereniging

– 2. Goederen die op dat tijdstip aan de vereniging zouden toebehoren, indien zij, toen het goed te haren behoeve werd verkregen, reeds rechtspersoon was geweest, gaan bij het in werking treden van Boek 2 van rechtswege op haar over.

Verrichte rechtshandelingen

– 3. Rechtshandelingen die voor het tijdstip van in werking treden van Boek 2 door of jegens de bestuurders van de vereniging in hun hoedanigheid binnen de grenzen van hun bevoegdheid jegens, onderscheidenlijk door derden zijn verricht, worden vanaf dat tijdstip aangemerkt als rechtshandelingen van, onderscheidenlijk jegens de vereniging, onverminderd de aansprakelijkheid voor de uit die rechtshandelingen voortspruitende verbintenissen van hen die daarvoor reeds aansprakelijk waren.

Art. 38

Volledige rechtsbevoegdheid

Vanaf het tijdstip van in werking treden van Boek 2 staat een vereniging die krachtens de wet van 22 april 1855, *Stb.* 32, tot regeling en beperking der uitoefening van het regt van vereeniging en vergadering is erkend of waarvan de statuten voor dat tijdstip zijn opgenomen in een of meer notariële akten, gelijk met een vereniging die is opgericht bij een notariële akte.

Art. 39

Beperkte rechtsbevoegdheid en statutenwijziging bij notariële akte

– 1. Op een ten tijde van het in werking treden van Boek 2 reeds rechtspersoonlijkheid bezittende vereniging waarvoor het vorige artikel niet geldt, is artikel 30 van Boek 2 eerst van toepassing nadat drie jaren sedert het tijdstip van in werking treden van Boek 2 zijn verstreken.

– 2. Ook is gedurende die tijd artikel 43 lid 5 van Boek 2 op een zodanige vereniging niet van toepassing, zolang de vereniging haar statuten niet overeenkomstig artikel 28 van Boek 2 heeft doen opnemen in een notariële akte.

Art. 40

Erkende vereniging

– 1. Voor een vereniging die is erkend krachtens de Wet van 22 april 1855, *Stb.* 32, tot regeling en beperking der uitoefening van het regt van vereeniging en vergadering en die geen coöperatieve vereniging of onderlinge waarborgmaatschappij is, gelden de volgende bepalingen.

Hoofdelijke aansprakelijkheid

– 2. Artikel 29 lid 4 van Boek 2 vindt geen toepassing ten aanzien van rechtshandelingen, verricht voordat drie jaren sedert het in werking treden van Boek 2 zijn verstreken.

Ontbinding wegens oprichtingsgebrek

– 3. Artikel 27 lid 6 van Boek 2 is op de vereniging van toepassing nadat de statuten der vereniging na het tijdstip van in werking treden van Boek 2 zijn gewijzigd, doch niet eerder dan drie jaren na dat tijdstip.

Art. 41

Niet erkende vereniging

– 1. Voor een vereniging waarvan de statuten voor het tijdstip van in werking treden van Boek 2 zijn opgenomen in een of meer notariële akten en die volgens artikel 53 van Boek 2 geen coöperatieve vereniging of onderlinge waarborgmaatschappij is en ook niet is erkend krachtens de Wet van 22 april 1855, *Stb.* 32, tot regeling en beperking der uitoefening van het regt van vereeniging en vergadering gelden de volgende bepalingen.

Hoofdelijke aansprakelijkheid

– 2. Artikel 29 lid 4 van Boek 2 vindt geen toepassing ten aanzien van rechtshandelingen, verricht voordat drie jaren sedert het in werking treden van Boek 2 zijn verstreken.

Ontbinding wegens oprichtingsgebrek

– 3. Artikel 27 lid 6 van Boek 2 is eerst van toepassing nadat drie jaren sedert het in werking treden van Boek 2 zijn verstreken.

Art. 42

Coöperatie of onderlinge waarborgmaatschappij: ontbreken of gebreken notariële oprichtingsakte

– 1. Ontbreekt een notariële akte van oprichting van een op het tijdstip van in werking treden van Boek 2 bestaande vereniging die op grond van artikel 53 van Boek 2 een coöperatieve vereniging of onderlinge waarborgmaatschappij is, of voldoet die akte niet aan de vereisten van artikel 27 lid 2, eerste zin, en de leden 3 en 4, en van artikel 54 lid 2 van Boek 2, dan is de vereniging verplicht alsnog een notariële akte te doen verlijden die aan deze vereisten voldoet.

– 2. Deze notariële akte moet worden bekendgemaakt op de wijze, door titel 2 van Boek 2 voorgeschreven voor een akte van oprichting.

– 3. Iedere bestuurder is voor een rechtshandeling, waardoor hij een in het eerste lid bedoelde vereniging verbindt, naast de vereniging hoofdelijk aansprakelijk, indien de rechtshandeling wordt verricht nadat drie jaren sedert het tijdstip van in werking treden van Boek 2 zijn verstreken en voordat aan het eerste en tweede lid is voldaan.

– 4. Indien aan het eerste lid niet is voldaan en drie jaren na het tijdstip van in werking treden van Boek 2 zijn verstreken, kan de vereniging op verzoek van het openbaar ministerie door een beschikking van de rechtbank worden ontbonden.

Art. 43

Wettelijke aansprakelijkheid leden coöperatie of onderlinge waarborgmaatschappij; ontbinding, faillissement

Op de coöperatieve vereniging die op het tijdstip van in werking treden van Boek 2 de letters W.A. in haar naam voert is het voor dat tijdstip geldende recht betreffende de aansprakelijkheid van de leden voor het tekort van de vereniging van toepassing indien zij voor dat tijdstip is ontbonden, of, indien zij wordt ontbonden door haar insolventie ingevolge een voor dat tijdstip uitgesproken faillissement.

Art. 44

Overgangsrecht

– 1. Op de coöperatieve vereniging of onderlinge waarborgmaatschappij die op het tijdstip van in werking treden van Boek 2 niet de letters W.A. of U.A. in haar naam voert blijft, totdat zij haar naam overeenkomstig artikel 42 lid 1 heeft gewijzigd, het voor dat tijdstip geldende recht betreffende de aansprakelijkheid van de leden en de oud-leden van toepassing.

– 2. Wordt de vereniging ontbonden of failliet verklaard nadat drie jaren sedert het in werking treden van deze wet zijn verlopen en voordat zij haar naam overeenkomstig artikel 42 lid 1 heeft gewijzigd, dan is artikel 55 van Boek 2 van toepassing op de aansprakelijkheid van de leden en de oud-leden tegenover de vereffenaars.

Art. 45

Ten aanzien van op het tijdstip van in werking treden van Boek 2 bestaande verenigingen zijn, tenzij de statuten anders bepalen, de artikelen 33, 34, 35, 36 lid 1, eerste zin en lid 3, 37, 38, 39, 43 lid 1, 44, 45 leden 1-3, 46, 47 leden 1, 2 en 5, 49 en 62 onder *b* van Boek 2 niet van toepassing op feiten die zijn voorgevallen voordat drie jaren na dat tijdstip zijn verstreken.

Benutten mogelijkheid vereniging tot afwijking bij statuten van regelend recht

Art. 46

De artikelen 48 en 58 van Boek 2 zijn niet van toepassing op het jaarverslag en de rekening en verantwoording over een boekjaar dat voor het tijdstip van in werking treden van Boek 2 is verstreken.

Jaarverslag en jaarrekening

Art. 47

– 1. Artikel 59 lid 1 van Boek 2 is niet van toepassing op overeenkomsten die zijn gesloten voor het tijdstip van in werking treden van Boek 2.

Wijziging overeenkomsten met leden

– 2. Artikel 62 onder *a* van Boek 2 is niet van toepassing op overeenkomsten van verzekering die zijn gesloten voor het tijdstip van in werking treden van Boek 2.

Lidmaatschap verzekeringnemer

Art. 48-49

Vervallen.

Art. 50

Zolang de statutaire naam van een naamloze vennootschap, opgericht voor het in werking treden van de Wet van 2 juli 1928 (*Stb.* 216), niet in overeenstemming is met artikel 66 lid 2 van Boek 2 worden de letters N.V. aan de naam toegevoegd.

Naamgeving n.v.

Art. 51

De artikelen 85, 86 lid 5, 88, 89, 183 lid 3, 194, 196 lid 2, 197 en 198 van Boek 2 zijn vanaf het tijdstip van inwerkingtreding van Boek 2 mede van toepassing op een vruchtgebruik van en een pandrecht op aandelen, gevestigd voor dat tijdstip.

Vruchtgebruik van en pandrecht op aandelen

Art. 52

– 1. Ten aanzien van een op het tijdstip van in werking treden van Boek 2 bestaande naamloze vennootschap of besloten vennootschap met beperkte aansprakelijkheid zijn, tenzij de statuten anders bepalen, de artikelen 105 lid 4, 119, 120 leden 1 en 3, 216 lid 4, 229 en 230 leden 1 en 3 van Boek 2 niet van toepassing op feiten die zijn voorgevallen voordat hetzij drie jaren na dat tijdstip zijn verstreken hetzij de statuten zijn gewijzigd in verband met een omzetting als bedoeld in de artikelen 72 of 180 van Boek 2.

Benutten mogelijkheid n.v. of b.v. tot afwijking bij statuten van regelend recht

– 2. Een opgaaf, voor het tijdstip van inwerkingtreding der wet gedaan ter nakoming van artikel 52*c*, eerste lid, van het Wetboek van Koophandel, geldt voor de toepassing van artikelen 154 en 264 van Boek 2 als een opgaaf gedaan krachtens artikel 153, lid 1, onderscheidenlijk artikel 263, lid 1 van Boek 2.

Opgave structuurvennootschap

– 3. Ten aanzien van een naamloze vennootschap of besloten vennootschap met beperkte aansprakelijkheid waarop ingevolge artikel XVIII van de Wet van 2 juli 1928 (*Stb.* 216) of artikel VI van de Wet van 3 mei 1971 (*Stb.* 286) voor het tijdstip van in werking treden van Boek 2 artikel 48*a*, tweede lid, van het Wetboek van Koophandel niet van toepassing of van overeenkomstige toepassing was, is na dat tijdstip artikel 133, lid 2, onderscheidenlijk 243 lid 2 van Boek 2 niet van toepassing noch van overeenkomstige toepassing.

Geen bindendheid voordracht bestuursbenoeming

Art. 53

– 1. Een pensioen- of spaarfonds waarop de Pensioen- en spaarfondsenwet van toepassing is en dat op het tijdstip van in werking treden van Boek 2 reeds rechtspersoon was en niet een vereniging, een onderlinge waarborgmaatschappij, een naamloze vennootschap of een besloten vennootschap met beperkte aansprakelijkheid is, is van dat tijdstip af een stichting.

Rechtsvorm pensioen- of spaarfonds

– 2. Indien de statuten en reglementen van een pensioen- en spaarfonds op een daartoe aan Onze Minister van Sociale Zaken en Volksgezondheid voor het tijdstip van in werking treden van Boek 2 gedaan verzoek na dat tijdstip worden goedgekeurd, wordt het fonds, indien het ten tijde van de goedkeuring niet reeds rechtspersoon was, daardoor een stichting.

Art. 54

Vervallen.

Art. 55

– 1. Een instelling, waarvan het vermogen bestaat uit goederen, als bedoeld zijn in artikel 1 van de Wet van 29 oktober 1892 (*Stb.* 240), is vanaf het tijdstip van in werking treden van Boek 2 een stichting.

Rechtsvorm vicarieën e.d. instellingen

– 2. De rechtbank kan in afwijking van artikel 294, lid 2, van Boek 2 ook wijziging brengen in het doel of de doelomschrijving van een in het vorige lid genoemde stichting, indien de statuten die wijziging hebben uitgesloten.

Art. 56

Het fonds waarop van toepassing is de Wet tot invoering van een leeftijdsgrens voor het nota-

Rechtsvorm notarieel pensioenfonds

risambt en oprichting van een notarieel pensioenfonds (Wet van 16 september 1954, *Stb.* 407), is vanaf het tijdstip van in werking treden van Boek 2 een stichting.

Art. 57

Ontbreken of gebreken notariële oprichtingsakte stichting

– 1. Ontbreekt een notariële akte van oprichting van een in de artikelen 53-56 genoemde stichting, dan wel van een kerkelijke stichting of voldoet die akte niet aan de vereisten van artikel 286 lid 2, eerste en derde zin, en de leden 3 en 4 van Boek 2, dan is het bestuur verplicht alsnog een notariële akte te doen verlijden die aan deze vereisten voldoet. Een authentiek afschrift van deze akte moet door het bestuur worden neergelegd ten kantore van het register bedoeld in artikel 289 lid 1 van Boek 2.

– 2. Iedere bestuurder is voor een rechtshandeling, waardoor hij een zodanige stichting verbindt, naast de stichting hoofdelijk aansprakelijk, indien de rechtshandeling wordt verricht nadat drie jaren sedert het tijdstip van in werking treden van Boek 2 zijn verstreken en voordat aan het eerste lid is voldaan.

– 3. Indien aan de eerste zin van het eerste lid niet is voldaan en drie jaren na het tijdstip van in werking treden van Boek 2 zijn verstreken, kan de stichting op verzoek van het openbaar ministerie door een beschikking van de rechtbank worden ontbonden.

Art. 58

Stichtingen voor beurzen en studiën

– 1. De instellingen bedoeld in de Koninklijke besluiten van 26 december 1818, *Stb.* 48, 2 december 1823, *Stb.* 49, en 12 februari 1829, *Stb.* 3, zijn stichtingen vanaf het tijdstip van in werking treden van Boek 2.

– 2. Het bestuur van een in het eerste lid genoemde stichting is verplicht een notariële akte te laten verlijden waarin de statuten zijn opgenomen.

– 3. De notaris verlijdt deze akte niet voordat Onze Minister van Onderwijs en Wetenschappen heeft verklaard geen bezwaar te hebben tegen de in de akte op te nemen statuten.

– 4. De akte moet voldoen aan de vereisten van artikel 286, lid 2, eerste en derde zin, en de leden 3 en 4 van Boek 2. De tweede zin van artikel 57, lid 1, en de leden 2 en 3 van dat artikel zijn van overeenkomstige toepassing.

– 5. Totdat aan de verplichting van het tweede lid is voldaan blijven op de stichting van toepassing de in het eerste lid genoemde Koninklijke besluiten, met uitzondering, voor zover op bestuurders betrekking hebbend, van artikel 1, tweede zin, artikel 15, tweede lid, en artikel 26 van het Koninklijk besluit van 2 december 1823.

Art. 59

Inschrijving in stichtingenregister; centraal register

Bij de inschrijving in het register bedoeld in artikel 289 lid 1 van Boek 2 van een op het tijdstip van in werking treden van Boek 2 bestaande stichting die is ingeschreven in het openbaar centraal register bedoeld in artikel 7 lid 1 van de Wet op stichtingen, leggen de bestuurders een authentiek afschrift van de akte van oprichting dan wel een gewaarmerkt exemplaar van de statuten ten kantore van het register neer.

Art. 60

Hoofdelijke aansprakelijkheid

Artikel 289 lid 4 van Boek 2 vindt op de bestuurders van een stichting, als bedoeld in artikel 57, 58 of 59 geen toepassing ten aanzien van rechtshandelingen, verricht voordat drie jaren sedert het in werking treden van Boek 2 zijn verstreken.

Art. 61

Overeenkomstige toepassing art. 57

Op een stichting ten aanzien waarvan artikel 25 van de Wet op stichtingen van toepassing was doch niet is nageleefd, is artikel 57 van overeenkomstige toepassing, met dien verstande, dat de hoofdelijke aansprakelijkheid als bedoeld in het tweede lid ook bestaat voor rechtshandelingen, verricht binnen drie jaren na het tijdstip van in werking treden van Boek 2, en dat de ontbinding als bedoeld in het derde lid ook binnen die termijn kan worden gevorderd.

Art. 62

Nietigheid oprichtingsakte Wet op stichtingen

Een op het tijdstip van in werking treden van Boek 2 als rechtspersoon optredend lichaam dat na 1 januari 1957 is opgericht en waarop de Wet op stichtingen van toepassing was, doch waarvan de akte van oprichting niet voldoet aan de vereisten van artikel 3 leden 2 en 3 van die wet, is vanaf dat tijdstip een stichting.

Art. 63

Bevoegdheden stichtingsbestuur; vertegenwoordigingsbevoegdheid

Ten aanzien van op het tijdstip van in werking treden van Boek 2 bestaande stichtingen zijn, tenzij de statuten anders bepalen, de artikelen 291 lid 2 en 292 leden 1-3 van Boek 2 niet van toepassing op feiten die zijn voorgevallen voordat drie jaren na dat tijdstip zijn verstreken.

Art. 64

Toepasselijkheid titel 6 Boek 2

Ten aanzien van een coöperatieve vereniging en een onderlinge waarborgmaatschappij, waarop de Wet op de jaarrekening van ondernemingen niet van toepassing was, is titel 6 van Boek 2 niet van toepassing op de jaarrekening die betrekking heeft op een boekjaar dat voor het tijdstip van in werking treden van Boek 2 is verstreken.

Art. 65

Openbaarmaking en derdenbescherming

– 1. Ten aanzien van een op het tijdstip van in werking treden van Boek 2 bestaande naamloze vennootschap, besloten vennootschap met beperkte aansprakelijkheid, coöperatieve vereniging of onderlinge waarborgmaatschappij, waarvan geen onderneming in het Handelsregister is ingeschreven bij de Kamer van Koophandel in welker rechtsgebied de statutaire zetel gevestigd is, blijft gedurende drie jaren na dat tijdstip de omstandigheid dat de rechtspersoon niet is ingeschreven, buiten beschouwing bij de toepassing van artikel 5 leden 2 en 4 van Boek 2 en de artikelen 31 en 34 van de Handelsregisterwet.

Geen aansprakelijkheid bestuurder wegens ontbreken inschrijving

– 2. Wegens het ontbreken van de in artikel 57 van Boek 2 in verband met artikel 29 lid 4 van Boek 2 of de in artikel 69 lid 2 of artikel 180 lid 2 van Boek 2 bedoelde inschrijving in het Handelsregister van een in het eerste lid bedoelde rechtspersoon ontstaat geen aansprakelijkheid van een bestuurder als in die bepalingen bedoeld, indien de onderneming van die rechtspersoon op het tijdstip van in werking treden van Boek 2 in het Handelsregister was ingeschreven.

Kantoor van het handelsregister

– 3. Ten aanzien van een in het eerste lid bedoelde naamloze vennootschap of besloten vennootschap met beperkte aansprakelijkheid wordt in afwijking van de artikelen 77 en 188 van Boek 2 in de titels 3 en 4 van dat boek onder het kantoor van het Handelsregister verstaan het kantoor waar de onderneming van de vennootschap volgens het Handelsregister gevestigd is totdat hetzij de inschrijving van de rechtspersoon is geschied hetzij drie jaren na het in werking treden van Boek 2 zijn verstreken.

Art. 66

Procesrecht

– 1. Gedingen, waarin de inleidende dagvaarding is betekend dan wel het inleidende verzoekschrift is ingediend voor het tijdstip van in werking treden van Boek 2, worden geheel afgedaan met toepassing van de voorschriften van procesrechtelijke aard, die voor dat tijdstip golden.

– 2. Het in het vorige lid bepaalde geldt ook voor de afdoening van een eis of verzoek, in het geding bij wege van reconventie gedaan.

Art. 67

Vervallen.

TITEL 3

Algemene overgangsbepalingen in verband met de Boeken 3-8

Art. 68

Begrip 'wet'

In de volgende artikelen worden onder 'de wet' verstaan de in werking getreden bepalingen van de Boeken 3-8.

Art. 68a

Hoofdregel: onmiddellijke werking

– 1. Van het tijdstip van haar in werking treden af is de wet van toepassing, indien op dat tijdstip is voldaan aan de door de wet voor het intreden van een rechtsgevolg gestelde vereisten, tenzij uit de volgende artikelen iets anders voortvloeit.

– 2. Voor zover en zolang op grond van de volgende artikelen de wet niet van toepassing is, blijft het vóór haar in werking treden geldende recht van toepassing.

Art. 69

Verkregen rechten

Wanneer de wet van toepassing wordt, heeft dat niet tot gevolg dat alsdan:

a. iemand het vermogensrecht verliest dat hij onder het tevoren geldende recht had verkregen;

b. een schuld op een ander overgaat;

c. het bedrag van een vordering wordt gewijzigd;

d. een vorderingsrecht ontstaat, indien alle feiten die de wet daarvoor vereist, reeds voordien waren voltooid;

e. een goed met een beperkt recht wordt belast.

Art. 71

Verwijzing in beding naar wet

Een beding dat naar een vóór het in werking treden van de wet geldend wetsartikel verwijst of de zakelijke inhoud van zo'n artikel weergeeft, wordt geacht een verwijzing naar of een weergave van de wet in te houden, tenzij zulks niet in overeenstemming zou zijn met de strekking van het beding.

Art. 72

Aanvang en duur verjarings- en vervaltermijnen

– 1. Indien de wet een verjarings- of vervaltermijn op korter dan een jaar stelt, en die termijn overeenkomstig het in de wet bepaalde vóór het tijdstip van haar in werking treden zou aanvangen, dan wordt deze aanvang verschoven naar het tijdstip van het in werking treden van de wet.

– 2. Strekt de termijn tot vervanging van een termijn die door het tevoren geldende recht werd gesteld, dan eindigt de nieuwe termijn uiterlijk op het tijdstip waarop de vervangen termijn zou zijn voltooid.

Art. 73

Aanvang en duur verjarings- en vervaltermijnen

– 1. Indien de wet een verjarings- of vervaltermijn op een jaar of langer stelt, en die termijn overeenkomstig het in de wet bepaalde vóór het tijdstip van haar in werking treden aanvangt,

dan is het in de wet bepaalde omtrent aanvang, duur en aard van die termijn tot een jaar na dat tijdstip niet van toepassing.
– 2. De nieuwe termijn wordt geacht niet vóór afloop van dat jaar te zijn voltooid.

Art. 73a

Aanvang en duur verjarings- en vervaltermijnen

– 1. In afwijking van de artikelen 72 en 73 kan een bevoegdheid die de wet toekent, niet meer worden uitgeoefend, indien de daarvoor bij de wet gestelde termijn reeds op het tijdstip van haar in werking treden is verstreken en een bevoegdheid van gelijke aard onder het tevoren geldende recht niet bestond.
– 2. Was de termijn waarbinnen volgens het tevoren geldende recht een recht of bevoegdheid moest zijn uitgeoefend, reeds verstreken op het in lid 1 bedoelde tijdstip, dan brengt de wet die een recht of bevoegdheid van gelijke aard toekent, in het rechtsgevolg van de verjaring of het verval geen verandering.

Art. 74

Lopende procedures

– 1. Het van toepassing worden van de wet heeft geen gevolg voor de bevoegdheid van de rechter voor wie voordien een geding is aangevangen, noch voor de aard van dat geding en voor de rechtsmiddelen tegen de uitspraak.
– 2. In gedingen als bedoeld in lid 1 bepaalt de rechter op verzoek van een der partijen of ambtshalve een termijn waarbinnen partijen de gelegenheid wordt geboden hun stellingen en conclusies voor zover nodig aan te passen aan de wet of aan deze of een der volgende titels. Stelt de rechter partijen tot een zodanige aanpassing in de gelegenheid, dan staat tegen die beslissing geen rechtsmiddel open; wijst de rechter een daartoe strekkend verzoek af, dan staat een rechtsmiddel daartegen slechts gelijktijdig met de einduitspraak open.
– 3. Het tevoren geldende recht blijft van toepassing, indien een geding als bedoeld in lid 1, in hoogste feitelijke instantie in staat van wijzen verkeert op het tijdstip waarop de wet van toepassing wordt, tenzij de rechter tot voortzetting van het geding beslist.
– 4. In een geding ter zake van een cassatieberoep tegen een, vóór het van toepassing worden van de wet tot stand gekomen, uitspraak blijft het voordien geldende recht van toepasing. Dit geldt mede voor de verdere behandeling van de zaak door het recht waarnaar na cassatie is verwezen, tenzij de zaak als gevolg van de cassatie door dat gerecht in haar geheel opnieuw moet worden behandeld.

Art. 75

Derogerende werking

– 1. De wet blijft, ook buiten de in deze en de volgende titels geregelde gevallen, buiten toepassing in zaken van overgangsrecht, indien de gelijkenis met zulke gevallen daartoe noopt of indien de toepassing onder de gegeven omstandigheden naar maatstaven van redelijkheid en billijkheid onaanvaardbaar zou zijn.
– 2. Van de artikelen 69-73*a* wordt, behalve in de volgende titels, afgeweken op dezelfde gronden als in het vorige lid aangegeven.

TITEL 4
Overgangsbepalingen in verband met Boek 3

Art. 76

Lopend beslag/executie hulpzaken

Zaken die tot aan het tijdstip van het in werking treden van de wet onroerend door bestemming waren en als zodanig waren begrepen in een beslag of executie, blijven, indien de wet hen als roerend aanmerkt, ook nadien daaronder begrepen en gelden als onroerend zolang het beslag of de executie duurt, doch slechts tot aan de levering aan de koper.

Art. 77

Hypotheek op hulpzaken wordt pandrecht

Op roerende zaken die tot aan het tijdstip van het in werking treden van de wet onroerend door bestemming waren en als zodanig aan hypotheek waren onderworpen, rust van dat tijdstip af een pandrecht. Het pandrecht komt na dat tijdstip mede te rusten op roerende zaken die als onroerend door bestemming onder het tevoren geldende recht aan die hypotheek zouden zijn onderworpen. Met betrekking tot de zaken, in de eerste en tweede zin genoemd, wordt geacht het in artikel 254 lid 1 van Boek 3 bedoelde beding te zijn gemaakt. Het pandrecht op de in de eerste zin bedoelde zaken werkt tegen de, vóór het in werking treden van de wet ontstane, rechten en vorderingen, waartegen de hypotheek kon worden ingeroepen; met betrekking tot de rangorde geldt het als gevestigd op het tijdstip waarop de zaak met hypotheek werd belast.

Art. 78

Openbare registers; bestaande feiten

– 1. Feiten die op het tijdstip van het in werking treden van de wet kenbaar zijn uit de openbare registers voor registergoederen uit een in- of overschrijving voordien of uit een voordien door de bewaarder geplaatste aantekening, gelden voor de toepassing van de wet als feiten die overeenkomstig afdeling 2 van titel 1 van Boek 3 zijn ingeschreven, tenzij die feiten nadien niet meer hadden kunnen worden ingeschreven.

Rangorde inschrijvingen

– 2. Artikel 21 van Boek 3 heeft geen invloed op de rangorde van rechten die reeds vóór het in werking treden der wet bestonden.

– 3. De artikelen 24 lid 1, 25 en 26 van Boek 3 worden eerst drie jaren na het tijdstip van het in werking treden van de wet van toepassing met betrekking tot een voor inschrijving vatbaar feit dat vóór dat tijdstip is geschied.

Uitgestelde werking art. 24-26 Boek 3

– 4. Op het ontbreken van de inschrijving van de vóór 1 januari 1950 plaatsgevonden hebbende aanleg van een net als bedoeld in artikel 20 lid 2 van Boek 5 dat op het tijdstip van het in werking treden van die bepaling nog niet is verwijderd en op inschrijfbare feiten die vóór het in werking treden van die bepaling zijn voorgevallen, en die betreffen netten waarvan de aanleg niet uit de openbare registers kenbaar is, is artikel 24 lid 1 van Boek 3 niet van toepassing.

Art. 79

Geldige rechtshandeling blijft onaantastbaar

Tenzij anders is bepaald, wordt een rechtshandeling die is verricht voordat de wet daarop van toepassing wordt, niet nietig of vernietigbaar ten gevolge van een omstandigheid die de wet, in tegenstelling tot het tevoren geldende recht, aanmerkt als een grond van nietigheid of vernietigbaarheid.

Art. 80

Vernietigbare rechtshandeling wordt geldig c.q. nietig

– 1. Een rechtshandeling die vernietigbaar was tot aan het tijdstip waarop de wet op haar van toepassing wordt, kan van dat tijdstip af niet langer worden vernietigd op grond van het gebrek dat haar tevoren aankleefde, indien de wet een zodanig gebrek niet aanmerkt als een grond van vernietigbaarheid.

– 2. Een rechtshandeling als bedoeld in lid 1, wordt op het daar genoemde tijdstip met terugwerkende kracht nietig, indien de wet een rechtshandeling met hetzelfde gebrek als nietig aanmerkt.

Art. 81

Bekrachtiging nietige rechtshandeling

– 1. Een nietige rechtshandeling wordt op het tijdstip waarop de wet op haar van toepassing wordt, met terugwerkende kracht tot een onaantastbare bekrachtigd, indien zij heeft voldaan aan de vereisten die de wet voor een zodanige rechtshandeling stelt.

Nietige rechtshandeling wordt vernietigbaar

– 2. Een tevoren nietige rechtshandeling geldt van dat tijdstip af als vernietigbaar, indien de wet het gebrek dat haar aankleeft, als grond van vernietigbaarheid aanmerkt. Artikel 73*a* lid 1 is alsdan niet van toepassing indien het tevoren geldende recht een beroep op de nietigheid niet aan een bepaalde termijn bond.

Beperkte werking leden 1 en 2; verkregen rechten

– 3. De vorige leden gelden slechts, indien alle onmiddellijk belanghebbenden die zich op de nietigheid hadden kunnen beroepen, de handeling voordien als geldig hebben aangemerkt. Inmiddels verkregen rechten van derden behoeven aan bekrachtiging niet in de weg te staan, mits zij worden geëerbiedigd.

Art. 82

Aanvang beroep op vernietiging

Voor de toepassing van artikel 52 lid 1 onder *d* van Boek 3 wordt onder een bevoegdheid tot inroeping van een vernietigingsgrond begrepen de bevoegdheid tot het inroepen van een soortgelijke vernietigingsgrond, welke iemand reeds toekwam volgens het recht dat vóór het toepasselijk worden der wet gold.

Art. 83

Lopende volmachten

Artikel 62 lid 2 van Boek 3 wordt één jaar na het tijdstip van het in werking treden van de wet van toepassing op een volmacht die op dat tijdstip bestaat.

Art. 85

Tenietgegane beperkte rechten

Artikel 81 lid 3 van Boek 3 geldt mede ten aanzien van beperkte rechten die vóór het in werking treden van de wet reeds door afstand en vermenging waren tenietgegaan.

Art. 86

Omzetting lopende e.t.z. in pand

– 1. Op het tijdstip van het in werking treden van de wet gaat een goed dat voor verpanding vatbaar is en aan een ander tot zekerheid is overgedragen, over op degene te wiens laste de zekerheid is gesteld, en wordt het belast met pandrecht ten behoeve van de voormalige eigenaar tot zekerheid.

– 2. Van het in lid 1 genoemde tijdstip af heeft het pandrecht de gevolgen van een pandrecht dat naar zijn strekking overeenkomt met de eigendom tot zekerheid zoals die totdien bestond.

– 3. Het pandrecht werkt tegen de, vóór het in werking treden van de wet ontstane, rechten op het goed en vorderingen, waartegen de eigendom tot zekerheid kon worden ingeroepen. Het geldt met betrekking tot de rangorde als gevestigd op het tijdstip waarop het goed in eigendom tot zekerheid is overgegaan.

– 4. De schuldeiser aan wie de rechten uit een levensverzekering met afkoopwaarde tot zekerheid waren overgedragen, kan van het tijdstip van het in werking treden van de wet af als pandhouder die verzekering belenen ter hoogte van zijn opeisbare vordering tot aan die waarde op de bij de verzekeraar gebruikelijke voorwaarden.

– 5. De leden 1-4 zijn niet van toepassing, indien aan de schuldenaar de uitwinning van het tot zekerheid overgedragen goed was aangezegd. Is de schuldeiser zes maanden na dat tijdstip nog niet tot de uitwinning overgegaan, dan worden die leden alsdan van toepassing. Verkeert de

schuldenaar op het genoemde tijdstip in staat van faillissement, dan worden die leden eerst na afloop daarvan toepasselijk, indien de eigendom tot zekerheid is blijven bestaan.
– 6. Overeengekomen bedingen worden op het pandrecht van overeenkomstige toepassing, ongeacht of zij aan een na het in werking treden van de wet gevestigd pandrecht kunnen worden verbonden, met uitzondering van bedingen die worden uitgesloten door de artikelen 249-253 van Boek 3.
– 7. Van het in werking treden van de wet af wordt een alsdan bestaande verbintenis strekkende tot overdracht van een voor verpanding vatbaar goed tot zekerheid, aangemerkt als een verbintenis tot vestiging van een pandrecht. Levering bij voorbaat tot de overdracht van een zodanig goed tot zekerheid, die vóór dat tijdstip is geschied, geldt nadien als levering bij voorbaat tot vestiging van pandrecht daarop.
– 8. De partijen bij een overeenkomst die tot overdracht van goederen tot zekerheid verplicht, zijn desverlangd jegens elkaar gehouden tot medewerking aan aanpassing van die overeenkomst aan de bepalingen van titel 3.9 van Boek 3.

Art. 86a

Bijzondere overgangsbepaling

Is vóór het tijdstip van het in werking treden van de wet een goed ter uitvoering van een voorwaardelijke verbintenis geleverd, dan geldt het als onder dezelfde voorwaarde verkregen.

Art. 87

Bepalingen vruchtgebruik van overeenkomstige toepassing

Op de rechtsverhouding tussen degene die op het tijdstip van het in werking treden van de wet nog voor een bepaalde tijd rechthebbende op een goed is, en hem die na hem verkrijgt, zijn de bepalingen omtrent verbintenissen en bevoegdheden welke uit vruchtgebruik voortvloeien, van overeenkomstige toepassing, voor zover de aard of inhoud van die rechtsverhouding zich daartegen niet verzet.

Art. 88

Bescherming bestolen eigenaar

– 1. Artikel 86 van Boek 3 geldt gedurende een jaar na het tijdstip van het in werking treden van de wet niet voor zaken als bedoeld in het tevoren geldende artikel 2014 eerste lid van het Burgerlijk Wetboek welke vóór dat tijdstip waren ontvreemd. Na afloop van dat jaar wordt artikel 86 lid 3 van Boek 3 op die zaken van toepassing; alsdan vervalt de in artikel 2014 tweede lid bedoelde bevoegdheid tot terugvordering van de zaken, genoemd onder *a* en *b* van die bepaling. Vóór de ontvreemding op een zaak gevestigde beperkte rechten vervallen door haar overgang op de verkrijger.

Bescherming koper op jaarmarkt

– 2. Artikel 637 van het Burgerlijk Wetboek, zoals dat tot aan het tijdstip van het in werking treden der wet gold, blijft van toepassing met betrekking tot een ontvreemde of verloren zaak die vóór dat tijdstip door een koper te goeder trouw op een jaar- of een andere markt of op een openbare veiling is verkregen.

Art. 89

Bedongen eigendomsvoorbehoud wordt pandrecht

– 1. Indien vóór het in werking treden van de wet een eigendomsvoorbehoud is bedongen met betrekking tot een zaak die voor verpanding vatbaar is, wordt de eigendom omgezet in een pandrecht overeenkomstig artikel 237 van Boek 3, voor zover het eigendomsvoorbehoud strekt tot zekerheid van voldoening van andere vorderingen dan die genoemd in artikel 92 lid 2, eerste zin, van dat boek.
– 2. Van het in werking treden van de wet af geldt een alsdan bestaande verbintenis tot levering betreffende goederen onder eigendomsvoorbehoud als een zodanige verbintenis onder voorbehoud van een pandrecht overeenkomstig artikel 237 van Boek 3, voor zover het eigendomsvoorbehoud strekt tot zekerheid van voldoening van andere vorderingen dan die genoemd in artikel 92 lid 2, eerste zin, van dat boek.
– 3. De leden 2, 3, 5, 6 en 8 van artikel 86 zijn van overeenkomstige toepassing.

Art. 90

Cessie; eerbiedigende werking art. 668 lid 2 (oud)

Levering van een recht als bedoeld in artikel 668 eerste lid van het Burgerlijk Wetboek zoals dit vóór het tijdstip van het in werking treden van de wet gold, en voltooid vóór dat tijdstip, werkt jegens een persoon tegen wie het moet worden uitgeoefend en ten aanzien van wie vóór dit tijdstip volgens artikel 668 tweede lid de overdracht nog geen gevolg had, slechts nadat zij hem overeenkomstig artikel 94 van Boek 3 is medegedeeld.

Art. 91

Levering registergoederen bij onderhandse akte

– 1. Voor de levering van een registergoed kan in plaats van een notariële akte een onderhandse akte worden gebezigd, indien die akte is opgesteld en mede-ondertekend door een persoon, bedoeld in lid 4, en deze persoon dit in het slot der akte heeft verklaard of dit in een door hem ondertekende verklaring aan de voet van de akte heeft bevestigd.
– 2. Lid 1 is van overeenkomstige toepassing op de akten, bedoeld in de artikelen 195 lid 1 van Boek 3, 31 lid 1 en 93 lid 2 van Boek 5, 250 en 252 lid 2 van Boek 6 en 800 van Boek 8.
– 3. Een persoon als bedoeld in lid 4 kan de bevoegdheden uitoefenen en de verplichtingen vervullen die bij de titels 1 en 12 van Boek 7 aan de notaris zijn toegekend of opgedragen.

– 4. Als een persoon, bedoeld in de leden 1 en 3, geldt degene op wie artikel II van de Wet van 28 juni 1956, *Stb.* 376, tot aan het in werking treden van de wet van toepassing was.
– 5. Onze Minister van Justitie kan uit hoofde van het belang van het rechtsverkeer de bevoegdheid van zulk een persoon schorsen en intrekken; schorsing en intrekking worden in de *Nederlandse Staatscourant* bekendgemaakt.
– 6. De voorwaarden en beperkingen, krachtens artikel II tweede lid van de Wet van 28 juni 1956, *Stb.* 376, destijds bij de ministeriële aanwijzing van een persoon gesteld, blijven van kracht.

Art. 92

Verkrijgende verjaring

De termijnen genoemd in artikel 99 van Boek 3, lopen bij het toepasselijk worden van dat artikel op goederen die tevoren krachtens artikel 2000 van het Burgerlijk Wetboek niet door verjaring konden worden verkregen, vanaf de stuiting van de verjaring van een rechtsvordering tot beëindiging van het bezit, indien zulk een stuiting voordien had plaats gevonden.

Art. 93

Bevrijdende verjaring

Artikel 105 van Boek 3 wordt één jaar na het tijdstip van het in werking treden van de wet van toepassing met betrekking tot degene die alsdan een goed bezit, indien de verjaring van de rechtsvordering tot beëindiging van dat bezit is voltooid; hij wordt geacht dat goed niet vóórdien te hebben verkregen.

Art. 94

Non-usus

Indien een rechthebbende op het tijdstip van het in werking treden van de wet van zijn beperkte recht geen gebruik maakte en de termijn na afloop waarvan het dientengevolge geheel of ten dele teniet kon gaan, nog liep, wordt artikel 106 van Boek 3 een jaar na dat tijdstip van toepassing.

Art. 95

Verkrijging en verlies bezit en houderschap; art. 593 (oud)

Bezit en houderschap worden verkregen en verloren op het tijdstip van het in werking treden van de wet, indien de vereisten die de bepalingen van titel 5 van Boek 3 daarvoor stellen, reeds vóór dat tijdstip waren vervuld, doch het toen geldende recht aan de vervulling niet die gevolgen verbond. Op de verplichtingen die uit bezit en houderschap voortvloeien, is van dat tijdstip af, doch alleen voor het vervolg, de wet van toepassing.

Art. 96

Art. 122 Boek 3 geldt terstond

Artikel 122 van Boek 3 vindt mede toepassing met betrekking tot het bezit en het houderschap in het tijdvak dat aan het in werking treden van de wet is voorafgegaan.

Art. 100

Vroegere verdeling en overdracht

Artikel 177 lid 3 geldt niet voor een recht van pand of hypotheek dat vóór het in werking treden van de wet is gevestigd.

Art. 101

Onmiddellijke werking t.a.v. lopende boedelscheiding

Van het tijdstip van haar in werking treden af is de wet van toepassing op de handelingen met betrekking tot verdeling van een gemeenschap, voor zover die nog niet is voltooid en uitsluitend voor het vervolg, behalve indien dit zou nopen tot het ongedaan maken van alsdan reeds in overeenstemming met het voordien geldend recht getroffen maatregelen. De wet wordt niet van toepassing ten aanzien van de onderwerpen waaromtrent vóór het in werking treden van de wet een rechterlijke uitspraak is gevraagd.

Art. 102

Onmiddellijke werking; handhaving geldende beloning

Van het tijdstip van het in werking treden der wet af is artikel 181 van Boek 3 van toepassing op een onzijdig persoon die is benoemd krachtens artikel 1117 van het Burgerlijk Wetboek zoals dat voordien gold, evenwel met handhaving van de voor hem geldende beloning.

Art. 103

Bestaande gemeenschap

Artikel 194 lid 2 van Boek 3 is niet van toepassing op een in artikel 189 lid 2 van Boek 3 bedoelde gemeenschap die op het tijdstip van het in werking treden van de wet reeds bestaat.

Art. 104

Eerbiedigende werking

Artikel 804 van het Burgerlijk Wetboek, zoals dat tot aan het in werking treden van de wet gold, blijft van toepassing met betrekking tot de verbruikbare zaken, die waren begrepen onder een voordien aangevangen vruchtgebruik.

Art. 105

Bestaand bewind

Artikel 204 lid 2 van Boek 3 is van toepassing op een bewind dat ten tijde van het in werking treden van de wet bestaat.

Art. 106

Onmiddellijke afschaffing sanctie vernietiging vruchtgebruik

Artikel 221 van Boek 3 is van toepassing op een vruchtgebruik dat op het tijdstip van het in werking treden van de wet bestaat, ook indien op dat tijdstip de vruchtgebruiker reeds in ernstige mate in de nakoming van zijn verplichtingen is tekortgeschoten.

Art. 108

Gevestigde pandrechten; geen beperking t.a.v. rente

Artikel 244 van Boek 3 geldt voor een pandrecht dat vóór het tijdstip van het in werking treden der wet is gevestigd zonder beperking tot de daar vermelde termijn van drie jaren. De vorige zin is mede van toepassing op een pandrecht dat overeenkomstig artikel 86 of artikel 89 door omzetting van eigendom is ontstaan.

Art. 109

Derde-pandgever; parate executie

Artikel 248 leden 1 en 3 van Boek 3 is van overeenkomstige toepassing op verzuim van een pandgever die niet tevens de schuldenaar is, in de nakoming van de verplichtingen die hij vóór het in werking treden van de wet op zich heeft genomen, voor zover niet artikel 233 van Boek 3 van toepassing is.

Art. 110

Verkoop pand; verdeling opbrengst

De artikelen 249-252 van boek 3 zijn niet van toepassing op de uitwinning van een pand, indien vóór het tijdstip van het in werking treden van de wet aan de pandgever de uitwinning van het pand reeds was aangezegd. Artikel 253 van Boek 3 is van toepassing, indien eerst na dit tijdstip het pand wordt verkocht of aan de pandhouder verblijft.

Art. 111

Handhaving Gordiaans retentierecht

Artikel 1205, tweede lid, van het Burgerlijk Wetboek, zoals dat tot aan het tijdstip van het in werking treden van de wet gold, blijft van toepassing ten aanzien van schulden die op dat tijdstip bestaan.

Art. 112

Wettelijk pandrecht voor houders certificaten

De houders van certificaten als bedoeld in artikel 259 van Boek 3, welke op het tijdstip van het in werking treden van de wet reeds bestaan, verkrijgen op dat tijdstip een pandrecht overeenkomstig de leden 2 en 3 van dat artikel.

Art. 113

Lopende termijn van acht dagen

Indien op het tijdstip van het in werking treden van de wet sinds de overschrijving in de openbare registers van een leveringsakte wegens koop of een akte van scheiding nog geen acht vrije dagen zijn verstreken, blijven de artikelen 1227 en 1228 van het Burgerlijk Wetboek, zoals die voordien golden, van toepassing.

Art. 114

Handhaving art. 1229 (oud) voor bedongen rente

Artikel 1229 van het Burgerlijk Wetboek, zoals dat vóór het tijdstip van het in werking treden van de wet gold, blijft van toepassing op bedongen rente over een vordering tot zekerheid waarvan vóór dat tijdstip hypotheek was gevestigd.

Art. 115

Uitgestelde werking art. 264 Boek 3

– 1. Op een beding als bedoeld in het tevoren geldende artikel 1230 van het Burgerlijk Wetboek dat vóór het tijdstip van het in werking treden van de wet is gemaakt, zijn de leden 4-8 van artikel 264 van Boek 3 gedurende een termijn van drie jaren niet van toepassing.

– 2. Artikel 266 van Boek 3 is gedurende een termijn van drie jaren van het tijdstip van het in werking treden van de wet af niet van toepassing op een hypotheek die vóór dat tijdstip is gevestigd.

Art. 116

Tijdstip werking nieuwe executiebepalingen

Indien een hypotheekhouder vóór het tijdstip van het in werking treden van de wet aan een notaris opdracht heeft gegeven tot de voorbereiding van een openbare verkoop overeenkomstig artikel 1223 tweede lid van het Burgerlijk Wetboek zoals dat voordien luidde, blijft het toen geldende recht op die verkoop van toepassing; zo alsdan de toewijzing ingevolge verkoop na dit tijdstip geschiedt, zijn de artikelen 270-273 van Boek 3 echter wel van toepassing.

Art. 117

Onmiddellijke werking rangorde vorderingen

– 1. De bepalingen van de wet omtrent de rangorde waarin vorderingen uit de opbrengst van een goed moeten worden voldaan, gelden, behoudens het elders bepaalde, mede met betrekking tot vorderingen die op het tijdstip van het in werking treden van de wet bestaan.

– 2. De wet is niet van toepassing op de rangorde bij de verdeling van de opbrengst van een goed dat op het tijdstip van haar in werking treden reeds ten behoeve van het verhaal is verkocht, noch op die bij de verdeling van hetgeen op een vordering op dat tijdstip reeds is geïnd.

– 3. Het in werking treden van de wet heeft voor de dan bestaande vorderingen geen gevolg ten aanzien van de werking van een surséance van betaling, die voordien aan de schuldenaar voorlopig is verleend.

– 4. De wet is niet van toepassing op de rang van vorderingen op een in staat van faillissement verklaarde schuldenaar, indien zij in werking treedt nadat de rechter-commissaris overeenkomstig artikel 108 der Faillissementswet de dag heeft bepaald waarop die vorderingen uiterlijk ter verificatie moeten zijn ingediend.

Art. 118

Bestaande vergoedingsvordering

Artikel 283 van Boek 3 is niet van toepassing met betrekking tot een vordering tot vergoeding die op het tijdstip van het in werking treden van de wet bestaat.

Art. 119

Handhaving voorrecht verkoper; rangorde

Afschaffing van voorrechten op bepaalde goederen door het in werking treden van de wet heeft geen gevolg voor een voorrecht dat voordien reeds krachtens artikel 1185 onder 3° van het Burgerlijk Wetboek, zoals dat tevoren gold, aan een vordering was verbonden. De voordien geldende artikelen 1190 en 1192*a* van het Burgerlijk Wetboek blijven van toepassing. Het voorrecht heeft voorrang boven een pandrecht dat is gevestigd overeenkomstig artikel 237 van Boek 3, of dat, ingevolge artikel 86 lid 2 of 89 lid 1, de gevolgen van een zodanig pandrecht heeft.

Art. 119a

Termijn schadevergoeding lucht-, water- en bodemverontreiniging

– 1. Ter zake van de rechtsvordering tot vergoeding van schade die een gevolg is van verontreiniging van lucht, water of bodem, eindigt de termijn van vijf jaren bedoeld in artikel 310 lid 1 van Boek 3 niet vóór 1 januari 1997.
– 2. In afwijking van artikel 73 is artikel 310 lid 2 van Boek 3 van toepassing vanaf het tijdstip waarop het in werking treedt.
– 3. Wat voor de gebeurtenissen bedoeld in artikel 310 lid 3 van Boek 3 is bepaald, geldt ook indien de gebeurtenis is aangevangen of voorgevallen vóór het tijdstip waarop dat lid in werking treedt.

Art. 119b

Verjaring rechtsvordering i.v.m. schade door letsel of overlijden

Artikel 310 lid 5 van Boek 3 is van toepassing op schadeveroorzakende gebeurtenissen die vanaf 1 februari 2004 hebben plaatsgevonden.

Art. 120

Stuiting verjaring

Over het tijdvak vóór het in werking treden van de wet wordt een verjaring waarop de wet van toepassing is, geacht te zijn gestuit door een oorzaak die volgens het tevoren geldende recht stuiting tot gevolg had.

Art. 121

Gevolgen verval van schorsing en invoering verlenging verjaring

– 1. In afwijking van artikel 73 worden aanvang en duur van een verjaringstermijn door de wet bepaald in de gevallen waarin de verjaring overeenkomstig artikel 320 van Boek 3 bij of binnen een jaar na het in werking treden van de wet wordt verlengd.
– 2. De artikelen 2023-2029 van het Burgerlijk Wetboek, zoals die tot aan het in werking treden van de wet golden, blijven gedurende een jaar nadien van toepassing op de gevallen waarin zij totdien toepasselijk waren, tenzij er een grond tot verlenging der verjaring overeenkomstig artikel 321 van Boek 3 bestaat. Na afloop van dat jaar wordt de verjaring geacht nimmer geschorst te zijn geweest.

Art. 122

Voltooiing verjaring

Van het tijdstip van het in werking treden der wet af geldt artikel 323 leden 1 en 2 van Boek 3, voor zover een pand- of hypotheekrecht niet reeds eerder teniet was gegaan.

Art. 123

Tenuitvoerlegging uitspraak

Vanaf een jaar na het verstrijken van het tijdstip van het in werking treden der wet gelden de artikelen 324 en 325 van Boek 3 mede, indien de in artikel 324 bedoelde rechterlijke of arbitrale uitspraak vóór dat tijdstip is gevallen.

Art. 124

Eed van betaling

Artikel 2010 van het Burgerlijk Wetboek, zoals dat tevoren gold, blijft van toepassing indien na het in werking treden van de wet een beroep wordt gedaan op verjaring ingevolge een van de tevoren geldende artikelen 2005 tot en met 2008 van het Burgerlijk Wetboek.

TITEL 5

Overgangsbepalingen in verband met Boek 4

Art. 125

Betaling na verloop van tijd

Artikel 5 van Boek 4 is van overeenkomstige toepassing op schulden die terzake van een nalatenschap onder het tevoren geldende recht zijn ontstaan.

Art. 126

Vanaf moment van overlijden

– 1. Afdeling 2 van titel 3 van Boek 4 is uitsluitend van toepassing indien de erflater na het in werking treden van de wet is overleden.
– 2. Artikel 899*b* van Boek 4 van het Burgerlijk Wetboek, zoals dat tot aan het tijdstip van het in werking treden van de wet gold, blijft nadien van toepassing met betrekking tot nalatenschappen die vóór dat tijdstip zijn opengevallen.

Art. 127

Oude nietigheden

De bepalingen omtrent nietigheid en vernietigbaarheid van het tevoren geldende recht zijn, onverminderd het in artikel 79 bepaalde, niet van toepassing op een uiterste wilsbeschikking die vóór het tijdstip van het inwerking treden van de wet is gemaakt door iemand die na dat tijdstip overlijdt.

Art. 128

Oude nalatenschap

– 1. Is de nalatenschap voor het in werking treden van de wet opengevallen, dan kan een legitimaris zijn bevoegdheden uitsluitend overeenkomstig het tevoren geldende recht uitoefenen.
– 2. Degene die tot aan het tijdstip van het in werking treden van de wet volgens het tevoren geldende recht zijn bevoegdheden als legitimaris kon uitoefenen, behoudt die bevoegdheden gedurende een jaar nadien, indien de erflater ten minste vier jaren vóór dat tijdstip is overle-

den. Is de nalatenschap later, doch vóór het in werking treden van de wet opengevallen, dan behoudt de legitimaris zijn bevoegdheden totdat sedert het overlijden van de erflater vijf jaren zijn verstreken.

Art. 129

Vordering legitimaris opeisbaar na overlijden langstlevende

– 1. Indien een erflater voor het in werking treden van de wet ten behoeve van zijn niet van tafel en bed gescheiden echtgenoot of zijn geregistreerde partner een uiterste wilsbeschikking heeft gemaakt en de nalatenschap nadien is opengevallen, is de vordering van een legitimaris, voor zover deze ten laste zou komen van de echtgenoot of geregistreerde partner, eerst opeisbaar na diens overlijden. Hetzelfde geldt in het geval van een uiterste wilsbeschikking ten behoeve van een andere levensgezel, indien deze met de erflater een gemeenschappelijke huishouding voerde.

– 2. Het eerste lid is niet van toepassing voor zover uit de uiterste wilsbeschikking anders valt af te leiden. De artikelen 87 leden 5 en 6 en 88 van Boek 4 zijn mede van toepassing.

– 3. Op een verdeling gemaakt met toepassing van artikel 1167 van Boek 4 van het Burgerlijk Wetboek, zoals dat gold tot aan het tijdstip van het in werking treden van de wet, is na dat tijdstip artikel 186 lid 1 van Boek 3 van het Burgerlijk Wetboek niet van toepassing.

Art. 130

Legatarissen

– 1. De artikelen 119 tot en met 123, 125 en 130 lid 3 van Boek 4 zijn mede van toepassing op een nalatenschap die vóór het tijdstip van het in werking treden van de wet is opengevallen, indien op dat tijdstip nog schulden der nalatenschap, anders dan tot periodieke betalingen, onvoldaan zijn.

– 2. Artikel 124 van Boek 4 is mede van toepassing op een nalatenschap die vóór het tijdstip van het in werking treden van de wet is opengevallen, voor zover het de vruchten betreft die na dat tijdstip zijn geïnd.

Art. 131

Vordering legitimaris opeisbaar na overlijden langstlevende

Ingeval voor het tijdstip van het in werking treden van de wet een beding is gemaakt dat een goed van een niet van tafel en bed gescheiden echtgenoot of van een geregistreerde partner onder opschortende voorwaarde of onder opschortende tijdsbepaling zonder redelijke tegenprestatie op de andere echtgenoot of geregistreerde partner overgaat of kan overgaan, en dit beding na bedoeld tijdstip wordt toegepast in geval van overlijden van degene aan wie het goed toebehoort, is de vordering van een legitimaris, voor zover deze ten laste zou komen van de verkrijgende echtgenoot of geregistreerde partner, eerst opeisbaar na diens overlijden. Hetzelfde geldt in geval van zodanig beding ten behoeve van een andere levensgezel, mits deze met degene aan wie het goed toebehoort een gemeenschappelijke huishouding voerde en het beding bij notarieel verleden samenlevingsovereenkomst of andere notariële akte was gemaakt.

Art. 132

Making over de hand

De artikelen 137 tot en met 139 van Boek 4 zijn mede van toepassing op een making over de hand, die is vervat in een vóór het in werking treden van de wet gemaakte uiterste wil. Op een making als bedoeld in artikel 928 van Boek 4 van het Burgerlijk Wetboek, zoals dat voor het tijdstip van het in werking treden van de wet gold, blijft artikel 1036 van Boek 4 van het Burgerlijk Wetboek, zoals dat voor het tijdstip van het in werking treden van de wet gold, evenwel van toepassing.

Art. 133

Overgangsrecht benoeming uitvoerder uiterste wilsbeschikking

Op de benoeming van een uitvoerder van uiterste wilsbeschikkingen, gedaan voor het tijdstip van het in werking treden van de wet, is vanaf dat tijdstip of, indien de executele nadien aanvangt, vanaf dit latere tijdstip, afdeling 6 van titel 5 van Boek 4 van toepassing, tenzij aan de uitvoerder van de uiterste wilsbeschikkingen het recht van inbezitneming der nalatenschapsgoederen niet is toegekend, en behoudens voor zover bij de benoeming regelingen zijn getroffen die van afdeling 6 van titel 5 van Boek 4 afwijken.

Art. 134

Testamentair bewind

Op een testamentair bewind, ingesteld bij een uiterste wil die is opgemaakt voor het tijdstip van het in werking treden van de wet, is vanaf dat tijdstip of, indien het bewind nadien van kracht wordt, vanaf dit latere tijdstip afdeling 7 van titel 5 van Boek 4 van toepassing, behoudens voor zover bepalingen in de uiterste wil daarvan afwijken.

Art. 135

Opvolging onder algemene titel

Bij het in werking treden van de wet volgen de erfgenamen van rechtswege een voordien overleden erflater op in zijn voor overgang vatbare rechten en in zijn bezit en houderschap, en worden zij van rechtswege schuldenaar van zijn schulden die niet met zijn dood zijn tenietgegaan, een en ander voor zover dat rechtsgevolg niet reeds eerder was ingetreden.

Art. 136

Recht van beraad

Degene die tot aan het tijdstip van het in werking treden van de wet ingevolge artikel 1070 van Boek 4 van het Burgerlijk Wetboek zoals dat voordien gold, een recht van beraad heeft, behoudt dit totdat de daarvoor gestelde termijn is verstreken. Voor verlenging van de termijn is artikel 185 lid 3 van Boek 4 van toepassing.

Art. 137

Vereffening van de nalatenschap

– 1. Op de vereffening van een nalatenschap die vóór het tijdstip van het in werking treden van de wet is aangevangen, zijn de bepalingen van afdeling 3 van titel 6 van Boek 4 nadien zoveel mogelijk van toepassing.

– 2. Afdeling 3 van titel 6 van Boek 4 is van dat tijdstip af eveneens zoveel mogelijk van overeenkomstige toepassing op een voordien aangevangen afwikkeling van een nalatenschap:

a. nadat de erfgenamen overeenkomstig het tevoren geldende artikel 1078, onder 1 slot, van Boek 4 van het Burgerlijk Wetboek de daartoe behorende goederen aan de beschikking der schuldeisers en legatarissen hebben overgelaten;

b. na aanvaarding door schuldeisers van de erfgenamen volgens het tevoren geldende artikel 1107 van Boek 4 van het Burgerlijk Wetboek;

c. na boedelafscheiding volgens het tevoren geldende artikel 1153 van Boek 4 van het Burgerlijk Wetboek;

d. die onbeheerd was, overeenkomstig de regels van de tevoren geldende artikelen 1172 tot en met 1176 van Boek 4 van het Burgerlijk Wetboek;

e. waarop het tevoren geldende artikel 1081, tweede lid, van Boek 4 van het Burgerlijk Wetboek toepassing heeft gevonden.

Art. 138

Schadevergoedingsplicht

Heeft een wettelijke vertegenwoordiger van een erfgenaam, of een door de rechter benoemde vereffenaar van een nalatenschap dan wel een ander die in de gevallen, bedoeld in artikel 137 lid 2, met de afwikkeling daarvan belast was, aan de schuldeisers van de nalatenschap schade toegebracht doordat hij vóór het tijdstip van het in werking treden van de wet opzettelijk daartoe behorende goederen aan het verhaal van de schuldeisers heeft onttrokken, dan is artikel 212 van Boek 4 van toepassing of overeenkomstige toepassing, indien de vereffening of afwikkeling van die nalatenschap op dat tijdstip nog niet is voltooid.

Art. 139

Inbreng gift

In geval voor het in werking treden van de wet een door de wet geroepen erfgenaam in de nederdalende lijn bij een gift of in een uiterste wil niet is ontheven van zijn verplichting tot inbreng van de gedane gift, blijft deze, behoudens indien de erflater nadien anders mocht hebben beslist, ook na dat tijdstip daartoe verplicht.

TITEL 6
Overgangsbepalingen in verband met Boek 5

Art. 150

Bestaande (oude) zakelijke rechten

– 1. Op het tijdstip van het in werking treden van de wet nog bestaande zakelijke rechten, die niet waren geregeld in het Burgerlijk Wetboek zoals dat voordien gold en die krachtens artikel 1 van de Wet van 16 mei 1829, *Stb.* 29, zijn gehandhaafd, worden registergoederen.

– 2. Het bestaan van een recht als bedoeld in lid 1 kan worden ingeschreven in de openbare registers, bedoeld in afdeling 2 van titel 1 van Boek 3. Op het ontbreken van de inschrijving en op inschrijfbare feiten die vóór het in werking treden van de wet zijn voorgevallen, en die betreffen rechten die niet uit de openbare registers kenbaar zijn, is artikel 24 lid 1 van Boek 3 niet van toepassing.

– 3. Op deze rechten, alsmede op grondrenten en rechten van beklemming en van altijddurende beklemming blijven de regels van toepassing die voor hen golden vóór het in werking treden van de wet, voor zover uit de bepalingen omtrent registergoederen niet anders voortvloeit.

– 4. Een recht van aanwas geldt als eigendom van de bodem waarop het rust; degene die tot aan het in werking treden van de wet eigenaar van de stroom boven die bodem was, verkrijgt een beperkt recht op de bodem, dat de hem voordien toekomende bevoegdheden met betrekking tot de stroom inhoudt.

– 5. De overige in dit artikel bedoelde rechten gelden met inachtneming van hun bijzondere aard als beperkte rechten op de zaak waarop zij rusten.

– 6. De rechter kan op vordering van de eigenaar van de zaak waarop in dit artikel bedoeld beperkt recht rust, de inhoud van dat recht wijzigen, indien het ongewijzigd voortbestaan in strijd is met het algemeen belang, alsook op grond van omstandigheden welke van dien aard zijn dat naar maatstaven van redelijkheid en billijkheid ongewijzigde instandhouding niet van de eigenaar kan worden gevergd. De rechter kan de vordering toewijzen onder door hem te stellen voorwaarden; hij houdt geen rekening met omstandigheden die zich vóór het in werking treden van de wet hebben voorgedaan.

– 7. De leden 1-5 gelden niet voor grafrechten, zoals geregeld in de Wet op de lijkbezorging.

Art. 151

Rechten en verplichtingen vinder

– 1. De artikelen 5-12 van Boek 5 gelden van het tijdstip van het in werking treden der wet af met betrekking tot roerende zaken die iemand vóór dat tijdstip als onbeheerd heeft gevonden en tot zich genomen.

– 2. De verplichtingen van de vinder bedoeld in artikel 5 lid 1 van Boek 5 gelden evenwel niet met betrekking tot niet kostbare zaken die de vinder langer dan een jaar vóór dat tijdstip heeft gevonden en tot zich genomen.

– 3. Een jaar na het tijdstip van het in werking treden van de wet verkrijgt de vinder die de zaak alsdan in zijn macht heeft, de eigendom daarvan, indien hij vóór het genoemde tijdstip de in artikel 5 lid 1 van Boek 3 omschreven aangifte of mededeling heeft gedaan of deze ingevolge het vorige lid achterwege mocht laten; ten aanzien van de vinder geldt hetzelfde, indien een gemeente de zaak in haar macht heeft.

– 4. Artikel 86 van Boek 3 geldt gedurende een jaar na het in werking treden van de wet niet voor zaken als bedoeld in het tevoren geldende artikel 2014 eerste lid van het Burgerlijk Wetboek welke vóór dat tijdstip waren verloren, behalve indien zij tijdens dat jaar overeenkomstig titel 2 van Boek 5 door de burgemeester van een gemeente zijn verkocht of aan een derde zijn overgedragen. Na afloop van dat jaar vervalt de in artikel 2014 tweede lid bedoelde bevoegdheid tot terugvordering van verloren zaken. Vóór het verlies op een zaak gevestigde beperkte rechten vervallen door haar overgang op de verkrijger.

– 5. De rechtspositie van de vinder die vóór het tijdstip van het in werking treden van de wet overeenkomstig artikel 7 van Boek 5 heeft gehandeld, gaat op dat tijdstip met de daaraan verbonden verplichtingen over op degene aan wie hij de zaak heeft afgegeven; een recht op beloning ontstaat niet.

– 6. De leden 1-5 zijn niet van toepassing op gevonden voorwerpen waarmee reeds vóór het in werking treden van de wet is gehandeld overeenkomstig de Wet op de strandvonderij, het Algemeen Reglement voor het vervoer op de spoorwegen of het Postbesluit.

Art. 152

Beperking aangifteverplichting

De verplichting genoemd in artikel 13 van Boek 5 geldt niet, indien de schat langer dan een jaar vóór het in werking treden van de wet is ontdekt.

Art. 153

Eigendomsverlies zonder eigendomsovergang

Op het tijdstip van het in werking treden van de wet verliest degene die totdien eigenaar van een zaak was, de eigendom daarvan, indien de in artikel 19 van Boek 5 genoemde feiten op dat tijdstip waren voltooid.

Art. 154

Eigenaar water wordt eigenaar bodem

Van het tijdstip van het in werking treden van de wet af is degene die totdien eigenaar van een water was, eigenaar van de bodem onder dat water. Een beperkt recht op zulk een water komt alsdan op die bodem te rusten.

Art. 155

Toepassing op net

– 1. Artikel 20, lid 2, van Boek 5 is, te rekenen vanaf het tijdstip van het in werking treden van dit lid, mede van toepassing op een net dat voordien is aangelegd dan wel op dat tijdstip wordt aangelegd.

– 2. Indien een partij op wiens kosten een net in zijn grond is aangelegd en ten behoeve van wie dit net wordt gebruikt binnen twee jaren na het tijdstip van het in werking treden van de wet houdende wijziging van de Telecommunicatiewet in verband met een herziening van het nationale beleid ten aanzien van de aanleg van kabels ten dienste van openbare elektronische communicatienetwerken (*Stb.* 2007, 16), een eis heeft ingeleid ter vaststelling van de eigendom van dat net en die partij dit feit heeft doen inschrijven in de openbare registers als bedoeld in artikel 16 van Boek 3 van het Burgerlijk Wetboek, is artikel 20, lid 2, van Boek 5 niet van toepassing, totdat op deze eis onherroepelijk is beslist of deze eis is ingetrokken.

Art. 156

Uitsluiting van natrekking

Uitbreiding van de territoriale zee na het in werking treden van de wet zal niet tot gevolg hebben dat de eigendom van haar bodem de alsdan daarmede duurzaam verenigde gebouwen en werken zal gaan omvatten.

Art. 157

Aanwas en afslag uitgestelde werking

Van drie jaren na het tijdstip van het in werking treden van de wet af bepalen de artikelen 29 en 34 van Boek 5 wie alsdan eigenaar is van de stroken grond langs de oeverlijn van een water, tenzij vóór dat tijdstip de grens bij delimitatieovereenkomst is vastgelegd of nadien artikel 31 van Boek 5 toepassing heeft gevonden, dan wel een vordering tot vastlegging als bedoeld in artikel 32 van dat Boek is ingesteld. Artikel 30 van Boek 5 is van overeenkomstige toepassing op de vastlegging van een grens door een delimitatieovereenkomst die vóór het in werking treden van de wet is gesloten.

Art. 158

Artikel 35 van Boek 5 is niet van toepassing op uitbreiding van een duin ten gevolge van overstuiving door de wind vóór het in werking treden van de wet.

Uitbreiding duin door vroegere overstuivingen

Art. 159

Van haar in werking treden af, doch alleen voor het vervolg, gelden de bepalingen der wet voor de verplichtingen uit het burenrecht.

Verplichtingen burenrechten

Art. 160

Het in werking treden van de wet brengt geen wijziging in de rechten, bevoegdheden en verplichtingen met betrekking tot een buurweg welke voordien is ontstaan; artikel 24 lid 1 van Boek 3 is niet van toepassing op de bestemming tot zulk een buurweg.

Bestaande buurwegen

Art. 161

De eigenaar van een erf is, tenzij een beperkt recht iets anders meebrengt, verplicht op vordering van een nabuur de ten tijde van het in werking treden van de wet bestaande toestand in overeenstemming te brengen met hetgeen waarop die nabuur nadien op grond van titel 4 van Boek 5 aanspraak kan maken. Is die toestand echter in overeenstemming met het voordien geldende recht, dan kan de eigenaar van het erf verlangen dat de wijziging niet wordt aangebracht dan op kosten van de nabuur en tegen vooraf door deze te betalen of te verzekeren schadevergoeding.

Vordering nabuur

Art. 162

Bij het in werking treden van de wet bestaat mandeligheid, indien alsdan reeds is voldaan aan de vereisten die artikel 60 van Boek 5 aan het ontstaan daarvan stelt. Op dat tijdstip is een scheidsmuur, een hek of een heg gemeenschappelijk eigendom en mandelig, indien alsdan aan de vereisten daarvoor volgens artikel 62 van Boek 5 is voldaan.

Mandeligheid; onmiddellijke werking

Art. 163

Indien vóór het in werking treden van de wet een erfdienstbaarheid door bestemming of herleving is ontstaan, kan dit ontstaan worden ingeschreven in de openbare registers, bedoeld in afdeling 2 van titel 1 van Boek 3. Op het ontbreken van de inschrijving en op inschrijfbare feiten die vóór het in werking treden van de wet zijn voorgevallen, en die betreffen rechten die niet uit de openbare registers kenbaar zijn, is artikel 24 lid 1 van Boek 3 niet van toepassing.

Inschrijving bestaande erfdienstbaarheid

Art. 164

Indien een erf vóór het in werking treden van de wet aan twee of meer personen, hetzij als deelgenoten, hetzij als eigenaars van verschillende gedeelten daarvan, toebehoort, wordt artikel 77 lid 1 van Boek 5 op hen van toepassing met betrekking tot geldelijke verplichtingen die na het in werking treden van de wet ontstaan.

Hoofdelijkheid voor na inwerkingtreding ontstane schulden

Art. 165

Een erfdienstbaarheid die op het tijdstip van het in werking treden van de wet reeds bestond, kan niet uit hoofde van artikel 78 van Boek 5 worden opgeheven. In geval van een vordering tot wijziging houdt de rechter geen rekening met omstandigheden die zich vóór dat tijdstip hebben voorgedaan.

Bestaande erfdienstbaarheid geen 'imprévision'

Art. 166

Op een erfpacht, aangevangen vóór het tijdstip van het in werking treden van de wet, blijft artikel 766 van het vóór dat tijdstip geldende Burgerlijk Wetboek van overeenkomstige toepassing; de opzegging moet echter bij exploit geschieden.

Lopende erfpachten; eerbiediging opzeggingstermijn

Art. 167

Een erfpachter kan een erfpacht die op het tijdstip van het in werking treden van de wet bestaat, slechts opzeggen voor zover hij naar het voordien geldende recht tot opzegging of eenzijdige afstand zou zijn bevoegd geweest. Artikel 88 van Boek 5 is van toepassing, behalve voor zover een andere termijn voor de opzegging of afstand was bedongen.

Lopende erfpachten; opzegging bij exploit

Art. 168

Indien een erfpacht vóór het in werking treden van de wet aan twee of meer personen, hetzij als deelgenoten, hetzij als eigenaars van verschillende gedeelten van de zaak, toebehoort, wordt artikel 92 lid 1 van Boek 5 voor het eerst van toepassing met betrekking tot de eerste canon die na het in werking treden van de wet wordt verschuldigd.

Hoofdelijkheid vanaf eerste canon na inwerkingtreding

Art. 169

Een erfpacht die op het tijdstip van het in werking treden van de wet reeds bestond, kan niet uit hoofde van artikel 97 lid 1 van Boek 5 worden opgeheven. In geval van een vordering tot wijziging houdt de rechter geen rekening met omstandigheden die zich vóór dit tijdstip hebben voorgedaan.

Lopende erfpachten; geen 'imprévision'

Art. 170

Artikel 99 van Boek 5 is niet van toepassing op een erfpacht die ten tijde van het in werking treden van de wet bestaat.

Vergoedingsplicht bij afloop

Art. 171

De artikelen 166-169 zijn van overeenkomstige toepassing op een recht van opstal in dezelfde

Opstal; recht van erfpacht

gevallen waarin die artikelen op een recht van erfpacht van toepassing zijn en voor zover het opstalrecht aan de daar bedoelde regels voor erfpacht is onderworpen.

Art. 172

Bekrachtiging ongeldige splitsing appartementsrecht

– 1. Artikel 110 van Boek 5 is, te rekenen vanaf het in werking treden van de wet, mede van toepassing op een splitsing die voordien heeft plaatsgevonden.

– 2. Voor zover de bepalingen van de akte van splitsing in appartementsrechten, het reglement bedoeld in artikel 111 onder *d* van Boek 5 daaronder begrepen, van een vereniging van eigenaars op het tijdstip van in werking treden van de wet afwijken van het bepaalde in afdeling 2 van titel 9 van dat boek, is dat laatste gedurende drie jaren na dat tijdstip niet van toepassing op die vereniging van eigenaars.

– 3. Op de vereffening van het vermogen van een vereniging van eigenaars, die nog niet is voltooid op het tijdstip van het in werking treden van de wet, zijn de artikelen 23-24 van Boek 2 van het Burgerlijk Wetboek met inachtneming van artikel 147 leden 2-4 van Boek 5 van toepassing, behalve voor zover dat zou nopen tot het ongedaan maken van alsdan reeds in overeenstemming met het voordien geldend recht getroffen maatregelen. De wet wordt niet van toepassing ten aanzien van onderwerpen waaromtrent vóór haar in werking treden een rechterlijke uitspraak is gevraagd.

– 4. Op een splitsing die heeft plaatsgevonden voor het tijdstip waarop de wet in werking treedt, is artikel 113 lid 1, tweede zin, van Boek 5 niet van toepassing.

– 5. Op een splitsing die heeft plaatsgevonden voor het tijdstip waarop de wet in werking treedt, is artikel 118*a* van Boek 5 gedurende drie jaren na dat tijdstip niet van toepassing.

– 6. Op verenigingen van eigenaars die op het tijdstip van het in werking treden van de wet niet het in artikel 126 lid 1, tweede volzin, van Boek 5, bedoelde reservefonds in stand houden, is die bepaling gedurende drie jaren na dat tijdstip niet van toepassing.

– 7. Op een splitsing die heeft plaatsgevonden voor het tijdstip van het in werking treden van de leden 1-3 van artikel 139 van Boek 5, zoals deze leden zijn gewijzigd bij de Wet van 19 februari 2005, houdende wijziging van titel 5.9 (Appartementsrechten) van het Burgerlijk Wetboek (*Stb.* 89), is het in die leden bepaalde gedurende drie jaren na dat tijdstip niet van toepassing.

TITEL 7

Overgangsbepalingen in verband met Boek 6

Art. 173

Criteria ter bepaling welk recht aansprakelijkheid beheerst

– 1. Is voor de al dan niet toepasselijkheid van de bepalingen der wet omtrent aansprakelijkheid en schadevergoeding beslissend, of een schade vóór of na het in werking treden van de wet is ontstaan, en blijkt dit niet, dan is beslissend, of de schade voor of na het in werking treden van de wet is bekend geworden.

– 2. De aansprakelijkheid voor schade die is ontstaan of bekend geworden na het in werking treden van de wet, wordt, ook met betrekking tot haar omvang, naar het tevoren geldende recht beoordeeld, indien die schade voortspruit uit dezelfde gebeurtenis als een eerdere door de benadeelde geleden schade waarop dat recht van toepassing was. Hetzelfde geldt voor de aansprakelijkheid wegens iemands overlijden na het tijdstip van het in werking treden van de wet als gevolg van letsel vóór dat tijdstip is ontstaan.

Art. 174

Uiterste wilsbeschikking en natuurlijke verbintenis

De omzetting van een natuurlijke verbintenis in een rechtens afdwingbare bij een uiterste wilsbeschikking is niet aan de vereisten van artikel 5 van Boek 6 onderworpen, indien deze beschikking vóór het in werking treden van de wet is gemaakt, doch nadien tot uitvoering komt.

Art. 175

Regres tussen hoofdelijke schuldenaren

– 1. De artikelen 10-13 van Boek 6 blijven buiten toepassing, indien vóór het in werking treden van de wet een schuld, al dan niet met de kosten, ten laste van een hoofdelijke schuldenaar of een derde geheel of ten dele is gedelgd voor meer dan het gedeelte dat hem aangaat.

– 2. De artikelen 6-9 en 14 van Boek 6 zijn niet van toepassing op een vóór het in werking treden van de wet tot stand gekomen borgtocht of bedongen gebondenheid als hoofdelijk medeschuldenaar wie de schuld in zijn verhouding tot de hoofdschuldenaar niet aangaat.

– 3. Degene die door het tevoren geldende recht naast een ander aansprakelijk werd gesteld en aan wie deswege op die ander een verhaalsrecht toekwam, kan dat verhaalsrecht ook uitoefenen, indien zijn schuld pas na het in werking treden van de wet te zijnen laste wordt voldaan en de wet hem geen verhaalsrecht toekent.

Art. 176

Pluraliteit van schuldeisers

Is een prestatie die aan twee of meer schuldeisers is verschuldigd, vóór het tijdstip van het in werking treden van de wet nog niet geheel of ten dele betaald, dan is afdeling 3 van titel 1 van Boek 6 daarop van toepassing, tenzij vóór dat tijdstip betaling is gevorderd.

Art. 177

Het in werking treden van de wet doet de vorderingen bedoeld in de artikelen 33, 36 en 42 van Boek 6 ontstaan, indien alsdan aan de in die artikelen gestelde vereisten is voldaan en het tevoren geldende recht niet een zodanige vordering toekende. De termijn van verjaring van die vorderingen wordt gerekend te zijn begonnen op het tijdstip waarop de in die artikelen bedoelde vereisten waren vervuld, doch hij wordt niet voltooid voordat een jaar na het in werking treden is verstreken.

Onmiddellijke werking art. 33, 36 en 42 Boek 6

Art. 178

Artikel 41, aanhef en onderdeel *b*, van Boek 6 geldt niet voor verbintenissen tot aflevering van een naar de soort bepaalde zaak, die voortvloeien uit een rechtsbetrekking welke vóór het in werking treden van de wet is ontstaan.

Brengschuld blijft brengschuld

Art. 179

Artikel 50 lid 1 van Boek 6 geldt niet, indien vóór het in werking treden van de wet niet meer dan twee achtereenvolgende kwitanties zijn afgegeven.

Afgifte kwitanties onder oude recht

Art. 180

De wet bepaalt van haar in werking treden af of een bevoegdheid tot opschorting van de nakoming van een verbintenis, een retentierecht daaronder begrepen, bestaat.

Opschortingsrechten

Art. 181

Op een aanbod van gerede betaling of een bewaargeving, verricht vóór het in werking treden van de wet en met inachtneming van de toen geldende artikelen 1440-1448 van het Burgerlijk Wetboek, zijn de artikelen 66-71 van Boek 6 niet van toepassing.

Aanbod gerede betaling

Art. 182

Indien een schuldenaar vóór het in werking treden van de wet in de nakoming van zijn verbintenis is tekortgeschoten, is op de gevolgen van de tekortkoming de wet niet van toepassing, ook niet indien de tekortkoming nadien wordt voortgezet.

Tekortschieten in nakoming onder oude recht

Art. 183

Artikel 83 van Boek 6 is niet van toepassing op het verstrijken van een termijn als bedoeld onder *a* van dat artikel, die voortvloeit uit een rechtsverhouding welke vóór het tijdstip van het in werking treden van de wet is ontstaan, noch op het niet nakomen van een op dat tijdstip bestaande verbintenis als bedoeld in onderdeel *b* van dat artikel.

Bestaande verbintenissen

Art. 184

Artikel 130 van Boek 6 geldt niet met betrekking tot een vordering die vóór het tijdstip van in werking treden van de wet op een ander was overgegaan, of waarop vóór dat tijdstip beslag was gelegd dan wel een beperkt recht gevestigd.

Verrekening

Art. 185

Tenzij uit de tussen partijen bestaande rechtsverhouding anders voortvloeit, worden de geldvorderingen en geldschulden die vóór het tijdstip van het in werking treden van de wet zijn opgenomen in een rekening als bedoeld in artikel 140 van Boek 6, aangemerkt als op dat tijdstip verrekend voor zover dat nog niet eerder was geschied, in de volgorde waarin zij voor schuldvergelijking krachtens het voordien geldende recht waren vatbaar geworden; van dat tijdstip af is alleen het saldo verschuldigd.

Rekening-courant; verrekening posten en verschuldigdheid saldo

Art. 186

De bevoegdheid tot tenuitvoerlegging van een executoriale titel terzake van een vordering en haar nevenrechten komt van het tijdstip van het in werking treden van de wet toe aan degene op wie de vordering vóór dat tijdstip is overgegaan, tenzij de vorige rechthebbende reeds maatregelen tot uitoefening van zijn bevoegdheid heeft genomen.

Executiebevoegdheid

Art. 187

Het tevoren geldende artikel 1438, aanhef en onder 2°, van het Burgerlijk Wetboek is ook na het in werking treden van de wet van toepassing, indien de koop voordien is gesloten. De hypotheken van schuldeisers in wier rechten de koper is gesubrogeerd, blijven in stand, voor zover dit voor de uitoefening van die rechten door de koper nodig is.

Subrogatie bij reeds gesloten koop

Art. 188

De artikelen 151 en 152 van Boek 6 zijn niet van toepassing op een subrogatie na het in werking treden van de wet, indien tevoren eveneens reeds subrogatie terzake van dezelfde vordering heeft plaatsgevonden.

Subrogatie; betaling voor en na inwerkingtreding

Art. 189

Indien vóór het tijdstip van het in werking treden van de wet een rechtshandeling onder ontbindende voorwaarde is verricht, die naar het toen geldende recht het tenietgaan van een verbintenis door vermenging tot gevolg heeft gehad, doet de vervulling van de voorwaarde na dat tijdstip de verbintenis herleven.

Herleving verbintenis tenietgegaan door vermenging

Art. 189a

– 1. Artikel 174, derde lid, van Boek 6, zoals dat is komen te luiden na de inwerkingtreding van

Schade voor inwerkingtreding Mijnbouwwet

de Mijnbouwwet, is niet van toepassing indien de gebeurtenis waardoor de schade is veroorzaakt voor de inwerkingtreding van de Mijnbouwwet heeft plaatsgevonden.
– 2. Artikel 177, vierde lid, van Boek 6, zoals dat is komen te luiden na de inwerkingtreding van de Mijnbouwwet, is niet van toepassing indien de schade bekend is geworden voor de inwerkingtreding van de Mijnbouwwet.

Art. 190

Onverschuldigde betaling/ongerechtvaardigde verrijking

Wordt bij het ontstaan van een vordering uit onverschuldigde betaling of ongerechtvaardigde verrijking de rechtsverhouding tussen partijen beheerst door het recht dat vóór het in werking treden van de wet gold, dan worden de afdelingen 2 en 3 van titel 4 van Boek 6 daarop niet van toepassing.

Art. 191

Uitgestelde beperkte werking vernietiging beding

– 1. Afdeling 3 van titel 5 van Boek 6 is op algemene voorwaarden die op het tijdstip van het in werking treden van de wet reeds door een partij in haar overeenkomsten worden gebruikt, van toepassing nadat een jaar na dit tijdstip is verstreken. Gedurende die termijn is de wet evenmin van toepassing op wijzigingen in die voorwaarden na het in werking treden van de wet.
– 2. In afwijking van artikel 79 kan een beding in algemene voorwaarden deel uitmaken van een overeenkomst, na het verstrijken van het in lid 1 bedoelde tijdvak overeenkomstig afdeling 3 van titel 5 van Boek 6 worden vernietigd; deze vernietiging heeft evenwel geen werking over het tijdvak voordat die afdeling van toepassing is geworden, tenzij het beding toen reeds vernietigbaar of nietig was.

Art. 192

Kwalitatitieve verbintenissen; gevolg inschrijving onder oude recht

Artikel 78 geldt niet voor een beding als bedoeld in artikel 252 van Boek 6 dat op het tijdstip van het in werking treden van de wet uit de openbare registers kenbaar is; de rechtsgevolgen die artikel 252 van Boek 6 en afdeling 2 van titel 1 van Boek 3 aan inschrijving in de openbare registers verbinden, komen slechts toe aan inschrijving na dit tijdstip.

Art. 193

Derdenbedingen geheeld door art. 253 lid 1 Boek 6

De artikelen 253 lid 2 en 254-256 van Boek 6 gelden niet voor een beding ten behoeve van een derde, dat op het tijdstip van het in werking treden van de wet reeds bestaat.

Art. 194

Onmiddellijke werking

Van het tijdstip van het in werking treden van de wet af is artikel 257 van toepassing op een ondergeschikte wiens gedraging vóór dat tijdstip tot aansprakelijkheid heeft geleid.

Art. 195

Wijziging in vroegere omstandigheden

In geval van een vordering tot wijziging of ontbinding van een overeenkomst als bedoeld in de artikelen 258 en 259 van Boek 6 houdt de rechter bij de toepassing van die artikelen geen rekening met een wijziging in de omstandigheden die zich vóór het in werking treden van de wet heeft voorgedaan.

TITEL 8
Overgangsbepalingen in verband met Boek 7

Art. 196

Koop; uitgestelde werking

– 1. Op overeenkomsten van koop en ruil die vóór het tijdstip van het in werking treden van de wet zijn gesloten, wordt titel 1 van Boek 7 een jaar na dat tijdstip van toepassing.

Consumentenkoop

– 2. In afwijking van lid 1 worden de bepalingen van titel 1 van Boek 7 omtrent consumentenkoop niet van toepassing op een consumentenkoop die vóór dat tijdstip is gesloten.

Gevolgen niet-nakoming; recht van reclame

– 3. In afwijking van de leden 1 en 2 is titel 1 van Boek 7 van toepassing op de gevolgen van niet nakoming in het geval dat een der partijen na het in werking treden van de wet in de nakoming van een van haar verbintenissen tekortschiet, tenzij dat tekortschieten een voortzetting van een eerdere tekortkoming is. Afdeling 8 van titel 1 van Boek 7 is van toepassing op het recht van reclame dat na het in werking treden van de wet wordt uitgeoefend; is het voordien uitgeoefend, dan blijft het tevoren geldende recht daarop van toepassing.

Gevolgen toezending zaak of verrichting dienst

– 4. Artikel 7 is slechts van toepassing op de gevolgen van toezending van een zaak of verrichting van een dienst die na het in werking treden van de wet geschiedt.
– 5. Artikel 6*a* van Boek 7 is niet van toepassing in geval van een consumentenkoop die vóór het in werking treden van de wet is gesloten.
– 6. In afwijking van artikel 79 kan een beding op grond van strijd met artikel 25 lid 2 van Boek 7 worden vernietigd nadat een jaar na het tijdstip van het in werking treden van de wet is verstreken; deze vernietiging heeft evenwel geen werking ten aanzien van zaken die vóór het verstrijken van deze termijn aan de verkoper zijn geleverd.

Art. 197

Eerbiedigende werking

De artikelen 2, 3, 8 en 26 leden 4 en 5 van Boek 7 zijn niet van toepassing op koopovereenkomsten die vóór het tijdstip van het in werking treden van deze bepalingen zijn gesloten.

Art. 198

– 1. De artikel 48*a*-*e* en g van Boek 7 zijn niet van toepassing op overeenkomsten die vóór het tijdstip van het in werking treden van deze bepalingen zijn gesloten. **Eerbiedigende werking**

– 2. Artikel 48*f* van Boek 7 is van toepassing vanaf het tijdstip waarop het in werking treedt. **Onmiddellijke werking**

Art. 199

– 1. De bepalingen van afdeling 9A van titel 1 van Boek 7 zijn niet van toepassing op overeenkomsten die vóór het tijdstip van het in werking treden van die bepalingen zijn gesloten. **Eerbiedigende werking**

– 2. In afwijking van lid 1 zijn de artikelen 46*c* lid 1, 46*g* en 46*h* van Boek 7 van toepassing vanaf het tijdstip waarop zij in werking treden. **Onmiddellijke werking**

Art. 201

Op een bewind ingesteld in verband met de elfde titel van Boek 7A van het Burgerlijk Wetboek, zoals deze tot aan het tijdstip van het in werking treden van de wet gold, is vanaf het tijdstip van het in werking treden van de wet afdeling 7 van titel 5 van Boek 4 van overeenkomstige toepassing, behoudens voor zover daarvan bij het bewind afwijkende regelingen zijn getroffen. **Overgangsrecht bewind**

Art. 205

Procedures inzake overeenkomsten van huur en verhuur, waarin de inleidende dagvaarding is betekend dan wel het inleidende verzoekschrift is ingediend voor het tijdstip van in werking treden van titel 4 van Boek 7, worden, met inbegrip van een eis die in het geding bij wijze van reconventie is of wordt gedaan, beheerst door het recht dat voor dat tijdstip gold. **Huurprocedures**

Art. 206

Bepalingen die tot nietigheid of vernietigbaarheid van een beding in een huurovereenkomst leiden, zijn met ingang van het tijdstip van in werking treden van titel 4 van Boek 7 van toepassing op de op dat tijdstip bestaande huurovereenkomsten. **Toepassing nietigheid**

Art. 206a

Artikel 215 van Boek 7 is, voor zover het veranderingen en toevoegingen aan de buitenzijde van gehuurde woonruimte betreft, niet van toepassing op huurovereenkomsten die voor het tijdstip van het in werking treden van titel 4 van Boek 7 zijn gesloten. **Art. 215 buiten toepassing**

Art. 207

Voorzover het veranderingen van de inrichting of de gedaante van het gehuurde betreft, waartoe de huurder slechts met toestemming van de verhuurder bevoegd is, is artikel 215 van Boek 7 van toepassing, indien de verhuurder op het tijdstip van het in werking treden van titel 4 van Boek 7 een verzoek van de huurder om die toestemming te geven nog niet heeft beantwoord, mits dit verzoek niet langer dan drie maanden voor dat tijdstip is gedaan. In dat geval begint de in artikel 215 lid 2 bedoelde termijn pas op het tijdstip van die inwerkingtreding te lopen. **Toepassing art. 215**

Art. 208

Artikel 220 lid 2 van Boek 7 is niet van toepassing, indien het door dit lid vereiste redelijke voorstel onder het voorafgaande recht is gedaan. **Art. 220 buiten toepassing**

Art. 208a

Artikel 221 van Boek 7 is niet van toepassing op huurovereenkomsten die voor het tijdstip van het in werking treden van titel 4 van Boek 7 zijn gesloten. **Art. 221 buiten toepassing**

Art. 208b

Artikel 224 lid 2, tweede volzin, van Boek 7 is niet van toepassing op huurovereenkomsten die voor het in werking treden van titel 4 van Boek 7 zijn gesloten. **Art. 224 buiten toepassing**

Art. 208c

Indien de huurder voor het in werking treden van titel 4 van Boek 7 is overleden, maar op het tijdstip van die inwerkingtreding nog geen zes maanden na dit overlijden waren verstreken en de termijn van zes maanden, bedoeld in artikel 229 lid 2 van Boek 7, binnen drie maanden na het tijdstip van die inwerkingtreding zou aflopen, wordt die termijn verlengd tot drie maanden na dit tijdstip. **Overlijden huurder**

Art. 208d

Voor de termijn van twee maanden, bedoeld in artikel 230*a* lid 1 van Boek 7, wordt de tijd meegeteld die na het tijdstip waartegen schriftelijk ontruiming is aangezegd, maar voor het tijdstip van het in werking treden van titel 4 van Boek 7 is verstreken. **Termijn art. 230a**

Art. 208e

Vervallen.

Art. 208f

De artikelen 250 tot en met 254 van Boek 7 zijn niet van toepassing op voor het tijdstip van inwerkingtreding gedane voorstellen tot huurprijswijziging, indien de voorgestelde datum van ingang voor dat tijdstip ligt, noch op de daarop betrekking hebbende verzoeken aan de huurcommissie als bedoeld in de artikelen 253 en 254 van Boek 7, indien deze zijn ingediend op of na het hiervoor bedoelde tijdstip. **Art. 250-254 buiten toepassing**

Art. 208g

Gelding art. 259 en 260

De artikelen 259 en 260 van Boek 7 gelden vanaf het tijdstip dat sedert het tijdstip van het in werking treden van titel 4 van Boek 7 één geheel kalenderjaar is verstreken.

Art. 208h

Art. 270a buiten toepassing

Artikel 270*a* van Boek 7 geldt niet, indien de voortzetting van de huur voor het in werking treden van titel 4 van Boek 7 is begonnen.

Art. 208i

Schade van onderhuurder

De verplichting tot vergoeding van de schade van de onderhuurder, bedoeld in artikel 278 lid 2 van Boek 7, kan niet geheel of ten dele worden gegrond op gedragingen van de hoofdhuurder die voor het in werking treden van dat artikel hebben plaatsgevonden.

Art. 208j

Schade van onderhuurder

De verplichting tot vergoeding van schade van de onderhuurder, bedoeld in artikel 306 lid 2 van Boek 7, kan niet geheel of ten dele worden gegrond op gedragingen van de hoofdhuurder die voor het in werking treden van dat artikel hebben plaatsgevonden.

Art. 210

Eerbiedigende werking

Artikel 407 van Boek 7 is niet van toepassing op een overeenkomst van lastgeving die vóór 1 januari 1992 is gesloten.

Art. 211

Eerbiedigende werking agentuurovereenkomsten

– 1. Op agentuurovereenkomsten die zijn tot stand gekomen vóór 1 november 1989, blijft het totdien geldende recht tot 1 januari 1994 van toepassing.

– 2. Bij de bepaling van de vergoeding bedoeld in artikel 442 van Boek 7 wordt de hogere waarde die de handelsagent aan de principaal heeft verschaft in de periode vóór 1 januari 1971, buiten beschouwing gelaten, indien de agentuurovereenkomst vóór 1 januari 1994 eindigt.

– 3. De artikelen III van de wet van 23 maart 1977, *Stb.* 153, en II van de wet van 5 juli 1989, *Stb.* 312, vervallen.

Art. 212

Eerbiedigende werking besluit tot overgang

Artikel 665*a* van Boek 7 is niet van toepassing indien het besluit tot overgang wordt genomen of voorgenomen vóór het tijdstip waarop deze bepaling in werking treedt en de overgang op of na bedoeld tijdstip plaatsvindt.

Art. 214

Eerbiedigende werking

– 1. Ten aanzien van de persoon wiens eerste dag van ongeschiktheid tot het verrichten van zijn arbeid wegens ziekte is gelegen voor 1 januari 2004 blijven de artikelen 629, leden 1 tot en met 9 en lid 11, 629*a* en 670, met uitzondering van lid 1, van Boek 7 van toepassing, zoals deze luidden op 31 december 2003, en blijft artikel 658*b* van Boek 7 buiten toepassing.

– 2. Voor de bepaling van de eerste dag van ongeschiktheid tot het verrichten van zijn arbeid wegens ziekte, bedoeld in het eerste lid, worden perioden van ongeschiktheid tot werken geacht eenzelfde, niet onderbroken periode van ongeschiktheid te vormen, indien zij elkaar met een onderbreking van minder dan vier weken opvolgen of indien zij direct voorafgaan aan en aansluiten op een periode waarin zwangerschaps- of bevallingsverlof wordt genoten overeenkomstig artikel 3:1, tweede en derde lid, van de Wet arbeid en zorg, tenzij de ongeschiktheid redelijkerwijs niet geacht kan worden voort te vloeien uit dezelfde oorzaak.

Art. 217

Aanneming van werk; uitgestelde werking

– 1. Op overeenkomsten van aanneming van werk die vóór het tijdstip van het in werking treden van titel 12 van Boek 7 zijn gesloten, wordt deze titel drie jaren na dat tijdstip van toepassing.

– 2. In afwijking van lid 1 worden de bepalingen van afdeling 2 van titel 12 van Boek 7 niet van toepassing op een overeenkomst van aanneming van werk die vóór dat tijdstip is gesloten.

– 3. In afwijking van de leden 1 en 2 is titel 12 van Boek 7 van toepassing op de gevolgen van niet nakoming in het geval dat een der partijen na het in werking treden van deze titel in de nakoming van een van haar verbintenissen tekortschiet, tenzij dat tekortschieten een voortzetting van een eerdere tekortkoming is.

Art. 220

Eerbiedigende werking bestaande borgtocht, tenzij gewijzigd

– 1. De afdelingen 1 en 2 van titel 14 van Boek 7 zijn niet van toepassing op een borgtocht die ten tijde van het in werking treden van de wet reeds bestaat.

– 2. Afdeling 3 van titel 14 van Boek 7 blijft buiten toepassing op de gevolgen van de borgtocht tussen de hoofdschuldenaar en de borg en tussen borgen en voor de verbintenis aansprakelijke niet-schuldenaren onderling, indien vóór het in werking treden van de wet aan de schuldeiser is betaald.

Art. 221

Eerbiedigende werking m.b.t. verzekeringsovereenkomsten

– 1. De artikelen 928, 931, 950, 952, 963 leden 5 en 6 en 966 lid 4 van Boek 7 zijn niet van toepassing op overeenkomsten van verzekering die vóór het tijdstip van het in werking treden van de wet zijn gesloten. Indien de voorwaarden van de overeenkomst door de verzekeraar met het oog op het in werking treden van de wet dan wel op of na het tijdstip van het in werking

treden van de wet zijn gewijzigd, is het in de eerste zin bepaalde voor de leden 5 en 6 van artikel 963 van Boek 7 niet van toepassing op nadien genomen maatregelen als bedoeld in artikel 957.
– 2. De artikelen 929 en 930 van Boek 7 zijn niet van toepassing op overeenkomsten van verzekering die vóór het tijdstip van het in werking treden van de wet zijn gesloten, indien de verzekeraar zich tegenover de verzekerde binnen een jaar nadat dit tijdstip is verstreken erop beroept dat aan de mededelingsplicht van artikel 251 van het Wetboek van Koophandel niet is voldaan.
– 3. De artikelen 935, 936 leden 2 tot en met 6 en 937 van Boek 7 zijn niet van toepassing met betrekking tot een uitkering die vóór het tijdstip van het in werking treden van de wet verschuldigd is geworden.
– 4. Artikel 940 lid 1 onderscheidenlijk lid 2 van Boek 7 is van toepassing indien een periode als in die leden bedoeld eindigt na het tijdstip van het in werking treden van de wet.
– 5. Artikel 948 van Boek 7 is niet van toepassing indien een overgang van het risico vóór het tijdstip van het in werking treden van de wet heeft plaatsgevonden.
– 6. Artikel 954 van Boek 7 is niet van toepassing voorzover een uitkering vóór het tijdstip van het in werking treden van de wet is voldaan.
– 7. Ter zake van schade die door meer dan een verzekering wordt gedekt kan de verzekeraar wiens verzekering vóór het tijdstip van het in werking treden van de wet is gesloten niet op de voet van artikel 961 lid 1, eerste zin, van Boek 7 worden aangesproken dan voorzover zulks ook op grond van het tevoren geldende recht mogelijk was geweest. De eerste zin lijdt uitzondering indien de voorwaarden van de overeenkomst door de verzekeraar met het oog op het in werking treden van de wet dan wel op of na het tijdstip van het in werking treden van de wet zijn gewijzigd, doch slechts voorzover het risico zich nadien heeft verwezenlijkt.
– 8. Artikel 962 lid 3 van Boek 7 is niet van toepassing indien het risico zich vóór het tijdstip van het in werking treden van de wet heeft verwezenlijkt.
– 9. Op verzekeringen tegen gevaren van brand die vóór het tijdstip van het in werking treden van de wet zijn gesloten, blijft het tevoren geldende artikel 293 van het Wetboek van Koophandel ook na dit tijdstip van toepassing.

Art. 222

Eerbiedigende werking bij uitkering lijfrente

Artikel 991 lid 1 van Boek 7 is niet van toepassing indien een uitkering vóór het tijdstip van het in werking treden van de wet opeisbaar is geworden.

Art. 223

Eerbiedigende werking; recht op loondoorbetaling

Artikel 629, lid 2, van Boek 7, zoals dat luidde op de dag voor inwerkingtreding van artikel XIX van het Belastingplan 2007 blijft van toepassing met betrekking tot een recht op doorbetaling van het loon als bedoeld in lid 1 of 2 van artikel 629 van Boek 7, indien dat recht is ontstaan op of voor die dag.

TITEL 9
Overgangsbepalingen in verband met Boek 8

Art. 251

Tijdstip van sluiten overeenkomst of uitgifte document beslissend

De overeenkomsten van vervoer en die tot het doen vervoeren van goederen, alsmede andere overeenkomsten tot het ter beschikking stellen van een schip worden beheerst door het vroegere recht, indien zij zijn gesloten vóór het tijdstip van het in werking treden van Boek 8. Hetzelfde geldt voor de wettelijke rechten en bevoegdheden die een derde aan een vervoerdocument kan ontlenen en de wettelijke verplichtingen die met betrekking daartoe op hem rusten, indien dat document vóór dat tijdstip is uitgegeven.

Art. 251a

Overgangsrecht

De overeenkomsten van vervoer van goederen uitsluitend over spoorwegen worden beheerst door het vroegere recht, indien zij zijn gesloten vóór het tijdstip van het in werking treden van de wet tot vaststelling en invoering van titel 8.18 (overeenkomst van goederenvervoer over spoorwegen) van het Burgerlijk Wetboek.

Art. 252

Rangorde van vorderingen

– 1. De bepalingen van Boek 8 omtrent de rangorde waarin vorderingen uit de opbrengst van een goed moeten worden voldaan, gelden mede met betrekking tot vorderingen die bestaan op het tijdstip waarop dat Boek in werking treedt.
– 2. Het vroegere recht is echter van toepassing op de rangorde bij de verdeling van een goed dat op het tijdstip van in werking treden van Boek 8 reeds ten behoeve van het verhaal is verkocht, en op de verdeling van hetgeen op een vordering op dat tijdstip reeds is geïnd.
– 3. Het vroegere recht is eveneens van toepassing op de rang van vorderingen op een in staat van faillissement verklaarde schuldenaar, indien Boek 8 in werking treedt nadat de rechter-commissaris overeenkomstig artikel 108 der Faillissementswet de dag heeft bepaald waarop die vorderingen uiterlijk ter verificatie moeten zijn ingediend.
– 4. Het in werking treden van Boek 8 heeft voor de dan bestaande vorderingen geen gevolg

ten aanzien van de werking van een surséance van betaling, die voordien aan de schuldenaar voorlopig is verleend.

Art. 253

Scheepstoebehoren

– 1. Op voortbewegingswerktuigen en andere machinerieën die tot aan het tijdstip van het in werking treden van Boek 8 nog geen bestanddeel van een schip waren en aan een ander dan de eigenaar van het schip toebehoorden, wordt artikel 1 lid 3 van Boek 8 niet van toepassing.
– 2. Zaken die tot aan het in werking treden van Boek 8 als scheepstoebehoren met hypotheek waren bezwaard, blijven nadien daarmede belast, indien zij geen scheepstoebehoren in de zin van artikel 1 lid 4 van Boek 8 worden, zolang zij voldoen aan de omschrijving van het tevoren geldende artikel 309 derde lid van het Wetboek van Koophandel.
– 3. Zaken die tot aan het tijdstip van het in werking treden van Boek 8 scheepstoebehoren waren en als zodanig waren begrepen in een beslag of executie, blijven, ook nadat zij zelfstandig zijn geworden, daaronder begrepen en gelden, zolang beslag en executie duren, tot aan de levering aan de koper als scheepstoebehoren.
– 4. Het bepaalde in artikel 1 lid 5 van Boek 8 wordt drie maanden na het in werking treden van Boek 8 van toepassing op bedingen die voordien reeds tussen partijen bestonden, alsook ten aanzien van zaken die door het in werking treden van Boek 8 scheepstoebehoren worden.

Art. 254

Levering teboekstaand binnenschip

– 1. Voor de levering van een in het register teboekstaand binnenschip of een beperkt recht daarop kan in de plaats van een notariële akte een onderhandse akte worden gebezigd, indien die akte is opgesteld en mede-ondertekend door een door Onze Minister van Justitie aangewezen persoon als bedoeld in lid 3 en deze persoon dit in het slot der akte heeft verklaard of dit in een door hem ondertekende verklaring aan de voet van de akte heeft bevestigd.
– 2. Lid 1 is van overeenkomstige toepassing op akten bedoeld in artikel 800 van Boek 8.
– 3. Personen die voor 1 april 1991 door de arrondissementsrechtbank beëdigd zijn als makelaar in binnenschepen, worden op hun daartoe binnen een jaar na inwerkingtreding van deze wet gedaan verzoek aangewezen.

Art. 255

Rederij

Artikel 160 lid 1 van Boek 8 wordt drie maanden na het tijdstip van het in werking treden van dat Boek van toepassing op een, op dat tijdstip bestaande, rederij als omschreven in het tevoren geldende artikel 323 van het Wetboek van Koophandel.

Art. 256

Aanvaring

De aanvaring welke heeft plaats gehad vóór het in werking treden van Boek 8 wordt beheerst door het vroegere recht. Hetzelfde geldt voor schade die door een schip is veroorzaakt, indien het ongeval vóór het in werking treden van Boek 8 heeft plaatsgevonden.

Art. 257

Hulpverlening

Op een hulpverlening die vóór het in werking treden van Boek 8 is aangevangen, is het vroegere recht van toepassing.

Art. 258

Verjarings- en vervaltermijn rechtsvordering

– 1. De verjaring en het verval van een rechtsvordering waarvan de termijn werd bepaald door het Wetboek van Koophandel, de Wet Overeenkomst Wegvervoer of de Wet Overeenkomst Binnenlands Openbaar personenvervoer, blijft door het vroegere recht beheerst, indien de termijn vóór het in werking treden van Boek 8 is aangevangen.

Verkrijgende verjaring zee- en binnenschepen

– 2. De artikelen 201 en 791 van Boek 8, zoals deze artikelen zijn gewijzigd bij de Aanpassingswet Boek 8, worden, indien de daar genoemde termijnen vóór 1 januari 1992 zijn aangevangen, met ingang van 1 april 1992 van toepassing op de termijnen van verjaring van de eigendom van in de openbare registers teboekstaande zee- en binnenschepen, alsmede op die van verjaring der in die artikelen genoemde beperkte rechten daarop. Deze termijnen worden geacht niet vóór 1 april 1992 te zijn voltooid.

Verkrijgende verjaring luchtvaartuig

– 3. De verkrijging van een teboekstaand luchtvaartuig door verjaring, waarvan de termijn werd bepaald door de Wet teboekgestelde Luchtvaartuigen, blijft door die wet beheerst, indien de termijn vóór het in werking treden van titel 15 van Boek 8 is aangevangen.

Slotartikel

Deze wet kan worden aangehaald als: Overgangswet nieuw Burgerlijk Wetboek.

Wet van 2 april 1991, Stb. 198, houdende invoering van de Boeken 3, 5 en 6 van het nieuwe Burgerlijk Wetboek houdende het overgangsrecht, tweede stuk, zoals deze wet laatstelijk is gewijzigd bij de Wet van 3 april 1999, Stb. 190

[Inwerkingtreding: 01-01-1992]

Wij Beatrix, bij de gratie Gods, Koningin der Nederlanden, Prinses van Oranje-Nassau, enz. enz. enz.

Allen, die deze zullen zien of horen lezen, saluut! doen te weten:

Alzo Wij in overweging genomen hebben, dat de aanpassingen in de wetgeving aan de Boeken 3, 5 en 6 van het nieuwe Burgerlijk Wetboek bepalingen van overgangsrecht vereisen;

Zo is het, dat Wij, de Raad van State gehoord, en met gemeen overleg der Staten-Generaal, hebben goedgevonden en verstaan, gelijk Wij goedvinden en verstaan bij deze:

TITEL 1

Algemene bepalingen

Art. 1

Begrip wet

– 1. In de volgende bepalingen wordt onder 'de wet' verstaan de Invoeringswet Boeken 3, 5 en 6 nieuw B.W., doch met uitzondering van het tweede, vierde en vijfde gedeelte van die wet.

– 2. De artikelen 68*a* tot en met 75, 78 lid 1, 79 tot en met 81, 117, 120, 173 en 182 Overgangswet nieuw Burgerlijk Wetboek gelden mede ter regeling van het overgangsrecht in verband met de wijziging door de wet in de wetgeving buiten de Boeken 3, 5, 6 en 7 van het nieuwe Burgerlijk Wetboek.

Art. 2

Schakelbepaling

Ter zake van een dwangbevel, een bevelschrift of rechterlijk verlof tot verkoop, vóór het in werking treden der wet uitgevaardigd, blijft het voordien geldende recht van toepassing. Onverminderd het bepaalde in artikel 19 geschiedt de tenuitvoerlegging nadien met toepassing van de voorschriften der wet.

TITEL 2

Overgangsbepalingen in verband met de wijziging van het Burgerlijk Wetboek

AFDELING 1

Overgangsbepalingen in verband met de wijziging van Boek 1

Art. 3

Medewerking en toestemming; vernietigbaarheid

Op rechtshandelingen die een echtgenoot vóór het in werking treden van de wet heeft verricht, blijven de artikelen 87 tot en met 89 van Boek 1, zoals die toen golden, van toepassing.

Art. 4

Vernietigbaarheid onbevoegde bestuurshandeling

Op rechtshandelingen die een echtgenoot vóór het in werking treden van de wet in strijd met het toen geldende artikel 97 van Boek 1 heeft verricht, blijft het toen geldende artikel 98 van Boek 1 van toepassing.

Art. 5

Zaaksvervanging i.v.m. bestuursbevoegdheid

De tweede en de derde zin van artikel 97 lid 1 van Boek 1 zijn van hun in werking treden af mede van toepassing op de goederen die reeds voordien in de gemeenschap waren gevallen.

Art. 6

Voogdij; geen rente vóór aanmaning

Artikel 376 van Boek 1, zoals dat gold tot aan het tijdstip van het in werking treden van de wet, blijft van toepassing op hetgeen de minderjarige op dat tijdstip aan de voogd na het einde van diens bewind nog schuldig was gebleven. De vorige zin is van overeenkomstige toepassing na het einde van een curatele.

AFDELING 2

Overgangsbepalingen in verband met de wijziging van Boek 2

Art. 7

Oprichtingsgebreken rechtspersoon

Artikel 4 lid 1 van Boek 2 bepaalt mede de gevolgen van de daar genoemde gebreken in de oprichting van een rechtspersoon, welke vóór het in werking treden van de wet is geschied.

Art. 8

Vernietigbaarheid besluiten

Op een besluit van een orgaan van een rechtspersoon dat vóór het in werking treden van de wet is genomen, blijven de artikelen 11 tot en met 13 van Boek 2, zoals die toen golden, van toepassing.

Art. 9

Vereffening vermogen ontbonden rechtspersoon

Op de vereffening van het vermogen van een rechtspersoon, die nog niet is voltooid op het tijdstip van het in werking treden van de wet, zijn de artikelen 23 tot en met 23*c* van Boek 2 van toepassing, behalve voor zover dit zou nopen tot het ongedaan maken van alsdan reeds in overeenstemming met het voordien geldend recht getroffen maatregelen. De wet wordt niet van toepassing ten aanzien van onderwerpen waaromtrent vóór haar in werking treden een rechterlijke uitspraak is gevraagd.

Art. 10

Vereniging

Op een vereniging die op het tijdstip van het in werking treden van de wet bestaat, worden de wijzigingen van de artikelen 37, 38, 39 en 41*a* van Boek 2 van toepassing nadat drie jaren na dat tijdstip zijn verstreken.

Art. 11

Verkrijging aandeel in vennootschap

Op het tijdstip van het in werking treden van de wet wordt een aandeel in een naamloze vennootschap of een beperkt recht daarop verkregen, indien alsdan is voldaan aan het voorschrift van artikel 86 of artikel 196, en dat aandeel niet reeds voordien op grond van de toen geldende tekst van dat artikel was geleverd.

Art. 12

Ontbinding stichting bij onvolledigheid statuten

Artikel 21 lid 1, aanhef en onderdeel *b* van Boek 2, is gedurende drie jaren van het tijdstip van het in werking treden van deze wet af niet van toepassing op een stichting, waarvan de statuten niet voldoen aan de wijzigingen welke in artikel 286 van Boek 2 bij deze wet worden aangebracht.

TITEL 3
Overgangsbepalingen in verband met de wijziging van het Wetboek van Koophandel

Art. 13

Zekerheidstelling bij wissel of cheque

Zekerheid die vóór het tijdstip van het in werking treden van de wet was gesteld ingevolge artikel 167*a*, 167*b*, 227*a* of 227*b* van het Wetboek van Koophandel, mag vanaf een jaar na dat tijdstip ongedaan worden gemaakt, indien alsdan twintig jaren na het stellen van de zekerheid zijn verstreken of anderszins de vereisten die artikel 49 van Boek 6 van het Burgerlijk Wetboek voor voldoening tegen enkele afgifte van een kwijting stelt, zijn vervuld.

Art. 14

Risico bij koop

Artikel 263 van het Wetboek van Koophandel, zoals dat van het in werking treden der wet af luidt, is slechts van toepassing in het geval van koop van een zaak waarvoor artikel 10 van Boek 7 geldt.

TITEL 4
Overgangsbepalingen in verband met de wijziging van het Wetboek van Burgerlijke Rechtsvordering

Art. 15

Dagvaarding

Gedingen waarin de inleidende dagvaarding is betekend dan wel het inleidende verzoekschrift is ingediend voor het tijdstip van het in werking treden van de wet, worden geheel afgedaan met toepassing van de voorschriften van procesrechtelijke aard die voor dat tijdstip golden, voor zover niet uit de volgende artikelen anders voortvloeit. Het in de vorige zin bepaalde geldt ook voor de afdoening van een eis of verzoek, in het geding bij wege van reconventie gedaan, ook indien dat na het in werking treden van de wet is geschied.

Art. 16

Schakelbepaling

Artikel 14 van het Wetboek van Burgerlijke Rechtsvordering, zoals dit van het in werking treden der wet af luidt, is van toepassing op alle exploiten, beslagen en tenuitvoerleggingshandelingen die na dit in werking treden plaatsvinden.

Art. 17

Uitvoerbaarverklaring bij voorraad

– 1. Artikel 52 van het Wetboek van Burgerlijke Rechtsvordering, zoals dit van het in werking treden der wet af luidt is in plaats van de voordien geldende artikelen 52 tot en met 55, 293 en 835 van toepassing, indien het vonnis na dit in werking treden wordt uitgesproken.

– 2. De artikelen 53 en 54 van dit wetboek, zoals deze van het in werking treden der wet af luiden, zijn van toepassing in plaats van de voordien geldende artikelen 351, 352, 405 en 406, indien in het geding waarin op het tegen het vonnis aangewende rechtsmiddel wordt beslist, op het tijdstip van dit in werking treden nog een incidentele vordering van de in die artikelen bedoelde aard kan worden ingesteld.

Art. 17a

Rente na rechterlijk bevel tot betaling

Artikel 125*k* lid 4 van het Wetboek van Burgerlijke Rechtsvordering blijft van toepassing op verzoekschriften, ingediend na het tijdstip van het in werking treden van de wet, indien de daarbij gevorderde wettelijke rente voortvloeit uit het bepaalde in artikel 1286 van het Burgerlijk Wetboek, zoals dat vóór dat tijdstip gold.

Art. 18

Beslag

– 1. Een vóór het tijdstip van het in werking treden der wet gelegd beslag wordt, voor zover uit de volgende leden en uit de andere bepalingen van deze titel niet anders voortvloeit, naar het voordien geldende recht afgewikkeld.

Cumulatief beslag

– 2. In het geval van het vorige lid worden van het in werking treden der wet af tweede en volgende beslagen op hetzelfde goed met toepassing van het nadien geldende recht gelegd en is geen oppositie tegen afgifte van kooppenningen meer mogelijk. De afwikkeling van deze beslagen geschiedt met toepassing van ditzelfde recht, behoudens voor zover de afwikkeling van de eerder gelegde beslagen toepassing van het voordien geldende recht eist.

Conservatoir beslag

– 3. Indien op het tijdstip van het in werking treden van de wet de bevoegdheid bestond om krachtens een door de president gegeven bevelschrift of verlof conservatoir beslag te leggen, kan die bevoegdheid na dit tijdstip met inachtneming van het nieuwe recht worden uitgeoefend. De eis in de hoofdzaak geldt als tijdig ingesteld, indien zulks is geschied binnen acht dagen na het beslag of, indien het bevelschrift of verlof daartoe een langere termijn inhoudt, binnen die termijn. Voor de toepassing van artikel 702 van het Wetboek van Burgerlijke Rechtsvordering, zoals dit na het tijdstip van het in werking treden zal gelden, wordt het bevelschrift of verlof met een verlof als in dat artikel bedoeld gelijk gesteld.

Executoriaal beslag

– 4. Een executoriale verkoop door een beslaglegger die op het tijdstip van het in werking treden van de wet nog niet was aangekondigd, wordt volgens de bepalingen van het nadien geldende recht afgewikkeld. Voor de toepassing van die bepalingen wordt een schuldeiser die voordien oppositie tegen afgifte van kooppenningen heeft gedaan, gelijk gesteld met een beslaglegger.

Rangregeling

– 5. Een rangregeling wordt afgewikkeld naar het recht waaronder de benoeming plaats vond van de rechter-commissaris, te wiens overstaan de verdeling zal plaatsvinden.

Vervreemding voor beslag

– 6. Artikel 505 lid 3 van het Wetboek van Burgerlijke Rechtsvordering, zoals dit van het in werking treden van de wet af luidt, is van toepassing op beslagen die na dat tijdstip in de openbare registers worden ingeschreven.

Art. 19

Derdenbeslag

– 1. Indien vóór het in werking treden der wet beslag onder een derde was gelegd en op het tijdstip van dit in werking treden nog geen dagvaarding tot het doen van verklaring als bedoeld in de artikelen 479 en 741 van dat wetboek, zoals deze voor het in werking treden van de wet luidden, was uitgebracht, geschiedt vanaf de aanvang van de termijn bedoeld in artikel 740, zoals dit toen luidde, de verdere afwikkeling van het beslag met toepassing van het nadien geldende recht. Zo niet binnen die termijn of, indien die termijn vóór het tijdstip van het in werking treden van de wet was aangevangen, binnen een maand na dat tijdstip, aan de derde een exploit is betekend, waarbij is voldaan aan de eisen van artikel 475 van dat wetboek, zoals dit na dit in werking treden luidt, zullen de betalingen, door de derde gedaan, van waarde zijn.

– 2. Indien een vonnis als bedoeld in de artikelen 751 tot en met 754 van het Wetboek van Burgerlijke Rechtsvordering, zoals deze voor het in werking treden der wet luidden, nadien wordt uitgesproken, geschiedt de in die artikelen bedoelde uitbetaling en afgifte met overeenkomstige toepassing van de artikelen 477 leden 1 en 5 en 478 leden 1, 2 en 3 van dat wetboek, zoals deze nadien luiden, en vindt ook de verdere afwikkeling naar het nadien geldende recht plaats.

Art. 20

Doorhaling beslag

Artikel 513*a* van het Wetboek van Burgerlijke Rechtsvordering, zoals dit van het in werking treden der wet af luidt, is van toepassing op alle beslagen die na het in werking treden der wet rusten op goederen waarop dat artikel betrekking heeft.

Art. 21

Pand en hypotheek executie; schakelbepaling

– 1. De bepalingen van de wet betreffende executie door een pand- of hypotheekhouder zijn van toepassing, voor zover krachtens de artikelen 110 en 116 van de Overgangswet nieuw Burgerlijk Wetboek de bepalingen van dat wetboek betreffende een zodanige executie van toepassing zijn.

– 2. In geval na openbare verkoop overeenkomstig artikel 1223, tweede lid, van het Burgerlijk Wetboek, zoals dat tevoren gold, de artikelen 270 tot en met 273 van Boek 3 niet van toepassing zijn en een rangregeling wordt verlangd, geschiedt deze met toepassing van het vóór het in werking treden van de wet geldende recht.

Art. 22

Executie tot afgifte

Een executie tot afgifte van een roerende zaak of ontruiming van een onroerende zaak geschiedt naar het recht waaronder de executie is aangevangen.

Art. 23

Schepen, luchtvaartuigen

– 1. Het vóór het tijdstip van het in werking treden van de wet geldende recht blijft tot een nader bij algemene maatregel van bestuur te bepalen tijdstip van toepassing op het beslag op en de executie van schepen, luchtvaartuigen en de beperkte rechten waaraan deze zijn onderworpen, zulks voor zover in de volgende leden niet anders is bepaald.

– 2. Waar wordt gesproken van 'overschrijving' of 'overschrijven' wordt voor de toepassing van de betreffende bepalingen 'inschrijving' en 'inschrijven' gelezen en geschiedt de inschrijving met inachtneming en met de gevolgen van het bepaalde in afdeling 2 van titel 1 van Boek 3 van het Burgerlijk Wetboek en in de Kadasterwet.

Rangregeling

– 3. Een rangregeling na de verkoop van een schip wordt afgewikkeld naar het recht waaronder de benoeming van de rechter-commissaris plaatsvindt, te wiens overstaan de verdeling zal plaatsvinden. Indien het nieuwe recht van toepassing is, brengt dit de toepasselijkheid mee van de artikelen 551-552 van het Wetboek van Burgerlijke Rechtsvordering.

Doorhaling

– 4. Van het in werking treden van de wet af geschiedt de doorhaling van een beslag met toepassing van artikel 513*a* van het Wetboek van Burgerlijke Rechtsvordering.

Opgave inschrijvingen

– 5. Aan de verplichtingen van de bewaarder, bedoeld in artikel 537*d*, eerste lid, en 553 van het Wetboek van Burgerlijke Rechtsvordering en in artikel 25 Wet teboekgestelde Luchtvaartuigen, wordt van het in werking treden van de wet af voldaan door middel van een getuigschrift als bedoeld in artikel 99, eerste lid, onderscheidenlijk artikel 107, eerste lid, Kadasterwet, waarin de inschrijvingen en de boekingen in de registers voor voorlopige aantekeningen worden vermeld, die in verband met die voorschriften van belang zijn.

Hulpverlening

– 6. Met betrekking tot een beslag als bedoeld in artikel 636 van het Wetboek van Burgerlijke Rechtsvordering gelden de leden 1-5 uitsluitend, voor zover dat beslag op een schip wordt gelegd.

Niet teboekstaande schepen/luchtvaartuigen

– 7. Dit artikel geldt niet voor schepen waarop artikel 573 van het Wetboek van Burgerlijke Rechtsvordering van toepassing is, en voor luchtvaartuigen die niet in de openbare registers of in een verdragsregister zijn ingeschreven.

Art. 24

Grondrenten

De artikelen 544 tot en met 548 van het Wetboek van Burgerlijke Rechtsvordering, zoals deze vóór het tijdstip van het in werking treden van de wet golden, blijven nadien van toepassing op dan nog bestaande grondrenten met dien verstande dat artikel 544 geacht wordt te verwijzen naar de bepalingen van de wet betreffende inbeslagneming en verkoop van onroerende zaken.

Art. 25

Schadestaat afzonderlijk geding

Voor de toepassing van het overgangsrecht worden hoofdzaak en schadestaatprocedure, onderscheidenlijk de procedures bedoeld in de artikelen 615 en 618 van het Wetboek van Burgerlijke Rechtsvordering, zoals deze voor het in werking treden der wet luidden als afzonderlijke gedingen beschouwd.

Art. 26

Verzegeling

Een voor het in werking treden van de wet aangevangen verzegeling wordt naar het voordien geldende recht afgewikkeld en beëindigd.

Art. 27

Gerechtelijke bewaring

De artikelen 797*a* tot en met 797*f* zijn niet van toepassing op een gerechtelijke bewaring die voor het in werking treden van de wet is tot stand gekomen of door de rechter bevolen.

TITEL 5
Overgangsbepaling in verband met de wijziging van het Wetboek van Strafvordering

Art. 28

Klaagschriften over inbeslagneming enz.

Het vierde lid van artikel 552*a* is slechts van toepassing op klaagschriften die na het in werking treden van de wet zijn ingediend.

TITEL 6
Overgangsbepalingen in verband met de wijziging van de Faillissementswet

Art. 29

Tijdstip faillissement en surséance

– 1. Op een faillissement dat vóór het tijdstip van het in werking treden van de wet is uitgesproken en op een surséance van betaling die vóór dat tijdstip voorlopig is verleend, is de wet niet van toepassing.

– 2. Indien echter bepalingen van de Boeken 3, 5 en 6 van het nieuw Burgerlijk Wetboek krachtens de Overgangswet nieuw Burgerlijk Wetboek van toepassing zijn, zijn tevens de voorschriften toepasselijk die in verband met die bepalingen voor het geval van faillissement of surséance van betaling in de Faillissementswet zijn opgenomen.

Art. 30

Verjaring; schorsing executies; verval beslagen

– 1. De artikelen 36 en 230 vierde lid van de Faillissementswet worden met ingang van het tijdstip van het in werking treden van toepassing op bestaande rechtsvorderingen.

Uitdelingslijsten

– 2. De artikelen 182 eerste lid en 188 eerste en tweede lid van de Faillissementswet zijn van toepassing op de uitdelingslijsten die na het in werking treden van de wet worden goedgekeurd en op de uitvoering daarvan.

Vorderingen buiten surséance

– 3. Artikel 232, onder 2°, van de Faillissementswet is van het in werking treden van de wet af van toepassing op de nadien verschijnende termijnen van de daar genoemde vorderingen.

Art. 31

Indien krachtens artikel 182 van de Overgangswet nieuw Burgerlijk Wetboek op de gevolgen van een tekortschieten in de nakoming van een overeenkomst het voor het in werking treden van de wet geldende recht toepasselijk is, blijven ook de artikelen 37, 38, 236 en 237 van de Faillissementswet, zoals deze voordien golden, van toepassing. **Niet-nakoming wederkerige overeenkomsten**

TITEL 7

Overgangsbepalingen in verband met de wijziging van andere wetten

Art. 32

Voor zover en zolang een bepaling uit de Boeken 3, 5 en 6 van het Burgerlijk Wetboek of een bij deze wet vastgestelde wettelijke bepaling of wijziging niet geldt ingevolge de Overgangswet nieuw Burgerlijk Wetboek of ingevolge dit gedeelte der wet, blijft een daarop steunende wettelijke bepaling eveneens buiten toepassing. **Afgeleide bepalingen**

Art. 33

Artikel 18 is van overeenkomstige toepassing op regelingen met betrekking tot beslag of executie, die in bijzondere wetten voorkomen en die bij deze wet aan het Wetboek van Burgerlijk Rechtsvordering worden aangepast. **Schakelbepaling**

Art. 34

Artikel 47, derde lid, van de Wet op het notarisambt vindt alleen toepassing op verklaringen van erfrecht die na het in werking treden van de wet zijn opgemaakt. **Wet op het Notarisambt**

Art. 35

Artikel 21 van de Pachtwet, zoals vastgesteld bij deze wet, geldt vanaf drie jaar na het in werking treden van deze wet. **Pachtwet**

Art. 36

– 1. De wijzigingen die bij de wet worden aangebracht in de Onteigeningswet, zijn niet van toepassing op een onteigening waarin de dagvaarding overeenkomstig artikel 18 of artikel 47 van die wet reeds voor het tijdstip van het in werking treden der wet is uitgebracht. **Onteigeningswet**

– 2. Op de onteigening van een erfdienstbaarheid als bedoeld in artikel 4 eerste lid van de Onteigeningswet zoals dat gold vóór het tijdstip genoemd in het vorige lid, blijven de voordien geldende bepalingen van toepassing, indien vóór dat tijdstip reeds een terinzagelegging als bedoeld in artikel 7, 12, 80 of 143 van de Onteigeningswet is geschied. **Onteigening van een erfdienstbaarheid**

Art. 37

De artikelen 48 tot en met 52 van de Grootboekwet, zoals die bij deze wet zijn vastgesteld, zijn niet van toepassing, indien de schuldenaar of de pandgever reeds vóór het in werking treden van de wet in de nakoming van zijn verbintenis was tekortgeschoten en aan de pandgever de uitwinning van het pand reeds was aangezegd. **Grootboekwet; pand**

Art. 38

Van het in werking treden der wet af zijn op een recht dat in het tevoren geldende artikel 5, derde lid onder *b*, laatste zinsnede van de Belemmeringenwet Privaatrecht, werd aangeduid als niet met name in het Burgerlijk Wetboek genoemd, de bepalingen van titel 8 van Boek 5 van het Burgerlijk Wetboek van toepassing.

Art. 39

– 1. Artikel 86, eerste lid, van de Overgangswet nieuw Burgerlijk Wetboek is niet van toepassing, zolang een vóór het in werking treden van de wet, met toepassing van artikel 22 van de Invorderingswet 1990 (*Stb.* 221) of artikel 156 van de Algemene wet inzake de douane en de accijnzen (*Stb.* 1961, 31) gelegd bodembeslag niet is afgewikkeld. **Fiscaal bodembeslag**

– 2. Artikel 22, derde lid, van de Invorderingswet 1990 en artikel 156, vierde lid, van de Algemene wet inzake de douane en de accijnzen, zoals die bij deze wet zijn vastgesteld, zijn niet van toepassing met betrekking tot een vóór het tijdstip van het in werking treden van de wet gelegd bodembeslag voor zover het betreft de rechten van hen die tot aan dat tijdstip reeds op grond van de toenmalige artikelen 2014, tweede lid, van het Burgerlijk Wetboek en 230 van het Wetboek van Koophandel bevoegd waren tot de terugvordering van een in beslag genomen zaak.

Slotbepalingen

– 1. Deze wet treedt in werking op een door Ons te bepalen tijdstip.

– 2. Onze Minister van Justitie kan de voorgaande bepalingen als hoofdstuk of deel van een hoofdstuk in het geheel van de Invoeringswet Boeken 3, 5 en 6 nieuw Burgerlijk Wetboek invoegen met de daartoe nodige wijziging in de nummering, mede in de verwijzingen.

– 3. Deze wet kan worden aangehaald als Invoeringswet Boeken 3, 5 en 6 nieuw B.W. (twaalfde gedeelte).

II AANVERW. REGELG. BW

II.1 VERDRAG BETREFFENDE DE BEVOEGDHEID DER AUTORITEITEN EN DE TOEPASSELIJKE WET INZAKE DE BESCHERMING VAN MINDERJARIGEN [VERTALING] (HAAGS KINDERBESCHERMINGSVERDRAG 1961)

Verdrag betreffende de bevoegdheid der autoriteiten en de toepasselijke wet inzake de bescherming van minderjarigen [Vertaling]

Verdrag van 5 oktober 1961, Trb. 1968, 101

[Inwerkingtreding: 04-02-1969]

De Staten die dit Verdrag hebben ondertekend,
Verlangend gemeenschappelijke bepalingen vast te stellen betreffende de bevoegdheid der autoriteiten en de toepasselijke wet inzake de bescherming van minderjarigen,
Hebben besloten te dien einde een Verdrag te sluiten en zijn overeengekomen als volgt:

Art. 1

Bevoegde autoriteiten gewone verblijfplaats

Onverminderd het bepaalde bij de artikelen 3, 4 en 5, derde lid, van dit Verdrag zijn de rechterlijke en administratieve autoriteiten van de Staat, waar een minderjarige zijn gewone verblijf heeft, bevoegd maatregelen te nemen die strekken tot de bescherming van zijn persoon of goed.

Art. 2

Toepasselijk recht

– 1. De in artikel 1 als bevoegd aangewezen autoriteiten nemen de in hun interne wet voorkomende maatregelen.
– 2. Deze wet bepaalt de voorwaarden waaronder die maatregelen worden genomen, gewijzigd en beëindigd. Zij beheerst tevens de gevolgen van die maatregelen, zowel wat betreft de betrekkingen tussen de minderjarige en de personen of instellingen aan wier zorg hij is toevertrouwd als ten opzichte van derden.

Art. 3

Erkenning gezagsverhouding

Een gezagsverhouding die van rechtswege voortvloeit uit de interne wet van de Staat waarvan de minderjarige onderdaan is, wordt in alle Verdragstaten erkend.

Art. 4

Maatregelen tot bescherming persoon of goed

– 1. De autoriteiten van de Staat waarvan de minderjarige onderdaan is, kunnen indien zij dit in het belang van de minderjarige oordelen, met toepassing van hun interne wet maatregelen tot bescherming van zijn persoon of goed nemen, nadat zij het voornemen daartoe aan de autoriteiten van de Staat van het gewone verblijf van de minderjarige kenbaar hebben gemaakt.
– 2. De genoemde wet bepaalt de voorwaarden waaronder die maatregelen worden genomen, gewijzigd of beëindigd. Zij beheerst tevens de gevolgen van die maatregelen, zowel wat betreft de betrekkingen tussen de minderjarige en de personen of instellingen aan wier zorg hij is toevertrouwd als ten opzichte van derden.
– 3. De autoriteiten van de Staat waarvan de minderjarige onderdaan is zien erop toe, dat aan de genomen maatregelen de hand wordt gehouden.
– 4. De krachtens de voorafgaande leden van dit artikel genomen maatregelen treden in de plaats van die, welke mochten zijn genomen door de autoriteiten van de Staat waar de minderjarige zijn gewoon verblijf heeft.

Art. 5

Verplaatsing gewone verblijf

– 1. Bij verplaatsing van het gewone verblijf van een minderjarige van een Verdragsluitende Staat naar een andere blijven de door de autoriteiten van de Staat van het vorige gewone verblijf genomen maatregelen van kracht zolang de autoriteiten van het nieuwe gewone verblijf deze niet hebben opgeheven of vervangen.
– 2. De maatregelen, genomen door de autoriteiten van de Staat van het vorige gewone verblijf van de minderjarige worden niet opgeheven of vervangen dan nadat het voornemen daartoe aan die autoriteiten kenbaar is gemaakt.
– 3. Bij verhuizing van een minderjarige die onder de bescherming stond van de autoriteiten van de Staat waarvan hij onderdaan is, blijven de door die autoriteiten met toepassing van hun interne wet genomen maatregelen in de Staat van het nieuwe gewone verblijf van kracht.

Art. 6

Uitvoering maatregelen

– 1. De autoriteiten van de Staat waarvan de minderjarige onderdaan is, kunnen in overeenstemming met de autoriteiten van de Staat waar hij zijn gewone verblijf heeft of goederen bezit, de uitvoering van genomen maatregelen aan deze autoriteiten opdragen.
– 2. Hetzelfde geldt voor de autoriteiten van de Staat van het gewone verblijf van de minderjarige ten aanzien van de autoriteiten van de Staat waar de minderjarige goederen bezit.

Art. 7

Erkenning maatregelen

Maatregelen genomen door autoriteiten die krachtens de voorafgaande artikelen van dit Verdrag bevoegd zijn, worden in alle Verdragsstaten erkend. Indien echter voor de uitvoering van deze maatregelen handelingen van tenuitvoerlegging in een andere Staat dan die waar zij werden genomen noodzakelijk zijn, worden de erkenning en de tenuitvoerlegging van die maatregelen geregeld hetzij door de interne wet van de Staat waar de tenuitvoerlegging wordt verzocht, hetzij door de internationale overeenkomsten.

Art. 8

Ernstig gevaar

– 1. Ondanks het bepaalde bij de artikelen 3, 4 en 5, derde lid, van dit Verdrag kunnen de autoriteiten van de Staat van het gewone verblijf van een minderjarige beschermingsmaatregelen nemen indien de persoon of het goed van de minderjarige door een ernstig gevaar wordt bedreigd.

– 2. De autoriteiten van de andere Verdragsluitende Staten zijn niet gehouden deze maatregelen te erkennen.

Art. 9

Spoedeisende gevallen

– 1. De autoriteiten van iedere Verdragsluitende Staat op het grondgebied waarvan de minderjarige zich bevindt of goederen bezit, nemen in spoedeisende gevallen de noodzakelijke beschermingsmaatregelen.

– 2. Voor zover zij hun uitwerking nog niet hebben gehad, verliezen de met toepassing van het vorige lid genomen maatregelen hun kracht, zodra de ingevolge dit Verdrag bevoegde autoriteiten de door de omstandigheden vereiste maatregelen hebben genomen.

Art. 10

Overleg

Ter bevordering van bestendigheid van verhoudingen treden de autoriteiten van een Verdragsluitende Staat, alvorens maatregelen ten aanzien van een minderjarige te nemen, zoveel mogelijk in overleg met de autoriteiten van de andere Verdragsluitende Staten, wier beslissingen nog van kracht zijn.

Art. 11

Informatieplicht

– 1. Alle autoriteiten die op grond van de bepalingen van dit Verdrag maatregelen hebben genomen, stellen hiervan onverwijld de autoriteiten van de Staat waarvan de minderjarige onderdaan is en, in voorkomend geval, die van de Staat van zijn gewone verblijf, in kennis.

– 2. Iedere Verdragsluitende Staat wijst de autoriteiten aan, die rechtstreeks de in het voorafgaande lid bedoelde inlichtingen kunnen geven en ontvangen. Hij geeft van deze aanwijzing kennis aan het Ministerie van Buitenlandse Zaken van Nederland.

Art. 12

Minderjarige

Voor de toepassing van dit Verdrag wordt onder 'minderjarige' verstaan elke persoon die deze hoedanigheid zowel volgens de interne wet van de Staat waarvan hij onderdaan is als volgens de interne wet van zijn gewone verblijf bezit.

Art. 13

Reikwijdte verdrag

– 1. Dit Verdrag is van toepassing op alle minderjarigen die hun gewone verblijf in een van de Verdragsluitende Staten hebben.

– 2. Evenwel komen de bevoegdheden door dit Verdrag toegekend aan de autoriteiten van de Staat waarvan de minderjarige onderdaan is, slechts toe aan de autoriteiten van de Verdragsluitende Staten.

– 3. Iedere Verdragsluitende Staat kan zich voorbehouden dit Verdrag slechts toe te passen op minderjarigen die onderdaan zijn van een van de Verdragsluitende Staten.

Art. 14

Meer rechtsstelsels

Indien in de Staat waarvan de minderjarige onderdaan is meer dan een rechtsstelsel bestaat, worden voor de toepassing van dit Verdrag onder 'interne wet van de Staat waarvan de minderjarige onderdaan is' en onder 'autoriteiten van de Staat waarvan de minderjarige onderdaan is' verstaan de wetgeving en de autoriteiten, aangewezen door de in die Staat geldende regels. Bij gebreke van zodanige regels wordt voor deze toepassing onder bedoelde wet verstaan de wetgeving, waarmede de minderjarige de nauwste band heeft en onder bedoelde autoriteiten de volgens die wetgeving bevoegde autoriteiten.

Art. 15

Ontbinding huwelijk

– 1. Voor het geval dat de autoriteiten van een Verdragsluitende Staat te oordelen zullen hebben over een vordering tot nietigverklaring of ontbinding van het huwelijk van de ouders van een minderjarige of over een vordering tot losser maken van de tussen die ouders bestaande huwelijksband, kan door deze Staat een voorbehoud worden gemaakt met betrekking tot de bevoegdheid van die autoriteiten maatregelen te nemen ter bescherming van persoon of goed van de minderjarige.

– 2. De autoriteiten van de andere Verdragsluitende Staten zijn niet gehouden deze maatregelen te erkennen.

Art. 16

Openbare orde

De bepalingen van dit Verdrag kunnen in de Verdragsluitende Staten slechts ter zijde worden gesteld, indien hun toepassing kennelijk onverenigbaar is met de openbare orde.

Art. 17

Overgangsrecht

Dit Verdrag is slechts van toepassing op maatregelen die na zijn inwerkingtreding zijn genomen.

Art. 18

Verhouding overige verdragen

– 1. Dit Verdrag vervangt in de betrekkingen tussen de Verdragsluitende Staten het Verdrag tot regeling der voogdij van minderjarigen, ondertekend te 's-Gravenhage, de 12de juni 1902.

– 2. Het laat onverlet de bepalingen van andere verdragen die op het tijdstip van zijn inwerkingtreding verbindend zijn tussen twee of meer Verdragsluitende Staten.

Art. 19

Ondertekening

– 1. Dit Verdrag staat ter ondertekening open voor de Staten vertegenwoordigd op de Negende Zitting van de Haagse Conferentie voor Internationaal Privaatrecht.

Bekrachtiging

– 2. Het dient te worden bekrachtigd en de akten van bekrachtiging worden nedergelegd bij het Ministerie van Buitenlandse Zaken van Nederland.

Art. 20

Inwerkingtreding

– 1. Dit Verdrag treedt in werking op de zestigste dag na de nederlegging van de derde akte van bekrachtiging bedoeld in artikel 19, tweede lid.

– 2. Voor iedere ondertekenende Staat die het Verdrag later bekrachtigt, treedt het in werking op de zestigste dag na de datum van nederlegging van zijn akte van bekrachtiging.

Art. 21

Toetreding

– 1. Iedere Staat die niet vertegenwoordigd was op de Negende Zitting van de Haagse Conferentie voor Internationaal Privaatrecht kan tot dit Verdrag toetreden, nadat het krachtens artikel 20, eerste lid, in werking is getreden. De akte van toetreding wordt nedergelegd bij het Ministerie van Buitenlandse Zaken van Nederland.

– 2. De toetreding heeft slechts gevolg voor zover het de betrekkingen betreft tussen de toetredende Staat en de Verdragsluitende Staten die hebben verklaard deze toetreding te zullen aanvaarden. Deze aanvaarding wordt ter kennis gebracht van het Ministerie van Buitenlandse Zaken van Nederland.

– 3. Het Verdrag treedt tussen de toetredende Staat en de Staat die heeft verklaard deze toetreding te zullen aanvaarden in werking op de zestigste dag na de dagtekening van de in het voorgaande lid bedoelde kennisgeving.

Art. 22

Toepasselijkverklaring

– 1. Iedere Staat kan op het tijdstip van ondertekening, bekrachtiging of toetreding verklaren dat dit Verdrag mede van toepassing zal zijn op alle gebieden voor welker internationale betrekkingen hij verantwoordelijk is, of op een of meer van die gebieden. Deze verklaring wordt van kracht op het tijdstip waarop het Verdrag voor die Staat in werking treedt.

– 2. Daarna zal van iedere zodanige toepasselijkverklaring mededeling worden gedaan aan het Ministerie van Buitenlandse Zaken van Nederland.

– 3. Indien de toepasselijkverklaring wordt gedaan door een Staat die het Verdrag heeft ondergetekend en bekrachtigd, treedt het Verdrag voor de betrokken gebieden in werking overeenkomstig het bepaalde in artikel 20. Wordt die verklaring gedaan door een Staat die tot het Verdrag is toegetreden, dan treedt het Verdrag voor de betrokken gebieden in werking, overeenkomstig het bepaalde in artikel 21.

Art. 23

Voorbehouden

– 1. Iedere Staat kan uiterlijk op het tijdstip van bekrachtiging of toetreding de voorbehouden maken bedoeld in artikel 13, derde lid en 15, eerste lid, van dit Verdrag. Andere voorbehouden zijn niet toegestaan.

– 2. Iedere Verdragsluitende Staat kan tevens bij het afleggen van een toepasselijkverklaring van het Verdrag overeenkomstig artikel 22, deze voorbehouden maken uitsluitend ten aanzien van de gebieden of van bepaalde gebieden waarop de toepasselijkverklaring betrekking heeft.

– 3. Iedere Verdragsluitende Staat kan te allen tijde een door hem gemaakt voorbehoud intrekken. Deze intrekking wordt ter kennis gebracht van het Ministerie van Buitenlandse Zaken van Nederland.

– 4. Het voorbehoud houdt op van kracht te zijn op de zestigste dag na de dagtekening van de in het voorgaande lid bedoelde kennisgeving.

Art. 24

Geldigheidsduur

– 1. Dit Verdrag blijft gedurende vijf jaar van kracht, te rekenen van de datum van zijn inwerkingtreding overeenkomstig artikel 20, eerste lid, ook voor de Staten die het later hebben bekrachtigd of ertoe zijn toegetreden.

– 2. Het Verdrag wordt, behoudens opzegging, stilzwijgend verlengd, telkens voor vijf jaar.

– 3. De opzegging moet tenminste zes maanden voor het einde van de termijn van vijf jaar ter kennis worden gebracht van het Ministerie van Buitenlandse Zaken van Nederland.

– 4. Zij kan zich beperken tot een of meer van de gebieden waarop het Verdrag van toepassing is.

– 5. De opzegging wordt slechts van kracht ten opzichte van de Staat die ervan mededeling heeft gedaan. Het Verdrag blijft van kracht voor de andere Verdragsluitende Staten.

Art. 25

Mededelingen

Het Ministerie van Buitenlandse Zaken van Nederland doet aan de Staten bedoeld in artikel 19, alsmede de Staten die zijn toegetreden overeenkomstig het in artikel 21 bepaalde, mededeling van:

a) de kennisgevingen bedoeld in artikel 11, tweede lid;

b) de ondertekeningen en bekrachtigingen bedoeld in artikel 19;

c) de datum waarop dit Verdrag krachtens de bepalingen van artikel 20, eerste lid, in werking treedt;

d) de toetredingen en aanvaardingen bedoeld in artikel 21 en de datum waarop zij van kracht worden;

e) de toepasselijkverklaringen bedoeld in artikel 22 en de datum waarop zij van kracht worden;

f) de voorbehouden en intrekkingen van voorbehouden bedoeld in artikel 23;

g) de opzeggingen bedoeld in artikel 24, derde lid.

II.2 VERDRAG INZAKE DE WET DIE VAN TOEPASSING IS OP ONDERHOUDSVERPLICHTINGEN [VERTALING] (VERDRAG ALIMENTATIEVERPLICHTINGEN)

Verdrag van 2 oktober 1973, Trb. 1974, 86

[Inwerkingtreding: 01-10-1977]

De Staten die dit Verdrag hebben ondertekend,
Geleid door de wens gemeenschappelijke bepalingen vast te stellen betreffende de wet die van toepassing is op onderhoudsverplichtingen jegens volwassenen,
Geleid door de wens deze bepalingen te coördineren met die van het Verdrag van 24 oktober 1956 nopens de wet welke op alimentatieverplichtingen jegens kinderen toepasselijk is,
Hebben besloten hiertoe een Verdrag te sluiten en zijn overeengekomen als volgt:

HOOFDSTUK I
Toepassingsgebied van het verdrag

Art. 1

Toepasselijkheid

Dit Verdrag is van toepassing op onderhoudsverplichtingen voortvloeiend uit familiebetrekkingen, uit bloedverwantschap, huwelijk of aanverwantschap, met inbegrip van onderhoudsverplichtingen jegens een onwettig kind.

Art. 2

Wetsconflicten

Het Verdrag regelt slechts de wetsconflicten ter zake van onderhoudsverplichtingen.
De krachtens toepassing van het Verdrag gegeven beslissingen raken niet het bestaan van een der in het eerste artikel genoemde betrekkingen.

Art. 3

Universele werking

De bij het Verdrag aangewezen wet is van toepassing, onafhankelijk van enig vereiste van wederkerigheid, zelfs indien het de wet van een niet-Verdragsluitende Staat betreft.

HOOFDSTUK II
Toepasselijke wet

Art. 4

Gewone verblijfplaats

De interne wet van de gewone verblijfplaats van de onderhoudsgerechtigde beheerst de in artikel 1 bedoelde onderhoudsverplichtingen.
In geval van verandering van de gewone verblijfplaats van de onderhoudsgerechtigde wordt de interne wet van de nieuwe gewone verblijfplaats van toepassing vanaf het tijdstip waarop de verandering is ingetreden.

Art. 5

Gemeenschappelijke nationale wet

Wanneer de onderhoudsgerechtigde niet op grond van de wet bedoeld in artikel 4 onderhoud van de onderhoudsplichtige kan verkrijgen, is hun gemeenschappelijke nationale wet van toepassing.

Art. 6

Interne wet

De interne wet van de autoriteit bij wie de zaak is aanhangig gemaakt, is van toepassing wanneer de onderhoudsgerechtigde niet op grond van de wetten bedoeld in de artikelen 4 en 5, onderhoud van de onderhoudsplichtige kan verkrijgen.

Art. 7

Verweer onderhoudsplichtige

In geval van onderhoudsverplichtingen tussen personen die elkaar in de zijlinie bestaan en tussen aanverwanten kan de onderhoudsplichtige verweer voeren tegen het verzoek van de onderhoudsgerechtigde op grond van het ontbreken van een voor hem geldende verplichting krachtens hun gemeenschappelijke nationale wet of, bij gebreke van een gemeenschappelijke nationaliteit, krachtens de interne wet van zijn gewone verblijfplaats.

Art. 8

Onderhoudsplichtig bij echtscheiding e.d.

In afwijking van het bepaalde in de artikelen 4 tot en met 6 beheerst in de Verdragsluitende Staat, waar een echtscheiding is uitgesproken of erkend, de wet welke op die echtscheiding toegepast is, de onderhoudsverplichtingen tussen de gescheiden echtgenoten en de herziening van beslissingen betreffende deze verplichtingen.
De voorgaande alinea is eveneens van toepassing op gevallen van scheiding van tafel en bed, van nietigverklaring of vernietiging van het huwelijk.

Art. 9

Terugbetaling uitkering

Het recht van een openbaar lichaam terugbetaling te verkrijgen van een aan de onderhoudsgerechtigde verstrekte uitkering is onderworpen aan de wet die het lichaam beheerst.

Art. 10

Inhoud aangewezen wet

De wet die van toepassing is op de onderhoudsverplichting bepaalt inzonderheid:
1. of, in welke omvang en van wie de onderhoudsgerechtigde zijn onderhoud kan vorderen;

2. wie gerechtigd is een vordering tot onderhoud in te stellen en binnen welke termijn zulks dient te geschieden;
3. de grenzen van de verplichting van de onderhoudsplichtige, wanneer het openbare lichaam dat onderhoud aan de onderhoudsgerechtigde heeft verstrekt, terugbetaling van zijn uitkering verlangt.

Art. 11

Afzien van toepassing wet; behoeftigheid en draagkracht

Van de toepassing van de bij het Verdrag aangewezen wet kan slechts worden afgezien indien zij klaarblijkelijk onverenigbaar is met de openbare orde.
Evenwel dient, zelfs indien de van toepassing zijnde wet anders bepaalt, bij de bepaling van het bedrag van de uitkering tot onderhoud rekening te worden gehouden met de behoeften van de onderhoudsgerechtigde en de middelen van de onderhoudsplichtige.

HOOFDSTUK III
Diverse bepalingen

Art. 12

Geen terugwerkende kracht

Het Verdrag is niet van toepassing op onderhoud dat in een Verdragsluitende Staat wordt gevorderd over een tijdvak voorafgaand aan zijn inwerkingtreding in die Staat.

Art. 13

Voorbehoud

Elke Verdragsluitende Staat kan, overeenkomstig artikel 24, zich het recht voorbehouden het Verdrag slechts toe te passen op onderhoudsverplichtingen:
1. tussen echtgenoten en vroegere echtgenoten;
2. jegens een persoon die de leeftijd van eenentwintig jaar nog niet heeft bereikt en die niet is gehuwd.

Art. 14

Voorbehoud

Elke Verdragsluitende Staat kan, overeenkomstig artikel 24, zich het recht voorbehouden het Verdrag niet toe te passen op onderhoudsverplichtingen:
1. tussen personen die elkaar in de zijlinie bestaan;
2. tussen aanverwanten;
3. tussen echtgenoten die zijn gescheiden, gescheiden van tafel en bed, of wier huwelijk nietig is verklaard of is vernietigd, wanneer het vonnis tot echtscheiding, scheiding van tafel en bed, nietigverklaring of vernietiging van het huwelijk bij verstek is gewezen in een Staat waar de partij tegen wie het verstek werd verleend niet zijn gewone verblijfplaats had.

Art. 15

Voorbehoud

Elke Verdragsluitende Staat kan, overeenkomstig artikel 24, een voorbehoud maken krachtens hetwelk zijn autoriteiten zijn interne wet toepassen wanneer de onderhoudsgerechtigde en de onderhoudsplichtige de nationaliteit van die Staat hebben en indien de onderhoudsplichtige daar zijn gewone verblijfplaats heeft.

Art. 16

Verschillende rechtsstelsels voor personen of gebieden

Indien de wet van een Staat die ter zake van onderhoudsverplichtingen twee of meer rechtsstelsels kent die territoriaal of ten aanzien van personen worden toegepast, in aanmerking moet worden genomen – zoals in geval van verwijzing naar de wet van de gewone verblijfplaats van de onderhoudsgerechtigde of de onderhoudsplichtige of naar de gemeenschappelijke nationale wet – dient het stelsel dat door de in die Staat van kracht zijnde regels wordt aangewezen te worden toegepast, of bij gebreke daarvan, het stelsel waarmede de betrokkenen de nauwste banden hebben.

Art. 17

Interne wetsconflicten

Een Verdragsluitende Staat waarin verschillende gebiedsdelen hun eigen rechtsregels inzake onderhoudsverplichtingen hebben, is niet gehouden het Verdrag toe te passen op wetsconflicten waarbij uitsluitend zijn gebiedsdelen betrokken zijn.

Art. 18

Vervanging verdrag van 24 oktober 1956

Het Verdrag vervangt in de betrekkingen tussen de Staten die daarbij partij zijn het op 24 oktober 1956 te 's-Gravenhage tot stand gekomen Verdrag nopens de wet welke op onderhoudsverplichtingen jegens kinderen toepasselijk is.
De eerste alinea is evenwel niet van toepassing op een Staat die door het maken van het voorbehoud bedoeld in artikel 13, de toepassing van dit Verdrag op onderhoudsverplichtingen jegens een persoon die de leeftijd van eenentwintig jaar nog niet heeft bereikt en die niet is gehuwd, heeft uitgesloten.

Art. 19

Internationale akten

Het Verdrag laat internationale akten waarbij een Verdragsluitende Staat partij is of wordt en die bepalingen bevatten omtrent bij dit Verdrag geregelde aangelegenheden, onverlet.

HOOFDSTUK IV
Slotbepalingen

Art. 20

Ondertekening; bekrachtiging, aanvaarding of goedkeuring; nederlegging

Het Verdrag staat open voor ondertekening door de Staten die lid waren van de Haagse Conferentie voor internationaal privaatrecht ten tijde van haar twaalfde zitting.
Het dient te worden bekrachtigd, aanvaard of goedgekeurd en de akten van bekrachtiging, aanvaarding of goedkeuring dienen te worden nedergelegd bij het Ministerie van Buitenlandse Zaken van Nederland.

Art. 21

Toetreding

Elke Staat die eerst na de twaalfde zitting lid van de Conferentie is geworden, of die lid is van de Organisatie der Verenigde Naties of van een van de gespecialiseerde organisaties daarvan, of die partij is bij het Statuut van het Internationaal Gerechtshof, kan tot dit Verdrag toetreden na de inwerkingtreding ervan overeenkomstig de eerste alinea van artikel 25.
De akte van toetreding dient te worden nedergelegd bij het Ministerie van Buitenlandse Zaken van Nederland.

Art. 22

Verklaringen over het werkingsgebied

Elke Staat kan, op het tijdstip van ondertekening, bekrachtiging, goedkeuring, aanvaarding of toetreding verklaren dat het Verdrag zich uitstrekt tot alle gebieden voor welker internationale betrekkingen hij verantwoordelijk is of tot een of meer van deze gebieden. Deze verklaring wordt van kracht op de datum van de inwerkingtreding van het Verdrag voor genoemde Staat.
Daarna dient elke zodanige uitbreiding ter kennis te worden gebracht van het Ministerie van Buitenlandse Zaken van Nederland.

Art. 23

Verklaringen over het werkingsgebied

Elke Verdragsluitende Staat die twee of meer gebiedsdelen omvat waarbinnen verschillende rechtsstelsels van toepassing zijn ter zake van onderhoudsverplichtingen, kan op het tijdstip van ondertekening, bekrachtiging, aanvaarding, goedkeuring of toetreding verklaren dat dit Verdrag zich zal uitstrekken tot al zijn gebiedsdelen of slechts tot een of meer daarvan en kan te allen tijde deze verklaring wijzigen door een nieuwe verklaring af te leggen.
Deze verklaringen worden ter kennis gebracht van het Ministerie van Buitenlandse Zaken van Nederland en geven uitdrukkelijk aan op welk(e) gebiedsdeel(delen) het Verdrag van toepassing is.

Art. 24

Tijdstip maken en intrekken voorbehouden

Elke Staat kan, uiterlijk op het tijdstip van bekrachtiging, aanvaarding, goedkeuring of toetreding, een of meer van de voorbehouden maken bedoeld in de artikelen 13 tot en met 15. Andere voorbehouden zijn niet toegestaan.
Elke Staat kan tevens, bij de kennisgeving van een uitbreiding van de toepassing van het Verdrag overeenkomstig artikel 22, een of meer van deze voorbehouden maken waarvan de werking is beperkt tot de gebiedsdelen of tot enkele van de gebiedsdelen bedoeld in de kennisgeving.
Elke Verdragsluitende Staat kan te allen tijde een door hem gemaakt voorbehoud intrekken. Deze intrekking wordt ter kennis gebracht van het Ministerie van Buitenlandse Zaken van Nederland.
De geldigheid van het voorbehoud eindigt op de eerste dag van de derde kalendermaand na de kennisgeving bedoeld in de voorgaande alinea.

Art. 25

Tijdstip inwerkingtreding

Het Verdrag treedt in werking op de eerste dag van de derde kalendermaand na de nederlegging van de derde akte van bekrachtiging, aanvaarding of goedkeuring bedoeld in artikel 20.
Daarna treedt het Verdrag in werking:
– voor elke ondertekenende Staat die het daarna bekrachtigt, aanvaardt of goedkeurt, op de eerste dag van de derde kalendermaand na de nederlegging van zijn akte van bekrachtiging, aanvaarding of goedkeuring;
– voor elke toetredende Staat op de eerste dag van de derde kalendermaand na de nederlegging van zijn akte van toetreding;
– voor de gebiedsdelen waartoe het Verdrag zich uitstrekt overeenkomstig artikel 22, op de eerste dag van de derde kalendermaand na de kennisgeving bedoeld in dat artikel.

Art. 26

Looptijd; verlenging, opzegging

Het Verdrag heeft een looptijd van vijf jaar van de datum van zijn inwerkingtreding overeenkomstig de eerste alinea van artikel 25, zelfs voor de Staten die het daarna hebben bekrachtigd, aanvaard of goedgekeurd of daartoe zijn toegetreden.
Behoudens opzegging wordt het Verdrag stilzwijgend verlengd, telkens voor een tijdvak van vijf jaar.
De opzegging wordt, uiterlijk zes maanden voor het verstrijken van het tijdvak van vijf jaar, ter

kennis gebracht van het Ministerie van Buitenlandse Zaken van Nederland. Zij kan worden beperkt tot bepaalde gebiedsdelen waarop het Verdrag van toepassing is.
De opzegging geldt slechts ten aanzien van de Staat die haar heeft gedaan. Voor de andere Verdragsluitende Staten blijft het Verdrag van kracht.

Art. 27

Mededelingen omtrent stand van zaken

Het Ministerie van Buitenlandse Zaken van Nederland stelt de Staten die lid zijn van de Conferentie, alsmede de Staten die overeenkomstig het bepaalde in artikel 21 zijn toegetreden, in kennis van:
1. de ondertekeningen, bekrachtigingen, aanvaardingen en goedkeuringen bedoeld in artikel 20;
2. de datum waarop dit Verdrag in werking treedt overeenkomstig het bepaalde in artikel 25;
3. de toetredingen bedoeld in artikel 21 en de datum waarop zij van kracht worden;
4. de uitbreidingen bedoeld in artikel 22 en de datum waarop zij van kracht worden;
5. de verklaringen genoemd in artikel 23, alsmede wijzigingen daarvan en de datum waarop deze verklaringen en wijzigingen van kracht worden;
6. de opzeggingen bedoeld in artikel 26;
7. de voorbehouden bedoeld in de artikelen 13 tot en met 15 en 24 en de intrekking van de voorbehouden bedoeld in artikel 24.

II.2A VERDRAG INZAKE DE ERKENNING EN DE TENUITVOERLEGGING VAN BESLISSINGEN OVER ONDERHOUDSVERPLICHTINGEN [VERTALING]

Verdrag van 2 oktober 1973, Trb. 1974, 85

[Inwerkingtreding: 01-08-1976]

De Staten die dit Verdrag hebben ondertekend,
Geleid door de wens gemeenschappelijke bepalingen vast te stellen met het oog op de wederzijdse erkenning en de tenuitvoerlegging van beslissingen over onderhoudsverplichtingen jegens volwassenen,
Geleid door de wens deze bepalingen te coördineren met die van het Verdrag van 15 april 1958 nopens de erkenning en de tenuitvoerlegging van beslissingen over onderhoudsverplichtingen jegens kinderen,
Hebben besloten hiertoe een Verdrag te sluiten en zijn overeengekomen als volgt:

HOOFDSTUK I
Toepassingsgebied van het verdrag

Art. 1

Reikwijdte

Dit Verdrag is van toepassing op beslissingen over onderhoudsverplichtingen voortvloeiend uit familiebetrekkingen, uit bloedverwantschap, huwelijk of aanverwantschap, met inbegrip van onderhoudsverplichtingen jegens een onwettig kind, gegeven door de rechterlijke of administratieve autoriteiten van een Verdragsluitende Staat tussen:
1. een onderhoudsgerechtigde en een onderhoudsplichtige; of
2. een onderhoudsplichtige en een openbare instelling die de terugbetaling vordert van de aan een onderhoudsgerechtigde verstrekte uitkering. Het is eveneens van toepassing op schikkingen welke ter zake zijn gemaakt tussen deze personen ten overstaan van deze autoriteiten.

Art. 2

Reikwijdte

Het Verdrag is van toepassing op beslissingen en schikkingen, hoe ook omschreven.
Het is eveneens van toepassing op beslissingen of schikkingen waarbij een vroegere beslissing of schikking wordt gewijzigd, zelfs indien deze beslissing of schikking afkomstig is van een niet-Verdragsluitende Staat.
Het is van toepassing, ongeacht of de onderhoudsvordering van internationale of binnenlandse aard is en ongeacht de nationaliteit of de gewone verblijfplaats van de partijen.

Art. 3

Reikwijdte

Indien de beslissing of schikking niet alleen de onderhoudsverplichting betreft, blijft de werking van het Verdrag tot deze laatste beperkt.

HOOFDSTUK II
Voorwaarden voor de erkenning en tenuitvoerlegging van beslissingen

Art. 4

Erkenning en tenuitvoerlegging van beslissing

De in een Verdragsluitende Staat gegeven beslissing moet in een andere Verdragsluitende Staat worden erkend of uitvoerbaar verklaard indien:
1. zij is gegeven door een autoriteit die als bevoegd wordt beschouwd in de zin van artikel 7 of 8; en
2. daartegen in de Staat van herkomst geen gewoon rechtsmiddel meer kan worden aangewend. Beslissingen uitvoerbaar bij voorraad en voorlopige maatregelen worden, ook al zijn zij nog vatbaar voor beroep, erkend of uitvoerbaar verklaard in de aangezochte Staat, indien soortgelijke beslissingen daar kunnen worden gegeven en ten uitvoer gelegd.

Art. 5

Weigering erkenning of tenuitvoerlegging

De erkenning of tenuitvoerlegging van de beslissing kan niettemin worden geweigerd indien:
1. de erkenning of tenuitvoerlegging van de beslissing klaarblijkelijk onverenigbaar is met de openbare orde van de aangezochte Staat; of
2. de beslissing werd verkregen door bedrog of arglist in de procedure; of
3. een geschil tussen dezelfde partijen en betreffende hetzelfde onderwerp aanhangig is voor een autoriteit van de aangezochte Staat en daarbij het eerst is aanhangig gemaakt; of
4. de beslissing onverenigbaar is met een tussen dezelfde partijen over hetzelfde onderwerp gegeven beslissing, welke is gegeven in de aangezochte Staat, hetzij in een andere Staat, mits zij in het laatste geval voldoet aan de voorwaarden vereist voor haar erkenning en tenuitvoerlegging in de aangezochte Staat.

Art. 6

Bij verstek gegeven beslissing

Onverminderd het bepaalde in artikel 5 wordt een bij verstek gegeven beslissing slechts erkend of uitvoerbaar verklaard indien het stuk waarmede het geding wordt ingeleid en dat de hoofdpunten van de eis omvat, overeenkomstig het recht van de Staat van herkomst is medegedeeld of betekend aan de partij tegen wie het verstek werd verleend, en indien aan die partij een termijn was gelaten die, de omstandigheden in aanmerking genomen, voldoende was voor het voeren van verweer.

Art. 7

Bevoegde staat

De autoriteit van de Staat van herkomst wordt bevoegd geacht in de zin van het Verdrag:
1. indien de onderhoudsplichtige of de onderhoudsgerechtigde ten tijde van de inleiding van het geding zijn gewone verblijfplaats had in de Staat van herkomst; of
2. de onderhoudsplichtige en de onderhoudsgerechtigde ten tijde van de inleiding van het geding de nationaliteit van de Staat van oorsprong hadden; of
3. de verweerder zich heeft onderworpen aan de bevoegdheid van deze autoriteit, uitdrukkelijk dan wel door verweer ten gronde te voeren zonder voorbehoud ten aanzien van de bevoegdheid.

Art. 8

Bevoegde staat bij alimentatieverplichtingen

Onverminderd het bepaalde in artikel 7 worden de autoriteiten van een Verdragsluitende Staat die vonnis hebben gewezen inzake een vordering tot onderhoud als bevoegd in de zin van het Verdrag beschouwd, indien dit onderhoud verschuldigd is op grond van een echtscheiding, een scheiding van tafel en bed, nietigheid of ongeldigverklaring van het huwelijk, uitgesproken voor een autoriteit van deze Staat die volgens het recht van de aangezochte Staat als ter zake bevoegd wordt erkend.

Art. 9

Gebondenheid aan feiten

De autoriteit van de aangezochte Staat is gebonden aan de feitelijke overwegingen op grond waarvan de autoriteit van de Staat van herkomst haar bevoegdheid heeft aangenomen.

Art. 10

Gedeeltelijke erkenning of tenuitvoerlegging

Wanneer de beslissing verschillende punten van de eis tot onderhoud betreft en de erkenning of tenuitvoerlegging niet voor alle punten kan worden toegestaan, past de autoriteit van de aangezochte Staat het Verdrag toe op het gedeelte van de beslissing dat kan worden erkend of uitvoerbaar verklaard.

Art. 11

Tenuitvoerlegging periodieke betalingen

Wanneer de beslissing de uitkering van onderhoud door middel van periodieke betalingen beveelt, wordt de tenuitvoerlegging toegestaan zowel voor de reeds verschuldigde als voor de nog verschuldigde betalingen.

Art. 12

Juistheid beslissing staat vast

Tenzij het Verdrag anders bepaalt, wordt door de autoriteit van de aangezochte Staat niet onderzocht of de beslissing juist is.

HOOFDSTUK III
Procedure voor de erkenning en tenuitvoerlegging van beslissingen

Art. 13

Toepasselijk recht

Tenzij het Verdrag anders bepaalt, wordt de procedure voor de erkenning of tenuitvoerlegging van de beslissing beheerst door het recht van de aangezochte Staat.

Art. 14

Gedeeltelijke erkenning of tenuitvoerlegging van een beslissing kan steeds worden verzocht.

Art. 15

Kosteloos of goedkoop procederen

De onderhoudsgerechtigde die in de Staat van herkomst vergunning heeft verkregen om kosteloos of tegen verminderd tarief te procederen, geniet bij een procedure tot erkenning of tenuitvoerlegging de gunstigste bijstand of de ruimste vrijstelling van kosten waarin het recht van de aangezochte Staat voorziet.

Art. 16

Geen zekerheidstelling of depot

Geen enkele zekerheidstelling of depot, onder welke benaming ook, kan worden verlangd ter waarborging van de betaling van de proceskosten in de bij het Verdrag bedoelde procedures.

Art. 17

Overlegging stukken

De partij die de erkenning van een beslissing inroept of de tenuitvoerlegging daarvan verlangt moet overleggen:
1. een volledig en authentiek afschrift van de beslissing;
2. alle stukken aan de hand waarvan kan worden vastgesteld, dat tegen de beslissing geen gewoon rechtsmiddel kan worden aangewend in de Staat van herkomst en, eventueel, dat zij daar uitvoerbaar is;
3. indien de beslissing bij verstek gegeven is, het origineel of een voor eensluidend gewaarmerkt afschrift van het stuk aan de hand waarvan kan worden vastgesteld dat het stuk waarmede het geding is ingeleid en dat de hoofdpunten van de eis omvat, overeenkomstig het recht van de Staat van herkomst op regelmatige wijze is medegedeeld of betekend aan de partij tegen wie het verstek werd verleend;

4. eventueel, elk stuk aan de hand waarvan kan worden vastgesteld dat deze partij in de Staat van herkomst vergunning had verkregen om kosteloos of tegen verminderd tarief te procederen;
5. de voor eensluidend gewaarmerkte vertaling van de bovengenoemde stukken, tenzij de autoriteit van de aangezochte Staat vrijstelling hiervan verleent. Bij gebreke van overlegging van de bovengenoemde stukken of indien de inhoud van de beslissing het de autoriteit van de aangezochte Staat niet mogelijk maakt na te gaan of aan de voorwaarden van het Verdrag is voldaan, bepaalt deze autoriteit een termijn voor de overlegging van alle vereiste stukken.
Geen legalisatie of soortgelijke formaliteit mag worden geëist.

HOOFDSTUK IV
Aanvullende bepalingen betreffende openbare instellingen

Art. 18

Verhaal uitkering op onderhoudsplichtige

Een beslissing welke is gegeven tegen een onderhoudsplichtige op verzoek van een openbare instelling, die de terugbetaling vordert van aan de onderhoudsgerechtigde verstrekte uitkeringen, wordt erkend en uitvoerbaar verklaard overeenkomstig het Verdrag indien:
1. deze terugbetaling volgens de wet die deze instelling beheerst door haar kan worden verkregen; en
2. de interne wet aangewezen door het internationaal privaatrecht van de aangezochte Staat voorziet in het bestaan van een onderhoudsverplichting tussen deze onderhoudsgerechtigde en deze onderhoudsplichtige.

Art. 19

Bevoegdheid openbare instelling inzake erkenning of tenuitvoerlegging

Een openbare instelling kan, tot het bedrag van de door haar aan de onderhoudsgerechtigde verstrekte uitkeringen, de erkenning of tenuitvoerlegging verzoeken van een beslissing welke is gegeven tussen de onderhoudsgerechtigde en de onderhoudsplichtige indien zij, volgens de wet waaraan zij is onderworpen, van rechtswege bevoegd is in de plaats van de onderhoudsgerechtigde de erkenning of tenuitvoerlegging van de beslissing te verzoeken.

Art. 20

Overlegging stukken

Onverminderd het bepaalde in artikel 17 moet de openbare instelling die de erkenning of tenuitvoerlegging verzoekt alle stukken overleggen aan de hand waarvan kan worden vastgesteld dat zij voldoet aan de voorwaarden van artikel 18, onder 1, of van artikel 19 en dat de uitkeringen aan de onderhoudsgerechtigde zijn verstrekt.

HOOFDSTUK V
Schikkingen

Art. 21

Erkenning en tenuitvoerlegging

Schikkingen die uitvoerbaar zijn in de Staat van herkomst worden erkend en uitvoerbaar verklaard op dezelfde voorwaarden als beslissingen, voor zover die voorwaarden op die schikkingen toepasselijk zijn.

HOOFDSTUK VI
Diverse bepalingen

Art. 22

Prioriteit bij overmakingen

De Verdragsluitende Staten wier wet beperkingen oplegt aan de overmaking van gelden, kennen de hoogste prioriteit toe aan overmakingen van gelden bestemd om te worden betaald als onderhoud of ter dekking van de kosten en uitgaven voor een verzoek op grond van dit Verdrag.

Art. 23

Beroep op andere regeling mogelijk

Het Verdrag belet niet dat een beroep wordt gedaan op een andere internationale akte die de Staat van herkomst en de aangezochte Staat bindt, of op het niet op verdragen gebaseerde recht van de aangezochte Staat ter verkrijging van de erkenning of tenuitvoerlegging van een beslissing of een schikking.

Art. 24

Datum van de beslissing

Het Verdrag is van toepassing ongeacht de datum waarop de beslissing is gegeven.
Wanneer de beslissing is gegeven vóór de inwerkingtreding van het Verdrag in de betrekkingen tussen de Staat van herkomst en de aangezochte Staat wordt zij in laatstgenoemde Staat slechts uitvoerbaar verklaard voor wat betreft de na deze inwerkingtreding verschuldigde betalingen.

Art. 25

Uitbreiding tot alle authentieke akten

Elke Verdragsluitende Staat kan te allen tijde verklaren dat, in zijn betrekkingen met de Staten die dezelfde verklaring hebben afgelegd, de bepalingen van het Verdrag worden uitgebreid tot alle authentieke akten welke ten overstaan van een autoriteit of een overheidsfunctionaris zijn opgemaakt en uitvoerbaar zijn in de Staat van herkomst, voor zover die bepalingen op die akten toepasselijk zijn.

Art. 26

Voorbehouden

Elke Verdragsluitende Staat kan, overeenkomstig artikel 34, zich het recht voorbehouden niet te erkennen of uitvoerbaar te verklaren:

1. beslissingen en schikkingen betreffende onderhoud verschuldigd voor het tijdvak na het huwelijk of na de eenentwintigste verjaardag van de onderhoudsgerechtigde door een andere onderhoudsplichtige dan de echtgenoot of voormalige echtgenoot van de onderhoudsgerechtigde;
2. beslissingen en schikkingen inzake onderhoudsverplichtingen
a. tussen personen die elkaar in de zijlinie bestaan;
b. tussen aanverwanten;
3. beslissingen en schikkingen die niet voorzien in onderhoudsuitkeringen door middel van periodieke betalingen. Een Verdragsluitende Staat die een voorbehoud heeft gemaakt is niet gerechtigd de toepassing van het Verdrag te eisen op beslissingen en schikkingen welke door zijn voorbehoud zijn uitgesloten.

Art. 27

Verschillende rechtsstelsels voor personen

Indien een Verdragsluitende Staat ter zake van onderhoudsverplichtingen twee of meer rechtsstelsels kent die van toepassing zijn op verschillende categorieën personen, worden verwijzingen naar de wet van die Staat zo uitgelegd, dat daarmede het rechtsstelsel wordt bedoeld dat volgens zijn recht is aangewezen als van toepassing op een bepaalde categorie personen.

Art. 28

Verschillende rechtsstelsels voor gebiedsdelen

Indien een Verdragsluitende Staat twee of meer gebiedsdelen omvat waarin, wat betreft de erkenning en tenuitvoerlegging van beslissingen inzake onderhoudsverplichtingen, verschillende rechtsstelsels worden toegepast:

1. wordt een verwijzing naar de wet, de procedure of de autoriteit van de Staat van herkomst zo uitgelegd dat daarmede de wet, de procedure of de autoriteit wordt bedoeld van het gebiedsdeel waar de beslissing is gegeven;
2. wordt een verwijzing naar de wet, de procedure of de autoriteit van de aangezochte Staat zo uitgelegd dat daarmede de wet, de procedure of de autoriteit wordt bedoeld van het gebiedsdeel waar de erkenning of tenuitvoerlegging wordt gevorderd;
3. moet een verwijzing bij toepassing van de punten 1 en 2 naar de wet of de procedure van de Staat van herkomst dan wel naar de wet of de procedure van de aangezochte Staat, zo worden uitgelegd dat zij omvat de desbetreffende regels en rechtsbeginselen van deze Verdragsluitende Staat die op de gebiedsdelen van die Staat toepasselijk zijn;
4. wordt een verwijzing naar de gewone verblijfplaats van de onderhoudsgerechtigde of de onderhoudsplichtige in de Staat van herkomst zo uitgelegd dat daaronder wordt verstaan zijn gewone verblijfplaats in het gebiedsdeel waar de beslissing is gegeven. Elke Verdragsluitende Staat kan te allen tijde verklaren dat hij een of meer van deze regels niet zal toepassen op een of meer bepalingen van het Verdrag.

Art. 29

Vervanging verdrag van 15 april 1958

Dit Verdrag vervangt in de betrekkingen tussen de Staten die daarbij partij zijn het Verdrag nopens de erkenning en de tenuitvoerlegging van beslissingen over onderhoudsverplichtingen jegens kinderen, dat op 15 april 1958 te 's-Gravenhage tot stand kwam.

HOOFDSTUK VII
Slotbepalingen

Art. 30

Ondertekening; bekrachtiging, aanvaarding of goedkeuring; nederlegging

Het Verdrag staat open voor ondertekening door de Staten die lid waren van de Haagse Conferentie voor internationaal privaatrecht ten tijde van haar twaalfde zitting.

Het dient te worden bekrachtigd, aanvaard of goedgekeurd en de akten van bekrachtiging, aanvaarding of goedkeuring dienen te worden nedergelegd bij het Ministerie van Buitenlandse Zaken van Nederland.

Art. 31

Toetreding

Elke Staat die eerst na de twaalfde zitting lid van de Conferentie is geworden, of die lid is van de Organisatie der Verenigde Naties of van een van de gespecialiseerde organisaties daarvan, of die partij is bij het Statuut van het Internationaal Gerechtshof, kan tot dit Verdrag toetreden na de inwerkingtreding ervan overeenkomstig de eerste alinea van artikel 35.

De akte van toetreding dient te worden nedergelegd bij het Ministerie van Buitenlandse Zaken van Nederland.

De toetreding geldt slechts voor de betrekkingen tussen de toetredende Staat en de Verdragsluitende Staten die binnen twaalf maanden na ontvangst van de kennisgeving bedoeld in artikel 37, onder 3, geen bezwaar hebben gemaakt tegen zijn toetreding. Een zodanig bezwaar kan tevens door elke Lid-Staat worden gemaakt op het tijdstip van bekrachtiging, aanvaarding of goedkeuring van het Verdrag na de toetreding door die Staat. Deze bezwaren worden ter kennis gebracht van het Ministerie van Buitenlandse Zaken van Nederland.

Art. 32

Verklaringen over werkingsgebied

Elke Staat kan, op het tijdstip van ondertekening, bekrachtiging, goedkeuring, aanvaarding of toetreding verklaren dat het Verdrag zich uitstrekt tot alle gebieden voor welker internationale betrekkingen hij verantwoordelijk is of tot een of meer van deze gebieden. Deze verklaring wordt van kracht op de datum van de inwerkingtreding van het Verdrag voor genoemde Staat.
Daarna dient elke zodanige uitbreiding ter kennis te worden gebracht van het Ministerie van Buitenlandse Zaken van Nederland.
De uitbreiding geldt voor de betrekkingen tussen de Verdragsluitende Staten die niet binnen twaalf maanden na de ontvangst van de kennisgeving bedoeld in artikel 37, onder 4, bezwaar daartegen hebben gemaakt, en het gebied of de gebieden voor welker internationale betrekkingen de betrokken Staat verantwoordelijk is en voor welke de kennisgeving is gedaan.
Een zodanig bezwaar kan tevens door elke Lid-Staat worden gemaakt op het tijdstip van bekrachtiging, aanvaarding of goedkeuring van het Verdrag na de uitbreiding.
Deze bezwaren worden ter kennis gebracht van het Ministerie van Buitenlandse Zaken van Nederland.

Art. 33

Verklaringen over het werkingsgebied

Elke Verdragsluitende Staat die twee of meer gebiedsdelen omvat waarbinnen verschillende rechtsstelsels van toepassing zijn ter zake van de erkenning en tenuitvoerlegging van beslissingen inzake onderhoudsverplichtingen, kan op het tijdstip van ondertekening, bekrachtiging, aanvaarding, goedkeuring of toetreding verklaren dat dit Verdrag zich zal uitstrekken tot al zijn gebiedsdelen of slechts tot een of meer daarvan en kan te allen tijde deze verklaring wijzigen door een nieuwe verklaring af te leggen.
Deze verklaringen worden ter kennis gebracht van het Ministerie van Buitenlandse Zaken van Nederland en geven uitdrukkelijk aan op welk(e) gebiedsdeel(delen) het Verdrag van toepassing is.
De andere Verdragsluitende Staten kunnen weigeren een beslissing inzake onderhoudsverplichtingen te erkennen indien, op de datum waarop de erkenning wordt ingeroepen, het Verdrag niet van toepassing is op het gebiedsdeel waarin de beslissing werd verkregen.

Art. 34

Tijdstip maken of intrekken voorbehouden

Elke Staat kan, uiterlijk op het tijdstip van bekrachtiging, aanvaarding, goedkeuring of toetreding, een of meer van de voorbehouden maken bedoeld in artikel 26. Andere voorbehouden zijn niet toegestaan.
Elke Staat kan tevens, bij de kennisgeving van een uitbreiding van de toepassing van het Verdrag overeenkomstig artikel 32, een of meer van deze voorbehouden maken waarvan de werking is beperkt tot de gebiedsdelen of tot enkele van de gebiedsdelen bedoeld in de kennisgeving.
Elke Verdragsluitende Staat kan te allen tijde een door hem gemaakt voorbehoud intrekken. Deze intrekking wordt ter kennis gebracht van het Ministerie van Buitenlandse Zaken van Nederland.
De geldigheid van het voorbehoud eindigt op de eerste dag van de derde kalendermaand na de kennisgeving bedoeld in de voorgaande alinea.

Art. 35

Inwerkingtreding

Het Verdrag treedt in werking op de eerste dag van de derde kalendermaand na de nederlegging van de derde akte van bekrachtiging, aanvaarding of goedkeuring bedoeld in artikel 30.
Daarna treedt het Verdrag in werking:
- voor elke ondertekenende Staat die het daarna bekrachtigt, aanvaardt of goedkeurt, op de eerste dag van de derde kalendermaand na de nederlegging van zijn akte van bekrachtiging, aanvaarding of goedkeuring;
- voor elke toetredende Staat op de eerste dag van de derde kalendermaand na het verstrijken van de termijn bedoeld in artikel 31;
- voor de gebiedsdelen waartoe het Verdrag zich uitstrekt overeenkomstig artikel 32, op de eerste dag van de derde kalendermaand na het verstrijken van de in genoemd artikel bedoelde termijn.

Art. 36

Looptijd; verlenging, opzegging

Het Verdrag heeft een looptijd van vijf jaar vanaf de datum van zijn inwerkingtreding overeenkomstig de eerste alinea van artikel 35, zelfs voor de Staten die het daarna hebben bekrachtigd, aanvaard of goedgekeurd of daartoe zijn toegetreden.
Behoudens opzegging wordt het Verdrag stilzwijgend verlengd, telkens voor een tijdvak van vijf jaar.
De opzegging wordt, uiterlijk zes maanden voor het verstrijken van het tijdvak van vijf jaar, ter

kennis gebracht van het Ministerie van Buitenlandse Zaken van Nederland. Zij kan worden beperkt tot bepaalde gebiedsdelen waarop het Verdrag van toepassing is.
De opzegging geldt slechts ten aanzien van de Staat die haar heeft gedaan. Voor de andere Verdragsluitende Staten blijft het Verdrag van kracht.

Art. 37

Mededelingen omtrent stand van zaken

Het Ministerie van Buitenlandse Zaken van Nederland stelt de Lid-Staten van de Conferentie, alsmede de Staten die overeenkomstig het bepaalde in artikel 31 zijn toegetreden, in kennis van:
1. de ondertekeningen, bekrachtigingen, aanvaardingen en goedkeuringen bedoeld in artikel 30;
2. de datum waarop dit Verdrag in werking treedt overeenkomstig het bepaalde in artikel 35;
3. de toetredingen bedoeld in artikel 31 en de datum waarop zij van kracht worden;
4. de uitbreidingen bedoeld in artikel 32 en de datum waarop zij van kracht worden;
5. de bezwaren tegen toetredingen en uitbreidingen bedoeld in de artikelen 31 en 32;
6. de verklaringen genoemd in de artikelen 25 en 32;
7. de opzeggingen bedoeld in artikel 36;
8. de voorbehouden bedoeld in de artikelen 26 en 34, en de intrekking van de voorbehouden bedoeld in artikel 34.

II.3 VERDRAG BETREFFENDE DE BURGERRECHTELIJKE ASPECTEN VAN INTERNATIONALE ONTVOERING VAN KINDEREN [VERTALING] (HAAGS KINDERONTVOERINGSVERDRAG 1980)

Verdrag van 25 oktober 1980, Trb. 1987, 139

[Inwerkingtreding: 01-12-1983]

De Staten die dit Verdrag hebben ondertekend,
Ten stelligste ervan overtuigd dat het belang van het kind in alle aangelegenheden betreffende het gezag over kinderen van fundamentele betekenis is,
Verlangend om in internationaal verband kinderen te beschermen tegen de schadelijke gevolgen van ongeoorloofd overbrengen of niet doen terugkeren en procedures vast te stellen, die de onmiddellijke terugkeer van het kind waarborgen naar de Staat waar het zijn gewone verblijfplaats heeft, alsmede de bescherming van het omgangsrecht te verzekeren,
Hebben besloten daartoe een Verdrag te sluiten en zijn overeengekomen als volgt:

HOOFDSTUK I
Toepassingsgebied van het verdrag

Art. 1

Doel verdrag

Dit Verdrag heeft tot doel:
a) de onmiddellijke terugkeer te verzekeren van kinderen die ongeoorloofd zijn overgebracht of worden vastgehouden in een Verdragsluitende Staat;
b) het in een Verdragsluitende Staat bestaande recht betreffende het gezag en het omgangsrecht in de andere Verdragsluitende Staten daadwerkelijk te doen eerbiedigen.

Art. 2

Verwezenlijking doelstellingen

De Verdragsluitende Staten nemen alle passende maatregelen om de doelstellingen van het Verdrag binnen hun grondgebied te verwezenlijken. Hiertoe dienen zij van de snelst mogelijke procedures gebruik te maken.

Art. 3

Begrip ongeoorloofd

– 1. Het overbrengen of het niet doen terugkeren van een kind wordt als ongeoorloofd beschouwd, wanneer:
a) dit geschiedt in strijd met een gezagsrecht, dat is toegekend aan een persoon, een instelling of enig ander lichaam, alleen of gezamenlijk, ingevolge het recht van de Staat waarin het kind onmiddellijk voor zijn overbrenging of vasthouding zijn gewone verblijfplaats had; en
b) dit recht alleen of gezamenlijk daadwerkelijk werd uitgeoefend op het tijdstip van het overbrengen of het niet doen terugkeren, dan wel zou zijn uitgeoefend, indien een zodanige gebeurtenis niet had plaatsgevonden.
– 2. Het onder *a)* bedoelde gezagsrecht kan in het bijzonder voortvloeien uit een toekenning van rechtswege, een rechterlijke of administratieve beslissing of een overeenkomst die geldig is ingevolge het recht van die Staat.

Art. 4

Toepasselijkheid

Het Verdrag is van toepassing op ieder kind dat onmiddellijk voorafgaande aan de inbreuk op het recht betreffende het gezag of omgangsrecht zijn gewone verblijfplaats had in een Verdragsluitende Staat. Het Verdrag houdt op van toepassing te zijn, zodra het kind de leeftijd van 16 jaar heeft bereikt.

Art. 5

Gezagsrecht; omgangsrecht

Voor de toepassing van dit Verdrag omvat:
a) het 'gezagsrecht' het recht dat betrekking heeft op de zorg voor de persoon van het kind, en in het bijzonder het recht over zijn verblijfplaats te beslissen;
b) het 'omgangsrecht' het recht het kind voor een beperkte tijdsduur mee te nemen naar een andere plaats dan zijn gewone verblijfplaats.

HOOFDSTUK II
Centrale autoriteiten

Art. 6

Aanwijzing centrale autoriteit

– 1. Iedere Verdragsluitende Staat wijst een centrale autoriteit aan die de verplichtingen dient na te komen, die hem door het Verdrag zijn opgelegd.
– 2. Een federale Staat, een Staat waarin verschillende rechtsstelsels van kracht zijn, of een Staat die zelfstandige territoriale organisaties heeft, is vrij meer dan één centrale autoriteit aan te wijzen en de territoriale omvang van de bevoegdheden van elk van deze autoriteiten te omschrijven. De Staat die van deze mogelijkheid gebruik maakt, wijst de centrale autoriteit aan, waaraan de verzoeken kunnen worden gericht ten einde te worden doorgegeven aan de bevoegde centrale autoriteit binnen deze Staat.

Art. 7

Samenwerking

– 1. De centrale autoriteiten moeten onderling samenwerken en samenwerking tussen de bevoegde autoriteiten van hun onderscheiden Staten bevorderen, ten einde de onmiddellijke terugkeer van kinderen te verzekeren en de overige doelstellingen van dit Verdrag te verwezenlijken.

– 2. In het bijzonder nemen zij, hetzij rechtstreeks, hetzij via tussenkomst van een andere instantie, alle passende maatregelen, ten einde:

a) vast te stellen waar een ongeoorloofd overgebracht of vastgehouden kind zich bevindt;

b) te voorkomen dat het kind aan nieuwe gevaren wordt blootgesteld of de belangen van de betrokken partijen worden geschaad, door middel van het nemen of doen nemen van voorlopige maatregelen;

c) te verzekeren dat het kind vrijwillig wordt teruggegeven of een schikking in der minne wordt bereikt;

d) indien dit wenselijk blijkt gegevens uit te wisselen met betrekking tot de maatschappelijke omstandigheden van het kind;

e) algemene inlichtingen te verstrekken met betrekking tot het recht van hun Staat inzake de toepassing van dit Verdrag;

f) een gerechtelijke of administratieve procedure in te stellen waardoor de terugkeer van het kind wordt bewerkstelligd of het instellen van een dergelijke procedure te bevorderen, alsmede, zo nodig, de regeling of de feitelijke uitoefening van het omgangsrecht mogelijk te maken;

g) zo nodig rechtsbijstand en juridisch advies te verlenen of de verlening ervan te bevorderen, met inbegrip van de bijstand van een raadsman;

h) te verzekeren dat, indien nodig en dienstig, zodanige administratieve maatregelen worden getroffen, dat het kind zonder gevaar kan terugkeren;

i) elkaar op de hoogte te houden omtrent de werking van dit Verdrag en zoveel mogelijk eventuele belemmeringen bij de toepassing ervan weg te nemen.

HOOFDSTUK III

Terugkeer van het kind

Art. 8

Verzoek tot hulpverlening bij terugkeer

– 1. Personen, instellingen of lichamen die stellen dat een kind in strijd met het recht betreffende het gezag is overgebracht of wordt vastgehouden, kunnen zich richten tot de centrale autoriteit van hetzij de gewone verblijfplaats van het kind, hetzij de centrale autoriteit van iedere andere Verdragsluitende Staat, met het verzoek om behulpzaam te zijn bij het verzekeren van de terugkeer van het kind.

– 2. Het verzoek moet bevatten:

a) gegevens met betrekking tot de identiteit van de verzoeker, van het kind en van de persoon van wie wordt gesteld dat deze het kind heeft meegenomen of vastgehouden;

b) zo mogelijk de geboortedatum van het kind;

c) de gronden waarop de verzoeker zijn eis met betrekking tot de terugkeer van het kind doet steunen;

d) alle beschikbare gegevens met betrekking tot de plaats waar het kind verblijft en de identiteit van de persoon bij wie het kind zich vermoedelijk bevindt.

Het verzoek kan vergezeld gaan van of worden aangevuld met:

e) een gewaarmerkt afschrift van iedere ter zake dienende beslissing of overeenkomst;

f) een schriftelijk bewijsstuk of beëdigde verklaring, afgegeven door de centrale autoriteit of door een andere bevoegde autoriteit van de Staat waar het kind zijn gewone verblijfplaats heeft, dan wel door een hiertoe gekwalificeerde persoon, betreffende het ter zake toepasselijke recht van de Staat;

g) ieder ander ter zake dienend stuk.

Art. 9

Doorzendplicht van verzoek

Wanneer de centrale autoriteit waaraan ingevolge artikel 8 een verzoek wordt gericht, redenen heeft om aan te nemen dat het kind zich in een andere Verdragsluitende Staat bevindt, zendt zij het verzoek rechtstreeks en onverwijld aan de centrale autoriteit van die Verdragsluitende Staat en stelt zij de centrale autoriteit van wie het verzoek uitgaat of zo nodig de verzoeker hiervan in kennis.

Art. 10

Vrijwillige terugkeer

De centrale autoriteit van de Staat waar het kind zich bevindt, neemt alle passende maatregelen, of doet deze nemen, ten einde de vrijwillige terugkeer van het kind te verzekeren.

Art. 11

Onverwijlde maatregelen; vertraging

– 1. De rechterlijke of administratieve autoriteiten van iedere Verdragsluitende Staat treffen onverwijld maatregelen ter bevordering van de terugkeer van het kind.

– 2. Wanneer de desbetreffende rechterlijke of administratieve autoriteit niet binnen zes weken nadat het verzoek tot haar wordt gericht tot een uitspraak is gekomen, kan de verzoeker of de centrale autoriteit van de aangezochte Staat zelfstandig of op verzoek van de centrale autoriteit van de verzoekende Staat een verklaring vragen met betrekking tot de redenen van deze vertraging. Indien het antwoord wordt ontvangen door de centrale autoriteit van de aangezochte Staat, dient deze autoriteit dit antwoord door te geven aan de centrale autoriteit van de verzoekende Staat of aan de verzoeker, al naar gelang van het geval.

Art. 12

Gelasten onmiddellijke terugkeer

– 1. Wanneer een kind ongeoorloofd is overgebracht of wordt vastgehouden in de zin van artikel 3 en er minder dan één jaar is verstreken tussen de overbrenging of het niet doen terugkeren en het tijdstip van de indiening van het verzoek bij de rechterlijke of administratieve autoriteit van de Verdragsluitende Staat waar het kind zich bevindt, gelast de betrokken autoriteit de onmiddellijke terugkeer van het kind.

– 2. De rechterlijke of administratieve autoriteit gelast, zelfs in het geval dat het verzoek tot haar wordt gericht nadat de in het vorige lid bedoelde termijn van één jaar is verstreken, eveneens de terugkeer van het kind, tenzij wordt aangetoond dat het kind inmiddels is geworteld in zijn nieuwe omgeving.

– 3. Wanneer de rechterlijke of administratieve autoriteit van de aangezochte Staat redenen heeft om aan te nemen dat het kind naar een andere Staat is meegenomen, kan zij de procedure schorsen of het verzoek tot terugkeer van het kind afwijzen.

Art. 13

Verzet tegen terugkeer

– 1. Niettegenstaande het bepaalde in het voorgaande artikel, is de rechterlijke of administratieve autoriteit van de aangezochte Staat niet gehouden de terugkeer van het kind te gelasten, indien de persoon, de instelling of het lichaam dat zich tegen de terugkeer verzet, aantoont dat:

a) de persoon, de instelling of het lichaam dat de zorg had voor de persoon van het kind, het recht betreffende het gezag niet daadwerkelijk uitoefende ten tijde van de overbrenging of het niet doen terugkeren, of naderhand in deze overbrenging of het niet doen terugkeren had toegestemd of berust; of dat

b) er een ernstig risico bestaat dat het kind door zijn terugkeer wordt blootgesteld aan een lichamelijk of geestelijk gevaar, dan wel op enigerlei andere wijze in een ondragelijke toestand wordt gebracht.

– 2. De rechterlijke of administratieve autoriteit kan eveneens weigeren de terugkeer van het kind te gelasten, indien zij vaststelt dat het kind zich verzet tegen zijn terugkeer en een leeftijd en mate van rijpheid heeft bereikt, die rechtvaardigt dat met zijn mening rekening wordt gehouden.

– 3. Bij het beoordelen van de in dit artikel bedoelde omstandigheden, houden de rechterlijke of administratieve autoriteiten rekening met de gegevens omtrent de maatschappelijke omstandigheden van het kind, die zijn verstrekt door de centrale autoriteit of enige andere bevoegde autoriteit van de Staat waar het kind zijn gewone verblijfplaats heeft.

Art. 14

Toepasselijk recht

Ten einde vast te stellen of er sprake is van een ongeoorloofde overbrenging of niet doen terugkeren in de zin van artikel 3, kan de rechterlijke of administratieve autoriteit van de aangezochte Staat rechtstreeks rekening houden met het recht van de Staat waar het kind zijn gewone verblijfplaats heeft en met de aldaar al dan niet formeel erkende rechterlijke of administratieve beslissingen, zonder dat het nodig is dat de inhoud van dat recht of de erkenning van buitenlandse beslissingen worden vastgesteld in een bijzondere daartoe bestemde procedure, die anders toepasselijk zou zijn.

Art. 15

Beslissing of verklaring omtrent vaststelling ongeoorloofdheid

Alvorens de terugkeer van het kind te gelasten, kunnen de rechterlijke of administratieve autoriteiten van een Verdragsluitende Staat verlangen dat de verzoeker een beslissing of verklaring van de autoriteiten van de Staat waar het kind zijn gewone verblijfplaats heeft, overlegt, waarin wordt vastgesteld dat de overbrenging of het niet doen terugkeren ongeoorloofd was in de zin van artikel 3 van het Verdrag, voor zover een dergelijke beslissing of verklaring in die Staat kan worden verkregen.

De centrale autoriteiten van de Verdragsluitende Staten zijn de verzoeker zoveel mogelijk behulpzaam bij de verkrijging van een dergelijke beslissing of verklaring.

Art. 16

Moment uitspraak ten gronde over gezagsrecht

Nadat de rechterlijke of administratieve autoriteiten van de Verdragsluitende Staat waarheen het kind ongeoorloofd is overgebracht of waar het ongeoorloofd wordt vastgehouden in de zin van artikel 3, in kennis zijn gesteld van deze overbrenging of dit vasthouden, kunnen zij zich niet eerder over het gezagsrecht ten gronde uitspreken, dan nadat is vastgesteld dat het kind niet dient terug te keren ingevolge dit Verdrag, of dan nadat een redelijke termijn is verstreken en daarin geen verzoek is ingediend om dit Verdrag toe te passen.

Art. 17

Werking beslissing aangezochte staat

Het enkele feit dat in de aangezochte Staat een beslissing met betrekking tot het gezag is genomen of voor erkenning in aanmerking komt, vormt geen grond voor een weigering het kind ingevolge dit Verdrag terug te zenden, maar de rechterlijke of administratieve autoriteiten van de aangezochte Staat kunnen bij de toepassing van dit Verdrag rekening houden met de overwegingen die tot deze beslissing hebben geleid.

Art. 18

Geen bevoegdheidsbeperking autoriteit

De bepalingen van dit hoofdstuk beperken niet de bevoegdheid van de rechterlijke of administratieve autoriteit om op ongeacht welk tijdstip de terugkeer van het kind te gelasten.

Art. 19

Verhouding tot gezagsrecht

Een ingevolge dit Verdrag genomen beslissing betreffende de terugkeer van het kind heeft geen betrekking op het gezagsrecht zelf.

Art. 20

Weigering terugkeer i.v.m. mensenrechten

De terugkeer van het kind overeenkomstig het bepaalde in artikel 12 kan worden geweigerd, wanneer deze op grond van de fundamentele beginselen van de aangezochte Staat betreffende de bescherming van de rechten van de mens en de fundamentele vrijheden niet zou zijn toegestaan.

HOOFDSTUK IV
Omgangsrecht

Art. 21

Overeenkomstige toepassing

– 1. Een verzoek dat de regeling of de bescherming van de feitelijke uitoefening van het bezoekrecht beoogt, kan op dezelfde wijze als een verzoek dat de terugkeer van het kind beoogt, aan de centrale autoriteit van een Verdragsluitende Staat worden gericht.

– 2. De centrale autoriteiten zijn gehouden tot de in artikel 7 bedoelde verplichting tot samenwerking, ten einde te verzekeren dat het omgangsrecht op vreedzame wijze kan worden uitgeoefend en de voorwaarden voor de uitoefening van dit recht worden nageleefd, en om alle bestaande belemmeringen met betrekking tot de uitoefening van dit recht zoveel mogelijk weg te nemen.

– 3. De centrale autoriteiten kunnen hetzij rechtstreeks, hetzij door tussenkomst van derden, een gerechtelijke procedure instellen of bevorderen, tot het regelen of beschermen van het omgangsrecht en de naleving van de voorwaarden waaraan de uitoefening van dit recht mocht zijn gebonden.

HOOFDSTUK V
Algemene bepalingen

Art. 22

Kosten; geen zekerheid e.d. vereist

Geen zekerheid, borgtocht of voorschot, onder welke benaming ook, wordt vereist om de betaling van de kosten en uitgaven te waarborgen, die zijn gemaakt in verband met rechterlijke of administratieve procedures als bedoeld in dit Verdrag.

Art. 23

Geen legislatie e.d. verlangd

In verband met dit Verdrag kan geen enkele legalisatie of soortgelijke formaliteit worden verlangd.

Art. 24

Taal der stukken

– 1. Ieder verzoek, mededeling of ander stuk wordt in de oorspronkelijke taal gezonden aan de centrale autoriteit van de aangezochte Staat en gaat vergezeld van een vertaling in de officiële taal of in één van de officiële talen van deze Staat of, wanneer deze vertaling moeilijk kan worden vervaardigd, van een vertaling in het Frans of in het Engels.

– 2. Een Verdragsluitende Staat kan zich echter, door het maken van het in artikel 42 bedoelde voorbehoud, verzetten tegen het gebruik van hetzij het Frans, hetzij het Engels, in ieder verzoek, mededeling of ander stuk gericht aan zijn centrale autoriteit.

Art. 25

Gelijkheid inzake rechtsbijstand

De onderdanen van een Verdragsluitende Staat en de personen die aldaar hun gewone verblijfplaats hebben, hebben bij alles wat verband houdt met de toepassing van dit Verdrag recht op rechtsbijstand en juridisch advies in iedere andere Verdragsluitende Staat, onder dezelfde voorwaarden als waren zij zelf onderdanen van die andere Staat en als hadden zij aldaar zelf hun gewone verblijfplaats.

Art. 26

Kosten

– 1. Iedere centrale autoriteit draagt bij de toepassing van dit Verdrag haar eigen kosten.

– 2. De centrale autoriteit en de andere openbare diensten van de Verdragsluitende Staten brengen geen kosten in rekening in verband met ingevolge dit Verdrag ingediende verzoeken. In het bijzonder mogen zij niet van de verzoeker betaling eisen van de proceskosten of, indien deze zijn gemaakt, van de kosten veroorzaakt door bijstand van een raadsman. Zij kunnen echter wel betaling verlangen van de kosten die zijn gemaakt of zullen worden gemaakt in verband met de terugkeer van het kind.

– 3. Een Verdragsluitende Staat kan echter door het in artikel 42 bedoelde voorbehoud te maken, verklaren dat hij slechts is gehouden tot betaling van de in het voorgaande lid bedoelde kosten verbonden aan de bijstand van een raadsman of een juridisch adviseur dan wel van de gerechtskosten, voor zover deze kosten kunnen worden gedekt door zijn stelsel van rechtshulp en rechtsbijstand.

– 4. Wanneer de rechterlijke of administratieve autoriteit de terugkeer van het kind gelast of een uitspraak doet betreffende het omgangsrecht in verband met dit Verdrag, kan zij, zo nodig, de persoon die het kind heeft overgebracht of vastgehouden of die de uitoefening van het omgangsrecht heeft verhinderd, verplichten tot de betaling van alle noodzakelijke kosten die door of namens de verzoeker zijn gemaakt, in het bijzonder de reiskosten, de kosten van juridische vertegenwoordiging van de verzoeker en van de terugkeer van het kind, alsmede alle kosten die zijn gemaakt of betalingen die zijn gedaan om vast te stellen waar het kind zich bevindt.

Art. 27

Verzoek niet in behandeling

Wanneer klaarblijkelijk aan de door het Verdrag gestelde voorwaarden niet is voldaan of het verzoek klaarblijkelijk niet gegrond is, is een centrale autoriteit niet gehouden een dergelijk verzoek in behandeling te nemen. In dat geval stelt zij de verzoeker of, zo nodig de centrale autoriteit die haar het verzoek heeft doorgegeven, onmiddellijk van haar beweegredenen in kennis.

Art. 28

Schriftelijke machtiging tot vertegenwoordiging

Een centrale autoriteit kan eisen dat het verzoek vergezeld gaat van een schriftelijke machtiging waardoor haar de bevoegdheid wordt verstrekt namens de verzoeker op te treden of een vertegenwoordiger aan te wijzen die gerechtigd is zulks te doen.

Art. 29

Rechtstreeks contact

Het Verdrag staat er niet aan in de weg dat een persoon die, of een instelling die, of een lichaam dat stelt dat het recht betreffende het gezag of het omgangsrecht in de zin van artikel 3 of 21 is geschonden zich, al dan niet met toepassing van de regels van het Verdrag, rechtstreeks wendt tot de rechterlijke of administratieve autoriteiten van de Verdragsluitende Staten.

Art. 30

Toelaatbaarheid stukken

Ieder verzoek dat ingevolge dit Verdrag bij de centrale autoriteit of rechtstreeks bij de rechterlijke of administratieve autoriteiten van een Verdragsluitende Staat is ingediend, alsmede ieder stuk dat, of elke inlichting die door een centrale autoriteit daarbij is gevoegd of is verstrekt, zal aan de rechterlijke instanties of de administratieve autoriteiten van de Verdragsluitende Staten kunnen worden overgelegd.

Art. 31

Meer rechtsstelsels

Ten opzichte van een Staat die met betrekking tot het gezag over kinderen twee of meer in verschillende territoriale eenheden toepasselijke rechtsstelsels kent:

a) wordt onder de gewone verblijfplaats in die Staat verstaan de gewone verblijfplaats in een territoriale eenheid van die Staat;

b) wordt onder de wet van de Staat van de gewone verblijfplaats verstaan de wet van de territoriale eenheid waar het kind zijn gewone verblijfplaats heeft.

Art. 32

Voorkeur rechtsstelsel

Ten opzichte van een Staat die met betrekking tot het gezag over kinderen twee of meer rechtsstelsels kent die op verschillende categorieën personen van toepassing zijn, wordt onder de wet van die Staat verstaan het rechtsstelsel waarnaar door het recht van die Staat wordt verwezen.

Art. 33

Reikwijdte

Een Staat waarin verschillende territoriale eenheden hun eigen rechtsregels hebben met betrekking tot het gezag over kinderen, is niet gehouden het Verdrag toe te passen wanneer een Staat met één rechtsstelsel daartoe evenmin zou zijn gehouden.

Art. 34

Verhouding tot Verdrag van 5 okt. 1961; toepassing andere regelingen

Met betrekking tot aangelegenheden waarop het Verdrag van toepassing is, heeft dit Verdrag voorrang boven het Verdrag van 5 oktober 1961 betreffende de bevoegdheid van de autoriteiten en de toepasselijke wet inzake de bescherming van minderjarigen, tussen de Staten die Partij zijn bij beide Verdragen. Overigens sluit dit Verdrag niet de mogelijkheid uit dat, ten einde de terugkeer te bewerkstelligen van een kind dat ongeoorloofd is overgebracht of wordt vastgehouden of ten einde het omgangsrecht te regelen, een andere internationale regeling waarbij de Staat van de oorspronkelijke verblijfplaats en de aangezochte Staat partij zijn, dan wel ander recht van de aangezochte Staat dat niet op een internationale overeenkomst berust, wordt toegepast.

Art. 35

Geen terugwerkende kracht

– 1. Dit Verdrag is slechts van toepassing tussen de Verdragsluitende Staten in gevallen van ongeoorloofde overbrenging of ongeoorloofd niet doen terugkeren die hebben plaatsgevonden na de inwerkingtreding ervan in deze Staten.

– 2. Indien een verklaring is afgelegd overeenkomstig de artikelen 39 of 40, wordt onder een Verdragsluitende Staat in de zin van het voorgaande lid verstaan de territoriale eenheid of eenheden waarop dit Verdrag van toepassing is.

Art. 36

Toegelaten afwijking

Dit Verdrag staat er niet aan in de weg dat twee of meer Verdragstaten die de restricties waaraan de terugkeer van het kind kan worden onderworpen willen beperken, onderling overeenkomen van de bepalingen van dit Verdrag die zodanige restricties bevatten, af te wijken.

HOOFDSTUK VI
Slotbepalingen

Art. 37

Ondertekening; bekrachtiging, aanvaarding of goedkeuring; nederlegging

– 1. Het Verdrag staat open voor ondertekening door de Staten die ten tijde van haar Veertiende Zitting lid waren van de Haagse Conferentie voor Internationaal Privaatrecht.

– 2. Het Verdrag dient te worden bekrachtigd, aanvaard of goedgekeurd en de akten van bekrachtiging, aanvaarding of goedkeuring worden nedergelegd bij het Ministerie van Buitenlandse Zaken van het Koninkrijk der Nederlanden.

Art. 38

Toetreding

– 1. Iedere andere Staat kan tot dit Verdrag toetreden.

– 2. De akte van toetreding wordt nedergelegd bij het Ministerie van Buitenlandse Zaken van het Koninkrijk der Nederlanden. Het Verdrag treedt in werking voor de toetredende Staat op de eerste dag van de derde kalendermaand na de nederlegging van zijn akte van toetreding.

– 3. De toetreding heeft slechts gevolg in de betrekkingen tussen de toetredende Staat en de Verdragsluitende Staten die hebben verklaard deze toetreding te aanvaarden. Een zodanige verklaring dient eveneens te worden afgelegd door iedere Lid-Staat die dit Verdrag na de toetreding bekrachtigt, aanvaardt of goedkeurt. Deze verklaring wordt nedergelegd bij het Ministerie van Buitenlandse Zaken van het Koninkrijk der Nederlanden, dat hiervan langs diplomatieke weg een gewaarmerkt afschrift doet toekomen aan ieder van de Verdragsluitende Staten.

– 4. Het Verdrag treedt tussen de toetredende Staat en de Staat die heeft verklaard deze toetreding te aanvaarden in werking op de eerste dag van de derde kalendermaand na de nederlegging van de verklaring van aanvaarding.

Art. 39

Verklaringen over werkingsgebied

– 1. Iedere Staat kan op het tijdstip van ondertekening, bekrachtiging, aanvaarding, goedkeuring of toetreding verklaren dat het Verdrag zich zal uitstrekken tot het geheel van de gebieden voor welker internationale betrekkingen hij verantwoordelijk is, of tot één of meer van die gebieden. Deze verklaring wordt van kracht op het tijdstip waarop het Verdrag voor die Staat in werking treedt.

– 2. Deze verklaring, alsmede iedere latere uitbreiding, wordt ter kennis gebracht van het Ministerie van Buitenlandse Zaken van het Koninkrijk der Nederlanden.

Art. 40

Verklaringen over het werkingsgebied

– 1. Een Verdragsluitende Staat die twee of meer territoriale eenheden omvat waarin verschillende rechtssystemen van toepassing zijn betreffende onderwerpen die door dit Verdrag worden geregeld, kan op het tijdstip van ondertekening, bekrachtiging, aanvaarding, goedkeuring of toetreding verklaren dat dit Verdrag van toepassing is op al zijn territoriale eenheden of slechts op één of meer ervan, en kan te allen tijde deze verklaring wijzigen door een nieuwe verklaring af te leggen.

– 2. Deze verklaringen worden ter kennis gebracht van het Ministerie van Buitenlandse Zaken van het Koninkrijk der Nederlanden en vermelden uitdrukkelijk de territoriale eenheden waarop het Verdrag van toepassing is.

Art. 41

Interne bevoegdheidsverdeling staat

Wanneer een Verdragsluitende Staat een regeringsstelsel heeft, dat de uitvoerende, de rechterlijke en de wetgevende macht verdeelt tussen de centrale autoriteiten en andere autoriteiten van die Staat, heeft de ondertekening, bekrachtiging, aanvaarding of goedkeuring van het Verdrag of de toetreding ertoe of een verklaring afgelegd krachtens artikel 40, geen enkel gevolg ten aanzien van de interne verdeling van de bevoegdheden in die Staat.

Art. 42

Tijdstip maken en intrekken voorbehouden

– 1. Iedere Verdragsluitende Staat kan uiterlijk op het tijdstip van bekrachtiging, aanvaarding, goedkeuring of toetreding, of op het tijdstip waarop een verklaring wordt afgelegd krachtens de artikelen 39 of 40, hetzij één van beide, hetzij beide in artikel 24 en artikel 26, derde lid, bedoelde voorbehouden maken. Geen enkel ander voorbehoud is toegestaan.

– 2. Iedere Staat kan te allen tijde een door hem gemaakt voorbehoud intrekken. Deze intrek-

king wordt ter kennis gebracht van het Ministerie van Buitenlandse Zaken van het Koninkrijk der Nederlanden.
– 3. Het voorbehoud houdt op van kracht te zijn op de eerste dag van de derde kalendermaand na de in het voorgaande lid bedoelde kennisgeving.

Art. 43

Inwerkingtreding

– 1. Het Verdrag treedt in werking op de eerste dag van de derde kalendermaand na de nederlegging van de derde akte van bekrachtiging, aanvaarding, goedkeuring of toetreding, bedoeld in de artikelen 37 en 38.
– 2. Vervolgens treedt het Verdrag in werking:
1. voor iedere Staat die het Verdrag later bekrachtigt, aanvaardt, goedkeurt of hiertoe toetreedt, op de eerste dag van de derde kalendermaand na de nederlegging van zijn akte van bekrachtiging, aanvaarding, goedkeuring of toetreding;
2. voor de gebieden of de territoriale eenheden waarop het Verdrag overeenkomstig de artikelen 39 of 40 is uitgebreid, op de eerste dag van de derde kalendermaand na de in die artikelen bedoelde kennisgeving.

Art. 44

Looptijd; verlenging, opzegging

– 1. Het Verdrag blijft gedurende vijf jaar van kracht, te rekenen vanaf de datum van zijn inwerkingtreding overeenkomstig artikel 43, eerste lid, ook voor de Staten die het later hebben bekrachtigd, aanvaard of goedgekeurd of ertoe zijn toegetreden.
– 2. Het Verdrag wordt, behoudens opzegging, voor telkens vijf jaar stilzwijgend verlengd.
– 3. De opzegging dient ten minste zes maanden voor het verstrijken van de termijn van vijf jaar ter kennis te worden gebracht van het Ministerie van Buitenlandse Zaken van het Koninkrijk der Nederlanden. Zij kan worden beperkt tot één of meer van de gebieden of territoriale eenheden waarop het Verdrag van toepassing is.
– 4. De opzegging heeft slechts gevolg ten opzichte van de Staat die haar heeft gedaan. Het Verdrag blijft van kracht voor de andere Verdragsluitende Staten.

Art. 45

Mededelingen omtrent stand van zaken

Het Ministerie van Buitenlandse Zaken van het Koninkrijk der Nederlanden geeft de Lid-Staten van de Conferentie, alsmede de Staten die overeenkomstig artikel 38 zijn toegetreden kennis van:
1. de ondertekeningen, bekrachtigingen, aanvaardingen en goedkeuringen bedoeld in artikel 37;
2. de toetreding bedoeld in artikel 38;
3. de datum waarop dit Verdrag overeenkomstig artikel 43 in werking treedt;
4. de uitbreidingen bedoeld in artikel 39;
5. de verklaringen voorzien in de artikelen 38 en 40;
6. de voorbehouden voorzien in artikel 24 en artikel 26, derde lid, en de intrekking van voorbehouden voorzien in artikel 42;
7. de opzeggingen bedoeld in artikel 44.

Wet van 2 mei 1990, Stb. 202, tot uitvoering van het op 20 mei 1980 te Luxemburg tot stand gekomen Europese Verdrag betreffende de erkenning en de tenuitvoerlegging van beslissingen inzake het gezag over kinderen en betreffende het herstel van het gezag over kinderen, uitvoering van het op 25 oktober 1980 te 's-Gravenhage tot stand gekomen Verdrag inzake de burgerrechtelijke aspecten van internationale ontvoering van kinderen alsmede algemene bepalingen met betrekking tot verzoeken tot teruggeleiding van ontvoerde kinderen over de Nederlandse grens en de uitvoering daarvan, zoals deze wet laatstelijk is gewijzigd bij de Wet van 20 maart 2008, Stb. 100

[Inwerkingtreding: 01-09-1990]

Wij Beatrix, bij de gratie Gods, Koningin der Nederlanden, Prinses van Oranje-Nassau, enz. enz. enz.

Allen, die deze zullen zien of horen lezen, saluut! doen te weten:

Alzo Wij in overweging genomen hebben, dat het wenselijk is om wettelijke voorzieningen te treffen ter uitvoering van het op 20 mei 1980 tot stand gekomen Europese Verdrag betreffende de erkenning en de tenuitvoerlegging van beslissingen inzake het gezag over kinderen en betreffende het herstel van het gezag over kinderen (*Trb.* 1981, 10) en het op 25 oktober 1980 te 's-Gravenhage tot stand gekomen Verdrag inzake de burgerrechtelijke aspecten van internationale ontvoering van kinderen (*Trb.* 1987, 139) en tevens, in verband daarmee, algemene bepalingen vast te stellen met betrekking tot verzoeken tot teruggeleiding van ontvoerde kinderen over de Nederlandse grens en de uitvoering daarvan;

Zo is het, dat Wij, de Raad van State gehoord, en met gemeen overleg der Staten-Generaal, hebben goedgevonden en verstaan, gelijk Wij goedvinden en verstaan bij deze:

TITEL 1
Algemene bepalingen

Art. 1

Begripsbepalingen

In deze wet wordt verstaan onder

a. het Europese verdrag: het op 20 mei 1980 te Luxemburg tot stand gekomen Europese Verdrag betreffende de erkenning en de tenuitvoerlegging van beslissingen inzake het gezag over kinderen en betreffende het herstel van het gezag over kinderen (*Trb.* 1981, 10);

b. het Haagse verdrag: het op 25 oktober 1980 te 's-Gravenhage tot stand gekomen Verdrag inzake de burgerrechtelijke aspecten van internationale ontvoering van kinderen (*Trb.* 1987, 139);

c. internationale ontvoering van kinderen: de ongeoorloofde overbrenging of het ongeoorloofd niet doen terugkeren van een kind in strijd met een gezagsrecht, als omschreven in artikel 3 in verband met artikel 5 onder *a* van het Haagse verdrag.

Art. 2

Toepasselijkheid

Deze wet regelt de uitvoering van de in artikel 1 vermelde verdragen en is tevens van toepassing in de gevallen van internationale ontvoering van kinderen die niet door een verdrag worden beheerst.

Art. 3

Reikwijdte

– 1. Deze wet is van toepassing op internationale ontvoering van kinderen die de leeftijd van zestien jaren nog niet hebben bereikt.

– 2. Bereikt een kind ten aanzien waarvan een verzoek om teruggeleiding in behandeling is de leeftijd van zestien jaren, dan wordt de behandeling van dat verzoek ambtshalve gestaakt. Hetzelfde geldt voor maatregelen ter uitvoering van een beslissing op een verzoek.

TITEL 2
Taak en bevoegdheden van de centrale autoriteit

Art. 4

Aanwijzing centrale autoriteit

– 1. Onze Minister van Justitie wijst bij in de *Nederlandse Staatscourant* openbaar te maken besluit de onder zijn Ministerie ressorterende dienst aan, welke wordt belast met de taak van centrale autoriteit, bedoeld in artikel 2 van het Europese verdrag en in artikel 6 van het Haagse verdrag. Deze centrale autoriteit is als zodanig tevens belast met de behandeling van verzoeken in gevallen van internationale ontvoering van kinderen die niet door een verdrag worden beheerst.

– 2. De aanwijzing van de centrale autoriteit als bedoeld in het eerste lid staat er niet aan in de weg dat een persoon zich rechtstreeks tot de rechter of andere autoriteiten wendt teneinde de erkenning van het wettig gezag over een ontvoerd kind, het herstel van dat gezag en de teruggeleiding van dat kind te bereiken, of de vaststelling of wijziging van een omgangsregeling te verkrijgen.

Art. 5

Bevoegdheid

– 1. De centrale autoriteit is bevoegd, zo nodig ook zonder uitdrukkelijke volmacht van degene die zich met een verzoek tot haar heeft gewend, zowel in als buiten rechte ter uitvoering van haar taak namens hem op te treden.

– 2. De centrale autoriteit behoeft, indien zij in rechte optreedt, niet de bijstand van een advocaat, tenzij de rechtsingang aanvangt met een dagvaarding.

Kosten

– 3. De centrale autoriteit draagt zelf alle kosten die aan de uitvoering van haar taak zijn verbonden, voor zover deze niet door haar teruggevorderd kunnen worden van de verzoeker of verhaald op de persoon die voor de internationale ontvoering van het kind verantwoordelijk is of medeverantwoordelijk is.

Art. 6

Weigering of staking behandeling verzoek

– 1. Indien de centrale autoriteit besluit om een verzoek tot teruggeleiding van een kind niet in behandeling te nemen of de behandeling van een zodanig verzoek te staken, deelt zij zulks aanstonds aan de verzoeker mede. De verzoeker kan van de centrale autoriteit verlangen, haar beslissing aan hem mede te delen in de vorm van een beschikking met vermelding van de gronden die tot de beslissing hebben geleid. De centrale autoriteit deelt haar beschikking bij aangetekend schrijven aan de verzoeker mede.

– 2. De verzoeker kan binnen een maand na de ontvangst van de beschikking daartegen bij de rechtbank te 's-Gravenhage opkomen, bij een bezwaarschrift dat moet worden ingediend door een advocaat. De rechtbank hoort de verzoeker en de centrale autoriteit op het bezwaarschrift. Indien de rechtbank het bezwaar gegrond acht, vernietigt zij de beschikking van de centrale autoriteit en geeft zij een met reden omklede beschikking die in haar plaats treedt. Tegen de beschikking van de rechtbank staat geen hogere voorziening open behoudens cassatie in het belang der wet.

Art. 7

Opdracht aan raad voor de kinderbescherming

De centrale autoriteit kan de uitvoering van bepaalde handelingen, met uitzondering van optreden in rechte, overeenkomstig door haar te geven aanwijzingen opdragen aan de raad voor de kinderbescherming. De bepalingen van deze Titel zijn mede van toepassing ten aanzien van de raad voor de kinderbescherming.

Art. 8

Kosteloze informatieverschaffing

De gemeentebesturen en de ambtenaren van de burgerlijke stand verschaffen de centrale autoriteit kosteloos alle inlichtingen en verstrekken haar kosteloos en vrij van zegel alle afschriften en uittreksels uit hun registers die deze autoriteit van hen vraagt in verband met de uitvoering van haar taak.

Art. 9

Medewerking OM bij opsporing

– 1. Indien de centrale autoriteit voor het vinden van de verblijfplaats van een kind in Nederland medewerking behoeft van ambtenaren, aangesteld voor de uitvoering van de politietaak, kan zij zich voor het verkrijgen daarvan wenden tot de officier van justitie in het arrondissement waar het kind vermoedelijk verblijft, of anders in het arrondissement 's-Gravenhage. De officier van justitie kan de zaak overeenkomstig door hem te geven aanwijzingen overdragen aan een officier van justitie in een ander arrondissement, indien de opsporing vermoedelijk in dat arrondissement moet geschieden.

– 2. De in het eerste lid bedoelde officier van justitie behandelt een verzoek om medewerking van de centrale autoriteit met voorrang.

– 3. De ambtenaar, aangesteld voor de uitvoering van de politietaak die is aangewezen om zijn medewerking te verlenen aan de opsporing van de verblijfplaats van een kind mag daartoe elke plaats betreden, voor zover dat redelijkerwijs voor de vervulling van zijn taak nodig is.

Art. 10

Kennisgeving van verzoek tot teruggeleiding

– 1. De centrale autoriteit stelt de persoon bij wie het ontvoerde kind verblijft bij aangetekende brief in kennis van het verzoek tot teruggeleiding en de gronden waarop het berust. Zij geeft in deze mededeling tevens kennis van haar voornemen een verzoek tot afgifte van een rechterlijk bevel tot teruggeleiding van het kind in te dienen, indien niet binnen een door haar te stellen redelijke termijn vrijwillig aan dat verzoek is voldaan.

– 2. De centrale autoriteit kan de in het voorafgaande lid bedoelde mededeling achterwege laten, indien naar haar oordeel in verband met de omstandigheden van het geval de uiterste spoed geboden is of de vrijwillige medewerking van degene bij wie het kind verblijft niet is te verwachten.

Rechtspleging in verband met internationale ontvoering van kinderen en het omgangsrecht

Art. 11

Bevoegdheid kinderrechter

– 1. De kinderrechter van de rechtbank binnen wier rechtsgebied het kind zijn werkelijke verblijfplaats heeft is, onverminderd de bevoegdheid van de voorzieningenrechter in kort geding, bevoegd tot de kennisneming van alle zaken met betrekking tot

a. de toepassing van de in artikel 1 bedoelde verdragen;

b. internationale ontvoering van kinderen die niet door een verdrag wordt beheerst; en

c. de regeling en uitvoering van het omgangsrecht in internationale gevallen, daaronder begrepen verzoeken als bedoeld in artikel 14 van deze wet.

– 2. Heeft het kind geen werkelijke verblijfplaats of kan zijn verblijfplaats niet worden vastgesteld, dan is bevoegd de kinderrechter van de rechtbank te 's-Gravenhage.

Art. 12

Verzoekschriftprocedure

De in artikel 11 bedoelde zaken worden ingeleid met een verzoekschrift. De verzoeker die zich heeft gewend tot de centrale autoriteit wordt geacht ten kantore van die autoriteit woonplaats te hebben gekozen.

Art. 13

Rechterlijk bevel vereist

– 1. De gedwongen afgifte van een internationaal ontvoerd kind aan degene aan wie het gezag daarover toekomt en de teruggeleiding van een zodanig kind over de Nederlandse grens is slechts mogelijk uit krachte van een daartoe strekkend bevel van de rechter.

Procedure

– 2. De rechter behandelt het verzoek bij voorrang. Het verzoek wordt met gesloten deuren behandeld. De rechter beslist niet dan na het kind in de gelegenheid te hebben gesteld hem zijn mening kenbaar te maken, althans na het daartoe behoorlijk te hebben opgeroepen, tenzij dit in verband met de lichamelijke of geestelijke toestand van het kind onmogelijk is of toepassing moet worden gegeven aan artikel 8 of 9 van het Europese verdrag. Het bepaalde in artikel 802 van het Wetboek van Burgerlijke Rechtsvordering is van toepassing.

– 3. In de gevallen waarin geen verdrag toepasselijk is kan de rechter het verzoek afwijzen op de gronden vermeld in de artikelen 12, tweede lid, 13 en 20 van het Haagse verdrag.

– 4. De rechter kan op verzoek of ambtshalve een stichting als bedoeld in artikel 1, onder *f*, van de Wet op de jeugdzorg belasten met de voorlopige voogdij over het kind, indien gevaar bestaat dat het wordt onttrokken aan de tenuitvoerlegging van een bevel als bedoeld in het vijfde lid. De beschikking verliest haar kracht van rechtswege indien het verzoek wordt afgewezen. Artikel 306*a* van Boek 1 van het Burgerlijk Wetboek is van overeenkomstige toepassing.

– 5. Indien de rechter het verzoek toewijst, beveelt hij de afgifte van het kind aan degene aan wie het gezag erover toekomt, of, indien zulks niet aanstonds mogelijk is, voorlopig aan een stichting als bedoeld in artikel 1, onder *f*, van de Wet op de jeugdzorg. Hij kan tevens desverzocht of ambtshalve elke persoon die voor de internationale ontvoering van het kind verantwoordelijk is, of medeverantwoordelijk is, veroordelen tot betaling aan de centrale autoriteit, of aan de persoon aan wie het gezag over het kind toekomt, van de door deze in verband met de ontvoering en de teruggeleiding van het kind gemaakte kosten. Indien meer personen bij de ontvoering zijn betrokken, zijn zij hoofdelijk voor het geheel aansprakelijk. De beschikking is uitvoerbaar bij voorraad.

– 6. Artikel 813, tweede lid van het Wetboek van Burgerlijke Rechtsvordering is van toepassing op de tenuitvoerlegging van een bevel als bedoeld in het vijfde lid.

– 7. Hoger beroep van een eindbeslissing moet worden ingesteld binnen twee weken na de dagtekening van die beslissing.

Art. 14

Beslissingen inzake omgangsrecht

– 1. Ieder die in Nederland het gezag uitoefent over een kind kan de rechter verzoeken, de in het tweede lid bedoelde beslissingen te geven terzake van het omgangsrecht met betrekking tot dat kind, indien het zich in verband met de uitoefening daarvan buiten Nederland moet begeven. De beslissingen kunnen worden gegeven voor een of meer bepaalde bezoeken of voor bepaalde tijdvakken waarin het omgangsrecht met betrekking tot het kind kan worden uitgeoefend.

– 2. De in het eerste lid bedoelde beslissingen zijn:

a. vaststelling dat het wettig gezag aan de verzoeker toekomt in gevallen dat zulks niet reeds vaststaat door een rechterlijke beslissing;

b. regeling van de plaats en de duur van het verblijf van het kind buiten Nederland en, zonodig, andere omstandigheden met betrekking tot het verblijf, zulks met inachtneming van reeds van kracht zijnde beslissingen inzake het omgangsrecht;

c. het richten van een verzoek aan de bevoegde autoriteiten van de Staat waar het kind tijdens de uitoefening van het omgangsrecht verblijft toezicht te houden of te doen houden op de juiste naleving van dat recht, in het bijzonder wat de plaats en de duur ervan betreft en voorts, indien nodig, maatregelen te treffen tot teruggeleiding van het kind na ommekomst van de termijn van uitoefening van dat recht.

Art. 15

Aanhouding beslissing i.v.m. teruggeleidingsverzoek

De rechter die moet beslissen met betrekking tot het gezag over een kind ten aanzien van hetwelk een verzoek tot teruggeleiding is gedaan bij de centrale autoriteit, houdt zijn beslissing aan totdat op dat verzoek onherroepelijk is beslist. Indien nog geen verzoek tot teruggeleiding is gedaan houdt de rechter zijn beslissing gedurende een redelijke termijn aan, indien hij goede gronden heeft om aan te nemen dat het kind internationaal is ontvoerd in de zin van artikel 1 onder c en dat een verzoek tot zijn teruggeleiding zal worden ingediend.

Art. 16

On- en minvermogenden

– 1. Ieder die in verband met de toepassing van een verdrag als bedoeld in artikel 1 of in verband met de toepassing van deze wet in Nederland in rechte wil optreden en daartoe rechtsbijstand behoeft, kan zonodig daarop recht doen gelden op de voet van de Wet van 4 juli 1957, *Stb.* 233, tot regeling van de rechtsbijstand aan on- en minvermogenden.

– 2. De in het eerste lid bedoelde personen zijn vrijgesteld van het stellen van zekerheid voor de betaling van kosten, schaden en interessen waarin zij zouden kunnen worden verwezen.

Slotbepalingen

Art. 17

Uitvoeringsbepalingen bij AMvB

Bij en krachtens algemene maatregel van bestuur kunnen nadere bepalingen worden vastgesteld met betrekking tot de wijze van uitvoering van deze wet.

Art. 18

Inwerkingtreding

Deze wet treedt in werking op een bij koninklijk besluit te bepalen tijdstip.

II.5 VERDRAG INZAKE DE BESCHERMING VAN KINDEREN EN DE SAMENWERKING OP HET GEBIED VAN DE INTERLANDELIJKE ADOPTIE [VERTALING] (HAAGS ADOPTIEVERDRAG 1993)

Verdrag inzake de bescherming van kinderen en de samenwerking op het gebied van de interlandelijke adoptie [Vertaling]

Verdrag van 29 mei 1993, Trb. 1996, 94

[Inwerkingtreding: 01-05-1995]

De Staten die dit Verdrag hebben ondertekend,

Erkennende dat het voor de volledige en harmonieuze ontwikkeling van de persoonlijkheid van een kind noodzakelijk is dat het opgroeit in een gezinsverband, in een sfeer van geluk, liefde en begrip,

Eraan herinnerend dat elke Staat bij voorrang passende maatregelen behoort te nemen opdat het kind in zijn familie van herkomst kan blijven,

Erkennende dat interlandelijke adoptie het voordeel van een vast gezinsverband kan bieden aan een kind waarvoor geen geschikt gezin kan worden gevonden in zijn Staat van herkomst,

Overtuigd van de noodzaak maatregelen te nemen om te waarborgen dat interlandelijke adopties plaatsvinden op zodanige wijze dat het hoogste belang van het kind daarmee is gediend en dat zijn grondrechten worden geëerbiedigd, en om ontvoering, verkoop van of handel in kinderen te voorkomen,

Geleid door de wens daartoe gemeenschappelijke bepalingen vast te stellen die rekening houden met de in internationale akten vervatte beginselen, met name het Verdrag van de Verenigde Naties inzake de rechten van het kind van 20 november 1989, en de Verklaring van de Verenigde Naties inzake sociale en juridische beginselen betreffende de bescherming en het welzijn van kinderen, in het bijzonder met betrekking tot plaatsing in een pleeggezin en adoptie, zowel nationaal als internationaal (Resolutie van de Algemene Vergadering 41/85 van 3 december 1986),

Zijn de volgende bepalingen overeengekomen:

HOOFDSTUK I
Toepassingsgebied van het Verdrag

Art. 1

Doelstelling

Dit Verdrag heeft tot doel:

a. waarborgen vast te leggen om te verzekeren dat interlandelijke adopties op zodanige wijze plaatsvinden dat het hoogste belang van het kind daarmee is gediend en de grondrechten die hem volgens het internationale recht toekomen, worden geëerbiedigd;

b. een samenwerkingsverband tussen de Verdragsluitende Staten in het leven te roepen ten einde te verzekeren dat deze waarborgen in acht worden genomen en ontvoering, verkoop van of handel in kinderen aldus worden voorkomen;

c. de erkenning van overeenkomstig het Verdrag tot stand gekomen adopties in de Verdragsluitende Staten te verzekeren.

Art. 2

Toepassing

– 1. Dit Verdrag is van toepassing wanneer een kind dat zijn gewone verblijfplaats in een Verdragsluitende Staat (Staat van herkomst) heeft, naar een andere Verdragsluitende Staat (Staat van opvang) is, wordt of zal worden overgebracht, hetzij na zijn adoptie in de Staat van herkomst door echtgenoten of een persoon van wie de gewone verblijfplaats zich in de Staat van opvang bevindt, hetzij met het oog op een zodanige adoptie in de Staat van opvang of in de Staat van herkomst.

– 2. Het Verdrag heeft slechts betrekking op adopties die familierechtelijke betrekkingen tot stand brengen.

Art. 3

Buiten toepassing

Het Verdrag is niet langer van toepassing indien de instemmingen bedoeld in artikel 17, onder *c*, niet zijn verkregen voordat het kind de leeftijd van achttien jaren bereikt.

HOOFDSTUK II
Vereisten voor interlandelijke adopties

Art. 4

Rol Staat van herkomst

Een adoptie als bedoeld in dit Verdrag kan slechts plaatsvinden indien de bevoegde autoriteiten van de Staat van herkomst:

a. hebben vastgesteld dat het kind in aanmerking komt voor adoptie;

b. na de mogelijkheden tot plaatsing van het kind in zijn Staat van herkomst naar behoren te

hebben onderzocht, hebben vastgesteld dat een interlandelijke adoptie het hoogste belang van het kind dient;
c. zich ervan hebben vergewist
1. dat de personen, instellingen en autoriteiten, wier toestemming voor de adoptie vereist is, zonodig voorlichting hebben ontvangen en naar behoren zijn ingelicht over de gevolgen van hun toestemming, met name over de vraag of adoptie zal leiden tot de beëindiging van de rechtsbetrekkingen tussen het kind en zijn familie van herkomst,
2. dat deze personen, instellingen en autoriteiten hun toestemming vrijelijk hebben gegeven, in de wettelijk voorgeschreven vorm en dat deze toestemming op schrift is gegeven of vastgelegd,
3. dat de toestemmingen niet zijn verkregen tegen betaling of in ruil voor enige andere tegenprestatie en dat zij niet zijn ingetrokken,
4. dat de toestemming van de moeder, indien deze vereist is, eerst na de geboorte van het kind is gegeven, en
d. zich, rekening houdende met de leeftijd en het peil van ontwikkeling van het kind, ervan hebben vergewist
1. dat het is voorgelicht en naar behoren ingelicht over de gevolgen van de adoptie en van zijn toestemming tot de adoptie, indien deze vereist is,
2. dat de wensen en meningen van het kind in aanmerking zijn genomen,
3. dat de toestemming van het kind tot de adoptie, indien deze vereist is, vrijelijk is gegeven, in de wettelijk voorgeschreven vorm, en dat deze toestemming op schrift is gegeven of vastgelegd, en
4. dat deze niet is verkregen tegen betaling of in ruil voor enige andere tegenprestatie.

Art. 5

Rol Staat van opvang

Adopties als bedoeld in dit Verdrag kunnen slechts plaatsvinden indien de bevoegde autoriteiten van de Staat van opvang:
a. hebben vastgesteld dat de aspirant-adoptiefouders aan de vereisten voor adoptie voldoen en daartoe geschikt zijn;
b. zich ervan hebben verzekerd dat de aspirant-adoptiefouders de nodige voorlichting hebben ontvangen; en
c. hebben vastgesteld dat het het kind toegestaan is of toegestaan zal worden om die Staat binnen te komen en aldaar permanent te verblijven.

HOOFDSTUK III

Centrale autoriteiten en vergunninghoudende instellingen

Art. 6

Centrale Autoriteit

– 1. Elke Verdragsluitende Staat wijst een Centrale Autoriteit aan die is belast met de nakoming van de door het Verdrag aan haar opgelegde verplichtingen.
– 2. Federale Staten, Staten waarin meer dan één rechtsstelsel geldt en Staten die autonome territoriale eenheden omvatten, staat het vrij meer dan één Centrale Autoriteit aan te wijzen en de territoriale of personele reikwijdte van hun taken aan te geven. De Staat die van deze mogelijkheid gebruik maakt, wijst de Centrale Autoriteit aan waaraan mededelingen kunnen worden gedaan ter overbrenging daarvan aan de bevoegde Centrale Autoriteit binnen deze Staat.

Art. 7

Samenwerking

– 1. De Centrale Autoriteiten dienen onderling samen te werken en de samenwerking tussen de bevoegde autoriteiten van hun onderscheiden Staten te bevorderen teneinde kinderen te beschermen en de overige doelstellingen van het Verdrag te verwezenlijken.
– 2. Zij nemen alle passende maatregelen teneinde:
a. informatie te verstrekken over de wetgeving van hun Staat op het gebied van adoptie en andere algemene informatie, zoals statistieken en standaardformulieren;
b. elkaar op de hoogte te houden omtrent de werking van het Verdrag en, voor zover mogelijk, belemmeringen voor de toepassing daarvan weg te nemen.

Art. 8

Maatregelen tegen oneigenlijk gebruik

De Centrale Autoriteiten nemen, hetzij rechtstreeks, hetzij via overheidsinstanties, alle passende maatregelen om het ten onrechte genieten van financieel of ander voordeel in verband met de adoptie te voorkomen en alle praktijken die in strijd zijn met de doelstellingen van het Verdrag te verhinderen.

Art. 9

Procedurele maatregelen

De Centrale Autoriteiten nemen, hetzij rechtstreeks, hetzij via overheidsinstanties of andere instellingen waaraan naar behoren vergunning is verleend in hun Staat, alle passende maatregelen, in het bijzonder om:
a. informatie te verzamelen, te bewaren en uit te wisselen over de situatie van het kind en de aspirant-adoptiefouders, voor zover zulks noodzakelijk is om de adoptie tot stand te brengen;

b. de procedure ten behoeve van de adoptie te vergemakkelijken, te volgen en te bespoedigen;
c. de ontwikkeling van voorlichtingsactiviteiten op het gebied van adoptie en van nazorg bij adoptie in hun Staten te bevorderen;
d. algemene evaluatierapporten betreffende ervaringen met interlandelijke adoptie uit te wisselen;
e. voor zover de wetgeving van hun Staat dit toestaat, gevolg te geven aan met redenen omklede verzoeken van andere Centrale Autoriteiten of overheidsinstanties om informatie over een bepaalde adoptiesituatie.

Art. 10

Vergunningen

Vergunningen kunnen slechts worden verleend aan, en worden behouden door, instellingen die aantonen in staat te zijn de taken die hun kunnen worden toevertrouwd naar behoren te vervullen.

Art. 11

Vergunninghoudende instelling

Een vergunninghoudende instelling dient:
a. uitsluitend doelstellingen zonder winstoogmerk na te streven onder de voorwaarden en binnen de beperkingen die door de bevoegde autoriteiten van de Staat die de vergunning verleent, worden bepaald;
b. te zijn voorzien van bestuurders en medewerkers die op grond van hun onkreukbaarheid en hun opleiding of ervaring bekwaam zijn om werkzaamheden te verrichten op het gebied van de interlandelijke adoptie; en
c. wat hun samenstelling, functioneren en financiële situatie betreft, onderworpen te zijn aan het toezicht van bevoegde autoriteiten van die Staat.

Art. 12

Machtiging van beide Staten

Een instelling waaraan in een Verdragsluitende Staat vergunning is verleend, kan in een andere Verdragsluitende Staat slechts optreden indien zij daartoe door de bevoegde autoriteiten van beide Staten is gemachtigd.

Art. 13

Registratie op centraal punt

De aanwijzing van de Centrale Autoriteiten en de eventuele reikwijdte van hun taken, alsmede de namen en adressen van de vergunninghoudende instellingen worden door elke Verdragsluitende Staat medegedeeld aan het Permanent Bureau van de Haagse Conferentie voor Internationaal Privaatrecht.

HOOFDSTUK IV
Procedurele vereisten voor interlandelijke adoptie

Art. 14

Adoptieverzoek

Personen die hun gewone verblijfplaats hebben in een Verdragsluitende Staat en die een kind wensen te adopteren dat zijn gewone verblijfplaats in een andere Verdragsluitende Staat heeft, dienen zich te wenden tot de Centrale Autoriteit van de Staat van hun gewone verblijfplaats.

Art. 15

Adoptierapport ouders

– 1. Indien de Centrale Autoriteit van de Staat van opvang van oordeel is dat de verzoekers voldoen aan de vereisten voor adoptie en daartoe geschikt zijn, stelt zij een rapport samen dat gegevens bevat omtrent hun identiteit, hun bevoegdheid en hun geschiktheid om te adopteren, hun persoonlijke achtergrond, gezinssituatie en medisch verleden, hun sociale milieu, hun beweegredenen, hun geschiktheid om een interlandelijke adoptie aan te gaan en omtrent de kinderen waarvoor zij de zorg op zich zouden kunnen nemen.
– 2. Zij doet het rapport toekomen aan de Centrale Autoriteit van de Staat van herkomst.

Art. 16

Adoptierapport kind

– 1. Indien de Centrale Autoriteit van de Staat van herkomst van oordeel is dat het kind voor adoptie in aanmerking komt,
a. stelt zij een rapport samen dat gegevens bevat omtrent de identiteit van het kind, de vraag of het voor adoptie in aanmerking komt, zijn persoonlijke achtergrond, zijn sociale milieu en gezinssituatie, zijn medisch verleden en dat van zijn familie, alsmede zijn bijzondere behoeften;
b. houdt zij naar behoren rekening met de opvoeding van het kind en zijn etnische, godsdienstige en culturele achtergrond;
c. vergewist zij zich ervan dat de in artikel 4 bedoelde toestemmingen zijn verkregen; en
d. bepaalt zij, op grond van in het bijzonder de rapporten betreffende het kind en de aspirant-adoptiefouders, of met de voorgenomen plaatsing het hoogste belang van het kind is gediend.
– 2. Zij doet het rapport inzake het kind, het bewijs dat de vereiste toestemmingen zijn verkregen en de redenen voor haar conclusie inzake de plaatsing toekomen aan de Centrale Autoriteit van de Staat van opvang, waarbij zij ervoor zorg draagt geen mededeling te doen van de identiteit van de moeder en de vader indien deze identiteit in de Staat van herkomst niet mag worden bekend gemaakt.

Art. 17

Vereisten adoptiebesluit

Een beslissing om een kind aan de zorg van aspirant-adoptiefouders toe te vertrouwen, mag in de Staat van herkomst slechts worden genomen indien:

a. de Centrale Autoriteit van de Staat van herkomst zich ervan heeft vergewist dat de aspirant-adoptiefouders zich daarmee verenigen;

b. de Centrale Autoriteit van de Staat van opvang deze beslissing heeft goedgekeurd, ingeval een zodanige goedkeuring is vereist door de wetgeving van die Staat of door de Centrale Autoriteit van de Staat van herkomst;

c. de Centrale Autoriteiten van beide Staten ermede instemmen dat de adoptie voortgang vindt; en

d. overeenkomstig artikel 5 is vastgesteld dat de aspirant-adoptiefouders aan de vereisten voor adoptie voldoen en daartoe geschikt zijn en dat het kind vergunning heeft of zal verkrijgen de Staat van opvang binnen te komen en aldaar permanent te verblijven.

Art. 18

Verkrijging vergunningen

De Centrale Autoriteiten van de beide Staten nemen alle nodige maatregelen om voor het kind de vergunningen te verkrijgen om de Staat van herkomst te verlaten en de Staat van opvang binnen te komen en aldaar permanent te verblijven.

Art. 19

Overbrenging kind

– 1. De overbrenging van het kind naar de Staat van opvang mag slechts plaatsvinden indien aan de vereisten van artikel 17 is voldaan.

– 2. De Centrale Autoriteiten van beide Staten zien erop toe dat deze overbrenging in alle veiligheid en onder passende omstandigheden geschiedt en, indien mogelijk, in gezelschap van de adoptiefouders dan wel de aspirant-adoptiefouders.

– 3. Indien de overbrenging van het kind niet plaatsvindt, worden de in de artikelen 15 en 16 bedoelde rapporten teruggezonden aan de autoriteiten die deze hebben verzonden.

Art. 20

Uitwisseling informatie

De Centrale Autoriteiten houden elkaar op de hoogte van de adoptieprocedure en de maatregelen die worden genomen om deze af te wikkelen, alsmede van het verloop van de plaatsing, indien een proeftijd vereist is.

Art. 21

Maatregelen ter bescherming kind

– 1. Indien de adoptie moet plaatsvinden na de overbrenging van het kind naar de Staat van opvang en de Centrale Autoriteit van die Staat van oordeel is dat met het voortgezette verblijf van het kind in het gezin van de aspirant-adoptiefouders het hoogste belang van het kind niet is gediend, neemt zij de nodige maatregelen om het kind te beschermen, met name door:

a. het kind bij de aspirant-adoptiefouders weg te nemen en voor tijdelijke opvang zorg te dragen;

b. in overleg met de Centrale Autoriteit van de Staat van herkomst onverwijld zorg te dragen voor herplaatsing van het kind met het oog op adoptie of, indien deze maatregel niet passend is, zorg te dragen voor een andere vorm van langdurige verzorging; adoptie van het kind kan slechts plaatsvinden indien de Centrale Autoriteit van de Staat van herkomst naar behoren is ingelicht over de nieuwe aspirant-adoptiefouders;

c. in de laatste plaats, het kind te doen terugkeren indien zijn belangen zulks vereisen.

– 2. Afhankelijk, in het bijzonder, van zijn leeftijd en zijn ontwikkelingspeil, wordt het kind geraadpleegd en wordt, waar passend, zijn toestemming tot de op grond van dit artikel te nemen maatregelen verkregen.

Art. 22

Uitvoering taken Centrale Autoriteit

– 1. De taken waarmee de Centrale Autoriteit op grond van dit hoofdstuk is belast, kunnen, voor zover de wet van haar Staat zulks toelaat, worden uitgevoerd door overheidsinstanties of door instellingen waaraan op grond van Hoofdstuk III vergunning is verleend.

– 2. Een Verdragsluitende Staat kan bij de depositaris van het Verdrag de verklaring afleggen dat, voor zover de wet zulks toelaat en onder toezicht van de bevoegde autoriteiten van die Staat, de taken waarmee de Centrale Autoriteit op grond van de artikelen 15 tot 21 in die Staat is belast, ook kunnen worden uitgevoerd door personen of instellingen die

a. aan de eisen van die Staat betreffende onkreukbaarheid, vakbekwaamheid, ervaring en verantwoordelijkheid voldoen; en

b. op grond van hun ethisch normbesef en door opleiding of ervaring in staat zijn werkzaamheden te verrichten op het terrein van interlandelijke adoptie.

– 3. Een Verdragsluitende Staat die de in het tweede lid bedoelde verklaring aflegt, doet aan het Permanent Bureau van de Haagse Conferentie voor Internationaal Privaatrecht regelmatig mededeling van de namen en adressen van deze instellingen en personen.

– 4. Een Verdragsluitende Staat kan bij de depositaris van het Verdrag de verklaring afleggen dat adopties van kinderen die hun gewone verblijfplaats op zijn grondgebied hebben, slechts

kunnen plaatsvinden indien de taken van de Centrale Autoriteit worden uitgevoerd in overeenstemming met het eerste lid.
– 5. Ongeacht of ingevolge het tweede lid een verklaring is afgelegd, worden de in de artikelen 15 en 16 bedoelde rapporten in elk geval opgesteld onder de verantwoordelijkheid van de Centrale Autoriteit of van andere autoriteiten of instellingen in overeenstemming met het eerste lid.

HOOFDSTUK V
Erkenning en gevolgen van de adoptie

Art. 23

Erkenning van rechtswege

– 1. Een adoptie ten aanzien waarvan de bevoegde autoriteit van de Staat waar de adoptie heeft plaatsgevonden schriftelijk heeft verklaard dat zij in overeenstemming met het Verdrag is tot stand gekomen, wordt in de andere Verdragsluitende Staten van rechtswege erkend. In de verklaring wordt aangegeven wanneer en van wie de instemmingen ingevolge artikel 17, onder *c*, werden verkregen.
– 2. Elke Verdragsluitende Staat stelt, op het tijdstip van ondertekening, bekrachtiging, aanvaarding, goedkeuring of toetreding, de depositaris van het Verdrag in kennis van de identiteit en de taken van de autoriteit of autoriteiten die in de Staat bevoegd is of zijn om de verklaring af te geven. Hij stelt de depositaris ook in kennis van wijzigingen in de aanwijzing van deze autoriteiten.

Art. 24

Weigering erkenning

De erkenning van een adoptie kan in een Verdragsluitende Staat slechts worden geweigerd indien, gelet op het belang van het kind, de adoptie kennelijk niet verenigbaar is met zijn openbare orde.

Art. 25

Verklaring

Een Verdragsluitende Staat kan bij de depositaris van het Verdrag de verklaring afleggen dat hij ingevolge dit Verdrag niet gehouden zal zijn adopties te erkennen die in overeenstemming met een op grond van artikel 39, tweede lid, gesloten overeenkomst tot stand zijn gekomen.

Art. 26

Rechtsgevolgen erkenning

– 1. De erkenning van een adoptie houdt tevens in de erkenning van
a. de familierechtelijke betrekkingen tussen het kind en zijn adoptiefouders;
b. het ouderlijk gezag van de adoptiefouders over het kind;
c. de verbreking van de voordien bestaande familierechtelijke betrekkingen tussen het kind en zijn moeder en vader, indien de adoptie dit gevolg heeft in de Verdragsluitende Staat waar zij plaatsvond.
– 2. Ingeval een adoptie tot gevolg heeft dat de voordien bestaande familierechtelijke betrekkingen worden verbroken, geniet het kind in de Staat van opvang en in elke andere Verdragsluitende Staat waar de adoptie wordt erkend, rechten gelijk aan die welke voortvloeien uit adopties die in elk van deze Staten dit gevolg hebben.
– 3. De voorgaande leden doen geen afbreuk aan de toepassing van voor het kind gunstiger bepalingen die gelden in de Verdragsluitende Staat die de adoptie erkent.

Art. 27

Omzetting adoptie

– 1. Indien een in de Staat van herkomst toegestane adoptie niet tot gevolg heeft dat de voordien bestaande familierechtelijke betrekkingen worden verbroken, kan zij in de Staat van opvang die de adoptie ingevolge het Verdrag erkent, worden omgezet in een adoptie die dit gevolg heeft
a. indien het recht van de Staat van opvang dit toestaat; en
b. indien de in artikel 4, onder *c* en *d*, bedoelde toestemmingen zijn of worden gegeven met het oog op een zodanige adoptie.
– 2. Op de beslissing tot omzetting van de adoptie is artikel 23 van toepassing.

HOOFDSTUK VI
Algemene bepalingen

Art. 28

Geen afbreuk aan wetten

Dit verdrag doet geen afbreuk aan de wetten van een Staat van herkomst die vereisen dat de adoptie van een kind dat zijn gewone verblijf in die Staat heeft in die Staat plaatsvindt, of die verbieden dat een kind voor zijn adoptie in de Staat van opvang wordt geplaatst of daarheen wordt overgebracht.

Art. 29

Verbod van contact

Er mag tussen de aspirant-adoptiefouders en de ouders van het kind of een andere persoon aan wie de zorg voor het kind is toevertrouwd geen contact zijn totdat is voldaan aan de vereisten van artikel 4, onder *a* tot en met *c*, en artikel 5, onder *a*, tenzij de adoptie plaatsvindt binnen eenzelfde familie of tenzij aan de daaraan door de bevoegde autoriteit van de Staat van herkomst gestelde voorwaarden is voldaan.

Art. 30

Bewaring gegevens kind

– 1. De bevoegde autoriteiten van een Verdragsluitende Staat dragen zorg voor de bewaring van de in hun bezit zijnde gegevens omtrent de afkomst van het kind, met name gegevens betreffende de identiteit van zijn ouders, alsmede de medische gegevens betreffende het medische verleden van het kind en zijn familie.

– 2. Zij bewerkstelligen dat voor zover de wetgeving van hun Staat zulks toelaat, het kind of zijn vertegenwoordiger, onder passende begeleiding, toegang heeft tot deze gegevens.

Art. 31

Gebruik gegevens

Onverminderd artikel 30 mogen de op grond van het Verdrag verzamelde of toegezonden persoonlijke gegevens, in het bijzonder de in de artikelen 15 en 16 bedoelde gegevens, slechts worden gebruikt voor de doeleinden waarvoor zij zijn verzameld of toegezonden.

Art. 32

Geen voordeel uit adoptie

– 1. Niemand mag ongerechtvaardigd financieel of ander voordeel trekken uit enig optreden in verband met een interlandelijke adoptie.

– 2. Uitsluitend kosten en uitgaven, met inbegrip van redelijke honoraria van personen die bij een adoptie hebben bemiddeld, mogen in rekening worden gebracht en betaald.

– 3. Bestuurders, beheerders en werknemers van instellingen die bij een adoptie hebben bemiddeld, mogen geen bezoldiging ontvangen die onevenredig hoog is in vergelijking met de verleende diensten.

Art. 33

Naleving bepalingen

Een bevoegde autoriteit die vaststelt dat een van de bepalingen van het Verdrag niet is nageleefd of kennelijk dreigt niet te worden nageleefd, stelt de Centrale Autoriteit van haar Staat hiervan onmiddellijk in kennis. De Centrale Autoriteit heeft de verantwoordelijkheid erop toe te zien dat passende maatregelen worden getroffen.

Art. 34

Vertaling

Indien de bevoegde autoriteit van de Staat waarvoor een document is bestemd zulks verzoekt, moet een voor eensluidend gewaarmerkte vertaling worden verstrekt. Tenzij anders bepaald, worden de kosten van deze vertaling gedragen door de aspirant-adoptiefouders.

Art. 35

Voortvarendheid procedure

De bevoegde autoriteiten van de Verdragsluitende Staten betrachten voortvarendheid in adoptieprocedures.

Art. 36

Verschillende territoriale eenheden

Ten aanzien van een Staat die op het gebied van adoptie twee of meer rechtsstelsels heeft die in verschillende territoriale eenheden van toepassing zijn,

a. wordt een verwijzing naar de gewone verblijfplaats in die Staat uitgelegd als een verwijzing naar de gewone verblijfplaats in een territoriale eenheid van die Staat;

b. wordt een verwijzing naar de wetgeving van die Staat uitgelegd als een verwijzing naar het in de desbetreffende territoriale eenheid geldende recht;

c. wordt een verwijzing naar de bevoegde autoriteiten of de overheidsinstellingen van die Staat uitgelegd als een verwijzing naar degenen die in de desbetreffende territoriale eenheid tot optreden bevoegd zijn;

d. wordt een verwijzing naar de vergunninghoudende instellingen van die Staat uitgelegd als een verwijzing naar de in de desbetreffende territoriale eenheid erkende instellingen.

Art. 37

Verschillende categorieën personen

Ten aanzien van een Staat die met betrekking tot adoptie twee of meer rechtsstelsels heeft die op verschillende categorieën personen van toepassing zijn, wordt een verwijzing naar de wetgeving van die Staat uitgelegd als een verwijzing naar het door het recht van die Staat aangewezen rechtsstelsel.

Art. 38

Verschillende rechtsregels

Een Staat waarbinnen verschillende territoriale eenheden met betrekking tot adoptie hun eigen rechtsregels hebben, is niet gehouden het Verdrag toe te passen in gevallen waarin een Staat met een uniform rechtsstelsel daartoe niet gehouden zou zijn.

Art. 39

Verhouding tot internationale regelingen

– 1. Het Verdrag laat onverlet internationale regelingen waarbij Verdragsluitende Staten Partij zijn en die bepalingen bevatten betreffende in dit Verdrag geregelde onderwerpen, tenzij door de Staten die Partij zijn bij zodanige regelingen een andersluidende verklaring wordt afgelegd.

– 2. Een Verdragsluitende Staat kan met een of meer andere Verdragsluitende Staten overeenkomsten sluiten met het oog op verbetering van de toepassing van het Verdrag in hun onderlinge betrekkingen. Deze overeenkomsten kunnen alleen afwijken van de bepalingen van de artikelen 14 tot en met 16 en 18 tot en met 21. Staten die een zodanige overeenkomst hebben gesloten, zenden een afschrift daarvan aan de depositaris van het Verdrag.

Art. 40

Geen voorbehouden

Voorbehouden op het Verdrag zijn niet toegestaan.

Art. 41

Toepassing

Het Verdrag is steeds van toepassing wanneer op grond van artikel 14 een aanvraag is ontvangen nadat het Verdrag in de Staat van opvang en de Staat van herkomst in werking is getreden.

Art. 42

Bijzondere Commissie

De Secretaris-Generaal van de Haagse Conferentie voor internationaal privaatrecht roept periodiek een Bijzondere Commissie bijeen ten einde de praktische werking van dit Verdrag te toetsen.

HOOFDSTUK VII
Slotbepalingen

Art. 43

Ondertekening

– 1. Dit Verdrag staat open voor ondertekening voor de Staten die ten tijde van de Zeventiende Zitting lid waren van de Haagse Conferentie voor Internationaal Privaatrecht en voor andere Staten die aan deze Zitting hebben deelgenomen.
– 2. Het Verdrag dient te worden bekrachtigd, aanvaard of goedgekeurd en de akten van bekrachtiging, aanvaarding of goedkeuring te worden nedergelegd bij het Ministerie van Buitenlandse Zaken van het Koninkrijk der Nederlanden, depositaris van het Verdrag.

Art. 44

Toetreding

– 1. Iedere andere Staat kan tot het Verdrag toetreden nadat het overeenkomstig artikel 46, eerste lid, in werking is getreden.
– 2. De akte van toetreding dient te worden nedergelegd bij de depositaris.
– 3. De toetreding heeft slechts gevolg in de betrekkingen tussen de toetredende Staat en die Verdragsluitende Staten die niet binnen zes maanden na de ontvangst van de in artikel 48, letter *b*, bedoelde kennisgeving bezwaar hebben gemaakt tegen de toetreding van deze Staat. Een dergelijk bezwaar kan ook worden gemaakt door een Staat op het tijdstip van een bekrachtiging, aanvaarding of goedkeuring van het verdrag, indien deze na de toetreding plaatsvindt. Van bezwaren wordt kennis gegeven aan de depositaris.

Art. 45

Verklaring toepassingsgebied

– 1. Een Staat die twee of meer territoriale eenheden omvat waarin verschillende rechtsstelsels van toepassing zijn betreffende onderwerpen die door dit Verdrag worden geregeld, kan op het tijdstip van ondertekening, bekrachtiging, aanvaarding, goedkeuring of toetreding verklaren dat dit Verdrag van toepassing is op al deze territoriale eenheden of slechts op een of meer daarvan en kan te allen tijde deze verklaring wijzigen door een nieuwe verklaring af te leggen.
– 2. Deze verklaringen worden ter kennis gebracht van de depositaris en vermelden uitdrukkelijk de territoriale eenheden waarop het Verdrag van toepassing is.
– 3. Indien een Staat geen verklaring krachtens dit artikel aflegt, is het Verdrag van toepassing op het gehele grondgebied van die Staat.

Art. 46

Inwerkingtreding

– 1. Het Verdrag treedt in werking op de eerste dag van de maand volgend op het verstrijken van een termijn van drie maanden na de nederlegging van de derde akte van bekrachtiging, aanvaarding of goedkeuring, bedoeld in artikel 43.
– 2. Vervolgens treedt het Verdrag in werking
a. voor iedere Staat die het Verdrag later bekrachtigt, aanvaardt, goedkeurt of hiertoe toetreedt, op de eerste dag van de maand volgend op het verstrijken van een termijn van drie maanden na de nederlegging van zijn akte van bekrachtiging, aanvaarding, goedkeuring of toetreding;
b. voor een territoriale eenheid waarop het Verdrag overeenkomstig artikel 45 is uitgebreid, op de eerste dag van de maand volgend op het verstrijken van een termijn van drie maanden na de kennisgeving bedoeld in dat artikel.

Art. 47

Opzegging

– 1. Een Staat die Partij is bij het Verdrag kan dit opzeggen door middel van een schriftelijke kennisgeving gericht aan de depositaris.
– 2. De opzegging wordt van kracht op de eerste dag van de maand volgend op het verstrijken van een termijn van twaalf maanden nadat de kennisgeving door de depositaris is ontvangen. Wanneer in de kennisgeving een langere opzegtermijn is aangegeven, wordt de opzegging van kracht na het verstrijken van zulk een langere termijn nadat de kennisgeving door de depositaris is ontvangen.

Art. 48

Kennisgeving

De depositaris geeft de Lid-Staten van de Haagse Conferentie voor Internationaal Privaatrecht, de andere Staten die aan de Zeventiende Zitting hebben deelgenomen en de Staten die overeenkomstig artikel 44 zijn toegetreden, kennis van:

a. de ondertekeningen, bekrachtigingen, aanvaardingen en goedkeuringen bedoeld in artikel 43;
b. de toetredingen en bezwaren tegen toetredingen bedoeld in artikel 44;
c. de datum waarop het Verdrag overeenkomstig artikel 46 in werking treedt;
d. de verklaringen en aanwijzingen bedoeld in de artikelen 22, 23, 25 en 45;
e. de overeenkomsten bedoeld in artikel 39;
f. de opzeggingen bedoeld in artikel 47.

Wet van 3 juli 2003, Stb. 283, houdende regeling van het conflictenrecht inzake adoptie en de erkenning van buitenlandse adopties

[Inwerkingtreding: 01-01-2004]

Wij Beatrix, bij de gratie Gods, Koningin der Nederlanden, Prinses van Oranje-Nassau, enz. enz. enz.

Allen, die deze zullen zien of horen lezen, saluut! doen te weten:

Alzo Wij in overweging genomen hebben, dat het wenselijk is regelen te geven met betrekking tot het conflictenrecht inzake adoptie en de erkenning van in het buitenland tot stand gekomen adopties;

Zo is het dat Wij, de Raad van State gehoord, en met gemeen overleg der Staten-Generaal, hebben goedgevonden en verstaan, gelijk Wij goedvinden en verstaan bij deze:

HOOFDSTUK 1

Algemene bepalingen

Art. 1

Verhouding tot andere wetten en verdragen

Deze wet laat onverlet de toepassing van het op 29 mei 1993 te 's-Gravenhage tot stand gekomen verdrag inzake de bescherming van kinderen en de samenwerking op het gebied van de interlandelijke adoptie (*Trb.* 1993, 197), de Wet van 14 mei 1998 tot uitvoering van dat verdrag (*Stb.* 302) alsmede de Wet opneming buitenlandse kinderen ter adoptie.

Art. 2

Definitie adoptie

Onverminderd artikel 1 wordt in deze wet onder adoptie verstaan de beslissing van een bevoegde autoriteit waarbij familierechtelijke betrekkingen tussen een minderjarig kind en twee personen tezamen of een persoon alleen tot stand worden gebracht.

HOOFDSTUK 2

Het recht dat van toepassing is op de in Nederland uit te spreken adoptie en haar rechtsgevolgen

Art. 3

Hoofdregel: toepasselijkheid Nederlands recht

– 1. Op een in Nederland uit te spreken adoptie is, behoudens het in het tweede lid bepaalde, het Nederlandse recht van toepassing.

– 2. Op de toestemming dan wel de raadpleging of de voorlichting van de ouders van het kind of van andere personen of instellingen is toepasselijk het recht van de staat waarvan het kind de nationaliteit bezit. Bezit het kind meer dan een nationaliteit, dan is van toepassing het recht van de staat waarvan het de nationaliteit bezit, waarmee het, alle omstandigheden in aanmerking genomen, de nauwste band heeft. Indien het aldus aangewezen recht de adoptie niet kent, is het Nederlandse recht van toepassing. Het ingevolge dit lid toepasselijke recht bepaalt tevens of bij gebreke van toestemming deze kan worden vervangen door een rechterlijke beslissing.

– 3. Op de herroeping van een in Nederland uitgesproken adoptie is het Nederlandse recht van toepassing.

Art. 4

Rechtsgevolgen van in Nederland uitgesproken adoptie

Een in Nederland uitgesproken adoptie heeft, wat betreft de familierechtelijke betrekkingen tussen het kind en de adoptiefouders en de verbreking van de voordien bestaande familierechtelijke betrekkingen van het kind, de rechtsgevolgen die daaraan worden toegekend door het Nederlandse recht.

HOOFDSTUK 3

De erkenning van een buitenlandse adoptie en haar rechtsgevolgen

Art. 5

Erkenning niet-verdragsadopties

De bepalingen van dit hoofdstuk hebben betrekking op adopties die tot stand zijn gekomen in staten die geen partij zijn bij het in artikel 1 genoemde verdrag.

Art. 6

Erkenning van rechtswege buitenlandse adoptie

– 1. Een buitenslands gegeven beslissing waarbij een adoptie tot stand is gekomen, wordt in Nederland van rechtswege erkend indien zij is uitgesproken door

a. een ter plaatse bevoegde autoriteit van de vreemde staat waar de adoptiefouders en het kind zowel ten tijde van het verzoek tot adoptie als ten tijde van de uitspraak hun gewone verblijfplaats hadden; of

b. een ter plaatse bevoegde autoriteit van de vreemde staat waar hetzij de adoptiefouders, hetzij het kind zowel ten tijde van het verzoek tot adoptie als ten tijde van de uitspraak hun gewone verblijfplaats hadden.

– 2. Aan een beslissing houdende adoptie wordt erkenning onthouden indien
a. aan die beslissing kennelijk geen behoorlijk onderzoek of behoorlijke rechtspleging is voorafgegaan, of
b. in het geval, bedoeld in het eerste lid, onder *b*, de beslissing niet is erkend in de staat waar het kind, onderscheidenlijk de staat waar de adoptiefouders zowel ten tijde van het verzoek tot adoptie als ten tijde van de uitspraak hun gewone verblijfplaats hadden; of
c. de erkenning van die beslissing kennelijk in strijd met de openbare orde zou zijn.
– 3. Op de in het tweede lid, onder *c*, genoemde grond wordt aan een beslissing houdende adoptie in elk geval erkenning onthouden indien de beslissing kennelijk op een schijnhandeling betrekking heeft.
– 4. De erkenning van de beslissing kan, ook wanneer daarbij een Nederlander betrokken is, niet op de in het tweede lid, onder *c*, genoemde grond worden geweigerd enkel omdat daarop een ander recht is toegepast dan uit de bepalingen van hoofdstuk 2 zou zijn gevolgd.

Art. 7

Erkenningsprocedure voor bepaalde buitenlandse adopties

– 1. Een buitenslands gegeven beslissing waarbij een adoptie tot stand is gekomen en die is uitgesproken door een ter plaatse bevoegde autoriteit van de vreemde staat waar het kind zowel ten tijde van het verzoek tot adoptie als ten tijde van de uitspraak zijn gewone verblijfplaats had, terwijl de adoptiefouders hun gewone verblijfplaats in Nederland hadden, wordt erkend indien:
a. de bepalingen van de Wet opneming buitenlandse kinderen ter adoptie in acht zijn genomen, en
b. de erkenning van de adoptie in het kennelijk belang van het kind is, en
c. erkenning niet op een grond, bedoeld in artikel 6, tweede of derde lid, van deze wet, zou worden onthouden.
– 2. Een adoptie als bedoeld in het eerste lid wordt slechts erkend indien de rechter heeft vastgesteld dat aan de in dat lid genoemde voorwaarden voor erkenning is voldaan. Toepasselijk is de procedure van artikel 26 van Boek 1 van het Burgerlijk Wetboek.
– 3. De rechter die vaststelt dat aan de voorwaarden voor erkenning van de adoptie is voldaan, geeft ambtshalve een last tot toevoeging van een latere vermelding van de adoptie aan de daarvoor in aanmerking komende akte van de burgerlijke stand. De artikelen 25, zesde lid, 25c, derde lid, en 25g, tweede lid, van Boek 1 van het Burgerlijk Wetboek zijn van overeenkomstige toepassing.

Art. 8

Gevolgen van de erkenning

– 1. De erkenning als bedoeld in de artikelen 6 en 7 houdt tevens in de erkenning van:
a. de familierechtelijke betrekkingen tussen het kind en zijn adoptiefouders;
b. het gezag van de adoptiefouders over het kind;
c. de verbreking van de voordien bestaande familierechtelijke betrekkingen tussen het kind en zijn moeder en vader, indien de adoptie dit gevolg heeft in de staat waar zij plaatsvond.
– 2. Ingeval de adoptie in de staat waar zij plaatsvond niet tot gevolg heeft dat de voordien bestaande familierechtelijke betrekkingen worden verbroken, mist de adoptie ook in Nederland dat gevolg.

Art. 9

Omzetting zwakke naar sterke adoptie

In het in artikel 8, tweede lid, bedoelde geval kan, indien het kind in Nederland gewone verblijfplaats heeft en daar voor permanent verblijf bij de adoptiefouders is toegelaten, een verzoek tot omzetting in een adoptie naar Nederlands recht worden ingediend. Artikel 11, tweede lid, van de Wet tot uitvoering van het op 29 mei 1993 te 's-Gravenhage tot stand gekomen verdrag inzake de bescherming van kinderen en de samenwerking op het gebied van de interlandelijke adoptie, is van overeenkomstige toepassing. Artikel 3, tweede lid, van deze wet is van overeenkomstige toepassing op de toestemming van de ouders wier toestemming tot de adoptie vereist was.

HOOFDSTUK 4
Slotbepalingen

Art. 10

Overgangsbepaling

Deze wet is van toepassing op verzoeken tot adoptie die op of na het tijdstip van haar inwerkingtreding in Nederland worden ingediend en op de erkenning van adopties die op of na het tijdstip van haar inwerkingtreding buitenslands tot stand zijn gekomen.

Art. 11

Inwerkingtreding

Deze wet treedt in werking op een bij koninklijk besluit te bepalen tijdstip.

Art. 12

Citeertitel

Deze wet wordt aangehaald als: Wet conflictenrecht adoptie.

II.7 VERORDENING (EG) NR. 2201/2003 BETREFFENDE DE BEVOEGDHEID EN DE ERKENNING EN TENUITVOERLEGGING VAN BESLISSINGEN IN HUWELIJKSZAKEN EN INZAKE DE OUDERLIJKE VERANTWOORDELIJKHEID, EN TOT INTREKKING VAN VERORDENING (EG) NR. 1347/2000 (BRUSSEL IIBIS)

Verordening van de Raad van 27 november 2003, PbEU L 338, betreffende de bevoegdheid en de erkenning en tenuitvoerlegging van beslissingen in huwelijkszaken en inzake de ouderlijke verantwoordelijkheid, en tot intrekking van Verordening (EG) nr. 1347/2000, gewijzigd 2 december 2004, PbEU L 367

[Inwerkingtreding: 01-08-2004]

DE RAAD VAN DE EUROPESE UNIE,
Gelet op het Verdrag tot oprichting van de Europese Gemeenschap, inzonderheid op artikel 61, onder *c)*, en artikel 67, lid 1,
Gezien het voorstel van de Commissie [(1)],
Gezien het advies van het Europees Parlement [(2)],
Gezien het advies van het Europees Economisch en Sociaal Comité [(3)],
Overwegende hetgeen volgt:
(1) De Europese Gemeenschap heeft zich tot doel gesteld een ruimte van vrijheid, veiligheid en rechtvaardigheid tot stand te brengen, waarin het vrije verkeer van personen gewaarborgd is. Te dien einde moet de Gemeenschap met name de maatregelen op het gebied van de justitiële samenwerking in burgerlijke zaken aannemen, die nodig zijn voor de goede werking van de interne markt.
(2) De Europese Raad van Tampere heeft bevestigd dat het beginsel van de wederzijdse erkenning van rechterlijke beslissingen de hoeksteen voor de totstandbrenging van een werkelijke justitiële ruimte vormt, en heeft het omgangsrecht aangemerkt als een prioriteit.
(3) Verordening (EG) nr. 1347/2000 van de Raad van 29 mei 2000 [(4)]voorziet in regels betreffende de bevoegdheid en de erkenning en tenuitvoerlegging van beslissingen in huwelijkszaken en van naar aanleiding van procedures in huwelijkszaken gegeven beslissingen inzake de ouderlijke verantwoordelijkheid voor de gemeenschappelijke kinderen van de echtgenoten. De inhoud van deze verordening werd grotendeels overgenomen uit de overeenkomst van 28 mei 1998 met hetzelfde onderwerp [(5)].
(4) Op 3 juli 2000 heeft Frankrijk een initiatief met het oog op de aanneming van een verordening van de Raad inzake de wederzijdse tenuitvoerlegging van beslissingen betreffende het omgangsrecht ingediend [(6)].
(5) Teneinde de gelijke behandeling van alle kinderen te waarborgen is deze verordening van toepassing op alle beslissingen betreffende de ouderlijke verantwoordelijkheid, inclusief maatregelen ter bescherming van het kind, los van ieder verband met een procedure in huwelijkszaken.
(6) Aangezien de toepassing van de regels betreffende de ouderlijke verantwoordelijkheid vaak in het kader van procedures in huwelijkszaken aan de orde komt, verdient het de voorkeur over één enkel rechtsinstrument te beschikken voor zowel de echtscheiding als de ouderlijke verantwoordelijkheid.
(7) Binnen de werkingssfeer van deze verordening vallen, ongeacht de aard van de rechterlijke instantie, burgerlijke zaken.
(8) Wat betreft beslissingen betreffende echtscheiding, scheiding van tafel en bed of nietigverklaring van het huwelijk, mag deze verordening uitsluitend van toepassing zijn op de ontbinding van de huwelijksband, met terzijdestelling van kwesties zoals de echtscheidingsgronden, de vermogensrechtelijke gevolgen van het huwelijk of andere bijkomende maatregelen.
(9) Wat betreft het vermogen van het kind dient deze verordening uitsluitend van toepassing te zijn op de maatregelen ter bescherming van het kind, dat wil zeggen
i) op de aanwijzing en de taken van personen of lichamen belast met het beheer van het vermogen van het kind of die het kind vertegenwoordigen of bijstaan, en
ii) op maatregelen betreffende het beheer, de instandhouding van of de beschikking over het vermogen van het kind. In dit verband dient deze verordening bijvoorbeeld van toepassing te

(1) *PB* C 203 E van 27.8.2002, blz. 155.
(2) Advies uitgebracht op 20 september 2002 (nog niet bekendgemaakt in het *Publicatieblad*).
(3) *PB* C 61 van 14.3.2003, blz. 76.
(4) *PB* L 160 van 30.6.2000, blz. 19.
(5) Bij de aanneming van Verordening (EG) nr. 1347/2000 heeft de Raad nota genomen van het door professor Alegria Borras opgestelde verslag over de overeenkomst (*PB* C 221 van 16.7.1998, blz. 27).
(6) *PB* C 234 van 15.8.2000, blz. 7

zijn in gevallen waarin de ouders een geschil hebben over het beheer van het vermogen van het kind. Maatregelen inzake het vermogen van het kind die niet de bescherming van het kind betreffen moeten ook in de toekomst geregeld blijven door Verordening (EG) nr. 44/2001 van de Raad van 22 december 2000 betreffende de rechterlijke bevoegdheid, de erkenning en de tenuitvoerlegging van beslissingen in burgerlijke en handelszaken [(7)].

(10) Het is niet de bedoeling dat deze verordening toepasselijk is op aangelegenheden zoals sociale zekerheid, publiekrechtelijke maatregelen van algemene aard inzake onderwijs en gezondheid, noch op beslissingen inzake het asielrecht en immigratie. Voorts is zij niet van toepassing op de vaststelling van familierechtelijke betrekkingen, die onderscheiden moet worden van de toekenning van ouderlijke verantwoordelijkheid, noch op de andere aangelegenheden die verband houden met de staat van personen. Zij is evenmin van toepassing op maatregelen genomen ten gevolge van door kinderen begane strafbare feiten.

(11) Onderhoudsverplichtingen zijn van de werkingssfeer van onderhavige verordening uitgesloten, omdat zij reeds door Verordening (EG) nr. 44/2001 worden geregeld. De gerechten die uit hoofde van onderhavige verordening bevoegd zijn, zullen over het algemeen bevoegd zijn om uitspraak te doen inzake onderhoudsverplichtingen, krachtens artikel 5, lid 2, van Verordening (EG) nr. 44/2001.

(12) De in deze verordening opgenomen bevoegdheidsregels met betrekking tot ouderlijke verantwoordelijkheid zijn zodanig opgezet dat zij in het belang van het kind zijn, en met name beantwoorden aan het criterium van de nauwe verbondenheid. Dit betekent dat de bevoegdheid in de eerste plaats bij de gerechten van de lidstaat van de gewone verblijfplaats van het kind moet berusten, behalve in bepaalde gevallen waarin het kind van verblijfplaats is veranderd of wanneer er een overeenkomst bestaat tussen de personen die de ouderlijke verantwoordelijkheid dragen.

(13) In het belang van het kind biedt de onderhavige verordening het bevoegde gerecht de mogelijkheid om in uitzonderlijke gevallen en onder bepaalde voorwaarden de zaak naar het gerecht van een andere lidstaat te verwijzen indien dat gerecht beter in staat is om de zaak te behandelen. In dat geval dient het gerecht waarbij de zaak aldus aanhangig is gemaakt, evenwel niet te worden toegestaan de zaak naar nog een ander gerecht te verwijzen.

(14) De toepassing van de onderhavige verordening dient de toepassing van het internationaal publiekrecht inzake diplomatieke immuniteiten onverlet te laten. Indien het uit hoofde van onderhavige verordening bevoegd gerecht zijn bevoegdheid niet kan uitoefenen wegens het bestaan van diplomatieke immuniteit overeenkomstig het internationale recht, dient de bevoegdheid te worden bepaald in de lidstaat waar de betrokkene geen enkele immuniteit geniet, overeenkomstig de wet van deze lidstaat.

(15) Verordening (EG) nr. 1348/2000 van de Raad van 29 mei 2000 inzake de betekening en de kennisgeving in de lidstaten van gerechtelijke en buitengerechtelijke stukken in burgerlijke of in handelszaken [(8)] dient van toepassing te zijn op de betekening en kennisgeving van stukken in overeenkomstig deze verordening ingestelde procedures.

(16) Deze verordening mag er niet aan in de weg staan dat de gerechten van een lidstaat in spoedeisende gevallen voorlopige of beschermende maatregelen nemen met betrekking tot personen of vermogensbestanddelen die zich in die staat bevinden.

(17) In geval van ongeoorloofde overbrenging of niet doen terugkeren van het kind dient de terugkeer van het kind onverwijld te worden verkregen en te dien einde dient het Verdrag van 's-Gravenhage van 25 oktober 1980 van toepassing te blijven, zoals aangevuld door de bepalingen van deze verordening, in het bijzonder artikel 11. De gerechten van de lidstaat waarnaar het kind ongeoorloofd is overgebracht of waar het ongeoorloofd wordt vastgehouden, dienen in staat te zijn zich in welbepaalde, naar behoren gemotiveerde gevallen tegen de terugkeer van het kind te verzetten. Een dergelijke beslissing moet evenwel kunnen worden vervangen door een latere beslissing van het gerecht van de lidstaat waar het kind vóór de ongeoorloofde overbrenging of niet doen terugkeren zijn gewone verblijfplaats had. Brengt deze laatste beslissing de terugkeer van het kind met zich, dan dient de terugkeer plaats te vinden zonder dat enigerlei bijzondere procedure vereist is voor de erkenning en tenuitvoerlegging van die beslissing in de lidstaat waar het ontvoerde kind zich bevindt.

(18) Indien krachtens artikel 13 van het Verdrag van 's-Gravenhage van 1980 een beslissing houdende de niet-terugkeer is gegeven, dient het gerecht dit te melden aan het bevoegde gerecht of de centrale autoriteit van de lidstaat waar het kind vóór zijn ongeoorloofde overbrenging of niet doen terugkeren zijn gewone verblijfplaats had. Tenzij de zaak reeds bij hem aanhangig is gemaakt, dient dit gerecht of de centrale autoriteit een oproep te richten aan de

(7) *PB* L 12 van 16.1.2001, blz. 1. Verordening laatstelijk gewijzigd bij Verordening (EG) nr. 1496/2002 van de Commissie (*PB* L 225 van 22.8.2002, blz. 13).
(8) *PB* L 160 van 30.6.2000, blz. 37.

partijen. Deze verplichting dient voor de centrale autoriteit van de lidstaat geen beletsel te vormen om ook een oproep te richten aan de betrokken overheidsinstanties, zulks in overeenstemming met het nationale recht.

(19) Het horen van het kind speelt een belangrijke rol in de toepassing van onderhavige verordening, zonder dat deze echter de strekking heeft de terzake geldende nationale procedures te wijzigen.

(20) Het horen van het kind in een andere lidstaat kan worden verricht in overeenstemming met de voorschriften van Verordening (EG) nr. 1206/2001 van de Raad van 28 mei 2001 betreffende de samenwerking tussen de gerechten van de lidstaten op het gebied van bewijsverkrijging in burgerlijke en handelszaken [9].

(21) De erkenning en de tenuitvoerlegging van in een lidstaat gegeven beslissingen dienen gebaseerd te zijn op het beginsel van wederzijds vertrouwen, en de gronden tot weigering van de erkenning dienen tot het noodzakelijke minimum beperkt te blijven.

(22) Authentieke akten en schikkingen tussen partijen, die in een lidstaat uitvoerbaar zijn, dienen voor de toepassing van de regels inzake de bevoegdheid en de erkenning en tenuitvoerlegging te worden gelijkgesteld met 'beslissingen'.

(23) De Europese Raad van Tampere heeft in zijn conclusies (punt 34) geoordeeld dat beslissingen in familierechtelijke procedures 'automatisch in de gehele Unie moeten worden erkend, zonder enige intermediaire procedure of gronden tot weigering van de tenuitvoerlegging'. Daarom dienen beslissingen betreffende het omgangsrecht en beslissingen betreffende de terugkeer van een kind, die in de lidstaat van herkomst overeenkomstig de bepalingen van deze verordening zijn gecertificeerd, in alle andere lidstaten te worden erkend en zijn ze er uitvoerbaar zonder dat daartoe enigerlei andere procedure vereist is. De bepalingen in verband met de tenuitvoerlegging van deze beslissingen blijven onder het nationale recht vallen.

(24) Tegen het certificaat dat met het oog op een vereenvoudigde tenuitvoerlegging van de beslissing wordt afgegeven, dient geen rechtsmiddel open te staan. Uitsluitend in geval van een materiële fout, dit wil zeggen wanneer het certificaat de inhoud van de beslissing niet correct weergeeft, kan het aanleiding geven tot een rectificatieprocedure.

(25) De centrale autoriteiten dienen zowel algemeen als in specifieke gevallen met elkaar samen te werken, onder meer ter bevordering van de minnelijke schikking van gezinsconflicten betreffende de ouderlijke verantwoordelijkheid. Te dien einde moeten de centrale autoriteiten gebruikmaken van hun deelneming aan het Europees justitieel netwerk in burgerlijke en handelszaken, in het leven geroepen bij Beschikking 2001/470/EG van de Raad van 28 mei 2001 betreffende de oprichting van een Europees justitieel netwerk in burgerlijke en handelszaken [10].

(26) De Commissie dient de door de lidstaten toegezonden lijsten van terzake bevoegde rechterlijke instanties en van hogere voorzieningen openbaar te maken en bij te houden.

(27) De voor de uitvoering van deze verordening vereiste maatregelen dienen te worden vastgesteld overeenkomstig Besluit 1999/468/EG van de Raad van 28 juni 1999 tot vaststelling van de voorwaarden voor de uitoefening van de aan de Commissie verleende uitvoeringsbevoegdheden [11].

(28) De onderhavige verordening komt in de plaats van Verordening (EG) nr. 1347/2000, die bijgevolg wordt ingetrokken.

(29) Met het oog op de goede werking van deze verordening onderzoekt de Commissie de toepassing ervan om in voorkomend geval de nodige wijzigingen voor te stellen.

(30) Het Verenigd Koninkrijk en Ierland hebben overeenkomstig artikel 3 van het Protocol betreffende de positie van het Verenigd Koninkrijk en Ierland, gevoegd bij het Verdrag betreffende de Europese Unie en het Verdrag tot oprichting van de Europese Gemeenschap, de wens te kennen gegeven aan de aanneming en toepassing van deze verordening deel te nemen.

(31) Denemarken neemt overeenkomstig de artikelen 1 en 2 van het Protocol betreffende de positie van Denemarken, gevoegd bij het Verdrag betreffende de Europese Unie en het Verdrag tot oprichting van de Europese Gemeenschap, niet deel aan de aanneming van deze verordening, zodat deze niet bindend voor, noch van toepassing op Denemarken is.

(32) Daar de doelstellingen van deze verordening niet voldoende door de lidstaten kunnen worden verwezenlijkt en derhalve beter door de Gemeenschap kunnen worden verwezenlijkt, kan de Gemeenschap, overeenkomstig het in artikel 5 van het Verdrag neergelegde subsidiariteitsbeginsel, maatregelen nemen. Overeenkomstig het in hetzelfde artikel neergelegde even-

(9) *PB* L 174 van 27.6.2001, blz. 1.
(10) *PB* L 174 van 27.6.2001, blz. 25.
(11) *PB* L 184 van 17.7.1999, blz. 23.

redigheidsbeginsel gaat deze verordening niet verder dan nodig is om deze doelstellingen te verwezenlijken.

(33) Deze verordening erkent de grondrechten en is in overeenstemming met de beginselen, die zijn erkend bij het Handvest van de grondrechten van de Europese Unie. In het bijzonder beoogt zij de grondrechten van het kind, zoals die in artikel 24 van het Handvest van grondrechten van de Europese Unie zijn erkend, ten volle te eerbiedigen,

HEEFT DE VOLGENDE VERORDENING VASTGESTELD:

HOOFDSTUK I
Toepassingsgebied en definities

Toepassingsgebied

Art. 1

Reikwijdte

– 1. Deze verordening is, ongeacht de aard van het gerecht, van toepassing op burgerlijke zaken betreffende:

a) echtscheiding, scheiding van tafel en bed en nietigverklaring van het huwelijk;
b) de toekenning, de uitoefening, de overdracht, de beperking of de beëindiging van de ouderlijke verantwoordelijkheid.

– 2. De in lid 1, onder *b)*, bedoelde zaken hebben met name betrekking op:

a) het gezagsrecht en het omgangsrecht;
b) voogdij, curatele en overeenkomstige rechtsinstituten;
c) de aanwijzing en de taken van enige persoon of enig lichaam, belast met de zorg voor de persoon of het vermogen van het kind, of die het kind vertegenwoordigt of bijstaat;
d) de plaatsing van het kind in een pleeggezin of in een inrichting;
e) de maatregelen ter bescherming van het kind die verband houden met het beheer of de instandhouding van dan wel de beschikking over het vermogen van het kind.

– 3. Deze verordening is niet van toepassing op:

a) de vaststelling en de ontkenning van familierechtelijke betrekkingen;
b) beslissingen inzake adoptie, voorbereidende maatregelen voor adoptie, alsmede de nietigverklaring en de herroeping van de adoptie;
c) de geslachtsnaam en de voornamen van het kind;
d) de handlichting;
e) onderhoudsverplichtingen;
f) trusts en erfopvolging;
g) maatregelen genomen ten gevolge van door kinderen begane strafbare feiten.

Definities

Art. 2

Begripsbepaling

In deze verordening wordt verstaan onder:

1. 'gerecht': alle autoriteiten in de lidstaten die bevoegd zijn ter zake van de aangelegenheden die overeenkomstig artikel 1 binnen het toepassingsgebied van deze verordening vallen;
2. 'rechter': de rechter of de drager van bevoegdheden gelijkwaardig aan die van een rechter, ter zake van de aangelegenheden die binnen het toepassingsgebied van deze verordening vallen;
3. 'lidstaat': alle lidstaten met uitzondering van Denemarken;
4. 'beslissing': een door een gerecht van een lidstaat uitgesproken echtscheiding, scheiding van tafel en bed of nietigverklaring van het huwelijk, alsmede een door een gerecht van een lidstaat gegeven beslissing betreffende de ouderlijke verantwoordelijkheid, ongeacht de benaming van die beslissing, zoals arrest, vonnis of beschikking;
5. 'lidstaat van herkomst': de lidstaat waar de ten uitvoer te leggen beslissing is gegeven;
6. 'lidstaat van tenuitvoerlegging': de lidstaat waar tenuitvoerlegging van de beslissing wordt gevraagd;
7. 'ouderlijke verantwoordelijkheid': alle rechten en verplichtingen die ingevolge een beslissing, van rechtswege of bij een rechtsgeldige overeenkomst aan een natuurlijke persoon of aan een rechtspersoon zijn toegekend met betrekking tot de persoon of het vermogen van een kind. De term omvat onder meer het gezagsrecht en het omgangsrecht;
8. 'persoon die de ouderlijke verantwoordelijkheid draagt': elke persoon die de ouderlijke verantwoordelijkheid voor een kind draagt;
9. 'gezagsrecht': de rechten en verplichtingen die betrekking hebben op de zorg voor de persoon van een kind, in het bijzonder het recht de verblijfplaats van het kind te bepalen;
10. 'omgangsrecht': omvat in het bijzonder het recht om een kind voor een beperkte tijd mee te nemen naar een andere plaats dan zijn gewone verblijfplaats;

11. 'ongeoorloofde overbrenging of niet doen terugkeren van een kind': het overbrengen of niet doen terugkeren van een kind:
a) wanneer dit geschiedt in strijd met het gezagsrecht dat ingevolge een beslissing, van rechtswege of bij een rechtsgeldige overeenkomst is toegekend overeenkomstig het recht van de lidstaat waar het kind onmiddellijk voor zijn overbrenging of niet doen terugkeren, zijn gewone verblijfplaats had;
en
b) indien dit gezagsrecht op het tijdstip van overbrenging of niet doen terugkeren, alleen of gezamenlijk, daadwerkelijk werd uitgeoefend, dan wel zou zijn uitgeoefend indien een zodanige gebeurtenis niet had plaatsgevonden. Het gezag wordt geacht gezamenlijk te worden uitgeoefend als een van de personen die, ingevolge een beslissing of van rechtswege, de ouderlijke verantwoordelijkheid dragen, de verblijfplaats van het kind niet kan bepalen zonder de instemming van een andere persoon die de ouderlijke verantwoordelijkheid draagt.

HOOFDSTUK II
Bevoegdheid

AFDELING 1
Echtscheiding, scheiding van tafel en bed en nietigverklaring van het huwelijk

Algemene bevoegdheid

Art. 3

Bevoegde gerechten

– 1. Ter zake van echtscheiding, scheiding van tafel en bed of nietigverklaring van het huwelijk zijn bevoegd de gerechten van de lidstaat:
a) op het grondgebied waarvan:
– de echtgenoten hun gewone verblijfplaats hebben; of
– zich de laatste gewone verblijfplaats van de echtgenoten bevindt, indien een van hen daar nog verblijft; of
– de verweerder zijn gewone verblijfplaats heeft; of
– in geval van een gemeenschappelijk verzoek, zich de gewone verblijfplaats van een van de echtgenoten bevindt; of
– zich de gewone verblijfplaats van de verzoeker bevindt, indien hij daar sedert ten minste een jaar onmiddellijk voorafgaand aan de indiening van het verzoek verblijft; of
– zich de gewone verblijfplaats van de verzoeker bevindt, indien hij daar sedert ten minste zes maanden onmiddellijk voorafgaand aan de indiening van het verzoek verblijft en hetzij onderdaan van de betrokken lidstaat is, hetzij, in het geval van het Verenigd Koninkrijk en Ierland, daar zijn 'domicile' (woonplaats) heeft;
b) waarvan beide echtgenoten de nationaliteit bezitten of, in het geval van het Verenigd Koninkrijk en Ierland, waar beide echtgenoten hun 'domicile' (woonplaats) hebben.
– 2. In deze verordening heeft 'woonplaats' dezelfde betekenis als volgens het recht van het Verenigd Koninkrijk of Ierland.

Tegenvordering

Art. 4

Tegenvordering

Het gerecht waarvoor een procedure op grond van artikel 3 aanhangig is, is ook bevoegd kennis te nemen van een tegenvordering, mits deze binnen het toepassingsgebied van deze verordening valt.

Omzetting van scheiding van tafel en bed in echtscheiding

Art. 5

Omzetting in echtscheiding

Onverminderd artikel 3 is het gerecht van een lidstaat dat een beslissing inzake scheiding van tafel en bed heeft gegeven, ook bevoegd om die scheiding om te zetten in echtscheiding, indien de wet van die lidstaat daarin voorziet.

Exclusieve aard van de bevoegdheden op grond van de artikelen 3, 4 en 5

Art. 6

Exclusieve aard

De echtgenoot die:
a) zijn gewone verblijfplaats op het grondgebied van een lidstaat heeft; of
b) onderdaan van een lidstaat is of, in het geval van het Verenigd Koninkrijk en Ierland, zijn 'domicile' (woonplaats) op het grondgebied van een van die lidstaten heeft,
kan slechts op grond van de artikelen 3, 4 en 5 voor de gerechten van een andere lidstaat worden gedaagd.

Residuele bevoegdheid

Art. 7

Residuele bevoegdheid

– 1. Indien geen gerecht van een lidstaat op grond van de artikelen 3, 4 en 5 bevoegd is, wordt in elke lidstaat de bevoegdheid beheerst door de wetgeving van die lidstaat.

– 2. Tegenover een verweerder die zijn gewone verblijfplaats niet op het grondgebied van een lidstaat heeft en die hetzij niet de nationaliteit van een lidstaat bezit, hetzij, in het geval van het Verenigd Koninkrijk en Ierland, zijn 'domicile' (woonplaats) niet op het grondgebied van een van die lidstaten heeft, kan een onderdaan van een lidstaat die zijn gewone verblijfplaats op het grondgebied van een andere lidstaat heeft, evenals de onderdanen van die lidstaat, zich beroepen op de aldaar geldende bevoegdheidsregels.

AFDELING 2
Ouderlijke verantwoordelijkheid

Algemene bevoegdheid

Art. 8

Bevoegdheid t.a.v. ouderlijke verantwoordelijkheid

– 1. Ter zake van de ouderlijke verantwoordelijkheid zijn bevoegd de gerechten van de lidstaat op het grondgebied waarvan het kind zijn gewone verblijfplaats heeft op het tijdstip dat de zaak bij het gerecht aanhangig wordt gemaakt.

– 2. Het bepaalde in lid 1 geldt onder voorbehoud van de artikelen 9, 10 en 12.

Behoud van de bevoegdheid van de vorige gewone verblijfplaats van het kind

Art. 9

Behoud bevoegdheid vorige gewone verblijfplaats

– 1. Wanneer een kind legaal van een lidstaat naar een andere lidstaat verhuist en aldaar een nieuwe gewone verblijfplaats verkrijgt, behouden de gerechten van de vorige gewone verblijfplaats van het kind, in afwijking van artikel 8, gedurende een termijn van drie maanden te rekenen vanaf de verhuizing, hun bevoegdheid tot wijziging van een in die lidstaat vóór de verhuizing van het kind gegeven beslissing betreffende het omgangsrecht indien de persoon die ingevolge die beslissing het omgangsrecht heeft zijn gewone verblijfplaats behoudt in de lidstaat van de vorige gewone verblijfplaats van het kind.

– 2. Lid 1 is niet van toepassing indien de in lid 1 bedoelde persoon die het omgangsrecht heeft, de bevoegdheid van de gerechten van de lidstaat van de nieuwe gewone verblijfplaats van het kind heeft aanvaard door aan een procedure voor die gerechten deel te nemen zonder de bevoegdheid ervan aan te vechten.

Bevoegdheid in gevallen van kinderontvoering

Art. 10

Bevoegdheid bij kinderontvoering

In geval van ongeoorloofde overbrenging of niet doen terugkeren van het kind blijven de gerechten van de lidstaat waar het kind onmiddellijk voor de ongeoorloofde overbrenging of niet doen terugkeren zijn gewone verblijfplaats had, bevoegd totdat het kind in een andere lidstaat een gewone verblijfplaats heeft verkregen en:

a) enige persoon, instelling of ander lichaam die gezagsrecht bezit, in de overbrenging of het niet doen terugkeren heeft berust;

of

b) het kind gedurende ten minste een jaar nadat de persoon, de instelling of het lichaam met gezagsrecht kennis heeft gekregen of had moeten krijgen van de verblijfplaats van het kind, in die andere lidstaat heeft verbleven en in zijn nieuwe omgeving geworteld is, en aan één van de volgende voorwaarden is voldaan:

i) er is bij de bevoegde autoriteiten van de lidstaat waarheen het kind is overgebracht of waar het wordt vastgehouden, geen verzoek tot terugkeer ingediend binnen een jaar nadat de persoon die gezagsrecht bezit, kennis heeft gekregen of had moeten krijgen van de verblijfplaats van het kind;

ii) een door de persoon met gezagsrecht ingediend verzoek tot terugkeer is ingetrokken en binnen de onder i) gestelde termijn is geen nieuw verzoek ingediend;

iii) een voor een gerecht in de lidstaat waar het kind onmiddellijk voor de ongeoorloofde overbrenging of het niet doen terugkeren zijn gewone verblijfplaats had, dienende zaak is overeenkomstig artikel 11, lid 7, gesloten verklaard;

iv) een gezagsbeslissing die niet de terugkeer van het kind met zich brengt, is uitgesproken door de gerechten van de lidstaat waar het kind onmiddellijk voor de ongeoorloofde overbrenging of niet doen terugkeren zijn gewone verblijfplaats had.

Terugkeer van het kind

Art. 11

Terugkeer van kind

– 1. Wanneer een persoon, instelling of ander lichaam met gezagsrecht bij de bevoegde autoriteiten van een lidstaat een verzoek indient om op grond van het Verdrag van 's-Gravenhage van 25 oktober 1980 betreffende de burgerrechtelijke aspecten van internationale ontvoering van kinderen (hierna 'het Verdrag van 's-Gravenhage van 1980' genoemd) een beslissing te nemen teneinde de terugkeer te verkrijgen van een kind dat ongeoorloofd is overgebracht of vastgehouden in een andere lidstaat dan de lidstaat waar het kind onmiddellijk voor de ongeoorloofde overbrenging of het niet doen terugkeren zijn gewone verblijfplaats had, zijn de leden 2 tot en met 8 van toepassing.
– 2. Bij de toepassing van de artikelen 12 en 13 van het Verdrag van 's-Gravenhage van 1980 wordt ervoor gezorgd dat het kind tijdens de procedure in de gelegenheid wordt gesteld te worden gehoord, tenzij dit gezien zijn leeftijd of mate van rijpheid niet raadzaam wordt geacht.
– 3. Het gerecht waarbij een in lid 1 bedoeld verzoek om terugkeer van het kind is ingediend, beschikt met bekwame spoed, met gebruikmaking van de snelste procedures die in het nationale recht beschikbaar zijn.
Onverminderd de eerste alinea beslist het gerecht uiterlijk zes weken nadat het verzoek aanhangig is gemaakt, tenzij dit als gevolg van uitzonderlijke omstandigheden onmogelijk blijkt.
– 4. Een gerecht kan de terugkeer van een kind niet op grond van artikel 13, onder *b)*, van het Verdrag van 's-Gravenhage van 1980 weigeren, wanneer vaststaat dat er adequate voorzieningen zijn getroffen om de bescherming van het kind na de terugkeer te verzekeren.
– 5. Een gerecht kan de terugkeer van een kind niet weigeren indien de persoon die om de terugkeer van het kind verzoekt niet in de gelegenheid is gesteld te worden gehoord.
– 6. Indien een gerecht op grond van artikel 13 van het Verdrag van 's-Gravenhage van 1980 een beslissing houdende de niet-terugkeer heeft gegeven, zendt het onmiddellijk, rechtstreeks dan wel door tussenkomst van zijn centrale autoriteit, een afschrift van het bevel en van de desbetreffende stukken, met name het zittingsverslag toe aan het bevoegde gerecht of de centrale autoriteit van de lidstaat waar het kind onmiddellijk voor een ongeoorloofde overbrenging of niet doen terugkeren zijn gewone verblijfplaats had, zulks in overeenstemming met het nationale recht. Dit gerecht dient alle bedoelde stukken te ontvangen binnen een maand te rekenen vanaf de datum waarop de beslissing houdende de niet-terugkeer is gegeven.
– 7. Tenzij één van de partijen zich reeds heeft gewend tot de gerechten van de lidstaat waar het kind onmiddellijk voor een ongeoorloofde overbrenging of niet doen terugkeren zijn gewone verblijfplaats had, stelt het gerecht of de centrale autoriteit die de in lid 6 bedoelde informatie ontvangt, de partijen daarvan op de hoogte en nodigt hen uit binnen drie maanden na de oproeping overeenkomstig het nationale recht conclusies in te dienen, opdat de rechterlijke instantie de kwestie van het gezagsrecht kan onderzoeken.
Onverminderd de bevoegdheidsregels van deze verordening verklaart het gerecht de zaak gesloten indien het binnen die termijn geen conclusie heeft ontvangen.
– 8. Niettegenstaande een beslissing houdende de niet-terugkeer op grond van het Verdrag van 's-Gravenhage van 1980, is een latere beslissing die de terugkeer van het kind met zich brengt, gegeven door een gerecht dat krachtens deze verordening bevoegd is, overeenkomstig afdeling 4 van hoofdstuk III uitvoerbaar, zulks teneinde de terugkeer van het kind te verzekeren.

Prorogatie van rechtsmacht

Art. 12

Prorogatie van rechtsmacht

– 1. De gerechten van een lidstaat zijn, in de uitoefening van hun bevoegdheid op grond van artikel 5 ter zake van een verzoek om echtscheiding, scheiding van tafel en bed of nietigverklaring van het huwelijk, bevoegd voor elke met dit verzoek samenhangende kwestie inzake de ouderlijke verantwoordelijkheid, indien:
a) ten minste één van de echtgenoten de ouderlijke verantwoordelijkheid voor het kind draagt;
en
b) de bevoegdheid van deze gerechten uitdrukkelijk dan wel op enige andere ondubbelzinnige wijze door de echtgenoten en door de personen die de ouderlijke verantwoordelijkheid dragen, is aanvaard op het tijdstip waarop de zaak bij het gerecht aanhangig wordt gemaakt en door het belang van het kind wordt gerechtvaardigd.
– 2. De overeenkomstig lid 1 uitgeoefende bevoegdheid neemt een einde zodra:
a) de beslissing houdende toewijzing of afwijzing van het verzoek om echtscheiding, scheiding van tafel en bed of nietigverklaring van het huwelijk definitief is geworden; hetzij
b) ingeval op het onder *a)* bedoelde tijdstip nog een procedure betreffende de ouderlijke verantwoordelijkheid aanhangig is, een beslissing in die procedure definitief is geworden; hetzij

c) de onder *a)* en *b)* bedoelde procedures om een andere reden zijn beëindigd.

– 3. De gerechten van een lidstaat zijn ook in andere procedures dan die welke in lid 1 worden bedoeld, bevoegd ter zake van de ouderlijke verantwoordelijkheid voor een kind, indien:

a) het kind een nauwe band met die lidstaat heeft, met name omdat een van de personen die de ouderlijke verantwoordelijkheid dragen, zijn gewone verblijfplaats in die lidstaat heeft of omdat het kind onderdaan van die lidstaat is;

en

b) hun bevoegdheid op het tijdstip waarop de zaak bij het gerecht aanhangig is gemaakt, uitdrukkelijk dan wel op enige andere ondubbelzinnige wijze is aanvaard door alle partijen bij de procedure en door het belang van het kind wordt gerechtvaardigd.

– 4. Indien het kind zijn gewone verblijfplaats heeft op het grondgebied van een derde staat die geen verdragsluitende partij is bij het Verdrag van 's-Gravenhage van 19 oktober 1996 inzake de bevoegdheid, het toepasselijke recht, de erkenning, de tenuitvoerlegging en de samenwerking op het gebied van ouderlijke verantwoordelijkheid en maatregelen ter bescherming van kinderen, wordt de op het onderhavige artikel gebaseerde bevoegdheid geacht met name in het belang van het kind te zijn indien een procedure in de betrokken derde staat onmogelijk blijkt te zijn.

Bevoegdheid gebaseerd op de aanwezigheid van het kind

Art. 13

Bevoegdheid wegens aanwezigheid kind

– 1. Wanneer de gewone verblijfplaats van een kind niet kan worden vastgesteld en de bevoegdheid niet kan worden bepaald op grond van artikel 12, zijn de gerechten van de lidstaat op het grondgebied waarvan het kind zich bevindt, bevoegd.

– 2. Lid 1 is ook van toepassing op vluchtelingenkinderen en kinderen die ten gevolge van onlusten die in hun land plaatsvinden, naar een ander land zijn overgebracht.

Residuele bevoegdheid

Art. 14

Residuele bevoegdheid

Indien van geen enkele lidstaat een gerecht op grond van de artikelen 8 tot en met 13 bevoegd is, wordt de bevoegdheid in elke lidstaat beheerst door de wetgeving van die lidstaat.

Verwijzing naar een gerecht dat beter in staat is de zaak te behandelen

Art. 15

Verwijzing

– 1. De gerechten van een lidstaat die bevoegd zijn om ten gronde over een zaak te beslissen, kunnen bij wijze van uitzondering, indien naar hun inzicht een gerecht van een andere lidstaat waarmee het kind een bijzondere band heeft beter in staat is de zaak of een specifiek onderdeel daarvan te behandelen, in het belang van het kind:

a) de behandeling van de zaak of het betrokken onderdeel daarvan aanhouden en de partijen uitnodigen om overeenkomstig lid 4 een daartoe strekkend verzoek te richten aan het gerecht van die andere lidstaat; of

b) het gerecht van een andere lidstaat verzoeken zijn bevoegdheid overeenkomstig lid 5 uit te oefenen.

– 2. Lid 1 is van toepassing:

a) op verzoek van een van de partijen, of

b) op initiatief van het gerecht, of

c) op verzoek van het gerecht van een andere lidstaat waarmee het kind een bijzondere band heeft, overeenkomstig lid 3.

Verwijzing op initiatief van het gerecht of op verzoek van het gerecht van een andere lidstaat kan echter slechts plaatsvinden indien zulks door ten minste een van de partijen wordt aanvaard.

– 3. Het kind wordt geacht in de zin van lid 1 een bijzondere band met een lidstaat te hebben indien:

a) het kind na de aanhangigmaking van een zaak bij het in lid 1 bedoelde gerecht zijn gewone verblijfplaats in die lidstaat heeft verkregen; of

b) het kind voordien zijn gewone verblijfplaats in die lidstaat had; of

c) het kind onderdaan van die lidstaat is; of

d) een van de personen die de ouderlijke verantwoordelijkheid dragen, zijn gewone verblijfplaats in die lidstaat heeft; of

e) het geschil betrekking heeft op maatregelen ter bescherming van het kind die verband houden met het beheer, de instandhouding van of de beschikking over bestanddelen van het vermogen van het kind die zich op het grondgebied van die lidstaat bevinden.

– 4. Het gerecht van de lidstaat dat bevoegd is om ten gronde over de zaak te beslissen stelt een

termijn vast waarbinnen de zaak overeenkomstig lid 1 bij de gerechten van de andere lidstaat aanhangig moet worden gemaakt.
Wordt de zaak niet binnen deze termijn aanhangig gemaakt, dan blijft het gerecht waarbij de zaak aanvankelijk aanhangig is gemaakt de bevoegdheid overeenkomstig de artikelen 8 tot en met 14 uitoefenen.
– 5. De gerechten van de andere lidstaat kunnen, wanneer dit, gelet op de specifieke omstandigheden van de zaak, in het belang van het kind is, binnen zes weken nadat de zaak op grond van lid 1, onder *a)* of *b)*, bij hen aanhangig is gemaakt, de bevoegdheid aanvaarden. Het gerecht waarbij de zaak het eerst was aangebracht, ziet in dit geval af van het uitoefenen van zijn bevoegdheid. In het andere geval blijft het gerecht waarbij de zaak het eerst was aangebracht, zijn bevoegdheid overeenkomstig de artikelen 8 tot en met 14 uitoefenen.
– 6. Voor de toepassing van dit artikel zijn de gerechten gehouden hetzij rechtstreeks, hetzij door tussenkomst van de overeenkomstig artikel 53 aangewezen centrale autoriteiten, samen te werken.

AFDELING 3
Gemeenschappelijke bepalingen

Aanhangigmaking van een zaak bij een gerecht

Art. 16

Zaak bij gerecht aanhangig maken

– 1. Een zaak wordt geacht bij een gerecht aanhangig te zijn gemaakt:
a) op het tijdstip waarop het stuk waarmee het geding wordt ingeleid of een gelijkwaardig stuk bij het gerecht wordt ingediend, mits de verzoeker vervolgens niet heeft nagelaten de vereiste stappen te nemen teneinde het stuk aan de verweerder te doen betekenen of mede te delen;
of
b) indien de betekening of mededeling van dit stuk moet plaatsvinden voordat het bij het gerecht wordt neergelegd, op het tijdstip waarop het door de autoriteit die verantwoordelijk is voor de betekening of mededeling, wordt ontvangen, mits de verzoeker vervolgens niet heeft nagelaten de vereiste stappen te nemen teneinde het stuk bij het gerecht neer te leggen.

Toetsing van de bevoegdheid

Art. 17

Toetsing bevoegdheid

Het gerecht van een lidstaat waarbij een zaak aanhangig is gemaakt waarvoor overeenkomstig deze verordening niet dit gerecht maar een gerecht van een andere lidstaat bevoegd is, verklaart zich ambtshalve onbevoegd.

Toetsing van de ontvankelijkheid

Art. 18

Toetsing ontvankelijkheid

– 1. Wanneer de verweerder die zijn gewone verblijfplaats in een andere lidstaat heeft dan de lidstaat waar de zaak aanhangig is gemaakt, niet verschijnt, houdt het bevoegde gerecht zijn uitspraak aan zolang niet vaststaat dat de verweerder in de gelegenheid is gesteld het stuk waarmee het geding is ingeleid of een gelijkwaardig stuk zo tijdig als met het oog op zijn verdediging noodzakelijk was, te ontvangen, of dat daartoe al het nodige is gedaan.
– 2. Artikel 19 van Verordening (EG) nr. 1348/2000 is in plaats van het bepaalde in lid 1 van toepassing, indien het stuk waarmee het geding is ingeleid of een gelijkwaardig stuk overeenkomstig het bepaalde in die verordening door een lidstaat aan een andere lidstaat diende te worden toegezonden.
– 3. Wanneer de bepalingen van Verordening (EG) nr. 1348/2000 niet van toepassing zijn, wordt artikel 15 van het Verdrag van 's-Gravenhage van 15 november 1965 inzake de betekening en de kennisgeving in het buitenland van gerechtelijke en buitengerechtelijke stukken in burgerlijke en handelszaken toegepast, indien het stuk waarmee het geding is ingeleid of een gelijkwaardig stuk overeenkomstig dat verdrag aan een andere staat diende te worden toegezonden.

Aanhangigheid en onderling samenhangende procedures

Art. 19

Aanhangigheid en samenhangende procedures

– 1. Wanneer bij gerechten van verschillende lidstaten tussen dezelfde partijen procedures tot echtscheiding, scheiding van tafel en bed of nietigverklaring van het huwelijk aanhangig zijn, houdt het gerecht waarbij de zaak het laatst is aangebracht, zijn uitspraak ambtshalve aan totdat de bevoegdheid van het gerecht waarbij de zaak het eerst is aangebracht, vaststaat.
– 2. Wanneer bij gerechten van verschillende lidstaten procedures betreffende de ouderlijke verantwoordelijkheid voor een kind aanhangig zijn welke hetzelfde onderwerp betreffen en

op dezelfde oorzaak berusten, houdt het gerecht waarbij de zaak het laatst is aangebracht, zijn uitspraak ambtshalve aan totdat de bevoegdheid van het gerecht waarbij de zaak het eerst is aangebracht, vaststaat.
– 3. Wanneer de bevoegdheid van het gerecht waarbij de zaak het eerst is aangebracht, vaststaat, verwijst het gerecht waarbij de zaak het laatst is aangebracht, partijen naar dat gerecht. In dit geval kan de partij die de procedure aanhangig heeft gemaakt bij het gerecht waarbij de zaak het laatst is aangebracht, die vordering aanhangig maken bij het gerecht waarbij de zaak het eerst is aangebracht.

Voorlopige en bewarende maatregelen

Art. 20

Voorlopige maatregelen in spoedeisende gevallen

– 1. In spoedeisende gevallen vormt deze verordening voor de gerechten van een lidstaat geen beletsel om met betrekking tot personen of goederen die zich in die staat bevinden, voorlopige en bewarende maatregelen te nemen waarin de wetgeving van die lidstaat voorziet, zelfs indien krachtens deze verordening een gerecht van een andere lidstaat bevoegd is om ten gronde over de zaak te beslissen.
– 2. De ter uitvoering van lid 1 genomen maatregelen houden op van toepassing te zijn, wanneer het gerecht van de lidstaat dat krachtens deze verordening bevoegd is om ten gronde over de zaak te beslissen, de maatregelen heeft genomen die hij passend acht.

HOOFDSTUK III
Erkenning en tenuitvoerlegging

AFDELING 1
Erkenning

Erkenning van een beslissing

Art. 21

Erkenning van een beslissing

– 1. De in een lidstaat gegeven beslissing wordt in de andere lidstaten erkend zonder dat daartoe enigerlei procedure vereist is.
– 2. In het bijzonder is er, onverminderd lid 3, geen procedure vereist om de akten van de burgerlijke stand van een lidstaat aan te passen overeenkomstig een in een andere lidstaat gegeven beslissing ter zake van echtscheiding, scheiding van tafel en bed of nietigverklaring van het huwelijk, waartegen volgens de wetgeving van die lidstaat geen rechtsmiddel meer openstaat.
– 3. Onverminderd afdeling 4 kan elke belanghebbende volgens de procedures van afdeling 2 een verzoek om een beslissing houdende erkenning of niet-erkenning van de beslissing indienen.
De relatieve bevoegdheid van het gerecht, genoemd in de lijst die overeenkomstig artikel 68 door elke lidstaat aan de Commissie wordt toegezonden, wordt beheerst door het nationale recht van de lidstaat waar een verzoek om een beslissing houdende erkenning of niet-erkenning wordt ingediend.
– 4. Indien voor een gerecht van een lidstaat de erkenning van een beslissing als incidentele vraag wordt opgeworpen, kan zij daarover uitspraak doen.

Gronden tot weigering van de erkenning van beslissingen ter zake van echtscheiding, scheiding van tafel en bed of nietigverklaring van het huwelijk

Art. 22

Erkenning weigeren inzake echtscheiding en huwelijk

Een beslissing ter zake van echtscheiding, scheiding van tafel en bed of nietigverklaring van het huwelijk wordt niet erkend:
a) indien de erkenning kennelijk strijdig zou zijn met de openbare orde van de aangezochte lidstaat;
b) indien het stuk waarmee het geding is ingeleid of een gelijkwaardig stuk niet tijdig en op zodanige wijze als met het oog op zijn verdediging noodzakelijk was, aan de verweerder tegen wie verstek werd verleend, is betekend of medegedeeld, tenzij vaststaat dat hij ondubbelzinnig met de beslissing instemt;
c) indien zij onverenigbaar is met een tussen dezelfde partijen in de aangezochte lidstaat gegeven beslissing; of
d) indien de beslissing onverenigbaar is met een beslissing die vroeger in een andere lidstaat of in een derde land tussen dezelfde partijen is gegeven, mits die vroegere beslissing voldoet aan de voorwaarden voor erkenning in de aangezochte lidstaat.

Gronden tot weigering van de erkenning van beslissingen betreffende de ouderlijke verantwoordelijkheid

Art. 23

Erkenning weigeren inzake ouderlijke verantwoordelijkheid

Een beslissing betreffende de ouderlijke verantwoordelijkheid wordt niet erkend:
a) indien de erkenning, gelet op het belang van het kind, kennelijk strijdig zou zijn met de openbare orde van de aangezochte lidstaat;
b) behalve in spoedeisende gevallen, indien zij is gegeven zonder dat het kind, in strijd met de fundamentele procesregels van de aangezochte lidstaat, in de gelegenheid is gesteld te worden gehoord;
c) indien het stuk waarmee het geding is ingeleid of een gelijkwaardig stuk niet tijdig en op zodanige wijze als met het oog op zijn verdediging noodzakelijk was, aan de persoon tegen wie verstek werd verleend, is medegedeeld of betekend, tenzij vaststaat dat deze persoon ondubbelzinnig met de beslissing instemt;
d) ten verzoeke van eenieder die beweert dat de beslissing in de weg staat aan de uitoefening van zijn ouderlijke verantwoordelijkheid, indien zij is gegeven zonder dat deze persoon in de gelegenheid is gesteld te worden gehoord;
e) indien zij onverenigbaar is met een latere beslissing betreffende de ouderlijke verantwoordelijkheid, die in de aangezochte lidstaat is gegeven;
f) indien zij onverenigbaar is met een latere beslissing betreffende de ouderlijke verantwoordelijkheid die in een andere lidstaat of in het derde land van de gewone verblijfplaats van het kind is gegeven, mits die latere beslissing voldoet aan de voorwaarden voor erkenning in de aangezochte lidstaat;
of
g) indien de procedure van artikel 56 niet in acht is genomen.

Geen toetsing van de bevoegdheid van het oorspronkelijke gerecht

Art. 24

Bevoegdheid oorspronkelijk gerecht niet getoetst

De bevoegdheid van het gerecht van de lidstaat van herkomst wordt niet getoetst. Het criterium van de openbare orde, bedoeld in artikel 22, onder *a)*, en artikel 23, onder *a)*, wordt niet toegepast op de bevoegdheidsregels van de artikelen 3 tot en met 14.

Verschillen in toepasselijk recht

Art. 25

Verschillen in toepasselijk recht

De erkenning van een beslissing mag niet worden geweigerd op de grond dat volgens de wetgeving van de aangezochte lidstaat echtscheiding, scheiding van tafel en bed of nietigverklaring van het huwelijk op dezelfde gronden niet mogelijk zou zijn.

Geen onderzoek van de juistheid

Art. 26

Geen onderzoek juistheid beslissing

In geen geval wordt de juistheid van de beslissing onderzocht.

Aanhouding van de uitspraak

Art. 27

Aanhouding uitspraak

– 1. Het gerecht waarbij een verzoek om een beslissing houdende erkenning van een in een andere lidstaat gegeven beslissing aanhangig is gemaakt, kan zijn uitspraak aanhouden indien tegen deze beslissing een gewoon rechtsmiddel is ingesteld.
– 2. Het gerecht waarbij een verzoek om een beslissing houdende erkenning van een in het Verenigd Koninkrijk of Ierland gegeven beslissing aanhangig is gemaakt, kan zijn uitspraak aanhouden indien de tenuitvoerlegging is geschorst door een in de lidstaat van herkomst tegen die beslissing ingesteld rechtsmiddel.

AFDELING 2
Verzoek om uitvoerbaarverklaring

Uitvoerbare beslissingen

Art. 28

Uitvoerbare beslissingen inzake ouderlijke verantwoordelijkheid

– 1. Beslissingen betreffende de uitoefening van de ouderlijke verantwoordelijkheid voor een kind, die in een lidstaat zijn gegeven en aldaar uitvoerbaar zijn, en die betekend zijn, zijn in een andere lidstaat uitvoerbaar nadat zij aldaar op verzoek van een belanghebbende uitvoerbaar zijn verklaard.
– 2. In het Verenigd Koninkrijk zijn zodanige beslissingen in Engeland en Wales, in Schotland of in Noord-Ierland echter eerst uitvoerbaar na op verzoek van een belanghebbende in het betrokken gebiedsdeel van het Verenigd Koninkrijk voor tenuitvoerlegging te zijn geregistreerd.

Relatief bevoegd gerecht

Art. 29

Relatief bevoegd gerecht

– 1. Het verzoek om uitvoerbaarverklaring wordt ingediend bij het gerecht dat in de overeenkomstig artikel 68 door elke lidstaat aan de Commissie toegezonden lijst is genoemd.

– 2. Het relatief bevoegde gerecht is dat van de gewone verblijfplaats van de persoon tegen wie de tenuitvoerlegging wordt gevraagd, of van de gewone verblijfplaats van een kind waarop het verzoek betrekking heeft.

Wanneer geen van de in de eerste alinea genoemde plaatsen zich in de lidstaat van tenuitvoerlegging bevindt, is het relatief bevoegde gerecht dat van de plaats van tenuitvoerlegging.

Procedure

Art. 30

Vereisten voor indiening verzoek

– 1. De vereisten voor indiening van het verzoek worden beheerst door de wetgeving van de lidstaat van tenuitvoerlegging.

– 2. De verzoeker moet woonplaats kiezen binnen het rechtsgebied van het gerecht dat van het verzoek kennis neemt. Kent de wetgeving van de lidstaat van tenuitvoerlegging echter geen woonplaatskeuze, dan wijst de verzoeker een procesgemachtigde aan.

– 3. De in de artikelen 37 en 39 bedoelde documenten worden bij het verzoek gevoegd.

Beslissing van de rechterlijke instantie

Art. 31

Beslissing rechterlijke instantie

– 1. De rechterlijke instantie waarbij het verzoek is ingediend, doet daarover onverwijld uitspraak. Noch de persoon tegen wie de tenuitvoerlegging wordt gevraagd, noch het kind wordt in deze stand van de procedure in de gelegenheid gesteld te worden gehoord.

– 2. Het verzoek kan slechts om een van de in de artikelen 22, 23 en 24 genoemde redenen worden afgewezen.

– 3. In geen geval wordt de juistheid van de beslissing onderzocht.

Kennisgeving van de beslissing

Art. 32

Kennisgeving

De op het verzoek gegeven beslissing wordt door de griffier onverwijld ter kennis van de verzoeker gebracht, op de in de wetgeving van de aangezochte lidstaat bepaalde wijze.

Rechtsmiddelen

Art. 33

Rechtsmiddelen

– 1. Elke partij kan tegen de beslissing over het verzoek om uitvoerbaarverklaring een rechtsmiddel instellen.

– 2. Het verzoek om uitvoerbaarverklaring wordt ingediend bij de rechterlijke instantie genoemd in de overeenkomstig artikel 68 door elke lidstaat aan de Commissie toegezonden lijst.

– 3. Het rechtsmiddel wordt behandeld volgens de regels van de procedure op tegenspraak.

– 4. Indien het rechtsmiddel wordt ingesteld door de partij die om uitvoerbaarverklaring verzoekt, wordt de partij tegen wie tenuitvoerlegging wordt gevraagd, opgeroepen voor het gerecht waarbij het rechtsmiddel is ingesteld. Indien deze partij niet verschijnt, is artikel 18 van toepassing.

– 5. Het rechtsmiddel tegen de beslissing tot uitvoerbaarverklaring moet worden ingesteld binnen een maand na de betekening daarvan. Indien de partij tegen wie de tenuitvoerlegging wordt gevraagd, gewoonlijk in een andere lidstaat verblijft dan die waar de beslissing tot uitvoerbaarverklaring is gegeven, bedraagt de termijn voor het instellen van het rechtsmiddel twee maanden, te rekenen vanaf de datum van de betekening aan deze partij in persoon of op zijn adres. De termijn kan niet op grond van de afstand worden verlengd.

Hogere voorziening en terzake bevoegde rechterlijke instanties

Art. 34

Beroep

Tegen de op het rechtsmiddel gegeven beslissing kunnen slechts de rechtsmiddelen worden aangewend die worden genoemd in de overeenkomstig artikel 68 door elke lidstaat aan de Commissie toegezonden lijst.

Aanhouding van de uitspraak

Art. 35

Aanhouding uitspraak

– 1. Het gerecht waarbij overeenkomstig artikel 33 of artikel 34 een rechtsmiddel wordt ingesteld, kan op verzoek van de partij tegen wie de tenuitvoerlegging wordt gevraagd, zijn uitspraak aanhouden indien in de lidstaat van herkomst een gewoon rechtsmiddel is ingesteld of

de termijn daartoe nog niet is verstreken. In dit laatste geval kan de rechterlijke instantie een termijn vaststellen binnen welke het rechtsmiddel moet worden ingesteld.
– 2. Indien de beslissing in het Verenigd Koninkrijk of Ierland is gegeven, wordt elk rechtsmiddel dat in de lidstaat van herkomst kan worden ingesteld, voor de toepassing van lid 1 als een gewoon rechtsmiddel beschouwd.

Gedeeltelijke tenuitvoerlegging

Art. 36

Gedeeltelijke tenuitvoerlegging

– 1. Indien in de beslissing uitspraak is gedaan over meer dan een onderdeel van het verzoek en de tenuitvoerlegging niet voor het geheel kan worden toegestaan, staat het gerecht de tenuitvoerlegging voor één of meer van die onderdelen toe.
– 2. De verzoeker kan om gedeeltelijke tenuitvoerlegging vragen.

AFDELING 3
Gemeenschappelijke bepalingen van de afdelingen 1 en 2

Stukken

Art. 37

Overleggen van stukken

– 1. De partij die de erkenning van een beslissing vordert of betwist, dan wel om uitvoerbaarverklaring verzoekt, legt over:
a) een afschrift van de beslissing dat voldoet aan de voorwaarden tot vaststelling van de echtheid ervan;
en
b) het certificaat bedoeld in artikel 39.
– 2. Indien het een beslissing bij verstek betreft, legt de partij die de erkenning vordert of om uitvoerbaarverklaring verzoekt, voorts over:
a) het origineel of een voor eensluidend gewaarmerkt afschrift van het stuk waaruit blijkt dat het stuk waarmee het geding is ingeleid of een gelijkwaardig stuk aan de niet-verschenen partij is betekend of medegedeeld;
of
b) enig stuk waaruit blijkt dat de verweerder ondubbelzinnig met de beslissing instemt.

Ontbrekende stukken

Art. 38

Ontbrekende stukken

– 1. Bij gebreke van overlegging van de in artikel 37, lid 1, onder *b)*, of lid 2, bedoelde stukken kan het gerecht een termijn voor de overlegging daarvan vaststellen of gelijkwaardige stukken aanvaarden, dan wel, indien zij zich voldoende ingelicht acht, vrijstelling van de overlegging verlenen.
– 2. Indien het gerecht dit verlangt, wordt een vertaling van de stukken overgelegd. De vertaling wordt gewaarmerkt door een persoon die in een van de lidstaten daartoe gemachtigd is.

Certificaten betreffende beslissingen in huwelijkszaken en certificaten betreffende beslissingen inzake de ouderlijke verantwoordelijkheid

Art. 39

Afgifte van certificaten

Het bevoegde gerecht of de bevoegde autoriteit van de lidstaat van herkomst geeft op verzoek van een belanghebbende een certificaat af volgens het modelformulier in bijlage I (beslissingen in huwelijkszaken) of in bijlage II (beslissingen inzake de ouderlijke verantwoordelijkheid).

AFDELING 4
Uitvoerbaarheid van bepaalde beslissingen omtrent het omgangsrecht en bepaalde beslissingen die de terugkeer van het kind met zich brengen

Toepassingsgebied

Art. 40

Reikwijdte

– 1. Deze afdeling is van toepassing op:
a) het omgangsrecht,
en
b) de terugkeer van een kind die voortvloeit uit een beslissing als bedoeld in artikel 11, lid 8.
– 2. De bepalingen van deze afdeling vormen voor een persoon die de ouderlijke verantwoordelijkheid draagt geen beletsel om overeenkomstig de bepalingen van de afdelingen 1 en 2 van dit hoofdstuk om erkenning en tenuitvoerlegging van een beslissing te vragen.

Omgangsrecht

Art. 41

Omgangsrecht

– 1. Het in artikel 40, lid 1, onder *a)*, bedoelde omgangsrecht, wordt wanneer het is toegekend bij een in een lidstaat gegeven uitvoerbare beslissing, in een andere lidstaat erkend en is aldaar uitvoerbaar zonder dat een uitvoerbaarverklaring behoeft te worden verkregen en zonder dat men zich tegen de erkenning kan verzetten, indien met betrekking tot die beslissing in de lidstaat van herkomst overeenkomstig lid 2 van dit artikel een certificaat is afgegeven.
Ook indien het nationale recht niet bepaalt dat een beslissing waarbij een omgangsrecht is toegekend van rechtswege uitvoerbaar bij voorraad is, kan het gerecht dat de beslissing heeft gegeven de beslissing bij voorraad uitvoerbaar verklaren.

– 2. De rechter van de lidstaat van herkomst geeft het in lid 1 bedoelde certificaat, met gebruikmaking van het in bijlage III opgenomen modelformulier (certificaat betreffende het omgangsrecht), slechts af, indien:

a) in geval van procedure bij verstek, het stuk dat het geding inleidt of een gelijkwaardig stuk tijdig en op zodanige wijze als met het oog op zijn verdediging nodig was, aan de niet-verschenen persoon is betekend of medegedeeld, of, wanneer het is betekend of medegedeeld zonder dat deze voorwaarden werden nageleefd, het niettemin vaststaat dat deze ondubbelzinnig met de beslissing instemt;

b) alle betrokken partijen in de gelegenheid zijn gesteld te worden gehoord;
en

c) het kind in de gelegenheid is gesteld te worden gehoord, tenzij dit vanwege zijn leeftijd of mate van rijpheid niet raadzaam werd geacht.

Het certificaat wordt in de taal van de beslissing gesteld.

– 3. Indien het omgangsrecht betrekking heeft op een geval dat zodra de beslissing is uitgesproken een grensoverschrijdend karakter heeft, wordt het certificaat ambtshalve afgegeven wanneer de beslissing uitvoerbaar wordt, ook indien zij slechts bij voorraad uitvoerbaar wordt. Indien de situatie pas nadien een grensoverschrijdend karakter krijgt, wordt het certificaat op verzoek van een van de partijen afgegeven.

Terugkeer van een kind

Art. 42

Terugkeer kind

– 1. De in artikel 40, lid 1, onder *b)*, bedoelde terugkeer van een kind, die voortvloeit uit een in een lidstaat gegeven uitvoerbare beslissing, wordt in een andere lidstaat erkend en is aldaar uitvoerbaar zonder dat een uitvoerbaarverklaring behoeft te worden verkregen en zonder dat men zich tegen de erkenning kan verzetten, indien met betrekking tot de beslissing in de lidstaat van herkomst een certificaat overeenkomstig lid 2, is afgegeven.
Ook indien het nationale recht niet bepaalt dat een overeenkomstig artikel 11, lid 8, gegeven beslissing die de terugkeer van het kind met zich brengt van rechtswege uitvoerbaar bij voorraad is, kan het gerecht in de lidstaat van herkomst de beslissing bij voorraad uitvoerbaar verklaren.

– 2. De rechter van de lidstaat van herkomst geeft het in artikel 40, lid 1, onder *b)*, bedoelde certificaat slechts af indien:

a) het kind in de gelegenheid is gesteld te worden gehoord, tenzij zulks vanwege zijn leeftijd of mate van rijpheid niet raadzaam werd geacht,

b) de partijen in de gelegenheid zijn gesteld te worden gehoord, en

c) het gerecht bij het geven van de beslissing rekening heeft gehouden met de redenen en het bewijs op grond waarvan de beslissing ingevolge artikel 13 van het Verdrag van 's-Gravenhage van 1980 is gegeven.

Indien het gerecht of enige andere autoriteit maatregelen treft ter bescherming van het kind na diens terugkeer naar de staat van zijn gewone verblijfplaats, vermeldt het certificaat de bijzonderheden van die maatregelen.

De rechter van de lidstaat van herkomst geeft het certificaat ambtshalve af, met gebruikmaking van het in bijlage IV opgenomen modelformulier (certificaat betreffende de terugkeer).
Het certificaat wordt in de taal van de beslissing gesteld.

Verbetering van het certificaat

Art. 43

Verbetering certificaat

– 1. Het recht van de lidstaat van herkomst is van toepassing op een eventuele verbetering van het certificaat.

– 2. Voor het overige staat tegen de afgifte van een certificaat overeenkomstig artikel 41, lid 1, of artikel 42, lid 1, geen rechtsmiddel open.

Rechtsgevolgen van het certificaat

Art. 44

Rechtsgevolgen certificaat

Het certificaat heeft alleen gevolg binnen de grenzen van de uitvoerbaarheid van de uitspraak.

Stukken

Art. 45

Overleggen van stukken

– 1. De partij die om de tenuitvoerlegging van een beslissing vraagt, legt over:

a) een afschrift van de beslissing dat voldoet aan de voorwaarden tot vaststelling van de echtheid ervan;

en

b) het in artikel 41, lid 1, of artikel 42, lid 1, bedoelde certificaat.

– 2. Voor de toepassing van dit artikel,

– gaat het in artikel 41, lid 1, bedoelde certificaat vergezeld van een vertaling van punt 12 inzake de modaliteiten van uitoefening van het omgangsrecht;

– gaat het in artikel 42, lid 1, bedoelde certificaat vergezeld van een vertaling van punt 14 inzake uitvoering van de maatregelen die zijn genomen met het oog op de terugkeer van het kind.

De vertaling wordt gesteld in de officiële taal of een van de officiële talen van de aangezochte lidstaat of in enige andere taal die de aangezochte lidstaat uitdrukkelijk aanvaardt. De vertaling wordt gewaarmerkt door een persoon die in een van de lidstaten daartoe gemachtigd is.

AFDELING 5

Authentieke akten en overeenkomsten

Art. 46

Authentieke akten

Authentieke akten, verleden en uitvoerbaar in een lidstaat, en overeenkomsten tussen partijen, uitvoerbaar in de lidstaat van herkomst, worden onder dezelfde voorwaarden erkend en uitvoerbaar gemaakt als beslissingen.

AFDELING 6

Overige bepalingen

Procedure van tenuitvoerlegging

Art. 47

Tenuitvoerlegging

– 1. De procedure van tenuitvoerlegging wordt beheerst door de wetgeving van de lidstaat van tenuitvoerlegging.

– 2. Elke beslissing van een gerecht van een andere lidstaat die overeenkomstig afdeling 2 uitvoerbaar is verklaard, dan wel waarvoor overeenkomstig artikel 41, lid 1, of artikel 42, lid 1, een certificaat is afgegeven, wordt in de lidstaat van tenuitvoerlegging ten uitvoer gelegd onder dezelfde voorwaarden als een in die lidstaat gegeven beslissing.

In het bijzonder kan een beslissing waarvoor overeenkomstig artikel 41, lid 1, of artikel 42, lid 1, een certificaat is afgegeven, niet ten uitvoer worden gelegd als zij onverenigbaar is met een nadien gegeven uitvoerbare beslissing.

Modaliteiten van uitoefening van het omgangsrecht

Art. 48

Modaliteiten van uitoefening van omgangsrecht

– 1. De gerechten van de lidstaat van tenuitvoerlegging kunnen modaliteiten van uitoefening van het omgangsrecht vaststellen indien de noodzakelijke modaliteiten niet of onvoldoende zijn voorzien in de beslissing van de gerechten van de lidstaat die bevoegd zijn ten gronde over de zaak te beslissen, mits de wezenlijke bestanddelen van die beslissing worden geeerbiedigd.

– 2. De overeenkomstig lid 1 vastgestelde modaliteiten houden op van toepassing te zijn wanneer later een beslissing terzake wordt gegeven door de gerechten van de lidstaat die bevoegd zijn ten gronde over de zaak te beslissen.

Kosten

Art. 49

Kosten

De bepalingen van dit hoofdstuk, behalve die van afdeling 4, zijn ook van toepassing op het bepalen van het bedrag van de gerechtskosten van overeenkomstig deze verordening aangespannen procedures en op de tenuitvoerlegging van elke beslissing betreffende die kosten.

Rechtsbijstand

Art. 50

Rechtsbijstand

De verzoeker die in de lidstaat van herkomst in aanmerking kwam voor gehele of gedeeltelijke kosteloze rechtsbijstand of vrijstelling van kosten en uitgaven, komt in de procedures, bedoeld in de artikelen 21, 28, 41, 42 en 48, in aanmerking voor de gunstigste bijstand of de ruimste vrijstelling waarin de wetgeving van de lidstaat van tenuitvoerlegging voorziet.

Zekerheid of depot

Art. 51

Zekerheid of depot

Van de partij die in een lidstaat de tenuitvoerlegging van een in een andere lidstaat gegeven beslissing vordert, kan geen zekerheid of depot, onder welke benaming ook, worden geëist op de grond dat:

a) hij geen gewone verblijfplaats heeft in de lidstaat waar de tenuitvoerlegging wordt gevorderd; of

b) hij vreemdeling is of, wanneer in het Verenigd Koninkrijk of Ierland de tenuitvoerlegging wordt gevorderd, hij zijn 'domicile' (woonplaats) niet in een van die lidstaten heeft.

Legalisatie of soortgelijke formaliteit

Art. 52

Legalisatie

Geen legalisatie of soortgelijke formaliteit is vereist met betrekking tot de in de artikelen 37, 38 en 45 bedoelde stukken, noch, in voorkomend geval, met betrekking tot de procesvolmacht.

HOOFDSTUK IV

Samenwerking tussen centrale autoriteiten inzake ouderlijke verantwoordelijkheid

Aanwijzing

Art. 53

Aanwijzing centrale autoriteit

Elke lidstaat wijst één of meer centrale autoriteiten aan om behulpzaam te zijn bij de toepassing van deze verordening en preciseert haar of hun bevoegdheid/bevoegdheden ratione loci of ratione materiae. Wanneer een lidstaat meer dan één centrale autoriteit heeft aangewezen, dienen mededelingen in beginsel direct aan de bevoegde centrale autoriteit te worden toegezonden. Wordt een mededeling toegezonden aan een centrale autoriteit die niet bevoegd is, dan zendt deze autoriteit die mededeling door aan de bevoegde centrale autoriteit en stelt zij de afzender daarvan in kennis.

Algemene taken

Art. 54

Algemene taken centrale autoriteit

De centrale autoriteiten verstrekken informatie betreffende de nationale wetgeving en procedures en nemen maatregelen om de toepassing van deze verordening te verbeteren en hun onderlinge samenwerking te versterken. Daartoe wordt gebruikgemaakt van het bij Beschikking 2001/470/EG ingestelde Europese justitiële netwerk in burgerlijke en handelszaken.

Samenwerking in specifieke gevallen op het gebied van de ouderlijke verantwoordelijkheid

Art. 55

Samenwerking

De centrale autoriteiten werken op verzoek van een centrale autoriteit van een andere lidstaat of van een persoon die de ouderlijke verantwoordelijkheid draagt, in specifieke gevallen met elkaar samen ter verwezenlijking van de doeleinden van deze verordening. Daartoe nemen zij, overeenkomstig de wetgeving van die lidstaat inzake de bescherming van persoonsgegevens, rechtstreeks of door tussenkomst van overheidsdiensten of andere instanties, alle passende maatregelen om:

a) informatie te verzamelen en uit te wisselen over:

i) de situatie van het kind,

ii) lopende procedures, en

iii) enige met betrekking tot het kind genomen beslissing;

b) informatie te verstrekken en bijstand te verlenen aan personen die de ouderlijke verantwoordelijkheid voor een kind dragen en die op hun grondgebied beslissingen willen doen erkennen en ten uitvoer leggen, met name wat betreft het omgangsrecht en de terugzending van het kind;

c) de informatie-uitwisseling tussen de gerechten te ondersteunen, met name met het oog op de uitvoering van artikel 11, leden 6 en 7, en artikel 15;

d) alle informatie en bijstand te verstrekken die dienstig kunnen zijn voor de toepassing, door de gerechten, van artikel 56;

e) door bemiddeling of anderszins overeenstemming tussen de personen die de ouderlijke verantwoordelijkheid voor een kind dragen, te bevorderen en daartoe grensoverschrijdende samenwerking te bevorderen.

Plaatsing van het kind in een andere lidstaat

Art. 56

Plaatsing van kind in andere lidstaat

– 1. Indien het ingevolge de artikelen 8 tot en met 15 bevoegde gerecht overweegt het kind te plaatsen in een instelling of in een pleeggezin, en indien deze plaatsing zal geschieden in een andere lidstaat, pleegt het eerst overleg met de centrale autoriteit of een andere bevoegde autoriteit van die lidstaat, indien voor interne plaatsingen van kinderen in die lidstaat de tussenkomst van een overheidsinstantie is voorzien.
– 2. De in lid 1 bedoelde beslissing over de plaatsing mag in de verzoekende lidstaat slechts worden genomen indien de bevoegde autoriteit van de aangezochte lidstaat heeft ingestemd met de plaatsing.
– 3. De nadere regeling van de in de leden 1 en 2 bedoelde raadpleging of goedkeuring wordt aan het nationale recht van de aangezochte lidstaat overgelaten.
– 4. Indien het ingevolge de artikelen 8 tot en met 15 bevoegde gerecht besluit het kind te plaatsen in een pleeggezin en die plaatsing in een andere lidstaat geschiedt, en indien voor interne plaatsingen van kinderen in die lidstaat geen tussenkomst van een overheidsinstantie is voorzien, stelt zij de centrale autoriteit of een bevoegde autoriteit van die lidstaat daarvan in kennis.

Werkwijze

Art. 57

Verzoek om bijstand

– 1. Een persoon die de ouderlijke verantwoordelijkheid draagt, kan bij de centrale autoriteit van de lidstaat waar hij zijn gewone verblijfplaats heeft of bij de centrale autoriteit van de lidstaat waar het kind zijn gewone verblijfplaats heeft of waar het zich bevindt, een verzoek om bijstand als omschreven in artikel 55 indienen. Bij het verzoek wordt in de regel alle informatie gevoegd die de uitvoering ervan kan vergemakkelijken. Indien het verzoek om bijstand betrekking heeft op erkenning of tenuitvoerlegging van een beslissing inzake ouderlijke verantwoordelijkheid die binnen het toepassingsgebied van deze verordening valt, voegt de persoon die de ouderlijke verantwoordelijkheid draagt de desbetreffende certificaten, bedoeld in artikel 39, artikel 41, lid 1, of artikel 42, lid 1, bij het verzoek.
– 2. De lidstaten doen de Commissie mededeling van de andere officiële taal of andere officiële talen van de instellingen van de Gemeenschap dan hun eigen taal of talen waarin de mededelingen aan hun centrale autoriteiten kunnen worden toegezonden.
– 3. De door de centrale autoriteiten overeenkomstig artikel 55 verleende bijstand is kosteloos.
– 4. Elke centrale autoriteit draagt haar eigen kosten.

Vergaderingen

Art. 58

Vergaderingen centrale autoriteit

– 1. Op gezette tijden worden vergaderingen van de centrale autoriteiten gehouden om de toepassing van de onderhavige verordening te vergemakkelijken.
– 2. De bijeenroeping van deze vergaderingen geschiedt overeenkomstig Beschikking 2001/470/EG betreffende de oprichting van een Europees justitieel netwerk in burgerlijke en handelszaken.

HOOFDSTUK V
Verhouding tot andere instrumenten

Verhouding tot andere instrumenten

Art. 59

Verhouding tot andere instrumenten

– 1. Onverminderd de artikelen 60, 63 en 64 en lid 2 van het onderhavige artikel treedt deze verordening tussen de lidstaten in de plaats van de op het tijdstip van de inwerkingtreding ervan bestaande overeenkomsten tussen twee of meer lidstaten, die betrekking hebben op onderwerpen welke in deze verordening zijn geregeld.
– 2.
a) Finland en Zweden hebben de mogelijkheid te verklaren dat de Overeenkomst van 6 februari 1931 tussen Denemarken, Finland, IJsland, Noorwegen en Zweden houdende internationaal-privaatrechtelijke bepalingen ter zake van huwelijk, adoptie en voogdij, met het bijbehorende slotprotocol, in hun onderlinge betrekkingen geheel of gedeeltelijk toepasselijk is in plaats van deze verordening. Een dergelijke verklaring wordt als bijlage bij deze verordening in het *Publicatieblad van de Europese Unie* bekendgemaakt. Voornoemde lidstaten kunnen te allen tijde hun verklaring geheel of gedeeltelijk intrekken.
b) Het verbod van discriminatie op grond van nationaliteit van burgers van de Unie wordt geëerbiedigd.

c) In alle toekomstige overeenkomsten tussen de onder *a)* genoemde lidstaten worden de bevoegdheidsregels die betrekking hebben op een in deze verordening geregeld onderwerp, in overeenstemming gebracht met de regels van deze verordening.
d) Beslissingen die in een van de Noordse staten die een verklaring als bedoeld onder *a)* heeft afgelegd, zijn gegeven op een bevoegdheidsgrond die overeenkomt met een van de gronden waarin hoofdstuk II van deze verordening voorziet, worden in de overige lidstaten overeenkomstig de regels van hoofdstuk III van deze verordening erkend en ten uitvoer gelegd.
– 3. Door de lidstaten wordt aan de Commissie:
a) een afschrift toegezonden van de in lid 2, onder *a)* en *c)*, bedoelde overeenkomsten en van de eenvormige wetten ter uitvoering daarvan;
b) mededeling gedaan van elke opzegging van of wijziging in deze overeenkomsten of eenvormige wetten.

Verhouding tot bepaalde multilaterale verdragen

Art. 60

Verhouding tot bilaterale verdragen

In de betrekkingen tussen de lidstaten heeft deze verordening voorrang boven de volgende verdragen, voorzover zij betrekking hebben op onderwerpen die in deze verordening zijn geregeld:
a) het Verdrag van 's-Gravenhage van 5 oktober 1961 betreffende de bevoegdheid der autoriteiten en de toepasselijke wet inzake de bescherming van minderjarigen;
b) het Verdrag van Luxemburg van 8 september 1967 inzake de erkenning van beslissingen betreffende de huwelijksband;
c) het Verdrag van 's-Gravenhage van 1 juni 1970 inzake de erkenning van echtscheidingen en scheidingen van tafel en bed;
d) het Europees Verdrag van 20 mei 1980 betreffende de erkenning en de tenuitvoerlegging van beslissingen inzake het gezag over kinderen en betreffende het herstel van het gezag over kinderen;
en
e) het Verdrag van 's-Gravenhage van 25 oktober 1980 inzake de burgerrechtelijke aspecten van internationale ontvoering van kinderen.

Verhouding tot het Verdrag van 's-Gravenhage van 19 oktober 1996 inzake de bevoegdheid, het toepasselijke recht, de erkenning, de tenuitvoerlegging en de samenwerking op het gebied van ouderlijke verantwoordelijkheid en maatregelen ter bescherming van kinderen

Art. 61

Verdrag van 's-Gravenhage van 19 oktober 1996

In de verhouding tot het Verdrag van 's-Gravenhage van 19 oktober 1996 inzake de bevoegdheid, het toepasselijke recht, de erkenning, de tenuitvoerlegging en de samenwerking op het gebied van ouderlijke verantwoordelijkheid en maatregelen ter bescherming van kinderen is de onderhavige verordening van toepassing:
a) indien het betrokken kind zijn gewone verblijfplaats op het grondgebied van een lidstaat heeft;
b) indien het betreft de erkenning en de tenuitvoerlegging van een beslissing die door het bevoegde gerecht van een lidstaat is gegeven op het grondgebied van een andere lidstaat, ook indien het betrokken kind zijn gewone verblijfplaats heeft op het grondgebied van een derde staat die geen partij is bij genoemd Verdrag.

Geldingsbereik

Art. 62

Geldingsbereik

– 1. De in artikel 59, lid 1, en de artikelen 60 en 61 genoemde overeenkomsten en verdragen behouden hun gelding op de terreinen die niet door de onderhavige verordening worden geregeld.
– 2. De in artikel 60 genoemde verdragen, met name het Verdrag van 's-Gravenhage van 1980, behouden hun gelding tussen de lidstaten die partij zijn bij genoemde verdragen, met inachtneming van artikel 60.

Verdragen met de Heilige Stoel

Art. 63

Verdragen met Heilige Stoel

– 1. Deze verordening laat onverlet het op 7 mei 1940 te Vaticaanstad ondertekende internationale verdrag (concordaat) tussen de Heilige Stoel en de Portugese Republiek.
– 2. Elke beslissing ter zake van de nietigverklaring van een huwelijk, gegeven krachtens het in lid 1 genoemde concordaat, wordt in de lidstaten erkend onder de in hoofdstuk III, afdeling 1, vastgestelde voorwaarden.

– 3. Het bepaalde in de leden 1 en 2 is tevens van toepassing op de volgende internationale verdragen (concordaten) met de Heilige Stoel:
a) het Verdrag van Lateranen van 11 februari 1929 tussen de Italiaanse Republiek en de Heilige Stoel, gewijzigd bij de op 18 februari 1984 te Rome ondertekende overeenkomst met bijbehorend protocol;
b) de overeenkomst van 3 januari 1979 tussen de Heilige Stoel en Spanje over juridische kwesties.
c) de Overeenkomst van 3 februari 1993 tussen de Heilige Stoel en Malta inzake de erkenning van de burgerrechtelijke gevolgen van canonieke huwelijken en van beslissingen van de kerkelijke autoriteiten en rechtbanken aangaande zulke huwelijken, met inbegrip van het toepassingsprotocol van diezelfde datum, met het tweede Aanvullend Protocol van 6 januari 1995.
– 4. De in lid 2 voorgeschreven erkenning van beslissingen kan in Spanje, in Italië en in Malta worden onderworpen aan dezelfde procedures en controles die van toepassing zijn voor beslissingen van kerkelijke rechterlijke instanties op grond van de in lid 3 genoemde internationale verdragen met de Heilige Stoel.
– 5. De betrokken lidstaten:
a) zenden de Commissie een afschrift van de in de leden 1 en 3 genoemde verdragen toe;
b) doen haar mededeling van elke opzegging van of wijziging in deze verdragen.

HOOFDSTUK VI
Overgangsbepalingen

Art. 64

Overgangsrecht

– 1. De bepalingen van deze verordening zijn slechts van toepassing op gerechtelijke procedures die zijn ingesteld, authentieke akten die zijn verleden en overeenkomsten die tussen partijen tot stand gekomen zijn na de datum vanaf welke deze verordening overeenkomstig artikel 72 van toepassing is.
– 2. Beslissingen, gegeven na de datum vanaf welke de onderhavige verordening van toepassing is, naar aanleiding van vóór die datum maar na de datum van inwerkingtreding van Verordening (EG) nr. 1347/2000 ingestelde procedures, worden overeenkomstig de bepalingen van hoofdstuk III van de onderhavige verordening erkend en ten uitvoer gelegd indien de toegepaste bevoegdheidsregels overeenkomen met die waarin wordt voorzien door hoofdstuk II van de onderhavige verordening of, van Verordening (EG) nr. 1347/2000 of door een overeenkomst tussen de lidstaat van herkomst en de aangezochte lidstaat die van kracht was toen de procedure werd ingeleid.
– 3. Beslissingen, gegeven vóór de datum vanaf welke de onderhavige verordening van toepassing is, naar aanleiding van na de datum van inwerkingtreding van Verordening (EG) nr. 1347/2000 ingestelde procedures, worden overeenkomstig de bepalingen van hoofdstuk III van de onderhavige verordening erkend en ten uitvoer gelegd, indien zij betrekking hebben op echtscheiding, scheiding van tafel en bed of nietigverklaring van het huwelijk, dan wel, ter gelegenheid van dergelijke procedures in huwelijkszaken, op de ouderlijke verantwoordelijkheid voor gemeenschappelijke kinderen.
– 4. Beslissingen, gegeven vóór de datum vanaf welke de onderhavige verordening van toepassing is, maar na de datum van inwerkingtreding van Verordening (EG) nr. 1347/2000, naar aanleiding van vóór de datum van inwerkingtreding van Verordening (EG) nr. 1347/2000 ingestelde vorderingen, worden overeenkomstig de bepalingen van hoofdstuk III van de onderhavige verordening erkend en ten uitvoer gelegd, indien zij betrekking hebben op echtscheiding, scheiding van tafel en bed of nietigverklaring van het huwelijk, dan wel, ter gelegenheid van dergelijke procedures in huwelijkszaken, op de ouderlijke verantwoordelijkheid voor gemeenschappelijke kinderen, en indien de toegepaste bevoegdheidsregels overeenkomen met die waarin wordt voorzien door hoofdstuk II van de onderhavige verordening of van Verordening (EG) nr. 1347/2000 of door een overeenkomst tussen de lidstaat van herkomst en de aangezochte lidstaat die van kracht was toen de procedure werd ingeleid.

HOOFDSTUK VII
Slotbepalingen

Herziening

Art. 65

Herziening

Uiterlijk op 1 januari 2012 en vervolgens om de vijf jaar dient de Commissie, op basis van de door de lidstaten verstrekte gegevens, bij het Europees Parlement, de Raad en het Europees Economisch en Sociaal Comité een verslag over de toepassing van deze verordening in, dat zonodig vergezeld gaat van voorstellen tot wijziging van deze verordening.

Lidstaten met twee of meer rechtsstelsels

Art. 66

Lidstaten met meerdere rechtsstelsels

Ten aanzien van een lidstaat waar met betrekking tot de onderwerpen die in deze verordening zijn geregeld, twee of meer rechtsstelsels of regelingen van toepassing zijn in verschillende gebiedsdelen:

a) wordt met de gewone verblijfplaats in die lidstaat de gewone verblijfplaats in een gebiedsdeel bedoeld;

b) heeft de term 'nationaliteit' of, in het geval van het Verenigd Koninkrijk en Ierland, de term 'domicile' (woonplaats) betrekking op het gebiedsdeel dat in de wetgeving van die staat is aangeduid;

c) wordt met de autoriteit van een lidstaat de autoriteit van het betrokken gebiedsdeel van die staat bedoeld;

d) wordt met de bepalingen van de aangezochte lidstaat bedoeld de bepalingen van het gebiedsdeel waar de bevoegdheid, de erkenning of de tenuitvoerlegging wordt ingeroepen.

Inlichtingen betreffende de centrale autoriteiten en aanvaarde talen

Art. 67

Inlichtingen over centrale autoriteiten

De lidstaten delen de Commissie binnen drie maanden na de inwerkingtreding van deze verordening mee:

a) de namen, adressen en communicatiemiddelen van de overeenkomstig artikel 53 aangewezen centrale autoriteiten;

b) de overeenkomstig artikel 57, lid 2, voor mededelingen aan de centrale autoriteiten aanvaarde talen;

en

c) de overeenkomstig artikel 45, lid 2, voor het certificaat betreffende het omgangsrecht aanvaarde talen.

De lidstaten stellen de Commissie op de hoogte van elke wijziging in deze inlichtingen.

De Commissie maakt deze inlichtingen openbaar.

Gegevens betreffende de gerechten en de rechtsmiddelen

Art. 68

Gegevens over gerechten en rechtsmiddelen

De lidstaten doen de Commissie mededeling van de in de artikelen 21, 29, 33 en 34 genoemde lijsten van gerechten en rechtsmiddelen, alsmede van de wijzigingen die daarin worden aangebracht.

De Commissie houdt deze gegevens bij en maakt deze door bekendmaking in het *Publicatieblad van de Europese Unie* of door enig ander passend middel openbaar.

Wijzigingen in de bijlagen

Art. 69

Wijzigingen in bijlagen

Elke wijziging in de in de bijlagen I tot en met IV opgenomen modelformulieren wordt aangenomen volgens de procedure van artikel 70, lid 2.

Comité

Art. 70

Comité

– 1. De Commissie wordt bijgestaan door een comité, hierna 'het comité' genoemd.

– 2. Wanneer naar dit lid wordt verwezen, zijn de artikelen 3 en 7 van Besluit 1999/468/EG van toepassing.

– 3. Het comité stelt zijn reglement van orde vast.

Intrekking van Verordening (EG) nr. 1347/2000

Art. 71

Intrekking Verordening

– 1. Verordening (EG) nr. 1347/2000 wordt ingetrokken met ingang van de datum vanaf welke de onderhavige verordening van toepassing is.

– 2. Elke verwijzing naar Verordening (EG) nr. 1347/2000 wordt gelezen als een verwijzing naar de onderhavige verordening, overeenkomstig de concordantietabel in bijlage V.

Inwerkingtreding

Art. 72

Inwerkingtreding

Deze verordening treedt in werking op 1 augustus 2004.

Deze verordening is van toepassing met ingang van 1 maart 2005, met uitzondering van de artikelen 67, 68, 69 en 70, die van toepassing zijn met ingang van 1 augustus 2004.

Wet van 25 maart 1981, Stb. 166, houdende regeling van het conflictenrecht inzake ontbinding van het huwelijk en scheiding van tafel en bed en de erkenning daarvan, in verband met de bekrachtiging van de Verdragen van Luxemburg en 's-Gravenhage inzake erkenning van beslissingen betreffende de huwelijksband, onderscheidenlijk de erkenning van echtscheidingen en scheidingen van tafel en bed

[Inwerkingtreding: 10-04-1981]

Wij Beatrix, bij de gratie Gods, Koningin der Nederlanden, Prinses van Oranje-Nassau, enz. enz. enz.

Allen, die deze zullen zien of horen lezen, saluut! doen te weten:

Alzo Wij in overweging genomen hebben, dat het mede in verband met de bekrachtiging van het op 8 september 1967 te Luxemburg tot stand gekomen Verdrag inzake de erkenning van beslissingen betreffende de huwelijksband (*Trb.* 1979, 130) en het op 1 juni 1970 te 's-Gravenhage tot stand gekomen Verdrag inzake de erkenning van echtscheidingen en scheidingen van tafel en bed (*Trb.* 1979, 131), wenselijk is regelen te geven met betrekking tot het conflictenrecht inzake de ontbinding van het huwelijk en scheiding van tafel en bed en de erkenning van buiten het Koninkrijk verkregen ontbinding van het huwelijk of scheiding van tafel en bed;

Zo is het, dat Wij, de Raad van State gehoord, en met gemeen overleg der Staten-Generaal, hebben goedgevonden en verstaan, gelijk Wij goedvinden en verstaan bij deze:

Art. 1

Toepasselijk recht

– 1. Of ontbinding van het huwelijk of scheiding van tafel en bed kan worden gevorderd of verzocht en op welke gronden wordt bepaald

a. indien partijen een gemeenschappelijk nationaal recht hebben: door dat recht;

b. indien een gemeenschappelijk nationaal recht ontbreekt: door het recht van het land waarin partijen hun gewone verblijfplaats hebben;

c. indien partijen geen gemeenschappelijk nationaal recht hebben en niet in hetzelfde land hun gewone verblijfplaats hebben: door Nederlands recht.

– 2. Voor de toepassing van het voorgaande lid wordt met het ontbreken van een gemeenschappelijk nationaal recht gelijk gesteld het geval dat voor één van de partijen een werkelijke maatschappelijke band met het land der gemeenschappelijke nationaliteit kennelijk ontbreekt. In dat geval wordt het gemeenschappelijke nationale recht nochtans toegepast, indien door partijen gezamenlijk een keuze voor dit recht is gedaan of een dergelijke keuze van één van de partijen onweersproken is gebleven.

– 3. Bezit een partij de nationaliteit van meer dan één land dan geldt als zijn nationale recht het recht van dat land waarvan hij de nationaliteit bezit, waarmede hij alle omstandigheden in aanmerking genomen de sterkste band heeft.

– 4. Ongeacht de voorgaande leden wordt Nederlands recht toegepast, indien door partijen gezamenlijk een keuze voor dit recht is gedaan of een dergelijke keuze van één van de partijen onweersproken is gebleven.

Art. 2

Erkenning buitenlands vonnis

– 1. Een buiten het Koninkrijk na een behoorlijke rechtspleging verkregen ontbinding van het huwelijk of scheiding van tafel en bed wordt in Nederland erkend, indien zij is tot stand gekomen door de beslissing van een rechter of andere autoriteit aan wie daartoe rechtsmacht toekwam.

– 2. Een buiten het Koninkrijk verkregen ontbinding van het huwelijk of scheiding van tafel en bed, die niet voldoet aan één of meer van de voorwaarden in het vorige lid gesteld, wordt toch in Nederland erkend, indien duidelijk blijkt dat de wederpartij in de buitenlandse procedure uitdrukkelijk of stilzwijgend hetzij tijdens die procedure heeft ingestemd met, hetzij zich na die procedure heeft neergelegd bij de ontbinding van het huwelijk of de scheiding van tafel en bed.

Art. 3

Ontbinding door eenzijdige verklaring

Een ontbinding van het huwelijk buiten het Koninkrijk uitsluitend door een eenzijdige verklaring van de man tot stand gekomen, wordt niet erkend, tenzij

a. de ontbinding van het huwelijk in deze vorm overeenstemt met de personele wet van de man;

b. de ontbinding ter plaatse waar zij geschiedde rechtsgevolg heeft; en

c. duidelijk blijkt dat de vrouw uitdrukkelijk of stilzwijgend met de ontbinding van het huwelijk heeft ingestemd of zich daarbij heeft neergelegd.

Art. 4

Inwerkingtreding

– 1. Deze wet treedt in werking met ingang van de dag na uitgifte van het *Staatsblad*, waarin zij is geplaatst.

Overgangsrecht

– 2. Deze wet is van toepassing op de erkenning van buitenlandse beslissingen inzake ontbinding van het huwelijk of scheiding van tafel en bed welke zijn tot stand gekomen na de dag van inwerkingtreding.

Wet van 3 juli 1989, Stb. 288, tot regeling van het conflictenrecht inzake de geslachtsnaam en de voornaam, mede in verband met de bekrachtiging van de Overeenkomst van München van 5 september 1980 inzake het recht dat van toepassing is op geslachtsnamen en voornamen (Trb. 1981, 72), zoals deze wet laatstelijk is gewijzigd bij de Wet van 27 juni 2008, Stb. 270

[Inwerkingtreding: 01-01-1990]

Wij Beatrix, bij de gratie Gods, Koningin der Nederlanden, Prinses van Oranje-Nassau, enz. enz. enz.

Allen, die deze zullen zien of horen lezen, saluut! doen te weten:

Alzo Wij in overweging genomen hebben, dat het mede in verband met de bekrachtiging van de op 5 september 1980 te München tot stand gekomen Overeenkomst inzake het recht dat van toepassing is op geslachtsnamen en voornamen, wenselijk is regelen te geven met betrekking tot het conflictenrecht inzake de geslachtsnaam en de voornaam;

Zo is het, dat Wij, de Raad van State gehoord, en met gemeen overleg der Staten-Generaal, hebben goedgevonden en verstaan, gelijk Wij goedvinden en verstaan bij deze:

Art. 1

Toepasselijk recht

– 1. De geslachtsnaam en de voornamen van een vreemdeling worden bepaald door het recht van de Staat waarvan hij de nationaliteit heeft. Onder recht zijn mede begrepen de regels van internationaal privaatrecht. Uitsluitend voor de vaststelling van de geslachtsnaam en de voornaam worden de omstandigheden waarvan deze afhangen beoordeeld naar dat recht.

– 2. Bezit de betrokkene de nationaliteit van meer dan één Staat, dan geldt het recht van dat land waarvan hij de nationaliteit heeft, waarmee hij alle omstandigheden in aanmerking genomen de sterkste band heeft.

Art. 2

Nederlandse nationaliteit

De geslachtsnaam en de voornaam van een persoon die de Nederlandse nationaliteit heeft worden, ongeacht de vraag of hij nog een andere nationaliteit heeft, bepaald door het Nederlandse interne recht. Dit geldt ook indien vreemd recht van toepassing is op de familierechtelijke betrekkingen waarvan het ontstaan of het tenietgaan gevolg kan hebben voor de geslachtsnaam.

Art. 3

Meerdere nationaliteiten

Personen die de nationaliteit van meer dan één Staat bezitten, kunnen de ambtenaar van de burgerlijke stand verzoeken aan hun geboorteakte een latere vermelding toe te voegen van de naam die zij voeren in overeenstemming met het recht van een van die Staten, dat niet is toegepast ingevolge artikel 1, tweede lid, of artikel 2 van deze wet.

Art. 4

Nationaliteitswijziging; verkrijging Nederlandse nationaliteit

– 1. Ingeval van verandering van nationaliteit is het recht van de Staat van de nieuwe nationaliteit van toepassing, daaronder begrepen de regels van dat recht nopens de gevolgen van de nationaliteitsverandering voor de naam.

– 2. De verkrijging van de Nederlandse nationaliteit door een vreemdeling brengt geen wijziging in diens geslachtsnaam en voornaam, behoudens het bepaalde in artikel 5*b*, onder *b*, van deze wet en in de artikelen 6, vijfde lid, en 12 van de Rijkswet op het Nederlanderschap.

Art. 5

Buitenlands recht onbekend

– 1. De ambtenaar van de burgerlijke stand die bij het opstellen van een akte waarin de geslachtsnaam en de voornaam van een vreemdeling moeten worden opgenomen, in de onmogelijkheid verkeert om het recht te kennen dat op de vaststelling van die namen toepasselijk is, past het Nederlandse recht toe. Hij deelt zijn beslissing onverwijld mede aan de officier van justitie bij de rechtbank binnen welker rechtsgebied de akte in de registers van de burgerlijke stand is opgenomen.

– 2. De aldus opgemaakte akte kan met overeenkomstige toepassing van artikel 24 van Boek 1 van het Burgerlijk Wetboek op verzoek van iedere belanghebbende of het openbaar ministerie worden verbeterd. Het verzoek van een belanghebbende wordt met toepassing van de Wet op de rechtsbijstand van rechtswege kosteloos behandeld.

Art. 5a

Erkenning in buitenland vastgelegde of gewijzigde namen

– 1. Indien de geslachtsnaam of de voornamen van een persoon ter gelegenheid van de geboorte buiten Nederland zijn vastgelegd of als gevolg van een buiten Nederland tot stand gekomen wijziging in de persoonlijke staat zijn gewijzigd, een en ander met inachtneming van ter plaatse geldende regels van internationaal privaatrecht, en zijn neergelegd in een overeenkomstig de plaatselijke voorschriften door een bevoegde instantie opgemaakte akte, worden de aldus vastgelegde of gewijzigde geslachtsnaam of voornamen in Nederland erkend. De er-

kenning kan niet wegens strijd met de openbare orde worden geweigerd op de enkele grond dat een ander recht is toegepast dan uit de bepalingen van deze wet zou zijn gevolgd.
– 2. Het bepaalde in het eerste lid laat onverlet de toepassing van de artikelen 5*b* en 5*c*.

Art. 5b

Toepassing keuze geslachtsnaam

Ter zake van de toepassing van artikel 5 van Boek 1 van het Burgerlijk Wetboek geldt het volgende:
a. Indien een kind buiten Nederland rechtsgeldig is erkend of gewettigd, door deze erkenning of wettiging in familierechtelijke betrekkingen tot de vader is komen te staan en daarbij het Nederlanderschap heeft verkregen of behouden, en indien de geslachtsnaam van dat kind na de erkenning of de wettiging niet is bepaald met inachtneming van een naamskeuze in de zin van artikel 5, tweede lid, van Boek 1 van het Burgerlijk Wetboek, kunnen de moeder en de erkenner gezamenlijk alsnog, tot twee jaar na de erkenning of de wettiging, verklaren welke van hun beider geslachtsnaam het kind zal hebben. Heeft het kind op het tijdstip van de erkenning of de wettiging de leeftijd van zestien jaren bereikt, dan kan het, tot twee jaar na de erkenning of de wettiging, zelf alsnog verklaren of het de geslachtsnaam van de vader of de moeder zal hebben.
b. Indien een kind dat tijdens zijn minderjarigheid door een Nederlander is erkend of zonder erkenning door wettiging het kind van een Nederlander is geworden, door optie het Nederlanderschap verkrijgt en op het tijdstip van de optie tot zijn beide ouders in familierechtelijke betrekkingen staat, kunnen de ouders ter gelegenheid van de optie gezamenlijk verklaren welke van hun beider geslachtsnamen het kind zal hebben. Heeft het kind op het tijdstip van de optie de leeftijd van zestien jaren bereikt, dan verklaart het zelf of het de geslachtsnaam van de vader of moeder zal hebben.
c. Indien een kind als gevolg van een buiten Nederland uitgesproken adoptie het Nederlanderschap heeft verkregen en indien de geslachtsnaam van dat kind na de adoptie niet is bepaald met inachtneming van een naamskeuze in de zin van artikel 5, derde lid, van Boek 1 van het Burgerlijk Wetboek, kunnen de ouders alsnog, tot twee jaar nadat de uitspraak in kracht van gewijsde is gegaan, gezamenlijk verklaren welke van hun beider geslachtsnamen het kind zal hebben. Heeft het kind op het tijdstip waarop de uitspraak in kracht van gewijsde gaat de leeftijd van zestien jaren bereikt, dan kan het, tot twee jaar na dat tijdstip, zelf alsnog verklaren of het de geslachtsnaam van de vader of de moeder zal hebben. De verklaring wordt ten overstaan van de ambtenaar van de burgerlijke stand afgelegd.
d. De in artikel 5, vierde lid, van Boek 1 van het Burgerlijk Wetboek bedoelde verklaring houdende naamskeuze kan voor de geboorte van het kind worden afgelegd indien ten minste een van de ouders op het tijdstip van de verklaring het Nederlanderschap bezit.
e. Indien een buiten Nederland geboren kind door geboorte in familierechtelijke betrekking tot de beide ouders staat en het Nederlanderschap bezit, en indien de geslachtsnaam van dat kind in de geboorteakte niet is bepaald met inachtneming van een naamskeuze in de zin van artikel 5, vierde lid, van Boek 1 van het Burgerlijk Wetboek, kunnen de ouders gezamenlijk alsnog, tot twee jaar na de geboorte, verklaren welke van hun beider geslachtsnamen het kind zal hebben.
f. Indien het vaderschap van een kind buiten Nederland rechtsgeldig is vastgesteld en dat kind daardoor het Nederlanderschap heeft verkregen of behouden, en indien de geslachtsnaam van dat kind na de vaststelling van het vaderschap niet is bepaald met inachtneming van een naamskeuze in de zin van artikel 5, tweede lid, van Boek 1 van het Burgerlijk Wetboek, kunnen de moeder en de man wiens vaderschap gerechtelijk is vastgesteld gezamenlijk alsnog, tot twee jaar na het tijdstip waarop de gerechtelijke beslissing houdende vaststelling van het vaderschap in kracht van gewijsde gaat, gezamenlijk verklaren welke van hun beider geslachtsnamen het kind zal hebben. Heeft het kind op het tijdstip waarop de beslissing houdende vaststeling van het vaderschap in kracht van gewijsde gaat, de leeftijd van zestien jaar bereikt, dan kan het, tot twee jaar na dat tijdstip, zelf alsnog verklaren of het de geslachtsnaam van de vader of moeder zal hebben.

Art. 5c

Verklaring naamskeuze

In de gevallen, bedoeld in artikel 5*b*, onder *a*, *c*, *e* en *f*, kan de verklaring houdende naamskeuze worden afgelegd ten overstaan van iedere ambtenaar van de burgerlijke stand. In het geval, bedoeld in artikel 5*b*, onder *b*, wordt de verklaring houdende naamskeuze afgelegd ten overstaan van de ambtenaar van de burgerlijke stand van de gemeente waar de optie voor het Nederlanderschap in ontvangst wordt genomen.

Art. 6

Terugwerkende kracht van rechtswege bij verzoek

– 1. De bepalingen van deze wet zijn niet van rechtswege van toepassing op de geslachtsnamen en voornamen die voorkomen in akten van de burgerlijke stand, die in de registers zijn opgenomen vóór de dag van haar inwerkingtreding.
– 2. De vermelding van de geslachtsnamen en de voornamen in akten van de burgerlijke stand

als bedoeld in het eerste lid wordt op verzoek van een belanghebbende in overeenstemming met de bepalingen van deze wet gewijzigd. Heeft het verzoek betrekking op een vreemdeling, dan moet de wijziging blijken uit een door een bevoegde autoriteit van het land waarvan hij de nationaliteit bezit opgemaakt stuk.

– 3. De in het tweede lid bedoelde wijzigingen worden in de daarvoor in aanmerking komende akten van de burgerlijke stand aangebracht door de toevoeging van een latere vermelding.

Art. 7

Deze wet kan worden aangehaald als Wet conflictenrecht namen. **Citeertitel**

Art. 8

Deze wet treedt in werking op een bij koninklijk besluit te bepalen tijdstip. **Inwerkingtreding**

Wet van 14 maart 2002, Stb. 153, houdende regeling van het conflictenrecht inzake de familierechtelijke betrekkingen uit hoofde van afstamming

[Inwerkingtreding: 01-05-2003]

Wij Beatrix, bij de gratie Gods, Koningin der Nederlanden, Prinses van Oranje-Nassau, enz. enz. enz.

Allen, die deze zullen zien of horen lezen, saluut! doen te weten:

Alzo Wij in overweging genomen hebben, dat het wenselijk is bij de wet regels te stellen met betrekking tot het conflictenrecht inzake familierechtelijke betrekkingen uit hoofde van afstamming;

Zo is het, dat Wij, de Raad van State gehoord, en met gemeen overleg der Staten-Generaal, hebben goedgevonden en verstaan, gelijk Wij goedvinden en verstaan bij deze:

HOOFDSTUK 1

Familierechtelijke betrekkingen door geboorte

Art. 1

Ontstaan familierechtelijke betrekkingen door geboorte

– 1. Of een kind door geboorte in familierechtelijke betrekkingen komt te staan tot de vrouw uit wie het is geboren en de met haar gehuwde of gehuwd geweest zijnde man, wordt bepaald door het recht van de staat van de gemeenschappelijke nationaliteit van de vrouw en de man of, indien dit ontbreekt, door het recht van de staat waar de vrouw en de man elk hun gewone verblijfplaats hebben, of indien ook dit ontbreekt, door het recht van de staat van de gewone verblijfplaats van het kind.

– 2. Voor de toepassing van het eerste lid is bepalend het tijdstip van de geboorte van het kind, dan wel indien het huwelijk van de ouders voordien is ontbonden, dat van de ontbinding.

– 3. Hebben de vrouw en de man meer dan één gemeenschappelijke nationaliteit, dan worden zij voor de toepassing van het eerste lid geacht geen gemeenschappelijke nationaliteit te hebben.

Art. 2

Ontkenning vaderschap

– 1. Of familierechtelijke betrekkingen als bedoeld in artikel 1 in een gerechtelijke procedure tot gegrondverklaring van een ontkenning kunnen worden tenietgedaan, wordt bepaald door het recht dat ingevolge dat artikel op het bestaan van die betrekkingen toepasselijk is.

– 2. Is volgens het in het eerste lid bedoelde recht ontkenning niet of niet meer mogelijk, dan kan de rechter, indien zulks in het belang is van het kind en de ouders en het kind een daartoe strekkend gezamenlijk verzoek doen, een ander in artikel 1 genoemd recht toepassen, dan wel het recht toepassen van de staat van de gewone verblijfplaats van het kind ten tijde van de ontkenning of het Nederlandse recht.

– 3. Ongeacht het ingevolge het eerste of het tweede lid toepasselijke recht is in de daar bedoelde gerechtelijke procedure artikel 212 van Boek 1 van het Burgerlijk Wetboek van toepassing.

– 4. Of familierechtelijke betrekkingen tussen een kind en de met zijn moeder gehuwde of gehuwd geweest zijnde man door een verklaring houdende ontkenning door de moeder ten overstaan van de ambtenaar van de burgerlijke stand kunnen worden tenietgedaan, wordt bepaald door het recht dat ingevolge artikel 1 op het bestaan van die betrekkingen toepasselijk is. Onverminderd het eerste en het tweede lid, kan een zodanige verklaring slechts worden afgelegd indien de met de moeder gehuwde of gehuwd geweest zijnde nog levende man erin toestemt en indien tegelijkertijd familierechtelijke betrekkingen tussen het kind en een andere man ontstaan of worden gevestigd.

Art. 3

Familierechtelijk betrekkingen tussen kind en ongehuwde moeder

– 1. Of tussen een vrouw en het buiten huwelijk uit haar geboren kind door geboorte familierechtelijke betrekkingen ontstaan, wordt bepaald door het recht van de staat van de nationaliteit van de vrouw. In elk geval ontstaan zodanige betrekkingen indien de vrouw haar gewone verblijfplaats in Nederland heeft.

– 2. Voor de toepassing van het eerste lid is bepalend het tijdstip van de geboorte.

– 3. Het eerste en het tweede lid laten onverlet de toepassing van de op 12 september 1962 te Brussel tot stand gekomen Overeenkomst betreffende de vaststelling van betrekkingen tussen het onwettige kind en zijn moeder (*Trb.* 1963, 93).

HOOFDSTUK 2
Familierechtelijke betrekkingen door erkenning of gerechtelijke vaststelling van het vaderschap

Art. 4

Erkenning

– 1. Of erkenning door een man familierechtelijke betrekkingen doet ontstaan tussen hem en een kind, wordt, wat betreft de bevoegdheid van de man en de voorwaarden voor de erkenning, bepaald door het recht van de staat waarvan de man de nationaliteit bezit. Indien volgens dat recht erkenning niet of niet meer mogelijk is, is bepalend het recht van de staat van de gewone verblijfplaats van het kind. Is zij ook volgens dat recht niet of niet meer mogelijk, dan is bepalend het recht van de staat waarvan het kind de nationaliteit bezit. Is zij volgens dat recht ook niet of niet meer mogelijk, dan is bepalend het recht van de staat van de gewone verblijfplaats van de man.

– 2. Ongeacht het ingevolge het eerste lid toepasselijke recht, bepaalt het Nederlandse recht of een Nederlandse gehuwde man bevoegd is een kind van een andere vrouw dan zijn echtgenote te erkennen.

– 3. De akte van erkenning en de latere vermelding van de erkenning vermelden het recht dat ingevolge het eerste of het tweede lid is toegepast.

– 4. Ongeacht het ingevolge het eerste lid toepasselijke recht, is op de toestemming van de moeder, onderscheidenlijk het kind, tot de erkenning toepasselijk het recht van de staat waarvan de moeder, onderscheidenlijk het kind, de nationaliteit bezit. Bezit de moeder, onderscheidenlijk het kind, de Nederlandse nationaliteit, dan is het Nederlandse recht van toepassing. Indien het toepasselijke recht de erkenning niet kent, is toepasselijk het recht van de staat van de gewone verblijfplaats van de moeder, onderscheidenlijk het kind. Het op de toestemming toepasselijke recht bepaalt tevens of bij gebreke van toestemming deze kan worden vervangen door een rechterlijke beslissing.

– 5. Voor de toepassing van de voorgaande leden is bepalend het tijdstip van de erkenning en de toestemming.

Art. 5

Ongedaanmaking erkenning

Of en op welke wijze een erkenning kan worden tenietgedaan, wordt, wat betreft de bevoegdheid van de man en de voorwaarden voor de erkenning, bepaald door het ingevolge artikel 4, eerste en tweede lid, toegepaste recht, en wat betreft de toestemming van de moeder, onderscheidenlijk het kind, door het recht dat ingevolge artikel 4, vierde lid, toepasselijk is.

Art. 6

Gerechtelijke vaststelling vaderschap

– 1. Of en onder welke voorwaarden het vaderschap van een man gerechtelijk kan worden vastgesteld, wordt bepaald door het recht van de staat van de gemeenschappelijke nationaliteit van de man en de moeder of, indien dit ontbreekt, door het recht van de staat van hun gemeenschappelijke gewone verblijfplaats of, indien ook dit ontbreekt, door het recht van de staat van de gewone verblijfplaats van het kind.

– 2. Voor de toepassing van het eerste lid is bepalend het tijdstip van de indiening van het verzoek. Is de man of de moeder op dat tijdstip overleden, dan is, bij gebreke van een gemeenschappelijke nationaliteit op het tijdstip van zijn overlijden, toepasselijk het recht van de staat van de gemeenschappelijke gewone verblijfplaats van de man en de moeder op dat tijdstip of, indien ook dat ontbreekt, het recht van de staat van de gewone verblijfplaats van het kind op het tijdstip van de indiening van het verzoek.

– 3. Hebben de man en de vrouw meer dan één gemeenschappelijke nationaliteit, dan worden zij voor de toepassing van de voorgaande leden geacht geen gemeenschappelijke nationaliteit te hebben.

HOOFDSTUK 3
Familierechtelijke betrekkingen door wettiging

Art. 7

Wettiging

– 1. Of een kind door het huwelijk van een van zijn ouders, dan wel door een nadien genomen beslissing van een rechterlijke of andere bevoegde autoriteit, wordt gewettigd, wordt bepaald door de op 10 december 1970 te Rome tot stand gekomen Overeenkomst inzake wettiging door huwelijk (*Trb.* 1972, 61).

– 2. Indien toepassing van het eerste lid niet leidt tot de wettiging, kunnen familierechtelijke betrekkingen door wettiging worden gevestigd volgens het recht van de staat van de gewone verblijfplaats van het kind.

– 3. Het eerste en het tweede lid gelden niet indien een van de ouders de Nederlandse nationaliteit bezit en het huwelijk niet geldig is voltrokken in overeenstemming met het bepaalde in de artikelen 4 en 5 van de Wet conflictenrecht huwelijk.

– 4. Voor de toepassing van de voorgaande leden is bepalend het tijdstip van het huwelijk van de ouders, dan wel, bij de totstandkoming van de familierechtelijke betrekkingen door de beslissing van een rechterlijke of andere bevoegde autoriteit, het tijdstip van de indiening van het verzoek of de vordering.

HOOFDSTUK 4
De inhoud van de familierechtelijke betrekkingen uit hoofde van afstamming

Art. 8

Inhoud familierechtelijke betrekkingen uit hoofde van afstamming

– 1. Onverminderd hetgeen ten aanzien van bijzondere onderwerpen is bepaald, wordt de inhoud van de familierechtelijke betrekkingen tussen ouders en kind bepaald door het recht van de staat van de gemeenschappelijke nationaliteit van de ouders of, indien dit ontbreekt, door het recht van de staat van hun gemeenschappelijke gewone verblijfplaats of, indien ook dit ontbreekt, door het recht van de staat van de gewone verblijfplaats van het kind.
– 2. Bestaan alleen familierechtelijke betrekkingen tussen de moeder en het kind, dan wordt de inhoud van deze familierechtelijke betrekkingen bepaald door het recht van de staat van de gemeenschappelijke nationaliteit van de moeder en het kind. Bij gebreke van een gemeeschappelijke nationaliteit wordt zij bepaald door het recht van de gewone verblijfplaats van het kind.
– 3. Hebben de vrouw en de man meer dan één gemeenschappelijke nationaliteit, dan worden zij voor de toepassing van de voorgaande leden geacht geen gemeenschappelijke nationaliteit te hebben.

HOOFDSTUK 5
De erkenning van buitenslands tot stand gekomen rechterlijke beslissingen, rechtsfeiten en rechtshandelingen waarbij familierechtelijke betrekkingen uit hoofde van afstamming zijn vastgesteld of gewijzigd

Art. 9

Erkenning buitenlandse beslissing

– 1. Een buitenslands tot stand gekomen onherroepelijke rechterlijke beslissing waarbij familierechtelijke betrekkingen uit hoofde van afstamming zijn vastgesteld of gewijzigd, wordt in Nederland van rechtswege erkend, tenzij
a. er voor de rechtsmacht van de rechter kennelijk onvoldoende aanknoping bestond met de rechtssfeer van zijn land;
b. aan die beslissing kennelijk geen behoorlijk onderzoek of behoorlijke rechtspleging is voorafgegaan, of
c. de erkenning van die beslissing kennelijk in strijd met de openbare orde zou zijn.
– 2. De erkenning van de beslissing kan, ook wanneer daarbij een Nederlander betrokken is, niet wegens strijd met de openbare orde worden geweigerd op de enkele grond dat daarop een ander recht is toegepast dan uit de bepalingen van deze wet zou zijn gevolgd.
– 3. De beslissing is niet vatbaar voor erkenning indien zij onverenigbaar is met een onherroepelijk geworden beslissing van de Nederlandse rechter inzake de vaststelling of wijziging van dezelfde familierechtelijke betrekkingen.
– 4. De voorgaande leden laten de toepassing van de in artikel 7, eerste lid, bedoelde overeenkomst onverlet.

Art. 10

Erkenning buitenlandse rechtsfeiten of rechtshandelingen

– 1. De bepalingen van artikel 9, eerste lid, onderdelen *b* en *c*, tweede en derde lid, zijn van overeenkomstige toepassing op buitenslands tot stand gekomen rechtsfeiten of rechtshandelingen waarbij familierechtelijke betrekkingen zijn vastgesteld of gewijzigd, welke zijn neergelegd in door een bevoegde instantie overeenkomstig de plaatselijke voorschriften opgemaakte akte.
– 2. Een weigeringsgrond als bedoeld in artikel 9, eerste lid, onderdeel *c*, doet zich met betrekking tot de erkenning in elk geval voor
a. indien deze is verricht door een Nederlander die naar Nederlands recht niet bevoegd zou zijn het kind te erkennen;
b. indien, wat de toestemming van de moeder of het kind betreft, niet is voldaan aan de vereisten van het recht dat ingevolge artikel 4, vierde lid, toepasselijk is, of
c. indien de akte kennelijk op een schijnhandeling betrekking heeft.
– 3. De voorgaande leden laten de toepassing van de in artikel 7, eerste lid, genoemde overeenkomst onverlet.

Art. 11

Overgangsbepaling

Deze wet is van toepassing op rechtsbetrekkingen die na haar inwerkingtreding worden vastgesteld of gewijzigd alsmede op de erkenning van na haar inwerkingtreding buitenslands vastgestelde of gewijzigde rechtsbetrekkingen.

Art. 12

Inwerkingtreding

Deze wet treedt in werking op een bij koninklijk besluit te bepalen tijdstip.

Art. 13

Citeertitel

Deze wet wordt aangehaald als: Wet conflictenrecht afstamming.

Wet van 7 september 1989, Stb. 392, houdende regeling van het conflictenrecht inzake het huwelijk, in verband met de bekrachtiging van het Verdrag van 's-Gravenhage van 14 maart 1978 inzake de voltrekking en de erkenning van de geldigheid van huwelijken (Trb. 1987, 137), zoals deze wet laatstelijk is gewijzigd bij de Wet van 6 juli 2004, Stb. 334

[Inwerkingtreding: 01-01-1990]

Wij Beatrix, bij de gratie Gods, Koningin der Nederlanden, Prinses van Oranje-Nassau, enz. enz. enz.

Allen, die deze zullen zien of horen lezen, saluut! doen te weten:

Alzo Wij in overweging genomen hebben, dat het mede in verband met de bekrachtiging van het op 14 maart 1978 te 's-Gravenhage tot stand gekomen Verdrag inzake de voltrekking en de erkenning van de geldigheid van huwelijken, wenselijk is regelen te geven met betrekking tot het conflictenrecht inzake het huwelijk;

Zo is het, dat Wij, de Raad van State gehoord, en met gemeen overleg der Staten-Generaal, hebben goedgevonden en verstaan, gelijk Wij goedvinden en verstaan bij deze:

Art. 1

Toepasselijkheid

Deze wet is van toepassing op de huwelijksvoltrekking in Nederland indien, in verband met de nationaliteit of de woonplaats van de aanstaande echtgenoten, met betrekking tot de vraag welk recht de vereisten tot het aangaan van het huwelijk beheerst een keuze moet worden gedaan, alsmede op de erkenning in Nederland van in het buitenland voltrokken huwelijken. Deze wet is niet van toepassing op de bevoegdheid van de ambtenaar van de burgerlijke stand.

Art. 2

Vereisten voor huwelijksvoltrekking

Het huwelijk wordt voltrokken

a. indien ieder der aanstaande echtgenoten voldoet aan de vereisten tot het aangaan van een huwelijk van het Nederlandse recht en een van hen de Nederlandse nationaliteit bezit of in Nederland zijn gewone verblijfplaats heeft; of

b. indien ieder der aanstaande echtgenoten voldoet aan de vereisten tot het aangaan van een huwelijk van de Staat waarvan hij de nationaliteit bezit. Bij het bezit van meer dan een nationaliteit geldt het recht van de Staat waarvan de betrokkene de nationaliteit bezit, waarmee hij alle omstandigheden in aanmerking genomen, de sterkste band heeft.

Art. 3

Onmogelijkheid huwelijksvoltrekking

– 1. Ongeacht artikel 2 kan geen huwelijk worden voltrokken indien die voltrekking onverenigbaar zou zijn met de openbare orde en in ieder geval indien:

a. de aanstaande echtgenoten de leeftijd van vijftien jaren niet hebben bereikt;

b. de aanstaande echtgenoten elkaar van nature of door adoptie bestaan in de rechte lijn of, van nature, als broeder en zuster;

c. de vrije toestemming van een der aanstaande echtgenoten ontbreekt of de geestvermogens van een van hen zodanig is gestoord, dat hij niet in staat is zijn wil te bepalen of de betekenis van zijn verklaring te begrijpen;

d. in strijd zou worden gehandeld met het voorschrift dat een persoon tegelijkertijd slechts met één andere persoon door het huwelijk verbonden kan zijn;

e. in strijd zou worden gehandeld met het voorschrift dat zij die een huwelijk willen aangaan, niet tegelijkertijd door een geregistreerd partnerschap mogen zijn verbonden.

Geen weigeringsgrond

– 2. De voltrekking van een huwelijk kan niet worden geweigerd op de grond dat volgens het recht van een Staat waarvan een van de aanstaande echtgenoten de nationaliteit bezit aan die voltrekking een beletsel in de weg staat dat in strijd is met de Nederlandse openbare orde.

Art. 4

Vormvoorschriften

Wat de vorm betreft kan een huwelijk in Nederland slechts rechtsgeldig worden voltrokken ten overstaan van de ambtenaar van de burgerlijke stand met inachtneming van het Nederlandse recht, behoudens de bevoegdheid van buitenlandse diplomatieke en consulaire ambtenaren om, in overeenstemming met de voorschriften van het recht van de door hen vertegenwoordigde staat, aan de voltrekking van huwelijken mede te werken indien geen der partijen uitsluitend of mede de Nederlandse nationaliteit bezit.

Art. 5

Erkenning buitenlands huwelijk

– 1. Een buiten Nederland gesloten huwelijk dat ingevolge het recht van de Staat waar van de huwelijksvoltrekking plaatsvond rechtsgeldig is of nadien rechtsgeldig is geworden, wordt als zodanig erkend.

– 2. Een buiten Nederland ten overstaan van een diplomatieke of consulaire ambtenaar voltrokken huwelijk dat voldoet aan de vereisten van het recht van de Staat die die ambtenaar vertegenwoordigt, wordt als rechtsgeldig erkend tenzij die voltrekking in de Staat waar zij plaatsvond niet was toegestaan.

– 3. Voor de toepassing van het eerste en tweede lid wordt onder recht mede begrepen de regels van internationaal privaatrecht.

– 4. Een huwelijk wordt vermoed rechtsgeldig te zijn, indien een huwelijksverklaring is afgegeven door een bevoegde autoriteit.

Art. 6

Onthouding erkenning

Ongeacht artikel 5 wordt aan een buiten Nederland gesloten huwelijk erkenning onthouden, indien deze erkenning onverenigbaar zou zijn met de openbare orde.

Art. 7

Hoofdvraag of voorvraag

De artikelen 5 en 6 zijn van toepassing, ongeacht of over de erkenning van de rechtsgeldigheid van een huwelijk als hoofdvraag, dan wel als voorvraag in verband met een andere vraag wordt beslist.

Art. 8

Geen terugwerkende kracht

Deze wet is niet van toepassing op de erkenning van de geldigheid van huwelijken die zijn voltrokken voor de dag van haar inwerkingtreding.

Art. 9

Inwerkingtreding

Deze wet treedt in werking op een bij koninklijk besluit te bepalen tijdstip.

Art. 10

Citeertitel

Deze wet kan worden aangehaald als Wet conflictenrecht huwelijk.

Wet van 16 september 1993, Stb. 514, houdende regeling van het conflictenrecht inzake de persoonlijke rechtsbetrekkingen tussen de echtgenoten en de tussen hen bestaande vermogensrechtelijke betrekkingen die niet vallen onder het huwelijksvermogensregime

[Inwerkingtreding: 01-01-1994]

Wij Beatrix, bij de gratie Gods, Koningin der Nederlanden, Prinses van Oranje-Nassau, enz. enz. enz.

Allen, die deze zullen zien of horen lezen, saluut! doen te weten:

Alzo Wij in overweging genomen hebben, dat het wenselijk is regelen te geven met betrekking tot het conflictenrecht inzake persoonlijke rechtsbetrekkingen tussen de echtgenoten en de tussen hen bestaande vermogensrechtelijke betrekkingen die niet vallen onder het huwelijksvermogensregime;

Zo is het, dat Wij, de Raad van State gehoord, en met gemeen overleg der Staten-Generaal, hebben goedgevonden en verstaan, gelijk Wij goedvinden en verstaan bij deze:

Art. 1

Toepasselijk recht

– 1. De persoonlijke rechtsbetrekkingen tussen de echtgenoten onderling worden beheerst:

a. door het recht van de Staat van de gemeenschappelijke nationaliteit van de echtgenoten, of bij gebreke daarvan

b. door het recht van de Staat waar zij beiden hun gewone verblijfplaats hebben, of bij gebreke daarvan

c. door het recht van de Staat waarmee zij, alle omstandigheden in aanmerking genomen, het nauwst zijn verbonden.

– 2. Het bepaalde in het eerste lid, onder *a*, vindt geen toepassing indien de echtgenoten meer dan één gemeenschappelijke nationaliteit bezitten.

– 3. Wanneer als gevolg van een wijziging in de in het eerste lid genoemde omstandigheden de toepassing van het daar bepaalde leidt tot een ander recht dan het voorheen toepasselijke, is dat andere recht toepasselijk vanaf het tijdstip van die wijziging.

Art. 2

Aansprakelijkheid echtgenoten

De vraag of en in hoeverre de ene echtgenoot aansprakelijk is voor verbintenissen ten behoeve van de gewone gang van het huishouden, welke door de andere echtgenoot zijn aangegaan wordt, indien die andere echtgenoot en de wederpartij ten tijde van het aangaan van de verbintenis hun gewone verblijfplaats hadden in dezelfde Staat, beheerst door het recht van die Staat.

Art. 3

Toestemming andere echtgenoot

De vraag of de ene echtgenoot voor een rechtshandeling de toestemming van de andere echtgenoot behoeft, en zo ja, in welke vorm deze toestemming moet worden verleend, of zij kan worden vervangen door een beslissing van de rechter of een andere autoriteit, alsmede welke de gevolgen zijn van het ontbreken van deze toestemming, wordt beheerst door het recht van de Staat waar de andere echtgenoot ten tijde van het verrichten van die rechtshandeling zijn gewone verblijfplaats heeft.

Art. 4

Geldingsbereik art. 2 en 3

Het in de artikelen 2 en 3 bepaalde geldt ongeacht het recht dat het huwelijksvermogensregime van de echtgenoten beheerst, en ongeacht het recht dat van toepassing is op de persoonlijke rechtsbetrekkingen tussen de echtgenoten.

Art. 5

Inwerkingtreding

Deze wet treedt in werking op een bij Koninklijk besluit te bepalen tijdstip.

Art. 6

Citeertitel

Deze wet kan worden aangehaald als: Wet conflictenrecht huwelijksbetrekkingen.

Wet van 6 juli 2004, Stb. 334, houdende regeling van het conflictenrecht met betrekking tot het geregistreerd partnerschap

[Inwerkingtreding: 01-01-2005]

Wij Beatrix, bij de gratie Gods, Koningin der Nederlanden, Prinses van Oranje-Nassau, enz. enz. enz.

Allen, die deze zullen zien of horen lezen, saluut! doen te weten:

Alzo Wij in overweging genomen hebben, dat het wenselijk is regels te stellen met betrekking tot het conflictenrecht inzake het geregistreerd partnerschap;

Zo is het, dat Wij, de Raad van State gehoord, en met gemeen overleg der Staten-Generaal, hebben goedgevonden en verstaan, gelijk Wij goedvinden en verstaan bij deze:

HOOFDSTUK 1

Het aangaan van een geregistreerd partnerschap in Nederland

Art. 1

Schakelbepaling

– 1. Het aangaan van een geregistreerd partnerschap in Nederland is onderworpen aan de bepalingen van artikel 80*a* van Boek 1 van het Burgerlijk Wetboek.

– 2. De bevoegdheid van elk van de partners om in Nederland een geregistreerd partnerschap aan te gaan wordt beheerst door het Nederlandse recht.

– 3. Wat de vorm betreft kan een geregistreerd partnerschap in Nederland slechts rechtsgeldig worden aangegaan ten overstaan van de ambtenaar van de burgerlijke stand met inachtneming van het Nederlandse recht, behoudens de bevoegdheid van buitenlandse diplomatieke en consulaire ambtenaren om, in overeenstemming met de voorschriften van het recht van de door hen vertegenwoordigde staat, aan het aangaan van geregistreerde partnerschappen mede te werken indien geen der partijen uitsluitend of mede de Nederlandse nationaliteit bezit.

HOOFDSTUK 2

De erkenning van een buiten Nederland aangegaan geregistreerd partnerschap

Art. 2

Erkenning buitenlands geregistreerd partnerschap

– 1. Een buiten Nederland aangegaan geregistreerd partnerschap dat ingevolge het recht van de staat waar het geregistreerd partnerschap is aangegaan rechtsgeldig is of nadien rechtsgeldig is geworden, wordt als zodanig erkend.

– 2. Een buiten Nederland ten overstaan van een diplomatieke of consulaire ambtenaar aangegaan geregistreerd partnerschap dat voldoet aan de vereisten van het recht van de staat die die ambtenaar vertegenwoordigt, wordt als rechtsgeldig erkend tenzij het aangaan in de staat waar zij plaatsvond niet was toegestaan.

– 3. Voor de toepassing van het eerste en tweede lid wordt onder recht mede begrepen de regels van internationaal privaatrecht.

– 4. Een geregistreerd partnerschap wordt vermoed rechtsgeldig te zijn, indien een verklaring omtrent het geregistreerd partnerschap is afgegeven door een bevoegde autoriteit.

– 5. Ongeacht het eerste en tweede lid kan een buiten Nederland aangegaan geregistreerd partnerschap slechts als zodanig worden erkend indien het een wettelijk geregelde samenlevingsvorm betreft van twee personen die een nauwe persoonlijke betrekking onderhouden, welke samenlevingsvorm ten minste:

a. door een ter plaatse van het aangaan bevoegde autoriteit is geregistreerd;

b. het bestaan van een huwelijk of andere wettelijk geregelde samenlevingsvorm met een derde uitsluit; en

c. verplichtingen tussen de partners in het leven roept die in hoofdzaak overeenstemmen met die welke verbonden zijn aan het huwelijk.

Art. 3

Onverenigbaar met openbare orde

Ongeacht artikel 2 wordt aan een buiten Nederland aangegaan geregistreerd partnerschap erkenning onthouden, indien deze erkenning onverenigbaar zou zijn met de openbare orde.

Art. 4

Onverkorte toepassing art. 2 en 3

De artikelen 2 en 3 zijn van toepassing, ongeacht of over de erkenning van de rechtsgeldigheid van een geregistreerd partnerschap als hoofdvraag, dan wel als voorvraag in verband met een andere vraag wordt beslist.

HOOFDSTUK 3
De persoonlijke rechtsbetrekkingen tussen de geregistreerde partners en de tussen hen bestaande vermogensrechtelijke betrekkingen die niet vallen onder het partnerschapsvermogensregime

Art. 5

Toepasselijk recht op persoonlijke betrekkingen

– 1. Op de persoonlijke rechtsbetrekkingen tussen partners die in Nederland een geregistreerd partnerschap zijn aangegaan is het Nederlandse recht van toepassing.
– 2. Op de persoonlijke rechtsbetrekkingen tussen partners die buiten Nederland een geregistreerd partnerschap zijn aangegaan is het recht, met inbegrip van het internationaal privaatrecht, van de staat waar het geregistreerd partnerschap is aangegaan van toepassing.
– 3. De vraag of en in hoeverre de ene partner aansprakelijk is voor verbintenissen ten behoeve van de gewone gang van het huishouden welke door de andere partner zijn aangegaan, wordt, indien die andere partner en de wederpartij ten tijde van het aangaan van de verbintenis hun gewone verblijfplaats hadden in Nederland, beheerst door het Nederlandse recht.
– 4. De vraag of de ene partner voor een rechtshandeling de toestemming van de andere partner behoeft, en zo ja, in welke vorm deze toestemming moet worden verleend, of zij kan worden vervangen door een beslissing van de rechter of een andere autoriteit, alsmede welke de gevolgen zijn van het ontbreken van deze toestemming, wordt beheerst door het Nederlandse recht indien de andere partner ten tijde van het verrichten van die rechtshandeling zijn gewone verblijfplaats heeft in Nederland.
– 5. Het derde en vierde lid gelden ongeacht het recht dat het partnerschapsvermogensregime van de partners beheerst, en ongeacht het recht dat van toepassing is op de persoonlijke rechtsbetrekkingen tussen de partners.

HOOFDSTUK 4
Het partnerschapsvermogensregime

Art. 6

Toepasselijk recht op vermogensregime

– 1. Op het vermogensregime van een in Nederland of buiten Nederland aangegaan geregistreerd partnerschap is van toepassing het recht dat de partners vóór het geregistreerd partnerschap hebben aangewezen.
– 2. De partners kunnen uitsluitend een rechtsstelsel aanwijzen dat het instituut van het geregistreerd partnerschap kent.
– 3. Het aldus aangewezen recht is van toepassing op hun gehele vermogen.
– 4. De partners kunnen echter, ongeacht of zij tot de aanwijzing, bedoeld in het eerste lid, zijn overgegaan, met betrekking tot het geheel of een gedeelte van de onroerende zaken het recht aanwijzen van de plaats waar die zaken zijn gelegen, mits dit rechtsstelsel het instituut van het geregistreerd partnerschap kent. Zij kunnen eveneens bepalen dat op onroerende zaken die later worden verkregen, het recht van de plaats waar die zaken zijn gelegen van toepassing zal zijn, mits dit rechtsstelsel het instituut van het geregistreerd partnerschap kent.

Art. 7

Geen toepasselijk recht aangewezen

– 1. Indien het geregistreerd partnerschap in Nederland is aangegaan en de partners vóór het geregistreerd partnerschap het toepasselijke recht niet hebben aangewezen, wordt hun partnerschapsvermogensregime beheerst door het Nederlandse recht.
– 2. Indien het geregistreerd partnerschap buiten Nederland is aangegaan en de partners vóór het geregistreerd partnerschap het toepasselijke recht niet hebben aangewezen, wordt hun partnerschapsvermogensregime beheerst door het recht, met inbegrip van het internationaal privaatrecht, van de staat waar het geregistreerd partnerschap is aangegaan.

Art. 8

Ander intern recht

– 1. Tijdens het in Nederland of buiten Nederland aangegane geregistreerd partnerschap kunnen de partners hun partnerschapsvermogensregime onderwerpen aan een ander intern recht dan het recht dat tot dusver van toepassing was.
– 2. De partners kunnen uitsluitend een rechtsstelsel aanwijzen dat het instituut van het geregistreerd partnerschap kent.
– 3. Het aldus aangewezen recht is van toepassing op hun gehele vermogen.
– 4. De partners kunnen echter, ongeacht of zij tot de aanwijzing, bedoeld in het eerste lid of artikel 6, zijn overgegaan, met betrekking tot het geheel of een gedeelte van de onroerende zaken het recht aanwijzen van de plaats waar die zaken zijn gelegen, mits dit rechtsstelsel het instituut van het geregistreerd partnerschap kent. Zij kunnen eveneens bepalen dat op onroerende zaken die later worden verkregen, het recht van de plaats waar die zaken zijn gelegen van toepassing zal zijn, mits dit rechtsstelsel het instituut van het geregistreerd partnerschap kent.

Art. 9

Toepasselijk recht tot aanwijzing

– 1. Het recht dat op grond van de bepalingen van deze wet van toepassing is op het partnerschapsvermogensregime van een in Nederland of buiten Nederland aangegaan geregistreerd

partnerschap, blijft van toepassing zolang de partners geen ander toepasselijk recht hebben aangewezen, zelfs in geval van wijziging van hun nationaliteit of gewone verblijfplaats.
– 2. Het recht dat de partners rechtsgeldig als toepasselijk hebben aangewezen op het partnerschapsvermogensregime van hun buiten Nederland aangegane geregistreerd partnerschap, blijft van toepassing zolang de partners geen ander toepasselijk recht hebben aangewezen, zelfs in geval van wijziging van hun nationaliteit of gewone verblijfplaats.

Art. 10

Wilsovereenstemming

De voorwaarden voor de wilsovereenstemming van de partners inzake het recht dat zij als toepasselijk aanwijzen op hun partnerschapsvermogensregime, worden door dat recht bepaald.

Art. 11

Uitdrukkelijke aanwijzing

De aanwijzing van het toepasselijke recht op het partnerschapsvermogensregime moet uitdrukkelijk zijn overeengekomen of ondubbelzinnig voortvloeien uit partnerschapsvoorwaarden.

Art. 12

Vorm partnerschapsvoorwaarden

Partnerschapsvoorwaarden zijn, wat de vorm betreft, geldig indien zij in overeenstemming zijn, hetzij met het interne recht dat van toepassing is op het partnerschapsvermogensregime, hetzij met het interne recht van de plaats waar zij zijn aangegaan. Zij dienen in elk geval te worden neergelegd in een gedagtekend en door beide partners ondertekend schriftelijk stuk.

Art. 13

Vorm aanwijzing toepasselijk recht

Een uitdrukkelijk overeengekomen aanwijzing van het op het partnerschapsvermogensregime toepasselijke recht dient te geschieden in de vorm welke voor partnerschapsvoorwaarden is voorgeschreven, hetzij door het aangewezen interne recht, hetzij door het interne recht van de plaats waar die aanwijzing geschiedt. De aanwijzing dient in elk geval te worden neergelegd in een gedagtekend en door beide partners ondertekend schriftelijk stuk.

Art. 14

Gevolgen rechtsbetrekking partner en derde

De gevolgen van het partnerschapsvermogensregime ten aanzien van een rechtsbetrekking tussen een partner en een derde worden beheerst door het recht dat op het partnerschapsvermogensregime toepasselijk is.

Art. 15

Vreemd recht

Een partner wiens partnerschapsvermogensregime wordt beheerst door vreemd recht, kan in het in artikel 116 van Boek 1 van het Burgerlijk Wetboek bedoelde register een notariële akte doen inschrijven, inhoudende een verklaring dat het partnerschapsvermogensregime niet wordt beheerst door het Nederlandse recht.

Art. 16

Nederlands recht voor derde

– 1. Een derde die tijdens het geregistreerd partnerschap een rechtshandeling heeft verricht met een partner wiens partnerschapsvermogensregime wordt beheerst door vreemd recht kan, indien zowel hij als de beide partners ten tijde van die rechtshandeling hun gewone verblijfplaats in Nederland hadden, voor de uit die rechtshandeling voortvloeiende schuld ook na de beëindiging van het geregistreerd partnerschap verhaal nemen alsof tussen de partners naar Nederlands recht algehele gemeenschap van goederen bestond.
– 2. Het bepaalde in het eerste lid geldt niet indien de derde ten tijde van de rechtshandeling wist of behoorde te weten dat het partnerschapsvermogensregime van de partners werd beheerst door vreemd recht.
Zulks wordt geacht het geval te zijn indien de rechtshandeling werd verricht na verloop van veertien dagen nadat een akte als bedoeld in artikel 15 was ingeschreven in het aldaar bedoelde register.

Art. 17

Verrekening of vergoeding tussen partners

Heeft een der partners, door de toepassing op een buitenslands gelegen vermogensbestanddeel van een krachtens het internationaal privaatrecht van het land van ligging aangewezen recht, ten opzichte van de andere partner een voordeel genoten dat hem niet zou zijn toegekomen indien het op grond van deze wet aangewezen recht zou zijn toegepast, dan kan die andere partner daarvan verrekening of vergoeding vorderen bij de in verband met de beëindiging of wijziging van het partnerschapsvermogensregime tussen de partners plaats vindende afrekening.

Art. 18

Verhaal

Artikel 92, derde lid, van Boek 1 van het Burgerlijk Wetboek is uitsluitend van toepassing terzake van verhaal dat in Nederland wordt uitgeoefend op:
a. een partner wiens partnerschapsvermogensregime wordt beheerst door het Nederlandse recht, of
b. een partner op wie ingevolge het bepaalde in artikel 16 van deze wet verhaal mogelijk is.

Art. 19

Goedkeuring rechtbank

Het bepaalde in artikel 119 van Boek 1 van het Burgerlijk Wetboek is niet van toepassing indien de partners een ander recht op hun partnerschapsvermogensregime aanwijzen dan het recht dat tevoren daarop toepasselijk was.

Art. 20

Dwingend recht

Het bepaalde in artikel 131 van Boek 1 van het Burgerlijk Wetboek is ook van toepassing wanneer het partnerschapsvermogensregime van de partners door een vreemd recht wordt beheerst.

Art. 21

Pensioenrechten

Of een partner bij beëindiging van het geregistreerd partnerschap met wederzijds goedvinden of door ontbinding recht heeft op een gedeelte van de door de andere partner opgebouwde pensioenrechten, wordt beheerst door het recht dat van toepassing is op het partnerschapsvermogensregime van de partners, behoudens het bepaalde in artikel 1, zevende lid, van de Wet verevening pensioenrechten bij scheiding.

HOOFDSTUK 5
Beëindiging in Nederland van een geregistreerd partnerschap

Art. 22

Beëindiging partnerschap

Of een in Nederland aangegaan geregistreerd partnerschap kan worden beëindigd met wederzijds goedvinden of door ontbinding en op welke gronden, wordt bepaald door het Nederlandse recht.

Art. 23

Beëindiging buiten Nederland aangegaan partnerschap

– 1. Of een buiten Nederland aangegaan geregistreerd partnerschap kan worden beëindigd met wederzijds goedvinden of door ontbinding en op welke gronden, wordt bepaald door het Nederlandse recht.

– 2. In afwijking van het bepaalde in het eerste lid is het recht van de staat waar het geregistreerd partnerschap is aangegaan toegepasselijk indien in de door partners gesloten overeenkomst omtrent de beëindiging met wederzijds goedvinden van het geregistreerd partnerschap gezamenlijk een keuze voor dit recht is gedaan.

– 3. Ten aanzien van de beëindiging door ontbinding wordt in afwijking van het bepaalde in het eerste lid het recht van de staat waar het geregistreerd partnerschap is aangegaan toegepast, indien in het geding:

a. door de partners gezamenlijk een keuze voor dit recht is gedaan of een dergelijke keuze door een van de partners onweersproken is gebleven; of

b. door een van beide partners een keuze voor dit recht is gedaan en beide partners een werkelijke maatschappelijke band met de staat waar het geregistreerd partnerschap is aangegaan hebben.

– 4. Het Nederlandse recht bepaalt de wijze waarop de beëindiging met wederzijds goedvinden of de ontbinding van het buiten Nederland aangegane geregistreerd partnerschap geschiedt.

HOOFDSTUK 6
Erkenning van een buiten Nederland tot stand gekomen beëindiging van een geregistreerd partnerschap

Art. 24

Buiten Nederland beëindigd partnerschap

– 1. Een buiten Nederland tot stand gekomen beëindiging met wederzijds goedvinden van het geregistreerd partnerschap wordt erkend indien zij aldaar rechtsgeldig tot stand is gebracht.

– 2. Een buiten Nederland na een behoorlijke rechtspleging verkregen ontbinding van het geregistreerd partnerschap wordt in Nederland erkend indien zij is tot stand gekomen door de beslissing van een rechter of andere autoriteit aan wie daartoe rechtsmacht toekwam.

– 3. Een buiten Nederland verkregen ontbinding van het geregistreerd partnerschap, die niet voldoet aan een of meer van de voorwaarden in het vorige lid gesteld, wordt toch in Nederland erkend, indien duidelijk blijkt dat de wederpartij in de buitenlandse procedure uitdrukkelijk of stilzwijgend hetzij tijdens die procedure heeft ingestemd met, hetzij zich na die procedure heeft neergelegd bij de ontbinding.

HOOFDSTUK 7
Levensonderhoud

Art. 25

Levensonderhoud

Ten aanzien van een in Nederland of buiten Nederland aangegaan geregistreerd partnerschap wordt het recht dat van toepassing is op verplichtingen tot levensonderhoud gedurende het geregistreerd partnerschap en na beëindiging met wederzijds goedvinden of door ontbinding van het geregistreerd partnerschap bepaald door het op 2 oktober 1973 te 's-Gravenhage tot stand gekomen Verdrag inzake de wet die van toepassing is op onderhoudsverplichtingen (*Trb.* 1974, 86).

HOOFDSTUK 8

Wijzigingen in andere regelgeving

Art. 26-28

Bevat wijzigingen in andere regelgeving.

HOOFDSTUK 9

Slotbepalingen

Art. 29

Slotbepalingen

– 1. Deze wet is niet van toepassing op geregistreerde partnerschappen die voor het tijdstip van haar inwerkingtreding zijn aangegaan.

– 2. In afwijking van het eerste lid is artikel 21 van deze wet van toepassing op de verevening van pensioenrechten ingeval het geregistreerde partnerschap na het tijdstip van de inwerkingtreding van deze wet is beëindigd of ontbonden.

Art. 30

Inwerkingtreding

Deze wet treedt in werking op een bij koninklijk besluit te bepalen tijdstip.

Art. 31

Citeertitel

Deze wet wordt aangehaald als: Wet conflictenrecht geregistreerd partnerschap.

II.12 VERDRAG INZAKE HET RECHT DAT VAN TOEPASSING IS OP ERFOPVOLGING (HAAGS ERFOPVOLGINGSVERDRAG 1989)
Verdrag inzake het recht dat van toepassing is op erfopvolging [Vertaling]

***Verdrag van 1 augustus 1989*, Trb. 1994, 168**

[Dit verdrag is nog niet in werking getreden]

De Staten die dit Verdrag hebben ondertekend,
Geleid door de wens gemeenschappelijke bepalingen vast te stellen betreffende het recht dat van toepassing is op erfopvolging,
Hebben besloten hiertoe een Verdrag te sluiten en zijn het volgende overeengekomen:

HOOFDSTUK I
Toepassingsgebied van het verdrag

Art. 1

Materieel toepassingsgebied

– 1. Dit Verdrag bepaalt welk recht van toepassing is op erfopvolging.
– 2. Dit Verdrag is niet van toepassing op:
a. de vorm van uiterste wilsbeschikkingen;
b. de bekwaamheid om bij uiterste wil te beschikken;
c. vragen die het huwelijksvermogensregime betreffen;
d. rechten en goederen, in het leven geroepen of overgedragen op andere wijze dan door erfopvolging, zoals aan verschillende personen gemeenschappelijke eigendom welke overgaat op de langstlevende, pensioenregelingen, verzekeringsovereenkomsten of regelingen van soortgelijke aard.

Art. 2

Universeel toepassingsgebied

Het Verdrag is van toepassing zelfs als het toepasselijk recht dat van een niet-Verdragsluitende Staat is.

HOOFDSTUK II
Het toepasselijke recht

Art. 3

Vaststelling toepasselijk recht

– 1. De erfopvolging wordt beheerst door het recht van de Staat waar de overledene zijn gewone verblijfplaats had op het tijdstip van zijn overlijden, indien hij op dat tijdstip de nationaliteit van die Staat bezat.
– 2. De erfopvolging wordt eveneens beheerst door het recht van de Staat waar de overledene zijn gewone verblijfplaats had op het tijdstip van zijn overlijden, indien hij daar gedurende een tijdvak van ten minste vijf jaren onmiddellijk voorafgaande aan zijn overlijden zijn verblijfplaats had. Echter, in uitzonderlijke omstandigheden, indien de overledene op het tijdstip van zijn overlijden kennelijk nauwere banden had met de Staat waarvan hij op dat tijdstip de nationaliteit bezat, is het recht van die Staat van toepassing.
– 3. Voor het overige wordt de erfopvolging beheerst door het recht van de Staat waarvan de overledene op het tijdstip van zijn overlijden de nationaliteit bezat, tenzij hij op dat tijdstip nauwere banden had met een andere Staat, in welk geval het recht van laatstbedoelde Staat van toepassing is.

Art. 4

Verder-verwijzing

Indien het ingevolge artikel 3 toepasselijk recht het recht van een niet-Verdragsluitende Staat is, en indien de verwijzingsregels van die Staat ten aanzien van het geheel of een gedeelte van de nalatenschap verwijst naar het recht van een andere niet-Verdragsluitende Staat die zijn eigen recht zou toepassen, is het recht van die andere Staat van toepassing.

Art. 5

Rechtskeuze gehele nalatenschap

– 1. Een persoon kan het recht van een bepaalde Staat aanwijzen als het recht dat de vererving van zijn gehele nalatenschap beheerst. De aanwijzing heeft alleen gevolg indien deze persoon op het tijdstip van de aanwijzing of van zijn overlijden de nationaliteit van die Staat bezat of daar zijn gewone verblijfplaats had.

Vorm van de aanwijzing

– 2. Deze aanwijzing moet worden uitgedrukt in een verklaring die, wat de vorm betreft, voldoet aan de vereisten voor uiterste wilsbeschikkingen. Het bestaan en de materiële geldigheid van de aanwijzingshandeling worden beheerst door het aangewezen recht. Indien de aanwijzing volgens dat recht ongeldig is, wordt het recht dat de erfopvolging beheerst, bepaald volgens artikel 3.

Herroeping

– 3. De herroeping van een dergelijke aanwijzing door de persoon die haar heeft gedaan, moet voldoen aan de vormvoorschriften voor de herroeping van uiterste wilbeschikkingen.

Gehele nalatenschap

– 4. Tenzij de overledene uitdrukkelijk anders heeft bepaald, wordt voor de toepassing van dit

artikel de aanwijzing van het toepasselijke recht geacht betrekking te hebben op de vererving van de gehele nalatenschap, ongeacht of de overledene zonder een uiterste wil te hebben gemaakt is overleden dan bij uiterste wil over het geheel of een gedeelte van zijn nalatenschap heeft beschikt.

Art. 6

Rechtskeuze gedeelte nalatenschap

Een persoon kan het recht van één of meer Staten aanwijzen als het recht dat de vererving van bepaalde goederen in zijn nalatenschap beheerst. Deze aanwijzing laat evenwel de toepassing van de dwingende bepalingen van het ingevolge artikel 3 of artikel 5, eerste lid, toepasselijke recht onverlet.

Art. 7

Omvang van toepasselijk recht

– 1. Behoudens het bepaalde in artikel 6 beheerst het ingevolge de artikelen 3 en 5, eerste lid, toepasselijke recht de vererving van de gehele nalatenschap, ongeacht waar de goederen zich bevinden.

– 2. Dit recht beheerst:

a. de aanwijzing van de erfgenamen en legatarissen, de bepaling van de onderscheidene erfdelen van deze personen en de verplichtingen die hun door de overledene zijn opgelegd, alsook andere rechten op de nalatenschap die ontstaan als gevolg van het overlijden, daaronder begrepen toewijzingen uit de nalatenschap door een rechterlijke of een andere autoriteit ten gunste van personen die de overledene na stonden;

b. de onterving en de uitsluiting wegens onwaardigheid;

c. de inbreng en de inkorting van schenkingen en makingen alsmede de wijze waarop deze bij de berekening van de erfdelen worden verwerkt;

d. het beschikbare deel, de wettelijke erfdelen en andere beperkingen van de bevoegdheid om bij uiterste wil te beschikken;

e. de materiële geldigheid van testamentaire beschikkingen.

Uitzondering

– 3. Het tweede lid belet niet dat in een Verdragsluitende Staat het ingevolge dit Verdrag toepasselijk recht wordt toegepast op andere onderwerpen die volgens het recht van die Staat onder het erfrecht vallen.

HOOFDSTUK III

Overeenkomsten inzake erfopvolging

Art. 8

Definitie

Voor de toepassing van dit Hoofdstuk is een overeenkomst inzake erfopvolging een schriftelijke of uit wederkerige testamentaire beschikkingen voortvloeiende overeenkomst die, met of zonder tegenprestatie, rechten op de toekomstige nalatenschap van één of meer personen die partij zijn bij een zodanige overeenkomst, in het leven roept, wijzigt of doet vervallen.

Art. 9

Nalatenschap van één persoon

– 1. Wanneer de overeenkomst slechts betrekking heeft op de nalatenschap van één persoon, worden de materiële geldigheid en de gevolgen van de overeenkomst, alsmede de omstandigheden die het tenietgaan van deze gevolgen meebrengen, bepaald door het recht dat ingevolge de artikelen 3 of 5, eerste lid, van toepassing zou zijn geweest op de erfopvolging van deze persoon indien hij op de dag waarop de overeenkomst is gesloten, zou zijn overleden.

– 2. Indien de overeenkomst volgens dat recht ongeldig is, wordt zij niettemin als geldig beschouwd indien zij geldig is volgens het recht dat ingevolge de artikelen 3 of 5, eerste lid, op het tijdstip van overlijden op de erfopvolging van toepassing is. Ditzelfde recht beheerst dan de gevolgen van de overeenkomst en de omstandigheden die het tenietgaan van deze gevolgen meebrengen.

Art. 10

Nalatenschap van meerdere personen

– 1. Wanneer de overeenkomst betrekking heeft op de nalatenschappen van meer dan één persoon, is de overeenkomst alleen dan materieel geldig, indien zij aldus wordt beschouwd volgens elk recht dat ingevolge de artikelen 3 of 5, eerste lid, de erfopvolging van elk van deze personen zou hebben beheerst indien hij op de dag waarop de overeenkomst is gesloten, zou zijn overleden.

– 2. De gevolgen van deze overeenkomst en de omstandigheden die het tenietgaan van die gevolgen meebrengen zijn die, welke in alle toepasselijke rechtsstelsels worden erkend.

Art. 11

Rechtskeuze

De partijen kunnen door een uitdrukkelijke aanwijzing overeenkomen dat de overeenkomst, voor zover het betreft haar materiële geldigheid, de gevolgen en de omstandigheden die het tenietgaan daarvan meebrengen, onderworpen is aan het recht van een Staat waar de persoon of één van de personen wiens nalatenschap zij betreft, op het tijdstip waarop de overeenkomst werd gesloten zijn gewone verblijfplaats heeft of waarvan hij op dat tijdstip de nationaliteit bezit.

Art. 12

Materiële geldigheid

– 1. De materiële geldigheid van een overeenkomst die geldig is volgens het recht dat ingevolge

de artikelen 9, 10 of 11 van toepassing is, kan niet worden bestreden op grond van het feit dat de overeenkomst volgens het recht dat ingevolge de artikelen 3 of 5, eerste lid, van toepassing is, als ongeldig zou worden beschouwd.

– 2. De toepassing van het ingevolge de artikelen 9, 10 of 11 toepasselijk recht maakt evenwel geen inbreuk op de rechten van personen die geen partij zijn bij de overeenkomst, die volgens het ingevolge de artikelen 3 of 5, eerste lid, toepasselijke recht, recht hebben op een wettelijk erfdeel of op enig ander recht waarover de persoon wiens nalatenschap het betreft, niet mocht beschikken.

HOOFDSTUK IV

Algemene bepalingen

Art. 13

Commorientes

Wanneer twee of meer personen wier erfopvolging door verschillende rechtsstelsels wordt beheerst, overlijden onder omstandigheden waaronder onzeker is in welke volgorde zij zijn overleden, en wanneer deze situatie in die rechtsstelsels op uiteenlopende wijze is geregeld of in het geheel niet is geregeld, heeft geen van de overleden personen rechten ten aanzien van de nalatenschap van de ander of anderen.

Art. 14

Trust

– 1. Wanneer bij uiterste wilsbeschikking een trust in het leven wordt geroepen, belet de toepassing van het ingevolge dit Verdrag toepasselijk recht op de erfopvolging niet, dat op de trust een ander recht wordt toegepast. Omgekeerd belet de toepassing op de trust van het daarop betrekking hebbende recht niet, dat op de erfopvolging het ingevolge dit Verdrag toepasselijke recht wordt toegepast.

– 2. Dezelfde regels zijn van overeenkomstige toepassing op stichtingen en soortgelijke instellingen die in het leven zijn geroepen bij uiterste wilsbeschikkingen.

Art. 15

Bijzondere erfrechtsregimes

Het ingevolge het Verdrag toepasselijke recht maakt geen inbreuk op bijzondere erfrechtsregimes waaraan bepaalde onroerende goederen, ondernemingen of andere bijzondere categorieën goederen in de Staat waar zij zich bevinden zijn onderworpen uit hoofde van hun economische of maatschappelijke bestemming, dan wel hun belang voor de familie.

Art. 16

Toe-eigening door Staat

Wanneer er volgens het ingevolge het Verdrag toepasselijke recht geen erfgenaam of legataris is uit hoofde van een uiterste wilsbeschikking, noch een natuurlijke persoon die wettelijk erfgenaam is, belet de toepassing van het aldus bepaalde recht niet dat een Staat of een daartoe door die Staat aangewezen instantie zich de goederen uit de nalatenschap die zich op zijn grondgebied bevinden, toeëigent.

Art. 17

Omvang rechtsregels

In dit Verdrag wordt, behoudens het bepaalde in artikel 4, onder recht verstaan de rechtsregels die in een Staat gelden, met uitzondering van de verwijzingsregels.

Art. 18

Openbare orde

De toepassing van een door dit Verdrag aangewezen recht kan slechts worden geweigerd indien deze kennelijk in strijd zou zijn met de openbare orde.

Art. 19

Interregionaal recht

– 1. Wanneer een Staat twee of meer gebiedsdelen omvat, waarvan elk zijn eigen rechtsstelsel of zijn eigen rechtsregels ter zake van erfopvolging heeft, dient volgens de bepalingen van dit artikel te worden vastgesteld welk recht ingevolge dit Verdrag van toepassing is.

– 2. Indien in een dergelijke Staat regels van kracht zijn die bepalen welke van de rechtsstelsels van de twee of meer gebiedsdelen van toepassing zijn in de gevallen welke in dit artikel zijn geregeld, is het recht van dat gebiedsdeel van toepassing. Bij gebreke van dergelijke regels zijn de volgende leden van dit artikel van toepassing.

– 3. Wanneer in dit Verdrag of in een overeenkomstig dit Verdrag door de overledene gedane aanwijzing sprake is van een recht van een Staat,

a. wordt met het recht van de Staat waar de overledene op het tijdstip van de aanwijzing of van zijn overlijden zijn gewone verblijfplaats had, bedoeld het recht van het gebiedsdeel van die Staat waar de overledene op het desbetreffende tijdstip zijn gewone verblijfplaats had;

b. wordt met het recht van de Staat waarvan de overledene op het tijdstip van de aanwijzing of van zijn overlijden de nationaliteit bezat, bedoeld het recht van het gebiedsdeel van die Staat waar de overledene op het desbetreffende tijdstip zijn gewone verblijfplaats had, of bij gebreke van een dergelijke gewone verblijfplaats, het recht van het gebiedsdeel waarmee hij de nauwste banden had.

– 4. Wanneer in dit Verdrag een recht van een Staat wordt genoemd, waarmee de nauwste banden bestonden, wordt bedoeld het recht van het gebiedsdeel van die Staat waarmee de overledene het nauwst verbonden was.

– 5. Indien de overledene overeenkomstig dit Verdrag, behoudens het bepaalde in artikel 6, het recht van een gebiedsdeel heeft aangewezen van een Staat waarvan hij op het tijdstip van de aanwijzing of van zijn overlijden
a. de nationaliteit bezat, is deze aanwijzing slechts geldig indien hij te eniger tijd zijn gewone verblijfplaats had in dat gebiedsdeel, of bij gebreke van een dergelijke gewone verblijfplaats, nauwe banden met dat gebiedsdeel had;
b. niet de nationaliteit bezat, is deze aanwijzing slechts geldig indien de overledene op dat tijdstip zijn gewone verblijfplaats had in dat gebiedsdeel, of, ingeval hij zijn gewone verblijfplaats niet in dat gebiedsdeel maar wel in die Staat had, indien hij te eniger tijd zijn gewone verblijfplaats in dat gebiedsdeel had.
– 6. Indien de overledene met toepassing van artikel 6 ten aanzien van sommige goederen het recht van een Staat heeft aangewezen, wordt behoudens bewijs van tegengestelde bedoeling verondersteld dat het recht van elk gebiedsdeel waarin die goederen zich bevinden, is bedoeld.
– 7. Voor de toepassing van artikel 3, tweede lid, is de vereiste verblijfsduur wanneer de overledene gedurende de vijf jaren die onmiddellijk voorafgingen aan zijn overlijden zijn verblijfplaats in die Staat had, ongeacht of hij gedurende dat tijdvak in meer dan één van de gebiedsdelen van die Staat zijn verblijfplaats heeft gehad.
Wanneer de vereiste verblijfsduur is bereikt, en de overledene op dat tijdstip zijn gewone verblijfplaats in die Staat had, maar geen gewone verblijfplaats in een bepaald gebiedsdeel van die Staat, is toepasselijk het recht van het gebiedsdeel waarin de overledene het laatst verbleef, tenzij hij op dat tijdstip nauwere banden had met een ander gebiedsdeel van die Staat, in welk geval het recht van dat laatste gebiedsdeel van toepassing is.

Art. 20

Nauwste banden

Wanneer een Staat ter zake van erfopvolging twee of meer rechtsstelsels heeft die van toepassing zijn op verschillende categorieën van personen, wordt ter bepaling van het volgens dit Verdrag toepasselijke recht elke verwijzing naar het recht van een dergelijke Staat beschouwd als een verwijzing naar het rechtsstelsel dat wordt aangewezen door de regels die in die Staat van kracht zijn. Bij gebreke van dergelijke regels wordt de verwijzing beschouwd als verwijzing naar het rechtsstelsel waarmee de overledene de nauwste banden had.

Art. 21

Interne wetsconflicten

Een Verdragsluitende Staat waarin verschillende rechtsstelsels of meer dan één geheel van rechtsregels van toepassing zijn op erfopvolging, is niet gehouden de regels van het Verdrag toe te passen op conflicten uitsluitend tussen deze verschillende rechtsstelsels of rechtsregels.

Art. 22

Toepasselijkheid Verdrag

– 1. Het Verdrag is in een Verdragsluitende Staat van toepassing op de erfopvolging van personen die overlijden nadat het Verdrag voor die Staat in werking is getreden.
– 2. Wanneer de overledene op een tijdstip voorafgaand aan de inwerkingtreding van het Verdrag in die Staat het op zijn erfopvolging toepasselijke recht heeft aangewezen, wordt die aanwijzing daar als geldig beschouwd indien zij voldoet aan de bepalingen van artikel 5.
– 3. Wanneer de partijen bij een overeenkomst inzake erfopvolging op een tijdstip voorafgaand aan de inwerkingtreding van het Verdrag in die Staat het op die overeenkomst toepasselijke recht hebben aangewezen, wordt die aanwijzing daarin als geldig beschouwd indien zij voldoet aan de bepalingen van artikel 11.

Art. 23

Verhouding tot andere Verdragen

– 1. Het Verdrag laat onverlet de toepassing van internationale akten waarbij Verdragsluitende Staten partij zijn of worden en die bepalingen bevatten omtrent bij dit Verdrag geregelde onderwerpen, tenzij door de Staten die partij zijn bij dergelijke akten een andersluidende verklaring wordt afgelegd.
– 2. Het eerste lid van dit artikel is eveneens van toepassing op eenvormige wetten die berusten op tussen de betrokken Staten bestaande bijzondere banden van regionale aard.

Art. 24

Voorbehouden

– 1. Elke Staat kan op het tijdstip van ondertekening, bekrachtiging, aanvaarding, goedkeuring of toetreding het voorbehoud maken:
a. dat hij het Verdrag niet zal toepassen op overeenkomsten inzake erfopvolging als omschreven in artikel 8, en dat hij derhalve een overeenkomstig artikel 5 gedane aanwijzing niet zal erkennen indien de aanwijzing niet is uitgedrukt in een verklaring die voldoet aan de vormvereisten voor een testamentaire beschikking;
b. dat hij artikel 4 niet zal toepassen;
c. dat hij een aanwijzing niet zal erkennen indien deze overeenkomstig artikel 5 is gedaan door een persoon die op het tijdstip van zijn overlijden niet of niet meer de nationaliteit bezat van de Staat waarvan hij het recht had aangewezen of daar niet of niet meer zijn gewone verblijfplaats had, maar op dat tijdstip de nationaliteit bezat van de Staat die het voorbehoud heeft gemaakt en daar zijn gewone verblijfplaats had;

d. dat hij een overeenkomstig artikel 5 gedane aanwijzing niet zal erkennen indien aan elk van de volgende voorwaarden is voldaan:
– het recht van de Staat die het voorbehoud heeft gemaakt zou het krachtens artikel 3 toepasselijke recht zijn geweest indien niet overeenkomstig artikel 5 een geldige aanwijzing was gedaan,
– de toepassing van het overeenkomstig artikel 5 aangewezen recht zou de echtgenoot of een kind van de overledene geheel of voor een zeer belangrijk deel een toebedeling van erfrechtelijke of familierechtelijke aard ontzeggen waarop de echtgenoot of het kind recht zou hebben gehad op grond van de dwingende bepalingen van het recht van de Staat die het voorbehoud heeft gemaakt,
– de echtgenoot of het kind heeft zijn gewone verblijfplaats in de Staat die het voorbehoud heeft gemaakt of bezit daarvan de nationaliteit.
– 2. Geen ander voorbehoud is toegestaan.
– 3. Elke Verdragsluitende Staat kan te allen tijde een door hem gemaakt voorbehoud intrekken; de werking van het voorbehoud eindigt op de eerste dag van de maand volgend op het verstrijken van een tijdvak van drie maanden na kennisgeving van de intrekking.

HOOFDSTUK V
Slotbepalingen

Art. 25

Ondertekening

– 1. Het Verdrag staat open voor ondertekening door Staten die Lid waren van de Haagsche Conferentie voor Internationaal Privaatrecht ten tijde van haar Zestiende Zitting.
– 2. Het dient te worden bekrachtigd, aanvaard of goedgekeurd en de akten van bekrachtiging, aanvaarding of goedkeuring dienen te worden nedergelegd bij het Ministerie van Buitenlandse Zaken van het Koninkrijk der Nederlanden, dat depositaris van het Verdrag is.

Art. 26

Toetreding

– 1. Iedere andere Staat kan toetreden tot het Verdrag nadat het in werking is getreden ingevolge artikel 28, eerste lid.
– 2. De akten van toetreding dienen te worden nedergelegd bij de depositaris.

Art. 27

Verklaring omtrent gebiedsdelen

– 1. Indien een Staat twee of meer gebiedsdelen heeft waarin verschillende rechtsstelsels van toepassing zijn ter zake van onderwerpen die bij dit Verdrag worden geregeld, kan hij op het tijdstip van ondertekening, bekrachtiging, aanvaarding, goedkeuring of toetreding verklaren dat dit Verdrag zich zal uitstrekken tot al zijn gebiedsdelen of slechts tot één of meer daarvan en kan hij te allen tijde deze verklaring wijzigen door middel van een nieuwe verklaring.
– 2. Deze verklaringen worden ter kennis gebracht van de depositaris en geven uitdrukkelijk aan op welk gebiedsdeel het Verdrag van toepassing is.
– 3. Indien een Staat geen verklaring als bedoeld in dit artikel afgeeft, strekt het Verdrag zich uit tot alle gebiedsdelen van die Staat.

Art. 28

Inwerkingtreding

– 1. Het Verdrag treedt in werking op de eerste dag van de maand volgend op het verstrijken van een tijdvak van drie maanden na de nederlegging van de derde akte van bekrachtiging, aanvaarding of goedkeuring bedoeld in artikel 25.
– 2. Daarna treedt het Verdrag in werking:
a. voor elke Staat die het op een later tijdstip bekrachtigt, aanvaardt of goedkeurt, dan wel ertoe toetreedt, op de eerste dag van de maand volgend op het verstrijken van een tijdvak van drie maanden na de nederlegging van zijn akte van bekrachtiging, aanvaarding, goedkeuring of toetreding;
b. voor de gebiedsdelen waartoe het Verdrag zich uitstrekt overeenkomstig artikel 27, op de eerste dag van de maand volgend op het verstrijken van een tijdvak van drie maanden na de kennisgeving bedoeld in dat artikel.

Art. 29

Herziening

Na inwerkingtreding van een akte waarbij dit Verdrag wordt herzien, kan een Staat slechts Partij worden bij het Verdrag in zijn herziene vorm.

Art. 30

Opzegging

– 1. Een Staat die Partij is bij dit Verdrag kan het Verdrag, of alleen Hoofdstuk III van het Verdrag, opzeggen door middel van een schriftelijke kennisgeving aan de depositaris.
– 2. De opzegging wordt van kracht op de eerste dag van de maand volgend op het verstrijken van een tijdvak van drie maanden nadat de kennisgeving door de depositaris is ontvangen. Wanneer in de kennisgeving een langere termijn voor de van kracht wording van de opzegging is bepaald, wordt de opzegging van kracht zodra de desbetreffende termijn is verstreken nadat de kennisgeving door de depositaris is ontvangen.

Mededelingen

Art. 31

De depositaris geeft aan de Lidstaten van de Haagsche Conferentie voor Internationaal Privaatrecht en aan de Staten die zijn toegetreden in overeenstemming met artikel 26 kennis van:

a. de in de artikelen 25 en 26 bedoelde ondertekeningen, bekrachtigingen, aanvaardingen, goedkeuringen en toetredingen;

b. de datum waarop het Verdrag in werking zal treden overeenkomstig de bepalingen van artikel 28;

c. de in artikel 27 bedoelde verklaringen;

d. de in artikel 24 bedoelde voorbehouden en de intrekking daarvan;

e. de in artikel 30 bedoelde opzeggingen.

Wet van 4 september 1996, Stb. 457 , houdende regeling van het conflictenrecht inzake de erfopvolging alsmede de vereffening en de verdeling van de nalatenschap, mede in verband met de bekrachtiging van het op 1 augustus 1989 te 's-Gravenhage tot stand gekomen Verdrag inzake het recht dat van toepassing is op erfopvolging (Trb. 1994, 49), zoals deze wet is gewijzigd bij de Wet van 6 december 2001, Stb. 584

[Inwerkingtreding: 01-10-1996]

Wij Beatrix, bij de gratie Gods, Koningin der Nederlanden, Prinses van Oranje-Nassau, enz. enz. enz.

Allen, die deze zullen zien of horen lezen, saluut! doen te weten:

Alzo Wij in overweging genomen hebben, dat het mede in verband met de bekrachtiging van het op 1 augustus 1989 te 's-Gravenhage tot stand gekomen Verdrag inzake het recht dat van toepassing is op erfopvolging, wenselijk is regelen te geven met betrekking tot het conflictenrecht inzake de erfopvolging alsmede de vereffening en de verdeling van de nalatenschap;

Zo is het, dat Wij, de Raad van State gehoord, en met gemeen overleg der Staten-Generaal, hebben goedgevonden en verstaan, gelijk Wij goedvinden en verstaan bij deze:

Art. 1

Toepasselijk recht op erfopvolging

Het recht dat van toepassing is op erfopvolging wordt aangewezen door de bepalingen van het op 1 augustus 1989 te 's-Gravenhage tot stand gekomen Verdrag inzake het recht dat van toepassing is op erfopvolging, waarvan de Franse en de Engelse tekst en de vertaling in het Nederlands zijn gepubliceerd in *Tractatenblad* 1994, 49.

Art. 2

Benadeling gerechtigde

– 1. Indien een der gerechtigden in een te vereffenen nalatenschap ten opzichte van een andere gerechtigde wordt benadeeld door de toepassing op een buitenslands gelegen goed van een krachtens het internationaal privaatrecht van het land van ligging aangewezen recht, worden de goederen, aldus overeenkomstig dat recht door die andere gerechtigde of door derden verkregen, als geldig verkregen erkend.

Verrekening benadeling

– 2. De benadeelde gerechtigde kan echter vorderen dat ter gelegenheid van de vereffening van de nalatenschap tussen hem en de bevoordeelde gerechtigde een verrekening plaatsvindt tot ten hoogste het ondervonden nadeel. Verrekening is uitsluitend mogelijk met betrekking tot goederen van de nalatenschap dan wel door vermindering van een last.

Begrip gerechtigde

– 3. In de voorgaande leden wordt onder gerechtigde verstaan een erfgenaam, een legataris of een lastbevoordeelde.

Art. 3

Herroeping

De herroeping door de erflater van alle eerder door hem gemaakte uiterste wilsbeschikkingen wordt vermoed mede te omvatten een eerder door hem gedane aanwijzing van het recht dat de vererving van zijn nalatenschap beheerst.

Art. 4

Vereffening nalatenschap

– 1. De vereffening van de nalatenschap wordt door het Nederlandse recht beheerst indien de erflater zijn laatste gewone verblijfplaats in Nederland had. In het bijzonder zijn van toepassing de Nederlandse voorschriften inzake de gehoudenheid van de door het volgens het in artikel 1 genoemde Verdrag toepasselijke recht aangewezen erfgenamen voor de schulden van de erflater en de voorwaarden waaronder zij hun gehoudenheid kunnen uitsluiten of beperken.

Verdeling nalatenschap

– 2. De wijze waarop de verdeling van de nalatenschap tot stand wordt gebracht, wordt door het Nederlandse recht beheerst indien de erflater zijn laatste gewone verblijfplaats in Nederland had, tenzij de deelgenoten gezamenlijk het recht van een ander land aanwijzen. Met de eisen van het goederenrecht van de plaats van ligging der activa wordt rekening gehouden.

Art. 5

Bevoegdheden vereffenaar

– 1. De taak en de bevoegdheden van een door de erflater aangewezen vereffenaar wordt door het Nederlandse recht beheerst indien de erflater zijn laatste gewone verblijfplaats in Nederland had.

Voorzieningen bij rechter

– 2. Onverminderd de bevoegdheid van de voorzieningenrechter in kort geding kan de rechter op vordering van een belanghebbende voorzieningen treffen om te waarborgen dat met betrekking tot de vererving van de in Nederland gelegen bestanddelen van de nalatenschap het volgens het in artikel 1 bedoelde Verdrag toepasselijke recht wordt inachtgenomen. Hij kan bevelen dat in verband daarmee zekerheden worden gesteld.

Art. 6

Intrekking wet

De Wet van 7 april 1869 houdende afschaffing der artikelen 884 en 957 van het Burgerlijk Wetboek (*Stb.* 1869, 56) wordt ingetrokken.

Art. 7

Toepasselijkheid onderhavige wet

– 1. Deze wet is van toepassing op de erfopvolging van personen die na het tijdstip van inwerkingtreding overlijden.

Aanwijzing toepasselijk recht

– 2. Indien de erflater op een tijdstip voorafgaand aan de inwerkingtreding van deze wet het op zijn erfopvolging toepasselijke recht heeft aangewezen, wordt die aanwijzing als geldig beschouwd indien zij voldoet aan de bepalingen van artikel 5 van het in artikel 1 genoemde Verdrag.

Geldigheid aanwijzing

– 3. Indien de partijen bij een overeenkomst inzake erfopvolging op een tijdstip voorafgaand aan de inwerkingtreding van deze wet het op die overeenkomst toepasselijke recht hebben aangewezen, wordt die aanwijzing als geldig beschouwd indien zij voldoet aan de bepalingen van artikel 11 van het in artikel 1 genoemde Verdrag.

– 4. Onverminderd het bepaalde in de voorgaande leden, kan een aanwijzing door de erflater van het op de vererving van zijn nalatenschap toepasselijke recht, of de wijziging van een zodanige aanwijzing, welke is geschied vóór de inwerkingtreding van deze wet, niet als ongeldig worden beschouwd op de enkele grond dat de wet een zodanige aanwijzing toen niet regelde.

Art. 8

Inwerkingtreding

Deze wet treedt in werking op een bij koninklijk besluit te bepalen tijdstip.

Art. 9

Citeertitel

Deze wet kan worden aangehaald als: Wet conflictenrecht erfopvolging.

II.14 VERDRAG INZAKE DE WETSCONFLICTEN BETREFFENDE DE VORM VAN TESTAMENTAIRE BESCHIKKINGEN [VERTALING] (HAAGS TESTAMENTENVERDRAG 1961)

Verdrag van 5 oktober 1961, Trb. 1980, 54

[Inwerkingtreding: 05-01-1965]

De Staten, die dit Verdrag hebben ondertekend,
Verlangend gemeenschappelijke regels omtrent de oplossing van wetsconflicten betreffende de vorm van testamentaire beschikkingen op te stellen,
Hebben besloten te dien einde een Verdrag te sluiten en zijn overeengekomen als volgt:

Art. 1

Geldigheid van vorm testamentaire beschikking

– 1. Een testamentaire beschikking is wat de vorm betreft geldig, indien zij beantwoordt aan de eisen van het interne recht.
a) van de plaats waar de testateur beschikte, of
b) van een Staat waarvan de testateur de nationaliteit bezat, hetzij op het ogenblik waarop hij beschikte, hetzij op het ogenblik van zijn overlijden, of
c) van een plaats waar de testateur zijn woonplaats had, hetzij op het ogenblik waarop hij beschikte, hetzij op het ogenblik van zijn overlijden, of
d) van de plaats waar de testateur zijn gewoon verblijf had, hetzij op het ogenblik waarop hij beschikte, hetzij op het ogenblik van zijn overlijden, of
e) voor onroerende goederen, van de plaats van hun ligging.
– 2. Indien in de Staat waarvan de testateur de nationaliteit bezat, meer dan één rechtsstelsel bestaat, dan wordt voor de toepassing van dit Verdrag het toepasselijke recht aangewezen door de regels, die in die Staat gelden en bij gebreke van zodanige regels door dat recht uit die Staat, met hetwelk de testateur de nauwste band bezat.
– 3. De vraag of de testateur woonplaats had op een bepaalde plaats wordt beheerst door het recht van die plaats.

Art. 2

Herroeping

– 1. Artikel 1 is ook van toepassing op testamentaire beschikkingen, waarbij een vroegere testamentaire beschikking wordt herroepen.
– 2. De herroeping is wat de vorm betreft ook geldig, indien zij beantwoordt aan de vereisten van één der rechtsstelsels volgens welke, bij toepassing van artikel 1, de herroepen testamentaire beschikking geldig was.

Art. 3

Verdrag; geen inbreuk op regels erkenning beschikkingen

Dit Verdrag maakt geen inbreuk op bestaande of toekomstige regels van de verdragsluitende Staten, ingevolge welke testamentaire beschikkingen die gemaakt zijn in de vorm die door een niet in de voorgaande artikelen genoemd recht is voorgeschreven, worden erkend.

Art. 4

Akte voor meerdere personen

Dit Verdrag is eveneens van toepassing op de vorm van door twee of meer personen bij eenzelfde akte gemaakte testamentaire beschikkingen.

Art. 5

Leeftijd, nationaliteit, andere persoonlijke hoedanigheden; vormvoorschriften

Voor de toepassing van dit Verdrag worden voorschriften, die op grond van leeftijd, nationaliteit of andere persoonlijke hoedanigheden van de testateur de voor testamentaire beschikkingen toelaatbare vormen beperken, tot de vormvoorschriften gerekend. Hiertoe worden eveneens gerekend de hoedanigheden, die de voor de geldigheid van een testamentaire beschikking vereiste getuigen moeten bezitten.

Art. 6

Formeel toepassingsgebied universeel

De toepassing van de bij dit Verdrag vastgestelde conflictenregels is onafhankelijk van enig vereiste van wederkerigheid. Het Verdrag is van toepassing zelfs indien de nationaliteit van de betrokkenen of het ingevolge de voorgaande artikelen toepasselijke recht niet dat van een verdragsluitende Staat is.

Art. 7

Openbare orde

De toepassing van een door dit Verdrag aangewezen recht kan slechts ter zijde worden gesteld, indien deze toepassing kennelijk onverenigbaar is met de openbare orde.

Art. 8

Overlijden na inwerkingtreding

Dit Verdrag is van toepassing in alle gevallen waarin de testateur is overleden na de inwerkingtreding van het Verdrag.

Art. 9

Voorbehoud; woonplaatsbegrip

Iedere verdragsluitende Staat kan zich het recht voorbehouden om, in afwijking van artikel 1, derde lid, naar het recht van de rechter de plaats te bepalen, waar de testateur woonplaats had.

Art. 10

Voorbehoud; mondelinge vorm

Iedere verdragsluitende Staat kan zich het recht voorbehouden om testamentaire beschikkingen van een zijner onderdanen, die geen andere nationaliteit bezit, niet te erkennen indien deze, behoudens in buitengewone omstandigheden, in de mondelinge vorm zijn gemaakt.

Art. 11

Voorbehoud; andere vormen

– 1. Iedere verdragsluitende Staat kan zich het recht voorbehouden om, op grond van de desbetreffende voorschriften van zijn recht, bepaalde vormen van in het buitenland gemaakte testamentaire beschikkingen niet te erkennen, indien de volgende voorwaarden zijn vervuld:
a) de testamentaire beschikking is naar de vorm slechts geldig krachtens een recht, dat uitsluitend van toepassing is uit hoofde van de plaats waar de testateur heeft beschikt,
b) de testateur bezat de nationaliteit van de Staat, die het voorbehoud heeft gemaakt,
c) de testateur had woonplaats of gewoon verblijf in die Staat, en
d) de testateur is overleden in een andere Staat dan die, waar hij had beschikt.
– 2. Dit voorbehoud heeft slechts gevolg ten aanzien van de goederen, die zich bevinden in de Staat, die het voorbehoud heeft gemaakt.

Art. 12

Voorbehoud; erfrecht

Iedere verdragsluitende Staat kan zich het recht voorbehouden om de toepassing van dit Verdrag op testamentaire bepalingen, die naar zijn recht niet van erfrechtelijke aard zijn, uit te sluiten.

Art. 13

Voorbehoud; testament na inwerkingtreding

Iedere verdragsluitende Staat kan zich het recht voorbehouden om, in afwijking van artikel 8, dit Verdrag slechts toe te passen, op na zijn inwerkingtreding gemaakte testamentaire beschikkingen.

Art. 14

Ondertekening

– 1. Dit Verdrag staat ter ondertekening open voor de Staten, vertegenwoordigd op de Negende Zitting van de Haagse Conferentie voor Internationaal Privaatrecht.
– 2. Het zal worden bekrachtigd en de akten van bekrachtiging zullen worden nedergelegd bij het Ministerie van Buitenlandse Zaken van Nederland.

Art. 15

Inwerkingtreding

– 1. Dit Verdrag treedt in werking op de zestigste dag na de nederlegging van de derde akte van bekrachtiging bedoeld in artikel 14, tweede lid.
– 2. Het Verdrag treedt voor elke ondertekenende Staat die later bekrachtigt in werking op de zestigste dag na de nederlegging van zijn akte van bekrachtiging.

Art. 16

Toetreding voor derde staten

– 1. Iedere Staat die niet is vertegenwoordigd geweest op de Negende Zitting van de Haagse Conferentie voor Internationaal Privaatrecht kan tot dit Verdrag toetreden na zijn inwerkingtreding krachtens artikel 15, eerste lid. De akte van toetreding zal worden nedergelegd bij het Ministerie van Buitenlandse Zaken van Nederland.
– 2. Het Verdrag treedt voor de toetredende Staat in werking op de zestigste dag na de nederlegging van zijn akte van toetreding.

Art. 17

Territoriale toepassingsclausule

– 1. Iedere Staat kan op het tijdstip van ondertekening, bekrachtiging of toetreding verklaren, dat dit Verdrag zich zal uitstrekken tot het geheel van de gebieden voor welker internationale betrekkingen hij verantwoordelijk is of tot één of meer van deze. Deze verklaring krijgt gevolg op het tijdstip van de inwerkingtreding van het Verdrag voor deze Staat.
– 2. Vervolgens wordt elke uitbreiding van deze aard ter kennis gebracht van het Ministerie van Buitenlandse Zaken van Nederland.
– 3. Het Verdrag treedt voor de in de verklaring van uitbreiding genoemde gebieden in werking op de zestigste dag na de in het vorige lid vermelde kennisgeving.

Art. 18

Tijdstip voorbehouden

– 1. Iedere Staat kan, uiterlijk op het tijdstip van bekrachtiging of toetreding, één of meer van de in de artikelen 9, 10, 11, 12 en 13 van dit Verdrag bedoelde voorbehouden maken. Geen ander voorbehoud is toegestaan.
– 2. Iedere verdragsluitende Staat kan eveneens bij de kennisgeving van een uitbreiding van het Verdrag overeenkomstig artikel 17 één of meer van deze voorbehouden maken, waarvan de werking beperkt blijft tot de in de verklaring van uitbreiding genoemde gebieden of tot één of meer van deze.
– 3. Iedere verdragsluitende Staat kan op elk tijdstip een door hem gemaakt voorbehoud intrekken. Deze intrekking wordt ter kennis gebracht van het Ministerie van Buitenlandse Zaken van Nederland.
– 4. De werking van het voorbehoud eindigt op de zestigste dag na de kennisgeving, bedoeld in het vorige lid.

Art. 19

Geldigheidsduur

– 1. Dit Verdrag blijft gedurende vijf jaren van kracht, te rekenen van de dag van zijn inwerkingtreding krachtens artikel 15, eerste lid, zelfs voor de Staten, die het later hebben bekrachtigd of later zijn toegetreden.

– 2. Het Verdrag wordt stilzwijgend telkens voor vijf jaren verlengd behoudens opzegging.

– 3. De opzegging wordt tenminste zes maanden vóór het einde van de termijn van vijf jaren ter kennis gebracht van het Ministerie van Buitenlandse Zaken van Nederland.

– 4. Zij kan zich beperken tot bepaalde van de gebieden, waarop het Verdrag van toepassing is.

– 5. De opzegging heeft slechts gevolg ten opzichte van de Staat die haar gedaan heeft. Het Verdrag blijft van kracht voor de andere verdragsluitende Staten.

Art. 20

Slotbepaling

Het Ministerie van Buitenlandse Zaken van Nederland geeft aan de in artikel 14 bedoelde Staten, alsmede aan de Staten die overeenkomstig de bepalingen van artikel 16 zijn toegetreden, kennis van:

a) de in artikel 14 bedoelde ondertekeningen en bekrachtigingen;

b) de datum waarop dit Verdrag in werking zal treden krachtens de bepalingen van artikel 15, eerste lid;

c) de in artikel 16 bedoelde toetredingen alsmede de datum, waarop zij gevolg zullen hebben;

d) de in artikel 17 bedoelde uitbreidingen en de datum waarop zij gevolg zullen hebben;

e) de in artikel 18 bedoelde voorbehouden en intrekking van voorbehouden;

f) de in artikel 19, derde lid, bedoelde opzeggingen.

II.15 VERDRAG INZAKE HET RECHT DAT VAN TOEPASSING IS OP HET HUWELIJKSVERMOGENSREGIME [VERTALING] (HAAGS HUWELIJKSVERMOGENSVERDRAG 1978)

Verdrag van 14 maart 1978, Trb. 1988, 130

[Inwerkingtreding: 01-09-1992]

De Staten die dit Verdrag hebben ondertekend,
Geleid door de wens gemeenschappelijke bepalingen vast te stellen betreffende het recht dat van toepassing is op het huwelijksvermogensregime,
Hebben besloten hiertoe een Verdrag te sluiten en zijn overeengekomen als volgt:

HOOFDSTUK I
Toepassingsgebied van het Verdrag

Art. 1

Toepassingsgebied

– 1. Dit Verdrag bepaalt het recht dat van toepassing is op het huwelijksvermogensregime.
– 2. Het is niet van toepassing:
1. op onderhoudsverplichtingen tussen echtgenoten;
2. op erfrechtelijke aanspraken van de langstlevende echtgenoot;
3. op de handelingsbekwaamheid van echtgenoten.

Art. 2

Universele werking

Het Verdrag is van toepassing zelfs indien de nationaliteit of de gewone verblijfplaats van de echtgenoten niet die is van een Verdragsluitende Staat, dan wel indien het recht dat op grond van de navolgende artikelen van toepassing is, niet het recht is van een Verdragsluitende Staat.

HOOFDSTUK II
Toepasselijk recht

Art. 3

Aanwijzing toepasselijk recht

– 1. Het huwelijksvermogensregime wordt beheerst door het interne recht dat de echtgenoten vóór het huwelijk hebben aangewezen.
– 2. De echtgenoten kunnen slechts een van de volgende rechtsstelsels aanwijzen:
1. het recht van een Staat waarvan een van de echtgenoten de nationaliteit bezit op het tijdstip van die aanwijzing;
2. het recht van de Staat op welks grondgebied een van de echtgenoten zijn gewone verblijfplaats heeft op het tijdstip van die aanwijzing;
3. het recht van de eerste Staat op welks grondgebied een van de echtgenoten na het huwelijk een nieuwe gewone verblijfplaats vestigt.
– 3. Het aldus aangewezen recht is van toepassing op hun gehele vermogen.
– 4. De echtgenoten kunnen echter, ongeacht of zij tot de in de voorgaande leden bedoelde aanwijzing zijn overgegaan, met betrekking tot het geheel of een gedeelte van de onroerende goederen het recht aanwijzen van de plaats waar die goederen zijn gelegen. Zij kunnen eveneens bepalen dat op onroerende goederen die later worden verkregen, het recht van de plaats waar die goederen zijn gelegen van toepassing zal zijn.

Art. 4

Eerste verblijfplaats na huwelijk

– 1. Indien de echtgenoten vóór het huwelijk het toepasselijke recht niet hebben aangewezen, wordt hun huwelijksvermogensregime beheerst door het interne recht van de Staat op welks grondgebied zij hun eerste gewone verblijfplaats na het huwelijk vestigen.

Gemeenschappelijke nationaliteit

– 2. Het huwelijksvermogensregime van de echtgenoten wordt echter beheerst door het interne recht van de Staat van hun gemeenschappelijke nationaliteit:
1. indien door die Staat de in artikel 5 bedoelde verklaring is afgelegd en de werking daarvan niet door het tweede lid van dat artikel is uitgesloten;
2. indien die Staat niet partij is bij het Verdrag, terwijl volgens zijn internationaal privaatrecht zijn interne recht van toepassing is en de echtgenoten hun eerste gewone verblijfplaats na het huwelijk vestigen:
a. in een Staat die de in artikel 5 bedoelde verklaring heeft afgelegd, of
b. in een Staat die geen partij is bij het Verdrag en waarvan het internationaal privaatrecht eveneens de toepassing van hun nationale recht voorschrijft;
3. indien de echtgenoten hun eerste gewone verblijfplaats na het huwelijk niet op het grondgebied van dezelfde Staat vestigen.

Staat van nauwste verbondenheid

– 3. Bij gebreke van een gewone verblijfplaats van de echtgenoten op het grondgebied van dezelfde Staat en bij gebreke van een gemeenschappelijke nationaliteit, wordt hun huwelijksvermogensregime beheerst door het interne recht van de Staat waarmee het, alle omstandigheden in aanmerking genomen, het nauwst is verbonden.

Art. 5

Verklaring toepasselijkheid intern recht

– 1. Elke Staat kan, uiterlijk op het tijdstip van bekrachtiging, aanvaarding, goedkeuring of toetreding, een verklaring afleggen ten einde, overeenkomstig artikel 4, tweede lid, onder 1, zijn interne recht van toepassing te doen zijn.

– 2. Deze verklaring heeft geen gevolgen voor echtgenoten die beiden hun gewone verblijfplaats behouden op het grondgebied van de Staat waar zij beiden op het tijdstip van het huwelijk sedert ten minste vijf jaar hun gewone verblijfplaats hadden, tenzij die Staat een Verdragsluitende Staat is die de in het eerste lid van dit artikel bedoelde verklaring heeft afgelegd, of een Staat die geen partij is bij dit Verdrag en waarvan het internationaal privaatrecht de toepassing van het nationale recht voorschrijft.

Art. 6

Aanwijzing ander recht tijdens huwelijk

– 1. Tijdens het huwelijk kunnen de echtgenoten hun huwelijksvermogensregime onderwerpen aan een ander intern recht dan het recht dat tot dusver van toepassing was.

– 2. De echtgenoten kunnen slechts een van de volgende rechtsstelsels aanwijzen:

1. het recht van een Staat waarvan een van de echtgenoten de nationaliteit bezit op het tijdstip van die aanwijzing;
2. het recht van de Staat op welks grondgebied een van de echtgenoten zijn gewone verblijfplaats heeft op het tijdstip van die aanwijzing.

– 3. Het aldus aangewezen recht is van toepassing op hun gehele vermogen.

– 4. De echtgenoten kunnen echter, ongeacht of zij tot de in de voorgaande leden of in artikel 3 bedoelde aanwijzing zijn overgegaan, met betrekking tot het geheel of een gedeelte van de onroerende goederen het recht aanwijzen van de plaats waar die goederen zijn gelegen. Zij kunnen eveneens bepalen dat op onroerende goederen die later zullen worden verkregen, het recht van de plaats waar die goederen zijn gelegen, van toepassing zal zijn.

Art. 7

Onveranderlijkheidsbeginsel

– 1. Het recht dat op grond van de bepalingen van het Verdrag van toepassing is, blijft van toepassing zolang de echtgenoten geen ander toepasselijk recht hebben aangewezen, zelfs in geval van wijziging van hun nationaliteit of gewone verblijfplaats.

Uitzonderingen

– 2. Indien de echtgenoten echter noch het toepasselijke recht hebben aangewezen, noch huwelijkse voorwaarden hebben gemaakt, wordt in plaats van het recht waaraan hun huwelijksvermogensregime tevoren was onderworpen het interne recht van de Staat waar de echtgenoten beiden hun gewone verblijfplaats hebben, toepasselijk:

1. vanaf het tijdstip waarop zij daar hun gewone verblijfplaats vestigen, indien de nationaliteit van die Staat hun gemeenschappelijke nationaliteit is, dan wel vanaf het tijdstip waarop zij die nationaliteit verkrijgen, of
2. wanneer zij na het huwelijk gedurende meer dan tien jaar daar hun gewone verblijfplaats hebben gehad;
3. vanaf het tijdstip waarop zij daar hun gewone verblijfplaats vestigen, indien hun huwelijksvermogensregime, uitsluitend op grond van artikel 4, tweede lid, onder 3, was onderworpen aan het recht van de Staat van hun gemeenschappelijke nationaliteit.

Art. 8

Werking nieuw recht na wijziging

– 1. Een wijziging in het toepasselijke recht op grond van artikel 7, tweede lid, heeft slechts gevolg voor de toekomst, en het vermogen dat vóór die wijziging aan de echtgenoten toebehoorde, is niet onderworpen aan het voortaan toepasselijke recht.

– 2. De echtgenoten kunnen echter te allen tijde, met inachtneming van de vormvoorschriften van artikel 13, het geheel van hun vermogen aan het nieuwe recht onderwerpen, zulks onverminderd, wat de onroerende goederen betreft, de bepalingen van artikel 3, vierde lid, en artikel 6, vierde lid. De uitoefening van deze bevoegdheid laat rechten van derden onverlet.

Art. 9

Toepasselijk recht jegens derden

– 1. De gevolgen van het huwelijksvermogensregime ten aanzien van een rechtsbetrekking tussen een echtgenoot en een derde worden beheerst door het recht dat op grond van het Verdrag op het huwelijksvermogensregime van toepassing is.

– 2. Het recht van een Verdragsluitende Staat kan echter bepalen dat het recht dat van toepassing is op het huwelijksvermogensregime, niet door een echtgenoot aan een derde kan worden tegengeworpen wanneer die echtgenoot of de derde zijn gewone verblijfplaats op het grondgebied van de Staat heeft, tenzij:

1. is voldaan aan de door dat recht gestelde voorwaarden betreffende publikatie of inschrijving, of
2. de rechtsbetrekking tussen die echtgenoot en de derde is ontstaan op een tijdstip waarop de derde het op het huwelijksvermogensregime toepasselijke recht kende of behoorde te kennen.

– 3. Het recht van een Verdragsluitende Staat waar een onroerend goed is gelegen, kan een overeenkomstige regel bevatten inzake rechtsbetrekkingen tussen een echtgenoot en een derde ten aanzien van dat onroerende goed.

– 4. Elke Verdragsluitende Staat kan het toepassingsgebied van het tweede en derde lid van dit artikel door middel van een verklaring nader aangeven.

Art. 10

Wilsovereenstemming

De voorwaarden voor de wilsovereenstemming van de echtgenoten inzake het recht dat zij als toepasselijk aanwijzen, worden door dat recht bepaald.

Art. 11

Uitdrukkelijke aanwijzing

De aanwijzing van het toepasselijke recht moet uitdrukkelijk zijn overeengekomen of ondubbelzinnig voortvloeien uit huwelijkse voorwaarden.

Art. 12

Geldigheid huwelijkse voorwaarden

Huwelijkse voorwaarden zijn, wat de vorm betreft, geldig indien zij in overeenstemming zijn hetzij met het interne recht dat van toepassing is op het huwelijksvermogensregime, hetzij met het interne recht van de plaats waar zij werden aangegaan. Zij dienen in elk geval te worden neergelegd in een gedagtekend en door beide echtgenoten ondertekend schriftelijk stuk.

Art. 13

Vorm der aanwijzing

Een uitdrukkelijk overeengekomen aanwijzing van het toepasselijke recht dient te geschieden in de vorm welke voor huwelijkse voorwaarden is voorgeschreven, hetzij door het aangewezen interne recht, hetzij door het interne recht van de plaats waar die aanwijzing geschiedt. De aanwijzing dient in elk geval te worden neergelegd in een gedagtekend en door beide echtgenoten ondertekend schriftelijk stuk.

Art. 14

Strijd met openbare orde

Toepassing van het door het Verdrag aangewezen recht kan slechts achterwege blijven indien zij kennelijk in strijd is met de openbare orde.

HOOFDSTUK III
Diverse bepalingen

Art. 15

Gemeenschappelijke nationaliteit

– 1. Voor de toepassing van dit Verdrag wordt een nationaliteit slechts als gemeenschappelijke nationaliteit van de echtgenoten beschouwd:

1. wanneer de beide echtgenoten die nationaliteit vóór het sluiten van het huwelijk bezaten;
2. wanneer een echtgenoot op het tijdstip van het huwelijk, of later, vrijwillig de nationaliteit van de ander heeft verkregen, hetzij door een daartoe strekkende verklaring, hetzij door niet af te zien van deze verkrijging, terwijl hij wist het recht daartoe te hebben;
3. wanneer de beide echtgenoten die nationaliteit na het huwelijk vrijwillig hebben verkregen.

– 2. Behalve in de gevallen, bedoeld in artikel 7, tweede lid, onder 1, zijn de bepalingen betreffende de gemeenschappelijke nationaliteit niet van toepassing wanneer de echtgenoten meer dan één gemeenschappelijke nationaliteit bezitten.

Art. 16

Meerdere gebiedsdelen: nationale recht

– 1. Wanneer een Staat twee of meer gebiedsdelen omvat waarin verschillende rechtsstelsels op het huwelijksvermogensregime toepasselijk zijn, wordt voor de toepassing van dit Verdrag iedere verwijzing naar het nationale recht van een dergelijke Staat opgevat als een verwijzing naar het stelsel dat door de in die Staat van kracht zijnde regels wordt aangewezen.

– 2. Bij gebreke van zodanige regels verstaat men onder de Staat waarvan een echtgenoot de nationaliteit bezit in de zin van artikel 3, tweede lid, onder 1, en artikel 6, tweede lid, onder 1, het gebiedsdeel waar die echtgenoot het laatst zijn gewone verblijfplaats had; evenzo verstaat men voor de toepassing van artikel 4, tweede lid, onder de Staat van de gemeenschappelijke nationaliteit van de echtgenoten het gebiedsdeel waar beiden het laatst een gewone verblijfplaats hadden.

Art. 17

Meerdere gebiedsdelen: gewone verblijfplaats

Wanneer een Staat twee of meer gebiedsdelen omvat waar in verschillende rechtsstelsels op het huwelijksvermogensregime toepasselijk zijn, wordt voor de toepassing van dit Verdrag iedere verwijzing naar de gewone verblijfplaats in een dergelijke Staat uitgelegd als een verwijzing naar de gewone verblijfplaats in een gebiedsdeel van die Staat.

Art. 18

Wetsconflicten tussen gebiedsdelen

Een Verdragsluitende Staat die twee of meer gebiedsdelen omvat waarin verschillende rechtsstelsels op het huwelijksvermogensregime toepasselijk zijn, is niet verplicht de regels van dit Verdrag toe te passen op wetsconflicten tussen die gebiedsdelen wanneer op grond van het Verdrag het recht van geen enkele andere Staat van toepassing is.

Art. 19

Verschillende rechtsstelsels voor personen

– 1. Wanneer een Staat ter zake van het huwelijksvermogensregime twee of meer rechtsstelsels kent, die toepasselijk zijn op twee of meer verschillende categorieën personen, wordt voor de toepassing van dit Verdrag iedere verwijzing naar het recht van een dergelijke Staat uitgelegd als een verwijzing naar het stelsel dat door de in die Staat geldende regels wordt aangewezen.

– 2. Bij gebreke van zodanige regels is in het geval, bedoeld in artikel 4, eerste lid, het interne recht van de Staat van de gemeenschappelijke nationaliteit van de echtgenoten van toepassing, en blijft in het geval, bedoeld in artikel 7, tweede lid, onder 2, het interne recht van de Staat waar zij beiden hun gewone verblijfplaats hadden, van toepassing. Bij gebreke van een gemeenschappelijke nationaliteit van de echtgenoten is artikel 4, derde lid, van toepassing.

Art. 20

Toepassing internationale instrumenten

Het Verdrag laat onverlet de toepassing van internationale instrumenten waarbij een Verdragsluitende Staat partij is of wordt, en welke bepalingen bevatten omtrent de bij dit Verdrag geregelde onderwerpen.

Art. 21

Toepasselijkheid

– 1. Het Verdrag is in elke Verdragsluitende Staat slechts van toepassing op echtgenoten die na de inwerkingtreding van het Verdrag voor die Staat in het huwelijk zijn getreden dan wel het op hun huwelijksvermogensregime toepasselijke recht aanwijzen.

– 2. Elke Verdragsluitende Staat kan door middel van een verklaring de toepasselijkheid van het Verdrag uitbreiden tot andere echtgenoten.

HOOFDSTUK IV
Slotbepalingen

Art. 22

Ondertekening, bekrachtiging, aanvaarding of goedkeuring

– 1. Het Verdrag staat open voor ondertekening door de Staten die lid waren van de Haagse Conferentie voor internationaal Privaatrecht ten tijde van haar Dertiende Zitting.

– 2. Het dient te worden bekrachtigd, aanvaard of goedgekeurd en de akten van bekrachtiging, aanvaarding of goedkeuring dienen te worden nedergelegd bij het Ministerie van Buitenlandse Zaken van het Koninkrijk der Nederlanden.

Art. 23

Toetreding

– 1. Elke andere Staat kan tot het Verdrag toetreden.

– 2. De akte van toetreding dient te worden nedergelegd bij het Ministerie van Buitenlandse Zaken van het Koninkrijk der Nederlanden.

Art. 24

Verklaring over werkingsgebied

– 1. Elke Staat kan, op het tijdstip van ondertekening, bekrachtiging, aanvaarding, goedkeuring of toetreding, verklaren dat het Verdrag zich uitstrekt tot alle gebieden voor welker internationale betrekkingen hij verantwoordelijk is of tot een of meer van deze gebieden. Deze verklaring wordt van kracht op het tijdstip waarop het Verdrag voor die Staat in werking treedt.

– 2. Deze verklaring, evenals iedere latere uitbreiding, wordt ter kennis gebracht van het Ministerie van Buitenlandse Zaken van het Koninkrijk der Nederlanden.

Art. 25

Toepasselijkheid op gebiedsdelen

– 1. Een Verdragsluitende Staat die twee of meer gebiedsdelen omvat waarin verschillende rechtsstelsels op het huwelijksvermogensregime toepasselijk zijn, kan op het tijdstip van ondertekening, bekrachtiging, aanvaarding, goedkeuring of toetreding verklaren dat het Verdrag van toepassing is op al deze gebiedsdelen of slechts op een of meer daarvan, en kan deze verklaring op ieder later tijdstip tot andere gebiedsdelen uitbreiden.

– 2. Deze verklaringen worden ter kennis gebracht van het Ministerie van Buitenlandse Zaken van het Koninkrijk der Nederlanden en geven uitdrukkelijk het gebiedsdeel aan waarop het Verdrag van toepassing is.

Art. 26

Gradaties van onderdaanschap

Een Verdragsluitende Staat die op de datum van inwerkingtreding van het Verdrag voor die Staat een systeem kent van verschillende gradaties van onderdaanschap van de tot die Staat behorende personen, kan op elk tijdstip door middel van een verklaring aangeven hoe een verwijzing naar zijn nationale wet voor de toepassing van het Verdrag moet worden uitgelegd.

Art. 27

Geen voorbehouden

Voorbehouden op het Verdrag zijn niet toegestaan.

Art. 28

Kennisgeving verklaringen

– 1. Elke Verdragsluitende Staat die een van de in de artikelen 5, 9, vierde lid, 21 en 26 bedoelde verklaringen wenst af te leggen, brengt deze ter kennis van het Ministerie van Buitenlandse Zaken van het Koninkrijk der Nederlanden.

– 2. Iedere wijziging of intrekking van een verklaring wordt op dezelfde wijze ter kennis gebracht.

Art. 29

Inwerkingtreding

– 1. Het Verdrag treedt in werking op de eerste dag van de derde kalendermaand na de nederlegging van de derde akte van bekrachtiging, aanvaarding, goedkeuring of toetreding, als bedoeld in de artikelen 22 en 23.

– 2. Vervolgens treedt het Verdrag in werking:
1. voor elke Staat die het daarna bekrachtigt, aanvaardt, goedkeurt of ertoe toetreedt, op de eerste dag van de derde kalendermaand na de nederlegging van zijn akte van bekrachtiging, aanvaarding, goedkeuring of toetreding;
2. voor de gebieden waartoe het Verdrag zich overeenkomstig artikel 24 uitstrekt, op de eerste dag van de derde kalendermaand na de kennisgeving, in dat artikel bedoeld.

Art. 30

Werkingsduur, verlenging, opzegging

– 1. Het Verdrag blijft van kracht gedurende vijf jaar vanaf de datum van zijn inwerkingtreding overeenkomstig artikel 29, eerste lid, ook voor de Staten die het daarna hebben bekrachtigd, aanvaard of goedgekeurd, of ertoe zijn toegetreden.
– 2. Behoudens opzegging wordt het Verdrag telkens voor een tijdvak van vijf jaar stilzwijgend verlengd.
– 3. De opzegging wordt, uiterlijk zes maanden voor het verstrijken van het tijdvak van vijf jaar, ter kennis gebracht van het Ministerie van Buitenlandse Zaken van het Koninkrijk der Nederlanden. Zij kan worden beperkt tot bepaalde gebieden of gebiedsdelen waarop het Verdrag van toepassing is.
– 4. De opzegging geldt slechts ten aanzien van de Staat die haar heeft gedaan. Voor de andere Verdragsluitende Staten blijft het Verdrag van kracht.

Art. 31

Mededelingen omtrent stand van zaken

Het Ministerie van Buitenlandse Zaken van het Koninkrijk der Nederlanden stelt de Lid-Staten van de Conferentie, alsmede de Staten die overeenkomstig de bepalingen van artikel 23 zijn toegetreden, in kennis van:
1. de ondertekeningen, bekrachtigingen, aanvaardingen en goedkeuringen, bedoeld in artikel 22;
2. de toetredingen, bedoeld in artikel 23;
3. de datum waarop het Verdrag in werking treedt overeenkomstig de bepalingen van artikel 29;
4. de uitbreidingen, bedoeld in artikel 24;
5. de opzeggingen, bedoeld in artikel 30;
6. de verklaringen, vermeld in de artikelen 25, 26 en 28.

Wet van 20 november 1991, Stb. 628 , houdende regeling van het conflictenrecht inzake het huwelijksvermogensregime en de vermogensrechtelijke betrekkingen van de echtgenoten ten opzichte van derden, mede in verband met de bekrachtiging van het op 14 maart 1978 te 's-Gravenhage tot stand gekomen Verdrag inzake het recht dat van toepassing is op het huwelijksvermogensregime (Trb. 1988, 130), zoals deze wet is gewijzigd bij de Wet van 13 december 2000, Stb. 2001, 12

[Inwerkingtreding: 01-09-1992]

Wij Beatrix, bij de gratie Gods, Koningin der Nederlanden, Prinses van Oranje-Nassau, enz. enz. enz.

Allen, die deze zullen zien of horen lezen, saluut! doen te weten:

Alzo Wij in overweging genomen hebben, dat het mede in verband met de bekrachtiging van het op 14 maart 1978 te 's-Gravenhage tot stand gekomen Verdrag inzake het recht dat van toepassing is op het huwelijksvermogensregime, wenselijk is regelen te geven met betrekking tot het conflictenrecht inzake het huwelijksvermogensregime en de vermogensrechtelijke betrekkingen van de echtgenoten ten opzichte van derden;

Zo is het, dat Wij, de Raad van State gehoord, en met gemeen overleg der Staten-Generaal, hebben goedgevonden en verstaan, gelijk Wij goedvinden en verstaan bij deze:

Art. 1

Aanwijzing toepasselijk recht

Het recht dat van toepassing is op het huwelijksvermogensregime wordt aangewezen door de bepalingen van het op 14 maart 1978 te 's-Gravenhage tot stand gekomen Verdrag inzake het recht dat van toepassing is op het huwelijksvermogensregime, waarvan de Franse en Engelse tekst en de vertaling in het Nederlands zijn gepubliceerd in het *Tractatenblad* 1988, nr. 130.

Art. 2

Verklaring toepasselijkheid Nederlands recht

Overeenkomstig artikel 4, tweede lid, onder 1 van het in artikel 1 genoemde Verdrag wordt bij het ontbreken van een rechtskeuze het huwelijksvermogensregime van echtgenoten die beiden de Nederlandse nationaliteit bezitten beheerst door het Nederlands recht, ongeacht of zij tevens een andere nationaliteit bezitten.

Art. 3

Toepasselijk recht jegens derden

De gevolgen van het huwelijksvermogensregime ten aanzien van een rechtsbetrekking tussen een echtgenoot en een derde worden beheerst door het recht dat op het huwelijksvermogensregime toepasselijk is.

Art. 4

Inschrijving toepasselijkheid vreemd recht

Een echtgenoot wiens huwelijksvermogensregime wordt beheerst door vreemd recht kan in het in artikel 116 Boek 1 van het Burgerlijk Wetboek bedoelde register een notariële akte doen inschrijven, inhoudende een verklaring dat het huwelijksvermogensregime niet wordt beheerst door het Nederlandse recht.

Art. 5

Derdenbescherming

– 1. Een derde die tijdens het huwelijk een rechtshandeling heeft verricht met een echtgenoot wiens huwelijksvermogensregime wordt beheerst door vreemd recht kan, indien zowel hij als de beide echtgenoten ten tijde van die rechtshandeling hun gewone verblijfplaats in Nederland hadden, voor de uit die rechtshandeling voortvloeiende schuld ook na de ontbinding van het huwelijk verhaal nemen alsof tussen de echtgenoten naar Nederlands recht algehele gemeenschap van goederen bestond.

– 2. Het bepaalde in het eerste lid geldt niet indien de derde ten tijde van de rechtshandeling wist of behoorde te weten dat het huwelijksvermogensregime van de echtgenoten werd beheerst door vreemd recht. Zulks wordt geacht het geval te zijn indien de rechtshandeling werd verricht na verloop van veertien dagen nadat een akte als bedoeld in artikel 4 was ingeschreven in het aldaar bedoelde register.

Art. 6

Voordeel door toepassing rechtsstelsel; verrekening of vergoeding

Heeft een der echtgenoten, door de toepassing op een buitenlands gelegen vermogensbestanddeel van een krachtens het internationaal privaatrecht van het land van ligging aangewezen recht, ten opzichte van de andere echtgenoot een voordeel genoten dat hem niet zou zijn toegekomen indien het op grond van de bepalingen van het in artikel 1 van deze wet vermelde Verdrag aangewezen recht zou zijn toegepast, dan kan die andere echtgenoot daarvan verrekening of vergoeding vorderen bij de in verband met de beëindiging of wijziging van het huwelijksvermogensregime tussen de echtgenoten plaats vindende afrekening.

Art. 7

Derdenbescherming verhaal

Artikel 92, derde lid, Boek 1 van het Burgerlijk Wetboek is uitsluitend van toepassing terzake van verhaal dat in Nederland wordt uitgeoefend op *a.* een echtgenoot wiens huwelijksvermogensregime wordt beheerst door Nederlands recht, of

b. een echtgenoot op wie ingevolge het bepaalde in artikel 5 van deze wet verhaal mogelijk is.

Art. 8

Geen goedkeuring rechtbank vereist

Het bepaalde in artikel 119 Boek 1 van het Burgerlijk Wetboek is niet van toepassing, indien de echtgenoten een ander recht op hun huwelijksvermogensregime aanwijzen dan het recht dat tevoren daarop toepasselijk was.

Art. 9

Bevat wijzigingen in andere regelgeving.

Art. 10

Geschil over eigendommen

Het bepaalde in artikel 131 Boek 1 van het Burgerlijk Wetboek is ook van toepassing wanneer het huwelijksvermogensregime van de echtgenoten door een vreemd recht wordt beheerst.

Art. 10a

Geschil over pensioenrechten

Of een echtgenoot bij echtscheiding of scheiding van tafel en bed recht heeft op een gedeelte van de door de andere echtgenoot opgebouwde pensioenrechten, wordt beheerst door het recht dat van toepassing is op het huwelijksvermogensregime van de echtgenoten, behoudens artikel 1, zevende lid, van de Wet verevening pensioenrechten bij scheiding.

Art. 11

Citeertitel

Deze wet kan worden aangehaald als: Wet conflictenrecht huwelijksvermogensregime.

Art. 12

Inwerkingtreding

– 1. Deze wet treedt in werking op een bij Koninklijk besluit te bepalen tijdstip.

– 2. Deze wet is van toepassing op het huwelijksvermogensregime van echtgenoten die na het tijdstip van inwerkingtreding in het huwelijk treden.

– 3. De bepalingen van deze wet betreffende de aanwijzing van het toepasselijke recht zijn van toepassing op het huwelijksvermogensregime van echtgenoten die vóór het tijdstip van inwerkingtreding in het huwelijk zijn getreden en die na dat tijdstip het daarop toepasselijke recht aanwijzen.

Art. 13

Geldigheid eerdere aanwijzing toepasselijk recht

Een aanwijzing door de echtgenoten van het op hun huwelijksvermogensregime toepasselijke recht, of de wijziging van een zodanige aanwijzing, welke is geschied vóór de inwerkingtreding van deze wet, kan niet als ongeldig worden beschouwd op de enkele grond dat de wet een zodanige aanwijzing toen niet regelde. Dit geldt niet voor de gevallen dat op het huwelijksvermogensregime de bepalingen van het op 17 juli 1905 tot stand gekomen Verdrag betreffende de wetsconflicten met betrekking tot de gevolgen van het huwelijk ten opzichte van de rechten en verplichtingen der echtgenoten in hun persoonlijke betrekkingen en ten opzichte van hun goederen (*Stb.* 1912, 285) toepasselijk waren en de aanwijzing geschiedde vóór 23 augustus 1977, op welke dag dat Verdrag ophield te gelden voor Nederland.

Wet van 28 april 1994, Stb. 342, tot vaststelling van regels met betrekking tot de verevening van pensioenrechten bij echtscheiding of scheiding van tafel en bed (Wet verevening pensioenrechten bij scheiding) en daarmede verband houdende wijzigingen in andere wetten, zoals deze wet laatstelijk is gewijzigd bij de Wet van 15 juli 2008, Stb. 314

[Inwerkingtreding: 01-05-1995]

Wij Beatrix, bij de gratie Gods, Koningin der Nederlanden, Prinses van Oranje-Nassau, enz. enz. enz.

Allen, die deze zullen zien of horen lezen, saluut! doen te weten:
Alzo Wij in overweging genomen hebben, dat het wenselijk is een wettelijke regeling te treffen met betrekking tot de verevening van pensioenrechten bij echtscheiding of scheiding van tafel en bed en in verband hiermee enige andere wetten te wijzigen;
Zo is het, dat Wij, de Raad van State gehoord, en met gemeen overleg der Staten-Generaal, hebben goedgevonden en verstaan, gelijk Wij goedvinden en verstaan bij deze:

Art. I

De volgende bepalingen worden vastgesteld, die kunnen worden aangehaald als Wet verevening pensioenrechten bij scheiding:

Wet verevening pensioenrechten bij scheiding

Art. 1

Begripsbepaling

– 1. Voor de toepassing van het bij of krachtens deze wet bepaalde wordt verstaan onder:
a. scheiding: echtscheiding of scheiding van tafel en bed dan wel beëindiging van het geregistreerd partnerschap anders dan door de dood, vermissing of omzetting van een geregistreerd partnerschap in een huwelijk;
b. tijdstip van scheiding: ingeval van echtscheiding dan wel beëindiging van het geregistreerd partnerschap anders dan door de dood, vermissing of omzetting van een geregistreerd partnerschap in een huwelijk: de datum van inschrijving van de beschikking in de registers van de burgerlijke stand;
ingeval van scheiding van tafel en bed: de datum van inschrijving van de beschikking in het huwelijksgoederenregister, aangewezen in artikel 116 van Boek 1 van het Burgerlijk Wetboek;
c. uitvoeringsorgaan: de natuurlijke of rechtspersoon, die tot uitbetaling van pensioen gehouden is;
d. pensioen: ouderdomspensioen;
e. werkgever: de werkgever van de tot verevening verplichte echtgenoot;
f. partnerpensioen: weduwen- en weduwnaarspensioen dan wel pensioen ten behoeve van de achtergebleven geregistreerde partner, waaronder begrepen bijzonder weduwen- en weduwnaarspensioen onderscheidenlijk bijzonder pensioen ten behoeve van de achtergebleven geregistreerde partner.
– 2. Voor de toepassing van het bij of krachtens deze wet bepaalde wordt mede verstaan onder
a. echtgenoot: eerdere echtgenoot dan wel geregistreerde partner of eerdere geregistreerde partner;
b. aanspraak op pensioen: uitzicht op pensioen;
c. pensioen: een herberekend arbeidsongeschiktheidspensioen of een uit hoofde van ziekte of gebreken ingevolge de in het vierde lid, onder *d*, genoemde wetten toegekend pensioen dat naar diensttijd is berekend, een en ander met ingang van de eerste dag van de maand waarin de leeftijd van 65 jaar is bereikt;
d. huwelijkse voorwaarden: voorwaarden van een geregistreerd partnerschap;
e. huwelijksvermogensregime: partnerschapsvermogensregime;
f. huwelijkssluiting: registratie van een partnerschap;
g. hertrouwen: het aangaan van een huwelijk na een geregistreerd partnerschap, het aangaan van een geregistreerd partnerschap na een huwelijk dan wel het opnieuw aangaan van een geregistreerd partnerschap.
– 3. Voor de toepassing van het bij of krachtens deze wet bepaalde wordt onder pensioen niet verstaan een ingegaan tijdelijk pensioen of een aanspraak op tijdelijk pensioen op grond van regelingen ingevolge welke alleen een recht op uitkering van pensioen bestaat indien aan betrokkenen aansluitend aan hun dienstverband dat tijdelijk pensioen wordt dan wel zal worden uitgekeerd.
– 4. Deze wet is van toepassing op pensioen ingevolge:
a. een pensioenregeling op grond van een pensioenovereenkomst als bedoeld in artikel 1 van de Pensioenwet; alsmede een pensioenovereenkomst die is gesloten met een directeur-grootaandeelhouder als bedoeld in artikel 1 van de Pensioenewet;

b. een pensioenregeling die van toepassing is op degenen, voor wie met toepassing van:
1. de Wet betreffende verplichte deelneming in een bedrijfspensioenfonds, zoals deze luidde voor de inwerkingtreding van artikel 2, eerste lid, van de Wet verplichte deelneming in een bedrijfstakpensioen 2000, de deelneming in dat bedrijfstakpensioenfonds verplicht was gesteld, voorzover de regeling niet onder onderdeel *a* viel, of
2. Wet verplichte deelneming in een bedrijfstakpensioenfonds 2000, de deelneming in dat bedrijfstakpensioenfonds verplicht is gesteld, voorzover de regeling niet onder onderdeel *a* valt.
c. de bij of krachtens de Kaderwet militaire pensioenen vastgestelde bepalingen;
d. de Algemene pensioenwet politieke ambtsdragers (*Stb.* 1979, 519);
e. de Wet op het notarisambt;
h. een beroepspensioenregeling als bedoeld in artikel 1, onderdeel *e*, van de Wet verplichte beroepspensioenregeling;
i. een pensioenregeling op grond van een pensioenovereenkomst van een natuurlijk persoon aan degene, die met hem een overeenkomst heeft tot het verrichten van huiselijke of andere persoonlijke diensten;
j. de pensioenregeling welke van toepassing is op werknemers in de sociale werkvoorziening.
– 5. Deze wet is voorts van toepassing op pensioen als bedoeld in:
a. de Samenloopregeling Indonesische pensioenen 1960 (*Stb.* 1963, 212);
b. de Wet aanpassing pensioenvoorzieningen Bijstandskorps (*Stb.* 1965, 550).
– 6. De wet is voorts mede van toepassing op pensioen dat is opgebouwd uit middelen welke ten laste komen van het Fonds Voorheffing Pensioenverzekering, bedoeld in artikel 3 van de Wet tot bevriezing van het kinderbijslagbedrag voor het eerste kind, alsmede oprichting van het Fonds Voorheffing Pensioenverzekering (*Stb.* 1972, 702) zoals deze wet luidde op de dag voor inwerkingtreding van de Wet privatisering FVP en op pensioen dat is opgebouwd uit middelen welke ten laste komen van de stichting die op grond van artikel 2, eerste lid, van de Wet privatisering FVP is aangewezen.
– 7. Het vierde, vijfde en zesde lid gelden ongeacht het recht dat van toepassing is op het huwelijksvermogensregime van de echtgenoten.
– 8. Indien op het huwelijksvermogensregime van de echtgenoten Nederlands recht van toepassing is, is de wet voorts van toepassing op pensioenen ingevolge een buitenlandse pensioenregeling die niet is een pensioenregeling als bedoeld in het vierde, vijfde of zesde lid met dien verstande dat een recht op uitbetaling als bedoeld in artikel 2 slechts bestaat jegens de andere echtgenoot.
– 9. Bij algemene maatregel van bestuur kunnen uitkeringen ingevolge enigerlei regeling worden aangemerkt als pensioen in de zin van deze wet.

Art. 2

Recht op verevening

– 1. In geval van scheiding en voor zover de ene echtgenoot na de huwelijkssluiting en voor de scheiding pensioenaanspraken heeft opgebouwd, heeft de andere echtgenoot overeenkomstig het bepaalde bij of krachtens deze wet recht op pensioenverevening, tenzij de echtgenoten de toepasselijkheid van deze wet hebben uitgesloten bij huwelijkse voorwaarden of bij een bij geschrift gesloten overeenkomst met het oog op de scheiding.

Formulier

– 2. Ingevolge het in het eerste lid bedoelde recht op verevening ontstaat jegens het uitvoeringsorgaan een recht op uitbetaling van een deel van elk van de uit te betalen termijnen van het pensioen, mits binnen twee jaar na het tijdstip van scheiding van die scheiding en van het tijdstip van scheiding door een van beide echtgenoten mededeling is gedaan aan het uitvoeringsorgaan door middel van een formulier waarvan het model wordt vastgesteld door Onze Minister van Sociale Zaken en Werkgelegenheid en bekend gemaakt in de *Staatscourant*. Een recht op uitbetaling jegens het uitvoeringsorgaan sluit een recht op uitbetaling jegens de tot verevening verplichte echtgenoot uit. Ingeval partijen de toepasselijkheid van deze wet hebben uitgesloten moeten zij een gewaarmerkt afschrift of uittreksel van de in het eerste lid bedoelde overeenkomst aan het uitvoeringsorgaan overleggen. Indien de echtgenoten zulks nalaten kan deze overeenkomst niet aan het uitvoeringsorgaan worden tegengeworpen, zelfs indien de overeenkomst ingeschreven was in het openbaar huwelijksgoederenregister bedoeld in artikel 116, Boek 1 van het Burgerlijk Wetboek.

Voorwaarden uitbetaling

– 3. De uitbetaling geschiedt onder de voorwaarden vermeld in de toepasselijke regeling. Indien het tijdstip van scheiding voor pensioeningang ligt of daarmee samenvalt, gaat de uitbetaling in op het tijdstip van pensioeningang, met dien verstande dat deze uitbetaling niet eerder ingaat dan een maand na de datum waarop het uitvoeringsorgaan het in het tweede lid bedoelde formulier heeft ontvangen. Indien het tijdstip van scheiding na pensioeningang ligt, gaat de uitbetaling in een maand na de datum waarop het uitvoeringsorgaan het in het tweede lid bedoelde formulier heeft ontvangen.
– 4. Het recht op uitbetaling eindigt op het tijdstip waarop het recht op pensioen eindigt of met het einde van de maand waarin de tot verevening gerechtigde echtgenoot is overleden.

Het recht op uitbetaling eindigt eveneens met het einde van de maand waarin de echtgenoten een schriftelijke mededeling aan het uitvoeringsorgaan hebben gedaan, dat zij met elkaar zijn hertrouwd dan wel, in geval van scheiding van tafel en bed, in het huwelijksgoederenregister, aangewezen in artikel 116 van Boek 1 van het Burgerlijk Wetboek, hebben doen inschrijven dat de scheiding heeft opgehouden te bestaan.

– 5. Na ontvangst van het in het tweede lid bedoelde formulier verstrekt het uitvoeringsorgaan aan de tot verevening gerechtigde echtgenoot een bewijsstuk waaruit de tijdens het huwelijk opgebouwde aanspraak waarop de verevening zal worden gebaseerd blijkt alsmede de in het derde lid bedoelde ingangsdatum van de uitbetaling. De andere echtgenoot ontvangt daarvan een afschrift.

– 6. De tot verevening gerechtigde echtgenoot heeft een recht op uitbetaling jegens de andere echtgenoot indien niet ingevolge het tweede lid een recht op uitbetaling jegens het uitvoeringsorgaan is ontstaan, alsmede indien de uitbetaling ingevolge het derde lid ingaat na pensioeningang. In dit laatste geval houdt het recht op uitbetaling jegens de andere echtgenoot op zodra de uitbetaling door het uitvoeringsorgaan ingaat. Op het recht op uitbetaling jegens de andere echtgenoot is het bepaalde bij of krachtens deze wet van overeenkomstige toepassing.

Art. 3

Bedrag verevening

– 1. Het deel bedoeld in artikel 2, tweede lid, bedraagt de helft van het pensioen dat zou moeten worden uitbetaald indien:

a. de tot verevening verplichte echtgenoot uitsluitend gedurende de deelnemingsjaren tussen de huwelijkssluiting en het tijdstip van scheiding zou hebben deelgenomen;

b. hij op het tijdstip van scheiding de deelneming beëindigd zou hebben; en

c. hij tijdens de periode dat hij recht op pensioen heeft gehuwd of geregistreerd zou zijn.

– 2. Indien het pensioen na ingang daarvan wordt verhoogd of verlaagd, word het bedrag dat voortvloeit uit het eerste lid verhoogd of verlaagd met een evenredig deel van de verhoging of verlaging van het pensioen.

Wanneer geen verevening

– 3. Een pensioen wordt niet verevend, indien op het tijdstip van scheiding het deel van dat pensioen, waarop recht op uitbetaling ontstaat, het in artikel 66, eerste lid, van de Pensioenwet genoemde bedrag niet te boven gaat.

Art. 3a

Scheiding en tijdstip van scheiding

– 1. In afwijking van artikel 1, eerste lid, onderdeel a, respectievelijk onderdeel b, wordt onder scheiding respectievelijk tijdstip van scheiding in geval van scheiding van tafel en bed in dit artikel verstaan:

scheiding: ontbinding van het huwelijk na scheiding van tafel en bed;

tijdstip van scheiding: de datum waarop het huwelijk is ontbonden na scheiding van tafel en bed.

– 2. Indien het huwelijk of geregistreerd partnerschap van een directeurgrootaandeelhouder als bedoeld in artikel 1 van de Pensioenwet eindigt door scheiding, verkrijgt zijn gewezen echtgenoot een aanspraak op partnerpensioen als de directeur-grootaandeelhouder ten behoeve van die gewezen echtgenoot zou hebben verkregen indien op het tijdstip van de scheiding de pensioenopbouw zou zijn beëindigd, anders dan door overlijden of het bereiken van de pensioengerechtigde leeftijd.

– 3. Indien het huwelijk of geregistreerd partnerschap van een gewezen directeur-grootaandeelhouder als bedoeld in artikel 1 van de Pensioenwet eindigt door scheiding, verkrijgt zijn gewezen echtgenoot een aanspraak op partnerpensioen als de directeur-grootaandeelhouder ten behoeve van die gewezen echtgenoot heeft verkregen bij beëindiging van de pensioenopbouw, anders dan door overlijden of het bereiken van de pensioengerechtigde leeftijd.

– 4. Het tweede en het derde lid vinden geen toepassing, indien de directeur-grootaandeelhouder en zijn echtgenoot bij huwelijkse voorwaarden of bij een bij geschrift gesloten overeenkomst met het oog op de scheiding anders overeenkomen.

– 5. Het uitvoeringsorgaan verstrekt aan de gewezen echtgenoot een bewijs van diens aanspraak.

– 6. De aanspraak op partnerpensioen ten behoeve van de echtgenoot van een directeur-grootaandeelhouder kan zonder toestemming van die echtgenoot niet bij overeenkomst tussen de directeur-grootaandeelhouder en het uitvoeringsorgaan of de werkgever worden verminderd.

Art. 4

Afwijkende afspraken

– 1. Bij huwelijkse voorwaarden of bij een bij geschrift gesloten overeenkomst met het oog op de scheiding kunnen de echtgenoten in afwijking van artikel 3, aanhef en onderdeel *a* van het eerste lid, overeenkomen het deel bedoeld in artikel 2, tweede lid, te bepalen op een door hen te kiezen vast percentage dan wel de in artikel 3, eerste lid, onder *a*, nader bepaalde periode te wijzigen. Het bij geschrift met het oog op de scheiding door de echtgenoten overeen te komen

deel kan niet worden bepaald op een percentage dat op het tijdstip van scheiding resulteert in een pensioenaanspraak gelijk aan of lager dan het in artikel 3, derde lid, bedoelde bedrag.
– 2. Mits de echtgenoten binnen twee jaar na het tijdstip van scheiding een gewaarmerkt afschrift of uittreksel van de in het eerste lid bedoelde overeenkomst aan het uitvoeringsorgaan hebben overgelegd, is het uitvoeringsorgaan gebonden aan hetgeen door de echtgenoten is overeengekomen doch slechts voor wat betreft de periode gelegen na ontvangst van het afschrift of uittreksel van de overeenkomst. Indien de echtgenoten zulks nalaten kan deze overeenkomst niet aan het uitvoeringsorgaan worden tegengeworpen, zelfs indien de overeenkomst ingeschreven was in het openbaar huwelijksgoederenregister bedoeld in artikel 116, Boek 1 van het Burgerlijk Wetboek.
– 3. Na ontvangst van het afschrift of uittreksel van de in het eerste lid bedoelde overeenkomst verstrekt het uitvoeringsorgaan aan de tot verevening gerechtigde echtgenoot een bewijsstuk als bedoeld in het vijfde lid van artikel 2. De andere echtgenoot ontvangt daarvan een afschrift.

Art. 5

Omzetting in eigen recht op pensioen

– 1. Bij huwelijkse voorwaarden of bij een bij geschrift gesloten overeenkomst met het oog op de scheiding kunnen de echtgenoten in geval van echtscheiding dan wel beëindiging van het geregistreerd partnerschap anders dan door de dood of vermissing overeenkomen, dat artikel 2, tweede tot en met zesde lid, buiten toepassing blijft en dat de echtgenoot die anders een recht op uitbetaling van pensioen zou hebben verkregen in de plaats van dat recht en zijn aanspraak op partnerpensioen jegens het uitvoeringsorgaan een eigen recht op pensioen verkrijgt. De overeenkomst is slechts geldig indien aan de overeenkomst een verklaring van het betrokken uitvoeringsorgaan is gehecht dat het instemt met bedoelde omzetting.
– 2. Mits de echtgenoten binnen twee jaar na het tijdstip van scheiding een gewaarmerkt afschrift of uittreksel van de in het eerste lid bedoelde overeenkomst aan het uitvoeringsorgaan hebben overgelegd, is het uitvoeringsorgaan gebonden aan hetgeen door de echtgenoten is overeengekomen doch slechts voor wat betreft de periode gelegen na ontvangst van het afschrift of uittreksel van de overeenkomst. Indien de echtgenoten zulks nalaten kan deze overeenkomst niet aan het uitvoeringsorgaan worden tegengeworpen, zelfs indien de overeenkomst ingeschreven was in het openbaar huwelijksgoederenregister bedoeld in artikel 116, Boek 1 van het Burgerlijk Wetboek.
– 3. Na ontvangst van het afschrift of uittreksel van de in het eerste lid bedoelde overeenkomst verstrekt het uitvoeringsorgaan aan de tot verevening gerechtigde echtgenoot een bewijsstuk van zijn eigen recht op pensioen. De andere echtgenoot ontvangt daarvan een afschrift; hij ontvangt voorts een opgave van zijn verminderd pensioen.

Art. 6

Kosten

– 1. Het uitvoeringsorgaan is bevoegd om de kosten van een verevening voor de helft aan ieder der echtgenoten in rekening te brengen dan wel in mindering te brengen op de aan hen uit te betalen bedragen.
– 2. Met betrekking tot de in het eerste lid bedoelde kosten kunnen door onze Minister van Sociale Zaken en Werkgelegenheid in overeenstemming met onze Ministers wie dat aangaat nadere regels worden gesteld.

Art. 7

Beslag, inhouding, korting

– 1. Voor de toepassing van wettelijke en andere bepalingen met betrekking tot beslag, inhouding en korting wordt het deel van het pensioen dat niet aan de tot verevening verplichte echtgenoot wordt uitbetaald geacht niet tot diens pensioen te behoren.
– 2. Voor de toepassing van wettelijke en andere bepalingen met betrekking tot de mogelijkheid om te beschikken over pensioen of een aanspraak op pensioen wordt het deel van het pensioen of de aanspraak op een deel van het pensioen, welk deel niet aan de tot verevening verplichte echtgenoot wordt uitbetaald, geacht niet tot diens pensioen onderscheidenlijk aanspraak op pensioen te behoren.
– 3. Afkoop in de zin van de toepasselijke regeling is slechts toegestaan indien met de pensioenbelangen van de tot verevening gerechtigde echtgenoot op redelijke wijze rekening is gehouden.
– 4. Met betrekking tot de berekening en het recht op uitbetaling van het pensioen van de tot verevening gerechtigde echtgenoot in geval van waardeoverdracht als bedoeld in artikel 1 van de Pensioenwet, alsmede hetgeen daarmee overeenkomt in de overheidspensioenwetten kunnen door onze Minister van Sociale Zaken en Werkgelegenheid in overeenstemming met onze Ministers wie dat aangaat nadere regels worden gesteld.
– 5. Voor de toepassing van wettelijke bepalingen met betrekking tot een volmacht tot invordering van pensioen wordt het deel van het pensioen dat niet aan de tot verevening verplichte echtgenoot wordt uitbetaald geacht niet tot diens pensioen te behoren.

Art. 8

Verlaging/verhoging pensioen

– 1. Indien een pensioen wordt verlaagd of verhoogd, uitsluitend wegens ingang op een vroe-

ger of later tijdstip dan het op grond van de desbetreffende regeling normale tijdstip, wordt het deel, bedoeld in artikel 2, tweede lid, op overeenkomstige wijze verlaagd of verhoogd.
– 2. Indien een pensioen wordt verminderd wegens samenloop met één of meer andere te verevenen pensioenen wordt het deel, bedoeld in artikel 2, tweede lid, op overeenkomstige wijze verminderd.

Art. 9

Gegevensverstrekking

De echtgenoten, het uitvoeringsorgaan en de werkgever zijn gehouden desgevraagd elkaar over en weer die gegevens te verstrekken die noodzakelijk zijn voor de vaststelling van de rechten en verplichtingen die uit deze wet voortvloeien.

Art. 10

Deelnemingsjaren voor datum inwerkingtreding van deze wet

Bij ministeriële regeling worden door onze Minister van Sociale Zaken en Werkgelegenheid in overeenstemming met onze Ministers wie dat aangaat nadere regels gesteld voor de berekening van pensioen dat betrekking heeft op de deelnemingsjaren gelegen voor de datum van inwerkingtreding van deze wet.

Art. 11

Huwelijkse voorwaarden voor inwerkingtreding van deze wet

Indien de echtgenoten bij huwelijkse voorwaarden gemaakt voor de inwerkingtreding van deze wet algehele gemeenschap van goederen tussen hen hebben uitgesloten of beperkt, vindt verevening van pensioenrechten als bedoeld in deze wet plaats, tenzij de echtgenoten bij huwelijkse voorwaarden of bij een bij geschrift gesloten overeenkomst met het oog op de scheiding uitdrukkelijk anders hebben bepaald.

Art. 12

Reikwijdte van deze wet

– 1. Deze wet is niet van toepassing op een scheiding die heeft plaatsgevonden voor de datum van inwerkingtreding van deze wet.
– 2. Niettemin is deze wet van overeenkomstige toepassing op een scheiding die heeft plaatsgevonden vóór 27 november 1981, mits het huwelijk ten minste 18 jaren heeft geduurd en er tijdens het huwelijk minderjarige kinderen waren van de echtgenoten te zamen of van één van hen, en met dien verstande dat het deel bedoeld in artikel 2, tweede lid, slechts één vierde bedraagt van het pensioen dat ingevolge artikel 3, eerste en tweede lid, zou moeten worden uitbetaald, en dat er geen recht op pensioenverevening is voor zover reeds aantoonbaar rekening is gehouden met de omstandigheid dat de tot verevening gerechtigde echtgenoot geen of onvoldoende pensioen had opgebouwd. Ook in geval van een geschil hieromtrent tussen de echtgenoten is het uitvoeringsorgaan gehouden tot uitbetaling ingevolge artikel 2, derde lid, zolang de rechter niet op verzoek van een der echtgenoten anders beslist.
– 3. Een recht op verevening ingevolge het tweede lid ontstaat slechts indien de mededeling, bedoeld in artikel 2, tweede lid, plaatsvindt binnen twee jaar na de inwerkingtreding van deze wet. Artikel 2, zesde lid, is niet van toepassing.

Art. II-V

Bevat wijzigingen in andere regelgeving.

Art. VI

Deze wet treedt in werking op een bij koninklijk besluit te bepalen tijdstip.

Wet van 17 december 1997, Stb. 699 , houdende regels van internationaal privaatrecht met betrekking tot corporaties, zoals deze wet is gewijzigd bij de Wet van 20 november 2006, Stb. 600

[Inwerkingtreding: 01-01-1998]

Wij Beatrix, bij de gratie Gods, Koningin der Nederlanden, Prinses van Oranje-Nassau, enz. enz. enz.

Allen, die deze zullen zien of horen lezen, saluut! doen te weten:

Alzo Wij in overweging genomen hebben, dat het wenselijk is bij de wet regels te stellen houdende internationaal privaatrecht met betrekking tot corporaties;

Zo is het, dat Wij, de Raad van State gehoord, en met gemeen overleg der Staten-Generaal, hebben goedgevonden en verstaan, gelijk Wij goedvinden en verstaan bij deze:

Art. 1

Definities

In deze wet wordt verstaan onder

a. corporatie: vennootschappen, verenigingen, coöperaties, onderlinge waarborgmaatschappijen, stichtingen en andere als zelfstandige eenheid of organisatie naar buiten optredende lichamen en samenwerkingsverbanden;

b. functionaris: hij die, zonder orgaan te zijn, krachtens het op de corporatie toepasselijke recht en haar statuten of samenwerkingsovereenkomst bevoegd is deze te vertegenwoordigen.

Art. 2

Toepasselijk recht

Een corporatie die ingevolge de oprichtingsovereenkomst of akte van oprichting haar zetel of, bij gebreke daarvan, haar centrum van optreden naar buiten ten tijde van de oprichting, heeft op het grondgebied van de Staat naar welks recht zij is opgericht, wordt beheerst door het recht van die Staat.

Art. 3

Reikwijdte toepasselijk recht

Het op een corporatie toepasselijke recht beheerst naast de oprichting in het bijzonder de volgende onderwerpen:

a. het bezit van rechtspersoonlijkheid, of van de bevoegdheid drager te zijn van rechten en verplichtingen, rechtshandelingen te verrichten en in rechte op te treden;

b. het inwendig bestel van de corporatie en alle daarmee verband houdende onderwerpen;

c. de bevoegdheid van organen en functionarissen van de corporatie om haar te vertegenwoordigen;

d. de aansprakelijkheid van bestuurders, commissarissen en andere functionarissen als zodanig jegens de corporatie;

e. de vraag wie naast de corporatie, voor de handelingen waardoor de corporatie wordt verbonden aansprakelijk is uit hoofde van een bepaalde hoedanigheid zoals die van oprichter, vennoot, aandeelhouder, lid, bestuurder, commissaris of andere functionaris van de corporatie;

f. de beëindiging van het bestaan van de corporatie.

Art. 4

Toepasselijk recht bij zetelverplaatsing

Indien een rechtspersoonlijkheid bezittende corporatie haar statutaire zetel verplaatst naar een ander land en het recht van de Staat van de oorspronkelijke zetel en dat van de Staat van de nieuwe zetel op het tijdstip van de zetelverplaatsing het voortbestaan van de corporatie als rechtspersoon erkennen, wordt haar voortbestaan als rechtspersoon ook naar Nederlands recht erkend. Vanaf de zetelverplaatsing beheerst het recht van de Staat van de nieuwe zetel de in artikel 3 bedoelde onderwerpen, behoudens indien ingevolge dat recht daarop het recht van de Staat van de oorspronkelijke zetel van toepassing blijft.

Art. 5

Toepasselijk recht bij faillissement

– 1. In afwijking in zoverre van het in de artikelen 2 en 3 bepaalde zijn de artikelen 138 en 149 van boek 2 van het Burgerlijk Wetboek van toepassing dan wel van overeenkomstige toepassing op de aansprakelijkheid van bestuurders en commissarissen van een ingevolge artikel 2 of artikel 4 door buitenlands recht beheerste corporatie die in Nederland aan de heffing van vennootschapsbelasting onderworpen is, indien de corporatie in Nederland failliet wordt verklaard. Als bestuurders zijn eveneens aansprakelijk degenen die met de leiding van de in Nederland verrichte werkzaamheden zijn belast.

– 2. De rechtbank die het faillissement heeft uitgesproken is bevoegd tot de kennisneming van alle vorderingen uit hoofde van het bepaalde in het eerste lid.

Art. 5a

Strijd met openbare orde

– 1. Het openbaar ministerie kan de rechtbank te Utrecht verzoeken voor recht te verklaren dat het doel of de werkzaamheid van een corporatie in strijd is met de openbare orde als bedoeld in artikel 20 van Boek 2 van het Burgerlijk Wetboek.

– 2. De verklaring werkt voor en tegen een ieder met ingang van de eerste dag na de dag van de uitspraak. De verklaring wordt door de zorg van de griffier geplaatst in de *Staatscourant*. Is de corporatie in het handelsregister ingeschreven, dan wordt de verklaring aldaar eveneens ingeschreven.

– 3. De rechter kan de in Nederland gelegen goederen van de corporatie desverlangd onder bewind stellen. Artikel 22 van Boek 2 van het Burgerlijk Wetboek is van overeenkomstige toepassing.

– 4. De in Nederland gelegen goederen van een corporatie ten aanzien waarvan de rechter een verklaring voor recht als bedoeld in het eerste lid heeft gegeven, worden vereffend door een of meer door hem te benoemen vereffenaars. De artikelen 23 tot en met 24 van Boek 2 van het Burgerlijk Wetboek zijn van overeenkomstige toepassing.

Art. 5b

Van rechtswege verboden coöperatie

Een corporatie die niet is een Nederlandse rechtspersoon en is vermeld in de lijst, bedoeld in artikel 2, derde lid, van Verordening (EG) nr. 2580/2001 van de Raad van 27 december 2001 (*PbEG* L 344) of in Bijlage I van Verordening (EG) nr. 881/2002 van de Raad van 27 mei 2002 (*PbEG* L 139) of is vermeld en met een ster aangemerkt in de Bijlage bij het Gemeenschappelijk Standpunt nr. 2001/931 van de Raad van 27 december 2001 (*PbEG* L 344) is van rechtswege verboden en niet bevoegd tot het verrichten van rechtshandelingen.

Art. 6

Uitzondering

Deze wet laat onverlet hetgeen bepaald is bij de Wet op de formeel buitenlandse vennootschappen.

Art. 7

Ingetrokken regelgeving

De Wet van 25 juli 1959, *Stb.* 256 houdende uitvoering van het op 1 juni 1956 te 's-Gravenhage gesloten Verdrag nopens de erkenning van de rechtspersoonlijkheid van vreemde vennootschappen, verenigingen en stichtingen wordt hierbij ingetrokken.

Art. 8

Bevat wijzigingen in andere regelgeving.

Art. 9

Citeertitel

Deze wet wordt aangehaald als: Wet conflictenrecht corporaties.

Art. 10

Inwerkingtreding

Deze wet treedt in werking op een bij koninklijk besluit te bepalen tijdstip.

Wet van 17 december 1997, Stb. 697, houdende regels met betrekking tot naar buitenlands recht opgerichte, rechtspersoonlijkheid bezittende kapitaalvennootschappen die hun werkzaamheid geheel of nagenoeg geheel in Nederland verrichten en geen werkelijke band hebben met de staat naar welks recht zij zijn opgericht, zoals deze wet laatstelijk is gewijzigd bij de Wet van 22 maart 2007, Stb. 153

[Inwerkingtreding: 01-01-1998]

Wij Beatrix, bij de gratie Gods, Koningin der Nederlanden, Prinses van Oranje-Nassau, enz. enz. enz.

Allen, die deze zullen zien of horen lezen, saluut! doen te weten:

Alzo Wij in overweging genomen hebben, dat het wenselijk is bij de wet regels te stellen met betrekking tot naar buitenlands recht opgerichte, rechtspersoonlijkheid bezittende kapitaalvennootschappen die hun werkzaamheid geheel of nagenoeg geheel in Nederland verrichten en geen werkelijke band hebben met de staat naar welks recht zij zijn opgericht;

Zo is het, dat Wij, de Raad van State gehoord, en met gemeen overleg der Staten-Generaal, hebben goedgevonden en verstaan, gelijk Wij goedvinden en verstaan bij deze:

Art. 1

Begripsbepaling

– 1. In deze wet wordt onder formeel buitenlandse vennootschap verstaan een naar een ander dan Nederlands recht opgerichte, rechtspersoonlijkheid bezittende kapitaalvennootschap die haar werkzaamheid geheel of nagenoeg geheel in Nederland verricht en voorts geen werkelijke band heeft met de staat waarbinnen het recht geldt waarnaar zij is opgericht. In dit artikel worden de landen van het Koninkrijk der Nederlanden als staat aangemerkt.

– 2. De volgende artikelen van deze wet gelden met uitzondering van artikel 6 niet voor vennootschappen waarop het recht van een der lidstaten van de Europese Unie of van een staat die partij is bij de Overeenkomst betreffende de Europese Economische Ruimte van 2 mei 1992 toepasselijk is.

Art. 2

Verplichte inschrijving

– 1. De bestuurders van een formeel buitenlandse vennootschap zijn verplicht ter inschrijving in het handelsregister opgave te doen dat de vennootschap aan de omschrijving van artikel 1 voldoet en ten kantore van het handelsregister neer te leggen een in het Nederlands, Frans, Duits of Engels gesteld authentiek afschrift of een door een bestuurder gewaarmerkt afschrift van de akte van oprichting en van de statuten, indien deze in een afzonderlijke akte zijn opgenomen. Tevens zijn zij verplicht opgave ter inschrijving te doen van het register waarin en het nummer waaronder die vennootschap is ingeschreven en de datum van de eerste registratie. Voorts zijn zij verplicht opgave ter inschrijving te doen van de naam, persoonlijke gegevens, indien het een natuurlijk persoon betreft, en de woonplaats van de houder van alle aandelen in het kapitaal van de vennootschap of van een deelgenoot in een huwelijksgemeenschap of gemeenschap van een geregistreerd partnerschap waartoe alle aandelen in het kapitaal van de vennootschap behoren, de aandelen gehouden door de vennootschap of haar dochtermaatschappijen niet meegeteld. De bestuurders van een formeel buitenlandse vennootschap zijn verplicht iedere wijziging van hetgeen krachtens de wet in het Handelsregister is ingeschreven op te geven met vermelding van de dag waarop zij is ingegaan. Verrichtingen op grond van deze wet kunnen niet bij volmacht geschieden.

– 2. Het handelsregister, bedoeld in het eerste lid, is het handelsregister dat wordt gehouden door de Kamer van Koophandel en Fabrieken die overeenkomstig de artikel 18, zesde en zevende lid, van de Handelsregisterwet 2007 bevoegd is.

Art. 3

Vermelding naam, rechtsvorm, woonplaats

– 1. Alle geschriften, gedrukte stukken en aankondigingen, waarin een formeel buitenlandse vennootschap partij is of die van haar uitgaan, met uitzondering van telegrammen en reclames, moeten de volledige naam van de vennootschap, haar rechtsvorm, haar statutaire zetel en de plaats van vestiging van de aan haar toebehorende onderneming vermelden, alsmede, indien zij krachtens het op haar toepasselijke recht moet zijn ingeschreven in een register, het register waarin en het nummer waaronder de vennootschap is ingeschreven en de datum van de eerste registratie. Tevens moet zij vermelden onder welk nummer de vennootschap in het handelsregister is ingeschreven en dat de vennootschap een formeel buitenlandse vennootschap is. Het is verboden in de geschriften, stukken of aankondigingen een aanduiding te gebruiken die in strijd met de waarheid inhoudt dat de onderneming toebehoort aan een Nederlandse rechtspersoon.

– 2. Indien melding wordt gemaakt van het kapitaal van de vennootschap, moet in elk geval worden vermeld welk bedrag is geplaatst en hoeveel van het geplaatste bedrag is gestort.

– 3. Indien de vennootschap na haar ontbinding blijft voortbestaan, moet aan haar naam worden toegevoegd: in liquidatie.

Art. 4

Minimumkapitaal

– 1. Het geplaatste kapitaal van een formeel buitenlandse vennootschap en het gestorte deel daarvan moeten ten minste het bedrag belopen van het minimumkapitaal, bedoeld in artikel 178, tweede lid, van boek 2 van het Burgerlijk Wetboek, zoals dit bedrag luidt op het eerste tijdstip waarop de vennootschap aan de omschrijving van artikel 1 voldoet.

– 2. Op het eerste tijdstip waarop de vennootschap aan de omschrijving van artikel 1 voldoet, moet haar eigen vermogen ten minste het bedrag belopen van het minimumkapitaal als bedoeld in het eerste lid.

– 3. De bestuurders zijn verplicht tegelijk met de opgave als bedoeld in artikel 2, eerste lid, bij het in dat artikel bedoelde handelsregister een afschrift neer te leggen van een verklaring van een registeraccountant of een accountant-administratieconsulent, inhoudende dat de vennootschap voldoet aan het eerste en tweede lid. De tweede en derde zin van artikel 204*a*, tweede lid, van boek 2 van het Burgerlijk Wetboek zijn van overeenkomstige toepassing. De verklaring heeft betrekking op een tijdstip dat niet eerder ligt dan vijf maanden voor het eerste tijdstip waarop de vennootschap aan de omschrijving van artikel 1 voldoet.

– 4. De bestuurders zijn naast de vennootschap hoofdelijk aansprakelijk voor elke tijdens hun bestuur verrichte rechtshandeling waardoor de vennootschap wordt verbonden in het tijdvak voordat is voldaan aan artikel 2, eerste lid, en aan het eerste tot en met derde lid van dit artikel, of in enig ander tijdvak gedurende hetwelk niet is voldaan aan het eerste lid of het eigen vermogen door uitkeringen aan aandeelhouders of inkoop van aandelen daalt onder het bedrag, bedoeld in het eerste lid.

Art. 5

Administratie; bewaren gegevens

– 1. Onverminderd het tweede lid is op een formeel buitenlandse vennootschap artikel 10 van boek 2 van het Burgerlijk Wetboek van overeenkomstige toepassing. De daarin bedoelde verplichtingen rusten op de bestuurders van de vennootschap.

Jaarrekening en -verslag

– 2. De bestuurders zijn verplicht jaarlijks binnen vijf maanden na afloop van het boekjaar, behoudens verlenging van deze termijn met ten hoogste zes maanden krachtens een bevoegd, op grond van bijzondere omstandigheden genomen besluit, een jaarrekening en een jaarverslag op te maken. Op de jaarrekening, het jaarverslag en de overige gegevens is titel 9 van boek 2 van het Burgerlijk Wetboek van overeenkomstige toepassing, met dien verstande dat de openbaarmaking ingevolge artikel 394 van dat boek geschiedt door nederlegging ten kantore van het handelsregister, bedoeld in artikel 2, tweede lid.

Bewijs van inschrijving in register

– 3. De bestuurders zijn verplicht ieder kalenderjaar vóór 1 april van dat jaar ten kantore van het handelsregister neer te leggen een bewijs van inschrijving in het register waar de vennootschap krachtens het op haar toepasselijke recht moet zijn ingeschreven. Het bewijs mag niet eerder dan vier weken voor de datum van nederlegging zijn afgegeven.

Art. 6

Aansprakelijkheid

Ten aanzien van een formeel buitenlandse vennootschap zijn de artikelen 249, 260 en 261 van boek 2 van het Burgerlijk Wetboek van overeenkomstige toepassing.

Art. 7

Begrip 'bestuurders'

Voor de toepassing van de artikelen 2 tot en met 6 worden met de bestuurders van de vennootschap gelijk gesteld degenen die met de dagelijkse leiding van de aan de vennootschap toebehorende onderneming zijn belast.

Art. 8

Bevat wijzigingen in deze regelgeving.

Art. 9-10

Bevat wijzigingen in andere regelgeving.

Art. 11

Bestaande vennootschappen

Ten aanzien van vennootschappen die op het tijdstip van inwerkingtreding van deze wet voldoen aan de omschrijving van artikel 1 geldt:

a. de opgave ter inschrijving in het handelsregister, bedoeld in artikel 2, vindt plaats binnen drie maanden na het tijdstip van inwerkingtreding van deze wet;

b. het geplaatste kapitaal van de vennootschap en het gestorte deel daarvan moeten vanaf het tijdstip waarop de in onderdeel *a* bedoelde opgave ter inschrijving in het handelsregister plaats vindt of had behoren plaats te vinden ten minste het bedrag belopen van het minimumkapitaal, bedoeld in artikel 4, eerste lid;

c. het eigen vermogen van de vennootschap moet op het tijdstip waarop de in onderdeel *a* bedoelde opgave ter inschrijving in het handelsregister plaats vindt of had behoren plaats te vinden ten minste het bedrag belopen van het minimumkapitaal, bedoeld in artikel 4, eerste lid; de in artikel 4, derde lid, bedoelde verklaring heeft betrekking op een tijdstip dat niet eerder ligt dan vijf maanden voor het hiervoor in dit onderdeel bedoelde tijdstip;

d. de verplichting tot het opmaken van een jaarrekening en een jaarverslag, bedoeld in artikel 5, tweede lid, en artikel 6 zijn van toepassing ten aanzien van jaarrekeningen en jaarverslagen betreffende boekjaren die aanvangen op of na het tijdstip van inwerkingtreding van deze wet;
e. artikel 4, vierde lid wordt eerst drie maanden na het tijdstip van inwerkingtreding van deze wet toepasselijk.

Art. 12

Bevat wijzigingen in deze regelgeving.

Art. 13

Deze wet treedt in werking op een bij koninklijk besluit te bepalen tijdstip. **Inwerkingtreding**

Art. 14

Deze wet wordt aangehaald als: Wet op de formeel buitenlandse vennootschappen. **Citeertitel**

Wet van 25 februari 2008, Stb. 70, houdende regeling van het conflictenrecht betreffende het goederenrechtelijke regime met betrekking tot zaken, vorderingsrechten, aandelen en giraal overdraagbare effecten

[Inwerkingtreding: 01-05-2008]

Wij Beatrix, bij de gratie Gods, Koningin der Nederlanden, Prinses van Oranje-Nassau, enz. enz. enz.

Allen, die deze zullen zien of horen lezen, saluut! doen te weten:

Alzo Wij in overweging genomen hebben, dat het wenselijk is een wettelijke regeling te geven van het conflictenrecht betreffende het goederenrechtelijke regime met betrekking tot zaken, vorderingsrechten, aandelen en giraal overdraagbare effecten;

Zo is het, dat Wij, de Raad van State gehoord, en met gemeen overleg der Staten-Generaal, hebben goedgevonden en verstaan, gelijk Wij goedvinden en verstaan bij deze:

TITEL 1

Algemene bepalingen

Art. 1

Reikwijdte

– 1. Deze wet laat onverlet het op 1 juli 1985 te 's-Gravenhage tot stand gekomen V erdrag inzake het recht dat toepasselijk is op trusts en inzake de erkenning van trusts (*Trb.* 1985, 141), alsmede de Wet conflictenrecht trusts. Onverminderd hetgeen voortvloeit uit dat verdrag en die wet, is een rechtshandeling die strekt tot een door Nederlands recht beheerste overdracht aan de trustee van een trust als bedoeld in artikel 1 van die wet welke wordt beheerst door buitenlands recht, niet een ongeldige titel op de enkele grond dat die rechtshandeling tot doel heeft dat goed over te dragen tot zekerheid of de strekking mist het goed na de overdracht in het vermogen van de verkrijger te doen vallen.

– 2. Deze wet laat onverlet de richtlijn nr. 93/7/EEG van de Raad van de Europese Gemeenschappen van 15 maart 1993 betreffende de teruggave van cultuurgoederen die op onrechtmatige wijze buiten het grondgebied van een lidstaat zijn gebracht (*Pb* L74) alsmede de Implementatiewet bescherming cultuurgoederen tegen illegale uitvoer.

– 3. In deze wet wordt onder toepassing van de wet van een staat verstaan de toepassing van de rechtsregels die in die staat gelden met uitzondering van het internationaal privaatrecht.

TITEL 2

Het goederenrechtelijke regime met betrekking tot zaken

Art. 2

Toepasselijk recht zaken

– 1. Behoudens voor zover in het tweede en het derde lid anders is bepaald, wordt het goederenrechtelijke regime met betrekking tot een zaak beheerst door het recht van de staat op welks grondgebied de zaak zich bevindt.

– 2. Behoudens artikel 3 van de Wet van 18 maart 1993, *Stb.* 168, houdende enige bepalingen van internationaal privaatrecht met betrekking tot het zeerecht, het binnenvaartrecht en het luchtrecht, wordt het goederenrechtelijke regime met betrekking tot teboekstaande schepen beheerst door het recht van de staat waar het schip teboekstaat.

– 3. Het goederenrechtelijke regime met betrekking tot teboekstaande luchtvaartuigen en luchtvaartuigen die uitsluitend staan ingeschreven in een nationaliteitsregister als bedoeld in artikel 17 van het op 7 december 1944 te Chicago tot stand gekomen Verdrag inzake de internationale burgerluchtvaart, *Stb.* 1947, H 165, wordt beheerst door het recht van de staat waar het luchtvaartuig teboekstaat of in het nationaliteitsregister staat ingeschreven.

– 4. Het in de vorige leden bedoelde recht bepaalt in het bijzonder:

a. of een zaak roerend of onroerend is;

b. wat een bestanddeel van een zaak is;

c. of een zaak vatbaar is voor overdracht van de eigendom ervan of vestiging van een recht erop;

d. welke vereisten aan een overdracht of vestiging worden gesteld;

e. welke rechten op een zaak kunnen rusten en welke de aard en de inhoud van deze rechten zijn;

f. op welke wijze die rechten ontstaan, zich wijzigen, overgaan en tenietgaan en welke hun onderlinge verhouding is.

– 5. Voor de toepassing van het vorige lid is, wat betreft de verkrijging, de vestiging, de overgang, de wijziging of het tenietgaan van rechten op een zaak, bepalend het tijdstip waarop de daarvoor noodzakelijke rechtsfeiten geschieden.

– 6. De voorgaande leden zijn van overeenkomstige toepassing in het geval van overdracht en van vestiging van rechten op zakelijke rechten.

Art. 3

Eigendomsvoorbehoud

– 1. De goederenrechtelijke gevolgen van een eigendomsvoorbehoud worden beheerst door het recht van de staat op welks grondgebied de zaak zich op het tijdstip van levering bevindt. Zulks laat onverlet de verbintenissen die volgens het op het beding van eigendomsvoorbehoud toepasselijke recht, daaruit kunnen voortvloeien.

– 2. In afwijking van de eerste zin van het eerste lid kunnen partijen overeenkomen dat de goederenrechtelijke gevolgen van een eigendomsvoorbehoud van een voor uitvoer bestemde zaak worden beheerst door het recht van de staat van bestemming indien op grond van dat recht het eigendomsvoorbehoud niet zijn werking verliest totdat de prijs volledig is betaald. De aldus overeengekomen aanwijzing heeft slechts gevolg indien de zaak daadwerkelijk in de aangewezen staat van bestemming wordt ingevoerd.

– 3. De voorgaande leden zijn van overeenkomstige toepassing op de goederenrechtelijke gevolgen van leasing van zaken die bestemd zijn voor gebruik in het buitenland.

Art. 4

Retentierecht

Onverminderd artikel 6, aanhef en onder a, van de Wet van 18 maart 1993, *Stb.* 168, houdende enige bepalingen van internationaal privaatrecht met betrekking tot het zeerecht, het binnenvaartrecht en het luchtrecht, worden het ontstaan en de inhoud van een recht van retentie bepaald door het recht dat de daaraan ten grondslag liggende rechtsverhouding beheerst. Een recht van retentie kan slechts geldend worden gemaakt voor zover het recht van de staat op welks grondgebied de zaak zich bevindt, zulks toelaat.

Art. 5

Conflit mobile

Rechten op een zaak, die overeenkomstig het ingevolge deze wet toepasselijke recht zijn verkregen of gevestigd, blijven daarop rusten, ook wanneer die zaak wordt overgebracht naar een andere staat. Deze rechten kunnen niet worden uitgeoefend op een wijze die onverenigbaar is met het recht van de staat op welks grondgebied de zaak zich ten tijde van die uitoefening bevindt.

Art. 6

Verkrijging van beschikkingsonbevoegde

De rechtsgevolgen van de verkrijging van een zaak van een beschikkingsonbevoegde worden beheerst door het recht van de staat op welks grondgebied de zaak zich ten tijde van die verkrijging bevond.

Art. 7

Onvrijwillig bezitsverlies

– 1. Indien het bezit van een zaak onvrijwillig is verloren en na dit verlies onbekend is in welke staat de zaak zich bevindt, worden de rechtsgevolgen van goederenrechtelijke rechtshandelingen, door de eigenaar of zijn rechtsopvolger verricht, beheerst door het recht van de staat op welks grondgebied de zaak zich voor het bezitsverlies bevond.

– 2. Is in het in het vorige lid bedoelde geval het verlies door een verzekering gedekt, dan bepaalt het recht dat de verzekeringsovereenkomst beheerst, of en op welke wijze de eigendom op de verzekeraar overgaat.

Art. 8

Vervoerovereenkomst

– 1. Het goederenrechtelijke regime met betrekking tot een zaak die krachtens een overeenkomst van internationaal vervoer wordt vervoerd, wordt beheerst door het recht van de staat van bestemming.

– 2. Indien het in het eerste lid bedoelde vervoer plaatsvindt ter uitvoering van een koopovereenkomst of een andere overeenkomst die verplicht tot overdracht van de vervoerde zaak, of ter uitvoering van een tot vestiging van rechten op die zaak verplichtende overeenkomst, wordt, in afwijking van het eerste lid, een aanwijzing van het op de bedoelde overeenkomst toepasselijke recht, opgenomen in die overeenkomst, geacht mede betrekking te hebben op het goederenrechtelijke regime met betrekking tot de vervoerde zaak.

TITEL 3

Het goederenrechtelijke regime met betrekking tot vorderingsrechten

Art. 9

Vordering op naam of aan toonder

Indien een vordering belichaamd is in een stuk, bepaalt het recht van de staat op welks grondgebied het stuk zich bevindt, of de vordering een vordering op naam dan wel een vordering aan toonder is.

Art. 10

Toepasselijk recht vordering op naam

– 1. De vatbaarheid van een vordering op naam voor overdracht dan wel voor vestiging daarop van rechten wordt beheerst door het recht dat op de vordering van toepassing is.

– 2. Voor het overige wordt het goederenrechtelijke regime met betrekking tot een vordering op naam beheerst door het recht dat op de tot overdracht of vestiging van rechten verplichtende overeenkomst toepasselijk is. Dat recht bepaalt in het bijzonder:

a. welke vereisten aan een overdracht of vestiging worden gesteld;
b. wie gerechtigd is tot uitoefening van de in de vordering besloten rechten;
c. welke rechten op de vordering kunnen rusten en welke de aard en de inhoud van deze rechten zijn;
d. op welke wijze die rechten zich wijzigen, overgaan en tenietgaan en welke hun onderlinge verhouding is.

– 3. De betrekkingen tussen de cessionaris, onderscheidenlijk de gerechtigde, en de schuldenaar, de voorwaarden waaronder de overdracht van een vordering op naam dan wel de vestiging daarop van een recht aan de schuldenaar kan worden tegengeworpen, alsmede de vraag of de schuldenaar door betaling is bevrijd, worden beheerst door het recht dat op de vordering van toepassing is.

Art. 11

Toepasselijk recht vordering aan toonder

– 1. Het goederenrechtelijke regime met betrekking tot een vordering aan toonder wordt beheerst door het recht van de staat op welks grondgebied het toonderstuk zich bevindt. Artikel 10, eerste en tweede lid, is van overeenkomstige toepassing op de vraag welke onderwerpen door dat recht worden beheerst.

– 2. De betrekkingen tussen de verkrijger en de schuldenaar, de voorwaarden waaronder de overdracht van de vordering dan wel de vestiging daarop van een recht aan de schuldenaar kan worden tegengeworpen, alsmede de vraag of de schuldenaar door betaling is bevrijd, worden beheerst door het recht dat op de vordering van toepassing is.

– 3. De artikelen 5 en 6 zijn van overeenkomstige toepassing op vorderingen aan toonder.

TITEL 4
Het goederenrechtelijke regime met betrekking tot aandelen

Art. 12

Aandeelbewijs

Indien een stuk een aandeelbewijs is volgens het recht dat van toepassing is op de in dat stuk vermelde uitgevende vennootschap, bepaalt het recht van de staat op welks grondgebied het aandeelbewijs zich bevindt, of het een aandeel op naam dan wel een aandeel aan toonder betreft.

Art. 13

Toepasselijk recht aandeel op naam

– 1. Het goederenrechtelijke regime met betrekking tot een aandeel op naam wordt beheerst door het recht dat van toepassing is op de vennootschap die het aandeel uitgeeft dan wel heeft uitgegeven. Artikel 10, eerste en tweede lid, is van overeenkomstige toepassing op de vraag welke onderwerpen door dat recht worden beheerst.

– 2. In afwijking van het eerste lid kan met betrekking tot aandelen op naam in een Nederlandse naamloze vennootschap waaraan, ter bevordering van de verhandelbaarheid aan een gereglementeerde buitenlandse effectenbeurs een in de staat van vestiging van de beurs gebruikelijke vorm is gegeven, door de uitgevende vennootschap worden bepaald dat het goederenrechtelijke regime wordt beheerst door het recht van de staat van vestiging van de betrokken beurs dan wel het recht van de staat waarin met instemming van de betrokken beurs leveringen en andere goederenrechtelijke rechtshandelingen betreffende de aandelen kunnen of moeten worden verricht.

– 3. Een aanwijzing van het toepasselijke recht als in het tweede lid bedoeld dient uitdrukkelijk, op voor belanghebbenden kenbare wijze, te worden gedaan. Tevens dient deze aanwijzing te worden bekendgemaakt in twee landelijk verspreide Nederlandse dagbladen.

– 4. De betrekkingen tussen de aandeelhouder, onderscheidenlijk de gerechtigde, en de vennootschap, alsmede de voorwaarden waaronder de overdracht dan wel de vestiging van een recht aan de vennootschap kan worden tegengeworpen, worden beheerst door het recht dat van toepassing is op de vennootschap die het aandeel heeft uitgegeven.

Art. 14

Toepasselijk recht aandeel aan toonder

– 1. Het goederenrechtelijke regime met betrekking tot een aandeel aan toonder wordt beheerst door het recht van de staat waar het toonderstuk zich bevindt. Artikel 10, eerste en tweede lid, is van overeenkomstige toepassing op de vraag welke onderwerpen door dat recht worden beheerst.

– 2. De betrekkingen tussen de aandeelhouder, onderscheidenlijk de gerechtigde, en de vennootschap, alsmede de voorwaarden waaronder de overdracht dan wel de vestiging van een recht aan de vennootschap kan worden tegengeworpen, worden beheerst door het recht dat van toepassing is op de vennootschap.

– 3. De artikelen 5 en 6 zijn van overeenkomstige toepassing op aandelen aan toonder.

TITEL 5
Het goederenrechtelijke regime met betrekking tot giraal overdraagbare effecten

Art. 15

Giraal overdraagbaar aandeel: lex specialis

Indien een aandeel behoort tot een verzameling van effecten die giraal overdraagbaar zijn, is op het goederenrechtelijke regime met betrekking tot dat aandeel titel 4 niet van toepassing voor zover de bepalingen daarvan afwijken van artikel 16.

Art. 16

Toepasselijk recht giraal overdraagbare effecten

– 1. Het goederenrechtelijke regime met betrekking tot giraal overdraagbare effecten wordt beheerst door het recht van de staat op welks grondgebied de rekening waarin de effecten worden geadministreerd, wordt gehouden.

– 2. Het in het vorige lid bedoelde recht bepaalt in het bijzonder:

a. welke rechten op de effecten kunnen rusten en welke de aard en de inhoud van deze rechten zijn;

b. welke vereisten aan de overdracht of de vestiging van de onder a bedoelde rechten worden gesteld;

c. wie gerechtigd is tot de uitoefening van de in de effecten besloten rechten;

d. op welke wijze de onder a bedoelde rechten zich wijzigen, overgaan en tenietgaan en welke hun onderlinge verhouding is;

e. de executie.

TITEL 6
Slotbepalingen

Art. 17

Bevat wijzigingen in artikel 7 van de Wet algemene bepalingen.

Art. 18

Bevat wijzigingen in artikel 92a van het Burgerlijk Wetboek Boek 3.

Art. 19

Bevat wijzigingen in artikel 56 van het Burgerlijk Wetboek Boek 7.

Art. 20

Bevat wijzigingen in artikel 212f van de Faillissementswet.

Art. 21

Bevat wijzigingen in artikel 2 van de Wet bepalingen van internationaal privaatrecht met betrekking tot zeerecht en binnenvaartrecht.

Art. 22

Inwerkingtreding

Deze wet treedt in werking op een bij koninklijk besluit te bepalen tijdstip.

Art. 23

Citeertitel

Deze wet wordt aangehaald als: Wet conflictenrecht goederenrecht.

Verordening van het Europees Parlement en de Raad van 17 juni 2008, PbEU L 177, inzake het recht dat van toepassing is op verbintenissen uit overeenkomst (Rome I)

[Inwerkingtreding: 24-07-2008]

HET EUROPEES PARLEMENT EN DE RAAD VAN DE EUROPESE UNIE,
Gelet op het Verdrag tot oprichting van de Europese Gemeenschap, en met name op artikel 61, onder c), en artikel 67, lid 5, tweede streepje,
Gezien het voorstel van de Commissie,
Gezien het advies van het Europees Economisch en Sociaal Comité (1),
Handelend volgens de procedure van artikel 251 van het Verdrag (2),
Overwegende hetgeen volgt:

(1) De Gemeenschap heeft zich ten doel gesteld een ruimte van vrijheid, veiligheid en rechtvaardigheid te handhaven en te ontwikkelen. Met het oog op de geleidelijke invoering van zo'n ruimte moet de Gemeenschap met name maatregelen nemen op het gebied van de justitiële samenwerking in burgerlijke zaken met grensoverschrijdende gevolgen, voor zover dit nodig is voor de goede werking van de interne markt.

(2) Overeenkomstig artikel 65, onder b), van het Verdrag moeten deze maatregelen ook regels behelzen ter bevordering van de verenigbaarheid van de in de lidstaten geldende regels voor collisie en jurisdictiegeschillen.

(3) Op zijn bijeenkomst in Tampere op 15 en 16 oktober 1999 heeft de Europese Raad de stelling onderschreven dat het beginsel van wederzijdse erkenning van rechterlijke beslissingen de hoeksteen vormt van de justitiële samenwerking in burgerlijke zaken en de Raad en de Commissie verzocht een programma van maatregelen aan te nemen ter uitvoering van dat beginsel.

(4) Op 30 november 2000 heeft de Raad een gezamenlijk programma van maatregelen voor de uitvoering van het beginsel van wederzijdse erkenning van beslissingen in burgerlijke en handelszaken (3) aangenomen. In het programma wordt vastgesteld dat maatregelen voor de harmonisatie van collisieregels de wederzijdse erkenning van judiciële beslissingen vergemakkelijken.

(5) In het Haags programma (4), dat op 5 november 2004 door de Europese Raad werd aangenomen, wordt erop aangedrongen voortvarend te werken aan de collisieregels op het vlak van het verbintenissen uit overeenkomst ('Rome I').

(6) De goede werking van de interne markt vereist, om de voorspelbaarheid van de uitslag van rechtsgedingen, de rechtszekerheid en de wederzijdse erkenning van beslissingen te bevorderen, dat de in de lidstaten geldende collisieregels hetzelfde nationale recht aanwijzen, ongeacht bij welke rechter het geding aanhangig is gemaakt.

(7) Het materiële toepassingsgebied en de bepalingen van deze verordening moeten stroken met Verordening (EG) nr. 44/2001 van de Raad van 22 december 2000 betreffende de rechterlijke bevoegdheid, de erkenning en de tenuitvoerlegging van beslissingen in burgerlijke en handelszaken (5) ('Brussel I') en Verordening (EG) nr. 864/2007 van het Europees Parlement en de Raad van 11 juli 2007 betreffende het recht dat van toepassing is op niet-contractuele verbintenissen ('Rome II') (6).

(8) Familierechtelijke betrekkingen omvatten afstamming, huwelijk en aanverwantschap en verwantschap in de zijlijn. De verwijzing in lid 2 van artikel 1 naar relatievormen die met het huwelijk en andere familierechtelijke betrekkingen vergelijkbare gevolgen hebben, dient te worden uitgelegd overeenkomstig het recht van de lidstaat waar de zaak aanhangig wordt gemaakt.

(9) Verbintenissen uit wisselbrieven, cheques, orderbriefjes alsmede andere verhandelbare waardepapieren omvatten ook cognossementen, voor zover de verbintenissen uit cognossementen het gevolg zijn van hun verhandelbaarheid.

(10) Verbintenissen die voortvloeien uit onderhandelingen voorafgaand aan het sluiten van

(1) *PB* C 318 van 23.12.2006, blz. 56.
(2) Advies van het Europees Parlement van 29 november 2007 (nog niet bekendgemaakt in het *Publicatieblad*) en besluit van de Raad van 5 juni 2008.
(3) *PB* C 12 van 15.1.2001, blz. 1.
(4) *PB* C 53 van 3.3.2005, blz. 1.
(5) *PB* L 12 van 16.1.2001, blz. 1. Verordening laatstelijk gewijzigd bij Verordening (EG) nr. 1791/2006 (*PB* L 363 van 20.12.2006, blz. 1).
(6) *PB* L 199 van 31.7.2007, blz. 40.

een overeenkomst vallen onder artikel 12 van Verordening (EG) nr. 864/2007. Daarom dienen deze verbintenissen buiten de werkingssfeer van deze verordening te vallen.

(11) De vrijheid van de partijen om het toepasselijke recht te kiezen, moet de hoeksteen van het systeem van collisieregels op het gebied van verbintenissen uit overeenkomst zijn.

(12) Een overeenkomst tussen partijen om exclusieve jurisdictie te verlenen aan één of meer gerechten of tribunalen van een lidstaat om kennis te nemen van geschillen in het kader van de overeenkomst dient een van de factoren te zijn waarmee rekening moet worden gehouden om vast te stellen of een duidelijke rechtskeuze is gemaakt.

(13) Deze verordening laat onverlet dat partijen in hun overeenkomst een niet-statelijk recht of een internationale overeenkomst kunnen opnemen, door verwijzing ernaar.

(14) In een besluit waarbij de Gemeenschap regels van materieel verbintenissenrecht, waaronder standaardvoorwaarden, vaststelt, kan worden bepaald dat de partijen ervoor mogen kiezen deze regels toe te passen.

(15) Indien een rechtskeuze is gemaakt en alle andere aanknopingspunten zich in een ander land bevinden dan dat waarvan het recht is gekozen, laat de rechtskeuze de toepassing van de rechtsregels van dat andere land waarvan niet bij overeenkomst kan worden afgeweken, onverlet. Deze regel dient van toepassing te zijn ongeacht of de rechtskeuze al dan niet gepaard ging met de keuze van een gerecht. Aangezien geen inhoudelijke wijziging wordt beoogd ten opzichte van artikel 3, lid 3, van het Verdrag uit 1980 inzake het recht dat van toepassing is op verbintenissen uit overeenkomst [(7)] ('Verdrag van Rome'), dient de formulering van deze verordening zoveel mogelijk te worden aangepast aan artikel 14 van Verordening (EG) nr. 864/2007.

(16) Teneinde bij te dragen aan de algemene doelstelling van deze verordening, namelijk zorgen voor rechtszekerheid in de Europese rechtsruimte, moeten de collisieregels in hoge mate voorspelbaar zijn. De rechter moet echter over een beoordelingsmarge beschikken om vast te stellen welk recht het nauwst verbonden is met het betrokken geval.

(17) Wat het toepasselijke recht bij ontstentenis van een rechtskeuze betreft, dient het concept 'verrichten van diensten' en 'verkoop van goederen' op dezelfde wijze te worden geïnterpreteerd als bij de toepassing van artikel 5 van Verordening (EG) nr. 44/2001, voor zover de verkoop van goederen en de verrichting van diensten onder die verordening vallen. Hoewel franchise- en distributieovereenkomsten overeenkomsten inzake het verrichten van diensten zijn, zijn deze aan specifieke regels onderworpen.

(18) Voor de vaststelling van het toepasselijke recht bij gebreke aan een rechtskeuze dienen de multilaterale systemen die systemen te zijn waarbinnen de handel plaatsvindt, zoals gereglementeerde markten en multilaterale handelsfaciliteiten in de zin van artikel 4 van Richtlijn 2004/39/EG van het Europees Parlement en de Raad van 21 april 2004 betreffende markten voor financiële instrumenten [(8)], ongeacht of zij al dan niet berusten op een centrale tegenpartij.

(19) Bij ontstentenis van een rechtskeuze moet het toepasselijke recht worden vastgesteld in overeenstemming met de regel die is gespecificeerd voor het bijzondere type overeenkomst. Indien de overeenkomst niet kan worden ingedeeld bij een van de gespecificeerde types of indien de elementen ervan onder meer dan één van de gespecificeerde types vallen, wordt de overeenkomst beheerst door het recht van het land waar de partij die de kenmerkende prestatie van de overeenkomst moet verrichten, haar gewoonlijke verblijfplaats heeft. Indien een overeenkomst bestaat uit een verzameling rechten en plichten die kunnen worden ingedeeld bij meer dan één van de gespecificeerde types overeenkomsten, wordt de kenmerkende prestatie van de overeenkomst vastgesteld op basis van het zwaartepunt van de overeenkomst.

(20) Indien de overeenkomst een kennelijk nauwere band heeft met een ander land dan bedoeld in artikel 4, leden 1 en 2, bepaalt een ontsnappingsclausule bevat in deze bepalingen dat het recht van dat andere land moet worden toegepast. Om het betrokken land te kunnen aanwijzen, moet onder meer acht worden geslagen op de vraag of de desbetreffende overeenkomst zeer nauw verbonden is met een andere overeenkomst of overeenkomsten.

(21) Bij gebreke van een rechtskeuze dient, indien het toepasselijke recht niet is vast te stellen op grond van het feit dat de overeenkomst bij een van de omschreven types overeenkomsten kan worden ingedeeld, noch als het recht van het land waar de betrokken partij die de kenmerkende prestatie van de overeenkomst moet leveren zijn gewoonlijke verblijfplaats heeft, de overeenkomst beheerst te worden door het recht van het land waarmee zij het nauwst verbonden is. Om vast te stellen welk land dit is, moet onder meer acht worden geslagen op de vraag of

(7) *PB* C 334 van 30.12.2005, blz. 1.
(8) *PB* L 145 van 30.4.2004, blz. 1. Richtlijn laatstelijk gewijzigd bij Richtlijn 2008/10/EG (*PB* L 76 van 19.3.2008, blz. 33).

de desbetreffende overeenkomst zeer nauw verbonden is met een of meer andere overeenkomsten.

(22) Ten aanzien van de uitlegging van overeenkomsten voor het vervoer van goederen worden geen inhoudelijke wijzigingen overwogen met betrekking tot artikel 4, lid 4, derde zin, van het Verdrag van Rome. Bijgevolg moeten bevrachting voor een enkele reis en iedere andere overeenkomst, die hoofdzakelijk het vervoer van goederen betreft, als overeenkomsten voor het vervoer van goederen worden behandeld. Voor de toepassing van deze verordening wordt onder de term 'afzender' iedere persoon verstaan die een vervoersovereenkomst met de vervoerder aangaat en de term 'vervoerder' verwijst naar de partij in de overeenkomst die belast is met het vervoer van de goederen, ongeacht of hij het vervoer al dan niet zelf op zich neemt.

(23) Wat overeenkomsten met als zwakker beschouwde partijen betreft, moeten deze partijen worden beschermd door collisieregels die gunstiger zijn voor hun belangen dan de algemene regels.

(24) Wat met name consumentenovereenkomsten betreft, moet de collisieregel het mogelijk maken de kosten te drukken voor de beslechting van consumentengeschillen, waarbij het vaak gaat om geringe vorderingen, en rekening te houden met de evolutie van de technieken voor verkoop op afstand. Om consistent te zijn met Verordening (EG) nr. 44/2001 moet worden verwezen naar het criterium van 'activiteiten gericht op' als voorwaarde voor toepassing van de regel inzake consumentenbescherming, en moet dit criterium in Verordening (EG) nr. 44/2001 en deze verordening op samenhangende wijze worden uitgelegd; daarbij moet worden gepreciseerd dat de Raad en de Commissie in een gezamenlijke verklaring over artikel 15 van Verordening (EG) nr. 44/2001 hebben gesteld dat het voor de toepasselijkheid van artikel 15, lid 1, onder c), 'niet volstaat dat een onderneming haar activiteiten richt op een lidstaat waar de consument zijn woonplaats heeft, of op meerdere lidstaten, met inbegrip van die lidstaat; daartoe dient in het kader van die activiteiten daadwerkelijk een overeenkomst gesloten te zijn'. In deze verklaring wordt er ook aan herinnerd dat 'het feit dat een internetsite toegankelijk is, op zich niet voldoende is om artikel 15 toe te passen; noodzakelijk is dat de consument op die site gevraagd wordt overeenkomsten op afstand te sluiten en dat er inderdaad een dergelijke overeenkomst gesloten is, ongeacht de middelen die daartoe zijn gebruikt. De taal en de munteenheid die op de internetsite worden gebruikt, doen in dat opzicht niet ter zake'.

(25) De consumenten dienen te worden beschermd door die rechtsregels van het land van hun gewone woonplaats waarvan niet bij overeenkomst mag worden afgeweken, mits de consumentenovereenkomst is gesloten als gevolg van het feit dat de verkoper zijn commerciële of beroepsactiviteiten in dat land ontplooit. Dezelfde bescherming dient te worden gewaarborgd als de verkoper zijn commerciële of beroepsactiviteiten weliswaar niet ontplooit in het land waar de consument zijn gewone woonplaats heeft, maar zijn activiteiten met ongeacht welke middelen richt op dat land of op meerdere landen, met inbegrip van dat land, en de overeenkomst als gevolg van die activiteiten wordt gesloten.

(26) Voor de toepassing van deze verordening dienen financiële diensten, zoals beleggingsdiensten en -activiteiten en nevendiensten, die door een professional aan een consument worden verleend, zoals bedoeld in de afdelingen A en B van bijlage I bij Richtlijn 2004/39/EG en overeenkomsten voor de verkoop van aandelen in instellingen voor collectieve belegging, ongeacht of deze onder Richtlijn 85/611/EEG van de Raad van 20 december 1985 tot coördinatie van de wettelijke en bestuursrechtelijke bepalingen betreffende bepaalde instellingen voor collectieve belegging in effecten (icbe's) [(9)] vallen, beheerst te worden door artikel 6 van deze verordening. Wanneer verwezen wordt naar de voorwaarden voor de emissie of de openbare aanbieding van verhandelbare effecten, of naar de inschrijving voor of terugkoop van aandelen in instellingen voor collectieve belegging, dient die verwijzing daarom alle aspecten te omvatten waardoor de emittent of de aanbieder verplichtingen aangaat jegens de consument, maar niet de aspecten betreffende de verlening van dergelijke financiële diensten.

(27) Voor consumentenovereenkomsten moeten verschillende uitzonderingen op de algemene collisieregel worden voorzien. Een uitzondering is bijvoorbeeld de algemene regel niet toe te passen op overeenkomsten betreffende zakelijke rechten op en huur en verhuur van onroerend goed, tenzij het een overeenkomst betreft die het recht van deeltijds gebruik van onroerend goed in de zin van Richtlijn 94/47/EG van het Europees Parlement en de Raad van 26 oktober 1994 betreffende de bescherming van de verkrijger, voor wat bepaalde aspecten betreft van overeenkomsten inzake de verkrijging van een recht van deeltijds gebruik van onroerende goederen [(10)], tot onderwerp heeft.

(28) Er moet voor gezorgd worden dat rechten en verplichtingen die een financieel instru-

(9) *PB* L 375 van 31.12.1985, blz. 3. Richtlijn laatstelijk gewijzigd bij Richtlijn 2008/18/EG van het Europees Parlement en de Raad (*PB* L 76 van 19.3.2008, blz. 42).
(10) *PB* L 280 van 29.10.1994, blz. 83.

ment vormen niet onder de algemene regel voor consumentenovereenkomsten vallen, aangezien zulks ertoe kan leiden dat op een enkel uitgegeven instrument verschillende wetgevingen van toepassing zijn, hetgeen de aard ervan wijzigt en handel en aanbod minder vervangbaar maakt. Evenzo dient bij de uitgifte of het aanbod van dergelijke instrumenten de contractuele verbintenis tussen de uitgevende instelling of de aanbieder en de consument niet noodzakelijkerwijze dwingend te worden onderworpen aan het recht van het land van de gewoonlijke verblijfplaats van de consument, omdat de uniformiteit van de voorwaarden voor de uitgifte of het aanbod moet worden gewaarborgd. Dezelfde beginselen dienen te gelden met betrekking tot de multilaterale systemen die vallen onder artikel 4, lid 1, onder h), met betrekking waartoe ervoor gezorgd moet worden dat het recht van het land van de gewoonlijke verblijfplaats van de consument niet botst met de regels die van toepassing zijn op de overeenkomsten die in het kader van deze systemen of met de exploitant daarvan gesloten zijn.

(29) Wanneer in deze verordening de rechten en verplichtingen waardoor de voorwaarden voor de emissie, de openbare aanbieding of een overnamebod met betrekking tot verhandelbare effecten worden vastgelegd, of de inschrijving voor of terugkoop van aandelen in instellingen voor collectieve belegging worden vermeld, moeten daarin ook de voorwaarden voor de toewijzing van effecten of van aandelen, voor de rechten in geval van overtekening, intrekking en soortgelijke gevallen in verband met het aanbod, alsmede de onderwerpen van de artikelen 10, 11, 12 en 13 worden vermeld, zodat gewaarborgd wordt dat alle relevante contractuele aspecten van een aanbod waardoor de emittent of de aanbieder verplichtingen aangaat jegens de consument, onder een enkel recht vallen.

(30) Voor de toepassing van deze richtlijn zijn financiële instrumenten en verhandelbare effecten de instrumenten in de zin van artikel 4 van Richtlijn 2004/39/EG.

(31) Niets in deze verordening mag afbreuk doen aan het functioneren van een formele afspraak die wordt aangemerkt als systeem in de zin van artikel 2, onder a), van Richtlijn 98/26/EG van het Europees Parlement en de Raad van 19 mei 1998 betreffende het definitieve karakter van de afwikkeling van betalingen en effectentransacties in betalings- en afwikkelingssystemen[11].

(32) Wegens het bijzondere karakter van vervoers- en verzekeringsovereenkomsten dienen specifieke bepalingen een adequaat beschermingsniveau voor de passagiers en polishouders te waarborgen. Derhalve dient artikel 6 niet te gelden in verband met deze bijzondere overeenkomsten.

(33) Wanneer een verzekeringsovereenkomst die geen groot risico dekt, meer dan één risico dekt waarvan er tenminste één in een lidstaat is gelegen en tenminste één in een derde land, zijn de bijzondere bepalingen in deze verordening inzake verzekeringsovereenkomsten alleen van toepassing op het risico of de risico's die in de betrokken lidstaat of lidstaten gelegen is/zijn.

(34) De bepaling inzake individuele arbeidsovereenkomsten mag geen afbreuk doen aan de toepassing van de bepalingen van bijzonder dwingend recht van het land van terbeschikkingstelling overeenkomstig Richtlijn 96/71/EG van het Europees Parlement en de Raad van 16 december 1996 betreffende de terbeschikkingstelling van werknemers met het oog op het verrichten van diensten[12].

(35) De werknemer mag de bescherming die hem wordt geboden door bepalingen waarvan niet, of slechts in zijn voordeel, bij overeenkomst kan worden afgeweken, niet worden ontnomen.

(36) Met betrekking tot individuele arbeidsovereenkomsten dient het verrichten van arbeid in een ander land als tijdelijk aangemerkt te worden wanneer van de werknemer wordt verwacht dat hij na de voltooiing van zijn taak in het buitenland opnieuw arbeid in het land van herkomst verricht. Het sluiten van een nieuwe arbeidsovereenkomst met de oorspronkelijke werkgever of met een werkgever die tot dezelfde groep van bedrijven behoort als de oorspronkelijke werkgever, mag niet beletten dat de werknemer geacht wordt zijn arbeid tijdelijk in een ander land te verrichten.

(37) Overwegingen van algemeen belang rechtvaardigen dat de rechters van de lidstaten zich in uitzonderlijke omstandigheden kunnen beroepen op rechtsfiguren zoals de exceptie van openbare orde en op bepalingen van bijzonder dwingend recht. Het begrip 'bepalingen van bijzonder dwingend recht' moet worden onderscheiden van de uitdrukking 'bepalingen waarvan niet bij overeenkomst kan worden afgeweken', en dient met meer terughouding te worden gebezigd.

(38) Ten aanzien van de cessie van schuldvorderingen dient door het gebruik van de term 'betrekkingen' te worden verduidelijkt dat artikel 14, lid 1, ook van toepassing is op de goederenrechtelijke aspecten van een cessie tussen de cedent en de cessionaris in de rechtsordes waarin

(11) *PB* L 166 van 11.6.1998, blz. 45.
(12) *PB* L 18 van 21.1.1997, blz. 1.

deze aspecten los van de aspecten van het verbintenissenrecht worden behandeld. De term 'betrekkingen' dient echter niet te worden opgevat betrekking hebbend op elke eventueel bestaande betrekking tussen een cedent en een cessionaris. De term wordt met name niet geacht betrekking te hebben op aangelegenheden die aan een cessie van vorderingen of contractuele subrogatie voorafgaan. De betekenis van de term dient strikt beperkt te blijven tot de aspecten die rechtstreeks de betrokken cessie van vorderingen of contractuele subrogatie betreffen.

(39) De rechtszekerheid vereist een duidelijke definitie van het begrip 'gewone verblijfplaats', met name voor vennootschappen, verenigingen en rechtspersonen. Anders dan artikel 60, lid 1, van Verordening (EG) nr. 44/2001, dat in dit verband drie criteria bevat, moet de collisieregel beperkt zijn tot een enkel criterium; anders zouden de partijen onmogelijk kunnen voorspellen welk recht op hun geval van toepassing is.

(40) Voorkomen dient te worden dat collisieregels over verschillende besluiten worden verspreid en dat deze regels onderling afwijken. Deze verordening belet echter niet dat in bepalingen van Gemeenschapsrecht op bepaalde gebieden collisieregels betreffende verbintenissen uit overeenkomst worden opgenomen.

Deze verordening laat de toepassing onverlet van andere besluiten waarin voorschriften ten behoeve van de goede werking van de interne markt zijn vervat, voor zover deze voorschriften niet in combinatie met het door de regels van deze verordening aangewezen recht kunnen worden toegepast. De toepassing van bepalingen van het recht dat door de voorschriften van deze verordening als toepasselijk is aangewezen, mag niet in de weg staan van het vrije verkeer van goederen en diensten neergelegd in Gemeenschapsbesluiten zoals Richtlijn 2000/31/EG van het Europees Parlement en de Raad van 8 juni 2000 betreffende bepaalde juridische aspecten van de diensten van de informatiemaatschappij, met name de elektronische handel, in de interne markt (richtlijn inzake elektronische handel) (13).

(41) De eerbiediging van de door de lidstaten aangegane internationale verplichtingen vereist dat deze verordening de internationale verdragen waarbij een of meer lidstaten partij zijn, op het moment dat deze verordening wordt vastgesteld, onverlet laat. Om de regels toegankelijker te maken zou de Commissie aan de hand van de gegevens die de lidstaten haar doorgeven, de lijst van de betrokken verdragen moeten bekendmaken in het *Publicatieblad van de Europese Unie*.

(42) De Commissie zal het Europees Parlement en de Raad een voorstel voorleggen over de procedures en voorwaarden volgens welke de lidstaten het recht hebben om in afzonderlijke en uitzonderlijke gevallen en met betrekking tot sectorale aangelegenheden zelf met derde landen over overeenkomsten te onderhandelen en overeenkomsten houdende bepalingen betreffende het recht dat van toepassing is op contractuele verbintenissen te sluiten.

(43) Aangezien de doelstelling van deze verordening niet voldoende door de lidstaten kan worden verwezenlijkt en derhalve vanwege de omvang en de gevolgen van deze verordening beter door de Gemeenschap kan worden verwezenlijkt, kan de Gemeenschap, overeenkomstig het in artikel 5 van het Verdrag neergelegde subsidiariteitsbeginsel, maatregelen nemen. Overeenkomstig het in hetzelfde artikel neergelegde evenredigheidsbeginsel gaat deze verordening niet verder dan nodig is om de doelstelling ervan te verwezenlijken.

(44) Overeenkomstig artikel 3 van het Protocol betreffende de positie van het Verenigd Koninkrijk en Ierland, dat aan het Verdrag betreffende de Europese Unie en aan het Verdrag tot oprichting van de Europese Gemeenschap is gehecht, heeft Ierland laten weten dat het wenst deel te nemen aan de aanneming en de toepassing van deze verordening.

(45) Overeenkomstig de artikelen 1 en 2 van het Protocol betreffende de positie van het Verenigd Koninkrijk en Ierland, dat aan het Verdrag betreffende de Europese Unie en aan het Verdrag tot oprichting van de Europese Gemeenschap is gehecht, en onverminderd artikel 4 van dat protocol, neemt het Verenigd Koninkrijk niet deel aan de aanneming van deze verordening, die derhalve niet verbindend is voor, noch van toepassing op het Verenigd Koninkrijk.

(46) Overeenkomstig de artikelen 1 en 2 van het Protocol betreffende de positie van Denemarken, dat is gehecht aan het Verdrag betreffende de Europese Unie en het Verdrag tot oprichting van de Europese Gemeenschap, neemt Denemarken niet deel aan de aanneming van deze verordening, die derhalve niet verbindend is voor, noch van toepassing op Denemarken,

HEBBEN DE VOLGENDE VERORDENING VASTGESTELD:

(13) *PB* L 178 van 17.7.2000, blz. 1.

HOOFDSTUK I
Werkingssfeer

Materiële werkingssfeer

Art. 1

Materiële werkingssfeer

– 1. Deze verordening is, in gevallen waarin uit het recht van verschillende landen moet worden gekozen, van toepassing op verbintenissen uit overeenkomst in burgerlijke en handelszaken.
Zij is in het bijzonder niet van toepassing op fiscale zaken, douanezaken en administratiefrechtelijke zaken.
– 2. Deze verordening is niet van toepassing op:
a) de staat en bevoegdheid van natuurlijke personen, behoudens artikel 13;
b) verbintenissen die voortvloeien uit familierechtelijke betrekkingen en uit betrekkingen die overeenkomstig het op die betrekkingen toepasselijke recht geacht worden vergelijkbare gevolgen te hebben, met inbegrip van onderhoudsverplichtingen;
c) verbintenissen die voortvloeien uit het huwelijksvermogensrecht, uit vermogensrechtelijke regelingen voor betrekkingen die volgens het op die betrekkingen toepasselijke recht met het huwelijk vergelijkbare gevolgen hebben, en uit testamenten en erfenissen;
d) verbintenissen uit wissels, cheques, orderbriefjes, alsmede andere verhandelbare waardepapieren, voor zover de verbintenissen uit deze andere papieren het gevolg zijn van hun verhandelbaarheid;
e) overeenkomsten tot arbitrage en tot aanwijzing van een bevoegde rechter;
f) kwesties behorende tot het recht inzake vennootschappen, verenigingen en rechtspersonen, zoals hun oprichting door registratie of anderszins, hun rechts- en handelingsbevoegdheid, hun inwendig bestel en hun ontbinding, alsook de persoonlijke aansprakelijkheid van de vennoten en de organen voor de verbintenissen van de vennootschap, vereniging of rechtspersoon;
g) de vraag of een vertegenwoordiger zijn principaal dan wel of een orgaan van een vennootschap, vereniging of rechtspersoon deze vennootschap, vereniging of rechtspersoon jegens een derde kan binden;
h) de oprichting van 'trusts', alsmede de daardoor ontstane rechtsbetrekkingen tussen oprichters, 'trustees' en begunstigden;
i) verbintenissen die voortvloeien uit onderhandelingen voorafgaand aan de sluiting van een overeenkomst;
j) verzekeringsovereenkomsten die voortvloeien uit de verrichtingen van andere instellingen dan de in artikel 2 van Richtlijn 2002/83/EG van het Europees Parlement en de Raad van 5 november 2002 betreffende levensverzekering (1) bedoelde ondernemingen die ten doel hebben aan al dan niet in loondienst werkzame personen, die in het kader van een onderneming of van een groep van ondernemingen of van een beroep of meerdere beroepen omvattende sector zijn gegroepeerd, uitkeringen te verstrekken bij overlijden, bij leven, bij beëindiging of vermindering van de werkzaamheid of bij met het werk verband houdende ziekte of ongevallen op het werk.
– 3. Deze verordening is niet van toepassing op het bewijs en de rechtspleging, behoudens artikel 18.
– 4. In deze verordening wordt onder 'lidstaat' verstaan: de lidstaten waarop deze verordening van toepassing is. In artikel 3, lid 4, en artikel 7 worden er echter alle lidstaten onder verstaan.

Universele toepassing

Art. 2

Universele toepassing

Het door deze verordening aangewezen recht is toepasselijk, ongeacht de vraag of het het recht van een lidstaat is.

HOOFDSTUK II
Eenvormige regels

Rechtskeuze door partijen

Art. 3

Rechtskeuze

– 1. Een overeenkomst wordt beheerst door het recht dat de partijen hebben gekozen. De rechtskeuze wordt uitdrukkelijk gedaan of blijkt duidelijk uit de bepalingen van de overeen-

(1) *PB* L 345 van 19.12.2002, blz. 1. Richtlijn laatstelijk gewijzigd bij Richtlijn 2008/19/EG (*PB* L 76 van 19.3.2008, blz. 44).

komst of de omstandigheden van het geval. Bij hun keuze kunnen de partijen het toepasselijke recht aanwijzen voor de overeenkomst in haar geheel of voor slechts een onderdeel daarvan.
– 2. De partijen kunnen te allen tijde overeenkomen de overeenkomst aan een ander recht te onderwerpen dan het recht dat deze voorheen, hetzij op grond van een vroegere rechtskeuze overeenkomstig dit artikel, hetzij op grond van een andere bepaling van deze verordening, beheerste. Een wijziging in de rechtskeuze door de partijen na de sluiting van de overeenkomst is niet van invloed op de formele geldigheid van de overeenkomst in de zin van artikel 11 en doet geen afbreuk aan rechten van derden.
– 3. Indien alle overige op het tijdstip van de keuze bestaande aanknopingspunten zich bevinden in een ander land dan het land waarvan het recht is gekozen, laat de door de partijen gemaakte keuze de toepassing van de rechtsregels van dat andere land waarvan niet bij overeenkomst mag worden afgeweken, onverlet.
– 4. Indien alle overige op het tijdstip van de keuze bestaande aanknopingspunten zich in een of meer lidstaten bevinden, laat de keuze door de partijen van het recht van een niet-lidstaat de toepassing van de bepalingen van het Gemeenschapsrecht waarvan niet bij overeenkomst kan worden afgeweken, in voorkomend geval zoals deze in de lidstaat van de rechter zijn geïmplementeerd, onverlet.
– 5. De kwestie of er overeenstemming tussen de partijen tot stand is gekomen over de keuze van het toepasselijke recht en of deze overeenstemming geldig is, wordt beheerst door de artikelen 10, 11 en 13.

Het recht, dat bij gebreke van een rechtskeuze door de partijen toepasselijk is

Art. 4

Toepasselijk recht

– 1. Bij gebreke van een rechtskeuze overeenkomstig artikel 3 en onverminderd de artikelen 5 tot en met 8, wordt het op de overeenkomst toepasselijke recht als volgt vastgesteld:
a) de overeenkomst voor de verkoop van roerende zaken wordt beheerst door het recht van het land waar de verkoper zijn gewone verblijfplaats heeft;
b) de overeenkomst inzake dienstverlening wordt beheerst door het recht van het land waar de dienstverlener zijn gewone verblijfplaats heeft;
c) de overeenkomst die een zakelijk recht op een onroerend goed of de huur van een onroerend goed tot onderwerp heeft, wordt beheerst door het recht van het land waar het onroerend goed is gelegen;
d) niettegenstaande punt c), wordt de huurovereenkomst van een onroerend goed voor tijdelijk particulier gebruik met een duur van ten hoogste zes opeenvolgende maanden beheerst door het recht van het land waar de verhuurder zijn gewone verblijfplaats heeft, mits de huurder een natuurlijke persoon is en zijn gewone verblijfplaats heeft in hetzelfde land;
e) de franchiseovereenkomst wordt beheerst door het recht van het land waar de franchisenemer zijn gewone verblijfplaats heeft;
f) de distributieovereenkomst wordt beheerst door het recht van het land waar de distributeur zijn gewone verblijfplaats heeft;
g) een overeenkomst met betrekking tot de veiling van goederen wordt beheerst door het recht van het land waar de veiling plaatsvindt, indien die plaats kan worden bepaald;
h) een overeenkomst die overeenkomstig niet-discretionaire regels is gesloten in het kader van een multilateraal systeem dat meerdere koop- en verkoopintenties van derden met betrekking tot financiële instrumenten in de zin van artikel 4, lid 1, punt 17, van Richtlijn 2004/39/EG samenbrengt of het samenbrengen daarvan vergemakkelijkt, en die wordt beheerst door één recht, wordt beheerst door dat recht.
– 2. Indien de overeenkomst niet onder lid 1 valt of de bestanddelen van de overeenkomst onder meer dan een van de punten a) tot en met h) van lid 1 vallen, wordt de overeenkomst beheerst door het recht van het land waar de partij die de kenmerkende prestatie van de overeenkomst moet verrichten, haar gewone verblijfplaats heeft.
– 3. Indien uit alle omstandigheden blijkt dat de overeenkomst een kennelijk nauwere band heeft met een ander land dan het in lid 1 of lid 2 bedoelde land, is het recht van dat andere land van toepassing.
– 4. Indien het toepasselijke recht niet overeenkomstig lid 1 of lid 2 kan worden vastgesteld, wordt de overeenkomst beheerst door het recht van het land waarmee zij het nauwst verbonden is.

Vervoerovereenkomsten

Art. 5

Vervoerovereenkomsten

– 1. Indien de partijen voor de overeenkomst voor het vervoer van goederen geen rechtskeuze overeenkomstig artikel 3 hebben gemaakt, wordt de overeenkomst beheerst door het recht van het land waar de vervoerder zijn gewone verblijfplaats heeft, mits de plaats van ontvangst of de plaats van aflevering of de gewone verblijfplaats van de verzender ook in dat land is gelegen. Indien niet aan deze voorwaarden is voldaan, wordt de overeenkomst beheerst door het recht van het land waar de plaats van aflevering, als door de partijen overeengekomen, is gelegen.

– 2. Indien de partijen voor de overeenkomst voor het vervoer van passagiers geen rechtskeuze overeenkomstig alinea 2 hebben gemaakt, wordt de overeenkomst beheerst door het recht van het land waar de passagier zijn gewone verblijfplaats heeft, mits de plaats van vertrek of de plaats van bestemming in dat land is gelegen. Indien niet aan deze voorwaarden is voldaan, is het recht van de plaats waar de vervoerder zijn gewone verblijfplaats heeft van toepassing.

De partijen kunnen als het recht dat overeenkomstig artikel 3 van toepassing is op een overeenkomst voor het vervoer van passagiers, alleen het recht kiezen van het land waar:

a) de passagier zijn gewone verblijfplaats heeft, of

b) de vervoerder zijn gewone verblijfplaats heeft, of

c) de vervoerder zijn hoofdvestiging heeft, of

d) het vertrek plaatsvindt, of

e) de aankomst plaatsvindt.

– 3. Indien uit het geheel der omstandigheden blijkt dat de overeenkomst, bij gebreke van een rechtskeuze, een kennelijk nauwere band heeft met een ander dan het in lid 1 of lid 2 bedoelde land, is het recht van dat andere land van toepassing.

Consumentenovereenkomsten

Art. 6

Consumentenovereenkomsten

– 1. Onverminderd de artikelen 5 en 7 wordt de overeenkomst gesloten door een natuurlijke persoon voor een gebruik dat als niet bedrijfs- of beroepsmatig kan worden beschouwd ('de consument') met een andere persoon die handelt in de uitoefening van zijn bedrijf of beroep ('de verkoper') beheerst door het recht van het land waar de consument zijn gewone verblijfplaats heeft, op voorwaarde dat:

a) de verkoper zijn commerciële of beroepsactiviteiten ontplooit in het land waar de consument woonplaats heeft, of

b) dergelijke activiteiten met ongeacht welke middelen richt op dat land of op verscheidene landen, met inbegrip van dat land,

en de overeenkomst onder die activiteiten valt.

– 2. Niettegenstaande lid 1 kunnen de partijen overeenkomstig artikel 3 het recht kiezen dat van toepassing is op een overeenkomst die voldoet aan de voorwaarden van lid 1. Deze keuze mag er evenwel niet toe leiden dat de consument de bescherming verliest welke hij geniet op grond van bepalingen waarvan niet bij overeenkomst kan worden afgeweken volgens het recht dat overeenkomstig lid 1 toepasselijk zou zijn geweest bij gebreke van rechtskeuze.

– 3. Indien niet is voldaan aan de in lid 1, onder a) of b) gestelde eisen, wordt het recht dat van toepassing is op een overeenkomst gesloten tussen een consument en een verkoper vastgesteld op basis van de artikelen 3 en 4.

– 4. Leden 1 en 2 zijn niet van toepassing op:

a) overeenkomsten tot verstrekking van diensten, wanneer de diensten aan de consument uitsluitend moeten worden verstrekt in een ander land dan dat waar hij zijn gewone verblijfplaats heeft;

b) vervoerovereenkomsten, met uitzondering van pakketreisovereenkomsten in de zin van Richtlijn 90/314/EEG van de Raad van 13 juni 1990 betreffende pakketreizen, met inbegrip van vakantiepakketten en rondreispakketten (1);

c) overeenkomsten die een zakelijk recht op een onroerend goed of de huur van een onroerend goed tot onderwerp hebben, met uitzondering van de overeenkomsten die een recht van deeltijds gebruik in de zin van Richtlijn 94/47/EG tot onderwerp hebben;

d) rechten en verplichtingen die een financieel instrument vormen en rechten en verplichtingen waardoor de voorwaarden voor de emissie, de openbare aanbieding of een overnamebod met betrekking tot verhandelbare effecten en de inschrijving en terugkoop van rechten van deelneming in instellingen voor collectieve beleggingen worden vastgelegd, voor zover deze geen verrichting van een financiële dienst vormen;

e) overeenkomsten die zijn gesloten binnen het type systeem dat onder de werkingssfeer van artikel 4, lid 1, onder h), valt.

(1) *PB* L 158 van 23.6.1990, blz. 59.

Art. 7

Verzekeringsovereenkomsten

– 1. Dit artikel is van toepassing op overeenkomsten als bedoeld in lid 2, ongeacht of het gedekte risico al dan niet is gelegen in een lidstaat, en voor alle andere verzekeringsovereenkomsten ter dekking van risico's die zijn gelegen op het grondgebied van de lidstaten. Dit artikel is niet van toepassing op herverzekeringsovereenkomsten.
– 2. Een verzekeringsovereenkomst ter dekking van een groot risico als omschreven in artikel 5, letter d), van Eerste Richtlijn 73/239/EEG van de Raad van 24 juli 1973 tot coördinatie van de wettelijke en bestuursrechtelijke bepalingen betreffende de toegang tot het directe verzekeringsbedrijf, met uitzondering van de levensverzekeringsbranche (1) wordt beheerst door het in overeenstemming met artikel 3 van deze verordening door de partijen gekozen recht
Voor zover het toepasselijke recht niet door de partijen is gekozen, wordt de verzekeringsovereenkomst beheerst door het recht van het land waar de verzekeraar zijn gewone verblijfplaats heeft. Indien uit alle omstandigheden van het geval blijkt dat de overeenkomst kennelijk nauwer verbonden is met een ander land, is het recht van dat andere land van toepassing.
– 3. In geval van een verzekeringsovereenkomst anders dan een overeenkomst die valt onder lid 2 kan overeenkomstig artikel 3 alleen het volgende recht door de partijen worden gekozen:
a) het recht van het land waar het risico gelegen is op het tijdstip waarop de overeenkomst wordt gesloten;
b) het recht van het land waar de polishouder zijn gewone verblijfplaats heeft;
c) in geval van een levensverzekering, het recht van de lidstaat waarvan de polishouder onderdaan is;
d) voor verzekeringsovereenkomsten ter dekking van risico's die beperkt zijn tot gebeurtenissen in een lidstaat, anders dan de lidstaat waar het risico is gelegen, het recht van die lidstaat;
e) indien de polishouder van een overeenkomst die onder dit lid valt een commerciële of industriële activiteit of een vrij beroep uitoefent en de verzekeringsovereenkomst twee of meer risico's dekt die met deze activiteiten verband houden en in verschillende lidstaten zijn gelegen, het recht van een van de betrokken lidstaten of het recht van het land waar de gewone verblijfplaats van de polishouder is gelegen.
Voor zover de lidstaten in de gevallen onder a), b) of e) een grotere vrijheid verlenen voor de keuze van het toepasselijke recht op de verzekeringsovereenkomst, kunnen de partijen van die vrijheid gebruikmaken.
Voor zover het toepasselijke recht overeenkomstig dit lid niet door de partijen is gekozen, wordt deze overeenkomst beheerst door het recht van de lidstaat waar het risico op het moment van sluiting van de overeenkomst is gelegen.
– 4. De volgende aanvullende voorschriften zijn van toepassing op verzekeringsovereenkomsten voor de dekking van risico's waarvoor een lidstaat een verplichting oplegt om een verzekering af te sluiten:
a) de verzekeringsovereenkomst voldoet niet aan de verplichting een verzekering af te sluiten, tenzij zij voldoet aan de specifieke bepalingen in verband met die verzekering die zijn vastgesteld door de lidstaat die de verplichting oplegt. Indien het recht van de lidstaat waar het risico is gelegen en het recht van de lidstaat die de verplichting oplegt om een verzekering af te sluiten, met elkaar in tegenspraak zijn, prevaleert laatstgenoemd recht;
b) in afwijking van de leden 2 en 3 kan een lidstaat bepalen dat de verzekeringsovereenkomst wordt beheerst door het recht van de lidstaat die de verplichting oplegt om een verzekering af te sluiten.
– 5. Voor de toepassing van lid 3, derde alinea, en lid 4, indien de overeenkomst in meer dan één lidstaat gelegen risico's dekt, wordt de overeenkomst beschouwd als bestaande uit verscheidene overeenkomsten die elk apart betrekking hebben op slechts één lidstaat.
– 6. Voor de doeleinden van dit artikel wordt het land waar het risico is gelegen vastgesteld in overeenstemming met artikel 2, onder d), van de Tweede Richtlijn 88/357/EEG van de Raad van 22 juni 1988 tot coördinatie van de wettelijke en bestuursrechtelijke bepalingen betreffende het directe verzekeringsbedrijf, met uitzondering van de levensverzekeringsbranche, en tot vaststelling van de bepalingen ter vergemakkelijking van de daadwerkelijke uitoefening van het vrij verrichten van diensten (1) en, in geval van de levensverzekeringsbranche, is het land waar het risico is gelegen het land van de verbintenis in de zin van artikel 1, lid 1, onder g), van Richtlijn 2002/83/EG.

(1) *PB* L 228 van 16.8.1973, blz. 3. Richtlijn laatstelijk gewijzigd bij Richtlijn 2005/68/EG van het Europees Parlement en de Raad (*PB* L 323 van 9.12.2005, blz. 1).
(1) *PB* L 172 van 4.7.1988, blz. 1. Richtlijn laatstelijk gewijzigd bij Richtlijn 2005/14/EG van het Europees Parlement en de Raad (*PB* L 149 van 11.6.2005, blz. 14).

Individuele arbeidsovereenkomsten

Art. 8

Arbeidsovereenkomsten

– 1. Een individuele arbeidsovereenkomst wordt beheerst door het recht dat de partijen overeenkomstig artikel 3 hebben gekozen. Deze keuze mag er evenwel niet toe leiden dat de werknemer de bescherming verliest welke hij geniet op grond van bepalingen waarvan niet bij overeenkomst kan worden afgeweken op grond van het recht dat overeenkomstig de leden 2, 3 en 4 van dit artikel toepasselijk zou zijn geweest bij gebreke van een rechtskeuze.

– 2. Voor zover het op een individuele arbeidsovereenkomst toepasselijke recht niet door de partijen is gekozen, wordt de overeenkomst beheerst door het recht van het land waar of, bij gebreke daarvan, van waaruit de werknemer ter uitvoering van de overeenkomst gewoonlijk zijn arbeid verricht. Het land waar de arbeid gewoonlijk wordt verricht wordt niet geacht te zijn gewijzigd wanneer de werknemer zijn arbeid tijdelijk in een ander land verricht.

– 3. Indien het toepasselijke recht niet overeenkomstig lid 2 kan worden vastgesteld, wordt de overeenkomst beheerst door het recht van het land waar zich de vestiging bevindt die de werknemer in dienst heeft genomen.

– 4. Indien uit het geheel der omstandigheden blijkt dat de overeenkomst een kennelijk nauwere band heeft met een ander dan het in lid 2 of lid 3 bedoelde land, is het recht van dat andere land van toepassing.

Bepalingen van bijzonder dwingend recht

Art. 9

Bijzonder dwingend recht

– 1. Bepalingen van bijzonder dwingend recht zijn bepalingen aan de inachtneming waarvan een land zoveel belang hecht voor de handhaving van zijn openbare belangen zoals zijn politieke, sociale of economische organisatie, dat zij moet worden toegepast op elk geval dat onder de werkingssfeer ervan valt, ongeacht welk recht overeenkomstig deze verordening overigens van toepassing is op de overeenkomst.

– 2. Niets in deze verordening beperkt de toepassing van de bepalingen van bijzonder dwingend recht van de rechter bij wie de zaak aanhangig is.

– 3. De rechter kan ook gevolg toekennen aan de bepalingen van bijzonder dwingend recht van het land waar de verbintenissen krachtens de overeenkomst moeten worden nagekomen of zijn nagekomen, voor zover die bepalingen van bijzonder dwingend recht de tenuitvoerlegging van de overeenkomst onwettig maken. Bij de beslissing of aan deze bepalingen gevolg moet worden toegekend, wordt rekening gehouden met hun aard en doel alsmede met de gevolgen die de toepassing of niet-toepassing van deze bepalingen zou kunnen hebben.

Bestaan en materiële geldigheid

Art. 10

Bestaan en materiële geldigheid

– 1. Het bestaan en de geldigheid van de overeenkomst of van een bepaling daarvan worden beheerst door het recht dat ingevolge deze verordening toepasselijk zou zijn, indien de overeenkomst of de bepaling geldig zou zijn.

– 2. Niettemin kan een partij zich, voor het bewijs dat zij haar toestemming niet heeft verleend, beroepen op het recht van het land waar zij haar gewone verblijfplaats heeft, indien uit de omstandigheden blijkt dat het niet redelijk zou zijn de gevolgen van haar gedrag te bepalen overeenkomstig het in het lid 1 bedoelde recht.

Formele geldigheid van overeenkomsten

Art. 11

Formele geldigheid

– 1. Een overeenkomst tussen personen die of personen wier vertegenwoordigers zich bij het sluiten van de overeenkomst in hetzelfde land bevinden, is naar de vorm geldig indien zij voldoet aan de vormvereisten van het recht dat ingevolge deze verordening de overeenkomst zelve beheerst, of van het recht van het land waar de overeenkomst wordt gesloten.

– 2. Een overeenkomst tussen personen die of personen wier vertegenwoordigers zich bij het sluiten van de overeenkomst in verschillende landen bevinden, is naar de vorm geldig indien zij voldoet aan de vormvereisten van het recht dat ingevolge deze verordening de overeenkomst zelve beheerst, of van het recht van het land waar een van de partijen of haar vertegenwoordiger zich op het moment van de sluiting bevindt, of van het recht van het land waar een van de partijen op dat moment haar gewone verblijfplaats heeft.

– 3. Een eenzijdige rechtshandeling die betrekking heeft op een reeds gesloten of nog te sluiten overeenkomst, is wat de vorm betreft geldig indien zij voldoet aan de vormvereisten van het recht dat de overeenkomst zelve ingevolge deze verordening beheerst of zou beheersen, of van het recht van het land waar die rechtshandeling is verricht, of van het recht van het land waar de persoon die ze heeft verricht op dat ogenblik zijn gewone verblijfplaats had.

– 4. De leden 1, 2 en 3 van dit artikel zijn niet van toepassing op overeenkomsten waarop arti-

kel 6 van toepassing is. Deze overeenkomsten worden wat de vorm betreft beheerst door het recht van het land waar de consument zijn gewone verblijfplaats heeft.
– 5. In afwijking van de leden 1 tot en met 4 wordt de overeenkomst die een zakelijk recht op, of de huur van, een onroerend goed tot voorwerp heeft, beheerst door de vormvoorschriften van het recht van het land waar het onroerend goed is gelegen, voor zover:
a) deze voorschriften gelden ongeacht het land waar de overeenkomst wordt gesloten en ongeacht het recht dat de overeenkomst beheerst, en
b) van deze voorschriften niet bij overeenkomst kan worden afgeweken.

De onderwerpen die het toepasselijke recht beheerst

Art. 12

Toepasselijke onderwerpen

– 1. Het recht dat ingevolge deze verordening op de overeenkomst van toepassing is, beheerst met name:
a) de uitlegging ervan;
b) de nakoming ervan;
c) de gevolgen van gehele of gedeeltelijke tekortkoming, daaronder begrepen de vaststelling van de schade voor zover hiervoor rechtsregels gelden, een en ander binnen de grenzen welke het procesrecht van de rechter aan diens bevoegdheden stelt;
d) de verschillende wijzen waarop verbintenissen tenietgaan, alsmede de verjaring en het verval van rechten als gevolg van het verstrijken van een termijn;
e) de gevolgen van de nietigheid van de overeenkomst.
– 2. Ten aanzien van de wijze van nakoming en de door de schuldeiser in geval van tekortkoming te nemen maatregelen, wordt rekening gehouden met het recht van het land waar de overeenkomst wordt nagekomen.

Handelingsonbekwaamheid en handelingsonbevoegdheid

Art. 13

Handelingsonbekwaamheid en handelingsonbevoegdheid

Bij een overeenkomst die is gesloten tussen personen die zich in eenzelfde land bevinden, kan een natuurlijke persoon die volgens het recht van dat land handelingsbekwaam en handelingsbevoegd is, zich slechts beroepen op het feit dat hij volgens het recht van een ander land handelingsonbekwaam en handelingsonbevoegd is, indien de wederpartij ten tijde van de sluiting van de overeenkomst deze onbekwaamheid of onbevoegdheid kende of door nalatigheid niet kende.

Cessie van vorderingen en contractuele subrogatie

Art. 14

Cessie en subrogatie

– 1. De betrekkingen tussen cedent en cessionaris of tussen subrogant en gesubrogeerde uit hoofde van een contractuele subrogatie van een vordering op een andere persoon ('de schuldenaar') worden beheerst door het recht dat ingevolge deze verordening op de tussen hen bestaande overeenkomst van toepassing is.
– 2. Het recht dat de gecedeerde of gesubrogeerde vordering beheerst, bepaalt de vraag of de vordering voor cessie of subrogatie vatbaar is alsmede de betrekkingen tussen cessionaris of subrogant en schuldenaar, de voorwaarden waaronder de cessie of subrogatie aan de schuldenaar kan worden tegengeworpen en of de schuldenaar door betaling is bevrijd.
– 3. Het concept cessie in dit artikel omvat daadwerkelijke overdrachten van vorderingen, overdrachten van vorderingen tot zekerheid alsmede verpandingen en andere zekerheidsrechten op vorderingen.

Wettelijke subrogatie

Art. 15

Wettelijke subrogatie

Indien een persoon ('de schuldeiser') een vordering uit overeenkomst heeft jegens een andere persoon ('de schuldenaar') en een derde verplicht is de schuldeiser te voldoen, dan wel deze reeds door de derde op grond van deze verplichting is voldaan, bepaalt het recht dat op de verplichting van de derde van toepassing is, of en in welke mate de derde jegens de schuldenaar de rechten kan uitoefenen die de schuldeiser jegens de schuldenaar had overeenkomstig het recht dat hun betrekkingen beheerst.

Hoofdelijke schuldenaars

Art. 16

Hoofdelijke schuldenaars

Indien een schuldeiser een vordering heeft op verscheidene, voor dezelfde schuldvordering aansprakelijke schuldenaren, van wie er één de vordering reeds geheel of ten dele heeft voldaan, dan beheerst het recht dat op de verbintenis van deze schuldenaar jegens de schuldeiser van toepassing is, het recht van regres van deze schuldenaar op de andere schuldenaren. De andere schuldenaren kunnen zich beroepen op de weren die zij tegen de schuldeiser zouden kunnen aanvoeren op grond van het recht dat hun verbintenissen jegens de schuldeiser beheerst.

Verrekening

Art. 17

Verrekening

Indien de bevoegdheid tot verrekening niet op een overeenkomst tussen de partijen berust, wordt de verrekening beheerst door het recht dat toepasselijk is op de vordering ten aanzien waarvan men zich op verrekening beroept.

Bewijs

Art. 18

Bewijs

– 1. Het recht dat ingevolge deze verordening de verbintenis uit overeenkomst beheerst, is van toepassing voor zover het ter zake van verbintenissen uit overeenkomst wettelijke vermoedens vestigt of de bewijslast regelt.

– 2. Rechtshandelingen kunnen worden bewezen door elk middel dat is toegelaten door het recht van de rechter of door een van de in artikel 11 bedoelde rechtsstelsels volgens hetwelk de rechtshandeling wat haar vorm betreft geldig is, voor zover het bewijs op deze wijze kan worden geleverd voor de rechter bij wie de zaak aanhangig is.

HOOFDSTUK III

Overige bepalingen

De gewone verblijfplaats

Art. 19

Gewone verblijfplaats

– 1. Voor de toepassing van deze verordening is de gewone verblijfplaats van vennootschappen, verenigingen of rechtspersonen de plaats van hun hoofdbestuur.

In deze verordening wordt onder de gewone verblijfplaats van een natuurlijk persoon bij de uitoefening van zijn bedrijfsactiviteit verstaan, de hoofdvestiging.

– 2. Indien de overeenkomst is gesloten in het kader van de uitoefening van de activiteiten van een filiaal, agentschap of andere vestiging of indien het filiaal, het agentschap of de vestiging volgens de overeenkomst verantwoordelijk is voor de uitvoering, wordt de plaats waar het filiaal, het agentschap of een vestiging zich bevindt, als de gewone verblijfplaats beschouwd.

– 3. Het tijdstip van sluiting van de overeenkomst is bepalend voor de vaststelling van de gewone verblijfplaats.

Uitsluiting van herverwijzing

Art. 20

Uitsluiting herverwijzing

Wanneer deze verordening de toepassing van het recht van een land voorschrijft, worden daaronder verstaan de rechtsregels die in dat land gelden met uitsluiting van het internationaal privaatrecht, tenzij in deze verordening anders wordt bepaald.

Openbare orde van het forum

Art. 21

Openbare orde

De toepassing van een bepaling van het door deze verordening aangewezen recht kan slechts terzijde worden gesteld indien deze toepassing kennelijk onverenigbaar is met de openbare orde van het land van de rechter.

Staten met meer dan een rechtssysteem

Art. 22

Meer dan een rechtssysteem

– 1. In het geval van een staat die meerdere territoriale eenheden telt welke ieder hun eigen rechtsregels inzake verbintenissen uit overeenkomst bezitten, wordt voor het bepalen van het overeenkomstig deze verordening toe te passen recht elke territoriale eenheid als een land beschouwd.

– 2. Een lidstaat die verschillende territoriale eenheden met eigen rechtsregels inzake verbintenissen uit overeenkomst telt, is niet verplicht deze verordening toe te passen op gevallen waarin uitsluitend rechtsregels van deze territoriale eenheden voor toepassing in aanmerking komen.

Verhouding tot andere bepalingen van Gemeenschapsrecht

Art. 23

Gemeenschapsrecht

Met uitzondering van artikel 7 laat deze verordening onverlet de toepassing van de in de bepalingen van het Gemeenschapsrecht vervatte en op bepaalde gebieden geldende regels inzake het toepasselijk recht op verbintenissen uit overeenkomst.

Verhouding tot het Verdrag van Rome

Art. 24

Verdrag van Rome

– 1. Deze verordening vervangt het Verdrag van Rome in de lidstaten, uitgezonderd ten aanzien van de grondgebieden van de lidstaten die onder de territoriale werkingssfeer van dat verdrag vallen en waarop deze verordening niet van toepassing is overeenkomstig artikel 299 van het Verdrag.
– 2. Voor zover deze verordening in de plaats komt van het Verdrag van Rome, geldt elke verwijzing naar dat verdrag als een verwijzing naar deze verordening.

Verhouding tot bestaande internationale verdragen

Art. 25

Internationale verdragen

– 1. Deze verordening laat onverlet de toepassing van internationale overeenkomsten waarbij een of meer lidstaten op het tijdstip van de vaststelling van de verordening partij zijn en die regels bevatten inzake het toepasselijk recht op verbintenissen uit overeenkomst.
– 2. Deze verordening heeft echter tussen de lidstaten voorrang op uitsluitend tussen lidstaten gesloten overeenkomsten, voor zover deze betrekking hebben op aangelegenheden waarop deze verordening van toepassing is.

Lijst van overeenkomsten

Art. 26

Lijst overeenkomsten

– 1. De lijst van de in artikel 25, lid 1, bedoelde overeenkomsten wordt door de lidstaten uiterlijk op 17 juni 2009 aan de Commissie bezorgd. De lidstaten delen aan de Commissie elke na die datum gedane opzegging van een overeenkomst mee.
– 2. Binnen zes maanden na ontvangst van de in lid 1 bedoelde lijst van overeenkomsten en opzeggingen geeft de Commissie in het *Publicatieblad van de Europese Unie* kennis van:
a) een lijst van de in lid 1 bedoelde overeenkomsten;
b) de in lid 1 bedoelde opzeggingen.

Herzieningsclausule

Art. 27

Evaluatiebepaling

– 1. Uiterlijk op 17 juni 2013 brengt de Commissie aan het Europees Parlement, de Raad en het Europees Economisch en Sociaal Comité verslag uit over de toepassing van deze verordening. Het verslag gaat zo nodig vergezeld van voorstellen tot wijziging van deze verordening. Het verslag omvat:
a) een studie over het recht dat van toepassing is op verzekeringsovereenkomsten en een beoordeling van de gevolgen van de eventueel in te voeren bepalingen, en
b) een evaluatie van de toepassing van artikel 6, met name wat betreft de samenhang van het Gemeenschapsrecht op het gebied van de consumentenbescherming.
– 2. Uiterlijk op 17 juni 2010 brengt de Commissie aan het Europees Parlement, de Raad en het Europees Economisch en Sociaal Comité verslag uit over het vraagstuk van de werking van een cessie of subrogatie van een vordering jegens derden en de voorrang van de gecedeerde of gesubrogeerde vordering boven een recht van een ander persoon. Het verslag gaat zo nodig vergezeld van een voorstel tot wijziging van deze verordening en een beoordeling van de gevolgen van de in te voeren bepalingen.

Toepassing in de tijd

Art. 28

Reikwijdte

Deze verordening is van toepassing op overeenkomsten die na 17 december 2009 zijn gesloten.

HOOFDSTUK IV
Slotbepalingen

Inwerkingtreding en toepassing

Art. 29

Inwerkingtreding

Deze verordening treedt in werking op de twintigste dag volgende op die van haar bekendmaking in het *Publicatieblad van de Europese Unie*.
Zij is van toepassing met ingang van 17 december 2009 met uitzondering van artikel 26 dat vanaf 17 juni 2009 van toepassing is.
Deze verordening is verbindend in al haar onderdelen en is rechtstreeks toepasselijk in elke lidstaat overeenkomstig het Verdrag tot oprichting van de Europese Gemeenschap.

II.21 VERDRAG DER VERENIGDE NATIES INZAKE INTERNATIONALE KOOPOVEREENKOMSTEN BETREFFENDE ROERENDE ZAKEN [VERTALING] (WEENS KOOPVERDRAG)

Verdrag van 11 april 1980, Trb. 1986, 61

[Inwerkingtreding: 01-01-1988]

De Staten die partij zijn bij dit Verdrag,
Indachtig de algemene doelstellingen vervat in de tijdens de zesde bijzondere zitting van de Algemene Vergadering van de Verenigde Naties aangenomen resoluties inzake de vestiging van een Nieuwe Internationale Economische Orde,
Overwegende dat de ontwikkeling van de internationale handel op basis van gelijkheid en wederzijds voordeel een belangrijke rol speelt bij het bevorderen van vriendschappelijke betrekkingen tussen Staten,
Van oordeel zijnde, dat de aanneming van eenvormige regels die van toepassing zijn op de internationale koop van roerende zaken en waarbij rekening wordt gehouden met de verschillende sociale, economische en juridische stelsels, zou bijdragen tot het wegnemen van juridische belemmeringen in de internationale handel en de ontwikkeling van de internationale handel zou bevorderen,
Zijn overeengekomen als volgt:

DEEL I
Toepassingsgebied en algemene bepalingen

HOOFDSTUK I
Toepassingsgebied

Art. 1

Werkingssfeer: internationale koopovereenkomsten van roerende goederen

– 1. Dit Verdrag is van toepassing op koopovereenkomsten betreffende roerende zaken tussen partijen die in verschillende Staten gevestigd zijn:
a. wanneer die Staten Verdragsluitende Staten zijn; of
b. wanneer volgens de regels van internationaal privaatrecht het recht van een Verdragsluitende Staat van toepassing is.
– 2. Het feit dat de partijen hun vestigingen in verschillende Staten hebben, dient buiten beschouwing te worden gelaten wanneer zulks niet blijkt uit de overeenkomst, of uit transacties tussen dan wel uit informatie verstrekt door de partijen te eniger tijd vóór of bij het sluiten van de overeenkomst.
– 3. Voor de toepasselijkheid van het Verdrag is zonder belang welke nationaliteit de partijen hebben, of zij kooplieden zijn en of de overeenkomst burgerrechtelijk dan wel handelsrechtelijk van aard is.

Art. 2

Uitzonderingen

Dit Verdrag is niet van toepassing op:
a. de koop van roerende zaken, gekocht voor persoonlijk gebruik of voor gebruik in gezin of huishouding, tenzij de verkoper te eniger tijd vóór of bij het sluiten van de overeenkomst niet wist of had behoren te weten dat de zaken voor zodanig gebruik werden gekocht;
b. de koop op een openbare veiling;
c. een executoriale of anderszins gerechtelijke verkoop;
d. de koop van effecten, waardepapieren en betaalmiddelen;
e. de koop van zeeschepen, binnenvaartschepen, luchtkussenvaartuigen of luchtvaartuigen;
f. de koop van elektrische energie.

Art. 3

Analogie

– 1. Met koopovereenkomsten staan gelijk overeenkomsten tot levering van te vervaardigen of voort te brengen roerende zaken, tenzij de partij die de zaken bestelt een wezenlijk deel van de voor de vervaardiging of voortbrenging benodigde grondstoffen moet verschaffen.
– 2. Dit Verdrag is niet van toepassing op overeenkomsten waarin het belangrijkste deel van de verplichtingen van de partij die de roerende zaken levert, bestaat in de verstrekking van arbeidskracht of de verlening van andere diensten.

Art. 4

Beperkingen

Dit Verdrag regelt uitsluitend de totstandkoming van koopovereenkomsten en de rechten en verplichtingen van verkoper en koper voortvloeiend uit een zodanige overeenkomst. Behoudens voorzover uitdrukkelijk anders is bepaald in dit Verdrag, heeft het in het bijzonder geen betrekking op:
a. de geldigheid van de overeenkomst of van de daarin vervatte bedingen, dan wel de bindende kracht van gewoonten;

b. de gevolgen die de overeenkomst kan hebben voor de eigendom van de verkochte zaken.

Art. 5

Geen toepassingen

Dit Verdrag is niet van toepassing op de aansprakelijkheid van de verkoper voor dood of letsel veroorzaakt door de zaken.

Art. 6

Afwijzingen

De partijen kunnen de toepassing van dit Verdrag uitsluiten of, onverminderd het bij artikel 12 bepaalde, afwijken van elk van de bepalingen hiervan, dan wel het gevolg daarvan wijzigen.

HOOFDSTUK II
Algemene bepalingen

Art. 7

Interpretatie van het Verdrag

– 1. Bij de uitleg van dit Verdrag dient rekening te worden gehouden met het internationale karakter ervan en met de noodzaak eenvormigheid in de toepassing ervan en naleving van de goede trouw in de internationale handel te bevorderen.

– 2. Vragen betreffende de door dit Verdrag geregelde onderwerpen, die hierin niet uitdrukkelijk zijn beslist, worden opgelost aan de hand van de algemene beginselen waarop dit Verdrag berust, of bij ontstentenis van zodanige beginselen, in overeenstemming met het krachtens de regels van internationaal privaatrecht toepasselijke recht.

Art. 8

Interpretatie van wilsverklaringen

– 1. Voor de toepassing van dit Verdrag dienen verklaringen afgelegd door en andere gedragingen van een partij te worden uitgelegd in overeenstemming met haar bedoeling, wanneer de andere partij die bedoeling kende of daarvan niet onkundig kon zijn.

– 2. Indien het voorgaande lid niet van toepassing is, dienen verklaringen afgelegd door, dan wel andere gedragingen van een partij te worden uitgelegd overeenkomstig de zin die een redelijk persoon van gelijke hoedanigheid als de andere partij in dezelfde omstandigheden hieraan zou hebben toegekend.

– 3. Bij het bepalen van de bedoeling van een partij of de zin die een redelijk persoon daaraan zou hebben toegekend, dient naar behoren rekening te worden gehouden met alle ter zake dienende omstandigheden van het geval, waaronder begrepen de onderhandelingen, eventuele handelwijzen die tussen partijen gebruikelijk zijn, gewoonten en alle latere gedragingen van partijen.

Art. 9

Binding

– 1. De partijen zijn gebonden door elke gewoonte waarmee zij hebben ingestemd en door alle handelwijzen die tussen hen gebruikelijk zijn.

– 2. Tenzij anders is overeengekomen, worden partijen geacht op hun overeenkomst of de totstandkoming hiervan stilzwijgend toepasselijk te hebben verklaard een gewoonte waarmee zij bekend waren of behoorden te zijn en die in de internationale handel op grote schaal bekend is aan, en regelmatig wordt nageleefd door partijen bij overeenkomsten van dezelfde soort in de desbetreffende handelsbranche.

Art. 10

Vestigingsplaats

Voor de toepassing van dit Verdrag:

a. is de vestiging, indien een partij meer dan één vestiging heeft, die welke het nauwst is betrokken bij de overeenkomst en de uitvoering hiervan, gelet op de op enig tijdstip vóór, of bij het sluiten van de overeenkomst aan partijen bekende of door hen in aanmerking genomen omstandigheden;

b. wordt, indien een partij geen vestiging heeft, zijn gewone verblijfplaats als zodanig aangemerkt.

Art. 11

De verbintenis

Een koopovereenkomst behoeft niet door middel van een geschrift te worden gesloten of bewezen en is aan geen enkel ander vormvereiste onderworpen. Zij kan door alle bewijsmiddelen, getuigen daaronder begrepen, worden bewezen.

Art. 12

Schriftelijke verplichting

Enigerlei bepaling in artikel 11, artikel 29 of Deel II van dit Verdrag, krachtens welke het is toegestaan op andere wijze dan door middel van een geschrift een koopovereenkomst te sluiten, te wijzigen of door enkele wilsovereenstemming te beëindigen dan wel een aanbod te doen of te aanvaarden of een andere wilsuiting te doen, is niet van toepassing wanneer een van de partijen haar vestiging heeft in een Verdragsluitende Staat die een verklaring heeft afgelegd ingevolge artikel 96 van dit Verdrag. Partijen mogen niet afwijken van dit artikel of het gevolg ervan wijzigen.

Art. 13

Voor de toepassing van dit Verdrag worden onder 'geschrift' mede verstaan een telegram en een telexbericht.

DEEL II
Totstandkoming van de overeenkomst

Art. 14

Aanbod

– 1. Een voorstel tot het sluiten van een overeenkomst, gericht tot één of meer bepaalde personen vormt een aanbod, indien het voldoende bepaald is en daaruit blijkt van de wil van de aanbieder om in geval van aanvaarding gebonden te zijn. Een voorstel is voldoende bepaald, indien daarin de zaken worden aangeduid en de hoeveelheid en de prijs uitdrukkelijk of stilzwijgend worden vastgesteld of bepaalbaar zijn.

Uitnodiging tot doen van een aanbod

– 2. Een ander voorstel dan een dat is gericht tot één of meer bepaalde personen dient louter te worden beschouwd als een uitnodiging tot het doen van een aanbod, tenzij door de persoon die het voorstel doet duidelijk het tegendeel wordt aangegeven.

Art. 15

Inwerkingtreding van het aanbod

– 1. Een aanbod wordt van kracht wanneer het de wederpartij bereikt.
– 2. Een aanbod kan, zelfs indien het onherroepelijk is, worden ingetrokken, indien de intrekking ervan de wederpartij eerder dan of gelijktijdig met het aanbod bereikt.

Art. 16

Herroepen van het aanbod

– 1. Een aanbod kan worden herroepen totdat de overeenkomst is gesloten, indien die herroeping de wederpartij bereikt voordat deze een aanvaarding heeft verzonden.
– 2. Een aanbod kan echter niet worden herroepen:
a. indien hierin, hetzij door het noemen van een vaste termijn voor aanvaarding, hetzij anderszins, wordt aangegeven dat het onherroepelijk is; of
b. indien het redelijk was dat de wederpartij erop vertrouwde dat het onherroepelijk was en de wederpartij in vertrouwen op het aanbod heeft gehandeld.

Art. 17

Vervallen van het aanbod

Een aanbod vervalt, ook indien het onherroepelijk is, wanneer een verwerping de aanbieder bereikt.

Art. 18

Aanvaarding

– 1. Een verklaring afgelegd door, of een andere gedraging van de wederpartij, waaruit blijkt van instemming met een aanbod, is een aanvaarding. Stilzwijgen of niet reageren geldt op zichzelf niet als aanvaarding.

Inwerkingtreding

– 2. Een aanvaarding van een aanbod wordt van kracht op het tijdstip waarop het blijk van instemming de aanbieder bereikt. Een aanvaarding is niet van kracht, indien het blijk van instemming de aanbieder niet bereikt binnen de door hem gestelde termijn of, indien er geen termijn is gesteld, binnen een redelijke termijn, in aanmerking genomen de omstandigheden van de transactie, waaronder de snelheid van de door de aanbieder gebezigde communicatiemiddelen. Een mondeling aanbod moet onmiddellijk worden aanvaard, tenzij uit de omstandigheden anders blijkt.

Stilzwijgende aanvaarding

– 3. Indien echter op grond van het aanbod, de tussen partijen gebruikelijke handelwijzen of de gewoonte, de wederpartij van haar instemming kan doen blijken door het verrichten van een handeling, bijvoorbeeld met betrekking tot de verzending van de zaken of het betalen van de prijs, zonder kennisgeving aan de aanbieder, is de aanvaarding van kracht op het tijdstip waarop de handeling wordt verricht, mits de handeling wordt verricht binnen de in het voorgaande lid bedoelde termijn.

Art. 19

Tegenaanbod

– 1. Een antwoord op een aanbod dat tot aanvaarding strekt, maar aanvullingen, beperkingen of andere wijzigingen bevat, geldt als een verwerping van het aanbod en vormt een tegenaanbod.

Niet wezenlijke wijziging

– 2. Bevat een tot aanvaarding strekkend antwoord op een aanbod aanvullingen of afwijkingen, die de voorwaarden van het aanbod niet wezenlijk aantasten, dan geldt dit niettemin als aanvaarding, tenzij de aanbieder, zonder onnodig uitstel, mondeling bezwaar maakt tegen de verschillen of een hiertoe strekkende kennisgeving verzendt. Doet hij dit niet, dan wordt de inhoud van de overeenkomst bepaald door de voorwaarden van het aanbod zoals gewijzigd bij de aanvaarding.

Wezenlijke wijziging

– 3. Aanvullende of afwijkende voorwaarden met betrekking tot onder andere de prijs, betaling, kwaliteit en hoeveelheid van de zaken, plaats en tijd van aflevering, omvang van aansprakelijkheid van één van beide partijen jegens de andere of de beslechting van geschillen worden geacht de voorwaarden van het aanbod wezenlijk aan te tasten.

Art. 20

Termijn voor aanvaarding

– 1. Een door de aanbieder in een telegram of een brief gestelde termijn voor aanvaarding gaat in op het tijdstip waarop het telegram aangeboden voor verzending of op de dag waarop de brief is gedateerd, of indien de brief niet is gedateerd, op de datum van het postmerk op de enveloppe. Een telefonisch, per telex of via een andere vorm van onmiddellijke communicatie gestelde termijn voor aanvaarding gaat in op het tijdstip waarop het aanbod de geadresseerde bereikt.

– 2. Officiële feestdagen of vrije dagen die vallen binnen de voor aanvaarding gestelde termijn worden bij de berekening van deze termijn inbegrepen. Indien een kennisgeving van aanvaarding niet kan worden afgegeven aan het adres van de aanbieder op de laatste dag van deze termijn, omdat deze valt op een officiële feestdag of een vrije dag op de plaats van vestiging van de aanbieder, wordt de termijn echter verlengd tot de eerstvolgende werkdag.

Art. 21

Te late aanvaarding

– 1. Een te late aanvaarding geldt niettemin als aanvaarding, indien de aanbieder zulks zonder uitstel mondeling ter kennis brengt van de wederpartij, of een hiertoe strekkende kennisgeving verzendt.

– 2. Indien uit een brief of ander geschrift dat een te late aanvaarding bevat, blijkt dat verzending onder zodanige omstandigheden heeft plaatsgevonden dat hij bij normale overbrenging de aanbieder tijdig zou hebben bereikt, geldt de te late aanvaarding als aanvaarding, tenzij de aanbieder onverwijld de wederpartij mondeling verwittigt dat hij zijn aanbod als vervallen beschouwt of een hiertoe strekkende kennisgeving verzendt.

Art. 22

Intrekken van aanvaarding

Een aanvaarding kan worden ingetrokken indien de intrekking de aanbieder bereikt vóór of op het tijdstip waarop de aanvaarding van kracht zou zijn geworden.

Art. 23

In werking treden van de verbintenis

Een overeenkomst komt tot stand op het tijdstip waarop een aanvaarding van een aanbod van kracht wordt in overeenstemming met het bepaalde in dit Verdrag.

Art. 24

Ontvangst

Voor de toepassing van dit Deel van het Verdrag 'bereikt' een aanbod, een verklaring van aanvaarding of enige andere verklaring de wederpartij, wanneer die haar mondeling is gedaan of anderszins is afgegeven aan haar persoonlijk, aan haar vestiging of postadres, of, indien zij geen vestiging of postadres heeft, aan haar gewone verblijfplaats.

DEEL III
Koop van roerende zaken

HOOFDSTUK 1
Algemene bepalingen

Art. 25

Wanprestatie

Een tekortkoming van een der partijen in de nakoming van de uit de overeenkomst voortvloeiende verbintenissen is wezenlijk, indien zij leidt tot zodanige schade voor de andere partij dat haar in aanmerkelijke mate wordt onthouden wat zij uit hoofde van de overeenkomst mag verwachten, tenzij de partij die tekort schiet, dit gevolg niet heeft voorzien en een redelijk persoon van dezelfde hoedanigheid in dezelfde omstandigheden het evenmin zou hebben voorzien.

Art. 26

Ontbinding

Een verklaring van ontbinding van de overeenkomst is uitsluitend geldig indien zij geschiedt door middel van een kennisgeving aan de andere partij.

Art. 27

Communicatiestoornis

Indien een kennisgeving, verzoek of andere mededeling door een partij wordt gedaan in overeenstemming met dit Deel van het Verdrag en met in de omstandigheden passende middelen, ontneemt een vertraging of vergissing bij het overbrengen van de mededeling of het niet aankomen hiervan die partij niet het recht zich op de mededeling te beroepen, tenzij in dit Deel uitdrukkelijk anders wordt bepaald.

Art. 28

Bevoegdheid rechter

Indien in overeenstemming met het bepaalde in dit Verdrag een partij het recht heeft de nakoming van een verplichting door de andere partij te verlangen, is de rechter niet gehouden tot nakoming te veroordelen, tenzij de rechter dit op grond van zijn eigen recht eveneens zou doen met betrekking tot soortgelijke koopovereenkomsten, waarop dit Verdrag niet van toepassing is.

Art. 29

Wijziging en beëindiging

– 1. Een overeenkomst kan worden gewijzigd of beëindigd door enkele wilsovereenstemming tussen de partijen.

– 2. Een bij geschrift gesloten overeenkomst die een bepaling bevat krachtens welke iedere wijziging of beëindiging door wilsovereenstemming bij geschrift dient te geschieden, kan niet op andere wijze door wilsovereenstemming worden gewijzigd of beëindigd. Het gedrag van een partij kan haar echter beletten zich op een zodanige bepaling te beroepen, voor zover de andere partij op dat gedrag heeft vertrouwd.

HOOFDSTUK II
Verplichtingen van de verkoper

Art. 30

Verplichting van de verkoper

De verkoper moet de zaken afleveren, zo nodig de documenten afgeven en de eigendom van de zaken overdragen, een en ander volgens de bepalingen van de overeenkomst en van dit Verdrag.

AFDELING I
Aflevering van de roerende zaken en afgifte van documenten

Art. 31

Wijze van levering

Indien de verkoper niet gehouden is de zaken op enige andere bepaalde plaats af te leveren, bestaat zijn verplichting tot aflevering:
a. indien de koopovereenkomst tevens het vervoer van de zaken omvat – uit het afgeven van de zaken aan de eerste vervoerder ter verzending aan de koper;
b. indien, in andere gevallen dan onder *a* bedoeld, de overeenkomst betrekking heeft op individueel bepaalde zaken, dan wel op naar de soort bepaalde zaken die van een bepaalde voorraad moeten worden afgenomen of die nog moeten worden vervaardigd of voortgebracht en de partijen op het tijdstip van het sluiten van de overeenkomst wisten dat de zaken zich bevonden, of moesten worden vervaardigd of voortgebracht, op een bepaalde plaats – uit het op die plaats ter beschikking stellen van de zaken aan de koper;
c. in andere gevallen – uit het ter beschikking stellen van de zaken aan de koper op de plaats waar de verkoper zijn vestiging had ten tijde van het sluiten van de overeenkomst.

Art. 32

Vervoer

– 1. Indien de verkoper, in overeenstemming met de overeenkomst of dit Verdrag, de zaken afgeeft aan een vervoerder en indien de zaken niet duidelijk zijn bestemd tot uitvoering van de overeenkomst door merktekens, door verzendingsdocumenten of anderszins, moet de verkoper de koper in kennis stellen van de verzending, onder nauwkeurige omschrijving van de zaken.
– 2. Indien de verkoper gehouden is voor het vervoer van de zaken zorg te dragen, moet hij die overeenkomsten sluiten die nodig zijn voor het vervoer naar de vastgestelde plaats, zulks met in de omstandigheden passende vervoermiddelen en onder de voor zodanig vervoer gebruikelijke voorwaarden.

Verzekering

– 3. Indien de verkoper niet gehouden is een verzekering af te sluiten met betrekking tot het vervoer van de zaken, moet hij de koper op diens verzoek alle beschikbare informatie verstrekken die nodig is om hem in staat te stellen een zodanige verzekering af te sluiten.

Art. 33

Tijdstip levering

De verkoper moet de zaken afleveren:
a. indien er een datum is bepaald of bepaald kan worden op grond van de overeenkomst, op die datum;
b. indien er een termijn is bepaald in of bepaald kan worden op grond van de overeenkomst, op enig tijdstip binnen de termijn, tenzij uit de omstandigheden blijkt dat de koper een datum moet kiezen; of
c. in alle andere gevallen, binnen een redelijke termijn na het sluiten van de overeenkomst.

Art. 34

Documenten

Indien de verkoper gehouden is documenten met betrekking tot de zaken af te geven, moet hij deze afgeven op het tijdstip, en op de plaats en in de vorm die door de overeenkomst worden vereist. Indien de verkoper vóór dat tijdstip documenten heeft afgegeven, kan hij tot op het voorgeschreven tijdstip eventuele onvolkomenheden in de documenten rechtzetten, indien de uitoefening van dit recht voor de koper geen onredelijk ongerief of onredelijke kosten meebrengt. De koper behoudt echter zijn recht op schadevergoeding overeenkomstig dit Verdrag.

AFDELING II
Het beantwoorden van de zaken aan de overeenkomst en rechten van derden

Art. 35

Afleveren conform overeenkomst

– 1. De verkoper dient zaken af te leveren waarvan de hoeveelheid, de kwaliteit en de omschrijving voldoen aan de in de overeenkomst gestelde eisen en die zijn verpakt op de in de overeenkomst vereiste wijze.
– 2. Tenzij partijen anders zijn overeengekomen, beantwoorden de zaken slechts dan aan de overeenkomst, indien zij:
a. geschikt zijn voor de doeleinden waarvoor zaken van dezelfde omschrijving gewoonlijk zouden worden gebruikt;
b. geschikt zijn voor een bijzonder doel dat uitdrukkelijk of stilzwijgend aan de verkoper ter kennis is gebracht op het tijdstip van het sluiten van de overeenkomst, tenzij uit de omstandig-

heden blijkt dat de koper niet vertrouwde of redelijkerwijs niet mocht vertrouwen op de vakbekwaamheid en het oordeel van de verkoper;
c. de hoedanigheden bezitten van zaken die de verkoper als monster of model aan de koper heeft aangeboden;
d. zijn verpakt op de voor zodanige zaken gebruikelijke wijze of, indien er hiervoor geen gangbare handelwijze bestaat, op een met het oog op bescherming en behoud van de zaken passende wijze.
– 3. De verkoper is niet ingevolge het in het voorgaande lid onder *a-d* bepaalde aansprakelijk voor het niet beantwoorden van de zaken aan de overeenkomst, indien de koper op het tijdstip van het sluiten van de overeenkomst wist of had behoren te weten dat de zaken niet aan de overeenkomst beantwoordden.

Art. 36

Aansprakelijkheid verkoper

– 1. De verkoper is in overeenstemming met de overeenkomst en dit Verdrag aansprakelijk indien de zaken niet aan de overeenkomst beantwoorden op het tijdstip waarop het risico op de koper overgaat, ook al blijkt zulks eerst daarna.
– 2. De verkoper is tevens aansprakelijk voor elk niet beantwoorden van de zaken aan de overeenkomst hetwelk optreedt na het in het voorgaande lid genoemde tijdstip en te wijten is aan een tekortkoming in de nakoming van een van zijn verplichtingen, waaronder begrepen een garantie dat de zaken gedurende een bepaalde tijd geschikt zullen blijven voor het doel waarvoor zij normaal bestemd zijn of voor enigerlei bijzonder doel, dan wel nader aangegeven hoedanigheden of kenmerken zullen behouden.

Art. 37

Herstellen van gebreken

Indien de verkoper zaken heeft afgeleverd vóór de afleveringsdatum, mag hij tot aan die datum een eventueel ontbrekend deel afleveren of een eventueel tekort in de afgeleverde hoeveelheid zaken aanvullen, dan wel zaken die niet aan de overeenkomst beantwoorden vervangen of herstellen, mits de uitoefening van dit recht voor de koper geen onredelijk ongerief of onredelijke kosten meebrengt. De koper behoudt echter zijn recht op schadevergoeding overeenkomstig dit Verdrag.

Art. 38

Inspectie

– 1. De koper moet de zaken binnen een, gelet op de omstandigheden zo kort mogelijke, termijn keuren of doen keuren.
– 2. Indien de overeenkomst tevens het vervoer van de zaken omvat, kan de keuring worden uitgesteld tot na de aankomst van de zaken op hun bestemming.
– 3. Indien de koper de bestemming van de zaken onderweg wijzigt of hij deze doorzendt zonder dat hij redelijkerwijs gelegenheid heeft deze te keuren en de verkoper ten tijde van het sluiten van de overeenkomst de mogelijkheid van deze wijziging of doorzending kende of behoorde te kennen, kan de keuring worden uitgesteld tot het tijdstip waarop de zaken op de nieuwe bestemming zijn aangekomen.

Art. 39

Beroep op gebreken

– 1. De koper verliest het recht om zich erop te beroepen dat de zaken niet aan de overeenkomst beantwoorden, indien hij niet binnen een redelijke termijn nadat hij dit heeft ontdekt of had behoren te ontdekken de verkoper hiervan in kennis stelt, onder opgave van de aard van de tekortkoming.
– 2. In ieder geval verliest de koper het recht om zich erop te beroepen dat de zaken niet aan de overeenkomst beantwoorden, indien hij de verkoper niet uiterlijk binnen een termijn van twee jaar na de datum waarop de zaken feitelijk aan de koper werden afgegeven, hiervan in kennis stelt, tenzij deze termijn niet overeenstemt met een in de overeenkomst opgenomen garantietermijn.

Art. 40

Voorkennis

De verkoper kan zich niet beroepen op het bepaalde in de artikelen 38 en 39, indien het niet beantwoorden van de zaken aan de overeenkomst betrekking heeft op feiten die hij kende of waarvan hij niet onkundig had kunnen zijn en die hij niet aan de koper heeft bekend gemaakt.

Art. 41

Vrijwaring voor derden

De verkoper dient zaken te leveren waarop geen rechten of aanspraken van derden rusten, tenzij de koper ermee heeft ingestemd om de zaken onder die beperkingen aan te nemen. Indien een zodanig recht of een zodanige aanspraak is gebaseerd op industriële eigendom of op andere intellectuele eigendom, wordt de verplichting van de verkoper evenwel beheerst door artikel 42.

Art. 42

Auteurs- en octrooirecht

– 1. De verkoper dient zaken af te leveren waarop geen rechten of aanspraken van derden rusten die zijn gebaseerd op industriële eigendom of andere intellectuele eigendom, waarmede de verkoper op het tijdstip waarop de overeenkomst werd gesloten, bekend was of waarvan hij

niet onkundig had kunnen zijn, mits dat recht of die aanspraak is gebaseerd op industriële eigendom of andere intellectuele eigendom:
a. ingevolge de wet van de Staat waar de zaken zullen worden doorverkocht of anderszins gebruikt, indien partijen op het tijdstip waarop de overeenkomst werd gesloten, onder ogen hebben gezien dat de zaken zouden worden doorverkocht of anderszins gebruikt in die Staat; of
b. in alle andere gevallen, ingevolge de wet van de Staat waar de koper zijn vestiging heeft.
– 2. De verplichting van de verkoper krachtens het voorgaande lid geldt niet in gevallen waarin:
a. de koper op het tijdstip waarop de overeenkomst werd gesloten bekend was met of niet onkundig had kunnen zijn van het recht of de aanspraak; of
b. het recht of de aanspraak voortvloeit uit het feit dat de verkoper zich heeft gehouden aan door de koper verstrekte technische tekeningen, ontwerpen, formules of andere soortgelijke specificaties.

Art. 43

Beroep op rechten derden

– 1. De verkoper verliest het recht zich te beroepen op het bepaalde in de artikelen 41 en 42, indien hij nalaat binnen redelijke tijd nadat hij kennis kreeg of had behoren te krijgen van het recht of de aanspraak van de derde, de verkoper daarvan in kennis te stellen, onder nadere aanduiding van de aard van het recht of de aanspraak.
– 2. De verkoper is niet gerechtigd zich te beroepen op het bepaalde in het voorgaande lid, indien hij bekend was met het recht of de aanspraak van de derde en met de aard daarvan.

Art. 44

Uitzondering

Niettegenstaande het bepaalde in artikel 39, eerste lid, en artikel 43, eerste lid, kan de koper de prijs verlagen in overeenstemming met het bepaalde in artikel 50 of, anders dan terzake van gederfde winst, schadevergoeding eisen indien hij een redelijke verontschuldiging heeft voor het feit dat hij de vereiste kennisgeving niet heeft gedaan.

AFDELING III

Gevolgen van niet-nakoming van de verplichtingen van de verkoper

Art. 45

Rechtsmiddelen bij niet nakomen

– 1. Indien de verkoper tekort schiet in de nakoming van een krachtens de overeenkomst of dit Verdrag op hem rustende verplichting, kan de koper:
a. de in de artikelen 46 tot en met 52 vervatte rechten uitoefenen;
b. schadevergoeding eisen, zoals voorzien in de artikelen 74 tot en met 77.
– 2. De koper verliest door uitoefening van andere rechten niet zijn eventuele recht op schadevergoeding.
– 3. Wanneer de koper een recht uitoefent terzake van een tekortkoming, kan een rechter of scheidsgerecht de verkoper geen uitstel verlenen.

Art. 46

Nakoming

– 1. De koper kan nakoming door de verkoper van zijn verplichtingen eisen, tenzij de koper een recht heeft uitgeoefend dat onverenigbaar is met deze eis.

Verplichting tot vervanging

– 2. Indien de zaken niet beantwoorden aan de overeenkomst, kan de koper slechts aflevering van vervangende zaken eisen, indien de afwijking van het overeengekomene een wezenlijke tekortkoming vormt en een verzoek om vervangende zaken wordt gedaan hetzij in combinatie met een ingevolge artikel 39 gedane kennisgeving, hetzij binnen een redelijke termijn daarna.

Herstel

– 3. Indien de zaken niet beantwoorden aan de overeenkomst, kan de koper van de verkoper herstel eisen, tenzij zulks, alle omstandigheden in aanmerking genomen, onredelijk is. Een verzoek tot herstel moet worden gedaan hetzij in combinatie met een ingevolge artikel 39 gedane kennisgeving, hetzij binnen een redelijke termijn daarna.

Art. 47

Aanvullende termijn

– 1. De koper kan een aanvullende termijn van redelijke duur stellen voor het nakomen door de verkoper van zijn verplichtingen.
– 2. Tenzij de koper een kennisgeving van de verkoper heeft ontvangen dat deze niet binnen de aldus gestelde termijn zijn verplichtingen zal nakomen, mag de koper gedurende deze termijn geen rechten uitoefenen terzake van niet-nakoming. De koper verliest hierdoor echter niet zijn eventuele recht op schadevergoeding wegens te late nakoming.

Art. 48

Nakomen na dato

– 1. Behoudens het bepaalde in artikel 49 mag de verkoper zelfs na de voor aflevering bepaalde datum op eigen kosten een eventuele tekortkoming in de nakoming van zijn verplichtingen herstellen, indien hij dit kan doen zonder onredelijke vertraging en zonder onredelijk ongerief voor de koper te veroorzaken of deze in het ongewisse te laten over de vergoeding door de verkoper van door de koper reeds gemaakte kosten. De koper behoudt echter zijn recht op schadevergoeding overeenkomstig dit Verdrag.

Verzoek tot nakoming

– 2. Indien de verkoper de koper verzoekt kenbaar te maken of hij de nakoming zal aanvaar-

den en de koper niet binnen een redelijke termijn op het verzoek reageert, kan de verkoper nakomen binnen de in zijn verzoek aangegeven termijn. De koper mag gedurende deze termijn geen rechten uitoefenen die onverenigbaar zijn met de nakoming door de verkoper.
– 3. Een kennisgeving van de verkoper dat hij binnen een nader omschreven termijn zal nakomen, wordt geacht een verzoek aan de koper ingevolge het voorgaande lid te omvatten om zijn beslissing kenbaar te maken.
– 4. Een verzoek of kennisgeving van de zijde van de verkoper ingevolge de leden 2 en 3 van dit artikel is slechts geldig indien het door de koper is ontvangen.

Art. 49

Ontbinding

– 1. De koper kan de overeenkomst ontbonden verklaren:
a. indien de tekortkoming in de nakoming door de verkoper van de krachtens de overeenkomst of dit Verdrag op hem rustende verplichtingen een wezenlijke tekortkoming vormt; of
b. in geval van niet aflevering, indien de verkoper de zaken niet aflevert binnen de door de koper in overeenstemming met artikel 47, eerste lid, gestelde aanvullende termijn of verklaart dat hij binnen de aldus gestelde termijn niet zal afleveren.

Ontbinding na levering

– 2. In gevallen waarin de verkoper de zaken heeft afgeleverd, verliest de koper echter het recht de overeenkomst ontbonden te verklaren, tenzij hij zulks doet:
a. wegens te late levering, binnen een redelijke termijn nadat hij heeft geconstateerd dat de aflevering heeft plaats gevonden;
b. wegens enige andere tekortkoming dan te late aflevering, binnen een redelijke termijn:
(i) nadat hij de tekortkoming had ontdekt of had behoren te ontdekken;
(ii) na het verstrijken van een door de koper in overeenstemming met artikel 47, eerste lid, gestelde aanvullende termijn, of nadat de verkoper heeft verklaard dat hij zijn verplichtingen niet binnen een zodanige aanvullende termijn zal nakomen; of
(iii) na het verstrijken van een door de verkoper in overeenstemming met artikel 48, tweede lid, aangegeven aanvullende termijn, of nadat de koper heeft verklaard dat hij geen nakoming zal aanvaarden.

Art. 50

Verandering van prijs

Indien de zaken niet beantwoorden aan de overeenkomst en ongeacht of de prijs reeds is betaald, kan de koper de prijs verlagen in dezelfde verhouding als waarin de waarde die de feitelijk afgeleverde zaken hadden op het tijdstip van aflevering staat tot de waarde die wel aan de overeenkomst beantwoordende zaken op dat tijdstip zouden hebben gehad. De koper mag de prijs echter niet verlagen, indien de verkoper in overeenstemming met artikel 37 of artikel 48 een tekortkoming in de nakoming van zijn verplichtingen herstelt of indien de koper weigert nakoming door de verkoper in overeenstemming met die artikelen te aanvaarden.

Art. 51

Gedeeltelijke nakoming

– 1. Indien de verkoper slechts een gedeelte van de zaken aflevert of indien slechts een gedeelte van de afgeleverde zaken aan de overeenkomst beantwoordt, zijn de artikelen 46 tot en met 50 van toepassing met betrekking tot het gedeelte dat ontbreekt of dat niet aan de overeenkomst beantwoordt.
– 2. De koper kan slechts dan de overeenkomst in haar geheel ontbonden verklaren indien het feit dat slechts een gedeelte is afgeleverd of dat niet aan de overeenkomst beantwoordende zaken zijn afgeleverd een wezenlijke tekortkoming vormt.

Art. 52

Meer-prestatie

– 1. Indien de verkoper de zaken aflevert vóór de bepaalde datum, kan de koper de aflevering aanvaarden of afwijzen.
– 2. Indien de verkoper een grotere hoeveelheid zaken aflevert dan was overeengekomen, kan de koper de aflevering van het overschot aanvaarden of afwijzen. Aanvaardt de koper de aflevering van het overschot geheel of gedeeltelijk, dan moet hij daarvoor in evenredigheid met de overeengekomen prijs betalen.

HOOFDSTUK III
Verplichtingen van de koper

Art. 53

Verplichtingen koper

De koper is verplicht de koopprijs te betalen en de zaken in ontvangst te nemen; een en ander in overeenstemming met de eisen van de overeenkomst en dit Verdrag.

AFDELING I
Betaling van de koopprijs

Art. 54

Betaling

De verplichting van de koper om de prijs te betalen houdt tevens in dat hij de stappen onderneemt en formaliteiten vervult die krachtens de overeenkomst of eventuele wetten en voorschriften nodig zijn om de betaling mogelijk te maken.

Art. 55

Stilzwijgende prijs

Wanneer de koop rechtsgeldig is gesloten zonder dat de overeenkomst uitdrukkelijk of stilzwijgend de prijs bepaalt of in de wijze van bepaling daarvan voorziet, worden de partijen geacht, tenzij het tegendeel blijkt, zich stilzwijgend te hebben gehouden aan de prijs die ten tijde van het sluiten van de overeenkomst voor zodanige onder vergelijkbare omstandigheden verkochte zaken gewoonlijk wordt bedongen in de betrokken handelsbranche.

Art. 56

Gewichtsprijs

Wordt de prijs vastgesteld naar het gewicht van de zaken, dan is in geval van twijfel het nettogewicht beslissend.

Art. 57

Plaats van betaling

– 1. Indien de koper niet gehouden is de prijs op een bepaalde andere plaats te betalen, dient hij de verkoper te betalen:
a. ter plaatse van diens vestiging; of
b. indien de betaling dient te geschieden tegen afgifte van de zaken of van documenten, ter plaatse van die afgifte.
– 2. De verkoper dient een verhoging van de aan de betaling verbonden kosten die het gevolg is van een verandering in zijn plaats van vestiging na het sluiten van de overeenkomst, voor zijn rekening te nemen.

Art. 58

Tijdstip van betaling

– 1. Indien de koper niet gehouden is de prijs op een nader aangegeven ander tijdstip te betalen, dient hij deze te betalen wanneer de verkoper hetzij de zaken, hetzij de daarop betrekking hebbende documenten ter beschikking stelt van de koper, zulks in overeenstemming met de overeenkomst en dit Verdrag. De verkoper kan een zodanige betaling als voorwaarde stellen voor de afgifte van de zaken of de documenten.

Verzending onder rembours

– 2. Indien de overeenkomst tevens het vervoer van de zaken omvat, kan de verkoper de goederen verzenden met het beding dat de zaken of de daarop betrekking hebbende documenten, slechts tegen betaling van de prijs aan de koper worden afgegeven.

Keuring

– 3. De koper is niet verplicht tot betaling van de prijs voordat hij gelegenheid heeft gehad de zaken te keuren, tenzij de door partijen overeengekomen procedures voor aflevering of betaling met deze mogelijkheid niet verenigbaar zijn.

Art. 59

Stipte betaling

De koper dient de prijs te betalen op de in de overeenkomst bepaalde of aan de hand van de overeenkomst en dit Verdrag te bepalen datum, zonder dat de verkoper hierom behoeft te verzoeken of hiertoe enige formaliteit behoeft te vervullen.

AFDELING II
Inontvangstneming van de zaken

Art. 60

Verplichting tot inontvangstneming

De verplichting van de koper tot inontvangstneming bestaat in:
a. het verrichten van alle handelingen die redelijkerwijs van hem kunnen worden verwacht ten einde de verkoper tot aflevering in staat te stellen; en
b. het tot zich nemen van de zaken.

AFDELING III
Gevolgen van niet-nakoming van de verplichtingen van de koper

Art. 61

Rechtsmiddelen van verkoper

– 1. Indien de koper tekort schiet in de nakoming van de krachtens de overeenkomst of dit Verdrag op hem rustende verplichtingen, kan de verkoper:
a. de in de artikelen 62 tot en met 65 vervatte rechten uitoefenen;
b. schadevergoeding eisen, zoals bepaald in de artikelen 74 tot en met 77.
– 2. De verkoper verliest door uitoefening van andere rechten niet zijn eventuele recht op schadevergoeding.
– 3. Indien de verkoper een recht uitoefent terzake van een tekortkoming kan een rechter of scheidsgerecht de koper geen uitstel verlenen.

Art. 62

Nalevering

De verkoper kan van de koper eisen dat deze de prijs betaalt, de zaken in ontvangst neemt of zijn andere verplichtingen nakomt, tenzij de verkoper een recht heeft uitgeoefend dat onverenigbaar is met deze eis.

Art. 63

Aanvullende termijn

– 1. De verkoper kan een aanvullende termijn van redelijke duur stellen voor het nakomen door de koper van zijn verplichtingen.
– 2. Tenzij de verkoper een kennisgeving van de koper heeft ontvangen dat deze niet binnen de aldus gestelde termijn zijn verplichtingen zal nakomen, mag de verkoper gedurende deze

termijn geen rechten uitoefenen terzake van niet-nakoming. De verkoper verliest hierdoor echter niet zijn eventuele recht op schadevergoeding wegens te late nakoming.

Art. 64

Ontbinding door verkoper

– 1. De verkoper kan de overeenkomst ontbonden verklaren:

a. indien de tekortkoming in de nakoming door de koper van de krachtens de overeenkomst of dit Verdrag op hem rustende verplichtingen een wezenlijke tekortkoming vormt; of

b. indien de koper niet, binnen de door de verkoper, in overeenstemming met artikel 63, eerste lid, gestelde aanvullende termijn zijn verplichting nakomt om de prijs te betalen of de zaken in ontvangst te nemen, of indien hij verklaart dat hij zulks niet binnen de aldus gestelde termijn zal doen.

Ontbinding ná betaling

– 2. In gevallen waarin de koper de prijs heeft betaald, verliest de verkoper echter het recht de overeenkomst ontbonden te verklaren, tenzij hij zulks doet:

a. wegens te late nakoming door de koper, voordat de verkoper heeft geconstateerd dat nakoming heeft plaats gevonden; of

b. wegens enige andere tekortkoming dan te late nakoming door de koper, binnen een redelijke termijn:

(i) nadat de verkoper de tekortkoming had ontdekt of had behoren te ontdekken; of

(ii) na het verstrijken van een door de verkoper in overeenstemming met artikel 63, eerste lid, gestelde aanvullende termijn, of nadat de koper heeft verklaard dat hij zijn verplichtingen niet binnen een zodanige aanvullende termijn zal nakomen.

Art. 65

Specificatie door verkoper

– 1. Indien de koper krachtens de overeenkomst de vorm, de afmeting of andere kenmerken van de zaken nader moet bepalen en hij deze specificatie niet op het overeengekomen tijdstip of binnen een redelijke termijn na ontvangst van een hiertoe strekkend verzoek van de verkoper verricht, kan de verkoper, onverminderd zijn eventuele andere rechten, zelf overgaan tot specificatie in overeenstemming met de behoeften van de koper, voor zover deze hem bekend zijn.

– 2. Gaat de verkoper zelf tot specificatie over, dan moet hij de bijzonderheden daarvan ter kennis van de koper brengen en hem een redelijke termijn toestaan voor een nadere specificatie. Maakt de koper na ontvangst van een zodanige mededeling niet binnen de gestelde termijn van deze mogelijkheid gebruik, dan is de door de verkoper verrichte specificatie bindend.

HOOFDSTUK IV
Overgang van het risico

Art. 66

Verlies en schade

Het verlies van of schade aan de zaken nadat het risico is overgegaan op de koper, ontslaat deze niet van de verplichting de prijs te betalen, tenzij het verlies of de schade te wijten is aan een handeling of nalatigheid van de verkoper.

Art. 67

Risico-overgang bij vervoer

– 1. Indien de overeenkomst tevens het vervoer van de zaken omvat en de verkoper niet gehouden is deze op een bepaalde plaats af te geven, gaat het risico over op de koper wanneer de zaken aan de eerste vervoerder worden afgegeven ter verzending aan de koper in overeenstemming met de overeenkomst. Indien de verkoper gehouden is de zaken op een bepaalde plaats aan de vervoerder af te geven, gaat het risico eerst over op de koper wanneer de zaken op die plaats aan de vervoerder worden afgegeven. De omstandigheid dat de verkoper bevoegd is de op de zaken betrekking hebbende documenten te behouden, is niet van invloed op de overgang van het risico.

– 2. Desondanks gaat het risico niet over op de koper dan nadat de zaken duidelijk zijn bestemd tot uitvoering van de overeenkomst door merktekens, door verzendingsdocumenten, door kennisgeving aan de koper of anderszins.

Art. 68

Transito risico

Het risico met betrekking tot zaken die tijdens doorvoer zijn verkocht, gaat over op de koper vanaf het tijdstip van het sluiten van de overeenkomst. Indien de omstandigheden zulks uitwijzen, draagt de koper echter het risico vanaf het tijdstip waarop de zaken werden afgegeven aan de vervoerder die de documenten waarin de vervoerovereenkomst is neergelegd, heeft uitgegeven. Desondanks draagt de verkoper het risico van verlies of schade, indien de verkoper op het tijdstip waarop de koopovereenkomst werd gesloten ermee bekend was of had behoren te zijn dat de zaken verloren waren geraakt of waren beschadigd en hij dit niet aan de koper heeft meegedeeld.

Art. 69

Risico-overgang bij geen vervoer

– 1. In gevallen die niet vallen onder de artikelen 67 en 68 gaat het risico over op de koper wanneer hij de zaken overneemt of, indien hij zulks niet tijdig doet, vanaf het tijdstip waarop de zaken aan hem ter beschikking worden gesteld en het niet in ontvangst nemen van de zaken een tekortkoming oplevert.

– 2. Indien de koper gehouden is de zaken over te nemen op een andere plaats dan een vestiging van de verkoper, gaat echter het risico over wanneer de verkoper verplicht is tot aflevering en de koper bekend is met het feit dat de zaken op die plaats te zijner beschikking worden gesteld.

– 3. Indien de overeenkomst betrekking heeft op nog niet geïdentificeerde zaken, worden de zaken eerst geacht ter beschikking van de koper te zijn gesteld, wanneer zij duidelijk zijn bestemd tot uitvoering van de overeenkomst.

Art. 70

Rechtsmiddelen verder onverlet

Indien de verkoper zich heeft schuldig gemaakt aan een wezenlijke tekortkoming, doen de artikelen 67, 68 en 69 geen afbreuk aan de rechten die de koper terzake van deze tekortkoming ten dienste staan.

HOOFDSTUK V

Bepalingen die zowel de verplichtingen van de verkoper als die van de koper betreffen

AFDELING I

Toekomstige tekortkoming en overeenkomsten strekkende tot opeenvolgende afleveringen

Art. 71

Opschortende voorwaarden

– 1. Een partij mag de nakoming van haar verplichtingen opschorten, indien na het sluiten van de overeenkomst blijkt dat de andere partij een wezenlijk deel van haar verplichtingen niet zal nakomen ten gevolge van:

a. een ernstig tekortschieten van haar vermogen om dat deel van haar verplichtingen na te komen, of van haar kredietwaardigheid; of

b. haar gedrag bij de voorbereiding van de nakoming van de ingevolge de overeenkomst op haar rustende verplichtingen, dan wel bij de nakoming.

– 2. Heeft de verkoper de zaken reeds verzonden voordat de in het voorgaande lid omschreven gronden blijken, dan kan hij er zich tegen verzetten dat de zaken aan de koper worden afgegeven, zelfs al heeft de koper reeds een document in zijn bezit dat hem recht geeft de zaken te verwerven. Dit lid heeft uitsluitend betrekking op de rechten van koper en verkoper ten aanzien van de zaken.

– 3. Een partij die hetzij vóór, hetzij na verzending van de zaken de nakoming opschort, moet de andere partij onmiddellijk in kennis stellen van de opschorting en moet voortgaan met de nakoming, indien de andere partij voldoende zekerheid stelt voor de nakoming van haar verplichtingen.

Art. 72

Ontbinding bij te voorziene wanprestatie

– 1. Indien het vóór de datum van nakoming duidelijk is dat één van de partijen zich schuldig zal maken aan een wezenlijke tekortkoming, kan de andere partij de overeenkomst ontbonden verklaren.

– 2. Indien de tijd dit toelaat, moet de partij die van plan is de overeenkomst ontbonden te verklaren, hiervan op redelijke wijze kennisgeving doen aan de andere partij, ten einde deze in staat te stellen voldoende zekerheid te stellen voor de nakoming van haar verplichtingen.

– 3. Het voorgaande lid is niet van toepassing indien de andere partij heeft verklaard dat zij haar verplichtingen niet zal nakomen.

Art. 73

Partiële ontbinding

– 1. Indien bij een overeenkomst strekkende tot opeenvolgende afleveringen van zaken de tekortkoming van een partij in de nakoming van haar verplichtingen ten aanzien van één aflevering een wezenlijke tekortkoming ten aanzien van die aflevering vormt, kan de wederpartij de overeenkomst ten aanzien van die aflevering ontbonden verklaren.

Ontbinding tekortkoming toekomstige levering

– 2. Indien de tekortkoming in de nakoming van de verplichtingen ten aanzien van een der afleveringen door een van de partijen aan de wederpartij gegronde reden geeft om te concluderen dat er ten aanzien van de toekomstige afleveringen een wezenlijke tekortkoming zal plaatsvinden, kan zij, mits binnen redelijke termijn, de overeenkomst voor de toekomst ontbonden verklaren.

Totale ontbinding

– 3. Een koper die de overeenkomst ontbonden verklaart met betrekking tot een aflevering, kan tegelijkertijd de overeenkomst ontbonden verklaren ten aanzien van reeds ontvangen of toekomstige afleveringen, indien die afleveringen wegens hun onderlinge samenhang niet kunnen worden gebruikt voor het door partijen ten tijde van het sluiten van de overeenkomst beoogde doel.

AFDELING II
Schadevergoeding

Art. 74

Schadevergoeding na wanprestatie

De schadevergoeding wegens een tekortkoming van een partij bestaat uit een bedrag gelijk aan de schade, met inbegrip van de gederfde winst, die door de andere partij als gevolg van de tekortkoming wordt geleden. Een zodanige schadevergoeding mag evenwel niet hoger zijn dan de schade die de partij die in de nakoming is tekort geschoten bij het sluiten van de overeenkomst voorzag of had behoren te voorzien als mogelijk gevolg van de tekortkoming, gegeven de feiten die zij kende of die zij had behoren te kennen.

Art. 75

Gevolg schade

Indien de overeenkomst wordt ontbonden en de koper of de verkoper op een redelijke wijze en binnen een redelijke termijn na de ontbinding een dekkingskoop heeft gesloten, komt aan de partij die schadevergoeding eist, het verschil toe tussen de overeengekomen prijs en die van de dekkingskoop, onverminderd haar recht op vergoeding van andere schade overeenkomstig artikel 74.

Art. 76

Hoogte van de vergoeding

– 1. In geval van ontbinding van de overeenkomst heeft, indien de zaken een dagprijs hebben, de partij die schadevergoeding eist, zo zij niet is overgegaan tot een dekkingskoop als bedoeld in artikel 75, recht op het verschil tussen de in de overeenkomst bepaalde prijs en de ten tijde van de ontbinding geldende dagprijs, onverminderd haar recht op vergoeding van andere schade overeenkomstig artikel 74. Indien evenwel de partij die schadevergoeding eist de overeenkomst heeft ontbonden na de zaken te hebben overgenomen, wordt de dagprijs ten tijde van die overname gehanteerd in plaats van de dagprijs ten tijde van de ontbinding.

– 2. Voor de toepassing van het vorige lid, is de dagprijs die welke geldt op de plaats waar de zaken hadden moeten worden afgeleverd, of, indien er op die plaats geen dagprijs is, de prijs op een andere plaats die deze redelijkerwijs kan vervangen; hierbij wordt rekening gehouden met de verschillen in de kosten van vervoer van de zaken.

Art. 77

Beperking van de schade

Een partij die zich beroept op een tekortkoming moet de in de gegeven omstandigheden redelijke maatregelen treffen tot beperking van de uit de tekortkoming voortvloeiende schade, met inbegrip van de gederfde winst. Laat zij zodanige maatregelen na, dan kan de partij die in de nakoming is tekort geschoten een vermindering van de schadevergoeding verlangen ten belope van het bedrag waarmee het verlies had moeten worden beperkt.

AFDELING III
Rente

Art. 78

Rente

Indien een partij tekort schiet in de betaling van de prijs of van enig ander achterstallig bedrag, heeft de andere partij recht op rente hierover, onverminderd haar recht op schadevergoeding overeenkomstig artikel 74.

AFDELING IV
Bevrijdende omstandigheden

Art. 79

Overmacht

– 1. Een partij is niet aansprakelijk voor een tekortkoming in de nakoming van een van haar verplichtingen, indien zij aantoont dat de tekortkoming werd veroorzaakt door een verhindering die buiten haar macht lag en dat van haar redelijkerwijs niet kon worden verwacht dat zij bij het sluiten van de overeenkomst met die verhindering rekening zou hebben gehouden of dat zij deze of de gevolgen ervan zou hebben vermeden of te boven zou zijn gekomen.

Tekortkoming door derden

– 2. Indien de tekortkoming van de partij te wijten is aan een tekortkoming van een derde die door haar is belast met de uitvoering van de gehele overeenkomst of een gedeelte hiervan, wordt die partij slechts van haar aansprakelijkheid bevrijd, indien:

a. zij krachtens het vorige lid hiervan wordt bevrijd; en

b. de derde bevrijd zou zijn, indien het bepaalde in dat lid op hem van toepassing zou zijn.

– 3. De in dit artikel bedoelde bevrijding geldt voor het tijdvak gedurende hetwelk de verhindering bestaat.

Inkennisstelling wederpartij

– 4. De partij die tekort schiet in de nakoming van haar verplichtingen, dient de andere partij in kennis te stellen van de verhindering en van de gevolgen hiervan voor haar vermogen om na te komen. Indien de kennisgeving niet door de andere partij wordt ontvangen binnen een redelijke termijn nadat de partij die tekortschiet met de verhindering bekend was of had behoren te zijn, is deze laatste aansprakelijk voor de uit het niet-ontvangen van de desbetreffende kennisgeving voortvloeiende schade.

– 5. Niets in dit artikel verhindert partijen krachtens dit Verdrag enig ander recht dan dat op schadevergoeding, uit te oefenen. **Overige rechten onverlet**

Art. 80

Een partij kan zich niet beroepen op een tekortkoming van de andere partij voor zover die tekortkoming werd veroorzaakt door een handeling of nalatigheid van eerstgenoemde partij. **Medeschuld**

AFDELING V

Gevolgen van de ontbinding

Art. 81

De ontbinding bevrijdt beide partijen van hun verplichtingen uit de overeenkomst, onverminderd een eventueel verschuldigde schadevergoeding. Ontbinding is niet van invloed op een bepaling van de overeenkomst met betrekking tot de beslechting van geschillen of op andere bepalingen van de overeenkomst die de rechten en verplichtingen van partijen na ontbinding van de overeenkomst regelen. **Gevolgen van ontbinding**

– 2. Een partij die de overeenkomst geheel of ten dele heeft uitgevoerd, kan van de andere partij teruggave eisen van hetgeen zij uit hoofde van de overeenkomst heeft gepresteerd. Hebben beide partijen het recht teruggave te vorderen, dan moet deze teruggave over en weer gelijktijdig geschieden. **Teruggave**

Art. 82

– 1. De koper verliest het recht de overeenkomst ontbonden te verklaren of van de verkoper te eisen dat deze vervangende zaken aflevert, indien het hem onmogelijk is de zaken goeddeels in dezelfde staat terug te geven als waarin hij deze heeft ontvangen. **Geen recht tot ontbinding**

– 2. Het vorige lid is niet van toepassing: **Uitzonderingen**

a. indien de onmogelijkheid om de zaken terug te geven of deze terug te geven in goeddeels dezelfde staat als waarin de koper deze heeft ontvangen, niet is te wijten aan zijn handelingen of nalaten;

b. indien de zaken of een gedeelte daarvan zijn verloren gegaan of in waarde zijn verminderd als gevolg van de in artikel 38 voorgeschreven keuring; of

c. indien de koper de zaken of een gedeelte daarvan in de normale uitoefening van zijn bedrijf heeft verkocht of in overeenstemming met een normale wijze van gebruiken heeft verbruikt of verwerkt, alvorens hij ontdekte of had behoren te ontdekken dat deze niet beantwoordden aan de overeenkomst.

Art. 83

Een koper die het recht verloren heeft de overeenkomst ontbonden te verklaren of van de verkoper te eisen dat deze in overeenstemming met artikel 82 vervangende zaken aflevert, behoudt alle andere rechten die de overeenkomst en dit Verdrag hem toekennen. **Overige rechten onverlet**

Art. 84

– 1. Indien de verkoper gehouden is de prijs terug te betalen moet hij hierover tevens rente betalen vanaf het tijdstip waarop de prijs werd betaald. **Rente bij teruggave**

– 2. De koper moet aan de verkoper de waarde vergoeden van elk voordeel dat hij van de zaken of een gedeelte daarvan heeft genoten:

a. indien hij de zaken of een gedeelte daarvan moet teruggeven; of

b. indien het hem onmogelijk is alle zaken of een gedeelte daarvan terug te geven of alle zaken of een gedeelte daarvan goeddeels in dezelfde staat terug te geven als waarin hij deze heeft ontvangen, maar hij de overeenkomst desondanks ontbonden heeft verklaard of van de verkoper heeft geëist dat deze vervangende zaken aflevert.

AFDELING VI

Zorg voor behoud van de zaken

Art. 85

Indien de koper nalatig is met de inontvangstneming van de zaken of indien hij, wanneer de prijs dient te worden betaald bij aflevering van de zaken, in gebreke blijft de prijs te betalen en de verkoper hetzij de zaken onder zich heeft, hetzij daarover anderszins zeggenschap kan uitoefenen, moet de verkoper alle in de omstandigheden redelijke maatregelen voor het behoud van de zaken treffen. Hij heeft het recht deze onder zich te houden totdat hij door de koper voor de door hem in redelijkheid gemaakte kosten schadeloos is gesteld. **Behoud van de zaken door koper**

Art. 86

– 1. Indien de koper de zaken heeft ontvangen en hij voornemens is enigerlei recht krachtens de overeenkomst of dit Verdrag uit te oefenen om deze te weigeren, moet hij alle in de omstandigheden redelijke maatregelen voor het behoud van de zaken treffen. Hij heeft het recht deze onder zich te houden totdat hij door de verkoper voor de door hem in redelijkheid gemaakte kosten schadeloos is gesteld. **Behoud van de zaken door koper**

– 2. Indien de aan de koper verzonden zaken op hun plaats van bestemming te zijner beschik- **Tijdelijk bezit** king zijn gesteld, en hij het recht om deze te weigeren, uitoefent, moet hij deze voor rekening van de verkoper onder zich nemen, mits dit kan geschieden zonder betaling van de prijs en zonder onredelijk ongerief of onredelijke kosten. Deze bepaling is niet van toepassing, indien de verkoper op de plaats van bestemming aanwezig is of iemand aldaar bevoegd is de zaken voor diens rekening onder zijn hoede te nemen. Indien de koper de zaken onder zich neemt ingevolge dit lid, worden zijn rechten en verplichtingen beheerst door het vorige lid.

Art. 87

Vergoeding van inbewaringgeving

Een partij die gehouden is maatregelen voor het behoud van de zaken te treffen, kan deze voor rekening van de andere partij in bewaring geven in de opslagruimte van een derde, mits de hieruit voortvloeiende kosten niet onredelijk zijn.

Art. 88

Doorverkoop

– 1. Een partij die in overeenstemming met de artikelen 85 of 86 gehouden is voor het behoud van de zaken te zorgen kan deze op een geschikte wijze verkopen, indien de wederpartij bij het aanvaarden of terugnemen van de zaken of bij de betaling van de prijs of de kosten van bewaring een onredelijk grote vertraging laat ontstaan, mits zij de wederpartij op redelijke wijze kennis heeft gegeven van haar voornemen om te verkopen.

– 2. Indien de zaken aan snelle achteruitgang onderhevig zijn of de bewaring ervan onredelijke kosten zou meebrengen, moet een partij die in overeenstemming met de artikelen 85 of 86 gehouden is voor het behoud van de zaken te zorgen redelijke maatregelen treffen om deze te verkopen. Voor zover mogelijk moet zij de wederpartij van haar voornemen om te verkopen in kennis stellen.

– 3. Een partij die de zaken verkoopt, mag van de opbrengst afhouden het bedrag van de uitgaven die in redelijkheid gedaan zijn voor het behoud van de zaken en voor de verkoop daarvan. Zij moet het overblijvende aan de wederpartij afdragen.

DEEL IV

Slotbepalingen

Art. 89

Secretaris-Generaal

De Secretaris-Generaal van de Verenigde Naties wordt hierbij aangewezen als depositaris van dit Verdrag.

Art. 90

Verhouding Verdrag met andere internationale overeenkomsten

Dit Verdrag prevaleert niet boven enige internationale overeenkomst die reeds is of kan worden gesloten en die bepalingen bevat met betrekking tot de aangelegenheid waarop dit Verdrag van toepassing is, mits de partijen hun vestiging hebben in Staten die partij zijn bij een zodanige overeenkomst.

Art. 91

Ondertekening, bekrachtiging, aanvaarding en goedkeuring

– 1. Dit Verdrag is opengesteld voor ondertekening tijdens de slotbijeenkomst van de Conferentie der Verenigde Naties inzake de Internationale koop van roerende zaken en zal tot 30 september 1981 opengesteld blijven voor ondertekening door alle Staten op de Zetel van de Organisatie der Verenigde Naties te New York.

– 2. Dit Verdrag dient te worden bekrachtigd, aanvaard of goedgekeurd door de ondertekenende Staten.

– 3. Dit Verdrag staat vanaf de datum waarop het is opengesteld voor ondertekening open voor toetreding door alle Staten die geen ondertekenende Staten zijn.

– 4. De akten van bekrachtiging, aanvaarding, goedkeuring en toetreding dienen te worden nedergelegd bij de Secretaris-Generaal van de Verenigde Naties.

Art. 92

Voorbehoud

– 1. Een Verdragsluitende Staat kan op het tijdstip van ondertekening, bekrachtiging, aanvaarding, goedkeuring of toetreding verklaren dat hij niet zal zijn gebonden door Deel II van dit Verdrag of dat hij niet zal zijn gebonden door Deel III van dit Verdrag.

– 2. Een Verdragsluitende Staat die in overeenstemming met het voorgaande lid een verklaring aflegt met betrekking tot Deel II of Deel III van dit Verdrag, dient, waar het aangelegenheden betreft die vallen onder het Deel waarop de verklaring van toepassing is, niet te worden beschouwd als een Verdragsluitende Staat in de zin van artikel 1, eerste lid van dit Verdrag.

Art. 93

Staat met verschillende rechtsstelsels

– 1. Indien een Verdragsluitende Staat die twee of meer gebiedsdelen heeft, waarin, in overeenstemming met zijn grondwet, verschillende rechtsstelsels gelden met betrekking tot de in dit Verdrag behandelde aangelegenheden, kan hij op het tijdstip van ondertekening, bekrachtiging, aanvaarding, goedkeuring of toetreding verklaren dat dit Verdrag zal gelden voor al zijn gebiedsdelen, of slechts voor één of meer hiervan en kan hij te allen tijde zijn verklaring wijzigen door een andere verklaring in te dienen.

– 2. Deze verklaringen dienen ter kennis te worden gebracht van de depositaris en hierin dient uitdrukkelijk te worden aangegeven op welke gebiedsdelen het Verdrag van toepassing is.

– 3. Indien dit Verdrag krachtens een ingevolge dit artikel afgelegde verklaring, van toepassing is op één of meer, maar niet op alle gebiedsdelen van een Verdragsluitende Staat en indien de vestiging van een partij zich in die Staat bevindt, wordt deze vestiging voor de toepassing van dit Verdrag geacht zich niet in een Verdragsluitende Staat te bevinden, tenzij deze zich bevindt in een gebiedsdeel waarop het Verdrag van toepassing is.
– 4. Indien een Verdragsluitende Staat geen verklaring ingevolge het eerste lid van dit artikel aflegt, is het Verdrag van toepassing op alle gebiedsdelen van die Staat.

Art. 94

Bilaterale voorbehouden

– 1. Twee of meer Verdragsluitende Staten die dezelfde of nauw verwante rechtsregels hebben met betrekking tot onder dit Verdrag vallende aangelegenheden, kunnen te allen tijde verklaren dat het Verdrag niet van toepassing zal zijn op koopovereenkomsten of de totstandkoming daarvan, waarbij de partijen hun vestiging in die Staten hebben. Dergelijke verklaringen kunnen gezamenlijk of door middel van wederkerige eenzijdige verklaringen worden afgelegd.
– 2. Een Verdragsluitende Staat die dezelfde of nauw verwante rechtsregels heeft met betrekking tot onder dit Verdrag vallende aangelegenheden als één of meer niet Verdragsluitende Staten kan te allen tijde verklaren dat het Verdrag niet van toepassing zal zijn op koopovereenkomsten of de totstandkoming daarvan, waarbij de partijen hun vestiging in die Staten hebben.
– 3. Indien een Staat ten aanzien waarvan ingevolge het voorgaande lid een verklaring is afgelegd, vervolgens een Verdragsluitende Staat word, zal de verklaring, met ingang van de datum waarop het Verdrag ten aanzien van de nieuwe Verdragsluitende Staat in werking treedt, de werking hebben van een ingevolge het eerste lid afgelegde verklaring, met dien verstande dat de nieuwe Verdragsluitende Staat die verklaring onderschrijft of een wederkerige eenzijdige verklaring aflegt.

Art. 95

Tijdstip akte van bekrachtiging

Iedere Staat kan op het tijdstip van nederlegging van zijn akte van bekrachtiging, aanvaarding, goedkeuring of toetreding verklaren dat hij niet zal zijn gebonden door artikel 1, eerste lid, onder *b*, van dit Verdrag.

Art. 96

Bewijs door geschriften

Een Verdragsluitende Staat wiens wetgeving vereist dat koopovereenkomsten door middel van een geschrift worden gesloten of bewezen, kan te allen tijde een verklaring afleggen in overeenstemming met artikel 12, dat enigerlei bepaling in artikel 11, artikel 29, of Deel II van dit Verdrag, krachtens welke het is toegestaan op andere wijze dan door middel van een geschrift een koopovereenkomst te sluiten, te wijzigen of door enkele wilsovereenstemming te beëindigen dan wel een aanbod te doen of te aanvaarden of een andere wilsuiting te doen, niet van toepassing is indien een van de partijen haar vestiging in die Staat heeft.

Art. 97

Wijze van ondertekening door aangesloten landen

– 1. Krachtens dit Verdrag op het tijdstip van ondertekening afgelegde verklaringen dienen te worden bevestigd bij bekrachtiging, aanvaarding of goedkeuring.
– 2. Verklaringen en bevestigingen van verklaringen dienen schriftelijk te geschieden en officieel ter kennis van de depositaris te worden gebracht.
– 3. Een verklaring wordt van kracht tegelijk met de inwerkingtreding van dit Verdrag ten aanzien van de betrokken Staat. Een verklaring waarvan de depositaris na deze inwerkingtreding een officiële kennisgeving ontvangt, wordt echter van kracht op de eerste dag van de maand volgend op het verstrijken van een tijdvak van zes maanden na de datum van ontvangst daarvan door de depositaris. Wederkerige eenzijdige verklaringen ingevolge artikel 94 worden van kracht op de eerste dag van de maand volgend op het verstrijken van een tijdvak van zes maanden na ontvangst van de laatste verklaring door de depositaris.
– 4. Iedere Staat die uit hoofde van dit Verdrag een verklaring aflegt, kan deze te allen tijde intrekken door middel van een officiële, schriftelijke kennisgeving gericht aan de depositaris. Deze intrekking wordt van kracht op de eerste dag van de maand volgend op het verstrijken van een tijdvak van zes maanden na de datum van ontvangst van de kennisgeving door de depositaris.
– 5. Een intrekking van een krachtens artikel 94 afgelegde verklaring maakt vanaf de datum waarop de intrekking van kracht wordt, iedere wederkerige verklaring, door een andere Staat uit hoofde van dat artikel afgelegd, ongeldig.

Art. 98

Voorbehouden

Voorbehouden worden niet toegestaan, behoudens die welke uitdrukkelijk in dit Verdrag zijn toegestaan.

Art. 99

Tijdstip van inwerkingtreding

– 1. Dit Verdrag treedt in werking, behoudens het bepaalde in het zesde lid van dit artikel, op de eerste dag van de maand volgend op het verstrijken van een tijdvak van twaalf maanden na de datum van nederlegging van de tiende akte van bekrachtiging, aanvaarding, goedkeuring of

toetreding, waaronder begrepen een akte die een krachtens artikel 92 afgelegde verklaring bevat.
– 2. Wanneer een Staat dit Verdrag bekrachtigt, aanvaardt, goedkeurt of hiertoe toetreedt na de nederlegging van de tiende akte van bekrachtiging, aanvaarding, goedkeuring of toetreding, treedt dit Verdrag, met uitzondering van het uitgesloten Deel, ten aanzien van die Staat in werking, behoudens het bepaalde in het zesde lid van dit artikel, op de eerste dag van de maand volgend op het verstrijken van een tijdvak van twaalf maanden na de datum van nederlegging van zijn akte van bekrachtiging, aanvaarding, goedkeuring of toetreding.
– 3. Een Staat die dit Verdrag bekrachtigt, aanvaardt, goedkeurt of hiertoe toetreedt en partij is hetzij bij het Verdrag houdende een Eenvormige Wet inzake de totstandkoming van Internationale koopovereenkomsten betreffende roerende lichamelijke zaken, gedaan te 's-Gravenhage op 1 juli 1964 (Haags Totstandkomingsverdrag van 1964) hetzij bij het Verdrag houdende een Eenvormige Wet inzake de internationale koop van roerende lichamelijke zaken, gedaan te 's-Gravenhage op 1 juli 1964 (Haags Koopverdrag van 1964), hetzij bij beide, dient één van deze beide of beide, al naar gelang het geval, tezelfdertijd op te zeggen door de Regering van het Koninkrijk der Nederlanden een hiertoe strekkende kennisgeving te doen toekomen.
– 4. Een Staat die partij is bij het Haags Koopverdrag van 1964, die dit Verdrag bekrachtigt, aanvaardt, goedkeurt of hiertoe toetreedt, en krachtens artikel 92 verklaart of heeft verklaard dat hij niet zal zijn gebonden door Deel II van dit Verdrag, dient op het tijdstip van bekrachtiging, aanvaarding, goedkeuring of toetreding het Haags Koopverdrag van 1964 op te zeggen door de Regering van het Koninkrijk der Nederlanden een hiertoe strekkende kennisgeving te doen toekomen.
– 5. Een Staat die partij is bij het Haags Totstandkomingsverdrag van 1964, die dit Verdrag bekrachtigt, aanvaardt, goedkeurt of hiertoe toetreedt en krachtens artikel 92 verklaart of heeft verklaard dat hij niet zal zijn gebonden door Deel III van dit Verdrag, dient op het tijdstip van bekrachtiging, aanvaarding, goedkeuring of toetreding het Haags Totstandkomingsverdrag van 1964 op te zeggen door aan de Regering van het Koninkrijk der Nederlanden een hiertoe strekkende kennisgeving te doen toekomen.
– 6. Voor de toepassing van dit artikel worden bekrachtigingen, aanvaardingen, goedkeuringen en toetredingen met betrekking tot dit Verdrag door Staten die partij zijn bij het Haags Totstandkomingsverdrag van 1964 of het Haags Koopverdrag van 1964 eerst van kracht wanneer de vereiste opzeggingen door die Staten met betrekking tot beide laatste Verdragen, zelf van kracht zijn geworden. De depositaris van dit Verdrag dient overleg te plegen met de Regering van het Koninkrijk der Nederlanden als depositaris van de Verdragen van 1964, ten einde op dit punt de noodzakelijke coördinatie te garanderen.

Art. 100

Werking in tijd

– 1. Dit Verdrag is slechts van toepassing op de totstandkoming van een overeenkomst wanneer het voorstel tot het sluiten van de overeenkomst is gedaan op of na de datum waarop het Verdrag in werking treedt ten aanzien van de in artikel 1, eerste lid, onder *a*, bedoelde Verdragsluitende Staten of de in artikel 1, eerste lid, onder *b* bedoelde Verdragsluitende Staat.
– 2. Dit Verdrag is slechts van toepassing op overeenkomsten die zijn gesloten op of na de datum waarop het Verdrag in werking treedt ten aanzien van de in artikel 1, eerste lid, onder *a*, bedoelde Verdragsluitende Staten of de in artikel 1, eerste lid, onder *b*, bedoelde Verdragsluitende Staat.

Art. 101

Opzegging

– 1. Een Verdragsluitende Staat kan dit Verdrag of Deel II of Deel III van het Verdrag opzeggen door middel van een officiële schriftelijke kennisgeving aan de depositaris.
– 2. De opzegging wordt van kracht op de eerste dag van de maand volgend op het verstrijken van een tijdvak van twaalf maanden na ontvangst van de kennisgeving door de depositaris. Wanneer in de kennisgeving een langere opzegtermijn wordt vermeld, wordt de opzegging van kracht na het verstrijken van een zodanige langere termijn na ontvangst van de kennisgeving door de depositaris.

Verdrag van 14 maart 1978, Trb. 1987, 138

[Inwerkingtreding: 01-05-1992]

De Staten die dit Verdrag hebben ondertekend,
Verlangend gemeenschappelijke bepalingen vast te stellen betreffende het toepasselijke recht op vertegenwoordiging,
Hebben besloten te dien einde een Verdrag te sluiten en zijn overeengekomen als volgt:

HOOFDSTUK I
Toepassingsgebied van het Verdrag

Art. 1

Toepassingsgebied

– 1. Dit Verdrag bepaalt welk recht van toepassing is op internationale rechtsverhoudingen die ontstaan wanneer een persoon, de vertegenwoordiger, bevoegd is te handelen, handelt of beweert te handelen op naam of voor rekening van een andere persoon, de vertegenwoordigde, met een derde.
– 2. Het is mede van toepassing op gevallen waarin de taak van de vertegenwoordiger bestaat in het ontvangen en overbrengen van voorstellen of het voeren van onderhandelingen ten behoeve van andere personen.
– 3. Het Verdrag is van toepassing, ongeacht of de vertegenwoordiger op eigen naam of op naam van de vertegenwoordigde handelt en ongeacht of hij regelmatig of bij gelegenheid handelt.

Art. 2

Uitzonderingen

Het Verdrag is niet van toepassing op:
a) de handelingsbekwaamheid van partijen;
b) vormvereisten;
c) wettelijke vertegenwoordiging in het familierecht, het huwelijksgoederenrecht en het erfrecht;
d) vertegenwoordiging ingevolge een beslissing van een rechterlijke of administratieve autoriteit, of onder rechtstreeks toezicht van een dergelijke autoriteit;
e) vertegenwoordiging verband houdend met een rechtsgeding;
f) de vertegenwoordiging door een scheepskapitein in de uitoefening van zijn functie.

Art. 3

Geen vertegenwoordiger

Voor de toepassing van dit Verdrag:
a) wordt een orgaan of een functionaris van, of een deelnemer in een vennootschap, vereniging of ander lichaam, al dan niet rechtspersoonlijkheid bezittend, niet beschouwd als de vertegenwoordiger van dat lichaam voorzover hij, in de uitoefening van zijn functie, handelt op grond van bevoegdheden toegekend door de wet of de statuten van dat lichaam;
b) wordt de *trustee* niet beschouwd als een vertegenwoordiger handelend ten behoeve van de *trust*, de oprichter van de *trust* of de begunstigde.

Art. 4

Recht van niet-Verdragsluitende Staat

Het door het Verdrag aangewezen recht is toepasselijk, ongeacht de vraag of het het recht is van een Verdragsluitende Staat.

HOOFDSTUK II
De betrekkingen tussen vertegenwoordigde en vertegenwoordiger

Art. 5

Rechtskeuze door partijen

– 1. Het door partijen gekozen interne recht beheerst de vertegenwoordigingsbetrekking tussen vertegenwoordigde en vertegenwoordiger.
– 2. Deze keuze dient uitdrukkelijk te zijn of met redelijke zekerheid te kunnen worden afgeleid uit de bepalingen van de overeenkomst en de omstandigheden van het geval.

Art. 6

Toepasselijk recht bij gebreke van rechtskeuze door partijen

– 1. In zoverre het niet is gekozen in overeenstemming met artikel 5, is het toepasselijk recht het interne recht van de Staat waarin, op het tijdstip van het tot stand komen van de vertegenwoordigingsverhouding, de vertegenwoordiger zijn kantoor of, bij gebreke daarvan, zijn gewone verblijfplaats heeft.
– 2. Evenwel is het interne recht van de Staat waarin de vertegenwoordiger zijn werkzaamheden voornamelijk moet verrichten toepasselijk, indien de vertegenwoordigde zijn kantoor of, bij gebreke daarvan, zijn gewone verblijfplaats in die Staat heeft.
– 3. Wanneer de vertegenwoordigde of de vertegenwoordiger verschillende kantoren heeft,

verwijst dit artikel naar dat kantoor waarmee de vertegenwoordigingsverhouding het nauwst is verbonden.

Art. 7

Gemengde overeenkomst

Wanneer het tot stand brengen van de vertegenwoordigingsverhouding niet het enige doel van de overeenkomst vormt, is het recht, aangewezen door de artikelen 5 en 6, slechts toepasselijk, indien:

a) het tot stand brengen van de vertegenwoordigingsverhouding het hoofddoel van de overeenkomst vormt, of

b) deze verhouding een afsplitsbaar deel van de overeenkomst uitmaakt.

Art. 8

Aspecten beheerst door toepasselijk recht

– 1. Het recht dat krachtens de artikelen 5 en 6 toepasselijk is beheerst de totstandkoming en de geldigheid van de vertegenwoordigingsverhouding, de verbintenissen van de partijen, de voorwaarden voor nakoming, de gevolgen van niet-nakoming en het tenietgaan van die verbintenissen.

– 2. Dit recht is in het bijzonder toepasselijk op:

a) bestaan, omvang, wijziging en beëindiging van de bevoegdheden van de vertegenwoordiger, alsmede de gevolgen van overschrijding of misbruik van vertegenwoordigingsbevoegdheid;

b) het recht van de vertegenwoordiger om zijn bevoegdheid geheel of gedeeltelijk aan een ander over te dragen en om een mede-vertegenwoordiger aan te wijzen;

c) het recht van de vertegenwoordiger om een overeenkomst op naam of voor rekening van de vertegenwoordigde te sluiten, wanneer er een belangentegenstelling tussen hemzelf en de vertegenwoordigde kan ontstaan;

d) concurrentie- en *del credere* bedingen:

e) vergoeding ter zake van klantenkring;

f) de soorten schade waarvoor vergoeding kan worden verkregen.

Art. 9

Uitvoering

Ongeacht welk recht op de vertegenwoordigingsbetrekking toepasselijk is, moet wat de wijze van uitvoering van de overeenkomst betreft rekening worden gehouden met het recht van de plaats van uitvoering.

Art. 10

Arbeidsovereenkomst

Dit hoofdstuk is niet van toepassing wanneer de overeenkomst waarbij de vertegenwoordigingsbetrekking is tot stand gebracht een arbeidsovereenkomst is.

HOOFDSTUK III
De verhouding tot de derde

Art. 11

Toepasselijk recht

– 1. In de verhouding tussen de vertegenwoordigde en de derde, worden het bestaan en de omvang van de bevoegdheden van de vertegenwoordiger, alsmede de gevolgen van het werkelijk of beweerdelijk uitoefenen van zijn bevoegdheden, beheerst door het interne recht van de Staat waarin de vertegenwoordiger zijn kantoor had op het tijdstip dat hij handelde.

– 2. Evenwel is het interne recht van de Staat waar de vertegenwoordiger heeft gehandeld toepasselijk, indien:

a) de vertegenwoordigde zijn kantoor of, bij gebreke daarvan, zijn gewone verblijfplaats in die Staat heeft en de vertegenwoordiger op naam van de vertegenwoordigde heeft gehandeld; of

b) de derde zijn kantoor of, bij gebreke daarvan, zijn gewone verblijfplaats in die Staat heeft; of

c) de vertegenwoordiger ter beurze heeft gehandeld of aan een veiling heeft deelgenomen; of

d) de vertegenwoordiger geen kantoor heeft.

– 3. Wanneer een der partijen verschillende kantoren heeft, verwijst dit artikel naar dat kantoor waarmee de desbetreffende handelingen van de vertegenwoordiger het nauwst zijn verbonden.

Art. 12

Arbeidsovereenkomst

Voor de toepassing van artikel 11, eerste lid, wordt de vertegenwoordiger die handelt ingevolge een met de vertegenwoordigde gesloten arbeidsovereenkomst en die geen eigen kantoor heeft, geacht te zijn gevestigd ten kantore van de vertegenwoordigde bij wie hij in dienst is.

Art. 13

Plaats van handeling

Voor de toepassing van artikel 11, tweede lid, wordt de vertegenwoordiger, wanneer hij vanuit de ene Staat met de derde in een andere Staat in verbinding heeft gestaan per post, telegram, telex, telefoon of enig ander dergelijk middel, geacht daar te hebben gehandeld waar zijn kantoor of, bij gebreke daarvan, zijn gewone verblijfplaats is.

Art. 14

Rechtskeuze door partijen

Ongeacht artikel 11 is, wanneer een schriftelijke aanwijzing door de vertegenwoordigde of de derde van het recht dat toepasselijk is op de door dat artikel bestreken onderwerpen, uitdrukkelijk door de wederpartij is aanvaard, het aldus aangewezen recht op die onderwerpen van toepassing.

Art. 15

Bevoegdheidsoverschrijding

Het krachtens dit hoofdstuk toepasselijke recht beheerst tevens de betrekkingen tussen de vertegenwoordiger en de derde welke voortvloeien uit het feit dat de vertegenwoordiger heeft gehandeld in de uitoefening van zijn bevoegdheden, met overschrijding van zijn bevoegdheden, of zonder bevoegdheid.

HOOFDSTUK IV
Algemene bepalingen

Art. 16

Bijzondere voorschriften van dwingend recht

Bij de toepassing van dit Verdrag kan gevolg worden toegekend aan de dwingende voorschriften van enige Staat waarmee het geval daadwerkelijk is verbonden, indien en voor zover die voorschriften volgens het recht van die Staat toepasselijk zijn, ongeacht het recht dat door zijn verwijzingsregels als toepasselijk wordt aangewezen.

Art. 17

Openbare orde

Toepassing van een door dit Verdrag aangewezen recht kan slechts worden geweigerd wanneer zulks kennelijk onverenigbaar is met de openbare orde.

Art. 18

Voorbehouden

– 1. Iedere Verdragsluitende Staat kan zich, op het tijdstip van ondertekening, bekrachtiging, aanvaarding, goedkeuring of toetreding het recht voorbehouden het Verdrag niet toe te passen op:
1. de vertegenwoordiging door een bank of een groep banken ter zake van bank-transacties;
2. vertegenwoordiging inzake verzekeringen;
3. handelingen van een openbaar ambtenaar, in de uitoefening van zijn functie, namens een privé-persoon.

– 2. Geen ander voorbehoud wordt toegestaan.

– 3. Iedere Verdragsluitende Staat kan tevens, bij het kennisgeven van een uitbreiding van het Verdrag overeenkomstig artikel 25, een of meer van deze voorbehouden maken waarvan de werking beperkt is tot alle of tot sommige van de gebieden bedoeld in de uitbreiding.

– 4. Iedere Verdragsluitende Staat kan te allen tijde een door hem gemaakt voorbehoud intrekken; het voorbehoud houdt op van kracht te zijn op de eerste dag van de derde kalendermaand na de kennisgeving van de intrekking.

Art. 19

Staat bestaande uit meerdere territoriale eenheden

Wanneer een Staat uit meer dan één territoriale eenheid bestaat, en elke eenheid daarvan eigen rechtsregels inzake vertegenwoordiging bezit, wordt iedere territoriale eenheid voor de bepaling van het overeenkomstig dit Verdrag toepasselijke recht als een Staat beschouwd.

Art. 20

Staat met daarbinnen meerdere territoriale eenheden

Een Staat waarbinnen verschillende territoriale eenheden eigen rechtsregels inzake vertegenwoordiging bezitten, is niet verplicht dit Verdrag toe te passen in gevallen waarin een Staat met een geünificeerd rechtsstelsel niet gehouden zou zijn ingevolge dit Verdrag het recht van een andere Staat toe te passen.

Art. 21

Toepasselijkheid op territoriale eenheden

– 1. Een Verdragsluitende Staat met twee of meer territoriale eenheden die hun eigen rechtsregels inzake vertegenwoordiging bezitten kan, op het tijdstip van ondertekening, bekrachtiging, aanvaarding, goedkeuring of toetreding verklaren dat dit Verdrag mede van toepassing zal zijn op alle of op een of meer van die territoriale eenheden, en kan deze verklaring te allen tijde wijzigen door het afleggen van een nieuwe verklaring.

– 2. Deze verklaringen worden medegedeeld aan het Ministerie van Buitenlandse Zaken van het Koninkrijk der Nederlanden en geven uitdrukkelijk de territoriale eenheden aan waarop het Verdrag toepasselijk is.

Art. 22

Verhouding tot andere verdragen

Het Verdrag laat onverlet enige andere internationale akte houdende bepalingen over zaken geregeld in dit Verdrag waarbij een Verdragsluitende Staat partij is of zal worden.

HOOFDSTUK V
Slotbepalingen

Art. 23

Ondertekening; bekrachtiging, aanvaarding of goedkeuring

– 1. Het Verdrag staat ter ondertekening open voor de Staten die Lid waren van de Haagse Conferentie voor Internationaal Privaatrecht tijdens de Dertiende Zitting.

– 2. Het dient te worden bekrachtigd, aanvaard of goedgekeurd en de akten van bekrachtiging, aanvaarding of goedkeuring worden nedergelegd bij het Ministerie van Buitenlandse Zaken van het Koninkrijk der Nederlanden.

Art. 24

Toetreding

– 1. Iedere andere Staat kan tot dit Verdrag toetreden.
– 2. De akte van toetreding wordt nedergelegd bij het Ministerie van Buitenlandse Zaken van het Koninkrijk der Nederlanden.

Art. 25

Verklaringen over werkingsgebied

– 1. Iedere Staat kan op het tijdstip van ondertekening, bekrachtiging, aanvaarding, goedkeuring of toetreding verklaren dat het Verdrag zich zal uitstrekken tot het geheel van de gebieden voor welker internationale betrekkingen hij verantwoordelijk is, of op een of meer van die gebieden. Deze verklaring wordt van kracht op het tijdstip waarop het Verdrag voor die Staat in werking treedt.
– 2. Deze verklaring, evenals elke latere uitbreiding, wordt ter kennis gebracht van het Ministerie van Buitenlandse Zaken van het Koninkrijk der Nederlanden.

Art. 26

Inwerkingtreding

– 1. Het Verdrag treedt in werking op de eerste dag van de derde kalendermaand na de nederlegging van de derde akte van bekrachtiging, aanvaarding, goedkeuring of toetreding bedoeld in de artikelen 23 en 24.
– 2. Daarna treedt het Verdrag in werking:
1. voor elke later bekrachtigende, aanvaardende, goedkeurende of toetredende Staat, op de eerste dag van de derde kalendermaand na de nederlegging van zijn akte van bekrachtiging, aanvaarding, goedkeuring of toetreding;
2. voor de gebieden waartoe het Verdrag mede van toepassing is verklaard overeenkomstig de artikelen 21 en 25, op de eerste dag van de derde kalendermaand na de kennisgeving bedoeld in die artikelen.

Art. 27

Werkingsduur, verlenging, opzegging

– 1. Het Verdrag blijft gedurende vijf jaar van kracht, te rekenen van de datum van zijn inwerkingtreding overeenkomstig artikel 26, eerste lid, ook voor de Staten die het later hebben bekrachtigd, aanvaard of goedgekeurd, of ertoe zijn toegetreden.
– 2. Het Verdrag wordt, behoudens opzegging, stilzwijgend verlengd, telkens voor vijf jaar.
– 3. De opzegging dient ten minste zes maanden voor het einde van de termijn van vijf jaar ter kennis te worden gebracht van het Ministerie van Buitenlandse Zaken van het Koninkrijk der Nederlanden. Zij kan zich beperken tot enkele van de gebieden of territoriale eenheden waarop het Verdrag van toepassing is.
– 4. De opzegging geldt slechts ten aanzien van de Staat die haar heeft gedaan. Het Verdrag blijft van kracht voor de andere Verdragsluitende Staten.

Art. 28

Mededelingen omtrent stand van zaken

Het Ministerie van Buitenlandse Zaken van het Koninkrijk der Nederlanden stelt de Staten die Lid zijn van de Conferentie, alsmede de Staten die zijn toegetreden overeenkomstig het in artikel 24 bepaalde, in kennis van:
1. de ondertekeningen, bekrachtigingen, aanvaardingen en goedkeuringen bedoeld in artikel 23;
2. de toetredingen bedoeld in artikel 24;
3. de datum waarop het Verdrag in werking treedt overeenkomstig het in artikel 26 bepaalde;
4. de toepasselijkverklaringen bedoeld in artikel 25;
5. de verklaringen bedoeld in artikel 21;
6. de voorbehouden en intrekkingen van voorbehouden bedoeld in artikel 18;
7. de opzeggingen bedoeld in artikel 27.

II.23 VERDRAG INZAKE DE WET WELKE VAN TOEPASSING IS OP DE AANSPRAKELIJKHEID WEGENS PRODUKTEN [VERTALING]

Verdrag van 2 oktober 1973, Trb. 1974, 84

[Inwerkingtreding: 01-10-1977]

De Staten die dit Verdrag hebben ondertekend,
Geleid door de wens gemeenschappelijke bepalingen vast te stellen betreffende de wet welke in internationale betrekkingen van toepassing is op de aansprakelijkheid wegens produkten,
Hebben besloten te dien einde een Verdrag te sluiten en zijn overeengekomen als volgt:

Art. 1

Werkingssfeer

Dit Verdrag bepaalt welke wet van toepassing is op de aansprakelijkheid van de in artikel 3 bedoelde fabrikanten en andere personen voor schade veroorzaakt door een produkt, daaronder begrepen de schade die voortvloeit uit een onjuiste beschrijving van het produkt of het ontbreken van voldoende aanwijzingen betreffende zijn hoedanigheden, zijn kenmerkende eigenschappen of zijn gebruikswijze.
Wanneer de eigendom of het recht op gebruik van het produkt door de persoon wiens aansprakelijkheid in het geding is, is overgedragen aan de persoon die schade heeft geleden, is dit Verdrag niet van toepassing op hun onderlinge verhouding.
Dit Verdrag is van toepassing, welke ook de rechter of de autoriteit is die kennis dient te nemen van het geschil.

Art. 2

Begripsbepaling

Voor de toepassing van dit Verdrag:
a. omvat de term 'produkt' natuurlijke en industriële produkten, in onbewerkte of bewerkte vorm, roerend of onroerend;
b. omvat de term 'schade' alle schade toegebracht aan personen of goederen, alsmede economische verliezen; schade aan het produkt zelf en het daaruit voortvloeiende economische verlies zijn hiervan evenwel uitgesloten, tenzij zij gepaard gaan met andere schade;
c. heeft de term 'persoon' zowel betrekking op een rechtspersoon als op een natuurlijk persoon.

Art. 3

Voor welke personen van toepassing

Dit Verdrag is van toepassing op de aansprakelijkheid van de volgende personen:
1. de fabrikanten van eindprodukten of van onderdelen daarvan;
2. de producenten van natuurlijke produkten;
3. de leveranciers van produkten;
4. andere personen, waaronder begrepen herstellers en personen die goederen in opslag hebben, die een schakel vormen in de keten van het met winstoogmerk vervaardigen en verhandelen van produkten. Dit Verdrag is eveneens van toepassing op de aansprakelijkheid van vertegenwoordigers of ondergeschikten van een der bovengenoemde personen.

Art. 4

Lex loci delicti; voorwaarden

De toepasselijke wet is de interne wet van de Staat op wiens grondgebied het schade berokkenende feit zich heeft voorgedaan, indien die Staat tevens is:
a. de Staat van de gewone verblijfplaats van de persoon die rechtstreeks schade lijdt, of
b. de Staat van de voornaamste vestiging van de persoon wiens aansprakelijkheid in het geding is, of
c. de Staat op wiens grondgebied het produkt is verkregen door de persoon die rechtstreeks schade lijdt.

Art. 5

Wet verblijfplaats gelaedeerde

Ongeacht het bepaalde in artikel 4 is de toepasselijke wet de interne wet van de Staat van de gewone verblijfplaats van de persoon die rechtstreeks schade lijdt, indien die Staat tevens is:
a. de Staat van de voornaamste vestiging van de persoon wiens aansprakelijkheid in het geding is, of
b. de Staat op wiens grondgebied het produkt is verkregen door de persoon die rechtstreeks schade lijdt.

Art. 6

Toepasselijke wet in andere gevallen

Indien geen van de in de artikelen 4 en 5 genoemde wetten van toepassing is, is de toepasselijke wet de interne wet van de Staat van de voornaamste vestiging van de persoon wiens aansprakelijkheid in het geding is, tenzij de eiser zijn eis grondt op de interne wet van de Staat op wiens grondgebied het schade berokkenende feit zich heeft voorgedaan.

Art. 7

Geen toepasselijkheid indien handel in Staat niet voorzien

Noch de wet van de Staat op wiens grondgebied het schade berokkenende feit zich heeft voorgedaan, noch de wet van de Staat van de gewone verblijfplaats van de persoon die rechtstreeks schade lijdt zijn ingevolge de artikelen 4, 5 en 6 van toepassing, indien de persoon wiens aansprakelijkheid in het geding is aantoont, dat hij redelijkerwijs niet kon hebben voorzien dat het produkt of zijn eigen produkten van hetzelfde type in de betrokken Staat in de handel zouden worden gebracht.

Art. 8

Wat de toepasselijke wet bepaalt

De toe te passen wet bepaalt met name:
1. de gronden voor en de omvang van de aansprakelijkheid;
2. de gronden voor ontheffing, alsook voor beperking en verdeling van de aansprakelijkheid;
3. de aard van de schade waarvoor vergoeding verschuldigd kan zijn;
4. de vorm en de omvang van de schadevergoeding;
5. de mogelijkheid tot overdracht of overgang van het recht op schadevergoeding;
6. de personen die een eigen recht hebben op vergoeding van door hen zelf geleden schade;
7. de aansprakelijkheid van de opdrachtgever voor de handelingen van zijn ondergeschikte;
8. de bewijslast in zoverre de regels van de daarop toepasselijke wet deel uitmaken van het recht inzake de aansprakelijkheid;
9. de verjaringen en vervallenverklaringen, gegrond op het verstrijken van een termijn; hieronder begrepen de aanvang, de onderbreking en de schorsing van de termijnen.

Art. 9

Veiligheidsvoorschriften

De toepassing van de artikelen 4, 5 en 6 staat er niet aan in de weg, dat rekening wordt gehouden met de veiligheidsvoorschriften die van kracht zijn in de Staat op wiens grondgebied het produkt op de markt was gebracht.

Art. 10

Openbare orde

De toepassing van een der door dit Verdrag toepasselijk verklaarde wetten mag slechts dan worden geweigerd, indien die toepassing klaarblijkelijk in strijd zou zijn met de openbare orde.

Art. 11

Geen wederkerigheid vereist

De toepassing van de voorgaande artikelen van dit Verdrag is niet afhankelijk van enig vereiste van wederkerigheid. Het Verdrag vindt toepassing zelfs indien de toepasselijke wet niet de wet is van een Verdragsluitende Partij.

Art. 12

Gebieden met eigen rechtsstelsel

Indien een Staat verscheidene gebiedsdelen omvat, die elk hun eigen rechtsregels hebben ten aanzien van de aansprakelijkheid wegens produkten, wordt voor de bepaling van de volgens het Verdrag toepasselijke wet elk gebiedsdeel als een Staat beschouwd.

Art. 13

Art. 12 geen uitbreiding art. 4 en 5

Een Staat waarbinnen verscheidene gebiedsdelen hun eigen rechtsregels hebben ten aanzien van de aansprakelijkheid wegens produkten is niet gehouden tot toepassing van dit Verdrag, wanneer een Staat met een eenvormig rechtsstelsel niet gehouden is de wet van een andere Staat toe te passen krachtens de artikelen 4 en 5 van dit Verdrag.

Art. 14

Werking verdrag voor gebieden met eigen rechtsstelsel

Een Verdragsluitende Staat die twee of meer gebiedsdelen omvat die elk hun eigen rechtsregels hebben ten aanzien van de aansprakelijkheid wegens produkten kan op het tijdstip van ondertekening, bekrachtiging, aanvaarding, goedkeuring of toetreding verklaren dat dit Verdrag zich zal uitstrekken tot al die gebiedsdelen of slechts tot een of meer daarvan en hij kan te allen tijde deze verklaring wijzigen door een nieuwe verklaring af te leggen.
Deze verklaringen worden ter kennis gebracht van het Ministerie van Buitenlandse Zaken van Nederland en geven uitdrukkelijk aan op welke gebiedsdelen het Verdrag van toepassing is.

Art. 15

Samenloop verdragen

Dit Verdrag laat onverlet de verdragen betreffende bijzondere onderwerpen, waarbij de Verdragsluitende Partijen partij zijn of worden en die bepalingen bevatten inzake de aansprakelijkheid wegens produkten.

Art. 16

Voorbehouden

Elke Verdragsluitende Staat kan op het tijdstip van ondertekening, bekrachtiging, aanvaarding, goedkeuring of toetreding zich het recht voorbehouden:
1. het bepaalde in artikel 8, cijfer 9, niet toe te passen;
2. het Verdrag niet toe te passen op onbewerkte landbouwprodukten. Geen enkel ander voorbehoud is toegestaan.

Elke Verdragsluitende Staat kan eveneens, bij het kennisgeven van een uitbreiding van de werking van het Verdrag overeenkomstig artikel 19, een of meer zodanige voorbehouden maken, waarvan de werking beperkt blijft tot de gebiedsdelen of tot enkele van de gebiedsdelen waarvoor de uitbreiding geldt.
Elke Verdragsluitende Staat kan een door hem gemaakt voorbehoud te allen tijde intrekken; de werking van het voorbehoud houdt op met ingang van de eerste dag van de derde kalendermaand volgend op de kennisgeving van intrekking.

Art. 17

Ondertekening

Dit Verdrag staat open voor ondertekening door de Staten die lid waren van de Haagse Conferentie voor internationaal privaatrecht ten tijde van haar twaalfde zitting.
Het dient te worden bekrachtigd, aanvaard of goedgekeurd en de akten van bekrachtiging, aanvaarding of goedkeuring dienen te worden nedergelegd bij het Ministerie van Buitenlandse Zaken van Nederland.

Art. 18

Toetreding

Elke Staat die eerst na de twaalfde zitting lid van de Conferentie is geworden, of die lid is van de Organisatie der Verenigde Naties of van een van de gespecialiseerde organisaties daarvan, of die partij is bij het Statuut van het Internationale Gerechtshof, kan tot dit Verdrag toetreden na de inwerkingtreding ervan overeenkomstig artikel 20.
De akte van toetreding dient te worden nedergelegd bij het Ministerie van Buitenlandse Zaken van Nederland.

Art. 19

Uitbreiding werking verdrag

Elke Staat kan, op het tijdstip van ondertekening, bekrachtiging, goedkeuring, aanvaarding of toetreding verklaren dat dit Verdrag zich uitstrekt tot alle gebieden voor welker internationale betrekkingen hij verantwoordelijk is of tot een of meer van deze gebieden. Deze verklaring geldt vanaf het tijdstip van de inwerkingtreding van het Verdrag voor genoemde Staat.
Daarna dient elke zodanige uitbreiding ter kennis te worden gebracht van het Ministerie van Buitenlandse Zaken van Nederland.

Art. 20

Inwerkingtreding

Dit Verdrag treedt in werking op de eerste dag van de derde kalendermaand na de nederlegging van de derde akte van bekrachtiging, aanvaarding of goedkeuring bedoeld in de tweede alinea van artikel 17.
Daarna treedt het Verdrag in werking:
– voor elke ondertekenende Staat die het daarna bekrachtigt, aanvaardt of goedkeurt, op de eerste dag van de derde kalendermaand na de nederlegging van zijn akte van bekrachtiging, aanvaarding of goedkeuring;
– voor elke toetredende Staat op de eerste dag van de derde kalendermaand na de nederlegging van zijn akte van toetreding;
– voor de gebiedsdelen waartoe het Verdrag zich uitstrekt overeenkomstig artikel 19, op de eerste dag van de derde kalendermaand na de in dit artikel bedoelde kennisgeving.

Art. 21

Looptijd; opzegging

Dit Verdrag heeft een looptijd van vijf jaar vanaf de datum van zijn inwerkingtreding overeenkomstig de eerste alinea van artikel 20, zelfs voor de Staten die het daarna hebben bekrachtigd, aanvaard of goedgekeurd, of daartoe zijn toegetreden.
Behoudens opzegging wordt het Verdrag stilzwijgend verlengd, telkens voor een tijdvak van vijf jaar.
De opzegging wordt, ten minste zes maanden voor het verstrijken van het tijdvak van vijf jaar, ter kennis gebracht van het Ministerie van Buitenlandse Zaken van Nederland. Zij kan worden beperkt tot bepaalde gebiedsdelen waarop het Verdrag van toepassing is.
De opzegging geldt slechts ten aanzien van de Staat die haar heeft gedaan. Voor de andere Verdragsluitende Staten blijft het Verdrag van kracht.

Art. 22

Kennisgevingen m.b.t. verdrag

Het Ministerie van Buitenlandse Zaken van Nederland stelt de Lid-Staten van de Conferentie, alsmede de Staten die overeenkomstig het bepaalde in artikel 18 zijn toegetreden, in kennis van:
1. de ondertekeningen, bekrachtigingen, aanvaardingen en goedkeuringen bedoeld in artikel 17;
2. de datum waarop dit Verdrag in werking treedt overeenkomstig het bepaalde in artikel 20;
3. de toetredingen bedoeld in artikel 18 en de datum waarop zij van kracht worden;
4. de uitbreidingen bedoeld in artikel 19 en de datum waarop zij van kracht worden;
5. de voorbehouden, de intrekking van voorbehouden en de verklaringen genoemd in de artikelen 14, 16 en 19;
6. de opzeggingen bedoeld in artikel 21.

II.24 VERDRAG INZAKE DE WET WELKE VAN TOEPASSING IS OP VERKEERSONGEVALLEN OP DE WEG [VERTALING]

Verdrag van 4 mei 1971, Trb. 1971, 118 (Rectificatie Trb. 1978, 180)

[Inwerkingtreding: 03-06-1975]

De Staten die dit Verdrag hebben ondertekend,
Geleid door de wens gemeenschappelijke bepalingen vast te stellen inzake de wet welke van toepassing is op de burgerrechtelijke, niet-contractuele aansprakelijkheid voor ongevallen in het wegverkeer,
Hebben besloten te dien einde een Verdrag te sluiten en zijn overeengekomen als volgt:

Art. 1

Werkingssfeer

– 1. Dit Verdrag bepaalt de wet welke van toepassing is op de burgerrechtelijke, niet-contractuele aansprakelijkheid voor ongevallen in het wegverkeer en wel ongeacht voor welke rechter vorderingen ter zake dienen te worden gebracht.

Omschrijving ongeval

– 2. In dit Verdrag wordt onder ongeval in het wegverkeer verstaan een ongeval waarbij een of meer al dan niet gemotoriseerde voertuigen zijn betrokken en dat verband houdt met verkeer op de openbare weg, op terreinen die toegankelijk zijn voor het publiek of slechts voor een beperkt aantal personen, die het recht hebben om er te komen.

Art. 2

Reikwijdte

Dit Verdrag is niet van toepassing op:
1. de aansprakelijkheid van fabrikanten, verkopers of herstellers van voertuigen;
2. de aansprakelijkheid van de eigenaar van een verkeersweg, of van elke andere persoon, die verantwoordelijk is voor het onderhoud daarvan of voor de veiligheid van de gebruikers;
3. aansprakelijkheid voor handelingen van derden, met uitzondering van de aansprakelijkheid van de eigenaar van een voertuig of van de principaal of de meester;
4. regresvorderingen tussen aansprakelijke personen;
5. regresvorderingen en subrogaties voor zover hierbij verzekeraars zijn betrokken;
6. vorderingen, daaronder begrepen regresvorderingen, die worden ingesteld door of tegen instellingen op het gebied van de sociale zekerheid, sociale verzekering of soortgelijke instellingen en door of tegen openbare waarborgfondsen voor automobielen, noch op de uitsluiting van de aansprakelijkheid zoals die is neergelegd in de wet waardoor deze instellingen worden beheerst.

Art. 3

Lex loci delicti

De van toepassing zijnde wet is de interne wet van de Staat op welks grondgebied het ongeval heeft plaatsgevonden.

Art. 4

Afwijking art. 3

Onverminderd de regeling vervat in artikel 5 wordt in de volgende gevallen afgeweken van het bepaalde in artikel 3:
a) wanneer slechts een enkel voertuig bij het ongeval is betrokken en dit voertuig is geregistreerd in een andere Staat dan die op welks grondgebied het ongeval heeft plaatsgevonden, is de interne wet van de Staat van registratie van toepassing op de aansprakelijkheid
– jegens de bestuurder, houder, eigenaar of elke andere persoon die enig recht heeft op het voertuig, zonder acht te slaan op hun gewoon verblijf,
– jegens een slachtoffer dat passagier was, indien het zijn gewoon verblijf had in een andere Staat dan in die op welks grondgebied het ongeval heeft plaatsgevonden,
– jegens een slachtoffer dat zich ter plaatse van het ongeval buiten het voertuig bevond, indien het zijn gewoon verblijf had in de Staat van registratie. Wanneer er twee of meer slachtoffers zijn wordt de van toepassing zijnde wet ten aanzien van elk van hen afzonderlijk vastgesteld.
b) wanneer twee of meer voertuigen bij het ongeval zijn betrokken, is het bepaalde onder *a)* alleen van toepassing, indien die voertuigen alle in dezelfde Staat geregistreerd zijn.
c) wanneer een of meer personen die zich ter plaatse van het ongeval buiten het voertuig of de voertuigen bevonden bij het ongeval zijn betrokken en aansprakelijk zouden kunnen zijn, is het bepaalde onder *a)* en *b)* slechts van toepassing indien deze personen allen hun gewoon verblijf hadden in de Staat van registratie. Dit geldt ook, wanneer deze personen tevens slachtoffers zijn van het ongeval.

Art. 5

Aansprakelijkheid voor schade aan vervoerde goederen

– 1. De wet welke krachtens de artikelen 3 en 4 van toepassing is op de aansprakelijkheid jegens een passagier beheerst tevens de aansprakelijkheid voor schade aan in het voertuig vervoerde goederen die zijn eigendom zijn of die aan hem waren toevertrouwd.
– 2. De wet die krachtens de artikelen 3 en 4 van toepassing is op de aansprakelijkheid jegens

de eigenaar van het voertuig beheerst de aansprakelijkheid voor schade aan andere in het voertuig vervoerde goederen dan die bedoeld in de voorgaande alinea.

– 3. De aansprakelijkheid voor schade aan goederen die zich buiten het voertuig of de voertuigen bevonden wordt beheerst door de interne wet van de Staat op welks grondgebied het ongeval heeft plaatsgevonden. De aansprakelijkheid voor schade aan de persoonlijke eigendommen van een slachtoffer dat zich buiten het voertuig of de voertuigen bevond wordt evenwel beheerst door de interne wet van de Staat van registratie, indien deze wet volgens artikel 4 van toepassing is op de aansprakelijkheid jegens het slachtoffer.

Art. 6

Voertuigen niet of in meer dan één Staat geregistreerd

Ten aanzien van voertuigen die niet zijn geregistreerd of die in meer dan één Staat zijn geregistreerd, treedt voor de wet van de Staat van registratie in de plaats de interne wet van de Staat waarin zij hun gewone standplaats hadden. Hetzelfde geldt, indien op het tijdstip van het ongeval noch de eigenaar, noch de houder, noch de bestuurder van het voertuig zijn gewoon verblijf had in de Staat van registratie.

Art. 7

Verkeers- en veiligheidsvoorschriften

Bij het bepalen van de aansprakelijkheid wordt, welke overigens de van toepassing zijnde wet zij, rekening gehouden met de verkeers- en veiligheidsvoorschriften die ter plaatse en ten tijde van het ongeval van kracht waren.

Art. 8

Werking van de toepasselijke wet

De van toepassing zijnde wet bepaalt in het bijzonder:

1. de voorwaarden en de omvang van de aansprakelijkheid;
2. de gronden voor uitsluiting van aansprakelijkheid, alsook elke beperking en verdeling van aansprakelijkheid;
3. het bestaan en de aard van letsel of schade die voor vergoeding in aanmerking komen;
4. op welke wijze en in welke omvang de schade moet worden vergoed;
5. de overdraagbaarheid van het recht op schadevergoeding;
6. welke personen recht hebben op vergoeding van persoonlijk door hen geleden schade;
7. de aansprakelijkheid van een principaal voor handelingen van degene, die voor hem optreedt;
8. de termijn voor de verjaring of het verval van een aanspraak op schadevergoeding, alsmede het tijdstip van aanvang van die termijn en van zijn stuiting of schorsing.

Art. 9

Rechtstreekse vordering tot schadevergoeding

– 1. De gelaedeerden hebben een rechtstreekse vordering tot schadevergoeding op de verzekeraar van de aansprakelijke partij, indien zij dit recht bezitten krachtens de overeenkomstig de artikelen 3, 4 of 5 van toepassing zijnde wet.

– 2. Indien krachtens de artikelen 4 of 5 de wet van de Staat van registratie van toepassing is en die wet dit recht niet kent, kan het niettemin worden uitgeoefend indien zulks wordt toegestaan door de interne wet van de Staat op welks grondgebied het ongeval heeft plaatsgevonden.

– 3. Indien geen van beide wetten een zodanig recht kent, kan het worden uitgeoefend indien het wordt gegeven door de wet die de verzekeringsovereenkomst beheerst.

Art. 10

Onverenigbaar met openbare orde

Een volgens dit Verdrag van toepassing zijnde wet kan slechts ter zijde worden gesteld indien haar toepassing kennelijk onverenigbaar is met de openbare orde.

Art. 11

Geen wederkerigheid vereist

De toepassing van de artikelen 1 tot en met 10 van dit Verdrag is onafhankelijk van enig vereiste van wederkerigheid. Het Verdrag vindt toepassing, zelfs indien de van toepassing zijnde wet niet die van een Verdragsluitende Staat is.

Art. 12

Gebiedsdeel met eigen rechtsstelsel

Elk gebiedsdeel van een Staat waar meer dan één rechtsstelsel bestaat wordt voor de toepassing van de artikelen 2 tot en met 11 als een Staat beschouwd wanneer dat gebiedsdeel een eigen rechtsstelsel heeft met betrekking tot de burgerrechtelijke, niet-contractuele aansprakelijkheid voor ongevallen in het wegverkeer.

Art. 13

Uitzondering op toepassing

Een Staat waar meer dan een rechtsstelsel bestaat is niet gehouden dit Verdrag toe te passen op ongevallen die op zijn grondgebied hebben plaatsgevonden, wanneer daarbij slechts voertuigen zijn betrokken die in de gebiedsdelen van die Staat zijn geregistreerd.

Art. 14

Beperkte werking d.m.v. verklaring

– 1. Een Staat waar meer dan een rechtsstelsel bestaat kan op het tijdstip van ondertekening, bekrachtiging of toetreding verklaren, dat de werking van dit Verdrag zich uitstrekt tot elk van die rechtsstelsels, dan wel slechts tot één of enkele daarvan; hij kan deze verklaring te allen tijde wijzigen door het afleggen van een nieuwe verklaring.

– 2. Deze verklaringen worden ter kennis gebracht van het Ministerie van Buitenlandse Zaken van Nederland en dienen uitdrukkelijk de rechtsstelsels aan te geven, waarop het Verdrag van toepassing is.

Art. 15

Dit Verdrag maakt geen inbreuk op andere Verdragen waarbij de Verdragsluitende Staten partij zijn of zullen worden en waarin op bijzondere gebieden de burgerrechtelijke, niet-contractuele aansprakelijkheid voor een ongeval wordt geregeld.

Geen inbreuk op andere verdragen

Art. 16

– 1. Dit Verdrag staat ter ondertekening open voor de Staten vertegenwoordigd op de Elfde Zitting van de Haagse Conferentie voor Internationaal Privaatrecht.

Ondertekening

– 2. Het dient te worden bekrachtigd en de akten van bekrachtiging worden nedergelegd bij het Ministerie van Buitenlandse Zaken van Nederland.

Art. 17

– 1. Dit Verdrag treedt in werking op de zestigste dag te rekenen van de datum van nederlegging van de derde akte van bekrachtiging, bedoeld in de tweede alinea van artikel 16.

Inwerkingtreding

– 2. Voor elke ondertekenende Staat die het Verdrag daarna bekrachtigt treedt het in werking op de zestigste dag te rekenen van de datum van nederlegging van zijn akte van bekrachtiging.

Art. 18

– 1. Staten die niet vertegenwoordigd zijn geweest op de Elfde Zitting van de Haagse Conferentie voor Internationaal Privaatrecht en die Lid zijn van deze Conferentie of van de Verenigde Naties of van een van haar gespecialiseerde organisaties of die Partij zijn bij het Statuut van het Internationaal Gerechtshof kunnen tot dit Verdrag toetreden nadat het overeenkomstig de eerste alinea van artikel 17 in werking is getreden.

Toetreden

– 2. De akte van toetreding dient te worden nedergelegd bij het Ministerie van Buitenlandse Zaken van Nederland.

– 3. Het Verdrag treedt voor een toetredende Staat in werking op de zestigste dag te rekenen van de datum van nederlegging van zijn akte van toetreding.

– 4. De toetreding heeft slechts gevolg ten aanzien van de betrekkingen tussen de toetredende Staat en Verdragsluitende Staten die verklaard hebben de toetreding te aanvaarden. Een zodanige verklaring wordt nedergelegd bij het Ministerie van Buitenlandse Zaken van Nederland; dit Ministerie doet daarvan langs diplomatieke weg een voor eensluidend gewaarmerkt afschrift aan elk der Verdragsluitende Staten toekomen.

– 5. Tussen de toetredende Staat en de Staat die heeft verklaard de toetreding te aanvaarden treedt het Verdrag in werking op de zestigste dag te rekenen van de datum van nederlegging van de verklaring van aanvaarding.

Art. 19

– 1. Een Staat kan op het tijdstip van ondertekening, bekrachtiging of toetreding verklaren dat dit Verdrag zich uitstrekt tot alle gebieden voor welker internationale betrekkingen hij verantwoordelijk is of tot één of enkele van die gebieden. Een zodanige verklaring wordt van kracht op de datum van de inwerkingtreding van het Verdrag voor de betrokken Staat.

Beperkte werking t.a.v. andere gebiedsdelen

– 2. Daarna wordt van zodanige uitbreidingen kennis gegeven aan het Ministerie van Buitenlandse Zaken van Nederland.

– 3. Het Verdrag treedt voor de in de verklaring van uitbreiding genoemde gebieden in werking op de zestigste dag na de mededeling, bedoeld in de voorgaande alinea.

Art. 20

– 1. Dit Verdrag blijft van kracht vijf jaar na de datum van zijn inwerkingtreding overeenkomstig de eerste alinea van artikel 17, ook voor de Staten die het Verdrag nadien hebben bekrachtigd of daartoe zijn toegetreden.

Looptijd verdrag steeds vijf jaar

– 2. Indien geen opzegging heeft plaatsgevonden wordt het Verdrag behoudens opzegging, stilzwijgend telkens voor vijf jaar verlengd.

– 3. Opzeggingen dienen ten minste zes maanden voor het einde van de termijn van vijf jaar ter kennis te worden gebracht van het Ministerie van Buitenlandse Zaken van Nederland.

– 4. De opzegging kan beperkt worden tot bepaalde gebieden waarop het Verdrag van toepassing is.

– 5. De opzegging heeft slechts gevolg ten opzichte van de Staat die haar ter kennis heeft gebracht. Het Verdrag blijft voor de andere Verdragsluitende Staten van kracht.

Art. 21

Het Ministerie van Buitenlandse Zaken van Nederland geeft aan de in artikel 16 bedoelde Staten en aan de Staten die overeenkomstig artikel 18 zijn toegetreden kennis van

Kennisgevingen door BZ

a) de ondertekeningen en bekrachtigingen bedoeld in artikel 16;

b) de datum waarop dit Verdrag overeenkomstig de eerste alinea van artikel 17 in werking treedt;

c) de toetredingen bedoeld in artikel 18 en de data waarop zij van kracht worden;

d) de verklaringen bedoeld in de artikelen 14 en 19;

e) de opzeggingen bedoeld in de derde alinea van artikel 20.

II.25 VERORDENING (EG) NR. 864/2007 BETREFFENDE HET RECHT DAT VAN TOEPASSING IS OP NIET-CONTRACTUELE VERBINTENISSEN (ROME II)

Verordening van het Europees Parlement en de Raad van 11 juli 2007, PbEU L 199, betreffende het recht dat van toepassing is op niet-contractuele verbintenissen ('Rome II')

[Inwerkingtreding: 20-08-2007]

HET EUROPEES PARLEMENT EN DE RAAD VAN DE EUROPESE UNIE,
Gelet op het Verdrag tot oprichting van de Europese Gemeenschap, en met name op artikel 61, onder c), en artikel 67,
Gezien het voorstel van de Commissie,
Gezien het advies van het Europees Economisch en Sociaal Comité [(1)],
Handelend volgens de procedure van artikel 251 van het Verdrag en gezien de gemeenschappelijke tekst die op 25 juni 2007 door het Bemiddelingscomité is goedgekeurd [(2)],
Overwegende hetgeen volgt:
(1) De Europese Unie heeft zich ten doel gesteld een ruimte van vrijheid, veiligheid en rechtvaardigheid te handhaven en te ontwikkelen. Met het oog op geleidelijke totstandbrenging van een dergelijke ruimte dient de Gemeenschap onder meer de maatregelen op het gebied van de justitiële samenwerking in burgerlijke zaken vast te stellen die voor de goede werking van de interne markt nodig zijn.
(2) Overeenkomstig artikel 65, onder b), van het Verdrag omvatten deze maatregelen maatregelen ter bevordering van de verenigbaarheid van de in de lidstaten geldende regels voor toepasselijk recht en jurisdictie.
(3) Tijdens de bijeenkomst in Tampere van 15 en 16 oktober 1999 heeft de Europese Raad bevestigd dat het beginsel van wederzijdse erkenning van vonnissen en andere beslissingen van gerechtelijke autoriteiten de hoeksteen van de justitiële samenwerking in burgerrechtelijke zaken zou moeten worden, en de Commissie en de Raad verzocht een pakket maatregelen vast te stellen om gestalte te geven aan dit beginsel.
(4) Op 30 november 2000 heeft de Raad een programma van maatregelen voor de uitvoering van het beginsel van wederzijdse erkenning van beslissingen in burgerlijke en handelszaken aangenomen [(3)]. In dit programma worden de maatregelen voor de harmonisatie van de collisieregels aangemerkt als maatregelen die de wederzijdse erkenning van beslissingen helpen te bevorderen.
(5) In het op 5 november 2004 door de Europese Raad goedgekeurde Haagse Programma [(4)] wordt opgeroepen om voortvarend verder te werken aan het conflictenrecht inzake niet-contractuele verbintenissen ('Rome II').
(6) De goede werking van de interne markt vereist, ter bevordering van de voorspelbaarheid van de uitslag van rechtsgedingen, de rechtszekerheid en het vrije verkeer van vonnissen, dat de in de lidstaten geldende collisieregels hetzelfde nationale recht aanwijzen, ongeacht bij welke rechter het geding aanhangig wordt gemaakt.
(7) Het materiële toepassingsgebied en de bepalingen van de verordening moeten stroken met Verordening (EG) nr. 44/2001 van de Raad van 22 december 2000 betreffende de rechterlijke bevoegdheid, de erkenning en de tenuitvoerlegging van beslissingen in burgerlijke en handelszaken [(5)] ('Brussel I') en met de instrumenten betreffende het recht dat van toepassing is op verbintenissen uit overeenkomst.
(8) Deze verordening is van toepassing ongeacht de aard van het aangezochte gerecht.
(9) Onder vorderingen wegens *acta iure imperii* dienen ook te vallen vorderingen jegens ambtenaren die namens de staat optreden, alsmede de aansprakelijkheid van publieke autoriteiten, waaronder begrepen van overheidswege benoemde ambtsdragers. Zulke vorderingen vallen dus ook buiten het toepassingsgebied van de verordening.
(10) Familierechtelijke betrekkingen omvatten bloedverwantschap, huwelijk en aanverwantschap. De verwijzing in artikel 1, lid 2, naar relatievormen die met het huwelijk en andere fa-

(1) *PB* C 241 van 28.9.2004, blz. 1.
(2) Advies van het Europees Parlement van 6 juli 2005 (*PB* C 157 E van 6.7.2006, blz. 371), gemeenschappelijk standpunt van de Raad van 25 september 2006 (*PB* C 289 E van 28.11.2006, blz. 68), standpunt van het Europees Parlement van 18 januari 2007 (nog niet bekendgemaakt in het *Publicatieblad*), wetgevingsresolutie van het Europees Parlement van 10 juli 2007 en besluit van de Raad van 28 juni 2007.
(3) *PB* C 12 van 15.1.2001, blz. 1.
(4) *PB* C 53 van 3.3.2005, blz. 1.
(5) *PB* L 12 van 16.1.2001, blz. 1. Verordening laatstelijk gewijzigd bij Verordening (EG) nr. 1791/2006 (*PB* L 363 van 20.12.2006, blz. 1).

milierechtelijke betrekkingen vergelijkbare gevolgen hebben, zal worden uitgelegd overeenkomstig het recht van de lidstaat waar de zaak aanhangig wordt gemaakt.

(11) Het begrip 'niet-contractuele verbintenis' verschilt per lidstaat. Derhalve dient het in deze verordening als een autonoom begrip te worden opgevat. De in deze verordening vastgestelde collisieregels dienen ook voor niet-contractuele verbintenissen wegens risicoaansprakelijkheid te gelden.

(12) Het recht dat van toepassing is dient tevens de vraag naar de mogelijkheid om aansprakelijk te worden gehouden uit onrechtmatige daad, te beheersen.

(13) Eenvormige regels die worden toegepast ongeacht het recht dat zij aanwijzen, kunnen concurrentievervalsing tussen communautaire justitiabelen voorkomen.

(14) De eis van rechtszekerheid en de noodzaak om recht te doen in individuele gevallen zijn wezenlijke onderdelen van een ruimte van rechtvaardigheid. Deze verordening voorziet in de aanknopingsfactoren die het meest geschikt zijn om deze doelstellingen te verwezenlijken. Derhalve schrijft deze verordening een algemene regel voor, maar voorziet zij ook in specifieke regels en, in sommige bepalingen, in een 'ontsnappingsclausule' waardoor mag afgeweken worden van deze regels voor het geval dat uit alle omstandigheden van het geval blijkt dat de onrechtmatige daad een kennelijk nauwere band heeft met een andere lidstaat. Dit geheel van regels schept aldus een flexibel kader van collisieregels. Eveneens kunnen de rechtbanken waarbij individuele geschillen aanhangig zijn gemaakt, deze op een passende wijze behandelen.

(15) Weliswaar is de *lex loci delicti commissi* in nagenoeg alle lidstaten het basisbeginsel met betrekking tot niet-contractuele verbintenissen, maar indien de elementen van de zaak verspreid zijn over meerdere lidstaten, leidt de concrete toepassing van dit principe niettemin tot verschillende oplossingen. Dit zorgt voor rechtsonzekerheid.

(16) Eenvormigheid van de regels moet de voorspelbaarheid van rechterlijke uitspraken vergroten en een redelijk evenwicht garanderen tussen de belangen van de persoon die aansprakelijk wordt gesteld, en die van de persoon die schade lijdt. De aanknoping met het land van de plaats waar de directe schade zich heeft voorgedaan *(lex loci damni)*, zorgt voor een billijk evenwicht tussen de belangen van de persoon die aansprakelijk wordt gesteld, en van de persoon die schade lijdt, en ligt tevens in de lijn van de moderne opvatting van het aansprakelijkheidsrecht en van de ontwikkeling van stelsels van risicoaansprakelijkheid.

(17) Het toepasselijke recht moet worden bepaald volgens de plaats waar de schade zich voordoet, ongeacht in welke landen de indirecte gevolgen van die gebeurtenis zich voordoen. In geval van letselschade en vermogensschade moet bijgevolg het land waar het letsel of de materiële schade is opgelopen, gelden als het land waar de schade zich voordoet.

(18) Zoals bepaald in artikel 4, lid 1, is de algemene regel in deze verordening de *lex loci damni*. Artikel 4, lid 2, dat beschouwd moet worden als een uitzondering op dit algemene beginsel, geeft voor het geval dat beide partijen hun gewone verblijfplaats in hetzelfde land hebben, een bijzonder aanknopingspunt. Artikel 4, lid 3, dient te worden opgevat als een ontsnappingsclausule ten opzichte van artikel 4, leden 1 en 2, voor het geval dat uit alle omstandigheden van het geval blijkt dat de onrechtmatige daad een kennelijk nauwere band heeft met een andere lidstaat.

(19) Er dient te worden voorzien in specifieke regels voor bijzondere soorten van onrechtmatige daden waarvoor op grond van de algemene regel geen billijk evenwicht kan worden bereikt tussen de in het geding zijnde belangen.

(20) Inzake productaansprakelijkheid moet de collisieregel beantwoorden aan doelstellingen zoals een billijke verdeling van de risico's die verbonden zijn aan een moderne, technisch geavanceerde samenleving, bescherming van de gezondheid van de consument, bevordering van innovatie, het garanderen van niet-vervalste concurrentie en vergemakkelijking van het handelsverkeer. Een systeem van hiërarchisch geordende aanknopingspunten, in combinatie met een clausule inzake voorspelbaarheid, biedt in het licht van deze doelstellingen een evenwichtige oplossing. Het eerste element waarmee rekening wordt gehouden is het recht van het land waar degene die schade lijdt, zijn gewone verblijfplaats had op het tijdstip dat de schade zich voordeed, mits het product in dat land op de markt is gebracht. Onverminderd het bepaalde in artikel 4, lid 2, en de mogelijkheid dat er een klaarblijkelijk nauwere samenhang met een ander land bestaat, treden de andere elementen van de hiërarchie in werking indien het product niet in dat land op de markt is gebracht.

(21) De bijzondere regel in artikel 6 vormt geen uitzondering op de algemene regel in artikel 4, lid 1, maar juist een verduidelijking daarvan. Inzake oneerlijke concurrentie dient de collisieregel bescherming te bieden aan concurrenten, consumenten en het publiek in het algemeen en tevens garant te staan voor het goed functioneren van de markteconomie. Deze doelstellingen zijn in het algemeen te bereiken door aanknoping bij het recht van het land waar de

concurrentieverhoudingen dan wel de gezamenlijke belangen van de consumenten worden of dreigen te worden aangetast.

(22) Onder niet-contractuele verbintenissen die voortvloeien uit beperking van de mededinging, in de zin van artikel 6, lid 3, moeten zowel inbreuken op nationale als op communautaire mededingingsregels worden verstaan. Het recht dat op dergelijke niet-contractuele verbintenissen van toepassing is, is het recht van het land waar de markt wordt of waarschijnlijk wordt beïnvloed. In het geval dat de markt in meer dan een land wordt beïnvloed of waarschijnlijk wordt beïnvloed, mag de persoon die schadevergoeding vordert, in bepaalde omstandigheden echter verkiezen zijn vordering te gronden op het recht van het gerecht waarbij hij het geschil aanhangig heeft gemaakt.

(23) Voor de doeleinden van deze verordening moet het concept van beperking van de mededinging betrekking hebben op overeenkomsten tussen ondernemingen, besluiten van ondernemersverenigingen en onderling afgestemde feitelijke gedragingen die ertoe strekken of ten gevolge hebben dat de mededinging binnen een lidstaat of op de interne markt wordt verhinderd, beperkt of vervalst, alsmede het misbruiken van een machtspositie in een lidstaat of op de interne markt, voor zover dergelijke overeenkomsten, besluiten, onderling afgestemde feitelijke gedragingen of misbruiken verboden zijn krachtens de artikelen 81 en 82 van het Verdrag of krachtens het recht van een lidstaat.

(24) Onder 'milieuschade' moet worden begrepen een negatieve verandering in de natuurlijke rijkdommen zoals water, land of lucht, of een aantasting van een functie die een natuurlijke rijkdom vervult ten behoeve van een andere natuurlijke rijkdom of het publiek, alsmede een aantasting van de verscheidenheid van levende organismen.

(25) Met betrekking tot milieuschade vormt artikel 174 van het Verdrag – dat een hoog niveau van bescherming voorschrijft, berustend op het voorzorgsbeginsel en het beginsel van preventief handelen, het beginsel dat milieuaantastingen bij voorrang aan de bron dienen te worden bestreden, en het beginsel dat de vervuiler betaalt – een afdoende verantwoording voor de toepassing van het beginsel van voorrang voor de persoon die schade lijdt. De vraag op welk tijdstip degene die schadevergoeding vordert het toepasselijke recht kan kiezen, dient te worden beantwoord aan de hand van het recht van de lidstaat van de aangezochte rechter.

(26) Ten aanzien van inbreuken op intellectuele-eigendomsrechten dient het algemeen erkende beginsel *lex loci protectionis* te worden gehandhaafd. Voor de toepassing van de onderhavige verordening worden onder intellectuele-eigendomsrechten bijvoorbeeld verstaan het auteursrecht, de naburige rechten, het recht *sui generis* inzake de bescherming van gegevensbestanden, en de industriële-eigendomsrechten.

(27) De precieze inhoud van het begrip collectieve actie – bijvoorbeeld een staking of uitsluiting – verschilt van lidstaat tot lidstaat en wordt door de interne regels van elke lidstaat bepaald. Daarom wordt in deze verordening als algemeen beginsel aangehouden dat, ter bescherming van de rechten en verplichtingen van werknemers en werkgevers, het recht van het land waar de actie is ondernomen, van toepassing is.

(28) De bijzondere regel in artikel 9 inzake collectieve acties laat de voorwaarden betreffende het voeren van zulke acties, overeenkomstig het nationale recht en de in het nationale recht van de lidstaten geldende rechtspositie van de representatieve werknemersorganisaties of vakbonden, onverlet.

(29) Er dient te worden voorzien in regels voor gevallen waarin schade wordt veroorzaakt door een feit dat geen onrechtmatige daad is, zoals ongerechtvaardigde verrijking, zaakwaarneming of precontractuele aansprakelijkheid.

(30) Precontractuele aansprakelijkheid is, voor de toepassing van deze verordening, een autonoom begrip, dat niet noodzakelijkerwijs in de zin van het nationale recht dient te worden geïnterpreteerd. Het dient mede te omvatten het achterhouden van informatie en het afbreken van onderhandelingen. Artikel 12 geldt uitsluitend voor niet-contractuele verbintenissen die rechtstreeks samenhangen met de onderhandelingen voorafgaand aan de sluiting van een overeenkomst. Dit betekent dat, indien iemand tijdens de onderhandelingen letsel oploopt, artikel 4 of andere ter zake dienende bepalingen van de verordening op hem van toepassing zijn.

(31) Om het beginsel van de autonomie van de partijen te eerbiedigen, alsook ter wille van de rechtszekerheid, moeten de partijen kunnen kiezen welk recht op een niet-contractuele verbintenis van toepassing is. Deze keuze dient uitdrukkelijk te worden gedaan, dan wel met redelijke zekerheid door de omstandigheden van het geval aangetoond te worden. Bij het vaststellen van het bestaan van de overeenstemming, dient de rechter de intentie van de partijen te eerbiedigen. Om zwakke partijen te beschermen, moeten aan deze vrije rechtskeuze bepaalde voorwaarden worden verbonden.

(32) Om redenen van algemeen belang is het gerechtvaardigd dat de rechters van de lidstaten zich in uitzonderlijke omstandigheden kunnen beroepen op rechtsfiguren zoals de exceptie

van openbare orde en op bepalingen van bijzonder dwingend recht. Met name kan de toepassing van een bepaling van het door deze verordening aangewezen recht, die zou leiden tot de toekenning van bovenmatige niet compensatoire of punitieve schadevergoeding, afhankelijk van de omstandigheden van de zaak en de rechtsorde van de lidstaat van de rechter, worden beschouwd als zijnde in strijd met de openbare orde van het land van de rechter.

(33) Overeenkomstig de huidige nationale regels inzake aan slachtoffers van verkeersongevallen toegekende schadevergoedingen, moet het aangezochte gerecht bij de begroting van de schade bij persoonlijk letsel in gevallen waarin het ongeval heeft plaatsgevonden in een andere staat dan die van de gewone verblijfplaats van het slachtoffer, rekening houden met alle relevante feitelijke omstandigheden van het slachtoffer in kwestie, in het bijzonder met de werkelijke kosten van nazorg en medische verzorging.

(34) Om een billijk evenwicht tussen de partijen te bereiken moet in passende mate rekening wordt gehouden met de veiligheidsvoorschriften en gedragsregels die gelden in het land waar het schadeveroorzakende feit is gepleegd, zelfs indien op de niet-contractuele verbintenis het recht van een ander land van toepassing is. Onder 'veiligheidsvoorschriften en gedragsregels' dienen alle regelingen te worden verstaan die op enigerlei wijze met veiligheid en gedrag verband houden, bijvoorbeeld ook, in geval van ongelukken, de verkeersveiligheid.

(35) Voorkomen dient te worden dat collisieregels over verschillende instrumenten worden verspreid en dat deze regels onderling afwijken. Deze verordening belet evenwel niet dat in bepalingen van Gemeenschapsrecht op bepaalde gebieden collisieregels betreffende niet-contractuele verbintenissen worden opgenomen.

Deze verordening moet de toepassing onverlet laten van andere instrumenten waarin voorschriften ten behoeve van de goede werking van de interne markt zijn vervat, voor zover deze voorschriften niet in combinatie met het door de regels van deze verordening aangewezen recht kunnen worden toegepast. De toepassing van bepalingen van het recht dat door deze verordening als toepasselijk is aangewezen, mag niet in de weg staan aan het vrije verkeer van goederen en diensten neergelegd in Gemeenschapsinstrumenten zoals Richtlijn 2000/31/EG van het Europees Parlement en de Raad van 8 juni 2000 betreffende bepaalde juridische aspecten van de diensten van de informatiemaatschappij, met name de elektronische handel, in de interne markt ('Richtlijn inzake elektronische handel') (6).

(36) De eerbiediging van de internationale verplichtingen van de lidstaten vereist dat deze verordening internationale verdragen en internationale overeenkomsten waarbij op het tijdstip van de vaststelling van deze verordening één of meer lidstaten partij zijn, onverlet laat. Om de geldende regels toegankelijker te maken, zal de Commissie aan de hand van de gegevens die de lidstaten haar doorgeven, de lijst van de betrokken overeenkomsten bekendmaken in het *Publicatieblad van de Europese Unie.*

(37) De Commissie zal het Europees Parlement en de Raad een voorstel voorleggen over de procedures en voorwaarden volgens welke de lidstaten het recht hebben om in afzonderlijke en uitzonderlijke gevallen en met betrekking tot sectorale aangelegenheden zelf met derde landen over overeenkomsten te onderhandelen en overeenkomsten houdende bepalingen betreffende het recht dat van toepassing is op niet-contractuele verbintenissen te sluiten.

(38) Aangezien de doelstelling van deze verordening niet voldoende door de lidstaten kan worden verwezenlijkt en derhalve vanwege de omvang en de gevolgen van deze verordening beter door de Gemeenschap kan worden verwezenlijkt, kan de Gemeenschap overeenkomstig het in artikel 5 van het Verdrag neergelegde subsidiariteitsbeginsel maatregelen nemen. Overeenkomstig het in hetzelfde artikel neergelegde evenredigheidsbeginsel gaat deze verordening niet verder dan wat nodig is om deze doelstelling te bereiken.

(39) Overeenkomstig artikel 3 van het Protocol betreffende de positie van het Verenigd Koninkrijk en Ierland, dat aan het Verdrag betreffende de Europese Unie en aan het Verdrag tot oprichting van de Europese Gemeenschap is gehecht, hebben het Verenigd Koninkrijk en Ierland laten weten dat zij wensen deel te nemen aan de aanneming en de toepassing van deze verordening.

(40) Overeenkomstig de artikelen 1 en 2 van het Protocol betreffende de positie van Denemarken, dat aan het Verdrag betreffende de Europese Unie en het Verdrag tot oprichting van de Europese Gemeenschap is gehecht, neemt Denemarken niet deel aan de aanneming van deze verordening, die dus niet verbindend is voor, noch van toepassing is op deze lidstaat,

HEBBEN DE VOLGENDE VERORDENING VASTGESTELD:

(6) *PB* L 178 van 17.7.2000, blz. 1.

HOOFDSTUK I
Toepassingsgebied

Toepassingsgebied

Art. 1

Reikwijdte

– 1. Deze verordening is, in de gevallen waarin tussen de rechtsstelsels van verschillende landen moet worden gekozen, van toepassing op niet-contractuele verbintenissen in burgerlijke en in handelszaken. Zij is in het bijzonder niet van toepassing op fiscale zaken, douanezaken en administratiefrechtelijke zaken, noch op de aansprakelijkheid van de staat wegens een handeling of nalaten in de uitoefening van het openbaar gezag *(acta jure imperii)*.

– 2. Uitgesloten van het toepassingsgebied van deze verordening zijn:

a) niet-contractuele verbintenissen die voortvloeien uit familierechtelijke betrekkingen of uit betrekkingen die overeenkomstig het op deze betrekkingen toepasselijke recht vergelijkbare gevolgen hebben, waaronder begrepen onderhoudsverplichtingen;

b) niet-contractuele verbintenissen die voortvloeien uit het huwelijksvermogensrecht, uit het vermogensrecht met betrekking tot relatievormen die overeenkomstig het op deze relatievormen toepasselijke recht met het huwelijk vergelijkbare gevolgen hebben, of uit het erfrecht;

c) niet-contractuele verbintenissen die voortvloeien uit wisselbrieven, cheques, orderbriefjes of andere verhandelbare waardepapieren, voor zover de verbintenissen uit deze andere papieren het gevolg zijn van de verhandelbaarheid;

d) niet-contractuele verbintenissen die voortvloeien uit het recht inzake vennootschappen, verenigingen en rechtspersonen, zoals de oprichting door registratie of anderszins, de rechts- en handelingsbevoegdheid, het inwendige bestel en de ontbinding van vennootschappen, verenigingen en rechtspersonen, de persoonlijke aansprakelijkheid van de vennoten en de leden van de organen voor de schulden van de vennootschap, vereniging of rechtspersoon, en de persoonlijke aansprakelijkheid van de accountants jegens een vennootschap of de leden van haar organen voor de wettelijke controle op de boekhoudkundige bescheiden;

e) niet-contractuele verbintenissen die voortvloeien uit de betrekkingen tussen de oprichters, de trustees en de begunstigden van een trust die vrijwillig in het leven is geroepen;

f) niet-contractuele verbintenissen die voortvloeien uit een kernongeval;

g) niet-contractuele verbintenissen die voortvloeien uit een inbreuk op de persoonlijke levenssfeer of op de persoonlijkheidsrechten, waaronder begrepen smaad.

– 3. Onverminderd de artikelen 21 en 22 is deze verordening niet van toepassing op de bewijsvoering en de rechtspleging.

– 4. In deze verordening wordt onder 'lidstaat' verstaan iedere lidstaat, behalve Denemarken.

Niet-contractuele verbintenissen

Art. 2

Niet-contractuele verbintenissen

– 1. In deze verordening wordt onder schade verstaan ieder gevolg dat voortvloeit uit onrechtmatige daad, ongerechtvaardigde verrijking, zaakwaarneming of precontractuele aansprakelijkheid.

– 2. Deze verordening is tevens van toepassing op de niet-contractuele verbintenis die dreigt te ontstaan.

– 3. In deze verordening wordt mede verstaan onder:

a) schadeveroorzakende gebeurtenis, de schadeveroorzakende gebeurtenis die zich dreigt voor te doen;

b) schade, de schade die dreigt te ontstaan.

Universeel karakter

Art. 3

Universeel karakter

Het door deze verordening aangewezen recht is van toepassing, ongeacht of dit het recht van een lidstaat is.

HOOFDSTUK II
Onrechtmatige daad

Algemene regel

Art. 4

Algemene regel

– 1. Tenzij in deze verordening anders bepaald, is het recht dat van toepassing is op een onrechtmatige daad het recht van het land waar de schade zich voordoet, ongeacht in welk land de schadeveroorzakende gebeurtenis zich heeft voorgedaan en ongeacht in welke landen de indirecte gevolgen van die gebeurtenis zich voordoen.

– 2. Indien evenwel degene wiens aansprakelijkheid in het geding is, en degene die schade lijdt, beiden hun gewone verblijfplaats in hetzelfde land hebben op het tijdstip waarop de schade zich voordoet, is het recht van dat land van toepassing.
– 3. Indien uit het geheel der omstandigheden blijkt dat de onrechtmatige daad een kennelijk nauwere band heeft met een ander dan het in de leden 1 en 2 bedoelde land, is het recht van dat andere land van toepassing. Een kennelijk nauwere band met een ander land zou met name kunnen berusten op een reeds eerder bestaande, nauw met de onrechtmatige daad samenhangende betrekking tussen de partijen, zoals een overeenkomst.

Productaansprakelijkheid

Art. 5

Productaansprakelijkheid

– 1. Onverminderd artikel 4, lid 2, wordt de niet-contractuele verbintenis die voortvloeit uit de door een product veroorzaakte schade, beheerst door:
a) het recht van het land waar degene die schade lijdt, op het tijdstip waarop de schade zich voordeed zijn gewone verblijfplaats had, indien het product in dat land op de markt is gebracht;
b) subsidiair, het recht van het land waar het product is verkregen, indien het product in dat land op de markt is gebracht;
c) subsidiair, het recht van het land waar de schade zich heeft voorgedaan, indien het product in dat land op de markt is gebracht.
Indien echter de persoon wiens aansprakelijkheid in het geding is, redelijkerwijs niet kon voorzien dat het product, of een soortgelijk product, in het respectievelijk onder a), b) en c) bedoelde land op de markt zou worden gebracht, is het recht van het land waar hij zijn gewone verblijfplaats heeft, van toepassing.
– 2. Indien uit het geheel der omstandigheden blijkt dat de onrechtmatige daad een kennelijk nauwere band heeft met een ander dan het in lid 1 bedoelde land, is het recht van dat andere land van toepassing. Een kennelijk nauwere band met een ander land zou met name kunnen berusten op een reeds eerder bestaande nauw met de onrechtmatige daad samenhangende betrekking tussen de partijen, zoals een overeenkomst.

Oneerlijke concurrentie en daden die de vrije concurrentie beperken

Art. 6

Oneerlijke concurrentie

– 1. De niet-contractuele verbintenis die voortvloeit uit een daad van oneerlijke concurrentie, wordt beheerst door het recht van het land waar de concurrentieverhoudingen of de collectieve belangen van de consumenten worden geschaad of dreigen te worden geschaad.
– 2. In het geval dat een daad van oneerlijke concurrentie uitsluitend de belangen van een bepaalde concurrent schaadt, is artikel 4 van toepassing.
– 3. a. De niet-contractuele verbintenis die uit een beperking van de mededinging voortvloeit, wordt beheerst door het recht van het land waarvan de markt beïnvloed wordt of waarschijnlijk beïnvloed wordt.
b. Wanneer de markt beïnvloed wordt of waarschijnlijk beïnvloed wordt in meer dan één land, mag de persoon die schadevergoeding vordert bij het gerecht van de woonplaats van de verweerder, echter verkiezen zijn vordering te gronden op het recht van het gerecht waarbij hij het geschil aanhangig heeft gemaakt, mits de markt in die lidstaat een van de markten is die rechtstreeks en aanzienlijk beïnvloed worden door de beperking van de mededinging waaruit de niet-contractuele verbintenis voortvloeit waarop de vordering is gebaseerd. Wanneer de eiser, overeenkomstig de toepasselijke regels betreffende de rechterlijke bevoegdheid, meer dan één verweerder voor dat gerecht daagt, kan hij uitsluitend kiezen om zijn vordering op het recht van dat gerecht te gronden indien de beperking van de mededinging, waarop de vordering tegen elk van deze verweerders berust, ook de markt van de lidstaat van dat gerecht rechtstreeks en aanzienlijk beïnvloedt.
– 4. Van het recht dat krachtens dit artikel van toepassing is, kan niet bij overeenkomst op grond van artikel 14 worden afgeweken.

Milieuschade

Art. 7

Milieuschade

De niet-contractuele verbintenis die voortvloeit uit milieuschade dan wel uit letsel- of vermogensschade als gevolg van milieuschade, wordt door het overeenkomstig artikel 4, lid 1, bepaalde recht beheerst, tenzij de persoon die schadevergoeding vordert besluit zijn vordering te baseren op het recht van het land waar de schadeveroorzakende gebeurtenis zich heeft voorgedaan.

Inbreuk op intellectuele-eigendomsrechten

Art. 8

Inbreuk op intellectuele eigendomsrechten

– 1. De niet-contractuele verbintenis die voortvloeit uit een inbreuk op een intellectuele-eigendomsrecht, wordt beheerst door het recht van het land waarvoor de bescherming wordt gevorderd.

– 2. De niet-contractuele verbintenis die voortvloeit uit een inbreuk op een unitair communautair intellectuele-eigendomsrecht, wordt, voor alle aangelegenheden die niet door het desbetreffende communautaire instrument zijn geregeld, beheerst door het recht van het land waar de inbreuk is gepleegd.

– 3. Van het recht dat krachtens dit artikel van toepassing is, kan niet bij overeenkomst op grond van artikel 14 worden afgeweken.

Collectieve actie bij arbeidsconflicten

Art. 9

Collectieve actie bij arbeidsconflicten

Onverminderd artikel 4, lid 2, wordt de niet-contractuele verbintenis, ten aanzien van de aansprakelijkheid van een persoon als werknemer of werkgever of van de organisaties die zijn beroepsbelangen vertegenwoordigen voor de schade veroorzaakt door een aanstaande of reeds gevoerde collectieve actie, beheerst door het recht van het land waar de actie zal plaatsvinden of heeft plaatsgevonden.

HOOFDSTUK III

Ongerechtvaardigde verrijking, zaakwaarneming en precontractuele aansprakelijkheid

Ongerechtvaardigde verrijking

Art. 10

Ongerechtvaardigde verrijking

– 1. De niet-contractuele verbintenis die voortvloeit uit ongerechtvaardigde verrijking, waaronder begrepen onverschuldigde betaling, en die tevens verband houdt met een bestaande, nauw met die ongerechtvaardigde verrijking samenhangende betrekking tussen de partijen, zoals een overeenkomst of een onrechtmatige daad, wordt beheerst door het recht dat op die betrekking van toepassing is.

– 2. In het geval dat het toepasselijke recht niet op grond van lid 1 kan worden bepaald en de partijen, op het tijdstip van de gebeurtenis die de ongerechtvaardigde verrijking veroorzaakt, hun gewone verblijfplaats in hetzelfde land hebben, is het recht van dat land van toepassing.

– 3. Indien het toepasselijke recht niet op grond van de leden 1 en 2 kan worden bepaald, wordt de niet-contractuele verbintenis beheerst door het recht van het land waar de ongerechtvaardigde verrijking zich voordoet.

– 4. Indien uit het geheel der omstandigheden blijkt dat de niet-contractuele verbintenis die uit de ongerechtvaardigde verrijking voortvloeit, een kennelijk nauwere band heeft met een ander dan het respectievelijk in de leden 1, 2 en 3 bedoelde land, is het recht van dat andere land van toepassing.

Zaakwaarneming

Art. 11

Zaakwaarneming

– 1. Op de niet-contractuele verbintenis die uit zaakwaarneming voortvloeit en die tevens verband houdt met een reeds eerder bestaande, nauw met die niet-contractuele verbintenis samenhangende betrekking tussen de partijen, zoals een overeenkomst of een onrechtmatige daad, is het recht dat die betrekking beheerst, van toepassing.

– 2. Indien het toepasselijke recht niet op grond van lid 1 kan worden bepaald en de partijen hun gewone verblijfplaats in hetzelfde land hebben op het tijdstip waarop de schade veroorzakende gebeurtenis zich voordoet, is het recht van dat land van toepassing.

– 3. Indien het toepasselijke recht niet op grond van de leden 1 en 2 kan worden bepaald, wordt de niet-contractuele verbintenis beheerst door het recht van het land waar de zaakwaarneming heeft plaatsgevonden.

– 4. Indien uit het geheel der omstandigheden blijkt dat de niet-contractuele verbintenis die uit zaakwaarneming voortvloeit, een kennelijk nauwere band heeft met een ander dan het in de leden 1 tot en met 3 bedoelde land, is het recht van dat andere land van toepassing.

Precontractuele aansprakelijkheid

Art. 12

Precontractuele aansprakelijkheid

– 1. De niet-contractuele verbintenis die voortvloeit uit onderhandelingen voorafgaand aan het sluiten van een overeenkomst, wordt, ongeacht of de overeenkomst al dan niet daadwerkelijk is gesloten, beheerst door het recht dat van toepassing is op de overeenkomst of dat op de overeenkomst van toepassing zou zijn geweest indien zij was gesloten.

– 2. Het toepasselijke recht is, indien het niet op grond van lid 1 kan worden bepaald:
a) het recht van het land waar de schade zich voordoet, ongeacht in welk land de schadeveroorzakende gebeurtenis zich heeft voorgedaan en ongeacht in welke landen de indirecte gevolgen van die gebeurtenis zich hebben voorgedaan, of
b) het recht van het land waar de partijen beiden hun gewone verblijfplaats hebben op het tijdstip waarop de schadeveroorzakende gebeurtenis zich voordoet, of,
c) indien uit het geheel der omstandigheden blijkt dat de niet-contractuele verbintenis die voortvloeit uit onderhandelingen voorafgaand aan het sluiten van een overeenkomst, een kennelijk nauwere band heeft met een ander dan het onder a) en b) bedoelde land, is het recht van dat andere land van toepassing.

Toepasselijkheid van artikel 8

Art. 13

Toepasselijkheid artikel 8

Voor de toepassing van dit hoofdstuk is artikel 8 van toepassing op de niet-contractuele verbintenis die voortvloeit uit een inbreuk op een intellectuele-eigendomsrecht.

HOOFDSTUK IV
Rechtskeuze door de partijen

Rechtskeuze door de partijen

Art. 14

Rechtskeuze door partijen

– 1. Partijen kunnen overeenkomen om niet-contractuele verbintenissen aan het door hen gekozen recht te onderwerpen:
a) bij overeenkomst die zij sluiten nadat de schade-veroorzakende gebeurtenis zich heeft voorgedaan,
of,
b) indien elk van hen handelsactiviteiten verricht, tevens bij een beding dat zij vrijelijk overeengekomen zijn voordat de schadeveroorzakende gebeurtenis zich heeft voorgedaan.
De keuze moet uitdrukkelijk geschieden of voldoende duidelijk blijken uit de omstandigheden van het geval. De keuze laat de rechten van derden onverlet.
– 2. Indien alle op het tijdstip van de schadeveroorzakende gebeurtenis mogelijke aanknopingspunten zich in een ander land bevinden dan dat waarvan het recht is gekozen, laat de rechtskeuze de toepassing van de rechtsregels van dat andere land, waarvan niet bij overeenkomst kan worden afgeweken, onverlet.
– 3. Indien alle op het tijdstip van de schadeveroorzakende gebeurtenis mogelijke aanknopingspunten zich in één of meer lidstaten bevinden, laat de keuze door de partijen van het recht van een niet-lidstaat de toepassing van de bepalingen van het Gemeenschapsrecht waarvan niet bij overeenkomst kan worden afgeweken, in voorkomend geval zoals deze in de lidstaat van de rechter zijn geïmplementeerd, onverlet.

HOOFDSTUK V
Gemeenschappelijke regels

Werkingssfeer van het toepasselijke recht

Art. 15

Werkingssfeer toepasselijk recht

Het recht dat krachtens deze verordening op de niet-contractuele verbintenis van toepassing is, regelt met name:
a) de grond en de omvang van de aansprakelijkheid, waaronder begrepen het vaststellen wie voor een handeling aansprakelijk gesteld kan worden;
b) de gronden tot uitsluiting van aansprakelijkheid, alsook elke beperking en verdeling van de aansprakelijkheid;
c) het bestaan, de aard en de begroting van de schade of het gevorderde;
d) de maatregelen die de rechter, binnen de grenzen van zijn procesrechtelijke bevoegdheid, kan treffen om letsel of schade te voorkomen, te beperken of te laten vergoeden;
e) de mogelijkheid tot overdracht van het recht om schadevergoeding of schadeloosstelling te eisen, waaronder begrepen erfopvolging;
f) het bepalen wie recht heeft op vergoeding van de persoonlijk geleden schade;
g) de aansprakelijkheid voor handelingen van anderen;
h) de wijze van tenietgaan van de verbintenis, alsmede de verjaring en het verval, waaronder begrepen de aanvang, de stuiting, en de schorsing van de verjarings- of vervaltermijn.

Bepalingen van bijzonder dwingend recht

Art. 16

De bepalingen van deze verordening laten onverlet de toepassing van de rechtsregels van het land van de rechter die, ongeacht het recht dat op de niet-contractuele verbintenis van toepassing is, ter zake een dwingend karakter hebben.

Bijzonder dwingend recht

Veiligheidsvoorschriften en gedragsregels

Art. 17

Bij de beoordeling van het gedrag van de persoon wiens aansprakelijkheid in het geding is, moet feitelijk en in passende mate rekening worden gehouden met de veiligheidsvoorschriften en gedragsregels die van kracht zijn op het tijdstip en de plaats van de gebeurtenis welke de aansprakelijkheid veroorzaakt.

Veiligheidsvoorschriften en gedragsregels

Rechtstreekse vordering op de verzekeraar van de aansprakelijke persoon

Art. 18

Degene die schade heeft geleden, kan zijn vordering rechtstreeks tegen de verzekeraar van de aansprakelijke persoon instellen, indien het op de niet-contractuele verbintenis toepasselijke recht of het op het verzekeringscontract toepasselijke recht hierin voorziet.

Rechtstreekse vordering op verzekeraar

Subrogatie

Art. 19

In het geval dat een persoon ('de schuldeiser') een niet-contractuele vordering heeft jegens een andere persoon ('de schuldenaar') en een derde verplicht is de schuldeiser te voldoen of de schuldeiser reeds heeft voldaan, bepaalt het recht dat op de verplichting van de derde jegens de schuldeiser van toepassing is, of en in welke mate de derde tegen de schuldenaar de rechten kan uitoefenen die de schuldeiser jegens de schuldenaar heeft overeenkomstig het recht dat op hun betrekkingen van toepassing is.

Subrogatie

Meervoudige aansprakelijkheid

Art. 20

In het geval dat een schuldeiser een vordering heeft op verscheidene voor dezelfde vordering aansprakelijke schuldenaren, van wie er één de schuld reeds geheel of gedeeltelijk heeft voldaan, wordt het recht van deze schuldenaar om van de andere schuldenaren vergoeding te eisen, beheerst door het recht dat van toepassing is op de niet-contractuele verbintenis van deze schuldenaar jegens de schuldeiser.

Meervoudige aansprakelijkheid

Vorm

Art. 21

Een eenzijdige rechtshandeling met betrekking tot een niet-contractuele verbintenis is naar de vorm geldig, indien zij voldoet aan de vormvereisten van het recht dat op de niet-contractuele verbintenis van toepassing is, of van het recht van het land waar deze rechtshandeling is verricht.

Vorm

Bewijs

Art. 22

– 1. Het recht dat van toepassing is op de niet-contractuele verbintenis krachtens deze verordening is van toepassing voor zover het ter zake van niet-contractuele verbintenissen wettelijke vermoedens vestigt of de bewijslast regelt.

Bewijs

– 2. Rechtshandelingen kunnen worden bewezen door ieder middel dat is toegelaten door het recht van het land van de rechter of voor zover het bewijs kan worden geleverd voor de rechter bij wie de zaak aanhangig is, door een van de in artikel 21 bedoelde rechtsstelsels volgens hetwelk de rechtshandeling naar de vorm geldig is.

HOOFDSTUK VI

Overige bepalingen

Gelijkstelling met de gewone verblijfplaats

Art. 23

– 1. In deze verordening wordt onder de gewone verblijfplaats van een vennootschap, vereniging of rechtspersoon verstaan de plaats waar zich de hoofdvestiging bevindt.

Gelijkstelling met gewone verblijfplaats

Indien de schadeveroorzakende gebeurtenis of de schade zich voordoet bij de exploitatie van een dochteronderneming, bijkantoor of een andere vestiging, geldt de locatie van de dochteronderneming, het bijkantoor of de andere vestiging als gewone verblijfplaats.

– 2. In deze verordening wordt onder de gewone verblijfplaats van een natuurlijk persoon bij de uitoefening van zijn beroep verstaan de voornaamste plaats van bedrijvigheid.

Uitsluiting van herverwijzing

Art. 24

Uitsluiting van herverwijzing

Waar deze verordening de toepassing van het recht van een land voorschrijft, worden daaronder verstaan de rechtsregels die in dat land gelden, met uitsluiting van de regels van het internationale privaatrecht.

Staten met meerdere rechtsstelsels

Art. 25

Staten met meerdere rechtsstelsels

– 1. In het geval van een staat die meerdere territoriale eenheden telt welke ieder hun eigen rechtsregels inzake niet-contractuele verbintenissen bezitten, wordt voor het bepalen van het overeenkomstig deze verordening toe te passen recht elke territoriale eenheid als een land beschouwd.

– 2. Een lidstaat die verschillende territoriale eenheden met eigen rechtsregels inzake niet-contractuele verbintenissen telt, is niet verplicht deze verordening toe te passen in de gevallen waarin uitsluitend rechtsregels van deze territoriale eenheden voor toepassing in aanmerking komen.

Openbare orde van het land van de rechter

Art. 26

Openbare orde land rechter

De toepassing van een bepaling van het door deze verordening aangewezen recht kan slechts terzijde worden gesteld, indien deze toepassing kennelijk onverenigbaar is met de openbare orde van het land van de rechter.

Verhouding tot andere bepalingen van gemeenschapsrecht

Art. 27

Verhouding tot gemeenschapsrecht

Deze verordening laat onverlet de toepassing van de in de bepalingen van Gemeenschapsrecht vervatte en op bepaalde gebieden geldende regels inzake het toepasselijke recht op niet-contractuele verbintenissen.

Verhouding tot bestaande internationale overeenkomsten

Art. 28

Verhouding tot internationale overeenkomsten

– 1. Deze verordening laat onverlet de toepassing van internationale overeenkomsten waarbij één of meer lidstaten op het tijdstip van de vaststelling van de verordening partij zijn en die regels bevatten inzake het toepasselijke recht op niet-contractuele verbintenissen.

– 2. Deze verordening heeft echter tussen de lidstaten voorrang op uitsluitend tussen lidstaten gesloten overeenkomsten, voor zover deze betrekking hebben op aangelegenheden waarop deze verordening van toepassing is.

HOOFDSTUK VII
Slotbepalingen

Lijst van overeenkomsten

Art. 29

Lijst van overeenkomsten

– 1. De lijst van de in artikel 28, lid 1, bedoelde overeenkomsten wordt door de lidstaten uiterlijk op 11 juli 2008 aan de Commissie bezorgd. Zij delen aan de Commissie elke na die datum gedane opzegging van een overeenkomst mee.

– 2. Binnen zes maanden na ontvangst ervan maakt de Commissie in het *Publicatieblad van de Europese Unie* bekend:

i) de in lid 1 bedoelde lijst van overeenkomsten;

ii) de opzeggingen van bovengenoemde overeenkomsten.

Herzieningsclausule

Art. 30

Herzieningsclausule

– 1. Uiterlijk op 20 augustus 2011 brengt de Commissie aan het Europees Parlement, de Raad en het Europees Economisch en Sociaal Comité verslag uit over de toepassing van deze verordening. Het verslag gaat indien nodig vergezeld van voorstellen tot aanpassing van deze verordening. Dit verslag bevat:

i) een studie naar de gevolgen van de wijze waarop het vreemde recht in de verschillende rechtsgebieden wordt behandeld en over de mate waarin de rechters in de lidstaten vreemd recht in de praktijk overeenkomstig deze verordening toepassen;

ii) een studie naar de gevolgen van artikel 28 van deze verordening met betrekking tot het Verdrag inzake de wet welke van toepassing is op verkeersongevallen op de weg, gedaan te 's-Gravenhage op 4 mei 1971.

– 2. Uiterlijk op 31 december 2008 legt de Commissie aan het Europees Parlement, de Raad en het Europees Economisch en Sociaal Comité een studie voor naar de situatie op het gebied van het recht dat van toepassing is op niet-contractuele verbintenissen die voortvloeien uit inbreuken op de persoonlijke levenssfeer en op de persoonlijkheidsrechten, met inachtneming van regels inzake persvrijheid en vrijheid van meningsuiting in de media en kwesties inzake collisie in verband met Richtlijn 95/46/EG van het Europees Parlement en de Raad van 24 oktober 1995 betreffende de bescherming van natuurlijke personen in verband met de verwerking van persoonsgegevens en betreffende het vrije verkeer van die gegevens [1].

Temporele toepassing

Art. 31

Temporele toepassing

Deze verordening is van toepassing op schadeveroorzakende gebeurtenissen die zich voordoen na de inwerkingtreding van de verordening.

Inwerkingtreding

Art. 32

Inwerkingtreding

Deze verordening is van toepassing met ingang van 11 januari 2009, met uitzondering van artikel 29, dat van toepassing is met ingang van 11 juli 2008.

(1) *PB* L 281 van 23.11.1995, blz. 31.

II.26 VERDRAG INZAKE HET RECHT DAT TOEPASSELIJK IS OP TRUSTS EN INZAKE DE ERKENNING VAN TRUSTS (HAAGS TRUSTVERDRAG 1985)

Verdrag inzake het recht dat toepasselijk is op trusts en inzake de erkenning van trusts

Verdrag van 1 juli 1985, Trb. 1985, 141

[Inwerkingtreding: 01-01-1992]

De Staten die dit Verdrag hebben ondertekend,
Overwegend dat de trust zoals die is ontwikkeld door de equity-gerechten in landen van de common law en met bepaalde aanpassingen door andere landen is overgenomen een rechtsinstelling van eigen aard is,
Verlangend gemeenschappelijke bepalingen vast te stellen over het recht dat toepasselijk is op trusts en de belangrijkste problemen met betrekking tot de erkenning van trusts te regelen,
Hebben besloten te dien einde een Verdrag te sluiten en de navolgende bepalingen aan te nemen:

HOOFDSTUK I
Toepassingsgebied

Art. 1

Dit Verdrag wijst het recht aan dat toepasselijk is op trusts en beheerst hun erkenning. **Doel**

Art. 2

Definitie

– 1. Voor de toepassing van dit Verdrag heeft de term trust het oog op de rechtsbetrekkingen die – bij rechtshandeling onder de levenden of terzake des doods – in het leven worden geroepen door een persoon, de insteller, wanneer goederen onder de macht van een trustee worden gebracht ten behoeve van een begunstigde of voor een bepaald doel.

Kenmerken

– 2. Een trust heeft de volgende kenmerken:
a. de goederen van de trust vormen een afgescheiden vermogen en zijn geen deel van het vermogen van de trustee;
b. de rechtstitel met betrekking tot de goederen van de trust staat ten name van de trustee of ten name van een ander voor rekening van de trustee;
c. de trustee heeft de bevoegdheid en de plicht, terzake waarvan hij verantwoording schuldig is, om in overeenstemming met de bepalingen van de trust en de bijzondere verplichtingen, waaraan hij van rechtswege is onderworpen, de goederen van de trust te besturen en te beheren of er over te beschikken.
– 3. Het is niet noodzakelijkerwijs onverenigbaar met het bestaan van een trust dat de insteller zich bepaalde rechten en bevoegdheden heeft voorbehouden of dat de trustee bepaalde rechten als begunstigde heeft.

Art. 3

Schriftelijke wilsuiting

Het Verdrag is slechts van toepassing op trusts die door een wilsuiting in het leven zijn geroepen en waarvan blijkt bij geschrift.

Art. 4

Uitzondering

Het Verdrag is niet van toepassing op voorafgaande vragen betreffende de geldigheid van testamenten of andere rechtshandelingen krachtens welke goederen aan de trustee worden overgedragen.

Art. 5

Beperking toepassingsgebied

Het Verdrag is niet van toepassing voor zover het recht dat door de bepalingen van Hoofdstuk II wordt aangewezen de rechtsfiguur trust of de betrokken vorm van trust niet kent.

HOOFDSTUK II
Toepasselijk recht

Art. 6

Rechtskeuze

– 1. De trust wordt beheerst door het door de insteller gekozen recht. De keuze moet uitdrukkelijk zijn of voortvloeien uit de bepalingen van de akte waarbij de trust is ingesteld of het geschrift waaruit van het bestaan daarvan blijkt, zonodig uitgelegd in het licht van de omstandigheden van het geval.
– 2. Wanneer het recht, dat volgens het voorgaande lid is gekozen, de rechtsfiguur trust of de betrokken vorm van trust niet kent, heeft de keuze geen rechtsgevolg en is het door artikel 7 aangewezen recht van toepassing.

Art. 7

Bepalen toepasselijk recht

– 1. Wanneer er geen rechtskeuze is gedaan, wordt de trust beheerst door het recht waarmede hij het nauwst verbonden is.

– 2. Om te bepalen met welk recht een trust het nauwst verbonden is, wordt in het bijzonder rekening gehouden met:
a. de door de insteller aangewezen plaats waar de trust wordt bestuurd;
b. de plaats waar de goederen van de trust zijn gelegen;
c. de plaats waar de trustee zijn verblijf of zijn kantoor heeft;
d. de doeleinden van de trust en de plaatsen waar zij moeten worden verwezenlijkt.

Art. 8

Omvang statuut

– 1. Het door artikel 6 of 7 aangewezen recht beheerst de geldigheid, de uitlegging en de rechtsgevolgen, alsmede het bestuur over de trust.
– 2. Dit recht beheerst met name:
a. de benoeming, het aftreden en het ontslag van de trustees, de bevoegdheid om als trustee op te treden en de overgang van de functie van trustee;
b. de onderlinge rechten en plichten van de trustees;
c. het recht van de trustees om de vervulling van hun verplichtingen of de uitoefening van hun bevoegdheden geheel of gedeeltelijk te delegeren;
d. de bevoegdheid van de trustees om de trustgoederen te besturen en er over te beschikken, om deze goederen met zekerheidsrechten te bezwaren en om nieuwe goederen te verwerven;
e. de bevoegdheid van de trustees om het trustvermogen te beleggen;
f. beperkingen met betrekking tot de duur van de trust en ten aanzien van de bevoegdheid van de trustees de opbrengsten van het trustvermogen te reserveren;
g. de betrekkingen tussen trustees en begunstigden, met inbegrip van de persoonlijke aansprakelijkheid van de trustees jegens de begunstigden;
h. de wijziging of beëindiging van de trust;
i. de verdeling van het trustvermogen;
j. de verplichting van de trustees van hun bestuur verantwoording af te leggen.

Art. 9

Ander recht

Bij de toepassing van de bepalingen van dit hoofdstuk kan een afsplitsbaar onderdeel van de trust, in het bijzonder het bestuur, door een ander recht worden beheerst.

Art. 10

Vervanging aanknoping

Het recht dat van toepassing is op de geldigheid van de trust bepaalt of dit recht of het recht dat een afsplitsbaar onderdeel beheerst, kan worden vervangen door een ander recht.

HOOFDSTUK III
Erkenning

Art. 11

Erkenning trust

– 1. Een trust die in het leven is geroepen overeenkomstig het door de bepalingen van het voorafgaande hoofdstuk aangewezen recht wordt erkend als trust.
– 2. Die erkenning houdt tenminste in dat het trustvermogen is afgescheiden van het eigen vermogen van de trustee en dat de trustee in zijn hoedanigheid van trustee als eiser of verweerder in rechte kan optreden en kan verschijnen voor een notaris of voor enig persoon die handelt in de uitoefening van een openbare functie.
– 3. Voorzover het recht dat toepasselijk is op de trust dit verlangt of bepaalt, brengt deze erkenning in het bijzonder mede:
a. dat de persoonlijke schuldeisers van de trustee geen verhaal hebben op het trustvermogen;
b. dat de trustgoederen geen deel uitmaken van het vermogen van de trustee in geval van diens insolventie of faillissement;
c. dat de trustgoederen geen deel uitmaken van enige huwelijksgoederengemeenschap waarin de trustee gehuwd mocht zijn noch van zijn nalatenschap;
d. dat de trustgoederen kunnen worden teruggevorderd in gevallen waarin de trustee deze, met schending van de verplichtingen die voor hem uit de trust voortvloeien, met zijn eigen vermogen heeft vermengd of deze heeft vervreemd. Niettemin blijven de rechten en verplichtingen van een derde die de goederen onder zich heeft, beheerst door de wet aangewezen door de verwijzingsregels van het forum.

Art. 12

Inschrijving

De trustee die een roerend of onroerend goed, dan wel een daarop betrekking hebbende rechtstitel, in een register wil doen inschrijven, is gerechtigd inschrijving te verlangen in zijn hoedanigheid van trustee of op zodanige andere wijze dat van het bestaan van de trust blijkt voorzover zulks niet door het recht van de Staat, waar inschrijving wordt verlangd, verboden wordt of daarmede onverenigbaar is.

Art. 13

Erkenningsuitzondering

Geen Staat is gehouden een trust te erkennen waarvan de kenmerkende elementen, afgezien van de keuze van het toepasselijk recht, de plaats van bestuur van de trust en de gewone verblijfplaats van de trustee, nauwer verbonden zijn met Staten die de rechtsfiguur of de betrokken vorm van trust niet kennen.

Art. 14

Het Verdrag laat de toepassing van rechtsregels die gunstiger zijn voor de erkenning van trusts onverlet.

Gunstiger rechtsregels

HOOFDSTUK IV

Algemene bepalingen

Art. 15

Toepassing aangewezen recht

– 1. Het Verdrag laat onverlet de toepassing van bepalingen van het recht dat is aangewezen door de verwijzingsregels van het land van de rechter, in zoverre van deze bepalingen niet door een wilsuiting kan worden afgeweken, met name wanneer zij betreffen:

a. de bescherming van minderjarigen en andere handelingsonbekwamen;
b. de persoonlijke en vermogensrechtelijke gevolgen van het huwelijk;
c. de erfopvolging krachtens testament of wet, in het bijzonder het wettelijk erfdeel;
d. de eigendomsoverdracht en de zekerheidsrechten;
e. de bescherming van schuldeisers in geval van insolventie;
f. de bescherming van derden te goeder trouw in andere opzichten.

– 2. Wanneer toepassing van het voorgaande lid aan de erkenning van een trust in de weg staat, tracht de rechter op andere wijze aan het doel van de trust gevolg te geven.

Art. 16

Dwingend recht

– 1. Het Verdrag laat onverlet de toepassing van de bepalingen van het recht van het land van de rechter die ongeacht de verwijzingsregels zelfs in internationale situaties moeten worden toegepast.

– 2. Bij wijze van uitzondering kan eveneens gevolg worden toegekend aan bepalingen van gelijke aard van het recht van een andere Staat die een voldoende nauw verband met het voorwerp van het geschil heeft.

– 3. Elke Verdragsluitende Staat kan, door middel van een voorbehoud, verklaren dat hij het tweede lid van dit artikel niet zal toepassen.

Art. 17

Onder de term 'recht' verstaat dit Verdrag de rechtsregels die in een Staat gelden met uitsluiting van de verwijzingsregels.

Begrip 'recht'

Art. 18

Van de toepassing van het Verdrag kan worden afgezien indien die toepassing klaarblijkelijk onverenigbaar zou zijn met de openbare orde.

Openbare orde

Art. 19

Het Verdrag laat de bevoegdheden van de Staten op belastinggebied onverlet.

Belastingrecht

Art. 20

Trusts van rechtswege

– 1. Iedere Verdragsluitende Staat kan te allen tijde verklaren dat de bepalingen van het Verdrag ook zullen gelden voor trusts in het leven geroepen door een rechterlijke beslissing.

– 2. Van deze verklaring moet worden kennisgegeven aan het Ministerie van Buitenlandse Zaken van het Koninkrijk der Nederlanden en zij heeft rechtsgevolg met ingang van de dag van ontvangst van die kennisgeving.

– 3. Artikel 31 is van overeenkomstige toepassing op de intrekking van deze verklaring.

Art. 21

Iedere Verdragsluitende Staat kan zich het recht voorbehouden de bepalingen van hoofdstuk III slechts toe te passen op trusts waarvan de geldigheid beheerst wordt door het recht van een Verdragsluitende Staat.

Voorbehoud

Art. 22

Intertemporeel recht

– 1. Het Verdrag is van toepassing op trusts ongeacht het tijdstip waarop zij in het leven geroepen zijn.

– 2. Een Verdragsluitende Staat kan zich evenwel voorbehouden het Verdrag niet toe te passen op trusts die in het leven zijn geroepen vóór het tijdstip waarop het Verdrag voor die Staat in werking is getreden.

Art. 23

Voor de bepaling van het overeenkomstig het Verdrag toe te passen recht, wordt, indien een Staat verscheidene gebiedsdelen omvat elk met eigen rechtsregels voor trusts, iedere verwijzing naar het recht van die Staat uitgelegd als een verwijzing naar het recht van het gebiedsdeel in kwestie.

Interregionaal recht

Art. 24

Een Staat waarbinnen verschillende gebiedsdelen eigen rechtsregels voor trusts bezitten, is niet verplicht dit Verdrag toe te passen op conflicten uitsluitend tussen de rechtsstelsels van die gebiedsdelen.

Interne wetsconflicten

Art. 25

Andere verdragen

Het Verdrag laat de toepassing onverlet van internationale akten waarbij een Verdragsluitende Staat partij is of zal worden en die bepalingen bevatten over onderwerpen die worden geregeld door dit Verdrag.

HOOFDSTUK V

Slotbepalingen

Art. 26

Voorbehouden

– 1. Iedere Staat kan op het tijdstip van ondertekening, bekrachtiging, aanvaarding, goedkeuring of toetreding, of op het tijdstip waarop een verklaring krachtens artikel 29 wordt afgelegd, de in artikel 16, 21 en 22 bedoelde voorbehouden maken.

– 2. Geen ander voorbehoud is toegestaan.

– 3. Iedere Verdragsluitende Staat kan te allen tijde een door hem gemaakt voorbehoud intrekken; het voorbehoud houdt op van kracht te zijn met ingang van de eerste dag van de derde kalendermaand na de kennisgeving van de intrekking.

Art. 27

Ondertekening

– 1. Het Verdrag staat open voor ondertekening door de Staten die Lid waren van de Haagse Conferentie voor Internationaal Privaatrecht ten tijde van haar Vijftiende Zitting.

– 2. Het Verdrag dient te worden bekrachtigd, aanvaard of goedgekeurd en de akten van bekrachtiging, aanvaarding of goedkeuring dienen te worden nedergelegd bij het Ministerie van Buitenlandse Zaken van het Koninkrijk der Nederlanden.

Art. 28

Toetreding

– 1. Iedere andere Staat kan tot dit Verdrag toetreden nadat het krachtens artikel 30, eerste lid, in werking is getreden.

– 2. De akte van toetreding dient te worden nedergelegd bij het Ministerie van Buitenlandse Zaken van het Koninkrijk der Nederlanden.

– 3. De toetreding heeft slechts gevolg in de betrekkingen tussen de toetredende Staat en die Verdragsluitende Staten, die niet binnen twaalf maanden na ontvangst van de kennisgeving bedoeld in artikel 32 tegen die toetreding bezwaar hebben gemaakt. Een zodanig bezwaar kan eveneens worden gemaakt door iedere Lid-Staat op het tijdstip dat deze het Verdrag bekrachtigt, aanvaardt of goedkeurt na een toetreding. Deze bezwaren worden ter kennis gebracht van het Ministerie van Buitenlandse Zaken van het Koninkrijk der Nederlanden.

Art. 29

Toepasselijkverklaring

– 1. Een Staat die twee of meer gebiedsdelen omvat waarin verschillende rechtsstelsels van toepassing zijn, kan op het tijdstip van ondertekening, bekrachtiging, aanvaarding, goedkeuring of toetreding verklaren dat dit Verdrag van toepassing is op al zijn gebiedsdelen of slechts op één of meer ervan, en kan te allen tijde deze verklaring wijzigen door het afleggen van een nieuwe verklaring.

– 2. Deze verklaringen worden ter kennis gebracht van het Ministerie van Buitenlandse Zaken van het Koninkrijk der Nederlanden en vermelden uitdrukkelijk de gebiedsdelen waarop het Verdrag van toepassing is.

– 3. Wanneer een Staat geen verklaring ingevolge dit artikel heeft afgelegd, is het Verdrag op het gehele grondgebied van de Staat toepasselijk.

Art. 30

Inwerkingtreding

– 1. Het Verdrag treedt in werking op de eerste dag van de derde kalendermaand na de nederlegging van de derde akte van bekrachtiging, aanvaarding of goedkeuring als bedoeld in artikel 27.

– 2. Vervolgens treedt dit Verdrag in werking:

a. voor iedere Staat die het daarna bekrachtigt, aanvaardt of goedkeurt op de eerste dag van de derde kalendermaand na nederlegging van zijn akte van bekrachtiging, aanvaarding of goedkeuring;

b. voor iedere Staat die toetreedt, op de eerste dag van de derde kalendermaand na verloop van de termijn bedoeld in artikel 28;

c. voor de gebiedsdelen waartoe het Verdrag is uitgebreid overeenkomstig artikel 29, de eerste dag van de derde kalendermaand na de kennisgeving bedoeld in dat artikel.

Art. 31

Opzegging

– 1. Iedere Verdragsluitende Staat kan dit Verdrag opzeggen door een formele schriftelijke kennisgeving aan het Ministerie van Buitenlandse Zaken van het Koninkrijk der Nederlanden, depositaris van dit Verdrag.

– 2. De opzegging wordt van kracht op de eerste dag van de maand na verloop van een termijn van zes maanden na de dag van ontvangst van de kennisgeving door de depositaris, of op een in de kennisgeving aangegeven later tijdstip.

Art. 32

Mededelingen

Het Ministerie van Buitenlandse Zaken van het Koninkrijk der Nederlanden geeft de Lid-Staten van de Conferentie, alsmede de Staten die zijn toegetreden overeenkomstig het bepaalde in artikel 28 kennis van:

a. de ondertekeningen, bekrachtigingen, aanvaardingen en goedkeuringen bedoeld in artikel 27;

b. de dag waarop het Verdrag in werking treedt overeenkomstig het bepaalde in artikel 30;

c. de toetredingen en bezwaren tegen toetredingen bedoeld in artikel 28;

d. de uitbreidingen bedoeld in artikel 29;

e. de verklaringen bedoeld in artikel 20;

f. de voorbehouden of intrekkingen van voorbehouden bedoeld in artikel 26;

g. de opzeggingen bedoeld in artikel 31.

Art. 32

Het Ministerie [illegible] Staten [illegible]

a. de [illegible] artikel

b. de [illegible] artikel 30,
c. de [illegible] bedoeld in artikel 28,
d. de [illegible] bedoeld in artikel 29,
e. de [illegible] bedoeld in artikel 25,
f. de [illegible] bedoeld in artikel 26,
g. de [illegible] bedoeld in artikel 31.

Wet van 4 oktober 1995, Stb. 508, houdende wettelijke bepalingen in verband met de aanvaarding van het op 1 juli 1985 te 's-Gravenhage tot stand gekomen Verdrag inzake het recht dat van toepassing is op trusts en inzake de erkenning van trusts

[Inwerkingtreding: 01-02-1996]

Wij Beatrix, bij de gratie Gods, Koningin der Nederlanden, Prinses van Oranje-Nassau, enz. enz. enz.
Allen, die deze zullen zien of horen lezen, saluut! doen te weten;
Alzo Wij in overweging genomen hebben, dat het wenselijk is enkele wettelijke bepalingen vast te stellen in verband met de aanvaarding voor Nederland van het op 1 juli 1985 te 's-Gravenhage tot stand gekomen Verdrag inzake het recht dat toepasselijk is op trusts en inzake de erkenning van trusts (*Trb.* 1985, nr. 141);
Zo is het, dat Wij, de Raad van State gehoord, en met gemeen overleg der Staten-Generaal, hebben goedgevonden en verstaan, gelijk Wij goedvinden en verstaan bij deze:

Art. 1

Definities

Voor de toepassing van deze wet wordt verstaan onder
a. het Verdrag: het op 1 juli 1985 te 's-Gravenhage tot stand gekomen Verdrag inzake het recht dat toepasselijk is op trusts en inzake de erkenning van trusts, waarvan de Engelse en de Franse tekst alsmede de vertaling in het Nederlands zijn geplaatst in het *Tractatenblad* 1985, nr. 141;
b. trust: een trust als omschreven in artikel 2 van het verdrag, die door een wilsuiting in het leven is geroepen en waarvan blijkt uit een geschrift.

Art. 2

Toepassingsgebied

Op de aanwijzing van het recht dat toepasselijk is op trusts en op de erkenning van trusts zijn de bepalingen van het Verdrag van toepassing.

Art. 3

Inschrijving in register

Met betrekking tot een goed terzake waarvan inschrijvingen kunnen plaatsvinden in een ingevolge de wet gehouden register en dat behoort tot de goederen van de trust die een afgescheiden vermogen vormen, kan de trustee verlangen dat een inschrijving geschiedt op zijn naam en in zijn hoedanigheid van trustee, of op een zodanige andere wijze dat van het bestaan van een trust blijkt.

Art. 4

Rechtsgevolgen erkenning

Bepalingen van Nederlands recht inzake eigendomsoverdracht, zekerheidsrecht of de bescherming van schuldeisers in geval van insolventie laten de in artikel 11 van het Verdrag omschreven rechtsgevolgen van de erkenning van een trust onverlet.

Art. 5

Citeertitel

Deze wet kan worden aangehaald als Wet conflictenrecht trusts.

Art. 6

Inwerkingtreding

Deze wet treedt in werking op een bij koninklijk besluit te bepalen tijdstip.

Wet van 3 mei 1989, Stb. 186, houdende regelen met betrekking tot de openbare registers voor registergoederen, alsmede met betrekking tot het kadaster, zoals deze wet laatstelijk is gewijzigd bij de Wet van 29 mei 2008, Stb. 197

[Inwerkingtreding: 01-01-1992]

Wij Beatrix, bij de gratie Gods, Koningin der Nederlanden, Prinses van Oranje-Nassau, enz. enz. enz.
Allen, die deze zullen zien of horen lezen, saluut! doen te weten:
Alzo Wij in overweging genomen hebben, dat het wenselijk is, mede ter uitvoering van artikel 3.1.2.1, tweede lid, van het Burgerlijk Wetboek, nieuwe regelen vast te stellen met betrekking tot de openbare registers voor registergoederen, alsmede met betrekking tot het kadaster (Kadasterwet);
Zo is het, dat Wij, de Raad van State gehoord, en met gemeen overleg der Staten-Generaal, hebben goedgevonden en verstaan, gelijk Wij goedvinden en verstaan bij deze:

HOOFDSTUK 1
Algemene bepalingen

Art. 1

Begripsbepaling

– 1. In deze wet en de daarop berustende bepalingen wordt verstaan onder:
ambtenaar: ambtenaar van de Dienst;
authentiek gegeven: in een basisregistratie opgenomen gegeven dat bij wettelijk voorschrift als authentiek is aangemerkt;
basisregistratie: verzameling gegevens, waarvan bij wet is bepaald dat deze een basisregistratie vormt;
bewaarder: bewaarder als bedoeld in artikel 6;
brondocument:
1° in de openbare registers ingeschreven of anderszins door de Dienst gehouden document, of
2° besluit of gewaarmerkt afschrift daarvan;
catalogus basisregistratie topografie: catalogus basisregistratie topografie als bedoeld in artikel 98*a*, derde lid;
Dienst: Dienst voor het kadaster en de openbare registers als bedoeld in artikel 2 van de Organisatiewet Kadaster;
geografisch gegeven:
1° in artikel 98*a*, tweede lid, genoemd geografisch object;
2° identificerend objectnummer als bedoeld in artikel 98*a*, derde lid, of een ander in de catalogus basisregistratie topografie daarmee gelijkgesteld identificerend kenmerk, dat aan het betreffende geografisch object wordt toegekend, of
3° ander kenmerk als bedoeld in artikel 98*a*, derde lid, dat in de catalogus basisregistratie topografie wordt genoemd;
kadastrale grens: op basis van inlichtingen van belanghebbenden en met gebruikmaking van de bescheiden, bedoeld in artikel 50, door de Dienst vastgestelde grens tussen percelen;
kadastrale grootte: indicatieve omvang van een perceel, berekend door de Dienst;
kadastrale kaart: kadastrale kaart als bedoeld in artikel 48, derde lid;
Onze Minister: Onze Minister van Volkshuisvesting, Ruimtelijke Ordening en Milieubeheer;
openbare registers: openbare registers als bedoeld in artikel 16 van Boek 3 van het Burgerlijk Wetboek juncto artikel 8, eerste lid;
perceel: kadastraal geïdentificeerd en met kadastrale grenzen begrensd deel van het Nederlands grondgebied;
registratie: registratie of basisregistratie.
– 2. De begripsomschrijvingen, opgenomen in de artikelen 1, 2, 3, eerste lid, 8 en 10 van Boek 3, de artikelen 1, 2, 3, 3*a*, 190 en 780 van Boek 8 van het Burgerlijk Wetboek, artikel 312 van het Wetboek van Koophandel en artikel 1, onderdeel *a*, van de Wet kenbaarheid publiekrechtelijke beperkingen onroerende zaken, gelden ook voor de onderhavige wet.

Art. 1a

Basisregistraties kadaster en topografie

– 1. Er is een basisregistratie kadaster, bestaande uit administratieve gegevens met betrekking tot onroerende zaken en de landelijke kadastrale kaart.
– 2. Er is voorts een basisregistratie topografie, bestaande uit:
a. een landsdekkend topografisch bestand op een schaalniveau van 1:10 000, en

Art. 2

Kadastrale aanduiding

Bij of krachtens algemene maatregel van bestuur worden regelen gesteld omtrent de wijze van kadastrale aanduiding van onroerende zaken en appartementsrechten.

Art. 2a

Doeleinden

De Dienst heeft, onverminderd het bepaalde in andere wettelijke voorschriften, als doeleinden:

a. de bevordering van de rechtszekerheid ten aanzien van registergoederen:
1° in het rechtsverkeer;
2° in het economisch verkeer;
3° in het bestuurlijk verkeer tussen burgers en bestuursorganen;
b. de bevordering van een doelmatige geo-informatie-infrastructuur;
c. een doelmatige informatievoorziening van de overheid ten behoeve van de goede vervulling van publiekrechtelijke taken en de nakoming van wettelijke verplichtingen door bestuursorganen, en
d. ondersteuning en bevordering van de economische activiteiten.

Art. 3

Taken

– 1. De Dienst heeft, onverminderd het bepaalde in andere wettelijke voorschriften, tot taak:
a. het houden van de openbare registers;
b. het houden en bijwerken van de basisregistratie kadaster;
c. het instandhouden van een net van coördinaatpunten;
d. het houden en bijwerken van een registratie voor schepen;
e. het houden en bijwerken van een registratie voor luchtvaartuigen;
f. het uniform, consistent en landsdekkend verzamelen, geometrisch vastleggen, beheren en cartografisch weergeven van geografische gegevens alsmede het houden en bijwerken van de basisregistratie topografie;
g. het in opdracht van Onze Minister van Defensie vervaardigen, verzamelen en bijwerken van geografische gegevens ten behoeve van de krijgsmacht, het uniform en consistent overeenkomstig diens opdracht cartografisch weergeven van die gegevens en het aan Onze Minister van Defensie verstrekken van inlichtingen omtrent die gegevens;
h. het bevorderen van de kenbaarheid van de ligging van ondergrondse kabels en leidingen;
i. het beheren van de landelijke voorziening, bedoeld in artikel 10, eerste lid, van de Wet kenbaarheid publiekrechtelijke beperkingen onroerende zaken, en het verlenen van inzage in de gegevens uit die voorziening;
j. het verstrekken van inlichtingen omtrent gegevens die de Dienst heeft gekregen in het kader van de uitvoering van de taken, bedoeld in de onderdelen a tot en met f;
k. het bevorderen van de toegankelijkheid en de uitwisselbaarheid van gegevens als bedoeld in de onderdelen a tot en met f;
l. het vervaardigen en verstrekken van informatie door verwerking van gegevens als bedoeld in de onderdelen a tot en met f, voorzover het vervaardigen en verstrekken van die informatie niet onverenigbaar zijn met de doeleinden, genoemd in artikel 2a, en
m. het in opdracht van een of meer van Onze Ministers verrichten van werkzaamheden of het aan een of meer van Onze Ministers verstrekken van informatie over gegevens als bedoeld in de onderdelen a tot en met f ter nakoming van op Nederland rustende internationale verplichtingen uit verdragen en overeenkomsten of daarop gebaseerde besluiten overeenkomstig die verdragen, overeenkomsten of besluiten.

– 2. Bij algemene maatregel van bestuur kunnen aan de Dienst andere taken dan genoemd in het eerste lid worden opgedragen of marktactiviteiten worden toegestaan, voorzover die taken en marktactiviteiten verband houden met de taken, genoemd in het eerste lid, en niet onverenigbaar zijn met de doeleinden, genoemd in artikel 2*a*. Bij algemene maatregel van bestuur kan worden bepaald dat Onze Minister nadere regels kan stellen met betrekking tot de uitvoering van de bij die maatregel opgedragen taken of toegestane marktactiviteiten.

Art. 3a

Persoonsgegevens

– 1. De Dienst verzamelt persoonsgegevens als bedoeld in artikel 1, onderdeel *a*, van de Wet bescherming persoonsgegevens voor de doeleinden, genoemd in artikel 2*a*, onverminderd het bepaalde in andere wettelijke voorschriften.

– 2. De Dienst verwerkt geen persoonsgegevens in verband met de totstandbrenging of de instandhouding van een directe relatie tussen de Dienst of een derde en de betrokkene met het oog op werving voor commerciële of charitatieve doelen.

Art. 3b

Verantwoordelijkheid

Ten aanzien van verwerkingen als bedoeld in artikel 3*a* is het bestuur van de Dienst verantwoordelijke in de zin van artikel 1, onderdeel *d*, van de Wet bescherming persoonsgegevens.

Art. 3c

Vervallen.

Art. 3d

Beveiliging gegevens

– 1. Ter waarborging van de kwaliteit van de verwerking van gegevens die de Dienst heeft verkregen in het kader van de vervulling van de hem opgedragen taken, legt het bestuur van de Dienst passende technische en organisatorische maatregelen ten uitvoer om die gegevens te beveiligen tegen verlies, aantasting en onbevoegde wijziging, kennisneming of verstrekking, onverminderd het bepaalde daaromtrent bij of krachtens deze wet en de Wet bescherming persoonsgegevens. Bij het nemen van de maatregelen, bedoeld in de eerste zin, houdt het bestuur van de Dienst rekening met de stand van de techniek, de kosten van tenuitvoerlegging en de desbetreffende risico's.

– 2. De maatregelen, bedoeld in het eerste lid, omvatten ten minste:

a. maatregelen met betrekking tot personen die in dienst zijn van of werkzaam zijn voor de Dienst, voorzover betrokken bij de verwerking van de te beveiligen gegevens;

b. maatregelen met betrekking tot de toegang tot gebouwen en ruimten waarin de te beveiligen gegevens zijn opgeslagen door de Dienst;

c. maatregelen met betrekking tot een deugdelijke werking en beveiliging van de apparatuur en programmatuur die bij het verwerken van de te beveiligen gegevens worden ingezet;

d. maatregelen met betrekking tot het beheer van de te beveiligen gegevens, waaronder mede verstaan die welke strekken tot het waarborgen dat de te beveiligen gegevens zijn opgeslagen op gegevensdragers met een voldoende kwaliteit en levensduur;

e. maatregelen met betrekking tot de gevallen waarin onbevoegd is kennisgenomen van de te beveiligen gegevens of die onbevoegd zijn gewijzigd of verstrekt, en

f. maatregelen met betrekking tot calamiteiten.

– 3. Indien de Dienst gegevens te zijnen behoeve laat verwerken door een persoon die niet rechtstreeks aan zijn gezag is onderworpen, draagt het bestuur van de Dienst er zorg voor dat, onverminderd het bepaalde daaromtrent bij of krachtens de Wet bescherming persoonsgegevens, die bewerker voldoende waarborgen biedt ten aanzien van de technische en organisatorische beveiligingsmaatregelen met betrekking tot de te verrichten verwerkingen. Het bestuur van de Dienst ziet toe op en draagt zorg voor de naleving van die maatregelen door die bewerker.

– 4. Het bestuur van de Dienst draagt er zorg voor dat eenmaal per jaar door een of meer deskundigen de toereikendheid van de genomen en ten uitvoer gelegde beveiligingsmaatregelen, bedoeld in het eerste en derde lid, wordt gecontroleerd, daaronder mede verstaan de toereikendheid van het toezicht op de naleving en effectuering van die maatregelen. Een deskundige als bedoeld in de eerste zin is niet betrokken of betrokken geweest bij de voorbereiding, vaststelling en uitvoering van de beveiligingsmaatregelen.

Art. 4

Kantoren. Plaatsen en tijden van openstelling

Het bestuur van de Dienst bepaalt:

a. op welke plaatsen de Dienst kantoor houdt;

b. op welke plaatsen en gedurende welke tijden stukken ter inschrijving in de openbare registers kunnen worden aangeboden, en

c. op welke plaatsen en gedurende welke tijden loket wordt gehouden voor het publiek.

Art. 4a-5

Vervallen.

Art. 6

Bewaarder van kadaster

– 1. Onder de benaming van bewaarder van het kadaster en de openbare registers worden door het bestuur van de Dienst ten minste twee bewaarders benoemd.

– 2. Tot bewaarder kunnen uitsluitend worden benoemd zij die:

a. op grond van het met goed gevolg afleggen van het afsluitend examen van een opleiding op het gebied van het recht aan een universiteit of de Open Universiteit waarop de Wet op het hoger onderwijs en wetenschappelijk onderzoek betrekking heeft, het recht om de titel meester te voeren, hebben verkregen;

b. een door het bestuur van de Dienst voldoende verklaarde opleiding van gelijkwaardige aard hebben, of

c. in het bezit zijn van een ten aanzien van het beroep van bewaarder verleende erkenning van beroepskwalificaties als bedoeld in artikel 5 van de Algemene wet erkenning EG-beroepskwalificaties.

Bij algemene maatregel van bestuur kunnen nadere regels worden gesteld met betrekking tot de beroepsvereisten, bedoeld in onderdeel a.

– 3. Bij afwezigheid, belet, ontstentenis of schorsing van een bewaarder wordt hij vervangen door een of meer van de andere bewaarders door het bestuur van de Dienst aan te wijzen op een daarbij door dat bestuur te bepalen wijze.

– 4. Het bestuur van de Dienst kan een of meer personen behorend tot het personeel van de Dienst belasten met de waarneming van het ambt van bewaarder.

Art. 7

Taken bewaarder

– 1. De bewaarder is, onverminderd het bepaalde bij of krachtens deze of een andere wet, belast met:

a. het verrichten van inschrijvingen in de openbare registers en het stellen van aantekeningen in die registers, en

b. het bijwerken van de basisregistratie kadaster, de registratie voor schepen en de registratie voor luchtvaartuigen.

– 2. De bewaarder kan met betrekking tot een of meer van zijn bevoegdheden die hem zijn toegekend bij of krachtens deze of een andere wet, mandaat of machtiging verlenen aan een of meer personen behorend tot het personeel van de Dienst. Verlening van mandaat of machtiging behoeft de instemming van het bestuur van de Dienst, voorzover het mandaat of de machtiging wordt verleend aan personeel van de Dienst dat niet werkzaam is onder verantwoordelijkheid van de bewaarder.

– 3. Het bestuur van de Dienst wijst een bewaarder aan als hoofdbewaarder belast met de verdeling van de werkzaamheden tussen hem en de andere bewaarder of bewaarders, indien er meer dan twee bewaarders zijn benoemd. Het bestuur van de Dienst kan richtlijnen en aanwijzingen geven aan de hoofdbewaarder met betrekking tot de verdeling, bedoeld in de eerste zin.

– 4. Het bestuur van de Dienst kan richtlijnen en aanwijzingen geven aan de bewaarder met betrekking tot:

a. het verrichten van werkzaamheden en het uitoefenen van bevoegdheden die hem zijn opgedragen onderscheidenlijk toegekend bij of krachtens deze of een andere wet, en

b. de toepassing van het tweede lid, eerste zin.

Art. 7a

Betreden van plaatsen

– 1. Personen die door de Dienst, het bestuur van de Dienst of een daartoe op grond van een wettelijk voorschrift bevoegde functionaris van de Dienst zijn belast met aan de uitvoering van de aan de Dienst opgedragen taken verbonden werkzaamheden, zijn bevoegd, met medeneming van de benodigde apparatuur en andere hulpmiddelen, elke plaats te betreden, onverminderd artikel 2 van de Algemene wet op het binnentreden, en daar een waarneming, meting of graving te verrichten en daarop of daarin een teken te stellen, voorzover dat redelijkerwijs nodig is voor de vervulling van hun taak ter uitvoering van aan de Dienst opgedragen taken.

– 2. De eigenaar, de beperkt gerechtigde en de gebruiker van een registergoed zijn verplicht aan een persoon als bedoeld in het eerste lid binnen de door hem gestelde redelijke termijn alle medewerking te verlenen die deze redelijkerwijs kan vorderen bij de uitoefening van zijn bevoegdheden, genoemd in het eerste lid, met dien verstande dat de toegang slechts wordt verleend tussen acht uur 's morgens en zes uur 's avonds en dat die niet behoeft te worden verleend op zaterdagen, zondagen en algemeen erkende feestdagen.

– 3. De eigenaar, de beperkt gerechtigde en de gebruiker van een gebouw en grond zijn verplicht te gedogen dat daarop of daarin een teken wordt gesteld ter uitvoering van aan de Dienst opgedragen taken. De eerste zin is van overeenkomstige toepassing op het aanbrengen van een brandmerk op een schip als bedoeld in artikel 21, eerste lid, onderdeel *c*.

– 4. Indien de toegang wordt geweigerd, verschaffen de personen, bedoeld in het eerste lid, zich zo nodig toegang met behulp van de sterke arm. Indien het verrichten van de handelingen, bedoeld in het eerste lid, niet wordt toegestaan of de medewerking, bedoeld in het tweede lid, niet wordt verleend, zijn de personen, bedoeld in het eerste lid, bevoegd het verrichten van de handelingen, bedoeld in het eerste lid, zo nodig met behulp van de sterke arm mogelijk te maken.

– 5. De schade die uit de toepassing van het eerste of derde lid voortvloeit, wordt door de Dienst vergoed. Het verzoek om schadevergoeding wordt ingediend bij het bestuur van de Dienst. De vordering tot schadevergoeding staat ter kennisneming van de kantonrechter van de rechtbank van het arrondissement waarin de plaats van vestiging van de Dienst is gelegen. Tegen de uitspraak staat geen rechtsmiddel open.

Art. 7b

Tonen van legitimatiebewijs

– 1. Een persoon als bedoeld in artikel 7*a*, eerste lid, draagt bij het verrichten van de werkzaamheden, bedoeld in artikel 7*a*, een legitimatiebewijs bij zich, dat is uitgegeven door het bestuur van de Dienst, en toont zijn legitimatiebewijs desgevraagd terstond.

– 2. Het legitimatiebewijs bevat een foto van de betrokken persoon en vermeldt in elk geval zijn naam en hoedanigheid.

– 3. Het model van het legitimatiebewijs wordt vastgesteld bij regeling van het bestuur van de Dienst.

Art. 7c

Schakelbepaling

De artikelen 2:13 tot en met 2:17 van de Algemene wet bestuursrecht zijn van overeenkomstige toepassing op het elektronische berichtenverkeer verbonden aan het houden van de openbare registers en het verstrekken van inlichtingen daaruit, tenzij bij of krachtens deze wet anders is bepaald.

Art. 7d

Bevoegde instantie

– 1. De bevoegdheden die op grond van artikel 2:15, eerste lid, van de Algemene wet bestuursrecht aan een bestuursorgaan zijn toegekend, komen uitsluitend toe aan het bestuur van de Dienst.

– 2. Het bestuur van de Dienst kan de ingevolge het eerste lid aan hem toekomende bevoegdheden uitsluitend uitoefenen door het vaststellen van regelingen.

Art. 7e

Eisen elektronische handtekening

– 1. Indien in deze wet wordt voorgeschreven dat een document van een elektronische handtekening wordt voorzien, wordt een elektronische handtekening gebruikt die voldoet aan de eisen, genoemd in artikel 15*a*, tweede lid, onderdelen *a* tot en met *f*, van Boek 3 van het Burgerlijk Wetboek.

– 2. Een certificaat waarop een in deze wet voorgeschreven elektronische handtekening is gebaseerd, bevat geen pseudoniem.

– 3. De in artikel 2:16, derde zin, van de Algemene wet bestuursrecht bedoelde aanvullende eisen met betrekking tot het gebruik van een elektronische handtekening worden gesteld bij of krachtens regeling van Onze Minister.

HOOFDSTUK 1A

Bepalingen omtrent authentieke gegevens en de inhoud en inrichting van registraties

TITEL 1

Authentieke gegevens

Art. 7f

Authentieke gegevens

– 1. De basisregistraties kadaster en topografie bevatten authentieke gegevens krachtens een wet.

– 2. Onverminderd artikel 48, vierde lid, zijn de in de basisregistratie kadaster opgenomen gegevens, bedoeld in artikel 48, tweede lid, onderdelen *a* tot en met *d*, en derde lid, onderdelen *a* tot en met *c*, authentieke gegevens.

– 3. De in de basisregistratie topografie opgenomen gegevens, bedoeld in artikel 98*a*, eerste tot en met derde lid, zijn authentieke gegevens.

Art. 7g

Aanwijzing authentieke gegevens bij AMvB

– 1. Bij algemene maatregel van bestuur kan worden bepaald dat in de basisregistratie kadaster of basisregistratie topografie een ander bij die maatregel als authentiek aan te wijzen gegeven wordt opgenomen dan de gegevens, bedoeld in artikel 7*f*, tweede of derde lid, indien:
a. de kenbaarheid van het betreffende gegeven van belang blijkt voor de uitoefening van een publiekrechtelijke taak door bestuursorganen, en
b. er geen gewichtige redenen zijn die zich daartegen verzetten.

– 2. Bij algemene maatregel van bestuur kan worden bepaald dat een daarbij aangewezen authentiek gegeven uit een andere basisregistratie dan bedoeld in artikel 1*a*, of een ander gegeven dan een authentiek gegeven, wordt opgenomen, respectievelijk wordt toegevoegd aan de in een registratie opgenomen gegevens, bedoeld in artikel 48, 85, 92 of 98*a*, indien:
a. de kenbaarheid van het gegeven van belang blijkt voor het rechtsverkeer of economisch verkeer, en
b. er geen gewichtige redenen zijn die zich daartegen verzetten.

– 3. Indien een authentiek gegeven of deel daarvan als bedoeld in artikel 7*f*, tweede of derde lid, of een gegeven als bedoeld in artikel 48, 85, 92 of 98*a*, krachtens een wet tot instelling van een andere basisregistratie dan de basisregistratie kadaster of topografie als authentiek wordt aangemerkt, geldt dat gegeven daarna als een uit die andere basisregistratie overgenomen authentiek gegeven.

– 4. Bij regeling van Onze Minister kunnen voorschriften worden gegeven omtrent de door de Dienst in acht te nemen norm met betrekking tot de actualiteit van een uit een andere basisregistratie over te nemen authentiek gegeven.

– 5. In geval van spoed kan in afwijking van het eerste of tweede lid, voor de gevallen, bedoeld in die leden, bij regeling van Onze Minister een bij die regeling aan te wijzen gegeven in een registratie worden opgenomen.

– 6. Na de plaatsing in het *Staatsblad* of de *Staatscourant* van een krachtens het eerste of tweede lid vastgestelde algemene maatregel van bestuur respectievelijk van een krachtens het vijfde lid vastgestelde ministeriële regeling wordt een voorstel van wet tot regeling van het betrokken onderwerp zo spoedig mogelijk bij de Staten-Generaal ingediend. Indien het voorstel wordt ingetrokken of indien een van de beide kamers der Staten-Generaal besluit het voorstel niet aan te nemen, wordt de algemene maatregel van bestuur of de ministeriële regeling onverwijld ingetrokken. Wordt het voorstel tot wet verheven, dan wordt de algemene maatregel van bestuur of de ministeriële regeling ingetrokken op het tijdstip van inwerkingtreding van die wet.

Art. 7h

Kenmerk van authentieke gegevens

– 1. In de basisregistratie kadaster wordt een authentiek gegeven als bedoeld in artikel 7*f*, tweede lid, en 7*g*, eerste lid, door middel van een kenmerk onderscheiden van in die basisregistratie opgenomen andere dan authentieke gegevens.

– 2. In een registratie wordt een authentiek gegeven dat is overgenomen uit een andere basisregistratie dan bedoeld in artikel 1*a*, door middel van een kenmerk onderscheiden van gegevens die authentiek zijn ingevolge deze wet.

Art. 7i

Regelgeving door bestuur

– 1. Het bestuur van de Dienst stelt regels voor de inrichting en het houden van een registratie.

– 2. Het bestuur van de Dienst kan voorts regels stellen omtrent de wijze van weergave van de in een registratie opgenomen gegevens.

Art. 7j

Zorgplicht voor conforme weergave van authentieke gegevens

– 1. Het bestuur van de Dienst draagt er zorg voor dat de weergave van een krachtens deze wet in de basisregistratie kadaster opgenomen authentiek gegeven overeenstemt met dat gegeven, als opgenomen in het betreffende brondocument of, ingeval een vorenbedoeld authentiek gegeven wordt afgeleid uit een brondocument, dat dat authentieke gegeven juist en volledig daaruit is afgeleid.

– 2. Het bestuur van de Dienst draagt er voorts zorg voor dat:

a. een in de basisregistratie topografie opgenomen geografisch object als bedoeld in artikel 98*a*, tweede lid, in overeenstemming is met:

1° de fysieke werkelijkheid ten tijde van de laatste bijhouding van het geografisch gebied waarin dat geografisch object is gelegen, en

2° de actuele fysieke werkelijkheid, voorzover er zich een aanmerkelijke verandering voordoet of heeft voorgedaan ten opzichte van de laatste bijhouding van het betreffende geografisch gebied;

b. een in de basisregistratie topografie opgenomen geografisch gegeven voldoet aan de kwaliteitseisen, gesteld in de catalogus basisregistratie topografie, en

c. een koppeling mogelijk wordt gemaakt tussen de basisregistratie topografie en een andere basisregistratie voor wat betreft een authentiek gegeven dat uit die andere basisregistratie is overgenomen, tenzij bij wettelijk voorschrift anders is bepaald.

– 3. Voorzover in een registratie een authentiek gegeven uit een andere basisregistratie dan bedoeld in artikel 1*a* is overgenomen, draagt het bestuur van de Dienst er zorg voor dat:

a. de weergave van dat authentieke gegeven in die registratie overeenstemt met dat gegeven, als opgenomen in die andere basisregistratie, tenzij dat verschil in weergave wordt veroorzaakt door een norm als bedoeld in artikel 7*g*, vierde lid, en

b. de actualiteit van dat authentieke gegeven voldoet aan een zodanige norm.

TITEL 2

Gebruik en verstrekking van authentieke gegevens

Art. 7k

Verplicht gebruik authentieke gegevens

– 1. Indien een bestuursorgaan bij de vervulling van zijn publiekrechtelijke taak een gegeven nodig heeft dat krachtens deze wet als authentiek gegeven in de basisregistratie kadaster of topografie beschikbaar is, gebruikt het dat authentieke gegeven.

– 2. Een bestuursorgaan kan een ander gegeven gebruiken dan een krachtens deze wet beschikbaar authentiek gegeven, indien:

a. bij het betreffende authentieke gegeven de aantekening 'in onderzoek' is geplaatst;

b. het een melding heeft gedaan overeenkomstig artikel 7*n*, eerste lid, 7*o*, eerste lid, of 7*p*, eerste lid;

c. het door toepassing van het eerste lid zijn publiekrechtelijke taak niet naar behoren kan vervullen, of

d. bij wettelijk voorschrift anders is bepaald dan in het eerste lid.

– 3. Voorzover bij de uitoefening van een publiekrechtelijke taak gebruik wordt gemaakt van een topografische ondergrond, is een bestuursorgaan niet gehouden toepassing te geven aan het eerste lid, ingeval de uitoefening van die taak is gediend met gebruikmaking van een topografische ondergrond met een schaalniveau groter dan 1:10 000.

– 4. In afwijking van het eerste lid kunnen bestuursorganen van gemeenten die op 1 januari 2006 beschikken over een in eigen beheer vervaardigde topografische ondergrond met een schaalniveau van 1:10 000 bij de vervulling van een publiekrechtelijke taak tot een bij regeling van Onze Minister per gemeente te bepalen tijdstip, mits gelegen voor 1 januari 2010, gebruik maken van de eigen topografische ondergrond.

Art. 7l

Verstrekking authentieke gegevens door natuurlijk persoon of rechtspersoon

Een natuurlijk persoon of rechtspersoon, aan wie door een bestuursorgaan gevraagd wordt om een gegeven te verstrekken dat krachtens deze wet als authentiek gegeven in de basisregistratie kadaster of topografie beschikbaar is, behoeft dat gegeven niet te verstrekken, behoudens:

a. ingeval bij het betreffende authentieke gegeven de aantekening 'in onderzoek' is geplaatst;

b. in geval van bijhouding of vernieuwing van de basisregistratie kadaster, van herinrichting, verkaveling of reconstructie van een bij wettelijk voorschrift aangewezen gebied, van voorbereiding van herinrichting, verkaveling of reconstructie of van bijhouding van de basisregistratie topografie;

c. in geval van opsporing of onderzoek naar overtreding van een wettelijk voorschrift of van controle op de naleving van een wettelijk voorschrift;

d. in geval van dreiging van, of het zich voordoen van, een oproerige beweging, wanordelijkheden, verstoring van de openbare orde, rampen of zware ongevallen;

e. ingeval bij wettelijk voorschrift anders is bepaald, of

f. ingeval het gegeven noodzakelijk is voor een deugdelijke vaststelling van de identiteit van betrokkene.

TITEL 3

Terugmelding

Art. 7m

Terugmelding m.b.t. gegevens in andere registers

– 1. Een bestuursorgaan meldt aan de Dienst, onder opgaaf van redenen, zijn gerede twijfel omtrent de juistheid van een in een registratie overgenomen gegeven dat krachtens een andere wet dan deze wet als authentiek is aangemerkt.

– 2. De Dienst zendt een melding als bedoeld in het eerste lid onverwijld door aan de beheerder van de betreffende basisregistratie, en doet daarvan mededeling aan het bestuursorgaan dat de melding heeft gedaan.

Art. 7n

Terugmelding m.b.t. gegevens in basisregistratie kadaster

– 1. Een bestuursorgaan meldt aan de Dienst, onder opgaaf van redenen, zijn gerede twijfel omtrent de juistheid van een in de basisregistratie kadaster opgenomen gegeven dat krachtens deze wet als authentiek is aangemerkt.

– 2. De Dienst neemt na ontvangst van een melding als bedoeld in het eerste lid een beslissing omtrent wijziging van het betreffende authentieke gegeven. Indien de Dienst die beslissing niet binnen een dag na ontvangst van die melding heeft genomen, tekent de Dienst in de basisregistratie kadaster, of ingeval de melding betrekking heeft op een gegeven als bedoeld in artikel 48, derde lid, onderdeel *a*, *b* of *c*, in een afzonderlijk register, aan dat het betreffende gegeven 'in onderzoek' is.

– 3. De Dienst verwijdert de aantekening dat een authentiek gegeven 'in onderzoek' is uit de basisregistratie kadaster of het afzonderlijk register tegelijk met de verwerking van de wijziging in die basisregistratie of, indien een melding als bedoeld in het eerste lid niet tot wijziging leidt, met de beslissing om het authentieke gegeven niet te wijzigen.

– 4. De beslissing, bedoeld in het tweede en derde lid, is een besluit in de zin van de Algemene wet bestuursrecht.

– 5. De Dienst bericht het bestuursorgaan dat een melding heeft gedaan als bedoeld in het eerste lid onverwijld over een handeling of beslissing als bedoeld in het tweede of derde lid.

– 6. De Dienst doet onverwijld schriftelijk mededeling aan de belanghebbende van zijn beslissing op grond van het tweede of derde lid, indien die beslissing heeft geleid tot een wijziging van het betreffende authentieke gegeven.

Art. 7o

Terugmelding m.b.t. gegevens in basisregistratie topografie

– 1. Een bestuursorgaan meldt aan de Dienst, onder opgaaf van redenen, zijn gerede twijfel omtrent het in overeenstemming zijn van een krachtens deze wet als authentiek aangemerkt gegeven in de basisregistratie topografie met de fysieke werkelijkheid ten tijde van de laatste bijhouding van het geografisch gebied, waarin het geografische object, waarop dat gegeven betrekking heeft, is gelegen.

– 2. De Dienst neemt na ontvangst van een melding als bedoeld in het eerste lid een beslissing omtrent wijziging van het betreffende authentieke gegeven. Indien de Dienst die beslissing niet binnen een dag na ontvangst van de betreffende melding heeft genomen, registreert de Dienst in een afzonderlijk register de melding, het betreffende authentieke gegeven en de aantekening 'in onderzoek' bij dat gegeven.

– 3. Indien de Dienst niet binnen een dag na ontvangst van de melding, bedoeld in het eerste lid, een beslissing heeft genomen omtrent de wijziging van het betreffende authentieke gegeven, neemt de Dienst die beslissing uiterlijk binnen zes weken na het tijdstip waarop volgens de catalogus basisregistratie topografie de bijhouding is beëindigd.

– 4. De Dienst verwijdert de aantekening dat een authentiek gegeven 'in onderzoek' is uit het

register, bedoeld in het tweede lid, tegelijk met de verwerking van de wijziging in de basisregistratie topografie of, indien de betreffende melding niet tot wijziging heeft geleid, met de beslissing om het authentieke gegeven niet te wijzigen.
– 5. De Dienst bericht het bestuursorgaan dat een melding heeft gedaan als bedoeld in het eerste lid onverwijld over een handeling of beslissing als bedoeld in het tweede, derde of vierde lid.

Art. 7p

Terugmelding n.a.v. aanmerkelijke verandering in fysieke werkelijkheid

– 1. Voorzover zich een aanmerkelijke verandering voordoet of heeft voorgedaan in de fysieke werkelijkheid ten opzichte van de laatste bijhouding van het betreffende geografisch gebied, kan een bestuursorgaan aan de Dienst, onder opgaaf van redenen, melden dat het noodzakelijk of wenselijk is de betreffende authentieke gegevens in de basisregistratie topografie op een eerder tijdstip dan bij de eerstvolgende bijhouding van dat gebied te wijzigen.
– 2. De Dienst registreert na ontvangst van een melding als bedoeld in het eerste lid de melding, het betreffende authentieke gegeven en de aantekening 'in onderzoek' in het register, bedoeld in artikel 7*o*, tweede lid. De Dienst bericht het bestuursorgaan dat de melding heeft gedaan onverwijld over die handeling.
– 3. De Dienst beslist op een melding als bedoeld in het eerste lid uiterlijk binnen zes weken na ontvangst daarvan, met dien verstande dat de Dienst die termijn één keer kan verlengen met ten hoogste vier weken.
– 4. Indien de Dienst beslist om gevolg te geven aan de in de melding, bedoeld in het eerste lid, gevraagde actualisering, handelt de Dienst overeenkomstig artikel 7*o*, vierde lid, en bericht de Dienst het bestuursorgaan dat een melding heeft gedaan als bedoeld in het eerste lid onverwijld over zijn beslissing en de handelingen die hij overeenkomstig artikel 7*o*, vierde lid, heeft verricht.
– 5. Indien de Dienst beslist om geen gevolg te geven aan de in de melding, bedoeld in het eerste lid, gevraagde actualisering, blijft de aantekening 'in onderzoek' staan en tekent de Dienst bij de melding zijn beslissing aan om die actualisering te doen plaatsvinden bij de eerstvolgende bijhouding. Na beëindiging van die bijhouding is op de beslissing en de kennisgeving daarvan aan het bestuursorgaan dat de melding heeft gedaan artikel 7*o*, derde tot en met vijfde lid, van overeenkomstige toepassing, met dien verstande dat in het vijfde lid van dat artikel voor 'tweede, derde of vierde lid' wordt gelezen: vierde lid.

Art. 7q

Ministeriële regeling

Bij regeling van Onze Minister kunnen regels worden gesteld omtrent:
a. de gevallen waarin een melding als bedoeld in artikel 7*m*, eerste lid, 7*n*, eerste lid, of 7*o*, eerste lid, achterwege kan blijven, of
b. een beperking van de kring van bestuursorganen die verplicht zijn toepassing te geven aan artikel 7*m*, eerste lid, 7*n*, eerste lid, of 7*o*, eerste lid, of gebruik kunnen maken van de bevoegdheid, bedoeld in artikel 7*p*, eerste lid.

Art. 7r

Bezwaar of beroep

– 1. Indien ten aanzien van een beslissing over wijziging van een authentiek gegeven dat is opgenomen in de basisregistratie kadaster bezwaar wordt gemaakt of beroep wordt ingesteld, tekent de Dienst in de basisregistratie kadaster, of ingeval het betreffende gegeven een gegeven is als bedoeld in artikel 48, derde lid, onderdeel *a*, *b* of *c*, in een afzonderlijk register, aan dat het betreffende authentieke gegeven 'in onderzoek' is.
– 2. Indien de beslissing op bezwaar of de rechterlijke uitspraak op het beroep strekt tot wijziging van een in de basisregistratie kadaster opgenomen authentiek gegeven, verwerkt de Dienst die wijziging in die basisregistratie.
– 3. Indien onherroepelijk is beslist op het bezwaar of beroep, verwijdert de Dienst de aantekening dat het betreffende authentieke gegeven 'in onderzoek' is.

TITEL 4
Ambtshalve correctie en correctie op verzoek

Art. 7s

Ambtshalve herstel

– 1. Indien de Dienst constateert dat de weergave van een authentiek gegeven als bedoeld in artikel 7*f*, tweede lid, of 7*g*, eerste lid, in de basisregistratie kadaster niet in overeenstemming is met dat gegeven, als opgenomen in een brondocument of, ingeval een authentiek gegeven wordt afgeleid uit een brondocument, dat gegeven niet juist en volledig daaruit is afgeleid, herstelt de Dienst ambtshalve dat gegeven in die basisregistratie. De artikelen 7*n*, vierde en zesde lid, en 7*r* zijn van overeenkomstige toepassing.
– 2. Indien de Dienst constateert dat een in de basisregistratie topografie opgenomen geografisch gegeven niet in overeenstemming is met:
a. de fysieke werkelijkheid ten tijde van de laatste bijhouding van het geografisch gebied, waarin het geografische object, waarop dat gegeven betrekking heeft, is gelegen, of

b. de actuele fysieke werkelijkheid, in geval van een aanmerkelijke verandering ten opzichte van de laatste bijhouding van het betreffende geografisch gebied, kan de Dienst dat gegeven in de basisregistratie topografie ambtshalve herstellen dan wel, indien het betreft een geval als bedoeld in onderdeel *a*, dat herstel opschorten tot de eerstvolgende bijhouding, bedoeld in de catalogus basisregistratie topografie. De Dienst tekent zowel een geconstateerde onjuistheid als de correctie daarvan aan in het register, bedoeld in artikel 7*o*, tweede lid.
– 3. Indien de Dienst ten aanzien van de weergave van een in een registratie opgenomen ander gegeven dan een authentiek gegeven een constatering als bedoeld in het eerste lid doet, zijn dat lid alsmede de artikelen 7*n*, vierde en zesde lid, en 7*r* van overeenkomstige toepassing.

Art. 7t

Verzoek tot herstel door belanghebbende

– 1. Indien een belanghebbende gerede twijfel heeft omtrent de juistheid van een in de basisregistratie kadaster opgenomen gegeven dat krachtens deze wet als authentiek is aangemerkt, dan wel omtrent de juistheid van een uit een andere basisregistratie dan genoemd in artikel 1*a* in de basisregistratie kadaster of de registratie voor schepen of luchtvaartuigen overgenomen authentiek gegeven, kan die belanghebbende onder opgaaf van redenen aan de Dienst een verzoek tot herstel van dat gegeven in de basisregistratie kadaster doen. De artikelen 7*n*, tweede tot en met vierde en zesde lid, en 7*r* zijn van overeenkomstige toepassing indien het verzoek betrekking heeft op een in de basisregistratie kadaster opgenomen gegeven dat krachtens deze wet als authentiek is aangemerkt, en artikel 7*m*, tweede lid, is van overeenkomstige toepassing indien het verzoek betrekking heeft op een uit een andere basisregistratie overgenomen gegeven.
– 2. Indien een gehele of gedeeltelijke toewijzing van het verzoek tot herstel, bedoeld in het eerste lid, leidt tot verbetering, aanvulling of verwijdering van persoonsgegevens als bedoeld in artikel 1, onderdeel *a*, van de Wet bescherming persoonsgegevens, bericht de Dienst dat zo spoedig mogelijk aan derden aan wie de persoonsgegevens daaraan voorafgaand zijn verstrekt, tenzij dit onmogelijk blijkt of onevenredige inspanning kost. De Dienst doet desgevraagd aan de verzoeker opgaaf van degenen aan wie is bericht.
– 3. Het eerste lid is van overeenkomstige toepassing indien een belanghebbende gerede twijfel heeft omtrent de juistheid van een ander dan een authentiek gegeven in de basisregistratie kadaster of de registratie voor schepen of luchtvaartuigen.
– 4. De Dienst registreert een verzoek als bedoeld in het eerste of derde lid alsmede de beslissing op dat verzoek.

TITEL 5
Kwaliteit, voorbehoud databankenrecht en relatieve competentie

Art. 7u

Controles

– 1. De Dienst draagt er zorg voor dat de juistheid en volledigheid van de authentieke gegevens, genoemd in de artikelen 48, tweede lid, onderdelen *a* tot en met *e*, en derde lid, onderdelen *a* tot en met *c*, 98*a*, eerste tot en met derde lid, en bedoeld in artikel 7*g*, eerste lid, ten minste:
a. één keer per drie jaar worden gecontroleerd door een, door het bestuur van de Dienst aangewezen, onafhankelijke deskundige, en
b. één keer per jaar door dat bestuur worden gecontroleerd in de jaren dat de controle door die deskundige achterwege blijft.
– 2. Het bestuur van de Dienst stelt voorafgaand aan de controle, bedoeld in het eerste lid, onderdeel *a*, een controleprotocol op, dat in ieder geval de elementen van de controle bevat. Het bestuur kan daarbij bepalen welke authentieke gegevens, landelijk of voor een daarbij aan te geven beperkt geografisch gebied, dienen te worden onderzocht.
– 3. De Dienst maakt het controleprotocol bekend in de *Staatscourant* of doet daarin een kennisgeving op welke plaatsen en gedurende welke tijden dat protocol ter inzage ligt.
– 4. De Dienst doet een kennisgeving in de *Staatscourant* op welke plaatsen en gedurende welke tijden een afschrift van de resultaten van de controle, bedoeld in het eerste lid, onderdeel *a*, ter inzage ligt.

Art. 7v

Voorbehoud Databankenwet

Het recht, bedoeld in artikel 2, eerste lid, van de Databankenwet, ten aanzien van de basisregistratie kadaster, de basisregistratie topografie, alsmede de registraties voor schepen en luchtvaartuigen, is voorbehouden aan de Dienst.

Art. 7w

Beroep tegen besluit omtrent wijziging. Bevoegde rechtbank

Indien beroep wordt ingesteld tegen een besluit van de Dienst omtrent wijziging van een authentiek gegeven of omtrent wijziging van een ander gegeven dan een authentiek gegeven, is in afwijking van artikel 8:7 van de Algemene wet bestuursrecht de rechtbank bevoegd binnen welker rechtsgebied:
a. de onroerende zaak waarmee het betreffende gegeven verband houdt, geheel of grotendeels is gelegen of

b. de Dienst is gevestigd ingeval het betreffende gegeven verband houdt met een te boek staand schip of luchtvaartuig.

HOOFDSTUK 2
Openbare registers voor registergoederen

TITEL 1
Algemene bepalingen

AFDELING 1
Omschrijving en vorm van de openbare registers; aantekeningen in de openbare registers; wijze van bewaren van de openbare registers; vervaardiging en vervanging van duplicaten van de openbare registers en van duplicaten van andere bij de openbare registers te bewaren stukken

Art. 8

Openbare registers

– 1. De openbare registers waarin feiten die voor de rechtstoestand van registergoederen van belang zijn, worden ingeschreven, zijn:

a. de registers van inschrijving van feiten die betrekking hebben op onroerende zaken, schepen en luchtvaartuigen en op de rechten waaraan die onderworpen zijn;

b. het register van voorlopige aantekeningen waarin de aanbieding van stukken waarvan de inschrijving door de bewaarder ingevolge artikel 20 van Boek 3 van het Burgerlijk Wetboek is geweigerd, wordt aangetekend onder vermelding van de gerezen bedenkingen, en waarin de aanbieding van notariële verklaringen wordt geboekt in de gevallen, bedoeld in artikel 37, eerste lid, onderdeel *c.*

Nadere regels

– 2. Het bestuur van de Dienst stelt nadere regels met betrekking tot de vorm van de registers, bedoeld in het eerste lid. Het bestuur van de Dienst kan daarbij een onderscheid maken met betrekking tot:

a. onroerende zaken en de rechten waaraan die zijn onderworpen, onderscheidenlijk schepen en de rechten waaraan die zijn onderworpen, onderscheidenlijk luchtvaartuigen en de rechten waaraan die zijn onderworpen, en

b. in elektronische vorm en in andere vorm gehouden gedeelten van die registers.

Voorzover bij de vaststelling van de regels, bedoeld in de eerste zin, de tweede zin, aanhef, in verbinding met onderdeel *a* toepassing heeft gevonden, zijn de bij of krachtens deze wet gestelde regels omtrent verrichtingen ten aanzien van die registers van toepassing op de registers voor de desbetreffende goederen. Het bestuur van de Dienst kan nadere regels stellen omtrent de wijze van toepassing van de regels, bedoeld in de derde zin.

Aantekeningen; doorhaling

– 3. Bij regeling van het bestuur van de Dienst worden vastgesteld, onverminderd het bepaalde dienaangaande bij of krachtens deze of een andere wet, de gevallen waarin in de registers, bedoeld in het eerste lid, door de bewaarder aantekeningen worden gesteld, de aard van die aantekeningen en de wijze waarop die worden gesteld. Het bestuur van de Dienst kan daarbij bepalen dat in door hem nader te bepalen gevallen de aantekening wordt geplaatst in een door de bewaarder op te maken, te dagtekenen en te ondertekenen stuk dat hij onverwijld ambtshalve inschrijft in de openbare registers. Het bestuur van de Dienst stelt indien de tweede zin toepassing vindt, tevens de vorm van dat stuk vast.

Art. 9

Vervanging door reproducties

– 1. Het bestuur van de Dienst draagt zorg dat de openbare registers zodanig duurzaam worden bewaard dat de inhoud ervan naar de eisen van openbaarheid binnen redelijke termijn voor raadpleging beschikbaar is.

– 2. De inhoud van de openbare registers kan worden gehouden op papieren, elektronische of andere gegevensdragers.

– 3. Het bestuur van de Dienst kan ten aanzien van door hem aan te wijzen openbare registers of gedeelten ervan, de inhoud overbrengen op andere gegevensdragers van dezelfde of een andere soort, mits de overbrenging geschiedt met juiste en volledige weergave van alle desbetreffende gegevens, ter waarborging waarvan het bestuur van de Dienst passende maatregelen ten uitvoer legt. Het bestuur van de Dienst kan bepalen dat meer dan een duplicaat van dezelfde of een andere soort als bedoeld in de eerste zin wordt vervaardigd. Het bestuur van de Dienst draagt in elk geval zorg dat van de openbare registers zo spoedig mogelijk ten minste een duplicaat in dubbel aanwezig is, waarbij artikel 3*d*, eerste lid, tweede zin, van overeenkomstige toepassing is.

– 4. Het bestuur van de Dienst kan bepalen dat een ingevolge het derde lid vervaardigd duplicaat de inhoud vervangt van de openbare registers of gedeelten ervan waarvan dat duplicaat een afschrift is.

– 5. De duplicaten, bedoeld in het derde en vierde lid, hebben dezelfde bewijskracht als de inhoud van de registers die is geplaatst op de oorspronkelijke gegevensdragers onderscheidenlijk als de oorspronkelijke inhoud van de registers.

– 6. Van elke vervaardiging van een duplicaat en vervanging als bedoeld in het derde onderscheidenlijk vierde lid wordt een verklaring opgemaakt, die ten minste een specificatie bevat van de desbetreffende vervaardiging onderscheidenlijk vervanging, en aangeeft op grond waarvan zij is geschied. Het bestuur van de Dienst stelt de vorm van de verklaring vast, en wanneer en door wie zij wordt opgemaakt en ondertekend.

– 7. Het bestuur van de Dienst stelt met inachtneming van het eerste tot en met zesde lid nadere regels omtrent de wijze waarop de openbare registers worden gehouden. Daarbij wordt in elk geval geregeld de wijze waarop voor gebruik niet langer geschikte of beschikbare duplicaten als bedoeld in het derde lid worden vervangen door nieuwe duplicaten.

Art. 9a

Vreemde of Friese taal

Artikel 9 is van overeenkomstige toepassing op in vreemde of Friese taal gestelde stukken als bedoeld in artikel 41, derde lid.

AFDELING 2

Plaats van inschrijving

Art. 10

Plaats van inschrijving

Bij algemene maatregel van bestuur wordt geregeld waar stukken ter verkrijging van inschrijving van feiten die betrekking hebben op onroerende zaken, schepen, luchtvaartuigen, en rechten waaraan die zaken zijn onderworpen, kunnen worden aangeboden, met dien verstande dat bij regeling van het bestuur van de Dienst een of meer elektronische postadressen van de Dienst worden vastgesteld.

AFDELING 3

Vereisten voor inschrijving en de wijze waarop deze geschiedt

Art. 10a

Vereisten voor inschrijving

Voor inschrijving van een feit in de openbare registers, bedoeld in artikel 8, eerste lid, onderdeel *a*, is vereist een stuk dat voldoet aan de vereisten, bedoeld in hoofdstuk 2, titel 2, onverminderd hetgeen wordt bepaald bij verdrag en bij of krachtens deze of een andere wet.

Art. 10b

Aanlevering stukken

– 1. Stukken als bedoeld in artikel 10*a* worden in papieren of elektronische vorm ter inschrijving in de openbare registers aangeboden, onverminderd de artikelen 11*a*, eerste tot en met vierde lid, en 11*b*, vijfde en zesde lid.

– 2. Bij regeling van Onze Minister worden met betrekking tot in te schrijven stukken met een papieren vorm, regels gesteld met betrekking tot de wijze waarop daarin voorkomende doorhalingen van de oorspronkelijke tekst, aangebrachte gewijzigde tekst en daarop geplaatste ondertekeningen worden weergegeven in het afschrift en uittreksel, bedoeld in artikel 11*b*, eerste lid, tenzij de aard van het desbetreffende stuk meebrengt dat die regels worden gesteld bij of krachtens een andere dan deze wet.

– 3. Bij of krachtens algemene maatregel van bestuur kunnen regels worden gesteld omtrent de wijze waarop een elektronisch afschrift en een elektronisch uittreksel van een tot het register van de gerechtsdeurwaarder behorend stuk wordt vervaardigd ten behoeve van het in elektronische vorm aanbieden van dit stuk ter inschrijving in de in artikel 8, eerste lid, onder *a*, bedoelde openbare registers.

Art. 11

Papieren aanbieding

– 1. Indien een stuk als bedoeld in artikel 10*a* in papieren vorm wordt aangeboden, wordt tevens een afschrift van dat stuk aangeboden, voorzien van een verklaring van eensluidendheid.

– 2. De bewaarder is niet gehouden de juistheid van de verklaring, bedoeld in het eerste lid, te onderzoeken. De Dienst is niet aansprakelijk voor schade voortvloeiend uit een onjuistheid en onvolledigheid in het afschrift.

– 3. Bij regeling van Onze Minister wordt de vorm vastgesteld van de verklaring, bedoeld in het eerste lid, en wordt bepaald, onverminderd het bepaalde bij of krachtens een andere wet, door wie die verklaring wordt ondertekend.

– 4. Bij regeling van Onze Minister kan voor bijzondere gevallen worden bepaald dat geen afschrift als bedoeld in het eerste lid behoeft te worden aangeboden. In die gevallen vervaardigt de Dienst het afschrift van het ter inschrijving aangeboden stuk. De Dienst is aansprakelijk voor schade voortvloeiend uit een onjuistheid en onvolledigheid in het afschrift, ontstaan ten gevolge van de vervaardiging ervan.

Tekeningen

– 5. Bij regeling van Onze Minister worden regels gesteld met betrekking tot:

a. de eisen waaraan tekeningen die deel uitmaken van in papieren vorm ter inschrijving aangeboden stukken, voldoen, en

b. indien het zevende lid, eerste zin, toepassing heeft gevonden, de gevallen waarin van een tekening een niet op een formulier als bedoeld in het zevende lid gesteld afschrift wordt aangeboden, in welke gevallen dat afschrift wordt voorzien van een verklaring van eensluidendheid waarop het tweede en derde lid van overeenkomstige toepassing zijn.

Reproductie als afschrift

– 6. Bij regeling van het bestuur van de Dienst worden regels gesteld met inachtneming waarvan het in het eerste lid bedoelde afschrift wordt vervaardigd en aangeboden.

– 7. Bij regeling van het bestuur van de Dienst kan worden bepaald dat het in het eerste lid bedoelde afschrift van het stuk wordt gesteld op een door de Dienst verstrekt formulier. Bij toepassing van de eerste zin worden bij die regeling tevens de vorm vastgesteld van dat formulier en regels gesteld met inachtneming waarvan dat formulier wordt ingevuld en aangeboden.

Art. 11a

Elektronische aanbieding

– 1. Een stuk als bedoeld in artikel 10*a* kan slechts in elektronische vorm ter inschrijving worden aangeboden, indien het tezamen met het verzoek tot inschrijving, bedoeld in artikel 11*b*, tweede lid, wordt verzonden door middel van een bericht en de aanbieder ervan voldoet aan de door het bestuur van de Dienst bij regeling te stellen regels met betrekking tot:

a. het formaat van de in elektronische vorm aan de bewaarder toe te zenden bestanden waaruit een zodanig bericht bestaat;
b. de indeling van die bestanden;
c. het uitwisselingsprotocol voor de berichten, bedoeld in de aanhef;
d. de waarborging en controleerbaarheid van de integriteit van die berichten;
e. de waarborging van de continuïteit en de beveiliging van het in elektronische vorm verzenden van die berichten;
f. de wijze waarop elektronische bestanden waaruit dat bericht bestaat, ter inschrijving kunnen worden aangeboden, en
g. de wijze waarop degene die voornemens is stukken in elektronische vorm ter inschrijving aan te bieden, dat voornemen uiterlijk mededeelt aan de bewaarder voordat hij voor de eerste keer daartoe overgaat, de daarbij te verstrekken gegevens en de wijze en het tijdstip van mededeling van wijzigingen in die gegevens.

Bij de regeling, bedoeld in de eerste zin, worden vastgesteld de voorwaarden waaronder een persoon als bedoeld in onderdeel *g*, de bewaarder kan verzoeken om voor hem een afwijkend uitwisselingsprotocol vast te stellen, alsmede de wijze waarop een zodanig verzoek kan worden gedaan.

– 2. De bewaarder aanvaardt een aan hem elektronisch toegezonden bericht als bedoeld in het eerste lid niet, indien de aanbieder niet heeft voldaan aan het bepaalde bij of krachtens het eerste lid. Het bestuur van de Dienst bepaalt de wijze waarop en de termijn waarbinnen de bewaarder aan de aanbieder mededeling doet van die niet-aanvaarding en de wijze van bewaren van berichten als bedoeld in de eerste zin. Artikel 20 van Boek 3 van het Burgerlijk Wetboek is niet van toepassing op niet aanvaarde berichten.

– 3. Indien op grond van het niet voldaan hebben aan het bepaalde bij of krachtens het eerste lid, met uitzondering van onderdeel *g*, meer dan een bericht van een aanbieder niet is aanvaard, kan de bewaarder beslissen dat hij andere berichten door die aanbieder aan hem verzonden na een in die beslissing te noemen tijdstip, niet aanvaardt. Het bestuur van de Dienst bepaalt de wijze waarop en de termijn waarbinnen de bewaarder aan de aanbieder mededeling doet van zijn beslissing en de inhoud van die mededeling. Op een niet aanvaard bericht als bedoeld in de eerste zin is artikel 20 van Boek 3 van het Burgerlijk Wetboek niet van toepassing.

– 4. Bij regeling van het bestuur van de Dienst worden vastgesteld de procedure met inachtneming waarvan en de voorwaarden waaronder een aanbieder als bedoeld in het derde lid op zijn verzoek in papieren vorm in de gelegenheid wordt gesteld om de bewaarder aan te tonen dat hij in staat is bij het in elektronische vorm toezenden van stukken ter inschrijving, te voldoen aan de regels, bedoeld in het eerste lid, onderdelen *a* tot en met *f*, alsmede de wijze waarop een zodanig verzoek kan worden gedaan. Van de uitkomsten van het onderzoek, bedoeld in de eerste zin, geeft de bewaarder aan de verzoeker met bekwame spoed een verklaring af, waarvan de inhoud en de wijze van verzenden door het bestuur van de Dienst worden vastgesteld. Een verklaring als bedoeld in de tweede zin doet een beslissing als bedoeld in het derde lid vervallen, indien daaruit blijkt dat de verzoeker heeft aangetoond dat hij in staat is bij het in elektronische vorm toezenden van stukken ter inschrijving, te voldoen aan de regels, bedoeld in het eerste lid, onderdelen *a* tot en met *f*.

– 5. Bij regeling van het bestuur van de Dienst worden regels gesteld omtrent de voorwaarden waaronder en de wijze waarop een netwerkbeheerder ten behoeve van het elektronisch verzenden en ontvangen van berichten in verband met het in elektronische vorm aanbieden van stukken ter inschrijving, een permanente aansluiting kan verkrijgen op het door de Dienst gehouden systeem.

– 6. Bij regeling van het bestuur van de Dienst kan worden bepaald ten aanzien van welke andere dan de gevallen, bedoeld in het tweede lid, een persoon als bedoeld in het eerste lid, onderdeel *g*, kan verzoeken om, indien een van de door hem bij zijn verzoek aangegeven soorten van die gevallen zich voordoet met betrekking tot door hem verzonden berichten als bedoeld in het eerste lid, het desbetreffende door hem gedaan verzoek tot inschrijving aan te merken als te zijn ingetrokken. Bij regeling van het bestuur van de Dienst worden regels gesteld omtrent de wijze en het tijdstip waarop uiterlijk en aan welke bewaarder het verzoek, bedoeld in de eerste zin, wordt gedaan.

Art. 11b

Eisen elektronische aanbieding

– 1. Indien een stuk als bedoeld in artikel 10*a* in elektronische vorm ter inschrijving wordt aangeboden, is het desbetreffende afschrift of het woordelijk gelijkluidend uittreksel voorzien van een verklaring, inhoudende dat het inhoudelijk een volledige en juiste weergave is van de inhoud van het stuk waarvan het een afschrift is onderscheidenlijk van de desbetreffende gedeelten van het stuk waarvan het een uittreksel is, en van een elektronische handtekening. Artikel 11, tweede lid, is van overeenkomstige toepassing.
– 2. Indien een stuk in elektronische vorm ter inschrijving wordt aangeboden biedt de aanbieder tezamen met dat stuk eveneens in elektronische vorm een verzoek tot inschrijving aan. Een verzoek als bedoeld in de eerste zin mag op meer dan een stuk betrekking hebben. Bij regeling van het bestuur van de Dienst worden de vorm en inhoud van dat verzoek vastgesteld.
– 3. Bij regeling van Onze Minister wordt vastgesteld:
a. de vorm van de verklaring, bedoeld in het eerste lid, en
b. van wiens elektronische handtekening stukken als bedoeld in het eerste lid worden voorzien.
– 4. Bij regeling van Onze Minister wordt vastgesteld in welke gevallen en op welke wijze het ambt, de hoedanigheid of functie van de persoon, bedoeld in het derde lid, onderdeel *b*, wordt opgenomen in een bericht als bedoeld in artikel 11*a*, eerste lid, eerste zin. Indien in de regeling, bedoeld in de eerste zin, wordt bepaald dat dat ambt, die hoedanigheid of functie als specifiek attribuut wordt vermeld in het certificaat waarop de elektronische handtekening is gebaseerd, wordt bij die regeling bepaald de wijze waarop de betrokken certificatiedienstverlener zich vergewist dat de betrokkene ten tijde van de afgifte van het certificaat dat ambt, die hoedanigheid of functie bekleedde of toekwam.
– 5. Ten aanzien van tekeningen die deel uitmaken van in elektronische vorm ter inschrijving aan te bieden stukken is artikel 11, vijfde lid, van overeenkomstige toepassing. Bij regeling van Onze Minister kunnen worden vastgesteld de gevallen waarin tekeningen en andere stukken die deel uitmaken van een in elektronische vorm aan te bieden stuk, afzonderlijk in papieren vorm ter inschrijving kunnen worden aangeboden. Ten aanzien van stukken die in elektronische vorm ter inschrijving worden aangeboden kan, voorzover ter verkrijging van inschrijving door de aanbieder stukken voor bewijs worden overgelegd die niet worden ingeschreven, Onze Minister bij regeling:
a. vaststellen de gevallen waarin die overlegging in elektronische vorm kan plaatsvinden, en
b. regels stellen waaraan in elektronische vorm over te leggen stukken voldoen.
– 6. In de gevallen waarop een regeling als bedoeld in het vijfde lid, tweede zin, van toepassing is, en in de gevallen waarop een regeling als bedoeld in het vijfde lid, derde zin, niet van toepassing is, vindt:
a. de aanbieding van tekeningen en andere stukken als bedoeld in het vijfde lid, tweede zin, die in papieren vorm worden aangeboden, en
b. de overlegging van stukken als bedoeld in het vijfde lid, derde zin, die in papieren vorm worden overgelegd, plaats binnen de bij regeling van Onze Minister vast te stellen termijn.
– 7. Bij regeling van Onze Minister wordt bepaald de wijze waarop de aanbieder een in elektronische vorm ter inschrijving aan te bieden stuk en:
a. elk in papieren vorm aan te bieden stuk dat deel uitmaakt van eerstbedoeld stuk, of
b. elk stuk in papieren vorm dat voor bewijs wordt overgelegd bij de aanbieding van eerstbedoeld stuk maar niet mede wordt ingeschreven,
voorziet van een onderlinge verwijzing door middel van een uniek kenmerk.
Bij de regeling, bedoeld in de eerste zin, wordt vastgesteld waaruit dat kenmerk bestaat en hoe dit desgevraagd aan een aanbieder wordt verstrekt door de bewaarder.
– 8. Het bestuur van de Dienst stelt de termijn vast gedurende welke en de wijze waarop overgelegde stukken als bedoeld in het vijfde lid, derde zin, worden bewaard.
– 9. Artikel 11, zevende lid, is van overeenkomstige toepassing.
– 10. Bij regeling van Onze Minister kan worden bepaald in welke gevallen en onder welke voorwaarden de Dienst van tekeningen en andere stukken die deel uitmaken van een in elektronische vorm ter inschrijving aan te bieden stuk, voorafgaande aan die aanbieding een afschrift in elektronische vorm vervaardigt en onder een uniek kenmerk bewaart met het uitsluitend doel dat daarnaar in dat later aan te bieden stuk kan worden verwezen op een bij die regeling vast te stellen wijze. Een verwijzing als bedoeld in de eerste zin heeft tot gevolg dat

het stuk waarnaar in het ter inschrijving aangeboden stuk wordt verwezen, deel uitmaakt van het aan te bieden stuk. Artikel 11, vierde lid, tweede zin, alsmede het zevende lid, tweede zin, en achtste lid van dit artikel zijn van overeenkomstige toepassing.

Art. 11c

Identificatienummer

– 1. Elk stuk dat ter inschrijving wordt aangeboden, wordt door de bewaarder met bekwame spoed voorzien van een aantekening omtrent dag, uur en minuut van aanbieding en een uniek stukidentificatienummer, met dien verstande dat indien een stuk in elektronische vorm ter inschrijving wordt aangeboden die gegevens bij het desbetreffende stuk in het desbetreffende elektronisch gedeelte van de openbare registers worden geplaatst. Het bestuur van de Dienst regelt waaruit dit stukidentificatienummer bestaat en de wijze waarop het wordt gevormd.

– 2. Bij ontvangst van een in elektronische vorm aangeboden stuk wordt in het desbetreffende elektronisch gedeelte van de openbare registers een aantekening geplaatst waaruit blijkt dat het stuk de status 'aangeboden' heeft, en worden daarin andere door het bestuur van de Dienst vast te stellen gegevens vermeld die op de aanbieding betrekking hebben.

– 3. Het bestuur van de Dienst stelt de vorm vast van de aantekeningen, bedoeld in het eerste en tweede lid.

Art. 12

Rangschikking en opberging

– 1. De inschrijving geschiedt:

a. wat betreft stukken die in papieren vorm ter inschrijving zijn aangeboden: door het plaatsen op het afschrift van het stuk, bedoeld in artikel 11, eerste lid, van een door de bewaarder te ondertekenen aantekening dat het stuk is ingeschreven, en

b. wat betreft stukken die in elektronische vorm ter inschrijving zijn aangeboden: door het plaatsen in het desbetreffende elektronisch gedeelte van de openbare registers bij het stuk van een aantekening waaruit blijkt dat het stuk de status 'ingeschreven' heeft, voorzien van de naam van de bewaarder, en in de gevallen, bedoeld in artikel 11*b*, vijfde lid, tweede zin, door tevens op de stukken die deel uitmaken van het in elektronische vorm aangeboden stuk, een door de bewaarder te ondertekenen aantekening te plaatsen dat het stuk is ingeschreven.

Het bestuur van de Dienst stelt de vorm vast van de aantekeningen, bedoeld in de eerste zin, onderdelen *a* en *b*.

– 2. Het bestuur van de Dienst stelt regels met betrekking tot:

a. de rangschikking en de wijze van opberging van de afschriften, bedoeld in artikel 11, eerste lid, en

b. de bewaring van de bestanden waaruit een bericht als bedoeld in artikel 11*a*, eerste lid, onderdeel *a*, bestaat, en van bestanden die bij een zodanig bericht zijn gevoegd.

Art. 13

Wijze teruggave aan aanbieder

– 1. Indien stukken in papieren vorm ter inschrijving zijn aangeboden, worden zij na de inschrijving, bedoeld in artikel 12, eerste lid, aan de aanbieder teruggegeven nadat zij zijn voorzien van een door de bewaarder ondertekende verklaring van inschrijving vermeldende ten minste dag, uur en minuut van aanbieding, en het stukidentificatienummer, bedoeld in artikel 11*c*. Het bestuur van de Dienst stelt de vorm vast van de verklaring, bedoeld in de eerste zin, en kan de inhoud ervan nader vaststellen.

– 2. Indien stukken in elektronische vorm ter inschrijving zijn aangeboden, wordt na hun inschrijving aan de aanbieder toegezonden een bewijs van inschrijving houdende mededeling van de verrichte inschrijving en vermeldende ten minste de gegevens, bedoeld in het eerste lid, eerste zin, welk bewijs door de bewaarder wordt ondertekend of, indien het in elektronische vorm wordt opgemaakt en toegezonden, wordt voorzien van een elektronische handtekening van de bewaarder. Het bestuur van de Dienst stelt regels met betrekking tot de vorm, wijze en het tijdstip van verzenden van het bewijs van inschrijving en kan de inhoud ervan nader vaststellen.

– 3. Indien artikel 11*b*, vijfde lid, tweede zin, toepassing heeft gevonden en indien in het geval, bedoeld in het tweede lid, stukken die deel uitmaken van het in te schrijven stuk in papieren vorm ter inschrijving zijn aangeboden, is het eerste lid van overeenkomstige toepassing op die stukken.

Art. 14

Inschrijving na onterechte weigering

Op de inschrijving van een feit waarvan de inschrijving alsnog is bevolen overeenkomstig artikel 20, tweede lid, van Boek 3 van het Burgerlijk Wetboek of opnieuw is verzocht als bedoeld in artikel 20, vierde lid, tweede zin, van Boek 3 van dat wetboek, zijn de artikelen 10*a* tot en met 13 van toepassing, voorzover daarvan in de artikelen 14*a* en 14*b* niet wordt afgeweken.

Art. 14a

Oorspronkelijk papier nodig

– 1. Voor een inschrijving als bedoeld in artikel 14 wordt vereist, indien het oorspronkelijke stuk in papieren vorm ter inschrijving is aangeboden, het oorspronkelijk aangeboden stuk dat is voorzien van de verklaring, bedoeld in artikel 15*a*, eerste lid.

– 2. De inschrijving geschiedt door op het afschrift van het stuk, bedoeld in artikel 11, eerste

lid, een door de bewaarder te ondertekenen aantekening te plaatsen inhoudende dat het stuk is ingeschreven onder vermelding van het tijdstip van de hernieuwde aanbieding.
– 3. Artikel 13, eerste lid, is van overeenkomstige toepassing.

Art. 14b

Identificatienummer nodig

– 1. Voor een inschrijving als bedoeld in artikel 14 wordt vereist, indien het oorspronkelijke stuk in elektronische vorm ter inschrijving is aangeboden, een hernieuwd verzoek tot inschrijving dat in elk geval vermeldt het stukidentificatienummer van het oorspronkelijk aangeboden stuk en is voorzien van een elektronische handtekening. Indien artikel 11*b*, vijfde lid, tweede zin, toepassing heeft gevonden en indien in het geval, bedoeld in de eerste zin, stukken die deel uitmaken van het oorspronkelijk ter inschrijving aangeboden stuk in papieren vorm ter inschrijving zijn aangeboden, wordt tevens vereist de hernieuwde aanbieding van diezelfde stukken voorzien van de door de bewaarder bij de oorspronkelijke aanbieding daarop gestelde gegevens, bedoeld in artikel 11*c*, eerste lid, onverminderd het tweede lid. Artikel 11*b*, zesde lid, is van overeenkomstige toepassing.
– 2. Bij regeling van Onze Minister worden nadere regels gesteld met betrekking tot:
a. de vorm en inhoud van het verzoek, bedoeld in het eerste lid, en van wiens elektronische handtekening dat verzoek wordt voorzien, en
b. de gevallen waarin een hernieuwde aanbieding als bedoeld in het eerste lid, tweede zin, achterwege kan blijven.
– 3. De inschrijving geschiedt in de gevallen, bedoeld in het eerste lid, eerste zin, door in het desbetreffende elektronisch gedeelte van de openbare registers de voorlopige aantekening door te halen en door het plaatsen bij het stuk van een aantekening waaruit blijkt het tijdstip van de hernieuwde aanbieding en dat het stuk de status 'ingeschreven' heeft, en, in de gevallen, bedoeld in het eerste lid, tweede zin, door tevens op de stukken die deel uitmaken van het in elektronische vorm aangeboden stuk, een aantekening te plaatsen ten aanzien waarvan het bepaalde omtrent de in dit lid eerstgenoemde aantekening van overeenkomstige toepassing is. Het bestuur van de Dienst stelt de vorm vast van de aantekeningen, bedoeld in de eerste zin.
– 4. Artikel 13, tweede en derde lid, is van overeenkomstige toepassing, met dien verstande dat de bewaarder in de gevallen, bedoeld in het eerste lid, tweede zin, op de stukken die deel uitmaken van het in elektronische vorm aangeboden stuk, een aantekening plaatst ten aanzien waarvan artikel 13, eerste lid, van overeenkomstige toepassing is.

AFDELING 4
Voorlopige aantekeningen en bewijs van ontvangst

Art. 15

Register van voorlopige aantekeningen

De boeking, bedoeld in artikel 20, eerste lid, van Boek 3 van het Burgerlijk Wetboek, geschiedt in het register van voorlopige aantekeningen met vermelding van de gerezen bedenkingen, en, voorzover bekend, van de naam en woonplaats met adres van de aanbieder, met dien verstande dat met betrekking tot een stuk dat in elektronische vorm ter inschrijving is aangeboden, die vermelding plaatsvindt in het desbetreffende elektronisch gedeelte van de openbare registers bij dat stuk onder gelijktijdige aantekening van de status 'niet-ingeschreven'. Het bestuur van de Dienst stelt de vorm vast van de aantekening, bedoeld in de eerste zin.

Art. 15a

Verklaring van niet-inschrijving bij papier

– 1. Indien een stuk in papieren vorm ter inschrijving is aangeboden, wordt na de boeking, bedoeld in artikel 15, dat stuk voorzien van een door de bewaarder ondertekende verklaring van niet-inschrijving, vermeldende ten minste:
a. dag, uur en minuut van aanbieding;
b. het stukidentificatienummer, bedoeld in artikel 11*c*, eerste lid, onder verwijzing naar de boeking in het register van voorlopige aantekeningen, en
c. de gerezen bedenkingen, en wordt het aan de aanbieder teruggegeven. Het voor inschrijving vereiste, aangeboden afschrift van het stuk wordt in bewaring genomen. Artikel 12, tweede lid, onderdeel *a*, is van overeenkomstige toepassing.
– 2. Indien het voor inschrijving vereiste afschrift niet is aangeboden, vervaardigt de Dienst een afschrift van het stuk, bedoeld in het eerste lid, overeenkomstig door het bestuur van de Dienst te stellen regels. De Dienst is aansprakelijk voor de schade voortvloeiend uit een onjuistheid en onvolledigheid in het afschrift. De eerste en tweede zin zijn van overeenkomstige toepassing op de stukken, bedoeld in artikel 15, waarop ten aanzien van de inschrijving artikel 11, vierde lid, van toepassing is.
– 3. Het bestuur van de Dienst stelt regels over de gevallen waarin de Dienst een afschrift vervaardigt van het stuk waarvan de inschrijving is geweigerd, en op welke wijze die vervaardiging geschiedt, indien:
a. het afschrift, bedoeld in artikel 11, eerste lid, niet is vervaardigd of aangeboden met inachtneming van de regels, bedoeld in artikel 11, zesde lid, dan wel

b. het formulier, bedoeld in artikel 11, zevende lid, indien dat lid toepassing heeft gevonden, niet is ingevuld of aangeboden met inachtneming van de regels, bedoeld in dat lid. Artikel 12, tweede lid, onderdeel *a*, is van overeenkomstige toepassing. Het aangeboden afschrift blijft berusten ten kantore van de Dienst en wordt voorzover mogelijk opgeborgen in het register van voorlopige aantekeningen bij het desbetreffende door de Dienst vervaardigde afschrift.
– 4. Artikel 15 en het eerste lid zijn van overeenkomstige toepassing op de boeking van de aanbieding van een stuk, dat krachtens artikel 37, tweede lid, op bevel van de rechter kan worden ingeschreven.

Art. 15b

Bewijs van niet-inschrijving bij elektronische vorm

– 1. Indien een stuk in elektronische vorm ter inschrijving is aangeboden, wordt na de boeking, bedoeld in artikel 15, aan de aanbieder toegezonden een bewijs van niet-inschrijving vermeldende ten minste de gegevens, bedoeld in artikel 15*a*, eerste lid, eerste zin, welk bewijs door de bewaarder wordt ondertekend of, indien het in elektronische vorm wordt opgemaakt en toegezonden, wordt voorzien van een elektronische handtekening van de bewaarder. Het bestuur van de Dienst stelt regels met betrekking tot de vorm, wijze en het tijdstip van verzenden van het bewijs van niet-inschrijving. Het bestuur kan nadere regels stellen met betrekking tot de inhoud van het bewijs van niet-inschrijving. Artikel 12, tweede lid, is van overeenkomstige toepassing.
– 2. Indien artikel 11*b*, vijfde lid, tweede zin, toepassing heeft gevonden en indien in het geval, bedoeld in het eerste lid, eerste zin, stukken die deel uitmaken van het in te schrijven stuk in papieren vorm ter inschrijving zijn aangeboden zonder het voor inschrijving vereiste afschrift, vervaardigt de Dienst een afschrift van de desbetreffende stukken overeenkomstig door het bestuur van de Dienst te stellen regels. De Dienst is aansprakelijk voor de schade voortvloeiend uit een onjuistheid en onvolledigheid in het afschrift. De eerste en tweede zin zijn van overeenkomstige toepassing met betrekking tot de stukken, bedoeld in artikel 15, waarop ten aanzien van de inschrijving artikel 11, vierde lid, van toepassing is.
– 3. Artikel 15 en het eerste lid zijn van overeenkomstige toepassing op de boeking van de aanbieding van een stuk, dat krachtens artikel 37, tweede lid, op bevel van de rechter kan worden ingeschreven.

Art. 16

Overige aantekeningen

– 1. Van aan de bewaarder uitgebrachte dagvaardingen als bedoeld in artikel 20, vierde lid, van Boek 3 van het Burgerlijk Wetboek, en van uitspraken van de voorzieningenrechter in kort geding, aangespannen ter verkrijging van het bevel, bedoeld in artikel 20, tweede lid, van Boek 3 van dat wetboek, wordt aantekening gehouden in het register van voorlopige aantekeningen overeenkomstig door het bestuur van de Dienst te stellen regels.
– 2. Het bestuur van de Dienst stelt regels met betrekking tot de wijze waarop in het register van voorlopige aantekeningen de boeking, bedoeld in artikel 15, geschiedt, en met betrekking tot de wijze van doorhaling van voorlopige aantekeningen.
– 3. Het eerste lid is van overeenkomstige toepassing op dagvaardingen uitgebracht aan de bewaarder ter verkrijging van een bevel van de rechter tot inschrijving van een notariële verklaring als bedoeld in artikel 37, eerste lid, onderdeel *c*. Het tweede lid is van overeenkomstige toepassing op de boeking, bedoeld in artikel 37, tweede lid, eerste zin, en de doorhaling van een zodanige boeking in het register van voorlopige aantekeningen.

Art. 17

Bewijs van ontvangst

– 1. Het bestuur van de Dienst stelt:
a. de vorm vast van het bewijs van ontvangst, bedoeld in artikel 18 van Boek 3 van het Burgerlijk Wetboek, dat door de bewaarder wordt ondertekend, met dien verstande dat indien het in elektronische vorm wordt opgemaakt en toegezonden aan de aanbieder, het wordt voorzien van een elektronische handtekening van de bewaarder, en
b. regels met betrekking tot de wijze waarop op het bewijs van ontvangst, bedoeld in onderdeel *a*, indien het in papieren vorm is afgegeven, de verrichte inschrijving desgevraagd wordt aangetekend, bedoeld in artikel 19, derde lid, van Boek 3 van het Burgerlijk Wetboek.
– 2. Het bestuur van de Dienst stelt nadere regels met betrekking tot de inhoud van het bewijs van ontvangst, bedoeld in het eerste lid, onderdeel *a*, met dien verstande dat daarin in elk geval wordt vermeld het aantal van de overgelegde maar niet mede in te schrijven stukken als bedoeld in artikel 44, onder vermelding van hun kenmerken als bedoeld in artikel 11*b*, zevende lid.
– 3. Het bestuur van de Dienst stelt regels met betrekking tot de wijze en het tijdstip van verstrekken van het bewijs van ontvangst.

TITEL 2
Vereisten met betrekking tot in te schrijven stukken

AFDELING 1
Algemene vereisten waaraan in te schrijven stukken moeten voldoen

Art. 18

Te vermelden persoonsgegevens

– 1. Onverminderd de overige uit deze titel voortvloeiende eisen moet een ter inschrijving aangeboden notariële akte, notariële verklaring of authentiek afschrift of uittreksel van een zodanige akte of verklaring vermelden:

1° naam, voornamen, geboortedatum en -plaats, woonplaats met adres en burgerlijke staat van de natuurlijke personen die blijkens het aangeboden stuk daarbij als partij zijn opgetreden;

2° rechtsvorm, naam en woonplaats met adres van de rechtspersonen die blijkens het aangeboden stuk daarbij als partij zijn opgetreden;

3° ten aanzien van natuurlijke en rechtspersonen die blijkens het aangeboden stuk voormelde partijen hebben vertegenwoordigd: de in de onderdelen *a* en *b* bedoelde gegevens, met uitzondering van de burgerlijke staat, alsmede de grond van hun bevoegdheid, met dien verstande dat voor natuurlijke personen die een kantoor houden of werkzaam zijn op een kantoor ten aanzien van aangelegenheden die dit kantoor betreffen in plaats van de woonplaats met adres ook het kantooradres vermeld kan worden.

Indien opgave van één of meer van deze gegevens niet mogelijk is, worden de redenen daarvan vermeld.

– 2. Andere ter inschrijving aangeboden stukken vermelden, zo mogelijk, dezelfde gegevens als in het eerste lid omschreven, tenzij anders voortvloeit uit hetgeen de wet voor een stuk van de aard als waarom het gaat, ten aanzien van de vermelding van voornamen, namen en woonplaatsen voorschrijft.

– 3. In elk geval worden de in het eerste lid omschreven gegevens opgegeven van de partij ten behoeve van wie de aanbieding ter inschrijving geschiedt. Zo het ter inschrijving aangeboden stuk één of meer van deze gegevens niet vermeldt en naar zijn aard niet voor aanvulling te dier zake vatbaar is, wordt vermelding van de ontbrekende gegevens en, zo opgave van één of meer dezer gegevens niet mogelijk is, de vermelding van de redenen daarvan in een nadere door of namens die partij ondertekende verklaring alsnog op het stuk gesteld of daaraan gehecht.

– 4. Zo een partij geen woonplaats in Nederland heeft, kiest zij ter zake van de inschrijving een woonplaats in Nederland.

– 5. Indien een partij in een ter inschrijving aangeboden stuk woonplaats heeft gekozen, wordt niettemin daarin ook de wettelijke woonplaats met adres vermeld.

Art. 19

Verwijzing naar eerder ingeschreven stuk

Ingeval het ter inschrijving aangeboden stuk betrekking heeft op een bepaald reeds eerder ingeschreven stuk, bevat het een verwijzing naar dit eerdere stuk overeenkomstig door Onze Minister daartoe vast te stellen regelen.

Art. 20

Vermelding van objectgegevens

– 1. Indien een stuk ter inschrijving wordt aangeboden en het daarin vermelde in te schrijven feit betrekking heeft op een onroerende zaak of op een recht waaraan een zodanige zaak is onderworpen, vermeldt dit stuk de aard, de plaatselijke aanduiding zo deze er is, en de kadastrale aanduiding van die onroerende zaak onderscheidenlijk van de onroerende zaak die aan dat recht is onderworpen. Indien het in te schrijven feit betrekking heeft op een appartementsrecht, wordt in het ter inschrijving aangeboden stuk vermeld de plaatselijke aanduiding van het desbetreffende gedeelte van het gebouw dat is bestemd om als afzonderlijk geheel te worden gebruikt, alsmede de aard en de kadastrale aanduiding van dat appartementsrecht.

– 2. Onze Minister kan regelen vaststellen omtrent de wijze waarop de plaatselijke aanduiding, bedoeld in het eerste lid, in het ter inschrijving aangeboden stuk wordt vermeld.

Art. 21

Schepen

– 1. Indien het in te schrijven feit betrekking heeft op een in de registratie voor schepen, bedoeld in artikel 85, te boek staand schip of op een recht waaraan een zodanige zaak is onderworpen, bevat het ter inschrijving aangeboden stuk:

a. de naam van het schip met vermelding van het gebruik waartoe het is bestemd, en zijn bruto-inhoud of bruto-tonnage dan wel, indien het een binnenschip betreft, zijn laadvermogen in tonnen van 1.000 kilogram of verplaatsing in kubieke meters;

b. het type en de inrichting van het schip, het materiaal waarvan de romp is gemaakt, jaar en plaats van de bouw, en, voor zover het een schip met een mechanische voortstuwing betreft, ook al betreft het slechts een hulpmotor, het aantal motoren, het type, vermogen en de fabrikant van elke motor, alsmede het fabrieksnummer daarvan met aanduiding van de plaats waar dit nummer is aangebracht;

c. het nummer waaronder de teboekstelling van het schip in de openbare registers is geschied, de aanwijzing van de rubriek waartoe dat schip behoort, de aanduiding van het kantoor van de Dienst waar de teboekstelling is geschied, en het jaar van teboekstelling, welke gegevens tezamen in genoemde volgorde het brandmerk van het schip vormen.

– 2. Bij algemene maatregel van bestuur worden regelen gesteld omtrent de in het eerste lid, onder *c*, bedoelde onderscheiding van rubrieken van schepen.

– 3. Het bepaalde in het eerste lid is niet van toepassing op ter inschrijving aangeboden rechterlijke uitspraken. Deze stukken kunnen, onverminderd andere vereisten gesteld bij of krachtens wet, echter slechts worden ingeschreven, indien en voor zover de identiteit van het desbetreffende schip voldoende vaststaat.

Naam en brandmerk volstaan

– 4. In afwijking van het bepaalde in het eerste lid kan worden volstaan met het vermelden van de naam van het schip en de in dat lid, onder *c*, genoemde gegevens in het ter inschrijving aangeboden stuk, indien dat stuk betreft:

a. de doorhaling van de teboekstelling van een schip, bedoeld in de artikelen 195, eerste lid, en 786, eerste lid, van Boek 8 van het Burgerlijk Wetboek;

b. de aangifte van de eigenaar inhoudende dat het schip een wijziging heeft ondergaan waardoor de beschrijving van het schip in de registratie voor schepen, bedoeld in artikel 85, tweede lid, onder *f* en *g*, niet meer aan de werkelijkheid beantwoordt;

c. een afwijkend beding, als bedoeld in artikel 1, vijfde lid, van Boek 8 van het Burgerlijk Wetboek, dan wel

d. de verandering van een door de eigenaar van een schip in een ingeschreven stuk gekozen woonplaats.

Het bepaalde in de eerste zin is ook van toepassing op de inschrijving van stukken als bedoeld in de artikelen 32, eerste lid, 38, eerste lid, en 39, eerste lid.

Art. 22

Luchtvaartuigen

– 1. Indien het in te schrijven feit betrekking heeft op een in de registratie voor luchtvaartuigen, bedoeld in artikel 92, te boek staand luchtvaartuig of op een recht waaraan een zodanige zaak is onderworpen, bevat het ter inschrijving aangeboden stuk:

a. het nationaliteitskenmerk en het inschrijvingskenmerk, bedoeld in artikel 3.2, eerste lid, van de Wet luchtvaart;

b. de naam en woonplaats van de fabrikant en het type van het luchtvaartuig, jaar en plaats van de bouw, het serienummer, zo het luchtvaartuig dat heeft met vermelding van de plaats waar dit nummer is aangebracht, en het aantal motoren, het type, vermogen en de fabrikant van elke motor, alsmede het fabrieksnummer daarvan met aanduiding van de plaats waar dit nummer is aangebracht;

c. de maximaal toegelaten startmassa van het luchtvaartuig en, indien het luchtvaartuig een naam voert, de naam ervan;

d. het nummer waaronder de teboekstelling van het luchtvaartuig in de openbare registers is geschied.

– 2. Artikel 21, derde lid, is van overeenkomstige toepassing.

Art. 23

Ontbrekende gegevens

Vermeldt een ter inschrijving aangeboden stuk niet één of meer der gegevens, in de artikelen 19-22 voor een zodanig stuk voorgeschreven, en is het naar zijn aard niet voor aanvulling te dier zake vatbaar, dan wordt de vermelding van de ontbrekende gegevens in een nadere, door degene die de inschrijving verlangt, ondertekende verklaring alsnog op het stuk gesteld of daaraan gehecht.

AFDELING 2

Vereisten waaraan ter inschrijving aangeboden stukken moeten voldoen in verband met de aard van het in te schrijven feit

Art. 24

Notariële akte

– 1. Ter inschrijving van een akte van levering, vereist voor de overdracht van een registergoed, voor de vestiging, afstand of wijziging van een beperkt recht dat een registergoed is, of voor de overgang van een registergoed na toedeling uit hoofde van de verdeling van een gemeenschap, een authentiek afschrift dan wel een authentiek uittreksel van de notariële akte betreffende deze levering. In geval van vestiging van een recht van hypotheek op een schip in aanbouw wordt mede ter inschrijving aangeboden een verklaring van een ambtenaar van de Dienst belast met het aanbrengen van brandmerken op te boek staande schepen of van een andere door de bewaarder daarmee belaste persoon, inhoudende dat de bouw van het schip nog niet is voltooid.

– 2. Het ter inschrijving aangeboden stuk, bedoeld in het eerste lid, bevat in elk geval:

a. de titel op grond waarvan de levering plaatsvindt en, in geval van vestiging van een recht van hypotheek, tevens:

1° een aanduiding van de vordering waarvoor het recht van hypotheek tot zekerheid strekt, of van de feiten aan de hand waarvan die vordering zal kunnen worden bepaald;
2° het bedrag waarvoor het recht van hypotheek wordt gevestigd of, wanneer dit bedrag nog niet vaststaat, het maximumbedrag dat uit hoofde van dat recht van hypotheek op het goed kan worden verhaald;
3° in geval van vestiging van een recht van hypotheek op een teboekstaand zeeschip of op een recht waaraan een zodanige zaak is onderworpen, bovendien: een duidelijke vermelding van het aan de hypotheek onderworpen schip;
4° in geval van vestiging van een recht van hypotheek op een teboekstaand binnenschip of op een recht waaraan een zodanige zaak is onderworpen, bovendien: een duidelijke vermelding van het aan de hypotheek onderworpen schip, de voorwaarden voor opeisbaarheid of een verwijzing naar een op het kantoor van inschrijving ingeschreven document waarin deze voorwaarden zijn vastgelegd, alsmede de bedongen rente en de tijdstippen waarop deze vervalt;
5° in geval van vestiging van een recht van hypotheek op een teboekstaand luchtvaartuig, bovendien: een duidelijke vermelding van het aan de hypotheek onderworpen luchtvaartuig;
b. de wettelijke benaming van het recht, op de levering waarvan het ter inschrijving aangeboden stuk betrekking heeft of, ingeval dat recht geen wettelijke benaming heeft:
1° de gangbare benaming, dan wel de vermelding dat het recht geen gangbare benaming heeft;
2° de wetsbepaling volgens welke het recht kan worden gevestigd of een registergoed is;
3° in geval van een recht als bedoeld in artikel 150, eerste lid, van de Overgangswet nieuw Burgerlijk Wetboek, de omschrijving van de inhoud van dat recht.
– 3. Het eerste lid, eerste zin, en tweede lid zijn van overeenkomstige toepassing op de inschrijving van het proces-verbaal van toewijzing, bedoeld in de artikelen 525, eerste lid, en 584 *o*, eerste lid, van het Wetboek van Burgerlijke Rechtsvordering, onverminderd hetgeen in ieder van de artikelen in het tweede lid is bepaald.
– 4. Het aangeboden stuk mag op meer leveringen, als bedoeld in het eerste lid, betrekking hebben, voor zover voor ieder daarvan aan de in de vorige leden gestelde eisen is voldaan. Betreft het stuk een overdracht onder voorbehoud van een beperkt recht of van een beding, als bedoeld in artikel 252 van Boek 6 van het Burgerlijk Wetboek, dan wordt de vestiging van dit recht dan wel het op zich nemen van het beding afzonderlijk en duidelijk vermeld, bij gebreke waarvan de inschrijving van het stuk geacht wordt niet mede dit recht of dit beding te betreffen.
– 5. Het eerste lid, eerste zin, is van overeenkomstige toepassing op de inschrijving van een akte van grensvastlegging, opgemaakt krachtens de artikelen 31 of 35, derde lid, van Boek 5 van het Burgerlijk Wetboek, alsmede op de inschrijving van een akte van splitsing, als bedoeld in artikel 109, eerste lid, van Boek 5 van dat wetboek, en een akte tot wijziging of opheffing van een zodanige splitsing.
– 6. Het eerste lid, eerste zin, is van overeenkomstige toepassing op de inschrijving van een akte van vernieuwing als bedoeld in artikel 77.

Art. 25

Rechterlijke uitspraak

– 1. Ter inschrijving van een rechterlijke uitspraak die voor een akte van levering in de plaats treedt of die krachtens een andere wet dan de Wet kenbaarheid publiekrechtelijke beperkingen onroerende zaken kan worden ingeschreven, wordt een expeditie van de rechterlijke uitspraak aangeboden, alsmede:
a. indien de rechterlijke uitspraak slechts inschrijfbaar is, nadat zij in kracht van gewijsde is gegaan: een verklaring van de griffier van het gerecht dat de uitspraak heeft gedaan, inhoudende dat daartegen geen gewoon rechtsmiddel meer openstaat;
b. indien de onder *a* bedoelde eis voor inschrijfbaarheid niet is gesteld en de rechterlijke uitspraak niet uitvoerbaar bij voorraad is: een verklaring van de griffier van het gerecht dat de uitspraak heeft gedaan, inhoudende:
1° hetzij dat daartegen geen gewoon rechtsmiddel meer openstaat, hetzij dat hem drie maanden na de uitspraak niet van het instellen van een gewoon rechtsmiddel is gebleken;
2° zo het rechtsmiddel bij verzoekschrift moet worden ingesteld, dat ook de griffier van het gerecht waar dit verzoekschrift moet worden ingediend, niet van het instellen van een rechtsmiddel is gebleken;
c. indien voor de inschrijving betekening aan de veroordeelde vereist is, een door de deurwaarder getekend afschrift van het exploit waarbij de betekening is geschied.

Beslissing buitenlandse rechter

– 2. Ter inschrijving van een beslissing van de rechter van een vreemde Staat wordt een authentiek afschrift van deze beslissing aangeboden.

Arbitrale beslissing

– 3. Bestaat de rechterlijke uitspraak in een verlof tot tenuitvoerlegging van een beslissing van arbiters, dan wordt ook een afschrift van deze beslissing aangeboden, getekend door de griffier van het gerecht waarvan de president het verlof gaf.

Art. 26

Rechtshandeling naar burgerlijk recht

– 1. Ter inschrijving van een rechtshandeling naar burgerlijk recht die krachtens wetsbepaling kan worden ingeschreven, worden, tenzij anders is bepaald, aangeboden authentieke afschriften van een door een notaris met inachtneming van artikel 37 opgemaakte verklaring, inhoudende dat de rechtshandeling naar de verklaring van degene die de inschrijving verlangt, is verricht en wat zij inhoudt, en van de daaraan gehechte stukken waaruit van die rechtshandeling blijkt.

– 2. Ingeval voor de rechtshandeling of de inschrijving daarvan een notariële akte is vereist, wordt aangeboden een authentiek afschrift of een authentiek uittreksel van die akte.

– 3. Ingeval van de rechtshandeling een notariële akte is opgemaakt, zonder dat dit vereist was, kan naar keuze van degene die de inschrijving verlangt het eerste of tweede lid worden toegepast.

Eenzijdig gerichte rechtshandeling

– 4. Ingeval het gaat om een eenzijdige tot één of meer bepaalde personen gerichte rechtshandeling, kan worden volstaan met aanbieding van een aan die persoon of personen uitgebracht exploit, waarbij die rechtshandeling is verricht of tijdig bevestigd, of een authentiek afschrift daarvan.

Scheepshuurkoopovereenkomst

– 5. Ingeval de rechtshandeling betreft een scheepshuurkoopovereenkomst waarop artikel 800, tweede lid, van Boek 8 van het Burgerlijk Wetboek van toepassing is, worden ter inschrijving aangeboden hetzij authentieke afschriften van de in het eerste lid van dat artikel bedoelde notariële akte en van de daaraan gehechte stukken inhoudende de in het tweede lid van dat artikel bedoelde toestemming, hetzij een authentiek uittreksel van die akte en authentieke afschriften van die stukken.

Afwijkend beding scheepstoebehoren

– 6. Ter inschrijving van een afwijkend beding, als bedoeld in artikel 1, vijfde lid, van Boek 8 van het Burgerlijk Wetboek, wordt, in afwijking van het bepaalde in het eerste lid, een door de eigenaar van het schip ondertekende verklaring aangeboden, waarin het scheepstoebehoren ten aanzien waarvan het afwijkend beding is gemaakt, eenduidig is omschreven.

Art. 27

Erfopvolging registergoederen

– 1. Ter inschrijving van erfopvolgingen die registergoederen betreffen, wordt een authentiek afschrift van een door een notaris opgemaakte verklaring van erfrecht als bedoeld in artikel 188 van Boek 4 van het Burgerlijk Wetboek aangeboden, waaruit van de erfopvolging blijkt.

– 2. Ter inschrijving van een executele, een bij uiterste wilsbeschikking ingesteld bewind of de benoeming van een vereffenaar van de nalatenschap wordt een authentiek afschrift van een verklaring van erfrecht als bedoeld in artikel 188 van Boek 4 van het Burgerlijk Wetboek aangeboden, waaruit van de executele, het bewind onderscheidenlijk de benoeming blijkt. De eerste zin laat onverlet de mogelijkheid van inschrijving van de benoeming van een vereffenaar door inschrijving van de desbetreffende rechterlijke uitspraak.

– 3. Ter inschrijving van een verkrijging door de Staat van registergoederen krachtens artikel 189 van Boek 4 van het Burgerlijk Wetboek wordt een authentiek afschrift van een verklaring van een notaris aangeboden, waarin deze vermeldt dat het registergoed door de Staat krachtens dat artikel is verkregen.

– 4. Ter inschrijving van afgifte aan de Staat van registergoederen krachtens artikel 226, eerste en tweede lid, van Boek 4 van het Burgerlijk Wetboek wordt aangeboden een verklaring van de vereffenaar waarin deze vermeldt op welk tijdstip het registergoed aan de Staat is afgegeven.

– 5. Ter inschrijving van het verval aan de Staat van registergoederen of hetgeen daarvoor in de plaats is gekomen krachtens artikel 226, vierde lid, van Boek 4 van het Burgerlijk Wetboek wordt aangeboden een verklaring van Onze Minister van Financiën, inhoudende dat tijdens het in dat artikel genoemde tijdvak van twintig jaren die goederen niet zijn opgeëist.

Art. 28

Verwerping nalatenschap

Ter inschrijving van de aanvaarding van een nalatenschap onder het voorrecht van boedelbeschrijving of de verwerping van een nalatenschap wordt een door de griffier getekend uittreksel uit het boedelregister aangeboden, inhoudende de verklaring betreffende de aanvaarding of de verwerping die krachtens artikel 191 van Boek 4 van het Burgerlijk Wetboek in het boedelregister is ingeschreven.

Art. 29

Afstand van huwelijksgemeenschap

Ter inschrijving van de afstand van een huwelijksgemeenschap of van een gemeenschap van geregistreerd partnerschap wordt een door de griffier getekend uittreksel uit het huwelijksgoederenregister aangeboden, inhoudende de verklaring betreffende de afstand, die krachtens artikel 104 van Boek 1 van het Burgerlijk Wetboek in het huwelijksgoederenregister is ingeschreven.

Art. 30

Vervulling voorwaarde

– 1. Ter inschrijving van de vervulling van een voorwaarde, gesteld in een ingeschreven voorwaardelijke rechtshandeling, of van de verschijning van een onzeker tijdstip, aangeduid in de aan een ingeschreven rechtshandeling verbonden tijdsbepaling, worden aangeboden authentieke afschriften van een door een notaris met inachtneming van artikel 37 opgemaakte verklaring, inhoudende dat naar de verklaring van degene die de inschrijving verlangt, de voorwaarde is vervuld, onderscheidenlijk het tijdstip is verschenen, en van de daaraan gehechte stukken waaruit van deze vervulling of verschijning blijkt.

Dood van vruchtgebruiker

– 2. Het vorige lid is van overeenkomstige toepassing op de inschrijving van de dood van de vruchtgebruiker van een registergoed. De verklaring van de notaris houdt in dit geval tevens in:
a. het tijdstip van overlijden van de vruchtgebruiker, en
b. of het vruchtgebruik is vervallen, dan wel bij wie het vruchtgebruik na de dood van de vruchtgebruiker is verbleven.

Art. 31

Regeling tussen medegerechtigden

Op de inschrijving van reglementen en andere regelingen die tussen medegerechtigden in registergoederen zijn vastgesteld, zijn van overeenkomstige toepassing:
a. voor zover het reglement of de regeling door de rechter is vastgesteld: artikel 25;
b. voor zover het reglement of de regeling bij rechtshandeling is vastgesteld: artikel 26, eerste en derde lid.

Art. 32

Proces-verbaal van inbeslagneming

– 1. Ter inschrijving van een proces-verbaal van inbeslagneming wordt dit proces-verbaal of een door de deurwaarder of een advocaat getekend afschrift daarvan aangeboden. Artikel 18, tweede-vijfde lid, is niet van toepassing.
– 2. Ingeval een proces-verbaal van inbeslagneming van een luchtvaartuig in het buitenland is opgemaakt door een deurwaarder of andere volgens de daar geldende wet hiertoe bevoegde persoon, kan ook een zodanig proces-verbaal ter inschrijving worden aangeboden.

Voorrechten op schepen

– 3. Ter inschrijving van een der in de artikelen 211 en 821 van Boek 8 van het Burgerlijk Wetboek genoemde voorrechten, wordt aangeboden een door een deurwaarder ondertekend verzoek tot inschrijving van het voorrecht, inhoudende naar de verklaring van degene die de inschrijving verlangt:
a. de aanduiding van de vordering waar het om gaat;
b. het beloop der vordering ten tijde van het ondertekenen door de deurwaarder van het verzoek, of van de feiten aan de hand waarvan die vordering zal kunnen worden bepaald;
c. de omschrijving van het voorrecht door vermelding van het wettelijk voorschrift, op grond waarvan aan die vordering het voorrecht is toegekend, en
d. het tijdstip waarop de vordering is ontstaan.
Indien het verzoek van de deurwaarder ter inschrijving wordt aangeboden na verloop van de termijn, genoemd in artikel 219, eerste lid, onderscheidenlijk artikel 829, eerste lid, van Boek 8 van het Burgerlijk Wetboek, wordt ter inschrijving tevens aangeboden een stuk waaruit blijkt dat de schuldeiser zijn vordering binnen die termijn in rechte heeft geldend gemaakt, op de inschrijving van welk bewijsstuk artikel 38 van overeenkomstige toepassing is.

Voorrecht op luchtvaartuig

– 4. Op de inschrijving van een voorrecht, als bedoeld in artikel 1320, eerste lid, van Boek 8 van het Burgerlijk Wetboek is het bepaalde in de eerste zin van het derde lid van overeenkomstige toepassing. Indien het verzoek van de deurwaarder ter inschrijving wordt aangeboden drie maanden of langer na het in die zin, onder *d*, bedoelde tijdstip, wordt ter inschrijving tevens aangeboden een stuk waaruit blijkt dat binnen de in artikel 1320, eerste lid, van Boek 8 van het Burgerlijk Wetboek genoemde termijn:
a. het bedrag der vordering in der minne is vastgesteld, dan wel
b. langs gerechtelijke weg erkenning van het voorrecht en de omvang ervan is gevorderd,
op de inschrijving van welk bewijsstuk in het onder *b* bedoelde geval artikel 38 van overeenkomstige toepassing is.

Art. 33

Naamsverandering natuurlijk persoon

– 1. Ter inschrijving van een verandering in de voornaam of de geslachtsnaam van tot registergoederen gerechtigde natuurlijke personen wordt een door of namens deze persoon ondertekend stuk aangeboden, inhoudende de gegevens, bedoeld in artikel 18, eerste lid, onder 1°, met vermelding van de oude en de nieuwe naam of voornaam, en de dag waarop de verandering is ingegaan. Indien de verandering blijkt uit de registers van de burgerlijke stand, wordt een uittreksel daaruit overgelegd, dat de verandering relateert. In andere gevallen wordt een ander bewijsstuk betreffende deze verandering overgelegd.

Naamsverandering rechtspersoon

– 2. Ter inschrijving van de naamsverandering van een rechtspersoon wordt een opgave van een notaris aangeboden, inhoudende de gegevens, bedoeld in artikel 18, eerste lid, onder 2°, met vermelding van de oude en de nieuwe naam en de dag waarop de verandering is ingegaan. Gaat het om een publiekrechtelijke rechtspersoon, dan kan deze de opgave zelf doen.

Omzetting rechtspersoon

– 3. Ter inschrijving van een omzetting van een rechtspersoon, als bedoeld in artikel 18 van Boek 2 van het Burgerlijk Wetboek, wordt een opgave van een notaris aangeboden, inhoudende de in artikel 18, eerste lid, onder 2°, bedoelde gegevens, met vermelding van de oude en nieuwe rechtsvorm, de oude en nieuwe naam alsmede van de dag waarop de omzetting van kracht is geworden. Het bepaalde in de eerste zin is van overeenkomstige toepassing op een omzetting, als bedoeld in artikel 8, eerste en tweede lid, van de Wet van 28 juni 1989 (*Stb.* 245), houdende uitvoering van de Verordening nr. 2137/85 van de Raad van de Europese Gemeenschappen van 25 juli 1985 tot instelling van Europese economische samenwerkingsverbanden (*PbEG* L 199/1).

Fusie rechtspersoon

– 4. Ter inschrijving van een fusie van rechtspersonen, als bedoeld in artikel 309 van Boek 2 van het Burgerlijk Wetboek, wordt een opgave van een notaris aangeboden, inhoudende met betrekking tot elk der fuserende rechtspersonen en, zo de verkrijgende rechtspersoon een door hen samen bij de fusie opgerichte nieuwe rechtspersoon is, tevens met betrekking tot die rechtspersoon de in artikel 18, eerste lid, onder 2°, bedoelde gegevens, met vermelding wie de verkrijgende rechtspersoon is alsmede van de dag waarop de fusie van kracht is geworden.

– 5. Ter inschrijving van een splitsing van rechtspersonen als bedoeld in artikel 334*a* van Boek 2 van het Burgerlijk Wetboek, wordt een opgave van een notaris aangeboden, inhoudende met betrekking tot elke partij bij de splitsing en, zo bij de splitsing verkrijgende rechtspersonen worden opgericht, tevens met betrekking tot die rechtspersonen de in artikel 18, eerste lid, onder 2°, bedoelde gegevens, met vermelding op welke verkrijgende rechtspersoon welke registergoederen zijn overgegaan alsmede van de dag waarop de splitsing van kracht is geworden.

Art. 34

Verjaring

Ter inschrijving van een verjaring wordt een authentiek afschrift van een door een notaris met inachtneming van artikel 37 opgemaakte verklaring aangeboden, inhoudende dat naar de verklaring van degene die de inschrijving verlangt, de verjaring is ingetreden, alsmede

a. welk registergoed door verjaring is verkregen, dan wel welk beperkt recht op een registergoed is tenietgegaan;
b. tegen wie de verjaring werkt, indien dit bekend is;
c. welke feiten tot de verjaring hebben geleid, en
d. dat de verjaring wordt betwist of niet wordt betwist door degene tegen wie zij werkt, zo dit bekend is.

Art. 35

Verklaring van waardeloosheid

– 1. Ter inschrijving van een of meer verklaringen van waardeloosheid als bedoeld in artikel 28 van Boek 3 van het Burgerlijk Wetboek worden aangeboden authentieke afschriften van een door een notaris opgemaakte verklaring, inhoudende dat degenen te wier behoeve de inschrijving zou hebben gestrekt, schriftelijk hebben verklaard dat zij waardeloos is, en van deze schriftelijke verklaringen die aan die notariële verklaring zijn gehecht.

– 2. Tenzij de inschrijving een hypotheek of een beslag betreft, vermelden de in het eerste lid bedoelde schriftelijke verklaringen van degenen te wier behoeve de inschrijving zou hebben gestrekt, tevens de feiten waarop de waardeloosheid berust, en houdt de in dat lid bedoelde verklaring van de notaris tevens in dat de vermelde feiten een rechtsgrond voor de waardeloosheid van de inschrijving opleveren.

Verklaring van zuivering hypotheek

– 3. Ter inschrijving van een verklaring als bedoeld in artikel 273 van Boek 3 van het Burgerlijk Wetboek wordt aangeboden een authentiek afschrift van die verklaring.

Verklaring van doorhaling hypotheek

– 4. Ter inschrijving van een verklaring als bedoeld in artikel 274 van Boek 3 van het Burgerlijk Wetboek wordt aangeboden een authentiek afschrift van de desbetreffende authentieke akte.

Art. 36

Einde nut van mandelige zaak

– 1. Ter inschrijving van het feit dat het nut van een mandelige zaak voor elk der erven is geëindigd, wordt een door een authentiek afschrift van een door een notaris met inachtneming van artikel 37 opgemaakte verklaring aangeboden, inhoudende dat naar de verklaring van hen die de inschrijving verlangen, het nut voor elk der erven is geëindigd. Werken niet alle rechthebbenden op de mandelige zaak mee, dan vermeldt de notaris in zijn verklaring de reden daarvan.

Bestaande oude rechten vóór 1838

– 2. Ter inschrijving van het bestaan van een recht, als bedoeld in artikel 150, eerste lid, van de Overgangswet nieuw Burgerlijk Wetboek (*Stb.* 1976, 396), worden aangeboden authentieke afschriften van een door een notaris met inachtneming van artikel 37 opgemaakte verklaring, waarin het bestaan van het recht wordt geconstateerd, en die tevens inhoudt:

a. de omschrijving van de inhoud van het recht;
b. zo mogelijk, de gangbare benaming ervan dan wel de verklaring, dat dat recht niet een zodanige benaming heeft, en
c. wie de rechthebbende op dat recht is,

alsmede van de aan die verklaring gehechte stukken waaruit van een en ander blijkt.

Ontstaan erfdienstbaarheid

– 3. Ter inschrijving van het ontstaan van een erfdienstbaarheid door bestemming of herleving, bedoeld in artikel 163, eerste zin, van de Overgangswet nieuw Burgerlijk Wetboek, worden aangeboden authentieke afschriften van een door een notaris met inachtneming van

artikel 37 opgemaakte verklaring, waarin het ontstaan van de erfdienstbaarheid wordt geconstateerd, en die tevens inhoudt:
a. de omschrijving van de inhoud van de erfdienstbaarheid, en
b. wie de rechthebbende op dat recht is,
alsmede van de aan die verklaring gehechte stukken waaruit van een en ander blijkt.
– 4. Op de inschrijving van de aanleg en verwijdering van een net als bedoeld in artikel 17, eerste lid, onder *k*, van Boek 3 van het Burgerlijk Wetboek, is artikel 26, eerste lid, van overeenkomstige toepassing.

Art. 37

Nadere inhoudseisen notariële verklaring

– 1. Een notariële verklaring, als bedoeld in de artikelen 26, 30, 34 en 36, houdt behalve hetgeen in deze artikelen is voorgeschreven, tevens in een verklaring van de notaris:
a. hetzij dat allen die als partij bij het in te schrijven feit betrokken zijn aan de notaris hebben medegedeeld met de inschrijving in te stemmen;
b. hetzij dat bewijsstukken aan hem zijn overgelegd en aan de verklaring gehecht, die genoegzaam aantonen dat het in te schrijven feit zich inderdaad heeft voorgedaan dan wel, in geval van een verklaring als bedoeld in artikel 36, tweede lid, dat het recht bestaat;
c. hetzij dat hij niet aan het onder *a* en *b* gestelde kan voldoen.

Voorlopige aantekeningen

– 2. In het in het eerste lid, onder *c*, bedoelde geval boekt de bewaarder de aanbieding van de notariële verklaring slechts in het register van voorlopige aantekeningen en kan inschrijving alleen plaatsvinden op bevel van de rechter. Het tweede, derde en vierde lid, eerste volzin, alsmede het vijfde en zesde lid van artikel 20 van Boek 3 van het Burgerlijk Wetboek zijn van overeenkomstige toepassing met dien verstande, dat het bevel slechts wordt gegeven, indien de eiser naast de bewaarder allen die als partij bij het in te schrijven feit zijn betrokken, tijdig in het geding heeft geroepen.
– 3. De kosten van het geding blijven voor rekening van de eiser, tenzij de vordering ondanks verweer wordt toegewezen, in welk geval degene die het verweer heeft gevoerd in de kosten wordt veroordeeld.
– 4. Wanneer het aangeboden stuk ook overigens niet aan de vereisten voor inschrijving voldoet, vermeldt de bewaarder bij de voorlopige aantekening tevens de gerezen bedenkingen en is artikel 20 van Boek 3 van het Burgerlijk Wetboek in dier voege van toepassing dat het daarbedoelde bevel slechts tezamen met dat uit hoofde van het tweede lid kan worden gevorderd.

Art. 37a

Notariële akte

Een notariële verklaring als bedoeld in de artikelen 26, 27, derde lid, 30, 31, onder *b*, juncto 26, eerste lid, 34, 35, 36 en 46*a*, wordt opgemaakt bij notariële akte.

AFDELING 3
Vereisten waaraan stukken moeten voldoen, aangeboden ter inschrijving van het instellen van een rechtsvordering, van het indienen van een verzoekschrift, van tegen rechterlijke uitspraken ingestelde rechtsmiddelen of van de waardeloosheid van zodanige inschrijvingen

Art. 38

Instelling van rechtsvordering

– 1. Ter inschrijving van de instelling van een rechtsvordering of de indiening van een verzoekschrift ter verkrijging van een rechterlijke uitspraak die de rechtstoestand van een registergoed betreft, wordt aangeboden:
a. in geval van instelling van de rechtsvordering door een dagvaarding: een door de deurwaarder of een advocaat getekend afschrift daarvan;
b. in geval van instelling van de rechtsvordering door een ander stuk: een afschrift daarvan getekend door een advocaat of door de griffier van het gerecht waar de zaak aanhangig is;
c. in geval van een verzoekschrift: een afschrift daarvan met aantekening van de dag waarop het verzoekschrift is ingekomen ter griffie, getekend door een advocaat of door de griffier van het gerecht waar het verzoekschrift is ingediend.
– 2. Artikel 18, tweede-vijfde lid, is niet van toepassing, behoudens dat het aangeboden stuk in elk geval de naam en een ter zake van het geding gekozen woonplaats met adres van degene te wiens behoeve de aanbieding geschiedt, moet bevatten.

Art. 39

Instelling van rechtsmiddel

– 1. Ter inschrijving van de instelling van een rechtsmiddel tegen een rechterlijke uitspraak, als bedoeld in artikel 38, wordt aangeboden:
a. ingeval het rechtsmiddel wordt ingesteld bij dagvaarding: een door de deurwaarder of een advocaat getekend afschrift daarvan;
b. ingeval het rechtsmiddel wordt ingesteld bij verzoekschrift: een afschrift daarvan met aantekening van de dag waarop het verzoekschrift is ingekomen ter griffie, getekend door een advocaat of de griffier van het gerecht waar het verzoekschrift is ingediend;
c. ingeval het rechtsmiddel wordt ingesteld bij een ander stuk: een afschrift daarvan, getekend door een advocaat of de griffier van het gerecht dat op het aangewende rechtsmiddel beslist.

– 2. Artikel 18, tweede-vijfde lid, is niet van toepassing, behoudens dat het aangeboden stuk in elk geval de naam en een ter zake van het geding gekozen woonplaats met adres van degene te wiens behoeve de aanbieding geschiedt moet bevatten.

Art. 40

Waardeloosheid van inschrijving

Ter inschrijving van de waardeloosheid van een overeenkomstig artikel 38 of artikel 39 verkregen inschrijving, kan ook worden aangeboden

a. een daartoe strekkende verklaring, afgegeven door een deurwaarder of advocaat die optreedt voor de eiser, de verzoeker of degene die het rechtsmiddel heeft ingesteld;

b. een rechterlijke uitspraak die ertoe strekt dat een zodanige inschrijving waardeloos is.

AFDELING 4

Overige bepalingen betreffende inschrijvingen

Art. 41

Vreemde of Friese taal

– 1. Ter inschrijving van een feit dat is opgenomen in een stuk gesteld in een vreemde of de Friese taal, wordt naast dat ter inschrijving aangeboden stuk een letterlijke vertaling in het Nederlands ter inschrijving aangeboden, vervaardigd en voor overeenstemmend verklaard door een voor die taal als bevoegd toegelaten beëdigd vertaler, of, indien het een in te schrijven notariële akte in de Friese taal betreft, door de notaris voor wie de akte is verleden.

– 2. Het bepaalde in het eerste lid lijdt uitzondering ingeval met betrekking tot luchtvaartuigen een proces-verbaal van inbeslagneming, opgemaakt in het buitenland door een deurwaarder of door een andere volgens de daar geldende wet daartoe bevoegde persoon en gesteld in een vreemde taal, aan de bewaarder wordt toegezonden of bij deze wordt ingeleverd. Alsdan wordt door de zorg van de bewaarder zo spoedig mogelijk een vertaling van een zodanig proces-verbaal vervaardigd door een in Nederland toegelaten beëdigd vertaler.

– 3. De vertalingen worden ingeschreven in plaats van de in de vreemde of Friese taal gestelde stukken, die onder de bewaarder blijven berusten.

Art. 42

Stukken tot verbetering

– 1. Op de inschrijving van stukken tot verbetering van onjuistheden en onvolledigheden in ingeschreven stukken, zijn de bepalingen, gegeven bij of krachtens dit hoofdstuk, van overeenkomstige toepassing, onverminderd het tweede lid.

– 2. Ter verbetering van een onjuistheid en onvolledigheid bestaand uit een kennelijke schrijffout en een kennelijke misslag in de tekst van een ingeschreven notariële akte of notariële verklaring, als bedoeld in de artikelen 26, 27, eerste lid, 30, 34, 35, 36 en 46*a*, kan ook worden ingeschreven een proces-verbaal als bedoeld in artikel 45, tweede lid, tweede zin, van de Wet op het notarisambt.

Art. 43

Ontbrekende gegevens; voetverklaring

Indien het ter inschrijving aangeboden stuk waarin het in te schrijven feit is opgenomen, niet voldoet aan de vereisten, gesteld in de artikelen 18-42, kan het met ontbrekende gegevens worden aangevuld door een verklaring aan de voet van het stuk, ondertekend door degene die bevoegd is tot het opmaken en ondertekenen van een zodanig stuk, een en ander voor zover de aard van het stuk zich daartegen niet verzet.

Art. 44

Mede-inschrijving bewijsstukken

– 1. Stukken die voor bewijs bij de aanbieding van een stuk worden overgelegd, worden slechts mede ingeschreven, indien de wet dit eist of de aanbieder dit verlangt, tenzij bij wet is bepaald dat de desbetreffende stukken niet worden ingeschreven.

– 2. Onverminderd artikel 17, tweede lid, maakt de bewaarder, overeenkomstig door het bestuur van de Dienst te stellen regels, melding van de overlegging van stukken:

a. voorzover die in papieren vorm ter inschrijving zijn aangeboden: op het ter inschrijving aangeboden stuk en op het afschrift van dat stuk, en

b. voorzover die in elektronische vorm ter inschrijving zijn aangeboden: in het desbetreffende elektronisch gedeelte van de openbare registers bij dat stuk.

– 3. Stukken die worden overgelegd maar waarvan de inschrijving niet wordt voorgeschreven of verlangd, worden onverwijld aan de aanbieder teruggegeven. De eerste zin is niet van toepassing indien artikel 11*b*, vijfde lid, derde zin, toepassing heeft gevonden en het stuk in elektronische vorm is overgelegd.

Art. 45

Vereisten andere inschrijfbare feiten

– 1. Bij algemene maatregel van bestuur kunnen regelen worden gesteld omtrent de vereisten waaraan stukken dienen te voldoen die worden aangeboden ter inschrijving van andere inschrijfbare feiten dan die waarop de artikelen 24-40 betrekking hebben, voor zover dit niet reeds in deze dan wel bij of krachtens een andere wet is geschied.

Beschikkingen

– 2. Voor zover bij de in het eerste lid bedoelde maatregel niet anders is bepaald, wordt ter inschrijving van een beschikking of van een uitspraak waarbij een beschikking werd vernietigd, ingetrokken of gewijzigd, een afschrift van die beschikking onderscheidenlijk van die uitspraak aangeboden, afgegeven door het bestuursorgaan onderscheidenlijk het rechterlijk orgaan dat de beschikking of de uitspraak gaf.

TITEL 3

Inschrijfbaarheid van andere stukken en van verandering van woonplaats

Art. 46

Stukken zonder zelfstandige betekenis

– 1. Naast feiten die voor de rechtstoestand van registergoederen van belang zijn, kunnen in de openbare registers tevens algemene voorwaarden, modelreglementen en andere stukken, die niet op een bepaald registergoed betrekking hebben, worden ingeschreven, met het uitsluitend doel dat daarnaar in later ter inschrijving aangeboden stukken kan worden verwezen. De artikelen 18, 19, 20, eerste lid, eerste zin, 22 en 30 van Boek 3 van het Burgerlijk Wetboek en 117, eerste en tweede lid zijn van overeenkomstige toepassing.

Inschrijvingsvereisten

– 2. Ter inschrijving van een stuk als bedoeld in het eerste lid wordt naast dat stuk aangeboden, indien het in papieren vorm ter inschrijving wordt aangeboden, een afschrift van dat stuk voorzien van een verklaring van eensluidendheid. Artikel 11, tweede tot en met zevende lid, is van overeenkomstige toepassing.

– 3. Ter inschrijving van een stuk als bedoeld in het eerste lid is, indien het in elektronische vorm ter inschrijving wordt aangeboden, vereist een afschrift van dat stuk als bedoeld in artikel 11*b*, eerste lid. De artikelen 11, tweede lid, en 11*b*, tweede tot en met negende lid, zijn van overeenkomstige toepassing.

– 4. De artikelen 18 tot en met 23 zijn niet van toepassing. Bij algemene maatregel van bestuur kunnen regels worden gesteld waaraan ter inschrijving aangeboden stukken als bedoeld in het eerste lid, voldoen. Bij regeling van Onze Minister worden regels gesteld met betrekking tot de wijze waarop de verwijzing in de latere stukken geschiedt.

– 5. Een verwijzing als bedoeld in het vierde lid heeft tot gevolg dat het stuk waarnaar in een ter inschrijving aangeboden stuk wordt verwezen, deel uitmaakt van de inschrijving die op grond van het aangeboden stuk plaatsvindt.

Art. 46a

Inschrijven bijhoudingsverklaring

– 1. Ter voorkoming van een onjuiste of onvolledige bijhouding als bedoeld in de artikelen 54, eerste lid, onderdeel *a*, 78, eerste lid, 87, eerste lid, onderdeel *a*, en 94, eerste lid, onderdeel *a*, kan met betrekking tot bij regeling van Onze Minister vast te stellen gevallen een door een notaris opgemaakte bijhoudingsverklaring worden ingeschreven, inhoudende dat naar zijn verklaring hem gebleken is dat in een eerder ingeschreven, door hem verleden notariële akte voor een juiste en volledige bijhouding van dat stuk kennelijk benodigde gegevens ontbreken en dat die gegevens uitsluitend ten behoeve van een juiste en volledige bijhouding van dat stuk in die verklaring worden vermeld. De inschrijving van een bijhoudingsverklaring kan slechts plaatsvinden indien die verklaring ter inschrijving wordt aangeboden voor de afloop van een periode van tien dagen die aanvangt met de eerste dag volgend op die waarop het desbetreffende stuk is ingeschreven, waarbij niet meegerekend worden de dagen waarop de kantoren van de Dienst niet voor het publiek zijn opengesteld voor het aanbieden van stukken ter inschrijving in de openbare registers.

– 2. Ter inschrijving van een bijhoudingsverklaring als bedoeld in het eerste lid wordt aangeboden, indien dit in papieren vorm geschiedt, die verklaring of een authentiek afschrift daarvan, en een afschrift van die verklaring, onderscheidenlijk van dat authentieke afschrift, voorzien van een verklaring van eensluidendheid. Artikel 11, tweede tot en met zevende lid, is van overeenkomstige toepassing.

– 3. Ter inschrijving van een bijhoudingsverklaring als bedoeld in het eerste lid is, indien het in elektronische vorm ter inschrijving wordt aangeboden, vereist een afschrift van dat stuk als bedoeld in artikel 11*b*, eerste lid. De artikelen 11, tweede lid, en 11*b*, tweede tot en met vijfde lid, tweede zin, zesde, zevende en negende lid, zijn van overeenkomstige toepassing.

– 4. De artikelen 18 en 20 tot en met 23 zijn niet van toepassing.

Art. 47

Verandering gekozen woonplaats

– 1. Een verandering van een in een ingeschreven stuk gekozen woonplaats, een alsnog ter zake van een inschrijving gedane keuze van woonplaats en de opheffing van een gekozen woonplaats kunnen worden ingeschreven. Ter inschrijving van de verandering, keuze of opheffing wordt een door of namens de belanghebbende ondertekende verklaring aangeboden die de nieuwe en de vorige gekozen dan wel wettelijke woonplaats vermeldt, alsmede de datum van ingang.

– 2. Een krachtens artikel 18, vierde lid, van deze wet of de artikelen 260, eerste lid, van Boek 3 of 252, tweede lid, van Boek 6 van het Burgerlijk Wetboek gekozen woonplaats, heeft, ongeacht of zij met het oorspronkelijke stuk dan wel krachtens het eerste lid is ingeschreven, geen ander gevolg dan dat

a. daar exploiten kunnen worden uitgebracht die de inschrijving betreffen, ter zake waarvan woonplaats werd gekozen;
b. daar de door of krachtens de wet voorgeschreven mededelingen en kennisgevingen van de bewaarder en de Dienst kunnen worden gedaan.
– 3. Door of krachtens deze wet voorgeschreven mededelingen en kennisgevingen worden in elk geval gedaan aan de laatste bij de Dienst bekende woonplaats van de belanghebbende. In geval van overlijden van een persoon die tot een registergoed gerechtigd was, worden zodanige mededelingen en kennisgevingen aan zijn rechtsopvolgers gedaan aan het laatste bij de Dienst bekende adres van de boedel.

HOOFDSTUK 3
Basisregistratie kadaster en net van coördinaatpunten

TITEL 1
Basisregistratie kadaster

Art. 48

Inhoud basisregistratie kadaster

– 1. De basisregistratie kadaster ontsluit de openbare registers door middel van:
a. de kadastrale aanduiding van een onroerende zaak en van een appartementsrecht, en
b. de naam van de eigenaar van, of beperkt gerechtigde met betrekking tot een onroerende zaak, met uitzondering van de rechthebbende op een erfdienstbaarheid.
– 2. De basisregistratie kadaster bevat:
a. de kadastrale aanduiding van onroerende zaken en van appartementsrechten;
b. naam, voornamen, adres, geboortedatum en burgerlijke staat van de eigenaar van, beperkt gerechtigde met betrekking tot, of beslaglegger op, een onroerende zaak of, ingeval die eigenaar, gerechtigde of beslaglegger een rechtspersoon is, de rechtsvorm;
c. de wettelijke benaming van de beperkte rechten waaraan een onroerende zaak is onderworpen, en van de beslagen die op die zaak of dat beperkte recht zijn gelegd, als ook, of die zaak of dat beperkte recht onder bewind staat of ten aanzien daarvan een beding als bedoeld in artikel 252 van Boek 6 van het Burgerlijk Wetboek is ingeschreven;
d. de kadastrale grootte van een perceel;
e. de gegevens met betrekking tot beperkingenbesluiten, alsmede daarop betrekking hebbende beslissingen in administratief beroep, rechterlijke uitspraken en verklaringen met betrekking tot het vervallen van een publiekrechtelijke beperking, die krachtens de Wet kenbaarheid publiekrechtelijke beperkingen onroerende zaken in de openbare registers zijn ingeschreven;
f. gegevens die krachtens een andere wet dan die genoemd in onderdeel *e* aan de Dienst ter inschrijving in de openbare registers, respectievelijk ter opneming in de basisregistratie kadaster, worden aangeboden;
g. ten aanzien van een eigenaar en beperkt gerechtigde als bedoeld in onderdeel *b*: een verwijzing naar alle in de openbare registers ingeschreven of geboekte stukken, voorzover die stukken betreffen onroerende zaken en rechten waaraan die zaken zijn onderworpen;
h. ten aanzien van een onroerende zaak en een appartementsrecht: een verwijzing naar alle daarop betrekking hebbende, in de openbare registers ingeschreven of geboekte stukken, alsmede naar door de Dienst verkregen inlichtingen of verrichte waarnemingen als bedoeld in artikel 54, eerste lid, onderdelen *c* en *d*;
i. voorzover op een onroerende zaak een recht van hypotheek rust, het bedrag waarvoor de hypotheek is gevestigd, of indien dit bedrag nog niet vaststaat, het maximumbedrag dat uit hoofde van een hypotheek op het goed kan worden verhaald, en voorzover bekend, de rentevoet;
j. feitelijke gegevens met betrekking tot een onroerende zaak, een beperkt recht met betrekking tot die zaak of een appartementsrecht, voorzover die een nadere omschrijving, een beperking, een begunstiging of een kenmerk bevatten, die voor het rechtsverkeer of de landelijke kadastrale kaart van belang zijn, of voorzover die betrekking hebben op het beheer, de domicilie of de beschikkingsbevoegdheid van de eigenaar van, beperkt gerechtigde met betrekking tot, of de beslaglegger op, een onroerende zaak, een beperkt recht of een appartementsrecht;
k. het aandeel van een eigenaar of beperkt gerechtigde als bedoeld in onderdeel *b* in geval van een gemeenschap.
– 3. De basisregistratie kadaster bevat voorts de landelijke kadastrale kaart. Die kaart is toegankelijk door middel van een coördinaat in het net van coördinaatpunten, bedoeld in artikel 52, of door middel van de kadastrale aanduiding van een perceel. De landelijke kadastrale kaart bevat:
a. de afbeelding van de kadastrale grenzen van een perceel, weergegeven in het net van coördinaatpunten, bedoeld in artikel 52;

b. de kadastrale aanduiding van een perceel;
c. de rijksgrens en de grens van een provincie of gemeente;
d. een voorstelling van de omtrek van een hoofd- of bijgebouw op een perceel, met dien verstande dat de omtrek van een bijgebouw uitsluitend wordt weergegeven indien die weergave naar het oordeel van de Dienst nodig is voor een goede oriëntatie op de kadastrale kaart.
– 4. Een gegeven als bedoeld in het tweede lid, onderdeel *f*, kan krachtens een andere wet dan deze wet als authentiek worden aangemerkt.
– 5. De detaillering, verbijzondering en beschrijving van gegevens als bedoeld in het tweede en derde lid, en in artikel 7g, eerste, tweede en vijfde lid, vinden plaats in de door het bestuur van de Dienst vastgestelde catalogus basisregistratie kadaster.
– 6. Het bestuur van de Dienst doet mededeling van de vaststelling of wijziging van de catalogus basisregistratie kadaster in de *Staatscourant*. Indien die mededeling geen integrale bekendmaking inhoudt van die catalogus of van de wijzigingen daarin, maakt de Dienst bekend waar die catalogus ter inzage ligt of op welke wijze die catalogus anderszins raadpleegbaar is.
– 7. Het tweede lid, onderdelen *b*, *g* en *k*, vindt ten aanzien van erfdienstbaarheden slechts toepassing, voorzover dat wordt bepaald bij regeling van het bestuur van de Dienst.

TITEL 2
Kaartenbestand, daaraan ten grondslag liggende bescheiden en net van coördinaatpunten

Art. 49

Vervallen.

Art. 50

Landmeetkundige gegevens

De aan de kadastrale kaart ten grondslag liggende bescheiden bevatten in elk geval de landmeetkundige gegevens van hetgeen op die kaart wordt weergegeven.

Art. 51

Inrichting van kadastrale kaart

– 1. Het bestuur van de Dienst stelt regelen vast omtrent de inrichting van de kadastrale kaart.
– 2. Het bestuur van de Dienst stelt tevens regelen vast omtrent de vorm van de aan de kadastrale kaart ten grondslag liggende bescheiden.

Art. 52

Net van coördinaatpunten

– 1. Er is een net van coördinaatpunten waarvan de coördinaten worden vastgelegd in het stelsel van de Rijksdriehoeksmeting en in het stelsel van het Europese referentiesysteem voor geodesie en navigatie.
– 2. Het bestuur van de Dienst stelt regelen vast omtrent de registratie en de weergave van de in het eerste lid genoemde punten.

HOOFDSTUK 4
Bijwerking van de basisregistratie kadaster en het net van coördinaatpunten

TITEL 1
Bijwerking van de basisregistratie kadaster

AFDELING 1
Algemene bepalingen

Art. 53

Bijwerking

Bijwerking vindt plaats als bijhouding dan wel als vernieuwing.

Art. 54

Bijhouding

– 1. Bijhouding vindt, onverminderd het bepaalde bij of krachtens deze of een andere wet, plaats op grond van:
a. veranderingen blijkens in de openbare registers ingeschreven stukken, voorzover die betrekking hebben op onroerende zaken en rechten waaraan die zaken zijn onderworpen;
b. een wijziging als bedoeld in artikel 7*n* of 7*t*;
c. inlichtingen van een eigenaar van, of beperkt gerechtigde met betrekking tot, een onroerende zaak, of van diens rechtsopvolger onder algemene titel;
d. waarnemingen van een met meting belaste ambtenaar omtrent een feit als bedoeld in de artikelen 29 en 35 van Boek 5 van het Burgerlijk Wetboek, of omtrent de feitelijke gesteldheid van een onroerende zaak.
– 2. Bijhouding van de basisregistratie kadaster vindt ook plaats met betrekking tot voorlopige aantekeningen terzake van stukken betreffende onroerende zaken en rechten waaraan die zaken zijn onderworpen en doorhalingen daarvan in het register van voorlopige aantekeningen.

Art. 55

Vernieuwing

Vernieuwing vindt plaats op grond van veranderingen, voor zover deze blijken uit in de openbare registers ingeschreven akten van vernieuwing, als bedoeld in artikel 77.

Art. 56

Wijze van bijwerking

De wijze van bijwerking wordt, onverminderd het bepaalde bij of krachtens deze of een andere wet, bij of krachtens algemene maatregel van bestuur geregeld in dier voege:
a. dat na een inschrijving de bijwerking terstond aanvangt, en
b. dat tenminste ingeval een bijwerking leidt tot het wijzigen of aanvullen van de in de basisregistratie kadaster vermeld staande gegevens betreffende de eigenaars of beperkt gerechtigden, de kadastrale aanduiding dan wel de grootte, in de registratie wordt vermeld op grond van welk ingeschreven of ander stuk een bijwerking heeft plaatsgevonden.

Art. 56a

Wanneer Awb niet toepassen

– 1. Op beschikkingen inzake de bijwerking, genomen krachtens hoofdstuk 4 van deze wet, zijn de artikelen 4:7, 4:8 en 3:40 van de Algemene wet bestuursrecht niet van toepassing.

Art. 76 geldt als beschikking

– 2. Het voorstel van vernieuwing, als bedoeld in artikel 76, tweede lid, geldt als een beschikking.

Art. 56b

Bezwaar maken

– 1. Tenzij het betreft een beschikking als bedoeld in artikel 71, 72 of 78, eerste lid, kan een belanghebbende bezwaar maken tegen een beschikking inzake de bijwerking, vastgesteld krachtens hoofdstuk 4, nadat die bijwerking is voltooid.
– 2. Voorzover een beschikking als bedoeld in het eerste lid betrekking heeft op een gegeven dat krachtens deze wet als authentiek wordt aangemerkt en ten aanzien van die beschikking bezwaar wordt gemaakt of beroep wordt ingesteld, handelt de Dienst overeenkomstig artikel 7r.

Art. 56c-56e

Vervallen.

AFDELING 2
Bijhouding

§ 1. Bijhouding op grond van in de openbare registers, bedoeld in artikel 8, eerste lid, onderdeel a, ingeschreven stukken betreffende onroerende zaken en rechten waaraan die zaken zijn onderworpen, met uitzondering van notariële akten van vernieuwing

Art. 57

Mededeling van voornemen tot meting

– 1. Indien een meting noodzakelijk is ten behoeve van de bijhouding, doet de Dienst van het voornemen daartoe mededeling aan de personen die volgens de bij de Dienst bekende gegevens als eigenaar, beperkt gerechtigde, met uitzondering van evenwel de hypotheekhouders en de rechthebbenden op erfdienstbaarheden zo die er zijn, of anderszins bij de bijhouding belanghebbenden zijn. De mededeling houdt in elk geval in de dag en het uur waarop de aanwijzing die de grondslag vormt voor de meting, zal plaatsvinden.
– 2. Onze Minister stelt regelen vast omtrent de wijze waarop de in het vorige lid bedoelde mededeling wordt gedaan.

Inlichtingen door belanghebbenden

– 3. De in het eerste lid bedoelde belanghebbenden verschaffen, indien naar het oordeel van de met de meting belaste ambtenaar nodig door aanwijzing ter plaatse, de door deze ambtenaar voor de bijhouding benodigde inlichtingen. Bij of krachtens algemene maatregel van bestuur worden regelen gesteld omtrent de bijhouding voor de gevallen waarin één of meer belanghebbenden niet de voor de bijhouding benodigde inlichtingen of onderling tegenstrijdige inlichtingen verschaffen.

Relaas van bevindingen

– 4. De ambtenaar maakt een relaas van zijn bevindingen, dat mede de door de meting verkregen gegevens bevat.

Informatieverstrekking aan belanghebbenden

– 5. De bijhouding vindt plaats mede op grondslag van het relaas van bevindingen indien het eerste-vierde lid toepassing heeft gevonden.
– 6. Op vertoon van een bewijs van de in artikel 58, eerste lid, bedoelde bekendmaking worden aan belanghebbenden op het desbetreffende kantoor van de Dienst kosteloos nadere inlichtingen omtrent de uitkomsten van de meting verschaft, indien het eerste-vierde lid toepassing heeft gevonden. Onze Minister stelt nadere regelen vast omtrent de wijze waarop deze inlichtingen worden verschaft.

Art. 58

Kennisgeving van wijziging gegevens

– 1. Ingeval de bijhouding waartoe een ingeschreven stuk aanleiding geeft, met betrekking tot een gehandhaafd perceel dan wel een nieuw gevormd perceel is voltooid en heeft geleid tot wijziging of aanvulling van de in de basisregistratie kadaster vermeld staande gegevens betreffende de eigenaars of beperkt gerechtigden, de kadastrale aanduiding dan wel de grootte van de onroerende zaak waarop het ingeschreven feit betrekking heeft, wordt het resultaat van die bijhouding aan belanghebbenden door toezending of uitreiking bekendgemaakt. Met betrekking tot een rechthebbende op een erfdienstbaarheid vindt het bepaalde in de eerste zin

slechts toepassing, voor zover een regeling van het bestuur van de Dienst als bedoeld in artikel 48, derde lid, is vastgesteld.
– 2. De verzending ingevolge het eerste lid vindt op één en dezelfde dag plaats.
– 3. Indien in een geval, als bedoeld in het eerste lid, het ingeschreven stuk is een akte van toedeling, als bedoeld in de artikelen 89, eerste lid, van de Reconstructiewet Midden-Delfland (*Stb.* 1977, 233), 95, eerste lid, van de Herinrichtingswet Oost-Groningen en de Gronings-Drentse Veenkoloniën (*Stb.* 1977, 694) en 207, eerste lid, van de Landinrichtingswet (*Stb.* 1985, 299), of een ruilakte als bedoeld in artikel 81, eerste lid, van de Wet inrichting landelijk gebied, of een ruilakte als bedoeld in artikel 90, eerste lid, van de Reconstructiewet concentratiegebieden vindt het bepaalde in de vorige leden geen toepassing.

Art. 59

Bijhouding bij onjuistheid

– 1. Blijkt de in het ingeschreven stuk voorkomende feitelijke omschrijving van de onroerende zaak waarop het stuk betrekking heeft, onverenigbaar met hetgeen de met de meting belaste ambtenaar overeenkomstig artikel 57, derde lid, door de belanghebbenden ter plaatse is aangewezen, of is de kadastrale aanduiding van die zaak in dat stuk onjuist of onvolledig, dan vindt artikel 58, eerste-derde lid, slechts toepassing voor zover bijhouding naar de krachtens het volgende lid vast te stellen regelen mogelijk is.
– 2. Bij of krachtens algemene maatregel van bestuur wordt geregeld in hoeverre en op welke wijze bijhouding plaatsvindt, indien de in het eerste lid bedoelde gevallen zich voordoen, in dier voege dat de bijhouding waartoe het ingeschreven stuk aanleiding geeft, eerst wordt voltooid, nadat een stuk tot verbetering, als bedoeld in artikel 42, is ingeschreven in de in artikel 8, eerste lid, onder *a*, bedoelde openbare registers.

Beslissing met spoed

– 3. De beslissing om toepassing aan het eerste lid te geven wordt met bekwame spoed genomen. Indien het ingeschreven stuk is opgemaakt door een notaris, wordt de beslissing tevens aan hem medegedeeld. De bekendmaking van de beslissing gaat vergezeld van een verzoek een stuk tot verbetering, als bedoeld in artikel 42, in te schrijven in de openbare registers, bedoeld in artikel 8, eerste lid, onder *a*. Artikel 58, tweede lid, is van overeenkomstige toepassing.
– 4. Bij de bekendmaking wordt gewezen op het gevolg voor de bijhouding dat de wet aan het niet-inschrijven van een stuk tot verbetering, als bedoeld in artikel 42, verbindt.

Overeenkomstige toepassing

– 5. Het bepaalde in de vorige leden is van overeenkomstige toepassing ingeval de kadastrale aanduiding van een appartementsrecht in een ingeschreven stuk onjuist of onvolledig blijkt te zijn.

Art. 60-65

Vervallen.

§ 2. Bijhouding op grond van inlichtingen of waarnemingen omtrent feiten, bedoeld in de artikelen 29 en 35 van Boek 5 van het Burgerlijk Wetboek

Art. 66

Onderzoek

– 1. Ingeval een belanghebbende, bedoeld in artikel 54, eerste lid, onder *c*, meent dat zich een feit heeft voorgedaan, als bedoeld in artikel 29 dan wel in artikel 35 van Boek 5 van het Burgerlijk Wetboek, kan hij de Dienst verzoeken, daarnaar een onderzoek in te stellen. Binnen acht weken na ontvangst van de aanvraag wordt de beslissing op het verzoek genomen.
– 2. In geval van toewijzing van het verzoek wordt door de Dienst van het voornemen tot het houden van een onderzoek ter plaatse mededeling gedaan overeenkomstig artikel 57, eerste lid. Artikel 57, tweede lid, is van overeenkomstige toepassing.

Art. 67

Onderzoek ter plaatse

– 1. De met het onderzoek belaste ambtenaar gaat ter plaatse na of een feit, als bedoeld in artikel 29 dan wel in artikel 35 van Boek 5 van het Burgerlijk Wetboek, zich heeft voorgedaan. Artikel 57, derde lid, is van overeenkomstige toepassing.

Relaas van bevindingen

– 2. De ambtenaar maakt een relaas van zijn bevindingen. Indien ten behoeve van het onderzoek een meting plaatsvindt, worden de daardoor verkregen gegevens eveneens opgenomen in het relaas van bevindingen.

Art. 68

Beslissing na onderzoek ter plaatse

– 1. Indien het onderzoek ter plaatse aanleiding geeft tot bijhouding, vindt deze plaats op grondslag van het relaas van bevindingen. Artikel 58, eerste en tweede lid, is van overeenkomstige toepassing.
– 2. Indien het onderzoek ter plaatse geen aanleiding geeft tot bijhouding, wordt daarvan mededeling gedaan aan de verzoeker en de overige bij de bijhouding belanghebbenden.

Art. 69

Vervallen.

Art. 70

Ambtshalve onderzoek

– 1. De Dienst is bevoegd, ook zonder een verzoek, als bedoeld in artikel 66, eerste lid, een onderzoek, als bedoeld in artikel 67, eerste lid, in te stellen indien er redenen zijn om aan te

nemen dat zich met betrekking tot onroerende zaken feiten hebben voorgedaan, als bedoeld in de artikelen 29 en 35 van Boek 5 van het Burgerlijk Wetboek. Van het voornemen tot een onderzoek wordt door de Dienst mededeling gedaan overeenkomstig artikel 57, eerste lid. De artikelen 57, tweede en derde lid, en 67, tweede lid, zijn van overeenkomstige toepassing.
– 2. Indien de Dienst gebruik heeft gemaakt van de in het vorige lid bedoelde bevoegdheid en het onderzoek ter plaatse aanleiding heeft gegeven tot bijhouding, vindt bijhouding plaats op grondslag van het relaas van bevindingen. Artikel 58, eerste en tweede lid, is van overeenkomstige toepassing.
– 3. Ingeval het onderzoek geen aanleiding geeft tot bijhouding is artikel 68, tweede lid, van overeenkomstige toepassing.

§ 3. Bijhouding op grond van inlichtingen of waarnemingen omtrent de feitelijke gesteldheid van onroerende zaken

Art. 71

Feitelijke gesteldheid onroerende zaken

De wijze van bijhouding op grond van inlichtingen of waarnemingen omtrent de feitelijke gesteldheid van onroerende zaken wordt geregeld door het bestuur van de Dienst.

§ 4. Bijhouding met betrekking tot voorlopige aantekeningen en doorhalingen daarvan

Art. 72

Onroerende zaken in basisregistratie

De wijze van bijhouding in de basisregistratie kadaster terzake van stukken betreffende onroerende zaken en rechten waaraan die zaken zijn onderworpen en doorhalingen daarvan in het register van voorlopige aantekeningen wordt geregeld door het bestuur van de Dienst.

§ 5. Bijhouding inzake splitsing of samenvoeging van percelen, ambtshalve of op verzoek

Art. 73

Splitsing en samenvoeging

– 1. De Dienst kan besluiten tot splitsing of samenvoeging van percelen in bij of krachtens algemene maatregel van bestuur te bepalen gevallen. Artikel 58, eerste en tweede lid, is van overeenkomstige toepassing.
– 2. Een eigenaar van, of beperkt gerechtigde met betrekking tot, een onroerende zaak, kan in bij of krachtens algemene maatregel van bestuur te bepalen gevallen een verzoek tot splitsing of samenvoeging van percelen doen met betrekking tot die onroerende zaak, indien hij daarbij een redelijk belang heeft. Indien het verzoek afkomstig is van een beperkt gerechtigde moet de eigenaar van die onroerende zaak door de Dienst worden gehoord alvorens tot bijhouding kan worden overgegaan.
– 3. Indien naar zijn oordeel nodig wint de daarmee belaste ambtenaar ter plaatse nadere inlichtingen in. Van het voornemen daartoe wordt alsdan mededeling gedaan overeenkomstig artikel 57, eerste lid. Artikel 57, tweede en derde lid, is van overeenkomstige toepassing.
– 4. Voorts is artikel 67, tweede lid, van overeenkomstige toepassing.
– 5. Voor zover het verzoek wordt toegewezen, vindt de bijhouding plaats op grondslag van het relaas van bevindingen. Artikel 58, eerste en tweede lid, is van overeenkomstige toepassing.

AFDELING 3
Vernieuwing

Art. 74

Onderzoek naar volledigheid gegevens

In bij algemene maatregel van bestuur te bepalen gevallen is de Dienst bevoegd te onderzoeken of de gegevens betreffende de rechtstoestand, de grootte en feitelijke gesteldheid van onroerende zaken, alsmede de gegevens betreffende de rechtstoestand van de rechten waaraan deze onroerende zaken onderworpen zijn, die zijn weergegeven in de basisregistratie kadaster en de bescheiden, bedoeld in artikel 50, juist en volledig zijn.

Art. 75

Instellen van onderzoek

– 1. Vóór de aanvang van een onderzoek van vernieuwing maakt de Dienst het voornemen daartoe openbaar overeenkomstig door Onze Minister vast te stellen regels. Bij algemene maatregel van bestuur kan voor daarin omschreven gevallen worden bepaald dat openbaarmaking achterwege kan blijven op de grond dat het bereiken van alle belanghebbenden door het bepaalde in het tweede lid voldoende gewaarborgd is.

Mededeling

– 2. De Dienst doet in elk geval van een voornemen tot een onderzoek van vernieuwing per brief mededeling aan de eigenaar en beperkt gerechtigde met betrekking tot de onroerende zaak, waarop de vernieuwing betrekking heeft, alsmede aan de personen die bij de Dienst anderszins als belanghebbenden bij de vernieuwing bekend zijn. Artikel 57, eerste lid, tweede zin, en tweede lid, is van overeenkomstige toepassing.
– 3. Een voornemen tot een onderzoek van vernieuwing wordt bij het desbetreffende perceel

in de basisregistratie kadaster vermeld volgens door het bestuur van de Dienst vast te stellen regelen.

– 4. In de brief, bedoeld in het tweede lid, wordt gewezen op de in artikel 78, tweede en derde lid, genoemde gevolgen die de wet aan de vernieuwing verbindt.

Art. 76

Onderzoek ter plaatse

– 1. De met het onderzoek van vernieuwing belaste ambtenaar wint, zonodig ter plaatse, inlichtingen in, verzoekt zonodig om overlegging of openlegging van bescheiden en doet de nodige waarnemingen. De belanghebbenden, bedoeld in artikel 75, tweede lid, dienen, indien naar het oordeel van de ambtenaar nodig door aanwijzing ter plaatse, de door de ambtenaar voor de vernieuwing benodigde inlichtingen te verschaffen en daartoe zonodig bescheiden over te leggen of open te leggen. Artikel 67, tweede lid, is van overeenkomstige toepassing.

Voorstel van vernieuwing

– 2. Op de grondslag van het relaas van bevindingen worden voorstellen van vernieuwing gemaakt. Alvorens daartoe wordt overgegaan, wordt nagegaan of na het onderzoek van vernieuwing met betrekking tot de onroerende zaak waarop het voorstel betrekking heeft, nog bijhoudingen hebben plaatsgevonden. Is dat het geval dan wordt in het voorstel afzonderlijk melding gemaakt van die bijhoudingen, overeenkomstig door het bestuur van de Dienst vast te stellen regelen. Elk voorstel bevat in elk geval de gegevens omtrent de rechten, de rechthebbenden, de grootte, de kadastrale aanduiding van de onroerende zaak waarop het betrekking heeft, zoals deze luiden op de dag waarop het voorstel is opgemaakt.

– 3. Bij het maken van een voorstel van vernieuwing wordt geen acht geslagen op niet-ingeschreven feiten waarvan het rechtsgevolg slechts kan intreden door inschrijving daarvan in de openbare registers.

Hypotheken en beslagen

– 4. In het voorstel worden de gegevens omtrent rechten van hypotheek en inbeslagnemingen, zoals deze blijken uit de in de openbare registers ingeschreven stukken, ongewijzigd overgenomen. Indien tijdens het onderzoek is gebleken dat de omvang van de onroerende zaak waarop het recht van hypotheek is gevestigd of waarop beslag is gelegd, wijziging heeft ondergaan, wordt bij het opmaken van het voorstel op die wijziging acht geslagen.

Erfdienstbaarheden

– 5. In het voorstel worden slechts gegevens omtrent die erfdienstbaarheden vermeld welke in de basisregistratie kadaster zijn vermeld, of, indien niet daarin vermeld, waarvan het bestaan aannemelijk is geworden op grond van inlichtingen, bescheiden of waarnemingen, als bedoeld in het eerste lid.

Informatieverstrekking aan belanghebbenden

– 6. Het voorstel van vernieuwing wordt bekend gemaakt aan belanghebbenden. Artikel 58, tweede lid, is van overeenkomstige toepassing. Bij toepassing van artikel 56*b* bevat de beslissing van de ambtenaar op het bezwaarschrift alle gegevens uit het voorstel van vernieuwing omtrent de rechten, de rechthebbenden, de kadastrale aanduiding en de grootte van de onroerende zaak, waarop de vernieuwing betrekking heeft, ook die waarvan de juistheid door belanghebbenden niet is betwist.

Terinzagelegging

– 7. Het bestuur van de Dienst maakt het voorstel van vernieuwing bekend overeenkomstig artikel 3:42 van de Algemene wet bestuursrecht. Van de indiening van bezwaarschriften en het instellen van beroep, alsmede van daarop gegeven beslissingen wordt bij het voorstel melding gemaakt overeenkomstig door het bestuur van de Dienst vast te stellen regelen.

Art. 77

Notariële akte van vernieuwing

– 1. Voorzover tegen een voorstel van vernieuwing geen, of niet tijdig, bezwaren zijn ingediend, de beslissing op bezwaar onherroepelijk is geworden of de rechtbank uitspraak heeft gedaan, wordt door een daartoe door de Dienst aangewezen notaris een akte van vernieuwing opgemaakt. De akte wordt door de Dienst ondertekend.

– 2. Een akte van vernieuwing kan op één of meer voorstellen van vernieuwing betrekking hebben. De akte bevat ten aanzien van elke onroerende zaak waarop de vernieuwing betrekking heeft, het relaas van bevindingen, de inhoud van het voorstel van vernieuwing en, ingeval er onherroepelijk op bezwaar is beslist of door de rechtbank uitspraak is gedaan, die beslissing of uitspraak. Bescheiden die tijdens het onderzoek aan de met het onderzoek van vernieuwing belaste ambtenaar worden overgelegd, worden in de akte vermeld en daaraan in afschrift gehecht.

– 3. Tevens worden overeenkomstig door het bestuur van de Dienst vast te stellen regelen aan de voet van de akte van vernieuwing ten aanzien van elke onroerende zaak waarop de vernieuwing betrekking heeft, afzonderlijk vermeld de in artikel 76, tweede lid, bedoelde bijhoudingen alsmede die bijhoudingen, zo die hebben plaatsgevonden, welke zich hebben voorgedaan tussen het tijdstip van de dagtekening van het voorstel van vernieuwing en dat van de dagtekening van de akte van vernieuwing.

– 4. Een bezwaar of beroep ter zake van een bijhouding, als bedoeld in het vorige lid, kan op verzoek van de belanghebbende gevoegd worden behandeld met bezwaren of beroepen ter zake van een voorstel van vernieuwing. De behandeling kan op verzoek van de belanghebbende ook worden aangehouden tot na het verlijden van de akte van vernieuwing.

Inschrijving

– 5. De akte van vernieuwing wordt ingeschreven in de openbare registers.

Art. 78

Vernieuwing na de inschrijving

– 1. Na de inschrijving, bedoeld in artikel 77, vijfde lid, wordt de basisregistratie kadaster met bekwame spoed vernieuwd op de voet van de akte van vernieuwing.

Rechtsgevolgen

– 2. Zij die volgens de akte van vernieuwing rechthebbende zijn op een daarin opgenomen onroerende zaak of recht dat geen recht van hypotheek is, gelden voor de toepassing van de verjaring, bedoeld in artikel 99 van Boek 3 van het Burgerlijk Wetboek, met ingang van de dag van de inschrijving als bezitter te goeder trouw van die zaak of dat recht zoals zij in de akte worden omschreven.

– 3. De in artikel 106 van Boek 3 van het Burgerlijk Wetboek bedoelde rechtsvordering van een beperkt gerechtigde, wiens recht niet in de akte van vernieuwing is opgenomen, verjaart in elk geval door verloop van tien jaren na de dag van de inschrijving van deze akte.

AFDELING 4
Metingen

Art. 79

Metingen

Het bestuur van de Dienst stelt nadere regelen vast omtrent de in deze titel voorziene metingen.

AFDELING 5
Overige bepalingen

Art. 80

Bijvoeging van kaart

Bij regeling van het bestuur van de Dienst kan worden bepaald dat in door het bestuur van de Dienst vast te stellen gevallen bij een kennisgeving van het resultaat van een bijhouding, als bedoeld in afdeling 2 , of bij een voorstel van vernieuwing, als bedoeld in artikel 76, tweede lid, een kaart wordt gevoegd weergevend de onroerende zaken ten aanzien waarvan de bijwerking heeft plaatsgevonden, onderscheidenlijk zal plaatsvinden.

Art. 81

Vorm van relazen en voorstellen

– 1. Bij regeling van Onze Minister wordt bepaald, onverminderd hetgeen daaromtrent op grond van andere bepalingen van deze titel reeds is of wordt bepaald, welke gegevens eveneens ten minste in de in deze titel voorziene relazen van bevindingen en voorstellen van vernieuwing worden vermeld. Het bestuur van de Dienst stelt nadere regelen vast omtrent de vorm van de relazen van bevindingen en de voorstellen van vernieuwing.

– 2. Bij regeling van Onze Minister kunnen tevens nadere voorschriften worden gegeven inzake de vorm van de akte van vernieuwing.

Art. 82

Vorm van de kaart

Het bestuur van de Dienst stelt de vorm vast van de in deze titel voorziene mededelingen, kennisgevingen alsmede van de in deze titel voorziene te geven beslissingen op bezwaarschriften. Indien artikel 80 toepassing heeft gevonden stelt het bestuur van de Dienst tevens de vorm vast van de in dat artikel bedoelde kaart.

TITEL 2
Bijhouding van het net van coördinaatpunten

Art. 83

Bijhouding net van coördinaatpunten

Het bestuur van de Dienst stelt regelen vast omtrent de bijhouding van het net van coördinaatpunten, bedoeld in artikel 52, eerste lid.

Art. 84

Vervallen.

HOOFDSTUK 5
Registratie voor schepen

TITEL 1
Inhoud van de registratie voor schepen

Art. 85

Registratie voor schepen

– 1. De registratie voor schepen ontsluit de openbare registers door middel van:
a. de naam van de eigenaar van, of beperkt gerechtigde met betrekking tot, een schip, en
b. het brandmerk van een schip.

Inhoud van de registratie

– 2. De registratie voor schepen bevat:
a. naam, voornamen, adres of verblijfplaats, geboortedatum en burgerlijke staat van de eigenaar van, beperkt gerechtigde met betrekking tot, of beslaglegger op, een schip of, ingeval die eigenaar, gerechtigde of beslaglegger een rechtspersoon is, de rechtsvorm;
b. ten aanzien van een eigenaar en beperkt gerechtigde als bedoeld in onderdeel *a*: een verwij-

zing naar alle op hen betrekking hebbende in de openbare registers ingeschreven of geboekte stukken, voorzover die stukken betreffen schepen en rechten waaraan die schepen zijn onderworpen;
c. de wettelijke benaming van de beperkte rechten waaraan de schepen onderworpen zijn, en van de beslagen die op de schepen of beperkte rechten zijn gelegd, als ook of die schepen of beperkte rechten onder bewind staan, alsmede of ten aanzien daarvan zijn ingeschreven:
1° een beding, als bedoeld in artikel 252 van Boek 6 van het Burgerlijk Wetboek;
2° een afwijkend beding, als bedoeld in artikel 1, vijfde lid, van Boek 8 van het Burgerlijk Wetboek onder vermelding van het scheepstoebehoren ten aanzien waarvan het afwijkend beding is gemaakt, en
3° voorrechten, genoemd in artikel 211 dan wel in artikel 821 van Boek 8 van het Burgerlijk Wetboek;
d. de naam en het brandmerk, bedoeld in artikel 21, eerste lid, onder *c*;
e. de dagtekening der teboekstelling;
f. het type, de inrichting, het materiaal waarvan de romp is gemaakt, jaar en plaats van de bouw en, voor zover het een schip met mechanische voortstuwing betreft, ook al betreft het slechts een hulpmotor, het aantal motoren, het type, vermogen en de fabrikant van elke motor, alsmede het fabrieksnummer daarvan met aanduiding van de plaats waar dit nummer is aangebracht;
g. indien het een binnenschip betreft, het laadvermogen in tonnen van 1.000 kilogram of de verplaatsing in kubieke meters, zoals vermeld in de meetbrief, dan wel, indien het een zeeschip of een zeevissersschip betreft, de bruto-inhoud in kubieke meters of de bruto-tonnage, zoals vermeld in de meetbrief; ingeval geen meetbrief is vereist, het laadvermogen, de verplaatsing, de bruto-inhoud dan wel de bruto-tonnage, zoals kan worden vastgesteld aan de hand van de verstrekte gegevens; zolang een schip in aanbouw is, wordt het laadvermogen, de verplaatsing, de bruto-inhoud dan wel de bruto-tonnage geschat;
h. ten aanzien van elk schip een verwijzing naar alle daarop betrekking hebbende, in de openbare registers ingeschreven stukken en in het register van voorlopige aantekeningen geboekte stukken, alsmede door de Dienst verkregen inlichtingen als bedoeld in artikel 87, eerste lid, onder *b*;
i. elk register waarin het schip heeft te boek gestaan;
j. voorzover op een schip een recht van hypotheek rust, ten minste de gegevens, genoemd in artikel 48, tweede lid, onderdeel *i*;
k. gegevens die worden opgenomen op grond van andere wettelijke bepalingen;
l. in geval van mede-eigendom of een rederij: het aandeel van ieder der deelgenoten of reders.
– 3. De gegevens, bedoeld in het tweede lid en artikel 7*g*, tweede en vijfde lid, omtrent en de bescheiden betreffende schepen waarvan de teboekstelling is doorgehaald, blijven deel uitmaken van de registratie voor schepen.
– 4. De detaillering, verbijzondering en beschrijving van gegevens als bedoeld in het tweede lid en in artikel 7*g*, tweede en vijfde lid, vinden plaats in de door het bestuur van de Dienst vastgestelde catalogus registratie voor schepen. Het bestuur van de Dienst doet overeenkomstig artikel 48, zesde lid, mededeling van de vaststelling of wijziging van die catalogus en van de raadpleegbaarheid daarvan.

TITEL 2
Bijwerking van de registratie voor schepen

AFDELING 1
Algemene bepalingen

Art. 86

Bijwerking door bijhouding

Bijwerking vindt plaats als bijhouding.

Art. 87

Bijhouding bij verandering

– 1. Bijhouding vindt, onverminderd het bepaalde bij of krachtens deze of een andere wet, plaats op grond van:
a. veranderingen blijkens in de openbare registers ingeschreven stukken, voorzover die betrekking hebben op schepen en rechten waaraan die schepen zijn onderworpen, of
b. wijzigingen met betrekking tot gegevens van de eigenaar of beperkt gerechtigde, voorzover die blijken uit een basisregistratie of uit andere door de eigenaar of beperkt gerechtigde overgelegde stukken.
– 2. Bijhouding van de registratie voor schepen vindt ook plaats met betrekking tot voorlopige aantekeningen terzake van stukken betreffende schepen en rechten waaraan die schepen zijn onderworpen en doorhalingen daarvan in het register van voorlopige aantekeningen.

– 3. De wijze van bijhouding wordt, onverminderd het bepaalde bij of krachtens deze of een andere wet, bij of krachtens algemene maatregel van bestuur geregeld, in dier voege:
a. dat na een inschrijving de bijhouding terstond aanvangt, en
b. dat in de registratie wordt vermeld op grond van welk ingeschreven of ander stuk een bijhouding heeft plaatsgevonden.
– 4. Artikel 72 is van overeenkomstige toepassing.

Art. 87a

Awb niet van toepassing

Op beschikkingen inzake de bijhouding, genomen krachtens hoofdstuk 5 van deze wet, zijn de artikelen 4:7, 4:8 en 3:40 van de Algemene wet bestuursrecht niet van toepassing.

Art. 87b

Bezwaar tegen bijwerking

– 1. Belanghebbenden kunnen tegen beschikkingen inzake de bijwerking, genomen krachtens deze titel, bezwaar maken nadat zij is voltooid.
– 2. Geen bezwaar staat open tegen bijhoudingen als bedoeld in artikel 87, tweede lid.

AFDELING 2
Bijhouding op grond van in de openbare registers, bedoeld in artikel 8, eerste lid, onderdeel a, ingeschreven stukken betreffende schepen en rechten waaraan die schepen zijn onderworpen

Art. 88

Kennisgeving van wijziging gegevens

– 1. Ingeval de bijhouding waartoe een ingeschreven stuk aanleiding geeft, met betrekking tot een schip is voltooid en heeft geleid tot wijziging of aanvulling van de in de registratie voor schepen vermeld staande gegevens betreffende de eigenaars of beperkt gerechtigden, dan wel de naam van het schip waarop het ingeschreven feit betrekking heeft, wordt het resultaat van die bijhouding door toezending of uitreiking aan belanghebbenden bekendgemaakt.
– 2. Artikel 58, tweede lid, is voorts van overeenkomstige toepassing.

Art. 89

Onverenigbaarheid gegevens

– 1. Ingeval blijkt dat in een stuk dat is ingeschreven in de openbare registers, bedoeld in artikel 8, eerste lid, onderdeel *a*, één of meer der in dat stuk vermelde gegevens, als bedoeld in artikel 21, eerste lid, onverenigbaar zijn met de in de registratie voor schepen vermeld staande gegevens ten aanzien van het schip waarop het in te schrijven feit betrekking heeft, vindt artikel 88 slechts toepassing voor zover bijhouding mogelijk is ingevolge de op grond van het volgende lid vast te stellen regelen.

Inschrijving stuk tot verbetering

– 2. Bij of krachtens algemene maatregel van bestuur wordt geregeld in hoeverre en op welke wijze bijhouding plaatsvindt, indien een geval, als bedoeld in het eerste lid zich voordoet, in dier voege dat de bijhouding waartoe het ingeschreven stuk aanleiding geeft, eerst wordt voltooid nadat een stuk tot verbetering, als bedoeld in artikel 42, is ingeschreven in de in artikel 8, eerste lid, onderdeel *a*, bedoelde openbare registers.
– 3. Artikel 59, derde en vierde lid, is van overeenkomstige toepassing.

Art. 90-91

Vervallen.

HOOFDSTUK 6
Registratie voor luchtvaartuigen

TITEL 1
Inhoud van de registratie voor luchtvaartuigen

Art. 92

Registratie voor luchtvaartuigen

– 1. De registratie voor luchtvaartuigen ontsluit de openbare registers door middel van:
a. de naam van de eigenaar van, of beperkt gerechtigde met betrekking tot, een luchtvaartuig;
b. het in artikel 22, eerste lid, onderdeel *a*, bedoelde inschrijvingskenmerk, en
c. het in artikel 22, eerste lid, onderdeel *d*, bedoelde boekingsnummer.

Inhoud van de registratie

– 2. De registratie voor luchtvaartuigen bevat:
a. naam, voornamen, adres, geboortedatum en burgerlijke staat van de eigenaar van, beperkt gerechtigde met betrekking tot, of beslaglegger op een luchtvaartuig of, ingeval die eigenaar, gerechtigde of beslaglegger een rechtspersoon is, de rechtsvorm;
b. ten aanzien van een eigenaar en beperkt gerechtigde als bedoeld in onderdeel *a*: een verwijzing naar alle op hen betrekking hebbende in de openbare registers, bedoeld in artikel 8, eerste lid, ingeschreven stukken of geboekte stukken, voorzover die stukken betreffen luchtvaartuigen en rechten waaraan die luchtvaartuigen zijn onderworpen;
c. de wettelijke benaming van de beperkte rechten waaraan de luchtvaartuigen onderworpen zijn, en van de beslagen die op die luchtvaartuigen of beperkte rechten zijn gelegd, als ook of die luchtvaartuigen of beperkte rechten onder bewind staan, alsmede of ten aanzien daarvan zijn ingeschreven:
1° een beding, als bedoeld in artikel 252 van Boek 6 van het Burgerlijk Wetboek, en

2° voorrechten als bedoeld in artikel 1317 van Boek 8 van het Burgerlijk Wetboek;
d. het nationaliteitskenmerk en het inschrijvingskenmerk, bedoeld in artikel 3.2, eerste lid, van de Wet luchtvaart;
e. de naam en woonplaats van de fabrikant, het type, jaar en plaats van de bouw, het serienummer, zo het luchtvaartuig dat heeft, met de aanduiding van de plaats waar dit nummer is aangebracht, het aantal motoren, het type, vermogen en de fabrikant van elke motor, alsmede het fabrieksnummer daarvan met de aanduiding van de plaats waar dit nummer is aangebracht;
f. de maximaal toegelaten startmassa;
g. de dagtekening van de teboekstelling en het boekingsnummer, bedoeld in artikel 22, eerste lid, onderdeel *d*;
h. ten aanzien van elk luchtvaartuig een verwijzing naar alle daarop betrekking hebbende, in de openbare registers ingeschreven stukken en in het register van voorlopige aantekeningen geboekte stukken, alsmede door de Dienst verkregen inlichtingen als bedoeld in artikel 94, eerste lid, onder *b*;
i. elk register waarin het luchtvaartuig heeft te boek gestaan;
j. voorzover op een luchtvaartuig een recht van hypotheek rust, ten minste de gegevens, genoemd in artikel 48, tweede lid, onderdeel *i*;
k. gegevens die worden opgenomen op grond van andere wettelijke bepalingen;
l. in geval van een gemeenschap, het aandeel van ieder der deelgenoten.
– 3. Artikel 85, derde lid, is van overeenkomstige toepassing.
– 4. De detaillering, verbijzondering en beschrijving van gegevens als bedoeld in het tweede lid en in artikel 7*g*, tweede en vijfde lid, vinden plaats in de door het bestuur van de Dienst vastgestelde catalogus registratie voor luchtvaartuigen. Het bestuur van de Dienst doet overeenkomstig artikel 48, zesde lid, mededeling van de vaststelling of wijziging van die catalogus en van de raadpleegbaarheid daarvan.

TITEL 2
Bijwerking van de registratie voor luchtvaartuigen

AFDELING 1
Algemene bepalingen

Art. 93

Bijwerking door bijhouding

Bijwerking vindt plaats als bijhouding.

Art. 94

Bijhouding bij verandering

– 1. Bijhouding vindt, onverminderd het bepaalde bij of krachtens deze of een andere wet, plaats op grond van:
a. veranderingen blijkens in de openbare registers ingeschreven stukken, voorzover die betrekking hebben op luchtvaartuigen en rechten waaraan die luchtvaartuigen zijn onderworpen, of
b. wijzigingen met betrekking tot gegevens van de eigenaar of beperkt gerechtigde, voorzover die blijken uit een basisregistratie of uit andere door de eigenaar of beperkt gerechtigde overgelegde stukken.
– 2. Bijhouding van de registratie voor luchtvaartuigen vindt ook plaats met betrekking tot voorlopige aantekeningen terzake van stukken betreffende luchtvaartuigen en rechten waaraan die luchtvaartuigen zijn onderworpen en doorhalingen daarvan in het register van voorlopige aantekeningen.
– 3. De wijze van bijhouding wordt, onverminderd het bepaalde bij of krachtens deze of andere wet, bij of krachtens algemene maatregel van bestuur geregeld, in dier voege:
a. dat na een inschrijving de bijhouding terstond aanvangt, en
b. dat in de registratie wordt vermeld op grond van welk ingeschreven of ander stuk een bijhouding heeft plaatsgevonden.
– 4. Artikel 72 is van overeenkomstige toepassing.

Art. 94a

Awb niet van toepassing

Op beschikkingen inzake de bijhouding, genomen krachtens hoofdstuk 6 van deze wet, zijn de artikelen 4:7, 4:8 en 3:40 van de Algemene wet bestuursrecht niet van toepassing.

Art. 94b

Bezwaar tegen bijwerking

– 1. Belanghebbenden kunnen tegen beschikkingen inzake de bijwerking, genomen krachtens deze titel, bezwaar maken nadat zij is voltooid.
– 2. Geen bezwaar staat open tegen bijhoudingen als bedoeld in artikel 94, tweede lid.
– 3. Artikel 56*b*, tweede lid, is van overeenkomstige toepassing.

AFDELING 2
Bijhouding op grond van in de openbare registers, bedoeld in artikel 8, eerste lid, onderdeel a, ingeschreven stukken betreffende luchtvaartuigen en rechten waaraan die luchtvaartuigen zijn onderworpen

Art. 95

Kennisgeving van wijziging gegevens

– 1. Ingeval de bijhouding waartoe een ingeschreven stuk aanleiding geeft, met betrekking tot een luchtvaartuig is voltooid en heeft geleid tot wijziging of aanvulling van de in de registratie voor luchtvaartuigen vermeld staande gegevens betreffende de eigenaars of beperkt gerechtigden, dan wel de naam van het luchtvaartuig waarop het ingeschreven feit betrekking heeft, wordt het resultaat van die bijhouding door toezending of uitreiking aan belanghebbenden bekendgemaakt.
– 2. Artikel 58, tweede lid, is voorts van overeenkomstige toepassing.

Art. 96

Onverenigbaarheid gegevens

– 1. Ingeval blijkt dat in een stuk, dat is ingeschreven in de openbare registers, bedoeld in artikel 8, eerste lid, onderdeel *a*, één of meer der in dat stuk vermelde gegevens, als bedoeld in artikel 22, eerste lid, onverenigbaar zijn met de in de registratie voor luchtvaartuigen vermeld staande gegevens ten aanzien van het luchtvaartuig waarop het in te schrijven feit betrekking heeft, vindt artikel 95 slechts toepassing voor zover bijhouding mogelijk is ingevolge de op grond van het volgende lid vast te stellen regelen.

Inschrijving stuk tot verbetering

– 2. Bij of krachtens algemene maatregel van bestuur wordt geregeld in hoeverre en op welke wijze bijhouding plaatsvindt indien een geval, als bedoeld in het eerste lid, zich voordoet, in dier voege dat de bijhouding waartoe het ingeschreven stuk aanleiding geeft, eerst wordt voltooid nadat een stuk tot verbetering, als bedoeld in artikel 42, is ingeschreven in de in artikel 8, eerste lid, onderdeel *a*, bedoelde openbare registers.
– 3. Artikel 59, derde en vierde lid, is van overeenkomstige toepassing.

Art. 97-98

Vervallen.

HOOFDSTUK 6A
Basisregistratie topografie

Art. 98a

Inhoud basisregistratie topografie

– 1. De basisregistratie topografie is toegankelijk door middel van een identificerend objectnummer of een locatie op de kaart.
– 2. De basisregistratie topografie bevat de volgende geografische objecten met hun cartografische weergave:
a. wegdeel;
b. spoorbaandeel;
c. waterdeel;
d. bebouwing;
e. terrein;
f. inrichtingselement;
g. reliëf;
h. registratief gebied;
i. geografisch gebied, en
j. functioneel gebied.
– 3. De basisregistratie topografie bevat ten aanzien van elk geografisch object als bedoeld in het tweede lid een identificerend objectnummer en beschrijvende, geometrische, cartografische, temporele en meta-kenmerken overeenkomstig de door het bestuur van de Dienst vastgestelde catalogus basisregistratie topografie. Het bestuur van de Dienst doet overeenkomstig artikel 48, zesde lid, mededeling van de vaststelling of wijziging van die catalogus en van de raadpleegbaarheid daarvan.
– 4. De geografische objecten, bedoeld in het tweede lid, worden bewerkt overeenkomstig de regels en procedures als opgenomen in de catalogus basisregistratie topografie.
– 5. De meta-kenmerken, bedoeld in het derde lid, hebben in ieder geval betrekking op de beschrijving van de oorsprong en de kwaliteit of nauwkeurigheid van de geografische objecten.

Art. 98b

Vervallen.

HOOFDSTUK 7
Verstrekking van inlichtingen; kadastraal recht

TITEL 1
Verstrekking van inlichtingen

AFDELING 1
Verstrekking van inlichtingen uit de openbare registers, de registraties, het net van coördinaatpunten en de bescheiden, bedoeld in artikel 50

Art. 99

Informatieverstrekking uit openbare registers

– 1. Desgevraagd verleent de Dienst inzage van de openbare registers en geeft hij af of zendt toe voor eensluidend gewaarmerkte afschriften of uittreksels van de in die registers ingeschreven of geboekte stukken, en getuigschriften omtrent het al dan niet bestaan van inschrijvingen of voorlopige aantekeningen betreffende een registergoed of een persoon.

– 2. Indien met betrekking tot een registergoed in het register van voorlopige aantekeningen, bedoeld in artikel 8, eerste lid, onderdeel *b*, voorlopige aantekeningen zijn gesteld die nog niet zijn doorgehaald, wordt op de getuigschriften inzake dat registergoed melding gemaakt van die nog niet doorgehaalde voorlopige aantekeningen.

Art. 100

Inzage van de basisregistratie kadaster

– 1. Desgevraagd verleent de Dienst inzage van de basisregistratie kadaster en de bescheiden, bedoeld in artikel 50, en geeft hij voor eensluidend gewaarmerkte afschriften of uittreksels daarvan af of zendt die toe.

– 2. Bij of krachtens algemene maatregel van bestuur worden regels gesteld met betrekking tot de gevallen waarin de verstrekking van inlichtingen uit de kadastrale kaarten en de daaraan ten grondslag liggende bescheiden na een verzoek daartoe in papieren vorm te velde kan plaatsvinden, en met betrekking tot de daarbij in acht te nemen regels.

– 3. Desgevraagd verstrekt de Dienst inlichtingen over het net van coördinaatpunten.

Art. 101

Informatie over schepen

– 1. Desgevraagd verleent de Dienst inzage van de registratie voor schepen en van andere documenten betreffende schepen die niet zijn ingeschreven in de openbare registers en geeft hij voor eensluidend gewaarmerkte afschriften of uittreksels daarvan af of zendt die toe.

– 2. De Dienst kan desgevraagd een verklaring afgeven, inhoudende dat een schip ten aanzien waarvan bij het desbetreffende verzoek door de betrokkene ten minste zodanige gegevens worden bekend gesteld dat de identiteit van het schip voldoende vaststaat, niet te boek staat noch heeft te boek gestaan.

Art. 102

Informatie over luchtvaartuigen

– 1. Desgevraagd verleent de Dienst inzage van de registratie voor luchtvaartuigen en van andere documenten betreffende luchtvaartuigen die niet zijn ingeschreven in de openbare registers en geeft hij voor eensluidend gewaarmerkte afschriften of uittreksels daarvan af of zendt die toe.

– 2. De Dienst kan desgevraagd een verklaring afgeven, inhoudende dat een luchtvaartuig ten aanzien waarvan bij het desbetreffende verzoek door de betrokkene ten minste het nationaliteitskenmerk en het inschrijvingskenmerk, bedoeld in artikel 3.2, eerste lid, van de Wet luchtvaart worden bekend gesteld, niet te boek staat noch heeft te boek gestaan.

Art. 102a

Inlichtingen over geografische gegevens

Desgevraagd verstrekt de Dienst inlichtingen over de geografische gegevens, bedoeld in artikel 3, eerste lid, onderdeel *f*, en verleent de Dienst inzage van de daaraan ten grondslag liggende bescheiden.

Art. 103

Verklaring van geen-wijziging

– 1. Desgevraagd geeft de Dienst een verklaring af dat sedert het tijdstip waarop een getuigschrift, afschrift of uittreksel als bedoeld in de artikelen 99 tot en met 102 door hem is afgegeven, in de daarin vermelde gegevens geen wijziging is opgetreden.

– 2. Het eerste lid is niet van toepassing op afschriften en uittreksels van de kadastrale kaart.

Art. 104

Informatieverstrekking aan overheidslichamen

– 1. Onverminderd artikel 100, eerste lid, verstrekt de Dienst desgevraagd aan gemeenten en andere publiekrechtelijke lichamen voor hun grondgebied een afschrift van de basisregistratie kadaster.

– 2. Door het bestuur van de Dienst worden in overleg met betrokkenen regels gesteld met betrekking tot de wijze waarop door de Dienst, al of niet periodiek, grote hoeveelheden gegevens uit de basisregistratie kadaster aan gemeenten en andere publiekrechtelijke lichamen worden verstrekt.

– 3. Op de verstrekking van gegevens, bedoeld in het eerste en tweede lid, zijn de artikelen 108 tot en met 110 van overeenkomstige toepassing, met dien verstande dat bij de vaststelling van de hoogte van het verschuldigde kadastraal recht rekening wordt gehouden met besparingen die voortvloeien uit het feit dat grote hoeveelheden gegevens tegelijkertijd worden verstrekt.

Art. 105

Permanente aansluiting

– 1. Bij of krachtens algemene maatregel van bestuur worden regels gesteld met betrekking tot de voorwaarden waaronder en de wijze waarop een permanente aansluiting kan worden verkregen op, voorzover in elektronische vorm gehouden, de openbare registers, de basisregistratie kadaster, de registratie voor schepen en de registratie voor luchtvaartuigen.

Gegevensverschaffing aan derden

– 2. Het bestuur van de Dienst kan aan gemeenten die beschikken over een permanente aansluiting als bedoeld in het eerste lid, desgevraagd de bevoegdheid geven daaruit gegevens aan derden te verschaffen. Bij algemene maatregel van bestuur worden regels gesteld met betrekking tot de voorwaarden waaronder een bevoegdheid als bedoeld in de eerste zin wordt verleend en de gevallen waarin de verlening van die bevoegdheid kan worden ingetrokken.

Art. 106

Inlichtingenverstrekking door bewaarder

– 1. De bewaarder is belast met de verstrekking van de inlichtingen, bedoeld in de artikelen 99, 100, eerste lid, voorzover betreffend de basisregistratie kadaster, en 101, 102 en 103.
– 2. Het bestuur van de Dienst kan andere personen behorend tot het personeel van de Dienst dan de bewaarder belasten met de verstrekking van de inlichtingen, bedoeld in het eerste lid.
– 3. Het bestuur van de Dienst wijst ambtenaren aan die belast zijn met de verstrekking van de inlichtingen, bedoeld in artikel 100, met uitzondering van inlichtingen uit de basisregistratie kadaster, en artikel 102*a*.

Art. 107

Vaststelling door Dienst

Het bestuur van de Dienst stelt vast:
a. de vorm van de afschriften, uittreksels, getuigschriften en verklaringen, bedoeld in de artikelen 99 tot en met 102*a*, alsmede de gevallen waarin de Dienst getuigschriften opmaakt;
b. de wijze en plaats van raadpleging van de openbare registers, de basisregistratie kadaster en de bescheiden, bedoeld in artikel 50, de registratie voor schepen en andere documenten betreffende schepen, de registratie voor luchtvaartuigen en andere documenten betreffende luchtvaartuigen, de geografische gegevens en de aan die gegevens ten grondslag liggende bescheiden;
c. de vorm van de verklaring, bedoeld in artikel 103, en de wijze waarop de afschriften, uittreksels en getuigschriften, bedoeld in dat artikel, worden voorzien van die verklaring;
d. de wijze waarop de waarmerking, bedoeld in de artikelen 99 tot en met 102, van in papieren vorm te verstrekken afschriften, uittreksels en getuigschriften als bedoeld in de artikelen 99 tot en met 102 plaatsvindt;
e. de wijze waarop in elektronische vorm te verstrekken getuigschriften, afschriften, uittreksels en verklaringen als bedoeld in de artikelen 99 tot en met 102 worden gewaarmerkt, waartoe zij ten minste worden voorzien van een elektronische handtekening van de bewaarder en welke waarmerking wat betreft afschriften en uittreksels mede omvat de waarmerking voor eensluidendheid;
f. de wijze waarop inlichtingen over het net van coördinaatpunten worden verstrekt, en
g. de wijze waarop inlichtingen over geografische gegevens als bedoeld in artikel 3, eerste lid, onderdeel *f*, worden verstrekt en de wijze waarop inzage wordt verleend van de aan die geografische gegevens ten grondslag liggende bescheiden.

AFDELING 2
Bepalingen in verband met de bescherming van de persoonlijke levenssfeer

Art. 107a

Buiten toepassing

– 1. Artikel 35 van de Wet bescherming persoonsgegevens is niet van toepassing ingeval de verstrekking van inlichtingen ingevolge deze titel persoonsgegevens betreft.
– 2. Een beslissing tot afwijzing van een verzoek om inlichtingen ingevolge deze titel, geldt als een besluit in de zin van de Algemene wet bestuursrecht. De artikelen 56*b*, eerste lid, en 58, eerste en tweede lid, zijn van overeenkomstige toepassing.

Art. 107b

Nadere regelgeving

Ter bescherming van de persoonlijke levenssfeer van personen die in de basisregistratie kadaster, de registratie voor schepen en in de registratie voor luchtvaartuigen vermeld staan, kunnen bij of krachtens algemene maatregel van bestuur voor daarbij aangewezen soort of soorten van persoonsgegevens beperkingen worden vastgesteld ten aanzien van de verstrekking van inlichtingen als bedoeld in de artikelen 99 tot en met 107. Daarbij kunnen tevens regels worden vastgesteld voor de behandeling van verzoeken tot afscherming van persoonsgegevens.

Art. 107c

Geautomatiseerde verwerking

De Dienst kan slechts een verzameling van persoonsgegevens verstrekken in een zodanige vorm dat daarop rechtstreeks een geautomatiseerde verwerking mogelijk is ten aanzien van een op voorhand onbepaalde groep van personen, indien dit voortvloeit uit een van de doeleinden, genoemd in artikel 2*a*, de aanvrager deze gegevens kan verwerken op één van de gronden, bedoeld in artikel 8, onder *c* tot en met *f*, van de Wet bescherming persoonsgegevens en zulks is toegestaan bij algemene maatregel van bestuur.

TITEL 2
Kadastraal recht

Art. 108

Kadastraal recht

– 1. Onder de naam van kadastraal recht zijn betrokkenen aan de Dienst wegens het verrichten door de Dienst van werkzaamheden ter uitvoering van de taken, bedoeld in artikel 3, vergoedingen verschuldigd overeenkomstig de bij regeling van Onze Minister te stellen regels.

Tarieven

– 2. De tarieven van het kadastraal recht worden tot geen hoger bedrag vastgesteld dan wordt vereist tot dekking van de ten laste van de Dienst komende kosten van het verrichten van de werkzaamheden, bedoeld in het eerste lid.

Nadere regelgeving

– 3. Het bestuur van de Dienst stelt regelen vast omtrent de wijze waarop het kadastraal recht wordt voldaan of verrekend.

Art. 109

Geen recht verschuldigd

Bij regeling van Onze Minister kunnen regels worden gesteld met betrekking tot de gevallen waarin en de verrichtingen ten aanzien waarvan in die gevallen geen kadastraal recht is verschuldigd.

Art. 110

Vrijstelling, vermindering of teruggaaf

Het bestuur van de Dienst is bevoegd om in bijzondere gevallen vrijstelling, vermindering of teruggaaf van kadastraal recht te verlenen.

HOOFDSTUK 8
Wijziging van de kadastrale aanduiding van onroerende zaken en appartementsrechten anders dan in geval van bijwerking; opnieuw vaststellen van de grootte van percelen; herstel van kennelijke misslagen begaan bij de bijwerking en van onregelmatigheden begaan bij het houden van de openbare registers

Art. 110a

Awb buiten toepassing

Op beschikkingen, genomen krachtens hoofdstuk 8 van deze wet, zijn de artikelen 4:7, 4:8 en 3:40 van de Algemene wet bestuursrecht niet van toepassing.

Art. 111

Wijziging anders dan door bijwerking

– 1. De Dienst is bevoegd om, anders dan ingevolge de bepalingen omtrent de bijwerking, bedoeld in hoofdstuk 4, in door Onze Minister te bepalen gevallen de kadastrale aanduiding van onroerende zaken en appartementsrechten te wijzigen en de grootte van percelen opnieuw vast te stellen. Het bestuur van de Dienst stelt regelen vast omtrent de wijze waarop wijzigingen, als bedoeld in de eerste zin, in de basisregistratie kadaster worden weergegeven.

Kennisgeving; bezwaar en beroep

– 2. Indien de Dienst ambtshalve de kadastrale aanduiding van een onroerende zaak of van een appartementsrecht wijzigt, als bedoeld in het eerste lid, is artikel 58, eerste lid, van overeenkomstige toepassing. Tegen deze wijziging staat generlei voorziening open.

– 3. Indien de Dienst ambtshalve de grootte van een perceel opnieuw vaststelt, als bedoeld in het eerste lid, en deze afwijkt van de in de basisregistratie kadaster vermeld staande grootte vóór de herberekening, zijn de artikelen 56*b*, eerste lid, en 58, eerste en tweede lid, van overeenkomstige toepassing.

Art. 112-115

Vervallen.

Art. 116

Wijze van herstel onregelmatigheden

Het bestuur van de Dienst stelt regels met betrekking tot de wijze waarop een vergissing, verzuim of een andere onregelmatigheid begaan door de bewaarder bij de inschrijving van stukken in de openbare registers, bij het stellen daarin van aantekeningen, bij de boeking van stukken in het register van voorlopige aantekeningen, of bij de doorhaling van voorlopige aantekeningen, wordt hersteld.

HOOFDSTUK 9
Overige en slotbepalingen

Art. 117

Aansprakelijkheid Dienst

– 1. De Dienst is jegens betrokkenen aansprakelijk voor de schade die zij lijden, doordat in strijd met de wet een inschrijving is geweigerd of geschied.

– 2. De Dienst is eveneens aansprakelijk voor alle verdere vergissingen, verzuimen, vertragingen of andere onregelmatigheden van zijn ambtenaren, gepleegd bij het houden van de openbare registers of bij het opmaken of afgeven van afschriften, uittreksels en getuigschriften.

– 3. De Dienst is jegens betrokkenen aansprakelijk voor vergissingen, verzuimen of andere onregelmatigheden door de Dienst gepleegd bij het bijwerken van de basisregistratie kadaster en de bescheiden, bedoeld in artikel 50, alsmede van de registratie voor schepen en de registratie voor luchtvaartuigen.

– 4. De Dienst is eveneens aansprakelijk voor alle vergissingen, verzuimen of andere onregelmatigheden van de Dienst, begaan bij het in papieren vorm en in elektronische vorm verstrekken van inlichtingen uit de basisregistratie kadaster en de bescheiden, bedoeld in artikel 50, alsmede uit de registratie voor schepen en de registratie voor luchtvaartuigen.

– 5. De Dienst is aansprakelijk voor schade die is veroorzaakt door een vergissing, verzuim of een andere onregelmatigheid door hem begaan bij:

a. het vervaardigen, verzamelen, houden en bijwerken van geografische gegevens en het uniform en consistent cartografisch weergeven van die gegevens, bedoeld in artikel 3, eerste lid, onderdelen *f* en g, en

b. het in papieren vorm en in elektronische vorm verstrekken van inlichtingen omtrent geografische gegevens, bedoeld in artikel 3, eerste lid, onderdelen g en *j*.

– 6. De Dienst is aansprakelijk voor de schade die is veroorzaakt door een vergissing, verzuim of andere onregelmatigheid van de Dienst, door hem begaan bij de registratie, bedoeld in artikel 6 van de Wet informatie-uitwisseling ondergrondse netten, en de uitwisseling of de verstrekking van gegevens, bedoeld in de artikelen 9, 11, 12, 15, 17 en 18 van die wet. De Dienst is niet aansprakelijk voor schade die voortvloeit uit het door de Dienst verstrekken van informatie die afkomstig is van derden en inhoudelijk onjuist blijkt te zijn, of het niet tijdig ontvangen of kunnen verstrekken van informatie die afkomstig is van derden door handelen of nalaten van die derden.

– 7. De Dienst is aansprakelijk voor de schade die is veroorzaakt door een vergissing, verzuim, vertraging of andere onregelmatigheid van de Dienst, door hem begaan bij het beheren van de landelijke voorziening, bedoeld in artikel 10, eerste lid, van de Wet kenbaarheid publiekrechtelijke beperkingen onroerende zaken, dan wel bij het verlenen van inzage in de gegevens uit die voorziening. De Dienst is niet aansprakelijk voor schade die voortvloeit uit het door de Dienst verstrekken van gegevens die afkomstig zijn van derden en inhoudelijk onjuist blijken te zijn, of het niet tijdig ontvangen of kunnen verstrekken van gegevens die afkomstig zijn van derden door handelen of nalaten van die derden.

– 8. Het bestuur van de Dienst kan regels stellen met betrekking tot de aansprakelijkheid voor de gevolgen van storingen in de middelen die de Dienst gebruikt bij elektronische gegevens uitwisseling als bedoeld in deze wet.

Art. 118

Plaatsing in Staatscourant

– 1. Door het bestuur van de Dienst te nemen beslissingen en te stellen regels als bedoeld in deze wet, worden geplaatst in de *Staatscourant*.

– 2. Het eerste lid is niet van toepassing op de beslissingen, bedoeld in de artikelen 6, 7, tweede tot en met vierde lid, 8, derde lid, derde zin, 9, derde, vierde en zesde lid, 9*a*, 11*a*, tweede lid, tweede zin, derde lid, tweede zin, en vierde lid, tweede zin, 11*b*, achtste lid, 11*c*, tweede en derde lid, 12, eerste lid, tweede zin, 13, eerste lid, tweede zin, en tweede lid, derde zin, 14, 17, eerste lid, onderdeel *a*, 46, derde lid, tweede zin, 82, 107, onderdelen *a* en *c* tot en met *e*, 110 en op de regels, bedoeld in de artikelen 8, tweede lid, eerste en vierde zin, en 17, eerste lid, onderdeel *b*.

Art. 118a

Nadere regelgeving

Indien in deze wet geregelde of daarmee verband houdende onderwerpen in het belang van een goede uitvoering van deze wet of in het belang van de uitvoering van een voor Nederland verbindend besluit van de Raad van de Europese Unie of de Commissie van de Europese Gemeenschappen regeling of nadere regeling behoeven, kan deze geschieden bij algemene maatregel van bestuur.

Art. 119

Citeertitel

– 1. Deze wet kan worden aangehaald als 'Kadasterwet'.

Inwerkingtreding

– 2. Zij treedt in werking op een door Ons te bepalen tijdstip.

Regeling van 17 maart 2000

[Inwerkingtreding: 01-09-2001]

De Sociaal-Economische Raad,
gelet op artikel 2 van de Wet op de bedrijfsorganisatie,
overwegende, dat de raad als orgaan van het bedrijfsleven op 15 mei 1970 een besluit heeft vastgesteld, houdende gedragsregels die bij het voorbereiden en tot stand brengen van fusies van ondernemingen in acht dienen te worden genomen,
overwegende, dat de raad dit besluit op 25 juni 1971 heeft ingetrokken en doen vervangen door een nieuw besluit, houdende gedragsregels in acht te nemen bij het voorbereiden en uitbrengen van een openbaar bod op aandelen en het voorbereiden en tot stand brengen van een fusie of een overneming van een onderneming,
overwegende, dat de raad op 21 november 1975 dit besluit heeft ingetrokken en doen vervangen door een nieuw besluit, het SER-besluit Fusiegedragsregels 1975, houdende gedragsregels in acht te nemen bij het voorbereiden en uitbrengen van een openbaar bod op aandelen en het voorbereiden en het tot stand komen van fusies van ondernemingen,
overwegende, dat de raad in zijn advies Herziening van de fusiecode van 16 februari 1996 heeft uitgesproken het wenselijk te achten dat een herziening van de Fusiegedragsregels 1975[1] plaatsvindt – onder meer – door:
– de regels ter bescherming van de belangen van de aandeelhouders onder te brengen in een regeling bij of krachtens wet en het toezicht op de naleving daarvan op te dragen aan een onafhankelijk toezichthoudend orgaan;
– de regels ter bescherming van de belangen van de werknemers te verbeteren en te doen voorzien van een wettelijke grondslag mede met het oog op de door de raad wenselijk geachte uitbreiding van de werkingssfeer van de gedragsregels naar de non-profitsector, het vrije beroep en de overheid, en het ambtshalve toezicht op de naleving van deze regels door de Commissie voor Fusieaangelegenheden te vervangen door een klachtprocedure bij een in te stellen SER-Geschillencommissie Fusiegedragsregels;
overwegende, dat het kabinet – met het oog op zijn nadere besluitvorming over de door de raad gewenste wettelijke basis voor de gedragsregels ter bescherming van de belangen van werknemers – de raad heeft verzocht de herziening van de fusiecode ter hand te nemen en daarbij ervan uit te gaan dat deze niet zal gaan gelden voor de overheidssector,
overwegende dat de raad zijn Commissie Herziening Fusiecode heeft gevraagd deze herziening voor te bereiden,
overwegende, dat de organisaties van ondernemers en van werknemers, welke zijn aangewezen tot het benoemen van leden van de raad, bereid zijn hun medewerking te blijven verlenen aan de bevordering van de naleving van de gedragsregels, zoals deze na de wijzigingen zullen luiden,
besluit op te stellen en af te kondigen de volgende gedragsregels ter bescherming van de belangen van werknemers in acht te nemen bij het voorbereiden en tot stand brengen van fusies van ondernemingen:

§ 1. Definities

Art. 1

Onderneming

– 1. In dit hoofdstuk wordt verstaan onder:
a. onderneming:
elk in de maatschappij als zelfstandige eenheid optredend organisatorisch verband, waarin krachtens arbeidsovereenkomst of krachtens publiekrechtelijke aanstelling arbeid wordt verricht;
b. ondernemer:
de natuurlijke persoon of de rechtspersoon die een onderneming in stand houdt;
c. samenstel van ondernemingen:
twee of meer ondernemingen die in stand worden gehouden:
i door één ondernemer;
ii door twee of meer ondernemers die met elkaar zijn verbonden in een groep in de zin van artikel 2:24*b* van het Burgerlijk Wetboek (BW);
iii door twee of meer ondernemers op basis van een onderlinge regeling tot samenwerking;

1 Laatstelijk gewijzigd bij besluit van de raad van 21 december 1990, in werking getreden op 15 januari 1991.

d. fusie:
verkrijging of overdracht van de zeggenschap, direct of indirect, over een onderneming of een onderdeel daarvan, als mede de vorming van een samenstel van ondernemingen;
e. verenigingen van werknemers:
verenigingen met volledige rechtsbevoegdheid die krachtens hun statuten tot doel hebben de belangen van hun leden als werknemers te behartigen en:
i van wier kandidatenlijst bij de laatstgehouden verkiezingen ten minste één lid is gekozen in de ondernemingsraad van een bij de fusie betrokken in Nederland gevestigde onderneming, of
ii welke betrokken zijn bij een regeling van lonen en andere arbeidsvoorwaarden die geldt voor een bij de fusie betrokken in Nederland gevestigde onderneming, of
iii waarvan is gebleken dat zij in de twee voorafgaande kalenderjaren als zodanig regelmatig werkzaam zijn geweest ten behoeve van hun leden in een bij de fusie betrokken in Nederland gevestigde onderneming.
– 2. Indien de gedragsregels ingevolge het bepaalde in artikel 2, tweede lid, op een onderneming van toepassing zijn, worden – in afwijking van de omschrijving van 'verenigingen van werknemers' in het vorige lid onder *e* – als verenigingen van werknemers aangemerkt: verenigingen met volledige rechtsbevoegdheid die krachtens hun statuten tot doel hebben de belangen van hun leden als werknemers te behartigen en welke partij zijn bij die collectieve arbeidsovereenkomst.

§ 2. Werkingssfeer

Art. 2

Omvangseis

– 1. De in paragraaf 3 opgenomen gedragsregels dienen in acht te worden genomen:
a. indien bij een fusie ten minste één in Nederland gevestigde onderneming is betrokken waarin in de regel 50 of meer werknemers werkzaam zijn;
b. indien een bij een fusie betrokken onderneming deel uitmaakt van een samenstel van ondernemingen en in de daartoe behorende in Nederland gevestigde ondernemingen tezamen in de regel 50 of meer werknemers werkzaam zijn.
– 2. Bij collectieve arbeidsovereenkomst kunnen de gedragsregels van toepassing worden verklaard op andere dan de in het eerste lid bedoelde ondernemingen.
– 3. De in paragraaf 3 opgenomen gedragsregels gelden niet indien:
a. alle bij de fusie betrokken ondernemingen behoren tot een samenstel van ondernemingen;
b. de fusie berust op het personen-, familie-, faillissements- of erfrecht;
c. bij de onderneming of de gezamenlijke ondernemingen waarin de zeggenschap door fusie overgaat in de regel minder dan 10 werknemers werkzaam zijn;
d. de fusie niet tot de Nederlandse rechtssfeer behoort.

§ 3. De gedragsregels

Art. 3

Kennisgeving vereniging van werknemers

– 1. Vóórdat over de voorbereiding of totstandkoming van een fusie een openbare mededeling wordt gedaan, worden de verenigingen van werknemers van de inhoud daarvan in kennis gesteld.
– 2. Indien een algemeen voor het effectenverkeer geldend voorschrift zich tegen voorafgaande kennisgeving verzet, vindt, in afwijking van lid 1, de kennisgeving aan de verenigingen van werknemers plaats uiterlijk op het moment waarop de openbare mededeling wordt gedaan.
– 3. De verplichtingen bedoeld in de voorgaande leden rusten op degenen op wie verplichtingen worden gelegd in de artikelen 4, 5 en 6.

Art. 4

Tijdstip

– 1. Voordat zij overeenstemming over een fusie bereiken, geven partijen van de voorbereiding van de fusie kennis aan de verenigingen van werknemers en geven zij gevolg aan hetgeen in de volgende leden van dit artikel is bepaald.
– 2. Partijen verstrekken aan de verenigingen van werknemers een uiteenzetting inzake de motieven voor de fusie, de voornemens met betrekking tot het in verband daarmee te voeren ondernemingsbeleid alsmede de in dat kader te verwachten sociale, economische en juridische gevolgen van de fusie en de in samenhang daarmee voorgenomen maatregelen. De bedoelde uiteenzetting wordt schriftelijk verstrekt, tenzij met de verenigingen van werknemers anders is overeengekomen.
– 3. Partijen stellen de verenigingen van werknemers in de gelegenheid hun oordeel te geven over de in voorbereiding zijnde fusie vanuit het gezichtspunt van het werknemersbelang.
– 4. Partijen stellen de verenigingen van werknemers in de gelegenheid in een bespreking aandacht te besteden aan:

a. de grondslagen van het in verband met de fusie te voeren ondernemingsbeleid met inbegrip van de sociale, economische en juridische aspecten daarvan;
b. de grondslagen van maatregelen tot het voorkomen, wegnemen of verminderen van eventuele nadelige gevolgen voor de werknemers, waaronder het verstrekken van financiële tegemoetkomingen;
c. het tijdstip en de wijze waarop het personeel zal worden ingelicht;
d. de verslaggeving van de in het kader van dit artikel gevoerde bespreking(en), met dien verstande dat eventueel gemaakte verslagen aan ieder van de deelnemers aan de betrokken bespreking(en) worden verstrekt.
– 5. Partijen verstrekken desgevraagd over de in lid 2 en lid 4 genoemde onderwerpen aan de verenigingen van werknemers nadere gegevens, voorzover die gegevens voor hun oordeelsvorming redelijkerwijs nodig moeten worden geacht en voorzover de verstrekking ervan redelijkerwijs kan worden gevergd.
– 6. Partijen geven aan de voorgaande leden op zodanige wijze uitvoering dat het oordeel van de verenigingen van werknemers van wezenlijke invloed kan zijn op het al dan niet totstandkomen van de fusie en op de modaliteiten daarvan.
– 7. Partijen stellen de betrokken ondernemingsraden in de gelegenheid kennis te nemen van het in lid 6 bedoelde oordeel van de verenigingen van werknemers, opdat die ondernemingsraden daarmee rekening kunnen houden bij het uitbrengen van een advies als bedoeld in artikel 25 van de Wet op de ondernemingsraden (WOR).
– 8. Met partijen in de zin van dit artikel zijn bedoeld de natuurlijke en/of rechtspersonen die partij zullen zijn bij de overeenkomst die strekt tot het tot stand brengen van de fusie. De in de voorgaande leden bedoelde verplichtingen ten opzichte van de verenigingen van werknemers rusten op ieder van deze partijen.

Art. 5

Vijandig bod

– 1. De bieder die het voornemen heeft om, anders dan op grond van overeenstemming als bedoeld in artikel 4 lid 1, door middel van een openbaar bod een fusie tot stand te brengen, geeft overeenkomstige toepassing aan artikel 4.
– 2. De bieder geeft het bestuur van de n.v. op de aandelen waarvan het bod zal worden uitgebracht ten minste vijftien dagen vóór het uitbrengen van het bod schriftelijk kennis van zijn voornemen.
– 3. Het in lid 2 bedoelde bestuur geeft overeenkomstige toepassing aan artikel 4, vóórdat het zijn standpunt met betrekking tot het bod openbaar bekend maakt of aan de aandeelhouders meedeelt.

Art. 6

Geleidelijke aankoop ter beurze van aandelen

– 1. Degene die voornemens is door middel van geleidelijke aankoop ter beurze van (rechten op) aandelen een fusie tot stand te brengen, geeft overeenkomstige toepassing aan artikel 4.
– 2. Het bepaalde in artikel 5 lid 2 is van overeenkomstige toepassing.

§ 4. *Geheimhouding*

Art. 7

Geheimhoudingsplicht

– 1. Over de kennisgeving als bedoeld in artikel 4 lid 1, dienen de verenigingen van werknemers geheimhouding te betrachten, tenzij het tegendeel schriftelijk aan hen is meegedeeld.
– 2. Ten aanzien van gegevens die in het kader van artikel 4 moeten worden verstrekt geldt een geheimhoudingsplicht indien aan de verenigingen van werknemers vóór het verstrekken van die gegevens schriftelijk geheimhouding is verzocht.
– 3. Een vereniging van werknemers kan binnen drie werkdagen na verzending van het in lid 2 bedoelde verzoek de geheimhouding afwijzen. Ten opzichte van de vereniging van werknemers die dat doet, behoeven de in artikel 4 vermelde, respectievelijk de in de artikelen 5 en 6 van overeenkomstige toepassing verklaarde gedragsregels niet in acht te worden genomen, tenzij zij tijdig en schriftelijk alsnog geheimhouding aanvaardt. Een vereniging van werknemers die niet binnen de boven genoemde termijn geheimhouding afwijst, wordt verondersteld deze te aanvaarden.
– 4. Omtrent het tijdstip waarop de in de leden 1 en 2 bedoelde geheimhoudingsplichten geheel of gedeeltelijk een einde nemen, wordt in onderling overleg beslist. Leidt het overleg niet tot overeenstemming, dan beslist op verzoek van een der partijen de Geschillencommissie Fusiegedragsregels, als bedoeld in paragraaf 6.
– 5. In afwijking van lid 4 wordt over het opheffen van de geheimhoudingsplicht met betrekking tot uitdrukkelijk als vertrouwelijk verstrekte technische of economische gegevens uitsluitend beslist door degene die deze gegevens heeft verstrekt. De Geschillencommissie bedoeld in het vorige lid kan bij onredelijk gebruik van deze afwijkende regeling op verzoek de geheimhoudingsplicht geheel of ten dele opheffen.

§ 5. Melding van fusies aan de SER

Art. 8

Melding

– 1. Tezelfdertijd dat degene die aan de verenigingen van werknemers de in artikel 4 lid 1 bedoelde kennisgeving doet, of zou moeten doen indien een vereniging van werknemers aanwezig zou zijn, zendt deze een overeenkomstige kennisgeving aan het secretariaat van de Sociaal-Economische Raad, hierna te noemen de raad.

– 2. Het secretariaat van de raad heeft tot taak te bevorderen dat de in artikel 4 lid 1 bedoelde kennisgeving wordt gedaan en kan de inlichtingen verlangen die het voor de uitvoering van deze taak nodig heeft.

§ 6. De Geschillencommissie Fusiegedragsregels

Art. 9

Taak geschillencommissie

– 1. Er is een commissie van de raad ter behandeling van geschillen over de naleving van de fusiegedragsregels.

– 2. De commissie is genaamd 'Geschillencommissie Fusiegedragsregels'.

– 3. De commissie wordt hierna aangeduid als 'de geschillencommissie'.

Art. 10

Samenstelling

– 1. De geschillencommissie bestaat uit vijf leden en vijf plaatsvervangende leden. De artikelen 5 en 9 van de Wet op de bedrijfsorganisatie zijn van overeenkomstige toepassing. De in lid 2 bedoelde leden hebben geen persoonsgebonden plaatsvervanger; de in lid 5 bedoelde leden wel.

– 2. Drie leden en drie plaatsvervangende leden zijn onafhankelijke juristen. Deze leden kunnen geen (plaatsvervangend) lid zijn van de raad. De raad kan overigens regels stellen omtrent de verenigbaarheid van het lidmaatschap van de geschillencommissie met andere functies.

– 3. De leden en de plaatsvervangende leden worden benoemd door de raad.

– 4. De raad benoemt uit de in lid 2 bedoelde leden de voorzitter van de geschillencommissie. De beide andere in lid 2 bedoelde leden fungeren als plaatsvervangend voorzitter.

– 5. Voor de benoeming van de overige leden en plaatsvervangende leden stelt de raad voor het ene (plaatsvervangend) lid de daarvoor naar zijn oordeel in aanmerking komende organisaties van ondernemers gezamenlijk en voor het andere (plaatsvervangend) lid de daarvoor naar zijn oordeel in aanmerking komende organisaties van werknemers gezamenlijk in de gelegenheid een voordracht te doen.

Art. 11

Benoeming voorzitter en (plaatsvervangende) leden

– 1. De voorzitter, de leden en de plaatsvervangende leden van de geschillencommissie worden benoemd voor een periode van vier jaar.
Zij kunnen terstond opnieuw worden benoemd.

– 2. Op voordracht van de geschillencommissie kan de raad een lid van de geschillencommissie, wiens handelen of nalaten ernstig nadeel toebrengt aan de goede gang van zaken bij de geschillencommissie of aan het in haar gestelde vertrouwen, tussentijds ontslaan.

Art. 12

Machtiging dagelijks bestuur tot uitoefening bevoegdheden raad

De raad kan zijn dagelijks bestuur machtigen namens hem toepassing te geven aan artikel 10 leden 3, 4 en 5 en artikel 11 lid 2.

Art. 13

Verschoningsrecht lid geschillencommissie

Een lid van de geschillencommissie verschoont zich indien te zijnen aanzien sprake is van feiten of omstandigheden waardoor een onpartijdige behandeling van het geschil schade zou kunnen lijden. In zijn plaats treedt dan een plaatsvervangend lid van de geschillencommissie op.

Art. 14

Wraking leden geschillencommissie

– 1. Partijen kunnen een of meer leden van de geschillencommissie wraken op grond van feiten of omstandigheden waardoor een onpartijdige behandeling van het geschil schade zou kunnen lijden.

– 2. De wraking dient zo spoedig mogelijk met redenen omkleed bij de geschillencommissie aanhangig te worden gemaakt.

– 3. Indien het gewraakte lid van de geschillencommissie niet in de wraking berust, beslissen de overige leden van de geschillencommissie onverwijld over de opgeworpen wraking, gehoord het gewraakte lid en de partij(en) die om wraking hebben verzocht.

– 4. De beslissing is gemotiveerd en wordt onverwijld aan de partij(en) die om wraking hebben verzocht en de andere partij(en) meegedeeld.

– 5. Staken de stemmen bij een beslissing als bedoeld in het vorige lid, dan wordt de wraking geacht te zijn toegewezen.

– 6. In geval van berusting in of toewijzing van het wrakingsverzoek treedt in de plaats van het gewraakte lid een plaatsvervangend lid in de zaak op.

Art. 15

Geheimhoudingsplicht

– 1. De leden van de geschillencommissie en hun plaatsvervangers zijn verplicht tot geheimhouding van alle zaken- en bedrijfsgeheimen welke zij in hun hoedanigheid vernemen.

– 2. Zij zijn voorts verplicht tot geheimhouding van alle aangelegenheden ten aanzien waarvan de voorzitter van de geschillencommissie hun geheimhouding heeft opgelegd of waarvan zij het vertrouwelijk karakter moeten begrijpen.

Art. 16

Bijstand secretariaat

– 1. De geschillencommissie wordt bijgestaan door een secretariaat.

– 2. De secretaris van de geschillencommissie en de overige leden van haar secretariaat worden benoemd door de algemeen secretaris van de raad.

– 3. Op de leden van het secretariaat is artikel 15 van overeenkomstige toepassing.

§ 7. De procedure bij de geschillencommissie

Art. 17

Behandeling geschil door kamer

– 1. Indien de aard van een haar voorgelegd geschil zulks toelaat, kan de geschillencommissie de behandeling ervan opdragen aan een uit drie van haar leden te vormen kamer.

– 2. De geschillencommissie kan nadere regels stellen betreffende haar werkwijze. Deze regels mogen niet strijdig zijn met de bepalingen van dit besluit.

– 3. De geschillencommissie kan nadere regels stellen betreffende de werkwijze van haar secretariaat. Deze regels behoeven de goedkeuring van de algemeen secretaris van de raad.

– 4. De in lid 2 bedoelde regels omtrent de werkwijze van de geschillencommissie en de in lid 3 bedoelde regels omtrent de werkwijze van haar secretariaat worden opgenomen in het 'Reglement werkwijze Geschillencommissie Fusiegedragsregels'.

Art. 18

Aanhangig maken geschil

– 1. Bij de geschillencommissie kunnen geschillen slechts aanhangig worden gemaakt door een of meer verenigingen van werknemers en door een of meer bij de totstandbrenging van de fusie betrokken partijen.

– 2. Een vereniging van werknemers kan bij de geschillencommissie een geschil aanhangig maken over de niet- of niet behoorlijke naleving van de fusiegedragsregels door een of meer bij de totstandbrenging van de fusie betrokken partijen.

– 3. Een bij de totstandbrenging van een fusie betrokken partij kan bij de geschillencommissie een geschil aanhangig maken over de niet- of niet behoorlijke naleving van de fusiegedragsregels door een of meer verenigingen van werknemers.

– 4. Als bij de totstandbrenging van de fusie betrokken partijen worden beschouwd degenen die bedoeld worden in artikel 3 lid 3.

Art. 19

Verzoekschrift

Het geschil wordt aanhangig gemaakt bij verzoekschrift, binnen een maand nadat de niet- of niet behoorlijke naleving van de fusiegedragsregels aan de verzoeker is gebleken of redelijkerwijs had kunnen blijken.

Art. 20

Inhoud verzoekschrift

– 1. Een verzoekschrift bevat:

a. de naam en de woonplaats of vestigingsplaats van de verzoekende partij of partijen;

b. de naam en de woonplaats of de vestigingsplaats van de als verweerder aan te merken partij of partijen;

c. een omschrijving van de omstandigheden die tot het geschil aanleiding hebben gegeven en de conclusies die daaruit door de verzoekende partij of partijen worden getrokken;

d. een aanduiding van de beslissing die aan de geschillencommissie wordt gevraagd.

– 2. Indien het verzoekschrift wordt ingediend door een gemachtigde van de verzoekende partij, niet zijnde een advocaat of procureur, moet bij het verzoekschrift een machtiging zijn gevoegd.

Art. 21

Ontvankelijkheid

– 1. Na ontvangst van het verzoekschrift gaat de voorzitter van de geschillencommissie na of de verzoekende partij ontvankelijk is.

– 2. De voorzitter kan de verzoekende partij schriftelijk en gemotiveerd niet-ontvankelijk te verklaren.

– 3. De secretaris van de geschillencommissie zendt een afschrift van de beslissing van de voorzitter tot niet-ontvankelijkverklaring aan de verzoekende partij of partijen en aan de verwerende partij of partijen.

– 4. Tegen de beslissing, vermeld in het voorgaande lid, kan de verzoeker binnen 14 dagen na de verzending van het afschrift verzet doen bij de geschillencommissie.

– 5. De geschillencommissie verklaart bij schriftelijke en gemotiveerde beslissing het verzet gegrond of ongegrond. Indien het verzet gegrond wordt verklaard, vervalt de beslissing van de voorzitter.

– 6. De secretaris van de geschillencommissie zendt een afschrift van de beslissing van de geschillencommissie terzake van het verzet aan de verzoekende partij of partijen en aan de verwerende partij of partijen.

Art. 22

Schriftelijke behandeling

– 1. De secretaris van de geschillencommissie zendt een afschrift van het verzoekschrift aan de als verweerder aan te merken partij of partijen.

– 2. Binnen een maand nadat het verzoekschrift in afschrift is toegezonden kan door de verwerende partij of partijen bij de geschillencommissie een schriftelijk en gemotiveerd verweerschrift worden ingediend.

– 3. Indien het verweerschrift wordt ingediend door een gemachtigde, niet zijnde een advocaat of procureur, moet bij het verzoekschrift een machtiging worden gevoegd.

– 4. De secretaris zendt terstond een afschrift van het verweerschrift aan de verzoekende partij of partijen.

Art. 23

Mondelinge behandeling

– 1. Zo spoedig mogelijk na de schriftelijke behandeling als bedoeld in het vorige artikel houdt de geschillencommissie een mondelinge behandeling in de zaak.

– 2. De secretaris van de geschillencommissie stelt ieder der partijen tijdig in kennis van plaats, datum en tijdstip van de mondelinge behandeling.

Art. 24

Verstrekken nadere gegevens

– 1. De geschillencommissie kan in iedere stand van de procedure een of meer partijen verzoeken schriftelijk nadere gegevens te verstrekken.

– 2. De secretaris van de geschillencommissie zendt een afschrift van het desbetreffende verzoek, alsmede van de aan de geschillencommissie verstrekte schriftelijke gegevens, aan de andere partij of partijen.

Art. 25

Opleggen van geheimhouding

– 1. Op verzoek van een partij kan de geschillencommissie met betrekking tot gegevens die aan de andere partij of partijen hetzij schriftelijk, hetzij tijdens de mondelinge behandeling worden verstrekt, geheimhouding opleggen.

– 2. Bij het verzoek dient te worden aangegeven van welke gegevens geheimhouding wordt verzocht.

Art. 26

Zelf verschijnen of optreden bij gemachtigde

Tijdens de mondelinge behandeling in de zaak voor de geschillencommissie kunnen partijen zelf verschijnen en optreden dan wel bij gemachtigde. Partijen kunnen zich laten bijstaan door een advocaat of andere adviseur.

Art. 27

Voorlichting door getuigen en deskundigen

– 1. De geschillencommissie kan zich tijdens de mondelinge behandeling laten voorlichten door getuigen en/of deskundigen.

– 2. Partijen kunnen tijdens de mondelinge behandeling getuigen en/of deskundigen door de geschillencommissie doen horen, mits zij dit voornemen ten minste een week vóór de zitting aan de geschillencommissie en aan de andere partij of partijen hebben kenbaar gemaakt.

– 3. Partijen en hun advocaat of adviseur zijn bevoegd ter zitting vragen te stellen aan de getuigen en/of deskundigen in het eerste en in het tweede lid bedoeld.

Art. 28

Openbaarheid

– 1. De mondelinge behandeling voor de geschillencommissie is openbaar.

– 2. De geschillencommissie kan bepalen dat de behandeling van de zaak geheel of gedeeltelijk met gesloten deuren plaatsvindt indien een openbare behandeling een goede rechtspleging of de belangen van de betrokkene(n) ernstig zou schaden.

Art. 29

Termijnen

De geschillencommissie kan van de in deze en de volgende paragraaf genoemde termijnen afwijken en eveneens aan partijen afwijking toestaan. Zij draagt er zorg voor dat een redelijke termijn van afhandeling van het geschil verzekerd blijft.

§ 8. De beslissing van de geschillencommissie

Art. 30

Schriftelijke beslissing

– 1. Zo spoedig mogelijk nadat de geschillencommissie de behandeling van de zaak heeft gesloten, neemt zij een beslissing, die schriftelijk wordt vastgelegd.

– 2. De beslissing wordt genomen bij meerderheid van stemmen.

Art. 31

Motivering

De beslissing van de geschillencommissie wordt met redenen omkleed en houdt de gronden in waarop zij rust.

Art. 32

Niet naar behoren naleven fusiegedragsregels

– 1. Indien de geschillencommissie het door een vereniging van werknemers ingediende be-

zwaar gegrond bevindt, beslist zij dat een bij de totstandbrenging van een fusie betrokken partij een of meer van de fusiegedragsregels niet of niet naar behoren heeft nageleefd.
– 2. Indien de geschillencommissie het door een bij de totstandbrenging van een fusie betrokken partij ingediende bezwaar gegrond bevindt, beslist zij dat een vereniging van werknemers een of meer van de fusiegedragsregels niet of niet naar behoren heeft nageleefd.
– 3. Zowel in het in lid 1 als in het in lid 2 bedoelde geval kan de geschillencommissie oordelen dat de niet-naleving of niet behoorlijke naleving een ernstig karakter draagt en in ernstige mate verwijtbaar is.

Art. 33

Afschrift beslissing

– 1. Binnen een week nadat de geschillencommissie haar beslissing heeft genomen, zendt de secretaris een afschrift daarvan aan alle partijen.
– 2. De beslissing van de geschillencommissie is openbaar.
– 3. Op grond van door haar te beoordelen zwaarwegende belangen kan de geschillencommissie de namen van partijen of andere onderdelen weglaten in de beslissing als bedoeld in het eerste en tweede lid.

§ 9. Slotbepalingen

Art. 34

Intrekking SER-besluit Fusiegedragsregels 1975

Het SER-besluit Fusiegedragsregels 1975 wordt ingetrokken.

Art. 35

Citeertitel en inwerkingtreding

– 1. Dit besluit kan worden aangehaald als SER-besluit Fusiegedragsregels 2000.
– 2. Het treedt in werking op een door de voorzitter van de Sociaal-Economische Raad te bepalen datum[1].

1 1 september 2001.

II.30 VERORDENING (EEG) NR. 2137/85 TOT INSTELLING VAN EUROPESE ECONOMISCHE SAMENWERKINGSVERBANDEN (EESV)

Verordening van de Raad van 25 juli 1985, PbEG L 199, tot instelling van Europese economische samenwerkingsverbanden (EESV)

[Inwerkingtreding: 03-08-1985]

DE RAAD VAN DE EUROPESE GEMEENSCHAPPEN,
Gelet op het Verdrag tot oprichting van de Europese Economische Gemeenschap, inzonderheid op artikel 235,
Gezien het voorstel van de Commissie (1),
Gezien het advies van het Europese Parlement (2),
Gezien het advies van het Economisch en Sociaal Comité (3),
Overwegende dat een harmonische ontwikkeling van de economische bedrijvigheid en een gestadige en evenwichtige expansie in de gehele Gemeenschap afhankelijk zijn van de totstandkoming en de goede werking van een gemeenschappelijke markt die soortgelijke voorwaarden biedt als een nationale markt; dat het voor de verwezenlijking van deze éne markt en het hechter maken van de eenheid ervan met name wenselijk is dat voor natuurlijke personen, vennootschappen en andere juridische lichamen een juridisch kader wordt ingesteld dat de aanpassing van hun werkzaamheden aan de economische omstandigheden in de Gemeenschap vergemakkelijkt; dat het hiertoe noodzakelijk is dat deze natuurlijke personen, vennootschappen en andere juridische lichamen daadwerkelijk kunnen samenwerken over de grenzen heen;
Overwegende dat een dergelijke samenwerking kan stuiten op moeilijkheden van juridische, fiscale of psychologische aard; dat de instelling van een geschikte communautaire rechtsfiguur in de vorm van een Europees economisch samenwerkingsverband bijdraagt tot de verwezenlijking van de bovenvermelde doelstellingen en derhalve noodzakelijk lijkt;
Overwegende dat het Verdrag niet voorziet in de specifieke bevoegdheden voor het instellen van een dergelijke rechtsfiguur;
Overwegende dat het samenwerkingsverband zich aan de economische omstandigheden moet kunnen aanpassen door de leden een grote mate van vrijheid te laten voor het regelen van hun contractuele betrekkingen en het inwendig bestel van het samenwerkingsverband;
Overwegende dat het verschil tussen een samenwerkingsverband en een vennootschap in hoofdzaak is gelegen in zijn doel, dat alleen bestaat in het vergemakkelijken of ontwikkelen van de economische werkzaamheid van zijn leden, zodat dezen aldus hun eigen resultaten kunnen verbeteren; dat de werkzaamheid van het samenwerkingsverband, gezien zijn ondersteunende karakter, moet samenhangen met en niet in de plaats mag treden van de economische werkzaamheid van zijn leden en het verband derhalve bij voorbeeld niet zelf ten aanzien van derden een vrij beroep mag uitoefenen, waarbij het begrip economische werkzaamheid in de ruimste zin moet worden uitgelegd;
Overwegende dat de toegang tot het samenwerkingsverband, met inachtneming van de doelstellingen van deze verordening, zo ruim mogelijk moet zijn voor natuurlijke personen, vennootschappen en andere juridische lichamen; dat deze verordening evenwel de toepassing, op nationaal niveau, van de wettelijke en/of deontologische voorschriften inzake de voorwaarden voor de uitoefening van een economische werkzaamheid of van een beroep onverlet laat;
Overwegende dat deze verordening als zodanig niet het recht verleent aan een samenwerkingsverband deel te nemen, ook niet wanneer aan de in de verordening vervatte voorwaarden is voldaan;
Overwegende dat de bij deze verordening verleende bevoegdheid om de deelneming aan samenwerkingsverbanden om redenen van algemeen belang te verbieden of te beperken, geen afbreuk doet aan wetten van Lid-Staten die de uitoefening van werkzaamheden regelen en die andere verbodsbepalingen of beperkingen kunnen bevatten of anderszins controle of toezicht kunnen inhouden op deelneming aan een samenwerkingsverband van natuurlijke personen, vennootschappen of andere juridische lichamen, of van welke categorie daarvan ook;
Overwegende dat aan het samenwerkingsverband, met het oog op de verwezenlijking van zijn doel, een eigen rechtsbevoegdheid moet worden verleend en dat moet worden voorzien in een rechtens van de leden van het samenwerkingsverband onderscheiden orgaan dat het jegens derden vertegenwoordigt;

(1) *PB* nr. C 14 van 15. 2. 1974, blz. 30, en *PB* nr. C 103 van 28. 4. 1978, blz. 4.
(2) *PB* nr. C 163 van 11. 7. 1977, blz. 17.
(3) *PB* nr. C 108 van 15. 5. 1975, blz. 46.

Overwegende dat het voor de bescherming van derden noodzakelijk is te zorgen voor een ruime mate van openbaarheid en een onbeperkte en hoofdelijke aansprakelijkheid van de leden voor de schulden van het samenwerkingsverband, met inbegrip van schulden op het gebied van belastingen en sociale zekerheid, zonder dat dit beginsel evenwel afbreuk doet aan de vrijheid om bij een bijzondere overeenkomst tussen het samenwerkingsverband en een derde de aansprakelijkheid van één of meer leden voor een bepaalde schuld uit te sluiten of te beperken;
Overwegende dat vragen betreffende de staat en de bevoegdheid van natuurlijke personen en de bevoegdheid van rechtspersonen worden beheerst door het nationale recht;
Overwegende dat regels moeten worden gesteld voor de bijzondere gronden tot ontbinding van samenwerkingsverbanden, maar dat voor de vereffening en de afsluiting daarvan naar het nationale recht moet worden verwezen;
Overwegende dat het samenwerkingsverband onderworpen is aan de nationale rechtsregels inzake insolventie en staking van betaling en dat dit recht andere oorzaken voor ontbinding van het samenwerkingsverband kan bevatten;
Overwegende dat in deze verordening wordt bepaald dat het resultaat van de werkzaamheden van het samenwerkingsverband slechts bij de leden belastbaar is; dat voor het overige het nationale belastingrecht van toepassing is, met name voor wat betreft de verdeling van de winst, de belastingprocedures en alle verplichtingen die door de nationale belastingwetgevingen worden opgelegd;
Overwegende dat op de niet door deze verordening bestreken gebieden het recht van de Lid-Staten en het Gemeenschapsrecht van toepassing zijn, zo bij voorbeeld:
– op het gebied van het sociaal recht en het arbeidsrecht;
– op het gebied van het mededingingsrecht;
– op het gebied van het recht inzake intellectuele eigendom;
Overwegende dat de werkzaamheid van een samenwerkingsverband onderworpen is aan het recht van de Lid-Staten inzake de uitoefening van een werkzaamheid en het toezicht daarop; dat, in geval van misbruik of ontduiking van de wetgeving van een Lid-Staat door een samenwerkingsverband of zijn leden, deze Lid-Staat passende sancties kan treffen;
Overwegende dat het de Lid-Staten vrij staat iedere wettelijke, bestuursrechtelijke of administratieve maatregel toe te passen of vast te stellen die niet in strijd is met de inhoud en de doelstellingen van deze verordening;
Overwegende dat deze verordening in al haar onderdelen onmiddellijk in werking moet treden; dat de toepassing van sommige van haar bepalingen evenwel moet worden uitgesteld om de Lid-Staten de gelegenheid te geven eerst de nodige voorzieningen te treffen voor de inschrijving van samenwerkingsverbanden op hun grondgebied en voor de bekendmaking van hun akten; dat de opgerichte samenwerkingsverbanden vanaf het tijdstip waarop deze verordening van toepassing is, zonder territoriale beperkingen werkzaam kunnen zijn,
HEEFT DE VOLGENDE VERORDENING VASTGESTELD:

Art. 1

Oprichtingsvoorwaarden

– 1. Europese economische samenwerkingsverbanden worden opgericht onder de voorwaarden, op de wijze en met de gevolgen als in deze verordening bepaald. Hiertoe sluiten degenen die een samenwerkingsverband willen oprichten een overeenkomst en laten zij de inschrijving verrichten overeenkomstig artikel 6.
– 2. Het aldus opgerichte samenwerkingsverband is bevoegd om met ingang van de dag van de in artikel 6 bedoelde inschrijving in eigen naam drager te zijn van rechten en verplichtingen van elke aard, overeenkomsten aan te gaan of andere rechtshandelingen te verrichten en in rechte op te treden.
– 3. De Lid-Staten bepalen of de overeenkomstig artikel 6 in hun registers ingeschreven samenwerkingsverbanden al dan niet rechtspersoonlijkheid bezitten.

Art. 2

Interne rechtsregeling

– 1. Behoudens de bepalingen van deze verordening, is het interne recht van de Staat van de zetel die in de oprichtingsovereenkomst is bepaald, van toepassing, enerzijds op de oprichtingsovereenkomst, behalve voor vragen betreffende de staat en de bevoegdheid van natuurlijke personen en de bevoegdheid van rechtspersonen, en anderzijds op het inwendig bestel van het samenwerkingsverband.
– 2. Indien een Staat uit meer dan één territoriale eenheid bestaat en elke eenheid daarvan eigen rechtsregels voor de in lid 1 bedoelde onderwerpen kent, wordt voor de bepaling van het overeenkomstig dit artikel toe te passen recht iedere territoriale eenheid als een Staat beschouwd.

Art. 3

Doel samenwerkingsverband; beperkingen

– 1. Het doel van het samenwerkingsverband is de economische werkzaamheid van zijn leden te vergemakkelijken of te ontwikkelen dan wel de resultaten daarvan te verbeteren of te ver-

groten, doch niet het behalen van winst voor zichzelf. Zijn werkzaamheid dient samen te hangen met de economische werkzaamheid van zijn leden en kan ten opzichte daarvan slechts een ondersteunend karakter hebben.
– 2. Het is aan het samenwerkingsverband derhalve niet toegestaan:
a) rechtstreeks of middellijk bestuursmacht of zeggenschap uit te oefenen over de eigen werkzaamheden van zijn leden of de werkzaamheden van een andere onderneming, met name niet op het gebied van het personeelsbeleid, de financiën en de investeringen;
b) rechtstreeks of middellijk, uit welken hoofde dan ook, aandelen of deelnemingsrechten, in welke vorm dan ook, te bezitten in een onderneming die lid is; het bezitten van aandelen of deelnemingsrechten in een andere onderneming is slechts toegestaan voor zover zulks noodzakelijk is voor het verwezenlijken van het doel van het samenwerkingsverband en voor rekening van zijn leden geschiedt;
c) meer dan vijfhonderd werknemers in dienst te hebben;
d) door een vennootschap te worden gebruikt om een lening te verstrekken aan een bestuurder van een vennootschap of aan met hem verbonden personen, wanneer dergelijke leningen onderworpen zijn aan beperkingen of toezicht volgens het vennootschapsrecht van de Lid-Staten; een samenwerkingsverband mag evenmin worden gebruikt voor de overdracht van goederen tussen een vennootschap en een bestuurder of met hem verbonden personen, behalve voor zover zulks door het vennootschapsrecht van de Lid-Staten is toegestaan. In de zin van deze bepaling wordt met lening ook elke handeling met een soortgelijk gevolg bedoeld en kan het goed zowel roerend als onroerend zijn;
e) lid te zijn van een ander Europees economisch samenwerkingsverband.

Art. 4

Lidmaatschapsvereisten; samenwerkingsvereisten

– 1. Van een samenwerkingsverband kunnen slechts lid zijn:
a) vennootschappen in de zin van artikel 58, tweede alinea, van het Verdrag en andere publiekrechtelijke of privaatrechtelijke juridische lichamen, die zijn opgericht overeenkomstig de wetgeving van een Lid-Staat en hun statutaire of wettelijke zetel en hun hoofdkantoor in de Gemeenschap hebben; wanneer een vennootschap of ander juridisch lichaam overeenkomstig de wetgeving van een Lid-Staat niet verplicht is een statutaire of wettelijke zetel te hebben, is het voldoende wanneer die vennootschap of dat andere juridische lichaam zijn hoofdkantoor heeft in de Gemeenschap;
b) natuurlijke personen die een industriële, commerciële, ambachtelijke of agrarische werkzaamheid of een vrij beroep uitoefenen of andere diensten verrichten in de Gemeenschap.
– 2. Een samenwerkingsverband dient ten minste te bestaan uit:
a) twee vennootschappen of andere juridische lichamen in de zin van lid 1 die hun hoofdkantoor in verschillende Lid-Staten hebben; of
b) twee natuurlijke personen in de zin van lid 1, die hun voornaamste werkzaamheid in verschillende Lid-Staten uitoefenen; of
c) een vennootschap of ander juridisch lichaam en een natuurlijke persoon in de zin van lid 1, van wie de eerste zijn hoofdkantoor in een Lid-Staat heeft en de tweede zijn voornaamste werkzaamheid in een andere Lid-Staat uitoefent.
– 3. Een Lid-Staat kan bepalen dat de overeenkomstig artikel 6 in zijn registers ingeschreven samenwerkingsverbanden niet meer dan 20 leden mogen hebben. Daartoe kan deze Lid-Staat bepalen dat elk lid van een overeenkomstig zijn wetgeving opgericht juridisch lichaam dat geen ingeschreven vennootschap is, in overeenstemming met zijn wetgeving, als een afzonderlijk lid van een samenwerkingsverband wordt behandeld.
– 4. Een Lid-Staat mag om redenen van algemeen belang de deelneming van bepaalde categorieën van natuurlijke personen, vennootschappen of andere juridische lichamen aan een samenwerkingsverband uitsluiten of beperken.

Art. 5

Oprichtingsovereenkomst

De oprichtingsovereenkomst van het samenwerkingsverband moet in elk geval vermelden:
a) de naam van het samenwerkingsverband, voorafgegaan of gevolgd door de woorden 'Europees economisch samenwerkingsverband' dan wel de afkorting 'EESV', tenzij die woorden of die afkorting reeds in de naam voorkomen;
b) de zetel van het samenwerkingsverband;
c) het doel waarvoor het samenwerkingsverband is opgericht;
d) de naam, de handelsnaam of benaming, de rechtsvorm, de woonplaats of de maatschappelijke zetel alsmede, in voorkomend geval, het nummer en de plaats van inschrijving van elk van de leden van het samenwerkingsverband;
e) de duur van het samenwerkingsverband, tenzij deze onbepaald is.

Art. 6

Inschrijving

Het samenwerkingsverband wordt in de Lid-Staat van de zetel ingeschreven in het overeenkomstig artikel 39, lid 1, aangewezen register.

Art. 7

Register

De oprichtingsovereenkomst wordt neergelegd in het in artikel 6 bedoelde register.

In dit register moeten tevens de volgende akten en gegevens worden neergelegd:

a) wijzigingen in de oprichtingsovereenkomst van het samenwerkingsverband, met inbegrip van wijzigingen in de samenstelling van het samenwerkingsverband;

b) de oprichting of opheffing van vestigingen van het samenwerkingsverband;

c) de rechterlijke beslissing waarbij de nietigheid van het samenwerkingsverband overeenkomstig artikel 15 wordt vastgesteld of uitgesproken;

d) de benoeming van de bestuurder of bestuurders van het samenwerkingsverband, hun naam en elk ander gegeven betreffende hun identiteit dat wordt geëist door de wet van van de Lid-Staat waar het register wordt gehouden, met vermelding of zij alleen dan wel slechts gezamenlijk kunnen handelen, alsmede het eindigen van de bestuursfunctie;

e) de overdracht door een lid van het samenwerkingsverband van het geheel of een deel van zijn deelneming overeenkomstig artikel 22, lid 1;

f) het besluit van de leden waarbij de ontbinding van het samenwerkingsverband wordt uitgesproken of vastgesteld overeenkomstig artikel 31, dan wel de rechterlijke beslissing waarbij de ontbinding wordt uitgesproken overeenkomstig artikel 31 of artikel 32;

g) de benoeming van de vereffenaar of vereffenaars van het samenwerkingsverband, bdoeld in artikel 35, alsmede hun naam en elk ander gegeven betreffende hun identiteit dat wordt geëist door de wet van de Lid-Staat waar het register wordt gehouden, alsook het eindigen van de functie van de vereffenaar;

h) de afsluiting van de vereffening van het samenwerkingsverband, bedoeld in artikel 35, lid 2;

i) het voorstel tot zetelverplaatsing, bedoeld in artikel 14, lid 1;

j) het beding waarbij een nieuw lid overeenkomstig artikel 26, lid 2, wordt vrijgesteld van betaling van de schulden die vóór zijn toetreding zijn ontstaan.

Art. 8

Publicatieverplichting

De volgende gegevens moeten op de in artikel 39 bepaalde wijze openbaar worden gemaakt in het in lid 1 van dat artikel bedoelde publikatieblad:

a) de gegevens die ingevolge artikel 5 in de oprichtingsovereenkomst moeten voorkomen, en de wijzigingen daarin;

b) het nummer, de datum en de plaats van de inschrijving, alsmede de doorhaling van de inschrijving;

c) de in artikel 7, sub *b)* tot en met *j)*, bedoelde akten en gegevens.

De sub *a)* en *b)* bedoelde gegevens moeten volledig openbaar worden gemaakt. De sub *c)* bedoelde akten en gegevens kunnen, overeenkomstig de toepasselijke nationale wet, hetzij volledig, hetzij in de vorm van een uittreksel of van een vermelding van nederlegging in het register openbaar worden gemaakt.

Art. 9

Derdenwerking akten en gegevens

– 1. De akten en gegevens die ingevolge deze verordening openbaar moeten worden gemaakt, kunnen door het samenwerkingsverband aan derden worden tegengeworpen op de voet van de bepalingen van het nationale recht dat van toepassing is overeenkomstig artikel 3, leden 5 en 7, van Richtlijn 68/151/EEG van de Raad van 9 maart 1968 strekkende tot het coerdineren van de waarborgen, welke in de Lid-Staten worden verlangd van de vennootschappen in de zin van de tweede alinea van artikel 58 van het Verdrag, om de belangen te beschermen zowel van de deelnemers in deze vennootschappen als van derden, zulks ten einde die waarborgen gelijkwaardig te maken.

– 2. Indien rechtshandelingen zijn verricht ten name van een samenwerkingsverband vóór de inschrijving overeenkomstig artikel 6, en indien het samenwerkingsverband de uit deze handelingen voortvloeiende verbintenissen na de inschrijving niet overneemt, zijn de natuurlijke personen, vennootschappen, of andere juridische lichamen die de handelingen hebben verricht, daarvoor hoofdelijk en onbeperkt aansprakelijk.

Art. 10

Vestiging in andere Lid-Staat

Elke vestiging van het samenwerkingsverband in een andere Lid-Staat dan die waar de zetel is gelegen, wordt in die Staat ingeschreven. Met het oog op deze inschrijving legt het samenwerkingsverband in het daartoe bestemde register van laatstgenoemde Staat een afschrift neer van de bescheiden die in het register van de Lid-Staat van de zetel moeten worden neergelegd, zo nodig vergezeld van een vertaling overeenkomstig het gebruik bij het register waar de vestiging wordt ingeschreven.

Art. 11

Oprichting en afsluiting in Publikatieblad

De oprichting en de afsluiting van de vereffening van een samenwerkingsverband worden na bekendmaking in het in artikel 39, lid 1, bedoelde publikatieblad, met opgave van nummer, datum en plaats van inschrijving en datum, plaats en titel van de publikatie, opgenomen in het *Publikatieblad van de Europese Gemeenschappen*.

Art. 12

De in de oprichtingsovereenkomst vermelde zetel moet zijn gevestigd in de Gemeenschap. **Zetel**
Deze zetel moet zijn gevestigd in:
a) hetzij de plaats waar het samenwerkingsverband zijn hoofdkantoor heeft;
b) hetzij de plaats waar een van de leden van het samenwerkingsverband zijn hoofdkantoor heeft of, wanneer het een natuurlijke persoon betreft, zijn voornaamste werkzaamheid heeft, op voorwaarde dat het samenwerkingsverband aldaar een reële werkzaamheid heeft.

Art. 13

Verplaatsing van zetel

De zetel van het samenwerkingsverband kan binnen de Gemeenschap worden verplaatst.
Wanneer die verplaatsing niet leidt tot wisseling van het ingevolge artikel 2 toepasselijke recht, komt het verplaatsingsbesluit tot stand op de wijze bepaald in de oprichtingsovereenkomst.

Art. 14

Rechtstoepassing bij zetelverplaatsing; openbaarmaking; bezwaar

– 1. Wanneer de verplaatsing van de zetel ten gevolge heeft dat ingevolge artikel 2 een ander recht toepasselijk wordt, wordt een voorstel tot zetelverplaatsing opgesteld en op de in de artikelen 7 en 8 bepaalde wijze neergelegd en openbaar gemaakt.
Het besluit tot zetelverplaatsing kan eerst na verloop van twee maanden te rekenen vanaf de openbaarmaking van genoemd voorstel tot stand komen. Het moet met eenparigheid van stemmen door de leden van het samenwerkingsverband worden genomen. De zetelverplaatsing wordt van kracht op de datum waarop het samenwerkingsverband overeenkomstig artikel 6 wordt ingeschreven in het register van de nieuwe zetel. Deze inschrijving kan slechts plaatsvinden na overlegging van het bewijs dat het voorstel tot zetelverplaatsing openbaar is gemaakt.
– 2. De doorhaling van de inschrijving van het samenwerkingsverband in het register van de vorige zetel kan eerst plaatshebben na overlegging van het bewijs dat het samenwerkingsverband in het register van de nieuwe zetel is ingeschreven.
– 3. De openbaarmaking van de nieuwe inschrijving van het samenwerkingsverband heeft ten gevolge dat de nieuwe zetel overeenkomstig artikel 9, lid 1, aan derden kan worden tegengeworpen; zolang de doorhaling van de inschrijving in het register van de vroegere zetel nog niet openbaar is gemaakt, kunnen derden zich echter blijven beroepen op de vroegere zetel, tenzij het samenwerkingsverband aantoont dat de derden kennis droegen van de nieuwe zetel.
– 4. In de wet van een Lid-Staat kan worden bepaald dat ten aanzien van samenwerkingsverbanden die overeenkomstig artikel 6 in die Lid-Staat zijn ingeschreven, een zetelverplaatsing die zou leiden tot wisseling van het toepasselijke recht, geen rechtsgevolg heeft indien een bevoegde autoriteit van die Staat daartegen binnen de in lid 1 bedoelde termijn van twee maanden bezwaar maakt. Dit bezwaar kan slechts worden opgemaakt om redenen van algemeen belang. Tegen het bezwaar moet beroep op de rechter openstaan.

Art. 15

Interne rechtsregeling veroorzaakt nietigheid

– 1. Wanneer het recht dat ingevolge artikel 2 van toepassing is op het samenwerkingsverband, de nietigheid van het samenwerkingsverband kent, moet die nietigheid worden vastgesteld of uitgesproken bij rechterlijke beslissing. De rechter dient echter, indien het gebrek van het samenwerkingsverband kan worden opgeheven, daarvoor een termijn toe te staan.
– 2. De nietigheid heeft tot gevolg dat het samenwerkingsverband wordt vereffend overeenkomstig artikel 35.
– 3. De beslissing waarbij de nietigheid van het samenwerkingsverband wordt vastgesteld of uitgesproken, kan op de voet van artikel 9, lid 1, aan derden worden tegengeworpen.
Deze beslissing doet op zichzelf geen afbreuk aan de geldigheid van verbintenissen die vóór de datum waarop zij overeenkomstig de vorige alinea aan derden kan worden tegengeworpen, ten laste of ten gunste van het samenwerkingsverband zijn ontstaan.

Art. 16

Organen

– 1. De organen van het samenwerkingsverband zijn de gezamenlijk handelende leden en de bestuurder of bestuurders.
De oprichtingsovereenkomst kan bepalen dat er nog andere organen zijn; zij moet dan de bevoegdheden daarvan regelen.
– 2. De leden van het samenwerkingsverband, optredend als orgaan, kunnen alle besluiten nemen ter verwezenlijking van het doel van het samenwerkingsverband.

Art. 17

Stemrecht; éénparigheid

– 1. Elk lid heeft één stem. De overeenkomst kan evenwel aan bepaalde leden meer stemmen toekennen, doch geen enkel lid mag de meerderheid der stemmen bezitten.
– 2. De volgende besluiten kunnen de leden slechts bij eenparigheid van stemmen nemen:
a) wijziging van het doel van het samenwerkingsverband;

b) wijziging van het aan elk der leden toegekende aantal stemmen;
c) wijziging van de procedure van besluitvorming;
d) verlenging van de duur van het samenwerkingsverband tot na het in de oprichtingsovereenkomst vastgestelde tijdstip;
e) wijziging van het aandeel van elk van de leden of van enkele hunner in de financiering van het samenwerkingsverband;
f) wijziging van enige andere verplichting van een lid, tenzij in de oprichtingsovereenkomst anders is bepaald;
g) niet in dit lid genoemde wijzigingen van de oprichtingsovereenkomst, tenzij in deze overeenkomst anders is bepaald.

– 3. In alle gevallen waarin deze verordening niet voorschrijft dat de besluiten met eenparigheid van stemmen moeten worden genomen, kan in de oprichtingsovereenkomst worden bepaald volgens welke regels inzake quorum of meerderheid alle of bepaalde besluiten worden genomen. Wanneer de overeenkomst daaromtrent niets bepaalt, worden de besluiten met eenparigheid van stemmen genomen.

– 4. Op initiatief van een bestuurder of op verzoek van een lid moet het bestuur een raadpleging van de leden houden opdat dezen een besluit nemen.

Art. 18

Inlichtingen

Ieder lid heeft het recht om van het bestuur inlichtingen te verkrijgen over de gang van zaken in het samenwerkingsverband en om inzage te krijgen van de boekhouding en de zakelijke bescheiden.

Art. 19

Bestuurders; vereisten

– 1. Het samenwerkingsverband wordt bestuurd door één of meer, bij de oprichtingsovereenkomst of bij besluit van de leden aangewezen natuurlijke personen.

Van een samenwerkingsverband mogen geen personen bestuurder zijn die:
– ingevolge het recht dat op hen van toepassing is, of
– ingevolge het interne recht van de Staat van de zetel van het samenwerkingsverband, of
– ingevolge een rechterlijke of administratieve beslissing die in een Lid-Staat is gegeven of erkend,

geen deel mogen uitmaken van het bestuurs- of leidinggevende orgaan van een vennootschap, geen onderneming mogen leiden of niet mogen optreden als bestuurder van een Europees economisch samenwerkingsverband.

– 2. Een Lid-Staat kan ten aanzien van de overeenkomstig artikel 6 in zijn registers ingeschreven samenwerkingsverbanden bepalen dat een rechtspersoon bestuurder kan zijn, mits deze rechtspersoon een of meer natuurlijke personen als vertegenwoordigers aanwijst van wie de gegevens overeenkomstig artikel 7, sub *d)*, moeten worden vermeld.

Wanneer een Lid-Staat van deze mogelijkheid gebruik maakt, schrijft hij voor dat deze vertegenwoordigers de aansprakelijkheid hebben als waren zij zelf bestuurder van het samenwerkingsverband.

De in lid 1 vervatte verbodsbepalingen zijn eveneens op deze vertegenwoordigers van toepassing.

– 3. In de oprichtingsovereenkomst of, als deze hieromtrent niets bepaalt, bij eenparig besluit van de leden, worden de voorwaarden vastgesteld voor benoeming en ontslag van de bestuurder of bestuurders en worden zijn/hun bevoegdheden vastgesteld.

Art. 20

Handelingsbekwaamheid van de bestuurder

– 1. Tegenover derden vertegenwoordigt alleen de bestuurder, of indien er meer bestuurders zijn, elke bestuurder, het samenwerkingsverband.

Elke bestuurder verbindt het samenwerkingsverband tegenover derden wanneer hij namens het samenwerkingsverband handelt, zelfs indien zijn handelingen niet binnen het doel van het samenwerkingsverband vallen, tenzij het samenwerkingsverband aantoont dat de derde wist dat de handeling de grenzen van het doel van het samenwerkingsverband overschreed, of hiervan, gezien de omstandigheden, niet onkundig kon zijn; de openbaarmaking van de in artikel 5, sub *c)*, bedoelde vermelding levert daarvoor op zichzelf echter geen voldoende bewijs op.

Een bij de oprichtingsovereenkomst of bij een besluit der leden aangebrachte beperking van de bevoegdheden van de bestuurder of bestuurders kan aan derden niet worden tegengeworpen, ook niet wanneer deze is bekendgemaakt.

– 2. In de oprichtingsovereenkomst kan worden bepaald dat het samenwerkingsverband slechts rechtsgeldig kan worden gebonden door twee of meer gezamenlijk handelende bestuurders. Deze bepaling kan op de voet van artikel 9, lid 1, slechts aan derden worden tegengeworpen wanneer zij overeenkomstig artikel 8 is gepubliceerd.

Art. 21

Winst; verlies

– 1. De winst die uit de werkzaamheid van het samenwerkingsverband ontstaat, wordt be-

schouwd als winst van de leden, en wordt verdeeld in de verhouding die is vastgesteld in de oprichtingsovereenkomst of, indien deze daaromtrent niets bepaalt, in gelijke delen.
– 2. De leden van het samenwerkingsverband dragen bij tot de aanzuivering van het bedrag waarmee de uitgaven de inkomsten overtreffen, en wel in de verhouding die is vastgesteld in de oprichtingsovereenkomst of, indien deze daaromtrent niets bepaalt, in gelijke delen.

Art. 22

Overdracht van deelneming

– 1. Elk lid van het samenwerkingsverband kan zijn deelneming in het samenwerkingsverband of een gedeelte daarvan hetzij aan een ander lid, hetzij aan een derde overdragen; deze overdracht is slechts geldig indien de overige leden daartoe met eenparigheid van stemmen toestemming hebben verleend.
– 2. Een lid van het samenwerkingsverband kan zijn deelneming daarin alleen dan met een zekerheidsrecht bezwaren, wanneer daartoe door de overige leden met eenparigheid van stemmen toestemming is verleend, tenzij in de oprichtingsovereenkomst anders is bepaald. De rechthebbende op het zekerheidsrecht kan nimmer op grond van dat recht lid van het samenwerkingsverband worden.

Art. 23

Kapitaalmarkt

Het samenwerkingsverband kan geen openbaar beroep doen op de kapitaalmarkt.

Art. 24

Hoofdelijke aansprakelijkheid

– 1. De leden van het samenwerkingsverband zijn onbeperkt en hoofdelijk aansprakelijk voor de schulden van het samenwerkingsverband, ongeacht de aard daarvan. Het nationale recht bepaalt de gevolgen van deze aansprakelijkheid.
– 2. Tot aan de afsluiting van de vereffening van het samenwerkingsverband kunnen schuldeisers van het samenwerkingsverband een lid op de in lid 1 bedoelde wijze slechts voor betaling van schulden aanspreken nadat het samenwerkingsverband om betaling is verzocht en deze betaling niet binnen een toereikende termijn heeft plaatsgevonden.

Art. 25

Vermelding naam op brieven en dergelijke

Op brieven, orders en dergelijke stukken moet op leesbare wijze zijn vermeld:
a) de naam van het samenwerkingsverband, voorafgegaan of gevolgd door de woorden 'Europees economisch samenwerkingsverband' of door de afkorting 'EESV', tenzij deze woorden of deze afkorting reeds in de naam voorkomen;
b) de plaats van het in artikel 6 bedoelde register, waar het samenwerkingsverband is ingeschreven, alsmede het inschrijvingsnummer van het samenwerkingsverband in dit register;
c) het adres van de zetel van het samenwerkingsverband;
d) in voorkomend geval, dat de bestuurders gezamenlijk moeten handelen;
e) in voorkomend geval, dat het samenwerkingsverband zich overeenkomstig artikel 15, 31, 32 of 36 in staat van vereffening bevindt.
Elke vestiging van het samenwerkingsverband moet, wanneer zij overeenkomstig artikel 10 is ingeschreven, op de in de eerste alinea van het onderhavige artikel bedoelde stukken afkomstig van die vestiging de bovengenoemde gegevens vermelden, samen met de gegevens betreffende de inschrijving van die vestiging zelf.

Art. 26

Nieuwe leden; aansprakelijkheid

– 1. Over de toetreding van nieuwe leden beslissen de leden van het samenwerkingsverband met eenparigheid van stemmen.
– 2. Elk nieuw lid is op de voet van artikel 24 aansprakelijk voor de schulden van het samenwerkingsverband, met inbegrip van de schulden die voortvloeien uit de werkzaamheid van het samenwerkingsverband vóór zijn toetreding. Hij kan evenwel door een bepaling in de oprichtingsovereenkomst of in het toetredingsbesluit worden vrijgesteld van betaling van de schulden die vóór zijn toetreding zijn ontstaan. Deze bepaling zal op de voet van artikel 9, lid 1, slechts aan derden kunnen worden tegengeworpen wanneer zij overeenkomstig artikel 8 is gepubliceerd.

Art. 27

Uittreding; uitsluiting

– 1. Een lid van het samenwerkingsverband kan slechts uittreden met inachtneming van de bepalingen van de oprichtingsovereenkomst of, bij ontbreken daarvan, met eenstemmige goedkeuring van de overige leden. Een lid van het samenwerkingsverband kan bovendien uittreden wegens een gegronde reden.
– 2. Een lid van het samenwerkingsverband kan worden uitgesloten wegens de redenen die zijn vermeld in de oprichtingsovereenkomst en in ieder geval wanneer hij ernstig te kort schiet in zijn verplichtingen of de werking van het samenwerkingsverband ernstig verstoort of dreigt te verstoren.
Deze uitsluiting kan slechts geschieden bij rechterlijke beslissing op gezamenlijk verzoek van de meerderheid der overige leden, tenzij de oprichtingsovereenkomst anders bepaalt.

Art. 28

Overlijden; plaatsinneming

– 1. Een lid van een samenwerkingsverband houdt op daarvan deel uit te maken zodra hij overlijdt of niet meer voldoet aan de voorwaarden van artikel 4, lid 1. Bovendien kan een Lid-Staat in het kader van zijn wetgeving inzake vereffening, ontbinding, insolventie of staking van betaling, bepalen dat een lid ophoudt deel uit te maken van een samenwerkingsverband op het in deze wetgeving vastgestelde tijdstip.

– 2. In geval van overlijden van een natuurlijke persoon die lid van het samenwerkingsverband is, kan zijn plaats in het samenwerkingsverband slechts door een ander worden ingenomen met inachtneming van de bepalingen van de oprichtingsovereenkomst, of bij gebreke daarvan, met eenstemmige goedkeuring van de overblijvende leden.

Art. 29

Inkennisstelling door bestuur

Zodra een lid ophoudt deel uit te maken van het samenwerkingsverband moet het bestuur daarvan kennis geven aan de overige leden; het moet eveneens aan de ter zake toepasselijke verplichtingen van de artikelen 7 en 8 voldoen.

Bovendien kan elke belanghebbende aan deze verplichtingen voldoen.

Art. 30

Continuïteitswaarborg

Tenzij in de oprichtingsovereenkomst anders is bepaald en onverminderd de door iemand krachtens artikel 22, lid 1, of artikel 28, lid 2, verkregen rechten blijft, nadat een lid heeft opgehouden ervan deel uit te maken, het samenwerkingsverband tussen de overblijvende leden voortbestaan op de voet van de bepalingen van de oprichtingsovereenkomst of onder de voorwaarden vastgesteld bij eenstemmig besluit van de betrokken leden.

Art. 31

Ontbinding samenwerkingsverband

– 1. Het samenwerkingsverband kan worden ontbonden door een besluit van zijn leden waarbij deze ontbinding wordt uitgesproken. Tenzij anders is bepaald in de oprichtingsovereenkomst, moet dit besluit met eenparigheid van stemmen worden genomen.

– 2. Het samenwerkingsverband moet worden ontbonden door een besluit van zijn leden waarbij:

a) wordt vastgesteld dat de in de overeenkomst bepaalde termijn is verstreken of dat er een andere, in de overeenkomst vermelde reden tot ontbinding bestaat; dan wel

b) wordt vastgesteld dat het doel van het samenwerkingsverband is verwezenlijkt of niet meer kan worden nagestreefd.

Wanneer binnen drie maanden nadat één van de in de vorige alinea bedoelde situaties is ontstaan, door de leden geen besluit tot ontbinding is genomen, kan elk lid de rechter verzoeken deze ontbinding uit te spreken.

– 3. Het samenwerkingsverband moet eveneens worden ontbonden bij besluit van zijn leden of van het overblijvende lid, indien niet meer aan de voorwaarden van artikel 4, lid 2, wordt voldaan.

– 4. Nadat het samenwerkingsverband bij besluit van zijn leden is ontbonden, moet het bestuur aan de ter zake toepasselijke verplichtingen van de artikelen 7 en 8 voldoen. Bovendien kan elke belanghebbende aan de bedoelde verplichtingen voldoen.

Art. 32

Ontbinding van rechtswege

– 1. Op verzoek van een belanghebbende of van een bevoegde autoriteit moet de rechter een samenwerkingsverband ontbinden in geval van overtreding van artikel 3, artikel 12 of artikel 31, lid 3, tenzij opheffing van het gebrek van het samenwerkingsverband mogelijk is en plaatsvindt voordat ten gronde over de ontbinding is beslist.

– 2. Op verzoek van een lid kan de rechter het samenwerkingsverband wegens een gegronde reden ontbinden.

– 3. Een Lid-Staat kan bepalen dat de rechter, op verzoek van een bevoegde autoriteit, een samenwerkingsverband dat zijn zetel heeft in de Staat waartoe die autoriteit behoort, kan ontbinden in alle gevallen waarin de werkzaamheid van het samenwerkingsverband strijdig is met het algemeen belang van die Staat, indien de wet van die Staat deze mogelijkheid kent voor ingeschreven vennootschappen of andere juridische lichamen welke onder die wetgeving vallen.

Art. 33

Individuele waardebepaling

Indien een lid ophoudt deel uit te maken van het samenwerkingsverband om een andere reden dan overdracht van zijn rechten op de voet van artikel 22, lid 1, wordt de waarde van zijn rechten en verplichtingen bepaald op de grondslag van het vermogen van het samenwerkingsverband op het tijdstip waarop het lid ophoudt er deel van uit te maken.

De waarde van de rechten en verplichtingen van het uittredende lid mag niet vooraf forfaitair worden vastgesteld.

Art. 34

Aansprakelijkheid

Onverminderd artikel 37, lid 1, blijft een lid dat ophoudt deel uit te maken van het samenwerkingsverband, op de voet van artikel 24 aansprakelijk voor de schulden die voortvloeien uit de werkzaamheid van het samenwerkingsverband vóór de beëindiging van zijn lidmaatschap.

Art. 35

Vereffening

– 1. De ontbinding van het samenwerkingsverband heeft de vereffening ervan tot gevolg.

– 2. De vereffening van het samenwerkingsverband en de afsluiting van die vereffening worden beheerst door het nationale recht.

– 3. Het samenwerkingsverband behoudt zijn bevoegdheid als bedoeld in artikel 1, lid 2, tot aan de afsluiting van de vereffening.

– 4. De vereffenaar of vereffenaars voldoet/voldoen aan de ter zake toepasselijke verplichtingen van de artikelen 7 en 8.

Art. 36

Insolventie; staking van betaling

Europese economische samenwerkingsverbanden zijn onderworpen aan de nationale rechtsregels inzake insolventie en staking van betaling. Het instellen van een procedure tegen een samenwerkingsverband wegens insolventie of staking van betaling brengt niet vanzelf mee dat een dergelijke procedure tegen de leden van het samenwerkingsverband wordt ingesteld.

Art. 37

Verjaringstermijn

– 1. In alle gevallen waarin het toepasselijke nationale recht een langere verjaringstermijn kent, geldt in plaats daarvan een verjaringstermijn van vijf jaar na de openbaarmaking overeenkomstig artikel 8 van het vertrek van een lid uit het samenwerkingsverband, voor rechtsvorderingen tegen dit lid ter zake van schulden die voortvloeien uit de werkzaamheid van het samenwerkingsverband vóór de beëindiging van zijn lidmaatschap.

– 2. In alle gevallen waarin het toepasselijke nationale recht een langere verjaringstermijn kent, geldt in plaats daarvan een verjaringstermijn van vijf jaar na de openbaarmaking overeenkomstig artikel 8 van de afsluiting van de vereffening van het samenwerkingsverband voor rechtsvorderingen tegen een lid van het samenwerkingsverband ter zake van schulden die uit de werkzaamheid van het samenwerkingsverband voortvloeien.

Art. 38

Strijd met algemeen belang

Wanneer een samenwerkingsverband in een Lid-Staat een werkzaamheid verricht die strijdig is met het algemeen belang van die Staat, kan een bevoegde autoriteit van die Staat die werkzaamheid verbieden. Tegen de beslissing van die bevoegde autoriteit moet beroep openstaan bij een rechterlijke instantie.

Art. 39

Register; publicatieverplichting; belastbaarheid

– 1. De Lid-Staten wijzen het register of de registers aan waar de in de artikelen 6 en 10 bedoelde inschrijving moet geschieden en stellen de regels vast die op deze inschrijving van toepassing zijn. Zij stellen bepalingen vast betreffende de nederlegging van de in de artikelen 7 en 10 bedoelde bescheiden. Zij dragen er zorg voor dat de akten en gegevens bedoeld in artikel 8 worden bekendgemaakt in het daarvoor in aanmerking komende officiële publikatieblad van de Lid-Staat waar het samenwerkingsverband zijn zetel heeft en stellen zo nodig de wijze van openbaarmaking vast van de in artikel 8, sub *c)*, bedoelde akten en gegevens. Voorts dragen de Lid-Staten er zorg voor dat een ieder in het daartoe bestemde register uit hoofde van artikel 6, of, in voorkomend geval, van artikel 10, kennis kan nemen van de in artikel 7 bedoelde bescheiden en hiervan een volledig of gedeeltelijk afschrift kan verkrijgen, eventueel per post.

De Lid-Staten kunnen bepalen dat de kosten in verband met de in de vorige alinea's bedoelde verrichtingen moeten worden betaald, zonder dat deze kosten meer mogen bedragen dan de daaraan verbonden administratieve kosten.

– 2. De Lid-Staten dragen er zorg voor dat de gegevens die in het *Publikatieblad van de Europese Gemeenschappen* moeten worden gepubliceerd krachtens artikel 11, aan het Bureau voor officiële publikaties van de Europese Gemeenschappen worden medegedeeld in de maand volgende op de publikatie in het in lid 1 bedoelde officiële publikatieblad.

– 3. De Lid-Staten stellen passende sancties vast in geval van niet-naleving van de artikelen 7, 8 en 10 inzake openbaarmaking en van artikel 25.

Art. 40

Belasting

Het resultaat van de werkzaamheid van het samenwerkingsverband is slechts bij zijn leden belastbaar.

Art. 41

Tijdsbepaling

– 1. De Lid-Staten nemen de krachtens artikel 39 vereiste maatregelen vóór 1 juli 1989. Zij delen deze onmiddellijk mede aan de Commissie.

– 2. De Lid-Staten delen de Commissie voor kennisgeving mede welke categorieën natuurlijke personen, vennootschappen of andere juridische lichamen zij volgens artikel 4, lid 4, van deelneming aan een samenwerkingsverband hebben uitgesloten. De Commissie stelt de andere Lid-Staten daarvan in kennis.

Art. 42

Contactcomité

– 1. Bij de Commissie wordt bij de aanneming van deze verordening een Contactcomité ingesteld dat tot taak heeft:

a) onverminderd de artikelen 169 en 170 van het Verdrag de uitvoering van de verordening te bevorderen door regelmatig overleg over met name de concrete problemen die zich bij die uitvoering voordoen;

b) zo zodig de Commissie van advies te dienen inzake aanvullingen op of wijzigingen in deze verordening.

– 2. Het Contactcomité is samengesteld uit vertegenwoordigers van de Lid-Staten en van de Commissie. Het voorzitterschap berust bij een vertegenwoordiger van de Commissie. Het secretariaat wordt verzorgd door de diensten van de Commissie.

– 3. Het Contactcomité wordt bijeengeroepen door zijn voorzitter, hetzij op diens initiatief, hetzij op verzoek van een van de leden.

Art. 43

Inwerkingtreding

Deze verordening treedt in werking op de derde dag volgende op die van haar bekendmaking in het *Publikatieblad van de Europese Gemeenschappen*.

Deze verordening is van toepassing met ingang van 1 juli 1989, met uitzondering van de artikelen 39, 41 en 42, die van toepassing zijn vanaf de inwerkingtreding van de verordening.

Deze verordening is verbindend in al haar onderdelen en is rechtstreeks toepasselijk in elke Lid-Staat.

II.31 UITVOERINGSWET 2137/85 VERORDENING TOT INSTELLING VAN EUROPESE ECONOMISCHE SAMENWERKINGSVERBANDEN

Wet van 28 juni 1989, Stb. 245, houdende uitvoering van de Verordening nr. 2137/85 van de Raad van de Europese Gemeenschappen van 25 juli 1985 tot instelling van Europese economische samenwerkingsverbanden (PbEG L 199/1), zoals deze wet laatstelijk is gewijzigd bij de Wet van 22 maart 2007, Stb. 153

[Inwerkingtreding: 01-07-1989]

Wij Beatrix, bij de gratie Gods, Koningin der Nederlanden, Prinses van Oranje-Nassau, enz. enz. enz.

Allen, die deze zullen zien of horen lezen, saluut! doen te weten:

Alzo Wij in overweging genomen hebben, dat het wenselijk is wettelijke bepalingen vast te stellen ter uitvoering van de Verordening Nr. 2137/85 van de Raad van de Europese Gemeenschappen van 25 juli 1985 tot instelling van Europese economische samenwerkingsverbanden (*PbEG* L 199/1);

Zo is het, dat Wij, de Raad van State gehoord, en met gemeen overleg der Staten-Generaal, hebben goedgevonden en verstaan, gelijk Wij goedvinden en verstaan bij deze:

Art. 1

Begripsbepaling

Voor de toepassing van de artikelen 1 tot en met 8 van deze wet wordt onder 'Verordening' verstaan de Verordening nr. 2137/85 van de Raad van de Europese Gemeenschappen van 25 juli 1985 tot instelling van de Europese economische samenwerkingsverbanden (*PbEG* L 199/1).

Art. 2

Aanwijzing van handelsregister

Ter uitvoering van artikel 39 van de Verordening wordt als register voor de inschrijving van een Europees economisch samenwerkingsverband met zetel in Nederland of van een Nederlandse vestiging van een ander Europees economisch samenwerkingsverband aangewezen: het handelsregister bedoeld in artikel 2 van de Handelsregisterwet 2007.

Art. 3

EESV

– 1. Een Europees economisch samenwerkingsverband met zetel in Nederland bezit rechtspersoonlijkheid met ingang van de dag van zijn inschrijving in het handelsregister. De vereffening van het samenwerkingsverband eindigt op het tijdstip waarop geen aan de vereffenaars bekende baten meer aanwezig zijn en het samenwerkingsverband behoudt tot dat tijdstip zijn rechtspersoonlijkheid.

– 2. Titel 1 van Boek 2 van het Burgerlijk Wetboek is op de in het eerste lid bedoelde rechtspersoon van toepassing met uitzondering van de artikelen 11, 18, 19 vierde lid, eerste zin, en 21 eerste lid onder *b* en *c*. De artikelen 138 en 149 van dat boek zijn op die rechtspersoon van overeenkomstige toepassing.

– 3. De bepalingen van Titel 8, Afdeling 2, van boek 2 van het Burgerlijk Wetboek zijn van toepassing, dan wel van overeenkomstige toepassing op een Europees economisch samenwerkingsverband met zetel in Nederland. Tot het indienen van een verzoekschrift als bedoeld in artikel 345 betreffende een zodanig samenwerkingsverband zijn bevoegd de leden van het samenwerkingsverband, een vereniging van werknemers als bedoeld in artikel 347, alsmede degenen aan wie daartoe bij de oprichtingsovereenkomst of bij overeenkomst met het samenwerkingsverband de bevoegdheid is toegekend. De verplichting van artikel 351, eerste lid, derde zin, geldt ook voor de leden van het samenwerkingsverband.

– 4. De in artikel 10, tweede lid, van boek 2 van het Burgerlijk Wetboek bedoelde bescheiden van een Europees economisch samenwerkingsverband moeten zijn voorzien van een toelichting en vormen daarmee te zamen de jaarrekening. Deze moet zodanig zijn ingericht, dat zij volgens de normen die in het maatschappelijk verkeer als aanvaardbaar worden beschouwd een zodanig inzicht geeft, dat een verantwoord oordeel kan worden gevormd omtrent het vermogen en het resultaat, alsmede voorzover mogelijk, omtrent de solvabiliteit en de liquiditeit van het samenwerkingsverband. De jaarrekening dient voorts een getrouw, duidelijk en stelselmatig beeld te verschaffen van de financiële toestand van het samenwerkingsverband. Het samenwerkingsverband laat de jaarrekening onderzoeken door een deskundige als bedoeld in artikel 393 van boek 2 van het Burgerlijk Wetboek. De opdracht tot het onderzoek wordt verleend door en het verslag omtrent het onderzoek wordt uitgebracht aan de gezamenlijk handelende leden van het samenwerkingsverband.

Art. 4

Rechtspersoon als bestuurder

Een rechtspersoon kan bestuurder zijn van een Europees economisch samenwerkingsverband. Deze rechtspersoon wijst een of meer vertegenwoordigers aan in de zin van artikel 19, tweede lid, van de verordening. Zij zijn aansprakelijk als waren zij zelf bestuurders van het samenwerkingsverband.

Art. 5

Vervallen.

Art. 6

Openbaar ministerie

Als bevoegde autoriteit in de zin van artikel 32, eerste lid, van de Verordening wordt aangewezen: het openbaar ministerie.

Art. 7

Onbevoegd gebruik

Het is aan een persoon die geen Europees economisch samenwerkingsverband is, verboden zaken te doen met gebruik van die aanduiding of de afkorting EESV. In geval van overtreding van dit verbod kan ieder Europees economisch samenwerkingsverband vorderen dat de overtreder zich daarvan onthoudt, op straffe van een door de rechter te bepalen dwangsom.

Art. 8

Omzetting van een coöperatie

– 1. Een coöperatie kan, mits voldaan wordt aan de bepalingen van de Verordening, worden omgezet in een Europees economisch samenwerkingsverband, zonder dat daardoor het bestaan van de rechtspersoon wordt beëindigd.

– 2. Een Europees economisch samenwerkingsverband kan worden omgezet in een coöperatie met wettelijke aansprakelijkheid, zonder dat daardoor het bestaan van de rechtspersoon wordt beëindigd. Het besluit daartoe moet eenstemmig worden genomen, tenzij de overeenkomst tot oprichting of de statuten anders bepalen of een zodanige omzetting niet toelaten. De omzetting geschiedt bij een voor een Nederlandse notaris te verlijden akte.

Art. 9-10

Bevat wijzigingen in andere regelgeving.

Art. 11

Inwerkingtreding

Deze wet treedt in werking met ingang van 1 juli 1989. Indien het *Staatsblad* waarin deze wet wordt geplaatst, wordt uitgegeven na 30 juni 1989, treedt zij in werking met ingang van de dag na de datum van uitgifte van het *Staatsblad* waarin zij wordt geplaatst.

Wet van 8 juni 1977, Stb. 333, houdende bepalingen betreffende het giraal effectenverkeer, zoals deze wet laatstelijk is gewijzigd bij de Wet van 30 oktober 2007, Stb. 406

[Inwerkingtreding: 15-07-1977]

Wij Juliana, bij de gratie Gods, Koningin der Nederlanden, Prinses van Oranje-Nassau, enz., enz., enz.
Allen, die deze zullen zien of horen lezen, saluut! doen te weten:
Alzo Wij in overweging genomen hebben dat het wenselijk is wettelijke bepalingen vast te stellen betreffende het giraal effectenverkeer;
Zo is het, dat Wij, de Raad van State gehoord, en met gemeen overleg der Staten-Generaal, hebben goedgevonden en verstaan, gelijk Wij goedvinden en verstaan bij deze:

HOOFDSTUK 1
Algemene bepalingen

Art. 1

Begripsbepaling

Voor de toepassing van het bij of krachtens deze wet bepaalde wordt verstaan onder:
'Onze Minister': Onze Minister van Financiën;
'het centraal instituut': een als zodanig door Onze Minister aangewezen rechtspersoon;
'een aangesloten instelling': degene die als zodanig door het centraal instituut is toegelaten;
'effecten': de effecten ten aanzien waarvan het centraal instituut heeft bepaald dat zij tot een verzameldepot en een girodepot in de zin van de wet kunnen behoren.

Art. 2

Toezicht op centraal instituut

– 1. Vanwege Onze Minister wordt toezicht uitgeoefend op het centraal instituut. De toezichthouder wordt door Onze Minister benoemd en ontslagen.
– 2. De toezichthouder heeft het recht de vergaderingen van de organen van het centraal instituut bij te wonen en aldaar een raadgevende stem uit te brengen.
– 3. Het bestuur van het centraal instituut is gehouden aan de toezichthouder al die inlichtingen te verstrekken welke deze tot een behoorlijke uitoefening van het toezicht nodig acht.
– 4. Onze Minister kan nadere regels vaststellen betreffende dit toezicht. Deze regels worden bekend gemaakt in de *Nederlandse Staatscourant.*
– 5. Wijziging van de statuten van het centraal instituut behoeft de voorafgaande schriftelijke goedkeuring van Onze Minister.

Art. 3

Vernietigen besluiten centraal instituut

– 1. Onze Minister kan op voordracht van de toezichthouder besluiten van organen van het centraal instituut vernietigen wegens strijd met de statuten, met de in artikel 4 bedoelde regels of met de eisen van een behoorlijk giraal effectenverkeer.
– 2. Een voordracht tot vernietiging moet worden gedaan binnen tien dagen na die waarop de toezichthouder van het besluit heeft kennis gekregen. Hangende de beslissing op de voordracht is het besluit geschorst.
– 3. Onze Minister geeft zijn beschikking binnen zestig dagen na die waarop de voordracht tot vernietiging is gedaan. Is binnen die termijn geen beschikking gegeven, dan neemt de schorsing van het besluit een einde en kan het besluit niet meer door Onze Minister worden vernietigd. Onze Minister kan zijn beslissing ten hoogste tweemaal voor zestig dagen verdagen. Van iedere verdaging wordt vóór de afloop van de termijn schriftelijk aan het centraal instituut en de toezichthouder kennis gegeven.
– 4. De toezichthouder geeft van een voordracht tot vernietiging onverwijld kennis aan het centraal instituut. Onze Minister geeft van zijn beschikking onverwijld kennis aan de toezichthouder en aan het centraal instituut.

Art. 4

Toelatingsregels aangesloten instelling

Het centraal instituut stelt regels vast betreffende de toelating als aangesloten instelling en betreffende de intrekking van zodanige toelating. Deze regels behoeven de goedkeuring van Onze Minister en worden bekend gemaakt in de *Nederlandse Staatscourant.*

Art. 5

Beroep tegen niet-toelating

Degene wiens verzoek tot toelating als aangesloten instelling is afgewezen of degene wiens toelating als aangesloten instelling is ingetrokken, kan daartegen in beroep komen bij Onze Minister.

Art. 6

Vervallen.

Art. 7

Schorsing tijdens beroep

– 1. De werking van het besluit tot intrekking van de toelating als aangesloten instelling wordt opgeschort totdat de beroepstermijn is verstreken of, indien beroep is ingesteld, op het beroep is beslist.

Afwikkeling reeds bestaande verzameldepots

– 2. Nadat de intrekking onherroepelijk is geworden, behoudt de aangesloten instelling haar hoedanigheid, voor zover dit nodig is voor de afwikkeling van de verzameldepots die op het tijdstip waarop de beslissing onherroepelijk is geworden, reeds bestonden.

Art. 8

Effecten van eenzelfde soort

Het centraal instituut bepaalt welke effecten voor de toepassing van deze wet als effecten van eenzelfde soort zullen worden beschouwd.

Art. 8a

Effecten op naam

Tot een verzameldepot en een girodepot kunnen niet behoren effecten op naam waarvan de overdraagbaarheid bij de statuten respectievelijk de voorwaarden van uitgifte is beperkt of uitgesloten, tenzij deze zijn toegelaten tot de handel op een gereglementeerde markt als bedoeld in artikel 1:1 van de Wet op het financieel toezicht.

HOOFDSTUK 2
Verzameldepot

TITEL 1
Algemeen

Art. 9

Verzameldepot

– 1. Alleen een aangesloten instelling kan een verzameldepot in de zin van deze wet houden.

– 2. Ten aanzien van iedere soort effecten bestaat een afzonderlijk verzameldepot.

Art. 10

Inhoud depot

Tot een verzameldepot behoren:

a. alle effecten van de betreffende soort die onder de instelling berusten, voor de instelling worden bewaard of aan de instelling zijn geleverd, met uitzondering van effecten aan toonder ten aanzien waarvan de instelling tot afzonderlijke bewaring verplicht is;

b. het ten name van de instelling staande aandeel in het verzameldepot van effecten van de betreffende soort bij een andere instelling;

c. het ten name van de instelling staande aandeel in het in hoofdstuk 3 bedoelde girodepot van effecten van de betreffende soort;

d. in het geval dat effecten als bedoeld onder *a* verloren zijn gegaan, de rechten daaruit of de daarvoor in de plaats getreden vorderingen tot vergoeding, alsmede hetgeen uit hoofde daarvan is ontvangen;

e. alle overige goederen die geacht moeten worden in de plaats te zijn getreden van onder *a* bedoelde effecten of van een onder *b* en *c* bedoeld aandeel.

Art. 11

Beheer verzameldepot

– 1. De instelling is belast met het beheer van het verzameldepot.

– 2. Zij kan tegenover derden de rechten van degenen aan wie het verzameldepot toebehoort, uitoefenen, indien dit voor een goed beheer dienstig kan zijn.

– 3. Het tweede lid is niet van toepassing op het recht tot bijeenroeping van een vergadering van aandeelhouders of houders van andere effecten, tot het bijwonen van en het woordvoeren in een zodanige vergadering, tot het uitoefenen van stemrecht en tot het doen instellen van een onderzoek naar het beleid en de gang van zaken van een rechtspersoon, als bedoeld in artikel 345 van Boek 2 van het Burgerlijk Wetboek.

Art. 12

Bewaargeving en levering effecten

– 1. Bewaargeving van effecten aan toonder bij een aangesloten instelling of levering van effecten op naam aan een aangesloten instelling ter opname in het verzameldepot heeft tot gevolg dat degene aan wie de effecten toebehoorden op het tijdstip waarop zij door de instelling ter bewaring in ontvangst zijn genomen dan wel aan de instelling zijn geleverd, alsdan in het verzameldepot gerechtigd wordt als deelgenoot gezamenlijk met hen die daarin op dat tijdstip reeds gerechtigd waren. Voor zover de effecten bezwaard waren met een beperkt recht, komt dit op zijn aandeel te rusten.

Berekening aandeel

– 2. Het aandeel wordt berekend naar evenredigheid van de hoeveelheid van de in bewaring gegeven of geleverde effecten.

Teruglevering

– 3. Tenzij de instelling die de effecten heeft uitgegeven uitlevering van de effecten onmogelijk heeft gemaakt, levert de aangesloten instelling aan degene die de effecten in bewaring heeft gegeven of heeft geleverd op diens verzoek uit het verzameldepot effecten van dezelfde soort uit tot een hoeveelheid die overeenkomt met hetgeen door deze in bewaring is gegeven onderscheidenlijk is geleverd.

Afzonderlijke bewaring

– 4. De vorige leden zijn ten aanzien van effecten aan toonder niet van toepassing indien de instelling zich tot afzonderlijke bewaring heeft verplicht.

Art. 13

Schakelbepaling

Indien effecten aan toonder uit anderen hoofde dan bewaargeving aan een aangesloten instelling worden toevertrouwd, zijn de bepalingen betreffende de in het eerste lid van het vorige artikel bedoelde bewaargeving van overeenkomstige toepassing, tenzij de rechtsverhouding meebrengt dat de aangesloten instelling tot afzonderlijke bewaring verplicht is.

Art. 14

Levering door beschikkingsonbevoegde

– 1. Verkrijging van effecten door een aangesloten instelling uit hoofde van een levering door een beschikkingsonbevoegde heeft tot gevolg dat degene aan wie de effecten toebehoorden op het tijdstip waarop zij aan de instelling zijn geleverd, alsdan in het verzameldepot gerechtigd wordt als deelgenoot gezamenlijk met hen die daarop op dat tijdstip reeds gerechtigd waren. Voor zover de effecten bezwaard waren met een beperkt recht, komt dit op zijn aandeel te rusten.

– 2. Indien de effecten aan toonder luiden en de instelling de effecten te goeder trouw verkregen heeft, is het eerste lid niet van toepassing en is de overdracht van de effecten aan de instelling geldig.

– 3. Indien de effecten op naam luiden is het eerste lid niet van toepassing en is de overdracht van de effecten aan de instelling geldig indien de instelling de effecten te goeder trouw heeft verkregen en de onbevoegdheid voortvloeit uit de ongeldigheid van een vroegere overdracht die niet het gevolg was van onbevoegdheid van de toenmalige overdrager.

Art. 15

Stemrecht

De instelling draagt desgewenst zorg dat de deelgenoten het aan de effecten verbonden stemrecht, ieder tot de hoeveelheid waarvoor hij in de aanwezige effecten deelgenoot is, kunnen uitoefenen.

TITEL 2
Vervreemding en bezwaring

Art. 16

Beschikken deelgenoten over aandeel

– 1. Behoort een verzameldepot toe aan twee of meer deelgenoten, dan kan ieder over zijn aandeel daarin beschikken. Hij kan ook beschikken over een gedeelte van zijn aandeel, voor zover daardoor geen aandelen ontstaan die niet overeenkomen met een of meer effecten.

– 2. Een deelgenoot kan niet beschikken over zijn aandeel in een tot een verzameldepot behorend goed afzonderlijk.

Art. 17

Levering van aandeel

Levering van een aandeel in een verzameldepot geschiedt door bijschrijving op naam van de verkrijger in het daartoe bestemde deel van de administratie van de aangesloten instelling.

Art. 18

Bijschrijving van effecten

Voor zover een bijschrijving van effecten geschiedt tot een grotere hoeveelheid dan waarover de aangesloten instelling bevoegd was te beschikken, maakt zij de verkrijger geen deelgenoot in het verzameldepot. Was de verkrijger te goeder trouw op het tijdstip dat hij van de bijschrijving kennis kreeg, dan wordt hij niettemin deelgenoot naar evenredigheid van de bijgeschreven hoeveelheid.

Art. 19

Overdracht van aandeel door onbevoegde

– 1. Een overdracht van een aandeel aan de aangesloten instelling is ondanks onbevoegdheid van de vervreemder geldig, indien de instelling te goeder trouw was op het tijdstip van de bijschrijving op haar naam.

– 2. Een overdracht van een aandeel aan een ander dan de aangesloten instelling in opdracht van de in het vorige lid bedoelde vervreemder is geldig, indien de verkrijger te goeder trouw was op het tijdstip dat hij van de bijschrijving kennis kreeg.

Art. 20

Pandrecht op aandeel ten behoeve van ander

– 1. Vestiging van een pandrecht op een aandeel in een verzameldepot ten behoeve van een ander dan de aangesloten instelling geschiedt door bijschrijving ten name van de pandhouder in de administratie van de instelling.

– 2. Ondanks onbevoegdheid van de pandgever is de vestiging van het pandrecht geldig, indien de pandhouder op het tijdstip dat hij van de bijschrijving kennis kreeg, te goeder trouw was.

Art. 21

Pandrecht op aandeel ten behoeve van aangesloten instelling

– 1. Vestiging van een pandrecht op een aandeel in een verzameldepot ten behoeve van de aangesloten instelling geschiedt door overeenkomst tussen de pandgever en de instelling.

– 2. Ondanks de onbevoegdheid van de pandgever is de vestiging van het pandrecht geldig, indien de pandhouder op het tijdstip van het ontstaan te goeder trouw was.

Art. 22

Mogelijkheden bij verzuim schuldenaar

– 1. Onverminderd het bepaalde in artikel 54 van Boek 7 van het Burgerlijk Wetboek, is de pandhouder is in geval van verzuim van de schuldenaar bevoegd:

a. indien de instelling die de effecten heeft uitgegeven uitlevering van de effecten mogelijk heeft gemaakt, uitlevering te vorderen, onverminderd het bepaalde in artikel 31, teneinde de uitgeleverde effecten overeenkomstig de bij de uitoefening van pandrecht op de betreffende soort effecten toepasselijke wettelijke bepalingen te doen verkopen en leveren;
of
b. effecten van de betreffende soort en hoeveelheid op voormelde wijze te doen verkopen en vervolgens te doen leveren door middel van bijschrijving als in deze wet bedoeld.
– 2. De aangesloten instelling doet bij uitlevering aan de pandhouder mededeling van andere op de effecten gevestigde pandrechten, de op de effecten rustende beslagen en rechten van vruchtgebruik.
– 3. Bij uitlevering overeenkomstig het eerste lid, onder *a*, is de pandhouder bevoegd namens de deelgenoot de voor uitlevering benodigde handelingen te verrichten.

Art. 23

Vruchtgebruik op aandeel

Vestiging van een vruchtgebruik op een aandeel in een verzameldepot geschiedt door bijschrijving ten name van de vruchtgebruiker in de administratie van de aangesloten instelling.

Art. 24

Derden-beslag

– 1. Indien onder een aangesloten instelling executoriaal derdenbeslag is gelegd op het aandeel van een deelgenoot in een verzameldepot, is de beslaglegger bevoegd:
a. indien de instelling die de effecten heeft uitgegeven uitlevering van de effecten mogelijk heeft gemaakt, uitlevering te vorderen, onverminderd het bepaalde in artikel 31, teneinde de uitgeleverde effecten overeenkomstig de bij de executie van een beslag op de betreffende effecten toepasselijke wettelijke bepalingen te doen verkopen en leveren; of
b. effecten van de betreffende soort en hoeveelheid op voormelde wijze te doen verkopen en vervolgens te doen leveren door bijschrijving als in deze wet bedoeld.
– 2. De aangesloten instelling doet bij uitlevering aan de beslaglegger mededeling van andere op de effecten rustende beslagen, de op de effecten gevestigde pandrechten en rechten van vruchtgebruik.
– 3. Bij uitlevering overeenkomstig het eerste lid, onder *a*, is de beslaglegger bevoegd namens de deelgenoot de voor uitlevering benodigde handelingen te verrichten.

Art. 25

Kennisgeving van bijschrijving

– 1. Een aangesloten instelling is verplicht van een door haar verrichte bijschrijving terstond een kennisgeving te zenden aan degene op wiens naam de bijschrijving heeft plaatsgevonden.
– 2. Van het voorgaande lid kan niet bij overeenkomst worden afgeweken.
– 3. Van de in het eerste lid bedoelde verplichting kan ten aanzien van bepaalde soorten effecten vrijstelling worden verleend door of namens Onze Minister.

TITEL 3
Uitlevering en verdeling

Art. 26

Uitlevering

– 1. Tenzij de instelling die de effecten heeft uitgegeven uitlevering van de effecten onmogelijk heeft gemaakt, heeft een deelgenoot recht op uitlevering van de hoeveelheid effecten waarvoor hij deelgenoot is.
– 2. De instelling die de effecten heeft uitgegeven kan bepalen dat uitlevering niet langer mogelijk is. Zij doet hiervan mededeling aan het centraal instituut.
– 3. Het besluit van de instelling die de effecten heeft uitgegeven kan tegenover een deelgenoot niet eerder worden ingeroepen dan zes maanden na publicatie van het besluit in ten minste één landelijk verspreid dagblad.
– 4. Is het verzameldepot niet toereikend om aan iedere deelgenoot de hoeveelheid effecten waarvoor hij deelgenoot is, uit te leveren, dan mag de instelling aan een deelgenoot slechts zoveel effecten uitleveren als in verband met de rechten van de andere deelgenoten mogelijk is.

Art. 27

Uitlevering van ontoereikend verzameldepot

– 1. De verdeling van een verzameldepot dat niet toereikend is om aan iedere deelgenoot de hoeveelheid effecten, waarvoor hij deelgenoot is, uit te leveren, geschiedt overeenkomstig de volgende regels.
– 2. Aan ieder der deelgenoten worden naar evenredigheid van zijn aandeel zoveel effecten uitgeleverd als in verband met de rechten van de andere deelgenoten mogelijk is. Blijft een hoeveelheid effecten over die voor een zodanige verdeling te klein is, dan worden zij, tenzij de deelgenoten anders overeenkomen, verkocht op een gereglementeerde markt of een multilaterale handelsfaciliteit, als bedoeld in artikel 1:1 van de Wet op het financieel toezicht of een met een gereglementeerde markt of multilaterale handelsfaciliteit vergelijkbaar systeem uit een staat die geen lidstaat is als bedoeld in artikel 1:1 van de Wet op het financieel toezicht en wordt de opbrengst onder de deelgenoten naar evenredigheid van ieders aandeel verdeeld.
– 3. Andere tot het verzameldepot behorende goederen worden op de daartoe meest ge-

schikte wijze te gelde gemaakt en de opbrengst wordt onder de deelgenoten naar evenredigheid van ieders aandeel verdeeld.

Art. 28

Deelgenoot houder verzameldepot

– 1. Indien de instelling die het verzameldepot houdt, zelf deelgenoot is, wordt haar bij toepassing van het voorgaande artikel slechts toegedeeld hetgeen overblijft, nadat de andere deelgenoten zoveel hebben ontvangen, dat zij niets meer uit hoofde van hun aandeel hebben te vorderen.

– 2. Het eerste lid geldt niet, indien de instelling bewijst dat het tekort is ontstaan door omstandigheden die haar niet kunnen worden toegerekend.

Art. 29

Terugvordering te veel uitgeleverde

Levert de instelling aan een deelgenoot meer effecten uit dan waartoe zij ingevolge de drie voorgaande artikelen bevoegd is, dan kan het teveel uitgeleverde door de instelling worden teruggevorderd, tenzij de deelgenoot op het tijdstip van de uitlevering te goeder trouw was.

Art. 30

Bevoegdheid tot uitlevering

– 1. De instelling is tot uitlevering bevoegd zonder medewerking van de andere deelgenoten.

– 2. Uitlevering van effecten aan toonder geschiedt door terbeschikkingstelling van de effecten aan de deelgenoot. Uitlevering van effecten op naam geschiedt door levering ter uitlevering uit het verzameldepot.

Art. 31

Aandeel met beperkt recht of beslag

– 1. Bij de uitlevering van effecten uit hoofde van een aandeel waarop een beperkt recht of, ingeval van uitlevering aan een pandhouder of beslaglegger overeenkomstig artikel 22 of 24, beslag rust, komt dit beperkte recht of beslag mede op uitgeleverde effecten te rusten.

– 2. Het eerste lid is bij uitkeringen als bedoeld in artikel 27, tweede lid, tweede zin, en derde lid van overeenkomstige toepassing.

Art. 32

Uitoefening rechten door niet-deelgenoot

Degene die overeenkomstig artikel 12, eerste lid, een hoeveelheid effecten in bewaring heeft gegeven of heeft geleverd maar daarvoor geen deelgenoot is, wordt vermoed bevoegd te zijn de rechten van de deelgenoot uit de artikelen 15, 26 en 27 uit te oefenen.

TITEL 4

Faillissement

Art. 33

Bevoegdheid curator

– 1. In geval van faillissement van de aangesloten instelling is de curator belast met het beheer van het verzameldepot. Hij brengt het verzameldepot tot verdeling met inachtneming van de bepalingen van deze wet. Indien het bedrijf van de gefailleerde instelling overeenkomstig artikel 98 van de Faillissementswet wordt voortgezet, is de curator bevoegd tot verdeling van het verzameldepot over te gaan.

Schuldsaneringsregeling

– 2. Het eerste lid is van overeenkomstige toepassing ingeval de schuldsaneringsregeling natuurlijke personen ten aanzien van de aangesloten instelling van toepassing is, met dien verstande dat in de plaats van artikel 98 van de Faillissementswet wordt gelezen artikel 311 van die wet.

HOOFDSTUK 3

Girodepot

TITEL 1

Algemeen

Art. 34

Girodepot

– 1. Alleen het centraal instituut kan een girodepot in de zin van deze wet houden.

– 2. Ten aanzien van iedere soort effecten bestaat een afzonderlijk girodepot.

– 3. De aangesloten instelling is bevoegd tot bewaargeving of levering ter opname in het girodepot van tot een verzameldepot behorende effecten aan het centraal instituut zonder de medewerking van de andere deelgenoten.

Art. 35

Inhoud girodepot

Tot een girodepot behoren:

a. alle effecten van de betreffende soort die onder het centraal instituut berusten, voor het centraal instituut worden bewaard of aan het centraal instituut zijn geleverd;

b. het ten name van het centraal instituut staande tegoed terzake van effecten van de betreffende soort, die berusten onder of bewaard worden voor instellingen in het buitenland, die op verzoek van het centraal instituut door Onze Minister zijn aangewezen;

c. in het geval dat effecten als bedoeld onder *a* verloren zijn gegaan, de rechten daaruit of de daarvoor in de plaats getreden vorderingen tot vergoeding, alsmede hetgeen uit hoofde daarvan is ontvangen;

d. alle overige goederen die geacht moeten worden in de plaats te zijn getreden van onder *a* bedoelde effecten of van een onder *b* bedoeld tegoed.

Art. 36

Beheer centraal instituut

– 1. Het centraal instituut is belast met het beheer van het girodepot.
– 2. Het centraal instituut kan tegenover derden de rechten van degenen aan wie het girodepot toebehoort, uitoefenen, indien dit voor een goed beheer dienstig kan zijn.
– 3. Het tweede lid is niet van toepassing op het recht tot bijeenroeping van een vergadering van aandeelhouders of houders van andere effecten, tot het bijwonen van en het woord voeren in een zodanige vergadering, tot het uitoefenen van stemrecht en tot het doen instellen van een onderzoek naar het beleid en de gang van zaken van een rechtspersoon, als bedoeld in artikel 345 van Boek 2 van het Burgerlijk Wetboek.
– 4. Het centraal instituut is bevoegd een of meerdere toonderstukken ter zake van een of meer effecten aan toonder die tot een girodepot behoren te vervangen door een of meer door de instelling die de effecten heeft uitgegeven terzake van die effecten aan het centraal instituut af te geven vervangende toonderstukken. Het centraal instituut kan toestaan dat in de tekst van aldus door haar te verkrijgen toonderstukken een regeling is opgenomen als bedoeld in het vijfde lid.
– 5. Indien in de tekst van een toonderstuk ter zake van een of meer effecten aan toonder die tot het girodepot behoren een daartoe strekkende regeling is opgenomen, kan het centraal instituut door een aantekening op het stuk te plaatsen dit mede betrekking doen hebben op een of meer andere effecten van dezelfde soort, dan wel bewerkstelligen dat het stuk niet langer betrekking heeft op een of meer van de effecten waarop het voorafgaand aan de plaatsing van de aantekening betrekking had.
– 6. Het centraal instituut is bevoegd tot een girodepot behorende effecten die aan toonder luiden, op naam te doen stellen.
– 7. Indien de instelling die de effecten heeft uitgegeven uitlevering van de effecten niet mogelijk heeft gemaakt of heeft bepaald dat uitlevering niet langer mogelijk is, is zij gehouden na afloop van de periode bedoeld in artikel 26, derde lid, voorzover van toepassing:
a. tot vervanging van toonderstukken als bedoeld in het vierde lid door toonderstukken die een regeling bevatten als bedoeld in het vijfde lid, dan wel;
b. medewerking te verlenen aan het op naam stellen van de effecten voorzover zij aan toonder luiden; zulks ter keuze van de instelling die de effecten heeft uitgegeven.

Art. 37

Bevoegdheid aangesloten instelling

– 1. Alleen een aangesloten instelling kan effecten in bewaring hebben bij of leveren aan het centraal instituut.
– 2. De rechten jegens het centraal instituut worden door de aangesloten instelling op eigen naam uitgeoefend voor hen aan wie de effecten toebehoren.

Art. 38

Deelgenoten girodepot

– 1. Zij aan wie de in bewaring gegeven effecten aan toonder of ter opname in het girodepot geleverde effecten op naam toebehoorden op het tijdstip waarop zij door het centraal instituut ter bewaring in ontvangst zijn genomen dan wel aan het centraal instituut zijn geleverd, worden vanaf dat tijdstip in het girodepot gerechtigd als deelgenoten, gezamenlijk met hen die in dat girodepot op het tijdstip van de bewaargeving of levering reeds gerechtigd waren.
– 2. Het aandeel in het girodepot staat op naam van de aangesloten instelling.
– 3. Het aandeel wordt berekend naar evenredigheid van de hoeveelheid van de door de aangesloten instelling ingebrachte effecten.

Teruglevering

– 4. Tenzij de instelling die de effecten heeft uitgegeven uitlevering van de effecten onmogelijk heeft gemaakt, levert het centraal instituut aan de aangesloten instelling op diens verzoek uit het girodepot effecten van dezelfde soort uit tot een hoeveelheid die overeenkomt met hetgeen door deze in bewaring is gegeven of is geleverd.

Art. 39

Stemrecht

Het centraal instituut draagt zorg dat de aangesloten instellingen kunnen voldoen aan hun in artikel 15 bedoelde verplichting ten aanzien van het aan de effecten verbonden stemrecht.

TITEL 2
Vervreemding en bezwaring

Art. 40

Overdraagbaarheid aandeel

– 1. Het ten name van een aangesloten instelling staande aandeel in een girodepot is overdraagbaar. Ook een gedeelte van zodanig aandeel is overdraagbaar, voor zover daardoor geen aandelen ontstaan die niet overeenkomen met een of meer effecten.
– 2. Het aandeel in een tot een girodepot behorend goed afzonderlijk is niet overdraagbaar.

Art. 41

Levering aandeel

– 1. Levering tussen aangesloten instellingen van een aandeel in een girodepot geschiedt door

bijschrijving op naam van de verkrijgende instelling in het daartoe bestemde deel van de administratie van het centraal instituut.
– 2. Ondanks onbevoegdheid van die instelling is een overdracht van een aandeel geldig, indien de verkrijgende instelling op het tijdstip dat zij van de bijschrijving kennis kreeg, te goeder trouw was. **Overdracht bij te goeder trouw**

Art. 42

– 1. Vestiging van een pandrecht ten behoeve van een andere aangesloten instelling op een aandeel in een girodepot geschiedt door bijschrijving ten name van de andere instelling in de administratie van het centraal instituut. **Vestiging van pandrecht**
– 2. Artikel 20, tweede lid, en artikel 22 zijn van overeenkomstige toepassing.

Art. 43

– 1. Het centraal instituut is verplicht van een door hem verrichte bijschrijving terstond een kennisgeving te zenden aan de instelling op wier naam de bijschrijving heeft plaatsgevonden. **Kennisgeving bijschrijving**
– 2. Van het voorgaande lid kan niet bij overeenkomst worden afgeweken.

Art. 44

Derden-beslag onder het centraal instituut op een ten name van een instelling staand aandeel in een girodepot is niet toegelaten. **Derden-beslag ontoelaatbaar**

TITEL 3
Uitlevering en verdeling

Art. 45

– 1. Indien de instelling die de effecten heeft uitgegeven uitlevering van de effecten mogelijk heeft gemaakt, heeft een aangesloten instelling recht op uitlevering van de haar toekomende hoeveelheid effecten. **Uitlevering**
– 2. Is het girodepot niet toereikend om aan iedere instelling de in het vorige lid bedoelde hoeveelheid effecten uit te leveren, dan mag het centraal instituut aan een instelling slechts zoveel effecten uitleveren als in verband met de rechten van de andere instellingen mogelijk is.

Art. 46

De verdeling van een girodepot dat niet toereikend is om aan iedere instelling de haar toekomende hoeveelheid effecten uit te leveren, geschiedt door overeenkomstige toepassing van artikel 27, tweede en derde lid. **Uitlevering naar evenredigheid**

Art. 47

Levert het centraal instituut aan een instelling meer effecten uit dan waartoe het ingevolge de vorige twee artikelen bevoegd is, dan kan het teveel uitgeleverde door het centraal instituut worden teruggevorderd, tenzij de instelling op het tijdstip van de uitlevering te goeder trouw was. **Terugvordering en te goeder trouw**

Art. 48

Het centraal instituut is tot uitlevering bevoegd zonder medewerking van de andere instellingen op wier naam aandelen in het girodepot staan. **Bevoegd tot uitlevering**

Art. 49

– 1. Bij uitlevering van effecten uit hoofde van een aandeel waarop een pandrecht rust, komt dit pandrecht mede op de uitgeleverde effecten te rusten. **Uitbreiding pandrecht**
– 2. Het eerste lid is bij uitkeringen als bedoeld in artikel 27, tweede lid, tweede zin, en derde lid van overeenkomstige toepassing.

HOOFDSTUK 4
Overgangs- en slotbepalingen

Art. 50

– 1. Indien het centraal instituut overeenkomstig artikel 1 ten aanzien van effecten van een bepaalde soort heeft bepaald dat zij bij hem in bewaring kunnen worden gegeven, en zodanige effecten op dat tijdstip worden bewaard door een effectenbewaarbedrijf, is dit bevoegd deze effecten aan de bewaargever uit te leveren door ze namens hem in bewaring te geven bij de met het effectenbewaarbedrijf verbonden aangesloten instelling. Deze bevoegdheid bestaat niet, indien de effecten afzonderlijk voor de bewaargever werden bewaard. **Bevoegdheid effectenbewaarbedrijf**
– 2. Beperkte rechten die rusten op de vordering van de bewaargever op het effectenbewaarbedrijf tot uitlevering van niet-afzonderlijk voor de bewaargever bewaarde effecten, komen te rusten op de overeenkomstig het eerste lid uitgeleverde effecten. Is op een zodanige vordering beslag gelegd, dan is het effectenbewaarbedrijf niet bevoegd tot uitlevering van effecten overeenkomstig het eerste lid.
– 3. In dit artikel wordt onder een effectenbewaarbedrijf verstaan een naamloze vennootschap die krachtens haar statuten uitsluitend ten doel heeft de bewaring van effecten en wier aandelen worden gehouden door de Stichting Administratiekantoor VABEF te Amsterdam. **Effectenbewaarbedrijf**

Art. 50a

Vermelding in aandeelhoudersregister

In het geval dat aandelen op naam zijn geleverd aan een aangesloten instelling of aan het centraal instituut, kan in het register als bedoeld in artikel 85 eerste lid van Boek 2 van het Burgerlijk Wetboek de naam en het adres van de aangesloten instelling onderscheidenlijk centraal instituut worden opgenomen, met vermelding van de datum waarop die aandelen zijn gaan behoren tot een verzameldepot onderscheidenlijk girodepot, de datum van de erkenning of betekening, alsmede van het op ieder aandeel gestorte bedrag.

Art. 51

Inwerkingtreding

– 1. Deze wet treedt in werking op een door Ons te bepalen tijdstip.

Citeertitel

– 2. Zij kan worden aangehaald als 'Wet giraal effectenverkeer'.

Wet van 28 september 2006, Stb. 569 , houdende regels inzake het toezicht op en de handhaving van de voorschriften voor financiële verslaggeving van effectenuitgevende instellingen alsmede tot wijziging van enige wetten, zoals deze wet laatstelijk is gewijzigd bij de Wet van 25 september 2008, Stb. 476

[Inwerkingtreding: 31-12-2006]

Wij Beatrix, bij de gratie Gods, Koningin der Nederlanden, Prinses van Oranje-Nassau, enz. enz. enz.

Allen, die deze zullen zien of horen lezen, saluut! doen te weten:
Alzo Wij in overweging genomen hebben, dat een verbetering van het toezicht op de naleving en de handhaving van de voorschriften voor de financiële verslaggeving van effectenuitgevende instellingen gewenst is;
Zo is het, dat Wij, de Raad van State gehoord, en met gemeen overleg der Staten-Generaal, hebben goedgevonden en verstaan, gelijk Wij goedvinden en verstaan bij deze:

HOOFDSTUK 1
Definities en reikwijdte

Art. 1

Begripsbepaling

In deze wet en de daarop berustende bepalingen wordt – voor zover niet anders is bepaald –; verstaan onder:
a. Autoriteit Financiële Markten: de Stichting Autoriteit Financiële Markten;
b. effectenuitgevende instelling: uitgevende instelling als bedoeld in artikel 1:1 van de Wet op het financieel toezicht waarvan Nederland de lidstaat van herkomst is als bedoeld in artikel 5:25a, onderdeel c, van die wet:
1° met statutaire zetel in Nederland waarvan effecten zijn toegelaten tot de handel op een gereglementeerde markt, als bedoeld in artikel 1:1 van de Wet op het financieel toezicht, of de handel op een met een gereglementeerde markt vergelijkbaar systeem uit een staat die geen lidstaat is, als bedoeld in artikel 1:1 van de Wet op het financieel toezicht, die gelegen is of functioneert in een staat die niet een lidstaat is van de Europese Unie;
2° met statutaire zetel in een andere lidstaat of een staat die geen lidstaat is waarvan effecten zijn toegelaten tot de handel op een gereglementeerde markt als bedoeld in artikel 1:1 van de Wet op het financieel toezicht;
c. IAS-verordening: verordening (EG) nr. 1606/2002 van het Europees Parlement en de Raad van de Europese Unie van 19 juli 2002 betreffende de toepassing van internationale standaarden voor jaarrekeningen (*PbEG* L 243);
d. financiële verslaggeving:
1° de vastgestelde jaarrekening, bedoeld in artikel 361 van Boek 2 van het Burgerlijk Wetboek;
2° het jaarverslag, bedoeld in artikel 391 van Boek 2 van het Burgerlijk Wetboek;
3° de gegevens die op grond van artikel 392 van Boek 2 van het Burgerlijk Wetboek aan de jaarrekening en het jaarverslag worden toegevoegd;
4° indien de effectenuitgevende instelling zetel heeft in een andere lidstaat, de overeenkomstig artikel 5:25c, eerste en vierde lid, van de Wet op het financieel toezicht algemeen verkrijgbaar gestelde en opgestelde jaarrekening en het overeenkomstig artikel 5:25c, eerste en vierde lid, van de Wet op het financieel toezicht algemeen verkrijgbaar gestelde en opgestelde jaarverslag;
5° indien de effectenuitgevende instelling zetel heeft in een staat die geen lidstaat is, de overeenkomstig artikel 5:25c, eerste en vijfde lid, van de Wet op het financieel toezicht algemeen verkrijgbaar gestelde jaarrekening en jaarverslag dan wel de op grond van artikel 5:25c, eerste lid, jo. artikel 5:25v, eerste lid, algemeen verkrijgbaar gestelde jaarlijkse financiële verslaggeving;
6° de algemeen verkrijgbaar gestelde verklaringen inzake de jaarrekening en het jaarverslag, bedoeld in artikel 5:25c, tweede lid, onderdeel c, van de Wet op het financieel toezicht; en
7° de algemeen verkrijgbaar gestelde halfjaarrekening, het algemeen verkrijgbaar gestelde halfjaarverslag en de algemeen verkrijgbaar gestelde verklaringen, bedoeld in artikel 5:25d van de Wet op het financieel toezicht dan wel de op grond van artikel 5:25d, eerste lid jo. artikel 5:25v, eerste lid algemeen verkrijgbaar gestelde halfjaarlijkse financiële verslaggeving;
e. Onze Minister: Onze Minister van Financiën.

Art. 1a

Reikwijdte

– 1. Deze wet is niet van toepassing op effectenuitgevende instellingen die uitsluitend obligaties of effecten zonder aandelenkarakter als bedoeld in artikel 5:1, onderdeel e, van de Wet op het financieel toezicht uitgeven met een nominale waarde per eenheid van ten minste € 50 000.

– 2. Deze wet is niet van toepassing op effectenuitgevende instellingen met zetel in een door Onze Minister aangewezen staat die geen lidstaat is en die op grond van artikel 5:25v van de Wet op het financieel toezicht hun financiële verslaggeving opmaken overeenkomstig de in die staat geldende wettelijke voorschriften met betrekking tot financiële verslaggeving. Onze Minister kan een staat uitsluitend aanwijzen indien het in die staat uitgeoefende toezicht op de naleving van de in de vorige volzin bedoelde wettelijke voorschriften voldoende waarborgen biedt ter bescherming van de belangen die deze wet beoogt te beschermen.

HOOFDSTUK 2

Toezicht op de naleving van financële verslaggevingsvoorschriften

Art. 2

Nadere toelichting

– 1. Indien de Autoriteit Financiële Markten op grond van openbare feiten of omstandigheden redenen heeft voor twijfel of de financiële verslaggeving, of een onderdeel daarvan, van een effectenuitgevende instelling voldoet aan de daaraan ingevolge artikel 3 van de IAS-verordening, Titel 9 van Boek 2 van het Burgerlijk Wetboek, of de artikelen 5:25c, tweede, vierde of vijfde lid, 5:25d, tweede of vierde tot en met tiende lid, of artikel 5:25v, eerste lid, van de Wet op het financieel toezicht gestelde voorschriften, kan zij van deze instelling ter aanvulling van de financiële verslaggeving om een nadere toelichting omtrent de toepassing van die voorschriften verzoeken. Deze nadere toelichting wordt verstrekt binnen een door de Autoriteit Financiële Markten te stellen redelijke termijn.

– 2. De Autoriteit Financiële Markten is verplicht tot geheimhouding van het in het eerste lid bedoelde verzoek en de naar aanleiding daarvan verstrekte nadere toelichting.

– 3. Het eerste lid is niet van toepassing ten aanzien van de accountantsverklaring, bedoeld in artikel 393, vijfde lid, van Boek 2 van het Burgerlijk Wetboek dan wel de verklaring van de accountant, bedoeld in artikel 5:25c, vierde lid, van de Wet op het financieel toezicht of de verklaring of beoordeling van de accountant, bedoeld in artikel 5:25d, derde lid, van die wet.

– 4. Het eerste lid en de artikelen 3 en 4 zijn niet van toepassing op beleggingsinstellingen als bedoeld in artikel 1:1 van de Wet op het financieel toezicht waarvan de rechten van deelneming op verzoek van de deelnemers ten laste van de activa direct of indirect worden ingekocht of terugbetaald.

– 5. Het bepaalde ingevolge dit artikel en de artikelen 3 en 4 is van overeenkomstige toepassing op jaarrekeningen, jaarverslagen en de daaraan toe te voegen gegevens van een effectenuitgevende instelling die ingevolge artikel 394, tweede lid, van Boek 2 van het Burgerlijk Wetboek openbaar zijn gemaakt.

Art. 3

Twijfel niet weggenomen

– 1. De Autoriteit Financiële Markten kan, nadat de in artikel 2, eerste lid, bedoelde nadere toelichting is verkregen, aan de effectenuitgevende instelling schriftelijk mededelen dat de in dat lid bedoelde twijfel niet is weggenomen. De Autoriteit Financiële Markten kan de in de eerste volzin bedoelde mededeling voorts doen indien de in de eerste volzin bedoelde nadere toelichting niet binnen de door de Autoriteit Financiële Markten gestelde termijn is verkregen en de Autoriteit Financiële Markten twijfelt of de financiële verslaggeving, of een onderdeel daarvan, voldoet aan de in artikel 2, eerste lid, bedoelde voorschriften.

– 2. De in het eerste lid bedoelde mededeling kan vergezeld gaan van een aanbeveling aan de effectenuitgevende instelling om binnen een door de Autoriteit Financiële Markten te bepalen redelijke termijn een bericht algemeen verkrijgbaar te stellen en bij de Autoriteit Financiële Markten te deponeren waarin de effectenuitgevende instelling:

a. uitlegt op welke wijze de in het eerste lid bedoelde voorschriften in de toekomst zullen worden toegepast en de gevolgen daarvan voor de financiële verslaggeving beschrijft; of

b. uitlegt op welke onderdelen de financiële verslaggeving niet voldoet aan de ingevolge artikel 3 van de IAS-verordening, Titel 9 van Boek 2 van het Burgerlijk Wetboek, of de artikelen 5:25c, tweede, vierde of vijfde lid, 5:25d, tweede lid of vierde tot en met tiende lid, of artikel 5:25v, eerste lid, van de Wet op het financieel toezicht gestelde voorschriften en de gevolgen daarvan voor de financiële verslaggeving beschrijft.

– 3. De Autoriteit Financiële Markten is verplicht tot geheimhouding van de in het eerste lid bedoelde mededeling en de in het tweede lid bedoelde aanbeveling.

– 4. Bij algemene maatregel van bestuur kunnen regels worden gesteld met betrekking tot:

a. aan het in het tweede lid bedoelde bericht toe te voegen stukken, en

b. de wijze waarop en de termijn waarbinnen het bericht, bedoeld in het tweede lid, algemeen verkrijgbaar wordt gesteld en bij de Autoriteit Financiële Markten wordt gedeponeerd.

Art. 4

Verzoek aan OK; bevel nadere toelichting

– 1. De Autoriteit Financiële Markten kan een verzoek als bedoeld in artikel 452 van Boek 2 van

het Burgerlijk Wetboek doen, indien een effectenuitgevende instelling onvoldoende gevolg heeft gegeven aan het in artikel 2, eerste lid, bedoelde verzoek.
– 2. De Autoriteit Financiële Markten kan, nadat zij een mededeling als bedoeld in artikel 3, eerste lid, aan de effectenuitgevende instelling heeft gedaan zonder dat zij daarbij een aanbeveling als bedoeld in artikel 3, tweede lid, heeft gedaan, in het belang van een adequate functionering van de effectenmarkten of de positie van de belegger op die markten, een verzoek als bedoeld in artikel 447 of 454 van Boek 2 van Burgerlijk Wetboek doen.
– 3. De Autoriteit Financiële Markten kan een verzoek als bedoeld in artikel 447 of 454 van Boek 2 van het Burgerlijk Wetboek doen, indien de effectenuitgevende instelling onvoldoende gevolg heeft gegeven aan een aanbeveling als bedoeld in artikel 3, tweede lid, of aan het ingevolge artikel 3, vierde lid, bepaalde.
– 4. De Autoriteit Financiële Markten brengt het feit dat zij een verzoek als bedoeld in artikel 447, 452 of 454 van Boek 2 van het Burgerlijk Wetboek heeft gedaan ter openbare kennis, nadat zij de effectenuitgevende instelling in de gelegenheid heeft gesteld binnen een redelijke termijn ter openbare kennis te brengen dat de Autoriteit Financiële Markten een verzoek als bedoeld in artikel 447, 452 of 454 van Boek 2 van het Burgerlijk Wetboek heeft gedaan en de effectenuitgevende instelling daarvan geen gebruik heeft gemaakt. Indien de Autoriteit Financiële Markten het feit dat een verzoek is ingediend ter openbare kennis brengt, vermeldt zij daarbij de naam van de effectenuitgevende instelling, de datum van indiening van het verzoek, de wettelijke grondslag voor het verzoek en, indien het een verzoek als bedoeld in het tweede of derde lid betreft, in welk opzicht de financiële verslaggeving volgens het verzoek herziening behoeft.
– 5. Artikel 2, tweede lid, is van overeenkomstige toepassing op uit een nadere toelichting afkomstige gegevens en inlichtingen die aan de Autoriteit Financiële Markten is verstrekt op grond van een bevel ingevolge artikel 452, vierde lid, van Boek 2 van het Burgerlijk Wetboek en op verzoeken als bedoeld in dit artikel.
– 6. De Autoriteit Financiële Markten kan in verzoeken als bedoeld in dit artikel uit een nadere toelichting afkomstige gegevens of inlichtingen opnemen die aan haar zijn verstrekt op grond van artikel 2, eerste lid, of op grond van een bevel ingevolge artikel 452, vierde lid, van Boek 2 van het Burgerlijk Wetboek.

HOOFDSTUK 3
Het register

Art. 5

Register

– 1. De Autoriteit Financiële Markten houdt een register waarin worden opgenomen:
a. de ingevolge artikel 3, tweede lid, bij de Autoriteit Financiële Markten gedeponeerde berichten;
b. het ingevolge artikel 4, vierde lid, ter openbare kennis gebrachte feit dat een verzoek is gedaan; en
c. afschriften van de beschikkingen, bedoeld in artikel 453 of 455 van Boek 2 van het Burgerlijk Wetboek, alsmede afschriften van uitspraken van beroep in cassatie tegen de eerstgenoemde beschikkingen.
– 2. De Autoriteit Financiële Markten draagt zorg voor het goed functioneren van het register.
– 3. De Autoriteit Financiële Markten houdt de gegevens in het register voor een ieder kosteloos ter inzage.
– 4. Binnen vijf werkdagen volgend op de werkdag waarop de Autoriteit Financiële Markten de stukken, berichten of afschriften heeft ontvangen of het feit, bedoeld in onderdeel *c* van het eerste lid, ter openbare kennis is gebracht, neemt zij deze op in het register.
– 5. Bij algemene maatregel van bestuur kunnen regels worden gesteld met betrekking tot:
a. de inrichting en werking van het register en de wijze waarop wijzigingen in het register kunnen worden aangebracht, en
b. de wijze waarop de in het register op te nemen stukken of berichten aan de Autoriteit Financiële Markten worden verstrekt.

HOOFDSTUK 4
Uitwisseling van gegevens en samenwerking

Art. 6

Gegevensverstrekking

– 1. In afwijking van de artikelen 2, tweede lid, 3, derde lid, en artikel 2:5 van de Algemene wet bestuursrecht kan de Autoriteit Financiële Markten gegevens of inlichtingen, verkregen bij de vervulling van de haar ingevolge deze wet opgedragen taak, verstrekken aan een instantie die in een andere lidstaat met het toezicht op financiële verslaggeving is belast of een bij algemene maatregel van bestuur aan te wijzen instantie die tot taak heeft een eenvormige toepassing van

de standaarden voor de jaarrekening binnen de Europese Unie te bevorderen en een gemeenschappelijke aanpak op het vlak van de handhaving daarvan te ontwikkelen, tenzij:
a. het doel waarvoor de gegevens of inlichtingen zullen worden gebruikt onvoldoende is bepaald;
b. het beoogde gebruik van de gegevens of inlichtingen niet past in het kader van het toezicht op de financiële verslaggeving van effectenuitgevende instellingen;
c. de verstrekking van de gegevens of inlichtingen zich niet zou verdragen met de Nederlandse wet of de openbare orde;
d. de geheimhouding van de gegevens of inlichtingen niet in voldoende mate is gewaarborgd;
e. de verstrekking van de gegevens of inlichtingen redelijkerwijs in strijd is of zou kunnen komen met de belangen die deze wet beoogt te beschermen; of
f. onvoldoende is gewaarborgd dat de gegevens of inlichtingen niet zullen worden gebruikt voor een ander doel dan waarvoor deze worden verstrekt.

– 2. In afwijking van de artikelen 2, tweede lid, 3, derde lid, en artikel 2:5 van de Algemene wet bestuursrecht kan de Autoriteit Financiële Markten gegevens of inlichtingen, verkregen bij de vervulling van de haar ingevolge deze wet opgedragen taak, verstrekken aan een instantie die in een staat die geen lidstaat is met het toezicht op financiële verslaggeving is belast, indien met betrekking tot de gegevens en inlichtingen krachtens de wet in die staat ten minste gelijkwaardige waarborgen gelden ten aanzien van geheimhouding als op grond van het eerste lid, en voor zover de uitwisseling ten behoeve van de uitoefening van het toezicht door de desbetreffende instantie geschiedt.

– 3. De Autoriteit Financiële Markten zendt onverwijld nadat met inachtneming van het tweede lid met een instantie van een staat die geen lidstaat is een overeenkomst is gesloten ten einde gegevens of inlichtingen te kunnen uitwisselen, een afschrift van de overeenkomst aan Onze Minister.

– 4. Bij algemene maatregel van bestuur kunnen regels worden gesteld met betrekking tot de wijze waarop en de voorwaarden waaronder door de Autoriteit Financiële Markten gegevens of inlichtingen kunnen worden verstrekt.

Art. 7

Uitoefening bevoegdheden

Gegevens en inlichtingen die aan de Autoriteit Financiële Markten zijn verstrekt op grond van artikel 2, eerste lid, of artikel 452, eerste of vierde lid, van Boek 2 van het Burgerlijk Wetboek, worden door de Autoriteit Financiële Markten alleen gebruikt voor de uitoefening van bevoegdheden uit hoofde van deze wet.

Art. 8

Samenwerking met DNB

De Autoriteit Financiële Markten werkt, wat het toezicht betreft ingevolge deze wet op de financiële verslaggeving van kredietinstellingen, verzekeraars of beleggingsondernemingen als bedoeld in artikel 1:1 van de Wet op het financieel toezicht, samen met De Nederlandsche Bank N.V., voor zover dit voor de uitoefening van het toezicht noodzakelijk is.

HOOFDSTUK 5
Rekening en verantwoording van de autoriteit financiële markten

Art. 9

Begroting

– 1. De Autoriteit Financiële Markten stelt jaarlijks een begroting op van de in het daaropvolgende jaar te verwachten baten en lasten, investeringsuitgaven alsmede inkomsten en uitgaven met betrekking tot de uitvoering van de bij en krachtens deze wet opgedragen taak en de daaruit voortvloeiende werkzaamheden. De begroting wordt op een zodanige wijze opgesteld dat de lasten en de uitgaven structureel worden gedekt door de baten en de inkomsten.

– 2. De begrotingsposten worden van een toelichting voorzien.

– 3. Tenzij de werkzaamheden waarop de begroting betrekking heeft nog niet eerder werden verricht, bevat de begroting een vergelijking met de begroting van het lopende jaar en de laatst goedgekeurde jaarrekening waarmee Onze Minister heeft ingestemd.

– 4. De Autoriteit Financiële Markten zendt de begroting voor 1 december van het aan het begrotingsjaar voorafgaande jaar ter instemming aan Onze Minister.

– 5. De instemming kan worden onthouden wegens strijd met het recht of het algemeen belang. In geval van gebleken strijdigheid wordt instemming niet onthouden dan nadat de Autoriteit Financiële Markten in de gelegenheid is gesteld de begroting aan te passen, binnen een door Onze Minister te stellen redelijke termijn.

– 6. De Autoriteit Financiële Markten doet onverwijld na instemming mededeling van de begroting in de *Staatscourant* en houdt de begroting gedurende een jaar na instemming op elektronische wijze ter inzage.

– 7. Wanneer Onze Minister niet met de begroting heeft ingestemd vóór 1 januari van het jaar waarop deze betrekking heeft, kan de Autoriteit Financiële Markten, in het belang van een juiste uitvoering van haar taak, voor het aangaan van verplichtingen en het verrichten van uitgaven beschikken over ten hoogste vier twaalfde gedeelten van de bedragen die bij de overeenkomstige onderdelen in de begroting van het voorafgaande jaar waren toegestaan.

Art. 10

Mededeling oorzaak verschillen

Indien gedurende het jaar aanmerkelijke verschillen ontstaan of dreigen te ontstaan tussen de werkelijke en begrote baten en lasten dan wel inkomsten en uitgaven, doet de Autoriteit Financiële Markten daarvan onverwijld mededeling aan Onze Minister onder vermelding van de oorzaak van de verschillen.

Art. 11

Nadere regelgeving

Bij ministeriële regeling kunnen regels worden gesteld voor de inrichting van de begroting.

Art. 12

Jaarrekening

– 1. De Autoriteit Financiële Markten stelt jaarlijks een jaarrekening op van de bij deze wet opgedragen taak en de daaruit voortvloeiende werkzaamheden.
– 2. De jaarrekening van de Autoriteit Financiële Markten, waarin rekening en verantwoording wordt afgelegd van het financieel beheer en van de geleverde prestaties over het verstreken boekjaar, wordt ingericht zoveel mogelijk met overeenkomstige toepassing van Titel 9 van Boek 2 van het Burgerlijk Wetboek.
– 3. De jaarrekening gaat vergezeld van een verklaring omtrent de getrouwheid, afgegeven door een door de Autoriteit Financiële Markten aangewezen registeraccountant of Accountant-Administratieconsulent ten aanzien van wie in het accountantsregister een aantekening is geplaatst als bedoeld in artikel 36, derde lid, van de Wet op de Accountants-Administratieconsulenten.
– 4. De accountant voegt bij de verklaring, bedoeld in het tweede lid, een verslag van zijn bevindingen omtrent de rechtmatige inning en besteding van de middelen door de Autoriteit Financiële Markten uit hoofde van deze wet.
– 5. De accountant voegt bij de verklaring, bedoeld in het derde lid, tevens een verslag van zijn bevindingen over de vraag of het beheer en de organisatie van de Autoriteit Financiële Markten uit hoofde van deze wet voldoen aan eisen van doelmatigheid.
– 6. De Autoriteit Financiële Markten zendt de jaarrekening voor 1 mei van het op het boekjaar volgende jaar ter instemming aan Onze Minister.
– 7. De instemming kan worden onthouden wegens strijd met het recht of het algemeen belang.
– 8. De Autoriteit Financiële Markten doet onverwijld na instemming mededeling van de jaarrekening in de *Staatscourant* en houdt de jaarrekening gedurende een jaar na instemming op elektronische wijze ter inzage.

Art. 13

Exploitatiesaldo

– 1. Het verschil tussen de aan het eind van een begrotingsjaar gerealiseerde baten van de Autoriteit Financiële Markten en de gerealiseerde lasten van de Autoriteit Financiële Markten vormt het exploitatiesaldo.
– 2. Indien in enig boekjaar een exploitatiesaldo ontstaat en de Autoriteit Financiële Markten dit exploitatiesaldo wil betrekken bij de in rekening te brengen kosten als bedoeld in artikel 18 doet de Autoriteit Financiële Markten daaromtrent een voorstel in de jaarrekening.

Art. 14

Jaarverslag

– 1. De Autoriteit Financiële Markten stelt jaarlijks een jaarverslag op. Het jaarverslag beschrijft de taakuitoefening en het daartoe gevoerde beleid uit hoofde van deze wet in het voorafgaande jaar. Het jaarverslag beschrijft voorts het gevoerde beleid met betrekking tot de kwaliteitszorg.
– 2. De Autoriteit Financiële Markten zendt het jaarverslag voor 1 mei aan Onze Minister. Onze Minister zendt een afschrift van het jaarverslag aan de Tweede Kamer der Staten-Generaal.
– 3. De Autoriteit Financiële Markten houdt het jaarverslag op elektronische wijze ter inzage.

Art. 15

Statutenwijziging ter instemming naar minister

– 1. De Autoriteit Financiële Markten legt een voorgenomen statutenwijziging ter voorafgaande instemming voor aan Onze Minister. De artikelen 10:28 tot en met 10:31 van de Algemene wet bestuursrecht zijn van overeenkomstige toepassing.
– 2. De instemming, bedoeld in het eerste lid, kan worden geweigerd:
a. indien de statuten na wijziging onvoldoende zijn afgestemd op het in deze wet bepaalde;
b. indien de statuten onvoldoende waarborgen bieden voor een onafhankelijke taakvervulling door de Autoriteit Financiële Markten;
c. wegens strijd met het recht of het algemeen belang.

Art. 16

Uitoefening taak

– 1. De Autoriteit Financiële Markten draagt met betrekking tot de uitoefening van haar taak op grond van deze wet zorg voor:
a. een tijdige voorbereiding en uitvoering;

b. de kwaliteit van de daarbij gebruikte procedures;
c. de zorgvuldige behandeling van een ieder die met haar in aanraking komt;
d. de zorgvuldige behandeling van klachten die worden ontvangen.

– 2. De Autoriteit Financiële Markten treft voorzieningen, waardoor ieder die met haar in aanraking komt in de gelegenheid is voorstellen tot verbetering van werkwijzen en procedures te doen.

– 3. In het jaarverslag, bedoeld in artikel 14, doet de Autoriteit Financiële Markten verslag van hetgeen tot uitvoering van het eerste en het tweede lid is verricht.

Art. 17

Overlegorgaan

– 1. De Autoriteit Financiële Markten stelt een orgaan in voor overleg over:
a. de door de Autoriteit Financiële Markten op te stellen begroting;
b. de door de Autoriteit Financiële Markten gerealiseerde baten en lasten alsmede inkomsten en uitgaven, en verrichte werkzaamheden;
c. de kosten voor effectenuitgevende instellingen die verband houden met de uitoefening van haar taak op grond van deze wet en daaruit voortvloeiende werkzaamheden.

– 2. Het overleg wordt gevoerd door de Autoriteit Financiële Markten en een representatieve vertegenwoordiging van effectenuitgevende instellingen. De Autoriteit Financiële Markten kan tevens daarvoor in aanmerking komende organisaties van belanghebbenden toelaten tot het overleg. Onze Minister wijst ambtenaren aan die namens hem het overleg bijwonen.

– 3. Het overleg vindt tweemaal per jaar plaats.

– 4. De Autoriteit Financiële Markten maakt het verslag van het overleg binnen een redelijke termijn na het overleg openbaar.

Art. 18

Doorberekening kosten

– 1. De Autoriteit Financiële Markten brengt de kosten van de werkzaamheden die zij verricht in verband met de uitoefening van haar taak op grond van deze wet in rekening bij de effectenuitgevende instellingen voor zover deze kosten niet ten laste komen van de Rijksbegroting. Tot de kosten behoren onder meer de kosten die zij ter voorbereiding op de uitvoering van nieuwe onderdelen van haar taak heeft gemaakt, voordat deze taak aan haar werd opgedragen.

– 2. De kosten worden gebaseerd op de begroting waarmee Onze Minister heeft ingestemd en op het exploitatiesaldo, indien Onze Minister heeft ingestemd met de jaarrekening waarin een voorstel als bedoeld in artikel 13, tweede lid, is opgenomen.

– 3. Bij of krachtens algemene maatregel van bestuur worden nadere regels gesteld met betrekking tot het eerste en tweede lid. Daarbij kan onderscheid worden gemaakt tussen incidenteel en jaarlijks in rekening te brengen kosten en kan tevens worden voorzien in een bevoegdheid voor de Autoriteit Financiële Markten om in bepaalde gevallen kosten niet of niet geheel in rekening te brengen indien het volledig in rekening brengen van de kosten zou leiden tot een onbillijkheid van overwegende aard. Deze regels hebben onder meer betrekking op de toerekening van toezichthandelingen aan ondernemingen.

– 4. Bij ministeriële regeling worden de tarieven vastgesteld op basis waarvan de kosten, bedoeld in het eerste tot en met het derde lid, worden doorberekend.

Art. 19

Inlichtingen beoordeling uitvoerbaarheid

De Autoriteit Financiële Markten verstrekt Onze Minister desgevraagd inlichtingen die nodig zijn voor de beoordeling van de uitvoerbaarheid van algemene beleidsvoornemens en voorgenomen wettelijke voorschriften, voor zover deze betrekking hebben op het door de Autoriteit Financiële Markten uit te oefenen toezicht ingevolge deze wet.

Art. 20

Gegevens voor onderzoek toereikendheid wet

– 1. Onze Minister kan aan de Autoriteit Financiële Markten de gegevens of inlichtingen vragen die nodig zijn voor een onderzoek naar de toereikendheid van deze wet of de wijze waarop de Autoriteit Financiële Markten deze wet uitvoert of heeft uitgevoerd, indien dat ter wille van het toezicht nodig blijkt.

– 2. De Autoriteit Financiële Markten verstrekt aan Onze Minister de in het eerste lid bedoelde gegevens of inlichtingen, tenzij het vertrouwelijke gegevens of inlichtingen betreft in de zin van artikel 2:5 van de Algemene wet bestuursrecht die betrekking hebben op of herleidbaar zijn tot een afzonderlijke rechtspersoon of vennootschap. In afwijking van de vorige volzin verstrekt de Autoriteit Financiële Markten aan Onze Minister wel gegevens of inlichtingen die betrekking hebben of herleidbaar zijn tot een afzonderlijke effectenuitgevende instelling ten aanzien waarvan surséance van betaling is verleend, of die in staat van faillissement is verklaard of op grond van een rechterlijke uitspraak is ontbonden.

– 3. Onze Minister kan een derde opdragen de gegevens of inlichtingen die hem ingevolge het tweede lid zijn verstrekt te onderzoeken en aan hem verslag uit te brengen. Tevens kan Onze Minister de derde die in zijn opdracht handelt, machtigen namens hem gegevens of inlichtingen in te winnen, in welk geval het eerste en tweede lid van overeenkomstige toepassing zijn.

– 4. Onze Minister gebruikt de gegevens of inlichtingen die hij ingevolge het tweede of derde

lid heeft verkregen uitsluitend voor het vormen van zijn oordeel over de toereikendheid van deze wet of de wijze waarop de Autoriteit Financiële Markten deze wet uitvoert of heeft uitgevoerd.
– 5. Onze Minister en degenen die in zijn opdracht handelen zijn verplicht tot geheimhouding van de op grond van het tweede en derde lid ontvangen gegevens of inlichtingen.
– 6. Niettegenstaande het vierde en vijfde lid kan Onze Minister de aan de gegevens of inlichtingen ontleende bevindingen en de daaruit getrokken conclusies aan de beide kamers der Staten-Generaal mededelen en de conclusies in algemene zin uit het onderzoek openbaar maken.
– 7. De Wet openbaarheid van bestuur, de Wet Nationale Ombudsman en Titel 9.2 van de Algemene wet bestuursrecht zijn niet van toepassing met betrekking tot de in dit artikel bedoelde gegevens of inlichtingen die Onze Minister of de in zijn opdracht werkende derde onder zich heeft.

Art. 21

Voorzieningen taakverwaarlozing

– 1. Indien naar het oordeel van Onze Minister de Autoriteit Financiële Markten haar taak ernstig verwaarloost, kan Onze Minister de noodzakelijke voorzieningen treffen.
– 2. Ter uitvoering van het eerste lid kan Onze Minister besluiten een of meer onderdelen van de taak van de Autoriteit Financiële Markten zelf uit te voeren of door een ander bestuursorgaan te laten uitvoeren. Alsdan komen de desbetreffende bevoegdheden van de Autoriteit Financiële Markten toe aan Onze Minister onderscheidenlijk het andere bestuursorgaan.
– 3. De voorzieningen worden, spoedeisende gevallen uitgezonderd, niet eerder getroffen dan nadat de Autoriteit Financiële Markten in de gelegenheid is gesteld om binnen een door Onze Minister te stellen termijn alsnog haar taak naar behoren uit te voeren.
– 4. Onze Minister stelt de Tweede Kamer der Staten-Generaal onverwijld in kennis van door hem getroffen voorzieningen als bedoeld in het eerste lid.

Art. 22

Evaluatiebepaling

– 1. Onze Minister zendt drie jaar na het tijdstip van inwerkingtreding van deze wet en vervolgens elke vijf jaar een verslag aan beide kamers der Staten-Generaal over de doeltreffendheid en doelmatigheid van het functioneren van de Autoriteit Financiële Markten in het kader van de uitvoering van deze wet.
– 2. De Autoriteit Financiële Markten verstrekt desgevraagd aan Onze Minister gegevens en inlichtingen ten behoeve van het verslag.

Art. 23

Rechtbank Rotterdam bevoegd

In afwijking van de Algemene wet bestuursrecht is voor beroepen tegen besluiten op grond van de Hoofdstukken 4 en 5 van deze wet de rechtbank te Rotterdam bevoegd.

HOOFDSTUK 6
Wijziging van andere wetten

Art. 24

Bevat wijzigingen in de bijlage van de Algemene wet bestuursrecht.

Art. 25

Bevat wijzigingen in de bijlage van de Wet bestuursrechtspraak bedrijfsorganisatie.

Art. 26

Bevat wijzigingen in artikel 103 en afdeling 16, de artikelen 447-453 van het Burgerlijk Wetboek Boek 2.

Art. 27

Bevat wijzigingen in de Elfde titel, de artikelen 999-1002 van het Wetboek van Burgerlijke rechtsvordering.

Art. 28

Bevat wijzigingen in artikel 1 van de Wet op de economische delicten.

Art. 29

Bevat wijzigingen in de artikelen 5, 5a, 28, 29, 40, 48b, 48c, 48d en de bijlage van de Wet toezicht effectenverkeer 1995.

HOOFDSTUK 7
Overgangs- en slotbepalingen

Art. 30

Begroting resterende deel kalenderjaar

– 1. Binnen zes weken na het tijdstip van inwerkingtreding van deze wet zendt de Autoriteit Financiële Markten ter instemming aan Onze Minister een begroting van de in het resterende deel van het kalenderjaar te verwachten baten en lasten, investeringsuitgaven alsmede inkomsten en uitgaven met betrekking tot de uitvoering van de bij en krachtens deze wet opgedragen taak en daaruit voortvloeiende werkzaamheden.
– 2. Artikel 9, tweede, vijfde en zesde lid, en artikel 11 zijn van overeenkomstige toepassing.

Art. 30a

Overgangsrecht

– 1. Deze wet heeft geen betrekking op jaarrekeningen, jaarverslagen en de daaraan toe te voegen gegevens van een rechtspersoon, vennootschap, effectenuitgevende instelling of beleggingsinstelling die betrekking hebben op boekjaren die vóór 1 januari 2006 zijn aangevangen.

– 2. Met betrekking tot financiële verslaggeving als bedoeld in het eerste lid blijft het recht zoals dat gold voor het tijdstip van inwerkingtreding van deze wet van toepassing.

Art. 31

Inwerkingtreding

Deze wet treedt in werking op een bij koninklijk besluit te bepalen tijdstip, dat voor de verschillende artikelen of onderdelen daarvan verschillend kan worden vastgesteld.

Art. 32

Citeertitel

Deze wet wordt aangehaald als: Wet toezicht financiële verslaggeving.

Wet van 28 september 2006, Stb. 475 , houdende regels met betrekking tot de financiële markten en het toezicht daarop, zoals deze wet laatstelijk is gewijzigd bij de Wet van 14 februari 2009, Stb. 106

[Inwerkingtreding: 01-01-2007]

Wij Beatrix, bij de gratie Gods, Koningin der Nederlanden, Prinses van Oranje-Nassau, enz. enz. enz.

Allen, die deze zullen zien of horen lezen, saluut! doen te weten:
Alzo Wij in overweging genomen hebben, dat de hervorming van het toezicht op de financiële markten naar een functioneel ingericht toezicht, herziening van de wetgeving met betrekking tot dat toezicht noodzakelijk maakt;
Zo is het, dat Wij, de Raad van State gehoord, en met gemeen overleg der Staten-Generaal, hebben goedgevonden en verstaan, gelijk Wij goedvinden en verstaan bij deze:

1 ALGEMEEN DEEL

HOOFDSTUK 1.1
Inleidende bepalingen

AFDELING 1.1.1
Definities

Art. 1:1

Begripsbepaling

In deze wet en de daarop berustende bepalingen wordt, voorzover niet anders is bepaald, verstaan onder:
aanbieden:
a. het in de uitoefening van een beroep of bedrijf rechtstreeks of middellijk doen van een voldoende bepaald voorstel tot het als wederpartij aangaan van een overeenkomst met een consument inzake een financieel product dat geen financieel instrument of verzekering is of het in de uitoefening van een beroep of bedrijf aangaan, beheren of uitvoeren van een dergelijke overeenkomst;
b. het in de uitoefening van een beroep of bedrijf rechtstreeks of middellijk doen van een voldoende bepaald voorstel tot het als wederpartij aangaan van een overeenkomst inzake een verzekering of het in de uitoefening van een beroep of bedrijf aangaan, beheren of uitvoeren van een dergelijke overeenkomst; of
c. het rechtstreeks of middellijk doen van een voldoende bepaald voorstel tot het als wederpartij aangaan van een overeenkomst inzake een recht van deelneming in een beleggingsinstelling of het rechtstreeks of middellijk vragen of verkrijgen van gelden of andere goederen van een cliënt ter deelneming in een beleggingsinstelling;
aanbieder: degene die aanbiedt;
aangewezen staat: een staat die op grond van deze wet is aangewezen als staat waar toezicht wordt uitgeoefend op beleggingsinstellingen, clearinginstellingen onderscheidenlijk natura-uitvaartverzekeraars dat in voldoende mate waarborgen biedt ten aanzien van de belangen die deze wet beoogt te beschermen;
aanmeldingstermijn: de periode gedurende welke de effecten waarop een openbaar bod betrekking heeft, kunnen worden aangemeld;
accountant: een accountant als bedoeld in artikel 393, eerste lid, van Boek 2 van het Burgerlijk Wetboek;
adviseren:
a. het in de uitoefening van een beroep of bedrijf aanbevelen van een of meer specifieke financiële producten, met uitzondering van verzekeringen en financiële instrumenten, aan een bepaalde consument; of
b. het in de uitoefening van een beroep of bedrijf aanbevelen van een of meer specifieke verzekeringen of van een of meer specifieke financiële instrumenten aan een bepaalde cliënt;
adviseur: degene die adviseert;
Autoriteit Financiële Markten: Stichting Autoriteit Financiële Markten;
bank: degene die zijn bedrijf maakt van het buiten besloten kring ter beschikking verkrijgen van opvorderbare gelden van anderen dan professionele marktpartijen, en van het voor eigen rekening verrichten van kredietuitzettingen;
beheerder: een rechtspersoon die het beheer voert over een of meer beleggingsinstellingen;
beheren van een individueel vermogen: in de uitoefening van een beroep of bedrijf, anders dan

als beheerder, op discretionaire basis voeren van het beheer over financiële instrumenten die toebehoren aan een persoon dan wel over aan deze persoon toebehorende middelen ter belegging in financiële instrumenten op grond van een door deze persoon gegeven opdracht;
beleggerscompensatiestelsel: een stelsel omtrent een garantie voor vorderingen van beleggers in verband met beleggingsverrichtingen op banken, beleggingsondernemingen of financiële instellingen waaraan het is toegestaan beleggingsdiensten te verlenen, tegen het risico dat deze financiële ondernemingen hun verplichtingen met betrekking tot die vorderingen niet kunnen nakomen;
beleggingsfonds: een niet in een beleggingsmaatschappij ondergebracht vermogen waarin ter collectieve belegging gevraagde of verkregen gelden of andere goederen zijn of worden opgenomen teneinde de deelnemers in de opbrengst van de beleggingen te doen delen;
beleggingsinstelling: beleggingsmaatschappij of beleggingsfonds;
beleggingsinstelling met zetel in een niet-aangewezen staat: een beleggingsinstelling met zetel buiten Nederland in een staat die niet op grond van artikel 2:66, eerste lid, is aangewezen als staat waar toezicht wordt uitgeoefend op beleggingsinstellingen dat in voldoende mate waarborgen biedt ten aanzien van de belangen die deze wet beoogt te beschermen, niet zijnde een instelling voor collectieve belegging in effecten;
beleggingsmaatschappij: een rechtspersoon die gelden of andere goederen ter collectieve belegging vraagt of verkrijgt teneinde de deelnemers in de opbrengst van de beleggingen te doen delen;
beleggingsobject:
a. een zaak, een recht op een zaak of een recht op het al dan niet volledige rendement in geld of een gedeelte van de opbrengst van een zaak, niet zijnde een product als bedoeld in de onderdelen b tot en met h van de definitie van financieel product in dit artikel, welke anders dan om niet wordt verkregen, bij welke verkrijging aan de verkrijger een rendement in geld in het vooruitzicht wordt gesteld en waarbij het beheer van de zaak hoofdzakelijk wordt uitgevoerd door een ander dan de verkrijger; of
b. een ander bij algemene maatregel van bestuur aan te wijzen recht;
beleggingsonderneming: degene die een beleggingsdienst verleent of een beleggingsactiviteit verricht;
beleggingsonderneming met systematische interne afhandeling:
beleggingsonderneming die frequent op georganiseerde, regelmatige en systematische wijze, voor eigen rekening en buiten een gereglementeerde markt of een multilaterale handelsfaciliteit om transacties uitvoert door orders van cliënten met betrekking tot aandelen uit te voeren;
bemiddelaar: degene die bemiddelt;
bemiddelen:
a. alle werkzaamheden in de uitoefening van een beroep of bedrijf gericht op het als tussenpersoon tot stand brengen van een overeenkomst inzake een ander financieel product dan een financieel instrument, krediet of verzekering tussen een consument en een aanbieder;
b. alle werkzaamheden in de uitoefening van een beroep of bedrijf gericht op het als tussenpersoon tot stand brengen van een overeenkomst inzake krediet tussen een consument en een aanbieder of op het assisteren bij het beheer en de uitvoering van een dergelijke overeenkomst; of
c. alle werkzaamheden in de uitoefening van een beroep of bedrijf gericht op het als tussenpersoon tot stand brengen van een verzekering tussen een cliënt en een verzekeraar of op het assisteren bij het beheer en de uitvoering van een verzekering;
besloten kring: een kring, bestaande uit personen of vennootschappen waarvan een persoon of vennootschap opvorderbare gelden ter beschikking verkrijgt,
a. die nauwkeurig is omschreven;
b. waarvan de toetredingscriteria vooraf zijn bepaald, toetsbaar zijn en niet resulteren in het op eenvoudige wijze toetreden van niet tot de kring behorende personen of vennootschappen; en
c. waarbinnen degenen die er deel van uitmaken in een op het tijdstip van het verkrijgen van de opvorderbare gelden reeds bestaande rechtsbetrekking staan tot de persoon of vennootschap die de gelden ter beschikking verkrijgt, op grond waarvan zij redelijkerwijs op de hoogte kunnen zijn van diens financiële toestand;
bewaarder: een rechtspersoon die is belast met de bewaring van de activa van een beleggingsinstelling;
bewindvoerder: de bewindvoerder, bedoeld in artikel 3:162, vierde lid, of degene die is aangewezen door de bestuurlijke of rechterlijke instanties in een andere lidstaat om saneringsmaatregelen uit te voeren;
bieder: een natuurlijk persoon, rechtspersoon of vennootschap, dan wel enig naar buitenlands recht daarmee vergelijkbaar lichaam of samenwerkingsverband, door wie of namens wie al

dan niet tezamen met een of meer andere natuurlijke personen, rechtspersonen, vennootschappen of daarmee vergelijkbare lichamen of samenwerkingsverbanden een openbaar bod wordt voorbereid of uitgebracht, dan wel is uitgebracht;
bijkantoor:
a. duurzaam in een andere staat dan de staat van de zetel aanwezig onderdeel zonder rechtspersoonlijkheid van een financiële onderneming die geen verzekeraar of beleggingsonderneming is; of
b. duurzame aanwezigheid van een verzekeraar, met uitzondering van de zetel, beheerd door eigen personeel van de verzekeraar of door een zelfstandig persoon die is gemachtigd duurzaam voor de verzekeraar op te treden; of
c. gezamenlijke duurzaam in een andere staat dan de staat van de zetel aanwezige onderdelen zonder rechtspersoonlijkheid van een beleggingsonderneming dat beleggingsdiensten, beleggingsactiviteiten of nevendiensten verleent;
centrale kredietinstelling: een bank die met betrekking tot een groep banken tot welke groep die bank zelf ook behoort, het beleid mede bepaalt;
clearinginstelling: degene die zijn bedrijf maakt van het sluiten van overeenkomsten betreffende financiële instrumenten met een centrale tegenpartij die optreedt als exclusieve wederpartij bij deze overeenkomsten, waarvan de bedingen die de kern van de prestaties aangeven overeenkomen met de bedingen die deel uitmaken van overeenkomsten, gesloten door derden of door hemzelf in zijn hoedanigheid van partij, op een een handelsplatform en die in de laatstbedoelde overeenkomsten de kern van de prestaties aangeven;
clearinginstelling met zetel in een niet-aangewezen staat: een clearinginstelling met zetel in een staat buiten Nederland die niet op grond van artikel 2:6, tweede lid, is aangewezen als staat waar toezicht op clearinginstellingen wordt uitgeoefend dat in voldoende mate waarborgen biedt ten aanzien van de belangen die deze wet beoogt te beschermen;
communautaire co-assurantie: een directe schadeverzekering betreffende grote risico's, in coassurantie gesloten, waarbij:
a. de schadeverzekeraar die als eerste schadeverzekeraar optreedt, zijn verplichtingen uit hoofde van de schadeverzekering is aangegaan vanuit een vestiging in een andere lidstaat dan de lidstaat waarin ten minste een van de overige co-assuradeuren zulks heeft gedaan; en
b. het risico in een lidstaat is gelegen;
consument: een niet in de uitoefening van zijn bedrijf of beroep handelende natuurlijke persoon aan wie een financiële onderneming een financiële dienst verleent;
deelnemer: een aandeelhouder of een deelgerechtigde in een beleggingsinstelling;
deposito: een tegoed dat wordt gevormd door op een rekening staande gelden of dat tijdelijk uit normale banktransacties voortvloeit, en dat een bank onder de toepasselijke wettelijke en contractuele voorwaarden dient terug te betalen, alsmede schulden belichaamd in door een bank uitgegeven op naam gestelde schuldbewijzen, met uitzondering van obligaties die voldoen aan de voorwaarden van artikel 22, vierde lid, van de richtlijn beleggingsinstellingen;
depositogarantiestelsel: een stelsel omtrent een garantie voor vorderingen van depositohouders op banken tegen het risico dat deze banken hun verplichtingen met betrekking tot die vorderingen niet kunnen nakomen;
doelvennootschap: de instelling waarvan effecten zijn uitgegeven waarop een openbaar bod is aangekondigd, wordt uitgebracht of dient te worden uitgebracht;
duurzame drager: een hulpmiddel dat een persoon in staat stelt om aan hem persoonlijk gerichte informatie op te slaan op een wijze die deze informatie toegankelijk maakt voor toekomstig gebruik gedurende een periode die is afgestemd op het doel waarvoor de informatie kan dienen, en die een ongewijzigde reproductie van de opgeslagen informatie mogelijk maakt;
effect:
a. een verhandelbaar aandeel of een ander daarmee gelijk te stellen verhandelbaar waardebewijs of recht niet zijnde een appartementsrecht;
b. een verhandelbare obligatie of een ander verhandelbaar schuldinstrument; of
c. elk ander door een rechtspersoon, vennootschap of instelling uitgegeven verhandelbaar waardebewijs waarmee een in onderdeel a of b bedoeld effect door uitoefening van de daaraan verbonden rechten of door conversie kan worden verworven of dat in geld wordt afgewikkeld;
effectief kredietvergoedingspercentage: de bij de uitvoering van een overeenkomst inzake krediet overeenkomstig de betalingsregeling aan de consument in rekening te brengen kredietvergoeding, uitgedrukt in een percentage op jaarbasis van het uitstaand saldo, berekend op bij ministeriële regeling vast te stellen wijze;
elektronisch geld: een geldswaarde die is opgeslagen op een elektronische drager of die op afstand is opgeslagen in een centrale rekeningadministratie;
elektronische weg: elektronische apparatuur voor de verwerking, met inbegrip van digitale

compressie, opslag en verzending van gegevens via draden, radio, optische technologieën of andere elektromagnetische middelen;
elektronischgeldinstelling: degene die, geen bank zijnde, zijn bedrijf maakt van het ter beschikking verkrijgen van gelden in ruil waarvoor elektronisch geld wordt uitgegeven waarmee betalingen kunnen worden verricht ook aan anderen dan degene die het elektronisch geld uitgeeft;
entiteit voor risico-acceptatie: instelling, niet zijnde een verzekeraar, die door een verzekeraar overgedragen risico's accepteert en de acceptatie van die risico's uitsluitend financiert door van derden gelden aan te trekken terzake waarvan de terugbetalingsverplichtingen zijn achtergesteld bij de betalingsverplichtingen die ontstaan uit het accepteren van de overgedragen risico's;
entiteit voor risico-acceptatie met zetel in een niet-aangewezen staat: entiteit voor risico-acceptatie met zetel in een staat die geen lidstaat is die niet op grond van artikel 2:54d, tweede lid, is aangewezen als staat waar toezicht op entiteiten voor risico-acceptatie wordt uitgeoefend dat in voldoende mate waarborgen biedt ten aanzien van de belangen die deze wet beoogt te beschermen;
Europese beleggingsonderneming: beleggingsonderneming met zetel in een andere lidstaat die aldaar voor de uitoefening van haar bedrijf een vergunning heeft;
Europese herverzekeraar: herverzekeraar met zetel in een andere lidstaat die aldaar een vergunning heeft voor de uitoefening van zijn bedrijf die overeenkomt met die in artikel 2:26a;
Europese kredietinstelling: kredietinstelling met zetel in een andere lidstaat die aldaar voor de uitoefening van haar bedrijf een vergunning heeft;
Europese levensverzekeraar of schadeverzekeraar: levensverzekeraar of schadeverzekeraar met zetel in een andere lidstaat die aldaar een vergunning heeft voor de uitoefening van zijn bedrijf die overeenkomt met de in artikel 2:27 bedoelde vergunning;
financieel instrument:
a. effect;
b. geldmarktinstrument;
c. recht van deelneming in een beleggingsinstelling, niet zijnde effect;
d. optie, future, swap, rentetermijncontract of ander derivatencontract dat betrekking heeft op effecten, valuta, rentevoeten of rendementen, of andere afgeleide instrumenten, indexen of maatstaven en dat kan worden afgewikkeld door middel van materiële aflevering of in contanten;
e. optie, future, swap, rentetermijncontract of ander derivatencontract dat betrekking heeft op grondstoffen en in contanten moet of mag worden afgewikkeld naar keuze van een van de partijen, tenzij de reden het in gebreke blijven is of een andere gebeurtenis die beëindiging van het contract tot gevolg heeft;
f. optie, future, swap of ander derivatencontract dat betrekking heeft op grondstoffen, alleen kan worden afgewikkeld door middel van materiële levering en wordt verhandeld op een gereglementeerde markt of een multilaterale handelsfaciliteit;
g. andere optie, future, swap of termijncontract dan bedoeld onder f of ander derivatencontract dat betrekking heeft op grondstoffen, kan worden afgewikkeld door middel van materiële levering en niet voor commerciële doeleinden bestemd is, en dat de kenmerken van andere afgeleide financiële instrumenten heeft;
h. afgeleid instrument voor de overdracht van kredietrisico;
i. financieel contract ter verrekening van verschillen;
j. optie, future, swap, termijncontract of ander derivatencontract met betrekking tot klimaatvariabelen, vrachttarieven, emissierechten, inflatiepercentages of andere officiële economische statistieken, en dat contant moet, of, op verzoek van één der partijen, kan worden afgewikkeld, anderszins dan op grond van een verzuim of een ander ontbindend element of ander derivatencontract met betrekking tot activa, rechten, verbintenissen, indices of maatregelen dan hiervoor vermeld en dat de kenmerken van andere afgeleide financiële instrumentenbezit;
financieel product:
a. een beleggingsobject;
b. een betaalrekening met inbegrip van de daaraan verbonden betaalfaciliteiten;
c. elektronisch geld;
d. een financieel instrument;
e. krediet;
f. een spaarrekening met inbegrip van de daaraan verbonden spaarfaciliteiten;
g. een verzekering die geen herverzekering is; of
h. een bij algemene maatregel van bestuur aan te wijzen ander product;

financiële dienst:
a. aanbieden;
b. adviseren over andere financiële producten dan financiële instrumenten;
c. bemiddelen;
d. herverzekeringsbemiddelen;
e. optreden als clearinginstelling;
f. optreden als gevolmachtigde agent of ondergevolmachtigde agent; of
g. verlenen van een beleggingsdienst;
h. verrichten van een beleggingsactiviteit;
financiëledienstverlener: degene die een ander financieel product dan een financieel instrument aanbiedt, die adviseert over een ander financieel product dan een financieel instrument of die bemiddelt, herverzekeringsbemiddelt, optreedt als gevolmachtigd agent of optreedt als ondergevolmachtigde agent;
financiële instelling: degene die, geen kredietinstelling zijnde, in hoofdzaak zijn bedrijf maakt van het verrichten van een of meer van de werkzaamheden, bedoeld onder 2 tot en met 12 in bijlage I van de herziene richtlijn banken, of van het verwerven of houden van deelnemingen;
financiële Nederlandse moederholding: financiële holding met zetel in Nederland die zelf geen dochteronderneming is van een Nederlandse beleggingsonderneming of Nederlandse kredietinstelling of van een financiële holding met zetel in Nederland, waarbij onder dochteronderneming wordt verstaan een dochteronderneming als bedoeld in de artikelen 1 en 2 van de richtlijn geconsolideerde jaarrekening, of een onderneming waarop, naar het oordeel van de Nederlandsche Bank, een moederonderneming feitelijk een overheersende invloed uitoefent;
financiële onderneming:
a. een beheerder;
b. een beleggingsinstelling;
c. een beleggingsonderneming;
d. een bewaarder;
e. een clearinginstelling;
f. een entiteit voor risico-acceptatie;
g. een financiëledienstverlener;
h. een financiële instelling;
i. een kredietinstelling; of
j. een verzekeraar;
gecontroleerde onderneming:
a. dochtermaatschappij als bedoeld in artikel 24a van Boek 2 van het Burgerlijk Wetboek; of
b. onderneming waarover een persoon overheersende zeggenschap kan uitoefenen;
gekwalificeerde belegger:
a. rechtspersoon of vennootschap die een vergunning heeft of anderszins gereglementeerd is om op de financiële markten actief te mogen zijn;
b. rechtspersoon of vennootschap die geen vergunning heeft of niet anderszins gereglementeerd is om op de financiële markten actief te mogen zijn en waarvan het enige ondernemingsdoel het beleggen in effecten is;
c. nationaal of regionaal overheidslichaam, centrale bank, internationale of supranationale financiële organisatie of andere soortgelijke internationale instelling;
d. rechtspersoon of vennootschap met zetel in Nederland die:
1° volgens bij algemene maatregel van bestuur vast te stellen regels wordt aangemerkt als kleine onderneming; en
2° op eigen verzoek door de Autoriteit Financiële Markten als gekwalificeerde belegger is geregistreerd;
e. rechtspersoon of vennootschap, niet zijnde een rechtspersoon of vennootschap als bedoeld in onderdeel d, aanhef en onder 1°;
f. natuurlijke persoon met woonplaats in Nederland die voldoet aan bij algemene maatregel van bestuur te stellen regels en op eigen verzoek door de Autoriteit Financiële Markten als gekwalificeerde belegger is geregistreerd; of
g. in een andere lidstaat als gekwalificeerde belegger aangemerkte natuurlijke persoon of onderneming als bedoeld in artikel 2, eerste lid, onderdeel e, onder iv onderscheidenlijk v, van de richtlijn prospectus;
gekwalificeerde deelneming: een rechtstreeks of middellijk belang van ten minste tien procent van het geplaatste kapitaal van een onderneming of het rechtstreeks of middellijk kunnen uitoefenen van ten minste tien procent van de stemrechten in een onderneming, of het rechtstreeks of middellijk kunnen uitoefenen van een daarmee vergelijkbare zeggenschap in een onderneming, waarbij bij het bepalen van het aantal stemrechten dat iemand in een onderne-

ming heeft, tot diens stemrechten mede worden gerekend de stemmen waarover hij beschikt of geacht wordt te beschikken op grond van artikel 5:45;
gemeentelijke kredietbank: een aanbieder van krediet, opgericht door een of meer gemeenten;
gereglementeerde informatie: informatie die een uitgevende instelling of een persoon die zonder toestemming van de uitgevende instelling de toelating van haar effecten tot de handel op een gereglementeerde markt heeft aangevraagd, algemeen verkrijgbaar stelt op grond van artikel 5:25c tot en met 5:25f, 5:25h of 5:25i;
gereglementeerde markt: multilateraal systeem dat meerdere koop- en verkoopintenties van derden met betrekking tot financiële instrumenten – binnen dit systeem en volgens de niet-discretionaire regels van dit systeem – samenbrengt of het samenbrengen daarvan vergemakkelijkt op zodanige wijze dat er een overeenkomst uit voortvloeit met betrekking tot financiële instrumenten die volgens de regels en de systemen van die markt tot de handel zijn toegelaten, en dat regelmatig en overeenkomstig de geldende regels inzake de vergunningverlening en het doorlopende toezicht werkt;
gevolmachtigde agent: degene die optreedt als gevolmachtigde agent;
grondstoffenderivaat: een financieel instrument als bedoeld in de onderdelen e, f en g van de definitie van financieel instrument;
grote risico's:
a. de risico's die behoren tot de in de bij deze wet behorende Bijlage branches genoemde branches Casco rollend spoorwegmaterieel, Luchtvaartuigcasco, Casco zee- en binnenschepen, Vervoerde zaken, Aansprakelijkheid luchtvaartuigen en Aansprakelijkheid zee- en binnenschepen;
b. de risico's die behoren tot de in de bij deze wet behorende Bijlage branches genoemde branches Krediet en Borgtocht, voorzover de verzekeringnemer handelt in de uitoefening van een beroep of bedrijf en het risico daarop betrekking heeft; of
c. de risico's die behoren tot de in de bij deze wet behorende Bijlage branches genoemde branches Voertuigcasco, Brand en Natuurevenementen, Andere schaden aan zaken, Aansprakelijkheid motorrijtuigen, Aansprakelijkheid wegvervoer, Algemene aansprakelijkheid en diverse geldelijke verliezen, voorzover de verzekeringnemer voldoet aan ten minste twee van de volgende vereisten:
1° de waarde van de activa volgens de balans bedraagt meer dan € 6.200.000;
2° de netto-omzet over het voorafgaande boekjaar bedraagt meer dan € 12.800.000;
3° het gemiddeld aantal werknemers over het voorafgaande boekjaar bedraagt meer dan 250;
waarbij bovengenoemde vereisten, indien de verzekeringnemer deel uitmaakt van een groep waarvan de geconsolideerde jaarrekening overeenkomstig de richtlijn geconsolideerde jaarrekening wordt opgesteld, worden toegepast op basis van de geconsolideerde jaarrekening en indien de verzekeringnemer deel uitmaakt van een samenwerkingsverband, bovengenoemde vereisten gelden voor de deelnemers in het samenwerkingsverband gezamenlijk;
handelen voor eigen rekening: met eigen kapitaal handelen in financiële instrumenten, hetgeen resulteert in het uitvoeren van transacties;
handelsportefeuille: portefeuille als bedoeld in artikel 11, eerste lid, van de herziene richtlijn kapitaaltoereikendheid;
herverzekeraar: degene die zijn bedrijf maakt van het sluiten van herverzekeringen voor eigen rekening en het afwikkelen van die herverzekeringen;
herverzekeraar met zetel in een niet-aangewezen staat: herverzekeraar met zetel in een staat die geen lidstaat is die niet op grond van artikel 2:26d, derde lid, is aangewezen als staat waar toezicht op herverzekeraars wordt uitgeoefend dat in voldoende mate waarborgen biedt ten aanzien van de belangen die deze wet beoogt te beschermen;
herverzekering: verzekering waarbij risico's worden geaccepteerd die door een verzekeraar of een pensioenfonds worden overgedragen;
herverzekeringsbemiddelaar: degene die herverzekeringsbemiddelt;
herverzekeringsbemiddelen: alle werkzaamheden in de uitoefening van een beroep of bedrijf gericht op het als tussenpersoon tot stand brengen van een overeenkomst waarbij risico's uit overeenkomsten inzake een verzekering worden overgenomen of op het assisteren bij het beheer en de uitvoering van een dergelijke overeenkomst;
herziene richtlijn banken: richtlijn nr. 2006/48/EG van het Europees Parlement en de Raad van de Europese Unie van 14 juni 2006 betreffende de toegang tot en de uitoefening van de werkzaamheden van kredietinstellingen (herschikking) (*PbEU* L 177);
herziene richtlijn kapitaaltoereikendheid: richtlijn nr. 2006/49/EG van het Europees Parlement en de Raad van de Europese Unie van 14 juni 2006 inzake de kapitaaltoereikendheid van beleggingsondernemingen en kredietinstellingen (herschikking) (*PbEU* L 177);
IAS-verordening: verordening (EG) nr. 1606/2002 van het Europees Parlement en de Raad van

de Europese Unie van 19 juli 2002 betreffende de toepassing van internationale standaarden voor jaarrekeningen (*PbEG* L 243);
in aanmerking komende tegenpartij:
a. beheerder van een beleggingsinstelling;
b. beheerder van een pensioenfonds of van een daarmee vergelijkbare rechtspersoon of vennootschap;
c. beleggingsinstelling;
d. beleggingsonderneming;
e. nationaal of regionaal overheidslichaam of overheidslichaam die de overheidsschuld beheert;
f. centrale bank;
g. financiële instelling;
h. internationale of supranationale publiekrechtelijke organisatie of daarmee vergelijkbare internationale organisatie;
i. kredietinstelling;
j. marketmaker;
k. pensioenfonds of daarmee vergelijkbare rechtspersoon of vennootschap;
l. persoon of vennootschap die voor eigen rekening handelt in grondstoffen en grondstoffenderivaten;
m. plaatselijke onderneming;
n. verzekeraar;
instelling voor collectieve belegging in effecten: een beleggingsinstelling als bedoeld in artikel 1, tweede lid, van de richtlijn beleggingsinstellingen;
institutionele belegger:
a. beleggingsinstelling;
b. levensverzekeraar; of
c. pensioenfonds;
krediet: geldkrediet of goederenkrediet, waarbij wordt verstaan onder:
a. geldkrediet: het aan een consument ter beschikking stellen van een geldsom, ter zake waarvan de consument gehouden is een of meer betalingen te verrichten;
b. goederenkrediet:
1° het aan een consument verschaffen van het genot van een roerende zaak, financieel instrument of beleggingsobject, dan wel het aan een consument of een derde ter beschikking stellen van een geldsom ter zake van het aan die consument verschaffen van het genot van een roerende zaak, financieel instrument of beleggingsobject, ter zake waarvan de consument gehouden is een of meer betalingen te verrichten; of
2° het aan een consument verlenen van een dienst die niet wordt verleend op grond van een overeenkomst die strekt tot het geregeld verlenen van diensten en waarbij de consument gehouden is om gedurende de periode van dienstverlening in termijnen te betalen, dan wel het aan een consument of een derde ter beschikking stellen van een geldsom ter zake van het aan die consument verlenen van een dienst ter zake waarvan de consument gehouden is een of meer betalingen te verrichten;
kredietinstelling: een bank of elektronischgeldinstelling;
levensverzekeraar: degene die zijn bedrijf maakt van het sluiten van levensverzekeringen voor eigen rekening en het afwikkelen van die levensverzekeringen;
levensverzekering: een levensverzekering als bedoeld in artikel 975 van Boek 7 van het Burgerlijk Wetboek, met dien verstande dat de prestatie van de levensverzekeraar uitsluitend in geld geschiedt, of een natura-uitvaartverzekering als bedoeld in dit artikel;
lidstaat: een staat die lid is van de Europese Unie alsmede een staat, niet zijnde een lidstaat van de Europese Unie, die partij is bij de Overeenkomst betreffende de Europese Economische Ruimte;
limietorder: een order om een financieel instrument tegen de opgegeven limietkoers of een betere koers en voor een gespecificeerde omvang te kopen of te verkopen;
marketmaker: persoon die op de financiële markten doorlopend blijk geeft van de bereidheid voor eigen rekening te handelen door financiële instrumenten tegen door hem vastgestelde prijzen te kopen en te verkopen;
marktexploitant: persoon die een gereglementeerde markt beheert of exploiteert;
moedermaatschappij: een rechtspersoon die een of meer dochtermaatschappijen heeft als bedoeld in artikel 24a van Boek 2 van het Burgerlijk Wetboek;
moederonderneming: een moederonderneming als bedoeld in de artikelen 1 en 2 van de richtlijn geconsolideerde jaarrekening, of een onderneming die, naar het oordeel van de Nederlandsche Bank, feitelijk een overheersende invloed op een andere onderneming uitoefent;
multilaterale handelsfaciliteit: door een beleggingsonderneming geëxploiteerd multilateraal

systeem dat meerdere koop- en verkoopintenties van derden met betrekking tot financiële instrumenten, binnen dit systeem en volgens de niet-discretionaire regels, samenbrengt op zodanige wijze dat er een overeenkomst uit voortvloeit overeenkomstig de geldende regels inzake de vergunningverlening en het doorlopende toezicht;
natura-uitvaartverzekeraar: degene die, geen levensverzekeraar zijnde, zijn bedrijf maakt van het sluiten van natura-uitvaartverzekeringen voor eigen rekening en het afwikkelen van die natura-uitvaartverzekeringen;
natura-uitvaartverzekeraar met zetel in een niet-aangewezen staat: een natura-uitvaartverzekeraar met zetel in een staat buiten Nederland die niet op grond van artikel 2:50, tweede lid, is aangewezen als staat waar toezicht op natura-uitvaartverzekeraars wordt uitgeoefend dat in voldoende mate waarborgen biedt ten aanzien van de belangen die deze wet beoogt te beschermen;
natura-uitvaartverzekering: een verzekering in verband met de verzorging van de uitvaart van een natuurlijke persoon waarbij de verzekeraar zich verbindt tot het leveren van een prestatie die niet tevens inhoudt het doen van een geldelijke uitkering;
Nederlandsche Bank: De Nederlandsche Bank N.V.;
Nederlandse beleggingsonderneming: beleggingsonderneming met zetel in Nederland die voor de uitoefening van haar bedrijf een vergunning heeft;
Nederlandse EU-moederbeleggingsonderneming: moederbeleggingsonderneming met zetel in Nederland die zelf geen dochteronderneming is van een beleggingsonderneming, kredietinstelling of van een financiële holding met zetel in een lidstaat;
Nederlandse EU-moederkredietinstelling: moederkredietinstelling met zetel in Nederland die zelf geen dochteronderneming is van een beleggingsonderneming of kredietinstelling of van een financiële holding met zetel in een lidstaat;
Nederlandse financiële EU-moederholding: financiële holding met zetel in Nederland die geen dochteronderneming is van een beleggingsonderneming of kredietinstelling of van een financiële holding met zetel in een lidstaat;
Nederlandse herverzekeraar, levensverzekeraar of schadeverzekeraar: herverzekeraar, levensverzekeraar of schadeverzekeraar met zetel in Nederland die voor de uitoefening van zijn bedrijf een vergunning heeft;
Nederlandse kredietinstelling: kredietinstelling met zetel in Nederland die voor de uitoefening van haar bedrijf een vergunning heeft;
Nederlandse moederbeleggingsonderneming: beleggingsonderneming met zetel in Nederland die een beleggingsonderneming, kredietinstelling of financiële instelling als dochteronderneming heeft of die een deelneming heeft in een dergelijke financiële onderneming en die zelf geen dochteronderneming is van een andere Nederlandse beleggingsonderneming, Nederlandse kredietinstelling of financiële holding met zetel in Nederland;
Nederlandse moederkredietinstelling: kredietinstelling met zetel in Nederland die een beleggingsonderneming, kredietinstelling of financiële instelling als dochteronderneming heeft of die een deelneming heeft in een dergelijke financiële onderneming en die zelf geen dochteronderneming is van een andere Nederlandse beleggingsonderneming, Nederlandse kredietinstelling of financiële holding met zetel in Nederland;
nevendienst:
a. bewaring en beheer van financiële instrumenten voor rekening van cliënten, met inbegrip van bewaarneming en daarmee samenhangende diensten zoals contanten- of zekerhedenbeheer;
b. het verstrekken van kredieten of leningen aan een belegger om deze in staat te stellen een transactie in financiële instrumenten te verrichten, bij welke transactie de onderneming die het krediet of de lening verstrekt, als partij optreedt;
c. advisering aan ondernemingen inzake kapitaalstructuur, bedrijfsstrategie en daarmee samenhangende aangelegenheden, alsmede advisering en dienstverrichting op het gebied van fusies en overnames van ondernemingen;
d. valutawisseldiensten voorzover deze samenhangen met het verrichten van beleggingsdiensten;
e. onderzoek op beleggingsgebied en financiële analyse of andere vormen van algemene aanbevelingen in verband met transacties in financiële instrumenten;
f. dienst in verband met het overnemen van financiële instrumenten;
g. beleggingsdienst of -activiteit alsmede nevendienst die verband houden met de onderliggende waarde van de financiële instrumenten, als bedoeld in de definitie van financieel instrument onder e, f, g of i voor zover deze in verband staan met het verlenen van beleggings- of nevendiensten;
niet-Europese beleggingsonderneming: beleggingsonderneming waaraan een vergunning is verleend in een staat die geen lidstaat is waar naar het oordeel van de Nederlandsche Bank het

prudentieel toezicht ten minste gelijkwaardig is aan het prudentieel toezicht op grond van deze wet;
niet-Europese herverzekeraar, levensverzekeraar of schadeverzekeraar: herverzekeraar, levensverzekeraar of schadeverzekeraar met zetel in een staat die geen lidstaat is die aldaar een vergunning heeft voor de uitoefening van zijn bedrijf;
niet-Europese kredietinstelling: kredietinstelling met zetel in een staat die geen lidstaat is die aldaar voor de uitoefening van haar bedrijf een vergunning heeft;
niet-professionele belegger: een cliënt die niet een professionele belegger is;
onderbemiddelaar: een bemiddelaar die bemiddelt voor een andere bemiddelaar;
ondergevolmachtigde agent: degene die optreedt als ondergevolmachtigde agent;
Onze Minister: Onze Minister van Financiën;
openbaar bod: een door middel van een openbare mededeling gedaan aanbod als bedoeld in artikel 217, eerste lid, van Boek 6 van het Burgerlijk Wetboek op effecten, dan wel een uitnodiging tot het doen van een aanbod op effecten, waarbij de bieder het oogmerk heeft deze effecten te verwerven;
optreden als gevolmachtigde agent: het in de uitoefening van een beroep of bedrijf als gevolmachtigde van een verzekeraar voor diens rekening sluiten van een verzekering met een cliënt;
optreden als ondergevolmachtigde agent: het in de uitoefening van een beroep of bedrijf op grond van een ondervolmacht afgegeven door een gevolmachtigde agent of door een ondergevolmachtigde agent als gevolmachtigde van een verzekeraar voor diens rekening sluiten van een verzekering met een cliënt;
opvanginstelling: een naamloze vennootschap met zetel in Nederland die uitsluitend tot doel heeft in opdracht van de Nederlandsche Bank een in problemen verkerende levensverzekeraar op te vangen door herverzekering of overname van de portefeuille van de levensverzekeraar;
opvorderbare gelden: gelden die op enig moment terugbetaald moeten worden, uit welke hoofde dan ook, en waarvan op voorhand duidelijk is welk nominaal bedrag moet worden terugbetaald;
overeenkomst op afstand:
a. overeenkomst inzake een financiële dienst of financieel product tussen een financiële onderneming en een consument die wordt gesloten in het kader van een door de financiële onderneming georganiseerd systeem voor verkoop of dienstverlening op afstand, waarbij tot en met de totstandkoming van deze overeenkomst uitsluitend gebruik gemaakt wordt van een of meer technieken voor communicatie op afstand; of
b. overeenkomst die strekt tot fondsvorming ter voldoening van de verzorging van de uitvaart van een natuurlijke persoon die wordt aangegaan tussen een natura-uitvaartverzekeraar en een consument in het kader van een door de natura-uitvaartverzekeraar georganiseerd systeem voor verkoop of dienstverlening op afstand, die voor de natura-uitvaartverzekeraar geen beleggingsrisico met zich brengt en waarbij tot en met de totstandkoming van deze overeenkomst uitsluitend gebruik gemaakt wordt van een of meer technieken voor communicatie op afstand;
overwegende zeggenschap: het kunnen uitoefenen van ten minste 30 procent van de stemrechten in een algemene vergadering van aandeelhouders van een naamloze vennootschap;
personen met wie in onderling overleg wordt gehandeld: natuurlijke personen, rechtspersonen of vennootschappen met wie, onderscheidenlijk waarmee wordt samengewerkt op grond van een overeenkomst met als doel het verwerven van overwegende zeggenschap in een naamloze vennootschap of, indien de samenwerking geschiedt met de doelvennootschap, het dwarsbomen van het welslagen van een aangekondigd openbaar bod op die vennootschap; de volgende categorieën natuurlijke personen, rechtspersonen of vennootschappen worden in elk geval geacht in onderling overleg te handelen:
1° rechtspersonen of vennootschappen die met elkaar deel uitmaken van een groep als bedoeld in artikel 24b van boek 2 van het Burgerlijk Wetboek;
2° natuurlijke personen, rechtspersonen of vennootschappen en de door hen gecontroleerde ondernemingen;
persoon: een natuurlijke persoon of rechtspersoon;
pensioenfonds:
a. een bedrijfstakpensioenfonds als bedoeld in artikel 1 van de Pensioenwet;
b. een ondernemingspensioenfonds als bedoeld in artikel 1 van de Pensioenwet; of
c. een beroepspensioenfonds als bedoeld in artikel 1 van de Wet verplichte beroepspensioenregeling alsmede het pensioenfonds, bedoeld in artikel 113a, eerste lid, van de Wet op het notarisambt;
plaats van uitvoering: gereglementeerde markt, multilaterale handelsfaciliteit, beleggingsonderneming met systematische interne afhandeling, marketmaker of andere liquiditeitsver-

schaffer of entiteit die in een derde land een soortgelijke taak verricht als die van een van de voornoemde partijen;
plaatselijke onderneming: degene die uitsluitend voor eigen rekening of voor rekening van beleggingsondernemingen die tot die markten zijn toegelaten, of deze beleggingsondernemingen een prijs geeft voorzover de uitvoering en afwikkeling van de transacties geschieden onder de verantwoordelijkheid van en worden gegarandeerd door een clearinginstelling met zetel in Nederland, handelt op de markten voor:
a. opties ter verwerving of vervreemding van financiële instrumenten;
b. rechten op overdracht op termijn van goederen of gelijkwaardige instrumenten die gericht zijn op verrekening in geld;
c. andere afgeleide financiële instrumenten; of
d. financiële instrumenten waarop de afgeleide financiële instrumenten, bedoeld in de onderdelen a tot en met c, betrekking hebben, uitsluitend om posities op markten voor die afgeleide financiële instrumenten af te dekken;
premie: de in geld uitgedrukte prestatie door de verzekeringnemer te leveren uit hoofde van een verzekering, daaronder niet begrepen de assurantiebelasting;
professionele belegger:
a. beheerder van een beleggingsinstelling;
b. beheerder van een pensioenfonds of van een daarmee vergelijkbare rechtspersoon of vennootschap;
c. beleggingsinstelling;
d. beleggingsonderneming;
e. nationaal of regionaal overheidslichaam of overheidslichaam dat de overheidsschuld beheert;
f. centrale bank;
g. financiële instelling;
h. internationale of supranationale publiekrechtelijke organisatie of daarmee vergelijkbare internationale organisatie;
i. kredietinstelling;
j. marketmaker;
k. onderneming wiens belangrijkste activiteit bestaat uit het beleggen in financiële instrumenten, het verrichten van securitisaties of andere financiële transacties;
l. pensioenfonds of daarmee vergelijkbare rechtspersoon of vennootschap;
m. persoon of vennootschap die voor eigen rekening handelt in grondstoffen en grondstoffenderivaten;
n. plaatselijke onderneming;
o. rechtspersoon of vennootschap die aan twee van de volgende omvangvereisten voldoet:
1° een balanstotaal van ten minste € 20 000 000;
2° een netto-omzet van ten minste € 40 000 000;
3° een eigen vermogen van ten minste € 2 000 000;
p. verzekeraar;
professionele marktpartij:
a. gekwalificeerde belegger;
b. dochteronderneming van een gekwalificeerde belegger die wordt betrokken in het toezicht op geconsolideerde basis op de gekwalificeerde belegger; of
c. andere bij algemene maatregel van bestuur als professionele marktpartij aangewezen persoon of vennootschap;
prospectusverordening: verordening (EG) nr. 809/2004 van de Commissie van de Europese Gemeenschappen van 29 april 2004 tot uitvoering van Richtlijn 2003/71/EG van het Europees Parlement en de Raad van de Europese Unie wat de in het prospectus te verstrekken informatie, de vormgeving van het prospectus, de opneming van informatie door middel van verwijzing, de publicatie van het prospectus en de verspreiding van advertenties betreft (*PbEU* L 149);
provisie: beloning of vergoeding, in welke vorm dan ook, voor het bemiddelen of adviseren ter zake van een financieel product of het verlenen van een beleggingsdienst of nevendienst;
rechtsbijstandverzekeraar: een schadeverzekeraar die de branche Rechtsbijstand uitoefent;
reclame-uiting: iedere vorm van informatieverstrekking die dient ter aanprijzing van of een wervend karakter kent ter zake van een bepaalde financiële dienst of een bepaald financieel product;
registerhouder:
a. voorzover het register betrekking heeft op financiële ondernemingen die werkzaamheden mogen verrichten ingevolge de afdelingen 2.2.1 tot en met 2.2.4 en 2.3.1 tot en met 2.3.4 en op gegevens die op grond van het Deel Prudentieel toezicht financiële ondernemingen worden geregistreerd: de Nederlandsche Bank;

b. voorzover het register betrekking heeft op financiële ondernemingen die werkzaamheden mogen verrichten ingevolge de afdelingen 2.2.5 tot en met 2.2.13 en 2.3.5 tot en met 2.3.8 en op gegevens die op grond van het Deel Gedragstoezicht financiële ondernemingen of het Deel Gedragstoezicht financiële markten worden geregistreerd: de Autoriteit Financiële Markten;
richtlijn beleggingsinstellingen: richtlijn nr. 85/611/EEG van de Raad van de Europese Gemeenschappen van 20 december 1985 tot coördinatie van de wettelijke en bestuursrechtelijke bepalingen betreffende bepaalde instellingen voor collectieve belegging in effecten (icbe's) (*PbEG* L 375);
richtlijn geconsolideerde jaarrekening: zevende richtlijn nr. 83/349/EEG van de Raad van de Europese Gemeenschappen van 13 juni 1983 op de grondslag van artikel 54, derde lid, sub g), van het Verdrag betreffende de geconsolideerde jaarrekening (*PbEG* L 193);
richtlijn jaarrekening: vierde richtlijn nr. 78/660/EEG van de Raad van de Europese Gemeenschappen van 25 juli 1978 op de grondslag van artikel 54, lid 3, sub g, van het Verdrag betreffende de jaarrekening van bepaalde vennootschapsvormen (*PbEG* L 222);
richtlijn markten voor financiële instrumenten: richtlijn nr. 2004/39/EG van het Europese Parlement en de Raad van de Europese Unie van 21 april 2004 betreffende markten voor financiële instrumenten, tot wijziging van de Richtlijnen 85/611/EEG en 93/6/EEG van de Raad en van Richtlijn 2000/12/EG van het Europees Parlement en de Raad en houdende intrekking van Richtlijn 93/22/EEG van de Raad (*PbEU* L 145);
richtlijn marktmisbruik: richtlijn nr. 2003/6/EG van het Europees Parlement en de Raad van de Europese Unie van 28 januari 2003 betreffende handel met voorwetenschap en marktmanipulatie (*PbEU* L 96);
richtlijn prospectus: richtlijn nr. 2003/71/EG van het Europees Parlement en de Raad van de Europese Unie van 4 november 2003 betreffende het prospectus dat gepubliceerd moet worden wanneer effecten aan het publiek worden aangeboden of tot de handel worden toegelaten en tot wijziging van richtlijn nr. 2001/34/EG (*PbEG* L 345);
richtlijn transparantie: richtlijn nr. 2004/109/EG van het Europees Parlement en de Raad van de Europese Unie van 15 december 2004 betreffende de transparantievereisten die gelden voor informatie over uitgevende instellingen waarvan effecten tot de handel op een gereglementeerde markt zijn toegelaten en tot wijziging van Richtlijn 2001/34/EG (*PbEU* L 390);
richtlijn verzekeringsbemiddeling: richtlijn nr. 2002/92/EG van het Europees Parlement en de Raad van de Europese Unie van 9 december 2002 betreffende verzekeringsbemiddeling (*PbEG* L 9);
saneringsmaatregel: de noodregeling, bedoeld in afdeling 3.5.5, of een maatregel, genomen in een andere lidstaat, die enigerlei optreden van de aldaar bevoegde instanties behelst en bestemd is om de financiële positie van een kredietinstelling of een verzekeraar in stand te houden of te herstellen, en van dien aard is dat de maatregel bestaande rechten van derden aantast;
schadeverzekeraar: degene die zijn bedrijf maakt van het sluiten van schadeverzekeringen voor eigen rekening en het afwikkelen van die schadeverzekeringen;
schadeverzekering:
a. schadeverzekering als bedoeld in artikel 944 van Boek 7 van het Burgerlijk Wetboek, niet zijnde een natura-uitvaartverzekering;
b. ongevallenverzekering; of
c. sommenverzekering als bedoeld in artikel 964 van Boek 7 van het Burgerlijk Wetboek, niet zijnde een levensverzekering of een financieel instrument,
met dien verstande dat voor de toepassing van deze wet een verzekering slechts als schadeverzekering wordt aangemerkt indien sprake is van een uitkeringsplicht ten gevolge van een onzeker voorval of een onzekere omstandigheid waardoor de verzekerde in zijn belangen wordt getroffen;
staat waar het risico is gelegen:
a. de staat waar de zaken waarop een schadeverzekering betrekking heeft zich bevinden, indien de schadeverzekering betrekking heeft op een onroerende zaak, dan wel op een onroerende zaak en op de inhoud daarvan, voorzover deze door dezelfde schadeverzekering wordt gedekt;
b. de staat van registratie, van voertuigen of vaartuigen van om het even welke aard waarop een schadeverzekering betrekking heeft;
c. de staat waar een verzekeringnemer een verzekering heeft gesloten, indien het een schadeverzekering betreft met een looptijd van vier maanden of minder die betrekking heeft op tijdens een reis of vakantie gelopen risico's, ongeacht de branche;
d. in alle andere gevallen van schadeverzekering, de staat waar de verzekeringnemer zijn gewone verblijfplaats heeft, of, indien de verzekeringnemer een rechtspersoon is, de staat waar zich elke duurzame, vaste inrichting van deze rechtspersoon bevindt waarop de verzekering betrekking heeft;

techniek voor communicatie op afstand: ieder middel dat, zonder gelijktijdige fysieke aanwezigheid van een financiële onderneming en een consument of cliënt, kan worden gebruikt voor het verlenen van financiële diensten;
toezichthoudende instantie: een buitenlandse overheidsinstantie of een buitenlandse van overheidswege aangewezen instantie, die is belast met het toezicht op financiële markten of op personen die op die markten werkzaam zijn;
toezichthouder: de Nederlandsche Bank of de Autoriteit Financiële Markten, ieder voorzover belast met de uitoefening van het toezicht overeenkomstig artikel 1:24 onderscheidenlijk artikel 1:25;
uitbesteden: het door een financiële onderneming verlenen van een opdracht aan een derde tot het ten behoeve van die financiële onderneming verrichten van werkzaamheden:
a. die deel uitmaken van of voortvloeien uit het uitoefenen van haar bedrijf of het verlenen van financiële diensten; of
b. die deel uitmaken van de wezenlijke bedrijfsprocessen ter ondersteuning daarvan;
uitgevende instelling: een ieder die effecten heeft uitgegeven of voornemens is effecten uit te geven;
uitvoeringskosten: uitgaven die rechtstreeks verband houden met de uitvoering van een order met betrekking tot een financieel instrument en die ten laste komen van de cliënt;
uitvoeringsrichtlijn markten voor financiële instrumenten: richtlijn nr. 2006/73/EG van de Commissie van de Europese Gemeenschappen van 10 augustus 2006 tot uitvoering van Richtlijn 2004/39/EG van het Europees Parlement en de Raad wat betreft de door beleggingsondernemingen in acht te nemen organisatorische eisen en voorwaarden voor de bedrijfsuitoefening en wat betreft de definitie van begrippen voor de toepassing van genoemde richtlijn (*PbEU* L 241);
uitvoeringsverordening markten voor financiële instrumenten: verordening (EG) nr. 1287/2006 van de Commissie van de Europese Gemeenschappen van 10 augustus 2006 tot uitvoering van Richtlijn 2004/39/EG van het Europese Parlement en de Raad wat de voor beleggingsondernemingen geldende verplichtingen betreffende het bijhouden van gegevens, het melden van transacties, de markttransparantie, de toelating van financiële instrumenten tot de handel en de definitie van begrippen voor de toepassing van genoemde richtlijn betreft (*PbEU* L 241);
vangnetregeling: het beleggerscompensatiestelsel of het depositogarantiestelsel;
verbonden agent: persoon die, onder de volledige en onvoorwaardelijke verantwoordelijkheid van slechts één beleggingsonderneming voor wier rekening hij optreedt de beleggingsdiensten als bedoeld in de onderdeel a, d of e van de definitie van verlenen van een beleggingsdienst in artikel 1:1 verleent en deze diensten of nevendiensten bij cliënten aanbeveelt;
verlenen van een beleggingsdienst:
a. in de uitoefening van een beroep of bedrijf ontvangen en doorgeven van orders van cliënten met betrekking tot financiële instrumenten;
b. in de uitoefening van beroep of bedrijf voor rekening van die cliënten uitvoeren van orders met betrekking tot financiële instrumenten;
c. beheren van een individueel vermogen;
d. in de uitoefening van beroep of bedrijf adviseren over financiële instrumenten;
e. in de uitoefening van beroep of bedrijf overnemen of plaatsen van financiële instrumenten bij aanbieding ervan als bedoeld in hoofdstuk 5.1 met plaatsingsgarantie;
f. in de uitoefening van beroep of bedrijf plaatsen van financiële instrumenten bij aanbieding ervan als bedoeld in hoofdstuk 5.1 zonder plaatsingsgarantie;
vermogensbeheerder: degene die een individueel vermogen beheert;
verrichten van diensten:
a. voor zover het entiteiten voor risico-acceptatie betreft: het door een entiteit voor risicoacceptatie accepteren van een risico dat is gelegen in een andere staat dan de vestiging van waaruit het risico wordt geaccepteerd;
b. voor zover het verzekeraars betreft:
1° het door een herverzekeraar sluiten van een herverzekering betreffende een risico dat is gelegen in een andere staat dan die waar de vestiging van waaruit de verzekering wordt gesloten;
2° het door een levensverzekeraar sluiten van een levensverzekering vanuit een vestiging, gelegen in een andere staat dan die waar de verzekeringnemer zijn gewone verblijfplaats heeft, of waar zich, indien de verzekeringnemer een rechtspersoon is, de vestiging van deze rechtspersoon bevindt waarop de verzekering betrekking heeft;
3° het door een natura-uitvaartverzekeraar sluiten van een natura-uitvaartverzekering vanuit een vestiging, gelegen in een andere staat dan die waar de verzekeringnemer zijn gewone verblijfplaats heeft;

4° het door een schadeverzekeraar sluiten van een schadeverzekering betreffende een risico dat is gelegen in een andere staat dan de vestiging van waaruit de verzekering wordt gesloten;
verrichten van een beleggingsactiviteit:
a. in de uitoefening van beroep of bedrijf handelen voor eigen rekening;
b. in de uitoefening van een beroep of bedrijf exploiteren van een multilaterale handelsfaciliteit;
vertegenwoordiger van een verzekeraar: degene die door een levensverzekeraar, natura-uitvaartverzekeraar of schadeverzekeraar is aangesteld om hem te vertegenwoordigen in een andere staat dan de staat van de zetel van die verzekeraar bij de uitoefening van de bevoegdheden van die verzekeraar en bij de naleving van de voorschriften die in eerstbedoelde staat voor die verzekeraar gelden;
verzekeraar: herverzekeraar, levensverzekeraar, natura-uitvaartverzekeraar of schadeverzekeraar;
verzekering:
a. herverzekering;
b. levensverzekering;
c. natura-uitvaartverzekering; of
d. schadeverzekering;
vestiging: bijkantoor of zetel;
vordering uit hoofde van verzekering: een vordering, rechtstreeks op de verzekeraar, van een verzekerde, verzekeringnemer, begunstigde of benadeelde, met inbegrip van de vordering ter zake van voor deze personen gereserveerde bedragen zo lang nog niet alle elementen van de vordering bekend zijn, alsmede de vordering tot teruggave van premies die een verzekeraar heeft ontvangen in de niet beantwoorde verwachting dat een verzekering zou worden gesloten dan wel heeft ontvangen op grond van een verzekering die vervolgens is ontbonden of vernietigd;
zetel: de plaats waar een onderneming volgens haar statuten of reglementen is gevestigd of, indien zij geen rechtspersoon is, de plaats waar die onderneming haar hoofdvestiging heeft.

AFDELING 1.1.2
Reikwijdte met betrekking tot financiële ondernemingen

§ 1.1.2.1. Algemeen

Art. 1:2

Europese Centrale Bank. Centrale banken van lidstaten

Deze wet, met uitzondering van dit deel, de hoofdstukken 5.1, 5.1a, 5.3, 5.5 en afdeling 5.4.2, is niet van toepassing op de Europese Centrale Bank, de centrale banken van de lidstaten, nationale instellingen van de lidstaten met een soortgelijke functie, overheidsinstellingen van de lidstaten die zijn belast met of betrokken bij het beheer van de overheidsschuld, internationale publiekrechtelijke instellingen waarin of waaraan een of meer lidstaten deelnemen en instellingen als bedoeld in artikel 2 van de herziene richtlijn banken.

Art. 1:3

Financiële onderneming zonder winstoogmerk

Voor de toepassing van het ingevolge deze wet bepaalde wordt onder financiële onderneming mede verstaan de persoon die behoort tot een van de categorieën van financiële ondernemingen en die niet tot doel heeft het maken van winst.

Art. 1:3a

Overeenkomstige toepassing

Dit hoofdstuk, de hoofdstukken 1.3, 1.4, 1.5 en afdeling 1.6.3 van deze wet zijn van overeenkomstige toepassing op het toezicht op de naleving en de handhaving van de artikelen 7, 8, 17, 24, 27, 29, 36 en 37 van de uitvoeringsverordening markten voor financiële instrumenten.

§ 1.1.2.2. Clearinginstellingen en kredietinstellingen

Art. 1:4

Nederlandsche Bank

De Nederlandsche Bank is geen clearinginstelling en geen kredietinstelling in de zin van deze wet.

Art. 1:5

Beperking toepasselijkheid op bepaalde elektronischgeldinstellingen

– 1. Met uitzondering van de artikelen 3:35 en 4:31, is deze wet met betrekking tot het uitoefenen van het bedrijf van elektronischgeldinstelling niet van toepassing op een elektronischgeldinstelling die elektronisch geld uitgeeft met een maximum geldswaarde van € 150 per elektronische waardedrager, indien:
a. de gezamenlijke waarde van de financiële verplichtingen van de elektronischgeldinstelling die met de uitgifte van elektronisch geld verband houden nooit hoger is dan € 6.000.000;
b. het elektronische geld slechts wordt aanvaard door een onderneming die behoort tot de groep, waartoe de elektronischgeldinstelling behoort; of
c. het elektronische geld slechts wordt aanvaard door een beperkt aantal gemakkelijk te on-

derscheiden ondernemingen die hetzij hetzelfde gebouw, terrein of een andere feitelijk begrensde locatie delen, hetzij nauwe financiële of zakelijke banden hebben met de elektronischgeldinstelling.
– 2. Artikel 3:71 en de daarop gebaseerde bepalingen is van overeenkomstige toepassing op elektronischgeldinstellingen als bedoeld in het eerste lid. De jaarrekening vermeldt welk onderdeel van het eerste lid van toepassing is en de totale waarde van de financiële verplichtingen die met de uitgifte van elektronisch geld verband houden.
– 3. Deze wet is niet van toepassing op:
a. financiële diensten met betrekking tot elektronisch geld waarmee alleen bij de financiële onderneming die het elektronisch geld uitgeeft, betalingen kunnen worden verricht;
b. financiële diensten met betrekking tot elektronisch geld dat wordt uitgegeven door een elektronischgeldinstelling als bedoeld in het eerste lid die worden verleend door een ander dan de elektronischgeldinstelling zelf.

§ 1.1.2.3. Verzekeraars

Art. 1:6

Beperking toepasselijkheid op bepaalde verzekeraars

– 1. Deze wet is niet van toepassing op:
a. de Sociale Verzekeringsbank;
b. het Uitvoeringsinstituut werknemersverzekeringen, bedoeld in hoofdstuk 5 van de Wet structuur uitvoeringsorganisatie werk en inkomen;
c. ziekenfondsen die overeenkomstig de Ziekenfondswet waren toegelaten;
d. onderlinge waarborgmaatschappijen met zetel in Nederland en ondernemingen op onderlinge grondslag met zetel buiten Nederland die uitsluitend schadeverzekeringen aangaan met betrekking tot schade, veroorzaakt door of ontstaan uit gewapend conflict, burgeroorlog, opstand, binnenlandse onlusten, oproer en muiterij; en
e. ondernemingen die geen andere branche uitoefenen dan de branche Hulpverlening en daarbij uitsluitend dekking verlenen in geval van een ongeval met of een defect aan een wegvoertuig, indien ingevolge de dekking de hulp bij een ongeval of defect in Nederland of direct over de grens beperkt is tot:
1° technische hulp ter plaatse, waarvoor de onderneming in de regel eigen personeel of uitrusting gebruikt;
2° het vervoer van het wegvoertuig naar de dichtstbijzijnde of meest geschikte plaats van reparatie, alsmede het eventuele vervoer van de bestuurder en passagiers, doorgaans met hetzelfde hulpmiddel, naar de dichtstbijzijnde plaats vanwaar zij hun reis met andere middelen kunnen voortzetten;
3° het vervoer van het wegvoertuig, eventueel met de bestuurder en passagiers, naar hun woonplaats, hun plaats van vertrek of hun oorspronkelijke bestemming binnen Nederland;
en, voorzover de dekking zich mede uitstrekt tot een ongeval of defect in het buitenland, indien de hulp beperkt is tot de onder 1° en 2° bedoelde verrichtingen, de bestuurder of een passagier lid is van de onderneming en de hulp of het vervoer van het voertuig enkel op vertoon van een bewijs van lidmaatschap, zonder betaling van extra premie, wordt uitgevoerd door een soortgelijke, in de betrokken staat werkzame organisatie die zich hiertoe op basis van wederkerigheid heeft verplicht.
– 2. Indien bij een levensverzekering naast de verplichting tot het doen van geldelijke uitkeringen, verplichtingen van andere aard worden aanvaard, of bij die levensverzekering verplichtingen worden aanvaard in verband met voorvallen waarvan het ontstaan onzeker is en die een natuurlijke persoon treffen, verliest het bedrijf van levensverzekeraar zijn karakter niet en worden deze verplichtingen niet beschouwd te zijn aangegaan in de uitoefening van het bedrijf van schadeverzekeraar.

Art. 1:6a

Uitgezonderde herverzekeraars

– 1. Deze wet, met uitzondering van dit deel, de hoofdstukken 5.1, 5.3, 5.5 en afdeling 5.4.2, is niet van toepassing op herverzekeraars die ingevolge het tweede lid zijn aangewezen.
– 2. Onze Minister kan, indien hij dit vanuit maatschappelijk oogpunt noodzakelijk acht, herverzekeraars aanwijzen die zijn opgericht ingevolge overeenkomsten tussen levensverzekeraars, schadeverzekeraars of natura-uitvaartverzekeraars, welke overeenkomsten zijn gericht op het bundelen van vorderingen uit hoofde van verzekering, zonder welke overeenkomsten het op de markt niet mogelijk zou zijn voor bedoelde risico's een adequate herverzekeringsdekking te verkrijgen.
– 3. Het besluit tot aanwijzing kan door Onze Minister worden ingetrokken indien hij de aanwijzing niet langer vanuit maatschappelijk oogpunt noodzakelijk acht, de overeenkomsten niet langer zijn gericht op het bundelen van vorderingen uit hoofde van verzekering, of het niet langer onmogelijk is voor bedoelde risico's ook zonder de desbetreffende overeenkomsten een adequate risicodekking te verkrijgen.

Art. 1:7

De herverzekeraars, levensverzekeraars en schadeverzekeraars, verenigd onder de naam Lloyd's, te Londen, Verenigd Koninkrijk, worden voor de toepassing van deze wet tezamen als een herverzekeraar, een levensverzekeraar of een schadeverzekeraar beschouwd.

Lloyd's

Art. 1:8

– 1. Als de uitoefening van het bedrijf van levensverzekeraar of het bedrijf van schadeverzekeraar wordt niet beschouwd het sluiten of afwikkelen van levensverzekeringen onderscheidenlijk schadeverzekeringen voor eigen rekening door een pensioenfonds voorzover dat pensioenfonds daarvoor een pensioenovereenkomst uitvoert als bedoeld in artikel 1 van de Pensioenwet of een beroepspensioenregeling als bedoeld in artikel 1 van de Wet verplichte beroepspensioenregeling.

Pensioenfonds

– 2. Als de uitoefening van het bedrijf van levensverzekeraar of het bedrijf van schadeverzekeraar wordt niet beschouwd het sluiten of afwikkelen van levensverzekeringen onderscheidenlijk schadeverzekeringen voor eigen rekening door ondernemingen die voor eigen rekening geen andere levensverzekeringen of schadeverzekeringen sluiten of afwikkelen dan die welke dienen ter uitvoering van een pensioenovereenkomst met een directeur-grootaandeelhouder als bedoeld in artikel 1 van de Pensioenwet.

– 3. Als de uitoefening van het bedrijf van herverzekeraar wordt niet beschouwd het sluiten of afwikkelen van herverzekeringen voor eigen rekening door een pensioenfonds voor zover dat pensioenfonds risico's accepteert van andere pensioenfondsen die door laatstbedoelde pensioenfondsen zijn geaccepteerd in het kader van het sluiten of afwikkelen van pensioenovereenkomsten als bedoeld in artikel 1 van de Pensioenwet of beroepspensioenregelingen als bedoeld in artikel 1 van de Wet verplichte beroepspensioenregeling.

Art. 1:9

– 1. Op een verzekeraar die een vergunning heeft als bedoeld in artikel 2:37, eerste lid, of artikel 2:40 voor de uitoefening van het bedrijf van levensverzekeraar in de branche Levensverzekering algemeen en op grond daarvan het bedrijf van natura-uitvaartverzekeraar uitoefent, zijn uitsluitend de bepalingen inzake de uitoefening van het bedrijf van levensverzekeraar van toepassing.

Keuze vergunning natura-uitvaartverzekeraar

– 2. Op een verzekeraar die een vergunning als bedoeld in artikel 2:48, eerste lid, of 2:50, eerste lid, heeft voor de uitoefening van het bedrijf van natura-uitvaartverzekeraar zijn uitsluitend de bepalingen inzake de uitoefening van het bedrijf van natura-uitvaartverzekeraar van toepassing.

Art. 1:10

Bij algemene maatregel van bestuur wordt bepaald welke van de ingevolge deze wet gestelde regels met betrekking tot het uitoefenen van het bedrijf van schadeverzekeraar en het bedrijf van natura-uitvaartverzekeraar, onder daarbij te stellen voorwaarden, niet van toepassing zijn op verzekeraars die behoren tot een van de volgende categorieën:

Algemene maatregel van bestuur

a. onderlinge waarborgmaatschappijen van beperkte omvang met zetel in Nederland die het bedrijf van schadeverzekeraar uitoefenen en ondernemingen op onderlinge grondslag van beperkte omvang met zetel buiten Nederland die het bedrijf van schadeverzekeraar uitoefenen;
b. schadeverzekeraars met zetel in Nederland die zich beperken tot het sluiten en afwikkelen van exportkredietverzekeringen voor rekening of met garantie van de Staat der Nederlanden;
c. verenigingen en onderlinge waarborgmaatschappijen van beperkte omvang met zetel in Nederland die het bedrijf van natura-uitvaartverzekeraar uitoefenen.

Art. 1:11

Voor toepassing van het bij of krachtens deze wet bepaalde ten aanzien van het bedrijf van schadeverzekeraar wordt de Zwitserse Bondsstaat aangemerkt als lidstaat, met dien verstande dat met betrekking tot bepaalde onderwerpen bij of krachtens algemene maatregel van bestuur afwijkende regels kunnen worden gesteld.

Zwitserse Bondsstaat

§ 1.1.2.4. Beleggingsinstellingen

Art. 1:12

– 1. Deze wet, met uitzondering van dit deel, artikel 3:7 en de hoofdstukken 5.1, 5.3, 5.4 en 5.5, is niet van toepassing op beleggingsinstellingen die rechten van deelneming aanbieden aan:
a. minder dan honderd personen die geen gekwalificeerde belegger zijn; of
b. uitsluitend gekwalificeerde beleggers.

Uitzondering toepasselijkheid op bepaalde beleggingsinstellingen

– 2. Deze wet, met uitzondering van dit deel, artikel 3:7 en de hoofdstukken 5.1, 5.3, 5.4 en 5.5, is niet van toepassing op beheerders en bewaarders voorzover zij beleggingsinstellingen als bedoeld in het eerste lid beheren of belast zijn met de bewaring van de activa van die beleggingsinstellingen.

– 3. Bij een aanbod van rechten van deelneming als bedoeld in het eerste lid, aanhef en onderdeel *a*, niet zijnde verhandelbare rechten van deelneming in een beleggininstelling die niet op verzoek van de deelnemers ten laste van de activa direct of indirect worden ingekocht of terugbetaald, en in reclame-uitingen en documenten waarin een dergelijk aanbod in het vooruitzicht wordt gesteld, wordt vermeld dat de beleggingsinstelling niet vergunningplichtig is ingevolge deze wet en dat op de beleggingsinstelling geen toezicht wordt uitgeoefend op grond van het Deel Prudentieel toezicht financiële ondernemingen en het Deel Gedragstoezicht financiële ondernemingen.

– 4. Bij een aanbod van rechten van deelneming als bedoeld in het eerste lid, aanhef en onderdeel *b*, niet zijnde verhandelbare rechten van deelneming in een beleggininstelling die niet op verzoek van de deelnemers ten laste van de activa direct of indirect worden ingekocht of terugbetaald, en in reclame-uitingen en documenten waarin een dergelijk aanbod in het vooruitzicht wordt gesteld, wordt vermeld dat het aanbod uitsluitend is onderscheidenlijk zal zijn gericht tot gekwalificeerde beleggers.

– 5. Het ingevolge deze wet bepaalde ten aanzien van het aanbieden van rechten van deelneming in een beleggingsinstelling is niet van toepassing op het aanbieden door niet in de uitoefening van hun beroep of bedrijf handelende natuurlijke personen van rechten van deelneming die deze personen in eigendom hebben.

Art. 1:13

Beleggingsfonds of beleggingsmaatschappij met aparte beheerder

– 1. Het ingevolge deze wet bepaalde ten aanzien van een beleggingsinstelling die een beleggingsfonds of een beleggingsmaatschappij met aparte beheerder is, is gericht tot haar beheerder.

– 2. Het ingevolge deze wet bepaalde ten aanzien van een beheerder is van overeenkomstige toepassing op een beleggingsmaatschappij die geen aparte beheerder heeft, met uitzondering van de artikelen 1:60, eerste lid, 2:65, eerste lid, onderdeel *a*, 2:67, 2:71, 3:57, 3:95, en 4:59.

– 3. Het ingevolge de artikelen 4:46, 4:49, 4:50 en 4:52 bepaalde ten aanzien van een beheerder is van overeenkomstige toepassing op een beleggingsinstelling met zetel in een aangewezen staat die geen aparte beheerder heeft.

– 4. De zetel van een beleggingsfonds bevindt zich in de staat van de zetel van zijn beheerder.

– 5. Het ingevolge deze wet bepaalde met betrekking tot beleggingsinstellingen die in Nederland rechten van deelneming aanbieden, beheerders van die beleggingsinstellingen en aan die beleggingsinstellingen verbonden bewaarders is van overeenkomstige toepassing op beleggingsinstellingen die in Nederland rechten van deelneming hebben aangeboden, beheerders van die beleggingsinstellingen en aan die beleggingsinstellingen verbonden bewaarders.

Art. 1:14

Instellingen voor collectieve belegging in effecten

Het ingevolge deze wet bepaalde ten aanzien van instellingen voor collectieve belegging in effecten is niet van toepassing op:

a. beleggingsinstellingen die op grond van hun statuten of fondsreglementen leningen aan mogen gaan boven het door de richtlijn beleggingsinstellingen gestelde maximum of een beleggingsbeleid kunnen voeren dat ruimer is dan de uit de richtlijn beleggingsinstellingen voortvloeiende beperkingen; en

b. beleggingsmaatschappijen die via dochterondernemingen voornamelijk beleggen in andere objecten dan financiële instrumenten als bedoel in artikel 4:60, eerste lid.

AFDELING 1.1.3
Reikwijdte met betrekking tot financiële diensten

§ 1.1.3.1. Algemeen

Art. 1:15

Pensioenfondsen

Deze wet, met uitzondering van dit deel en het Deel Gedragstoezicht financiële markten, is niet van toepassing op:

a. het verlenen van financiële diensten, met uitzondering van het aanbieden van rechten van deelneming in beleggingsinstellingen, door pensioenfondsen voorzover zij die financiële diensten verlenen aan de bedrijfstak, onderneming, dan wel beroepsgroep waarmee zij zijn verbonden; en

b. het beheren van individuele vermogens ten behoeve van pensioenfondsen als bedoeld in onderdeel *a* of daaraan gelieerde fondsen door personen die zijn verbonden aan het fonds waaraan deze financiële dienst wordt verleend.

Art. 1:15a

Reikwijdte

– 1. Het ingevolge deze wet bepaalde ten aanzien van cliënten is van overeenkomstige toepassing ten aanzien van personen aan wie een financiële onderneming voornemens is een financiele dienst te verlenen.

– 2. Het ingevolge deze wet bepaalde ten aanzien van consumenten is van overeenkomstige toepassing ten aanzien van niet in de uitoefening van hun bedrijf of beroep handelende natuurlijke personen aan wie een financiële onderneming voornemens is een financiële dienst te verlenen.

§ 1.1.3.2. Diensten van de informatiemaatschappij

Art. 1:16

On line diensten

– 1. Deze wet, met uitzondering van de artikelen 2:36, tweede tot en met vierde lid, 2:38, 2:39 en 2:46, is niet van toepassing op financiële diensten die kunnen worden aangemerkt als dienst van de informatiemaatschappij als bedoeld in artikel 15*d*, derde lid, van Boek 3 van het Burgerlijk Wetboek en die worden verleend door een financiële onderneming met zetel in een andere lidstaat of vanuit een in een andere lidstaat gelegen bijkantoor door een financiële onderneming met zetel in een staat die geen lidstaat is.

– 2. Indien ter bescherming van een van de belangen, bedoeld in het zesde lid, onderdeel *a*, van artikel V van de Aanpassingswet richtlijn inzake elektronische handel, maatregelen noodzakelijk zijn, kan Onze Minister zonodig met toepassing van het zesde lid van dat artikel besluiten dat het Deel Gedragstoezicht financiële ondernemingen en de daarop gebaseerde bepalingen geheel of gedeeltelijk, in afwijking van het eerste lid, van toepassing is op een bepaalde financiele dienst als bedoeld in dat lid.

Art. 1:17

On line diensten in andere lidstaat vanuit Nederland

Onder het verlenen van een financiële dienst in Nederland wordt mede verstaan het verlenen van een financiële dienst die kan worden aangemerkt als dienst van de informatiemaatschappij als bedoeld in artikel 15*d*, derde lid, van Boek 3 van het Burgerlijk Wetboek in een andere lidstaat door een financiële onderneming met zetel in Nederland of door een in Nederland gelegen bijkantoor van een financiële onderneming met zetel in een staat die geen lidstaat is.

§ 1.1.3.3. Het verlenen van beleggingsdiensten en verrichten van beleggingsactiviteiten

Art. 1:18

Uitzonderingen m.b.t. beleggingsdiensten en -activiteiten

Deze wet, met uitzondering van het deel Gedragstoezicht financiële markten, is niet van toepassing op het verlenen van beleggingsdiensten en het verrichten van beleggingsactiviteiten voorzover:

a. deze worden verleend aan of verricht voor de onderneming waarvan de beleggingsonderneming dochtermaatschappij is, voor haar dochtermaatschappijen of voor een andere dochtermaatschappij van de onderneming waarvan zij dochtermaatschappij is;

b. deze bestaan uit het beheren van een werknemersparticipatieplan met betrekking tot financiële instrumenten;

c. deze worden verleend of deze worden verricht door beleggingsondernemingen wier hoofdbedrijf bestaat in het voor eigen rekening handelen in grondstoffen of grondstoffenderivaten en die niet deel uitmaken van een groep waarvan het hoofdbedrijf bestaat in het verlenen van andere beleggingsdiensten, verrichten van andere beleggingsactiviteiten of het uitoefenen van het bedrijf van bank;

d. deze worden verleend of verricht door levensverzekeraars, schadeverzekeraars of herverzekeraars;

e. het beleggingsdiensten betreft die worden verleend door beleggingsondernemingen die deze financiële diensten als incidentele activiteit verrichten in het kader van een andere beroepsactiviteit die aan wettelijke of bestuursrechtelijke voorschriften of aan een beroepscode is onderworpen en op grond daarvan niet is verboden;

f. het adviseren betreft inzake transacties in financiële instrumenten in het kader van het uitoefenen van een andere beroepsactiviteit en er niet specifiek voor deze financiële dienst wordt betaald;

g. deze bestaan uit het handelen voor eigen rekening in financiële instrumenten of het verlenen van beleggingsdiensten met betrekking tot grondstoffenderivaten of financiële instrumenten als bedoeld in onderdeel j van de definitie van financieel instrument in artikel 1:1 aan cliënten van het hoofdbedrijf van degene die de dienst verleent, indien:

1° dit handelen of deze dienst op groepsniveau als nevenactiviteit van zijn hoofdbedrijf is aan te merken, en

2° het hoofdbedrijf van de groep niet bestaat uit het verlenen van beleggingsdiensten, het verrichten van beleggingsactiviteiten of het uitoefenen van het bedrijf van bank;

h. het handelen voor eigen rekening betreft, met uitzondering van handelen voor eigen rekening door marketmakers of handelaren voor eigen rekening die frequent op een georganiseerde en systematische wijze buiten een gereglementeerde markt of multilaterale handelsfaciliteit om optreden door een voor derden toegankelijk systeem aan te bieden om met hen transacties te sluiten;

i. deze bestaan uit het uitsluitend optreden als plaatselijke onderneming.

Uitzondering voor beheerders van beleggingsinstellingen

Art. 1:19

Het ingevolge deze wet bepaalde met betrekking tot de onderdelen a en b van de definitie van verlenen van een beleggingsdienst in artikel 1:1 is niet van toepassing op de inkoop of verkoop van rechten van deelneming in beleggingsinstellingen door de beheerders van die beleggingsinstellingen.

§ 1.1.3.4. Financiële diensten met betrekking tot krediet

Uitzonderingen m.b.t. krediet

Art. 1:20

Deze wet is niet van toepassing op:

a. het door openbare lichamen ter uitvoering van een wettelijke taak aanbieden van krediet;

b. financiële diensten die worden verleend door geregistreerde geldtransactiekantoren als bedoeld in artikel 2, eerste lid, van de Wet inzake de geldtransactiekantoren, voorzover het diensten betreft die zij mogen verlenen op grond van die wet;

c. financiële diensten met betrekking tot krediet waarbij het effectief kredietvergoedingspercentage op het tijdstip van aangaan van de overeenkomst inzake het krediet niet meer bedraagt dan de wettelijke rente, bedoeld in artikel 120, eerste lid, van Boek 6 van het Burgerlijk Wetboek, voorzover het krediet wordt aangeboden aan minder dan 100 consumenten of wordt aangeboden door een werkgever aan zijn werknemers;

d. financiële diensten met betrekking tot krediet bestaande uit een overeenkomst van huur en verhuur of waartoe een zodanige overeenkomst behoort, tenzij deze betrekking heeft op bij algemene maatregel van bestuur aan te wijzen zaken en de strekking heeft dat het verschaffen van het genot van de zaak waarop de overeenkomst betrekking heeft, al dan niet door verlenging van die overeenkomst of het aangaan van een nieuwe overeenkomst, langer dan zes maanden zal duren;

e. financiële diensten met betrekking tot krediet bestaande uit het in ontvangst nemen van roerende zaken van een consument tegen het ter beschikking stellen van een geldsom aan de consument, voorzover de vordering op de consument tot terugbetaling teniet gaat indien de betreffende roerende zaken door de financiële onderneming te gelde worden gemaakt; en

f. financiële diensten met betrekking tot krediet waarbij is overeengekomen dat geen van de terzake verschuldigde betalingen van de consument later plaatsvindt dan drie maanden nadat de geldsom ter beschikking is gesteld, het genot van een roerende zaak, financieel instrument of beleggingsobject is verschaft, dan wel een dienst is verleend.

§ 1.1.3.5. Financiële diensten met betrekking tot verzekeringen

Uitzonderingen m.b.t. verzekeringen

Art. 1:21

Deze wet is niet van toepassing op:

a. bemiddelen in verzekeringen, voorzover:

1° het bemiddelen slechts kennis vergt van de verzekeringsdekking die geboden wordt;

2° het een verzekering betreft die geen levensverzekering is en geen aansprakelijkheidsrisico's dekt;

3° de betreffende bemiddelaar een andere hoofdberoepswerkzaamheid heeft dan bemiddelen in verzekeringen;

4° het een verzekering betreft die een aanvulling is op de levering van een zaak of de verlening van een dienst door de betreffende bemiddelaar, hetgeen het geval is indien de betreffende verzekering het risico dekt van defect, verlies, of beschadiging van door die bemiddelaar geleverde zaken dan wel het risico dekt van beschadiging of verlies van bagage of andere risico's die verband houden met een bij die bemiddelaar geboekte reis, ook indien de verzekering levensverzekering- of aansprakelijkheidsrisico's dekt indien dat een bijkomende dekking is ten opzichte van de hoofddekking betreffende de met die reis verband houdende risico's; en

5° het een verzekering betreft waarvan het bedrag van de jaarlijkse premie niet hoger is dan € 500 en de volledige looptijd van de verzekering, met inbegrip van eventuele verlengingen, niet langer is dan een periode van vijf jaar; en

b. financiële diensten met betrekking tot verzekeringen met betrekking tot risico's en verplichtingen die zijn gelegen in een staat die geen lidstaat is.

Bemiddelen in verzekeringen t.b.v. cliënten in andere lidstaat

Art. 1:22

Het bepaalde ingevolge de artikelen 4:9, eerste en tweede lid, 4:10, 4:11, tweede en derde lid, 4:13, eerste en tweede lid, 4:15, eerste en tweede lid, 4:19, 4:20, eerste lid, 4:23, eerste tot en met derde lid, en 4:73, eerste tot en met vijfde lid, is van overeenkomstige toepassing op het bemiddelen in verzekeringen en het herverzekeringsbemiddelen vanuit Nederland ten behoeve van cliënten die hun gewone verblijfplaats hebben in een andere lidstaat.

AFDELING 1.1.4
Aantastbaarheid van rechtshandelingen

Art. 1:23

De rechtsgeldigheid van een privaatrechtelijke rechtshandeling welke is verricht in strijd met de bij of krachtens deze wet gestelde regels is niet uit dien hoofde aantastbaar, behalve voorzover in deze wet anders is bepaald. **Geldigheid privaatrechtelijke rechtshandeling**

HOOFDSTUK 1.2
Toezichthouders

AFDELING 1.2.1
Algemene bepalingen

§ 1.2.1.1. Taakstelling

Art. 1:24

– 1. Prudentieel toezicht is gericht op de soliditeit van financiële ondernemingen en het bijdragen aan de stabiliteit van de financiële sector. **Doeleinden prudentieel toezicht**

– 2. De Nederlandsche Bank heeft, op de grondslag van deze wet, tot taak het prudentieel toezicht op financiële ondernemingen uit te oefenen en te beslissen omtrent de toelating van financiële ondernemingen tot de financiële markten.

Art. 1:25

– 1. Gedragstoezicht is gericht op ordelijke en transparante financiëlemarktprocessen, zuivere verhoudingen tussen marktpartijen en zorgvuldige behandeling van cliënten. **Doeleinden gedragstoezicht**

– 2. De Autoriteit Financiële Markten heeft, op de grondslag van deze wet, tot taak het gedragstoezicht op financiële markten uit te oefenen en te beslissen omtrent de toelating van financiële ondernemingen tot die markten.

§ 1.2.1.2. Institutionele bepalingen

Art. 1:26

– 1. Het bestuur van de Autoriteit Financiële Markten bestaat uit ten minste drie en ten hoogste vijf leden. De voorzitter en de andere leden van het bestuur worden bij koninklijk besluit benoemd. Elke benoeming geschiedt voor ten hoogste vier jaren. De raad van toezicht kan voor elke benoeming van een lid van het bestuur een niet-bindende voordracht bij Onze Minister indienen. Herbenoeming is onbeperkt mogelijk. **Bestuur AFM**

– 2. De voorzitter en de andere leden van het bestuur kunnen door Onze Minister worden geschorst of bij koninklijk besluit worden ontslagen, indien zij niet meer voldoen aan de eisen voor de uitoefening van hun functie of daarin op ernstige wijze zijn tekortgeschoten. Ontslag vindt voorts plaats op eigen verzoek.

– 3. Onze Minister draagt zorg voor de mededeling in de *Staatscourant* van de in dit artikel bedoelde benoemingen, schorsingen en ontslagen.

– 4. De salarissen en de regelingen ten aanzien van pensioen en vergoeding van onkosten van de voorzitter en de andere leden van het bestuur worden vastgesteld door de raad van toezicht en behoeven de instemming van Onze Minister.

Art. 1:27

– 1. De Autoriteit Financiële Markten heeft een raad van toezicht. **Raad van toezicht AFM**

– 2. De raad van toezicht ziet toe op het doelmatig en doeltreffend functioneren van het bestuur, in het bijzonder ten aanzien van het financieel beheer, en staat het bestuur met raad terzijde.

– 3. De raad van toezicht bestaat uit ten minste drie en ten hoogste vijf leden. De voorzitter en de andere leden van de raad van toezicht worden door Onze Minister benoemd. Elke benoeming geschiedt voor ten hoogste vier jaren. De raad van toezicht kan voor elke benoeming een niet-bindende voordracht bij Onze Minister indienen. Herbenoeming kan tweemaal en telkens voor ten hoogste vier jaren plaatsvinden.

– 4. De voorzitter en de andere leden van de raad van toezicht kunnen door Onze Minister worden geschorst en ontslagen wegens ongeschiktheid of onbekwaamheid voor de vervulde functie dan wel wegens andere zwaarwegende in de persoon van de betrokkene gelegen redenen. Ontslag vindt voorts plaats op eigen verzoek.

– 5. Onze Minister draagt zorg voor de mededeling in de *Staatscourant* van de in dit artikel bedoelde benoemingen, schorsingen en ontslagen.

§ 1.2.1.3. Regelgevende bevoegdheid

Art. 1:28

– 1. Indien ingevolge deze wet aan de toezichthouder de bevoegdheid wordt toegekend om **Consultatie met het oog op het vaststellen van algemeen verbindende voorschriften**

algemeen verbindende voorschriften vast te stellen, gaat de toezichthouder daartoe niet over dan nadat hij een daarvoor in aanmerking komende representatieve vertegenwoordiging van onder zijn toezicht staande ondernemingen heeft geraadpleegd.
– 2. In geval van bijzondere omstandigheden is de Nederlandsche Bank bevoegd tijdelijke algemeen verbindende voorschriften vast te stellen teneinde bij te dragen aan de stabiliteit van de financiële sector, bedoeld in artikel 1:24. Het eerste lid is niet van toepassing.
– 3. In geval van bijzondere omstandigheden is de Autoriteit Financiële Markten bevoegd tijdelijke algemeen verbindende voorschriften vast te stellen ter bevordering van de ordelijke en transparante financiëlemarktprocessen, bedoeld in artikel 1:25. Het eerste lid is niet van toepassing.
– 4. De toezichthouder stelt Onze Minister onverwijld in kennis van door hem vastgestelde algemeen verbindende voorschriften.

Art. 1:29

Ingrijpen Minister t.a.v. regelgeving

– 1. Indien de door de toezichthouder vastgestelde algemeen verbindende voorschriften naar het oordeel van Onze Minister in strijd zijn met de wet, een verdrag of een bindend besluit van een volkenrechtelijke organisatie, en de toezichthouder de geconstateerde onvolkomenheid na overleg niet heeft weggenomen, stelt Onze Minister bij ministeriële regeling regels voor het desbetreffende onderwerp, onder gelijktijdige intrekking van de door de toezichthouder voor het desbetreffende onderwerp vastgestelde algemeen verbindende voorschriften.
– 2. Indien de door de toezichthouder vastgestelde algemeen verbindende voorschriften een onredelijke belasting voor de financiële markten tot gevolg hebben, en de toezichthouder de geconstateerde onvolkomenheid na overleg niet heeft weggenomen, kan Onze Minister bij ministeriële regeling regels stellen voor het desbetreffende onderwerp, onder gelijktijdige intrekking van de door de toezichthouder voor het desbetreffende onderwerp vastgestelde algemeen verbindende voorschriften.
– 3. Indien Onze Minister op grond van het eerste of tweede lid voorschriften vaststelt doet hij zo spoedig mogelijk een voordracht tot wijziging van de algemene maatregel van bestuur waarin aan de toezichthouder de bevoegdheid is toegekend algemeen verbindende voorschriften vast te stellen.
– 4. Indien de door de toezichthouder ingevolge artikel 1:28, tweede of derde lid, vastgestelde algemeen verbindende voorschriften naar het oordeel van Onze Minister in strijd zijn met de wet, een verdrag, een bindend besluit van een volkenrechtelijke organisatie of een onredelijke belasting voor de financiële markten tot gevolg hebben, en de toezichthouder de geconstateerde onvolkomenheid na overleg niet onverwijld heeft weggenomen, kan Onze Minister die algemeen verbindende voorschriften intrekken.

Art. 1:29a

Openbaarmaking informatie door DNB

– 1. De Nederlandsche Bank maakt de onderstaande informatie openbaar:
a. het bij of krachtens het Deel Prudentieel toezicht financiële ondernemingen bepaalde;
b. de wijze waarop in Nederland gebruik wordt gemaakt van de keuzemogelijkheden in de richtlijnen van de Europese Unie die specifiek gericht zijn tot beleggingsondernemingen en kredietinstellingen;
c. de algemene uitgangspunten die zij hanteert bij het gebruik van de beleidsruimte die zij heeft ingevolge het bij of krachtens het Deel Prudentieel toezicht financiële ondernemingen bepaalde;
d. de algemene criteria en methodieken op basis waarvan de evaluatie, bedoeld in artikel 3:18*a*, wordt verricht; en
e. de geaggregeerde statistische gegevens over de voornaamste aspecten van de tenuitvoerlegging van de prudentiële regels.
– 2. De op grond van het eerste lid gepubliceerde informatie is voldoende om een zinvolle vergelijking te kunnen maken tussen de uitoefening van het prudentieel toezicht door de toezichthoudende instanties van de verschillende lidstaten.

AFDELING 1.2.2
Rekening en verantwoording

Art. 1:30

Begroting

– 1. De toezichthouder stelt jaarlijks een begroting op van de in het daaropvolgende jaar te verwachten baten en lasten, investeringsuitgaven alsmede inkomsten en uitgaven met betrekking tot de uitvoering van de ingevolge deze wet opgedragen taak en de daaruit voortvloeiende werkzaamheden. De begroting wordt op een zodanige wijze opgesteld dat de lasten en de uitgaven structureel worden gedekt door de baten en de inkomsten.
– 2. De begrotingsposten worden van een toelichting voorzien.
– 3. Tenzij de werkzaamheden waarop de begroting betrekking heeft nog niet eerder werden

verricht, bevat de begroting een vergelijking met de begroting van het lopende jaar en de laatste jaarrekening of verantwoording waarmee Onze Minister heeft ingestemd.
– 4. De toezichthouder zendt de begroting voor 1 december van het aan het begrotingsjaar voorafgaande jaar ter instemming aan Onze Minister.
– 5. De instemming kan worden onthouden wegens strijd met het recht of het algemeen belang. Ingeval van gebleken strijdigheid wordt instemming niet onthouden dan nadat de toezichthouder in de gelegenheid is gesteld de begroting aan te passen, binnen een door Onze Minister te stellen redelijke termijn.
– 6. De toezichthouder doet onverwijld na instemming mededeling van de begroting in de *Staatscourant* en houdt deze gedurende een jaar na instemming op elektronische wijze ter inzage.
– 7. Wanneer Onze Minister niet voor 1 januari van het jaar waarop deze betrekking heeft met de begroting heeft ingestemd, kan de toezichthouder, in het belang van een juiste uitvoering van zijn taak, voor het aangaan van verplichtingen en het verrichten van uitgaven beschikken over ten hoogste vier twaalfde gedeelten van de bedragen die bij de overeenkomstige onderdelen in de begroting van het voorafgaande jaar waren toegestaan.

Art. 1:31

(Dreigende) aanmerkelijke verschillen

Indien gedurende het jaar aanmerkelijke verschillen ontstaan of dreigen te ontstaan tussen de werkelijke en begrote baten en lasten dan wel inkomsten en uitgaven, doet de toezichthouder daarvan onverwijld mededeling aan Onze Minister onder vermelding van de oorzaak van de verschillen.

Art. 1:32

Regels voor inrichting van begroting

Bij ministeriële regeling kunnen regels worden gesteld voor de inrichting van de begroting.

Art. 1:33

Jaarrekening AFM

– 1. De Autoriteit Financiële Markten stelt jaarlijks een jaarrekening op van de ingevolge deze wet opgedragen taak en de daaruit voortvloeiende werkzaamheden.
– 2. De jaarrekening van de Autoriteit Financiële Markten, waarin rekening en verantwoording wordt afgelegd van het financieel beheer en van de geleverde prestaties over het verstreken boekjaar, wordt zoveel mogelijk met overeenkomstige toepassing van Titel 9 van Boek 2 van het Burgerlijk Wetboek ingericht.
– 3. De jaarrekening gaat vergezeld van een verklaring omtrent de getrouwheid, afgegeven door een door de Autoriteit Financiële Markten aangewezen accountant.
– 4. De accountant voegt bij de verklaring, bedoeld in het derde lid, een verslag van zijn bevindingen omtrent de rechtmatige inning en besteding van de middelen door de Autoriteit Financiële Markten uit hoofde van deze wet.
– 5. De accountant voegt bij de verklaring, bedoeld in het derde lid, tevens een verslag van zijn bevindingen over de vraag of het beheer en de organisatie van de Autoriteit Financiële Markten uit hoofde van deze wet voldoen aan eisen van doelmatigheid.
– 6. De Autoriteit Financiële Markten zendt de jaarrekening voor 1 mei van het op het boekjaar volgende jaar ter instemming aan Onze Minister.
– 7. De instemming kan worden onthouden wegens strijd met het recht of het algemeen belang.
– 8. De Autoriteit Financiële Markten doet onverwijld na instemming mededeling van de jaarrekening in de *Staatscourant* en houdt deze gedurende een jaar na instemming op elektronische wijze ter inzage.

Art. 1:34

Verantwoording DNB

– 1. De Nederlandsche Bank stelt jaarlijks een verantwoording op van de ingevolge deze wet opgedragen taak en de daaruit voortvloeiende werkzaamheden.
– 2. De verantwoording gaat vergezeld van een verklaring omtrent de getrouwheid, afgegeven door een door de Nederlandsche Bank aangewezen accountant.
– 3. De accountant voegt bij de verklaring, bedoeld in het tweede lid, een verslag van zijn bevindingen omtrent de rechtmatige inning en besteding van de middelen door de Nederlandsche Bank uit hoofde van deze wet.
– 4. De accountant voegt bij de verklaring, bedoeld in het tweede lid, tevens een verslag van zijn bevindingen over de vraag of het beheer en de organisatie van de Nederlandsche Bank uit hoofde van deze wet voldoen aan eisen van doelmatigheid.
– 5. De Nederlandsche Bank zendt de verantwoording, bedoeld in het eerste lid, voor 1 mei van het op het boekjaar volgende jaar ter instemming aan Onze Minister.
– 6. De instemming kan worden onthouden wegens strijd met het recht of het algemeen belang.
– 7. De Nederlandsche Bank doet onverwijld na instemming mededeling van de verantwoording in de *Staatscourant* en houdt deze gedurende een jaar na instemming op elektronische wijze ter inzage.

Art. 1:35

Exploitatiesaldo

– 1. Het verschil tussen de aan het eind van een begrotingsjaar gerealiseerde baten van de toezichthouder en de gerealiseerde lasten van de toezichthouder vormt het exploitatiesaldo.

– 2. Indien in enig boekjaar een exploitatiesaldo ontstaat en de toezichthouder dit exploitatiesaldo wil betrekken bij de in rekening te brengen kosten als bedoeld in artikel 1:40, doet de toezichthouder daaromtrent een voorstel in de jaarrekening of de verantwoording.

Art. 1:36

Jaarverslag

– 1. De toezichthouder stelt jaarlijks een jaarverslag op. Het jaarverslag beschrijft de taakuitoefening en het daartoe gevoerde beleid uit hoofde van deze wet in het voorafgaande jaar. Het jaarverslag beschrijft voorts het gevoerde beleid met betrekking tot de kwaliteitszorg.

– 2. De toezichthouder zendt het jaarverslag voor 1 mei aan Onze Minister. Onze Minister zendt een afschrift van het jaarverslag aan de Tweede Kamer der Staten-Generaal.

– 3. De toezichthouder houdt het jaarverslag op elektronische wijze ter inzage.

Art. 1:37

Voorgenomen statutenwijziging

– 1. De toezichthouder legt een voorgenomen statutenwijziging ter voorafgaande instemming voor aan Onze Minister. De artikelen 10:29 tot en met 10:31 van de Algemene wet bestuursrecht zijn van overeenkomstige toepassing.

– 2. De instemming, bedoeld in het eerste lid, kan worden geweigerd:

a. indien de statuten na wijziging onvoldoende zijn afgestemd op het in deze wet bepaalde;

b. indien de statuten na wijziging onvoldoende waarborgen bieden voor een onafhankelijke taakvervulling door de toezichthouder;

c. wegens strijd met het recht of het algemeen belang.

Art. 1:38

Behoorlijk bestuur

– 1. De toezichthouder draagt met betrekking tot de uitvoering van zijn taak op grond van deze wet zorg voor:

a. een tijdige voorbereiding en uitvoering;

b. de kwaliteit van de daarbij gebruikte procedures;

c. de zorgvuldige behandeling van een ieder die met hem in aanraking komt;

d. de zorgvuldige behandeling van bezwaarschriften en klachten die worden ontvangen.

– 2. De toezichthouder treft voorzieningen, waardoor een ieder die met hem in aanraking komt in de gelegenheid is voorstellen tot verbetering van werkwijzen en procedures te doen.

– 3. In het jaarverslag, bedoeld in artikel 1:36, doet de toezichthouder verslag van hetgeen tot uitvoering van het eerste en het tweede lid is verricht.

Art. 1:39

Periodiek overleg

– 1. De toezichthouder organiseert overleg over:

a. de door de toezichthouder op te stellen begroting;

b. de door de toezichthouder gerealiseerde baten en lasten alsmede inkomsten en uitgaven, en verrichte werkzaamheden;

c. de kosten voor ondernemingen die verband houden met de uitvoering van zijn taak op grond van deze wet en de daaruit voortvloeiende werkzaamheden.

– 2. Het overleg wordt gevoerd door de toezichthouder en een daarvoor in aanmerking komende representatieve vertegenwoordiging van de onder zijn toezicht staande ondernemingen. De toezichthouder kan tevens daarvoor in aanmerking komende cliëntenorganisaties toelaten tot het overleg. Onze Minister wijst ambtenaren aan die namens hem het overleg bijwonen.

– 3. Het overleg vindt tweemaal per jaar plaats.

– 4. De toezichthouder maakt het verslag van het overleg binnen een redelijke termijn na het overleg openbaar.

Art. 1:40

Kosten

– 1. De toezichthouder brengt de kosten van de werkzaamheden die hij verricht in verband met de uitvoering van zijn taak op grond van deze wet in rekening bij de ondernemingen ten aanzien waarvan die werkzaamheden worden verricht, voorzover deze kosten niet ten laste komen van de Rijksbegroting. Tot de kosten behoren onder meer de kosten die hij ter voorbereiding op de uitvoering van nieuwe onderdelen van zijn taak heeft gemaakt, voordat deze aan hem werden opgedragen.

– 2. De toezichthouder die in het kader van een aanvraag van een vergunning of instemming op grond van artikel 1:48 advies vraagt aan de andere toezichthouder kan ten behoeve van de andere toezichthouder bij de aanvrager kosten in rekening brengen die betrekking hebben op de werkzaamheden die in dit kader door laatstgenoemde toezichthouder worden verricht.

– 3. De kosten worden gebaseerd op de begroting waarmee Onze Minister heeft ingestemd en op het exploitatiesaldo indien Onze Minister heeft ingestemd met de jaarrekening of de verantwoording waarin een voorstel als bedoeld in artikel 1:35, tweede lid, is opgenomen.

– 4. Op de begrote kosten worden de opbrengsten uit boetes en verbeurde dwangsommen,

voorzover de hieraan ten grondslag liggende besluiten van de toezichthouder in het voorafgaande jaar onherroepelijk zijn geworden, in mindering gebracht.
– 5. Bij of krachtens algemene maatregel van bestuur worden nadere regels gesteld met betrekking tot het eerste tot en met derde lid. Daarbij kan onderscheid worden gemaakt tussen incidenteel en jaarlijks in rekening te brengen kosten en kan tevens worden voorzien in een bevoegdheid voor de toezichthouder om in bepaalde gevallen kosten niet of niet geheel in rekening te brengen indien het volledig in rekening brengen van de kosten zou leiden tot een onbillijkheid van overwegende aard. Deze regels hebben onder meer betrekking op de toerekening van toezichthandelingen aan ondernemingen.
– 6. Bij ministeriële regeling worden de tarieven vastgesteld op basis waarvan de kosten, bedoeld in het eerste tot en met het derde lid, worden doorberekend.

Art. 1:41

Uitvoerbaarheidstoets

De toezichthouder verstrekt Onze Minister desgevraagd inlichtingen die nodig zijn voor de beoordeling van de uitvoerbaarheid van algemene beleidsvoornemens en voorgenomen wettelijke voorschriften, voorzover deze betrekking hebben op het door de toezichthouder uit te oefenen toezicht ingevolge deze wet.

Art. 1:42

Informatierecht Minister

– 1. Onze Minister kan aan de toezichthouder de gegevens of inlichtingen vragen die nodig zijn voor een onderzoek naar de toereikendheid van deze wet of de wijze waarop de toezichthouder deze wet uitvoert of heeft uitgevoerd, indien dat ter wille van het toezicht nodig blijkt.
– 2. De toezichthouder verstrekt aan Onze Minister de in het eerste lid bedoelde gegevens of inlichtingen, tenzij het vertrouwelijke gegevens of inlichtingen betreft in de zin van artikel 1:89, eerste lid, die:
a. betrekking hebben op of herleidbaar zijn tot een afzonderlijke persoon of vennootschap, met uitzondering van gegevens of inlichtingen die betrekking hebben op of herleidbaar zijn tot een afzonderlijke financiële onderneming:
1° waaraan een vergunning op grond van het Deel Markttoegang financiële ondernemingen is verleend of die een verklaring van ondertoezichtstelling als bedoeld in artikel 3:110 heeft verkregen of waarvan die vergunning onderscheidenlijk die verklaring is ingetrokken of vervallen; en
2° ten aanzien waarvan surséance van betaling is verleend, of overeenkomstig afdeling 3.5.5 de noodregeling is uitgesproken of die in staat van faillissement is verklaard of op grond van een rechterlijke uitspraak is ontbonden;
b. betrekking hebben op ondernemingen die betrokken zijn of zijn geweest bij een poging een financiële onderneming in staat te stellen haar bedrijf voort te zetten; of
c. zijn ontvangen van een toezichthoudende instantie of zijn verkregen naar aanleiding van een verificatie bij een in een andere staat gelegen bijkantoor van een in Nederland gevestigde financiële onderneming, en niet de uitdrukkelijke instemming is verkregen van die toezichthoudende instantie of van de toezichthoudende instantie van de staat waar de verificatie ter plaatse is verricht.
– 3. Onze Minister kan een derde opdragen de gegevens of inlichtingen die hem ingevolge het tweede lid zijn verstrekt te onderzoeken en aan hem verslag uit te brengen. Tevens kan Onze Minister de derde die in zijn opdracht handelt, machtigen namens hem gegevens of inlichtingen in te winnen, in welk geval het eerste en tweede lid van overeenkomstige toepassing zijn.
– 4. Onze Minister gebruikt de gegevens of inlichtingen die hij ingevolge het tweede of derde lid heeft verkregen uitsluitend voor het vormen van zijn oordeel over de toereikendheid van deze wet of de wijze waarop de toezichthouder deze wet uitvoert of heeft uitgevoerd.
– 5. Onze Minister en degenen die in zijn opdracht handelen zijn verplicht tot geheimhouding van de op grond van het tweede lid ontvangen gegevens of inlichtingen.
– 6. Niettegenstaande het vierde en vijfde lid kan Onze Minister de aan de gegevens of inlichtingen ontleende bevindingen en de daaruit getrokken conclusies aan de beide kamers der Staten-Generaal mededelen en de conclusies in algemene zin uit het onderzoek openbaar maken.
– 7. De Wet openbaarheid van bestuur, de Wet Nationale Ombudsman, en titel 9.2 van de Algemene wet bestuursrecht zijn niet van toepassing met betrekking tot de in dit artikel bedoelde gegevens of inlichtingen die Onze Minister of de in zijn opdracht werkende derde onder zich heeft.

Art. 1:43

Ernstige taakverwaarlozing

– 1. Indien naar het oordeel van Onze Minister de toezichthouder zijn taak ernstig verwaarloost, kan Onze Minister de noodzakelijke voorzieningen treffen.
– 2. Ter uitvoering van het eerste lid kan Onze Minister besluiten een of meer onderdelen van de taak van de toezichthouder zelf uit te voeren of door de andere toezichthouder te laten uit-

voeren. Alsdan komen de desbetreffende bevoegdheden van de toezichthouder toe aan Onze Minister onderscheidenlijk aan de andere toezichthouder.
– 3. De voorzieningen worden, spoedeisende gevallen uitgezonderd, niet eerder getroffen dan nadat de toezichthouder in de gelegenheid is gesteld om binnen een door Onze Minister te stellen termijn alsnog zijn taak naar behoren uit te voeren.
– 4. Onze Minister stelt de Tweede Kamer der Staten-Generaal onverwijld in kennis van door hem op grond van het eerste lid getroffen voorzieningen.

Art. 1:44

Evaluatie

– 1. Onze Minister zendt drie jaar na inwerkingtreding van deze wet en vervolgens elke vijf jaar een verslag aan de Tweede Kamer der Staten-Generaal over de doeltreffendheid en doelmatigheid van het functioneren van de toezichthouders.
– 2. Onze Minister zendt drie jaar na inwerkingtreding van deze wet een verslag aan de Tweede Kamer der Staten-Generaal over de samenwerking van de toezichthouders ingevolge deze wet.
– 3. De toezichthouders verstrekken desgevraagd aan Onze Minister gegevens en inlichtingen ten behoeve van deze verslagen.

Art. 1:45

Uitsluiting beroepsrecht

Tegen besluiten van Onze Minister inzake instemming met de begroting, de jaarrekening of de verantwoording kan geen beroep worden ingesteld als bedoeld in artikel 8:1 van de Algemene wet bestuursrecht.

HOOFDSTUK 1.3
Samenwerking toezichthouders

AFDELING 1.3.1
Samenwerking toezichthouders nationaal

Art. 1:46

Vaststelling algemeen verbindende voorschriften en beleidsregels

– 1. De toezichthouders werken samen met het oog op de vaststelling van algemeen verbindende voorschriften en beleidsregels opdat deze, voorzover zij betrekking hebben op onderwerpen die zowel tot het prudentieel toezicht als tot het gedragstoezicht behoren, zoveel mogelijk gelijkluidend zijn.
– 2. Tot de in het eerste lid bedoelde onderwerpen worden in elk geval gerekend:
a. het gebruik van de bevoegdheden, genoemd in afdeling 1.4.2;
b. de betrouwbaarheid, bedoeld in de artikelen 3:9 en 4:10;
c. de deskundigheid, bedoeld in de artikelen 3:8 en 4:9;
d. de beheerste en integere bedrijfsvoering, bedoeld in de artikelen 3:17, tweede lid, onderdelen *a* en *b*, en 4:14, tweede lid, onderdelen *a* en *b*; en
e. bij algemene maatregel van bestuur aan te wijzen andere onderwerpen.

Art. 1:47

Zienswijze van andere toezichthouder

– 1. De toezichthouder neemt geen besluit tot het treffen van een in het tweede lid genoemde maatregel dan nadat hij aan de andere toezichthouder een redelijke termijn heeft geboden om daarover zijn zienswijze naar voren te brengen.
– 2. De maatregelen zijn:
a. de benoeming van een curator op grond van artikel 1:76;
b. de intrekking van een vergunning op grond van artikel 1:104, aanhef en onderdeel *b*, *c*, *d*, *e*, *f* of *j*;
c. het opleggen van het verbod, bedoeld in artikel 1:58, tweede lid, 1:58a, tweede lid, 1:58b, tweede lid, 1:58c, derde lid, 1:59, tweede lid, 1:67, eerste lid, 1:77, eerste lid, derde volzin, 4:4, eerste lid, of 4:4a; en
d. de aanwijzing op grond van artikel 1:75, strekkende tot het doen heenzenden van een persoon die het beleid van een financiële onderneming bepaalt of mede bepaalt of strekkende tot het doen heenzenden van een persoon die onderdeel is van een orgaan dat belast is met het toezicht op het beleid en de algemene gang van zaken van een financiële onderneming.
– 3. De zienswijze wordt schriftelijk naar voren gebracht, tenzij onverwijlde spoed, gelet op de betrokken belangen, zich daartegen verzet. In dat geval kan worden volstaan met een mondeling naar voren gebrachte zienswijze, met dien verstande dat deze zo spoedig mogelijk schriftelijk wordt bevestigd. Indien de toezichthouder een besluit als bedoeld in het eerste lid neemt dat afwijkt van de door de andere toezichthouder naar voren gebrachte zienswijze, wordt zulks met de redenen voor de afwijking in de motivering van het besluit vermeld. De zienswijze of de schriftelijke bevestiging van een mondeling gegeven zienswijze vormt een integraal onderdeel van het besluit tot het treffen van een toezichtmaatregel.
– 4. Het eerste en derde lid zijn van overeenkomstige toepassing op het aanvragen van het

faillissement op grond van artikel 212*k* of artikel 213*b* van de Faillissementswet en het aanvragen van de noodregeling op grond van afdeling 3.5.5.

Art. 1:47a

Raadplegen DNB

De Autoriteit Financiële Markten raadpleegt de Nederlandsche Bank alvorens zij een vergunning verleent aan een beleggingsonderneming die:
a. dochtermaatschappij is van een kredietinstelling, levensverzekeraar of schadeverzekeraar waaraan in een lidstaat een vergunning is verleend;
b. dochtermaatschappij is van een moedermaatschappij van een kredietinstelling, levensverzekeraar of schadeverzekeraar waaraan in een lidstaat een vergunning is verleend;
c. onder zeggenschap staat van een persoon die tevens zeggenschap uitoefent over een kredietinstelling, levensverzekeraar of schadeverzekeraar waaraan in een lidstaat een vergunning is verleend.

Art. 1:48

Advies van andere toezichthouder

– 1. Indien de Nederlandsche Bank in het kader van de behandeling van een in artikel 2:13, 2:22, 2:32, 2:33, 2:42, 2:43, 3:33 of 3:110, vierde of vijfde lid, bedoelde aanvraag dient te beoordelen of de aanvrager zal voldoen aan het bij of krachtens het Deel Gedragstoezicht financiële ondernemingen bepaalde vraagt zij, alvorens te beslissen op die aanvraag, daarover advies aan de Autoriteit Financiële Markten.
– 2. Indien de Autoriteit Financiële Markten in het kader van de behandeling van een in artikel 2:67, 2:68 of 2:99 bedoelde aanvraag dient te beoordelen of de aanvrager zal voldoen aan het bij of krachtens het Deel Prudentieel toezicht financiële ondernemingen bepaalde vraagt zij, alvorens te beslissen op die aanvraag, daarover advies aan de Nederlandsche Bank.
– 3. De toezichthouder wiens advies als bedoeld in het eerste of tweede lid wordt gevraagd, brengt het advies schriftelijk uit binnen zes weken na het verzoek.
– 4. Indien de Autoriteit Financiële Markten in het kader van een aanvraag van instemming als bedoeld in artikel 2:122, 2:127 of 2:130 of in het kader van een melding van een wijziging als bedoeld in artikel 4:26, eerste of tweede lid, dient te beoordelen of de financiële positie van de aanvrager onderscheidenlijk de betrokken financiële onderneming toereikend is, vraagt zij daarover advies aan de Nederlandsche Bank. De Nederlandsche Bank brengt het advies schriftelijk uit binnen drie weken na het verzoek.
– 5. Indien de toezichthouder die het advies heeft gevraagd overweegt af te wijken van het advies stelt hij de toezichthouder die het advies heeft gegeven in de gelegenheid om het advies mondeling toe te lichten.
– 6. Het advies, bedoeld in het eerste, tweede of vierde lid, maakt deel uit van het besluit ten aanzien van de vergunning of instemming.

Art. 1:49

Kennisgeving en aanbeveling aan andere toezichthouder

– 1. Indien een toezichthouder constateert dat de betrouwbaarheid van een persoon die het beleid bepaalt of mede bepaalt van een financiële onderneming waaraan door de andere toezichthouder een vergunning is verleend of die onderdeel is van een orgaan dat belast is met het toezicht op het beleid en de algemene gang van zaken van een zodanige onderneming, niet of niet langer buiten twijfel staat, stelt hij de andere toezichthouder daarvan in kennis en doet hij daarbij een aanbeveling voor een te treffen maatregel als bedoeld in afdeling 1.4.2.
– 2. Indien een toezichthouder constateert dat een persoon die het dagelijks beleid bepaalt van een financiële onderneming waaraan door de andere toezichthouder een vergunning is verleend, niet of niet langer over de ingevolge deze wet vereiste deskundigheid beschikt, stelt hij de andere toezichthouder daarvan in kennis en doet hij daarbij een aanbeveling voor een te treffen maatregel als bedoeld in afdeling 1.4.2.
– 3. De kennisgeving en aanbeveling worden schriftelijk gedaan, tenzij onverwijlde spoed, gelet op de betrokken belangen, zich daartegen verzet. In dat geval kan worden volstaan met een mondelinge kennisgeving en aanbeveling, met dien verstande dat deze zo spoedig mogelijk schriftelijk worden bevestigd.
– 4. De andere toezichthouder bericht de toezichthouder die de kennisgeving en de aanbeveling heeft gedaan binnen een redelijke termijn gemotiveerd of hij naar aanleiding van de kennisgeving en de aanbeveling overgaat tot het treffen van een maatregel als bedoeld in afdeling 1.4.2.
– 5. Indien de andere toezichthouder naar aanleiding van de kennisgeving en de aanbeveling een maatregel als bedoeld in afdeling 1.4.2 treft, is artikel 1:47 niet van toepassing.
– 6. Indien op basis van de kennisgeving wordt overgegaan tot het treffen van een maatregel als bedoeld in afdeling 1.4.2 vormen de kennisgeving en de aanbeveling een integraal onderdeel van het besluit tot het treffen van de toezichtmaatregel.

Art. 1:50

Financieel conglomeraat

– 1. Indien de Autoriteit Financiële Markten toezicht houdt op een financiële onderneming die deel uitmaakt van een financieel conglomeraat als bedoeld in artikel 3:290, is artikel 1:54, eerste tot en met vierde lid, van overeenkomstige toepassing op de Autoriteit Financiële Markten.

– 2. Artikel 1:54, eerste tot en met vierde lid, is van overeenkomstige toepassing op de samenwerking tussen de Nederlandsche Bank en de Autoriteit Financiële Markten bij de uitoefening van het toezicht, bedoeld in afdeling 3.6.4.

AFDELING 1.3.2
Samenwerking met andere lidstaten algemeen

§ 1.3.2.1. Samenwerking en uitwisseling van gegevens en inlichtingen

Art. 1:51

Samenwerking met toezichthouders andere lidstaten

– 1. De toezichthouder werkt samen met toezichthoudende instanties van andere lidstaten, indien dat voor het vervullen van zijn taak op grond van deze wet of voor de vervulling van de taak van die toezichthoudende instanties nodig is.

– 2. De toezichthouder verstrekt op verzoek aan een toezichthoudende instantie van een andere lidstaat, met inachtneming van het derde lid en artikel 1:90, eerste tot en met derde lid, alle gegevens en inlichtingen die voor de vervulling van de taak van die toezichthoudende instantie nodig zijn.

– 3. Indien het verzoek betrekking heeft op een beleggingsonderneming, kan de Autoriteit Financiële Markten slechts besluiten de verstrekking van gegevens of inlichtingen achterwege te laten, indien:

a. de verstrekking van de gegevens of inlichtingen zich niet zou verdragen met de Nederlandse soevereiniteit, nationale veiligheid of openbare orde;

b. voor hetzelfde feit en tegen dezelfde persoon in Nederland reeds een gerechtelijke procedure aanhangig is gemaakt;

c. tegen dezelfde persoon en voor hetzelfde feit in Nederland reeds een onherroepelijke vonnis is gewezen.

– 4. De Autoriteit Financiële Markten stelt de toezichthoudende instantie van de andere lidstaat van haar met redenen omklede besluit, bedoeld in het derde lid, in kennis.

– 5. De Autoriteit Financiële Markten verstrekt op verzoek aan een toezichthoudende instantie van een andere lidstaat waar een marktexploitant waaraan een vergunning als bedoeld in artikel 5:26, eerste lid, is verleend, passende voorzieningen treft om de toegang tot de handel in zijn systeem voor in die lidstaat gevestigde leden of deelnemers op afstand te faciliteren, binnen een redelijke termijn de namen van de leden van of deelnemers aan de desbetreffende gereglementeerde markt.

Art. 1:51a

Informatieverstrekking door DNB

– 1. De Nederlandsche Bank werkt ten behoeve van het toezicht, bedoeld in afdeling 3.6.2, samen met de betrokken toezichthoudende instanties van andere lidstaten. In het kader daarvan verstrekt de Nederlandsche Bank aan die toezichthoudende instantie desgevraagd, met inachtneming van artikel 1:90, eerste tot en met derde lid, alle relevante informatie.

– 2. De Nederlandsche Bank verstrekt eigener beweging aan de betrokken toezichthoudende instanties van andere lidstaten alle essentiële informatie voor de vervulling van hun taak ten behoeve van het toezicht, bedoeld in afdeling 3.6.2.

– 3. Onder essentiële informatie als bedoeld in het tweede lid, worden in elk geval verstaan gegevens over:

a. de structuur van de groep, de belangrijke beleggingsondernemingen en kredietinstellingen van de groep, alsmede de toezichthoudende instanties van andere lidstaten die toezicht houden op de beleggingsondernemingen en kredietinstellingen van de groep;

b. procedures voor de verzameling van informatie bij de beleggingsondernemingen en kredietinstellingen van de groep, alsmede voor de verificatie van deze informatie;

c. ontwikkelingen bij beleggingsondernemingen, kredietinstellingen of andere ondernemingen van de groep die ernstige nadelige gevolgen voor de beleggingsondernemingen of kredietinstellingen zouden kunnen hebben;

d. belangrijke sancties en bijzondere maatregelen die de Nederlandsche Bank of de toezichthoudende instanties van andere lidstaten ten aanzien van de in afdeling 3.6.2 bedoelde financiële ondernemingen hebben getroffen.

– 4. Indien de Nederlandsche Bank toezicht houdt op een Nederlandse beleggingsonderneming of Nederlandse kredietinstelling die een dochteronderneming is van een EU-moederbeleggingsonderneming of een EU-moederkredietinstelling en informatie nodig heeft over de invoering van benaderingen of methodieken zoals beschreven ingevolge deze wet en die informatie reeds is verstrekt aan de toezichthoudende instantie die toezicht houdt op die EU-moederbeleggingsonderneming of EU-moederkredietinstelling richt zij zich eerst tot deze toezichthoudende instantie.

– 5. De Nederlandsche Bank overlegt, voordat zij een besluit neemt dat van belang is voor de toezichthoudende taken als bedoeld in afdeling 3.6.2 van een andere betrokken toezichthoudende instantie, met die instantie over:
a. veranderingen in het aandeelhouderschap, de organisatie of de bestuursstructuur van beleggingsondernemingen en kredietinstellingen in de groep; en
b. belangrijke sancties of bijzondere maatregelen.
– 6. De Nederlandsche Bank vraagt advies aan de toezichthoudende instantie van een andere lidstaat die toezicht houdt op geconsolideerde basis, voordat zij een besluit neemt over het opleggen van een sanctie of maatregel als bedoeld in het vijfde lid, onderdeel *b.*
– 7. De Nederlandsche Bank kan het inwinnen van advies als bedoeld in het zesde lid in spoedeisende gevallen achterwege laten. In dat geval deelt zij de toezichthoudende instanties van andere lidstaten haar besluit onverwijld mede.

Art. 1:52

Inlichtingen vorderen

– 1. De toezichthouder kan ten behoeve van de uitvoering van zijn taak op grond van deze paragraaf van een ieder inlichtingen vorderen, indien dat voor de vervulling van de taak van een toezichthoudende instantie in een andere lidstaat nodig is.
– 2. De artikelen 5:13 en 5:20 van de Algemene wet bestuursrecht zijn van overeenkomstige toepassing.

Art. 1:53

Verbonden verzekeraars

– 1. Indien een Nederlandse herverzekeraar, levensverzekeraar of schadeverzekeraar en een Europese herverzekeraar, levensverzekeraar of schadeverzekeraar met elkaar zijn verbonden als bedoeld in artikel 3:268, eerste lid, onderdeel *i*, stelt de Nederlandsche Bank, met inachtneming van artikel 1:90, eerste tot en met derde lid, eigener beweging de toezichthoudende instantie in iedere andere betrokken lidstaat in kennis van alle informatie die essentieel lijkt voor het door die toezichthoudende instantie uit te oefenen toezicht.
– 2. Indien een Nederlandse herverzekeraar, levensverzekeraar of schadeverzekeraar en een beleggingsonderneming of een kredietinstelling met zetel in een andere lidstaat met elkaar zijn verbonden als bedoeld in artikel 3:268, onderdeel *i*, verstrekt de Nederlandsche Bank, met inachtneming van artikel 1:90, eerste tot en met derde lid, aan de toezichthoudende instanties die belast zijn met het toezicht op die andere financiële ondernemingen alle informatie die de vervulling van hun taak kan vergemakkelijken.

Art. 1:54

Financiële conglomeraten

– 1. De Nederlandsche Bank werkt ten behoeve van het toezicht, bedoeld in afdeling 3.6.4, samen met de betrokken toezichthoudende instanties van andere lidstaten. In het kader daarvan verstrekt de Nederlandsche Bank aan die toezichthoudende instanties, met inachtneming van artikel 1:90, eerste tot en met derde lid, desgevraagd alle relevante informatie en verstrekt zij hun eigener beweging alle essentiële informatie.
– 2. De in het eerste lid bedoelde samenwerking behelst ten minste het vergaren en uitwisselen van informatie met betrekking tot de volgende aspecten:
a. de structuur van de groep, bedoeld in artikel 3:289, onderdeel *e*, alle belangrijke ondernemingen die tot het financiële conglomeraat behoren en de toezichthoudende instanties van andere lidstaten die verantwoordelijk zijn voor het toezicht op de gereglementeerde entiteiten, bedoeld in artikel 3:289, onderdeel *d*, in de groep;
b. de door het financiële conglomeraat gevolgde strategie;
c. de financiële situatie van het financiële conglomeraat, in het bijzonder de kapitaaltoereikendheid, de transacties binnen de groep, de risicoconcentratie, bedoeld in artikel 3:289, onderdeel *l*, en de winstgevendheid;
d. de belangrijkste aandeelhouders en het bestuur van het financiële conglomeraat;
e. de bedrijfsvoering op het niveau van het financiële conglomeraat;
f. de procedures voor de verzameling van informatie bij de ondernemingen in het financiële conglomeraat en de verificatie van deze informatie;
g. ontwikkelingen bij gereglementeerde entiteiten of bij andere groepsleden van het financiële conglomeraat die ernstige nadelige gevolgen voor de gereglementeerde entiteiten kunnen hebben;
h. belangrijke sancties en buitengewone maatregelen die de toezichthoudende instanties van andere lidstaten ten aanzien van het financieel conglomeraat of onderdelen daarvan hebben getroffen.
– 3. De Nederlandsche Bank pleegt, voordat zij een besluit neemt in verband met de hierna vermelde aangelegenheden, overleg met de toezichthoudende instanties van andere lidstaten die zijn belast met het toezicht op gereglementeerde entiteiten in het financiële conglomeraat, indien dat besluit van belang is voor de toezichthoudende taken van die toezichthoudende instanties:

a. veranderingen in het aandeelhouderschap, de organisatie of de bestuursstructuur van een gereglementeerde entiteit die haar goedkeuring behoeven;
b. belangrijke sancties of buitengewone maatregelen ten aanzien van een gereglementeerde entiteit.
– 4. De Nederlandsche Bank kan, onverminderd het in het derde lid bedoelde overleg in spoedeisende gevallen, of indien dat overleg de doeltreffendheid van haar besluiten in gevaar kan brengen, achterwege laten. In dat geval stelt zij de toezichthoudende instanties van andere lidstaten van haar besluit onverwijld in kennis.
– 5. Op verzoek van de coördinator, bedoeld in artikel 3:293, eerste lid, wint de Nederlandsche Bank bij de moederonderneming met zetel in Nederland die, alleen of samen met een andere onderneming, aan het hoofd staat van de groep waartoe een gereglementeerde entiteit behoort, alle inlichtingen in die relevant zijn voor de uitoefening van de taken van de coördinator.
– 6. Indien de Nederlandsche Bank geen coördinator is en de coördinator het nodig acht dat met het oog op het toezicht, bedoeld in afdeling 3.6.4, maatregelen worden getroffen tegen een gemengde financiële holding met zetel in Nederland, neemt zij op verzoek van de coördinator de redelijkerwijs noodzakelijke maatregelen tegen die gemengde financiële holding, met gebruikmaking van de haar ingevolge deze wet toekomende bevoegdheden.

Art. 1:54a

Gereglementeerde markt

Indien een marktexploitant waaraan een vergunning als bedoeld in artikel 5:26, eerste lid, is verleend in een andere lidstaat voorzieningen heeft getroffen waardoor het voor deelnemers of leden van de gereglementeerde markt mogelijk is om vanuit die lidstaat daarop te handelen, en de werkzaamheden van de gereglementeerde markt van aanzienlijk belang zijn voor de werking van de effectenmarkten en de bescherming van de beleggers in die lidstaat, maakt de Autoriteit Financiële Markten, onverminderd artikel 1:51, afspraken met de relevante toezichthoudende instanties in die lidstaat over de uitoefening van haar toezicht.

§ 1.3.2.2. Samenwerking in het kader van toezicht op de naleving

Art. 1:55

Zetel in Nederland en bijkantoor in andere lidstaat

– 1. Indien een beheerder, beleggingsonderneming, herverzekeraar, kredietinstelling, levensverzekeraar of schadeverzekeraar met zetel in Nederland een bijkantoor heeft in een andere lidstaat, kan de toezichthouder ten behoeve van het toezicht op de naleving van deze wet door die financiële onderneming:
a. de toezichthoudende instantie van de andere lidstaat verzoeken om bij het bijkantoor gegevens of inlichtingen te verifiëren; of
b. na kennisgeving aan de toezichthoudende instantie van de andere lidstaat zelf bij het bijkantoor gegevens of inlichtingen verifiëren of doen verifiëren.
– 2. Indien de Nederlandsche Bank ten behoeve van het toezicht op geconsolideerde basis als bedoeld in hoofdstuk 3.6 gegevens of inlichtingen wenst te verifiëren bij een in een andere lidstaat gevestigde onderneming, kan zij ten behoeve van dat toezicht:
a. de toezichthoudende instantie van de andere lidstaat verzoeken om bij die onderneming gegevens of inlichtingen te verifiëren;
b. na kennisgeving aan de toezichthoudende instantie van de andere lidstaat zelf bij die onderneming gegevens of inlichtingen verifiëren of doen verifiëren.

Art. 1:56

Zetel in andere lidstaat en bijkantoor in Nederland

– 1. Indien een beheerder, beleggingsonderneming, herverzekeraar, kredietinstelling, levensverzekeraar of schadeverzekeraar met zetel in een andere lidstaat een bijkantoor heeft in Nederland, kan de toezichthoudende instantie van die andere lidstaat, na de toezichthouder in kennis te hebben gesteld, bij het bijkantoor gegevens of inlichtingen verifiëren die nodig zijn voor de uitoefening van het toezicht op die beheerder, beleggingsonderneming, herverzekeraar, kredietinstelling, levensverzekeraar of schadeverzekeraar.
– 2. De toezichthoudende instantie van de andere lidstaat kan voorts de toezichthouder verzoeken bij het bijkantoor gegevens of inlichtingen te verifiëren die nodig zijn voor de uitoefening van het toezicht op die beheerder, beleggingsonderneming, herverzekeraar, kredietinstelling, levensverzekeraar of schadeverzekeraar. De toezichthouder geeft aan dit verzoek gevolg, of stelt de toezichthoudende instantie van de andere lidstaat in de gelegenheid om bij het bijkantoor gegevens of inlichtingen te verifiëren of te doen verifiëren.
– 3. Indien een toezichthoudende instantie van een andere lidstaat ten behoeve van het toezicht op geconsolideerde basis op een kredietinstelling met zetel in die lidstaat gegevens of inlichtingen wenst te verifiëren bij een in Nederland gevestigde onderneming, kan zij de Nederlandsche Bank verzoeken dat te doen. De Nederlandsche Bank geeft aan dit verzoek gevolg, of geeft de toezichthoudende instantie gelegenheid om de gegevens of inlichtingen te verifiëren of te doen verifiëren.
– 4. De toezichthouder kan ten behoeve van een verificatie als bedoeld in het eerste of tweede

lid bij het bijkantoor onderscheidenlijk bij de onderneming inlichtingen vorderen. De artikelen 5:13, 5:17 en 5:20 van de Algemene wet bestuursrecht zijn van overeenkomstige toepassing.

Art. 1:56a

Verificatie of onderzoek door deskundige

– 1. Indien een beleggingsonderneming met zetel in een andere lidstaat een bijkantoor heeft in Nederland, kan de Autoriteit Financiële Markten, op verzoek van de toezichthoudende instantie van die andere lidstaat, bij het bijkantoor door een deskundige gegevens of inlichtingen doen verifiëren of een onderzoek doen verrichten.

– 2. Indien een beleggingsonderneming met zetel in Nederland een lid op afstand is van een gereglementeerde markt waaraan in een andere lidstaat een vergunning is verleend, kan de toezichthoudende instantie van die andere lidstaat, na kennisgeving aan de Autoriteit Financiële Markten, zelf bij dit lid gegevens of inlichtingen verifiëren of doen verifiëren of een onderzoek verrichten.

Art. 1:56b

Weigering verzoek om samenwerking

– 1. De Autoriteit Financiële Markten kan slechts weigeren te voldoen aan een verzoek om samenwerking bij het verrichten van een onderzoek of aan een verzoek, als bedoeld in artikel 1:56, voor zover het betreft een verzoek met betrekking tot een beleggingsonderneming, of artikel 1:56a, indien:

a. het onderzoek of de verificatie van gegevens of inlichtingen zich niet zou verdragen met de Nederlandse soevereiniteit, de nationale veiligheid of de openbare orde;

b. voor hetzelfde feit en tegen dezelfde persoon in Nederland reeds een gerechtelijke procedure aanhangig is gemaakt;

c. tegen dezelfde persoon en voor hetzelfde feit in Nederland reeds een onherroepelijke vonnis is gewezen.

– 2. De Autoriteit Financiële Markten stelt de toezichthoudende instantie van de andere lidstaat van haar met redenen omklede besluit in kennis.

Art. 1:57

Verificatie van gegevens of inlichtingen

– 1. Indien een toezichthoudende instantie van een andere lidstaat ten behoeve van het toezicht, bedoeld in afdeling 3.6.4, verzoekt gegevens of inlichtingen te verifiëren betreffende een groepslid als bedoeld in artikel 3:289, onderdeel *f*, met zetel in Nederland, geeft de Nederlandsche Bank aan dit verzoek gevolg of stelt zij de betrokken toezichthoudende instantie in de gelegenheid om de gegevens of inlichtingen te verifiëren of te doen verifiëren.

– 2. De Nederlandsche Bank kan ten behoeve van een verificatie als bedoeld in het eerste lid inlichtingen vorderen. De artikelen 5:13, 5:17 en 5:20 van de Algemene wet bestuursrecht zijn van overeenkomstige toepassing.

§ 1.3.2.3. Samenwerking in het kader van handhaving

Art. 1:58

Transactieverbod t.a.v. overeenkomsten in Nederland

– 1. Indien een beheerder van een instelling voor collectieve belegging in effecten met zetel in een andere lidstaat of een kredietinstelling, levensverzekeraar of schadeverzekeraar met zetel in een andere lidstaat die vanuit een bijkantoor in Nederland zijn onderscheidenlijk haar bedrijf uitoefent of financiële diensten verleent dan wel diensten verricht naar Nederland, geen gevolg geeft aan een door de toezichthouder gegeven aanwijzing als bedoeld in artikel 1:75, stelt de toezichthouder de toezichthoudende instantie van de andere lidstaat daarvan in kennis.

– 2. De toezichthouder kan, onverminderd de artikelen 1:79 en 1:80, en na de toezichthoudende instantie van de lidstaat waar de financiële onderneming haar zetel heeft daarvan in kennis te hebben gesteld, het besluit nemen dat de betrokken financiële onderneming geen nieuwe overeenkomsten in Nederland mag afsluiten, indien deze niet voldoet aan hetgeen bij of krachtens deze wet is bepaald:

a. in weerwil van de *maatregelen, getroffen door* de toezichthoudende instantie van de lidstaat waar de financiële onderneming haar zetel heeft;

b. in het geval deze maatregelen ontoereikend zijn; of

c. in het geval de toezichthoudende instantie, bedoeld in onderdeel a, geen maatregelen heeft getroffen.

– 3. De toezichthouder doet van een op grond van het tweede lid genomen besluit mededeling in de *Staatscourant* zodra de beroepstermijn is verstreken of, indien beroep is ingesteld, zodra onherroepelijk op het beroep is beslist.

– 4. Het eerste en tweede lid zijn van overeenkomstige toepassing op:

a. bemiddelaars in verzekeringen met zetel in een andere lidstaat;

b. financiëledienstverleners met zetel in een andere lidstaat die het bedrijf van financiële instelling, kredietinstelling of verzekeraar uitoefenen; en

c. herverzekeringsbemiddelaars met zetel in een andere lidstaat.

Art. 1:58a

Beleggingsonderneming met zetel in andere lidstaat; transactieverbod

– 1. Indien een beleggingsonderneming met zetel in een andere lidstaat die door middel van dienstverrichting of vanuit een bijkantoor in Nederland beleggingsdiensten verleent of beleggingsactiviteiten verricht in Nederland niet voldoet aan de op grond van het Deel Gedragstoezicht Financiële Ondernemingen of het Deel Gedragstoezicht Financiële Markten opgelegde verplichtingen, stelt de toezichthouder de toezichthoudende instantie van de andere lidstaat daarvan in kennis.

– 2. De toezichthouder kan, onverminderd de artikelen 1:79 en 1:80, en na de toezichthoudende instantie van de lidstaat waar de beleggingsonderneming haar zetel heeft daarvan in kennis te hebben gesteld, het besluit nemen dat de beleggingsonderneming geen nieuwe overeenkomsten in Nederland mag afsluiten, indien zij blijft handelen op een wijze die de belangen van beleggers of de ordelijke werking van de financiële markten kennelijk schaadt:

a. in weerwil van de maatregelen, getroffen door de toezichthoudende instantie van de lidstaat waar zij haar zetel heeft;

b. in het geval deze maatregelen ontoereikend zijn; of

c. in het geval de toezichthoudende instantie, bedoeld in onderdeel a, geen maatregelen heeft getroffen.

– 3. Artikel 1:58, derde lid, is van overeenkomstige toepassing.

Art. 1:58b

Geen gevolg geven aan aanwijzing

– 1. Indien een beleggingsonderneming met zetel in een andere lidstaat die vanuit een bijkantoor in Nederland beleggingsdiensten verleent of beleggingsactiviteiten verricht geen gevolg geeft aan een door de toezichthouder gegeven aanwijzing als bedoeld in artikel 1:75, stelt de toezichthouder de toezichthoudende instantie van de andere lidstaat daarvan in kennis.

– 2. In het geval, bedoeld in het eerste lid, kan de toezichthouder tevens het besluit nemen dat de betrokken beleggingsonderneming geen nieuwe overeenkomsten in Nederland mag afsluiten, onverminderd de artikelen 1:79 en 1:80.

– 3. Artikel 1:58, derde lid, is van overeenkomstige toepassing.

Art. 1:58c

Marktexploitant met zetel in andere lidstaat

– 1. Indien een marktexploitant met zetel in een andere lidstaat die zijn voorzieningen ter beschikking stelt voor in Nederland gevestigde leden of deelnemers op afstand niet voldoet aan de op grond van het Deel Gedragstoezicht Financiële Ondernemingen of het Deel Gedragstoezicht Financiële Markten opgelegde verplichtingen, stelt de toezichthouder de toezichthoudende instantie van de andere lidstaat daarvan in kennis.

– 2. Het eerste lid is van overeenkomstige toepassing op een beleggingsonderneming met zetel in een andere lidstaat die in Nederland een multilaterale handelsfaciliteit exploiteert.

– 3. De toezichthouder kan, onverminderd de artikelen 1:79 en 1:80, en na de toezichthoudende instantie van de lidstaat waar de beleggingsonderneming of de marktexploitant haar onderscheidenlijk zijn zetel heeft daarvan in kennis te hebben gesteld, het besluit nemen dat de betrokken beleggingsonderneming of marktexploitant haar onderscheidenlijk zijn voorzieningen niet beschikbaar mag stellen voor in Nederland gevestigde leden of deelnemers op afstand, indien zij onderscheidenlijk hij blijft handelen op een wijze die de belangen van beleggers, of de ordelijke werking van de financiële markten kennelijk schaadt:

a. in weerwil van de maatregelen, getroffen door de toezichthoudende instantie van de lidstaat waar zij onderscheidenlijk hij haar zetel heeft;

b. in het geval deze maatregelen ontoereikend zijn; of

c. in het geval de toezichthoudende instantie, bedoeld in onderdeel a, geen maatregelen heeft getroffen.

– 4. Artikel 1:58, derde lid, is van overeenkomstige toepassing.

Art. 1:58d

Inkennisstelling toezichthoudende instantie andere lidstaat

– 1. Indien de toezichthouder een aanwijzing als bedoeld in artikel 1:75 geeft aan een herverzekeraar met zetel in een andere lidstaat die vanuit een in Nederland gelegen bijkantoor zijn bedrijf uitoefent of diensten verricht naar Nederland, stelt de toezichthouder tegelijkertijd de toezichthoudende instantie van de andere lidstaat daarvan in kennis.

– 2. Artikel 1:58, tweede en derde lid, is van overeenkomstige toepassing.

Art. 1:59

Transactieverbod t.a.v. overeenkomsten in andere lidstaat

– 1. Indien een beheerder, beleggingsonderneming, herverzekeraar, kredietinstelling, levensverzekeraar of schadeverzekeraar met zetel in Nederland die vanuit een bijkantoor in een andere lidstaat zijn onderscheidenlijk haar bedrijf uitoefent of financiële diensten verleent dan wel diensten verricht naar een andere lidstaat niet voldoet aan in die andere lidstaat geldende wettelijke voorschriften, geeft de toezichthouder na daartoe een kennisgeving van de toezichthoudende instantie van die andere lidstaat te hebben ontvangen, zo spoedig mogelijk een aanwijzing aan de betrokken beheerder, beleggingsonderneming, herverzekeraar, kredietinstelling, levensverzekeraar of schadeverzekeraar om binnen een door de toezicht-

houder gestelde redelijke termijn de in de aanwijzingsbeschikking bepaalde gedragslijn te volgen, ten einde de strijdigheid met de in die andere lidstaat geldende wettelijke voorschriften te beëindigen.
– 2. Indien niet of onvoldoende gevolg is gegeven aan de aanwijzing, kan de toezichthouder, na die toezichthoudende instantie daarvan in kennis te hebben gesteld, het besluit nemen dat de betrokken beheerder, beleggingsonderneming, herverzekeraar, kredietinstelling, levensverzekeraar of schadeverzekeraar geen nieuwe overeenkomsten in die andere lidstaat mag afsluiten.
– 3. De toezichthouder doet aan de toezichthoudende instantie van de andere lidstaat mededeling van de maatregelen genomen op grond van het eerste of tweede lid.

§ 1.3.2.4. Raadplegen in het kader van overige procedures en kennis geven van bepaalde besluiten

Art. 1:60

Raadplegen toezichthoudende instantie van andere lidstaat

– 1. De Autoriteit Financiële Markten raadpleegt de toezichthoudende instantie van de desbetreffende lidstaat alvorens een vergunning wordt verleend aan een beheerder die:
a. een dochtermaatschappij is van een beheerder, beleggingsonderneming, herverzekeraar, kredietinstelling, levensverzekeraar of schadeverzekeraar waaraan in een andere lidstaat een vergunning is verleend;
b. een dochtermaatschappij is van een moedermaatschappij van een beheerder, beleggingsonderneming, herverzekeraar, kredietinstelling, levensverzekeraar of schadeverzekeraar waaraan in een andere lidstaat een vergunning is verleend;
c. onder zeggenschap staat van een persoon die tevens zeggenschap uitoefent over een beheerder, beleggingsonderneming, herverzekeraar, kredietinstelling, levensverzekeraar of schadeverzekeraar waaraan in een andere lidstaat een vergunning is verleend.
– 2. De Autoriteit Financiële Markten raadpleegt de toezichthoudende instantie van de desbetreffende lidstaat alvorens een vergunning wordt verleend aan een beleggingsonderneming die:
a. een dochtermaatschappij is van een beleggingsonderneming, herverzekeraar, kredietinstelling, levensverzekeraar of schadeverzekeraar waaraan in een andere lidstaat een vergunning is verleend;
b. een dochtermaatschappij is van een moedermaatschappij van een beleggingsonderneming, herverzekeraar, kredietinstelling, levensverzekeraar of schadeverzekeraar waaraan in een andere lidstaat een vergunning is verleend;
c. onder zeggenschap staat van een persoon die tevens zeggenschap uitoefent over een beleggingsonderneming, herverzekeraar, kredietinstelling, levensverzekeraar of schadeverzekeraar waaraan in een andere lidstaat een vergunning is verleend.
– 3. De Nederlandsche Bank raadpleegt de toezichthoudende instantie van de desbetreffende lidstaat alvorens een vergunning wordt verleend aan een kredietinstelling die:
a. een dochtermaatschappij is van een kredietinstelling waaraan in een andere lidstaat een vergunning is verleend;
b. een dochtermaatschappij is van een moedermaatschappij van een kredietinstelling waaraan in een andere lidstaat een vergunning is verleend;
c. onder zeggenschap staat van een persoon die tevens zeggenschap uitoefent over een kredietinstelling waaraan in een andere lidstaat een vergunning is verleend.
– 4. De Nederlandsche Bank raadpleegt de toezichthoudende instantie van de desbetreffende lidstaat alvorens een vergunning wordt verleend aan een herverzekeraar, levensverzekeraar of schadeverzekeraar die:
a. een dochtermaatschappij is van een beleggingsonderneming, herverzekeraar, kredietinstelling, levensverzekeraar of schadeverzekeraar waaraan in een andere lidstaat een vergunning is verleend;
b. een dochtermaatschappij is van een moedermaatschappij van een beleggingsonderneming, herverzekeraar, kredietinstelling, levensverzekeraar of schadeverzekeraar waaraan in de andere lidstaat een vergunning is verleend;
c. onder zeggenschap staat van een natuurlijke persoon of rechtspersoon die tevens zeggenschap uitoefent over een beleggingsonderneming, herverzekeraar, kredietinstelling, levensverzekeraar of schadeverzekeraar waaraan in een andere lidstaat een vergunning is verleend.

Art. 1:61

Inkennisstelling van intrekking van vergunning

– 1. De toezichthouder stelt de toezichthoudende instanties van de lidstaten waar een financiële onderneming met zetel in Nederland vanuit een bijkantoor haar bedrijf uitoefent of financiële diensten verleent dan wel waarnaar een financiële onderneming diensten verricht in kennis van de intrekking van de aan die financiële onderneming verleende vergunning, bedoeld in artikel 2:11, eerste lid, 2:27, eerste lid, 2:65 of 2:96.
– 2. Indien een financiële onderneming met zetel in een andere lidstaat vanuit een bijkantoor

in Nederland haar bedrijf uitoefent of financiële diensten verleent dan wel diensten verricht naar Nederland en de toezichthoudende instantie van die lidstaat de toezichthouder in kennis heeft gesteld van de intrekking van de vergunning van die financiële onderneming door die toezichthoudende instantie, maakt de toezichthouder deze kennisgeving openbaar.

Art. 1:62

Advies toezichthoudende instantie van andere lidstaat

De Nederlandsche Bank stelt de toezichthoudende instantie van de desbetreffende lidstaat in de gelegenheid advies uit te brengen alvorens zij een verklaring van geen bezwaar als bedoeld in artikel 3:95 verleent of een mededeling als bedoeld in artikel 3:108, vierde lid, doet, indien de beleggingsonderneming of kredietinstelling waarin de aanvrager een gekwalificeerde deelneming wil houden ten gevolge van de gekwalificeerde deelneming dochtermaatschappij zou worden of anderszins onder de zeggenschap zou komen van de aanvrager, en de aanvrager:
a. een beleggingsonderneming, herverzekeraar, kredietinstelling, levensverzekeraar, schadeverzekeraar of beheerder van een instelling voor collectieve belegging in effecten is waaraan in een andere lidstaat een vergunning is verleend;
b. de moedermaatschappij is van een beleggingsonderneming, herverzekeraar, kredietinstelling, levensverzekeraar, schadeverzekeraar of beheerder van een instelling voor collectieve belegging in effecten waaraan in een andere lidstaat een vergunning is verleend; of
c. een persoon is die anderszins zeggenschap heeft over een beleggingsonderneming, herverzekeraar, kredietinstelling, levensverzekeraar, schadeverzekeraar of beheerder van een instelling voor collectieve belegging in effecten waaraan in een andere lidstaat een vergunning is verleend.

Art. 1:63

Advisering i.v.m. voordeelregeling

– 1. De Nederlandsche Bank stelt de toezichthoudende instantie van de lidstaat, bedoeld in artikel 3:60, eerste lid, in de gelegenheid advies uit te brengen alvorens zij een ontheffing als bedoeld in dat artikel verleent aan een levensverzekeraar of schadeverzekeraar.
– 2. Alvorens een ontheffing als bedoeld in artikel 3:60, eerste lid, in te trekken, verzoekt de Nederlandsche Bank de toezichthoudende instantie van de desbetreffende lidstaat die aan dezelfde financiële onderneming een overeenkomstige ontheffing heeft verleend, deze ontheffing in te trekken op het door de toezichthouder voorgestelde tijdstip.
– 3. Indien de toezichthoudende instantie van de lidstaat, bedoeld in artikel 3:60, eerste lid, hierom verzoekt, trekt de Nederlandsche Bank een ontheffing als bedoeld in dat artikel in op het door die toezichthoudende instantie voorgestelde tijdstip.

Art. 1:64

Inkennisstelling i.v.m. ondertoezichtstelling

Indien een financiële instelling met zetel in Nederland die een verklaring van ondertoezichtstelling heeft niet langer voldoet aan artikel 3:110, derde tot en met zesde lid, stelt de Nederlandsche Bank de toezichthoudende instanties van andere lidstaten waar die financiële instelling vanuit een bijkantoor haar bedrijf uitoefent of financiële diensten verleent, dan wel waarnaar zij diensten verricht, daarvan in kennis.

§ 1.3.2.5. Informatieverstrekking door de Nederlandsche Bank aan toezichthoudende instanties van andere lidstaten in verband met herverzekeraars met zetel in een staat die geen lidstaat is

Art. 1:64a

Inkennisstelling vergunningverlening

De Nederlandsche Bank stelt de desbetreffende toezichthoudende instanties van de andere lidstaten in kennis van een vergunning die ingevolge deze wet voor het uitoefenen van het bedrijf van herverzekeraar is verleend aan een dochtermaatschappij van een onderneming waarop het recht van toepassing is van een staat die geen lidstaat is.

Art. 1:64b

Inkennisstelling verklaring van geen bezwaar

De Nederlandsche Bank stelt de desbetreffende toezichthoudende instanties van de andere lidstaten in kennis van een verleende verklaring van geen bezwaar als bedoeld in artikel 3:95 voor een gekwalificeerde deelneming in een herverzekeraar, indien door de gekwalificeerde deelneming de herverzekeraar een dochteronderneming wordt van een onderneming waarop het recht van toepassing is van een staat die geen lidstaat is.

AFDELING 1.3.3

Samenwerking met toezichthoudende instanties van staten die geen lidstaat zijn

Art. 1:65

Informatieverstrekking aan toezichthoudende instantie van niet-lidstaat

– 1. De toezichthouder kan aan een toezichthoudende instantie van een staat die geen lidstaat is vertrouwelijke gegevens of inlichtingen verstrekken, indien met betrekking tot de gegevens en inlichtingen volgens het recht in die staat ten minste gelijkwaardige waarborgen gelden ten aanzien van geheimhouding als op grond van artikel 1:90, eerste lid, en voor zover de uitwisseling ten behoeve van de uitoefening van toezicht door de desbetreffende toezichthoudende instantie geschiedt. Artikel 1:90, eerste tot en met derde lid, is van overeenkomstige toepassing.

– 2. De Autoriteit Financiële Markten kan vertrouwelijke gegevens of inlichtingen met betrekking tot een beleggingsonderneming, een multilaterale handelsfaciliteit of een marktexploitant verstrekken aan de volgende personen of instanties in een staat die geen lidstaat is:
a. een persoon die in die staat is belast met de wettelijke controle van de jaarrekening van financiële ondernemingen, of met het beheer van compensatiestelsels, voorzover de verstrekking geschiedt ten behoeve van de uitoefening van de taken van de desbetreffende persoon;
b. een instantie die in die staat is belast met het toezicht op personen die zijn belast met de wettelijke controle van de jaarrekening van een financiële onderneming;
c. een persoon die in die staat is betrokken bij de liquidatie en het faillissement van een beleggingsonderneming of een soortgelijke procedure;
d. een instantie die in die staat is belast met het toezicht op personen die zijn betrokken bij de liquidatie en het faillissement van beleggingsondernemingen en andere soortgelijke procedures.
– 3. De Autoriteit Financiële Markten kan slechts toepassing geven aan het tweede lid indien met betrekking tot de gegevens en inlichtingen volgens het recht van de desbetreffende staat ten minste gelijkwaardige waarborgen gelden ten aanzien van geheimhouding als op grond van artikel 1:90, eerste lid, en voor zover de uitwisseling ten behoeve van de uitoefening van de taken door de desbetreffende persoon of instantie geschiedt.
– 4. Voor zover de gegevens en inlichtingen, als bedoeld in het tweede lid, zijn verkregen van een toezichthoudende instantie van een staat die geen lidstaat is, verstrekt de Autoriteit Financiële Markten deze niet aan een persoon of instantie als bedoeld in het tweede lid, tenzij de toezichthoudende instantie waarvan de gegevens en inlichtingen zijn verkregen uitdrukkelijk heeft ingestemd met de verstrekking van de gegevens en inlichtingen en in voorkomend geval heeft ingestemd met het gebruik voor een ander doel dan waarvoor de gegevens en inlichtingen zijn verstrekt.
– 5. De toezichthouder zendt onverwijld nadat met inachtneming van het eerste of tweede lid met een toezichthoudende instantie van een staat die geen lidstaat is of een persoon of instantie als bedoeld in het tweede lid, een overeenkomst is gesloten ten einde gegevens en inlichtingen te kunnen uitwisselen een afschrift van de overeenkomst aan Onze Minister.

Art. 1:66

Niet opvolgen van aanwijzing

– 1. Indien een herverzekeraar, levensverzekeraar of schadeverzekeraar met zetel in een staat die geen lidstaat is bij het verrichten van diensten naar Nederland vanuit een andere lidstaat geen gevolg geeft aan een door de Nederlandsche Bank gegeven aanwijzing als bedoeld in artikel 1:75, stelt deze de toezichthoudende instantie van die lidstaat daarvan in kennis.
– 2. Artikel 1:58, tweede en derde lid, is van overeenkomstige toepassing.

Art. 1:67

Transactieverbod t.a.v. overeenkomsten in Nederland

– 1. Indien een clearinginstelling of natura-uitvaartverzekeraar met zetel in een andere staat geen gevolg geeft aan een door de toezichthouder gegeven aanwijzing als bedoeld in artikel 1:75, kan de toezichthouder indien dat noodzakelijk is, het besluit nemen dat de betrokken clearinginstelling of natura-uitvaartverzekeraar geen nieuwe overeenkomsten in Nederland mag afsluiten door middel van het verrichten van diensten, onverminderd de artikelen 1:79 en 1:80.
– 2. Artikel 1:58, derde lid, is van overeenkomstige toepassing.

Art. 1:68

Inlichtingen vorderen t.b.v. uitwisseling van informatie

– 1. De toezichthouder kan voor de uitvoering van verdragen tot uitwisseling van gegevens of inlichtingen, dan wel voor de uitvoering van met toezichthoudende instanties gesloten overeenkomsten tot uitwisseling van gegevens of inlichtingen als bedoeld in artikel 1:65, van een ieder inlichtingen vorderen.
– 2. De artikelen 5:13 en 5:20 van de Algemene wet bestuursrecht zijn van overeenkomstige toepassing.

AFDELING 1.3.4
Informatieverstrekking door toezichthouder aan de Commissie van de Europese Gemeenschappen

Art. 1:69

Vergunningen

De Nederlandsche Bank stelt de Commissie van de Europese Gemeenschappen in kennis van een vergunning die ingevolge deze wet:
a. voor het uitoefenen van het bedrijf van kredietinstelling is verleend;
b. voor het uitoefenen van het bedrijf van herverzekeraar, levensverzekeraar of schadeverzekeraar is verleend aan een dochtermaatschappij van een financiële onderneming waarop het recht van toepassing is van een staat die geen lidstaat is.

Art. 1:69a

Vergunningen; bijzondere gevallen

De Autoriteit Financiële Markten stelt de Commissie van de Europese Gemeenschappen desgevraagd in kennis van een vergunning die ingevolge deze wet voor het uitoefenen van het bedrijf van beleggingsonderneming is verleend aan een dochtermaatschappij van een financiële onderneming waarop het recht van toepassing is van een staat die geen lidstaat is, indien zich ten aanzien van die staat een situatie voordoet als bedoeld in artikel 15, tweede of derde lid, van de richtlijn markten in financiële instrumenten.

Art. 1:70

Gekwalificeerde deelneming

De Nederlandsche Bank stelt de Commissie van de Europese Gemeenschappen in kennis van:
a. een verleende verklaring van geen bezwaar als bedoeld in artikel 3:95 voor een gekwalificeerde deelneming in een bank, beleggingsonderneming, herverzekeraar, levensverzekeraar of schadeverzekeraar, indien door de gekwalificeerde deelneming de bank, beleggingsonderneming, herverzekeraar, levensverzekeraar of schadeverzekeraar een dochteronderneming wordt van een financiële onderneming waarop het recht van toepassing is van een staat die geen lidstaat is; en
b. een gedane mededeling als bedoeld in artikel 3:108, vierde lid, indien door de gekwalificeerde deelneming de elektronischgeldinstelling een dochteronderneming wordt van een financiële onderneming waarop het recht van toepassing is van een staat die geen lidstaat is;
c. een besluit tot instemming als bedoeld in artikel 3:275, zesde of achtste lid.

Art. 1:71

Algemene moeilijkheden; notificatieverzoeken

– 1. De toezichthouder stelt de Commissie van de Europese Gemeenschappen in kennis van:
a. de algemene moeilijkheden die beheerders, beleggingsondernemingen, herverzekeraars, kredietinstellingen, levensverzekeraars of schadeverzekeraars met zetel in Nederland ondervinden bij het uitoefenen van hun bedrijf of het verlenen van financiële diensten vanuit een bijkantoor in een staat die geen lidstaat is of het verrichten van diensten naar een staat die geen lidstaat is;
b. het aantal en de aard van de gevallen waarin de toezichthouder een door een beheerder, beleggingsonderneming of kredietinstelling gedane aanvraag van instemming met het voornemen als bedoeld in artikel 2:108, 2:122 of 2:127 heeft geweigerd;
c. het aantal en de aard van de gevallen waarin hij een besluit heeft genomen als bedoeld in artikel 1:58, tweede lid, ten aanzien van een beheerder, beleggingsonderneming of kredietinstelling die een bijkantoor in Nederland heeft.
– 2. De toezichthouder stelt de Commissie van de Europese Gemeenschappen onverwijld in kennis van de gevallen waarin hij ten aanzien van een beleggingsonderneming of een marktexploitant een besluit heeft genomen als bedoeld in artikel 1:58a, tweede lid, 1:58b, tweede lid, onderscheidenlijk artikel 1:58c, derde lid.

HOOFDSTUK 1.4
Toezicht en handhaving

AFDELING 1.4.1
Toezicht op de naleving

Art. 1:72

Met toezicht op naleving belaste personen

– 1. Met het toezicht op de naleving van de bij en krachtens deze wet gestelde regels zijn belast de bij besluit van de toezichthouder aangewezen personen.
– 2. Van een besluit als bedoeld in het eerste lid wordt mededeling gedaan door plaatsing in de *Staatscourant*.

Art. 1:73

Bevoegdheden aangewezen personen

– 1. De personen, bedoeld in artikel 1:72, eerste lid, beschikken niet over de bevoegdheden, genoemd in de artikelen 5:18 en 5:19 van de Algemene wet bestuursrecht.
– 2. Voorzover de door de Autoriteit Financiële Markten op grond van artikel 1:72 aangewezen personen voor het uitoefenen van het gedragstoezicht ten aanzien van financiële ondernemingen waaraan de Nederlandsche Bank een vergunning heeft verleend, gegevens nodig hebben over aspecten van de bedrijfsvoering, bedoeld in artikel 3:17, tweede lid, onderdeel *a* of *b*, maken deze personen geen gebruik van hun bevoegdheden op grond van de artikelen 5:15, 5:16 of 5:17 van de Algemene wet bestuursrecht, dan nadat de Nederlandsche Bank is verzocht deze gegevens te verstrekken en is gebleken dat de Nederlandsche Bank niet aan dit verzoek tegemoet kan komen.
– 3. Voorzover de door de Nederlandsche Bank op grond van artikel 1:72 aangewezen personen voor het uitoefenen van het prudentieel toezicht ten aanzien van financiële ondernemingen waaraan de Autoriteit Financiële Markten een vergunning heeft verleend, gegevens nodig hebben over aspecten van de bedrijfsvoering als bedoeld in artikel 4:14, tweede lid, onderdeel *a* of *b*, maken de door de Nederlandsche Bank op grond van artikel 1:72 aangewezen personen geen gebruik van hun bevoegdheden op grond van de artikelen 5:15, 5:16 of 5:17 van de Algemene wet bestuursrecht, dan nadat de Autoriteit Financiële Markten is verzocht deze gegevens

te verstrekken en is gebleken dat de Autoriteit Financiële Markten niet aan dit verzoek tegemoet kan komen.
– 4. Van het tweede en derde lid kan, na overleg met de andere toezichthouder, worden afgeweken indien sprake is van een redelijk vermoeden van een overtreding van het bij of krachtens deze wet gestelde en onverwijlde spoed, gelet op de betrokken belangen, dat vereist.

Art. 1:74

Inlichtingen vorderen t.b.v. toezicht op naleving

– 1. De toezichthouder kan ten behoeve van het toezicht op de naleving van de bij of krachtens deze wet gestelde regels van een ieder inlichtingen vorderen.
– 2. De artikelen 5:13 en 5:20 van de Algemene wet bestuursrecht zijn van overeenkomstige toepassing.
– 3. Voorzover de Autoriteit Financiële Markten voor het uitoefenen van het gedragstoezicht ten aanzien van financiële ondernemingen waaraan de Nederlandsche Bank een vergunning heeft verleend, gegevens nodig heeft over aspecten van de bedrijfsvoering, bedoeld in artikel 3:17, tweede lid, onderdeel *a* en *b*, vordert de Autoriteit Financiële Markten geen inlichtingen, dan nadat de Nederlandsche Bank is verzocht deze gegevens te verstrekken en is gebleken dat de Nederlandsche Bank niet aan dit verzoek tegemoet kan komen.
– 4. Voorzover de Nederlandsche Bank voor het uitoefenen van het prudentieel toezicht ten aanzien van financiële ondernemingen waaraan de Autoriteit Financiële Markten een vergunning heeft verleend, gegevens nodig heeft over aspecten van de bedrijfsvoering, bedoeld in artikel 4:14, tweede lid, onderdeel *a* of *b*,vordert de Nederlandsche Bank geen inlichtingen, dan nadat de Autoriteit Financiële Markten is verzocht deze gegevens te verstrekken en is gebleken dat de Autoriteit Financiële Markten niet aan dit verzoek tegemoet kan komen.
– 5. Van het derde en vierde lid kan, na overleg met de andere toezichthouder, worden afgeweken indien sprake is van een redelijk vermoeden van een overtreding van de regels bij of krachtens deze wet gesteld en onverwijlde spoed, gelet op de betrokken belangen, dat vereist.

AFDELING 1.4.2
Handhaving

Art. 1:75

Aanwijzing

– 1. De toezichthouder kan een hierna bedoelde persoon die niet voldoet aan hetgeen bij of krachtens deze wet is bepaald, door middel van het geven van een aanwijzing verplichten om binnen een door de toezichthouder gestelde redelijke termijn ten aanzien van in de aanwijzingsbeschikking aan te geven punten een bepaalde gedragslijn te volgen:
a. een financiële onderneming;
b. een vertegenwoordiger van een verzekeraar;
c. een houder van een verklaring van geen bezwaar, ingevolge artikel 3:95, 3:96 of 5:32d;
d. een ieder die in of vanuit Nederland bedrijfsmatig buiten besloten kring opvorderbare gelden van anderen dan professionele marktpartijen aantrekt, ter beschikking verkrijgt of ter beschikking heeft;
e. een ieder die in Nederland of vanuit Nederland in een andere lidstaat als dienst van de informatiemaatschappij als bedoeld in artikel 15d, derde lid, van Boek 3 van het Burgerlijk Wetboek in de uitoefening van een beroep of bedrijf als tussenpersoon werkzaamheden verricht ten behoeve van het buiten besloten kring aantrekken of ter beschikking verkrijgen van opvorderbare gelden van anderen dan professionele marktpartijen;
f. een marktexploitant.
– 2. De Nederlandsche Bank kan een aanwijzing als bedoeld in het eerste lid eveneens aan een financiële onderneming geven indien hij tekenen ontwaart van een ontwikkeling die het eigen vermogen, de solvabiliteit of de liquiditeit van die financiële onderneming in gevaar kunnen brengen.
– 3. Een op grond van het eerste of tweede lid aan een persoon gegeven aanwijzing strekt niet tot aantasting van overeenkomsten tussen die persoon en derden.

Art. 1:76

Curatele

– 1. De toezichthouder kan besluiten een of meer personen te benoemen als curator ten aanzien van alle of bepaalde organen of vertegenwoordigers van een financiële onderneming indien die financiële onderneming niet voldoet aan hetgeen ingevolge deze wet is bepaald.
– 2. Het besluit ingevolge het eerste lid wordt slechts genomen:
a. nadat door de financiële onderneming niet of niet volledig binnen de gestelde termijn aan een aanwijzing als bedoeld in artikel 1:75, eerste lid, gevolg is gegeven; of
b. indien de in het eerste lid bedoelde overtreding een adequate functionering van de financiële onderneming ernstig in gevaar brengt en die financiële onderneming voorafgaand in de gelegenheid is gesteld haar zienswijze naar voren te brengen over het voorgenomen besluit; of
c. indien de in het eerste lid bedoelde overtreding de belangen van consumenten of, indien het financiële instrumenten of verzekeringen betreft, de belangen van cliënten met uitzondering

van professionele beleggers ernstig in gevaar brengt en die financiële onderneming voorafgaand in de gelegenheid is gesteld haar zienswijze naar voren te brengen over het voorgenomen besluit.
– 3. Onverminderd het eerste en tweede lid kan de Nederlandsche Bank besluiten een of meer personen te benoemen als curator ten aanzien van alle of bepaalde organen of vertegenwoordigers van een financiële onderneming indien hij bij die financiële onderneming tekenen ontwaart van een ontwikkeling die het eigen vermogen, de solvabiliteit, of de liquiditeit van die financiële onderneming in gevaar kunnen brengen.
– 4. Het besluit ingevolge het derde lid wordt slechts genomen:
a. nadat door de financiële onderneming niet of niet volledig binnen de gestelde termijn aan een aanwijzing als bedoeld in artikel 1:75, tweede lid, gevolg is gegeven; of
b. indien onverwijld ingrijpen noodzakelijk is en de financiële onderneming voorafgaand in de gelegenheid is gesteld haar zienswijze naar voren te brengen over het voorgenomen besluit.
– 5. Het benoemingsbesluit bevat onder meer een beschrijving van de belangen waardoor de curator zich dient te laten leiden. De toezichthouder benoemt de curator voor ten hoogste twee jaren, met de mogelijkheid om deze termijn telkens voor ten hoogste een jaar te verlengen; de verlenging wordt terstond van kracht. Met ingang van het tijdstip waarop het besluit tot benoeming van de curator aan de financiële onderneming is bekendgemaakt mogen de desbetreffende organen of vertegenwoordigers hun bevoegdheden slechts uitoefenen na goedkeuring door de curator en met inachtneming van de opdrachten van de curator.
– 6. Na de benoeming van een curator:
a. verlenen de organen en de vertegenwoordigers van de financiële onderneming de curator alle medewerking;
b. kan de toezichthouder de betrokken organen of vertegenwoordigers van de financiële onderneming toestaan bepaalde rechtshandelingen zonder goedkeuring te verrichten;
c. kan de toezichthouder te allen tijde de door hem aangewezen curator vervangen;
d. is voor schade ten gevolge van handelingen, die zijn verricht in strijd met een besluit als bedoeld in het eerste of derde lid, elke persoon die deel uitmaakt van het orgaan van de financiële onderneming dat deze handelingen verrichtte, hoofdelijk aansprakelijk tegenover de financiële onderneming, tenzij het verrichten van deze handelingen niet aan hem is te verwijten en hij niet nalatig is geweest in het treffen van maatregelen om de gevolgen daarvan af te wenden;
e. zijn de handelingen, bedoeld in onderdeel *d*, voorzover deze rechtshandelingen zijn, vernietigbaar, indien de wederpartij wist of behoorde te weten dat de vereiste goedkeuring ontbrak.
– 7. Zodra de omstandigheid, bedoeld in het eerste of derde lid niet langer aanwezig is, trekt de toezichthouder het besluit tot benoeming van de curator in. De toezichthouder maakt het besluit tot intrekking onverwijld bekend aan de financiële onderneming.
– 8. Het eerste, tweede en vijfde tot en met zevende lid zijn van overeenkomstige toepassing op een ieder die in of vanuit Nederland bedrijfsmatig buiten besloten kring opvorderbare gelden van anderen dan professionele marktpartijen aantrekt, ter beschikking verkrijgt of ter beschikking heeft.

Art. 1:77

Bijkantoor of verlenen van diensten in andere lidstaat

– 1. Indien een financiële onderneming ten aanzien waarvan de toezichthouder heeft ingestemd met een voornemen als bedoeld in artikel 2:107, 2:108, 2:111, 2:112, 2:115, 2:117, 2:118, 2:121, 2:122, 2:127, of 2:130 van de toezichthouder een aanwijzing als bedoeld in artikel 1:75 heeft gekregen met betrekking tot de bedrijfsvoering of haar financiële positie, en die financiele onderneming hieraan niet of onvoldoende gevolg heeft gegeven, kan de toezichthouder besluiten er niet langer mee in te stemmen dat die financiële onderneming vanuit het bijkantoor of door middel van het verrichten van diensten haar bedrijf uitoefent of financiële diensten verleent in de andere lidstaat. De toezichthouder doet mededeling van dit besluit aan de toezichthoudende instantie van de betrokken lidstaat. Vanaf het tijdstip van deze mededeling is het de financiële onderneming verboden nog langer vanuit het bijkantoor of door middel van het verrichten van diensten haar bedrijf uit te oefenen of diensten te verlenen in de andere lidstaat.
– 2. Indien een verzekeraar een aanwijzing als bedoeld in artikel 1:75 heeft gekregen met betrekking tot de betrouwbaarheid of deskundigheid van de vertegenwoordiger van de verzekeraar of van een persoon die het dagelijks beleid van die verzekeraar bepaalt, en de verzekeraar hieraan niet of onvoldoende gevolg heeft gegeven, is het eerste lid van overeenkomstige toepassing.

Art. 1:78

Accountant of actuaris

– 1. Indien een accountant of actuaris niet of niet meer de nodige waarborgen biedt dat deze zijn taak met betrekking tot de financiële onderneming naar behoren zal kunnen vervullen, kan de toezichthouder ten aanzien van deze accountant of actuaris bepalen dat hij niet langer

bevoegd is de in deze wet bedoelde verklaringen met betrekking tot die financiële onderneming af te leggen.
– 2. De toezichthouder maakt het besluit, bedoeld in het eerste lid, bekend aan de financiële onderneming.

Art. 1:79

Last onder dwangsom

– 1. De toezichthouder kan een last onder dwangsom opleggen terzake van een overtreding van voorschriften, gesteld ingevolge de in de bijlage bij dit artikel genoemde artikelen en de prospectusverordening alsmede terzake van overtreding van artikel 5:20 van de Algemene wet bestuursrecht.
– 2. Ten aanzien van de bevoegdheid, bedoeld in het eerste lid, is artikel 5:32, tweede tot en met vijfde lid, en 5:33 tot en met 5:35 van de Algemene wet bestuursrecht van toepassing.
– 3. Bij ministeriële regeling kunnen regels worden gesteld met betrekking tot de uitoefening van de bevoegdheid, bedoeld in het eerste lid.

Art. 1:80

Bestuurlijke boete

– 1. De toezichthouder kan een bestuurlijke boete opleggen terzake van overtreding van voorschriften, gesteld ingevolge de in de bijlage bij dit artikel genoemde artikelen en de prospectusverordening alsmede terzake van overtreding van artikel 5:20 van de Algemene wet bestuursrecht.
– 2. De bestuurlijke boete komt toe aan de toezichthouder die de boete heeft opgelegd.
– 3. Bij ministeriële regeling kunnen regels worden gesteld met betrekking tot de uitoefening van de bevoegdheid, bedoeld in het eerste lid.

Art. 1:81

Bedrag van bestuurlijke boete

– 1. Het bedrag van de bestuurlijke boete wordt bepaald bij algemene maatregel van bestuur, met dien verstande dat de boete voor een afzonderlijke overtreding ten hoogste € 900.000 bedraagt.
– 2. De algemene maatregel van bestuur, bedoeld in het eerste lid, bepaalt bij elke daarin omschreven overtreding het bedrag van de deswege op te leggen bestuurlijke boete.
– 3. De toezichthouder kan het bedrag van de bestuurlijke boete lager stellen dan in de algemene maatregel van bestuur is bepaald, indien het bedrag van de boete in een bepaald geval onevenredig hoog is.

Art. 1:82

Zwijgrecht

– 1. Degene die wordt verhoord met het oog op het aan hem opleggen van een bestuurlijke boete, is niet verplicht ten behoeve daarvan verklaringen omtrent de overtreding af te leggen.
– 2. Voor het verhoor wordt aan de betrokkene medegedeeld dat hij niet verplicht is tot antwoorden.

Art. 1:83

Kennisgeving van voornemen bestuurlijke boete op te leggen

– 1. Indien de toezichthouder voornemens is een bestuurlijke boete op te leggen, geeft hij de betrokkene daarvan kennis onder vermelding van de gronden waarop het voornemen berust.
– 2. In afwijking van afdeling 4.1.2 van de Algemene wet bestuursrecht, stelt de toezichthouder de betrokkene in de gelegenheid om naar keuze schriftelijk of mondeling zijn zienswijze naar voren te brengen voordat de bestuurlijke boete wordt opgelegd.

Art. 1:84

Beschikking

– 1. De toezichthouder legt de bestuurlijke boete op bij beschikking.
– 2. De beschikking vermeldt in elk geval:
a. het feit terzake waarvan de bestuurlijke boete wordt opgelegd, alsmede het overtreden voorschrift;
b. het bedrag van de boete en de gegevens op basis waarvan dit bedrag is bepaald; en
c. de termijn, bedoeld in artikel 1:85, eerste lid, waarbinnen de boete moet worden betaald.

Art. 1:85

Betalingstermijn. Dwangbevel

– 1. De bestuurlijke boete wordt betaald binnen zes weken na de inwerkingtreding van de beschikking waarbij zij is opgelegd.
– 2. Indien tegen het besluit tot het opleggen van een bestuurlijke boete bezwaar of beroep wordt aangetekend, schorst dit de verplichting tot betaling van de boete totdat de beroepstermijn is verstreken of, indien beroep is ingesteld, op het beroep is beslist.
– 3. Indien de bestuurlijke boete niet is betaald binnen de in het eerste lid bedoelde termijn, wordt zij vermeerderd met de wettelijke rente. De wettelijke rente wordt berekend vanaf de dag na het verstrijken van de in het eerste lid bedoelde termijn.
– 4. Indien de bestuurlijke boete niet tijdig is betaald, stuurt de toezichthouder schriftelijk een aanmaning om binnen twee weken de boete, verhoogd met de kosten van de aanmaning, alsnog te betalen. De aanmaning bevat de aanzegging dat de boete, voorzover deze niet binnen de gestelde termijn wordt betaald, overeenkomstig het vijfde lid zal worden ingevorderd.
– 5. Bij gebreke van tijdige betaling kan de toezichthouder de bestuurlijke boete, verhoogd met de kosten van de aanmaning en van de invordering, bij dwangbevel invorderen.

– 6. Het dwangbevel wordt op kosten van de overtreder bij deurwaardersexploit betekend en levert een executoriale titel op in de zin van het Tweede Boek van het Wetboek van Burgerlijke Rechtsvordering.
– 7. Gedurende zes weken na de dag van betekening staat verzet tegen het dwangbevel open door dagvaarding van de toezichthouder die de bestuurlijke boete heeft opgelegd.
– 8. Het verzet schorst de tenuitvoerlegging niet, tenzij de voorzieningenrechter van de rechtbank in kort geding desgevraagd anders beslist.
– 9. Het verzet kan niet worden gegrond op de stelling dat de bestuurlijke boete ten onrechte of op een te hoog bedrag is vastgesteld.

Art. 1:86

Samenloop met strafvervolging

– 1. De bevoegdheid tot het opleggen van een bestuurlijke boete vervalt indien ter zake van de overtreding op grond waarvan de boete kan worden opgelegd, tegen de overtreder een strafvervolging is ingesteld en het onderzoek ter terechtzitting een aanvang heeft genomen, dan wel het recht tot strafvordering is vervallen ingevolge artikel 74 van het Wetboek van Strafrecht.
– 2. Het recht tot strafvervolging met betrekking tot een overtreding als bedoeld in artikel 1:80 vervalt, indien de toezichthouder ter zake van hetzelfde feit reeds een bestuurlijke boete heeft opgelegd.

Art. 1:87

Vervaltermijn

– 1. De bevoegdheid tot het opleggen van een bestuurlijke boete vervalt drie jaren na de dag waarop de overtreding is begaan.
– 2. De termijn, bedoeld in het eerste lid, wordt gestuit door de bekendmaking van de beschikking waarbij een bestuurlijke boete wordt opgelegd.

Art. 1:88

Chinese Wall

De werkzaamheden in verband met het opleggen van een bestuurlijke boete worden verricht door personen die niet betrokken zijn geweest bij het vaststellen van de overtreding en het daaraan voorafgaande onderzoek.

HOOFDSTUK 1.5
Geheimhoudingsplicht, uitzonderingen dienaangaande en publicatiemogelijkheden

AFDELING 1.5.1
Geheimhoudingsplicht en uitzonderingen dienaangaande

Art. 1:89

Geheimhouding vertrouwelijke informatie

– 1. Het is een ieder die uit hoofde van de toepassing van deze wet of van ingevolge deze wet genomen besluiten enige taak vervult of heeft vervuld, verboden van vertrouwelijke gegevens of inlichtingen die ingevolge deze wet dan wel ingevolge afdeling 5.2 van de Algemene wet bestuursrecht zijn verstrekt of verkregen of van een persoon of instantie als bedoeld in artikel 1:90, eerste lid, onderscheidenlijk 1:91, eerste lid, zijn ontvangen, verder of anders gebruik te maken of daaraan verder of anders bekendheid te geven dan voor de uitvoering van zijn taak of door deze wet wordt geëist.
– 2. In afwijking van het eerste lid kan de toezichthouder met gebruikmaking van vertrouwelijke gegevens of inlichtingen verkregen bij de uitvoering van zijn taak op grond van deze wet, mededelingen doen, indien deze niet kunnen worden herleid tot afzonderlijke personen.

Art. 1:90

Uitzondering: andere toezichthouders

– 1. De toezichthouder kan, in afwijking van artikel 1:89, eerste lid, vertrouwelijke gegevens of inlichtingen verkregen bij de uitvoering van zijn taak op grond van deze wet, verstrekken aan de andere toezichthouder of een toezichthoudende instantie in een andere lidstaat, tenzij:
a. het doel waarvoor de vertrouwelijke gegevens of inlichtingen zullen worden gebruikt onvoldoende bepaald is;
b. het beoogde gebruik van de vertrouwelijke gegevens of inlichtingen niet past in het kader van het toezicht op financiële markten of op personen die op die markten werkzaam zijn;
c. de verstrekking van de vertrouwelijke gegevens of inlichtingen zich niet zou verdragen met de Nederlandse wet of de openbare orde;
d. de geheimhouding van de vertrouwelijke gegevens of inlichtingen niet in voldoende mate is gewaarborgd;
e. de verstrekking van de vertrouwelijke gegevens of inlichtingen redelijkerwijs in strijd is of zou kunnen komen met de belangen die deze wet beoogt te beschermen; of
f. onvoldoende is gewaarborgd dat de vertrouwelijke gegevens of inlichtingen niet zullen worden gebruikt voor een ander doel dan waarvoor deze worden verstrekt.
– 2. Voorzover de gegevens of inlichtingen, bedoeld in het eerste lid, zijn verkregen van een toezichthoudende instantie in een andere lidstaat, verstrekt de toezichthouder deze niet aan de andere toezichthouder of aan een andere toezichthoudende instantie in een andere lidstaat,

tenzij de toezichthoudende instantie in een andere lidstaat waarvan de gegevens of inlichtingen zijn verkregen uitdrukkelijk heeft ingestemd met de verstrekking van de gegevens of inlichtingen en in voorkomend geval heeft ingestemd met het gebruik voor een ander doel dan waarvoor de gegevens of inlichtingen zijn verstrekt.
– 3. Indien een toezichthoudende instantie in een andere lidstaat aan de toezichthouder die de vertrouwelijke gegevens of inlichtingen op grond van het eerste of tweede lid heeft verstrekt, verzoekt om die vertrouwelijke gegevens of inlichtingen te mogen gebruiken voor een ander doel dan waarvoor zij zijn verstrekt, willigt de toezichthouder dat verzoek slechts in:
a. indien het beoogde gebruik niet in strijd is met het eerste of tweede lid; of
b. voorzover die toezichthoudende instantie op een andere wijze dan in deze wet voorzien vanuit Nederland met inachtneming van de daarvoor geldende wettelijke procedures voor dat andere doel de beschikking over die gegevens of inlichtingen zou kunnen verkrijgen; en
c. na overleg met Onze Minister van Justitie indien het in de aanhef bedoelde verzoek betrekking heeft op een onderzoek naar strafbare feiten.
– 4. De Autoriteit Financiële Markten dan wel het organisatieonderdeel van de Nederlandsche Bank dat is belast met de in artikel 1:24 genoemde taak kan vertrouwelijke informatie of gegevens verstrekken aan het organisatieonderdeel van de Nederlandsche Bank dat is belast met het vervullen van haar monetaire taak, voorzover de vertrouwelijke gegevens of inlichtingen dienstig zijn voor de uitoefening van die taak.
– 5. Het eerste tot en met derde lid is van overeenkomstige toepassing op het uitwisselen van vertrouwelijke gegevens of inlichtingen tussen de met verschillende taken belaste organisatieonderdelen van de toezichthouder. De toezichthouder waarborgt dat bovenstaande informatie-uitwisseling plaatsvindt met inachtneming van het geheimhoudingsregime dat ingevolge Europese richtlijnen op de desbetreffende gegevens of inlichtingen van toepassing is.

Art. 1:91

Uitzondering: insolventieprocedures

– 1. De toezichthouder kan, in afwijking van artikel 1:89, eerste lid, vertrouwelijke gegevens of inlichtingen verkregen bij de uitvoering van de hem ingevolge deze wet opgedragen taak, verstrekken aan een persoon als bedoeld in de onderdelen a, b, c, d, e, of f voorzover de gegevens of inlichtingen dienstig zijn voor de uitoefening van zijn taak:
a. een rechter-commissaris die ingevolge artikel 3:162, vierde lid, is benoemd;
b. een bewindvoerder die ingevolge artikel 3:162, vierde lid, is benoemd;
c. een rechter-commissaris die ingevolge artikel 223a van de Faillissementswet is benoemd;
d. een bewindvoerder die ingevolge artikel 215, tweede lid, van de Faillissementswet is benoemd;
e. een rechter-commissaris die ingevolge artikel 14 van de Faillissementswet is benoemd;
f. een curator die ingevolge artikel 14 van de Faillissementswet is aangesteld.
– 2. De toezichthouder verstrekt geen vertrouwelijke gegevens of inlichtingen als bedoeld in het eerste lid:
a. indien de verstrekking van de vertrouwelijke gegevens of inlichtingen redelijkerwijs in strijd is of zou kunnen komen met de belangen die deze wet beoogt te beschermen;
b. indien de vertrouwelijke gegevens of inlichtingen zijn verkregen van de andere toezichthouder of een toezichthoudende instantie, en deze andere toezichthouder of die toezichthoudende instantie niet instemt met het verstrekken van de vertrouwelijke gegevens of inlichtingen.
– 3. De curator die is aangesteld in het faillissement van een beleggingsonderneming of marktexploitant kan, in afwijking van artikel 1:89, eerste lid, vertrouwelijke gegevens of inlichtingen als bedoeld in het eerste lid verstrekken aan de rechtbank, voorzover die geen betrekking hebben op derden en dit voor de afwikkeling van het faillissement nodig is.
– 4. De curator die is aangesteld in het faillissement van een financiële onderneming, niet zijnde een beleggingsonderneming of marktexploitant, kan, in afwijking van artikel 1:89, eerste lid, vertrouwelijke gegevens of inlichtingen als bedoeld in het eerste lid verstrekken aan de rechtbank, voorzover die geen betrekking hebben op een onderneming die betrokken is of betrokken is geweest bij een poging de failliete onderneming in staat te stellen haar bedrijf voort te zetten.
– 5. Artikel 1:89, eerste lid, laat onverlet de toepasselijkheid van de bepalingen van het Wetboek van Burgerlijke Rechtsvordering welke betrekking hebben op het als getuige of als partij in een comparitie van partijen dan wel als deskundige in burgerlijke zaken afleggen van een verklaring omtrent gegevens of inlichtingen verkregen bij de vervulling van zijn ingevolge deze wet opgedragen taak, voorzover het gaat om vertrouwelijke gegevens of inlichtingen omtrent een financiële onderneming die in staat van faillissement is verklaard of op grond van een rechterlijke uitspraak is ontbonden.
– 6. Bij een faillissement of gerechtelijke ontbinding van een beleggingsonderneming of

marktexploitant is het vijfde lid niet van toepassing op vertrouwelijke gegevens of inlichtingen die betrekking hebben op derden. Bij een faillissement of gerechtelijke ontbinding van een financiële onderneming, niet zijnde een beleggingsonderneming of marktexploitant, is het vijfde lid niet van toepassing op vertrouwelijke gegevens of inlichtingen die betrekking hebben op een onderneming die betrokken is of betrokken is geweest bij een poging de desbetreffende onderneming in staat te stellen haar bedrijf voort te zetten.

Art. 1:92

Uitzondering: strafrecht

– 1. De toezichthouder kan, in afwijking van artikel 1:89, eerste lid, vertrouwelijke gegevens of inlichtingen verkregen bij de uitvoering van de hem ingevolge deze wet opgedragen taak, verstrekken aan een instantie die is belast met de uitoefening van strafvorderlijke bevoegdheden of aan een deskundige die door een dergelijke instantie met een opdracht is belast, voorzover de verlangde gegevens of inlichtingen noodzakelijk zijn voor de uitvoering van die opdracht.

– 2. Indien de instantie, bedoeld in het eerste lid, het voornemen heeft toepassing te geven aan de bevoegdheid tot het bij de toezichthouder vorderen van de uitlevering van een voor inbeslagneming vatbaar voorwerp of aan de bevoegdheid tot het vorderen van de inzage of een afschrift van bescheiden als bedoeld in artikel 96*a*, 105 of 126*a* van het Wetboek van Strafvordering, of artikel 18 of 19 van de Wet op de economische delicten, en de vordering betreft vertrouwelijke gegevens of inlichtingen als bedoeld in artikel 1:89, eerste lid, stelt die instantie voorafgaand aan de uitoefening van haar bevoegdheid de toezichthouder in de gelegenheid zijn zienswijze hierover kenbaar te maken.

Art. 1:93

Uitzondering: bijzondere gevallen

– 1. De toezichthouder kan, in afwijking van artikel 1:89, eerste lid, vertrouwelijke gegevens of inlichtingen verkregen bij de vervulling van de hem ingevolge deze wet opgedragen taak, verstrekken aan:

a. de Europese Centrale Bank, een buitenlandse nationale centrale bank of een andere buitenlandse instantie die is belast met een soortgelijke taak, handelend in haar hoedanigheid van monetaire autoriteit, voorzover de gegevens of inlichtingen dienstig zijn voor de uitoefening van haar monetaire taak;

b. een accountant die is belast met de wettelijke controle van de jaarrekening van een financiële onderneming, voorzover de vertrouwelijke gegevens of inlichtingen betrekking hebben op die financiële onderneming en noodzakelijk zijn voor de controle;

c. een actuaris die is belast met de wettelijke controle van een financiële onderneming, voorzover de vertrouwelijke gegevens of inlichtingen betrekking hebben op die financiële onderneming en noodzakelijk zijn voor de controle;

d. de marktexploitant, de beleggingsonderneming die een multilaterale handelsfaciliteit exploiteert of de houder van een met een gereglementeerde markt of een multilaterale handelsfaciliteit vergelijkbaar systeem uit een staat die geen lidstaat is met het oog op de controle op de naleving van de voor die markt te hanteren regels; of

e. de Nederlandse Zorgautoriteit, voorzover de gegevens of inlichtingen dienstig zijn voor de uitoefening van haar wettelijke taken.

– 2. De toezichthouder verstrekt geen vertrouwelijke gegevens of inlichtingen op grond van het eerste lid indien:

a. het doel waarvoor de vertrouwelijke gegevens of inlichtingen zullen worden gebruikt onvoldoende bepaald is;

b. het beoogde gebruik van de vertrouwelijke gegevens of inlichtingen niet past in het kader van het toezicht op financiële markten of op personen die op die markten werkzaam zijn;

c. de verstrekking van de vertrouwelijke gegevens of inlichtingen zich niet zou verdragen met de Nederlandse wet of de openbare orde;

d. de geheimhouding van de vertrouwelijke gegevens of inlichtingen niet in voldoende mate is gewaarborgd;

e. de verstrekking van de vertrouwelijke gegevens of inlichtingen redelijkerwijs in strijd is of zou kunnen komen met de belangen die deze wet beoogt te beschermen; of

f. onvoldoende is gewaarborgd dat de vertrouwelijke gegevens of inlichtingen niet zullen worden gebruikt voor een ander doel dan waarvoor deze worden verstrekt.

– 3. Voorzover de gegevens of inlichtingen, bedoeld in het eerste lid, zijn verkregen van een toezichthoudende instantie, verstrekt de toezichthouder deze niet aan de andere toezichthouder of aan een andere toezichthoudende instantie, tenzij de toezichthoudende instantie waarvan de gegevens of inlichtingen zijn verkregen uitdrukkelijk heeft ingestemd met de verstrekking van de gegevens of inlichtingen en in voorkomend geval heeft ingestemd met het gebruik voor een ander doel dan waarvoor de gegevens of inlichtingen zijn verstrekt.

– 4. Indien een instantie of persoon als bedoeld in het eerste lid aan de toezichthouder die de vertrouwelijke gegevens of inlichtingen op grond van dat lid heeft verstrekt, verzoekt om die

vertrouwelijke gegevens of inlichtingen te mogen gebruiken voor een ander doel dan waarvoor zij zijn verstrekt, willigt de toezichthouder dat verzoek slechts in:
a. indien het beoogde gebruik niet in strijd is met het eerste, tweede of derde lid; of
b. voorzover die instantie of persoon op een andere wijze dan in deze wet voorzien met inachtneming van de daarvoor geldende wettelijke procedures voor dat andere doel de beschikking over die gegevens of inlichtingen zou kunnen verkrijgen; en
c. na overleg met Onze Minister van Justitie indien het in de aanhef bedoelde verzoek betrekking heeft op een onderzoek naar strafbare feiten.

Art. 1:93a

Noodsituaties

Indien de Nederlandsche Bank ingevolge afdeling 3.6.2 toezicht houdt op geconsolideerde basis op een Nederlandse beleggingsonderneming of Nederlandse kredietinstelling brengt zij Onze Minister en de instanties, bedoeld in artikel 1:93, eerste lid, onderdeel a, voor zover betrokken, onverwijld op de hoogte van noodsituaties met betrekking tot financiële ondernemingen die in het geconsolideerde toezicht zijn betrokken die de stabiliteit van het financiële stelsel in de lidstaat waar deze laatste ondernemingen hun zetel hebben, kunnen aantasten.

Art. 1:93b

– 1. De Autoriteit Financiële Markten kan, indien zij is aangewezen als contactpunt als bedoeld in artikel 56, eerste lid, derde volzin, van de richtlijn markten voor financiële instrumenten, in afwijking van artikel 1:90, eerste lid, vertrouwelijke gegevens of inlichtingen verkregen bij de uitvoering van haar taak als contactpunt, verstrekken aan de Nederlandsche Bank.
– 2. Voorzover de gegevens of inlichtingen, bedoeld in het eerste lid, zijn verkregen van een toezichthoudende instantie in een andere lidstaat, verstrekt de Autoriteit Financiële Markten deze niet aan instanties of personen als bedoeld in artikel 1:91, eerste lid, onderdelen a tot en met f, artikel 1:92, eerste lid, en 1:93, eerste lid, onderdelen a tot en met e, tenzij de desbetreffende toezichthoudende instantie waarvan de gegevens of inlichtingen zijn verkregen uitdrukkelijk heeft ingestemd met de verstrekking van de gegevens en in voorkomend geval heeft ingestemd met het gebruik voor een ander doel dan waarvoor de gegevens of inlichtingen zijn verstrekt. De Autoriteit Financiële Markten kan de gegevens of inlichtingen in naar behoren gemotiveerde omstandigheden ook zonder de uitdrukkelijke instemming van de desbetreffende toezichthoudende instantie voor een ander doel dan waarvoor zij zijn verstrekt, verstrekken aan de in de vorige volzin bedoelde personen of instanties. In dit laatste geval stelt de Autoriteit Financiële Markten de toezichthoudende instantie waarvan de gegevens of inlichtingen zijn verkregen hiervan terstond in kennis.

AFDELING 1.5.2
Publicatiemogelijkheden van de toezichthouders

Art. 1:94

Openbare waarschuwing

De toezichthouder kan een openbare waarschuwing uitvaardigen, indien nodig onder vermelding van de overwegingen die tot die waarschuwing hebben geleid, bij overtreding van een verbodsbepaling uit deze wet of van artikel 1:58, tweede lid, 1:58a, tweede lid, 1:58b, tweede lid, 1:58c, derde lid, 1:59, tweede lid, 1:67, eerste lid, 1:77, eerste lid, derde volzin, 4:4, eerste lid, of 4:4a.

Art. 1:95

Voorafgaande kennisgeving aan betrokkene

– 1. De toezichthouder stelt, indien hij besluit een openbare waarschuwing uit te zullen vaardigen als bedoeld in artikel 1:94 de betrokken persoon in kennis van het besluit.
– 2. Het besluit vermeldt in ieder geval de geconstateerde overtreding, de inhoud van de openbaarmaking, de gronden waarop het besluit berust alsmede de wijze waarop en de termijn waarna de openbare waarschuwing zal worden uitgevaardigd.
– 3. Onverminderd het bepaalde in artikel 4:11 van de Algemene wet bestuursrecht kan de toezichthouder de toepassing van artikel 4:8 van die wet achterwege laten, indien van de betrokken persoon geen adres bekend is en het adres ook niet met een redelijke inspanning kan worden verkregen.

Art. 1:96

Wachttermijn

– 1. Het uitvaardigen van een openbare waarschuwing als bedoeld in artikel 1:94 geschiedt niet eerder dan nadat vijf werkdagen zijn verstreken na de dag waarop de betrokken persoon overeenkomstig artikel 1:95 in kennis is gesteld van het besluit.
– 2. Indien wordt verzocht om een voorlopige voorziening als bedoeld in artikel 8:81 van de Algemene wet bestuursrecht, wordt de werking van het besluit opgeschort totdat er een uitspraak is van de voorzieningenrechter.
– 3. Indien bescherming van de belangen die deze wet beoogt te beschermen geen uitstel toelaat, kan de toezichthouder, in afwijking van de voorgaande leden, onverwijld een openbare waarschuwing uitvaardigen.

Art. 1:97

Publicatie bestuurlijke boete

– 1. De toezichthouder maakt een besluit tot het opleggen van een bestuurlijke boete ingevolge deze wet na bekendmaking openbaar, indien de bestuurlijke boete is opgelegd terzake overtreding van:
a. een verbodsbepaling uit deze wet of ingevolge artikel 1:58, tweede lid, 1:58a, tweede lid, 1:58b, tweede lid, 1:58c, derde lid, 1:59, tweede lid, 1:67, eerste lid, 1:77, eerste lid, derde volzin, 4:4, eerste lid, of 4:4a;
b. een overige bepaling die in de algemene maatregel van bestuur op basis van artikel 1:81, eerste lid, beboetbaar is gesteld met tariefnummer 4 of 5; of
c. artikel 4:19, 4:20, 4:22, 4:23, 4:24, 4:42 of 4:87.
– 2. De openbaarmaking van het besluit tot het opleggen van een bestuurlijke boete geschiedt niet eerder dan nadat vijf werkdagen zijn verstreken na de dag waarop het besluit aan de betrokken persoon bekend is gemaakt.
– 3. Indien wordt verzocht om een voorlopige voorziening als bedoeld in artikel 8:81 van de Algemene wet bestuursrecht, wordt de openbaarmaking van het besluit opgeschort totdat er een uitspraak is van de voorzieningenrechter.
– 4. Indien de openbaarmaking van het besluit in strijd is of zou kunnen komen met het doel van het door de toezichthouder uit te oefenen toezicht op de naleving van deze wet blijft deze achterwege.

Art. 1:98

Publicatie onaantastbaar besluit bestuurlijke boete

Onverminderd artikel 1:97 maakt de toezichthouder een besluit tot het opleggen van een bestuurlijke boete ingevolge deze wet openbaar, nadat het rechtens onaantastbaar is geworden, tenzij de openbaarmaking van het besluit in strijd is of zou kunnen komen met het doel van het door de toezichthouder uit te oefenen toezicht op de naleving van deze wet.

Art. 1:99

Publicatie last onder dwangsom

– 1. De toezichthouder maakt een besluit tot het opleggen van een last onder dwangsom ingevolge deze wet openbaar wanneer een dwangsom wordt verbeurd, tenzij de openbaarmaking van het besluit in strijd is of zou kunnen komen met het doel van het door de toezichthouder uit te oefenen toezicht op de naleving van deze wet.
– 2. Indien wordt verzocht om een voorlopige voorziening als bedoeld in artikel 8:81 van de Algemene wet bestuursrecht, wordt de openbaarmaking van het besluit opgeschort totdat er een uitspraak is van de voorzieningenrechter.

Art. 1:100

Onverwijlde publicatie

Indien bescherming van de belangen die deze wet beoogt te beschermen geen uitstel toelaat, kan de toezichthouder, in afwijking van artikel 1:97, tweede en derde lid, 1:98, of 1:99, eerste en tweede lid, onverwijld overgaan tot openbaarmaking van een besluit tot het opleggen van een bestuurlijke boete onderscheidenlijk een last onder dwangsom.

Art. 1:101

Behandeling met gesloten deuren

– 1. Indien wordt verzocht om een voorlopige voorziening als bedoeld in artikel 8:81 van de Algemene wet bestuursrecht tegen een besluit als bedoeld in de artikelen 1:94, 1:97, eerste lid, en 1:99, eerste lid, vindt het onderzoek ter zitting plaats met gesloten deuren.
– 2. Indien de voorzieningenrechter een publicatieverbod van een besluit als bedoeld in de artikelen 1:94, 1:97, eerste lid, en 1:99, eerste lid, heeft opgelegd, vindt het horen van belanghebbenden terzake van het bezwaar niet in het openbaar plaats.
– 3. Indien de voorzieningenrechter een publicatieverbod van een besluit als bedoeld in de artikelen 1:94, 1:97, eerste lid, en 1:99, eerste lid, heeft opgelegd, en beroep wordt ingesteld tegen de beslissing op het bezwaar tegen dat besluit, vindt het onderzoek ter zitting plaats met gesloten deuren.

HOOFDSTUK 1.6
Procedures

AFDELING 1.6.1
Vergunningen

Art. 1:102

Vergunning

– 1. Bij of krachtens algemene maatregel van bestuur worden regels gesteld met betrekking tot de wijze waarop de aanvraag wordt ingediend.
– 2. Aan de vergunning kunnen voorschriften worden verbonden en beperkingen worden gesteld met het oog op de belangen die het desbetreffende deel beoogt te beschermen.
– 3. De toezichthouder beslist binnen dertien weken na ontvangst op de aanvraag.
– 4. De toezichthouder bericht de aanvrager onverwijld van de ontvangst van de aanvraag.

Art. 1:103

Aanhouding beslissing; termijn

– 1. In afwijking van artikel 1:102, derde lid, houdt de toezichthouder de beslissing op een aanvraag tot het verlenen van een vergunning aan, indien er tevens een aanvraag tot verlening van een verklaring van geen bezwaar als bedoeld in artikel 3:95, eerste lid, onderdeel *b* of *c*, is ingediend, uiterlijk tot zes weken na het tijdstip waarop de beschikking inzake de verklaring van geen bezwaar is bekendgemaakt. Indien binnen die termijn een verzoek om voorlopige voorziening terzake van die beschikking is gedaan, houdt de toezichthouder de beslissing aan tot twee weken na het tijdstip waarop op dat verzoek is beslist.

– 2. Ongeacht of toepassing is gegeven aan het eerste lid, neemt de toezichthouder in elk geval binnen zes maanden na ontvangst van de aanvraag een besluit omtrent de vergunning.

Art. 1:104

Intrekking, beperking, wijziging

– 1. De toezichthouder kan een door hem verleende vergunning wijzigen, geheel of gedeeltelijk intrekken of beperken, dan wel daaraan nadere voorschriften verbinden, indien:

a. de vergunninghouder daartoe een aanvraag heeft ingediend;

b. de vergunninghouder, naar later blijkt, bij de aanvraag van de vergunning onjuiste of onvolledige gegevens heeft verstrekt, en kennis omtrent de juiste en volledige gegevens tot een andere beslissing zou hebben geleid;

c. de vergunninghouder omstandigheden of feiten heeft verzwegen op grond waarvan, zo zij voor het tijdstip waarop de vergunning werd verleend zich hadden voorgedaan of bekend waren geweest, de vergunning zou zijn geweigerd;

d. de vergunninghouder niet meer voldoet aan de bij of krachtens deze wet gestelde regels dan wel niet meer voldoet aan de aan de vergunning verbonden voorschriften of gestelde beperkingen;

e. de vergunninghouder geen gebruik van de vergunning heeft gemaakt binnen een termijn van twaalf maanden na vergunningverlening;

f. de vergunninghouder de vergunningplichtige activiteit heeft beëindigd, een beleggingsonderneming is die haar bedrijf gedurende meer dan zes maanden heeft gestaakt of een entiteit voor risico-acceptatie is die haar bedrijf waarvoor zij een vergunning heeft, gedurende meer dan zes maanden heeft gestaakt, een levensverzekeraar dan wel schadeverzekeraar is die zijn bedrijf in een branche waarvoor hij een vergunning heeft, gedurende meer dan zes maanden heeft gestaakt, een natura-uitvaartverzekeraar is die zijn bedrijf waarvoor hij een vergunning heeft, gedurende meer dan zes maanden heeft gestaakt of een herverzekeraar is die zijn bedrijf in een herverzekeringsactiviteit waarvoor hij een vergunning heeft, gedurende meer dan zes maanden heeft gestaakt.;

g. de vergunninghouder de onderneming ten behoeve waarvan de vergunning is verleend, geheel of gedeeltelijk overdraagt;

h. de vergunninghouder overlijdt indien het een natuurlijke persoon betreft of wordt ontbonden indien het een rechtspersoon of personenvennootschap betreft;

i. uit de verklaring omtrent de getrouwheid, deel uitmakende van de overige gegevens, bedoeld in artikel 3:71, eerste lid, of de verklaring, bedoeld in de artikelen 3:72, zevende lid, 3:81, derde lid, of 3:86, eerste of tweede lid, niet blijkt dat de jaarrekening of de staten bedoeld in artikel 3:72, eerste of derde lid, een getrouw beeld geeft of geven van de grootte en de samenstelling van het vermogen van de onderneming en van het resultaat over het desbetreffende boekjaar; of

j. de vergunninghouder in staat van faillissement is komen te verkeren of ten aanzien van hem de schuldsanering natuurlijke personen van toepassing is verklaard, indien door een rechterlijke beschikking een of meer goederen van de vergunninghouder onder bewind zijn gesteld als bedoeld in artikel 380, 409 of 431 van Boek 1 van het Burgerlijk Wetboek of indien de ondercuratelestelling van de vergunninghouder is uitgesproken.

– 2. De toezichthouder trekt de door hem verleende vergunning in indien:

a. een machtiging bedoeld in artikel 3:163, eerste lid, aanhef en onderdeel b, is verleend, op het tijdstip waarop die machtiging is verleend, of zo spoedig mogelijk daarna, voorzover de onderneming onmiddellijk voorafgaand aan dat tijdstip nog een vergunning had;

b. een machtiging bedoeld in artikel 3:163, eerste lid, aanhef en onderdeel c, is verleend, op het tijdstip waarop tijdens de noodregeling voor de eerste keer activa van de onderneming te gelde worden gemaakt met het oogmerk de opbrengst te verdelen onder de schuldeisers, aandeelhouders of leden, of zo spoedig mogelijk na bedoeld tijdstip, voorzover de onderneming onmiddellijk voorafgaand aan het voor de eerste keer te gelde maken nog een vergunning had; of

c. hij heeft ingestemd met een portefeuilleoverdracht als bedoeld in de artikelen 3:112, 3:113 en 3:114.

– 3. De toezichthouder kan bij het besluit tot intrekking van een vergunning tevens bepalen dat de financiële onderneming binnen een door de toezichthouder te stellen termijn het bedrijf geheel of gedeeltelijk afwikkelt. Bij een afwikkeling, al dan niet bepaald door de toezichthouder, wordt de financiële onderneming of de curator in faillissement van de financiële onderneming aangemerkt als vergunninghoudende onderneming.

Art. 1:105

Overeenkomstige toepassing

– 1. Het bij of krachtens deze afdeling met betrekking tot een vergunning bepaalde is van overeenkomstige toepassing op:
a. een verklaring van ondertoezichtstelling als bedoeld in artikel 3:110;
b. een verklaring van geen bezwaar als bedoeld in de artikelen 3:95, 3:96 en 5:32;
c. een ontheffing als bedoeld in de artikelen 2:23, 2:55, 2:60, 2:65, 2:75, 2:80, 2:86, 2:92, 2:96, 3:5, 3:6, 3:7, 4:3, 5:26 en 5:81, voor zover het een ontheffing betreft van artikel 5:74, eerste lid, of artikel 5:79, met dien verstande dat de ontheffing ook geheel of gedeeltelijk kan worden verleend; en
d. een instemming als bedoeld in artikel 3:116 met dien verstande dat indien een toezichthoudende instantie van een andere lidstaat advies of instemming over de voorgenomen overdracht geeft, de beslistermijn wordt opgeschort met maximaal de termijn die die toezichthoudende instantie ter beschikking staat ingevolge artikel 3:118, vijfde lid.
– 2. Op een andere ontheffing dan bedoeld in het eerste lid, onderdeel c, is artikel 1:102, eerste lid, van overeenkomstige toepassing. Bij ministeriële regeling kunnen regels worden gesteld met betrekking tot de voorschriften die aan deze ontheffing kunnen worden verbonden. Deze ontheffing kan worden ingetrokken.

Art. 1:106

Opschorting behandeling ingevolge besluit Commissie EG of Raad EU

– 1. Ter uitvoering van een daartoe strekkend bindend besluit van de Commissie van de Europese Gemeenschappen of van de Raad van de Europese Unie met betrekking tot een staat die geen lidstaat is, schort de toezichthouder respectievelijk Onze Minister, in afwijking van artikel 1:102, geheel of gedeeltelijk op:
a. de behandeling van aanvragen van een vergunning voor het uitoefenen van het bedrijf van kredietinstelling, levensverzekeraar of schadeverzekeraar of voor het verlenen van financiële diensten als beheerder of beleggingsonderneming, die rechtstreeks of middellijk zijn ingediend door financiële ondernemingen waarop het recht van toepassing is van een staat die geen lidstaat is;
b. de behandeling van aanvragen van een verklaring van geen bezwaar als bedoeld in artikel 3:95 die rechtstreeks of middellijk zijn ingediend door financiële ondernemingen waarop het recht van toepassing is van een staat die geen lidstaat is;
c. de behandeling van kennisgevingen als bedoeld in artikel 3:103 die rechtstreeks of middellijk zijn ingediend door financiële ondernemingen waarop het recht van toepassing is van een staat die geen lidstaat is.
– 2. Het eerste lid is niet van toepassing op:
a. aanvragen van een vergunning ten behoeve van het oprichten van dochtermaatschappijen die tevens dochtermaatschappijen zijn van een financiële onderneming die in een lidstaat een vergunning heeft voor het uitoefenen van het bedrijf van kredietinstelling, levensverzekeraar, schadeverzekeraar of voor het verlenen van financiële diensten als beheerder of beleggingsonderneming;
b. aanvragen voor een verklaring van geen bezwaar voor gekwalificeerde deelnemingen die tevens gekwalificeerde deelnemingen zijn van een financiële onderneming die in een lidstaat een vergunning heeft voor het uitoefenen van een bedrijf van kredietinstelling, levensverzekeraar, schadeverzekeraar of voor het verlenen van financiële diensten als beheerder of beleggingsonderneming;
c. kennisgevingen van een voornemen van een gekwalificeerde deelneming in een elektronischgeldinstelling die tevens gekwalificeerde deelnemingen zijn van een financiële onderneming die in een lidstaat een vergunning heeft voor het uitoefenen van een bedrijf van kredietinstelling, levensverzekeraar, schadeverzekeraar of voor het verlenen van financiële diensten als beheerder of beleggingsonderneming.
– 3. Indien in een staat die geen lidstaat is de markttoegang en de concurrentiemogelijkheden voor financiële ondernemingen met zetel in een lidstaat beperkter zijn dan voor financiële ondernemingen met een zetel in een staat die geen lidstaat is, stelt de toezichthouder de Commissie van de Europese Gemeenschappen desgevraagd in kennis van:
a. aanvragen voor een vergunning voor het uitoefenen van het bedrijf van kredietinstelling, levensverzekeraar, schadeverzekeraar of voor het verlenen van financiële diensten als beheerder of beleggingsonderneming, die rechtstreeks of middellijk zijn ingediend door een financiele onderneming waarop het recht van toepassing is van de staat die geen lidstaat is;
b. aanvragen voor een verklaring van geen bezwaar voor gekwalificeerde deelnemingen in een bank, beheerder of beleggingsonderneming, levensverzekeraar of schadeverzekeraar die rechtstreeks of middellijk zijn ingediend door financiële ondernemingen waarop het recht van toepassing is van de staat die geen lidstaat is, ten gevolge waarvan die bank, beleggingsonderneming, levensverzekeraar of schadeverzekeraar dochtermaatschappij zou worden van de aanvrager.

AFDELING 1.6.2
Registratie

Art. 1:107

– 1. Er is een openbaar register dat wordt gehouden door de registerhouder. De registerhouder draagt zorg voor het goed functioneren van het register en verricht de inschrijving en doorhaling daarin op zodanige wijze dat uit het register is op te maken vanaf welk tijdstip, welke activiteiten de ingeschreven financiële ondernemingen mogen verrichten, met inbegrip van de eventueel gestelde beperkingen, alsmede de staat van de zetel. **Openbaar register**

– 2. De registerhouder draagt onverwijld zorg voor de inschrijving van:

a. financiële ondernemingen:

1° waaraan een vergunning ingevolge deze wet of een ontheffing als bedoeld in artikel 2:23, 2:55, 2:60, 2:65, 2:75, 2:80, 2:86, 2:92, 2:96, 3:5, 3:6, 3:7, 4:3, 5:26, of 5:81, voor zover het een ontheffing betreft van artikel 5:74, eerste lid, of artikel 5:79, is verleend;

2° waarop een vrijstelling van toepassing is, indien zij ingevolge een voorschrift dat aan die vrijstelling is verbonden de toezichthouder in kennis hebben gesteld van hun voornemen om de desbetreffende diensten te verlenen;

3° waaraan het anderszins ingevolge deze wet is toegestaan vanuit een in Nederland gelegen bijkantoor of door middel van dienstverrichting naar Nederland, hun bedrijf uit te oefenen of financiële diensten te verlenen;

4° waaraan een verklaring van ondertoezichtstelling is verleend;

5° waaraan een verbod ingevolge artikel 1:58, tweede lid, 1:58a, tweede lid, 1:58b, tweede lid, 1:58c, derde lid, 1:59, tweede lid, 1:67, eerste lid, 1:77, eerste lid, derde volzin, 4:4, eerste lid, of 4:4a is opgelegd;

6° die aangesloten onderneming zijn als bedoeld in artikel 2:105;

7° waarop de vangnetregeling, bedoeld in afdeling 3.5.6, van toepassing is;

8° die worden beheerd door beheerders waaraan een vergunning is verleend; deze financiële ondernemingen worden in het register opgenomen bij de beheerder die het beheer over hen voert;

9° die zich hebben gemeld als beleggingsmaatschappij met veranderlijk kapitaal;

10° die zijn aangemeld overeenkomstig artikel 2:81, tweede lid, onderdeel b; deze worden in het register opgenomen bij de betrokken aanbieder of aanbieders;

11° die ingevolge artikel 2:99 of 4:26 aan de Autoriteit Financiële Markten hebben gemeld voornemens te zijn het bedrijf van beleggingsonderneming met systematische interne afhandeling uit te oefenen;

12° die zijn aangemeld overeenkomstig artikel 2:97, vijfde lid, aanhef en onderdeel b; deze worden in het register opgenomen bij de betrokken beleggingsonderneming;

13° die hun bedrijf afwikkelen overeenkomstig artikel 1:104, derde lid; en

14° waarop overeenkomstig artikel 1:10, onderdeel a, de ingevolge deze wet gestelde regels niet van toepassing zijn;

b. marktexploitanten waaraan een vergunning of een ontheffing ingevolge deze wet is verleend; en

c. kredietbeoordelingsbureaus waaraan ingevolge artikel 3:57, tweede lid, een erkenning is verleend.

– 3. Onverminderd het eerste lid draagt de toezichthouder onverwijld zorg voor de inschrijving van:

a. de naam en woonplaats van de vertegenwoordiger in Nederland van een verzekeraar met bijkantoor in Nederland of die diensten verricht naar Nederland;

b. de aard van de overeenkomsten van levensverzekering voorzover het levensverzekeraars betreft die door middel van dienstverrichting hun bedrijf in Nederland uitoefenen, dan wel de aard van de risico's van schadeverzekering voorzover het entiteiten voor risicoacceptatie, herverzekeraars of schadeverzekeraars betreft die door middel van dienstverrichting hun bedrijf in Nederland uitoefenen;

c. de gegevens die moeten worden gemeld op grond van:

1° hoofdstuk 5.3, met dien verstande dat deze gegevens worden ingeschreven binnen een werkdag volgend op de werkdag waarop de registerhouder de betreffende melding heeft ontvangen en met uitzondering van adresgegevens van meldingsplichtige natuurlijke personen;

2° artikel 5:25i, tweede of vijfde lid, met inbegrip van het tijdstip waarop de informatie door de uitgevende instelling openbaar is gemaakt; en

3° artikel 5:60, met uitzondering van de adresgegevens van de meldingsplichtigen;

d. prospectussen die op grond van artikel 5:9 zijn goedgekeurd;

e. de namen van de staten die Onze Minister heeft aangewezen ingevolge de artikelen 2:6, 2:50 en 2:66;

f. de lidstaten waarin een ingeschreven bemiddelaar in verzekeringen bevoegd is bemidde-

lingswerkzaamheden te verrichten en de namen van de natuurlijke personen die het beleid van de bemiddelaar bepalen;
g. de naam van de verzekeraar voor wie de volmacht van een ingeschreven gevolmachtigde agent of ondergevolmachtigde agent geldt en de namen van de natuurlijke personen die het beleid van de gevolmachtigde agent of de ondergevolmachtigde agent bepalen; en
h. de financiële producten ten aanzien waarvan een ingeschreven financiëledienstverlener ingevolge deze wet diensten mag verlenen, alsmede de aard van de desbetreffende diensten;
i. de marktexploitant of de beleggingsonderneming waaraan het ingevolge een besluit als bedoeld in artikel 1:58c, derde lid, niet is toegestaan hun voorzieningen in Nederland beschikbaar te stellen voor in Nederland gevestigde leden of deelnemers op afstand.
– 4. Indien van toepassing wordt bij doorhaling vermeld dat het desbetreffende besluit nog niet onherroepelijk is.

Art. 1:108

Inzage en afschrift

– 1. De registerhouder houdt de in artikel 1:107 bedoelde gegevens gedurende ten minste vijf jaar voor een ieder kosteloos ter inzage in het register. De registerhouder verstrekt aan een ieder desgevraagd, tegen betaling van de kostprijs, afschriften uit het register.
– 2. Bij ministeriële regeling kunnen regels worden gesteld met betrekking tot de inrichting en werking van het register.

Art. 1:109

Registratie als gekwalificeerde belegger

– 1. De Autoriteit Financiële Markten houdt een register van de personen die hebben verzocht om, met inachtneming van de in de definitie van gekwalificeerde belegger in artikel 1:1 bedoelde algemene maatregel van bestuur, te worden geregistreerd als gekwalificeerde belegger.
– 2. Aan beheerders, beleggingsinstellingen, uitgevende instellingen, dan wel degenen die voornemens zijn in de uitoefening van een bedrijf opvorderbare gelden aan te trekken of ter beschikking te stellen, of degenen die werkzaamheden verrichten als bedoeld in artikel 4:3, eerste lid, wordt desgevraagd, tegen betaling van ten hoogste de kostprijs, inzage verleend in het register of een afschrift verstrekt uit het register.
– 3. De Autoriteit Financiële Markten draagt onverwijld zorg voor de doorhaling in het register van een inschrijving, indien een ingeschrevene, rechtsopvolger of erfgenaam daarvan, daarom verzoekt.
– 4. Met het oog op de adequate werking van de financiële markten kan de Autoriteit Financiële Markten een inschrijving in het register doorhalen.

Art. 1:109a

Lijst gereglementeerde markten

De Autoriteit Financiële Markten houdt een lijst bij van gereglementeerde markten waarvoor Onze Minister een vergunning als bedoeld in artikel 5:26, eerste lid, heeft verleend en zendt deze lijst aan de overige lidstaten en aan de Commissie van de Europese Gemeenschappen.

AFDELING 1.6.3
Beroep

Art. 1:110

Beroep

– 1. Indien beroep wordt ingesteld tegen een besluit op grond van deze wet of indien om een voorlopige voorziening wordt verzocht ingevolge deze wet is, in afwijking van artikel 8:7 van de Algemene wet bestuursrecht, de rechtbank te Rotterdam bevoegd.
– 2. Ten aanzien van een besluit ingevolge hoofdstuk 5.1, artikel 5:77, eerste lid, of artikel 5:81, derde lid, of terzake van het ingevolge artikel 5:76, tweede lid of artikel 5:80b, vijfde lid, bepaalde, met uitzondering van een besluit tot het opleggen van een bestuurlijke boete als bedoeld in artikel 1:80, blijft artikel 7:1 van de Algemene wet bestuursrecht buiten toepassing.
– 3. In afwijking van het eerste lid is voor beroepen tegen besluiten als bedoeld in het tweede lid, met uitzondering van besluiten tot het opleggen van een bestuurlijke boete, het College van Beroep voor het bedrijfsleven bevoegd.

4 DEEL GEDRAGSTOEZICHT FINANCIËLE ONDERNEMINGEN

HOOFDSTUK 4.1
Inleidende bepalingen

AFDELING 4.1.1
Reikwijdte

Art. 4:1

Territoriale reikwijdte

– 1. Dit deel is, voor zover niet anders is bepaald, van toepassing op:
a. financiëledienstverleners waaraan het ingevolge hoofdstuk 2.2 is toegestaan in Nederland financiële diensten te verlenen of die een verklaring van ondertoezichtstelling als bedoeld in artikel 3:110 hebben, en hebben voldaan aan artikel 3:110, vierde of vijfde lid;

b. beleggingsondernemingen met zetel in Nederland of in een staat die geen lidstaat is waaraan het ingevolge hoofdstuk 2.2 is toegestaan beleggingsdiensten te verlenen of beleggingsactiviteiten te verrichten;
c. beleggingsinstellingen waaraan het ingevolge afdeling 2.2.7 is toegestaan in Nederland rechten van deelneming aan te bieden, de beheerders van die beleggingsinstellingen en de eventueel aan die beleggingsinstellingen verbonden bewaarders; en
d. clearinginstellingen waaraan het ingevolge afdeling 2.2.1 is toegestaan in Nederland hun bedrijf uit te oefenen voorzover ze optreden voor cliënten met zetel in Nederland.
– 2. De artikelen 4:4a, 4:14, tweede lid, aanhef en onderdeel c, 4:19, 4:20, 4:22, 4:23, 4:24, 4:89, 4:90, 4:90a, 4:90b, 4:90c, 4:90d, 4:90e, paragraaf 4.3.7.3. en paragraaf 4.3.7.4. zijn van toepassing op beleggingsondernemingen met een bijkantoor in Nederland waaraan het ingevolge paragraaf 2.2.12.2. is toegestaan in Nederland beleggingsdiensten te verlenen of beleggingsactiviteiten te verrichten.

Art. 4:2

Gemeentelijke kredietbank

– 1. Met uitzondering van de artikelen 4:36 en 4:37 is dit deel niet van toepassing op het aanbieden van krediet door een gemeentelijke kredietbank indien voor de bedrijfsvoering van die gemeentelijke kredietbank op grond van artikel 4:37, eerste en tweede lid, een reglement is vastgesteld en goedgekeurd.
– 2. De artikelen 4:9, eerste lid, en 4:10 zijn niet van toepassing op personen die het dagelijks beleid van een gemeentelijke kredietbank bepalen, die het beleid van een gemeentelijke kredietbank bepalen of mede bepalen of die onderdeel zijn van een orgaan dat is belast met het toezicht op het beleid en de algemene gang van zaken van een gemeentelijke kredietbank en tevens lid of voorzitter zijn van een gemeenteraad dan wel deel uitmaken van een college van burgemeester en wethouders.

Art. 4:2a

Gevolmachtigde

Het ingevolge dit deel bepaalde is niet van toepassing op het in de uitoefening van een beroep of bedrijf als gevolmachtigde of ondergevolmachtigde van een herverzekeraar voor diens rekening sluiten van een herverzekering met een natura-uitvaartverzekeraar, levensverzekeraar of schadeverzekeraar of andere herverzekeraar.

AFDELING 4.1.2
Bijzondere bepalingen

Art. 4:3

Bemiddelingsverbod

– 1. Het is een ieder verboden in Nederland of vanuit Nederland in een andere lidstaat als dienst van de informatiemaatschappij als bedoeld in artikel 15d, derde lid, van Boek 3 van het Burgerlijk Wetboek in de uitoefening van een beroep of bedrijf als tussenpersoon werkzaamheden te verrichten ten behoeve van het buiten besloten kring aantrekken of ter beschikking verkrijgen van opvorderbare gelden van anderen dan professionele marktpartijen.
– 2. Het eerste lid is niet van toepassing op:
a. banken die een door de Nederlandsche Bank verleende vergunning als bedoeld in artikel 2:11, eerste lid, of 2:20, eerste lid, hebben en banken met zetel in een andere lidstaat die hun bedrijf uitoefenen vanuit een in Nederland gelegen bijkantoor of door middel van het verrichten van diensten naar Nederland, die hebben voldaan aan het in artikel 2:15 of 2:16 bepaalde met betrekking tot het verrichten van de werkzaamheden, genoemd onder 1 in bijlage I van de herziene richtlijn banken;
b. banken met zetel in een andere lidstaat die een door de toezichthoudende instantie van die lidstaat verleende vergunning hebben voor het uitoefenen van hun bedrijf en die hebben voldaan aan de in die andere lidstaat geldende verplichtingen voor het verrichten van diensten naar een andere lidstaat;
c. de lidstaten, alsmede de regionale of lokale overheden van de lidstaten;
d. internationaal publiekrechtelijke instellingen waarin of waaraan een of meer lidstaten deelnemen;
e. beleggingsondernemingen die een door de Autoriteit Financiële Markten verleende vergunning als bedoeld in artikel 2:96 hebben;
f. beleggingsondernemingen met zetel in een andere lidstaat die beleggingsdiensten verlenen of beleggingsactiviteiten verrichten door middel van het verrichten van diensten naar Nederland, die hebben voldaan aan artikel 2:102; en
g. bemiddelaars die voor het bemiddelen in een betaalrekening of spaarrekening een door de Autoriteit Financiële Markten verleende vergunning als bedoeld in artikel 2:80, eerste lid, hebben.
– 3. Bij ministeriële regeling kan vrijstelling worden geregeld van het eerste lid.
– 4. De Autoriteit Financiële Markten kan op aanvraag, al dan niet voor bepaalde tijd, ontheffing verlenen van het eerste lid, indien de aanvrager aantoont dat de belangen die dit deel be-

oogt te beschermen anderszins voldoende worden beschermd. Bij of krachtens algemene maatregel van bestuur kunnen regels worden gesteld waaraan de houder van een ontheffing dient te voldoen en met betrekking tot het verlenen van een ontheffing.

Art. 4:4

Activiteitenverbod

– 1. Indien een financiële onderneming die geen door de Autoriteit Financiële Markten verleende vergunning heeft de ingevolge dit deel gestelde regels die op haar van toepassing zijn niet naleeft, kan de Autoriteit Financiële Markten aan die financiële onderneming een verbod opleggen de met die regels strijdige activiteiten te verrichten.

– 2. Het eerste lid heeft geen betrekking op de afwikkeling van overeenkomsten die gesloten zijn voor het tijdstip waarop het verbod wordt opgelegd.

– 3. Indien de in het eerste lid bedoelde financiële onderneming haar zetel heeft in een andere staat stelt de Autoriteit Financiële Markten de toezichthoudende instantie van die andere staat in kennis van het door haar opgelegde verbod.

– 4. Het eerste tot en met het derde lid zijn niet van toepassing op:
a. beheerders van instellingen voor collectieve belegging in effecten met zetel in een andere lidstaat;
b. bemiddelaars als bedoeld in artikel 2:81, tweede lid;
c. verbonden agenten als bedoeld in artikel 2:97, vijfde lid en artikel 2:98, tweede lid;
d. bemiddelaars in verzekeringen met zetel in een andere lidstaat;
e. financiëledienstverleners met zetel in een andere lidstaat die het bedrijf van financiële instelling, kredietinstelling of verzekeraar uitoefenen; en
f. herverzekeringsbemiddelaars met zetel in een andere lidstaat.

Art. 4:4a

Verbod bedrijfsuitoefening

De Autoriteit Financiële Markten kan aan een beleggingsonderneming met systematische interne afhandeling een verbod opleggen tot het uitoefenen van het bedrijf van beleggingsonderneming met systematische interne afhandeling, indien de beleggingsonderneming de ingevolge paragraaf 4.3.7.3 gestelde regels die op haar van toepassing zijn niet naleeft.

Art. 4:4b

Aanwijzing

– 1. De Autoriteit Financiële Markten kan een beleggingsonderneming die in Nederland het bedrijf uitoefent van beleggingsonderneming met systematische interne afhandeling of een beleggingsonderneming die in Nederland een multilaterale handelsfaciliteit exploiteert, door middel van het geven van een aanwijzing verplichten om binnen een door de Autoriteit Financiële Markten gestelde redelijke termijn de handel in een bepaald financieel instrument op te schorten, te onderbreken of door te halen, indien dit met het oog op de bescherming van het belang van de beleggers in het financieel instrument of de ordelijke handel in het financieel instrument noodzakelijk is.

– 2. Nadat de Autoriteit Financiële Markten een aanwijzing als bedoeld in het eerste lid heeft gegeven, kan zij de rechtbank te Rotterdam verzoeken het desbetreffende financieel instrument uit te sluiten van de systematische interne afhandeling of van de handel op de multilaterale handelsfaciliteit, indien dit met het oog op de bescherming van het belang van de beleggers in het financieel instrument of de ordelijke handel in het financieel instrument noodzakelijk is.

Art. 4:5

Houder collectieve vergunning

– 1. Voor de toepassing van het bepaalde ingevolge dit deel met betrekking tot het verlenen van financiële diensten, met uitzondering van het aanbieden van rechten van deelneming in een beleggingsinstelling geldt het handelen en het nalaten te handelen van een aangesloten onderneming als bedoeld in artikel 2:105, eerste en tweede lid, als het handelen onderscheidenlijk het nalaten te handelen van de rechtspersoon, bedoeld in artikel 2:105, eerste lid, onderscheidenlijk de rechtspersoon, bedoeld in artikel 2:105, vierde lid.

– 2. De rechtspersoon als bedoeld in artikel 2:105, eerste lid, maakt bij de Autoriteit Financiële Markten onverwijld melding van de aansluiting van een onderneming als bedoeld in artikel 2:105, tweede lid, en van de beëindiging van de aansluiting van een aangesloten onderneming als bedoeld in artikel 2:105, eerste of tweede lid.

– 3. Bij of krachtens algemene maatregel van bestuur kunnen regels worden gesteld met betrekking tot de wijze waarop de melding, bedoeld in het tweede lid, wordt gedaan, de gegevens die daarbij worden verstrekt en de bescheiden die daarbij worden overgelegd.

Art. 4:6

Verbonden bemiddelaar

– 1. Een aanbieder die niet langer verantwoordelijk is voor een bemiddelaar als bedoeld in artikel 2:81, tweede lid, maakt daarvan onverwijld melding aan de Autoriteit Financiële Markten en de betrokken bemiddelaar.

– 2. Bij of krachtens algemene maatregel van bestuur kunnen regels worden gesteld met betrekking tot de wijze waarop de melding, bedoeld in het eerste lid, wordt gedaan, de gegevens die daarbij worden verstrekt en de bescheiden die daarbij worden overgelegd.

Art. 4:6a

Groep

– 1. Een onderneming die, alleen of samen met een andere onderneming, aan het hoofd staat van een groep waartoe een financiële onderneming behoort waarop het ingevolge dit deel bepaalde van toepassing is, onthoudt zich van gedragingen of een beleid dat tot gevolg heeft dat die financiële onderneming in strijd handelt met het ingevolge dit deel bepaalde.

– 2. Ten aanzien van de onderneming, bedoeld in het eerste lid, is artikel 1:75 van overeenkomstige toepassing.

AFDELING 4.1.3

Vrijstelling

Art. 4:7

Vrijstelling

Bij ministeriële regeling kan vrijstelling worden geregeld van het ingevolge dit deel, met uitzondering van paragraaf 4.3.1.5., bepaalde.

HOOFDSTUK 4.2

Regels voor het werkzaam zijn op de financiële markten betreffende alle financiële diensten

AFDELING 4.2.1

Deskundigheid, betrouwbaarheid en integriteit

Art. 4:8

Reikwijdte

– 1. Deze afdeling is niet van toepassing op:

a. beheerders van instellingen voor collectieve belegging in effecten met zetel in een andere lidstaat, instellingen voor collectieve belegging in effecten met zetel in een andere lidstaat en de eventueel aan die instellingen verbonden bewaarders;

b. beheerders van beleggingsinstellingen met zetel in een aangewezen staat en beleggingsinstellingen met zetel in een aangewezen staat en de eventueel aan die beleggingsinstellingen verbonden bewaarders;

c. bemiddelaars in verzekeringen met zetel in een andere lidstaat;

d. financiëledienstverleners met zetel in een andere lidstaat of een aangewezen staat die het bedrijf van financiële instelling, kredietinstelling of verzekeraar uitoefenen; en

e. herverzekeringsbemiddelaars met zetel in een andere lidstaat.

– 2. Deze afdeling is niet van toepassing op beleggingsondernemingen die voor de uitoefening van het bedrijf van bank een door de Nederlandsche Bank verleende vergunning hebben of voor de uitoefening van het bedrijf van financiële instelling een door de Nederlandsche Bank verleende verklaring van ondertoezichtstelling hebben.

– 3. Deze afdeling, met uitzondering van artikel 4:9, tweede lid, is niet van toepassing op financiëledienstverleners die voor de uitoefening van het bedrijf van kredietinstelling of verzekeraar een door de Nederlandsche Bank verleende vergunning hebben of voor de uitoefening van het bedrijf van financiële instelling een door de Nederlandsche Bank verleende verklaring van ondertoezichtstelling hebben.

Art. 4:9

Deskundigheid en vakbekwaamheid

– 1. Het dagelijks beleid van een beheerder, beleggingsmaatschappij, beleggingsonderneming, bewaarder of financiëledienstverlener wordt bepaald door personen die deskundig zijn in verband met de uitoefening van het bedrijf van de financiële onderneming.

– 2. Een financiëledienstverlener draagt zorg voor de vakbekwaamheid van zijn werknemers en van andere natuurlijke personen die zich onder zijn verantwoordelijkheid rechtstreeks bezighouden met het verlenen van financiële diensten aan consumenten of, indien het financiële diensten met betrekking tot verzekeringen of herverzekeringsbemiddelen betreft, cliënten. Hiertoe beschikt in ieder geval een zodanig aantal feitelijk leidinggevenden van de financiële onderneming over voldoende vakbekwaamheid dat de kwaliteit van de financiële diensten aan de consument onderscheidenlijk de cliënt kan worden gewaarborgd.

– 3. Bij of krachtens algemene maatregel van bestuur kunnen regels worden gesteld met betrekking tot de vakbekwaamheid van de personen, bedoeld in het tweede lid. Bij algemene maatregel van bestuur kan worden bepaald dat Onze Minister volgens daarbij te stellen regels exameninstituten erkent die bevoegd zijn tot het afgeven van diploma's waarmee de vakbekwaamheid wordt aangetoond. Daarbij kunnen tevens regels worden gesteld met betrekking tot het toezicht op de naleving van die regels.

– 4. De Autoriteit Financiële Markten kan op aanvraag geheel of gedeeltelijk, al dan niet voor bepaalde tijd, ontheffing verlenen van het tweede lid en het op grond van het derde lid bepaalde, indien de aanvrager aantoont dat daaraan redelijkerwijs niet kan worden voldaan en dat de doeleinden die dit artikel beoogt te bereiken anderszins worden bereikt.

– 5. Indien het dagelijks beleid van een multilaterale handelsfaciliteit die wordt geëxploiteerd door een marktexploitant waaraan een vergunning als bedoeld in artikel 5:26, eerste lid, is verleend, wordt bepaald door dezelfde personen als degenen die het dagelijks beleid van de door de marktexploitant geëxploiteerde gereglementeerde markt bepalen, worden die personen geacht te voldoen aan het eerste lid.

Art. 4:10

Betrouwbaarheid

– 1. Het beleid van een beheerder, beleggingsmaatschappij, beleggingsonderneming, bewaarder of financiëledienstverlener wordt bepaald of mede bepaald door personen wier betrouwbaarheid buiten twijfel staat. Indien binnen de financiële onderneming een orgaan is belast met toezicht op het beleid en de algemene gang van zaken van de financiële onderneming wordt dit toezicht gehouden door personen wier betrouwbaarheid buiten twijfel staat.

– 2. De betrouwbaarheid van een persoon als bedoeld in het eerste lid staat buiten twijfel wanneer dat eenmaal door een toezichthouder voor de toepassing van deze wet is vastgesteld, zolang niet een wijziging in de relevante feiten of omstandigheden een redelijke aanleiding geeft tot een nieuwe beoordeling.

– 3. Bij of krachtens algemene maatregel van bestuur worden regels gesteld met betrekking tot de wijze waarop wordt vastgesteld dat de betrouwbaarheid van een persoon als bedoeld in het eerste lid buiten twijfel staat en welke feiten en omstandigheden daarbij in aanmerking worden genomen.

Art. 4:11

Integriteit

– 1. Een beheerder, beleggingsinstelling, beleggingsonderneming of bewaarder voert een adequaat beleid dat een integere uitoefening van zijn onderscheidenlijk haar bedrijf waarborgt. Hieronder wordt verstaan dat:

a. belangenverstrengeling wordt tegengegaan;

b. wordt tegengegaan dat de financiële onderneming of haar werknemers strafbare feiten of andere wetsovertredingen begaan die het vertrouwen in de financiële onderneming of in de financiële markten kunnen schaden;

c. wordt tegengegaan dat wegens haar cliënten het vertrouwen in de financiële onderneming of in de financiële markten kan worden geschaad; en

d. wordt tegengegaan dat andere handelingen door de financiële onderneming of haar werknemers worden verricht die op een dusdanige wijze ingaan tegen hetgeen volgens het ongeschreven recht in het maatschappelijk verkeer betaamt, dat hierdoor het vertrouwen in de financiële onderneming of in de financiële markten ernstig kan worden geschaad.

– 2. Een financiëledienstverlener voert een adequaat beleid dat een integere uitoefening van zijn bedrijf waarborgt. Hieronder wordt verstaan dat wordt tegengegaan dat de financiëledienstverlener of zijn werknemers strafbare feiten of andere wetsovertredingen begaan die het vertrouwen in de financiëledienstverlener of in de financiële markten kunnen schaden. Bij algemene maatregel van bestuur kunnen andere onderwerpen worden aangewezen die tot de integere uitoefening van het bedrijf van een financiëledienstverlener worden gerekend.

– 3. Bij of krachtens algemene maatregel van bestuur kunnen regels worden gesteld met betrekking tot de minimumvoorwaarden waaraan het beleid, bedoeld in het eerste en tweede lid, moet voldoen.

– 4. Een financiële onderneming als bedoeld in het eerste of tweede lid verstrekt aan de Autoriteit Financiële Markten bij algemene maatregel van bestuur te bepalen informatie over incidenten die verband houden met de onderwerpen, bedoeld in het eerste en tweede lid.

– 5. De Autoriteit Financiële Markten kan op aanvraag geheel of gedeeltelijk, al dan niet voor bepaalde tijd, ontheffing verlenen van het op grond van het derde lid bepaalde, met uitzondering van het met betrekking tot het verlenen van een beleggingsdienst of verrichten van een beleggingsactiviteit of nevendienst bepaalde, indien de aanvrager aantoont dat daaraan redelijkerwijs niet kan worden voldaan en dat de doeleinden die dit artikel beoogt te bereiken anderszins worden bereikt.

AFDELING 4.2.2

Structurering en inrichting

Art. 4:12

Uitzonderingen

– 1. De artikelen 4:13, 4:14 en 4:17 zijn niet van toepassing op:

a. beheerders van instellingen voor collectieve belegging in effecten met zetel in een andere lidstaat, instellingen voor collectieve belegging in effecten met zetel in een andere lidstaat en de eventueel aan die instellingen verbonden bewaarders; en

b. beheerders van beleggingsinstellingen met zetel in een aangewezen staat, beleggingsinstellingen met zetel in een aangewezen staat en de eventueel aan die beleggingsinstellingen verbonden bewaarders.

– 2. De artikelen 4:13, 4:15 en 4:17 zijn niet van toepassing op:

a. bemiddelaars in verzekeringen met zetel in een andere lidstaat;

b. financiëledienstverleners met zetel in een andere lidstaat of een aangewezen staat die het bedrijf van financiële instelling, kredietinstelling of verzekeraar uitoefenen; en
c. herverzekeringsbemiddelaars met zetel in een andere lidstaat.

– 3. Artikel 4:17 is niet van toepassing op clearinginstellingen met zetel in een aangewezen staat.

– 4. Artikel 4:13 en het ingevolge artikel 4:14, tweede lid, aanhef en onderdelen a en b, bepaalde zijn niet van toepassing op beleggingsondernemingen die voor de uitoefening van het bedrijf van bank een door de Nederlandsche Bank verleende vergunning hebben of voor de uitoefening van het bedrijf van financiële instelling een door de Nederlandsche Bank verleende verklaring van ondertoezichtstelling hebben.

– 5. Artikel 4:13 is niet van toepassing op financiëledienstverleners die voor de uitoefening van het bedrijf van kredietinstelling of verzekeraar een door de Nederlandsche Bank verleende vergunning hebben of voor de uitoefening van het bedrijf van financiële instelling een door de Nederlandsche Bank verleende verklaring van ondertoezichtstelling hebben.

Art. 4:13

Transparantie

– 1. Een beheerder, beleggingsmaatschappij, beleggingsonderneming, bewaarder of financiëledienstverlener is niet met personen verbonden in een formele of feitelijke zeggenschapsstructuur die in zodanige mate ondoorzichtig is dat deze een belemmering vormt of kan vormen voor het adequaat uitoefenen van toezicht op de beheerder, de door de beheerder beheerde beleggingsinstellingen, de beleggingsmaatschappij, de beleggingsonderneming, de bewaarder onderscheidenlijk de financiëledienstverlener.

– 2. Een beheerder, beleggingsmaatschappij, beleggingsonderneming, bewaarder of financiëledienstverlener is niet met personen verbonden in een formele of feitelijke zeggenschapsstructuur indien het recht van een staat die geen lidstaat is, dat op die personen van toepassing is, een belemmering vormt of kan vormen voor het adequaat uitoefenen van toezicht op de beheerder, de door de beheerder beheerde beleggingsinstellingen, de beleggingsmaatschappij, de beleggingsonderneming, de bewaarder onderscheidenlijk de financiëledienstverlener.

Art. 4:14

Beheerste en integere bedrijfsvoering

– 1. Een beheerder, beleggingsinstelling, beleggingsonderneming of bewaarder richt de bedrijfsvoering zodanig in dat deze een beheerste en integere uitoefening van zijn onderscheidenlijk haar bedrijf waarborgt.

– 2. Bij of krachtens algemene maatregel van bestuur worden regels gesteld met betrekking tot het eerste lid. Deze regels hebben betrekking op:
a. het beheersen van bedrijfsprocessen en bedrijfsrisico's;
b. integriteit, waaronder wordt verstaan het tegengaan van:
1° belangenverstrengeling;
2° het begaan van strafbare feiten of andere wetsovertredingen door de financiële onderneming of haar werknemers die het vertrouwen in de financiële onderneming of in de financiële markten kunnen schaden;
3° relaties met cliënten of deelnemers die het vertrouwen in de financiële onderneming of in de financiële markten kunnen schaden; en
4° andere handelingen door de financiële onderneming of haar werknemers die op een dusdanige wijze ingaan tegen hetgeen volgens het ongeschreven recht in het maatschappelijk verkeer betaamt, dat hierdoor het vertrouwen in de financiële onderneming of in de financiële markten ernstig kan worden geschaad; en
c. ordelijke en transparante financiëlemarktprocessen, zuivere verhoudingen tussen marktpartijen en zorgvuldige behandeling van cliënten en deelnemers, waaronder wordt verstaan:
1° het waarborgen van de informatieverstrekking aan cliënten of deelnemers;
2° het waarborgen van de vastlegging van de relatie met de cliënten of deelnemers;
3° het waarborgen van de zorgvuldige behandeling van cliënten of deelnemers;
4° het tegengaan van belangenconflicten tussen de financiële onderneming en cliënten of deelnemers en tussen de cliënten of deelnemers onderling;
5° het waarborgen van de rechten van cliënten of deelnemers; en
6° andere bij algemene maatregel van bestuur te bepalen onderwerpen.

– 3. Onverminderd de artikelen 3:17 en 3:27 kunnen bij of krachtens algemene maatregel van bestuur ten aanzien van clearinginstellingen met zetel in Nederland en bijkantoren van clearinginstellingen met zetel in een niet-aangewezen staat regels worden gesteld met betrekking tot de onderwerpen, bedoeld in het tweede lid, onderdeel c.

– 4. De Autoriteit Financiële Markten kan op aanvraag geheel of gedeeltelijk, al dan niet voor bepaalde tijd, ontheffing verlenen van het op grond van het tweede lid bepaalde, met uitzondering van het met betrekking tot het verlenen van een beleggingsdienst of verrichten van een beleggingsactiviteit of nevendienst bepaalde, indien de aanvrager aantoont dat daaraan redelijkerwijs niet kan worden voldaan en dat de doeleinden die dit artikel beoogt te bereiken anderszins worden bereikt.

Art. 4:15

Financiëledienstverlener

– 1. Een financiëledienstverlener die niet het bedrijf van financiële instelling, kredietinstelling of verzekeraar uitoefent, richt de bedrijfsvoering zodanig in dat deze een beheerste en integere uitoefening van zijn bedrijf waarborgt.

– 2. Bij of krachtens algemene maatregel van bestuur kunnen regels worden gesteld met betrekking tot het eerste lid. Deze regels hebben betrekking op:

a. integriteit, waaronder wordt verstaan:

1° het tegengaan van het begaan van strafbare feiten en andere wetsovertredingen door de financiëledienstverlener of zijn werknemers die het vertrouwen in de financiëledienstverlener of in de financiële markten kunnen schaden; en

2° het nemen van maatregelen met betrekking tot andere bij algemene maatregel van bestuur aan te wijzen onderwerpen die tot de integere uitoefening van het bedrijf van een financiëledienstverlener worden gerekend; en

b. ordelijke en transparante financiëlemarktprocessen, zuivere verhoudingen tussen marktpartijen en zorgvuldige behandeling van cliënten en consumenten, waaronder wordt verstaan:

1° het waarborgen van de informatieverstrekking aan cliënten of consumenten; en

2° het waarborgen van de zorgvuldige behandeling van cliënten of consumenten.

– 3. Het ingevolge het tweede lid, aanhef en onderdeel *b*, bepaalde is van overeenkomstige toepassing op financiëledienstverleners die het bedrijf van financiële instelling, kredietinstelling of verzekeraar uitoefenen.

– 4. De Autoriteit Financiële Markten kan op aanvraag geheel of gedeeltelijk, al dan niet voor bepaalde tijd, ontheffing verlenen van het op grond van het tweede lid bepaalde, indien de aanvrager aantoont dat daaraan redelijkerwijs niet kan worden voldaan en dat de doeleinden die dit artikel beoogt te bereiken anderszins worden bereikt.

Art. 4:16

Uitbestede werkzaamheden

– 1. Indien een financiële onderneming werkzaamheden uitbesteedt aan een derde, draagt die financiële onderneming er zorg voor dat deze derde de ingevolge dit deel met betrekking tot die werkzaamheden op de uitbestedende financiële onderneming van toepassing zijnde regels naleeft.

– 2. Een beheerder of beleggingsonderneming besteedt bij algemene maatregel van bestuur aan te wijzen werkzaamheden niet uit.

– 3. Bij of krachtens algemene maatregel van bestuur:

a. worden in verband met het toezicht op de naleving van het ingevolge dit deel bepaalde, regels gesteld met betrekking tot het uitbesteden van werkzaamheden door financiële ondernemingen;

b. worden regels gesteld met betrekking tot de beheersing van risico's die verband houden met het uitbesteden van werkzaamheden door beheerders, bewaarders en beleggingsondernemingen; en

c. worden regels gesteld met betrekking tot de tussen een beheerder, bewaarder of beleggingsonderneming en de derde te sluiten overeenkomst inzake het uitbesteden van werkzaamheden.

Art. 4:17

Klachtenbehandeling

– 1. Een beheerder, beleggingsonderneming die beleggingsdiensten verleent, clearinginstelling of financiëledienstverlener draagt zorg voor een adequate behandeling van klachten van cliënten, consumenten of deelnemers over financiële diensten of financiële producten van de financiële onderneming. Hiertoe:

a. beschikt de financiële onderneming over een interne klachtenprocedure, gericht op een spoedige en zorgvuldige behandeling van klachten; en

b. is de financiële onderneming aangesloten bij een door Onze Minister erkende geschilleninstantie die geschillen behandelt met betrekking tot financiële diensten of financiële producten van de financiële onderneming, tenzij er geen zodanige geschilleninstantie is.

– 2. Het eerste lid, onderdeel b, is niet van toepassing op financiële ondernemingen voorzover zij:

a. rechten van deelneming in beleggingsinstellingen aanbieden;

b beleggingsdiensten uitsluitend voor professionele beleggers verlenen; of

c. optreden als clearinginstelling.

– 3. Bij algemene maatregel van bestuur kunnen regels worden gesteld met betrekking tot de afhandeling van klachten en worden regels gesteld met betrekking tot de erkenning van geschilleninstanties, de behandeling van geschillen door erkende geschilleninstanties en de door erkende geschilleninstanties aan Onze Minister te verstrekken informatie.

AFDELING 4.2.3
Zorgvuldige dienstverlening

Art. 4:18

Reikwijdte

– 1. Deze afdeling is niet van toepassing op:
a. herverzekeringsbemiddelaars; en
b. financiële diensten met betrekking tot de verzekering van grote risico's.
– 2. Voor de toepassing van het ingevolge de artikelen 4:19, 4:20, 4:21 en 4:22 bepaalde wordt onder natura-uitvaartverzekering mede verstaan een overeenkomst die strekt tot fondsvorming ter voldoening van de verzorging van de uitvaart van een natuurlijke persoon, indien de overeenkomst wordt aangegaan door een natura-uitvaartverzekeraar en voor de natura-uitvaartverzekeraar geen beleggingsrisico met zich brengt.

Art. 4:18a

Kwalificatie cliënten

– 1. Een beleggingsonderneming kwalificeert haar cliënten als in aanmerking komende tegenpartij, professionele belegger of als niet-professionele belegger en stelt hen daarvan in kennis.
– 2. De beleggingsonderneming informeert haar cliënten op een duurzame drager dat zij kunnen verzoeken om een andere kwalificatie en informeert hen over het daaruit voortvloeiende lagere of hogere beschermingsniveau.

Art. 4:18b

Kwalificatie als in aanmerking komende tegenpartij

– 1. De artikelen 4:19, 4:20, 4:22, 4:23, 4:24, 4:89, 4:90, 4:90a, 4:90b, 4:90c en 4:90d, eerste lid, zijn niet van toepassing op het ontvangen en doorgeven van orders en het uitvoeren van orders of rechtstreeks daarmee verband houdende nevendiensten met in aanmerking komende tegenpartijen.
– 2. Een beleggingsonderneming kan een professionele belegger als bedoeld in onderdeel o van de definitie van professionele belegger in artikel 1:1, of een onderneming met zetel in een andere lidstaat die geen in aanmerking komende tegenpartij is in de zin van artikel 1:1 en in die lidstaat wordt aangemerkt als in aanmerking komende tegenpartij, kwalificeren als in aanmerking komende tegenpartij indien de cliënt heeft ingestemd met die kwalificatie.
– 3. Een beleggingsonderneming kan, in afwijking van het eerste lid, op verzoek van een in aanmerking komende tegenpartij elk van de artikelen 4:19, 4:20, 4:22, 4:23, 4:24, 4:89, 4:90, 4:90a, 4:90b, 4:90c en 4:90d, eerste lid, jegens die partij per transactie of in het algemeen toepassen. In een dergelijk geval is het in dit deel met betrekking tot professionele beleggers bepaalde van overeenkomstige toepassing, tenzij de in aanmerking komende tegenpartij met de beleggingsonderneming is overeengekomen om voor de toepassing daarvan als niet-professionele belegger te worden behandeld.
– 4. Een beleggingsonderneming kan een in aanmerking komende tegenpartij op eigen initiatief per transactie of in het algemeen aanmerken als professionele belegger of als niet-professionele belegger.
– 5. Een onderneming die voldoet aan artikel 4:18c, eerste en tweede lid, kan de beleggingsonderneming verzoeken om als in aanmerking komende tegenpartij te worden aangemerkt indien zij voor de beleggingsdiensten of beleggingsactiviteiten, bedoeld in het eerste lid, als professionele belegger is aangemerkt op grond van artikel 4:18c, derde lid.

Art. 4:18c

Kwalificatie als professionele belegger

– 1. Een beleggingsonderneming kan een niet-professionele belegger op diens verzoek als professionele belegger aanmerken indien hij naar het oordeel van de beleggingsonderneming over voldoende deskundigheid, kennis en ervaring met betrekking tot de aard van de beoogde beleggingsdiensten, beleggingsactiviteiten of nevendiensten beschikt om zelf beleggingsbeslissingen te nemen en de daaraan verbonden risico's in te schatten.
– 2. Een niet-professionele belegger wordt geacht over voldoende deskundigheid, kennis en ervaring als bedoeld in het eerste lid te beschikken indien hij voldoet aan ten minste twee van de volgende drie criteria:
1° tijdens de voorafgaande vier kwartalen heeft de cliënt op de desbetreffende markt per kwartaal gemiddeld tien transacties van significante omvang verricht;
2° de omvang van de portefeuille financiële instrumenten en deposito's in geld van de niet-professionele belegger is groter dan € 500 000; of
3° de niet-professionele belegger is gedurende ten minste een jaar werkzaam of werkzaam geweest in de financiële sector, waar hij een beroep uitoefent of heeft uitgeoefend waarbij kennis van de beoogde beleggingsdiensten, beleggingsactiviteiten of nevendiensten vereist is of was.
– 3. In een overeenkomst tussen de beleggingsonderneming en de niet-professionele belegger wordt gespecificeerd voor welke beleggingsdiensten, soorten financiële instrumenten of transacties de kwalificatie als professionele belegger geldt.

– 4. Bij algemene maatregel van bestuur worden regels gesteld met betrekking tot de te volgen procedure.

Art. 4:18d

Kwalificatie als niet-professionele belegger

– 1. Een beleggingsonderneming kan een cliënt die professionele belegger is op diens verzoek of op eigen initiatief per beleggingsdienst, transactie of in het algemeen als niet-professionele belegger aanmerken. De beleggingsonderneming stelt een cliënt die professionele belegger is ervan in kennis dat hij kan verzoeken om als niet-professionele belegger te worden aangemerkt, tenzij de beleggingsonderneming een beleidslijn heeft vastgelegd waaruit blijkt dat zij een dergelijk verzoek niet zal inwilligen.
– 2. Indien de beleggingsonderneming en de cliënt overeenkomen dat de cliënt als niet-professionele belegger wordt aangemerkt, wordt dat vastgelegd in een overeenkomst. Daarin wordt bepaald voor welke beleggingsdiensten, soorten financiële instrumenten of transacties de kwalificatie als niet-professionele belegger geldt.

Art. 4:18e

Interne gedragsregels en procedures

– 1. Een beleggingsonderneming legt gedragsregels en procedures vast met betrekking tot het al dan niet kwalificeren van haar cliënten als professionele belegger.
– 2. Indien een beleggingsonderneming constateert dat een niet-professionele belegger structureel niet meer voldoet aan de voorwaarden om als professionele belegger in aanmerking te komen, merkt zij hem aan als niet-professionele belegger en stelt zij hem daarvan in kennis

Art. 4:19

Informatievoorziening, algemene regels

– 1. Een financiële onderneming draagt er zorg voor dat de door of namens haar verstrekte of beschikbaar gestelde informatie ter zake van een financieel product, financiële dienst of nevendienst, waaronder reclame-uitingen, geen afbreuk doet aan ingevolge dit deel te verstrekken of beschikbaar te stellen informatie.
– 2. De door een beleggingsonderneming aan cliënten verstrekte informatie is correct, duidelijk en niet misleidend. De vorige volzin is van overeenkomstige toepassing op informatie die ingevolge deze afdeling is verstrekt door een financiële onderneming die geen beleggingsonderneming is.
– 3. De financiële onderneming draagt er zorg voor dat het commerciële oogmerk van de verstrekte of beschikbaar gestelde informatie als zodanig herkenbaar is.
– 4. Bij of krachtens algemene maatregel van bestuur worden regels gesteld met betrekking tot het tweede lid, voor zover de informatie, bedoeld in dat lid, verstrekt wordt in het kader van het verlenen van beleggingsdiensten.

Art. 4:20

Informatieverstrekking voorafgaand aan advies of transactie

– 1. Voorafgaand aan het adviseren, het verlenen van een beleggingsdienst, het verlenen van een nevendienst of de totstandkoming van een overeenkomst inzake een financieel product niet zijnde een financieel instrument verstrekt een beleggingsonderneming of financiëledienstverlener de consument of, indien het een financieel instrument of verzekering betreft, de cliënt informatie voor zover dit redelijkerwijs relevant is voor een adequate beoordeling van die dienst of dat product. Bij of krachtens algemene maatregel van bestuur kunnen regels worden gesteld met betrekking tot de in de vorige volzin bedoelde informatie. Deze regels kunnen onder meer betrekking hebben op de informatie die wordt verschaft met betrekking tot de uitoefening van de in artikel 4:28, eerste en tweede lid, bedoelde rechten.
– 2. Bij algemene maatregel van bestuur kan worden bepaald dat een financiële onderneming in daarbij te bepalen gevallen in afwijking van het eerste lid, eerste volzin, de in dat lid bedoelde informatie geheel of gedeeltelijk na het aangaan van de overeenkomst verstrekt.
– 3. Gedurende de looptijd van een overeenkomst inzake een financieel product, financiële dienst of nevendienst verstrekt een beleggingsonderneming of financiëledienstverlener de consument, of, indien het een financieel instrument of verzekering betreft, de cliënt tijdig informatie over:
a. wezenlijke wijzigingen in de informatie, bedoeld in het eerste lid, voor zover deze wijzigingen redelijkerwijs relevant zijn voor de consument onderscheidenlijk de cliënt; en
b. bij of krachtens algemene maatregel van bestuur aan te wijzen andere onderwerpen.
– 4. Bij of krachtens algemene maatregel van bestuur kunnen regels worden gesteld met betrekking tot de gevallen waarin en de wijze waarop een financiële onderneming gedurende de looptijd van een overeenkomst informatie moet verstrekken.
– 5. Bij algemene maatregel van bestuur kan worden bepaald dat de informatie, bedoeld in het derde lid, in daarbij aan te wijzen gevallen uitsluitend op verzoek van de consument onderscheidenlijk de cliënt wordt verstrekt.
– 6. De in dit artikel bedoelde informatie mag in gestandaardiseerde vorm worden verstrekt.
– 7. De Autoriteit Financiële Markten kan op aanvraag geheel of gedeeltelijk, al dan niet voor bepaalde tijd, ontheffing verlenen van het op grond van dit artikel bepaalde, voorzover dat

geen betrekking heeft op het verlenen van een beleggingsdienst of nevendienst, indien de aanvrager aantoont dat daaraan redelijkerwijs niet kan worden voldaan en dat de doeleinden die dit artikel beoogt te bereiken anderszins worden bereikt.

Art. 4:21

Bemiddelaar, (onder) gevolmachtigde agent

Indien een financiëledienstverlener een financiële dienst verleent door tussenkomst van een bemiddelaar, gevolmachtigde agent of een ondergevolmachtigde agent wordt de informatie, bedoeld in artikel 4:20, eerste en derde lid, verstrekt door deze bemiddelaar, gevolmachtigde agent of ondergevolmachtigde agent, tenzij de desbetreffende financiële onderneming en de bemiddelaar, gevolmachtigde agent onderscheidenlijk ondergevolmachtigde agent zijn overeengekomen dat de financiële onderneming zelf aan artikel 4:20, eerste en derde lid, voldoet.

Art. 4:22

Nadere regelgeving

– 1. Bij of krachtens algemene maatregel van bestuur kunnen regels worden gesteld met betrekking tot de informatieverstrekking door een financiële onderneming over een financieel product, financiële dienst of nevendienst.

– 2. De Autoriteit Financiële Markten kan op aanvraag geheel of gedeeltelijk, al dan niet voor bepaalde tijd, ontheffing verlenen van het op grond van het eerste lid bepaalde, voorzover dat geen betrekking heeft op het verlenen van een beleggingsdienst of nevendienst, indien de aanvrager aantoont dat daaraan redelijkerwijs niet kan worden voldaan en dat de doeleinden die dit artikel beoogt te bereiken anderszins worden bereikt.

Art. 4:23

Advisering

– 1. Indien een financiële onderneming een consument of, indien het een financieel instrument of verzekering betreft, cliënt adviseert of een individueel vermogen beheert:

a. wint zij in het belang van de consument onderscheidenlijk de cliënt informatie in over diens financiële positie, kennis, ervaring, doelstellingen en risicobereidheid, voorzover dit redelijkerwijs relevant is voor haar advies of het beheren van het individuele vermogen;

b. draagt zij er zorg voor dat haar advies of de wijze van het beheer van het individueel vermogen, voorzover redelijkerwijs mogelijk, mede is gebaseerd op de in onderdeel a bedoelde informatie; en

c. licht zij, indien het advisering betreft met betrekking tot financiële producten die geen financiële instrumenten zijn, de overwegingen toe die ten grondslag liggen aan haar advies voorzover dit nodig is voor een goed begrip van haar advies.

– 2. Indien een financiële onderneming bij het verlenen van een financiële dienst die geen beleggingsdienst is, een consument of, indien het een verzekering betreft, cliënt niet adviseert, maakt zij dat bij aanvang van haar werkzaamheden ten behoeve van de consument onderscheidenlijk de cliënt aan deze kenbaar.

– 3. Bij of krachtens algemene maatregel van bestuur kunnen regels worden gesteld met betrekking tot:

a. de informatie, bedoeld in het eerste lid, onderdeel a, en de wijze waarop deze informatie wordt ingewonnen;

b. de wijze, bedoeld in het eerste lid, onderdeel b, waarop een beleggingsonderneming bij haar advies over financiële instrumenten of het beheren van het individueel vermogen rekening houdt met de ingewonnen informatie;

c. de wijze waarop de toelichting, bedoeld in het eerste lid, onderdeel c, wordt gegeven; en

d. de wijze waarop de financiële onderneming de consument onderscheidenlijk de cliënt kenbaar maakt dat zij niet adviseert.

– 4. De Autoriteit Financiële Markten kan op aanvraag geheel of gedeeltelijk, al dan niet voor bepaalde tijd, ontheffing verlenen van het op grond van het derde lid bepaalde, voorzover dat geen betrekking heeft op het adviseren over financiële instrumenten of het beheren van een individueel vermogen, indien de aanvrager aantoont dat daaraan redelijkerwijs niet kan worden voldaan en dat de doeleinden die dit artikel beoogt te bereiken anderszins worden bereikt.

Art. 4:24

Inwinnen informatie; waarschuwing consument of cliënt

– 1. Indien een financiële onderneming zonder daarbij tevens te adviseren een andere beleggingsdienst dan het beheren van een individueel vermogen of een bij algemene maatregel van bestuur aan te wijzen andere financiële dienst verleent, wint zij informatie in over de kennis en ervaring van de consument, of, indien het een financieel instrument of verzekering betreft, de cliënt met betrekking tot de desbetreffende financiële dienst of financieel product, opdat zij kan beoordelen of deze dienst of dat product passend is voor de consument onderscheidenlijk de cliënt.

– 2. Indien de financiële onderneming op basis van de in het eerste lid bedoelde informatie van mening is dat de financiële dienst niet passend is voor de consument of de cliënt, waarschuwt zij deze.

– 3. Indien de consument of de cliënt geen of onvoldoende informatie verschaft over zijn kennis en ervaring, waarschuwt de financiële onderneming de consument onderscheidenlijk de cliënt dat zij als gevolg daarvan niet in staat is na te gaan of de financiële dienst voor hem passend is.

– 4. Het eerste tot en met derde lid zijn niet van toepassing op het op initiatief van een cliënt verlenen van een beleggingsdienst als bedoeld in onderdeel a of b van de definitie van verlenen van een beleggingsdienst in artikel 1:1 met betrekking tot:

a. aandelen die tot de handel op een gereglementeerde markt of een met een gereglementeerde markt vergelijkbaar systeem uit een staat die geen lidstaat is zijn toegelaten;

b. instrumenten die gewoonlijk op de geldmarkt worden verhandeld;

c. verhandelbare obligaties of andere schuldinstrumenten, voorzover het geen converteerbare obligaties of converteerbare schuldinstrumenten betreft;

d. rechten van deelneming in een instelling voor collectieve belegging in effecten; of

e. bij algemene maatregel van bestuur aan te wijzen andere financiële instrumenten, indien de financiële onderneming voorafgaand aan het verlenen van de beleggingsdienst de cliënt kenbaar maakt dat zij de geschiktheid van de financiële dienst of het financieel product voor de consument niet heeft beoordeeld.

– 5. Bij algemene maatregel van bestuur kunnen regels worden gesteld met betrekking tot de wijze waarop de informatie, bedoeld in het eerste lid, wordt ingewonnen en wijze waarop de beoordeling van de passendheid van de financiële dienst of het financieel product voor de consument of cliënt plaatsvindt.

– 6. De waarschuwingen bedoeld in het tweede en derde lid, en het kenbaar maken, bedoeld in het vierde lid, tweede volzin, mogen in gestandaardiseerde vorm geschieden.

Art. 4:25

Nadere regelgeving

– 1. Een financiële onderneming houdt zich bij de behandeling van de deelnemer, de consument of, indien het een financieel instrument of verzekering betreft, de cliënt aan bij of krachtens algemene maatregel van bestuur te stellen nadere regels met betrekking tot de in acht te nemen zorgvuldigheid. Onder nadere regels met betrekking tot de in acht te nemen zorgvuldigheid worden mede verstaan regels met betrekking tot de kosten die de financiële onderneming in rekening brengt indien de deelnemer, consument of cliënt een overeenkomst inzake een financiële dienst of een financieel product beëindigt en een overeenkomst met betrekking tot die financiële dienst onderscheidenlijk dat financieel product aangaat met een andere financiële onderneming.

– 2. De Autoriteit Financiële Markten kan op aanvraag geheel of gedeeltelijk, al dan niet voor bepaalde tijd, ontheffing verlenen van het op grond van het eerste lid bepaalde, voorzover dat geen betrekking heeft op het adviseren over financiële instrumenten of het beheren van een individueel vermogen, indien de aanvrager aantoont dat daaraan redelijkerwijs niet kan worden voldaan en dat de doeleinden die dit artikel beoogt te bereiken anderszins worden bereikt.

– 3. De voordracht voor een op grond van het eerste lid vast te stellen algemene maatregel van bestuur die strekt tot wijziging van een reeds op grond van dat lid vastgestelde algemene maatregel van bestuur, wordt niet eerder gedaan dan vier weken nadat het ontwerp aan beide kamers der Staten-Generaal is overgelegd, behoudens indien het vaststellen van de algemene maatregel van bestuur naar het oordeel van Onze Minister spoedeisend is.

Art. 4:25a

Opdracht van andere beleggingsmaatschappij

Indien een beleggingsonderneming van een andere beleggingsonderneming de opdracht krijgt om beleggingsdiensten of nevendiensten voor een cliënt te verlenen:

a. is de verplichting tot het inwinnen van informatie, bedoeld in artikel 4:23, eerste lid, aanhef en onderdeel a, en artikel 4:24, eerste lid, niet op haar van toepassing voor zover de in die bepalingen bedoelde informatie door de andere beleggingsonderneming aan haar is verstrekt; en

b. mag zij erop vertrouwen dat het door de andere onderneming aan de cliënt verstrekte advies over financiële instrumenten of de voorgestelde wijze van beheer van het individuele vermogen van de cliënt overeenkomt met hetgeen bij of krachtens deze wet daaromtrent is bepaald.

AFDELING 4.2.4

Meldingsplichten

Art. 4:26

Melding door financiële onderneming

– 1. Een financiële onderneming meldt wijzigingen met betrekking tot onderwerpen waarover ingevolge artikel 2:13, tweede lid, 2:22, tweede lid, 2:32, tweede lid, 2:33, tweede lid, 2:42, tweede lid, 2:43, tweede lid, 2:58, tweede lid, 2:63, tweede lid, 2:67, vierde lid, 2:68, derde lid, 2:69, tweede lid, 2:72, tweede lid, 2:73, eerste lid, 2:78, tweede lid, 2:83, tweede lid, 2:89, tweede lid, 2:94, tweede lid, 2:99, derde lid, 2:105, vijfde lid, 2:125, eerste lid, 2:126, eerste lid, 2:130, eerste lid, 3:110, tweede lid, 4:5, derde lid, 4:10, derde lid, 4:50, eerste lid, of 4:71, derde lid, verstrekking van gegevens is voorgeschreven aan de Autoriteit Financiële Markten.

– 2. Een beheerder of beleggingsonderneming meldt wijzigingen met betrekking tot onderwerpen waarover ingevolge artikel 2:122, tweede lid, 2:127, tweede lid, of 2:129, eerste lid, verstrekking van gegevens is voorgeschreven aan de Autoriteit Financiële Markten en aan de toezichthoudende instantie van de lidstaat waar die financiële onderneming financiële diensten verleent.
– 3. Een beleggingsonderneming die een vergunning heeft voor het verlenen van de beleggingsdienst, bedoeld in onderdeel b van de definitie van verlenen van een beleggingsdienst in artikel 1:1, en het verrichten van de beleggingsactiviteit, bedoeld in onderdeel a van de definitie van verrichten van een beleggingsactiviteit in artikel 1:1, en voornemens is het bedrijf van beleggingsonderneming met systematische interne afhandeling uit te oefenen in transacties in aandelen die tot de handel op een gereglementeerde markt zijn toegelaten, meldt dat aan de Autoriteit Financiële Markten.
– 4. Een beleggingsonderneming die niet langer het bedrijf van beleggingsonderneming met systematische interne afhandeling uitoefent, doet daarvan mededeling aan de Autoriteit Financiële Markten.
– 5. Een beleggingsonderneming die een vergunning heeft als bedoeld in artikel 2:96, eerste lid, van de Wet op het financieel toezicht, die nevendiensten verleent, meldt dat onverwijld aan de Autoriteit Financiële Markten.
– 6. Bij of krachtens algemene maatregel van bestuur wordt, onder vermelding van de te volgen procedures, bepaald welke wijzigingen, bedoeld in het eerste en tweede lid, worden gemeld, welke gegevens daarbij worden verstrekt en, indien van toepassing, onder welke voorwaarden de wijzigingen ten uitvoer mogen worden gelegd.

Art. 4:27

Melding door accountant

– 1. Een accountant die het onderzoek uitvoert van de jaarrekening van een beheerder van een beleggingsinstelling met zetel in Nederland, een beleggingsinstelling met zetel in Nederland, een beleggingsonderneming, clearinginstelling, kredietinstelling of verzekeraar met zetel in Nederland, meldt de Autoriteit Financiële Markten zo spoedig mogelijk elke omstandigheid waarvan hij bij de uitvoering van het onderzoek kennis heeft gekregen en die in strijd is met op grond van dit deel opgelegde verplichtingen.
– 2. Een accountant die het onderzoek uitvoert van de jaarrekening van een beheerder van een beleggingsinstelling met zetel in Nederland, een beleggingsinstelling met zetel in Nederland of een beleggingsonderneming met zetel in Nederland, meldt de Autoriteit Financiële Markten zo spoedig mogelijk elke omstandigheid waarvan hij bij de uitvoering van het onderzoek kennis heeft gekregen en die leidt tot weigering van het afgeven van een verklaring omtrent de getrouwheid of tot het maken van voorbehouden.
– 3. Het eerste en tweede lid zijn van overeenkomstige toepassing op een accountant die naast het onderzoek van de jaarrekening van de financiële onderneming, bedoeld in het eerste onderscheidenlijk tweede lid, ook het onderzoek uitvoert van de jaarrekening van een andere persoon met welke de financiële onderneming in een formele of feitelijke zeggenschapsstructuur is verbonden.
– 4. De accountant, bedoeld in het tweede lid, verstrekt zo spoedig mogelijk bij algemene maatregel van bestuur te bepalen inlichtingen aan de Autoriteit Financiële Markten ten behoeve van het toezicht op de financiële onderneming. Bij algemene maatregel van bestuur worden regels gesteld met betrekking tot de in acht te nemen procedures.
– 5. De Autoriteit Financiële Markten stelt de financiële onderneming in de gelegenheid aanwezig te zijn bij de melding, bedoeld in het eerste of tweede lid, en bij het verstrekken van inlichtingen, bedoeld in het vierde lid, door de accountant.
– 6. De accountant die op grond van het eerste, tweede of derde lid tot een melding of op grond van het vierde lid tot het verstrekken van inlichtingen aan de Autoriteit Financiële Markten is overgegaan, is niet aansprakelijk voor schade die een derde dientengevolge lijdt, tenzij aannemelijk wordt gemaakt dat gelet op alle feiten en omstandigheden in redelijkheid niet tot melding of tot het verstrekken van inlichtingen had mogen worden overgegaan.
– 7. Het tweede lid en vierde lid zijn niet van toepassing op accountants die het onderzoek uitvoeren van de jaarrekening van een beleggingsonderneming die voor de uitoefening van het bedrijf van bank een door de Nederlandsche Bank verleende vergunning heeft.

AFDELING 4.2.5
Overeenkomsten op afstand

Art. 4:28

Ontbinding door consument

– 1. Een consument kan een overeenkomst op afstand zonder een boete verschuldigd te zijn en zonder opgave van redenen ontbinden gedurende veertien kalenderdagen vanaf de dag waarop die overeenkomst is aangegaan dan wel, indien dit later is, gedurende veertien kalenderdagen vanaf de dag waarop de informatie die de financiële onderneming hem op grond van artikel 4:20, eerste lid, dient te verstrekken, door hem is ontvangen.

– 2. In afwijking van het eerste lid kan een consument een overeenkomst op afstand inzake een levensverzekering zonder een boete verschuldigd te zijn en zonder opgave van redenen ontbinden gedurende dertig kalenderdagen vanaf de dag waarop hij van het tot stand komen van de overeenkomst in kennis is gesteld dan wel, indien dit later is, gedurende dertig kalenderdagen vanaf de dag waarop de informatie die de financiële onderneming hem op grond van artikel 4:20, eerste lid, dient te verstrekken, door hem is ontvangen.

– 3. Indien een consument gebruik wenst te maken van het in het eerste of tweede lid bedoelde recht, geeft hij daarvan voor het verstrijken van de in dat lid bedoelde termijn, kennis aan de financiële onderneming volgens de instructies die hem hierover overeenkomstig artikel 4:20, eerste lid, zijn verstrekt. De kennisgeving wordt als tijdig aangemerkt indien zij schriftelijk of op een voor de financiële onderneming beschikbare en toegankelijke duurzame drager is verzonden voor het verstrijken van de termijn.

– 4. Het eerste en tweede lid zijn niet van toepassing op:

a. overeenkomsten inzake financiële producten waarvan de waarde gedurende de termijn, bedoeld in het desbetreffende lid, afhankelijk is van ontwikkelingen op de financiële markten of andere markten;

b. overeenkomsten inzake verzekeringen met een looptijd van minder dan een maand;

c. overeenkomsten die op uitdrukkelijk verzoek van de consument volledig zijn uitgevoerd voordat de consument gebruik maakt van het in het eerste of tweede lid bedoelde recht;

d. overeenkomsten inzake krediet die zijn ontbonden overeenkomstig de artikelen 46e en 48e van Boek 7 van het Burgerlijk Wetboek;

e. overeenkomsten inzake krediet waarbij hypothecaire zekerheid wordt verleend; en

f. bij algemene maatregel van bestuur aan te wijzen andere overeenkomsten inzake financiële producten.

– 5. Indien aan een overeenkomst op afstand een andere overeenkomst verbonden is met betrekking tot een zaak of dienst die door de financiële onderneming wordt geleverd of door een derde op grond van een overeenkomst tussen de financiële onderneming en deze derde, brengt de ontbinding van de overeenkomst op afstand overeenkomstig het eerste of tweede lid van rechtswege en zonder dat de consument een boete verschuldigd is, de ontbinding met zich van die verbonden overeenkomst.

Art. 4:29

Gevolgen van ontbinding

– 1. Met de uitvoering van een overeenkomst op afstand wordt pas na toestemming van de consument een begin gemaakt.

– 2. Indien de consument gebruik maakt van zijn in artikel 4:28, eerste of tweede lid, bedoelde recht, kan de financiële onderneming uitsluitend een vergoeding vragen voor het financiële product dat ter uitvoering van de overeenkomst op afstand is geleverd. Deze vergoeding is:

a. niet hoger dan een bedrag dat evenredig is aan de verhouding tussen het reeds geleverde product en de volledige uitvoering van de overeenkomst op afstand; en

b. in geen geval zo hoog dat deze als een boete kan worden opgevat.

– 3. De financiële onderneming kan slechts betaling van de in het tweede lid bedoelde vergoeding verlangen indien zij:

a. kan aantonen dat de consument overeenkomstig artikel 4:20, eerste lid, is geïnformeerd over de in het tweede lid bedoelde vergoeding; en

b. op uitdrukkelijk verzoek van de consument met de uitvoering van de overeenkomst is begonnen voor het verstrijken van de in artikel 4:28, eerste of tweede lid, genoemde termijn.

– 4. Indien de consument gebruikt maakt van het in artikel 4:28, eerste of tweede lid, bedoelde recht, betaalt de financiële onderneming de consument zo spoedig mogelijk, doch uiterlijk binnen dertig kalenderdagen nadat zij de kennisgeving van de ontbinding heeft ontvangen, al hetgeen zij op grond van de overeenkomst op afstand van de consument ontvangen heeft terug, verminderd met het in het tweede lid bedoelde bedrag.

– 5. Indien de consument gebruik maakt van het in artikel 4:28, eerste of tweede lid bedoelde recht, geeft hij de financiële onderneming zo spoedig mogelijk, doch uiterlijk binnen dertig kalenderdagen nadat hij de kennisgeving van de ontbinding heeft verzonden, alle geldbedragen en goederen terug die hij van de financiële onderneming op grond van de overeenkomst op afstand heeft ontvangen.

Art. 4:30

Dwingend recht

Van de artikelen 4:28 en 4:29 kan niet ten nadele van de consument worden afgeweken.

HOOFDSTUK 4.3
Aanvullende regels voor het werkzaam zijn op de financiële markten betreffende bepaalde financiële diensten

AFDELING 4.3.1
Aanbieden

§ 4.3.1.1. Beleggingsobjecten

Art. 4:30a

Prospectusplicht

– 1. Een aanbieder van een beleggingsobject beschikt over een website en heeft daarop een beleggingsobjectprospectus beschikbaar. Op verzoek van een consument verstrekt de aanbieder deze onverwijld kosteloos een beleggingsobjectprospectus.
– 2. Indien een beleggingsobject wordt aangeboden door tussenkomst van een bemiddelaar wordt het beleggingsobjectprospectus, bedoeld in het eerste lid, door de bemiddelaar verstrekt, tenzij de aanbieder en de bemiddelaar zijn overeengekomen dat de aanbieder zelf aan deze verplichting voldoet. Het eerste lid is van overeenkomstige toepassing.
– 3. Het beleggingsobjectprospectus, bedoeld in het eerste lid, bevat uitsluitend bij algemene maatregel van bestuur te bepalen gegevens die op bij of krachtens algemene maatregel van bestuur te bepalen wijze in het beleggingsobjectprospectus worden opgenomen. Bij algemene maatregel van bestuur kunnen nadere regels worden gesteld met betrekking tot de wijze van verstrekking van het beleggingsobjectprospectus.
– 4. Onder bij algemene maatregel van bestuur te stellen regels kan worden afgeweken van de verplichting een beleggingsobjectprospectus beschikbaar te hebben en te verstrekken.
– 5. Artikel 4:19, tweede lid, is van overeenkomstige toepassing op het beleggingsobjectprospectus, bedoeld in het eerste lid.

§ 4.3.1.2. Elektronisch geld

Art. 4:31

Omwisselplicht

– 1. Een kredietinstelling wisselt op verzoek van een houder van door haar uitgegeven elektronisch geld het elektronische geld om door middel van uitbetaling van het elektronische geld in chartaal geld of door storting op een betaal- of spaarrekening, waarbij uitsluitend de voor de omwisseling noodzakelijke kosten kunnen worden berekend.
– 2. Bij of krachtens algemene maatregel van bestuur kunnen regels worden gesteld met betrekking tot de omwisseling, bedoeld in het eerste lid.

§ 4.3.1.3. Krediet

Art. 4:32

Kredietregistratie

– 1. Een aanbieder van krediet neemt deel aan een stelsel van kredietregistratie.
– 2. Onder bij algemene maatregel van bestuur te stellen regels kan worden afgeweken van het eerste lid.

Art. 4:33

Prospectusplicht

– 1. Een aanbieder van krediet die over een website beschikt, heeft een kredietprospectus beschikbaar op zijn website en verstrekt onverwijld kosteloos een kredietprospectus op verzoek van een consument. Indien hij niet over een website beschikt, verstrekt de aanbieder van krediet kosteloos een kredietprospectus aan een consument voorafgaande aan de totstandkoming van een overeenkomst inzake krediet.
– 2. Indien een krediet wordt aangeboden door tussenkomst van een bemiddelaar wordt het kredietprospectus, bedoeld in het eerste lid, door de bemiddelaar verstrekt, tenzij de aanbieder en de bemiddelaar zijn overeengekomen dat de aanbieder zelf aan deze verplichting voldoet. Het eerste lid is van overeenkomstige toepassing.
– 3. Het kredietprospectus, bedoeld in het eerste lid, bevat uitsluitend bij algemene maatregel van bestuur te bepalen gegevens die op bij of krachtens algemene maatregel van bestuur te bepalen wijze in het kredietprospectus worden opgenomen. Bij algemene maatregel van bestuur kunnen nadere regels worden gesteld met betrekking tot de wijze van verstrekking van het kredietprospectus.
– 4. Onder bij algemene maatregel van bestuur te stellen regels kan worden afgeweken van de verplichting een kredietprospectus beschikbaar te hebben en te verstrekken en bij algemene maatregel van bestuur kunnen vormen van krediet worden aangewezen waarvoor de verplichting een kredietprospectus beschikbaar te hebben en te verstrekken niet geldt.
– 5. Artikel 4:19, tweede lid, is van overeenkomstige toepassing op het kredietprospectus, bedoeld in het eerste lid.

Art. 4:34

Voorkoming overkreditering

– 1. Voorafgaand aan de totstandkoming van een overeenkomst inzake krediet wint een aan-

bieder van krediet in het belang van de consument informatie in over diens financiële positie en beoordeelt hij, ter voorkoming van overkreditering van de consument, of het aangaan van de overeenkomst verantwoord is.
– 2. De aanbieder gaat geen overeenkomst inzake krediet aan met een consument indien dit, met het oog op overkreditering van de consument, onverantwoord is.
– 3. Bij of krachtens algemene maatregel van bestuur kunnen regels worden gesteld met betrekking tot het eerste en tweede lid.

Art. 4:35

Kredietvergoeding

Bij algemene maatregel van bestuur kunnen regels worden gesteld met betrekking tot de ten hoogste toegelaten kredietvergoeding.

Art. 4:36

Gemeentelijke kredietbank

Een gemeentelijke kredietbank wordt opgericht en opgeheven bij een daartoe strekkend besluit van de gemeenteraad of door middel van het treffen van een gemeenschappelijke regeling door gemeenteraden van twee of meer gemeenten. Het besluit of de gemeenschappelijke regeling, wordt onderworpen aan de goedkeuring van gedeputeerde staten.

Art. 4:37

Reglement

– 1. Voor de bedrijfsvoering van een gemeentelijke kredietbank wordt een reglement vastgesteld door het college van burgemeester en wethouders of, indien de gemeentelijke kredietbank is ingesteld door middel van het treffen van een gemeenschappelijke regeling, door de betrokken gemeenteraden van de aan de regeling deelnemende gemeenten, waarin voor het aanbieden van krediet in het kader van het uitoefenen van haar publieke taak ten minste voorschriften staan opgenomen die overeenkomen met het ingevolge afdeling 4.2.1, afdeling 4.2.2, afdeling 4.2.3, afdeling 4.2.5, artikel 4:32, artikel 4:33, paragraaf 4.3.8.1. en de hoofdstukken IV en V van de Wet op het consumentenkrediet bepaalde.
– 2. Het reglement wordt onderworpen aan de goedkeuring van gedeputeerde staten.
– 3. Het toezicht op de naleving van het reglement door de gemeentelijke kredietbank:
a. wordt uitgevoerd door het algemeen bestuur van de gemeentelijke kredietbank, in het geval dat de gemeentelijke kredietbank is opgericht door middel van het treffen van een gemeenschappelijke regeling en geen privaatrechtelijke rechtsvorm heeft;
b. wordt in het geval dat de gemeentelijke kredietbank een privaatrechtelijke rechtsvorm heeft gewaarborgd doordat:
1° de meerderheid van het bestuur wordt benoemd op voordracht van een gemeenteraad of een college van burgemeester en wethouders van een of meer gemeenten waarvoor de gemeentelijke kredietbank werkzaamheden verricht;
2° de meerderheid van de Raad van Toezicht wordt benoemd op voordracht van een gemeenteraad of van een college van burgemeester en wethouders van een of meer gemeenten waarvoor de gemeentelijke kredietbank werkzaamheden verricht;
3° de jaarrekening en begroting van de gemeentelijke kredietbank worden goedgekeurd door een gemeenteraad of door een college van burgemeester en wethouders van een of meer gemeenten waarvoor de gemeentelijke kredietbank werkzaamheden verricht; of
c. wordt, indien de onderdelen *a* en *b* niet van toepassing zijn, uitgevoerd door het college van burgemeester en wethouders.
– 4. De vereisten genoemd in het derde lid, onderdeel *b*, onder 1° tot en met 3°, zijn niet van toepassing op een gemeentelijke kredietbank met een privaatrechtelijke rechtsvorm indien een negatief exploitatiesaldo wordt aangezuiverd door een of meer gemeenten waarvoor de gemeentelijke kredietbank werkzaam is.

Art. 4:37a

Uitvoering Europese richtlijn

– 1. Voor de toepassing van het bij of krachtens deze paragraaf bepaalde worden de voorschriften in acht genomen zoals opgenomen in richtlijn nr. 2007/16/EG van de Commissie van de Europese Gemeenschappen van 19 maart 2007 tot uitvoering van Richtlijn 85/611/EEG van de Raad tot coördinatie van de wettelijke en bestuursrechtelijke bepalingen betreffende bepaalde instellingen voor collectieve belegging in effecten (icbe's) wat de verduidelijking van bepaalde definities betreft (*PbEU* L 79).
– 2. Een wijziging van richtlijn nr. 2007/16/EG van de Commissie van de Europese Gemeenschappen van 19 maart 2007 tot uitvoering van Richtlijn 85/611/EEG van de Raad tot coördinatie van de wettelijke en bestuursrechtelijke bepalingen betreffende bepaalde instellingen voor collectieve belegging in effecten (icbe's) wat de verduidelijking van bepaalde definities betreft (*PbEU* L 79) gaat voor de toepassing van deze paragraaf gelden met ingang van de dag waarop aan de betrokken wijzigingsrichtlijn uitvoering moet zijn gegeven.

§ 4.3.1.4. Rechten van deelneming in een beleggingsinstelling

Art. 4:38

Reikwijdte

– 1. Deze paragraaf, met uitzondering van de artikelen 4:53, aanhef en onderdeel *b*, en 4:62, is niet van toepassing op beheerders van instellingen voor collectieve belegging in effecten met zetel in een andere lidstaat, instellingen voor collectieve belegging in effecten met zetel in een andere lidstaat en de eventueel aan die instellingen verbonden bewaarders.

– 2. Deze paragraaf, met uitzondering van de artikelen 4:46, 4:49, 4:50, tweede en derde lid, 4:51, 4:52 en 4:53, is niet van toepassing op beheerders van beleggingsinstellingen met zetel in een aangewezen staat, beleggingsinstellingen met zetel in een aangewezen staat en de eventueel aan die beleggingsinstellingen verbonden bewaarders.

Art. 4:39

Tweehoofdige dagelijkse leiding

Ten minste twee natuurlijke personen bepalen het dagelijks beleid van een beheerder, beleggingsmaatschappij of bewaarder.

Art. 4:40

Plaats van werkzaamheden i.v.m. dagelijks beleid

De personen die het dagelijks beleid van een beheerder of beleggingsmaatschappij met zetel in Nederland bepalen, verrichten hun werkzaamheden in verband daarmee vanuit Nederland.

Art. 4:41

Beheerder statutair bestuurder

Een beheerder is statutair bestuurder van elke door hem beheerde beleggingsmaatschappij.

Art. 4:42

Onafhankelijke bewaarder

Een beheerder die een beleggingsfonds beheert, treft maatregelen opdat:

a. de activa van het beleggingsfonds ten behoeve van de deelnemers worden verkregen door een van de beheerder onafhankelijke bewaarder; en

b. de bewaarder slechts met medewerking van de beheerder over de vermogensbestanddelen van het beleggingsfonds kan beschikken.

Art. 4:43

Overeenkomst inzake beheer en bewaring

– 1. Indien de activa van een beleggingsinstelling door een bewaarder worden bewaard, gaat de beheerder van de beleggingsinstelling met de bewaarder een schriftelijke overeenkomst inzake beheer en bewaring aan.

– 2. Bij algemene maatregel van bestuur kunnen regels worden gesteld met betrekking tot de inhoud van de tussen de beheerder en een bewaarder te sluiten overeenkomst inzake beheer en bewaring.

Art. 4:44

Vereisten bewaarder

– 1. Als bewaarder treedt slechts op een rechtspersoon met als enig statutair doel het bewaren van activa en het administreren van de goederen waar een beleggingsinstelling in belegt.

– 2. De activa van een beleggingsfonds worden bewaard door een bewaarder die uitsluitend ten behoeve van het beleggingsfonds bewaart, indien op grond van het beleggingsbeleid van het desbetreffende beleggingsfonds een reëel risico bestaat dat het vermogen van het beleggingsfonds ontoereikend zal zijn voor voldoening van vorderingen bedoeld in artikel 4:45, eerste lid, en het eigen vermogen van de bewaarder ontoereikend zal zijn voor voldoening van dergelijke vorderingen.

– 3. De Autoriteit Financiële Markten kan op aanvraag geheel of gedeeltelijk, al dan niet voor bepaalde tijd, ontheffing verlenen van het tweede lid, indien de aanvrager aantoont dat daaraan redelijkerwijs niet kan worden voldaan en dat de doeleinden die dat lid beoogt te bereiken anderszins worden bereikt.

Art. 4:45

Rangregeling

– 1. Het vermogen van een beleggingsfonds dient uitsluitend tot voldoening van vorderingen die voortvloeien uit:

a. schulden die verband houden met het beheer en het bewaren van het fonds; en

b. rechten van deelneming.

– 2. Indien het vermogen van een beleggingsfonds bij vereffening ontoereikend is voor voldoening van de vorderingen, dient het vermogen van het beleggingsfonds ter voldoening van de vorderingen in de volgorde van het eerste lid.

– 3. In afwijking van het eerste lid zijn andere vorderingen verhaalbaar op het vermogen van een beleggingsfonds indien vaststaat dat de in het eerste lid bedoelde vorderingen zullen kunnen worden voldaan en dat in de toekomst dergelijke vorderingen niet meer zullen ontstaan.

– 4. Indien de in het eerste lid bedoelde vorderingen niet volledig uit het vermogen van het beleggingsfonds kunnen worden voldaan, dient het vermogen van de bewaarder eerst ter voldoening van de vorderingen in de volgorde van het eerste lid en vervolgens van de overige vorderingen, behoudens de door de wet erkende andere redenen van voorrang.

Art. 4:46

Website beheerder

– 1. Een beheerder beschikt over een website.

– 2. De beheerder rangschikt informatie op de website, voorzover relevant, per afzonderlijke door hem beheerde beleggingsinstelling.

– 3. De beheerder vermeldt het adres van de website in het prospectus, bedoeld in artikel 4:49, eerste lid, in de halfjaarcijfers en in het jaarverslag van de beheerder en de door hem beheerde beleggingsinstellingen, bedoeld in artikel 4:51, eerste en tweede lid.

– 4. Indien de beheerder ingevolge deze wet beschikbaar te stellen of te verstrekken informatie op zijn website publiceert of anderszins in elektronische vorm beschikbaar stelt, vermeldt hij daarbij dat desgevraagd een afschrift van die informatie wordt verstrekt en, indien van toepassing, welke kosten daaraan verbonden zijn.

Art. 4:46a

Publicatie intrinsieke waarde rechten van deelneming

– 1. Telkens wanneer een beleggingsinstelling rechten van deelneming aanbiedt, verkoopt, inkoopt of daarop terugbetaalt, bepaalt de beheerder de intrinsieke waarde van de rechten van deelneming en publiceert hij deze onverwijld op zijn website, onder vermelding van het moment waarop de bepaling van de intrinsieke waarde plaatsvond.
– 2. De Autoriteit Financiële Markten kan op aanvraag geheel of gedeeltelijk, al dan niet voor bepaalde tijd, ontheffing verlenen van de verplichting de intrinsieke waarde te publiceren, indien de aanvrager aantoont dat daaraan redelijkerwijs niet kan worden voldaan en dat de doeleinden die met die verplichting worden beoogd te bereiken anderszins worden bereikt.

Art. 4:47

Wijziging van voorwaarden

– 1. Een beheerder maakt een voorstel tot wijziging van de voorwaarden die gelden tussen een door hem beheerde beleggingsinstelling en de deelnemers bekend in een advertentie in een landelijk verspreid Nederlands dagblad of aan het adres van iedere deelnemer alsmede op zijn website. De beheerder licht het voorstel tot wijziging van de voorwaarden toe op zijn website. Gelijktijdig met de bekendmaking van het voorstel tot wijziging stelt de beheerder de Autoriteit Financiële Markten hiervan in kennis.
– 2. Een beheerder maakt een wijziging van de voorwaarden die gelden tussen een door hem beheerde beleggingsinstelling en de deelnemers bekend in een advertentie in een landelijk verspreid Nederlands dagblad of aan het adres van iedere deelnemer alsmede op zijn website. De beheerder licht de wijziging van de voorwaarden toe op zijn website. Gelijktijdig met de bekendmaking van de wijziging stelt de beheerder de Autoriteit Financiële Markten hiervan in kennis.
– 3. Indien door de wijziging van de voorwaarden, bedoeld in het tweede lid, rechten of zekerheden van de deelnemers worden verminderd of lasten aan de deelnemers worden opgelegd, wordt de wijziging tegenover de deelnemers niet ingeroepen voordat drie maanden zijn verstreken na de bekendmaking, bedoeld in het tweede lid, en kunnen de deelnemers binnen deze periode onder de gebruikelijke voorwaarden uittreden.
– 4. Indien door de wijziging van de voorwaarden, bedoeld in het tweede lid, het beleggingsbeleid van de beleggingsinstelling wordt gewijzigd, wordt de wijziging niet ingevoerd voordat drie maanden zijn verstreken na de bekendmaking, bedoeld in het tweede lid, en kunnen de deelnemers binnen deze periode onder de gebruikelijke voorwaarden uittreden.
– 5. De Autoriteit Financiële Markten kan op aanvraag geheel of gedeeltelijk, al dan niet voor bepaalde tijd, ontheffing verlenen van de verplichting, bedoeld in het eerste lid, eerste volzin, of van de verplichting, bedoeld in het tweede lid, eerste volzin, indien de aanvrager aantoont dat daaraan redelijkerwijs niet kan worden voldaan en dat de doeleinden die met die verplichting worden beoogd te bereiken anderszins worden bereikt.

Art. 4:48

Registratiedocument

– 1. Een beheerder heeft op zijn website een registratiedocument beschikbaar waarin gegevens zijn opgenomen over de beheerder, de beleggingsinstellingen die hij beheert of voornemens is te beheren en de eventueel daaraan verbonden bewaarders.
– 2. Bij algemene maatregel van bestuur worden regels gesteld met betrekking tot de gegevens die het registratiedocument ten minste moet bevatten.
– 3. De Autoriteit Financiële Markten kan op aanvraag geheel of gedeeltelijk, al dan niet voor bepaalde tijd, ontheffing verlenen van het eerste lid, indien de aanvrager aantoont dat daaraan redelijkerwijs niet kan worden voldaan en dat de doeleinden die het eerste lid beoogt te bereiken anderszins worden bereikt.

Art. 4:49

Prospectus

– 1. Een beheerder heeft op zijn website een prospectus beschikbaar over elke door hem beheerde beleggingsinstelling.
– 2. Het prospectus bevat ten minste:
a. de gegevens die voor beleggers noodzakelijk zijn om zich een oordeel te vormen over de beleggingsinstelling en de daaraan verbonden kosten en risico's;
b. een verklaring van de beheerder dat hijzelf, de beleggingsinstelling en de eventueel daaraan verbonden bewaarder voldoen aan de bij of krachtens deze wet gestelde regels en dat het prospectus voldoet aan de bij of krachtens deze wet gestelde regels;
c. een mededeling van een accountant, onder vermelding van zijn naam en kantooradres, dat het prospectus de ingevolge deze wet voorgeschreven gegevens bevat;
d. het registratiedocument van de beheerder, bedoeld in artikel 4:48, eerste lid; en

e. bij algemene maatregel van bestuur te bepalen andere gegevens die op bij of krachtens algemene maatregel van bestuur te bepalen wijze in het prospectus worden opgenomen.
– 3. Een beheerder actualiseert de gegevens die in het prospectus zijn opgenomen zodra daartoe aanleiding bestaat.
– 4. De Autoriteit Financiële Markten kan verlangen dat het prospectus in een of meer door haar te bepalen talen beschikbaar wordt gesteld indien dit, gelet op de voorgenomen verspreiding van het prospectus, noodzakelijk is voor een adequate informatieverschaffing aan het publiek.
– 5. De Autoriteit Financiële Markten kan op aanvraag geheel of gedeeltelijk, al dan niet voor bepaalde tijd, ontheffing verlenen van het eerste of derde lid, alsmede van ingevolge het tweede lid bepaalde, indien de aanvrager aantoont dat daaraan redelijkerwijs niet kan worden voldaan en dat de doeleinden die het eerste lid beoogt te bereiken anderszins worden bereikt.
– 6. Het eerste tot en met vijfde lid zijn niet van toepassing ten aanzien van beleggingsinstellingen waarvan de rechten van deelneming verhandelbaar zijn en niet op verzoek van de deelnemers ten laste van de activa direct of indirect worden ingekocht of terugbetaald.

Art. 4:50

Gegevensverstrekking aan AFM

– 1. Een beheerder verstrekt ten minste twee weken voordat rechten van deelneming in een door hem beheerde beleggingsinstelling worden aangeboden aan de Autoriteit Financiële Markten ten behoeve van opname van de beleggingsinstelling in het register als bedoeld in artikel 1:107 de volgende gegevens:
a. de naam en het adres van de beheerder;
b. de naam en het adres van de beleggingsinstelling;
c. indien van toepassing: de namen van de personen die het dagelijks beleid van de beleggingsmaatschappij bepalen, de namen van de personen die het beleid van de beleggingsmaatschappij bepalen of mede bepalen en de namen van de personen die onderdeel zijn van een orgaan dat belast is met het toezicht op het beleid en de algemene gang van zaken van de beleggingsmaatschappij;
d. de naam en het adres van de eventueel aan de beleggingsinstelling verbonden bewaarder;
e. de wijze van in- en verkoop van rechten van deelneming;
f. een beschrijving van het beleggingsbeleid van de beleggingsinstelling;
g. de eventuele notering op een gereglementeerde markt;
h. de beoogde datum van het aanbieden van de rechten van deelneming; en
i. het fondsreglement van een beleggingsfonds indien het rechten van deelneming in een instelling voor collectieve belegging in effecten betreft.
– 2. De beheerder stelt bij het aanbieden van de rechten van deelneming of bij de schriftelijke aankondiging dat de rechten van deelneming zullen worden aangeboden het prospectus, bedoeld in artikel 4:49, het fondsreglement of de statuten van de beleggingsinstelling en, voorzover openbaargemaakt, de jaarrekening van de beleggingsinstelling over de twee voorafgaande jaren kosteloos algemeen verkrijgbaar en publiceert deze informatie op zijn website. In iedere bekendmaking waarin deze rechten van deelneming worden aangeboden, worden de plaatsen vermeld waar het prospectus voor het publiek verkrijgbaar is.
– 3. Het tweede lid is niet van toepassing ten aanzien van beleggingsinstellingen waarvan de rechten van deelneming verhandelbaar zijn en niet op verzoek van de deelnemer ten laste van de activa direct of indirect worden ingekocht of terugbetaald.

Art. 4:51

Jaarstukken en halfjaarcijfers

– 1. Een beheerder, beleggingsinstelling of bewaarder verstrekt binnen vier maanden na afloop van het boekjaar aan de Autoriteit Financiële Markten een jaarrekening, een jaarverslag en overige gegevens als bedoeld in de artikelen 361, eerste lid, 391, eerste lid, onderscheidenlijk 392, eerste lid, onderdelen *a* tot en met *h*, van Boek 2 van het Burgerlijk Wetboek.
– 2. Een beheerder of beleggingsinstelling verstrekt binnen negen weken na afloop van de eerste helft van het boekjaar halfjaarcijfers aan de Autoriteit Financiële Markten.
– 3. De beheerder, de beleggingsinstelling of de bewaarder stelt de jaarrekening, het jaarverslag en de overige gegevens, bedoeld in het eerste lid, en de halfjaarcijfers, bedoeld in het tweede lid, op overeenkomstig Titel 9 van Boek 2 van het Burgerlijk Wetboek, met uitzondering van artikel 403 van Boek 2 van het Burgerlijk Wetboek voor zover het een beheerder betreft.
– 4. Bij of krachtens algemene maatregel van bestuur worden regels gesteld met betrekking tot de verstrekking en de inhoud van de jaarrekening, het jaarverslag en de overige gegevens, bedoeld in het eerste lid, en van de halfjaarcijfers, bedoeld in het tweede lid.
– 5. Onverminderd het bepaalde in Titel 9 van Boek 2 van het Burgerlijk Wetboek kan de Autoriteit Financiële Markten op aanvraag geheel of gedeeltelijk, al dan niet voor bepaalde tijd, ontheffing verlenen van het eerste, tweede of derde lid of van het op grond van het vierde lid

bepaalde, indien de aanvrager aantoont dat daaraan redelijkerwijs niet kan worden voldaan en dat de doeleinden die dit artikel beoogt te bereiken anderszins worden bereikt.

– 6. Het eerste tot en met het vijfde lid zijn niet van toepassing op beleggingsinstellingen waarvan de rechten van deelneming zijn toegelaten tot de handel op een in Nederland gelegen of functionerende gereglementeerde markt en niet op verzoek van de deelnemers ten laste van de activa direct of indirect worden ingekocht of terugbetaald.

Art. 4:52

Openbaarmaking

– 1. Een beheerder, beleggingsinstelling of bewaarder maakt binnen vier maanden na afloop van het boekjaar de jaarrekening, het jaarverslag en de overige gegevens, bedoeld in artikel 4:51, eerste lid, openbaar.

– 2. Een beheerder of beleggingsinstelling maakt binnen negen weken na afloop van de eerste helft van het boekjaar de halfjaarcijfers, bedoeld in artikel 4:51, tweede lid, openbaar.

– 3. Bij of krachtens algemene maatregel van bestuur worden regels gesteld met betrekking tot de openbaarmaking van de jaarrekening, het jaarverslag en de overige gegevens, bedoeld in het eerste lid, en van de halfjaarcijfers, bedoeld in het tweede lid.

– 4. De Autoriteit Financiële Markten kan op aanvraag geheel of gedeeltelijk, al dan niet voor bepaalde tijd, ontheffing verlenen van het eerste of tweede lid of het op grond van het derde lid bepaalde, indien de aanvrager aantoont dat daaraan redelijkerwijs niet kan worden voldaan en dat de doeleinden die dit artikel beoogt te bereiken anderszins worden bereikt.

Art. 4:52a

Waardering incourante beleggingen

Ten minste een maal per jaar voert een onafhankelijke deskundige een waardering uit van de activa van een beleggingsinstelling die geen financiële instrumenten zijn die zijn toegelaten tot de handel op een gereglementeerde markt, een multilaterale handelsfaciliteit of een met een gereglementeerde markt of multilaterale handelsfaciliteit vergelijkbaar systeem uit een staat die geen lidstaat is.

Art. 4:53

Verwarring wekkende of misleidende naam

Indien van de in Nederland gevoerde of te voeren naam van een beheerder of een beleggingsinstelling gevaar voor verwarring of misleiding is te duchten, kan de Autoriteit Financiële Markten verlangen dat de beheerder onderscheidenlijk de beleggingsinstelling:

a. de naam wijzigt; of

b. een verklarende vermelding aan de naam toevoegt.

Art. 4:54

Ontbinding door rechtbank

– 1. Een beleggingsmaatschappij die wordt beheerd door een beheerder waarvan de vergunning is ingetrokken of een beleggingsmaatschappij waarvan de vergunning is ingetrokken, kan op verzoek van de Autoriteit Financiële Markten door de rechtbank worden ontbonden.

– 2. Het vermogen van een beleggingsfonds dat wordt beheerd door een beheerder waarvan de vergunning is ingetrokken, kan op verzoek van de Autoriteit Financiële Markten door een of meer door de rechtbank aan te wijzen vereffenaars binnen een door de rechtbank te bepalen termijn worden vereffend.

– 3. Een beleggingsmaatschappij of het vermogen van een beleggingsfonds kan tevens op verzoek van de Autoriteit Financiële Markten door de rechtbank worden ontbonden onderscheidenlijk door een of meer door de rechtbank aan te wijzen vereffenaars binnen een door de rechtbank te bepalen termijn worden vereffend, indien:

a. de vergunning van de beheerder van de beleggingsinstelling zodanig is gewijzigd dat die vergunning niet langer strekt tot het beheer van het beleggingsfonds of de beleggingsmaatschappij;

b. de beleggingsinstelling of haar beheerder:

1° binnen een termijn van twaalf maanden na de oprichting geen activiteiten heeft verricht;

2° uitdrukkelijk te kennen heeft gegeven dat de beleggingsinstelling geen activiteiten zal verrichten;

3° haar onderscheidenlijk zijn activiteiten gedurende een termijn van meer dan zes maanden heeft gestaakt;

4° kennelijk heeft opgehouden beleggingsinstelling te zijn;

5° niet voldoet aan deze wet; of

6° niet of niet genoegzaam uitvoering heeft gegeven aan een aanwijzing als bedoeld in artikel 1:75.

– 4. De ontbinding, bedoeld in het eerste of derde lid, en de vereffening, bedoeld in het tweede of derde lid, vindt niet eerder plaats dan nadat het besluit tot intrekking of wijziging van de vergunning onherroepelijk is geworden.

Art. 4:55

Opschorting inkoop of terugbetaling rechten van deelneming

Indien een beheerder de inkoop of terugbetaling van rechten van deelneming in een door hem beheerde beleggingsinstelling opschort, stelt hij de Autoriteit Financiële Markten en, indien het een beheerder van een instelling voor collectieve belegging in effecten betreft, de toezichthoudende instantie van elke lidstaat waar de rechten van deelneming in de beleggingsinstelling worden verhandeld, onverwijld daarvan op de hoogte.

Art. 4:56

Activa van instelling voor collectieve belegging

– 1. De activa van een instelling voor collectieve belegging in effecten die een beleggingsmaatschappij is, worden bewaard door een van haar onafhankelijke bewaarder. Onder bij algemene maatregel van bestuur te stellen voorwaarden kan van dit vereiste worden afgeweken.

– 2. Artikel 4:42, aanhef en onderdeel *b*, is van overeenkomstige toepassing.

Art. 4:57

Zetel bewaarder

Een bewaarder van een instelling voor collectieve belegging in effecten met zetel in Nederland heeft zijn zetel in een lidstaat en, indien hij zijn zetel niet in Nederland heeft, een in Nederland gelegen bijkantoor.

Art. 4:58

Aparte beheerder

Een instelling voor collectieve belegging in effecten die een beleggingsmaatschappij is, heeft een aparte beheerder tenzij de beleggingsmaatschappij een eigen vermogen heeft van ten minste € 300.000.

Art. 4:59

Zetel beheerder

– 1. Een beheerder van een instelling voor collectieve belegging in effecten heeft zijn zetel in Nederland.

– 2. De werkzaamheden van de beheerder van een instelling voor collectieve belegging in effecten zijn beperkt tot het beheer van beleggingsinstellingen, het beheren van individuele vermogens en het verlenen van nevendiensten.

Art. 4:60

Risicospreiding

– 1. Het statutaire doel of reglementaire doel van een instelling voor collectieve belegging in effecten is uitsluitend het beleggen met toepassing van het beginsel van risicospreiding in bij algemene maatregel van bestuur aan te wijzen financiële instrumenten.

– 2. De rechten van deelneming in een instelling voor collectieve belegging in effecten worden zonder beperkingen in Nederland aangeboden en worden op verzoek van een deelnemer direct of indirect ten laste van de activa van de beleggingsinstelling ingekocht of terugbetaald.

– 3. Een instelling voor collectieve belegging in effecten heeft haar zetel in Nederland.

– 4. De werkzaamheden van een instelling voor collectieve belegging in effecten die een beleggingsmaatschappij is, zijn beperkt tot het beheer van haar vermogen.

– 5. Het is een instelling voor collectieve belegging in effecten verboden haar statuten of reglementen zodanig te wijzigen dat zij niet meer voldoet aan het eerste tot en met vierde lid.

– 6. Een wijziging van de statuten of reglementen als bedoeld in het vijfde lid is nietig. Op verzoek van het openbaar ministerie benoemt de rechter een bewindvoerder met de macht om de gevolgen van de nietige handeling ongedaan te maken.

– 7. Bij het ongedaan maken van de gevolgen van de nietige handeling handelt de bewindvoerder mede in het belang van de deelnemers in de beleggingsinstelling.

Art. 4:61

Nadere regelgeving

– 1. Bij algemene maatregel van bestuur worden nadere regels gesteld met betrekking tot de bedrijfsvoering van en informatieverstrekking door instellingen voor collectieve belegging in effecten en bij of krachtens algemene maatregel van bestuur worden regels gesteld met betrekking tot het beleggen door instellingen voor collectieve belegging in effecten.

– 2. Bij algemene maatregel van bestuur kan worden bepaald dat de Autoriteit Financiële Markten volgens daarbij te stellen regels ontheffing kan verlenen van het op grond van het eerste lid bepaalde met betrekking tot het beleggen door instellingen voor collectieve belegging in effecten.

Art. 4:62

Zetel in andere lidstaat

– 1. Een beheerder die in Nederland rechten van deelneming aanbiedt in een door hem beheerde instelling voor collectieve belegging in effecten met zetel in een andere lidstaat stelt in Nederland de gegevens en bescheiden met betrekking tot die instelling voor collectieve belegging in effecten die hij openbaar dient te maken overeenkomstig de regels, gesteld door de andere lidstaat, beschikbaar in de Nederlandse of een andere door de Autoriteit Financiële Markten goedgekeurde taal.

– 2. De beheerder, bedoeld in het eerste lid, draagt met inachtneming van de toepasselijke Nederlandse wettelijke bepalingen zorg voor de uitkeringen op, de inkoop van of terugbetaling op de rechten van deelneming in Nederland.

§ 4.3.1.5. Verzekeringen

Art. 4:63

Bedenktijd

– 1. Een levensverzekeraar of natura-uitvaartverzekeraar draagt er zorg voor dat in een individuele levensverzekering met een looptijd van meer dan zes maanden onderscheidenlijk in een natura-uitvaartverzekering uitdrukkelijk wordt bepaald dat de verzekeringnemer gedurende dertig kalenderdagen vanaf de dag waarop hij van het sluiten van de verzekering in kennis is gesteld, de verzekering met onmiddellijke ingang schriftelijk of door middel van een voor de verzekeraar beschikbare en toegankelijke duurzame drager kan opzeggen.

– 2. De kennisgeving van het sluiten van de verzekering, bedoeld in het eerste lid, geschiedt schriftelijk of op een voor de verzekeringnemer beschikbare en toegankelijke duurzame drager binnen vier weken na het sluiten van de verzekering.

– 3. De opzegging door de verzekeringnemer heeft tot gevolg dat hij en de levensverzekeraar onderscheidenlijk natura-uitvaartverzekeraar met ingang van het tijdstip waarop de verzekeraar deze opzegging heeft ontvangen, worden ontheven van alle uit deze verzekering voortvloeiende verplichtingen.

– 4. Dit artikel is van overeenkomstige toepassing op overeenkomsten die strekken tot fondsvorming ter voldoening van de verzorging van de uitvaart van natuurlijke personen.

Art. 4:64

Rechtsbijstandverzekeraar

De artikelen 4:65 tot en met 4:69 zijn niet van toepassing op:

a. rechtsbijstandverzekeraars met zetel in een andere lidstaat;

b. door een verzekeraar verleende rechtsbijstand voorzover deze betrekking heeft op risico's die verband houden met het gebruik van zeeschepen; en

c. door een verzekeraar als bijkomend risico bij de branche Hulpverlening verleende rechtsbijstand in een andere staat dan die waar de verzekerde zijn woonplaats heeft, voorzover:

1° deze rechtsbijstand deel uitmaakt van een verzekering die alleen betrekking heeft op hulpverlening; en

2° in de overeenkomst afzonderlijk is verklaard dat de rechtsbijstanddekking is beperkt tot rechtsbijstand in een andere staat dan die waar de verzekerde zijn woonplaats heeft en slechts een aanvulling vormt op de hulpverlening.

Art. 4:65

Voorkoming belangenconflicten

– 1. Een rechtsbijstandverzekeraar die uitsluitend de branche Rechtsbijstand uitoefent:

a. richt zijn bedrijfsvoering zodanig in dat de personeelsleden die zich bezighouden met de rechtsbijstandschaderegeling of met het geven van juridische adviezen met betrekking tot deze schaderegeling, niet tegelijkertijd dezelfde of soortgelijke werkzaamheden verrichten ten behoeve van een andere verzekeraar waarmee hij financiële, commerciële of administratieve banden heeft en die een andere branche uitoefent;

b. vertrouwt de werkzaamheden met betrekking tot de rechtsbijstandschaderegeling toe aan een juridisch zelfstandig schaderegelingkantoor en vermeldt dit schaderegelingkantoor in de overeenkomst inzake de rechtsbijstanddekking; of

c. neemt in de overeenkomst inzake de rechtsbijstanddekking de bepaling op dat de verzekerde, zodra hij uit hoofde van de verzekering recht heeft op rechtsbijstand, de behartiging van zijn belangen mag toevertrouwen aan een advocaat of een andere rechtens bevoegde deskundige van zijn keuze.

– 2. Een rechtsbijstandverzekeraar die naast de branche Rechtsbijstand een andere branche uitoefent:

a. vertrouwt de werkzaamheden met betrekking tot de rechtsbijstandschaderegeling toe aan een juridisch zelfstandig schaderegelingkantoor en vermeldt dit schaderegelingkantoor in de overeenkomst inzake de rechtsbijstanddekking; of

b. neemt in de overeenkomst inzake de rechtsbijstanddekking de bepaling op dat de verzekerde, zodra hij uit hoofde van de verzekering recht heeft op rechtsbijstand, de behartiging van zijn belangen mag toevertrouwen aan een advocaat of een andere rechtens bevoegde deskundige van zijn keuze.

– 3. Een rechtsbijstandverzekeraar vertrouwt werkzaamheden met betrekking tot de rechtsbijstandschaderegeling alleen toe aan een schaderegelingkantoor als bedoeld in het eerste lid, onderdeel *b*, en het tweede lid, onderdeel *b*, dat zijn bedrijfsvoering zodanig inricht dat de personeelsleden en de leden van het leidinggevende orgaan die zich bezighouden met de rechtsbijstandschaderegeling of met het geven van juridische adviezen met betrekking tot deze schaderegeling, niet tezelfdertijd dezelfde of soortgelijke werkzaamheden verrichten ten behoeve van een andere branche van een verzekeraar waarmee het schaderegelingkantoor financiële, commerciële of administratieve banden heeft.

Art. 4:66

Afzonderlijk opnemen rechtsbijstanddekking

Indien een overeenkomst van verzekering tevens risico's van een andere branche dekt, draagt een rechtsbijstandverzekeraar er zorg voor dat de inhoud van de rechtsbijstanddekking wordt opgenomen in een afzonderlijke overeenkomst of in een afzonderlijk hoofdstuk van de overeenkomst.

Art. 4:67

Mogelijkheid advocaat of andere deskundige te kiezen

– 1. Een rechtsbijstandverzekeraar draagt er zorg voor dat in de overeenkomst inzake de

rechtsbijstanddekking uitdrukkelijk wordt bepaald dat het de verzekerde vrij staat een advocaat of een andere rechtens bevoegde deskundige te kiezen indien:
a. een advocaat of andere rechtens bevoegde deskundige wordt verzocht de belangen van de verzekerde in een gerechtelijke of administratieve procedure te verdedigen, te vertegenwoordigen of te behartigen; of
b. zich een belangenconflict voordoet.
– 2. Dit artikel is niet van toepassing op rechtsbijstandverzekeraars die toepassing hebben gegeven aan artikel 4:65, eerste lid, onderdeel *c*, of 4:65, tweede lid, onderdeel *b*.

Art. 4:68

Arbitrage

– 1. Een rechtsbijstandverzekeraar draagt er zorg voor dat in de overeenkomst inzake de rechtsbijstanddekking uitdrukkelijk wordt voorzien in een scheidsrechterlijke procedure of een andere procedure die met een scheidsrechterlijke procedure vergelijkbare garanties inzake objectiviteit biedt, teneinde te bepalen welke gedragslijn er bij verschil van mening tussen de verzekeraar onderscheidenlijk het juridisch zelfstandig schaderegelingkantoor en de verzekerde zal worden gevolgd voor de regeling van het geschil waarvoor een beroep op de rechtsbijstandverzekering wordt gedaan.
– 2. Dit artikel is niet van toepassing op rechtsbijstandverzekeraars die toepassing hebben gegeven aan artikel 4:65, eerste lid, onderdeel *c*, of artikel 4:65, tweede lid, onderdeel *b*.

Art. 4:69

Op de hoogte stellen verzekerde

– 1. Een rechtsbijstandverzekeraar draagt er zorg voor dat telkens wanneer zich een belangenconflict voordoet of er een verschil van mening bestaat over de regeling van het geschil de verzekerde op de hoogte wordt gebracht van het in artikel 4:67 bedoelde recht of van de mogelijkheid gebruik te maken van de in artikel 4:68 bedoelde procedure.
– 2. Dit artikel is niet van toepassing op rechtsbijstandverzekeraars die toepassing hebben gegeven aan artikel 4:65, eerste lid, onderdeel *c*, of artikel 4:65, tweede lid, onderdeel *b*.

Art. 4:70

WAM-verzekeraar

– 1. Een schadeverzekeraar die de branche Aansprakelijkheid motorrijtuigen uitoefent vanuit een vestiging in Nederland:
a. is aangesloten bij het bureau, bedoeld in artikel 2, zesde lid, van de Wet aansprakelijkheidsverzekering motorrijtuigen;
b. komt zijn verplichtingen na jegens het Waarborgfonds Motorverkeer uit hoofde van de artikelen 24, eerste lid, en 24*a*, eerste lid, van de Wet aansprakelijkheidsverzekering motorrijtuigen;
c. komt zijn verplichtingen na tot kennisgeving uit hoofde van artikel 13, eerste lid, van de Wet aansprakelijkheidsverzekering motorrijtuigen jegens het overheidsorgaan aldaar bedoeld; en
d. zorgt ervoor dat zijn voorwaarden van verzekering voldoen aan de door de Wet aansprakelijkheidsverzekering motorrijtuigen gestelde eisen.
– 2. Een schadeverzekeraar met zetel in Nederland die de branche Aansprakelijkheid motorrijtuigen uitoefent of een schadeverzekeraar met zetel in een staat die geen lidstaat is die de branche Aansprakelijkheid motorrijtuigen uitoefent vanuit een in Nederland gelegen bijkantoor stelt in iedere andere lidstaat een persoon als schaderegelaar aan. De schaderegelaar is belast met het namens de schadeverzekeraar behandelen en afwikkelen van vorderingen van benadeelden die aanspraak kunnen maken op schadevergoeding ten gevolge van feiten veroorzaakt door deelneming aan het verkeer van motorrijtuigen die gewoonlijk zijn gestald en verzekerd in een andere lidstaat dan die van de woonplaats van de benadeelde en die zich ofwel hebben voorgedaan in een andere lidstaat dan die van de woonplaats van de benadeelde, ofwel in een staat die geen lidstaat is waar een nationaal bureau werkzaam is dat overeenkomt met het bureau, bedoeld in artikel 2, zesde lid, van de Wet aansprakelijkheidsverzekering motorrijtuigen.
– 3. De schaderegelaar heeft zijn vestiging in de lidstaat waar hij is aangesteld. Vorderingen van benadeelden als bedoeld in het tweede lid behandelt hij en wikkelt hij af in de officiële taal of de officiële talen van die lidstaat.
– 4. De schaderegelaar houdt zich namens de schadeverzekeraar niet bezig met de uitoefening van het bedrijf van verzekeraar. Evenmin wordt hij beschouwd als een vestiging van de schadeverzekeraar in de zin van verordening (EG) nr. 44/2001 van de Raad van de Europese Unie van 22 december 2000 betreffende de rechterlijke bevoegdheid, de erkenning en de tenuitvoerlegging van beslissingen in burgerlijke en handelszaken (*PbEG* L 12), of in de zin van het Verdrag van Brussel van 27 september 1968 betreffende de rechterlijke bevoegdheid en de tenuitvoerlegging van de beslissingen in burgerlijke en handelszaken (*PbEG* C 27).
– 5. De schadeverzekeraar, bedoeld in het tweede lid, meldt binnen twee weken na de aanvang van de uitoefening van de branche Aansprakelijkheid motorrijtuigen aan het Informatiecentrum, bedoeld in artikel 27*b* van de Wet aansprakelijkheidsverzekering motorrijtuigen, en aan het informatiecentrum in iedere andere lidstaat de naam en het adres van de door hem in

iedere lidstaat aangestelde schaderegelaar. De schadeverzekeraar stelt de in de eerste volzin bedoelde informatiecentra binnen twee weken in kennis van een wijziging in de naam of het adres van de desbetreffende schaderegelaar.
– 6. De schadeverzekeraar van degene die de schade heeft veroorzaakt, zijn schaderegelaar of het bureau, bedoeld in artikel 2, zesde lid, van de Wet aansprakelijkheidsverzekering motorrijtuigen, geeft binnen drie maanden na de datum waarop een benadeelde zijn verzoek tot schadevergoeding heeft ingediend:
a. een met redenen omkleed voorstel tot schadevergoeding indien de aansprakelijkheid niet wordt betwist en de omvang van de schade is vastgesteld; of
b. een met redenen omkleed antwoord op alle punten van het verzoek tot schadevergoeding indien de aansprakelijkheid wordt betwist of de omvang van de schade nog niet volledig is vastgesteld.
Artikel 119 van Boek 6 van het Burgerlijk Wetboek is van toepassing.
– 7. De schadeverzekeraar, bedoeld in de aanhef van het eerste lid, legt binnen twee weken na de aanvang van de uitoefening van de branche Aansprakelijkheid motorrijtuigen aan de Autoriteit Financiële Markten een door hem ondertekende verklaring over dat zijn voorwaarden van verzekering voldoen aan de door de Wet aansprakelijkheidsverzekering motorrijtuigen gestelde eisen.
– 8. De Autoriteit Financiële Markten kan op aanvraag ontheffing verlenen van het eerste of tweede lid aan een schadeverzekeraar die geen aansprakelijkheden dekt ten aanzien waarvan de Wet aansprakelijkheidsverzekering motorrijtuigen van toepassing is en die de risico's van de branche Aansprakelijkheid motorrijtuigen uitsluitend als bijkomende risico's dekt.

Art. 4:71

Zetel buiten Nederland

– 1. Een schadeverzekeraar met zetel buiten Nederland die de branche Aansprakelijkheid motorrijtuigen uitoefent door middel van het verrichten van diensten naar Nederland:
a. is aangesloten bij het bureau, bedoeld in artikel 2, zesde lid, van de Wet aansprakelijkheidsverzekering motorrijtuigen;
b. komt zijn verplichtingen na jegens het Waarborgfonds Motorverkeer uit hoofde van de artikelen 24, eerste lid, en 24*a*, eerste lid, van de Wet aansprakelijkheidsverzekering motorrijtuigen;
c. komt zijn verplichtingen na tot kennisgeving uit hoofde van artikel 13, eerste lid, van de Wet aansprakelijkheidsverzekering motorrijtuigen jegens het overheidsorgaan aldaar bedoeld;
d. zorgt ervoor dat zijn voorwaarden van verzekering voldoen aan de door de Wet aansprakelijkheidsverzekering motorrijtuigen gestelde eisen; en
e. heeft een persoon als schade-afhandelaar aangesteld die zijn vestiging in Nederland heeft en die belast is met het namens hem afwikkelen van vorderingen van benadeelden als bedoeld in artikel 1 van de Wet aansprakelijkheidsverzekering motorrijtuigen.
– 2. De schade-afhandelaar beschikt over voldoende bevoegdheden om de schadeverzekeraar zowel in als buiten rechte te vertegenwoordigen.
– 3. Binnen twee weken na de aanvang van het verrichten van diensten in de branche Aansprakelijkheid motorrijtuigen legt de schadeverzekeraar aan de Autoriteit Financiële Markten de akte van aanstelling van de schade-afhandelaar over waaruit diens naam, adres en bevoegdheden blijken.
– 4. Bij of krachtens algemene maatregel van bestuur worden regels gesteld met betrekking tot:
a. de omstandigheden waaronder de schade-afhandelaar ophoudt schade-afhandelaar te zijn; en
b. de opvolging van de schade-afhandelaar.
– 5. Binnen twee weken na de aanvang van het verrichten van diensten in de branche Aansprakelijkheid motorrijtuigen legt de schadeverzekeraar aan de Autoriteit Financiële Markten een door hem ondertekende verklaring over dat zijn voorwaarden van verzekering voldoen aan de door de Wet aansprakelijkheidsverzekering motorrijtuigen gestelde eisen.
– 6. De Autoriteit Financiële Markten kan op aanvraag ontheffing verlenen van het eerste lid aan een schadeverzekeraar die geen aansprakelijkheden dekt ten aanzien waarvan de Wet aansprakelijkheidsverzekering motorrijtuigen van toepassing is en die de risico's van de branche Aansprakelijkheid motorrijtuigen uitsluitend als bijkomende risico's dekt.
– 7. In geval van communautaire co-assurantie is dit artikel slechts van toepassing op de schadeverzekeraar die als eerste schadeverzekeraar optreedt.

AFDELING 4.3.2
Adviseren

Art. 4:72

Informatieverplichting

– 1. Een adviseur die het aanbevolen financiële product niet tevens aanbiedt of met betrekking tot het aanbevolen financiële product niet tevens een beleggingsdienst verleent, bemiddelt, optreedt als gevolmachtigde agent of optreedt als ondergevolmachtigde agent, informeert de consument of, indien het een verzekering betreft, de cliënt uiterlijk tegelijk met zijn advies over de volgende onderwerpen:

a. dat hij:

1° adviseert op grond van een objectieve analyse;

2° een contractuele verplichting heeft uitsluitend voor een of meer aanbieders te adviseren, in welk geval hij de consument onderscheidenlijk de cliënt desgevraagd tevens de namen van deze aanbieders meedeelt; of

3° geen contractuele verplichting heeft uitsluitend voor een of meer aanbieders te adviseren en hij niet adviseert op grond van een objectieve analyse, in welk geval hij de consument onderscheidenlijk de cliënt desgevraagd tevens de namen meedeelt van de aanbieders waarvoor hij adviseert of kan adviseren;

b. op welke wijze hij wordt beloond;

c. of hij een gekwalificeerde deelneming in een bepaalde aanbieder houdt;

d. of een bepaalde aanbieder of een bepaalde moedermaatschappij van een aanbieder een gekwalificeerde deelneming in hem houdt; en

e. bij algemene maatregel van bestuur aan te wijzen andere onderwerpen.

– 2. Een objectieve analyse als bedoeld in het eerste lid is een analyse van een toereikend aantal op de markt verkrijgbare vergelijkbare financiële producten die de adviseur in staat stelt een financieel product aan te bevelen dat aan de behoeften van de consument of, indien het een verzekering betreft, de cliënt voldoet.

– 3. Bij of krachtens algemene maatregel van bestuur kunnen regels worden gesteld met betrekking tot:

a. de vorm en de wijze van verstrekking van de in het eerste lid bedoelde informatie;

b. de objectieve analyse; en

c. de beloning of de vergoeding voor het adviseren over financiële producten, in welke vorm ook, en de wijze van uitbetaling daarvan.

– 4. Artikel 4:19, tweede lid, is van overeenkomstige toepassing op de op grond van het eerste lid verstrekte informatie.

– 5. Het eerste tot en met vierde lid zijn niet van toepassing op adviseurs in verzekeringen van grote risico's.

– 6. De Autoriteit Financiële Markten kan op aanvraag geheel of gedeeltelijk, al dan niet voor bepaalde tijd, ontheffing verlenen van het op grond van het derde lid bepaalde, indien de aanvrager aantoont dat daaraan redelijkerwijs niet kan worden voldaan en dat de doeleinden die dit artikel beoogt te bereiken anderszins worden bereikt.

AFDELING 4.3.3
Bemiddelen

§ *4.3.3.1. Algemeen*

Art. 4:73

Informatieverplichting

– 1. Een bemiddelaar informeert voorafgaande aan de totstandkoming van een overeenkomst inzake een financieel product de consument of, indien het een verzekering betreft, de cliënt over de volgende onderwerpen:

a. dat hij:

1° adviseert op grond van een objectieve analyse;

2° een contractuele verplichting heeft uitsluitend voor een of meer aanbieders te bemiddelen, in welk geval hij de consument onderscheidenlijk de cliënt desgevraagd tevens de namen van deze aanbieders mededeelt; of

3° geen contractuele verplichting heeft uitsluitend voor een of meer aanbieders te bemiddelen en hij niet adviseert op grond van een objectieve analyse, in welk geval hij de consument onderscheidenlijk de cliënt desgevraagd tevens de namen mededeelt van de aanbieders waarvoor hij bemiddelt of kan bemiddelen;

b. op welke wijze hij wordt beloond;

c. of hij een gekwalificeerde deelneming in een bepaalde aanbieder houdt;

d. of een bepaalde aanbieder of een moedermaatschappij van een bepaalde aanbieder een gekwalificeerde deelneming in hem houdt; en

e. bij algemene maatregel van bestuur aan te wijzen andere onderwerpen.

– 2. Een objectieve analyse als bedoeld in het eerste lid is een analyse van een toereikend aantal op de markt verkrijgbare vergelijkbare financiële producten die de bemiddelaar in staat stelt een financieel product aan te bevelen dat aan de behoeften van de consument of, indien het een verzekering betreft, de cliënt voldoet.

– 3. Bij of krachtens algemene maatregel van bestuur kunnen regels worden gesteld met betrekking tot:
a. de vorm en wijze van verstrekking van de in het eerste lid bedoelde informatie;
b. de objectieve analyse; en
c. de beloning of de vergoeding voor het bemiddelen in financiële producten, in welke vorm ook, en de wijze van uitbetaling daarvan.
– 4. Artikel 4:19, tweede lid, is van overeenkomstige toepassing op de op grond van het eerste lid verstrekte informatie.
– 5. Het eerste tot en met vierde lid zijn niet van toepassing op bemiddelaars in verzekeringen van grote risico's.
– 6. De Autoriteit Financiële Markten kan op aanvraag geheel of gedeeltelijk, al dan niet voor bepaalde tijd, ontheffing verlenen van het op grond van het derde lid bepaalde, indien de aanvrager aantoont dat daaraan redelijkerwijs niet kan worden voldaan en dat de doeleinden die dit artikel beoogt te bereiken anderszins worden bereikt.

§ 4.3.3.2. Krediet

Art. 4:74

Provisie

– 1. Het is een bemiddelaar in krediet of een onderbemiddelaar in krediet verboden ter zake van het krediet een beloning of vergoeding, in welke vorm dan ook, te bedingen of te aanvaarden van dan wel in rekening te brengen aan een ander dan de aanbieder van het krediet onderscheidenlijk de bemiddelaar in krediet voor wie de onderbemiddelaar bemiddelt.
– 2. Bij algemene maatregel van bestuur kunnen, teneinde een zorgvuldige bemiddeling in krediet te bevorderen, regels worden gesteld met betrekking tot de in het eerste lid bedoelde beloning of vergoeding en de wijze van uitbetaling daarvan.
– 3. Onder bij algemene maatregel van bestuur te stellen regels kan worden afgeweken van het eerste lid.
– 4. Rechtshandelingen verricht in strijd met het eerste lid zijn vernietigbaar.

§ 4.3.3.3. Verzekeringen

Art. 4:75

Verzekeringsbemiddelaar

– 1. Een bemiddelaar in verzekeringen beschikt over een beroepsaansprakelijkheidsverzekering of een daarmee vergelijkbare voorziening.
– 2. Bij of krachtens algemene maatregel van bestuur kunnen regels worden gesteld met betrekking tot de beroepsaansprakelijkheidsverzekering en de daarmee vergelijkbare voorziening.
– 3. Bij ministeriële regeling wordt de hoogte vastgesteld van de dekking van de beroepsaansprakelijkheidsverzekering en de daarmee vergelijkbare voorziening.
– 4. Het eerste tot en met derde lid zijn niet van toepassing op:
a. bemiddelaars in verzekeringen die een door de Nederlandsche Bank verleende vergunning voor het uitoefenen van het bedrijf van bank hebben;
b. bemiddelaars in verzekeringen die een door de Nederlandsche Bank verleende vergunning voor het uitoefenen van het bedrijf van verzekeraar hebben;
c. bemiddelaars in verzekeringen als bedoeld in artikel 2:81, tweede lid, voorzover de verzekeraars voor wie zij bemiddelen een door de Nederlandsche Bank verleende vergunning voor het uitoefenen van het bedrijf van verzekeraar hebben; en
d. bemiddelaars in verzekeringen met zetel in een andere lidstaat.
– 5. De Autoriteit Financiële Markten kan op aanvraag geheel of gedeeltelijk, al dan niet voor bepaalde tijd, ontheffing verlenen van het op grond van het tweede lid bepaalde, indien de aanvrager aantoont dat daaraan redelijkerwijs niet kan worden voldaan en dat de doeleinden die dit artikel beoogt te bereiken anderszins worden bereikt.

AFDELING 4.3.4
Herverzekeringsbemiddelen

Art. 4:76

Herverzekeringsbemiddelaar

– 1. Een herverzekeringsbemiddelaar beschikt over een beroepsaansprakelijkheidsverzekering of een daarmee vergelijkbare voorziening.
– 2. Bij of krachtens algemene maatregel van bestuur kunnen regels worden gesteld met betrekking tot de beroepsaansprakelijkheidsverzekering en de daarmee vergelijkbare voorziening.
– 3. Bij ministeriële regeling wordt de hoogte vastgesteld van de dekking van de beroepsaansprakelijkheidsverzekering en de daarmee vergelijkbare voorziening.
– 4. Het eerste tot en met derde lid zijn niet van toepassing op:

a. herverzekeringsbemiddelaars die een door de Nederlandsche Bank verleende vergunning voor het uitoefenen van het bedrijf van bank hebben;
b. herverzekeringsbemiddelaars die een door de Nederlandsche Bank verleende vergunning voor het uitoefenen van het bedrijf van verzekeraar hebben; en
c. herverzekeringsbemiddelaars met zetel in een andere lidstaat.
– 5. De Autoriteit Financiële Markten kan op aanvraag geheel of gedeeltelijk, al dan niet voor bepaalde tijd, ontheffing verlenen van het op grond van het tweede lid bepaalde, indien de aanvrager aantoont dat daaraan redelijkerwijs niet kan worden voldaan en dat de doeleinden die dit artikel beoogt te bereiken anderszins worden bereikt.

AFDELING 4.3.5
Optreden als clearinginstelling

Art. 4:77

Toelating van cliënten

– 1. De voorwaarden die een clearinginstelling hanteert voor toelating van cliënten zijn objectief en openbaar.
– 2. Een clearinginstelling voert een adequaat beleid ter zake van het voorkomen van belangenconflicten tussen haar en haar cliënten en tussen haar cliënten onderling.
– 3. Een clearinginstelling zorgt ervoor dat haar cliënten op billijke wijze worden behandeld in het geval dat een belangenconflict onvermijdelijk blijkt te zijn.
– 4. Bij of krachtens algemene maatregel van bestuur kunnen nadere regels worden gesteld met betrekking tot het eerste en tweede lid.
– 5. De Autoriteit Financiële Markten kan op aanvraag geheel of gedeeltelijk, al dan niet voor bepaalde tijd, ontheffing verlenen van het op grond van het eerste of tweede lid bepaalde, indien de aanvrager aantoont dat daaraan redelijkerwijs niet kan worden voldaan en dat de doeleinden die dat lid beoogt te bereiken anderszins worden bereikt.

Art. 4:78

Nadere regelgeving

– 1. Bij algemene maatregel van bestuur kunnen regels worden gesteld met betrekking tot de informatieverstrekking door een clearinginstelling aan de cliënt gedurende de looptijd van een overeenkomst.
– 2. Bij of krachtens algemene maatregel van bestuur kunnen regels worden gesteld met betrekking tot informatieverstrekking door een clearinginstelling aan de Autoriteit Financiële Markten ten behoeve van het toezicht op de naleving van dit deel.

AFDELING 4.3.6
Optreden als gevolmachtigde agent of ondergevolmachtigde agent

Art. 4:79

Schriftelijke (onder) volmacht

– 1. De aan een gevolmachtigde agent of ondergevolmachtigde agent te verlenen volmacht of ondervolmacht wordt schriftelijk verleend en wordt opgemaakt overeenkomstig een bij ministeriële regeling vast te stellen model.
– 2. Een volmacht kan door de volmachtverlenende verzekeraar worden beperkt.
– 3. Een ondervolmacht kan zowel door de volmachtverlenende verzekeraar als door diens gevolmachtigde, zolang de volmacht van de gevolmachtigde van kracht is, worden beperkt. De ondergevolmachtigde geldt jegens de verzekeraar niet als derde.
– 4. Beperkingen van de volmacht of de ondervolmacht kunnen niet aan derden worden tegengeworpen.

Art. 4:80

Beëindiging van volmacht

– 1. De beëindiging van een volmacht van een gevolmachtigde agent heeft geen werking tegen derden tot het tijdstip waarop de verzekeraar of de gevolmachtigde agent van die beëindiging mededeling heeft gedaan aan de Autoriteit Financiële Markten en de Autoriteit Financiële Markten het register, bedoeld in artikel 1:107, heeft aangepast.
– 2. Ingeval een volmacht is beëindigd, kan de verzekeraar de gevolmachtigde agent wiens volmacht is vervallen, belasten met het beheer en de afwikkeling van de door hem gevormde verzekeringsportefeuille. De verzekeraar kan ook op andere wijze in het beheer en de afwikkeling van die portefeuille voorzien.
– 3. De artikelen 1:104, derde lid, en 4:4, tweede lid, zijn niet van toepassing op de gevolmachtigde agent, indien de verzekeraar in geval van beëindiging van de volmacht gebruik maakt van het in het tweede lid bedoelde recht om op een andere wijze dan door belasting van de gevolmachtigde agent te voorzien in het beheer en de afwikkeling van de door de gevolmachtigde agent gevormde verzekeringsportefeuille.

Art. 4:81

Overeenkomstige toepassing

– 1. Het bepaalde in artikel 4:80 met betrekking tot een gevolmachtigde agent is van overeenkomstige toepassing op een ondergevolmachtigde agent.
– 2. Voor de toepassing van het eerste lid wordt onder de verzekeraar, bedoeld in artikel 4:80,

mede verstaan de gevolmachtigde agent in zijn hoedanigheid van verlener van ondervolmachten.

AFDELING 4.3.7
Verlenen van beleggingsdiensten, verrichten van beleggingsactiviteiten en systematische interne afhandeling

§ 4.3.7.1. Algemeen

Art. 4:82

Uitzonderingen

– 1. De artikelen 4:83, 4:84, en 4:87, tweede lid, onderdeel b, zijn niet van toepassing op beleggingsondernemingen die voor de uitoefening van het bedrijf van bank een door de Nederlandsche Bank verleende vergunning hebben of voor de uitoefening van het bedrijf van financiële instelling een door de Nederlandsche Bank verleende verklaring van ondertoezichtstelling hebben. Artikel 4:85, eerste lid, is niet van toepassing op beleggingsondernemingen die voor de uitoefening van het bedrijf van bank een door de Nederlandsche Bank verleende vergunning hebben.

Art. 4:83

Tweehoofdige dagelijkse leiding

– 1. Ten minste twee natuurlijke personen bepalen het dagelijks beleid van een beleggingsonderneming.
– 2. De Autoriteit Financiële Markten kan op aanvraag ontheffing verlenen van het eerste lid aan een beleggingsonderneming die een natuurlijke persoon is en maatregelen heeft genomen die, gelet op de aard en de omvang van haar werkzaamheden, adequaat zijn om anderszins de belangen van haar cliënten te beschermen.
– 3. Het tweede lid is van overeenkomstige toepassing ten aanzien van rechtspersonen en vennootschappen die door een natuurlijke persoon worden geleid.

Art. 4:84

Plaats van werkzaamheden i.v.m. dagelijks beleid

– 1. De personen die het dagelijks beleid van een beleggingsonderneming met zetel in Nederland bepalen, verrichten hun werkzaamheden in verband daarmee vanuit Nederland.
– 2. De personen die het dagelijks beleid bepalen van een in Nederland gelegen bijkantoor van een beleggingsonderneming met zetel in een staat die geen lidstaat is, verrichten hun werkzaamheden in verband daarmee vanuit dat bijkantoor.

Art. 4:85

Jaarstukken en halfjaarcijfers

– 1. Een beleggingsonderneming met zetel in Nederland verstrekt binnen zes maanden na afloop van het boekjaar aan de Autoriteit Financiële Markten een jaarrekening, een jaarverslag en overige gegevens als bedoeld in de artikelen 361, eerste lid, 391, eerste lid, onderscheidenlijk 392, eerste lid, onderdelen *a* tot en met *h*, van Boek 2 van het Burgerlijk Wetboek.
– 2. Voorzover de beleggingsonderneming, bedoeld in het eerste lid, niet aan Titel 9 van Boek 2 van het Burgerlijk Wetboek is onderworpen, is deze titel van overeenkomstige toepassing op de jaarrekening, het jaarverslag en de overige gegevens, bedoeld in het eerste lid.
– 3. Bij of krachtens algemene maatregel van bestuur worden regels gesteld met betrekking tot de verstrekking van de jaarrekening, het jaarverslag en de overige gegevens, bedoeld in het eerste lid.
– 4. Een beleggingsonderneming met zetel in een staat die geen lidstaat is, verstrekt binnen zes maanden na afloop van het boekjaar een jaarrekening en een jaarverslag aan de Autoriteit Financiële Markten. Het derde lid is van overeenkomstige toepassing.
– 5. De jaarrekening van de beleggingsonderneming, bedoeld in het vierde lid, is voorzien van een verklaring omtrent de getrouwheid, dan wel een met een verklaring omtrent de getrouwheid overeenkomende verklaring, afgegeven door een accountant, dan wel door een deskundige die ingevolge het recht van de staat waar de beleggingsonderneming haar zetel heeft, bevoegd is de jaarrekening te onderzoeken.
– 6. Onverminderd het bepaalde in Titel 9 van Boek 2 van het Burgerlijk Wetboek kan de Autoriteit Financiële Markten op aanvraag geheel of gedeeltelijk, al dan niet voor bepaalde tijd, ontheffing verlenen van dit artikel, indien de aanvrager aantoont dat daaraan redelijkerwijs niet kan worden voldaan en dat de doeleinden die dit artikel beoogt te bereiken anderszins worden bereikt.

Art. 4:86

Informatieverstrekking aan AFM

Bij of krachtens algemene maatregel van bestuur kunnen regels worden gesteld met betrekking tot informatieverstrekking door een beleggingsonderneming aan de Autoriteit Financiële Markten ten behoeve van het toezicht op de naleving van dit deel.

Art. 4:87

Scheiding tussen financiële instrumenten en gelden van cliënten

– 1. Een beleggingsonderneming die financiële instrumenten onder zich houdt die toebehoren aan een cliënt treft adequate maatregelen:
a. ter bescherming van de rechten van de cliënt op die financiële instrumenten; en

b. ter voorkoming van het gebruik van die financiële instrumenten, behoudens uitdrukkelijke instemming van de cliënt, voor eigen rekening door de beleggingsonderneming.

– 2. Een beleggingsonderneming die gelden onder zich houdt die toebehoren aan een cliënt, treft adequate maatregelen:

a. ter bescherming van de rechten van de cliënt op die gelden; en

b. ter voorkoming van het gebruik van die gelden voor eigen rekening door de beleggingsonderneming.

– 3. Bij of krachtens algemene maatregel van bestuur kunnen nadere regels worden gesteld met betrekking tot:

a. de maatregelen ter bescherming van de rechten van de cliënt en ter voorkoming van het gebruik van financiële instrumenten of gelden van de cliënt; en

b. de wijze waarop instemming kan worden verkregen van de cliënt voor het gebruik van diens financiële instrumenten voor eigen rekening door de beleggingsonderneming.

– 4. Het is een verbonden agent niet toegestaan financiële instrumenten dan wel gelden die toebehoren aan een cliënt onder zich te houden.

Art. 4:88

Voorkoming van belangenconflicten

– 1. Een beleggingsonderneming, met inbegrip van haar bestuurders, werknemers en verbonden agenten of een persoon die rechtstreeks of onrechtstreeks is verbonden door een zeggenschapsband, voert een adequaat beleid ter zake van het voorkomen en beheersen van belangenconflicten tussen haar en haar cliënten en tussen haar cliënten onderling.

– 2. Een beleggingsonderneming zorgt ervoor dat haar cliënten op billijke wijze worden behandeld in het geval dat een belangenconflict onvermijdelijk blijkt te zijn. In dat geval stelt een beleggingsonderneming – alvorens over te gaan tot het doen van zaken – haar cliënten op de hoogte van het belangenconflict.

– 3. Bij of krachtens algemene maatregel van bestuur kunnen regels worden gesteld met betrekking tot het in het eerste lid bedoelde beleid en het informeren van cliënten bij een belangenconflict als bedoeld in het tweede lid.

– 4. Onverminderd het bepaalde in artikel 4:12, eerste lid, onderdeel c, richt een beleggingsonderneming met zetel in een andere lidstaat de bedrijfsvoering van een in Nederland gelegen bijkantoor zodanig in dat deze niet in strijd is met het eerste en tweede lid.

– 5. De Autoriteit Financiële Markten kan op aanvraag geheel of gedeeltelijk, al dan niet voor bepaalde tijd, ontheffing verlenen van het op grond van het derde lid bepaalde, indien de aanvrager aantoont dat daaraan redelijkerwijs niet kan worden voldaan en dat de doeleinden die dit artikel beoogt te bereiken anderszins worden bereikt.

Art. 4:89

Vastlegging overeenkomst

– 1. Een beleggingsonderneming legt met betrekking tot iedere cliënt een dossier aan met documenten waarin de wederzijdse rechten en verplichtingen van de beleggingsonderneming en de cliënt zijn beschreven.

– 2. Een beleggingsonderneming sluit met iedere cliënt een overeenkomst die schriftelijk of anderszins op een duurzame drager wordt vastgelegd en in het dossier, bedoeld in het eerste lid, wordt opgenomen. Deze overeenkomst vormt de uitsluitende grondslag voor de beleggingsdiensten die de beleggingsonderneming aan de cliënt verleent en bevat in ieder geval de wederzijdse rechten en verplichtingen van de cliënt en de beleggingsonderneming.

– 3. Bij algemene maatregel van bestuur worden nadere regels gesteld met betrekking tot de inhoud van de overeenkomst.

– 4. Het tweede en derde lid zijn niet van toepassing op het verlenen van beleggingsdiensten aan professionele beleggers.

– 5. De rechten en verplichtingen, bedoeld in het eerste en tweede lid, kunnen worden beschreven door middel van verwijzing naar andere documenten of wetteksten.

Art. 4:89a

Informatieverplichting van verbonden agent

– 1. Een verbonden agent informeert de cliënt bij het opnemen van contact over of voorafgaande aan het verlenen van een beleggingsdienst, als bedoeld in de onderdelen a, d en e van de definitie van het verlenen van een beleggingsdienst in artikel 1:1, over de volgende onderwerpen:

a. in welke hoedanigheid hij optreedt;

b. dat hij een contractuele verplichting heeft uitsluitend voor een beleggingsonderneming op te treden, hij deelt de cliënt tevens de naam van de beleggingsonderneming mede;

c. op welke wijze hij wordt beloond; en

d. bij algemene maatregel van bestuur aan te wijzen andere onderwerpen.

– 2. Bij of krachtens algemene maatregel van bestuur kunnen regels worden gesteld met betrekking tot:

a. de vorm en wijze van verstrekking van de in het eerste lid bedoelde informatie; en *b.* de beloning of de vergoeding voor het verrichten van de beleggingsdiensten, in welke vorm ook, en de wijze van uitbetaling daarvan.

– 3. Artikel 4:19, tweede lid, is van overeenkomstige toepassing op de op grond van het eerste lid verstrekte informatie.

– 4. De Autoriteit Financiële Markten kan op aanvraag geheel of gedeeltelijk, al dan niet voor bepaalde tijd, ontheffing verlenen van het op grond van het tweede lid bepaalde, indien de aanvrager aantoont dat daaraan redelijkerwijs niet kan worden voldaan en dat de doeleinden die dit artikel beoogt te bereiken anderszins worden bereikt.

Art. 4:90

Algemene zorgvuldigheidsnorm

– 1. Een beleggingsonderneming zet zich bij het verlenen van beleggingsdiensten of nevendiensten op eerlijke, billijke en professionele wijze in voor de belangen van haar cliënten, handelt ook bij het verrichten van beleggingsactiviteiten eerlijk, billijk en professioneel en onthoudt zich van gedragingen die schadelijk zijn voor de integriteit van de markt.

– 2. Bij algemene maatregel van bestuur worden regels gesteld met betrekking tot de verwerking van orders en het verschaffen of ontvangen van een provisie bij het verlenen van een beleggingsdiensten of nevendiensten.

Art. 4:90a

Best mogelijke resultaat

– 1. Bij het uitvoeren van orders met betrekking tot financiële instrumenten voor rekening van cliënten neemt een beleggingsonderneming alle redelijke maatregelen om het best mogelijke resultaat voor hen te behalen, rekening houdend met de prijs van de financiële instrumenten, de uitvoeringskosten, de snelheid, de waarschijnlijkheid van uitvoering en afwikkeling, de omvang, de aard en alle andere voor de uitvoering van de order relevante aspecten. In geval van een specifieke instructie van de cliënt met betrekking tot een order of een specifiek aspect van een order voert een beleggingsonderneming die specifieke instructie uit.

– 2. Bij de bepaling van het relatieve gewicht van de in het eerste lid genoemde factoren neemt de beleggingsonderneming de volgende aspecten in aanmerking:

a. de kenmerken van de cliënt, waaronder diens kwalificatie overeenkomstig artikel 4:18a;

b. de kenmerken van de order;

c. de kenmerken van de financiële instrumenten waarop de order betrekking heeft;

d. de kenmerken van de plaatsen van uitvoering waar de order kan worden uitgevoerd.

– 3. Bij het uitvoeren van een order voor een niet-professionele belegger gaat een beleggingsonderneming voor de bepaling van het best mogelijke resultaat uit van de totale tegenprestatie. Deze bestaat uit de prijs van het financiële instrument en de uitvoeringskosten.

– 4. Wanneer in het orderuitvoeringsbeleid van de beleggingsonderneming meerdere plaatsen van uitvoering genoemd zijn waar een order kan worden uitgevoerd, vergelijkt de beleggingsonderneming de resultaten die voor de cliënt zouden worden behaald bij het uitvoeren van de order op elk van die plaatsen van uitvoering. Bij deze vergelijking houdt de beleggingsonderneming rekening met de eigen provisies en kosten voor de uitvoering van de order op elk van de in aanmerking komende plaatsen van uitvoering.

– 5. Een beleggingsonderneming structureert haar provisies niet zodanig en brengt deze niet zo in rekening dat deze uiteenlopen zonder dat deze verschillen samenhangen met feitelijke verschillen in kosten tussen verschillende plaatsen van uitvoering.

Art. 4:90b

Orderuitvoeringsbeleid

– 1. Teneinde te voldoen aan de verplichting, bedoeld in artikel 4:90a, eerste lid, stelt een beleggingsonderneming adequate regelingen vast en ziet zij toe op de naleving van deze regelingen. Een beleggingsonderneming stelt in ieder geval een beleid vast dat haar in staat stelt om bij de uitvoering van orders met betrekking tot financiële instrumenten van haar cliënten het best mogelijke resultaat te behalen als bedoeld in artikel 4:90a, eerste lid, en past dit beleid toe.

– 2. Het orderuitvoeringsbeleid, bedoeld in het eerste lid, omvat voor elke klasse financiële instrumenten informatie over de plaatsen van uitvoering en de factoren die de keuze van de plaats van uitvoering beïnvloeden. Het vermeldt in elk geval de plaatsen van uitvoering die de beleggingsonderneming in staat stellen om consistent het best mogelijke resultaat voor de uitvoering van orders van cliënten te behalen.

– 3. Een beleggingsonderneming verstrekt haar cliënten deugdelijke informatie over haar orderuitvoeringsbeleid. Wanneer het orderuitvoeringsbeleid voorziet in de mogelijkheid om orders anders dan op een gereglementeerde markt of multilaterale handelsfaciliteit uit te voeren, brengt de beleggingsonderneming haar cliënten van deze mogelijkheid op de hoogte.

– 4. Met de uitvoering van een order met betrekking tot een financieel instrument wordt pas na instemming van de cliënt met het orderuitvoeringsbeleid een begin gemaakt.

– 5. Met de uitvoering van een order met betrekking tot een financieel instrument anders dan op een gereglementeerde markt of een multilaterale handelsfaciliteit wordt pas na toestemming van de cliënt een begin gemaakt.

– 6. Indien een specifieke instructie strijdig is met het orderuitvoeringsbeleid wordt de order

niet of in overeenstemming met die specifieke instructie uitgevoerd. Het orderuitvoeringsbeleid kan niet inhouden dat een order in strijd met specifieke instructies kan worden uitgevoerd.
– 7. Een beleggingsonderneming ziet toe op de doeltreffendheid van haar regelingen en beleid voor orderuitvoering om tekortkomingen te achterhalen en te corrigeren. Zij gaat jaarlijks na of de in het orderuitvoeringsbeleid opgenomen plaatsen van uitvoering tot het best mogelijke resultaat voor de cliënt leiden dan wel of zij haar uitvoeringsregelingen moet wijzigen. Een dergelijke beoordeling wordt ook telkens verricht wanneer zich een wezenlijke verandering voordoet in de mogelijkheden van de beleggingsonderneming om steeds het best mogelijke resultaat te behalen bij de uitvoering van orders van haar cliënten op de plaatsen van uitvoering die in haar uitvoeringsbeleid zijn opgenomen.
– 8. Een beleggingsonderneming geeft haar cliënten kennis van wezenlijke wijzigingen in haar orderuitvoeringsregelingen of haar orderuitvoeringsbeleid.
– 9. Op verzoek van een cliënt toont een beleggingsonderneming aan deze cliënt aan dat zij voor hem een order heeft uitgevoerd in overeenstemming met het orderuitvoeringsbeleid, tenzij de order of een specifiek aspect van de order is uitgevoerd volgens een specifieke instructie van de cliënt.
– 10. Bij algemene maatregel van bestuur worden regels gesteld met betrekking tot de informatieverstrekking aan niet-professionele beleggers over het orderuitvoeringsbeleid, bedoeld in het derde lid, eerste volzin.

Art. 4:90c

– 1. Een beleggingsonderneming neemt alle redelijke maatregelen om het best mogelijke resultaat voor haar cliënten te behalen, rekening houdend met de factoren genoemd in artikel 4:90a, eerste lid, en het relatieve gewicht van deze factoren dat wordt bepaald aan de hand van de criteria, genoemd in artikel 4:90a, tweede en derde lid, bij het:
a. bij derden plaatsen van orders met betrekking tot financiële instrumenten ter uitvoering van beslissingen in verband met het beheren van een individueel vermogen;
b. ter uitvoering doorgeven van orders van cliënten met betrekking tot financiële instrumenten aan derden.
In geval van een specifieke instructie van de cliënt voor een order of een specifiek aspect van een order plaatst de beleggingsonderneming de order of geeft zij deze door overeenkomstig die specifieke instructie.
– 2. De beleggingsonderneming stelt een beleid vast dat haar in staat stelt te voldoen aan het eerste lid en past dit beleid toe. In het beleid worden voor alle categorieën van financiële instrumenten de derden genoemd bij wie de orders worden geplaatst of aan wie de beleggingsonderneming orders ter uitvoering doorgeeft. De genoemde derden moeten beschikken over orderuitvoeringsregelingen die de beleggingsonderneming in staat stellen aan haar verplichtingen uit hoofde van dit artikel te voldoen wanneer zij orders ter uitvoering plaatst bij of doorgeeft aan deze derden.
– 3. De beleggingsonderneming verstrekt haar cliënten voldoende informatie over het overeenkomstig het tweede lid vastgestelde beleid.
– 4. De beleggingsonderneming evalueert het overeenkomstig het tweede lid vastgestelde beleid jaarlijks, gaat daarbij met name de kwaliteit van uitvoering van orders van cliënten door de in dit beleid genoemde derden na en corrigeert eventuele tekortkomingen in het beleid. Een dergelijke evaluatie wordt ook telkens verricht wanneer zich een wezenlijke verandering voordoet in de mogelijkheden van de beleggingsonderneming om steeds het best mogelijke resultaat voor haar cliënten te behalen.

Art. 4:90d

Onmiddellijke, billijke en vlotte uitvoering van orders

– 1. Een beleggingsonderneming past procedures en regelingen toe die een onmiddellijke, billijke en vlotte uitvoering van orders met betrekking tot financiële instrumenten van cliënten garanderen ten opzichte van orders van andere cliënten of de handelsposities van de beleggingsonderneming zelf. Deze procedures of regelingen stellen de beleggingsonderneming in staat om vergelijkbare orders van cliënten op volgorde van het tijdstip van ontvangst uit te voeren.
– 2. Indien een limietorder van een cliënt inzake tot de handel op een gereglementeerde markt toegelaten aandelen vanwege de marktomstandigheden niet onmiddellijk wordt uitgevoerd, maakt de beleggingsonderneming de bewuste limietorder van de cliënt onmiddellijk op zodanige wijze openbaar dat andere marktdeelnemers daar gemakkelijk kennis van kunnen krijgen, tenzij de cliënt uitdrukkelijk andere instructies geeft.
– 3. De Autoriteit Financiële Markten kan op aanvraag ontheffing verlenen van het tweede lid indien de limietorder van aanzienlijke omvang is in verhouding tot de normale marktomvang.
– 4. Bij algemene maatregel van bestuur worden regels gesteld met betrekking tot de procedures en regelingen, bedoeld in het eerste lid.

Art. 4:90e

Bewaarplicht

– 1. Een beleggingsonderneming bewaart alle relevante gegevens over de door haar verrichte transacties in financiële instrumenten gedurende ten minste vijf jaar.

– 2. Voor zover zij transacties voor rekening van cliënten betreft, omvat de te bewaren informatie in ieder geval gegevens over de identiteit van de cliënt en gegevens die moeten worden verstrekt op grond van Richtlijn nr. 2005/60/EG van het Europees Parlement en de Raad van de Europese Unie van 26 oktober 2005 tot voorkoming van het gebruik van het financiële stelsel voor het witwassen van geld en de financiering van terrorisme (*PbEU* L 309).

– 3. Een beleggingsonderneming die transacties in tot de handel op een gereglementeerde markt toegelaten financiële instrumenten heeft verricht, meldt de gegevens over deze transacties zo spoedig mogelijk, uiterlijk aan het einde van de volgende werkdag, aan de Autoriteit Financiële Markten.

– 4. Meldingen als bedoeld in het derde lid bevatten bij algemene maatregel van bestuur aan te wijzen gegevens.

– 5. Meldingen als bedoeld in het derde lid kunnen worden verricht door een namens de beleggingsonderneming optredende derde, een door de Autoriteit Financiële Markten aanvaard systeem voor matching of melding van orders, de gereglementeerde markt of de multilaterale handelsfaciliteit waarvan de systemen werden gebruikt om de transactie uit te voeren. In dat geval wordt de beleggingsonderneming geacht te hebben voldaan aan het derde lid.

– 6. De Autoriteit Financiële Markten besluit op aanvraag tot aanvaarding van een systeem voor matching of melding van orders, indien de aanvrager aantoont dat de regelingen voor het melden van transacties waarin dat systeem voorziet voldoen aan artikel 12, eerste lid, van de uitvoeringsverordening richtlijn markten voor financiële instrumenten. Een besluit tot aanvaarding kan door de Autoriteit Financiële Markten worden ingetrokken.

– 7. De Autoriteit Financiële Markten zendt de door haar verkregen gegevens toe aan:

a. de toezichthoudende instantie van de in termen van liquiditeit voor deze financiële instrumenten meest relevante markt; en

b. de toezichthoudende instantie van de lidstaat van herkomst van de beleggingsonderneming indien deze haar zetel in een andere lidstaat heeft, tenzij die toezichthoudende instantie heeft aangegeven dat zij deze informatie niet wenst te ontvangen.

– 8. Bij algemene maatregel van bestuur kan het derde lid van overeenkomstige toepassing worden verklaard op financiële instrumenten die niet tot de handel op een gereglementeerde markt zijn toegelaten.

Art. 4:91

Bescherming persoonsgegevens

Indien een beleggingsonderneming die lid is van of deelneemt aan een gereglementeerde markt waarvoor een vergunning als bedoeld in artikel 5:26, eerste lid, is verleend, ingevolge de op grond van artikel 5:27, eerste lid, te hanteren regels verplicht is ter medewerking aan de controle op de naleving van die regels persoonsgegevens als bedoeld in de Wet bescherming persoonsgegevens te verstrekken, behoeft de beleggingsonderneming voor deze verstrekking niet de toestemming van degene op wie de persoonsgegevens betrekking hebben.

§ 4.3.7.2. Exploiteren van een multilaterale handelsfaciliteit

Art. 4:91a

Regels en procedures voor billijke en ordelijke handel

– 1. Een beleggingsonderneming die een multilaterale handelsfaciliteit exploiteert, stelt transparante, niet-discretionaire regels en procedures vast die een billijke en ordelijke handel garanderen en legt objectieve criteria vast voor de efficiënte uitvoering van orders.

– 2. Onder de in het eerste lid bedoelde regels en procedures worden in ieder geval regels en procedures verstaan voor een gezond beheer van de technische werking van het systeem en doeltreffende voorzorgsmaatregelen om met systeemstoringen verband houdende risico's te ondervangen.

– 3. De beleggingsonderneming stelt transparante regels vast met betrekking tot de criteria aan de hand waarvan wordt vastgesteld welke financiële instrumenten via haar systeem kunnen worden verhandeld.

– 4. De beleggingsonderneming zorgt voor toegang tot voldoende publieke informatie opdat de gebruikers van haar handelsfaciliteit zich een beleggingsoordeel kunnen vormen, rekening houdend met zowel de aard van de gebruikers als de categorieën verhandelde financiële instrumenten.

– 5. De beleggingsonderneming stelt op objectieve criteria gebaseerde transparante regels voor toegang tot de multilaterale handelsfaciliteit vast en handhaaft deze regels, welke voldoen aan de voorwaarden in artikel 5:32c.

– 6. De beleggingsonderneming licht de gebruikers van de multilaterale handelsfaciliteit terdege in over hun respectieve verantwoordelijkheden in het kader van de afwikkeling van de via deze faciliteit uitgevoerde transacties.

– 7. De beleggingsonderneming treft de nodige voorzieningen om een efficiënte afwikkeling van de volgens de systemen van de multilaterale handelsfaciliteit uitgevoerde transacties te bevorderen.
– 8. Indien een effect dat tot de handel op een gereglementeerde markt is toegelaten zonder instemming van de uitgevende instelling op een multilaterale handelsfaciliteit wordt verhandeld, is deze uitgevende instelling niet onderworpen aan enigerlei verplichting op het gebied van te verstrekken informatie met betrekking tot deze multilaterale handelsfaciliteit.
– 9. De beleggingsonderneming geeft onmiddellijk gevolg aan een aanwijzing die de Autoriteit Financiële Markten op grond van artikel 4:4b geeft om de handel in bepaalde financiële instrumenten op te schorten, te onderbreken of door te halen of een financieel instrument van de handel uit te sluiten.

Art. 4:91b

Naleving regels door gebruikers

– 1. Een beleggingsonderneming die een multilaterale handelsfaciliteit exploiteert, stelt effectieve regelingen en procedures vast met betrekking tot deze handelsfaciliteit en handhaaft deze regelingen en procedures om er regelmatig op toe te zien of haar gebruikers haar regels naleven.
– 2. De beleggingsonderneming ziet toe op de transacties die de gebruikers van de multilaterale handelsfaciliteit via haar systemen verrichten opdat zij inbreuken op de in het eerste lid bedoelde regelingen en procedures, handelsvoorwaarden die de ordelijke werking van de markt verstoren of gedragingen die op marktmisbruik kunnen wijzen, kan onderkennen.
– 3. De beleggingsonderneming meldt ernstige inbreuken als bedoeld in het tweede lid aan de Autoriteit Financiële Markten.
– 4. De beleggingsonderneming verstrekt onmiddellijk de toepasselijke informatie aan de Autoriteit Financiële Markten, het Openbaar Ministerie of opsporingsambtenaren die bevoegd zijn op grond van de Wet op de economische delicten en verleent haar volledige medewerking aan de Autoriteit Financiële Markten, het Openbaar Ministerie of deze opsporingsambtenaren bij het onderzoeken of vervolgen van gedragingen die op marktmisbruik kunnen wijzen die zich in of via haar systemen hebben voorgedaan.

Art. 4:91c

Transparantie van transacties

– 1. Een beleggingsonderneming die een multilaterale handelsfaciliteit exploiteert, maakt de via haar systemen afgegeven actuele bied- en laatprijzen en de diepte van de markt tegen deze prijzen voor tot de handel op een gereglementeerde markt toegelaten aandelen openbaar.
– 2. De beleggingsonderneming zorgt ervoor dat de in het eerste lid bedoelde informatie tegen redelijke commerciële voorwaarden en tijdens de voor die multilaterale handelsfaciliteit normale handelstijden doorlopend beschikbaar is voor het publiek.
– 3. De Autoriteit Financiële Markten kan op aanvraag ontheffing verlenen van het eerste lid indien de multilaterale handelsfaciliteit voldoet aan de artikelen 18 tot en met 20 van de uitvoeringsverordening markten voor financiële instrumenten.
– 4. Bij algemene maatregel van bestuur kan worden bepaald dat het eerste tot en met het derde lid van overeenkomstige toepassing zijn ten aanzien van andere financiële instrumenten dan aandelen.
– 5. Het eerste lid is niet van toepassing ten aanzien van rechten van deelneming in een beleggingsinstelling die op verzoek van de houder ten laste van de activa direct of indirect worden ingekocht of terugbetaald.

Art. 4:91d

Openbaarmaking bijzonderheden van transacties

– 1. Een beleggingsonderneming die een multilaterale handelsfaciliteit exploiteert, maakt de prijs, de omvang en het tijdstip van de via de systemen van deze handelsfaciliteit uitgevoerde transacties in aandelen die tot de handel op een gereglementeerde markt zijn toegelaten openbaar.
– 2. De beleggingsonderneming maakt de informatie, bedoeld in het eerste lid, openbaar tegen redelijke commerciële voorwaarden en binnen een tijdsspanne die real time zo dicht mogelijk benadert.
– 3. Het tweede lid is niet van toepassing ten aanzien van informatie over transacties op een multilaterale handelsfaciliteit die volgens de systemen van een gereglementeerde markt openbaar worden gemaakt.
– 4. De Autoriteit Financiële Markten kan, op aanvraag, de beleggingsonderneming toestaan de in het eerste lid bedoelde openbaarmaking uit te stellen op basis van de soort of de omvang van de transactie, indien:
a. zij heeft ingestemd met de voorgenomen voorzieningen voor de uitgestelde openbaarmaking; en
b. de beleggingsonderneming duidelijke informatie over deze voorzieningen verstrekt aan de marktdeelnemers en het beleggerspubliek.
– 5. Bij algemene maatregel van bestuur kan worden bepaald dat het eerste tot en met het

vierde lid van overeenkomstige toepassing zijn ten aanzien van andere financiële instrumenten dan aandelen.
– 6. Het eerste lid is niet van toepassing ten aanzien van rechten van deelneming in een beleggingsinstelling die op verzoek van de houder ten laste van de activa direct of indirect worden ingekocht of terugbetaald.

Art. 4:91e

Ontheffing

De Autoriteit Financiële Markten kan op aanvraag geheel of gedeeltelijk, al dan niet voor bepaalde tijd, ontheffing verlenen van deze paragraaf indien de aanvrager aantoont dat de belangen die dit deel beoogt te beschermen anderszins voldoende worden beschermd.

§ 4.3.7.3. Systematische interne afhandeling

Art. 4:91f

Reikwijdte

Deze paragraaf is niet van toepassing op beleggingsondernemingen die het bedrijf van beleggingsonderneming met systematische interne afhandeling uitsluitend uitoefenen met betrekking tot transacties met een omvang boven de standaard marktomvang.

Art. 4:91g

Vaststelling en bekendmaking prijzen

– 1. Een beleggingsonderneming met systematische interne afhandeling stelt de prijs vast waarvoor zij bereid is een transactie uit te voeren in tot de handel op een gereglementeerde markt toegelaten aandelen die zij systematisch intern afhandelt en waarvoor een liquide markt bestaat en maakt deze prijs openbaar tegen redelijke commerciële voorwaarden en op zodanige wijze dat zij gemakkelijk toegankelijk is.
– 2. Een beleggingsonderneming met systematische interne afhandeling maakt de prijs van aandelen waarvoor niet een liquide markt bestaat desgevraagd bekend aan haar cliënten.
– 3. De beleggingsonderneming kan bepalen voor welke transactieomvang een vastgestelde prijs geldt en maakt dat gegeven openbaar tegen redelijke commerciële voorwaarden en op zodanige wijze dat het gemakkelijk toegankelijk is.
– 4. De vastgestelde prijs van een aandeel omvat een bied- of laatprijs en de daarbij behorende transactieomvang. Indien de beleggingsonderneming niet bepaalt voor welke transactieomvang een vastgestelde prijs geldt, omvat de prijs de bied- of laatprijzen voor een transactieomvang tot maximaal de standaard marktomvang voor de aandelenklasse waartoe het aandeel behoort. De prijzen geven de heersende marktsituatie voor het betrokken aandeel weer.
– 5. Bij algemene maatregel van bestuur kan worden bepaald dat het eerste tot en met het vierde lid van overeenkomstige toepassing zijn ten aanzien van andere financiële instrumenten dan aandelen.
– 6. Het eerste lid is niet van toepassing ten aanzien van rechten van deelneming in een beleggingsinstelling die op verzoek van de houder ten laste van de activa direct of indirect worden ingekocht of terugbetaald.

Art. 4:91h

Classificatie

De Autoriteit Financiële Markten bepaalt voor elk aandeel waarvoor Nederland in termen van liquiditeit de meest relevante markt is, bedoeld in artikel 4:90e, vijfde lid, onderdeel a, ten minste eenmaal per jaar tot welke aandelenklasse het aandeel behoort en maakt deze informatie openbaar.

Art. 4:91i

Actualisering prijzen

Een beleggingsonderneming met systematische interne afhandeling actualiseert de op grond van artikel 4:91g vastgestelde prijzen regelmatig en doorlopend gedurende de normale handelstijd.

Art. 4:91j

Prijs uitvoering orders

– 1. Een beleggingsonderneming met systematische interne afhandeling voert met inachtneming van de artikelen 4:90a en 4:90b orders die zij van een niet-professionele cliënt ontvangt met betrekking tot de aandelen die zij systematisch intern afhandelt, uit tegen de op het tijdstip van ontvangst van de order door haar vastgestelde prijs.
– 2. Een beleggingsonderneming met systematische interne afhandeling voert een order die zij van een professionele cliënt ontvangt met betrekking tot de aandelen die zij systematisch afhandelt, uit tegen de op het tijdstip van ontvangst van de order door haar vastgestelde prijs. De beleggingsonderneming mag, in afwijking van de eerste volzin, deze order uitvoeren tegen een voor de cliënt gunstiger prijs indien:
a. de prijs binnen een openbaar gemaakt prijsbereik valt dat de heersende marktsituatie, bedoeld in artikel 4:91g, vierde lid, benadert; en
b. de order een grotere omvang heeft dan de gebruikelijke orderomvang van een niet-professionele belegger.
– 3. In afwijking van het tweede lid, eerste volzin, kan een beleggingsonderneming met systematische interne afhandeling een order die zij van een professionele cliënt ontvangt, uitvoeren tegen een andere dan de door haar vastgestelde prijzen, indien het een transactie betreft met

betrekking tot verscheidene effecten of indien het een order betreft waaraan bijzondere voorwaarden verbonden zijn.

– 4. Indien een beleggingsonderneming met systematische interne afhandeling die slechts één vastgestelde prijs openbaar heeft gemaakt of die prijzen heeft vastgesteld en openbaar heeft gemaakt waarvan de hoogste geldt voor een transactieomvang die lager is dan de standaard marktomvang, van een cliënt een order ontvangt met een omvang die groter is dan de bij de vastgestelde prijs behorende omvang, maar kleiner dan de standaard marktomvang, kan zij, onverminderd het tweede lid, tweede volzin, en het derde lid, het gedeelte van de order dat de bij de vastgestelde prijs behorende omvang te boven gaat uitvoeren tegen de door haar vastgestelde prijs.

– 5. Indien een beleggingsonderneming met systematische interne afhandeling de door haar vastgestelde prijzen voor verschillende transactievolumina openbaar heeft gemaakt en een order met een omvang tussen die volumina uitvoert, doet zij dit, onverminderd de artikelen 4:90a en 4:90b en het tweede lid, tweede volzin, en het derde lid, tegen een van de voor die volumina vastgestelde prijzen.

Art. 4:91k

Toegang beleggers

– 1. Een beleggingsonderneming met systematische interne afhandeling verleent beleggers op basis van objectieve en niet-discriminerende criteria toegang tot haar systeem van interne afhandeling.

– 2. Een beleggingsonderneming met systematische interne afhandeling kan slechts op grond van commerciële overwegingen weigeren om met een belegger die voldoet aan de criteria, bedoeld in het eerste lid, zakelijke betrekkingen aan te gaan of deze betrekkingen verbreken.

§ 4.3.7.4. Overige bepaling informatie na de handel door beleggingsondernemingen

Art. 4:91l

Openbaarmaking bijzonderheden van transacties

– 1. Een beleggingsonderneming die anders dan op een gereglementeerde markt of een multilaterale handelsfaciliteit een transactie verricht in aandelen die tot de handel op een gereglementeerde markt zijn toegelaten, maakt de prijs, de omvang en het tijdstip van de uitgevoerde transactie openbaar.

– 2. De beleggingsonderneming maakt de informatie, bedoeld in het eerste lid, binnen een tijdsspanne die real time zo dicht mogelijk benadert en tegen redelijke commerciële voorwaarden openbaar op een zodanige wijze dat zij gemakkelijk toegankelijk is.

– 3. Bij algemene maatregel van bestuur kan worden bepaald dat het eerste lid van overeenkomstige toepassing is ten aanzien van transacties in andere financiële instrumenten dan aandelen.

– 4. Het eerste lid is niet van toepassing ten aanzien van rechten van deelneming in een beleggingsinstelling die op verzoek van de houder ten laste van de activa direct of indirect worden ingekocht of terugbetaald.

AFDELING 4.3.8

Onderlinge verhouding financiële ondernemingen

§ 4.3.8.1. Verhouding tussen aanbieder, (onder)bemiddelaar en (onder-)gevolmachtigde agent

Art. 4:92

Overeenkomstige toepassing

– 1. Met uitzondering van artikel 4:93 is het ingevolge deze paragraaf bepaalde met betrekking tot de verhouding tussen een aanbieder en een bemiddelaar van overeenkomstige toepassing op:

a. de verhouding tussen een gevolmachtigde agent en een bemiddelaar;

b. de verhouding tussen een ondergevolmachtigde agent en een bemiddelaar; en

c. de verhouding tussen een bemiddelaar en een onderbemiddelaar.

– 2. Het bepaalde in deze paragraaf met betrekking tot de verhouding tussen een aanbieder en een gevolmachtigde agent is van overeenkomstige toepassing op:

a. de verhouding tussen een gevolmachtigde agent en een ondergevolmachtigde agent; en

b. de verhouding tussen een ondergevolmachtigde agent en een andere ondergevolmachtigde agent waaraan hij een ondervolmacht heeft verleend.

Art. 4:93

Naleving wet door bemiddelaar

– 1. Een aanbieder draagt er zorg voor dat een bemiddelaar als bedoeld in artikel 2:81, tweede lid, via welke hij overeenkomsten met consumenten of, indien het verzekeringen betreft, cliënten aangaat, voldoet aan het ingevolge deze wet bepaalde.

– 2. Bij algemene maatregel van bestuur kunnen regels worden gesteld met betrekking tot de wijze waarop de aanbieder er zorg voor draagt dat de bemiddelaar voldoet aan het ingevolge deze wet bepaalde.

– 3. De Autoriteit Financiële Markten kan op aanvraag geheel of gedeeltelijk, al dan niet voor bepaalde tijd, ontheffing verlenen van het krachtens het tweede lid bepaalde, indien de aanvrager aantoont dat daaraan redelijkerwijs niet kan worden voldaan en dat de doeleinden die dit artikel beoogt te bereiken anderszins worden bereikt.

Art. 4:94

Vergewisplicht t.a.v. bemiddelaar

– 1. Een aanbieder die voor de eerste maal door tussenkomst van een bepaalde bemiddelaar een overeenkomst inzake een financieel product aangaat, gaat daartoe pas over nadat hij zich ervan heeft vergewist dat de bemiddelaar voor het bemiddelen in dat financiële product niet handelt in strijd met het verbod, bedoeld in artikel 2:80, eerste lid, en dat aan de bemiddelaar geen verbod als bedoeld in artikel 1:58, tweede lid, of 4:4, eerste lid, is opgelegd.
– 2. De aanbieder gaat eenmaal per twaalf maanden en indien hij in het kader van de normale bedrijfsvoering signalen ontvangt die bij hem daaromtrent twijfel oproepen na of de bemiddelaar door wiens tussenkomst hij overeenkomsten inzake financiële producten aangaat of die hem assisteert bij het beheer en de uitvoering van een overeenkomst inzake een krediet of verzekering, met betrekking tot deze activiteit niet handelt in strijd met het verbod, bedoeld in artikel 2:80, eerste lid, of dat aan de bemiddelaar met betrekking tot deze activiteit geen verbod als bedoeld in artikel 1:58, tweede lid, of 4:4, eerste lid, is opgelegd.
– 3. Indien de bemiddelaar, bedoeld in het tweede lid, handelt in strijd met het verbod, bedoeld in artikel 2:80, eerste lid, of aan hem een verbod als bedoeld in artikel 1:58, tweede lid, of 4:4, eerste lid, is opgelegd, gaat de aanbieder geen overeenkomsten inzake financiële producten meer aan door tussenkomst van de bemiddelaar. De bemiddelaar kan de aanbieder assisteren bij het beheer en de uitvoering van reeds aangegane overeenkomsten inzake een krediet of verzekering voorzover het de bemiddelaar op grond van artikel 1:104, derde lid, of 4:4, tweede lid, is toegestaan overeenkomsten af te wikkelen.

Art. 4:95

Vergewisplicht t.a.v. gevolmachtigd agent

– 1. Een aanbieder gaat pas over tot het verlenen van een volmacht nadat hij zich ervan heeft vergewist dat de gevolmachtigde agent niet handelt in strijd met het verbod, bedoeld in artikel 2:92, eerste lid, en aan de gevolmachtigde agent geen verbod als bedoeld in artikel 4:4, eerste lid, is opgelegd.
– 2. De aanbieder gaat eenmaal per twaalf maanden en indien hij in het kader van de normale bedrijfsvoering signalen ontvangt die bij hem daaromtrent twijfel oproepen na of de gevolmachtigde agent waaraan hij een volmacht heeft verleend niet handelt in strijd met het verbod, bedoeld in artikel 2:92, eerste lid, of dat aan de gevolmachtigde agent geen verbod als bedoeld in artikel 4:4, eerste lid, is opgelegd.
– 3. Indien de gevolmachtigde agent, bedoeld in het tweede lid, handelt in strijd met het verbod, bedoeld in artikel 2:92, eerste lid, of aan hem een verbod als bedoeld in artikel 4:4, eerste lid, is opgelegd, beëindigt de aanbieder de volmacht. De aanbieder kan de gevolmachtigde agent belasten met het beheer en de afwikkeling van de door hem gevormde verzekeringsportefeuille voorzover het de gevolmachtigde agent op grond van artikel 1:104, derde lid, of 4:4, tweede lid, is toegestaan overeenkomsten af te wikkelen.

Art. 4:96

Beperkte vergewisplicht bemiddelaar en gevolmachtigd agent

– 1. Indien een bemiddelaar in het kader van de normale bedrijfsvoering signalen ontvangt dat een aanbieder voor welke hij bemiddelt voor het aanbieden van dat financiële product handelt in strijd met een in hoofdstuk 2.2 neergelegd verbod op het zonder daartoe verleende vergunning uitoefenen van een bedrijf of verlenen van een financiële dienst of dat aan de aanbieder een verbod als bedoeld in artikel 1:58, tweede lid, of 4:4, eerste lid, is opgelegd, bemiddelt hij niet meer voor de aanbieder, behoudens voorzover het de aanbieder op grond van artikel 1:104, derde lid, of artikel 4:4, tweede lid, is toegestaan overeenkomsten af te wikkelen.
– 2. Indien een gevolmachtigde agent in het kader van de normale bedrijfsvoering signalen ontvangt dat een aanbieder voor welke hij optreedt als gevolmachtigde agent handelt in strijd met een in hoofdstuk 2.2 neergelegd verbod op het zonder daartoe verleende vergunning uitoefenen van een bedrijf of verlenen van een financiële dienst of dat aan de aanbieder een verbod als bedoeld in artikel 1:58, tweede lid, of 4:4, eerste lid, is opgelegd, treedt hij niet meer op als gevolmachtigde agent voor de aanbieder, behoudens voorzover het de aanbieder op grond van artikel 1:104, derde lid, of 4:4, tweede lid, is toegestaan overeenkomsten af te wikkelen.

Art. 4:97

Melding aan AFM

– 1. Indien een aanbieder in het kader van de normale bedrijfsvoering constateert dat een bemiddelaar of een gevolmachtigde agent het ingevolge artikel 4:9, 4:10, 4:15 of 4:75 bepaalde overtreedt, meldt de aanbieder de geconstateerde overtreding onverwijld aan de Autoriteit Financiële Markten.
– 2. Indien een aanbieder in het kader van de normale bedrijfsvoering constateert dat een bemiddelaar of een gevolmachtigde agent het ingevolge deze wet bepaalde, met uitzondering van het ingevolge artikel 4:9, 4:10, 4:15 of 4:75 bepaalde, stelselmatig overtreedt, meldt de aanbieder de geconstateerde overtredingen onverwijld aan de Autoriteit Financiële Markten.

– 3. Bij algemene maatregel van bestuur kunnen nadere regels worden gesteld met betrekking tot de gevallen waarin de aanbieder een overtreding als bedoeld in het eerste en tweede lid, meldt. Bij of krachtens algemene maatregel van bestuur kunnen nadere regels worden gesteld met betrekking tot de wijze waarop de aanbieder een overtreding meldt.

Art. 4:98

Aansprakelijkheid

Degene die tot een melding op grond van artikel 4:97 is overgegaan, is niet aansprakelijk voor schade die een derde dientengevolge lijdt, tenzij aannemelijk wordt gemaakt dat gelet op alle feiten en omstandigheden in redelijkheid niet tot melding had mogen worden overgegaan.

Art. 4:99

Afhankelijkheid m.b.t. voldoen aan verplichtingen

– 1. Financiële ondernemingen stellen elkaar over en weer in staat te voldoen aan hetgeen ingevolge dit deel is bepaald, voorzover zij daarvoor van elkaar afhankelijk zijn.
– 2. Bij of krachtens algemene maatregel van bestuur kunnen nadere regels worden gesteld met betrekking tot de gevallen waarin en de wijze waarop financiële ondernemingen elkaar in staat stellen om aan dit deel te voldoen.
– 3. De Autoriteit Financiële Markten kan op aanvraag geheel of gedeeltelijk, al dan niet voor bepaalde tijd, ontheffing verlenen van het krachtens het tweede lid bepaalde indien de aanvrager aantoont dat daaraan redelijkerwijs niet kan worden voldaan en dat de doeleinden die dit artikel beoogt te bereiken anderszins worden bereikt.

§ 4.3.8.2. Verhouding tussen beleggingsondernemingen onderling en tussen beleggingsondernemingen en verbonden agenten

Art. 4:100

Onderlinge vergewisplicht

– 1. Een beleggingsonderneming die voor de eerste maal een beleggingsdienst als bedoeld in onderdeel a, b of d van de definitie van verlenen van een beleggingsdienst in artikel 1:1 verleent voor een andere beleggingsonderneming of een beleggingsdienst verleent voor cliënten die worden aangebracht door een andere beleggingsonderneming gaat daartoe pas over nadat zij zich ervan heeft vergewist dat de andere beleggingsonderneming niet handelt in strijd met het verbod, bedoeld in artikel 2:96, eerste lid, of dat aan de andere beleggingsonderneming geen verbod als bedoeld in artikel 1:58, tweede lid, of 4:4, eerste lid, is opgelegd.
– 2. De beleggingsonderneming gaat eenmaal per twaalf maanden en indien zij in het kader van de normale bedrijfsvoering signalen ontvangt die bij haar daaromtrent twijfel oproepen na of de andere beleggingsonderneming, bedoeld in het eerste lid, niet handelt in strijd met het verbod, bedoeld in artikel 2:96, eerste lid, of dat aan de andere beleggingsonderneming geen verbod als bedoeld in artikel 1:58, tweede lid, of 4:4, eerste lid, is opgelegd.
– 3. Indien de andere beleggingsonderneming, bedoeld in het eerste lid, handelt in strijd met het verbod, bedoeld in artikel 2:96, eerste lid, of aan haar een verbod als bedoeld in artikel 1:58, tweede lid, of 4:4, eerste lid, is opgelegd, verleent de beleggingsonderneming vanaf het moment waarop zij van die strijd onderscheidenlijk dat verbod kennis draagt geen beleggingsdiensten meer voor de andere beleggingsonderneming of voor cliënten die worden aangebracht door de andere beleggingsonderneming.

Art. 4:100a

Andere werkzaamheden verbonden agent

– 1. Een beleggingsonderneming die door tussenkomst van een verbonden agent beleggingsdiensten verleent als bedoeld in onderdeel a, d of e van de definitie van het verlenen van een beleggingsdienst in artikel 1:1, treft afdoende maatregelen ter voorkoming van eventuele negatieve gevolgen die andere werkzaamheden van de betrokken verbonden agent, waarop deze wet niet van toepassing is, kunnen hebben voor de werkzaamheden van de betrokken verbonden agent die hij voor rekening van de beleggingsonderneming verricht.
– 2. Bij algemene maatregel van bestuur kunnen regels worden gesteld met betrekking tot de wijze waarop de beleggingsonderneming er zorg voor draagt dat de verbonden agent voldoet aan het ingevolge deze wet bepaalde.
– 3. De Autoriteit Financiële Markten kan op aanvraag geheel of gedeeltelijk, al dan niet voor bepaalde tijd, ontheffing verlenen van het krachtens het tweede lid bepaalde, indien de aanvrager aantoont dat daaraan redelijkerwijs niet kan worden voldaan en dat de doeleinden die dit artikel beoogt te bereiken anderszins worden bereikt.

Art. 4:100b

Vergewisplicht t.a.v. verbonden agent

– 1. Een beleggingsonderneming die voornemens is voor de eerste maal door tussenkomst van een bepaalde verbonden agent beleggingsdiensten te verlenen, als bedoeld in de onderdeel a, d of e van de definitie van het verlenen van een beleggingsdienst in artikel 1:1, gaat daartoe pas over nadat de beleggingsonderneming de verbonden agent heeft aangemeld bij de Autoriteit Financiële Markten, en de Autoriteit Financiële Markten de verbonden agent heeft ingeschreven in het register, als bedoeld in artikel 1:107.
– 2. De beleggingsonderneming gaat eenmaal per twaalf maanden en indien hij in het kader van de normale bedrijfsvoering signalen ontvangt die bij hem daaromtrent twijfel oproepen,

na of de verbonden agent door wiens tussenkomst hij beleggingsdiensten verleent als bedoeld in onderdeel a, d of e van de definitie van het verlenen van een beleggingsdienst in artikel 1:1, met betrekking tot deze activiteit niet handelt in overeenstemming met het ingevolge deze wet bepaalde.

– 3. Indien de verbonden agent, bedoeld in het tweede lid, handelt in strijd met het ingevolge deze wet bepaalde, verleent de beleggingsonderneming geen beleggingsdiensten meer door tussenkomst van de verbonden agent.

Art. 4:100c

Beperkte vergewisplicht verbonden agent

Indien een verbonden agent in het kader van de normale bedrijfsvoering signalen ontvangt dat een beleggingsonderneming voor wier rekening hij beleggingsdiensten verleent als bedoeld in onderdeel a, d of e van de definitie van het verlenen van beleggingsdiensten in artikel 1:1, in strijd handelt met een in hoofdstuk 2.2 geregeld verbod op het zonder daartoe verleende vergunning uitoefenen van een bedrijf of verlenen van een financiële dienst of dat aan de beleggingsonderneming een verbod als bedoeld in artikel 1:58, tweede lid, 1:104, derde lid, of 4:4, eerste lid, is opgelegd, verleent hij geen beleggingsdiensten meer voor rekening van de beleggingsonderneming, behoudens voorzover het beleggingsdiensten betreft ten aanzien waarvan het de beleggingsonderneming is toegestaan overeenkomsten af te wikkelen op grond van artikel 1:58, tweede lid, of artikel 4:4, tweede lid.

Art. 4:100d

Melding aan AFM

– 1. Indien een beleggingsonderneming in het kader van de normale bedrijfsvoering constateert dat een verbonden agent die door haar is aangemeld bij de Autoriteit Financiële Markten als bedoeld in artikel 2:97, vijfde lid, onderdeel b, het ingevolge deze wet bepaalde overtreedt, meldt de beleggingsonderneming de geconstateerde overtreding onverwijld aan de Autoriteit Financiële Markten.

– 2. Bij algemene maatregel van bestuur kunnen regels worden gesteld met betrekking tot de gevallen waarin de beleggingsonderneming een overtreding als bedoeld in het eerste lid, meldt. Bij of krachtens algemene maatregel van bestuur kunnen nadere regels worden gesteld met betrekking tot de wijze waarop de beleggingsonderneming een overtreding meldt.

Art. 4:100e

Aansprakelijkheid

Degene die tot een melding op grond van artikel 4:100d is overgegaan, is niet aansprakelijk voor schade die een derde dientengevolge lijdt, tenzij aannemelijk wordt gemaakt dat gelet op alle feiten en omstandigheden in redelijkheid niet tot melding had mogen worden overgegaan.

§ 4.3.8.3. Verhouding tussen financiële ondernemingen bij financiële diensten met betrekking tot verzekeringen

Art. 4:101

Overeenkomstige toepassing

Het bepaalde in deze paragraaf met betrekking tot de verhouding tussen een verzekeraar en een bemiddelaar is van overeenkomstige toepassing op:

a. de verhouding tussen een gevolmachtigde agent en een bemiddelaar;

b. de verhouding tussen een ondergevolmachtigde agent en een bemiddelaar; en

c. de verhouding tussen een bemiddelaar en een onderbemiddelaar.

Art. 4:102

Portefeuille bemiddelaar

Een verzekering die door bemiddeling van een bemiddelaar tot stand is gekomen of naar de portefeuille van een bemiddelaar is overgeboekt, behoort in de relatie tot de betrokken verzekeraar tot de portefeuille van die bemiddelaar zolang die verzekering daaruit niet is overgeboekt.

Art. 4:103

Overboeking portefeuille

– 1. Een verzekeraar boekt niet zonder toestemming van de bemiddelaar of diens rechtverkrijgenden een deel of het geheel van diens portefeuille over naar de portefeuille van een andere bemiddelaar.

– 2. In afwijking van het eerste lid boekt de verzekeraar op schriftelijk verzoek van een cliënt diens verzekering uit de portefeuille van een bemiddelaar over naar die van een andere bemiddelaar, tenzij de verzekeraar gegronde bezwaren heeft tegen die bemiddelaar.

– 3. Het eerste en tweede lid zijn van overeenkomstige toepassing op het door een verzekeraar in eigen beheer nemen van een verzekering.

– 4. De verzekeraar verleent op schriftelijk verzoek van een bemiddelaar zijn medewerking aan de gehele of gedeeltelijke overdracht van de portefeuille van die bemiddelaar aan een andere bemiddelaar, tenzij de verzekeraar gegronde bezwaren heeft tegen die bemiddelaar.

Art. 4:104

Premie-incasso

– 1. Tenzij anders wordt overeengekomen of de bemiddelaar zich bij de verzekering tegenover de verzekeraar tot betaling van premie en kosten als eigen schuld heeft verbonden, verzorgt de bemiddelaar voor de verzekeraar het incasso van de premies. Ter zake van dit premie-incasso is hij jegens de verzekeraar te allen tijde rekening en verantwoording schuldig.

– 2. Tenzij tussen een verzekeraar en een bemiddelaar anders is overeengekomen kan de verzekeraar bepalen dat de bemiddelaar niet langer gerechtigd is tot premie-incasso, indien:
a. de bemiddelaar niet meer is ingeschreven in het register, bedoeld in artikel 1:107;
b. de bemiddelaar het premie-incasso in ernstige mate verwaarloost;
c. de bemiddelaar in gebreke blijft namens de verzekeraar door hem geïnde premies tijdig aan deze af te dragen; of
d. de bemiddelaar zich schuldig heeft gemaakt aan handelingen, die de vrees wettigen dat hij niet zal voldoen aan zijn uit het premie-incasso voortvloeiende verplichtingen.
– 3. In de gevallen waarin op grond van het tweede lid het premie-incasso door een bemiddelaar eindigt, wordt dit door de verzekeraar overgenomen.

5 DEEL GEDRAGSTOEZICHT FINANCIËLE MARKTEN

HOOFDSTUK 5.1
Regels voor het aanbieden van effecten

AFDELING 5.1.1
Inleidende bepaling

Art. 5:1

Voor de toepassing van het ingevolge dit hoofdstuk bepaalde wordt verstaan onder: **Begripsomschrijvingen**
a. aanbieden van effecten aan het publiek: het doen van een tot meer dan een persoon gericht voldoende bepaald aanbod als bedoeld in artikel 217, eerste lid, van Boek 6 van het Burgerlijk Wetboek, tot het aangaan van een overeenkomst tot het kopen of anderszins verkrijgen van effecten dan wel een uitnodiging tot het doen van een aanbod op dergelijke effecten;
b. aanbieder: degene die effecten aan het publiek aanbiedt;
c. aanbiedingsprogramma: programma dat de mogelijkheid opent voor het gedurende een daarin bepaalde periode doorlopend of periodiek aanbieden van effecten zonder aandelenkarakter of van de effecten, bedoeld in onderdeel *d*, onder 2°, van eenzelfde categorie of klasse;
d. effect met een aandelenkarakter:
1° door een rechtspersoon, vennootschap of instelling uitgegeven verhandelbaar aandeel of een ander met een aandeel gelijk te stellen verhandelbaar waardebewijs of recht; of
2° elk ander door een rechtspersoon, vennootschap of instelling uitgegeven verhandelbaar waardebewijs waarmee, door uitoefening van het aan dit waardebewijs verbonden recht, door conversie of omruiling een ander effect met een aandelenkarakter als bedoeld onder 1° kan worden verworven, indien het verhandelbare waardebewijs is uitgegeven door de rechtspersoon, vennootschap of instelling, of door een daarmee in een groep verbonden groepsmaatschappij, die ook het te verwerven effect met een aandelenkarakter heeft uitgegeven;
e. effect zonder aandelenkarakter: effect dat geen effect met een aandelenkarakter is, te onderscheiden in de volgende categorieën:
1° door een rechtspersoon, vennootschap of instelling uitgegeven verhandelbaar waardebewijs, waarmee door uitoefening van het daaraan verbonden recht, door conversie of omruiling een ander effect kan worden verworven en dat niet is uitgegeven door de rechtspersoon, vennootschap of instelling, of door een daarmee in een groep verbonden groepsmaatschappij, die ook het te verwerven effect met een aandelenkarakter heeft uitgegeven;
2° door een rechtspersoon, vennootschap of instelling uitgegeven verhandelbaar waardebewijs dat door uitoefening van het daaraan verbonden recht, recht geeft op een afwikkeling in geld;
3° ieder overig effect dat geen effect met een aandelenkarakter is.

Art. 5:1a

– 1. Het ingevolge dit hoofdstuk bepaalde is niet van toepassing op geldmarktinstrumenten met een looptijd van minder dan 12 maanden. **Uitzondering**
– 2. Dit hoofdstuk is niet van toepassing op het aanbieden aan het publiek of het doen toelaten tot de handel op een gereglementeerde markt van rechten van deelneming in een beleggingsinstelling die op verzoek van de houder ten laste van de activa direct of indirect worden ingekocht of terugbetaald.

AFDELING 5.1.2
Verbod en uitzonderingen

Art. 5:2

Het is verboden in Nederland effecten aan te bieden aan het publiek of effecten te doen toelaten tot de handel op een in Nederland gelegen of functionerende gereglementeerde markt, tenzij ter zake van de aanbieding of de toelating een prospectus algemeen verkrijgbaar is dat is goed- **Prospectusplicht** gekeurd door de Autoriteit Financiële Markten of door een toezichthoudende instantie van een andere lidstaat.

Art. 5:3

Uitzonderingen op prospectusplicht

– 1. Artikel 5:2 is niet van toepassing op het aanbieden van effecten aan het publiek, indien:
a. uitsluitend aan gekwalificeerde beleggers wordt aangeboden;
b. aan minder dan 100 personen, niet zijnde gekwalificeerde beleggers, wordt aangeboden;
c. indien de aangeboden effecten slechts kunnen worden verworven tegen een tegenwaarde van ten minste € 50.000 per belegger;
d. de nominale waarde per effect ten minste € 50.000 bedraagt; of
e. de totale tegenwaarde van de aanbieding van effecten aan het publiek minder dan € 100.000 bedraagt, welk grensbedrag berekend wordt over een periode van twaalf maanden.
– 2. Het verbod, bedoeld in artikel 5:2 is voorts niet van toepassing op het aanbieden aan het publiek van de volgende categorieën effecten:
a. aandelen of certificaten van aandelen die zijn uitgegeven ter vervanging van reeds uitgegeven aandelen of certificaten van aandelen van dezelfde categorie of klasse, indien de uitgifte van deze nieuwe waardebewijzen geen verhoging van het geplaatst kapitaal tot gevolg heeft;
b. effecten die worden aangeboden bij een overname door middel van een openbaar bod tot ruil, indien een document algemeen verkrijgbaar is dat informatie bevat die gelijkwaardig is aan de informatie die het prospectus bevat;
c. effecten die worden aangeboden of toegewezen dan wel toe te wijzen zijn bij een fusie of splitsing, indien een document beschikbaar is dat informatie bevat die gelijkwaardig is aan de informatie die het prospectus bevat;
d. aandelen of certificaten van aandelen die kosteloos worden aangeboden of toegewezen dan wel zullen worden toegewezen aan aandeelhouders, en dividenden die worden uitgekeerd in de vorm van aandelen of certificaten daarvan van dezelfde categorie of klasse als de waardebewijzen waarop de dividenden worden uitgekeerd, indien een document beschikbaar wordt gesteld dat informatie bevat over het aantal aangeboden waardebewijzen, de kenmerken van de waardebewijzen, de redenen voor de aanbieding en de bijzonderheden daarvan; of
e. effecten die door een werkgever waarvan effecten tot de handel op een gereglementeerde markt zijn toegelaten, of door een met die werkgever in een groep verbonden rechtspersoon, vennootschap of instelling, worden aangeboden of toegewezen dan wel toe te wijzen zijn aan huidige of voormalige bestuurders, huidige of voormalige leden van de raad van commissarissen of huidige of voormalige werknemers, indien een document beschikbaar wordt gesteld dat informatie bevat over het aantal aangeboden effecten, de kenmerken van de effecten, de redenen voor de aanbieding en de bijzonderheden daarvan.

Art. 5:4

Uitzonderingen op prospectusplicht

Artikel 5:2 is niet van toepassing op het toelaten tot de handel op een in Nederland gelegen of functionerende gereglementeerde markt van:
a. aandelen of certificaten van aandelen die, bezien over een periode van twaalf maanden, minder dan tien procent vertegenwoordigen van het aantal aandelen of certificaten van aandelen van dezelfde categorie of klasse die reeds zijn toegelaten tot de handel op dezelfde in Nederland gelegen of functionerende gereglementeerde markt;
b. aandelen of certificaten van aandelen die zijn uitgegeven ter vervanging van aandelen of certificaten van aandelen van dezelfde categorie of klasse die reeds zijn toegelaten tot de handel op dezelfde gereglementeerde markt, en waarvan de uitgifte niet leidt tot een verhoging van het geplaatst kapitaal;
c. effecten die worden aangeboden bij een overname door middel van een openbaar bod tot ruil, indien een document beschikbaar is dat informatie bevat die gelijkwaardig is aan de informatie die het prospectus bevat;
d. effecten die worden aangeboden of zijn dan wel zullen worden toegewezen in verband met een fusie of splitsing, indien een document beschikbaar is dat informatie bevat die gelijkwaardig is aan de informatie die het prospectus bevat;
e. aandelen of certificaten daarvan die kosteloos worden aangeboden of zijn dan wel zullen worden toegewezen aan de aandeelhouders of als dividend worden uitgekeerd in de vorm van aandelen of certificaten daarvan van dezelfde categorie of klasse als de waardebewijzen waarop zij worden uitgekeerd, indien deze waardebewijzen van dezelfde categorie of klasse zijn als de waardebewijzen die reeds tot de handel op dezelfde gereglementeerde markt zijn toegelaten en een document beschikbaar wordt gesteld dat informatie bevat over het aantal aangeboden waardebewijzen, de kenmerken van de waardebewijzen, de redenen voor de aanbieding en de bijzonderheden daarvan;
f. effecten die door een werkgever of een met die werkgever in een groep verbonden rechtspersoon, vennootschap of instelling worden aangeboden of toegewezen dan wel zullen worden toegewezen, aan zijn huidige of voormalige bestuurders, huidige of voormalige leden van

de raad van commissarissen of huidige of voormalige werknemers, indien die effecten van dezelfde categorie of klasse zijn als de effecten die reeds tot de handel op dezelfde gereglementeerde markt zijn toegelaten en een document beschikbaar wordt gesteld dat informatie bevat over het aantal aangeboden effecten, de kenmerken van de effecten, de redenen voor de aanbieding en de bijzonderheden daarvan;
g. aandelen of certificaten daarvan die voortkomen uit de conversie of omruiling van andere effecten of uit de uitoefening van rechten verbonden aan andere effecten, indien die aandelen of certificaten daarvan van dezelfde categorie of klasse zijn als de aandelen of certificaten daarvan die reeds tot de handel op dezelfde gereglementeerde markt zijn toegelaten; of
h. effecten die reeds tot de handel op een andere gereglementeerde markt zijn toegelaten indien:
1° die effecten, of effecten van dezelfde categorie of klasse, gedurende meer dan achttien maanden toegelaten zijn tot de handel op die andere gereglementeerde markt;
2° voorzover het effecten betreft die voor het eerst tot de handel op een gereglementeerde markt worden toegelaten na inwerkingtreding van de richtlijn prospectus, bij de toelating tot de handel op die andere gereglementeerde markt een goedgekeurd prospectus is uitgebracht dat conform artikel 5:21 algemeen verkrijgbaar is gesteld;
3° het prospectus voor die effecten, indien deze na 30 juni 1983 voor het eerst tot de notering zijn toegelaten is goedgekeurd overeenkomstig richtlijn nr. 80/390/EEG van de Raad van de Europese Gemeenschappen van 17 maart 1980 tot coördinatie van de eisen gesteld aan de opstelling van, het toezicht op en de verspreiding van het prospectus dat gepubliceerd moet worden voor de toelating van effecten tot de officiële notering aan een effectenbeurs (*PbEG* L 100) of richtlijn nr. 2001/34/EG van het Europees Parlement en de Raad van de Europese Unie van 28 mei 2001 betreffende de toelating van effecten tot de officiële notering aan een effectenbeurs en de informatie die over deze effecten moet worden gepubliceerd (*PbEG* L 184), tenzij het bepaalde onder 2° van toepassing is;
4° de geldende verplichtingen inzake handel op die andere gereglementeerde markt zijn vervuld;
5° degene die verzoekt om toelating van effecten tot de handel op de gereglementeerde markt, een samenvatting algemeen verkrijgbaar stelt in een taal die wordt aanvaard door de Autoriteit Financiële Markten;
6° de samenvatting op de in artikel 5:21 bedoelde wijze algemeen verkrijgbaar wordt gesteld; en
7° de inhoud van de samenvatting voldoet aan artikel 5:14 en in de samenvatting vermeld wordt waar het meest recente prospectus te verkrijgen is en waar de uitgevende instelling de financiële informatie op grond van zijn doorlopende informatieverplichtingen ter beschikking stelt.

Art. 5:5

Vrijstelling

Bij ministeriële regeling kan vrijstelling worden geregeld van dit hoofdstuk.

AFDELING 5.1.3
Aanbieden van effecten aan het publiek en het toelaten van effecten op een gereglementeerde markt

§ 5.1.3.1. Goedkeuringsbevoegdheid

Art. 5:6

Goedkeuring prospectus

– 1. De Autoriteit Financiële Markten is bevoegd tot goedkeuring van een prospectus, indien de uitgevende instelling zetel heeft in Nederland en het een aanbieding van effecten aan het publiek of een toelating van effecten tot de handel op een gereglementeerde markt betreft:
a. in Nederland of in een andere lidstaat van effecten met een aandelenkarakter;
b. in Nederland van effecten zonder aandelenkarakter als bedoeld in artikel 5:1, onderdeel *e*, onder 1° en 2°;
c. in Nederland of in een andere lidstaat van effecten zonder aandelenkarakter als bedoeld in artikel 5:1, onderdeel *e*, onder 3°, met een nominale waarde per effect die kleiner is dan € 1.000; of
d. in Nederland van effecten zonder aandelenkarakter als bedoeld in artikel 5:1, onderdeel *e*, onder 3°, met een nominale waarde per effect van ten minste € 1.000.
– 2. De Autoriteit Financiële Markten is tevens bevoegd tot goedkeuring van een prospectus indien het een aanbieding van effecten aan het publiek of een toelating van effecten tot de handel op een gereglementeerde markt betreft:
a. van effecten met een aandelenkarakter of effecten zonder aandelenkarakter als bedoeld in artikel 5:1, onderdeel *e*, onder 3°, met een nominale waarde per effect die kleiner is dan € 1.000:
1° in Nederland door een uitgevende instelling met zetel in een staat die geen lidstaat is;

2° in Nederland of in een andere lidstaat door een uitgevende instelling met zetel in een staat die geen lidstaat is indien bij een eerdere aanbieding van die effecten aan het publiek of een toelating van die effecten tot de handel op een gereglementeerde markt is gekozen voor goedkeuring door de Autoriteit Financiële Markten; of
3° in Nederland of in een andere lidstaat door een uitgevende instelling met zetel in een staat die geen lidstaat is, indien bij een eerdere aanbieding van die effecten aan het publiek of een toelating van die effecten tot de handel op een gereglementeerde markt een ander heeft gekozen voor goedkeuring door een toezichthoudende instantie van een andere lidstaat en de uitgevende instelling met betrekking tot de aanbieding van die effecten aan het publiek of de toelating van die effecten tot de handel op een gereglementeerde markt kiest voor goedkeuring door de Autoriteit Financiële Markten;
b. van effecten zonder aandelenkarakter als bedoeld in artikel 5:1, onderdeel *e*, onder 1° en 2° of effecten zonder aandelenkarakter als bedoeld in artikel 5:1, onderdeel *e*, onder 3°, met een nominale waarde per effect van ten minste € 1.000:
1° In een andere lidstaat door een uitgevende instelling met zetel in Nederland;
2° in Nederland door een uitgevende instelling met zetel in een andere lidstaat; of
3° in Nederland of in een andere lidstaat door een uitgevende instelling met zetel in een staat die geen lidstaat is.
– 3. Voorzover het eerste lid, aanhef en onderdeel *c* of *d*, of het tweede lid betrekking heeft op effecten zonder aandelenkarakter waarvan de nominale waarde niet luidt in euro's, wordt voor de toepassing van de in die bepalingen genoemde grensbedragen de nominale waarde van de effecten omgerekend in euro's, waarbij een omgerekende waarde van nagenoeg € 1.000 wordt gelijkgesteld aan € 1.000.

Art. 5:7

Overdracht door toezichthoudende instantie andere lidstaat

De Autoriteit Financiële Markten is tevens bevoegd tot goedkeuring van een prospectus, indien een toezichthoudende instantie van een andere lidstaat die bevoegd is om het prospectus goed te keuren de Autoriteit Financiële Markten heeft verzocht om het prospectus goed te keuren en de Autoriteit Financiële Markten daarmee heeft ingestemd.

Art. 5:8

Overdracht aan toezichthoudende instantie andere lidstaat

– 1. Indien de Autoriteit Financiële Markten op grond van artikel 5:6, eerste of tweede lid, bevoegd is om een prospectus goed te keuren, kan zij een toezichthoudende instantie van een andere lidstaat verzoeken een besluit omtrent de goedkeuring van het prospectus te nemen. Indien die instantie daarmee instemt, besluit de Autoriteit Financiële Markten de aanvraag niet verder te behandelen en doet zij daarvan mededeling aan de aanvrager. Vanaf het tijdstip van de mededeling is de Autoriteit Financiële Markten niet langer bevoegd om het prospectus goed te keuren.
– 2. De Autoriteit Financiële Markten stelt de aanvrager en Onze Minister binnen drie werkdagen in kennis van een verzoek dat zij krachtens het eerste lid heeft gedaan.
– 3. Indien de toezichthoudende instantie van de andere lidstaat heeft ingestemd met het nemen van een besluit omtrent de goedkeuring van het prospectus, zendt de Autoriteit Financiële Markten de op de aanvraag betrekking hebbende documenten onverwijld door naar die instantie.

§ 5.1.3.2. Goedkeuring van het prospectus

Art. 5:9

Voorwaarden voor goedkeuring

– 1. De Autoriteit Financiële Markten verleent goedkeuring van een prospectus indien wordt voldaan aan:
a. de artikelen 5:13 tot en met 5:19; en
b. de artikelen 3 tot en met 23, 25, 26, met uitzondering van het vijfde lid, en 28 van de prospectusverordening.
– 2. De Autoriteit Financiële Markten kan, indien zij bevoegd is op grond van artikel 5:6 of 5:7, goedkeuring van het prospectus verlenen aan een uitgevende instelling met zetel in een staat die geen lidstaat is indien:
a. die instelling het prospectus heeft opgesteld in overeenstemming met de wetgeving van de staat van haar zetel;
b. die instelling het prospectus heeft opgesteld conform door internationale organisaties van effectentoezichthouders opgestelde internationale standaarden, met inbegrip van standaarden voor de informatievoorziening; en
c. de doorlopende informatievereisten omtrent het bedrijf van de uitgevende instelling, met inbegrip van informatie van financiële aard, gelijkwaardig zijn aan de voorschriften van de richtlijn prospectus.
– 3. Bij algemene maatregel van bestuur kan worden bepaald wat onder gelijkwaardig in de zin van het tweede lid, onderdeel *c*, wordt verstaan.

Art. 5:9a

Termijnen

– 1. De Autoriteit Financiële Markten maakt na ontvangst van een aanvraag van goedkeuring haar besluit omtrent de goedkeuring binnen tien werkdagen bekend aan de aanvrager.
– 2. De in het eerste lid bedoelde termijn bedraagt ten hoogste twintig werkdagen, indien het een effectenuitgevende instelling betreft waarvan nog geen effecten zijn aangeboden aan het publiek of toegelaten tot de handel op een gereglementeerde markt.
– 3. Indien de door de aanvrager ingediende documenten onvolledig zijn of ingevolge artikel 3, derde alinea, 22, eerste lid, derde alinea, 23, eerste lid of derde lid, tweede alinea, van de prospectusverordening aanvullende informatie nodig is voor de beoordeling van het vermogen, de financiële positie, het resultaat of de vooruitzichten van de instelling of de aan de effecten verbonden rechten en plichten, stelt de Autoriteit Financiële Markten de aanvrager hiervan binnen de termijn, bedoeld in het eerste of, indien van toepassing, het tweede lid op de hoogte en stelt zij hem binnen een door haar te stellen termijn in de gelegenheid om de aanvraag aan te vullen. Indien de aanvrager niet binnen de gestelde termijn de aanvraag heeft aangevuld, kan de Autoriteit Financiële Markten besluiten de aanvraag niet verder te behandelen.
– 4. Indien de aanvrager overeenkomstig het derde lid, eerste volzin, door de Autoriteit Financiële Markten in de gelegenheid is gesteld om de aanvraag aan te vullen, gaan de termijnen, bedoeld in het eerste en tweede lid, opnieuw in, te rekenen vanaf het tijdstip waarop de aanvrager de aanvullende informatie heeft verstrekt.
– 5. Artikel 4:5 van de Algemene wet bestuursrecht blijft buiten toepassing.

Art. 5:10

Prospectuspaspoort AFM

– 1. Indien de Autoriteit Financiële Markten een prospectus heeft goedgekeurd, verstrekt zij op aanvraag van de uitgevende instelling of van de met het opstellen van het prospectus belaste persoon aan de toezichthoudende instantie van iedere andere lidstaat waar de desbetreffende effecten aan het publiek worden aangeboden of waar toelating van die effecten tot de handel op een gereglementeerde markt wordt aangevraagd, een verklaring dat het prospectus in overeenstemming met de richtlijn prospectus is opgesteld, alsmede een afschrift van het goedgekeurde prospectus. De kennisgeving gaat desgevraagd vergezeld van een vertaling van de samenvatting.
– 2. De Autoriteit Financiële Markten verstrekt de verklaring, bedoeld in het eerste lid, en het afschrift van het goedgekeurde prospectus binnen drie werkdagen na ontvangst van de aanvraag. Indien de aanvraag wordt gedaan voordat goedkeuring is verleend, verstrekt de Autoriteit Financiële Markten de verklaring binnen een werkdag nadat de goedkeuring is verleend.
– 3. Indien van toepassing vermeldt de verklaring, bedoeld in het eerste lid, tevens dat de Autoriteit Financiële Markten, met inachtneming van artikel 5:18, derde en vierde lid, heeft toegestaan dat bepaalde informatie niet in het prospectus behoeft te worden opgenomen alsmede de redenen daarvoor.
– 4. Het eerste tot en met derde lid zijn van overeenkomstige toepassing op een door de Autoriteit Financiële Markten goedgekeurd document ter aanvulling van het prospectus als bedoeld in artikel 5:23.

§ 5.1.3.3. Reikwijdte van een in een andere lidstaat goedgekeurd prospectus

Art. 5:11

Prospectuspaspoort toezichthoudende instantie andere lidstaat

– 1. Een uitgevende instelling, aanbieder of aanvrager van de toelating van effecten tot de handel op een gereglementeerde markt die beschikt over een prospectus dat is goedgekeurd door een toezichthoudende instantie van een andere lidstaat, kan de desbetreffende effecten in Nederland aan het publiek aanbieden of doen toelaten tot de handel op een in Nederland gelegen of functionerende gereglementeerde markt, indien de Autoriteit Financiële Markten een verklaring dat het prospectus in overeenstemming met de richtlijn prospectus is opgesteld en een afschrift van het goedgekeurde prospectus heeft ontvangen van de toezichthoudende instantie van die andere lidstaat.
– 2. De verklaring, bedoeld in het eerste lid, vermeldt, indien van toepassing, dat artikel 8, tweede of derde lid, van de richtlijn prospectus of de regelgeving van een lidstaat ter implementatie daarvan is toegepast alsmede de redenen daarvoor.

§ 5.1.3.4. Procedure inzake het opstellen van het prospectus en de in het prospectus op te nemen gegevens

Art. 5:12

Toepassingsgebied

De artikelen 5:13 tot en met 5:18, 5:20 en 5:21 zijn uitsluitend van toepassing met betrekking tot aanbiedingen van effecten aan het publiek en toelatingen van effecten tot de handel op een gereglementeerde markt terzake waarvan de Autoriteit Financiële Markten op grond van artikel 5:6 of 5:7 bevoegd is tot de goedkeuring van het prospectus.

Art. 5:13

Algemene norm voor inhoud prospectus

– 1. Het prospectus bevat alle gegevens die, gelet op de aard van de uitgevende instelling en van de aan het publiek aangeboden of tot de handel op de gereglementeerde markt toegelaten effecten, van belang zijn voor het vormen van een verantwoord oordeel over het vermogen, de financiële positie, het resultaat en de vooruitzichten van de uitgevende instelling en de eventuele garant en de rechten welke aan deze effecten verbonden zijn, waaronder de gegevens, bedoeld in de artikelen 3 tot en met 23 van de prospectusverordening en de bij die artikelen behorende bijlagen.
– 2. De gegevens, bedoeld in het eerste lid, zijn niet met elkaar in strijd of in tegenspraak met andere bij de Autoriteit Financiële Markten aanwezige informatie omtrent de uitgevende instelling, aanbieder of aanvrager van toelating van effecten tot de handel op de gereglementeerde markt en worden gepresenteerd in een vorm die voor een redelijk geïnformeerd en zorgvuldig handelend persoon begrijpelijk zijn.

Art. 5:14

Samenvatting

– 1. De samenvatting beschrijft op beknopte wijze en in bewoordingen die voor een redelijk geïnformeerd en zorgvuldig handelend persoon begrijpelijk zijn de belangrijkste kenmerken van en risico's verbonden aan de uitgevende instelling, de eventuele garant en de effecten, in de taal waarin het prospectus oorspronkelijk is gesteld.
– 2. De samenvatting bevat de waarschuwing dat:
a. de samenvatting gelezen moet worden als een inleiding op het prospectus;
b. een beslissing om in de effecten te beleggen gebaseerd moet zijn op de bestudering van het gehele prospectus door degene die in de effecten belegt;
c. indien een vordering met betrekking tot de informatie in het prospectus bij een rechterlijke instantie aanhangig wordt gemaakt, de eiser in de procedure eventueel volgens de nationale wetgeving van de lidstaten de kosten voor de vertaling van het prospectus draagt voordat de vordering wordt ingesteld; en
d. degenen die de samenvatting, met inbegrip van een vertaling ervan, hebben ingediend en om een verklaring als bedoeld in artikel 5:10, eerste lid, hebben verzocht, uitsluitend aansprakelijk kunnen worden gesteld, indien de samenvatting gelezen in samenhang met de andere delen van het prospectus misleidend, onjuist of inconsistent is.

Art. 5:15

Vorm

– 1. Het prospectus wordt opgesteld in:
a. een enkel document dat, naast een samenvatting die voldoet aan artikel 5:14, ten minste de gegevens bevat, bedoeld in het eerste lid van artikel 5:13; of
b. de drie hierna genoemde afzonderlijke documenten:
1° een registratiedocument dat gegevens bevat over de uitgevende instelling;
2° een verrichtingsnota die gegevens bevat over de effecten die aan het publiek worden aangeboden of waarvoor een aanvraag tot toelating tot de handel op een gereglementeerde markt wordt ingediend; en
3° een samenvatting die voldoet aan artikel 5:14.
– 2. De uitgevende instelling die in het bezit is van een registratiedocument dat deel uitmaakt van een reeds goedgekeurd prospectus, stelt alleen dan een nieuwe verrichtingsnota en een samenvatting op, indien effecten aan het publiek worden aangeboden of tot de handel op een gereglementeerde markt worden toegelaten.
– 3. Indien zich na de goedkeuring van het meest actuele registratiedocument of van enig document ter aanvulling van het prospectus overeenkomstig artikel 5:23 een verandering of recente ontwikkeling van betekenis heeft voorgedaan die de beoordeling van de aanbieding door degene die in effecten belegt zou kunnen beïnvloeden, bevat de verrichtingsnota, bedoeld in het tweede lid, de gegevens die in een registratiedocument moeten worden vermeld. De verrichtingsnota en de samenvatting vormen tezamen met het in het tweede lid bedoelde registratiedocument een nieuw prospectus.

Art. 5:16

Basisprospectus

– 1. Een uitgevende instelling, aanbieder of aanvrager van toelating van effecten tot de handel op een gereglementeerde markt kan het prospectus opstellen in de vorm van een basisprospectus dat, voorzover van toepassing, de in de artikelen 5:13 en 5:14 bedoelde informatie bevat, indien het betreft:
a. effecten zonder aandelenkarakter die worden aangeboden of uitgegeven in het kader van een aanbiedingsprogramma; of
b. effecten zonder aandelenkarakter die doorlopend of periodiek door kredietinstellingen worden aangeboden of uitgegeven indien:
1° de opbrengsten van de aanbieding of toelating van de effecten overeenkomstig de toepasselijke wettelijke bepalingen worden belegd in activa die afdoende dekking vormen voor de verplichtingen die tot de vervaldag uit de bedoelde effecten voortvloeien; en

2° deze opbrengsten bij faillissement van de betrokken kredietinstelling bij voorrang worden gebruikt om het kapitaal en de verschuldigde rente terug te betalen, onverminderd het bepaalde in richtlijn nr. 2001/24/EG van het Europees Parlement en de Raad van de Europese Unie van 4 april 2001 betreffende de sanering en de liquidatie van kredietinstellingen (*PbEG* L 125).
– 2. Indien een uitgevende instelling de definitieve voorwaarden van een aanbieding van effecten aan het publiek niet in het basisprospectus en evenmin in een document ter aanvulling van het prospectus heeft vermeld, stelt zij deze bij elke aanbieding van effecten aan het publiek of toelating van effecten tot de handel op een gereglementeerde markt algemeen verkrijgbaar en deponeert zij de definitieve voorwaarden zo spoedig mogelijk bij de Autoriteit Financiële Markten, voorzover mogelijk voor de aanvang van de aanbieding van effecten aan het publiek of de toelating van effecten tot de handel op een gereglementeerde markt. Artikel 5:18, eerste lid, is daarbij van overeenkomstige toepassing.

Art. 5:17

Verwijzing

– 1. Indien in het prospectus informatie door middel van verwijzing wordt opgenomen, wordt verwezen naar eerder of gelijktijdig met het prospectus algemeen verkrijgbaar gestelde documenten die door de Autoriteit Financiële Markten, of, indien van toepassing, door een bevoegde toezichthoudende instantie van een andere lidstaat, in overeenstemming met de richtlijn prospectus of de titels IV of V van de richtlijn nr. 2001/34/EG van het Europees Parlement en de Raad van de Europese Unie van 28 mei 2001 betreffende de toelating van effecten tot de officiële notering aan een effectenbeurs en de informatie die over deze effecten moet worden gepubliceerd (*PbEG* L 184), zijn goedgekeurd of bij de Autoriteit Financiële Markten of de instantie van een andere lidstaat zijn gedeponeerd.
– 2. De informatie waarnaar in het prospectus wordt verwezen, is de meest recente die de uitgevende instelling algemeen verkrijgbaar heeft gesteld.
– 3. In de samenvatting wordt geen informatie door middel van verwijzing opgenomen.
– 4. Bij opneming van informatie door middel van verwijzing in het prospectus wordt een lijst met de gebruikte verwijzingen verstrekt opdat degene die in effecten belegt specifieke gegevens gemakkelijk kan terugvinden.

Art. 5:18

Nog niet vaststaande gegevens

– 1. Indien de uitgevende instelling of de aanbieder de definitieve prijs of ruilverhouding waartegen de effecten aan het publiek zullen worden aangeboden en het definitieve aantal effecten dat zal worden aangeboden niet in het prospectus vermeldt, vermeldt het prospectus de criteria of de voorwaarden aan de hand waarvan deze gegevens zullen worden vastgesteld of, in het geval nog geen definitieve prijs is vermeld, een maximumprijs.
– 2. De uitgevende instelling of de aanbieder deponeert bij de Autoriteit Financiële Markten de gegevens met betrekking tot de definitieve prijs waartegen de effecten aan het publiek zullen worden aangeboden en het definitieve aantal aan te bieden effecten en stelt deze gegevens algemeen verkrijgbaar overeenkomstig artikel 5:21, derde lid.
– 3. De Autoriteit Financiële Markten kan ontheffing verlenen van de ingevolge dit hoofdstuk of de prospectusverordening in het prospectus op te nemen informatie, indien:
a. openbaarmaking van die informatie in strijd is met het algemeen belang;
b. openbaarmaking van die informatie de uitgevende instelling ernstig zou schaden, en het achterwege blijven van de vermelding het publiek niet kan misleiden ten aanzien van feiten en omstandigheden die van essentieel belang zijn om tot een verantwoord oordeel te kunnen komen over de uitgevende instelling, de aanbieder, aanvrager van de toelating van effecten tot de handel op een gereglementeerde markt, of in voorkomend geval de garant of over de rechten die verbonden zijn aan de effecten waarop het prospectus betrekking heeft; of
c. dergelijke informatie van minder belang is, uitsluitend voor een specifieke aanbieding van effecten aan het publiek of een toelating van effecten tot de handel op een gereglementeerde markt bedoeld is en niet van zodanige aard is dat zij invloed heeft op de beoordeling van de financiële positie en vooruitzichten van de uitgevende instelling, de aanbieder, aanvrager van de toelating van effecten tot de handel op een gereglementeerde markt of, in voorkomend geval, de garant.
– 4. Indien de ingevolge de artikelen 3 tot en met 22 van de prospectusverordening in het prospectus te vermelden gegevens niet aansluiten bij de activiteiten dan wel de rechtsvorm van de uitgevende instelling of bij de effecten waarop het prospectus betrekking heeft, neemt de uitgevende instelling, indien zij daarover beschikt, gegevens in het prospectus op die gelijkwaardig zijn aan de vereiste gegevens, zonder afbreuk te doen aan de adequate informatievoorziening aan beleggers.

Art. 5:19

Taal

– 1. Een prospectus ten behoeve van het in Nederland aanbieden van effecten aan het publiek of het toelaten van effecten tot de handel op een in Nederland gelegen of functionerende gereglementeerde markt ten aanzien waarvan de Autoriteit Financiële Markten tot goedkeuring

bevoegd is, wordt, ongeacht of deze effecten ook in andere lidstaten worden aangeboden, opgesteld in de Nederlandse taal of in een taal die in de internationale financiële kringen gebruikelijk is.
– 2. Een prospectus ten behoeve van het in Nederland aanbieden van effecten aan het publiek of het toelaten van effecten tot de handel op een in Nederland gelegen of functionerende gereglementeerde markt ten aanzien waarvan een toezichthoudende instantie van een andere lidstaat tot goedkeuring bevoegd is, wordt opgesteld in de Nederlandse taal of in een taal die in de internationale financiële kringen gebruikelijk is. Indien het prospectus in een andere dan de Nederlandse taal is opgesteld, kan de Autoriteit Financiële Markten verlangen dat de samenvatting in de Nederlandse taal wordt vertaald.
– 3. Een prospectus ten behoeve van het in een andere lidstaat aanbieden van effecten aan het publiek of het toelaten van effecten tot de handel op een in een andere lidstaat gelegen of functionerende gereglementeerde markt ten aanzien waarvan de Autoriteit Financiële Markten tot goedkeuring bevoegd is, wordt opgesteld in de Nederlandse taal of in een taal die in de internationale financiële kringen gebruikelijk is.
– 4. Een prospectus ten behoeve van het toelaten van effecten zonder aandelenkarakter met een nominale waarde per eenheid van ten minste € 50.000 tot de handel op een in een andere lidstaat gelegen of functionerende gereglementeerde markt ten aanzien waarvan de Autoriteit Financiële Markten tot goedkeuring bevoegd is, of ten behoeve van het toelaten van effecten zonder aandelenkarakter met een nominale waarde per eenheid van ten minste € 50.000 tot de handel op een in Nederland gelegen of functionerende gereglementeerde markt ten aanzien waarvan de toezichthoudende instantie van een andere lidstaat tot goedkeuring bevoegd is, wordt opgesteld in een taal die door de Autoriteit Financiële Markten en de toezichthoudende instantie van de andere lidstaat wordt aanvaard of een taal die in de internationale financiële kringen gebruikelijk is.

§ 5.1.3.5. Reclame-uitingen, algemeenverkrijgbaarstelling van het prospectus en geldigheidsduur van het prospectus

Art. 5:20

Reclame-uitingen

– 1. Een uitgevende instelling, aanbieder of aanvrager van de toelating van effecten tot de handel op een gereglementeerde markt draagt er zorg voor dat een reclame-uiting die betrekking heeft op het aanbieden van effecten aan het publiek of op de toelating van effecten tot de handel op de gereglementeerde markt:
a. vermeldt dat er een prospectus algemeen verkrijgbaar is of wordt gesteld en waar het prospectus kan worden verkregen; en
b. als reclame-uiting herkenbaar is en informatie bevat die niet onjuist of misleidend is en in overeenstemming is met de informatie die in het prospectus is of wordt opgenomen.
– 2. Een uitgevende instelling, aanbieder of aanvrager van de toelating van effecten tot de handel op een gereglementeerde markt doet geen mondelinge of schriftelijke mededelingen die betrekking hebben op de aanbieding van effecten aan het publiek of de toelating van effecten tot de handel op de gereglementeerde markt die niet overeenstemmen met de informatie die in het prospectus is vermeld.
– 3. Een uitgevende instelling, aanbieder of aanvrager van toelating van effecten tot de handel op een gereglementeerde markt neemt de door hem tot gekwalificeerde beleggers en andere personen gerichte essentiële informatie, met inbegrip van in het kader van bijeenkomsten betreffende aanbiedingen van effecten aan het publiek of toelatingen van effecten tot de handel op een gereglementeerde markt verstrekte informatie die van belang is voor de beoordeling van het vermogen, de financiële positie, het resultaat en de vooruitzichten van de uitgevende instelling en de aan de effecten verbonden rechten, op in het prospectus of, overeenkomstig artikel 5:23, in een document ter aanvulling van het prospectus.
– 4. Indien op grond van artikel 5:3, 5:4 of 5:5, of indien van toepassing, op grond van het recht van een andere lidstaat, ter zake van een aanbieding van effecten aan het publiek of een toelating van effecten tot de handel op een gereglementeerde markt geen prospectus algemeen verkrijgbaar behoeft te worden gesteld, vindt het in het eerste tot en met het derde lid bepaalde geen toepassing en wordt de in het derde lid bedoelde informatie verstrekt aan diegenen waartoe de aanbieding van effecten aan het publiek is gericht.

Art. 5:21

Algemeen verkrijgbaarstelling

– 1. Na goedkeuring door de Autoriteit Financiële Markten kan het prospectus door de uitgevende instelling, aanbieder of aanvrager van de toelating van effecten tot de handel op een gereglementeerde markt, algemeen verkrijgbaar worden gesteld. De algemeenverkrijgbaarstelling vindt plaats binnen een redelijke termijn voorafgaand aan en uiterlijk bij aanvang van de aanbieding van effecten aan het publiek of de toelating van de betrokken effecten tot de handel op de gereglementeerde markt.

– 2. In geval van een eerste aanbieding aan het publiek of toelating tot de handel op een gereglementeerde markt van effecten als bedoeld in artikel 5:1, onderdeel d, onder 1°, die nog niet tot de handel op een gereglementeerde markt zijn toegelaten en die voor de eerste keer tot de handel op een gereglementeerde markt zullen worden toegelaten, stelt de aanbieder of aanvrager van de toelating van effecten tot de handel op een gereglementeerde markt het prospectus ten minste zes werkdagen voor het einde van de aanbieding of toelating algemeen verkrijgbaar.
– 3. De uitgevende instelling, aanbieder of aanvrager van toelating van effecten tot de handel op een gereglementeerde markt stelt het prospectus algemeen verkrijgbaar door middel van:
a. publicatie in een landelijk verspreid dagblad in de lidstaat waar de aanbieding van effecten aan het publiek wordt gedaan of waar de toelating van effecten tot de handel op de gereglementeerde markt wordt aangevraagd;
b. een drukwerk dat kosteloos kan worden verkregen ten kantore van de marktexploitant waar de effecten tot de handel worden toegelaten, of ten kantore van de uitgevende instelling en ten kantore van de beleggingsonderneming die de effecten plaatst of anderszins werkzaam is bij de totstandkoming van transacties in de desbetreffende effecten;
c. plaatsing op de website van de uitgevende instelling en, in voorkomend geval, op de website van de beleggingsonderneming die de effecten plaatst of anderszins werkzaam is bij de totstandkoming van transacties in de desbetreffende effecten;
d. plaatsing op de website van de marktexploitant waar de toelating van de effecten tot de handel werd aangevraagd; of
e. plaatsing op de website van de Autoriteit Financiële Markten, indien deze mogelijkheid wordt geboden.
– 4. Indien het prospectus op de wijze, bedoeld in artikel 5:15, eerste lid, onderdeel b, is opgesteld, kunnen de verschillende documenten die het prospectus omvat afzonderlijk algemeen verkrijgbaar worden gesteld op de in het derde lid bepaalde wijze. In elk afzonderlijk algemeen verkrijgbaar gesteld document wordt vermeld waar de andere delen van het prospectus kunnen worden verkregen.
– 5. De vorm en inhoud van het algemeen verkrijgbaar gestelde prospectus of de documenten ter aanvulling daarvan stemmen steeds geheel overeen met de vorm en inhoud van het prospectus dat door de Autoriteit Financiële Markten is goedgekeurd.
– 6. Indien het prospectus uitsluitend elektronisch algemeen verkrijgbaar is gesteld, verstrekt de uitgevende instelling, aanbieder of aanvrager van de toelating van effecten tot de handel op een gereglementeerde markt of de effecteninstelling aan een ieder die daarom verzoekt kosteloos een schriftelijk afschrift van het prospectus.
– 7. Indien in het prospectus informatie door middel van verwijzing als bedoeld in artikel 5:17 is opgenomen, kunnen de documenten waarnaar wordt verwezen, onverminderd het bepaalde in het eerste tot en met het vijfde lid, afzonderlijk algemeen verkrijgbaar worden gesteld. In elk afzonderlijk algemeen verkrijgbaar gesteld document wordt vermeld waar de andere delen van het prospectus kunnen worden verkregen.

Art. 5:22

Geldigheidsduur

– 1. Een prospectus is gedurende twaalf maanden na algemeenverkrijgbaarstelling geldig voor aanbiedingen van effecten aan het publiek dan wel voor de toelatingen van effecten tot de handel op een gereglementeerde markt, indien het, voorzover van toepassing, wordt aangevuld met de ingevolge artikel 5:23 vereiste documenten.
– 2. In geval van een aanbiedingsprogramma is het eerder ingediende basisprospectus geldig gedurende een periode van ten hoogste twaalf maanden na algemeenverkrijgbaarstelling.
– 3. Het basisprospectus is voor de in artikel 5:16, eerste lid, onderdeel *b*, bedoelde effecten zonder aandelenkarakter geldig vanaf algemeenverkrijgbaarstelling tot het tijdstip waarop de betrokken effecten niet langer doorlopend of periodiek worden uitgegeven.
– 4. Een eerder gedeponeerd registratiedocument als bedoeld in artikel 5:15, eerste lid, onderdeel *b*, onder 1°, is geldig voor een periode van ten hoogste twaalf maanden na algemeenverkrijgbaarstelling van het registratiedocument, indien het overeenkomstig artikel 5:23 is geactualiseerd. Het registratiedocument dat vergezeld gaat van de eventueel overeenkomstig artikel 5:15, derde lid, geactualiseerde verrichtingsnota en de samenvatting, wordt als een geldig prospectus beschouwd.

§ 5.1.3.6. Informatieverplichtingen na goedkeuring van het prospectus

Art. 5:23

Actualisering

– 1. Indien tussen het tijdstip van de goedkeuring van een prospectus en het tijdstip waarop de handel in de desbetreffende effecten op een in Nederland gelegen of functionerende gereglementeerde markt aanvangt of de aanbieding van de desbetreffende effecten aan het publiek in Nederland wordt afgesloten, zich een belangrijke nieuwe ontwikkeling voordoet die verband

houdt met de informatie in het goedgekeurde prospectus of indien in het prospectus een materiële vergissing of onjuistheid wordt geconstateerd die van invloed kan zijn op de beoordeling van de effecten, stelt de uitgevende instelling, aanbieder of aanvrager van de toelating van de effecten tot de handel op de gereglementeerde markt een document ter aanvulling van het prospectus op.
– 2. Het in het eerste lid bedoelde document behoeft de goedkeuring van de Autoriteit Financiële Markten of van een toezichthoudende instantie van een andere lidstaat.
– 3. Indien de Autoriteit Financiële Markten op grond van artikel 5:6 of 5:7 een prospectus heeft goedgekeurd is zij bevoegd een document ter aanvulling van het prospectus goed te keuren. De Autoriteit Financiële Markten neemt binnen zeven werkdagen na ontvangst van het document het besluit omtrent de goedkeuring van het document en maakt dit onverwijld bekend aan de aanvrager. Het document maakt, na goedkeuring door de Autoriteit Financiële Markten, deel uit van het prospectus.
– 4. De samenvatting, bedoeld in artikel 5:14, en de eventuele vertaling daarvan worden zo nodig door de uitgevende instelling, aanbieder of aanvrager van de toelating van de effecten tot de handel op de gereglementeerde markt aangevuld met de nieuwe in het document ter aanvulling van het prospectus opgenomen informatie.
– 5. Het document ter aanvulling van het prospectus, bedoeld in het eerste lid wordt algemeen verkrijgbaar gesteld overeenkomstig artikel 5:21, derde lid.
– 6. Indien terzake van een aanbieding van effecten aan het publiek in Nederland een document ter aanvulling van het prospectus algemeen verkrijgbaar is gesteld, heeft degene die terzake van deze effecten een overeenkomst inzake het kopen of verkrijgen van deze effecten is aangegaan of een aanbod heeft gericht op het aangaan van een overeenkomst inzake het kopen of verkrijgen van deze effecten, het recht om binnen twee werkdagen na de publicatie van dat document de overeenkomst te ontbinden of het aanbod te herroepen.
– 7. Indien ter zake van een toelating van effecten tot de handel op een in Nederland gelegen of functionerende gereglementeerde markt een document ter aanvulling van het prospectus algemeen verkrijgbaar is gesteld, komt het in het zesde lid genoemde recht tevens toe aan degene die een overeenkomst inzake het kopen of verkrijgen van deze effecten is aangegaan.
– 8. Indien een prospectus is goedgekeurd door de Autoriteit Financiële Markten en de effecten terzake waarvan het prospectus is goedgekeurd in een andere lidstaat aan het publiek worden aangeboden of zijn toegelaten tot de handel op een gereglementeerde markt, voldoet de Autoriteit Financiële Markten aan een verzoek van de toezichthoudende instantie van die andere lidstaat om een document ter aanvulling van het prospectus te laten opstellen.

Art. 5:24

Vervallen.

§ 5.1.3.7. Aanvullende bevoegdheden voor de Autoriteit Financiële Markten bij aanbieden van effecten

Art. 5:25

Aanwijzing

– 1. De Autoriteit Financiële Markten kan overeenkomstige toepassing geven aan artikel 1:75, eerste lid, ten aanzien van een uitgevende instelling, aanbieder of aanvrager van de toelating van effecten tot de handel op een gereglementeerde markt, indien die uitgevende instelling, aanbieder of aanvrager niet voldoet aan het ingevolge dit hoofdstuk of de prospectusverordening bepaalde.
– 2. Een op grond van het eerste lid gegeven aanwijzing strekt niet tot aantasting van overeenkomsten tussen de uitgevende instelling, aanbieder of aanvrager van toelating van effecten tot de handel op een gereglementeerde markt waaraan de aanwijzing is gegeven en derden.

HOOFDSTUK 5.1A

Regels voor informatievoorziening door uitgevende instellingen

AFDELING 5.1A.1

Informatieverplichtingen voor uitgevende instellingen waarvan effecten zijn toegelaten tot de handel op een gereglementeerde markt en waarvan Nederland lidstaat van herkomst is

§ 5.1a.1.1. Inleidende bepalingen

Art. 5:25a

Begripsbepaling

– 1. Voor de toepassing van dit hoofdstuk wordt, in afwijking van artikel 1:1, verstaan onder:
a. aandeelhouder: degene die middellijk of onmiddellijk houder is, al dan niet voor eigen rekening, van aandelen of certificaten van aandelen in een uitgevende instelling;
b. accountant: een accountant als bedoeld in artikel 393, eerste lid, van Boek 2 van het Burgerlijk Wetboek of indien een uitgevende instelling zetel heeft in een andere lidstaat een externe

accountant die, op grond van de wetgeving van die lidstaat ter implementatie van de artikelen 51 en 51bis van de richtlijn jaarrekening of artikel 37 van de richtlijn geconsolideerde jaarrekening, bevoegd is tot controle van de jaarrekening;
c. lidstaat van herkomst:
1° voor een uitgevende instelling die aandelen of die obligaties met een kleinere nominale waarde per obligatie dan € 1 000 uitgeeft: de lidstaat waar de uitgevende instelling haar zetel heeft of, indien zij haar zetel heeft in een staat die geen lidstaat is, de lidstaat van de toezichthoudende instantie waar zij overeenkomstig artikel 10 van de richtlijn prospectus de jaarlijks te verstrekken informatie moet indienen;
2° voor een uitgevende instelling anders dan bedoeld onder 1°, de lidstaat die een uitgevende instelling heeft gekozen uit hetzij de lidstaat waar zij haar zetel heeft, hetzij de lidstaat waar haar effecten zijn toegelaten tot de handel op een in die lidstaat gelegen of werkzame gereglementeerde markt;
d. obligatie: effect als bedoeld in onderdeel b van de definitie van effect in artikel 1:1, niet zijnde een effect dat met een aandeel gelijk te stellen is of dat door middel van conversie of door uitoefening van een daaraan verbonden recht recht geeft tot het verkrijgen van aandelen of met aandelen gelijk te stellen waardepapieren.
– 2. Voor de toepassing van het eerste lid, onderdeel c, wordt de nominale waarde van een obligatie die niet luidt in euro's omgerekend in euro's, waarbij een omgerekende waarde van nagenoeg € 1000 wordt gelijkgesteld aan € 1000.
– 3. Een uitgevende instelling als bedoeld in het eerste lid, onderdeel c, onder 2, kan slechts een lidstaat als lidstaat van herkomst kiezen. Die keuze blijft ten minste drie jaar geldig, tenzij de effecten van de uitgevende instelling niet meer tot de handel op een gereglementeerde markt in de Europese Unie worden toegelaten.

Art. 5:25b

Reikwijdte

– 1. Deze afdeling, met uitzondering van de artikelen 5:25f en 5:25i, is uitsluitend van toepassing op uitgevende instellingen waarvan effecten zijn toegelaten tot een gereglementeerde markt en waarvan Nederland lidstaat van herkomst is.
– 2. Indien certificaten van aandelen zijn toegelaten tot de handel op een gereglementeerde markt, wordt voor de toepassing van dit hoofdstuk de instelling die de onderliggende aandelen heeft uitgegeven aangemerkt als uitgevende instelling, voor zover die certificaten met haar medewerking zijn uitgegeven.
– 3. Dit hoofdstuk, met uitzondering van artikel 5:25i, is niet van toepassing op beleggingininstellingen waarvan de rechten van deelneming op verzoek van de deelnemers ten laste van de activa direct of indirect worden ingekocht of terugbetaald.

§ 5.1a.1.2. Periodieke verplichtingen voor uitgevende instellingen

Art. 5:25c

Jaarlijkse financiële verslaggeving

– 1. Binnen vier maanden na afloop van het boekjaar stelt een uitgevende instelling haar opgemaakte jaarlijkse financiële verslaggeving algemeen verkrijgbaar. De jaarlijkse financiële verslaggeving wordt gedurende een periode van ten minste vijf jaar beschikbaar gehouden voor het publiek.
– 2. De jaarlijkse financiële verslaggeving omvat:
a. de door een accountant gecontroleerde jaarrekening;
b. het jaarverslag; en
c. verklaringen van de bij de uitgevende instelling als ter zake verantwoordelijk aangewezen personen, met duidelijke vermelding van naam en functie, van het feit dat, voor zover hun bekend,
1° de jaarrekening een getrouw beeld geeft van de activa, de passiva, de financiële positie en de winst of het verlies van de uitgevende instelling en de gezamenlijk in de consolidatie opgenomen ondernemingen; en
2° het jaarverslag een getrouw beeld geeft omtrent de toestand op de balansdatum, de gang van zaken gedurende het boekjaar van de uitgevende instelling en van de met haar verbonden ondernemingen waarvan de gegevens in haar jaarrekening zijn opgenomen en dat in het jaarverslag de wezenlijke risico's waarmee de uitgevende instelling wordt geconfronteerd, zijn beschreven.
– 3. Indien de uitgevende instelling zetel heeft in Nederland wordt voor de toepassing van dit artikel verstaan onder:
a. de jaarrekening: de jaarrekening, bedoeld in artikel 361 van Boek 2 van het Burgerlijk Wetboek alsmede de gegevens die op grond van artikel 392, eerste lid, van Boek 2 van het Burgerlijk Wetboek hieraan moeten worden toegevoegd;
b. het jaarverslag: het jaarverslag, bedoeld in artikel 391 van Boek 2 van het Burgerlijk Wetboek.

– 4. Indien de uitgevende instelling zetel heeft in een andere lidstaat wordt voor de toepassing van dit artikel verstaan onder:
a. de jaarrekening: de jaarrekening die met inachtneming van het recht van die lidstaat ter uitvoering van de richtlijn jaarrekening of de richtlijn geconsolideerde jaarrekening en, voor zover toepasselijk, overeenkomstig artikel 3 van de IAS-verordening goedgekeurde voorschriften is opgemaakt, alsmede de door de accountant, die belast was met de controle van die jaarrekening, ondertekende en gedagtekende verklaring over de door hem uitgevoerde controle en, indien de uitgevende instelling tevens moederonderneming in de zin van de richtlijn geconsolideerde jaarrekening is, de jaarrekening die is opgemaakt met inachtneming van het recht van die lidstaat ter uitvoering van de richtlijn jaarrekening;
b. het jaarverslag: het jaarverslag dat is opgesteld met inachtneming van het recht van die lidstaat ter uitvoering van artikel 46 van de richtlijn jaarrekening of artikel 36 van de richtlijn geconsolideerde jaarrekening.
– 5. Indien de uitgevende instelling zetel heeft in een staat die geen lidstaat is en Nederland lidstaat van herkomst is, geeft de uitgevende instelling ten aanzien van de jaarrekening en het jaarverslag overeenkomstige toepassing aan het derde lid.

Art. 5:25d

Halfjaarlijkse financiële verslaggeving

– 1. Zo spoedig mogelijk, doch uiterlijk twee maanden na afloop van de eerste zes maanden van het boekjaar maakt een uitgevende instelling de halfjaarlijkse financiële verslaggeving op en stelt zij deze algemeen verkrijgbaar. De halfjaarlijkse financiële verslaggeving wordt gedurende een periode van ten minste vijf jaar beschikbaar gehouden voor het publiek.
– 2. De halfjaarlijkse financiële verslaggeving omvat:
a. de halfjaarrekening;
b. het halfjaarverslag; en
c. verklaringen van de bij de uitgevende instelling als ter zake verantwoordelijk aangewezen personen, met duidelijke vermelding van naam en functie, van het feit dat, voor zover hun bekend:
1° de halfjaarrekening een getrouw beeld geeft van de activa, de passiva, de financiële positie en de winst of het verlies van de uitgevende instelling en de gezamenlijke in de consolidatie opgenomen ondernemingen; en
2° het halfjaarverslag een getrouw overzicht geeft omtrent de toestand op de balansdatum, de gang van zaken gedurende het halve boekjaar van de uitgevende instelling en van de met haar verbonden ondernemingen waarvan de gegevens in haar halfjaarrekening zijn opgenomen en de verwachte gang van zaken, waarbij, voor zover gewichtige belangen zich hiertegen niet verzetten, in het bijzonder aandacht wordt besteed aan de investeringen, en de omstandigheden waarvan de ontwikkeling van de omzet en van de rentabiliteit afhankelijk is.
– 3. Indien de halfjaarlijkse financiële verslaggeving is gecontroleerd of beperkt is beoordeeld door een accountant wordt de door hem ondertekende en gedagtekende verklaring of beoordeling samen met de halfjaarlijkse financiële verslaggeving algemeen verkrijgbaar gesteld.
– 4. Indien de halfjaarlijkse financiële verslaggeving niet door een accountant is gecontroleerd of beperkt is beoordeeld, wordt dat door de uitgevende instelling in haar halfjaarverslag vermeld.
– 5. De halfjaarrekening van een uitgevende instelling met zetel in Nederland:
a. wordt opgemaakt met inachtneming van de ter zake overeenkomstig artikel 3 van de IAS-verordening goedgekeurde voorschriften, indien de uitgevende instelling op grond van Titel 9 van Boek 2 van het Burgerlijk Wetboek verplicht is een geconsolideerde jaarrekening op te maken; of
b. bevat de verkorte balans, de verkorte winst- en verliesrekening en de toelichtingen daarop, indien de uitgevende instelling niet verplicht is een geconsolideerde jaarrekening op te maken.
– 6. De halfjaarrekening van een uitgevende instelling met zetel in een andere lidstaat:
a. wordt opgemaakt met inachtneming van de ter zake overeenkomstig artikel 3 van de IAS-verordening goedgekeurde voorschriften, indien de uitgevende instelling naar het recht van die lidstaat verplicht is een geconsolideerde jaarrekening op te maken; of
b. bevat de verkorte balans, de verkorte winst- en verliesrekening en de toelichtingen daarop, indien de uitgevende instelling niet verplicht is een geconsolideerde jaarrekening op te maken.
– 7. Bij het opmaken van de verkorte balans en de verkorte winst- en verliesrekening, bedoeld in het vijfde lid, onderdeel b en zesde lid, onderdeel b, past de uitgevende instelling dezelfde beginselen en grondslagen inzake indeling en waardering toe als bij de jaarlijkse financiële verslaggeving.
– 8. Het halfjaarverslag bevat ten minste een opsomming van belangrijke gebeurtenissen die zich de eerste zes maanden van het desbetreffende boekjaar hebben voorgedaan en het effect daarvan op de halfjaarrekening, alsmede een beschrijving van de voornaamste risico's en onzekerheden voor de overige zes maanden van het desbetreffende boekjaar.

– 9. Indien van een uitgevende instelling aandelen zijn toegelaten tot de handel op een gereglementeerde markt, bevat het halfjaarverslag eveneens de belangrijkste transacties met verbonden partijen.
– 10. Indien de uitgevende instelling zetel heeft in een staat die geen lidstaat is en Nederland lidstaat van herkomst is, geeft de uitgevende instelling ten aanzien van de halfjaarrekening en het halfjaarverslag overeenkomstige toepassing aan het vijfde en het zevende lid.

Art. 5:25e

Tussentijdse verklaring

– 1. Een uitgevende instelling waarvan aandelen zijn toegelaten tot de handel op een gereglementeerde markt stelt een tussentijdse verklaring algemeen verkrijgbaar in de eerste en in de tweede helft van het boekjaar. Deze verklaring wordt afgelegd in een periode gelegen tussen tien weken na aanvang en zes weken voor het einde van de desbetreffende periode.
– 2. De tussentijdse verklaring bevat informatie over de periode tussen het begin van het desbetreffende halfjaar en de datum van algemeenverkrijgbaarstelling. De verklaring omvat:
a. een toelichting van belangrijke gebeurtenissen en transacties die in die periode hebben plaatsgevonden en van de gevolgen daarvan voor de financiële positie van de uitgevende instelling en de door haar gecontroleerde ondernemingen; en
b. een algemene beschrijving van de financiële positie en de prestaties van de uitgevende instelling en de door haar gecontroleerde ondernemingen tijdens die periode.
– 3. Het eerste en tweede lid zijn niet van toepassing op een uitgevende instelling die reeds op grond van het op haar toepasselijke recht elk kwartaal een verklaring als bedoeld in het tweede lid algemeen verkrijgbaar stelt.

Art. 5:25f

Periodiek overzicht voorafgaande informatie

– 1. Dit artikel is van toepassing op uitgevende instellingen waarvan effecten zijn toegelaten tot de handel op een in Nederland gelegen of functionerende gereglementeerde markt ongeacht hun lidstaat van herkomst.
– 2. Een uitgevende instelling stelt ten minste eenmaal per jaar een document algemeen verkrijgbaar dat informatie bevat over of verwijst naar:
a. de in de voorafgaande twaalf maanden ingevolge de artikelen 5:25c, eerste lid, 5:25d, eerste lid, en 5:25e, eerste lid, of ingevolge het in haar lidstaat van herkomst ter uitvoering van de artikelen 4, 5, of 6 van de richtlijn transparantie bepaalde algemeen verkrijgbaar gestelde informatie; en
b. de overige informatie die door de uitgevende instelling naar het recht inzake het toezicht op het effectenverkeer in enige staat in de bedoelde twaalf maanden openbaar is gemaakt.
– 3. Indien de uitgevende instelling in het document, bedoeld in het eerste lid, verwijst naar informatie die elders beschikbaar is, wordt aangegeven waar en op welke wijze die informatie kan worden verkregen.

Art. 5:25g

Uitzonderingen

– 1. De artikelen 5:25c, 5:25d en 5:25e zijn niet van toepassing op staten, regionale of lokale overheidslichamen, internationaalrechtelijke organisaties waarbij lidstaten zijn aangesloten, de Europese Centrale Bank en de nationale centrale banken van lidstaten.
– 2. Deze paragraaf is niet van toepassing op uitgevende instellingen die uitsluitend obligaties of andere effecten zonder aandelenkarakter als bedoeld in artikel 5:1, onderdeel e, uitgeven met een nominale waarde per eenheid van ten minste € 50 000 of de tegenwaarde daarvan, op de datum van uitgifte, in een andere munteenheid.

§ 5.1a.1.3. Incidentele verplichtingen voor uitgevende instellingen

Art. 5:25h

Informatie over wijzigingen

– 1. Een uitgevende instelling waarvan aandelen tot de handel op een gereglementeerde markt zijn toegelaten stelt onverwijld informatie omtrent wijzigingen in de rechten die aan door haar uitgegeven aandelen van een bepaalde klasse zijn verbonden algemeen verkrijgbaar. De eerste volzin is van overeenkomstige toepassing op door de uitgevende instelling uitgegeven rechten op het verwerven van aandelen.
– 2. Een uitgevende instelling waarvan andere effecten, dan bedoeld in het eerste lid, eerste volzin, zijn toegelaten tot de handel op een gereglementeerde markt, stelt onverwijld informatie omtrent wijzigingen in de rechten van houders van de eerstgenoemde effecten algemeen verkrijgbaar. Onder wijzigingen in de rechten van houders als bedoeld in de eerste volzin worden eveneens verstaan wijzigingen in de voorwaarden die verbonden zijn aan de effecten, indien die wijzigingen van invloed kunnen zijn op die rechten.
– 3. Indien een uitgevende instelling een aanbieding van obligaties aan het publiek doet als bedoeld in artikel 5:1, stelt zij het op de aanbieding betrekking hebbende prospectus of andere informatie onverwijld algemeen verkrijgbaar. De uitgevende instelling stelt daarbij onder meer informatie algemeen verkrijgbaar omtrent de bij die obligaties behorende garanties of zekerheden.

– 4. Het derde lid is niet van toepassing indien de uitgevende instelling een internationaalrechtelijke organisatie is waarbij ten minste een lidstaat is aangesloten.

Art. 5:25i

Op uitgevende instelling betrekking hebbende voorwetenschap

– 1. In dit artikel en de daarop berustende bepalingen wordt, in afwijking van artikel 1:1, onder uitgevende instelling verstaan: rechtspersoon, vennootschap of instelling:
a. die financiële instrumenten of andere instrumenten heeft uitgegeven die met haar instemming zijn toegelaten, of waarvoor met haar instemming verzocht is om toelating, tot de handel in Nederland op:
1° een gereglementeerde markt waarvoor een vergunning als bedoeld in artikel 5:26, eerste lid, is verleend; of
2° een multilaterale handelsfaciliteit waarvoor een vergunning is verleend als bedoeld in artikel 2:96; of
b. op wiens voorstel een koopovereenkomst tot stand is gekomen inzake een financieel instrument, niet zijnde een effect, dat op een gereglementeerde markt als bedoeld in onderdeel a, onder 1° of een multilaterale handelsfaciliteit als bedoeld in onderdeel a, onder 2° is toegelaten of waarvoor toelating is aangevraagd.
– 2. Een uitgevende instelling stelt informatie als bedoeld in de definitie van voorwetenschap in artikel 5:53, eerste lid, die rechtstreeks op haar betrekking heeft, onverwijld algemeen verkrijgbaar.
– 3. De uitgevende instelling of beheerder kan de algemeenverkrijgbaarstelling van de informatie uitstellen indien:
a. het uitstel een rechtmatig belang van de uitgevende instelling dient;
b. van het uitstel geen misleiding van het publiek te duchten is; en
c. zij de vertrouwelijkheid van deze informatie kan waarborgen.
– 4. Bij algemene maatregel van bestuur kunnen regels worden gesteld met betrekking tot het derde lid. Daarbij kan worden bepaald wat onder een rechtmatig belang van de uitgevende instelling kan worden verstaan en aan welke vereisten de uitgevende instelling dient te voldoen om de vertrouwelijkheid van de informatie te waarborgen.
– 5. Indien de uitgevende instelling of een persoon die haar vertegenwoordigt, doelbewust informatie als bedoeld in artikel 5:53, eerste lid, in het kader van de normale uitoefening van werk, beroep of functie meedeelt aan een derde, stelt de uitgevende instelling die informatie gelijktijdig algemeen verkrijgbaar. Indien de informatie niet doelbewust aan een derde is meegedeeld stelt de uitgevende instelling de informatie onverwijld na het doen van de mededeling algemeen verkrijgbaar. Het tweede lid is van overeenkomstige toepassing.
– 6. Het vijfde lid, eerste volzin, is niet van toepassing indien de persoon aan wie de informatie wordt meegedeeld ter zake daarvan gehouden is tot geheimhouding.

AFDELING 5.1A.2
Regels voor uitgevende instellingen met Nederland als lidstaat van herkomst

§ 5.1a.2.1. *Inleidende bepalingen*

Art. 5:25j

Reikwijdte

– 1. Deze afdeling is uitsluitend van toepassing op uitgevende instellingen waarvan effecten zijn toegelaten tot de handel op een gereglementeerde markt en waarvan Nederland lidstaat van herkomst is.
– 2. In afwijking van het eerste lid is artikel 5:25m tevens van toepassing op uitgevende instellingen als bedoeld in artikel 5:25i, eerste lid, voor zover het de op grond van artikel 5:25i algemeen verkrijgbaar te stellen gereglementeerde informatie betreft.

§ 5.1a.2.2. *Specifieke informatie voor aandeelhouders en obligatiehouders*

Art. 5:25k

Gelijke behandeling aandeelhouders

– 1. Een uitgevende instelling behandelt aandeelhouders die zich in gelijke omstandigheden bevinden op dezelfde wijze bij het geven van informatie en bij het doorberekenen van daarmee gepaard gaande kosten.
– 2. Het is een uitgevende instelling verboden een aandeelhouder te beletten zijn rechten door middel van verstrekking van een volmacht uit te oefenen.
– 3. Een uitgevende instelling stelt in Nederland faciliteiten en informatie ter beschikking aan haar aandeelhouders ten behoeve van de uitoefening van hun rechten en zorgt ervoor dat de integriteit van gegevens bij die uitoefening gewaarborgd blijft.
– 4. Een uitgevende instelling:
a. stelt bij de oproeping voor de algemene vergadering de aandeelhouders in kennis van de plaats, het tijdstip en de agenda van de algemene vergadering alsmede het recht om de vergadering bij te wonen;

b. stelt uiterlijk bij aanvang van de algemene vergadering de aandeelhouders in kennis van het totale aantal aandelen en stemrechten;
c. stelt aan iedere aandeelhouder die stemrecht heeft in de algemene vergadering al dan niet op verzoek een volmachtformulier ter beschikking;
d. verstrekt een volmacht aan een bank tot het voldoen van de vorderingen die de aandeelhouders op haar hebben;
e. maakt berichten bekend of verspreidt circulaires die betrekking hebben op de vaststelling en de betaling van dividenden; en
f. verschaft informatie aan aandeelhouders over de uitgifte van nieuwe aandelen, waarbij tevens informatie wordt verstrekt over eventuele regelingen voor de toewijzing, inschrijving, of conversie.
– 5. Een uitgevende instelling kan informatie langs elektronische weg aan de aandeelhouders verzenden, indien:
a. de algemene vergadering hiermee heeft ingestemd;
b. de verzending langs elektronische weg niet afhankelijk is van de locatie van de zetel of woonplaats van een aandeelhouder of een persoon als bedoeld in artikel 5:45, eerste tot en met zesde, achtste of negende lid;
c. voorzieningen zijn getroffen opdat de aandeelhouder of de persoon die stemrecht uit kan oefenen, daadwerkelijk wordt ingelicht; en
d. een aandeelhouder of een natuurlijke persoon, rechtspersoon of vennootschap als bedoeld in artikel 5:45, eerste tot en met zesde lid, de mogelijkheid wordt geboden om de informatie desgewenst op papier te ontvangen.

Art. 5:25l

Gelijke behandeling obligatiehouders

– 1. Een uitgevende instelling behandelt obligatiehouders die zich in gelijke omstandigheden bevinden op dezelfde wijze bij het geven van informatie en bij het doorberekenen van daarmee gepaard gaande kosten.
– 2. Het is een uitgevende instelling met zetel in Nederland verboden een obligatiehouder te beletten zijn rechten door middel van verstrekking van een volmacht uit te oefenen.
– 3. Een uitgevende instelling stelt in Nederland faciliteiten en informatie ter beschikking aan haar obligatiehouders ten behoeve van de uitoefening van hun rechten en zorgt ervoor dat de integriteit van gegevens bij die uitoefening gewaarborgd blijft.
– 4. Een uitgevende instelling:
a. roept een vergadering van obligatiehouders bijeen door middel van de bekendmaking van berichten of verspreiding van circulaires, en stelt hen daarbij in kennis van de plaats, het tijdstip en de agenda van de vergadering, van de rechten inzake conversie, omruiling of aflossing van de obligaties, van de regelingen omtrent inschrijving voor de vergadering alsmede van het recht om de vergadering bij te wonen;
b. stelt aan iedere obligatiehouder die stemrecht heeft in een vergadering van obligatiehouders gelijktijdig al dan niet op verzoek een volmachtformulier ter beschikking; en
c. verstrekt een volmacht aan een bank tot het voldoen van de vorderingen die de obligatiehouders op de uitgevende instelling hebben.
– 5. Een vergadering van obligatiehouders vindt in Nederland plaats. Indien alleen houders van obligaties met een nominale waarde per eenheid van ten minste € 50 000 worden uitgenodigd, kan de uitgevende instelling ook een vergaderplaats in een andere lidstaat kiezen, mits in die lidstaat alle nodige faciliteiten en informatie ter beschikking worden gesteld opdat deze obligatiehouders hun rechten kunnen uitoefenen.
– 6. Een uitgevende instelling kan informatie langs elektronische weg aan de obligatiehouders verzenden, indien:
a. een vergadering van obligatiehouders hiermee heeft ingestemd;
b. de verzending langs elektronische weg niet afhankelijk is van de locatie van de zetel of woonplaats van een obligatiehouder of diens gevolmachtigde;
c. voorzieningen zijn getroffen zodat de houder van een obligatie daadwerkelijk wordt ingelicht; en
d. een obligatiehouder de mogelijkheid wordt geboden om de informatie desgewenst op papier te ontvangen.

§ 5.1a.2.3. Wijze van algemeen verkrijgbaar stellen en deponeren van informatie

Art. 5:25m

Algemeen verkrijgbaarstelling informatie

– 1. Een uitgevende instelling stelt gereglementeerde informatie op niet-discriminatoire wijze algemeen verkrijgbaar. De uitgevende instelling maakt daarbij gebruik van media waarvan redelijkerwijs mag worden aangenomen dat een snelle en doeltreffende verspreiding van de gereglementeerde informatie in alle lidstaten is gewaarborgd.
– 2. De algemeenverkijgbaarstelling, bedoeld in het eerste lid, vindt plaats door middel van

een persbericht dat gelijktijdig wordt uitgebracht in Nederland alsmede in elke andere lidstaat waar de door de uitgevende instelling uitgegeven financiële instrumenten met haar instemming zijn toegelaten tot de handel op een gereglementeerde markt of waar ter zake van die instrumenten met haar instemming verzocht is om toelating tot de handel op een dergelijke markt.

– 3. De uitgevende instelling beschikt over een website en maakt informatie als bedoeld in artikel 5:25i onverwijld op deze website openbaar. Indien de uitgevende instelling een beleggingsinstelling is, kan deze informatie ook op de website van de beheerder van die beleggingsinstelling onverwijld openbaar worden gemaakt. De uitgevende instelling of beheerder houdt deze informatie gedurende ten minste een jaar op de website toegankelijk.

– 4. Indien het gereglementeerde informatie betreft als bedoeld in artikel 5:25c, 5:25d of 5:25e, kan de uitgevende instelling in het persbericht volstaan met een aankondiging waarin wordt verwezen naar de website van de uitgevende instelling waar de informatie volledig beschikbaar is.

– 5. Onze Minister wijst een instantie aan die zorg draagt voor de centrale opslag van gereglementeerde informatie.

– 6. De uitgevende instelling zendt de gereglementeerde informatie gelijktijdig met de algemeenverkrijgbaarstelling aan de instantie, bedoeld in het vierde lid, alsmede indien deze niet als zodanig is aangewezen aan de Autoriteit Financiële Markten.

– 7. De uitgevende instelling brengt geen kosten in rekening voor het algemeen verkrijgbaar stellen van de gereglementeerde informatie.

– 8. Indien door een persoon zonder toestemming van de uitgevende instelling om toelating tot de handel op een gereglementeerde markt van door de uitgevende instelling uitgegeven effecten is verzocht, rusten de bij of krachtens het eerste tot en met derde lid, vijfde en zesde lid geldende verplichtingen op die persoon.

– 9. Het eerste tot en met derde lid zijn niet van toepassing op uitgevende instellingen waarvan uitsluitend effecten tot de handel zijn toegelaten op ten hoogste een in een andere lidstaat gelegen of functionerende gereglementeerde markt.

Art. 5:25n

Statutenwijziging

Indien een uitgevende instelling voornemens is haar statuten te wijzigen, deelt zij het ontwerp van deze wijziging mede aan de Autoriteit Financiële Markten en aan de houder van de gereglementeerde markt waarop haar effecten tot de handel zijn toegelaten. De mededeling geschiedt uiterlijk bij de oproeping voor de algemene vergadering waarin over de wijziging zal worden gestemd of bij welke gelegenheid de aandeelhouders van de wijziging in kennis worden gesteld.

Art. 5:25o

Toezending jaarrekening aan AFM

– 1. Een uitgevende instelling met zetel in Nederland zendt binnen vijf dagen na vaststelling van de jaarrekening de vastgestelde jaarrekening aan de Autoriteit Financiële Markten.

– 2. Een uitgevende instelling met zetel in Nederland die de jaarrekening niet binnen zes maanden na afloop van het boekjaar heeft vastgesteld, doet daarvan onverwijld mededeling aan de Autoriteit Financiële Markten.

– 3. De Autoriteit Financiële Markten zendt binnen drie dagen na de toezending, bedoeld in het eerste lid, of de mededeling, bedoeld in het tweede lid, de jaarrekening aan het handelsregister, bedoeld in artikel 394, eerste of tweede lid, van Boek 2 van het Burgerlijk Wetboek. Indien het een mededeling betreft als bedoeld in het tweede lid, wordt de opgemaakte jaarrekening, bedoeld in artikel 5:25c, aan het handelsregister toegestuurd onder vermelding van het feit dat deze niet is vastgesteld.

– 4. Gelijktijdig met de jaarrekening zendt de uitgevende instelling aan de Autoriteit Financiële Markten het jaarverslag, bedoeld in artikel 391 van Boek 2 van het Burgerlijk Wetboek, en de gegevens die op grond van artikel 392 van Boek 2 van het Burgerlijk Wetboek aan de jaarrekening en het jaarverslag worden toegevoegd.

– 5. Gelijktijdig met de jaarrekening zendt de Autoriteit Financiële Markten het jaarverslag en de overige gegevens, bedoeld in het vierde lid, aan het handelsregister.

§ 5.1a.2.4. Taal van de informatie

Art. 5:25p

Toegelaten talen

– 1. Een uitgevende instelling stelt de gereglementeerde informatie met betrekking tot effecten die uitsluitend tot de handel op een in Nederland gelegen of functionerende gereglementeerde markt zijn toegelaten, algemeen verkrijgbaar in de Nederlandse of Engelse taal.

– 2. Een uitgevende instelling stelt de gereglementeerde informatie met betrekking tot effecten die zowel zijn toegelaten tot de handel op een in Nederland gelegen of functionerende gereglementeerde markt als tot de handel op een gereglementeerde markt in een andere lidstaat, algemeen verkrijgbaar:

a. in de Nederlandse of Engelse taal; en
b. in een taal die door de toezichthoudende instantie van die andere lidstaat wordt aanvaard of een taal die in de internationale financiële kringen gebruikelijk is.
– 3. Een uitgevende instelling stelt de gereglementeerde informatie met betrekking tot effecten die niet in Nederland maar in een andere lidstaat zijn toegelaten tot de handel op een gereglementeerde markt, algemeen verkrijgbaar:
a. in een taal die door de toezichthoudende instantie van die lidstaat wordt aanvaard; of
b. in een taal die in internationale financiële kringen gebruikelijk is.
– 4. Een uitgevende instelling stelt de gereglementeerde informatie met betrekking tot effecten met een nominale waarde per eenheid van ten minste € 50 000 of, indien het effecten in een andere munteenheid dan de euro betreft, met een nominale waarde per eenheid die op de datum van uitgifte omgerekend ten minste gelijk is aan € 50 000, die tot de handel op een in Nederland of in een andere lidstaat gelegen of functionerende gereglementeerde markt zijn toegelaten, in afwijking van het tweede lid, algemeen verkrijgbaar:
a. in een taal die door de toezichthoudende instantie van die lidstaat wordt aanvaard; of
b. in een taal die in internationale financiële kringen gebruikelijk is.
– 5. Indien de effecten, bedoeld in het eerste tot en met het vierde lid, zonder toestemming van de uitgevende instelling tot de handel op een gereglementeerde markt zijn toegelaten, rusten de verplichtingen, bedoeld in het eerste tot en met vierde lid, op de persoon die om de toelating heeft verzocht.

AFDELING 5.1A.3
Algemeenverkrijgbaarstelling informatie bij andere lidstaat van herkomst

Art. 5:25q

Andere lidstaat van herkomst

Een uitgevende instelling met een andere lidstaat van herkomst waarvan effecten zijn toegelaten tot de handel op een in Nederland gelegen of werkzame gereglementeerde markt en niet op een in een andere lidstaat gelegen of functionerende markt, stelt de gereglementeerde informatie met betrekking tot die effecten die zij naar het recht van die lidstaat algemeen verkrijgbaar moet stellen, tevens algemeen verkrijgbaar op de wijze zoals is bepaald bij of krachtens de artikelen 5:25m en 5:25w.

AFDELING 5.1A.4
Toezicht op de naleving, vrijstellingen, ontheffingen en nadere regels

Art. 5:25r

Inlichtingen van accountant

– 1. Indien de Autoriteit Financiële Markten op grond van artikel 5:16 van de Algemene wet bestuursrecht inlichtingen van een accountant vordert met betrekking tot door hem uitgevoerde controles als bedoeld in dit hoofdstuk, vormt de verstrekking van deze inlichtingen geen inbreuk op diens wettelijke of contractuele geheimhoudingsplicht.
– 2. De medewerking van een accountant aan een vordering als bedoeld in de vorige volzin leidt voor hem niet tot aansprakelijkheid.

Art. 5:25s

Aanwijzing

– 1. Artikel 1:75, eerste lid, is van overeenkomstige toepassing ten aanzien van een uitgevende instelling of persoon die zonder toestemming van een uitgevende instelling om toelating van effecten van die uitgevende instelling tot de handel op een gereglementeerde markt heeft verzocht, indien die uitgevende instelling of persoon niet voldoet aan het bepaalde bij of krachtens de artikelen 5:25c, eerste lid, 5:25d, eerste of derde lid, 5:25e, 5:25f, 5:25h, 5:25i, 5:25m, eerste, zesde of achtste lid, 5:25n, 5:25p, 5:25q, 5:25v, derde lid, of 5:25w.
– 2. Een op grond van artikel 1:75, eerste lid, gegeven aanwijzing ten aanzien van een uitgevende instelling of persoon als bedoeld in het eerste lid, strekt niet tot aantasting van overeenkomsten tussen de uitgevende instelling of persoon waaraan zij is gegeven en derden.

Art. 5:25t

Openbaarmaking gegevens van toezichthouder andere lidstaat

Gegevens die de Autoriteit Financiële Markten heeft ontvangen van een toezichthoudende instantie van een andere lidstaat worden alleen openbaar gemaakt met de uitdrukkelijke toestemming van die toezichthoudende instantie en worden uitsluitend gebruikt voor doeleinden waarmee deze instantie heeft ingestemd.

Art. 5:25u

Vrijstelling

Bij ministeriële regeling kan vrijstelling worden verleend van de artikelen 5:25c en 5:25d aan uitgevende instellingen waarvan bepaalde klassen van obligaties zijn toegelaten tot een in Nederland gelegen of functionerende gereglementeerde markt ter uitvoering van de artikelen 8, tweede en derde lid, en 30, derde en vierde lid, van de richtlijn transparantie.

Art. 5:25v

Zetel in niet-lidstaat

– 1. Uitgevende instellingen met zetel in een staat die geen lidstaat is en waarvan Nederland lidstaat van herkomst is kunnen hun op grond van artikel 5:25c, eerste lid, algemeen verkrijgbaar te stellen jaarlijkse financiële verslaggeving en hunop grond van artikel 5:25d, eerste lid, algemeen verkrijgbaar te stellen halfjaarlijkse financiële verslaggeving opmaken overeenkomstig de in die staat geldende wettelijke voorschriften, indien die voorschriften voldoen aan de vereisten, gesteld in een op grond van artikel 23, vierde of zevende lid, van de richtlijn transparantie genomen bindend besluit van de Commissie van de Europese Gemeenschappen. De overige leden van artikel 5:25c of 5:25d blijven buiten toepassing.

– 2. Bij ministeriële regeling kan vrijstelling worden verleend van artikel 5:25e, tweede lid, 5:25h, 5:25k, 5:25l, 5:34, 5:35, 5:38, eerste lid, of 5:47, aanhef en onderdeel b, aan uitgevende instellingen met zetel in een staat die geen lidstaat is en waarvan Nederland lidstaat van herkomst is:

a. indien het recht in die staat tenminste aan die bepalingen gelijkwaardige verplichtingen bevat en op de naleving daarvan toezicht wordt uitgeoefend dat in voldoende mate waarborgen biedt ter bescherming van de belangen die bedoelde bepalingen beogen te beschermen, of

b. ter uitvoering van een op grond van artikel 23 van de richtlijn transparantie genomen bindend besluit van de Commissie van de Europese Gemeenschappen.

– 3. Een uitgevende instelling als bedoeld in het tweede lid stelt de informatie die zij naar het recht van de staat van haar zetel openbaar moet maken tevens algemeen verkrijgbaar overeenkomstig het bepaalde ingevolge artikel 5:25m en zendt deze gereglementeerde informatie gelijktijdig met de algemeenverkrijgbaarstelling aan de instantie, bedoeld in artikel 5:25m, vierde lid, alsmede, indien deze niet als zodanig is aangewezen, aan de Autoriteit Financiële Markten.

Art. 5:25w

Nadere regelgeving

– 1. Bij algemene maatregel van bestuur kunnen nadere regels worden gesteld met betrekking tot in dit hoofdstuk geregelde onderwerpen ter uitvoering van een bindend besluit van de Commissie van de Europese Gemeenschappen dat gebaseerd is op de richtlijn transparantie.

– 2. Bij algemene maatregel van bestuur kunnen nadere regels worden gesteld met betrekking tot de wijze van opslag van gereglementeerde informatie door de instantie, bedoeld in artikel 5:25m, vierde lid.

HOOFDSTUK 5.2
Regels voor toegang tot de Nederlandse financiële markten voor marktexploitanten en voor het exploiteren of beheren van een gereglementeerde markt

AFDELING 5.2.1
Toegang tot de Nederlandse financiële markten voor marktexploitanten

Art. 5:26

Erkenning

– 1. Het is verboden in Nederland zonder een daartoe door Onze Minister verleende vergunning een gereglementeerde markt te exploiteren of te beheren.

– 2. Het eerste lid is niet van toepassing op het exploiteren of beheren van een gereglementeerde markt met zetel in een andere lidstaat waarvoor door de toezichthoudende instantie van die andere lidstaat een vergunning is verleend voor zover de marktexploitant in Nederland passende voorzieningen treft om de in Nederland gevestigde leden of deelnemers op afstand beter in staat te stellen toegang te krijgen tot deze markt en erop te handelen.

– 3. Onze Minister kan op aanvraag geheel of gedeeltelijk ontheffing verlenen van het eerste lid, indien de aanvrager aantoont dat de doeleinden die dit hoofdstuk beoogt te bereiken anderszins worden bereikt.

Art. 5:27

Vergunningvereisten

– 1. Onze Minister verleent op aanvraag een vergunning als bedoeld in artikel 5:26, eerste lid, indien de aanvrager aantoont dat de marktexploitant zijn zetel heeft in Nederland en dat zal worden voldaan aan het bepaalde ingevolge:

a. artikel 5:29 met betrekking tot de deskundigheid en de betrouwbaarheid van de in dat artikel bedoelde personen;

b. de artikelen 5:30 en 5:32, eerste lid, met betrekking tot de regels van de gereglementeerde markt;

c. artikel 5:30, aanhef en onderdeel f, met betrekking tot de financiële middelen om een ordelijke werking van de gereglementeerde markt te bevorderen;

d. artikel 5:32a, eerste lid, onderdeel a, met betrekking tot de regels inzake de toelating van financiële instrumenten tot de handel op de gereglementeerde markt; en

e. artikel 5:32b met betrekking tot de regels inzake de toegang tot de gereglementeerde markt.

– 2. De aanvraag van de vergunning geschiedt onder opgave van bij of krachtens algemene maatregel van bestuur te bepalen gegevens.

– 3. De marktexploitant draagt er zorg voor dat de in het eerste lid bedoelde regels, hun toepassing en de controle op de naleving van die regels, zullen voldoen aan hetgeen nodig is met het oog op de belangen die deze wet beoogt te beschermen.

– 4. De marktexploitant meldt elke voorgenomen wijziging in de regels, bedoeld in het eerste lid, of in de controle op de naleving daarvan en van elke voorgenomen wijziging met betrekking tot onderwerpen waarover ingevolge de in het eerste lid genoemde artikelen gegevens worden verstrekt aan de Autoriteit Financiële Markten.

– 5. Bij of krachtens algemene maatregel van bestuur kan worden bepaald welke gegevens bij de wijzigingen als bedoeld in het vierde lid worden verstrekt, hoe de melding plaatsvindt en, indien van toepassing, onder welke voorwaarden de wijzigingen ten uitvoer mogen worden gelegd.

– 6. Van een besluit tot verlening van een vergunning als bedoeld in het eerste lid en van de intrekking daarvan doet Onze Minister mededeling in de *Staatscourant*.

AFDELING 5.2.2
Het exploiteren of beheren van een gereglementeerde markt

Art. 5:28

Toepassingsbereik

Voor de toepassing van het ingevolge deze paragraaf bepaalde wordt onder 'marktexploitant' verstaan: een marktexploitant waaraan een vergunning als bedoeld in artikel 5:26, eerste lid, is verleend.

Art. 5:29

Deskundigheid en betrouwbaarheid

– 1. Het dagelijks beleid van een marktexploitant wordt bepaald door personen die deskundig zijn in verband met de uitoefening van het bedrijf van de gereglementeerde markt.

– 2. Het beleid van de marktexploitant wordt bepaald of mede bepaald door personen wier betrouwbaarheid buiten twijfel staat. Indien binnen de marktexploitant een orgaan is belast met toezicht op het beleid en de algemene gang van zaken van de gereglementeerde markt, wordt dit toezicht gehouden door personen wier betrouwbaarheid buiten twijfel staat.

– 3. De deskundigheid of betrouwbaarheid van een persoon als bedoeld in het eerste onderscheidenlijk tweede lid staat buiten twijfel wanneer dat eenmaal door een toezichthouder voor de toepassing van deze wet is vastgesteld, zolang niet een wijziging in de relevante feiten of omstandigheden een redelijke aanleiding geeft tot een nieuwe beoordeling.

– 4. De marktexploitant meldt aan de Autoriteit Financiële Markten de naam, het adres en de woonplaats van de personen, bedoeld in het eerste of tweede lid, en de wijzigingen met betrekking tot deze gegevens voor zover deze betrekking hebben op de personen, bedoeld in het eerste of tweede lid.

– 5. De marktexploitant legt een voorgenomen wijziging van de in het tweede lid bedoelde personen ter instemming voor aan de Autoriteit Financiële Markten.

– 6. De Autoriteit Financiële Markten stemt in met een voorgenomen wijziging met betrekking tot de in het tweede lid bedoelde personen, tenzij deze wijziging een concrete bedreiging voor de gezonde en prudente bedrijfsvoering of exploitatie van de gereglementeerde markt zou kunnen vormen.

Art. 5:30

Regels en procedures

Een marktexploitant zorgt ervoor dat de gereglementeerde markt:

a. beschikt over regels en procedures voor het signaleren en beheersen van potentiële negatieve gevolgen voor de exploitatie of de goede werking van de gereglementeerde markt of voor haar deelnemers van conflicten tussen de belangen van de gereglementeerde markt, de eigenaars of de marktexploitant;

b. adequaat is toegerust voor de beheersing van de risico's waaraan zij is blootgesteld door in ieder geval te beschikken over regels en procedures om alle risico's van betekenis voor de exploitatie te signaleren en doeltreffende maatregelen te treffen om deze risico's te beperken;

c. beschikt over regels en procedures voor een gezond beheer van de technische werking van het systeem en over doeltreffende voorzorgsmaatregelen om met systeemstoringen verband houdende risico's te ondervangen;

d. beschikt over transparante, niet-discretionaire regels en procedures die voor een billijke en ordelijke handel zorgen, alsmede over objectieve criteria voor de doelmatige uitvoering van orders;

e. beschikt over doeltreffende regels en procedures voor een doelmatige en tijdige afhandeling van via haar systemen uitgevoerde transacties; en

f. beschikt over voldoende financiële middelen om een ordelijke werking van de markt te bevorderen, gelet op de aard en omvang van de op de markt uitgevoerde transacties en de reikwijdte en hoogte van de risico's waaraan zij is blootgesteld.

Art. 5:31

Uitbesteden van werkzaamheden

– 1. Indien een marktexploitant waaraan een vergunning als bedoeld in artikel 5:26, eerste lid, is verleend werkzaamheden uitbesteedt aan een derde, draagt de marktexploitant er zorg voor dat deze derde de ingevolge dit deel met betrekking tot die werkzaamheden van toepassing zijnde regels naleeft.

– 2. Bij of krachtens algemene maatregel van bestuur:

a. kunnen in verband met het toezicht op de naleving van het ingevolge dit deel bepaalde, regels worden gesteld met betrekking tot het uitbesteden van werkzaamheden door markexploitanten;

b. kunnen regels worden gesteld met betrekking tot de beheersing van risico's die verband houden met het uitbesteden van werkzaamheden door marktexploitanten; en

c. kunnen regels worden gesteld met betrekking tot de tussen marktexploitanten en derden te sluiten overeenkomsten met betrekking tot het uitbesteden van werkzaamheden.

– 3. Een marktexploitant is niet met personen verbonden in een formele of feitelijke zeggenschapstructuur die in zodanige mate ondoorzichtig is dat deze een belemmering vormt of kan vormen voor het adequaat toezicht op de naleving van deze wet door de marktexploitant.

– 4. Een marktexploitant is niet met personen verbonden in een formele of feitelijke zeggenschapstructuur indien het recht van een staat die geen lidstaat is, dat op die personen van toepassing is, een belemmering vormt of kan vormen voor het adequaat uitoefenen van toezicht op de naleving van deze wet door de marktexploitant.

Art. 5:32

Naleving regels door leden of deelnemers

– 1. Een marktexploitant stelt effectieve regels en procedures vast om er regelmatig op toe te zien of de leden van of deelnemers aan de gereglementeerde markt deze regels doorlopend naleven, en past deze regels toe.

– 2. De marktexploitant ziet toe op de transacties die zijn leden of deelnemers via de gereglementeerde markt verrichten opdat hij inbreuken op de in het eerste lid bedoelde regels en procedures, handelsvoorwaarden die de ordelijke werking van de markt verstoren of gedragingen die op marktmisbruik kunnen wijzen, kan vaststellen.

– 3. De marktexploitant meldt ernstige inbreuken als bedoeld in het tweede lid aan de Autoriteit Financiële Markten.

– 4. De marktexploitant verstrekt onverwijld de toepasselijke informatie aan de Autoriteit Financiële Markten, het Openbaar Ministerie of opsporingsambtenaren die bevoegd zijn op grond van de Wet op de economische delicten en verleent haar volledige medewerking aan de Autoriteit Financiële Markten, het Openbaar Ministerie of deze opsporingsambtenaren bij het onderzoeken of vervolgen van gedragingen die op marktmisbruik kunnen wijzen die zich in of via zijn systemen hebben voorgedaan.

Art. 5:32a

Regels m.b.t. toelating financiële instrumenten

– 1. Een marktexploitant zorgt voor duidelijke en transparante regels:

a. inzake de toelating van financiële instrumenten tot de handel op de gereglementeerde markt;

b. om te verifiëren dat uitgevende instellingen die financiële instrumenten hebben uitgegeven die tot de handel op de gereglementeerde markt worden toegelaten hun verplichtingen betreffende de initiële, doorlopende of incidentele informatieverstrekking nakomen;

c. die de toegang van de leden van of deelnemers aan de gereglementeerde markt tot openbaar gemaakte informatie vergemakkelijken; en

d. om regelmatig te verifiëren of de tot de handel op de gereglementeerde markt toegelaten financiële instrumenten aan de toelatingsvoorwaarden voldoen.

– 2. De marktexploitant zorgt voor een doeltreffende handhaving van de in het eerste lid bedoelde regels.

– 3. De marktexploitant kan effecten die reeds zijn toegelaten tot de handel op een andere gereglementeerde markt zonder toestemming van de uitgevende instelling toelaten tot de handel op de gereglementeerde markt indien ten aanzien van die effecten is voldaan aan hoofdstuk 5.1. De marktexploitant stelt de uitgevende instelling van de toelating in kennis.

– 4. Een uitgevende instelling is niet verplicht de in het eerste lid, onderdeel b, bedoelde informatie te verstrekken aan een marktexploitant die zonder haar toestemming haar effecten tot de handel heeft toegelaten.

Art. 5:32b

Regels m.b.t. toegang tot handel of lidmaatschap

– 1. Een marktexploitant zorgt voor op objectieve criteria gebaseerde, transparante en niet-discriminerende regels met betrekking tot de toegang tot de handel op of het lidmaatschap van de gereglementeerde markt, en zorgt voor een doeltreffende handhaving van deze regels.

– 2. De regels, bedoeld in het eerste lid, bevatten verplichtingen voor de leden van of deelnemers aan de gereglementeerde markt die voortvloeien uit:

a. de oprichting en het beheer van de gereglementeerde markt;

b. de regels inzake transacties op de gereglementeerde markt;

c. de beroepsnormen die gelden voor het personeel van de op de gereglementeerde markt werkzaam zijnde beleggingsondernemingen;

d. de door de gereglementeerde markt vastgestelde voorwaarden voor leden of deelnemers die geen beleggingsonderneming zijn;
e. de regels en procedures voor de clearing en afwikkeling van transacties die op de gereglementeerde markt zijn uitgevoerd.
– 3. De regels, bedoeld in het eerste lid, voorzien in de mogelijkheid van rechtstreekse deelneming of deelneming op afstand van beleggingsondernemingen.
– 4. Bij of krachtens algemene maatregel van bestuur kunnen regels worden gesteld met betrekking tot de regels, bedoeld in het eerste lid.
– 5. De marktexploitant neemt geen verplichtingen op in de regels, bedoeld in het eerste lid, die in strijd zijn met de belangen die deze wet beoogt te beschermen.

Art. 5:32c

Leden of deelnemers gereglementeerde markt

Als lid van of deelnemer aan een gereglementeerde markt ten behoeve waarvan een vergunning als bedoeld in artikel 5:26, eerste lid, is verleend, kunnen slechts worden toegelaten:
a. beleggingsondernemingen;
b. kredietinstellingen;
c. personen die:
1° deskundig en betrouwbaar zijn;
2° over toereikende bekwaamheden en bevoegdheden voor de handel beschikken;
3° voor zover van toepassing, adequate organisatorische regelingen hebben getroffen;
4° over voldoende middelen beschikken voor de activiteiten die zij als lid of deelnemer vervullen, rekening houdend met de verschillende financiële regelingen die de marktexploitant eventueel heeft vastgesteld om de adequate afwikkeling van transacties te garanderen.

Art. 5:32d

Gekwalificeerde deelneming. Verklaring van geen bezwaar

– 1. Het is verboden, anders dan na verkregen verklaring van geen bezwaar, een gekwalificeerde deelneming te houden, te verwerven of te vergroten dan wel enige zeggenschap verbonden aan een gekwalificeerde deelneming uit te oefenen in een marktexploitant waaraan een vergunning als bedoeld in artikel 5:26, eerste lid, is verleend.
– 2. Onze Minister verleent op aanvraag een verklaring van geen bezwaar voor een handeling als bedoeld in het eerste lid, tenzij:
a. de handeling ertoe zou kunnen leiden of zou leiden dat de betrokken marktexploitant in een formele of feitelijke zeggenschapsstructuur wordt verbonden met personen die in zodanige mate ondoorzichtig is dat deze een belemmering zou vormen voor het adequaat uitoefenen van de controle op de naleving van de voor de gereglementeerde markt geldende regels;
b. de handeling zou kunnen leiden of zou leiden tot een invloed op de desbetreffende marktexploitant die in strijd is met de belangen die deze wet beoogt te beschermen; en
c. de handeling een bedreiging voor de gezonde en prudente bedrijfsvoering van de gereglementeerde markt zou kunnen vormen.
– 3. Van de afgifte van een verklaring van geen bezwaar als bedoeld in het eerste lid wordt mededeling gedaan in de *Staatscourant*, behoudens voor zover de publicatie zou kunnen leiden of zou leiden tot onevenredige bevoordeling of benadeling van belanghebbenden.
– 4. Onze Minister kan aan de verklaring van geen bezwaar beperkingen stellen en voorschriften verbinden op grond van de in het tweede lid genoemde overwegingen.
– 5. Indien het houden, het verwerven of het vergroten van een gekwalificeerde deelneming als bedoeld in het eerste lid is verricht zonder dat voor die handeling een verklaring van geen bezwaar is verkregen of de aan de verklaring van geen bezwaar gestelde beperkingen in acht zijn genomen, maakt degene die deze handeling heeft verricht deze binnen een door Onze Minister te bepalen termijn ongedaan dan wel neemt hij de beperkingen alsnog in acht binnen een door Onze Minister te bepalen termijn. Deze verplichting vervalt op het tijdstip waarop en voor zover voor de desbetreffende handeling alsnog een verklaring van geen bezwaar wordt verleend dan wel de niet in acht genomen beperkingen worden ingetrokken.
– 6. Indien het uitoefenen van enige zeggenschap verbonden aan een gekwalificeerde deelneming in een marktexploitant geschiedt, zonder dat voor het houden van de gekwalificeerde deelneming dan wel voor het uitoefenen van die zeggenschap een verklaring van geen bezwaar is verkregen dan wel de aan de verklaring van geen bezwaar gestelde beperkingen in acht zijn genomen, is een mede door de uitgeoefende zeggenschap tot stand gekomen besluit vernietigbaar. Het besluit kan worden vernietigd op vordering van Onze Minister dan wel van de marktexploitant waarin zeggenschap is uitgeoefend. Het besluit wordt in dat geval door de rechtbank binnen wier rechtsgebied de marktexploitant is gevestigd, vernietigd indien het besluit zonder dat de desbetreffende zeggenschap zou zijn uitgeoefend anders zou hebben geluid dan wel niet zou zijn genomen, tenzij voor het tijdstip van de uitspraak alsnog een verklaring van geen bezwaar wordt verleend, of de niet in acht genomen beperkingen worden ingetrokken. De rechtbank regelt voor zover nodig de gevolgen van de vernietiging.
– 7. Indien aan een verklaring van geen bezwaar als bedoeld in het eerste lid voorschriften zijn

verbonden of beperkingen zijn gesteld, neemt de houder van de verklaring van geen bezwaar de voorschriften of beperkingen in acht.

Art. 5:32e

Beleggingsonderneming met zetel in andere lidstaat

Een marktexploitant biedt beleggingsondernemingen met zetel in een andere lidstaat die een door de toezichthoudende instantie van die lidstaat verleende vergunning hebben voor het verlenen van beleggingsdiensten als bedoeld in onderdeel b van de definitie van verlenen van een beleggingsdienst in artikel 1:1 of het verrichten van beleggingsactiviteiten als bedoeld in onderdeel a van de definitie van verrichten van een beleggingsactiviteit in artikel 1:1, en die aan de overige voorwaarden voor lidmaatschap of deelname voldoen, de mogelijkheid om aan de handel op de gereglementeerde markt waarvoor een vergunning als bedoeld in artikel 5:26, eerste lid, is verleend, deel te nemen:

a. vanuit een bijkantoor in Nederland; of

b. anders dan vanuit een bijkantoor in Nederland, indien de handelsprocedures en -systemen van de gereglementeerde markt geen fysieke aanwezigheid vergen voor het verrichten van transacties op die markt.

Art. 5:32f

Voorzieningen t.b.v. leden of deelnemers in andere lidstaat

– 1. Een marktexploitant die voornemens is om in een andere lidstaat passende voorzieningen te treffen waardoor in die lidstaat gevestigde leden of deelnemers beter in staat zijn toegang te krijgen tot deze markt en daarop te handelen, deelt dit voornemen aan de Autoriteit Financiële Markten mede.

– 2. De Autoriteit Financiële Markten stelt, binnen een maand na ontvangst van de mededeling, bedoeld in het eerste lid, de desbetreffende lidstaat in kennis van het voornemen.

Art. 5:32g

Opschorten of uitsluiten van handel

– 1. Een marktexploitant kan de handel op de gereglementeerde markt in een financieel instrument niet opschorten of een financieel instrument niet van de handel uitsluiten, indien dit instrument niet langer aan de regels van de gereglementeerde markt voldoet, indien een dergelijke maatregel de belangen van beleggers of de ordelijke werking van de gereglementeerde markt aanzienlijk zou kunnen schaden.

– 2. De marktexploitant die de handel in een financieel instrument opschort of een financieel instrument van de handel uitsluit, maakt deze beslissing openbaar en stelt de Autoriteit Financiële Markten daarvan in kennis. De Autoriteit Financiële Markten stelt de toezichthoudende instanties van de overige lidstaten daarvan in kennis.

Art. 5:32h

Besluit in andere lidstaat m.b.t. handel

– 1. De Autoriteit Financiële Markten kan een marktexploitant door middel van het geven van een aanwijzing verplichten om binnen een door de Autoriteit Financiële Markten gestelde redelijke termijn de handel in een bepaald financieel instrument op te schorten, te onderbreken of door te halen, indien dit met het oog op de bescherming van het belang van de beleggers in het financieel instrument of de ordelijke handel in het financieel instrument noodzakelijk is.

– 2. Nadat de Autoriteit Financiële Markten een aanwijzing als bedoeld in het eerste lid heeft gegeven, kan zij de rechtbank te Rotterdam verzoeken het desbetreffende financieel instrument uit te sluiten van de handel op de gereglementeerde markt, indien dit met het oog op de bescherming van het belang van de beleggers in het financieel instrument of de ordelijke handel in het financieel instrument noodzakelijk is.

Art. 5:32i

– 1. De Autoriteit Financiële Markten maakt haar besluit om de handel in het financieel instrument op te schorten, te onderbreken of door te halen of de beslissing van de rechtbank te Rotterdam om het financieel instrument van de handel uit te sluiten na bekendmaking onverwijld openbaar en stelt de toezichthoudende instanties van de overige lidstaten ervan in kennis.

– 2. Indien de Autoriteit Financiële Markten door de toezichthoudende instanties van een andere lidstaat in kennis wordt gesteld van een besluit tot opschorting, onderbreking of doorhaling van de handel in een financieel instrument of de uitsluiting van een financieel instrument van de handel op een gereglementeerde markt in die lidstaat, en het financieel instrument is toegelaten tot de handel op een gereglementeerde markt waarvoor een vergunning als bedoeld in artikel 5:26, eerste lid, is verleend, geeft de Autoriteit Financiële Markten de desbetreffende marktexploitant een aanwijzing tot opschorting, onderbreking of doorhaling van de handel in het desbetreffende financieel instrument onderscheidenlijk verzoekt zij de rechtbank te Rotterdam het desbetreffende financieel instrument uit te sluiten van de handel op de gereglementeerde markt, tenzij dit het belang van de beleggers in het financieel instrument of de ordelijke werking van de handel in het financieel instrument aanzienlijk zou kunnen schaden. Indien het financieel instrument wordt verhandeld door een beleggingsonderneming die het bedrijf uitoefent van beleggingsonderneming met systematische interne afhandeling of die een multilaterale handelsfaciliteit exploiteert, is de vorige volzin van overeenkomstige toepassing ten aanzien van die beleggingsonderneming.

Art. 5:32j

Transparantie van transacties

– 1. Een marktexploitant maakt de via de gereglementeerde markt afgegeven actuele bied- en laatprijzen en de diepte van de markt tegen deze prijzen voor tot de handel toegelaten aandelen openbaar.
– 2. De marktexploitant zorgt ervoor dat de in het eerste lid bedoelde informatie tegen redelijke commerciële voorwaarden en tijdens de voor die gereglementeerde markt normale handelstijden doorlopend beschikbaar is voor het publiek.
– 3. De marktexploitant die aan beleggingsondernemingen die ingevolge artikel 4:91g hun koersen in aandelen openbaar moeten maken toegang verleent tot de voorzieningen die zij gebruikt om de in het eerste lid bedoelde informatie openbaar te maken, doet dit tegen redelijke commerciële voorwaarden en op niet-discriminerende basis.
– 4. De Autoriteit Financiële Markten kan op aanvraag ontheffing verlenen van het eerste lid indien de marktexploitant voldoet aan de artikelen 18 tot en met 20 van de uitvoeringsverordening markten voor financiële instrumenten.
– 5. Bij algemene maatregel van bestuur kan worden bepaald dat het eerste tot en met het vierde lid van overeenkomstige toepassing zijn ten aanzien van andere financiële instrumenten dan aandelen.
– 6. Het eerste lid is niet van toepassing ten aanzien van rechten van deelneming in een beleggingsinstelling die op verzoek van de houder ten laste van de activa direct of indirect worden ingekocht of terugbetaald.

Art. 5:32k

Openbaarmaking bijzonderheden van transacties

– 1. Een marktexploitant maakt de prijs, de omvang en het tijdstip van de via de gereglementeerde markt uitgevoerde transacties in de tot de handel toegelaten aandelen openbaar.
– 2. De marktexploitant maakt de informatie, bedoeld in het eerste lid, openbaar tegen redelijke commerciële voorwaarden en binnen een tijdsspanne die real time zo dicht mogelijk benadert.
– 3. De Autoriteit Financiële Markten kan, op aanvraag, de marktexploitant toestaan om de in het eerste lid bedoelde openbaarmaking uit te stellen op basis van de soort of de omvang van de transactie, indien:
a. zij heeft ingestemd met de voorgenomen voorzieningen voor de uitgestelde openbaarmaking; en
b. de marktexploitant duidelijke informatie over deze voorzieningen verstrekt aan de marktdeelnemers en het beleggerspubliek.
– 4. De marktexploitant die aan beleggingsondernemingen die ingevolge artikel 4:91n de de prijs, de omvang en het tijdstip van de uitgevoerde transacties openbaar moeten maken, toegang verleent tot de voorzieningen die zij gebruikt om de in het eerste lid bedoelde informatie openbaar te maken, doet dit tegen redelijke commerciële voorwaarden en op niet-discriminerende basis.
– 5. Bij algemene maatregel van bestuur kan worden bepaald dat het eerste tot en met het vierde lid van overeenkomstige toepassing zijn ten aanzien van andere financiële instrumenten dan aandelen.
– 6. Het eerste lid is niet van toepassing ten aanzien van rechten van deelneming in een beleggingsinstelling die op verzoek van de houder ten laste van de activa direct of indirect worden ingekocht of terugbetaald.

Art. 5:32l

Informatieverstrekking aan AFM

– 1. Een marktexploitant:
a. verstrekt aan de Autoriteit Financiële Markten informatie betreffende zijn eigendomsstructuur en die van de door hem geëxploiteerde of beheerde gereglementeerde markt, in het bijzonder over de identiteit en omvang van belangen van partijen die in een positie verkeren om invloed van betekenis op de bedrijfsvoering van de gereglementeerde markt uit te oefenen;
b. meldt elke eigendomsoverdracht die aanleiding geeft tot een wijziging in de kring van de personen die invloed van betekenis op de exploitatie van de gereglementeerde markt uitoefenen aan de Autoriteit Financiële Markten; en
c. maakt de in onderdeel b bedoelde informatie openbaar.
– 2. De marktexploitant verstrekt periodiek aan de Autoriteit Financiële Markten een lijst van de leden van en deelnemers aan de gereglementeerde markt.
– 3. De marktexploitant legt een voorgenomen wijziging als bedoeld in het eerste lid, onderdeel b, ter instemming voor aan de Autoriteit Financiële Markten.
– 4. De Autoriteit Financiële Markten stemt in met een voorgenomen wijziging als bedoeld in het eerste lid, onderdeel b, tenzij deze wijziging een objectieve en aantoonbare bedreiging voor de gezonde en prudente bedrijfsvoering van de gereglementeerde markt zou kunnen vormen.

Art. 5:32m

Gebruikmaking van systemen voor afwikkeling

Een marktexploitant zal de gebruikmaking van systemen voor de afwikkeling van de op de betrokken gereglementeerde markten verrichte transacties in financiële instrumenten niet verbieden, tenzij:
a. de koppelingen en voorzieningen tussen het door de betrokken leden of deelnemers gekozen systeem en andere systemen of faciliteiten, de doelmatige en economische afwikkeling van de betrokken transacties niet kunnen worden gegarandeerd; of
b. de technische voorwaarden voor de afwikkeling van de op die markt uitgevoerde transacties via het aangewezen systeem naar het oordeel van de Autoriteit Financiële Markten geen goede en ordelijke werking van de financiële markten mogelijk maken.

HOOFDSTUK 5.3
Regels voor het melden van stemmen, kapitaal, zeggenschap en kapitaalbelang in uitgevende instellingen

AFDELING 5.3.1
Inleidende bepaling

Art. 5:33

Begripsomschrijvingen

– 1. In dit hoofdstuk en de daarop berustende bepalingen wordt, indien van toepassing in afwijking van artikel 1:1, verstaan onder:
a. uitgevende instelling: een naamloze vennootschap naar Nederlands recht waarvan aandelen als bedoeld in onderdeel b, onder 1° of 2°, zijn toegelaten tot de handel op een gereglementeerde markt, of een rechtspersoon, opgericht naar het recht van een staat die geen lidstaat is, waarvan aandelen als bedoeld in onderdeel b, onder 1° of 2°, zijn toegelaten tot de handel op een gereglementeerde markt waarvoor een vergunning als bedoeld in artikel 5:26, eerste lid, is verleend;
b. aandeel:
1° een verhandelbaar aandeel als bedoeld in artikel 79, eerste lid, van Boek 2 van het Burgerlijk Wetboek;
2° een certificaat van een aandeel of een ander met een certificaat van een aandeel gelijk te stellen verhandelbaar waardebewijs;
3° elk ander verhandelbaar waardebewijs, niet zijnde een optie als bedoeld onder 4°, ter verwerving van een onder 1° bedoeld aandeel of van een onder 2° bedoeld waardebewijs;
4° een optie ter verwerving van een onder 1° bedoeld aandeel of van een onder 2° bedoeld waardebewijs;
c. meldingsplichtige: een persoon die ingevolge dit hoofdstuk verplicht is tot het doen van een melding;
d. stemmen: stemmen die op aandelen kunnen worden uitgebracht, met inbegrip van rechten ingevolge een overeenkomst tot verkrijging van stemmen;
e. kapitaal: het geplaatste kapitaal van een uitgevende instelling;
f. substantiële deelneming: ten minste vijf procent van de aandelen of het kunnen uitbrengen van ten minste vijf procent van de stemmen, waarbij tot het aantal stemmen dat een persoon kan uitbrengen mede worden gerekend de stemmen waarover hij beschikt of wordt geacht te beschikken op grond van artikel 5:45;
g. drempelwaarde: een percentage van het kapitaal of de stemmen, waarvan het bereiken, overschrijden of onderschrijden door een persoon die aandelen houdt of verwerft, of stemmen kan uitbrengen of verwerft, leidt tot een verplichting tot het doen van een melding ingevolge dit hoofdstuk.
– 2. In dit hoofdstuk en de daarop berustende bepalingen wordt onder uitgevende instelling niet verstaan een beleggingsmaatschappij waarvan de rechten van deelneming op verzoek van de deelnemers ten laste van de activa van deze beleggingsmaatschappij direct of indirect worden ingekocht of terugbetaald.
– 3. Bij algemene maatregel van bestuur kan worden bepaald wat onder een optie als bedoeld in het eerste lid, onderdeel b, onder 4°, wordt verstaan.

AFDELING 5.3.2
Meldingen door uitgevende instellingen betreffende het kapitaal en de stemmen

Art. 5:34

Wijziging van kapitaal

– 1. Een uitgevende instelling meldt onverwijld aan de Autoriteit Financiële Markten het totaal van de wijzigingen van haar kapitaal waardoor dit kapitaal ten opzichte van de vorige melding ingevolge dit artikel met een procent of meer is gewijzigd. De uitgevende instelling kan tevens aan de Autoriteit Financiële Markten op een tijdstip voorafgaand aan het tijdstip van de in het tweede lid bedoelde periodieke melding de overige wijzigingen van haar kapitaal melden.

– 2. De uitgevende instelling meldt periodiek aan de Autoriteit Financiële Markten het totaal van de wijzigingen van haar kapitaal waarvoor geen verplichting tot melding bestaat op grond van het eerste lid, eerste volzin, voorzover zij deze wijzigingen niet reeds heeft gemeld overeenkomstig het eerste lid, tweede volzin. Bij algemene maatregel van bestuur worden de periode waarop de melding betrekking heeft en de termijn waarbinnen de melding moet hebben plaatsgevonden vastgesteld.

Art. 5:35

Wijziging van stemrechten

– 1. Een uitgevende instelling meldt onverwijld aan de Autoriteit Financiële Markten elke wijziging in haar stemmen die niet voortvloeit uit een wijziging als bedoeld in artikel 5:34, tweede lid. Indien een wijziging in de stemmen voortvloeit uit een wijziging als bedoeld in artikel 5:34, eerste lid, tweede volzin, kan de uitgevende instelling deze wijziging gelijktijdig met die wijziging melden aan de Autoriteit Financiële Markten.

– 2. De uitgevende instelling meldt periodiek aan de Autoriteit Financiële Markten het totaal van de wijzigingen in de stemmen waarvoor geen verplichting tot onverwijlde melding bestaat ingevolge het eerste lid, eerste volzin, voorzover zij deze wijzigingen niet reeds heeft gemeld overeenkomstig het eerste lid, tweede volzin. Bij algemene maatregel van bestuur worden de periode waarop de melding betrekking heeft en de termijn waarbinnen de melding moet hebben plaatsgevonden vastgesteld.

– 3. De uitgevende instelling meldt onverwijld aan de Autoriteit Financiële Markten elke uitgifte of intrekking met haar medewerking van aandelen als bedoeld in artikel 5:33, eerste lid, onderdeel *b*, onder 2°, voorzover deze betrekking heeft op een procent of meer van haar kapitaal. De uitgevende instelling kan tevens aan de Autoriteit Financiële Markten op elk tijdstip voorafgaand aan het tijdstip van de in het vierde lid bedoelde periodieke melding elke overige uitgifte of intrekking van aandelen als bedoeld in artikel 5:33, eerste lid, onderdeel *b*, onder 2°, melden.

– 4. Een uitgevende instelling meldt periodiek aan de Autoriteit Financiële Markten het totaal met haar medewerking uitgegeven of ingetrokken aandelen als bedoeld in artikel 5:33, eerste lid, onderdeel *b*, onder 2°, waarvoor geen verplichting tot onverwijlde melding bestaat ingevolge het derde lid, eerste volzin, voorzover zij deze niet reeds heeft gemeld overeenkomstig het derde lid, tweede volzin. Bij algemene maatregel van bestuur worden de periode waarop de melding betrekking heeft en de termijn waarbinnen de melding moet hebben plaatsgevonden vastgesteld.

Art. 5:36

Toelating tot handel op gereglementeerde markt

Een naamloze vennootschap naar Nederlands recht of een rechtspersoon die is opgericht naar het recht van een staat die geen lidstaat is en die een uitgevende instelling wordt, meldt onverwijld aan de Autoriteit Financiële Markten haar onderscheidenlijk zijn kapitaal en haar onderscheidenlijk zijn stemmen, alsmede de met haar onderscheidenlijk zijn medewerking uitgegeven aandelen als bedoeld in artikel 5:33, eerste lid, onderdeel *b*, onder 2°.

Art. 5:37

Nadere regelgeving

Bij algemene maatregel van bestuur worden regels gesteld met betrekking tot de gegevens die bij een melding als bedoeld in deze afdeling dienen te worden verstrekt en de wijze van melden.

AFDELING 5.3.3

Meldingen door aandeelhouders en andere stemgerechtigden betreffende wijzigingen in zeggenschap en kapitaalbelang

Art. 5:38

Drempelwaarde

– 1. Een ieder die de beschikking krijgt of verliest over aandelen waardoor, naar hij weet of behoort te weten, het percentage van het kapitaal waarover hij beschikt een drempelwaarde bereikt, overschrijdt dan wel onderschrijdt, meldt dat onverwijld aan de Autoriteit Financiële Markten.

– 2. Een ieder die de beschikking krijgt of verliest over stemmen waardoor, naar hij weet of behoort te weten, het percentage van de stemmen waarover hij beschikt een drempelwaarde bereikt, overschrijdt dan wel onderschrijdt, meldt dat onverwijld aan de Autoriteit Financiële Markten.

– 3. De drempelwaarden, bedoeld in het eerste en tweede lid, zijn: vijf procent, tien procent, vijftien procent, twintig procent, 25 procent, dertig procent, 40 procent, 50 procent, 60 procent, 75 procent en 95 procent.

– 4. Bij algemene maatregel van bestuur kan worden bepaald in welke gevallen een meldingsplichtige behoort te weten dat hij een drempelwaarde bereikt, overschrijdt dan wel onderschrijdt.

Art. 5:39

(Noemer)wijziging van uitgevende instelling

– 1. Een ieder wiens percentage van het kapitaal of van de stemmen waarover hij beschikt, naar hij weet of behoort te weten, een drempelwaarde bereikt, overschrijdt dan wel onderschrijdt als gevolg van een wijziging die ingevolge een melding als bedoeld in artikel 5:34 of 5:35 door de Autoriteit Financiële Markten in het register, bedoeld in artikel 1:107, is verwerkt, meldt dat aan de Autoriteit Financiële Markten. De melding vindt plaats uiterlijk op de vierde handelsdag na de in de vorige volzin bedoelde verwerking in het register. Bij algemene maatregel van bestuur kan worden bepaald wat onder handelsdag wordt verstaan.

– 2. De drempelwaarden, bedoeld in het eerste lid, eerste volzin, zijn: vijf procent, tien procent, vijftien procent, twintig procent, 25 procent, dertig procent, 40 procent, 50 procent, 60 procent, 75 procent en 95 procent.

– 3. Bij algemene maatregel van bestuur kan worden bepaald in welke gevallen een meldingsplichtige behoort te weten dat hij een drempelwaarde bereikt, overschrijdt dan wel onderschrijdt.

Art. 5:40

Aandelen met bijzonder statutair recht

Een ieder die de beschikking krijgt of verliest over een of meer aandelen met een bijzonder statutair recht inzake de zeggenschap in een uitgevende instelling, meldt dat onverwijld aan de Autoriteit Financiële Markten. Aan deze verplichting is voldaan, indien terzake van hetzelfde feit een melding is gedaan op grond van artikel 5:38, eerste lid.

Art. 5:41

Periodieke actualisering

– 1. Een ieder wiens substantiële deelneming op 31 december om 24.00 uur ten opzichte van zijn vorige melding een afwijkende samenstelling heeft als gevolg van een omwisseling van aandelen als bedoeld in artikel 5:33, eerste lid, onderdeel *b*, onder 3° of 4°, in aandelen als bedoeld in artikel 5:33, eerste lid, onderdeel *b*, onder 1° of 2°, of omgekeerd, dan wel als gevolg van een omwisseling van aandelen als bedoeld in artikel 5:33, eerste lid, onderdeel *b*, onder 1°, in aandelen als bedoeld in artikel 5:33, eerste lid, onderdeel *b*, onder 2°, of omgekeerd, meldt dat binnen vier weken aan de Autoriteit Financiële Markten. Aan deze verplichting is voldaan door een bestuurder of commissaris, indien terzake van hetzelfde feit een melding is gedaan op grond van artikel 5:48, zesde of zevende lid.

– 2. Een ieder wiens substantiële deelneming op 31 december om 24.00 uur ten opzichte van diens vorige melding een afwijkende samenstelling heeft als gevolg van de uitoefening van rechten ingevolge een overeenkomst tot verkrijging van stemmen of omgekeerd, meldt dat binnen vier weken na dat tijdstip aan de Autoriteit Financiële Markten. Aan deze verplichting is voldaan door een bestuurder of commissaris, indien terzake van hetzelfde feit een melding is gedaan op grond van artikel 5:48, zevende lid.

Art. 5:42

Voormalige dochtermaatschappij

Een ieder die ophoudt een gecontroleerde onderneming te zijn en die beschikt over een substantiële deelneming of een of meer aandelen met een bijzonder statutair recht inzake de zeggenschap in een uitgevende instelling, meldt dat onverwijld aan de Autoriteit Financiële Markten.

Art. 5:43

Toelating tot handel op gereglementeerde markt

– 1. Een ieder die op het tijdstip waarop een naamloze vennootschap naar Nederlands recht een uitgevende instelling wordt, naar hij weet of behoort te weten, beschikt over een substantiële deelneming of een of meer aandelen met een bijzonder statutair recht inzake de zeggenschap in deze uitgevende instelling, meldt dat onverwijld aan de Autoriteit Financiële Markten.

– 2. Een ieder die op het tijdstip waarop een rechtspersoon die is opgericht naar het recht van een staat die geen lidstaat is een uitgevende instelling wordt, naar hij weet of behoort te weten, beschikt over een substantiële deelneming in deze uitgevende instelling, meldt dat onverwijld aan de Autoriteit Financiële Markten.

– 3. Bij algemene maatregel van bestuur kan worden bepaald in welke gevallen een meldingsplichtige behoort te weten dat hij beschikt over een substantiële deelneming in een uitgevende instelling.

Art. 5:44

Nadere regelgeving

Bij algemene maatregel van bestuur worden regels gesteld met betrekking tot de gegevens die bij een melding als bedoeld in deze afdeling dienen te worden verstrekt en de wijze van melden.

AFDELING 5.3.4

Bijzondere bepalingen en uitzonderingen op de meldingsplicht betreffende wijzigingen in zeggenschap en kapitaalbelang

Art. 5:45

Beschikken over aandelen en stemmen

– 1. Iemand beschikt over de aandelen die hij houdt, alsmede over de stemmen die hij kan uitbrengen als houder van aandelen.

– 2. Iemand beschikt over de stemmen die hij als vruchtgebruiker of pandhouder kan uitbrengen, indien het toepasselijke recht daarin voorziet en is voldaan aan de daarvoor geldende wettelijke vereisten.
– 3. Iemand wordt geacht te beschikken over de aandelen die zijn gecontroleerde onderneming houdt, alsmede over de stemmen die zijn gecontroleerde onderneming kan uitbrengen. Een gecontroleerde onderneming wordt geacht niet te beschikken over aandelen of stemmen.
– 4. Iemand wordt geacht te beschikken over de aandelen die door een derde voor zijn rekening worden gehouden, alsmede over de stemmen die deze derde kan uitbrengen.
– 5. Iemand wordt geacht te beschikken over de stemmen waarover een derde beschikt, indien hij met deze derde een overeenkomst heeft gesloten die voorziet in een duurzaam gemeenschappelijk beleid inzake het uitbrengen van de stemmen.
– 6. Iemand wordt geacht te beschikken over de stemmen waarover een derde beschikt met wie hij een overeenkomst heeft gesloten waarin een tijdelijke en betaalde overdracht van deze stemmen is geregeld.
– 7. De beheerder van een beleggingsfonds wordt geacht te beschikken over de aandelen die de bewaarder houdt en de daaraan verbonden stemmen. De bewaarder van een beleggingsfonds wordt geacht niet te beschikken over aandelen of stemmen.
– 8. Aandelen en stemmen die deel uitmaken van een gemeenschap worden toegerekend aan de deelgenoten in deze gemeenschap in evenredigheid met hun gerechtigdheid daarin. In afwijking van de vorige volzin worden stemmen die deel uitmaken van een wettelijke gemeenschap van goederen als bedoeld in artikel 93 van Boek 1 van het Burgerlijk Wetboek toegerekend aan de echtgenoot van wiens zijde de stemmen in de gemeenschap zijn gevallen als bedoeld in artikel 97 van Boek 1 van het Burgerlijk Wetboek.
– 9. Iemand wordt geacht te beschikken over de stemmen die hij als gevolmachtigde naar eigen goeddunken kan uitbrengen.
– 10. Het derde lid is, volgens bij algemene maatregel van bestuur te stellen regels, niet van toepassing op degene wiens gecontroleerde onderneming:
a. een beheerder is die de stemmen die zijn verbonden aan de aandelen die worden gehouden door de beleggingsinstelling waarover hij het beheer voert, dan wel de stemmen waarover hij ingevolge het zevende lid, eerste volzin, wordt geacht te beschikken, naar eigen goeddunken kan uitbrengen; of
b. een vermogensbeheerder is die de stemmen die zijn verbonden aan de aandelen waarover hij het beheer voert naar eigen goeddunken kan uitbrengen.

Art. 5:46

Uitzonderingen op meldingsplicht

– 1. De verplichtingen, bedoeld in afdeling 5.3.3, zijn, voorzover de aandelen en de daaraan verbonden stemmen in de regelmatige uitoefening van hun bedrijf en gedurende een korte periode worden gehouden, niet van toepassing op:
a. clearinginstellingen, voorzover zij niet ook het bedrijf van bank of elektronischgeldinstelling uitoefenen;
b. afwikkelende instanties als bedoeld in artikel 212a, onderdeel d, van de Faillissementswet; en
c. nationale centrale banken die onderdeel uitmaken van het Europees Stelsel van Centrale Banken, bedoeld in artikel 8 van het Verdrag tot oprichting van de Europese Gemeenschap, voorzover de stemmen niet worden uitgebracht.
– 2. De verplichtingen, bedoeld in afdeling 5.3.3, zijn, voorzover de aandelen en de daaraan verbonden stemmen worden gehouden in de regelmatige uitoefening van hun bedrijf, niet van toepassing op:
a. bewaarnemers van aandelen, voorzover deze de aan deze aandelen verbonden stemmen niet naar eigen goeddunken kunnen uitbrengen; en
b. personen die werkzaamheden verrichten als bedoeld in onderdeel a van de definitie van verlenen van een beleggingsactiviteit in artikel 1:1, die de beschikking krijgen of verliezen over aandelen en de daaraan verbonden stemmen waardoor, naar zij weten of behoren te weten, het percentage van het kapitaal of de stemmen waarover zij beschikken de drempelwaarde van vijf procent bereikt, overschrijdt of onderschrijdt, voorzover deze geen invloed uitoefenen in het bestuur van de desbetreffende uitgevende instelling en in hun lidstaat van herkomst een vergunning hebben voor de uitoefening van hun bedrijf.
– 3. Voor het vaststellen of de drempelwaarden, bedoeld in de artikelen 5:38, derde lid, of 5:39, tweede lid, worden bereikt of overschreden, worden aandelen en de daaraan verbonden stemmen die tot de handelsportefeuille van één van de hierna te noemen financiële ondernemingen behoren niet in aanmerking genomen, voor zover deze aandelen of stemmen niet meer dan vijf procent bedragen in het kapitaal of de stemmen van een uitgevende instelling en indien de stemmen niet worden uitgebracht of anderszins worden gebruikt om invloed uit te oefenen in het bestuur van de uitgevende instelling:

a. financiële ondernemingen die voor het uitoefenen van het bedrijf van bank een door de Nederlandsche Bank op grond van het Deel Markttoegang financiële ondernemingen verleende vergunning hebben;
b. financiële ondernemingen die voor het uitoefenen van het bedrijf van financiële instelling een door de Nederlandsche Bank op grond van het Deel Prudentieel toezicht financiële ondernemingen verleende verklaring van ondertoezichtstelling hebben;
c. financiële ondernemingen die voor het verlenen van beleggingsdiensten of verrichten van beleggingsactiviteiten een door de Autoriteit Financiële Markten op grond van het Deel Markttoegang financiële ondernemingen verleende vergunning hebben;
d. beleggingsondernemingen met zetel in een andere lidstaat die van de toezichthoudende instantie van die andere lidstaat een vergunning hebben verkregen als bedoeld in artikel 5, eerste lid, eerste volzin, van richtlijn nr. 2004/39/EEG van het Europees Parlement en de Raad van de Europese Unie van 21 april 2004 betreffende markten voor financiële instrumenten, tot wijziging van de richtlijnen nr. 85/611/EEG en nr. 93/6/EEG van de Raad en richtlijn nr. 2000/12/EG van het Europees Parlement en de Raad en houdende intrekking van richtlijn nr. 93/22/EEG van de Raad (*PbEU* L 145);
e. kredietinstellingen met zetel in een andere lidstaat die van de toezichthoudende instantie van die andere lidstaat een vergunning hebben verkregen als bedoeld in artikel 4, onderdeel 2, van de herziene richtlijn banken; en
f. financiële instellingen met zetel in een andere lidstaat die voor de uitoefening van hun bedrijf een door de toezichthoudende instantie van die lidstaat verleende verklaring van ondertoezichtstelling hebben die overeenkomt met de verklaring, bedoeld in artikel 3:110.
– 4. Bij algemene maatregel van bestuur kunnen regels worden gesteld met betrekking tot het eerste, tweede of derde lid.
– 5. Indien een in het eerste, tweede of derde lid bedoelde onderneming of instelling op het tijdstip waarop het eerste, tweede of derde lid niet langer van toepassing is de aandelen nog houdt dan wel de stemmen nog kan uitbrengen, wordt zij geacht op dat tijdstip de beschikking te hebben verkregen over deze aandelen en stemmen.

Art. 5:47

Uitgevende instelling uit niet-lidstaat

Met betrekking tot aandelen of stemmen in een rechtspersoon die is opgericht naar het recht van een staat die geen lidstaat is en waarvan aandelen zijn toegelaten tot de handel op een gereglementeerde markt waarvoor een vergunning als bedoeld in artikel 5:26, eerste lid, is verleend en voor welke rechtspersoon Nederland een lidstaat van ontvangst is als bedoeld in artikel 2, eerste lid, onderdeel n, van richtlijn nr. 2004/109/EG van het Europees Parlement en de Raad van de Europese Unie van 15 december 2004 betreffende de transparantievereisten die gelden voor informatie over uitgevende instellingen waarvan effecten tot de handel op een gereglementeerde markt zijn toegelaten en tot wijziging van richtlijn 2001/34/EG (*PbEU* L 390):
a. zijn de artikelen 5:40, 5:41 en 5:42 niet van toepassing;
b. gelden, in afwijking van artikel 5:38, derde lid, voor de in artikel 5:38, eerste en tweede lid, genoemde verplichtingen tot het doen van een melding de drempelwaarden vijf procent en tien procent, indien de meldingsplichtige een uitgevende instelling is die verplicht is tot melding als gevolg van het verkrijgen of verliezen van de beschikking over eigen aandelen; en
c. gelden, in afwijking van de artikelen 5:38, derde lid, en 5:39, tweede lid, voor de in de artikelen 5:38, eerste en tweede lid, en 5:39, eerste lid, genoemde verplichtingen tot het doen van een melding de drempelwaarden 5 procent, 10 procent, 15 procent, 20 procent, 25 procent, 30 procent, 50 procent en 75 procent.

AFDELING 5.3.5
Meldingen door bestuurders en commissarissen betreffende zeggenschap en kapitaalbelang

Art. 5:48

Begripsomschrijvingen

– 1. In dit artikel en de daarop berustende bepalingen wordt, in afwijking van artikel 5:33, eerste lid, onderdeel *a*, onder uitgevende instelling verstaan: een naamloze vennootschap naar Nederlands recht waarvan aandelen als bedoeld in artikel 5:33, eerste lid, onderdeel *b*, onder 1° of 2°, zijn toegelaten tot de handel op een gereglementeerde markt.
– 2. In dit artikel en de daarop berustende bepalingen wordt onder gelieerde uitgevende instelling verstaan: elke andere uitgevende instelling:
1° waarmee de uitgevende instelling in een groep is verbonden of waarin de uitgevende instelling een deelneming heeft en waarvan de meest recent vastgestelde omzet ten minste tien procent van de geconsolideerde omzet van de uitgevende instelling bedraagt;
2° die rechtstreeks of middellijk meer dan 25 procent van het kapitaal van de uitgevende instelling verschaft.
– 3. Een bestuurder of commissaris van een uitgevende instelling meldt aan de Autoriteit Financiële Markten de aandelen en stemmen in de uitgevende instelling en de gelieerde uitge-

vende instellingen waarover hij beschikt. Deze meldingen worden gedaan binnen twee weken na de aanwijzing of benoeming als bestuurder of commissaris.

– 4. Een bestuurder of commissaris van een naamloze vennootschap die een uitgevende instelling wordt in de zin van het eerste lid, meldt onverwijld aan de Autoriteit Financiële Markten de aandelen en stemmen in de uitgevende instelling en de gelieerde uitgevende instellingen waarover hij beschikt. Aan de verplichting op grond van de vorige volzin is voldaan, indien terzake van hetzelfde feit een melding is gedaan op grond van artikel 5:43, eerste lid.

– 5. Een bestuurder of commissaris van een uitgevende instelling ten opzichte waarvan een andere naamloze vennootschap een gelieerde uitgevende instelling wordt in de zin van het tweede lid, meldt onverwijld aan de Autoriteit Financiële Markten de aandelen en stemmen in de desbetreffende gelieerde uitgevende instelling waarover hij beschikt. Aan de verplichting op grond van de vorige volzin is voldaan, indien terzake van hetzelfde feit een melding is gedaan op grond van artikel 5:43.

– 6. Een bestuurder of commissaris van een uitgevende instelling meldt onverwijld aan de Autoriteit Financiële Markten elke wijziging in de aandelen in de uitgevende instelling en de gelieerde uitgevende instellingen waarover hij beschikt. Aan de verplichting op grond van de vorige volzin is voldaan, indien terzake van hetzelfde feit een melding is gedaan op grond van artikel 5:38, eerste lid, of 5:40, eerste volzin.

– 7. Een bestuurder of commissaris van een uitgevende instelling meldt onverwijld aan de Autoriteit Financiële Markten elke wijziging in de stemmen in de uitgevende instelling en de gelieerde uitgevende instellingen waarover hij beschikt. Aan de verplichting op grond van de vorige volzin is voldaan, indien terzake van hetzelfde feit een melding is gedaan op grond van artikel 5:38, tweede lid.

– 8. Een uitgevende instelling meldt het feit dat een bestuurder of commissaris niet langer in functie is onverwijld aan de Autoriteit Financiële Markten.

– 9. Indien een bestuurder van een uitgevende instelling een rechtspersoon is, zijn het derde tot en met het achtste lid van overeenkomstige toepassing op de natuurlijke personen die het dagelijks beleid van deze rechtspersoon bepalen, alsmede op de natuurlijke personen die toezicht houden op het beleid van het bestuur en de algemene gang van zaken in deze rechtspersoon.

– 10. Bij algemene maatregel van bestuur worden regels gesteld met betrekking tot de gegevens die bij een melding als bedoeld in dit artikel dienen te worden verstrekt en de wijze van melden.

AFDELING 5.3.6
Registratie van meldingen

Art. 5:49

Mededeling van meldingen

– 1. Behoudens het bepaalde in het derde lid, doet de Autoriteit Financiële Markten, nadat zij een melding heeft ontvangen, onverwijld mededeling van deze melding aan de desbetreffende uitgevende instelling en aan de meldingsplichtige. De in de eerste volzin bedoelde mededeling strekt voor de meldingsplichtige tot bewijs dat deze aan zijn verplichting tot het doen van een melding heeft voldaan.

– 2. De Autoriteit Financiële Markten doet onverwijld na de in artikel 1:107, derde lid, onderdeel *c*, onder 1°, bedoelde verwerking in het register mededeling van de inhoud van de melding aan de desbetreffende uitgevende instelling.

– 3. Indien de Autoriteit Financiële Markten de verwerking van een melding in het register, bedoeld in artikel 1:107, heeft opgeschort op grond van artikel 5:51, tweede lid, verwerkt zij de in het tweede lid bedoelde gegevens, in afwijking van artikel 1:107, derde lid, onderdeel *c*, onder 1°, in elk geval in dat register binnen een werkdag volgend op de werkdag waarop de gevorderde inlichtingen zijn verkregen dan wel, indien de gevorderde inlichtingen niet zijn verkregen, zodra zij verwerking in dat register mogelijk acht. De Autoriteit Financiële Markten doet in dat geval onverwijld na de in de vorige volzin bedoelde verwerking mededeling van de melding aan de meldingsplichtige en mededeling van de inhoud van de melding aan de desbetreffende uitgevende instelling. De in de tweede volzin bedoelde mededeling strekt voor de meldingsplichtige tot bewijs dat deze aan zijn verplichting tot het doen van een melding heeft voldaan.

AFDELING 5.3.7
Overige regels

Art. 5:50

Vermoeden van onjuiste melding

Indien een uitgevende instelling, op grond van een mededeling als bedoeld in artikel 5:49, tweede lid, of derde lid, tweede volzin, vermoedt dat een onjuiste melding is gedaan, stelt zij de Autoriteit Financiële Markten daarvan onverwijld in kennis.

Art. 5:51

Geen of onjuiste melding

– 1. De Autoriteit Financiële Markten kan degene die een onjuiste melding heeft gedaan of ten onrechte geen melding heeft gedaan door middel van het geven van een aanwijzing verplichten om binnen een door haar gestelde redelijke termijn alsnog een juiste melding te doen.
– 2. De Autoriteit Financiële Markten kan de verwerking van een melding in het register, bedoeld in artikel 1:107, voor de duur van het vorderen van inlichtingen als bedoeld in artikel 1:74 opschorten. Zij doet mededeling van de opschorting aan de desbetreffende uitgevende instelling en de desbetreffende meldingsplichtige.
– 3. Indien een melding onjuist is en de melding niet is hersteld of indien een melding ten onrechte niet is gedaan en de juiste melding achterwege blijft, kan de Autoriteit Financiële Markten de naar haar oordeel juiste gegevens in het register bedoeld in artikel 1:107 opnemen, nadat zij daarvan mededeling heeft gedaan aan de desbetreffende uitgevende instelling en de desbetreffende meldingsplichtige.

Art. 5:52

Civielrechtelijke sanctie

– 1. Indien een melding waartoe dit hoofdstuk verplicht niet overeenkomstig dit hoofdstuk is gedaan, kan de rechtbank van de plaats waar de desbetreffende uitgevende instelling haar zetel heeft op vordering van degene die krachtens het tweede lid daartoe bevoegd is, de in het vierde lid genoemde maatregelen treffen. Indien een melding betrekking heeft op een uitgevende instelling die haar zetel buiten Nederland heeft, is de rechtbank te 's-Gravenhage bevoegd.
– 2. Tot het instellen van de vordering zijn bevoegd:
a. houders van aandelen die alleen of gezamenlijk beschikken over een substantiële deelneming;
b. houders van een of meer aandelen met een bijzonder statutair recht inzake de zeggenschap in de uitgevende instelling; en
c. de desbetreffende uitgevende instelling.
– 3. De bevoegdheid om de vordering in te stellen vervalt door verloop van drie maanden vanaf de dag waarop degene die bevoegd is de vordering in te stellen van de overtreding kennis heeft genomen of heeft kunnen nemen.
– 4. De maatregelen, bedoeld in het eerste lid, zijn:
a. veroordeling van de desbetreffende meldingsplichtige tot melding overeenkomstig dit hoofdstuk;
b. schorsing van het recht op uitbrengen van de stemmen in de desbetreffende uitgevende instelling waarover de meldingsplichtige beschikt gedurende een door de rechtbank te bepalen periode van ten hoogste drie jaren;
c. schorsing van een besluit van de algemene vergadering van aandeelhouders van de desbetreffende uitgevende instelling totdat over een maatregel als bedoeld in onderdeel *d* onherroepelijk is beslist;
d. vernietiging van een besluit van de algemene vergadering van aandeelhouders van de desbetreffende uitgevende instelling, indien aannemelijk is dat dit besluit niet zou zijn genomen indien de stemmen waarover de desbetreffende meldingsplichtige beschikt niet zouden zijn uitgebracht; of
e. een bevel aan de desbetreffende meldingsplichtige om zich gedurende een door de rechtbank te bepalen periode van ten hoogste vijf jaren te onthouden van het verkrijgen van de beschikking over aandelen of stemmen van de desbetreffende uitgevende instelling.
– 5. Een maatregel als bedoeld in het vierde lid, onderdeel *b* of *e*, geldt niet voor aandelen die ten titel van beheer worden gehouden door een ander dan de desbetreffende meldingsplichtige, tenzij de desbetreffende meldingsplichtige bevoegd is om zich deze aandelen te verschaffen of te bepalen hoe de daaraan verbonden stemmen worden uitgeoefend.
– 6. De rechtbank regelt zo nodig de gevolgen van de door haar getroffen maatregelen.
– 7. De rechtbank kan op vordering van degene die de oorspronkelijke vordering heeft ingesteld of van degene tegen wie de maatregel is gericht de periode, bedoeld in het vierde lid, onderdeel *b* of *e*, verkorten.
– 8. Een maatregel als bedoeld in het vierde lid, onderdeel *d*, kan niet uitvoerbaar bij voorraad worden verklaard.
– 9. Indien de vordering, bedoeld in het eerste lid, betrekking heeft op aandelen die niet door de desbetreffende meldingsplichtige zelf worden gehouden of op stemmen die hij niet zelf als aandeelhouder, pandhouder of vruchtgebruiker kan uitbrengen, roept de eiser de desbetreffende houder, pandhouder of vruchtgebruiker in het geding op, zo deze aan de eiser bekend is.
– 10. Een onmiddellijke voorziening bij voorraad kan slechts worden gevorderd bij de voorzieningenrechter van de rechtbank die op grond van het eerste lid bevoegd is. De vordering kan

slechts betrekking hebben op de maatregelen, bedoeld in het vierde lid, onderdelen *a*, *b*, *c* en *e*. Het vijfde en negende lid zijn van overeenkomstige toepassing.

HOOFDSTUK 5.4
Regels ter voorkoming van marktmisbruik en voor het optreden op markten in financiële instrumenten

AFDELING 5.4.1
Inleidende bepaling

Art. 5:53

Begripsomschrijvingen

– 1. In dit hoofdstuk en de daarop berustende bepalingen wordt verstaan onder voorwetenschap: bekendheid met informatie die concreet is en die rechtstreeks of middellijk betrekking heeft op een uitgevende instelling als bedoeld in het vierde lid, onderdeel a, waarop de financiele instrumenten betrekking hebben of omtrent de handel in deze financiële instrumenten, welke informatie niet openbaar is gemaakt en waarvan openbaarmaking significante invloed zou kunnen hebben op de koers van de financiële instrumenten of op de koers van daarvan afgeleide financiële instrumenten. Voorzover het grondstoffenderivaten betreft wordt in dit hoofdstuk en de daarop berustende bepalingen, in afwijking van de vorige volzin, onder voorwetenschap verstaan: bekendheid met niet openbaar gemaakte informatie die concreet is en die rechtstreeks of middellijk betrekking heeft op een of meer grondstoffenderivaten, van welke informatie beleggers in die grondstoffenderivaten bekendmaking mogen verwachten op grond van marktpraktijken die gebruikelijk zijn op de gereglementeerde markt of de multilaterale handelsfaciliteit waarvoor de beleggingsonderneming een vergunning heeft als bedoeld in artikel 2:96 waarop die grondstoffenderivaten worden verhandeld.

– 2. Bij of krachtens algemene maatregel van bestuur kunnen marktpraktijken als bedoeld in het eerste lid, tweede volzin, worden aangewezen.

– 3. In dit hoofdstuk en de daarop berustende bepalingen wordt, in aanvulling op artikel 1:1, onder financieel instrument mede verstaan: elk ander instrument dat op een gereglementeerde markt tot de handel is toegelaten of waarvoor toelating tot de handel op een gereglementeerde markt of een multilaterale handelsfaciliteit waarvoor de beleggingsonderneming een vergunning heeft als bedoeld in artikel 2:96 is aangevraagd.

– 4. In dit hoofdstuk en de daarop berustende bepalingen wordt, in afwijking van artikel 1:1, verstaan onder uitgevende instelling:

a. rechtspersoon, vennootschap of instelling die financiële instrumenten heeft uitgegeven als bedoeld in artikel 5:56, eerste lid, onderdeel a of b, of degene op wiens voorstel een koopovereenkomst inzake een financieel instrument, niet zijnde een effect, tot stand is gekomen; of

b. rechtspersoon, vennootschap of instelling die voornemens is financiële instrumenten uit te geven als bedoeld in artikel 5:56, eerste lid, onderdeel a of b, of degene die een koopovereenkomst inzake een financieel instrument, niet zijnde een effect, voorstelt.

– 5. In dit hoofdstuk en de daarop berustende bepalingen wordt verstaan onder beleggingsaanbeveling: voor het publiek bestemde informatie die wordt opgesteld of uitgebracht door:

a. de personen, bedoeld in artikel 5:64, tweede lid, onderdeel a, waarin expliciet of impliciet een beleggingsstrategie wordt aanbevolen of voorgesteld met betrekking tot:

1° financiële instrumenten die zijn toegelaten tot de handel op een gereglementeerde markt waarvoor een vergunning als bedoeld in artikel 5:26, eerste lid, is verleend of een multilaterale handelsfaciliteit waarvoor de beleggingsonderneming een vergunning heeft als bedoeld in artikel 2:96 of waarvoor toelating tot die handel is aangevraagd;

2° financiële instrumenten die zijn toegelaten tot de handel op een gereglementeerde markt in een andere lidstaat; of

3° een uitgevende instelling die financiële instrumenten als bedoeld onder 1° of 2° heeft uitgegeven;

b. de personen, bedoeld in artikel 5:64, tweede lid, onderdeel b, waarin expliciet een beleggingsbeslissing wordt aanbevolen met betrekking tot:

1° financiële instrumenten die zijn toegelaten tot de handel op een gereglementeerde markt waarvoor een vergunning als bedoeld in artikel 5:26, eerste lid, is verleend of een multilaterale handelsfaciliteit waarvoor de beleggingsonderneming een vergunning heeft als bedoeld in artikel 2:96 of waarvoor toelating tot die handel is aangevraagd; of

2° financiële instrumenten die zijn toegelaten tot de handel op een gereglementeerde markt in een andere lidstaat.

– 6. In dit hoofdstuk en de daarop berustende bepalingen wordt verstaan onder uitbrenger van een beleggingsaanbeveling: een persoon die in het kader van de uitoefening van zijn beroep of bedrijf een beleggingsaanbeveling uitbrengt.

AFDELING 5.4.2
Regels ter voorkoming van marktmisbruik

Art. 5:54

Misdrijf

Overtreding van artikel 5:56, eerste, derde of zevende lid, 5:57, eerste of tweede lid, of 5:58, eerste lid, is een misdrijf.

Art. 5:55

Rechterlijke bevoegdheid

Ten aanzien van strafbare feiten als bedoeld in de artikelen 5:56, eerste, derde en zevende lid, 5:57, eerste en tweede lid, 5:58, eerste lid, 5:25i, tweede of vijfde lid, en 5:62, eerste lid, is de rechtbank te Amsterdam in eerste aanleg bij uitsluiting bevoegd.

§ 5.4.2.1. Verbodsbepalingen

Art. 5:56

Voorwetenschap; transactieverbod

– 1. Het is een ieder die behoort tot een in het tweede lid genoemde categorie personen verboden om gebruik te maken van voorwetenschap door een transactie te verrichten of te bewerkstelligen:
a. in of vanuit Nederland of een staat die geen lidstaat is in financiële instrumenten die zijn toegelaten tot de handel op een gereglementeerde markt waarvoor een vergunning als bedoeld in artikel 5:26, eerste lid, is verleend of een multilaterale handelsfaciliteit waarvoor de beleggingsonderneming een vergunning heeft als bedoeld in artikel 2:96 of waarvoor toelating tot die handel is aangevraagd;
b. in of vanuit Nederland in financiële instrumenten die zijn toegelaten tot de handel op een gereglementeerde markt of multilaterale handelsfaciliteit in een andere lidstaat of die zijn toegelaten tot de handel op een met een gereglementeerde markt of multilaterale handelsfaciliteit vergelijkbaar systeem in een staat die geen lidstaat is, of in financiële instrumenten waarvoor toelating tot die handel is aangevraagd; of
c. in of vanuit Nederland of een staat die geen lidstaat is in financiële instrumenten, niet zijnde financiële instrumenten als bedoeld in onderdeel a of b, waarvan de waarde mede wordt bepaald door de in onderdeel a of b bedoelde financiële instrumenten;
d. in of vanuit een andere lidstaat in financiële instrumenten die zijn toegelaten tot de handel op een multilaterale handelsfaciliteit waarvoor de beleggingsonderneming een vergunning heeft als bedoeld in artikel 2:96.
– 2. De in het eerste lid bedoelde categorieën zijn:
a. personen die over voorwetenschap beschikken vanwege het feit dat zij het dagelijks beleid bepalen of mede bepalen dan wel toezicht houden op het beleid en de algemene gang van zaken van de uitgevende instelling, bedoeld in artikel 5:53, vierde lid, onderdeel a, waarop de voorwetenschap betrekking heeft;
b. personen die over voorwetenschap beschikken vanwege het feit dat zij beschikken over een gekwalificeerde deelneming in de uitgevende instelling, bedoeld in artikel 5:53, vierde lid, onderdeel a, of die financiële instrumenten heeft uitgegeven als bedoeld in het eerste lid, onderdeel c waarop de voorwetenschap betrekking heeft;
c. personen die toegang hebben tot informatie als bedoeld in artikel 5:53, eerste lid, uit hoofde van de uitoefening van werk, beroep of functie; en
d. personen die over voorwetenschap beschikken uit hoofde van betrokkenheid bij strafbare feiten.
– 3. Het is een ieder die niet behoort tot een in het tweede lid genoemde categorie en die weet of redelijkerwijs moet vermoeden dat hij over voorwetenschap beschikt, verboden om gebruik te maken van die voorwetenschap door:
a. in of vanuit Nederland of een staat die geen lidstaat is een transactie te verrichten of te bewerkstelligen in financiële instrumenten als bedoeld in het eerste lid, onderdeel a;
b. in of vanuit Nederland een transactie te verrichten of te bewerkstelligen in financiële instrumenten als bedoeld in het eerste lid, onderdeel b; of
c. in of vanuit Nederland of een staat die geen lidstaat is een transactie te verrichten of te bewerkstelligen in financiële instrumenten als bedoeld in het eerste lid, onderdeel c;
d. in of vanuit een andere lidstaat een transactie te verrichten of te bewerkstelligen in financiele instrumenten als bedoeld in het eerste lid, onderdeel d.
– 4. Van informatie waarvan beleggers bekendmaking mogen verwachten als bedoeld in artikel 5:53, eerste lid, tweede volzin, is sprake indien deze van dien aard is dat deze:
a. routinematig beschikbaar wordt gesteld aan de beleggers in die financiële instrumenten; of
b. openbaar moet worden gemaakt overeenkomstig de met betrekking tot de in dat lid bedoelde markt geldende wettelijke voorschriften of volgens de op die markt gehanteerde marktregels, overeenkomsten of gangbare gewoonten.
– 5. Het eerste en derde lid zijn niet van toepassing op het verrichten of bewerkstelligen van transacties in financiële instrumenten:

a. ter nakoming van een opeisbare verbintenis die reeds bestond op het tijdstip waarop degene die de transactie verrichtte of bewerkstelligde kennis kreeg van informatie als bedoeld in artikel 5:53, eerste lid, eerste volzin, met betrekking tot de uitgevende instelling, bedoeld in artikel 5:53, vierde lid, onderdeel *a*, waarop die financiële instrumenten betrekking hebben;
b. in het kader van het monetaire beleid, het valutabeleid of het beheer van de overheidsschuld;
c. in het kader van een terugkoopprogramma zoals omschreven in hoofdstuk II van verordening (EG) nr. 2273/2003 van de Commissie van de Europese Gemeenschappen van 22 december 2003 tot uitvoering van Richtlijn 2003/6/EG van het Europees Parlement en de Raad wat de uitzonderingsregeling voor terugkoopprogramma's en voor de stabilisatie van financiële instrumenten betreft (*PbEU* L 336); en
d. in het kader van stabilisatie zoals omschreven in hoofdstuk III van verordening (EG) nr. 2273/2003 van de Commissie van de Europese Gemeenschappen van 22 december 2003 tot uitvoering van Richtlijn 2003/6/EG van het Europees Parlement en de Raad wat de uitzonderingsregeling voor terugkoopprogramma's en voor de stabilisatie van financiële instrumenten betreft (*PbEU* L 336).
– 6. Bij algemene maatregel van bestuur kunnen categorieën transacties worden aangewezen waarop de in het eerste en derde lid bedoelde verboden niet van toepassing zijn. Daarbij kan binnen een aan te wijzen categorie onderscheid worden gemaakt naar de personen door wie en de omstandigheden waaronder de transacties worden verricht of bewerkstelligd.
– 7. Het is verboden om gebruik te maken van voorwetenschap door te trachten een transactie te verrichten of te bewerkstelligen als bedoeld in het eerste lid.

Art. 5:57

Voorwetenschap; mededelingsverbod

– 1. Het is een ieder die behoort tot een in artikel 5:56, tweede lid, onderdeel *a*, *b* of *d*, bedoelde categorie alsmede een ieder die beschikt over voorwetenschap en behoort tot de in artikel 5:56, tweede lid, onderdeel *c*, bedoelde categorie verboden om in of vanuit een in artikel 5:56, eerste lid, onderdeel *a*, *b*, *c* of *d*, bedoelde staat, voorzover het financiële instrumenten betreft als bedoeld in het betreffende onderdeel:
a. de informatie waarop zijn voorwetenschap betrekking heeft aan een derde mee te delen, anders dan in de normale uitoefening van zijn werk, beroep of functie; of
b. een derde aan te bevelen of ertoe aan te zetten transacties te verrichten of te bewerkstelligen in die financiële instrumenten.
– 2. Het eerste lid is van overeenkomstige toepassing op ieder ander die weet of redelijkerwijs moet vermoeden dat hij over voorwetenschap beschikt.
– 3. Bij algemene maatregel van bestuur kunnen regels worden gesteld met betrekking tot de gevallen waarin en de omstandigheden waaronder sprake is van meedelen in het kader van de normale uitoefening van werk, beroep of functie als bedoeld in het eerste lid, onderdeel *a*.

Art. 5:58

Marktmanipulatie

– 1. Het is verboden om in of vanuit een in artikel 5:56, eerste lid, onderdeel a, b of d, bedoelde staat telkens voorzover het financiële instrumenten betreft als bedoeld in het desbetreffende onderdeel:
a. een transactie of handelsorder in financiële instrumenten te verrichten of te bewerkstelligen waarvan een onjuist of misleidend signaal uitgaat of te duchten is met betrekking tot het aanbod van, de vraag naar of de koers van die financiële instrumenten, tenzij degene die de transactie of handelsorder heeft verricht of bewerkstelligd, aantoont dat zijn beweegreden om de transactie of handelsorder te verrichten of te bewerkstelligen gerechtvaardigd is en dat de transactie of handelsorder in overeenstemming is met de gebruikelijke marktpraktijk op de desbetreffende gereglementeerde markt of de desbetreffende multilaterale handelsfaciliteit waarvoor de beleggingsonderneming een vergunning heeft als bedoeld in artikel 2:96;
b. een transactie of handelsorder in financiële instrumenten te verrichten of te bewerkstelligen teneinde de koers van die financiële instrumenten op een kunstmatig niveau te houden, tenzij degene die de transactie of handelsorder heeft verricht of bewerkstelligd, aantoont dat zijn beweegreden om de transactie of handelsorder te verrichten of te bewerkstelligen gerechtvaardigd is en dat de transactie of handelsorder in overeenstemming is met de gebruikelijke marktpraktijk op de desbetreffende gereglementeerde markt of de desbetreffende multilaterale handelsfaciliteit waarvoor de beleggingsonderneming een vergunning heeft als bedoeld in artikel 2:96;
c. een transactie of handelsorder in financiële instrumenten te verrichten of te bewerkstelligen waarbij gebruik wordt gemaakt van bedrog of misleiding; of
d. informatie te verspreiden waarvan een onjuist of misleidend signaal uitgaat of te duchten is met betrekking tot het aanbod van, de vraag naar of de koers van financiële instrumenten, terwijl de verspreider van die informatie weet of redelijkerwijs moet vermoeden dat die informatie onjuist of misleidend is.

– 2. Het eerste lid is niet van toepassing op het verrichten of bewerkstelligen van transacties of handelsorders in financiële instrumenten of het verspreiden van informatie in het kader van:
a. het monetaire beleid, het valutabeleid of het beheer van de overheidsschuld;
b. een terugkoopprogramma zoals omschreven in hoofdstuk II van verordening (EG) nr. 2273/2003 van de Commissie van de Europese Gemeenschappen van 22 december 2003 tot uitvoering van Richtlijn 2003/6/EG van het Europees Parlement en de Raad van de Europese Unie wat de uitzonderingsregeling voor terugkoopprogramma's en voor de stabilisatie van financiële instrumenten betreft (*PbEU* L 336); en
c. stabilisatie zoals omschreven in hoofdstuk III van verordening (EG) nr. 2273/2003 van de Commissie van de Europese Gemeenschappen van 22 december 2003 tot uitvoering van Richtlijn 2003/6/EG van het Europees Parlement en de Raad van de Europese Unie wat de uitzonderingsregeling voor terugkoopprogramma's en voor de stabilisatie van financiële instrumenten betreft (*PbEU* L 336).
– 3. Bij of krachtens algemene maatregel van bestuur kunnen categorieën transacties of handelsorders worden aangewezen waarop de in het eerste lid, aanhef en onderdelen a en b, bedoelde verboden niet van toepassing zijn en kunnen regels worden gesteld met betrekking tot de wijze waarop tot deze aanwijzing wordt gekomen. De Autoriteit Financiële Markten kan categorieën transacties of handelsorders aanmerken als transacties of handelsorders die onder de in het eerste lid bedoelde verboden geacht worden te vallen.
– 4. Het eerste lid, aanhef en onderdeel d, is niet van toepassing voorzover het betreft het verspreiden van informatie door journalisten die in hun normale beroepshoedanigheid handelen, rekening houdend met de regels die gelden binnen hun beroepsgroep, tenzij zij voordeel of winst behalen uit de verspreiding van de informatie.

§ 5.4.2.2. Openbaarmakings- en meldingsverplichtingen

Art. 5:59

Lijst werkzame personen

– 1. Een uitgevende instelling met zetel in Nederland die financiële instrumenten als bedoeld in artikel 5:56, eerste lid, onderdeel a of b, heeft uitgegeven die met haar instemming zijn toegelaten tot de handel op een daar bedoelde gereglementeerde markt of een multilaterale handelsfaciliteit waarvoor de beleggingsonderneming een vergunning heeft als bedoeld in artikel 2:96 of waarvoor met haar instemming verzocht is om toelating van die financiële instrumenten tot de handel op een dergelijke markt, een uitgevende instelling met zetel in een andere lidstaat die financiële instrumenten als bedoeld in artikel 5:56, eerste lid, onderdeel d, heeft uitgegeven die met haar instemming zijn toegelaten tot de handel op een daar bedoeld met een gereglementeerde markt of multilaterale handelsfaciliteit vergelijkbaar systeem, een uitgevende instelling met zetel in een staat die geen lidstaat is die financiële instrumenten als bedoeld in artikel 5:56, eerste lid, onderdeel a, heeft uitgegeven of voornemens is uit te geven die met haar instemming zijn toegelaten tot de handel op een daar bedoelde gereglementeerde markt of een markt in financiële instrumenten, niet zijnde een gereglementeerde markt, waarvan de houder een erkenning heeft als bedoeld in artikel 5:26, eerste lid, of waarvoor met haar instemming verzocht is om toelating van die financiële instrumenten tot de handel op een dergelijke markt, alsmede een ieder die namens of voor rekening van een hiervoor bedoelde uitgevende instelling optreedt, houdt een lijst bij van de bij haar of hem werkzame personen die op regelmatige of incidentele basis kennis kunnen hebben van informatie als bedoeld in artikel 5:53, eerste lid, en stelt deze personen op de hoogte van de in deze afdeling gestelde verboden en de hoogte van de sancties die op overtreding daarvan zijn gesteld.
– 2. Bij of krachtens algemene maatregel van bestuur worden regels gesteld met betrekking tot de inhoud, het bijwerken en het bewaren van de lijst, bedoeld in het eerste lid.
– 3. *Vervallen.*
– 4. *Vervallen.*
– 5. *Vervallen.*
– 6. *Vervallen.*
– 7. *Vervallen.*
– 8. Bij of krachtens algemene maatregel van bestuur worden regels gesteld met betrekking tot de wijze waarop de in het eerste, tweede en vijfde lid bedoelde openbaarmaking dient plaats te vinden, alsmede met betrekking tot de inhoud, het bijwerken en bewaren van de lijst, bedoeld in het zevende lid.

Art. 5:60

Meldingsplicht

– 1. Een ieder die:
a. het dagelijks beleid bepaalt of mede bepaalt van een uitgevende instelling met zetel in Nederland of van een uitgevende instelling met zetel in een staat die geen lidstaat is die financiële instrumenten als bedoeld in artikel 5:56, eerste lid, onderdeel *a*, of van een uitgevende instelling met zetel in een andere lidstaat die financiële instrumenten als bedoeld in artikel 5:56,

eerste lid, onderdeel *d*, heeft uitgegeven of voornemens is uit te geven dan wel degene op wiens voorstel een koopovereenkomst inzake een financieel instrument als bedoeld in dat onderdeel, niet zijnde een effect, tot stand is gekomen of die een koopovereenkomst inzake een financieel instrument als bedoeld in dat onderdeel, niet zijnde een effect, voorstelt;
b. toezicht houdt op het beleid van het bestuur en de algemene gang van zaken in een uitgevende instelling als bedoeld in onderdeel *a*, en de daarmee verbonden onderneming;
c. een leidinggevende functie heeft en uit dien hoofde de bevoegdheid heeft om besluiten te nemen die gevolgen hebben voor de toekomstige ontwikkelingen en bedrijfsvooruitzichten van een uitgevende instelling als bedoeld in onderdeel *a* en die regelmatig kennis kan hebben van informatie als bedoeld in artikel 5:53, eerste lid; of
d. behoort tot een bij algemene maatregel van bestuur aan te wijzen categorie van personen die nauw gelieerd zijn met een persoon als bedoeld in onderdeel *a*, *b* of *c*,
doet uiterlijk op de vijfde werkdag na de transactiedatum melding van voor eigen rekening verrichte of bewerkstelligde transacties in aandelen die betrekking hebben op de in onderdeel *a*, *b* onderscheidenlijk *c* bedoelde uitgevende instelling, of in financiële instrumenten waarvan de waarde mede wordt bepaald door de waarde van deze aandelen. De melding wordt, indien het een uitgevende instelling met zetel in Nederland of met zetel in een andere lidstaat betreft, gedaan aan de Autoriteit Financiële Markten of, indien het een uitgevende instelling betreft waarvan de zetel zich niet in een lidstaat bevindt, aan de toezichthouder van de lidstaat waarin de uitgevende instelling gehouden is de jaarlijkse informatie in verband met de aandelen te verstrekken overeenkomstig artikel 10 van de richtlijn prospectus.
– 2. De melding, bedoeld in het eerste lid, kan door de in het eerste lid, onderdeel *a*, *b* of *c*, bedoelde personen worden uitgesteld tot het tijdstip waarop de door hen voor eigen rekening verrichte transacties, opgeteld bij de voor eigen rekening verrichte transacties van de met hen gelieerde personen, bedoeld in het eerste lid, onderdeel *d*, in het desbetreffende kalenderjaar een bedrag van ten minste € 5.000 bedragen. De melding kan door de in het eerste lid, onderdeel *d* bedoelde personen worden uitgesteld tot het tijdstip waarop de door hen voor eigen rekening verrichte transacties, opgeteld bij de voor eigen rekening verrichte transacties van de personen bedoeld in het eerste lid, onderdeel *a*, *b* of *c*, waarmee zij gelieerd zijn, in het desbetreffende kalenderjaar een bedrag van ten minste € 5.000 bedragen.
– 3. De melding voldoet aan bij of krachtens algemene maatregel van bestuur te stellen regels.
– 4. De melding kan worden gedaan door tussenkomst van een door de uitgevende instelling waarop de financiële instrumenten betrekking hebben aan te wijzen persoon.
– 5. Met betrekking tot de melding kan bij algemene maatregel van bestuur worden bepaald dat indien op grond van daarbij aan te wijzen andere wettelijke bepalingen reeds bepaalde gegevens aan de Autoriteit Financiële Markten zijn gemeld, daardoor aan de verplichting tot melding op grond van het eerste lid is voldaan.
– 6. Dit artikel is niet van toepassing op transacties die zijn verricht of bewerkstelligd in het kader van het monetaire beleid, het valutabeleid of het beheer van de overheidsschuld. Bij algemene maatregel van bestuur kunnen andere categorieën transacties worden aangewezen waarop dit artikel niet van toepassing is.

Art. 5:61

Geen of onjuiste melding

– 1. De Autoriteit Financiële Markten kan degene die een onjuiste melding heeft gedaan of ten onrechte geen melding heeft gedaan door middel van het geven van een aanwijzing verplichten om binnen een door haar gestelde redelijke termijn alsnog een juiste melding te doen.
– 2. Indien een melding onjuist is en de melding na verzoek daartoe van de Autoriteit Financiële Markten niet is hersteld, of indien een melding ten onrechte niet is gedaan en de juiste melding achterwege blijft, kan de Autoriteit Financiële Markten de naar haar oordeel juiste gegevens in het register opnemen, nadat zij daarvan mededeling heeft gedaan aan de desbetreffende uitgevende instelling en de desbetreffende meldingsplichtige.
– 3. De Autoriteit Financiële Markten kan met het oog op een onderzoek naar de juistheid van een melding, opneming van de melding in het register voor de duur van het onderzoek opschorten. Zij stelt degene die de melding heeft gedaan van de opschorting in kennis.

Art. 5:62

Redelijk vermoeden van verboden transactie

– 1. Een beleggingsonderneming die een redelijk vermoeden heeft dat een transactie of een opdracht tot een transactie terzake waarvan zij in of vanuit Nederland werkzaamheden verricht in strijd is met artikel 5:56, eerste of derde lid, of 5:58, eerste lid, meldt dit vermoeden onverwijld aan de Autoriteit Financiële Markten.
– 2. De Autoriteit Financiële Markten meldt een overeenkomstig het eerste lid gemeld vermoeden onverwijld aan elke overheidsinstantie of van overheidswege aangewezen instantie die belast is met het toezicht op een gereglementeerde markt waar de financiële instrumenten waarop de melding betrekking heeft tot de handel zijn toegelaten of waar toelating van die financiële instrumenten tot de handel is aangevraagd.

– 3. Bij of krachtens algemene maatregel van bestuur kan worden bepaald wanneer sprake is van een redelijk vermoeden als bedoeld in het eerste lid en kunnen regels worden gesteld waaraan de melding dient te voldoen en op welke wijze deze dient plaats te vinden.

Art. 5:63

Aansprakelijkheid

– 1. Een beleggingsonderneming die te goeder trouw op grond van artikel 5:62, eerste lid, een melding heeft gedaan is niet aansprakelijk voor schade die een derde dientengevolge lijdt.
– 2. Gegevens of inlichtingen die op grond van artikel 5:62, eerste lid, zijn verstrekt, kunnen niet dienen als grondslag voor of ten behoeve van een opsporingsonderzoek of vervolging wegens verdenking van, of als bewijs ter zake van een tenlastelegging wegens overtreding van artikel 5:56 of 5:58 ten aanzien van een beleggingsonderneming die op grond van artikel 5:62, eerste lid, gegevens of inlichtingen heeft verstrekt.
– 3. Een beleggingsonderneming die op grond van artikel 5:62, eerste lid, een melding heeft gedaan is verplicht tot geheimhouding daarvan.

Art. 5:64

Beleggingsaanbeveling

– 1. Een ieder die in of vanuit Nederland, een andere lidstaat of een staat die geen lidstaat is beleggingsaanbevelingen uitbrengt, houdt zich aan bij algemene maatregel van bestuur te stellen regels met betrekking tot:
a. het openbaar maken van de identiteit van degene die de beleggingsaanbeveling heeft opgesteld of naar buiten brengt;
b. het waarborgen dat de beleggingsaanbeveling een juiste voorstelling van zaken biedt; en
c. het openbaar maken van informatie waarvan redelijkerwijs mag worden aangenomen dat deze informatie afbreuk kan doen aan de objectiviteit van de beleggingsaanbeveling.
– 2. Het eerste lid is van toepassing op:
a. onafhankelijke analisten, beleggingsondernemingen, andere personen van wie de hoofdactiviteit bestaat in het doen van aanbevelingen of in het kader van een arbeidscontract of anderszins voor hen werkzame natuurlijke personen, die:
1° in of vanuit Nederland of een staat die geen lidstaat is beleggingsaanbevelingen uitbrengen waarin expliciet of impliciet een beleggingsstrategie wordt aanbevolen of voorgesteld met betrekking tot financiële instrumenten die zijn toegelaten tot de handel op een gereglementeerde markt waarvoor een vergunning als bedoeld in artikel 5:26, eerste lid, is verleend of een multilaterale handelsfaciliteit waarvoor de beleggingsonderneming een vergunning heeft als bedoeld in artikel 2:96 of waarvoor toelating tot die handel is aangevraagd of in of vanuit een andere lidstaat beleggingsaanbevelingen uitbrengen waarin expliciet of impliciet een beleggingsstrategie wordt aanbevolen of voorgesteld met betrekking tot financiële instrumenten die zijn toegelaten tot de handel op een multilaterale handelsfaciliteit waarvoor de beleggingsonderneming een vergunning heeft als bedoeld in artikel 2:96; of
2° in of vanuit Nederland beleggingsaanbevelingen uitbrengen waarin expliciet of impliciet een beleggingsstrategie wordt aanbevolen of voorgesteld met betrekking tot financiële instrumenten die zijn toegelaten tot de handel op een gereglementeerde markt in een andere lidstaat of ten aanzien van een uitgevende instelling;
b. andere dan de in onderdeel *a* bedoelde personen die:
1° in of vanuit Nederland of een staat die geen lidstaat is beleggingsaanbevelingen uitbrengen waarin expliciet een beleggingsbeslissing wordt aanbevolen met betrekking tot financiële instrumenten die zijn toegelaten tot de handel op een gereglementeerde markt waarvoor een vergunning als bedoeld in artikel 5:26, eerste lid, is verleend of een multilaterale handelsfaciliteit waarvoor de beleggingsonderneming een vergunning heeft als bedoeld in artikel 2:96 of waarvoor toelating tot die handel is aangevraagd of in of vanuit een andere lidstaat beleggingsaanbevelingen uitbrengen waarin expliciet een beleggingsstrategie wordt aanbevolen of voorgesteld met betrekking tot financiële instrumenten die zijn toegelaten tot de handel op een multilaterale handelsfaciliteit waarvoor de beleggingsonderneming een vergunning heeft als bedoeld in artikel 2:96; of
2° in of vanuit Nederland beleggingsaanbevelingen uitbrengen waarin expliciet een beleggingsbeslissing wordt aanbevolen met betrekking tot financiële instrumenten die zijn toegelaten tot de handel op een gereglementeerde markt in een andere lidstaat; en
c. een ieder die niet in het kader van de uitoefening van zijn beroep of bedrijf:
1° in of vanuit Nederland of een staat die geen lidstaat is beleggingsaanbevelingen uitbrengt waarin expliciet een beleggingsbeslissing wordt aanbevolen met betrekking tot financiële instrumenten die zijn toegelaten tot de handel op een gereglementeerde markt waarvoor een vergunning als bedoeld in artikel 5:26, eerste lid, is verleend of een multilaterale handelsfaciliteit waarvoor de beleggingsonderneming een vergunning heeft als bedoeld in artikel 2:96 of waarvoor toelating tot die handel is aangevraagd of in of vanuit een andere lidstaat beleggingsaanbevelingen uitbrengt waarin expliciet een beleggingsbeslissing wordt aanbevolen met betrekking tot financiële instrumenten die zijn toegelaten tot de handel op een multilaterale

handelsfaciliteit waarvoor de beleggingsonderneming een vergunning heeft als bedoeld in artikel 2:96; of
2° in of vanuit Nederland beleggingsaanbevelingen uitbrengt waarin expliciet een beleggingsbeslissing wordt aanbevolen met betrekking tot financiële instrumenten die zijn toegelaten tot de handel op een gereglementeerde markt in een andere lidstaat.
– 3. Een beleggingsonderneming als bedoeld in het tweede lid, onderdeel *a*, vermeldt in de beleggingsaanbeveling dat de Autoriteit Financiële Markten de bevoegde toezichthouder is. Een ieder die geen beleggingsonderneming is en op wie ingevolge zelfregulering normen of gedragsregels met betrekking tot de in het eerste lid bedoelde onderwerpen van toepassing zijn, vermeldt deze in de beleggingsaanbeveling.
– 4. Een beleggingsonderneming als bedoeld in het tweede lid, onderdeel *a*, maakt de door haar getroffen organisatorische en administratieve maatregelen om belangenconflicten met betrekking tot aanbevelingen te voorkomen in algemene bewoordingen openbaar.
– 5. Een uitbrenger van een beleggingsaanbeveling die een door een derde uitgebrachte beleggingsaanbeveling voor eigen verantwoordelijkheid verspreidt, vermeldt duidelijk en opvallend wijzigingen die hij in de beleggingsaanbeveling heeft aangebracht of vermeldt dat deze ongewijzigd is overgenomen en voldoet aan de ingevolge het eerste lid bij algemene maatregel van bestuur te stellen regels. Het derde lid, eerste volzin, is van overeenkomstige toepassing.
– 6. Een uitbrenger van een beleggingsaanbeveling die in of vanuit Nederland een samenvatting van een door een derde uitgebrachte beleggingsaanbeveling verspreidt, draagt ervoor zorg dat deze samenvatting duidelijk, niet misleidend en direct en gemakkelijk toegankelijk is. Tevens maakt hij daarbij melding van de plaats waar de informatie die in de samenvatting wordt weergegeven toegankelijk is, indien deze informatie openbaar is.
– 7. Met betrekking tot het openbaar maken van beleggingsaanbevelingen door journalisten of andere beroepsbeoefenaren kunnen bij de in het eerste lid bedoelde algemene maatregel van bestuur afwijkende regels worden gesteld.

Art. 5:65

Reglement

Een uitgevende instelling met zetel in Nederland die financiële instrumenten als bedoeld in artikel 5:56, eerste lid, onderdeel a of b, of een uitgevende instelling met zetel in een staat die geen lidstaat is die financiële instrumenten als bedoeld in artikel 5:56, eerste lid, onderdeel d, heeft uitgegeven of voornemens is uit te geven of op wiens voorstel een koopovereenkomst inzake een financieel instrument als bedoeld in die onderdelen, niet zijnde een effect, tot stand is gekomen of die een zodanige overeenkomst voorstelt, met uitzondering van financiële instrumenten die zijn uitgegeven of zullen worden uitgegeven in het kader van het monetaire beleid, het valutabeleid of het beheer van de overheidsschuld, alsmede een uitgevende instelling met zetel in een staat die geen lidstaat is die financiële instrumenten als bedoeld in artikel 5:56, eerste lid, onderdeel a, heeft uitgegeven of voornemens is uit te geven of op wiens voorstel een koopovereenkomst inzake een financieel instrument als bedoeld in dat onderdeel, niet zijnde een effect, tot stand is gekomen of die een zodanige overeenkomst voorstelt, met uitzondering van financiële instrumenten die zijn uitgegeven in het kader van het monetaire beleid, het valutabeleid of het beheer van de overheidsschuld, stelt een reglement vast waarin regels worden gesteld met betrekking tot het bezit van en transacties in op haar betrekking hebbende aandelen of in financiële instrumenten waarvan de waarde mede wordt bepaald door de waarde van deze aandelen door haar werknemers en de personen, bedoeld in artikel 5:60, eerste lid, onderdelen a en b. Het reglement voldoet aan bij algemene maatregel van bestuur te stellen regels.

§ 5.4.2.3. Aanvullende toezichtbevoegdheden

Art. 5:66

Vervallen.

Art. 5:67

Internationale samenwerking

– 1. Indien de Autoriteit Financiële Markten ervan overtuigd is dat er in een andere lidstaat handelingen zijn of worden uitgevoerd die in strijd zijn met deze afdeling, dan wel dat bepaalde handelingen van invloed zijn op financiële instrumenten die verhandeld worden op een gereglementeerde markt in een andere lidstaat, deelt zij dit zo specifiek mogelijk aan de toezichthoudende instantie van de desbetreffende lidstaat mee.
– 2. Indien een toezichthoudende instantie van een andere lidstaat een met de mededeling als bedoeld in het eerste lid vergelijkbare mededeling doet aan de Autoriteit Financiële Markten, neemt de Autoriteit Financiële Markten de nodige maatregelen en doet zij aan de kennisgevende toezichthoudende instantie mededeling van het resultaat, alsmede, voorzover mogelijk, van belangrijke tussentijdse ontwikkelingen.
– 3. De Autoriteit Financiële Markten raadpleegt de toezichthoudende instanties van de andere lidstaten over de beoogde maatregelen.

AFDELING 5.4.3

Optreden op markten in financiële instrumenten

Art. 5:68

Integere bedrijfsvoering

– 1. Een vestiging in Nederland van een bank, beheerder, beleggingsinstelling, beleggingsonderneming, clearinginstelling, financiële instelling die een verklaring van ondertoezichtstelling als bedoeld in artikel 3:110, eerste lid, heeft, pensioenfonds of verzekeraar houdt zich aan bij of krachtens algemene maatregel van bestuur te stellen regels met betrekking tot een integere bedrijfsvoering ten aanzien van haar optreden op markten in financiële instrumenten. Deze regels strekken er in elk geval toe dat de in de vorige volzin bedoelde onderneming:

a. interne voorschriften vaststelt met betrekking tot het omgaan met voorwetenschap respectievelijk met betrekking tot privé-transacties in financiële instrumenten door bestuurders en personeelsleden;

b. belangenverstrengeling die te maken heeft met transacties in financiële instrumenten beheerst; en

c. adequate controlemechanismen heeft ten behoeve van de naleving van de in de aanhef bedoelde regels.

– 2. Bij ministeriële regeling kan vrijstelling worden geregeld van het eerste lid.

– 3. De Autoriteit Financiële Markten kan op aanvraag geheel of gedeeltelijk, al dan niet voor bepaalde tijd, ontheffing verlenen van het ingevolge het eerste lid bepaalde, indien de aanvrager aantoont dat daaraan redelijkerwijs niet volledig kan worden voldaan en dat de doeleinden die dit artikel beoogt te bereiken anderszins voldoende worden bereikt.

Art. 5:69

Overeenkomstige toepassing

Met betrekking tot de naleving van het ingevolge deze afdeling bepaalde is artikel 1:75, eerste lid, van overeenkomstige toepassing ten aanzien van pensioenfondsen.

HOOFDSTUK 5.5

Openbaar bod op effecten

AFDELING 5.5.1

Regels omtrent verplichte biedingen

Art. 5:70

Verplicht openbaar bod

– 1. Een ieder die alleen of tezamen met personen met wie in onderling overleg wordt gehandeld, rechtstreeks of middellijk, overwegende zeggenschap verkrijgt in een naamloze vennootschap met zetel in Nederland waarvan aandelen of met medewerking van de naamloze vennootschap uitgegeven certificaten van aandelen, zijn toegelaten tot de handel op een gereglementeerde markt, brengt een openbaar bod uit op alle aandelen en op alle met medewerking van de naamloze vennootschap uitgegeven certificaten van aandelen en kondigt dit na afloop van de in artikel 5:72, eerste lid, bedoelde periode onverwijld aan.

– 2. De artikelen 1:72 en 1:74 zijn niet van toepassing op deze afdeling.

Art. 5:71

Uitzonderingen

– 1. Artikel 5:70, eerste lid, is niet van toepassing op degene die:

a. overwegende zeggenschap verkrijgt in een naamloze vennootschap die een beleggingsmaatschappij is, waarvan de rechten van deelneming, op verzoek van de deelnemers, ten laste van de activa direct of indirect worden ingekocht of terugbetaald;

b. overwegende zeggenschap verkrijgt door gestanddoening van een openbaar bod dat was gericht tot alle aandelen van een naamloze vennootschap of tot alle met medewerking van een vennootschap uitgegeven certificaten van aandelen van de naamloze vennootschap;

c. een van de doelvennootschap onafhankelijke rechtspersoon is die ten doel heeft het behartigen van de belangen van de doelvennootschap en de met haar verbonden onderneming en die de aandelen na aankondiging van een openbaar bod voor de duur van maximaal twee jaar gaat houden ter bescherming van de doelvennootschap;

d. een van de doelvennootschap onafhankelijke rechtspersoon is die met medewerking van de vennootschap certificaten van aandelen heeft uitgegeven;

e. overwegende zeggenschap verkrijgt in het kader van een overdracht van het belang dat overwegende zeggenschap verschaft binnen een groep als bedoeld in artikel 24b van Boek 2 van het Burgerlijk Wetboek of tussen een rechtspersoon of vennootschap en zijn of haar dochtermaatschappij;

f. overwegende zeggenschap verkrijgt in een naamloze vennootschap waaraan voorlopige surseance van betaling is verleend of die in staat van faillissement is verklaard;

g. overwegende zeggenschap verkrijgt door erfopvolging;

h. overwegende zeggenschap verkrijgt gelijktijdig met de verkrijging van overwegende zeggenschap in dezelfde naamloze vennootschap door één of meer andere natuurlijke personen,

rechtspersonen of vennootschappen, met dien verstande dat de in artikel 5:70, eerste lid, bedoelde verplichting rust op degene die de meeste stemrechten kan uitoefenen;
i. overwegende zeggenschap houdt op het tijdstip dat de aandelen of de met medewerking van de vennootschap uitgegeven certificaten van aandelen voor de eerste maal tot de handel op een gereglementeerde markt worden toegelaten;
j. bewaarnemer van aandelen is, voorzover deze de aan de aandelen verbonden stemrechten niet naar eigen goeddunken kan uitbrengen;
k. overwegende zeggenschap verkrijgt door het aangaan van een huwelijk of van een geregistreerd partnerschap met een persoon die reeds overwegende zeggenschap in de desbetreffende naamloze vennootschap heeft.
– 2. Bij algemene maatregel van bestuur kunnen nadere regels worden gesteld met betrekking tot het eerste lid, aanhef en onderdelen c en d.

Art. 5:72

Vervallen van biedplicht

– 1. De verplichting tot het uitbrengen van een openbaar bod vervalt indien degene op wie zij rust overwegende zeggenschap verliest binnen dertig dagen na het verkrijgen daarvan, tenzij:
a. het verlies van de overwegende zeggenschap het gevolg is van overdracht van een belang aan een natuurlijke persoon, rechtspersoon of vennootschap die een beroep kan doen op artikel 5:71, eerste lid; of
b. degene op wie de verplichting rust in deze periode zijn stemrechten heeft uitgeoefend.
– 2. De ondernemingskamer van het gerechtshof te Amsterdam kan op verzoek van degene op wie de verplichting tot uitbrengen van een openbaar bod rust de periode, bedoeld in het eerste lid, met maximaal zestig dagen verlengen. De ondernemingskamer neemt bij zijn beslissing alle betrokken belangen in acht.
– 3. De ondernemingskamer kan op verzoek van de doelvennootschap, iedere houder van aandelen van de doelvennootschap en iedere houder van met medewerking van de doelvennootschap uitgegeven certificaten van aandelen bepalen dat degene die overwegende zeggenschap verkrijgt als bedoeld in artikel 5:70, eerste lid, niet verplicht is tot het uitbrengen van het in dat lid bedoelde bod, indien de financiële toestand van de doelvennootschap en de met haar verbonden onderneming daartoe aanleiding geeft.
– 4. Het eerste en tweede lid zijn van overeenkomstige toepassing op degene die bij het verkrijgen van overwegende zeggenschap op grond van artikel 5:71, eerste lid, onderdeel *h*, was uitgezonderd van de verplichting tot het uitbrengen van een openbaar bod en welke uitzondering is komen te vervallen, met dien verstande dat de termijn van dertig dagen ingaat op het tijdstip waarop de uitzondering is komen te vervallen.

Art. 5:73

Overtreding

– 1. Indien artikel 5:70 wordt overtreden legt de ondernemingskamer van het gerechtshof te Amsterdam op verzoek van de doelvennootschap, iedere houder van aandelen van de doelvennootschap, iedere houder van met medewerking van de doelvennootschap uitgegeven certificaten van aandelen of een rechtspersoon als bedoeld in artikel 305*a* van Boek 3 van het Burgerlijk Wetboek aan een degene die overwegende zeggenschap heeft verworven een bevel op tot het uitbrengen van een openbaar bod overeenkomstig het bij of krachtens dit hoofdstuk bepaalde.
– 2. De ondernemingskamer kan op verzoek van de in het eerste lid bedoelde verzoeker tevens de volgende maatregelen treffen:
a. schorsing van de uitoefening van het stemrecht door degene die overwegende zeggenschap heeft verworven gedurende een door de ondernemingskamer te bepalen periode;
b. een verbod aan degene die overwegende zeggenschap heeft verworven op deelname aan de algemene vergadering van aandeelhouders gedurende een door de ondernemingskamer te bepalen periode;
c. tijdelijke overdracht ten titel van beheer van aandelen door degene die overwegende zeggenschap heeft verworven;
d. schorsing of vernietiging van besluiten van de algemene vergadering van aandeelhouders.
– 3. De ondernemingskamer kan op verzoek van de in het eerste lid genoemde personen en degene die overwegende zeggenschap heeft verworven een bevel geven aan degene op wie de overwegende zeggenschap rust om binnen een door de ondernemingskamer te bepalen periode het belang dat hem overwegende zeggenschap verschaft af te bouwen, indien:
a. de verplichting tot het uitbrengen van een openbaar bod leidt tot een concentratie in de zin van artikel 3 van verordening (EG) nr. 139/2004 van de Raad van de Europese Unie van 20 januari 2004 betreffende de controle op concentraties van ondernemingen (de 'EG-concentratieverordening') (*PbEU* L 24) en de Commissie van de Europese Gemeenschappen deze onverenigbaar heeft verklaard met de gemeenschappelijke markt op basis van artikel 8, derde lid, van de genoemde verordening,

b. de Nederlandse Mededingingsautoriteit een vergunning in de zin van artikel 41 van de Mededingingswet heeft geweigerd, of
c. in een geval als bedoeld in artikel 39, tweede lid, onderdeel *a*, van de Mededingingswet de vergunning niet binnen vier weken is aangevraagd, dan wel de aanvraag om een vergunning is ingetrokken.
– 4. Op verzoek van degene die het verzoek, bedoeld in het eerste lid, heeft ingediend, kan de ondernemingskamer een voorlopige voorziening treffen.
– 5. De ondernemingskamer regelt zo nodig de gevolgen van de door haar getroffen maatregelen.
– 6. Tegen beschikkingen van de ondernemingskamer uit hoofde van dit artikel staat uitsluitend beroep in cassatie open.

AFDELING 5.5.2
Uitbrengen van een openbaar bod en de bevoegdheid tot goedkeuren van een biedingsbericht

Art. 5:74

Voorafgaand biedingsbericht

– 1. Het is verboden een openbaar bod uit te brengen op effecten die zijn toegelaten tot de handel op een gereglementeerde markt waarvoor een vergunning als bedoeld in artikel 5:26, eerste lid, is verleend, tenzij voorafgaand aan het bod een biedingsbericht algemeen verkrijgbaar is gesteld dat is goedgekeurd door de Autoriteit Financiële Markten of door een toezichthoudende instantie van een andere lidstaat.
– 2. De Autoriteit Financiële Markten kan het biedingsbericht goedkeuren, indien:
a. de doelvennootschap zetel heeft in Nederland en de effecten zijn toegelaten tot de handel op een gereglementeerde markt waarvoor een vergunning als bedoeld in artikel 5:26, eerste lid, is verleend;
b. de doelvennootschap zetel heeft in een andere lidstaat, de effecten zijn toegelaten tot de handel op een gereglementeerde markt waarvoor een vergunning als bedoeld in artikel 5:26, eerste lid, is verleend en de effecten niet tevens in die andere lidstaat zijn toegelaten tot de handel op een gereglementeerde markt;
c. de doelvennootschap zetel heeft in een andere lidstaat, de effecten zijn toegelaten tot de handel op een gereglementeerde markt waarvoor een vergunning als bedoeld in artikel 5:26, eerste lid, is verleend en tevens in een andere lidstaat dan waar de doelvennootschap zetel heeft en de effecten het eerst tot de handel zijn toegelaten op een gereglementeerde markt in Nederland;
d. de doelvennootschap zetel heeft in een andere lidstaat, de effecten gelijktijdig en voor het eerst zijn toegelaten tot de handel op een gereglementeerde markt waarvoor een vergunning als bedoeld in artikel 5:26, eerste lid, is verleend en in een andere lidstaat dan waar de doelvennootschap zetel heeft en de doelvennootschap voor goedkeuring door de Autoriteit Financiële Markten heeft gekozen;
e. de doelvennootschap zetel heeft in een andere staat, niet zijnde een lidstaat, en de effecten zijn toegelaten tot de handel op een gereglementeerde markt waarvoor een vergunning als bedoeld in artikel 5:26, eerste lid, is verleend.
– 3. Indien het tweede lid, onderdeel d, van toepassing is, stelt de doelvennootschap de Autoriteit Financiële Markten, de desbetreffende toezichthoudende instantie in de lidstaat waar de gereglementeerde markt is gelegen, alsmede de marktexploitant waaraan een vergunning als bedoeld in artikel 5:26, eerste lid, is verleend en de desbetreffende marktexploitant van de in een andere lidstaat gelegen gereglementeerde markt op de eerste handelsdag in kennis van haar keuze. De doelvennootschap maakt deze keuze openbaar met inachtneming van artikel 5:25i.
– 4. De bieder neemt in elke openbare mededeling met betrekking tot het openbaar bod een verwijzing op naar het goedgekeurde biedingsbericht.

AFDELING 5.5.3
Voorschriften indien de Autoriteit Financiële Markten bevoegd is het biedingsbericht goed te keuren

Art. 5:75

Toepassingsgebied

– 1. Deze afdeling is van toepassing op openbare biedingen terzake waarvan de Autoriteit Financiële Markten ingevolge artikel 5:74, tweede lid, het biedingsbericht kan goedkeuren.
– 2. Artikel 5:76, tweede lid, aanhef en onderdeel a, is mede van toepassing op openbare biedingen op effecten die zijn uitgegeven door een doelvennootschap die zetel heeft in Nederland welke zijn toegelaten tot de handel op een gereglementeerde markt.
– 3. In afwijking van het eerste lid is artikel 5:76, tweede lid, aanhef en onderdeel c, van toepassing op openbare biedingen terzake waarvan het biedingsbericht is goedgekeurd door een toezichthoudende instantie van een andere lidstaat.

Art. 5:76

Vereisten voor goedkeuring

– 1. De Autoriteit Financiële Markten keurt een biedingsbericht goed indien het voldoet aan bij algemene maatregel van bestuur te stellen regels met betrekking tot de gegevens die in het biedingsbericht worden opgenomen.

– 2. Bij of krachtens algemene maatregel van bestuur kunnen met het oog op een adequate functionering van de effectenmarkten of de positie van de beleggers op die markten regels worden gesteld met betrekking tot:

a. de voorbereiding van, het aankondigen van, het uitbrengen van, het verloop van de procedure van, de gestanddoening van en te verstrekken informatie omtrent een openbaar bod;

b. de door een bieder te leveren tegenprestatie, en

c. het stellen van aanvullende eisen aan een biedingsbericht dat is goedgekeurd door een toezichthoudende instantie van een andere lidstaat, alsmede met betrekking tot het verschaffen van een biedingsbericht.

Art. 5:77

Termijn voor besluit omtrent goedkeuring

– 1. De Autoriteit Financiële Markten maakt binnen tien werkdagen na ontvangst van de aanvraag van goedkeuring van het biedingsbericht haar besluit omtrent de goedkeuring bekend aan de aanvrager.

– 2. Ingeval artikel 4:5 van de Algemene wet bestuursrecht wordt toegepast gaat de termijn, bedoeld in het eerste lid, in op het moment dat de aanvrager van goedkeuring de aanvullende informatie heeft verstrekt. Artikel 4:15 van de Algemene wet bestuursrecht is niet van toepassing. De aanvrager wordt binnen een termijn van tien werkdagen na het indienen van de aanvraag in kennis gesteld van de uitnodiging, bedoeld in artikel 4:5 van de Algemene wet bestuursrecht.

Art. 5:78

Termijn voor al dan niet uitbrengen bod

Binnen zes werkdagen nadat een besluit houdende goedkeuring aan hem bekend is gemaakt, brengt de bieder zijn bod uit door het goedgekeurde biedingsbericht algemeen verkrijgbaar te stellen of doet hij een openbare mededeling dat hij geen openbaar bod zal uitbrengen.

AFDELING 5.5.4

Aanvullende voorschriften, vrijstelling en ontheffing

Art. 5:79

Verbod gunstiger verwerving

Indien de bieder zijn openbaar bod gestand heeft gedaan, is het hem gedurende een periode van een jaar nadat het biedingsbericht algemeen verkrijgbaar is gesteld niet toegestaan effecten van de soort waarop het openbaar bod betrekking had, direct of indirect, te verwerven tegen voor de rechthebbende van die effecten gunstiger voorwaarden dan volgens het openbaar bod.

Art. 5:80

Strijd met biedingsregels

– 1. Artikel 1:75, eerste lid, is van overeenkomstige toepassing ten aanzien van een bieder of doelvennootschap, indien die bieder of doelvennootschap niet voldoet aan de bij of krachtens de artikelen 5:74, eerste lid, 5:76, tweede lid, 5:78 of 5:79 gestelde regels.

– 2. Indien de Autoriteit Financiële Markten constateert dat een openbaar bod in strijd met de bij of krachtens dit hoofdstuk gestelde regels wordt voorbereid, aangekondigd, of uitgebracht, kan hij een daarbij betrokken beleggingsonderneming door het geven van een aanwijzing gelasten zich te onthouden van medewerking aan het openbaar bod.

– 3. Bij algemene maatregel van bestuur kunnen nadere regels worden gesteld met betrekking tot de bevoegdheid op grond van het tweede lid.

Art. 5:80a

Billijke prijs

– 1. Degene die verplicht is een openbaar bod uit te brengen brengt dit uit tegen een billijke prijs.

– 2. De billijke prijs is de hoogste prijs die tijdens het jaar voorafgaande aan de aankondiging van het verplichte bod door de bieder of door de personen met wie deze in onderling overleg handelt voor effecten van dezelfde categorie of klasse als waarop het verplichte bod betrekking heeft is betaald.

– 3. Bij algemene maatregel van bestuur wordt bepaald wat de billijke prijs is, indien:

a. door de bieder of de personen met wie deze in onderling overleg handelt effecten worden verkregen voor een hogere prijs dan de billijke prijs;

b. door de bieder in de periode van een jaar voorafgaand aan de aankondiging van het verplichte bod geen effecten zijn verworven van dezelfde categorie of klasse als waarop het verplichte bod betrekking heeft.

– 4. De billijke prijs luidt in effecten, geld of een combinatie van effecten en geld. Bij algemene maatregel van bestuur worden hieromtrent nadere regels gesteld.

Art. 5:80b

Alternatieve prijsvaststelling

– 1. Indien de verplichting bestaat tot het uitbrengen van een openbaar bod, kan de ondernemingskamer van het gerechtshof te Amsterdam op verzoek van de bieder, de doelvennootschap, een andere houder van aandelen van de doelvennootschap of een houder van met medewerking van de doelvennootschap uitgegeven certificaten een billijke prijs vaststellen, waarbij kan worden afgeweken van het bij of krachtens artikel 5:80*a*, tweede of derde lid, bepaalde.

– 2. Het verzoek wordt met redenen omkleed en vermeldt in welk opzicht de billijke prijs moet worden aangepast. Het verzoek wordt ingediend uiterlijk vier weken nadat het bod is aangekondigd. De ondernemingskamer behandelt het verzoek met de meeste spoed.

– 3. Het verzoek is niet ontvankelijk indien de billijke prijs op grond van artikel 5:80*a*, tweede of derde lid, minder dan 10 procent afwijkt van de gemiddelde beurskoers tijdens de periode van drie maanden voorafgaand aan de indiening van het verzoek.

– 4. De ondernemingskamer kan het verzoek alleen toewijzen als de verzoeker door de billijke prijs, bedoeld in artikel 5:80*a*, onevenredig in zijn belang wordt getroffen.

– 5. Bij algemene maatregel van bestuur kunnen nadere regels worden gesteld met betrekking tot de gevolgen van de toewijzing van een verzoek voor het verloop van de procedure en de te verstrekken informatie omtrent een openbaar bod.

Art. 5:81

Vrijstelling en ontheffing

– 1. Bij algemene maatregel van bestuur kan vrijstelling worden verleend van het bij of krachtens artikel 5:70 bepaalde. Aan een vrijstelling kunnen beperkingen worden gesteld en voorschriften worden verbonden met het oog op een adequate functionering van de effectenmarkten en de positie van de beleggers daarop. De voordracht voor de algemene maatregel van bestuur bedoeld in de eerste volzin wordt niet eerder gedaan dan vier weken nadat het ontwerp aan beide kamers der Staten-Generaal is overgelegd.

– 2. Bij ministeriële regeling kan vrijstelling worden verleend van het bij of krachtens artikel 5:74, eerste lid, 5:76, eerste en tweede lid of artikel 5:79 bepaalde. Aan een vrijstelling kunnen beperkingen worden gesteld en voorschriften worden verbonden met het oog op een adequate functionering van de effectenmarkten en de positie van de beleggers daarop.

– 3. De Autoriteit Financiële Markten kan op verzoek, geheel of gedeeltelijk, ontheffing verlenen van het bij of krachtens artikel artikel 5:74, eerste lid, 5:76, eerste en tweede lid, 5:78 of 5:79 bepaalde, indien de aanvrager aantoont dat daaraan redelijkerwijs niet kan worden voldaan en de doeleinden die deze artikelen beogen te bereiken anderszins voldoende worden bereikt.

Art. 5:82

Voorhangprocedure

Een krachtens artikel 5:71, tweede lid, 5:76, tweede lid, 5:80a, derde of vierde lid, of 5:80b, vijfde lid, vastgestelde algemene maatregel van bestuur wordt aan beide kamers der Staten-Generaal overgelegd. Hij treedt in werking op een tijdstip dat nadat vier weken na de overlegging zijn verstreken bij koninklijk besluit wordt vastgesteld, tenzij binnen die termijn door of namens een der kamers of door ten minste een vijfde van het grondwettelijk aantal leden van een der kamers de wens te kennen wordt gegeven dat de inwerkingtreding van de algemene maatregel van bestuur bij wet wordt geregeld. In dat geval wordt een daartoe strekkend voorstel van wet zo spoedig mogelijk ingediend. Indien het voorstel van wet wordt ingetrokken of indien een van de beide kamers van de Staten-Generaal besluit het voorstel niet aan te nemen, wordt de algemene maatregel van bestuur ingetrokken.

Art. 5:83

Overgangsbepaling

Een ontheffing van het verbod, bedoeld in artikel 6*a*, eerste lid, van de Wet toezicht effectenverkeer 1995 of de vereisten, bedoeld in artikel 6*a*, derde lid, van de Wet toezicht effectenverkeer 1995 die is verleend op grond van artikel 6*c*, eerste lid, van de Wet toezicht effectenverkeer 1995 berust vanaf het tijdstip van inwerkingtreding van de Wet op het financieel toezicht op artikel 5:81, derde lid.

HOOFDSTUK 5.6

Regels over het toepassen van een gedragscode door institutionele beleggers

Art. 5:86

Naleving gedragscode

– 1. Een institutionele belegger met zetel in Nederland en een belegd vermogen waartoe aandelen of certificaten van aandelen behoren die zijn toegelaten tot de handel op een gereglementeerde markt, een multilaterale handelsfaciliteit of een met een gereglementeerde markt of multilaterale handelsfaciliteit vergelijkbaar systeem uit een staat die geen lidstaat is doet mededeling over de naleving van de principes en best practice bepalingen van de op grond van artikel 391, vijfde lid, van Boek 2 van het Burgerlijk Wetboek aangewezen gedragscode, die zijn gericht tot de institutionele belegger. Indien de institutionele belegger die principes of best practice bepalingen in het laatst afgesloten boekjaar niet of niet geheel heeft nageleefd of niet voornemens is deze in het lopende en daarop volgende boekjaar geheel na te leven, doet hij daarvan gemotiveerd opgave.

– 2. De institutionele belegger doet de mededeling en opgave, bedoeld in het eerste lid, ten minste eenmaal per boekjaar:
a. in zijn jaarverslag;
b. op zijn website; of
c. aan het adres van iedere deelnemer of cliënt die daarmee vooraf uitdrukkelijk heeft ingestemd.
– 3. Onder deelnemer in de zin van het tweede lid wordt tevens verstaan een deelnemer als bedoeld in artikel 1 van de Pensioenwet of artikel 1 van de Wet verplichte beroepspensioenregeling.
– 4. Artikel 1:25 is niet van toepassing op de voorgaande leden.

Art. 5:87

Vrijstelling

Bij ministeriële regeling kan vrijstelling worden geregeld van artikel 5:86.

Besluit van 12 september 2007, Stb. 329, houdende implementatie van richtlijn nr. 2004/25/EG van het Europees Parlement en de Raad van de Europese Unie van 21 april 2004 betreffende het openbaar overnamebod (PbEU L 142) en houdende modernisering van de regels met betrekking tot het openbaar overnamebod, zoals dit besluit laatstelijk is gewijzigd bij het Besluit van 18 december 2008, Stb. 581

[Inwerkingtreding: 28-102007]

Wij Beatrix, bij de gratie Gods, Koningin der Nederlanden, Prinses van Oranje-Nassau, enz. enz. enz.
Op voordracht van Onze Minister van Financiën van 20 april 2006, FM 2006-00982;
Gelet op richtlijn nr. 2004/25/EG van het Europees Parlement en de Raad van de Europese Unie van 21 april 2004 betreffende het openbaar overnamebod (*PbEU* L 142) en de artikelen 1:40, vijfde lid, 1:81, eerste en tweede lid, 5:56, zesde lid, 5:59, vierde lid, 5:71, tweede lid, 5:76, tweede lid, 5:80a, derde en vierde lid, en 5:80b, vijfde lid, van de Wet op het financieel toezicht;
De Raad van State gehoord (advies d.d. 29 mei 2006, nr. W06.06.0124/IV)
Gezien het nader rapport van Onze Minister van Financiën van 6 september 2007, FM 2006-01349;
Hebben goedgevonden en verstaan:

HOOFDSTUK 1
Inleidende bepalingen

Art. 1

Begripsbepaling

In dit besluit wordt verstaan onder:
a. wet: Wet op het financieel toezicht;
b. volledig bod: openbaar bod dat de geboden prijs of ruilverhouding vermeldt en dat strekt tot verwerving van alle effecten van de doelvennootschap van dezelfde categorie of klasse, niet zijnde een verplicht bod;
c. partieel bod: openbaar bod dat de geboden prijs of ruilverhouding vermeldt en dat strekt tot verwerving van minder dan 30 procent van de stemrechten in de algemene vergadering van aandeelhouders van de doelvennootschap;
d. tenderbod: openbaar bod waarbij de bieder de rechthebbenden van effecten van de doelvennootschap uitnodigt om die effecten tegen een door de rechthebbenden te bepalen tegenprestatie aan de bieder aan te bieden en dat strekt tot verwerving van minder dan 30 procent van de stemrechten in de algemene vergadering van aandeelhouders van de doelvennootschap;
e. verplicht bod: openbaar bod dat op grond van artikel 5:70, eerste lid van de wet, wordt uitgebracht of dient te worden uitgebracht of een openbaar bod dat op grond van het recht van een andere lidstaat wordt uitgebracht of dient te worden uitgebracht en terzake waarvan de Autoriteit Financiële Markten op grond van artikel 5:74, tweede lid, van de wet het biedingsbericht kan goedkeuren.

Art. 2

Reikwijdte

– 1. De artikelen 3 tot en met 10, 12 tot en met 17, 19, 21 en 23 tot en met 26 zijn van toepassing op openbare biedingen op effecten terzake waarvan de Autoriteit Financiële Markten op grond van artikel 5:74, tweede lid, van de wet, het biedingsbericht kan goedkeuren.
– 2. De artikelen 18, 20, 22 en 27 zijn van toepassing op openbare biedingen op effecten van een doelvennootschap die zetel heeft in Nederland welke zijn toegelaten tot de handel op een gereglementeerde markt in Nederland of in een andere lidstaat.

Art. 3

Vereisten voor openbaar bod

– 1. Een openbaar bod is, onder gelijke voorwaarden, gericht tot alle rechthebbenden van effecten van eenzelfde categorie of klasse.
– 2. De bieder kan van het openbaar bod uitsluiten effecten van de desbetreffende categorie of klasse die op het tijdstip van de aankondiging van het bod nog niet waren toegelaten tot de handel op de desbetreffende gereglementeerde markt.

Art. 4

Openbare mededeling

– 1. Indien ingevolge dit besluit een openbare mededeling is vereist wordt deze openbare mededeling onverwijld en overeenkomstig het bij of krachtens artikel 5:25i, tweede lid, juncto artikel 5:25m, eerste, tweede, derde en zesde lid, van de wet bepaalde gedaan. Artikel 5:25i, derde en vierde lid, van de wet en artikel 4 en 5 van het Besluit uitvoeringsrichtlijn transparantie uitgevende instellingen Wft zijn van overeenkomstige toepassing.
– 2. Indien op grond van artikel 5:25i, tweede lid, van de wet, informatie openbaar is gemaakt

kan een op grond van dit besluit vereiste openbare mededeling omtrent dezelfde informatie achterwege blijven.
– 3. Een bieder van wie geen door hem uitgegeven of aangeboden financiële instrumenten met zijn instemming zijn toegelaten tot de handel op een gereglementeerde markt in Nederland, doet een openbare mededeling over informatie als bedoeld in artikel 5:53, eerste lid, van de wet voor zover die rechtstreeks op hem betrekking heeft of verband houdt met het voorgenomen, aangekondigde of uitgebrachte openbaar bod.
– 4. Ter zake van het uitstellen van de openbaarmaking van informatie als bedoeld in artikel 5, eerste lid, 6, eerste lid, 7, eerste, tweede of vierde lid, 10, derde lid, 15, tweede lid of 17, eerste lid, bestaat geen rechtmatig belang als bedoeld in artikel 5:25i, derde lid, onder a, van de wet.

HOOFDSTUK 2
Algemene bepalingen omtrent openbare biedingen

§ 2.1. Aankondigen van een openbaar bod

Art. 5

Aankondiging van openbaar bod

– 1. Een bieder en een doelvennootschap kondigen, ieder voor zover het hem of haar aangaat, een openbaar bod, niet zijnde een verplicht bod, aan door middel van een openbare mededeling, uiterlijk zodra tussen de bieder en de doelvennootschap, al dan niet voorwaardelijke, overeenstemming is bereikt over het uit te brengen openbaar bod. De mededeling bevat de namen van de bieder en de doelvennootschap en, voor zover van toepassing, de voorgenomen prijs of ruilverhouding en de op dat moment reeds vastgestelde voorwaarden waarvan de verplichting tot het uitbrengen of nakomen van het openbaar bod afhankelijk zal worden gesteld.
– 2. Een openbaar bod, niet zijnde een verplicht bod, is aangekondigd, indien een bieder zonder, al dan niet voorwaardelijke, overeenstemming te hebben bereikt, concrete informatie over de inhoud van het voorgenomen openbaar bod openbaar heeft gemaakt. Indien de bieder de naam van de vennootschap waarop het voorgenomen openbaar bod betrekking heeft, noemt in combinatie met:
a. een voorgenomen prijs of ruilverhouding; of
b. een concreet omschreven voorgenomen tijdschema voor het verloop van het voorgenomen openbaar bod,
is in ieder geval voor de toepassing van dit lid concrete informatie openbaar gemaakt.
– 3. Een verplicht bod is aangekondigd, indien:
a. een aankondiging als bedoeld in artikel 5:70, eerste lid, van de wet is gedaan;
b. een door de ondernemingskamer van het gerechtshof te Amsterdam getroffen maatregel als bedoeld in artikel 5:73, eerste lid, van de wet, onherroepelijk is geworden; of
c. naar het recht van een andere lidstaat vaststaat dat een openbaar bod verplicht dient te worden uitgebracht en daarover door de doelvennootschap een openbare mededeling is gedaan op grond van artikel 5:25i, tweede lid, van de wet.
– 4. Tussen het tijdstip waarop een openbaar bod is aangekondigd en het tijdstip waarop het is uitgebracht of waarop een openbare mededeling is gedaan omtrent het niet indienen van een aanvraag tot goedkeuring van het biedingsbericht, doen de bieder en de doelvennootschap, ieder met betrekking tot door henzelf verrichte transacties, met uitzondering van in regelmatig verkeer op markten in financiële instrumenten verrichte transacties, aan de Autoriteit Financiële Markten melding van verrichte transacties in de effecten waarop het openbaar bod betrekking heeft of de effecten die in ruil worden aangeboden, dan wel van met betrekking tot die transacties gesloten overeenkomsten. In de melding wordt mededeling gedaan van de hoeveelheid en categorie of klasse van deze effecten, de daarvoor geldende voorwaarden, waaronder de prijs of ruilverhouding, en de omvang van de bestaande onderlinge rechtstreekse of middellijke kapitaaldeelnemingen.
– 5. De melding, bedoeld in het vierde lid, wordt telkens onverwijld gedaan nadat de betrokken transactie of overeenkomst is verricht onderscheidenlijk tot stand is gekomen, met dien verstande dat ten hoogste één keer per dag een melding hoeft te worden gedaan. De melding kan achterwege blijven, indien de bieder of de doelvennootschap de transactie reeds heeft gemeld overeenkomstig artikel 5:38, 5:40 of 5:60, eerste lid, van de wet.

Art. 6

Aanvullende mededelingen

– 1. Indien de voorgenomen prijs of ruilverhouding of, in geval van een partieel bod of een tenderbod, het voorgenomen percentage of aantal van de effecten tot de verkrijging waarvan het openbaar bod strekt, na aankondiging definitief is vastgesteld of gewijzigd, doen de bieder en de doelvennootschap, ieder voor zover het hem of haar aangaat, een openbare mededeling hierover, onder vermelding van deze prijs of ruilverhouding of dit percentage of aantal.
– 2. Indien door een doelvennootschap na aankondiging van een openbaar bod effecten worden uitgegeven of rechten tot het nemen of verkrijgen van door de doelvennootschap uit te

geven effecten worden toegekend, doet de doelvennootschap een openbare mededeling hierover, onder vermelding van de naam van degene die de bedoelde effecten of rechten verwerft, voorzover deze naam bij haar bekend is, het nominale bedrag daarvan en de prijs of uitgiftekoers. De eerste volzin is van toepassing tot en met het tijdstip waarop overeenkomstig artikel 16 een openbare mededeling wordt gedaan over de gestanddoening of de niet-gestanddoening van het openbaar bod, dan wel waarop overeenkomstig artikel 7, eerste lid, een openbare mededeling wordt gedaan over het niet indienen van een aanvraag tot goedkeuring van het biedingsbericht.

Art. 7

Aanvraag tot goedkeuring biedingsbericht

– 1. De bieder doet binnen vier weken na de aankondiging van het bod een openbare mededeling, inhoudende dat:
a. hij binnen een door hem te bepalen en te noemen periode een aanvraag tot goedkeuring van het biedingsbericht indient bij de Autoriteit Financiële Markten; of
b. hij geen aanvraag tot goedkeuring van het biedingsbericht zal indienen.
– 2. Ingeval van een verplicht bod, doet de bieder, in afwijking van het eerste lid, binnen vier weken na de aankondiging van het bod een openbare mededeling inhoudende dat hij binnen een door hem te bepalen en te noemen periode een aanvraag tot goedkeuring van het biedingsbericht indient bij de Autoriteit Financiële Markten.
– 3. De in het eerste lid, onderdeel *a*, en in het tweede lid bedoelde door de bieder te bepalen en te benoemen periode bedraagt, gerekend vanaf de aankondiging van het bod, ten hoogste 12 weken.
– 4. De bieder draagt er zorg voor dat hij uiterlijk op het tijdstip van indiening van de aanvraag tot goedkeuring van het biedingsbericht, bedoeld in het eerste en tweede lid, een vergoeding in geld kan opbrengen of alle redelijke maatregelen heeft getroffen om enige andere vorm van vergoeding te kunnen verstrekken om het bod gestand te kunnen doen. Wanneer de bieder de genoemde vergoeding kan opbrengen of de genoemde maatregelen heeft getroffen, doet hij een openbare mededeling hierover.
– 5. Indien de bieder in verband met de vergoeding, bedoeld in het vierde lid, een algemene vergadering van aandeelhouders dient te houden, wordt deze vergadering ten minste zeven werkdagen voor het einde van de aanmeldingstermijn gehouden. In de mededeling, bedoeld in het vierde lid, omschrijft de bieder nauwkeurig op welke wijze door hem zorg wordt gedragen voor het kunnen opbrengen van de vergoeding of welke maatregelen door hem zijn getroffen om enige andere vorm van vergoeding te kunnen verstrekken.

§ 2.2. Goedkeuring van een biedingsbericht

Art. 8

In biedingsbericht vereiste gegevens

– 1. De Autoriteit Financiële Markten keurt het biedingsbericht goed, indien in het biedingsbericht alle gegevens zijn opgenomen die voor een redelijk geïnformeerde en zorgvuldig handelende persoon van belang zijn voor het vormen van een verantwoord oordeel over het openbaar bod, waaronder:
a. in geval van een volledig bod, de gegevens, bedoeld in de bijlagen A en B;
b. in geval van een partieel bod, de gegevens, bedoeld in de bijlagen A en C;
c. in geval van een tenderbod, de gegevens, bedoeld in de bijlagen A en D; of
d. in geval van een verplicht bod, de gegevens, bedoeld in de bijlagen A en E; en
de gegevens niet met elkaar in strijd zijn of in tegenspraak zijn met andere bij de Autoriteit Financiële Markten aanwezige informatie omtrent de doelvennootschap of de bieder, en in een voor een redelijk geïnformeerde en zorgvuldig handelende persoon begrijpelijke vorm worden gepresenteerd.
– 2. Indien een bod uitsluitend of mede strekt tot overneming van effecten in ruil voor door de bieder of door een andere vennootschap dan de bieder uitgegeven effecten, keurt de Autoriteit Financiële Markten het biedingsbericht goed, indien het naast de toepasselijke gegevens, bedoeld in het eerste lid, de in bijlage F opgenomen gegevens bevat en de gegevens niet met elkaar in strijd zijn of in tegenspraak zijn met andere bij de Autoriteit Financiële Markten aanwezige informatie omtrent de doelvennootschap of de bieder en worden gepresenteerd in een vorm die voor een redelijk geïnformeerde en zorgvuldig handelende persoon begrijpelijk is.

Art. 9

Verklaring aan toezichthoudende instantie andere lidstaat

– 1. Indien de Autoriteit Financiële Markten het biedingsbericht heeft goedgekeurd, verstrekt zij op verzoek van de bieder aan de toezichthoudende instantie van een andere lidstaat waar de desbetreffende effecten tot de handel op een gereglementeerde markt zijn toegelaten, een verklaring dat het biedingsbericht is opgesteld in overeenstemming met richtlijn nr. 2004/25/EG van het Europees Parlement en de Raad van de Europese Unie van 21 april 2004 betreffende het openbaar overnamebod (*PbEU* L 142), alsmede een afschrift van het goedgekeurde biedingsbericht.

– 2. De Autoriteit Financiële Markten verstrekt de verklaring, bedoeld in het eerste lid, en het afschrift van het goedgekeurde biedingsbericht binnen drie werkdagen na ontvangst van het verzoek. Indien het verzoek wordt gedaan voordat goedkeuring is verleend, verstrekt de Autoriteit Financiële Markten de verklaring binnen een werkdag nadat de goedkeuring is verleend.

§ 2.3. Uitbrengen van een openbaar bod

Art. 10

Algemeen verkrijgbaarstelling biedingsbericht

– 1. De bieder brengt zijn bod uit door het goedgekeurde biedingsbericht algemeen verkrijgbaar te stellen door middel van:

a. een bekendmaking in een landelijk verspreid dagblad;

b. een drukwerk dat kosteloos kan worden verkregen ten kantore van de houder van iedere gereglementeerde markt waar de effecten waarop het openbaar bod wordt gedaan, tot de handel zijn toegelaten;

c. plaatsing op zijn website of op die van de doelvennootschap;

d. plaatsing op de website van de houder van iedere gereglementeerde markt waar de effecten tot de handel zijn toegelaten; of

e. plaatsing op de website van de Autoriteit Financiële Markten, indien deze mogelijkheid wordt geboden.

– 2. Indien het biedingsbericht op andere wijze dan als bedoeld in het eerste lid, aanhef en onderdeel b, algemeen verkrijgbaar is gesteld, verstrekt de bieder aan een ieder die daarom verzoekt kosteloos een afschrift van het biedingsbericht.

– 3. De bieder doet een openbare mededeling over het algemeen verkrijgbaar stellen van het biedingsbericht, onder vermelding van de vindplaats.

– 4. De bieder stelt onverwijld na de algemeenverkrijgbaarstelling van het biedingsbericht de vertegenwoordigers van haar werknemers of, bij ontstentenis van die vertegenwoordigers, de werknemers zelf van het openbaar bod in kennis, onder gelijktijdige terbeschikkingstelling van het biedingsbericht.

Art. 11

Goedkeuring door toezichthoudende instantie andere lidstaat

– 1. Indien een bieder voornemens is een openbaar bod uit te brengen op effecten welke zijn toegelaten tot de handel op een in Nederland gelegen of functionerende gereglementeerde markt en de Autoriteit Financiële Markten niet ingevolge artikel 5:74, tweede lid, van de wet bevoegd is tot goedkeuring van een biedingsbericht, zendt de bieder voorafgaand aan het uitbrengen van het bod een door de toezichthoudende instantie van een andere lidstaat goedgekeurd biedingsbericht toe aan de Autoriteit Financiële Markten.

– 2. Terzake van een openbaar bod als bedoeld in het eerste lid kan de Autoriteit Financiële Markten de bieder door het geven van een aanwijzing verplichten aanvullende informatie in het biedingsbericht of in een aanvullend document op te nemen, indien die informatie specifiek is voor de Nederlandse financiële markten en betrekking heeft op de formaliteiten die moeten worden vervuld om het openbaar bod te aanvaarden of om de tegenprestatie te ontvangen die bij de gestanddoening van het openbaar bod verschuldigd is, dan wel betrekking heeft op voorschriften van belastingrecht die van toepassing zullen zijn op de tegenprestatie die aan de houders van effecten wordt geboden. De Autoriteit Financiële Markten besluit hiertoe uiterlijk vijf werkdagen na ontvangst van het biedingsbericht.

– 3. Indien het biedingsbericht, bedoeld in het eerste lid, is opgesteld in een andere dan de Nederlandse of de Engelse taal kan de Autoriteit Financiële Markten de bieder door het geven van een aanwijzing verplichten een Nederlandse vertaling algemeen verkrijgbaar te stellen overeenkomstig het bepaalde in artikel 10. Indien het biedingsbericht is opgesteld in de Engelse taal kan de Autoriteit Financiële Markten de bieder door het geven van een aanwijzing verplichten een Nederlandse samenvatting, die ten minste een verwijzing bevat naar het onderliggende biedingsbericht en de gegevens bedoeld in de onderdelen 4, 5, 6, 9, en 10 van paragraaf 1 van bijlage A. De vertaling wordt algemeen verkrijgbaar gesteld overeenkomstig artikel 10.

Art. 12

Voorwaarden

– 1. De bieder deelt de voorwaarden waarvan hij de nakoming van het openbaar bod afhankelijk stelt, uiterlijk gelijktijdig met het uitbrengen van het bod openbaar mede. Deze voorwaarden maken onderdeel uit van het openbaar bod.

– 2. De bieder stelt de verplichting tot nakoming niet afhankelijk van een voorwaarde waarvan de vervulling afhankelijk is van zijn wil.

– 3. Zodra is komen vast te staan dat een door de bieder gestelde voorwaarde niet wordt vervuld, doet de bieder een openbare mededeling hierover, alsmede over zijn beslissing of op grond van het niet vervullen van de voorwaarde het openbaar bod vervalt.

Art. 13

Transacties in betrokken effecten

– 1. Tussen het tijdstip waarop het openbaar bod is uitgebracht en het tijdstip waarop een openbare mededeling is gedaan omtrent de gestanddoening, doen de bieder en de doelvennootschap, met betrekking tot de door henzelf verrichte transacties, met uitzondering van in regelmatig verkeer op de markten in financiële instrumenten verrichte transacties, een openbare mededeling over transacties in de effecten waarop het openbaar bod betrekking heeft of of de effecten die in ruil worden aangeboden, dan wel van met betrekking tot die transacties gesloten overeenkomsten. In de melding wordt mededeling gedaan van de hoeveelheid en categorie of klasse van deze effecten, de daarvoor geldende voorwaarden, waaronder de prijs of ruilverhouding, en de omvang van de bestaande onderlinge rechtstreekse of middellijke kapitaaldeelnemingen.

– 2. De openbare mededeling, bedoeld in het eerste lid, wordt telkens onverwijld gedaan nadat de betrokken transactie is verricht onderscheidenlijk de overeenkomst tot stand is gekomen, met dien verstande dat ten hoogste één keer per dag een openbare mededeling behoeft te worden gedaan. Het op de hoogte stellen van de Autoriteit Financiële Markten, overeenkomstig artikel 5:25m, zesde lid, van de wet, kan achterwege blijven, indien de bieder of de doelvennootschap een door hem verrichte transactie in effecten reeds heeft gemeld overeenkomstig artikel 5:38, 5:40 of 5:60, eerste lid, van de wet.

§ 2.4. Aanmelding van effecten

Art. 14

Aanmeldingstermijn

– 1. De bieder die een openbaar bod uitbrengt, stelt een aanmeldingstermijn.

– 2. De aanmeldingstermijn vangt niet eerder aan dan op de eerste werkdag volgend op het uitbrengen van het openbaar bod.

– 3. De aanmeldingstermijn van een volledig bod of een verplicht bod is, gerekend van de dag waarop de gelegenheid tot aanmelding is opengesteld tot en met de dag waarop de gelegenheid tot aanmelding wordt gesloten, niet korter dan vier weken.

– 4. De aanmeldingstermijn van een partieel bod of een tenderbod is, gerekend vanaf de dag waarop de gelegenheid tot aanmelding is opengesteld tot en met de dag waarop de gelegenheid tot aanmelding wordt gesloten, niet korter dan twee weken.

– 5. De aanmeldingstermijn is niet langer dan tien weken, gerekend van de dag waarop de gelegenheid tot aanmelding is opengesteld tot en met de dag waarop de gelegenheid tot aanmelding wordt gesloten.

Art. 15

Verlenging van aanmeldingstermijn

– 1. De bieder kan de aanmeldingstermijn eenmaal verlengen. De verlenging bedraagt, onverminderd het tweede lid, ten minste twee weken en niet meer dan tien weken, gerekend vanaf de einddatum van de oorspronkelijke termijn.

– 2. De bieder kan uiterlijk op de derde werkdag na het einde van de oorspronkelijke termijn besluiten tot verlenging van de aanmeldingstermijn en doet na dit besluit een openbare mededeling hierover, onder vermelding van de einddatum van de aldus verlengde termijn.

– 3. Rechthebbenden van effecten die vóór het einde van de oorspronkelijke termijn hun effecten hebben aangemeld kunnen tijdens de verlengingsperiode deze aanmelding herroepen.

– 4. De bieder kan gedurende de, al dan niet overeenkomstig het eerste of het derde lid verlengde, aanmeldingstermijn de geboden prijs eenmaal verhogen. De bieder doet een openbare mededeling over de verhoging van de geboden prijs.

– 5. Indien voor het tijdstip waarop de aanmeldingstermijn eindigt door een derde een openbaar bod op dezelfde categorie of klasse van effecten wordt aangekondigd of uitgebracht, kan de bieder de, al dan niet verlengde, aanmeldingstermijn verlengen tot het einde van de aanmeldingstermijn van dat openbaar bod.

– 6. Indien een verzoek als bedoeld in artikel 5:80*b* van de wet is gedaan wordt de, al dan niet verlengde, aanmeldingstermijn opgeschort tot en met het tijdstip waarop de beslissing van de ondernemingskamer uitvoerbaar bij voorraad is verklaard of, indien de beslissing niet uitvoerbaar bij voorraad wordt verklaard, tot en met het tijdstip waarop deze onherroepelijk is geworden.

– 7. Rechthebbenden van effecten die hun effecten hebben aangemeld voordat een verzoekschrift is ingediend, houdende een verzoek als bedoeld in artikel 5:80*b* van de wet, kunnen indien het verzoek is toegewezen deze aanmelding herroepen, nadat de beslissing van de ondernemingskamer uitvoerbaar bij voorraad is verklaard of onherroepelijk is geworden en voor het einde van de aanmeldingstermijn.

§ 2.5. Gestanddoening

Art. 16

Mededeling omtrent gestanddoening

– 1. De bieder doet uiterlijk op de derde werkdag na het einde van de aanmeldingstermijn een

openbare mededeling of hij het openbaar bod gestand doet. Indien de bieder het bod niet gestand doet, deelt hij de reden hiervan openbaar mede.
– 2. De bieder vermeldt de totale waarde, het aantal en het daarbij behorende percentage van de ingevolge het openbaar bod aangemelde effecten, alsmede het totale aantal en het corresponderende percentage van effecten dat na de aanmeldingstermijn in zijn bezit is.
– 3. De bieder kan het openbaar bod gestand doen indien effecten tot een geringer bedrag, aantal of percentage zijn aangemeld dan het bedrag, aantal onderscheidenlijk percentage van welker aanbieding binnen de aanmeldingstermijn hij zijn verplichting tot gestanddoening van het bod afhankelijk stelde.

Art. 17

Na-aanmeldingstermijn

– 1. De bieder kan binnen drie werkdagen na gestanddoening van het openbaar bod aan de rechthebbenden van de effecten waarop het openbaar bod betrekking had en die hun effecten niet hebben aangemeld de mogelijkheid geven om deze effecten aan te bieden tegen dezelfde voorwaarden die golden voor het gestand gedane openbaar bod. De bieder doet hierover een openbare mededeling waarin ten minste wordt vermeld:
a. de reden waarom de bieder overgaat tot het geven van deze mogelijkheid;
b. de termijn waarbinnen de effecten aangemeld kunnen worden; en
c. dat het oorspronkelijke biedingsbericht van toepassing is.
– 2. De in het eerste lid, onder b, bedoelde termijn vangt aan op de eerste werkdag volgend op die van de openbare mededeling, bedoeld in de aanhef van het eerste lid, en is niet langer dan twee weken.
– 3. Vanaf het tijdstip waarop de openbare mededeling over de gestanddoening wordt gedaan tot en met het tijdstip waarop de in het eerste lid, onder b, bedoelde termijn eindigt is artikel 13 van overeenkomstige toepassing.
– 4. De bieder doet uiterlijk op de derde werkdag na het einde van de in het eerste lid, onder b, bedoelde termijn een openbare mededeling over het aantal en het percentage van de effecten dat aangeboden is binnen deze termijn en het totale aantal en het totale percentage van de effecten dat in zijn bezit is.

HOOFDSTUK 3
Bijzondere bepalingen voor een volledig bod, een partieel bod, een tenderbod en een verplicht bod

§ 3.1. Een volledig bod

Art. 18

Informatievoorziening door doelvennootschap

– 1. De doelvennootschap met zetel in Nederland waarop een volledig bod is uitgebracht roept haar aandeelhouders op voor een na de openbare mededeling van de verkrijgbaarstelling van het biedingsbericht en ten minste zes werkdagen voor het einde van de aanmeldingstermijn te houden algemene vergadering van aandeelhouders ter bespreking van het uitgebrachte openbaar bod.
– 2. De doelvennootschap stelt uiterlijk vier werkdagen voor de in het eerste lid bedoelde vergadering een bericht voor haar aandeelhouders algemeen verkrijgbaar dat ten minste de in bijlage G bedoelde informatie inhoudt.
– 3. Over de algemeenverkrijgbaarstelling van het bericht, bedoeld in het tweede lid, doet de doelvennootschap een openbare mededeling.
– 4. Indien voor het einde van de aanmeldingstermijn door een derde een openbaar bod op dezelfde effecten wordt uitgebracht, behoeft de doelvennootschap niet opnieuw toepassing te geven aan het eerste tot en met het derde lid, maar doet zij een openbare mededeling van haar standpunt met betrekking tot het door de derde uitgebrachte openbaar bod.

Art. 19

Hoogste vergoeding

De bieder betaalt, indien hij het volledig bod gestand doet, steeds voor alle ingevolge dat volledig bod aangemelde effecten de hoogste prijs die op grond van het biedingsbericht, al dan niet verhoogd op grond van artikel 15, vierde lid, is geboden of op grond van een transactie als bedoeld in artikel 5, vierde lid, of 13, eerste lid, met uitzondering van in regelmatig verkeer op markten in financiële instrumenten tot stand gekomen transacties, is betaald.

§ 3.2. Een partieel bod

Art. 20

Informatievoorziening door doelvennootschap

– 1. De doelvennootschap met zetel in Nederland waarop een partieel bod is uitgebracht stelt uiterlijk vier werkdagen voor het einde van de aanmeldingstermijn een bericht voor haar aandeelhouders verkrijgbaar dat ten minste de in bijlage G bedoelde informatie inhoudt.
– 2. Artikel 18, derde en vierde lid, is van overeenkomstige toepassing.

Art. 21

Non-discriminatoire gestanddoening

– 1. Indien de bieder na verkrijging van de naar aanleiding van het partieel bod aangeboden effecten direct of indirect ten minste over 30 procent van de stemrechten in de algemene vergadering van aandeelhouders van de doelvennootschap zal beschikken, doet hij zijn partieel bod gestand met hantering van een non-discriminatoire systematiek, waarbij ten hoogste 30 procent minus één stem van de stemrechten kan worden verkregen. Bij ministeriële regeling kunnen regels worden gesteld omtrent de systematiek van gestanddoening.

– 2. Artikel 19 is van overeenkomstige toepassing.

§ 3.3. Een tenderbod

Art. 22

Informatievoorziening door doelvennootschap

– 1. De doelvennootschap met zetel in Nederland waarop een tenderbod is uitgebracht stelt, uiterlijk vier werkdagen voor het einde van de aanmeldingstermijn een bericht voor haar aandeelhouders verkrijgbaar dat ten minste de in bijlage G bedoelde informatie inhoudt.

– 2. Artikel 18, derde en vierde lid, is van overeenkomstige toepassing.

Art. 23

Non-discriminatoire gestanddoening

– 1. De bieder doet het tenderbod gestand indien de beoogde verkrijging mogelijk is tegen een door de bieder in het biedingsbericht te vermelden prijs per aandeel.

– 2. Indien de bieder na verkrijging van de naar aanleiding van het tenderbod aangeboden effecten direct of indirect ten minste 30 procent van de stemrechten in de algemene vergadering van aandeelhouders van de doelvennootschap zal vertegenwoordigen, doet hij zijn bod gestand met hantering van een non-discriminatoire systematiek, waarbij ten hoogste 30 procent minus één stem van deze stemrechten kan worden verkregen. Bij ministeriële regeling kunnen regels worden gesteld omtrent de systematiek van gestanddoening.

– 3. De bieder betaalt, bij gestanddoening voor alle aangeboden effecten van dezelfde categorie of klasse de hoogste prijs waartegen enig effect van de desbetreffende categorie of klasse is aangeboden.

§ 3.4. Een verplicht bod

Art. 24

Onvoorwaardelijke gestanddoening

De bieder stelt de gestanddoening van een verplicht bod niet afhankelijk van voorwaarden.

Art. 25

Afwijkingen van wettelijke billijke prijs

– 1. Indien na de aankondiging van het verplicht bod en voor het einde van de aanmeldingstermijn, bedoeld in artikel 14, of, voor zover van toepassing, voor het einde van de verlengde aanmeldingstermijn, bedoeld in artikel 15, door de bieder of de personen waarmee deze in onderling overleg handelt effecten worden verkregen voor een hogere prijs dan de billijke prijs, bedoeld in artikel 5:80a van de wet, verhoogt de bieder de prijs tot ten minste de hoogste prijs die is betaald voor de aldus verworven effecten.

– 2. Indien de bieder in de periode van een jaar voorafgaand aan de aankondiging van het verplichte bod geen effecten heeft verworven van dezelfde categorie of klasse als waarop het verplicht bod betrekking heeft, is de billijke prijs gelijk aan de prijs van de gemiddelde beurskoers van die effecten op de markten in financiële instrumenten waarop de effecten in die periode toegelaten waren tot de handel.

– 3. Een verzoek tot het vaststellen van de billijke prijs overeenkomstig artikel 5:80b van de wet, wordt uiterlijk vier weken na de aankondiging van het bod gedaan.

– 4. Indien een op grond van artikel 5:80b van de wet gedaan verzoek tot het vaststellen van de billijke prijs door de ondernemingskamer van het gerechtshof te Amsterdam is toegewezen, wordt die billijke prijs geacht de in het biedingsbericht vermelde billijke prijs te vervangen, op het moment dat de beslissing van de ondernemingskamer uitvoerbaar bij voorraad is verklaard of onherroepelijk is geworden.

– 5. De bieder doet een openbare mededeling over de toewijzing door de ondernemingskamer van het verzoek tot vaststelling van de billijke prijs. De bieder vermeldt daarbij de hoogte van de vastgestelde billijke prijs en de gevolgen die deze prijs heeft voor de financiering van het bod, en in geval van een ruilbod, de gevolgen die deze prijs heeft voor de financiële stabiliteit van de vennootschap waarvan effecten in ruil worden aangeboden.

Art. 26

Billijke prijs in effecten en/of geld

– 1. De billijke prijs luidt in effecten, geld of een combinatie van effecten en geld.

– 2. De billijke prijs kan uitsluitend in effecten luiden, indien het een categorie of klasse van effecten betreft die liquide is en tot de handel op een gereglementeerde markt is toegelaten.

– 3. De billijke prijs luidt in elk geval ook in geld indien de bieder, alleen of gezamenlijk met de personen waarmee deze in onderling overleg handelt, gedurende de in artikel 25, tweede lid, bedoelde periode, tegen contante betaling effecten waaraan vijf procent of meer van de stemrechten in de algemene vergadering van de doelvennootschap is verbonden, heeft verkregen.

HOOFDSTUK 4
Informatieverstrekking aan werknemers of vertegenwoordigers daarvan

Art. 27

Inkennisstelling werknemers

– 1. De doelvennootschap met zetel in Nederland stelt onverwijld na de algemeenverkrijgbaarstelling van het biedingsbericht de vertegenwoordigers van haar werknemers of, bij ontstentenis van die vertegenwoordigers, de werknemers zelf van het openbaar bod in kennis, onder gelijktijdige terbeschikkingstelling van het biedingsbericht.
– 2. Een bericht als bedoeld in artikel 18, tweede lid, 20, eerste lid of 22, eerste lid, wordt gelijktijdig met het algemeen verkrijgbaar stellen ervan verstrekt aan de vertegenwoordigers van de werknemers van de doelvennootschap of, bij ontstentenis van zodanige vertegenwoordigers, aan de werknemers van de doelvennootschap zelf.

HOOFDSTUK 5
Wijzigingen van andere besluiten

Art. 28

Bevat wijzigingen in de artikelen 2 en 3 van het Besluit bekostiging financieel toezicht.

Art. 29

Bevat wijzigingen in artikel 3 van het Besluit boetes Wft.

Art. 30

Bevat wijzigingen in artikel 2 van het Besluit marktmisbruik Wft.

Art. 31

Bevat wijzigingen in artikel 1 van het Besluit ex artikel 10 Overnamerichtlijn.

HOOFDSTUK 6
Overgangs- en slotbepalingen

Art. 32

Voor inwerkingtreding aangevangen biedingsproces

– 1. Indien voorafgaand aan de inwerkingtreding van dit besluit een mededeling als bedoeld in artikel 9*b*, eerste lid, van het Besluit toezicht effectenverkeer 1995 is gedaan naar aanleiding van een omstandigheid als bedoeld in artikel 9*b*, tweede lid, onder *a*, *b* of *c*, van dat besluit, blijft op dat openbaar bod het recht van toepassing zoals dat gold op het tijdstip waarop die mededeling werd gedaan. Het in de vorige volzin bedoelde recht blijft van toepassing tot en met het tijdstip waarop een openbare mededeling omtrent het besluit van de bieder om het openbaar bod, over de voorbereiding waarvan eerder een openbare mededeling is gedaan, niet uit te brengen wordt gedaan of het tijdstip waarop een op grond van dat recht uitgebracht openbaar bod met inachtneming van dat recht gestand is gedaan en levering en betaling van de aangeboden effecten heeft plaatsgevonden.
– 2. Indien voorafgaand aan de inwerkingtreding van dit besluit een mededeling als bedoeld in artikel 9*b*, tweede lid, onder *a*, *b* of *c*, van het Besluit toezicht effectenverkeer 1995, is gedaan en na de inwerkingtreding van dit besluit door een derde een openbaar bod wordt aangekondigd, of na het aankondigen van dat openbaar bod door degene die de mededeling als bedoeld in artikel 9*b*, tweede lid, onder *a*, *b*, of *c* van het Besluit toezicht effectenverkeer 1995, heeft gedaan, of door die derde een nieuw openbaar bod wordt aangekondigd op dezelfde effecten van een doelvennootschap, is op ieder, hiervoor genoemd (aangekondigd) openbaar bod het recht van toepassing zoals dat gold op het tijdstip waarop de eerstbedoelde mededeling werd gedaan. Het in de vorige volzin bedoelde recht blijft van toepassing tot en met het tijdstip waarop met betrekking tot ieder hiervoor genoemd (aangekondigd) openbaar bod een openbare mededeling is gedaan omtrent het besluit van de bieder om het openbaar bod, over de voorbereiding waarvan eerder een openbare mededeling is gedaan, niet uit te brengen of met inachtneming van het op dat openbaar bod toepasselijke recht gestanddoening en levering en betaling van de aangeboden effecten heeft plaatsgevonden.

Art. 33

Vaststelling bedragen bekostiging in 2007

De bedragen, bedoeld in artikel 28 worden in afwijking van artikel 9 van het Besluit bekostiging financieel toezicht in het jaar 2007 vastgesteld binnen vier weken na inwerkingtreding van dit besluit.

Art. 34

Bevat wijzigingen in de artikelen 9a-9v van het Besluit toezicht effectenverkeer 1995.

Art. 35

Inwerkingtreding

Dit besluit treedt in werking op een bij koninklijk besluit te bepalen tijdstip.

Art. 36

Citeertitel

Dit besluit wordt aangehaald als: Besluit openbare biedingen Wft.

Wet van 7 september 1973, Stb. 438 , houdende regelen tot het tegengaan van misbruiken bij colportage, zoals deze wet laatstelijk is gewijzigd bij de Wet van 25 september 2008, Stb. 397

[Inwerkingtreding: 01-08-1975]

Wij JULIANA, bij de gratie Gods, Koningin der Nederlanden, Prinses van Oranje-Nassau, enz., enz., enz.

Allen, die deze zullen zien of horen lezen, saluut! doen te weten:

Alzo Wij in overweging genomen hebben, dat het wenselijk is regelen te stellen tot het tegengaan van misbruiken bij colportage en mede in verband met die regelen een aantal wijzigingen aan te brengen in de Wet op het afbetalingsstelsel 1961 (*Stb.* 218);

Zo is het, dat Wij, de Raad van State gehoord, en met gemeen overleg der Staten-Generaal, hebben goedgevonden en verstaan, gelijk Wij goedvinden en verstaan bij deze:

Art. 1

Begripsbepaling

– 1. Voor de toepassing van het bij of krachtens deze wet bepaalde wordt verstaan onder:

a. geldkrediet: geldkrediet als bedoeld in artikel 1:1 van de Wet op het financieel toezicht;

b. goederenkrediet: goederenkrediet: als bedoeld in artikel 1:1 van de Wet op het financieel toezicht;

c. goed: een roerende zaak of een vermogensrecht dat geen registergoed is;

d. colporteur: degene die in de uitoefening van een beroep of bedrijf door persoonlijk bezoek dan wel door of in samenhang met de aanprijzing van een goed of een dienst in een groep van ter plaatse van de aanprijzing aanwezige personen, tracht een particulier te bewegen tot het sluiten van een overeenkomst, strekkende tot het aan deze verschaffen van het genot van een goed, het aan deze verlenen van een dienst of het door deze als kredietnemer deelnemen aan een goederenkrediet;

e. kredietgever: een aanbieder van krediet als bedoeld in artikel 1:1 van de Wet op het financieel toezicht;

f. kredietnemer: degene die een overeenkomst inzake krediet aangaat als bedoeld in artikel 1:1 van de Wet op het financieel toezicht;

g. leverancier: degene die een geldsom ter beschikking krijgt gesteld van de kredietgever terzake van het aan een kredietnemer verschaffen van het genot van een roerende zaak;

h. Onze Minister: Onze Minister van Economische Zaken.

– 2. Voor de toepassing van het bij of krachtens deze wet bepaalde wordt onder een onderneming mede verstaan een bedrijf, waarmede niet wordt beoogd het maken van winst.

– 3. Voor de toepassing van het eerste lid, onder c, wordt als persoonlijk bezoek niet aangemerkt het persoonlijk bezoek, dat in overwegende mate voortvloeit uit een initiatief van degene, die wordt bezocht, tenzij de bezoeker degene, die hij bezoekt, tracht te bewegen tot het sluiten van een overeenkomst betreffende een ander goed of een andere dienst dan het goed of de dienst, in verband waarmee om het bezoek is verzocht en degene, die wordt bezocht, toen hij het initiatief tot dat bezoek nam niet wist en redelijkerwijs niet kon weten, dat het sluiten van overeenkomsten betreffende dat andere goed of die andere dienst tot de bedrijfs- of beroepsuitoefening van de bezoeker behoorde.

– 4. Voor de toepassing van het eerste lid, onder c wordt als een groep van personen niet aangemerkt een groep, welke kennelijk niet met of mede met het oog op de aanprijzing van een goed of een dienst in die groep is bijeengebracht.

– 5. Voor de toepassing van het bij of krachtens deze wet bepaalde worden niet als goed aangemerkt financiële instrumenten als bedoeld in artikel 1:1 van de Wet op het financieel toezicht, ongeacht of deze zijn toegelaten tot de handel op een gereglementeerde markt of een multilaterale handelsfaciliteit, als bedoeld in artikel 1:1 van de Wet op het financieel toezicht of een met een gereglementeerde markt of multilaterale handelsfaciliteit vergelijkbaar systeem uit een staat die geen lidstaat is, voorzover de waarde daarvan door middel van een openbare prijsaanduiding voor een ieder kenbaar is.

Art. 2-5

Vervallen.

Art. 6

Verbod kredietcolportage

Het is verboden in de uitoefening van een beroep of bedrijf door persoonlijk bezoek dan wel door of in samenhang met de aanprijzing van een geldkrediet of van een goed of een dienst in een groep van ter plaatse van de aanprijzing aanwezige personen te trachten een ander te bewegen tot het als kredietnemer deelnemen aan een geldkrediet, dan wel een ander die handelingen te doen verrichten.

Art. 7

Mededelingsplicht colporteur

– 1. Een colporteur is verplicht bij de aanvang van handelingen als bedoeld in artikel 1, eerste lid, onder d, aan degene die hij tot het sluiten van een overeenkomst tracht te bewegen, duidelijk mee te delen dat zulks zijn oogmerk is.
– 2. Een onderneming waarin of voor rekening waarvan een colporteur werkzaam is, is verplicht deze te doen handelen in overeenstemming met het eerste lid.

Art. 8

Verboden handelingen

Het is een colporteur of een onderneming waarin of voor rekening waarvan een colporteur werkzaam is, verboden:
a. handelingen te verrichten of te doen verrichten als bedoeld in artikel 1, eerste lid, onder d, indien de colporteur weet of redelijkerwijs moet vermoeden dat de verplichtingen die daaruit voor de desbetreffende particulier kunnen voortvloeien, niet in overeenstemming zijn met diens draagkracht;
b. meer dan één overeenkomst als bedoeld in artikel 1, eerste lid, onder d, te sluiten of te doen sluiten indien redelijkerwijs moet worden aangenomen dat daarmee wordt beoogd een of meer van de betalingen die de desbetreffende particulier per overeenkomst moet verrichten, te doen blijven beneden het in artikel 26, eerste lid, bedoelde bedrag.

Art. 9-22

Vervallen.

Art. 23

Vernietigbaarheid overeenkomsten kredietcolportage

– 1. Een overeenkomst, welke het onmiddellijk gevolg is van een werkzaamheid als bedoeld in artikel 6, is vernietigbaar.
– 2. Een beroep op de vernietigbaarheid kan slechts worden gedaan door de kredietnemer.
– 3. Indien de kredietnemer een beroep op de vernietigbaarheid heeft gedaan, kan de rechter bepalen, in welke termijnen de kredietnemer aan zijn verplichting tot terugbetaling van hetgeen de kredietgever in verband met de nietigheid van hem heeft terug te vorderen zal hebben te voldoen.
– 4. De rechtsvordering tot vernietiging verjaart door verloop van een jaar na de aanvang van de dag waarop de kredietgever de kredietnemer schriftelijk heeft gewezen op de mogelijkheid een beroep te doen op de vernietigbaarheid.
– 5. Enige overeenkomst, volgens welke de kredietnemer verplicht is een bedrag te betalen of een andere prestatie te verrichten dan wel niet gerechtigd is reeds betaalde bedragen terug te vorderen ingeval hij een beroep op de vernietigbaarheid van de overeenkomst heeft gedaan, is nietig.

Art. 24

Akte vereist bij afbetalings- en contantcolportage

– 1. Voor een overeenkomst, welke het onmiddellijk gevolg is van de werkzaamheid van een colporteur, is op straffe van nietigheid vereist, dat door of namens de bij de overeenkomst betrokken partijen in twee gelijkluidende exemplaren een akte wordt ondertekend, en dat onmiddellijk na de ondertekening door de partij, die door de colporteur tot het aangaan van de overeenkomst is bewogen, een exemplaar van die akte is ontvangen door ieder van beide partijen.
– 2. Door de bij de overeenkomst partij zijnde eigenaar of eigenaren van de onderneming, waarin, onderscheidenlijk voor rekening waarvan, de colporteur werkzaam is, wordt zorggedragen, dat:
a. in de akte, bedoeld in het eerste lid, de in artikel 25, eerste lid, bedoelde mogelijkheid om de overeenkomst te ontbinden wordt vermeld alsmede zijn of hun naam en zijn of hun adres, waarnaar de in artikel 25, eerste lid, bedoelde mededeling kan worden gezonden, een en ander op straffe van nietigheid van de overeenkomst;
b. de akte is opgemaakt met inachtneming van de overigens bij algemene maatregel van bestuur te stellen regelen betreffende de inhoud van dergelijke akten, alsmede betreffende de wijze, waarop deze moeten zijn opgemaakt.

Art. 25

Eenzijdige ontbinding binnen acht dagen

– 1. Een overeenkomst als in artikel 24, eerste lid, bedoeld is ontbonden, zodra de partij, die door de colporteur tot het deelnemen aan het goederenkrediet of het sluiten van de overeenkomst is bewogen, met inachtneming van het in het tweede lid bepaalde aan de wederpartij dan wel aan de betrokken leverancier of kredietgever heeft medegedeeld, dat hij ontbinding van de overeenkomst of van een tot het goederenkrediet behorende overeenkomst verlangt.
– 2. De in het eerste lid bedoelde mededeling dient uiterlijk te worden gedaan op de achtste dag na die, waarop voor de eerste maal een exemplaar van de desbetreffende akte door de in het derde lid bedoelde Kamer van Koophandel en Fabrieken van een gewaarmerkte dagtekening is voorzien.
– 3. De dagtekening geschiedt door de Kamer van Koophandel en Fabrieken, binnen welker gebied de betrokken onderneming gevestigd is, of door de Kamer van Koophandel en Fabrie-

ken voor Rotterdam, indien de betrokken onderneming buiten Nederland gevestigd is. Dagtekening heeft niet plaats alvorens degene, die deze verlangt, een bij algemene maatregel van bestuur vast te stellen bedrag heeft betaald. Bij of krachtens die maatregel kunnen tevens nadere regelen betreffende de dagtekening en de waarmerking daarvan worden gesteld.
– 4. Een brief of briefkaart, die blijkens een bewijs van terpostbezorging uiterlijk op de in het tweede lid bedoelde achtste dag aangetekend aan het in artikel 24, tweede lid, onder *a*, bedoelde adres is verzonden, wordt, behoudens tegenbewijs, geacht een mededeling te bevatten als in het eerste lid bedoeld. Zodanige brief of briefkaart wordt geacht de geadresseerde te hebben bereikt op het tijdstip, waarop die brief of briefkaart voor de eerste maal aan bedoeld adres ter uitreiking is aangeboden.
– 5. Artikel 23, vijfde lid, is in geval van ontbinding als bedoeld in het eerste lid van overeenkomstige toepassing. Deze ontbinding heeft terugwerkende kracht.
– 6. Nakoming van een uit de overeenkomst voortvloeiende verbintenis kan door ieder der partijen eerst worden gevorderd op de negende dag na die van de in het tweede lid bedoelde dagtekening van een exemplaar van de akte.

Art. 26

Reikwijdte artt. 24 en 25

– 1. De artikelen 24 en 25 gelden niet voor overeenkomsten, waarbij het totaal van de betalingen, ingevolge de overeenkomst of het goederenkrediet door de in artikel 25, eerste lid, bedoelde partij te verrichten, minder bedraagt dan een bij algemene maatregel van bestuur vast te stellen bedrag.
– 2. De artikelen 24 en 25 gelden voorts niet voor overeenkomsten, welke het onmiddellijk gevolg zijn van colportage door middel van persoonlijk bezoek, die plaatsvindt in de uitoefening van een bedrijf, waarin aan vaste afnemers door middel van colportage hoofdzakelijk levensmiddelen plegen te worden verkocht.

Art. 27-33

Vervallen.

Art. 34

Citeertitel

Deze wet kan worden aangehaald als: Colportagewet.

Art. 35

Vervallen.

Wet van 4 juli 1990, Stb. 395, houdende regels met betrekkking tot het consumentenkrediet, zoals deze wet laatstelijk is gewijzigd bij de Wet van 20 november 2008, Stb. 545

[Inwerkingtreding: 01-11-1990]

Wij Beatrix, bij de gratie Gods, Koningin der Nederlanden, Prinses van Oranje-Nassau, enz. enz. enz.

Allen, die deze zullen zien of horen lezen, saluut! doen te weten:

Alzo Wij in overweging genomen hebben, dat het wenselijk is nieuwe regels te geven met betrekking tot het consumentenkrediet, mede ter vervanging van de bepalingen van de Wet op het consumptief geldkrediet (*Stb.* 1972, 399) en de Wet op het afbetalingsstelsel 1961 (*Stb.* 1976, 515) en, in verband daarmee, de Colportagewet (*Stb.* 1973, 438) te wijzigen en voorts, dat de richtlijn (EEG) nr. 87/102 van de Raad van de Europese Gemeenschappen, van 22 december 1986, betreffende de harmonisatie van de wettelijke en bestuursrechtelijke bepalingen der Lid-Staten inzake het consumentenkrediet (*PbEG* L 42), noodzaakt tot het vaststellen van een aantal wettelijke bepalingen met betrekking tot het consumentenkrediet;

Zo is het, dat Wij, de Raad van State gehoord, en met gemeen overleg der Staten-Generaal, hebben goedgevonden en verstaan, gelijk Wij goedvinden en verstaan bij deze:

HOOFDSTUK I
Algemene bepalingen

AFDELING 1
Definities

Art. 1

Begripsbepaling

In deze wet en de daarop berustende bepalingen wordt verstaan onder:

a. kredsettransactie: iedere overeenkomst en ieder samenstel van overeenkomsten met de strekking dat:

1° door of vanwege de eerste partij (de kredietgever) aan de tweede partij (de kredietnemer) een geldsom ter beschikking wordt gesteld en de tweede partij aan de eerste partij een of meer betalingen doet,

2° door of vanwege de eerste partij (de kredietgever) aan de tweede partij (de kredietnemer) het genot van een roerende zaak wordt verschaft of een bij algemene maatregel van bestuur aangewezen dienst wordt verleend en de tweede partij aan de eerste partij een of meer betalingen doet, of

3° door of vanwege de eerste partij (de kredietgever) aan de tweede partij (de kredietnemer), dan wel ten behoeve van deze aan een derde partij (de leverancier) een geldsom ter beschikking wordt gesteld ter zake van het verschaffen van het genot van een roerende zaak of het verlenen van een bij algemene maatregel van bestuur aangewezen dienst aan de tweede partij, en de tweede partij aan de eerste partij of aan de derde partij een of meer betalingen doet, en dat ten minste een van de betalingen van de kredietnemer later plaatsvindt dan drie maanden nadat de geldsom ter beschikking is gesteld, onderscheidenlijk nadat met het verschaffen van het genot van de zaak of het verlenen van de dienst een aanvang is gemaakt;

b. krediet verlenen: het als kredietgever deelnemen aan een kredsettransactie;

c. kredietbemiddeling: alle bedrijfs- of beroepsmatige verrichtingen en bemoeiingen, gericht op het tot stand brengen van een kredettransactie, van iemand (de kredietbemiddelaar) die geen partij is bij die transactie;

d. geldkrediet: een kredettransactie als bedoeld onder *a*, 1°;

e. goederenkrediet: een kredettransactie als bedoeld onder *a*, 2° of 3°;

f. doorlopend geldkrediet: een geldkrediet, waarbij de kredietnemer op verschillende tijdstippen geldsommen bij de kredietgever kan opnemen, voor zover het uitstaand saldo een bepaald bedrag (de kredietlimiet) niet overschrijdt;

g. doorlopend goederenkrediet: een goederenkrediet, waarbij de kredietgever dan wel de leverancier ervoor heeft te zorgen, dat aan de kredietnemer op verschillende tijdstippen het genot van zaken wordt verschaft of diensten worden verleend, voor zover het uitstaand saldo een bepaald bedrag (de kredietlimiet) niet overschrijdt;

h. uitstaand saldo bij geldkrediet: het op enig tijdstip bestaande totaal van de tot en met dat tijdstip door de kredietnemer opgenomen geldsommen, vermeerderd met de tot en met dat tijdstip aan deze in rekening gebrachte kredietvergoeding en verminderd met de door deze tot en met dat tijdstip gedane betalingen;

i. uitstaand saldo bij goederenkrediet: het op enig tijdstip bestaande totaal van de contantprijzen van de zaken onderscheidenlijk diensten, waarvan aan de kredietnemer tot en met dat tijdstip het genot is verschaft, onderscheidenlijk welke aan de kredietnemer zijn verleend, vermeerderd met het totaalbedrag van de in dat kader tot en met dat tijdstip aan de kredietnemer in rekening gebrachte kredietvergoeding en verminderd met het totaalbedrag van de in dat kader tot en met dat tijdstip door de kredietnemer gedane betalingen;

j. kredietvergoeding: alle beloningen en vergoedingen, in welke vorm ook, die de kredietgever of de leverancier ter zake van een kredietransactie bedingt, in rekening brengt of aanvaardt, bij goederenkrediet verminderd met het totaal van de contantprijzen van de zaken onderscheidenlijk diensten, waarvan de kredietnemer het genot wordt verschaft onderscheidenlijk welke aan de kredietnemer worden verleend;

k. effectief kredietvergoedingspercentage op jaarbasis: de bij afwikkeling van een kredietransactie overeenkomstig de betalingsregeling aan de kredietnemer in rekening te brengen kredietvergoeding, uitgedrukt in een percentage op jaarbasis van het uitstaand saldo;

l. kredietsom bij geldkrediet: de geldsom die de kredietnemer in het kader van een geldkrediet ter beschikking wordt gesteld, met dien verstande, dat bij doorlopend geldkrediet de kredietlimiet als die geldsom wordt aangemerkt;

m. kredietsom bij goederenkrediet: het verschil tussen het totaal van de contantprijzen van de zaken onderscheidenlijk diensten, waarvan de kredietnemer het genot wordt verschaft, onderscheidenlijk welke aan de kredietnemer worden verleend, en de door deze in dat kader gedane contante betalingen, met dien verstande, dat bij doorlopend goederenkrediet de kredietlimiet als dat verschil wordt aangemerkt;

n. gemeentelijke kredietbank: een instelling voor kredietverlening, opgericht door een of meer gemeenten;

o. Onze Minister: Onze Minister van Economische Zaken;

p. richtlijn: richtlijn (EEG) nr. 87/102 van de Raad van de Europese Gemeenschappen, van 22 december 1986, betreffende de harmonisatie van de wettelijke en bestuursrechtelijke bepalingen der Lid-Staten inzake het consumentenkrediet (*PbEG* L 42).

AFDELING 2

Beperking van de reikwijdte van de wet

Art. 2

Hoedanigheid kredietgever en -nemer

Deze wet geldt slechts voor kredietransacties, waaraan de kredietgever en, in voorkomend geval, de leverancier, deelnemen in de uitoefening van een bedrijf of beroep en waarbij de kredietnemer een natuurlijke persoon is.

Art. 3

Maximale kredietsom

– 1. Deze wet geldt niet voor kredietransacties, waarbij de kredietsom meer dan € 40 000 bedraagt.

Art. 4

Reikwijdte

– 1. Deze wet geldt voorts niet voor kredietransacties:

a. waarbij het effectieve kredietvergoedingspercentage op jaarbasis, berekend op door Onze Minister aan te geven wijze, op het tijdstip van aangaan van de transactie niet meer bedraagt dan de wettelijke rente, zoals vastgesteld bij de algemene maatregel van bestuur, bedoeld in artikel 120, eerste lid van Boek 6 van het Burgerlijk Wetboek, mits geen openbaar aanbod wordt gedaan tot het deelnemen aan die transacties;

b. betreffende zaken, die naar hun aard uitsluitend in de uitoefening van een bedrijf of van een zelfstandig uitgeoefend beroep plegen te worden gebruikt of verbruikt;

c. waaraan als kredietnemer deelneemt een ondernemer, die de betrokken zaken in de uitoefening van een bedrijf wederverkoopt;

d. waaraan als kredietnemer deelneemt een ondernemer of zelfstandige beroepsbeoefenaar en met betrekking waartoe in een door de kredietnemer ondertekende verklaring staat vermeld, dat het krediet wordt verleend ten behoeve van de uitoefening van diens bedrijf of beroep;

e. die bestaan uit een overeenkomst van huur en verhuur of waartoe een zodanige overeenkomst behoort, tenzij deze betrekking heeft op bij algemene maatregel van bestuur aan te wijzen zaken en de strekking heeft dat het verschaffen van het genot van de zaak, waarop de overeenkomst betrekking heeft, al of niet door verlenging van die overeenkomst of het aangaan van een nieuwe overeenkomst, langer dan zes maanden zal duren;

f. die bestaan uit een geldkrediet, bij het aangaan waarvan hypothecaire zekerheid wordt verleend, dan wel een geldkrediet met betrekking waartoe reeds hypothecaire zekerheid bestaan, mits het krediet wordt verleend tegen een voor hypothecaire financieringen van de betrokken kredietgever gebruikelijk effectief kredietvergoedingspercentage op jaarbasis;

g. die bestaan uit belening van een levensverzekering bij de betrokken levensverzekeraar;

h. die bestaan uit belening van ter beurze genoteerde effecten dan wel van niet ter beurze

genoteerde effecten, voor zover de waarde daarvan door middel van een openbare prijsaanduiding voor een ieder kenbaar is, mits de kredietsom de waarde van de betrokken effecten op het tijdstip van het aangaan van de transactie niet te boven gaat;
i. die bestaan uit een belening in de zin van de Pandhuiswet (*Stb.* 1910, 321), welke plaats vindt in een bank van lening als bedoeld in artikel 1, eerste lid, van die wet, indien daar in hoofdzaak beleningen plaatsvinden op de in die bepaling omschreven wijze;
j. waaraan wordt deelgenomen door openbare lichamen, ter uitvoering van een wettelijke taak.
– 2. *Vervallen.*
– 3. Indien een kredietgever bij het deelnemen aan kredietransacties als bedoeld in het eerste lid, onder *a,* handelt in strijd met hetgeen van een goed kredietgever in het maatschappelijk verkeer mag worden verwacht kan Onze Minister deze wet dan wel een of meer bepalingen daarvan van toepassing verklaren ter zake van zodanige kredietransacties.

AFDELING 3
Gemeentelijke kredietbanken

Art. 5

Gemeentelijke kredietbank

De artikelen 33, onder *d,* en 40 gelden niet voor kredietverlening door een gemeentelijke kredietbank:
a. waaraan als kredietnemer deelneemt:
1° echtgenoten of geregistreerde partners als bedoeld in artikel 3 van de Wet werk en bijstand, van wie het gezamenlijk netto maandinkomen niet hoger is dan de norm genoemd in artikel 21, onderdeel *c,* van die wet;
2° een alleenstaande ouder als bedoeld in artikel 4, onderdeel *b,* van de Wet werk en bijstand, van wie het netto maandinkomen niet hoger is dan negentig procent van de norm bedoeld onder 1°; of
3° een alleenstaande als bedoeld in artikel 4, onderdeel *a,* van de Wet werk en bijstand, van wie het netto maandinkomen niet hoger is dan zeventig procent van de norm bedoeld onder 1°, dan wel
b. in het kader van een regeling met betrekking tot de bestaande schuldenlast van een kredietnemer (saneringskrediet).

Art. 6-8

Vervallen.

HOOFDSTUK II

Art. 9-25

Vervallen.

HOOFDSTUK III

Art. 26-29

Vervallen.

HOOFDSTUK IV
De kredietransactie

AFDELING 1
Het aangaan van een kredietransactie

Art. 30

Akte

– 1. Een overeenkomst die een kredietransactie vormt of tot een zodanige transactie behoort en waarbij een kredietnemer partij is, wordt aangegaan bij een door of namens alle partijen ondertekende onderhandse of notariële akte.

Afschrift aan kredietnemer

– 2. Indien een overeenkomst als bedoeld in het eerste lid wordt aangegaan bij onderhandse akte, verstrekt de kredietgever of, in geval van een overeenkomst waarbij uitsluitend een leverancier en een kredietnemer partij zijn, de leverancier een door hem ondertekend afschrift aan de kredietnemer.

Inhoud akte

– 3. De kredietgever en de leverancier dragen er, ieder voor zover hij aan de transactie deelneemt, zorg voor, dat de akte in ieder geval de volgende gegevens bevat:
a. de naam en het adres van ieder der partijen;
b. de naam en het adres van de kredietbemiddelaar die bij de totstandkoming van de overeenkomst betrokken is geweest;
c. de kredietsom in cijfers en in letterschrift;
d. bij goederenkrediet: de contantprijs van elk van de zaken of diensten, met dien verstande dat bij doorlopend goederenkrediet slechts de contantprijs behoeft te worden vermeld van de

zaken onderscheidenlijk diensten, waarvan bij het aangaan van de transactie bekend is dat aan de kredietnemer het genot daarvan wordt verschaft onderscheidenlijk dat zij worden verleend;
e. het totaalbedrag van de kredietvergoeding, voor zover het niet betreft een doorlopend krediet of een kredietransactie waarbij de kredietvergoeding variabel is;
f. het effectieve kredietvergoedingspercentage op jaarbasis, berekend op door Onze Minister aan te geven wijze;
g. de betalingsregeling;
h. de bedingen betreffende zekerheidsrechten van de kredietgever of de leverancier, met inbegrip van een afzonderlijke aanduiding van elke zaak waarop een zodanig recht rust en de ingevolge artikel 40, tweede lid, geldende regeling betreffende overgang van eigendom;
i. de bevoegdheid van de kredietnemer tot volledige of gedeeltelijke vervroegde aflossing;
j. de plaats en datum van ondertekening.
– 4. De in het derde lid voorgeschreven vermeldingen moeten duidelijk leesbaar en bevattelijk zijn.

Vernietigbaarheid

– 5. Indien niet is voldaan aan het bepaalde in het eerste of tweede lid, is de overeenkomst vernietigbaar; slechts de kredietnemer kan een beroep op de vernietigingsgrond doen.
– 6. Bedingen waarbij aan de kredietnemer een verplichting wordt opgelegd of een recht wordt ontnomen ingeval hij een beroep op de vernietigingsgrond doet, zijn nietig.

Art. 31

Volmacht

– 1. Een kredietnemer kan geen volmacht tot ondertekening van een overeenkomst als bedoeld in artikel 30, eerste lid, verlenen aan een kredietgever, een leverancier, een kredietbemiddelaar of iemand, die bij een van hen werkzaam is.
– 2. Bedingen waarbij aan de kredietnemer een verplichting wordt opgelegd of een recht wordt ontnomen ingeval hij een beroep op de ongeldigheid van de volmacht doet, zijn nietig.
– 3. De kredietnemer kan geen onherroepelijke volmacht tot ondertekening van een overeenkomst als bedoeld in artikel 30, eerste lid, verlenen. Bedingen waarbij aan de kredietnemer een verplichting wordt opgelegd of een recht wordt ontnomen ingeval hij een volmacht tot zodanige ondertekening herroept, zijn nietig.

Art. 32

Schriftelijke bevestiging in plaats van akte

– 1. In afwijking van artikel 30, eerste lid, kunnen de kredietgever en de leverancier ten aanzien van een kredietransactie, waarvan de kredietsom niet meer dan € 1 000 bedraagt, volstaan met het onverwijld aan de kredietnemer verstrekken van een schriftelijke bevestiging van de transactie, ieder voor zover hij daaraan heeft deelgenomen. Artikel 30, derde tot en met zesde lid, is van overeenkomstige toepassing ten aanzien van de schriftelijke bevestiging.
– 2. Het in het eerste lid bedoelde bedrag kan, in verband met geldontwaarding, bij algemene maatregel van bestuur worden gewijzigd. Een aldus bij algemene maatregel van bestuur vastgesteld bedrag treedt in de plaats van het in het eerste lid genoemde bedrag.

AFDELING 2
Nietigheden

Art. 33

Nietige overeenkomst

Nietig is een overeenkomst als bedoeld in artikel 30, eerste lid, voor zover daarbij:
a. de kredietgever of leverancier de bevoegdheid wordt verleend, anders dan bij wijze van een verhoging van de kredietvergoeding welke is toegelaten ingevolge het bepaalde krachtens artikel 35, eenzijdig de kredietvergoeding te verhogen of anderszins de verplichtingen van de kredietnemer te verzwaren;
b. de kredietnemer zich verplicht tot het aangaan van een andere overeenkomst, anders dan ingeval:
1° uitdrukkelijk aan de kredietnemer het recht wordt toegekend te bepalen met welke wederpartij die overeenkomst zal worden aangegaan, of
2° de overeenkomst verplicht tot het aanhouden van een betaalrekening bij de kredietgever, door middel waarvan de uit de kredietransactie voortvloeiende betalingen dienen plaats te vinden en waaraan voor de kredietnemer geen kosten zijn verbonden;
c. vervroegde opeisbaarheid van het door de kredietnemer verschuldigde wordt bedongen, anders dan voor het geval dat:
1° de kredietnemer, die gedurende ten minste twee maanden achterstallig is in de betaling van een vervallen termijnbedrag, na in gebreke te zijn gesteld nalatig blijft in de nakoming van zijn verplichtingen,
2° de kredietnemer Nederland metterwoon heeft verlaten, dan wel redelijkerwijs kan worden aangenomen dat de kredietnemer binnen enkele maanden Nederland metterwoon zal verlaten,

3° de kredietnemer is overleden en de kredietgever gegronde reden heeft om aan te nemen dat diens verplichtingen uit hoofde van de overeenkomst niet zullen worden nagekomen,
4° de kredietnemer in staat van faillissement is komen te verkeren of ten aanzien van de kredietnemer de schuldsaneringsregeling natuurlijke personen van toepassing is verklaard,
5° de kredietnemer de tot zekerheid verbonden zaak heeft verduisterd, of
6° de kredietnemer aan de kredietgever, met het oog op het aangaan van de overeenkomst, bewust onjuiste inlichtingen heeft verstrekt van dien aard, dat de kredietgever de overeenkomst niet of niet onder dezelfde voorwaarden zou hebben aangegaan indien hem de juiste stand van zaken bekend zou zijn geweest;
d. de kredietnemer enig recht op arbeidsloon, salaris, pensioen, andere inkomsten uit arbeid of uitkering ingevolge een sociale verzekeringswet, dan wel levensonderhoud, verschuldigd ingevolge Boek 1 van het Burgerlijk Wetboek, ter zake van een kredietransactie op enigerlei wijze overdraagt, vervreemdt of bezwaart, dan wel tot invordering daarvan een onherroepelijke volmacht, in welke vorm of onder welke benaming ook, verleent;
e. wordt afgeweken van het bepaalde bij of krachtens de artikelen 34 tot en met 46, met uitzondering van een afwijking als bedoeld in artikel 42, vijfde lid.

AFDELING 3
Kredietvergoeding en betalingen

Art. 34

Toegestane kredietvergoedingen

Het is de kredietgever en de leverancier verboden enige andere vorm van kredietvergoeding te bedingen, in rekening te brengen of te aanvaarden dan:
a. een vergoeding welke verschuldigd is bij afwikkeling overeenkomstig de betalingsregeling van de transactie;
b. een vergoeding die verschuldigd wordt ingeval de kredietnemer, na ingebrekestelling, nalatig blijft in zijn verplichting tot betaling ingevolge de transactie;
c. een vergoeding die verschuldigd wordt indien de kredietnemer vervroegd aflost.

Art. 35

Maximale kredietvergoeding

– 1. Bij of krachtens algemene maatregel van bestuur wordt, ten einde het aanvaarden door kredietgevers van te grote risico's tegen te gaan, de ten hoogste toegelaten kredietvergoeding vastgesteld en worden regels gegeven betreffende de tijdstippen waarop de kredietvergoeding in rekening wordt gebracht.
– 2. De ten hoogste toegelaten kredietvergoeding wordt uitgedrukt in een geldsom, een percentage of in enige andere vorm. Deze kan verschillen naar gelang van de hoogte van de kredietsom, de looptijd van de transactie, mede in verband met de termijnen van aflossing, de vorm van de kredietvergoeding bedoeld in artikel 34, en het al dan niet variabel zijn van de kredietvergoeding.
– 3. Bij de maatregel, bedoeld in het eerste lid, wordt bepaald dat ter zake van kredietransacties, waarbij de kredietvergoeding variabel is, geen vergoeding als bedoeld in artikel 34, onder *c*, is toegelaten.

Art. 36

Verbod

Het is de kredietgever en de leverancier verboden een hogere kredietvergoeding in rekening te brengen, te bedingen of te aanvaarden, dan wel kredietvergoeding op een ander tijdstip in rekening te brengen, dan is toegelaten ingevolge artikel 35.

Art. 37

Vervroegde aflossing

– 1. De kredietnemer is te allen tijde bevoegd tot volledige of gedeeltelijke vervroegde aflossing.
– 2. De kredietgever of de leverancier kan bedingen dat gedeeltelijke vervroegde aflossing slechts plaatsvindt door een betaling ter grootte van ten minste een termijnbedrag overeenkomstig de betalingsregeling of, indien meer wordt afgelost, een veelvoud van een zodanig bedrag, op een tijdstip waarop ingevolge de betalingsregeling een termijnbedrag dient te worden voldaan.

Art. 38

Verboden

Het is de kredietgever en de leverancier verboden:
a. ter zake van nog niet opeisbare verplichtingen van de kredietnemer andere dan chartale betaalmiddelen aan te nemen, anders dan voor volledige of gedeeltelijke vervroegde aflossing;
b. een wissel op de kredietnemer te trekken of een orderbriefje van de kredietnemer aan te nemen ter zake van hetgeen de kredietnemer verschuldigd is, dan wel een van de kredietnemer ter betaling ontvangen cheque over te dragen aan een derde.

Art. 39

Informatieverstrekking aan kredietnemer

– 1. Bij algemene maatregel van bestuur kunnen, in het belang van een goede voorlichting, regels worden gesteld ten aanzien van de inhoud van schriftelijke mededelingen betreffende

het uitstaand saldo en de hoogte van de kredietvergoeding, welke gedurende de looptijd van de kredietransactie door de kredietgever aan de kredietnemer worden verstrekt.
– 2. Bij transacties met een variabele kredietvergoeding is de kredietgever verplicht om van elke wijziging van de kredietvergoeding op het eerstvolgende rekeningafschrift mededeling te doen aan de kredietnemer, waarbij hij tevens het gewijzigde effectieve kredietvergoedingspercentage op jaarbasis, berekend op door Onze Minister aangegeven wijze, vermeldt.
– 3. De kredietgever verstrekt op een daartoe strekkend verzoek van de kredietnemer een gespecificeerd overzicht van het uitstaand saldo. Hij kan daarbij een vergoeding in rekening brengen tot ten hoogste het bedrag van de werkelijke kosten.
– 4. Binnen korte tijd na het tenietgaan van de verbintenis van de kredietnemer verstrekt de kredietgever aan de kredietnemer op diens verzoek kosteloos een gespecificeerde afrekening.

AFDELING 4
Pandrecht en eigendomsvoorbehoud

Art. 40

Bezitloos of stil pandrecht, eigendomsvoorbehoud: toelaatbaarheid

– 1. Het is de kredietgever en de leverancier slechts toegestaan tot zekerheid van de nakoming van een verbintenis van de kredietnemer uit hoofde van een kredietransactie, een pandrecht als bedoeld in artikel 237 van Boek 3 van het Burgerlijk Wetboek te vestigen op een zaak, indien die zaak door de kredietnemer met het geleende geld wordt aangeschaft of aan de kredietnemer ingevolge de transactie het genot van die zaak wordt verschaft. De eerste volzin is van overeenkomstige toepassing ten aanzien van het bedingen van een eigendomsvoorbehoud alsmede ten aanzien van het vestigen van een pandrecht op een vordering van de kredietnemer.

Einde door aflossing; toerekening der aflossingen

– 2. Een pandrecht als bedoeld in artikel 237 van Boek 3 van het Burgerlijk Wetboek dat in het kader van een doorlopende kredietransactie op een zaak is gevestigd, eindigt van rechtswege en de eigendom van een zaak die in het kader van een doorlopende kredietransactie is voorbehouden, gaat van rechtswege over op de kredietnemer zodra deze aflossingen heeft gedaan ter grootte van het verschil tussen de contantprijs van die zaak en het bedrag van de contante betaling betreffende het genot van die zaak, dan wel, indien geen contante betaling is gedaan, ter grootte van die contantprijs. Aflossingen worden bij goederenkrediet toegerekend aan verschillende zaken in dezelfde volgorde als waarin met het verschaffen van het genot daarvan een aanvang is gemaakt en bij geldkrediet in dezelfde volgorde als waarin zij zijn aangeschaft.

Art. 41

Vordering tot afgifte zaak

– 1. Afgifte van een zaak, waarop een pandrecht als bedoeld in artikel 237 van Boek 3 van het Burgerlijk Wetboek is gevestigd of waarvan de eigendom is voorbehouden in het kader van een kredietransactie, kan slechts worden gevorderd in de gevallen, bedoeld in artikel 33, onder *c*, 1° tot en met 6°. Artikel 496, tweede lid, van het Wetboek van Burgerlijke Rechtsvordering is niet van toepassing.
– 2. Afgifte van een zaak als bedoeld in het eerste lid kan niet meer worden gevorderd indien meer dan drie vierde deel van de kredietsom is afgelost. De vorige volzin vindt geen toepassing met betrekking tot doorlopende kredietransacties.

Ontbinding kredietovereenkomsten

– 3. Afgifte van een zaak als bedoeld in het eerste lid heeft, indien zij geschiedt in overeenstemming met het bepaalde in dit artikel, tot gevolg dat de tot de kredietransactie behorende overeenkomsten van rechtswege worden ontbonden.
– 4. De kredietnemer kan niet worden verplicht de kredietgever of de leverancier toe te laten tot zijn woning of erf om de tot zekerheid dienende zaak te bezichtigen of tot zich te nemen.

Art. 42

Teruggave zaak

– 1. Indien de kredietnemer binnen veertien dagen nadat hij de zaak heeft afgegeven het totale op het tijdstip van inlossing achterstallige bedrag, benevens de vergoeding, bedoeld in artikel 34, onder *b*, betaalt, wordt de zaak door de kredietgever teruggegeven.

Ongedaanmaking ontbinding

– 2. Door de in het eerste lid bedoelde betaling wordt de ontbinding van de tot de kredietransactie behorende overeenkomsten ongedaan gemaakt.
– 3. Bij herhaalde afgifte van de zaak behoeft deze door de kredietgever slechts te worden teruggegeven na betaling door de kredietnemer van het in het eerste lid bedoelde bedrag, benevens het restant van de kredietsom, alsmede de bedongen kredietvergoeding, voor zover toegelaten ingevolge artikel 35, met dien verstande, dat bij een doorlopende kredietransactie in plaats van het restant van de kredietsom het restant van de in artikel 40, tweede lid, eerste volzin, bedoelde aflossingen moet worden betaald; de tweede volzin van dat lid vindt overeenkomstige toepassing.
– 4. Indien de kredietgever een redelijk belang heeft bij weigering van de teruggave, kan de rechter bepalen dat het eerste lid buiten toepassing blijft.

Afwijking

– 5. Van de bepalingen van dit artikel kan door partijen slechts ten voordele van de kredietnemer worden afgeweken.

Art. 43

– 1. In afwijking van artikel 229 van Boek 3 van het Burgerlijk Wetboek ontstaat een pandrecht op een vordering tot vergoeding die in de plaats treedt van een zaak als bedoeld in artikel 40, eerste lid, slechts voor het geval die zaak geheel teniet gaat. **Zaaksvervanging**

– 2. Een pandrecht als bedoeld in het eerste lid eindigt van rechtswege:

a. indien de kredietnemer gelijkwaardige vervangende zekerheid stelt, of

b. zodra de kredietnemer drie vierde deel van de kredietsom heeft afgelost.

– 3. De kredietgever, onderscheidenlijk de leverancier, die tot inning van de in het eerste lid bedoelde verpande vordering overgaat, stelt de kredietnemer daarvan terstond schriftelijk in kennis. Daarbij deelt hij de kredietnemer mee dat deze in de gelegenheid is om gelijkwaardige vervangende zekerheid te stellen. Artikel 40, eerste lid, is niet van toepassing ten aanzien van de door de kredietnemer gestelde vervangende zekerheid.

– 4. Artikel 229 van Boek 3 van het Burgerlijk Wetboek en het eerste tot en met het derde lid zijn van overeenkomstige toepassing bij een eigendomsvoorbehoud ten aanzien van een zaak als bedoeld in artikel 40, eerste lid.

AFDELING 5

Overige bepalingen

Art. 44

Wijze van ontbinding kredietovereenkomst

– 1. Een overeenkomst als bedoeld in artikel 30, eerste lid, kan slechts door rechterlijke tussenkomst worden ontbonden, behoudens het bepaalde in artikel 41, derde lid, van deze wet en de artikelen 37 en 38*a* van de Faillissementswet (*Stb.* 1893, 140).

Verrekening

– 2. Indien bij ontbinding van zodanige overeenkomst een der partijen in een betere vermogenstoestand zou geraken dan bij het in stand blijven van die overeenkomst en afwikkeling overeenkomstig de betalingsregeling, vindt volledige verrekening plaats.

Art. 45

Rechten kredietnemer jegens kredietgever bij tekortschieten leverancier

– 1. Indien de leverancier van een roerende zaak of een dienst waarop een kredietransactie als bedoeld in artikel 1, onder *a*, sub 3°, betrekking heeft, jegens de kredietnemer tekortschiet in de nakoming van zijn verbintenis, is de kredietnemer jegens de kredietgever bevoegd op dezelfde voet de nakoming van zijn verplichtingen uit die transactie op te schorten als hij zou zijn indien het een transactie als bedoeld in artikel 1, onder *a*, sub 2°, betrof, indien:

a. de kredietnemer het krediet heeft verkregen krachtens een voordien tussen de kredietgever en de leverancier tot stand gekomen overeenkomst op grond waarvan uitsluitend door die kredietgever aan een wederpartij van die leverancier krediet wordt verstrekt, en

b. de kredietnemer van de leverancier schriftelijk nakoming van diens verbintenis heeft verlangd en de leverancier in gebreke is gebleven daaraan te voldoen.

– 2. De in het eerste lid bedoelde bevoegdheid vervalt zodra de leverancier zijn verbintenis volledig aan de kredietnemer heeft voldaan of voor de voldoening van die verbintenis zekerheid is gesteld.

– 3. Indien op grond van de in het eerste lid, onder *b*, bedoelde niet-nakoming de overeenkomst tussen de kredietnemer en de leverancier wordt ontbonden, kan de kredietnemer de vordering die hij op de voet van het tweede lid van artikel 44 heeft jegens de leverancier, geldend maken jegens de kredietgever. Het bepaalde in het eerste lid, onder *b*, is van overeenkomstige toepassing, tenzij de ontbinding van de overeenkomst geschiedt in verband met het faillissement van de leverancier of de toepassing ten aanzien van de leverancier van de schuldsaneringsregeling natuurlijke personen.

Minimale kredietsom

– 4. Dit artikel is niet van toepassing op een kredietransactie waarbij de kredietsom minder dan € 200 bedraagt. Het in de vorige volzin genoemde bedrag kan in verband met geldontwaarding, dan wel in verband met een herziening van bedragen als bedoeld in artikel 13, tweede lid, van de richtlijn bij algemene maatregel van bestuur worden aangepast. Een aldus bij algemene maatregel van bestuur vastgesteld bedrag treedt in de plaats van het in de eerste volzin genoemde bedrag.

– 5. Van de bepalingen van dit artikel kan door partijen slechts ten voordele van de kredietnemer worden afgeweken.

Art. 46

Buiten Nederland gesloten overeenkomst

De bepalingen van dit hoofdstuk omtrent nietigheid en vernietigbaarheid zijn mede van toepassing op overeenkomsten als bedoeld in artikel 30, eerste lid, die buiten Nederland worden gesloten door een buiten Nederland gevestigde kredietgever of leverancier met een kredietnemer die zijn gewone verblijfplaats in Nederland heeft en die het krediet in Nederland heeft aangevraagd.

HOOFDSTUK V

Schuldbemiddeling

Art. 47

Schuldbemiddeling

– 1. Schuldbemiddeling is verboden.

– 2. Onder schuldbemiddeling wordt verstaan het in de uitoefening van een bedrijf of beroep, anders dan door het aangaan van een kredietransactie, verrichten van diensten, gericht op de totstandkoming van een regeling met betrekking tot de bestaande schuldenlast van een natuurlijke persoon, geheel of gedeeltelijk voortvloeiend uit een of meer kredietransacties.

Art. 48

Uitzonderingen

– 1. Het in artikel 47, eerste lid, bedoelde verbod is niet van toepassing op schuldbemiddeling:

a. om niet;

b. door gemeenten, gemeentelijke kredietbanken of andere door gemeenten gehouden instellingen, die zich krachtens hun doelstelling met schuldbemiddeling bezighouden;

c. door advocaten, curatoren en bewindvoerders ingevolge de Faillissementswet aangesteld, notarissen, deurwaarders, registeraccountants en accountants-administratieconsulenten;

d. door natuurlijke personen of rechtspersonen, dan wel categorieën daarvan, aan te wijzen bij algemene maatregel van bestuur.

– 2. Bij algemene maatregel van bestuur kan worden bepaald dat voor het verrichten van schuldbemiddeling als bedoeld in het eerste lid een certificaat is vereist en dat de vergoeding voor schuldbemiddeling voor ingevolge het eerste lid, onder *d*, aangewezen personen of categorieën van personen niet meer mag bedragen dan een daarbij te bepalen percentage van het bedrag van de schulden, voor zover daaromtrent een regeling is tot stand gekomen, dat de vergoeding niet meer mag bedragen dan de kosten van de bemiddeling, alsmede dat geen vergoeding mag worden bedongen, in rekening gebracht of aanvaard indien geen regeling is tot stand gekomen. Deze regels kunnen verschillen naar gelang van de aangewezen personen of categorieën van personen, waarop zij betrekking hebben.

– 3. Nietig is een overeenkomst, voor zover daarbij wordt afgeweken van het bij of krachtens het tweede lid bepaalde.

Art. 48a

Toezicht

Met het toezicht op de naleving van het bij of krachtens dit hoofdstuk bepaalde zijn belast de bij ministeriële regeling aangewezen personen.

HOOFDSTUK VI

Art. 49

Vervallen.

HOOFDSTUK VII

Art. 50-56

Vervallen.

HOOFDSTUK VIII

Art. 57-63

Vervallen.

HOOFDSTUK IX

Art. 64-68

Vervallen.

HOOFDSTUK X

Straf-, overgangs- en slotbepalingen

Art. 69

Strafbaarheid

Overtreding van voorschriften, gesteld bij of krachtens de artikelen 34, 36 en 38 is slechts strafbaar voor zover deze van toepassing zijn op een leverancier.

Art. 70-78

Vervallen.

Wet van 21 juni 1973, Stb. 289, houdende tijdelijke regeling betreffende huurkoop van onroerend goed , zoals deze wet laatstelijk is gewijzigd bij de Wet van 26 mei 2005, Stb. 282

[Inwerkingtreding: 06-07-1973]

Wij JULIANA, bij de gratie Gods, Koningin der Nederlanden, Prinses van Oranje-Nassau, enz., enz., enz.

Allen, die deze zullen zien of horen lezen, saluut! doen te weten:

Alzo Wij in overweging genomen hebben, dat het wenselijk is een tijdelijke regeling te treffen omtrent de huurkoop van onroerend goed bestemd of gebruikt tot bewoning;

Zo is het, dat Wij, de Raad van State gehoord, en met gemeen overleg der Staten-Generaal, hebben goedgevonden en verstaan, gelijk Wij goedvinden en verstaan bij deze:

Art. 1

Definitie

– 1. Huurkoop in de zin van deze wet is de koop en verkoop van een onroerende zaak of een recht waaraan deze is onderworpen, waarbij partijen overeenkomen dat de koopprijs wordt betaald in termijnen, en dat de overdracht eerst zal plaatsvinden na voldoening van twee of meer termijnen die verschijnen nadat de koper in het genot van het goed is gesteld.

– 2. Alle overeenkomsten, welke dezelfde strekking hebben, onder welke benaming ook aangegaan, zijn aan de voorschriften van deze wet onderworpen.

Art. 2

Notariële akte

– 1. Huurkoop wordt aangegaan bij notariële akte.

– 2. De notaris is verplicht in de akte te vermelden dat op de gesloten overeenkomst onder meer van toepassing is de Tijdelijke wet huurkoop onroerende zaken. De notaris is voorts verplicht in de akte te vermelden dat op voet van die wet:

a. de huurkoopovereenkomst kan worden ingeschreven in de openbare registers, bedoeld in afdeling 2 van titel 1 van Boek 3 van het Burgerlijk Wetboek;

b. de huurkoper een beroep op de rechter kan doen tot wijziging van de overeenkomst, indien een wanverhouding bestaat tussen de verplichtingen en de rechten, welke voor de huurkoper uit de overeenkomst voortvloeien.

– 3. De notaris is bovendien verplicht in de akte ten minste te vermelden:

a. welk deel van de te betalen termijnen tot aflossing van de huurkoopsom strekt en welk deel strekt tot betaling van de verschuldigde rente;

b. de data, waarop de huurkoper de verschuldigde bedragen dient te betalen.

Vastlegging huurkoopovereenkomst

– 4. Indien terzake van de huurkoop niet een akte als bedoeld in het eerste lid is opgemaakt, kan de huurkoper schriftelijke vastlegging van de overeenkomst door de rechter vorderen. Bij deze vastlegging worden nietige bedingen in overeenstemming gebracht met de wet. Op de schriftelijk vastgelegde overeenkomst past de rechter artikel 9 ambtshalve toe. Indien bij de overeenkomst niet is bepaald welk deel van de te betalen termijnen strekt tot aflossing van de huurkoopsom en welk deel strekt tot betaling van de verschuldigde rente, stelt de rechter deze verhouding naar billijkheid vast. Het bepaalde in de tweede zin, aanhef en onder *b*, van het tweede lid is niet van toepassing.

Taxatierapport

– 5. Van de akte, bedoeld in het eerste lid, maakt een taxatierapport betreffende het goed opgemaakt door een door partijen in onderlinge overeenstemming aangewezen taxateur, deel uit. Indien partijen geen overeenstemming bereiken, dan wijst de kantonrechter op verzoek van de meest gerede partij een taxateur aan. Het taxatierapport bevat in elk geval een beschrijving en beoordeling van de onderhoudstoestand van de onroerende zaak. De kosten van de taxatie komen ten laste van de verkoper.

– 6. De notaris gaat tot het verlijden van de akte als bedoeld in het eerste lid niet over dan nadat partijen ten minste een week de tijd hebben gehad om van het in het vorige lid bedoelde rapport kennis te nemen.

– 7. Op de schriftelijke vastlegging als bedoeld in het vierde lid is het bepaalde in het vijfde lid van overeenkomstige toepassing, met dien verstande dat de rechter de taxateur aanwijst. In de op deze vastlegging gerichte procedure geeft de rechter partijen de gelegenheid zich in een conclusie over het rapport uit te laten. Daartoe wordt het rapport gedurende veertien dagen op de griffie ter inzage gelegd.

– 8. De notaris dient zich, alvorens de akte te verlijden, er van te vergewissen dat de huurkoper geacht kan worden met de strekking van de overeenkomst voldoende op de hoogte te zijn.

Art. 3

Vernietiging

– 1. Indien terzake van de huurkoop niet een akte als bedoeld in het eerste lid van artikel 2 is opgemaakt, noch ook een overeenkomstig artikel 2 gewezen toewijzend vonnis of arrest in kracht van gewijsde is gegaan, is de huurkoper bevoegd vernietiging van de overeenkomst te vorderen. De huurverkoper is alsdan gehouden tot volledige terugbetaling van de door de huurkoper reeds voldane afbetalingstermijnen, zonder enige vergoeding voor het gebruik van de onroerende zaak sedert het aangaan van de overeenkomst te kunnen vorderen. De rechter kan evenwel voor het gebruik een vergoeding aan de huurverkoper toekennen, indien de billijkheid zulks vergt. De huurkoper is voor de door hem gedane betalingen bevoorrecht op het in huurkoop gekochte goed.

Ontbinding

– 2. Indien niet een akte als bedoeld in het eerste lid van artikel 2 van de huurkoopovereenkomst is opgemaakt en de huurkoper evenmin een vordering tot vastlegging dan wel vernietiging van de overeenkomst heeft ingesteld, is de huurverkoper bevoegd ontbinding van de huurkoopovereenkomst te vorderen, zonder dat hem vergoeding toekomt voor de daaruit voortvloeiende schade, onverminderd het bepaalde in de tweede, derde en vierde zin van het voorgaande lid. De huurkoper blijft evenwel bevoegd alsnog vastlegging van de huurkoopovereenkomst overeenkomstig artikel 2 te vorderen zolang het door de huurverkoper aanhangig gemaakte geding strekkend tot ontbondenverklaring van de huurkoopovereenkomst nog niet in staat van wijzen is.

Vordering tot vaststelling

– 3. Indien de huurkoper in de in het voorgaande lid genoemde omstandigheden alsnog een vordering tot vastlegging van de huurkoopovereenkomst heeft ingesteld, wordt op incidentele vordering van de huurkoper het door de huurverkoper aanhangig gemaakte geding tot ontbondenverklaring van de huurkoopovereenkomst geschorst totdat bij in kracht van gewijsde gegaan vonnis of arrest op de vordering tot vastlegging zal zijn beslist dan wel daarin ontslag of verval van instantie is verleend. Is de vordering tot vastlegging bij in kracht van gewijsde gegane beslissing toegewezen, dan wordt op de door de rechter te bepalen terechtzitting, op vordering van de meest gerede partij, in het geding tot ontbondenverklaring het vervallen van de instantie uitgesproken. Is de huurkoper in zijn vordering tot vastlegging bij in kracht van gewijsde gegane beslissing niet-ontvankelijk verklaard dan wel heeft in dat geding ontslag of verval van instantie plaats gehad, dan wordt het geding tot ontbondenverklaring op vordering van de huurverkoper op de door de rechter te bepalen terechtzitting voortgezet. De kosten van het geding tot ontbondenverklaring worden gecompenseerd.

– 4. Zodra de vordering tot vastlegging van de huurkoopovereenkomst bij in kracht van gewijsde gegaan vonnis of arrest is toegewezen, dan wel de huurkoopovereenkomst alsnog bij notariële akte is opgemaakt, is ook de huurverkoper gerechtigd nakoming van de overeenkomst te vorderen.

Art. 4

Inschrijfbaar in openbare registers

– 1. In de openbare registers, bedoeld in afdeling 2 van titel 1 van Boek 3 van het Burgerlijk Wetboek, kunnen worden ingeschreven:

a. de akte van huurkoop, bedoeld in artikel 2, eerste lid;

b. een rechterlijke uitspraak als bedoeld in artikel 2, vierde lid, houdende schriftelijke vastlegging van de huurkoopovereenkomst, mits zij in kracht van gewijsde is gegaan;

c. een rechterlijke uitspraak waarbij de huurkoopovereenkomst die overeenkomstig het onder *a* of *b* bepaalde in de openbare registers is ingeschreven, vernietigd, geheel of gedeeltelijk ontbonden of gewijzigd is, mits de uitspraak in kracht van gewijsde is gegaan of uitvoerbaar bij voorraad is;

d. de instelling van een rechtsvordering overeenkomstig artikel 2, vierde lid, of artikel 3, derde lid, tot schriftelijke vastlegging van de huurkoopovereenkomst.

– 2. Indien de instelling van een rechtsvordering als bedoeld in het eerste lid onder *d* in de openbare registers is ingeschreven, wordt de inschrijving van een uitspraak als bedoeld in het eerste lid onder *b* geacht te zijn geschied op het tijdstip waarop de voormelde rechtsvordering is ingeschreven, mits de inschrijving van de uitspraak geschiedt binnen zes maanden nadat zij in kracht van gewijsde is gegaan.

Art. 5

Eerder recht van hypotheek of beslag

– 1. Overdracht van het in huurkoop verkochte goed, voor zover deze niet voortvloeit uit een reeds eerder ingeschreven akte van huurkoop, of bezwaring daarvan na een inschrijving als bedoeld in artikel 4, eerste lid, onder *a*, *b* of *d*, werkt niet ten nadele van de huurkoper, tenzij de overdracht plaatsvindt ten gevolge van een executoriale verkoop door een hypotheekhouder of beslaglegger die hun recht daartoe ontlenen aan een hypotheekakte of proces-verbaal van inbeslagneming, ingeschreven in de openbare registers vóór de in artikel 4, eerste lid, onder *a*, *b* of *d*, genoemde inschrijving. Indien de in artikel 4, eerste lid, onder *a*, *b* of *d*, genoemde inschrijving plaatsvindt na de in het tweede gedeelte van de vorige zin genoemde inschrijving, is de huurkoper verplicht de betreffende schuldeisers en eventuele andere beslagleggers bij aangetekend schrijven onverwijld daarvan kennis te geven. Is door die schuldeisers reeds een aanvang gemaakt met de executoriale verkoop en is daartegen verzet gedaan, dan moet eveneens kennisgeving worden gedaan aan de opposant. Artikel 505, derde lid, van het Wetboek van Burgerlijke Rechtsvordering is van overeenkomstige toepassing.

– 2. Ingeval van een executoriale verkoop als bedoeld in het vorige lid, is de huurkoper voor de door hem in mindering op de huurkoopsom betaalde bedragen bevoorrecht op hetgeen het verbonden of in beslag genomen goed bij uitwinning meer opbrengt dan verschuldigd is aan voornoemde schuldeisers of, indien niet het gehele goed in huurkoop is verkocht, op een zodanig percentage van deze meeropbrengst als waarin de waarde van het in huurkoop verkochte onderdeel zich verhoudt tot die van het geheel. Dit voorrecht komt dezelfde rang toe als een hypotheek en wordt geacht te zijn ontstaan op de dag van de in artikel 4, eerste lid, onder *a*, *b* of *d*, genoemde inschrijving. Indien uit de huurkoopakte niet duidelijk blijkt welk gedeelte van de periodiek door de huurkoper verschuldigde bedragen voor aflossing van de huurkoopsom is bestemd en artikel 2, vierde lid geen toepassing heeft gevonden, wordt het bedrag waarvoor de huurkoper voormeld voorrecht kan doen gelden door de rechter vastgesteld door het totaal bedrag van de door de huurkoper verrichte betalingen te verminderen met een naar billijkheid vast te stellen vergoeding voor het gedurende de contractsperiode door de huurkoper gemaakte gebruik van het pand. **Voorrecht huurkoper**

– 3. Faillissement van de huurverkoper of toepassing ten aanzien van hem van de schuldsaneringsregeling natuurlijke personen, uitgesproken onderscheidenlijk van toepassing verklaard na de in artikel 4, eerste lid, onder *a*, *b* of *d*, genoemde inschrijving, werkt niet ten nadele van de huurkoper, onverminderd de toepasselijkheid van de artikelen 42 en 43 van de Faillissementswet op de huurovereenkomst. **Faillissement of schuldsanering**

Art. 6

Ontruimingsbescherming

Indien de in artikel 5, eerste lid, genoemde hypotheekhouders of beslagleggers jegens wie de huurkoop niet kan worden ingeroepen, tot executoriale verkoop wensen over te gaan en gebruik maken van hun bevoegdheid ontruiming van de zaak door de huurkoper te vorderen, zal, indien de in artikel 4, eerste lid, onder *a*, *b* of *d*, genoemde inschrijving en tevens de kennisgeving genoemd in artikel 5, eerste lid, heeft plaats gevonden voordat een aanvang is gemaakt met de executoriale verkoop, het ontruimingsvonnis niet eerder dan na verloop van negen maanden door de hypotheekhouder, de beslaglegger, degene die in geval van vorenbedoelde verkoop door koop en inschrijving van het proces-verbaal van toewijzing rechthebbende is geworden of diens rechtverkrijgenden kunnen worden tenuitvoergelegd. Bij dit vonnis wordt, met overeenkomstige toepassing van artikel 230*a* lid 5 van Boek 7 van het Burgerlijk Wetboek, vastgesteld welke vergoeding maandelijks verschuldigd is wegens het gebruik van het pand gedurende genoemde periode.

Art. 7

Rechtstreekse betaling aan hypotheekhouder

– 1. Indien de inschrijving bedoeld in artikel 4, eerste lid, onder *a*, *b* of *d*, heeft plaats gehad nadat reeds een hypotheekakte betreffende het in huurkoop verkochte goed in de openbare registers was ingeschreven, heeft de huurkoper het recht de nog te betalen huurkooptermijnen aan te wenden tot rechtstreekse betaling van opeisbare rente en aflossingen aan de hypotheekhouder.

– 2. Voor zover het door de huurkoper aan de huurverkoper verschuldigde per termijn minder bedraagt dan het bedrag dat periodiek aan rente en aflossingen aan de hypotheekhouder is verschuldigd, is de huurkoper in afwijking van artikel 29 van Boek 6 van het Burgerlijk Wetboek tot de in het eerste lid bedoelde betaling bevoegd, onverminderd de verplichting van de hypothecaire schuldenaar tot betaling van het restant verschuldigde.

– 3. Indien de huurkoper van dit recht gebruik wenst te maken, is de hypotheekhouder verplicht de huurkoper in te lichten omtrent de grootte van de nog resterende hypothecaire schuld.

– 4. De betalingen overeenkomstig dit artikel aan de hypotheekhouder gedaan, strekken in mindering op hetgeen de huurkoper aan de huurverkoper verschuldigd is. De huurkoper stelt de huurverkoper onverwijld in kennis van deze betalingen.

– 5. Bij executoriale verkoop door een hypotheekhouder of een beslaglegger genoemd in artikel 5, eerste lid, heeft de huurkoper het recht, bedoeld in artikel 269 van Boek 3 van het Burgerlijk Wetboek. Maakt de huurkoper van dit recht gebruik, dan is het derde lid van toepassing. **Recht van lossing**

– 6. Indien reeds vóór de inschrijving bedoeld in artikel 4 een hypotheekakte betreffende het in huurkoop verkochte goed was ingeschreven, kan de overdracht van het recht op verschenen of nog niet verschenen huurkooptermijnen aan een derde, niet zijnde de hypotheekhouder bedoeld in het eerste lid van dit artikel, niet worden ingeroepen tegen de huurkoper, tenzij deze uitdrukkelijk toestemming heeft gegeven tot deze overdracht. De eerste zin is niet van toepassing indien ten tijde van het in werking treden van deze wet de overdracht reeds heeft plaats gehad. **Overdracht recht op huurkooptermijnen**

Art. 8

Vervallen.

Art. 9

Wijziging huurkoopovereenkomst

Indien een wanverhouding bestaat tussen de verplichtingen en de rechten, welke voor de huurkoper uit de huurkoopovereenkomst voortvloeien, kan de rechter op vordering van de huurkoper deze overeenkomst zodanig wijzigen dat de op de huurkoper rustende verplichtingen in redelijke verhouding staan tot de hem verleende rechten. Bij deze wijziging worden de redelijke belangen van de huurverkoper mede in acht genomen. De wijziging kan mede betrekking hebben op de aan de vordering voorafgegane contractsperiode.

Art. 10

Nietig beding

Elk beding in een huurkoopovereenkomst, volgens hetwelk gedurende de contractsperiode een hogere koopprijs kan worden vastgesteld, is nietig.

Art. 11

Ontbinding overeenkomst

– 1. Ontbinding van de overeenkomst van huurkoop op grond dat de huurkoper tekortschiet in de voldoening van zijn verplichtingen, kan slechts door de rechter geschieden.

– 2. Ontbinding van de huurkoop kan wegens niet tijdige nakoming door de huurkoper van zijn verplichtingen niet worden gevorderd, tenzij de huurkoper, na in gebreke te zijn gesteld, in de nakoming van zijn verplichtingen blijft tekortschieten.

– 3. Wordt de huurkoop ontbonden, dan heeft de huurkoper recht op terugbetaling van de door hem in mindering op de koopsom betaalde aflossingen, onverminderd zijn gehoudenheid tot vergoeding van de door de huurverkoper geleden schade.

Art. 12

Vervroegde betaling

– 1. Onverminderd het vierde lid van artikel 7, is de huurkoper steeds bevoegd tot vervroegde betaling van één of meer eerstvolgende termijnen van de koopprijs. Eveneens is de huurkoper gerechtigd het resterende gedeelte van de koopsom ineens af te betalen.

Aftrek rente

– 2. In geval van vervroegde betaling ineens van het gehele nog verschuldigde bedrag heeft de huurkoper recht op een aftrek berekend naar de wettelijke rente of, indien deze lager is dan de bedongen rentevoet, berekend naar laatstgenoemde rentevoet over elke daarbij vervroegd betaalde termijn.

– 3. Zodra de gehele koopsom met de daarover verschuldigde rente aan de huurverkoper is betaald of op de wijze bij afdeling 8 van titel 1 van Boek 6 van het Burgerlijk Wetboek bepaald in bewaring is gesteld, of wanneer de verplichting tot betaling door verrekening of afstand is te niet gegaan, is de huurverkoper, indien nog geen zodanige akte werd opgemaakt, gehouden zijn medewerking te verlenen aan het tot stand komen van een notariële akte van levering aan de huurkoper.

Art. 13

Onteigening en schadeloosstelling

– 1. Bij onteigening van een goed dat in huurkoop is verkocht, worden zowel de rechthebbende als de huurkoper wiens recht vóór de terinzagelegging bedoeld in artikel 80 van de onteigeningswet alsmede de terinzagelegging van het besluit van de gemeenteraad bedoeld in artikel 85, mede in verband met artikel 84 van de onteigeningswet in de openbare registers is ingeschreven, gedagvaard en wordt de aan elk hunner verschuldigde schadeloosstelling afzonderlijk begroot.

– 2. Uit het bedrag van de werkelijke waarde van het goed wordt aan de huurverkoper een schadeloosstelling toegekend wegens de aanspraken uit de huurkoopovereenkomst, welke hij verliest; hetgeen vervolgens overblijft, komt aan de huurkoper toe.

– 3. Indien er ten nadele van de huurkoper een wanverhouding blijkt te bestaan tussen de bij de huurkoopovereenkomst bedongen wederzijdse rechten en verplichtingen, past de rechter ambtshalve artikel 9 toe, alvorens hij overeenkomstig het eerste en tweede lid van dit artikel de aan de rechthebbende en de huurkoper toekomende schadeloosstelling vaststelt.

Art. 14

Absolute competentie

Artikel 93 onder c van het Wetboek van Burgerlijke Rechtsvordering is niet van toepassing op vorderingen voortvloeiend uit deze wet.

Art. 15

Dwingend recht

Elk beding waarbij wordt afgeweken van de bepalingen van deze wet, is nietig.

Art. 16

Toepassing van wet

– 1. Voorzover in dit artikel niet anders is bepaald, is deze wet mede van toepassing op overeenkomsten van huurkoop, welke vóór het in werking treden van deze wet zijn gesloten, indien deze voldoen aan de voorwaarden genoemd in artikel 1 en tevens bij akte zijn aangegaan, of wel na de inwerkingtreding van deze wet alsnog bij akte dan wel overeenkomstig het vierde lid van dit artikel zijn vastgelegd.

– 2. Voorzover deze overeenkomst niet in dubbel is opgemaakt of indien wel een dubbel is opgemaakt, maar de huurverkoper de huurkoper niet een ondertekend afschrift dan wel dubbel heeft verstrekt, is hij verplicht de huurkoper dit afschrift of dubbel onverwijld te verstrekken.

– 3. Verder afschrift kan de huurkoper te allen tijde tegen betaling van de kosten vorderen.

– 4. Voorzover deze overeenkomst noch bij notariële noch bij onderhandse akte is aangegaan, kan de meest gerede partij schriftelijke vastlegging van de overeenkomst door de rechter vor-

deren. Het bepaalde in de tweede, derde en vierde zin van het vierde lid en in het zevende lid van artikel 2 is van overeenkomstige toepassing.
– 5. Artikel 3 is niet van toepassing.
– 6. Voor de toepassing van dit artikel geldt in plaats van de in artikel 6 genoemde termijn een termijn van twaalf maanden.

Art. 17

Onderhandse akte

In de plaats van een notariële of authentieke akte volgens deze wet kan worden gebezigd een onderhandse akte, als bedoeld in artikel 91, eerste lid, van de Overgangswet nieuw Burgerlijk Wetboek, in welke gevallen het woord 'notaris' in artikel 2, tweede, derde, zesde en achtste lid, telkens wordt vervangen door: persoon, als bedoeld in artikel 91, derde lid, van de Overgangswet nieuw Burgerlijk Wetboek en het woord 'verlijden' in artikel 2, zesde en achtste lid, telkens wordt vervangen door: ondertekenen.

Art. 18

Citeertitel

Deze wet kan worden aangehaald als: Tijdelijke wet huurkoop onroerende zaken.

Art. 19

Inwerkingtreding

Deze wet treedt in werking met ingang van de dag na de datum van uitgifte van het *Staatsblad*, waarin zij wordt geplaatst.

Wet van 21 november 2002, Stb. 589 , houdende integratie van de Huurprijzenwet woonruimte en de Wet op de huurcommissies in een uitvoeringswet huurprijzen woonruimte onder gelijktijdige overheveling van een deel van de tekst van de Huurprijzenwet woonruimte naar de nieuwe titel 7.4 van Boek 7 van het Burgerlijk Wetboek, zoals deze wet laatstelijk is gewijzigd bij de Wet van 29 mei 2008, Stb. 197

[Inwerkingtreding: 01-08-2003]

Wij Beatrix, bij de gratie Gods, Koningin der Nederlanden, Prinses van Oranje-Nassau, enz. enz. enz.

Allen, die deze zullen zien of horen lezen, saluut! doen te weten:

Alzo Wij in overweging genomen hebben dat het wenselijk is tegelijk met het voorstel van wet tot herziening van Boek 7A van het Burgerlijk Wetboek, waarbij een aantal bepalingen van de Huurprijzenwet woonruimte naar de nieuwe titel 7.4 van Boek 7 van dat wetboek wordt overgeheveld, de overige bepalingen van de Huurprijzenwet woonruimte en die van de Wet op de huurcommissies te integreren in een nieuw wetsvoorstel en deze bepalingen waar mogelijk te vereenvoudigen, alsmede op een aantal plaatsen inhoudelijke wijzigingen aan te brengen;

Zo is het, dat Wij, de Raad van State gehoord, en met gemeen overleg der Staten-Generaal, hebben goedgevonden en verstaan, gelijk Wij goedvinden en verstaan bij deze:

HOOFDSTUK I
Algemeen

§ 1. Begripsomschrijvingen

Art. 1

Begripsbepaling

– 1. In deze wet en de daarop berustende bepalingen wordt verstaan onder:
a. huurcommissie: huurcommissie als bedoeld in artikel 21;
b. Onze Minister: Onze Minister voor Wonen, Wijken en Integratie;
c. gebrek: gebrek als bedoeld in artikel 7:241 van het Burgerlijk Wetboek.

– 2. In deze wet en de daarop berustende bepalingen wordt onder woonruimte, zelfstandige woning, woonwagen, standplaats, prijs, huurprijs en servicekosten verstaan hetgeen daaronder wordt verstaan in afdeling 5 van titel 7.4 van Boek 7 van het Burgerlijk Wetboek.

§ 2. Reikwijdte

Art. 2

Reikwijdte

Deze wet is niet van toepassing op overeenkomsten van huur en verhuur van woonruimte die een gebruik betreffen, dat naar zijn aard slechts van korte duur is.

Art. 3

Beperkte reikwijdte

– 1. Op huurovereenkomsten waarop ingevolge artikel 7:247 van het Burgerlijk Wetboek onderafdeling 2 van afdeling 5 van titel 7.4 van Boek 7 van het Burgerlijk Wetboek ten dele van toepassing is, is deze wet slechts van toepassing voorzover dat uit die onderafdeling voortvloeit.

– 2. Bij algemene maatregel van bestuur wordt het in artikel 7:247 van het Burgerlijk Wetboek bedoelde bedrag van de huurprijs bij aanvang van de bewoning vastgesteld, waarboven ingevolge dat artikel voornoemde onderafdeling ten dele van toepassing is.

HOOFDSTUK II
Huurcommissies en hun taak

§ 1. Taken huurcommissie

Art. 4

Taken huurcommissie

– 1. De huurcommissie heeft de in het tweede tot en met vierde lid en in artikel 5 aangegeven taken.

– 2. De huurcommissie doet uitspraak:
a. ingevolge artikel 7:249 van het Burgerlijk Wetboek over de redelijkheid van de overeengekomen aanvangshuurprijs;
b. ingevolge artikel 7:253 van het Burgerlijk Wetboek over de redelijkheid van het voorstel tot verhoging van de huurprijs;
c. ingevolge artikel 7:254 van het Burgerlijk Wetboek over de redelijkheid van het voorstel tot verlaging van de huurprijs;

d. ingevolge artikel 7:255 van het Burgerlijk Wetboek over het bedrag van de verhoging van de huurprijs na de totstandkoming van voorzieningen, veranderingen of toevoegingen;
e. ingevolge artikel 7:257 van het Burgerlijk Wetboek over de in rekening te brengen huurprijs bij vermindering van het woongenot als gevolg van een gebrek;
f. ingevolge artikel 7:258 van het Burgerlijk Wetboek over de huurprijs en het voorschotbedrag aan servicekosten indien tussen partijen slechts een prijs en niet een huurprijs is overeengekomen;
g. ingevolge artikel 7:260 van het Burgerlijk Wetboek over de betalingsverplichting met betrekking tot de servicekosten;
h. ingevolge artikel 7:261 van het Burgerlijk Wetboek over het voorschotbedrag van de servicekosten.
– 3. De huurcommissie doet uitspraak in gevallen waarin als gevolg van een uitspraak als bedoeld in de artikelen 7:249 en 7:257 van het Burgerlijk Wetboek de in rekening te brengen huurprijs in verband met gebreken is verlaagd, omtrent het verholpen zijn van die gebreken.
– 4. De huurcommissie doet uitspraak indien ingevolge artikel 20, zesde lid, verzet is gedaan tegen een uitspraak van de voorzitter van de huurcommissie.

Art. 5

Uitspraak op verzoek

– 1. De huurcommissie doet desverzocht uitspraak over de redelijkheid van een gebruiksvergoeding of een aanvullende vergoeding, als bedoeld in artikel 51, eerste, onderscheidenlijk derde lid, van de Huisvestingswet en over de wijziging daarvan, bedoeld in artikel 52, eerste lid, van die wet.
– 2. De huurcommissie verstrekt desverzocht aan de rechter nadere inlichtingen over een door haar gedane uitspraak, alsmede, ingeval zij geen uitspraak heeft gedaan, indien de rechter geacht kan worden daarbij belang te hebben, over de aan een woonruimte toe te kennen kwaliteit en een voor die woonruimte redelijk te achten huurprijs.
– 3. De huurcommissie verstrekt desverzocht verklaringen aan Onze Minister en aan publiekrechtelijke lichamen die geacht kunnen worden daarbij belang te hebben, over de aan een woonruimte toe te kennen kwaliteit, de gebreken ten aanzien van die woonruimte en een voor die woonruimte redelijk te achten huurprijs. De hierbedoelde verklaring wordt niet gegeven, indien het belang van de verklaring is gelegen in de beoordeling door de verzoeker van een huurovereenkomst als bedoeld in artikel 3, tenzij het belang daarvan gelegen is in de toepassing van artikel 1, vierde lid, van de Huisvestingswet. Onze Minister kan voor de uitvoering van de in de eerste volzin bedoelde taak nadere regels geven.
– 4. De huurcommissie verstrekt desverzocht aan Onze Minister de gegevens die nodig zijn in het kader van het te voeren volkshuisvestingsbeleid.
– 5. De huurcommissie geeft ten aanzien van een huurovereenkomst als bedoeld in artikel 3 desverzocht advies over aangelegenheden waaromtrent de huurcommissie bevoegd zou zijn uitspraak te doen indien artikel 3 daaraan niet in de weg zou staan. De huurcommissie geeft een dergelijk advies slechts voorzover in de huurovereenkomst of anderszins tussen partijen is afgesproken dat de desbetreffende aangelegenheden bij geschil aan de huurcommissie worden voorgelegd.

Art. 6

Taak voorzitter huurcommissie

De voorzitter van de huurcommissie heeft tot taak:
a. in afwijking van artikel 4, eerste lid, in de in het tweede en derde lid van dat artikel aangegeven gevallen uitspraak te doen indien ten aanzien van een aan de huurcommissie gedaan verzoek een van de in artikel 20, eerste lid, bedoelde gevallen zich voordoet;
b. in de gevallen van een verzoek van de Belastingdienst/Toeslagen als bedoeld in artikel 5, tweede lid, van de Wet op de huurtoeslag binnen zes weken een verklaring te verstrekken omtrent de redelijkheid van de huurprijs en de juistheid van andere gegevens betreffende de woonruimte waarvoor een aanvraag om een huurtoeslag is ingediend, een en ander voorzover van belang voor de toepassing van genoemde wet.

§ 2. Aan de Staat verschuldigde vergoeding

Art. 7

Vergoeding aan de Staat

– 1. Voor het door de huurcommissie doen van een uitspraak, met uitzondering van een uitspraak als bedoeld in artikel 4, vierde lid, en 5, eerste lid, is door de verzoeker een voorschot op de vergoeding aan de Staat, als bedoeld in het tweede lid, verschuldigd.
– 2. Bij het doen van de uitspraak geeft de huurcommissie gemotiveerd aan of de verzoeker een vergoeding aan de Staat verschuldigd is. Deze vergoeding is verschuldigd door de verzoeker indien deze naar het oordeel van de huurcommissie geheel of voor het grootste deel, gelet op de strekking van het verzoekschrift, de in het ongelijk gestelde partij is. Indien de huurcommissie van oordeel is dat beide partijen in ongeveer gelijke mate in het ongelijk worden gesteld, kan zij gemotiveerd uitspreken dat de verzoeker de helft van de vergoeding aan de Staat ver-

schuldigd is. In gevallen waarin de voorzitter van de huurcommissie bevoegd is tot het doen van een uitspraak, komen de in de eerste tot en met derde volzin bedoelde bevoegdheden toe aan de voorzitter.
– 3. Het bedrag en de wijze van betaling van het in het eerste lid bedoelde voorschot en de in het tweede lid bedoelde vergoeding worden bij algemene maatregel van bestuur vastgesteld.
– 4. Na het doen van een uitspraak wordt de bij wijze van voorschot betaalde vergoeding terugbetaald, voorzover geen vergoeding verschuldigd is als bedoeld in het tweede lid.
– 5. De huurcommissie roept de verzoeker bij schriftelijk bericht op, onder kennisgeving van de ontvangst van het verzoek, tot betaling van het in het eerste lid bedoelde voorschot op de vergoeding, voor zover dit op dat tijdstip nog niet is voldaan, binnen vier weken na de datum van verzending van dat bericht.
– 6. Ingeval de verzoeker het voorschot op de vergoeding niet binnen de in het vijfde lid genoemde termijn heeft voldaan, wordt het verzoek niet-ontvankelijk verklaard.
– 7. Indien het verzoek voor de uitspraak wordt ingetrokken, ontvangt de verzoeker het betaalde voorschot op de vergoeding niet terug.
– 8. De voorzitter van de huurcommissie is bevoegd op verzoek vrijstelling te verlenen van de aan de Staat verschuldigde vergoeding, bedoeld in het eerste en tweede lid. Zolang niet is beslist op een aanvraag om vrijstelling van de in het eerste lid bedoelde vergoeding, wordt de in het vijfde lid genoemde termijn opgeschort.

Art. 8

Vergoeding voor advies

Voor het door de huurcommissie uitbrengen van een advies als bedoeld in artikel 5, vijfde lid, is door de verzoeker een vergoeding aan de Staat verschuldigd, waarvan het bedrag en de wijze van betaling bij algemene maatregel van bestuur worden vastgesteld.

HOOFDSTUK III
Toetsingscriteria en uitspraken huurcommissie

§ 1. Algemeen

Art. 9

Toetsing verzoeken

– 1. De huurcommissie toetst bij aan haar gedane verzoeken of voldaan is aan de voor die verzoeken bij of krachtens titel 4 van Boek 7 van het Burgerlijk Wetboek en bij of krachtens deze wet gestelde voorschriften.
– 2. Een verzoek aan de huurcommissie dient schriftelijk te worden ingediend bij de huurcommissie in het ressort waarin de woonruimte is gelegen.

Art. 10

Nadere regelgeving

– 1. Bij of krachtens algemene maatregel van bestuur worden regels gegeven voor de waardering van de kwaliteit van een woonruimte, van de redelijkheid van de huurprijs en van wijziging daarvan.
– 2. Bij regeling van Onze Minister wordt het maximale huurverhogingspercentage vastgesteld.

§ 2. Aanvangshuurprijs

Art. 11

Uitspraak redelijkheid overeengekomen huurprijs

– 1. In geval van een verzoek als bedoeld in artikel 7:249 van het Burgerlijk Wetboek doet de huurcommissie uitspraak omtrent de redelijkheid van de overeengekomen huurprijs. Als een dergelijk verzoek wordt mede aangemerkt een verzoek ingevolge artikel 6, aanhef en onderdeel *b*, indien een aanvraag om een huurtoeslag voor de desbetreffende woonruimte is ingediend binnen de in artikel 7:249 van het Burgerlijk Wetboek bedoelde termijn en indien en zodra de voorzitter van de huurcommissie op dat verzoek een verklaring heeft afgegeven waaruit blijkt dat de overeengekomen huurprijs hoger is dan de bij de desbetreffende woonruimte behorende maximale huurprijsgrens.
– 2. De huurcommissie toetst in dat geval de redelijkheid van de overeengekomen huurprijs aan de krachtens artikel 10, eerste lid, gegeven regels.
– 3. Indien de huurcommissie de overeengekomen huurprijs niet redelijk acht, vermeldt zij in haar uitspraak de huurprijs die zij redelijk acht.
– 4. In geval sprake is van een huurovereenkomst als bedoeld in artikel 3 spreekt de huurcommissie, indien de beoordeling, bedoeld in het tweede lid, zou leiden tot een huurprijs boven de in artikel 7:247 van het Burgerlijk Wetboek genoemde grens, uit dat de door partijen overeengekomen huurprijs redelijk is. Indien de huurprijs na de uitspraak van de huurcommissie en in voorkomend geval na de vaststelling ervan door de rechter onherroepelijk is komen vast te staan en niet boven die grens uitkomt, is artikel 7:247 op die huurovereenkomst niet langer van toepassing.

– 5. De huurcommissie beoordeelt de kwaliteit van de woonruimte en de redelijkheid van de huurprijs naar de toestand op de datum van ingang van de huurovereenkomst.

Art. 12

Lagere huurprijs door gebreken

– 1. In geval van een verzoek als bedoeld in artikel 7:249 van het Burgerlijk Wetboek spreekt de huurcommissie tevens uit of zij van oordeel is dat de overeengekomen huurprijs of de op grond van artikel 11, derde lid, redelijk geachte huurprijs, gelet op de gebreken ten aanzien van de woonruimte, in rekening dient te worden gebracht. Indien de huurcommissie van oordeel is dat die huurprijs, gelet op de gebreken, niet in rekening dient te worden gebracht, geeft zij deze gebreken in de uitspraak aan en vermeldt zij een in verhouding tot die gebreken lagere huurprijs als de in rekening te brengen huurprijs.

– 2. Bij of krachtens algemene maatregel van bestuur worden regels gegeven die de huurcommissie bij de beoordeling van de redelijkheid van de in rekening te brengen huurprijs in acht neemt.

– 3. De huurcommissie vermeldt in de uitspraak de datum van ingang van de in rekening te brengen lagere huurprijs, zijnde de ingangsdatum van de huurovereenkomst.

– 4. De huurcommissie bepaalt in de uitspraak dat, nadat de in die uitspraak genoemde gebreken zijn verholpen, de in rekening te brengen lagere huurprijs niet meer van toepassing is met ingang van de eerste dag van de maand, volgend op die waarin de opheffing van die gebreken heeft plaatsgevonden.

– 5. Indien tussen huurder en verhuurder geen overeenstemming bestaat over het al dan niet verholpen zijn van de gebreken, doet de huurcommissie daarover op verzoek van de verhuurder uitspraak. In voorkomend geval geeft zij daarbij aan in welke maand de opheffing heeft plaatsgevonden.

§ 3. Verhoging van de huurprijs

Art. 13

Uitspraak redelijkheid huurprijsverhoging

– 1. In geval van een verzoek als bedoeld in artikel 7:253 van het Burgerlijk Wetboek doet de huurcommissie uitspraak omtrent de redelijkheid van de huurprijsverhoging die staat vermeld in het daaraan ten grondslag liggende voorstel. De huurcommissie spreekt uit welke huurprijsverhoging zij redelijk acht, in welk geval zij tevens aangeeft tot welke huurprijs die huurprijsverhoging leidt, dan wel dat zij een huurprijsverhoging niet redelijk acht.

– 2. De huurcommissie vermeldt in de uitspraak de datum van ingang van de huurprijsverhoging, zijnde de in het in het eerste lid bedoelde voorstel vermelde datum van ingang, dan wel een latere datum indien de wet zulks voorschrijft.

– 3. De huurcommissie toetst het voorstel tot huurprijsverhoging aan het krachtens artikel 10, tweede lid, geldende maximale huurverhogingspercentage.

– 4. Bij de beoordeling van de kwaliteit van de woonruimte worden voorzieningen die de huurder onverplicht voor eigen rekening heeft aangebracht en waardoor het woongerief geacht kan worden te zijn gestegen, buiten beschouwing gelaten.

– 5. De huurcommissie toetst het voorstel tot huurprijsverhoging, indien de huurder bezwaar heeft gemaakt tegen de woningwaardering in het voorstel, dan wel indien de huurprijs, vermeerderd met de voorgestelde huurprijsverhoging, de maximale huurprijsgrens zou kunnen overschrijden, tevens aan de krachtens artikel 10, eerste lid, gegeven regels met betrekking tot de waardering van de kwaliteit van een woonruimte. Daarbij vormt de huurcommissie slechts een eigen oordeel over de kwaliteit van de woonruimte, voorzover die kwaliteit al dan niet op onderdelen voorwerp van geschil is tussen partijen.

– 6. De huurcommissie beoordeelt de kwaliteit van de woonruimte en de redelijkheid van de wijziging van de huurprijs naar de toestand op het tijdstip van de in het voorstel tot verhoging van de huurprijs genoemde ingangsdatum.

§ 4. Verlaging van de huurprijs

Art. 14

Uitspraak redelijkheid huurprijsverlaging

– 1. In geval van een verzoek als bedoeld in artikel 7:254 van het Burgerlijk Wetboek doet de huurcommissie uitspraak omtrent de redelijkheid van de huurprijsverlaging die staat vermeld in het daaraan ten grondslag liggende voorstel. De huurcommissie spreekt uit welke huurprijsverlaging zij redelijk acht, in welk geval zij tevens aangeeft tot welke huurprijs die huurprijsverlaging leidt, dan wel dat zij een huurprijsverlaging niet redelijk acht.

– 2. Artikel 13, tweede en vierde tot en met zesde lid, is van overeenkomstige toepassing.

§ 5. Verhoging van de huurprijs na de totstandkoming van voorzieningen, veranderingen of toevoegingen

Art. 15

Uitspraak redelijke huurprijswijziging

– 1. In geval van een verzoek als bedoeld in artikel 7:255 van het Burgerlijk Wetboek doet de

huurcommissie uitspraak omtrent de huurprijswijziging die zij redelijk acht. De huurcommissie vermeldt in de uitspraak dat de overeengekomen huurprijs redelijk is dan wel welke de huurprijs is die zij redelijk acht, alsmede de datum van ingang van de huurprijswijziging, zijnde de eerste dag van de maand, volgend op die waarin de voorzieningen, veranderingen of verbeteringen zijn gereedgekomen.
– 2. De huurcommissie toetst of het bedrag van de verhoging van de huurprijs in redelijke verhouding staat tot de door de verhuurder gemaakte kosten met betrekking tot de voorzieningen, veranderingen of toevoegingen. De artikelen 10, eerste lid, en 13, vierde lid, zijn van overeenkomstige toepassing.

§ 6. De in rekening te brengen huurprijs bij vermindering van het woongenot als gevolg van een gebrek

Art. 16

Uitspraak huurprijs i.v.m. gebreken woonruimte

– 1. In geval van een verzoek als bedoeld in artikel 7:257, tweede lid, van het Burgerlijk Wetboek doet de huurcommissie uitspraak of zij van oordeel is dat de overeengekomen huurprijs, in verband met de gebreken ten aanzien van de woonruimte, in rekening dient te worden gebracht. Indien de commissie van oordeel is dat die huurprijs, in verband met de gebreken, niet in rekening dient te worden gebracht, geeft zij deze gebreken in de uitspraak aan en vermeldt zij een in verhouding tot die gebreken lagere huurprijs als de in rekening te brengen huurprijs.
– 2. De huurcommissie neemt bij haar oordeel de krachtens artikel 12, tweede lid, vastgestelde regels in acht, met dien verstande dat de huurcommissie zich slechts een eigen oordeel over de gebreken vormt, voorzover deze aan de verhuurder door middel van de in artikel 7:207 van het Burgerlijk Wetboek bedoelde kennisgeving door de huurder zijn gemeld, alsmede over de gebreken die van zodanige aard of samenhang zijn dat ze ook zonder aanzegging aan de verhuurder bekend moesten zijn, zulks naar de toestand op het tijdstip waarop de bedoelde kennisgeving door de huurder is verzonden.
– 3. De huurcommissie vermeldt in de uitspraak de datum van ingang van de in rekening te brengen lagere huurprijs, zijnde de eerste dag van de maand, volgend op die waarin de in het tweede lid bedoelde aanzegging door de huurder aan de verhuurder is verzonden.
– 4. Indien ondanks door de huurcommissie geconstateerde gebreken ten aanzien van de woonruimte de huurprijs door de huurcommissie redelijk wordt geacht, omdat de overeengekomen huurprijs gelijk is aan of lager is dan de in verhouding tot die gebreken ingevolge dit artikel ten laagste in een uitspraak te vermelden in rekening te brengen huurprijs, geeft de huurcommissie die gebreken in haar uitspraak aan, vermeldt de geldende huurprijs als de in rekening te brengen huurprijs en behandelt het verzoek voor het overige met overeenkomstige toepassing van het eerste lid, tweede volzin, en het tweede lid.
– 5. Artikel 12, vierde en vijfde lid, is van overeenkomstige toepassing.

§ 7. De huurprijs en het voorschotbedrag aan servicekosten indien tussen partijen slechts een prijs en niet een huurprijs is overeengekomen

Art. 17

Uitspraak overeenkomst huurprijs

– 1. In geval van een verzoek als bedoeld in artikel 7:258 van het Burgerlijk Wetboek doet de huurcommissie uitspraak omtrent de vraag of partijen al dan niet een huurprijs zijn overeengekomen. Indien de huurcommissie van oordeel is dat partijen slechts de hoogte van de prijs en niet die van de huurprijs zijn overeengekomen, spreekt zij als huurprijs uit 55% van de geldende maximale huurprijsgrens, behorende bij de kwaliteit van de woonruimte, en spreekt zij, voorzover nodig, als voorschotbedrag voor de servicekosten uit een bedrag van 25% van die huurprijs. Indien het betreft een verzoek van de verhuurder, als bedoeld in artikel 7:258, tweede volzin, van het Burgerlijk Wetboek, spreekt de huurcommissie, in afwijking van de tweede volzin, als huurprijs en voorzover nodig als voorschotbedrag voor de servicekosten uit een bedrag van 80%, onderscheidenlijk 20%, van de overeengekomen prijs.
– 2. De artikelen 11, tweede lid, en 13, vierde lid, zijn van overeenkomstige toepassing.
– 3. Indien de huurcommissie van oordeel is dat niet een huurprijs is overeengekomen, vermeldt zij in haar uitspraak dat de door haar uitgesproken huurprijs en het voorschotbedrag voor de servicekosten in de plaats treden van de overeengekomen prijs met ingang van de eerste dag van de maand, volgend op die waarin het verzoek is ontvangen.

§ 8. De betalingsverplichting met betrekking tot de servicekosten

Art. 18

Betalingsverplichting huurder voor servicekosten

– 1. In geval van een verzoek als bedoeld in artikel 7:260 van het Burgerlijk Wetboek doet de huurcommissie uitspraak omtrent de betalingsverplichting van de huurder met betrekking tot de servicekosten.

– 2. De huurcommissie toetst de servicekosten aan de voor de berekening daarvan geldende wettelijke voorschriften en aan de redelijkheid.

§ 9. Het voorschotbedrag van de servicekosten

Art. 19

Redelijkheid voorschotbedrag servicekosten

– 1. In geval van een verzoek als bedoeld in artikel 7:261 van het Burgerlijk Wetboek doet de huurcommissie uitspraak omtrent de redelijkheid van het voorschotbedrag voor de servicekosten.

– 2. De huurcommissie beoordeelt of het voorschotbedrag voor de servicekosten, indien nodig herleid tot een bedrag per jaar, in aanzienlijke mate afwijkt van hetgeen in redelijke verhouding staat tot de in het desbetreffende jaar te verwachten servicekosten. Indien de huurcommissie van oordeel is dat daarvan sprake is, spreekt zij uit welk voorschotbedrag van de servicekosten in redelijke verhouding staat tot de te verwachten servicekosten.

– 3. De in het tweede lid bedoelde te verwachten servicekosten worden gesteld op het bedrag van de servicekosten, opgenomen in het laatstelijk in de drie voorafgaande kalenderjaren door de verhuurder verstrekte verrekenoverzicht inzake de desbetreffende of soortgelijke serviceposten, verhoogd met het percentage waarmee de consumentenprijsindex voor werknemersgezinnen sedertdien is verhoogd. Indien geen verrekenoverzicht in de in de eerste volzin bedoelde periode is verstrekt, worden bedoelde kosten gesteld op de daarvoor als gebruikelijk aan te merken kosten.

– 4. De huurcommissie vermeldt in haar uitspraak dat het door haar uitgesproken voorschotbedrag in de plaats treedt van het overeengekomen voorschotbedrag met ingang van de eerste dag van de maand, volgend op die waarin het verzoek is ontvangen.

HOOFDSTUK IV

Voorzittersuitspraken

Art. 20

Uitspraak door voorzitter huurcommissie

– 1. De voorzitter van de huurcommissie doet onverwijld, in ieder geval binnen vier weken na het verstrijken van de in artikel 7, vijfde lid, genoemde termijn, dan wel, indien de in dat artikellid bedoelde oproep niet behoeft te worden gedaan, na het tijdstip waarop de aldaar bedoelde vergoeding van de verzoeker is ontvangen, schriftelijk en met redenen omkleed uitspraak, indien:

a. het verzoek kennelijk niet-ontvankelijk is,
b. het verzoek kennelijk redelijk of niet redelijk is,
c. het voorstel dat ten grondslag ligt aan het verzoek, kennelijk redelijk of niet redelijk is,
d. de aan het verzoek ten grondslag liggende bezwaren kennelijk gegrond of ongegrond zijn of
e. de bezwaren tegen het aan het verzoek ten grondslag liggende voorstel kennelijk ongegrond zijn.

– 2. Van een kennelijk redelijk verzoek is in ieder geval sprake in het geval, bedoeld in artikel 7:253, vijfde lid, van het Burgerlijk Wetboek, tenzij:

a. de huurcommissie in een eerdere uitspraak heeft uitgesproken dat op grond van artikel 7:257 van het Burgerlijk Wetboek een lagere huurprijs redelijk is en de in die uitspraak genoemde gebreken nog niet zijn verholpen;
b. het percentage van de in het voorstel opgenomen huurverhoging het in artikel 10, tweede lid, bedoelde maximale huurverhogingspercentage te boven gaat, in welk geval het verzoek slechts kennelijk redelijk is, voorzover het dat percentage niet overschrijdt.

– 3. De voorzitter vermeldt in voorkomende gevallen in de uitspraak tot welke huurprijs de uitspraak van de voorzitter leidt, alsmede de datum van ingang.

– 4. Artikel 7 is van overeenkomstige toepassing, met dien verstande dat voor het door de huurcommissie doen van een uitspraak op het verzet, bedoeld in het zesde en zevende lid, niet opnieuw de in artikel 7 bedoelde vergoeding aan de Staat verschuldigd is.

– 5. De secretaris zendt onverwijld bij aangetekende brief of bij brief met ontvangstbevestiging een afschrift van de uitspraak van de voorzitter van de huurcommissie aan partijen.

– 6. Tegen de uitspraak van de voorzitter van de huurcommissie, bedoeld in het eerste lid, kan de huurder of de verhuurder binnen drie weken na verzending van het afschrift van die uitspraak schriftelijk en gemotiveerd in verzet gaan bij de huurcommissie. De voorzitter van de huurcommissie wijst in zijn uitspraak partijen op deze mogelijkheid, alsook op de vorm en de termijn die daarbij in acht genomen moeten worden.

– 7. Is de huurcommissie van oordeel dat het verzet, bedoeld in het zesde lid, gegrond is, dan vervalt de uitspraak van de voorzitter van de huurcommissie, bedoeld in het eerste lid, en wordt het aan de in het eerste lid bedoelde uitspraak ten grondslag liggende verzoek overeenkomstig hoofdstuk III door de huurcommissie in behandeling genomen.

– 8. Indien noch de huurder noch de verhuurder binnen de in het zesde lid genoemde termijn in verzet is gegaan, is hetgeen in artikel 7:262 van het Burgerlijk Wetboek is bepaald met betrekking tot een uitspraak van de huurcommissie, van overeenkomstige toepassing op de uitspraak van de voorzitter van de huurcommissie.

HOOFDSTUK V

Samenstelling, inrichting, werkwijze van en toezicht op de huurcommissie

§ 1. Samenstelling en inrichting van de huurcommissie

Art. 21

Rechtsgebied huurcommissies

– 1. In het rechtsgebied van ieder arrondissement zijn een of meer huurcommissies. Bij algemene maatregel van bestuur worden de ressorten van deze huurcommissies bepaald door vermelding van de gemeenten waarover deze ressorten zich uitstrekken.

– 2. De huurcommissies zijn gevestigd in de gemeenten, waarvan de naam in de in het eerste lid bedoelde algemene maatregel van bestuur als aanduiding van het ressort van die commissie is opgenomen.

Art. 22

Voorzitter en leden huurcommissie

– 1. Een huurcommissie heeft een voorzitter en een door Onze Minister te bepalen aantal leden.

– 2. Onze Minister kan bepalen dat een huurcommissie tevens een plaatsvervangend voorzitter en plaatsvervangende leden heeft.

– 3. Bij afwezigheid of ontstentenis van de voorzitter treedt op verzoek van de huurcommissie een voorzitter van een huurcommissie in een van de aangrenzende ressorten, als waarnemend voorzitter op. Bij verhindering van ieder der voorzitters van een huurcommissie in een aangrenzend ressort treedt op verzoek van de huurcommissie de voorzitter van een huurcommissie in een van de niet-aangrenzende ressorten als waarnemend voorzitter op. Is op deze wijze niet in de waarneming te voorzien, dan wijst de huurcommissie uit haar midden een waarnemend voorzitter aan.

– 4. Bij afwezigheid of ontstentenis van een van de leden treedt een daartoe door de voorzitter aangewezen lid of plaatsvervangend lid als vervanger op.

Art. 23

Benoeming voorzitter

– 1. De voorzitter en de plaatsvervangend voorzitter van een huurcommissie worden op voordracht van Onze Minister bij koninklijk besluit benoemd, geschorst en ontslagen. Zij worden benoemd voor een tijdvak van zes jaar en zijn voor een aansluitend tijdvak als voorzitter, onderscheidenlijk plaatsvervangend voorzitter, van die huurcommissie eenmaal herbenoembaar.

– 2. De voorzitter moet:

a. op grond van het afleggen van een examen van een opleiding in het wetenschappelijk onderwijs door een universiteit dan wel de Open Universiteit waarop de Wet op het hoger onderwijs en wetenschappelijk onderzoek betrekking heeft, de graad Bachelor op het gebied van het recht en tevens de graad Master op het gebied van het recht zijn verleend,

b. op grond van het afleggen van een examen van een opleiding aan een universiteit dan wel de Open Universiteit waarop de Wet op het hoger onderwijs en wetenschappelijk onderzoek betrekking heeft, het recht om de titel meester te voeren hebben verkregen, of

c. blijk hebben gegeven op andere wijze de voor de betrekking van voorzitter benodigde kennis te hebben verworven.

– 3. De voorzitter mag niet metterdaad betrokken zijn bij de uitoefening van een bedrijf dat werkzaam is of mede werkzaam is op het gebied van woonruimte, noch is het hem toegestaan beroepsmatig betrokken te zijn bij het beheer van en de beschikking over woonruimte dan wel deel uit te maken van het bestuur van een vereniging, vennootschap of stichting, die daarbij is betrokken.

Art. 24

Benoeming leden

– 1. Onze Minister benoemt, schorst en ontslaat de leden en de plaatsvervangende leden van een huurcommissie. Zij worden benoemd voor een tijdvak van vier jaar en zijn als lid van die huurcommissie, onderscheidenlijk plaatsvervangend lid, voor een aansluitend tijdvak eenmaal herbenoembaar.

– 2. Tot lid of plaatsvervangend lid worden slechts benoemd personen die over voldoende deskundigheid beschikken om bij te dragen aan een behoorlijke vervulling van de ingevolge de wet aan de huurcommissie opgedragen taken.

– 3. De benoeming van de leden en de plaatsvervangende leden geschiedt zodanig dat in de huurcommissie leden en plaatsvervangende leden uit de kring van huurders, onderscheidenlijk uit de kring van verhuurders, gelijkelijk zijn vertegenwoordigd.

– 4. Onze Minister stelt met inachtneming van het derde lid bij iedere benoeming de door hem daartoe aangewezen organisaties, die geacht kunnen worden de belangen van de huurders, onderscheidenlijk de belangen van de verhuurders, te behartigen, gedurende negen weken in de gelegenheid een aanbeveling te doen. Indien meer dan één organisatie is aangewezen om een aanbeveling te doen, stelt Onze Minister de betrokken organisaties slechts in de gelegenheid tezamen een aanbeveling te doen. Bij het doen van een aanbeveling wordt rekening gehouden met het tweede lid.

– 5. Onze Minister neemt binnen zes weken na het verstrijken van de in het vierde lid bedoelde termijn over de benoeming een beslissing.

Art. 25

Schorsing en ontslag

De voorzitter, de leden en de plaatsvervangende leden worden op eigen aanvraag ontslagen. Zij kunnen voorts worden geschorst of ontslagen wegens ongeschiktheid, onbekwaamheid of andere zwaarwegende gronden. De voorzitter wordt ook ontslagen indien hij de voor hem geldende pensioengerechtigde leeftijd heeft bereikt.

Art. 26

Secretariaat huurcommissie

– 1. Een huurcommissie heeft een secretariaat.

– 2. Onze Minister draagt zorg voor de instandhouding en inrichting van het secretariaat.

– 3. Het secretariaat bestaat uit een secretaris, alsmede uit medewerkers, die onder leiding staan van de secretaris.

– 4. De secretaris en de medewerkers van het secretariaat zijn voor hun werkzaamheden voor de huurcommissie uitsluitend verantwoording verschuldigd aan de huurcommissie.

– 5. Onze Minister benoemt, bevordert, schorst en ontslaat de secretaris en de medewerkers van het secretariaat. De secretaris wordt slechts benoemd, bevorderd, geschorst of ontslagen na overleg met de voorzitter van de huurcommissie.

– 6. Onze Minister kan een of meer medewerkers van het secretariaat aanwijzen als plaatsvervangend secretaris van de huurcommissie.

Art. 27

Bezoldiging en vergoeding

– 1. De voorzitter geniet een bezoldiging welke bij algemene maatregel van bestuur wordt vastgesteld. Hij geniet voorts vergoeding voor reis- en verblijfkosten volgens bij algemene maatregel van bestuur te geven regels.

– 2. De leden en de plaatsvervangende leden genieten een vergoeding voor reis- en verblijfkosten en verdere vergoedingen volgens bij regeling van Onze Minister te geven regels.

§ 2. Werkwijze van de huurcommissie

Art. 28

Voorbereidend onderzoek

– 1. Alvorens een voorbereidend onderzoek in te stellen of een uitspraak te doen als bedoeld in artikel 4, tweede of derde lid, wordt de partij die niet de verzoeker is, in kennis gesteld van de inhoud van het verzoek. Alvorens een uitspraak te doen als bedoeld in artikel 4, tweede of derde lid, of artikel 5, eerste lid, wordt een voorbereidend onderzoek ingesteld. Een zodanig onderzoek blijft achterwege indien de beschikbare stukken naar het oordeel van de voorzitter voldoende zijn ter voorbereiding van de besluitvorming.

– 2. Het voorbereidend onderzoek wordt ingesteld door de secretaris of door een door hem daartoe aangewezen ambtenaar van het secretariaat. In bijzondere gevallen kunnen de voorzitter of een of meer leden van de huurcommissie het onderzoek ook zelf instellen.

– 3. Onze Minister kan nadere regels geven ten aanzien van de bij het voorbereidend onderzoek te volgen werkwijze.

– 4. Van het ingestelde voorbereidend onderzoek wordt door de secretaris, onderscheidenlijk de voorzitter of de met het onderzoek belaste leden van de huurcommissie, een schriftelijk rapport opgemaakt.

– 5. In de gevallen waarin de voorzitter geen uitspraak doet, bepaalt de voorzitter de dag en het uur, waarop het verzoek ter zitting van de huurcommissie zal worden behandeld, zodra het voorbereidend onderzoek naar het oordeel van de voorzitter voltooid is, of, indien dit onderzoek ingevolge het eerste lid niet wordt ingesteld, reeds aanstonds.

– 6. De secretaris legt de op de zaak betrekking hebbende stukken tot de dag van de zitting bij het secretariaat ter inzage voor partijen of hun schriftelijk gemachtigden.

– 7. De secretaris geeft partijen van de gegevens omtrent de zitting onverwijld, doch ten minste twee weken voor de dag van de behandeling van het verzoek ter zitting, kennis. De kennisgeving gaat vergezeld van een afschrift van het in het vierde lid bedoelde rapport of bevat de mededeling dat ter zake geen voorbereidend onderzoek nodig is geacht, zulks onder vermelding van de redenen die tot dat oordeel hebben geleid. De kennisgeving bevat voorts de mededeling dat de stukken overeenkomstig het zesde lid ter inzage liggen.

Art. 29

Gelijkluidende verzoeken

De voorzitter van de huurcommissie is bevoegd verzoeken welke gelijkluidend dan wel nagenoeg gelijkluidend zijn gevoegd door de huurcommissie te laten behandelen.

Art. 30

Meerdere verzoeken voor dezelfde woonruimte

– 1. Indien door een partij omtrent dezelfde woonruimte gelijktijdig meerdere verzoeken zijn ingediend, worden deze door de huurcommissie gevoegd behandeld.

– 2. Indien omtrent dezelfde woonruimte een verzoek als bedoeld in artikel 7:257 van het Burgerlijk Wetboek en een verzoek als bedoeld in artikel 7:253 van dat wetboek bij de huurcommissie zijn ingediend, beslist de huurcommissie op het eerstgenoemde verzoek alvorens op het andere verzoek te beslissen, tenzij de indiening van het eerstgenoemde verzoek heeft plaatsgevonden na het tijdstip waarop volgens het andere verzoek de wijziging van de huurprijs dient in te gaan.

Art. 31

Wraking

– 1. Voor de aanvang van de behandeling van het verzoek ter zitting kunnen de voorzitter en elk van de aan de zitting deelnemende leden door een van de partijen worden gewraakt op grond van feiten of omstandigheden, die het vormen van een onpartijdig oordeel zouden kunnen bemoeilijken.

– 2. Op grond van zodanige feiten of omstandigheden kan de voorzitter, alsmede elk van de aan de zitting deelnemende leden, zich verschonen.

– 3. De voorzitter en de aan de zitting deelnemende leden, uitgezonderd de persoon ten aanzien van wie ingevolge het eerste of tweede lid wraking, onderscheidenlijk verschoning, wordt gevraagd, beslissen zo spoedig mogelijk of de wraking, onderscheidenlijk de verschoning, wordt toegestaan. In geval van staking van stemmen is het verzoek tot wraking of verschoning toegestaan. De behandeling van de zaak kan in dat geval tot een door de voorzitter te bepalen dag en uur worden aangehouden.

Art. 32

Openbare zittingen

– 1. De zittingen van de huurcommissie zijn openbaar.

– 2. In het belang van de openbare orde of op verzoek van een van de partijen, indien haar belangen dit eisen, kan de huurcommissie besluiten dat de zitting met gesloten deuren zal worden gehouden.

– 3. De beraadslaging en de beslissing over een verzoek als bedoeld in het tweede lid en artikel 31, derde lid, geschiedt buiten aanwezigheid van partijen of derden.

Art. 33

Vestigingsplaats

De huurcommissie houdt zitting in haar vestigingsplaats. Indien daartoe aanleiding is, kan de voorzitter bepalen dat de huurcommissie ook zitting houdt in een andere gemeente in het ressort van de huurcommissie, of in een gemeente in een aangrenzend ressort mits die voorzitter tevens voorzitter is van de huurcommissie in dat aangrenzende ressort. In dat geval stellen burgemeester en wethouders van de betrokken gemeente de huurcommissie aldaar een passend lokaal ter beschikking.

Art. 34

Werkwijze huurcommissie

– 1. De huurcommissie houdt zitting en beraadslaagt met de voorzitter, alsmede met twee leden, waarvan een lid afkomstig is uit de kring van huurders en een lid afkomstig is uit de kring van verhuurders. De voorzitter heeft de leiding van de zitting.

– 2. De voorzitter en de aan de zitting deelnemende leden van de huurcommissie maken zich voor de aanvang van de behandeling van het verzoek bekend en ondervragen vervolgens partijen of hun gemachtigden alsmede door partijen voor de aanvang van de zitting aan de voorzitter opgegeven getuigen en deskundigen.

– 3. Partijen worden daarbij in de gelegenheid gesteld door tussenkomst van de voorzitter ter zake dienende vragen tot elkaar te richten.

– 4. Voordat de behandeling ter zitting wordt gesloten, heeft ieder van de partijen het recht het woord te voeren.

– 5. Zodra de behandeling ter zitting gesloten is, deelt de voorzitter mede wanneer uitspraak zal worden gedaan.

– 6. Indien een nader onderzoek noodzakelijk blijkt of indien een onderzoek alsnog wenselijk wordt geacht, kan de commissie tot het instellen daarvan besluiten, zulks onder gelijktijdige bepaling wie daarmee is belast. In dat geval zijn de verdere bepalingen over het voorbereidend onderzoek van overeenkomstige toepassing.

– 7. De huurcommissie beraadslaagt buiten aanwezigheid van partijen of derden, beslist daarbij bij meerderheid van stemmen en baseert haar uitspraken uitsluitend op hetgeen ter zitting is besproken en op de stukken die overeenkomstig artikel 28, zesde lid, ter inzage zijn gelegd.

Art. 35

Aanhouden zaak

Indien een machtiging als bedoeld in artikel 2:1, tweede lid, van de Algemene wet bestuursrecht ontbreekt, kan de huurcommissie de zaak aanhouden totdat de betrokken partij in de gelegenheid is geweest op de juiste wijze in zijn vertegenwoordiging te voorzien.

Art. 36

Secretaris

De secretaris is bij de zittingen van de huurcommissie aanwezig. Hij houdt aantekening van al hetgeen daar wordt behandeld met vermelding van de zakelijke inhoud van de verklaringen van de door de huurcommissie gehoorde personen.

Art. 37

Termijn

– 1. De huurcommissie doet binnen vier maanden na het verstrijken van de in artikel 7, vijfde lid, genoemde termijn, dan wel, indien de in dat artikellid bedoelde oproep niet behoeft te worden gedaan, na het tijdstip waarop de aldaar bedoelde vergoeding van de verzoeker is ontvangen, schriftelijk en met redenen omkleed uitspraak. In afwijking van de eerste volzin doet de huurcommissie in het geval dat de in de eerste volzin genoemde termijn niet kan worden gehaald, uitspraak binnen een door de huurcommissie aan te geven langere termijn, mits zij aan beide partijen daarvan voor het verstrijken van de in de eerste volzin genoemde termijn schriftelijk en met redenen omkleed heeft kennisgegeven.

– 2. De uitspraken van de huurcommissie vermelden de namen van degenen die aan de behandeling van de zaak ter zitting hebben deelgenomen. Zij worden door de voorzitter en de secretaris ondertekend.

– 3. De secretaris zendt onverwijld bij aangetekende brief of bij brief met ontvangstbevestiging een afschrift van de uitspraak van de huurcommissie aan partijen.

– 4. De huurcommissie wijst in haar uitspraak partijen op de in artikel 7:262 van het Burgerlijk Wetboek bedoelde mogelijkheid zich tot de rechter te wenden, alsook op de vorm en de termijn die daarbij in acht moeten worden genomen.

– 5. Indien in de uitspraak wordt vastgesteld dat een woonruimte een of meer gebreken vertoont die het woongenot ernstig schaden zendt de secretaris bovendien afschrift aan de inspecteur, bedoeld in artikel 1, eerste lid, van de Woningwet, en aan burgemeester en wethouders van de gemeente waarin de woonruimte is gelegen.

Art. 38

Verbodsbepaling

De voorzitter, de leden, de plaatsvervangende leden en de secretaris mogen zich direct noch indirect in enig bijzonder onderhoud of gesprek inlaten met partijen of hun raadslieden, noch enige bijzondere onderrichting, memorie of geschriften aannemen over enige aangelegenheid, welke aanhangig is of waarvan zij weten of vermoeden, dat deze aanhangig zal worden bij de huurcommissie waartoe zij behoren.

Art. 39

Inzage in boeken verhuurder

– 1. De huurcommissie kan, voorzover dat redelijkerwijs voor de uitoefening haar taak nodig is, van de verhuurder inzage en het nemen van afschrift vorderen van boeken en andere zakelijke bescheiden.

– 2. De verhuurder is verplicht van hem krachtens het eerste lid gevorderde inzage en nemen van afschrift van boeken en andere zakelijke bescheiden te verlenen, een en ander op de wijze en binnen de termijn, door de voorzitter van de huurcommissie te bepalen.

– 3. Het niet voldoen aan de in het tweede lid omschreven verplichting wordt gestraft met een geldboete van de tweede categorie. Het strafbare feit is een overtreding.

Art. 40

Toegang tot gehuurde ruimte

De voorzitter en de leden van een huurcommissie hebben toegang tot alle woon- en bedrijfsruimten, alsmede tot ruimte die als zodanig kan worden gebruikt, voorzover dat redelijkerwijs voor de uitoefening van hun taak nodig is. Zij kunnen zich bij het betreden door bepaalde, door hen aan te wijzen personen doen vergezellen. Zo nodig verschaffen zij zich de toegang met behulp van de sterke arm.

§ 3. Toezicht op de huurcommissies

Art. 41

Jaarplan

– 1. Een huurcommissie stelt, na overleg met de andere huurcommissies ten aanzien van de in het tweede lid bedoelde beleidsvoornemens, tijdig voor afloop van een kalenderjaar een jaarplan voor het volgende kalenderjaar vast.

– 2. Het jaarplan geeft een schatting van het aantal zittingen dat de huurcommissie in het desbetreffende kalenderjaar zal houden, alsmede inzicht in de beleidsvoornemens van de huurcommissie voor het tijdvak vanaf 1 juli van het desbetreffende kalenderjaar tot 1 juli van het daaropvolgende jaar met betrekking tot toetsing van verzoeken als bedoeld in artikel 9, voorzover die behoren tot de door Onze Minister daartoe aangewezen categorieën verzoeken.

– 3. Het jaarplan wordt aan Onze Minister toegezonden. Het ligt voor een ieder ter inzage bij het secretariaat van de huurcommissie.

Art. 42

Opgave aantal zaken

– 1. Ten minste eenmaal per vier maanden verstrekt de huurcommissie aan Onze Minister een opgave, houdende het aantal van de sedert de afsluiting van de vorige opgave binnengekomen, door de huurcommissie te behandelen zaken, alsmede het aantal sinds het tijdstip van afsluiting van de vorige opgave door haar afgedane zaken.

– 2. De secretaris houdt een openbaar register aan, waarin met weglating van de namen van

de betrokken huurders en verhuurders de slotwoorden van de uitspraken van de huurcommissie en van de uitspraken van de voorzitter van de huurcommissie zijn opgenomen.
– 3. Onze Minister kan regels geven omtrent de inrichting van dit register. Tevens kan Onze Minister regels geven met betrekking tot door de secretaris aan te houden andere registers.

Art. 43

Verslag

– 1. Een huurcommissie stelt jaarlijks voor 1 maart een verslag op van de werkzaamheden, het gevoerde beleid in het algemeen en de doelmatigheid en doeltreffendheid van haar werkwijze in het bijzonder in het afgelopen kalenderjaar. Het verslag geeft tevens inzicht in het gevoerde beleid van de huurcommissie in het afgelopen kalenderjaar met betrekking tot de toetsing van de ingevolge artikel 41, tweede lid, aangewezen categorieën verzoeken.
– 2. Het verslag wordt toegezonden aan Onze Minister, Onze Minister van Justitie en de rechter met wiens rechtsgebied dat van de huurcommissie samenvalt, en aan de andere huurcommissies.
– 3. Het verslag wordt ingericht overeenkomstig door Onze Minister te geven regels. Het ligt voor een ieder ter inzage bij het secretariaat van de huurcommissie.

Art. 44

Verstrekken van inlichtingen

De huurcommissies verstrekken desgevraagd aan Onze Minister de voor de uitoefening van zijn taak benodigde inlichtingen. Onze Minister kan inzage vorderen van zakelijke gegevens en bescheiden, voorzover dat voor de vervulling van zijn taak redelijkerwijs nodig is.

Art. 45

Algemene aanwijzingen

– 1. Onze Minister kan aan de huurcommissies, na overleg met de voorzitters van de huurcommissies, algemene aanwijzingen geven met betrekking tot de door de huurcommissies uit te oefenen taken.
– 2. De in het eerste lid bedoelde aanwijzingen worden bekendgemaakt in de *Staatscourant*.

HOOFDSTUK VI
Overgangs- en slotbepalingen

Art. 46

Inwerkingtreding nadere regelgeving

Krachtens de artikelen 3, tweede lid, 7, derde lid, 8, 10, eerste lid, en 12, tweede lid, vast te stellen algemene maatregelen van bestuur treden niet eerder in werking dan acht weken na de datum van uitgifte van het *Staatsblad* waarin zij zijn geplaatst. Van de plaatsing wordt onverwijld mededeling gedaan aan de beide kamers der Staten-Generaal.

Art. 47

Bevoegdheid minister

– 1. Onze Minister:
a. bepaalt aan welke voorwaarden een verzoek aan de huurcommissie dient te voldoen en welke gegevens daarbij dienen te worden verstrekt of overgelegd;
b. bepaalt in welke gevallen de voorzitter van de huurcommissie van de bevoegdheid, bedoeld in artikel 7, achtste lid, gebruik kan maken, en
c. stelt ter uitvoering van artikel 7:252, derde lid, van het Burgerlijk Wetboek een formulier vast.
– 2. Onze Minister kan:
a. ter uitvoering van artikel 7:253 van het Burgerlijk Wetboek regels geven met betrekking tot de voorwaarden waaraan het in het tweede lid van dat artikel bedoelde schrijven van de verhuurder aan de huurder dient te voldoen;
b. ter uitvoering van artikel 7:257 van het Burgerlijk Wetboek regels geven met betrekking tot de voorwaarden waaraan een kennisgeving van de huurder aan de verhuurder van een gebrek dient te voldoen;
c. nadere voorschriften geven omtrent de wijze waarop de huurcommissie haar taken ingevolge deze wet uitvoert.

Art. 48

Verslag door minister

Onze Minister zendt binnen vijf jaar na de inwerkingtreding van deze wet en vervolgens telkens binnen vier jaar aan de Staten-Generaal een verslag over de doeltreffendheid en doelmatigheid van het functioneren van de huurcommissies.

Art. 49

Overgangsrecht

De op het tijdstip van inwerkingtreding van deze wet bij een huurcommissie aanhangige verzoeken worden met toepassing van het vóór het tijdstip van inwerkingtreding van deze wet geldende recht behandeld door de huurcommissie.

Art. 50

Dwingend recht

De toepasselijkheid van de bepalingen van deze wet kan niet bij overeenkomst worden uitgesloten of beperkt.

Art. 51

Overleggen uitspraak of beschikking

In elke na het verstrijken van de termijn, bedoeld in artikel 7:260, tweede lid, van het Burgerlijk Wetboek, ingestelde rechtsvordering ter zake van de vergoedingen, bedoeld in het eerste lid van dat artikel, wordt een uitspraak van de huurcommissie dan wel beschikking van de rechter omtrent de betalingsverplichting van de huurder met betrekking tot deze vergoedingen overgelegd.

Art. 52

Overleggen uitspraak of beschikking

In elke rechtsvordering ter zake van hetgeen onverschuldigd mocht zijn betaald in verband met een overeenkomst als bedoeld in artikel 7:258 van het Burgerlijk Wetboek waarbij partijen slechts de hoogte van de prijs en niet die van de huurprijs zijn overeengekomen, wordt een uitspraak van de huurcommissie, als bedoeld in artikel 17, dan wel een beschikking van de rechter, als bedoeld in artikel 7:262 van het Burgerlijk Wetboek overgelegd.

Art. 53

Overgangsrecht

– 1. De huurcommissies, bedoeld in artikel 2 van de Wet op de huurcommissies, worden van de dag van inwerkingtreding van deze wet af geacht huurcommissies te zijn, bedoeld in artikel 21 van deze wet.

– 2. De voorzitter en de leden der huurcommissies blijven na de inwerkingtreding van deze wet in die kwaliteit werkzaam tot het tijdstip waarop ingevolge de Wet op de huurcommissies hun ontslag zou zijn ingegaan.

Art. 53a

Inwerkingtreding

Indien deze wet later in werking treedt dan 1 juli van enig jaar; geldt artikel 41 vanaf 1 januari van het daarop volgende jaar.

Art. 53b

Eerste opgave ex art. 42

De in artikel 42, eerste lid, bedoelde opgave wordt voor de eerste maal verstrekt per de eerste datum van 1 januari, 1 mei of 1 september nadat sedert het in werking treden van deze wet ten minste vier maanden zijn verstreken. De in de eerste zin bedoelde opgave betreft de eerste maal het aantal van de sedert de vier daaraan voorafgaande maanden binnengekomen door de huurcommissie te behandelen onderscheidenlijk afgedane zaken.

Art. 53c

Eerste verslag ex art. 43

Het in artikel 43 bedoelde verslag wordt voor de eerste maal opgesteld nadat sedert het tijdstip van in werking treden van deze wet een geheel kalenderjaar is verstreken. Over het daaraan voorafgaande kalenderjaar wordt door de huurcommissie verslag uitgebracht op de wijze als is aangegeven in artikel 24 van de Wet op de huurcommissies, zoals dat artikel voor de inwerkingtreding van deze wet luidde.

Art. 53d

Reikwijdte art. 46

Artikel 46, eerste volzin, is niet van toepassing op het voor de eerste maal vaststellen van de in die volzin bedoelde algemene maatregelen van bestuur.

Art. 54

Intrekking

– 1. De Huurprijzenwet woonruimte wordt ingetrokken.

– 2. De Wet op de huurcommissies wordt ingetrokken.

Art. 55

Inwerkingtreding

Indien het bij koninklijke boodschap van 2 juli 1998 ingediende voorstel van wet tot vaststelling van titel 7.4 (Huur) van het Burgerlijk Wetboek (kamerstukken II 1997/98, 26 089, nrs. 1-2), na tot wet te zijn verheven, in werking treedt, treedt deze wet op hetzelfde tijdstip in werking.

Art. 56

Citeertitel

Deze wet wordt aangehaald als: Uitvoeringswet huurprijzen woonruimte.

Wet van 24 december 1927, Stb. 415 , houdende nadere regeling van de Collectieve Arbeidsovereenkomst, zoals deze wet laatstelijk is gewijzigd bij de Wet van 7 december 2006, Stb. 706

[Inwerkingtreding: 01-09-1928]

Wij WILHELMINA, bij de gratie Gods, Koningin der Nederlanden, Prinses van Oranje-Nassau, enz., enz., enz.

Allen, die deze zullen zien of hooren lezen, salut! doen te weten:

Alzoo Wij in overweging genomen hebben, dat het wenschelijk is nadere regelen te stellen betreffende de collectieve arbeidsovereenkomst;

Zoo is het, dat Wij, den Raad van State gehoord, en met gemeen overleg der Staten-Generaal, hebben goedgevonden en verstaan, gelijk Wij goedvinden en verstaan bij deze:

Art. 1

Begrip collectieve arbeidsovereenkomst; discriminatieverbod

– 1. Onder collectieve arbeidsovereenkomst wordt verstaan de overeenkomst, aangegaan door een of meer werkgevers of een of meer verenigingen met volledige rechtsbevoegdheid van werkgevers en een of meer verenigingen met volledige rechtsbevoegdheid van werknemers, waarbij voornamelijk of uitsluitend worden geregeld arbeidsvoorwaarden, bij arbeidsovereenkomsten in acht te nemen.

– 2. Zij kan ook betreffen aannemingen van werk en overeenkomsten van opdracht. Hetgeen in deze wet omtrent arbeidsovereenkomsten, werkgevers en werknemers is bepaald, vindt dan overeenkomstige toepassing.

Discriminatieverbod

– 3. Nietig is het beding, waarbij een werkgever verplicht wordt arbeiders van een bepaald ras of met een bepaalde godsdienst, levensbeschouwelijke of politieke overtuiging of leden van een bepaalde vereniging in dienst te nemen of waarbij hij zich verplicht, te weigeren hen in dienst te nemen.

Art. 2

Statutaire bevoegdheid tot sluiten CAO

Eene vereeniging van werkgevers of van werknemers is slechts bevoegd tot het aangaan van collectieve arbeidsovereenkomsten, indien de statuten der vereeniging deze bevoegdheid met name noemen.

Art. 3

Authentieke of onderhandse akte

Eene collectieve arbeidsovereenkomst kan slechts worden aangegaan bij eene authentieke of onderhandsche akte.

Art. 4

Kennisgeving inhoud overeenkomst

Eene vereeniging, welke eene collectieve arbeidsovereenkomst heeft aangegaan, draagt zorg dat ieder harer leden, die bij de overeenkomst betrokken is, zoo spoedig mogelijk den woordelijken inhoud der overeenkomst in zijn bezit heeft. Indien door de partijen eene toelichting op de collectieve arbeidsovereenkomst is opgesteld, geldt deze verplichting ook ten aanzien van de toelichting.

Art. 5

Wijziging en verlenging

In geval van wijziging van de collectieve arbeidsovereenkomst en van uitdrukkelijke verlenging van haren duur vinden de bepalingen van de twee voorgaande artikelen overeenkomstige toepassing.

Art. 6

Invloed statutaire wijziging

Eene wijziging van bepalingen in de statuten eener vereeniging, welke het nakomen, het wijzigen, het verlengen of het opzeggen van collectieve arbeidsovereenkomsten betreffen, werkt niet ten aanzien van eene vóór de statutenwijziging door de vereeniging aangegane collectieve arbeidsovereenkomst, tenzij de andere partijen bij die overeenkomst daarin toestemmen.

Art. 7

Aanvangstijdstip en werking

– 1. Wanneer het tijdstip, waarop de werking der collectieve arbeidsovereenkomst aanvangt, niet bij de overeenkomst zelve is bepaald, vangt die werking aan met ingang van den vijftienden dag, volgende op dien, waarop de overeenkomst is aangegaan.

– 2. Wanneer bij de collectieve arbeidsovereenkomst niet anders is bepaald, strekt hare werking zich, van het tijdstip waarop deze aanvangt, mede uit over op dat tijdstip reeds aangegane arbeidsovereenkomsten.

Art. 8

Bevordering van nakoming

– 1. Eene vereeniging, welke eene collectieve arbeidsovereenkomst heeft aangegaan, is gehouden te bevorderen, in de mate als de goede trouw medebrengt, dat hare leden de daarbij te hunnen aanzien gestelde bepalingen nakomen.

– 2. De vereeniging staat voor hare leden slechts in, voor zooverre zulks in de overeenkomst is bepaald.

Art. 9

Gebonden/betrokken

– 1. Allen, die tijdens den duur der collectieve arbeidsovereenkomst, te rekenen van het tijdstip waarop zij is aangegaan, lid zijn of worden eener vereeniging, welke de overeenkomst heeft aangegaan, en bij de overeenkomst zijn betrokken, zijn door die overeenkomst gebonden.

– 2. Zij zijn tegenover elk der partijen bij de collectieve arbeidsovereenkomst gehouden al datgene, wat te hunnen aanzien bij die overeenkomst is bepaald, te goeder trouw ten uitvoer te brengen, als hadden zij zelve zich daartoe verbonden.

Art. 10

Gebondenheid na einde lidmaatschap

– 1. De leden eener vereeniging, die door eene collectieve arbeidsovereenkomst gebonden zijn, blijven ook na het verlies van het lidmaatschap door die overeenkomst gebonden.

– 2. Die gebondenheid eindigt, wanneer de overeenkomst na het verlies van het lidmaatschap wordt gewijzigd. In geval van verlenging van de overeenkomst na het verlies van het lidmaatschap duurt de gebondenheid voort tot het tijdstip, waarop de overeenkomst zonder deze verlenging zou zijn geëindigd.

Art. 11

Geen gevolgen bij ontbinding vereniging

Ontbinding eener vereeniging, welke eene collectieve arbeidsovereenkomst heeft aangegaan, heeft geen invloed op de rechten en verplichtingen, welke uit die overeenkomst voortvloeien.

Art. 12

Nietigheid strijdige bedingen

– 1. Elk beding tusschen een werkgever en een werknemer, strijdig met eene collectieve arbeidsovereenkomst door welke zij beiden gebonden zijn, is nietig; in plaats van zoodanig beding gelden de bepalingen der collectieve arbeidsovereenkomst.

– 2. De nietigheid kan steeds worden ingeroepen door elk der partijen bij de collectieve arbeidsovereenkomst.

Art. 13

Regeling bij ontbrekende bepalingen

Bij gebreke van bepalingen in eene arbeidsovereenkomst omtrent aangelegenheden, geregeld in eene collectieve arbeidsovereenkomst door welke zoowel de werkgever als de werknemer gebonden zijn, gelden de bepalingen der collectieve arbeidsovereenkomst.

Art. 14

Gelijke behandeling van ongeorganiseerden

Wanneer bij de collectieve arbeidsovereenkomst niet anders is bepaald, is de werkgever, die door die overeenkomst gebonden is, verplicht, tijdens den duur dier overeenkomst hare bepalingen omtrent arbeidsvoorwaarden ook na te komen bij de arbeidsovereenkomsten, als in de collectieve arbeidsovereenkomst bedoeld, welke hij aangaat met werknemers, die door de collectieve arbeidsovereenkomst niet gebonden zijn.

Art. 14a

Overgang van onderneming

– 1. Door de overgang van een onderneming, als bedoeld in artikel 662 van Boek 7 van het Burgerlijk Wetboek, gaan de rechten en verplichtingen welke op dat tijdstip voor de werkgever in die onderneming ten aanzien van daar werkzame werknemers voortvloeien uit bepalingen omtrent arbeidsvoorwaarden van een collectieve arbeidsovereenkomst waaraan hij gebonden is, van rechtswege over op de verkrijger van de onderneming.

– 2. De rechten en verplichtingen die ingevolge het eerste lid overgaan, eindigen op het tijdstip waarop de verkrijger ten aanzien van de arbeid, verricht door de in het eerste lid bedoelde werknemers, gebonden wordt aan een na de overgang van de onderneming tot stand gekomen collectieve arbeidsovereenkomst dan wel op het tijdstip waarop de verkrijger ten aanzien van die arbeid krachtens een na de overgang genomen besluit tot verbindendverklaring op grond van artikel 2 van de Wet op het algemeen verbindend en het onverbindend verklaren van bepalingen van collectieve arbeidsovereenkomsten verplicht wordt bepalingen na te komen van een collectieve arbeidsovereenkomst. De rechten en verplichtingen eindigen voorts zodra de op het tijdstip van de overgang lopende geldingsduur van de collectieve arbeidsovereenkomst verstrijkt.

– 3. In afwijking van het eerste en het tweede lid zijn op de rechten en verplichtingen van de werkgever die voortvloeien uit een bepaling in een collectieve arbeidsovereenkomst, die betrekking heeft op een pensioenregeling als bedoeld in artikel 1 van de Pensioenwet, dan wel een spaarregeling als bedoeld in artikel 3 van de Pensioen- en spaarfondsenwet zoals dat artikel luidde op de dag voorafgaand aan de inwerkingtreding van de Pensioenwet, de artikelen 663 en 664 van Boek 7 van het Burgerlijk Wetboek van toepassing.

Art. 15

Schadevergoeding bij niet-nakoming

Eene vereeniging, welke eene collectieve arbeidsovereenkomst heeft aangegaan, kan, indien eene der andere partijen bij die overeenkomst of een der leden van dezen handelt in strijd met eene harer of zijner verplichtingen, vergoeding vorderen niet alleen voor de schade, welke zij zelve dientengevolge lijdt, doch ook voor die, welke hare leden lijden.

Art. 16

Voor zover de schade in ander nadeel dan vermogensschade bestaat, zal als vergoeding een naar billijkheid te bepalen bedrag verschuldigd zijn. **Vergoeding immateriele schade**

Art. 17

Bij de collectieve arbeidsovereenkomst kan met betrekking tot de schadevergoeding eene voorziening worden getroffen, welke afwijkt van het bepaalde bij de twee voorgaande artikelen. **Bepalingen schadevergoeding regelend recht**

Art. 18

Eene collectieve arbeidsovereenkomst kan niet voor langeren tijd dan vijf jaren worden aangegaan; behoudens verlenging, zoodanig dat de partijen nimmer langer verbonden zijn dan vijf achtereenvolgende jaren, te rekenen van het tijdstip waarop de verlenging wordt overeengekomen. **Duur collectieve arbeidsovereenkomst**

Art. 19

– 1. Wanneer eene collectieve arbeidsovereenkomst voor een bepaalden tijd is aangegaan, wordt zij, zoo niet bij de overeenkomst anders is bepaald, geacht telkens voor gelijken tijd, doch ten hoogste voor een jaar, te zijn verlengd, behoudens opzegging; de termijn van opzegging is, tenzij bij de overeenkomst anders is bepaald, een twaalfde gedeelte van den tijd, waarvoor zij oorspronkelijk is aangegaan. **Stilzwijgende verlenging behoudens opzegging**

– 2. Wanneer de tijd, waarvoor eene collectieve arbeidsovereenkomst wordt aangegaan, niet bij de overeenkomst is bepaald, wordt zij geacht te zijn aangegaan voor een jaar met verlenging telkens voor gelijken tijd, behoudens opzegging tenminste eene maand vóór het einde van het jaar.

Art. 20

De opzegging van eene collectieve arbeidsovereenkomst moet worden gedaan aan alle partijen bij die overeenkomst. Zij kan slechts geschieden bij aangeteekenden brief of bij deurwaardersexploit. **Opzeggingsformaliteiten**

Art. 21

Wanneer bij de collectieve arbeidsovereenkomst niet anders is bepaald, heeft eene opzegging door eene der partijen ten gevolge dat de overeenkomst voor alle partijen eindigt. **Gevolgen opzegging**

Art. 22-24

Bevat wijzigingen in andere regelgeving.

Art. 25

De gevolgen van eene collectieve arbeidsovereenkomst, van kracht bij de inwerkingtreding van deze wet, worden beoordeeld naar het voordien geldende recht, totdat na die inwerkingtreding de overeenkomst wordt gewijzigd of haar duur uitdrukkelijk wordt verlengd, in welk geval voor het vervolg de bepalingen van deze wet toepassing vinden. **Gevolgen voor bestaande CAO's**

Art. 26

Ten aanzien van vereenigingen, welke op het tijdstip van de inwerkingtreding dezer wet partij zijn of in de twee daaraan voorafgaande jaren partij geweest zijn bij eene collectieve arbeidsovereenkomst, vindt artikel 2 eerst twee jaren na die inwerkingtreding toepassing. **Verplichting statutenwijziging**

Art. 27

– 1. Deze wet treedt in werking op een door Ons te bepalen tijdstip.

– 2. Zij kan worden aangehaald onder den titel: 'Wet op de collectieve arbeidsovereenkomst'. **Citeertitel**

II.40 WET OP HET ALGEMEEN VERBINDEND EN HET ONVERBINDEND VERKLAREN VAN BEPALINGEN VAN COLLECTIEVE ARBEIDSOVEREENKOMSTEN

Wet van 25 mei 1937, Stb. 801, tot het algemeen verbindend en het onverbindend verklaren van bepalingen van collectieve arbeidsovereenkomsten, zoals deze wet laatstelijk is gewijzigd bij de Wet van 1 december 2005, Stb. 626

[Inwerkingtreding: 01-10-1937]

Wij WILHELMINA, bij de gratie Gods, Koningin der Nederlanden, Prinses van Oranje-Nassau, enz., enz., enz.

Allen, die deze zullen zien of hooren lezen, salut! doen te weten:

Alzoo Wij in overweging genomen hebben, dat het wenschelijk is regelen vast te stellen betreffende het algemeen verbindend en het onverbindend verklaren van bepalingen van collectieve arbeidsovereenkomsten;

Zoo is het, dat Wij, den Raad van State gehoord, en met gemeen overleg der Staten-Generaal, hebben goedgevonden en verstaan, gelijk Wij goedvinden en verstaan bij deze:

Art. 1

Begripsbepaling

Deze wet verstaat onder:

a. 'Onze Minister': Onze Minister van Sociale Zaken;

b. 'verbindendverklaring': de in artikel 2 bedoelde algemeen verbindendverklaring;

c. 'verbindend verklaarde bepalingen': bepalingen eener collectieve arbeidsovereenkomst, welke ingevolge artikel 2 algemeen verbindend zijn verklaard.

Art. 2

Verbindendverklaring CAO

– 1. Onze Minister kan bepalingen van eene collectieve arbeidsovereenkomst, die in het geheele land of in een gedeelte des lands voor eene – naar zijn oordeel belangrijke – meerderheid van de in een bedrijf werkzame personen gelden, in het geheele land of in dat gedeelte des lands algemeen verbindend verklaren. Deze bepalingen zijn dan, behalve in de gevallen door Onzen Minister uitgezonderd, binnen dat gebied verbindend voor alle werkgevers en werknemers ten aanzien van arbeidsovereenkomsten, die naar den aard van den arbeid, waarop zij betrekking hebben, onder de collectieve arbeidsovereenkomst vallen of zouden vallen, hetzij deze arbeidsovereenkomsten op het tijdstip, waarop de werking der verbindendverklaring aanvangt, reeds gesloten zijn, hetzij zij daarna gesloten worden.

– 2. De verbindendverklaring geschiedt, behoudens voor fondsen, die uit hun aard een meer permanent karakter dragen en ten aanzien waarvan een langer tijdvak kan gelden, voor een tijdvak van ten hoogste twee jaren. Het tijdstip, waarop de werking der verbindendverklaring eindigt, kan daarbij niet later worden gesteld dan het vroegste tijdstip, waarop de collectieve arbeidsovereenkomst, hetzij ingevolge het bij die overeenkomst bepaalde, hetzij ingevolge artikel 19 der Wet op de collectieve arbeidsovereenkomst zou kunnen eindigen.

Geen terugwerkende kracht

– 3. Verbindendverklaring heeft geen terugwerkende kracht.

– 4. Indien de verbindend verklaarde bepalingen aannemingen van werk en overeenkomsten van opdracht betreffen, vindt hetgeen in deze wet omtrent arbeidsovereenkomsten, werkgevers en werknemers is bepaald, overeenkomstige toepassing.

Uitsluiting bepalingen

– 5. Van de verbindendverklaring zijn uitgesloten bepalingen eener collectieve arbeidsovereenkomst, die ten doel hebben:

a. de beslissing van den rechter omtrent twistgedingen uit te sluiten;

b. dwang uit te oefenen op werkgevers of werknemers om zich bij eene vakvereeniging van werkgevers of werknemers aan te sluiten;

c. eene ongelijke behandeling van georganiseerden en ongeorganiseerden teweeg te brengen;

d. de werknemers te betrekken bij de handhaving van regelingen betreffende de prijzen, die voor goederen of diensten door de werkgevers van derden gevorderd zullen worden, en betreffende de voorwaarden, waaronder door de werkgevers aan derden zal worden geleverd.

Grensoverschrijdende arbeid

– 6. Verbindend verklaarde bepalingen gelden ook ten aanzien van werknemers, die tijdelijk in Nederland arbeid verrichten en wier arbeidsovereenkomst wordt beheerst door een ander recht dan het Nederlandse recht, indien deze bepalingen betrekking hebben op:

a. maximale werktijden en minimale rusttijden;

b. het minimum aantal vakantiedagen, gedurende welke de verplichting van de werkgever om loon te betalen bestaat;

c. minimumloon, daaronder begrepen vergoedingen voor overwerk, en daaronder niet begrepen aanvullende bedrijfspensioenregelingen;

d. voorwaarden voor het ter beschikking stellen van werknemers;

e. gezondheid, veiligheid en hygiëne op het werk;

f. beschermende maatregelen met betrekking tot de arbeidsvoorwaarden en arbeidsomstandigheden van kinderen, jongeren en van zwangere of pas bevallen werkneemsters;
g. gelijke behandeling van mannen en vrouwen, alsmede andere bepalingen inzake niet-discriminatie.

Art. 2a

Overgang van onderneming

– 1. Door de overgang van een onderneming, als bedoeld in artikel 662 van Boek 7 van het Burgerlijk Wetboek, gaan de rechten en verplichtingen welke op dat tijdstip voor de werkgever in die onderneming ten aanzien van daar werkzame werknemers voortvloeien uit bepalingen omtrent arbeidsvoorwaarden welke hij krachtens een besluit tot verbindendverklaring op grond van artikel 2 van deze wet verplicht is na te komen, van rechtswege over op de verkrijger van de onderneming.
– 2. De rechten en verplichtingen die ingevolge het eerste lid overgaan, eindigen op het tijdstip waarop de verkrijger ten aanzien van de arbeid, verricht door de in het eerste lid bedoelde werknemers, gebonden wordt aan een na de overgang van de onderneming tot stand gekomen collectieve arbeidsovereenkomst dan wel op het tijdstip waarop de verkrijger ten aanzien van die arbeid krachtens een na de overgang genomen besluit tot verbindendverklaring op grond van artikel 2 van deze wet, verplicht wordt bepalingen van een collectieve arbeidsovereenkomst na te komen. De rechten en verplichtingen eindigen voorts zodra de werking der verbindendverklaring eindigt.

Art. 3

Nietigheid afwijkende bedingen

– 1. Elk beding tusschen den werkgever en den werknemer, strijdig met verbindend verklaarde bepalingen, is nietig; in plaats van zoodanig beding gelden de verbindend verklaarde bepalingen.
– 2. De nietigheid kan steeds worden ingeroepen door verenigingen met volledige rechtsbevoegdheid van werkgevers of werknemers, waarvan leden partij zijn bij eene arbeidsovereenkomst, waarop de verbindend verklaarde bepalingen van toepassing zijn.
– 3. Bij gebreke van bepalingen in eene arbeidsovereenkomst omtrent aangelegenheden, geregeld in verbindend verklaarde bepalingen, gelden die verbindend verklaarde bepalingen.
– 4. De in het tweede lid bedoelde vereenigingen kunnen van werkgevers of werknemers, die in strijd handelen met verbindend verklaarde bepalingen, vergoeding vorderen van de schade, die zij of hare leden daardoor lijden. Voor zover de schade in ander nadeel dan vermogensschade bestaat, zal als vergoeding een naar billijkheid te bepalen bedrag verschuldigd zijn.

Art. 4

Verzoek tot verbindendverklaring

– 1. De verbindendverklaring kan alleen geschieden op verzoek van één of meer werkgevers of één of meer vereenigingen van werkgevers of werknemers, die partij zijn bij de collectieve arbeidsovereenkomst.
– 2. De indiening van een verzoek tot verbindendverklaring moet geschieden met inachtneming van de daaromtrent door Onzen Minister gegeven voorschriften.
– 3. Door Onzen Minister wordt van de indiening van het verzoek mededeeling gedaan in de *Staatscourant*. Daarbij wordt een termijn bepaald, binnen welken bedenkingen schriftelijk bij hem kunnen worden ingebracht.
– 4. Onze Minister kan omtrent het verzoek tot verbindendverklaring in overleg treden met de Stichting van de Arbeid.
– 5. Voor de behandeling van een verzoek tot verbindendverklaring is door den aanvrager eene vergoeding verschuldigd, volgens een door Onzen Minister vast te stellen tarief. Onze Minister kan vorderen, dat de aanvrager voor de voldoening van die kosten eene waarborgsom stort.

Art. 5

Besluit, publicatie

– 1. Het besluit, waarbij de verbindendverklaring wordt uitgesproken, houdt in:
a. eene opgaaf van de bepalingen, waarop de verbindendverklaring betrekking heeft;
b. eene opgaaf van het tijdstip, waarop de verbindendverklaring begint te werken en dat, waarop hare werking eindigt;
c. voor zoover noodig eene omschrijving van het gebied, waar en van de werkzaamheden, waarop de verbindend verklaarde bepalingen van toepassing zijn.
– 2. Van een besluit omtrent verbindendverklaring wordt mededeling gedaan door plaatsing in de *Staatscourant*.
– 3. Van de verbindendverklaring wordt aanteekening gehouden in een register, dat ingericht is volgens voorschriften door Onzen Minister gegeven. De collectieve arbeidsovereenkomsten, waarvan bepalingen verbindend zijn verklaard, worden als bijlagen bij het register bewaard.
– 4. Het in het vorige lid bedoelde register met bijlagen ligt voor een ieder kosteloos ter inzage. Schriftelijke inlichtingen, het register betreffende, worden tegen betaling der kosten vanwege Onzen Minister aan een ieder verstrekt.

Art. 6

– 1. Onze Minister is bevoegd te allen tijde de verbindendverklaring in te trekken. **Intrekking verbindendverklaring**

– 2. Indien Onze Minister overweegt de verbindendverklaring van bepalingen van eene collectieve arbeidsovereenkomst in te trekken, geeft hij daarvan kennis aan hen, die bij de collectieve arbeidsovereenkomst partij zijn en stelt hen in de gelegenheid hunne bezwaren daartegen schriftelijk of mondeling kenbaar te maken. Voorts kan Onze Minister ter zake in overleg treden met de Stichting van de Arbeid.

– 3. Intrekking van de verbindendverklaring heeft geen terugwerkende kracht.

– 4. Van de intrekking wordt aanteekening gehouden in het register, bedoeld in artikel 5, derde lid.

Art. 7

Wijziging bepalingen CAO's

Het bepaalde in de artikelen 2 tot en met 6 vindt overeenkomstige toepassing, indien de verbindendverklaring betreft wijzigingen in de bepalingen van collectieve arbeidsovereenkomsten, die ingevolge artikel 2 algemeen verbindend zijn verklaard.

Art. 8

Onverbindendverklaring

– 1. Onze Minister kan bepalingen van eene collectieve arbeidsovereenkomst onverbindend verklaren, indien het algemeen belang zulks vereischt.

– 2. Indien Onze Minister overweegt één of meer bepalingen van eene collectieve arbeidsovereenkomst onverbindend te verklaren, geeft hij daarvan kennis aan hen, die bij de collectieve arbeidsovereenkomst partij zijn en stelt hen in de gelegenheid hunne bedenkingen daartegen schriftelijk of mondeling kenbaar te maken.

– 3. Onverbindendverklaring heeft geen terugwerkende kracht.

– 4. Van het besluit, waarbij de onverbindendverklaring wordt uitgesproken, wordt mededeling gedaan door plaatsing in de *Staatscourant*. Van de onverbindendverklaring wordt aanteekening gehouden in het register, bedoeld in artikel 5, derde lid.

Art. 9

Gevolgen onverbindendverklaring

– 1. Bij onverbindendverklaring van eene bepaling van eene collectieve arbeidsovereenkomst wordt deze bepaling geacht geen deel meer uit te maken van de collectieve arbeidsovereenkomst.

– 2. Elk op het tijdstip van het in werking treden der onverbindendverklaring bestaand beding tusschen een werkgever en een werknemer, berustende op de onverbindend verklaarde bepaling, is nietig.

Art. 10

Onderzoek naleving bepalingen

Indien een of meer verenigingen van werkgevers of van werknemers, op wier verzoek een verbindendverklaring is uitgesproken, het vermoeden gegrond achten, dat in een onderneming een of meer der verbindend verklaarde bepalingen niet worden nageleefd, kunnen zij met het oog op het instellen van een rechtsvordering, als bedoeld in artikel 3, Onze Minister verzoeken een onderzoek daarnaar te doen instellen. Onze Minister draagt het onderzoek op aan daartoe door hem aangewezen onder hem ressorterende ambtenaren. Onze Minister licht de vereniging of de verenigingen, die om het onderzoek hebben gevraagd, in over hetgeen bij het onderzoek gebleken is.

Art. 10a

Beëindiging taak Stichting van de Arbeid

Indien Onze Minister heeft vastgesteld dat de Stichting van de Arbeid heeft opgehouden te bestaan of de haar krachtens deze wet toekomende taak te vervullen, treden voor de toepassing van de artikelen 4, vierde lid, en 6, tweede lid, tweede volzin, in haar plaats de krachtens artikel 17, eerste lid, van de Wet op de loonvorming door Ons aangewezen centrale organisaties van werkgevers en van werknemers.

Art. 10b

Mandaat

Onze Minister kan een onder hem ressorterende ambtenaar mandaat verlenen tot het uitoefenen van de bevoegdheden, bedoeld in de artikelen 2, eerste lid, en 6, eerste lid.

Art. 11-13

Bevat wijzigingen in andere regelgeving.

Art. 14

Nadere regelgeving

Hetgeen nog ter voorbereiding van het in werking treden van deze wet en tot hare uitvoering noodig is, wordt bij algemeenen maatregel van bestuur geregeld.

Art. 15

Citeertitel

Deze wet kan worden aangehaald onder den titel: 'Wet op het algemeen verbindend en het onverbindend verklaren van bepalingen van collectieve arbeidsovereenkomsten'.

Art. 16

Inwerkingtreding

Deze wet treedt in werking op een door Ons te bepalen tijdstip.

Besluit van 5 oktober 1945, Stb. F 214, houdende vaststelling van het Buitengewoon Besluit Arbeidsverhoudingen 1945, zoals dit besluit laatstelijk is gewijzigd bij de Wet van 29 december 2008, Stb. 600

[Inwerkingtreding: 15-10-1945]

Wij WILHELMINA, bij de gratie Gods, Koningin der Nederlanden, Prinses van Oranje-Nassau, enz., enz., enz.

Op de voordracht van Onzen Minister van Sociale Zaken van 5 September 1945, n°. 4600, afdeeling Arbeid II;

Overwegende, dat het wenschelijk is gebleken, in afwachting van het tot stand komen van een nadere wettelijke regeling, het Buitengewoon Besluit Arbeidsverhoudingen (*Staatsblad* 1944, n°. E 52), laatstelijk gewijzigd bij Ons besluit van 29 December 1944 (*Staatsblad* n°. E 157), te herzien en opnieuw vast te stellen;

Den Raad van State gehoord (advies van 25 September 1945, n°. 16);

Gezien het nader rapport van Onzen voornoemden Minister van 2 October 1945, n°. 4827, afdeeling Arbeid II;

Hebben goedgevonden en verstaan:

vast te stellen de navolgende bepalingen:

EERSTE TITEL
Algemene Bepalingen

Art. 1

Begripsbepaling

In dit besluit wordt verstaan onder:
a. Onze Minister: Onze Minister van Sociale Zaken en Werkgelegenheid;
b. werknemer:
1° de werknemer, bedoeld in artikel 610, eerste lid, van Boek 7 van het Burgerlijk Wetboek;
2° degene, die persoonlijk arbeid verricht voor een ander, tenzij hij dergelijke arbeid in de regel voor meer dan twee anderen verricht of hij zich door meer dan twee andere personen, niet zijnde zijn echtgenoot of geregistreerde partner of bij hem inwonende bloedverwanten of aanverwanten of pleegkinderen, laat bijstaan of deze arbeid voor hem slechts een bijkomstige werkzaamheid is;
c. werkgever:
1° de werkgever, bedoeld in artikel 610, eerste lid, van Boek 7 van het Burgerlijk Wetboek;
2° de natuurlijke of rechtspersoon, voor wie de onder *b* sub 2°. genoemde arbeid wordt verricht;
d. arbeidsverhouding: de rechtsbetrekking tussen werkgever en werknemer;
e. loon: de vergoeding van de werkgever aan de werknemer ter zake van de arbeid;
f. dringende reden voor de werkgever: daden, eigenschappen of gedragingen van de werknemer, welke ten gevolge hebben dat van de werkgever redelijkerwijze niet kan worden gevergd de arbeidsverhouding te laten voortduren;
g. Uitvoeringsinstituut werknemersverzekeringen: het Uitvoeringsinstituut werknemersverzekeringen, genoemd in hoofdstuk 5 van de Wet structuur uitvoeringsorganisatie werk en inkomen.

Art. 2

Niet-toepasselijkheid BBA

– 1. Dit besluit is niet van toepassing op de arbeidsverhouding van:
a. werknemers bij een publiekrechtelijk lichaam;
b. onderwijzend en docerend personeel, werkzaam aan onderwijsinrichtingen, staande onder beheer van een natuurlijk of rechtspersoon;
c. personen, die een geestelijk ambt bekleden;
d. de werknemer die doorgaans op minder dan vier dagen per week uitsluitend of nagenoeg uitsluitend diensten verricht ten behoeve van het huishouden van de natuurlijke persoon tot wie hij in dienstbetrekking staat;
– 2. Voor de toepassing van het eerste lid, onderdeel *d*, wordt onder het verrichten van diensten ten behoeve van een huishouden mede verstaan het verlenen van zorg aan de leden van dat huishouden.
– 3. Onze Minister kan voorts bepalen, dat dit besluit of sommige artikelen van dit besluit niet van toepassing zijn op de arbeidsverhouding van door hem aangewezen werknemers of groepen van werknemers.

Art. 3

Afwijking van bestaande wetten

Voor zover in dit besluit wordt afgeweken van bestaande wetten en verordeningen, daaronder begrepen de afdelingen 1 tot en met 9 van titel 10 van Boek 7 van het Burgerlijk Wetboek, de Arbeidsgeschillenwet 1923, de Wet op de collectieve arbeidsovereenkomst en de Wet op het algemeen verbindend en het onverbindend verklaren van bepalingen van collectieve arbeidsovereenkomsten, is dit besluit van kracht, zolang een nadere wettelijke regeling niet tot stand is gekomen.

TWEEDE TITEL

Van het aangaan en het beëindigen der arbeidsverhouding en daarmede verband houdende onderwerpen

Art. 4-5

Vervallen.

Art. 6

Ontslagverbod

– 1. De werkgever behoeft voor de opzegging van de arbeidsverhouding voorafgaande toestemming van het Uitvoeringsinstituut werknemersverzekeringen.

Uitzonderingen

– 2. De werkgever behoeft deze toestemming niet:

a. indien de opzegging onverwijld geschiedt om een dringende reden, onder gelijktijdige mededeling van die reden aan de werknemer ;

b. tijdens de proeftijd;

c. indien de opzegging geschiedt ten gevolge van faillissement van de werkgever of toepassing ten aanzien van hem de schuldsaneringsregeling natuurlijke personen.

– 3. Bij ministeriële regeling worden regels gesteld met betrekking tot de toestemming als bedoeld in het eerste lid.

– 4. Alvorens een beslissing inzake het verlenen van toestemming krachtens het eerste lid wordt genomen, hoort het Uitvoeringsinstituut werknemersverzekeringen vertegenwoordigers van de in aanmerking komende organisaties van werkgevers en werknemers, behoudens in bij ministeriële regeling bepaalde gevallen.

– 5. Onze Minister kan de het Uitvoeringsinstituut werknemersverzekeringen aanwijzingen geven met betrekking tot de uitoefening van de bevoegdheid tot het verlenen van toestemming als bedoeld in het eerste lid. Hij treedt daarbij niet in de besluitvorming in individuele gevallen.

– 6. Bij ministeriële regeling kunnen voorzieningen worden getroffen voor het geval het Uitvoeringsinstituut werknemersverzekeringen zijn uit dit artikel voortvloeiende verplichtingen niet naar behoren nakomt.

– 7. Het Uitvoeringsinstituut werknemersverzekeringen brengt aan Onze Minister verslag uit over de wijze waarop de bevoegdheid tot het verlenen van de toestemming is uitgeoefend. Bij ministeriële regeling worden hieromtrent nadere regels gesteld.

– 8. Het Uitvoeringsinstituut werknemersverzekeringen is verplicht aan Onze Minister desgevraagd binnen een daartoe gestelde termijn en op de aangegeven wijze kosteloos alle opgaven te verstrekken betreffende de wijze waarop de bevoegdheid tot het verlenen van de toestemming is uitgeoefend.

– 9. Van het eerste lid kan bij ministeriële regeling voor bepaalde werknemers of groepen van werknemers voorwaardelijk of onvoorwaardelijk ontheffing of vrijstelling worden verleend.

– 10. Tegen beslissingen van het Uitvoeringsinstituut werknemersverzekeringen inzake het verlenen van toestemming op grond van het eerste lid staat geen beroep open bij het College van Beroep voor het Bedrijfsleven.

Art. 7

Vervallen.

Art. 8

Minimum werktijd

– 1. Het is de werkgever verboden de werktijd van de werknemer op minder dan 48 uur per week te stellen of gesteld te houden.

– 2. Het bepaalde in het vorige lid geldt niet:

a. ten aanzien van die werknemers, voor wier werkzaamheden de normale werktijd vóór 10 mei 1940 op een geringer aantal uren per week placht te zijn vastgesteld, zoals voor steenhouwers, kantoorbedienden, avondboekhouders, schoonmaaksters, stokers van centrale verwarmingen en dergelijke personen, mits hun loon als gevolg der werktijdverkorting niet daalt beneden het gebruikelijke bedrag;

b. ten aanzien van die werknemers, wier week- of maandloon op een vast bedrag is vastgesteld en niet daaronder daalt bij de werktijdverkorting;

c. voor de tijd, gedurende welke een door Onze Minister goedgekeurde wachtgeldregeling, als bedoeld in artikel 10, van kracht is, ten aanzien van de onder die wachtgeldregeling vallende werknemers.

Arbeidstijdverkorting

– 3. Van het bepaalde in het eerste lid kan voorts door of vanwege Onze Minister voor bepaalde werknemers of groepen van werknemers voorwaardelijk of onvoorwaardelijk ontheffing worden verleend.

Art. 9

Sanctie op overtreding

– 1. Een opzegging zonder de op grond van artikel 6 vereiste toestemming is vernietigbaar.
– 2. Handelingen in strijd met artikel 8, eerste lid, zijn vernietigbaar.
– 3. De werknemer kan gedurende zes maanden een beroep op deze vernietigingsgrond doen.

Art. 10

Wachtgeldregeling

– 1. De werkgever, die ten gevolge van tijdelijke stilstand van of slapte in de onderneming niet voldoende werkgelegenheid voor zijn werknemers heeft, kan een wachtgeldregeling voor hen treffen. Deze wachtgeldregeling behoeft de toestemming van Onze Minister. In de kosten van de wachtgeldregeling kan de werkgever onder bepaalde voorwaarden van Overheidswege een tegemoetkoming worden verleend.
– 2. Ter uitvoering van het bepaalde in het vorige lid worden door Onze Minister nadere bepalingen vastgesteld.

DERDE TITEL
Van de lonen en andere arbeidsvoorwaarden

Art. 11-20

Vervallen.

VIERDE TITEL
Strafbepalingen

Art. 21-29

Vervallen.

VIJFDE TITEL
Slotbepalingen

Art. 30

Burgerlijke rechtsvorderingen

Burgerlijke rechtsvorderingen van werkgevers of werknemers, welke voortvloeien uit niet-naleving van het bepaalde bij of krachtens dit besluit, worden geacht betrekkelijk te zijn tot een arbeidsovereenkomst. De artikelen 131 en 241 van Boek 2 (Rechtspersonen) van het Burgerlijk Wetboek blijven echter op deze vorderingen van toepassing.

Art. 31

Vervallen.

Art. 32

Delegatie van bevoegdheden

Onze Minister kan bevoegdheden, welke krachtens dit besluit aan hem of aan het Uitvoeringsinstituut werknemersverzekeringen toekomen, overdragen aan organisaties uit het bedrijfsleven.

Art. 33

Inwerkingtreding; citeertitel

– 1. Dit besluit, ten aanzien waarvan de bevoegdheid, bedoeld in artikel 9, tweede lid, van het Besluit op den bijzonderen staat van beleg niet kan worden uitgeoefend, treedt in werking met ingang van 15 oktober 1945.
– 2. Met ingang van die datum vervalt het Buitengewoon Besluit Arbeidsverhoudingen (Besluit van 17 juli 1944, *Staatsblad* no. E 52, laatstelijk gewijzigd bij besluit van 29 december 1944, *Staatsblad* no. E 157).
Dit besluit kan worden aangehaald onder de titel: Buitengewoon Besluit Arbeidsverhoudingen 1945.

Wet van 24 maart 1976, Stb. 223, houdende regelen inzake melding van collectief ontslag, zoals deze wet laatstelijk is gewijzigd bij de Wet van 29 december 2008, Stb. 600

[Inwerkingtreding: 01-12-1976]

Wij Juliana, bij de gratie Gods, Koningin der Nederlanden, Prinses van Oranje-Nassau, enz., enz., enz.

Allen, die deze zullen zien of horen lezen, saluut! doen te weten:

Alzo Wij in overweging genomen hebben, dat het wenselijk is werkgevers die voornemens zijn tot collectief ontslag van werknemers over te gaan, te verplichten dit te melden;

Zo is het, dat Wij, de Raad van State gehoord, en met gemeen overleg der Staten-Generaal, hebben goedgevonden en verstaan, gelijk Wij goedvinden en verstaan bij deze:

§ 1. Algemene bepalingen

Art. 1

Begripsbepaling

In deze wet wordt verstaan onder:

a. Onze Minister, Onze Minister van Sociale Zaken en Werkgelegenheid;

b. werkgever en *werknemer:* partijen bij een arbeidsovereenkomst als bedoeld in artikel 610, eerste lid, van Boek 7 van het Burgerlijk Wetboek;

c. bevoegd gezag: het Uitvoeringsinstituut werknemersverzekeringen, genoemd in hoofdstuk 5 van de Wet structuur uitvoeringsorganisatie werk en inkomen dan wel een organisatie uit het bedrijfsleven waaraan door Onze Minister op grond van artikel 32 van het Buitengewoon Besluit Arbeidsverhoudingen 1945 de bevoegdheid tot het verlenen van toestemming krachtens artikel 6, eerste lid, van dat Besluit is overgedragen;

d. werkgebied: een door Onze Minister vastgesteld gebied.

Art. 2

Toepassingsgebied

– 1. Deze wet is niet van toepassing op het doen eindigen van een dienstbetrekking:

a. waarvoor geen toestemming van het bevoegd gezag vereist is;

b. uitsluitend om redenen die de persoon van de werknemer betreffen.

– 2. Deze wet is voorts niet van toepassing op het doen eindigen van dienstbetrekkingen wegens het aflopen van de seizoenarbeid voor het verrichten waarvan zij werden aangegaan. Onze Minister kan arbeid aanwijzen, die voor de toepassing van de vorige volzin in ieder geval als seizoenarbeid wordt beschouwd. Een zodanige aanwijzing wordt in de *Nederlandse Staatscourant* bekend gemaakt.

– 3. In afwijking van het eerste lid zijn de artikelen 3 en 4, eerste en tweede lid van deze wet tevens van toepassing op het doen eindigen van dienstbetrekkingen ten gevolge van faillissement van de werkgever of toepassing ten aanzien van hem van de schuldsaneringsregeling natuurlijke personen.

§ 2. Verplichting tot melding collectief ontslag

Art. 3

Verplichte schriftelijke melding

– 1. Een werkgever die voornemens is de dienstbetrekkingen van ten minste twintig werknemers, werkzaam in één werkgebied, op een of meer binnen een tijdvak van drie maanden gelegen tijdstippen te doen eindigen, meldt dit ter tijdige raadpleging schriftelijk aan de belanghebbende verenigingen van werknemers. Een gelijke schriftelijke melding doet hij aan het bevoegd gezag; in geval van faillissement alleen op verzoek van het bevoegd gezag.

Vereniging van werknemers

– 2. Voor de berekening van het in het eerste lid bedoelde aantal werknemers wordt met de in dat lid bedoelde wijze van beëindiging van de dienstbetrekking gelijk gesteld een verzoek tot ontbinding van de arbeidsovereenkomst als bedoeld in artikel 685 van Boek 7 van het Burgerlijk Wetboek, ingediend door de werkgever om een of meer redenen die geen betrekking hebben op de persoon van de werknemer, op voorwaarde dat het aantal ingediende verzoeken gelijk is aan of hoger is dan vijf.

Raadpleging

– 3. De raadpleging, bedoeld in het eerste lid, heeft ten minste betrekking op de mogelijkheden om de collectieve ontslagen te voorkomen of in aantal te verminderen alsook op de mogelijkheid de gevolgen ervan te verzachten, door het nemen van sociale begeleidingsmaatregelen, meer bepaald om bij te dragen tot de herplaatsing of de omscholing van de ontslagen werknemers.

– 4. Als belanghebbende vereniging van werknemers wordt beschouwd een vereniging van werknemers, die in de onderneming werkzame personen onder haar leden telt, krachtens haar statuten ten doel heeft de belangen van haar leden als werknemers te behartigen, als zodanig in de betrokken onderneming of bedrijfstak werkzaam is, voorts ten minste twee jaar in het bezit is van rechtspersoonlijkheid en als zodanig aan de werkgever bekend is. Deze bekendheid wordt verondersteld, indien de vereniging aan de werkgever schriftelijk heeft te kennen gegeven dat zij prijs stelt op meldingen van voornemens als bedoeld in het eerste lid.

Art. 4

Bij melding te verstrekken gegevens

– 1. De werkgever doet bij de meldingen, bedoeld in artikel 3, eerste lid, opgave van de overwegingen die tot het daar bedoelde voornemen hebben geleid.

– 2. De werkgever doet bij de meldingen voorts zo nauwkeurig mogelijk opgave van:

a. het aantal werknemers wier dienstbetrekkingen hij voornemens is te doen eindigen, met een onderverdeling naar beroep of functie, leeftijd en geslacht, alsmede het aantal werknemers dat hij gewoonlijk in dienst heeft;

b. het tijdstip of de tijdstippen waarop hij de dienstbetrekkingen volgens zijn voornemen zal doen eindigen.

c. de criteria die aangelegd zullen worden bij het selecteren van de voor ontslag in aanmerking komende werknemers;

d. de wijze van berekening van eventuele afvloeiingsuitkeringen.

– 3. De werkgever doet de melding aan het bevoegd gezag vergezeld gaan van een afschrift van de melding aan de belanghebbende verenigingen van werknemers. Hij zendt aan deze verenigingen een afschrift van de melding aan het bevoegd gezag.

– 4. Ten slotte geeft de werkgever bij de melding aan het bevoegd gezag op:

a. of voor de onderneming waarin de betrokken werknemers werkzaam zijn, een ondernemingsraad is ingesteld;

b. of het voornemen van de werkgever verband houdt met een besluit als bedoeld in artikel 25, eerste lid, van de Wet op de ondernemingsraden; en zo ja,

c. het tijdstip waarop de ondernemingsraad over het betrokken besluit is of zal worden geraadpleegd, dan wel daarvan in kennis gesteld en geraadpleegd over de uitvoering daarvan.

Consultatie bevoegd gezag

– 5. De werkgever houdt het bevoegd gezag op de hoogte van de raadpleging van de belanghebbende verenigingen van werknemers en van de ondernemingsraad.

Art. 5

Volledigheid gegevens

Indien bij een melding aan het bevoegd gezag de ingevolge artikel 4, eerste t/m vierde lid vereiste gegevens niet volledig zijn verstrekt, zendt het bevoegd gezag aan de werkgever een schriftelijke mededeling, aangevende welke gegevens nog ontbreken. Zolang de ontbrekende gegevens niet zijn verstrekt, wordt de melding geacht niet te zijn gedaan.

Art. 6

Behandeling door bevoegd gezag

– 1. Het bevoegd gezag neemt verzoeken om toestemming tot het doen eindigen van de dienstbetrekkingen van werknemers ter uitvoering van een voornemen als bedoeld in artikel 3, eerste lid, niet eerder in behandeling dan een maand nadat dat voornemen is gemeld zoals bedoeld in de artikelen 3-5.

– 2. Indien uit de melding blijkt, dat de ondernemingsraad van de betrokken onderneming alsnog geraadpleegd dient te worden of indien de belanghebbende verenigingen van werknemers door de werkgever nog niet voor het plegen van overleg zijn uitgenodigd, neemt het bevoegd gezag de in het eerste lid bedoelde verzoeken niet eerder in behandeling dan nadat aan dit gezag gebleken is dat die raadpleging heeft plaatsgevonden, onderscheidenlijk dat die uitnodiging is gedaan.

– 3. Het bevoegd gezag kan het eerste en het tweede lid ten aanzien van daar bedoelde verzoeken buiten toepassing laten, indien die toepassing de herplaatsing van de met het ontslag bedreigde werknemers of de werkgelegenheid van de overige werknemers in de betrokken onderneming in gevaar zou brengen.

– 4. Een besluit tot het buiten toepassing laten van het eerste en tweede lid behoeft de goedkeuring van Onze Minister. De goedkeuring kan slechts worden onthouden wegens strijd met het recht of het algemeen belang.

Art. 6a

Onmiddellijke behandeling

Indien de melding wordt ondersteund door een verklaring van de belanghebbende verenigingen van werknemers dat zij zijn geraadpleegd en dat zij zich ermee kunnen verenigen, kunnen de verzoeken onmiddellijk in behandeling worden genomen.

§ 3. Gevolgen van niet-naleving meldingsplicht

Art. 7

Gevolgen niet-naleving meldingsplicht

– 1. Zodra het bevoegd gezag heeft vastgesteld dat een werkgever binnen een tijdvak van drie maanden heeft verzocht om toestemming tot het doen eindigen van de dienstbetrekkingen van ten minste twintig werknemers zonder dat die werkgever een die werknemers omvattende melding als bedoeld in artikel 3, eerste lid, heeft gedaan, neemt het bevoegd gezag de verzoeken waarop het nog niet heeft beslist niet of niet verder in behandeling. Van de toepassing van de vorige volzin doet het bevoegd gezag schriftelijk mededeling aan de werkgever.

– 2. De werkgever wordt alsdan geacht voornemens te zijn de dienstbetrekkingen van de in het eerste lid bedoelde werknemers binnen een tijdvak van drie maanden te doen eindigen.
– 3. De behandeling van de verzoeken waarop nog niet is beslist, wordt niet eerder aangevangen of voortgezet dan twee maanden nadat de werkgever overeenkomstig de artikelen 3-5 een melding heeft gedaan welke alle in het eerste lid bedoelde werknemers omvat.
– 4. Artikel 6, tweede, derde en vierde lid, en artikel 6*a* zijn van overeenkomstige toepassing.

§ 4. Slotbepalingen

Art. 8

Geheimhouding

Ieder die uit hoofde van zijn functie bij een vereniging van werknemers of in een commissie die het bevoegd gezag van advies dient, kennis neemt van een melding als bedoeld in artikel 3, eerste lid is verplicht tot geheimhouding van deze melding en van de inhoud daarvan, indien de werkgever dit bij die melding, onder opgave van redenen, uitdrukkelijk heeft verzocht. Deze verplichting vervalt zodra de verzoeken om toestemming tot ontslag in behandeling worden genomen, dan wel zoveel eerder als daaromtrent overeenstemming wordt bereikt tussen de werkgever en de verenigingen van werknemers aan welke de melding is gedaan.

Art. 9

Citeertitel

– 1. Deze wet kan worden aangehaald als: Wet melding collectief ontslag.

Inwerkingtreding

– 2. Zij treedt in werking op een door Ons te bepalen tijdstip.

Wet van 12 februari 1970, Stb. 69, houdende regelen met betrekking tot de loonvorming, zoals deze wet laatstelijk is gewijzigd bij de Wet van 28 januari 1999, Stb. 30

[Inwerkingtreding: 20-04-1970]

Wij JULIANA, bij de gratie Gods, Koningin der Nederlanden, Prinses van Oranje-Nassau, enz., enz., enz.

Allen, die deze zullen zien of horen lezen, saluut! doen te weten:

Alzo Wij in overweging genomen hebben, dat het wenselijk is de voorschriften van de derde titel van het Buitengewoon Besluit Arbeidsverhoudingen 1945 (*Stb.* 1963, 271) door andere regelen met betrekking tot de totstandkoming van lonen en andere arbeidsvoorwaarden te vervangen;

Zo is het, dat Wij, de Raad van State gehoord, en met gemeen overleg der Staten-Generaal, hebben goedgevonden en verstaan, gelijk Wij goedvinden en verstaan bij deze:

§ 1. Algemene bepalingen

Art. 1

Beweegredenen der wet

Voor de toepassing van het bij of krachtens deze wet bepaalde wordt verstaan onder:

a. Onze Minister: Onze Minister van Sociale Zaken en Werkgelegenheid;

b. werknemer:

1° degene die in dienst van een ander arbeid verricht;

2° degene die in de zelfstandige uitoefening van een bedrijf of beroep persoonlijk arbeid voor een ander verricht – tenzij hij zodanige arbeid in de regel voor meer dan twee anderen verricht of zich daarbij door meer dan twee personen, niet zijnde zijn echtgenoot of geregistreerde partner of een bij hem inwonend bloed- of aanverwant of pleegkind, laat bijstaan, dan wel deze arbeid voor hem slechts een bijkomstige werkzaamheid is;

c. werkgever: de natuurlijke persoon of rechtspersoon in wiens dienst dan wel voor wie de onder *b*, onderscheidenlijk sub 1° en sub 2°, bedoelde werknemer arbeid verricht;

d. arbeidsverhouding: de rechtsbetrekking tussen een werknemer en diens werkgever;

e. loon: arbeidsvoorwaarde, regelende de vergoeding van de werkgever aan de werknemer ter zake van diens arbeid.

Art. 2

Uitgesloten arbeidsverhouding

– 1. Deze wet is niet van toepassing op de arbeidsverhouding van:

a. personen in dienst van een publiekrechtelijk lichaam;

b. personen, aan een onderwijsinrichting werkzaam, wier arbeid bestaat in het geven van onderwijs;

c. personen die een geestelijk ambt bekleden.

– 2. Deze wet is voorts niet van toepassing op arbeidsverhoudingen, behorende tot een bij algemene maatregel van bestuur daartoe aangewezen categorie.

– 3. In afwijking van het eerste lid is deze wet van toepassing op de dienstbetrekking, bedoeld in de Wet sociale werkvoorziening, en de Wet inschakeling werkzoekenden.

Advies organisaties

Art. 3

Vervallen.

§ 2. Aanmelding van collectieve arbeidsovereenkomsten

Art. 4

CAO

– 1. Van het sluiten, wijzigen of opzeggen van een collectieve arbeidsovereenkomst, doen partijen schriftelijk mededeling aan Onze Minister. Daarbij wordt de tekst van de gesloten overeenkomst dan wel van de gewijzigde bepalingen daarvan alsmede een toelichting daarop overgelegd.

– 2. Onze Minister stelt zo spoedig mogelijk na ontvangst van de mededeling en de bescheiden bedoeld in het eerste lid partijen hiervan schriftelijk in kennis.

– 3. Een collectieve arbeidsovereenkomst of wijziging daarvan kan eerst in werking treden met ingang van de dag volgende op die waarop Onze Minister de in het tweede lid bedoelde kennisgeving heeft verzonden.

§ 3. Voorzieningen ter regeling van arbeidsvoorwaarden

Art. 5

Verzoek tot regeling

– 1. Onze Minister kan, op gezamenlijk verzoek van een of meer werkgevers of verenigingen met volledige rechtsbevoegdheid van werkgevers enerzijds en een of meer verenigingen met volledige rechtsbevoegdheid van werknemers anderzijds, voor een bij zijn besluit te bepalen tijdvak van ten hoogste twee jaar te hunnen aanzien regelingen vaststellen van dezelfde inhoud als een collectieve arbeidsovereenkomst. Deze regelingen kunnen echter geen bepalingen behelzen als bedoeld in artikel 2, vijfde lid, van de Wet op het algemeen verbindend en het onverbindend verklaren van bepalingen van collectieve arbeidsovereenkomsten (*Stb.* 1937, 801).

Advies organisaties

– 2. Alvorens aan het eerste lid toepassing te geven stelt Onze Minister organisaties van werkgevers en van werknemers, welke naar zijn oordeel op centraal niveau hiervoor in aanmerking komen, in de gelegenheid hem hun zienswijze ter zake kenbaar te maken.

Afwijzing verzoek

– 3. Onze Minister wijst een verzoek als bedoeld in het eerste lid niet af zonder de verzoekers in de gelegenheid te hebben gesteld hem hun bedenkingen daartegen kenbaar te maken.

Rechtskracht

– 4. Regelingen, vastgesteld krachtens het eerste lid, hebben dezelfde rechtskracht als een tussen verzoekers geldende collectieve arbeidsovereenkomst.

Art. 6

Regeling arbeidsvoorwaarden

– 1. Onze Minister kan regelingen van dezelfde inhoud als een collectieve arbeidsovereenkomst, voor een bij zijn besluit te bepalen tijdvak van ten hoogste twee jaar, eveneens vaststellen met betrekking tot arbeidsverhoudingen, behorende tot een bij zijn besluit daartoe aangewezen categorie. Artikel 5, eerste lid, tweede volzin, is van toepassing.

Verzoek tot regeling

– 2. Toepassing van het eerste lid kan uitsluitend geschieden op verzoek van de Stichting van de Arbeid dan wel op verzoek van al dan niet in de Stichting van de Arbeid vertegenwoordigde centrale organisaties van werkgevers of van werknemers, van een werkgever, van een vereniging met volledige rechtsbevoegdheid van werkgevers of van een zodanige vereniging van werknemers.

Vaststelling kan slechts geschieden nadat niet in de Stichting van de Arbeid vertegenwoordigde organisaties van werkgevers en van werknemers, welke naar het oordeel van Onze Minister op centraal niveau hiervoor in aanmerking komen, in de gelegenheid zijn gesteld hem hun zienswijze ter zake kenbaar te maken. Vaststelling anders dan op verzoek van de Stichting van de Arbeid kan daarenboven slechts geschieden met haar instemming.

Indien een verzoek als bedoeld in de eerste volzin is gedaan door een centrale organisatie van werkgevers of van werknemers, blijft de tweede volzin ten aanzien van de verzoeker buiten toepassing.

Bekendmaking

– 3. Van de indiening van een verzoek als bedoeld in het tweede lid doet Onze Minister mededeling in de *Staatscourant*. Daarbij bepaalt hij een termijn, binnen welke hem bedenkingen tegen de gevraagde toepassing van het eerste lid schriftelijk kunnen worden kenbaar gemaakt.

Afwijzing verzoek

– 4. Onze Minister wijst een verzoek als bedoeld in het tweede lid niet af zonder de verzoeker in de gelegenheid te hebben gesteld hem zijn bedenkingen daartegen kenbaar te maken.

Rechtskracht

– 5. Regelingen, vastgesteld krachtens het eerste lid, hebben dezelfde rechtskracht als krachtens artikel 2 van de Wet op het algemeen verbindend en het onverbindend verklaren van bepalingen van collectieve arbeidsovereenkomsten algemeen verbindend verklaarde bepalingen van zodanige overeenkomsten.

§ 4. Onverbindendverklaring van collectieve arbeidsovereenkomsten

Art. 7-9

Vervallen.

§ 5. Andere maatregelen in het algemeen sociaal-economisch belang

Art. 10

Noodsituatie

– 1. Onze Minister kan, indien naar zijn oordeel een zich plotseling voordoende noodsituatie van de nationale economie, veroorzaakt door één of meer schoksgewijze optredende externe factoren, het nemen van maatregelen ten aanzien van het peil van de loonkosten vereist, algemene regelen vaststellen betreffende lonen en andere op geld waardeerbare arbeidsvoorwaarden.

Bescherming werknemers

– 2. Een regeling op grond van het eerste lid dient gepaard te gaan met de aankondiging van andere maatregelen welke in verband met het zich voordoen van de aldaar bedoelde noodsituatie vereist zijn. Voorts dient, indien een regeling op grond van het eerste lid wordt vastgesteld, voorzien te worden in een adequate bescherming van de levensstandaard van de werknemers.

Tijdsduur regeling

– 3. Het tijdvak waarvoor een krachtens het eerste lid genomen besluit geldt omvat een bij het besluit vast te stellen periode die niet langer is dan zes maanden. Deze periode kan één maal worden verlengd met een termijn van ten hoogste zes maanden.

Vrijstelling regeling

– 4. Onze Minister kan vrijstelling, of, op verzoek, ontheffing verlenen van de krachtens het eerste lid gestelde regelen. Een vrijstelling of ontheffing kan onder beperkingen worden verleend en daaraan kunnen voorschriften worden verbonden.

– 5. Het is de werkgever verboden te handelen in strijd met krachtens het eerste en vierde lid gestelde regelen en voorschriften.

Verbod werkgever

Art. 11

Dwingend recht

Elk beding tussen een werkgever en een werknemer alsmede elke bepaling in een collectieve arbeidsovereenkomst strijdig met de krachtens artikel 10, eerste lid, gestelde regelen, is nietig, behoudens voor zover vrijstelling of ontheffing is verleend. In plaats van zodanig beding of zodanige bepaling gelden die regelen.

Art. 12

Overleg organisaties

– 1. Alvorens aan artikel 10, eerste lid, onderscheidenlijk artikel 10, vierde lid, voorzover vrijstelling betreffende, toepassing te geven voert Onze Minister terzake overleg met de Stichting van de Arbeid, alsmede met niet in de Stichting van de Arbeid vertegenwoordigde organisaties van werkgevers en van werknemers, welke naar zijn oordeel op centraal niveau hiervoor in aanmerking komen.

– 2. In geval het in het eerste lid bedoelde overleg niet heeft plaatsgevonden binnen een week nadat een uitnodiging daartoe door Onze Minister is gedaan, geldt het aldaar bepaalde niet, met dien verstande dat Onze Minister in dat geval na het vaststellen van een regeling zo spoedig mogelijk alsnog, op de voet van het in dat lid bepaalde, overgaat tot het voeren van overleg over het al dan niet handhaven of wijzigen van de regeling.

Kennisgeving aan Staten-Generaal

– 3. Indien een regeling op grond van artikel 10, eerste lid, wordt voorbereid, wordt, nadat het in het eerste lid bedoelde overleg heeft plaatsgevonden dan wel de in het tweede lid bedoelde termijn van een week is verstreken, de zakelijke inhoud daarvan schriftelijk medegedeeld aan de beide Kamers der Staten-Generaal. De regeling wordt niet eerder vastgesteld dan nadat een week is verstreken na die mededeling.

– 4. Het bepaalde in de voorafgaande leden is van overeenkomstige toepassing ten aanzien van een verlenging als bedoeld in artikel 10, derde lid.

§ 6. Slotbepalingen

Art. 13

Vervallen.

Art. 14

Nadere regelen Minister

Onze Minister kan regelen stellen, inhoudende op welke wijze een mededeling als bedoeld in artikel 4, eerste lid, dan wel een verzoek als bedoeld in artikel 5, eerste lid, of 6, tweede lid, moet worden ingediend en welke gegevens daarbij moeten worden verstrekt.

Art. 15

Aanwijzing bevoegde ambtenaren

– 1. Onze Minister wijst ambtenaren aan, belast met het inwinnen van gegevens omtrent de algemene ontwikkeling van lonen en andere op geld waardeerbare arbeidsvoorwaarden.

– 2. De artikelen 5:13, 5:16, 5:17 en 5:20 van de Algemene wet bestuursrecht zijn van overeenkomstige toepassing.

Art. 16

Toezicht op de naleving

Met het toezicht op de naleving van het bij of krachtens deze wet bepaalde zijn belast de bij besluit van Onze Minister aangewezen ambtenaren.

Art. 17

Vervanging Stichting van de Arbeid

– 1. Indien Onze Minister heeft vastgesteld dat de Stichting van de Arbeid heeft opgehouden te bestaan of de haar krachtens deze wet toekomende taak te vervullen, treden voor de toepassing van de artikelen 5, tweede lid, 6, tweede lid, en 12, eerste lid, in haar plaats de door Ons aangewezen centrale organisaties van werkgevers en van werknemers. Voor aanwijzing komen slechts in aanmerking de naar Ons oordeel algemeen erkende centrale representatieve organisaties van werkgevers en van werknemers.

Advies organisaties

– 2. In het geval, bedoeld in het eerste lid, kan Onze Minister slechts overgaan tot toepassing van artikel 6, eerste lid, na de krachtens het eerste lid aangewezen organisaties in de gelegenheid te hebben gesteld hem hun zienswijze ter zake kenbaar te maken.

Art. 18

Vervallen.

Art. 19

Bekendmaking

Van een besluit als bedoeld in artikel 5, eerste lid, 6, eerste lid, 10, eerste of vierde lid, voor zover het de vrijstelling betreft, 14, 15, 16 of 17, eerste lid, wordt mededeling gedaan door plaatsing in de *Staatscourant*.

Art. 20

Burgerlijke rechtsvorderingen

– 1. Onverminderd het in de artikelen 131 en 241 van Boek 2 (Rechtspersonen) van het Burgerlijk Wetboek bepaalde, worden burgerlijke rechtsvorderingen van werkgevers of werknemers welke voortvloeien uit niet-naleving van het bij of krachtens deze wet bepaalde, geacht betrekkelijk te zijn tot een arbeidsovereenkomst.

Uitsluiting WED

– 2. Artikel 5 van de Wet op de economische delicten (*Stb.* 1950, K 258) is niet van toepassing op voorzieningen ter zake van de overtreding van voorschriften, gesteld bij of krachtens artikel 10.

Art. 21-25

Bevat wijzigingen in andere regelgeving.

Art. 26

Vervallen.

Art. 27

Regelingen krachtens B.B.A.

Regelingen, vastgesteld krachtens artikel 12 van het Buitengewoon Besluit Arbeidsverhoudingen 1945, blijven van kracht. Zodanige regeling vervalt, tenzij zulks ingevolge het daarin bepaalde op een vroeger tijdstip geschiedt of de regeling door Onze Minister voordien wordt ingetrokken, een jaar na het in werking treden van deze wet.

Art. 28

Citeertitel

– 1. Deze wet kan worden aangehaald als: Wet op de loonvorming.

Inwerkingtreding

– 2. Zij treedt in werking op een door Ons te bepalen tijdstip.

Wet van 28 januari 1971, Stb. 54, houdende nieuwe regelen omtrent de medezeggenschap van de werknemers in de onderneming door middel van ondernemingsraden, zoals deze wet laatstelijk is gewijzigd bij de Wet van 30 november 2006, Stb. 632 en 673

[Inwerkingtreding: 01-04-1971]

Wij JULIANA, bij de gratie Gods, Koningin der Nederlanden, Prinses van Oranje-Nassau, enz., enz., enz.
Allen, die deze zullen zien of horen lezen, saluut! doen te weten:
Alzo Wij in overweging genomen hebben, dat het wenselijk is nieuwe regelen te stellen omtrent de medezeggenschap van de werknemers in de onderneming door middel van ondernemingsraden;
Zo is het, dat Wij, de Raad van State gehoord, en met gemeen overleg der Staten-Generaal, hebben goedgevonden en verstaan, gelijk Wij goedvinden en verstaan bij deze:

HOOFDSTUK I
Algemene bepalingen

Art. 1

Begripsbepaling

– 1. Voor de toepassing van het bij of krachtens deze wet bepaalde wordt verstaan onder:
a. Onze Minister: Onze Minister van Sociale Zaken en Werkgelegenheid;
b. Raad: De Sociaal-Economische Raad, bedoeld in de Wet op de Bedrijfsorganisatie;
c. onderneming: elk in de maatschappij als zelfstandige eenheid optredend organisatorisch verband waarin krachtens arbeidsovereenkomst of krachtens publiekrechtelijke aanstelling arbeid wordt verricht;
d. ondernemer: de natuurlijke persoon of de rechtspersoon die een onderneming in stand houdt;
e. bestuurder: hij die alleen dan wel te zamen met anderen in een onderneming rechtstreeks de hoogste zeggenschap uitoefent bij de leiding van de arbeid;
f. bedrijfscommissie: de bevoegde bedrijfscommissie, bedoeld in de artikelen 37, 43 en 46.
– 2. Voor de toepassing van het bij of krachtens deze wet bepaalde wordt onder in de onderneming werkzame personen verstaan: degenen die in de onderneming werkzaam zijn krachtens een publiekrechtelijke aanstelling bij dan wel krachtens een arbeidsovereenkomst met de ondernemer die de onderneming in stand houdt. Personen die in meer dan één onderneming van dezelfde ondernemer werkzaam zijn, worden geacht uitsluitend werkzaam te zijn in die onderneming van waaruit hun werkzaamheden worden geleid.
– 3. Voor de toepassing van het bij of krachtens deze wet bepaalde wordt onder in de onderneming werkzame personen mede verstaan:
a. degenen die in het kader van werkzaamheden van de onderneming daarin ten minste 24 maanden werkzaam zijn krachtens een uitzendovereenkomst als bedoeld in artikel 690 van Titel 7.10 van het Burgerlijk Wetboek, en
b. degenen die krachtens een publiekrechtelijke aanstelling bij dan wel krachtens arbeidsovereenkomst met de ondernemer werkzaam zijn in een door een andere ondernemer in stand gehouden onderneming.
– 4. Voor de toepassing van het bij of krachtens deze wet bepaalde worden de bestuurder of de bestuurders van een onderneming geacht niet te behoren tot de in de onderneming werkzame personen.

HOOFDSTUK II
De instelling van ondernemingsraden

Art. 2

Instellingsgrens

– 1. De ondernemer die een onderneming in stand houdt waarin in de regel ten minste 50 personen werkzaam zijn, is in het belang van het goed functioneren van die onderneming in al haar doelstellingen verplicht om ten behoeve van het overleg met en de vertegenwoordiging van de in de onderneming werkzame personen een ondernemingsraad in te stellen en jegens deze raad de voorschriften, gesteld bij of krachtens deze wet, na te leven.

Beëindiging van rechtswege bij daling aantal werknemers

– 2. Indien in een onderneming na de instelling van een ondernemingsraad niet langer in de regel ten minste 50 personen werkzaam zijn, houdt de ondernemingsraad van rechtswege op te bestaan bij het eindigen van de lopende zittingsperiode van die raad, tenzij de ondernemer toepassing geeft aan artikel 5*a*, tweede lid.

Art. 3

Gemeenschappelijke OR

– 1. De ondernemer die twee of meer ondernemingen in stand houdt waarin tezamen in de

regel ten minste 50 personen werkzaam zijn stelt voor alle of voor een aantal van die ondernemingen tezamen een gemeenschappelijke ondernemingsraad in indien dit bevorderlijk is voor een goede toepassing van deze wet in de betrokken ondernemingen.
– 2. Het eerste lid is van overeenkomstige toepassing ten aanzien van in een groep verbonden ondernemers, die twee of meer ondernemingen in stand houden, waarin tezamen in de regel ten minste 50 personen werkzaam zijn. De betrokken ondernemers wijzen een tot hun groep behorende ondernemer aan, die voor de toepassing van deze wet namens hen als ondernemer optreedt ten opzichte van de gemeenschappelijke ondernemingsraad.
– 3. De ondernemingen waarvoor een gemeenschappelijke ondernemingsraad is ingesteld, worden beschouwd als één onderneming in de zin van deze wet.

Art. 4

Instellen ondernemingsraad voor onderdeel

– 1. De ondernemer die een onderneming in stand houdt waarin in de regel ten minste 50 personen werkzaam zijn stelt voor een onderdeel van die onderneming een afzonderlijke ondernemingsraad in indien dit bevorderlijk is voor een goede toepassing van deze wet in de onderneming.
– 2. Het onderdeel waarvoor een afzonderlijke ondernemingsraad is ingesteld, wordt beschouwd als een onderneming in de zin van deze wet.

Art. 5

Ontheffing

– 1. De Raad kan, indien bijzondere omstandigheden een goede toepassing van deze wet in de betrokken onderneming in de weg staan, aan een ondernemer op diens verzoek ten aanzien van een door hem in stand gehouden onderneming schriftelijk voor ten hoogste vijf jaren ontheffing verlenen van de verplichting tot het instellen van een ondernemingsraad. De Raad kan een dergelijke ontheffing uitsluitend verlenen indien voor wat betreft de informatie aan en de raadpleging van werknemers over de in het zesde lid genoemde onderwerpen door de ondernemer voorzieningen zijn getroffen om te waarborgen dat wordt voldaan aan het zevende en achtste lid.
– 2. De Raad stelt de verenigingen van werknemers, bedoeld in artikel 9, tweede lid, onder *a*, in de gelegenheid over het verzoek om ontheffing te worden gehoord.
– 3. Aan een ontheffing kunnen voorschriften worden verbonden. De Raad doet van zijn besluit mededeling aan de bedrijfscommissie.
– 4. Zolang op een verzoek om ontheffing niet onherroepelijk is beslist, geldt de in artikel 2, eerste lid, bedoelde verplichting niet.
– 5. In dit artikel wordt verstaan onder:
a. informatie: het verstrekken van gegevens door de ondernemer aan de werknemers opdat zij kennis kunnen nemen van het onderwerp en het kunnen bestuderen;
b. raadpleging: de gedachtewisseling en de totstandbrenging van een dialoog tussen de werknemers en de ondernemer.
– 6. Informatie en raadpleging behelzen:
a. informatie over de recente en de waarschijnlijke ontwikkeling van de activiteiten en de economische situatie van de onderneming;
b. informatie en raadpleging over de situatie, de structuur en de waarschijnlijke ontwikkeling van de werkgelegenheid binnen de onderneming, alsmede over eventuele geplande anticiperende maatregelen met name in geval van bedreiging van de werkgelegenheid;
c. informatie en raadpleging over beslissingen die ingrijpende veranderingen voor de arbeidsorganisatie of de arbeidsovereenkomsten kunnen meebrengen.
– 7. Het tijdstip en de wijze van informatieverstrekking alsmede de inhoud van de informatie moeten zodanig zijn dat de werknemers de informatie adequaat kunnen bestuderen en zo nodig de raadpleging kunnen voorbereiden.
– 8. Raadpleging geschiedt:
a. op een tijdstip, met middelen en met een inhoud die passend zijn;
b. op het relevante niveau van directie en vertegenwoordiging, afhankelijk van het te bespreken onderwerp;
c. op basis van de door de ondernemer te verstrekken informatie en van het advies dat de werknemers kunnen uitbrengen;
d. op zodanige wijze dat de werknemers met de ondernemer kunnen samenkomen en een met redenen omkleed antwoord op hun advies kunnen krijgen;
e. met het doel een akkoord te bereiken over de in het zesde lid, onder *c*, bedoelde beslissingen, die onder de bevoegdheden van de ondernemer vallen.

Art. 5a

Verplichting tot instellen OR op grond van CAO

– 1. Het bij of krachtens deze wet bepaalde is mede van toepassing wanneer een ondernemer op grond van een collectieve arbeidsovereenkomst of een regeling van arbeidsvoorwaarden vastgesteld door een publiekrechtelijk orgaan verplicht is voor een door hem in stand gehouden onderneming een ondernemingsraad in te stellen. Wanneer de collectieve arbeidsovereenkomst of een regeling van arbeidsvoorwaarden vastgesteld door een publiekrechtelijk orgaan de ondernemer niet langer verplicht tot het instellen van de ondernemingsraad, houdt deze van rechtswege op te bestaan bij het eindigen van de lopende zittingsperiode van die raad, tenzij de ondernemer toepassing geeft aan het tweede lid.

– 2. De ondernemer kan voor een door hem in stand gehouden onderneming, ten aanzien waarvan niet of niet langer een verplichting bestaat tot het instellen van een ondernemingsraad, besluiten vrijwillig een ondernemingsraad in te stellen of in stand te houden. Het bij of krachtens deze wet bepaalde is van toepassing, zodra de ondernemer dat besluit schriftelijk heeft meegedeeld aan de bedrijfscommissie. De ondernemer kan deze ondernemingsraad op grond van een belangrijke wijziging van de omstandigheden opheffen bij het eindigen van de lopende zittingsperiode van die raad. De ondernemer deelt zijn besluit tot opheffing van de ondernemingsraad schriftelijk mee aan de bedrijfscommissie.

HOOFDSTUK III

Samenstelling en werkwijze van de ondernemingsraden

Art. 6

Ledental OR

– 1. Een ondernemingsraad bestaat uit leden die door de in de onderneming werkzame personen rechtstreeks uit hun midden worden gekozen. Hun aantal bedraagt in een onderneming
met minder dan 50 personen 3 leden;
met 50 tot 100 personen 5 leden;
met 100 tot 200 personen 7 leden;
met 200 tot 400 personen 9 leden;
met 400 tot 600 personen 11 leden;
met 600 tot 1000 personen 13 leden;
met 1000 tot 2000 personen 15 leden;
en zo vervolgens bij elk volgend duizendtal personen 2 leden meer, tot ten hoogste 25 leden. De ondernemingsraad kan met toestemming van de ondernemer in zijn reglement zowel een afwijkend aantal leden vaststellen, als bepalen dat voor een of meer leden van de ondernemingsraad een plaatsvervanger wordt gekozen. Een plaatsvervangend ondernemingsraadslid heeft dezelfde rechten en verplichtingen als het lid dat hij vervangt.

Actief kiesrecht

– 2. Kiesgerechtigd zijn de personen die gedurende ten minste 6 maanden in de onderneming werkzaam zijn geweest.

Passief kiesrecht

– 3. Verkiesbaar tot lid van de ondernemingsraad zijn de personen die gedurende ten minste een jaar in de onderneming werkzaam zijn geweest.

Uitbreiding werkingssfeer

– 4. De ondernemer en de ondernemingsraad kunnen, indien dit bevorderlijk is voor een goede toepassing van deze wet in de onderneming, gezamenlijk een of meer groepen van personen die anders dan op grond van een arbeidsovereenkomst met de ondernemer, dan wel krachtens publiekrechtelijke aanstelling regelmatig in de onderneming arbeid verrichten, aanmerken als in de onderneming werkzame personen, dan wel een of meer groepen van die personen niet langer aanmerken als in de onderneming werkzame personen. Komen de ondernemer en de ondernemingsraad niet tot overeenstemming, dan kan ieder van hen een beslissing van de kantonrechter vragen.

– 5. De ondernemingsraad kan in zijn reglement afwijken van hetgeen in het tweede en derde lid van dit artikel ten aanzien van de diensttijd is bepaald indien dit bevorderlijk is voor een goede toepassing van deze wet in de onderneming.

– 6. Tijdens een zittingsperiode van de ondernemingsraad kan geen wijziging worden gebracht in het aantal leden van de raad op grond van vermeerdering of vermindering van het aantal in de onderneming werkzame personen.

Art. 7

Voorzitter

De ondernemingsraad kiest uit zijn midden een voorzitter en een of meer plaatsvervangende voorzitters. De voorzitter, of bij diens verhindering een plaatsvervangende voorzitter, vertegenwoordigt de ondernemingsraad in rechte.

Art. 8

Reglement

– 1. De ondernemingsraad maakt een reglement waarin de onderwerpen worden geregeld die bij of krachtens deze wet ter regeling aan de ondernemingsraad zijn opgedragen of overgelaten. Het reglement bevat geen bepalingen die in strijd zijn met de wet of die een goede toepassing van deze wet in de weg staan. Alvorens het reglement vast te stellen, stelt de ondernemingsraad de ondernemer in de gelegenheid zijn standpunt kenbaar te maken. De ondernemingsraad verstrekt onverwijld een exemplaar van het vastgestelde reglement aan de ondernemer en aan de bedrijfscommissie.

– 2. De Raad kan ten aanzien van de inhoud van het reglement bij verordening nadere regelen stellen voor alle of een groep van ondernemingen. In het laatste geval wordt de betrokken be-

drijfscommissie gehoord. Een verordening van de Raad behoeft de goedkeuring van Onze Minister. Een goedgekeurde verordening wordt in de *Staatscourant* bekend gemaakt.
– 3. Indien de Raad een verordening als bedoeld in het tweede lid vaststelt, brengen de betrokken ondernemingsraden binnen een jaar na de bekendmaking van de goedgekeurde verordening in de *Staatscourant*, de bepalingen in hun reglement die in strijd zijn met deze verordening daarmee in overeenstemming.

Art. 9

Kiesstelsel

– 1. De verkiezing van leden van de ondernemingsraad geschiedt bij geheime schriftelijke stemming en aan de hand van een of meer kandidatenlijsten.

Kandidatenlijsten

– 2. Een kandidatenlijst kan worden ingediend door:
a. een vereniging van werknemers, die in de onderneming werkzame kiesgerechtigde personen onder haar leden telt, krachtens haar statuten ten doel heeft de belangen van haar leden als werknemers te behartigen en als zodanig in de betrokken onderneming of bedrijfstak werkzaam is en voorts ten minste twee jaar in het bezit is van volledige rechtsbevoegdheid, mits zij met haar leden in de onderneming over de samenstelling van de kandidatenlijst overleg heeft gepleegd. Ten aanzien van een vereniging die krachtens haar statuten geacht kan worden een voortzetting te zijn van een of meer andere verenigingen met volledige rechtsbevoegdheid van werknemers, wordt de duur van de volledige rechtsbevoegdheid van die vereniging of verenigingen voor de vaststelling van de tijdsduur van twee jaar mede in aanmerking genomen;
b. een derde gedeelte of méér van diegenen van de in de onderneming werkzame kiesgerechtigde personen die geen lid zijn van een vereniging als bedoeld onder *a* welke een kandidatenlijst heeft ingediend, echter met dien verstande dat voor het indienen van een kandidatenlijst met 30 handtekeningen kan worden volstaan.
– 3. De ondernemingsraad kan in zijn reglement bepalen, dat voor bepaalde groepen van in de onderneming werkzame personen, dan wel voor bepaalde onderdelen van de onderneming afzonderlijke kandidatenlijsten worden ingediend, ten einde als grondslag te dienen voor de verkiezing door de betrokken personen of onderdelen van een tevens in het reglement te bepalen aantal leden van de ondernemingsraad. Indien de ondernemingsraad van deze bevoegdheid gebruik heeft gemaakt, gelden de in het tweede lid ten aanzien van het indienen van kandidatenlijsten gestelde eisen voor iedere aangewezen groep of ieder aangewezen onderdeel afzonderlijk.
– 4. De ondernemingsraad treft, indien dit bevorderlijk is voor een goede toepassing van deze wet in de onderneming, voorzieningen in zijn reglement opdat de verschillende groepen van de in de onderneming werkzame personen zoveel mogelijk in de ondernemingsraad vertegenwoordigd kunnen zijn.

Art. 10

Nadere regels

De ondernemingsraad stelt in zijn reglement nadere regelen betreffende de kandidaatstelling, de inrichting van de verkiezingen en de vaststelling van de uitslag daarvan, alsmede betreffende de vervulling van tussentijdse vacatures in de ondernemingsraad.

Art. 11

Uitslag verkiezingen

– 1. De ondernemingsraad draagt er zorg voor, dat de uitslag van de verkiezingen bekend wordt gemaakt aan de ondernemer, aan de in de onderneming werkzame personen, alsmede aan degenen die kandidatenlijsten hebben ingediend.
– 2. Hij draagt er zorg voor, dat de namen en de functies in de onderneming van de leden van de ondernemingsraad blijvend worden vermeld op een plaats die vrij toegankelijk is voor alle in de onderneming werkzame personen, op zodanige wijze dat daarvan gemakkelijk kennis kan worden genomen.

Art. 12

Zittingsduur; herkiesbaarheid

– 1. De leden van de ondernemingsraad treden om de drie jaren tegelijk af. Zij zijn terstond herkiesbaar.
– 2. De ondernemingsraad kan, in afwijking van het eerste lid, in zijn reglement bepalen, dat de leden om de twee jaren of om de vier jaren tegelijk aftreden, dan wel om de twee jaren voor de helft aftreden. De ondernemingsraad kan voorts beperkingen vaststellen ten aanzien van de herkiesbaarheid.
– 3. Wanneer een lid van de ondernemingsraad ophoudt in de onderneming werkzaam te zijn, eindigt van rechtswege zijn lidmaatschap van de ondernemingsraad.
– 4. De leden van de ondernemingsraad kunnen te allen tijde als zodanig ontslag nemen. Zij geven daarvan schriftelijk kennis aan de voorzitter en aan de ondernemer.
– 5. Hij die optreedt ter vervulling van een tussentijds opengevallen plaats, treedt af op het tijdstip waarop degene in wiens plaats hij komt had moeten aftreden.

Art. 13

Uitsluiting van werkzaamheden voor OR

– 1. Op verzoek van de ondernemer of van de ondernemingsraad kan de kantonrechter voor een door hem te bepalen termijn een lid van de ondernemingsraad uitsluiten van alle of be-

paalde werkzaamheden van de ondernemingsraad. Het verzoek kan uitsluitend worden gedaan, door de ondernemer op grond van het feit dat het betrokken ondernemingsraadlid het overleg van de ondernemingsraad met de ondernemer ernstig belemmert, en door de ondernemingsraad op grond van het feit dat de betrokkene de werkzaamheden van de ondernemingsraad ernstig belemmert.
– 2. Alvorens een verzoek in te dienen stelt de verzoeker de betrokkene in de gelegenheid over het verzoek te worden gehoord. De ondernemer en de ondernemingsraad stellen elkaar in kennis van een overeenkomstig het eerste lid ingediend verzoek.

Art. 14

Werkwijze OR; reglement

– 1. De ondernemingsraad regelt in zijn reglement zijn werkwijze.
– 2. Het reglement bevat in ieder geval voorschriften omtrent:
a. de gevallen waarin de ondernemingsraad ten behoeve van de uitoefening van zijn taak bijeenkomt;
b. de wijze van bijeenroeping van de ondernemingsraad;
c. het aantal leden dat aanwezig moet zijn om een vergadering te kunnen houden;
d. de uitoefening van het stemrecht in de vergaderingen;
e. de voorziening in het secretariaat;
f. het opmaken en het bekendmaken aan de ondernemer, de leden van de ondernemingsraad en aan de andere in de onderneming werkzame personen van de agenda van de vergaderingen van de ondernemingsraad;
g. het tijdstip waarop de ondernemer, de leden van de ondernemingsraad en de andere in de onderneming werkzame personen uiterlijk in kennis dienen te worden gesteld van de agenda, welk tijdstip niet later kan worden gesteld dan 7 dagen vóór de vergadering, behoudens in spoedeisende gevallen;
h. het opmaken en het bekend maken aan de ondernemer, de leden van de ondernemingsraad en aan de andere in de onderneming werkzame personen van de verslagen van de vergaderingen van de ondernemingsraad en van het jaarverslag van de ondernemingsraad.

Art. 15

Commissies

– 1. De ondernemingsraad kan de commissies instellen die hij voor de vervulling van zijn taak redelijkerwijze nodig heeft. De ondernemingsraad legt zijn voornemen om een commissie in te stellen schriftelijk voor aan de ondernemer, met vermelding van de taak, samenstelling, bevoegdheden en werkwijze van de door hem in te stellen commissie. Bij bezwaar van de ondernemer kan de ondernemingsraad een beslissing van de kantonrechter vragen.

Vaste commissies

– 2. De ondernemingsraad kan met inachtneming van het eerste lid vaste commissies instellen voor de behandeling van door hem aangewezen onderwerpen. De ondernemingsraad kan in het instellingsbesluit van een vaste commissie zijn rechten en bevoegdheden ten aanzien van deze onderwerpen, met uitzondering van de bevoegdheid tot het voeren van rechtsgedingen, geheel of gedeeltelijk aan de betrokken commissie overdragen. In een vaste commissie kunnen naast een meerderheid van leden van de ondernemingsraad ook andere in de onderneming werkzame personen zitting hebben.

Onderdeelcommissies

– 3. De ondernemingsraad kan met inachtneming van het eerste lid voor onderdelen van de onderneming onderdeelcommissies instellen voor de behandeling van de aangelegenheden van die onderdelen. De ondernemingsraad kan in het instellingsbesluit van een onderdeelcommissie aan deze commissie de bevoegdheid toekennen tot het plegen van overleg met degene die de leiding heeft van het betrokken onderdeel. In dat geval gaan de rechten en bevoegdheden van de ondernemingsraad ten aanzien van de aangelegenheden van het onderdeel, met uitzondering van de bevoegdheid tot het voeren van rechtsgedingen, over naar de onderdeelcommissie, tenzij de ondernemingsraad besluit een bepaalde aangelegenheid zelf te behandelen. In een onderdeelcommissie kunnen naast een of meer leden van de ondernemingsraad uitsluitend in het betrokken onderdeel werkzame personen zitting hebben.

Voorbereidingscommissies

– 4. De ondernemingsraad kan met inachtneming van het eerste lid voorbereidingscommissies instellen ter voorbereiding van door de ondernemingsraad te behandelen onderwerpen. Een voorbereidingscommissie kan geen rechten of bevoegdheden van de ondernemingsraad uitoefenen. Een voorbereidingscommissie kan slechts voor een bepaalde, door de ondernemingsraad in het instellingsbesluit te vermelden, tijd worden ingesteld. In een voorbereidingscommissie kunnen naast een of meer leden van de ondernemingsraad ook andere in de onderneming werkzame personen zitting hebben.
– 5. Ten aanzien van de leden van door de ondernemingsraad ingestelde commissies, die geen lid zijn van de ondernemingsraad, is artikel 13 van overeenkomstige toepassing.

Art. 16

Inschakelen deskundigen

– 1. De ondernemingsraad kan een of meer deskundigen uitnodigen tot het bijwonen van een vergadering van die raad, met het oog op de behandeling van een bepaald onderwerp. Hij kan

een zodanige uitnodiging ook doen aan een of meer bestuurders van de onderneming, dan wel aan een of meer personen als bedoeld in artikel 24, tweede lid.
– 2. De leden van de ondernemingsraad kunnen in de vergadering aan de in het eerste lid bedoelde personen inlichtingen en adviezen vragen.
– 3. Een deskundige kan eveneens worden uitgenodigd een schriftelijk advies uit te brengen.
– 4. De voorgaande leden zijn van overeenkomstige toepassing ten aanzien van de commissies van de ondernemingsraad.

Art. 17

Faciliteiten

– 1. De ondernemer is verplicht de ondernemingsraad, de commissies van die raad, en, indien de ondernemer aan de ondernemingsraad een secretaris heeft toegevoegd, de secretaris van die raad het gebruik toe te staan van de voorzieningen waarover hij als zodanig kan beschikken en die de ondernemingsraad, de commissies en de secretaris van die raad voor de vervulling van hun taak redelijkerwijze nodig hebben. De ondernemer stelt de ondernemingsraad en de commissies van die raad in staat de in de onderneming werkzame personen te raadplegen en stelt deze personen in de gelegenheid hieraan hun medewerking te verlenen, een en ander voor zover dat redelijkerwijs noodzakelijk is voor de vervulling van de taak van de raad en de commissies.
– 2. De ondernemingsraad en de commissies van die raad vergaderen zoveel mogelijk tijdens de normale arbeidstijd.
– 3. De leden van de ondernemingsraad en de leden van de commissies van die raad behouden voor de tijd gedurende welke zij ten gevolge van het bijwonen van een vergadering van de ondernemingsraad of van een commissie van die raad niet de bedongen arbeid hebben verricht, hun aanspraak op loon dan wel bezoldiging.

Art. 18

Recht op arbeidsonderbreking

– 1. De ondernemer is verplicht de leden van de ondernemingsraad en de leden van de commissies van die raad, gedurende een door de ondernemer en de ondernemingsraad gezamenlijk vast te stellen aantal uren per jaar, in werktijd en met behoud van loon dan wel bezoldiging de gelegenheid te bieden voor onderling beraad en overleg met andere personen over aangelegenheden waarbij zij in de uitoefening van hun taak zijn betrokken, alsmede voor kennisneming van de arbeidsomstandigheden in de onderneming.

Recht op scholing

– 2. De ondernemer is verplicht de leden van de ondernemingsraad en de leden van een vaste commissie of onderdeelcommissie, bedoeld in artikel 15, tweede lid, onderscheidenlijk derde lid, gedurende een door de ondernemer en de ondernemingsraad gezamenlijk vast te stellen aantal dagen per jaar, in werktijd en met behoud van loon dan wel bezoldiging de gelegenheid te bieden de scholing en vorming te ontvangen welke zij in verband met de vervulling van hun taak nodig oordelen.

Benodigde tijd voor OR-lidmaatschap

– 3. De ondernemer en de ondernemingsraad stellen het aantal uren, bedoeld in het eerste lid, en het aantal dagen, bedoeld in het tweede lid, vast op een zodanig aantal als de betrokken leden van de ondernemingsraad en van de commissies van die raad voor de vervulling van hun taak redelijkerwijze nodig hebben. Daarbij wordt in acht genomen dat het aantal uren niet lager vastgesteld kan worden dan zestig per jaar en het aantal dagen:
a. voor leden van een in het tweede lid bedoelde commissie die niet tevens lid zijn van de ondernemingsraad, niet lager vastgesteld kan worden dan drie per jaar;
b. voor leden van de ondernemingsraad die niet tevens lid zijn van een in het tweede lid bedoelde commissie, niet lager vastgesteld kan worden dan vijf per jaar; en
c. voor leden van de ondernemingsraad die tevens lid zijn van een commissie, niet lager vastgesteld kan worden dan acht per jaar.
– 4. De ondernemingsraad, alsmede ieder lid van de ondernemingsraad of van een commissie van die raad kan de kantonrechter verzoeken te bepalen dat de ondernemer gevolg dient te geven aan hetgeen is bepaald in het eerste, het tweede en het derde lid.

Art. 19

Vervallen.

Art. 20

Geheimhoudingsplicht

– 1. De leden van de ondernemingsraad en de leden van de commissies van die raad, alsmede de overeenkomstig artikel 16 geraadpleegde deskundigen zijn verplicht tot geheimhouding van alle zaken- en bedrijfsgeheimen die zij in hun hoedanigheid vernemen, alsmede van alle aangelegenheden ten aanzien waarvan de ondernemer, dan wel de ondernemingsraad of de betrokken commissie hun geheimhouding heeft opgelegd of waarvan zij, in verband met opgelegde geheimhouding, het vertrouwelijk karakter moeten begrijpen. Het voornemen om geheimhouding op te leggen wordt zoveel mogelijk vóór de behandeling van de betrokken aangelegenheid meegedeeld. Degene die de geheimhouding oplegt, deelt daarbij tevens mee, welke schriftelijk of mondeling verstrekte gegevens onder de geheimhouding vallen en hoelang deze dient te duren, alsmede of er personen zijn ten aanzien van wie de geheimhouding niet in acht behoeft te worden genomen.

– 2. Het eerste lid is van overeenkomstige toepassing ten aanzien van degenen die met het secretariaat van de ondernemingsraad of van een commissie van die raad zijn belast.

– 3. De in het eerste lid bedoelde verplichting geldt niet tegenover hen die ingevolge een rechterlijke opdracht zijn belast met een onderzoek naar de gang van zaken in de onderneming.

– 4. De in het eerste lid bedoelde verplichting geldt voorts niet tegenover hem die door een lid van de ondernemingsraad of door een lid van een commissie van die raad wordt benaderd voor overleg, mits de ondernemer, onderscheidenlijk degene die geheimhouding heeft opgelegd, vooraf toestemming heeft gegeven voor het overleg met de betrokken persoon en deze laatste schriftelijk heeft verklaard, dat hij zich ten aanzien van de betrokken aangelegenheid tot geheimhouding verplicht. In dat geval is ten aanzien van de bedoelde persoon het eerste lid van overeenkomstige toepassing.

– 5. Een weigering de in het vorige lid bedoelde toestemming te verlenen, wordt door de ondernemer, onderscheidenlijk door degene die geheimhouding heeft opgelegd, met redenen omkleed.

– 6. De plicht tot geheimhouding vervalt niet door beëindiging van het lidmaatschap van de ondernemingsraad of van de betrokken commissie, noch door beëindiging van de werkzaamheden van de betrokkene in de onderneming.

– 7. De ondernemingsraad, alsmede ieder lid van de ondernemingsraad of van een commissie van die raad, alsmede een overeenkomstig artikel 16 geraadpleegde deskundige en ieder die met het secretariaat van de ondernemingsraad of van een commissie van die raad is belast kan de kantonrechter verzoeken de opgelegde geheimhouding op te heffen op de grond dat de ondernemer bij afweging van de betrokken belangen niet in redelijkheid tot het opleggen van geheimhouding had kunnen besluiten.

Art. 21

Rechtspositie ondernemingsraadlid

De ondernemer draagt er zorg voor, dat de in de onderneming werkzame personen die staan of gestaan hebben op een kandidatenlijst als bedoeld in artikel 9, alsmede de leden en de gewezen leden van de ondernemingsraad en van de commissies van die raad niet uit hoofde van hun kandidaatstelling of van hun lidmaatschap van de ondernemingsraad of van een commissie van die raad worden benadeeld in hun positie in de onderneming. Indien de ondernemer aan de ondernemingsraad een secretaris heeft toegevoegd is de eerste volzin op die secretaris van overeenkomstige toepassing. Op degene die het initiatief neemt of heeft genomen tot het instellen van een ondernemingsraad is de eerste volzin van overeenkomstige toepassing. De ondernemingsraad, alsmede iedere in de onderneming werkzame persoon als in de eerste tot en met derde volzin bedoeld, kan de kantonrechter verzoeken te bepalen dat de ondernemer gevolg dient te geven aan hetgeen in de vorige volzin is bepaald. Ten aanzien van personen die krachtens publiekrechtelijke aanstelling in de onderneming werkzaam zijn, treedt een andere kamer van de rechtbank in de plaats van de kantonrechter.

Art. 22

Kosten OR

– 1. De kosten die redelijkerwijze noodzakelijk zijn voor de vervulling van de taak van de ondernemingsraad en de commissies van die raad komen ten laste van de ondernemer.

– 2. Met inachtneming van het bepaalde in het eerste lid komen de kosten van het overeenkomstig artikel 16 en artikel 23*a*, zesde lid, raadplegen van een deskundige door de ondernemingsraad of een commissie van die raad, alsmede de kosten van het voeren van rechtsgedingen door de ondernemingsraad slechts ten laste van de ondernemer, indien hij van de te maken kosten vooraf in kennis is gesteld. De eerste volzin is niet van toepassing wanneer uitvoering is gegeven aan het derde lid.

– 3. De ondernemer kan in overeenstemming met de ondernemingsraad de kosten die de ondernemingsraad en de commissies van die raad in enig jaar zullen maken, voor zover deze geen verband houden met het bepaalde in de artikelen 17 en 18, vaststellen op een bepaald bedrag, dat de ondernemingsraad naar eigen inzicht kan besteden. Kosten waardoor het hier bedoelde bedrag zou worden overschreden, komen slechts ten laste van de ondernemer voor zover hij in het dragen daarvan toestemt.

Art. 22a

In rechtsgedingen tussen de ondernemer en de ondernemingsraad kan de ondernemingsraad niet in de proceskosten worden veroordeeld.

HOOFDSTUK IV
Het overleg met de ondernemingsraad

Art. 23

Overlegvergaderingen

– 1. De ondernemer en de ondernemingsraad komen met elkaar bijeen binnen twee weken nadat hetzij de ondernemingsraad hetzij de ondernemer daarom onder opgave van redenen heeft verzocht.

In vergadering te behandelen aangelegenheden

– 2. In de in het eerste lid bedoelde overlegvergaderingen worden de aangelegenheden, de onderneming betreffende, aan de orde gesteld, ten aanzien waarvan hetzij de ondernemer, hetzij de ondernemingsraad overleg wenselijk acht of waarover ingevolge het bij of krachtens deze wet bepaalde overleg tussen de ondernemer en de ondernemingsraad moet plaatsvinden. De ondernemingsraad is bevoegd omtrent de bedoelde aangelegenheden voorstellen te doen en standpunten kenbaar te maken. Onder de aangelegenheden, de onderneming betreffende, is niet begrepen het beleid ten aanzien van, alsmede de uitvoering van een bij of krachtens een wettelijk voorschrift aan de ondernemer opgedragen publiekrechtelijke taak, behoudens voor zover deze uitvoering de werkzaamheden van de in de onderneming werkzame personen betreft.

– 3. De ondernemingsraad is ook buiten de overlegvergadering bevoegd aan de ondernemer voorstellen te doen omtrent de in het tweede lid bedoelde aangelegenheden. Een dergelijk voorstel wordt schriftelijk en voorzien van een toelichting aan de ondernemer voorgelegd. De ondernemer beslist over het voorstel niet dan nadat daarover ten minste éénmaal overleg is gepleegd in een overlegvergadering. Na het overleg deelt de ondernemer zo spoedig mogelijk schriftelijk en met redenen omkleed aan de ondernemingsraad mee, of en in hoeverre hij overeenkomstig het voorstel zal besluiten.

Bestuurder voert overleg voor de ondernemer met OR

– 4. Het overleg wordt voor de ondernemer gevoerd door de bestuurder van de onderneming. Wanneer een onderneming meer dan één bestuurder heeft, bepalen dezen te zamen wie van hen overleg pleegt met de ondernemingsraad.

– 5. De in het vorige lid bedoelde bestuurder kan zich in geval van verhindering of ten aanzien van een bepaald onderwerp laten vervangen door een medebestuurder. Heeft de onderneming geen meerhoofdig bestuur, dan kan de bestuurder zich bij verhindering doen vervangen door een persoon als bedoeld in artikel 24, tweede lid, of door een in de onderneming werkzame persoon die beschikt over bevoegdheden om namens de ondernemer overleg te voeren met de ondernemingsraad.

– 6. De bestuurder of degene die hem vervangt kan zich bij het overleg laten bijstaan door een of meer medebestuurders, personen als bedoeld in artikel 24, tweede lid, of in de onderneming werkzame personen.

Art. 23a

Vereisten overlegvergadering

– 1. Een overlegvergadering kan slechts worden gehouden, indien ten aanzien van de ondernemingsraad wordt voldaan aan de bepalingen die ingevolge het reglement van de ondernemingsraad gelden voor het houden van een vergadering van die raad. Alle leden van de ondernemingsraad kunnen in de vergadering het woord voeren.

– 2. De overlegvergadering wordt, tenzij de ondernemer en de ondernemingsraad te zamen een andere regeling treffen, beurtelings geleid door de bestuurder of degene die hem ingevolge artikel 23, vijfde lid, vervangt en de voorzitter of de plaatsvervangende voorzitter van de ondernemingsraad.

– 3. De secretaris van de ondernemingsraad treedt op als secretaris van de overlegvergadering, tenzij de ondernemer en de ondernemingsraad te zamen een andere persoon als secretaris aanwijzen.

– 4. De agenda van de overlegvergadering bevat de onderwerpen die door de ondernemer of door de ondernemingsraad bij de secretaris voor het overleg zijn aangemeld. Het verslag van de overlegvergadering behoeft de goedkeuring van de ondernemer en de ondernemingsraad.

– 5. De ondernemer en de ondernemingsraad maken gezamenlijk afspraken over de gang van zaken bij de overlegvergadering en over de wijze en het tijdstip waarop de agenda en het verslag van de overlegvergadering aan de in de onderneming werkzame personen bekend worden gemaakt.

– 6. Ten aanzien van de overlegvergadering zijn de artikelen 17 en 22 van overeenkomstige toepassing. Zowel de ondernemingsraad als de ondernemer kan een of meer deskundigen uitnodigen tot het bijwonen van een overlegvergadering, indien dit voor de behandeling van een bepaald onderwerp redelijkerwijze nodig is. Zij stellen elkaar hiervan tijdig vooraf in kennis.

Art. 23b

Besluitvorming

– 1. Tijdens een overlegvergadering kunnen zowel door de ondernemer als door de ondernemingsraad besluiten worden genomen.

Schorsing overlegvergadering

– 2. Een overlegvergadering wordt door de voorzitter geschorst, wanneer de ondernemer of de ondernemingsraad ten aanzien van een bepaald onderwerp afzonderlijk beraad wenselijk acht.

Art. 23c

Onderdeelscommissie

Indien de ondernemingsraad aan een onderdeelcommissie de bevoegdheid heeft toegekend tot het plegen van overleg met degene die de leiding heeft van het betrokken onderdeel, zijn ten aanzien van dat overleg de artikelen 17, 22, 23, 23*a*, tweede, vierde en zesde lid, 23*b*, 24, eerste lid, 25, 27, 28, 31*a*, eerste, zesde en zevende lid, 31*b* en 31*c* van overeenkomstige toepassing. In dit overleg kunnen geen aangelegenheden worden behandeld die in het overleg met de ondernemingsraad worden behandeld.

Art. 24

Bespreking gang van zaken en besluiten in voorbereiding

– 1. In de overlegvergadering wordt ten minste tweemaal per jaar de algemene gang van zaken van de onderneming besproken. De ondernemer doet in dit kader mededeling over besluiten die hij in voorbereiding heeft met betrekking tot de aangelegenheden als bedoeld in de artikelen 25 en 27. Daarbij worden afspraken gemaakt wanneer en op welke wijze de ondernemingsraad in de besluitvorming wordt betrokken.

Verschijningsplicht commissarissen c.q. bestuurders

– 2. Indien de onderneming in stand wordt gehouden door een naamloze vennootschap, een besloten vennootschap met beperkte aansprakelijkheid, een coöperatie of een onderlinge waarborgmaatschappij, zijn bij de in het eerste lid bedoelde besprekingen de commissarissen van de vennootschap, de coöperatie of de onderlinge waarborgmaatschappij, als die er zijn, dan wel een of meer vertegenwoordigers uit hun midden aanwezig. Wordt ten minste de helft van de aandelen van de vennootschap middellijk of onmiddellijk voor eigen rekening gehouden door een andere vennootschap, dan rust de hiervoor bedoelde verplichting op de bestuurders van de laatstbedoelde vennootschap, dan wel op een of meer door hen aangewezen vertegenwoordigers. Wordt de onderneming in stand gehouden door een vereniging of een stichting, dan zijn de bestuursleden van die vereniging of die stichting, dan wel een of meer vertegenwoordigers uit hun midden aanwezig. De ondernemingsraad kan in een bepaald geval besluiten, dat aan dit lid geen toepassing behoeft te worden gegeven.

Uitzondering

– 3. Het in het vorige lid bepaalde geldt niet ten aanzien van een onderneming die in stand wordt gehouden door een ondernemer die ten minste vijf ondernemingen in stand houdt waarvoor een ondernemingsraad is ingesteld waarop de bepalingen van deze wet van toepassing zijn, dan wel door een ondernemer die deel uitmaakt van in een groep verbonden ondernemers die te zamen ten minste vijf ondernemingsraden hebben ingesteld waarop de bepalingen van deze wet van toepassing zijn.

HOOFDSTUK IVA

Bijzondere bevoegdheden van de ondernemingsraad

Art. 25

Adviesrecht

– 1. De ondernemingsraad wordt door de ondernemer in de gelegenheid gesteld advies uit te brengen over elk door hem voorgenomen besluit tot:

a. overdracht van de zeggenschap over de onderneming of een onderdeel daarvan;

b. het vestigen van, dan wel het overnemen of afstoten van de zeggenschap over, een andere onderneming, alsmede het aangaan van, het aanbrengen van een belangrijke wijziging in of het verbreken van duurzame samenwerking met een andere onderneming, waaronder begrepen het aangaan, in belangrijke mate wijzigen of verbreken van een belangrijke financiële deelneming vanwege of ten behoeve van een dergelijke onderneming;

c. beëindiging van de werkzaamheden van de onderneming of van een belangrijk onderdeel daarvan;

d. belangrijke inkrimping, uitbreiding of andere wijziging van de werkzaamheden van de onderneming;

e. belangrijke wijziging in de organisatie van de onderneming, dan wel in de verdeling van bevoegdheden binnen de onderneming;

f. wijziging van de plaats waar de onderneming haar werkzaamheden uitoefent;

g. het groepsgewijze werven of inlenen van arbeidskrachten;

h. het doen van een belangrijke investering ten behoeve van de onderneming;

i. het aantrekken van een belangrijk krediet ten behoeve van de onderneming;

j. het verstrekken van een belangrijk krediet en het stellen van zekerheid voor belangrijke schulden van een andere ondernemer, tenzij dit geschiedt in de normale uitoefening van werkzaamheden in de onderneming;

k. invoering of wijziging van een belangrijke technologische voorziening;

l. het treffen van een belangrijke maatregel in verband met de zorg van de onderneming voor het milieu, waaronder begrepen het treffen of wijzigen van een beleidsmatige, organisatorische en administratieve voorziening in verband met het milieu;

m. vaststelling van een regeling met betrekking tot het zelf dragen van het risico, bedoeld in artikel 40, aanhef en eerste lid, onderdeel *a*, artikel 40, aanhef en eerste lid, onderdeel *b*, of artikel 40, aanhef en eerste lid, onderdeel *c*, van de Wet financiering sociale verzekeringen;

n. het verstrekken en het formuleren van een adviesopdracht aan een deskundige buiten de onderneming betreffende een der hiervoor bedoelde aangelegenheden.

Het onder *b* bepaalde, alsmede het onder *n* bepaalde, voor zover dit betrekking heeft op een aangelegenheid als bedoeld onder *b*, is niet van toepassing wanneer de andere onderneming in het buitenland gevestigd is of wordt en redelijkerwijs niet te verwachten is dat het voorgenomen besluit zal leiden tot een besluit als bedoeld onder *c-f* ten aanzien van een onderneming die door de ondernemer in Nederland in stand wordt gehouden.

Tijdstip adviesaanvraag

– 2. De ondernemer legt het te nemen besluit schriftelijk aan de ondernemingsraad voor. Het advies moet op een zodanig tijdstip worden gevraagd, dat het van wezenlijke invloed kan zijn op het te nemen besluit.

– 3. Bij het vragen van advies wordt aan de ondernemingsraad een overzicht verstrekt van de beweegredenen voor het besluit, alsmede van de gevolgen die het besluit naar te verwachten valt voor de in de onderneming werkzame personen zal hebben en van de naar aanleiding daarvan voorgenomen maatregelen.

– 4. De ondernemingsraad brengt met betrekking tot een voorgenomen besluit als bedoeld in het eerste lid geen advies uit dan nadat over de betrokken aangelegenheid ten minste éénmaal overleg is gepleegd in een overlegvergadering. Ten aanzien van de bespreking van het voorgenomen besluit in de overlegvergadering is artikel 24, tweede lid, van overeenkomstige toepassing.

– 5. Indien na het advies van de ondernemingsraad een besluit als in het eerste lid bedoeld wordt genomen, wordt de ondernemingsraad door de ondernemer zo spoedig mogelijk van het besluit schriftelijk in kennis gesteld. Indien het advies van de ondernemingsraad niet of niet geheel is gevolgd, wordt aan de ondernemingsraad tevens meegedeeld, waarom van dat advies is afgeweken. Voor zover de ondernemingsraad daarover nog niet heeft geadviseerd, wordt voorts het advies van de ondernemingsraad ingewonnen over de uitvoering van het besluit.

Opschorting

– 6. Tenzij het besluit van de ondernemer overeenstemt met het advies van de ondernemingsraad, is de ondernemer verplicht de uitvoering van zijn besluit op te schorten tot een maand na de dag waarop de ondernemingsraad van het besluit in kennis is gesteld. De verplichting vervalt wanneer de ondernemingsraad zulks te kennen geeft.

Art. 26

Beroep bij ondernemingskamer

– 1. De ondernemingsraad kan bij de ondernemingskamer van het gerechtshof te Amsterdam beroep instellen tegen een besluit van de ondernemer als bedoeld in artikel 25, vijfde lid, hetzij wanneer dat besluit niet in overeenstemming is met het advies van de ondernemingsraad, hetzij wanneer feiten of omstandigheden bekend zijn geworden, die, waren zij aan de ondernemingsraad bekend geweest ten tijde van het uitbrengen van zijn advies, aanleiding zouden kunnen zijn geweest om dat advies niet uit te brengen zoals het is uitgebracht.

– 2. Het beroep wordt ingediend bij verzoekschrift, binnen een maand nadat de ondernemingsraad van het in het eerste lid bedoelde besluit in kennis is gesteld.

– 3. De ondernemer wordt van het ingestelde beroep in kennis gesteld.

– 4. Het beroep kan uitsluitend worden ingesteld ter zake dat de ondernemer bij afweging van de betrokken belangen niet in redelijkheid tot zijn besluit had kunnen komen.

– 5. De ondernemingskamer behandelt het verzoek met de meeste spoed. Alvorens te beslissen kan zij, ook ambtshalve, deskundigen, alsmede in de onderneming werkzame personen horen. Indien de ondernemingskamer het beroep gegrond bevindt, verklaart zij dat de ondernemer bij afweging van de betrokken belangen niet in redelijkheid tot het betrokken besluit had kunnen komen. Zij kan voorts, indien de ondernemingsraad daarom heeft verzocht, een of meer van de volgende voorzieningen treffen:

a. het opleggen van de verplichting aan de ondernemer om het besluit geheel of ten dele in te trekken, alsmede om aan te wijzen gevolgen van dat besluit ongedaan te maken;

b. het opleggen van een verbod aan de ondernemer om handelingen te verrichten of te doen verrichten ter uitvoering van het besluit of van onderdelen daarvan. Een voorziening van de ondernemingskamer kan door derden verworven rechten niet aantasten.

– 6. Het is verboden een verplichting of een verbod als bedoeld in het vorige lid niet na te komen, onderscheidenlijk te overtreden.

– 7. De ondernemingskamer kan haar beslissing op een verzoek tot het treffen van voorzieningen voor een door haar te bepalen termijn aanhouden, indien beide partijen daarom verzoeken, dan wel indien de ondernemer op zich neemt het besluit waartegen beroep is ingesteld, in te trekken of te wijzigen, of bepaalde gevolgen van het besluit ongedaan te maken.

– 8. Nadat het verzoekschrift is ingediend kan de ondernemingskamer, zo nodig onverwijld, voorlopige voorzieningen treffen. Het vijfde lid, vierde en vijfde volzin, en het zesde lid, zijn van overeenkomstige toepassing.

– 9. Van een beschikking van de ondernemingskamer staat uitsluitend beroep in cassatie open.

Art. 27

Instemmingsrecht

– 1. De ondernemer behoeft de instemming van de ondernemingsraad voor elk door hem voorgenomen besluit tot vaststelling, wijziging of intrekking van:
a. een regeling met betrekking tot een pensioenverzekering, een winstdelingsregeling of een spaarregeling;
b. een arbeids- en rusttijdenregeling of een vakantieregeling;
c. een belonings- of een functiewaarderingssysteem;
d. een regeling op het gebied van de arbeidsomstandigheden, het ziekteverzuim of het reintegratiebeleid;
e. een regeling op het gebied van het aanstellings-, ontslag- of bevorderingsbeleid;
f. een regeling op het gebied van de personeelsopleiding;
g. een regeling op het gebied van de personeelsbeoordeling;
h. een regeling op het gebied van het bedrijfsmaatschappelijk werk;
i. een regeling op het gebied van het werkoverleg;
j. een regeling op het gebied van de behandeling van klachten;
k. een regeling omtrent het verwerken van alsmede de bescherming van de persoonsgegevens van de in de onderneming werkzame personen;
l. een regeling inzake voorzieningen die gericht zijn op of geschikt zijn voor waarneming van of controle op aanwezigheid, gedrag of prestaties van de in de onderneming werkzame personen;
een en ander voor zover betrekking hebbende op alle of een groep van de in de onderneming werkzame personen.

Procedure regels

– 2. De ondernemer legt het te nemen besluit schriftelijk aan de ondernemingsraad voor. Hij verstrekt daarbij een overzicht van de beweegredenen voor het besluit, alsmede van de gevolgen die het besluit naar te verwachten valt voor de in de onderneming werkzame personen zal hebben. De ondernemingsraad beslist niet dan nadat over de betrokken aangelegenheid ten minste éénmaal overleg is gepleegd in een overlegvergadering. Na het overleg deelt de ondernemingsraad zo spoedig mogelijk schriftelijk en met redenen omkleed zijn beslissing aan de ondernemer mee. Na de beslissing van de ondernemingsraad deelt de ondernemer zo spoedig mogelijk schriftelijk aan de ondernemingsraad mee welk besluit hij heeft genomen en met ingang van welke datum hij dat besluit zal uitvoeren.

Voorrang CAO

– 3. De in het eerste lid bedoelde instemming is niet vereist, voor zover de betrokken aangelegenheid voor de onderneming reeds inhoudelijk is geregeld in een collectieve arbeidsovereenkomst of een regeling van arbeidsvoorwaarden vastgesteld door een publiekrechtelijk orgaan.

Vervangende toestemming

– 4. Heeft de ondernemer voor het voorgenomen besluit geen instemming van de ondernemingsraad verkregen, dan kan hij de kantonrechter toestemming vragen om het besluit te nemen. De kantonrechter geeft slechts toestemming, indien de beslissing van de ondernemingsraad om geen instemming te geven onredelijk is, of het voorgenomen besluit van de ondernemer gevergd wordt door zwaarwegende bedrijfsorganisatorische, bedrijfseconomische of bedrijfssociale redenen.
– 5. Een besluit als bedoeld in het eerste lid, genomen zonder de instemming van de ondernemingsraad of de toestemming van de kantonrechter, is nietig, indien de ondernemingsraad tegenover de ondernemer schriftelijk een beroep op de nietigheid heeft gedaan. De ondernemingsraad kan slechts een beroep op de nietigheid doen binnen een maand nadat hetzij de ondernemer hem zijn besluit overeenkomstig de laatste volzin van het tweede lid heeft medegedeeld, hetzij – bij gebreke van deze mededeling – de ondernemingsraad is gebleken dat de ondernemer uitvoering of toepassing geeft aan zijn besluit.
– 6. De ondernemingsraad kan de kantonrechter verzoeken de ondernemer te verplichten zich te onthouden van handelingen die strekken tot uitvoering of toepassing van een nietig besluit als bedoeld in het vijfde lid. De ondernemer kan de kantonrechter verzoeken te verklaren dat de ondernemingsraad ten onrechte een beroep heeft gedaan op nietigheid als bedoeld in het vijfde lid.

Art. 28

Taken OR

– 1. De ondernemingsraad bevordert zoveel als in zijn vermogen ligt de naleving van de voor de onderneming geldende voorschriften op het gebied van de arbeidsvoorwaarden, alsmede van de voorschriften op het gebied van de arbeidsomstandigheden en arbeids- en rusttijden van de in de onderneming werkzame personen.

Werkoverleg

– 2. De ondernemingsraad bevordert voorts naar vermogen het werkoverleg, alsmede het overdragen van bevoegdheden in de onderneming, zodat de in de onderneming werkzame personen zoveel mogelijk worden betrokken bij de regeling van de arbeid in het onderdeel van de onderneming waarin zij werkzaam zijn.

Discriminatie, reïntegratie

– 3. De ondernemingsraad waakt in het algemeen tegen discriminatie in de onderneming en bevordert in het bijzonder de gelijke behandeling van mannen en vrouwen alsmede de inschakeling van gehandicapten en minderheden in de onderneming.

Milieu

– 4. De ondernemingsraad bevordert naar vermogen de zorg van de onderneming voor het milieu, waaronder begrepen het treffen of wijzigen van beleidsmatige, organisatorische en administratieve voorzieningen in verband met het milieu.

Art. 29

Benoemingsrecht bestuursleden

De ondernemingsraad heeft het recht, al dan niet uit zijn midden, een door de ondernemer te bepalen aantal, maar ten minste de helft, te benoemen van de bestuursleden van door de ondernemer ten behoeve van in de onderneming werkzame personen opgerichte instellingen, behoudens voor zover bij of krachtens de wet op andere wijze in het bestuur van een instelling is voorzien.

Art. 30

Adviesbevoegdheid benoeming/ontslag bestuurder

– 1. De ondernemingsraad wordt door de ondernemer in de gelegenheid gesteld advies uit te brengen over elk door hem voorgenomen besluit tot benoeming of ontslag van een bestuurder van de onderneming.
– 2. Het advies moet op een zodanig tijdstip worden gevraagd, dat het van wezenlijke invloed kan zijn op het te nemen besluit.
– 3. De ondernemer stelt de ondernemingsraad in kennis van de beweegredenen voor het besluit en verstrekt voorts in het geval van een benoeming gegevens waaruit de ondernemingsraad zich een oordeel kan vormen over de betrokkene, in verband met diens toekomstige functie in de onderneming. Artikel 25, vierde lid en vijfde lid, eerste en tweede volzin, is van overeenkomstige toepassing.

HOOFDSTUK IVB

Het verstrekken van gegevens aan de ondernemingsraad

Art. 31

Gegevensverstrekking op verzoek van OR

– 1. De ondernemer is verplicht desgevraagd aan de ondernemingsraad en aan de commissies van die raad tijdig alle inlichtingen en gegevens te verstrekken die deze voor de vervulling van hun taak redelijkerwijze nodig hebben. De inlichtingen en gegevens worden desgevraagd schriftelijk verstrekt.
– 2. De ondernemer is verplicht aan de ondernemingsraad bij het begin van iedere zittingsperiode schriftelijk gegevens te verstrekken omtrent:
a. de rechtsvorm van de ondernemer, waarbij indien de ondernemer een niet-publiekrechtelijke rechtspersoon is, mede de statuten van die rechtspersoon moeten worden verstrekt;
b. indien de ondernemer een natuurlijke persoon, een maatschap of een niet-rechtspersoonlijkheid bezittende vennootschap is: de naam en de woonplaats van onderscheidenlijk die persoon, de maten of de beherende vennoten;
c. indien de ondernemer een rechtspersoon is: de naam en de woonplaats van de commissarissen of de bestuursleden;
d. indien de ondernemer deel uitmaakt van een aantal in een groep verbonden ondernemers: de ondernemers die deel uitmaken van die groep, de zeggenschapsverhoudingen waardoor zij onderling zijn verbonden, alsmede de naam en de woonplaats van degenen die ten gevolge van de bedoelde verhoudingen feitelijke zeggenschap over de ondernemer kunnen uitoefenen;
e. de ondernemers of de instellingen met wie de ondernemer, anders dan uit hoofde van zeggenschapsverhoudingen als bedoeld onder *d*, duurzame betrekkingen onderhoudt die van wezenlijk belang kunnen zijn voor het voortbestaan van de onderneming, alsmede de naam en de woonplaats van degenen die ten gevolge van zodanige betrekkingen feitelijke zeggenschap over de ondernemer kunnen uitoefenen;
f. de organisatie van de onderneming, de naam en de woonplaats van de bestuurders en van de belangrijkste overige leidinggevende personen, alsmede de wijze waarop de bevoegdheden tussen de bedoelde personen zijn verdeeld.
– 3. De ondernemer is verplicht de ondernemingsraad zo spoedig mogelijk in kennis te stellen van wijzigingen die zich in de in het tweede lid bedoelde gegevens hebben voorgedaan.

Art. 31a

Gegevensverstrekking omtrent werkzaamheden en resultaten

– 1. De ondernemer verstrekt, mede ten behoeve van de bespreking van de algemene gang van zaken van de onderneming, ten minste tweemaal per jaar aan de ondernemingsraad mondeling of schriftelijk algemene gegevens omtrent de werkzaamheden en de resultaten van de onderneming in het verstreken tijdvak, in het bijzonder met betrekking tot aangelegenheden als bedoeld in artikel 25.

Jaarrekening en jaarverslag

– 2. Indien de onderneming in stand wordt gehouden door een stichting of vereniging als bedoeld in artikel 360, derde lid, van boek 2 van het Burgerlijk Wetboek, een coöperatie, een onderlinge waarborgmaatschappij, een naamloze vennootschap of een besloten vennootschap met beperkte aansprakelijkheid, verstrekt de ondernemer zo spoedig mogelijk na de vaststelling van zijn jaarrekening een exemplaar van de jaarrekening en het jaarverslag in de Nederlandse taal en de daarbij te voegen overige gegevens, als bedoeld in artikel 392 van Boek 2 van het Burgerlijk Wetboek, ter bespreking aan de ondernemingsraad. De mededeling die een rechtspersoon ingevolge artikel 362, zesde lid, laatste volzin, van Boek 2 van het Burgerlijk Wetboek moet verstrekken geschiedt gelijktijdig met die aan de algemene vergadering van aandeelhouders.

– 3. Indien de financiële gegevens van een ondernemer die deel uitmaakt van in een groep verbonden ondernemers zijn opgenomen in een geconsolideerde jaarrekening als bedoeld in artikel 405 van Boek 2 van het Burgerlijk Wetboek, verstrekt de ondernemer ter bespreking aan de ondernemingsraad deze geconsolideerde jaarrekening, het jaarverslag en de overige gegevens, bedoeld in artikel 392 van dat boek, van de rechtspersoon die de geconsolideerde jaarrekening heeft opgesteld. Indien de financiële gegevens van zulk een ondernemer niet in een geconsolideerde jaarrekening zijn opgenomen, verstrekt de ondernemer in plaats hiervan ter bespreking aan de ondernemingsraad schriftelijke gegevens waaruit de ondernemingsraad zich een inzicht kan vormen in het gezamenlijke resultaat van de ondernemingen van die groep ondernemers. **Geconsolideerde jaarrekening**

– 4. Indien de jaarrekening van de ondernemer betrekking heeft op meer dan één onderneming, verstrekt de ondernemer aan de ondernemingsraad tevens schriftelijke gegevens waaruit deze zich een inzicht kan vormen in de mate waarin de onderneming waarvoor hij is ingesteld tot het gezamenlijke resultaat van die ondernemingen heeft bijgedragen. Het voorgaande is van overeenkomstige toepassing, indien een geconsolideerde jaarrekening, als bedoeld in het derde lid, wordt verstrekt.

– 5. Indien de onderneming in stand wordt gehouden door een ondernemer op wie het tweede lid van dit artikel niet van toepassing is, verstrekt de ondernemer bij algemene maatregel van bestuur aangewezen vervangende schriftelijke gegevens ter bespreking aan de ondernemingsraad. Het derde en vierde lid van dit artikel zijn van overeenkomstige toepassing.

– 6. De ondernemer doet, mede ten behoeve van de bespreking van de algemene gang van zaken van de onderneming, ten minste tweemaal per jaar aan de ondernemingsraad mondeling of schriftelijk mededeling omtrent zijn verwachtingen ten aanzien van de werkzaamheden en de resultaten van de onderneming in het komende tijdvak, in het bijzonder met betrekking tot aangelegenheden als bedoeld in artikel 25, alsmede met betrekking tot alle investeringen in binnenland en buitenland.

– 7. Indien de ondernemer met betrekking tot de onderneming een meerjarenplan, dan wel een raming of een begroting van inkomsten of uitgaven pleegt op te stellen, wordt dat plan, onderscheidenlijk die raming of die begroting, dan wel een samenvatting daarvan, met een toelichting aan de ondernemingsraad verstrekt en in de bespreking betrokken. Het derde en vierde lid van dit artikel zijn van overeenkomstige toepassing.

– 8. Indien de ondernemer ingevolge artikel 12.4 van de Wet milieubeheer verplicht is tot het opstellen van een milieuverslag, verstrekt hij zo spoedig mogelijk na het opstellen van dit verslag een exemplaar daarvan ter bespreking aan de ondernemingsraad.

Art. 31b

– 1. De ondernemer verstrekt, mede ten behoeve van de bespreking van de algemene gang van zaken van de onderneming, ten minste éénmaal per jaar aan de ondernemingsraad schriftelijk algemene gegevens inzake de aantallen en de verschillende groepen van de in de onderneming werkzame personen, alsmede inzake het door hem in het afgelopen jaar ten aanzien van die personen gevoerde sociale beleid, in het bijzonder met betrekking tot aangelegenheden als bedoeld in de artikelen 27, 28 en 29. Deze gegevens worden kwantitatief zodanig gespecificeerd dat daaruit blijkt welke uitwerking de verschillende onderdelen van het sociale beleid hebben gehad voor afzonderlijke bedrijfsonderdelen en functiegroepen. **Gegevensverstrekking inzake sociaal beleid**

– 2. De ondernemer doet daarbij tevens mondeling of schriftelijk mededeling van zijn verwachtingen ten aanzien van de ontwikkeling van de personeelsbezetting in het komende jaar, alsmede van het door hem in dat jaar te voeren sociale beleid, in het bijzonder met betrekking tot aangelegenheden als bedoeld in de artikelen 27, 28 en 29.

Art. 31c

De ondernemer doet aan de ondernemingsraad zo spoedig mogelijk mededeling van zijn voornemen tot het verstrekken van een adviesopdracht aan een deskundige buiten de onderneming, met betrekking tot een aangelegenheid als bedoeld in artikel 27. **Adviesopdracht externe organisatie-adviseur**

Art. 31d

– 1. De ondernemer verstrekt, mede ten behoeve van de bespreking van de algemene gang van zaken van de onderneming, ten minste eenmaal per jaar aan de ondernemingsraad schriftelijk informatie over de hoogte en inhoud van de arbeidsvoorwaardelijke regelingen en afspraken per verschillende groep van de in de onderneming werkzame personen. **Gegevensverstrekking inzake arbeidsvoorwaardelijke regelingen**

– 2. De ondernemer verstrekt daarbij tevens schriftelijke informatie over de hoogte en inhoud van de arbeidsvoorwaardelijke regelingen en afspraken met het bestuur dat de rechtspersoon vertegenwoordigt en het totaal van de vergoedingen, dat wordt verstrekt aan het toezichthoudend orgaan, bedoeld in artikel 24, tweede lid.

– 3. Ten aanzien van het eerste en tweede lid wordt inzichtelijk gemaakt met welk percentage deze arbeidsvoorwaardelijke regelingen en afspraken zich verhouden tot elkaar en tot die van het voorgaande jaar.

– 4. Indien een groep, als bedoeld in het eerste lid, het bestuur of het toezichthoudend orgaan, bedoeld in het tweede lid, uit minder dan vijf personen bestaat, is het mogelijk om voor de toepassing van deze leden twee of meer functies samen te voegen, zodat een groep van ten minste vijf personen ontstaat.

– 5. De ondernemer is verplicht de ondernemingsraad zo spoedig mogelijk in kennis te stellen van belangrijke wijzigingen die in deze regelingen en afspraken worden aangebracht.

– 6. Dit artikel is uitsluitend van toepassing op ondernemingen waarin in de regel ten minste 100 personen werkzaam zijn.

Art. 31e

Reikwijdte art. 31d

Artikel 31*d* is niet van toepassing op:

a. de besloten vennootschap met beperkte aansprakelijkheid waarvan een van de bestuurders of commissarissen een natuurlijk persoon is die een direct of indirect belang heeft in de rechtspersoon overeenkomstig artikel 4.6 van de Wet inkomstenbelasting 2001, of

b. de rechtspersoon waarop de artikelen 396 of 397 van titel 9 van Boek 2 van het Burgerlijk Wetboek van toepassing zijn.

HOOFDSTUK IVC
Verdere bevoegdheden van de ondernemingsraad

Art. 32

Uitbreiding bevoegdheden bij CAO

– 1. Bij collectieve arbeidsovereenkomst of een regeling van arbeidsvoorwaarden vastgesteld door een publiekrechtelijk orgaan kunnen aan de ondernemingsraad of aan de ondernemingsraden van de bij die overeenkomst of die regeling betrokken onderneming of ondernemingen verdere bevoegdheden dan in deze wet genoemd worden toegekend.

Uitbreiding bevoegdheden bij ondernemingsovereenkomst

– 2. Bij schriftelijke overeenkomst tussen de ondernemer en de ondernemingsraad kunnen aan de ondernemingsraad meer bevoegdheden dan de in deze wet genoemde worden toegekend en kunnen aanvullende voorschriften over de toepassing van het bij of krachtens deze wet bepaalde worden gegeven. De ondernemer zendt een afschrift van de overeenkomst aan de bedrijfscommissie.

– 3. Indien aan de ondernemingsraad op grond van dit artikel een adviesrecht of instemmingsrecht is toegekend, is het advies of de instemming van de ondernemingsraad niet vereist, voor zover de aangelegenheid voor de onderneming reeds inhoudelijk is geregeld in een collectieve arbeidsovereenkomst of in een regeling, vastgesteld door een publiekrechtelijk orgaan.

– 4. Indien in de overeenkomst aan de ondernemingsraad een recht op advies of instemming wordt gegeven over andere voorgenomen besluiten dan genoemd in de artikelen 25 onderscheidenlijk 27, zijn de artikelen 26 onderscheidenlijk 27, vierde tot en met zesde lid, van overeenkomstige toepassing.

Art. 32a-32c

Vervallen.

HOOFDSTUK V
De centrale ondernemingsraden en de groepsondernemingsraden

Art. 33

Instelling

– 1. De ondernemer die twee of meer ondernemingsraden heeft ingesteld stelt tevens voor de door hem in stand gehouden ondernemingen een centrale ondernemingsraad in indien dit bevorderlijk is voor een goede toepassing van deze wet ten aanzien van deze ondernemingen.

– 2. De ondernemer die meer dan twee ondernemingsraden heeft ingesteld stelt voor een aantal van de door hem in stand gehouden ondernemingen een groepsondernemingsraad in indien dit bevorderlijk is voor een goede toepassing van deze wet ten aanzien van deze ondernemingen.

– 3. Het eerste en tweede lid zijn van overeenkomstige toepassing ten aanzien van in een groep verbonden ondernemers, die te zamen twee of meer ondernemingsraden hebben ingesteld. De betrokken ondernemers wijzen een tot hun groep behorende ondernemer aan, die voor de toepassing van deze wet namens hen als ondernemer optreedt ten opzichte van de centrale ondernemingsraad of de groepsondernemingsraad.

Art. 34

Samenstelling COR

– 1. Een centrale ondernemingsraad bestaat uit leden, gekozen door de betrokken ondernemingsraden uit de leden van elk van die raden. Voor ieder lid kan een plaatsvervanger worden gekozen, die dezelfde rechten en verplichtingen heeft als het lid dat hij vervangt.

– 2. Indien een of meer groepsondernemingsraden zijn ingesteld, kan de centrale ondernemingsraad in zijn reglement bepalen, dat die raad, in afwijking van het bepaalde in het eerste lid, geheel of ten dele zal bestaan uit leden, gekozen door de betrokken groepsondernemingsraden uit de leden van die raden. Voor ieder aldus gekozen lid kan een plaatsvervanger worden gekozen, die dezelfde rechten en verplichtingen heeft als het lid dat hij vervangt. **GOR**

– 3. Het aantal leden dat uit elke ondernemingsraad of groepsondernemingsraad kan worden gekozen, wordt vastgesteld in het reglement van de centrale ondernemingsraad. Het reglement bevat voorts voorzieningen dat de verschillende groepen van de in de betrokken ondernemingen werkzame personen zoveel mogelijk in de centrale ondernemingsraad vertegenwoordigd zijn. De betrokken ondernemingsraden of groepsondernemingsraden worden over de vaststelling van de betrokken bepalingen van het reglement gehoord.

– 4. Een centrale ondernemingsraad kan in zijn reglement bepalen dat van die raad, behalve de in het derde lid bedoelde leden, ook deel kunnen uitmaken vertegenwoordigers van ondernemingen die door de in artikel 33 bedoelde ondernemer of ondernemers in stand worden gehouden, maar ten aanzien waarvan geen verplichting tot het instellen van een ondernemingsraad geldt. De centrale ondernemingsraad regelt in zijn reglement het aantal en de wijze van verkiezing van de bedoelde vertegenwoordigers.

– 5. Wanneer een lid van een centrale ondernemingsraad of zijn plaatsvervanger ophoudt lid te zijn van de ondernemingsraad of van de groepsondernemingsraad die hem heeft gekozen, eindigt van rechtswege zijn lidmaatschap van de centrale ondernemingsraad. Het zelfde geldt wanneer een vertegenwoordiger van een onderneming als bedoeld in het vierde lid ophoudt in de betrokken onderneming werkzaam te zijn. De uitsluiting, bedoeld in artikel 13, van een ondernemingsraadlid of van een groepsondernemingsraadlid, die tevens lid is van een centrale ondernemingsraad, heeft tot gevolg dat de betrokkene ook van deelname aan de werkzaamheden van de centrale ondernemingsraad is uitgesloten.

– 6. Ten aanzien van de centrale ondernemingsraad zijn de artikelen 7, 8, 10-14, 15, eerste, tweede, vierde en vijfde lid, en 16-22 van overeenkomstige toepassing.

– 7. Ten aanzien van een groepsondernemingsraad zijn de voorgaande leden, met uitzondering van het tweede lid, van overeenkomstige toepassing.

Art. 35

Bevoegdheden

– 1. Ten aanzien van de centrale ondernemingsraden en de groepsondernemingsraden zijn de artikelen 22*a* tot en met 32, met uitzondering van de artikelen 23*c* en 24, derde lid, van overeenkomstige toepassing, met dien verstande dat door die raden uitsluitend aangelegenheden worden behandeld die van gemeenschappelijk belang zijn voor alle of voor de meerderheid van de ondernemingen waarvoor zij zijn ingesteld en ongeacht of ten aanzien van die aangelegenheden bevoegdheden toekomen aan de afzonderlijke ondernemingsraden.

– 2. Indien bevoegdheden ten aanzien van aangelegenheden als bedoeld in het eerste lid toekomen aan afzonderlijke ondernemingsraden, gaan deze over naar de centrale ondernemingsraad, onderscheidenlijk de groepsondernemingsraad, met dien verstande dat een groepsondernemingsraad geen aangelegenheden behandelt die door de centrale ondernemingsraad worden behandeld.

HOOFDSTUK VA

De medezeggenschap in kleine ondernemingen

Art. 35a

Vervallen.

Art. 35b

Personeelsvergadering

– 1. De ondernemer die een onderneming in stand houdt waarin in de regel ten minste 10 personen maar minder dan 50 personen werkzaam zijn en waarvoor geen ondernemingsraad of personeelsvertegenwoordiging is ingesteld, is verplicht de in deze onderneming werkzame personen tenminste tweemaal per kalenderjaar in de gelegenheid te stellen gezamenlijk met hem bijeen te komen. Hij is voorts verplicht met de in de onderneming werkzame personen bijeen te komen, wanneer tenminste een vierde van hen daartoe een met redenen omkleed verzoek doet.

– 2. In de in het eerste lid bedoelde vergaderingen worden de aangelegenheden, de onderneming betreffende, aan de orde gesteld ten aanzien waarvan de ondernemer of in de onderneming werkzame personen overleg wenselijk achten. Iedere in de onderneming werkzame persoon is bevoegd omtrent deze aangelegenheden voorstellen te doen en standpunten kenbaar te maken.

– 3. Indien de ondernemer de onderneming niet zelf bestuurt, wordt het overleg voor hem gevoerd door de bestuurder van de onderneming. De ondernemer en de bestuurder kunnen zich bij verhindering laten vervangen door een in de onderneming werkzame persoon die bevoegd is om namens de ondernemer overleg met de werknemers te voeren.

Informatie

– 4. In de in het eerste lid bedoelde vergaderingen wordt tenminste eenmaal per jaar de algemene gang van zaken van de onderneming besproken. De ondernemer verstrekt daartoe mondeling of schriftelijk algemene gegevens omtrent de werkzaamheden en de resultaten van de onderneming in het afgelopen jaar, alsmede omtrent zijn verwachtingen dienaangaande in het komende jaar. Voor zover de ondernemer verplicht is zijn jaarrekening en jaarverslag ter inzage van een ieder neer te leggen, worden in de Nederlandse taal gestelde exemplaren van deze jaarstukken ter bespreking aan de in de onderneming werkzame personen verstrekt. De ondernemer verstrekt voorts mondeling of schriftelijk algemene gegevens inzake het door hem ten aanzien van de in de onderneming werkzame personen gevoerde en te voeren sociale beleid.

Advies

– 5. De in de onderneming werkzame personen worden door de ondernemer, in een vergadering als bedoeld in het eerste lid, in de gelegenheid gesteld advies uit te brengen over elk door hem voorgenomen besluit dat kan leiden tot verlies van de arbeidsplaats of tot een belangrijke verandering van de arbeid, de arbeidsvoorwaarden of de arbeidsomstandigheden van tenminste een vierde van de in de onderneming werkzame personen. Het advies wordt op een zodanig tijdstip gevraagd dat het van wezenlijke invloed kan zijn op het te nemen besluit. De in de eerste volzin bedoelde verplichting geldt niet, indien en voor zover de betrokken aangelegenheid voor de onderneming reeds inhoudelijk geregeld is in een collectieve arbeidsovereenkomst of in een regeling, vastgesteld door een publiekrechtelijk orgaan.

– 6. De in de voorgaande leden bedoelde verplichtingen gelden niet ten aanzien van personen die nog geen zes maanden in de onderneming werkzaam zijn. Zij vervallen wanneer de ondernemer met toepassing van artikel 5*a* een ondernemingsraad heeft ingesteld, maar treden weer in werking wanneer de ondernemingsraad op grond van artikel 5*a*, eerste lid, ophoudt te bestaan of overeenkomstig het tweede lid van dat artikel is opgeheven.

Art. 35c

Personeelsvertegenwoordiging als alternatief

– 1. De ondernemer die een onderneming in stand houdt waarin in de regel ten minste 10 personen maar minder dan 50 personen werkzaam zijn en waarvoor geen ondernemingsraad is ingesteld, kan een personeelsvertegenwoordiging instellen, bestaande uit ten minste drie personen die rechtstreeks gekozen zijn bij geheime schriftelijke stemming door en uit in de onderneming werkzame personen.

Verplichte personeelsvertegenwoordiging

– 2. Op verzoek van de meerderheid van de in de onderneming werkzame personen stelt de ondernemer de in het eerste lid bedoelde personeelsvertegenwoordiging in.

Bevoegdheden

– 3. Indien toepassing is gegeven aan het eerste lid, is artikel 5*a*, tweede lid, derde en vierde volzin, van overeenkomstige toepassing. De artikelen 7, 13, 17, 18, eerste en tweede lid, 21, 22, eerste lid, tweede lid, voor zover het betreft de kosten van het voeren van rechtsgedingen, en derde lid, 22*a*, 27, eerste lid, onderdeel *b*, voor zover het betreft een arbeids- en rusttijdenregeling, en onderdeel *d*, derde tot en met zesde lid, 31, eerste lid, 32, 35*b*, vierde en vijfde lid, behoudens de in dat lid bedoelde arbeidsomstandigheden, en 36 zijn van overeenkomstige toepassing.

Instemmingsrecht

– 4. De ondernemer legt een voorgenomen besluit als bedoeld in artikel 27, eerste lid, onderdeel *b*, voor zover het betreft een arbeids- en rusttijdenregeling, en onderdeel *d*, schriftelijk aan de personeelsvertegenwoordiging voor. Hij verstrekt daarbij een overzicht van de beweegredenen voor het besluit, alsmede van de gevolgen die het besluit naar te verwachten valt voor de in de onderneming werkzame personen zal hebben. De personeelsvertegenwoordiging beslist niet dan nadat over de betrokken aangelegenheid ten minste éénmaal met de ondernemer overleg is gepleegd. Na het overleg deelt de personeelsvertegenwoordiging zo spoedig mogelijk schriftelijk en met redenen omkleed zijn beslissing aan de ondernemer mee. Na de beslissing van de personeelsvertegenwoordiging deelt de ondernemer zo spoedig mogelijk schriftelijk aan de personeelsvertegenwoordiging mee welk besluit hij heeft genomen en met ingang van welke datum hij dat besluit zal uitvoeren.

– 5. De personeelsvertegenwoordiging kan met toestemming van de ondernemer commissies instellen of deskundigen uitnodigen. Ten aanzien van het uitnodigen van deskundigen is toestemming niet vereist, wanneer de deskundige geen kosten in rekening brengt of wanneer de kosten door de personeelsvertegenwoordiging bestreden worden uit een bedrag als bedoeld in artikel 22, derde lid. Heeft de ondernemer toestemming gegeven voor het raadplegen van een deskundige, dan komen de kosten daarvan te zijnen laste.

– 6. Inlichtingen en gegevens bestemd voor de personeelsvertegenwoordiging, die volgens artikel 31, eerste lid, schriftelijk moeten worden verstrekt, mogen door de ondernemer ook mondeling worden verstrekt.

Art. 35d

Personeelsvertegenwoordiging voor onderneming met minder dan 10 personen

– 1. De ondernemer die een onderneming in stand houdt waarin in de regel minder dan 10

personen werkzaam zijn en waarvoor geen ondernemingsraad is ingesteld, kan een personeelsvertegenwoordiging, als bedoeld in artikel 35*c*, eerste lid, instellen.
– 2. De artikelen 5*a*, tweede lid, derde en vierde volzin, 7, 13, 17, 18, eerste en tweede lid, 21, 22, eerste lid, tweede lid, voor zover het betreft de kosten van het voeren van rechtsgedingen, en derde lid, 22*a*, 27, eerste lid, onderdeel *b*, voor zover het betreft een arbeids- en rusttijdenregeling, onderdeel *d*, derde tot en met zesde lid, 31, eerste lid, 32 en 36 zijn van overeenkomstige toepassing.
– 3. Artikel 35*c*, vierde lid, is van overeenkomstige toepassing, en het vijfde en zesde lid zijn van toepassing.

HOOFDSTUK VI
De algemene geschillenregeling

Art. 36

Bevoegdheid tot instellen van rechtsvordering door belanghebbende

– 1. Iedere belanghebbende kan de kantonrechter verzoeken te bepalen dat de ondernemer of de ondernemingsraad gevolg dient te geven aan hetgeen bij of krachtens deze wet is bepaald omtrent het instellen of in stand houden van een ondernemingsraad, het vaststellen van een voorlopig of een definitief reglement van de ondernemingsraad, de kandidaatstelling voor en de verkiezing van de leden van de ondernemingsraad, alsmede omtrent het bekend maken van agenda's en verslagen van vergaderingen, een en ander voor zover dit van de ondernemer of de ondernemingsraad afhangt.
– 2. De ondernemingsraad en de ondernemer kunnen de kantonrechter verzoeken te bepalen dat de ondernemer, onderscheidenlijk de ondernemingsraad gevolg dient te geven aan hetgeen overigens bij of krachtens deze wet is bepaald, een en ander voor zover dit van de ondernemer onderscheidenlijk de ondernemingsraad afhangt.

Bedrijfscommissie

– 3. Een verzoek aan de kantonrechter op grond van deze wet, is niet ontvankelijk indien de verzoeker niet vooraf schriftelijk de bemiddeling van de bedrijfscommissie heeft gevraagd. De bedrijfscommissie stelt de wederpartij in de gelegenheid omtrent het verzoek te worden gehoord. De bedrijfscommissie tracht een minnelijke schikking tussen partijen tot stand te brengen. Indien geen minnelijke schikking wordt bereikt, brengt de bedrijfscommissie binnen twee maanden nadat haar bemiddeling is gevraagd, aan partijen schriftelijk verslag van haar bevindingen uit met een advies omtrent de oplossing van het geschil. De bedrijfscommissie kan de termijn voor het uitbrengen van haar advies met instemming van beide partijen voor ten hoogste twee maanden verlengen.
– 4. Het verzoekschrift aan de kantonrechter wordt ingediend binnen dertig dagen nadat de bedrijfscommissie haar advies aan partijen heeft uitgebracht, doch uiterlijk binnen dertig dagen na het verstrijken van de in het derde lid genoemde termijn. Het verslag van bevindingen en het advies van de bedrijfscommissie worden bij het verzoekschrift overgelegd.

Niet-ontvankelijkheid

– 5. Een verzoekschrift aan de kantonrechter met betrekking tot de naleving van artikel 25 ten aanzien van een besluit als in dat artikel bedoeld, wordt niet ontvankelijk verklaard, indien blijkt dat de ondernemingsraad voor of na de indiening van het verzoekschrift tegen dat besluit beroep heeft ingesteld bij de ondernemingskamer van het gerechtshof te Amsterdam.
– 6. Een verzoek aan de kantonrechter op grond van artikel 27, vierde en zesde lid is niet ontvankelijk indien met betrekking tot dezelfde aangelegenheid een eis is gesteld als bedoeld in de Arbeidsomstandighedenwet.
– 7. De kantonrechter kan in zijn uitspraak aan de ondernemer, onderscheidenlijk de ondernemingsraad de verplichting opleggen om bepaalde handelingen te verrichten of na te laten. Het is de ondernemer verboden een zodanige verplichting niet na te komen. Wanneer de ondernemingsraad een zodanige verplichting niet nakomt, kan de kantonrechter de ondernemingsraad ontbinden, onder oplegging van de verplichting aan die raad tot het doen verkiezen van een nieuwe ondernemingsraad. Blijft de ondernemingsraad in gebreke, dan kan de kantonrechter de ondernemer machtigen een nieuwe ondernemingsraad te doen verkiezen.
– 8. De voorgaande leden zijn van overeenkomstige toepassing ten aanzien van de naleving van hetgeen bij of krachtens deze wet is bepaald met betrekking tot een centrale ondernemingsraad en een groepsondernemingsraad.

Art. 36a

Vordering tot naleving art. 35b

Iedere in de onderneming werkzame persoon, met uitzondering van een persoon als bedoeld in artikel 35*b*, zesde lid, alsmede een vereniging van werknemers, die één of meer in de onderneming werkzame personen onder haar leden telt, die krachtens haar statuten ten doel heeft de belangen van haar leden als werknemers te behartigen en als zodanig in de betrokken onderneming of bedrijfstak werkzaam is en voorts tenminste twee jaar in het bezit is van volledige rechtsbevoegdheid, kan de kantonrechter verzoeken te bepalen dat de ondernemer gevolg dient te geven aan artikel 35*b*.

HOOFDSTUK VII
De bedrijfscommissies

Art. 37

Instelling

– 1. Voor groepen van ondernemingen worden door de Raad, ter behandeling van aangelegenheden betreffende de ondernemingsraden, de centrale ondernemingsraden, de groepsondernemingsraden van deze ondernemingen, de personeelsvertegenwoordiging en de vergadering als bedoeld in artikel 35*b*, commissies ingesteld, bedrijfscommissies genaamd.

– 2. Een bedrijfscommissie bestaat uit een door de Raad na overleg met de in artikel 38 bedoelde organisaties van ondernemers en van werknemers te bepalen even aantal leden, ten minste zes bedragende, en een gelijk aantal plaatsvervangende leden.

Art. 38

Benoeming; aantal leden

– 1. De leden en de plaatsvervangende leden van een bedrijfscommissie worden voor de helft benoemd door de door de Raad daartoe aangewezen representatieve organisatie of organisaties van ondernemers en voor de helft door de door de Raad daartoe aangewezen representatieve organisatie of organisaties van werknemers.

– 2. De Raad bepaalt het aantal leden en plaatsvervangende leden dat elke aangewezen organisatie kan benoemen.

Art. 39

Reglement; (sub)commissies; voorzitterschap

– 1. De Raad stelt bij verordening nadere regelen omtrent de samenstelling en de werkwijze van de bedrijfscommissies. Daarbij wordt aan deze commissies de bevoegdheid verleend commissies, al dan niet uit haar midden, in te stellen. De bedrijfscommissie kan de aldus ingestelde commissies machtigen haar bevoegdheden uit te oefenen.

– 2. De Raad stelt voorts regelen omtrent het voorzitterschap van de bedrijfscommissies. Daarbij wordt aan deze commissies de bevoegdheid toegekend, een voorzitter buiten de leden der commissie te kiezen, al dan niet met stemrecht.

Art. 40

Verslag

– 1. Iedere bedrijfscommissie brengt jaarlijks aan Onze Minister en aan de Raad verslag uit van haar werkzaamheden in het afgelopen kalenderjaar.

– 2. Onze Minister kan regelen stellen ten aanzien van de verslaggeving.

Art. 41

Kosten

– 1. De kosten van een bedrijfscommissie worden, voor zover daarin niet op andere wijze wordt voorzien, door de in artikel 38 bedoelde organisaties van ondernemers en werknemers gedragen, naar evenredigheid van het aantal leden dat zij benoemen.

– 2. Wanneer een organisatie in gebreke blijft binnen de termijn, door de bedrijfscommissie gesteld, haar bijdrage in de kosten van de bedrijfscommissie te voldoen, kan de Raad de aanwijzing van die organisatie intrekken, onverminderd de aansprakelijkheid van de organisatie tot het betalen van haar aandeel in de reeds gemaakte kosten. Door de intrekking vervalt het lidmaatschap van de bedrijfscommissie van de door die organisatie benoemde leden en plaatsvervangende leden, te rekenen van het tijdstip waarop het besluit van de Raad bij de bedrijfscommissie inkomt.

Art. 42

Geheimhoudingsplicht

Ten aanzien van de voorzitters, de leden en de plaatsvervangende leden van de bedrijfscommissies, alsmede ten aanzien van de personen die met het secretariaat van een bedrijfscommissie zijn belast, is artikel 20, eerste en zesde lid, van overeenkomstige toepassing.

Art. 43

Bestuur(hoofd)bedrijfschap als bedrijfscommissie

Indien voor een groep van ondernemingen een hoofdbedrijfschap of een bedrijfschap als bedoeld in de Wet op de Bedrijfsorganisatie (*Stb.* 1950, K 22) bestaat, kan de Raad het bestuur van dat hoofdbedrijfschap of bedrijfschap aanwijzen als bedrijfscommissie in de zin van deze wet. In dat geval zijn de artikelen 37, 38 en 41 niet van toepassing en evenmin het bepaalde bij of krachtens artikel 39 voor zover het betreft de samenstelling en het voorzitterschap van de bedrijfscommissie.

Art. 44-45

Vervallen.

Art. 46

Regeling competentie

– 1. Indien voor de behandeling van aangelegenheden betreffende een ondernemingsraad, een centrale ondernemingsraad, een groepsondernemingsraad, een personeelsvertegenwoordiging of een vergadering als bedoeld in artikel 35*b* meer dan één bedrijfscommissie bevoegd zou zijn, wijst de Raad de commissie aan die voor de behandeling van de betrokken aangelegenheden als de krachtens deze wet bevoegde commissie zal optreden.

– 2. Indien een ondernemer of een aantal in een groep verbonden ondernemers meerdere ondernemingen in stand houdt waarvoor meer dan één bedrijfscommissie bevoegd zou zijn, kan de Raad voor die ondernemingen een afzonderlijke bedrijfscommissie instellen dan wel de commissie aanwijzen die voor de behandeling van de aangelegenheden betreffende de ondernemingsraden, personeelsvertegenwoordigingen en vergaderingen als bedoeld in artikel 35*b* van deze ondernemingen als de krachtens deze wet bevoegde commissie optreedt.

HOOFDSTUK VIIA
Heffingen ter bevordering van de scholing en vorming van ondernemingsraadleden

Art. 46a

Opleggen heffing door SER

– 1. De ondernemer op wie op grond van deze wet, een collectieve arbeidsovereenkomst of een regeling van arbeidsvoorwaarden vastgesteld door een publiekrechtelijk orgaan op 1 januari van het betrokken kalenderjaar de verplichting rust een ondernemingsraad in te stellen alsmede de ondernemer die op 1 januari van het betrokken kalenderjaar een ondernemingsraad heeft met toepassing van artikel 5*a*, tweede lid, is een heffing verschuldigd ter bevordering van de scholing en vorming van ondernemingsraadleden.
– 2. De heffing bedraagt een percentage van het bij de betrokken ondernemer in het voorafgaande kalenderjaar genoten loon in de zin van de Wet op de loonbelasting 1964, met uitzondering van de eindheffingsbestanddelen, bedoeld in artikel 31, eerste lid, onderdelen *b* tot en met *h*, van die wet. Voor de toepassing van dit lid wordt onder ondernemer verstaan: de inhoudingsplichtige in de zin van de Wet op de loonbelasting 1964.
– 3. Het percentage van de heffing wordt jaarlijks door de Raad vastgesteld bij verordening; het kan op nihil worden vastgesteld.
– 4. De heffing wordt namens de Raad door de rijksbelastingdienst bij wege van aanslag geheven en ingevorderd, met overeenkomstige toepassing van de voor de heffing en de invordering van de inkomstenbelasting geldende regels.
– 5. In een verordening als bedoeld in het derde lid wordt bepaald op welke wijze de afdracht van de heffing door de rijksbelastingdienst aan de Raad geschiedt.
– 6. De Raad kan bij verordening nadere regels stellen omtrent de toepassing van dit artikel.
– 7. Een verordening als bedoeld in dit artikel wordt, voorzover deze betrekking heeft op ondernemingen waarin uitsluitend of nagenoeg uitsluitend krachtens publiekrechtelijke aanstelling arbeid wordt verricht, niet vastgesteld dan na overleg met de betrokken werkgevers of verenigingen van werkgevers en de centrales van overheidspersoneel, verenigd in de Raad voor het Overheidspersoneelsbeleid.
– 8. Een verordening als bedoeld in dit artikel behoeft de goedkeuring van Onze Minister, in overeenstemming met Onze Minister van Financiën.

Art. 46b

Geldelijke bijdrage

– 1. De Raad kan uit de opbrengst van de in artikel 46*a* bedoelde heffingen subsidies verstrekken aan rechtspersonen die zich ten doel stellen de werkzaamheden van andere rechtspersonen op het gebied van de scholing en vorming van ondernemingsraadleden te begeleiden en te ondersteunen. De Raad kan bij verordening regels stellen inzake het verstrekken van deze subsidies en daarbij een subsidieplafond vaststellen.
– 2. Aan de subsidie worden in ieder geval de volgende verplichtingen verbonden:
a. dat de betrokken rechtspersoon jaarlijks een begroting en een rekening van de met zijn in het eerste lid bedoelde taak verband houdende inkomsten en uitgaven opstelt en ter goedkeuring aan de Raad voorlegt;
b. dat de onder *a* bedoelde rekening door of vanwege de Raad kan worden gecontroleerd;
c. dat de betrokken rechtspersoon erop toeziet, dat de werkzaamheden op het gebied van de scholing en vorming van ondernemingsraadleden, waarvoor door hem geldelijke ondersteuning wordt verleend, wat de kwaliteit betreft tenminste voldoen aan de voorwaarden die gelden voor de subsidiëring van vormings- en ontwikkelingswerk voor volwassenen door het Rijk, en dat deze werkzaamheden voorts passen in de algemene opzet van het vormings- en ontwikkelingswerk voor volwassenen in Nederland, als aangegeven door de rijksoverheid.

Art. 46c

Jaarlijkse begroting

– 1. De door de Raad ter bevordering van de scholing en vorming van ondernemingsraadleden geraamde inkomsten en uitgaven worden door hem jaarlijks als een afzonderlijke dienst op de begroting gebracht.
– 2. De betrokken uitgaven, alsmede de middelen die tot dekking daarvan hebben gediend, worden jaarlijks afzonderlijk op de rekening van inkomsten en uitgaven van de Raad verantwoord.

HOOFDSTUK VII B
Bijzondere bepalingen voor ondernemingsraden bij de overheid

Art. 46d

Bijzondere bepalingen

Ten aanzien van een onderneming, waarin uitsluitend of nagenoeg uitsluitend krachtens publiekrechtelijke aanstelling arbeid wordt verricht, gelden de volgende bijzondere bepalingen:

a. Voor de toepassing van deze wet wordt als bestuurder in de zin van deze wet niet aangemerkt
1° bij een ministerie: de minister of een staatssecretaris;
2° bij een provincie: de commissaris van de Koning, een lid van gedeputeerde staten of een lid van provinciale staten;
3° bij een gemeente: de burgemeester, een lid van het college van burgemeester en wethouders of een lid van de gemeenteraad;
4° bij een waterschap: de voorzitter, een lid van het dagelijkse bestuur van een waterschap of een lid van het algemeen bestuur;
5° bij de Kamers der Staten-Generaal: de voorzitter van de Kamer of een lid;
6° bij de Raad van State: de vice-president of een staatsraad;
7° bij de Algemene Rekenkamer: de president of een lid van de Algemene Rekenkamer;
8° bij de Nationale ombudsman: de Nationale ombudsman of een substituut-ombudsman.
b. Voor de toepassing van artikel 23, tweede lid, zijn onder de aangelegenheden de onderneming betreffende niet begrepen de publiekrechtelijke vaststelling van taken van publiekrechtelijke lichamen en onderdelen daarvan, noch het beleid ten aanzien van en de uitvoering van die taken, behoudens voor zover het betreft de gevolgen daarvan voor de werkzaamheden van de in de onderneming werkzame personen.
c. Voor de toepassing van onderdeel *b* bij de rechtbanken, de gerechtshoven, de Centrale Raad van Beroep en het College van Beroep voor het bedrijfsleven, zijn onder de aangelegenheden de onderneming betreffende tevens niet begrepen het beleid ten aanzien van en de uitvoering van de rechterlijke taken als bedoeld in artikel 23, tweede en derde lid, van de Wet op de rechterlijke organisatie, behoudens voorzover het de gevolgen daarvan betreft voor de werkzaamheden van de in de onderneming werkzame personen.
d. De in de artikelen 5, 8, tweede en derde lid, 37, 38, 39 en 41, tweede lid, van deze wet aan de Raad toegekende bevoegdheden worden uitgeoefend door de Minister van Binnenlandse Zaken.
e. Voor de toepassing van artikel 38, eerste lid, kunnen behalve een representatieve organisatie of organisaties van ondernemers ook een of meerdere ministers aangewezen worden.
f. De verordenende bevoegdheid van de Raad, met uitzondering van de bevoegdheid genoemd in artikel 46*a*, strekt zich niet uit tot ondernemingen waarin uitsluitend of nagenoeg uitsluitend krachtens publiekrechtelijke aanstelling arbeid wordt verricht.
g. Indien op grond van het bepaalde in onderdeel *d* de Minister van Binnenlandse Zaken een bedrijfscommissie heeft ingesteld, dient deze onverminderd het bepaalde in artikel 40, eerste lid, aan de Minister van Binnenlandse Zaken verslag uit te brengen. De Minister van Binnenlandse Zaken doet dit verslag toekomen aan de betrokken werkgevers of verenigingen van werkgevers en de centrales van overheidspersoneel, verenigd in de Raad voor het Overheidspersoneelsbeleid.
h. Voor het behandelen en beslissen van verzoekschriften als bedoeld in de artikelen 27 en 36, ter zake van een rechtbank, is bevoegd de kantonrechter werkzaam bij de rechtbank, die binnen hetzelfde ressort als eerste wordt genoemd in de Wet op de rechterlijke indeling. Indien de rechtbank waarop het verzoekschrift betrekking heeft binnen het ressort als eerste wordt genoemd in de Wet op de rechterlijke indeling, is bevoegd de kantonrechter werkzaam bij de rechtbank, die binnen hetzelfde ressort als tweede wordt genoemd in Wet op de rechterlijke indeling.
i. Een beroep als bedoeld in artikel 26, eerste lid, ter zake van het gerechtshof te Amsterdam, wordt ingesteld bij het gerechtshof te 's-Gravenhage.

Art. 46e

Overleg

– 1. De in artikel 46*d* aan de Minister van Binnenlandse Zaken toegekende bevoegdheden worden uitgeoefend na overleg met de betrokken werkgevers of verenigingen van werkgevers en de centrales van overheidspersoneel, verenigd in de Raad voor het Overheidspersoneelsbeleid.
– 2. In het in het eerste lid bedoelde overleg hebben de centrales van overheidspersoneel evenveel stemmen als de betrokken werkgevers of verenigingen van werkgevers.
– 3. Voor een besluit als bedoeld in de artikelen 8, tweede en derde lid en 39 van deze Wet behoeft Onze Minister van Binnenlandse Zaken de instemming van twee derde van de deelnemers aan het in het eerste lid bedoelde overleg. Voor een besluit als bedoeld in de artikelen 5, 37, 38 en 41, tweede lid, van deze Wet behoeft Onze Minister van Binnenlandse Zaken de instemming van de meerderheid van de deelnemers aan het in het eerste lid bedoelde overleg.

HOOFDSTUK VIII

Overgangs- en slotbepalingen

Art. 47

Bij of krachtens algemene maatregel van bestuur kunnen nadere regelen worden gesteld ter bevordering van een goede uitvoering van deze wet.

Art. 48

– 1. De ondernemer op wie de verplichting tot het instellen van een ondernemingsraad rust, treft bij voorlopig reglement, voor zover nodig, de voorzieningen die tot de bevoegdheid van de ondernemingsraad behoren, totdat de ondernemingsraad zelf die bevoegdheid uitoefent. De vereniging of verenigingen van werknemers, bedoeld in artikel 9, tweede lid, onder *a*, worden over het voorlopige reglement gehoord. **Voorlopig reglement**

– 2. Ten aanzien van het voorlopige reglement is artikel 8, eerste lid, eerste en tweede volzin en tweede lid, van overeenkomstige toepassing. De ondernemer zendt onverwijld een exemplaar van het voorlopige reglement aan de bedrijfscommissie. Het voorlopige reglement vervalt op het tijdstip waarop de ondernemingsraad het in artikel 8 bedoelde reglement heeft vastgesteld.

– 3. De voorgaande leden zijn van overeenkomstige toepassing ten aanzien van de ondernemer of de ondernemers die een centrale ondernemingsraad of een groepsondernemingsraad hebben ingesteld.

Art. 49

– 1. De ondernemer op wie de verplichting tot het instellen van een of meer ondernemingsraden rust, alsmede de betrokken ondernemingsraden, verstrekken desgevraagd aan een daartoe door Onze Minister aangewezen onder hem ressorterende ambtenaar inlichtingen omtrent het instellen en het functioneren van deze ondernemingsraden. **Inlichtingen aan Arbeidsinspectie**

– 2. De ondernemingsraden zenden hun jaarverslag aan de betrokken bedrijfscommissie. **Jaarverslag**

– 3. De voorgaande leden zijn van overeenkomstige toepassing ten aanzien van de ondernemer of de ondernemers die een centrale ondernemingsraad of een groepsondernemingsraad hebben ingesteld, alsmede ten aanzien van die raden.

Art. 49a

Vervallen.

Art. 50

Voor de jaren 2006 en 2007 wordt in artikel 25, eerste lid, onderdeel *m*, voor 'artikel 40, aanhef en eerste lid, onderdeel *b*' gelezen: artikel 122*d*, tweede lid. **Gelijkstelling**

Art. 51

De bedrijfscommissies, door de Raad ingesteld krachtens de Wet op de Ondernemingsraden (*Stb.* 1950, K 174), worden geacht door de Raad te zijn ingesteld krachtens deze wet. **Bestaande bedrijfscommissies**

Art. 52

Vervallen.

Art. 53

– 1. Deze wet is niet van toepassing op de in de Wet op het hoger onderwijs en wetenschappelijk onderzoek bedoelde hogescholen, Open Universiteit, openbare academische ziekenhuizen, Koninklijke Nederlandse Akademie van Wetenschappen en Koninklijke Bibliotheek noch op de Nederlandse organisatie voor wetenschappelijk onderzoek. De wet stelt regels omtrent het besluit van het bestuur van een op grond van de Wet op het hoger onderwijs en wetenschappelijk onderzoek bekostigde universiteit of deze wet met uitzondering van Hoofdstuk VII B al dan niet van toepassing is op die universiteit. **Niet van toepassing**

– 2. Bij algemene maatregel van bestuur kan op voordracht van de Minister van Onderwijs, Cultuur en Wetenschappen worden bepaald dat de in de eerste volzin van het eerste lid opgenomen uitzondering niet geldt voor één of meer van bedoelde instellingen. Daarbij kan tevens worden bepaald dat Hoofdstuk VII B van deze wet niet van toepassing is.

– 3. *Bevat wijzigingen in andere regelgeving.*

Art. 53a

Deze wet is niet van toepassing op het Ministerie van Defensie en de daaronder ressorterende diensten, bedrijven of instellingen. **Niet van toepassing**

Art. 53b

Deze wet is niet van toepassing op de rechterlijke ambtenaren werkzaam bij de Hoge Raad. **Niet van toepassing**

Art. 53c

Deze wet is niet van toepassing op: **Niet van toepassing**

a. de leden van de Raad van State;

b. de leden van de Algemene Rekenkamer;

c. de Nationale ombudsman en de substituut-ombudsmannen.

Art. 54

– 1. Deze wet kan worden aangehaald als Wet op de ondernemingsraden. **Citeertitel; inwerkingtreding**

– 2. Zij treedt in werking op een door Ons te bepalen tijdstip.

Wet van 23 januari 1997, Stb. 32, tot uitvoering van richtlijn nr. 94/45/EG van de Raad van de Europese Unie van 22 september 1994 inzake de instelling van een Europese ondernemingsraad of van een procedure in ondernemingen of concerns met een communautaire dimensie ter informatie en raadpleging van de werknemers, zoals deze wet laatstelijk is gewijzigd bij de Wet van 17 maart 2005, Stb. 166

[Inwerkingtreding: 05-02-1997]

Wij Beatrix, bij de gratie Gods, Koningin der Nederlanden, Prinses van Oranje-Nassau, enz. enz. enz.
Allen, die deze zullen zien of horen lezen, saluut! doen te weten:
Alzo Wij in overweging genomen hebben, dat het noodzakelijk is uitvoering te geven aan de richtlijn nr. 94/45/EG van de Raad van de Europese Unie van 22 september 1994 inzake de instelling van een Europese ondernemingsraad of van een procedure in ondernemingen of concerns met een communautaire dimensie ter informatie en raadpleging van de werknemers;
Zo is het, dat Wij, de Raad van State gehoord, en met gemeen overleg der Staten-Generaal, hebben goedgevonden en verstaan, gelijk Wij goedvinden en verstaan bij deze:

HOOFDSTUK 1
Algemene bepalingen

Art. 1

Begripsbepalingen

– 1. In deze wet wordt verstaan onder:
a. lid-staat: een lid-staat van de Europese Unie of een andere staat die partij is bij de Overeenkomst betreffende de Europese Economische Ruimte;
b. richtlijn: de richtlijn nr. 94/45/EG van de Raad van de Europese Unie van 22 september 1994 inzake de instelling van een Europese ondernemingsraad of van een procedure in ondernemingen of concerns met een communautaire dimensie ter informatie en raadpleging van de werknemers (*PbEG* L 254);
c. een communautaire onderneming: een onderneming, die sinds twee jaar in ten minste twee lid-staten elk gemiddeld ten minste 150 werknemers en in de lid-staten samen gemiddeld ten minste 1000 werknemers heeft, tenzij zij behoort tot een communautaire groep;
d. een communautaire groep: het geheel van ondernemingen bestaande uit een moederonderneming als bedoeld in artikel 2 en de onderneming of ondernemingen waarover zij de zeggenschap uitoefent en waarvan:
1° ten minste twee ondernemingen in verschillende lid-staten zijn gevestigd en
2° sinds twee jaar ten minste een onderneming gemiddeld ten minste 150 werknemers in een lid-staat en een andere onderneming gemiddeld ten minste 150 werknemers in een andere lid-staat heeft en
3° alle ondernemingen tezamen sinds twee jaar gemiddeld ten minste 1000 werknemers in de lid-staten hebben;
e. hoofdbestuur: in het geval van een communautaire onderneming: het bestuur van deze onderneming; in het geval van een communautaire groep: het bestuur van de moederonderneming, bedoeld in artikel 2.
– 2. Indien een communautaire onderneming haar woonplaats of zetel buiten de lid-staten heeft, wordt als hoofdbestuur aangemerkt:
a. een daartoe door de communautaire onderneming aangewezen persoon, belast met de feitelijke leiding van een van haar vestigingen binnen een lid-staat, dan wel, bij gebreke van zodanige aanwijzing:
b. degene of degenen die zijn belast met de feitelijke leiding van de vestiging die het grootste aantal werknemers heeft in één lid-staat.
– 3. Indien de moederonderneming, bedoeld in artikel 2, haar woonplaats of zetel buiten de lid-staten heeft, kan zij als haar vertegenwoordiger aanwijzen het bestuur van een groepsonderneming met woonplaats of zetel binnen de lid-staten. Bij gebreke van zulk een aanwijzing wordt het bestuur van de groepsonderneming met woonplaats of zetel binnen de lid-staten die het grootste aantal werknemers heeft in één lid-staat, als zodanig aangemerkt.
– 4. Handelen of nalaten door het hoofdbestuur, bedoeld in het eerste lid, onderdeel *e* onderscheidenlijk het derde lid, wordt toegerekend aan de natuurlijke persoon of rechtspersoon, die de communautaire onderneming of de moederonderneming onderscheidenlijk de in het derde lid bedoelde groepsonderneming in stand houdt.

Art. 2

Definitie moederonderneming

– 1. In deze wet wordt onder moederonderneming verstaan: de onderneming die binnen een

communautaire groep direct of indirect een overheersende zeggenschap kan uitoefenen op een andere onderneming en die zelf geen onderneming is waarover door een andere onderneming direct of indirect een overheersende zeggenschap wordt uitgeoefend. Een onderneming wordt, tenzij het tegendeel blijkt, vermoed moederonderneming te zijn, indien zij:
a. meer dan de helft van de leden van het bestuursorgaan of van het leidinggevend dan wel toezichthoudend orgaan van de andere onderneming kan benoemen, of
b. meer dan de helft van de stemrechten in de algemene vergadering van de andere onderneming kan uitoefenen of
c. de meerderheid van het geplaatste kapitaal van de andere onderneming verschaft.
– 2. Voor de toepassing van het eerste lid worden onder de rechten van de moederonderneming ten aanzien van het kapitaal, het stemrecht en de benoeming mede begrepen:
a. de overeenkomstige rechten van andere ondernemingen waarop zij overheersende zeggenschap uitoefent;
b. de overeenkomstige rechten van personen of organen die handelen onder eigen naam doch voor rekening van de moederonderneming of van een of meer van haar groepsondernemingen.
– 3. Voor de toepassing van het eerste lid worden de rechten ten aanzien van het kapitaal en het stemrecht niet toegerekend aan een onderneming, indien zij deze voor rekening van anderen houdt.
– 4. Voor de toepassing van het eerste lid worden stemrechten, verbonden aan verpande aandelen, toegerekend aan de pandhouder, indien hij mag bepalen hoe de rechten worden uitgeoefend. Zijn de aandelen evenwel verpand voor een lening die de pandhouder heeft verstrekt in de gewone uitoefening van zijn bedrijf, dan worden de stemrechten hem slechts toegerekend, indien hij deze in eigen belang heeft uitgeoefend.
– 5. Geen moederonderneming is een onderneming als bedoeld in artikel 3, vijfde lid, onder *a.* of *c.* van Verordening (EEG) 4064/89 van de Raad van 21 december 1989 betreffende de controle op concentraties van ondernemingen (*PbEG* L 395).
– 6. Het recht dat op een onderneming van toepassing is, bepaalt of die onderneming een moederonderneming is als bedoeld in het eerste lid. Indien dat recht niet het recht van een lidstaat is, wordt dat bepaald door het recht dat van toepassing is op de groepsonderneming, waarvan het bestuur de moederonderneming vertegenwoordigt krachtens artikel 1, derde lid.
– 7. Indien meer ondernemingen van een groep aan een of meer criteria van het eerste lid voldoen,
a. wordt de onderneming die voldoet aan het criterium onder *a)* aangemerkt als moederonderneming, waarbij het benoemingsrecht met betrekking tot het leidinggevend orgaan voorrang heeft;
b. heeft, indien toepassing van onderdeel *a* niet leidt tot aanmerking van één onderneming als moederonderneming, het criterium onder *b)* voorrang boven dat onder *c)*;
een en ander onverminderd het bewijs dat een andere onderneming een overheersende invloed kan uitoefenen.

Art. 3

Definitie werknemer

– 1. In deze wet wordt, voor zover het in Nederland werkzame personen betreft, onder werknemer verstaan: degene die krachtens een arbeidsovereenkomst werkzaam is in de communautaire onderneming of de communautaire groep, en voor zover het in de overige lid-staten werkzame personen betreft: hetgeen het recht van die lid-staat daaronder verstaat.
– 2. Voor de toepassing van de artikelen 4, achtste lid, 7, 8, tweede lid, 11, zesde lid, en 19, zevende lid, wordt onder vertegenwoordigers van werknemers verstaan: hetgeen daaronder wordt verstaan krachtens het recht van de lid-staat waarin die werknemers werkzaam zijn; voor Nederland zijn dat ondernemingsraden.

Art. 4

Rechten en verplichtingen van Nederlandse leden

– 1. Ten aanzien van de in Nederland werkzame werknemers die lid zijn van een bijzondere onderhandelingsgroep of van een Europese ondernemingsraad dan wel optreden als vertegenwoordigers bij een andere wijze van informatieverstrekking en raadpleging van werknemers, gelden het tweede tot en met het zevende lid.
– 2. Deze werknemers behouden hun aanspraak op loon voor de tijd gedurende welke zij niet de bedongen arbeid hebben verricht ten gevolge van het bijwonen van een vergadering van de bijzondere onderhandelingsgroep of van de Europese ondernemingsraad, dan wel van een vergadering in het kader van de andere wijze van informatieverstrekking en raadpleging.
– 3. Voor zover dat redelijkerwijs noodzakelijk is voor de vervulling van hun taak, wordt hun in werktijd en met behoud van loon de gelegenheid geboden tot onderling beraad en overleg met andere personen over aangelegenheden waarbij zij in de uitoefening van hun functie zijn betrokken en om scholing en vorming te ontvangen.
– 4. Zij zijn verplicht tot geheimhouding van alle zaken- en bedrijfsgeheimen die zij in hun

hoedanigheid vernemen, alsmede van alle aangelegenheden ten aanzien waarvan hun geheimhouding is opgelegd of waarvan zij, in verband met opgelegde geheimhouding, het vertrouwelijke karakter moeten begrijpen. Deze verplichting geldt ook voor personen die een functie als bedoeld in het eerste lid vervullen zonder werknemer te zijn.
– 5. De verplichting tot geheimhouding geldt niet tegenover hem die wordt benaderd voor overleg of als deskundige als bedoeld in de artikelen 12 en 20, mits het hoofdbestuur of degene die de geheimhouding heeft opgelegd, vooraf daarvoor toestemming heeft gegeven en de betrokken persoon schriftelijk heeft verklaard dat hij zich ten aanzien van de betrokken aangelegenheid tot geheimhouding verplicht. In dat geval is ten aanzien van de bedoelde persoon de geheimhoudingsplicht van toepassing.
– 6. De plicht tot geheimhouding vervalt niet door beëindiging van de in het eerste lid bedoelde functie, noch door beëindiging van de werkzaamheden van de betrokkene in de onderneming.
– 7. De werkgever draagt er zorg voor, dat degenen die kandidaat staan of gestaan hebben voor een functie als bedoeld in het eerste lid, alsmede degenen die deze functie vervullen of hebben vervuld, niet uit hoofde hiervan worden benadeeld in hun positie in de onderneming.
– 8. Iedere in Nederland werkzame werknemer of werknemersvertegenwoordiger kan van de werkgever verlangen dat deze hem een overzicht geeft van het aantal werknemers dat bij de communautaire onderneming of groep werkzaam is, alsmede van de verdeling van deze werknemers over de verschillende lid-staten.
– 9. De werkgever van een in Nederland werkzame werknemer die is aangewezen of gekozen als lid van een bijzondere onderhandelingsgroep of van een Europese ondernemingsraad doet van die verkiezing of aanwijzing mededeling aan het hoofdbestuur.

Art. 5

Geschillenbeslechting/bevoegde rechter

– 1. Iedere belanghebbende kan de ondernemingskamer van het gerechtshof te Amsterdam verzoeken te bepalen dat gevolg dient te worden gegeven aan hetgeen is bepaald bij deze wet, met uitzondering van artikel 4, voor zo ver het tweede lid niet anders bepaalt, of bij een overeenkomst als bedoeld in de artikelen 11 of 24. Een bijzondere onderhandelingsgroep of de leden daarvan en een Europese ondernemingsraad, ingesteld krachtens deze wet, kunnen niet in de proceskosten van deze procedure worden veroordeeld.
– 2. De bijzondere onderhandelingsgroep of de leden daarvan en een Europese ondernemingsraad kunnen aan de ondernemingskamer van het gerechtshof te Amsterdam verzoeken om:
a. krachtens artikel 4, vierde en vijfde lid, 11, zevende lid of 19, vijfde lid, opgelegde geheimhouding op te heffen op de grond dat degene die de geheimhouding heeft opgelegd bij afweging van de betrokken belangen niet in redelijkheid tot het opleggen van geheimhouding had kunnen besluiten;
b. degene die informatie heeft geweigerd krachtens artikel 11, zevende lid, of 19, vijfde lid, te verplichten tot het verstrekken van informatie op de grond dat deze bij afweging van de betrokken belangen niet in redelijkheid tot het weigeren van informatie had kunnen besluiten.

HOOFDSTUK 2
Informatieverstrekking en raadpleging van werknemers in Nederlandse communautaire ondernemingen en groepen

§ 1. Algemene bepalingen

Art. 6

Toepasselijkheid Hoofdstuk 2

– 1. Dit hoofdstuk is van toepassing op een communautaire onderneming en een moederonderneming met woonplaats of zetel in Nederland.
– 2. Ingeval een communautaire onderneming of moederonderneming haar woonplaats of zetel buiten de lid-staten heeft, is dit hoofdstuk van toepassing, indien de in artikel 1, tweede en derde lid, bedoelde vestiging onderscheidenlijk groepsonderneming woonplaats of zetel heeft in Nederland.

Art. 7

Overzicht aantal werknemers en spreiding verplicht

De communautaire onderneming of de moederonderneming is verplicht op verzoek van werknemers of werknemersvertegenwoordigers een overzicht te geven van het aantal werknemers dat bij de communautaire onderneming of de communautaire groep werkzaam is en de verdeling van deze werknemers over de verschillende lid-staten.

§ 2. Overeenkomsten omtrent informatieverstrekking en raadpleging

Art. 8

Oprichting bijzondere onderhandelingsgroep

– 1. Het hoofdbestuur kan een bijzondere onderhandelingsgroep oprichten teneinde daarmee in onderhandeling te treden over een overeenkomst tot instelling van een Europese ondernemingsraad, al dan niet overeenkomstig paragraaf 3, of tot een regeling waarbij op een andere wijze wordt voorzien in het verstrekken van inlichtingen aan en het raadplegen van werknemers of hun vertegenwoordigers over grensoverschrijdende aangelegenheden.

– 2. Het hoofdbestuur is verplicht tot instelling van een bijzondere onderhandelingsgroep als bedoeld in het eerste lid, indien van ten minste 100 werknemers of hun vertegenwoordigers afkomstig uit tenminste twee ondernemingen of vestigingen in ten minste twee verschillende lid-staten een schriftelijk verzoek daartoe is ontvangen. Indien een verzoek daartoe is ontvangen door een tot de communautaire onderneming of groep behorende vestiging of onderneming, draagt het hoofdbestuur er zorg voor dat het verzoek onverwijld naar hem wordt doorgezonden en dat van de doorzending mededeling wordt gedaan aan de verzoekers.

– 3. De in het tweede lid bedoelde verplichting geldt, indien de bijzondere onderhandelingsgroep een besluit heeft genomen als bedoeld in artikel 11, tweede lid, niet gedurende twee jaar na het nemen van dat besluit, tenzij het hoofdbestuur en de bijzondere onderhandelingsgroep anders zijn overeengekomen.

Art. 9

Samenstelling bijzondere onderhandelingsgroep

– 1. De bijzondere onderhandelingsgroep bestaat uit één lid voor elke lid-staat waar werknemers van de communautaire onderneming of groep werkzaam zijn en één, twee, onderscheidenlijk drie aanvullende leden voor elke lid-staat waar ten minste een kwart, de helft, onderscheidenlijk driekwart van die werknemers werkzaam is.

Wijze van kiezen

– 2. Elk lid wordt gekozen of aangewezen overeenkomstig het recht van de lid-staat waarin hij werkzaam is.

Zetelverdeling

– 3. De zetelverdeling wordt in overeenstemming gehouden met het eerste lid; indien dat er toe leidt dat het aantal aanvullende leden voor een lid-staat wijzigt zonder dat met betrekking tot de bezetting van die zetels een nieuwe verkiezing of aanwijzing heeft plaatsgevonden, hebben de voor die lid-staat zitting hebbende leden voor de toepassing van artikel 13 samen zoveel stemmen als overeenkomt met het aantal zetels dat voor die lid-staat krachtens het eerste lid is vastgesteld.

Art. 10

(Intrekking) aanwijzing vanuit Nederlandse vestigingen of ondernemingen

– 1. Met betrekking tot de Nederlandse vestigingen en ondernemingen worden de leden van de bijzondere onderhandelingsgroep aangewezen, dan wel wordt hun aanwijzing ingetrokken, door de bij die vestigingen of ondernemingen ingestelde ondernemingsraden.

– 2. Indien met betrekking tot ondernemingsraden als bedoeld in het eerste lid een of meer centrale ondernemingsraden zijn ingesteld, geschiedt de aanwijzing of intrekking door die raad of raden.

– 3. Indien geen centrale ondernemingsraad is ingesteld, maar wel een of meer groepsondernemingsraden, geschiedt de aanwijzing of intrekking door die raad of raden.

– 4. Indien niet alle ondernemingsraden of groepsondernemingsraden zijn vertegenwoordigd in een centrale ondernemingsraad of groepsondernemingsraad, geschiedt de aanwijzing of intrekking door de centrale onderscheidenlijk groepsondernemingsraad of raden en de niet-vertegenwoordigde ondernemingsraden gezamenlijk.

Verkiezing als geen enkele OR is ingesteld

– 5. Indien er geen enkele ondernemingsraad is ingesteld, worden de leden van de bijzondere onderhandelingsgroep gekozen door de gezamenlijke in Nederland werkzame werknemers van de communautaire onderneming of groep. De verkiezing geschiedt bij geheime schriftelijke stemming, waarbij elke werknemer één stem heeft. Ten behoeve van de verkiezing is een vereniging van werknemers, die bedoelde werknemers onder haar leden telt, krachtens haar statuten ten doel heeft de belangen van haar leden als werknemers te behartigen en als zodanig binnen de betrokken onderneming of groep werkzaam is en voorts in het bezit is van volledige rechtsbevoegdheid, bevoegd een kandidatenlijst in te dienen, mits zij met haar leden binnen de onderneming of groep over de samenstelling van de kandidatenlijst overleg heeft gepleegd.

– 6. Bij de toepassing van het eerste tot en met vierde lid worden werknemers van Nederlandse vestigingen of ondernemingen die niet in een ondernemingsraad, groepsondernemingsraad of centrale ondernemingsraad vertegenwoordigd zijn in de gelegenheid gesteld zich over de als lid van de bijzondere onderhandelingsgroep aan te wijzen personen uit te spreken.

Uitsluiting koopvaardijpersoneel

– 7. Personen die behoren tot het varend personeel in de koopvaardij, kunnen niet als lid van een bijzondere onderhandelingsgroep worden aangewezen of verkozen.

Art. 11

Overeenkomst tot instellen Europese OR

– 1. Na de oprichting van de bijzondere onderhandelingsgroep belegt het hoofdbestuur met deze een vergadering teneinde te onderhandelen over een overeenkomst als bedoeld in artikel 8, eerste lid. Het stelt de groep in de gelegenheid om bijeen te komen voordat deze vergadering plaatsvindt.

– 2. Zolang een overeenkomst als bedoeld in artikel 8, eerste lid, niet tot stand is gekomen, kan de bijzondere onderhandelingsgroep besluiten om geen onderhandelingen aan te gaan, dan wel reeds lopende onderhandelingen af te breken.

Reglement Europese OR

– 3. Indien het hoofdbestuur en de bijzondere onderhandelingsgroep overeenkomen een Europese ondernemingsraad in te stellen, dan wordt bij overeenkomst tevens het reglement van de raad vastgesteld. Tenzij het hoofdbestuur en de bijzondere onderhandelingsgroep anders overeenkomen, regelt het reglement tenminste de volgende aangelegenheden:
a. voor welke vestigingen of ondernemingen van de communautaire onderneming of groep de Europese ondernemingsraad is ingesteld;
b. de omvang en samenstelling van de raad en de zittingsduur van zijn leden;
c. het werkterrein en de bevoegdheden van de raad;
d. de wijze waarop de raad wordt ingelicht en geraadpleegd;
e. de frequentie, duur en plaats van de vergaderingen van de raad;
f. de financiële en materiële middelen waarover de raad kan beschikken.

Indien geen Europese OR wordt overeengekomen

– 4. Indien het hoofdbestuur en de bijzondere onderhandelingsgroep een andere procedure van informatieverstrekking en raadpleging van werknemers of hun vertegenwoordigers dan de instelling van een Europese ondernemingsraad overeenkomen, wordt bij overeenkomst tevens vastgelegd op welke wijze dit zal gebeuren. Daarbij wordt tenminste voorzien in het navolgende:
a. voor welke vestigingen of ondernemingen van de communautaire onderneming of groep de procedure geldt;
b. hoe de werknemers of hun vertegenwoordigers worden ingelicht en geraadpleegd over grensoverschrijdende aangelegenheden die belangrijke gevolgen voor de werknemers hebben;
c. de wijze waarop de werknemers of hun vertegenwoordigers over de in onderdeel *b* bedoelde aangelegenheden kunnen vergaderen;
d. de financiële en materiële middelen die voor de uitvoering van de procedure ter beschikking worden gesteld.

Afzonderlijke OR'n/procedures

– 5. Het hoofdbestuur en de bijzondere onderhandelingsgroep kunnen overeenkomen dat voor delen van de communautaire onderneming of groep afzonderlijke Europese ondernemingsraden zullen worden ingesteld, dan wel afzonderlijke procedures zullen gelden. Eveneens kunnen zij overeenkomen dat voor een of meer delen van de communautaire onderneming of groep een of meer Europese ondernemingsraden worden ingesteld en voor andere delen een of meer procedures zullen gelden.

Inhoud overeenkomst

– 6. De overeenkomst tussen het hoofdbestuur en de bijzondere onderhandelingsgroep houdt bepalingen in omtrent de duur van de overeenkomst, de wijze van onderhandelen over een nieuwe overeenkomst en de wijze waarop de overeenkomst wordt aangepast aan wijzigingen in de structuur of grootte van de communautaire onderneming of groep en in de aantallen werknemers die in de lid-staten werkzaam zijn. Indien deze bepalingen niet inhouden, dat werknemers of hun vertegenwoordigers van ondernemingen of vestigingen, die na het sluiten van de overeenkomst tot de communautaire onderneming of groep zijn gaan behoren, binnen twee jaar worden betrokken bij de vernieuwing of aanpassing daarvan dan wel niet binnen twee jaar worden vertegenwoordigd in de Europese ondernemingsraad of bij de andere procedure van informatieverstrekking en raadpleging, is het hoofdbestuur verplicht om een nieuw samengestelde bijzondere onderhandelingsgroep in te stellen indien tenminste 100 zodanige werknemers of hun vertegenwoordigers daarom verzoeken.

Beperkingen t.a.v. informatieverstrekking

– 7. Het hoofdbestuur behoeft geen informatie te verstrekken, voor zover dat in redelijkheid het functioneren van de communautaire onderneming of de groep ernstig zou belemmeren dan wel schaden. Het hoofdbestuur kan terzake van de informatieverstrekking geheimhouding opleggen, indien daarvoor een redelijke grond bestaat; zoveel mogelijk vóór de behandeling van de betrokken aangelegenheid wordt meegedeeld, welke grond bestaat voor het opleggen van de geheimhouding, welke schriftelijk of mondeling verstrekte gegevens onder de geheimhouding vallen, hoelang deze dient te duren, alsmede of er personen zijn ten aanzien van wie de geheimhouding niet in acht behoeft te worden genomen.
– 8. Het hoofdbestuur staat in voor de naleving van rechten en verplichtingen, opgenomen in de overeenkomst.

Art. 12

Bijstand door deskundigen

– 1. De bijzondere onderhandelingsgroep kan zich in de onderhandelingen doen bijstaan door een of meer deskundigen.
– 2. De kosten die redelijkerwijze noodzakelijk zijn voor de vervulling van de taak van de bijzondere onderhandelingsgroep komen ten laste van de communautaire onderneming of de moederonderneming. Voor de kosten van het raadplegen van een of meer deskundigen of van het voeren van rechtsgedingen geldt dit slechts, indien de communautaire onderneming of de moederonderneming vooraf van de te maken kosten in kennis is gesteld.

Art. 13

Stemrecht/stemverhoudingen

– 1. Ieder lid van de bijzondere onderhandelingsgroep heeft, onverminderd artikel 9, derde lid, één stem. De bijzondere onderhandelingsgroep besluit bij volstrekte meerderheid van het aantal uitgebrachte stemmen.

– 2. Een besluit als bedoeld in artikel 11, tweede lid, behoeft een meerderheid van twee derden van het aantal uitgebrachte stemmen.

– 3. Een besluit tot het aangaan van een overeenkomst als bedoeld in artikel 11, eerste lid, behoeft tenminste zoveel stemmen als overeenkomt met de meerderheid van het aantal stemmen dat kan worden uitgebracht wanneer de bijzondere onderhandelingsgroep voltallig vergadert.

Art. 14

Bekendmaking

Het hoofdbestuur draagt er zorg voor dat binnen de communautaire onderneming of groep de samenstelling van de bijzondere onderhandelingsgroep alsmede het tijdstip waarop een vergadering als bedoeld in artikel 11 zal worden gehouden, wordt bekendgemaakt.

§ 3. Subsidiaire bepalingen over informatieverstrekking en raadpleging buiten overeenkomst

Art. 15

Verplichting tot instellen Europese OR

Het hoofdbestuur is verplicht overeenkomstig deze paragraaf een Europese ondernemingsraad in te stellen indien:

a. het hoofdbestuur er blijk van heeft gegeven niet binnen zes maanden na de ontvangst van een verzoek als bedoeld in artikel 8, tweede lid, te zullen onderhandelen met een bijzondere onderhandelingsgroep;

b. het hoofdbestuur en de bijzondere onderhandelingsgroep geen overeenkomst als bedoeld in artikel 11, eerste lid, hebben gesloten binnen drie jaar na de ontvangst van een verzoek als bedoeld in artikel 8, tweede lid, dan wel, indien het hoofdbestuur de bijzondere onderhandelingsgroep eigener beweging heeft ingesteld, binnen drie jaar na de datum van de instelling, tenzij een besluit als bedoeld in artikel 11, tweede lid, van kracht is.

Art. 16

Samenstelling Eur. OR indien minder dan 5000 werknemers

– 1. Indien de communautaire onderneming of groep minder dan 5000 werknemers heeft, bestaat de Europese ondernemingsraad uit één lid voor elke lid-staat waar de werknemers werkzaam zijn en één, twee, onderscheidenlijk drie aanvullende leden voor elke lid-staat waar ten minste een kwart, de helft, onderscheidenlijk driekwart van die werknemers werkzaam zijn.

Samenstelling Eur. OR indien 5000 of meer werknemers

– 2. Indien er 5000 of meer werknemers zijn, bestaat de Europese ondernemingsraad uit een lid voor elke lid-staat waar de werknemers werkzaam zijn en één, drie, zes, onderscheidenlijk negen aanvullende leden voor elke lid-staat waar tenminste een tiende, een kwart, de helft, onderscheidenlijk driekwart van die werknemers werkzaam zijn.

Wijze van kiezen

– 3. Elk lid wordt gekozen of aangewezen overeenkomstig het recht van de lid-staat waar hij werkzaam is.

Zetelverdeling

– 4. De zetelverdeling wordt in overeenstemming gehouden met het eerste en tweede lid; indien dat er toe leidt dat het aantal aanvullende leden voor een lid-staat wijzigt zonder dat met betrekking tot de bezetting van die zetels een nieuwe verkiezing of aanwijzing heeft plaatsgevonden, hebben de voor die lid-staat zitting hebbende leden, voor de toepassing van de relevante bepalingen inzake de stemverhoudingen binnen de Europese ondernemingsraad, samen zoveel stemmen als overeenkomt met het aantal zetels dat voor die lid-staat krachtens het eerste en tweede lid is vastgesteld.

Art. 17

Toepasselijkheid art. 10

– 1. Met betrekking tot de Nederlandse vestigingen en ondernemingen worden de leden van de Europese ondernemingsraad aangewezen of verkozen, dan wel wordt hun aanwijzing ingetrokken, overeenkomstig artikel 10, met dien verstande dat die leden zitting hebben voor de duur van vier jaren.

Passief kiesrecht

– 2. Alleen werknemers van de communautaire onderneming of groep kunnen als lid worden aangewezen of verkozen. Het lidmaatschap eindigt van rechtswege wanneer het lid ophoudt werknemer te zijn. Personen die behoren tot het varend personeel in de koopvaardij, kunnen niet als lid worden aangewezen of verkozen.

Art. 18

Verkiezing voorzitter

– 1. De Europese ondernemingsraad kiest uit zijn midden een voorzitter en een of meer plaatsvervangende voorzitters. De voorzitter, of bij diens verhindering de plaatsvervangende voorzitter, vertegenwoordigt de Europese ondernemingsraad in rechte.

Beperkt comité

– 2. De Europese ondernemingsraad kan uit zijn midden een beperkt comité bestaande uit ten hoogste drie leden kiezen.

Reglement van orde

– 3. De Europese ondernemingsraad stelt een reglement van orde vast. Alvorens het reglement wordt vastgesteld wordt het hoofdbestuur in de gelegenheid gesteld zijn standpunt kenbaar te maken. Indien een beperkt comité is gekozen regelt het reglement de bevoegdheden daarvan.

Art. 19

Beperking bevoegdheid Europese OR

– 1. De bevoegdheid van de Europese ondernemingsraad is beperkt tot informatieverschaffing en raadpleging over de vraagstukken die van belang zijn voor de hele onderneming met een communautaire dimensie of de hele groep met een communautaire dimensie, of voor ten minste twee vestigingen of ondernemingen van de groep in verschillende lid-staten. Die bevoegdheid is beperkt tot de aangelegenheden die van belang zijn voor alle vestigingen of alle ondernemingen van het concern in de lid-staten dan wel voor ten minste twee van de vestigingen of ondernemingen van het concern in verschillende lid-staten.

Jaarlijkse vergadering ter informatie en raadpleging

– 2. Het hoofdbestuur en de Europese ondernemingsraad komen ten minste één maal per kalenderjaar in vergadering bijeen. In de vergadering wordt de Europese ondernemingsraad aan de hand van een door het hoofdbestuur opgesteld schriftelijk rapport geïnformeerd en geraadpleegd over de ontwikkeling van de werkzaamheden en de vooruitzichten van de communautaire onderneming of groep. De informatie en raadpleging betreft in het bijzonder de structuur van de communautaire onderneming of groep, de financieel-economische positie, de vermoedelijke ontwikkeling van de activiteiten, produktie en afzet, de investeringen, wezenlijke veranderingen in de organisatie, de invoering van een nieuwe arbeids- of produktiewijze, de zorg voor het milieu, fusie, verplaatsing, inkrimping of sluiting van ondernemingen, vestigingen of belangrijke onderdelen daarvan, de stand en de ontwikkeling van de werkgelegenheid en collectief ontslag.

Bijzondere omstandigheden en voorgenomen besluiten met aanzienlijke gevolgen

– 3. Het hoofdbestuur licht zo spoedig mogelijk de Europese ondernemingsraad of het beperkte comité in over alle bijzondere omstandigheden en voorgenomen besluiten die aanzienlijke gevolgen hebben voor de belangen van de werknemers van tenminste twee vestigingen of ondernemingen van de communautaire onderneming of groep in verschillende lid-staten, in het bijzonder betreffende verplaatsing of sluiting van vestigingen of collectief ontslag.

Ad hoc vergadering

– 4. Indien de Europese ondernemingsraad of het beperkte comité dat verzoekt, komt deze met het hoofdbestuur of een ander geschikter bestuursniveau binnen de communautaire onderneming of groep met een eigen beslissingsbevoegdheid inzake de te behandelen onderwerpen in vergadering bijeen, om aan de hand van een door de communautaire onderneming of groep opgesteld schriftelijk rapport over de in het derde lid genoemde omstandigheden nader te worden geïnformeerd en geraadpleegd. Deze vergadering vindt plaats op een zodanig tijdstip dat die informatie en raadpleging nog zinvol is. Over het rapport kan na afloop van de vergadering of binnen een redelijke termijn na de vergadering een advies door de Europese ondernemingsraad of het beperkte comité worden uitgebracht. Voor een vergadering met het beperkte comité worden mede uitgenodigd de leden van de Europese ondernemingsraad die mede gekozen zijn door de werknemers van de vestigingen of ondernemingen die door de maatregelen rechtstreeks worden geraakt. De vergadering doet geen afbreuk aan de bevoegdheden van het hoofdbestuur.

Beperkingen t.a.v. informatieverstrekking

– 5. Het hoofdbestuur behoeft geen informatie te verstrekken, voor zover dat in redelijkheid het functioneren van de communautaire onderneming of groep ernstig zou belemmeren dan wel schaden. Het hoofdbestuur kan terzake van de informatieverstrekking geheimhouding opleggen, indien daarvoor een redelijke grond bestaat; zoveel mogelijk vóór de behandeling van de betrokken aangelegenheid wordt meegedeeld, welke grond bestaat voor het opleggen van de geheimhouding, welke schriftelijk of mondeling verstrekte gegevens onder de geheimhouding vallen, hoelang deze dient te duren, alsmede of er personen zijn ten aanzien van wie de geheimhouding niet in acht behoeft te worden genomen.

Voorbespreking zonder hoofdbestuur

– 6. De Europese ondernemingsraad of het beperkte comité is gerechtigd om voor elke vergadering met het hoofdbestuur te vergaderen zonder dat laatstbedoelde daarbij aanwezig is. De vierde volzin van het vierde lid is van overeenkomstige toepassing.

Informatieverschaffing door leden Europese OR

– 7. Onverminderd enige op hen rustende verplichting tot geheimhouding informeren de leden van de Europese ondernemingsraad de werknemersvertegenwoordigers binnen de communautaire onderneming of groep, of, bij afwezigheid van werknemersvertegenwoordigers, alle werknemers over de inhoud en de resultaten van de informatie- en raadplegingsprocedure die overeenkomstig deze paragraaf heeft plaatsgevonden.

Wisselend voorzitterschap

– 8. Het voorzitterschap van een bijeenkomst als bedoeld in het tweede of vierde lid wordt, tenzij anders wordt afgesproken, afwisselend bekleed door het hoofdbestuur en de Europese ondernemingsraad.

Art. 20

Bijstand door deskundigen

– 1. De Europese ondernemingsraad en het beperkt comité kunnen zich doen bijstaan door deskundigen van hun keuze voor zover dit voor het verrichten van hun taken noodzakelijk is.

Kosten

– 2. De kosten die redelijkerwijze noodzakelijk zijn voor de vervulling van de taak van de Europese ondernemingsraad en het beperkt comité komen ten laste van de communautaire onderneming of de moederonderneming. De verplichting tot het dragen van de kosten van door de Europese ondernemingsraad ingeschakelde deskundigen beperkt zich tot één deskundige per agendaonderwerp, tenzij de Europese ondernemingsraad en de communautaire onderneming of de moederonderneming anders overeenkomen.

– 3. De eerste volzin van het tweede lid is eveneens van toepassing op het voeren van rechtsgedingen, echter onder de voorwaarde dat de communautaire onderneming of de moederonderneming vooraf van de te maken kosten in kennis is gesteld.

Art. 21

Evaluatieprocedure

– 1. Uiterlijk vier jaar na zijn instelling besluit de Europese ondernemingsraad, al dan niet op voorstel van het hoofdbestuur, of het wenselijk is met het hoofdbestuur in onderhandeling te treden over het sluiten van een overeenkomst als bedoeld in artikel 11, eerste lid.

– 2. De artikelen 11, derde tot en met zesde lid, en 13, eerste en derde lid, zijn van overeenkomstige toepassing, met dien verstande dat de Europese ondernemingsraad hierbij in de plaats treedt van de bijzondere onderhandelingsgroep.

Art. 22

Bekendmaking

Het hoofdbestuur draagt er zorg voor dat binnen de communautaire onderneming of groep de samenstelling van de Europese ondernemingsraad alsmede het tijdstip waarop een vergadering als bedoeld in artikel 19 zal worden gehouden, wordt bekendgemaakt.

HOOFDSTUK 3
Informatieverstrekking en raadpleging van werknemers in niet-Nederlandse communautaire ondernemingen en groepen

Art. 23

Toepasselijkheid art. 10 en 17

Indien ter uitvoering van de richtlijn in een andere lid-staat dan Nederland bij een communautaire onderneming of groep een bijzondere onderhandelingsgroep dan wel een Europese ondernemingsraad als bedoeld in de bijlage bij de richtlijn wordt ingesteld, zijn op de Nederlandse vestigingen of ondernemingen van die communautaire onderneming of groep de artikelen 10 en 17 van overeenkomstige toepassing.

HOOFDSTUK 4
Slotbepalingen

Art. 24

Uitzondering

– 1. Deze wet is, behoudens artikel 5, niet van toepassing ten aanzien van een communautaire onderneming of groep die op het tijdstip van inwerkingtreding van deze wet partij is bij een of meer in werking getreden overeenkomsten, die voorzien in een regeling terzake van informatieverstrekking aan en raadpleging van de werknemers over grensoverschrijdende aangelegenheden, en gesloten zijn met een werknemersvertegenwoordiging die de communautaire onderneming of groep redelijkerwijs representatief mocht achten voor de werknemers uit de betrokken lid-staten.

– 2. Indien deze overeenkomsten niet inhouden of binnen vijf jaar na inwerkingtreding van deze wet gaan inhouden, dat werknemers of hun vertegenwoordigers van ondernemingen of vestigingen, die na het sluiten van de overeenkomsten tot de communautaire onderneming of groep zijn gaan behoren, binnen die termijn worden betrokken bij de vernieuwing of aanpassing daarvan dan wel worden vertegenwoordigd in de afgesproken procedure van informatie en raadpleging, wordt deze wet na die termijn op de betrokken communautaire onderneming of groep van toepassing.

– 3. Artikel 11, achtste lid, is van overeenkomstige toepassing.

– 4. Dit artikel is van overeenkomstige toepassing op een communautaire onderneming of groep, die met ingang van 15 december 1999 onder de werking van deze wet zou komen te vallen uitsluitend als gevolg van het gaan gelden van de richtlijn voor het Verenigd Koninkrijk, maar die op die datum partij is bij een of meer in werking getreden overeenkomsten als bedoeld in het eerste lid.

Art. 25

Toepasselijkheid art. 9

– 1. Voor de toepassing van artikel 9 behoeft slechts rekening te worden gehouden met die lid-staten, waar de communautaire onderneming of groep werknemers heeft en waarvan de wetgeving ter uitvoering van de richtlijn in werking is getreden.

Bevestiging of herziening

– 2. Indien een overeenkomst als bedoeld in artikel 11 niet een bepaling bevat, dat werknemers of hun vertegenwoordigers van ondernemingen of vestigingen van de communautaire onderneming of groep in lid-staten, waarmee overeenkomstig het eerste lid geen rekening is gehouden bij de samenstelling van de bijzondere onderhandelingsgroep, binnen twee jaar na de inwerkingtreding van de wetgeving van die lid-staat ter uitvoering van de richtlijn worden betrokken bij de vernieuwing of aanpassing van die overeenkomst dan wel binnen die termijn worden vertegenwoordigd in de Europese ondernemingsraad of bij de andere procedure van inlichting en raadpleging, wordt die overeenkomst herzien met inachtneming van artikel 9.

Art. 26

Bevat wijzigingen in andere regelgeving.

Art. 27

Inwerkingtreding

Deze wet treedt in werking met ingang van 22 september 1996. Indien het *Staatsblad* waarin deze wet wordt geplaatst wordt uitgegeven na 21 september 1996, treedt zij in werking met ingang van de dag na de datum van uitgifte van het *Staatsblad* waarin zij wordt geplaatst.

Art. 28

Citeertitel

Deze wet wordt aangehaald als: Wet op de Europese ondernemingsraden.

Verordening van de Raad van 8 oktober 2001, PbEG L 294, betreffende het statuut van de Europese vennootschap (SE), laatstelijk gewijzigd 20 november 2006, PbEU L 363

[Inwerkingtreding: 08-10-2004]

DE RAAD VAN DE EUROPESE UNIE,
Gelet op het Verdrag tot oprichting van de Europese Gemeenschap, met name op artikel 308,
Gezien het voorstel van de Commissie [(1)],
Gezien het advies van het Europees Parlement [(2)],
Gezien het advies van het Economisch en Sociaal Comité [(3)],
Overwegende hetgeen volgt:

(1) De totstandbrenging van de interne markt en de verbetering van de economische en sociale toestand in de gehele Gemeenschap waartoe een en ander leidt, houdt niet slechts in dat de handelsbelemmeringen moeten worden opgeheven, doch ook dat er een op de dimensie van de Gemeenschap afgestemde herstructurering van de productiefactoren moet plaatsgrijpen. Het is daartoe onontbeerlijk dat de ondernemingen waarvan de activiteiten niet louter op de bevrediging van zuiver lokale behoeften zijn gericht, de reorganisatie van hun werkzaamheden op Gemeenschapsniveau kunnen uittekenen en uitvoeren.
(2) Een dergelijke reorganisatie veronderstelt dat reeds bestaande ondernemingen uit verschillende lidstaten in staat worden gesteld hun potentieel door fusieoperaties samen te brengen. Dergelijke operaties mogen echter alleen onder eerbiediging van de mededingingsregels van het Verdrag plaatsvinden.
(3) Herstructurerings- en samenwerkingsoperaties waarbij ondernemingen uit verschillende lidstaten betrokken zijn, stuiten op moeilijkheden van juridische, psychologische en fiscale aard. De maatregelen tot onderlinge aanpassing van het vennootschapsrecht van de lidstaten door middel van richtlijnen op basis van artikel 44 van het Verdrag, kunnen een aantal van deze moeilijkheden verhelpen. Deze maatregelen ontslaan ondernemingen die onder verschillende rechtssystemen ressorteren, evenwel niet van de verplichting een vennootschapsvorm naar een bepaald nationaal recht te kiezen.
(4) Het juridische kader waarbinnen ondernemingen zich in de Gemeenschap moeten bewegen, en dat nog altijd hoofdzakelijk nationaal bepaald blijft, beantwoordt derhalve niet meer aan het economische kader waarin zij zich zouden moeten ontplooien om de verwezenlijking van de in artikel 18 van het Verdrag genoemde doelstellingen mogelijk te maken. Operaties waarbij vennootschappen uit verscheidene lidstaten samen worden gebracht, worden door deze toestand sterk belemmerd.
(5) De lidstaten moeten er zorg voor dragen dat de voorschriften die krachtens deze verordening op Europese vennootschappen van toepassing zijn, niet leiden tot discriminatie als gevolg van een ongefundeerde verschillende behandeling van Europese vennootschappen in vergelijking met naamloze vennootschappen, noch tot overdreven restricties voor de oprichting van een Europese vennootschap of voor de verplaatsing van haar statutaire zetel.
(6) Het is geboden om, in de mate van het mogelijke, de economische en de juridische entiteit van de onderneming in de Gemeenschap te doen samenvallen. Daartoe moeten regels worden gegeven opdat, naast de vennootschappen die onder het nationale recht ressorteren, vennootschappen kunnen worden opgericht waarvan de oprichting en werking worden beheerst door een verordening naar Gemeenschapsrecht die in alle lidstaten rechtstreeks toepasselijk is.
(7) De bepalingen van een dergelijke verordening zullen de oprichting en het bestuur mogelijk maken van vennootschappen met een Europese dimensie zonder de belemmeringen die het gevolg zijn van de verschillen tussen, en de territoriaal beperkte toepassing van het nationale vennootschapsrecht.
(8) Het statuut van de Europese naamloze vennootschap (hierna SE te noemen) is een van de besluiten die de Raad volgens het Witboek van de Commissie inzake de voltooiing van de interne markt, dat de Europese Raad van Milaan in juni 1985 heeft goedgekeurd, vóór 1992 moest vaststellen. De Europese Raad heeft tijdens zijn bijeenkomst te Brussel in 1987 de wens uitgesproken dat een dergelijk statuut snel wordt ingevoerd.
(9) Sinds de Commissie in 1970 het in 1975 gewijzigde voorstel voor een verordening betref-

(1) *PB* C 263 van 16.10.1989, blz. 41, en *PB* C 176 van 8.7.1991, blz. 1.
(2) Advies van 4 september 2001 (nog niet verschenen in het *Publicatieblad*).
(3) *PB* C 124 van 21.5.1990, blz. 34.

fende het statuut van de Europese naamloze vennootschap heeft ingediend, is bij de werkzaamheden inzake de onderlinge aanpassing van het vennootschapsrecht van de lidstaten een aanmerkelijke vooruitgang geboekt, zodat voor de SE op gebieden waarop voor haar werking geen uniforme communautaire regels noodzakelijk zijn, kan worden verwezen naar de wetgeving inzake naamloze vennootschappen van de lidstaat waar zij haar statutaire zetel heeft.
(10) Het essentiële doel dat aan de rechtsvoorschriften voor een SE ten grondslag ligt, vergt in ieder geval, zonder vooruit te lopen op eventuele toekomstige economische eisen, dat een SE kan worden opgericht zowel teneinde onder verschillende lidstaten ressorterende vennootschappen de mogelijkheid te bieden tot fusie over te gaan of een holdingvennootschap op te richten, als teneinde onder verschillende lidstaten ressorterende vennootschappen en andere rechtspersonen die een economische activiteit uitoefenen, de mogelijkheid te bieden gemeenschappelijke dochtervennootschappen op te richten.
(11) In dezelfde geest dient het aan een naamloze vennootschap met statutaire zetel en hoofdbestuur in de Gemeenschap te worden toegestaan zich zonder ontbinding om te vormen tot een SE indien deze vennootschap een dochteronderneming heeft in een andere lidstaat dan die van haar statutaire zetel.
(12) De nationale voorschriften inzake naamloze vennootschappen die een beroep doen op de openbare kapitaalmarkt, en inzake effectentransacties moeten ook van toepassing zijn wanneer de oprichting van de SE geschiedt via de openbare kapitaalmarkt, alsmede op SE's die van deze financiële instrumenten gebruik wensen te maken.
(13) De SE zelf moet de rechtsvorm krijgen van een vennootschap met een in aandelen verdeeld kapitaal, hetgeen zowel uit een oogpunt van financiering als uit een oogpunt van bestuur het beste beantwoordt aan de behoeften van vennootschappen die hun activiteiten op Europees niveau uitoefenen. Teneinde te waarborgen dat deze vennootschappen een redelijke omvang hebben, moet een minimumkapitaal worden vastgesteld dat de garantie biedt dat zij over een toereikend vermogen beschikken, zonder dat de oprichting van een SE door kleine en middelgrote ondernemingen wordt bemoeilijkt.
(14) De SE moet in staat worden gesteld een efficiënt bestuur te voeren, waarbij echter tevens een deugdelijk toezicht gewaarborgd moet zijn. Er moet rekening worden gehouden met de omstandigheid dat thans in de Gemeenschap twee verschillende systemen bestaan inzake de organisatie van het bestuur van naamloze vennootschappen. De respectieve taken van de met het bestuur belaste personen en van de met het toezicht belaste personen dienen duidelijk afgebakend te worden, waarbij de SE echter de keuze heeft uit beide systemen.
(15) De rechten en verplichtingen inzake de bescherming van de aandeelhouders met een minderheidsbelang en van derden, die voor een onderneming het gevolg zijn van het uitoefenen van zeggenschap over een andere onderneming die onder een verschillend recht ressorteert, worden krachtens de algemene regels en beginselen van het internationaal privaatrecht beheerst door het recht dat van toepassing is op de onderneming waarover zeggenschap wordt uitgeoefend, onverminderd de verplichtingen die voor de zeggenschap uitoefenende onderneming gelden krachtens de voorschriften van het op haar toepasselijke recht, bijvoorbeeld inzake de opstelling van een geconsolideerde jaarrekening.
(16) Een specifieke regelgeving voor de SE op dit terrein is thans niet vereist, onverminderd de consequenties die uit een latere coördinatie van de wettelijke voorschriften van de lidstaten voortvloeien. Derhalve moeten de algemene regels en beginselen van het internationaal privaatrecht worden toegepast, zowel wanneer de SE de zeggenschap uitoefent als wanneer zij de vennootschap is waarover zeggenschap wordt uitgeoefend.
(17) Er moet worden bepaald welke regeling van toepassing is ingeval over de SE door een andere onderneming zeggenschap wordt uitgeoefend. Daartoe moet worden verwezen naar het recht waaronder naamloze vennootschappen ressorteren in de lidstaat waar de SE haar statutaire zetel heeft.
(18) Er moet worden gewaarborgd dat elke lidstaat op de inbreuken op deze verordening de sancties toepast die voor de onder zijn recht ressorterende naamloze vennootschappen gelden.
(19) De voorschriften betreffende de rol van de werknemers in de SE vormen het voorwerp van Richtlijn 2001/86/EG van de Raad van 8 oktober 2001 tot aanvulling van het statuut van de Europese vennootschap met betrekking tot de rol van de werknemers ([1]). Deze voorschriften vormen derhalve een onlosmakelijke aanvulling op deze verordening en moeten gelijktijdig daarmee worden toegepast.
(20) Deze verordening handelt niet over rechtsgebieden zoals het fiscaal recht, het mededingingsrecht, het recht inzake intellectuele eigendom, het insolventierecht. De wettelijke voor-

1 Zie blz. 22 van dit *Publicatieblad.*

schriften van de lidstaten en de bepalingen van het Gemeenschapsrecht zijn bijgevolg van toepassing op deze en andere niet door deze verordening bestreken terreinen.

(21) Richtlijn 2001/86/EG strekt ertoe de werknemers een recht te verzekeren om een rol te spelen inzake aangelegenheden en besluiten die van invloed zijn op het bestaan van de SE. Voor de andere aangelegenheden met betrekking tot het sociaal recht en het arbeidsrecht, zoals het in de lidstaten georganiseerde recht op informatie en raadpleging van de werknemers, gelden de nationale voorschriften die in dezelfde gevallen op naamloze vennootschappen van toepassing zijn.

(22) De inwerkingtreding van deze verordening behoeft uitstel om elke lidstaat in de gelegenheid te stellen de bepalingen van Richtlijn 2001/86/EG in zijn nationaal recht te verwerken en vooraf de nodige mechanismen te creëren om de oprichting en werking van SE's met statutaire zetel op zijn grondgebied te kunnen waarborgen, een en ander op zodanige wijze dat verordening en richtlijn gelijktijdig kunnen worden toegepast.

(23) Aan een vennootschap die haar hoofdbestuur niet in de Gemeenschap heeft, moet worden toegestaan deel te nemen aan de oprichting van een SE op voorwaarde dat die vennootschap overeenkomstig het recht van een lidstaat is opgericht, haar statutaire zetel in die lidstaat heeft en een daadwerkelijk en duurzaam verband met de economie van een lidstaat heeft overeenkomstig de beginselen van het Algemeen Programma van 1962 voor de opheffing van de beperkingen van de vrijheid van vestiging. Een dergelijk verband bestaat in het bijzonder indien een vennootschap een vestiging in die lidstaat heeft en van daaruit transacties verricht.

(24) De SE dient de mogelijkheid te hebben haar statutaire zetel naar een andere lidstaat over te brengen. Een passende bescherming van de belangen van minderheidsaandeelhouders die tegen de zetelverplaatsing zijn, van schuldeisers en van houders van andere rechten moet in verhouding zijn. De zetelverplaatsing mag geen afbreuk doen aan de rechten die zijn ontstaan vóór de verplaatsing.

(25) Deze verordening doet geen afbreuk aan enige bepaling die zou worden opgenomen in het Verdrag van Brussel van 1968, of in een door de lidstaten of door de Raad aan te nemen tekst ter vervanging van dat verdrag, betreffende de collisieregels welke van toepassing zijn in geval van overbrenging van de statutaire zetel van een naamloze vennootschap van een lidstaat naar een andere lidstaat.

(26) De werkzaamheden van financiële instellingen zijn gereglementeerd bij specifieke richtlijnen. De ter uitvoering van die richtlijnen vastgestelde nationale wetgeving en aanvullende nationale voorschriften tot reglementering van die werkzaamheden zijn volledig op een SE van toepassing.

(27) Rekening houdend met het specifieke en communautaire karakter van de SE, laat de bij deze verordening voor de SE vastgestelde regeling inzake de werkelijke zetel de wetgevingen van de lidstaten onverlet en loopt zij niet vooruit op de keuzen die voor andere communautaire teksten op het gebied van vennootschapsrecht kunnen worden gemaakt.

(28) Het Verdrag voorziet voor de vaststelling van deze verordening niet in andere handelingsbevoegdheden dan die van artikel 308.

(29) Omdat de hierboven beschreven doelstellingen van de voorgenomen maatregel onvoldoende door de lidstaten kunnen worden verwezenlijkt, aangezien het doel is de SE op Europees niveau tot stand te brengen, en derhalve gezien de reikwijdte en de weerslag van de maatregel beter op het niveau van de Gemeenschap kunnen worden verwezenlijkt, kan de Gemeenschap overeenkomstig het in artikel 5 van het Verdrag neergelegde subsidiariteitsbeginsel maatregelen vaststellen. Overeenkomstig het in datzelfde artikel neergelegde evenredigheidsbeginsel gaat deze verordening niet verder dan nodig is om deze doelstellingen te bereiken,

HEEFT DE VOLGENDE VERORDENING VASTGESTELD:

TITEL I

Algemene bepalingen

Art. 1

Oprichting SE

– 1. Onder de voorwaarden en op de wijze, bepaald in deze verordening, kunnen op het grondgebied van de Gemeenschap vennootschappen worden opgericht in de vorm van een Europese naamloze vennootschap (Societas Europaea, hierna afgekort SE te noemen).

– 2. De SE is een vennootschap met een in aandelen verdeeld kapitaal. Elke aandeelhouder verbindt zich slechts tot het bedrag van zijn inbreng in het kapitaal.

– 3. De SE bezit rechtspersoonlijkheid.

– 4. De rol van de werknemers in een SE is onderworpen aan het bepaalde in Richtlijn 2001/86/EG.

Art. 2

Fusie

– 1. Naamloze vennootschappen opgenomen in bijlage I die overeenkomstig het recht van een lidstaat zijn opgericht en hun statutaire zetel en hoofdbestuur in de Gemeenschap hebben, kunnen via fusie een SE oprichten indien ten minste twee van die vennootschappen onder het recht van verschillende lidstaten ressorteren.

– 2. Naamloze vennootschappen en vennootschappen met beperkte aansprakelijkheid opgenomen in bijlage II die overeenkomstig het recht van een lidstaat zijn opgericht en hun statutaire zetel en hoofdbestuur in de Gemeenschap hebben, kunnen het initiatief nemen tot de oprichting van een holding-SE, indien ten minste twee van die vennootschappen:

a) onder het recht van verschillende lidstaten ressorteren, of

b) elk sinds ten minste twee jaar een dochtervennootschap hebben die onder het recht van een andere lidstaat ressorteert, dan wel een bijkantoor dat in een andere lidstaat gelegen is.

– 3. Vennootschappen in de zin van artikel 48, tweede alinea, van het Verdrag, alsmede andere publiekrechtelijke of privaatrechtelijke lichamen die overeenkomstig het recht van een lidstaat zijn opgericht en hun statutaire zetel en hoofdbestuur in de Gemeenschap hebben, kunnen een dochter-SE oprichten door de aandelen ervan te verkrijgen, indien ten minste twee van die vennootschappen:

a) onder het recht van verschillende lidstaten ressorteren, of

b) elk sinds ten minste twee jaar een dochtervennootschap hebben die onder het recht van een andere lidstaat ressorteert, dan wel een bijkantoor dat in een andere lidstaat is gelegen.

– 4. Een naamloze vennootschap die overeenkomstig het recht van een lidstaat is opgericht en haar statutaire zetel en hoofdbestuur in de Gemeenschap heeft, kan in een SE worden omgezet indien zij sinds ten minste twee jaar een dochtervennootschap heeft die onder het recht van een andere lidstaat ressorteert.

– 5. Een lidstaat kan bepalen dat een vennootschap die haar hoofdbestuur niet in de Gemeenschap heeft, kan deelnemen aan de oprichting van een SE, op voorwaarde dat zij overeenkomstig het recht van een lidstaat is opgericht, haar statutaire zetel in die lidstaat heeft en een daadwerkelijk en duurzaam verband met de economie van een lidstaat heeft.

Art. 3

Toepasselijk recht

– 1. Voor de toepassing van artikel 2, leden 1, 2 en 3, wordt de SE beschouwd als een naamloze vennootschap die beheerst wordt door het recht van de lidstaat waar zij haar statutaire zetel heeft.

– 2. Een SE kan zelf één of meer dochtervennootschappen in de vorm van een SE oprichten. De voorschriften van de lidstaat waar de dochter-SE haar statutaire zetel heeft, volgens welke een naamloze vennootschap meer dan één aandeelhouder moet hebben, zijn niet van toepassing op de dochter-SE. De nationale voorschriften vastgesteld ter uitvoering van Twaalfde Richtlijn 89/667/EEG van de Raad van 21 december 1989 inzake het vennootschapsrecht betreffende eenpersoonsvennootschappen met beperkte aansprakelijkheid (1) zijn van overeenkomstige toepassing.

Art. 4

Kapitaal

– 1. Het kapitaal van de SE luidt in euro.

– 2. Het geplaatste kapitaal bedraagt ten minste 120 000 EUR.

– 3. Wanneer de wetgeving van een lidstaat een hoger bedrag aan geplaatst kapitaal voorschrijft voor vennootschappen die bepaalde soorten activiteiten uitoefenen, is deze wetgeving van toepassing op SE's met statutaire zetel in die lidstaat.

Art. 5

Voorschriften

Onverminderd artikel 4, leden 1 en 2, vallen het kapitaal van de SE, de instandhouding en de wijziging ervan, alsmede de aandelen, obligaties en andere daarmee gelijk te stellen effecten van de SE, onder de voorschriften die gelden voor naamloze vennootschappen met statutaire zetel in de lidstaat waar de SE is ingeschreven.

Art. 6

Statuten

In deze verordening worden met de woorden 'de statuten van de SE' zowel de oprichtingsakte bedoeld als de eigenlijke statuten van de SE, indien deze laatste in een afzonderlijke akte zijn opgenomen.

Art. 7

Statutaire zetel

De statutaire zetel van de SE moet binnen de Gemeenschap gelegen zijn, in dezelfde lidstaat als het hoofdbestuur. De lidstaten mogen bovendien voorschrijven dat op hun grondgebied ingeschreven SE's hun statutaire zetel en hun hoofdbestuur op dezelfde plaats moeten hebben.

Art. 8

Zetelverplaatsing

– 1. De statutaire zetel van de SE kan overeenkomstig de leden 2 tot en met 13 naar een andere

(1) *PB* L 395 van 30.12.1989, blz. 40. Richtlijn laatstelijk gewijzigd bij de Akte van toetreding van 1994.

lidstaat worden verplaatst. De zetelverplaatsing leidt noch tot ontbinding van de SE, noch tot vorming van een nieuwe rechtspersoon.
– 2. Een voorstel tot zetelverplaatsing wordt opgesteld door het leidinggevend orgaan of het bestuursorgaan en wordt overeenkomstig artikel 13 openbaar gemaakt, onverminderd de bijkomende vormen van openbaarmaking die door de lidstaat van de statutaire zetel worden voorgeschreven. Dit voorstel vermeldt de huidige naam, de statutaire zetel en het nummer van de SE en behelst:
a) de voor de SE voorgestelde statutaire zetel;
b) de voor de SE voorgestelde statuten en, in voorkomend geval, haar nieuwe benaming;
c) de eventuele gevolgen van de verplaatsing voor de rol van de werknemers;
d) het voor de verplaatsing voorgestelde tijdschema;
e) de rechten ter bescherming van de aandeelhouders en/of schuldeisers.
– 3. Het leidinggevend of het bestuursorgaan stelt een verslag op waarin de juridische en economische aspecten van de zetelverplaatsing worden toegelicht en onderbouwd en waarin de gevolgen van de verplaatsing voor de aandeelhouders, de schuldeisers en de werknemers worden toegelicht.
– 4. De aandeelhouders en de schuldeisers van de SE hebben het recht om, ten minste een maand vóór de algemene vergadering die zich over de zetelverplaatsing dient uit te spreken, in de statutaire zetel van de SE kennis te nemen van het verplaatsingsvoorstel en van het verslag dat op grond van lid 3 is opgesteld, en om op verzoek gratis een afschrift van deze documenten te krijgen.
– 5. Een lidstaat kan voor de op zijn grondgebied ingeschreven SE's voorschriften aannemen met het oog op een passende bescherming van de minderheidsaandeelhouders die tegen de zetelverplaatsing zijn.
– 6. Het besluit tot zetelverplaatsing kan pas twee maanden na de openbaarmaking van genoemd voorstel worden genomen. Dit besluit wordt genomen onder de in artikel 59 vermelde voorwaarden.
– 7. Voordat de bevoegde autoriteit het in lid 8 bedoelde attest afgeeft, moet de SE aantonen dat, met betrekking tot vorderingen die vóór de bekendmaking van het verplaatsingsvoorstel ontstaan, de belangen van de schuldeisers en van de houders van andere rechten jegens de SE (de rechten van overheidslichamen daaronder begrepen) afdoende beschermd zijn overeenkomstig de voorschriften van de lidstaat waar de SE vóór de verplaatsing haar statutaire zetel heeft.
Een lidstaat kan de toepassing van de eerste alinea uitbreiden tot vorderingen die vóór de verplaatsing ontstaan (of kunnen ontstaan).
De eerste en de tweede alinea laten de toepassing op SE's van de nationale wetgeving van de lidstaten met betrekking tot het verrichten en waarborgen van betalingen aan overheidslichamen onverlet.
– 8. In de lidstaat waar de SE haar statutaire zetel heeft, geeft de rechter, de notaris of een andere bevoegde instantie een attest af waaruit afdoende blijkt dat de aan de zetelverplaatsing voorafgaande handelingen en formaliteiten vervuld zijn.
– 9. De nieuwe inschrijving kan pas plaatsvinden na overlegging van het in lid 8 bedoelde attest, alsmede van het bewijs dat de voor de inschrijving in het land van de nieuwe statutaire zetel vereiste formaliteiten vervuld zijn.
– 10. De verplaatsing van de statutaire zetel van de SE, alsmede de daarmee gepaard gaande wijziging van de statuten, worden van kracht op de datum waarop de SE overeenkomstig artikel 12 wordt ingeschreven in het register van de nieuwe statutaire zetel.
– 11. Wanneer de nieuwe inschrijving van de SE heeft plaatsgevonden, stelt het register van de nieuwe inschrijving het register van de vorige inschrijving daarvan in kennis. De doorhaling van de vorige inschrijving vindt plaats bij de ontvangst van die kennisgeving, doch niet eerder.
– 12. De nieuwe inschrijving en de doorhaling van de oude inschrijving worden in de betrokken lidstaten overeenkomstig artikel 13 openbaar gemaakt.
– 13. De openbaarmaking van de nieuwe inschrijving van de SE heeft tot gevolg dat de nieuwe statutaire zetel aan derden kan worden tegengeworpen. Zolang de doorhaling van de inschrijving in het register van de vroegere zetel nog niet openbaar is gemaakt, kunnen derden zich echter blijven beroepen op de vroegere zetel, tenzij de SE aantoont dat die derden kennis droegen van de nieuwe statutaire zetel.
– 14. In de wetgeving van een lidstaat kan worden bepaald dat ten aanzien van de in die lidstaat ingeschreven SE's een zetelverplaatsing die tot wisseling van het toepasselijke recht zou leiden, geen rechtsgevolgen heeft indien een bevoegde autoriteit van die lidstaat daartegen binnen de in lid 6 bedoelde termijn van twee maanden bezwaar maakt. Dit bezwaar kan slechts worden gemaakt om redenen van algemeen belang.
Wanneer een SE overeenkomstig communautaire richtlijnen onderworpen is aan het toezicht

van een nationale financiële toezichthoudende autoriteit kan ook die autoriteit bezwaar maken tegen de zetelverplaatsing.
Tegen het bezwaar moet beroep op de rechter openstaan.
– 15. Indien tegen een SE een procedure inzake ontbinding, liquidatie, insolventie, opschorting van betalingen of een andere soortgelijke procedure is ingeleid, mag zij haar statutaire zetel niet verplaatsen.
– 16. Een SE die haar statutaire zetel naar een andere lidstaat heeft verplaatst, wordt met betrekking tot vóór de datum van de zetelverplaatsing als bedoeld in lid 10, opgetreden geschillen geacht haar statutaire zetel te hebben in de lidstaat waar de SE vóór de zetelverplaatsing was ingeschreven, zelfs indien een rechtsvordering tegen de SE na de zetelverplaatsing wordt ingeleid.

Art. 9

Toepasselijke bepalingen

– 1. Op de SE zijn van toepassing:
a) de bepalingen van deze verordening;
b) wanneer deze verordening dit uitdrukkelijk toestaat, de bepalingen van de statuten van de SE;
c) voor de aangelegenheden die niet bij deze verordening worden geregeld, of, wanneer een aangelegenheid hierbij slechts gedeeltelijk is geregeld, voor de aspecten die niet onder deze verordening vallen:
i) de door de lidstaten ter uitvoering van communautaire maatregelen vastgestelde wettelijke voorschriften die specifiek op SE's gericht zijn;
ii) de wettelijke voorschriften van de lidstaten welke zouden gelden voor een naamloze vennootschap die is opgericht overeenkomstig het recht van de lidstaat waar de SE haar statutaire zetel heeft;
iii) de bepalingen van de statuten van de SE, onder dezelfde voorwaarden als die welke gelden voor een naamloze vennootschap die is opgericht overeenkomstig het recht van de lidstaat waar de SE haar statutaire zetel heeft.
– 2. De wettelijke voorschriften die door de lidstaten specifiek voor de SE worden aangenomen, moeten in overeenstemming zijn met de richtlijnen betreffende in bijlage I opgenomen naamloze vennootschappen.
– 3. Indien de aard van de zakelijke activiteiten van een SE wordt geregeld door specifieke voorschriften in de nationale wetgeving, is die wetgeving ten volle van toepassing op de SE.

Art. 10

Recht lidstaat

Onverminderd de bepalingen van deze verordening wordt een SE in iedere lidstaat behandeld als een naamloze vennootschap die is opgericht overeenkomstig het recht van de lidstaat waar de SE haar statutaire zetel heeft.

Art. 11

SE

– 1. De naam van de SE wordt voorafgegaan of gevolgd door de letters 'SE'.
– 2. Alleen SE's mogen de letters 'SE' in hun naam dragen.
– 3. Vennootschappen of andere juridische lichamen die vóór de datum van inwerkingtreding van deze verordening in een lidstaat zijn ingeschreven en waarvan de naam de letters SE bevat, zijn evenwel niet verplicht hun naam te wijzigen.

Art. 12

Inschrijving

– 1. Elke SE wordt, in de lidstaat waar zij haar statutaire zetel heeft, ingeschreven in een register dat bij de wetgeving van die lidstaat is aangewezen overeenkomstig artikel 3 van Eerste Richtlijn 68/151/EEG van de Raad van 9 maart 1968 strekkende tot het coördineren van de waarborgen welke in de lidstaten worden verlangd van de vennootschappen in de zin van de tweede alinea van artikel 58 van het Verdrag, om de belangen te beschermen zowel van de deelnemers in deze vennootschappen als van derden, zulks teneinde die waarborgen gelijkwaardig te maken (1).
– 2. Een SE kan slechts worden ingeschreven indien een overeenkomst betreffende regelingen met betrekking tot de rol van de werknemers is gesloten op grond van artikel 4 van Richtlijn 2001/86/EG of een besluit is genomen op grond van artikel 3, lid 6, van genoemde richtlijn of de termijn is verstreken voor onderhandelingen op grond van artikel 5 van genoemde richtlijn zonder dat er een overeenkomst is gesloten.
– 3. Opdat een SE kan worden ingeschreven in een lidstaat die van de in artikel 7, lid 3, van Richtlijn 2001/86/EG geboden mogelijkheid gebruik heeft gemaakt, moet een overeenkomst in de zin van artikel 4 van genoemde richtlijn zijn gesloten over de regelingen inzake de rol van de werknemers, met inbegrip van medezeggenschap, of mag geen van de deelnemende vennootschappen vóór de inschrijving van de SE onderworpen zijn geweest aan medezeggenschapsvoorschriften.

(1) *PB* L 65 van 14.3.1968, blz. 8. Richtlijn laatstelijk gewijzigd bij de Akte van toetreding van 1994.

– 4. De statuten van een SE mogen nimmer in strijd zijn met de aldus vastgestelde regelingen met betrekking tot de rol van de werknemers. Wanneer krachtens Richtlijn 2001/86/EG vastgestelde nieuwe regelingen met betrekking tot de rol van de werknemers strijdig zijn met de bestaande statuten, worden de statuten voorzover nodig gewijzigd.
In dat geval kan een lidstaat bepalen dat het leidinggevend of het bestuursorgaan van de SE gemachtigd is de statuten te wijzigen zonder dat de algemene vergadering van aandeelhouders een nieuw besluit hoeft te nemen.

Art. 13

Openbaarmaking akten

De openbaarmaking van de akten en gegevens betreffende de SE krachtens deze verordening geschiedt op de wijze die overeenkomstig Richtlijn 68/151/EEG is vastgesteld in de wetgeving van de lidstaat waar de SE haar statutaire zetel heeft.

Art. 14

Bekendmaking

– 1. De inschrijving en de doorhaling van de inschrijving van een SE worden, na de openbaarmaking overeenkomstig artikel 13, ter informatie bekendgemaakt in het *Publicatieblad van de Europese Gemeenschappen*. Deze bekendmaking omvat de vermelding van naam, nummer, datum en plaats van inschrijving van de SE, datum, plaats en titel van de publicatie, alsmede de statutaire zetel en de activiteitssector van de SE.
– 2. De verplaatsing van de statutaire zetel van een SE overeenkomstig artikel 8 wordt bekendgemaakt onder vermelding van de in lid 1 bedoelde gegevens, alsmede van die betreffende de nieuwe inschrijving.
– 3. De in lid 1 bedoelde gegevens worden binnen een maand na de in artikel 13 bedoelde openbaarmaking meegedeeld aan het Bureau voor officiële publicaties der Europese Gemeenschappen.

TITEL II
Oprichting

AFDELING 1
Algemeen

Art. 15

Toepasselijk recht

– 1. Behoudens het bepaalde in deze verordening, wordt de oprichting van een SE beheerst door het recht dat in de staat waar de SE haar statutaire zetel heeft, op naamloze vennootschappen van toepassing is.
– 2. De inschrijving van een SE wordt overeenkomstig artikel 13 openbaar gemaakt.

Art. 16

Rechtspersoonlijkheid

– 1. De SE verkrijgt rechtspersoonlijkheid met ingang van de datum van inschrijving in het in artikel 12 bedoelde register.
– 2. Indien namens de SE rechtshandelingen zijn verricht vóór haar inschrijving overeenkomstig artikel 12 en indien de SE na de inschrijving de uit deze handelingen voortvloeiende verbintenissen niet overneemt, zijn de natuurlijke personen, vennootschappen of andere juridische lichamen die de handelingen hebben verricht, daarvoor hoofdelijk en onbeperkt aansprakelijk, tenzij anders overeengekomen.

AFDELING 2
Oprichting van een SE via fusie

Art. 17

Fusie

– 1. Een SE kan worden opgericht via fusie overeenkomstig artikel 2, lid 1.
– 2. De fusie kan plaatsvinden:
a) hetzij volgens de procedure voor fusie door overneming overeenkomstig artikel 3, lid 1, van Richtlijn 78/855/EEG [(1)];
b) hetzij volgens de procedure voor fusie door oprichting van een nieuwe vennootschap overeenkomstig artikel 4, lid 1, van genoemde richtlijn.
Bij een fusie door overneming neemt de overnemende vennootschap tegelijkertijd met de fusie de vorm van een SE aan. Bij een fusie door oprichting van een nieuwe vennootschap is de SE de nieuwe vennootschap.

Art. 18

Voorschriften lidstaat

Voor de aangelegenheden die niet in deze afdeling zijn geregeld of, wanneer een aangelegenheid hierin slechts gedeeltelijk is geregeld, voor die aspecten welke niet in deze afdeling worden behandeld, gelden voor elke vennootschap die deelneemt aan de oprichting van een SE via

(1) Derde Richtlijn 78/855/EEG van de Raad van 9 oktober 1978 op de grondslag van artikel 54, lid 3, sub *g)*, van het Verdrag betreffende fusies van naamloze vennootschappen (*PB* L 295 van 20.10.1978, blz. 36). Richtlijn laatstelijk gewijzigd bij de Akte van toetreding van 1994.

fusie de overeenkomstig Richtlijn 78/855/EEG vastgestelde voorschriften inzake fusie van naamloze vennootschappen van het recht van de lidstaat waaronder die vennootschap ressorteert.

Art. 19

Verzet tegen fusie

In de wetgeving van een lidstaat kan worden bepaald dat een onder het recht van die lidstaat ressorterende vennootschap niet aan de oprichting van een SE via fusie mag deelnemen wanneer een bevoegde autoriteit van die lidstaat zich daartegen verzet voordat het in artikel 25, lid 2, bedoelde attest is afgegeven.
Dit bezwaar kan slechts worden gemaakt om redenen van algemeen belang. Tegen het bezwaar moet beroep op de rechter openstaan.

Art. 20

Fusievoorstel

– 1. De leidinggevende of de bestuursorganen van de fuserende vennootschappen stellen een fusievoorstel op. In dit voorstel worden vermeld:
a) de naam en de statutaire zetel van de fuserende vennootschappen, alsmede de voorgenomen naam en statutaire zetel van de SE;
b) de ruilverhouding van de aandelen en, in voorkomend geval, het bedrag van de bijbetaling;
c) de wijze van uitreiking van de aandelen van de SE;
d) de datum vanaf welke deze aandelen recht geven in de winst te delen, alsmede elke bijzondere regeling betreffende dit recht;
e) de datum vanaf welke de handelingen van de fuserende vennootschappen boekhoudkundig worden geacht voor rekening van de SE te zijn verricht;
f) de rechten die de SE aan de houders van aandelen met bijzondere rechten en aan de houders van andere effecten dan aandelen toekent, of de jegens hen voorgestelde maatregelen;
g) ieder bijzonder voordeel dat wordt toegekend aan de deskundigen die het fusievoorstel onderzoeken alsmede aan de leden van organen die belast zijn met het bestuur of de leiding van, of het toezicht of de controle op de fuserende vennootschappen;
h) de statuten van de SE;
i) informatie over de procedure volgens welke krachtens Richtlijn 2001/86/EG regelingen met betrekking tot de rol van de werknemers worden vastgesteld.
– 2. De fuserende vennootschappen kunnen andere gegevens aan het fusievoorstel toevoegen.

Art. 21

Bekendmaking gegevens

Voor elke fuserende vennootschap moeten in het nationale publicatieblad van de lidstaat waaronder de betrokken vennootschap ressorteert, onverminderd de aanvullende vereisten welke door die lidstaat opgelegd worden, de onderstaande gegevens worden bekendgemaakt:
a) de rechtsvorm, de naam en de statutaire zetel van de fuserende vennootschappen;
b) het register waarbij voor elk van de fuserende vennootschappen de in artikel 3, lid 2, van Richtlijn 68/151/EEG bedoelde akten zijn neergelegd, alsmede het nummer van inschrijving in dat register;
c) vermelding van de regelingen volgens welke de rechten van de schuldeisers van de betrokken vennootschap overeenkomstig artikel 24 worden uitgeoefend, alsmede van het adres waar kosteloos volledige inlichtingen betreffende die regelingen kunnen worden verkregen;
d) vermelding van de regelingen volgens welke de rechten van de minderheidsaandeelhouders van de betrokken vennootschap overeenkomstig artikel 24 worden uitgeoefend, alsmede van het adres waar kosteloos volledige inlichtingen betreffende die regelingen kunnen worden verkregen;
e) de naam en de statutaire zetel die voor de SE worden overwogen.

Art. 22

Deskundigenonderzoek

Bij wijze van alternatief voor het inschakelen van deskundigen die voor elk van de fuserende vennootschappen optreden, kan het onderzoek van het fusievoorstel worden verricht door één of meer onafhankelijke deskundigen in de zin van artikel 10 van Richtlijn 78/855/EEG, die daartoe op gezamenlijk verzoek van deze vennootschappen zijn aangewezen door een rechterlijke of administratieve instantie in de lidstaat waaronder een van de fuserende vennootschappen of de toekomstige SE ressorteert, en die één voor alle aandeelhouders bestemd verslag opstellen.
De deskundigen mogen van elk van de fuserende vennootschappen alle informatie verlangen die zij voor de vervulling van hun taak nodig achten.

Art. 23

Goedkeuring

– 1. Het fusievoorstel wordt goedgekeurd door de algemene vergadering van elke fuserende vennootschap.
– 2. Over de rol van de werknemers in de SE wordt overeenkomstig Richtlijn 2001/86/EG besloten. De algemene vergadering van elke fuserende vennootschap kan zich het recht voorbe-

houden de inschrijving van de SE afhankelijk te stellen van haar uitdrukkelijke bekrachtiging van de aldus overeengekomen regelingen.

Art. 24

Toepasselijk recht

– 1. Het recht van de lidstaat waaronder elke fuserende vennootschap ressorteert, is van toepassing zoals in het geval van een fusie van naamloze vennootschappen, rekening houdend met het grensoverschrijdende karakter van de fusie, wat betreft de bescherming van de belangen van:

a) de schuldeisers van de fuserende vennootschappen;

b) de houders van obligaties van de fuserende vennootschappen;

c) de houders van effecten, andere dan aandelen, waaraan bijzondere rechten in de fuserende vennootschappen zijn verbonden.

– 2. Een lidstaat kan voor de fuserende vennootschappen die onder zijn recht ressorteren, bepalingen aannemen met het oog op een passende bescherming van de minderheidsaandeelhouders die tegen de fusie zijn.

Art. 25

Toezicht

– 1. Het toezicht op de rechtmatigheid van de fusie wordt, wat betreft het gedeelte van de procedure dat betrekking heeft op elke fuserende vennootschap, uitgeoefend overeenkomstig de wetgeving inzake fusie van naamloze vennootschappen van de lidstaat waaronder de fuserende vennootschap ressorteert.

– 2. In elke betrokken staat geeft de rechter, de notaris of een andere bevoegde instantie een attest af waaruit afdoende blijkt dat de aan de fusie voorafgaande handelingen en formaliteiten zijn verricht.

– 3. Indien de wetgeving van een lidstaat waaronder een fuserende vennootschap ressorteert, voorziet in een procedure om de ruilverhouding van de aandelen te controleren en te wijzigen, of een procedure ter compensatie van minderheidsaandeelhouders, zonder dat de inschrijving van de fusie wordt verhinderd, gelden dergelijke procedures alleen indien de andere fuserende vennootschappen uit lidstaten waar niet in dergelijke procedures is voorzien, bij de goedkeuring van het fusievoorstel overeenkomstig artikel 23, lid 1, uitdrukkelijk de mogelijkheid aanvaarden dat op een dergelijke procedure een beroep wordt gedaan. In een dergelijke geval kan de rechter, de notaris of een andere bevoegde instantie het in lid 2 bedoelde attest afgeven, ook indien de procedure reeds is ingeleid. In het attest moet evenwel vermeld zijn dat de procedure aanhangig is gemaakt. De in de procedure gegeven beslissing bindt de overnemende vennootschap en al haar aandeelhouders.

Art. 26

Rechter of notaris

– 1. Het toezicht op de rechtmatigheid van de fusie wordt, wat betreft het gedeelte van de procedure dat betrekking heeft op de verwezenlijking van de fusie en de oprichting van de SE, uitgeoefend door de rechter, de notaris of een andere instantie van de lidstaat van de voorgenomen statutaire zetel van de SE die bevoegd is om dat aspect van de rechtmatigheid van de fusie van naamloze vennootschappen te controleren.

– 2. Daartoe legt elke fuserende vennootschap het in artikel 25, lid 2, bedoelde attest aan deze instantie over binnen een termijn van zes maanden na de afgifte ervan, samen met een afschrift van het fusievoorstel dat door die vennootschap is goedgekeurd.

– 3. De in lid 1 bedoelde instantie vergewist zich er met name van dat de fuserende vennootschappen fusievoorstellen van gelijke strekking hebben goedgekeurd en dat regelingen met betrekking tot de rol van de werknemers zijn vastgesteld overeenkomstig Richtlijn 2001/86/EG.

– 4. Deze instantie gaat bovendien na of de oprichting van de SE voldoet aan de vereisten van het recht van de lidstaat waar de SE overeenkomstig artikel 15 haar statutaire zetel heeft.

Art. 27

Van kracht

– 1. De fusie en de gelijktijdige oprichting van de SE worden van kracht op de datum waarop de SE overeenkomstig artikel 12 is ingeschreven.

– 2. De SE kan pas worden ingeschreven nadat is voldaan aan alle in de artikelen 25 en 26 voorgeschreven formaliteiten.

Art. 28

Openbaarmaking

Voor elk van de fuserende vennootschappen wordt de voltooiing van de fusie openbaar gemaakt op de wijze die overeenkomstig artikel 3 van Richtlijn 68/151/EEG in de wetgeving van de betrokken lidstaat is vastgesteld.

Art. 29

Rechtsgevolgen

– 1. De fusie overeenkomstig artikel 17, lid 2, onder *a)*, heeft van rechtswege en gelijktijdig de volgende rechtsgevolgen:

a) het vermogen van elke overgenomen vennootschap, zowel activa als passiva, gaat onder algemene titel in zijn geheel over op de overnemende vennootschap;

b) de aandeelhouders van de overgenomen vennootschap worden aandeelhouders van de overnemende vennootschap;
c) de overgenomen vennootschap houdt op te bestaan;
d) de overnemende vennootschap neemt de vorm aan van een SE.
– 2. De fusie overeenkomstig artikel 17, lid 2, onder *b)*, heeft van rechtswege en gelijktijdig de volgende rechtsgevolgen:
a) het vermogen van de fuserende vennootschappen, zowel activa als passiva, gaat onder algemene titel in zijn geheel over op de SE;
b) de aandeelhouders van de fuserende vennootschappen worden aandeelhouders van de SE;
c) de fuserende vennootschappen houden op te bestaan.
– 3. Wanneer de wetgeving van een lidstaat bij fusie van naamloze vennootschappen bijzondere formaliteiten voorschrijft om de overgang van bepaalde door de fuserende vennootschappen ingebrachte zaken, rechten en verplichtingen aan derden te kunnen tegenwerpen, zijn deze formaliteiten van toepassing en worden zij verricht hetzij door de fuserende vennootschappen, hetzij door de SE vanaf de datum waarop deze is ingeschreven.
– 4. De rechten en verplichtingen van de deelnemende vennootschappen inzake de arbeidsvoorwaarden die voortvloeien uit de nationale wetgeving en praktijken en de individuele arbeidsovereenkomsten of dienstverbanden en die op de datum van inschrijving bestaan, worden op grond van die inschrijving op de SE overgedragen.

Art. 30

Nietigheid

De nietigheid van een fusie als bedoeld in artikel 2, lid 1, kan niet worden uitgesproken wanneer de SE is ingeschreven.
Het ontbreken van toezicht op de rechtmatigheid van de fusie overeenkomstig de artikelen 25 en 26 kan worden aangevoerd als grond voor ontbinding van de SE.

Art. 31

Toepasselijke bepalingen

– 1. Wanneer een fusie overeenkomstig artikel 17, lid 2, onder *a)*, wordt verwezenlijkt door een vennootschap die houdster is van alle aandelen en andere effecten waaraan stemrechten in de algemene vergadering van een andere vennootschap verbonden zijn, zijn artikel 20, lid 1, onder *b)*, *c)* en *d)*, artikel 22 en artikel 29, lid 1, onder *b)*, niet van toepassing. De nationale wetgeving die op elk van de fuserende vennootschappen van toepassing is en die fusies overeenkomstig artikel 24 van Richtlijn 78/855/EEG regelt, is echter wel van toepassing.
– 2. Wanneer een fusie via overneming wordt verwezenlijkt door een vennootschap die houdster is van ten minste 90 %, maar niet van alle aandelen en andere effecten waaraan stemrechten in de algemene vergadering van een andere vennootschap verbonden zijn, worden de verslagen van het leidinggevend of het bestuursorgaan, de verslagen van één of meer onafhankelijke deskundigen en de voor het toezicht vereiste bescheiden alleen verlangd voorzover deze verlangd worden bij het nationale recht waaronder de overnemende vennootschap of de overgenomen vennootschap ressorteert.
De lidstaten kunnen evenwel bepalen dat dit lid van toepassing kan zijn wanneer een vennootschap houdster is van aandelen waaraan ten minste 90 %, maar niet alle stemrechten verbonden zijn.

AFDELING 3
Oprichting van een holding-SE

Art. 32

Oprichting holding-SE

– 1. Een SE kan overeenkomstig artikel 2, lid 2, worden opgericht.
De vennootschappen die het initiatief nemen tot de oprichting van een SE overeenkomstig artikel 2, lid 2, blijven bestaan.
– 2. De leidinggevende of de bestuursorganen van de vennootschappen die het initiatief nemen tot de oprichting, stellen in dezelfde bewoordingen een voorstel tot oprichting van de SE op. Dit voorstel behelst een verslag waarin de juridische en economische aspecten van de oprichting worden toegelicht en onderbouwd en waarin de gevolgen van de keuze van de SE als rechtsvorm voor de aandeelhouders en de werknemers worden uiteengezet. In dit voorstel worden tevens de gegevens als bedoeld in artikel 20, lid 1, onder *a)*, *b)*, *c)*, *f)*, *g)*, *h)* en *i)*, vermeld, en wordt het minimumgedeelte van de aandelen van elke initiatiefnemende vennootschap vastgesteld dat de aandeelhouders moeten inbrengen om de SE op te richten. Dit gedeelte bestaat uit de aandelen waaraan meer dan 50 % van de permanente stemrechten verbonden zijn.
– 3. Voor elke initiatiefnemende vennootschap wordt het voorstel tot oprichting van een SE, ten minste een maand vóór de datum van de algemene vergadering die zich over de oprichting moet uitspreken, openbaar gemaakt op de overeenkomstig artikel 3 van Richtlijn 68/151/EEG in de nationale wetgeving van elke lidstaat vastgestelde wijze.
– 4. Het onderzoek van het overeenkomstig lid 2 opgestelde oprichtingsvoorstel en de opstelling van een schriftelijk verslag ten behoeve van de aandeelhouders van elke vennootschap

worden verricht door een of meer deskundigen die onafhankelijk zijn van de initiatiefnemende vennootschappen en die zijn aangewezen of toegelaten door een rechterlijke of administratieve instantie in de lidstaat waaronder elke vennootschap ressorteert overeenkomstig de ter uitvoering van Richtlijn 78/855/EEG vastgestelde nationale voorschriften. In onderlinge overeenstemming tussen de initiatiefnemende vennootschappen kan ten behoeve van de aandeelhouders van alle vennootschappen één schriftelijk verslag worden opgesteld door een of meer onafhankelijke deskundigen die zijn aangewezen of toegelaten door een rechterlijke of administratieve instantie in de lidstaat waaronder een van de initiatiefnemende vennootschappen of de toekomstige SE ressorteert overeenkomstig de ter uitvoering van Richtlijn 78/855/EEG vastgestelde nationale voorschriften.

– 5. In het verslag moet melding worden gemaakt van bijzondere moeilijkheden die zich bij de waardering hebben voorgedaan en worden verklaard of de ruilverhouding van de aandelen al dan niet passend en redelijk is, onder vermelding van de methoden die voor de vaststelling ervan gevolgd zijn, en of deze methoden in dit geval juist zijn.

– 6. De algemene vergadering van elke initiatiefnemende vennootschap keurt het voorstel tot oprichting van de SE goed.

Over de rol van de werknemers in de SE wordt besloten overeenkomstig Richtlijn 2001/86/EG. De algemene vergadering van elke initiatiefnemende vennootschap kan zich het recht voorbehouden de inschrijving van de SE afhankelijk te stellen van haar uitdrukkelijke bekrachtiging van de aldus overeengekomen regelingen.

– 7. De bepalingen van dit artikel zijn van overeenkomstige toepassing op vennootschappen met beperkte aansprakelijkheid.

Art. 33

Mededeling inbreng aandelen

– 1. De aandeelhouders van de initiatiefnemende vennootschappen beschikken over een termijn van drie maanden om aan de initiatiefnemende vennootschappen mededeling te doen van hun voornemen om hun aandelen in te brengen met het oog op de oprichting van de SE. Deze termijn begint te lopen op het tijdstip waarop de voorwaarden voor de oprichting van de SE definitief zijn bepaald overeenkomstig artikel 31.

– 2. De SE wordt alleen opgericht indien binnen de in lid 1 bedoelde termijn door de aandeelhouders van de initiatiefnemende vennootschappen het in het oprichtingsvoorstel vastgestelde minimumpercentage van de aandelen van elke vennootschap is ingebracht en indien aan alle overige voorwaarden is voldaan.

– 3. Indien overeenkomstig lid 2 aan alle voorwaarden voor de oprichting van de SE voldaan is, wordt dit voor elke initiatiefnemende vennootschap openbaar gemaakt op de wijze die ter uitvoering van artikel 3 van Richtlijn 68/151/EEG is vastgesteld in het nationale recht waaronder elk van de vennootschappen ressorteert.

De aandeelhouders van de initiatiefnemende vennootschappen die binnen de in lid 1 gestelde termijn geen mededeling hebben gedaan van hun voornemen om hun aandelen ter beschikking van de initiatiefnemende vennootschappen te stellen met het oog op de oprichting van de SE, krijgen een extra termijn van één maand om dit te doen.

– 4. De aandeelhouders die hun effecten met het oog op de oprichting van de SE hebben ingebracht, ontvangen aandelen van de SE.

– 5. De SE kan slechts worden ingeschreven indien wordt aangetoond dat de in artikel 32 bedoelde formaliteiten zijn verricht en dat aan de in lid 2 gestelde voorwaarden voldaan is.

Art. 34

Bescherming

Een lidstaat kan ten aanzien van vennootschappen die het initiatief tot oprichting van een holding-SE nemen, bepalingen vaststellen ter bescherming van minderheidsaandeelhouders die tegen het initiatief zijn, schuldeisers en werknemers.

AFDELING 4

Oprichting van een dochter-SE

Art. 35

Oprichting dochter-SE

Een SE kan overeenkomstig artikel 2, lid 3, worden opgericht.

Art. 36

Toepasselijke bepalingen

Op de vennootschappen of andere juridische lichamen die aan de oprichting deelnemen, zijn de bepalingen van toepassing die gelden voor hun deelneming aan de oprichting van een dochteronderneming in de vorm van een naamloze vennootschap naar nationaal recht.

AFDELING 5

Omzetting van een bestaande naamloze vennootschap in een SE

Art. 37

Omzetting

– 1. Een SE kan overeenkomstig artikel 2, lid 4, worden opgericht.

– 2. Onverminderd artikel 12 leidt omzetting van een naamloze vennootschap in een SE noch tot ontbinding, noch tot oprichting van een nieuwe rechtspersoon.
– 3. Bij de omzetting kan de statutaire zetel niet op grond van artikel 8 van een lidstaat naar een andere lidstaat worden verplaatst.
– 4. Het leidinggevend of het bestuursorgaan van de betrokken vennootschap stelt een voorstel tot omzetting op, alsmede een verslag waarin de juridische en economische aspecten van de omzetting worden toegelicht en onderbouwd, en de gevolgen van de keuze van de SE als rechtsvorm voor de aandeelhouders en voor de werknemers worden uiteengezet.
– 5. Het voorstel tot omzetting wordt, ten minste een maand vóór de datum van de algemene vergadering die zich over de omzetting moet uitspreken, openbaar gemaakt op de overeenkomstig artikel 3 van Richtlijn 68/151/EEG in de wetgeving van elke lidstaat vastgestelde wijze.
– 6. Vóór de in lid 7 bedoelde algemene vergadering wordt door een of meer onafhankelijke deskundigen, die volgens de ter uitvoering van artikel 10 van Richtlijn 78/855/EEG vastgestelde nationale voorschriften zijn aangewezen of toegelaten door een rechterlijke of administratieve instantie in de lidstaat waaronder de in een SE om te zetten vennootschap ressorteert, overeenkomstig Richtlijn 77/91/EEG [(1)] mutatis mutandis vastgesteld dat de vennootschap over netto activa beschikt die minimaal overeenstemmen met haar kapitaal, vermeerderd met de reserves die krachtens de wet of de statuten niet mogen worden uitgekeerd.
– 7. De algemene vergadering van de betrokken vennootschap keurt het voorstel tot omzetting en de statuten van de SE goed. Het besluit van de algemene vergadering wordt genomen volgens de ter uitvoering van artikel 7 van Richtlijn 78/855/EEG vastgestelde nationale voorschriften.
– 8. De lidstaten mogen als voorwaarde voor de omzetting stellen dat het orgaan van de om te zetten vennootschap waarin de medezeggenschap van de werknemers wordt georganiseerd, met gekwalificeerde meerderheid of eenparigheid een gunstig standpunt inneemt.
– 9. De rechten en verplichtingen van de om te zetten vennootschap inzake de arbeidsvoorwaarden die voortvloeien uit de nationale wetgeving en praktijken en de individuele arbeidsovereenkomsten of dienstverbanden en die op de datum van inschrijving bestaan, worden op grond van die inschrijving op de SE overgedragen.

TITEL III
Structuur van de SE

Art. 38

Structuur

Onder de in deze verordening gestelde voorwaarden omvat de SE:
a) een algemene vergadering van aandeelhouders, en
b) hetzij een toezichthoudend en een leidinggevend orgaan (dualistisch stelsel), hetzij een bestuursorgaan (monistisch stelsel), naar gelang van de in de statuten gemaakte keuze.

AFDELING 1
Dualistisch stelsel

Art. 39

Eigen verantwoordelijkheid

– 1. Het leidinggevend orgaan is onder eigen verantwoordelijkheid belast met het bestuur van de SE. Een lidstaat kan voorschrijven dat een lid of leden van het leidinggevend orgaan onder eigen verantwoordelijkheid belast is of zijn met de dagelijkse leiding, onder dezelfde voorwaarden als die welke gelden voor naamloze vennootschappen met statutaire zetel op het grondgebied van die lidstaat.
– 2. Het lid of de leden van het leidinggevend orgaan wordt of worden benoemd en ontslagen door het toezichthoudend orgaan.
Een lidstaat kan evenwel bepalen of toestaan dat in de statuten wordt bepaald, dat het lid of de leden van het leidinggevend orgaan benoemd en ontslagen wordt of worden door de algemene vergadering, onder dezelfde voorwaarden als die welke gelden voor naamloze vennootschappen met statutaire zetel op het grondgebied van die lidstaat.
– 3. Niemand mag tegelijkertijd lid zijn van het leidinggevend en van het toezichthoudend orgaan van eenzelfde SE. Het toezichthoudend orgaan kan evenwel in geval van een vacature een van zijn leden aanwijzen om de functie van lid van het leidinggevend orgaan uit te oefenen. Gedurende deze periode mag de betrokkene zijn functie als lid van het toezichthoudend orgaan niet uitoefenen. Een lidstaat kan bepalen dat deze periode in de tijd beperkt is.

(1) Tweede Richtlijn 77/91/EEG van de Raad van 13 december 1976 strekkende tot het coördineren van de waarborgen welke in de lidstaten worden verlangd van de vennootschappen in de zin van artikel 58, tweede alinea, van het Verdrag, om de belangen te beschermen zowel van de deelnemers in deze vennootschappen als van derden met betrekking tot de oprichting van de naamloze vennootschap, alsook de instandhouding en wijziging van haar kapitaal, zulks teneinde die waarborgen gelijkwaardig te maken (*PB* L 26 van 31.1.1977, blz. 1). Richtlijn laatstelijk gewijzigd bij de Akte van toetreding van 1994.

– 4. Het aantal leden van het leidinggevend orgaan of de regels voor de bepaling van dat aantal worden in de statuten van de SE vastgesteld. Een lidstaat kan evenwel een minimum- en/of een maximumaantal leden voorschrijven.
– 5. Wanneer er in een lidstaat niet voorzien is in een dualistisch stelsel voor naamloze vennootschappen met statutaire zetel op zijn grondgebied, kan die lidstaat passende maatregelen met betrekking tot SE's vaststellen.

Art. 40

Toezicht

– 1. Het toezichthoudend orgaan houdt toezicht op het door het leidinggevend orgaan gevoerde bestuur. Het mag zich niet zelf met het bestuur van de SE bemoeien.
– 2. De leden van het toezichthoudend orgaan worden door de algemene vergadering benoemd. De leden van het eerste toezichthoudend orgaan kunnen evenwel in de statuten worden aangewezen. Deze bepaling geldt onverminderd artikel 47, lid 4, of enige regelingen met betrekking tot de rol van de werknemers die worden vastgesteld op grond van Richtlijn 2001/86/EG.
– 3. Het aantal leden van het toezichthoudend orgaan, of de regels voor de bepaling van dat aantal, worden in de statuten vastgesteld. Een lidstaat kan evenwel het aantal leden van het toezichthoudend orgaan, dan wel een minimum- en/of maximumaantal leden vaststellen voor de op zijn grondgebied ingeschreven SE's.

Art. 41

Verslag

– 1. Het leidinggevend orgaan brengt aan het toezichthoudend orgaan ten minste om de drie maanden verslag uit over de gang van zaken en de te verwachten ontwikkeling van het bedrijf van de SE.
– 2. Naast de in lid 1 bedoelde periodieke informatie verstrekt het leidinggevend orgaan het toezichthoudend orgaan tijdig alle inlichtingen over aangelegenheden die belangrijke gevolgen voor de SE kunnen hebben.
– 3. Het toezichthoudend orgaan kan aan het leidinggevend orgaan alle gegevens vragen die nodig zijn voor het door het toezichthoudend orgaan overeenkomstig artikel 40, lid 1, uit te oefenen toezicht. Een lidstaat kan bepalen dat ieder lid van het toezichthoudend orgaan over diezelfde mogelijkheid beschikt.
– 4. Het toezichthoudend orgaan kan de voor het uitoefenen van zijn taak noodzakelijke verificaties verrichten of laten verrichten.
– 5. Ieder lid van het toezichthoudend orgaan kan kennis nemen van alle aan dit orgaan verstrekte inlichtingen.

Art. 42

Voorzitter

Het toezichthoudend orgaan kiest uit zijn midden een voorzitter. Wanneer de helft van de leden door de werknemers wordt benoemd, mag alleen een lid dat door de algemene vergadering van de aandeelhouders is benoemd, tot voorzitter worden gekozen.

AFDELING 2
Monistisch stelsel

Art. 43

Bestuur

– 1. Het bestuursorgaan bestuurt de SE. Een lidstaat kan voorschrijven dat een lid of leden van het bestuursorgaan onder eigen verantwoordelijkheid belast is of zijn met de dagelijkse leiding, onder dezelfde voorwaarden als die welke gelden voor naamloze vennootschappen met statutaire zetel op het grondgebied van die lidstaat.
– 2. Het aantal leden van het bestuursorgaan, of de regels voor de vaststelling van dat aantal, worden bepaald in de statuten van de SE. Een lidstaat kan evenwel een minimumaantal en, in voorkomend geval, een maximumaantal leden voorschrijven.
Dit orgaan moet echter ten minste uit drie leden bestaan wanneer de medezeggenschap van de werknemers in de SE overeenkomstig Richtlijn 2001/86/EG is geregeld.
– 3. Het lid of de leden van het bestuursorgaan wordt of worden door de algemene vergadering benoemd. De leden van het eerste bestuursorgaan kunnen echter in de statuten worden aangewezen. Deze bepalingen gelden onverminderd artikel 47, lid 4, of enige regelingen met betrekking tot de rol van de werknemers die worden vastgesteld op grond van Richtlijn 2001/86/EG.
– 4. Wanneer er in een lidstaat niet voorzien is in een monistisch stelsel voor naamloze vennootschappen met statutaire zetel op zijn grondgebied, kan die lidstaat passende maatregelen met betrekking tot SE's vaststellen.

Art. 44

Beraadslaging

– 1. Het bestuursorgaan komt ten minste om de drie maanden bijeen, volgens een in de statuten vastgestelde frequentie, teneinde te beraadslagen over de gang van zaken bij de SE en de verwachte ontwikkeling.

– 2. Ieder lid van het bestuursorgaan kan kennis nemen van alle aan dit orgaan verstrekte inlichtingen.

Art. 45

Voorzitter

Het bestuursorgaan kiest uit zijn midden een voorzitter. Wanneer de helft van de leden benoemd wordt door de werknemers, mag alleen een lid dat door de algemene vergadering van aandeelhouders is benoemd, tot voorzitter worden gekozen.

AFDELING 3

Voorschriften die het monistische en het dualistische stelsel gemeen hebben

Art. 46

Benoeming voor zes jaar

– 1. De leden van de vennootschapsorganen worden benoemd voor een in de statuten bepaalde termijn van ten hoogste zes jaar.

– 2. Behoudens in de statuten vastgestelde beperkingen kunnen de leden een of meer malen opnieuw worden benoemd voor de overeenkomstig lid 1 vastgestelde termijn.

Art. 47

Lidmaatschap orgaan

– 1. In de statuten van de SE kan worden bepaald dat een vennootschap of een ander juridisch lichaam lid van een orgaan kan zijn, tenzij dit in de wetgeving inzake naamloze vennootschappen van de lidstaat waar de SE haar statutaire zetel heeft, anders is bepaald.

De vennootschap of het andere juridisch lichaam wijst voor de uitoefening van de bevoegdheden in het betrokken orgaan een natuurlijke persoon als vertegenwoordiger aan.

– 2. Personen die

a) volgens het recht van de lidstaat waar de SE haar statutaire zetel heeft, geen deel mogen uitmaken van het overeenkomstige orgaan van een onder het recht van die lidstaat ressorterende naamloze vennootschap,

b) geen deel mogen uitmaken van het overeenkomstige orgaan van een onder het recht van een lidstaat ressorterende naamloze vennootschap ingevolge een in een lidstaat gegeven administratieve of rechterlijke beslissing,

kunnen geen lid zijn van een orgaan van de SE, noch een lid vertegenwoordigen als bedoeld in lid 1.

– 3. In de statuten van de SE kunnen, overeenkomstig de wetgeving inzake naamloze vennootschappen van de lidstaat waar de SE haar statutaire zetel heeft, voor de benoembaarheid van de leden die de aandeelhouders vertegenwoordigen bijzondere voorwaarden worden gesteld.

– 4. Deze verordening doet geen afbreuk aan de nationale bepalingen op grond waarvan een minderheid van de aandeelhouders of andere personen of instanties een deel van de leden van een vennootschapsorgaan kunnen benoemen.

Art. 48

Goedkeuring of uitdrukkelijk besluit

– 1. In de statuten van de SE worden de categorieën handelingen genoemd waarvoor in het dualistische stelsel het leidinggevend orgaan de goedkeuring van het toezichthoudend orgaan moet krijgen of waarvoor het bestuursorgaan in het monistische stelsel een uitdrukkelijk besluit moet nemen.

Een lidstaat kan evenwel bepalen dat in het dualistische stelsel het toezichthoudend orgaan zelf bepaalde categorieën handelingen aan goedkeuring kan onderwerpen.

– 2. Een lidstaat kan bepalen welke categorieën handelingen ten minste moeten worden vermeld in de statuten van de op zijn grondgebied ingeschreven SE's.

Art. 49

Geheimhouding

De leden van de organen van de SE mogen, ook nadat zij hun functie hebben beëindigd, geen ruchtbaarheid geven aan de te hunner beschikking staande inlichtingen over de SE waarvan de openbaarmaking de belangen van de vennootschap zou kunnen schaden, behalve in gevallen waarin deze openbaarmaking krachtens de bepalingen van nationaal recht die op naamloze vennootschappen van toepassing zijn of om redenen van algemeen belang verplicht of toegestaan is.

Art. 50

Quorum

– 1. Behoudens wanneer dit in deze verordening of in de statuten anders is bepaald, gelden voor het quorum en de besluitvorming in de organen van de SE de volgende interne voorschriften:

a) quorum: ten minste de helft van de leden moet aanwezig of vertegenwoordigd zijn;

b) besluitvorming: geschiedt bij meerderheid van de aanwezige of vertegenwoordigde leden.

– 2. Bij ontstentenis van een desbetreffende statutaire bepaling is de stem van de voorzitter van elk orgaan doorslaggevend bij staking van stemmen. Een andersluidende statutaire bepaling is evenwel uitgesloten wanneer het toezichthoudend orgaan voor de helft uit werknemersvertegenwoordigers bestaat.

– 3. Wanneer de medezeggenschap van de werknemers overeenkomstig Richtlijn 2001/86/EG is geregeld, kan een lidstaat bepalen dat voor het quorum en de besluitvorming van het toezichthoudend orgaan, in afwijking van de leden 1 en 2, de regels gelden die onder dezelfde voorwaarden van toepassing zijn op de naamloze vennootschappen welke onder het recht van de betrokken lidstaat ressorteren.

Art. 51

Aansprakelijkheid

De leden van het leidinggevend, het toezichthoudend of het bestuursorgaan zijn overeenkomstig de voor naamloze vennootschappen geldende voorschriften van de lidstaat waar de SE haar statutaire zetel heeft, aansprakelijk voor de schade die de SE ondervindt door het niet nakomen van de wettelijke, statutaire of andere verplichtingen welke uit hoofde van hun functie op hen rusten.

AFDELING 4
Algemene vergadering

Art. 52

Bevoegdheid

De algemene vergadering besluit over de aangelegenheden waarvoor haar een specifieke bevoegdheid is verleend bij:
a) deze verordening,
b) de wetgeving van de lidstaat waar de SE haar statutaire zetel heeft, die ter uitvoering van Richtlijn 2001/86/EG vastgesteld is.
Tevens besluit de algemene vergadering over aangelegenheden waarvoor aan de algemene vergadering van een naamloze vennootschap die onder het recht ressorteert van de lidstaat waar de SE haar statutaire zetel heeft, bevoegdheid is verleend, hetzij bij de wetgeving van die lidstaat, hetzij bij de statuten overeenkomstig diezelfde wetgeving.

Art. 53

Toepasselijk recht

Onverminderd de voorschriften van deze afdeling, worden de organisatie en het verloop van de algemene vergadering, alsmede de stemprocedure, geregeld in de wetgeving inzake naamloze vennootschappen van de lidstaat waar de SE haar statutaire zetel heeft.

Art. 54

Frequentie bijeenkomen

– 1. De algemene vergadering komt ten minste eenmaal per kalenderjaar bijeen, uiterlijk zes maanden na de afsluiting van het boekjaar, tenzij in de wetgeving van de lidstaat waar de SE haar statutaire zetel heeft, met betrekking tot naamloze vennootschappen die hetzelfde soort werkzaamheden uitoefenen als de SE, een hogere frequentie is voorgeschreven. Een lidstaat kan echter bepalen dat de eerste algemene vergadering binnen 18 maanden na de oprichting van de SE mag plaatsvinden.
– 2. De algemene vergadering kan te allen tijde worden bijeengeroepen door het leidinggevend orgaan, het bestuursorgaan, het toezichthoudend orgaan, of elk ander orgaan of bevoegde instantie overeenkomstig de nationale wetgeving inzake naamloze vennootschappen van de staat waar de SE haar statutaire zetel heeft.

Art. 55

Verzoek tot bijeenroeping

– 1. Het verzoek tot bijeenroeping van de algemene vergadering en tot vaststelling van de agenda kan worden gedaan door één of meer aandeelhouders die gezamenlijk ten minste 10 % van het geplaatste kapitaal vertegenwoordigen; er kan een lager percentage worden vastgesteld in de statuten of in de nationale wetgeving, op dezelfde voorwaarden als die welke voor naamloze vennootschappen gelden.
– 2. In het verzoek tot bijeenroeping wordt aangegeven welke punten op de agenda zullen worden geplaatst.
– 3. Indien na de indiening van het verzoek overeenkomstig lid 1 de algemene vergadering niet tijdig, in elk geval binnen een termijn van ten hoogste twee maanden, wordt gehouden, kan de bevoegde rechterlijke of administratieve instantie van de plaats waar de SE haar statutaire zetel heeft, de bijeenroeping van een algemene vergadering binnen een bepaalde termijn gelasten of daarvoor aan de aandeelhouders die het verzoek hebben gedaan, of aan hun vertegenwoordigers, toestemming verlenen. Nationale bepalingen op grond waarvan de aandeelhouders zelf de algemene vergadering bijeen kunnen roepen, blijven onverlet.

Art. 56

Nieuwe punten

Een of meer aandeelhouders die gezamenlijk ten minste 10 % van het geplaatste kapitaal vertegenwoordigen, kan of kunnen verzoeken om één of meer nieuwe punten op de agenda van een algemene vergadering te plaatsen. De voor een dergelijk verzoek geldende termijnen en procedures worden vastgesteld in de nationale wetgeving van de lidstaat waar de SE haar statutaire zetel heeft of bij gebreke van wetgeving in de statuten van de SE. Dit percentage kan lager worden gesteld in de statuten of in de wetgeving van de lidstaat van de statutaire zetel, onder dezelfde voorwaarden als die welke voor naamloze vennootschappen gelden.

Art. 57

Vereiste meerderheid

De besluiten van de algemene vergadering worden genomen bij meerderheid van de geldig uitgebrachte stemmen, tenzij in deze verordening of anders in de wetgeving inzake naamloze vennootschappen van de lidstaat waar de SE haar statutaire zetel heeft, een grotere meerderheid voorgeschreven is.

Art. 58

Uitgebrachte stemmen

De uitgebrachte stemmen omvatten niet de stemmen die verbonden zijn aan aandelen ten aanzien waarvan de aandeelhouder niet aan de stemming heeft deelgenomen of zich heeft onthouden, dan wel blanco of ongeldig heeft gestemd.

Art. 59

Wijziging statuten

– 1. Voor de wijziging van de statuten van de SE is een besluit van de algemene vergadering vereist dat met een meerderheid van ten minste tweederde van de uitgebrachte stemmen wordt genomen, tenzij bij de wetgeving inzake naamloze vennootschappen van de lidstaat waar de SE haar statutaire zetel heeft, een grotere meerderheid is voorgeschreven of toegestaan.

– 2. Een lidstaat kan evenwel bepalen dat, indien ten minste de helft van het geplaatste kapitaal vertegenwoordigd is, met een gewone meerderheid van de in lid 1 genoemde stemmen kan worden volstaan.

– 3. Elke wijziging van de statuten van de SE wordt overeenkomstig artikel 13 openbaar gemaakt.

Art. 60

Afzonderlijke stemming

– 1. Indien een SE twee of meer categorieën aandelen heeft, is voor elk besluit van de algemene vergadering een afzonderlijke stemming vereist voor elke categorie aandeelhouders aan wier specifieke rechten afbreuk wordt gedaan door het besluit.

– 2. Indien voor het besluit van de algemene vergadering de in artikel 59, leden 1 en 2, voorgeschreven meerderheid van stemmen vereist is, wordt deze meerderheid eveneens verlangd voor de afzonderlijke stemming door elke categorie aandeelhouders aan wier specifieke rechten afbreuk wordt gedaan door het besluit.

TITEL IV

Jaarrekening en geconsolideerde jaarrekening

Art. 61

Toepasselijk recht

Behoudens artikel 62 is de SE met betrekking tot de opstelling van haar jaarrekening en, in voorkomend geval, van haar geconsolideerde jaarrekening, met inbegrip van het begeleidend jaarverslag, de controle en de openbaarmaking, onderworpen aan de wetgeving inzake naamloze vennootschappen van de lidstaat waar de SE haar statutaire zetel heeft.

Art. 62

Krediet- of financiële instelling

– 1. Een SE die een kredietinstelling of financiële instelling is, is met betrekking tot de opstelling van haar jaarrekening en, in voorkomend geval, van haar geconsolideerde jaarrekening, met inbegrip van het begeleidend jaarverslag, de controle daarop en de openbaarmaking daarvan, onderworpen aan de ter uitvoering van Richtlijn 2000/12/EG van het Europees Parlement en de Raad van 20 maart 2000 betreffende de toegang tot en de uitoefening van de werkzaamheden van kredietinstellingen (1) vastgestelde voorschriften van het recht van de lidstaat waar die SE haar statutaire zetel heeft.

– 2. Een SE die een verzekeringsonderneming is, is met betrekking tot de opstelling van haar jaarrekening en, in voorkomend geval, van haar geconsolideerde jaarrekening, met inbegrip van het begeleidend jaarverslag, de controle daarop en de openbaarmaking daarvan, onderworpen aan de ter uitvoering van Richtlijn 91/674/EEG van de Raad van 19 december 1991 betreffende de jaarrekening en de geconsolideerde jaarrekening van verzekeringsondernemingen (2) vastgestelde voorschriften van het recht van de lidstaat waar die SE haar statutaire zetel heeft.

TITEL V

Ontbinding, liquidatie, insolventie en staking van de betalingen

Art. 63

Toepasselijk recht

Inzake ontbinding, liquidatie, insolventie, staking van de betalingen en soortgelijke procedures gelden voor de SE de wettelijke voorschriften die van toepassing zouden zijn op een naamloze vennootschap die is opgericht overeenkomstig het recht van de lidstaat waar de SE haar statutaire zetel heeft, met inbegrip van de regels inzake besluitvorming in de algemene vergadering.

Art. 64

Maatregelen

– 1. Wanneer een SE niet meer aan de verplichting van artikel 7 voldoet, neemt de lidstaat

(1) *PB* L 126 van 26.5.2000, blz. 1.
(2) *PB* L 374 van 31.12.1991, blz. 7.

waar de SE haar statutaire zetel heeft maatregelen om de SE ertoe te dwingen haar situatie binnen een bepaalde termijn te regulariseren door:
a) ofwel haar hoofdbestuur opnieuw in de lidstaat van de statutaire zetel te vestigen;
b) ofwel haar statutaire zetel te verplaatsen volgens de procedure van artikel 8.
– 2. De lidstaat waar de SE haar statutaire zetel heeft, neemt de nodige maatregelen om ervoor te zorgen dat een SE die nalaat haar situatie overeenkomstig lid 1 te regulariseren, aan een liquidatieprocedure onderworpen wordt.
– 3. De lidstaat waar de SE haar statutaire zetel heeft, zorgt ervoor dat tegen vaststellingen van inbreuken op artikel 7 rechtsmiddelen openstaan. Het rechtsmiddel heeft een schorsende werking op de in de leden 1 en 2 bedoelde procedures.
– 4. Wanneer, op initiatief van de autoriteiten dan wel op initiatief van eender welke belanghebbende partij, wordt geconstateerd dat een SE haar hoofdbestuur op het grondgebied van een lidstaat heeft in inbreuk op artikel 7, stellen de autoriteiten van deze lidstaat de lidstaat van de statutaire zetel daarvan onverwijld in kennis.

Art. 65

Openbaarmaking

Onverminderd de voorschriften van nationaal recht die bijkomende maatregelen op het gebied van openbaarmaking voorschrijven, worden het inleiden en het beëindigen van een procedure tot ontbinding, liquidatie, insolventie of staking van de betalingen, alsmede beslissingen tot voortzetting van het bedrijf, overeenkomstig artikel 13 openbaar gemaakt.

Art. 66

Omzetting

– 1. Een SE kan worden omgezet in een naamloze vennootschap naar het recht van de lidstaat waar zij haar statutaire zetel heeft. Een omzettingsbesluit kan pas worden genomen twee jaar na de inschrijving van de SE en nadat de eerste twee jaarrekeningen zijn goedgekeurd.
– 2. De omzetting van een SE in een naamloze vennootschap leidt noch tot ontbinding van de vennootschap, noch tot oprichting van een nieuwe rechtspersoon.
– 3. Het leidinggevend of het bestuursorgaan van de SE stelt een voorstel tot omzetting op, alsmede een verslag waarin de juridische en economische aspecten van de omzetting worden toegelicht en onderbouwd, en waarin de gevolgen van de keuze van de naamloze vennootschap als rechtsvorm voor de aandeelhouders en voor de werknemers worden uiteengezet.
– 4. Het voorstel tot omzetting wordt, ten minste een maand vóór de datum van de algemene vergadering die zich over de omzetting moet uitspreken, openbaar gemaakt op de overeenkomstig artikel 3 van Richtlijn 68/151/EEG in de wetgeving van elke lidstaat vastgestelde wijze.
– 5. Vóór de in lid 6 bedoelde algemene vergadering wordt door een of meer onafhankelijke deskundigen die volgens de ter uitvoering van artikel 10 van Richtlijn 78/855/EEG vastgestelde nationale voorschriften zijn aangewezen of toegelaten door een rechterlijke of administratieve instantie in de lidstaat waaronder de in een naamloze vennootschap om te zetten SE ressorteert, vastgesteld dat de vennootschap over activa beschikt die minimaal overeenstemmen met haar kapitaal.
– 6. De algemene vergadering van de SE keurt het voorstel tot omzetting en de statuten van de naamloze vennootschap goed. Het besluit van de algemene vergadering wordt genomen volgens de ter uitvoering van artikel 7 van Richtlijn 78/855/EEG vastgestelde nationale voorschriften.

TITEL VI
Aanvullende bepalingen en overgangsbepalingen

Art. 67

Valuta

– 1. Elke lidstaat mag, indien en zolang de derde fase van de Europese Monetaire Unie voor hem niet van toepassing is, op de SE's met statutaire zetel op zijn grondgebied dezelfde voorschriften toepassen als voor de onder zijn wetgeving ressorterende naamloze vennootschappen gelden ten aanzien van de valuta waarin hun kapitaal luidt. Een SE mag haar kapitaal in elk geval ook in euro laten luiden. In dat geval is de omrekeningskoers tussen de nationale valuta en de euro de koers van de laatste dag van de maand voorafgaand aan de oprichting van de SE.
– 2. Indien en zolang de derde fase van de Europese Monetaire Unie niet van toepassing is op de lidstaat waar een SE haar statutaire zetel heeft, mag de SE evenwel haar jaarrekening en, in voorkomend geval, haar geconsolideerde jaarrekening in euro opstellen. De lidstaat mag verlangen dat de jaarrekening en, in voorkomend geval, de geconsolideerde jaarrekening van de SE in de nationale valuta worden opgesteld en openbaar gemaakt onder dezelfde voorwaarden als die welke gelden voor onder het recht van die lidstaat ressorterende naamloze vennootschappen. Een en ander neemt niet weg dat de SE daarnaast haar jaarrekening en, in voorko-

mend geval, haar geconsolideerde jaarrekening, overeenkomstig Richtlijn 90/604/EEG [1], in euro openbaar mag maken.

TITEL VII
Slotbepalingen

Art. 68

Toepassing verordening

– 1. De lidstaten treffen de nodige maatregelen om ervoor te zorgen dat deze verordening metterdaad wordt toegepast.
– 2. Elke lidstaat wijst de bevoegde autoriteiten als bedoeld in de artikelen 8, 25, 26, 54, 55 en 64 aan. Hij stelt de Commissie en de andere lidstaten daarvan in kennis.

Art. 69

Verslag

Uiterlijk vijf jaar na de inwerkingtreding van deze verordening brengt de Commissie aan de Raad en het Europees Parlement verslag uit over de toepassing van de verordening en stelt zij in voorkomend geval wijzigingen voor. In het verslag wordt met name beoordeeld:
a) of kan worden toegestaan dat het hoofdbestuur en de statutaire zetel van een SE in verschillende lidstaten gelegen zijn;
b) of 'fusie' in de zin van artikel 17, lid 2, kan worden verruimd zodat ook andere soorten fusies dan de in artikel 3, lid 1, en artikel 4, lid 1, van Richtlijn 78/855/EEG beschreven soorten toegestaan zijn;
c) of de bevoegdheidsclausule van artikel 8, lid 16, moet worden aangepast in het licht van een bepaling die opgenomen mocht zijn in het Verdrag van Brussel van 1968 of in een door de lidstaten of door de Raad aan te nemen tekst ter vervanging van dat verdrag;
d) of kan worden toegestaan dat een lidstaat in zijn wetgeving, ter uitvoering van op grond van deze verordening aan de lidstaten verleende machtigingen of met het oog op de effectieve toepassing van deze verordening ten aanzien van de SE, de mogelijkheid biedt in haar statuten bepalingen op te nemen die afwijken van of een aanvulling vormen op die wetgeving, zelfs indien dergelijke voorschriften niet toegestaan zouden zijn in de statuten van naamloze vennootschappen met statutaire zetel op zijn grondgebied.

Art. 70

Inwerkingtreding

Deze verordening treedt in werking op 8 oktober 2004.

BIJLAGE I

Naamloze venootschappen bedoeld in artikel 2, lid 1

BELGIË:
de naamloze vennootschap/la société anonyme
BULGARIJE:
акционерно дружество
TSJECHIË:
akciová společnost
DENEMARKEN:
aktieselskaber
DUITSLAND:
die Aktiengesellschaft
ESTLAND:
aktsiaselts
GRIEKENLAND:
ανώνυμη εταιρια
SPANJE:
la sociedad anónima
FRANKRIJK:
la société anonyme
IERLAND:
public companies limited by shares
public companies limited by guarantee having a share capital
ITALIË:
società per azioni
CYPRUS:

(1) Richtlijn 90/604/EEG van de Raad van 8 november 1990 tot wijziging van Richtlijn 78/660/EEG betreffende de jaarrekening en van Richtlijn 83/349/EEG betreffende de geconsolideerde jaarrekening in verband met de afwijkingen voor kleine en middelgrote vennootschappen en de openbaarmaking van deze jaarrekening in ecu (*PB* L 317 van 16.11.1990, blz. 57).

Δημïσια Εταιρεΰα περιοριομΰνηω ευφηνηω ηε ηετοψΰω, Δημïσια Εταιρεΰα περιοριο-μΰνηω ευφηνηω ηε εγγΰηση
LETLAND:
akciju sabiedrība
LITOUWEN:
akcinės bendrovės
LUXEMBURG:
la société anonyme
HONGARIJE:
részvénytársaság
MALTA:
kumpaniji pubbliċi / public limited liability companies
NEDERLAND:
de naamloze vennootschap
OOSTENRIJK:
die Aktiengesellschaft
POLEN:
spólka akcyjna
PORTUGAL:
a sociedade anónima de responsabilidade limitada
ROEMENIË:
societate pe acţiuni
SLOVENIË:
delniška družba
SLOWAKIJE:
akciová spoločnos
FINLAND:
julkinen osakeyhtiö/publikt aktiebolag
ZWEDEN:
publikt aktiebolag
VERENIGD KONINKRIJK:
public companies limited by shares
public companies limited by guarantee having a share capital

BIJLAGE II

Naamloze vennootschappen en vennootschappen met beperkte aansprakelijkheid, bedoeld in artikel 2, lid 2

BELGIË:
de naamloze vennootschap/la société anonyme,
de besloten vennootschap met beperkte aansprakelijkheid/la société privée à responsabilité limitée
BULGARIJE:
акционерно дружество, дружество с ограничена отговорност
TSJECHIË:
akciová společnost,
společnost s ručením omezeným
DENEMARKEN:
aktieselskaber,
anpartselskaber
DUITSLAND:
die Aktiengesellschaft,
die Gesellschaft mit beschränkter Haftung
ESTLAND:
aktsiaselts ja osaühing
GRIEKENLAND:
ανώνυμη εταιρια
εταιρια περιοριομΰνφηνηω
SPANJE:
la sociedad anónima,
la sociedad de responsabilidad limitada

FRANKRIJK:
la société anonyme,
la société à responsabilité limitée
IERLAND:
public companies limited by shares,
public companies limited by guarantee having a share capital,
private companies limited by shares,
private companies limited by guarantee having a share capital
ITALIË:
società per azioni,
società a responsabilità limitata
CYPRUS:
Δημΐσια εταιρεΰα περιοριομΰνηω ευφῃνηω ηε ηετοψΰω,
δημΐσια Εταιρεΰα περιοριομΰνηω ευφῃνηω ηε εγγῃηση,
ιδιςτική εταιρεΰα
LETLAND:
akciju sabiedrība,
un sabiedrība ar ierobežotu atbildību
LITOUWEN:
akcinės bendrovės,
uždarosios akcinės bendrovės
LUXEMBURG:
la société anonyme,
la société à responsabilité limitée
HONGARIJE:
részvénytársaság,
korlátolt felelösségü társaság
MALTA:
kumpaniji publiċi / public limited liability companies
kumpaniji privati / private limited liability companies
NEDERLAND:
de naamloze vennootschap,
de besloten vennootschap met beperkte aansprakelijkheid
OOSTENRIJK:
die Aktiengesellschaft,
die Gesellschaft mit beschränkter Haftung
POLEN:
spólka akcyjna,
spólka z ograniczoną odpowiedzialnością
PORTUGAL:
a sociedade anónima de responsabilidade limitada,
a sociedade por quotas de responsabilidade limitada
ROEMENIË:
societate pe acțiuni, societate cu răspundere limitată
SLOVENIË:
delniška družba,
družba z omejeno odgovornostjo
SLOWAKIJE:
akciová spoločnos',
spoločnost' s ručením obmedzeným
FINLAND:
osakeyhtiö/aktiebolag
ZWEDEN:
aktiebolag
VERENIGD KONINKRIJK:
public companies limited by shares,
public companies limited by guarantee having a share capital,
private companies limited by shares,
private companies limited by guarantee having a share capital

Wet van 17 maart 2005, Stb. 150, tot uitvoering van verordening (EG) Nr. 2157/2001 van de Raad van de Europese Unie van 8 oktober 2001 betreffende het statuut van de Europese vennootschap (SE), zoals dezet wet is gewijzigd bij de Wet van 22 maart 2007, Stb. 153

[Inwerkingtreding: 01-04-2005]

Wij Beatrix, bij de gratie Gods, Koningin der Nederlanden, Prinses van Oranje-Nassau, enz. enz. enz.

Allen, die deze zullen zien of horen lezen, saluut! doen te weten:

Alzo Wij in overweging genomen hebben, dat Verordening (EG) 2157/2001 van de Raad van de Europese Unie van 8 oktober 2001 betreffende het statuut van de Europese vennootschap (SE) (*PbEG* L 294) moet worden uitgevoerd;

Zo is het, dat Wij, de Raad van State gehoord, en met gemeen overleg der Staten-Generaal, hebben goedgevonden en verstaan, gelijk Wij goedvinden en verstaan bij deze:

HOOFDSTUK 1
Algemene bepalingen

Art. 1

Verordening

Voor de toepassing van de artikelen 2 tot en met 22 van deze wet wordt onder 'Verordening' verstaan de Verordening (EG) nr. 2157/2001 van de Raad van de Europese Unie van 8 oktober 2001 betreffende het statuut van de Europese vennootschap (SE) (*PbEG* L 294).

Art. 2

Oprichting Europese NV

Een vennootschap in de zin van artikel 2, vijfde lid, van de Verordening kan deelnemen aan de oprichting van een Europese naamloze vennootschap met statutaire zetel in Nederland.

Art. 3

Zetelverplaatsing

Ten behoeve van de verplaatsing van de statutaire zetel naar een andere lidstaat van de Europese Gemeenschap, legt een Europese naamloze vennootschap met statutaire zetel in Nederland een voorstel tot zetelverplaatsing als bedoeld in artikel 8, tweede lid, van de Verordening neer ten kantore van het handelsregister. De Europese naamloze vennootschap kondigt in een landelijk verspreid dagblad aan dat het voorstel is neergelegd, met opgave van het handelsregister waar het voorstel ligt en van het adres waar krachtens artikel 8, vierde lid, van de Verordening van het voorstel kennis kan worden genomen.

Art. 4

Zekerheid

– 1. Een Europese naamloze vennootschap met statutaire zetel in Nederland die tot zetelverplaatsing naar een andere lidstaat van de Europese Gemeenschap wil overgaan moet, op straffe van gegrondverklaring van een verzet als bedoeld in lid 2, voor iedere schuldeiser die dit verlangt zekerheid stellen of hem een andere waarborg geven voor de voldoening van zijn vordering die voor de zetelverplaatsing is ontstaan of kan ontstaan. Dit geldt niet, indien de schuldeiser voldoende waarborgen heeft of de vermogenstoestand van de vennootschap voldoende zekerheid biedt dat de vordering zal worden voldaan.

– 2. Tot twee maanden nadat de vennootschap de nederlegging van het voorstel tot zetelverplaatsing heeft aangekondigd kan iedere schuldeiser door een verzoekschrift aan de rechtbank tegen het voorstel tot zetelverplaatsing in verzet komen met vermelding van de waarborg die wordt verlangd.

– 3. Voordat de rechter beslist, kan hij de vennootschap in de gelegenheid stellen binnen een door hem te stellen termijn een door hem omschreven waarborg te geven.

– 4. Indien tijdig verzet is gedaan, mag de verklaring in de zin van artikel 8, achtste lid, van de Verordening eerst worden afgegeven, zodra het verzet is ingetrokken of de opheffing van het verzet uitvoerbaar is.

– 5. Indien de zetelverplaatsing al heeft plaatsgevonden, kan de rechter op een ingesteld rechtsmiddel het stellen van een door hem omschreven waarborg bevelen en daaraan een dwangsom verbinden.

Art. 5

Geen rechtsgevolg

– 1. De zetelverplaatsing van een Europese naamloze vennootschap met statutaire zetel in Nederland naar een andere lidstaat van de Europese Gemeenschap heeft geen rechtsgevolg wanneer Onze Minister van Justitie zich daartegen verzet om redenen van algemeen belang door nederlegging van een daarop betrekking hebbende verklaring ten kantore van het handelsregister, binnen twee maanden na de aankondiging van de nederlegging van het voorstel. Tegen het verzet staat voor de Europese naamloze vennootschap beroep open bij het College van beroep voor het bedrijfsleven. De verklaring in de zin van artikel 8, achtste lid, van de Ver-

ordening mag eerst worden afgegeven, zodra het verzet is ingetrokken of de opheffing van het verzet onherroepelijk is.
– 2. Voor de toepassing van artikel 8, veertiende lid, tweede alinea, van de Verordening zijn de laatste twee zinnen van het eerste lid van overeenkomstige toepassing.

Art. 6

Register

– 1. Als register voor de inschrijving van een Europese naamloze vennootschap met statutaire zetel in Nederland of van een Nederlandse nevenvestiging van een Europese naamloze vennootschap wordt aangewezen: het handelsregister bedoeld in artikel 2 van de Handelsregisterwet 2007.
– 2. Bij inschrijving van de zetelverplaatsing van een Europese naamloze vennootschap naar Nederland wordt een notariële akte die de statuten van de vennootschap bevat en is verleden door een notaris met standplaats in Nederland neergelegd ten kantore van het handelsregister. De artikelen 65 en 69 van boek 2 van het Burgerlijk Wetboek zijn van overeenkomstige toepassing.

Art. 7

Deelneming aan fusie

Een vennootschap met statutaire zetel in Nederland kan niet aan de oprichting van een Europese naamloze vennootschap door fusie deelnemen wanneer Onze Minister van Justitie zich daartegen verzet om redenen van algemeen belang door nederlegging van een daarop betrekking hebbende verklaring ten kantore van het handelsregister binnen een maand na de bekendmaking van de gegevens als bedoeld in artikel 21 van de Verordening. Tegen het verzet staat voor de vennootschap beroep open bij het College van beroep voor het bedrijfsleven. De deelneming aan de fusie heeft eerst rechtsgevolg zodra het verzet is ingetrokken of de opheffing van het verzet onherroepelijk is.

Art. 8

Nederlegging voorstel

– 1. Voor de toepassing van artikel 32, derde lid, van de Verordening legt elke initiatief nemende vennootschap met statutaire zetel in Nederland ten kantore van het handelsregister neer:
a. het voorstel tot oprichting van een Europese naamloze vennootschap;
b. een schriftelijk verslag als bedoeld in artikel 32, vierde lid, van de Verordening.
– 2. Tegelijkertijd leggen de leidinggevende of de bestuursorganen de stukken neer ten kantore van de initiatief nemende vennootschap of, bij gebreke van een kantoor, aan de woonplaats van een bestuurder. De stukken liggen tot het tijdstip van de oprichting van de holding-SE ter inzage voor de aandeelhouders. In dit tijdvak kunnen zij kosteloos een afschrift daarvan krijgen.
– 3. Een initiatief nemende vennootschap met statutaire zetel in Nederland kondigt in een landelijk verspreid dagblad aan dat de stukken zijn neergelegd, met opgave van de openbare registers waar zij liggen en van het adres waar zij krachtens het tweede lid ter inzage liggen.
– 4. Indien de leidinggevende of de bestuursorganen het voorstel tot oprichting van een holding-SE wijzigen, is dit artikel van overeenkomstige toepassing.

Art. 9

Verklaring

Ter uitvoering van artikel 33, derde lid, van de Verordening deponeert elke initiatief nemende vennootschap met statutaire zetel in Nederland ten kantore van het handelsregister een verklaring dat aan alle voorwaarden voor de oprichting van een Europese naamloze vennootschap is voldaan en kondigt zij de nederlegging aan in een landelijk verspreid dagblad.

Art. 10

Voorstel tot omzetting

De naamloze vennootschap met statutaire zetel in Nederland die overeenkomstig artikel 37 van de Verordening een voorstel tot omzetting in een Europese naamloze vennootschap heeft opgesteld, legt het voorstel neer ten kantore van het handelsregister en kondigt de nederlegging aan in een landelijk verspreid dagblad.

Art. 11

Benoeming leden leidinggevend orgaan

– 1. De benoeming van de leden van het leidinggevend orgaan geschiedt door het toezichthoudend orgaan, tenzij in de statuten is bepaald dat benoeming geschiedt door de algemene vergadering van aandeelhouders.
– 2. Voor de toepassing van artikel 39, tweede lid, van de Verordening zijn de artikelen 133 en 134 van boek 2 van het Burgerlijk Wetboek van overeenkomstige toepassing op de Europese naamloze vennootschap met statutaire zetel in Nederland.

Art. 12

Schakelbepaling

Voor de toepassing van artikel 39, derde lid, van de Verordening is artikel 134, vierde lid, van boek 2 van het Burgerlijk Wetboek van overeenkomstige toepassing op de Europese naamloze vennootschap met statutaire zetel in Nederland.

Art. 13

Aantal leden

Het bestuursorgaan als bedoeld in artikel 43 van de Verordening bestaat uit ten minste drie leden.

Art. 14

Voor de toepassing van artikel 47, eerste lid, van de Verordening geldt dat de leden van het bestuursorgaan die overeenkomstig een onderlinge taakverdeling niet belast zijn met het uitvoerend bestuur, natuurlijke personen moeten zijn. **Natuurlijke personen**

Art. 15

Voor de toepassing van artikel 54 van de Verordening geldt dat de eerste algemene vergadering van aandeelhouders binnen achttien maanden na de oprichting mag plaatsvinden. **Bijeenkomen algemene vergadering**

Art. 16

Voor de toepassing van artikel 56 van de Verordening is artikel 114*a* van boek 2 van het Burgerlijk Wetboek van overeenkomstige toepassing op een Europese naamloze vennootschap met statutaire zetel in Nederland. **Schakelbepaling**

Art. 17

Voor de toepassing van artikel 59 van de Verordening geldt dat een besluit tot statutenwijziging waaromtrent bij de statuten geen grotere meerderheid is voorgeschreven, wordt genomen bij volstrekte meerderheid van de uitgebrachte stemmen in een vergadering waarin ten minste de helft van het geplaatste kapitaal is vertegenwoordigd. **Vereiste meerderheid**

Art. 18

Een Europese naamloze vennootschap met statutaire zetel in Nederland wordt door de rechtbank op verzoek van het Openbaar Ministerie ontbonden indien het hoofdbestuur niet in Nederland is gevestigd. Alvorens de ontbinding uit te spreken kan de rechtbank de vennootschap in de gelegenheid stellen binnen een door haar te bepalen termijn het hoofdbestuur naar Nederland te verplaatsen dan wel de statutaire zetel te verplaatsen overeenkomstig artikel 8 van de Verordening. **Ontbinding**

Art. 19

De Europese naamloze vennootschap met statutaire zetel in Nederland die overeenkomstig artikel 66 van de Verordening een voorstel tot omzetting in een naamloze vennootschap heeft opgesteld, legt het voorstel neer ten kantore van het handelsregister en kondigt de nederlegging aan in een landelijk verspreid dagblad. **Omzetting**

Art. 20

Als bevoegde autoriteit in de zin van artikel 8, achtste lid, artikel 25, tweede lid, en artikel 26, eerste lid, van de Verordening wordt aangewezen: een notaris met vestigingsplaats in Nederland. **Notaris bevoegde autoriteit**

Art. 21

Als bevoegde autoriteit in de zin van artikel 55, derde lid, van de Verordening wordt aangewezen: de voorzieningenrechter van de rechtbank. **Voorzieningenrechter**

Art. 22

Als bevoegde autoriteit in de zin van artikel 64, vierde lid, van de Verordening wordt aangewezen: het hoofd van het ressortsparket te Amsterdam. **Hoofd ressortsparket**

HOOFDSTUK 2
Wijziging van andere wetten

Art. 23

Bevat wijzigingen in artikel 153 van het Burgerlijk Wetboek Boek 2.

Art. 24

Bevat wijzigingen in artikel 1 van de Wet op de economische delicten.

Art. 25

Bevat wijzigingen in de artikelen 1, 4, 17, 18, 18a en 25 van de Handelsregisterwet 1996.

HOOFDSTUK 3
Slotbepalingen

Art. 26

Deze wet wordt aangehaald als: Uitvoeringswet verordening Europese vennootschap. **Citeertitel**

Art. 27

Deze wet treedt in werking op een bij koninklijk besluit te bepalen tijdstip. **Inwerkingtreding**

Verordening van de Raad van 22 juli 2003, PbEU L 207 (Rectificatie PbEU 2007, L 49)

[Inwerkingtreding: 21-08-2003]

DE RAAD VAN DE EUROPESE UNIE,

Gelet op het Verdrag tot oprichting van de Europese Gemeenschap, en met name op artikel 308,

Gezien het voorstel van de Commissie [1],

Gezien het advies van het Europees Parlement [2],

Gezien het advies van het Europees Economisch en Sociaal Comité [3],

Overwegende hetgeen volgt:

(1) Het Europees Parlement heeft op 13 april 1983 een resolutie over de coöperatieve beweging in de Europese Gemeenschap [4] aangenomen, op 9 juli 1987 een resolutie over de bijdrage van de coöperaties aan de regionale ontwikkeling [5], op 26 mei 1989 een resolutie over de rol van vrouwen in coöperaties en plaatselijke werkgelegenheidsprojecten [6], op 11 februari 1994 een resolutie over de bijdrage van de coöperaties aan de regionale ontwikkeling [7], en op 18 september 1998 een resolutie over de rol van de coöperaties bij het bevorderen van werkgelegenheid voor vrouwen [8].

(2) De voltooiing van de interne markt en de daaruit voortvloeiende verbetering van de economische en sociale situatie in de gehele Gemeenschap vereisen niet alleen dat handelsbelemmeringen worden weggenomen, maar ook dat de productiestructuren aan de communautaire dimensie worden aangepast. Het is daartoe onontbeerlijk dat allerlei ondernemingen waarvan de activiteiten niet louter op de bevrediging van zuiver lokale behoeften zijn gericht, de reorganisatie van hun werkzaamheden op Gemeenschapsniveau kunnen uittekenen en uitvoeren.

(3) Het juridisch kader voor werkzaamheden in de Gemeenschap is nog grotendeels gebaseerd op de nationale wetgevingen en sluit derhalve niet goed aan bij het economische kader waarbinnen deze werkzaamheden zich moeten ontwikkelen als de doelstellingen van artikel 18 van het Verdrag moeten worden verwezenlijkt. Deze situatie is een aanmerkelijke belemmering voor het oprichten van samenwerkingsverbanden van ondernemingen uit verschillende lidstaten.

(4) De Raad heeft Verordening (EG) nr. 2157/2001 [9] aangenomen waarbij de rechtsvorm van de Europese vennootschap (SE) bepaald is overeenkomstig de algemene beginselen van de naamloze vennootschap. Dit is echter geen instrument dat is aangepast aan de specifieke aard van coöperaties.

(5) Ondernemingen kunnen weliswaar in Europese economische samenwerkingsverbanden (EESV), in de zin van Verordening (EEG) nr. 2137/85 [10], met behoud van hun autonomie, gezamenlijk bepaalde activiteiten bevorderen, doch het EESV beantwoordt als instrument niet aan de specifieke kenmerken van het coöperatieve streven.

(6) Vanuit haar zorg voor de inachtneming van gelijke concurrentievoorwaarden en met het oog op haar economische ontwikkeling, heeft de Gemeenschap de plicht aan coöperaties – een samenwerkingsvorm die in alle lidstaten is erkend – passende juridische instrumenten ter beschikking te stellen die het hun gemakkelijker kunnen maken hun werkzaamheden over de grenzen heen te ontwikkelen. De Verenigde Naties heeft alle regeringen opgeroepen om te zorgen voor een ondersteunend klimaat waarbinnen coöperaties op gelijke voet met andere ondernemingsvormen worden behandeld [11].

(7) Coöperaties zijn in de eerste plaats samenwerkingsverbanden van personen of juridische lichamen, met bedrijfsprincipes die verschillen van die van andere economische subjecten. Deze zijn onder meer het beginsel van democratische structuur en controle en van verdeling van het nettoresultaat van het boekjaar op billijke grondslag.

(1) *PB* C 99 van 21.4.1992, blz. 17 en *PB* C 236 van 31.8.1993, blz. 17.
(2) *PB* C 42 van 15.2.1993, blz. 75. Advies uitgebracht op 14 mei 2003 (nog niet bekendgemaakt in het *Publicatieblad*).
(3) *PB* C 223 van 31.8.1992, blz. 42.
(4) *PB* C 128 van 16.5.1983, blz. 51
(5) *PB* C 246 van 14.9.1987, blz. 94.
(6) *PB* C 158 van 26.6.1989, blz. 380.
(7) *PB* C 61 van 28.2.1994, blz. 231.
(8) *PB* C 313 van 12.10.1998, blz. 234.
(9) *PB* L 294 van 10.11.2001, blz. 1.
(10) *PB* L 119 van 31.7.1985, blz. 1.
(11) Resolutie aangenomen door de algemene vergadering van de 88e plenaire zitting van de Verenigde Naties, op 19 december 2001 (A/RES/56/114).

(8) Deze bijzondere beginselen behelzen met name de voorrang van de individuele persoon op het kapitaal, hetgeen tot uiting komt in specifieke bepalingen betreffende de voorwaarden inzake toetreding, uittreding en uitsluiting van leden, in de regel van het enkelvoudig persoonsgebonden stemrecht en in het feit dat de leden geen enkele aanspraak kunnen doen gelden op de activa van de coöperatie.
(9) Coöperaties hebben een maatschappelijk kapitaal en hun leden kunnen zowel personen als ondernemingen zijn. Deze leden kunnen geheel of ten dele bestaan uit afnemers, werknemers of leveranciers. Een coöperatie waarvan de leden zelf coöperatieve ondernemingen zijn, wordt topcoöperatie of ook wel 'secundaire' coöperatie genoemd. In sommige gevallen kan een coöperatie een bepaald percentage stille leden tellen, die louter als kapitaalverschaffer optreden, of derden die van de werkzaamheid van de coöperatie profiteren of die voor rekening van de coöperatie een werk uitvoeren.
(10) Een Europese coöperatieve vennootschap (hierna 'SCE' genoemd) dient als voornaamste doel te hebben de voldoening van de behoeften van haar leden en/of de ontwikkeling van hun economische en sociale activiteiten, met inachtneming van de volgende beginselen:
- haar activiteiten dienen tot wederzijds voordeel van haar leden te strekken opdat elk van hen van de activiteiten van de SCE profijt kan trekken naar rata van zijn deelneming;
- de leden dienen tevens afnemer, werknemer of leverancier te zijn of op enige wijze bij de activiteiten van de SCE betrokken te zijn;
- de zeggenschap over de SCE dient op billijke wijze over de leden verdeeld te zijn, maar gewogen stemmen kunnen worden toegestaan, om rekening te houden met de bijdrage van elk afzonderlijk lid aan de SCE;
- de beloning van het geleende kapitaal en van de deelnemingen dient beperkt te zijn;
- de winst dient naar rata van de met de SCE verrichte activiteiten te worden verdeeld of aangewend ter voldoening van de behoeften van de leden;
- de toetreding mag niet kunstmatig worden beperkt;
- het batig saldo en de reserves dienen na ontbinding verdeeld te worden volgens het beginsel van de belangeloze verdeling, d.w.z. aan een ander coöperatief lichaam dat soortgelijke doelstellingen of doeleinden van algemeen belang nastreeft.
(11) Er doen zich thans bij de grensoverschrijdende samenwerking tussen coöperaties in de Gemeenschap moeilijkheden van juridische en administratieve aard voor, die in een markt zonder grenzen uit de weg dienen te worden geruimd.
(12) De invoering van een Europees statuut voor coöperaties dat gebaseerd is op gemeenschappelijke beginselen, maar waarin rekening is gehouden met hun eigenheid, dient deze in de gelegenheid te stellen hun activiteiten over de landsgrenzen heen uit te breiden tot het gehele grondgebied van de Gemeenschap of een deel daarvan.
(13) Met deze verordening wordt in hoofdzaak nagestreefd dat een SCE kan worden opgericht door personen die in verschillende lidstaten woonachtig zijn of door juridische lichamen die onder het recht van verschillende lidstaten ressorteren. Deze verordening maakt het tevens mogelijk dat een SCE wordt opgericht door een fusie van twee bestaande coöperaties, of door omzetting – zonder ontbinding – van een nationale coöperatie, mits deze haar statutaire zetel en haar hoofdbestuur binnen een lidstaat heeft en in een andere lidstaat een vestiging of dochteronderneming bezit.
(14) Gezien het specifiek communautaire karakter van een SCE doet de 'werkelijke zetel'-regeling waarvoor in deze verordening ten aanzien van SCE's is gekozen, geen afbreuk aan de wetgeving van de lidstaten en wordt daarmee niet vooruitgelopen op in andere communautaire teksten inzake vennootschapsrecht te maken keuzes.
(15) Wanneer in deze verordening sprake is van kapitaal wordt daarmee uitsluitend het geplaatste kapitaal bedoeld. Dit heeft geen gevolgen voor onverdeelde gemeenschappelijke activa/onverdeeld aandelenkapitaal in de SCE.
(16) Andere terreinen van het recht zoals fiscaal recht, mededingingsrecht, intellectuele-eigendomsrecht en insolventierecht worden niet door deze verordening bestreken. Voor bovenstaande terreinen en andere niet door deze verordening bestreken terreinen zijn het recht van de lidstaten en het Gemeenschapsrecht van toepassing.
(17) De regelingen met betrekking tot de rol van de werknemers in de Europese Coöperatieve Vennootschap zijn vastgesteld in Richtlijn 2003/72/EG [12], en vormen derhalve een onlosmakelijk geheel met deze verordening en moeten gelijktijdig worden toegepast.
(18) De werkzaamheden betreffende de harmonisatie van het vennootschapsrecht van de lidstaten zijn aanzienlijk gevorderd, zodat voor de SCE op de gebieden waarop voor haar werking geen uniforme communautaire voorschriften vereist zijn, met het oog op een overeenkomstige toepassing kan worden verwezen naar sommige bepalingen die door de lidstaat waar de

(12) Zie blz. 25 van dit *Publicatieblad*.

SCE haar statutaire zetel heeft, zijn vastgesteld ter uitvoering van de richtlijnen inzake vennootschappen, voorzover die bepalingen passen in het kader van de regelgeving inzake de SCE, met name:
– Eerste Richtlijn 68/151/EEG van de Raad van 9 maart 1968 strekkende tot het coördineren van de waarborgen welke in de lidstaten worden verlangd van de vennootschappen in de zin van de tweede alinea van artikel 48 van het Verdrag, om de belangen te beschermen zowel van de deelnemers in deze vennootschappen als van derden, zulks teneinde die waarborgen gelijkwaardig te maken (13);
– Vierde Richtlijn 78/660/EEG van de Raad van 25 juli 1978 betreffende de jaarrekening van bepaalde vennootschapsvormen (14);
– Zevende Richtlijn 83/349/EEG van de Raad van 13 juni 1983 betreffende de geconsolideerde jaarrekening (15);
– Achtste Richtlijn 84/253/EEG van de Raad van 10 april 1984 inzake de toelating van personen, belast met de wettelijke controle van boekhoudbescheiden (16);
– Elfde Richtlijn 89/666/EEG van de Raad van 21 december 1989 betreffende de openbaarmakingsplicht voor in een lidstaat opgerichte bijkantoren van vennootschappen die onder het recht van een andere staat vallen (17).
(19) Met betrekking tot werkzaamheden in de sector financiële diensten, met name ten aanzien van kredietinstellingen en verzekeringsondernemingen, gelden wetgevende bepalingen, die vervat zijn in de volgende richtlijnen:
– Richtlijn 86/635/EEG van de Raad van 8 december 1986 betreffende de jaarrekening en de geconsolideerde jaarrekening van banken en andere financiële instellingen (18);
– Richtlijn 92/49/EEG van de Raad van 18 juni 1992 tot coördinatie van de wettelijke en bestuursrechtelijke bepalingen betreffende het directe verzekeringsbedrijf, met uitzondering van de levensverzekeringsbranche (derde richtlijn schadeverzekering) (19).
(20) Het gebruik van dit statuut dient facultatief te zijn,
HEEFT DE VOLGENDE VERORDENING VASTGESTELD:

HOOFDSTUK I
Algemene bepalingen

Vorm van de SCE

Art. 1

Vorm SCE

– 1. Onder de voorwaarden en op de wijze, bepaald in deze verordening, kunnen op het grondgebied van de Gemeenschap coöperatieve vennootschappen worden opgericht in de vorm van een Europese coöperatieve vennootschap (SCE).
– 2. De SCE is een vennootschap met een in aandelen verdeeld geplaatst kapitaal.
Ledenaantal en kapitaal van de SCE zijn veranderlijk.
Tenzij de statuten van de SCE bij haar oprichting anders bepalen, verbinden de leden zich slechts tot het bedrag van hun inbreng. Wanneer de leden van de SCE beperkt aansprakelijk zijn, eindigt de naam van de SCE met de vermelding 'met beperkte aansprakelijkheid'.
– 3. De SCE heeft tot voornaamste doel aan de behoeften van haar leden te voldoen en/of hun economische en sociale activiteiten te ontwikkelen, met name door met haar leden overeenkomsten te sluiten betreffende de levering van goederen, het verrichten van diensten of het uitvoeren van werken in het kader van de activiteit die de SCE uitoefent of laat uitoefenen. De SCE kan tevens tot doel hebben aan de behoeften van haar leden te voldoen door het bevorderen van hun deelneming aan economische activiteiten, op de hierboven genoemde wijze, in een of meer SCE's en/of nationale coöperaties. Een SCE kan haar activiteiten uitoefenen via een dochteronderneming.
– 4. Behoudens afwijkende bepalingen in de statuten mag de SCE derden die geen lid zijn, geen profijt van haar werkzaamheden laten trekken, noch laten deelnemen aan haar werkzaamheden.
– 5. De SCE bezit rechtspersoonlijkheid.

(13) *PB* L 65 van 14.3.1968, blz. 8. Richtlijn laatstelijk gewijzigd bij de Akte van Toetreding van 1994.
(14) *PB* L 222 van 14.8.1978, blz. 11. Richtlijn laatstelijk gewijzigd bij Richtlijn 2001/65/EG (*PB* L 283 van 27.10.2001, blz. 28).
(15) *PB* L 193 van 18.7.1983, blz. 1. Richtlijn laatstelijk gewijzigd bij Richtlijn 2001/65/EG.
(16) *PB* L 126 van 12.5.1984, blz. 20.
(17) *PB* L 395 van 30.12.1989, blz. 36.
(18) *PB* L 372 van 31.12.1986. Richtlijn laatstelijk gewijzigd bij Richtlijn 2001/65/EG.
(19) *PB* L 228 van 11.8.1992, blz. 1. Richtlijn laatstelijk gewijzigd bij Richtlijn 2002/13/EG (*PB* L 77 van 20.3.2002, blz. 17).

– 6. De rol van de werknemers in een SCE is onderworpen aan het bepaalde in Richtlijn 2003/72/EG.

Oprichting

Art. 2

Oprichting

– 1. De SCE kan als volgt worden opgericht:

– door ten minste vijf natuurlijke personen die in ten minste twee lidstaten woonachtig zijn;

– door ten minste vijf natuurlijke personen en vennootschappen in de zin van artikel 48, tweede alinea, van het Verdrag, en andere overeenkomstig het recht van een lidstaat opgerichte publiekrechtelijke of privaatrechtelijke lichamen, die woonachtig zijn in c.q. ressorteren onder het recht van ten minste twee verschillende lidstaten;

– door vennootschappen in de zin van artikel 48, tweede alinea, van het Verdrag en andere overeenkomstig het recht van een lidstaat opgerichte publiekrechtelijke of privaatrechtelijke lichamen die onder het recht van ten minste twee verschillende lidstaten ressorteren;

– door fusie van overeenkomstig het recht van een lidstaat opgerichte coöperaties met statutaire zetel en hoofdbestuur in de Gemeenschap, indien ten minste twee van die coöperaties onder het recht van verschillende lidstaten ressorteren;

– door omzetting van een coöperatie die overeenkomstig het recht van een lidstaat is opgericht en haar statutaire zetel en hoofdbestuur in de Gemeenschap heeft en sinds ten minste twee jaar een vestiging of een dochteronderneming heeft die onder het recht van een andere lidstaat ressorteert.

– 2. Een lidstaat kan bepalen dat een juridisch lichaam dat zijn hoofdbestuur niet in de Gemeenschap heeft, kan deelnemen aan de oprichting van een SCE, op voorwaarde dat het overeenkomstig het recht van een lidstaat is opgericht, zijn statutaire zetel in die lidstaat heeft en een daadwerkelijk en duurzaam verband met de economie van een lidstaat heeft.

Minimumkapitaal

Art. 3

Minimumkapitaal

– 1. Het kapitaal van de SCE luidt in de nationale valuta. Een SCE met statutaire zetel buiten de eurozone mag haar kapitaal ook in euro doen luiden.

– 2. Het geplaatste kapitaal bedraagt ten minste 30 000 EUR.

– 3. Wanneer de wettelijke voorschriften van een lidstaat een hoger bedrag aan geplaatst kapitaal voorschrijven voor juridische lichamen die bepaalde soorten activiteiten uitoefenen, zijn deze wettelijke voorschriften van toepassing op SCE's met statutaire zetel in die lidstaat.

– 4. In de statuten wordt bepaald beneden welk bedrag het geplaatste kapitaal niet mag worden verminderd door terugbetaling van aandelen van leden die niet langer deel uitmaken van de SCE. Dit bedrag mag niet lager zijn dan het in lid 2 vastgestelde bedrag. De overeenkomstig artikel 16 bepaalde termijn waarbinnen leden die niet langer deel uitmaken van de SCE, recht hebben op terugbetaling wordt opgeschort zolang de terugbetaling ertoe zou leiden dat het geplaatste kapitaal onder het voorgeschreven minimum daalt.

– 5. Het kapitaal kan verhoogd worden door middel van opeenvolgende stortingen van de leden of toelating van nieuwe leden, en het kan, onverminderd het bepaalde in lid 4, verminderen ingevolge volledige of gedeeltelijke terugbetaling van inbreng.

Voor veranderingen in de omvang van het kapitaal is noch wijziging van de statuten, noch openbaarmaking vereist.

Kapitaal van de SCE

Art. 4

Kapitaal

– 1. Het geplaatste kapitaal van de SCE bestaat uit de in de nationale valuta luidende aandelen van de leden. Een SCE met statutaire zetel buiten de eurozone mag haar aandelen ook in euro doen luiden. Er kunnen verschillende categorieën van aandelen worden uitgegeven.

Statutair kan worden bepaald dat aan verschillende categorieën van aandelen verschillende rechten verbonden zijn ten aanzien van de verdeling van batige saldi. Aandelen die dezelfde rechten verlenen, vormen een categorie.

– 2. Het kapitaal mag uitsluitend bestaan uit actiefbestanddelen die economisch gewaardeerd kunnen worden. De aandelen van de leden mogen niet worden uitgegeven tegen inbreng van verbintenissen betreffende de uitvoering van werken of het verrichten van diensten.

– 3. De aandelen worden verplicht op naam gesteld. Alle aandelen van eenzelfde categorie hebben dezelfde nominale waarde. Deze wordt bij de statuten vastgesteld. De aandelen mogen niet voor een lager bedrag dan hun nominale waarde worden uitgegeven.

– 4. Op aandelen die worden uitgegeven tegen inbreng in geld, moet bij inschrijving ten minste 25 % van de nominale waarde zijn gestort. Het saldo moet worden volgestort binnen een termijn van ten hoogste vijf jaar, tenzij de statuten een kortere termijn voorschrijven.

– 5. Aandelen die worden uitgegeven tegen inbreng in natura, moeten bij de inschrijving worden volgestort.
– 6. De voor naamloze vennootschappen in de lidstaat waar de SCE haar statutaire zetel heeft geldende wettelijke voorschriften inzake de benoeming van deskundigen en de waardering van inbreng anders dan in geld zijn van overeenkomstige toepassing op de SCE.
– 7. In de statuten wordt bepaald op hoeveel aandelen ten minste moet worden ingeschreven voor het verkrijgen van het lidmaatschap. Indien is bepaald dat de meerderheid in de algemene vergaderingen is voorbehouden aan de natuurlijke personen die lid zijn, en de inschrijving op aandelen een verplichte voorwaarde is voor de deelneming van de leden in het bedrijf van de SCE, mag in de statuten voor het verkrijgen van het lidmaatschap niet de verplichting worden opgelegd om op meer dan één aandeel in te schrijven.
– 8. In het besluit dat de jaarlijkse algemene vergadering neemt over de jaarrekening van het voorbije boekjaar, wordt akte genomen van de omvang van het kapitaal bij het einde van het boekjaar en van het verschil met het vorige boekjaar.
Op voorstel van het leidinggevend of het bestuursorgaan kan het geplaatste kapitaal worden verhoogd door de vrije reserves geheel of gedeeltelijk aan het kapitaal toe te voegen; het besluit hiertoe wordt genomen door de algemene vergadering, met inachtneming van de voor een statutenwijziging geldende regels inzake quorum en meerderheid. De leden verkrijgen de nieuwe aandelen naar rata van de aandelen die zij voordien in het kapitaal bezaten.
– 9. De nominale waarde van de aandelen kan worden verhoogd door samenvoeging van de uitgegeven aandelen. Indien voor deze verhoging overeenkomstig het bepaalde in de statuten een aanvullende kapitaalinbreng van de leden vereist is, wordt daartoe besloten door de algemene vergadering, met inachtneming van de voor een statutenwijziging geldende regels inzake quorum en meerderheid.
– 10. De nominale waarde van de aandelen kan worden verminderd door splitsing van de uitgegeven aandelen.
– 11. Onder de in de statuten bepaalde voorwaarden kunnen de aandelen met de instemming van de algemene vergadering, dan wel van het leidinggevend of het bestuursorgaan, worden overgedragen of verkocht aan een lid of aan eenieder die het lidmaatschap verkrijgt.
– 12. De SCE mag geen eigen aandelen nemen, overkopen of in pand nemen, noch rechtstreeks, noch door een persoon die in eigen naam, maar voor rekening van de SCE handelt.
Het in pand nemen van eigen aandelen is evenwel geoorloofd bij de lopende verrichtingen van SCE-kredietinstellingen.

Statuten

Art. 5

Statuten

– 1. In deze verordening wordt met de woorden 'de statuten van de SCE' zowel de oprichtingsakte bedoeld als de eigenlijke statuten van de SCE, indien deze laatste in een afzonderlijke akte zijn opgenomen.
– 2. De oprichters stellen de statuten vast overeenkomstig de wettelijke voorschriften inzake de oprichting van coöperaties van de lidstaat waar de SCE haar statutaire zetel heeft. De statuten worden schriftelijk opgesteld en door de oprichters ondertekend.
– 3. De voor naamloze vennootschappen in de lidstaat waar de SCE haar statutaire zetel heeft geldende wettelijke voorschriften inzake de preventieve controle in de oprichtingsfase zijn van overeenkomstige toepassing op de controle bij de oprichting van de SCE.
– 4. De statuten van de SCE bevatten ten minste de volgende gegevens:
– de naam van de SCE, voorafgegaan of gevolgd door de letters 'SCE', en in voorkomend geval de vermelding 'met beperkte aansprakelijkheid';
– de omschrijving van haar doel;
– de namen van de natuurlijke personen en van de juridische lichamen die stichtend lid van de SCE zijn; in geval van juridische lichamen tevens het doel en de statutaire zetel;
– het adres van de statutaire zetel van de SCE;
– de voorwaarden en regels inzake toelating, uitsluiting en uittreding van leden;
– de rechten en verplichtingen van de leden en, in voorkomend geval, de verschillende categorieën van leden, alsmede de rechten en verplichtingen van elke categorie;
– de nominale waarde van de aandelen waarop is ingeschreven en het bedrag van het geplaatste kapitaal, alsmede vermelding van het feit dat het kapitaal veranderlijk is;
– de specifieke regels betreffende het in voorkomend geval voor de vorming van de wettelijke reserve aan het batig saldo te onttrekken bedrag;
– de bevoegdheden en de verantwoordelijkheden van de leden van elk van de organen;
– de voorwaarden voor benoeming en ontslag van de leden van deze organen;
– de regels inzake meerderheid en quorum;

– de bestaansduur van de vennootschap, wanneer het een vennootschap van beperkte duur betreft.

Statutaire zetel

Art. 6

Statutaire zetel

De statutaire zetel van de SCE is binnen de Gemeenschap gelegen, in dezelfde lidstaat als het hoofdbestuur. De lidstaten mogen bovendien voorschrijven dat op hun grondgebied ingeschreven SCE's hun statutaire zetel en hun hoofdbestuur op dezelfde plaats moeten hebben.

Verplaatsing van de statutaire zetel

Art. 7

Verplaatsing statutaire zetel

– 1. De statutaire zetel van de SCE kan overeenkomstig de leden 2 tot en met 16 naar een andere lidstaat worden verplaatst. De zetelverplaatsing leidt noch tot ontbinding van de SCE, noch tot vorming van een nieuwe rechtspersoon.

– 2. Een voorstel tot zetelverplaatsing wordt opgesteld door het leidinggevend orgaan of het bestuursorgaan en wordt overeenkomstig artikel 12 bekendgemaakt, onverminderd de bijkomende vormen van bekendmaking die door de lidstaat van de statutaire zetel worden voorgeschreven. Dit voorstel vermeldt de huidige naam, de statutaire zetel en het nummer van de SCE en behelst:

a) de voor de SCE voorgestelde statutaire zetel;
b) de voor de SCE voorgestelde statuten en, in voorkomend geval, haar nieuwe benaming;
c) het voor de verplaatsing voorgestelde tijdschema;
d) de eventuele gevolgen van de verplaatsing voor de rol van de werknemers;
e) de rechten ter bescherming van de leden, de schuldeisers en de houders van andere rechten.

– 3. Het leidinggevend of het bestuursorgaan stelt een verslag op waarin de juridische en economische aspecten van de zetelverplaatsing alsmede de gevolgen daarvan voor de werkgelegenheid worden toegelicht en onderbouwd en waarin de gevolgen van de verplaatsing voor de leden, de schuldeisers, de werknemers en de houders van andere rechten worden toegelicht.

– 4. De leden en de schuldeisers van de SCE, de houders van andere rechten en elk ander lichaam dat volgens de nationale wetgeving dit recht kan uitoefenen, hebben het recht om, ten minste een maand vóór de algemene vergadering die zich over de zetelverplaatsing dient uit te spreken, in de statutaire zetel van de SCE kennis te nemen van het verplaatsingsvoorstel en van het verslag dat op grond van lid 3 is opgesteld, en om op verzoek gratis een afschrift van deze documenten te krijgen.

– 5. Elk lid dat zich tijdens de algemene vergadering of tijdens een sector- of afdelingsvergadering tegen de verplaatsing heeft uitgesproken, kan binnen een termijn van twee maanden na het besluit van de algemene vergadering zijn uittreding bekendmaken. Zijn lidmaatschap eindigt aan het eind van het boekjaar waarin het lidmaatschap is opgezegd; de verplaatsing heeft geen rechtsgevolgen ten aanzien van dit lid. De uittreding geeft recht op terugbetaling van aandelen onder de voorwaarden van artikel 3, lid 4, en artikel 16.

– 6. Het besluit tot zetelverplaatsing kan pas twee maanden na de openbaarmaking van genoemd voorstel worden genomen. Dit besluit wordt genomen onder de in artikel 61, lid 4, vermelde voorwaarden.

– 7. Voordat de bevoegde autoriteit het in lid 8 bedoelde attest afgeeft, moet de SCE aantonen dat, met betrekking tot vorderingen die vóór de bekendmaking van het verplaatsingsvoorstel ontstaan, de belangen van de schuldeisers en van de houders van andere rechten jegens de SCE (de rechten van publiekrechtelijke lichamen daaronder begrepen) afdoende beschermd zijn overeenkomstig de voorschriften van de lidstaat waar de SCE vóór de verplaatsing haar statutaire zetel heeft.

Een lidstaat kan de toepassing van de eerste alinea uitbreiden tot vorderingen die vóór de verplaatsing ontstaan (of kunnen ontstaan).

De eerste en de tweede alinea laten de toepassing op SCE's van de nationale wetgeving van de lidstaten met betrekking tot het verrichten en waarborgen van betalingen aan publiekrechtelijke lichamen onverlet.

– 8. In de lidstaat waar de SCE haar statutaire zetel heeft, geeft de rechter, de notaris of een andere bevoegde instantie een attest af waaruit afdoende blijkt dat de aan de zetelverplaatsing voorafgaande handelingen en formaliteiten vervuld zijn.

– 9. De nieuwe inschrijving kan pas plaatsvinden na overlegging van het in lid 8 bedoelde attest, alsmede van het bewijs dat de voor de inschrijving in het land van de nieuwe statutaire zetel vereiste formaliteiten vervuld zijn.

– 10. De verplaatsing van de statutaire zetel van de SCE, alsmede de daarmee gepaard gaande wijziging van de statuten, worden van kracht op de datum waarop de SCE overeenkomstig artikel 11, lid 1, wordt ingeschreven in het register van de nieuwe statutaire zetel.

– 11. Wanneer de nieuwe inschrijving van de SCE heeft plaatsgevonden, stelt het register van de nieuwe inschrijving het register van de vorige inschrijving daarvan in kennis. De doorhaling van de vorige inschrijving vindt plaats bij de ontvangst van die kennisgeving, doch niet eerder.
– 12. De nieuwe inschrijving en de doorhaling van de oude inschrijving worden in de betrokken lidstaten overeenkomstig artikel 12 bekendgemaakt.
– 13. De bekendmaking van de nieuwe inschrijving van de SCE heeft tot gevolg dat de nieuwe statutaire zetel aan derden kan worden tegengeworpen. Zolang de doorhaling van de inschrijving in het register van de vroegere statutaire zetel nog niet bekend is gemaakt, kunnen derden zich echter blijven beroepen op die vroegere zetel, tenzij de SCE aantoont dat die derden kennis droegen van de nieuwe statutaire zetel.
– 14. In de wetgeving van een lidstaat kan worden bepaald dat ten aanzien van de in die lidstaat ingeschreven SCE's een zetelverplaatsing die tot wisseling van het toepasselijke recht zou leiden, geen rechtsgevolgen heeft indien een bevoegde autoriteit van die lidstaat daartegen binnen de in lid 6 bedoelde termijn van twee maanden bezwaar maakt. Dit bezwaar kan slechts worden gemaakt om redenen van algemeen belang.
Wanneer een SCE overeenkomstig communautaire richtlijnen onderworpen is aan het toezicht van een nationale financiële toezichthoudende autoriteit kan ook die autoriteit bezwaar maken tegen de zetelverplaatsing.
Tegen het bezwaar moet beroep op de rechter openstaan.
– 15. Indien tegen een SCE een procedure inzake ontbinding, met inbegrip van vrijwillige ontbinding, liquidatie, insolventie, opschorting van betalingen of een andere soortgelijke procedure is ingeleid, mag zij haar statutaire zetel niet verplaatsen.
– 16. Een SCE die haar statutaire zetel naar een andere lidstaat heeft verplaatst, wordt met betrekking tot vóór de datum van de zetelverplaatsing als bedoeld in lid 10 opgetreden geschillen geacht haar statutaire zetel te hebben in de lidstaat waar de SCE vóór de zetelverplaatsing was ingeschreven, zelfs indien een rechtsvordering tegen de SCE na de zetelverplaatsing wordt ingeleid.

Toepasselijk recht

Art. 8

Toepasselijk recht

– 1. Op de SCE zijn van toepassing:
a) de bepalingen van deze verordening;
b) wanneer deze verordening dit uitdrukkelijk toestaat, de bepalingen van de statuten van de SCE;
c) voor de aangelegenheden die niet bij deze verordening worden geregeld, of, wanneer een aangelegenheid hierbij slechts gedeeltelijk is geregeld, voor de aspecten die niet onder deze verordening vallen:
i) de door de lidstaten ter uitvoering van communautaire maatregelen vastgestelde wettelijke voorschriften die specifiek op SCE's gericht zijn;
ii) de wetten van de lidstaten welke zouden gelden voor een coöperatie die is opgericht overeenkomstig het recht van de lidstaat waar de SCE haar statutaire zetel heeft;
iii) de bepalingen van de statuten van de SCE, onder dezelfde voorwaarden als die welke gelden voor een coöperatie die is opgericht overeenkomstig het recht van de lidstaat waar de SCE haar statutaire zetel heeft.
– 2. Indien de nationale wetgeving voorziet in specifieke voorschriften en/of beperkingen met betrekking tot het soort bedrijf dat een SCE uitoefent, of in enigerlei toezicht van een toezichthoudende autoriteit, is die wetgeving ten volle van toepassing op de SCE.

Beginsel van non-discriminatie

Art. 9

Non-discriminatiebeginsel

Onverminderd de bepalingen van deze verordening wordt een SCE in iedere lidstaat behandeld als een coöperatie die is opgericht overeenkomstig het recht van de lidstaat waar de SCE haar statutaire zetel heeft.

Verplichte vermeldingen in de bescheiden

Art. 10

Verplichte meldingen in bescheiden

– 1. De voor naamloze vennootschappen in de lidstaat waar de SCE haar statutaire zetel heeft geldende wettelijke voorschriften inzake de brieven en bescheiden die voor derden bestemd zijn, zijn van overeenkomstige toepassing op de SCE. De naam van de SCE wordt voorafgegaan of gevolgd door de letters 'SCE', en in voorkomend geval door de vermelding 'met beperkte aansprakelijkheid'.
– 2. Alleen SCE's mogen de letters 'SCE' voor of achter hun naam plaatsen ter aanduiding van hun rechtsvorm.

– 3. Vennootschappen en andere juridische lichamen die vóór de datum van inwerkingtreding van deze verordening in een lidstaat zijn ingeschreven en waarvan de naam de letters SCE bevat, zijn evenwel niet verplicht hun naam te wijzigen.

Inschrijving en openbaarmaking

Art. 11

Inschrijving en openbaarmaking

– 1. Iedere SCE wordt, in de lidstaat waar zij haar statutaire zetel heeft, ingeschreven in een register dat bij de wetgeving van die lidstaat is aangewezen overeenkomstig de voor naamloze vennootschappen geldende wettelijke voorschriften.

– 2. Een SCE kan slechts worden ingeschreven indien een overeenkomst betreffende regelingen met betrekking tot de rol van de werknemers is gesloten op grond van artikel 4 van Richtlijn 2003/72/EG of een besluit is genomen op grond van artikel 3, lid 6, van genoemde richtlijn of de termijn is verstreken voor onderhandelingen op grond van artikel 5 van genoemde richtlijn zonder dat er een overeenkomst is gesloten.

– 3. Opdat een via fusie opgerichte SCE kan worden ingeschreven in een lidstaat die van de in artikel 7, lid 3, van Richtlijn 2003/72/EG geboden mogelijkheid gebruik heeft gemaakt, moet een overeenkomst in de zin van artikel 4 van genoemde richtlijn zijn gesloten over de regelingen met betrekking tot de rol van de werknemers, met inbegrip van medezeggenschap, of mag geen van de deelnemende coöperaties vóór de inschrijving van de SCE onderworpen zijn geweest aan medezeggenschapsvoorschriften.

– 4. De statuten van een SCE mogen nimmer in strijd zijn met de aldus vastgestelde regelingen met betrekking tot de rol van de werknemers. Wanneer krachtens Richtlijn 2003/72/EG vastgestelde nieuwe regelingen met betrekking tot de rol van de werknemers strijdig zijn met de bestaande statuten, worden de statuten voorzover nodig gewijzigd.

In dat geval kan een lidstaat bepalen dat het leidinggevend of het bestuursorgaan van de SCE gemachtigd is de statuten te wijzigen zonder dat de algemene vergadering een nieuw besluit hoeft te nemen.

– 5. De voor naamloze vennootschappen in de lidstaat waar de SCE haar statutaire zetel heeft geldende wettelijke voorschriften inzake openbaarmaking van gegevens en bescheiden zijn van overeenkomstige toepassing op de SCE.

Bekendmaking van de akten in de lidstaten

Art. 12

Bekendmaking akten in lidstaten

– 1. De bekendmaking van de akten en gegevens betreffende de SCE krachtens deze verordening geschiedt op de wijze die is vastgesteld in de voor naamloze vennootschappen geldende wettelijke voorschriften van de lidstaat waar de SCE haar statutaire zetel heeft.

– 2. De nationale bepalingen die ter uitvoering van Richtlijn 89/666/EEG zijn vastgesteld, zijn van toepassing op de bijkantoren van de SCE die worden opgericht in een andere lidstaat dan die waar zij haar statutaire zetel heeft. De lidstaten kunnen evenwel voorzien in afwijkingen van de nationale bepalingen ter uitvoering van die richtlijn om rekening te houden met het specifieke karakter van coöperaties.

Bekendmaking in het Publicatieblad van de Europese Unie

Art. 13

Bekendmaking in PbEU

– 1. De inschrijving en de doorhaling van de inschrijving van een SCE worden, na de bekendmaking overeenkomstig artikel 12, ter informatie bekendgemaakt in het *Publicatieblad van de Europese Unie.* Deze bekendmaking omvat de vermelding van naam, nummer, datum en plaats van inschrijving van de SCE, datum, plaats en titel van de publicatie, alsmede de statutaire zetel en de activiteitssector van de SCE.

– 2. De verplaatsing van de statutaire zetel van een SCE overeenkomstig artikel 7 wordt bekendgemaakt onder vermelding van de in lid 1 bedoelde gegevens, alsmede van die betreffende de nieuwe inschrijving.

– 3. De in lid 1 bedoelde gegevens worden binnen een maand na de in artikel 12, lid 1, bedoelde bekendmaking meegedeeld aan het Bureau voor officiële publicaties der Europese Gemeenschappen.

Verkrijging van het lidmaatschap

Art. 14

Verkrijging lidmaatschap

– 1. Onverminderd het bepaalde in artikel 33, lid 1, onder *b)*, is voor de verkrijging van het lidmaatschap van een SCE de toelating van het leidinggevend of het bestuursorgaan vereist. Tegen negatieve beslissingen kan beroep worden ingesteld ten overstaan van de algemene vergadering volgend op het verzoek om toelating.

In de statuten kan, mits zulks is toegestaan bij de wetgeving van de lidstaat waar de SCE haar

statutaire zetel heeft, worden bepaald dat personen die naar verwachting geen gebruik zullen maken van de door de SCE aangeboden goederen of diensten of geen goederen of diensten aan de SCE zullen leveren, kunnen worden toegelaten in de hoedanigheid van kapitaalverschaffers (niet-gebruikende leden). In dat geval beslist de algemene vergadering of enig ander orgaan dat daartoe door de algemene vergadering of op grond van de statuten gemachtigd is, over de toelating.
Juridische lichamen die lid zijn, worden geacht de hoedanigheid van gebruikende leden te hebben op grond van het feit dat zij hun eigen leden vertegenwoordigen, mits hun leden die natuurlijke personen zijn, gebruikende leden zijn.
Tenzij de statuten anders bepalen, kan het lidmaatschap van een SCE worden verkregen door natuurlijke personen of door juridische lichamen.
– 2. In de statuten kunnen andere voorwaarden voor toelating worden opgenomen, inzonderheid:
– een minimumkapitaalinbreng;
– voorwaarden in verband met het doel van de SCE.
– 3. Indien de statuten zulks bepalen, kan aan de leden om een bijkomende kapitaalinbreng worden verzocht.
– 4. In de statutaire zetel van de SCE wordt een alfabetische lijst bijgehouden van alle leden met vermelding van hun adres, het aantal en, in voorkomend geval, de categorie aandelen die zij bezitten. Iedere persoon met een gewettigd rechtstreeks belang kan op verzoek kennis nemen van die lijst en er een volledig of gedeeltelijk afschrift van verkrijgen; de kosten van dit afschrift mogen de administratiekosten niet overschrijden.
– 5. Alle handelingen die leiden tot wijziging van het ledenbestand en van de verdeling van het kapitaal, dan wel tot verhoging of vermindering van het kapitaal, worden uiterlijk in de maand volgend op die wijziging op de in lid 4 bedoelde ledenlijst ingeschreven.
– 6. De in lid 5 bedoelde handelingen hebben zowel jegens de SCE als jegens derden met een gewettigd rechtstreeks belang pas rechtsgevolgen vanaf het tijdstip waarop zij op de in lid 4 bedoelde ledenlijst zijn ingeschreven.
– 7. Aan de leden wordt op hun verzoek een schriftelijk bewijs van inschrijving afgegeven.

Beëindiging van het lidmaatschap

Beëindiging lidmaatschap

Art. 15

– 1. Het lidmaatschap neemt een einde:
– door uittreding;
– door uitsluiting indien het lid ernstig tekort schiet in het nakomen van zijn verplichtingen of in strijd met de belangen van de SCE handelt;
– indien de statuten zulks toelaten, door overdracht van alle aandelen die men bezit aan een lid, of aan een natuurlijke persoon die, respectievelijk een juridisch lichaam dat het lidmaatschap verkrijgt;
– door ontbinding van een lid dat geen natuurlijke persoon is;
– door faillissement;
– door overlijden;
– in de overige gevallen die bepaald zijn bij de statuten of bij de wetgeving betreffende coöperaties van de lidstaat waar de SCE haar statutaire zetel heeft.
– 2. Elk minderheidslid dat zich tijdens de algemene vergadering heeft verzet tegen een wijziging van de statuten waarbij:
i) nieuwe verplichtingen inzake stortingen of andere prestaties zijn ingevoerd dan wel
ii) bestaande verplichtingen voor de leden wezenlijk zijn uitgebreid of
iii) de termijn voor de kennisgeving van uittreding uit de SCE tot meer dan vijf jaar wordt verlengd,
kan binnen een termijn van twee maanden na het besluit van de algemene vergadering zijn lidmaatschap opzeggen.
In de gevallen bedoeld in de eerste alinea, onder i) en ii), eindigt diens lidmaatschap aan het eind van het lopende boekjaar, en in het in de eerste alinea, onder iii), bedoelde geval aan het eind van de opzeggingstermijn die van toepassing was voordat de statuten werden gewijzigd. De wijziging van de statuten heeft geen rechtsgevolgen ten aanzien van dat lid. De uittreding geeft recht op terugbetaling van aandelen onder de voorwaarden van artikel 3, lid 4, en artikel 16.
– 3. Een lid wordt uitgesloten bij besluit van het leidinggevend of het bestuursorgaan, na te zijn gehoord. Hij kan tegen dit besluit beroep instellen bij de algemene vergadering.

Geldelijke rechten van de leden bij uittreding of uitsluiting

Art. 16

Geldelijke rechten leden bij uittreding of uitsluiting

– 1. Behoudens bij overdracht van aandelen en onder voorbehoud van het bepaalde in artikel 3 geeft de beëindiging van het lidmaatschap recht op terugbetaling van zijn aandeel in het geplaatste kapitaal, in voorkomend geval verminderd naar evenredigheid van de ten laste van het kapitaal van de SCE gebrachte verliezen.

– 2. De uit hoofde van lid 1 in mindering gebrachte bedragen worden berekend op basis van de balans van het boekjaar waarin het recht op terugbetaling is ontstaan.

– 3. De statuten bepalen de regels en voorwaarden voor de uitoefening van het recht tot uittreding alsmede de termijn van ten hoogste drie jaar waarbinnen de terugbetaling moet plaatsvinden. De SCE mag in ieder geval met de terugbetaling wachten tot zes maanden na de goedkeuring van de eerste balans volgende op de beëindiging van het lidmaatschap.

– 4. De leden 1, 2 en 3 zijn eveneens van toepassing wanneer slechts een gedeelte van de aandelen die een lid bezit, wordt terugbetaald.

HOOFDSTUK II
Oprichting

AFDELING 1
Algemeen

Gedurende de oprichting toepasselijk recht

Art. 17

Toepasselijk recht

– 1. Behoudens het bepaalde in deze verordening, wordt de oprichting van een SCE beheerst door het coöperatierecht van de lidstaat waar de SCE haar statutaire zetel heeft.

– 2. De inschrijving van een SCE wordt overeenkomstig artikel 12 bekendgemaakt.

Verkrijging van rechtspersoonlijkheid

Art. 18

Verkrijging rechtspersoonlijkheid

– 1. De SCE bezit rechtspersoonlijkheid met ingang van de dag waarop zij in de lidstaat waar zij haar statutaire zetel heeft, is ingeschreven in het overeenkomstig artikel 11, lid 1, door die lidstaat aangewezen register.

– 2. Indien namens de SCE rechtshandelingen zijn verricht vóór haar inschrijving overeenkomstig artikel 11 en indien de SCE na de inschrijving de uit deze handelingen voortvloeiende verbintenissen niet overneemt, zijn de natuurlijke personen, vennootschappen of andere juridische lichamen die de handelingen hebben verricht, daarvoor hoofdelijk en onbeperkt aansprakelijk, tenzij anders werd overeengekomen.

Procedures voor oprichting via fusie

Art. 19

Procedures oprichting via fusie

Een SCE kan worden opgericht door middel van een fusie, die plaatsvindt:

– hetzij volgens de procedure voor fusie door overneming;

– hetzij volgens de procedure voor fusie door oprichting van een nieuwe rechtspersoon.

Bij een fusie door overneming neemt de overnemende coöperatie tegelijkertijd met de fusie de vorm van een SCE aan. Bij een fusie door oprichting van een nieuwe rechtspersoon, krijgt de nieuwe rechtspersoon de vorm van een SCE.

Toepasselijk recht in geval van een fusie

Art. 20

Toepasselijk recht

Voor de aangelegenheden die niet in deze afdeling zijn geregeld of, wanneer een aangelegenheid hierin slechts gedeeltelijk is geregeld, voor de niet in deze afdeling geregelde aspecten, gelden met betrekking tot de oprichting van een SCE door fusie voor elke oprichtende coöperatie de voorschriften betreffende de fusie van coöperaties van het recht van de lidstaat waaronder die coöperatie ressorteert en, bij gebreke hiervan, de voorschriften betreffende nationale fusies van naamloze vennootschappen van het recht van deze lidstaat.

Gronden voor bezwaar tegen een fusie

Art. 21

Gronden voor bezwaar

In de wetgeving van een lidstaat kan worden bepaald dat een onder het recht van die lidstaat ressorterende coöperatie niet aan de oprichting van een SCE via fusie mag deelnemen wanneer een bevoegde autoriteit van die lidstaat zich daartegen verzet voordat het in artikel 29, lid 2, bedoelde attest is afgegeven.

Dit bezwaar kan slechts worden gemaakt om redenen van algemeen belang. Tegen het bezwaar moet beroep op de rechter openstaan.

Fusievoorwaarden

Art. 22

Fusievoorwaarden

– 1. De leidinggevende of de bestuursorganen van de fuserende coöperaties stellen een fusievoorstel op. In dit voorstel worden vermeld:
a) de naam en de statutaire zetel van de fuserende coöperaties, alsmede de voorgenomen naam en statutaire zetel van de SCE;
b) de ruilverhouding van de aandelen in het geplaatst kapitaal en, in voorkomend geval, het bedrag van de bijbetaling. Indien er geen aandelen zijn, een nauwkeurige verdeling van de activa en de overeenkomstige waarde daarvan in aandelen;
c) de wijze van uitreiking van de aandelen van de SCE;
d) de datum vanaf welke deze aandelen het recht geven in een batig saldo te delen, alsmede elke bijzondere regeling betreffende dit recht;
e) de datum vanaf welke de handelingen van de fuserende coöperaties boekhoudkundig worden geacht voor rekening van de SCE te zijn verricht;
f) de bijzondere regels of voordelen betreffende obligaties of effecten, met uitzondering van aandelen, die volgens artikel 64 niet de hoedanigheid van lid verlenen;
g) de rechten die de SCE toekent aan de houders van aandelen waaraan bijzondere rechten verbonden zijn en aan de houders van effecten, met uitzondering van aandelen, of de jegens hen voorgestelde maatregelen;
h) de vormen van bescherming van de rechten van de schuldeisers van de fuserende coöperaties;
i) ieder bijzonder voordeel dat wordt toegekend aan de deskundigen die het fusievoorstel onderzoeken alsmede aan de leden van de organen die belast zijn met het bestuur of de leiding van, of het toezicht of de controle op de fuserende coöperaties;
j) de statuten van de SCE;
k) informatie over de procedure volgens welke krachtens Richtlijn 2003/72/EG regelingen met betrekking tot de rol van de werknemers worden vastgesteld.
– 2. De fuserende coöperaties kunnen andere gegevens aan het fusievoorstel toevoegen.
– 3. De voor naamloze vennootschappen geldende wettelijke voorschriften inzake het fusievoorstel zijn van overeenkomstige toepassing op grensoverschrijdende fusies van coöperaties tot oprichting van een SCE.

Toelichting op en onderbouwing van de fusievoorwaarden

Art. 23

Toelichting en onderbouwing

De leidinggevende of de bestuursorganen van elke fuserende coöperatie stellen een uitvoerig schriftelijk verslag op waarin het fusievoorstel en met name de ruilverhouding van de aandelen juridisch en economisch worden toegelicht en onderbouwd. In het verslag wordt tevens melding gemaakt van bijzondere moeilijkheden die zich bij de waardering hebben voorgedaan.

Bekendmaking

Art. 24

Bekendmaking

– 1. De voor naamloze vennootschappen geldende wettelijke voorschriften inzake openbaarmakingsvereisten voor het fusie-voorstel zijn van overeenkomstige toepassing op elk van de fuserende coöperaties, onverminderd de aanvullende vereisten die worden opgelegd door de lidstaat waaronder de betrokken coöperatie ressorteert.
– 2. De bekendmaking van het voorstel in het nationale publicatieblad moet evenwel voor elk van de fuserende coöperaties de volgende vermeldingen bevatten:
a) de rechtsvorm, de naam en de statutaire zetel van elke fuserende coöperatie;
b) het adres van de plaats of het register waarin voor elke fuserende coöperatie de statuten en alle andere akten en gegevens zijn neergelegd, alsmede het nummer van inschrijving in dat register;
c) vermelding van de regelingen volgens welke de rechten van de schuldeisers van de betrokken coöperatie overeenkomstig artikel 28 worden uitgeoefend, alsmede van het adres waar kosteloos volledige inlichtingen betreffende die regelingen kunnen worden verkregen;
d) vermelding van de regelingen volgens welke de rechten van de leden van de betrokken coöperatie overeenkomstig artikel 28 worden uitgeoefend, alsmede van het adres waar kosteloos volledige inlichtingen betreffende die regelingen kunnen worden verkregen;
e) de voorgenomen naam en statutaire zetel van de SCE;

f) de voorwaarden die, overeenkomstig artikel 31, de datum bepalen waarop de fusie van kracht wordt.

Openbaarmakingsverplichtingen

Art. 25

Openbaarmakingsverplichtingen

– 1. Ieder lid heeft het recht ten minste een maand vóór de datum van de algemene vergadering die over het fusievoorstel moet besluiten, op de statutaire zetel van de coöperatie kennis te nemen van de volgende bescheiden:
a) het in artikel 22 bedoelde fusievoorstel;
b) de jaarrekeningen en de jaarverslagen over de laatste drie boekjaren van de fuserende coöperaties;
c) overeenkomstig de bepalingen die van toepassing zijn op nationale fusies van vennootschappen met beperkte aansprakelijkheid opgestelde tussentijdse cijfers omtrent de stand van het vermogen, voorzover deze bepalingen dergelijke cijfers omtrent het vermogen vereisen;
d) het in artikel 26 bedoelde verslag van deskundigen over de waarde van de in ruil voor de activa van de fuserende coöperaties te verdelen aandelen of de ruilverhouding van de aandelen;
e) het in artikel 23 bedoelde verslag van de leidinggevende of de bestuursorganen van elke coöperatie.
– 2. Aan ieder lid moet op verzoek kosteloos een volledig of, desgewenst, gedeeltelijk afschrift van de in lid 1 bedoelde bescheiden worden verstrekt.

Verslag van onafhankelijke deskundigen

Art. 26

Verslag onafhankelijke deskundigen

– 1. Voor elke fuserende coöperatie moeten een of meer overeenkomstig artikel 4, lid 6, door de coöperatie in kwestie aangewezen onafhankelijke deskundigen het fusievoorstel onderzoeken en een schriftelijk verslag voor de leden opstellen.
– 2. Opstelling van één verslag voor alle fuserende coöperaties is mogelijk, wanneer dit is toegestaan bij de wettelijke voorschriften van de lidstaten waaronder deze coöperaties ressorteren.
– 3. De bij fusies van naamloze vennootschappen toepasselijke wettelijke voorschriften inzake de rechten en verplichtingen van deskundigen zijn van overeenkomstige toepassing bij fusies van coöperaties.

Goedkeuring van het fusievoorstel

Art. 27

Goedkeuring fusievoorstel

– 1. Het fusievoorstel wordt goedgekeurd door de algemene vergadering van elke fuserende coöperatie.
– 2. Over de rol van de werknemers in de SCE wordt overeenkomstig Richtlijn 2003/72/EG besloten. De algemene vergadering van elke fuserende coöperatie kan zich het recht voorbehouden de inschrijving van de SCE afhankelijk te stellen van haar uitdrukkelijke bekrachtiging van de aldus overeengekomen regelingen.

Bij oprichting via fusie toepasselijk recht

Art. 28

Toepasselijk recht

– 1. Het recht van de lidstaat waaronder elke fuserende coöperatie ressorteert, is van toepassing zoals in het geval van een fusie van naamloze vennootschappen, rekening houdend met het grensoverschrijdende karakter van de fusie, wat betreft de bescherming van de belangen van
– de schuldeisers van de fuserende coöperaties;
– de houders van obligaties van de fuserende coöperaties.
– 2. Een lidstaat kan voor de fuserende coöperaties die onder zijn recht ressorteren, bepalingen aannemen met het oog op een passende bescherming van de leden die zich tegen de fusie hebben uitgesproken.

Toezicht op de fusieprocedure

Art. 29

Toezicht op fusieprocedure

– 1. Het toezicht op de rechtmatigheid van de fusie wordt, wat betreft het gedeelte van de procedure dat betrekking heeft op elke fuserende coöperatie, uitgeoefend overeenkomstig de wetgeving inzake fusie van coöperaties van de lidstaat waaronder de fuserende coöperatie ressorteert, en bij gebreke hiervan, de wettelijke voorschriften betreffende nationale fusies van naamloze vennootschappen van deze lidstaat.

– 2. In elke betrokken lidstaat geeft de rechter, de notaris of een andere bevoegde instantie een attest af waaruit blijkt dat de aan de fusie voorafgaande handelingen en formaliteiten zijn verricht.
– 3. Indien de wetgeving van een lidstaat waaronder een fuserende coöperatie ressorteert, voorziet in een procedure om de ruilverhouding van de aandelen te controleren en te wijzigen, of een procedure ter compensatie van minderheidsleden, zonder dat de inschrijving van de fusie wordt verhinderd, gelden dergelijke procedures alleen indien de andere fuserende coöperaties uit lidstaten waar niet in dergelijke procedures is voorzien, bij de goedkeuring van het fusievoorstel overeenkomstig artikel 27, lid 1, uitdrukkelijk de mogelijkheid aanvaarden dat op een dergelijke procedure een beroep wordt gedaan. In een dergelijk geval kan de rechter, de notaris of een andere bevoegde instantie het in lid 2 bedoelde attest afgeven, ook indien de procedure reeds is ingeleid. In het attest moet evenwel vermeld zijn dat de procedure aanhangig is gemaakt. De in de procedure gegeven beslissing bindt de overnemende coöperatie en al haar leden.

Toezicht op de rechtmatigheid van de fusie

Art. 30

Toezicht op rechtmatigheid fusie

– 1. Het toezicht op de rechtmatigheid van de fusie wordt, wat betreft het gedeelte van de procedure dat betrekking heeft op de verwezenlijking van de fusie en de oprichting van de SCE, uitgeoefend door de rechter, de notaris of een andere bevoegde instantie van de lidstaat van de toekomstige statutaire zetel van de SCE die bevoegd is om dat aspect van de rechtmatigheid van de fusie van coöperaties, of anders van de fusie van naamloze vennootschappen, te controleren.
– 2. Daartoe legt elke fuserende coöperatie het in artikel 29, lid 2, bedoelde attest aan deze instantie over binnen een termijn van zes maanden na de afgifte ervan, tezamen met een afschrift van het fusievoorstel dat door die coöperatie is goedgekeurd.
– 3. De in lid 1 bedoelde instantie vergewist zich er met name van dat de fuserende coöperaties fusievoorstellen van gelijke strekking hebben goedgekeurd en dat regelingen met betrekking tot de rol van de werknemers zijn vastgesteld overeenkomstig Richtlijn 2003/72/EG.
– 4. Deze instantie gaat bovendien na of de oprichting van de SCE voldoet aan de voorwaarden die in de wetgeving van de lidstaat van de statutaire zetel worden gesteld.

Inschrijving van de fusie

Art. 31

Inschrijving

– 1. De fusie en de gelijktijdige oprichting van de SCE worden van kracht op de datum waarop de SCE overeenkomstig artikel 11, lid 1, is ingeschreven.
– 2. De SCE kan pas worden ingeschreven nadat is voldaan aan alle in de artikelen 29 en 30 voorgeschreven formaliteiten.

Bekendmaking

Art. 32

Bekendmaking

De verwezenlijking van de fusie wordt voor elk van de fuserende coöperaties bekendgemaakt op de wijze als bepaald door de wetgeving inzake fusies van naamloze vennootschappen van de betrokken lidstaat.

Gevolgen van de fusie

Art. 33

Gevolgen

– 1. De fusie als bedoeld in artikel 19, eerste alinea, eerste streepje, heeft van rechtswege en gelijktijdig de volgende rechtsgevolgen:
a) het vermogen van elke overgenomen coöperatie, zowel rechten als verplichtingen, gaat onder algemene titel in zijn geheel over op de overnemende rechtspersoon;
b) de leden van elke overgenomen coöperatie worden leden van de overnemende rechtspersoon;
c) de overgenomen coöperaties houden op te bestaan;
d) de overnemende rechtspersoon neemt de vorm aan van een SCE.
– 2. De fusie als bedoeld in artikel 19, eerste alinea, tweede streepje, heeft van rechtswege en gelijktijdig de volgende rechtsgevolgen:
a) het vermogen van de fuserende coöperaties, zowel rechten als verplichtingen, gaat onder algemene titel in zijn geheel over op de SCE;
b) de leden van de fuserende coöperaties worden leden van de SCE;
c) de fuserende coöperaties houden op te bestaan.
– 3. Wanneer de wetgeving van een lidstaat bij fusie van coöperaties bijzondere formaliteiten voorschrijft om de overgang van bepaalde door de fuserende coöperaties ingebrachte zaken,

rechten en verplichtingen aan derden te kunnen tegenwerpen, zijn deze formaliteiten van toepassing en worden zij verricht hetzij door de fuserende coöperaties, hetzij door de SCE vanaf de datum waarop deze is ingeschreven.

– 4. De rechten en verplichtingen van de deelnemende coöperaties inzake de individuele en collectieve arbeidsvoorwaarden die voortvloeien uit de nationale wetgeving en praktijken en de individuele arbeidsovereenkomsten of dienstverbanden en die op de datum van inschrijving bestaan, worden op grond van die inschrijving op de SCE overgedragen.

De eerste alinea is niet van toepassing op het recht van werknemersvertegenwoordigers deel te nemen aan algemene, sector- of afdelingsvergaderingen, waarin voorzien wordt bij artikel 59, lid 4.

– 5. Na de inschrijving van de fusie in het register brengt de SCE de leden van de overgenomen coöperatie er onverwijld van op de hoogte dat zij op de ledenlijst zijn opgenomen met vermelding van het aantal aandelen dat zij bezitten.

Rechtmatigheid van de fusie

Art. 34

Rechtmatigheid

– 1. De nietigheid van een fusie als bedoeld in artikel 2, lid 1, vierde streepje, kan niet worden uitgesproken wanneer de SCE is ingeschreven.

– 2. Het ontbreken van toezicht op de rechtmatigheid van de fusie overeenkomstig de artikelen 29 en 30, vormt een van de gronden voor ontbinding van de SCE overeenkomstig het bepaalde in artikel 73.

AFDELING 3

Omzetting van een bestaande coöperatie in een SCE

Procedures voor oprichting via omzetting

Art. 35

Procedures oprichting via omzetting

– 1. Onverminderd het bepaalde in artikel 11 leidt de omzetting van een coöperatie in een SCE noch tot ontbinding van de coöperatie, noch tot oprichting van een nieuwe rechtspersoon.

– 2. Bij de omzetting kan de statutaire zetel niet op grond van artikel 7 van een lidstaat naar een andere lidstaat worden verplaatst.

– 3. Het leidinggevend of het bestuursorgaan van de betrokken coöperatie stelt een voorstel tot omzetting op, alsmede een verslag waarin de juridische en economische aspecten van de omzetting en de gevolgen daarvan voor de werkgelegenheid worden toegelicht en onderbouwd, en de gevolgen van de keuze van de SCE als rechtsvorm voor de leden en voor de werknemers worden uiteengezet.

– 4. Het voorstel tot omzetting wordt, ten minste een maand vóór de datum van de algemene vergadering die zich over de omzetting moet uitspreken, bekendgemaakt op de in de wetgeving van elke lidstaat vastgestelde wijze.

– 5. Vóór de in lid 6 bedoelde algemene vergadering wordt door een of meer onafhankelijke deskundigen, die volgens de nationale voorschriften zijn aangewezen of toegelaten door een rechterlijke of administratieve instantie in de lidstaat waaronder de in een SCE om te zetten coöperatie ressorteert, mutatis mutandis vastgesteld dat is voldaan aan de voorschriften van artikel 22, lid 1, onder *b)*.

– 6. De algemene vergadering van de betrokken coöperatie keurt het voorstel tot omzetting en de statuten van de SCE goed.

– 7. De lidstaten mogen als voorwaarde voor de omzetting stellen dat het controle-orgaan van de om te zetten coöperatie waarin de medezeggenschap van de werknemers wordt georganiseerd, met gekwalificeerde meerderheid of eenparigheid een gunstig standpunt inneemt.

– 8. De rechten en verplichtingen van de om te zetten coöperatie inzake de individuele en collectieve arbeidsvoorwaarden die voortvloeien uit de nationale wetgeving en praktijken en de individuele arbeidsovereenkomsten of dienstverbanden en die op de datum van inschrijving bestaan, worden op grond van die inschrijving op de SCE overgedragen.

HOOFDSTUK III

Structuur van de SCE

Structuur

Art. 36

Structuur

Onder de in deze verordening gestelde voorwaarden omvat de SCE:

a) een algemene vergadering en

b) hetzij een toezichthoudend en een leidinggevend orgaan (dualistisch stelsel), hetzij een bestuursorgaan (monistisch stelsel), naar gelang van de in de statuten gemaakte keuze.

AFDELING 1
Dualistisch stelsel

Functies van het leidinggevend orgaan en benoeming van de leden

Art. 37

Functies leidinggevend orgaan en benoeming leden

– 1. Het leidinggevend orgaan is onder eigen verantwoordelijkheid belast met het bestuur van de SCE, verbindt haar jegens derden en vertegenwoordigt haar in rechte. Een lidstaat kan voorschrijven dat een lid van het bestuursorgaan onder eigen verantwoordelijkheid belast is met de dagelijkse leiding, onder dezelfde voorwaarden als die welke gelden voor coöperaties met statutaire zetel op het grondgebied van die lidstaat.

– 2. Het lid of de leden van het leidinggevend orgaan wordt of worden benoemd en ontslagen door het toezichthoudend orgaan.

Een lidstaat kan evenwel bepalen, of toestaan dat in de statuten wordt bepaald, dat het lid of de leden van het leidinggevend orgaan benoemd en ontslagen wordt of worden door de algemene vergadering, onder dezelfde voorwaarden als die welke gelden voor coöperaties met statutaire zetel op het grondgebied van die lidstaat.

– 3. Niemand mag tegelijkertijd lid zijn van het leidinggevend en van het toezichthoudend orgaan van de SCE. Het toezichthoudend orgaan kan evenwel bij vacature één van zijn leden aanwijzen om de functie van lid van het leidinggevend orgaan uit te oefenen. Gedurende deze periode mag de betrokkene zijn functies als lid van het toezichthoudend orgaan niet uitoefenen. Een lidstaat kan bepalen dat deze periode in de tijd beperkt is.

– 4. Het aantal leden van het leidinggevend orgaan of de regels voor de bepaling van dat aantal worden in de statuten van de SCE vastgesteld. Niettemin kan een lidstaat een minimum- en/of een maximumaantal leden vaststellen.

– 5. Wanneer er in een lidstaat niet voorzien is in een dualistisch stelsel voor coöperaties met statutaire zetel op zijn grondgebied, kan die lidstaat passende maatregelen met betrekking tot SCE's vaststellen.

Voorzitterschap en bijeenroeping van vergaderingen van het leidinggevend orgaan

Art. 38

Voorzitterschap en bijeenroeping vergaderingen

– 1. Het leidinggevend orgaan kiest uit zijn midden een voorzitter, overeenkomstig het bepaalde in de statuten.

– 2. De voorzitter roept het bestuursorgaan bijeen op de in de statuten bepaalde wijze, ambtshalve, dan wel op verzoek van enig lid. Het verzoek tot bijeenroeping moet gemotiveerd zijn. Indien binnen 15 dagen niet aan dit verzoek is voldaan, kan het leidinggevend orgaan worden bijeengeroepen door de indiener(s) van het verzoek.

Functies en benoeming van het toezichthoudend orgaan

Art. 39

Functies en benoeming toezichthoudend orgaan

– 1. Het toezichthoudend orgaan houdt toezicht op het door het leidinggevend orgaan gevoerde bestuur. Het mag niet zelf de bestuursbevoegdheid over de SCE uitoefenen. Het toezichthoudend orgaan kan de SCE niet tegenover derden vertegenwoordigen. Tegenover het leidinggevend orgaan of de leden daarvan vertegenwoordigt het de SCE in geschillen en bij het sluiten van overeenkomsten.

– 2. De leden van het toezichthoudend orgaan worden door de algemene vergadering benoemd en ontslagen. De leden van het eerste toezichthoudend orgaan kunnen evenwel in de statuten worden aangewezen. Deze bepalingen gelden onverminderd enige regelingen met betrekking tot de rol van de werknemers die worden vastgesteld op grond van Richtlijn 2003/72/EG.

– 3. Het toezichthoudend orgaan mag onder zijn leden voor ten hoogste een vierde van het aantal beschikbare posten niet-gebruikende leden tellen.

– 4. Het aantal leden van het toezichthoudend orgaan, of de regels voor de bepaling van dat aantal, worden in de statuten vastgesteld. Een lidstaat kan evenwel voor SCE's met statutaire zetel op zijn grondgebied het aantal leden of de samenstelling van het toezichthoudend orgaan, dan wel een minimum- en/of maximumaantal leden vaststellen.

Recht op informatie

Art. 40

Recht op informatie

– 1. Het leidinggevend orgaan brengt aan het toezichthoudend orgaan ten minste om de drie maanden verslag uit over de gang van zaken bij de SCE en de verwachte ontwikkeling, waarbij ook rekening wordt gehouden met de informatie betreffende de ondernemingen waarover de SCE zeggenschap heeft, wanneer die voor de gang van zaken bij de SCE van belang kan zijn.

– 2. Naast de in lid 1 bedoelde periodieke informatie verstrekt het leidinggevend orgaan het toezichthoudend orgaan onverwijld alle inlichtingen over aangelegenheden die belangrijke gevolgen voor de SCE kunnen hebben.
– 3. Het toezichthoudend orgaan kan aan het leidinggevend orgaan alle gegevens vragen die nodig zijn voor het door het toezichthoudend orgaan overeenkomstig artikel 39, lid 1, uit te oefenen toezicht. Een lidstaat kan bepalen dat ieder lid van het toezichthoudend orgaan over diezelfde mogelijkheid beschikt.
– 4. Het toezichthoudend orgaan kan de voor het uitoefenen van zijn taak noodzakelijke verificaties verrichten of laten verrichten.
– 5. Ieder lid van het toezichthoudend orgaan heeft het recht kennis te nemen van alle inlichtingen die aan dit orgaan worden verstrekt.

Voorzitterschap en bijeenroeping van vergaderingen van het toezichthoudend orgaan

Art. 41

Voorzitterschap en bijeenroeping vergaderingen

– 1. Het toezichthoudend orgaan kiest uit zijn midden een voorzitter. Wanneer de helft van de leden door de werknemers wordt benoemd, mag alleen een lid dat door de algemene vergadering is benoemd, tot voorzitter worden gekozen.
– 2. De voorzitter roept het toezichthoudend orgaan bijeen op de in de statuten bepaalde wijze. Hij doet dit ambtshalve, dan wel op verzoek van ten minste een derde van zijn leden of op verzoek van het leidinggevend orgaan. Het verzoek tot bijeenroeping moet gemotiveerd zijn. Indien binnen 15 dagen niet aan dit verzoek is voldaan, kan het toezichthoudend orgaan worden bijeengeroepen door degenen die het verzoek hebben ingediend.

AFDELING 2
Monistisch stelsel

Functies en benoeming van het bestuursorgaan

Art. 42

Functies en benoeming bestuursorgaan

– 1. Het bestuursorgaan bestuurt de SCE, verbindt haar jegens derden en vertegenwoordigt haar in rechte. Een lidstaat kan voorschrijven dat een lid van het bestuursorgaan onder eigen verantwoordelijkheid belast is met de dagelijkse leiding, onder dezelfde voorwaarden als die welke gelden voor coöperaties met statutaire zetel op het grondgebied van die lidstaat.
– 2. Het aantal leden van het bestuursorgaan, of de regels voor de vaststelling van dat aantal, worden bepaald in de statuten van de SCE. Een lidstaat kan evenwel een minimumaantal en, in voorkomend geval, een maximumaantal leden voorschrijven. Het bestuursorgaan mag onder zijn leden voor ten hoogste een vierde van het aantal beschikbare posten niet-gebruikende leden tellen.
Dit orgaan moet echter ten minste uit drie leden bestaan wanneer de medezeggenschap van de werknemers in de SCE overeenkomstig Richtlijn 2003/72/EG is geregeld.
– 3. De leden van het bestuursorgaan, en indien de statuten zulks bepalen, hun plaatsvervangers, worden door de algemene vergadering benoemd. De leden van het eerste bestuursorgaan kunnen echter in de statuten worden aangewezen. Deze bepalingen gelden onverminderd enige regelingen met betrekking tot de rol van de werknemers die worden vastgesteld op grond van Richtlijn 2003/72/EG.
– 4. Wanneer er in een lidstaat niet voorzien is in een monistisch stelsel voor coöperaties met statutaire zetel op zijn grondgebied, kan die lidstaat passende maatregelen met betrekking tot SCE's vaststellen.

Frequentie van de vergaderingen en recht op informatie

Art. 43

Frequentie vergaderingen en recht op informatie

– 1. Het bestuursorgaan komt ten minste om de drie maanden bijeen, volgens een in de statuten vastgestelde frequentie, teneinde te beraadslagen over de gang van zaken bij de SCE en de verwachte ontwikkeling, waarbij eventueel ook rekening wordt gehouden met de informatie betreffende de ondernemingen waarover de SCE zeggenschap heeft, wanneer die van belang kan zijn voor de gang van zaken bij de SCE.
– 2. Ieder lid van het bestuursorgaan kan kennis nemen van alle verslagen, bescheiden en inlichtingen die aan dit orgaan worden verstrekt.

Voorzitterschap en bijeenroeping van vergaderingen van het bestuursorgaan

Art. 44

Voorzitterschap en bijeenroeping vergaderingen

– 1. Het bestuursorgaan kiest uit zijn midden een voorzitter. Wanneer de helft van de leden door de werknemers wordt benoemd, mag alleen een lid dat door de algemene vergadering is benoemd, tot voorzitter worden gekozen.

– 2. De voorzitter roept het bestuursorgaan bijeen op de in de statuten bepaalde wijze. Hij doet dit ambtshalve, dan wel op verzoek van ten minste een derde van zijn leden. Het verzoek tot bijeenroeping moet gemotiveerd zijn. Indien binnen 15 dagen niet aan dit verzoek is voldaan, kan het toezichthoudend orgaan worden bijeengeroepen door degenen die het verzoek hebben ingediend.

AFDELING 3
Voorschriften die het monistische en het dualistische stelsel gemeen hebben

Duur van het mandaat
Art. 45

Duur mandaat

– 1. De leden van de organen van de SCE worden benoemd voor een in de statuten bepaalde termijn van ten hoogste zes jaar.
– 2. Behoudens in de statuten vastgestelde beperkingen kunnen de leden een of meer malen opnieuw worden benoemd voor de overeenkomstig lid 1 vastgestelde termijn.

Voorwaarden voor de benoembaarheid
Art. 46

Voorwaarden benoembaarheid

– 1. In de statuten van de SCE kan worden bepaald dat een vennootschap in de zin van artikel 48 van het Verdrag lid van een orgaan kan zijn, tenzij in de wetgeving inzake coöperaties van de lidstaat waar de SCE haar statutaire zetel heeft, anders is bepaald.
De vennootschap wijst voor de uitoefening van de bevoegdheden in het betrokken orgaan een natuurlijke persoon als vertegenwoordiger aan. Voor deze vertegenwoordiger gelden dezelfde voorwaarden en verplichtingen als wanneer hij persoonlijk lid van dit orgaan zou zijn.
– 2. Niemand kan lid zijn of vertegenwoordiger van een lid van een orgaan van de SCE, in de zin van lid 1, die:
– volgens het recht van de lidstaat waar de SCE haar statutaire zetel heeft, geen deel mag uitmaken van het overeenkomstige orgaan van een onder het recht van die lidstaat ressorterende coöperatie,
– geen deel mag uitmaken van het overeenkomstige orgaan van een onder het recht van een lidstaat ressorterende coöperatie ingevolge een in een lidstaat gegeven administratieve of rechterlijke beslissing.
– 3. In de statuten van de SCE kunnen, overeenkomstig het coöperatierecht van de lidstaat, voor de benoembaarheid van de leden die het bestuursorgaan vertegenwoordigen, bijzondere voorwaarden worden gesteld.

Vertegenwoordigingsbevoegdheid en aansprakelijkheid van de SCE
Art. 47

Vertegenwoordigingsbevoegdheid en aansprakelijkheid SCE

– 1. Wanneer de uitoefening van de bevoegdheid om de SCE tegenover derden te vertegenwoordigen overeenkomstig artikel 37, lid 1, en artikel 42, lid 1, wordt toegekend aan meer dan één lid, oefenen deze leden die bevoegdheid gezamenlijk uit, tenzij overeenkomstig het recht van de lidstaat waar de SCE haar statutaire zetel heeft in de statuten anders kan worden bepaald; in dat geval kan deze bepaling aan derden worden tegengeworpen wanneer zij overeenkomstig artikel 11, lid 5, en artikel 12 openbaar is gemaakt.
– 2. De SCE wordt ten opzichte van derden gebonden door de rechtshandelingen van haar organen, zelfs indien deze handelingen niet binnen haar doel vallen, tenzij door genoemde handelingen de bevoegdheden worden overschreden die deze organen krachtens het recht van de lidstaat waar de SCE haar statutaire zetel heeft, worden of kunnen worden verleend.
De lidstaten kunnen evenwel bepalen dat de SCE niet wordt gebonden wanneer deze handelingen de grenzen van haar doel overschrijden, indien zij bewijst dat de derde wist dat de handeling de grenzen van dit doel overschreed, of hiervan, gezien de omstandigheden, niet onkundig kon zijn; openbaarmaking van de statuten alleen is hiertoe echter geen voldoende bewijs.
– 3. De grenzen welke door de statuten of door een beslissing van de bevoegde organen aan de bevoegdheden van de organen van de SCE worden gesteld, kunnen nooit aan derden worden tegengeworpen, zelfs niet indien zij openbaar zijn gemaakt.
– 4. Een lidstaat kan bepalen dat de vertegenwoordigingsbevoegdheid bij de statuten kan worden verleend aan één persoon of aan verscheidene personen die gezamenlijk handelen. In die wetgeving kan worden voorgeschreven dat deze statutaire bepaling aan derden kan worden tegengeworpen, mits zij betrekking heeft op de algemene vertegenwoordigingsbevoegdheid. Voor de tegenwerpbaarheid aan derden van een dergelijke bepaling geldt het bepaalde in artikel 12.

Aan goedkeuring onderworpen handelingen

Art. 48

Aan goedkeuring onderworpen handelingen

– 1. In de statuten van de SCE worden de categorieën van handelingen genoemd waarvoor:
– in het dualistische stelsel een machtiging van het leidinggevend orgaan door het toezichthoudend orgaan of de algemene vergadering vereist is;
– in het monistische stelsel een uitdrukkelijk besluit van het bestuursorgaan of een machtiging door de algemene vergadering vereist is.
– 2. Lid 1 laat het bepaalde in artikel 47 onverlet.
– 3. Een lidstaat kan evenwel bepalen welke categorieën handelingen en welk machtigingverlenend orgaan ten minste moeten worden vermeld in de statuten van de op zijn grondgebied ingeschreven SCE's en/of dat in het dualistische stelsel het toezichthoudend orgaan zelf kan bepalen welke categorieën handelingen aan een machtiging moeten worden onderworpen.

Vertrouwelijkheid

Art. 49

Vertrouwelijkheid

De leden van de organen van de SCE mogen, ook nadat zij hun functie hebben beëindigd, geen ruchtbaarheid geven aan de te hunner beschikking staande inlichtingen over de SCE waarvan de openbaarmaking de belangen van de coöperatie of van haar leden zou kunnen schaden, behalve in gevallen waarin deze openbaarmaking krachtens de bepalingen van nationaal recht die op coöperaties of naamloze vennootschappen van toepassing zijn of om redenen van algemeen belang verplicht of toegestaan is.

Besluitvorming in de organen

Art. 50

Besluitvorming in organen

– 1. Behoudens wanneer in deze verordening of in de statuten anders is bepaald, gelden voor het quorum en de besluitvorming in de organen van de SCE de volgende interne voorschriften:
a) quorum: ten minste de helft van de stemgerechtigde leden moet aanwezig of vertegenwoordigd zijn;
b) besluitvorming: geschiedt bij meerderheid van de aanwezige of vertegenwoordigde stemgerechtigde leden.
Afwezige leden kunnen aan de besluitvorming deelnemen door een ander lid van het orgaan of de tegelijkertijd benoemde plaatsvervangers volmacht te verlenen hen te vertegenwoordigen.
– 2. Bij gebreke van een desbetreffende statutaire bepaling is de stem van de voorzitter van elk orgaan doorslaggevend bij staking van stemmen. Een andersluidende statutaire bepaling is evenwel uitgesloten wanneer het toezichthoudend orgaan voor de helft uit werknemersvertegenwoordigers bestaat.
– 3. Wanneer de medezeggenschap van de werknemers overeenkomstig Richtlijn 2003/72/EG is geregeld, kan een lidstaat bepalen dat voor het quorum en de besluitvorming van het toezichthoudend orgaan, in afwijking van de leden 1 en 2, de regels gelden die onder dezelfde voorwaarden van toepassing zijn op coöperaties die onder het recht van de betrokken lidstaat ressorteren.

Burgerrechtelijke aansprakelijkheid

Art. 51

Civielrechtelijke aansprakelijkheid

De leden van het leidinggevend, het toezichthoudend en het bestuursorgaan zijn overeenkomstig de voor coöperaties geldende wettelijke voorschriften van de lidstaat waar de SCE haar zetel heeft, aansprakelijk voor de schade die de SCE lijdt door het niet nakomen van de wettelijke, statutaire of andere verplichtingen welke uit hoofde van hun functie op hen rusten.

AFDELING 4
Algemene vergadering

Bevoegdheid

Art. 52

Bevoegdheid

De algemene vergadering besluit over de aangelegenheden waarvoor haar een specifieke bevoegdheid is verleend bij:
a) deze verordening,
b) de wetgeving van de lidstaat waar de SCE haar statutaire zetel heeft, die ter uitvoering van Richtlijn 2003/72/EG is vastgesteld.
Tevens besluit de algemene vergadering over aangelegenheden waarvoor aan de algemene vergadering van een coöperatie die onder het recht ressorteert van de lidstaat waar de SCE haar zetel heeft, bevoegdheid is verleend, hetzij bij de wetgeving van die lidstaat, hetzij bij de statuten overeenkomstig diezelfde wetgeving.

Algemene vergadering

Art. 53

Onverminderd de voorschriften van deze afdeling, worden de organisatie en het verloop van de algemene vergadering, alsmede de stemprocedure, beheerst door het coöperatierecht van de lidstaat waar de SCE haar statutaire zetel heeft. **Algemene vergadering**

Bijeenroeping van de algemene vergadering

Art. 54

– 1. De algemene vergadering komt ten minste eenmaal per kalenderjaar bijeen, uiterlijk zes maanden na de afsluiting van het boekjaar, tenzij in de wetgeving van de lidstaat waar de SCE haar statutaire zetel heeft, met betrekking tot coöperaties die hetzelfde soort werkzaamheden uitoefenen als de SCE, een hogere frequentie is voorgeschreven. Een lidstaat kan echter bepalen dat de eerste algemene vergadering binnen 18 maanden na de oprichting van de SCE mag plaatsvinden. **Bijeenroeping**

– 2. De algemene vergadering kan te allen tijde worden bijeengeroepen door het leidinggevend orgaan, het bestuursorgaan, het toezichthoudend orgaan, of elk ander orgaan of bevoegde instantie overeenkomstig de voor coöperaties geldende wettelijke voorschriften van de lidstaat waar de SCE haar statutaire zetel heeft. Indien het toezichthoudend orgaan erom verzoekt, is het leidinggevend orgaan verplicht de algemene vergadering bijeen te roepen.

– 3. De agenda van de algemene vergadering die na afsluiting van het boekjaar wordt gehouden, omvat ten minste de goedkeuring van de jaarrekening en de bestemming van de winst of de verwerking van het verlies.

– 4. De algemene vergadering kan tijdens een vergadering besluiten een nieuwe vergadering bijeen te roepen, waarvan tijdstip en agenda door haar worden vastgesteld.

Bijeenroeping door een minderheid van leden

Art. 55

Leden van de SCE die tezamen meer dan 5 000 in getal zijn of over ten minste 10 % van het totale aantal stemmen beschikken, mogen verlangen dat de SCE een algemene vergadering bijeenroept en mogen de agenda voor die algemene vergadering bepalen. In de statuten kunnen lagere verhoudingsgetallen worden vastgesteld. **Minderheid van leden**

Wijze en termijn van bijeenroeping

Art. 56

– 1. De bijeenroeping geschiedt door middel van een schriftelijk bericht dat op om het even welke wijze wordt toegezonden aan alle personen die volgens artikel 58, leden 1 en 2, gerechtigd zijn aan de algemene vergadering van de SCE deel te nemen, overeenkomstig het bepaalde in de statuten. Dat bericht mag de vorm aannemen van een bekendmaking in de officiële interne publicatie van de SCE. **Wijze en termijn**

– 2. Het bericht van bijeenroeping bevat op zijn minst de volgende vermeldingen:
- de naam en de statutaire zetel van de SCE;
- plaats, datum en tijdstip van de vergadering;
- in voorkomend geval, de aard van de algemene vergadering;
- de agenda, met vermelding van de te bespreken onderwerpen en de voorstellen voor besluiten.

– 3. Tussen de datum van verzending van de bijeenroeping als bedoeld in lid 1 en de eerste bijeenkomst van de algemene vergadering moeten ten minste 30 dagen liggen. Deze termijn kan echter in dringende gevallen tot 15 dagen worden teruggebracht. Wanneer artikel 61, lid 4, betreffende de quorumvereisten wordt toegepast, kan de tijd tussen de eerste en de tweede vergadering die met dezelfde agenda worden bijeengeroepen, worden bekort overeenkomstig de wettelijke voorschriften van de lidstaat waar de SCE haar statutaire zetel heeft.

Plaatsing van nieuwe onderwerpen op de agenda

Art. 57

Leden van de SCE die tezamen meer dan 5 000 in getal zijn of over ten minste 10 % van het totale aantal stemmen beschikken, mogen verlangen dat een of meer nieuwe onderwerpen op de agenda voor een algemene vergadering worden geplaatst. In de statuten kunnen lagere verhoudingsgetallen worden vastgesteld. **Nieuwe onderwerpen op agenda**

Deelneming en vertegenwoordiging

Art. 58

– 1. Elk lid heeft het recht tijdens een algemene vergadering het woord te voeren en zijn stem uit te brengen over de op de agenda geplaatste onderwerpen. **Deelneming en vertegenwoordiging**

– 2. De leden van de organen van de SCE en de houders van effecten, met uitzondering van aandelen, en obligaties in de zin van artikel 64, alsmede, indien de statuten zulks toestaan, alle andere personen die volgens de wetgeving van de lidstaat waar de SCE haar statutaire zetel heeft daartoe gemachtigd zijn, kunnen de algemene vergadering bijwonen zonder stemrecht.
– 3. Stemgerechtigden hebben het recht zich op de in de statuten bepaalde wijze op de algemene vergadering te doen vertegenwoordigen door een gemachtigde.
In de statuten wordt het maximumaantal volmachten vastgesteld dat een gemachtigde kan ontvangen.
– 4. De statuten kunnen toestaan dat per brief of elektronisch wordt gestemd en bepalen op welke wijze dit wordt geregeld.

Stemrecht

Art. 59

Stemrecht

– 1. Elk lid van de SCE beschikt over één stem, ongeacht het aantal aandelen dat het bezit.
– 2. Indien de wetgeving van de lidstaat waar de SCE haar statutaire zetel heeft zulks toelaat, kunnen de statuten bepalen dat een lid beschikt over een aantal stemmen naargelang zijn niet uit kapitaalinbreng bestaande deelneming in het coöperatieve bedrijf. Per lid mogen niet meer dan vijf stemmen of, indien dit lager is, 30 % van de totale stemrechten worden toegekend.
Indien de wetgeving van de lidstaat waar de SCE haar statutaire zetel heeft zulks toelaat, mogen SCE's waarvan het bedrijf bestaat in financiële of verzekeringswerkzaamheden, in hun statuten bepalen dat een lid beschikt over een aantal stemmen naargelang zijn deelneming in het coöperatieve bedrijf, inclusief zijn deelneming in het kapitaal van de SCE. Per lid mogen niet meer dan vijf stemmen of, indien dit lager is, 20 % van de totale stemrechten worden toegekend.
In SCE's waarvan een meerderheid van de leden coöperaties zijn, mogen de statuten, indien de wetgeving van de lidstaat waar de SCE haar statutaire zetel heeft zulks toelaat, bepalen dat een lid beschikt over een aantal stemmen naargelang zijn deelneming in het coöperatieve bedrijf, inclusief zijn deelneming in het kapitaal van de SCE, en/of naargelang het aantal leden van elk constituerend lichaam.
– 3. Ten aanzien van de stemrechten die in de statuten kunnen worden toegekend aan de niet-gebruikende (kapitaalverschaffende) leden, wordt de SCE beheerst door het recht van de lidstaat waar de SCE haar statutaire zetel heeft. Aan niet-gebruikende (kapitaalverschaffende) leden mag evenwel niet meer dan 25 % van de totale stemrechten worden toegekend.
– 4. Indien de wetgeving van de lidstaat waar de SCE haar statutaire zetel heeft dit op het tijdstip van inwerkingtreding van deze verordening toelaat, kunnen de statuten van de SCE bepalen dat werknemersvertegenwoordigers mogen deelnemen aan de algemene vergaderingen of aan de sector- of afdelingsvergaderingen, mits de werknemersvertegenwoordigers te zamen niet meer dan 15 % van de stemrechten controleren. Die rechten vervallen zodra de statutaire zetel van de SCE verplaatst wordt naar een lidstaat waar deelneming aan die vergaderingen niet bij wet voorzien is.

Recht op informatie

Art. 60

Recht op informatie

– 1. Aan ieder lid worden in de algemene vergadering op zijn verzoek door het leidinggevend orgaan of het bestuursorgaan inlichtingen verstrekt over de gang van zaken bij de SCE in verband met de onderwerpen ten aanzien waarvan de algemene vergadering overeenkomstig artikel 61, lid 1, een besluit kan nemen. Voorzover mogelijk worden de inlichtingen tijdens de desbetreffende algemene vergadering verstrekt.
– 2. Het leidinggevend orgaan of het bestuursorgaan mag een inlichting slechts weigeren wanneer door het verstrekken ervan:
– aan de SCE ernstige schade kan worden toegebracht;
– een wettelijke geheimhoudingsplicht zou worden geschonden.
– 3. Indien aan een lid een inlichting wordt geweigerd, kan hij verlangen dat zijn vraag en de reden waarom hem de inlichting werd geweigerd, in de notulen van de algemene vergadering worden vermeld.
– 4. In de tien dagen welke voorafgaan aan de algemene vergadering die zich moet uitspreken over het afsluiten van het boekjaar, kunnen de leden kennis nemen van de balans, de winst-en verliesrekening en de toelichting daarop, het jaarverslag, de conclusies van de controle van de jaarrekening die door de daarmee belaste persoon is verricht alsmede, in het geval van een moederonderneming in de zin van Richtlijn 83/349/EEG, van de geconsolideerde jaarrekening.

Besluitvorming

Art. 61

Besluitvorming

– 1. Een algemene vergadering kan besluiten nemen over punten op de agenda van de vergadering. Een algemene vergadering kan ook beraadslagen en besluiten nemen over punten die overeenkomstig artikel 57 door een minderheid van de leden op de agenda van de vergadering zijn geplaatst.

– 2. De algemene vergadering neemt haar besluiten bij meerderheid van de door de aanwezige of vertegenwoordigde leden geldig uitgebrachte stemmen.

– 3. In de statuten wordt bepaald welke regels inzake quorum en meerderheid in algemene vergaderingen van toepassing zijn.

Indien de statuten voorzien in de mogelijkheid dat een SCE kapitaalverschaffende (niet-gebruikende) leden toelaat of stemrechten toekent naargelang de deelneming in het kapitaal van SCE's waarvan het bedrijf bestaat in financiële of verzekeringswerkzaamheden, wordt in de statuten tevens bepaald welke speciale quorumvereisten gelden voor leden die geen kapitaalverschaffende (niet-gebruikende) leden zijn of leden die stemrechten bezitten naargelang hun deelneming in het kapitaal van SCE's waarvan het bedrijf bestaat in financiële of verzekeringswerkzaamheden. De lidstaten zijn vrij om voor SCE's met statutaire zetel op hun grondgebied voor dergelijke speciale quorumvereisten bepaalde minima te bepalen.

– 4. Een algemene vergadering die zich moet uitspreken over een statutenwijziging kan slechts geldig besluiten indien, na een eerste bijeenroeping, de aanwezige of vertegenwoordigde leden ten minste de helft van het totale aantal op de datum van de bijeenroeping ingeschreven leden vertegenwoordigen; na de tweede bijeenroeping met dezelfde agenda behoeft aan geen enkele voorwaarde inzake quorum te worden voldaan.

In de in de vorige alinea bedoelde gevallen besluit de algemene vergadering bij meerderheid van twee derde van de geldig uitgebrachte stemmen, tenzij in het coöperatierecht van de lidstaat waar de SCE haar statutaire zetel heeft, een ruimere meerderheid is voorgeschreven.

Notulen

Art. 62

Notulen

– 1. Van elke algemene vergadering worden notulen opgemaakt. De notulen bevatten ten minste de volgende gegevens:
- plaats en datum van de algemene vergadering;
- de inhoud van de besluiten;
- de uitslag van de stemmingen.

– 2. De presentielijst, de bescheiden betreffende de bijeenroeping van de algemene vergadering en de verslagen die over de onderwerpen op de agenda aan de leden zijn voorgelegd, worden aan de notulen toegevoegd.

– 3. De notulen en de daaraan toegevoegde bescheiden moeten ten minste vijf jaar worden bewaard. Op zijn verzoek ontvangt elk lid tegen betaling van de administratiekosten een afschrift van de notulen en van de daaraan toegevoegde bescheiden.

– 4. De notulen worden door de voorzitter van de algemene vergadering ondertekend.

Sector- of afdelingsvergaderingen

Art. 63

Sector- of afdelingsvergaderingen

– 1. Wanneer de SCE activiteiten onderneemt in verschillende sectoren of in meer dan een gebiedsdeel, of verscheidene vestigingen of meer dan 500 leden heeft, kunnen de statuten voorzien in sector- of afdelingsvergaderingen, indien de wetgeving van de lidstaat in kwestie dit toelaat. De verdeling in sectoren of afdelingen en het bijbehorende aantal afgevaardigden worden in de statuten bepaald.

– 2. De sector- of afdelingsvergaderingen verkiezen hun afgevaardigden voor een termijn van ten hoogste vier jaar; tenzij tot vroegtijdig ontslag wordt besloten. De aldus aangewezen afgevaardigden vormen de algemene vergadering van de SCE en vertegenwoordigen daarin de sector of afdeling waaraan zij verslag uitbrengen over het resultaat van de algemene vergadering. Het bepaalde in afdeling 4 van hoofdstuk III geldt voor het functioneren van de sector- en afdelingsvergaderingen.

HOOFDSTUK IV
Uitgifte van effecten waaraan bijzondere voordelen verbonden zijn

Effecten, met uitzondering van aandelen, en obligaties waaraan bepaalde voordelen verbonden zijn

Art. 64

Uitgifte effecten met bijzondere voordelen

– 1. De statuten kunnen voorzien in de uitgifte van effecten, met uitzondering van aandelen, of obligaties waaraan voor de houders geen stemrecht verbonden is. Op deze effecten kan wor-

den ingeschreven door de leden of door eenieder die buiten de SCE staat. De verkrijging van deze effecten verleent evenwel niet de hoedanigheid van lid. De statuten schrijven tevens voor hoe terugbetaling plaatsvindt.
– 2. De houders van effecten of obligaties als bedoeld in lid 1, kunnen bijzondere voordelen genieten overeenkomstig de statuten of de bij de uitgifte van de effecten, met uitzondering van aandelen, of obligaties vastgestelde voorwaarden.
– 3. De totale nominale waarde van de aldus gehouden effecten of obligaties als bedoeld in lid 1, mag het in de statuten vastgestelde bedrag niet overschrijden.
– 4. Onverminderd het recht tot bijwoning van de algemene vergadering overeenkomstig artikel 58, lid 2, kan bij de statuten worden voorzien in bijzondere vergaderingen van de houders van effecten of obligaties als bedoeld in lid 1. Vóór elk besluit van de algemene vergadering betreffende de rechten en belangen van de houders van effecten of obligaties als bedoeld in lid 1, kan een bijzondere vergadering een advies uitbrengen, dat door de gevolmachtigden van de bijzondere vergadering ter kennis van de algemene vergadering wordt gebracht.
Van het in de eerste alinea bedoelde advies wordt melding gemaakt in de notulen van de algemene vergadering.

HOOFDSTUK V
Bestemming van winst

Wettelijke reserve

Art. 65

Wettelijke reserve

– 1. Onverminderd dwingende voorschriften van het nationale recht bepalen de statuten de regels voor de bestemming van het batig saldo van het boekjaar.
– 2. In geval van een dergelijk batig saldo moet statutair vóór elke andere bestemming worden voorzien in de vorming van een wettelijke reserve door onttrekking aan dat batig saldo.
Zolang deze reserve het in artikel 3, lid 2, bedoelde bedrag van het kapitaal niet heeft bereikt, moet hiervoor ten minste 15 % van het batig saldo van het boekjaar, in voorkomend geval verminderd met de overgedragen verliezen, worden afgenomen.
– 3. Ontslagnemende of uitgesloten leden kunnen geen aanspraak doen gelden op de bedragen die aldus voor de vorming van de wettelijke reserve zijn bestemd.

Dividend

Art. 66

Dividend

De statuten kunnen voorzien in de toekenning van dividenden aan de leden naar evenredigheid van hun omzet met de SCE of van het werk dat zij ten behoeve van de SCE hebben geleverd.

Bestemming van het beschikbare batig saldo

Art. 67

Bestemming beschikbare batig saldo

– 1. Het na dotatie aan de wettelijke reserve resterende bedrag van het batig saldo, eventueel verminderd met de betaalde dividenden, in voorkomend geval vermeerderd met de overgedragen winst en met de aan de reserves onttrokken bedragen of verminderd met de overgedragen verliezen, vormt de uitkeerbare winst.
– 2. De algemene vergadering die zich moet uitspreken over de jaarrekening kan het batig saldo, in de bij de statuten vastgestelde volgorde en verhouding, bestemmen voor met name:
– een nieuwe overdracht,
– de dotatie aan alle mogelijke wettelijke of statutaire reserves,
– vergoeding voor het volgestorte en het daarmee gelijkgestelde vermogen, waarbij de uitkering zowel in geld als door de toekenning van aandelen kan plaatsvinden.
– 3. De statuten kunnen uitkering van de winst ook geheel en al uitsluiten.

HOOFDSTUK VI
Jaarrekening en geconsolideerde jaarrekening

Opstelling van de jaarrekening en de geconsolideerde jaarrekening

Art. 68

Opstelling

– 1. De SCE is met betrekking tot de opstelling van haar jaarrekening en, in voorkomend geval, van haar geconsolideerde jaarrekening, met inbegrip van het begeleidende jaarverslag, de controle daarop en de openbaarmaking daarvan, onderworpen aan de wettelijke bepalingen die de lidstaat waar de SCE haar statutaire zetel heeft, heeft vastgesteld ter uitvoering van de Richtlijnen 78/660/EEG en 83/349/EEG. De lidstaten kunnen evenwel voorzien in wijzigingen in de nationale bepalingen ter uitvoering van die richtlijnen om rekening te houden met het specifieke karakter van coöperaties.

– 2. Wanneer de wetgeving van de lidstaat waar de SCE haar statutaire zetel heeft, coöperaties niet onderwerpt aan een verplichting tot openbaarmaking als bedoeld in artikel 3 van Richtlijn 68/151/EEG, moet de SCE ten minste de bescheiden betreffende de jaarrekening op haar statutaire zetel ter inzage van het publiek leggen. Er moet op verzoek een afschrift van deze bescheiden worden afgegeven. De prijs van het afschrift mag niet hoger zijn dan de administratieve kosten.
– 3. De SCE moet haar jaarrekening en, in voorkomend geval, haar geconsolideerde jaarrekening in de nationale valuta opstellen. Een SCE die haar statutaire zetel buiten de eurozone heeft, mag haar jaarrekening en, in voorkomend geval, haar geconsolideerde jaarrekening ook in euro opstellen. In dat geval worden voor de posten in de jaarrekening die oorspronkelijk in een andere valuta zijn of waren uitgedrukt, de voor de omrekening in euro toegepaste grondslagen in de toelichting vermeld.

Jaarrekening van SCE's met kredietactiviteiten of financiële activiteiten

Art. 69

Kredietactiviteiten of financiële activiteiten

– 1. Een SCE die een kredietinstelling of financiële instelling is, is met betrekking tot de opstelling van haar jaarrekening en, in voorkomend geval, van haar geconsolideerde jaarrekening, met inbegrip van het begeleidend jaarverslag, de controle daarop en de openbaarmaking daarvan, onderworpen aan de ter uitvoering van de richtlijnen betreffende de toegang tot en de uitoefening van de werkzaamheden van kredietinstellingen vastgestelde voorschriften van het recht van de lidstaat waar die SCE haar statutaire zetel heeft.
– 2. Een SCE die een verzekeringsonderneming is, is met betrekking tot de opstelling van haar jaarrekening en, in voorkomend geval, van haar geconsolideerde jaarrekening, met inbegrip van het begeleidend jaarverslag, de controle daarop en de openbaarmaking daarvan, onderworpen aan de ter uitvoering van de richtlijnen vastgestelde voorschriften van het recht van de lidstaat waar die SCE haar statutaire zetel heeft.

Wettelijke controle van de rekeningen

Art. 70

Wettelijke controle rekeningen

De wettelijke controle van de jaarrekening en, in voorkomend geval, van de geconsolideerde jaarrekening van de SCE geschiedt door een of meer personen die in de lidstaat waar de SCE haar statutaire zetel heeft, zijn toegelaten overeenkomstig de bepalingen die deze lidstaat heeft vastgesteld ter uitvoering van de Richtlijnen 84/253/EEG en 89/48/EEG.

Stelsel van controle op de boekhouding

Art. 71

Controle boekhouding

Wanneer het recht van een lidstaat voorschrijft dat alle, dan wel een bepaalde soort onder het recht van die lidstaat ressorterende coöperaties zich moeten aansluiten bij een wettelijk gemachtigde externe instantie en onderwerpen aan een specifieke wijze van controle op de boekhouding die wordt uitgeoefend door die instantie, zijn deze bepalingen van rechtswege van toepassing op een SCE met statutaire zetel in die lidstaat, mits die instantie voldoet aan de vereisten van Richtlijn 84/253/EEG.

HOOFDSTUK VII
Ontbinding, liquidatie, insolventie en staking van de betalingen

Ontbinding, insolventie en soortgelijke procedures

Art. 72

Ontbinding en insolventie

Inzake ontbinding, liquidatie, insolventie, staking van de betalingen en soortgelijke procedures gelden voor de SCE de wettelijke voorschriften die van toepassing zouden zijn op een coöperatie die is opgericht overeenkomstig het recht van de lidstaat waar de SCE haar statutaire zetel heeft, met inbegrip van de regels inzake besluitvorming in de algemene vergadering.

Ontbinding door de rechter of een andere bevoegde instantie van de lidstaat waar de SCE haar statutaire zetel heeft

Art. 73

Ontbinding door rechter

– 1. Op verzoek van een persoon met een rechtmatig belang of van een bevoegde autoriteit gelast de rechter of een bevoegde administratieve instantie van de lidstaat waar de SCE haar statutaire zetel heeft, de ontbinding van de SCE wanneer hij constateert dat de bepalingen van artikel 2, lid 1, en/of artikel 3, lid 2, zijn geschonden, alsmede in de in artikel 34 bedoelde gevallen.
De rechter of de bevoegde administratieve instantie kan de SCE een termijn toekennen om het

gebrek op te heffen. Indien het gebrek binnen die termijn niet wordt opgeheven, gelast de rechter of de bevoegde administratieve instantie de ontbinding van de SCE.
– 2. Wanneer een SCE niet meer aan de verplichting van artikel 6 voldoet, neemt de lidstaat waar de SCE haar statutaire zetel heeft passende maatregelen om de SCE ertoe te verplichten haar situatie binnen een bepaalde termijn te regulariseren door:
– ofwel haar hoofdbestuur opnieuw in de lidstaat van de statutaire zetel te vestigen; of
– haar statutaire zetel te verplaatsen volgens de procedure van artikel 7.
– 3. De lidstaat waar de SCE haar statutaire zetel heeft, neemt de nodige maatregelen om ervoor te zorgen dat een SCE die nalaat haar situatie overeenkomstig lid 2 te regulariseren, aan een liquidatieprocedure onderworpen wordt.
– 4. De lidstaat waar de SCE haar statutaire zetel heeft, zorgt ervoor dat tegen vaststellingen van inbreuken op artikel 6 beroep op de rechter of andere passende rechtsmiddelen openstaan. Het rechtsmiddel heeft een schorsende werking op de in de leden 2 en 3 bedoelde procedures.
– 5. Wanneer, op initiatief van de autoriteiten dan wel op initiatief van ongeacht welke betrokken partij, wordt geconstateerd dat een SCE in overtreding van artikel 6 haar hoofdbestuur op het grondgebied van een lidstaat heeft, stellen de autoriteiten van deze lidstaat de lidstaat van de statutaire zetel daarvan onverwijld in kennis.

Bekendmaking van ontbinding

Art. 74

Bekendmaking

Onverminderd de voorschriften van nationaal recht die bijkomende maatregelen op het gebied van openbaarmaking voorschrijven, worden het inleiden en het beëindigen van een procedure tot ontbinding, vrijwillige of gedwongen liquidatie, insolventie of staking van de betalingen, alsmede beslissingen tot voortzetting van het bedrijf, overeenkomstig artikel 12 bekendgemaakt.

Verdeling

Art. 75

Verdeling

Het batig saldo wordt verdeeld volgens het beginsel van de belangeloze verdeling of, indien de wetgeving van de lidstaat waar de SCE haar statutaire zetel heeft zulks toelaat, volgens een in de statuten van de SCE bepaalde andere regeling. Voor de toepassing van dit artikel is in het batig saldo begrepen het resterend batig saldo na voldoening van alle aan de schuldeisers verschuldigde bedragen en terugbetaling van de kapitaalinbreng van de leden.

Omzetting in een coöperatie

Art. 76

Omzetting in coöperatie

– 1. Een SCE kan worden omgezet in een coöperatie naar het recht van de lidstaat waar zij haar statutaire zetel heeft. Een omzettingsbesluit kan pas worden genomen twee jaar na de inschrijving van de SCE en nadat de eerste twee jaarrekeningen zijn goedgekeurd.
– 2. De omzetting van een SCE in een coöperatie leidt noch tot ontbinding, noch tot de oprichting van een nieuwe rechtspersoon.
– 3. Het bestuurs- of leidinggevend orgaan van de SCE stelt een voorstel tot omzetting op, alsmede een verslag waarin de juridische en economische aspecten van de omzetting worden toegelicht en onderbouwd, en waarin de gevolgen van de keuze van de coöperatie als rechtsvorm voor de leden en voor de houders van de effecten, bedoeld in artikel 14, alsmede voor de werknemers worden uiteengezet.
– 4. Het voorstel tot omzetting wordt, ten minste een maand vóór de datum van de algemene vergadering die zich over de omzetting moet uitspreken, bekendgemaakt op de in de wetgeving van elke lidstaat vastgestelde wijze.
– 5. Vóór de in lid 6 bedoelde algemene vergadering wordt door een of meer onafhankelijke deskundigen die volgens de nationale voorschriften zijn aangewezen of toegelaten door een rechterlijke of administratieve instantie in de lidstaat waaronder de in een coöperatie om te zetten SCE ressorteert, vastgesteld dat deze over activa beschikt die minimaal overeenstemmen met het kapitaal.
– 6. De algemene vergadering van de SCE keurt het voorstel tot omzetting en de statuten van de coöperatie goed. Het besluit van de algemene vergadering wordt genomen volgens de nationale wettelijke voorschriften.

HOOFDSTUK VIII
Aanvullende bepalingen en overgangsbepalingen

Economische en Monetaire Unie

Art. 77

Economische en Monetaire Unie

– 1. Elke lidstaat mag, indien en zolang de derde fase van de Europese Monetaire Unie voor hem niet van toepassing is, op de SCE's met statutaire zetel op zijn grondgebied dezelfde voorschriften toepassen als voor de onder zijn wetgeving ressorterende coöperaties of naamloze vennootschappen gelden ten aanzien van de valuta waarin hun kapitaal luidt. Een SCE mag haar kapitaal in elk geval ook in euro laten luiden. In dat geval is de omrekeningskoers tussen de nationale valuta en de euro de koers van de laatste dag van de maand voorafgaand aan de oprichting van de SCE.
– 2. Indien en zolang de derde fase van de Europese Monetaire Unie niet van toepassing is op de lidstaat waar een SCE haar statutaire zetel heeft, mag de SCE evenwel haar jaarrekening en, in voorkomend geval, haar geconsolideerde jaarrekening, in euro opstellen. De lidstaat mag verlangen dat de jaarrekening en, in voorkomend geval, de geconsolideerde jaarrekening van de SCE in de nationale valuta worden opgesteld en openbaar gemaakt onder dezelfde voorwaarden als die welke gelden voor onder het recht van die lidstaat ressorterende coöperaties en naamloze vennootschappen. Een en ander neemt niet weg dat de SCE daarnaast haar jaarrekening en, in voorkomend geval, haar geconsolideerde jaarrekening, overeenkomstig Richtlijn 90/604/EEG van de Raad van 8 november 1990 tot wijziging van Richtlijn 78/660/EEG betreffende de jaarrekening en van Richtlijn 83/349/EEG betreffende de geconsolideerde jaarrekening in verband met de afwijkingen voor kleine en middelgrote vennootschappen en de openbaarmaking van deze jaarrekening in ecu, in euro openbaar mag maken.

HOOFDSTUK IX
Slotbepalingen

Nationale uitvoeringsbepalingen

Art. 78

Nationale uitvoeringsbepalingen

– 1. De lidstaten treffen de nodige maatregelen om ervoor te zorgen dat deze verordening metterdaad wordt toegepast.
– 2. Elke lidstaat wijst de bevoegde autoriteiten als bedoeld in de artikelen 7, 21, 29, 30, 54 en 73 aan. Hij stelt de Commissie en de andere lidstaten daarvan in kennis.

Toetsing van de verordening

Art. 79

Toetsing verordening

Uiterlijk vijf jaar na de inwerkingtreding van deze verordening brengt de Commissie aan het Europees Parlement en de Raad verslag uit over de toepassing van de verordening en stelt zij in voorkomend geval wijzigingen voor. In het verslag wordt met name beoordeeld:
a) of kan worden toegestaan dat het hoofdbestuur en de statutaire zetel van een SCE in verschillende lidstaten gelegen zijn;
b) of kan worden toegestaan dat een lidstaat in zijn wetgeving, ter uitvoering van op grond van deze verordening aan de lidstaten verleende machtigingen of met het oog op de effectieve toepassing van deze verordening ten aanzien van een SCE, de mogelijkheid biedt in de statuten van de SCE bepalingen op te nemen die afwijken van of een aanvulling vormen op die wetgeving, zelfs indien dergelijke bepalingen niet toegestaan zouden zijn in de statuten van coöperaties met statutaire zetel op zijn grondgebied;
c) of er bepalingen kunnen worden toegestaan waardoor de SCE in twee of meer nationale coöperaties kan worden opgesplitst;
d) of er bijzondere rechtsmiddelen kunnen worden toegestaan in geval van fraude of vergissing bij de inschrijving van een via fusie opgerichte SCE.

Inwerkingtreding

Art. 80

Inwerkingtreding

Deze verordening treedt in werking op de derde dag volgende op die van haar bekendmaking in het *Publicatieblad van de Europese Unie*.
Zij is van toepassing met ingang van 18 augustus 2006.

Wet van 14 september 2006, Stb. 425, tot uitvoering van verordening (EG) Nr. 1435/2003 van de Raad van de Europese Unie van 22 juli 2003 betreffende het statuut voor een Europese Coöperatieve Vennootschap (SCE), zoals deze wet laatstelijk is gewijzigd bij de Wet van 13 maart 2008, Stb. 85

[Inwerkingtreding: 13-10-2006]

Wij Beatrix, bij de gratie Gods, Koningin der Nederlanden, Prinses van Oranje-Nassau, enz. enz. enz.

Allen, die deze zullen zien of horen lezen, saluut! doen te weten:

Alzo Wij in overweging genomen hebben, dat Verordening (EG) 1435/2003 van de Raad van de Europese Unie van 22 juli 2003 betreffende het statuut voor een Europese Coöperatieve Vennootschap (SCE) (*PbEU* L 207) moet worden uitgevoerd;

Zo is het, dat Wij, de Raad van State gehoord, en met gemeen overleg der Staten-Generaal, hebben goedgevonden en verstaan, gelijk Wij goedvinden en verstaan bij deze:

HOOFDSTUK 1

Algemene bepalingen

Art. 1

Begripsbepaling

Voor de toepassing van de artikelen 2 tot en met 21 van deze wet wordt verstaan onder:

a. Verordening: de Verordening (EG) nr. 1435/2003 van de Raad van de Europese Unie van 22 juli 2003 betreffende het statuut voor een Europese Coöperatieve Vennootschap (SCE) (*PbEU* L 207);

b. Europese coöperatieve vennootschap: een vennootschap, opgericht overeenkomstig de Verordening.

Art. 2

Deelname juridisch lichaam aan oprichting SCE

Een juridisch lichaam in de zin van artikel 2, tweede lid, van de Verordening kan deelnemen aan de oprichting van een Europese coöperatieve vennootschap met statutaire zetel in Nederland.

Art. 3

Levering aandelen

Tenzij de statuten anders bepalen, zijn de leden 2 en 3 van artikel 86*c* van Boek 2 van het Burgerlijk Wetboek van overeenkomstige toepassing op de levering van aandelen van een Europese coöperatieve vennootschap.

Art. 4

Nederlegging voorstel tot zetelverplaatsing

Ten behoeve van de verplaatsing van de statutaire zetel naar een andere lidstaat van de Europese Unie, legt een Europese coöperatieve vennootschap met statutaire zetel in Nederland een voorstel tot zetelverplaatsing als bedoeld in artikel 7, tweede lid, van de Verordening neer ten kantore van het handelsregister. De Europese coöperatieve vennootschap kondigt in een landelijk verspreid dagblad aan dat het voorstel is neergelegd, met opgave van het handelsregister waar het voorstel ligt en van het adres waar krachtens artikel 7, vierde lid, van de Verordening van het voorstel kennis kan worden genomen.

Art. 5

Waarborgen voor schuldeisers; verzet door schuldeisers

– 1. Een Europese coöperatieve vennootschap met statutaire zetel in Nederland die tot zetelverplaatsing naar een andere lidstaat van de Europese Unie wil overgaan moet, op straffe van gegrondverklaring van een verzet als bedoeld in het tweede lid, voor iedere schuldeiser die dit verlangt zekerheid stellen of hem een andere waarborg geven voor de voldoening van zijn vordering die voor de zetelverplaatsing is ontstaan of kan ontstaan. Dit geldt niet, indien de schuldeiser voldoende waarborgen heeft of de vermogenstoestand van de vennootschap voldoende zekerheid biedt dat de vordering zal worden voldaan.

– 2. Tot twee maanden nadat de vennootschap de nederlegging van het voorstel tot zetelverplaatsing heeft aangekondigd kan iedere schuldeiser door een verzoekschrift aan de rechtbank tegen het voorstel tot zetelverplaatsing in verzet komen met vermelding van de waarborg die wordt verlangd.

– 3. Voordat de rechter beslist, kan hij de vennootschap in de gelegenheid stellen binnen een door hem te stellen termijn een door hem omschreven waarborg te geven.

– 4. Indien tijdig verzet is gedaan, mag de verklaring in de zin van artikel 7, achtste lid, van de Verordening eerst worden afgegeven, zodra het verzet is ingetrokken of de opheffing van het verzet uitvoerbaar is.

– 5. Indien de zetelverplaatsing al heeft plaatsgevonden, kan de rechter op een ingesteld rechtsmiddel het stellen van een door hem omschreven waarborg bevelen en daaraan een dwangsom verbinden.

Art. 6

Verzet minister tegen zetelverplaatsing

– 1. De zetelverplaatsing van een Europese coöperatieve vennootschap met statutaire zetel in Nederland naar een andere lidstaat van de Europese Unie heeft geen rechtsgevolg wanneer Onze Minister van Justitie zich daartegen verzet om redenen van algemeen belang door nederlegging van een daarop betrekking hebbende verklaring ten kantore van het handelsregister, binnen twee maanden na de aankondiging van de nederlegging van het voorstel. Tegen het verzet staat voor de Europese coöperatieve vennootschap beroep open bij het College van beroep voor het bedrijfsleven. De verklaring in de zin van artikel 7, achtste lid, van de Verordening mag eerst worden afgegeven, zodra het verzet is ingetrokken of de opheffing van het verzet onherroepelijk is.

– 2. Voor de toepassing van artikel 7, veertiende lid, tweede alinea, van de Verordening zijn de laatste twee zinnen van het eerste lid van overeenkomstige toepassing.

Art. 7

Register

– 1. Als register voor de inschrijving van een Europese coöperatieve vennootschap met statutaire zetel in Nederland of van een Nederlandse nevenvestiging van een Europese coöperatieve vennootschap wordt aangewezen: het handelsregister, bedoeld in artikel 2 van de Handelsregisterwet 2007.

– 2. Bij inschrijving van de zetelverplaatsing van een Europese coöperatieve vennootschap naar Nederland wordt een notariële akte die de statuten van de vennootschap bevat en is verleden door een notaris met standplaats in Nederland neergelegd ten kantore van het handelsregister. De artikelen 65 en 69 van Boek 2 van het Burgerlijk Wetboek zijn van overeenkomstige toepassing.

Art. 8

Verkrijging lidmaatschap

De statuten van een Europese coöperatieve vennootschap met statutaire zetel in Nederland kunnen bepalen dat het lidmaatschap open staat voor niet-gebruikende leden, bedoeld in artikel 14, eerste lid, van de Verordening. Worden in de statuten aan niet-gebruikende leden, bedoeld in artikel 14, eerste lid, van de Verordening, stemrechten toegekend dan bedragen deze tezamen ten hoogste een kwart van het totale aantal stemrechten op grond van de statuten.

Art. 9

Verzet minister tegen oprichting door fusie

Een coöperatie met statutaire zetel in Nederland kan niet aan de oprichting van een Europese coöperatieve vennootschap door fusie deelnemen wanneer Onze Minister van Justitie zich daartegen verzet om redenen van algemeen belang door nederlegging van een daarop betrekking hebbende verklaring ten kantore van het handelsregister binnen een maand na de bekendmaking van de gegevens als bedoeld in artikel 24, tweede lid, van de Verordening. Tegen het verzet staat voor de coöperatie beroep open bij het College van beroep voor het bedrijfsleven. De deelneming aan de fusie heeft eerst rechtsgevolg zodra het verzet is ingetrokken of de opheffing van het verzet onherroepelijk is.

Art. 10

Nederlegging voorstel tot omzetting in SCE

De coöperatie met statutaire zetel in Nederland die overeenkomstig artikel 35 van de Verordening een voorstel tot omzetting in een Europese coöperatieve vennootschap heeft opgesteld, legt het voorstel neer ten kantore van het handelsregister en kondigt de nederlegging aan in een landelijk verspreid dagblad. Een accountant als bedoeld in artikel 393 lid 1 van Boek 2 van het Burgerlijk Wetboek stelt, voorafgaand aan de algemene vergadering, vast dat het voorstel tot omzetting voldoet aan het bepaalde in artikel 22, eerste lid, onder *b*, van de Verordening.

Art. 11

Benoeming leden leidinggevend orgaan

– 1. De benoeming van de leden van het leidinggevend orgaan geschiedt door het toezichthoudend orgaan, tenzij in de statuten is bepaald dat benoeming geschiedt door de algemene vergadering.

– 2. Voor de toepassing van artikel 37, tweede lid, van de Verordening zijn de leden 2, 4, 5 en 6 van artikel 37 van Boek 2 van het Burgerlijk Wetboek van overeenkomstige toepassing op de Europese coöperatieve vennootschap met statutaire zetel in Nederland.

Art. 12

Voorzieningen ontstentenis bestuurders

De statuten van de Europese coöperatieve vennootschap met statutaire zetel in Nederland moeten voorschriften bevatten omtrent de wijze, waarop voorlopig in het bestuur wordt voorzien ingeval van ontstentenis of belet van bestuurders.

Art. 13

Samenstelling bestuursorgaan

– 1. Het bestuursorgaan als bedoeld in artikel 42 van de Verordening bestaat uit ten minste drie leden.

– 2. De artikelen 7 en 45 van Boek 2 van het Burgerlijk Wetboek zijn van overeenkomstige toepassing op een Europese coöperatieve vennootschap met statutaire zetel in Nederland.

– 3. Voor de toepassing van artikel 46, eerste lid, van de Verordening geldt dat de leden van het bestuursorgaan die overeenkomstig een onderlinge taakverdeling niet belast zijn met het uitvoerend bestuur, natuurlijke personen moeten zijn.

Art. 14

Voor de toepassing van artikel 54 van de Verordening geldt dat de eerste algemene vergadering binnen achttien maanden na de oprichting mag plaatsvinden.

Eerste algemene vergadering

Art. 15

In de in artikel 63, eerste lid, van de Verordening bedoelde gevallen kunnen de statuten van een Europese coöperatieve vennootschap voorzien in sectorvergaderingen of afdelingsvergaderingen.

Sector- of afdelingsvergaderingen

Art. 16

In de in artikel 73, eerste lid, van de Verordening bedoelde gevallen wordt een Europese coöperatieve vennootschap met statutaire zetel in Nederland door de rechtbank op verzoek van een belanghebbende dan wel op verzoek van het Openbaar Ministerie ontbonden. Alvorens de ontbinding uit te spreken kan de rechtbank de vennootschap in de gelegenheid stellen de geconstateerde gebreken binnen een door haar te bepalen termijn op te heffen.

Ontbinding

Art. 17

Een Europese coöperatieve vennootschap met statutaire zetel in Nederland wordt door de rechtbank op verzoek van het Openbaar Ministerie ontbonden indien het hoofdbestuur niet in Nederland is gevestigd. Alvorens de ontbinding uit te spreken kan de rechtbank de vennootschap in de gelegenheid stellen binnen een door haar te bepalen termijn het hoofdbestuur naar Nederland te verplaatsen dan wel de statutaire zetel te verplaatsen overeenkomstig artikel 7 van de Verordening.

Hoofdbestuur niet in Nederland

Art. 18

In de statuten kan de bestemming van het batig saldo, bedoeld in artikel 75 van de Verordening, in geval van ontbinding worden bepaald, of de wijze waarop de bestemming zal worden vastgesteld.

Bestemming batig saldo

Art. 19

De Europese coöperatieve vennootschap met statutaire zetel in Nederland die overeenkomstig artikel 76 van de Verordening een voorstel tot omzetting in een coöperatie heeft opgesteld, legt het voorstel neer ten kantore van het handelsregister en kondigt de nederlegging aan in een landelijk verspreid dagblad. Een accountant als bedoeld in artikel 393, eerste lid, van Boek 2 van het Burgerlijk Wetboek stelt, voorafgaand aan de algemene vergadering, vast dat de in een coöperatie om te zetten Europese coöperatieve vennootschap over activa beschikt die minimaal overeenstemmen met het kapitaal.

Nederlegging voorstel tot omzetting in coöperatie

Art. 20

Als bevoegde autoriteit in de zin van artikel 7, achtste lid, artikel 29, tweede lid, en artikel 30, eerste lid, van de Verordening wordt aangewezen: een notaris met vestigingsplaats in Nederland.

Notaris

Art. 21

Als bevoegde autoriteit in de zin van artikel 73, vijfde lid, van de Verordening wordt aangewezen: het hoofd van het ressortsparket te Amsterdam.

Hoofd ressortsparket Amsterdam

HOOFDSTUK 2

Wijzigingen in andere wetten

Art. 22

Bevat wijzigingen in artikel 153 van het Burgerlijk Wetboek Boek 2.

Art. 23

Bevat wijzigingen in artikel 1 van de Wet op de economische delicten.

Art. 24

Bevat wijzigingen in de artikelen 1, 4, 17, 18, 18a en 25 van de Handelsregisterwet 1996.

HOOFDSTUK 3

Slotbepalingen

Art. 25

Deze wet wordt aangehaald als: Uitvoeringswet verordening Europese coöperatieve vennootschap.

Citeertitel

Art. 26

Deze wet treedt in werking op een bij koninklijk besluit te bepalen tijdstip.

Inwerkingtreding

III WETB. V. KOOPH. C.A.

Wet van 23 maart 1826, Stb. 18, zoals deze wet laatstelijk is gewijzigd bij de Wet van 22 maart 2007, Stb. 153

[Inwerkingtreding: 01-10-1838]

Algemeene bepaling

Art. 1

Toepasselijkheid BW

Het Burgerlijk Wetboek is, voor zoo verre daarvan bij dit Wetboek niet bijzonderlijk is afgeweken, ook op de in dit Wetboek behandelde onderwerpen toepasselijk. (K 15, 17, 168*a*, 228*a*; BW 7A: 1811)

EERSTE BOEK

Van den koophandel in het algemeen

EERSTE TITEL

Van kooplieden en van daden van koophandel

Art. 2-5

Vervallen.

TWEEDE TITEL

Art. 6-13

Vervallen.

DERDE TITEL

Van de vennootschap onder ene firma en van die bij wijze van geldschieting of 'en commandite' genaamd

Art. 14

Vervallen.

Art. 15

Toepasselijke regels

De in dezen titel genoemde vennootschappen worden geregeerd door de overeenkomsten van partijen, door dit Wetboek en door het Burgerlijk Regt. (K 1; BW 7A: 1655 e.v.)

Art. 16

Vennootschap onder firma

De vennootschap onder eene firma is de maatschap, tot de uitoefening van een bedrijf onder eenen gemeenschappelijken naam aangegaan. (K 19 lid 2, 22, 29, 311; Rv 45 lid 2, 51, 105; Fw 2 lid 3, 4 lid 2)

Art. 17

Handelingsbevoegdheid der vennoten

– 1. Elk der vennooten, die daarvan niet is uitgesloten, is bevoegd ten name der vennootschap te handelen, gelden uit te geven en te ontvangen, en de vennootschap aan derden, en derden aan de vennootschap te verbinden. (K 29; BW 7A: 1673^2, 1676, 1679)

– 2. Handelingen welke niet tot de vennootschap betrekkelijk zijn, of tot welke de vennooten volgens de overeenkomst onbevoegd zijn, worden onder deze bepaling niet begrepen. (BW 3: 66)

Art. 18

Hoofdelijke aansprakelijkheid

In vennootschappen onder eene firma is elk der vennooten, wegens de verbindtenissen der vennootschap, hoofdelijk verbonden. (K 21; BW 6: 6; 8: 360)

Art. 19

Commanditaire vennootschap

– 1. De vennootschap bij wijze van geldschieting, anders *en commandite* genaamd, wordt aangegaan tusschen eenen persoon, of tusschen meerdere hoofdelijk verbonden vennoten, en eenen of meer andere personen als geldschieters.

– 2. Eene vennootschap kan alzoo te gelijker tijd zijn eene vennootschap onder eene firma, ten aanzien van de vennooten onder de firma, en eene vennootschap bij wijze van geldschieting, ten aanzien van den geldschieter. (K 16, 311 lid 2; Hrgb12, 13)

– 3. De vennootschap bij wijze van geldschieting heeft geen in aandelen verdeeld kapitaal. (Alg. wet rijksbel. 2, lid 2, *c* en *f*)

Art. 20

Positie commanditaire vennoot

– 1. Behoudens de uitzondering, in het tweede lid van art. 30 voorkomende, mag de naam van den vennoot bij wijze van geldschieting in de firma niet worden gebezigd. (K 19 lid 2, 21)

– 2. Deze vennoot mag geene daad van beheer verrigten of in de zaken van de vennootschap werkzaam zijn, zelfs niet uit kracht eener volmagt. (K 17, 21, 32)

– 3. Hij draagt niet verder in de schade dan ten beloope der gelden, welke hij in de vennootschap heeft ingebragt of heeft moeten inbrengen, zonder dat hij immer tot teruggave van genotene winsten verpligt zij. (BW 7A: 1679)

Art. 21

Aansprakelijkheid commanditaire vennoot

De vennoot bij wijze van geldschieting, die de bepalingen van het eerste of van het tweede lid van het vorige artikel overtreedt, is wegens alle de schulden en verbintenissen van de vennootschap hoofdelijk verbonden. (K 18; BW 6: 6)

Art. 22

Aangaan vennootschap onder firma

De vennootschappen onder eene firma moeten worden aangegaan bij authentieke of bij onderhandsche akte, zonder dat het gemis eener akte aan derden kan worden tegengeworpen. (K 29, 31; BW 2: 64 lid 2, 175 lid 2; Rv 156, 157)

Art. 23

Inschrijving Handelsregister

De vennooten onder eene firma zijn verpligt de vennootschap te doen inschrijven in het handelsregister, overeenkomstig de daarvoor geldende wettelijke bepalingen. (K 30; BW 2: 69, 180; Hrgw 3, 18; Hrgb 12, 13)

Art. 24-28

Vervallen.

Art. 29

Positie v.o.f. vóór de inschrijving

Zoolang de inschrijving in het handelsregister niet is geschied, zal de vennootschap onder eene firma, ten aanzien van derden, worden aangemerkt als algemeen voor alle zaken, als aangegaan voor eenen onbepaalden tijd, en als geenen der vennooten uitsluitende van het regt om voor de firma te handelen en te teekenen. (BW 2: 69, lid 2, 180, lid 2; Hrgw 31)

Art. 30

Voortzetting ontbonden vennootschap

– 1. De firma van eene ontbondene vennootschap kan, het zij uit kracht der overeenkomst, het zij indien de gewezen vennoot, wiens naam in de firma voorkwam, daarin uitdrukkelijk toestemt, of, bij overlijden, deszelfs erfgenamen zich niet daartegen verzetten, door eenen of meer personen worden aangehouden, welke, ten blijke daarvan, eene akte moeten uitbrengen, en dezelve doen inschrijven in het handelsregister, overeenkomstig de daarvoor geldende wettelijke bepalingen. (BW 7A: 1688 lid 1)

– 2. De bepaling van het eerste lid van art. 20 is niet toepasselijk, indien de afgetredene, van vennoot onder eene firma, vennoot bij wijze van geldschieting is geworden.

Art. 31

Inschrijving van wijzigingen

De ontbinding eener vennootschap onder eene firma vóór den tijd bij de overeenkomst bepaald, of door afstand of opzegging tot stand gebragt, derzelver verlenging na verloop van het bepaalde tijdstip, mitsgaders alle veranderingen in de oorspronkelijke overeenkomst gemaakt, welke derden aangaan, zijn aan de voormelde inschrijving onderworpen. (K 22, 29; BW 7A: 1683 1683, 1688; Hrgb 28)

Art. 32

Vereffening

– 1. Bij de ontbinding der vennootschap zullen de vennooten, die het regt van beheer hebben gehad, de zaken der gewezen vennootschap moeten vereffenen in naam van dezelfde firma, ten zij bij de overeenkomst anders ware bepaald, of de gezamenlijke vennooten (die bij wijze van geldschieting niet daaronder begrepen), hoofdelijk en bij meerderheid van stemmen, eenen anderen vereffenaar hadden benoemd.

– 2. Indien de stemmen staken beschikt de arrondissements-regtbank, zoodanig als zij in het belang der ontbondene vennootschap meest geraden zal achten. (K 17, 22, 29, 31; BW 2: 23; Rv 51, 105; Hrgb 28)

Art. 33

Invordering tekorten

Indien de staat der kas van de ontbondene vennootschap niet toereikt om de opeischbare schulden te betalen, zullen zij, die met de vereffening belast zijn, de benoodigde penningen kunnen vorderen, welke door elk der vennooten, voor zijn aandeel in de vennootschap, zullen moeten worden ingebragt. (K 18)

Art. 34

Voorlopige verdeling

De gelden die gedurende de vereffening uit de kas der vennootschap kunnen gemist worden, zullen voorloopig worden verdeeld.

Art. 35-58

Vervallen.

VIERDE TITEL
Van beurzen van koophandel en tussenpersonen

EERSTE AFDEELING
Van beurzen van koophandel

Art. 59

Beurs van koophandel

De beurs van koophandel is de zamenkomst van kooplieden, schippers, tussenpersonen, kassiers en andere personen tot den koophandel in betrekking staande. Zij heeft plaats op gezag van het plaatselijk bestuur. (K 61; BW 3: 250 lid 2; Rv 568 lid 1, 569 lid 3, 600)

Art. 60

– 1. Uit de handelingen en afspraken, ter beurze gesloten, worden opgemaakt de bepaling van den wisselkoers, de prijs der koopmanschappen, der assurantien, der zeevrachten, der kosten van vervoer te water en te lande, der binnen- en buitenlandsche obligatien, fondsen en andere papieren, die voor bepaling van koers vatbaar zijn.

Koers- en prijsbepaling

– 2. Deze onderscheidene koersen of prijzen worden volgens plaatselijke reglementen of gebruiken opgemaakt. (K 140, 153 lid 3, 213, 262, 621; BW 3: 250 lid 2)

Art. 61

Het uur van het aangaan en afloopen der beurs, en alles wat de goede orde aldaar betreft, wordt door plaatselijke reglementen bepaald.

Reglement van orde

TWEEDE AFDELING

Van tussenpersonen

Art. 62

– 1. Onder tussenpersoon wordt verstaan degene die:

Omschrijving

a. zijn bedrijf maakt van het verlenen van bemiddeling bij het totstandbrengen en het sluiten van overeenkomsten in opdracht en op naam van personen tot wie hij niet in een vaste dienstbetrekking staat,

b. beherend vennoot van een vennootschap of bestuurder van een rechtspersoon is die haar bedrijf maakt van het verrichten van de in onderdeel *a* genoemde handelingen, of

c. in arbeidsovereenkomst staande tot een persoon, vennootschap of rechtspersoon als bedoeld in dit artikel, namens zijn werkgever de in onderdeel *a* genoemde handelingen verricht.

– 2. Het in het eerste lid bedoelde bedrijf kan mede omvatten het bemonsteren en waarderen van goederen en het uitbrengen van deskundigenberichten. (K 16 e.v., 260, 681; BW 2: 3, 64, 175; 3: 250 lid 2; 7: 414 e.v., 610; 7A: 1655 e.v.)

Art. 63-67a

Vervallen.

Art. 68

De tussenpersoon is verplicht van iedere door hem gesloten overeenkomst aantekening te houden; hij doet van de aantekening aan ieder der partijen terstond een door hem gewaarmerkt afschrift toekomen. (K 6, 681 sub 3° en 4°)

Aantekeningen

Art. 68a

Vervallen.

Art. 68b

– 1. Tenzij hij daarvan door partijen is ontslagen, is de tussenpersoon verplicht van elke door hem op monster verkochte partij goederen het monster, voorzien van een duidelijk herkenningsteken, te bewaren gedurende een redelijke termijn overeenkomstig de gebruiken in de handel.

Verkoop op monster

– 2. De rechter kan aan een tussenpersoon de overlegging van het door hem bewaarde monster in rechte bevelen teneinde dit te bezichtigen en hij kan daaromtrent zijn toelichting vorderen.

Art. 69

De tussenpersoon die een door hem verhandelde wisselbrief of ander handelspapier aan de koper ter hand stelt, staat in voor de echtheid van de zich daarop bevindende handtekening van de verkoper. (K 100, 106, 112, 178 sub 6°)

Waardepapieren

Art. 70

De artikelen 68, 68*b* en 69 zijn van overeenkomstige toepassing op de vennootschap en de rechtspersoon die bemiddeling door middel van tussenpersonen tot bedrijf hebben.

Toepasselijkheid bepalingen

Art. 71-73

Vervallen.

DERDE AFDELING

Van de agentuurovereenkomst

Art. 74-74s

Vervallen.

VIERDE AFDELING

Art. 75-75c

Vervallen.

VIJFDE TITEL
Van commissionairs

Art. 76-99a

Vervallen.

ZESDE TITEL
Van wisselbrieven en orderbriefjes

EERSTE AFDEELING
Van de uitgifte en den vorm van den wisselbrief

Art. 100

Inhoud wisselbrief

De wisselbrief behelst: (K 101, 102*a*, 109, 132 lid 2, 163, 174, 178, 506; Wet AB 10)
1° de benaming 'wisselbrief', opgenomen in den tekst zelf en uitgedrukt in de taal, waarin de titel is gesteld;
2° de onvoorwaardelijke opdracht tot betaling van een bepaalde som; (K 105, 140)
3° den naam van dengene, die betalen moet (betrokkene); (K 102, 180)
4° de aanwijzing van den vervaldag; (K 132)
5° die van de plaats, waar de betaling moet geschieden; (K 103, 126)
6° den naam van dengene, aan wien of aan wiens order de betaling moet worden gedaan; (K 109*a*, 115, 182)
7° de vermelding van de dagteekening, alsmede van de plaats, waar de wisselbrief is getrokken; (K 104, 229*e*)
8° de handteekening van dengene, die den wisselbrief uitgeeft (trekker). (K 101, 108, 109*a*, 110, 121, 122, 133 lid 2, 154; Rv 586 sub 1°)

Art. 101

Onvolledige wissel

– 1. De titel, waarin ééne der vermeldingen, in het voorgaande artikel aangegeven, ontbreekt, geldt niet als wisselbrief, behoudens in de hieronder genoemde gevallen:
– 2. De wisselbrief, waarvan de vervaldag niet is aangewezen, wordt beschouwd als betaalbaar op zicht.
– 3. Bij gebreke van een bijzondere aanwijzing wordt de plaats, aangegeven naast den naam van den betrokkene, geacht te zijn de plaats van betaling en tevens de plaats van het domicilie des betrokkenen. (BW 1: 10)
– 4. De wisselbrief, welke niet de plaats aanwijst, waar hij is getrokken, wordt geacht te zijn onderteekend in de plaats, aangegeven naast den naam des trekkers. (K 175 lid 4, 179 lid 4)

Art. 102

Wissel aan eigen order

– 1. De wisselbrief kan aan de order van den trekker luiden. (K 117, 183 lid 1)
– 2. Hij kan worden getrokken op den trekker zelf. (K 183 lid 3)
– 3. Hij kan worden getrokken voor rekening van eenen derde. De trekker wordt geacht voor zijne eigene rekening te hebben getrokken, indien uit den wisselbrief of uit den adviesbrief niet blijkt, voor wiens rekening zulks is geschied. (K 127*d*, 146, 183 lid 2)

Art. 102a

Incassowissel

– 1. Wanneer de trekker op den wisselbrief de vermelding 'waarde ter incasseering', 'ter incasso', 'in lastgeving', of eenige andere vermelding met zich brengend een bloote opdracht tot inning, heeft geplaatst, kan de nemer alle uit den wisselbrief voortvloeiende rechten uitoefenen, maar hij kan dezen niet anders endosseeren dan bijwege van lastgeving.
– 2. Bij een zoodanigen wisselbrief kunnen de wisselschuldenaren aan den houder slechts de verweermiddelen tegenwerpen, welke aan den trekker zouden kunnen worden tegengeworpen.
– 3. De opdracht, vervat in een incasso-wisselbrief, eindigt niet door den dood of de latere onbekwaamheid van den lastgever. (K 117, 183*a*, 200; BW 7: 410)

Art. 103

Gedomicilieerde wissel

Een wisselbrief kan betaalbaar zijn aan de woonplaats van eenen derde, hetzij in de plaats, waar de betrokkene zijn domicilie heeft, hetzij in een andere plaats. (K 100 sub 5°, 109*b*, 121 lid 2, 126, 143*a*, 176, 185; BW 1: 10, 15)

Art. 104

Renteclausule

– 1. In eenen wisselbrief, betaalbaar op zicht of een zekeren tijd na zicht, kan de trekker bepalen, dat de som rente draagt. In elken anderen wisselbrief wordt deze clausule voor niet geschreven gehouden. (K 100 sub 4 jo. 101 lid 2)
– 2. De rentevoet moet in den wisselbrief worden aangegeven. Bij gebreke hiervan wordt de renteclausule voor niet geschreven gehouden.
– 3. De rente loopt te rekenen van de dagteekening van den wisselbrief, tenzij een andere dag is aangegeven. (K 147 sub 1°, 2°, 176, 184)

Art. 105

Verschil tussen letters en cijfers

– 1. De wisselbrief, waarvan het bedrag voluit in letters en tevens in cijfers is geschreven, geldt, in geval van verschil, ten beloope van de som, voluit in letters geschreven. (K 100 sub 2°, 186 lid 1)

– 2. De wisselbrief, waarvan het bedrag meermalen is geschreven, hetzij voluit in letters, hetzij in cijfers, geldt, in geval van verschil, slechts ten beloope van de kleinste som. (K 176, 186 lid 2)

Art. 106

Handtekeningen

Indien de wisselbrief handteekeningen bevat van personen, die onbekwaam zijn zich door middel van eenen wisselbrief te verbinden, valsche handteekeningen, of handteekeningen van verdichte personen, of handteekeningen, welke, onverschillig om welke andere reden, de personen, die die handteekeningen hebben geplaatst of in wier naam zulks is geschied, niet kunnen verbinden, zijn de verbintenissen der andere personen, wier handteekeningen op den wisselbrief voorkomen, desniettemin geldig. (K 69, 168, 176, 187; Sr 226 sub 5°)

Art. 107

Handtekening onbevoegde vertegenwoordiger

Ieder, die zijne handteekening op eenen wisselbrief plaatst als vertegenwoordiger van eenen persoon, voor wien hij niet de bevoegdheid had te handelen, is zelf krachtens den wisselbrief verbonden, en heeft, betaald hebbende, dezelfde rechten, als de beweerde vertegenwoordigde zou hebben gehad. Hetzelfde geldt ten aanzien van den vertegenwoordiger, die zijne bevoegdheid heeft overschreden. (K 176, 188, 373, 455; BW 3: 70)

Art. 108

Instaan voor acceptatie en betaling

– 1. De trekker staat in voor de acceptatie en voor de betaling.

– 2. Hij kan zijne verplichting, voor de acceptatie in te staan, uitsluiten; elke clausule, waarbij hij de verplichting, voor de betaling in te staan, uitsluit, wordt voor niet-geschreven gehouden. (K 114, 120, 131, 137, 142, 146, 189, 229*f*; Rv 586)

Art. 109

Blanco wissel

Indien een wisselbrief, onvolledig ten tijde der uitgifte, is volledig gemaakt in strijd met de aangegane overeenkomsten, kan de niet-naleving van die overeenkomsten niet worden tegengeworpen aan den houder, die de wissel te goeder trouw heeft verkregen. (K 168, 176, 190, 228)

Art. 109a

Betaalbaarstelling

De trekker is verplicht, ter keuze van den nemer, den wisselbrief te stellen betaalbaar aan den nemer zelven, of aan eenigen anderen persoon, in beide gevallen aan order of zonder bijvoeging van order dan wel met bijvoeging van eene uitdrukking, als bedoeld in artikel 110, tweede lid. (K 102, 110, BW 8: 412, 919)

Art. 109b

Fonds; verplichting trekker

De trekker, of degene voor wiens rekening de wisselbrief is getrokken, is verplicht zorg te dragen, dat de betrokkene, ten vervaldage, in handen hebbe het noodige fonds tot betaling, zelfs indien de wisselbrief bij eenen derde is betaalbaar gesteld, met dien verstande echter, dat de trekker zelf in alle gevallen aan den houder en de vroegere endossanten persoonlijk verantwoordelijk blijft. (K 127*a*, 146*a*, 152*a*, 169, 190*a*, 221*a*)

Art. 109c

Fonds in handen van betrokkene

De betrokkene wordt geacht, het noodige fonds in handen te hebben, indien hij bij het vervallen van den wisselbrief of op het tijdstip, waarop ingevolge het derde lid van artikel 142 de houder regres kan nemen, aan den trekker of aan dengene voor wiens rekening is getrokken, eene opeischbare som schuldig is, ten minste gelijkstaande met het beloop van den wisselbrief. (K 127*a*, 146*a*, 190*b*)

TWEEDE AFDEELING

Van het endossement

Art. 110

Endossement; rectawissel

– 1. Elke wisselbrief, ook die welke niet uitdrukkelijk aan order luidt, kan door middel van endossement worden overgedragen. (K 109*a*, 166 lid 2, 176, 191 lid 1)

– 2. Indien de trekker in den wisselbrief de woorden: 'niet aan order' of een soortgelijke uitdrukking heeft opgenomen, kan het stuk slechts worden overgedragen in den vorm en met de gevolgen van een gewone cessie. Een op zulk een wisselbrief geplaatst endossement geldt als een gewone cessie. (K 191 lid 2; BW 3: 93)

– 3. Het endossement kan worden gesteld zelfs ten voordeele van den betrokkene, al of niet acceptant, van den trekker, of van elken anderen wisselschuldenaar. Deze personen kunnen den wisselbrief opnieuw endosseeren. (K 118 lid 2, 191 lid 3)

Art. 111

Onvoorwaardelijk; voor het geheel; aan toonder

– 1. Het endossement moet onvoorwaardelijk zijn. Elke daarin opgenomen voorwaarde wordt voor niet-geschreven gehouden. (K 114 lid 2, 191 lid 1)

– 2. Het gedeeltelijke endossement is nietig. (K 192 lid 2)

– 3. Het endossement aan toonder geldt als endossement in blanco. (K 176, 192 lid 4)

Art. 112

Vorm

– 1. Het endossement moet worden gesteld op den wisselbrief of op een daaraan vastgehecht blad (verlengstuk). Het moet worden onderteekend door den endossant. (K 124, 130, 193 lid 1, 203)

– 2. Het endossement kan den geëndosseerde onvermeld laten of bestaan uit de enkele handteekening van den endossant (endossement in blanco). In het laatste geval moet het endossement, om geldig te zijn, op de rugzijde van den wisselbrief of op het verlengstuk worden gesteld. (K 176, 193 lid 2)

Art. 113

Rechtsgevolg; endossement in blanco

– 1. Door het endossement worden alle uit den wisselbrief voortvloeiende rechten overgedragen. (K 194 lid 1; BW 3: 93)

– 2. Indien het endossement in blanco is, kan de houder:

1° het blanco invullen, hetzij met zijn eigen naam, hetzij met den naam van een anderen persoon;

2° den wisselbrief wederom in blanco of aan een anderen persoon endosseeren;

3° den wisselbrief aan eenen derde overgeven, zonder het blanco in te vullen en zonder hem te endosseeren. (K 176, 194 lid 2)

Art. 114

Instaan voor acceptatie en betaling

– 1. Tenzij het tegendeel bedongen is, staat de endossant in voor de acceptatie en voor de betaling.

– 2. Hij kan een nieuw endossement verbieden; in dat geval staat hij tegenover de personen, aan wie de wisselbrief later is geëndosseerd, niet in voor de acceptatie en voor de betaling. (K 108, 111, 131, 142, 146, 169 lid 2, 176, 195; Rv 586)

Art. 115

Legitimatie van houder

– 1. Hij, die eenen wisselbrief onder zich heeft, wordt beschouwd als de rechtmatige houder, indien hij van zijn recht doet blijken door een ononderbroken reeks van endossementen, zelfs indien het laatste endossement in blanco is gesteld. De doorgehaalde endossementen worden te dien aanzien voor niet geschreven gehouden. Wanneer een endossement in blanco door een ander endossement is gevolgd, wordt de onderteekenaar van dit laatste geacht den wisselbrief door een endossement in blanco verkregen te hebben. (K 110, 139, 165, 176, 196; BW 8: 441, 940)

– 2. Indien iemand, op welke wijze dan ook, het bezit van den wisselbrief heeft verloren, is de houder, die van zijn recht doet blijken op de wijze, bij het voorgaande lid aangegeven, niet verplicht den wisselbrief af te geven, indien hij deze te goeder trouw heeft verkregen. (K 167*a*, 198, 227*a*; BW 3: 86)

Art. 116

Verweermiddelen

Zij, die uit hoofde van den wisselbrief worden aangesproken, kunnen de verweermiddelen, gegrond op hun persoonlijke verhouding tot den trekker of tot vroegere houders, niet aan den houder tegenwerpen, tenzij deze bij de verkrijging van den wisselbrief desbewust ten nadeele van den schuldenaar heeft gehandeld. (K 102*a*, 117, 176, 199)

Art. 117

Incasso-endossement

– 1. Wanneer het endossement de vermelding bevat: 'waarde ter incasseering', 'ter incasso', 'in lastgeving', of eenige andere vermelding, met zich brengend een bloote opdracht tot inning, kan de houder alle uit den wisselbrief voortvloeiende rechten uitoefenen, maar hij kan dezen niet anders endosseeren dan bij wege van lastgeving.

– 2. De wisselschuldenaren kunnen in dat geval aan den houder slechts de verweermiddelen tegenwerpen, welke aan den endossant zouden kunnen worden tegengeworpen.

– 3. De opdracht, vervat in een incasso-endossement, eindigt niet door den dood of door de latere onbekwaamheid van den lastgever. (K 102*a*, 176, 183*a*, 200; BW 7: 410)

Art. 118

Pand-endossement

– 1. Wanneer een endossement de vermelding bevat: 'waarde tot zekerheid', 'waarde tot pand', of eenige andere vermelding, welke inpandgeving met zich brengt, kan de houder alle uit den wisselbrief voortvloeiende rechten uitoefenen, maar een door hem gesteld endossement geldt slechts als endossement bij wege van lastgeving.

– 2. De wisselschuldenaren kunnen den houder de verweermiddelen, gegrond op hun persoonlijke verhouding tot den endossant, niet tegenwerpen, tenzij de houder bij de ontvangst van den wisselbrief desbewust ten nadeele van den schuldenaar heeft gehandeld. (K 176)

Art. 119

Endossement na vervaldag of protest

– 1. Een endossement, gesteld na den vervaldag, heeft dezelfde gevolgen als een endossement, gesteld vóór den vervaldag. Echter heeft het endossement, gesteld na het protest van non-betaling of na het verstrijken van den termijn, voor het opmaken van het protest bepaald, slechts de gevolgen eener gewone cessie.

– 2. Behoudens tegenbewijs wordt het endossement zonder dagteekening geacht te zijn gesteld vóór het verstrijken van den termijn, voor het opmaken van het protest bepaald. (K 110, 113, 143, 176, 201; BW 3: 94)

DERDE AFDEELING
Van de acceptatie

Art. 120

Aanbieding tot acceptatie

De wisselbrief kan tot den vervaldag door den houder of door iemand, die hem enkel onder zich heeft, aan den betrokkene te zijner woonplaats ter acceptatie worden aangeboden. (K 100 sub 4°, 101, 108, 124, 127, 133, 143, 171, 181, 205)

Art. 121

Verplichte of verboden aanbieding

– 1. In elken wisselbrief kan de trekker, al dan niet met vaststelling van een termijn, bepalen, dat deze ter acceptatie moet worden aangeboden. (K 136, 177)
– 2. Hij kan in den wisselbrief de aanbieding ter acceptatie verbieden, behoudens in wisselbrieven, betaalbaar bij eenen derde, of betaalbaar in een andere plaats dan die van het domicilie des betrokkenen of betaalbaar een zekeren tijd na zicht. (K 103, 108)
– 3. Hij kan ook bepalen, dat de aanbieding ter acceptatie niet kan plaats hebben vóór een bepaalden dag. (K 142)
– 4. Tenzij de trekker heeft verklaard, dat de wisselbrief niet vatbaar is voor acceptatie, kan elke endossant, al dan niet met vaststelling van eenen termijn, bepalen, dat hij ter acceptatie moet worden aangeboden.

Art. 122

Zekere tijd na zicht

– 1. Wisselbrieven, betaalbaar een zekeren tijd na zicht, moeten ter acceptatie worden aangeboden binnen een jaar na hunne dagteekening.
– 2. De trekker kan dezen termijn verkorten of verlengen.
– 3. De endossanten kunnen deze termijnen verkorten. (K 121, 133, 136, 143, 152, 172, 177)

Art. 123

Tweede aanbieding

– 1. De betrokkene kan verzoeken, dat hem een tweede aanbieding wordt gedaan den dag, volgende op de eerste. Belanghebbenden zullen zich er niet op mogen beroepen, dat aan dit verzoek geen gevolg is gegeven, tenzij het verzoek in het protest is vermeld.
– 2. De houder is niet verplicht, den ter acceptatie aangeboden wisselbrief aan den betrokkene af te geven. (K 143)

Art. 124

Vorm der acceptatie

– 1. De acceptatie wordt op den wisselbrief gesteld. Zij wordt uitgedrukt door het woord: 'geaccepteerd', of door een soortgelijk woord; zij wordt door den betrokkene onderteekend. De enkele handteekening van den betrokkene, op de voorzijde van den wisselbrief gesteld, geldt als acceptatie. (K 112, 120, 130 lid 3, 156)
– 2. Wanneer de wisselbrief betaalbaar is een zekeren tijd na zicht, of wanneer hij krachtens een uitdrukkelijk beding ter acceptatie moet worden aangeboden binnen een bepaalden termijn, moet de acceptatie als dagteekening inhouden den dag, waarop zij is geschied, tenzij de houder dien van de aanbieding eischt. Bij gebreke van dagteekening moet de houder dit verzuim door een tijdig protest doen vaststellen, op straffe van verlies van zijn recht van regres op de endossanten en op den trekker, die fonds heeft bezorgd. (K 134, 177)

Art. 125

Onvoorwaardelijk; gedeeltelijk

– 1. De acceptatie is onvoorwaardelijk, maar de betrokkene kan haar beperken tot een gedeelte van de som. (K 138 lid 2, 150, 211 lid 2; BW 6: 29)
– 2. Elke andere wijziging, door den acceptant met betrekking tot het in den wisselbrief vermelde aangebracht, geldt als weigering van acceptatie. De acceptant is echter gehouden overeenkomstig den inhoud zijner acceptatie. (K 143)

Art. 126

Gedomicilieerde wissel

– 1. Wanneer de trekker den wisselbrief op een andere plaats dan die van het domicilie des betrokkenen heeft betaalbaar gesteld, zonder eenen derde aan te wijzen, bij wien de betaling moet worden gedaan, kan de betrokkene dezen bij de acceptatie aanwijzen. Bij gebreke van zoodanige aanwijzing wordt de acceptant geacht zich verbonden te hebben zelf te betalen op de plaats van betaling. (K 100 sub 5°, 103, 185)
– 2. Indien de wisselbrief betaalbaar is aan het domicilie des betrokkenen, kan deze, in de acceptatie, een adres aanwijzen, in dezelfde plaats, waar de betaling moet worden gedaan. (K 143 lid 2, 143*a* lid 3, 176)

Art. 127

Rechtsgevolg van acceptatie; wisselschuld

– 1. Door de acceptatie verbindt de betrokkene zich, den wisselbrief op den vervaldag te betalen. (K 124, 169 lid 1, 177; Rv 586)
– 2. Bij gebreke van betaling heeft de houder, al ware hij de trekker, tegen den acceptant een rechtstreeksche vordering, uit den wisselbrief voortspruitend, voor al hetgeen kan worden gevorderd krachtens de artikelen 147 en 148. (K 146, 164)

Art. 127a

Verplichting tot acceptatie

Hij, die het noodige fonds in handen heeft, bijzonderlijk bestemd tot de betaling van eenen getrokken wisselbrief, is, op straffe van schadevergoeding jegens den trekker, tot de acceptatie verplicht. (K 109*b*, 109*c*, 146*a*, 152*a*; BW 6: 81 e.v.)

Art. 127b

Belofte van acceptatie

– 1. Belofte om eenen wisselbrief te zullen accepteeren geldt niet als acceptatie, maar geeft aan den trekker eene rechtsvordering tot schadevergoeding tegen den belover, die weigert zijne belofte gestand te doen. (K 109*c*; Rv 612)

– 2. Deze schade bestaat in de kosten van protest en herwissel, wanneer de wisselbrief voor des trekkers eigene rekening was getrokken. (K 151; BW 6: 81 e.v.)

– 3. Wanneer de trekking voor rekening van eenen derde was gedaan, bestaat de schade in de kosten van protest en herwissel, en in het beloop van hetgeen de trekker, uit hoofde van de bekomene toezegging van den belover, aan dien derde, op het crediet van den wisselbrief, heeft voorgeschoten. (K 102 lid 3)

Art. 127c

Wisseladvies

De trekker is verplicht aan den betrokkene tijdig kennis of advies te geven van den door hem getrokken wisselbrief, en, bij nalatigheid daarvan, gehouden tot vergoeding van de kosten, door weigering van acceptatie of betaling uit dien hoofde gevallen.

Art. 127d

Wissel voor rekening van derde

Indien de wisselbrief voor rekening van eenen derde is getrokken, is deze alleen daarvoor aan den acceptant verbonden. (K 102 lid 3)

Art. 128

Doorhaling acceptatie

– 1. Indien de betrokkene zijn op den wisselbrief gestelde acceptatie heeft doorgehaald vóór de teruggave van den wisselbrief, wordt de acceptatie geacht te zijn geweigerd. Behoudens tegenbewijs wordt de doorhaling geacht te zijn geschied vóór de teruggave van den wisselbrief.

– 2. Indien echter de betrokkene van zijne acceptatie schriftelijk heeft doen blijken aan den houder of aan iemand, wiens handteekening op den wisselbrief voorkomt, is hij tegenover dezen gehouden overeenkomstig den inhoud van zijne acceptatie. (K 124)

VIERDE AFDEELING

Van het aval

Art. 129

Borgtocht (aval)

– 1. De betaling van eenen wisselbrief kan voor het geheel of een gedeelte van de wisselsom door eenen borgtocht (aval) worden verzekerd. (K 125 lid 1, 176 lid 3)

– 2. Deze borgtocht kan door eenen derde, of zelfs door iemand, wiens handteekening op den wisselbrief voorkomt, worden gegeven. (K 202; BW 7: 850; Rv 586)

Art. 130

Vorm

– 1. Het aval wordt op den wisselbrief of op een verlengstuk gesteld. (K 112 lid 1, 166 lid 3, 193, 203 lid 1)

– 2. Het wordt uitgedrukt door de woorden: 'goed voor aval' of door een soortgelijke uitdrukking; het wordt door den avalgever onderteekend. (K 124 lid 1, 203 lid 2)

– 3. De enkele handteekening van den avalgever, gesteld op de voorzijde van den wisselbrief, geldt als aval, behalve wanneer de handteekening die is van den betrokkene of van den trekker. (K 112 lid 2, 203 lid 3)

– 4. Het kan ook geschieden bij een afzonderlijk geschrift of bij een brief, vermeldende de plaats, waar het is gegeven. (K 203 lid 4)

– 5. In het aval moet worden vermeld, voor wien het is gegeven. Bij gebreke hiervan wordt het geacht voor den trekker te zijn gegeven. (K 176, 203 lid 5, BW 7:850)

Art. 131

Rechtsgevolg; subrogatie

– 1. De avalgever is op dezelfde wijze verbonden als degenen, voor wien het aval is gegeven. (K 152 lid 1)

– 2. Zijne verbintenis is geldig, zelfs indien, wegens een andere oorzaak dan een vormgebrek, de door hem gewaarborgde verbintenis nietig is.

– 3. Door te betalen verkrijgt de avalgever de rechten, welke krachtens den wisselbrief kunnen worden uitgeoefend tegen dengene, voor wien het aval is gegeven en tegen degenen, die tegenover dezen krachtens den wisselbrief verbonden zijn. (K 146, 157, 162, 176, 204; BW 6: 150 e.v.)

VIJFDE AFDEELING

Van den vervaldag

Art. 132

Verschillende vervaldagen

– 1. Een wisselbrief kan worden getrokken:

op zicht;

op een zekeren tijd na zicht;

op een zekeren tijd na dagteekening;
op een bepaalden dag.
– 2. Wisselbrieven met anders bepaalde vervaldagen of in termijnen betaalbaar zijn nietig. (K 100 sub 4°, 101 lid 2, 176, 205)

Art. 133

Op zicht

– 1. De wisselbrief, getrokken op zicht, is betaalbaar bij de aanbieding. Hij moet ter betaling worden aangeboden binnen een jaar na zijne dagteekening. De trekker kan dezen termijn verkorten of verlengen. De endossanten kunnen deze termijnen verkorten. (K 136 lid 3)
– 2. De trekker kan voorschrijven, dat een wisselbrief niet ter betaling mag worden aangeboden vóór een bepaalden dag. In dat geval loopt de termijn van aanbieding van dien dag af. (K 101 lid 2, 121 lid 3, 122, 152, 171, 176, 205)

Art. 134

Zekere tijd na zicht

– 1. De vervaldag van eenen wisselbrief, getrokken op een zekeren tijd na zicht, wordt bepaald, hetzij door de dagteekening der acceptatie, hetzij door die van het protest.
– 2. Bij gebreke van protest wordt de niet-gedagteekende acceptatie ten aanzien van den acceptant geacht te zijn gedaan op den laatsten dag van den termijn, voor de aanbieding ter acceptatie voorgeschreven. (K 122, 124, 136, 142, 143, 171, 176)

Art. 135

Termijn na dagtekening

– 1. De wisselbrief, getrokken op een of meer maanden na dagteekening of na zicht, vervalt op den overeenkomstigen dag van de maand, waarin de betaling moet worden gedaan. Bij gebreke van een overeenkomstigen dag vervalt een zoodanige wisselbrief op den laatsten dag van die maand.
– 2. Bij eenen wisselbrief, getrokken op een of meer maanden en een halve maand na dagteekening of na zicht, worden eerst de geheele maanden gerekend.
– 3. Is de vervaldag bepaald op het begin, het midden (half Januari, half Februari enz.) of op het einde van eene maand, dan wordt onder die uitdrukkingen verstaan: de eerste, de vijftiende, de laatste van die maand.
– 4. Onder de uitdrukkingen: 'acht dagen', 'vijftien dagen', moet worden verstaan niet éėne of twee weken, maar een termijn van acht of van vijftien dagen.
– 5. De uitdrukking 'halve maand' duidt eenen termijn van vijftien dagen aan. (K 136, 171, 176)

Art. 136

Op bepaalde dag; tijdrekening

– 1. De vervaldag van eenen wisselbrief, betaalbaar op een bepaalden dag, in eene plaats, waar de tijdrekening een andere is dan die van de plaats van uitgifte, wordt geacht te zijn vastgesteld volgens de tijdrekening van de plaats van betaling.
– 2. De dag van uitgifte van eenen wisselbrief, getrokken tusschen twee plaatsen met verschillende tijdrekening en betaalbaar een zekeren tijd na dagteekening, wordt herleid tot den overeenkomstigen dag van de tijdrekening van de plaats van betaling en de vervaldag wordt dienovereenkomstig vastgesteld.
– 3. De termijnen van aanbieding der wisselbrieven worden berekend overeenkomstig de bepalingen van het voorgaande lid.
– 4. Dit artikel is niet van toepassing, indien uit eene in den wisselbrief opgenomen clausule of uit zijne bewoordingen een afwijkende bedoeling kan worden afgeleid. (K 176, 207)

ZESDE AFDEELING
Van de betaling

Art. 137

Aanbieding ter betaling; verrekeningskamer

– 1. De houder van eenen wisselbrief, betaalbaar op een bepaalden dag of een zekeren tijd na dagteekening of na zicht, moet dezen ter betaling aanbieden, hetzij den dag, waarop hij betaalbaar is, hetzij eenen der twee daaropvolgende werkdagen. (K 100 sub 4°, 120, 122, 141, 152, 171, 176)
– 2. De aanbieding van eenen wisselbrief aan eene verrekeningskamer geldt als aanbieding ter betaling. Bij algemeenen maatregel van bestuur zullen de instellingen worden aangewezen, die in den zin van dezen Titel als verrekeningskamers worden beschouwd. (K 208, 217 sub 3°)

Art. 138

Kwijting

– 1. Buiten het geval, in artikel 167*b* vermeld, kan de betrokkene, den wisselbrief betalende, vorderen, dat hem deze, van behoorlijke kwijting van den houder voorzien, wordt uitgeleverd. (K 149 lid 1, 161, 164, 211 lid 1)
– 2. De houder mag niet weigeren een gedeeltelijke betaling aan te nemen. (K 211 lid 2; BW 6: 29)
– 3. In geval van gedeeltelijke betaling kan de betrokkene vorderen, dat van die betaling op den wisselbrief melding wordt gemaakt en dat hem daarvoor kwijting wordt gegeven. (K 125 lid 1, 150, 176, 211 lid 3)

Vóór vervaldag; op vervaldag

Art. 139

– 1. De houder van eenen wisselbrief kan niet genoodzaakt worden, vóór den vervaldag betaling te ontvangen. (BW 6: 38 e.v.)
– 2. De betrokkene, die vóór den vervaldag betaalt, doet zulks op eigen verantwoordelijkheid.
– 3. Hij, die op den vervaldag betaalt, is deugdelijk gekweten, mits er zijnerzijds geen bedrog plaats heeft of grove schuld aanwezig is. Hij is gehouden, de regelmatigheid van de reeks van endossementen, maar niet de handteekening der endossanten te onderzoeken. (K 115, 167*a*, 196, 212 lid 1; BW 6: 34 e.v.)
– 4. Indien hij, niet bevrijdend betaald hebbende, verplicht wordt, ten tweede male te betalen, heeft hij verhaal op allen die de wissel niet te goeder trouw hebben verkregen. (K 176, 212 lid 2)

Vreemde valuta

Art. 140

– 1. Een wisselbrief, waarvan de betaling is bedongen in ander geld dan dat van de plaats van betaling, kan worden betaald in het geld van het land volgens zijne waarde op den vervaldag. Indien de schuldenaar in gebreke is, kan de houder te zijner keuze vorderen, dat de wisselsom betaald wordt in het geld van het land volgens den koers, hetzij van den vervaldag, hetzij van den dag van betaling. (K 100 lid 2, 151 lid 3, 213 lid 1; BW 6: 17 e.v.)
– 2. De waarde van het vreemde geld wordt bepaald volgens de gebruiken van de plaats van betaling. De trekker kan echter voorschrijven, dat het te betalen bedrag moet worden berekend volgens een in den wisselbrief voorgeschreven koers. (K 60, 213 lid 2)
– 3. Het bovenstaande is niet van toepassing, indien de trekker heeft voorgeschreven, dat de betaling moet geschieden in een bepaald aangeduid geld (clausule van werkelijke betaling in vreemd geld). (K 213 lid 3)
– 4. Indien het bedrag van den wisselbrief is aangegeven in geld, hetwelk dezelfde benaming, maar eene verschillende waarde heeft in het land van uitgifte en in dat van betaling, wordt men vermoed het geld van de plaats van betaling te hebben bedoeld. (K 176, 213 lid 4)

Consignatie

Art. 141

Bij gebreke van aanbieding ter betaling van den wisselbrief binnen den termijn, bij artikel 137 vastgesteld, heeft elke schuldenaar de bevoegdheid, het bedrag te bevoegder plaatse in consignatie te geven, op kosten en onder verantwoordelijkheid van den houder. (K 176; BW 6: 66; Rv 794)

ZEVENDE AFDEELING

Van het recht van regres in geval van non-acceptatie of non-betaling

Regres

Art. 142

– 1. De houder kan zijn recht van regres op de endossanten, den trekker en de andere wisselschuldenaren uitoefenen: (K 108, 114, 127, 131, 147, 155, 157, 176, 217)
– 2. Op den vervaldag: (K 100 sub 4, 120, 132)
indien de betaling niet heeft plaats gehad; (K 143*a*)
– 3. Zelfs vóór den vervaldag:
1° indien de acceptatie geheel of gedeeltelijk is geweigerd; (K 125)
2° in geval van faillissement van den betrokkene, al of niet acceptant, of het ten aanzien van hem van toepassing verklaren van de schuldsaneringsregeling natuurlijke personen en van het oogenblik af, waarop eene hem verleende surséance van betaling is ingegaan; (BW 6: 40; Fw 131, 213, 284 e.v.)
3° in geval van faillissement van den trekker of het ten aanzien van hem van toepassing verklaren van de schuldsaneringsregeling natuurlijke personen van een niet voor acceptatie vatbaren wisselbrief. (K 143 lid 5 en 6; BW 6: 40; Fw 131, 213, 284 e.v.)

Protest

Art. 143

– 1. De weigering van acceptatie of van betaling moet worden vastgesteld bij authentieke acte (protest van non-acceptatie of van non-betaling). (K 120, 143*b*, 143*d*, 145, 169 lid 4, 217; Fw 99 lid 2)
– 2. Het protest van non-acceptatie moet worden opgemaakt binnen de termijnen, voor de aanbieding ter acceptatie vastgesteld. Indien, in het geval bij artikel 123, lid 1, voorzien, de eerste aanbieding heeft plaats gehad op den laatsten dag van den termijn, kan het protest nog op den volgenden dag worden gedaan. (K 132, 152 lid 2, 218)
– 3. Het protest van non-betaling van eenen wisselbrief, betaalbaar op een bepaalden dag of zekeren tijd na dagteekening of na zicht, moet worden gedaan op éénen der twee werkdagen, volgende op den dag, waarop de wisselbrief betaalbaar is. Indien het eenen wisselbrief, betaalbaar op zicht, betreft, moet het protest worden gedaan, overeenkomstig de bepalingen bij het voorgaande lid vastgesteld voor het opmaken van het protest van non-acceptatie. (K 100 lid 4, 137, 171, 171*a*)
– 4. Het protest van non-acceptatie maakt de aanbieding ter betaling en het protest van non-betaling overbodig.

– 5. In geval van benoeming van bewindvoerders op verzoek van den betrokkene, al of niet acceptant, tot surséance van betaling kan de houder zijn recht van regres niet uitoefenen, dan nadat de wisselbrief ter betaling aan den betrokkene is aangeboden en protest is opgemaakt. (Fw 215)
– 6. Indien de betrokkene, al of niet acceptant, is failliet verklaard, of indien de trekker van eenen wisselbrief, welke niet vatbaar is voor acceptatie, is failliet verklaard, kan de houder, voor de uitoefening van zijn recht van regres, volstaan met overlegging van het vonnis, waarbij het faillissement is uitgesproken. (K 176; BW 6: 40)
– 7. Het zesde lid is van overeenkomstige toepassing indien de schuldsaneringsregeling natuurlijke personen van toepassing is verklaard. (Fw 284 e.v.)

Art. 143a

Betaling wisselbrief

– 1. De betaling van eenen wisselbrief moet gevraagd en het daarop volgende protest gedaan worden ter woonplaats van den betrokkene. (K 120, 142, 167*a*, 218*a* lid 1; BW 1: 10; Fw 99 lid 2)
– 2. Indien de wisselbrief getrokken is om in eene andere aangewezene woonplaats of door eenen anderen aangewezen persoon, hetzij in dezelfde, hetzij in eene andere gemeente te worden betaald, moet de betaling gevraagd en het protest opgemaakt worden ter aangewezene woonplaats of aan den aangewezen persoon. (K 103, 126, 159, 218*a* lid 2)
– 3. Artikel 54 van het Wetboek van Burgerlijke Rechtsvordering is van overeenkomstige toepassing. (K 176, 218*a* lid 3; BW 6: 41, 115)

Art. 143b

Vorm en inhoud van protest

– 1. De protesten, zowel van non-acceptatie als van non-betaling, worden gedaan door een deurwaarder. Deze kan zich desverkiezende doen vergezellen door een of twee getuigen.
– 2. De protesten behelzen:
1° een letterlijk afschrift van den wisselbrief, van de acceptatie, van de endossementen, van het aval en van de adressen daarop gesteld;
2° de vermelding dat zij de acceptatie of betaling aan de personen, of ter plaatse in het voorgaand artikel gemeld, afgevraagd en niet bekomen hebben;
3° de vermelding van de opgegevene reden van non-acceptatie of non-betaling;
4° de aanmaning om het protest te teekenen, en de redenen van weigering;
5° de vermelding, dat hij, deurwaarder, wegens die non-acceptatie of non-betaling heeft geprotesteerd.
– 3. Indien het protest een vermisten wisselbrief betreft, volstaat, in plaats van het bepaalde onder 1°. van het voorgaande lid, eene zoo nauwkeurig mogelijke omschrijving van den inhoud des wisselbriefs. (K 167*a*; 176, 218*b*)

Art. 143c

Afschrift; register

De deurwaarders zijn verplicht, op straffe van schadevergoeding, afschrift van het protest te laten, en hiervan melding in het afschrift te maken, en hetzelve, naar orde des tijds, in te schrijven in een bijzonder register, genommerd en gewaarmerkt door de kantonrechter van de rechtbank van het arrondissement waarin hun woonplaats is gelegen, en om wijders, zulks begeerd wordende, een of meer afschriften van het protest aan de belanghebbenden te leveren. (K 176, 218*c*; BW 6: 81 e.v.)

Art. 143d

Onderhands protest

Als protest van non-acceptatie, onderscheidenlijk van non-betaling geldt de door dengene, aan wien de acceptatie of de betaling wordt afgevraagd, met toestemming van den houder op den wisselbrief gestelde, gedagteekende en onderteekende verklaring, dat hij dezelve weigert, tenzij de trekker heeft aangeteekend, dat hij een authentiek protest verlangt. (K 176, 217 lid 2)

Art. 144

Kennisgeving

– 1. De houder moet van de non-acceptatie of van de non-betaling kennis geven aan zijnen endossant en aan den trekker binnen de vier werkdagen, volgende op den dag van het protest of, indien de wisselbrief getrokken is met de clausule zonder kosten, volgende op dien der aanbieding. Elke endossant moet binnen de twee werkdagen, volgende op den dag van ontvangst der kennisgeving, de door hem ontvangen kennisgeving aan zijnen endossant mededeelen, met aanwijzing van de namen en adressen van degenen, die de voorafgaande kennisgevingen hebben gedaan, en zoo vervolgens, teruggaande tot den trekker. Deze termijnen loopen van de ontvangst der voorafgaande kennisgeving af. (K 143, 153, 171, 171*a*, 219 lid 1)
– 2. Indien overeenkomstig het voorgaande lid eene kennisgeving is gedaan aan iemand, wiens handteekening op den wisselbrief voorkomt, moet gelijke kennisgeving binnen denzelfden termijn aan diens avalgever worden gedaan. (K 129, 219 lid 2)
– 3. Indien een endossant zijn adres niet of op onleesbare wijze heeft aangeduid, kan worden volstaan met kennisgeving aan den voorafgaanden endossant. (K 219 lid 3)
– 4. Hij, die eene kennisgeving heeft te doen, kan zulks doen in iederen vorm, zelfs door enkele terugzending van den wisselbrief. (K 219 lid 4)
– 5. Hij moet bewijzen, dat hij de kennisgeving binnen den vastgestelden termijn heeft ge-

daan. Deze termijn wordt gehouden te zijn in acht genomen, wanneer een brief, die de kennisgeving behelst, binnen den genoemden termijn ter post is bezorgd. (K 219 lid 5)
– 6. Hij, die de kennisgeving niet binnen den bovenvermelden termijn doet, stelt zich niet bloot aan verval van zijn recht; hij is, indien daartoe aanleiding bestaat, verantwoordelijk voor de schade, door zijne nalatigheid veroorzaakt, zonder dat echter de schadevergoeding de wisselsom kan te boven gaan. (K 176, 219 lid 6)

Art. 145

Clausule 'zonder kosten'

– 1. De trekker, een endossant of een avalgever kan, door de clausule 'zonder kosten', 'zonder protest', of een andere soortgelijke op den wisselbrief gestelde en onderteekende clausule, den houder van het opmaken van een protest van non-acceptatie of van non-betaling, ter uitoefening van zijn recht van regres, ontslaan. (K 220 lid 1)
– 2. Deze clausule ontslaat den houder niet van de aanbieding van den wisselbrief binnen de voorgeschreven termijnen, noch van het doen van de kennisgevingen. Het bewijs van de nietinachtneming der termijnen moet worden geleverd door dengene, die zich daarop tegenover den houder beroept. (K 152, 220 lid 2)
– 3. Is de clausule door den trekker gesteld, dan heeft zij gevolgen ten aanzien van allen, wier handteekeningen op den wisselbrief voorkomen; is zij door eenen endossant of door eenen avalgever gesteld, dan heeft zij gevolgen alleen voor dezen endossant of avalgever. Indien de houder, ondanks de door den trekker gestelde clausule, toch protest doet opmaken, zijn de kosten daarvan voor zijne rekening. Indien de clausule van eenen endossant of eenen avalgever afkomstig is, kunnen de kosten van het protest, indien dit is opgemaakt, op allen, wier handteekeningen op den wisselbrief voorkomen, worden verhaald. (K 176, 220 lid 3)

Art. 146

Springregres

– 1. Allen, die eenen wisselbrief hebben getrokken, geaccepteerd, geëndosseerd, of voor aval geteekend, zijn hoofdelijk tegenover den houder verbonden. Bovendien is ook de derde, voor wiens rekening de wisselbrief is getrokken en die de waarde daarvoor heeft genoten, jegens den houder aansprakelijk. (K 102 lid 3, 108, 114, 116, 127, 131, 157, 221 lid 1)
– 2. De houder kan deze personen, zoowel ieder afzonderlijk, als gezamenlijk, aanspreken, zonder verplicht te zijn de volgorde, waarin zij zich hebben verbonden, in acht te nemen. (K 127, 221 lid 2; Fw 136)
– 3. Hetzelfde recht komt toe aan ieder, wiens handteekening op den wisselbrief voorkomt en die dezen, ter voldoening aan zijnen regresplicht, heeft betaald. (K 221 lid 3, 229*h*)
– 4. De vordering, ingesteld tegen éénen der wisselschuldenaren, belet niet de anderen aan te spreken, al hadden dezen zich later verbonden dan de eerst aangesprokene. (K 149, 162, 169, 176, 221 lid 4; BW 6: 6 e.v.; Rv 303, 586)

Art. 146a

Geen recht op fonds

– 1. De houder van eenen geprotesteerden wisselbrief heeft in geen geval eenig recht op het fonds, dat de betrokkene van den trekker in handen heeft.
– 2. Indien de wisselbrief niet is geaccepteerd, behooren die penningen, bij faillissement van den trekker of indien ten aanzien van hem de schuldsaneringsregeling natuurlijke personen van toepassing is verklaard, aan diens boedel. (Fw 20 e.v., 284 e.v.)
– 3. In geval van acceptatie, blijft het fonds, tot het beloop van den wisselbrief, aan den betrokkene, behoudens de verplichting van dezen om jegens den houder aan zijne acceptatie te voldoen. (K 109*b*, 109*c*, 127*a*, 152*a*, 176, 221*a*)

Art. 147

Omvang regres van houders; korting

– 1. De houder kan van dengene, tegen wien hij zijn recht van regres uitoefent, vorderen:
1° de som van den niet-geaccepteerden of niet betaalden wisselbrief met de rente, zoo deze bedongen is; (K 104, 151)
2° de wettelijke rente, te rekenen van de vervaldag, voor wissels die in Nederland uitgegeven en betaalbaar zijn, en een rente van zes ten honderd, te rekenen van de vervaldag, voor alle overige wissels; (BW 6: 119; Wisselverdrag 1930)
3° de kosten van protest, die van de gedane kennisgevingen alsmede de andere kosten. (K 143, 143*b*, 144)
– 2. Zoo de uitoefening van het recht van regres vóór den vervaldag plaats heeft, wordt op de wisselsom eene korting toegepast. Deze korting wordt berekend volgens het officiëele disconto (bankdisconto), geldende ter woonplaats van den houder, op den dag van de uitoefening van het recht van regres. (K 127, 132, 142, 157, 176, 222)

Art. 148

Remboursregres

Hij, die ter voldoening aan zijnen regresplicht den wisselbrief heeft betaald, kan van degenen, die tegenover hem regresplichtig zijn, vorderen:
1° het geheele bedrag, dat hij betaald heeft;
2° de wettelijke rente, te rekenen van de dag der betaling, voor wissels die in Nederland uit-

gegeven en betaalbaar zijn, en een rente van zes ten honderd, te rekenen van de dag der betaling, voor alle overige wissels; (BW 6: 119; Wisselverdrag 1930)
3° de door hem gemaakte kosten. (K 146, 147, 151, 176, 223)

Art. 149

Afgifte en kwijting; doorhaling endossement

– 1. Elke wisselschuldenaar, tegen wien het recht van regres wordt of kan worden uitgeoefend, kan, tegen betaling ter voldoening aan zijnen regresplicht, de afgifte vorderen van den wisselbrief met het protest, alsmede een voor voldaan geteekende rekening.
– 2. Elke endossant, die ter voldoening aan zijnen regresplicht den wisselbrief heeft betaald, kan zijn endossement en dat van de volgende endossanten doorhalen. (K 138, 146, 157, 176, 224)

Art. 150

Regres bij gedeeltelijke acceptatie

Bij gedeeltelijke acceptatie kan degene, die ter voldoening aan zijnen regresplicht het niet geaccepteerde gedeelte van de wisselsom heeft betaald, vorderen, dat die betaling op den wisselbrief wordt vermeld en dat hem daarvan kwijting wordt gegeven. De houder moet hem daarenboven uitleveren een voor eensluidend geteekend afschrift van den wisselbrief, alsmede het protest, om hem de uitoefening van zijn verdere regresrechten mogelijk te maken. (K 125, 138, 146, 166; BW 6: 29)

Art. 151

Herwissel

– 1. Ieder, die een recht van regres kan uitoefenen, kan, tenzij het tegendeel bedongen is, zich de vergoeding bezorgen door middel van een nieuwen wisselbrief (herwissel), getrokken op zicht op éénen van degenen, die tegenover hem regresplichtig zijn en betaalbaar te diens woonplaats.
– 2. De herwissel omvat, behalve de bedragen in de artikelen 147 en 148 aangegeven, de bedragen van provisie en het zegel van den herwissel.
– 3. Indien de herwissel door den houder is getrokken, wordt het bedrag bepaald volgens den koers van eenen zichtwissel, getrokken van de plaats, waar de oorspronkelijke wisselbrief betaalbaar was, op de woonplaats van den regresplichtige. Indien de herwissel is getrokken door eenen endossant, wordt het bedrag bepaald volgens den koers van eenen zichtwissel, getrokken van de woonplaats van den trekker van den herwissel op de woonplaats van den regresplichtige. (K 140, 146, 176)

Art. 152

Verval van regresrecht

– 1. Na afloop van de termijnen vastgesteld:
voor de aanbieding van eenen wisselbrief getrokken op zicht of zekeren tijd na zicht;
voor het opmaken van het protest van non-acceptatie of van non-betaling;
voor de aanbieding ter betaling in geval van beding zonder kosten,
vervalt het recht van den houder tegen de endossanten, tegen den trekker, en tegen de andere wisselschuldenaren, met uitzondering van den acceptant. (K 131 lid 1, 143)
– 2. Bij gebreke van aanbieding ter acceptatie binnen den door den trekker voorgeschreven termijn, vervalt het recht van regres van den houder, zoowel wegens non-betaling als wegens non-acceptatie, tenzij uit de bewoordingen van den wisselbrief blijkt, dat de trekker zich slechts heeft willen bevrijden van zijne verplichting, voor de acceptatie in te staan.
– 3. Indien de bepaling van eenen termijn voor de aanbieding in een endossement is vervat, kan alleen de endossant daarop een beroep doen. (K 121 lid 4, 122 sub 1°, 124, 133, 137, 145, 159, 176, 217, 229*i*)

Art. 152a

Aansprakelijkheid trekker; vordering op fonds

– 1. De wisselbrief van non-acceptatie of van non-betaling zijnde geprotesteerd, is niettemin de trekker, al ware het protest niet intijds gedaan, tot vrijwaring gehouden, tenzij hij bewees, dat de betrokkene op den vervaldag het noodige fonds tot betaling des wisselbriefs in handen had. Indien het vereischte fonds slechts gedeeltelijk aanwezig was, is de trekker voor het ontbrekende gehouden.
– 2. Was de wisselbrief niet geaccepteerd, dan is, ingeval van niet tijdig protest, de trekker, op straffe van tot vrijwaring te zijn gehouden, verplicht, den houder af te staan en over te dragen de vordering op het fonds, dat de betrokkene van hem ten vervaldage heeft in handen gehad, en zulks tot het beloop van den wisselbrief; en hij moet aan den houder, te diens koste, de noodige bewijzen verschaffen om die vordering te doen gelden. Indien de trekker in staat van faillissement is verklaard of ten aanzien van hem de schuldsaneringsregeling natuurlijke personen van toepassing is verklaard, zijn de curatoren onderscheidenlijk de bewindvoerders in zijnen boedel tot dezelfde verplichtingen gehouden, ten ware deze mochten verkiezen, den houder als schuldeischer, voor het beloop van den wisselbrief, toe te laten. (K 109*b*, 127*a*, 146*a*, 176, 217*a*, 229g)

Art. 153

Overmacht

– 1. Wanneer de aanbieding van den wisselbrief of het opmaken van het protest binnen de

voorgeschreven termijnen wordt verhinderd door een onoverkomelijk beletsel (wettelijk voorschrift van eenigen Staat of ander geval van overmacht), worden deze termijnen verlengd.
– 2. De houder is verplicht, van de overmacht onverwijld aan zijnen endossant kennis te geven, en deze kennisgeving gedagteekend en onderteekend op den wisselbrief of op een verlengstuk te vermelden; voor het overige zijn de bepalingen van artikel 144 toepasselijk.
– 3. Na het ophouden van de overmacht moet de houder onverwijld den wisselbrief ter acceptatie of ter betaling aanbieden en, indien daartoe aanleiding bestaat, protest doen opmaken.
– 4. Indien de overmacht meer dan dertig dagen, te rekenen van den vervaldag, aanhoudt, kan het recht van regres worden uitgeoefend, zonder dat de aanbieding of het opmaken van protest noodig is.
– 5. Voor wisselbrieven, getrokken op zicht of op zekeren tijd na zicht, loopt de termijn van dertig dagen van den dag, waarop de houder, al ware het vóór het einde van den aanbiedingstermijn, van de overmacht aan zijnen endossant heeft kennis gegeven; voor wisselbrieven, getrokken op zekeren tijd na zicht, wordt de termijn van dertig dagen verlengd met den zichttermijn, in den wisselbrief aangegeven.
– 6. Feiten, welke voor den houder, of voor dengene, dien hij met de aanbieding van den wisselbrief of met het opmaken van het protest belastte, van zuiver persoonlijken aard zijn, worden niet beschouwd als gevallen van overmacht. (K 122 sub 1°, 133, 143, 152, 176, 225)

ACHTSTE AFDEELING
Van de tusschenkomst

1. Algemeene bepalingen

Art. 154

Noodadres

– 1. De trekker, een endossant, of een avalgever, kan iemand aanwijzen om, in geval van nood, te accepteeren of te betalen.
– 2. Onder de hierna vastgestelde voorwaarden kan de wisselbrief worden geaccepteerd of betaald door iemand, die tusschenkomt voor eenen schuldenaar, op wien recht van regres kan worden uitgeoefend.
– 3. De interveniënt kan een derde zijn, zelfs de betrokkene, of een reeds krachtens den wisselbrief verbonden persoon, behalve de acceptant.
– 4. De interveniënt geeft binnen den termijn van twee werkdagen van zijne tusschenkomst kennis aan dengene, voor wien hij tusschenkwam. In geval van niet-inachtneming van dien termijn is hij, indien daartoe aanleiding bestaat, verantwoordelijk voor de schade, door zijne nalatigheid veroorzaakt, zonder dat echter de schadevergoeding de wisselsom kan te boven gaan. (K 129, 146, 176; BW 6: 30, 198; 7: 400)

2. Acceptatie bij tusschenkomst

Art. 155

Acceptatie 'ter ere'

– 1. De acceptatie bij tusschenkomst kan plaats hebben in alle gevallen, waarin de houder van eenen voor acceptatie vatbaren wisselbrief vóór den vervaldag recht van regres kan uitoefenen.
– 2. Wanneer op den wisselbrief iemand is aangewezen om dezen, in geval van nood, ter plaatse van betaling te accepteeren of te betalen, kan de houder zijn recht tegen dengene, die de aanwijzing heeft gedaan en tegen hen, die daarna hunne handteekeningen op den wisselbrief hebben geplaatst, niet vóór den vervaldag uitoefenen, tenzij hij den wisselbrief aan den aangewezen persoon heeft aangeboden, en van diens weigering tot acceptatie protest is opgemaakt.
– 3. In de andere gevallen van tusschenkomst kan de houder de acceptatie bij tusschenkomst weigeren. Indien hij haar echter aanneemt, verliest hij zijn recht van regres, hetwelk hem vóór den vervaldag toekomt tegen dengene, voor wien de acceptatie is gedaan, en tegen hen, die daarna hunne handteekeningen op den wisselbrief hebben geplaatst. (K 142, 143)

Art. 156

Vorm

De acceptatie bij tusschenkomst wordt op den wisselbrief vermeld; zij wordt door den interveniënt onderteekend. Zij wijst aan, voor wien zij is geschied; bij gebreke van die aanwijzing wordt zij geacht voor den trekker te zijn geschied. (K 124, 161)

Art. 157

Vorm

– 1. De acceptant bij tusschenkomst is tegenover den houder en tegenover de endossanten, die den wisselbrief hebben geëndosseerd na dengene, voor wien de tusschenkomst is geschied, op dezelfde wijze als deze laatste verbonden.
– 2. Niettegenstaande de acceptatie bij tusschenkomst kunnen degene, voor wien zij werd gedaan en degenen, die tegenover dezen regresplichtig zijn, van den houder, indien daartoe aanleiding bestaat, tegen terugbetaling van de bij artikel 147 aangewezen som, de afgifte van den

wisselbrief, van het protest en van een voor voldaan geteekende rekening vorderen. (K 131, 146, 159)

3. Betaling bij tusschenkomst

Art. 158

Betaling 'ter ere'

– 1. De betaling bij tusschenkomst kan plaats hebben in alle gevallen, waarin, hetzij op den vervaldag, hetzij vóór den vervaldag, de houder recht van regres heeft.
– 2. De betaling moet de geheele som beloopen, welke degene, voor wien zij heeft plaats gehad, moest voldoen.
– 3. Zij moet plaats hebben uiterlijk op den dag volgende op den laatsten dag, waarop het protest van non-betaling kan worden opgemaakt. (K 142, 147, 176; BW 6: 30, 199)

Art. 159

Aanbieding en protest

– 1. Indien de wisselbrief is geaccepteerd door interveniënten, wier domicilie ter plaatse van betaling is gevestigd, of indien personen, wier domicilie in dezelfde plaats is gevestigd, zijn aangeduid om in geval van nood te betalen, moet de houder den wisselbrief aan al die personen aanbieden, en, indien daartoe aanleiding bestaat, protest van non-betaling doen opmaken uiterlijk op den dag volgende op den laatsten dag, waarop dit kan geschieden.
– 2. Bij gebreke van protest binnen dien termijn zijn degene, die het noodadres heeft gesteld of voor wien de wisselbrief is geaccepteerd, en de latere endossanten van hunne verbintenis bevrijd. (K 143, 145, 146, 152, 176; Fw 99 lid 2)

Art. 160

Weigering betaling aan te nemen

De houder, die weigert de betaling bij tusschenkomst aan te nemen, verliest zijn recht van regres op hen, die daardoor zouden zijn bevrijd. (K 152, 158, 176)

Art. 161

Kwijting

– 1. De betaling bij tusschenkomst moet worden vastgesteld door eene kwijting, geplaatst op den wisselbrief met aanwijzing van dengene, voor wien zij is gedaan. Bij gebreke van die aanwijzing wordt de betaling geacht voor den trekker te zijn gedaan. (K 130 lid 5, 156)
– 2. De wisselbrief en het protest, indien dit is opgemaakt, moeten worden uitgeleverd aan hem, die bij tusschenkomst betaalt. (K 138, 149, 176)

Art. 162

Rechtsgevolgen

– 1. Hij, die bij tusschenkomst betaalt, verkrijgt de rechten, uit den wisselbrief voortvloeiende, tegen dengene, voor wien hij heeft betaald, en tegen degenen, die tegenover dezen laatste krachtens den wisselbrief verbonden zijn. Hij mag echter den wisselbrief niet opnieuw endosseeren. (K 131 lid 3)
– 2. De endossanten, volgende op dengene, voor wien de betaling heeft plaats gehad, zijn bevrijd.
– 3. Indien zich meer personen tot de betaling bij tusschenkomst aanbieden, heeft de voorkeur de betaling, welke het grootste aantal bevrijdingen teweegbrengt. De interveniënt, die desbewust in strijd hiermede handelt, verliest zijn recht van regres tegen hen, die anders zouden zijn bevrijd. (K 146, 176)

NEGENDE AFDEELING
Van wisselexemplaren, wisselafschriften en vermiste wisselbrieven

1. Wisselexemplaren

Art. 163

Meer exemplaren

– 1. De wisselbrief kan in meer gelijkluidende exemplaren worden getrokken.
– 2. Die exemplaren moeten in den tekst zelf van den titel worden genummerd, bij gebreke waarvan elk exemplaar wordt beschouwd als een afzonderlijke wisselbrief.
– 3. Iedere houder van eenen wisselbrief, waarin niet is vermeld, dat deze in een enkel exemplaar getrokken is, kan op zijne kosten de levering van meer exemplaren vorderen. Te dien einde moet hij zich tot zijn onmiddellijken endossant wenden, die verplicht is zijne medewerking te verleenen om zijn eigen endossant aan te spreken, en zoo vervolgens, teruggaande tot den trekker. De endossanten zijn verplicht, de endossementen ook op de nieuwe exemplaren aan te brengen. (K 226, 517)

Art. 164

Betaling op één exemplaar

– 1. De betaling, op één der exemplaren gedaan, bevrijdt, ook al ware niet bedongen, dat die betaling de kracht der andere exemplaren te niet doet. Echter blijft de betrokkene verbonden wegens elk geaccepteerd exemplaar, dat hem niet is uitgeleverd. (K 124, 138, 227 lid 1)
– 2. De endossant, die de exemplaren aan verschillende personen heeft overgedragen, alsook de latere endossanten, zijn verbonden wegens alle exemplaren, die hunne handteekening dragen en die niet zijn uitgeleverd. (K 114, 115, 227 lid 2)

Art. 165

Protest van nietuitlevering

– 1. Hij, die één der exemplaren ter acceptatie heeft gezonden, moet op de andere exemplaren den naam van den persoon aanwijzen, in wiens handen dat exemplaar zich bevindt. Deze is verplicht, dit aan den rechtmatigen houder van een ander exemplaar uit te leveren.

– 2. Weigert hij dit, dan kan de houder slechts zijn recht van regres uitoefenen, nadat hij door een protest heeft doen vaststellen:

1° dat het ter acceptatie gezonden exemplaar hem desgevraagd niet is uitgeleverd;

2° dat hij de acceptatie of de betaling op een ander exemplaar niet heeft kunnen verkrijgen. (K 115, 120, 143, 167)

2. Wisselafschriften

Art. 166

Vervaardiging afschriften

– 1. Elke houder van eenen wisselbrief heeft het recht, daarvan afschriften te vervaardigen.

– 2. Het afschrift moet het oorspronkelijke nauwkeurig weergeven met de endossementen en alle andere vermeldingen, die er op voorkomen. Het moet aangeven, waar het afschrift ophoudt.

– 3. Het kan worden geëndosseerd en voor aval geteekend op dezelfde wijze en met dezelfde gevolgen, als het oorspronkelijke. (K 110, 130, 176)

Art. 167

Oorspronkelijk stuk; protest van niet-uitlevering

– 1. Het afschrift moet dengene, in wiens handen het oorspronkelijke stuk zich bevindt, vermelden. Deze is verplicht het oorspronkelijke stuk aan den rechtmatigen houder van het afschrift uit te leveren.

– 2. Weigert hij dit, dan kan de houder zijn recht van regres tegen hen, die het afschrift hebben geëndosseerd of voor aval geteekend, slechts uitoefenen, nadat hij door een protest heeft doen vaststellen, dat het oorspronkelijke stuk hem desgevraagd niet is uitgeleverd.

– 3. Indien na het laatste daarop geplaatste endossement, alvorens het afschrift is vervaardigd, het oorspronkelijke stuk de clausule draagt: 'van hier af geldt het endossement slechts op de copie', of eenige andere soortgelijke clausule, is een nadien op het oorspronkelijk stuk geplaatst endossement nietig. (K 165, 176)

3. Vermiste wisselbrieven

Art. 167a

Betaling van vermiste wissel

Degene die een wisselbrief, waarvan hij houder was, vermist, kan met inachtneming van artikel 49, derde lid, van Boek 6 van het Burgerlijk Wetboek van de betrokkene betaling vragen. (K 115, 139, 143*b* lid 3, 176, 227*a*; Rv 616)

Art. 167b

Uitoefening rechten

Degene die een wisselbrief waarvan hij houder was, en welke is vervallen, en, zoveel nodig, geprotesteerd, vermist, kan met inachtneming van artikel 49, derde lid, van Boek 6 van het Burgerlijk Wetboek, zijn rechten alleen tegen de acceptant en tegen de trekker uitoefenen. (K 138, 227*b*)

TIENDE AFDEELING

Van veranderingen

Art. 168

Verbonden zijn

In geval van verandering van den tekst van eenen wisselbrief, zijn zij, die daarna hunne handteekeningen op den wisselbrief geplaatst hebben, volgens den veranderden tekst verbonden; zij, die daarvoor hunne handteekeningen op den wisselbrief geplaatst hebben, zijn verbonden volgens den oorspronkelijken tekst. (K 106, 109, 176, 228; Sr 225)

ELFDE AFDEELING

Van verjaring

Art. 168a

Tenietgaan wisselschuld

Behoudens de bepaling van het volgende artikel gaat wisselschuld te niet door alle middelen van schuldbevrijding, bij het Burgerlijk Wetboek aangewezen. (K 176, 228*a*)

Art. 169

Verjaring

– 1. Alle rechtsvorderingen, welke uit den wisselbrief tegen den acceptant voortspruiten, verjaren door een tijdsverloop van drie jaren, te rekenen van den vervaldag. (K 127)

– 2. De rechtsvorderingen van den houder tegen de endossanten en tegen den trekker verjaren door een tijdsverloop van een jaar, te rekenen van de dagteekening van het tijdig opgemaakte protest of, ingeval van de clausule zonder kosten, van den vervaldag. (K 108, 109*b*, 114, 229 lid 1, 958)

– 3. De rechtsvorderingen van de endossanten tegen elkander en tegen den trekker verjaren door tijdsverloop van zes maanden, te rekenen van den dag, waarop de endossant ter voldoening aan zijnen regresplicht den wisselbrief heeft betaald, of van den dag, waarop hij zelf in rechte is aangesproken. (K 108, 109*b*, 114, 229 lid 2, 958)

– 4. De in het eerste lid bedoelde verjaring kan niet worden ingeroepen door den acceptant, indien of voor zoover hij fonds heeft ontvangen of zich ongerechtvaardigd zou hebben verrijkt; evenmin kan de in het tweede en derde lid bedoelde verjaring worden ingeroepen door den trekker, indien of voor zoover hij geen fonds heeft bezorgd noch door den trekker of de endossanten, die zich ongerechtvaardigd zouden hebben verrijkt; alles onverminderd het bepaalde in artikel 306 van Boek 3 van het Burgerlijk Wetboek. (K 145, 146, 229 lid 3, 229*k*, 958)

Art. 170

Stuiting verjaring

– 1. De stuiting der verjaring is slechts van kracht tegen dengene, ten aanzien van wien de stuitingshandeling heeft plaats gehad.

– 2. Op de in het vorige artikel bedoelde verjaringen is artikel 321, eerste lid, onder *a-d* van Boek 3 van het Burgerlijk Wetboek niet van toepassing; in de gevallen bedoeld in artikel 321, eerste lid, onder *b* en *c*, van Boek 3 van het Burgerlijk Wetboek heeft de onbekwame of rechthebbende wiens rechtsvordering is verjaard, verhaal op de wettelijke vertegenwoordiger of bewindvoerder. (K 176, 229*a*; BW 3: 103)

TWAALFDE AFDEELING
Algemene bepalingen

Art. 171

Betaling van wisselbrief

– 1. De betaling van eenen wisselbrief, waarvan de vervaldag een wettelijke feestdag is, kan eerst worden gevorderd op den eerstvolgenden werkdag. Evenzoo kunnen alle andere handelingen met betrekking tot wisselbrieven, met name de aanbieding ter acceptatie en het protest, niet plaats hebben dan op eenen werkdag.

– 2. Wanneer ééne van die handelingen moet worden verricht binnen een zekeren termijn, waarvan de laatste dag een wettelijke feestdag is, wordt deze termijn verlengd tot den eersten werkdag, volgende op het einde van dien termijn. De tusschenliggende feestdagen zijn begrepen in de berekening van den termijn. (K 122, 132, 133, 135, 137, 143, 144, 152, 154, 158, 169, 176, 229*b*, 229j, 958)

Art. 171a

Feestdagen

Als wettelijke feestdag in den zin van deze Afdeeling worden beschouwd de Zondag, de Nieuwjaarsdag, de Christelijke tweede Paasch- en Pinksterdagen, de beide Kerstdagen, de Hemelvaartsdag en de verjaardag des Konings. (K 176, 229*b bis*, 958)

Art. 172

Begin van termijnen

In de wettelijke of bij overeenkomst vastgestelde termijnen is niet begrepen de dag, waarop deze termijnen beginnen te loopen. (K 122, 133, 169, 176, 229*c*)

Art. 173

Geen respijt

Geen enkele respijtdag, noch wettelijke, noch rechterlijke, is toegestaan. (K 143, 176, 229*d*)

DERTIENDE AFDEELING
Van orderbriefjes

Art. 174

Inhoud orderbriefjes

Het orderbriefje behelst: (K 100, 178)

1° hetzij de orderclausule, hetzij de benaming 'orderbriefje' of 'promesse aan order', opgenomen in den tekst zelf, en uitgedrukt in de taal, waarin de titel is gesteld; (Wet AB 10)

2° de onvoorwaardelijke belofte een bepaalde som te betalen;

3° de aanwijzing van den vervaldag; (K 132, 175 lid 2)

4° die van de plaats, waar de betaling moet geschieden; (K 103, 126, 175 lid 3, 185)

5° den naam van dengene, aan wien of aan wiens order de betaling moet worden gedaan; (K 183,)

6° de vermelding van de dagteekening, alsmede van de plaats, waar het orderbiljet is onderteekend;

7° de handteekening van hem, die den titel uitgeeft (onderteekenaar). (Rv 586 sub 2°)

Art. 175

Onvolledig orderbriefje

– 1. De titel, waarin ééne der vermeldingen, in het voorgaande artikel aangegeven, ontbreekt, geldt niet als orderbriefje, behoudens in de hieronder genoemde gevallen.

– 2. Het orderbriefje, waarvan de vervaldag niet is aangewezen, wordt beschouwd als betaalbaar op zicht.

– 3. Bij gebreke van een bijzondere aanwijzing wordt de plaats van de onderteekening van den titel geacht te zijn de plaats van betaling en tevens de plaats van het domicilie van den onderteekenaar.

– 4. Het orderbriefje, dat de plaats van zijne onderteekening niet vermeldt, wordt geacht te zijn onderteekend in de plaats, aangegeven naast den naam van den onderteekenaar. (K 101)

Art. 176

Toepasselijke bepalingen

– 1. Voor zooverre zij niet onvereenigbaar zijn met den aard van het orderbriefje, zijn daarop toepasselijk de bepalingen over wisselbrieven betreffende:
het endossement (artikelen 110-119);
den vervaldag (artikelen 132-136);
de betaling (artikelen 137-141);
het recht van regres in geval van non-betaling (artikelen 142-149, 151-153);
de betaling bij tusschenkomst (artikelen 154, 158-162);
de wisselafschriften (artikelen 166 en 167);
de vermiste wisselbrieven (artikel 167*a*);
de veranderingen (artikel 168);
de verjaring (artikelen 168*a* en 169-170);
de feestdagen, de berekening der termijnen en het verbod van respijtdagen (artikelen 171, 171*a*, 172 en 173).

– 2. Eveneens zijn op het orderbriefje toepasselijk de bepalingen betreffende den wisselbrief, betaalbaar bij eenen derde of in een andere plaats dan die van het domicilie van den betrokkene (artikelen 103 en 126), de renteclausule (artikel 104), de verschillen in de vermelding met betrekking tot de som, welke moet worden betaald (artikel 105), de gevolgen van het plaatsen eener handteekening onder de omstandigheden bedoeld in artikel 106, die van de handteekening van eenen persoon, die handelt zonder bevoegdheid of die zijne bevoegdheid overschrijdt (artikel 107), en den wisselbrief in blanco (artikel 109).

– 3. Eveneens zijn op het orderbriefje toepasselijk de bepalingen betreffende het aval (artikelen 129-131); indien overeenkomstig hetgeen is bepaald bij artikel 130, laatste lid, het aval niet vermeldt, voor wien het is gegeven, wordt het geacht voor rekening van den onderteekenaar van het orderbriefje te zijn gegeven.

Art. 177

Aansprakelijkheid ondertekenaar

– 1. De onderteekenaar van een orderbriefje is op dezelfde wijze verbonden als de acceptant van eenen wisselbrief. (K 127)

– 2. De orderbriefjes, betaalbaar zekeren tijd na zicht, moeten ter teekening voor 'gezien' aan den onderteekenaar worden aangeboden binnen den bij artikel 122 vastgestelden termijn. De zichttermijn loopt van de dagteekening van het visum, hetwelk door den onderteekenaar op het orderbriefje moet worden geplaatst. De weigering van dezen zijn visum te plaatsen, moet worden vastgesteld door een protest (artikel 124), van welks dagteekening de zichttermijn begint te loopen. (K 124 lid 2; Rv 586 lid 2)

ZEVENDE TITEL
Van chèques, en van promessen en quitantiën aan toonder

EERSTE AFDEELING
Van de uitgifte en den vorm van de chèque

Art. 178

Inhoud cheque

De chèque behelst: (K 100, 174, 229*e*; Fw 121 lid 1)
1° de benaming 'chèque', opgenomen in den tekst zelf en uitgedrukt in de taal, waarin de titel is gesteld; (Wet AB 10)
2° de onvoorwaardelijke opdracht tot betaling van een bepaalde som; (K 213 lid 3)
3° den naam van dengene, die betalen moet (betrokkene); (K 183 lid 3)
4° de aanwijzing van de plaats, waar de betaling moet geschieden; (K 179, 185, 213)
5° de vermelding van de dagteekening, alsmede van de plaats, waar de chèque is getrokken; (K 179 lid 4, 229*e*)
6° de handteekening van dengene, die de chèque uitgeeft (trekker). (K 180, 214)

Art. 179

Onvolledige cheque

– 1. De titel, waarin ééne der vermeldingen, in het voorgaande artikel aangegeven, ontbreekt, geldt niet als chèque, behoudens in de hieronder genoemde gevallen.

– 2. Bij gebreke van een bijzondere aanwijzing, wordt de plaats, aangegeven naast den naam van den betrokkene, geacht te zijn de plaats van betaling. Indien meerdere plaatsen zijn aangegeven naast den naam van den betrokkene, is de chèque betaalbaar op de eerstaangegeven plaats.

– 3. Bij gebreke van die aanwijzingen of van iedere andere aanwijzing, is de chèque betaalbaar in de plaats, waar het hoofdkantoor van den betrokkene is gevestigd.

– 4. De chèque, welke niet de plaats aanwijst, waar zij is getrokken, wordt geacht te zijn onderteekend in de plaats, aangegeven naast den naam des trekkers. (K 101, 175)

Art. 180

Trekking slechts op bankier

De chèque moet worden getrokken op eenen bankier, die fonds onder zich heeft ter beschikking van den trekker, en krachtens een uitdrukkelijke of stilzwijgende overeenkomst, volgens welke de trekker het recht heeft per chèque over dat fonds te beschikken. In geval van niet-inachtneming van die voorschriften blijft de titel echter als chèque geldig. (K 190*a*, 214, 229*a bis*)

Art. 181

Geen acceptatie

De chèque kan niet worden geaccepteerd. Eene vermelding van acceptatie, op de chèque gesteld, wordt voor niet geschreven gehouden. (K 120)

Art. 182

Cheque betaalbaar

– 1. De chèque kan betaalbaar worden gesteld: (aan toonder.)
aan een met name genoemden persoon, met of zonder uitdrukkelijke clausule: 'aan order';
aan een met name genoemden persoon, met de clausule: 'niet aan order', of een soortgelijke clausule;
aan toonder.

– 2. De chèque, betaalbaar gesteld aan een met name genoemden persoon, met de vermelding: 'of aan toonder', of een soortgelijke uitdrukking, geldt als chèque aan toonder. (K 111 lid 3, 197, 506 lid 2)

– 3. De chèque zonder vermelding van den nemer geldt als chèque aan toonder. (K 191)

Art. 183

Eigen order van trekker; voor rekening van derde; op trekker zelf

– 1. De chèque kan aan de order van den trekker luiden.

– 2. De chèque kan worden getrokken voor rekening van eenen derde. De trekker wordt geacht voor zijn eigene rekening te hebben getrokken, indien uit de chèque of uit den adviesbrief niet blijkt, voor wiens rekening zulks is geschied. (K 102, 127*d*, 146 lid 1)

– 3. De chèque kan op den trekker zelf getrokken worden. (K 102)

Art. 183a

Incassocheque

– 1. Wanneer de trekker op de chèque de vermelding 'waarde ter incasseering', 'ter incasso', 'in lastgeving' of eenige andere vermelding, met zich brengend een bloote opdracht tot inning, heeft geplaatst, kan de nemer alle uit de chèque voortvloeiende rechten uitoefenen, maar hij kan deze niet anders overdragen dan bijwege van lastgeving.

– 2. Bij een zoodanige chèque kunnen de chèqueschuldenaren aan den houder slechts de verweermiddelen tegenwerpen, welke aan den trekker zouden kunnen worden tegengeworpen.

– 3. De opdracht, vervat in een incasso-chèque, eindigt niet door dood of latere onbekwaamheid van den lastgever. (K 102*a*, 117, 200; BW 7: 410)

Art. 184

Geen rente

Eene in de chèque opgenomen renteclausule wordt voor niet geschreven gehouden. (K 104)

Art. 185

Plaats van betaling

De chèque kan betaalbaar zijn aan de woonplaats van eenen derde, hetzij in de plaats, waar de betrokkene zijn domicilie heeft, hetzij in een andere plaats. (K 103, 218*a*; BW 1: 10, 15)

Art. 186

Verschil tussen cijfers en letters

– 1. De chèque, waarvan het bedrag voluit in letters en tevens in cijfers is geschreven, geldt, in geval van verschil, ten beloope van de som, voluit in letters geschreven.

– 2. De chèque, waarvan het bedrag meermalen is geschreven, hetzij voluit in letters, hetzij in cijfers, geldt, in geval van verschil, slechts ten beloope van de kleinste som. (K 105, 178 sub 2°)

Art. 187

Handtekeningen

Indien de chèque handteekeningen bevat van personen, die onbekwaam zijn zich door middel van een chèque te verbinden, valsche handteekeningen of handteekeningen van verdichte personen, of handteekeningen, welke, onverschillig om welke andere reden, de personen, die die handteekeningen hebben geplaatst of in wier naam zulks is geschied, niet kunnen verbinden, zijn de verbintenissen der andere personen, wier handteekeningen op de chèque voorkomen, desniettemin geldig. (K 69, 106, 210, 228; Sr 226 sub 5°)

Art. 188

Handtekening van onbevoegde

Ieder, die zijne handteekening op eene chèque plaatst als vertegenwoordiger van eenen persoon, voor wien hij niet de bevoegdheid had te handelen, is zelf krachtens de chèque verbonden, en heeft, betaald hebbende, dezelfde rechten, als de beweerde vertegenwoordigde zou hebben gehad. Hetzelfde geldt ten aanzien van den vertegenwoordiger, die zijne bevoegdheid heeft overschreden. (K 107; BW 3: 70; 8: 262)

Art. 189

Instaan voor betaling

De trekker staat in voor de betaling. Elke clausule, waarbij hij deze verplichting uitsluit, wordt voor niet geschreven gehouden. (K 108, 195, 204, 217, 221, 229*f*; Rv 586)

Art. 190

Blanco-cheque

Indien eene chèque, onvolledig ten tijde der uitgifte, is volledig gemaakt in strijd met de aangegane overeenkomsten, kan de niet-naleving van die overeenkomsten niet worden tegengeworpen aan den houder, die de cheque te goeder trouw heeft verkregen. (K 109, 228)

Art. 190a

Fonds

De trekker, of degene voor wiens rekening de chèque is getrokken, is verplicht zorg te dragen dat het noodige fonds tot betaling op den dag der aanbieding in handen van den betrokkene zij, zelfs indien de chèque bij eenen derde is betaalbaar gesteld, onverminderd de verplichting van den trekker overeenkomstig artikel 189. (K 109*b*, 180, 221*a*, 229)

Art. 190b

Nodige fonds

De betrokkene wordt geacht, het noodige fonds in handen te hebben, indien hij bij de aanbieding van de chèque aan den trekker of aan dengene voor wiens rekening is getrokken, een opeischbare som schuldig is, ten minste gelijkstaande met het beloop van de chèque. (K 109*c*, 180, 217*a*, 221*a*)

TWEEDE AFDEELING

Van de overdracht

Art. 191

Endossement; recta-cheque

– 1. De chèque, die betaalbaar is gesteld aan een met name genoemden persoon met of zonder uitdrukkelijke clausule: 'aan order', kan door middel van endossement worden overgedragen. (K 109*a*, 110 lid 1, 166 lid 2, 176, 182)

– 2. De chèque, die betaalbaar is gesteld aan een met name genoemden persoon met de clausule: 'niet aan order', of een soortgelijke clausule, kan slechts worden overgedragen in den vorm en met de gevolgen van een gewone cessie. Een op zulk een chèque geplaatst endossement geldt als een gewone cessie. (K 110 lid 2, 201; BW 3: 93)

– 3. Het endossement kan worden gesteld zelfs ten voordeele van den trekker of van iederen anderen chèqueschuldenaar. Deze personen kunnen de chèque opnieuw endosseeren. (K 110 lid 3, 118 lid 2)

Art. 192

Onvoorwaardelijk; voor het geheel; aan toonder

– 1. Het endossement moet onvoorwaardelijk zijn. Elke daarin opgenomen voorwaarde wordt voor niet geschreven gehouden. (K 111 lid 1, 114^2)

– 2. Het gedeeltelijke endossement is nietig. (K 111 lid 2)

– 3. Eveneens is nietig het endossement van den betrokkene.

– 4. Het endossement aan toonder geldt als endossement in blanco. (K 111 lid 3)

– 5. Het endossement aan den betrokkene geldt slechts als kwijting, behoudens wanneer de betrokkene meer kantoren heeft en wanneer het endossement is gesteld ten voordeele van een ander kantoor dan dat, waarop de chèque is getrokken. (K 176)

Art. 193

Vorm

– 1. Het endossement moet gesteld worden op de chèque of op een vastgehecht blad (verlengstuk). Het moet worden onderteekend door den endossant. (K 112 lid 1, 124, 130, 203)

– 2. Het endossement kan den geëndosseerde onvermeld laten, of bestaan uit de enkele handteekening van den endossant (endossement in blanco). In het laatste geval moet het endossement om geldig te zijn, op de rugzijde van de chèque of op het verlengstuk worden gesteld. (K 112 lid 2, 176)

Art. 194

Rechtsgevolg; endossement in blanco

– 1. Door het endossement worden alle uit de chèque voortvloeiende rechten overgedragen. (K 113 lid 1; BW 3: 93)

– 2. Indien het endossement in blanco is, kan de houder:

1° het blanco invullen, hetzij met zijn eigen naam, hetzij met den naam van een anderen persoon;

2° de chèque wederom in blanco of aan een anderen persoon endosseeren;

3° de chèque aan eenen derde overgeven, zonder het blanco in te vullen, en zonder haar te endosseeren. (K 113lid 2, 176)

Art. 195

Instaan voor betaling

– 1. Tenzij het tegendeel bedongen is, staat de endossant in voor de betaling.

– 2. Hij kan een nieuw endossement verbieden; in dat geval staat hij tegenover de personen, aan wie de chèque later is geëndosseerd, niet in voor de betaling. (K 114, 189, 204, 217, 221, 227, 229; Rv 586)

Art. 196

Legitimatie van houder

Hij, die een door endossement overdraagbare chèque onder zich heeft, wordt beschouwd als de rechtmatige houder, indien hij van zijn recht doet blijken door een ononderbroken reeks van endossementen, zelfs indien het laatste endossement in blanco is gesteld. De doorgehaalde endossementen worden te dien aanzien voor niet geschreven gehouden. Wanneer een endossement in blanco door een ander endossement is gevolgd, wordt de onderteekenaar van dit laatste geacht, de chèque door het endossement in blanco verkregen te hebben. (K 115, 139 lid 3, 196, 212, 224, 227*a*; BW 3: 86; 8: 441, 940)

Art. 197

Endossement van cheque aan toonder

Een op eene chèque aan toonder voorkomend endossement maakt den endossant verantwoordelijk overeenkomstig de bepalingen betreffende het recht van regres; het maakt overigens den titel niet tot eene chèque aan order. (K 182, 217)

Art. 198

Verlies

Indien iemand, op welke wijze dan ook, het bezit van de chèque heeft verloren, is de houder, in wiens handen de chèque zich bevindt, niet verplicht de chèque af te geven, indien hij deze te goeder trouw heeft verkregen en zulks onverschillig of het betreft eene chèque aan toonder, dan wel een voor endossement vatbare chèque, ten aanzien van welke de houder op de wijze in artikel 196 voorzien van zijn recht doet blijken. (K 115, 212, 227*a*; BW 3: 86)

Art. 199

Verweermiddelen

Zij, die uit hoofde van de chèque worden aangesproken, kunnen de verweermiddelen, gegrond op hun persoonlijke verhouding tot den trekker of tot vroegere houders, niet aan den houder tegenwerpen, tenzij deze bij de verkrijging van de chèque desbewust ten nadeele van den schuldenaar heeft gehandeld. (K 116, 221)

Art. 200

Incasso-endossement

– 1. Wanneer het endossement de vermelding bevat: 'waarde ter incasseering', 'ter incasso', 'in lastgeving' of eenige andere vermelding, met zich brengend een bloote opdracht tot inning, kan de houder alle uit de chèque voortvloeiende rechten uitoefenen, maar hij kan deze niet anders endosseeren dan bijwege van lastgeving.

– 2. De chèqueschuldenaren kunnen in dat geval aan den houder slechts de verweermiddelen tegenwerpen, welke aan den endossant zouden kunnen worden tegengeworpen.

– 3. De opdracht, vervat in een incasso-endossement, eindigt niet door den dood of door de latere onbekwaamheid van den lastgever. (K 102*a*, 117, 183*a*; BW 3: 72)

Art. 201

Endossement na protest of aanbiedingstermijn

– 1. Het endossement, na het protest of de daarmede gelijkstaande verklaring, of na het einde van den aanbiedingstermijn op de chèque gesteld, heeft slechts de gevolgen eener gewone cessie.

– 2. Behoudens tegenbewijs, wordt het endossement zonder dagteekening geacht te zijn gesteld vóór het protest of de daarmede gelijkstaande verklaringen, of vóór het verstrijken van den in het voorgaande lid bedoelden termijn. (K 119, 143, 206, 217)

DERDE AFDEELING

Van het aval

Art. 202

Borgtocht (aval)

– 1. De betaling van de chèque kan zoowel voor haar geheele bedrag als voor een gedeelte daarvan door eenen borgtocht (aval) worden verzekerd.

– 2. Deze borgtocht kan door eenen derde, behalve door den betrokkene, of zelfs door iemand, wiens handteekening op de chèque voorkomt, worden gegeven. (K 129; BW 7: 850; Rv 586)

Art. 203

Vorm

– 1. Het aval wordt op de chèque of op een verlengstuk gesteld. (K 112 lid 1, 130 lid 1, 193)

– 2. Het wordt uitgedrukt door de woorden: 'goed voor aval', of door een soortgelijke uitdrukking; het wordt door den avalgever onderteekend. (K 130 lid 2)

– 3. De enkele handteekening van den avalgever, gesteld op de voorzijde van de chèque, geldt als aval, behalve wanneer de handteekening die is van den trekker. (K 112 lid 2, 130 lid 3)

– 4. Het kan ook geschieden bij een afzonderlijk geschrift of bij een brief, vermeldende de plaats, waar het is gegeven. (K 130 lid 4)

– 5. In het aval moet worden vermeld, voor wien het is gegeven. Bij gebreke hiervan wordt het geacht voor den trekker te zijn gegeven. (K 130 lid 5)

Art. 204

Rechtsgevolg; subrogatie

– 1. De avalgever is op dezelfde wijze verbonden als degene, voor wien het aval is gegeven.

– 2. Zijne verbintenis is geldig, zelfs indien, wegens een andere oorzaak dan een vormgebrek de door hem gewaarborgde verbintenis nietig is.

– 3. Door te betalen verkrijgt de avalgever de rechten, welke krachtens de chèque kunnen worden uitgeoefend tegen dengene, voor wien het aval is gegeven en tegen degenen, die tegenover dezen krachtens de chèque verbonden zijn. (K 131, 189, 195, 217, 221; BW 6: 12, 150; 7: 866)

VIERDE AFDEELING

Van de aanbieding en van de betaling

Art. 205

Betaalbaar op zicht

– 1. De chèque is betaalbaar op zicht. Elke vermelding van het tegendeel wordt voor niet geschreven gehouden.

– 2. De chèque, die ter betaling wordt aangeboden vóór den dag, vermeld als datum van uitgifte, is betaalbaar op den dag van de aanbieding. (K 132)

Art. 206

Termijn van aanbieding

– 1. De chèque, die in hetzelfde land uitgegeven en betaalbaar is, moet binnen den termijn van acht dagen ter betaling worden aangeboden. Indien echter uit de chèque zelve blijkt, dat zij bestemd is om in een ander land te circuleeren, wordt deze termijn verlengd, hetzij tot twintig, hetzij tot zeventig dagen, al naar gelang zij bestemd was in hetzelfde of in een ander werelddeel te circuleeren. Te dien aanzien worden de chèques, uitgegeven en betaalbaar in een land in Europa en bestemd om te circuleeren in een kustland van de Middellandsche Zee of omgekeerd, beschouwd als bestemd om te circuleeren in hetzelfde werelddeel.

– 2. De chèque, uitgegeven in het Rijk in Europa en betaalbaar in Nederlandsch-Indië, Suriname of Curaçao, of omgekeerd, moet ter betaling aangeboden worden binnen den tijd van zeventig dagen.

– 3. De chèque, die uitgegeven is in een ander land dan dat, waar zij betaalbaar is, moet worden aangeboden binnen een termijn, hetzij van twintig dagen, hetzij van zeventig dagen, naar gelang de plaats van uitgifte en de plaats van betaling gelegen zijn in hetzelfde of in een ander werelddeel.

– 4. Te dien aanzien worden de chèques, uitgegeven in een land in Europa en betaalbaar in een kustland van de Middellandsche Zee of omgekeerd, beschouwd als uitgegeven en betaalbaar in hetzelfde werelddeel.

– 5. De bovengenoemde termijnen beginnen te loopen van den dag, op de chèque als datum van uitgifte vermeld. (K 133, 137, 217, 226, 229*b*, 229*i*)

Art. 207

Tijdrekening

De dag van uitgifte van eene chèque, getrokken tusschen twee plaatsen met verschillende tijdrekening, wordt herleid tot den overeenkomstigen dag van de tijdrekening van de plaats van betaling. (K 136 lid 2)

Art. 208

Verrekeningskamer

– 1. De aanbieding aan eene verrekeningskamer geldt als aanbieding ter betaling.

– 2. Bij algemeenen maatregel van bestuur zullen de instellingen worden aangewezen, die in den zin van dezen Titel als verrekeningskamers worden beschouwd. (K 137 lid 2, 217 sub 3°)

Art. 209

Herroeping

– 1. De herroeping van de chèque is slechts van kracht na het einde van den termijn van aanbieding.

– 2. Indien geene herroeping plaats heeft, kan de betrokkene zelfs na het einde van dien termijn betalen. (K 206; BW 6: 33)

Art. 210

Dood en onbekwaamheid van trekker

Noch de dood van den trekker, noch zijn na de uitgifte opkomende onbekwaamheid zijn van invloed op de gevolgen van de chèque. (K 187)

Art. 211

Kwijting; gedeeltelijke betaling

– 1. Buiten het geval, in artikel 227*a* vermeld, kan de betrokkene de chèque betalende, vorderen, dat hem deze, van behoorlijke kwijting van den houder voorzien, wordt uitgeleverd. (K 138 lid 1, 224)

– 2. De houder mag niet weigeren een gedeeltelijke betaling aan te nemen. (K 138 lid 4; BW 6: 29)

– 3. In geval van gedeeltelijke betaling kan de betrokkene vorderen, dat van die betaling op de chèque melding wordt gemaakt en dat hem daarvoor kwijting wordt gegeven. (K 138 lid 3)

Art. 212

Onderzoek naar endossement

– 1. De betrokkene, die een door endossement overdraagbare chèque betaalt, is gehouden de regelmatigheid van de reeks van endossementen, maar niet de handteekening der endossanten te onderzoeken. (K 139 lid 3, 196; BW 6: 34)

– 2. Indien hij, niet bevrijdend betaald hebbende, verplicht wordt, ten tweede male te betalen, heeft hij verhaal op allen die de cheque niet te goeder trouw hebben verkregen. (K 139 lid 4, 227*a*)

Art. 213

Vreemde valuta

– 1. Eene chèque, waarvan de betaling is bedongen in ander geld dan dat van de plaats van betaling, kan binnen den termijn van aanbieding worden betaald in het geld van het land volgens zijne waarde op den dag van betaling. Indien de betaling niet heeft plaats gehad bij de aanbieding, kan de houder te zijner keuze vorderen, dat de chèquesom voldaan wordt in het geld van het land volgens den koers, hetzij van den dag van aanbieding, hetzij van den dag van betaling. (K 140 lid 1, 151 lid 3, 178 sub 2°; BW 6: 7)

– 2. De waarde van het vreemde geld wordt bepaald volgens de gebruiken van de plaats van betaling. De trekker kan echter voorschrijven, dat het te betalen bedrag moet worden berekend volgens een in de chèque voorgeschreven koers. (K 60, 140 lid 2)

– 3. Het bovenstaande is niet van toepassing, indien de trekker heeft voorgeschreven, dat de betaling moet geschieden in een bepaald aangeduid geld (clausule van werkelijke betaling in vreemd geld). (K 140 lid 3)
– 4. Indien het bedrag van de chèque is aangegeven in geld, hetwelk dezelfde benaming maar een verschillende waarde heeft in het land van uitgifte en in dat van betaling, wordt men vermoed het geld van de plaats van betaling te hebben bedoeld. (K 140 lid 5)

VIJFDE AFDEELING
Van de gekruiste chèque en van de verrekeningschèque

Art. 214

Algemene en bijzondere kruising

– 1. De trekker of de houder van eene chèque kan deze kruisen met de in het volgende artikel genoemde gevolgen.
– 2. De kruising geschiedt door het plaatsen van twee evenwijdige lijnen op de voorzijde van de chèque. Zij kan algemeen zijn of bijzonder.
– 3. De kruising is algemeen, indien zij tusschen de twee lijnen geen enkele aanwijzing bevat, of wel de vermelding: 'bankier', of een soortgelijk woord; zij is bijzonder, indien de naam van eenen bankier voorkomt tusschen de twee lijnen.
– 4. De algemeene kruising kan worden veranderd in een bijzondere, maar de bijzondere kruising kan niet worden veranderd in een algemeene.
– 5. De doorhaling van de kruising of van den naam van den aangewezen bankier wordt geacht niet te zijn geschied. (K 180, 229*a bis*)

Art. 215

Rechtsgevolgen

– 1. Eene chèque met algemeene kruising kan door den betrokkene slechts worden betaald aan eenen bankier of aan eenen cliënt van den betrokkene.
– 2. Eene chèque met bijzondere kruising kan door den betrokkene slechts worden betaald aan den aangewezen bankier of, indien deze de betrokkene is, slechts aan een zijner cliënten. Echter kan de aangegeven bankier de chèque ter incasseering aan een anderen bankier overdragen.
– 3. Een bankier mag een gekruiste chèque slechts in ontvangst nemen van een van zijne clienten of van een anderen bankier. Hij mag haar niet innen voor rekening van andere personen dan deze.
– 4. Een chèque, welke meer dan één bijzondere kruising draagt, mag door den betrokkene slechts worden betaald, indien er niet meer dan twee kruisingen zijn, waarvan de ééne strekt tot inning door eene verrekeningskamer.
– 5. De betrokkene of de bankier, die de bovenstaande bepalingen niet naleeft, is verantwoordelijk voor de schade tot beloop van het bedrag van de chèque. (K 180, 229*a bis*)

Art. 216

Verrekeningscheque

– 1. De trekker, alsmede de houder van eene chèque, kan verbieden, dat deze in baar geld betaald wordt door op de voorzijde in schuinsche richting te vermelden: 'in rekening te brengen', of een soortgelijke uitdrukking op te nemen.
– 2. In dat geval mag de chèque den betrokkene slechts aanleiding geven tot eene boeking (rekening-courant, giro of schuldvergelijking). De boeking geldt als betaling.
– 3. De doorhaling van de vermelding: 'in rekening te brengen' wordt geacht niet te zijn geschied.
– 4. De betrokkene, die de bovenstaande bepalingen niet naleeft, is verantwoordelijk voor de schade tot beloop van het bedrag van de chèque.

ZESDE AFDEELING
Van het recht van regres in geval van non-betaling

Art. 217

Regres

De houder kan zijn recht van regres uitoefenen op de endossanten, den trekker en de andere chèqueschuldenaren, indien de chèque, tijdig aangeboden, niet wordt betaald en indien de weigering van betaling wordt vastgesteld:
1° hetzij door een authentieke akte (protest); (K 143*b*, 218*b*; Fw 99)
2° hetzij door eene verklaring van den betrokkene, gedagteekend en geschreven op de chèque onder vermelding van den dag van aanbieding;
3° hetzij door een gedagteekende verklaring van eene verrekeningskamer, waarbij vastgesteld wordt, dat de chèque tijdig aangeboden en niet betaald is. (K 142, 189, 195, 197, 204, 206, 208, 217, 220, 229; Rv 303)

Art. 217a

Aansprakelijkheid trekker; vordering op fonds

– 1. Indien de non-betaling van de chèque door protest of een daarmede gelijkstaande verklaring is vastgesteld, is niettemin de trekker, al ware het protest niet in tijds gedaan of de met protest gelijkstaande verklaring niet in tijds afgegeven, tot vrijwaring gehouden, tenzij hij be-

wees, dat de betrokkene op den dag der aanbieding het noodige fonds tot betaling van de chèque in handen had. Indien het vereischte fonds slechts gedeeltelijk aanwezig was, is de trekker voor het ontbrekende gehouden.
– 2. In geval van niet tijdig protest of niet tijdige met protest gelijkstaande verklaring is de trekker, op straffe van tot vrijwaring te zijn gehouden, verplicht, den houder af te staan en over te dragen de vordering op het fonds, dat de betrokkene van hem op den dag der aanbieding heeft in handen gehad, en zulks tot het beloop van de chèque; en hij moet aan den houder, te diens koste, de noodige bewijzen verschaffen om die vordering te doen gelden. Indien de trekker in staat van faillissement is verklaard of ten aanzien van hem de schuldsaneringsregeling natuurlijke personen van toepassing is verklaard, zijn de curatoren onderscheidenlijk de bewindvoerders in zijnen boedel tot dezelfde verplichtingen gehouden, ten ware deze mochten verkiezen, den houder als schuldeischer, voor het beloop van de chèque, toe te laten. (K 152*a*, 190*b*, 221*a*)

Art. 218

Tijdstip protest

– 1. Het protest of de daarmede gelijkstaande verklaring moet worden gedaan vóór het einde van den termijn van aanbieding.
– 2. Indien de aanbieding plaats heeft op den laatsten dag van den termijn, kan het protest of de daarmede gelijkstaande verklaring op den eerstvolgenden werkdag worden gedaan. (K 143, 206, 229*b*)

Art. 218a

Plaats protest

– 1. De betaling van eene chèque moet gevraagd en het daaropvolgend protest gedaan worden ter woonplaatse van den betrokkene. (K 143*a* lid 1, 178 sub 3°; BW 1: 10; 6: 116; Fw 99 lid 2)
– 2. Indien de chèque getrokken is om in een andere aangewezen woonplaats of door een anderen aangewezen persoon, hetzij in dezelfde, hetzij in een andere gemeente te worden betaald, moet de betaling gevraagd en het protest opgemaakt worden ter aangewezene woonplaats of aan den aangewezen persoon. (K 143*a* lid 2, 178 sub 4°, 185)
– 3. Artikel 54 van het Wetboek van Burgerlijke Rechtsvordering is van overeenkomstige toepassing. (K 143*a* lid 3)

Art. 218b

Vorm en inhoud protest

– 1. Het protest van non-betaling wordt gedaan door een deurwaarder. Deze kan zich desverkiezende doen vergezellen door een of twee getuigen.
– 2. Het protest behelst:
1° een letterlijk afschrift van de chèque, van de endossementen, van het aval en van de adressen daarop gesteld;
2° de vermelding dat zij de betaling aan de personen, of ter plaatse in het voorgaand artikel gemeld, afgevraagd en niet bekomen hebben;
3° de vermelding van de opgegeven reden van non-betaling;
4° de aanmaning om het protest te teekenen, en de redenen van weigering;
5° de vermelding, dat hij, deurwaarder, wegens die non-betaling heeft geprotesteerd.
– 3. Indien het protest een vermiste chèque betreft, volstaat, in plaats van het bepaalde onder 1°. van het voorgaande lid, een zoo nauwkeurig mogelijke omschrijving van den inhoud der chèque. (K 143*b*)

Art. 218c

Afschrift; register

De deurwaarders zijn verplicht, op straffe van schadevergoeding, afschrift van het protest te laten, en hiervan melding in het afschrift te maken, en hetzelve, naar orde des tijds, in te schrijven in een bijzonder register, genommerd en gewaarmerkt door de kantonrechter van de rechtbank van het arrondissement waarin hun woonplaats is gelegen, en om wijders, zulks begeerd wordende, een of meer afschriften van het protest aan de belanghebbenden te leveren. (K 143*c*)

Art. 219

Kennisgeving

– 1. De houder moet van de non-betaling kennisgeven aan zijnen endossant en aan den trekker binnen de vier werkdagen, volgende op den dag van het protest of de daarmede gelijkstaande verklaring en, indien de chèque getrokken is met de clausule zonder kosten, volgende op dien der aanbieding. Elke endossant moet binnen de twee werkdagen, volgende op den dag van ontvangst der kennisgeving, de door hem ontvangen kennisgeving aan zijnen endossant mededeelen, met aanwijzing van de namen en adressen van degenen, die de voorafgaande kennisgevingen hebben gedaan, en zoo vervolgens, teruggaande tot den trekker. Deze termijnen loopen van de ontvangst der voorafgaande kennisgeving af. (K 143, 144 lid 1, 153, 171, 171*a*)
– 2. Indien overeenkomstig het voorgaande lid eene kennisgeving is gedaan aan iemand, wiens handteekening op de chèque voorkomt, moet gelijke kennisgeving binnen denzelfden termijn aan diens avalgever worden gedaan. (K 129, 144 lid 2)
– 3. Indien een endossant zijn adres niet of op onleesbare wijze heeft aangeduid, kan worden volstaan met kennisgeving aan den voorafgaanden endossant. (K 144 lid 3)

– 4. Hij, die eene kennisgeving heeft te doen, kan zulks doen in iederen vorm, zelfs door enkele terugzending van de chèque. (K 144 lid 4)
– 5. Hij moet bewijzen, dat hij de kennisgeving binnen den vastgestelden termijn heeft gedaan. Deze termijn wordt gehouden te zijn in acht genomen, wanneer een brief, die de kennisgeving behelst, binnen den genoemden termijn ter post is bezorgd. (K 144 lid 5)
– 6. Hij, die de kennisgeving niet binnen den bovenvermelden termijn doet, stelt zich niet bloot aan verval van zijn recht, hij is, indien daartoe aanleiding bestaat, verantwoordelijk voor de schade, door zijne nalatigheid veroorzaakt, zonder dat echter de schadevergoeding de chèquesom kan te boven gaan. (K 144 lid 5, 176, 225)

Art. 220

Clausule 'zonder kosten'

– 1. De trekker, een endossant of een avalgever kan door de clausule 'zonder kosten', 'zonder protest', of een andere soortgelijke op de chèque gestelde en onderteekende clausule, den houder van het opmaken van een protest of een daarmede gelijkstaande verklaring ter uitoefening van zijn recht van regres ontslaan. (K 145 lid 1)
– 2. Deze clausule ontslaat den houder niet van de aanbieding van de chèque binnen de voorgeschreven termijnen, noch van het doen van de kennisgevingen. Het bewijs van de niet-inachtneming der termijnen moet worden geleverd door dengene, die zich daarop tegenover den houder beroept. (K 145 lid 2, 152)
– 3. Is de clausule door den trekker gesteld, dan heeft zij gevolgen ten aanzien van allen, wier handteekeningen op de chèque voorkomen; is zij door eenen endossant of door eenen avalgever gesteld, dan heeft zij gevolgen alleen voor dezen endossant of avalgever. Indien de houder, ondanks de door den trekker gestelde clausule, toch de weigering van betaling doet vaststellen door protest of een daarmede gelijkstaande verklaring, zijn de kosten daarvan voor zijne rekening. Indien de clausule van eenen endossant of eenen avalgever afkomstig is, kunnen de kosten van het protest of van de daarmede gelijkstaande verklaring, indien een akte van dien aard is opgesteld, op allen, wier handteekeningen op de chèque voorkomen, worden verhaald. (K 145 lid 3, 217)

Art. 221

Springregres

– 1. Allen, die uit hoofde van eene chèque verbonden zijn, zijn hoofdelijk jegens den houder verbonden. Bovendien is ook de derde, voor wiens rekening de chèque is getrokken en die de waarde daarvoor heeft genoten, jegens den houder aansprakelijk. (K 146 lid 1, 189, 195, 197, 199, 204)
– 2. De houder kan deze personen, zoowel ieder afzonderlijk, als gezamenlijk, aanspreken, zonder verplicht te zijn de volgorde, waarin zij zich hebben verbonden, in acht te nemen. (K 146 lid 2; Fw 136)
– 3. Hetzelfde recht komt toe aan ieder, wiens handteekening op de chèque voorkomt en die deze, ter voldoening aan zijnen regresplicht, heeft betaald. (K 146 lid 3, 229*h*)
– 4. De vordering, ingesteld tegen éénen der chèqueschuldenaren, belet niet de anderen aan te spreken, al hadden dezen zich later verbonden dan de eerst aangesprokene. (K 224; BW 6: 6; Fw 136; Rv 303, 586)

Art. 221a

Geen recht op fonds

– 1. De houder van eene chèque, waarvan de non-betaling door protest of een daarmede gelijkstaande verklaring is vastgesteld, heeft in geen geval eenig recht op het fonds, dat de betrokkene van den trekker in handen heeft.
– 2. Bij faillissement van den trekker of indien ten aanzien van hem van de schuldsaneringsregeling natuurlijke personen van toepassing is verklaard behooren die penningen aan diens boedel. (K 146*a*, 190*a*, 217*a*)

Art. 222

Omvang regres

De houder kan van dengene, tegen wien hij zijn recht van regres uitoefent, vorderen:
1° de som van de niet betaalde chèque;
2° de wettelijke rente, te rekenen van de dag der aanbieding, voor chèques die in Nederland uitgegeven en betaalbaar zijn, en een rente van zes ten honderd, te rekenen van de dag der aanbieding, voor alle overige chèques; (BW 6: 119; Chèqueverdrag 1931)
3° de kosten van protest of van de daarmede gelijkstaande verklaring, die van de gedane kennisgevingen, alsmede de andere kosten. (K 147, 217)

Art. 223

Remboursregres

Hij, die ter voldoening aan zijnen regresplicht de chèque heeft betaald, kan van degenen, die tegenover hem regresplichtig zijn, vorderen:
1° het geheele bedrag, dat hij betaald heeft;
2° de wettelijke rente, te rekenen van de dag der betaling, voor chèques die in Nederland uitgegeven en betaalbaar zijn, en een rente van zes ten honderd, te rekenen van de dag der betaling, voor alle overige chèques; (BW 6: 119; Chèqueverdrag 1931)
3° de door hem gemaakte kosten. (K 148, 217)

Art. 224

Afgifte en kwijting; doorhaling endossement

– 1. Elke chèqueschuldenaar, tegen wien het recht van regres wordt of kan worden uitgeoefend, kan, tegen betaling ter voldoening aan zijnen regresplicht, de afgifte vorderen van de chèque met het protest, of de daarmede gelijkstaande verklaring, alsmede een voor voldaan geteekende rekening.

– 2. Elke endossant, die ter voldoening aan zijnen regresplicht, de chèque heeft betaald, kan zijn endossement en dat van de volgende endossanten doorhalen. (K 149, 211)

Art. 225

Overmacht

– 1. Wanneer de aanbieding van de chèque, het opmaken van het protest, of de daarmede gelijkstaande verklaring, binnen de voorgeschreven termijnen wordt verhinderd door een onoverkomelijk beletsel (wettelijk voorschrift van eenigen Staat of ander geval van overmacht), worden deze termijnen verlengd.

– 2. De houder is verplicht van de overmacht onverwijld aan zijnen endossant kennis te geven, en deze kennisgeving, gedagteekend en onderteekend op de chèque of op een verlengstuk te vermelden; voor het overige zijn de bepalingen van artikel 219 toepasselijk.

– 3. Na ophouden van de overmacht moet de houder onverwijld de chèque ter betaling aanbieden, en, indien daartoe aanleiding bestaat, de weigering van betaling doen vaststellen door protest of een daarmede gelijkstaande verklaring.

– 4. Indien de overmacht meer dan vijftien dagen aanhoudt, te rekenen van den dag, waarop de houder, al ware het vóór het einde van den aanbiedingstermijn, van de overmacht aan zijnen endossant heeft kennis gegeven, kan het recht van regres worden uitgeoefend, zonder dat de aanbieding of het opmaken van protest of de daarmede gelijkstaande verklaring noodig zijn.

– 5. Feiten, welke voor den houder of voor dengene, dien hij met de aanbieding van de chèque of met het opmaken van het protest of de daarmede gelijkstaande verklaring belastte, van zuiver persoonlijken aard zijn, worden niet beschouwd als gevallen van overmacht. (K 153, 206, 217)

ZEVENDE AFDEELING

Van chèque-exemplaren en vermiste chèques

Art. 226

Meer exemplaren

Behoudens de chèques aan toonder, kan elke chèque, uitgegeven in een land en betaalbaar in een ander land of in een overzeesch gebied van hetzelfde land en omgekeerd, of wel uitgegeven en betaalbaar in een zelfde overzeesch gebied of in verschillende overzeesche gebieden van hetzelfde land, in meer gelijkluidende exemplaren worden getrokken. Wanneer eene chèque in meer exemplaren is getrokken, moeten die exemplaren in den tekst zelf van den titel worden genummerd bij gebreke waarvan elk exemplaar wordt beschouwd als een afzonderlijke chèque. (K 163)

Art. 227

Betaling op één exemplaar

– 1. De betaling op één der exemplaren gedaan, bevrijdt, ook al ware niet bedongen, dat die betaling de kracht der andere exemplaren te niet doet. (K 164 lid 1, 211)

– 2. De endossant, die de exemplaren aan verschillende personen heeft overgedragen, alsook de latere endossanten, zijn verbonden wegens alle exemplaren, die hunne handteekening dragen en die niet zijn uitgeleverd. (K 164 lid 2, 195)

Art. 227a

Betaling van vermiste cheque

Degene die de cheque waarvan hij houder was, vermist, kan met inachtneming van artikel 49, derde lid, van Boek 6 van het Burgerlijk Wetboek van de betrokkene betaling vragen. (K 167*a*, 196, 198, 211, 212; BW 3: 306; Rv 616)

Art. 227b

Uitoefening rechten

Degene die een cheque waarvan hij houder was, en welke is vervallen en, zoveel nodig, geprotesteerd, vermist, kan met inachtneming van artikel 49, derde lid, van Boek 6 van het Burgerlijk Wetboek zijn rechten alleen tegen de trekker uitoefenen. (K 167*b*, 218*b*; BW 3: 306)

ACHTSTE AFDEELING

Van veranderingen

Art. 228

Verbonden zijn

In geval van verandering van den tekst van eene chèque zijn zij, die daarna hunne handteekeningen op de chèque geplaatst hebben, volgens den veranderden tekst verbonden; zij, die daarvoor hunne handteekeningen op de chèque geplaatst hebben, zijn verbonden volgens den oorspronkelijken tekst. (K 168, 178 sub 6°, 187, 190, 193, 203; Sr 225)

NEGENDE AFDEELING
Van verjaring

Art. 228a

Behoudens de bepalingen van het volgende artikel gaat schuld uit eene chèque te niet door alle middelen van schuldbevrijding, bij het Burgerlijk Wetboek aangewezen. (K 168*a*)

Tenietgaan van de chequeschuld

Art. 229

– 1. De regresvorderingen van den houder tegen de endossanten, den trekker en de andere chèqueschuldenaren, verjaren door een tijdsverloop van zes maanden, te rekenen van het einde van den termijn van aanbieding.

Verjaring

– 2. De regresvorderingen van de verschillende chèqueschuldenaren tegen elkander, die gehouden zijn tot de betaling van eene chèque, verjaren door een tijdsverloop van zes maanden, te rekenen van den dag, waarop de chèqueschuldenaar ter voldoening aan zijnen regresplicht de chèque heeft betaald, of van den dag, waarop hij zelf in rechte is aangesproken.

– 3. De in het eerste en tweede lid bedoelde verjaring kan niet worden ingeroepen door den trekker, indien of voor zoover hij geen fonds heeft bezorgd noch door den trekker of de endossanten, die zich ongerechtvaardigd zouden hebben verrijkt; alles onverminderd het bepaalde in artikel 306 van Boek 3 van het Burgerlijk Wetboek. (K 169, 190*a*, 204, 217, 221, 229*k*)

Art. 229a

– 1. De stuiting der verjaring is slechts van kracht tegen dengene, ten aanzien van wien de stuitingshandeling heeft plaats gehad.

Stuiting

– 2. Op de in het vorige artikel bedoelde verjaringen is artikel 321, eerste lid, onder *a-d* van Boek 3 van het Burgerlijk Wetboek niet van toepassing; in de gevallen bedoeld in artikel 321, eerste lid, onder *b* en *c*, van Boek 3 van het Burgerlijk Wetboek heeft de onbekwame of rechthebbende, wiens rechtsvordering is verjaard, verhaal op de wettelijke vertegenwoordiger of bewindvoerder. (K 170, 229*k*)

TIENDE AFDEELING
Algemeene bepalingen

Art. 229abis

Met bankiers, genoemd in de voorafgaande Afdeelingen van dezen Titel worden gelijkgesteld alle personen of instellingen, die in hun werkzaamheid regelmatig gelden ter onmiddellijke beschikking van anderen houden. (K 180, 214)

Gelijkstelling met bankiers

Art. 229b

– 1. De aanbieding en het protest van eene chèque kunnen niet plaats hebben dan op eenen werkdag.

Aanbieding en protest op werkdagen

– 2. Wanneer de laatste dag van den termijn, door de wet gesteld voor het verrichten van handelingen nopens de chèque, met name voor de aanbieding en voor het opmaken van het protest of een daarmede gelijkstaande verklaring, een wettelijke feestdag is, wordt deze termijn verlengd tot den eersten werkdag, volgende op het einde van dien termijn. De tusschenliggende feestdagen zijn begrepen in de berekening van den termijn. (K 171, 205, 218)

Art. 229bbis

Als wettelijke feestdag in den zin van deze Afdeeling worden beschouwd de Zondag, de Nieuwjaarsdag, de Christelijke tweede Paasch- en Pinksterdagen, de beide Kerstdagen, de Hemelvaartsdag en de verjaardag des Konings. (K 171*a*, 229*j*)

Feestdagen

Art. 229c

In de termijnen, bij de voorafgaande Afdeelingen van dezen Titel voorzien, is niet begrepen de dag, waarop deze termijnen beginnen te loopen. (K 172, 205, 206, 218, 219, 225, 229)

Begin van termijnen

Art. 229d

Geen enkele respijtdag, noch wettelijke, noch rechterlijke, is toegestaan. (K 173)

Geen respijt

Art. 229dbis

Vervallen.

ELFDE AFDEELING
Van quitantiën en promessen aan toonder

Art. 229e

Quitantiën en promessen aan toonder moeten de juiste dagteekening der oorspronkelijke uitgifte bevatten. (K 100 sub 7°)

Dagtekening

Art. 229f

De oorspronkelijke uitgever van quitantiën aan toonder, door eenen derde betaalbaar, is jegens iederen houder voor de voldoening aansprakelijk gedurende tien dagen na de dagteekening, die dag niet daaronder begrepen. (K 108, 189)

Aansprakelijkheid uitgever

Art. 229g

– 1. De verantwoordelijkheid van den oorspronkelijken uitgever blijft echter voortduren, ten-

Voortduren der aansprakelijkheid; vordering op fonds

zij hij bewees, dat hij, gedurende den bij het vorige artikel bepaalden tijd, fonds ten beloope van het uitgegeven papier bij den persoon, op wien hetzelve is afgegeven, heeft gehad.
– 2. De oorspronkelijke uitgever is, op straffe van voortduring van zijne verantwoordelijkheid, verpligt den houder af te staan en over te dragen de vordering op het fonds, dat de persoon, op wien het papier is afgegeven van hem ten vervaldage heeft in handen gehad, en zulks ten beloope van het uitgegeven papier; en hij moet aan den houder, te diens koste, de noodige bewijzen verschaffen om die vordering te doen gelden. Indien de oorspronkelijke uitgever in staat van faillissement is verklaard of ten aanzien van hem de schuldsaneringsregeling natuurlijke personen van toepassing is verklaard, zijn de curatoren onderscheidenlijk de bewindvoerders in zijnen boedel tot dezelfde verpligtingen gehouden, ten ware deze mogten verkiezen, den houder als schuldeischer, ten beloope van het uitgegeven papier, toe te laten. (K 152*a*, 217*a*)

Art. 229h

Aansprakelijkheid van inbetalinggever

Buiten den oorspronkelijken uitgever, blijft een ieder die het voormeld papier in betaling heeft gegeven, gedurende den tijd van drie dagen daarna, de dag der uitgifte niet daaronder begrepen, aansprakelijk jegens dengenen die het van hem heeft ontvangen. (K 146, 217)

Art. 229i

Verplichtingen houder promesse

– 1. De houder eener promesse aan toonder is verpligt voldoening te vorderen binnen den tijd van drie dagen na den dag, op welken hij dat papier heeft in betaling genomen, die dag niet daaronder gerekend, en hij moet, bij wanbetaling, binnen een gelijken termijn daarna, de promesse ter intrekking aanbieden aan dengenen die hem dezelve heeft in betaling gegeven, alles op verbeurte van zijn verhaal tegen denzelven, doch onverminderd zijn regt tegen dengenen die de promesse heeft geteekend.
– 2. Indien bij de promesse de dag is uitgedrukt op welken dezelve betaalbaar is, begint de termijn van drie dagen eerst te loopen daags na den uitgedrukten betaaldag.

Art. 229j

Feestdagen

Indien de laatste dag van eenigen termijn, waaromtrent in deze Afdeeling eenige bepaling voorkomt, invalt op eenen wettelijken feestdag in den zin van art. 229*b bis*, blijft de verpligting en verantwoordelijkheid voortduren tot en met den eersten daaropvolgenden dag, welke geen wettelijke feestdag is. (K 171)

Art. 229k

Verjaring

– 1. Alle regtsvordering tegen de in deze Afdeeling vermelde uitgevers van papier, of tegen hen, die buiten den oorspronkelijken uitgever het papier in betaling hebben gegeven, verjaart door tijdsverloop van zes maanden, te rekenen van den dag der oorspronkelijke uitgifte.
– 2. De in het vorig lid bedoelde verjaring kan niet worden ingeroepen door den uitgever, indien of voor zoover hij geen fonds heeft bezorgd noch door den uitgever of door hen, die buiten den oorspronkelijken uitgever het papier in betaling hebben gegeven, voor zoover ze zich ongeregtvaardigd zouden hebben verrijkt; alles onverminderd het bepaalde in artikel 306 van Boek 3 van het Burgerlijk Wetboek.
– 3. Op de in dit artikel genoemde verjaringen is het tweede lid van art. 229*a* van toepassing. (K 169, 229)

Art. 230-308

Vervallen.

TWEEDE BOEK
Van de regten en verpligtingen uit scheepvaart voortspruitende
Algemeene Bepaling

Art. 309

Begrippen Boek 8 BW; zeewerkgever

– 1. De betekenis van begrippen voorkomende in Boek 8 van het Burgerlijk Wetboek, met uitzondering van die voorkomende in de artikelen 5, 6, 7 en 10, geldt evenzeer voor dit wetboek.

Scheepstoebehoren

– 2. Onder zeewerkgever is te verstaan de eigenaar of, in geval van rompbevrachting, de rompbevrachter. (K 364 v.; BW 8: 530)

EERSTE TITEL
Van zeeschepen

Art. 310

Schepen

In den eersten tot en met den vierden titel van dit boek worden onder schepen uitsluitend verstaan zeeschepen. (K 309; BW 8: 2)

Art. 311

Nederlandse schepen

– 1. Een schip is een Nederlands schip indien voldaan wordt aan de volgende vereisten:
a. het schip is eigendom van een of meer:

1° natuurlijke personen die de nationaliteit bezitten van een lidstaat van de Europese Unie, van een andere staat die partij is bij de Overeenkomst betreffende de Europese Economische

Ruimte, van Zwitserland of die worden gelijkgesteld met EU-onderdanen ingevolge het van het Gemeenschapsrecht afgeleide recht;
2° vennootschappen waarop het recht van een lidstaat van de Europese Unie, van een van de landen, eilanden of gebieden, bedoeld in artikel 299, tweede tot en met vijfde lid en zesde lid, onder *c*, van het EG-Verdrag, van een andere staat die partij is bij de Overeenkomst betreffende de Europese Economische Ruimte of van Zwitserland toepasselijk is;
3° rechtspersonen, niet zijnde een vennootschap als bedoeld onder 2°, waarop het recht van een lidstaat van de Europese Unie, van een van de landen, eilanden of gebieden, bedoeld in artikel 299, tweede tot en met vijfde lid en zesde lid, onder *c*, van het EG-Verdrag, van een andere staat die partij is bij de Overeenkomst betreffende de Europese Economische Ruimte of van Zwitserland toepasselijk is;
4° natuurlijke personen, vennootschappen of rechtspersonen niet bedoeld onder 1°, 2°, onderscheidenlijk 3°, die aanspraak kunnen maken op het Europese recht van vrije vestiging ingevolge een overeenkomst tussen de Europese Unie en een derde staat;
b. de eigenaar heeft in Nederland een hoofdvestiging of nevenvestiging in de zin van de Handelsregisterwet 2007;
c. een of meer natuurlijke personen die in Nederland kantoor houden zijn namens de eigenaar verantwoordelijk voor het schip, de kapitein en de overige leden van de bemanning, alsmede voor de daarmee verband houdende aangelegenheden en zijn dienaangaande alleen of tezamen beslissingsbevoegd en beschikken over vertegenwoordigingsbevoegdheid, en
d. een of meer van de natuurlijke personen als bedoeld onder *c* of, bij verhindering, een plaatsvervanger is bij voortduring bereikbaar en beschikt over bevoegdheden om onverwijld te kunnen handelen in situaties waarin dat geboden is.

Nederlandse pleziervaart

– 2. Ingeval een schip eigendom is van een natuurlijke persoon die tevens kapitein is van dat schip is dat schip een Nederlands schip indien wordt voldaan aan het eerste lid, onderdeel *a*, onder 1° of onder 4° en onderdeel *b*, en er in Nederland aan de wal een vertegenwoordiger van die eigenaar is die bij voortduring bereikbaar is en beschikt over bevoegdheden om onverwijld te kunnen handelen in situaties waarin dat geboden is.

Rechtspersonen

– 3. Ingeval de eigenaar de verantwoordelijkheid voor het beheer van zijn schip overdraagt aan een vennootschap als bedoeld in het eerste lid, onderdeel *a*, onder 2°, of onder 4°, en het beheer van dat schip voor rekening van de eigenaar geschiedt, is dat schip een Nederlands schip indien die vennootschap voldoet aan de vereisten, bedoeld in het eerste lid, onderdelen *b* tot en met *d*. De eigenaar behoeft in dat geval niet te voldoen aan het eerste lid, onderdelen *b* tot en met *d*. Indien de eigenaar niet voldoet aan het eerste lid, onderdeel *b*, kiest hij woonplaats ten kantore van de vestiging in Nederland van de vennootschap waaraan het beheer is overgedragen.
– 4. Een schip dat uitsluitend anders dan in de uitoefening van een beroep of bedrijf wordt gebruikt, is een Nederlands schip indien wordt voldaan aan het eerste lid, onderdeel *a*, onder 1°, onder 3° of onder 4° en er in Nederland aan de wal een natuurlijk persoon is met voldoende volmacht van de eigenaar om onverwijld te kunnen handelen in situaties waarin dat geboden is. (K 319, 319*b*; BW 2: 26 e.v., 64 e.v., 175 e.v., 285 e.v.; 8: 169 lid 2, 171 lid 3, 175, 194; Zeebrievenwet 11; Wet nationaliteit zeeschepen in rompbevrachting 3; Sv 4, 136*a*, 136*b*)

Art. 311a

Verklaring van de minister

– 1. Door of namens Onze Minister van Verkeer en Waterstaat wordt ten behoeve van de teboekstelling, bedoeld in artikel 194 van Boek 8 van het Burgerlijk Wetboek, op verzoek van de reder aan deze een verklaring afgegeven, dat met betrekking tot zijn schip wordt voldaan aan de in artikel 311 genoemde vereisten. Indien met betrekking tot een schip niet langer wordt voldaan aan de in artikel 311 genoemde vereisten wordt deze verklaring door Onze Minister van Verkeer en Waterstaat ingetrokken. Van deze intrekking wordt, nadat de beroepstermijn is verstreken of, indien beroep is ingesteld, op het beroep is beslist, onverwijld mededeling gedaan aan de in artikel 6 van de Kadasterwet bedoelde bewaarder van het kadaster en de openbare registers van het kantoor waar het schip te boek staat.
– 2. Bij algemene maatregel van bestuur kunnen regels worden gesteld betreffende de schriftelijke bewijsstukken en andere gegevens die de reder bij de aanvraag van de verklaring, bedoeld in het eerste lid, dient te verstrekken, alsmede betreffende het toezicht op het voldoen aan de in artikel 311 genoemde vereisten.
– 3. Tegen een besluit op grond van het eerste lid kan een belanghebbende beroep instellen bij het College van Beroep voor het bedrijfsleven.
– 4. De kosten van aanvraag en afgifte van een verklaring als bedoeld in de eerste volzin van het eerste lid, komen ten laste van de aanvrager. Het tarief voor deze kosten wordt vastgesteld bij regeling van Onze Minister van Verkeer en Waterstaat. (BW 8: 195 lid 1 sub 5; Wet bestuursrechtspr. bedr. org. 18 e.v.)

Art. 311b

Toezicht

– 1. Met het toezicht op de naleving van het bij of krachtens de artikelen 311 en 311*a* bepaalde, zijn belast de bij besluit van Onze Minister van Verkeer en Waterstaat aangewezen ambtenaren.

– 2. Van een besluit als bedoeld in het eerste lid wordt mededeling gedaan door plaatsing in de *Staatscourant*.

– 3. De toezichthoudende ambtenaren zijn bevoegd inlichtingen te verlangen, voor zover dat voor de vervulling van hun taak redelijkerwijs nodig is.

Art. 312

Schip in aanbouw

Een schip, dat hier te lande is of wordt gebouwd, wordt als een Nederlandsch schip beschouwd, totdat de bouwer het heeft opgeleverd aan hem, voor wiens rekening het is of wordt gebouwd, of wel het voor eigen rekening in de vaart heeft gebracht. (K 310, 319, 319*b*; BW 8: 190, 194)

Art. 313-318v

Vervallen.

Art. 319

Zeevissersschepen

Op zeevisserschepen zijn de artikelen 311 en 312 niet van toepassing. (K 374; BW 8: 2 lid 3, 172)

Art. 319a

Vervallen.

Art. 319b

Schip behorend tot openbare dienst

De bepalingen van de artikelen 311 en 312 zijn niet van toepassing op schepen, aan het Rijk of eenig openbaar lichaam toebehoorende, welke tot den openbaren dienst zijn bestemd. (BW 8: 230)

TWEEDE TITEL

Van reeders en reederijen

Art. 320-339

Vervallen.

DERDE TITEL

Van den kapitein

Art. 340

Nederlands schip

In deze titel wordt verstaan onder Nederlands schip: een schip dat Nederlands is op grond van artikel 311 van dit boek, dan wel op grond van artikel 5 van de Wet nationaliteit zeeschepen in rompbevrachting.

Art. 340a-340g

Vervallen.

Art. 341

Opvarenden

Onder opvarenden worden in dezen titel verstaan allen, die zich aan boord bevinden, buiten den kapitein.

Art. 341a-341b

Vervallen.

Art. 342

Verplichting kapitein

De kapitein is verplicht met zoodanige bekwaamheid en nauwgezetheid en met zoodanig beleid te handelen als voor eene behoorlijke vervulling zijner taak noodig is.

Art. 343

Plicht opvolgen regels

– 1. De kapitein is verplicht de gebruikelijke regels en de bestaande voorschriften ter verzekering van de zeewaardigheid en de veiligheid van het schip, van de veiligheid der opvarenden en der zaken aan boord, met nauwgezetheid op te volgen.

Schip naar behoren uitgerust

– 2. Hij onderneemt de reis niet, tenzij het schip tot het volvoeren daarvan geschikt, naar behooren uitgerust en voldoende bemand is. (K 782; BW 8: 260-262, 383 lid 1)

Art. 344

Plicht bedienen van loods

De kapitein is verplicht overal waar de wet, de gewoonte of de voorzichtigheid dit gebiedt, zich van een loods te bedienen. (BW 8: 383 lid 2 sub *a*, 547, 1007)

Art. 345

Schip niet verlaten

De kapitein mag gedurende de vaart of bij dreigend gevaar het schip niet verlaten, tenzij zijne afwezigheid volstrekt noodzakelijk is of de zorg voor lijfsbehoud hem daartoe dwingt. (K 421; Sr 390)

Art. 346

Overlijden opvarende

De kapitein is verplicht voor de aan boord zijnde goederen van een gedurende de reis overleden opvarende te zorgen en ten overstaan van twee der opvarenden daarvan een behoorlijke beschrijving te maken of te doen maken, welke door hem en door deze opvarenden wordt onderteekend. (K 341², 416; BW 4: 994)

Art. 347

Verplicht aan boord te hebben

– 1. De kapitein moet aan boord voorzien zijn van:
den zeebrief, den meetbrief en een uittreksel uit de registratie voor schepen als bedoeld in artikel 101, eerste lid, van de Kadasterwet vermeldende tenminste de gegevens, bedoeld in artikel 85, tweede lid, onder *a, c, d, e, f, g* en *j*, van die wet, alsmede de gegevens omtrent niet doorgehaalde voorlopige aantekeningen, met dien verstande dat, ingeval dat uittreksel meer dan één dag vóór die van het laatste vertrek van het schip uit een Nederlandse haven is afgegeven, op dat uittreksel een verklaring van de bewaarder van het kadaster en de openbare registers moet voorkomen dat sedert de afgifte de op dat uittreksel vermelde gegevens blijkens de stukken, ingeschreven in de desbetreffende openbare registers tot op de dag vóór die van het vertrek, geen wijziging hebben ondergaan;
het manifest der lading, de charter-partij en de cognossementen, dan wel afschriften van die stukken;
de Nederlandsche wetten en reglementen op de reis van toepassing, en alle verdere noodige papieren.
– 2. Ten aanzien van de charter-partij en de cognossementen geldt deze verplichting niet in de door Ons te omschrijven omstandigheden. (K 374[3], 388, 451, 782; BW 8: 399; Sr 470)

Art. 348

Scheepsdagboek

– 1. De kapitein zorgt, dat aan boord een scheepsdagboek (*dagregister* of *journaal*) wordt gehouden, waarin alles van eenig belang, dat op de reis voorvalt, nauwkeurig wordt opgeteekend.

Machinedagboek

– 2. De kapitein van een schip, dat door mechanische kracht wordt voortbewogen, zorgt bovendien, dat door een lid van het machinekamer-personeel een machine-dagboek wordt gehouden. (K 349, 351, 356, 374; BW 1: 25; Besl. Burg. Stand 39, 54; Sr 402, 470)

Art. 349

Inrichting dagboeken

– 1. Op Nederlandse schepen mogen alleen dagboeken in gebruik worden genomen, welke blad voor blad zijn genummerd.
– 2. De dagboeken worden, zo mogelijk, dagelijks bijgehouden, gedagtekend en door de kapitein en de schepeling, die hij met het houden van het boek heeft belast, ondertekend.
– 3. Bij of krachtens algemene maatregel van bestuur worden regels gesteld met betrekking tot het inrichten van de dagboeken. (K 451; Sr 402, 471)

Art. 350

Afschrift dagboek

De kapitein, de eigenaar en de rompbevrachter zijn verplicht aan belanghebbenden op hunne aanvrage inzage en, tegen betaling van de kosten, afschrift van de dagboeken te geven. (K 11; BW 8: 530; Sr 471)

Art. 351

Advies kapitein

Wanneer de kapitein zich in zaken van aanbelang met leden van de bemanning heeft beraden, wordt van de hem gegeven adviezen in het scheepsdagboek melding gemaakt.

Art. 352

Vervallen.

Art. 353

Scheepsverklaring

– 1. Na aankomst in een haven kan de kapitein door een notaris eene scheepsverklaring doen opmaken omtrent de voorvallen der reis.

Voorlopige verklaring

– 2. Indien het schip of de zaken aan boord schade hebben geleden of eenig buitengewoon voorval heeft plaats gehad, is de kapitein verplicht binnen 48 uren na aankomst, in de plaats van aankomst of in een nabijgelegen plaats althans eene voorloopige verklaring te doen opmaken. Eene voorloopige verklaring moet binnen acht dagen door eene volledige verklaring worden gevolgd.
– 3. De kapitein heeft zich te wenden in het Koninkrijk buiten Europa tot het bevoegde gezag en buiten het Koninkrijk tot den Nederlandschen consulairen ambtenaar of, bij ontstentenis van zoodanigen ambtenaar, tot het bevoegde gezag.

Afschrift verklaring

– 4. De notaris is verplicht van scheepsverklaringen tegen betaling der kosten afschrift uit te reiken aan ieder die het verlangt. (K 354, 356, 374, 446, 783; Sr 389*bis*)

Art. 354

Berekenen wettelijke termijn

– 1. Bij het berekenen van de in artikel 353 genoemde wettelijke termijn tellen de Zondag en de daarmede gelijkgestelde dagen en, in het buitenland, de aldaar algemeen erkende wettelijke feestdagen niet mede.
– 2. Met den Zondag worden gelijkgesteld de Nieuwjaarsdag, de Christelijke tweede Paasch- en Pinksterdagen, de beide Kerstdagen en de Hemelvaartsdag. (K 171*a*, 229b bis, 443, 958; BW 8: Algemene slotbepaling; Algemene termijnenwet)

Art. 355

Plicht tot meewerken aan verklaring

De door den kapitein aan te wijzen schepelingen zijn verplicht bij het opmaken van de scheepsverklaring hunne medewerking te verleenen door van hunne bevinding verklaring af te leggen. (Sr 389*bis*)

Art. 356

Bewijskracht dagboek/verklaring

De beoordeeling van de bewijskracht van scheepsdagboeken en scheepsverklaringen, ten aanzien van de daarin vermelde voorvallen der reis, is voor ieder geval aan den rechter overgelaten.

Art. 357

Bevoegdheden kapitein in noodsituatie

De kapitein is bevoegd, indien dit tot behoud van schip of lading noodzakelijk is, scheepstoebehooren en bestanddeelen van de lading zoowel over boord te werpen als te verbruiken. (BW 8: 260-262, 610 e.v., 860; Sr 407)

Art. 358

De kapitein is in geval van nood gedurende de reis bevoegd, levensmiddelen, welke in het bezit zijn van opvarenden of tot de lading behooren, tegen schadevergoeding tot zich te nemen, ten einde die te verbruiken in het belang van allen die zich aan boord bevinden. (Gr.w. 14; Sr 402)

Art. 358a

Verplichtingen kapitein in noodsituatie

– 1. De kapitein is verplicht aan personen, die in gevaar verkeeren, en in het bijzonder, als zijn schip bij eene aanvaring betrokken is geweest, aan de andere daarbij betrokken schepen en de personen, die zich aan boord dier schepen bevinden, de hulp te verleenen, waartoe hij bij machte is, zonder zijn eigen schip en de opvarenden daarvan aan ernstig gevaar bloot te stellen. (K 370, 785; BW 8: 383 lid 4, 423, 551, 554, 557; Rv 635)

– 2. Hij is bovendien verplicht, voor zooverre hem dit mogelijk is, aan de andere bij de aanvaring betrokken schepen op te geven den naam van zijn schip, van de haven waar het thuis behoort en van de havens van waar het komt en waarheen het bestemd is.

– 3. Niet-nakoming van deze verplichtingen door den kapitein geeft geen aanspraak tegen hem, die uit welken hoofde dan ook verantwoordelijk is voor het optreden van de kapitein. (Sr 414, 450, 474)

Art. 358b

Opname extra bemanning

– 1. De kapitein van een Nederlandsch, naar Nederland bestemd schip, in eene buitenlandsche haven vertoevend, is verplicht, zich daar bevindende, hulpbehoevende Nederlandsche zeelieden, voorzoover aan boord voor hen plaats is, op verlangen van den Nederlandschen consulairen ambtenaar of, waar deze ontbreekt, van de plaatselijke overheid, naar Nederland over te brengen.

– 2. De kosten hiervan zijn voor rekening van den Staat. De vaststelling dier kosten geschiedt op den grondslag door Ons te bepalen.

Art. 359

Zorg kapitein

De kapitein heeft de zorg voor alles wat met het beladen en het lossen van het schip in verband staat, voor zooverre niet andere personen daarmee zijn belast. (K 342, 343, 364, 394, 396; BW 8: 260-262, 360 e.v., 380, 880, 897, 951)

Art. 360-363

Vervallen.

Art. 364

Verhouding kapitein-zeewerkgever

– 1. Tegenover de zee-werkgever is de kapitein steeds verplicht te handelen overeenkomstig de bepalingen, waaronder hij is aangesteld, en de hem krachtens die aanstelling gegeven orders, mits deze bepalingen of deze orders niet in strijd zijn met de verplichtingen, hem als gezagvoerder door de wet opgelegd.

– 2. Hij geeft de zeewerkgever doorloopend kennis van alles wat het schip en de zaken aan boord betreft, en vraagt diens orders, alvorens tot eenigen maatregel van geldelijk aanbelang over te gaan.

– 3. Overigens is het bepaalde bij de artikelen 359 ook op zijne verhouding tot de zeewerkgever van toepassing. (K 309 lid 2, 342, 379, 452*r*; BW 7: 401; 7A: 1639)

Art. 365-366

Vervallen.

Art. 367

Onvrij worden vlag

De kapitein, vernemende dat de vlag, waaronder hij vaart, onvrij is geworden, is verplicht in de meest in de nabijheid gelegen onzijdige haven binnen te loopen en aldaar te blijven liggen, totdat hij op veilige wijze kan vertrekken of van hem die daartoe bevoegd is stellige orders om te vertrekken heeft ontvangen. (K 437 sub 3; BW 8: 383 lid 2)

Art. 368

Geblokkeerde havenbestemming

Indien den kapitein blijkt, dat de haven, waarheen het schip is bestemd, wordt geblokkeerd, is hij verplicht in de meest geschikte in de nabijheid gelegen haven binnen te loopen.

Art. 369

Vervallen.

Art. 370

De kapitein mag van den koers, welken hij moet volgen, afwijken ter redding van menschenlevens. (K 358*a*, 638, 689; BW 8: 561)

Koers afwijken

Art. 371

Vervallen.

Art. 371a

Indien gedurende de reis iemand aan boord wordt ontdekt, die niet in het bezit is van een geldig reisbiljet en niet bereid of niet in staat is op eerste aanmaning van den kapitein vracht te betalen, heeft deze het recht hem aan boord werk te laten verrichten, waartoe hij in staat is, en hem bij de eerste gelegenheid die zich voordoet van boord te verwijderen. (BW 8: 260, 528)

Verstekeling

Art. 372

Noch de kapitein, noch een opvarende mag voor eigen rekening goederen in het schip vervoeren, tenzij krachtens overeenkomst met of verlof van de eigenaar en, indien het schip is vervracht, ook van den bevrachter. (BW 8: 485, 948)

Verbod voor eigen rekening te vervoeren

Art. 373

Vervallen.

Art. 374

– 1. Artikel 347, het tweede lid van artikel 348 en artikel 349, eerste lid, zijn niet van toepassing op zeevissersschepen.

– 2. Aan boord moeten aanwezig zijn een uittreksel uit de registratie voor schepen als bedoeld in artikel 101, eerste lid, van de Kadasterwet vermeldende tenminste de gegevens, bedoeld in artikel 85, tweede lid, onder *a, c, d, e, f, g* en *j*, van die wet, alsmede de gegevens omtrent niet doorgehaalde voorlopige aantekeningen, welk uittreksel op een zodanig tijdstip moet zijn afgegeven door de bewaarder van het kadaster en de openbare registers dat de daarin vermelde gegevens overeenstemmen met die welke in de registratie voor schepen ten aanzien van het betrokken schip staan vermeld ten tijde van het uitvaren van dat schip, en de wetten en reglementen op deze schepen van toepassing. (K 348, 394)

Verplicht aan boord te hebben

Art. 375

Op de arbeidsovereenkomst tusschen de zeewerkgever en de kapitein zijn de bepalingen van het Burgerlijk Wetboek van toepassing, voor zoover daarvan in dit wetboek niet is afgeweken. (K 309 lid 2, 397, 452*r*; BW 7: 610)

Arbeids-ovk tussen zeewerkgever en kapitein

Art. 376

– 1. De arbeidsovereenkomst tusschen de zeewerkgever en de kapitein moet, op straffe van nietigheid, schriftelijk worden aangegaan.

– 2. Kosten der akte en andere bijkomende kosten zijn ten laste van de zeewerkgever. (K 309 lid 2, 392, 398; BW 7: 654)

Eisen arbeids-ovk

Art. 377

Een door de zeewerkgever vastgesteld reglement betreffende den dienst aan boord is voor den kapitein verbindend, mits hem een exemplaar daarvan is verstrekt, en voor zooverre de inhoud niet in strijd is met de door hem aangegane arbeidsovereenkomst. (K 309 lid 2, 392, 402; BW 7: 613)

Verbindendheid reglement

Art. 378

Boete kan den kapitein slechts worden opgelegd krachtens beding in de arbeidsovereenkomst wegens overtreding van daarin te omschrijven bepalingen en tot het daarin vast te stellen maximum. De bestemming der boete moet in de overeenkomst worden aangegeven. De boete mag niet de zeewerkgever ten goede komen. (K 309 lid 2, 387, 392, 423; BW 7: 650)

Boete voor kapitein

Art. 379

– 1. Van het oogenblik waarop volgens de arbeidsovereenkomst de arbeidsovereenkomst zal aanvangen heeft de kapitein zich te houden ter beschikking van den zeewerkgever tot het voeren van het in de overeenkomst aangewezen schip, of, bij stilzwijgen van deze, van een door den zeewerkgever aan te wijzen schip, mits dit behoort tot de schepen welke de zeewerkgever voor de vaart ter zee gebruikt. Is omtrent den aanvang van de arbeidsovereenkomst niets bepaald, dan wordt die voor de toepassing van dit voorschrift geacht samen te vallen met het sluiten der overeenkomst.

– 2. De kapitein wordt geacht in dienst te zijn aan boord van een schip van den dag, waarop hij zijne taak aan boord op zich neemt, tot den dag waarop hij daarvan wordt ontheven. (K 309 lid 2, 382, 404; Sr 390)

Arbeidsovereenkomst kapitein

Art. 380

De kapitein heeft gedurende den tijd dat hij in dienst is aan boord van een schip, recht op voeding en logies. (K 392, 407; BW 7: 617 lid 1 onder *d*)

Recht op voeding

Art. 381

– 1. De kapitein heeft aanspraak op vakantie overeenkomstig het bepaalde in artikel 414 van het Wetboek van Koophandel.

Vakantie

– 2. Het bepaalde in het vorige lid geldt niet voor de kapitein ter visserij. (K 392, 414; BW 7: 634 e.v.)

Art. 382

Dringende redenen voor zeewerkgever

Behalve in de gevallen, bedoeld in artikel 678, lid 2, van Boek 7 van het Burgerlijk Wetboek, zullen voor de zeewerkgever dringende redenen onder andere aanwezig geacht kunnen worden:

1° wanneer de kapitein een opvarende van het door hem gevoerde schip mishandelt, grovelijk beleedigt of op ernstige wijze bedreigt of verleidt of tracht te verleiden tot handelingen strijdig met de wetten of de goede zeden;

2° wanneer de kapitein weigert te voldoen aan eene opdracht hem gegeven overeenkomstig het bepaalde in artikel 379;

3° wanneer den kapitein, hetzij tijdelijk, hetzij voor goed, de bevoegdheid wordt ontnomen, als zoodanig op een schip dienst te doen;

4° wanneer de kapitein, buiten weten van de zeewerkgever, smokkelwaren aan boord heeft gebracht of daar toegelaten. (K 309 lid 2, 436)

Art. 383

Ontbinding wegens gewichtige redenen

– 1. Ieder der partijen is te allen tijde, ook vóórdat de arbeidsovereenkomst is aangevangen, bevoegd zich wegens gewichtige redenen te wenden tot de kantonrechter van de rechtbank van het arrondissement waarin de plaats van haar werkelijk verblijf gelegen is, of het schip zich bevindt, of in het Koninkrijk buiten Europa tot het bevoegde gezag, of buiten het Koninkrijk tot den het eerst te bereiken Nederlandschen diplomatieken of bezoldigden consulairen ambtenaar, met het verzoek de arbeidsovereenkomst ontbonden te verklaren. Artikel 450*d*, eerste lid, vindt overeenkomstige toepassing. (Consulaire wet 9, 11*a*)

– 2. Als gewichtige redenen worden, behalve die genoemd in artikel 685, lid 2, van Boek 7 van het Burgerlijk Wetboek, ook beschouwd omstandigheden, na den aanvang van den dienst aan boord aan den verzoeker gebleken of na dien opgekomen, waardoor de voortzetting van de reis, waarop het schip zich bevindt, den kapitein of de opvarenden aan onvoorzien, groot levensgevaar zou blootstellen.

– 3. Indien het betreft eene arbeidsovereenkomst tusschen zeewerkgever en kapitein ter zeevisscherij, kan ieder der partijen zich alleen wenden tot den in het eerste lid bedoelden kantonrechter. (K 309 lid 2, 392, 439)

Art. 384

Vrij vervoer na einde arbeidsovereenkomst

– 1. Eindigt de arbeidsovereenkomst in het buitenland dan heeft de kapitein recht op vrij vervoer tot een haven in Nederland, tenzij hij wegens de wijze, waarop de arbeidsovereenkomst is beëindigd, schadeplichtig is geworden. Indien de arbeidsovereenkomst is ontbonden op verzoek van de kapitein, op grond van gewichtige redenen, heeft hij dit recht slechts, indien de zeewerkgever schadeplichtig is geworden.

– 2. Onder het vrij vervoer zijn begrepen de kosten van onderhoud en nachtverblijf van het eindigen der arbeidsovereenkomst tot de aankomst van den kapitein in de plaats zijner bestemming. (K 309 lid 2, 392, 443; BW 7: 677)

Art. 385

Verplichte maatregelen na einde dienstbetrekking

De kapitein die de arbeidsovereenkomst doet eindigen, terwijl het door hem gevoerde schip zich op reis bevindt, is verplicht de maatregelen te nemen, welke in verband daarmede noodig zijn voor de veiligheid van het schip, de opvarenden en de zaken aan boord, op straffe van schadevergoeding. (K 387)

Art. 386

Ontnemen gezag

De bepalingen van de vorige artikelen laten onaangetast de bevoegdheid van de zeewerkgever, te allen tijde den kapitein het gezag over het schip te ontnemen. (K 309 lid 2)

Art. 387

Boete en schadeloosstelling

– 1. De boeten en de schadeloosstelling bedoeld in de artikelen 378, 385 en 438 in verband met artikel 390, zijn bevoorrecht op het in geld vastgestelde deel van het loon van den kapitein, hetwelk tot het bedrag daarvan kan worden ingehouden.

– 2. Boete en schadeloosstelling komen in de eerste plaats ten laste van het deel van het loon, dat aan den kapitein persoonlijk moet worden uitbetaald.

– 3. Het laatste lid van artikel 429 vindt toepassing.

Art. 388

Afgifte scheepspapieren

Na afloop van eene reis is de kapitein verplicht de scheepspapieren aan de zeewerkgever af te geven tegen ontvangstbewijs. (K 309 lid 2, 347)

Art. 389

Ophouden kapitein zonder wettige reden

De zeewerkgever verbeurt ten behoeve van den kapitein voor iederen dag, dat hij dezen, gedurende of bij het einde van zijn dienst aan boord van een schip, zonder wettige reden ophoudt in het verkrijgen van het in geld vastgestelde deel van zijn loon, € 1,36. (K 309 lid 2, 392, 447; BW 7: 625)

Art. 390

Toepasselijke artt. op arbeids-ovk

– 1. De artikelen 399, 403, 408, 413, 415, 416, 425, 426, 428, 431-435, 437, 438, 440-442, 450*a*, 450*aa* en 450*c* zijn van overeenkomstige toepassing op de arbeidsovereenkomst van den kapitein.

– 2. Wanneer het betreft de arbeidsovereenkomst van een kapitein ter zeevisscherij, vinden bovendien de artikelen 452*f*, 452*h* en 452*l* overeenkomstige toepassing. (K 375)

Art. 391

Toepasselijke artt. op dienst kapitein

De artikelen 613 tot en met 613*c*, 617, 620, 624, 625, 627, artikel 629, lid 10 en artikel 629*b*, leden 1, 2, 4 en 3 voor zover het betreft de toepassing van artikel 628, leden 3 en 4, 652, 657, 658, 676, 683 en 684 van Boek 7 van het Burgerlijk Wetboek vinden geen toepassing ten aanzien van de dienst van de kapitein aan boord van een schip.

Art. 392

Verbod tot afwijken van bepalingen

Bij overeenkomst kunnen partijen niet afwijken van het bepaalde in de artikelen 376-378, 380 en 383, noch ook ten nadeele van den kapitein van het bepaalde in de artikelen 381, 384 en 389.

VIERDE TITEL
Van de schepelingen

§ 1. Algemeene bepalingen

Art. 392a

Nederlands schip

In deze titel wordt verstaan onder Nederlands schip: een schip dat Nederlands is op grond van artikel 311 van dit boek, dan wel op grond van artikel 5 van de Wet nationaliteit zeeschepen in rompbevrachting (*Stb.* 1992, 541).

Art. 393

Scheepsofficier

– 1. Scheepsofficieren zijn de schepelingen, aan wie de monsterrol den rang van officier toekent.

Scheepsgezel

– 2. Scheepsgezellen zijn alle overige schepelingen. (K 451)

Art. 394

Verhouding officieren/gezellen

Voor zoover de zeewerkgever de verhouding tusschen de scheepsofficieren onderling, tusschen de scheepsgezellen onderling en tusschen de scheepsofficieren en de scheepsgezellen niet heeft geregeld, beslist de kapitein daaromtrent. (K 309 lid 2, 341)

Art. 395

Vervallen.

§ 2. Van de arbeidsovereenkomst tot de vaart ter zee

Art. 396

Schepelingen

– 1. Als schepelingen worden alleen aangemerkt personen, die eene arbeidsovereenkomst met de zeewerkgever hebben aangegaan.

Vertegenwoordiging zeewerkgever

– 2. De kapitein vertegenwoordigt de zeewerkgever in de uitvoering van de arbeidsovereenkomsten met de schepelingen, die in dienst zijn aan boord van het door hem gevoerde schip. (K 309 lid 2, 359, 417-423, 452; BW 7: 610)

Art. 397

Schakelbepaling

Op de arbeidsovereenkomst tusschen de zeewerkgever en den schepeling zijn de bepalingen van het Burgerlijk Wetboek van toepassing, voor zoover daarvan in dit wetboek niet is afgeweken. (K 309 lid 2, 375, 450*b*; BW 7: 610 e.v.; 8: 211 sub *b*)

Art. 398

Eisen arbeids-ovk

– 1. De arbeidsovereenkomst tusschen de zeewerkgever en den schepeling moet, op straffe van nietigheid, schriftelijk worden aangegaan en door den laatste persoonlijk worden onderteekend.

– 2. Kosten der akte en andere bijkomstige kosten zijn ten laste van de zeewerkgever. (K 309 lid 2, 376, 450*c*; BW 7: 654)

Art. 399

Tijdsduur ovk

De arbeidsovereenkomst kan worden aangegaan hetzij voor een bepaalden tijd, hetzij voor één of meer reizen (*bij de reis*), hetzij voor onbepaalden tijd of tot wederopzegging. (K 390, 450*c*)

Art. 400

Inhoud ovk

De overeenkomst moet behelzen, behalve hetgeen elders in de wet is voorgeschreven:

1° den naam en de voornamen van den schepeling, den dag van zijne geboorte of zijn leeftijd, en zijne geboorteplaats;

2° de plaats en den dag van het sluiten van de overeenkomst;

3° de aanduiding van het schip of de schepen, waarop de schepeling zich verbindt dienst te doen;

4° de te ondernemen reis of reizen, indien deze reeds vaststaan;

5° de hoedanigheid, waarin de schepeling in dienst zal treden;

6° indien mogelijk, de plaats waar en den dag waarop de dienst aan boord zal aanvangen;
7° het bepaalde bij artikel 414 nopens het recht op vrije dagen;
8° de beëindiging van de arbeidsovereenkomst, namelijk:
a. indien de overeenkomst voor een bepaalden tijd wordt aangegaan, den dag waarop de arbeidsovereenkomst eindigt, met vermelding van den inhoud van artikel 431,
b. indien de overeenkomst bij de reis wordt aangegaan, de haven overeengekomen voor de beëindiging der arbeidsovereenkomst, met vermelding van den inhoud van artikel 432, tweede lid, alsmede, indien de haven eene Nederlandsche haven is, van het eerste of van het tweede lid van artikel 433, naar gelang de haven al of niet met name is genoemd,
c. indien de overeenkomst voor onbepaalden tijd wordt aangegaan, den inhoud van artikel 434, eerste lid. (K 450*c*, 452*b*, 452*q*)

Art. 401

Afwijkende regeling in ovk

– 1. Voor zoover de namen, de plaats of dag van geboorte van den schepeling niet bekend zijn, wordt dit in de overeenkomst vermeld.
– 2. De aanduiding in de overeenkomst van het schip of de schepen, waarop de schepeling zich verbindt dienst te doen, kan ook geschieden door te bepalen, dat hij dienst zal doen op een of meer door de zeewerkgever aan te wijzen schepen, behoorende tot die, welke de zeewerkgever voor de vaart ter zee gebruikt.
– 3. Indien partijen van het bepaalde bij de artikelen 414, 431, 432, tweede lid, 433, eerste of tweede lid, of 434, eerste lid, wenschen af te wijken, voor zoover wettelijk geoorloofd, wordt in plaats daarvan die afwijkende regeling in de overeenkomst opgenomen. (K 309 lid 2, 450*c*)

Art. 402

Reglement verbindend

Een door de zeewerkgever vastgesteld reglement betreffende den dienst aan boord is voor den schepeling verbindend, mits een in de Nederlandsche taal gesteld exemplaar daarvan in een mede voor hem bestemd dagverblijf der schepelingen is en blijft opgehangen en behoorlijk leesbaar is, en voor zooverre de inhoud niet in strijd is met de door hem aangegane arbeidsovereenkomst. (K 309 lid 2, 377, 450*c*, 452*c*; BW 7: 613)

Art. 403

Nietig beding

Nietig is een beding waarbij de schepeling wordt beperkt in zijne vrijheid, na het einde der arbeidsovereenkomst arbeid te verrichten. (K 390; BW 7: 653)

Art. 404

Aanvang arbeidsovereenkomst

Van het oogenblik waarop volgens de overeenkomst de arbeidsovereenkomst zal aanvangen is de schepeling verplicht zich te houden ter beschikking van de zeewerkgever om gemonsterd te worden op een door de overeenkomst aangeduid schip. Is omtrent den aanvang van de arbeidsovereenkomst niets bepaald, dan wordt die voor de toepassing van dit voorschrift geacht samen te vallen met het sluiten der overeenkomst. (K 309 lid 2, 379)

Art. 405

Diensttijd

De schepeling wordt geacht in dienst te zijn aan boord van een schip van den dag, in de monsterrol daarvoor aangewezen, of, bij gebreke daarvan, van den dag, waarop de monsterrol is opgemaakt, tot en met den dag waarop hij van zijne werkzaamheden aan boord wordt ontheven of hij deze neerlegt. (K 379, 451, 452*t*)

Art. 406

Onbevoegd tot schepelingendienst

Schepelingen-dienst mag niet worden verricht:
1° door hen, die niet met de zeewerkgever eene arbeidsovereenkomst hebben aangegaan,
2° door hen, die, hoewel zij met de zeewerkgever eene arbeidsovereenkomst hebben aangegaan, niet in de monsterrol zijn genoemd. (K 309 lid 2, 451, 452; Sr 476)

Art. 407

Voeding en verblijven aan boord

– 1. De zeewerkgever is verplicht te zorgen voor voeding en verblijven van de schepeling aan boord, alsmede voor een kombuis en andere ruimten voor de voeding, een en ander op zodanige wijze dat een behoorlijke voorziening verzekerd is.

Certificaat voor de verblijven

– 2. Voor een schip, waarvan de verblijven, de kombuis en andere ruimten voor de voeding voldoen aan de in het zesde lid bedoelde voorschriften, wordt door de inspecteur-generaal van de Inspectie Verkeer en Waterstaat een certificaat voor de verblijven uitgereikt.
– 3. Wanneer de inrichting van de verblijven, van de kombuis en van de andere ruimten voor de voeding niet meer voldoet aan de in het zesde lid bedoelde voorschriften, wordt het certificaat door de inspecteur-generaal van de Inspectie Verkeer en Waterstaat ingetrokken.
– 4. Zowel van de weigering als van de intrekking van een certificaat door de inspecteur-generaal van de Inspectie Verkeer en Waterstaat kunnen zowel de eigenaar als de kapitein beroep instellen bij de voorzitter van de Raad van de Scheepvaart. Het bepaalde bij of krachtens de artikelen 18, derde lid, 19-22 van de Schepenwet vindt overeenkomstige toepassing.
– 5. De kapitein mag met zijn schip geen reis ondernemen, zonder dat voor het schip een geldig certificaat voor de verblijven bestaat.

– 6. Nadere voorschriften tot uitvoering van het bepaalde in de vorige leden worden bij algemene maatregel van bestuur gegeven.

Nadere regelgeving

– 7. In geen geval mag de zeewerkgever de voeding of de levering van de daarvoor benoodigde eet- en drinkwaren bij wijze van aanbesteding opdragen aan den kapitein of aan een schepeling. (K 309 lid 2, 380, 450*c*, 452*c*, 452*d*, 452*t*; BW 7: 617)

Verbod tot aanbesteding

Art. 408

Vergoeding bij niet verstrekking voeding

De schepeling heeft voor iederen dag, dat hem de verschuldigde voeding niet of niet ten volle wordt verstrekt, recht op eene vergoeding, waarvan het bedrag bij de arbeidsovereenkomst of, bij stilzwijgen van deze, door het gebruik of de billijkheid wordt bepaald. (K 390, 450*c*)

Art. 409

Onbruikbaarheid eet-/drinkwaren

– 1. Ten verzoeke van een derde van de schepelingen heeft buitenslands een onderzoek plaats naar de deugdelijkheid en voldoende hoeveelheid der eet- en drinkwaren. Het onderzoek wordt door den Nederlandschen consulairen ambtenaar of, bij gebreke van dezen, en in het Koninkrijk buiten Europa, door het bevoegde gezag ingesteld.

– 2. De kapitein is verplicht de onbruikbare eet- en drinkwaren, op last dezer autoriteiten, tegen bruikbare te verwisselen en het noodige zich aan te schaffen. (K 452e; Consulaire wet)

Art. 410

Onvoldoende ruimte

– 1. Door een gelijk deel van de schepelingen kan bij dezelfde autoriteiten buitenslands over onvoldoende ligging of ruimte, na de afreis ontstaan, worden geklaagd; een onderzoek wordt daarnaar ingesteld.

– 2. De kapitein is op last der autoriteiten verplicht in het gebrekkige te voorzien.

– 3. De kapitein, die aan de hem, overeenkomstig dit en het vorig artikel, gegeven bevelen niet heeft voldaan, wordt geacht zich jegens de schepelingen te hebben misdragen. (K 452*e*)

Art. 411

Sterke drank, wapens

– 1. De schepeling mag geen sterken drank of wapens aan boord brengen of hebben zonder toestemming van den kapitein. (K 412)

– 2. De kapitein kan hetgeen hij in strijd met deze bepaling aan boord aantreft, in beslag nemen en vernietigen of verkoopen ten bate van de instelling ten behoeve van zeelieden, aangewezen door den voorzitter van den Raad voor de scheepvaart.

– 3. Dezelfde bevoegdheid heeft de kapitein ten aanzien van smokkelwaren, contrabande en opium of andere verdoovende middelen, welke de schepeling aan boord brengt of heeft. (K 372, 437 lid 5, 452*t*, 452*w*)

Smokkelwaar, verdovende middelen

Art. 412

Beperkt aanwezig zijn sterke drank

– 1. Voor verbruik door de bemanning mag geen sterke drank aan boord zijn boven de hoeveelheid, door Ons bij algemeenen maatregel van bestuur te bepalen.

– 2. Sterke drank, in strijd met deze bepaling aan boord aangetroffen door de ambtenaren, aangesteld voor de uitvoering van de politietaak, of de ambtenaren van de rijksbelastingdienst, bevoegd inzake douane, wordt door hen in beslag genomen.

– 3. Deze sterke drank wordt verkocht ten bate van de in het tweede lid van artikel 411 bedoelde instelling.

Art. 413

Loonbedrag in arbeids-ovk

– 1. De arbeidsovereenkomst moet, op straffe van nietigheid, het bedrag van het in geld uit te betalen loon bepalen of aangeven hoe het zal worden bepaald. De bepaling kan niet aan het goedvinden van een der partijen worden overgelaten.

– 2. Bij de toepassing van het bepaalde in de artikelen 415, tweede lid, 415*a*, eerste lid, 415g, 423, eerste lid, 425, derde lid, 433, derde lid, 438 en 440 wordt loon, vastgesteld bij de reis, geacht te zijn vastgesteld voor eene tijdruimte gelijk aan den gemiddelden duur van de reis. (K 390, 450*c*, 452*f*; BW 7: 616, 617)

Art. 414

Vakantie

– 1. De schepeling verwerft over ieder jaar waarin hij gedurende de volledige overeengekomen arbeidsduur recht op loon heeft gehad, aanspraak op vakantie van ten minste dertig dagen.

Studieverlof

– 2. De schepeling behoudt zijn aanspraak op vakantie over het tijdvak gedurende hetwelk hij studieverlof geniet en van zijn werkgever een studieuitkering ontvangt.

Feestdag

– 3. Niet tot vakantie wordt gerekend:

a. officieel of algemeen erkende feestdagen;

b. tijdelijk verlof om aan wal te gaan;

c. compensatieverlof;

d. de tijd van het vervoer, bedoeld in lid 7.

Aaneengesloten tijd

– 4. De werkgever van de schepeling is verplicht om vijftien kalenderdagen van de vakantie, bedoeld in lid 1, aaneengesloten te geven. Van deze verplichting kan worden afgeweken bij collectieve arbeidsovereenkomst of bij regeling door of namens een bevoegd publiekrechtelijk lichaam.

Aanspraak – 5. De vakantie moet zo worden verleend dat de schepeling telkens na verloop van twee jaren alle dagen heeft genoten waarop hij aanspraak heeft. De verjaringstermijn, bedoeld in artikel 642 van Boek 7 van het Burgerlijk Wetboek, beloopt voor de schepeling drie jaren.

Start vakantie – 6. De vakantie, bedoeld in lid 1 en in artikel 641, lid 3, van Boek 7 van het Burgerlijk Wetboek, wordt desverlangd aan de schepeling gegeven in de plaats alwaar hij is gemonsterd, of de plaats alwaar hij is aangeworven, al naar gelang die plaats het dichtst is gelegen bij de woonplaats van de schepeling. Van deze regeling kan worden afgeweken bij collectieve arbeidsovereenkomst of bij regeling door of namens een bevoegd publiekrechtelijk lichaam.

– 7. Indien de schepeling genoodzaakt is de vakantie, bedoeld in lid 1 en in artikel 641, lid 3, van Boek 7 van het Burgerlijk Wetboek aan te vangen op een andere plaats dan die bedoeld in lid 6, is de werkgever gehouden zorg te dragen voor kosteloos vervoer naar die andere plaats alsmede voor de betaling van de kosten van levensonderhoud gedurende dat vervoer.

Terugroepen – 8. Een schepeling die zijn vakantie, bedoeld in lid 1 en in artikel 641, lid 3, van Boek 7 van het Burgerlijk Wetboek geniet, wordt slechts in gevallen van uiterste noodzaak teruggeroepen en wel na tijdige kennisgeving.

Onbetaald verlof – 9. De aanspraak op vakantie zonder behoud van loon, bedoeld in artikel 641, lid 3, van Boek 7 van het Burgerlijk Wetboek, wordt verminderd met de tijd gedurende welke de schepeling, nadat hij de aanspraak heeft verworven, nog niet in dienst was getreden. (K 381, 400 sub 7°, 450*c*, 452*g*; BW 7:634 e.v.)

Art. 415

Ziekte – 1. De schepeling, die ziek wordt, blijft in het genot van het volle loon zolang hij aan boord is.

Uitkering na herstel en recht op huisvesting/voeding – 2. Na zijn herstel heeft de schepeling, ongeacht het voortduren van de arbeidsovereenkomst, recht op een uitkering, gelijk aan het naar tijdruimte in geld vastgestelde loon, dat hij genoot toen hij ziek werd, indien hij ter verpleging is achtergelaten buiten het land waar hij thuisbehoort en elders dan ter plaatse waar hij zich bevond toen zijn rechtsverhouding met de zeewerkgever aanving. Hij heeft voorts aanspraak op huisvesting en voeding en recht op vrij vervoer tot een haven in het land waar hij thuisbehoort of tot de plaats waar hij zich bevond toen zijn rechtsverhouding met de zeewerkgever aanving, zulks ter keuze van de zeewerkgever. Onder vrij vervoer zijn begrepen de kosten van onderhoud en nachtverblijf gedurende de reis. De geldelijke uitkering na zijn herstel en het recht op huisvesting en voeding, waarop hij ingevolge dit lid aanspraak kan maken, nemen in ieder geval een einde zodra hij passende arbeid kan verkrijgen en verrichten dan wel is teruggekeerd in of had kunnen terugkeren naar een haven in het land waar hij thuisbehoort of de plaats waar hij zich bevond toen zijn rechtsverhouding met de zeewerkgever aanving. (K 309 lid 2, 413, 415 lid 3 (oud))

Opzettelijk ziek – 3. Indien de ziekte een gevolg is van opzet, wordt de geldelijke uitkering verbeurd of verminderd, ter beoordeling van de kantonrechter van de rechtbank van het arrondissement waarin de zetel van het scheepsbedrijf is gevestigd. (K 415 lid 4 (oud), 450*d*)

Voorkomen van samenloop – 4. Bij algemene maatregel van bestuur kunnen regelen worden gesteld ter voorkoming of beperking van samenloop van loon als bedoeld in het eerste lid met uitkering ingevolge de Wet werk en inkomen naar arbeidsvermogen, de Wet op de arbeidsongeschiktheidsverzekering, de Wet arbeidsongeschiktheidsverzekering zelfstandigen, de Wet arbeidsongeschiktheidsvoorziening jonggehandicapten, dan wel met uitkering ingevolge zowel de Wet werk en inkomen naar arbeidsvermogen, de Wet arbeidsongeschiktheidsverzekering zelfstandigen, de Wet op de arbeidsongeschiktheidsverzekering als de Wet arbeidsongeschiktheidsvoorziening jonggehandicapten.

Recht op geneeskundige behandeling – 5. De schepeling, die ziek wordt, heeft tot zijn herstel recht op behoorlijke verpleging en geneeskundige behandeling. Dit recht komt evenwel niet toe aan de schepeling, die verzekeringsplichtige is op grond van de Zorgverzekeringswet, zolang hij verblijft in Nederland en evenmin aan de schepeling, die verblijft in het land waar hij thuisbehoort. Het recht eindigt, indien de schepeling is teruggekeerd in of heeft kunnen terugkeren naar het land waar hij thuisbehoort. Op de aanspraken, welke de schepeling heeft ingevolge het bepaalde in dit lid, komen de aanspraken ingevolge de Algemene Wet Bijzondere Ziektekosten in mindering. (K 390, 450*c*)

Art. 415a

Uitkering bij niet verzekerd zijn – 1. De schepeling, die op het tijdstip, waarop hij ziek wordt, niet is verzekerd ingevolge de Ziektewet en op wie niet enige daarmee overeenkomende wettelijke regeling van een lidstaat van de Europese Unie van toepassing is, heeft, zolang hij niet hersteld is, gedurende ten hoogste 52 weken, ongeacht het voortduren van de arbeidsovereenkomst, recht op 80% van het naar tijdruimte in geld vastgestelde loon, dat hij genoot toen hij ziek werd, verhoogd met de bij algemene maatregel van bestuur vast te stellen geldswaarde van andere loonbestanddelen. Deze termijn van 52 weken gaat in: 1°. als de schepeling ziek wordt, terwijl hij niet aan boord van een schip in dienst is, op de dag, waarop hij ziek wordt; 2°. als hij ziek wordt, terwijl hij aan boord van een schip in dienst is, op de dag, waarop hij aan de wal ter verpleging wordt achtergelaten of waarop hij, nog niet hersteld, met het schip terugkomt. Wordt hij ter verpleging achtergelaten buiten het land waar hij thuisbehoort, dan wordt de uitkering van 80% gedurende de eerste twaalf weken verhoogd tot 100%. (K 413, 415 lid 1 en 3 (oud))

Einde uitkering

– 2. De geldelijke uitkering, waarop de schepeling recht heeft ingevolge het bepaalde in de laatste volzin van het vorige lid neemt in ieder geval een einde zodra hij passende arbeid kan verkrijgen en verrichten dan wel is teruggekeerd in of had kunnen terugkeren naar een haven in het land waar hij thuisbehoort. (K 415 lid 3 (oud))

– 3. Artikel 415, derde lid, is van toepassing. (K 450*c*)

Art. 415b

Ongeval, overlijden

– 1. De schepeling, die op het tijdstip, waarop hem een ongeval in verband met zijn arbeidsovereenkomst overkomt, niet is verzekerd ingevolge de Ziektewet en op wie niet enige daarmee overeenkomende wettelijke regeling van een lidstaat van de Europese Unie van toepassing is, heeft, ongeacht het voortduren van de arbeidsovereenkomst, of zijn nagelaten betrekkingen hebben, indien hij ten gevolge van een zodanig ongeval overlijdt, recht op uitkeringen en voorzieningen overeenkomstig het bepaalde in de artikelen 415*c* - 415*h*.

Ziekte

– 2. Voor de toepassing van het bepaalde in het vorige lid en in de artikelen 415*c* - 415*g* worden met een ongeval, in verband met de arbeidsovereenkomst overkomen, gelijkgesteld de ziekten, voorkomende op een bij algemene maatregel van bestuur vast te stellen lijst van ziekten, indien de schepeling die ziekte heeft gekregen in verband met de arbeidsovereenkomst. De ziekte wordt, tenzij het tegendeel blijkt, geacht verband te houden met de arbeidsovereenkomst, indien zij zich gedurende de arbeidsovereenkomst of binnen een bij algemene maatregel van bestuur vast te stellen termijn na het beëindigen van de arbeidsovereenkomst openbaart.

Weigeren behandeling

– 3. De in het vorige lid bedoelde gelijkstelling is niet van toepassing indien de schepeling zonder deugdelijke grond ter zake van de in dat lid bedoelde ziekte geweigerd heeft een profylactische behandeling te ondergaan dan wel heeft nagelaten zich aan een zodanige behandeling te onderwerpen, ofschoon hem daartoe kosteloos gelegenheid werd geboden. (K 450*c*; Ziektew. 19, 20, 29, 46)

Art. 415c

Uitkering bij arbeidsongeschiktheid

– 1. De schepeling, bedoeld in artikel 415*b*, heeft na afloop van de termijn van 52 weken, bedoeld in artikel 415*a*, eerste lid, in geval van tijdelijke gehele ongeschiktheid tot werken, recht op een uitkering van 70% van zijn loon en, in geval van tijdelijke gedeeltelijke ongeschiktheid tot werken, op een uitkering ter hoogte van een in verhouding tot de verloren geschiktheid tot werken staand deel van 70% van zijn loon.

Einde uitkering

– 2. De in het vorige lid bedoelde uitkering eindigt met ingang van de dag, waarop blijvende gehele of gedeeltelijke ongeschiktheid tot werken intreedt, dan wel, indien de tijdelijke gehele of gedeeltelijke ongeschiktheid tot werken voortduurt, uiterlijk met ingang van de dag, gelegen drie jaren na afloop van de termijn van 52 weken, bedoeld in artikel 415*a*, eerste lid.

Uitkering ineens

– 3. De schepeling, bedoeld in artikel 415*b*, die op de dag, gelegen na afloop van de termijn van 52 weken, bedoeld in artikel 415*a*, eerste lid, blijvend geheel of gedeeltelijk ongeschikt is tot werken of binnen drie jaren na die dag blijvend geheel of gedeeltelijk ongeschikt wordt tot werken, dan wel op de dag, gelegen drie jaren na vorenbedoelde dag, nog tijdelijk geheel of gedeeltelijk ongeschikt is tot werken, heeft recht op een uitkering ineens van driemaal de uitkering over een jaar, berekend naar de uitkering, waarop hij laatstelijk aanspraak had vóór de dag, waarop dat recht ontstaat. Met ingang van de dag, waarop recht ontstaat op een uitkering ineens als bedoeld in de vorige volzin, kunnen ter zake van het betreffende ongeval overigens geen rechten meer worden ontleend aan de artikelen 415*b* - 415*h*.

Definitie arbeidsongeschikt

– 4. Voor de toepassing van het bepaalde in de vorige leden wordt een schepeling geheel of gedeeltelijk ongeschikt geacht tot werken, indien hij ten gevolge van een ongeval als bedoeld in artikel 415*b* geheel of gedeeltelijk ongeschikt is geworden tot arbeid, die voor zijn krachten en bekwaamheden is berekend en die met het oog op zijn opleiding en vroeger beroep hem in billijkheid kan worden opgedragen.

Mate van arbeidsongeschiktheid

– 5. Indien de schepeling, bedoeld in artikel 415*b*, niet de medewerking verleent, die redelijkerwijs van hem verlangd kan worden tot het herkrijgen van zijn gezondheid of zijn arbeidsvermogen, voor zover deze door een ongeval als bedoeld in dat artikel zijn geschaad, zal bij de schatting van de mate van ongeschiktheid tot werken, bedoeld in de vorige leden, de toestand in aanmerking genomen kunnen worden, die waarschijnlijk zou zijn ontstaan, indien die medewerking ten volle zou zijn verleend. (K 450*c*)

Art. 415d

Recht op geneeskundige behandeling

– 1. De schepeling, bedoeld in artikel 415*b*, heeft ter zake van een ongeval als bedoeld in dat artikel van de dag van het ongeval af recht op geneeskundige behandeling of vergoeding daarvoor, indien hij verblijft in of heeft kunnen terugkeren naar het land, waar hij thuisbehoort, doch uiterlijk tot de dag, gelegen drie jaren na afloop van de termijn van 52 weken, bedoeld in artikel 415*a*, eerste lid en onverminderd het bepaalde in de laatste volzin van het derde lid van artikel 415*c*. Onder geneeskundige behandeling is begrepen het verstrekken van kunstmiddelen, voor zover deze zijn geschiktheid tot werken kunnen bevorderen of tot verbetering van zijn levensomstandigheden kunnen bijdragen, alsmede het onderricht in het gebruik van die kunstmiddelen.

Nadere regelgeving

– 2. Bij algemene maatregel van bestuur kunnen regelen worden gesteld met betrekking tot het bepaalde in dit artikel. (K 450*c*)

Art. 415e

Nagelaten betrekkingen recht op uitkering

– 1. Onverminderd het bepaalde in artikel 674 van Boek 7 van het Burgerlijk Wetboek hebben de nagelaten betrekkingen, bedoeld in artikel 415*b*, eerste lid, recht op een uitkering ineens, welke bedraagt:

1° voor de vrouw, met wie de overledene ten tijde van het ongeval gehuwd was of een geregistreerd partnerschap was aangegaan: driemaal de uitkering over een jaar, berekend naar 30% van het loon van de overledene;

2° voor de man, met wie de overledene ten tijde van het ongeval gehuwd was of een geregistreerd partnerschap was aangegaan, indien deze zijn kostwinster was: driemaal de uitkering over een jaar, berekend naar 30% van het loon van de overledene;

3. voor elk kind beneden de leeftijd van zestien jaar dat tot de overleden vader of moeder in familierechtelijke betrekking stond: driemaal de uitkering over een jaar, berekend naar 15% en, indien dit kind ouderloos is, berekend naar 20% van het loon van de overledene;

4. voor elk stiefkind beneden de leeftijd van zestien jaar van de overledene: driemaal de uitkering over een jaar, berekend naar 15% en, indien dit kind ouderloos is, berekend naar 20% van het loon van de overledene;

5° voor degene, voor wie de overledene ten tijde van het ongeval kostwinner was, niet vallende onder 1°, 2°, 3° of 4°: driemaal hetgeen hij in de regel over een jaar tot diens levensonderhoud bijdroeg, doch niet meer dan driemaal de uitkering over een jaar, berekend naar 30% van het loon van de overledene, met dien verstande, dat, indien de betrokkene jonger is dan zestien jaar, niet meer wordt uitgekeerd dan hij als kind dat in familierechtelijke betrekking tot de overledene stond zou hebben ontvangen.

Hoogte uitkering

– 2. De in het vorige lid bedoelde uitkeringen zullen tezamen niet meer bedragen dan driemaal de uitkering over een jaar, berekend naar 60% van het loon van de overledene. De personen, bedoeld in het vorige lid, onder 5°, hebben alleen recht op een uitkering, indien de personen, bedoeld onder 1°, 2°, 3° en 4°, van dat lid allen hun volle uitkering hebben ontvangen. Indien de personen, bedoeld in het vorige lid, onder 1°, 2°, 3° en 4°, tezamen een uitkering zouden ontvangen van meer dan driemaal de uitkering over een jaar, berekend naar 60% van het loon van de overledene, ondergaat elk van deze uitkeringen een evenredige vermindering.

ANW van toepassing

– 3. Voor de toepassing van dit artikel en van artikel 415*b* is het bepaalde bij of krachtens artikel 8 van de Algemene nabestaandenwet van overeenkomstige toepassing. (K 450*c*)

Art. 415f

Voorkomen van samenloop

Bij algemene maatregel van bestuur kunnen regelen worden gesteld ter voorkoming of beperking van samenloop van uitkeringen of voorzieningen, bedoeld in de artikelen 415*a* - 415*e*, met uitkeringen of voorzieningen uit anderen hoofde. (K 450*c*)

Art. 415g

Bepaling loon

Onder loon van de schepeling wordt voor de toepassing van de artikelen 415*c* en 415*e* verstaan het naar tijdruimte in geld vastgestelde loon, dat hij genoot toen het ongeval als bedoeld in artikel 415*b* plaatsvond, verhoogd met de bij algemene maatregel van bestuur vast te stellen geldswaarde van andere loonbestanddelen. Hetgeen het naar tijdruimte in geld vastgestelde loon meer bedraagt dan een bij algemene maatregel van bestuur te bepalen bedrag, wordt daarbij niet in aanmerking genomen. (K 413, 450*c*)

Art. 415h

Vereniging van zeewerkgevers en schepelingen

– 1. Indien een daartoe door Ons erkende vereniging met volledige rechtsbevoegdheid is opgericht, is de zeewerkgever, die een of meer schepelingen in dienst heeft, die, niet zijn verzekerd ingevolge de Ziektewet en op wie niet enige daarmee overeenkomende wettelijke regeling van een lidstaat van de Europese Unie van toepassing is, ter waarborging van zijn tegenover die schepelingen en hun nagelaten betrekkingen uit de artikelen 415*a* - 415*g* voortvloeiende verplichtingen van rechtswege aangesloten bij die vereniging.

Aansprakelijkheid

– 2. In het geval, bedoeld in het vorige lid, zijn de zeewerkgever en de vereniging hoofdelijk verbonden tegenover die schepelingen en hun nagelaten betrekkingen.

Erkenning vereniging

– 3. Op haar verzoek kan een vereniging worden erkend als vereniging, bedoeld in het eerste lid, indien zij voldoet aan de volgende vereisten:

1° dat zij opgericht is door een of meer naar Ons oordeel representatieve organisaties van zeewerkgevers en een of meer naar Ons oordeel representatieve organisaties van schepelingen, al dan niet tezamen met een of meer zeewerkgevers;

2° dat zij niet beoogt winst te maken.
– 4. Voor de in het vorige lid bedoelde erkenning komt niet meer dan één vereniging in aanmerking.
– 5. De statuten van de in het eerste lid bedoelde vereniging moeten zodanige bepalingen inhouden, dat:

Statuten vereniging

1° het bestuur voor de helft wordt samengesteld uit vertegenwoordigers van de zeewerkgevers en voor de helft uit vertegenwoordigers van de schepelingen;
2° de gezamenlijke vertegenwoordigers van de zeewerkgevers ter vergadering evenveel stemmen uitbrengen als de gezamenlijke vertegenwoordigers van de schepelingen;
3° de kosten van de uit de artikelen 415*a*-415*h* voortvloeiende verplichtingen met betrekking tot de in het eerste lid bedoelde schepelingen en hun nagelaten betrekkingen, alsmede de kosten verbonden aan de vorming en instandhouding van een reserve, per jaar worden omgeslagen over de zeewerkgevers naar rato van het loon, dat door hen in dat jaar aan die schepelingen is uitbetaald, waarbij onder loon wordt verstaan loon in de zin van hoofdstuk 3 van de Wet financiering sociale verzekeringen. (Coörd.wet Sociale Verzekering 4 e.v.; Ziektewet 19, 20, 29, 35, 46; K 309 lid 2, 450*c*)

Art. 415i

Artikelen van toepassing op vorderingen

– 1. Artikel 93, aanhef en onder *c*, van het Wetboek van Burgerlijke Rechtsvordering is van toepassing op alle vorderingen krachtens de artikelen 415*a* - 415*h* door of tegen de in het eerste lid van artikel 415*h* bedoelde schepelingen of hun nagelaten betrekkingen ingesteld tegen onderscheidenlijk door de in dat lid bedoelde vereniging.

Nietig beding en arbitrage

– 2. Elk beding strijdig met enige bepaling van dit of het vorige artikel is nietig, behoudens dat partijen kunnen overeenkomen om een geschil omtrent een vordering als bedoeld in het vorige lid aan de uitspraak van scheidslieden te onderwerpen. (Rv 1020 e.v.)

Art. 416

Kosten bij overlijden in buitenland

– 1. Indien de schepeling, in dienst van de zeewerkgever, overlijdt buiten het land waar hij thuis behoort, komen voor rekening van de zeewerkgever:
1° indien de lijkbezorging plaats vindt buiten het land waar hij thuis behoort, de daartoe gemaakte kosten;
2° indien de lijkbezorging plaats vindt in het land waar hij thuis behoort, de gemaakte kosten van en in verband met het vervoer van het stoffelijk overschot naar de woonplaats in dat land, alsmede de gemaakte kosten van en in verband met de daartoe noodzakelijke opgraving van het stoffelijk overschot, zulks met inachtneming van bij algemene maatregel van bestuur te bepalen maximum bedragen.
– 2. De in het vorige lid onder 2° bedoelde kosten komen niet voor rekening van de zeewerkgever, indien het vervoer van het stoffelijk overschot niet binnen redelijke korte tijd na het overlijden plaats vindt. (K 309 lid 2, 346, 390, 450*c*; BW 7:674)

Art. 417

Plicht tot opvolgen bevel

– 1. Gedurende den tijd, dat de schepeling in dienst is aan boord van een schip, is hij verplicht de bevelen van den kapitein met stiptheid op te volgen.

Onrechtmatig bevel

– 2. Indien hij meent, dat deze bevelen onrechtmatig zijn, kan hij in de eerste haven, die het schip aandoet, de tusschenkomst inroepen van de inspecteur-generaal van de Inspectie Verkeer en Waterstaat of in het Koninkrijk buiten Europa van het bevoegde gezag of buiten het Koninkrijk, indien dit redelijkerwijze zonder oponthoud van het schip kan geschieden, van den Nederlandschen diplomatieken of bezoldigden consulairen ambtenaar, die het eerst te bereiken is. (K 450*c*, 452*i*; BW 7: 660; Sr 400)

Art. 418

Arbeidsregeling

De kapitein is verplicht den arbeid van den schepeling te regelen in overeenstemming met de daaromtrent bij de wet en, binnen de grenzen der wet, bij de arbeidsovereenkomst gestelde bepalingen. (K 450*c*)

Art. 419

Beloning bij overwerk

– 1. De schepeling is verplicht het hem door den kapitein opgedragen werk te verrichten, doch heeft recht op een bijslag op het loon voor den tijd, gedurende welken hij langer dan den door de wet of de arbeidsovereenkomst bepaalden normalen arbeidsduur werk verricht, tenzij de kapitein het werk noodzakelijk acht tot behoud van het schip, de opvarenden of de zaken aan boord. Het bedrag van dien bijslag wordt bepaald door de arbeidsovereenkomst of, bij haar stilzwijgen, door het gebruik of de billijkheid.

Register voor overwerk

– 2. De kapitein doet van ieder geval van overwerk aanteekening houden in een daartoe bestemd register. Elke aanteekening wordt door den daarbij betrokken schepeling mede-onderteekend.

Verval recht op beloning

– 3. Het recht, betaling van den bijslag te vorderen, vervalt door verloop van één maand na het eindigen van den dienst aan boord in eene Nederlandsche haven en van zes maanden na het eindigen van den dienst aan boord in het buitenland.

Uitgesloten schepelingen

– 4. Op den scheepsofficier, tevens hoofd van dienst, den geneeskundige en den marconist zijn de bepalingen van dit artikel niet van toepassing. (K 424, 446, 450*c*; BW 7: 611)

Art. 420

Beloning bij extra werk

Indien aan den schepeling andere werkzaamheden worden opgedragen dan hij heeft te verrichten overeenkomstig de hoedanigheid, waarin hij volgens de arbeidsovereenkomst aan boord dienst doet, en deze werkzaamheden volgens overeenkomst of gebruik hooger worden beloond, heeft hij aanspraak op daarmede overeenkomend hooger loon. (K 450*c*)

Art. 421

Toestemming voor verlaten schip

– 1. Zonder toestemming van den kapitein mag de schepeling het schip niet verlaten.

Weigeren toestemming

– 2. Weigert de kapitein toestemming, dan is hij verplicht de reden voor zijne weigering in het dagboek te vermelden en aan den schepeling, op diens verlangen, deze weigering binnen twaalf uur schriftelijk te bevestigen. (K 345, 348, 450*c*, 452*j*)

Art. 422

Disciplinaire maatregelen

De kapitein heeft disciplinair gezag over den schepeling. Hij kan tot handhaving van dit gezag de redelijkerwijze noodige maatregelen nemen. (K 341, 450*c*)

Art. 423

Oplegging boete

– 1. De kapitein kan den schepeling in geval van verwijdering van boord zonder zijne toestemming, van niet tijdig terugkeeren aan boord, van dienstweigering, van gebrekkige dienstvervulling, van onbehoorlijk optreden tegen een lid der bemanning of een der andere opvarenden en van ordeverstoring, eene boete opleggen ten bedrage van het naar tijdruimte in geld vastgestelde loon over ten hoogste tien dagen; echter mag de boete nooit meer bedragen dan een derde van dat loon voor den geheelen duur der reis. In een tijdsverloop van tien dagen mag geen hooger bedrag aan gezamenlijke boeten worden opgelegd dan de genoemde hoogste bedragen.

Voorwaardelijk

– 2. De oplegging der boete kan voorwaardelijk geschieden.

Bij einde dienstbetrekking geen straf

– 3. Indien de kapitein wegens eenig feit de arbeidsovereenkomst doet eindigen, overeenkomstig het bepaalde in artikel 677, lid 1, van Boek 7 van het Burgerlijk Wetboek, kan hij te dier zake niet tevens disciplinaire straf opleggen.

Bestemming boete

– 4. De bestemming der boeten moet in de arbeidsovereenkomst worden aangegeven. De boete mag noch de zeewerkgever noch de kapitein ten goede komen. (K 309 lid 2, 378, 413, 429, 450*c*, 452*k*; BW 7: 650)

Art. 424

Verhoor betrokkene; proces-verbaal van verhoor

– 1. Alvorens boete op te leggen is de kapitein verplicht den betrokkene en de getuigen te hooren in het bijzijn, zoo mogelijk, van ten minste twee schepelingen van gelijken of hoogeren rang, overeenkomstig de monsterrol daartoe aangewezen. Het proces-verbaal van dit verhoor moet door allen, die daarbij tegenwoordig zijn geweest, worden onderteekend. Van weigering om te onderteekenen wordt daarin melding gemaakt.

Tijdstip opleggen boete

– 2. Boete kan niet vroeger worden opgelegd dan twaalf uren en niet later dan eene week, nadat het feit heeft plaats gehad, tenzij bijzondere omstandigheden afwijking noodzakelijk maken.

Inschrijven boete in register

– 3. Elke boete moet onverwijld worden ingeschreven in een daartoe bestemd register, met vermelding van het feit, dat tot de oplegging aanleiding heeft gegeven en van den dag waarop het heeft plaats gehad, alsmede van den dag waarop de boete is opgelegd. Iedere inschrijving moet worden onderteekend door den kapitein en de in het eerste lid genoemde schepelingen.

– 4. Eene boete, niet ingeschreven in het register, wordt geacht ten onrechte te zijn opgelegd.

Beroepsmogelijkheid

– 5. De schepeling kan van de oplegging van boete in beroep komen bij de rechtbank van het arrondissement waarin de zetel van het scheepsbedrijf is gelegen. Het derde lid van artikel 419 vindt overeenkomstige toepassing. Het beroep wordt behandeld en beslist door de kantonrechter. (K 450*c*, 450*d*, 452*k*)

Art. 425

Onderhoud echtgenote en kinderen

– 1. Gedurende den tijd, dat de schepeling in dienst van de zeewerkgever aan boord van een schip of in het buitenland verblijft, heeft zijne niet van tafel en bed gescheiden echtgenoote recht op uitbetaling, op den voet als in de volgende leden bepaald, van ten hoogste het twee derde gedeelte van het in geld vastgestelde loon, tot onderhoud van haar en hare kinderen, die niet in staat zijn in hun onderhoud te voorzien.

Uitbetaling gedeelte loon

– 2. De uitbetaling door de zeewerkgever geschiedt aan de echtgenoote tegen overlegging van eene met het oog op de laatste monstering afgegeven verklaring van haren man of beschikking van de kantonrechter van de rechtbank van het arrondissement waarin haar woonplaats is gelegen en wel voor het gedeelte van het aan den schepeling verschuldigde loon, in die verklaring of die beschikking genoemd. Wanneer eene onmiddellijke voorziening wordt vereischt, zal de kantonrechter aanstonds bepalen het gedeelte van het loon van den schepeling, op welks uitbetaling de echtgenoote voorloopig recht heeft tot onderhoud van haar en de kinderen in het eerste lid bedoeld. Deze beschikking behoudt tegenover de zeewerkgever hare kracht gedu-

rende eene maand na den dag harer dagteekening, voor zooveel hem niet voor den afloop van dien termijn de eindbeschikking van den kantonrechter is overgelegd.
– 3. Het gedeelte van het loon, op welks uitbetaling de echtgenoote recht heeft, wordt haar uitgekeerd op de tijdstippen voor de uitbetaling bepaald door de arbeidsovereenkomst of, bij stilzwijgen van deze, door het gebruik of de billijkheid, met dien verstande, dat, indien het loon naar tijdruimte is vastgesteld, de hierbedoelde uitbetaling uiterlijk telkens na eene maand geschiedt. (K 309 lid 2, 390, 413, 427, 450*c*, 452*f*, 452*l*; BW 7: 633)

Art. 426

Loon uitbetaald aan schepelingen

– 1. De uitbetaling van het in geld vastgestelde deel van het in dienst aan boord van een schip verdiende loon moet geschieden in de munt, waarin het bij de arbeidsovereenkomst is uitgedrukt, of in de munt, gangbaar ter plaatse van de uitbetaling. De koers waartegen in het laatste geval de herleiding geschiedt, moet den schepeling schriftelijk worden medegedeeld.

Uiten van bezwaar

– 2. Onverminderd het bepaalde in artikel 445, kan de schepeling, indien hij meent, dat de hem medegedeelde koers niet juist is, zich na afloop van de reis deswege wenden tot de voorzitter van de Kamer van Koophandel en Fabrieken te Rotterdam. (K 390, 450*c*; BW 7: 620)

Art. 427

Recht op betaling loon

– 1. Behoudens het bepaalde in artikel 425 heeft de schepeling recht op uitbetaling van het in dienst aan boord van een schip verdiend loon: 1°. indien het naar tijdruimte is vastgesteld, in iedere haven, welke het schip gedurende de reis aandoet, mits zeven dagen zijn verloopen sedert de laatste uitbetaling, 2°. indien het niet naar tijdruimte is vastgesteld, op de tijdstippen voor de uitbetaling bepaald door de arbeidsovereenkomst of, bij haar stilzwijgen, door het gebruik of de billijkheid.
– 2. Zoolang de reis niet is geëindigd, is de zeewerkgever niet verplicht in het geheel meer dan 5/6 deel van het loon uit te betalen.
– 3. De uitbetaling van het in het eerste lid onder 1°. bedoelde loon geschiedt uiterlijk op den dag volgende op dien van de aankomst, de in artikel 354 bedoelde dagen niet medegerekend, doch in ieder geval voor het vertrek uit de haven. (K 309 lid 2, 450*c*, 452*m*; BW 7: 623)

Art. 428

Afstaan loon verdiend aan boord

De schepeling kan zijn recht op het in geld vastgestelde deel van zijn in dienst aan boord van een schip verdiend loon, voor zoover dit te zijner beschikking is, alleen afstaan, in pand geven daaronder begrepen, ten behoeve van zijne echtgenoote voor ten hoogste één derde, van zijne kinderen, de verzorgers zijner kinderen en zijne ouders voor ten hoogste de helft, en van andere bloedverwanten tot den vierden graad en van aanverwanten tot denzelfden graad voor ten hoogste één derde; alles met dien verstande, dat het bedrag van hetgeen hij afstaat, gevoegd bij het ingevolge artikel 425 aan de echtgenoote uit te betalen bedrag, twee derde gedeelte van het geheele in geld vastgestelde loon niet mag overtreffen. (K 390, 450*c*, 452*f*; BW 7: 633)

Art. 429

Verrekening boeten en schadevergoeding

– 1. De boeten en de schadeloosstelling bedoeld in de artikelen 423 en 438 zijn bevoorrecht op het in geld vastgestelde deel van het loon van den schepeling, hetwelk tot het bedrag daarvan kan worden ingehouden.
– 2. Boete en schadeloosstelling komen in de eerste plaats ten laste van het deel van het loon, dat aan den schepeling persoonlijk moet worden uitbetaald.
– 3. Op het gedeelte van het loon, ten aanzien waarvan volgens artikel 632 van Boek 7 van het Burgerlijk Wetboek verrekening door de zeewerkgever voor het einde van de arbeidsovereenkomst is toegelaten, wordt hetgeen aan boeten, als hier bedoeld, is ingehouden in mindering gebracht. (K 309 lid 2, 387; BW 6: 127 e.v.)

Art. 430

Vervallen.

Art. 431

Einde arbeidsovereenkomst voor bepaalde tijd

De arbeidsovereenkomst, voor bepaalde tijd aangegaan of voortgezet, eindigt in de eerste haven, welke het schip aandoet nadat die tijd is verstreken en, voorzoveel nodig, opzegging heeft plaats gevonden. (K 390, 399, 400 sub 8°, 432; BW 7: 667)

Art. 432

Einde arbeidsovereenkomst aangegaan bij reis

– 1. De arbeidsovereenkomst, aangegaan bij de reis, eindigt als de reis of de reizen, waarvoor zij is aangegaan, is of zijn afgeloopen.
– 2. Evenwel kan de schepeling, na verloop van anderhalf jaar, de arbeidsovereenkomst door opzegging doen eindigen in iedere haven, welke het schip daarna aandoet. Bij de opzegging moet hij den termijn in acht nemen, welke redelijkerwijze noodig is voor zijne vervanging in die haven. (K 390, 400, 440, 450*c*; BW 7: 667)

Art. 433

Einde arbeidsovereenkomst bij terugkomst in Ned. haven

– 1. Indien is overeengekomen, dat de arbeidsovereenkomst zal eindigen bij terugkomst van het schip in eene met name genoemde Nederlandsche haven, is de zeewerkgever bevoegd haar te doen eindigen in eene haven, van waaruit de genoemde Nederlandsche haven, anders dan met een luchtvaartuig, binnen vier en twintig uur kan worden bereikt.

– 2. Is de Nederlandsche haven, waarop het schip zal terugkomen, niet met name genoemd, dan is de zeewerkgever bevoegd de arbeidsovereenkomst te doen eindigen in eene haven in het buitenland van waaruit Amsterdam of Rotterdam op de in het eerste lid bedoelde wijze kan worden bereikt.

– 3. Behalve de reiskosten heeft de zeewerkgever den schepeling voor de dagen nà de beëindiging van de arbeidsovereenkomst tot den dag, volgende op dien, waarop deze ter plaatse had kunnen aankomen, loon te betalen op den voet van het in de arbeidsovereenkomst naar tijdruimte in geld vastgesteld deel van het loon, alsmede de kosten van onderhoud en zoo noodig van nachtverblijf. (K 309 lid 2, 390, 400, 413, 450*c*)

Art. 434

Opzegging arbeidsovereenkomst aangegaan voor onbepaalde tijd

– 1. De arbeidsovereenkomst, aangegaan voor onbepaalden tijd, kan ieder der partijen gedurende den tijd, dat de schepeling in dienst is aan boord van een schip, door opzegging, met inachtneming van den daarvoor gestelden termijn, doen eindigen in iedere haven, waar het schip laadt of lost. Tenzij een langere termijn van opzegging is overeengekomen of uit de wet voortvloeit, bedraagt deze vier en twintig uren. De opzegging geschiedt schriftelijk.

– 2. De opzeggingstermijn mag voor de zeewerkgever niet korter worden gesteld dan voor den schepeling.

– 3. Dit artikel is mede van toepassing als de zeewerkgever overlijdt gedurende den tijd, dat de schepeling in dienst is aan boord van een schip, en hetzij de erfgenamen van de zeewerkgever hetzij de schepeling gebruik willen maken van de bevoegdheid hun gegeven in artikel 675 van Boek 7 van het Burgerlijk Wetboek. (K 309 lid 2, 390, 400, 450*c*; BW 7: 669)

Art. 435

Einde arbeidsovereenkomst tijdens reis

Gedurende eene reis van het schip, waarop de schepeling in dienst is, kan een der partijen de arbeidsovereenkomst overeenkomstig het bepaalde in artikel 677, eerste lid, van Boek 7 van het Burgerlijk Wetboek alleen doen eindigen tegen het tijdstip, op hetwelk het schip zich in eene haven bevindt. (K 390)

Art. 436

Dringende redenen voor zeewerkgever

Behalve in de gevallen, genoemd in artikel 678, lid 2, van Boek 7 van het Burgerlijk Wetboek, zullen voor de zeewerkgever dringende redenen onder andere aanwezig geacht kunnen worden:

1° wanneer de schepeling den kapitein of een opvarende van het schip mishandelt, grovelijk beleedigt of op ernstige wijze bedreigt of hem verleidt of tracht te verleiden tot handelingen strijdig met de wetten of de goede zeden;

2° wanneer, na den aanvang der arbeidsovereenkomst, de schepeling zich niet op den door de zeewerkgever aangegeven tijd doet monsteren of, na de monstering, aan boord van het schip aanmeldt;

3° wanneer den schepeling hetzij tijdelijk, hetzij voor goed de bevoegdheid wordt ontnomen, op een schip dienst te doen in de hoedanigheid, waarin hij zich heeft verbonden dienst te doen;

4° wanneer de schepeling, buiten weten van de zeewerkgever of den kapitein, smokkelwaren aan boord heeft gebracht of daar onder zijne berusting heeft. (K 309 lid 2, 382)

Art. 437

Dringende redenen voor schepeling

Behalve in de gevallen, genoemd in artikel 679, lid 2, van Boek 7 van het Burgerlijk Wetboek, zullen voor den schepeling dringende redenen onder andere aanwezig geacht kunnen worden:

1° wanneer de zeewerkgever hem orders geeft, welke in strijd zijn met de arbeidsovereenkomst of met verplichtingen, welke de wet den schepeling oplegt;

2° wanneer de zeewerkgever het schip bestemt naar eene haven van een land, dat in een zeeoorlog is gewikkeld, of naar eene haven welke is geblokkeerd, tenzij de arbeidsovereenkomst dit uitdrukkelijk voorziet en is gesloten nà het uitbreken van den oorlog of nà het afkondigen van de blokkade;

3° wanneer in het geval van artikel 367 de zeewerkgever orders geeft te vertrekken naar eene vijandelijke haven;

4° wanneer de zeewerkgever het schip gebruikt of laat gebruiken voor slavenhandel, zeeroof, strafbare kaapvaart of het vervoer van goederen waarvan de invoer verboden is in het land van bestemming;

5° wanneer de zeewerkgever het schip bestemt voor vervoer van contrabande, tenzij de arbeidsovereenkomst dit uitdrukkelijk voorziet en is gesloten nà het uitbreken van den oorlog;

6° wanneer voor hem aan boord gevaar voor mishandeling van de zijde van den kapitein of van een opvarende dreigt;

7° wanneer het logies aan boord in een toestand verkeert, welke schadelijk is voor de gezondheid der bemanning;

8° wanneer hem de voeding, waarop hij recht heeft, niet of niet in deugdelijken toestand

wordt verstrekt, of wanneer de zeewerkgever handelt in strijd met het bepaalde bij het tweede lid van artikel 407;
9° wanneer het schip het recht verliest de Nederlandsche vlag te voeren;
10° wanneer de arbeidsovereenkomst is aangegaan voor een of meer bepaalde reizen en de zeewerkgever het schip andere reizen laat maken. (K 309 lid 2, 384, 390, 443)

Art. 438

Schadevergoeding bij einde arbeidsovereenkomst

– 1. Indien de arbeidsovereenkomst wordt beëindigd gedurende eene reis van het schip, is de schadeloosstelling, bedoeld in artikel 680, lid 1, van Boek 7 van het Burgerlijk Wetboek, bij eene arbeidsovereenkomst voor een bepaalden tijd aangegaan, gelijk aan het bedrag van het voor den dienst aan boord van een schip in geld vastgestelde loon voor den tijd, dat de arbeidsovereenkomst volgens de overeenkomst of de wet had behooren voort te duren, doch niet langer dan drie maanden. Hetzelfde geldt wanneer de arbeidsovereenkomst bij de reis is aangegaan.
– 2. Bij eene arbeidsovereenkomst, voor een onbepaalden tijd aangegaan, is de schadeloosstelling ten minste gelijk aan het bedrag van het voor den dienst aan boord van een schip in geld vastgestelde loon voor één maand. (K 387, 390, 413, 429, 450*c*, 452*f*)

Art. 439

Verzoek kantonrechter tot ontbinding

– 1. Ieder der partijen is te allen tijde, ook vóórdat de arbeidsovereenkomst is aangevangen, bevoegd zich wegens gewichtige redenen te wenden tot de kantonrechter van de rechtbank van het arrondissement waarin de plaats van haar werkelijk verblijf gelegen is, of het schip zich bevindt, of in het Koninkrijk buiten Europa tot het bevoegde gezag of buiten het Koninkrijk tot den het eerst te bereiken Nederlandschen diplomatieken of bezoldigden consulairen ambtenaar, met het verzoek de arbeidsovereenkomst ontbonden te verklaren. (Consulaire wet 9, 11*a*)

Gewichtige reden

– 2. Als gewichtige redenen worden, behalve die genoemd in artikel 685, lid 2, van Boek 7 van het Burgerlijk Wetboek, ook beschouwd omstandigheden, na den aanvang van den dienst aan boord aan den verzoeker gebleken of na dien opgekomen, waardoor de voortzetting van de reis, waarop het schip zich bevindt, hem aan onvoorzien, groot levensgevaar zou blootstellen.

Mogelijkheid hogere betrekking

– 3. Indien het den schepeling mogelijk is eene hoogere betrekking te verkrijgen, is hij steeds bevoegd het in het eerste lid bedoelde verzoek te doen, mits hij zorgt voor zijne vervanging zonder nieuwe kosten voor de zeewerkgever en te diens genoegen. (K 309 lid 2, 383, 450*c*, 450*d*, 452*n*)

Art. 440

Niet doorgaan reis door overmacht

– 1. Indien de arbeidsovereenkomst is aangegaan bij de reis en tengevolge van een maatregel van hooger hand of van andere overmacht de reis niet wordt aangevangen of, nadat zij is aangevangen, wordt gestaakt, neemt de arbeidsovereenkomst een einde. De schepeling heeft in het laatstbedoelde geval recht op het naar tijdruimte in geld vastgestelde loon, totdat hij in Nederland kan zijn teruggekomen of totdat hij eerder werk heeft gevonden. In geval van geschil wordt het bedrag van het loon vastgesteld door de kantonrechter van de rechtbank van het arrondissement waarin de zetel van het scheepsbedrijf is gelegen.

Vergaan schip

– 2. Indien de schepeling zich heeft verbonden uitsluitend aan boord van een bepaald schip dienst te doen en dit schip vergaat, geldt het in het eerste lid bepaalde ook al is de arbeidsovereenkomst niet bij de reis aangegaan. (K 390, 413, 432, 450, 450*c*)

Art. 441

Reisverlenging

Voor zoover het in geld uitgedrukte deel van het loon is vastgesteld bij de reis, heeft de schepeling recht op eene evenredige verhooging van het loon, wanneer de reis door toedoen van de zeewerkgever, door molest of door verblijf in eene noodhaven of eene andere soortgelijke reden in het belang van het schip en de zaken aan boord daarvan wordt verlengd. (K 309 lid 2, 390, 450*e*)

Art. 442

Niet doorgaan/staking reis

Indien de arbeidsovereenkomst is aangegaan bij de reis en de reis door toedoen van de zeewerkgever niet wordt aangevangen of, nadat zij is aangevangen, wordt gestaakt, neemt de arbeidsovereenkomst een einde. De schepeling heeft alsdan het recht op de schadeloosstelling, bepaald in artikel 680 van Boek 7 van het Burgerlijk Wetboek in verband met artikel 438, eerste lid. (K 309 lid 2, 390, 450*c*)

Art. 443

Vrij vervoer schepeling

– 1. Eindigt de arbeidsovereenkomst in het buitenland, dan heeft de schepeling recht op vrij vervoer, indien hij Nederlander is, tot een haven in Nederland, indien hij niet Nederlander is, ter keuze van de zeewerkgever, tot de plaats waar de dienst aan boord van het schip is begonnen of tot een haven van het land waar hij thuis behoort, mits de schepeling zijn verlangen daartoe te kennen geeft uiterlijk op de dag volgende op die, waarop de arbeidsovereenkomst eindigt, de in artikel 354 bedoelde dagen niet medegerekend, doch in ieder geval voor het vertrek van het schip. Echter heeft de schepeling dit recht niet, indien hij wegens de wijze, waarop de arbeids-

overeenkomst is beëindigd, schadeplichtig is geworden. Indien de arbeidsovereenkomst is ontbonden op verzoek van de schepeling op grond van gewichtige redenen, heeft hij dit recht slechts, indien de zeewerkgever schadeplichtig is geworden.
– 2. Onder het vrij vervoer zijn begrepen de kosten van onderhoud en nachtverblijf van het eindigen der arbeidsovereenkomst tot de aankomst van den schepeling in de plaats zijner bestemming. (K 309 lid 2, 384, 450*c*; BW 7: 677, 685)

Aantekening in monsterrol van einde dienst

Art. 444

Iedere beëindiging van den dienst aan boord van het schip wordt door den kapitein aangeteekend op de monsterrol. (K 451*e*, 452*u*)

Schriftelijke afrekening bij einde dienst

Art. 445

– 1. De zeewerkgever is verplicht bij het einde van den dienst aan boord aan den schepeling eene schriftelijke afrekening ter hand te stellen. Indien geschil ontstaat over de afrekening, kan de meest gerede partij zich wenden tot de kantonrechter van de rechtbank van het arrondissement waar het schip is aangekomen of waar de zetel van het scheepsbedrijf is gelegen, met het verzoek de afrekening te onderzoeken en vast te stellen.
– 2. Eindigt de dienst buiten Nederland, dan kan ieder der partijen, ter verkrijging van eene voorloopige beslissing, zich wenden, in het Koninkrijk buiten Europa, tot het bevoegde gezag, en buiten het Koninkrijk, tot den Nederlandschen diplomatieken of bezoldigden consulairen ambtenaar, die het eerst te bereiken is. (K 309 lid 2, 450*c*, 450*d*; Consul. wet 9)

Opmaken scheepsverklaring

Art. 446

Na het eindigen der reis is de schepeling, wiens arbeidsovereenkomst is afgeloopen, niettemin gedurende drie werkdagen gehouden op verlangen van den kapitein mede te werken tot het opmaken van eene scheepsverklaring. (K 353, 355, 419, 452*v*, 783)

Verplichting zeewerkgever bij onwettig ophouden

Art. 447

De zeewerkgever verbeurt voor iederen dag, dat hij een officier of een scheepsgezel, gedurende of bij het einde van den dienst aan boord van een schip, zonder wettige reden, ophoudt in het verkrijgen van het in geld vastgestelde deel van zijn loon, ten behoeve van den officier € 1,36 en ten behoeve van den scheepsgezel € 0,68. (K 309 lid 2, 389, 450*c*; BW 7: 625)

Berging schip en zaken aan boord

Art. 448

– 1. De schepelingen zijn verplicht aan het behoud van het schip en de zaken aan boord mede te werken. Zij hebben recht op buitengewone belooning voor de dagen, gedurende welke zij werkzaam zijn geweest.
– 2. In geval van geschil wordt de belooning vastgesteld door de kantonrechter van de rechtbank van het arrondissement waarin de werkzaamheden tot behoud hebben plaats gehad. In het Koninkrijk buiten Europa geschiedt de vaststelling door het bevoegde gezag en buiten het Koninkrijk door den Nederlandschen diplomatieken of bezoldigden consulairen ambtenaar, die het eerst te bereiken is. (K 450*c*, 450*d*)

Bewijzen van sleepdienst en recht op sleeploon

Art. 449

– 1. Indien een schip, dat tot het verrichten van sleepdienst niet is bestemd, aan een ander in open zee aangetroffen schip sleepdienst bewijst onder omstandigheden welke niet aanspraak geven op hulploon, hebben niettemin de schepelingen recht op een aandeel in het sleeploon. De zeewerkgever is verplicht iederen schepeling vóór de uitbetaling desverlangd het bedrag van het sleeploon en de verdeeling daarvan schriftelijk mede te deelen.
– 2. Het aandeel van de schepelingen in het sleeploon wordt, in geval van geschil, door de kantonrechter van de rechtbank van het arrondissement waar het schip is aangekomen of waar de zetel van het scheepsbedrijf is gelegen, naar billijkheid vastgesteld. (K 309 lid 2, 450*c*, 450*d*)

Schadevergoeding bij schipbreuk

Art. 450

– 1. In geval van verlies van het schip door schipbreuk, is de zeewerkgever verplicht aan den schepeling, zoolang hij dientengevolge werkloos is, doch ten hoogste gedurende twee maanden, eene schadeloosstelling te betalen tot een bedrag gelijk aan het bij de arbeidsovereenkomst in geld vastgestelde deel van het loon. Is het loon geheel of voor een deel niet naar tijdruimte vastgesteld, dan is een bedrag verschuldigd gelijk aan het loon, dat volgens het gebruik wegens eene reis als die waarop het schip is verloren gegaan, bij vaststelling van het geheele loon naar tijdruimte, wordt betaald. In geval van geschil beslist de kantonrechter van de rechtbank van het arrondissement waarin de zetel van het scheepsbedrijf is gelegen. (K 309 lid 2, 450*c*, 450*d*, 452*f*, 452*o*, 462, 633; BW 7: 628)
– 2. Voor zoover de schepeling krachtens het bepaalde in artikel 440 recht heeft op loon, komt dit loon in mindering van de hierbedoelde schadeloosstelling.

Bevoorrechte vordering

– 3. De vordering tot schadeloosstelling is bevoorrecht op alle de roerende en onroerende goederen van den zeewerkgever; het voorrecht staat in rang gelijk met dat bedoeld in artikel 288 onder *e* van Boek 3 van het Burgerlijk Wetboek.

Grove schuld bij schipbreuk

– 4. De zeewerkgever, die vermeent, dat een of meer van de schepelingen ten aanzien van de schipbreuk grove schuld treft, kan zich wenden tot den kantonrechter met verzoek zijne in het eerste lid bedoelde verplichting tegenover bepaalde schepelingen op te schorten, totdat de Raad voor de scheepvaart omtrent de oorzaak van de ramp uitspraak heeft gedaan. De kantonrechter kan naar aanleiding van de uitspraak van den Raad voor de scheepvaart den zeewerkgever voor goed van zijne verplichting ontheffen.

Art. 450a

Kwijting bij plicht tot vrij vervoer; baan verschaffen

– 1. De zeewerkgever, die verplicht is tot vrij vervoer van den schepeling naar eene haven, heeft het recht zich van die verplichting te kwijten, door hem, mits hij tot werken in staat is, aan boord van een naar die haven bestemd schip eene betrekking te verschaffen, overeenkomstig die, welke hij in dienst van den zeewerkgever bekleedde.

– 2. Een Nederlandsch schepeling kan verlangen, dat de betrekking hem aan boord van een Nederlandsch schip wordt verschaft.

Beslissing geschillen

– 3. Geschillen over de uitvoering dezer bepaling beslist in het Koninkrijk buiten Europa het bevoegde gezag en buiten het Koninkrijk de Nederlandsche diplomatieke of bezoldigde consulaire ambtenaar. (K 309 lid 2, 390, 450*c*; Cons.w. 9)

Art. 450aa

Uitkering bij verlies uitrusting en overlijden

– 1. Bij verlies van de gehele uitrusting van de schepeling door een ramp aan het schip overkomen, heeft de schepeling, die niet bij die gebeurtenis het leven verliest, aanspraak op een uitkering ineens en heeft, indien de schepeling bij die gebeurtenis het leven verliest, de overlevende echtgenoot of geregistreerde partner of hebben, bij ontstentenis van deze, de gezamenlijke kinderen of, bij ontstentenis van dezen, de ouders recht op een uitkering ineens. Onder verlies van de gehele uitrusting wordt verstaan, dat niets is gered dan hetgeen de schepeling op of bij zich draagt.

Bepaling bedrag

– 2. Bij algemene maatregel van bestuur wordt voor de verschillende groepen van schepelingen het bedrag van de in het vorige lid bedoelde uitkering bepaald.

Gedeeltelijk verlies

– 3. Bij verlies van een gedeelte van de uitrusting van de schepeling door een ramp aan het schip overkomen, bestaat een gelijke aanspraak als bedoeld in het eerste lid, met dien verstande, dat het bedrag van de uitkering wordt gesteld op de geldswaarde van het verloren gegane deel van de uitrusting tot ten hoogste het krachtens het tweede lid bepaalde bedrag. (K 390, 450*c*)

Art. 450b

Niet toepasselijke wetsbepalingen

De artikelen 613 tot en met 613*c*, 617, 620, 623, 624, 625, 627, artikel 629, lid 10 en artikel 629*b*, leden 1, 2, 4 en 3 voor zover het betreft de toepassing van artikel 628, leden 3 en 4, 650, 652, 657, 658, 676, 683 en 684 van Boek 7 van het Burgerlijk Wetboek vinden geen toepassing ten aanzien van de dienst van de schepeling aan boord van een schip. (K 391)

Art. 450c

Dwingend recht

– 1. Bij overeenkomst kunnen partijen niet afwijken van het bepaalde in de artikelen 398-401, 407, 408, 413, 416-419, 421-426, 428, 439, eerste en tweede lid, 445, 448 en 449, noch ook ten nadeele van den schepeling van het bepaalde in de artikelen 402, 414, 415 - 415*h*, 420, 427, 432-434, 438, 439, laatste lid, 440-443, 447, 450, 450*a* en 450*aa*.

– 2. Zij mogen in de arbeidsovereenkomst geen bepalingen opnemen, welke afwijken van de wettelijke regels betreffende de bevoegdheid des rechters kennis te nemen van geschillen betrekkelijk deze overeenkomst, onverminderd de mogelijkheid zich te verbinden om geschillen aan de uitspraak van scheidslieden te onderwerpen. (K 390)

Art. 450d

Verhoor en oproeping alvorens beschikking kantonrechter

– 1. Eene beschikking ingevolge de artikelen 415, derde lid, 424, laatste lid, 439, 445, 448, 449 en 450 geeft de kantonrechter niet dan na verhoor of behoorlijke oproeping van partijen. De oproeping geschiedt door den griffier op de wijze, bij algemeenen maatregel van bestuur te bepalen. Bij de oproeping van de wederpartij wordt een afschrift van het verzoekschrift gevoegd.

Vorm beschikking

– 2. In de gevallen van de artikelen 415, derde lid, 424, laatste lid, 445, 448, 449 en 450 kan de beschikking worden gegeven in den vorm bij artikel 430 van het Wetboek van Burgerlijke Rechtsvordering bepaald. (K 383)

§ 3. Van de monsterrol en het monsterboekje

Art. 450e

Vervallen.

Art. 451

Monsterrol

– 1. Alvorens te vertrekken, is de kapitein verplicht tot het opmaken van de monsterrol. De monsterrol is een staat, houdende de namen van de kapitein en van de schepelingen en de hoedanigheid waarin iedere schepeling aan boord dienst doet. De monsterrol vermeldt bovendien de naam van het schip, de met het schip te maken zeereis of zeereizen, de naam van de zeewerkgever, en wie van de schepelingen de rang van officier zullen hebben. Nadat de monsterrol voor de eerste maal is opgemaakt, wordt zij vervolgens ten minste eenmaal per twaalf maanden opnieuw opgemaakt. Na een tussentijdse wijziging van de gegevens, bedoeld in de tweede en derde volzin, wordt de monsterrol binnen 24 uur bijgesteld.

Ondertekening bevoegden

– 2. De monsterrol wordt, na te zijn opgemaakt of bijgesteld, ondertekend door of namens de zeewerkgever, door de kapitein en door de desbetreffende schepelingen. De kapitein dient de monsterrol aan boord te houden.

– 3. Nietig zijn bepalingen in de monsterrol, welke afwijken van de met een schepeling gesloten arbeidsovereenkomst of welke deze aanvullen. (K 452*w*; Sr 469)

Art. 451a

Overlegging aan bevoegde ambtenaar

– 1. Bij het opmaken van de monsterrol is de zeewerkgever verplicht de met de schepelingen gesloten arbeidsovereenkomsten aan de kapitein over te leggen.

Verklaring bevoegde ambtenaar

– 2. Deze vergewist zich ervan dat de inhoud van de arbeidsovereenkomsten door de schepelingen is begrepen en dat de overeenkomsten door partijen zijn ondertekend. Hij neemt daaromtrent een verklaring in de monsterrol op.

Afschrift ovk als bijlage monsterrol

– 3. Door de kapitein gewaarmerkte afschriften van de arbeidsovereenkomsten welke daartoe door de zeewerkgever ter beschikking van de kapitein worden gesteld, worden als bijlagen gevoegd bij het exemplaar van de monsterrol dat aan boord blijft. Iedere schepeling moet aan boord in de gelegenheid worden gesteld van de hem betreffende arbeidsovereenkomst inzage te nemen.

– 4. Het in het eerste en het derde lid bepaalde geldt mede voor de collectieve arbeidsovereenkomsten op de grondslag waarvan een of meer arbeidsovereenkomsten met de in de monsterrol genoemde schepelingen zijn gesloten.

Art. 451b-451c

Vervallen.

Art. 451d

Kosten geneeskundig onderzoek

De zeewerkgever draagt de kosten van het geneeskundig onderzoek volgens een bij of krachtens de in artikel 451*i* bedoelde algemene maatregel van bestuur vast te stellen tarief.

Art. 451e

Monsterboekje

– 1. Na de monstering blijft het monsterboekje in handen van de kapitein; deze geeft het de schepeling terug bij het einde van de dienst aan boord van het schip.

– 2. De kapitein vermeldt in het boekje den datum waarop en de plaats waar de dienst aan boord van het schip is geëindigd.

– 3. Indien de kapitein het monsterboekje niet kan teruggeven aan de schepeling, doet hij het toekomen aan de zeewerkgever die het, onder vermelding van de reden waarom het niet aan de schepeling is teruggegeven, zendt aan het de inspecteur-generaal van de Inspectie Verkeer en Waterstaat.

– 4. De Raad voor de scheepvaart kan, op verzoek van de zeewerkgever, de inspecteur-generaal van de Inspectie Verkeer en Waterstaat gehoord, het monsterboekje gedurende de tijd van ten hoogste een jaar inhouden, ingeval de schepeling de arbeidsovereenkomst heeft doen eindigen en deswege schadeplichtig is geworden. De schepeling wordt vooraf opgeroepen om te worden gehoord; hij kan ook verschijnen bij een bijzonder gemachtigde of vergezeld van een raadsman.

– 5. De bevoegdheid van de zeewerkgever tot het doen van het verzoek vervalt door verloop van één maand na het eindigen van de arbeidsovereenkomst in eene Nederlandsche haven en van zes maanden na het eindigen dier overeenkomst in het buitenland. (Sr 475; BW 7: 677)

Art. 451f-451j

Vervallen.

§ 4. Van de schepelingen ter visscherij

Art. 452

Arbeids-ovk met zeewerkgever

– 1. Zeevisserij is de vaart ter bedrijfsmatige uitoefening der visserij buitengaats. (K 452*a* e.v., 452*q* e.v.; BW 8: 2 lid 3)

Schepeling ter zeevisserij

– 2. Schepeling ter zeevisserij is de persoon die een schriftelijke arbeidsovereenkomst met de zeewerkgever of een schriftelijke maatschapsovereenkomst heeft aangegaan in het kader van de zeevisserij, uitgezonderd de kapitein. (K 309 lid 2)

Niet toepasselijkheid bij schepelingen ter kustvisserij

– 3. De bepalingen van de tweede en de derde paragraaf van dezen titel vinden geen toepassing ten aanzien van de schepelingen ter kustvisscherij. De arbeidsovereenkomsten van deze schepelingen worden uitsluitend geregeld door de bepalingen van het Burgerlijk Wetboek. (BW 7: 610 e.v.)

§ 5. Van de schepelingen ter zeevisserij die een arbeidsovereenkomst met de zeewerkgever hebben gesloten

Art. 452a

Arbeids-ovk met reder

Ten aanzien van de schepelingen ter zeevisserij die een arbeidsovereenkomst met de zeewerkgever hebben gesloten vinden de bepalingen van dezen titel toepassing, voorzoover daarvan in de volgende artikelen niet is afgeweken. (K 309 lid 2)

Art. 452b

Vakantie

Op de arbeidsovereenkomst tusschen zeewerkgever en een schepeling ter zeevisscherij blijft het bepaalde bij artikel 400 onder 7° buiten toepassing. (K 309 lid 2)

Art. 452c

Reglement verbindend

Op de in het vorige artikel bedoelde overeenkomst is artikel 402 van toepassing, behoudens dat het dagverblijf kan worden vervangen door het volkslogies.

Art. 452d

Verzorging van voeding

Het bij artikel 407 omtrent de voeding bepaalde geldt ten aanzien van schepelingen ter zeevisscherij alleen, wanneer de zeewerkgever de zorg voor de voeding bij de arbeidsovereenkomst uitdrukkelijk op zich heeft genomen. (K 309 lid 2)

Art. 452e

Geen onderzoek voeding/ruimte

De artikelen 409 en 410 gelden niet ten aanzien van schepelingen ter zeevisscherij.

Art. 452f

Loonbedrag in arbeids-ovk

– 1. Artikel 413 geldt ten aanzien van schepelingen ter zeevisscherij met deze aanvulling, dat het in geld vastgesteld loon voorzoover het afhankelijk is van de opbrengst der vangst in de arbeidsovereenkomst moet worden begroot op zijn vermoedelijk bedrag naar tijdruimte; bij de toepassing van de artikelen 425, 428, 438 en 450 wordt dergelijk loon berekend naar deze begrooting.

– 2. De schepeling heeft geen aanspraak tegen de zeewerkgever op grond dat krachtens artikel 425 of 428 ingevolge de begrooting aan een derde meer is uitbetaald dan strookt met het loon, dat ten slotte aan den schepeling verschuldigd blijkt te zijn. (K 309 lid 2, 390, 452h)

Art. 452g

Aanspraak vakantie

Artikel 414 geldt niet ten aanzien van schepelingen ter zeevisscherij.

Art. 452h

Vaststelling loon

Voor de toepassing van de artikelen 415, 415*a* en 415*g* geldt als loon van de schepelingen ter zeevisserij het voor hen bij algemene maatregel van bestuur vastgestelde bedrag, indien het werkelijke loon afhankelijk is van de vangst of de opbrengst daarvan. (K 390 lid 2, 452*f*)

Art. 452i

Plicht opvolgen bevel

Artikel 417 geldt ten aanzien van schepelingen ter zeevisscherij, behoudens dat deze alleen in de eerste Nederlandsche haven, welke het schip aandoet, de tusschenkomst van den kantonrechter kunnen inroepen.

Art. 452j

Artikel 421 geldt ten aanzien van schepelingen ter zeevisscherij, behoudens, dat de kapitein kan volstaan met vermelding van de reden van weigering van een gevraagd verlof in het dagboek.

Art. 452k

Geen oplegging boete

De artikelen 423 en 424 gelden niet ten aanzien van schepelingen ter zeevisscherij.

Art. 452l

Onderhoud echtgenote en kinderen

Artikel 425 geldt ten aanzien van schepelingen ter zeevisscherij, behoudens dat de uitbetaling aan de echtgenoote steeds wekelijks moet geschieden. (K 390)

Art. 452m

Uitbetaling loon

Artikel 427 geldt niet ten aanzien van schepelingen ter zeevisscherij.

Art. 452n

Ontbinding ovk bij gewichtige redenen

Artikel 439 vindt toepassing op de arbeidsovereenkomsten tusschen zeewerkgever en schepelingen ter zeevisscherij, behoudens dat ieder der partijen zich uitsluitend kan wenden tot den daar bedoelden kantonrechter. (K 309 lid 2)

Art. 452o

Schadevergoeding bij schipbreuk

– 1. Artikel 450 geldt voor den zeewerkgever en de schepelingen ter zeevisscherij, behoudens dat de schadeloosstelling is beperkt tot twee derde van het bij de overeenkomst in geld vastgestelde deel van het loon.

– 2. Ten aanzien van schepen, welke uitsluitend de seizoenvisscherij uitoefenen, bepalen Wij telken jare op welken dag het seizoen geacht wordt te eindigen. De zeewerkgever van zoodanig schip is in geen geval verplicht de uitbetaling langer te doen dan tot het einde van het seizoen. (K 309 lid 2)

Art. 452p

Niet toepasselijke wetsbepalingen

De artikelen 613 tot en met 613*c*, 617, 620, 624, 625, 627, artikel 629, lid 10 en artikel 629*b*, leden 1, 2, 4 en 3 voor zover het betreft de toepassing van artikel 628, leden 3 en 4, 652, 658, 676, 683 en 684 van Boek 7 van het Burgerlijk Wetboek vinden geen toepassing ten aanzien van de dienst aan boord van de schepeling ter zeevisserij.

§ 6. Van de kapitein en de schepelingen ter zeevisserij die een maatschapsovereenkomst hebben gesloten

Art. 452q

Eisen maatschaps-ovk

– 1. De maatschapsovereenkomst moet, op straffe van nietigheid, schriftelijk worden aangegaan. In de maatschapsovereenkomst wordt bepaald, wie van de maten de kapitein zal zijn. (K 398)

– 2. Artikel 400, onder 1°-4°, onder 5°, met dien verstande dat in plaats van 'waarin de schepeling in dienst zal treden' wordt gelezen: waarin de maat op het schip werkzaam zal zijn en onder 6°, zomede artikel 401, eerste lid, zijn van overeenkomstige toepassing.

– 3. De overeenkomst moet een regeling bevatten omtrent de wijze waarop ieders aandeel in de opbrengst van de maatschap (besomming) zal worden bepaald.

– 4. Tevens moet de maatschapsovereenkomst behelzen de wijze van haar beëindiging, namelijk:

a. indien de overeenkomst voor onbepaalde tijd wordt aangegaan, de inhoud van artikel 434, eerste lid, met dien verstande dat daarin in plaats van 'arbeidsovereenkomst' gelezen wordt: maatschapsverhouding;

b. indien de overeenkomst voor bepaalde tijd wordt aangegaan, de dag waarop de overeenkomst eindigt met vermelding van de inhoud van artikel 431 met dien verstande dat in plaats van 'arbeidsovereenkomst' wordt gelezen: maatschapsverhouding.

c. indien de overeenkomst bij de reis wordt aangegaan, de haven overeengekomen voor de beëindiging van de maatschapsverhouding met vermelding van de inhoud van artikel 432, tweede lid, met dien verstande dat daarin in plaats van 'arbeidsovereenkomst' gelezen wordt: maatschapsverhouding en, indien de haven een Nederlandse haven is, met vermelding van de inhoud van het eerste of tweede lid van artikel 433, naar gelang de haven al of niet met name is genoemd, met dien verstande dat in dat artikel in plaats van 'arbeidsovereenkomst' gelezen wordt: maatschapsverhouding en in plaats van 'zeewerkgever' elke vennoot.

Nietig beding

– 5. Nietig is een beding waarbij een maat wordt beperkt in zijn vrijheid, na het einde van de maatschapsovereenkomst, arbeid te verrichten. (K 309 lid 2, 400, 452*w*; BW 7A: 1655 e.v.)

Art. 452r

Vertegenwoordiging maatschap

– 1. Vanaf het ogenblik dat de kapitein het schip buitengaats brengt tot aan het ogenblik dat het schip in Nederland weer binnengaats wordt gebracht, is de kapitein bevoegd om als vertegenwoordiger van een maatschap op te treden.

– 2. Ten aanzien van de maatschapskapitein zijn de artikelen 364 en 375 tot en met 392 niet van toepassing. (K 341 e.v.)

Art. 452s

Schepelingendienst mag uitsluitend worden verricht door hen die in de monsterrol zijn genoemd. (K 406, 451, 452*u*)

Art. 452t

Verrichting schepelingendienst

Van overeenkomstige toepassing zijn de artikelen 405, 407, eerste-zesde lid, voorzover het de verblijven, de kombuis en andere ruimten voor de voeding betreft, met dien verstande dat in artikel 407, eerste lid, voor 'zeewerkgever' wordt gelezen: eigenaar, de artikelen 411, 412 en 416, met dien verstande dat in het laatstgenoemde artikel voor 'in dienst van de zeewerkgever' moet worden gelezen: deel uitmakend van de maatschap, en voor 'zeewerkgever': maatschap. (K 452*w*)

Art. 452u

De artikelen 444, 451, 451*a*, 451*d* en 451*e* zijn van overeenkomstige toepassing met dien verstande dat in de artikelen 451, 451*a* en 451*e* in plaats van 'zeewerkgever' wordt gelezen: eigenaar, of ingeval van rompbevrachting: rompbevrachter, en in artikel 451*d*, tweede lid: maatschap, dat in plaats van 'arbeidsovereenkomst' wordt gelezen: maatschapsovereenkomst en dat in plaats van 'loon' wordt gelezen: aandeel in de besomming.

Art. 452v

Toepasselijke bepalingen

Na het eindigen van een reis is de schepeling gedurende drie werkdagen gehouden op verlangen van de kapitein mede te werken tot het opmaken van een scheepsverklaring. (K 353, 355, 446, 783; Sr 389*bis*)

Art. 452w

Opmaken scheepsverklaring

Bij overeenkomst kunnen partijen niet afwijken van het bepaalde in artikel 452*q* en de in artikel 452*t* genoemde artikelen 407, eerste-zesde lid, 411, 412 en 416. (K 450*c*)

VIJFDE TITEL
Van vervrachting en bevrachting van schepen

§ 1. Algemeene bepalingen

Art. 453-459a

Vervallen.

§ 2. Tijd-bevrachting

Art. 460-465

Vervallen.

VIJFDE TITEL A
Van het vervoer van goederen

§ 1. Algemeene bepalingen

Art. 466-517d

Vervallen.

§ 2. Vaste lijnen

Art. 517e-517ij

Vervallen.

§ 3. Tijd-bevrachting

Art. 517z-518g

Vervallen.

§ 4. Reis-bevrachting

Art. 518h-520f

Vervallen.

§ 5. Vervoer van stukgoederen

Art. 520g-520t

Vervallen.

VIJFDE TITEL B
Van het vervoer van personen

§ 1. Algemeene bepalingen

Art. 521-533c

Vervallen.

§ 2. Vaste lijnen

Art. 533d-533mbis

Vervallen.

§ 3. Tijd-bevrachting

Art. 533n-533p

Vervallen.

§ 4. Reis-bevrachting

Art. 533q-533u

Vervallen.

§ 5. Vervoer van enkele personen

Art. 533v-533z

Vervallen.

ZESDE TITEL
Van aanvaring

Art. 534-544a

Vervallen.

ZEVENDE TITEL
Van hulp en berging

Art. 545-576

Vervallen.

ACHTSTE TITEL
Van bodemerij

Art. 577-591

Vervallen.

NEGENDE TITEL

Art. 592-685a

Vervallen.

TIENDE TITEL

Art. 686-695

Vervallen.

ELFDE TITEL

Art. 696-740j

Vervallen.

TWAALFDE TITEL

Art. 741-747

Vervallen.

DERTIENDE TITEL
Van de binnenvaart

EERSTE AFDELING
Binnenschepen en voorwerpen aan boord daarvan

§ 1. Rechten op binnenschepen

Art. 748-765n

Vervallen.

§ 2. Voorrechten op binnenschepen

Art. 766-774

Vervallen.

§ 3. Voorrechten op voorwerpen aan boord van binnenschepen

Art. 775-779

Vervallen.

TWEEDE AFDEELING
Van den eigenaar en den gebruiker van een binnenschip

Art. 780-781

Vervallen.

DERDE AFDEELING
Van den schipper en de schepelingen

Art. 782

Zorgplicht schipper

– 1. De schipper is verplicht de gebruikelijke regels en de bestaande voorschriften ter verzekering van de deugdelijkheid en de veiligheid van het schip voor de vaart op binnenwateren, van de veiligheid der opvarenden en der zaken aan boord met nauwgezetheid op te volgen. (K 343 lid 1)

Voldoende bemanning

– 2. Hij onderneemt de reis niet, tenzij het schip tot het volvoeren daarvan geschikt, naar behooren uitgerust en voldoende bemand is. (K 343 lid 2)

Art. 783

Opmaken scheepsverklaring

– 1. De schipper kan na aankomst in eene haven door een notaris eene scheepsverklaring doen opmaken omtrent de voorvallen der reis. Buiten Nederland wendt hij zich tot den Nederlandschen consulairen ambtenaar of, bij ontstentenis van zoodanigen ambtenaar, tot het bevoegde gezag.

– 2. De notaris en de consulaire ambtenaar zijn verplicht van scheepsverklaringen tegen betaling van kosten afschrift uit te reiken aan ieder, die het verlangt. (K 353 e.v.; Sr 389*bis*)

Afschrift

Art. 784

Vervallen.

Art. 785

Plicht tot hulpverlening

– 1. De schipper is verplicht aan personen, die in gevaar verkeeren, en in het bijzonder, als zijn schip bij eene aanvaring betrokken is geweest, aan de andere daarbij betrokken schepen en de personen, die zich aan boord dier schepen bevinden, de hulp te verleenen, waartoe hij bij machte is zonder zijn eigen schip en de opvarenden daarvan aan ernstig gevaar bloot te stellen.

Informatieplicht

– 2. Hij is bovendien verplicht, voor zooverre hem dit mogelijk is, aan de andere bij de aanvaring betrokken schepen op te geven den naam van zijn schip, van de plaats, waar het thuis behoort, van de plaats, vanwaar het komt en waarheen het bestemd is, alsmede inzage te verstrekken van het bewijs van inschrijving in het register.

– 3. Niet-nakoming van deze verplichtingen door den schipper geeft geen aanspraak jegens hem, die uit welken hoofde dan ook verantwoordelijk is voor het optreden van de schipper. (K 358*a* lid 3; Sr 414, 450, 474)

Art. 786-787

Vervallen.

VIERDE AFDEELING

Van vervrachting en bevrachting van binnenschepen in het algemeen

Art. 788-808

Vervallen.

VIJFDE AFDEELING

Van het vervoer van goederen

Art. 809-854

Vervallen.

§ 2. Beurtvaart

Art. 855-873

Vervallen.

§ 3. Reisbevrachting

Art. 874-906

Vervallen.

§ 4. Bevrachting voor liggen en/of varen

Art. 907-918

Vervallen.

ZESDE AFDEELING

Van het vervoer van personen

Art. 919-924

Vervallen.

ZEVENDE AFDEELING

Van het sleepen van binnenschepen

Art. 925-935

Vervallen.

ACHTSTE AFDEELING

Van aanvaring

Art. 936-949

Vervallen.

NEGENDE AFDEELING

Van hulp en berging

Art. 950

Vervallen.

TIENDE AFDEELING

Van avarijen

Art. 951-957

Vervallen.

Algemene slotbepaling

Art. 958

Toepasselijkheid termijnenwet

De Algemene termijnenwet is niet van toepassing op de termijnen, gesteld in de hierna genoemde onderdelen van dit wetboek:

van het eerste boek:

Artikel 82 tweede lid, Titel IV derde en vierde afdeling en de Titels VI en VII;

van het tweede boek:

de Titels III, IV en Titel IX derde afdeling.

Zij is echter wel van toepassing op de termijnen, gesteld in de artikelen 419 en 451*e*.

Wet van 22 maart 2007, Stb. 153, houdende regels omtrent een basisregister van ondernemingen en rechtspersonen, laatstelijk gewijzigd 29 december 2008, Stb. 600

[Inwerkingtreding: nog niet bekend]

Wij Beatrix, bij de gratie Gods, Koningin der Nederlanden, Prinses van Oranje-Nassau, enz. enz. enz.
Allen, die deze zullen zien of horen lezen, saluut! doen te weten:
Alzo Wij in overweging genomen hebben, dat het ter bevordering van een goede vervulling van publiekrechtelijke taken wenselijk is om het handelsregister uit te breiden en om te vormen tot een basisregister van ondernemingen en rechtspersonen;
Zo is het, dat Wij, de Raad van State gehoord, en met gemeen overleg der Staten-Generaal, hebben goedgevonden en verstaan, gelijk Wij goedvinden en verstaan bij deze:

HOOFDSTUK 1
Begripsbepalingen

Art. 1

Begripsbepaling

In deze wet en de daarop rustende bepalingen wordt verstaan onder:
a. Onze Minister: Onze Minister van Economische Zaken;
b. onderneming: een onderneming als bedoeld in artikel 5;
c. rechtspersoon: een rechtspersoon als bedoeld in artikel 6;
d. publiekrechtelijke rechtspersoon: een publiekrechtelijke rechtspersoon als bedoeld in artikel 1 van Boek 2 van het Burgerlijk Wetboek;
e. kerkgenootschap: een kerkgenootschap als bedoeld in artikel 2 van Boek 2 van het Burgerlijk Wetboek;
f. basisregister: een verzameling gegevens waarvan bij wet is bepaald dat deze authentieke gegevens bevat;
g. authentiek gegeven: een in een basisregister opgenomen gegeven dat bij of krachtens wet als authentiek wordt aangemerkt;
h. handelsregister: het register, bedoeld in artikel 2;
i. kamer: een kamer van koophandel en fabrieken als bedoeld in artikel 2 van de Wet op de kamers van koophandel en fabrieken 1997;
j. vestiging: een gebouw of complex van gebouwen waar duurzame uitoefening van de activiteiten van een onderneming of rechtspersoon plaatsvindt;
k. hoofdvestiging: een door een onderneming of een rechtspersoon als zodanig aangemerkte vestiging;
l. nevenvestiging: een vestiging niet zijnde de hoofdvestiging;
m. hoofdnederzetting: een in Nederland gelegen nevenvestiging van een buiten Nederland gevestigde onderneming of rechtspersoon of, indien er meer nevenvestigingen zijn, de door een onderneming of rechtspersoon als hoofdnederzetting aangemerkte nevenvestiging;
n. verordening 2137/85: verordening (EEG) nr. 2137/85 van de Raad van de Europese Gemeenschappen van 25 juli 1985 tot instelling van Europese economische samenwerkingsverbanden (EESV) (*PbEG* L 199);
o. verordening 2157/2001: verordening (EG) nr. 2157/2001 van de Raad van de Europese Unie van 8 oktober 2001 betreffende het statuut van de Europese vennootschap (SE) (*PbEG* L 294).

HOOFDSTUK 2
Het handelsregister

§ 2.1. Instellen handelsregister

Art. 2

Doel handelsregister

Er is een handelsregister van ondernemingen en rechtspersonen:
a. ter bevordering van de rechtszekerheid in het economisch verkeer;
b. voor de verstrekking van gegevens van algemene, feitelijke aard omtrent de samenstelling van ondernemingen en rechtspersonen ter bevordering van de economische belangen van handel, industrie, ambacht en dienstverlening;
c. voor het registreren van alle ondernemingen en rechtspersonen als onderdeel van de gegevenshuishouding die bijdraagt aan het efficiënt functioneren van de overheid.

Art. 3

Houden handelsregister

– 1. Het handelsregister wordt gehouden door de kamers.
– 2. Ten aanzien van verwerkingen ten behoeve van het handelsregister zijn de kamers ver-

antwoordelijke in de zin van artikel 1, onderdeel *d*, van de Wet bescherming persoonsgegevens.

– 3. De kamers kunnen met machtiging van Onze Minister werkzaamheden laten verrichten door een bewerker die voldoet aan eisen omtrent de deugdelijke uitvoering van zijn werkzaamheden, de beveiliging van de gegevensbestanden en de bescherming van de persoonlijke levenssfeer.

– 4. De kamers werken samen ter bevordering van de uniforme uitvoering van deze wet.

Art. 4

Nadere regelgeving

– 1. Onze Minister stelt bij ministeriële regeling een systeembeschrijving vast. De systeembeschrijving geeft de inrichting en werking van het handelsregister aan.

– 2. De kamers dragen in onderling overleg zorg voor een goede beschikbaarheid, werking en beveiliging van het handelsregister.

– 3. Onze Minister kan bij ministeriële regeling regels stellen ter bevordering van de uniforme toepassing van deze wet door de kamers.

– 4. De regeling kan onder meer inhouden dat voor daarbij aangegeven onderwerpen de kamers in onderling overleg op een daarbij te bepalen wijze zorgdragen voor een uniforme toepassing van de wet.

§ 2.2. Inhoud handelsregister

Art. 5

Inschrijving ondernemingen

In het handelsregister worden de volgende ondernemingen ingeschreven:

a. een onderneming die in Nederland is gevestigd en die toebehoort aan een naamloze vennootschap, een besloten vennootschap met beperkte aansprakelijkheid, een vennootschap onder firma, een commanditaire vennootschap, een maatschap, een rederij, een coöperatie, een onderlinge waarborgmaatschappij, een vereniging, een stichting, een kerkgenootschap of een publiekrechtelijke rechtspersoon;

b. een onderneming die in Nederland gevestigd is en die toebehoort aan een natuurlijke persoon;

c. een onderneming die toebehoort aan een Europese naamloze vennootschap, een Europese coöperatieve vennootschap, een Europese commanditaire vennootschap of een Europees economisch samenwerkingverband die volgens haar statuten haar zetel in Nederland heeft;

d. een onderneming die toebehoort aan een buitenlandse rechtspersoon die een hoofd- of een nevenvestiging in Nederland heeft;

e. een onderneming die in Nederland is gevestigd en die toebehoort aan een ander dan genoemd in onderdeel *a* tot en met *d*.

Art. 6

Inschrijving rechtspersonen

– 1. In het handelsregister worden de volgende rechtspersonen die volgens hun statuten hun zetel in Nederland hebben ingeschreven:

a. een naamloze vennootschap, een besloten vennootschap met beperkte aansprakelijkheid, een Europese naamloze vennootschap, een Europees economisch samenwerkingsverband, een Europese commanditaire vennootschap, een Europese coöperatieve vennootschap, een coöperatie en een onderlinge waarborgmaatschappij;

b. een vereniging met volledige rechtsbevoegdheid, een vereniging van eigenaars, een stichting en overige privaatrechtelijke rechtspersonen;

c. een publiekrechtelijke rechtspersoon, met dien verstande dat in plaats van de Staat de ministeries, bedoeld in artikel 1, eerste lid, onderdeel *a*, van de Comptabiliteitswet 2001 en de dienstonderdelen van een ministerie die op basis van artikel 10 van de Comptabiliteitswet 2001 de begroting en de verantwoording inrichten op basis van een stelsel van baten en lasten worden ingeschreven.

– 2. Een vereniging zonder volledige rechtsbevoegdheid kan worden ingeschreven.

– 3. Bij algemene maatregel van bestuur wordt bepaald op welke wijze de organisatie waarvan een of meer kerkgenootschappen deel uitmaken, wordt ingeschreven in het handelsregister en tevens kan worden bepaald of en in hoeverre zelfstandige onderdelen of lichamen waarin zij zijn verenigd moeten worden ingeschreven in het handelsregister.

– 4. De voordracht voor een krachtens het derde lid vast te stellen algemene maatregel van bestuur wordt niet eerder gedaan dan vier weken nadat het ontwerp aan beide kamers der Staten-Generaal is overgelegd.

Art. 7

Inschrijving rechtspersoon met onderneming

Indien aan een rechtspersoon als bedoeld in artikel 6 een onderneming toebehoort die als zodanig overeenkomstig artikel 5 moet worden ingeschreven, geldt de inschrijving van de onderneming tevens als inschrijving van de rechtspersoon.

Art. 8

Nadere regelgeving

Bij algemene maatregel van bestuur:

a. kunnen andere rechtspersonen worden aangewezen die worden ingeschreven in het handelsregister indien dit noodzakelijk is voor het toereikend functioneren van het handelsregister;
b. kan nader worden bepaald wanneer sprake is van een onderneming.

Art. 9

Gegevens over onderneming

In het handelsregister worden over een onderneming opgenomen:
a. een door een kamer toegekend uniek nummer;
b. de handelsnaam of de handelsnamen;
c. de datum van aanvang, voortzetting of beëindiging;
d. degene aan wie de onderneming toebehoort;
e. de vestigingen.

Art. 10

Gegevens over eigenaar onderneming

– 1. In het handelsregister worden over degene aan wie een onderneming toebehoort, indien deze een rechtspersoon is, de in artikel 12 genoemde gegevens opgenomen.
– 2. In het handelsregister worden over degene aan wie een onderneming toebehoort, indien deze een natuurlijke persoon is, opgenomen:
a. het burgerservicenummer, bedoeld in artikel 1, onderdeel *b*, van de Wet algemene bepalingen burgerservicenummer, het geslacht, de geboorteplaats en het geboorteland;
b. de naam;
c. het adres;
d. de geboortedatum;
e. de datum van overlijden.
– 3. In het handelsregister worden over degene aan wie een onderneming toebehoort, die geen rechtspersoon en geen natuurlijke persoon is, opgenomen:
a. een door een kamer toegekend uniek nummer;
b. de naam;
c. de datum van aanvang, voortzetting of beëindiging;
d. de rechtsvorm;
e. de leden, maten of vennoten, met uitzondering van de commanditaire vennoten, en:
1° indien deze natuurlijke personen zijn,
– het burgerservicenummer, bedoeld in artikel 1, onderdeel *b*, van de Wet algemene bepalingen burgerservicenummer, het geslacht, de geboorteplaats en het geboorteland,
– de naam,
– het adres,
– de geboortedatum,
– de datum van overlijden;
2° indien deze geen natuurlijke personen zijn,
– een door een kamer toegekend uniek nummer;
– de naam;
– de rechtsvorm en de statutaire zetel,
– de datum van aanvang of beëindiging.

Art. 11

Gegevens over vestiging onderneming

– 1. In het handelsregister worden over een vestiging van een onderneming opgenomen:
a. nog niet in werking getreden;
b. de handelsnaam of handelsnamen;
c. het post- en bezoekadres;
d. de datum van ingebruikname en beëindiging.
– 2. Indien een onderneming meerdere vestigingen heeft, wordt in het handelsregister opgenomen welke vestiging de hoofdvestiging of de hoofdnederzetting is.

Art. 12

Gegevens over rechtspersoon

In het handelsregister worden over een rechtspersoon opgenomen:
a. nog niet in werking getreden;
b. de naam;
c. de rechtsvorm en de statutaire zetel;
d. de datum van aanvang of beëindiging.

Art. 13

Gegevens over activiteit rechtspersoon zonder onderneming

In het handelsregister worden over een activiteit van een rechtspersoon waaraan geen onderneming toebehoort opgenomen:
a. een door een kamer toegekend uniek nummer voor de activiteiten van de rechtspersoon, tenzij er sprake is van een publiekrechtelijke rechtspersoon;
b. de datum van aanvang, voortzetting of beëindiging;
c. de vestigingen.

Art. 14

Gegevens over vestiging rechtspersoon zonder onderneming

– 1. In het handelsregister worden over een vestiging van een rechtspersoon waaraan geen onderneming toebehoort opgenomen:
a. nog niet in werking getreden;
b. de naam;
c. het post- en bezoekadres;
d. de datum van ingebruikname of beëindiging.
– 2. Indien een rechtspersoon meerdere vestigingen heeft, wordt in het handelsregister opgenomen welke vestiging de hoofdvestiging of de hoofdnederzetting is.

Art. 15

Authentieke gegevens

De in artikel 9 tot en met 14 genoemde gegevens zijn authentieke gegevens.

Art. 16

Noodzakelijke gegevens

– 1. In het handelsregister worden gegevens opgenomen die noodzakelijk zijn voor een goede vastlegging en verstrekking van de in artikel 9 tot en met 14 bedoelde gegevens en gegevens omtrent de herkomst van die gegevens.
– 2. In het handelsregister wordt indien een authentiek gegeven in onderzoek is, een aantekening opgenomen dat het gegeven in onderzoek is.

Art. 16a

Volmacht

– 1. In het handelsregister wordt de door een publiekrechtelijke rechtspersoon verleende volmacht tot het verrichten van privaatrechtelijke rechtshandelingen opgenomen.
– 2. Artikel 25 is niet van toepassing op de in het eerste lid bedoelde gegevens.

Art. 17

Nadere regelgeving

– 1. Bij algemene maatregel van bestuur kan worden bepaald:
a. dat andere gegevens dan de in artikel 9 tot en met 14 genoemde gegevens in het handelsregister worden opgenomen of dat bescheiden bij het handelsregister worden gedeponeerd voor zover dit van belang is voor de in artikel 2, onderdeel *a* en *b*, genoemde doelen en er geen gewichtige redenen zijn die zich daartegen verzetten;
b. dat in het handelsregister opgenomen gegevens worden overgenomen uit een ander basisregister;
c. dat voor de in artikel 6, eerste lid, onderdeel *c*, en artikel 6, derde lid bedoelde rechtspersonen bepaalde in artikel 12, 13 en 14 bedoelde gegevens niet behoeven te worden ingeschreven.
– 2. De voordracht voor een krachtens het eerste lid vast te stellen algemene maatregel van bestuur wordt niet eerder gedaan dan vier weken nadat het ontwerp aan beide kamers der Staten-Generaal is overgelegd.

HOOFDSTUK 3
De inschrijving in het handelsregister

Art. 18

Inschrijvingsplicht

– 1. Tot het doen van opgave ter inschrijving in het handelsregister is verplicht degene aan wie een onderneming toebehoort, of, indien het de inschrijving betreft van een rechtspersoon als bedoeld in artikel 6, eerste lid, onderdeel *a* en *b*, het tweede lid en derde lid, ieder der bestuurders van de rechtspersoon.
– 2. Indien het eerste lid niet van toepassing is, is tot het doen van opgave ter inschrijving in het handelsregister verplicht degene die belast is met de dagelijkse leiding van een onderneming of rechtspersoon.
– 3. Indien geen van de in het eerste lid bedoelde personen in Nederland is gevestigd, is tot het doen van de opgave tevens verplicht degene die in Nederland belast is met de dagelijkse leiding van een onderneming of rechtspersoon.
– 4. Indien een onderneming of rechtspersoon buiten Nederland is gevestigd, is tot het doen van de opgave tevens verplicht degene die belast is met de dagelijkse leiding van de hoofdnederzetting of, indien die er niet is, de door de onderneming of rechtspersoon aangewezen gevolmachtigde handelsagent.
– 5. Tot het doen van opgave ter inschrijving in het handelsregister is een publiekrechtelijke rechtspersoon verplicht.
– 6. De opgave, bedoeld in het eerste tot en met het vijfde lid, kan bij iedere kamer worden gedaan. Inschrijving in het handelsregister vindt plaats door de kamer in welker gebied de onderneming of rechtspersoon is gevestigd of in welker gebied de onderneming of rechtspersoon haar hoofdvestiging heeft.
– 7. Indien inschrijving van een onderneming niet overeenkomstig het zesde lid kan geschieden, is tot inschrijving bevoegd de daartoe door Onze Minister aangewezen kamer.
– 8. Bij algemene maatregel van bestuur kunnen andere personen worden aangewezen die verplicht of bevoegd zijn tot het doen van daarbij aangewezen opgaven.

Art. 19

Opgave gegevens

– 1. De daartoe verplichte personen doen, met inachtneming van het bij algemene maatregel van bestuur bepaalde, de opgaven die een kamer nodig heeft om ervoor te zorgen dat de in artikel 9 tot en met 14 en 16a, eerste lid, genoemde en de in artikel 17, onderdeel a, bedoelde gegevens te allen tijde juist en volledig in het handelsregister ingeschreven zijn.
– 2. Het eerste lid is van overeenkomstige toepassing op het deponeren van bescheiden.

Art. 20

Termijn voor doen van opgave

– 1. De opgave voor de eerste inschrijving van een onderneming wordt gedaan binnen een periode van twee weken, die begint een week vóór en eindigt een week ná de aanvang van de bedrijfsuitoefening. De opgave voor de eerste inschrijving van een rechtspersoon wordt gedaan binnen één week na het plaatsvinden van het feit ten gevolge waarvan de verplichting tot inschrijving ontstaat.
– 2. De andere voorgeschreven opgaven worden gedaan uiterlijk een week na het plaatsvinden van het feit ten gevolge waarvan de verplichting tot de opgave ontstaat.
– 3. De verplichting tot het doen van een opgave eindigt zodra die opgave is gedaan door iemand anders die daartoe verplicht of bevoegd was of, voor zover een kamer bevoegd is tot het wijzigen van gegevens, zodra de kamer de desbetreffende wijziging heeft ingeschreven.
– 4. Bij of krachtens algemene maatregel van bestuur worden regels gesteld over:
a. de wijze waarop gegevens in het handelsregister worden opgenomen;
b. de termijnen voor het opnemen van gegevens in het handelsregister;
c. de actualiteit van het overnemen van een gegeven uit een ander basisregister.

HOOFDSTUK 4
De verstrekking en het gebruik van gegevens

§ 4.1. De verstrekking van gegevens, algemeen

Art. 21

Inzage gegevens

– 1. De in artikel 9, 10, met uitzondering van het tweede lid, onderdeel a en het derde lid, onderdeel e, onder 1°, eerste gedachtestreepje, 11, 12, 13, 14, 16, tweede lid, en 16a, eerste lid, genoemde gegevens, de in artikel 17, onderdeel a, bedoelde gegevens, en de krachtens wettelijk voorschrift gedeponeerde bescheiden kunnen door een ieder worden ingezien.
– 2. Een handtekening kan niet in elektronische vorm worden ingezien.

Art. 22

Gegevensverstrekking

– 1. Een kamer verstrekt op elektronisch verzoek, indien gewenst in elektronische vorm, een afschrift van of uittreksel uit de gegevens en bescheiden, bedoeld in artikel 21.
– 2. Een kamer verstrekt op elektronisch verzoek gegevens van algemene, feitelijke aard omtrent de samenstelling van ondernemingen en rechtspersonen uit het handelsregister ter bevordering van de economische belangen van handel, industrie, ambacht en dienstverlening. Bij het verstrekken van gegevens omtrent de samenstelling van ondernemingen en rechtspersonen worden deze gegevens niet gerangschikt naar natuurlijke personen.
– 3. Een verzoek als bedoeld in het eerste of tweede lid wordt mede door een kamer in behandeling genomen indien het op andere dan elektronische wijze is gedaan.
– 4. In afwijking van het eerste lid verstrekt een kamer een handtekening niet in elektronische vorm.

Art. 23

Nadere regelgeving

Bij algemene maatregel van bestuur kunnen ter bescherming van de persoonlijke levenssfeer van de personen die in het handelsregister staan ingeschreven voor daarbij aangewezen gegevens of bescheiden of categorieën van gegevens of bescheiden, beperkingen worden vastgesteld ten aanzien van het bepaalde in de artikelen 21, 22 en 28.

§ 4.2. Publicatie inschrijvingen

Art. 24

Publicatie inschrijvingen

– 1. Heeft de opgave van een gegeven ter inschrijving in het handelsregister betrekking op een naamloze vennootschap, een besloten vennootschap met beperkte aansprakelijkheid, een Europese naamloze vennootschap, een Europees economisch samenwerkingsverband, een Europese commanditaire vennootschap of een andere bij algemene maatregel van bestuur aangewezen rechtspersoon of vennootschap, dan dragen de kamers er zorg voor dat daarvan zo spoedig mogelijk mededeling wordt gedaan in een door Onze Minister aangewezen publicatieblad of een ander, even doeltreffend instrument, dat ten minste het gebruik van een systeem omvat dat in chronologische volgorde via een centraal elektronisch platform toegang tot de openbaar gemaakte informatie biedt.
– 2. Het eerste lid is mede van toepassing op een wijziging van het ingeschrevene en op een deponering van bescheiden.

– 3. Bij algemene maatregel van bestuur kunnen gegevens en bescheiden worden aangewezen waarvoor het eerste of tweede lid niet geldt.

§ 4.3. Derdenwerking

Art. 25

Derdenwerking

– 1. Op een feit dat door inschrijving of deponering moet worden bekendgemaakt, kan tegenover derden die daarvan onkundig waren geen beroep worden gedaan zolang de inschrijving of deponering en, voor zover van toepassing, de in artikel 24 bedoelde mededeling niet hebben plaatsgevonden.

– 2. Indien de derde aantoont dat hij onmogelijk kennis heeft kunnen nemen van een mededeling als bedoeld in artikel 24 kan hij zich erop beroepen dat hij van het bekendgemaakte feit onkundig was, mits dit beroep betrekking heeft op hetgeen heeft plaatsgevonden binnen vijftien dagen nadat de mededeling was geschied. De Algemene Termijnenwet is op deze termijn niet van toepassing.

– 3. Degene aan wie een onderneming toebehoort, de ingeschreven rechtspersoon of degene die enig feit heeft opgegeven of verplicht is enig feit op te geven, kan aan derden die daarvan onkundig waren niet de onjuistheid of onvolledigheid van de inschrijving of van de in artikel 24 bedoelde mededeling tegenwerpen. Met de inschrijving wordt de deponering van bescheiden gelijkgesteld.

– 4. Dit artikel is niet van toepassing ten aanzien van:

a. artikel 811, tweede lid, van Boek 7 van het Burgerlijk Wetboek;

b. opgaven betreffende aangelegenheden die ingevolge enig wettelijk voorschrift – niet zijnde Boek 2 van het Burgerlijk Wetboek, verordening 2137/85 of verordening 2157/2001 – ook op andere wijze worden bekend gemaakt;

c. de bij algemene maatregel van bestuur aangewezen gegevens.

Art. 26

Mededeling

De kamers dragen zorg voor mededeling aan het Bureau voor officiële publicaties der Europese Gemeenschappen als bedoeld in artikel 39, tweede lid, van verordening 2137/85 en artikel 14, derde lid, van verordening 2157/2001.

§ 4.4. Verplichte vermelding nummer

Art. 27

Verplichte vermelding nummer

– 1. De volgende in het handelsregister ingeschreven ondernemingen of rechtspersonen zorgen ervoor dat op alle van die onderneming of die rechtspersoon uitgaande brieven, orders, facturen, offertes en andere aankondigingen, met uitzondering van reclames, is vermeld onder welk nummer deze in het handelsregister is ingeschreven:

a. de in artikel 5 en 6, eerste lid, onderdeel *a*, genoemde ondernemingen en rechtspersonen;

b. de in artikel 6, eerste lid, onderdeel *b*, genoemde rechtspersonen, tenzij stukken uitgaan van een rechtspersoon waaraan geen onderneming toebehoort.

– 2. Het in het eerste lid bedoelde nummer is het nummer, bedoeld in artikel 9, onderdeel *a*, of in artikel 13, onderdeel *a*.

– 3. Bij ministeriële regeling kan vrijstelling worden verleend van het in het eerste lid bepaalde. Een vrijstelling kan niet worden verleend:

a. aan Europese economische samenwerkingsverbanden;

b. voor zover het betreft brieven en orders, aan naamloze vennootschappen, besloten vennootschappen met beperkte aansprakelijkheid en Europese naamloze vennootschappen.

HOOFDSTUK 5

Verstrekking van gegevens aan bestuursorganen en gebruik van gegevens door bestuursorganen

§ 5.1. Verstrekking aan bestuursorganen

Art. 28

Inzage door bestuursorgaan

– 1. De in artikel 10, tweede lid, onderdeel *a*, en derde lid, onderdeel *e*, onder 1°, eerste gedachtestreepje, en artikel 16, eerste lid, genoemde gegevens kunnen door een bestuursorgaan worden ingezien.

– 2. Artikel 22 is van overeenkomstige toepassing op verstrekking van gegevens als bedoeld in het eerste en tweede lid.

– 3. Bij het verstrekken van gegevens omtrent de samenstelling van ondernemingen en rechtspersonen aan een bestuursorgaan worden deze gegevens uitsluitend gerangschikt naar natuurlijke personen indien het verzoek daartoe wordt gedaan door:

a. Onze Minister van Justitie ten behoeve van het toezicht op rechtspersonen voor de oprich-

ting of statutenwijziging van een naamloze vennootschap, een besloten vennootschap met beperkte aansprakelijkheid of een Europese naamloze vennootschap;
b. een officier van justitie ten behoeve van de opsporing van strafbare feiten;
c. de rijksbelastingdienst voor de uitvoering van zijn taken;
d. het Uitvoeringsinstituut werknemersverzekeringen of de Sociale verzekeringsbank, bedoeld in de Wet structuur uitvoeringsorganisatie werk en inkomen, of Onze Minister van Sociale Zaken en Werkgelegenheid voor de uitvoering van hun bij die wet opgedragen taken;
e. burgemeesters en wethouders voor de uitvoering van de Wet werk en bijstand, de Wet inkomensvoorziening oudere en gedeeltelijk arbeidsongeschikte werkloze werknemers en de Wet inkomensvoorziening oudere en gedeeltelijk arbeidsongeschikte gewezen zelfstandigen;
f. het Bureau bevordering integriteitsbeoordelingen door het openbaar bestuur ten behoeve van het geven van een advies als bedoeld in artikel 9 van de Wet bevordering integriteitsbeoordelingen door het openbaar bestuur;
g. de raad van bestuur van de Nederlandse Mededingingsautoriteit voor de uitvoering van zijn taken;
h. de raad van bestuur van de Autoriteit Financiële Markten voor de uitvoering van zijn taken;
i. het college voor de post- en telecommunicatiemarkt voor de uitvoering van de bij of krachtens de Wet Onafhankelijke post- en telecommunicatie autoriteit opgedragen taken;
j. de Consumentenautoriteit, voor de uitvoering van haar taken.

Art. 29

Vervallen.

HOOFDSTUK 6

Wijziging van de in het handelsregister opgenomen gegevens

Art. 32

Nog niet in werking getreden.

Art. 33

Meldingsplicht onjuiste gegevens

Doorzending melding

Indien de melding betrekking heeft op een gegeven dat ingevolge artikel 17, onderdeel *b*, uit een ander register is overgenomen, zendt de kamer deze melding aan de beheerder van het register waaruit dit gegeven afkomstig is.

Art. 34

Gegeven in onderzoek

– 1. Indien een melding als bedoeld in artikel 32, eerste lid, niet is doorgezonden naar de beheerder van een ander register, tekent de kamer in welker gebied de onderneming of rechtspersoon is gevestigd of in welker gebied de onderneming of rechtspersoon haar hoofdvestiging heeft binnen een bij ministeriële regeling vastgestelde termijn aan dat het gegeven in onderzoek is, tenzij de kamer binnen deze termijn beslist over de wijziging van dat gegeven.
– 2. Indien een gegeven in onderzoek is, beslist de kamer over wijziging van dat gegeven.
– 3. Indien een beslissing, bedoeld in het eerste of tweede lid, leidt tot wijziging van de gegevens, doet de kamer onverwijld schriftelijk mededeling aan een tot opgave verplichte persoon.
– 4. De kamer verwijdert de aantekening dat een gegeven in onderzoek is indien een besluit als bedoeld in het tweede lid niet tot wijziging van gegevens leidt.

Art. 35

Besluit in de zin van Awb

De beslissing, bedoeld in artikel 34, tweede lid, geldt als een besluit in de zin van de Algemene wet bestuursrecht.

Art. 36

Bezwaar/beroep

– 1. Indien tegen een beslissing, bedoeld in artikel 34, eerste en tweede lid, bezwaar wordt gemaakt of beroep wordt ingesteld, tekent, voor zover dit nog niet het geval is, de kamer in het handelsregister aan dat een gegeven in onderzoek is.
– 2. Nadat op het bezwaar of beroep onherroepelijk is beslist, schrijft de kamer indien nodig een wijziging in het handelsregister in en verwijdert de kamer de aantekening dat een gegeven in onderzoek is.

Art. 37

Schakelbepaling

Op een melding als bedoeld in artikel 32, tweede lid, zijn de artikelen 33, 34, tweede en derde lid, 35 en 36 van overeenkomstige toepassing.

Art. 38

Schakelbepaling

– 1. Indien een kamer gerede twijfel heeft over de juistheid van authentieke gegevens, zijn de artikelen 33 tot en met 36 van overeenkomstige toepassing.
– 2. Bij algemene maatregel van bestuur kunnen niet-authentieke gegevens worden aangewezen waarop het eerste lid van overeenkomstige toepassing is.
– 3. Op een verzoek als bedoeld in artikel 36 van de Wet bescherming persoonsgegevens, zijn de artikelen 33 tot en met 36 van overeenkomstige toepassing.

Art. 39

Nadere regelgeving

Bij of krachtens algemene maatregel van bestuur worden nadere regels gesteld met betrekking tot:

a. de melding, bedoeld in artikel 32;

b. de doorzending van de melding, bedoeld in artikel 33;

c. het plaatsen van de aantekening in onderzoek, bedoeld in artikel 34, eerste lid;

d. het besluit over de melding, bedoeld in artikel 34, tweede lid;

e. de gegevens die over de terugmelding en het onderzoek in het register worden opgenomen ingevolge artikel 16, eerste lid;

f. de criteria om een inschrijving te weigeren.

HOOFDSTUK 7
Kwaliteitscontrole van het handelsregister

Art. 40

Maatregelen

Een kamer treft na overleg met de andere kamers maatregelen die ertoe strekken te waarborgen dat het handelsregister juist, actueel en volledig is.

Art. 41

Controle

– 1. De kamers laten in onderling overleg eens per drie jaar de uitvoering van deze wet alsmede de juistheid van de in het handelsregister opgenomen gegevens controleren door een accountant als bedoeld in artikel 393 van Boek 2 van het Burgerlijk Wetboek.

– 2. Bij of krachtens algemene maatregel van bestuur kunnen nadere regels betreffende de controle worden gesteld, waaronder regels omtrent de elementen die de controle moet bevatten.

– 3. De kamers zenden aan Onze Minister een afschrift van de controleresultaten en maken deze controleresultaten openbaar. Onze Minister zendt een uittreksel van deze controleresultaten aan het College bescherming persoonsgegevens.

– 4. Indien uit de controle, bedoeld in het eerste lid, blijkt dat niet voldaan wordt aan bij of krachtens algemene maatregel van bestuur te stellen voorwaarden, laten de kamers binnen een jaar een hercontrole uitvoeren op die onderdelen die bij de eerdere controle niet voldeden aan de gestelde voorwaarden. Het tweede lid is van overeenkomstige toepassing.

– 5. De in het eerste lid bedoelde accountant heeft ten behoeve van een controle als bedoeld in het eerste of derde lid inzage in het handelsregister. Een kamer verleent hiertoe de nodige medewerking.

– 6. Eenieder die is betrokken bij een controle als bedoeld in het eerste of vierde lid is verplicht tot geheimhouding van de gegevens waarover hij de beschikking heeft gekregen, behoudens voor zover enig wettelijk voorschrift hem tot mededeling verplicht of uit zijn taak de noodzaak tot mededeling voortvloeit.

– 7. Bij ministeriële regeling worden regels gesteld over de vergoeding van de kosten van de controle. Een hercontrole als bedoeld in het vierde lid wordt niet vergoed.

Art. 41a

Protocol

– 1. De kamers stellen gezamenlijk een protocol op, dat betrekking heeft op:

a. de beschikbaarheid, werking en beveiliging van het handelsregister, bedoeld in artikel 4, tweede lid;

b. de juistheid, actualiteit en volledigheid van het handelsregister, bedoeld in artikel 40, eerste lid;

c. de controle, bedoeld in artikel 41, eerste lid;

d. de procedure voor de behandeling van klachten, bedoeld in artikel 48.

– 2. Het protocol behoeft de goedkeuring van Onze Minister.

– 3. De goedkeuring kan worden onthouden wegens strijd met het recht of het algemeen belang.

HOOFDSTUK 8
Toezicht en handhaving

§ 8.1. Art. 42-46

Vervallen.

§ 8.2. Handhaving

Art. 47

Verbodsbepaling

Het is verboden te handelen in strijd met dan wel niet te voldoen aan een bij of krachtens deze wet gestelde verplichting tot het doen van een opgave ter inschrijving in het handelsregister.

§ 8.3. *Klachtenbehandeling*

Art. 48

Klachtenprocedure

Een kamer draagt na overleg met de andere kamers zorg voor een procedure voor de behandeling van klachten over de uitvoering van deze wet. Bij de behandeling van klachten wordt de procedure, bedoeld in afdeling 9:3 van de Algemene wet bestuursrecht gevolgd.

HOOFDSTUK 9

Financiën

Art. 49

Bijdrage

– 1. Een onderneming of rechtspersoon die in het handelsregister is ingeschreven of behoort te zijn ingeschreven, is voor ieder kalenderjaar of gedeelte daarvan waarin hij in Nederland gevestigd is, in Nederland een nevenvestiging heeft of in Nederland wordt vertegenwoordigd door een gevolmachtigde handelsagent, een bijdrage verschuldigd.

– 2. De onderneming of rechtspersoon is het totale bedrag van de bijdrage verschuldigd aan de kamer waar de hoofdvestiging van de onderneming of rechtspersoon is ingeschreven. Deze kamer draagt indien nodig zorg voor de verrekening met de andere kamers.

– 3. De bijdrage, bedoeld in het eerste lid, wordt bij of krachtens algemene maatregel van bestuur vastgesteld. Hierbij kunnen regels gesteld worden over de verhouding naar rechtsvorm en grootte, niet zijnde het maatschappelijk kapitaal, in relatie tot de hoogte van de bijdrage tussen de verschillende ondernemingen en rechtspersonen.

– 4. In afwijking van het eerste lid behoeven zelfstandige onderdelen van een kerkgenootschap en lichamen waarin zij zijn verenigd indien deze ingevolge artikel 6, derde lid, in het handelsregister ingeschreven worden, geen bijdrage als bedoeld in het eerste lid te betalen.

Art. 50

Vergoeding voor inzage gegevens

– 1. Voor de inzage of de verstrekking van gegevens is een bij of krachtens algemene maatregel van bestuur te bepalen vergoeding verschuldigd, welke kan variëren naar de wijze van inzage of verstrekking van gegevens en de hoeveelheid gegevens.

– 2. De verplichting tot betaling van een vergoeding als bedoeld in het eerste lid geldt niet indien het verzoek om gegevens wordt gedaan door de directeur-generaal van de statistiek op grond van artikel 33, vierde lid, van de Wet op het Centraal bureau voor de statistiek.

Art. 50A

Dwangbevel

Een kamer is bevoegd de betaling van een vergoeding of bijdrage af te dwingen door het uitvaardigen van een dwangbevel.

HOOFDSTUK 10

Overige bepalingen

Art. 51

Nadere regelgeving

Indien in deze wet geregelde of daarmee verband houdende onderwerpen in het belang van een goede uitvoering van de wet of in het belang van de uitvoering van een bindend besluit van de Raad van de Europese Unie of de Commissie van de Europese Gemeenschappen regeling of nadere regeling behoeven, kan deze geschieden bij algemene maatregel van bestuur.

Art. 52

Periodiek overleg

Onze Minister overlegt periodiek met een representatieve vertegenwoordiging van de gebruikers van het handelsregister over de inhoud, de inrichting, de werking en de beveiliging van het handelsregister.

HOOFDSTUK 11

Wijziging andere wetten

Art. 53

Wijziging Wet KvK 1997

De Wet op de kamers van koophandel en fabrieken 1997 wordt gewijzigd als volgt:

A. *Dit onderdeel is nog niet in werking getreden.*

B. Vervallen

C. *Dit onderdeel is nog niet in werking getreden.*

D. *Dit onderdeel is nog niet in werking getreden.*

E. *Dit onderdeel is nog niet in werking getreden.*

Ea. *Dit onderdeel is nog niet in werking getreden.*

F. Artikel 43 komt te luiden:

Art. 43

Vrijstelling

– 1. Van de heffingen, bedoeld in de artikelen 35 en 37, zijn in het handelsregister ingeschreven ondernemingen waarin uitsluitend landbouw of visserij wordt uitgeoefend, vrijgesteld.

– 2. Van de heffingen, bedoeld in de artikelen 35 en 37, zijn in het handelsregister ingeschreven ondernemingen die uitsluitend als doel hebben het doen van periodieke uitkeringen aan een houder of indirect houder van aandelen als bedoeld in artikel 2, derde lid, onderdeel c, onder eerste, van de Pensioen- en spaarfondsenwet en het doen van stamrechtuitkeringen als bedoeld in artikel 19*b* van de Wet op de loonbelasting 1964 en uitsluitend activiteiten gericht hierop verrichten, vrijgesteld.

Art. 54

Wijziging WED

De Wet op de economische delicten wordt gewijzigd als volgt:

A. In artikel 1 van de Wet op de economische delicten wordt 'de Handelsregisterwet 1996, de artikelen 25 en 28' vervangen door: de Handelsregisterwet 2007, de artikelen 27 en 47.

B. In artikel 11, tweede lid, wordt 'De beschikking tot onderbewindstelling wordt in het handelsregister ingeschreven met toepassing van het krachtens de Handelsregisterwet 1996 bepaalde' vervangen door: De beschikking tot onderbewindstelling wordt in het handelsregister ingeschreven met toepassing van het krachtens de Handelsregisterwet 2007 bepaalde.

Art. 55

Wijziging Wet BO

De Wet op de bedrijfsorganisatie wordt gewijzigd als volgt:

A. Artikel 54 wordt gewijzigd als volgt:

1. Voor de tekst wordt de aanduiding '1.' geplaatst.

2. In het eerste lid, onderdeel *a*, wordt 'artikel 32 van de Wet op de kamers van koophandel en fabrieken 1997' vervangen door: artikel 49 van de Handelsregisterwet 2007.

3. Er wordt een lid toegevoegd, luidende:

– 2. Bij algemene maatregel van bestuur kunnen op voordracht van Onze Minister van Sociale Zaken en Werkgelegenheid categorieën van ondernemingen of rechtspersonen worden aangewezen waarvoor het eerste lid, onderdeel *a*, niet geldt.

B. In artikel 55, eerste lid, wordt 'artikel 32 van de Wet op de kamers van koophandel en fabrieken 1997' vervangen door: artikel 49 van de Handelsregisterwet 2007.

Art. 55A

Wijziging Boek 2 BW

In de artikelen 77, 188 en 394, eerste lid, van Boek 2 van het Burgerlijk Wetboek en artikel 2, tweede lid, van de Wet op de formeel buitenlandse vennootschappen wordt telkens 'die overeenkomstig de artikelen 6 en 7 van de Handelsregisterwet 1996 bevoegd is' vervangen door: die overeenkomstig artikel 18, zesde en zevende lid, van de Handelsregisterwet 2007 bevoegd is tot inschrijving.

Art. 55B

Wijziging Boek 6 BW

In artikel 235, eerste lid, onderdeel B, van Boek 6 van het Burgerlijk Wetboek wordt 'de Handelsregisterwet 1996' vervangen door: de Handelsregisterwet 2007.

Art. 55C

Wijziging WvK

In artikel 311, eerste lid, onderdeel *b*, van het Wetboek van Koophandel wordt 'in de zin van de Handelsregisterwet 1996' vervangen door: in de zin van de Handelsregisterwet 2007.

Art. 55D

Wijziging Wet documentatie vennootschappen

In artikel 3, vierde lid, van de Wet documentatie vennootschappen wordt 'artikel 15, tweede lid, van de Handelsregisterwet 1996' vervangen door: artikel 28, vierde lid, van de Handelsregisterwet 2007.

Art. 55E

Wijziging Uitvoeringswetten

In artikel 7, eerste lid, van de Uitvoeringswet verordening Europese coöperatieve vennootschap, artikel 6, eerste lid, van de Uitvoeringswet verordening Europese vennootschap en artikel 2 van de wet van 28 juni 1989, houdende uitvoering van de Verordening nr. 2137/85 van de Raad van de Europese Gemeenschappen van 25 juli 1985 tot instelling van Europese economische samenwerkingsverbanden (*PbEG* L 199/1) (*Stb.* 245) wordt 'artikel 2 van de Handelsregisterwet 1996' vervangen door: artikel 2 van de Handelsregisterwet 2007.

Art. 55F

Wijziging Kieswet

In de artikelen G 1, derde lid, onderdeel *b*, G 2, derde lid, onderdeel *b*, en G 3, derde lid, onderdeel *b*, van de Kieswet wordt telkens 'artikel 2 van de Handelsregisterwet 1996' vervangen door: artikel 2 van de Handelsregisterwet 2007.

Art. 55G

Wijziging Wet nationaliteit zeeschepen in rompbevrachting

In artikel 3, onderdeel *b*, van de Wet nationaliteit zeeschepen in rompbevrachting wordt 'in de zin van de Handelsregisterwet 1996' vervangen door: in de zin van de Handelsregisterwet 2007.

Art. 55H

Wijziging Uitvoeringswet Visserijverdrag 1967

In artikel 1, derde lid, van de Uitvoeringswet Visserijverdrag 1967 wordt 'een nevenvestiging als bedoeld in artikel 1, onderdeel *d*, van de Handelsregisterwet 1996' vervangen door: een nevenvestiging als bedoeld in artikel 1, onderdeel *l*, van de Handelsregisterwet 2007.

Art. 55I

Wijziging diverse sociale wetten

In artikel 45, eerste lid, onderdeel *f*, van de Wet inkomensvoorziening oudere en gedeeltelijk arbeidsongeschikte gewezen zelfstandigen, artikel 45, eerste lid, onderdeel *f*, van de Wet inkomensvoorziening oudere en gedeeltelijk arbeidsongeschikte werkloze werknemers, artikel 54, derde lid, onderdeel *f*, van de Wet structuur uitvoeringsorganisatie werk en inkomen, artikel 64, eerste lid, onderdeel *f*, van de Wet werk en bijstand en artikel 40, eerste lid, onderdeel *f*, van de Wet werk en inkomen kunstenaars wordt 'op grond van de Handelsregisterwet 1996 vastgestelde vergoeding' vervangen door: op grond van de Handelsregisterwet 2007 vastgestelde vergoeding.

HOOFDSTUK 12

Overgangs- en slotbepalingen

Art. 56

Vervallen Handelsregisterwet 1996

De Handelsregisterwet 1996 vervalt.

Art. 57

Overgangsrecht

– 1. Opgaven ter inschrijving in het handelsregister en deponering van bescheiden waartoe de verplichting ontstaat als gevolg van de inwerkingtreding van deze wet, worden gedaan binnen 18 maanden na inwerkingtreding van deze wet.

– 2. Indien op het tijdstip van inwerkingtreding van deze wet in het handelsregister gegevens staan ingeschreven die niet op grond van een wettelijk voorschrift behoeven te worden ingeschreven, haalt een kamer die gegevens binnen drie maanden na het eerder genoemde tijdstip door.

Art. 58

Nadere regelgeving

Bij ministeriële regeling kunnen, in overeenstemming met Onze betrokken Ministers, gegevens worden aangewezen die eenmalig worden gebruikt om ondernemingen en rechtspersonen die thans niet in het handelsregister zijn opgenomen, in te schrijven in het handelsregister.

Art. 59

Overgangsrecht

In afwijking van artikel 32 kunnen gedurende zes jaar na de inwerkingtreding van artikel 32 bij ministeriële regeling, in overeenstemming met Onze betrokken Ministers, bestuursorganen worden aangewezen voor wie de in artikel 32 genoemde verplichting uitsluitend geldt.

Art. 60

Overgangsrecht

In afwijking van artikel 41 geschiedt de controle, bedoeld in artikel 41, gedurende zes jaar na de inwerkingtreding van artikel 41, eens per twee jaar.

Art. 61

Nadere regelgeving

Bij algemene maatregel van bestuur kan gedurende vier jaar na inwerkingtreding van artikel 2, met het oog op een goede invoering van deze wet regels stellen waarbij zo nodig kan worden afgeweken van het bepaalde bij en krachtens deze wet.

Art. 62

Overgangsrecht

– 1. Indien het voorstel van wet houdende Vaststelling van titel 7.13 (vennootschap) van het Burgerlijk Wetboek (Kamerstukken I 2004/05, 28 746, nr. A) tot wet wordt verheven en in werking treedt, komt artikel 5, onderdeel *a*, te luiden als volgt: *a.* een onderneming die in Nederland is gevestigd en die toebehoort aan een naamloze vennootschap, een besloten vennootschap met beperkte aansprakelijkheid, een openbare vennootschap, een rederij, een coöperatie, een onderlinge waarborgmaatschappij, een vereniging, een stichting, een kerkgenootschap of een publiekrechtelijke rechtspersoon;.

– 2. Indien het voorstel van wet houdende Vaststelling van titel 7.13 (vennootschap) van het Burgerlijk Wetboek (Kamerstukken I 2004/05, 28 746, nr. A) tot wet wordt verheven en in werking treedt, komt artikel 6, eerste lid, onderdeel *a*, te luiden als volgt: *a.* een naamloze vennootschap, een besloten vennootschap met beperkte aansprakelijkheid, een openbare vennootschap, een Europese naamloze vennootschap, een Europees economisch samenwerkingverband, een Europese commanditaire vennootschap, een Europese coöperatieve vennootschap, een coöperatie en een onderlinge waarborgmaatschappij; .

Art. 62A

Overgangsrecht

Indien het voorstel van wet, houdende regels inzake de volledige liberalisering van de postmarkt en de garantie van de universele postdienstverlening (Postwet 20..) (*Kamerstukken* II 2005/06, 30 536) later in werking treedt dan dit wetsvoorstel, wordt in de Postwet 'een nevenvestiging heeft in de zin van artikel 3, eerste lid, van de Handelsregisterwet 1996' vervangen door: een vestiging heeft als bedoeld in artikel 1, onderdeel *j*, van de Handelsregisterwet 2007.

Art. 62B

Overgangsrecht

– 1. Indien zowel artikel 40 van het voorstel van wet, houdende regels inzake de volledige liberalisering van de postmarkt en de garantie van de universele postdienstverlening (Postwet 20..) (Kamerstukken II 2005/06, 30 536) als artikel 30 van dit wetsvoorstel tot wet zijn verheven en in werking zijn getreden, vervalt in artikel 40 van de Postwet 20.. 'de naam, het adres, de vestigingsplaats en'.

– 2. Indien zowel artikel 41 van het voorstel van wet, houdende regels inzake de volledige liberalisering van de postmarkt en de garantie van de universele postdienstverlening (Postwet 20..) (Kamerstukken II 2005/06, 30 536) als artikel 2 van dit wetsvoorstel tot wet zijn verheven en in werking zijn getreden, vervalt in artikel 41, tweede lid, van de Postwet 20.. 'en zijn slechts beperkt tot hetgeen noodzakelijk is voor het vaststellen van de identificatie van het postvervoerbedrijf'.

Art. 63

Evaluatiebepaling

Onze Minister zendt binnen vier jaar na de inwerkingtreding van deze wet aan de Staten-Generaal een verslag over de doeltreffendheid en de effecten van deze wet in de praktijk.

Art. 64

Inwerkingtreding

De artikelen van deze wet treden in werking op een bij koninklijk besluit te bepalen tijdstip, dat voor verschillende artikelen en onderdelen daarvan verschillend kan worden vastgesteld.

Art. 65

Citeertitel

Deze wet wordt aangehaald als: Handelsregisterwet met vermelding van het jaartal van het *Staatsblad* waarin zij zal worden geplaatst.

Besluit van 18 juni 2008, Stb. 240, houdende de vaststelling van een nieuw Handelsregisterbesluit 2008

[Inwerkingtreding: 01-07-2008]

Wij Beatrix, bij de gratie Gods, Koningin der Nederlanden, Prinses van Oranje-Nassau, enz. enz. enz.

Op voordracht van de Staatssecretaris van Economische Zaken van 12 februari 2008 nr. WJZ/8012689;

Gelet op artikelen 6, derde lid, 8, onderdeel b, 17, eerste lid, 18, achtste lid, 19, eerste lid, 20, vierde lid, 23, 24, derde lid, 24, 25, vierde lid, onderdeel c, 38, tweede lid en 39 van de Handelsregisterwet 2007;

De Raad van State gehoord (advies van 14 maart 2008, nr. W10.02.0067/III);

Gezien het nader rapport van de Staatssecretaris van Economische Zaken van 13 juni 2008 WJZ8066664;

Hebben goedgevonden en verstaan:

HOOFDSTUK 1
Begripsbepalingen

Art. 1

Begripsbepaling

– 1. In dit besluit en de daarop berustende bepalingen wordt verstaan onder:

a. wet: de Handelsregisterwet 2007;

b. werkzame personen: de al dan niet in dienst van de betrokken onderneming werkzame werknemers, de meewerkende eigenaren en de meewerkende gezinsleden van een eigenaar, steeds voorzover zij doorgaans ten minste 15 uur per week werkzaam zijn;

c. verordening 1435/2003: de verordening (EG) nr. 1435/2003 van de Raad van de Europese Unie van 22 juli 2003 betreffende het statuut van de Europese coöperatieve vennootschap (SCE) (*PbEU* L 207);

d. richtlijn 68/151/EEG: richtlijn (EEG) nr. 68/151 van de Raad van de Europese Gemeenschappen van 9 maart 1968 met betrekking tot de openbaarmakingsvereisten voor bepaalde soorten ondernemingen (*PbEG* 1968 L 65);

e. melding: een melding als bedoeld in artikel 32, eerste of tweede lid, van de wet;

f. persoonlijke gegevens:

1° indien deze betrekking hebben op een natuurlijk persoon, de gegevens, genoemd in artikel 10, tweede lid van de wet, de geslachtsaanduiding en de handtekening;

2° indien deze betrekking hebben op een rechtspersoon naar Nederlands recht, het nummer genoemd in artikel 12, onderdeel a, van de wet, de naam en het bezoekadres;

3° indien deze betrekking hebben op een rederij, maatschap, vennootschap onder firma of commanditaire vennootschap naar Nederlands recht, het nummer genoemd in artikel 10, derde lid onderdeel a, van de wet, de naam en het bezoekadres;

4° indien deze betrekking hebben op een rechtspersoon of vennootschap naar buitenlands recht, de naam, het bezoekadres, het nummer waaronder de rechtspersoon of vennootschap in het buitenlandse register is ingeschreven, de naam van dat register en de plaats en het land waar het register wordt gehouden.

– 2. In dit besluit en de daarop berustende bepalingen wordt mede verstaan onder:

a. handtekening: een elektronische handtekening als bedoeld in artikel 15a, vierde lid, van Boek 3 van het Burgerlijk Wetboek;

b. commissaris: een lid van een toezichthoudend orgaan.

Art. 2

Begrip onderneming

– 1. Van een onderneming is sprake indien een voldoende zelfstandig optredende organisatorische eenheid van één of meer personen bestaat waarin door voldoende inbreng van arbeid of middelen, ten behoeve van derden diensten of goederen worden geleverd of werken tot stand worden gebracht met het oogmerk daarmee materieel voordeel te behalen.

– 2. Van een onderneming is geen sprake indien er naar het oordeel van de kamer onvoldoende omvang van activiteiten of omzet is.

HOOFDSTUK 2
Opgave ter inschrijving

Art. 3

Wijze van opgave

– 1. Voor het doen van een opgave ter inschrijving in het handelsregister bij een kamer wordt gebruik gemaakt van een door de kamer vastgesteld formulier dat kosteloos verkrijgbaar is.

– 2. De kamer kan ermee instemmen dat een opgave op andere wijze geschiedt dan in het eerste lid bepaald.
– 3. Aan de in het eerst lid bedoelde opgave en aan het vereiste van neerlegging van bescheiden op grond van enig wettelijk voorschrift wordt mede voldaan indien dit elektronisch geschiedt.
– 4. Het derde lid geldt niet voor gegevens en bescheiden ten aanzien waarvan geen plicht tot opgave dan wel neerlegging geldt op grond van een bindend besluit van de Raad van de Europese Unie of de Commissie van de Europese Gemeenschappen.

Art. 4

Onderzoek met betrekking tot bevoegdheid en juistheid

– 1. De kamer onderzoekt of een opgave afkomstig is van iemand die tot het doen ervan bevoegd is, en of de opgave juist is. De kamer kan daarbij om nadere bewijsstukken vragen.
– 2. Indien de kamer ervan overtuigd is dat de opgave is gedaan door iemand die tot het doen ervan bevoegd is en van oordeel is dat de opgave juist is, gaat zij onverwijld over tot inschrijving.

Art. 5

Wijgering van inschrijving

– 1. De kamer weigert om tot inschrijving over te gaan indien zij er niet van overtuigd is dat de opgave afkomstig is van een tot opgave bevoegd persoon.
– 2. De kamer kan weigeren om tot inschrijving over te gaan indien:
a. de opgave strijdig is met een wettelijk voorschrift, het recht, de openbare orde of de goede zeden;
b. de opgave innerlijk strijdig of onvolledig is;
c. de opgave strijdig is met de reeds over de onderneming of rechtspersoon opgenomen gegevens;
d. de opgave strijdig is met gegevens uit een ander basisregister;
e. de kamer gerede twijfel heeft over de juistheid van de opgave.
– 3. Indien de kamer degene die de opgave doet in de gelegenheid heeft gesteld de opgave aan te vullen of te wijzigen, stelt zij indien nodig de opgave weer ter beschikking van degene die de opgave heeft gedaan.

Art. 6

Tot opgave verplichte personen

– 1. Tot het doen van een opgave ter inschrijving in het handelsregister van alle gegevens betreffende de onderneming of rechtspersoon is verplicht:
a. de bestuurder van een publiekrechtelijke rechtspersoon;
b. de bestuurder van een rechtspersoon, bedoeld in artikelen 24 tot en met 26;
c. de beheerder in Nederland, bedoeld in artikel 24, derde lid, 25, derde lid, onderdeel b, en 26, derde lid, onderdeel b;
d. de bewindvoerder, bedoeld in artikel 37, eerste lid, onder a.
– 2. Tot het doen van een opgave ter inschrijving van de volgende gegevens is verplicht:
a. betreffende de aankondigingen krachtens artikel 390 van Boek 1 van het Burgerlijk Wetboek, hij die met de bekendmaking ervan is belast;
b. betreffende de aankondigingen ingevolge de Wet op het financieel toezicht, hij die met de bekendmaking ervan in de *Staatscourant* is belast;
c. betreffende het bedrag van het geplaatste kapitaal, bedoeld in artikel 22, tweede lid, en 25, derde lid onderdeel c en vierde lid, de houder van het register, bedoeld in artikel 1:107 van de Wet op het financieel toezicht, indien de daartoe verplichte personen een melding hebben gedaan op grond van artikel 5:34 van de Wet op het financieel toezicht;
d. betreffende de ontbinding van een vennootschap of rechtspersoon en betreffende de voltooiing van de vereffening van een Europees economisch samenwerkingsverband of van een vennootschap of rechtspersoon als bedoeld in de artikelen 24, 25 en 26, de vereffenaar van een ontbonden vennootschap of rechtspersoon;
e. betreffende een uitspraak als bedoeld in artikel 37 en 39, eerste lid, de griffier van het rechtscollege dat de uitspraak heeft gedaan.

Art. 7

Europeesrechtelijke entiteiten

Bij de opgave ter inschrijving van een Europese naamloze vennootschap, een Europees economisch samenwerkingsverband en een Europese coöperatieve vennootschap worden tevens gegevens en bewijsstukken overgelegd waaruit blijkt dat voldaan is aan de voorwaarden voor inschrijving ingevolge verordening 2137/85, verordening 2157/2001 en verordening 1435/2003.

HOOFDSTUK 3
In te schrijven rechtspersonen

Art. 8

Kerkgenootschap

– 1. In het handelsregister wordt een kerkgenootschap als bedoeld in artikel 2 van Boek 2 van het Burgerlijk Wetboek, dat geen deel uitmaakt van een organisatie als bedoeld in artikel 6, derde lid, van de wet, ingeschreven.

– 2. In het handelsregister wordt een kerkgenootschap als bedoeld in artikel 2, van Boek 2, van het Burgerlijk Wetboek, dat deel uitmaakt van een organisatie als bedoeld in artikel 6, derde lid, van de wet, die geen rechtspersoonlijkheid heeft, ingeschreven.

HOOFDSTUK 4
Op te nemen gegevens

§ *1. Algemene gegevens*

Art. 9

Wijziging

– 1. Een wijziging van hetgeen in het handelsregister is opgenomen, wordt opgegeven met vermelding van de datum waarop de wijziging is ingegaan.

– 2. De kamer vermeldt zo mogelijk de datum waarop de wijziging is ingegaan indien tot wijziging wordt besloten op grond van de artikelen 34 tot en met 36 van de wet.

– 3. In het handelsregister wordt, indien een gegeven geen derdenwerking heeft ingevolge artikel 50, een aantekening opgenomen dat het gegeven geen derdenwerking heeft.

Art. 10

In buitenlands register ingeschreven onderneming

In het handelsregister worden indien degene aan wie een onderneming toebehoort is ingeschreven in een buitenlands register voor ondernemingen, opgenomen, het registratienummer uit dat register, de naam van het register en de plaats en het land waar het register gehouden wordt.

§ *2. Algemene gegevens van de onderneming*

Art. 11

Aantal werkzame personen; activiteiten

In het handelsregister worden over een onderneming opgenomen:

a. het aantal werkzame personen, onderverdeeld naar vestiging, op de eerste werkdag na 30 april van enig kalenderjaar;

b. een korte aanduiding van de uitgeoefende activiteit of activiteiten.

Art. 12

Gevolmachtigden van onderneming

– 1. Indien een onderneming één of meer gevolmachtigde handelsagenten heeft die in Nederland werkzaam zijn, dan worden hun persoonlijke gegevens en de inhoud van hun volmacht in het handelsregister opgenomen.

– 2. In het handelsregister kunnen gegevens over overige gevolmachtigden van een onderneming worden opgenomen. In dat geval worden hun persoonlijke gegevens en de inhoud van hun volmacht opgenomen.

Art. 13

Rechtspersoon in oprichting

In het handelsregister worden over een onderneming die toebehoort aan een rechtspersoon in oprichting opgenomen, de persoonlijke gegevens van ieder die handelt namens deze rechtspersoon in oprichting.

§ *3. Algemene gegevens van een rechtspersoon*

Art. 14

Gevolmachtigden van rechtspersoon

In het handelsregister kunnen gegevens over gevolmachtigden van een rechtspersoon worden opgenomen. In dat geval worden hun persoonlijke gegevens en de inhoud van hun volmacht opgenomen.

Art. 15

Gegevens met betrekking tot rechtspersoon

– 1. In het handelsregister worden over een rechtspersoon opgenomen:

a. een korte aanduiding van de uitgeoefende activiteit of activiteiten;

b. het postadres.

– 2. In het handelsregister worden over een rechtspersoon waaraan geen onderneming toebehoort en die geen vestiging heeft, opgenomen:

a. het bezoekadres;

b. het telefoonnummer, het faxnummer, het e-mailadres en het internetadres.

§ *4. Specifieke gegevens afhankelijk van de rechtsvorm*

§ *4.1. Eenmanszaak*

Art. 16

Eenmanszaak

In het handelsregister worden indien een onderneming toebehoort aan een natuurlijk persoon de handtekening en de geslachtsaanduiding van deze persoon opgenomen.

§ 4.2. *Vennootschap onder firma, commanditaire vennootschap, maatschap en rederij*

Art. 17

Personenvennootschap

In het handelsregister worden over een vennootschap onder firma, een commanditaire vennootschap of een maatschap opgenomen:

a. van iedere maat of niet-commanditaire vennoot, de datum van zijn toetreding en uittreding en

1° indien deze een natuurlijk persoon is, de geslachtsaanduiding en de handtekening;

2° indien deze een rechtspersoon of vennootschap naar Nederlands recht is, het bezoekadres;

3° indien deze een rechtspersoon of vennootschap naar buitenlands recht is, het bezoekadres, het nummer waaronder de rechtspersoon of vennootschap in het buitenlandse register is ingeschreven, de naam van dat register en de plaats en het land waar het register wordt gehouden;

b. de duur waarvoor de vennootschap of maatschap is aangegaan.

Art. 18

Commanditaire vennootschap

In het handelsregister worden over een commanditaire vennootschap, naast de gegevens van artikel 17, opgenomen:

a. het aantal commanditaire vennoten;

b. het geldbedrag en de waarde van de goederen die de commanditaire vennoten gezamenlijk aan de vennootschap ter beschikking hebben gesteld of overeengekomen zijn ter beschikking te zullen stellen.

Art. 19

Bepalingen met betrekking tot rechten van derden

In het handelsregister wordt voorts over een vennootschap onder firma, een commanditaire vennootschap of een maatschap opgenomen al hetgeen de overeenkomst bevat ter bepaling van de rechten van derden.

Art. 20

Rederij

In het handelsregister worden over een rederij opgenomen:

a. van ieder lid van de rederij, de datum van zijn toetreding en uittreding en

1° indien deze een natuurlijk persoon is, de geslachtsaanduiding en de handtekening;

2° indien deze een rechtspersoon of vennootschap naar Nederlands recht is, het bezoekadres;

3° indien deze een rechtspersoon of vennootschap naar buitenlands recht is, het bezoekadres, het nummer waaronder de rechtspersoon of vennootschap in het buitenlandse register is ingeschreven, de naam van dat register en de plaats en het land waar het register wordt gehouden;

b. de persoonlijke gegevens van de boekhouder, de datum waarop hij bij de rederij als zodanig in en uit functie is getreden;

c. de bevoegdheid van de boekhouder om de rederij te vertegenwoordigen.

§ 4.3. *Rechtspersonen, Vennootschappen en het Europees economisch samenwerkingsverband*

§ 4.3.1. [Gereserveerd]

Art. 21

[Gereserveerd]

§ 4.3.2. NV, BV, Europese NV en Europese Coöperatieve Vennootschap

Art. 22

Kapitaalvennootschappen

– 1. In het handelsregister worden over een naamloze vennootschap, een besloten vennootschap met beperkte aansprakelijkheid, een Europese naamloze vennootschap of een Europese coöperatieve vennootschap opgenomen:

a. de persoonlijke gegevens van iedere bestuurder en commissaris, van ieder lid van het besturend orgaan, of van ieder lid van het leidinggevende orgaan, de datum waarop hij bij de vennootschap als zodanig in en uit functie is getreden en of hij bevoegd is de vennootschap alleen of gezamenlijk handelend met een of meer anderen te vertegenwoordigen;

b. de persoonlijke gegevens van anderen dan de bestuurders aan wie de statuten de bevoegdheid tot vertegenwoordiging toekennen en de inhoud van de bevoegdheid;

c. het maatschappelijke kapitaal en het bedrag van het geplaatste kapitaal en van het gestorte deel daarvan, onderverdeeld naar soort indien er verschillende soorten aandelen zijn;

d. indien niet-volgestorte aandelen zijn uitgegeven, de persoonlijke gegevens met uitzondering van de handtekening van de houders van zulke aandelen, met vermelding van het aandelenbezit van iedere houder en van het daarop gestorte bedrag;

e. de persoonlijke gegevens met uitzondering van de handtekening van de houder van alle aandelen in het kapitaal van de vennootschap of van een deelgenoot in een huwelijksgemeenschap dan wel een gemeenschap van een geregistreerd partnerschap waartoe alle aandelen in

het kapitaal van de vennootschap behoren, de aandelen gehouden door de vennootschap of haar dochtermaatschappijen niet meegeteld;
f. indien zulks het geval is, dat de statuten van de vennootschap beantwoorden aan de artikelen 158 tot en met 161 en 164 of de artikelen 268 tot en met 271 en 274 van boek 2 van het Burgerlijk Wetboek.
– 2. Indien een vennootschap als bedoeld in het eerste lid een beleggingsmaatschappij met veranderlijk kapitaal als bedoeld in artikel 76a van Boek 2 van het Burgerlijk Wetboek is, wordt het bedrag opgegeven van het ingeschreven kapitaal op de eerste werkdag na 30 april. Tussentijds kunnen in het handelsregister wijzigingen van het ingeschreven kapitaal worden opgegeven.

§ 4.3.3. Europees economisch samenwerkingsverband

Art. 23

Europees economisch samenwerkingsverband

– 1. In het handelsregister worden over een Europees economisch samenwerkingsverband opgenomen:
a. de persoonlijke gegevens van iedere bestuurder en commissaris en de datum waarop hij in en uit functie is getreden, en of hij bevoegd is het samenwerkingsverband alleen of gezamenlijk handelend met een of meer anderen te vertegenwoordigen;
b. indien een beding is gemaakt als bedoeld in artikel 26, tweede lid, tweede alinea, van verordening 2137/85, de inhoud van dat beding;
c. indien een bestuurder niet een natuurlijke persoon is, de persoonlijke gegevens van een ieder die als vertegenwoordiger in de zin van artikel 19, tweede lid, van verordening 2137/85 is aangewezen en de datum waarop hij als vertegenwoordiger is aangewezen.
– 2. Bij het handelsregister wordt gedeponeerd een authentiek afschrift of een door een opgaveplichtige gewaarmerkt afschrift van de oprichtingsovereenkomst in de Nederlandse, Duitse, Engelse of Franse taal.

§ 4.3.4. Niet-Nederlandse rechtspersonen en vennootschappen

Art. 24

Buitenlandse vennootschap overeenkomst recht EER-staat

– 1. Indien een in Nederland gevestigde onderneming of een in Nederland gelegen nevenvestiging van een buiten Nederland gevestigde onderneming toebehoort aan een vennootschap als bedoeld in richtlijn 68/151/EEG, opgericht naar het recht van een andere staat dan Nederland en die staat partij is bij de Overeenkomst betreffende de Europese Economische Ruimte, zijn de artikelen 15, 22 en 23 niet van toepassing.
– 2. In het handelsregister wordt over een vennootschap als bedoeld in het eerste lid opgenomen, de persoonlijke gegevens van iedere bestuurder en commissaris, de datum waarop hij in en uit functie is getreden en of hij bevoegd is de vennootschap alleen of handelend met een of meer anderen te vertegenwoordigen.
– 3. In het handelsregister worden over de in het eerste lid bedoelde onderneming of nevenvestiging opgenomen, de persoonlijke gegevens van de bij de onderneming of de hoofdnederzetting werkzame beheerder of een andere vergelijkbare gevolmachtigde, zijn functie en de datum waarop hij bij de onderneming of de hoofdnederzetting als zodanig in en uit functie is getreden en de inhoud van zijn volmacht.
– 4. Bij het handelsregister wordt gedeponeerd een authentiek afschrift of een door een opgaveplichtige gewaarmerkt afschrift van de oprichtingsakte van de vennootschap en van de statuten, indien deze in een afzonderlijke akte zijn opgenomen in de Nederlandse, Duitse, Engelse of Franse taal.
– 5. Bij het handelsregister wordt telkens het meest recente exemplaar van de boekhoudbescheiden van de vennootschap gedeponeerd, voor zover en in de vorm waarin de vennootschap deze in het land van haar statutaire zetel openbaar moet maken, in de Nederlandse, Duitse, Engelse of Franse taal.

Art. 25

Buitenlandse vennootschap met vergelijkbare rechtsvorm

– 1. Indien een in Nederland gevestigde onderneming of een in Nederland gelegen nevenvestiging van een buiten Nederland gevestigde onderneming toebehoort aan een vennootschap opgericht naar het recht van een staat die geen partij is bij de Overeenkomst betreffende de Europese Economische Ruimte, met een rechtsvorm die vergelijkbaar is met een vennootschap als bedoeld in richtlijn 68/151/EEG, zijn de artikelen 15, 22 en 23 niet van toepassing.
– 2. In het handelsregister worden over een vennootschap als bedoeld in het eerste lid opgenomen:
a. de persoonlijke gegevens van iedere bestuurder en commissaris van de vennootschap, de datum waarop hij bij de vennootschap als zodanig in en uit functie is getreden, of hij bevoegd is de vennootschap alleen of gezamenlijk handelend met een of meer anderen te vertegenwoordigen en de inhoud van zijn bevoegdheid;

b. onder het recht van welk land de vennootschap valt.
– 3. In het handelsregister worden over de in het eerste lid bedoelde onderneming of nevenvestiging opgenomen:
a. indien de hoofdvestiging van de onderneming buiten Nederland is gelegen, het post- en bezoekadres van de hoofdvestiging van de onderneming;
b. de persoonlijke gegevens van de bij de onderneming of de hoofdnederzetting werkzame beheerder of een andere vergelijkbare gevolmachtigde, zijn functie en de datum waarop hij bij de onderneming of de hoofdnederzetting als zodanig in en uit functie is getreden, en de inhoud van zijn volmacht;
c. het bedrag van het geplaatste kapitaal van de vennootschap op de eerste werkdag na 30 april van de vennootschap.
– 4. In aanvulling op de opgave, bedoeld in het derde lid, onder c, kunnen in het handelsregister tussentijds wijzigingen van het ingeschreven kapitaal worden opgegeven.
– 5. Artikel 24, vierde en vijfde lid, zijn van overeenkomstige toepassing.

Art. 26

Andere buitenlandse vennootschap

– 1. Indien een in Nederland gevestigde onderneming of een in Nederland gelegen nevenvestiging van een buiten Nederland gevestigde onderneming toebehoort aan een vennootschap of rechtspersoon opgericht naar het recht van een ander land dan Nederland, niet zijnde een vennootschap als bedoeld in de artikelen 24 en 25, zijn de artikelen 15 en 18 tot en met 23 niet van toepassing.
– 2. In het handelsregister worden over de in het eerste lid bedoelde vennootschap of rechtspersoon opgenomen:
a. de persoonlijke gegevens van iedere vennoot, bestuurder en commissaris van de vennootschap of rechtspersoon, de datum waarop hij bij de vennootschap of rechtspersoon als zodanig in en uit functie is getreden, of hij bevoegd is de vennootschap of rechtspersoon alleen of gezamenlijk met een of meer anderen te vertegenwoordigen en de inhoud van zijn bevoegdheid;
b. onder het recht van welk land de vennootschap of rechtspersoon valt.
– 3. In het handelsregister worden over de in het eerste lid bedoelde onderneming of nevenvestiging opgenomen:
a. indien de hoofdvestiging van de onderneming buiten Nederland is gelegen, het post- en bezoekadres van de hoofdvestiging van de onderneming en hetgeen ingevolge de wetgeving van het desbetreffende land omtrent de onderneming in het register aldaar wordt opgenomen of op andere wijze wordt openbaar gemaakt;
b. de persoonlijke gegevens van de bij de onderneming of de hoofdnederzetting werkzame beheerder of een andere dergelijke gevolmachtigde, zijn functie, de datum waarop hij bij de onderneming of de hoofdnederzetting als zodanig in en uit functie is getreden en de inhoud van zijn volmacht.
– 4. Artikel 24, vierde lid, voor zover het een rechtspersoon betreft, en vijfde lid, zijn van overeenkomstige toepassing.

Art. 27

Wijziging van oprichtingsovereenkomst en van statuten

– 1. In geval van wijziging van de oprichtingsovereenkomst van een Europees economisch samenwerkingsverband en van de statuten van een rechtspersoon als bedoeld in de artikelen 24 tot en met 26 wordt gedeponeerd:
a. een authentiek afschrift van de notariële akte die van de wijziging is opgemaakt of, indien van de wijziging geen notariële akte is opgemaakt, een door een opgaveplichtige gewaarmerkt afschrift van de wijziging;
b. een doorlopende tekst van de oprichtingsovereenkomst en van de statuten zoals die tengevolge van de aangebrachte wijziging luiden.
– 2. Deze bescheiden zijn in de Nederlandse, Duitse, Engelse of Franse taal.

§ 4.3.5. Vereniging, coöperatie, onderlinge waarborgmaatschappij en stichting

Art. 28

Vereniging, coöperatie, onderlinge waarborgmaatschappij

– 1. In het handelsregister worden over een vereniging met volledige rechtsbevoegdheid, coöperatie of onderlinge waarborgmaatschappij opgenomen:
a. de persoonlijke gegevens van iedere bestuurder en commissaris en de datum waarop hij in en uit functie is getreden en of hij bevoegd is de rechtspersoon alleen of gezamenlijk handelend met een of meer anderen te vertegenwoordigen;
b. de persoonlijke gegevens van anderen dan de bestuurders aan wie de statuten bevoegdheid tot vertegenwoordiging toekennen, en de inhoud van de bevoegdheid.
– 2. In het handelsregister wordt opgenomen dat de statuten van een coöperatie of onderlinge waarborgmaatschappij beantwoorden aan de artikelen 63f tot en met 63j van Boek 2 van het Burgerlijk Wetboek, indien zulks het geval is.

– 3. Indien een vereniging zonder volledige rechtsbevoegdheid in het handelsregister wordt ingeschreven, worden de gegevens bedoeld in het eerste lid in het handelsregister opgenomen.

Art. 29

In het handelsregister worden over een stichting opgenomen:

Stichting

a. de persoonlijke gegevens van iedere bestuurder en ieder lid van het toezichthoudend orgaan en de datum waarop hij bij de stichting als zodanig in en uit functie is getreden, of hij bevoegd is de stichting alleen of gezamenlijk handelend met een of meer anderen te vertegenwoordigen;

b. de persoonlijke gegevens van anderen dan de bestuurders aan wie de statuten bevoegdheid tot vertegenwoordiging toekennen, en de inhoud van de bevoegdheid.

§ 4.3.6. Vereniging van eigenaars

Art. 30

In het handelsregister worden over een vereniging van eigenaars opgenomen:

Vereniging van eigenaars

a. de persoonlijke gegevens van iedere bestuurder en de datum waarop hij in en uit functie is getreden, en de inhoud van zijn bevoegdheid de vereniging te vertegenwoordigen;

b. een authentiek afschrift van de notariële akte, dan wel een authentiek uittreksel van de notariële akte bevattende de statuten;

c. een authentiek afschrift van de notariële akte van wijziging en de gewijzigde statuten.

§ 4.3.7. Kerkgenootschap

Art. 31

Kerkgenootschap

– 1. In het handelsregister wordt over een organisatie met rechtspersoonlijkheid waarvan een of meer kerkgenootschappen deel uitmaken als bedoeld in artikel 6, derde lid van de wet opgenomen:

a. het post- en bezoekadres;

b. het telefoonnummer, het faxnummer, het e-mailadres en het internetadres.

– 2. In het handelsregister worden over een kerkgenootschap, als bedoeld in artikel 8, eerste dan wel tweede lid, opgenomen:

a. het post- en bezoekadres;

b. het telefoonnummer, het faxnummer, het e-mailadres en het internetadres.

– 3. Als gegevens, als bedoeld in artikel 17, eerste lid, onderdeel c, van de wet worden voor kerkgenootschappen en lichamen, in de zin van artikel 2 van Boek 2 van het Burgerlijk Wetboek aangewezen:

a. de statutaire zetel, bedoeld in artikel 12, onderdeel c, van de wet;

b. de datum van aanvang, bedoeld in artikel 12, onderdeel d, van de wet;

c. de datum van aanvang, bedoeld in artikel 13, onderdeel b, van de wet;

d. de gegevens, bedoeld in artikel 13, onderdeel c, en artikel 14 van de wet.

– 4. In het handelsregister kunnen over een kerkgenootschap of een zelfstandig onderdeel daarvan, in de zin van artikel 2 van Boek 2 van het Burgerlijk Wetboek worden opgenomen:

a. de naam;

b. het post- en bezoekadres;

c. het telefoonnummer, het faxnummer, het e-mailadres en het internetadres;

d. de gegevens, genoemd in het derde lid.

§ 4.3.8. Overige privaatrechtelijke rechtspersonen

Art. 32

In het handelsregister worden over overige privaatrechtelijke rechtspersonen als bedoeld in artikel 6, eerste lid, onderdeel b, van de wet opgenomen:

Overige privaatrechtelijke rechtspersonen

a. de persoonlijke gegevens van ieder lid van het besturend en toezichthoudend orgaan en de datum waarop hij in en uit functie is getreden, of hij bevoegd is de rechtspersoon alleen of gezamenlijk handelend met een of meer anderen te vertegenwoordigen en de inhoud van deze bevoegdheid;

b. de persoonlijke gegevens van anderen dan de bestuurders aan wie de statuten of reglementen bevoegdheid tot vertegenwoordiging toekennen, en de inhoud van de bevoegdheid;

c. de oprichtingsakte of statuten, waaruit de rechtspersoonlijkheid blijkt.

§ 4.3.9. Publiekrechtelijke rechtspersoon

Art. 33

Als gegevens als bedoeld in artikel 17, eerste lid, onderdeel c, van de wet, worden voor publiekrechtelijke rechtspersonen aangewezen:

Publiekrechtelijke rechtspersoon

a. de statutaire zetel, bedoeld in artikel 12, onderdeel c, van de wet;

b. de datum van aanvang, bedoeld in artikel 12, onderdeel d, of artikel 13, onderdeel b, van de wet.

Art. 34

Onderneming van publiekrechtelijke rechtspersoon

In het handelsregister worden over een onderneming die toebehoort aan een publiekrechtelijke rechtspersoon opgenomen, de naam van iedere bestuurder en ieder lid van het toezichthoudend orgaan, of hij bevoegd is de rechtspersoon te vertegenwoordigen en de inhoud van deze bevoegdheid.

§ 5. *Vestiging*

Art. 35

Vestiging

In het handelsregister worden over een vestiging opgenomen:
a. het telefoonnummer, het faxnummer, het e-mailadres en het internetadres;
b. een korte aanduiding van de uitgeoefende activiteit of activiteiten.

§ 6. *Bijzondere gegevens*

Art. 36

Handlichting

– 1. Indien een minderjarige, aan wie een onderneming toebehoort, die niet-commanditair vennoot of lid van een rederij is, handlichting heeft verkregen, worden in het handelsregister opgenomen, de datum waarop de handlichting is verkregen en de bevoegdheden die de minderjarige daarbij zijn toegekend.
– 2. Bij de opgave ter inschrijving wordt de datum van uitgave en het nummer van de *Staatscourant* overgelegd waarin de rechterlijke beschikking inzake de handlichting is openbaar gemaakt, of een authentiek afschrift van de beschikking met vermelding van de dagtekening en het nummer van die *Staatscourant*.

Art. 37

Onderbewindstelling

In geval van onderbewindstelling als bedoeld in titel 18 of titel 19 van Boek 1 of titel 5, afdeling 7, van Boek 4 van het Burgerlijk Wetboek, artikel 8, onder b, of 29, eerste lid, onder b, van de Wet op de economische delicten van een onderneming, een aandeel in een vennootschap of in een rederij worden in het handelsregister opgenomen:
a. de persoonlijke gegevens van de bewindvoerder en de datum waarop hij in en uit functie is getreden;
b. de rechterlijke beslissingen inzake zijn bevoegdheid als bedoeld in de artikelen 437, tweede lid, en 441, tweede lid, onderdeel f, en derde lid, van Boek 1 van het Burgerlijk Wetboek;
c. de omstandigheid of het bewind is ingesteld in het belang van de rechthebbende, in het belang van een ander dan de rechthebbende, dan wel zowel in het belang van de rechthebbende als een of meer anderen of in een gemeenschappelijk belang zoals bedoeld in artikel 167 van Boek 4 Burgerlijk Wetboek, de bevoegdheden van de bewindvoerder zoals geregeld in de uiterste wil overeenkomstig artikel 171 lid 1 en de rechterlijke beslissing inzake de bevoegdheid van de bewindvoerder als bedoeld in artikel 171 lid 2 van Boek 4 Burgerlijk Wetboek;
d. de aanvang en het einde van het bewind.

Art. 38

Curatele

In geval van curatele van degene aan wie een onderneming toebehoort, van een vennoot of lid van een rederij, worden in het handelsregister opgenomen alle aankondigingen die krachtens artikel 390 van Boek 1 van het Burgerlijk Wetboek in de *Staatscourant* worden opgenomen.

Art. 39

Faillissement, surseance, schuldsanering

In het handelsregister worden opgenomen:
a. de rechterlijke uitspraak houdende faillietverklaring, verlening van surseance van betaling of het van toepassing verklaren van de schuldsaneringsregeling natuurlijke personen betreffende degene die als eigenaar van een onderneming, als vennoot of als lid van een rederij in het handelsregister is ingeschreven of betreffende een ingeschreven rechtspersoon;
b. de vernietiging van een zodanige uitspraak;
c. het einde van het faillissement, de surseance van betaling of de toepassing van de schuldsaneringsregeling natuurlijke personen;
d. in geval van faillietverklaring, verlening van surseance van betaling of het van toepassing verklaren van de schuldsaneringsregeling natuurlijke personen: de naam en het adres van de rechter-commissaris, en van de curator of de bewindvoerder.

Art. 40

Ontbinding

– 1. In het handelsregister wordt de ontbinding van een vennootschap of rechtspersoon opgenomen, onder vermelding van datum van de ontbinding, de persoonlijke gegevens, de bevoegdheid van ieder der vereffenaars en de datum waarop hij vereffenaar is geworden.
– 2. Indien de ontbinding een vennootschap betreft als bedoeld in artikel 24 worden in het handelsregister opgenomen de bevoegdheden van de vereffenaars, indien die in het land waar de vennootschap is gevestigd openbaar gemaakt moeten worden. Indien de ontbinding een

vennootschap of rechtspersoon als bedoeld in de artikelen 25 en 26 betreft, worden mede opgenomen de bevoegdheden van de vereffenaars.

– 3. De voltooiing van de vereffening van een Europees economisch samenwerkingsverband of van een vennootschap of rechtspersoon als bedoeld in de artikelen 24, 25 en 26, wordt in het handelsregister opgenomen.

Art. 41

Aankondiging ingevolge Wft

Alle aankondigingen die ingevolge de Wet op het financieel toezicht in de *Staatscourant* worden opgenomen, worden tevens opgenomen in het handelsregister.

§ *7. Ondersteunende gegevens*

Art. 42

Gegevens over melding en onderzoek

In het handelsregister worden over de melding en het onderzoek alle gegevens opgenomen die de kamer die het onderzoek heeft verricht noodzakelijk acht voor het functioneren van het register.

HOOFDSTUK 5
Gegevens uit andere basisregisters afkomstig

Art. 43

Persoonlijke gegevens

De persoonlijke gegevens van natuurlijke personen, met uitzondering van de handtekening, worden overgenomen uit de basisadministratie, bedoeld in artikel 2 van de Wet gemeentelijke basisadministratie persoonsgegevens, met inbegrip van de datum waarop wijzigingen van die gegevens zijn ingegaan.

Art. 44

Termijn

De gegevens die worden overgenomen uit de basisadministratie, bedoeld in artikel 43, verschillen ten hoogste 72 uur met de gegevens in die basisadministratie.

HOOFDSTUK 6
Wijzigen van opgenomen gegevens

Art. 45

Melding

– 1. De melding wordt gedaan door middel van een bij ministeriële regeling vastgesteld formulier.

– 2. De melding bevat ten minste:

a. nog niet in werking getreden;

b. de naam, het telefoonnummer en het correspondentieadres van een contactpersoon voor de melding;

c. voorzover bekend, alle op de melding betrekking hebbende unieke nummers bedoeld in artikel 9 tot en met 14 van de wet;

d. het gegeven waarop de melding betrekking heeft;

e. indien mogelijk een indicatie van het juiste gegeven met onderbouwende stukken;

f. de datum van de melding en de datum van de constatering van de vermoedelijke onjuistheid van het gegeven.

– 3. Indien de melding betrekking heeft op een onderneming of rechtspersoon die niet in het register is opgenomen wordt dat op het formulier aangegeven.

– 4. Indien de melding betrekking heeft op een gegeven dat is overgenomen uit een ander basisregister, zendt de kamer de melding binnen één werkdag door aan de beheerder van dat register.

Art. 46

Aantekening 'in onderzoek'

Een aantekening, dat een gegeven in onderzoek is, wordt geplaatst bij het gegeven waarop de melding betrekking heeft.

Art. 47

Informatie betrokken bestuursorgaan

Een kamer informeert het bestuursorgaan dat een melding heeft gedaan over:

a. het besluit dat deze kamer neemt naar aanleiding van de melding;

b. het feit dat tegen het onder a bedoelde besluit bezwaar is gemaakt en de beslissing op dat bezwaar;

c. het feit dat beroep is ingediend en de onherroepelijk geworden rechterlijke uitspraak in dat beroep.

Art. 48

Aanwijzing niet-authentieke gegevens

Als gegevens als bedoeld in artikel 38, tweede lid, van de wet worden de in hoofdstuk 4 genoemde gegevens aangewezen.

Art. 49

Aantekening van onrechtmatigverklaring

Indien bij rechterlijke uitspraak hetgeen in het handelsregister is opgenomen geheel of gedeeltelijk onrechtmatig is verklaard, doet de kamer op verzoek van een belanghebbende daarvan aantekening in het register.

HOOFDSTUK 7
Uitzondering derdenwerking

Art. 50

Gegevens ingevolge ambtshalve eerste inschrijving

Als gegevens bedoeld in artikel 25, vierde lid, onderdeel c, van de wet, worden alle gegevens aangewezen over een onderneming of rechtspersoon die voor het eerst is opgenomen in het handelsregister zonder een opgave door een daartoe bevoegd persoon, zolang de handtekening van degene die tot het doen van opgave verplicht is, niet in het handelsregister is opgenomen.

HOOFDSTUK 8
Verstrekking van gegevens

Art. 51

Afscherming privé-adres

– 1. Het adres van een:
a. bestuurder, gewezen bestuurder,
b. commissaris of gewezen commissaris,
c. gevolmachtigde of gewezen gevolmachtigde,
d. enig aandeelhouder of gewezen enig aandeelhouder,
e. houder of gewezen houder van niet volgestorte aandelen,
f. vereffenaar of gewezen vereffenaar of
g. beheerder of gewezen beheerder, bedoeld in artikel 24, derde lid, artikel 25, derde lid, onder b, of artikel 26, derde lid, onder b van een rechtspersoon kan niet worden ingezien, behalve door bestuursorganen, advocaten, deurwaarders, notarissen en de in artikel 28, derde lid, van de wet genoemde organisaties.
– 2. Het eerste lid is niet van toepassing op bestuurders van verenigingen zonder volledige rechtsbevoegdheid, verenigingen van eigenaars en overige privaatrechtelijke rechtspersonen, bedoeld in artikel 6, eerste lid, onderdeel b, van de wet.
– 3. Het adres van een natuurlijk persoon kan op zijn verzoek worden afgeschermd tegen inzage door anderen dan bestuursorganen, advocaten, deurwaarders, notarissen en de in artikel 28, derde lid, van de wet genoemde organisaties, indien:
a. er sprake is van een waarschijnlijke dreiging;
b. het woonadres in het handelsregister niet kan worden ingezien met betrekking tot een andere onderneming;
c. betrokkene niet beschikt over een openbaar telefoonnummer;
d. deze persoon zelf maatregelen heeft genomen om de bekendheid van zijn adres te verminderen, en
e. het belang van afscherming zwaarder weegt dan de rechtszekerheid in het economisch verkeer.

Art. 52

Publicatie

– 1. Als rechtspersonen en vennootschappen, bedoeld in artikel 24, eerste lid, van de wet, worden aangewezen:
a. de Europese coöperatieve vennootschap;
b. de vennootschappen, bedoeld in artikelen 24 en 25;
c. de vennootschappen bedoeld in artikel 17, voor zover de niet-commanditaire vennoten daarvan kapitaalvennootschappen naar buitenlands recht zijn.
– 2. Als gegevens en bescheiden, bedoeld in artikel 24, derde lid, van de wet, worden aangewezen, alle gegevens ten aanzien waarvan geen publicatieplicht geldt op grond van een bindend besluit van de Raad van de Europese Unie of de Commissie van de Europese Gemeenschappen.

Art. 53

Bevat wijzigingen in artikel 1, het opschrift van paragraaf 4.2, de artikelen 17-19, paragraaf 4.3.1 en artikel 21 van dit besluit.

HOOFDSTUK 9
Slotartikelen

Art. 54

Inwerkingtreding

De artikelen van dit besluit treden in werking op een bij koninklijk besluit te bepalen tijdstip dat voor de verschillende artikelen of onderdelen daarvan verschillend kan worden vastgesteld.

Art. 55

Citeertitel

Dit besluit wordt aangehaald als: Handelsregisterbesluit met vermelding van het jaartal van het *Staatsblad* waarin het zal worden geplaatst.

Wet van 5 juli 1921, Stb. 842, houdende bepalingen omtrent de handelsnaam, zoals deze wet laatstelijk is gewijzigd bij de Wet van 8 maart 2007, Stb. 108

[Inwerkingtreding: 15-10-1922]

Wij WILHELMINA, bij de gratie Gods, Koningin der Nederlanden, Prinses van Oranje-Nassau, enz., enz., enz.

Allen, die deze zullen zien of hooren lezen, salut! doen te weten:

Alzoo Wij in overweging genomen hebben, dat het noodzakelijk is wettelijke bepalingen vast te stellen omtrent den handelsnaam;

Zoo is het, dat Wij, den Raad van State gehoord, en met gemeen overleg der Staten-Generaal, hebben goedgevonden en verstaan, gelijk Wij goedvinden en verstaan bij deze:

Art. 1

Omschrijving

Onder handelsnaam verstaat deze wet de naam waaronder een onderneming wordt gedreven.

Art. 2

Rechtsopvolging

De handelsnaam gaat over bij erfopvolging en is vatbaar voor overdracht, doch een en ander slechts in verbinding met de onderneming, die onder die naam wordt gedreven.

Art. 3

Onware aanduiding eigenaar

– 1. Het is de eigenaar ener onderneming verboden een handelsnaam te voeren, die in strijd met de waarheid aanduidt, dat de onderneming, geheel of gedeeltelijk aan een ander zou toebehoren.

– 2. Het eerste lid is mede van toepassing, indien de in de handelsnaam voorkomende aanduiding slechts in zo geringe mate van de naam van die ander afwijkt, dat dientengevolge bij het publiek verwarring van deze met de eigenaar der onderneming, te duchten is.

– 3. Het eerste lid is niet van toepassing, indien de handelsnaam en de onderneming afkomstig zijn van iemand, die die naam heeft gevoerd niet in strijd met deze wet.

Art. 4

Onware aanduiding rechtsvorm

– 1. Het is verboden een handelsnaam te voeren, die in strijd met de waarheid aanduidt, dat de onderneming zou toebehoren aan een of meer personen, handelende als een vennootschap onder een firma, als een vennootschap en commandite of een rederij, of wel aan een naamloze vennootschap, een besloten vennootschap met beperkte aansprakelijkheid, een onderlinge waarborgmaatschappij, een coöperatie, een vereniging of aan een stichting.

– 2. In de handelsnaam duidt de vermelding van meer dan één persoon, ook al worden hun namen niet genoemd, aan, dat de onderneming toebehoort aan personen, handelende als een vennootschap onder een firma; de woorden 'en compagnie', dat de onderneming toebehoort aan personen, handelende als een vennootschap onder een firma of aan een of meer personen, handelende als een vennootschap *en commandite*; het woord 'maatschappij', dat de onderneming toebehoort aan een naamloze vennootschap, aan een besloten vennootschap met beperkte aansprakelijkheid of aan een vereniging, en het woord 'fonds' aan een stichting; alles voor zover niet uit de handelsnaam in zijn geheel het tegendeel blijkt.

– 3. Het eerste lid is niet van toepassing, indien de handelsnaam wordt gevoerd door één persoon zonder vennoten, en die naam en de onderneming afkomstig zijn van een vennootschap onder een firma of van een vennootschap *en commandite*, die die handelsnaam heeft gevoerd niet in strijd met deze wet.

Art. 5

Handelsnaam van ander

Het is verboden een handelsnaam te voeren, die, vóórdat de onderneming onder die naam werd gedreven, reeds door een ander rechtmatig gevoerd werd, of die van diens handelsnaam slechts in geringe mate afwijkt, een en ander voor zover dientengevolge, in verband met de aard der beide ondernemingen en de plaats, waar zij gevestigd zijn, bij het publiek verwarring tussen die ondernemingen te duchten is.

Art. 5a

Handelsnaam en merk van ander

Het is verboden een handelsnaam te voeren, die het merk bevat, waarop een ander ter onderscheiding van zijn fabrieks- of handelswaren recht heeft, dan wel een aanduiding, die van zodanig merk slechts in geringe mate afwijkt, voor zover dientengevolge bij het publiek verwarring omtrent de herkomst van de waren te duchten is.

Art. 5b

Misleidende handelsnaam

Het is verboden een handelsnaam te voeren, welke een onjuiste indruk geeft van de onder die naam gedreven onderneming, voor zover dientengevolge misleiding van het publiek te duchten is.

Art. 6

Bevel tot wijziging verboden handelsnaam

– 1. Indien een handelsnaam wordt gevoerd in strijd met deze wet, kan ieder belanghebbende, onverminderd zijn vordering krachtens titel 3 van Boek 6 van het Burgerlijk Wetboek, zich bij verzoekschrift tot de kantonrechter wenden met het verzoek, degene die de verboden handelsnaam voert, te veroordelen, daarin zodanige door de rechter te bepalen wijziging aan te brengen, dat de gestelde onrechtmatigheid wordt opgeheven.

– 2. Het verzoekschrift wordt gericht tot de rechtbank van het arrondissement waarin de onderneming is gevestigd, die onder de verboden handelsnaam wordt gedreven. Is de onderneming buiten het rijk in Europa gevestigd, doch heeft zij in dat rijk een filiaal of bijkantoor, of wordt zij aldaar vertegenwoordigd door een gevolmachtigde handelsagent, dan is de rechtbank van het arrondissement waarin dat filiaal of bijkantoor of die handelsagent is gevestigd, bevoegd. Indien volgens de voorgaande bepalingen geen rechtbank bevoegd is, is de rechtbank van het arrondissement waarin de woonplaats des verzoekers is gelegen bevoegd. Is de onderneming in meer dan één arrondissement gevestigd, dan is bevoegd de rechtbank van elk van deze arrondissementen, ter keuze van de verzoeker. Hetzelfde geldt ingeval de onderneming buiten het rijk in Europa is gevestigd, doch in meer dan één arrondissement een filiaal of bijkantoor heeft of door een gevolmachtigde handelsagent vertegenwoordigd wordt. Het verzoekschrift wordt behandeld door de kantonrechter.

– 3. Het verzoekschrift wordt aan de wederpartij betekend. De kantonrechter beschikt niet op het verzoekschrift dan na verhoor of behoorlijke oproeping van partijen.

– 4. De griffier zendt een afschrift van de beslissing van de kantonrechter aan partijen. Binnen een maand na de dag van de verzending van dit afschrift kan door hem, die daarbij geheel of gedeeltelijk in het ongelijk is gesteld, hoger beroep worden ingesteld bij het gerechtshof, dat in raadkamer beslist. Het derde lid vindt overeenkomstige toepassing.

– 5. De griffier zendt een afschrift van de beslissing van de het gerechtshof aan partijen. Binnen één maand na de dag van de verzending van dit afschrift kan door hem, die daarbij geheel of gedeeltelijk in het ongelijk is gesteld, beroep in cassatie worden ingesteld. Het daartoe strekkend verzoekschrift wordt aan de wederpartij betekend.

– 6. De rechter kan de voorlopige tenuitvoerlegging van zijn beschikking bevelen.

Art. 6a

Bevel tot wijziging op verzoek van KvK

– 1. Het verzoek bedoeld in het eerste lid van het vorige artikel kan ook gedaan worden door de Kamer van Koophandel en Fabrieken.

– 2. De Kamer van Koophandel en Fabrieken, binnen welker ressort de ingevolge artikel 6, tweede lid, bevoegde rechter zetelt, is tot het doen van het verzoek bevoegd.

– 3. Het verzoekschrift wordt door de griffier toegezonden aan de eigenaar van de onderneming, van welke wijziging van de handelsnaam wordt verzocht, en zo nodig aan andere belanghebbenden. De kantonrechter beslist niet dan na verhoor of behoorlijke oproeping van degenen aan wie het verzoekschrift is toegezonden.

– 4. Het vierde, vijfde en zesde lid van het vorige artikel vinden overeenkomstige toepassing.

Art. 6b

Tijdelijke voortzetting overtreding art. 5 /5a

De voorzieningenrechter kan op vordering van eiser tijdelijke voortzetting van de vermeende strijd met de artikelen 5 of 5*a* toestaan onder de voorwaarde dat gedaagde zekerheid stelt voor vergoeding van de door eiser geleden schade.

Art. 6c

Forfaitaire schadevergoeding

– 1. Indien een handelsnaam wordt gevoerd in strijd met de artikelen 5 of 5*a*, kan de rechter in passende gevallen de schadevergoeding vaststellen als een forfaitair bedrag.

– 2. De rechter kan op vordering van degene die de handelsnaam voert gelasten dat op kosten van degene die heeft gehandeld in strijd met de artikelen 3 tot en met 5*b* passende maatregelen worden getroffen tot verspreiding van informatie over de uitspraak.

Art. 7

Strafbepaling

– 1. Hij die een handelsnaam voert in strijd met deze wet, wordt gestraft met een geldboete van de tweede categorie.

– 2. Het feit wordt beschouwd als overtreding.

– 3. Indien tijdens het plegen van de overtreding nog geen twee jaren zijn verlopen sedert een vroegere veroordeling van de schuldige wegens gelijke overtreding onherroepelijk is geworden, kan hechtenis van ten hoogste veertien dagen of geldboete van de tweede categorie worden opgelegd.

– 4. *Vervallen.*

– 5. De ambtenaar van het openbaar ministerie kan, alvorens tot vervolging van het strafbaar feit over te gaan, degene die de verboden handelsnaam voert, de wijziging mededelen, die de ambtenaar nodig voorkomt om de onrechtmatigheid van de handelsnaam op te heffen; daarbij wordt een bekwame termijn gesteld om die wijziging aan te brengen. Wordt die wijziging binnen de gestelde termijn aangebracht, dan is het recht tot strafvordering vervallen.

Art. 8

Vervallen.

Art. 9

Bevat wijzigingen in andere regelgeving.

Slot- en overgangsbepalingen

Art. 10

Deze wet kan worden aangehaald onder de titel 'Handelsnaamwet'.

Citeertitel

Art. 11

Inwerkingtreding; overgangsbepalingen

– 1. Deze wet treedt in werking op een door Ons te bepalen tijdstip.

– 2. Indien bij het in werking treden dezer wet een handelsnaam wordt gevoerd in strijd met deze wet kan te dier zake gedurende vier maanden na dat tijdstip geen rechtsmiddel worden aangewend.

– 3. Wanneer de uitdrukking 'niet in strijd met deze wet' aan het slot van de artikelen 3 en 4 betreft het voeren van een handelsnaam vóór het in werking treden dezer wet, betekent zij: niet in strijd met deze wet, indien zij tijdens het voeren van de handelsnaam van kracht geweest ware.

Wet van 22 mei 1997, Stb. 242, houdende nieuwe regels omtrent de economische mededinging, zoals deze wet laatstelijk is gewijzigd bij de Wet van 6 maart 2008, Stb. 95

[Inwerkingtreding: art. 98, 99: 03-10-1997; art. 1-97, 100-110: 01-01-1998]

Wij Beatrix, bij de gratie Gods, Koningin der Nederlanden, Prinses van Oranje-Nassau, enz. enz. enz.

Allen, die deze zullen zien of horen lezen, saluut! doen te weten:

Alzo Wij in overweging genomen hebben, dat het wenselijk is ter vervanging van de Wet economische mededinging nieuwe regels vast te stellen omtrent mededingingsafspraken en economische machtsposities, alsmede om regels te stellen omtrent toezicht op concentraties van ondernemingen, en daarbij zoveel mogelijk aan te sluiten bij de regels betreffende de mededinging krachtens het Verdrag tot oprichting van de Europese Gemeenschap;

Zo is het, dat Wij, de Raad van State gehoord, en met gemeen overleg der Staten-Generaal, hebben goedgevonden en verstaan, gelijk Wij goedvinden en verstaan bij deze:

HOOFDSTUK 1
Begripsbepalingen

Art. 1

Begripsbepaling

In deze wet en de daarop berustende bepalingen wordt verstaan onder:

a. Onze Minister: Onze Minister van Economische Zaken;
b. mededingingsautoriteit: de Nederlandse Mededingingsautoriteit, genoemd in artikel 2, eerste lid;
c. raad: de raad van bestuur van de mededingingsautoriteit;
d. Verdrag: het Verdrag tot oprichting van de Europese Gemeenschap;
e. overeenkomst: een overeenkomst in de zin van artikel 81, eerste lid, van het Verdrag;
f. onderneming: een onderneming in de zin van artikel 81, eerste lid, van het Verdrag;
g. ondernemersvereniging: een ondernemersvereniging in de zin van artikel 81, eerste lid, van het Verdrag;
h. onderling afgestemde feitelijke gedragingen: onderling afgestemde feitelijke gedragingen in de zin van artikel 81, eerste lid, van het Verdrag;
i. economische machtspositie: positie van een of meer ondernemingen die hen in staat stelt de instandhouding van een daadwerkelijke mededinging op de Nederlandse markt of een deel daarvan te verhinderen door hun de mogelijkheid te geven zich in belangrijke mate onafhankelijk van hun concurrenten, hun leveranciers, hun afnemers of de eindgebruikers te gedragen;
j. overtreding: een handeling die in strijd is met het bepaalde bij of krachtens deze wet;
k. onderzoek: handelingen die worden verricht met het oog op de vaststelling dat al dan niet een overtreding is begaan;
l. boete: de bestuurlijke sanctie bestaande in de verplichting aan de staat een bepaalde geldsom te betalen;
m. verordening 1/2003: verordening (EG) nr. 1/2003 van de Raad van de Europese Unie van 16 december 2002 betreffende de uitvoering van de mededingingsregels van de artikelen 81 en 82 van het Verdrag (*PbEG* 2003, L 1);
n. verordening 139/2004: verordening (EG) nr. 139/2004 van de Raad van de Europese Unie van 20 januari 2004 betreffende de controle op concentraties van ondernemingen (*PbEG* L 24);
o. mededingingsverordening: verordening genoemd in de onderdelen *m* en *n*;
p. consumentenorganisaties: stichtingen of verenigingen met volledige rechtsbevoegdheid die krachtens hun statuten tot taak hebben het behartigen van de collectieve belangen van consumenten.

HOOFDSTUK 2
De Nederlandse Mededingingsautoriteit

§ 1. Algemeen

Art. 2

Mededingingsautoriteit

– 1. Er is een Nederlandse Mededingingsautoriteit.
– 2. De raad van bestuur vormt het bestuur van de mededingingsautoriteit.

Art. 3

Benoeming en ontslag leden raad

– 1. De raad bestaat uit drie leden, onder wie de voorzitter.

– 2. Benoeming, schorsing en ontslag van de leden geschieden op voordracht van Onze Minister bij koninklijk besluit. Benoeming vindt plaats op grond van deskundigheid op het gebied van de taken waarmee de raad is belast.
– 3. De voorzitter wordt benoemd voor een periode van ten hoogste zes jaar en de overige leden worden benoemd voor een periode van ten hoogste vier jaar. De leden kunnen eenmaal worden herbenoemd voor een periode van ten hoogste vier jaar.
– 4. Een lid van de raad kan op eigen verzoek worden ontslagen. Hij kan voorts worden geschorst of ontslagen wegens ongeschiktheid of onbekwaamheid voor de vervulde functie dan wel wegens andere zwaarwegende in zijn persoon gelegen redenen.

Art. 4

Nevenfuncties

– 1. Een lid van de raad vervult geen nevenfuncties die ongewenst zijn met het oog op een goede vervulling van zijn functie of de handhaving van zijn onafhankelijkheid of van het vertrouwen daarin.
– 2. Een lid van de raad meldt het voornemen tot het aanvaarden van een nevenfunctie anders dan uit hoofde van zijn functie aan Onze Minister.
– 3. Nevenfuncties van een lid van de raad, anders dan uit hoofde van zijn functie worden openbaar gemaakt. Openbaarmaking geschiedt door het ter inzage leggen van een opgave van deze nevenfuncties bij de mededingingsautoriteit en bij Onze Minister.
– 4. Een lid van de raad heeft geen financiële of andere belangen bij ondernemingen waardoor zijn onpartijdigheid in het geding kan zijn.

Art. 4a

Bezoldiging

Onze Minister stelt de bezoldiging en de overige regels ten aanzien van de rechtspositie van de leden van de raad vast.

Art. 4b

Bestuursreglement

– 1. De raad stelt een bestuursreglement vast, waarin in ieder geval regels over de werkwijze en procedures zijn opgenomen. In het reglement worden tevens regels opgenomen over de verdeling van de werkzaamheden bij de voorbereiding van de besluiten van de raad.
– 2. Het bestuursreglement behoeft de goedkeuring van Onze Minister. De goedkeuring kan worden onthouden wegens strijd met het recht of op de grond dat het bestuursreglement naar het oordeel van Onze Minister een goede taakuitoefening door de raad kan belemmeren.
– 3. Het bestuursreglement wordt na de goedkeuring van Onze Minister bekend gemaakt in de *Staatscourant*.

§ 2. Taken en bevoegdheden

Art. 5

Uitvoering wet

De raad is belast met taken ter uitvoering van deze wet, alsmede ter uitvoering van andere wetten, voor zover dat in de desbetreffende wet is bepaald.

Art. 5a

Personeel, mandaatregeling

– 1. Onze Minister stelt ten behoeve van de uitvoering van de in artikel 5 bedoelde taken personeel ter beschikking van de raad.
– 2. Het personeel staat onder gezag van de raad en legt over werkzaamheden uitsluitend aan hem verantwoording af.
– 3. De raad stelt een mandaatregeling op ten aanzien van de bevoegdheden van het personeel.
– 4. In de mandaatregeling worden regels gesteld omtrent het verlenen van een algemeen mandaat met betrekking tot de uitvoering van de Elektriciteitswet 1998 en de Gaswet en kunnen regels worden gesteld in het kader van de uitvoering van andere wetten.
– 5. De raad voorziet in een specifieke organisatorische eenheid die wordt belast met uitvoering en toezicht op de Elektriciteitswet 1998 en de Gaswet.
– 6. De in het derde lid bedoelde regeling behoeft de goedkeuring van Onze Minister. Onze Minister onthoudt zijn goedkeuring indien naar zijn oordeel de mandaatregeling een goede taakuitoefening door de raad kan belemmeren. De regeling wordt na goedkeuring door de raad bekendgemaakt in de *Staatscourant*.
– 7. Indien Onze Minister van oordeel is dat de mandaatregeling een goede taakuitoefening belemmert, kan hij de raad verzoeken de mandaatregeling te wijzigen.
– 8. Indien de raad binnen drie maanden geen gevolg heeft gegeven aan een verzoek als bedoeld in het zevende lid kan Onze Minister de raad opdragen de mandaatregeling op een door hem gewenste wijze aan te passen.

Art. 5b

Werkzaamheden op grond van Verdrag

– 1. Onze Minister kan de raad opdragen werkzaamheden te verrichten in het kader van de uitvoering van regelgeving op het gebied van de mededinging op grond van het Verdrag, voor zover daarin niet reeds bij of krachtens de wet is voorzien, alsmede werkzaamheden op het gebied van de mededinging in verband met andere verdragen of internationale afspraken.

– 2. Onze Minister kan de raad instructies geven met betrekking tot het verrichten van de in het eerste lid bedoelde werkzaamheden, alsmede met betrekking tot het door de raad in te nemen standpunt in een adviescomité als bedoeld in artikel 14, tweede lid, van verordening 1/2003 en artikel 19, vierde lid, van verordening 139/2004, met dien verstande dat een instructie inzake een standpunt in een adviescomité geen betrekking heeft op mededingingsgaspecten van een individueel geval.

Art. 5c

Rapportage

– 1. Onze Minister kan, al dan niet op verzoek van een van Onze andere Ministers, de raad opdragen een rapportage uit te brengen inzake de effecten voor de mededinging van voorgenomen of geldende regelgeving of van een voorgenomen of een geldend besluit.
– 2. De raad kan een in het eerste lid bedoelde rapportage ook uit eigen beweging uitbrengen.
– 3. Het uitbrengen van een rapportage aan een van Onze andere Ministers geschiedt door tussenkomst van Onze Minister.
– 4. Op verzoek van een of beide Kamers van de Staten-Generaal brengt de raad met tussenkomst van Onze Minister een rapportage uit aan de beide Kamers der Staten-Generaal. Onze Minister zendt de rapportage onverwijld naar de beide Kamers der Staten-Generaal. Onze Minister kan de rapportage doen vergezellen van zijn bevindingen.

§ 3. Informatievoorziening, sturing en toezicht

Art. 5d

Beleidsregels inzake uitoefening bevoegdheden

– 1. Onze Minister kan beleidsregels vaststellen met betrekking tot de uitoefening van de aan de raad toegekende bevoegdheden.
– 2. Beleidsregels met betrekking tot de uitoefening van de in deze wet aan de raad toegekende bevoegdheden kunnen betrekking hebben of mede betrekking hebben op de wijze waarop de raad bij toepassing van artikel 6, derde lid, andere belangen dan economische belangen in zijn afweging moet betrekken.
– 3. De bekendmaking van de beleidsregels geschiedt door plaatsing in de *Staatscourant*.

Art. 5e

Verstrekken inlichtingen aan minister

– 1. De raad verstrekt desgevraagd aan Onze Minister alle voor de uitoefening van diens taak benodigde inlichtingen. Onze Minister kan inzage vorderen van alle zakelijke gegevens en bescheiden, voor zover dat voor de vervulling van zijn taak redelijkerwijs nodig is.
– 2. Onze Minister kan, nadat de raad in de gelegenheid is gesteld zijn opmerkingen te maken, nadere regels vaststellen met betrekking tot de gegevensuitwisseling tussen Onze Minister en de raad.

Art. 5f

Raad in gebreke

– 1. Indien naar het oordeel van Onze Minister de raad bij de uitoefening van zijn taak ernstig in gebreke blijft, kan Onze Minister de noodzakelijke voorzieningen treffen.
– 2. De voorzieningen worden, spoedeisende gevallen uitgezonderd, niet eerder getroffen dan nadat de raad in de gelegenheid is gesteld om binnen een door Onze Minister te stellen termijn alsnog zijn taak naar behoren uit te voeren.
– 3. Indien de in het eerste lid bedoelde taakverwaarlozing betrekking heeft op werkzaamheden ten behoeve van de uitvoering van een andere wet als bedoeld in artikel 5, treft Onze Minister de voorzieningen na overleg met Onze andere Minister wie het aangaat.
– 4. Onze Minister stelt de beide kamers der Staten-Generaal onverwijld in kennis van door hem getroffen voorzieningen als bedoeld in het eerste lid.

Art. 5g

Jaarverslag

– 1. De raad stelt jaarlijks voor 1 juli een jaarverslag op. Het jaarverslag heeft betrekking op de uitvoering van deze wet en op de uitvoering van andere wetten als bedoeld in artikel 5 voor zover in die wet niet is voorzien in een afzonderlijke verplichting tot het opstellen van een verslag.
– 2. Het verslag wordt gezonden aan Onze Minister en in voorkomend geval mede aan Onze andere Minister wie het aangaat en wordt algemeen verkrijgbaar gesteld.
– 3. Onze Minister brengt het verslag, vergezeld van zijn bevindingen daaromtrent alsmede van de bevindingen van Onze andere Minister, bedoeld in het tweede lid, voor 1 september ter kennis van de beide kamers der Staten-Generaal.

Art. 5h

Verslag aan Staten-Generaal

– 1. Onze Minister zendt elke vijf jaar aan de Staten-Generaal een verslag over de doeltreffendheid en doelmatigheid van het functioneren van de raad.
– 2. Voor zover het verslag betrekking heeft op de werkzaamheden ten behoeve van de uitvoering van een andere wet als bedoeld in artikel 5, stelt Onze Minister het verslag op na overleg met Onze andere Minister wie het aangaat.

Art. 5i

Ontwerpbegroting

– 1. De raad zendt jaarlijks voor 1 april aan Onze Minister de ontwerpbegroting voor het daaropvolgende jaar.
– 2. Indien gedurende het jaar aanmerkelijke verschillen ontstaan of dreigen te ontstaan tussen de werkelijke en de begrote baten en lasten dan wel inkomsten en uitgaven, doet de raad daarvan onverwijld mededeling aan Onze Minister onder vermelding van de oorzaak van de verschillen.

Art. 5j

Beveiliging van gegevens

De raad draagt op de voet van de ter zake voor de Rijksdienst geldende voorschriften zorg voor de nodige technische en organisatorische voorzieningen ter beveiliging van de gegevens bij de mededingingsautoriteit tegen verlies of aantasting en tegen onbevoegde kennisneming, wijziging of verstrekking van die gegevens.

Art. 5k

Periodieke informatie over prestaties

De raad verschaft aan Onze Minister periodiek informatie over de geleverde en te leveren prestaties.

Art. 5l

Uitvoeringsregels

De raad kan uitvoeringsregels vaststellen ter uitvoering van de aan hem opgedragen taken. Van de uitvoeringsregels doet de raad mededeling in de *Staatscourant*.

HOOFDSTUK 3
Mededingingsafspraken

§ 1. Verbod van mededingingsafspraken

Art. 6

Verbodsbepaling

– 1. Verboden zijn overeenkomsten tussen ondernemingen, besluiten van ondernemersverenigingen en onderling afgestemde feitelijke gedragingen van ondernemingen, die ertoe strekken of ten gevolge hebben dat de mededinging op de Nederlandse markt of een deel daarvan wordt verhinderd, beperkt of vervalst.
– 2. De krachtens het eerste lid verboden overeenkomsten en besluiten zijn van rechtswege nietig.
– 3. Het eerste lid geldt niet voor overeenkomsten, besluiten en onderling afgestemde feitelijke gedragingen die bijdragen tot verbetering van de productie of van de distributie of tot bevordering van de technische of economische vooruitgang, mits een billijk aandeel in de daaruit voortvloeiende voordelen de gebruikers ten goede komt, en zonder nochtans aan de betrokken ondernemingen
a. beperkingen op te leggen die voor het bereiken van deze doelstellingen niet onmisbaar zijn, of
b. de mogelijkheid te geven, voor een wezenlijk deel van de betrokken goederen en diensten de mededinging uit te schakelen.
– 4. Een onderneming of ondernemersvereniging die zich op het derde lid beroept, bewijst dat aan dat lid is voldaan.

Art. 7

Bagatelvoorziening

– 1. Artikel 6, eerste lid, geldt niet voor overeenkomsten, besluiten en onderling afgestemde feitelijke gedragingen als bedoeld in dat artikel indien:
a. bij de desbetreffende overeenkomst of onderling afgestemde feitelijke gedraging niet meer dan acht ondernemingen betrokken zijn, dan wel bij de desbetreffende ondernemersvereniging niet meer dan acht ondernemingen betrokken zijn, en
b. de gezamenlijke omzet in het voorafgaande kalenderjaar van de bij de desbetreffende overeenkomst of onderling afgestemde feitelijke gedraging betrokken ondernemingen dan wel de gezamenlijke omzet van de bij de desbetreffende ondernemersvereniging betrokken ondernemingen niet hoger is dan:
1° € 5 500 000, indien daarbij uitsluitend ondernemingen zijn betrokken wier activiteiten zich in hoofdzaak richten op het leveren van goederen;
2° € 1 100 000, in alle andere gevallen.
– 2. Onverminderd het bepaalde in het eerste lid, geldt artikel 6, eerste lid, voorts niet voor overeenkomsten, besluiten en onderling afgestemde feitelijke gedragingen als bedoeld in dat artikel voor zover daarbij ondernemingen of ondernemersverenigingen betrokken zijn die daadwerkelijke of potentiële concurrenten zijn op een of meer van de relevante markten, indien:
a. het gezamenlijke marktaandeel van de bij de overeenkomst, het besluit of de onderling afgestemde feitelijke gedraging betrokken ondernemingen of ondernemersverenigingen op geen van de relevante markten waarop de overeenkomst, het besluit of de onderling afgestemde feitelijke gedraging van invloed is, groter is dan 5%, en

b. de gezamenlijke omzet in het voorafgaande kalenderjaar van de bij de overeenkomst, het besluit of de onderling afgestemde feitelijke gedraging betrokken ondernemingen of ondernemersverenigingen voor de onder de overeenkomst, het besluit of de onderling afgestemde feitelijke gedraging vallende goederen of diensten niet hoger is dan € 40 000 000.
– 3. In geval van afzonderlijke overeenkomsten tussen een onderneming of een ondernemersvereniging en twee of meer andere ondernemingen, die dezelfde strekking hebben, worden voor de toepassing van het eerste lid die overeenkomsten tezamen beschouwd als één overeenkomst.
– 4. Bij algemene maatregel van bestuur kan worden bepaald, zo nodig onder voorschriften en beperkingen, dat artikel 6, eerste lid, niet van toepassing is op in die maatregel omschreven categorieën van overeenkomsten, besluiten of gedragingen als bedoeld in dat artikel, die in het algemeen vanuit een oogpunt van mededinging van duidelijk ondergeschikte betekenis zijn.
– 5. Het in het eerste lid, onder *a*, genoemde aantal en de in het eerste lid, onder *b*, genoemde bedragen kunnen bij algemene maatregel van bestuur worden gewijzigd.

Art. 8

Omzetberekening

– 1. De berekening van de omzet, bedoeld in artikel 7, eerste lid, onder *b* en tweede lid onder *b*, geschiedt op de voet van het bepaalde in artikel 377, zesde lid, van boek 2 van het Burgerlijk Wetboek voor de netto-omzet.
– 2. Indien een onderneming behoort tot een groep als bedoeld in artikel 24*b* van boek 2 van het Burgerlijk Wetboek worden voor de berekening van de omzet van die onderneming de omzetten van alle tot die groep behorende ondernemingen opgeteld. Bij deze berekening worden transacties tussen de tot die groep behorende ondernemingen buiten beschouwing gelaten.
– 3. Voor de berekening van de gezamenlijke omzet van de betrokken ondernemingen, bedoeld in artikel 7, eerste lid, onder *b* en tweede lid onder *b*, worden de transacties tussen die ondernemingen buiten beschouwing gelaten.

Art. 9

Schakelbepaling

– 1. De raad kan op een overeenkomst tussen ondernemingen, een besluit van een ondernemersvereniging of een onderling afgestemde feitelijke gedraging van ondernemingen waarop krachtens artikel 7, eerste, tweede of vierde lid, artikel 6, eerste lid, niet van toepassing is, bij beschikking alsnog artikel 6, eerste lid, van toepassing verklaren, indien die overeenkomst, dat besluit of die gedraging gezien de marktverhoudingen op de relevante markt in aanzienlijke mate afbreuk doet aan de mededinging.
– 2. Op de voorbereiding van de beschikking is afdeling 3.4 van de Algemene wet bestuursrecht van toepassing.
– 3. De beschikking treedt niet eerder in werking dan zes weken na de datum van haar terinzagelegging overeenkomstig artikel 3:44, eerste lid, onderdeel *a*, van de Algemene wet bestuursrecht.

Art. 10

Vrijstelling voor concentraties

Artikel 6 geldt niet voor overeenkomsten, besluiten en gedragingen als bedoeld in dat artikel die rechtstreeks verbonden zijn aan een concentratie als bedoeld in artikel 27, en noodzakelijk zijn voor de verwezenlijking van de desbetreffende concentratie.

§ 2. Uitzondering in verband met het vervullen van bijzondere taken

Art. 11

Uitzondering i.v.m. bijzondere taken

Voor overeenkomsten, besluiten en gedragingen als bedoeld in artikel 6, eerste lid, waarbij ten minste een onderneming of ondernemersvereniging betrokken is die bij wettelijk voorschrift of door een bestuursorgaan is belast met het beheer van diensten van algemeen economisch belang, geldt artikel 6, eerste lid, voor zover de toepassing van dat artikel de vervulling van de aan die onderneming of ondernemersvereniging toevertrouwde bijzondere taak niet verhindert.

§ 3. Vrijstellingen

Art. 12

Doorwerking EG-(groeps)vrijstellingen

Artikel 6, eerste lid, geldt niet voor overeenkomsten tussen ondernemingen, besluiten van ondernemersverenigingen en onderling afgestemde feitelijke gedragingen van ondernemingen waarvoor krachtens een verordening van de Raad van de Europese Unie of een verordening van de Commissie van de Europese Gemeenschappen artikel 81, eerste lid, van het Verdrag buiten toepassing is verklaard.

Art. 13

Doorwerking EG-vrijstellingen in internationale gevallen

– 1. Artikel 6, eerste lid, geldt niet voor overeenkomsten tussen ondernemingen, besluiten van ondernemersverenigingen en onderling afgestemde feitelijke gedragingen van ondernemingen die de handel tussen de lid-staten van de Europese Gemeenschappen niet ongunstig kun-

nen beïnvloeden of waardoor de mededinging binnen de gemeenschappelijke markt niet wordt verhinderd, beperkt of vervalst doch die, indien dat wel het geval zou zijn, zouden zijn vrijgesteld krachtens een verordening als bedoeld in artikel 12.
– 2. De raad kan op een overeenkomst tussen ondernemingen, een besluit van een ondernemersvereniging of een onderling afgestemde feitelijke gedraging van ondernemingen waarop krachtens het eerste lid artikel 6, eerste lid, niet van toepassing is, bij beschikking alsnog artikel 6, eerste lid, van toepassing verklaren, indien zich omstandigheden voordoen als die welke krachtens de desbetreffende verordening kunnen leiden tot de buitentoepassingverklaring van die verordening.
– 3. Op de voorbereiding van de beschikking is afdeling 3.4 van de Algemene wet bestuursrecht van toepassing.
– 4. De beschikking treedt niet eerder in werking dan zes weken na de datum van haar terinzagelegging overeenkomstig artikel 3:44, eerste lid, onderdeel *a*, van de Algemene wet bestuursrecht.

Art. 14

Doorwerking EG-ontheffingen

Artikel 6, eerste lid, geldt niet voor overeenkomsten tussen ondernemingen, besluiten van ondernemersverenigingen en onderling afgestemde feitelijke gedragingen van ondernemingen waarvoor een op grond van artikel 81, derde lid, van het Verdrag verleende ontheffing geldt.

Art. 15

Nadere regelgeving

– 1. Bij algemene maatregel van bestuur kan worden bepaald, zo nodig onder voorschriften en beperkingen, dat artikel 6, eerste lid, niet geldt voor in die maatregel omschreven categorieën van overeenkomsten, besluiten en gedragingen als bedoeld in dat artikel, die bijdragen tot verbetering van de produktie of van de distributie of tot bevordering van de technische of economische vooruitgang, mits een billijk aandeel in de daaruit voortvloeiende voordelen de gebruikers ten goede komt, en zonder nochtans aan de betrokken ondernemingen
a. beperkingen op te leggen die voor het bereiken van deze doelstellingen niet onmisbaar zijn, of
b. de mogelijkheid te geven, voor een wezenlijk deel van de betrokken goederen en diensten de mededinging uit te schakelen.
– 2. In een algemene maatregel van bestuur als bedoeld in het eerste lid kan worden bepaald dat de raad op een overeenkomst, besluit of gedraging waarvoor krachtens die maatregel artikel 6, eerste lid, niet geldt, bij beschikking alsnog artikel 6, eerste lid, van toepassing kan verklaren, indien wordt voldaan aan de in die algemene maatregel van bestuur genoemde vereisten.
– 3. Op de voorbereiding van de beschikking is afdeling 3.4 van de Algemene wet bestuursrecht van toepassing.
– 4. De beschikking treedt niet eerder in werking dan zes weken na de datum van haar terinzagelegging overeenkomstig artikel 3:44, eerste lid, onderdeel *a*, van de Algemene wet bestuursrecht.

Art. 16

Uitzonderingen op art. 6 lid 1

Artikel 6, eerste lid, geldt niet voor:
a. een collectieve arbeidsovereenkomst als bedoeld in artikel 1, eerste lid, van de Wet op de collectieve arbeidsovereenkomst,
b. een overeenkomst in een bedrijfstak tussen een of meer werkgeversorganisaties en een of meer werknemersorganisaties uitsluitend met betrekking tot pensioen als bedoeld in artikel 1 van de Pensioenwet,
c. een overeenkomst of besluit van een organisatie van beoefenaren van een vrij beroep houdende uitsluitend de deelname aan een beroepspensioenregeling als bedoeld in artikel 1 van de Wet verplichte beroepspensioenregeling, indien overeenkomstig artikel 5 van die wet, met betrekking tot een zodanige regeling een verzoek is ingediend tot verplichtstelling door Onze Minister van Sociale Zaken en Werkgelegenheid en het verzoek niet is afgewezen.

Art. 17-23

Vervallen.

HOOFDSTUK 4
Economische machtsposities

§ 1. Verbod van misbruik van economische machtsposities

Art. 24

Verbodsbepaling

– 1. Het is ondernemingen verboden misbruik te maken van een economische machtspositie.

Toepasselijkheid bij concentraties

– 2. Het tot stand brengen van een concentratie als omschreven in artikel 27 wordt niet aangemerkt als het misbruik maken van een economische machtspositie.

§ 2. Uitzondering in verband met het vervullen van bijzondere taken

Art. 25

Uitzondering i.v.m. bijzondere taken

– 1. Voor zover de toepassing van artikel 24, eerste lid, de vervulling van bij wettelijk voorschrift of door een bestuursorgaan aan een onderneming opgedragen beheer van een dienst van algemeen economisch belang verhindert, kan de raad op aanvraag verklaren dat artikel 24, eerste lid, niet van toepassing is op een daarbij aangewezen gedraging.
– 2. Een beschikking als bedoeld in het eerste lid kan onder beperkingen worden gegeven; aan een beschikking kunnen voorschriften worden verbonden.

HOOFDSTUK 4A

Financiële transparantie binnen bepaalde ondernemingen

Art. 25a

Begripsbepaling

In dit hoofdstuk wordt verstaan onder:
a. richtlijn: richtlijn nr. 2006/111/EG van de Commissie van de Europese Gemeenschappen van 16 november 2006 (PbEG L 318) betreffende de doorzichtigheid in de financiële betrekkingen tussen lidstaten en openbare bedrijven en de financiële doorzichtigheid binnen bepaalde ondernemingen;
b. uitsluitend recht: een recht dat bij wettelijk voorschrift of bij besluit van een bestuursorgaan aan een onderneming wordt verleend, waarbij voor die onderneming het recht wordt voorbehouden om binnen een bepaald geografisch gebied een dienst te verrichten of een activiteit uit te oefenen;
c. bijzonder recht: een recht dat bij wettelijk voorschrift of bij besluit van een bestuursorgaan aan een beperkt aantal ondernemingen wordt verleend en waarbij binnen een bepaald geografisch gebied:
1° het aantal van deze ondernemingen die een dienst mogen verrichten of een activiteit mogen uitoefenen op een andere wijze dan volgens objectieve, evenredige en niet-discriminerende criteria tot twee of meer wordt beperkt,
2° verscheidene concurrerende ondernemingen die een dienst mogen verrichten of een activiteit mogen uitoefenen op een andere wijze dan volgens deze criteria worden aangewezen, of
3° aan een of meer ondernemingen op een andere wijze dan volgens deze criteria voordelen worden toegekend waardoor enige andere onderneming aanzienlijk wordt belemmerd in de mogelijkheid om dezelfde activiteiten binnen hetzelfde geografische gebied onder in wezen gelijkwaardige voorwaarden uit te oefenen;
d. verschillende activiteiten: enerzijds producten of diensten met betrekking tot welke aan een onderneming een bijzonder of uitsluitend recht is verleend, of alle diensten van algemeen economisch belang waarmee een onderneming is belast en, anderzijds, elk ander afzonderlijk product met betrekking tot hetwelk of elke andere afzonderlijke dienst met betrekking tot welke de onderneming werkzaam is.

Art. 25b

Administratie

– 1. Ondernemingen waaraan overeenkomstig artikel 86, eerste lid, van het Verdrag een bijzonder of uitsluitend recht is verleend of die overeenkomstig artikel 86, tweede lid, van het Verdrag met het beheer van een dienst van algemeen economisch belang zijn belast en met betrekking tot deze dienst in enigerlei vorm compensatie ontvangen, en die verschillende activiteiten uitvoeren, houden een zodanige administratie bij dat:
a. de registratie van de lasten en baten van de verschillende activiteiten gescheiden zijn;
b. alle lasten en baten, op grond van consequent toegepaste en objectief te rechtvaardigen beginselen inzake kostprijsadministratie, correct worden toegerekend;
c. de beginselen inzake kostprijsadministratie volgens welke de administratie wordt gevoerd, duidelijk zijn vastgelegd.
– 2. De onderneming bewaart de in het eerste lid, onderdelen *a*, *b* en *c*, bedoelde gegevens gedurende vijf jaar, gerekend vanaf het einde van het boekjaar waarop de gegevens betrekking hebben.

Art. 25c

Reikwijdte

Artikel 25*b*, eerste lid, is niet van toepassing op activiteiten die onder de toepassing vallen van specifieke door de Europese Gemeenschap vastgestelde bepalingen inzake een gescheiden administratie, andere dan die van de richtlijn.

Art. 25d

Reikwijdte

– 1. Artikel 25*b*, eerste lid, is voorts niet van toepassing op:
a. ondernemingen die diensten verrichten welke de handel tussen lidstaten niet op merkbare wijze ongunstig kunnen beïnvloeden;
b. ondernemingen waarvan de totale nettojaaromzet minder dan € 40 miljoen heeft bedragen gedurende de twee boekjaren voorafgaande aan het boekjaar waarin de onderneming een bijzonder of uitsluitend recht heeft genoten dat overeenkomstig artikel 86, eerste lid, van het

Verdrag is verleend of waarin zij is belast met het beheer van een dienst van algemeen economisch belang overeenkomstig artikel 86, tweede lid, van het Verdrag;
c. ondernemingen die voor een redelijke periode met het beheer van een dienst van algemeen economisch belang belast zijn overeenkomstig artikel 86, tweede lid, van het Verdrag, indien de overheidssteun in enigerlei vorm, waaronder een subsidie, ondersteuning of compensatie, die zij ontvangen, was vastgesteld ingevolge een open, doorzichtige en niet-discriminerende procedure.
– 2. Voor de toepassing van het eerste lid, onderdeel *b*, wordt ten aanzien van openbare kredietinstellingen de nettojaaromzet vervangen door een balanstotaal van minder dan € 800 miljoen.
– 3. Het in het eerste lid, onderdeel *b*, en het in het tweede lid genoemde bedrag kunnen bij regeling van Onze Minister worden gewijzigd indien de wijziging voortvloeit uit een bindend besluit van een orgaan van de Europese Gemeenschappen.

Art. 25e

Terbeschikkingstelling gegevens

Indien de Commissie van de Europese Gemeenschappen verzoekt om terbeschikkingstelling van gegevens als bedoeld in artikel 25*b*, eerste lid, verstrekt de onderneming die dit aangaat, de raad op diens verzoek binnen de door hem gestelde termijn de desbetreffende gegevens. De raad doet de gegevens toekomen aan de Commissie van de Europese Gemeenschappen.

Art. 25f

Nadere regelgeving

Indien de goede uitvoering van de richtlijn dat vereist, kunnen bij regeling van Onze Minister nadere regels worden gesteld inzake de toepassing van dit hoofdstuk.

HOOFDSTUK 5
Concentraties

§ 1. Begripsbepalingen

Art. 26

Begripsbepaling

Voor de toepassing van dit hoofdstuk wordt onder zeggenschap verstaan de mogelijkheid om op grond van feitelijke of juridische omstandigheden een beslissende invloed uit te oefenen op de activiteiten van een onderneming.

Art. 27

Begripsbepaling

– 1. Onder een concentratie wordt verstaan:
a. het fuseren van twee of meer voorheen van elkaar onafhankelijke ondernemingen;
b. het direct of indirect verkrijgen van zeggenschap door
1° een of meer natuurlijke personen of rechtspersonen die reeds zeggenschap over ten minste een onderneming hebben, of
2° een of meer ondernemingen over een of meer andere ondernemingen of delen daarvan door middel van de verwerving van participaties in het kapitaal of van vermogensbestanddelen, uit hoofde van een overeenkomst of op enige andere wijze.
– 2. De totstandbrenging van een gemeenschappelijke onderneming die duurzaam alle functies van een zelfstandige economische eenheid vervult, is een concentratie in de zin van het eerste lid, onder *b*.

Art. 28

Geen concentratie

– 1. In afwijking van artikel 27 wordt niet als concentratie beschouwd:
a. het door kredietinstellingen, financiële instellingen of verzekeraars als bedoeld in artikel 1:1 van de Wet op het financieel toezicht, tot wier normale werkzaamheden de verhandeling van effecten voor eigen rekening of voor rekening van derden behoort, tijdelijk houden van deelnemingen die zij in een onderneming hebben verworven ten einde deze deelnemingen weer te verkopen, mits zij de aan deze deelnemingen verbonden stemrechten niet uitoefenen om het marktgedrag van deze onderneming te bepalen, of zij deze stemrechten slechts uitoefenen om de verkoop van deze deelnemingen voor te bereiden, en deze verkoop plaatsvindt binnen een jaar na de verwerving;
b. het verkrijgen van zeggenschap door
1° curatoren als bedoeld in artikel 68, eerste lid, van de Faillissementswet;
2° bewindvoerders als bedoeld in artikel 215, tweede lid, van de Faillissementswet;
3° personen als bedoeld in artikel 1:76, eerste lid, van de Wet op het financieel toezicht;
4° bewindvoerders als bedoeld in artikel 3:162, vierde lid, van de Wet op het financieel toezicht;
5° personen als bedoeld in artikel 3:175, negende lid, van de Wet op het financieel toezicht;
c. het verwerven van participaties in het kapitaal als bedoeld in artikel 27, eerste lid, onder *b*, met inbegrip van participaties in een gemeenschappelijke onderneming als bedoeld in artikel 27, tweede lid, door participatiemaatschappijen mits de aan de deelname verbonden stemrechten slechts worden uitgeoefend om de volle waarde van deze beleggingen veilig te stellen.

– 2. De in het eerste lid, onder *a*, genoemde termijn kan op verzoek door de raad worden verlengd wanneer de desbetreffende instellingen of verzekeraars aantonen dat de verkoop binnen de gestelde termijn redelijkerwijs niet mogelijk was.

§ 2. Toepassingsbereik concentratietoezicht

Art. 29

Reikwijdte

– 1. De bepalingen van dit hoofdstuk zijn van toepassing op concentraties waarbij de gezamenlijke omzet van de betrokken ondernemingen in het voorafgaande kalenderjaar meer bedroeg dan € 113 450 000, waarvan door ten minste twee van de betrokken ondernemingen ieder ten minste € 30 000 000 in Nederland is behaald.
– 2. De in het eerste lid genoemde bedragen kunnen bij algemene maatregel van bestuur worden verhoogd.
– 3. Bij algemene maatregel van bestuur kunnen de in het eerste lid bedoelde bedragen voor een bij die algemene maatregel van bestuur te bepalen categorie van ondernemingen voor een periode van ten hoogste vijf jaar worden verlaagd. Deze periode kan telkens bij algemene maatregel van bestuur worden verlengd.

Art. 30

Omzetberekening

– 1. De berekening van de omzet, bedoeld in artikel 29, eerste lid, geschiedt op de voet van het bepaalde in artikel 377, zesde lid, van boek 2 van het Burgerlijk Wetboek voor de netto-omzet.
– 2. Wanneer de concentratie tot stand wordt gebracht door middel van de verwerving van de zeggenschap over delen van een of meer ondernemingen, welke delen al dan niet eigen rechtspersoonlijkheid bezitten, wordt bij de berekening van de omzet, bedoeld in artikel 29, eerste lid, ten aanzien van de vervreemder of de vervreemders uitsluitend rekening gehouden met de omzet van de te vervreemden delen die voorwerp zijn van de transactie. Twee of meer verwervingen als bedoeld in de eerste volzin die plaatsvinden binnen een door de raad in aanmerking te nemen periode en die afhankelijk van elkaar zijn of op een economische wijze zodanig met elkaar zijn verbonden dat deze verwervingen als één verwerving zouden moeten worden beoordeeld, worden beschouwd als één concentratie die tot stand gebracht wordt op de dag van de laatste transactie.
– 3. Onverminderd het bepaalde in het tweede lid worden voor de berekening van de omzet van een betrokken onderneming als bedoeld in artikel 29, eerste lid, de omzetten van de volgende ondernemingen opgeteld:
a. de betrokken onderneming;
b. de ondernemingen waarin de betrokken onderneming rechtstreeks of middellijk:
1° meer dan de helft van het kapitaal of de bedrijfsactiva bezit, dan wel
2° de bevoegdheid heeft meer dan de helft van de stemrechten uit te oefenen, dan wel
3° de bevoegdheid heeft meer dan de helft van de leden van de raad van toezicht of van bestuur, of van de krachtens de wet tot vertegenwoordiging bevoegde organen te benoemen, dan wel
4° het recht heeft de onderneming te leiden;
c. ondernemingen die in een betrokken onderneming over de in onderdeel *b* genoemde rechten of bevoegdheden beschikken;
d. ondernemingen waarin een in onderdeel *c* bedoelde onderneming over de in onderdeel *b* genoemde rechten of bevoegdheden beschikt;
e. ondernemingen waarbij ten minste twee ondernemingen als bedoeld in de onderdelen *a* tot en met *d* gezamenlijk over de in onderdeel *b* genoemde rechten of bevoegdheden beschikken.
– 4. Indien bij de concentratie betrokken ondernemingen gezamenlijk beschikken over de in het derde lid, onderdeel *b*, genoemde rechten of bevoegdheden, wordt voor de berekening van de omzet van de betrokken ondernemingen als bedoeld in artikel 29, eerste lid:
a. geen rekening gehouden met de omzet, die het resultaat is van de verkoop van produkten en het leveren van diensten tussen de gemeenschappelijke onderneming en elk van de betrokken ondernemingen of van enige andere met de betrokken onderneming verbonden onderneming als bedoeld in het derde lid, onderdelen *b* tot en met *e*;
b. rekening gehouden met de omzet die het resultaat is van de verkoop van produkten en het verlenen van diensten tussen de gemeenschappelijke onderneming en derde ondernemingen. Deze omzet wordt aan de ondernemingen toegerekend in verhouding tot hun deelnemingen in de gemeenschappelijke onderneming.
– 5. Voor de berekening van de gezamenlijke omzet van de betrokken ondernemingen, bedoeld in artikel 29, eerste lid, worden transacties tussen de in het derde lid bedoelde ondernemingen buiten beschouwing gelaten.

Art. 31

Vervangende omzetberekening

– 1. Voor de toepassing van artikel 29, eerste lid, wordt ten aanzien van kredietinstellingen en financiële instellingen als bedoeld in artikel 1:1 van de Wet op het financieel toezicht de omzet vervangen door de som van de volgende, overeenkomstig de regels op grond van artikel 417 van Boek 2 van het Burgerlijk Wetboek, op de winst- en verliesrekening over het voorafgaande boekjaar opgenomen baten:

a. rentebaten en soortgelijke baten;
b. opbrengsten uit waardepapieren;
c. ontvangen provisie;
d. resultaat uit financiële transacties;
e. overige bedrijfsopbrengsten; na aftrek van de belasting over de toegevoegde waarde en andere rechtstreeks met de betrokken baten samenhangende belastingen.

– 2. Voor verzekeraars in de zin van de Wet op het financieel toezicht wordt voor de toepassing van artikel 29, eerste lid, de omzet vervangen door de waarde van de bruto geboekte premies in het voorafgaande boekjaar, waarvan voor ten minste € 4 540 000 ontvangen van Nederlandse ingezetenen.

Art. 32-33

Vervallen.

§ 3. Melding

Art. 34

Meldingsplicht/ wachtperiode

Het is verboden een concentratie tot stand te brengen voordat het voornemen daartoe aan de raad is gemeld en vervolgens vier weken zijn verstreken.

Art. 35

Te verstrekken gegevens

– 1. Bij een melding worden de bij algemene maatregel van bestuur aangewezen gegevens verstrekt. Artikel 4:4 van de Algemene wet bestuursrecht is van overeenkomstige toepassing.

– 2. Indien niet is voldaan aan het eerste lid of indien de verstrekte gegevens onvoldoende zijn voor de beoordeling van een melding, kan de raad van de bij de concentratie betrokken partijen, aanvulling van de melding verlangen.

– 3. Door een onderneming bij de melding verstrekte gegevens die door die onderneming als vertrouwelijk zijn aangemerkt, worden niet eerder openbaar gemaakt dan nadat een week is verstreken na de bekendmaking van de daartoe strekkende beschikking van de raad.

– 4. Indien met betrekking tot de in het derde lid bedoelde beschikking van de raad een verzoek om een voorlopige voorziening als bedoeld in artikel 8:81 van de Algemene wet bestuursrecht is gedaan, wordt de termijn, genoemd in de artikelen 34 en 37, eerste en derde lid, opgeschort tot de dag waarop de schriftelijke uitspraak van de voorzieningenrechter van de rechtbank, bedoeld in artikel 93, eerste lid, is bekendgemaakt.

Art. 36

Publicatieplicht in Staatscourant

Van een ontvangen melding wordt door de raad zo spoedig mogelijk mededeling gedaan in de *Staatscourant*.

Art. 37

Al dan niet vergunning vereist

– 1. De raad deelt binnen vier weken na het ontvangen van een melding mede of voor het tot stand brengen van de concentratie, waarop die melding betrekking heeft, een vergunning is vereist.

– 2. De raad kan bepalen dat een vergunning is vereist voor een concentratie waarvan hij reden heeft om aan te nemen dat die de daadwerkelijke mededinging op de Nederlandse markt of een deel daarvan op significante wijze zou kunnen belemmeren, met name als het resultaat van het in het leven roepen of het versterken van een economische machtspositie.

– 3. Indien de melding betrekking heeft op een concentratie als bedoeld in artikel 27, tweede lid, waarmee de coördinatie van het concurrentiegedrag van de totstandbrengende ondernemingen wordt beoogd of totstandgebracht, betrekt de raad bij zijn besluit of een vergunning is vereist, tevens de criteria van artikel 6, eerste en derde lid.

– 4. De mededeling dat voor het totstandbrengen van de concentratie geen vergunning is vereist, kan onder voorwaarden worden gedaan, indien uit de terzake van de melding verstrekte gegevens en voorstellen zonder meer blijkt dat de in het tweede en derde lid bedoelde gevolgen kunnen worden vermeden indien aan die voorwaarden is voldaan.

– 5. Indien niet binnen vier weken toepassing is gegeven aan het eerste lid is voor de concentratie geen vergunning vereist. De in de vorige volzin bedoelde termijn vangt aan met ingang van de eerstvolgende dag na ontvangst van de melding die niet een zaterdag, zondag of algemeen erkende feestdag is in de zin van de Algemene termijnenwet.

– 6. Door een onvoorwaardelijke mededeling als bedoeld in het eerste lid, dat voor een concentratie geen vergunning is vereist, houdt het in artikel 34 vervatte verbod met betrekking tot die concentratie op te gelden. Ingeval van een mededeling als bedoeld in het vierde lid, blijft het in artikel 34 vervatte verbod gelden totdat aan de gestelde voorwaarden is voldaan. Voldoen partijen niet of niet tijdig aan de voorwaarden, dan is alsnog een vergunning vereist.

– 7. Van een mededeling van de raad als bedoeld in het eerste lid wordt mededeling gedaan in de *Staatscourant*.

Art. 38

Aanvang termijn

– 1. Indien niet is voldaan aan artikel 35, eerste lid, en de raad binnen vijf werkdagen na de dag van ontvangst van de melding, degene die de melding heeft gedaan, heeft verzocht om toezending van de ontbrekende gegevens of documenten, vangt de in de artikelen 34 en 37, eerste en vijfde lid, bedoelde termijn van vier weken aan op de dag waarop die gegevens of documenten alsnog zijn verstrekt.
– 2. Onverminderd het eerste lid, wordt de in de artikelen 34 en 37, eerste en vijfde lid, bedoelde termijn van vier weken opgeschort met ingang van de dag waarop de raad op grond van artikel 35, tweede lid, aanvulling van de melding verlangt tot de dag waarop de aanvulling door elk van de partijen van wie aanvulling is gevraagd, is gegeven.
– 3. De termijn kan voorts naar aanleiding van een met redenen omkleed verzoek van elk van degenen die de melding doen door de raad eenmalig worden opgeschort indien dat naar zijn oordeel in het belang van de behandeling van de melding is.
– 4. Een melding geldt als niet gedaan indien de in het tweede lid bedoelde aanvulling van gegevens niet heeft plaatsgevonden binnen zes maanden na de datum waarop het laatste verzoek tot aanvulling is gedaan en de termijn niet ingevolge het derde lid is opgeschort.

Art. 39

Melding i.g.v. openbaar bod

– 1. Artikel 34 geldt niet in geval van een openbaar overname of ruilaanbod gericht op het verkrijgen van een deelname in het kapitaal van een onderneming, mits daarvan onverwijld aan de raad melding wordt gedaan, en de verkrijger de aan de deelname in het kapitaal verbonden stemrechten niet uitoefent.
– 2. Indien de raad ter zake van een melding als bedoeld in het eerste lid mededeelt dat op grond van artikel 37, eerste lid, een vergunning is vereist, dient de concentratie:
a. indien niet binnen vier weken na die mededeling een vergunning is aangevraagd, dan wel de aanvraag om een vergunning wordt ingetrokken of de vergunning wordt geweigerd, binnen dertien weken ongedaan te worden gemaakt;
b. indien de vergunning onder beperkingen wordt verleend of daaraan voorschriften worden verbonden, binnen dertien weken na de verlening daarmee in overeenstemming te worden gebracht.
– 3. De raad kan, op verzoek van degene die een melding heeft gedaan als bedoeld in het eerste lid, bepalen dat, in afwijking van het eerste lid, de in dat lid bedoelde stemrechten mogen worden uitgeoefend om de volle waarde van diens belegging te handhaven.

Art. 40

Ontheffing

– 1. De raad kan om gewichtige redenen op verzoek van degene die een melding heeft gedaan, ontheffing verlenen van het in artikel 34 gestelde verbod.
– 2. Een ontheffing kan onder beperkingen worden verleend; aan een ontheffing kunnen voorschriften worden verbonden.
– 3. Indien de raad na het verlenen van een ontheffing als bedoeld in het eerste lid ter zake van de betrokken melding mededeelt dat op grond van artikel 37, eerste lid, een vergunning is vereist, en de concentratie tot stand is gebracht voor de mededeling daarvan, dient de concentratie:
a. indien niet binnen vier weken na die mededeling een vergunning is aangevraagd, dan wel de aanvraag om een vergunning wordt ingetrokken of de vergunning wordt geweigerd, binnen dertien weken ongedaan te worden gemaakt;
b. indien de vergunning onder beperkingen wordt verleend of daaraan voorschriften worden verbonden, binnen dertien weken na de verlening daarmee in overeenstemming te worden gebracht.

§ 4. Vergunningen

Art. 41

Verbodsbepaling

– 1. Het is verboden zonder vergunning een concentratie tot stand te brengen waarvoor ingevolge artikel 37 een vergunning is vereist.
– 2. Een vergunning wordt geweigerd indien als gevolg van de voorgenomen concentratie de daadwerkelijke mededinging op de Nederlandse markt of een deel daarvan op significante wijze zou worden belemmerd, met name als het resultaat van het in het leven roepen of het versterken van een economische machtspositie. Artikel 37, derde lid, is van overeenkomstige toepassing indien de aanvraag om een vergunning betrekking heeft op een concentratie als bedoeld in artikel 27, tweede lid, waarmee de coördinatie van het concurrentiegedrag van de totstandbrengende ondernemingen wordt beoogd of totstandgebracht.
– 3. Indien ten minste een van de bij een concentratie betrokken ondernemingen bij wettelijk voorschrift of door een bestuursorgaan is belast met het beheer van diensten van algemeen

economisch belang, kan een vergunning slechts worden geweigerd indien de weigering van die vergunning de vervulling van de hun toevertrouwde taak niet verhindert.
– 4. Een vergunning kan onder beperkingen worden verleend; aan een vergunning kunnen voorschriften worden verbonden.

Art. 42

Vergunningsaanvraag

– 1. Een aanvraag om vergunning wordt ingediend bij de raad.
– 2. Bij algemene maatregel van bestuur kan worden bepaald welke gegevens bij een aanvraag dienen te worden verstrekt.
– 3. Door een onderneming bij de aanvraag verstrekte gegevens die door die onderneming als vertrouwelijk zijn aangemerkt, worden niet eerder openbaar gemaakt dan nadat een week is verstreken na de bekendmaking van de daartoe strekkende beschikking van de raad.
– 4. Indien met betrekking tot de in het derde lid bedoelde beschikking van de raad een verzoek om een voorlopige voorziening als bedoeld in artikel 8:81 van de Algemene wet bestuursrecht is gedaan, wordt de termijn, genoemd in artikel 44, eerste lid, opgeschort tot de dag waarop de schriftelijke uitspraak van de voorzieningenrechter van de rechtbank, bedoeld in artikel 93, eerste lid, is bekendgemaakt.
– 5. Van een ontvangen aanvraag wordt door de raad zo spoedig mogelijk mededeling gedaan in de *Staatscourant*.

Art. 43

Inlichtingen

Een onderneming verstrekt desgevraagd aan de raad de inlichtingen omtrent bedrijfsgegevens van die onderneming, die voor de beoordeling van een aanvraag om een vergunning redelijkerwijs nodig zijn.

Art. 44

Termijnen

– 1. De raad geeft zijn beschikking op de aanvraag binnen dertien weken na ontvangst van die aanvraag. Het niet binnen dertien weken geven van een beschikking wordt gelijkgesteld met het verlenen van een vergunning.
– 2. Indien een aanvraag is ingediend voordat blijkens een mededeling van de raad voor de desbetreffende concentratie een vergunning is vereist, wordt deze niet in behandeling genomen alvorens die mededeling is bekendgemaakt. De in het eerste lid genoemde termijn vangt aan op het moment van die bekendmaking.
– 3. De beschikking wordt, nadat zij is bekendgemaakt, ter inzage gelegd bij de mededingingsautoriteit. Gegevens die ingevolge artikel 10 van de Wet openbaarheid van bestuur niet voor verstrekking in aanmerking komen, worden niet ter inzage gelegd.
– 4. Van de beschikking wordt mededeling gedaan in de *Staatscourant*.

Art. 45

Intrekking vergunning

De raad kan een vergunning intrekken indien de verstrekte gegevens zodanig onjuist waren dat op de aanvraag anders zou zijn beslist als de juiste gegevens wel bekend zouden zijn geweest.

Art. 46

Ontheffing van art. 41 lid 1

– 1. De raad kan om gewichtige redenen op verzoek van degene die een vergunning heeft aangevraagd, ontheffing verlenen van het in artikel 41, eerste lid, gestelde verbod tot op die aanvraag onherroepelijk is beslist.
– 2. Een ontheffing kan onder beperkingen worden verleend; aan een ontheffing kunnen voorschriften worden verbonden.
– 3. Indien nadat een ontheffing is verleend als bedoeld in het eerste lid de aanvraag om een vergunning wordt ingetrokken of de vergunning wordt geweigerd, dient de concentratie, voor zover deze dan reeds is tot stand gebracht, binnen dertien weken ongedaan te worden gemaakt.
– 4. Indien de vergunning onder beperkingen wordt verleend of daaraan voorschriften worden verbonden, dient de concentratie, voor zover deze dan reeds is tot stand gebracht, binnen dertien weken daarmee in overeenstemming te worden gebracht.

Art. 47

Vergunningverlening door minister na weigering

– 1. Onze Minister kan, nadat de raad een vergunning voor het tot stand brengen van een concentratie heeft geweigerd, op een daartoe strekkende aanvraag besluiten die vergunning te verlenen indien naar zijn oordeel gewichtige redenen van algemeen belang die zwaarder wegen dan de te verwachten belemmering van de mededinging, daartoe nopen.
– 2. Een aanvraag als bedoeld in het eerste lid kan worden gedaan tot vier weken nadat de beschikking van de raad om een vergunning te weigeren onherroepelijk is geworden.
– 3. Indien een aanvraag als bedoeld in het eerste lid is gedaan wordt de behandeling van beroepschriften inzake de beschikking van de raad opgeschort, totdat op die aanvraag onherroepelijk is beslist.

Art. 48

Te verstrekken gegevens

Bij algemene maatregel van bestuur kan worden bepaald welke gegevens bij een tot Onze Minister gerichte aanvraag om een vergunning dienen te worden verstrekt.

Art. 49

Termijn

– 1. Onze Minister geeft zijn beschikking op een aanvraag, in overeenstemming met het gevoelen van de ministerraad, binnen twaalf weken na ontvangst van die aanvraag.
– 2. Artikel 44, derde en vierde lid, is van overeenkomstige toepassing.

HOOFDSTUK 5A
Toezeggingsbesluit

Art. 49a

Bindend verklaren toezegging

– 1. Een onderneming of een ondernemersvereniging kan voor het opmaken van een rapport als bedoeld in artikel 59, of indien een rapport is vastgesteld, tot het moment waarop een beslissing als bedoeld in artikel 62 is genomen bij de raad een aanvraag doen tot het nemen van een besluit waarmee de raad een in die aanvraag opgenomen toezegging voor de onderneming of de ondernemersvereniging bindend verklaart opdat:
a. wordt voorkomen dat zal worden gehandeld in strijd met artikel 6, eerste lid, of 24, eerste lid, of
b. het handelen in strijd met artikel 6, eerste lid, of 24, eerste lid wordt gestaakt.
– 2. De raad kan een besluit als bedoeld in het eerste lid nemen indien naar het oordeel van de raad:
a. verzekerd is dat de onderneming of ondernemersvereniging als gevolg van het besluit zal handelen in overeenstemming met artikel 6, eerste lid, of 24, eerste lid,
b. de onderneming of de ondernemersvereniging aannemelijk maakt dat zij het besluit op controleerbare wijze zal naleven, en
c. in een concreet geval het nemen van het besluit uit een oogpunt van handhaving van de wet doelmatiger is dan het opleggen van een boete of een last onder dwangsom.
– 3. Bij een besluit als bedoeld in het eerste lid, besluit de raad tevens geen onderzoek te starten, een reeds ingesteld onderzoek niet langer voort te zetten, geen rapport op te maken of af te zien van het opleggen van een boete of een last onder dwangsom. Het besluit bevat geen oordeel over de verenigbaarheid van het gedrag van de onderneming of de ondernemersvereniging met het bepaalde bij of krachtens deze wet.
– 4. Nadat de raad een besluit als bedoeld in het eerste lid heeft genomen gedraagt de onderneming of de ondernemersvereniging zich overeenkomstig dat besluit.
– 5. Een besluit als bedoeld in het eerste lid, wordt voor een bepaalde periode gegeven. De raad kan besluiten het besluit telkens voor een bepaalde periode te verlengen.

Art. 49b

Schakelbepaling

Op de voorbereiding van een besluit als bedoeld in artikel 49*a*, eerste lid, of een besluit tot verlenging als bedoeld in artikel 49*a*, vijfde lid, tweede volzin, is afdeling 3.4 van de Algemene wet bestuursrecht van toepassing.

Art. 49c

Alsnog onderzoek

– 1. Nadat de raad een besluit als bedoeld in artikel 49*a*, eerste lid, of een besluit tot verlenging als bedoeld in artikel 49*a*, vijfde lid, tweede volzin, heeft genomen kan hij alsnog een onderzoek instellen indien:
a. er een wezenlijke verandering is opgetreden in de feiten waarop het besluit berust,
b. het besluit berust op door de onderneming of de ondernemersvereniging verstrekte onvolledige, onjuiste of misleidende gegevens, of
c. de onderneming of de ondernemersvereniging handelt in strijd met artikel 49*a*, vierde lid.
– 2. De raad kan gedurende het onderzoek, bedoeld in het eerste lid, een besluit als bedoeld in artikel 49*a*, eerste lid, of een besluit tot verlenging als bedoeld in artikel 49*a*, vijfde lid, tweede volzin, intrekken dan wel wijzigen.
– 3. Op de voorbereiding van een besluit tot wijziging als bedoeld in het tweede lid, is afdeling 3.4 van de Algemene wet bestuursrecht van toepassing.

Art. 49d

Terinzagelegging besluit

– 1. Een besluit als bedoeld in artikel 49*a*, eerste lid, of een besluit tot verlenging als bedoeld in artikel 49*a*, vijfde lid, tweede volzin, wordt, nadat het is bekendgemaakt, ter inzage gelegd bij de mededingingsautoriteit. Gegevens die ingevolge artikel 10 van de Wet openbaarheid van bestuur niet voor verstrekking in aanmerking komen, worden niet ter inzage gelegd.
– 2. Van het besluit wordt mededeling gedaan in de *Staatscourant*.

HOOFDSTUK 6
Toezicht en onderzoek

§ 1. Toezicht

Art. 50

Toezicht op naleving

– 1. Met het toezicht op de naleving van het bepaalde bij of krachtens deze wet zijn belast de bij besluit van de raad aangewezen ambtenaren van de mededingingsautoriteit.

– 2. De krachtens het eerste lid aangewezen ambtenaren beschikken met het oog op de toepassing van de bevoegdheid van de raad, bedoeld in artikel 9, eerste lid, artikel 13, tweede lid, artikel 15, tweede lid, en artikel 89*a*, eerste lid, over de bevoegdheden, die hun zijn toegekend ter uitoefening van het toezicht.

– 3. Van een besluit als bedoeld in het eerste lid wordt mededeling gedaan door plaatsing in de *Staatscourant*.

Art. 51

Reikwijdte art. 5:17 en 5:20 Awb

– 1. Artikel 5:17 van de Algemene wet bestuursrecht is niet van toepassing op geschriften met betrekking tot de toepassing van mededingingsregels, gewisseld tussen een onderneming en een advocaat die is toegelaten tot de balie, die zich bij de onderneming bevinden, doch waarop, indien zij zich zouden bevinden bij die advocaat, artikel 5:20, tweede lid, van de Algemene wet bestuursrecht van toepassing zou zijn.

– 2. Het eerste lid is van overeenkomstige toepassing ten aanzien van degenen, bedoeld in artikel 51, tweede lid, onder 2° van het Wetboek van Strafrecht.

§ 2. Onderzoek

Art. 52

Onderzoek door ambtenaren
Bevoegdheden

– 1. Met het onderzoek zijn belast de krachtens artikel 50, eerste lid, aangewezen ambtenaren.

– 2. Ten dienste van het onderzoek beschikken zij over de bevoegdheden die hun in deze paragraaf worden toegekend, alsmede, met inachtneming van de daaraan in deze paragraaf gestelde beperkingen, over de bevoegdheden die hun zijn toegekend ter uitoefening van het toezicht, bedoeld in artikel 50, eerste lid.

Art. 53

Zwijgrecht en cautieplicht

– 1. Indien de in artikel 52, eerste lid, bedoelde ambtenaren een redelijk vermoeden hebben dat een bepaalde onderneming of ondernemersvereniging een overtreding heeft begaan, is er geen verplichting aan de zijde van die onderneming of ondernemersvereniging ter zake een verklaring af te leggen. De betrokkenen worden hiervan in kennis gesteld voordat hun mondeling ter zake om informatie wordt gevraagd.

– 2. Het eerste lid is van overeenkomstige toepassing ten aanzien van degenen, bedoeld in artikel 51, tweede lid, onder 2° van het Wetboek van Strafrecht.

Art. 54

Verzegelingsbevoegdheid

De in artikel 52, eerste lid, bedoelde ambtenaren zijn bevoegd om bedrijfsruimten en voorwerpen te verzegelen, voor zover dat voor de uitoefening van de in artikel 5:17 van de Algemene wet bestuursrecht bedoelde bevoegdheden redelijkerwijs noodzakelijk is.

Art. 54a

Niet betrokken personen

De werkzaamheden in verband met de uitvoering van de artikelen 60, 61, 62, 78 en 79 worden verricht door personen die niet betrokken zijn geweest bij de opstelling van het in artikel 59, eerste lid, onderscheidenlijk 77, eerste lid, bedoelde rapport en het daaraan voorafgaande onderzoek.

Art. 55

Betreden en doorzoeken woning

– 1. De in artikel 52, eerste lid, bedoelde ambtenaren zijn bevoegd een woning zonder toestemming van de bewoner te betreden en te doorzoeken, voor zover dat voor de uitoefening van de in artikel 5:17 van de Algemene wet bestuursrecht bedoelde bevoegdheden redelijkerwijs noodzakelijk is.

– 2. De in artikel 52, eerste lid, bedoelde ambtenaren oefenen de hun in artikel 5:17 van de Algemene wet bestuursrecht toegekende bevoegdheden alsmede de bevoegdheid tot binnentreden en doorzoeken als bedoeld in het eerste lid, zo nodig uit met behulp van de sterke arm.

Art. 55a

Machtiging rechter-commissaris

– 1. Voor het betreden of het doorzoeken, bedoeld in artikel 55, eerste lid, is een voorafgaande machtiging vereist van de rechter-commissaris, belast met de behandeling van strafzaken bij de rechtbank te Rotterdam. De machtiging kan bij wijze van voorzorgsmaatregel worden gevraagd. De machtiging wordt zo mogelijk getoond.

– 2. Artikel 171 van het Wetboek van Strafvordering is van overeenkomstige toepassing. De rechter-commissaris kan het openbaar ministerie horen alvorens te beslissen.

– 3. Tegen de beslissing van de rechter-commissaris staat voor zover het verzoek om een

machtiging niet is toegewezen, voor de raad binnen veertien dagen beroep open bij de rechtbank te Rotterdam.
– 4. Het betreden of het doorzoeken vindt plaats onder toezicht van de rechter-commissaris.
– 5. De artikelen 2 en 3 van de Algemene wet op het binnentreden zijn niet van toepassing.

Art. 55b

Inhoud machtiging

– 1. Een machtiging als bedoeld in artikel 55*a* is met redenen omkleed en ondertekend en vermeldt:
a. de naam van de rechter-commissaris die de machtiging heeft gegeven;
b. de naam of het nummer en de hoedanigheid van degene aan wie de machtiging is gegeven;
c. de wettelijke bepalingen waarop de doorzoeking en het binnentreden berusten;
d. het doel en voorwerp van het onderzoek;
e. de dagtekening.
– 2. Indien het betreden of het doorzoeken dermate spoedeisend is dat de machtiging niet tevoren op schrift kan worden gesteld, zorgt de rechter-commissaris zo spoedig mogelijk voor de opschriftstelling.
– 3. De machtiging blijft ten hoogste van kracht tot en met de derde dag na die waarop zij is gegeven.
– 4. Artikel 6 van de Algemene wet op het binnentreden is niet van toepassing.

Art. 55c

Schriftelijk verslag

– 1. De ambtenaar die is binnengetreden of een doorzoeking als bedoeld in artikel 55 heeft verricht, maakt op zijn ambtseed of -belofte een schriftelijk verslag op omtrent het binnentreden of de doorzoeking.
– 2. In het verslag vermeldt hij:
a. zijn naam of nummer en zijn hoedanigheid;
b. de dagtekening van de machtiging en de naam van de rechter-commissaris die de machtiging heeft gegeven;
c. de wettelijke bepalingen waarop de doorzoeking en het binnentreden berusten;
d. de plaats waar is binnengetreden of is doorzocht en de naam van degene bij wie is binnengetreden of de doorzoeking is verricht;
e. de wijze van binnentreden en het tijdstip waarop de doorzoeking is begonnen en is beëindigd;
f. hetgeen tijdens het onderzoek is verricht en overigens is voorgevallen;
g. de namen of nummers en de hoedanigheid van de overige personen die zijn binnengetreden of aan de doorzoeking hebben deelgenomen.
– 3. Het verslag wordt uiterlijk op de vierde dag na die waarop is binnengetreden of de doorzoeking is beëindigd, toegezonden aan de rechter-commissaris die de machtiging heeft gegeven.
– 4. Een afschrift van het verslag wordt uiterlijk op de vierde dag na die waarop is binnengetreden of de doorzoeking is beëindigd, aan degene bij wie is binnengetreden of bij wie de doorzoeking is verricht, uitgereikt of toegezonden. Indien het doel van het onderzoek daartoe noodzaakt, kan deze uitreiking of toezending worden uitgesteld. Uitreiking of toezending geschiedt in dat geval, zodra het belang van dit doel het toestaat. Indien het niet mogelijk is het afschrift uit te reiken of toe te zenden, houdt de rechter-commissaris of de ambtenaar die is binnengetreden of de doorzoeking heeft verricht, het afschrift gedurende zes maanden beschikbaar voor degene bij wie is binnengetreden of bij wie de doorzoeking is verricht.
– 5. De artikelen 10 en 11 van de Algemene wet op het binnentreden zijn niet van toepassing.

HOOFDSTUK 7
Overtredingen verbod van mededingingsafspraken en verbod van misbruik van een economische machtspositie

§ 1. Bestuurlijke boete, last onder dwangsom en bindende aanwijzing

Art. 56

Mogelijke sancties

– 1. Ingeval van overtreding van artikel 6, eerste lid, of van artikel 24, eerste lid, kan de raad de natuurlijke persoon of rechtspersoon aan wie de overtreding kan worden toegerekend:
a. een boete opleggen;
b. een last onder dwangsom opleggen;
c. een bindende aanwijzing tot naleving van deze wet opleggen.
– 2. Een boete en een last onder dwangsom kunnen te zamen worden opgelegd.
– 3. De raad legt geen boete op indien de natuurlijke persoon of rechtspersoon aan wie de overtreding kan worden toegerekend aannemelijk maakt dat hem van de overtreding geen verwijt kan worden gemaakt.
– 4. Artikel 51 van het wetboek van strafrecht is van overeenkomstige toepassing.

– 5. Ingeval van overtreding van een bindende aanwijzing als bedoeld in het eerste lid, onder *c*, kan de Raad de natuurlijke of rechtspersoon aan wie de overtreding kan worden toegerekend een boete of een last onder dwangsom opleggen.

Art. 57

Hoogte boete

– 1. De in artikel 56, eerste lid, onder *a*, en vijfde lid, bedoelde boete bedraagt ten hoogste € 450 000 of, indien het een onderneming of ondernemersvereniging betreft en indien dat meer is, ten hoogste 10% van de omzet van de onderneming, onderscheidenlijk van de gezamenlijke omzet van de ondernemingen die van de vereniging deel uitmaken, in het boekjaar voorafgaande aan de beschikking. Indien op grond van artikel 56, vierde lid toepassing is gegeven aan artikel 51, tweede lid, onder 2, van het Wetboek van Strafrecht, bedraagt de boete ten hoogste € 450 000.

– 2. Bij de vaststelling van de hoogte van de boete houdt de raad in ieder geval rekening met de ernst en de duur van de overtreding.

– 3. De berekening van de omzet, bedoeld in het eerste lid, geschiedt op de voet van het bepaalde in artikel 377, zesde lid, van boek 2 van het Burgerlijk Wetboek voor de netto-omzet.

Art. 58

Last onder dwangsom

– 1. Een last onder dwangsom als bedoeld in artikel 56, eerste lid, onder *b*, strekt ertoe de overtreding ongedaan te maken of verdere overtreding dan wel herhaling van de overtreding te voorkomen. Aan een last kunnen voorschriften worden verbonden inzake het verstrekken van gegevens aan de raad.

– 2. Een last geldt voor een door de raad te bepalen termijn van ten hoogste twee jaren.

– 3. De artikelen 5:32, vierde en vijfde lid, 5:33, 5:34, eerste lid, en 5:35 van de Algemene wet bestuursrecht zijn van toepassing.

Art. 58a

Structurele maatregel

– 1. De last onder dwangsom kan worden opgelegd in de vorm van een structurele maatregel als bedoeld in artikel 7 van Verordening 1/2003, indien die maatregel evenredig is aan de gepleegde overtreding en noodzakelijk is om aan de overtreding daadwerkelijk een einde te maken. Een structurele maatregel kan uitsluitend worden opgelegd indien er niet een even effectieve maatregel ter correctie van de overtreding bestaat of indien een dergelijke maatregel voor de betrokken onderneming of ondernemersvereniging meer belastend zou zijn dan de structurele maatregel.

– 2. Artikel 58, tweede lid, is niet van toepassing.

§ 2. Procedure

Art. 59

Onderzoeksrapport

– 1. Indien de raad na afloop van het onderzoek een redelijk vermoeden heeft dat een overtreding als bedoeld in artikel 56, eerste lid, is begaan en dat daarvoor een boete of een last onder dwangsom dient te worden opgelegd, doet hij een rapport opmaken.

– 2. In het rapport worden in ieder geval vermeld:

a. de feiten en omstandigheden op grond waarvan is vastgesteld dat een overtreding is begaan;

b. waar en wanneer de onder *a* bedoelde feiten en omstandigheden zich hebben voorgedaan;

c. de onderneming of ondernemersvereniging die de overtreding heeft begaan;

d. de natuurlijke persoon of rechtspersoon die de overtreding kan worden toegerekend, respectievelijk de natuurlijke persoon die tot de overtreding opdracht heeft gegeven of die feitelijk leiding heeft gegeven aan de overtreding;

e. het overtreden wettelijk voorschrift.

– 3. Een afschrift van het rapport wordt toegezonden aan de in het tweede lid, onder *c*, bedoelde onderneming of ondernemersvereniging, en in voorkomend geval aan de natuurlijke persoon, bedoeld in het tweede lid, onder *d*, die tot de overtreding opdracht heeft gegeven of die feitelijk leiding heeft gegeven aan de overtreding.

– 4. Op verzoek van de belanghebbende die het rapport wegens zijn gebrekkige kennis van de Nederlandse taal onvoldoende begrijpt, draagt de raad er zoveel mogelijk zorg voor dat de inhoud van het rapport aan de betrokkene wordt meegedeeld in een voor hem begrijpelijke taal.

Art. 59a

Onderzoek boekhouding

– 1. Alvorens een boete op te leggen kan de boekhouding van de onderneming of de ondernemersvereniging door bij besluit van de raad aangewezen ambtenaren van de mededingingsautoriteit worden onderzocht teneinde de voor de oplegging van de boete in aanmerking te nemen financiële gegevens te kunnen bepalen.

– 2. De in het eerste lid bedoelde ambtenaren kunnen zich ten behoeve van het onderzoek, bedoeld in het eerste lid, laten bijstaan door een accountant als bedoeld in artikel 393, eerste lid, van Boek 2 van het Burgerlijk Wetboek.

– 3. De onderneming of de ondernemersvereniging is verplicht medewerking te verlenen aan een onderzoek als bedoeld in het eerste lid.

Art. 60

Hoorplicht

– 1. In afwijking van afdeling 4.1.2 van de Algemene wet bestuursrecht worden de belanghebbenden schriftelijk opgeroepen om naar keuze schriftelijk of mondeling hun zienswijze naar voren te brengen omtrent het in artikel 59, eerste lid, bedoelde rapport.

Terinzagelegging stukken

– 2. Het rapport en alle verder op de zaak betrekking hebbende stukken worden gedurende een periode van ten minste vier weken voor belanghebbenden ter inzage gelegd. Bij de in het eerste lid bedoelde oproeping wordt vermeld waar en wanneer de stukken ter inzage zullen liggen.

– 3. De artikelen 3:11, tweede en derde lid, en 3:16, van de Algemene wet bestuursrecht zijn van toepassing.

– 4. Indien een onderneming of ondernemersvereniging als bedoeld in artikel 59, tweede lid, onder *c*, haar zienswijze mondeling naar voren brengt, draagt de raad er op verzoek van degene die de Nederlandse taal onvoldoende begrijpt, zorg voor dat een tolk wordt benoemd die de betrokkene bij het horen kan bijstaan, tenzij redelijkerwijs kan worden aangenomen dat daaraan geen behoefte bestaat. De eerste volzin is van overeenkomstige toepassing indien degene, bedoeld in artikel 59, tweede lid, onderdeel *d*, die tot de overtreding opdracht heeft gegeven of die feitelijk leiding heeft gegeven aan de overtreding, zijn zienswijze mondeling naar voren brengt.

Art. 61

Zienswijzen belanghebbenden

– 1. Belanghebbenden worden zo nodig in de gelegenheid gesteld te reageren op de naar voren gebrachte zienswijzen.

Verslag

– 2. Van hetgeen mondeling naar voren is gebracht, wordt een verslag gemaakt.

§ 3. Beschikkingen

Art. 62

Sanctiebeschikking

– 1. De raad beslist bij beschikking omtrent het opleggen van een boete of een last onder dwangsom.

– 2. In de beschikking waarbij een boete of een last onder dwangsom wordt opgelegd, worden in ieder geval vermeld:

a. indien een boete wordt opgelegd: de te betalen geldsom, alsmede een toelichting op de hoogte daarvan, met inachtneming van artikel 57, tweede lid;

b. indien een last wordt opgelegd: de inhoud van de last en de termijn waarvoor deze geldt;

c. de overtreding ter zake waarvan de boete of last wordt opgelegd, alsmede het overtreden wettelijk voorschrift;

d. de in artikel 59, tweede lid, bedoelde gegevens.

– 3. Op verzoek van degene tot wie de beschikking is gericht, die de beschikking wegens zijn gebrekkige kennis van de Nederlandse taal onvoldoende begrijpt, draagt de raad er zoveel mogelijk zorg voor dat de in die beschikking vermelde informatie aan hem wordt meegedeeld in een voor hem begrijpelijke taal.

Art. 63

Opschorting

De werking van een beschikking als bedoeld in artikel 62, eerste lid, wordt, voorzover bij die beschikking een boete wordt opgelegd, opgeschort totdat de beroepstermijn is verstreken of, indien beroep is ingesteld, op het beroep is beslist.

Art. 64

Verjaringstermijn

– 1. De bevoegdheid tot het opleggen van een boete als bedoeld in artikel 56, eerste lid, onder *a*, en vijfde lid, vervalt vijf jaren nadat de overtreding heeft plaatsgevonden.

– 2. De in het eerste lid bedoelde verjaringstermijn wordt telkens gestuit door een handeling van de mededingingsautoriteit ter verrichting van een onderzoek of procedure met betrekking tot de overtreding, alsmede door een dergelijke handeling van de Commissie van de Europese Gemeenschappen of van een mededingingsautoriteit van een andere lidstaat van de Europese Unie met betrekking tot een overtreding van de artikelen 81 en 82 van het Verdrag.

– 3. De stuiting van de verjaringstermijn gaat in op de dag waarop tenminste één onderneming of ondernemersvereniging die aan de overtreding heeft deelgenomen, dan wel één van degenen, bedoeld in artikel 51, tweede lid, onder 2° van het Wetboek van Strafrecht, van de handeling schriftelijk in kennis wordt gesteld.

– 4. Op het moment van stuiting vangt de verjaringstermijn opnieuw aan. De bevoegdheid, bedoeld in het eerste lid vervalt echter uiterlijk tien jaren nadat de overtreding heeft plaatsgevonden, verlengd met de periode waarin de verjaringstermijn ingevolge het vijfde lid wordt opgeschort.

– 5. Indien tegen een besluit tot het opleggen van een boete als bedoeld in het eerste lid bezwaar wordt gemaakt of beroep wordt ingesteld, wordt de verjaringstermijn opgeschort tot onherroepelijk op het bezwaar of beroep is beslist.

Art. 65

Bekendmaking en terinzagelegging

– 1. Een beschikking als bedoeld in artikel 62, eerste lid, wordt, nadat zij is bekendgemaakt, ter inzage gelegd bij de mededingingsautoriteit. De beschikking wordt niet eerder ter inzage gelegd, dan nadat vijf dagen zijn verstreken na de bekendmaking van de beschikking.

Mededeling in Staatscourant

– 2. Van de beschikking wordt mededeling gedaan in de *Staatscourant*. Gegevens die ingevolge artikel 10 van de Wet openbaarheid van bestuur niet voor verstrekking in aanmerking komen, worden niet ter inzage gelegd. Van de beschikking wordt niet eerder mededeling gedaan, dan nadat vijf dagen zijn verstreken na de bekendmaking van de beschikking.

§ 4. Wijziging of intrekking van de last onder dwangsom

Art. 66

Wijziging en intrekking

– 1. De raad kan een last onder dwangsom wijzigen of intrekken.

– 2. In afwijking van afdeling 4.1.2 van de Algemene wet bestuursrecht stelt de raad, alvorens toepassing te geven aan het eerste lid, belanghebbenden in de gelegenheid schriftelijk of mondeling hun zienswijze kenbaar te maken.

§ 5. Invordering van de boete

Art. 67

Betalingstermijn boete

– 1. Een boete wordt betaald binnen dertien weken nadat de beschikking waarbij de boete is opgelegd, bekend is gemaakt.

– 2. De boete wordt vermeerderd met de wettelijke rente, te rekenen vanaf de dag waarop de in het eerste lid genoemde termijn is verstreken.

– 3. Indien niet is betaald binnen de in het eerste lid genoemde termijn, wordt degene die de boete is verschuldigd schriftelijk bevolen binnen twee weken alsnog het bedrag van de boete, verhoogd met de krachtens het tweede lid verschuldigde rente en de kosten van de aanmaning, te betalen.

– 4. Indien een boete is betaald op grond van een beschikking die in bezwaar of beroep is gewijzigd of vernietigd, dan wordt over de termijn tussen de betaling en de terugbetaling wettelijke rente vergoed over het teveel betaalde bedrag.

Art. 68

Invordering boete

– 1. Bij gebreke van betaling binnen de in artikel 67, derde lid, bedoelde termijn van twee weken kan de raad de verschuldigde boete, verhoogd met de krachtens artikel 67, tweede lid, verschuldigde rente en de op de aanmaning en invordering betrekking hebbende kosten, invorderen bij dwangbevel.

– 2. Het dwangbevel wordt op kosten van degene die de boete is verschuldigd bij deurwaardersexploit betekend en levert een executoriale titel op in de zin van het Tweede Boek van het Wetboek van Burgerlijke Rechtsvordering.

– 3. Gedurende zes weken na de dag van betekening staat verzet tegen het dwangbevel open door dagvaarding van de staat.

– 4. Het verzet schorst de tenuitvoerlegging. Op verzoek van de staat kan de rechter de schorsing van de tenuitvoerlegging opheffen.

Art. 68a

Invordering boete ondernemersvereniging

– 1. Ingeval de boete is opgelegd aan een ondernemersvereniging, kan de raad bij gebreke van betaling binnen de in artikel 67, derde lid, bedoelde termijn als gevolg van insolventie van de ondernemersvereniging, bij elke onderneming waarvan een vertegenwoordiger deel uitmaakte van het betrokken besluitvormende orgaan van de ondernemersvereniging op het tijdstip dat de beslissing tot het maken van de overtreding werd genomen, de boete invorderen.

– 2. Indien na invordering overeenkomstig het eerste lid, de boete niet volledig is betaald, kan de raad van elk van de bij de ondernemersvereniging aangesloten ondernemingen die op de markt waarop de overtreding is begaan in de desbetreffende periode werkzaam waren, het resterende bedrag vorderen.

– 3. Bij toepassing van het eerste en het tweede lid kan van elke onderneming geen hoger bedrag worden gevorderd dan 10% van de omzet over het boekjaar voorafgaande aan de beschikking.

– 4. Een onderneming waarvan op grond van het eerste of tweede lid een boete wordt gevorderd, is niet verplicht tot betaling indien zij aantoont dat zij de beslissing van de ondernemersvereniging tot het begaan van de overtreding niet heeft uitgevoerd en zij hetzij niet op de hoogte was van die beslissing hetzij actief afstand heeft genomen van die beslissing voordat het onderzoek naar de overtreding was aangevangen.

Overige overtredingen

§ 1. Overtredingen medewerkingsplicht

Art. 69

Boete

– 1. De raad kan degene die jegens de in artikel 50, eerste lid, artikel 52, eerste lid, of artikel 89g, eerste lid, bedoelde ambtenaren in strijd handelt met artikel 59*a*, derde lid, 77*a*, derde lid, of met artikel 5:20, eerste lid, van de Algemene wet bestuursrecht, een boete opleggen van ten hoogste € 450 000,- of, indien het een onderneming of een ondernemersvereniging betreft en indien dat meer is, van ten hoogste 1% van de omzet van de onderneming, onderscheidenlijk van de gezamenlijke omzet van de ondernemingen die van de vereniging deel uitmaken, in het boekjaar voorafgaande aan de beschikking.
– 2. De raad legt geen boete op indien de belanghebbende aannemelijk maakt dat hem van de overtreding geen verwijt kan worden gemaakt.
– 3. Artikel 184 van het Wetboek van Strafrecht is niet van toepassing op de in het eerste lid bedoelde overtreding.
– 4. Artikel 57, derde lid, is van toepassing.

Art. 70

Last onder dwangsom

– 1. Ingeval de in artikel 69, eerste lid, bedoelde overtreding een weigering inhoudt medewerking te verlenen aan de toepassing van artikel 5:17, eerste lid, van de Algemene wet bestuursrecht kan de raad een last onder dwangsom opleggen om inzage te verlenen in in die last aangegeven zakelijke gegevens en bescheiden.
– 2. Een boete als bedoeld in artikel 69, eerste lid, en een last als bedoeld in het eerste lid van dit artikel, kunnen te zamen worden opgelegd.
– 3. De artikelen 5:32, vierde en vijfde lid, 5:33, 5:34, eerste lid, en 5:35 van de Algemene wet bestuursrecht zijn van toepassing op de in het eerste lid bedoelde last.

§ 1a. Overtreding verplichtingen inzake financiële transparantie

Art. 70a

Overtreding verplichting financiële transparantie

– 1. De raad kan ingeval van overtreding van artikel 25*b*, eerste of tweede lid, of van artikel 25*e*, eerste volzin, de natuurlijke persoon of rechtspersoon aan wie de overtreding kan worden toegerekend:
a. een boete opleggen van ten hoogste € 450 000 of, indien het een onderneming of ondernemersvereniging betreft en indien dat meer is, van ten hoogste 1% van de omzet van de onderneming, onderscheidenlijk van de gezamenlijke omzet van de ondernemingen die van de vereniging deel uitmaken, in het boekjaar voorafgaande aan de beschikking;
b. een last onder dwangsom opleggen, die ertoe strekt de overtreding ongedaan te maken of verdere overtreding dan wel herhaling van de overtreding te voorkomen.
– 2. Een boete en een last onder dwangsom kunnen tezamen worden opgelegd.
– 3. De raad legt geen boete op indien de natuurlijke persoon of rechtspersoon aan wie de overtreding kan worden toegerekend aannemelijk maakt dat hem van de overtreding geen verwijt kan worden gemaakt.
– 4. De artikelen 5:32, vierde en vijfde lid, 5:33, 5:34, eerste lid, en 5:35 van de Algemene wet bestuursrecht zijn van toepassing op de in het eerste lid, onder *b*, bedoelde last.
– 5. Artikel 57, tweede en derde lid, is van toepassing.

§ 1b. Overtreding verzegeling

Art. 70b

Overtreding verzegeling

– 1. De raad kan degene, die een verzegeling als bedoeld in artikel 54, eerste lid, verbreekt, opheft of beschadigt, of de door de verzegeling bedoelde afsluiting op andere wijze verijdelt, een boete opleggen van ten hoogste € 450 000 of, indien het een onderneming of ondernemersvereniging betreft en indien dat meer is, van ten hoogste 1% van de omzet van de onderneming, onderscheidenlijk van de gezamenlijke omzet van de ondernemingen die van de vereniging deel uitmaken, in het boekjaar voorafgaande aan de beschikking.
– 2. De raad legt geen boete op indien de belanghebbende aannemelijk maakt dat hem ter zake van de overtreding geen verwijt kan worden gemaakt.
– 3. Artikel 199 van het Wetboek van Strafrecht is niet van toepassing op de in het eerste lid bedoelde overtreding.
– 4. Artikel 57, tweede en derde lid, is van toepassing.

§ 2. Overtredingen concentratietoezicht

Art. 71

Boete i.v.m. art. 40 lid 2 of 46 lid 2

Indien op grond van artikel 40, tweede lid, of van artikel 46, tweede lid, aan een ontheffing als in het desbetreffende artikel bedoeld verbonden voorschriften niet worden nageleefd, kan de raad de natuurlijke persoon of rechtspersoon, aan wie die overtreding kan worden toegerekend, een boete opleggen van ten hoogste € 450 000 of, indien het een onderneming of ondernemersvereniging betreft en indien dat meer is, van ten hoogste 10% van de omzet van de onderneming, onderscheidenlijk van de gezamenlijke omzet van de ondernemingen die van de vereniging deel uitmaken, in het boekjaar voorafgaande aan de beschikking.

Art. 72

Boete i.v.m. art. 43

De raad kan degene, die in strijd handelt met artikel 43, een boete opleggen van ten hoogste € 450 000 of, indien het een onderneming of ondernemersvereniging betreft en indien dat meer is, van ten hoogste 1% van de omzet van de onderneming, onderscheidenlijk van de gezamenlijke omzet van de ondernemingen die van de vereniging deel uitmaken, in het boekjaar voorafgaande aan de beschikking.

Art. 73

Boete i.v.m. art. 34 of 41 lid 1

De raad kan degene die onjuiste of onvolledige gegevens verstrekt bij een melding van een concentratie op grond van artikel 34 of bij een aanvraag om een vergunning voor het tot stand brengen van een concentratie als bedoeld in artikel 41, eerste lid, een boete opleggen van ten hoogste € 450 000 of, indien het een onderneming of ondernemersvereniging betreft en indien dat meer is, van ten hoogste 1% van de omzet van de onderneming, onderscheidenlijk van de gezamenlijke omzet van de ondernemingen die van de vereniging deel uitmaken, in het boekjaar voorafgaande aan de beschikking.

Art. 74

Sancties overige overtredingen

– 1. De raad kan ingeval van overtreding van:
1° artikel 34,
2° artikel 39, tweede lid, onder *a* of *b*,
3° artikel 40, derde lid, onder *a* of *b*,
4° artikel 41, eerste lid,
5° artikel 46, derde of vierde lid, de natuurlijke persoon of rechtspersoon, aan wie de overtreding kan worden toegerekend,
a. een boete opleggen van ten hoogste € 450 000 of, indien het een onderneming of ondernemersvereniging betreft en indien dat meer is, van ten hoogste 10% van de omzet van de onderneming, onderscheidenlijk van de gezamenlijke omzet van de ondernemingen die van de vereniging deel uitmaken, in het boekjaar voorafgaande aan de beschikking;
b. een last onder dwangsom opleggen, die ertoe strekt de overtreding ongedaan te maken.
– 2. Een boete en een last onder dwangsom kunnen te zamen worden opgelegd.
– 3. De artikelen 5:32, vierde en vijfde lid, 5:33, 5:34, eerste lid, en 5:35 van de Algemene wet bestuursrecht zijn van toepassing op de in het eerste lid, onder *b*, bedoelde last.

Art. 75

Niet-naleven voorwaarden/voorschriften

– 1. Indien op grond van artikel 37, vierde lid, opgelegde voorwaarden niet worden nageleefd of op grond van artikel 41 aan een vergunning verbonden voorschriften niet worden nageleefd, kan de raad de natuurlijke persoon of rechtspersoon aan wie die overtreding kan worden toegerekend,
a. een boete opleggen van ten hoogste € 450 000 of, indien het een onderneming of ondernemersvereniging betreft en indien dat meer is, van ten hoogste 10% van de omzet van de onderneming, onderscheidenlijk van de gezamenlijke omzet van de ondernemingen die van de vereniging deel uitmaken, in het boekjaar voorafgaande aan de beschikking;
b. een last onder dwangsom opleggen die ertoe strekt alsnog de desbetreffende voorschriften te doen naleven.
– 2. Een boete en een last onder dwangsom kunnen te zamen worden opgelegd.
– 3. De artikelen 5:32, vierde en vijfde lid, 5:33, 5:34, eerste lid, en 5:35 van de Algemene wet bestuursrecht zijn van toepassing op de in het eerste lid, onder *b*, bedoelde last.

Art. 75a

Schakelbepaling

Artikel 51 van het Wetboek van Strafrecht is van overeenkomstige toepassing op overtredingen als bedoeld in de artikelen 69, 70*a*, 70*b* en 71 tot en met 75. Indien toepassing is gegeven aan artikel 51, tweede lid, onder 2, van het Wetboek van strafrecht, bedraagt de boete ten hoogste € 450.000.

Art. 76

Niet-verwijtbare overtreding

– 1. Een boete op grond van artikel 71, 72, 73, 74, eerste lid, 75, eerste lid, of 75*a* wordt niet opgelegd indien de belanghebbende aannemelijk maakt dat hem van de overtreding geen verwijt kan worden gemaakt.
– 2. Artikel 57, tweede en derde lid, is van toepassing ten aanzien van het opleggen van een boete als bedoeld in het eerste lid.

§ 2a. Overtreding toezeggingsbesluit

Art. 76a

De raad kan in geval van overtreding van artikel 49*a*, vierde lid, de natuurlijke persoon of de rechtspersoon aan wie de overtreding kan worden toegerekend een boete opleggen van ten hoogste € 450 000 of, indien het een onderneming of ondernemersvereniging betreft en indien dat meer is, van ten hoogste 10% van de omzet van de onderneming, onderscheidenlijk van de gezamenlijke omzet van de ondernemingen die van de vereniging deel uit maken, in het boekjaar voorafgaande aan de beschikking.

Boete i.v.m. art. 49a lid 4

§ 3. Procedure

Art. 77

Rapport

– 1. Indien een ambtenaar als bedoeld in artikel 52, eerste lid, vaststelt dat een overtreding als bedoeld in artikel 69, eerste lid, 70*a*, eerste lid, 70*b*, eerste lid, 71, 72, 73, 74, eerste lid, of 75, eerste lid, 76*a*, is begaan, maakt hij daarvan een rapport op.
– 2. In het rapport worden in ieder geval vermeld:
a. de feiten en omstandigheden op grond waarvan is vastgesteld dat een overtreding is begaan;
b. waar en wanneer de onder *a* bedoelde feiten en omstandigheden zich hebben voorgedaan;
c. degene die de overtreding heeft begaan;
d. de natuurlijke persoon of rechtspersoon die de overtreding kan worden toegerekend, respectievelijk de natuurlijke persoon die tot de overtreding opdracht heeft gegeven of die feitelijk leiding heeft gegeven aan de overtreding;
e. het overtreden wettelijk voorschrift.
– 3. Een afschrift van het rapport wordt toegezonden aan de in het tweede lid, onder *c*, bedoelde persoon, respectievelijk aan degene, bedoeld in het tweede lid, onder *d*, die tot de overtreding opdracht heeft gegeven of die feitelijk leiding heeft gegeven aan de overtreding.
– 4. Op verzoek van de belanghebbende die het rapport wegens zijn gebrekkige kennis van de Nederlandse taal onvoldoende begrijpt, draagt de raad er zoveel mogelijk zorg voor dat de inhoud van het rapport aan de betrokkene wordt meegedeeld in een voor hem begrijpelijke taal.

Art. 77a

Onderzoek boekhouding

– 1. Alvorens een boete op te leggen kan de boekhouding van de onderneming of de ondernemersvereniging door bij besluit van de raad aangewezen ambtenaren van de mededingingsautoriteit worden onderzocht teneinde de voor de oplegging van de boete in aanmerking te nemen financiële gegevens te kunnen bepalen.
– 2. De in het eerste lid bedoelde ambtenaren kunnen zich ten behoeve van het onderzoek, bedoeld in het eerste lid, laten bijstaan door een accountant als bedoeld in artikel 393, eerste lid, van Boek 2 van het Burgerlijk Wetboek.
– 3. De onderneming of de ondernemersvereniging is verplicht medewerking te verlenen aan een onderzoek als bedoeld in het eerste lid.

Art. 78

Hoorplicht

– 1. In afwijking van afdeling 4.1.2 van de Algemene wet bestuursrecht worden de belanghebbenden schriftelijk opgeroepen om naar keuze schriftelijk of mondeling hun zienswijze naar voren te brengen omtrent het in artikel 77, eerste lid, bedoelde rapport.
– 2. Indien de raad voornemens is een last onder dwangsom op te leggen, stelt hij belanghebbenden tevens in de gelegenheid schriftelijk of mondeling hun zienswijze kenbaar te maken over de voorgenomen last.
– 3. Indien de belanghebbende zijn zienswijze mondeling naar voren brengt, draagt de raad er op verzoek van de belanghebbende die de Nederlandse taal onvoldoende begrijpt, zorg voor dat een tolk wordt benoemd die de belanghebbende kan bijstaan, tenzij redelijkerwijs kan worden aangenomen dat daaraan geen behoefte bestaat.

Art. 79

Sanctiebeschikking

– 1. Een boete als bedoeld in de artikelen 69, eerste lid, 70*a*, eerste lid, onder *a*, 70*b*, eerste lid, 71, 72, 73, 74, eerste lid, onder *a*, 75, eerste lid, onder *a*, 75*a* en 76*a* en een last als bedoeld in de artikelen 70, eerste lid, 70*a*, eerste lid, onder *b*, artikel 74, eerste lid, onder *b*, en artikel 75, eerste lid, onder *b*, wordt opgelegd bij beschikking van de raad.
– 2. In de beschikking worden in ieder geval vermeld:
a. indien een boete wordt opgelegd: de te betalen geldsom, alsmede een toelichting op de hoogte daarvan;
b. indien een last wordt opgelegd: de inhoud van de last en de termijn waarvoor deze geldt;
c. de in artikel 77, tweede lid, bedoelde gegevens.
– 3. Op verzoek van degene tot wie de beschikking is gericht, die de beschikking wegens zijn gebrekkige kennis van de Nederlandse taal onvoldoende begrijpt, draagt de raad er zoveel mo-

gelijk zorg voor dat de in die beschikking vermelde informatie aan de betrokkene wordt meegedeeld in een voor hem begrijpelijke taal.
– 4. De beschikking dient te worden gegeven binnen dertien weken nadat een rapport als bedoeld in artikel 77, eerste lid, is opgemaakt.

Art. 80

Opschorting

De werking van een beschikking als bedoeld in artikel 79, eerste lid, wordt, voorzover bij die beschikking een boete wordt opgelegd, opgeschort totdat de beroepstermijn is verstreken of, indien beroep is ingesteld, op het beroep is beslist.

Art. 81

Schakelbepaling

De artikelen 67 tot en met 68*a* zijn van toepassing op de in de artikelen 69, eerste lid, 70*a*, eerste lid, onder *a*, 70*b*, eerste lid, 71, 72, 73, 74, eerste lid, onder *a*, 75, eerste lid, onder *a*, 75*a* en 76*a* bedoelde boete.

Art. 82

Verjaringstermijn

– 1. De bevoegdheid tot het opleggen van een boete als bedoeld in de artikelen 69 en 70*b*, eerste lid, vervalt drie jaren nadat de overtreding heeft plaatsgevonden.
– 2. De bevoegdheid tot het opleggen van een boete als bedoeld in de artikelen 71, 72, 73, 74, eerste lid, onder *a*, 75, eerste lid, onder *a*, 75*a* en 76*a* vervalt vijf jaren nadat de overtreding heeft plaatsgevonden.
– 3. De verjaringstermijn wordt voor twee jaren gestuit door het instellen van een onderzoek als bedoeld in artikel 52.
– 4. De stuiting van de verjaringstermijn gaat in op de dag waarop tenminste één onderneming of ondernemersvereniging die aan de overtreding heeft deelgenomen, dan wel één van degenen, bedoeld in artikel 51, tweede lid, onder 2° van het Wetboek van Strafrecht, van de handeling schriftelijk in kennis wordt gesteld.
– 5. Indien tegen een boete als bedoeld in het eerste en tweede lid bezwaar wordt gemaakt of beroep wordt ingesteld, wordt de verjaringstermijn opgeschort tot onherroepelijk op het bezwaar of beroep is beslist.

Art. 82a

Verjaringstermijn

De bevoegdheid tot het opleggen van een boete of een last onder dwangsom als bedoeld in artikel 70*a*, eerste lid, vervalt vijf jaren nadat de overtreding is begaan.

HOOFDSTUK 9
Voorlopige last onder dwangsom

Art. 83

Voorlopige last onder dwangsom

– 1. De raad kan een voorlopige last onder dwangsom opleggen, indien naar zijn voorlopig oordeel aannemelijk is dat artikel 6, eerste lid, artikel 24, eerste lid, of artikel 41, eerste lid, is overtreden, en onverwijlde spoed, gelet op de belangen van de door de overtreding getroffen ondernemingen of het belang van instandhouding van een daadwerkelijke mededinging, dat vereist.
– 2. Een voorlopige last verplicht de natuurlijke persoon of rechtspersoon, aan wie de overtreding voorshands kan worden toegerekend, tot het verrichten of nalaten van in die last omschreven feitelijke gedragingen of rechtshandelingen.
– 3. De artikelen 5:32, vierde en vijfde lid, 5:33, 5:34, eerste lid, en 5:35 van de Algemene wet bestuursrecht zijn van overeenkomstige toepassing op de in het eerste lid bedoelde last.

Art. 84

Schriftelijke mededeling met redenen omkleed

– 1. De raad deelt zijn voornemen een voorlopige last op te leggen schriftelijk en met redenen omkleed mee aan de belanghebbenden.
– 2. In afwijking van afdeling 4.1.2 van de Algemene wet bestuursrecht stelt de raad belanghebbenden in de gelegenheid schriftelijk of mondeling hun zienswijze kenbaar te maken over het in het eerste lid bedoelde voornemen.

Art. 85

Beslistermijn

– 1. De raad beslist zo spoedig mogelijk bij beschikking omtrent het opleggen van een voorlopige last.
– 2. Indien een voorlopige last wordt opgelegd, kan de raad in zijn beschikking bepalen wanneer deze vervalt.
– 3. De voorlopige last vervalt in ieder geval:
a. indien niet binnen zes maanden nadat de beschikking is gegeven een rapport als bedoeld in artikel 59, eerste lid, is opgemaakt, op het tijdstip waarop die zes maanden zijn verstreken;
b. indien binnen de onder *a* bedoelde termijn het daar bedoelde rapport is opgemaakt, zodra een beschikking als bedoeld in artikel 62, eerste lid, is gegeven.

Art. 86

Schakelbepaling

Op een beschikking omtrent een voorlopige last is artikel 65 van overeenkomstige toepassing.

Art. 87

Opheffing en wijziging

– 1. De raad kan een voorlopige last opheffen of wijzigen.
– 2. De artikelen 84, 85 en 86 zijn van overeenkomstige toepassing.

HOOFDSTUK 10
Toepassing van de EG-mededingingsregels

Art. 88

Reikwijdte EG-regelgeving

De raad wordt aangemerkt als de mededingingsautoriteit voor Nederland in de zin van verordening 1/2003 en als bevoegde autoriteit in de zin van verordening 139/2004 en oefent de krachtens de verordeningen op grond van artikel 83 van het Verdrag bestaande bevoegdheid uit om de artikelen 81 en 82 van het Verdrag toe te passen, alsmede de krachtens artikel 84 van het Verdrag bestaande bevoegdheid om te beslissen over de toelaatbaarheid van mededingingsafspraken en over het misbruik maken van een machtspositie op de gemeenschappelijke markt.

Art. 89

Schakelbepaling

Ter zake van de uitoefening van de in artikel 88 bedoelde bevoegdheden zijn de hoofdstukken 5A en 6, 7 en 9 van overeenkomstige toepassing.

Art. 89a

Buiten toepassing verklaren van groepsvrijstelling

– 1. De raad oefent de krachtens artikel 29, tweede lid, van verordening 1/2003 bestaande bevoegdheid uit tot het buiten toepassing verklaren van een groepsvrijstelling.
– 2. Op de voorbereiding van de beschikking is afdeling 3.4 van de Algemene wet bestuursrecht van toepassing.
– 3. Een beschikking op grond van het eerste lid treedt niet eerder in werking dan zes weken na de datum van haar terinzagelegging overeenkomstig artikel 3:44, eerste lid, onderdeel *a*, van de Algemene wet bestuursrecht.

Art. 89b

Bijstand bij een inspectie

– 1. Met het verlenen van bijstand bij een inspectie op grond van een mededingingsverordening door de Commissie van de Europese Gemeenschappen, zijn belast de krachtens artikel 50, eerste lid, aangewezen ambtenaren.
– 2. Artikel 5:12 van de Algemene wet bestuursrecht is van overeenkomstige toepassing.
– 3. Bij verzet tegen een inspectie door de Commissie van de Europese Gemeenschappen, verlenen de aangewezen ambtenaren de nodige bijstand om de Commissie van de Europese Gemeenschappen in staat te stellen de inspectie te verrichten, zo nodig met behulp van de sterke arm.

Art. 89c

Machtiging doorzoeking

– 1. Voor het verlenen van de nodige bijstand indien een onderneming of ondernemersvereniging zich verzet tegen een inspectie op grond van een mededingingsverordening door de Commissie van de Europese Gemeenschappen is voor zover de inspectie een doorzoeking omvat, een voorafgaande machtiging vereist van de rechter-commissaris, belast met de behandeling van strafzaken bij de rechtbank te Rotterdam. De machtiging wordt zo mogelijk getoond.
– 2. De rechter-commissaris gaat bij de toetsing van het verzoek tot machtiging na of de voorgenomen dwangmaatregelen niet willekeurig zijn of onevenredig zijn in verhouding tot het voorwerp van de inspectie, zoals is bepaald in de mededingingsverordeningen en het gemeenschapsrecht. Artikel 171 van het Wetboek van Strafvordering is van overeenkomstige toepassing.
De rechter-commissaris kan het openbaar ministerie horen alvorens te beslissen.
– 3. Tegen de beslissing van de rechter-commissaris staat voor zover het verzoek om een machtiging niet is toegewezen, voor de raad binnen veertien dagen beroep open bij de rechtbank te Rotterdam.
– 4. De rechter-commissaris kan bij de inspectie aanwezig zijn.

Art. 89d

Machtiging inspectie in andere gebouwen

– 1. Voor het uitvoeren van een inspectie als bedoeld in artikel 21, eerste lid, van verordening 1/2003 door de Commissie van de Europese Gemeenschappen in andere gebouwen, terreinen en vervoermiddelen dan die van ondernemingen en ondernemersverenigingen, waaronder de woningen van directeuren, bestuurders en andere personeelsleden, is een voorafgaande machtiging vereist van de rechter-commissaris, belast met de behandeling van strafzaken bij de rechtbank te Rotterdam. De machtiging wordt zo mogelijk getoond.
– 2. De rechter-commissaris toetst het verzoek tot machtiging overeenkomstig artikel 21, derde lid, van verordening 1/2003. Artikel 171 van het Wetboek van Strafvordering is van overeenkomstige toepassing. De rechter-commissaris kan het openbaar ministerie horen alvorens te beslissen.
– 3. Tegen de beslissing van de rechter-commissaris staat voor zover het verzoek om een

machtiging niet is toegewezen, voor de raad binnen veertien dagen beroep open bij de rechtbank te Rotterdam.
– 4. De rechter-commissaris kan bij de inspectie aanwezig zijn.
– 5. Voor zover het een inspectie in een woning betreft, geldt dit artikel in afwijking van de artikelen 2, 3 en 8 van de Algemene wet op het binnentreden.

Art. 89e

Inhoud machtiging

– 1. Een machtiging als bedoeld in artikel 89*c*, eerste lid, of artikel 89*d*, eerste lid, is met redenen omkleed en ondertekend en vermeldt:
a. de naam van de rechter-commissaris die de machtiging heeft gegeven;
b. de naam of het nummer en de hoedanigheid van degene aan wie de machtiging is gegeven;
c. de beschikking waarbij de Commissie van de Europese Gemeenschappen de inspectie heeft gelast;
d. de dagtekening.
– 2. Indien een inspectie dermate spoedeisend is dat de machtiging niet tevoren op schrift kan worden gesteld, zorgt de rechter-commissaris zo spoedig mogelijk voor de opschriftstelling.
– 3. De machtiging blijft ten hoogste van kracht tot en met de derde dag na die waarop zij is gegeven.
– 4. Voor zover het een inspectie in een woning betreft, geldt dit artikel in afwijking van artikel 6 van de Algemene wet op het binnentreden.

Art. 89f

Schriftelijk verslag

– 1. De ambtenaar die bijstand heeft verleend bij een inspectie in een woning of bij een doorzoeking van een andere plaats dan een woning, maakt op zijn ambtseed of -belofte een schriftelijk verslag op omtrent de inspectie.
– 2. In het verslag vermeldt hij:
a. zijn naam of nummer en zijn hoedanigheid;
b. de dagtekening van de machtiging en de naam van de rechter-commissaris die de machtiging heeft gegeven;
c. de beschikking waarbij de Commissie van de Europese Gemeenschappen de inspectie heeft gelast;
d. de plaats van de inspectie en de naam van degene bij wie de inspectie is verricht;
e. de wijze van binnentreden en het tijdstip waarop de inspectie is begonnen en is beëindigd;
f. hetgeen tijdens de inspectie is verricht en overigens is voorgevallen;
g. de namen of nummers en de hoedanigheid van de overige personen die aan de inspectie hebben deelgenomen.
– 3. Het verslag wordt uiterlijk op de vierde dag na die waarop de inspectie is beëindigd, toegezonden aan de rechter-commissaris die de machtiging heeft gegeven.
– 4. Een afschrift van het verslag wordt uiterlijk op de vierde dag na die waarop de inspectie is beëindigd, aan degene bij wie de inspectie is verricht, uitgereikt of toegezonden. Indien het doel van de inspectie daartoe noodzaakt, kan deze uitreiking of toezending worden uitgesteld. Uitreiking of toezending geschiedt in dat geval, zodra het belang van dit doel het toestaat. Indien het niet mogelijk is het afschrift uit te reiken of toe te zenden, houdt de rechter-commissaris of de ambtenaar die de bijstand heeft verleend, het afschrift gedurende zes maanden beschikbaar voor degene bij wie de inspectie is verricht.
– 5. Voor zover het een inspectie in een woning betreft, geldt dit artikel in afwijking van de artikelen 10 en 11 van de Algemene wet op het binnentreden.

Art. 89g

Bevoegde ambtenaren

– 1. Met het verrichten van een inspectie op grond van een mededingingsverordening door de mededingingsautoriteit op verzoek van de Commissie van de Europese Gemeenschappen of op verzoek van een mededingingsautoriteit van een andere lidstaat van de Europese Unie, zijn belast de krachtens artikel 50, eerste lid, aangewezen ambtenaren.
– 2. De aangewezen ambtenaren beschikken voor het verrichten van de inspectie over de bevoegdheden die hun ingevolge hoofdstuk 6 zijn toegekend ter uitoefening van toezicht en onderzoek.

Art. 89h

Procedure bij administratieve rechter

– 1. De raad of de Commissie van de Europese Gemeenschappen kan, niet optredende als partij, bij de behandeling van een beroep bij de administratieve rechter schriftelijke opmerkingen maken ingevolge artikel 15, derde lid, eerste alinea, van verordening 1/2003, indien de raad of de Commissie van de Europese Gemeenschappen de wens daartoe te kennen heeft gegeven. De rechter kan daarvoor een termijn bepalen. Met toestemming van de rechter kunnen zij ter zitting ook mondelinge opmerkingen maken.
– 2. Op een verzoek ingevolge artikel 15, derde lid, tweede alinea, van verordening 1/2003 verstrekt de rechter aan de raad en de Commissie van de Europese Gemeenschappen alle in die

bepaling bedoelde stukken. Partijen kunnen binnen een door de rechter te bepalen termijn hun mening geven over de te verstrekken stukken.
– 3. Partijen kunnen binnen een door de rechter te bepalen termijn reageren op de opmerkingen van de raad of de Commissie van de Europese Gemeenschappen. De rechter kan partijen in staat stellen op elkaars opmerkingen te reageren.

Art. 89i

Inlichtingen of advies

– 1. Indien de administratieve rechter inlichtingen of advies wil vragen ingevolge artikel 15, eerste lid, van verordening 1/2003, doet hij aan partijen schriftelijk opgave van de te stellen vragen en de te verzenden stukken.
– 2. Partijen kunnen binnen een door de rechter te bepalen termijn schriftelijk hun mening omtrent de te stellen vragen en de te verzenden stukken geven.
– 3. De griffier zendt een afschrift van het antwoord op het verzoek om inlichtingen of van het advies aan partijen.
– 4. Partijen kunnen binnen een door de rechter te bepalen termijn hun mening over het antwoord of het advies geven. Artikel 8:29 van de Algemene wet bestuursrecht is van overeenkomstige toepassing.

Art. 89j

Afschrift uitspraak

Ingevolge artikel 15, tweede lid, van verordening 1/2003 verstrekt de griffier onverwijld een afschrift van de uitspraak van de administratieve rechter met betrekking tot de toepassing van de artikelen 81 en 82 van het Verdrag aan de Commissie van de Europese Gemeenschappen. De verstrekking geschiedt, behalve wanneer het arresten of beschikkingen van de Hoge Raad of uitspraken van de Afdeling bestuursrechtspraak van de Raad van State betreft, door tussenkomst van de Raad voor de rechtspraak. Wanneer naar het oordeel van de administratieve rechter de bescherming van zwaarwegende belangen van partijen of van derden daartoe aanleiding geeft, kan de griffier volstaan met verstrekking van een geanonimiseerd afschrift van de uitspraak.

HOOFDSTUK 11
Gebruik van gegevens

Art. 90

Geheimhouding gegevens

Gegevens of inlichtingen omtrent een onderneming, welke in verband met enige werkzaamheid ten behoeve van de uitvoering van deze wet zijn verkregen, met uitzondering van inlichtingen als bedoeld in artikel 28, eerste lid, van verordening 1/2003 en artikel 17, eerste lid, van verordening 139/2004, mogen uitsluitend voor de toepassing van deze wet, de mededingingsverordeningen, de Elektriciteitswet 1998, de Gaswet en de Tijdelijke wet mediaconcentraties worden gebruikt.

Art. 91

Uitzonderingen bij samenwerking

In afwijking van artikel 90 is de raad bevoegd gegevens of inlichtingen, verkregen bij de uitoefening van de hem in deze wet opgedragen taken, te verstrekken aan:
1° een buitenlandse instelling, die op grond van nationale wettelijke regels is belast met de toepassing van mededingingsregels, voor zover die gegevens of inlichtingen van betekenis zijn of kunnen zijn voor de uitoefening van de taak van die instelling en de verstrekking ervan naar het oordeel van de raad in het belang is van de Nederlandse economie,
2° een bestuursorgaan dat op grond van een andere wettelijke regeling dan deze wet is belast met taken die de toepassing of mede de toepassing van bepalingen omtrent mededinging betreffen, voor zover die gegevens of inlichtingen van betekenis zijn of kunnen zijn voor de uitoefening van de genoemde taken van dat bestuursorgaan, mits
a. de geheimhouding van de gegevens of inlichtingen in voldoende mate is gewaarborgd, en
b. voldoende is gewaarborgd dat de gegevens of inlichtingen niet zullen worden gebruikt voor een ander doel dan waarvoor deze worden verstrekt.

HOOFDSTUK 12
Rechtsbescherming

Art. 92

Adviescommissie

– 1. Over een bezwaar tegen een beschikking als bedoeld in artikel 62, eerste lid, adviseert een commissie als bedoeld in artikel 7:13 van de Algemene wet bestuursrecht.
– 2. De leden van de in het eerste lid bedoelde adviescommissie zijn niet werkzaam bij het Ministerie van Economische Zaken of bij de mededingingsautoriteit. Een lid van de raad kan evenmin deel uitmaken van een dergelijke adviescommissie.

Art. 93

Rechtsmacht in eerste aanleg

– 1. In afwijking van artikel 8:7 van de Algemene wet bestuursrecht is voor beroepen tegen besluiten op grond van deze wet de rechtbank te Rotterdam bevoegd.

– 2. Ten aanzien van besluiten als bedoeld in de artikelen 37, eerste lid, 44, eerste lid, en 47, eerste lid, blijft artikel 7:1 van de Algemene wet bestuursrecht buiten toepassing.
– 3. Een consumentenorganisatie wordt geacht belanghebbende te zijn bij besluiten genomen op grond van deze wet.
– 4. De raad kan bij toepassing van artikel 3.11, tweede lid van de Algemene wet bestuursrecht in zaken waarbij een consumentenorganisatie als bedoeld in het derde lid belanghebbende is, om gewichtige redenen onderscheid maken tussen de in artikel 59, derde lid, bedoelde rechtspersonen of natuurlijke personen en genoemde consumentenorganisatie bij de beoordeling van de vraag of op de zaak betrekking hebbende stukken of gedeelten van stukken ter inzage worden gelegd.

HOOFDSTUK 12A
Bijdragen

Art. 93a

Vergoeding voor beschikking

– 1. Overeenkomstig bij of krachtens algemene maatregel van bestuur te stellen regels is een vergoeding verschuldigd voor het geven van een beschikking als bedoeld in de artikelen 25, 37, 40, 44, 46 en 47 voor ten hoogste de kosten die gemoeid zijn met het geven van die beschikkingen.
– 2. Een vergoeding als bedoeld in het eerste lid is verschuldigd door de aanvrager, dan wel, indien sprake is van een beschikking op grond van de artikelen 37 of 40, door degene die de melding heeft gedaan.
– 3. Indien een ingevolge het eerste lid verschuldigd bedrag niet is betaald binnen de termijn, gesteld bij algemene maatregel van bestuur, wordt het desbetreffende bedrag vermeerderd met de wettelijke rente, te rekenen vanaf de dag waarop die termijn is verstreken.
– 4. Indien niet is betaald binnen de termijn bedoeld in het derde lid, wordt degene die het bedrag is verschuldigd schriftelijk bevolen binnen twee weken alsnog het bedrag, verhoogd met de wettelijke rente en de kosten voor de aanmaning, te betalen.

Art. 93b

Gebreke van betaling

– 1. Bij gebreke van betaling binnen de in artikel 93*a*, vierde lid, gestelde termijn kan het verschuldigde bedrag, verhoogd met de wettelijke rente en de op de aanmaning betrekking hebbende kosten, worden ingevorderd bij dwangbevel.
– 2. Artikel 68, tweede, derde en vierde lid, is van toepassing.

HOOFDSTUK 13
Wijzigingen in andere wetten

Art. 94

Bevat wijzigingen in andere regelgeving.

Art. 95

De Wet economische mededinging wordt ingetrokken.

Art. 96-99

Bevat wijzigingen in andere regelgeving.

HOOFDSTUK 14
Overgangsbepalingen

Art. 100

Schakelbepaling

– 1. Voor de toepassing van verordening (EEG) nr. 4064/89 van de Raad van de Europese Gemeenschappen van 21 december 1989 betreffende de controle op concentraties van ondernemingen (*PbEG* 1990, L 257) ingevolge artikel 26, tweede lid, van verordening 139/2004, is artikel 88 van overeenkomstige toepassing.

Schakelbepaling

– 2. Voor de toepassing van artikel 12, eerste lid, of artikel 13, vijfde en zesde lid, van verordening (EEG) nr. 4064/89 van de Raad van de Europese Gemeenschappen van 21 december 1989 betreffende de controle op concentraties van ondernemingen (*PbEG* 1990, L 257) ingevolge artikel 26, tweede lid, van verordening 139/2004, zijn onderscheidenlijk artikel 89g of de artikelen 89*b*, 89*c*, 89*e* en 89*f* van overeenkomstige toepassing.

Art. 101-105

Vervallen.

Art. 106

Overgangsrecht

De straffen en maatregelen, gesteld op overtredingen van voorschriften gesteld bij of krachtens de Wet economische mededinging, die een economisch delict opleveren en die zijn begaan voor het tijdstip waarop artikel 94 in werking treedt, blijven van toepassing.

HOOFDSTUK 15
Slotbepalingen

Art. 107

– 1. De hoofdstukken van deze wet treden in werking op een bij koninklijk besluit te bepalen tijdstip, dat voor de verschillende hoofdstukken of onderdelen daarvan verschillend kan worden vastgesteld. **Inwerkingtreding**

– 2. *Vervallen.*

– 3. Artikel 32 vervalt twee jaar na het tijdstip van inwerkingtreding.

Art. 108-109

Bevat wijzigingen in deze regelgeving.

Art. 110

Deze wet wordt aangehaald als: Mededingingswet. **Citeertitel**

Verordening van de Raad van 16 december 2002, PbEG 2003, L 1, betreffende de uitvoering van de mededingingsregels van de artikelen 81 en 82 van het Verdrag, laatstelijk gewijzigd 25 september 2006, PbEU L 269

[Inwerkingtreding: 24-01-2003]

DE RAAD VAN DE EUROPESE UNIE,
Gelet op het Verdrag tot oprichting van de Europese Gemeenschap, en met name op artikel 83,
Gezien het voorstel van de Commissie [(1)],
Gezien het advies van het Europees Parlement [(2)]
Gezien het advies van het Europees Economisch en Sociaal Comité [(3)],
Overwegende hetgeen volgt:
(1) Teneinde een regeling tot stand te brengen waardoor wordt verzekerd dat de mededinging binnen de interne markt niet wordt vervalst, dient voor een doeltreffende en eenvormige toepassing van de artikelen 81 en 82 van het Verdrag in de gehele Gemeenschap te worden gezorgd. Verordening nr. 17 van de Raad van 6 februari 1962, eerste verordening over de toepassing van de artikelen 81 en 82 [(*)] van het Verdrag [(4)], heeft het mogelijk gemaakt een communautair beleid op het gebied van het mededingingsrecht te ontwikkelen dat tot de verspreiding van een mededingingscultuur in de Gemeenschap heeft bijgedragen. Thans dient deze verordening echter in het licht van de opgedane ervaring te worden vervangen, teneinde te voorzien in bepalingen die aan de uitdagingen van de geïntegreerde markt en de komende uitbreiding van de Gemeenschap zijn aangepast.
(2) Met name dient opnieuw te worden nagedacht over de wijze waarop de in artikel 81, lid 3, van het Verdrag vervatte uitzondering op het verbod van mededingingbeperkende overeenkomsten werkt. Hierbij moet volgens artikel 83, lid 2, onder *b*), van het Verdrag de noodzaak in acht worden genomen enerzijds een doeltreffend toezicht te verzekeren en anderzijds de administratieve controle zo veel mogelijk te vereenvoudigen.
(3) Het bij Verordening nr. 17 ingevoerde gecentraliseerde stelsel biedt niet langer een garantie voor een evenwicht tussen deze twee doelstellingen. Enerzijds belemmert het de toepassing van de communautaire mededingingsregels door de rechterlijke instanties en de mededingingsautoriteiten van de lidstaten en behelst het een aanmeldingsregeling die de Commissie belet zich bij voorrang op de bestraffing van de zwaarste inbreuken toe te leggen. Anderzijds brengt het voor de ondernemingen hoge kosten mee.
(4) Dit stelsel dient bijgevolg te worden vervangen door een stelsel van wettelijke uitzondering, waarin de mededingingsautoriteiten en de rechterlijke instanties van de lidstaten bevoegd zijn niet alleen artikel 81, lid 1, en artikel 82 van het Verdrag, die volgens de rechtspraak van het Hof van Justitie van de Europese Gemeenschappen rechtstreekse werking hebben, maar ook artikel 81, lid 3, van het Verdrag toe te passen.
(5) Met het oog op een daadwerkelijke handhaving van de communautaire mededingingsregels onder eerbiediging van de fundamentele rechten van de verdediging, moet deze verordening regels bevatten inzake de bewijslast op grond van de artikelen 81 en 82 van het Verdrag. Het bewijs van inbreuk op de artikelen 81, lid 1, en 82 van het Verdrag moet rechtens genoegzaam worden geleverd door de partij of de autoriteit die de inbreuk aanvoert. De onderneming of ondernemersvereniging die verweer voert tegen een bewezen inbreuk moet rechtens genoegzaam het bewijs leveren dat aan de voorwaarden is voldaan om dat verweer te laten gelden. Deze verordening doet geen afbreuk aan de nationale voorschriften inzake de bewijsstandaard of aan de plicht van de mededingingsautoriteiten en de rechterlijke instanties van de lidstaten de relevante feiten van een zaak vast te stellen mits dergelijke voorschriften en plichten verenigbaar zijn met algemene beginselen van het Gemeenschapsrecht.
(6) Ter verzekering van een doeltreffende toepassing van de communautaire mededingingsregels dienen de nationale mededingingsautoriteiten nauwer bij die toepassing te worden be-

(1) *PB* C 365 E van 19.12.2000, blz. 284.
(2) *PB* C 72 E van 21.3.2002, blz. 305.
(3) *PB* C 155 van 29.5.2001, blz. 73.
(*) De titel van Verordening 17 werd aangepast om rekening te houden met de hernummering van de artikelen van het EG-Verdrag overeenkomstig artikel 12 van het Verdrag van Amsterdam; oorspronkelijk verwees die titel naar de artikelen 85 en 86 van het EG-Verdrag.
(4) *PB* 13 van 21.2.1962, blz. 204/62. Verordening laatstelijk gewijzigd bij Verordening (EG) nr. 1216/1999 (*PB* L 148 van 15.6.1999, blz. 5).

trokken. Te dien einde moeten zij over de bevoegdheid beschikken het Gemeenschapsrecht toe te passen.

(7) De nationale rechterlijke instanties vervullen bij de toepassing van de communautaire mededingingsregels een wezenlijke taak. Zij beschermen de uit het Gemeenschapsrecht voortvloeiende subjectieve rechten door geschillen tussen particulieren te beslechten, met name door aan de slachtoffers van inbreuken schadevergoeding toe te kennen. De rol van de nationale rechterlijke instanties is dienaangaande complementair aan die van de mededingingsautoriteiten van de lidstaten. Het is bijgevolg noodzakelijk hun de bevoegdheid toe te kennen de artikelen 81 en 82 van het Verdrag ten volle toe te passen.

(8) Teneinde de daadwerkelijke handhaving van de mededingingsregels van de Gemeenschap en de goede werking van de in deze verordening opgenomen samenwerkingsmechanismen te waarborgen, moeten de mededingingsautoriteiten en de rechterlijke instanties van de lidstaten ertoe verplicht worden ook de artikelen 81 en 82 van het Verdrag toe te passen wanneer ze het nationale mededingingsrecht toepassen op overeenkomsten en praktijken welke de handel tussen lidstaten kunnen beïnvloeden. Om te zorgen voor gelijke spelregels in het kader van overeenkomsten, besluiten van ondernemersverenigingen en onderling afgestemde feitelijke gedragingen binnen de interne markt, moet op grond van artikel 83, lid 2, onder *e*), van het Verdrag tevens de verhouding tussen de nationale wetgeving en het mededingingsrecht van de Gemeenschap bepaald worden. Daartoe moet worden bepaald dat de toepassing van nationale mededingingswetten op overeenkomsten, besluiten of onderling afgestemde feitelijke gedragingen in de zin van artikel 81, lid 1, van het Verdrag niet mag leiden tot het verbieden van dergelijke overeenkomsten, besluiten en onderling afgestemde feitelijke gedragingen indien ze niet ook uit hoofde van het mededingingsrecht van de Gemeenschap verboden zijn. De begrippen overeenkomsten, besluiten en onderling afgestemde feitelijke gedragingen zijn autonome concepten uit het mededingingsrecht van de Gemeenschap die van toepassing zijn op gecoördineerd gedrag van ondernemingen op de markt volgens de uitleg van de communautaire rechterlijke instanties. Lidstaten mogen uit hoofde van de onderhavige verordening niet worden belet om op hun grondgebied strengere nationale mededingingswetten aan te nemen en toe te passen die eenzijdige gedragingen van ondernemingen verbieden of bestraffen. Die strengere nationale wetten kunnen bepalingen omvatten die misbruik van economisch afhankelijke ondernemingen verbieden of bestraffen. Voorts is deze verordening niet van toepassing op nationale wetten die strafrechtelijke sancties opleggen aan natuurlijke personen, behalve indien deze sancties het middel vormen waarmee op ondernemingen toepasselijke mededingingsregels worden toegepast.

(9) Het doel van de artikelen 81 en 82 van het Verdrag is de bescherming van de mededinging op de markt. Deze verordening, die wordt aangenomen om aan die bepalingen van het Verdrag uitvoering te geven, belet de lidstaten niet om op hun grondgebied nationale wetgeving ten uitvoer te leggen ter bescherming van andere rechtmatige belangen, op voorwaarde dat deze wetgeving verenigbaar is met algemene beginselen en andere bepalingen van het Gemeenschapsrecht. In zoverre deze nationale wetgeving overwegend een ander doel dan de bescherming van de mededinging op de markt nastreeft, mogen de bevoegde mededingingsautoriteiten en de rechterlijke instanties van de lidstaten deze wetgeving op hun grondgebied toepassen. Dienovereenkomstig mogen lidstaten uit hoofde van deze verordening op hun grondgebied nationale wetgeving ten uitvoer leggen die eenzijdige of contractuele, onder oneerlijke handelspraktijken vallende handelingen verbiedt of bestraft. Een dergelijke wetgeving streeft een specifiek doel na, ongeacht de feitelijke of vermoedelijke effecten van dergelijke handelingen op de mededinging op de markt. Dit is met name het geval voor wetgeving die verbiedt dat ondernemingen hun handelspartners ongerechtvaardigde, onevenredige of ongegronde voorwaarden opleggen, van hen verkrijgen of proberen te verkrijgen.

(10) Verordeningen van de Raad zoals nr. 19/65/EEG [1], (EEG) nr. 2821/71 [2], (EEG) nr. 3976/87[3], (EEG) nr. 1534/91 [4] of (EEG) nr. 479/92 [5] verlenen de Commissie bevoegdheid om artikel 81, lid 3, van het Verdrag bij verordening toe te passen op bepaalde categorieën overeenkomsten, besluiten van ondernemersverenigingen en onderling afgestemde feitelijke gedragingen. Op de door dergelijke verordeningen gedefinieerde gebieden heeft de Commissie zogenoemde groepsvrijstellingsverordeningen vastgesteld waarbij zij artikel 81, lid 1, van het Verdrag niet van toepassing verklaart op categorieën van overeenkomsten, besluiten en onderlinge afgestemde feitelijke gedragingen en kan zij deze blijven vaststellen. Wanneer overeenkomsten, besluiten en onderling afgestemde feitelijke gedragingen waarop deze verordeningen van toepassing zijn desondanks gevolgen hebben die onverenigbaar zijn met artikel 81, lid 3, van het Verdrag, moeten de Commissie en de mededingingsautoriteiten van de lidstaten over de bevoegdheid beschikken om in een specifiek geval het voordeel van de groepsvrijstellingsverordening in te trekken.

(11) Om voor de toepassing van de Verdragsbepalingen te zorgen, moet de Commissie beschikkingen tot ondernemingen en ondernemersverenigingen kunnen richten die ertoe strekken aan inbreuken op artikel 81 of artikel 82 van het Verdrag een einde te maken. Zodra een rechtmatig belang aanwezig is, moet zij ook een beschikking tot vaststelling van een inbreuk kunnen geven wanneer die inbreuk reeds beëindigd is, zelfs zonder een geldboete op te leggen. Voorts dient de bevoegdheid van de Commissie om beschikkingen houdende voorlopige maatregelen te geven, die door het Hof van Justitie is erkend, uitdrukkelijk in deze verordening te worden opgenomen.

(12) Deze verordening dient uitdrukkelijk te voorzien in de bevoegdheid van de Commissie om, rekening houdend met het evenredigheidsbeginsel, alle maatregelen ter correctie van gedragingen alsook structurele maatregelen te kunnen opleggen die noodzakelijk zijn om aan de inbreuk daadwerkelijk een einde te maken. Structurele maatregelen dienen alleen te worden opgelegd als er niet een even effectieve maatregel ter correctie van gedragingen bestaat of als een dergelijke maatregel voor de betrokken onderneming belastender zou zijn dan een structurele maatregel. Wijzigingen in de ondernemingsstructuur zoals die vóór het plegen van de inbreuk bestond, zouden slechts evenredig zijn indien een gerede kans bestaat op een voortdurende of herhaalde inbreuk die voortvloeit uit de structuur zelf van de onderneming.

(13) Wanneer de betrokken ondernemingen in de loop van een procedure die tot een verbodsbeschikking zou kunnen leiden, de Commissie toezeggingen doen om aan haar bezorgdheden tegemoet te komen, moet de Commissie bij beschikking die toezeggingen voor die ondernemingen een verbindend karakter kunnen verlenen. In toezeggingsbeschikkingen moet worden vastgesteld dat er niet langer gronden voor een optreden van de Commissie bestaan, zonder dat wordt geconcludeerd of er al dan niet een inbreuk is gepleegd of nog steeds wordt

(1) Verordening nr. 19/65/EEG van de Raad van 2 maart 1965 betreffende de toepassingen van artikel 81, lid 3 (De titels van deze verordningen zijn aangepast om rekening te houden met de hernummering van de artikelen van het EG-Verdrag, overeenkomstig artikel 12 van het Verdrag van Amsterdam. Oorspronkelijk verwerzen deze titels naar artikel 85, lid 3, van het EG-Verdrag.), van het Verdrag op groepen van overeenkomsten en onderling afgestemde feitelijke gedragingen (*PB* 36 van 6.3.1965, blz. 533/65). Verordening laatstelijk gewijzigd bij Verordening (EG) nr. 1215/1999 (*PB* L 148 van 15.6.1999, blz. 1).
(2) Verordening (EEG) nr. 2821/71 van de Raad van 20 december 1971 betreffende de toepassing van artikel 81, lid 3 (De titels van deze verordningen zijn aangepast om rekening te houden met de hernummering van de artikelen van het EG-Verdrag, overeenkomstig artikel 12 van het Verdrag van Amsterdam. Oorspronkelijk verwerzen deze titels naar artikel 85, lid 3, van het EG-Verdrag.), van het Verdrag op groepen van overeenkomsten, besluiten en onderling afgestemde feitelijke gedragingen (*PB* L 285 van 29.12.1971, blz. 46). Verordening laatstelijk gewijzigd bij de Akte van Toetreding van 1994.
(3) Verordening (EEG) nr. 3976/87 van de Raad van 14 december 1987 betreffende de toepassing van artikel 81, lid 3 (De titels van deze verordningen zijn aangepast om rekening te houden met de hernummering van de artikelen van het EG-Verdrag, overeenkomstig artikel 12 van het Verdrag van Amsterdam. Oorspronkelijk verwerzen deze titels naar artikel 85, lid 3, van het EG-Verdrag.), van het Verdrag op bepaalde groepen overeenkomsten en onderling afgestemde feitelijke gedragingen in de sector van het luchtvervoer (*PB* L 374 van 31.12.1987, blz. 9). Verordening laatstelijk gewijzigd bij de Akte van Toetreding van 1994.
(4) Verordening (EEG) nr. 1534/91 van de Raad van 31 mei 1991 betreffende de toepassing van artikel 81, lid 3 (De titels van deze verordningen zijn aangepast om rekening te houden met de hernummering van de artikelen van het EG-Verdrag, overeenkomstig artikel 12 van het Verdrag van Amsterdam. Oorspronkelijk verwerzen deze titels naar artikel 85, lid 3, van het EG-Verdrag.), van het Verdrag op bepaalde groepen van overeenkomsten, besluiten en onderling afgestemde feitelijke gedragingen in de verzekeringssector (*PB* L 143 van 7.6.1991, blz. 1).
(5) Verordening (EEG) nr. 479/92 van de Raad van 25 februari 1992 betreffende de toepassing van artikel 81, lid 3 (De titels van deze verordningen zijn aangepast om rekening te houden met de hernummering van de artikelen van het EG-Verdrag, overeenkomstig artikel 12 van het Verdrag van Amsterdam. Oorspronkelijk verwerzen deze titels naar artikel 85, lid 3, van het EG-Verdrag.), van het Verdrag op bepaalde groepen van overeenkomsten, besluiten en onderling afgestemde feitelijke gedragingen tussen lijnvaartondernemingen (consortia) (*PB* L 55 van 29.2.1992, blz. 3). Verordening laatstelijk gewijzigd bij de Akte van Toetreding van 1994.

gepleegd. Toezeggingsbeschikkingen laten de bevoegdheid van de mededingingsautoriteiten en de rechterlijke instanties van de lidstaten om zo'n inbreuk al dan niet vast te stellen en een beslissing over de zaak te nemen, onverlet. Toezeggingsbeschikkingen zijn niet geschikt als de Commissie voornemens is een boete op te leggen.

(14) Het kan ook nuttig zijn dat de Commissie in uitzonderlijke gevallen, wanneer het algemeen belang van de Gemeenschap dat vereist, een beschikking van declaratoire aard geeft waarbij zij vaststelt dat het verbod van artikel 81 of dat van artikel 82 van het Verdrag niet van toepassing is, dit om de rechtsregels te verduidelijken en voor een samenhangende toepassing ervan in de Gemeenschap te zorgen, in het bijzonder ten aanzien van nieuwe soorten overeenkomsten of feitelijke gedragingen waarover in de bestaande jurisprudentie of bestuurspraktijk geen precedenten bestaan.

(15) De Commissie en de mededingingsautoriteiten van de lidstaten moeten tezamen een netwerk van overheidsinstanties vormen, die de communautaire mededingingsregels in nauwe samenwerking toepassen. Daartoe moeten kennisgevings- en raadplegingsmechanismen in het leven worden geroepen. Verdere modaliteiten voor samenwerking binnen het netwerk worden vastgesteld en herzien door de Commissie, in nauwe samenwerking met de lidstaten.

(16) Niettegenstaande andersluidende nationale bepalingen moet de uitwisseling van, zelfs vertrouwelijke, gegevens en het gebruik van deze gegevens als bewijsmateriaal mogelijk worden gemaakt tussen de tot het netwerk behorende instanties. De gegevens kunnen worden gebruikt met het oog op de toepassing van de artikelen 81 en 82 van het Verdrag en, parallel daarmee, van het nationale mededingingsrecht, mits deze laatste toepassing op dezelfde zaak betrekking heeft en niet tot een verschillend resultaat leidt. Wanneer de uitgewisselde gegevens door de ontvangende autoriteit worden gebruikt om ondernemingen sancties op te leggen, mag er geen andere beperking op het gebruik van deze gegevens staan dan de verplichting ze te gebruiken voor het doel waarvoor ze werden verzameld, aangezien de aan de ondernemingen opgelegde sancties van dezelfde aard zijn in alle rechtssystemen. De rechten van de verdediging die de ondernemingen in de verschillende rechtssystemen genieten, kunnen als voldoende gelijkwaardig worden aangemerkt. Natuurlijke personen kunnen echter in de verschillende rechtssystemen wezenlijk van elkaar verschillende sancties krijgen. In dat geval moet ervoor gezorgd worden dat de gegevens enkel kunnen worden gebruikt indien ze zijn verzameld op een manier die voor de rechten van de verdediging van natuurlijke personen een zelfde mate van bescherming biedt als de nationale regelgeving van de ontvangende autoriteit.

(17) Zowel om een consequente toepassing van de mededingingsregels te waarborgen als om voor een optimale werking van het netwerk te zorgen, is het volstrekt noodzakelijk de regel te behouden dat een zaak automatisch onttrokken wordt aan de mededingingsautoriteiten van de lidstaten wanneer de Commissie een procedure inleidt. Indien een mededingingsautoriteit van een lidstaat een zaak reeds in behandeling heeft genomen en de Commissie voornemens is een procedure in te stellen, moet zij dit zo spoedig mogelijk doen. Alvorens een procedure in te stellen, dient de Commissie in overleg te treden met de betrokken autoriteit.

(18) Opdat de meest geschikte autoriteiten binnen het netwerk de zaken zouden behandelen, moet in een algemene bepaling worden vastgelegd dat een mededingingsautoriteit een procedure kan opschorten of afsluiten op grond van het feit dat een andere autoriteit dezelfde zaak behandelt of heeft behandeld, zodat elke zaak door slechts één autoriteit wordt behandeld. Deze bepaling mag niet afdoen aan de in de rechtspraak van het Hof van Justitie erkende mogelijkheid voor de Commissie een klacht wegens het ontbreken van belang voor de Gemeenschap af te wijzen, ook wanneer geen enkele andere mededingingsautoriteit het voornemen te kennen heeft gegeven de zaak in behandeling te nemen.

(19) De werking van het bij Verordening nr. 17 ingestelde Adviescomité voor mededingingsregelingen en economische machtsposities is zeer bevredigend gebleken. Het adviescomité past goed in het nieuwe stelsel van decentrale toepassing. Het is dus aangewezen de bepalingen van Verordening nr. 17 als uitgangspunt te nemen, met dien verstande evenwel dat de werkzaamheden van het adviescomité doelmatiger worden georganiseerd. Het is te dien einde nuttig te bepalen dat bij wege van een schriftelijke procedure advies kan worden uitgebracht. Bovendien moet het adviescomité kunnen dienen als forum waar de bij de mededingingsautoriteiten van de lidstaten lopende zaken worden besproken, hetgeen bijdraagt tot de instandhouding van een samenhangende toepassing van de communautaire mededingingsregels.

(20) Het adviescomité dient te bestaan uit vertegenwoordigers van de mededingingsautoriteiten van de lidstaten. Voor vergaderingen waarop algemene zaken worden besproken, moeten de lidstaten een extra vertegenwoordiger kunnen aanwijzen. Dit laat onverlet dat de leden van het comité zich kunnen laten bijstaan door andere deskundigen van de lidstaten.

(21) Een samenhangende toepassing van de mededingingsregels vereist ook een regeling van de samenwerking tussen de rechterlijke instanties van de lidstaten en de Commissie. Dit geldt voor alle rechterlijke instanties van de lidstaten die de artikelen 81 en 82 van het Verdrag toe-

passen, ongeacht of zij dit doen in rechtszaken tussen particulieren, als openbare handhavingsinstanties of als beroepsinstanties. Met name moeten de nationale rechterlijke instanties de mogelijkheid hebben zich tot de Commissie te wenden om inlichtingen of adviezen over de toepassing van het communautaire mededingingsrecht te verkrijgen. Anderzijds moeten de Commissie en de mededingingsautoriteiten van de lidstaten de bevoegdheid hebben schriftelijke of mondelinge opmerkingen voor de nationale rechterlijke instanties te maken, wanneer hun verzocht wordt artikel 81 of artikel 82 van het Verdrag toe te passen. Deze opmerkingen moeten worden ingediend binnen het kader van de nationale procedures en praktijken, waaronder die welke de rechten van de partijen vrijwaren. Te dien einde moet ervoor worden gezorgd dat de Commissie en de mededingingsautoriteiten van de lidstaten over voldoende gegevens inzake de voor de nationale rechterlijke instanties gevoerde procedures kunnen beschikken.

(22) Om in een stelsel van parallelle bevoegdheden de eerbiediging van het beginsel van rechtszekerheid en een eenvormige toepassing van de communautaire mededingingsregels te waarborgen, moeten tegenstrijdige uitspraken worden vermeden. Daarom moet, conform de rechtspraak van het Hof van Justitie, duidelijk worden gemaakt wat de gevolgen zijn van Commissiebesluiten en -procedures voor de rechterlijke instanties en mededingingsautoriteiten van de lidstaten. Toezeggingsbeschikkingen van de Commissie laten de bevoegdheid van de rechterlijke instanties en de mededingingsautoriteiten van de lidstaten onverlet om de artikelen 81 en 82 van het Verdrag toe te passen.

(23) De Commissie moet in de gehele Gemeenschap de bevoegdheid hebben om de inlichtingen te verlangen die noodzakelijk zijn om door artikel 81 van het Verdrag verboden overeenkomsten, besluiten en onderling afgestemde feitelijke gedragingen, alsook door artikel 82 van het Verdrag verboden misbruik van een machtspositie op het spoor te komen. Wanneer zij gevolg geven aan een beschikking van de Commissie kunnen ondernemingen niet worden gedwongen te erkennen dat zij een inbreuk hebben gepleegd, maar zij zijn er steeds toe gehouden vragen over feiten te beantwoorden en documenten te verstrekken, zelfs als die inlichtingen kunnen dienen om ten aanzien van hen of van een andere onderneming het bestaan van een inbreuk aan te tonen.

(24) De Commissie moet tevens de bevoegdheid hebben om de inspecties te verrichten die noodzakelijk zijn om door artikel 81 van het Verdrag verboden overeenkomsten, besluiten en onderling afgestemde feitelijke gedragingen, alsook door artikel 82 van het Verdrag verboden misbruik van een machtspositie op het spoor te komen. De mededingingsautoriteiten van de lidstaten moeten haar bij de uitoefening van deze bevoegdheid actief medewerking verlenen.

(25) Omdat het steeds moeilijker wordt inbreuken op de mededingingsregels te ontdekken, is het voor een doeltreffende bescherming van de mededinging noodzakelijk dat de onderzoeksbevoegdheden van de Commissie worden uitgebreid. De Commissie moet met name iedere persoon kunnen horen die mogelijkerwijs over nuttige informatie beschikt, en zijn verklaringen optekenen. Tijdens een inspectie moeten de gemachtigde functionarissen van de Commissie voor de duur die noodzakelijk is voor de inspectie zegels kunnen aanbrengen. Normaliter zou de verzegeling niet langer dan 72 uur mogen duren. Voorts moeten door de Commissie gemachtigde functionarissen alle informatie kunnen verlangen die met het voorwerp en het doel van de inspectie verband houdt.

(26) Voorts heeft de ervaring geleerd dat zakelijke bescheiden soms in de woning van bestuurders en medewerkers van ondernemingen worden bewaard. Met het oog op de doeltreffendheid van de inspecties dient het de functionarissen en andere door de Commissie gemachtigde personen daarom te worden toegestaan alle ruimten waar zakelijke bescheiden mogelijk kunnen worden bewaard, met inbegrip van privé-woningen, te betreden. Voor de uitoefening van deze laatste bevoegdheid is evenwel machtiging door een rechterlijke instantie nodig.

(27) Onverminderd de rechtspraak van het Hof van Justitie, is het zinvol te bepalen hoever het toetsingsrecht van de nationale rechterlijke instantie reikt wanneer die overeenkomstig het nationale recht, eventueel bij wijze van voorzorgsmaatregel, de handhavingsinstanties laat optreden tegen een onderneming die zich zou verzetten of inspecties laat verrichten op andere dan bedrijfslocaties. Uit die rechtspraak vloeit voort dat de nationale rechterlijke instantie de Commissie met name om nadere informatie mag verzoeken die zij voor die toetsing nodig heeft, en dat zij die machtiging kan weigeren indien zij die informatie niet krijgt. De rechtspraak bevestigt ook de bevoegdheid van de nationale rechter om te toetsen of de nationale voorschriften inzake de uitvoering van dwangmaatregelen correct worden toegepast.

(28) Met het oog op een doeltreffender toepassing van de artikelen 81 en 82 van het Verdrag door de mededingingsautoriteiten van de lidstaten is het nuttig deze autoriteiten toe te staan elkaar bij te staan door middel van inspecties en andere onderzoeksmaatregelen.

(29) De naleving van de artikelen 81 en 82 van het Verdrag en de nakoming van de verplichtingen die op grond van deze verordening aan ondernemingen en ondernemersverenigingen

worden opgelegd, moeten door middel van geldboeten en dwangsommen kunnen worden afgedwongen. Daartoe moeten ook voor inbreuken op de procedureregels geldboeten op een passend bedrag worden vastgesteld.

(30) Om te waarborgen dat de geldboeten die aan ondernemingsverenigingen voor door hen begane inbreuken zijn opgelegd, daadwerkelijk worden geïnd, moeten de voorwaarden worden vastgelegd waaronder de Commissie de leden van de vereniging tot betaling van de boete kan aanspreken indien de vereniging insolvent is. Daarbij dient de Commissie rekening te houden met de relatieve grootte van de tot de vereniging behorende ondernemingen en vooral met de situatie van kleine en middelgrote ondernemingen. Betaling van de boete door een of meer leden van een vereniging laat de nationale rechtsregels die voorzien in invordering van het betaalde bedrag bij andere leden van de vereniging, onverlet.

(31) De verjaring terzake van de oplegging van geldboeten en dwangsommen is geregeld in Verordening (EEG) nr. 2988/74 (1), die ook betrekking heeft op de sancties welke van toepassing zijn in de vervoerssector. In een stelsel van parallelle bevoegdheden moeten ook de door de mededingingsautoriteit van een lidstaat verrichte autonome procedurehandelingen de verjaring kunnen stuiten. Bijgevolg is het ter verduidelijking van de toepasselijke regelgeving aangewezen, Verordening (EEG) nr. 2988/74 zodanig te wijzigen dat zij niet langer op het door de onderhavige verordening bestreken gebied van toepassing is, en in deze verordening bepalingen betreffende de verjaring op te nemen.

(32) Het recht van de betrokken ondernemingen om door de Commissie te worden gehoord, moet worden vastgelegd, derden wier belangen door een beschikking kunnen worden geraakt moeten in de gelegenheid worden gesteld voorafgaand opmerkingen te maken, en aan de gegeven beschikkingen moet ruime bekendheid worden gegeven. Het recht van verdediging van de betrokken ondernemingen, met name het recht van inzage van het dossier, moet worden gewaarborgd, zij het dat de bescherming van zakengeheimen van essentieel belang is. Voorts moet de vertrouwelijkheid van de binnen het netwerk uitgewisselde gegevens worden verzekerd.

(33) Daar alle Commissiebeschikkingen in de zin van deze verordening onder de in het Verdrag vastgestelde voorwaarden aan de rechtsmacht van het Hof van Justitie zijn onderworpen, dient in overeenstemming met artikel 229 van het Verdrag te worden bepaald dat het Hof terzake van beschikkingen waarbij de Commissie geldboeten of dwangsommen oplegt, volledige rechtsmacht bezit.

(34) De in de artikelen 81 en 82 van het Verdrag vervatte beginselen, als toegepast bij Verordening nr. 17, kennen de organen van de Gemeenschap een centrale plaats toe. Die centrale plaats dient te worden behouden, met dien verstande dat de lidstaten nauwer bij de toepassing van de communautaire mededingingsregels worden betrokken. Overeenkomstig het subsidiariteitsbeginsel en het evenredigheidsbeginsel, zoals neergelegd in artikel 5 van het Verdrag, gaat deze verordening niet verder dan nodig is om haar doelstelling te verwezenlijken, namelijk een doeltreffende toepassing van de communautaire mededingingsregels.

(35) Om een behoorlijke handhaving van het communautaire mededingingsrecht te realiseren, moeten de lidstaten autoriteiten aanwijzen en machtigen als openbare handhavingsinstanties voor de toepassing van de artikelen 81 en 82 van het Verdrag. Zij moeten de mogelijkheid hebben om zowel administratieve als gerechtelijke autoriteiten aan te wijzen voor de uitvoering van de diverse taken die krachtens deze verordening aan de mededingingsautoriteiten zijn opgedragen. Deze verordening erkent de grote verscheidenheid van de openbare handhavingsstelsels van de lidstaten. De gevolgen van artikel 11, lid 6, van deze verordening zouden van toepassing moeten zijn op alle mededingingsautoriteiten. Als uitzondering op deze algemene regel zou artikel 11, lid 6, van deze verordening onder de voorwaarden van artikel 35, lid 4, van deze verordening van toepassing moeten zijn op de vervolgende autoriteit, indien deze een zaak aanhangig maakt bij een aparte rechterlijke instantie. Wordt aan deze voorwaarden niet voldaan, dan dient de algemene regel te worden toegepast. In elk geval mag artikel 11, lid 6, van deze verordening niet worden toegepast ten aanzien van rechterlijke instanties die als beroepsinstantie optreden.

(36) Daar in de rechtspraak duidelijk is gesteld dat de mededingingsregels op de vervoerssector van toepassing zijn, moet deze sector aan de procedurebepalingen van deze verordening

(1) Verordening (EEG) nr. 2988/74 van de Raad van 26 november 1974 inzake de verjaring van het recht van vervolging en van tenuitvoerlegging op het gebied van het vervoers- en het mededingingsrecht van de Europese Economische Gemeenschap (*PB* L 319 van 29.11.1974, blz. 1).

worden onderworpen. Verordening nr. 141 van de Raad van 26 november 1962 houdende niet-toepassing op de vervoerssector van Verordening nr. 17 van de Raad (1), moet derhalve worden ingetrokken en de Verordeningen (EEG) nr. 1017/68 (2), (EEG) nr. 4056/86 (3) en (EEG) nr. 3975/87 (4) dienen te worden gewijzigd, teneinde de daarin opgenomen specifieke procedurebepalingen te schrappen.

(37) Deze verordening eerbiedigt de grondrechten en is in overeenstemming met de beginselen die met name erkend zijn in het Handvest van de grondrechten van de Europese Unie. Derhalve dient zij te worden uitgelegd en toegepast in overeenstemming met deze rechten en beginselen.

(38) Rechtszekerheid voor ondernemingen die onder de mededingingsregels van de Gemeenschap werken, draagt bij tot meer innovatie en meer investeringen. In gevallen die aanleiding geven tot werkelijke onzekerheid omdat hierin nieuwe of onopgeloste vragen betreffende de toepassing van deze regels rijzen, is het mogelijk dat afzonderlijke ondernemingen de Commissie informeel om advies willen vragen. Deze verordening laat de mogelijkheid van de Commissie om zo'n informeel advies te verstrekken onverlet,

HEEFT DE VOLGENDE VERORDENING VASTGESTELD:

HOOFDSTUK I
De beginselen

Toepassing van de artikelen 81 en 82 van het Verdrag

Art. 1

Toepassing art. 81, 82 Verdrag

– 1. Overeenkomsten, besluiten en onderling afgestemde feitelijke gedragingen als bedoeld in artikel 81, lid 1, van het Verdrag die niet aan de voorwaarden van artikel 81, lid 3, van het Verdrag voldoen, zijn verboden, zonder dat hiertoe een voorafgaande beslissing vereist is.

– 2. Overeenkomsten, besluiten en onderling afgestemde feitelijke gedragingen als bedoeld in artikel 81, lid 1, van het Verdrag die aan de voorwaarden van artikel 81, lid 3, van het Verdrag voldoen, zijn niet verboden, zonder dat hiertoe een voorafgaande beslissing vereist is.

– 3. Het misbruik maken van een machtspositie als bedoeld in artikel 82 van het Verdrag is verboden, zonder dat hiertoe een voorafgaande beslissing vereist is.

Bewijslast

Art. 2

Bewijslast

In alle nationale of communautaire procedures tot toepassing van artikel 81 of artikel 82 van het Verdrag dient de partij of autoriteit die beweert dat een inbreuk op artikel 81, lid 1, of artikel 82 van het Verdrag is gepleegd, de bewijslast van die inbreuk te dragen. De onderneming of ondernemersvereniging die zich op artikel 81, lid 3, van het Verdrag beroept, dient daarentegen de bewijslast te dragen dat aan de voorwaarden van deze bepaling is voldaan.

Verhouding tussen de artikelen 81 en 82 van het Verdrag en het nationale mededingingsrecht

Art. 3

Verhouding nationale mededingingsrecht en Verdrag

– 1. Wanneer de mededingingsautoriteiten van de lidstaten of de nationale rechterlijke instanties nationaal mededingingsrecht toepassen op overeenkomsten, besluiten van ondernemersverenigingen of onderling afgestemde feitelijke gedragingen in de zin van artikel 81, lid 1, van het Verdrag welke de handel tussen de lidstaten in de zin van die bepaling kunnen beïnvloeden, passen zij tevens artikel 81 van het Verdrag toe op deze overeenkomsten, besluiten of onderling afgestemde feitelijke gedragingen. Wanneer de mededingingsautoriteiten van de lidstaten of de nationale rechterlijke instanties het nationale mededingingsrecht toepassen op door artikel 82 van het Verdrag verboden misbruiken, passen zij ook artikel 82 van het Verdrag toe.

(1) *PB* 124 van 28.11.1962, blz. 2751/62. Verordening gewijzigd bij Verordening nr. 1002/67/EEG (*PB* 306 van 16.12.1967, blz. 1).

(2) Verordening (EEG) nr. 1017/68 van de Raad van 19 juli 1968 houdende de toepassing van mededingingsregels op het gebied van het vervoer per spoor, over de weg en over de binnenwateren (*PB* L 175 van 23.7.1968, blz. 1). Verordening laatstelijk gewijzigd bij de Akte van Toetreding van 1994.

(3) Verordening (EEG) nr. 4056/86 van de Raad van 22 december 1986 tot vaststelling van de wijze van toepassing van de artikelen 81 en 82 (De titel van deze verordening is aangepast om rekening te houden met de hernummering van de artikelen van het EG-Verdrag, overeenkomstig artikel 12 van het Verdrag van Amsterdam. Oorspronkelijk verwees deze titel naar de artikelen 85 en 86 van het EG-Verdrag.) van het Verdrag op het zeevervoer (*PB* L 378 van 31.12.1986, blz. 4). Verordening laatstelijk gewijzigd bij de Akte van Toetreding van 1994.

(4) Verordening (EEG) nr. 3975/87 van de Raad van 14 december 1987 tot vaststelling van de wijze van toepassing van de mededingingsregels op ondernemingen in de sector luchtvervoer (*PB* L 374 van 31.12.1987, blz. 1). Verordening laatstelijk gewijzigd bij Verordening (EEG) nr. 2410/92 (*PB* L 240 van 24.8.1992, blz. 18).

– 2. De toepassing van nationaal mededingingsrecht mag niet leiden tot het verbieden van overeenkomsten, besluiten van ondernemersverenigingen of onderling afgestemde feitelijke gedragingen welke de handel tussen lidstaten kunnen beïnvloeden maar de mededinging in de zin van artikel 81, lid 1, van het Verdrag niet beperken, of aan de voorwaarden van artikel 81, lid 3, van het Verdrag voldoen of onder een verordening ter uitvoering van artikel 81, lid 3, van het Verdrag vallen. Lidstaten mag uit hoofde van de onderhavige verordening niet worden belet om op hun grondgebied strengere nationale wetten aan te nemen en toe te passen die eenzijdige gedragingen van ondernemingen verbieden of bestraffen.
– 3. Onverminderd algemene beginselen en andere bepalingen van het Gemeenschapsrecht, zijn de leden 1 en 2 niet van toepassing wanneer de mededingingsautoriteiten en de rechterlijke instanties van de lidstaten nationale wetten inzake de controle op fusies toepassen; zij beletten evenmin de toepassing van bepalingen van het nationale recht die overwegend een doelstelling nastreven die verschilt van de in de artikelen 81 en 82 van het Verdrag nagestreefde doelstellingen.

HOOFDSTUK II
Bevoegdheden

Bevoegdheid van de Commissie

Art. 4

Bevoegdheid Commissie

De Commissie beschikt met het oog op de toepassing van de artikelen 81 en 82 van het Verdrag over de bevoegdheden waarin deze verordening voorziet.

Bevoegdheid van de mededingingsautoriteiten van de lidstaten

Art. 5

Bevoegdheid mededingingsautoriteiten lidstaten

De mededingingsautoriteiten van de lidstaten zijn in individuele gevallen bevoegd tot toepassing van de artikelen 81 en 82 van het Verdrag. Zij kunnen te dien einde, ambtshalve of naar aanleiding van een klacht, de volgende besluiten nemen:
– de beëindiging van een inbreuk bevelen;
– voorlopige maatregelen opleggen;
– toezeggingen aanvaarden;
– geldboeten, dwangsommen of overeenkomstig hun nationaal recht andere sancties opleggen.
Wanneer op grond van de inlichtingen waarover zij beschikken niet aan de voorwaarden voor een verbod is voldaan, kunnen zij ook beslissen dat er voor hen geen reden bestaat om op te treden.

Bevoegdheid van de nationale rechterlijke instanties

Art. 6

Bevoegdheid nationale rechterlijke instanties

Nationale rechterlijke instanties zijn bevoegd de artikelen 81 en 82 van het Verdrag toe te passen.

HOOFDSTUK III
Beschikkingen van de Commissie

Vaststelling en beëindiging van inbreuken

Art. 7

Vaststelling en beëindiging inbreuken

– 1. Wanneer de Commissie, naar aanleiding van een klacht of ambtshalve, een inbreuk op artikel 81 of artikel 82 van het Verdrag vaststelt, kan zij bij beschikking de betrokken ondernemingen en ondernemersverenigingen gelasten een einde aan de vastgestelde inbreuk te maken. Zij kan hun daartoe alle maatregelen ter correctie van gedragingen of structurele maatregelen opleggen die evenredig zijn aan de gepleegde inbreuk en noodzakelijk zijn om aan de inbreuk daadwerkelijk een einde te maken. Structurele maatregelen kunnen alleen worden opgelegd als er niet een even effectieve maatregel ter correctie van gedragingen bestaat of als een dergelijke even effectieve maatregel voor de betrokken onderneming belastender zou zijn dan de structurele maatregel. De Commissie kan ook een reeds beëindigde inbreuk vaststellen, indien zij hierbij een legitiem belang heeft.
– 2. Natuurlijke personen en rechtspersonen die een rechtmatig belang kunnen aantonen en de lidstaten, zijn gerechtigd tot het indienen van een klacht in de zin van lid 1.

Voorlopige maatregelen

Art. 8

Voorlopige maatregelen

– 1. In dringende gevallen, wanneer de mededinging op ernstige en onherstelbare wijze dreigt

te worden geschaad, kan de Commissie, na een onderzoek dat op een vermoedelijke inbreuk wijst, ambtshalve bij beschikking voorlopige maatregelen treffen.
– 2. Een op grond van lid 1 gegeven beschikking is gedurende een bepaalde periode van kracht en kan worden verlengd in zoverre dit nodig en dienstig is.

Toezeggingen

Art. 9

Toezeggingen

– 1. Wanneer de Commissie voornemens is een beschikking tot beëindiging van een inbreuk te geven, en de betrokken ondernemingen toezeggingen doen om aan de bezorgdheden tegemoet te komen die de Commissie hun in haar voorlopige beoordeling te kennen heeft gegeven, kan de Commissie ten aanzien van deze ondernemingen bij beschikking die toezeggingen een verbindend karakter verlenen. De beschikking kan voor een bepaalde periode worden gegeven en bevat de conclusie dat er niet langer gronden voor een optreden van de Commissie bestaan.
– 2. De Commissie kan, op verzoek of op eigen initiatief, de procedure heropenen:
a) indien er een wezenlijke verandering optreedt in de feiten waarop de beschikking steunt;
b) indien de betrokken ondernemingen in strijd met de door hen gedane toezeggingen handelen; of
c) indien de beschikking op door de partijen verstrekte onvolledige, onjuiste of misleidende inlichtingen berust.

Vaststelling van niet-toepasselijkheid

Art. 10

Vaststelling niet-toepasselijkheid

Indien het algemeen belang van de Gemeenschap met betrekking tot de toepassing van de artikelen 81 en 82 van het Verdrag dit vereist, kan de Commissie ambtshalve bij beschikking vaststellen dat artikel 81 van het Verdrag niet op een overeenkomst, een besluit van een ondernemersvereniging of een onderling afgestemde feitelijke gedraging van toepassing is, hetzij omdat niet aan de voorwaarden van artikel 81, lid 1, van het Verdrag is voldaan, hetzij omdat aan de voorwaarden van artikel 81, lid 3, van het Verdrag is voldaan.
De Commissie kan ook met betrekking tot artikel 82 van het Verdrag een dergelijke vaststelling doen.

HOOFDSTUK IV
Samenwerking

Samenwerking tussen de Commissie en de mededingingsautoriteiten van de lidstaten

Art. 11

Samenwerking Commissie en mededingingsautoriteiten

– 1. De Commissie en de mededingingsautoriteiten van de lidstaten passen de communautaire mededingingsregels in nauwe samenwerking toe.
– 2. De Commissie zendt de mededingingsautoriteiten van de lidstaten een afschrift van de belangrijkste documenten toe die zij met het oog op de toepassing van de artikelen 7, 8, 9, 10 en 29, lid 1, heeft verzameld. Op verzoek van de mededingingsautoriteit van een lidstaat stelt de Commissie afschriften van andere documenten die voor de beoordeling van de zaak noodzakelijk zijn, ter beschikking van die autoriteit.
– 3. De mededingingsautoriteiten van de lidstaten stellen, wanneer zij op grond van artikel 81 of artikel 82 van het Verdrag optreden, de Commissie hiervan vóór of onverwijld na het begin van de eerste formele onderzoeksmaatregel schriftelijk in kennis. Deze inlichtingen kunnen tevens ter beschikking worden gesteld van de mededingingsautoriteiten van de andere lidstaten.
– 4. Uiterlijk 30 dagen vóór het aannemen van een beslissing tot beëindiging van een inbreuk, een beslissing tot aanvaarding van toezeggingen of een beslissing tot intrekking van een groepsvrijstelling stellen de mededingingsautoriteiten van de lidstaten de Commissie daarvan in kennis. Daartoe stellen zij de Commissie een samenvatting van de zaak, de beoogde beslissing of, bij ontstentenis daarvan, elk ander document waarin het voorgestelde optreden wordt aangegeven ter beschikking. Deze inlichtingen kunnen tevens ter beschikking worden gesteld van de mededingingsautoriteiten van de andere lidstaten. Op verzoek van de Commissie stelt de handelende mededingingsautoriteit andere documenten die voor de beoordeling van de zaak noodzakelijk zijn, ter beschikking van de Commissie. De aan de Commissie verstrekte inlichtingen kunnen ter beschikking worden gesteld van de mededingingsautoriteiten van de andere lidstaten. De nationale mededingingsautoriteiten kunnen ook onderling inlichtingen uitwisselen die nodig zijn voor de beoordeling van een zaak die zij behandelen op grond van artikel 81 of artikel 82 van het Verdrag.
– 5. De mededingingsautoriteiten van de lidstaten kunnen de Commissie over elk geval van toepassing van het Gemeenschapsrecht raadplegen.

– 6. Wanneer de Commissie een procedure begint die tot het geven van een beschikking op grond van hoofdstuk III moet leiden, ontneemt dit de mededingingsautoriteiten van de lidstaten hun bevoegdheid tot toepassing van de artikelen 81 en 82 van het Verdrag. Indien een mededingingsautoriteit van een lidstaat een zaak reeds in behandeling heeft genomen, begint de Commissie alleen een procedure na overleg met deze autoriteit.

Uitwisseling van informatie

Art. 12

Uitwisseling informatie

– 1. Voor de toepassing van de artikelen 81 en 82 van het Verdrag hebben de Commissie en de mededingingsautoriteiten van de lidstaten de bevoegdheid elkaar alle gegevens, zowel van feitelijke als van juridische aard, met inbegrip van vertrouwelijke inlichtingen, mee te delen en deze als bewijsmiddel te gebruiken.
– 2. De uitgewisselde inlichtingen worden alleen als bewijsmiddel gebruikt voor de toepassing van de artikelen 81 en 82 van het Verdrag en met betrekking tot het onderwerp waarvoor zij door de toezendende autoriteit zijn verzameld. Wanneer nationaal mededingingsrecht in dezelfde zaak en parallel met het EG-mededingingsrecht wordt toegepast en niet tot een verschillend resultaat leidt, kunnen de uit hoofde van dit artikel uitgewisselde inlichtingen ook voor de toepassing van nationaal mededingingsrecht worden gehanteerd.
– 3. Overeenkomstig lid 1 uitgewisselde gegevens kunnen enkel als bewijs voor het opleggen van sancties ten aanzien van natuurlijke personen worden gebruikt indien:
– de wetgeving van de toezendende autoriteit voorziet in sancties van soortgelijke aard in verband met een inbreuk op artikel 81 of artikel 82 van het Verdrag, of indien dat niet het geval is,
– de gegevens zijn verzameld op een manier die een zelfde mate van bescherming biedt voor de rechten van de verdediging van natuurlijke personen als die welke geboden wordt door de nationale regelgeving van de ontvangende autoriteit. In dit laatste geval mogen de verstrekte gegevens door de ontvangende autoriteit niet gebruikt worden om gevangenisstraffen op te leggen.

Schorsing of afsluiting van de procedure

Art. 13

Schorsing of afsluiting procedure

– 1. Wanneer de mededingingsautoriteiten van verschillende lidstaten ten aanzien van eenzelfde overeenkomst, besluit van een ondernemersvereniging of feitelijke gedraging een klacht hebben ontvangen of ambtshalve een procedure uit hoofde van artikel 81 of artikel 82 van het Verdrag zijn begonnen, is het feit dat één autoriteit de zaak behandelt, een voldoende grond voor de andere autoriteiten om de klacht af te wijzen of de door hen gevoerde procedure te schorsen. Ook de Commissie kan een klacht afwijzen op grond van het feit dat een mededingingsautoriteit van een lidstaat de zaak behandelt.
– 2. Een mededingingsautoriteit van een lidstaat of de Commissie kan een bij haar ingediende klacht betreffende een overeenkomst, een besluit van een ondernemersvereniging of een feitelijke gedraging afwijzen, wanneer deze reeds door een andere mededingingsautoriteit is behandeld.

Adviescomité

Art. 14

Adviescommité

– 1. De Commissie raadpleegt een adviescomité voor mededingingsregelingen en economische machtsposities alvorens beschikkingen als bedoeld in de artikelen 7, 8, 9, 10 en 23, artikel 24, lid 2, en artikel 29, lid 1, te geven.
– 2. Voor de bespreking van individuele zaken bestaat het adviescomité uit vertegenwoordigers van de mededingingsautoriteiten van de lidstaten. Voor vergaderingen waarop andere kwesties dan individuele zaken worden besproken, kan een extra, voor mededingingszaken bevoegde vertegenwoordiger van een lidstaat worden aangewezen. Vertegenwoordigers kunnen in geval van verhindering door andere vertegenwoordigers worden vervangen.
– 3. De raadpleging kan plaatsvinden tijdens een vergadering die op uitnodiging en onder het voorzitterschap van de Commissie plaatsvindt, ten vroegste 14 dagen na de verzending van de convocaties en van een samenvatting van de zaak, een opgave van de belangrijkste stukken en een voorontwerp van beschikking. Met betrekking tot beschikkingen uit hoofde van artikel 8, kan de vergadering zeven dagen na de verzending van het dispositief van een ontwerp-beschikking worden gehouden. Indien de Commissie een convocatie zendt met een kortere termijn dan de hierboven genoemde termijnen, kan de vergadering op de voorgestelde datum plaatsvinden indien geen lidstaat daartegen bezwaar maakt. Het adviescomité brengt over het voorontwerp van beschikking van de Commissie schriftelijk advies uit. Het kan ook een advies uitbrengen wanneer niet alle leden aanwezig of vertegenwoordigd zijn. Op verzoek van één of meer leden worden de standpunten in het advies gemotiveerd.

– 4. De raadpleging kan ook plaatsvinden via een schriftelijke procedure. De Commissie belegt evenwel een vergadering indien een lidstaat daarom verzoekt. In geval van een schriftelijke procedure stelt de Commissie een termijn van niet minder dan 14 dagen vast waarbinnen de lidstaten hun opmerkingen moeten maken, die aan de overige lidstaten worden toegezonden. In het geval van beschikkingen uit hoofde van artikel 8, bedraagt de termijn zeven in plaats van 14 dagen. Indien de Commissie voor de schriftelijke procedure een termijn vaststelt die korter is dan de bovengenoemde termijnen, zal deze voorgestelde termijn worden toegepast indien geen lidstaat daartegen bezwaar maakt.
– 5. De Commissie houdt zo veel mogelijk rekening met het door het adviescomité uitgebrachte advies. Zij brengt het comité op de hoogte van de wijze waarop zij rekening heeft gehouden met zijn advies.
– 6. Wanneer het adviescomité schriftelijk advies uitbrengt, wordt dit advies bij het ontwerp van beschikking gevoegd. Indien het adviescomité de bekendmaking van het advies aanbeveelt, draagt de Commissie daarvoor zorg, rekening houdend met het rechtmatige belang dat ondernemingen bij het bewaren van hun zakengeheimen hebben.
– 7. Op verzoek van een mededingingsautoriteit van een lidstaat plaatst de Commissie lopende zaken die op grond van de artikelen 81 en 82 van het Verdrag door een mededingingsautoriteit van een lidstaat worden behandeld op de agenda van het adviescomité. De Commissie kan dit ook op eigen initiatief doen. In elk geval stelt de Commissie, vooraleer zij dit doet, de betrokken mededingingsautoriteit daarvan in kennis.
Een mededingingsautoriteit van een lidstaat kan met name een verzoek doen voor een zaak waarin de Commissie voornemens is een procedure in te leiden die de gevolgen van artikel 11, lid 6, teweegbrengt.
Het adviescomité brengt geen adviezen uit over zaken die door de mededingingsautoriteiten van de lidstaten worden behandeld. Het adviescomité kan ook algemene kwesties met betrekking tot het communautaire mededingingsrecht bespreken.

Samenwerking met de nationale rechterlijke instanties

Art. 15

Samenwerking met nationale rechterlijke instanties

– 1. De rechterlijke instanties van de lidstaten kunnen naar aanleiding van procedures tot toepassing van artikel 81 of artikel 82 van het Verdrag de Commissie verzoeken inlichtingen waarover zij beschikt, of haar advies betreffende de toepassing van de communautaire mededingingsregels, aan hen te bezorgen.
– 2. De lidstaten zenden de Commissie een afschrift toe van schriftelijke beslissingen van nationale rechterlijke instanties met betrekking tot de toepassing van artikel 81 of artikel 82 van het Verdrag. Dit afschrift wordt onverwijld toegezonden nadat de volledige uitspraak aan de partijen is betekend.
– 3. De mededingingsautoriteiten van de lidstaten kunnen eigener beweging voor de rechterlijke instanties in hun lidstaat schriftelijke opmerkingen maken betreffende onderwerpen in verband met de toepassing van artikel 81 of artikel 82 van het Verdrag. Met de toestemming van de betrokken rechterlijke instantie kunnen zij voor de nationale rechterlijke instanties in hun lidstaat ook mondelinge opmerkingen maken. Indien de coherente toepassing van artikel 81 of artikel 82 van het Verdrag zulks vereist, kan de Commissie, eigener beweging, schriftelijke opmerkingen bij de rechterlijke instanties van de lidstaten indienen. Met de toestemming van de betrokken rechterlijke instantie kan zij ook mondelinge opmerkingen maken.
Enkel met het oog op de formulering van hun opmerkingen kunnen de mededingingsautoriteiten van de lidstaten en de Commissie de betrokken rechterlijke instantie van de lidstaat verzoeken hun alle voor de beoordeling van de zaak noodzakelijke stukken toe te zenden of te laten toezenden.
– 4. Dit artikel doet geen afbreuk aan verdergaande bevoegdheden die op grond van het nationale recht van de betrokken lidstaat aan de mededingingsautoriteiten worden verleend om opmerkingen voor rechterlijke instanties te formuleren.

Uniforme toepassing van het communautaire mededingingsrecht

Art. 16

Uniforme toepassing communautaire mededingingsrecht

– 1. Wanneer nationale rechterlijke instanties artikel 81 of artikel 82 van het Verdrag toepassen op overeenkomsten, besluiten of gedragingen die reeds het voorwerp uitmaken van een beschikking van de Commissie, kunnen zij geen beslissingen nemen die in strijd zijn met de door de Commissie gegeven beschikking. Ook moeten zij vermijden beslissingen te nemen die in strijd zouden zijn met een beschikking die de Commissie overweegt te geven in een door haar gestarte procedure. Te dien einde kan de nationale rechterlijke instantie de afweging maken of het nodig is haar procedure op te schorten. Deze verplichting laat de rechten en verplichtingen op grond van artikel 234 van het Verdrag onverlet.

– 2. Wanneer mededingingsautoriteiten van de lidstaten artikel 81 of artikel 82 van het Verdrag toepassen op overeenkomsten, besluiten of gedragingen die reeds het voorwerp uitmaken van een beschikking van de Commissie, kunnen zij geen beslissingen nemen die in strijd zijn met de door de Commissie gegeven beschikking.

HOOFDSTUK V
Onderzoeksbevoegdheden

Onderzoek naar bepaalde sectoren van de economie en van soorten overeenkomsten

Art. 17

Onderzoek door Commissie

– 1. Wanneer de ontwikkeling van de handel tussen lidstaten, de starheid van de prijzen of andere omstandigheden doen vermoeden dat de mededinging binnen de gemeenschappelijke markt wellicht wordt beperkt of vervalst, kan de Commissie onderzoek doen naar een bepaalde sector van de economie of naar een bepaald soort overeenkomsten over verschillende sectoren heen. In het kader van dat onderzoek kan de Commissie de betrokken ondernemingen of ondernemersverenigingen om alle inlichtingen verzoeken, alsook alle inspecties verrichten die voor de toepassing van de artikelen 81 en 82 van het Verdrag noodzakelijk zijn.
De Commissie kan met name de betrokken ondernemingen en ondernemersverenigingen verzoeken haar van alle overeenkomsten, besluiten en onderling afgestemde feitelijke gedragingen in kennis te stellen.
De Commissie kan een verslag over het resultaat van haar onderzoek naar bepaalde sectoren van de economie of bepaalde soorten overeenkomsten binnen verschillende sectoren bekendmaken en de belanghebbenden om opmerkingen verzoeken.
– 2. De artikelen 14, 18, 19, 20, 22, 23 en 24 zijn van overeenkomstige toepassing.

Verzoeken om inlichtingen

Art. 18

Verzoeken om inlichtingen

– 1. Ter vervulling van de haar bij deze verordening opgedragen taken kan de Commissie met een eenvoudig verzoek of bij beschikking de ondernemingen en ondernemersverenigingen vragen alle nodige inlichtingen te verstrekken.
– 2. Bij het toezenden van een eenvoudig verzoek om inlichtingen aan een onderneming of ondernemersvereniging vermeldt de Commissie de rechtsgrond voor en het doel van het verzoek, specificeert zij welke inlichtingen vereist zijn en stelt zij de termijn vast waarbinnen de inlichtingen moeten worden verstrekt, alsmede de sancties die bij artikel 23 op het verstrekken van onjuiste of misleidende inlichtingen zijn gesteld.
– 3. Wanneer de Commissie bij beschikking van ondernemingen en ondernemersverenigingen verlangt dat zij inlichtingen verstrekken, vermeldt zij de rechtsgrond voor en het doel van het verzoek, specificeert welke inlichtingen vereist zijn en stelt de termijn vast voor het verstrekken van deze inlichtingen. De beschikking vermeldt ook de sancties bedoeld in artikel 23 en vermeldt de sancties bedoeld in artikel 24 of legt deze laatste sancties op. De beschikking vermeldt tevens het recht om bij het Hof van Justitie beroep tegen de beschikking in te stellen.
– 4. De eigenaren van de ondernemingen of hun vertegenwoordigers en, in het geval van rechtspersonen, bedrijven en firma's of verenigingen zonder rechtspersoonlijkheid, de krachtens de wet of de statuten tot vertegenwoordiging bevoegde personen zijn gehouden de gevraagde inlichtingen namens de betrokken onderneming of ondernemersvereniging te verstrekken. Naar behoren gemachtigde advocaten kunnen namens hun opdrachtgevers de gevraagde inlichtingen verstrekken. De opdrachtgevers blijven volledig verantwoordelijk indien de verstrekte inlichtingen onvolledig, onjuist of misleidend zijn.
– 5. De Commissie zendt onverwijld een afschrift van het eenvoudig verzoek of van de beschikking aan de mededingingsautoriteit van de lidstaat op wiens grondgebied de zetel van de onderneming of ondernemersvereniging gevestigd is en aan de mededingingsautoriteit van de lidstaat wiens grondgebied wordt geraakt.
– 6. Op verzoek van de Commissie verstrekken de regeringen en mededingingsautoriteiten van de lidstaten de Commissie alle inlichtingen die zij nodig heeft om de haar bij deze verordening opgedragen taken te vervullen.

Bevoegdheid tot het opnemen van verklaringen

Art. 19

Bevoegdheid tot opnemen verklaringen

– 1. Ter vervulling van de haar bij deze verordening opgedragen taken kan de Commissie alle natuurlijke personen of rechtspersonen horen die daarin toestemmen, teneinde inlichtingen te verzamelen over het onderwerp van het onderzoek.
– 2. Wanneer het op grond van lid 1 afgenomen verhoor in de gebouwen van een onderneming geschiedt, wordt de mededingingsautoriteit van de lidstaat op het grondgebied waarvan

het verhoor plaatsvindt, hiervan door de Commissie op de hoogte gesteld. Indien de mededingingsautoriteit van die lidstaat hierom verzoekt, mogen functionarissen van deze mededingingsautoriteit de functionarissen en andere begeleidende personen die door de Commissie zijn gemachtigd om het verhoor af te nemen, bijstaan.

Bevoegdheid van de Commissie tot inspectie

Art. 20

Bevoegdheid Commissie tot inspectie

– 1. Ter vervulling van de haar bij deze verordening opgedragen taken kan de Commissie bij ondernemingen en ondernemersverenigingen alle noodzakelijke inspecties verrichten.

– 2. De door de Commissie tot het verrichten van een inspectie gemachtigde functionarissen en andere begeleidende personen beschikken over de volgende bevoegdheden:

a) het betreden van alle lokalen, terreinen en vervoermiddelen van ondernemingen en ondernemersverenigingen;

b) het controleren van de boeken en alle andere bescheiden in verband met het bedrijf, ongeacht de aard van de drager van die bescheiden;

c) het maken of verkrijgen van afschriften of uittreksels, in welke vorm ook, van die boeken en bescheiden;

d) het verzegelen van lokalen en boeken of andere bescheiden van het bedrijf voor de duur van, en voorzover nodig voor, de inspectie;

e) het verzoeken van vertegenwoordigers of personeelsleden van de betrokken onderneming of ondernemersvereniging om toelichting bij feiten of documenten die verband houden met het voorwerp en het doel van de inspectie, en het optekenen van hun antwoorden.

– 3. De door de Commissie tot het verrichten van een inspectie gemachtigde functionarissen en andere begeleidende personen oefenen hun bevoegdheden uit op vertoon van een schriftelijke machtiging waarin het voorwerp en het doel van de inspectie worden vermeld en waarin wordt gewezen op de sanctie, bedoeld in artikel 23, ingeval de gevraagde boeken of andere bescheiden in verband met het bedrijf niet volledig worden getoond of de antwoorden op de overeenkomstig lid 2 gestelde vragen onjuist of misleidend zijn. De Commissie stelt de mededingingsautoriteit van de lidstaat op het grondgebied waarvan de inspectie zal worden verricht, geruime tijd vóór de inspectie hiervan in kennis.

– 4. Wanneer de Commissie bij beschikking een inspectie gelast, zijn de betrokken ondernemingen en ondernemersverenigingen verplicht zich aan die inspectie te onderwerpen. In de beschikking wordt vermeld wat het voorwerp en het doel van de inspectie zijn en op welke datum de inspectie een aanvang neemt, en wordt gewezen op de sancties bedoeld in de artikelen 23 en 24, alsook op het recht om bij het Hof van Justitie beroep tegen de beschikking in te stellen. De Commissie geeft de beschikking na de mededingingsautoriteit van de lidstaat op het grondgebied waarvan de inspectie zal worden verricht, te hebben gehoord.

– 5. De functionarissen van de mededingingsautoriteit van de lidstaat op het grondgebied waarvan de inspectie zal worden verricht alsook de door die autoriteit gemachtigde of aangewezen functionarissen, verlenen, wanneer deze autoriteit of de Commissie hierom verzoekt, de door de Commissie gemachtigde functionarissen en andere begeleidende personen actief bijstand. Zij beschikken te dien einde over de in lid 2 omschreven bevoegdheden.

– 6. Wanneer de door de Commissie gemachtigde functionarissen en andere begeleidende personen vaststellen dat een onderneming zich tegen een op grond van dit artikel gelaste inspectie verzet, verleent de betrokken lidstaat hun de nodige bijstand om hen in staat te stellen hun inspectie te verrichten, zo nodig door een beroep te doen op de politie of een gelijkwaardige wetshandhavingsautoriteit.

– 7. Indien het nationale recht voorschrijft dat voor de in lid 6 bedoelde bijstand de toestemming van een rechterlijke instantie vereist is, moet die toestemming worden gevraagd. Een dergelijke toestemming kan tevens bij wijze van voorzorgsmaatregel worden gevraagd.

– 8. Wanneer wordt verzocht om toestemming als bedoeld in lid 7, toetst de nationale rechterlijke instantie de beschikking van de Commissie op haar authenticiteit en gaat zij na of de voorgenomen dwangmaatregelen niet willekeurig zijn noch buitensporig in verhouding tot het voorwerp van de inspectie. Bij de toetsing van de proportionaliteit van de dwangmaatregelen mag de nationale rechterlijke instantie de Commissie rechtstreeks of via de mededingingsautoriteit van de lidstaat om nadere uitleg verzoeken, met name over de redenen die de Commissie heeft om aan te nemen dat inbreuk is gepleegd op de artikelen 81 en 82 van het Verdrag, en over de ernst van de vermeende inbreuk en de aard van de betrokkenheid van de betreffende onderneming. De nationale rechterlijke instantie mag evenwel niet de noodzakelijkheid van de inspectie in twijfel trekken, noch gegevens uit het Commissiedossier verlangen. Uitsluitend het Hof van Justitie kan de beschikking van de Commissie op haar legitimiteit toetsen.

Inspectie van andere lokalen

Art. 21

Inspectie andere lokalen

– 1. Indien er een redelijk vermoeden bestaat dat boeken of andere bescheiden in verband met het bedrijf en het voorwerp van de inspectie, die relevant kunnen zijn om een ernstige inbreuk op artikel 81 of artikel 82 van het Verdrag te bewijzen, worden bewaard in andere gebouwen, terreinen en vervoermiddelen, waaronder de woningen van directeuren, bestuurders en andere personeelsleden van de betrokken ondernemingen en ondernemersverenigingen, kan de Commissie bij beschikking een inspectie in deze andere gebouwen, terreinen en vervoermiddelen gelasten.

– 2. In de beschikking wordt vermeld wat het voorwerp en het doel van de inspectie zijn en op welke datum de inspectie een aanvang neemt, en wordt gewezen op het recht om bij het Hof van Justitie beroep tegen de beschikking in te stellen. In het bijzonder worden de redenen genoemd waaruit de Commissie heeft geconcludeerd dat er een vermoeden in de zin van lid 1 bestaat. De Commissie geeft de beschikking na de mededingingsautoriteit van de lidstaat op het grondgebied waarvan de inspectie zal worden verricht, te hebben gehoord.

– 3. Een krachtens lid 1 gegeven beschikking kan niet worden uitgevoerd zonder voorafgaande toestemming van de nationale rechterlijke instantie van de betrokken lidstaat. De nationale rechterlijke instantie toetst de beschikking van de Commissie op haar authenticiteit en gaat na of de voorgenomen dwangmaatregelen niet willekeurig zijn noch buitensporig in verhouding tot met name de ernst van de vermeende inbreuk, het belang van het gezochte bewijsmateriaal, de betrokkenheid van de betreffende onderneming en de redelijke kans dat boeken en bescheiden die verband houden met het voorwerp van de inspectie worden bewaard op de locaties waarvoor om toestemming is verzocht. De nationale rechterlijke instantie mag de Commissie rechtstreeks of via de mededingingsautoriteit van de lidstaat om nadere uitleg verzoeken over de elementen die zij nodig heeft om de proportionaliteit van de beoogde dwangmaatregelen te toetsen.

De nationale rechterlijke instantie mag evenwel niet de noodzakelijkheid van de inspectie in twijfel trekken, noch gegevens uit het Commissiedossier verlangen. De beschikking van de Commissie kan uitsluitend door het Hof van Justitie op haar legitimiteit getoetst worden.

– 4. De functionarissen en andere begeleidende personen die door de Commissie tot het verrichten van een overeenkomstig lid 1 gelaste inspectie gemachtigd zijn, hebben de in artikel 20, lid 2, onder *a*), *b*) en *c*), genoemde bevoegdheden. Artikel 20, leden 5 en 6, is van overeenkomstige toepassing.

Onderzoeken door de mededingingsautoriteiten van de lidstaten

Art. 22

Onderzoeken mededingingsautoriteiten lidstaten

– 1. De mededingingsautoriteit van een lidstaat kan op het grondgebied van deze lidstaat overeenkomstig het nationale recht elke inspectie of andere onderzoeksmaatregelen uitvoeren namens en voor rekening van de mededingingsautoriteit van een andere lidstaat, om uit te maken of er een inbreuk op artikel 81 of artikel 82 van het Verdrag is gepleegd. Elke uitwisseling of gebruik van de verkregen inlichtingen geschiedt overeenkomstig artikel 12.

– 2. De mededingingsautoriteiten van de lidstaten verrichten op verzoek van de Commissie de inspecties die deze overeenkomstig artikel 20, lid 1, noodzakelijk acht of die zij overeenkomstig artikel 20, lid 4, bij beschikking heeft gelast. De functionarissen van de mededingingsautoriteiten van de lidstaten die met het verrichten van een inspectie zijn belast, alsook de door die autoriteiten gemachtigde of aangewezen functionarissen, oefenen hun bevoegdheden uit overeenkomstig hun nationale wetgeving.

De door de Commissie gemachtigde functionarissen en andere begeleidende personen kunnen, op verzoek van de Commissie of van de mededingingsautoriteit van de lidstaat op het grondgebied waarvan de inspectie moet worden verricht, de functionarissen van deze autoriteit bijstand verlenen.

HOOFDSTUK VI
Sancties

Geldboeten

Art. 23

Geldboeten

– 1. De Commissie kan bij beschikking aan ondernemingen en ondernemersverenigingen geldboeten van ten hoogste 1 % van de in het voorafgaande boekjaar behaalde totale omzet opleggen, wanneer zij opzettelijk of uit onachtzaamheid:

a) in antwoord op een verzoek overeenkomstig artikel 17 of artikel 18, lid 2, onjuiste of misleidende inlichtingen verstrekken;

b) in antwoord op een verzoek bij een beschikking overeenkomstig artikel 17 of artikel 18,

lid 3, onvolledige, onjuiste of misleidende inlichtingen verstrekken, dan wel de inlichtingen niet verstrekken binnen de vastgestelde termijn;
c) tijdens een inspectie overeenkomstig artikel 20 geen volledige inzage geven in de daartoe gevraagde boeken of andere bescheiden in verband met het bedrijf, dan wel zich niet aan een overeenkomstig artikel 20, lid 4, bij beschikking gelaste inspectie onderwerpen;
d) in antwoord op een overeenkomstig artikel 20, lid 2, onder *e*), gestelde vraag
– een onjuist of misleidend antwoord geven, dan wel
– nalaten binnen de door de Commissie vastgestelde termijn een door een personeelslid gegeven onjuist, onvolledig of misleidend antwoord te corrigeren, of
– nalaten of weigeren een volledig antwoord te geven met betrekking tot feiten in verband met het voorwerp en het doel van een inspectie waartoe opdracht is gegeven bij wege van een beschikking overeenkomstig artikel 20, lid 4;
e) zegels die door de door de Commissie gemachtigde functionarissen of andere begeleidende personen overeenkomstig artikel 20, lid 2, onder *d*), zijn aangebracht, verbreken.
– 2. De Commissie kan bij beschikking geldboetes opleggen aan ondernemingen en ondernemersverenigingen wanneer zij opzettelijk of uit onachtzaamheid:
a) inbreuk maken op artikel 81 of artikel 82 van het Verdrag; of
b) in strijd handelen met een beschikking waarbij uit hoofde van artikel 8 voorlopige maatregelen gelast worden; of
c) een toezegging waaraan overeenkomstig artikel 9 bij beschikking een verbindend karakter is verleend, niet nakomen.
Voor elke bij de inbreuk betrokken onderneming en ondernemersvereniging is de geldboete niet groter dan 10 % van de totale omzet die in het voorafgaande boekjaar is behaald.
Wanneer de inbreuk van een vereniging betrekking heeft op de activiteiten van haar leden is de geldboete niet groter dan 10 % van de som van de totale omzet van elk lid dat actief is op de markt die door de inbreuk van de vereniging geraakt wordt.
– 3. Bij de vaststelling van het bedrag van de geldboete wordt zowel met de ernst, als met de duur van de inbreuk rekening gehouden.
– 4. Wanneer aan een ondernemersvereniging een geldboete is opgelegd rekening houdend met de totale omzet van haar leden en deze vereniging insolvent is, is de vereniging verplicht om van haar leden bijdragen te vragen om de geldboete te kunnen betalen.
Wanneer die bijdragen niet binnen een door de Commissie vastgestelde termijn aan de vereniging zijn betaald, kan de Commissie elke onderneming waarvan de vertegenwoordigers lid waren van de betrokken besluitvormende organen van de vereniging, rechtstreeks tot betaling van de boete aanspreken.
Nadat de Commissie betaling heeft geëist op grond van de tweede alinea, kan de Commissie, indien dat nodig is om de volledige betaling van de boete te waarborgen elk lid van de vereniging dat actief was op de markt waarop de inbreuk heeft plaatsgevonden, tot betaling van het saldo aanspreken.
De Commissie mag echter geen betaling uit hoofde van de tweede en derde alinea eisen van ondernemingen die aantonen dat zij de inbreukmakende beslissing van de vereniging niet hebben uitgevoerd en hetzij niet op de hoogte waren van het bestaan ervan, hetzij er actief afstand van hebben genomen vóór de aanvang van het onderzoek van de Commissie naar de zaak.
De financiële aansprakelijkheid van elke onderneming met betrekking tot de betaling van de boete bedraagt niet meer dan 10 % van haar totale omzet in het vorige boekjaar.
– 5. De op grond van lid 1 of lid 2 gegeven beschikkingen hebben geen strafrechtelijk karakter.

Dwangsommen

Art. 24

Dwangsommen

– 1. De Commissie kan bij beschikking aan ondernemingen en ondernemersverenigingen dwangsommen opleggen van ten hoogste 5 % van de gemiddelde dagelijkse omzet in het voorafgaande boekjaar voor elke dag waarmee de in haar beschikking vastgestelde termijn wordt overschreden, teneinde hen te dwingen:
a) overeenkomstig een op grond van artikel 7 gegeven beschikking een einde te maken aan een inbreuk op artikel 81 of artikel 82 van het Verdrag;
b) een op grond van artikel 8 gegeven beschikking houdende voorlopige maatregelen na te leven;
c) een toezegging waaraan overeenkomstig artikel 9 bij beschikking een verbindend karakter is verleend, na te komen;
d) in antwoord op een overeenkomstig artikel 17 of artikel 18, lid 3, bij beschikking gedaan verzoek volledige en juiste inlichtingen te verstrekken;

e) zich aan een overeenkomstig artikel 20, lid 4, bij beschikking gelaste inspectie te onderwerpen.

– 2. Wanneer de ondernemingen of ondernemersverenigingen de verplichting zijn nagekomen ter afdwinging waarvan de dwangsom was opgelegd, kan de Commissie de uiteindelijk verschuldigde dwangsom op een bedrag vaststellen dat lager is dan het uit de oorspronkelijke beschikking voortvloeiende bedrag. Artikel 23, lid 4, is van overeenkomstige toepassing.

HOOFDSTUK VII
Verjaring

Verjaring terzake van de oplegging van sancties

Art. 25

Verjaring oplegging sancties

– 1. De bevoegdheid van de Commissie overeenkomstig de artikelen 23 en 24 verjaart

a) na drie jaar bij inbreuken op de bepalingen betreffende het inwinnen van inlichtingen en het verrichten van inspecties;

b) na vijf jaar bij de overige inbreuken.

– 2. De verjaringstermijn gaat in op de dag waarop de inbreuk is gepleegd. Bij voortdurende of voortgezette inbreuken gaat de verjaringstermijn echter pas in op de dag waarop de inbreuk is beëindigd.

– 3. De verjaring terzake van de oplegging van geldboeten en dwangsommen wordt gestuit door elke handeling van de Commissie of van de mededingingsautoriteit van een lidstaat ter instructie of vervolging van de inbreuk. De stuiting van de verjaring treedt in op de dag waarop van de handeling kennis wordt gegeven aan ten minste één onderneming of ondernemersvereniging die aan de inbreuk heeft deelgenomen. Handelingen die de verjaring stuiten, zijn met name:

a) een schriftelijk verzoek om inlichtingen van de Commissie of de mededingingsautoriteit van een lidstaat;

b) een door de Commissie of de mededingingsautoriteit van een lidstaat aan haar functionarissen verstrekte schriftelijke opdracht tot inspectie;

c) de inleiding van een procedure door de Commissie of de mededingingsautoriteit van een lidstaat;

d) de mededeling van punten van bezwaar door de Commissie of door de mededingingsautoriteit van een lidstaat.

– 4. De stuiting van de verjaring geldt ten aanzien van alle ondernemingen en ondernemersverenigingen die aan de inbreuk hebben deelgenomen.

– 5. Na iedere stuiting begint een nieuwe verjaringstermijn te lopen. De verjaring treedt echter ten laatste in op de dag waarop een termijn gelijk aan tweemaal de verjaringstermijn is verstreken zonder dat de Commissie een geldboete of een dwangsom heeft opgelegd. Deze termijn wordt verlengd met de periode gedurende welke de verjaring in overeenstemming met lid 6 wordt geschorst.

– 6. De verjaring terzake van de oplegging van geldboeten en dwangsommen wordt geschorst zolang de beschikking van de Commissie het voorwerp vormt van een procedure bij het Hof van Justitie.

Verjaring terzake van de tenuitvoerlegging van sancties

Art. 26

Verjaring tenuitvoerlegging sancties

– 1. De bevoegdheid van de Commissie tot tenuitvoerlegging van op grond van de artikelen 23 en 24 gegeven beschikkingen verjaart na vijf jaar.

– 2. De verjaringstermijn gaat in op de dag waarop de beschikking niet meer kan worden aangevochten.

– 3. De verjaring terzake van de tenuitvoerlegging wordt gestuit:

a) door de kennisgeving van een beschikking waarbij het oorspronkelijke bedrag van de geldboete of de dwangsom wordt gewijzigd of waarbij een daartoe strekkend verzoek wordt afgewezen;

b) door elke handeling van de Commissie of van een lidstaat op verzoek van de Commissie tot inning van de geldboete of de dwangsom.

– 4. Na iedere stuiting begint een nieuwe verjaringstermijn te lopen.

– 5. De verjaring terzake van de tenuitvoerlegging van sancties wordt geschorst:

a) zolang betalingsfaciliteiten worden toegestaan;

b) zolang de tenuitvoerlegging krachtens een beslissing van het Hof van Justitie is opgeschort.

HOOFDSTUK VIII
Hoorzittingen en geheimhoudingsplicht

Het horen van partijen, klagers en derden

Art. 27

Horen partijen, klagers en derden

– 1. Alvorens een beschikking op grond van de artikelen 7, 8, 23 of artikel 24, lid 2, te geven, stelt de Commissie ondernemingen en ondernemersverenigingen die het voorwerp van haar procedure uitmaken in de gelegenheid hun standpunt ten aanzien van de door haar in aanmerking genomen bezwaren kenbaar te maken. De Commissie doet haar beschikkingen slechts steunen op de punten van bezwaar waarover de partijen opmerkingen hebben kunnen maken. De klagers worden nauw bij de procedure betrokken.

– 2. Het recht van verdediging van de partijen wordt in de loop van de procedure ten volle geeerbiedigd. De partijen hebben het recht tot inzage van het dossier van de Commissie, onder voorbehoud van het rechtmatige belang van de ondernemingen dat hun zakengeheimen niet aan de openbaarheid prijs worden gegeven. Het recht tot inzage van het dossier geldt niet voor vertrouwelijke inlichtingen en interne documenten van de Commissie of de mededingingsautoriteiten van de lidstaten. Met name geldt het recht tot inzage niet voor de briefwisseling tussen de Commissie en de mededingingsautoriteiten van de lidstaten of tussen die autoriteiten, waaronder documenten opgesteld uit hoofde van de artikelen 11 en 14. Niets in dit lid belet de Commissie om voor het bewijs van een inbreuk noodzakelijke inlichtingen bekend te maken of te gebruiken.

– 3. Indien de Commissie dit nodig acht, kan zij andere natuurlijke personen of rechtspersonen horen. Wanneer natuurlijke personen of rechtspersonen verzoeken te worden gehoord, en een voldoende belang aantonen, moet hun verzoek worden ingewilligd. Ook de mededingingsautoriteiten van de lidstaten kunnen de Commissie vragen andere natuurlijke personen of rechtspersonen te horen.

– 4. Wanneer de Commissie van plan is een beschikking uit hoofde van artikel 9 of 10 aan te nemen, maakt zij een beknopte samenvatting van de zaak en de hoofdlijnen van de toezeggingen of het voorgestelde optreden bekend. Belanghebbende derden kunnen hun opmerkingen meedelen binnen een periode van ten minste één maand die de Commissie bij de bekendmaking vaststelt. Bij de bekendmaking wordt rekening gehouden met het rechtmatige belang van de ondernemingen dat hun zakengeheimen niet aan de openbaarheid worden prijsgegeven.

Geheimhoudingsplicht

Art. 28

Geheimhoudingsplicht

– 1. Onverminderd het bepaalde in de artikelen 12 en 15, mogen de overeenkomstig de artikelen 17 tot en met 22 verkregen inlichtingen slechts voor het doel worden gebruikt waarvoor zij zijn ingewonnen.

– 2. Onverminderd de uitwisseling en het gebruik van gegevens zoals bepaald in de artikelen 11, 12, 14, 15 en 27 mogen de Commissie en de mededingingsautoriteiten van de lidstaten, hun functionarissen, personeelsleden en andere onder het toezicht van deze autoriteiten werkende personen, alsook functionarissen en ambtenaren van andere autoriteiten van de lidstaten geen inlichtingen openbaar maken die zij uit hoofde van deze verordening hebben verkregen of uitgewisseld en die naar hun aard onder de geheimhoudingsplicht vallen. Deze plicht geldt ook voor alle vertegenwoordigers en deskundigen van lidstaten die uit hoofde van artikel 14 vergaderingen van het adviescomité bijwonen.

HOOFDSTUK IX
Vrijstellingsverordeningen

Individuele intrekking

Art. 29

Individuele intrekking

– 1. Wanneer de Commissie, op grond van de bevoegdheid die haar is verleend bij een verordening van de Raad, zoals de Verordeningen nr. 19/65/EEG, (EEG) nr. 2821/71, (EEG) nr. 3976/87, (EEG) nr. 1534/91 of (EEG) nr. 479/92 om artikel 81, lid 3, van het Verdrag bij verordening toe te passen, artikel 81, lid 1, van het Verdrag buiten toepassing heeft verklaard op bepaalde overeenkomsten, besluiten van ondernemersverenigingen of onderlinge afgestemde feitelijke gedragingen, kan zij, ambtshalve of naar aanleiding van een klacht, een dergelijke groepsvrijstelling intrekken, wanneer zij van oordeel is dat in een bepaald geval een overeenkomst, besluit of onderling afgestemde feitelijke gedraging waarop de vrijstellingsverordening van toepassing is, bepaalde met artikel 81, lid 3, van het Verdrag onverenigbare gevolgen heeft.

– 2. Wanneer in een bepaald geval overeenkomsten, besluiten van ondernemersverenigingen of onderling afgestemde feitelijke gedragingen die onder toepassing van een Commissieverordening als bedoeld in lid 1 vallen, op het grondgebied, of een gedeelte van het grondgebied, van een lidstaat dat alle kenmerken van een afzonderlijke geografische markt vertoont, met artikel 81, lid 3, van het Verdrag onverenigbare gevolgen hebben, kan de mededingingsautoriteit van die lidstaat de groepsvrijstelling op het betrokken grondgebied intrekken.

HOOFDSTUK X

Algemene bepalingen

Bekendmaking van beschikkingen

Art. 30

Bekendmaking beschikkingen

– 1. De Commissie maakt de beschikkingen die zij overeenkomstig de artikelen 7 tot en met 10 en 23 en 24 geeft, bekend.

– 2. In de bekendmaking worden de namen van de partijen en de belangrijkste punten van de beschikking, waaronder de opgelegde sancties, vermeld. Bij de bekendmaking wordt rekening gehouden met het rechtmatige belang van de ondernemingen dat hun zakengeheimen niet aan de openbaarheid worden prijsgegeven.

Rechtsmacht van het Hof van Justitie

Art. 31

Rechtsmacht HvJ

Het Hof van Justitie heeft volledige rechtsmacht terzake van beroep tegen beschikkingen van de Commissie waarin een geldboete of een dwangsom wordt vastgesteld. Het kan de opgelegde geldboete of dwangsom intrekken, verlagen of verhogen.

Art. 32

Reikwijdte verordening

Vervallen.

Uitvoeringsbepalingen

Art. 33

Uitvoeringsbepalingen

– 1. De Commissie is bevoegd alle dienstige bepalingen tot uitvoering van deze verordening vast te stellen.

Deze bepalingen kunnen onder meer betrekking hebben op:

a) de vorm, de inhoud en de overige bijzonderheden van de overeenkomstig artikel 7 ingediende klachten, alsook de procedure voor de afwijzing van klachten;

b) de nadere regeling van de uitwisseling van inlichtingen en de raadpleging, bedoeld in artikel 11;

c) de nadere regeling van de in artikel 27 bedoelde hoorzittingen.

– 2. Alvorens bepalingen uit hoofde van lid 1 vast te stellen, maakt de Commissie het ontwerp daarvan bekend en verzoekt zij alle belanghebbende partijen haar hun opmerkingen te doen toekomen binnen de termijn die zij vaststelt en die niet korter mag zijn dan een maand. Voordat de Commissie een ontwerpbepaling bekendmaakt en voordat zij deze vaststelt, raadpleegt zij het Adviescomité voor mededingingsregelingen en economische machtsposities.

HOOFDSTUK XI

Overgangs-, wijzigings- en slotbepalingen

Overgangsbepalingen

Art. 34

Overgangsbepalingen

– 1. De krachtens artikel 2 van Verordening nr. 17 bij de Commissie ingediende verzoeken en de krachtens de artikelen 4 en 5 van Verordening nr. 17 verrichte aanmeldingen, alsook de overeenkomstige, krachtens de Verordeningen (EEG) nr. 1017/68, (EEG) nr. 4056/86 en (EEG) nr. 3975/87 gedane verzoeken en aanmeldingen vervallen op de datum waarop de onderhavige verordening van toepassing wordt.

– 2. De overeenkomstig Verordening nr. 17 en overeenkomstig de Verordeningen (EEG) nr. 1017/68, (EEG) nr. 4056/86 en (EEG) nr. 3975/87 verrichte procedurehandelingen blijven met het oog op de toepassing van de onderhavige verordening effect sorteren.

Aanwijzing van de mededingingsautoriteiten van de lidstaten

Art. 35

Aanwijzing mededingingsautoriteiten lidstaten

– 1. De lidstaten wijzen de mededingingsautoriteit of -autoriteiten die bevoegd is (zijn) de artikelen 81 en 82 van het Verdrag toe te passen, zodanig aan dat op afdoende wijze voldaan wordt aan de bepalingen van deze verordening. De maatregelen die nodig zijn om deze instanties de bevoegdheid tot toepassing van voornoemde artikelen toe te kennen, worden vóór 1 mei 2004 getroffen. De aangewezen autoriteiten kunnen rechterlijke instanties zijn.

– 2. Indien de nationale bestuurlijke en rechterlijke instanties belast zijn met de handhaving

van de communautaire mededingingswetgeving, mogen de lidstaten verschillende bevoegdheden en taken toewijzen aan deze verschillende, bestuurlijke en/of rechterlijke nationale autoriteiten.
– 3. Het bepaalde in artikel 11, lid 6, vindt toepassing op de door de lidstaten aangewezen autoriteiten, met inbegrip van de rechterlijke instanties die betrokken zijn bij de voorbereiding en de vaststelling van de beslissingen in de zin van artikel 5. Het bepaalde in artikel 11, lid 6, is niet van toepassing op rechterlijke instanties in zoverre zij optreden als rechterlijke instanties terzake van beroep tegen de in artikel 5 bedoelde beslissingen.
– 4. Niettegenstaande het bepaalde in lid 3 is, in die lidstaten waar voor de vaststelling van bepaalde in artikel 5 bedoelde beslissingen een autoriteit een zaak voor een rechterlijke instantie brengt die afzonderlijk en onderscheiden is van de vervolgende autoriteit, en voorzover voldaan wordt aan de voorwaarden van dit lid, het bepaalde in artikel 11, lid 6, alleen van toepassing op de vervolgende autoriteit die haar eis voor de rechterlijke instantie moet intrekken zodra de Commissie een procedure instelt en deze intrekking daadwerkelijk een einde maakt aan de nationale procedures.

Art. 36-42

Bevat wijzigingen in andere regelgeving.

Intrekking van Verordeningen nr. 17 en nr. 141

Art. 43

Intrekking verordeningen

– 1. Verordening nr. 17 wordt ingetrokken, met uitzondering van artikel 8, lid 3, dat van toepassing blijft op beschikkingen die vóór de datum waarop deze verordening van toepassing wordt overeenkomstig artikel 81, lid 3, van het Verdrag zijn aangenomen, tot de datum waarop die beschikkingen vervallen.
– 2. Verordening nr. 141 wordt ingetrokken.
– 3. Verwijzingen naar de ingetrokken verordeningen worden gelezen als verwijzingen naar de onderhavige verordening.

Verslag over de toepassing van de verordening

Art. 44

Verslag toepassing verordening

Vijf jaar na de datum van toepassing van deze verordening brengt de Commissie verslag uit bij het Europees Parlement en de Raad over de werking van deze verordening, met name over de toepassing van artikel 11, lid 6, en artikel 17.
Op grond van dit verslag gaat de Commissie na of het dienstig is om de Raad een herziening van deze verordening voor te stellen.

Inwerkingtreding

Art. 45

Inwerkingtreding

Deze verordening treedt in werking op de twintigste dag volgende op die van haar bekendmaking in het *Publicatieblad van de Europese Gemeenschappen*.
Zij is van toepassing met ingang van 1 mei 2004.

Wet van 23 september 1912, Stb. 308 , houdende nieuwe regeling van het auteursrecht, zoals deze wet laatstelijk is gewijzigd bij de Wet van 29 december 2008, Stb. 583

[Inwerkingtreding: 01-11-1912]

Wij WILHELMINA, bij de gratie Gods, Koningin der Nederlanden, Prinses van Oranje-Nassau, enz., enz., enz.
Allen, die deze zullen zien of hooren lezen, salut! doen te weten:
Alzoo Wij in overweging genomen hebben, dat het wenschelijk is eene nieuwe regeling van het auteursrecht vast te stellen;
Zoo is het, dat Wij, den Raad van State gehoord, en met gemeen overleg der Staten-Generaal, hebben goedgevonden en verstaan, gelijk Wij goedvinden en verstaan bij deze:

HOOFDSTUK I
Algemeene bepalingen

§ 1. De aard van het auteursrecht

Art. 1

Omschrijving

Het auteursrecht is het uitsluitend recht van den maker van een werk van letterkunde, wetenschap of kunst, of van diens rechtverkrijgenden, om dit openbaar te maken en te verveelvoudigen, behoudens de beperkingen, bij de wet gesteld.

Art. 2

Rechtsopvolging; overdracht

– 1. Het auteursrecht gaat over bij erfopvolging en is vatbaar voor gehele of gedeeltelijke overdracht.
– 2. De levering vereist voor gehele of gedeeltelijke overdracht, geschiedt door een daartoe bestemde akte. De overdracht omvat alleen die bevoegdheden waarvan dit in de akte is vermeld of uit de aard of strekking van de titel noodzakelijk voortvloeit.

Beslag

– 3. Het auteursrecht, hetwelk toekomt aan den maker van het werk, zoomede, na het overlijden des makers, het auteursrecht op niet openbaar gemaakte werken, hetwelk toekomt aan dengene, die het als erfgenaam of legataris van den maker verkregen heeft, is niet vatbaar voor beslag.

§ 2. De maker van het werk

Art. 3

Vervallen.

Art. 4

Vermoeden van auteurschap

– 1. Behoudens bewijs van het tegendeel wordt voor den maker gehouden hij die op of in het werk als zoodanig is aangeduid, of bij gebreke van zulk eene aanduiding, degene, die bij de openbaarmaking van het werk als maker daarvan is bekend gemaakt door hem, die het openbaar maakt.
– 2. Wordt bij het houden van een niet in druk verschenen mondelinge voordracht geen mededeling omtrent de maker gedaan, dan wordt, behoudens bewijs van het tegendeel, voor de maker gehouden hij die de mondelinge voordracht houdt.

Art. 5

Auteur van verzamelwerk

– 1. Van een werk van letterkunde, wetenschap of kunst, hetwelk bestaat uit afzonderlijke werken van twee of meer personen, wordt, onverminderd het auteursrecht op ieder werk afzonderlijk, als de maker aangemerkt degene, onder wiens leiding en toezicht het gansche werk is tot stand gebracht, of bij gebreke van dien, degene, die de verschillende werken verzameld heeft.
– 2. Als inbreuk op het auteursrecht op het gansche werk wordt beschouwd het verveelvoudigen of openbaar maken van eenig daarin opgenomen afzonderlijk werk, waarop auteursrecht bestaat, door een ander dan den maker daarvan of diens rechtverkrijgenden.
– 3. Is zulk een afzonderlijk werk niet te voren openbaar gemaakt, dan wordt, tenzij tusschen partijen anders is overeengekomen, als inbreuk op het auteursrecht op het gansche werk beschouwd het verveelvoudigen of openbaar maken van dat afzonderlijk werk door den maker daarvan of diens rechtverkrijgenden, indien daarbij niet het werk vermeld wordt, waarvan het deel uitmaakt.

Art. 6

Ontwerp, leiding en toezicht van ander

Indien een werk is tot stand gebracht naar het ontwerp van een ander en onder diens leiding en toezicht, wordt deze als de maker van dat werk aangemerkt.

Art. 7

Arbeid in dienst van ander

Indien de arbeid, in dienst van een ander verricht, bestaat in het vervaardigen van bepaalde werken van letterkunde, wetenschap of kunst, dan wordt, tenzij tusschen partijen anders is overeengekomen, als de maker van die werken aangemerkt degene, in wiens dienst de werken zijn vervaardigd.

Art. 8

Rechtspersoon als auteur

Indien eene openbare instelling, eene vereeniging, stichting of vennootschap, een werk als van haar afkomstig openbaar maakt, zonder daarbij eenig natuurlijk persoon als maker er van te vermelden, wordt zij, tenzij bewezen wordt, dat de openbaarmaking onder de bedoelde omstandigheden onrechtmatig was, als de maker van dat werk aangemerkt.

Art. 9

Recht van uitgever en drukker

Indien op of in eenig in druk verschenen exemplaar van het werk de maker niet, of niet met zijn waren naam, is vermeld, kan tegenover derden het auteursrecht ten behoeve van den rechthebbende worden uitgeoefend door dengene, die op of in dat exemplaar van het werk als de uitgever ervan is aangeduid, of bij gebreke van zoodanige aanduiding, door dengene, die op of in het exemplaar van het werk als de drukker ervan is vermeld.

§ 3. De werken, waarop auteursrecht bestaat

Art. 10

Toepasselijkheid auteursrecht

– 1. Onder werken van letterkunde, wetenschap of kunst verstaat deze wet:
1° boeken, brochures, nieuwsbladen, tijdschriften en alle andere geschriften;
2° tooneelwerken en dramatisch-muzikale werken;
3° mondelinge voordrachten;
4° choreografische werken en pantomimes;
5° muziekwerken met of zonder woorden;
6° teeken-, schilder-, bouw- en beeldhouwwerken, lithografieën, graveer- en andere plaatwerken;
7° aardrijkskundige kaarten;
8° ontwerpen, schetsen en plastische werken, betrekkelijk tot de bouwkunde, de aardrijkskunde, de plaatsbeschrijving of andere wetenschappen;
9° fotografische werken;
10. filmwerken;
11° werken van toegepaste kunst en tekeningen en modellen van nijverheid;
12° computerprogramma's en het voorbereidend materiaal;
en in het algemeen ieder voortbrengsel op het gebied van letterkunde, wetenschap of kunst, op welke wijze of in welken vorm het ook tot uitdrukking zij gebracht.
– 2. Verveelvoudigingen in gewijzigde vorm van een werk van letterkunde, wetenschap of kunst, zoals vertalingen, muziekschikkingen, verfilmingen en andere bewerkingen, zomede verzamelingen van verschillende werken, worden, onverminderd het auteursrecht op het oorspronkelijke werk, als zelfstandige werken beschermd.

Gegevensverzameling

– 3. Verzamelingen van werken, gegevens of andere zelfstandige elementen, systematisch of methodisch geordend, en afzonderlijk met elektronische middelen of anderszins toegankelijk, worden, onverminderd andere rechten op de verzameling en onverminderd het auteursrecht of andere rechten op de in de verzameling opgenomen werken, gegevens of andere elementen, als zelfstandige werken beschermd.
– 4. Verzamelingen van werken, gegevens of andere zelfstandige elementen als bedoeld in het derde lid, waarvan de verkrijging, de controle of de presentatie van de inhoud in kwalitatief of kwantitatief opzicht getuigt van een substantiële investering behoren niet tot de in het eerste lid, onder 1°, genoemde geschriften.
– 5. Computerprogramma's behoren niet tot de in het eerste lid, onder 1°, genoemde geschriften.

Art. 11

Uitzondering

Er bestaat geen auteursrecht op wetten, besluiten en verordeningen, door de openbare macht uitgevaardigd, noch op rechterlijke uitspraken en administratieve beslissingen.

§ 4. Het openbaar maken

Art. 12

Openbaarmaking

– 1. Onder de openbaarmaking van een werk van letterkunde, wetenschap of kunst wordt mede verstaan:
1° de openbaarmaking van eene verveelvoudiging van het geheel of een gedeelte van het werk;
2° de verbreiding van het geheel of een gedeelte van het werk of van eene verveelvoudiging daarvan, zoolang het niet in druk verschenen is;

3° het verhuren of uitlenen van het geheel of een gedeelte van een exemplaar van het werk met uitzondering van bouwwerken en werken van toegepaste kunst, of van een verveelvoudiging daarvan die door de rechthebbende of met zijn toestemming in het verkeer is gebracht;
4° de voordracht, op- of uitvoering of voorstelling in het openbaar van het geheel of een gedeelte van het werk of van eene verveelvoudiging daarvan;
5° het uitzenden van een in een radio- of televisieprogramma opgenomen werk door middel van een satelliet of een andere zender of een omroepnetwerk als bedoeld in artikel 1.1 van de Mediawet 2008.
– 2. Onder verhuren als bedoeld in het eerste lid, onder 3°, wordt verstaan het voor een beperkte tijd en tegen een direct of indirect economisch of commercieel voordeel voor gebruik ter beschikking stellen.
– 3. Onder uitlenen als bedoeld in het eerste lid, onder 3°, wordt verstaan het voor een beperkte tijd en zonder direct of indirect economisch of commercieel voordeel voor gebruik ter beschikking stellen door voor het publiek toegankelijke instellingen.
– 4. Onder een voordracht, op- of uitvoering of voorstelling in het openbaar wordt mede begrepen die in besloten kring, tenzij deze zich beperkt tot de familie-, vrienden- of daaraan gelijk te stellen kring en voor de toegang tot de voordracht, op- of uitvoering of voorstelling geen betaling, in welke vorm ook, geschiedt. Hetzelfde geldt voor een tentoonstelling.
– 5. Onder een voordracht, op- of uitvoering of voorstelling in het openbaar wordt niet begrepen die welke uitsluitend dient tot het onderwijs dat vanwege de overheid of vanwege een rechtspersoon zonder winstoogmerk wordt gegeven, voor zover de voordracht, op- of uitvoering of voorstelling deel uitmaakt van het schoolwerkplan of leerplan voor zover van toepassing, of tot een wetenschappelijk doel.
– 6. Als afzonderlijke openbaarmaking wordt niet beschouwd de gelijktijdige uitzending van een in een radio- of televisieprogramma opgenomen werk door hetzelfde organisme dat dat programma oorspronkelijk uitzendt.
– 7. Onder het uitzenden van een in een radio- of televisieprogramma opgenomen werk door middel van een satelliet wordt verstaan de handeling waarbij de programmadragende signalen voor ontvangst door het publiek onder controle en verantwoordelijkheid van de omroeporganisatie worden ingevoerd in een ononderbroken mededelingenketen die naar de satelliet en terug naar de aarde voert. Indien de programmadragende signalen in gecodeerde vorm worden uitgezonden, is er sprake van het uitzenden van een in een radio- of televisieprogramma opgenomen werk door middel van een satelliet, indien de middelen voor het decoderen van de uitzending door of met toestemming van de omroeporganisatie ter beschikking van het publiek worden gesteld.

Art. 12a

Verhuurrecht

– 1. Indien de maker het verhuurrecht, bedoeld in artikel 12, eerste lid, onder 3°, met betrekking tot een op een fonogram vastgelegd werk van letterkunde, wetenschap of kunst aan de producent daarvan heeft overgedragen, is de producent de maker een billijke vergoeding verschuldigd voor de verhuur.
– 2. Van het in het eerste lid bedoelde recht op een billijke vergoeding kan geen afstand worden gedaan.

Art. 12b

Uitputting

Indien een exemplaar van een werk van letterkunde, wetenschap of kunst door of met toestemming van de maker of zijn rechtverkrijgende voor de eerste maal in een van de lidstaten van de Europese Unie of in een staat die partij is bij de Overeenkomst betreffende de Europese Economische Ruimte in het verkeer is gebracht door eigendomsoverdracht, dan vormt het anderszins in het verkeer brengen van dat exemplaar, met uitzondering van verhuur en uitlening, geen inbreuk op het auteursrecht.

§ 5. Het verveelvoudigen

Art. 13

Verveelvoudiging

Onder de verveelvoudiging van een werk van letterkunde, wetenschap of kunst wordt mede verstaan de vertaling, de muziekschikking, de verfilming of tooneelbewerking en in het algemeen iedere geheele of gedeeltelijke bewerking of nabootsing in gewijzigden vorm, welke niet als een nieuw, oorspronkelijk werk moet worden aangemerkt.

Art. 13a

Geen verveelvoudiging

Onder de verveelvoudiging van een werk van letterkunde, wetenschap of kunst wordt niet verstaan de tijdelijke reproductie die van voorbijgaande of incidentele aard is, en die een integraal en essentieel onderdeel vormt van een technisch procédé dat wordt toegepast met als enig doel
a) de doorgifte in een netwerk tussen derden door een tussenpersoon of
b) een rechtmatig gebruik

van een werk mogelijk te maken, en die geen zelfstandige economische waarde bezit.

Art. 14

Andere vormen verveelvoudiging

Onder het verveelvoudigen van een werk van letterkunde, wetenschap of kunst wordt mede verstaan het vastleggen van dat werk of een gedeelte daarvan op enig voorwerp dat bestemd is om een werk ten gehore te brengen of te vertonen.

§ 6. De beperkingen van het auteursrecht

Art. 15

Dag-, nieuws-, of weekbladartikelen, radio- en TV-uitzendingen

– 1. Als inbreuk op het auteursrecht op een werk van letterkunde, wetenschap of kunst wordt niet beschouwd het overnemen van nieuwsberichten, gemengde berichten, of artikelen over actuele economische, politieke, godsdienstige of levensbeschouwelijke onderwerpen alsmede van werken van dezelfde aard die in een dag-, nieuws- of weekblad, tijdschrift, radio- of televisieprogramma of ander medium dat eenzelfde functie vervult, zijn openbaar gemaakt, indien:
1° het overnemen geschiedt door een dag-, nieuws- of weekblad of tijdschrift, in een radio- of televisieprogramma of ander medium dat een zelfde functie vervult;
2° artikel 25 in acht wordt genomen;
3° de bron, waaronder de naam van de maker, op duidelijke wijze wordt vermeld; en
4° het auteursrecht niet uitdrukkelijk is voorbehouden.
– 2. Ten aanzien van nieuwsberichten en gemengde berichten kan een voorbehoud als bedoeld in het eerste lid, onder 4° niet worden gemaakt.
– 3. Dit artikel is mede van toepassing op het overnemen in een andere taal dan de oorspronkelijke.

Art. 15a

Citeren

– 1. Als inbreuk op het auteursrecht op een werk van letterkunde, wetenschap of kunst wordt niet beschouwd het citeren uit een werk in een aankondiging, beoordeling, polemiek of wetenschappelijke verhandeling of voor een uiting met een vergelijkbaar doel mits:
1° het werk waaruit geciteerd wordt rechtmatig openbaar gemaakt is;
2° het citeren in overeenstemming is met hetgeen naar de regels van het maatschappelijk verkeer redelijkerwijs geoorloofd is en aantal en omvang der geciteerde gedeelten door het te bereiken doel zijn gerechtvaardigd;
3° artikel 25 in acht wordt genomen; en
4° voor zover redelijkerwijs mogelijk, de bron, waaronder de naam van de maker, op duidelijke wijze wordt vermeld.
– 2. Onder citeren wordt in dit artikel mede begrepen het citeren in de vorm van persoverzichten uit in een dag-, nieuws- of weekblad of tijdschrift verschenen artikelen.
– 3. Dit artikel is mede van toepassing op het citeren in een andere taal dan de oorspronkelijke.

Art. 15b

Publicatie van overheid

Als inbreuk op het auteursrecht op een door of vanwege de openbare macht openbaar gemaakt werk van letterkunde, wetenschap of kunst, waarvan de openbare macht de maker of rechtverkrijgende is, wordt niet beschouwd verdere openbaarmaking of verveelvoudiging daarvan, tenzij het auteursrecht, hetzij in het algemeen bij wet, besluit of verordening, hetzij in een bepaald geval blijkens mededeling op het werk zelf of bij de openbaarmaking daarvan uitdrukkelijk is voorbehouden. Ook als een zodanig voorbehoud niet is gemaakt, behoudt de maker echter het uitsluitend recht, zijn werken, die door of vanwege de openbare macht zijn openbaar gemaakt, in een bundel verenigd te doen verschijnen.

Art. 15c

Uitlenen

– 1. Als inbreuk op het auteursrecht op een werk van letterkunde, wetenschap of kunst wordt niet beschouwd het uitlenen als bedoeld in artikel 12, eerste lid, onder 3°, van het geheel of een gedeelte van een exemplaar van het werk of van een verveelvoudiging daarvan die door de rechthebbende of met zijn toestemming in het verkeer is gebracht, mits degene die de uitlening verricht of doet verrichten een billijke vergoeding betaalt. De eerste zin is niet van toepassing op een werk als bedoeld in artikel 10, eerste lid, onder 12° tenzij dat werk onderdeel uitmaakt van een van gegevens voorziene informatiedrager en uitsluitend dient om die gegevens toegankelijk te maken.
– 2. Instellingen van onderwijs en instellingen van onderzoek en de aan die instellingen verbonden bibliotheken en de Koninklijke Bibliotheek zijn vrijgesteld van de betaling van een vergoeding voor uitlenen als bedoeld in het eerste lid.
– 3. Bibliotheken, bekostigd door de Stichting fonds voor het bibliotheekwerk voor blinden en slechtzienden, zijn voor het uitlenen ten behoeve van de bij deze bibliotheken ingeschreven blinden en slechtzienden vrijgesteld van betaling van de in het eerste lid bedoelde vergoeding.
– 4. De in het eerste lid bedoelde vergoeding is niet verschuldigd indien de betalingsplichtige kan aantonen dat de maker of diens rechtverkrijgende afstand heeft gedaan van het recht op

een billijke vergoeding. De maker of diens rechtverkrijgende dient de afstand schriftelijk mee te delen aan de in de artikelen 15*d* en 15*f* bedoelde rechtspersonen.

Art. 15d

Vergoeding

De hoogte van de in artikel 15*c*, eerste lid, bedoelde vergoeding wordt vastgesteld door een door Onze Minister van Justitie in overeenstemming met Onze Minister van Onderwijs, Cultuur en Wetenschappen aan te wijzen stichting waarvan het bestuur zodanig is samengesteld dat de belangen van de makers of hun rechtverkrijgenden en de ingevolge artikel 15*c*, eerste lid, betalingsplichtigen op evenwichtige wijze worden behartigd. De voorzitter van het bestuur van deze stichting wordt benoemd door Onze Minister van Justitie in overeenstemming met Onze Minister van Onderwijs, Cultuur en Wetenschappen. Het aantal bestuursleden van deze stichting dient oneven te zijn.

Art. 15e

Geschillen ex art. 15c

Geschillen met betrekking tot de in artikel 15*c*, eerste lid, bedoelde vergoeding worden in eerste aanleg bij uitsluiting beslist door de rechtbank te 's-Gravenhage.

Art. 15f

Betaling vergoeding aan rechtspersoon

– 1. De betaling van de in artikel 15*c* bedoelde vergoeding dient te geschieden aan een door Onze Minister van Justitie in overeenstemming met Onze Minister van Onderwijs, Cultuur en Wetenschappen aan te wijzen naar hun oordeel representatieve rechtspersoon, die met uitsluiting van anderen belast is met de inning en de verdeling van deze vergoeding. In aangelegenheden betreffende de vaststelling van de hoogte van de vergoeding en de inning daarvan alsmede de uitoefening van het uitsluitende recht vertegenwoordigt de in de vorige zin bedoelde rechtspersoon de rechthebbenden in en buiten rechte.

– 2. De rechtspersoon, bedoeld in het eerste lid, staat onder toezicht van het College van Toezicht, bedoeld in de Wet toezicht collectieve beheersorganisaties auteurs- en naburige rechten.

– 3. De verdeling van de geïnde vergoedingen geschiedt overeenkomstig een reglement, dat is opgesteld door de rechtspersoon, bedoeld in het eerste lid, en dat is goedgekeurd door het College van Toezicht, bedoeld in de Wet toezicht collectieve beheersorganisaties auteurs- en naburige rechten.

Art. 15g

Tijdstip opgave

Degene die tot betaling van de in artikel 15*c*, eerste lid, bedoelde vergoeding verplicht is, is gehouden, voor zover geen ander tijdstip is overeengekomen, vóór 1 april van ieder kalenderjaar aan de in artikel 15*f*, eerste lid, bedoelde rechtspersoon opgave te doen van het aantal rechtshandelingen, bedoeld in artikel 15*c*. Hij is voorts gehouden desgevraagd aan deze rechtspersoon onverwijld de bescheiden of andere informatiedragers ter inzage te geven, waarvan kennisneming noodzakelijk is voor de vaststelling van de verschuldigdheid en de hoogte van de vergoeding.

Art. 15h

Voor publiek toegankelijke instellingen

Tenzij anders overeengekomen, wordt niet als inbreuk op het auteursrecht op een werk van letterkunde, wetenschap of kunst beschouwd het door middel van een besloten netwerk beschikbaar stellen van een werk dat onderdeel uitmaakt van verzamelingen van voor het publiek toegankelijke bibliotheken en musea of archieven die niet het behalen van een direct of indirect economisch of commercieel voordeel nastreven, door middel van daarvoor bestemde terminals in de gebouwen van die instellingen aan individuele leden van het publiek voor onderzoek of privé-studie.

Art. 15i

Gehandicapten

– 1. Als inbreuk op het auteursrecht op een werk van letterkunde, wetenschap of kunst wordt niet beschouwd de verveelvoudiging of openbaarmaking die uitsluitend bestemd is voor mensen met een handicap, mits deze direct met de handicap verband houdt, van niet commerciële aard is en wegens die handicap noodzakelijk is.

– 2. Voor de verveelvoudiging of openbaarmaking, bedoeld in het eerste lid, is ten behoeve van de maker of diens rechtverkrijgenden een billijke vergoeding verschuldigd.

Art. 16

Onderwijs

– 1. Als inbreuk op het auteursrecht op een werk van letterkunde, wetenschap of kunst wordt niet beschouwd de verveelvoudiging of openbaarmaking van gedeelten ervan uitsluitend ter toelichting bij het onderwijs, voor zover dit door het beoogde, niet-commerciële doel wordt gerechtvaardigd, mits:

1° het werk waaruit is overgenomen rechtmatig openbaar gemaakt is;

2° het overnemen in overeenstemming is met hetgeen naar de regels van het maatschappelijk verkeer redelijkerwijs geoorloofd is;

3° artikel 25 in acht wordt genomen;

4° Voor zover redelijkerwijs mogelijk, de bron, waaronder de naam van de maker, op duidelijke wijze wordt vermeld; en

5° aan de maker of zijn rechtverkrijgenden een billijke vergoeding wordt betaald.

– 2. Waar het geldt een kort werk of een werk als bedoeld in artikel 10, eerste lid onder 6°., onder 9°. of onder 11°. mag voor hetzelfde doel en onder dezelfde voorwaarden het gehele werk worden overgenomen.

Compilatiewerken

– 3. Waar het het overnemen in een compilatiewerk betreft, mag van dezelfde maker niet meer worden overgenomen dan enkele korte werken of korte gedeelten van zijn werken, en waar het geldt werken als bedoeld in artikel 10, eerste lid onder 6°., onder 9°. of onder 11°. niet meer dan enkele van die werken en in zodanige verveelvoudiging, dat deze door haar grootte of door de werkwijze, volgens welke zij vervaardigd is, een duidelijk verschil vertoont met het oorspronkelijke met dien verstande, dat wanneer van deze werken er twee of meer verenigd openbaar zijn gemaakt, die verveelvoudiging slechts ten aanzien van een daarvan geoorloofd is.

– 4. De bepalingen van dit artikel zijn mede van toepassing ten aanzien van het overnemen in een andere taal dan de oorspronkelijke.

Art. 16a

Foto-, film-, radio- of TV-reportage

Als inbreuk op het auteursrecht op een werk van letterkunde, wetenschap of kunst wordt niet beschouwd een korte opname, weergave en mededeling ervan in het openbaar in een foto-, film-, radio- of televisiereportage voor zover zulks voor het behoorlijk weergeven van de actuele gebeurtenis welke het onderwerp der reportage uitmaakt, gerechtvaardigd is en mits, voor zover redelijkerwijs mogelijk, de bron, waaronder de naam van de maker, duidelijk wordt vermeld.

Art. 16b

Kopiëren

– 1. Als inbreuk op het auteursrecht op een werk van letterkunde, wetenschap of kunst wordt niet beschouwd de verveelvoudiging welke beperkt blijft tot enkele exemplaren en welke uitsluitend dient tot eigen oefening, studie of gebruik van de natuurlijke persoon die zonder direct of indirect commercieel oogmerk de verveelvoudiging vervaardigt of tot het verveelvoudigen uitsluitend ten behoeve van zichzelf opdracht geeft.

– 2. Waar het geldt een dag-, nieuws- of weekblad of een tijdschrift of een boek of de partituur of de partijen van een muziekwerk en de in die werken opgenomen andere werken, blijft die verveelvoudiging bovendien beperkt tot een klein gedeelte van het werk, behalve indien het betreft:

a. werken, waarvan naar redelijkerwijs mag worden aangenomen geen nieuwe exemplaren tegen betaling, in welke vorm ook, aan derden ter beschikking zullen worden gesteld;

b. in een dag-, nieuws- of weekblad of tijdschrift verschenen korte artikelen, berichten of andere stukken.

– 3. Waar het geldt een werk, als bedoeld bij artikel 10, eerste lid, onder 6°, moet de verveelvoudiging door haar grootte of door de werkwijze, volgens welke zij vervaardigd is, een duidelijk verschil vertonen met het oorspronkelijke werk.

– 4. Indien een ingevolge dit artikel toegelaten verveelvoudiging heeft plaatsgevonden, mogen de vervaardigde exemplaren niet zonder toestemming van de maker of zijn rechtverkrijgenden aan derden worden afgegeven, tenzij de afgifte geschiedt ten behoeve van een rechterlijke of bestuurlijke procedure.

– 5. Bij algemene maatregel van bestuur kan worden bepaald dat voor de verveelvoudiging, bedoeld in het eerste lid, ten behoeve van de maker of diens rechtverkrijgenden een billijke vergoeding is verschuldigd. Daarbij kunnen nadere regelen worden gegeven en voorwaarden worden gesteld.

– 6. Dit artikel is niet van toepassing op het reproduceren, bedoeld in artikel 16*c*, noch op het nabouwen van bouwwerken.

Art. 16c

Vergoeding voor reproductie door natuurlijke persoon

– 1. Als inbreuk op het auteursrecht op een werk van letterkunde, wetenschap of kunst wordt niet beschouwd het reproduceren van het werk of een gedeelte ervan op een voorwerp dat bestemd is om een werk ten gehore te brengen, te vertonen of weer te geven, mits het reproduceren geschiedt zonder direct of indirect commercieel oogmerk en uitsluitend dient tot eigen oefening, studie of gebruik van de natuurlijke persoon die de reproductie vervaardigt.

– 2. Voor het reproduceren, bedoeld in het eerste lid, is ten behoeve van de maker of diens rechtverkrijgenden een billijke vergoeding verschuldigd. De verplichting tot betaling van de vergoeding rust op de fabrikant of de importeur van de voorwerpen, bedoeld in het eerste lid.

– 3. Voor de fabrikant ontstaat de verplichting tot betaling van de vergoeding op het tijdstip dat de door hem vervaardigde voorwerpen in het verkeer kunnen worden gebracht. Voor de importeur ontstaat deze verplichting op het tijdstip van invoer.

– 4. De verplichting tot betaling van de vergoeding vervalt indien de ingevolge het tweede lid betalingsplichtige een voorwerp als bedoeld in het eerste lid uitvoert.

– 5. De vergoeding is slechts eenmaal per voorwerp verschuldigd.

– 6. Bij algemene maatregel van bestuur kunnen nadere regelen worden gegeven met betrekking tot de voorwerpen ten aanzien waarvan de vergoeding, bedoeld in het tweede lid, verschuldigd is. Bij algemene maatregel van bestuur kunnen voorts nadere regelen worden gegeven en voorwaarden worden gesteld ter uitvoering van het bepaalde in dit artikel met betrekking tot de hoogte, verschuldigdheid en vorm van de billijke vergoeding.
– 7. Indien een ingevolge dit artikel toegelaten reproductie heeft plaatsgevonden, mogen voorwerpen als bedoeld in het eerste lid niet zonder toestemming van de maker of zijn rechtverkrijgenden aan derden worden afgegeven, tenzij de afgifte geschiedt ten behoeve van een rechterlijke of bestuurlijke procedure.
– 8. Dit artikel is niet van toepassing op het verveelvoudigen van een met elektronische middelen toegankelijke verzameling als bedoeld in artikel 10, derde lid.

Art. 16d

Rechtspersoon belast met inning en verdeling

– 1. De betaling van de in artikel 16*c* bedoelde vergoeding dient te geschieden aan een door Onze Minister van Justitie aan te wijzen, naar zijn oordeel representatieve rechtspersoon, die belast is met de inning en de verdeling van deze vergoeding overeenkomstig een reglement, dat is opgesteld door deze rechtspersoon, en dat is goedgekeurd door het College van Toezicht, bedoeld in de Wet toezicht collectieve beheersorganisaties auteurs- en naburige rechten. In aangelegenheden betreffende de inning en vergoeding vertegenwoordigt deze rechtspersoon de makers of hun rechtverkrijgenden in en buiten rechte.

Instemming met reglement

– 2. De rechtspersoon, bedoeld in het eerste lid, staat onder toezicht van het College van Toezicht, bedoeld in de Wet toezicht collectieve beheersorganisaties auteurs- en naburige rechten.

Art. 16e

Hoogte vergoeding; stichting

De hoogte van de in artikel 16*c* bedoelde vergoeding wordt vastgesteld door een door Onze Minister van Justitie aan te wijzen stichting waarvan het bestuur zodanig is samengesteld dat de belangen van de makers of hun rechtverkrijgenden en de ingevolge artikel 16*c*, tweede lid, betalingsplichtigen op evenwichtige wijze worden behartigd. De voorzitter van het bestuur van deze stichting wordt benoemd door Onze Minister van Justitie.

Art. 16f

Opgave en inzage

Degene die tot betaling van de in artikel 16*c* bedoelde vergoeding verplicht is, is gehouden onverwijld of binnen een met de in artikel 16*d*, eerste lid, bedoelde rechtspersoon overeengekomen tijdvak opgave te doen aan deze rechtspersoon van het aantal van de door hem geïmporteerde of vervaardigde voorwerpen, bedoeld in artikel 16*c*, eerste lid. Hij is voorts gehouden aan deze rechtspersoon op diens aanvrage onverwijld die bescheiden ter inzage te geven, waarvan kennisneming noodzakelijk is voor de vaststelling van de verschuldigdheid en de hoogte van de vergoeding.

Art. 16g

Bevoegdheid bij geschillen

Geschillen met betrekking tot de vergoeding, bedoeld in de artikelen 15i, 16, 16b, 16c en 16h, worden in eerste aanleg bij uitsluiting beslist door de rechtbank te 's-Gravenhage.

Art. 16ga

Ter inzage geven van bescheiden

– 1. De verkoper van de in artikel 16*c*, eerste lid bedoelde voorwerpen is gehouden aan de in artikel 16*d*, eerste lid, bedoelde rechtspersoon op diens aanvraag onverwijld die bescheiden ter inzage te geven waarvan de kennisneming noodzakelijk is om vast te stellen of de in artikel 16*c*, tweede lid, bedoelde vergoeding door de fabrikant of de importeur betaald is.
– 2. Indien de verkoper niet kan aantonen dat de vergoeding door de fabrikant of de importeur betaald is, is hij verplicht tot betaling daarvan aan de in artikel 16*d*, eerste lid, bedoelde rechtspersoon, tenzij uit de in het eerste lid genoemde bescheiden blijkt wie de fabrikant of de importeur is.

Art. 16h

Vergoeding bij reprografische verveelvoudiging

– 1. Een reprografische verveelvoudiging van een artikel in een dag-, nieuws- of weekblad of een tijdschrift of van een klein gedeelte van een boek en van de in zo'n werk opgenomen andere werken wordt niet beschouwd als inbreuk op het auteursrecht, mits voor deze verveelvoudiging een vergoeding wordt betaald.
– 2. Een reprografische verveelvoudiging van het gehele werk wordt niet beschouwd als inbreuk op het auteursrecht, indien van een boek naar redelijkerwijs mag worden aangenomen geen nieuwe exemplaren tegen betaling, in welke vorm dan ook, aan derden ter beschikking worden gesteld, mits voor deze verveelvoudiging een vergoeding wordt betaald.
– 3. Bij algemene maatregel van bestuur kan worden bepaald dat ten aanzien van de verveelvoudiging van werken als bedoeld bij artikel 10, eerste lid, onder 1°, van het in een of meer der voorgaande leden bepaalde mag worden afgeweken ten behoeve van de uitoefening van de openbare dienst, alsmede ten behoeve van de vervulling van taken waarmee in het algemeen belang werkzame instellingen zijn belast. Daarbij kunnen nadere regelen worden gegeven en nadere voorwaarden worden gesteld.

Art. 16i

Berekening vergoeding

– 1. De vergoeding, bedoeld in artikel 16*h*, wordt berekend over iedere pagina waarop een werk als bedoeld in het eerste en tweede lid van dat artikel reprografisch verveelvoudigd is.

– 2. Bij algemene maatregel van bestuur wordt de hoogte van de vergoeding vastgesteld en kunnen nadere regelen en voorwaarden worden gesteld.

Art. 16j

Afgifte verveelvoudiging

Een met inachtneming van artikel 16*h* vervaardigde reprografische verveelvoudiging mag, zonder toestemming van de maker of zijn rechtverkrijgende, alleen worden afgegeven aan personen die in dezelfde onderneming, organisatie of instelling werkzaam zijn, tenzij de afgifte geschiedt ten behoeve van een rechterlijke of administratieve procedure.

Art. 16k

Vergoedingsplicht vervalt

– 1. De verplichting tot betaling van de vergoeding, bedoeld in artikel 16*h*, vervalt door verloop van drie jaar na het tijdstip waarop de verveelvoudiging vervaardigd is.

– 2. De vergoeding is niet verschuldigd indien de betalingsplichtige kan aantonen dat de maker of diens rechtverkrijgende afstand heeft gedaan van het recht op de vergoeding.

Art. 16l

Betaling vergoeding

– 1. De betaling van de vergoeding, bedoeld in artikel 16*h*, dient te geschieden aan een door Onze Minister van Justitie aan te wijzen, naar zijn oordeel representatieve rechtspersoon, die met uitsluiting van anderen belast is met de inning en de verdeling van deze vergoeding.

– 2. In aangelegenheden betreffende de inning van de vergoeding vertegenwoordigt de rechtspersoon, bedoeld in het eerste lid, de makers of hun rechtverkrijgenden in en buiten rechte.

– 3. De rechtspersoon, bedoeld in het eerste lid, hanteert voor de verdeling van de geïnde vergoedingen een reglement. Het reglement behoeft de goedkeuring van het College van Toezicht, bedoeld in de Wet toezicht collectieve beheersorganisaties auteurs- en naburige rechten.

– 4. De rechtspersoon, bedoeld in het eerste lid, staat onder toezicht van het College van Toezicht, bedoeld in de Wet toezicht collectieve beheersorganisaties auteurs- en naburige rechten.

– 5. Het eerste en tweede lid vinden geen toepassing voorzover degene die tot betaling van de vergoeding verplicht is, kan aantonen dat hij met de maker of zijn rechtverkrijgende overeengekomen is dat hij de vergoeding rechtstreeks aan deze zal betalen.

Art. 16m

Opgave totale aantal

– 1. Degene die de vergoeding, bedoeld in artikel 16*h*, dient te betalen aan de rechtspersoon, bedoeld in artikel 16*l*, eerste lid, is gehouden aan deze opgave te doen van het totale aantal reprografische verveelvoudigingen dat hij per jaar maakt.

– 2. De opgave, bedoeld in het eerste lid, behoeft niet gedaan te worden, indien per jaar minder dan een bij algemene maatregel van bestuur te bepalen aantal reprografische verveelvoudigingen gemaakt wordt.

Art. 16n

Restauratie en behoeden voor verval

– 1. Als inbreuk op het auteursrecht op een werk van letterkunde, wetenschap of kunst wordt niet beschouwd de verveelvoudiging door voor het publiek toegankelijke bibliotheken en musea of archieven die niet het behalen van een direct of indirect economisch of commercieel voordeel nastreven, indien die verveelvoudiging geschiedt met als enig doel:

1° het exemplaar van het werk te restaureren;

2° bij dreiging van verval van het exemplaar van het werk een verveelvoudiging daarvan te behouden voor de instelling;

3° het werk raadpleegbaar te houden als de technologie waarmee het toegankelijk gemaakt kan worden in onbruik raakt.

– 2. De in het eerste lid bedoelde verveelvoudigingen zijn slechts geoorloofd indien:

1° de exemplaren van het werk deel uitmaken van de verzameling van de voor het publiek toegankelijke bibliotheken en musea of archieven die een beroep op deze beperking doen; en

2° artikel 25 in acht wordt genomen.

Art. 17

Vervallen.

Art. 17a

Openbaarmaking door radio- of tv-uitzending

Bij algemene maatregel van bestuur kunnen in het algemeen belang regelen worden gesteld nopens de uitoefening van het recht van de maker van een werk of zijn rechtverkrijgenden met betrekking tot de openbaarmaking van een werk door uitzending van een radio- of televisieprogramma via radio of televisie, of een ander medium dat eenzelfde functie vervult. De algemene maatregel van bestuur, bedoeld in de eerste volzin, kan bepalen, dat zodanig werk in Nederland mag worden openbaar gemaakt zonder voorafgaande toestemming van de maker of zijn rechtverkrijgenden, indien de uitzending plaats vindt vanuit Nederland dan wel vanuit een staat die geen partij is bij de Overeenkomst betreffende de Europese Economische Ruimte.

Zij die bevoegd zijn een werk zonder voorafgaande toestemming openbaar te maken, zijn desalniettemin verplicht de rechten van de maker, bedoeld in artikel 25, te eerbiedigen en aan de maker of zijn rechtverkrijgenden een billijke vergoeding te betalen, welke bij gebreke van overeenstemming op vordering van de meest gerede partij door de rechter zal worden vastgesteld, die tevens het stellen van zekerheid kan bevelen. Het hiervoor bepaalde is niet van toepassing op het uitzenden van een in een radio- of televisieprogramma opgenomen werk door middel van een satelliet.

Art. 17b

Vastlegging voor radio- en TV-uitzending bestemd werk

– 1. Tenzij anders is overeengekomen, sluit de bevoegdheid tot openbaarmaking door uitzending van een radio- of televisieprogramma via radio of televisie, of een ander medium dat eenzelfde functie vervult niet in de bevoegdheid het werk vast te leggen.

– 2. De omroeporganisatie die bevoegd is tot de openbaarmaking, bedoeld in het eerste lid, is echter gerechtigd met haar eigen middelen en uitsluitend voor uitzending van haar eigen radio- of televisieprogramma's het ter uitzending bestemde werk tijdelijk vast te leggen. De omroeporganisatie, die dientengevolge gerechtigd is tot vastlegging, is desalniettemin verplicht de rechten van de maker van het werk, bedoeld in artikel 25, te eerbiedigen.

Opnamen uitzonderlijke documentaire waarde

– 3. Vastleggingen die met inachtneming van het tweede lid zijn vervaardigd en een uitzonderlijke documentaire waarde bezitten, mogen in officiële archieven worden bewaard.

Art. 17c

Gemeentezang

Als inbreuk op het auteursrecht op een werk van letterkunde of kunst wordt niet beschouwd de gemeentezang en de instrumentale begeleiding daarvan tijdens een eredienst.

Art. 17d

Tijdstip inwerkingtreding AMvB's

Een krachtens artikel 16*b*, vijfde lid, artikel 16*c*, zesde lid, artikel 16*h*, derde lid, artikel 16*m*, tweede lid, artikel 17*a* of artikel 29*a*, vierde lid, vastgestelde algemene maatregel van bestuur of een wijziging daarvan treedt niet eerder in werking dan acht weken na datum van uitgifte van het *Staatsblad* waarin hij is geplaatst. Van de plaatsing wordt onverwijld mededeling gedaan aan de beide Kamers der Staten-Generaal.

Art. 18

Werken in openbare plaatsen

Als inbreuk op het auteursrecht op een werk als bedoeld in artikel 10, eerste lid, onder 6°, of op een werk, betrekkelijk tot de bouwkunde als bedoeld in artikel 10, eerste lid, onder 8°, dat is gemaakt om permanent in openbare plaatsen te worden geplaatst, wordt niet beschouwd de verveelvoudiging of openbaarmaking van afbeeldingen van het werk zoals het zich aldaar bevindt. Waar het betreft het overnemen in een compilatiewerk, mag van dezelfde maker niet meer worden overgenomen dan enkele van zijn werken.

Art. 18a

Incidentele verwerking in ander werk

Als inbreuk op het auteursrecht op een werk van letterkunde, wetenschap of kunst wordt niet beschouwd de incidentele verwerking ervan als onderdeel van ondergeschikte betekenis in een ander werk.

Art. 18b

Karikatuur, parodie, pastiche

Als inbreuk op het auteursrecht op een werk van letterkunde, wetenschap of kunst wordt niet beschouwd de openbaarmaking of verveelvoudiging ervan in het kader van een karikatuur, parodie of pastiche mits het gebruik in overeenstemming is met hetgeen naar de regels van het maatschappelijk verkeer redelijkerwijs geoorloofd is.

Art. 19

Portret

– 1. Als inbreuk op het auteursrecht op een portret wordt niet beschouwd de verveelvoudiging daarvan door, of ten behoeve van, den geportretteerde of, na diens overlijden, zijne nabestaanden.

– 2. Bevat eene zelfde afbeelding het portret van twee of meer personen, dan staat die verveelvoudiging aan ieder hunner ten aanzien van andere portretten dan zijn eigen slechts vrij met toestemming van die andere personen of, gedurende tien jaren na hun overlijden, van hunne nabestaanden.

– 3. Ten aanzien van een fotografisch portret wordt mede niet als inbreuk op het auteursrecht beschouwd het openbaar maken daarvan in een nieuwsblad of tijdschrift door of met toestemming van een der personen, in het eerste lid genoemd, mits daarbij de naam des makers, voor zoover deze op of bij het portret is aangeduid, vermeld wordt.

– 4. Dit artikel is slechts van toepassing ten aanzien van portretten, welke vervaardigd zijn ingevolge eene opdracht, door of vanwege de geportretteerde personen, of te hunnen behoeve aan den maker gegeven.

Art. 20

Uitzondering auteursrecht op portret

– 1. Tenzij anders is overeengekomen is degene, wien het auteursrecht op een portret toekomt, niet bevoegd dit openbaar te maken zonder toestemming van den geportretteerde of, gedurende tien jaren na diens overlijden, van diens nabestaanden.

– 2. Bevat eene zelfde afbeelding het portret van twee of meer personen, dan is ten aanzien

van de gansche afbeelding de toestemming vereischt van alle geportretteerden of, gedurende tien jaren na hun overlijden, van hunne nabestaanden.
– 3. Het laatste lid van het voorgaande artikel is van toepassing.

Art. 21

Zonder opdracht vervaardigd portret

Is een portret vervaardigd zonder daartoe strekkende opdracht, den maker door of vanwege den geportretteerde, of te diens behoeve, gegeven, dan is openbaarmaking daarvan door dengene, wien het auteursrecht daarop toekomt, niet geoorloofd, voor zoover een redelijk belang van den geportretteerde of, na zijn overlijden, van een zijner nabestaanden zich tegen de openbaarmaking verzet.

Art. 22

Publicatie voor justitie

– 1. In het belang van de openbare veiligheid alsmede ter opsporing van strafbare feiten mogen afbeeldingen van welke aard ook door of vanwege de justitie worden verveelvoudigd of openbaar gemaakt.
– 2. Als inbreuk op het auteursrecht op een werk van letterkunde, wetenschap of kunst wordt niet beschouwd het overnemen ervan ten behoeve van de openbare veiligheid of om het goede verloop van een bestuurlijke, parlementaire of gerechtelijke procedure of de berichtgeving daarover te waarborgen.

Art. 23

Bevoegdheden eigenaar, bezitter of houder

Tenzij anders overeengekomen, is de eigenaar, bezitter of houder van een teken-, schilder-, bouw- of beeldhouwwerk of een werk van toegepaste kunst bevoegd dat werk te verveelvoudigen of openbaar te maken voor zover dat noodzakelijk is voor openbare tentoonstelling of openbare verkopen van dat werk, een en ander met uitsluiting van enig ander commercieel gebruik.

Art. 24

Rechten schilder na overdracht auteursrecht

Tenzij anders is overeengekomen blijft de maker van eenig schilderwerk, niettegenstaande de overdracht van zijn auteursrecht, bevoegd gelijke schilderwerken te vervaardigen.

Art. 24a

Rechtmatige gebruiker

– 1. Als inbreuk op het auteursrecht op een verzameling als bedoeld in artikel 10, derde lid, wordt niet beschouwd de verveelvoudiging, vervaardigd door de rechtmatige gebruiker van de verzameling, die noodzakelijk is om toegang te verkrijgen tot en normaal gebruik te maken van de verzameling.
– 2. Indien de rechtmatige gebruiker slechts gerechtigd is tot het gebruik van een deel van de verzameling geldt het eerste lid slechts voor de toegang tot en het normaal gebruik van dat deel.
– 3. Bij overeenkomst kan niet ten nadele van de rechtmatige gebruiker worden afgeweken van het eerste en tweede lid.

Art. 25

Persoonlijkheidsrecht auteur

– 1. De maker van een werk heeft, zelfs nadat hij zijn auteursrecht heeft overgedragen, de volgende rechten:
a. het recht zich te verzetten tegen openbaarmaking van het werk zonder vermelding van zijn naam of andere aanduiding als maker, tenzij het verzet zou zijn in strijd met de redelijkheid;
b. het recht zich te verzetten tegen de openbaarmaking van het werk onder een andere naam dan de zijne, alsmede tegen het aanbrengen van enige wijziging in de benaming van het werk of in de aanduiding van de maker, voor zover deze op of in het werk voorkomen, dan wel in verband daarmede zijn openbaar gemaakt;
c. het recht zich te verzetten tegen elke andere wijziging in het werk, tenzij deze wijziging van zodanige aard is, dat het verzet zou zijn in strijd met de redelijkheid;
d. het recht zich te verzetten tegen elke misvorming, verminking of andere aantasting van het werk, welke nadeel zou kunnen toebrengen aan de eer of de naam van de maker of aan zijn waarde in deze hoedanigheid.
– 2. De in het eerste lid genoemde rechten komen, na het overlijden van de maker tot aan het vervallen van het auteursrecht, toe aan de door de maker bij uiterste wilsbeschikking aangewezene.
– 3. Van het recht, in het eerste lid, onder *a* genoemd kan afstand worden gedaan. Van de rechten onder *b* en *c* genoemd kan afstand worden gedaan voor zover het wijzigingen in het werk of in de benaming daarvan betreft.
– 4. Heeft de maker van het werk het auteursrecht overgedragen dan blijft hij bevoegd in het werk zodanige wijzigingen aan te brengen als hem naar de regels van het maatschappelijk verkeer te goeder trouw vrijstaan. Zolang het auteursrecht voortduurt komt gelijke bevoegdheid toe aan de door de maker bij uiterste wilsbeschikking aangewezene, als redelijkerwijs aannemelijk is, dat ook de maker die wijzigingen zou hebben goedgekeurd.

Art. 25a

Nabestaanden

In deze paragraaf worden onder nabestaanden verstaan de ouders, de echtgenoot of de geregistreerde partner en de kinderen. De aan de nabestaanden toekomende bevoegdheden kunnen zelfstandig door ieder van hen worden uitgeoefend. Bij verschil van mening kan de rechter een voor hen bindende beslissing geven.

HOOFDSTUK II
De uitoefening en de handhaving van het auteursrecht en bepalingen van strafrecht

Art. 26

Gemeenschappelijk auteursrecht

Indien aan twee of meer personen een gemeenschappelijk auteursrecht op een zelfde werk toekomt, kan, tenzij anders is overeengekomen, de handhaving van dit recht door ieder hunner geschieden.

Art. 26a

Toestemmingverlening uitzenden van in programma opgenomen werk

– 1. Het recht om toestemming te verlenen voor de gelijktijdige, ongewijzigde en onverkorte uitzending van een in een radio- of televisieprogramma opgenomen werk door een omroepnetwerk als bedoeld in artikel 1.1 van de Mediawet 2008 kan uitsluitend worden uitgeoefend door rechtspersonen die zich ingevolge hun statuten ten doel stellen de belangen van rechthebbenden door de uitoefening van het aan hen toekomende hiervoor bedoelde recht te behartigen.

– 2. De in het eerste lid bedoelde rechtspersonen zijn ook bevoegd de belangen te behartigen van rechthebbenden die daartoe geen opdracht hebben gegeven, indien het betreft de uitoefening van dezelfde rechten als in de statuten vermeld. Indien meerdere rechtspersonen zich blijkens hun statuten de behartiging van de belangen van dezelfde categorie rechthebbenden ten doel stellen, kan de rechthebbende een van hen aanwijzen als bevoegd tot de behartiging van zijn belangen. Voor rechthebbenden die geen opdracht hebben gegeven als bedoeld in de tweede zin gelden de rechten en verplichtingen die voortvloeien uit een overeenkomst die een tot de uitoefening van dezelfde rechten bevoegde rechtspersoon heeft gesloten met betrekking tot de in het eerste lid bedoelde uitzending, onverkort.

– 3. Vorderingen jegens de in het eerste lid bedoelde rechtspersoon terzake van de door deze geïnde gelden vervallen door verloop van drie jaren na de aanvang van de dag volgende op die waarop de in het eerste lid bedoelde uitzending heeft plaatsgevonden.

– 4. Dit artikel is niet van toepassing op rechten als bedoeld in het eerste lid die toekomen aan een omroeporganisatie met betrekking tot haar eigen uitzendingen.

Art. 26b

Onderhandelingen

Partijen zijn verplicht de onderhandelingen over de toestemming voor de gelijktijdige, ongewijzigde en onverkorte uitzending, bedoeld in artikel 26*a*, eerste lid, te goeder trouw te voeren en niet zonder geldige reden te verhinderen of te belemmeren.

Art. 26c

Bemiddeling

– 1. Indien over de gelijktijdige, ongewijzigde en onverkorte uitzending, bedoeld in artikel 26*a*, eerste lid, geen overeenstemming kan worden bereikt, kan iedere partij een beroep doen op een of meer bemiddelaars. De bemiddelaars worden zodanig geselecteerd dat over hun onafhankelijkheid en onpartijdigheid in redelijkheid geen twijfel kan bestaan.

– 2. De bemiddelaars verlenen bijstand bij het voeren van de onderhandelingen en zijn bevoegd aan de partijen voorstellen te betekenen. Tot drie maanden na de dag van ontvangst van de voorstellen van de bemiddelaars kan een partij zijn bezwaren tegen deze voorstellen betekenen aan de andere partij. De voorstellen van de bemiddelaars binden de partijen, tenzij binnen de in de vorige zin bedoelde termijn door een van hen bezwaren zijn betekend. De voorstellen en de bezwaren worden aan de partijen betekend overeenkomstig het bepaalde in de eerste titel, zesde afdeling, van het eerste boek van het Wetboek van Burgerlijke Rechtsvordering.

Art. 26d

Staking diensten

De rechter kan op vordering van de maker, tussenpersonen wier diensten door derden worden gebruikt om inbreuk op het auteursrecht te maken, bevelen de diensten die worden gebruikt om die inbreuk te maken, te staken.

Art. 26e

Tijdelijke voortzetting inbreuk/dienstverlening

De voorzieningenrechter kan op vordering van de maker of zijn rechtverkrijgende tijdelijke voortzetting van de vermeende inbreuk toestaan onder de voorwaarde dat zekerheid wordt gesteld voor vergoeding van de door de maker of zijn rechtverkrijgende geleden schade. Onder dezelfde voorwaarden kan de rechter voortzetting van de dienstverlening door de tussenpersoon als bedoeld in artikel 26*d* toestaan.

Art. 27

Schadevergoeding na overdracht

– 1. Niettegenstaande de gehele of gedeeltelijke overdracht van zijn auteursrecht blijft de maker bevoegd een rechtsvordering ter verkrijging van schadevergoeding in te stellen tegen degene, die inbreuk op het auteursrecht heeft gemaakt.

– 2. In passende gevallen kan de rechter de schadevergoeding vaststellen als een forfaitair bedrag.
– 3. De in het eerste lid bedoelde rechtsvordering ter verkrijging van schadevergoeding wegens inbreuk op het auteursrecht komt na het overlijden van de maker toe aan zijn erfgenamen of legatarissen tot aan het vervallen van het auteursrecht.

Art. 27a

Winstafdracht

– 1. Naast schadevergoeding kan de maker of zijn rechtverkrijgende vorderen dat degene die inbreuk op het auteursrecht heeft gemaakt, wordt veroordeeld de door deze ten gevolge van de inbreuk genoten winst af te dragen en dienaangaande rekening en verantwoording af te leggen.
– 2. De maker of diens rechtverkrijgende kan de in het eerste lid bedoelde vorderingen of een van deze ook namens of mede namens een licentienemer instellen, onverminderd de bevoegdheid van deze laatste in een al of niet namens hem of mede namens hem door de maker of diens rechtverkrijgende ingesteld geding tussen te komen om rechtstreeks de door hem geleden schade vergoed te krijgen of om zich een evenredig deel van de door de gedaagde af te dragen winst te doen toewijzen. De in het eerste lid bedoelde vorderingen of een van deze kan een licentienemer slechts instellen als hij de bevoegdheid daartoe van de maker of diens rechtverkrijgende heeft bedongen.

Art. 28

Opeising eigendom

– 1. Het auteursrecht geeft aan de gerechtigde de bevoegdheid om roerende zaken, die geen registergoederen zijn en die in strijd met dat recht zijn openbaar gemaakt of een niet geoorloofde verveelvoudiging vormen of die materialen of werktuigen zijn die voornamelijk bij de schepping of vervaardiging van deze zaken zijn gebruikt, als zijn eigendom op te eisen dan wel onttrekking aan het verkeer, vernietiging of onbruikbaarmaking daarvan te vorderen. Teneinde tot vernietiging of onbruikbaarmaking over te gaan, kan de gerechtigde de afgifte van deze zaken vorderen.
– 2. Gelijke bevoegdheid tot opeising bestaat:
a. ten aanzien van het bedrag van de toegangsgelden betaald voor het bijwonen van een voordracht, een op- of uitvoering of een tentoonstelling of voorstelling, waardoor inbreuk op het auteursrecht wordt gemaakt;
b. ten aanzien van andere gelden waarvan aannemelijk is dat zij zijn verkregen door of als gevolg van inbreuk op het auteursrecht.
– 3. De bepalingen van het Wetboek van Burgerlijke Rechtsvordering betreffende beslag en executie tot afgifte van roerende zaken die geen registergoederen zijn, zijn van toepassing. Bij samenloop met een ander beslag gaat degene die beslag heeft gelegd krachtens dit artikel voor.

Beslag

– 4. De maatregelen, bedoeld in het eerste lid, worden op kosten van de gedaagde uitgevoerd, tenzij bijzondere redenen dit beletten.

Vergoeding

– 5. Ten aanzien van onroerende zaken, schepen of luchtvaartuigen, waardoor inbreuk op een auteursrecht wordt gemaakt, kan de rechter op vordering van de gerechtigde gelasten dat de gedaagde daarin zodanige wijziging zal aanbrengen dat de inbreuk wordt opgeheven.

Wijziging

– 6. Tenzij anders is overeengekomen, heeft de licentienemer het recht de uit de leden 1-6 voortvloeiende bevoegdheden uit te oefenen, voor zover deze strekken tot bescherming van de rechten waarvan de uitoefening hem is toegestaan.
– 7. Gelijke bevoegdheid als bedoeld in het eerste lid bestaat ten aanzien van de inrichtingen, producten en onderdelen als bedoeld in artikel 29*a* alsmede de reproducties van werken als bedoeld in artikel 29*b*, die geen registergoederen zijn.
– 8. Bij de beoordeling van de maatregelen die de gerechtigde of diens licentienemer kan vorderen ingevolge de bevoegdheden, genoemd in het eerste, tweede en zevende lid, houdt de rechter rekening met de noodzakelijke evenredigheid tussen de ernst van de inbreuk en de gevorderde maatregelen en met de belangen van derden.
– 9. De rechter kan op vordering van de gerechtigde degene die inbreuk op diens recht heeft gemaakt, bevelen al hetgeen hem bekend is omtrent de herkomst en distributiekanalen van de goederen of diensten die inbreuk maken, aan de gerechtigde mee te delen en alle daarop betrekking hebbende gegevens aan deze te verstrekken. Onder dezelfde voorwaarden kan dit bevel worden gegeven aan een derde die op commerciële schaal inbreukmakende goederen in zijn bezit heeft of gebruikt, die op commerciële schaal diensten verleent die bij de inbreuk worden gebruikt, of die door een van deze derden is aangewezen als zijnde betrokken bij de productie, fabricage of distributie van deze goederen of bij het verlenen van deze diensten. Deze derde kan zich verschonen van het verstrekken van informatie die bewijs zou vormen van deelname aan een inbreuk op een recht van intellectuele eigendom door hem zelf of door de andere in artikel 165, derde lid, Wetboek van Burgerlijke Rechtsvordering bedoelde personen.
– 10. De rechter kan op vordering van de gerechtigde gelasten dat op kosten van degene die

inbreuk op diens auteursrecht heeft gemaakt passende maatregelen worden getroffen tot verspreiding van informatie over de uitspraak.

Art. 29

Voorwerpen tot eigen gebruik

– 1. De in artikel 28, eerste lid, bedoelde bevoegdheid kan niet worden uitgeoefend ten aanzien van zaken die onder personen berusten, die niet in soortgelijke zaken handeldrijven en deze uitsluitend voor eigen gebruik hebben verkregen, tenzij zij zelf inbreuk op het betreffende auteursrecht hebben gemaakt.
– 2. De vordering, bedoeld in artikel 28, zesde lid, kan slechts worden ingesteld tegen de eigenaar of houder van de zaak, die schuld heeft aan de inbreuk op het betreffende auteursrecht.

Art. 29a

Omzeilen doeltreffende technische voorzieningen

– 1. Voor de toepassing van dit artikel wordt onder 'technische voorzieningen' verstaan technologie, inrichtingen of onderdelen die in het kader van hun normale werking dienen voor het voorkomen of beperken van handelingen ten aanzien van werken, die door de maker of zijn rechtverkrijgenden niet zijn toegestaan. Technische voorzieningen worden geacht 'doeltreffend' te zijn indien het gebruik van een beschermd werk door de maker of zijn rechtverkrijgenden wordt beheerst door middel van toegangscontrole of door toepassing van een beschermingsprocédé zoals encryptie, vervorming of andere transformatie van het werk of een kopieerbeveiliging die de beoogde bescherming bereikt.
– 2. Degene, die doeltreffende technische voorzieningen omzeilt en dat weet of redelijkerwijs behoort te weten, handelt onrechtmatig.
– 3. Degene die diensten verricht of inrichtingen, producten of onderdelen vervaardigt, invoert, distribueert, verkoopt, verhuurt, adverteert of voor commerciële doeleinden bezit die:
a) aangeboden, aangeprezen of in de handel gebracht worden met het doel om de beschermende werking van doeltreffende technische voorzieningen te omzeilen, of
b) slechts een commercieel beperkt doel of nut hebben anders dan het omzeilen van de beschermende werking van doeltreffende technische voorzieningen, of
c) vooral ontworpen, vervaardigd of aangepast worden met het doel het omzeilen van de doeltreffende technische voorzieningen mogelijk of gemakkelijker te maken,
handelt onrechtmatig.
– 4. Bij algemene maatregel van bestuur kunnen regelen worden vastgesteld die de maker of zijn rechtverkrijgenden er toe verplichten aan de gebruiker van een werk van letterkunde, wetenschap of kunst voor doeleinden als omschreven in de artikelen 15*i*, 16, 16*b*, 16*c*, 16*h*, 16*n*, 17*b* en 22 van deze wet de nodige middelen te verschaffen om van deze beperkingen te profiteren, mits de gebruiker rechtmatig toegang tot het door de technische voorziening beschermde werk heeft. Het bepaalde in de voorgaande zin geldt niet ten aanzien van werken die onder contractuele voorwaarden aan gebruikers beschikbaar worden gesteld op een door hen individueel gekozen plaats en tijd.

Art. 29b

Verstoren van elektronische informatie over beheer van rechten

– 1. Degene die opzettelijk en zonder daartoe gerechtigd te zijn elektronische informatie betreffende het beheer van rechten verwijdert of wijzigt, of werken van letterkunde, wetenschap of kunst waaruit op ongeoorloofde wijze dergelijke informatie is verwijderd of waarin op ongeoorloofde wijze dergelijke informatie is gewijzigd, verspreidt, ter verspreiding invoert, uitzendt of anderszins openbaar maakt, en weet of redelijkerwijs behoort te weten dat hij zodoende aanzet tot inbreuk op het auteursrecht, dan wel een dergelijke inbreuk mogelijk maakt, vergemakkelijkt of verbergt, handelt onrechtmatig.
– 2. Onder 'informatie betreffende het beheer van rechten' wordt in dit artikel verstaan alle door de maker of zijn rechtverkrijgenden verstrekte informatie welke verbonden is met een verveelvoudiging van een werk of bij de openbaarmaking van een werk bekend wordt gemaakt, die dient ter identificatie van het werk, dan wel van de maker of zijn rechtverkrijgenden, of informatie betreffende de voorwaarden voor het gebruik van het werk, alsmede de cijfers of codes waarin die informatie is vervat.

Art. 30

Portret

Indien iemand zonder daartoe gerechtigd te zijn een portret openbaar maakt gelden ten aanzien van het recht van den geportretteerde dezelfde bepalingen als in de artikelen 28 en 29 met betrekking tot het auteursrecht zijn gesteld.

Art. 30a

Bemiddeling inzake muziekauteursrecht

– 1. Voor het als bedrijf verleenen van bemiddeling in zake muziekauteursrecht, al of niet met het oogmerk om winst te maken, is de toestemming vereischt van Onzen Minister van Justitie.
– 2. Onder het verleenen van bemiddeling inzake muziekauteursrecht wordt verstaan het, al of niet op eigen naam, ten behoeve van de makers van muziekwerken of hunne rechtverkrijgenden, sluiten of ten uitvoer leggen van overeenkomsten betreffende de uitvoering in het openbaar of de uitzending in een radio- of televisieprogramma, door tekens, geluid of beelden, van die werken, of hunne verveelvoudigingen, in hun geheel of gedeeltelijk.

– 3. Met de uitvoering of de uitzending in een radio- of televisieprogramma van muziekwerken wordt gelijkgesteld de uitvoering of de uitzending in een radio- of televisieprogramma van dramatisch-muzikale werken, choreografische werken en pantomimes en hunne verveelvoudigingen, indien deze ten gehoore worden gebracht zonder te worden vertoond.
– 4. Overeenkomsten als bedoeld bij het tweede lid, welke worden aangegaan zonder dat de ingevolge het eerste lid vereischte ministerieele toestemming is verkregen, zijn nietig.
– 5. Bij algemene maatregel van bestuur worden nadere voorschriften gegeven omtrent de toestemming bedoeld in het eerste lid.
– 6. Het toezicht op degene die de ministeriële toestemming heeft verkregen wordt uitgeoefend door het College van Toezicht, bedoeld in de Wet toezicht collectieve beheersorganisaties auteurs- en naburige rechten.

Art. 30b

Administratie

– 1. Op verzoek van een of meer naar het oordeel van Onze Minister van Justitie en van Onze Minister van Economische Zaken representatieve organisaties van bedrijfs- of beroepsgenoten die rechtspersonen met volledige rechtsbevoegdheid zijn en die ten doel hebben de behartiging van belangen van personen die beroeps- of bedrijfsmatig werken van letterkunde, wetenschap of kunst invoeren in Nederland, openbaar maken of verveelvoudigen, kunnen voornoemde ministers gezamenlijk bepalen dat door hen aangewezen beroeps- of bedrijfsgenoten verplicht zijn hun administratie te voeren op een nader door hen aan te geven wijze.
– 2. Hij die de in het vorige lid bedoelde verplichting niet nakomt, wordt gestraft met een geldboete van de tweede categorie. Het feit is een overtreding.

Art. 31

Misdrijf

Hij, die opzettelijk inbreuk maakt op eens anders auteursrecht, wordt gestraft met gevangenisstraf van ten hoogste zes maanden of geldboete van de vierde categorie.

Art. 31a

Misdrijf

Hij die opzettelijk een voorwerp waarin met inbreuk op eens anders auteursrecht een werk is vervat,
a. openlijk ter verspreiding aanbiedt,
b. ter verveelvoudiging of ter verspreiding voorhanden heeft,
c. invoert, doorvoert, uitvoert of
d. bewaart uit winstbejag wordt gestraft met gevangenisstraf van ten hoogste één jaar of geldboete van de vijfde categorie.

Art. 31b

Misdrijf

Hij die van het plegen van de misdrijven, als bedoeld in de artikelen 31 en 31*a*, zijn beroep maakt of het plegen van deze misdrijven als bedrijf uitoefent, wordt gestraft met gevangenisstraf van ten hoogste vier jaar of geldboete van de vijfde categorie.

Art. 32

Misdrijf

Hij die een voorwerp waarvan hij redelijkerwijs kan vermoeden dat daarin met inbreuk op eens anders auteursrecht een werk is vervat,
a. openlijk ter verspreiding aanbiedt;
b. ter verveelvoudiging of ter verspreiding voorhanden heeft;
c. invoert, doorvoert, uitvoert of
d. bewaart uit winstbejag wordt gestraft met geldboete van de derde categorie.

Art. 32a

Vergemakkelijken illegaal kopiëren

Hij die opzettelijk middelen die uitsluitend bestemd zijn om het zonder toestemming van de maker of zijn rechtverkrijgende verwijderen van of het ontwijken van een technische voorziening ter bescherming van een werk als bedoeld in artikel 10, eerste lid, onder 12°, te vergemakkelijken
a. openlijk ter verspreiding aanbiedt,
b. ter verspreiding voorhanden heeft,
c. invoert, doorvoert, uitvoert of
d. bewaart uit winstbejag wordt gestraft met gevangenisstraf van ten hoogste zes maanden of geldboete van de vierde categorie.

Art. 33

De feiten strafbaar gesteld in de artikelen 31, 31*a*, 31*b*, 32 en 32*a* zijn misdrijven.

Art. 34

Misdrijf

– 1. Hij die opzettelijk in enig werk van letterkunde, wetenschap of kunst, waarop auteursrecht bestaat, in de benaming daarvan of in de aanduiding van de maker wederrechtelijk enige wijziging aanbrengt of wel met betrekking tot een zodanig werk op enige andere wijze, welke nadeel zou kunnen toebrengen aan de eer of de naam van de maker of aan zijn waarde in deze hoedanigheid, het werk aantast, wordt gestraft met gevangenisstraf van ten hoogste zes maanden of geldboete van de vierde categorie.
– 2. Het feit is een misdrijf.

Art. 35

Portret; overtreding

– 1. Hij die zonder daartoe gerechtigd te zijn een portret in het openbaar ten toon stelt of op andere wijze openbaar maakt, wordt gestraft met geldboete van de vierde categorie.

– 2. Het feit is eene overtreding.

Art. 35a

Muzikantenrecht; overtreding

– 1. Hij die, zonder dat de vereischte toestemming van Onzen Minister van Justitie is verkregen, handelingen verricht, die behooren tot een bedrijf als bedoeld bij artikel 30*a*, wordt gestraft met geldboete van de vierde categorie.

– 2. Het feit wordt beschouwd als eene overtreding.

Art. 35b

Opzettelijk verstrekken onjuiste informatie; overtreding

– 1. Hij die in een schriftelijke aanvrage of opgave, dienende om in het bedrijf van degene, die met toestemming van Onze Minister van Justitie bemiddeling verleent inzake muziekauteursrecht, te worden gebezigd bij de vaststelling van het wegens auteursrecht verschuldigde, opzettelijk een onjuiste of onvolledige mededeling doet, wordt gestraft met hechtenis van ten hoogste drie maanden of of geldboete van de derde categorie.

– 2. Het feit is een overtreding.

Art. 35c

Opzettelijk verstrekken onjuiste informatie; overtreding

Degene die een schriftelijke opgave aan de in artikel 16*d*, eerste lid, bedoelde rechtspersoon, dienende voor de vaststelling van het op grond van artikel 16*c* verschuldigde, opzettelijk nalaat dan wel in een dergelijke opgave opzettelijk een onjuiste of onvolledige mededeling doet, wordt gestraft met hechtenis van ten hoogste drie maanden of geldboete van de derde categorie. Het feit wordt beschouwd als een overtreding.

Art. 35d

Strafbaar feit

Degene die een opgave als bedoeld in artikel 15g opzettelijk nalaat dan wel in een dergelijke opgave opzettelijk een onjuiste mededeling doet, wordt gestraft met hechtenis van ten hoogste drie maanden of geldboete van de derde categorie. Het feit wordt beschouwd als een overtreding.

Art. 36

Verbeurdverklaring en afgifte

– 1. De door den strafrechter verbeurd verklaarde verveelvoudigingen worden vernietigd; echter kan de rechter bij het vonnis bepalen, dat zij aan dengene, wien het auteursrecht toekomt, zullen worden afgegeven, indien deze zich daartoe ter griffie aanmeldt binnen eene maand nadat de uitspraak in kracht van gewijsde is gegaan.

– 2. Door de afgifte gaat de eigendom van de verveelvoudigingen op den rechthebbende over. De rechter zal kunnen gelasten, dat die afgifte niet zal geschieden dan tegen eene bepaalde, door den rechthebbende te betalen vergoeding, welke ten bate komt van den Staat.

Art. 36a

Inzage

De opsporingsambtenaren kunnen te allen tijde tot het opsporen van bij deze wet strafbaar gestelde feiten inzage vorderen van alle bescheiden of andere gegevensdragers waarvan inzage voor de vervulling van hun taak redelijkerwijze nodig is, bij hen die in de uitoefening van hun beroep of bedrijf werken van letterkunde, wetenschap of kunst invoeren, doorvoeren, uitvoeren, openbaar maken of verveelvoudigen.

Art. 36b

Bevoegdheid opsporingsambtenaren

– 1. De opsporingsambtenaren zijn bevoegd, tot het opsporen van de bij deze wet strafbaar gestelde feiten en ter inbeslagneming van hetgeen daarvoor vatbaar is, elke plaats te betreden.

– 2. Indien hun de toegang wordt geweigerd, verschaffen zij zich die desnoods met inroeping van de sterke arm.

– 3. In woningen treden zij tegen de wil van de bewoner niet binnen dan op vertoon van een schriftelijke bijzondere last van of in tegenwoordigheid van een officier van justitie of een hulpofficier van justitie. Van dit binnentreden wordt door hen binnen vierentwintig uren procesverbaal opgemaakt.

Art. 36c

Vervallen.

HOOFDSTUK III

De duur van het auteursrecht

Art. 37

Verval auteursrecht

– 1. Het auteursrecht vervalt door verloop van 70 jaren, te rekenen van de 1e januari van het jaar, volgende op het sterfjaar van de maker.

– 2. De duur van een gemeenschappelijk auteursrecht op een zelfde werk, aan twee of meer personen als gezamenlijke makers daarvan toekomende, wordt berekend van de 1e januari van het jaar, volgende op het sterfjaar van de langstlevende hunner.

Art. 38

Bijzondere regeling

– 1. Het auteursrecht op een werk, ten aanzien waarvan de maker niet is aangeduid of niet op

zodanige wijze dat zijn identiteit buiten twijfel staat, vervalt door verloop van 70 jaren, te rekenen van de 1e januari van het jaar, volgende op dat, waarin de eerste openbaarmaking van het werk rechtmatig heeft plaatsgehad.
– 2. Hetzelfde geldt ten aanzien van werken, waarvan een openbare instelling, een vereniging, stichting of vennootschap als maker wordt aangemerkt, tenzij de natuurlijke persoon, die het werk heeft gemaakt, als zodanig is aangeduid op of in exemplaren van het werk, die zijn openbaar gemaakt.
– 3. Indien de maker vóór het verstrijken van de in het eerste lid genoemde termijn zijn identiteit openbaart, zal de duur van het auteursrecht op dat werk worden berekend naar de bepalingen van artikel 37.

Art. 39

Vervallen auteursrecht

Voor werken, waarvan de duur van het auteursrecht niet wordt berekend naar de bepalingen van artikel 37 en die niet binnen 70 jaren na hun totstandkoming op rechtmatige wijze zijn openbaar gemaakt, vervalt het auteursrecht.

Art. 40

Auteursrecht op filmwerk

Het auteursrecht op een filmwerk vervalt door verloop van 70 jaren, te rekenen van de 1e januari van het jaar, volgende op het sterfjaar van de langstlevende van de volgende personen: de hoofdregisseur, de scenarioschrijver, de schrijver van de dialogen en degene die ten behoeve van het filmwerk de muziek heeft gemaakt.

Art. 41

Banden, delen, nummers of afleveringen

Ten aanzien van werken, in verschillende banden, delen, nummers of afleveringen verschenen, wordt voor de toepassing van artikel 38 iedere band, deel, nummer of aflevering als een afzonderlijk werk aangemerkt.

Art. 42

Uitzondering

In afwijking voor zooverre van de bepalingen van dit hoofdstuk kan in Nederland geenerlei beroep worden gedaan op auteursrecht, waarvan de duur in het land van oorsprong van het werk reeds verstreken is. Het in de eerste zin bepaalde geldt niet voor werken waarvan de maker onderdaan is van een lid-staat van de Europese Unie of een staat die partij is bij de Overeenkomst betreffende de Europese Economische Ruimte van 2 mei 1992.

HOOFDSTUK IV
Bijzondere bepalingen betreffende het volgrecht

Art. 43

Begripsbepaling

In dit hoofdstuk en de daarop berustende bepalingen wordt verstaan onder:
a. originelen van kunstwerken:
1° een werk van grafische of beeldende kunst, zoals afbeeldingen, collages, schilderingen, tekeningen, gravures, prenten, lithografieën, beeldhouwwerken, tapisserieën, keramische werken, glaswerk en foto's, voor zover dit door de maker zelf is vervaardigd, of het een exemplaar betreft dat anderszins als origineel van een kunstwerk wordt beschouwd.
2° exemplaren van werken als bedoeld in onder 1°, die door de maker zelf of op zijn gezag in een beperkte oplage zijn vervaardigd.
b. professionele kunsthandelaar: de natuurlijke persoon of rechtspersoon die zijn beroep of bedrijf maakt van de koop of verkoop van originelen van kunstwerken of van het als tussenpersoon tot stand brengen van koopovereenkomsten met betrekking tot originelen van kunstwerken.

Art. 43a

Volgrecht

– 1. Het volgrecht is het recht van de maker en van zijn rechtverkrijgenden krachtens erfopvolging om bij iedere verkoop van een origineel van een kunstwerk waarbij een professionele kunsthandelaar is betrokken, met uitzondering van de eerste vervreemding door de maker, een vergoeding te ontvangen.
– 2. Het volgrecht is niet overdraagbaar, uitgezonderd in het geval van overdracht krachtens legaat.
– 3. Van het volgrecht kan geen afstand worden gedaan.
– 4. De vergoeding bedoeld in het eerste lid is opeisbaar vanaf het tijdstip dat de koopprijs van het origineel van het kunstwerk opeisbaar is, doch uiterlijk vanaf drie maanden na het totstandkomen van de koopovereenkomst.

Art. 43b

Hoogte vergoeding

Bij algemene maatregel van bestuur wordt de hoogte van de vergoeding, bedoeld in artikel 43*a*, eerste lid, vastgesteld en kunnen regelen worden gesteld omtrent de verschuldigdheid van de vergoeding.

Art. 43c

Betalingsverplichting

– 1. De verplichting tot betaling van de vergoeding, bedoeld in artikel 43*a*, eerste lid, rust op de bij de verkoop betrokken professionele kunsthandelaar. Indien meer dan één professionele kunsthandelaar bij een verkoop is betrokken, zijn zij hoofdelijk voor deze vergoeding aansprakelijk.

– 2. Een rechtsvordering tot betaling van de vergoeding bedoeld in artikel 43*a*, eerste lid, verjaart door verloop van vijf jaren na de aanvang van de dag, volgende op die waarop de rechthebbende zowel met de opeisbaarheid van de vergoeding als met de tot de betaling van de vergoeding verplichte persoon bekend is geworden, en in ieder geval door verloop van twintig jaren na het tijdtip waarop de vergoeding opeisbaar is geworden.

Art. 43d

Opeisbaarheid

De gerechtigde op het volgrecht kan gedurende drie jaar na het tijdstip waarop de vergoeding bedoeld in artikel 43*a*, eerste lid, opeisbaar is geworden, van degene die verplicht is tot betaling van de vergoeding alle inlichtingen verlangen die noodzakelijk zijn om de betaling van de vergoeding veilig te stellen.

Art. 43e

Vervalmoment

– 1. Het volgrecht vervalt op het tijdstip waarop het auteursrecht vervalt.

– 2. In afwijking van het eerste lid is bij een verkoop van een origineel van een kunstwerk tot 1 januari 2010 de vergoeding, bedoeld in artikel 43*a*, eerste lid, niet verschuldigd aan de rechtverkrijgenden van de maker krachtens erfopvolging.

– 3. Bij algemene maatregel van bestuur kan de in het tweede lid bedoelde periode worden verlengd tot uiterlijk 1 januari 2012.

Art. 43f

Reikwijdte wat betreft originelen

Onverminderd het bepaalde in artikel 43*g* is dit hoofdstuk van toepassing op originelen van kunstwerken die op 1 januari 2006 in ten minste één lidstaat van de Europese Unie of een staat die partij is bij de Overeenkomst betreffende de Europese Economische Ruimte van 2 mei 1992 beschermd worden door de nationale wetgeving op het gebied van het auteursrecht.

Art. 43g

Reikwijdte wat betreft makers

– 1. Dit hoofdstuk is van toepassing op makers van originelen van kunstwerken die:

a. onderdaan zijn van één van de lidstaten van de Europese Unie en hun rechtverkrijgenden;

b. onderdaan zijn van een staat die partij is bij de Overeenkomst betreffende de Europese Economische Ruimte van 2 mei 1992 en hun rechtverkrijgenden; of

c. hun gewone verblijfplaats in Nederland hebben en hun rechtverkrijgenden.

– 2. Dit hoofdstuk is voorts van toepassing op makers van originelen van kunstwerken en hun rechtverkrijgenden die onderdaan zijn van een staat, niet zijnde een lidstaat van de Europese Unie of van een staat die partij is bij de Overeenkomst betreffende de Europese Economische Ruimte van 2 mei 1992, in de mate waarin en de duur waarvoor die staat het volgrecht erkent ten behoeve van makers van originelen van kunstwerken uit de lidstaten van de Europese Unie en de staten die partij zijn bij de Overeenkomst betreffende de Europese Economische Ruimte van 2 mei 1992 en hun rechtverkrijgenden.

Art. 44-45

Vervallen.

HOOFDSTUK V

Bijzondere bepalingen betreffende filmwerken

Art. 45a

Begripsbepaling

– 1. Onder filmwerk wordt verstaan een werk dat bestaat uit een reeks beelden met of zonder geluid, ongeacht de wijze van vastlegging van het werk, indien het is vastgelegd.

– 2. Onverminderd het in de artikelen 7 en 8 bepaalde worden als de makers van een filmwerk aangemerkt de natuurlijke personen die tot het ontstaan van het filmwerk een daartoe bestemde bijdrage van scheppend karakter hebben geleverd.

– 3. Producent van het filmwerk is de natuurlijke of rechtspersoon die verantwoordelijk is voor de totstandbrenging van het filmwerk met het oog op de exploitatie daarvan.

Art. 45b

Gedeeltelijke bijdrage

Indien een van de makers zijn bijdrage tot het filmwerk niet geheel tot stand wil of kan brengen, kan hij zich, tenzij schriftelijk anders overeengekomen is, niet verzetten tegen het gebruik door de producent van die bijdrage, voor zover deze reeds tot stand is gebracht, ten behoeve van de voltooiing van het filmwerk. Voor de door hem tot stand gebrachte bijdrage geldt hij als maker in de zin van artikel 45*a*.

Art. 45c

Tijdstip van voltooiing

Het filmwerk geldt als voltooid op het tijdstip waarop het vertoningsgereed is. Tenzij schriftelijk anders overeengekomen is, beslist de producent wanneer het filmwerk vertoningsgereed is.

Art. 45d

Openbaarmaking, verveelvoudiging

Tenzij de makers en de producent schriftelijk anders overeengekomen zijn, worden de makers geacht aan de producent het recht overgedragen te hebben om vanaf het in artikel 45*c* bedoelde tijdstip het filmwerk openbaar te maken, dit te verveelvoudigen in de zin van artikel 14, er ondertitels bij aan te brengen en de teksten ervan na te synchroniseren. Het vorenstaande geldt niet ten aanzien van degene die ten behoeve van het filmwerk de muziek gemaakt heeft en degene die de bij de muziek behorende tekst gemaakt heeft. De producent is aan de makers of hun rechtverkrijgenden een billijke vergoeding verschuldigd voor iedere vorm van exploitatie van het filmwerk. De producent is eveneens aan de makers of hun rechtverkrijgenden een billijke vergoeding verschuldigd indien hij overgaat tot exploitatie in een vorm die ten tijde van het in artikel 45*c* bedoelde tijdstip nog niet bestond of niet rederlijkerwijs voorzienbaar was of indien hij aan een derde het recht verleent tot zo'n exploitatie over te gaan. De in dit artikel bedoelde vergoedingen worden schriftelijk overeengekomen. Van het recht op een billijke vergoeding voor verhuur kan door de maker geen afstand worden gedaan.

Art. 45e

Rechten van de makers

Iedere maker heeft met betrekking tot het filmwerk naast de rechten, bedoeld in artikel 25, eerste lid, onder *b, c* en *d*, het recht

a. zijn naam op de daarvoor gebruikelijke plaats in het filmwerk te doen vermelden met vermelding van zijn hoedanigheid of zijn bijdrage aan het filmwerk;

b. te vorderen dat het onder *a* bedoelde gedeelte van het filmwerk mede wordt vertoond;

c. zich te verzetten tegen vermelding van zijn naam op het filmwerk, tenzij dit verzet in strijd met de redelijkheid zou zijn.

Art. 45f

Verzet tegen wijzigingen

De maker wordt, tenzij schriftelijk anders overeengekomen is, verondersteld tegenover de producent afstand gedaan te hebben van het recht zich te verzetten tegen wijzigingen als bedoeld in artikel 25, eerste lid onder *c*, in zijn bijdrage.

Art. 45g

Auteursrecht op eigen bijdrage

Iedere maker behoudt, tenzij schriftelijk anders overeengekomen is, het auteursrecht op zijn bijdrage, indien deze een van het filmwerk scheidbaar werk vormt. Na het in artikel 45*c* bedoelde tijdstip mag iedere maker, tenzij schriftelijk anders overeengekomen is, zijn bijdrage afzonderlijk openbaar maken en verveelvoudigen, mits hij daardoor geen schade toebrengt aan de exploitatie van het filmwerk.

HOOFDSTUK VI

Bijzondere bepalingen betreffende computerprogramma's

Art. 45h

Openbaarmaken software

Voor het openbaar maken door middel van verhuren van het geheel of een gedeelte van een werk als bedoeld in artikel 10, eerste lid, onder 12°, of van een verveelvoudiging daarvan die door de rechthebbende of met zijn toestemming in het verkeer is gebracht, is de toestemming van de maker of zijn rechtverkrijgende vereist.

Art. 45i

Definitie verveelvoudigen

Onverminderd het bepaalde in artikel 13 wordt onder het verveelvoudigen van een werk als bedoeld in artikel 10, eerste lid, onder 12°, mede verstaan het laden, het in beeld brengen, de uitvoering, de transmissie of de opslag, voor zover voor deze handelingen het verveelvoudigen van dat werk noodzakelijk is.

Art. 45j

Verveelvoudigen en rechtmatig gebruik

Tenzij anders is overeengekomen, wordt niet als inbreuk op het auteursrecht op een werk als bedoeld in artikel 10, eerste lid, onder 12°, beschouwd de verveelvoudiging, vervaardigd door de rechtmatige verkrijger van een exemplaar van eerder genoemd werk, die noodzakelijk is voor het met dat werk beoogde gebruik. De verveelvoudiging, als bedoeld in de eerste zin, die geschiedt in het kader van het laden, het in beeld brengen of het verbeteren van fouten, kan niet bij overeenkomst worden verboden.

Art. 45k

Back-up

Als inbreuk op het auteursrecht op een werk als bedoeld in artikel 10, eerste lid, onder 12°, wordt niet beschouwd de verveelvoudiging, vervaardigd door de rechtmatige gebruiker van eerder genoemd werk, die dient als reservekopie indien zulks voor het met dat werk beoogde gebruik noodzakelijk is.

Art. 45l

Werking software

Hij die bevoegd is tot het verrichten van de in artikel 45*i* bedoelde handelingen, is mede bevoegd tijdens deze handelingen de werking van dat werk waar te nemen, te bestuderen en te testen teneinde de daaraan ten grondslag liggende ideeën en beginselen te achterhalen.

Art. 45m

Interoperabiliteit

– 1. Als inbreuk op het auteursrecht op een werk als bedoeld in artikel 10, eerste lid, onder 12°, worden niet beschouwd het vervaardigen van een kopie van dat werk en het vertalen van de codevorm daarvan, indien deze handelingen onmisbaar zijn om de informatie te verkrijgen die

nodig is om de interoperabiliteit van een onafhankelijk vervaardigd computerprogramma met andere computerprogramma's tot stand te brengen, mits:
a. deze handelingen worden verricht door een persoon die op rechtmatige wijze de beschikking heeft gekregen over een exemplaar van het computerprogramma of door een door hem daartoe gemachtigde derde;
b. de gegevens die noodzakelijk zijn om de interoperabiliteit tot stand te brengen niet reeds snel en gemakkelijk beschikbaar zijn voor de onder *a* bedoelde personen;
c. deze handelingen beperkt blijven tot die onderdelen van het oorspronkelijke computerprogramma die voor het tot stand brengen van de interoperabiliteit noodzakelijk zijn.
– 2. Het is niet toegestaan de op grond van het eerste lid verkregen informatie:
a. te gebruiken voor een ander doel dan het tot stand brengen van de interoperabiliteit van het onafhankelijk vervaardigde computerprogramma;
b. aan derden mede te delen, tenzij dit noodzakelijk is voor het tot stand brengen van de interoperabiliteit van het onafhankelijk vervaardigde computerprogramma;
c. te gebruiken voor de ontwikkeling, de produktie of het in de handel brengen van een computerprogramma, dat niet als een nieuw, oorspronkelijk werk kan worden aangemerkt of voor andere, op het auteursrecht inbreuk makende handelingen.

Art. 45n

Uitzonderingen

De artikelen 16*b* en 16*c* zijn niet van toepassing op werken als bedoeld in artikel 10, eerste lid, onder 12°.

HOOFDSTUK VII
Bescherming van na het verstrijken van de beschermingsduur openbaar gemaakte werken

Art. 45o

Niet eerder uitgegeven werk

– 1. Hij die een niet eerder uitgegeven werk voor de eerste maal rechtmatig openbaar maakt na het verstrijken van de duur van het auteursrecht, geniet het in artikel 1 genoemde uitsluitende recht.
– 2. Het in het eerste lid genoemde recht vervalt door verloop van 25 jaren, te rekenen van de 1e januari van het jaar, volgende op dat, waarin de eerste openbaarmaking van dat werk rechtmatig heeft plaatsgehad.
– 3. Het in het eerste lid en in het tweede lid bepaalde geldt tevens voor niet eerder uitgegeven werken die nooit door het auteursrecht zijn beschermd en waarvan de maker meer dan 70 jaren geleden is overleden.

HOOFDSTUK VIII
Overgangs- en slotbepalingen

Art. 46

Overgangsrecht

– 1. Bij het in werking treden van deze wet vervalt de wet van 28 Juni 1881 (*Staatsblad* nr. 124), tot regeling van het auteursrecht.
– 2. Echter blijft artikel 11 van laatstgenoemde wet van kracht ten aanzien van werken en vertalingen, vóór bedoeld tijdstip ingezonden.

Art. 47

Reikwijdte werken letterkunde, wetenschap of kunst

– 1. Deze wet is van toepassing op alle werken van letterkunde, wetenschap of kunst, welke hetzij vóór, hetzij na haar in werking treden voor de eerste maal, of binnen dertig dagen na de eerste uitgave in een ander land, zijn uitgegeven in Nederland, alsmede op alle zodanige niet of niet aldus uitgegeven werken, welker makers zijn Nederlanders.
– 2. Voor de toepassing van het voorgaande lid worden met Nederlanders gelijkgesteld de makers die geen Nederlander zijn maar die hun gewone verblijfplaats in Nederland hebben, voor zover het betreft niet uitgegeven werken of werken die zijn uitgegeven nadat de maker zijn gewone verblijfplaats in Nederland heeft verkregen.
– 3. Een werk is uitgegeven in de zin van dit artikel wanneer het met toestemming van de maker in druk is verschenen of in het algemeen wanneer met toestemming van de maker een zodanig aanbod van exemplaren daarvan, van welke aard ook, heeft plaatsgevonden dat daardoor, gelet op de aard van het werk, wordt voorzien in de redelijke behoeften van het publiek.
– 4. De opvoering van een toneelwerk of muziek-dramatisch werk, de uitvoering van een muziekwerk, de vertoning van een filmwerk, de voordracht of de uitzending in een radio- of televisieprogramma van een werk en de tentoonstelling van een kunstwerk worden niet als een uitgave aangemerkt.
– 5. Ten aanzien van bouwwerken en van werken van beeldende kunst die daarmede één geheel vormen, wordt het bouwen van het bouwwerk of het aanbrengen van het werk van beeldende kunst als uitgave aangemerkt.
– 6. Onverminderd het bepaalde in de voorgaande leden is deze wet van toepassing op film-

werken, indien de producent daarvan in Nederland zijn zetel of zijn gewone verblijfplaats heeft.

Art. 47a

Overgangsrecht

Deze wet blijft van toepassing op alle werken van letterkunde, wetenschap of kunst, welke voor de eerste maal vóór 27 december 1949 in Nederlandsch-Indië of vóór 1 oktober 1962 in Nederlands-Nieuw-Guinea door of vanwege de maker zijn uitgegeven.

Art. 47b

Reikwijdte uitzenden radio- of televisieprogramma

– 1. Deze wet is van toepassing op het uitzenden van een in een radio- of televisieprogramma opgenomen werk door middel van een satelliet, indien de handeling, bedoeld in artikel 12, zevende lid, in Nederland plaatsvindt.

– 2. Deze wet is voorts van toepassing op het uitzenden van een in een radio- of televisieprogramma opgenomen werk door middel van een satelliet, indien:

a. de handeling, bedoeld in artikel 12, zevende lid, plaatsvindt in een land dat niet tot de Europese Unie behoort of dat niet partij is bij de Overeenkomst betreffende de Europese Economische Ruimte van 2 mei 1992;

b. het land waar de handeling, bedoeld in artikel 12, zevende lid, plaatsvindt niet het niveau van bescherming biedt, voorzien in hoofdstuk II van richtlijn nr. 93/83/EEG van de Raad van de Europese Gemeenschappen van 27 september 1993 tot coördinatie van bepaalde voorschriften betreffende het auteursrecht en naburige rechten op het gebied van de satellietomroep en de doorgifte via de kabel (*PbEG* L 248);

en

c. hetzij de programmadragende signalen naar de satelliet worden doorgezonden vanuit een grondstation in Nederland, hetzij een omroeporganisatie, die in Nederland haar hoofdvestiging heeft, opdracht heeft gegeven tot de uitzending en geen gebruik wordt gemaakt van een grondstation in een lid-staat van de Europese Unie of in een staat die partij is bij de Overeenkomst betreffende de Europese Economische Ruimte van 2 mei 1992.

Art. 48

Geen toepassing

Deze wet erkent geen auteursrecht op werken, waarop het auteursrecht op het tijdstip van haar in werking treden krachtens een der artikelen 13 of 14 der wet van 28 Juni 1881 (*Staatsblad* nr. 124), tot regeling van het auteursrecht, was vervallen, noch op werken, waarvan op bedoeld tijdstip het kopijrecht vervallen was krachtens artikel 3 der wet van den 25sten Januari 1817 (*Staatsblad* nr. 5), de rechten bepalende die in de Nederlanden, ten opzichte van het drukken en uitgeven van letter- en kunstwerken, kunnen worden uitgeoefend.

Art. 49

Handhaving auteursrecht

Het auteursrecht, verkregen krachtens de wet van 28 Juni 1881 (*Staatsblad* nr. 124), tot regeling van het auteursrecht, zoomede het kopijrecht of eenig recht van dezen aard, onder eene vroegere wetgeving verkregen en door genoemde wet gehandhaafd, blijft na het in werking treden van deze wet gehandhaafd.

Art. 50-50b

Vervallen.

Art. 50c

Vrijstelling auteursrecht o.g.v. oude wet gehandhaafd tenzij

– 1. Hij die vóór 1 september 1912, niet in strijd met de bepalingen van de wet van 28 juni 1881 (*Stb.* 124) tot regeling van het auteursrecht, noch met die van enig tractaat in Nederland of Nederlandsch-Indië enige verveelvoudiging van een werk van letterkunde, wetenschap of kunst, niet zijnde een nadruk van het geheel of een gedeelte van een zodanig werk, als bedoeld bij artikel 10, 1°, 2°, 5° of 7°, heeft uitgegeven, verliest door het in werking treden van deze wet niet de bevoegdheid om de vóór dat tijdstip uitgegeven verveelvoudiging, ook wat betreft later vervaardigde exemplaren, te verspreiden en te verkopen. Deze bevoegdheid gaat over bij erfopvolging en is vatbaar voor geheele of gedeeltelijke overdracht. Het tweede lid van artikel 47 vindt overeenkomstige toepassing.

– 2. Niettemin kan de rechter, op het schriftelijk verzoek van dengene wien het auteursrecht op het oorspronkelijk werk toekomt, hetzij de in het eerste lid genoemde bevoegdheid geheel of gedeeltelijk opheffen, hetzij den verzoeker ter zake van de uitoefening dier bevoegdheid eene schadeloosstelling toekennen, een en ander volgens de bepalingen der beide volgende artikelen.

Art. 50d

Grond voor rechterlijke beslissing

– 1. Het verzoek tot gehele of gedeeltelijke opheffing van de in artikel 50*c* genoemde bevoegdheid kan slechts worden gedaan, indien na 1 november 1915 een nieuwe uitgave der verveelvoudiging heeft plaatsgehad. Het tweede lid van artikel 47 vindt overeenkomstige toepassing.

– 2. Het verzoekschrift wordt vóór het verstrijken van het kalenderjaar, volgende op dat, waarin die uitgave heeft plaatsgehad, ingediend bij de rechtbank te Amsterdam. De griffier roept partijen op tegen een door de rechter te bepalen bekwame termijn. De zaak wordt in raadkamer behandeld.

– 3. Het verzoek tot opheffing der bevoegdheid wordt slechts ingewilligd, indien en voor zoover de rechter van oordeel is, dat het zedelijk belang des verzoekers door de verspreiding en den verkoop der verveelvoudiging wordt gekrenkt. Geschiedt het verzoek niet door den maker van het oorspronkelijk werk, dan wijst de rechter het af, indien het hem aannemelijk voorkomt, dat de maker die uitgave der verveelvoudiging heeft goedgevonden. De rechter wijst het verzoek ook af, indien de verzoeker pogingen heeft aangewend tot het bekomen eener schadeloosstelling van dengene die de bevoegdheid uitoefent. De rechter kan het verzoek afwijzen, indien door de opheffing degene die de bevoegdheid uitoefent, in verhouding tot het te beschermen belang des verzoekers, te zeer zou worden benadeeld. Indien de rechter de bevoegdheid geheel of gedeeltelijk opheft, bepaalt hij het tijdstip waarop die opheffing in werking treedt.
– 4. Bij zijne beslissing maakt de rechter zoodanige bepalingen als hij met het oog op de belangen van beide partijen en van derde belanghebbenden billijk oordeelt. Hij begroot de kosten van beide partijen en bepaalt in welke verhouding zij deze zullen dragen. Tegen de rechterlijke beslissingen, ingevolge dit artikel gegeven, staat geene hoogere voorziening open. Griffierechten zijn ter zake van de toepassing van dit artikel niet verschuldigd.

Art. 50e

Schadeloosstelling

– 1. Een schadeloosstelling ter zake van de uitoefening van de in artikel 50*c* genoemde bevoegdheid kan slechts worden toegekend, indien na 1 mei 1915 een nieuwe uitgave van de verveelvoudiging heeft plaatsgehad. Het tweede lid van artikel 47 vindt overeenkomstige toepassing.
– 2. Het tweede en het vierde lid van het voorgaande artikel zijn van toepassing.

Art. 50f

Vervallen.

Art. 51

Beschermingstermijnen

– 1. De in deze wet voorziene beschermingstermijnen zijn met ingang van het tijdstip van inwerkingtreding van dit artikel van toepassing op werken die op 1 juli 1995 in ten minste één lid-staat van de Europese Unie of een staat die partij is bij de Overeenkomst betreffende de Europese Economische Ruimte van 2 mei 1992 beschermd worden door de nationale wetgeving op het gebied van het auteursrecht.
– 2. Deze wet kan een op de dag vóór de dag van inwerkingtreding van dit artikel lopende beschermingstermijn niet verkorten.
– 3. Deze wet laat vóór het tijdstip van inwerkingtreding van dit artikel rechtmatig verrichte exploitatiehandelingen alsmede vóór dat tijdstip verworven rechten onverlet.
– 4. Hij die met betrekking tot een werk, waarvan de beschermingstermijn vóór het tijdstip van inwerkingtreding van dit artikel was verstreken en waarop met ingang van het tijdstip van inwerkingtreding van dit artikel deze wet weer van toepassing is, vóór 24 november 1993 rechtmatig exploitatiehandelingen heeft verricht, is bevoegd deze exploitatiehandelingen met ingang van het tijdstip van inwerking van dit artikel voort te zetten.
– 5. Rechten die op het tijdstip van inwerkingtreding van dit artikel herleven of verlengd worden komen tot het verval van deze rechten toe aan degene die laatste rechthebbende zou zijn geweest als de herleving of verlenging niet had plaatsgevonden, tenzij anders is overeengekomen.

Art. 52

Citeertitel

Deze wet kan worden aangehaald onder den titel 'Auteurswet'.

Art. 53

Inwerkingtreding

Deze wet treedt in het Rijk in Europa in werking op den eersten dag der maand volgende op die, waarin zij afgekondigd wordt.

Wet van 18 maart 1993, Stb. 178, houdende regelen inzake de bescherming van uitvoerende kunstenaars, producenten van fonogrammen of van eerste vastleggingen van films en omroeporganisaties en wijziging van de Auteurswet 1912, zoals deze wet laatstelijk is gewijzigd bij de Wet van 29 december 2008, Stb. 583

[Inwerkingtreding: 01-07-1993]

Wij Beatrix, bij de gratie Gods, Koningin der Nederlanden, Prinses van Oranje-Nassau, enz. enz. enz.

Allen, die deze zullen zien of horen lezen, saluut! doen te weten:

Alzo Wij in overweging genomen hebben, dat het in verband met het voornemen toe te treden tot het in 1961 te Rome gesloten Internationaal Verdrag inzake de bescherming van uitvoerende kunstenaars, producenten van fonogrammen en omroeporganisaties (*Trb.* 1986, 182) en de in 1971 te Genève gesloten Overeenkomst ter bescherming van producenten van fonogrammen tegen het ongeoorloofd kopiëren van hun fonogrammen (*Trb.* 1986, 183) wenselijk is regelen te treffen inzake de bescherming van uitvoerende kunstenaars, producenten van fonogrammen en omroeporganisaties en dat het voorts in verband hiermee wenselijk is de Auteurswet 1912 te wijzigen;

Zo is het, dat Wij, de Raad van State gehoord, en met gemeen overleg der Staten-Generaal, hebben goedgevonden en verstaan, gelijk Wij goedvinden en verstaan bij deze:

HOOFDSTUK 1
Definities

Art. 1

Begripsbepaling

Voor de toepassing van het bij of krachtens deze wet bepaalde wordt verstaan onder:

a. **uitvoerende kunstenaar**: de toneelspeler, zanger, musicus, danser en iedere andere persoon die een werk van letterkunde, wetenschap of kunst of een uiting van folklore opvoert, zingt, voordraagt of op enige andere wijze uitvoert, alsmede de artiest, die een variété- of circusnummer of een poppenspel uitvoert;

b. **opnemen**: geluiden, beelden of een combinatie daarvan voor de eerste maal vastleggen op enig voorwerp dat geschikt is om deze te reproduceren of openbaar te maken;

c. **fonogram**: iedere opname van uitsluitend geluiden van een uitvoering of andere geluiden;

d. **producent van fonogrammen**: de natuurlijke of rechtspersoon die een fonogram voor de eerste maal vervaardigt of doet vervaardigen;

e. **omroeporganisatie**: een instelling, die in overeenstemming met de wetgeving van het land waar de uitzending plaatsvindt, programma's verzorgt en onder haar verantwoordelijkheid uitzendt of doet uitzenden;

f. reproduceren: de directe of indirecte, tijdelijke of duurzame, volledige of gedeeltelijke reproductie van een opname of een reproductie daarvan, met welke middelen en in welke vorm ook; onder reproduceren wordt niet verstaan de tijdelijke reproductie die van voorbijgaande of incidentele aard is, en die een integraal en essentieel onderdeel vormt van een technisch procédé dat wordt toegepast met als enig doel de doorgifte in een netwerk tussen derden door een tussenpersoon of een rechtmatig gebruik mogelijk te maken, en die geen zelfstandige economische waarde bezit;

g. **uitzenden**: het verspreiden van programma's door middel van een omroepzender als bedoeld in artikel 1.1 van de Mediawet 2008 of een omroepnetwerk als bedoeld in artikel 1.1 van de Mediawet 2008;

h. **heruitzenden**: het door een instelling gelijktijdig uitzenden van een programma dat door een andere instelling of omroeporganisatie wordt uitgezonden;

i. **programma**: een uitgezonden radio- of televisieprogramma, of -programma-onderdeel;

j. verhuren: het voor een beperkte tijd en tegen een direct of indirect economisch of commercieel voordeel voor gebruik ter beschikking stellen;

k. uitlenen: het voor een beperkte tijd en zonder direct of indirect economisch of commercieel voordeel voor gebruik ter beschikking stellen door voor het publiek toegankelijke instellingen;

l. uitvoering: de activiteit van de uitvoerend kunstenaar als zodanig;

m. beschikbaar stellen voor het publiek: op grond van deze wet beschermd materiaal per draad of draadloos voor leden van het publiek beschikbaar stellen op zodanige wijze dat zij daartoe op een door hen individueel gekozen plaats en tijd toegang toe hebben;

n. technische voorzieningen: technologie, inrichtingen of onderdelen die in het kader van hun normale werking dienen voor het voorkomen of beperken van handelingen ten aanzien van het op grond van deze wet beschermd materiaal, die door de uitvoerend kunstenaar, producent van fonogrammen, producent van eerste vastleggingen van films of omroeporganisatie niet zijn toegestaan; technische voorzieningen worden geacht 'doeltreffend' te zijn indien het gebruik van op grond van deze wet beschermd materiaal door de uitvoerend kunstenaar, producent van fonogrammen, producent van eerste vastleggingen van films of omroeporganisatie, of hun rechtverkrijgenden, wordt beheerst door middel van toegangscontrole of door toepassing van een beschermingsprocédé zoals encryptie, vervorming of andere transformatie van op grond van deze wet beschermd materiaal of een kopieerbeveiliging die de beoogde bescherming bereikt;

o. informatie betreffende het beheer van rechten: alle door de uitvoerende kunstenaar, producent van fonogrammen, producent van eerste vastleggingen van films, of omroeporganisaties, en hun rechtverkrijgenden verstrekte informatie, welke is verbonden met een reproductie van op grond van deze wet beschermd materiaal of bij de openbaarmaking dan wel het in het verkeer brengen daarvan is bekend gemaakt, die dient ter identificatie van dat materiaal, of informatie betreffende de voorwaarden voor het gebruik van het op grond van deze wet beschermd materiaal alsmede de cijfers of codes waarin die informatie is vervat.

Art. 1a

Houder naburig recht

Behoudens bewijs van het tegendeel wordt voor de houder van een naburig recht gehouden degene die op of in het op grond van deze wet beschermde materiaal als zodanig is aangeduid, of bij gebreke van een dergelijke aanduiding, degene die bij de openbaarmaking of het in het verkeer brengen van dit materiaal als uitvoerende kunstenaar, producent van fonogrammen, producent van eerste vastleggingen van films, of omroeporganisatie, daarvan is bekend gemaakt door degene die het materiaal openbaar maakt of in het verkeer brengt.

HOOFDSTUK 2

Inhoud van de naburige rechten

Art. 2

Uitvoerend kunstenaar

– 1. De uitvoerende kunstenaar heeft het uitsluitend recht om toestemming te verlenen voor een of meer van de volgende handelingen:

a. het opnemen van een uitvoering;

b. het reproduceren van een opname van een uitvoering;

c. het verkopen, verhuren, uitlenen, afleveren of anderszins in het verkeer brengen van een opname van een uitvoering of van een reproduktie daarvan dan wel het voor die doeleinden invoeren, aanbieden of in voorraad hebben;

d. het uitzenden, het heruitzenden, het beschikbaar stellen voor het publiek of het op een andere wijze openbaar maken van een uitvoering of een opname van een uitvoering of een reproductie daarvan.

– 2. Is een opname van een uitvoering of een reproduktie daarvan door de houder van het uitsluitend recht, bedoeld in het eerste lid, of met zijn toestemming voor de eerste maal in een van de lid-staten van de Europese Unie of in een staat die partij is bij de Overeenkomst betreffende de Europese Economische Ruimte van 2 mei 1992 in het verkeer gebracht door eigendomsoverdracht, dan handelt de verkrijger van die opname of die reproduktie niet in strijd met dit uitsluitend recht door ten aanzien daarvan de in het eerste lid, onder *c*, genoemde handelingen, met uitzondering van verhuur en uitlening, te verrichten.

– 3. Onverminderd het bepaalde in het tweede lid is het uitlenen van de in dat lid bedoelde opname van een uitvoering of een reproduktie daarvan toegestaan, mits degene die de uitlening verricht of doet verrichten een billijke vergoeding betaalt.

– 4. Instellingen van onderwijs en instellingen van onderzoek en de aan die instellingen verbonden bibliotheken en de Koninklijke Bibliotheek zijn vrijgesteld van de betaling van een vergoeding voor uitlenen als bedoeld in het derde lid.

– 5. Bibliotheken, bekostigd door de Stichting fonds voor het bibliotheekwerk voor blinden en slechtzienden, zijn voor het uitlenen ten behoeve van de bij deze bibliotheken ingeschreven blinden en slechtzienden vrijgesteld van betaling van de in het derde lid bedoelde vergoeding.

– 6. De in het derde lid bedoelde vergoeding is niet verschuldigd indien de betalingsplichtige kan aantonen dat de houder van het uitsluitend recht afstand heeft gedaan van het recht op een billijke vergoeding. De houder van het uitsluitend recht dient de afstand schriftelijk mee te delen aan de in de artikelen 15*a* en 15*b* bedoelde rechtspersonen.

– 7. Ten aanzien van het in het eerste lid, onder *d*, bepaalde wordt onder openbaar maken mede verstaan de uitvoering die plaatsvindt in besloten kring, tenzij deze zich beperkt tot de familie-, vrienden- of daaraan gelijk te stellen kring en voor het bijwonen daarvan geen betaling, in welke vorm ook, geschiedt.

– 8. Onder het openbaar maken van een uitvoering wordt niet begrepen de uitvoering welke uitsluitend gebruikt wordt voor het onderwijs dat vanwege de overheid of vanwege een rechtspersoon zonder winstoogmerk wordt gegeven, voorzover deze uitvoering deel uitmaakt van het schoolwerkplan, leerplan of instellingswerkplan of dient tot een wetenschappelijk doel.

– 9. Als afzonderlijke openbaarmaking wordt niet beschouwd de heruitzending van een programma door hetzelfde organisme dat dat programma oorspronkelijk uitzendt.

Art. 2a

Overdracht verhuurrecht

– 1. Indien een uitvoerende kunstenaar het verhuurrecht, bedoeld in artikel 2, eerste lid, onder *c*, met betrekking tot een op een fonogram opgenomen uitvoering heeft overgedragen aan de producent daarvan, is de producent de uitvoerende kunstenaar een billijke vergoeding verschuldigd voor de verhuur.

– 2. Van het in het eerste lid bedoelde recht op een billijke vergoeding kan geen afstand worden gedaan.

Art. 3

Exploitatierecht werkgever uitvoerend kunstenaar

De werkgever is bevoegd de rechten van de uitvoerende kunstenaar, bedoeld in artikel 2, te exploiteren, voor zover dit tussen partijen is overeengekomen dan wel voortvloeit uit de aard van de tussen hen gesloten arbeidsovereenkomst, de gewoonte of de eisen van redelijkheid en billijkheid. Tenzij anders is overeengekomen of uit de aard van de overeenkomst, de gewoonte of de eisen van redelijkheid en billijkheid anders voortvloeit, is de werkgever aan de uitvoerende kunstenaar of zijn rechtverkrijgende een billijke vergoeding verschuldigd voor iedere vorm van exploitatie van diens rechten. De werkgever eerbiedigt de in artikel 5 bedoelde rechten van de uitvoerende kunstenaar.

Art. 4

Art. 45a t/m g Aw overeenk. toepassing

Op de uitvoering van een uitvoerende kunstenaar, die bestemd is als bijdrage voor de totstandkoming van een filmwerk als bedoeld in artikel 45*a* van de Auteurswet, zijn de artikelen 45*a* tot en met 45*g* van voornoemde wet van overeenkomstige toepassing.

Art. 5

Rechten na overdracht

– 1. De uitvoerende kunstenaar heeft, zelfs nadat hij zijn in artikel 2 bedoelde recht heeft overgedragen:

a. het recht zich te verzetten tegen de openbaarmaking van de uitvoering zonder vermelding van zijn naam of andere aanduiding als uitvoerende kunstenaar tenzij het verzet zou zijn in strijd met de redelijkheid;

b. het recht zich te verzetten tegen de openbaarmaking van de uitvoering onder een andere naam dan de zijne, alsmede tegen het aanbrengen van enige wijziging in de wijze waarop hij is aangeduid, voorzover deze naam of aanduiding in verband met de uitvoering is vermeld of openbaar is gemaakt;

c. het recht zich te verzetten tegen elke andere wijziging in de uitvoering, tenzij deze wijziging van zodanige aard is dat het verzet in strijd zou zijn met de redelijkheid;

d. het recht zich te verzetten tegen elke misvorming, verminking of andere aantasting van de uitvoering, die nadeel zou kunnen toebrengen aan de eer of de naam van de uitvoerende kunstenaar of aan zijn waarde in deze hoedanigheid.

Overlijden

– 2. De in het voorgaande lid genoemde rechten komen na het overlijden van de uitvoerende kunstenaar tot aan het vervallen van zijn in artikel 2 bedoelde recht toe aan de door hem bij uiterste wilsbeschikking aangewezene.

Afstand van rechten

– 3. Van de in het eerste lid onder *a-c* genoemde rechten kan schriftelijk afstand worden gedaan.

Art. 6

Producent van fonogrammen

– 1. De producent van fonogrammen heeft het uitsluitend recht om toestemming te verlenen voor

a. het reproduceren van een door hem vervaardigd fonogram;

b. het verkopen, verhuren, uitlenen, afleveren of anderszins in het verkeer brengen van een door hem vervaardigd fonogram of van een reproduktie daarvan dan wel het voor die doeleinden invoeren, aanbieden of in voorraad hebben;

c. het uitzenden, het heruitzenden, het beschikbaar stellen voor het publiek of het op een andere wijze openbaar maken van een door hem vervaardigd fonogram of een reproductie daarvan. Artikel 2, zevende tot en met het negende lid, is van overeenkomstige toepassing.

– 2. Is een fonogram of een reproduktie daarvan door de houder van het uitsluitend recht, bedoeld in het eerste lid, of met zijn toestemming voor de eerste maal in een van de lid-staten van de Europese Unie of in een staat die partij is bij de Overeenkomst betreffende de Europese Economische Ruimte van van 2 mei 1992 in het verkeer gebracht door eigendomsoverdracht, dan handelt de verkrijger van dat fonogram of die reproduktie niet in strijd met dit uitsluitend recht door ten aanzien daarvan de in het eerste lid, onder *b*, genoemde handelingen, met uitzondering van verhuur en uitlening, te verrichten.

– 3. Onverminderd het bepaalde in het tweede lid is het uitlenen van het in dat lid bedoelde fonogram of een reproduktie daarvan toegestaan, mits degene die de uitlening verricht of doet verrichten een billijke vergoeding betaalt.

– 4. Instellingen van onderwijs en instellingen van onderzoek en de aan die instellingen verbonden bibliotheken en de Koninklijke Bibliotheek zijn vrijgesteld van de betaling van een vergoeding voor uitlenen als bedoeld in het derde lid.

– 5. Bibliotheken, bekostigd door de Stichting fonds voor het bibliotheekwerk voor blinden en slechtzienden zijn voor het uitlenen ten behoeve van de bij deze bibliotheken ingeschreven blinden en slechtzienden vrijgesteld van betaling van de in het derde lid bedoelde vergoeding.

– 6. De in het derde lid bedoelde vergoeding is niet verschuldigd indien de betalingsplichtige kan aantonen dat de houder van het uitsluitend recht afstand heeft gedaan van het recht op een billijke vergoeding. De houder van het uitsluitend recht dient de afstand schriftelijk mee te delen aan de in de artikelen 15*a* en 15*b* bedoelde rechtspersonen.

Art. 7

Billijke vergoeding

– 1. Een voor commerciële doeleinden uitgebracht fonogram of een reproduktie daarvan kan zonder toestemming van de producent van het fonogram en de uitvoerende kunstenaar of hun rechtverkrijgenden worden uitgezonden, heruitgezonden of op een andere wijze openbaar gemaakt, mits daarvoor een billijke vergoeding wordt betaald. Het in het eerste volzin bepaalde is niet van toepassing op het beschikbaar stellen voor het publiek van een dergelijk fonogram.

– 2. Voor de toepassing van het eerste lid wordt onder een voor commerciële doeleinden uitgebracht fonogram mede begrepen een fonogram dat beschikbaar wordt gesteld voor het publiek.

– 3. Bij gebreke van overeenstemming over de hoogte van de billijke vergoeding is de rechtbank te 's-Gravenhage in eerste aanleg bij uitsluiting bevoegd om op vordering van de meest gerede partij de hoogte van de vergoeding vast te stellen.

– 4. De vergoeding komt toe aan zowel de uitvoerende kunstenaar als de producent of hun rechtverkrijgenden en wordt tussen hen gelijkelijk verdeeld.

Art. 7a

Filmproducent

– 1. De producent van de eerste vastleggingen van films heeft het uitsluitend recht om toestemming te verlenen voor:

a. het reproduceren van een door hem vervaardigde eerste vastlegging van een film of van een reproduktie daarvan;

b. het verkopen, verhuren, uitlenen, afleveren of anderszins in het verkeer brengen van een door hem vervaardigde eerste vastlegging van een film of een reproduktie daarvan, dan wel het voor die doeleinden invoeren, aanbieden of in voorraad hebben;

c. het beschikbaar stellen voor het publiek van een door hem vervaardigde eerste vastlegging van een film of een reproductie daarvan.

– 2. Is een eerste vastlegging van een film of een reproduktie daarvan door de houder van het uitsluitend recht, bedoeld in het eerste lid, of met zijn toestemming voor de eerste maal in een van de lid-staten van de Europese Unie of in een staat die partij is bij de Overeenkomst betreffende de Europese Economische Ruimte van 2 mei 1992 in het verkeer gebracht door eigendomsoverdracht, dan handelt de verkrijger van die eerste vastlegging of die reproduktie niet in strijd met dit uitsluitend recht door ten aanzien daarvan de in het eerste lid, onder *b*, genoemde handelingen, met uitzondering van verhuur en uitlening, te verrichten.

– 3. Onverminderd het bepaalde in het tweede lid is het uitlenen van de in dat lid bedoelde eerste vastlegging of een reproduktie daarvan toegestaan, mits degene die de uitlening verricht of doet verrichten een billijke vergoeding betaalt.

– 4. Instellingen van onderwijs en instellingen van onderzoek en de aan die instellingen verbonden bibliotheken en de Koninklijke Bibliotheek zijn vrijgesteld van de betaling van een vergoeding voor uitlenen als bedoeld in het derde lid.

– 5. Bibliotheken, bekostigd door de Stichting fonds voor het bibliotheekwerk voor blinden en slechtzienden, zijn voor het uitlenen ten behoeve van de bij deze bibliotheken ingeschreven blinden en slechtzienden vrijgesteld van betaling van de in het derde lid bedoelde vergoeding.

– 6. De in het derde lid bedoelde vergoeding is niet verschuldigd indien de betalingsplichtige kan aantonen dat de houder van het uitsluitend recht afstand heeft gedaan van het recht op een billijke vergoeding. De houder van het uitsluitend recht dient de afstand schriftelijk mee te delen aan de in de artikelen 15*a* en 15*b* bedoelde rechtspersonen.

Art. 8

Omroeporganisatie

– 1. Een omroeporganisatie heeft het uitsluitend recht om toestemming te verlenen voor een of meer van de volgende handelingen:

a. het heruitzenden van programma's;

b. het opnemen van programma's en het reproduceren van een dergelijke opname;

c. het verkopen, verhuren, uitlenen, afleveren of anderszins in het verkeer brengen van een

opname van een uitzending of van een reproduktie daarvan dan wel het voor die doeleinden invoeren, aanbieden of in voorraad hebben;
d. het openbaarmaken van programma's, indien deze openbaarmaking geschiedt in voor het publiek toegankelijke plaatsen tegen betaling van entreegeld, ongeacht welke technische hulpmiddelen daarbij worden gebruikt;
e. het beschikbaar stellen voor het publiek of op andere wijze openbaar maken van opnamen van programma's of reproducties daarvan, ongeacht welke technische hulpmiddelen daarbij worden gebruikt. Artikel 2, zevende tot en met negende lid, is van overeenkomstige toepassing.

– 2. Is een opname van een uitzending of een reproduktie daarvan door de houder van het uitsluitend recht, bedoeld in het eerste lid, of met zijn toestemming voor de eerste maal in een van de lid-staten van de Europese Unie of in een staat die partij is bij de Overeenkomst betreffende de Europese Economische Ruimte van 2 mei 1992 in het verkeer gebracht door eigendomsoverdracht, dan handelt de verkrijger van die opname of die reproduktie niet in strijd met dit uitsluitend recht door ten aanzien daarvan de in het eerste lid, onder *c*, genoemde handelingen, met uitzondering van verhuur en uitlening, te verrichten.

– 3. Onverminderd het bepaalde in het tweede lid is het uitlenen van de in dat lid bedoelde opname van een uitzending of een reproduktie daarvan toegestaan mits degene die de uitlening verricht of doet verrichten een billijke vergoeding betaalt.

– 4. Instellingen van onderwijs en instellingen van onderzoek en de aan die instellingen verbonden bibliotheken en de Koninklijke Bibliotheek zijn vrijgesteld van de betaling van een vergoeding voor uitlenen als bedoeld in het derde lid.

– 5. Bibliotheken, bekostigd door de Stichting fonds voor het bibliotheekwerk voor blinden en slechtzienden, zijn voor het uitlenen ten behoeve van de bij deze bibliotheken ingeschreven blinden en slechtzienden vrijgesteld van betaling van de in het derde lid bedoelde vergoeding.

– 6. De in het derde lid bedoelde vergoeding is niet verschuldigd indien de betalingsplichtige kan aantonen dat de houder van het uitsluitend recht afstand heeft gedaan van het recht op een billijke vergoeding. De houder van het uitsluitend recht dient de afstand schriftelijk mee te delen aan de in de artikelen 15*a* en 15*b* bedoelde rechtspersonen.

Art. 9

Erfopvolging

De rechten die deze wet verleent gaan over bij erfopvolging. Deze rechten zijn, met uitzondering van die welke genoemd zijn in het eerste lid van artikel 5, vatbaar voor gehele of gedeeltelijke overdracht. Levering vereist voor gehele of gedeeltelijke overdracht, geschiedt door een daartoe bestemde akte. De overdracht omvat alleen die bevoegdheden waarvan dit in de akte is vermeld of uit de aard of strekking van de titel noodzakelijk voortvloeit. Ten aanzien van het verlenen van toestemming als bedoeld in de artikelen 2, 6, 7*a* en 8 is het bepaalde in de derde en vierde volzin van dit artikel van overeenkomstige toepassing.

Art. 9a

Openbaarmaking door overheid

De rechten, bedoeld in de artikelen 2, 6, 7*a* en 8, zijn niet van toepassing op een door of vanwege de openbare macht in het verkeer gebrachte opname van een uitvoering, fonogram, eerste vastlegging van een film, opnamen van een programma, en een reproductie daarvan en openbaar gemaakte uitvoering, opname van een uitvoering, fonogram, eerste vastlegging van een film, programma, opname van een programma, en een reproductie daarvan, waarvan de openbare macht de rechthebbende is, tenzij de rechten hetzij in het algemeen bij de wet, besluit of verordening, hetzij in een bepaald geval blijkens mededeling op of in het op grond van deze wet beschermde materiaal zelf dan wel bij het in het verkeer brengen of openbaar maken daarvan uitdrukkelijk zijn voorbehouden.

Art. 10

Wanneer geen inbreuk op rechten

Als inbreuk op de rechten, bedoeld in de artikelen 2, 6, 7*a* en 8, wordt niet beschouwd:
a. het overnemen van op grond van deze wet beschermd materiaal over actuele economische, politieke, godsdienstige of levensbeschouwelijke onderwerpen, die in een radio- of televisieprogramma of ander medium dat eenzelfde functie vervult, zijn openbaar gemaakt of in het verkeer gebracht, indien het overnemen geschiedt in een radio- of televisieprogramma of ander medium dat eenzelfde functie vervult; artikel 15, eerste lid, onder 3° en 4°, van de Auteurswet is van overeenkomstige toepassing; ten aanzien van een uitvoering dient artikel 5 in acht te worden genomen;
b. het citeren in een aankondiging, beoordeling, polemiek of wetenschappelijke verhandeling of een uiting met een vergelijkbaar doel; artikel 15*a*, eerste lid, onder 1°, 2° en 4°, van de Auteurswet is van overeenkomstige toepassing; ten aanzien van een uitvoering dient artikel 5 in acht te worden genomen;
c. het door middel van een besloten netwerk beschikbaar stellen van een opname van een uitvoering, fonogram, eerste vastlegging van een film of opname van een programma, of een reproductie daarvan, dat onderdeel uitmaakt van verzamelingen van voor het publiek

toegankelijke bibliotheken en musea of archieven die niet het behalen van een direct of indirect economisch of commercieel voordeel nastreven, door middel van daarvoor bestemde terminals in de gebouwen van die instellingen aan individuele leden van het publiek voor onderzoek of privé-studie, tenzij anders is overeengekomen;

d. de verslaggeving in het openbaar in een film-, radio- of televisiereportage over actuele gebeurtenissen, voorzover zulks voor het behoorlijk weergeven van de actuele gebeurtenis die het onderwerp van de reportage uitmaakt gerechtvaardigd is en mits slechts gebruik wordt gemaakt van korte fragmenten; artikel 16*a* van de Auteurswet is van overeenkomstige toepassing;

e. het reproduceren van op grond van deze wet beschermd materiaal, mits het reproduceren geschiedt zonder direct of indirect commercieel oogmerk en uitsluitend dient tot eigen oefening, studie of gebruik van een natuurlijke persoon die de reproductie vervaardigt; de artikelen 16*c*, tweede tot en met zevende lid, 16*d* tot en met 16*ga*, 17*d* en 35*c* van de Auteurswet zijn van overeenkomstige toepassing;

f. de reproductie van een opname van een uitvoering, fonogram, eerste vastlegging van een film of opname van een programma, of een reproductie daarvan, door voor het publiek toegankelijke bibliotheken, onderwijsinstellingen of musea of door archieven die niet het behalen van een direct of indirect economisch of commercieel voordeel nastreven, indien het reproduceren geschiedt met als enig doel een opname van een uitvoering, fonogram, eerste vastlegging van een film of opname van een programma, of een reproductie daarvan, voor de instelling te behouden bij aantoonbare dreiging van verval dan wel raadpleegbaar te houden als de technologie waarmee het toegankelijk kan worden gemaakt in onbruik raakt; artikel 16*n*, tweede lid, onder 1° en 2°, van de Auteurswet is van overeenkomstige toepassing; ten aanzien van een uitvoering dient artikel 5 in acht te worden genomen;

g. de tijdelijke vastlegging door een omroeporganisatie die bevoegd is tot de openbaarmaking door uitzending van een radio- of televisieprogramma via radio of televisie, of een ander medium dat eenzelfde functie vervult, met haar eigen middelen en uitsluitend voor uitzending van haar eigen programma's; ten aanzien van een uitvoering dient artikel 5 in acht te worden genomen; artikel 17b, eerste en derde lid, van de Auteurswet is van overeenkomstige toepassing;

h. de incidentele verwerking van op grond van deze wet beschermd materiaal als onderdeel van ondergeschikte betekenis in ander materiaal;

i. de reproductie, het openbaar maken of het in het verkeer brengen van op grond van deze wet beschermd materiaal voor zover dat uitsluitend voor mensen met een handicap bestemd is, met de handicap direct verband houdt, van niet commerciële aard is en wegens die handicap noodzakelijk is; de artikelen 15*i*, tweede lid, en 16g van de Auteurswet zijn van overeenkomstige toepassing;

j. een karikatuur, parodie of pastiche mits het gebruik in overeenstemming is met hetgeen naar de regels van het maatschappelijk verkeer redelijkerwijs geoorloofd is; en

k. het overnemen van op grond van deze wet beschermd materiaal ten behoeve van de opsporing van strafbare feiten, de openbare veiligheid of om het goede verloop van een bestuurlijke, parlementaire of gerechtelijke procedure of de berichtgeving daarover te waarborgen.

Art. 11

Wanneer geen inbreuk op rechten

Van inbreuk op de rechten, bedoeld in de artikelen 2, 6, 7*a* en 8, is geen sprake indien de handelingen, bedoeld in de artikelen 2, 6, 7*a* en 8, uitsluitend worden verricht ter toelichting bij het onderwijs, voor zover dit door het beoogde, niet commerciële doel wordt gerechtvaardigd; artikel 16, eerste lid, onder 1°, 2°, 4° en 5°, van de Auteurswet is van overeenkomstige toepassing; ten aanzien van een uitvoering dient artikel 5 in acht genomen te worden.

Art. 12

Beschermingstermijn

– 1. De rechten van uitvoerende kunstenaars vervallen door verloop van 50 jaren te rekenen van de 1e januari van het jaar, volgend op dat waarin de uitvoering heeft plaatsgehad. Indien echter binnen deze termijn een opname van de uitvoering op rechtmatige wijze in het verkeer is gebracht of is openbaar gemaakt, vervallen de rechten door verloop van 50 jaren te rekenen van de 1e januari van het jaar, volgend op dat waarin de opname voor het eerst op rechtmatige wijze in het verkeer is gebracht of, indien dit eerder valt, is openbaar gemaakt.

– 2. De rechten van producenten van fonogrammen vervallen door verloop van 50 jaren te rekenen van de 1e januari van het jaar, volgend op dat waarin het fonogram is vervaardigd. Indien binnen deze termijn het fonogram op rechtmatige wijze in het verkeer is gebracht, vervallen de rechten door verloop van 50 jaren te rekenen van de 1e januari van het jaar, volgende op dat waarin het fonogram voor het eerst op rechtmatige wijze in het verkeer is gebracht. Indien het fonogram binnen de in de vorige zin bedoelde termijn niet op rechtmatige wijze in het verkeer is gebracht maar wel openbaar is gemaakt, vervallen de rechten 50 jaar na de datum waarop het fonogram voor het eerst is openbaar gemaakt.

– 3. De rechten van omroeporganisaties vervallen door verloop van 50 jaren te rekenen van de

1e januari van het jaar, volgend op dat waarin een programma voor het eerst is uitgezonden, ongeacht welke technische hulpmiddelen daarbij worden gebruikt.

– 4. De rechten van producenten van de eerste vastlegging van een film vervallen door verloop van 50 jaren te rekenen van de 1e januari van het jaar, volgend op dat waarin de eerste vastlegging heeft plaatsgehad. Indien echter binnen deze termijn de eerste vastlegging op rechtmatige wijze in het verkeer is gebracht of is openbaar gemaakt, vervallen de rechten door verloop van 50 jaren te rekenen van de 1e januari van het jaar, volgend op dat waarin de eerste vastlegging voor het eerst op rechtmatige wijze in het verkeer is gebracht, of indien dit eerder valt, is openbaar gemaakt.

HOOFDSTUK 3

De uitoefening en de handhaving van de naburige rechten

Art. 13

Vertegenwoordiger

De in artikel 2 bedoelde rechten kunnen, ingeval het een gezamenlijke uitvoering door zes of meer personen betreft, uitsluitend worden uitgeoefend door een door de aan die uitvoering deelnemende uitvoerende kunstenaars bij meerderheid gekozen vertegenwoordiger. Het bepaalde in de eerste zin van dit artikel is niet van toepassing op de aan de gezamenlijke uitvoering meewerkende solist, regisseur en dirigent. De handhaving van de in artikel 2 bedoelde rechten kan, ingeval het een gezamenlijke uitvoering betreft, door een ieder van de aan die uitvoering deelnemende uitvoerende kunstenaars geschieden, tenzij anders is overeengekomen.

Art. 14

Gemeenschappelijk recht

Indien aan twee of meer producenten van fonogrammen of van eerste vastleggingen van films of omroeporganisaties een gemeenschappelijk recht ten aanzien van eenzelfde fonogram, eerste vastlegging van een film of programma toekomt, kan de handhaving van dit recht door ieder van hen geschieden, tenzij anders is overeengekomen.

Art. 14a

Toestemmingverlening heruitzenden

– 1. Het recht van de uitvoerende kunstenaar en de producent van fonogrammen om toestemming te verlenen voor het ongewijzigd en onverkort heruitzenden van een uitvoering onderscheidenlijk een fonogram of een reproduktie daarvan door middel van een omroepnetwerk als bedoeld in artikel 1.1 van de Mediawet 2008, kan uitsluitend worden uitgeoefend door rechtspersonen die zich ingevolge hun statuten ten doel stellen de belangen van rechthebbenden door de uitoefening van het aan hen toekomende hiervoor bedoelde recht te behartigen.

– 2. De in het eerste lid bedoelde rechtspersonen zijn ook bevoegd de belangen te behartigen van rechthebbenden die daartoe geen opdracht hebben gegeven, indien het betreft de uitoefening van dezelfde rechten als in de statuten vermeld. Indien meerdere rechtspersonen zich blijkens de statuten de behartiging van de belangen van dezelfde categorie rechthebbenden ten doel stellen, kan de rechthebbende, bedoeld in de eerste zin van dit lid, een van hen aanwijzen als bevoegd tot de behartiging van zijn belangen.

– 3. Voor rechthebbenden die geen opdracht hebben gegeven als bedoeld in het tweede lid, gelden de rechten en verplichtingen die voortvloeien uit een overeenkomst die een tot de uitoefening van dezelfde rechten bevoegde rechtspersoon heeft gesloten met betrekking tot de in het eerste lid bedoelde uitzending, onverkort.

– 4. Vorderingen jegens de in het eerste lid bedoelde rechtspersoon terzake van de door deze geïnde gelden vervallen door verloop van drie jaren na de aanvang van de dag volgende op die waarop de in het eerste lid bedoelde heruitzending heeft plaatsgevonden.

– 5. Dit artikel is niet van toepassing op rechten als bedoeld in het eerste lid die toekomen aan een omroeporganisatie met betrekking tot haar eigen uitzendingen.

Art. 14b

Onderhandelingen

Partijen zijn verplicht de onderhandelingen over de toestemming voor het heruitzenden, bedoeld in artikel 14*a*, eerste lid, te goeder trouw te voeren en niet zonder geldige reden te verhinderen of te belemmeren.

Art. 14c

Bemiddeling

– 1. Indien over het heruitzenden, bedoeld in artikel 14*a*, eerste lid, geen overeenstemming kan worden bereikt, kan iedere partij een beroep doen op een of meer bemiddelaars. De bemiddelaars worden zodanig geselecteerd dat over hun onafhankelijkheid en onpartijdigheid in redelijkheid geen twijfel kan bestaan.

– 2. De bemiddelaars verlenen bijstand bij het voeren van de onderhandelingen en zijn bevoegd aan de partijen voorstellen te betekenen. Tot drie maanden na de dag van ontvangst van de voorstellen van de bemiddelaars kan een partij zijn bezwaren tegen deze voorstellen betekenen aan de andere partij. De voorstellen van de bemiddelaars binden de partijen, tenzij binnen de in de vorige zin bedoelde termijn door een van hen bezwaren zijn betekend. De voorstellen en de bezwaren worden aan de partijen betekend overeenkomstig het bepaalde in de zesde afdeling van de eerste titel van het eerste boek van het Wetboek van Burgerlijke Rechtsvordering.

Art. 14d

Schakelbepaling

De artikelen 14*b* en 14*c* zijn van overeenkomstige toepassing op het ongewijzigde en onverkorte heruitzenden van het programma van een omroeporganisatie door middel van een omroepnetwerk als bedoeld in artikel 1.1 van de Mediawet 2008.

Art. 15

Rechtspersoon belast met inning en verdeling

– 1. De betaling van de in artikel 7 bedoelde billijke vergoeding dient te geschieden aan een door Onze Minister van Justitie aan te wijzen representatieve rechtspersoon die met uitsluiting van anderen met de inning en verdeling van deze vergoeding is belast. Ten aanzien van de vaststelling van de hoogte van de vergoeding en de inning daarvan alsmede de uitoefening van het uitsluitend recht vertegenwoordigt de in de vorige zin bedoelde rechtspersoon de rechthebbenden in en buiten rechte.

– 2. De in het eerste lid bedoelde rechtspersoon staat onder toezicht van het College van Toezicht, bedoeld in de Wet toezicht collectieve beheersorganisaties auteurs- en naburige rechten.

Goedkeuring reglement

– 3. De verdeling van de geïnde vergoedingen geschiedt overeenkomstig een reglement dat is opgesteld door de rechtspersoon, bedoeld in het eerste lid, en dat is goedgekeurd door het College van Toezicht, bedoeld in de Wet toezicht collectieve beheersorganisaties auteurs- en naburige rechten.

Art. 15a

Betaling vergoeding aan rechtspersoon

– 1. De betaling van de in de artikelen 2, 6, 7*a* en 8 bedoelde vergoeding dient te geschieden aan een door Onze Minister van Justitie in overeenstemming met Onze Minister van Onderwijs, Cultuur en Wetenschappen aan te wijzen naar hun oordeel representatieve rechtspersoon, die met uitsluiting van anderen belast is met de inning en de verdeling van deze vergoeding. In aangelegenheden betreffende de vaststelling van de hoogte van de vergoeding en de inning daarvan alsmede de uitoefening van het uitsluitende recht vertegenwoordigt de in de vorige zin bedoelde rechtspersoon de rechthebbenden in en buiten rechte.

Toezicht

– 2. De in het eerste lid bedoelde rechtspersoon staat onder toezicht van het College van Toezicht, bedoeld in de Wet toezicht collectieve beheersorganisaties auteurs- en naburige rechten.

Goedkeuring reglement

– 3. De verdeling van de geïnde vergoedingen geschiedt overeenkomstig een reglement, dat is opgesteld door de rechtspersoon, bedoeld in het eerste lid, en dat is goedgekeurd door het College van Toezicht, bedoeld in de Wet toezicht collectieve beheersorganisaties auteurs- en naburige rechten.

Art. 15b

Vaststelling vergoeding

De hoogte van de in de artikelen 2, derde lid, 6, derde lid, 7*a*, derde lid, en 8, derde lid, bedoelde vergoeding wordt vastgesteld door een door Onze Minister van Justitie in overeenstemming met Onze Minister van Onderwijs, Cultuur en Wetenschappen aan te wijzen stichting waarvan het bestuur zodanig is samengesteld dat de belangen van rechthebbenden en de ingevolge voornoemde artikelen betalingsplichtigen op evenwichtige wijze worden behartigd. De voorzitter van het bestuur van deze stichting wordt benoemd door Onze Minister van Justitie in overeenstemming met Onze Minister van Onderwijs, Cultuur en Wetenschappen. Het aantal bestuursleden van deze stichting dient oneven te zijn.

Art. 15c

Geschillen

Geschillen met betrekking tot de in de artikelen 2, derde lid, 6, derde lid, 7*a*, derde lid, en 8, derde lid, bedoelde vergoeding worden in eerste aanleg bij uitsluiting beslist door de rechtbank te 's-Gravenhage.

Art. 15d

Tijdstip opgave

Degene die tot betaling van de in de artikelen 2, derde lid, 6, derde lid, 7*a*, derde lid, en 8, derde lid, bedoelde vergoeding verplicht is, is gehouden, voor zover geen ander tijdstip is overeengekomen, vóór 1 april van ieder kalenderjaar aan de in artikel 15*a*, eerste lid, bedoelde rechtspersoon opgave te doen van het aantal rechtshandelingen, bedoeld in eerstgenoemde artikelen. Hij is voorts gehouden desgevraagd aan deze rechtspersoon onverwijld de bescheiden of andere informatiedragers ter inzage te geven, waarvan kennisneming noodzakelijk is voor de vaststelling van de verschuldigdheid en de hoogte van de vergoeding.

Art. 15e

Staken inbreuk

De rechter kan op vordering van de rechthebbende, bedoeld in de artikelen 2, 6, 7*a* en 8, tussenpersonen wier diensten door derden worden gebruikt om inbreuk op zijn naburig recht te maken, bevelen de diensten die worden gebruikt om die inbreuk te maken, te staken.

Art. 15f

Tijdelijke voortzetting inbreuk

De voorzieningenrechter kan op vordering van de rechthebbende, bedoeld in de artikelen 2, 6, 7*a* en 8, tijdelijke voortzetting van de vermeende inbreuk toestaan onder de voorwaarde dat zekerheid wordt gesteld voor vergoeding van de door de rechthebbende geleden schade. Onder dezelfde voorwaarden kan de rechter voortzetting van de dienstverlening door de tussenpersoon als bedoeld in artikel 15*e* toestaan.

Art. 16

Schadevergoeding

– 1. In passende gevallen kan de rechter de schadevergoeding vaststellen als een forfaitair bedrag.

– 2. Naast schadevergoeding kan de rechthebbende, bedoeld in de artikelen 2, 6, 7*a* en 8, vorderen dat degene die inbreuk op zijn recht heeft gemaakt wordt veroordeeld de door deze tengevolge van de inbreuk genoten winst af te dragen en dienaangaande rekening en verantwoording af te leggen.

– 3. De rechthebbende kan de in het tweede lid bedoelde vorderingen of een van deze ook namens of mede namens een licentienemer instellen, onverminderd de bevoegdheid van deze laatste in een al of niet namens hem of mede namens hem door de rechthebbende ingesteld geding tussen te komen om rechtstreeks de door hem geleden schade vergoed te krijgen of om zich een evenredig deel van de door de gedaagde af te dragen winst te doen toewijzen. De in het tweede lid bedoelde vorderingen of een van deze kan een licentienemer slechts instellen als hij de bevoegdheid daartoe heeft bedongen.

Art. 17

Opeisen eigendom

– 1. De rechten, bedoeld in de artikelen 2, 6, 7*a* en 8, geven de bevoegdheid om opnamen of reproducties daarvan die in strijd met die rechten in het verkeer zijn gebracht alsmede niet geoorloofde opnamen of reproducties, als zijn eigendom op te eisen dan wel onttrekking aan het handelsverkeer, vernietiging of onbruikbaarmaking daarvan te vorderen. Gelijke bevoegdheid bestaat ten aanzien van roerende zaken die geen registergoederen zijn en die rechtstreeks hebben gediend tot de vervaardiging van de in de eerste zin bedoelde opnamen of reproducties. Bevoegdheid tot opeising bestaat tevens ten aanzien van gelden waarvan aannemelijk is dat zij zijn verkregen door of als gevolg van inbreuk op een van de in de artikelen 2, 6, 7*a* en 8 bedoelde rechten. Teneinde tot vernietiging of onbruikbaarmaking over te gaan, kan de gerechtigde de afgifte van deze zaken vorderen.

– 2. De bepalingen van het Wetboek van Burgerlijke Rechtsvordering betreffende beslag en executie tot afgifte van roerende zaken die geen registergoederen zijn, zijn van toepassing. Bij samenloop met een ander beslag gaat degene die beslag heeft gelegd krachtens dit artikel voor.

– 3. Tenzij anders is overeengekomen, heeft de licentienemer het recht de uit het eerste lid voortvloeiende bevoegdheden uit te oefenen, voor zover deze strekken tot bescherming van de rechten waarvan de uitoefening hem is toegestaan.

– 4. Gelijke bevoegdheid tot opeising, dan wel tot onttrekking aan het handelsverkeer, vernietiging of onbruikbaarmaking alsmede tot afgifte teneinde tot vernietiging of onbruikbaarmaking over te gaan, bestaat ten aanzien van inrichtingen, producten en onderdelen als bedoeld in artikel 19 en reproducties als bedoeld in artikel 19*a*, die geen registergoederen zijn.

– 5. De maatregelen bedoeld in het eerste en vierde lid worden op kosten van de gedaagde uitgevoerd, tenzij bijzondere redenen dit beletten.

– 6. De rechter kan op vordering van de rechthebbende bedoeld in de artikelen 2, 6, 7*a* en 8, degene die inbreuk op diens recht heeft gemaakt, bevelen al hetgeen hem bekend is omtrent de herkomst en distributiekanalen van de goederen of diensten die inbreuk maken, aan de gerechtigde mee te delen en alle daarop betrekking hebbende gegevens aan deze te verstrekken. Onder dezelfde voorwaarden kan dit bevel worden gegeven aan een derde die op commerciële schaal inbreukmakende goederen in zijn bezit heeft of gebruikt, die op commerciële schaal diensten verleent die bij de inbreuk worden gebruikt, of die door een van deze derden is aangewezen als zijnde betrokken bij de productie, fabricage of distributie van deze goederen of bij het verlenen van deze diensten. Deze derde kan zich verschonen van het verstrekken van informatie die bewijs zou vormen van deelname aan een inbreuk op een recht van intellectuele eigendom door hem zelf of door de andere in artikel 165, derde lid, Wetboek van Burgerlijke Rechtsvordering bedoelde personen.

– 7. Bij de beoordeling van de maatregelen die de rechthebbende, bedoeld in de artikelen 2, 6, 7*a* en 8, of diens licentienemer kan vorderen ingevolge de bevoegdheden, genoemd in het eerste en vierde lid, houdt de rechter rekening met de noodzakelijke evenredigheid tussen de ernst van de inbreuk en de gevorderde maatregelen en met de belangen van derden.

Art. 18

Eigen gebruik

De in artikel 17, eerste lid, bedoelde bevoegdheid kan niet worden uitgeoefend ten aanzien van opnamen of reprodukties daarvan, die onder personen berusten, die niet in soortgelijke zaken handel drijven en deze uitsluitend voor eigen gebruik hebben verkregen, tenzij zij zelf inbreuk op het desbetreffende recht hebben gemaakt.

Art. 18a

Verspreiding informatie over uitspraak

De rechter kan op vordering van de rechthebbende, bedoeld in de artikelen 2, 6, 7*a* en 8, gelasten dat op kosten van degene die inbreuk op diens recht heeft gemaakt passende maatregelen worden getroffen tot verspreiding van informatie over de uitspraak.

Art. 19

Omzeilen doeltreffende technische voorzieningen

– 1. Degene, die doeltreffende technische voorzieningen omzeilt en dat weet of redelijkerwijs behoort te weten, handelt onrechtmatig.

– 2. Degene die diensten verricht of inrichtingen, producten of onderdelen vervaardigt, invoert, distribueert, verkoopt, verhuurt, adverteert of voor commerciële doeleinden bezit die:

a) aangeboden, aangeprezen of in de handel gebracht worden met het doel om de beschermende werking van doeltreffende technische voorzieningen te omzeilen, of

b) slechts een commercieel beperkt doel of nut hebben anders dan het omzeilen van de beschermende werking van doeltreffende technische voorzieningen, of

c) vooral ontworpen, vervaardigd of aangepast worden met het doel het omzeilen van de beschermende werking van doeltreffende technische voorzieningen mogelijk of gemakkelijker te maken,

handelt onrechtmatig.

– 3. Bij algemene maatregel van bestuur kunnen regelen worden vastgesteld die de uitvoerende kunstenaar, producent van fonogrammen, producent van films en omroeporganisatie, of hun rechtverkrijgenden, er toe verplichten aan de gebruiker van een uitvoering, opname van een uitvoering, fonogram, film of programma, of een reproductie daarvan voor doeleinden als omschreven in artikel 10, onderdelen *e, f, g, i* en *k*, en artikel 11 de nodige middelen te verschaffen om van deze beperkingen te profiteren, mits de gebruiker rechtmatig toegang tot door de technische voorziening beschermde uitvoering, opname van een uitvoering, fonogram, film of programma, of reproductie daarvan, heeft. Het bepaalde in de voorgaande zin geldt niet ten aanzien van uitvoeringen, opnamen van uitvoeringen, fonogrammen, films of programma's, of reproducties daarvan, die onder contractuele voorwaarden aan gebruikers beschikbaar worden gesteld op een door hen individueel gekozen plaats en tijd. Artikel 17*d* van de Auteurswet is van overeenkomstige toepassing.

Art. 19a

Verwijderen/wijzigen elektronische informatie

Degene die opzettelijk en zonder daartoe gerechtigd te zijn elektronische informatie betreffende het beheer van rechten verwijdert of wijzigt, of van opnamen van uitvoeringen, fonogrammen, films of programma's, of reproducties daarvan, op ongeoorloofde wijze dergelijke informatie is verwijderd of waarin op ongeoorloofde wijze dergelijke informatie is gewijzigd, verspreidt, ter verspreiding invoert, uitzendt of anderszins openbaar maakt, en weet of redelijkerwijs behoort te weten dat hij zodoende aanzet tot inbreuk op de rechten als bedoeld in de artikelen 2, 6, 7*a* en 8 dan wel een dergelijke inbreuk mogelijk maakt, vergemakkelijkt of verbergt, handelt onrechtmatig.

Art. 20

Plicht tot voeren administratie op aanwijzing minister

– 1. Op verzoek van een of meer naar het oordeel van de Minister van Justitie representatieve organisaties van bedrijfs- of beroepsgenoten, die rechtspersonen met volledige rechtsbevoegdheid zijn en die ten doel hebben de behartiging van de belangen van personen die beroeps- of bedrijfsmatig opnamen of reprodukties daarvan, verkopen, verhuren, uitlenen, afleveren of anderszins in het verkeer brengen dan wel voor die doeleinden invoeren, aanbieden of in voorraad hebben, kan voornoemde minister bepalen dat door hem aangewezen beroeps- of bedrijfsgenoten verplicht zijn hun administratie te voeren op een nader door hem aan te geven wijze.

Strafbepaling

– 2. Hij die de in het vorige lid bedoelde verplichting niet nakomt, wordt gestraft met een geldboete van de tweede categorie. Het feit is een overtreding.

HOOFDSTUK 4
Bepalingen van strafrecht

Art. 21

Strafbepaling

Hij die opzettelijk inbreuk maakt op de rechten, bedoeld in de artikelen 2, 6, 7*a* en 8 van deze wet, wordt gestraft met gevangenisstraf van ten hoogste zes maanden of geldboete van de vierde categorie.

Art. 22

Strafbepaling

Hij, die opzettelijk een voorwerp waarin met inbreuk op de rechten als bedoeld in de artikelen 2, 6, 7a en 8 van deze wet een opname van een uitvoering, fonogram, eerste vastlegging van een film of een opname van een programma, of een reproductie daarvan, is vervat,

a. openlijk ter verspreiding aanbiedt,

b. ter reproductie of ter verspreiding voorhanden heeft,

c. invoert, doorvoert of uitvoert, of

d. bewaart uit winstbejag,

wordt gestraft met gevangenisstraf van ten hoogste één jaar of geldboete van de vijfde categorie.

Art. 23

Strafbepaling

Hij, die van het plegen van de misdrijven als bedoeld in de artikelen 21 en 22, zijn beroep maakt of het plegen van deze misdrijven als bedrijf uitoefent, wordt gestraft met gevangenisstraf van ten hoogste vier jaar of geldboete van de vijfde categorie.

Art. 24

Strafbepaling

Hij, die een voorwerp waarvan hij redelijkerwijs kan vermoeden dat daarin met inbreuk op de rechten als bedoeld in de artikelen 2, 6, 7a en 8 van deze wet een opname van een uitvoering, fonogram, eerste vastlegging van een film of een opname van een programma, of een reproductie daarvan, is vervat,

a. openlijk ter verspreiding aanbiedt,
b. ter reproductie of ter verspreiding voorhanden heeft,
c. invoert, doorvoert of uitvoert of
d. bewaart uit winstbejag,

wordt gestraft met geldboete van de derde categorie.

Art. 25

Strafbepaling

Hij die opzettelijk in een uitvoering, in de benaming daarvan of in de aanduiding van de uitvoerende kunstenaar wederrechtelijk enige wijziging aanbrengt, of wel een zodanige uitvoering op enige andere wijze, welke nadeel zou kunnen toebrengen aan de eer of de naam van de uitvoerende kunstenaar of aan zijn waarde in deze hoedanigheid, aantast, wordt gestraft met gevangenisstraf van ten hoogste zes maanden of geldboete van de vierde categorie.

Art. 26

Misdrijven

De feiten strafbaar gesteld in de artikelen 21, 22, 23, 24 en 25 zijn misdrijven.

Art. 27

Overtreding

Hij die in een schriftelijke aanvrage of opgave aan de in artikel 15, eerste lid, bedoelde rechtspersoon, dienende voor de vaststelling van het op grond van artikel 7 van deze wet verschuldigde, opzettelijk een onjuiste of onvolledige mededeling doet, wordt gestraft met hechtenis van ten hoogste drie maanden of geldboete van de derde categorie. Het feit wordt beschouwd als een overtreding.

Art. 27a

Strafbaar feit

Degene die een opgave, bedoeld in artikel 15*d*, opzettelijk nalaat dan wel in een dergelijke opgave opzettelijk een onjuiste of onvolledige mededeling doet, wordt gestraft met hechtenis van ten hoogste drie maanden of geldboete van de derde categorie. Het feit wordt beschouwd als een overtreding.

Art. 28

Betreden van plaatsen

De opsporingsambtenaren zijn bevoegd, tot het opsporen van de bij deze wet strafbaar gestelde feiten en ter inbeslagneming van hetgeen daarvoor vatbaar is, elke plaats te betreden. Indien hun de toegang wordt geweigerd, verschaffen zij zich die desnoods met inroeping van de sterke arm. In woningen treden zij tegen de wil van de bewoner niet binnen dan op vertoon van een schriftelijke bijzondere last van of in tegenwoordigheid van een officier van justitie of een hulpofficier van justitie. Van dit binnentreden wordt door hen binnen vierentwintig uren procesverbaal opgemaakt.

Art. 29

Bevoegdheid opsporingsambtenaren

De opsporingsambtenaren kunnen te allen tijde tot het opsporen van bij deze wet strafbaar gestelde feiten inzage vorderen van alle bescheiden of andere gegevensdragers, waarvan inzage voor de vervulling van hun taak redelijkerwijze nodig is, bij hen die in de uitoefening van hun beroep of bedrijf opnamen of reprodukties daarvan, waarop de in de artikelen 2, 6, 7*a* en 8 bedoelde rechten betrekking hebben, reproduceren, verkopen, afleveren of anderszins in het verkeer brengen dan wel voor die doeleinden invoeren, doorvoeren, uitvoeren aanbieden of in voorraad hebben of openbaar maken.

Art. 30

Verbeurdverklaring; afgifte

– 1. De door de strafrechter verbeurd verklaarde opnamen en reprodukties worden vernietigd; echter kan de rechter bij het vonnis bepalen, dat zij aan de rechthebbende zullen worden afgegeven, indien deze zich daartoe ter griffie aanmeldt binnen een maand nadat de uitspraak in kracht van gewijsde is gegaan.

– 2. Door de afgifte gaat de eigendom van de opnamen en reprodukties op de rechthebbende over. De rechter zal kunnen gelasten, dat die afgifte niet zal geschieden dan tegen een bepaalde door de rechthebbende te betalen vergoeding, welke ten bate komt van de Staat.

Art. 31

Vervallen.

HOOFDSTUK 5
Toepassingscriteria

Art. 32

Uitvoerend kunstenaar

– 1. De voorgaande artikelen zijn op de uitvoerende kunstenaar van toepassing ingeval:
a. hij onderdaan is van een van de lid-staten van de Europese Unie of van een staat die partij is bij de Overeenkomst betreffende de Europese Economische Ruimte van 2 mei 1992 of zijn gewone verblijfplaats in Nederland heeft dan wel onderdaan is van een Staat die partij is bij het Verdrag van Rome inzake de bescherming van uitvoerende kunstenaars, producenten van fonogrammen en omroeporganisaties; of
b. zijn uitvoering in Nederland plaats had dan wel in een Staat die partij is bij het Verdrag van Rome inzake de bescherming van uitvoerende kunstenaars, producenten van fonogrammen en omroeporganisaties; of
c. zijn uitvoering is opgenomen op een fonogram als bedoeld in het tweede lid van dit artikel; of
d. zijn uitvoering, die niet is opgenomen op een fonogram, is openbaar gemaakt door middel van een programma van een omroeporganisatie als bedoeld in het zesde lid van dit artikel.
– 2. De voorgaande artikelen zijn op de producenten van fonogrammen van toepassing ingeval:
a. hij onderdaan is van of rechtspersoon is opgericht naar het recht van een van de lid-staten van de Europese Unie of van een staat die partij is bij de Overeenkomst betreffende de Europese Economische Ruimte van 2 mei 1992 dan wel in Nederland zijn zetel of gewone verblijfplaats heeft of onderdaan is van dan wel rechtspersoon is opgericht naar het recht van een Staat die partij is bij het in het eerste lid, onder *a*, bedoelde Verdrag van Rome of bij de Overeenkomst ter bescherming van producenten van fonogrammen tegen het ongeoorloofd kopiëren van hun fonogrammen; of
b. het opnemen in Nederland plaats had dan wel in een Staat die partij is bij het in het eerste lid, onder *a*, bedoelde Verdrag van Rome of bij de Overeenkomst ter bescherming van producenten van fonogrammen tegen het ongeoorloofd kopiëren van hun fonogrammen; of
c. het fonogram voor de eerste maal, of binnen dertig dagen na de eerste uitgave in een ander land, in het verkeer is gebracht in Nederland dan wel in een Staat die partij is bij het in het eerste lid, onder *a*, bedoelde Verdrag van Rome of bij de Overeenkomst ter bescherming van producenten van fonogrammen tegen het ongeoorloofd kopiëren van hun fonogrammen.
– 3. Van het in het verkeer brengen als bedoeld in het tweede lid is sprake, wanneer van op rechtmatige wijze vervaardigde reprodukties van een fonogram een zodanig aanbod van exemplaren daarvan heeft plaatsgevonden dat daardoor wordt voorzien in de redelijke behoeften van het publiek.
– 4. Met betrekking tot fonogrammen, waarvan de producent onderdaan is van dan wel rechtspersoon is opgericht naar het recht van een Staat die partij is bij het in het eerste lid, onder *a*, bedoelde Verdrag van Rome is artikel 7 slechts van toepassing in de mate waarin en voor de duur waarvoor deze Staat bescherming verleent ten aanzien van fonogrammen waarvan de producent Nederlander is dan wel zijn zetel heeft in Nederland.
– 5. Het recht op een billijke vergoeding, als bedoeld in artikel 7, geldt niet voor fonogrammen waarvan de producent geen onderdaan is van noch rechtspersoon is opgericht naar het recht van een Staat die partij is bij het in het eerste lid, onder *a*, bedoelde Verdrag van Rome.
– 6. De voorgaande artikelen zijn op omroeporganisaties van toepassing ingeval:
a. het hoofdkantoor van de omroeporganisatie is gevestigd in een van de lid-staten van de Europese Unie of in een staat die partij is bij de Overeenkomst betreffende de Europese Economische Ruimte van 2 mei 1992 dan wel in een Staat die partij is bij het in het eerste lid, onder *a*, bedoelde Verdrag van Rome; of
b. de uitzending van het programma heeft plaatsgevonden in Nederland dan wel in een Staat die partij is bij het in het eerste lid onder *a*, bedoelde Verdrag van Rome; of
– 7. Het bepaalde in het vierde en vijfde lid van dit artikel is niet van toepassing op fonogrammen waarvan de producent onderdaan is van of rechtspersoon is opgericht naar het recht van een van de lid-staten van de Europese Unie of van een staat die partij is bij de Overeenkomst betreffende de Europese Economische Ruimte van 2 mei 1992.
– 8. De voorgaande artikelen zijn op de producent van de eerste vastleggingen van films van toepassing ingeval:
a. hij onderdaan is van of rechtspersoon is opgericht naar het recht van een van de lid-staten van de Europese Unie of van een staat die partij is bij de Overeenkomst betreffende de Europese Economische Ruimte van 2 mei 1992 dan wel in Nederland zijn zetel of gewone verblijfplaats heeft; of
b. de vastlegging in Nederland plaats had; of

c. de vastlegging voor de eerste maal, of binnen dertig dagen na de eerste uitgave in een ander land, in het verkeer is gebracht in Nederland. Het derde lid is van overeenkomstige toepassing.

Art. 32a

Toepasselijke wetsbepalingen

– 1. De voorgaande artikelen zijn van toepassing op het uitzenden van een uitvoering, fonogram, of programma of een reproduktie daarvan door middel van een satelliet, indien in Nederland onder controle en verantwoordelijkheid van een omroeporganisatie de programmadragende signalen voor ontvangst door het publiek zijn ingevoerd in een ononderbroken mededelingenketen die naar de satelliet en terug naar de aarde loopt. Indien de programmadragende signalen in gecodeerde vorm worden uitgezonden, is er sprake van een uitzending, bedoeld in de eerste zin, indien de middelen voor het decoderen van de uitzending door of met toestemming van de omroeporganisatie ter beschikking van het publiek worden gesteld.

– 2. De voorgaande artikelen zijn voorts van toepassing op het uitzenden, bedoeld in het eerste lid, indien:

a. de handeling, bedoeld in het eerste lid, plaatsvindt in een land dat niet tot de Europese Unie behoort of dat niet partij is bij de Overeenkomst betreffende de Europese Economische Ruimte van 2 mei 1992;

b. het land waar de handeling, bedoeld in het eerste lid, plaatsvindt niet het niveau van bescherming biedt, voorzien in hoofdstuk II van richtlijn nr. 93/83/EEG van de Raad van de Europese Gemeenschappen van 27 september 1993 tot coördinatie van bepaalde voorschriften betreffende het auteursrecht en naburige rechten op het gebied van de satellietomroep en de doorgifte via de kabel (*PbEG* L 248); en

c. hetzij de programmadragende signalen naar de satelliet worden doorgezonden vanuit een grondstation in Nederland, hetzij een omroeporganisatie die in Nederland haar hoofdvestiging heeft, opdracht heeft gegeven tot de uitzending en geen gebruik wordt gemaakt van een grondstation in een lid-staat van de Europese Unie of in een staat die partij is bij de Overeenkomst betreffende de Europese Economische Ruimte van 2 mei 1992.

Art. 33

Toepasselijkheid van deze wet

Ten aanzien van uitvoeringen, fonogrammen of programma's, die voor het tijdstip van in werking treden van deze wet hebben plaatsgevonden, zijn vervaardigd onderscheidenlijk zijn uitgezonden, zijn de door deze wet verleende rechten van toepassing voor zover het gedragingen betreft die plaatsvinden na het tijdstip van in werking treden van deze wet.

Art. 33a

Wanneer geen beroep op deze wet

– 1. Uitvoerende kunstenaars die onderdaan zijn van een staat, niet zijnde een lid-staat van de Europese Unie of een staat die partij is bij de overeenkomst betreffende de Europese Economische Ruimte van 2 mei 1992, die geen partij is bij het Verdrag van Rome inzake de bescherming van uitvoerende kunstenaars, producenten van fonogrammen en omroeporganisaties, en omroeporganisaties, waarvan het hoofdkantoor is gevestigd in een staat als hiervoor bedoeld, kunnen geen beroep doen op de door deze wet verleende rechten, indien de duur daarvan ingevolge de nationale wetgeving reeds is verstreken.

– 2. Het in het eerste lid bepaalde is eveneens van toepassing op

a. producenten van fonogrammen die onderdaan zijn van een staat, niet zijnde ene lid-staat van de Europese Unie of een staat die partij is bij de overeenkomst betreffende de Europese Economische Ruimte van 2 mei 1992, die geen partij is bij het in het eerste lid bedoelde Verdrag of bij de Overeenkomst ter bescherming van producenten van fonogrammen tegen het ongeoorloofd kopiëren van hun fonogrammen;

b. producenten van eerste vastlegging van films die onderdaan zijn van een staat, niet zijnde een lid-staat van de Europese Unie of een staat die partij is bij de overeenkomst betreffende de Europese Economische Ruimte van 2 mei 1992, waarvan de nationale wetgeving in een kortere beschermingstermijn voorziet dan die bedoeld in artikel 12, vierde lid.

Art. 34

Art. 6:162 BW

De voorgaande artikelen van deze wet laten een beroep op artikel 162 van Boek 6 van het Burgerlijk Wetboek onverlet.

HOOFDSTUK 6
Overgangsbepaling

Art. 35

Beschermingstermijnen

– 1. De in deze wet voorziene beschermingstermijnen zijn met ingang van het tijdstip van inwerkingtreding van dit artikel van toepassing op uitvoeringen, fonogrammen, eerste vastleggingen van films of programma's, die op 1 juli 1995 in ten minste één lid-staat van de Europese Unie of een staat die partij is bij de Overeenkomst betreffende de Europese Economische Ruimte van 2 mei 1992 beschermd worden door de nationale wetgeving op het gebied van de naburige rechten of die op die datum voldoen aan de beschermingscriteria van de Richtlijn van de Raad van de Europese Gemeenschappen van 19 november 1992, *PbEG* 1992, L 346/61, betreffende het verhuurrecht, het uitleenrecht en bepaalde naburige rechten op het gebied van intellectuele eigendom.

Toepasselijkheid/exploitatiehandelingen

– 2. Deze wet laat vóór inwerkingtreding van dit artikel rechtmatig verrichte exploitatiehandelingen alsmede vóór dat tijdstip verworven rechten onverlet.

– 3. Hij die met betrekking tot een uitvoering, fonogram, eerste vastlegging van een film of een programma, waarvan de beschermingstermijn vóór inwerkingtreding van dit artikel was verstreken en waarop met ingang van inwerkingtreding van dit artikel deze wet weer van toepassing is, vóór 24 november 1993 rechtmatig exploitatiehandelingen heeft verricht, is bevoegd deze exploitatiehandelingen met ingang van inwerkingtreding van dit artikel voort te zetten.

HOOFDSTUK 7

Slotbepalingen

Art. 36

Inwerkingtreding

Deze wet treedt in werking op een bij koninklijk besluit te bepalen tijdstip.

Art. 37

Citeertitel

Deze wet kan worden aangehaald als de Wet op de naburige rechten.

Rijkswet van 15 december 1994, Stb. 1995, 51, houdende regels met betrekking tot octrooien , zoals deze wet laatstelijk is gewijzigd bij de Wet van 8 november 2007, Stb. 479

[Inwerkingtreding: 01-04-1995]

Wij Beatrix, bij de gratie Gods, Koningin der Nederlanden, Prinses van Oranje-Nassau, enz. enz. enz.
Allen, die deze zullen zien of horen lezen, saluut! doen te weten:
Alzo Wij in overweging genomen hebben, dat door de daling van het aantal octrooiaanvragen in Nederland het bestaande systeem van octrooiverlening na vooronderzoek niet gehandhaafd kan worden en dat het wenselijk is te voorzien in een op eenvoudige wijze door registratie te verkrijgen octrooi;
Zo is het, dat Wij, de Raad van State van het Koninkrijk gehoord, en met gemeen overleg der Staten-Generaal, de bepalingen van het Statuut voor het Koninkrijk in acht genomen zijnde, hebben goedgevonden en verstaan, gelijk Wij goedvinden en verstaan bij deze:

HOOFDSTUK 1
Algemene bepalingen

Art. 1

Begripsbepaling

In deze rijkswet en de daarop berustende bepalingen wordt verstaan onder:
Europees Octrooiverdrag: het op 5 oktober 1973 te München tot stand gekomen Verdrag inzake de verlening van Europese octrooien (*Trb.* 1975, 108, 1976, 101 en 2002, 64);
Europees octrooi: een krachtens het Europees Octrooiverdrag verleend octrooi, voor zover dat voor het Koninkrijk is verleend;
Europese octrooiaanvrage: een Europese octrooiaanvrage als bedoeld in het Europees Octrooiverdrag;
Samenwerkingsverdrag: het op 19 juni 1970 te Washington tot stand gekomen Verdrag tot samenwerking inzake octrooien (*Trb.* 1973, 20);
bureau: het bureau, bedoeld in artikel 15;
octrooiregister: het in artikel 19 van deze wet bedoelde register;
orde: de Orde van octrooigemachtigden, bedoeld in artikel 23*d*;
Onze Minister: Onze Minister van Economische Zaken;
biologisch materiaal: materiaal dat genetische informatie bevat en zichzelf kan repliceren of in een biologisch systeem kan worden gerepliceerd;
microbiologische werkwijze: iedere werkwijze waarbij microbiologisch materiaal wordt gebruikt, die op microbiologisch materiaal ingrijpt of die microbiologisch materiaal als resultaat heeft;
plantenras: een ras als bedoeld in artikel 5, tweede lid, van verordening (EG) nr. 2100/94 van de Raad van de Europese Unie van 27 juli 1994 inzake het communautaire kwekersrecht (*PbEG* L 227);.
natuurlijke rijkdommen: de minerale en andere niet-levende rijkdommen van de zeebedding en de ondergrond, alsmede levende organismen die tot de sedentaire soort behoren, dat wil zeggen organismen die ten tijde dat zij geoogst kunnen worden, hetzij zich onbeweeglijk op of onder de zeebedding bevinden, hetzij zich niet kunnen verplaatsen dan in voortdurend fysiek contact met de zeebedding of de ondergrond.

Art. 2

Vatbaar voor octrooi

– 1. Vatbaar voor octrooi zijn uitvindingen op alle gebieden van de technologie die nieuw zijn, op uitvinderswerkzaamheid berusten en toegepast kunnen worden op het gebied van de nijverheid.
– 2. In de zin van het eerste lid worden in het bijzonder niet als uitvindingen beschouwd:
a. ontdekkingen, alsmede natuurwetenschappelijke theorieën en wiskundige methoden;
b. esthetische vormgevingen;
c. stelsels, regels en methoden voor het verrichten van geestelijke arbeid, voor het spelen of voor de bedrijfsvoering, alsmede computerprogramma's;
d. presentaties van gegevens.
– 3. Het tweede lid geldt alleen voor zover het betreft de aldaar genoemde onderwerpen of werkzaamheden als zodanig.

Art. 2a

Biologisch materiaal

– 1. Onder uitvindingen als bedoeld in artikel 2, eerste lid, worden ook verstaan uitvindingen die betrekking hebben op een voortbrengsel dat uit biologisch materiaal bestaat of dit bevat, of die betrekking hebben op een werkwijze waarmee biologisch materiaal wordt verkregen, bewerkt of gebruikt.

– 2. Onder uitvindingen als bedoeld in het eerste lid worden in ieder geval begrepen uitvindingen met betrekking tot:

a. biologisch materiaal dat met behulp van een technische werkwijze uit zijn natuurlijke milieu wordt geïsoleerd of wordt verkregen, ook indien dat materiaal in de natuur voorhanden is,

b. een deel van het menselijk lichaam dat wordt geïsoleerd of dat anderszins met behulp van een technische werkwijze wordt verkregen, met inbegrip van een sequentie of een partiële sequentie van een gen, ook indien de structuur van dat deel identiek is aan die van een natuurlijk deel,

c. planten of dieren, mits de uitvoerbaarheid van die uitvinding zich in technisch opzicht niet beperkt tot een bepaald planten- of dierenras, of

d. een microbiologische of andere technische werkwijze waarmee biologisch materiaal wordt verkregen, verwerkt of gebruikt, of een hierdoor verkregen voortbrengsel.

Art. 3

Niet vatbaar voor octrooi

– 1. Niet vatbaar voor octrooi zijn:

a. uitvindingen waarvan de commerciële exploitatie in strijd zou zijn met de openbare orde of goede zeden,

b. het menselijk lichaam in de verschillende stadia van zijn vorming en zijn ontwikkeling, alsmede de loutere ontdekking van een van de delen ervan, met inbegrip van een sequentie of partiële sequentie van een gen,

c. planten- of dierenrassen,

d. werkwijzen van wezenlijk biologische aard, geheel bestaand uit natuurlijke verschijnselen zoals kruisingen of selecties, voor de voortbrenging van planten of dieren alsmede de hierdoor verkregen voortbrengselen,

e. uitvindingen waardoor inbreuk wordt gemaakt op de artikelen 3, 8, onderdeel *j*, 15, vijfde lid, en 16, vijfde lid, van het Biodiversiteitsverdrag;

f. methoden van behandeling van het menselijke of dierlijke lichaam door chirurgische ingrepen of geneeskundige behandeling en diagnosemethoden die worden toegepast op het menselijke of dierlijke lichaam, met uitzondering van voortbrengselen, met name stoffen of samenstellingen, voor de toepassing van een van deze methoden.

– 2. Onder uitvindingen waarvan de commerciële exploitatie in strijd zou zijn met de openbare orde of goede zeden als bedoeld in het eerste lid, onderdeel *a*, worden in ieder geval verstaan:

a. werkwijzen voor het klonen van mensen,

b. werkwijzen tot wijziging van de germinale genetische identiteit van de mens,

c. het gebruik van menselijke embryo's,

d. werkwijzen tot wijziging van de genetische identiteit van dieren die geëigend zijn deze te doen lijden zonder aanzienlijk medisch nut voor mens of dier op te leveren, alsmede de hierdoor verkregen voortbrengselen en

e. werkwijzen die het leven of de gezondheid van mensen, dieren of planten in gevaar brengen of die ernstige schade voor het milieu veroorzaken.

– 3. Commerciële exploitatie van een uitvinding is niet strijdig met de openbare orde of goede zeden op grond van het loutere feit dat de exploitatie bij of krachtens wettelijk voorschrift is verboden.

– 4. Bij algemene maatregel van rijksbestuur kan de lijst, bedoeld in het tweede lid, worden aangevuld met andere uitvindingen waarvan de commerciële exploitatie in strijd wordt geacht met de openbare orde of de goede zeden.

Art. 4

Stand van de techniek

– 1. Een uitvinding wordt als nieuw beschouwd, indien zij geen deel uitmaakt van de stand van de techniek.

– 2. De stand van de techniek wordt gevormd door al hetgeen voor de dag van indiening van de octrooiaanvrage openbaar toegankelijk is gemaakt door een schriftelijke of mondelinge beschrijving, door toepassing of op enige andere wijze.

– 3. Tot de stand van de techniek behoort tevens de inhoud van eerder ingediende octrooiaanvragen, die op of na de in het tweede lid bedoelde dag overeenkomstig artikel 31 in het octrooiregister zijn ingeschreven.

– 4. Tot de stand van de techniek behoort voorts de inhoud van Europese octrooiaanvragen en van internationale aanvragen als bedoeld in artikel 153, derde tot en met vijfde lid, van het Europees Octrooiverdrag, waarvan de datum van indiening, die geldt voor de toepassing van artikel 54, tweede en derde lid, van dat verdrag, ligt voor de in het tweede lid bedoelde dag, en die op of na die dag zijn gepubliceerd op grond van artikel 93 van dat verdrag onderscheidenlijk van artikel 21 van het Samenwerkingsverdrag.

– 5. Niettegenstaande het bepaalde in het eerste tot en met vierde lid zijn tot de stand van de techniek behorende stoffen of samenstellingen vatbaar voor octrooi, voor zover zij bestemd zijn voor de toepassing van een van de in artikel 3, onderdeel *f* bedoelde methoden, mits de toepassing daarvan voor enige in dat lid bedoelde methode niet tot de stand van de techniek behoort.

– 6. Onverminderd het eerste tot en met het vierde lid, zijn stoffen of samenstellingen als bedoeld in het vijfde lid, vatbaar voor octrooi voor een specifieke toepassing in een werkwijze als bedoeld in artikel 3, onderdeel *f*, mits die toepassing niet tot de stand van de techniek behoort.

Art. 5

Uitzonderingen; tentoonstelling

– 1. Voor de toepassing van artikel 4 blijft een openbaarmaking van de uitvinding buiten beschouwing, indien deze niet eerder is geschied dan zes maanden voor de dag van indiening van de octrooiaanvrage als direct of indirect gevolg van:

a. een kennelijk misbruik ten opzichte van de aanvrager of diens rechtsvoorganger, of

b. het feit, dat de aanvrager of diens rechtsvoorganger de uitvinding heeft tentoongesteld op van overheidswege gehouden of erkende tentoonstellingen in de zin van het Verdrag inzake Internationale Tentoonstellingen, ondertekend te Parijs op 22 november 1928, zoals dat is gewijzigd, laatstelijk bij Protocol van 30 november 1972 (*Trb.* 1973, 100), op voorwaarde dat de aanvrager bij de indiening van zijn aanvrage verklaart dat de uitvinding inderdaad is tentoongesteld en een bewijsstuk daarvoor overlegt binnen een bij algemene maatregel van rijksbestuur vast te stellen termijn en overeenkomstig bij algemene maatregel van rijksbestuur te stellen voorschriften.

– 2. De erkenning van overheidswege van tentoonstellingen in Nederland geschiedt door Onze Minister en die van tentoonstellingen in de Nederlandse Antillen door de regering van de Nederlandse Antillen.

Art. 6

Resultaat van uitvinderswerkzaamheid

Een uitvinding wordt als het resultaat van uitvinderswerkzaamheid aangemerkt, indien zij voor een deskundige niet op een voor de hand liggende wijze voortvloeit uit de stand van de techniek. Indien documenten als bedoeld in artikel 4, derde en vierde lid, tot de stand van de techniek behoren, worden deze bij de beoordeling van de uitvinderswerkzaamheid buiten beschouwing gelaten.

Art. 7

Nijverheid

Een uitvinding wordt als vatbaar voor toepassing op het gebied van de nijverheid aangemerkt, indien het onderwerp daarvan kan worden vervaardigd of toegepast op enig gebied van de nijverheid, de landbouw daaronder begrepen.

Art. 8

Aanvrager

Onverminderd de artikelen 11, 12 en 13 wordt de aanvrager als uitvinder beschouwd en uit dien hoofde als degene die aanspraak heeft op octrooi.

Art. 9

Recht van voorrang

– 1. Degene die in een der landen, aangesloten bij de Internationale Unie tot bescherming van de industriële eigendom of aangesloten bij de Wereld Handelsorganisatie, overeenkomstig de in dat land geldende wetten, en degene die, overeenkomstig de tussen twee of meer voornoemde landen gesloten verdragen, octrooi of een gebruikscertificaat dan wel bescherming van een gebruiksmodel heeft aangevraagd, geniet gedurende een termijn van twaalf maanden na de dag van die aanvrage in Nederland en in de Nederlandse Antillen een recht van voorrang ter verkrijging van octrooi voor datgene, waarvoor door hem de in de aanhef bedoelde bescherming werd aangevraagd. Met een der landen als bedoeld in de eerste volzin wordt gelijkgesteld een land dat op grond van een mededeling van de bevoegde autoriteit in dat land een recht van voorrang erkent onder gelijkwaardige voorwaarden en met gelijkwaardige rechtsgevolgen als die, bedoeld in het op 20 maart 1883 te Parijs tot stand gekomen Verdrag tot bescherming van de industriële eigendom (*Trb.* 1974, 225 en *Trb.* 1980, 31). Het voorgaande vindt overeenkomstige toepassing ten aanzien van degene, die een uitvinderscertificaat heeft aangevraagd, indien de betrokken wetgeving de keus laat tussen verkrijging van zodanig certificaat of een octrooi.

– 2. Onder aanvrage in de zin van het eerste lid wordt iedere aanvrage verstaan, waarvan de datum van indiening kan worden vastgesteld, ongeacht het verdere lot van die aanvrage.

– 3. Indien de rechthebbende meer aanvragen voor hetzelfde onderwerp heeft ingediend, komt voor het recht van voorrang slechts de eerst ingediende in aanmerking. Niettemin kan het recht van voorrang ook berusten op een later ingediende aanvrage ter verkrijging van bescherming in hetzelfde land, mits de eerst ingediende aanvrage voor de indiening van de latere aanvrage is ingetrokken, vervallen of afgewezen zonder ter kennis van het publiek te zijn gebracht en zonder rechten te hebben laten bestaan en mits zij nog niet als grondslag heeft gediend voor de inroeping van een recht van voorrang. Indien een recht van voorrang, berustend op een later ingediende aanvrage, is ingeroepen, zal de eerst ingediende aanvrage niet meer als grondslag kunnen dienen voor de inroeping van een recht van voorrang.

– 4. De voorrang heeft voor de toepassing van de artikelen 4, tweede, derde en vierde lid, en 6 ten gevolge, dat de aanvrage waarvoor dit recht bestaat, wordt aangemerkt als te zijn ingediend op de dag van indiening van de aanvrage waarop het recht van voorrang berust.

– 5. De aanvrager kan een beroep doen op meer dan één recht van voorrang, zelfs wanneer de rechten van voorrang uit verschillende landen afkomstig zijn. Ook kan de aanvrage, waarbij een beroep op een of meer rechten van voorrang wordt gedaan, elementen bevatten, waarvoor in de conclusies van de aanvrage, waarvan de voorrang wordt ingeroepen, geen rechten werden verlangd, mits de tot de laatste aanvrage behorende stukken het betrokken voortbrengsel of de betrokken werkwijze voldoende nauwkeurig aangeven.

– 6. Degene die van het recht van voorrang gebruik wil maken, moet daarop schriftelijk beroep doen bij de indiening van de aanvrage of binnen zestien maanden na de datum van indiening van de aanvrage waarop hij zich beroept, onder vermelding van die datum van indiening en van het land waarin of waarvoor deze werd ingediend.

– 7. Een verbetering van of toevoeging aan een eerder ingeroepen recht van voorrang moet worden verzocht binnen zestien maanden na de datum van indiening van de aanvrage waarop hij zich beroept.

– 8. Binnen zestien maanden na indiening van de aanvrage waarop hij zich beroept als bedoeld in het zesde en zevende lid, moet hij het nummer alsmede een in de Nederlandse, Franse, Duitse of Engelse taal gesteld afschrift van de aanvrage waarop hij zich beroept of een vertaling van die aanvrage in een van die talen aan het bureau verstrekken, tenzij de eerdere aanvrage bij het bureau of het bureau, bedoeld in artikel 99, is ingediend, alsmede, als hij niet degene is die de aanvrage, op grond waarvan de voorrang wordt ingeroepen heeft ingediend, een document waaruit zijn rechten blijken. Het bureau kan verlangen dat de in de vorige volzin bedoelde vertaling wordt gewaarmerkt.

– 9. Het recht van voorrang vervalt, indien niet aan het zesde, zevende of achtste lid is voldaan.

Art. 10

Eerdere aanvraag

– 1. Indien voor een uit hoofde van deze rijkswet verleend octrooi de voorrang is ingeroepen van een eerder uit hoofde van deze rijkswet ingediende octrooiaanvrage, heeft het op genoemde aanvrage verleende octrooi geen rechtsgevolgen, voor zover het betrekking heeft op dezelfde uitvinding als eerstgenoemd octrooi.

– 2. Vorderingen ter vaststelling van het ontbreken van rechtsgevolg als bedoeld in het eerste lid kunnen door een ieder worden ingesteld.

– 3. Artikel 75, vierde lid, achtste lid, eerste volzin, en negende lid, is van overeenkomstige toepassing.

Art. 11

Inhoud ontleend aan een ander

De aanvrager heeft geen aanspraak op octrooi, voor zover de inhoud van zijn aanvrage aan hetgeen reeds door een ander vervaardigd of toegepast werd of wel aan beschrijvingen, tekeningen of modellen van een ander, zonder diens toestemming, ontleend is. Deze laatste behoudt, voor zover hetgeen ontleend werd voor octrooi vatbaar is, zijn aanspraak op octrooi. Voor de toepassing van artikel 4, derde en vierde lid, op het onderwerp van een aanvrage, ingediend door degene aan wie ontleend is, blijft de door de ontlener ingediende aanvrage buiten beschouwing.

Art. 12

Uitvinding in dienstbetrekking

– 1. Indien de uitvinding, waarvoor octrooi wordt aangevraagd, is gedaan door iemand die in dienst van een ander een betrekking bekleedt, heeft hij aanspraak op octrooi, tenzij de aard van de betrekking medebrengt, dat hij zijn bijzondere kennis aanwendt tot het doen van uitvindingen van dezelfde soort als die waarop de octrooiaanvrage betrekking heeft. In het laatstbedoelde geval komt de aanspraak op octrooi toe aan de werkgever.

– 2. Indien de uitvinding, waarvoor octrooi wordt aangevraagd, is gedaan door iemand die in het kader van een opleiding bij een ander werkzaamheden verricht, komt de aanspraak op octrooi toe aan degene bij wie de werkzaamheden worden verricht, tenzij de uitvinding geen verband houdt met het onderwerp van de werkzaamheden.

– 3. Indien de uitvinding is gedaan door iemand die in dienst van een universiteit, hogeschool of onderzoeksinstelling onderzoek verricht, komt de aanspraak op octrooi toe aan de betrokken universiteit, hogeschool of onderzoeksinstelling.

– 4. Voor de toepassing van artikel 4, derde en vierde lid, op het onderwerp van een aanvrage, ingediend door de in het eerste lid, laatste volzin, bedoelde werkgever dan wel door degene die de gelegenheid biedt om werkzaamheden te verrichten als bedoeld in het tweede lid, blijft een door de niet gerechtigde ingediende octrooiaanvrage buiten beschouwing.

– 5. Van het in het eerste, tweede en derde lid bepaalde kan bij schriftelijke overeenkomst worden afgeweken.

– 6. Ingeval de uitvinder niet geacht kan worden in het door hem genoten loon of de door hem genoten geldelijke toelage of in een bijzondere door hem te ontvangen uitkering vergoeding te vinden voor het gemis aan octrooi, is degene aan wie krachtens het eerste, tweede of derde lid, de aanspraak op octrooi toekomt, verplicht hem een, in verband met het geldelijke belang van de uitvinding en met de omstandigheden waaronder zij plaatshad, billijk bedrag toe te kennen. Een vorderingsrecht van de uitvinder krachtens dit lid vervalt na verloop van drie jaren sedert de datum waarop het octrooi is verleend.
– 7. Elk beding, waarbij van het zesde lid wordt afgeweken, is nietig.

Art. 13

Meerdere uitvinders

Indien een uitvinding is gedaan door verscheidene personen, die volgens een afspraak tezamen hebben gewerkt, hebben zij gezamenlijk aanspraak op octrooi.

Art. 14

Vermelding als uitvinder

– 1. Degene die de uitvinding heeft gedaan, waarvoor octrooi is aangevraagd, doch op grond van artikel 12, eerste, tweede of derde lid, of op grond van een overeenkomst, gesloten met de aanvrager of diens rechtsvoorgangers, geen aanspraak op octrooi kan doen gelden, heeft het recht in het octrooi als de uitvinder te worden vermeld.
– 2. Elk beding, waarbij van het vorige lid wordt afgeweken, is nietig.

HOOFDSTUK 2
Behandeling van octrooiaanvragen

§ 1. Algemene bepalingen

Art. 15

Octrooicentrum Nederland

– 1. Er is een bureau belast met de uitvoering van deze rijkswet en andere bij of krachtens wet of bindende internationale verplichtingen opgelegde taken. Het bureau heet Octrooicentrum Nederland. Het bureau is een instelling van Nederland en dient tevens, voor zover het octrooien betreft, voor Nederland en de Nederlandse Antillen als centrale bewaarplaats als bedoeld in artikel 12 van de op 14 juli 1967 te Stockholm tot stand gekomen herziening van het op 20 maart 1883 te Parijs tot stand gekomen Verdrag tot bescherming van de industriële eigendom (*Trb.* 1969, 144).
– 2. Bij besluit van Onze Minister worden inrichting en werkwijze van het bureau bepaald.

Art. 16

Termijnen

Indien het bureau gedurende de laatste dag van enige ingevolge deze rijkswet door of jegens het bureau in acht te nemen termijn is gesloten, wordt die termijn voor de toepassing van deze rijkswet verlengd tot het einde van de eerstvolgende dag, waarop het bureau weer geopend is.

Art. 17

Samenwerkingsverdrag

– 1. Het bureau treedt op als ontvangend bureau in de zin van artikel 2, onder *(xv)*, van het Samenwerkingsverdrag en verricht zijn werkzaamheden uit dien hoofde met inachtneming van de bepalingen van dat verdrag.
– 2. Bij of krachtens algemene maatregel van rijksbestuur worden, voor zover het Samenwerkingsverdrag daartoe de bevoegdheid verleent, het bedrag en de vervaldatum vastgesteld van taksen die op grond van het Samenwerkingsverdrag en het daarbij behorende Reglement mogen worden geheven. Bij algemene maatregel van rijksbestuur kunnen verdere regels worden gesteld ten aanzien van onderwerpen waarover het ontvangend bureau ingevolge genoemd Reglement bevoegd is voorschriften te geven.

Art. 18

Europees octrooi

De aanwijzing of, in voorkomend geval, de keuze van het Koninkrijk in een internationale aanvrage als bedoeld in artikel 2, onder *(vii)*, van het Samenwerkingsverdrag zal worden aangemerkt als een verzoek van de aanvrager tot verkrijging van een Europees octrooi.

Art. 19

Register

– 1. Het bureau is verantwoordelijk voor een octrooiregister waaruit de stand van zaken omtrent octrooiaanvragen en octrooien kan worden afgeleid en waaruit voor dit doel gegevens kunnen worden verstrekt aan derden.
– 2. In het register worden ingevolge deze rijkswet gegevens betreffende octrooiaanvragen en octrooien ingeschreven. Het register is voor een ieder kosteloos ter inzage.
– 3. Bij algemene maatregel van rijksbestuur kunnen nadere regels worden gesteld omtrent het register. Daarbij kan worden bepaald dat de inschrijving van bepaalde gegevens in het register afhankelijk is van het betalen van een bedrag door degene die om inschrijving verzoekt.
– 4. Tegen betaling van bij of krachtens algemene maatregel van rijksbestuur vast te stellen bedragen kan een ieder het bureau verzoeken om schriftelijke inlichtingen omtrent dan wel gewaarmerkte uittreksels uit het octrooiregister of om stukken welke betrekking hebben op een in het octrooiregister ingeschreven octrooiaanvrage of octrooi, alsmede om afschriften van laatstgenoemde stukken.

Art. 20

Octrooiblad

– 1. Van alle gegevens die in het octrooiregister worden vermeld, wordt tevens melding gemaakt in een door het bureau periodiek uit te geven blad.
– 2. Bij algemene maatregel van rijksbestuur kunnen nadere regels worden gesteld omtrent het in het eerste lid bepaalde.

Art. 21

Openbaarheid

– 1. Vanaf het tijdstip waarop de octrooiaanvrage in het octrooiregister is ingeschreven, kan een ieder kosteloos kennisnemen van alle op de aanvrage of het daarop verleende octrooi betrekking hebbende stukken die het bureau hebben bereikt of die het bureau aan de aanvrager of aan derden heeft doen uitgaan in het kader van de bepalingen van deze rijkswet. Het bureau maakt van al deze stukken zo spoedig mogelijk doch niet voor de inschrijving van de aanvrage in het octrooiregister melding in het in artikel 20 bedoelde blad.
– 2. Van stukken die betrekking hebben op een aanvrage die nog niet in het octrooiregister is ingeschreven, kan alleen met toestemming van de aanvrager kennis worden genomen. Zonder toestemming van de aanvrager kan daarvan nochtans kennis worden genomen, indien de betrokkene aantoont dat de aanvrager zich tegenover hem heeft beroepen op zijn aanvrage. Het in dit lid bepaalde geldt niet ten aanzien van de in paragraaf 3 van dit hoofdstuk bedoelde octrooiaanvragen.
– 3. Geen kennis kan worden genomen van de verklaring van degene die de uitvinding heeft gedaan, inhoudende dat hij geen prijs stelt op vermelding als uitvinder in het octrooi.

Art. 22

Vervallen.

Art. 23

Inachtneming termijnen

– 1. Indien de aanvrager of de houder van een octrooi dan wel de houder van een Europees octrooi, ondanks het betrachten van alle in de gegeven omstandigheden geboden zorgvuldigheid, niet in staat is geweest een termijn ten opzichte van het bureau of het bureau bedoeld in artikel 99 in acht te nemen, wordt op zijn verzoek door het bureau de vorige toestand hersteld, indien het niet in acht nemen van de termijn ingevolge deze rijkswet rechtstreeks heeft geleid tot het verlies van enig recht of rechtsmiddel.
– 2. Het eerste lid is niet van toepassing op het niet indienen van de octrooiaanvrage binnen de in artikel 9, eerste lid, bedoelde termijn en op het niet in acht nemen van de hierna in het derde lid bedoelde termijn.
– 3. Indien een verzoek betrekking heeft op het niet in acht nemen van een termijn als bedoeld in artikel 9, zesde, zevende of achtste lid, wordt het verzoek binnen twee maanden na het verstrijken van de termijn ingediend. Andere verzoeken worden zo spoedig mogelijk, doch uiterlijk binnen een jaar na afloop van de niet in acht genomen termijn, ingediend. Gelijktijdig met het verzoek wordt de verzuimde handeling alsnog verricht. Bij de indiening dient een bij algemene maatregel van rijksbestuur te bepalen bedrag te worden betaald.
– 4. Het bureau tekent het herstel in het octrooiregister aan.
– 5. Degene, die in het tijdvak, gelegen tussen het verlies van het recht of het rechtsmiddel en het herstel in de vorige toestand, begonnen is met de vervaardiging of toepassing binnen Nederland of de Nederlandse Antillen in of voor zijn bedrijf van datgene, waarvoor tengevolge van het herstel een octrooi van kracht is, dan wel een begin van uitvoering heeft gegeven aan zijn voornemen daartoe, blijft niettegenstaande het octrooi bevoegd de in artikel 53, eerste lid, bedoelde handelingen te verrichten. Artikel 55, tweede en vierde lid, is van overeenkomstige toepassing.

§ 1a. Octrooigemachtigden

Art. 23a

Register van octrooigemachtigden

– 1. Het bureau is verantwoordelijk voor een register van octrooigemachtigden waaruit kan worden afgeleid wie voldoet aan de eisen van vakbekwaamheid van octrooigemachtigden en als octrooigemachtigde voor het bureau kan optreden en waaruit voor dit doel gegevens kunnen worden verstrekt aan derden.
– 2. In het register kan een ieder op aanvraag als octrooigemachtigde worden ingeschreven die met goed gevolg een examen heeft afgelegd en die gedurende ten minste drie jaren octrooiaanvragen heeft behandeld onder verantwoordelijkheid van een octrooigemachtigde, dan wel van wie met goed gevolg een proeve van bekwaamheid is afgenomen. Het examen of de proeve van bekwaamheid is niet langer dan tien jaar voor het indienen van de aanvraag afgelegd.
– 3. Het bureau stelt de inrichting van het register vast. Het register is voor een ieder kosteloos ter inzage.
– 4. Het is anderen dan degenen die in het register van octrooigemachtigden zijn ingeschreven, verboden zichzelf in het economisch verkeer aan te duiden alsof zij in dat register zouden zijn ingeschreven.

– 5. De raad van toezicht kan op aanvraag ontheffing verlenen van de verplichting het examen of de proeve van bekwaamheid af te leggen of ten minste drie jaren octrooiaanvragen te behandelen onder verantwoordelijkheid van een octrooigemachtigde.
– 6. Bij of krachtens algemene maatregel van rijksbestuur worden nadere regels gesteld omtrent de aanvraag om inschrijving in het register, de aanvraag om een ontheffing, de beoordeling van de aanvraag door de raad van toezicht, het beroep bij het Gerechtshof te 's-Gravenhage tegen een afwijzend oordeel van de raad en de inschrijving in en de uitschrijving uit het register.

Art. 23b

Octrooigemachtigde personen

– 1. Voor het bureau kunnen als gemachtigde slechts optreden personen die als octrooigemachtigde zijn ingeschreven in het register, bedoeld in artikel 23*a*, personen die op grond van artikel 1 van de Advocatenwet als advocaat zijn ingeschreven bij een rechtbank en personen die op grond van artikel 1 van de Advocatenlandsverordening als advocaat zijn ingeschreven bij het Gemeenschappelijk Hof van Justitie van de Nederlandse Antillen en Aruba.
– 2. De directeur van het bureau kan van een advocaat inzage vorderen van de geviseerde akte van zijn beëdiging als advocaat voordat hij hem als gemachtigde voor het bureau toelaat.
– 3. De directeur van het bureau kan in bijzondere gevallen ook anderen dan de personen, bedoeld in het eerste lid, toestaan als gemachtigde voor het bureau op te treden, indien zij van een dergelijk optreden niet hun beroep maken of indien zij in een lidstaat van de Europese Unie of in een andere staat die partij is bij de Overeenkomst betreffende de Europese Economische Ruimte bevoegd zijn om als gemachtigde in octrooizaken op te treden en zij slechts in incidentele gevallen als gemachtigde voor het bureau optreden.
– 4. Tenzij bij of krachtens wet anders is bepaald, is een octrooigemachtigde of een persoon die onder zijn verantwoordelijkheid werkzaam is, verplicht tot geheimhouding van al hetgeen waarvan hij uit hoofde van zijn werkzaamheden als zodanig kennis neemt. Deze verplichting blijft bestaan na beëindiging van de desbetreffende werkzaamheden.

Art. 23c

Examencommissie

– 1. Er is een examencommissie voor het afnemen van het examen en de proeve van bekwaamheid, bedoeld in artikel 23*a*.
– 2. Op voordracht van het bestuur van de orde benoemt Onze Minister de leden van de examencommissie telkens voor een periode van twee jaar. Onze Minister kan een lid om gewichtige redenen tussentijds ontslaan. De benoeming en het ontslag van de leden van de examencommissie wordt bekendgemaakt in het blad, bedoeld in artikel 20.
– 3. De examencommissie bestaat uit ten minste zes personen. Een derde van de leden van de examencommissie is octrooigemachtigde, een derde is medewerker van het bureau en een derde is technisch of rechtsgeleerd deskundige, niet afkomstig uit de kring van octrooigemachtigden en medewerkers van het bureau. Ten hoogste de helft van de leden van de examencommissie kan tevens docent zijn van een opleiding voor toekomstige octrooigemachtigden.
– 4. De examencommissie kan uit haar midden commissies samenstellen ten behoeve van het in gedeelten afnemen van het examen of de proeve van bekwaamheid.
– 5. De examencommissie bepaalt het tijdstip van de aanmelding tot het examen en de proeve van bekwaamheid, bedoeld in het eerste lid, alsmede het tijdstip en de plaats waarop dit examen en deze proeve van bekwaamheid worden afgenomen. De examencommissie neemt een examen of proeve van bekwaamheid of een gedeelte daarvan niet af dan nadat degene van wie het examen of de proeve van bekwaamheid of het gedeelte daarvan wordt afgenomen, het daarvoor verschuldigde bedrag heeft betaald.
– 6. Bij of krachtens algemene maatregel van rijksbestuur worden nadere regels gesteld omtrent:
a. het toelaten tot het deelnemen aan en het afnemen van het examen en de proeve van bekwaamheid en het bedrag dat degene die aan een examen of proeve van bekwaamheid of een gedeelte daarvan wenst deel te nemen, verschuldigd is;
b. de kennis die wordt getoetst door het examen en de proeve van bekwaamheid, de uitwerking van de exameneisen door de examencommissie en de wijze waarop het examen of de proeve van bekwaamheid wordt afgenomen.

Art. 23d

Orde van octrooigemachtigden

– 1. Er is een Orde van octrooigemachtigden, die gevormd wordt door allen die zijn ingeschreven in het register, bedoeld in artikel 23*a*.
– 2. De orde heeft tot taak de bevordering van een goede beroepsuitoefening door de leden en van hun vakbekwaamheid. Haar taak omvat mede de zorg voor de eer en het aanzien van het beroep van octrooigemachtigde.
– 3. De orde is een openbaar lichaam als bedoeld in artikel 134 van de Grondwet.

Art. 23e

Algemene vergadering van de orde; bestuur

– 1. De algemene vergadering van de orde kiest uit haar midden een bestuur dat de dagelijkse leiding heeft over de orde en dat gerechtigd is tot het verrichten van daden van beheer en beschikking met betrekking tot het vermogen van de orde.
– 2. De leden van het bestuur treden om de twee jaar af. Zij zijn terstond herkiesbaar.
– 3. Het bestuur van de orde bestaat uit ten hoogste negen leden. De algemene vergadering van de orde wijst uit deze leden de voorzitter, secretaris en penningmeester van het bestuur aan.
– 4. De voorzitter of de secretaris van het bestuur vertegenwoordigt de orde in en buiten rechte.

Art. 23f

Algemene vergadering van de orde; raad van toezicht

– 1. De algemene vergadering van de orde kiest een raad van toezicht die aanvragen om opgenomen te worden in het register van octrooigemachtigden beoordeelt, die toezicht houdt op de wijze waarop octrooigemachtigden hun beroep uitoefenen en die belast is met tuchtrechtspraak in eerste aanleg.
– 2. De leden van de raad van toezicht treden om de twee jaar af. Zij zijn terstond herkiesbaar.
– 3. De raad van toezicht van de orde bestaat uit vijf leden en vijf plaatsvervangende leden.
– 4. De voorzitter van de raad van toezicht is een jurist die op voordracht van de algemene vergadering van de orde wordt benoemd door Onze Minister. De algemene vergadering van de orde wijst de secretaris van de raad van toezicht aan uit de leden van de raad.

Art. 23g

Incompatibiliteit

– 1. Het lidmaatschap van het bestuur is niet verenigbaar met het lidmaatschap of het plaatsvervangend lidmaatschap van de raad van toezicht.
– 2. Het bestuur ontheft een lid of plaatsvervangend lid van de raad van toezicht van zijn functie, indien het lid of plaatsvervangend lid:
a. vanwege ziekten of gebreken blijvend ongeschikt is zijn functie te vervullen;
b. uitgeschreven is uit het register van octrooigemachtigden;
c. in staat van faillissement is verklaard, onder de toepassing van de schuldsaneringsregeling natuurlijke personen is verklaard of onder curatele is gesteld;
d. zich in voorlopige hechtenis bevindt;
e. bij onherroepelijk geworden rechterlijke uitspraak wegens misdrijf is veroordeeld, dan wel hem bij een dergelijke uitspraak een maatregel is opgelegd die vrijheidsbeneming tot gevolg heeft.

Art. 23h

Huishoudelijk reglement en gedragsregels

– 1. De algemene vergadering van de orde stelt een huishoudelijk reglement en gedragsregels voor octrooigemachtigden vast.
– 2. Het huishoudelijk reglement regelt in ieder geval:
a. de wijze waarop het bestuur en de raad van toezicht worden verkozen;
b. het ontslag om gewichtige redenen van een lid van het bestuur;
c. het houden van de vergaderingen van de orde;
d. het bedrag van de contributie die de leden van de orde verschuldigd zijn vanwege hun lidmaatschap van de orde, en de termijn waarbinnen de contributie wordt voldaan.
– 3. De algemene vergadering stelt een verordening vast ten aanzien van de begeleiding van stagiaires door octrooigemachtigden, de wederzijdse verplichtingen van de octrooigemachtigde en de stagiaire en de benoeming door de raad van toezicht van een octrooigemachtigde als begeleider van een stagiaire die octrooiwerkzaamheden verricht buiten het kantoor van een octrooigemachtigde.
– 4. De algemene vergadering kan verordeningen vaststellen in het belang van de goede beroepsuitoefening van de leden. Deze verordeningen kunnen slechts betrekking hebben op:
a. de wijze waarop de administratie van een octrooigemachtigde wordt ingericht, bijgehouden en bewaard;
b. de samenwerking van octrooigemachtigden met andere octrooigemachtigden en met beoefenaren van een ander beroep;
c. de publiciteit die octrooigemachtigden kunnen bedrijven omtrent hun werkzaamheden;
d. het bijhouden van de kennis en het inzicht van octrooigemachtigden met betrekking tot het recht betreffende de industriële eigendom en het toezicht van de raad van toezicht daarop.
– 5. Verordeningen houden geen bepalingen in omtrent onderwerpen waarin bij of krachtens de wet is voorzien, bevatten geen verplichtingen of voorschriften die niet strikt noodzakelijk zijn voor de verwezenlijking van het doel dat met de verordening wordt beoogd en beperken niet onnodig de marktwerking. Indien in het onderwerp van bepalingen van verordeningen wordt voorzien bij of krachtens de wet, houden deze bepalingen van rechtswege op te gelden.

Art. 23i

Goedkeuring minister

– 1. Het huishoudelijk reglement, de gedragsregels voor octrooigemachtigden en de verorde-

ningen, alsmede iedere wijziging daarvan, worden na vaststelling onverwijld ter goedkeuring gezonden aan Onze Minister.
– 2. Onze Minister kan zijn goedkeuring onthouden aan het huishoudelijk reglement, de gedragsregels voor octrooigemachtigden en de verordeningen, alsmede een wijziging daarvan, indien zij bepalingen bevatten die in strijd zijn met het recht of het algemeen belang.
– 3. Na goedkeuring door Onze Minister worden het huishoudelijk reglement, de gedragsregels voor octrooigemachtigden en de verordeningen, alsmede een wijziging daarvan, geplaatst in het blad, bedoeld in artikel 20. Zij treden in werking met ingang van de eerste dag van de tweede maand na de dagtekening van het blad waarin zij worden geplaatst of zoveel eerder als zij zelf bepalen.
– 4. De octrooigemachtigden zijn gehouden het huishoudelijk reglement, de gedragsregels voor octrooigemachtigden en de verordeningen na te leven en de contributie die verschuldigd is vanwege het lidmaatschap van de orde binnen de daarvoor gestelde termijn te voldoen.

Art. 23j

Vaststelling begroting

– 1. De algemene vergadering van de orde stelt voor 1 oktober van ieder jaar een begroting vast voor het volgende kalenderjaar.
– 2. De algemene vergadering van de orde brengt jaarlijks aan Onze Minister voor 1 mei een financieel verslag uit dat vergezeld gaat van een verklaring omtrent de getrouwheid en de rechtmatigheid, afgegeven door een accountant als bedoeld in artikel 393 van Boek 2 van het Burgerlijk Wetboek.
– 3. De algemene vergadering van de orde stelt jaarlijks voor 1 mei een verslag op van de werkzaamheden, het gevoerde beleid in het algemeen en de doelmatigheid en doeltreffendheid van de werkzaamheden en werkwijze van de orde in het bijzonder in het afgelopen kalenderjaar. Het verslag wordt aan Onze Minister toegezonden.
– 4. De algemene vergadering van de orde stelt de in het tweede en derde lid bedoelde stukken algemeen verkrijgbaar.

Art. 23k

Inlichtingen

De algemene vergadering van de orde, het bestuur van de orde, de raad van toezicht en de examencommissie verstrekken desgevraagd aan Onze Minister de voor de uitoefening van zijn taak benodigde inlichtingen. Onze Minister kan inzage vorderen van zakelijke gegevens en bescheiden, voor zover dat voor de vervulling van zijn taak redelijkerwijs nodig is.

Art. 23l

Frequentie vergaderingen

– 1. Ten minste eenmaal per jaar vergadert de orde over onderwerpen die voor octrooigemachtigden van belang zijn.
– 2. De vergaderingen van de orde, bedoeld in het eerste lid, zijn openbaar, tenzij de aanwezige leden van de orde om gewichtige redenen besluiten dat de vergadering geheel of gedeeltelijk met gesloten deuren zal plaatsvinden. De vergaderingen van het bestuur en de raad van toezicht van de orde zijn niet openbaar, behoudens in een geval als bedoeld in artikel 23*s*, vierde lid.

Art. 23m

Gevolgen faillissement octrooigemachtigde

– 1. Een octrooigemachtigde die in staat van faillissement is verklaard, ten aanzien van wie de schuldsaneringsregeling natuurlijke personen van toepassing is verklaard, of die onder curatele is gesteld, is gedurende het faillissement, de toepassing van de schuldsaneringsregeling natuurlijke personen of de curatele van rechtswege geschorst in de uitoefening van het recht als gemachtigde voor het bureau op te treden of bij de behandeling ter terechtzitting van geschillen het woord te voeren. Gedurende deze tijd is hij tevens van rechtswege geschorst als lid van de orde.
– 2. Ingeval een octrooigemachtigde niet in staat is de belangen te behartigen die hem in die hoedanigheid zijn toevertrouwd, dan wel ingeval hij overleden is, wijst de voorzitter van de raad van de toezicht, indien niet reeds in de vervanging is voorzien, een octrooigemachtigde aan, die, zolang de voorzitter dit nodig oordeelt, de maatregelen neemt die onder de gegeven omstandigheden geboden zijn.

Art. 23n

Gevolgen onoorbaar gedrag octrooigemachtigde

– 1. Een octrooigemachtigde die zich schuldig maakt aan enig handelen of nalaten dat in strijd is met de zorg die hij als octrooigemachtigde behoort te betrachten ten opzichte van degenen wier belangen hij als zodanig behartigt of behoort te behartigen, dat in strijd is met het huishoudelijk reglement of de verordeningen van de orde, of dat in strijd is met hetgeen een octrooigemachtigde betaamt, kan, onverminderd zijn aansprakelijkheid op grond van andere wettelijke voorschriften, worden onderworpen aan een van de maatregelen, genoemd in artikel 23*u*.
– 2. Als enig handelen of nalaten in strijd met hetgeen een octrooigemachtigde betaamt, wordt in ieder geval aangemerkt het in octrooiaangelegenheden samenwerken of in dienst nemen van een persoon:

a. van wie bekend is dat hem de inschrijving in het register, bedoeld in artikel 23*a*, is geweigerd omdat gegronde vrees bestaat dat hij zich schuldig zal maken aan enig handelen of nalaten als bedoeld in het eerste lid,
b. die ontzet is uit het recht om als gemachtigde voor het bureau op te treden, of
c. die, hoewel onbevoegd om als gemachtigde voor het bureau op te treden, er zijn gewoonte van maakt zich in Nederland of de Nederlandse Antillen voor te doen als een gemachtigde.

Art. 23o

Indiening klacht

– 1. De raad van toezicht neemt een tegen een octrooigemachtigde gerezen bedenking in behandeling op een met redenen omklede schriftelijke klacht, bij hem ingediend.
– 2. Indien de voorzitter van het bestuur van de orde buiten het geval van een klacht op de hoogte is van een bedenking tegen een octrooigemachtigde of een advocaat, kan hij deze ter kennis van de raad van toezicht brengen. In dat geval behandelt de raad de bedenking als klacht en beschouwt hij de voorzitter van het bestuur van de orde als klager.
– 3. Indien het de raad van toezicht bekend is dat een advocaat zich bij de behandeling van octrooiaangelegenheden heeft schuldig gemaakt aan gedragingen als bedoeld in artikel 46 van de Advocatenwet, stelt hij de raad van toezicht, bedoeld in artikel 22 van die wet, van het arrondissement waarin de desbetreffende advocaat zijn praktijk uitoefent, hiervan op de hoogte.
– 4. De raad van toezicht neemt een klacht niet in behandeling indien het voorval waarop de klacht betrekking heeft, ten minste vijf jaar voor de indiening van de klacht heeft plaatsgevonden.

Art. 23p

Behandeling klacht; summier onderzoek voorzitter

– 1. De secretaris van de raad van toezicht stelt de octrooigemachtigde tegen wie een klacht is ingediend onverwijld schriftelijk op de hoogte van de bedenking.
– 2. De voorzitter van de raad kan na een summier onderzoek, zo nodig na de klager en de desbetreffende octrooigemachtigde te hebben gehoord, de klacht terstond bij met redenen omklede beslissing afwijzen indien hij van oordeel is dat deze kennelijk niet-ontvankelijk, kennelijk ongegrond of van onvoldoende gewicht is.
– 3. Indien de voorzitter van de raad van oordeel is dat een klacht vatbaar is voor minnelijke schikking, roept hij de klager en de desbetreffende octrooigemachtigde op teneinde een zodanige schikking te beproeven. Indien een minnelijke schikking mogelijk blijkt, wordt deze op schrift gesteld en door de klager, de octrooigemachtigde en de voorzitter ondertekend.
– 4. De voorzitter van de raad brengt klachten, die niet in der minne zijn opgelost of die niet zijn afgewezen, onverwijld ter kennis van de raad van toezicht.
– 5. De secretaris van de raad zendt aan de klager en de desbetreffende octrooigemachtigde onverwijld bij aangetekende brief een afschrift van de beslissing van de voorzitter.

Art. 23q

Verzet tegen beslissing voorzitter

– 1. Tegen de beslissing van de voorzitter van de raad van toezicht tot afwijzing van een klacht kan de klager binnen veertien dagen na de dag van verzending van het afschrift van de beslissing schriftelijk verzet doen bij de raad van toezicht. Hij geeft daarbij gemotiveerd aan met welke overwegingen van de voorzitter van de raad hij zich niet kan verenigen en kan vragen over zijn verzet te worden gehoord.
– 2. Indien overeenkomstig het eerste lid verzet is gedaan tegen de beslissing van de voorzitter van de raad, wijst deze een ander lid van de raad aan om hem bij de behandeling van het verzet te vervangen.
– 3. Ten gevolge van het verzet vervalt de beslissing van de voorzitter van de raad, tenzij de raad het verzet niet-ontvankelijk of ongegrond verklaart.
– 4. Indien de raad van oordeel is dat de klacht kennelijk niet-ontvankelijk, kennelijk ongegrond of van onvoldoende gewicht is, kan hij zonder nader onderzoek het verzet niet-ontvankelijk of ongegrond verklaren, echter niet dan na de klager die daarom vroeg, in de gelegenheid te hebben gesteld te worden gehoord.
– 5. De beslissing tot niet-ontvankelijkverklaring of tot ongegrondverklaring van het verzet is met redenen omkleed. Daartegen staat geen rechtsmiddel open. De secretaris van de raad zendt aan de klager en de desbetreffende octrooigemachtigde onverwijld bij aangetekende brief een afschrift van de beslissing van de raad.
– 6. Indien de raad van oordeel is dat het verzet gegrond is, wordt de zaak in verdere behandeling genomen.

Art. 23r

Bedenkingen tegen lid raad van toezicht

– 1. Indien een bedenking een lid of plaatsvervangend lid van de raad van toezicht betreft, schorst de raad dit lid of plaatsvervangend lid in het recht zitting te hebben in de raad gedurende de tijd dat de bedenking behandeld wordt.
– 2. De artikelen 512 tot en met 519 van het Wetboek van Strafvordering zijn van overeenkom-

stige toepassing ten aanzien van de wraking en verschoning van een lid of plaatsvervangend lid van de raad.

Art. 23s

Verhoor; zitting

– 1. De raad van toezicht neemt geen beslissing dan na verhoor of behoorlijke oproeping van de octrooigemachtigde en van de klager of de voorzitter van het bestuur van de orde. De oproepingen geschieden bij aangetekende brief ten hoogste acht weken nadat de klacht ter kennis van de raad is gebracht op grond van artikel 23*p*, vierde lid, of nadat de raad de klacht in verdere behandeling heeft genomen op grond van artikel 23*q*, zesde lid, en ten minste twee weken voor het verhoor.

– 2. De octrooigemachtigde en de klager of de voorzitter van het bestuur van de orde zijn bevoegd zich te doen bijstaan door een raadsman. De secretaris van de raad stelt hen tijdig in de gelegenheid om kennis te nemen van de stukken die betrekking hebben op de zaak. Zij kunnen afschriften of uittreksels van die stukken vragen tegen vergoeding van de kostprijs.

– 3. De raad kan weigeren personen, die geen advocaat of procureur zijn, als raadsman toe te laten. In dat geval houdt de raad de zaak tot een volgende zitting aan.

– 4. De behandeling door de raad van een bedenking tegen een octrooigemachtigde geschiedt in een openbare zitting. De raad kan om gewichtige redenen bevelen dat de behandeling geheel of gedeeltelijk met gesloten deuren zal plaatsvinden.

Art. 23t

Getuigen en deskundigen

– 1. De raad van toezicht kan getuigen en deskundigen horen. Zij worden daartoe bij aangetekende brief opgeroepen en zijn verplicht aan de oproeping gevolg te geven.

– 2. Verschijnt een getuige of deskundige op de oproeping niet, dan doet de officier van justitie op verzoek van de raad hem dagvaarden. Verschijnt een getuige of deskundige op de dagvaarding niet, dan doet de officier van justitie op verzoek van de raad hem andermaal dagvaarden, desverzocht met bevel tot medebrenging. Artikel 556 van het Wetboek van Strafvordering is van overeenkomstige toepassing.

– 3. De voorzitter van de raad kan een getuige onder ede horen.

– 4. De getuige is verplicht op de gestelde vragen te antwoorden. De deskundige is gehouden zijn taak onpartijdig en naar beste weten te verrichten. Ten aanzien van de getuigen en deskundigen zijn de artikelen 217 tot en met 219 van het Wetboek van Strafvordering van overeenkomstige toepassing.

– 5. De getuigen en deskundigen ontvangen op verzoek op vertoon van hun oproeping of dagvaarding schadeloosstelling overeenkomstig het bij en krachtens artikel 57 van de Wet tarieven in burgerlijke zaken bepaalde.

Art. 23u

Sancties

– 1. De raad van toezicht kan aan de octrooigemachtigde een van de volgende maatregelen opleggen, indien hij oordeelt dat een tegen de octrooigemachtigde gerezen bedenking gegrond is:

a. waarschuwing;

b. berisping;

c. schorsing in de uitoefening van het recht om als gemachtigde voor het bureau op te treden voor de tijd van ten hoogste vijf jaar;

d. ontzetting uit het recht om als gemachtigde voor het bureau op te treden.

– 2. Schorsing als bedoeld in het eerste lid, onder *c*, brengt voor de duur van de schorsing mee schorsing als lid van de orde en verlies van de betrekkingen, waarbij de hoedanigheid van octrooigemachtigde vereist is voor de verkiesbaarheid of benoembaarheid.

Art. 23v

Beslissing

– 1. De beslissingen van de raad van toezicht zijn met redenen omkleed en worden in het openbaar uitgesproken. De raad beslist binnen zes weken nadat het onderzoek ter openbare zitting is gesloten.

– 2. De waarschuwing of berisping, bedoeld in artikel 23*u*, eerste lid, onder *a* en *b*, wordt door de voorzitter van de raad uitgesproken in een vergadering van de raad, waarvoor de octrooigemachtigde bij aangetekende brief wordt opgeroepen. Van de vergadering wordt proces-verbaal opgemaakt. De secretaris van de raad zendt een afschrift van het proces-verbaal bij aangetekende brief aan de octrooigemachtigde.

– 3. Indien een maatregel is opgelegd als bedoeld in artikel 23*u* kan de raad beslissen dat daarvan mededeling wordt gedaan in het blad, bedoeld in artikel 20, zodra de beslissing onherroepelijk is geworden. Een dergelijke mededeling wordt in ieder geval gedaan indien een maatregel als bedoeld in artikel 23*u*, eerste lid, onder *c* of *d*, is opgelegd.

– 4. De secretaris van de raad zendt bij aangetekende brief terstond een afschrift van de beslissing van de raad aan de octrooigemachtigde en, in voorkomend geval, aan de klager of de voorzitter van het bestuur van de orde, alsmede, indien bij de beslissing een maatregel is opgelegd, aan het bureau. In het afschrift van de beslissing worden de ter beschikking staande rechtsmiddelen vermeld.

– 5. In geval van oplegging van de maatregelen, bedoeld in artikel 23*u*, eerste lid, onder *c* en *d*, deelt de raad aan de betrokken octrooigemachtigde bij aangetekende brief nadat de beslissing onherroepelijk is geworden, de datum mee waarop de maatregel van kracht wordt.

Art. 23w

Beroep

– 1. Tegen een beslissing van de raad van toezicht als bedoeld in artikel 23*u* kan een belanghebbende binnen dertig dagen na de dag van verzending van de brief, bedoeld in artikel 23*v*, vierde lid, beroep instellen bij het Gerechtshof te 's-Gravenhage.

– 2. Het beroep wordt ingesteld bij beroepschrift. De griffier van het gerechtshof geeft door toezending van een afschrift van het beroepschrift terstond kennis aan de raad van toezicht, aan het bureau en, voor zover het beroep niet door hem is ingesteld, aan de klager en aan de octrooigemachtigde.

– 3. Het gerechtshof behandelt de zaak opnieuw in volle omvang.

– 4. De artikelen 23*s* en 23*t* zijn van overeenkomstige toepassing op het beroep.

– 5. Tenzij het gerechtshof beslist dat het beroep niet ontvankelijk is of dat er geen aanleiding bestaat tot het opleggen van enige maatregel, legt het een maatregel op als bedoeld in artikel 23*u*.

– 6. Artikel 23*v* is van overeenkomstige toepassing op de beslissing van het gerechtshof, met dien verstande dat in plaats van 'de raad van toezicht' wordt gelezen: het gerechtshof, in plaats van 'voorzitter van de raad' wordt gelezen: vice-president van het gerechtshof, en in plaats van 'secretaris van de raad': griffier van het gerechtshof.

– 7. Tegen beslissingen van het gerechtshof is geen hogere voorziening toegelaten.

Art. 23x

Herzieningsverzoek

– 1. Van een beslissing van de raad van toezicht als bedoeld in artikel 23*u* en van een beslissing van het gerechtshof als bedoeld in artikel 23*w*, vijfde lid, kan door degene tegen wie de beslissing is genomen, herziening worden verzocht, indien een ernstig vermoeden bestaat dat op grond van enige omstandigheid, waarvan bij het nemen van de beslissing niet is gebleken, een andere beslissing zou zijn genomen, indien die omstandigheid bekend zou zijn geweest.

– 2. Van een beslissing tot oplegging van de maatregel, bedoeld in artikel 23*u*, eerste lid, onder *d*, kan door degene tegen wie de beslissing is genomen, wijziging worden verzocht na vijf jaar nadat de beslissing onherroepelijk is geworden.

– 3. Ten aanzien van de herziening, bedoeld in het eerste lid, en de wijziging, bedoeld in het tweede lid, is het Gerechtshof te 's-Gravenhage bevoegd. Deze procedures leiden niet tot het opleggen van een zwaardere maatregel. De artikelen 23*s*, 23*t* en 23*w*, tweede tot en met zevende lid, zijn van overeenkomstige toepassing op de herziening en de wijziging.

Art. 23y

Bezwaar belanghebbende

– 1. Een belanghebbende kan bij de examencommissie bezwaar maken tegen een beslissing als bedoeld in artikel 23*c*, vijfde lid, tegen een beslissing hem of haar niet toe te laten tot het examen of de proeve van bekwaamheid en tegen de beoordeling van het examen of de proeve van bekwaamheid.

– 2. Een belanghebbende kan bij de raad van toezicht bezwaar maken tegen een benoeming van een octrooigemachtigde als begeleider van een stagiaire als bedoeld in artikel 23*h*, derde lid.

– 3. De hoofdstukken 6 en 7 van de Algemene wet bestuursrecht zijn van overeenkomstige toepassing op het bezwaar, bedoeld in het eerste of tweede lid.

– 4. De curator kan de raad van toezicht verzoeken de schorsing, bedoeld in artikel 23*m*, eerste lid, op te heffen. De artikelen 23*s*, 23*t* en 23*v*, eerste lid, zijn van overeenkomstige toepassing op het verzoek tot opheffing van de schorsing. Indien de raad van toezicht de schorsing opheft, zendt de secretaris van de raad terstond een afschrift van de beslissing van de raad aan de curator, de betrokkene en het bureau.

– 5. Een belanghebbende kan tegen een beslissing op bezwaar als bedoeld in het eerste of tweede lid of tegen een beslissing op het verzoek als bedoeld in het vierde lid beroep instellen bij het Gerechtshof te 's-Gravenhage.

– 6. De artikelen 23*s*, 23*t*, 23*v*, eerste lid, en 23*w*, met uitzondering van het vijfde lid, zijn van overeenkomstige toepassing op het beroep.

Art. 23z

Evaluatiebepaling

Onze Minister zendt binnen vijf jaar na de inwerkingtreding van paragraaf 1*a* van hoofdstuk 2 van deze wet en vervolgens telkens na vier jaar aan de Staten-Generaal een verslag over de doeltreffendheid en doelmatigheid van het functioneren van de orde.

§ 2. Verlening

Art. 24

Octrooiaanvraag

– 1. Een aanvrage om octrooi moet bij het bureau worden ingediend en moet:
a. de naam en het adres van de aanvrager vermelden;
b. de naam en de woonplaats vermelden van degene, die de uitvinding heeft gedaan, tenzij deze blijkens een bij de aanvrage gevoegde schriftelijke verklaring geen prijs stelt op vermelding als uitvinder in het octrooi;
c. een verzoek om verlening van een octrooi bevatten;
d. een korte aanduiding bevatten van datgene, waarop de uitvinding betrekking heeft;
e. vergezeld zijn van een beschrijving van de uitvinding, die aan het slot in één of meer conclusies een omschrijving geeft van datgene, waarvoor uitsluitend recht wordt verlangd;
f. vergezeld zijn van een uittreksel van de beschrijving.
– 2. Het uittreksel is alleen bedoeld als technische informatie; het kan in het bijzonder niet dienen voor de uitlegging van de omvang van de gevraagde bescherming en voor de toepassing van de artikelen 4, derde lid, en 75, tweede lid.
– 3. De aanvrage en de overige bescheiden zijn hetzij in het Nederlands hetzij in het Engels gesteld, met uitzondering van de conclusies die in het Nederlands zijn gesteld.
– 4. De aanvrage, de beschrijving van de uitvinding, de tekeningen en het uittreksel moeten voorts voldoen aan de overige, bij ministeriële regeling te stellen, voorschriften.
– 5. Bij de aanvrage dient een bewijsstuk te worden overgelegd waaruit blijkt dat aan het bureau een bedrag is betaald overeenkomstig een bij of krachtens algemene maatregel van rijksbestuur vastgesteld tarief.

Art. 25

Beschrijving uitvinding

– 1. De beschrijving van de uitvinding is duidelijk en volledig en wordt zodanig opgesteld dat de uitvinding daaruit door een deskundige kan worden begrepen en aan de hand daarvan kan worden toegepast. De omschrijving, gegeven in een of meer conclusies aan het slot van de beschrijving, is nauwkeurig. De beschrijving gaat zo nodig van daarmee overeenstemmende tekeningen vergezeld.
– 2. Indien een uitvinding betrekking heeft op biologisch materiaal dat niet openbaar toegankelijk is en in de beschrijving niet zodanig kan worden omschreven dat de uitvinding aan de hand daarvan door een deskundige kan worden toegepast, dan wel indien een uitvinding het gebruik van dergelijk biologisch materiaal impliceert, is de beschrijving slechts toereikend indien het biologisch materiaal uiterlijk op de dag van indiening van de aanvrage is gedeponeerd bij een bij of krachtens algemene maatregel van rijksbestuur aan te wijzen instelling.
– 3. Indien een uitvinding betrekking heeft op een sequentie of een partiële sequentie van een gen, bevat de beschrijving een concrete omschrijving van de functie en de industriële toepassing van deze sequentie of partiële sequentie. Ingeval voor de productie van een eiwit of partieel eiwit een sequentie of partiële sequentie van een gen is gebruikt, bevat de beschrijving van de industriële toepasbaarheid een precisering van het eiwit of partieel eiwit dat is geproduceerd en de functie daarvan.
– 4. Bij algemene maatregel van rijksbestuur worden nadere regels gesteld ten aanzien van:
a. de gegevens die in de aanvrage worden opgenomen met betrekking tot de kenmerken en identificatie van het gedeponeerde biologisch materiaal, en
b. de toegankelijkheid en beschikbaarheid van het gedeponeerde biologisch materiaal.

Art. 26

Vervallen.

Art. 27

Enkele uitvinding

Elke aanvrage om octrooi mag slechts op een enkele uitvinding betrekking hebben of op een groep van uitvindingen, die zodanig onderling verbonden zijn, dat zij op een enkele algemene uitvindingsgedachte berusten. Bij algemene maatregel van rijksbestuur kunnen daarover nadere regels worden gesteld.

Art. 28

Gesplitste aanvraag

– 1. De aanvrager kan zijn reeds ingediende aanvrage splitsen door voor een gedeelte van de inhoud daarvan een afzonderlijke aanvrage in te dienen. Deze aanvrage wordt, behalve voor de toepassing van de artikelen 30, eerste lid, 31, derde lid, en 32, tweede lid, aangemerkt te zijn ingediend op de dag van de oorspronkelijke aanvrage.
– 2. De aanvrager kan de beschrijving, conclusies en tekeningen van zijn reeds ingediende aanvrage wijzigen.
– 3. Het onderwerp van de afgesplitste of de gewijzigde aanvrage moet gedekt worden door de inhoud van de oorspronkelijke aanvrage.
– 4. De splitsing of wijziging kan geschieden tot het tijdstip waarop de octrooiaanvrage ingevolge artikel 31, eerste of tweede lid, in het octrooiregister moet worden ingeschreven, met dien verstande dat voor de splitsing of wijziging een termijn van tenminste twee maanden na

de verzending van de in artikel 34, vierde lid, bedoelde mededeling openstaat. Op verzoek van de aanvrager kan het bureau laatstgenoemde termijn verlengen tot vier maanden na de verzending van de in artikel 34, vierde lid, bedoelde mededeling.

Art. 29

Datum van indiening

– 1. Als datum van indiening van de aanvrage geldt die, waarop zijn overgelegd:
a. een aanduiding dat een octrooi wordt aangevraagd;
b. gegevens waaruit de identiteit van de aanvrager blijkt;
c. een beschrijving van de uitvinding en één of meer conclusies, ook als deze niet voldoen aan het bij of krachtens artikel 24 bepaalde.
– 2. Het bureau vermeldt de in het eerste lid bedoelde datum alsmede een nummer op de aanvrage en maakt deze zo spoedig mogelijk aan de aanvrager bekend.
– 3. Indien het bureau van oordeel is, dat de overgelegde bescheiden niet voldoen aan het in het eerste lid bepaalde, weigert het bureau tot vermelding van de in het eerste lid bedoelde datum over te gaan. Het maakt zijn beschikking zo spoedig mogelijk aan de aanvrager bekend.

Art. 30

Formele vereisten

– 1. Indien niet is voldaan aan het bij en krachtens artikel 24 bepaalde, geeft het bureau daarvan binnen een maand na de in artikel 29, eerste lid, bedoelde datum van indiening of, in geval van afsplitsing van de aanvrage, binnen een maand na de datum van indiening van de afgesplitste aanvrage, schriftelijk kennis aan de aanvrager, onder opgave van de voorschriften waaraan niet is voldaan.
– 2. Indien de gebreken niet binnen drie maanden na verzending van de in het eerste lid bedoelde kennisgeving zijn hersteld of indien de aanvrager voordien heeft medegedeeld niet tot herstel te willen overgaan, besluit het bureau de aanvrage niet te behandelen. Het bureau maakt zijn beschikking zo spoedig mogelijk aan de aanvrager bekend.

Art. 31

Inschrijving register

– 1. Het bureau schrijft een octrooiaanvrage in het octrooiregister in zo spoedig mogelijk na verloop van achttien maanden:
a. na de in artikel 29, eerste lid, bedoelde datum van indiening of,
b. indien het een aanvrage betreft waarvoor een beroep is gedaan op een of meer rechten van voorrang, na de eerste datum van voorrang.
– 2. Op schriftelijk verzoek van de aanvrager vindt de inschrijving op een eerder tijdstip plaats.
– 3. De inschrijving van een afgesplitste aanvrage als bedoeld in artikel 28 geschiedt zo spoedig mogelijk na de indiening daarvan, doch niet eerder dan de inschrijving van de oorspronkelijke aanvrage.

Art. 32

Aanvraag onderzoek stand van de techniek

– 1. De aanvrager verzoekt het bureau binnen uiterlijk dertien maanden na:
a. de in artikel 29, eerste lid, bedoelde datum van indiening of,
b. indien het een aanvrage betreft waarvoor een beroep is gedaan op een of meer rechten van voorrang, de eerste datum van voorrang, om een aan de verlening van het octrooi voorafgaand onderzoek naar de stand van de techniek met betrekking tot het onderwerp van de octrooiaanvrage. Met het verzoek wordt aan het bureau een bedrag overeenkomstig een bij of krachtens algemene maatregel van rijksbestuur vastgesteld tarief betaald. Het verzoek wordt niet in behandeling genomen tot dit bedrag door het bureau is ontvangen.
– 2. Indien het een afgesplitste aanvrage betreft als bedoeld in artikel 28, wordt het in het eerste lid bedoeld verzoek gedaan binnen dertien maanden na de in het eerste lid bedoelde datum van indiening of voorrang van de oorspronkelijke aanvrage of, indien dat later is, binnen twee maanden na de indiening van de afgesplitste aanvrage.
– 3. Indien de aanvrager niet tijdig om het in het eerste lid genoemde onderzoek heeft verzocht of het in het eerste lid bedoelde bedrag niet door het bureau is ontvangen, besluit het bureau de aanvrage niet te behandelen. Het bureau maakt zijn beschikking zo spoedig mogelijk aan de aanvrager bekend.

Art. 33

Vervallen.

Art. 34

Onderzoek stand van de techniek

– 1. Een onderzoek naar de stand van de techniek als bedoeld in artikel 32, eerste lid, wordt verricht door het bureau, waar nodig met inschakeling van het Europees Octrooibureau, bedoeld in het Europees Octrooiverdrag.
– 2. Indien de aanvrager daarom verzoekt, doet het bureau de aanvrage onderwerpen aan een onderzoek naar de stand van de techniek van internationaal type als bedoeld in artikel 15, vijfde lid, onder a, van het Samenwerkingsverdrag. Zulk een onderzoek naar de stand van de techniek wordt aangemerkt als een onderzoek naar de stand van de techniek als bedoeld in artikel 32, eerste lid.
– 3. Indien bij het onderzoek blijkt, dat de ingediende aanvrage niet voldoet aan het bij of

krachtens artikel 27 bepaalde, wordt het uitgevoerd ten aanzien van die onderdelen van de aanvrage die betrekking hebben op de uitvinding of op de groep van uitvindingen als bedoeld in artikel 27, die als eerste in de conclusies wordt genoemd.

– 4. Het bureau deelt de aanvrager schriftelijk het resultaat van het onderzoek naar de stand van de techniek mede.

– 5. Indien toepassing is gegeven aan het derde lid, maakt het bureau daarvan in de mededeling, bedoeld in het vierde lid, melding onder vermelding van de uitvinding of groep van uitvindingen ten aanzien waarvan het onderzoek is uitgevoerd.

Art. 35

Onduidelijkheid aanvraag

– 1. Indien het bureau van oordeel is dat het onderzoek naar de stand van de techniek wegens onduidelijkheid van de aanvrage niet uitvoerbaar is, geeft het bureau daarvan zo spoedig mogelijk schriftelijk en met redenen omkleed kennis aan de aanvrager.

– 2. Indien de gebreken niet binnen twee maanden na verzending van de in het eerste lid bedoelde kennisgeving zijn hersteld of indien de aanvrager voordien heeft meegedeeld niet tot herstel te willen overgaan, besluit het bureau de aanvrage niet te behandelen. Het bureau maakt zijn beschikking zo spoedig mogelijk aan de aanvrager bekend.

Art. 36

Octrooiverlening na onderzoek naar stand techniek

– 1. Het bureau verleent het octrooi zodra de octrooiaanvrage in het octrooiregister is ingeschreven, doch niet eerder dan twee maanden of, indien artikel 28, vierde lid, tweede volzin, is toegepast, vier maanden na verzending van de in artikel 34, vierde lid, bedoelde mededeling. Het doet hiervan aantekening in het octrooiregister. Op verzoek van de aanvrager verleent het bureau het octrooi op een eerder tijdstip nadat het resultaat van het onderzoek naar de stand van de techniek als bedoeld in artikel 34, vierde lid, is verzonden.

– 2. De octrooiverlening geschiedt door het plaatsen van een gedateerde aantekening op de aanvrage in de vorm waarin deze ingediend dan wel overeenkomstig de artikelen 28 of 30, tweede lid, is gewijzigd.

– 3. Het bureau geeft de bij de aanvrage behorende beschrijving en tekeningen bij wege van octrooischrift uit en verstrekt hiervan een gewaarmerkt afschrift aan de aanvrager.

– 4. Indien toepassing is gegeven aan artikel 34, derde lid, heeft het octrooi uitsluitend betrekking op die uitvinding of groep van uitvindingen als bedoeld in artikel 27, die als eerste in de conclusies wordt genoemd.

– 5. Het resultaat van het onderzoek naar de stand van de techniek wordt bij het octrooischrift gevoegd.

– 6. Een ingevolge dit artikel verleend octrooi blijft, behoudens eerder verval, afstand of vernietiging door de rechter, van kracht tot het verstrijken van een termijn van twintig jaren, te rekenen vanaf de in artikel 29, eerste lid, bedoelde datum van indiening.

Art. 37

Vervallen.

Art. 38

Gegevens betreffende het octrooi

– 1. Een ieder kan het bureau schriftelijk mededeling doen van gegevens betreffende een octrooiaanvrage of het daarop verleende octrooi. Het bureau deelt deze gegevens mede aan de aanvrager of de octrooihouder, voor zover zij niet van deze afkomstig zijn.

– 2. Indien de in artikel 24, eerste lid, onder *b*, bedoelde vermelding van de uitvinder onjuist is, of door een ander dan de uitvinder is verklaard dat op vermelding als uitvinder in het octrooi geen prijs wordt gesteld, kunnen de aanvrager en de uitvinder gezamenlijk, onder betaling van een bij of krachtens algemene maatregel van rijksbestuur vast te stellen bedrag, het bureau schriftelijk verzoeken terzake de nodige verbeteringen aan te brengen. In voorkomend geval dient het verzoek vergezeld te zijn van de schriftelijke toestemming van de ten onrechte als uitvinder aangemerkte persoon.

Art. 39

Intrekking aanvraag

– 1. De intrekking van een in het octrooiregister ingeschreven octrooiaanvrage heeft tegenover derden geen gevolg, zolang niet onherroepelijk is beslist op rechtsvorderingen ter zake van de aanvrage, die blijkens in het octrooiregister ingeschreven stukken zijn ingesteld.

– 2. Wanneer ingevolge een onherroepelijke beslissing op een rechtsvordering als bedoeld in het eerste lid de aanspraak op octrooi toekomt of mede toekomt aan een ander dan de aanvrager, wordt de intrekking aangemerkt als niet te zijn geschied.

– 3. Het bureau doet van een intrekking aantekening in het octrooiregister.

§ 3. Geheimhouding van de inhoud van octrooiaanvragen

Art. 40

Landsbelang

– 1. Indien het bureau van oordeel is, dat het geheim blijven van de inhoud van een octrooiaanvrage in het belang van de verdediging van het Koninkrijk of zijn bondgenoten kan zijn, maakt het dit zo spoedig mogelijk, doch uiterlijk binnen drie maanden na de indiening van de

aanvrage bekend. Onze Minister van Defensie kan ten aanzien van de beoordeling van de vraag, of zodanig belang aanwezig kan zijn, aanwijzingen geven aan het bureau.
– 2. Tegelijk met de bekendmaking als bedoeld in het eerste lid zendt het bureau afschrift van het besluit en van de tot de aanvrage behorende beschrijving en tekeningen aan Onze genoemde minister.
– 3. Ingeval het eerste lid toepassing vindt, wordt de inschrijving in het octrooiregister van de aanvrage opgeschort.

Art. 41

Geheimhouding

– 1. Binnen acht maanden na indiening van een octrooiaanvrage als bedoeld in artikel 40 besluit Onze Minister van Defensie of de inhoud van de aanvrage in het belang van de verdediging van het Koninkrijk of zijn bondgenoten geheim moet blijven. Hij maakt zijn besluit aan het bureau bekend.

Opschorting inschrijving

– 2. Een besluit dat de inhoud van de aanvrage geheim moet blijven heeft tot gevolg dat de inschrijving in het octrooiregister van de aanvrage blijft opgeschort tot drie jaren na de bekendmaking van het besluit.
– 3. De opschorting eindigt indien:
a. Onze genoemde minister besluit, dat de aanvrage niet geheim behoeft te blijven;
b. een besluit binnen de in het eerste lid genoemde termijn is uitgebleven.
– 4. Onze genoemde minister kan telkens binnen zes maanden voor het verstrijken van de termijn van opschorting deze termijn met drie jaren verlengen. Hij maakt zijn besluit aan het bureau bekend.
– 5. Onze genoemde minister kan te allen tijde besluiten dat de inhoud van de aanvrage niet langer geheim behoeft te blijven. Het besluit heeft tot gevolg dat de opschorting eindigt.
– 6. Van een besluit krachtens het eerste, derde, vierde of vijfde lid, doet het bureau onverwijld mededeling aan de aanvrager. Het deelt deze eveneens onverwijld mede indien een besluit is uitgebleven zoals bedoeld in het derde of vijfde lid.
– 7. Zolang de opschorting niet is geëindigd, zendt het bureau op verzoek van Onze genoemde minister aan deze afschrift van alle ter zake tussen het bureau en de aanvrager gewisselde stukken.
– 8. Indien de opschorting eindigt, geschiedt niettemin de inschrijving van de aanvrage in het octrooiregister, tenzij op verzoek van de aanvrager, niet voordat drie maanden zijn verstreken.

Art. 42

Schadevergoeding

– 1. De Staat verleent degene, ten aanzien van wiens octrooiaanvrage de artikelen 40, 41 of 46 zijn toegepast, op zijn verzoek vergoeding van schade, die hij door toepassing van die artikelen heeft geleden.
– 2. Het bedrag van de schadeloosstelling wordt vastgesteld na het eindigen van de opschorting. Ingeval echter verlenging van de termijn van opschorting krachtens artikel 41, derde lid, heeft plaatsgevonden, wordt het bedrag van de schadeloosstelling op verzoek van de aanvrager vastgesteld in gedeelten, waarvan het eerste betrekking heeft op de tijdsruimte vóór de aanvang van de eerste verlenging, de volgende op de tijdsruimte tussen twee opeenvolgende verlengingen en het laatste op de tijdsruimte vanaf de aanvang van de laatste verlenging tot het eindigen van de opschorting; de vaststelling geschiedt dan telkens na het verstrijken van de betrokken tijdsruimte.
– 3. De vaststelling geschiedt zo mogelijk door Onze Minister van Defensie en de aanvrager in onderling overleg. Indien binnen zes maanden na het einde van de tijdsruimte, waarvoor de vergoeding moet gelden, geen overeenstemming is bereikt, is artikel 58, zesde lid, eerste volzin, van overeenkomstige toepassing.

Art. 43

Geheimhouding in belang van andere staat

– 1. Indien een aanvrager verzoekt de inhoud van een octrooiaanvrage geheim te houden in het belang van de verdediging van een andere staat, dan wel de regering van die staat zodanig verzoek doet, zendt het bureau, mits de aanvrager schriftelijk heeft verklaard afstand te doen van alle vergoeding van schade, die hij door toepassing van dit artikel zou kunnen lijden, onverwijld afschrift van dat verzoek en van de tot de aanvrage behorende beschrijving en tekeningen, alsmede van bedoelde afstandsverklaring, aan Onze Minister van Defensie. In dat geval wordt de inschrijving in het octrooiregister van de aanvrage opgeschort. Ingeval een afstandsverklaring ontbreekt, stelt het bureau Onze genoemde minister onverwijld van een en ander in kennis.
– 2. Binnen drie maanden na de indiening van het verzoek kan Onze genoemde minister, mits hem is gebleken, dat aan de aanvrager ook door de betrokken staat geheimhouding is opgelegd en dat deze van die staat toestemming heeft verkregen een aanvrage onder geheimhouding in te dienen, besluiten, dat de inhoud der aanvrage in het belang van de verdediging van die staat geheim moet blijven. Het besluit wordt bekendgemaakt aan de aanvrager en aan het bureau.
– 3. Een besluit als bedoeld in het tweede lid heeft tot gevolg dat de inschrijving in het octrooi-

register van de aanvrage blijft opgeschort, totdat Onze genoemde minister besluit dat de aanvrage niet langer geheim hoeft te blijven. Indien een besluit niet binnen de in het tweede lid bedoelde termijn is genomen, eindigt de opschorting.
– 4. Artikel 41, zevende en achtste lid, is ten aanzien van een aanvrage als in het eerste lid bedoeld van overeenkomstige toepassing.

Art. 44

Gebruik geheim octrooi door Staat

– 1. Ingeval Onze Minister van Defensie van oordeel is, dat het belang van de verdediging van het Koninkrijk vordert, dat de Staat datgene, waarvoor octrooi wordt aangevraagd in een aanvrage, waarop artikel 40, 41 of 43 is toegepast, gebruikt, toepast dan wel doet gebruiken of toepassen, kan hij daartoe overgaan na het desbetreffende besluit bekend te hebben gemaakt. In dit besluit worden de handelingen, die de Staat moet kunnen verrichten of doen verrichten, nauwkeurig omschreven.
– 2. De Staat betaalt de aanvrager een vergoeding voor het gebruik of de toepassing krachtens het eerste lid.
– 3. Het bedrag van deze vergoeding wordt zo mogelijk door Onze genoemde minister en de aanvrager in onderling overleg vastgesteld. Indien binnen zes maanden na de in het eerste lid bedoelde bekendmaking geen overeenstemming is bereikt, is artikel 58, zesde lid, eerste volzin, van overeenkomstige toepassing.

Art. 45

Octrooi van de Staat

Indien de Staat zelf houder van een octrooiaanvrage is en Onze Minister van Defensie aan het bureau bekendmaakt, dat de inhoud daarvan in het belang van de verdediging van het Koninkrijk of zijn bondgenoten geheim moet blijven, wordt de inschrijving in het octrooiregister van de aanvrage opgeschort, totdat Onze genoemde minister aan het bureau bekendmaakt, dat de inhoud van de aanvrage niet langer geheim behoeft te blijven.

Art. 46

Geheimhouding Europees octrooi

– 1. Een Europese octrooiaanvrage, waarvan de inhoud – naar de aanvrager weet of redelijkerwijs moet vermoeden – in het belang van de verdediging van het Koninkrijk of zijn bondgenoten geheim moet blijven, moet worden ingediend bij het bureau.
– 2. Het bureau zendt onverwijld afschrift van de tot de aanvrage behorende beschrijving en tekeningen aan Onze Minister van Defensie.
– 3. Uiterlijk drie weken voordat een Europese octrooiaanvraag moet worden doorgezonden naar het Europees Octrooibureau, maakt Onze genoemde minister aan het bureau bekend of de inhoud van de aanvrage in het belang van de verdediging van het Koninkrijk of zijn bondgenoten geheim moet blijven.
– 4. Indien een bekendmaking krachtens het derde lid in ontkennende zin is gedaan of indien een bekendmaking is uitgebleven, zendt het bureau de Europese octrooiaanvrage, met inachtneming van de hiervoor krachtens het Europees Octrooiverdrag geldende termijn, door aan het Europees Octrooibureau, bedoeld in dat verdrag.
– 5. Het bureau geeft van enige bekendmaking krachtens het derde lid of van het uitblijven daarvan onverwijld kennis aan de aanvrager.

§ 4. Omgezette Europese octrooiaanvragen

Art. 47

Omzetting van Europese in nationale aanvraag

Een Europese octrooiaanvrage, die voldoet aan het bepaalde in artikel 80 van het Europees Octrooiverdrag en op grond van artikel 77, derde lid, van dat Verdrag wordt aangemerkt als te zijn ingetrokken en die, als bijlage bij een regelmatig verzoek tot omzetting in een aanvrage om octrooi in het Koninkrijk, bij het bureau is binnengekomen, hierna te noemen omgezette aanvrage, geldt als een tot het bureau gerichte en bij het bureau ingediende aanvrage om octrooi als bedoeld in artikel 24. Een verzoek tot omzetting is regelmatig als het met inachtneming van de bepalingen van het Achtste Deel, hoofdstuk I, van het Europees Octrooiverdrag tijdig gedaan en aan het bureau doorgezonden is.

Art. 48

Behandeling omgezette aanvraag

– 1. Op de omgezette aanvrage wordt de datum, waarop zij bij het bureau is binnengekomen, alsmede een volgnummer vermeld. Het bureau geeft hiervan zo spoedig mogelijk kennis aan de aanvrager.
– 2. Voor de omgezette aanvrage moet het in artikel 24, vijfde lid, bedoelde bewijs van betaling worden overgelegd binnen een termijn van drie maanden na de in het eerste lid bedoelde datum van binnenkomst. Indien de Europese octrooiaanvrage niet in het Nederlands is ingediend moet binnen dezelfde termijn een vertaling in het Nederlands van de oorspronkelijke stukken van die aanvrage worden overgelegd. De vertaling maakt deel uit van de omgezette aanvrage; zij moet op verzoek van het bureau binnen een door dat bureau te stellen termijn worden gewaarmerkt. Indien niet tijdig is voldaan aan het in dit lid bepaalde, stelt het bureau de aanvrager eenmaal in de gelegenheid om binnen een door het bureau te stellen termijn zijn verzuim

te herstellen. Indien de aanvrager zijn verzuim niet tijdig heeft hersteld, besluit het bureau de aanvrage niet te behandelen. Het bureau maakt zijn beschikking zo spoedig mogelijk aan de aanvrager bekend.
– 3. Op de omgezette aanvrage zijn de bij of krachtens artikel 24 gestelde vormvoorschriften niet van toepassing, voor zover zij afwijken van of een aanvulling betekenen op het bij of krachtens het Europees Octrooiverdrag bepaalde; in dat geval zijn laatstbedoelde bepalingen op de omgezette aanvrage van toepassing.
– 4. Zodra de aanvrager heeft voldaan aan het tweede lid gaat het bureau na of de aanvrage voldoet aan het bij en krachtens artikel 24 bepaalde of, indien van toepassing, de in het derde lid bedoelde bepalingen van het Europees Octrooiverdrag. Indien dat niet het geval is of indien het openbaar worden van de uitvinding in strijd zou zijn met de openbare orde of goede zeden, geeft het bureau hiervan zo spoedig mogelijk schriftelijk kennis aan de aanvrager, onder opgave van de voorschriften waaraan niet is voldaan. Artikel 30, tweede lid, is van overeenkomstige toepassing.
– 5. Voor de toepassing van de artikelen 31, eerste lid, 36, zesde lid, en 61, eerste lid, op de omgezette aanvrage wordt in plaats van 'de in artikel 29, eerste lid, bedoelde datum van indiening' gelezen: de datum van indiening die de aanvrage ingevolge artikel 80 van het Europees Octrooiverdrag met inachtneming van de artikelen 61 of 76 van dat Verdrag bezit. In afwijking van artikel 32, eerste en tweede lid, kan een verzoek om een aan de verlening van het octrooi voorafgaand onderzoek naar de stand van de techniek met betrekking tot het onderwerp van de omgezette octrooiaanvrage of een daarvan afgesplitste aanvrage worden ingediend binnen twee maanden na de ingevolge artikel 48, eerste lid, op de omgezette aanvrage vermelde datum onderscheidenlijk binnen twee maanden na indiening van de afgesplitste aanvrage.
– 6. De in artikel 31 bedoelde inschrijving in het octrooiregister vindt niet eerder plaats dan nadat is vastgesteld dat aan de in het vierde lid bedoelde voorschriften is voldaan of de gebreken zijn hersteld.

HOOFDSTUK 3
Bepalingen betreffende Europese octrooien

Art. 49

Rechtsgevolgen

– 1. Met inachtneming van het in deze rijkswet bepaalde hebben Europese octrooien vanaf de dag, waarop overeenkomstig artikel 97, derde lid, van het Europees Octrooiverdrag de vermelding van de verlening is gepubliceerd, dezelfde rechtsgevolgen en zijn zij aan hetzelfde recht onderworpen als de overeenkomstig artikel 36 van deze rijkswet verleende octrooien.
– 2. Een Europees octrooi blijft, behoudens eerder verval of vernietiging door de rechter, van kracht tot het verstrijken van een termijn van twintig jaren, te rekenen vanaf de datum van indiening, die de Europese octrooiaanvrage, die tot het betrokken Europees octrooi heeft geleid, ingevolge artikel 80 van het Europees Octrooiverdrag met inachtneming van de artikelen 61 of 76 van dat verdrag bezit.
– 3. Voor de toepassing van de artikelen 55, eerste lid, 57, vierde lid, en 77, eerste lid, op Europese octrooien geldt als dag van indiening: de datum van indiening die de Europese octrooiaanvrage, die tot het betrokken Europees octrooi heeft geleid, ingevolge artikel 80 van het Europees Octrooiverdrag met inachtneming van de artikelen 61 of 76 van dat verdrag bezit.

Art. 50

Herroeping/beperking

– 1. Een Europees octrooi wordt geacht van de aanvang af geheel of gedeeltelijk niet de in de artikelen 53, 53*a*, 72 en 73 bedoelde rechtsgevolgen te hebben gehad naar gelang het octrooi geheel of gedeeltelijk is herroepen of beperkt.
– 2. De terugwerkende kracht van de herroeping heeft geen invloed op:
a. een beslissing, niet zijnde een voorlopige voorziening, ter zake van handelingen in strijd met het in de artikelen 53 en 53*a* bedoelde uitsluitend recht van de octrooihouder of van handelingen als bedoeld in de artikelen 72 en 73, die voor de herroeping in kracht van gewijsde is gegaan en ten uitvoer is gelegd;
b. een voor de herroeping gesloten overeenkomst, voor zover deze voor de herroeping is uitgevoerd; uit billijkheidsoverwegingen kan echter terugbetaling worden geëist van op grond van deze overeenkomst betaalde bedragen, en wel in de mate als door de omstandigheden gerechtvaardigd is.
– 3. Voor de toepassing van het tweede lid, onder *b*, wordt onder het sluiten van een overeenkomst mede verstaan het ontstaan van een licentie op een andere in de artikelen 56, tweede lid, 59 of 60 aangegeven wijze.

Art. 51

Aantekening in register

– 1. Het bureau doet van de overeenkomstig artikel 97, derde lid, van het Europees Octrooiverdrag bedoelde publikatie van de vermelding dat een Europees octrooi is verleend onverwijld aantekening in het octrooiregister.

– 2. Het bureau doet in het octrooiregister onverwijld aantekening van het instellen van een oppositieprocedure, een beperkingsprocedure of een herroepingsprocedure met betrekking tot een Europees octrooi, met vermelding van de datum waarop dit geschiedde en van beslissingen van het Europees Octrooibureau ter zake van deze procedures.

Art. 52

Vertaling

– 1. Degene aan wie een Europees octrooi is verleend, doet het bureau, indien het octrooi is verleend in een andere taal dan het Engels, binnen een bij algemene maatregel van rijksbestuur te bepalen termijn een vertaling in het Nederlands of in het Engels toekomen van de tekst waarin het Europees Octrooibureau besluit dat octrooi te verlenen. Daarnaast doet degene aan wie een Europees octrooi is verleend het bureau binnen een bij algemene maatregel van rijksbestuur te bepalen termijn een vertaling in het Nederlands toekomen van de conclusies van het verleende octrooi. Bij indiening van de vertaling wordt een bedrag betaald, waarvan de hoogte en de termijn waarbinnen betaling geschiedt, bij of krachtens algemene maatregel van rijksbestuur worden bepaald.
– 2. De in het eerste lid bedoelde vertalingen voldoen aan bij ministeriële regeling te stellen vormvoorschriften. Indien bij ontvangst binnen de in het eerste lid bedoelde termijn niet is voldaan aan een vormvoorschrift, geeft het bureau hiervan onverwijld kennis aan de octrooihouder onder opgave van het voorschrift waaraan niet is voldaan en van de termijn waarbinnen het geconstateerde gebrek kan worden opgeheven.
– 3. Onverwijld na ontvangst in behoorlijke vorm van de in het eerste lid bedoelde vertalingen doet het bureau daarvan aantekening in het octrooiregister.
– 4. Het Europees octrooi wordt geacht van de aanvang af niet de in artikel 49 bedoelde rechtsgevolgen te hebben gehad, indien:
a. binnen de in het eerste lid bedoelde termijnen de in het eerste lid bedoelde vertalingen niet door het bureau zijn ontvangen onderscheidenlijk het krachtens dat lid verschuldigde bedrag niet is betaald, of
b. binnen de in het tweede lid bedoelde termijn niet alsnog aan de opgegeven voorschriften is voldaan.
– 5. Indien zich een omstandigheid als bedoeld in het vierde lid voordoet, doet het bureau daarvan onverwijld aantekening in het octrooiregister.
– 6. Het eerste tot en met het vijfde lid zijn van overeenkomstige toepassing, indien in het Europees octrooi tijdens de oppositieprocedure of beperkingsprocedure wijziging is gekomen.
– 7. De octrooihouder kan te allen tijde het bureau een verbeterde vertaling doen toekomen onder betaling van een bedrag, waarvan de hoogte bij of krachtens algemene maatregel van rijksbestuur wordt bepaald. Het eerste lid, tweede volzin, het tweede en het derde lid zijn van toepassing.
– 8. Vanaf het tijdstip, waarop de in artikel 51, eerste lid, bedoelde aantekening in het octrooiregister is gedaan, kan een ieder kosteloos kennisnemen van alle op het Europees octrooi betrekking hebbende stukken die het bureau hebben bereikt of die het bureau aan de houder van het Europees octrooi of aan derden heeft doen uitgaan in het kader van de bepalingen van deze rijkswet. Het bureau maakt van al deze stukken zo spoedig mogelijk doch niet voor het in de eerste volzin bedoelde tijdstip melding in het in artikel 20 bedoelde blad.
– 9. Indien in de vertaling, bedoeld in het eerste of zevende lid, de beschermingomvang van de Europese octrooiaanvrage of het Europees octrooi beperkter is dan de bescherming die wordt geboden door die aanvrage of door dat octrooi in de procestaal, geldt die vertaling als authentieke tekst, behalve in geval van toepassing van artikel 75.
– 10. Indien een houder van een Europees octrooi een vermeende inbreukpleger schriftelijk op de hoogte stelt van de inbreuk op zijn octrooi, maakt de houder van dat octrooi op verzoek van een vermeende inbreukpleger een vertaling in het Nederlands van de tekst van het octrooi en verstrekt deze tekst aan de verzoeker.
– 11. De kosten van de vertalingen worden gedragen door de houder van een octrooi.

HOOFDSTUK 4
Rechtsgevolgen van het octrooi

§ 1. Rechten en verplichtingen van de octrooihouder

Art. 53

Rechten octrooihouder

– 1. Een octrooi geeft de octrooihouder, behoudens de bepalingen van de artikelen 54 tot en met 60, het uitsluitend recht:
a. het geoctrooieerde voortbrengsel in of voor zijn bedrijf te vervaardigen, te gebruiken, in het verkeer te brengen of verder te verkopen, te verhuren, af te leveren of anderszins te verhandelen, dan wel voor een of ander aan te bieden, in te voeren of in voorraad te hebben;
b. de geoctrooieerde werkwijze in of voor zijn bedrijf toe te passen of het voortbrengsel, dat

rechtstreeks verkregen is door toepassing van die werkwijze, in of voor zijn bedrijf te gebruiken, in het verkeer te brengen of verder te verkopen, te verhuren, af te leveren of anderszins te verhandelen, dan wel voor een of ander aan te bieden, in te voeren of in voorraad te hebben.

– 2. Het uitsluitend recht wordt bepaald door de conclusies van het octrooischrift, waarbij de beschrijving en de tekeningen dienen tot uitleg van die conclusies.

– 3. Het uitsluitend recht strekt zich niet uit over handelingen, uitsluitend dienende tot onderzoek van het geoctrooieerde, daaronder begrepen het door toepassing van de geoctrooieerde werkwijze rechtstreeks verkregen voortbrengsel.

– 4. Het uitvoeren van de noodzakelijke studies, tests en proeven met het oog op de toepassing van artikel 10, eerste tot en met vierde lid, van Richtlijn 2001/83/EG tot vaststelling van een communautair wetboek betreffende geneesmiddelen voor menselijk gebruik (*PbEG* L 311) of artikel 13, eerste tot en met het vijfde lid van Richtlijn 2001/82/EG tot vaststelling van een communautair wetboek betreffende geneesmiddelen voor diergeneeskundig gebruik (*PbEG* L 311) en de daaruit voortvloeiende praktische vereisten worden niet beschouwd als een inbreuk op octrooien met betrekking tot geneesmiddelen voor menselijk gebruik, respectievelijk geneesmiddelen voor diergeneeskundig gebruik.

– 5. Is een voortbrengsel als in het eerste lid, onder *a* of *b*, bedoeld, in Nederland of de Nederlandse Antillen rechtmatig in het verkeer gebracht, dan wel door de octrooihouder of met diens toestemming in één der Lid-Staten van de Europese Gemeenschap of in een andere staat die partij is bij de Overeenkomst betreffende de Europese Economische Ruimte in het verkeer gebracht, dan handelt de verkrijger of latere houder niet in strijd met het octrooi, door dit voortbrengsel in of voor zijn bedrijf te gebruiken, te verkopen, te verhuren, af te leveren of anderszins te verhandelen, dan wel voor een of ander aan te bieden, in te voeren of in voorraad te hebben.

– 6. Een voortbrengsel als in het eerste lid, onder *a* of *b*, bedoeld, dat voor de verlening van het octrooi, of, indien het een Europees octrooi betreft, voor de dag, waarop overeenkomstig artikel 97, derde lid, van het Europees Octrooiverdrag de vermelding van de verlening van het Europees octrooi is gepubliceerd, in een bedrijf is vervaardigd, mag niettegenstaande het octrooi ten dienste van dat bedrijf worden gebruikt.

Art. 53a

Biologisch materiaal

– 1. Ten aanzien van een octrooi voor biologisch materiaal dat door de uitvinding bepaalde eigenschappen heeft verkregen, strekt het uitsluitend recht zich uit tot ieder biologisch materiaal dat hieruit door middel van propagatie of vermeerdering in dezelfde of in gedifferentieerde vorm wordt gewonnen en dat diezelfde eigenschappen heeft.

– 2. Ten aanzien van een octrooi voor een werkwijze voor de voortbrenging van biologisch materiaal dat door de uitvinding bepaalde eigenschappen heeft gekregen, strekt het uitsluitend recht zich uit tot het biologisch materiaal dat rechtstreeks door deze werkwijze wordt gewonnen en tot ieder ander biologisch materiaal dat door middel van propagatie of vermeerdering in dezelfde of in gedifferentieerde vorm uit het rechtstreeks gewonnen biologisch materiaal wordt gewonnen en dat diezelfde eigenschappen heeft.

– 3. Ten aanzien van een octrooi voor een voortbrengsel dat uit genetische informatie bestaat of dat zulke informatie bevat, strekt het uitsluitend recht zich uit tot ieder materiaal waarin dit voortbrengsel wordt verwerkt en waarin de genetische informatie wordt opgenomen en haar functie uitoefent, onverminderd artikel 3, eerste lid, onderdeel *b*.

Art. 53b

Uitgesloten biologisch materiaal

Het uitsluitend recht strekt zich niet uit tot biologisch materiaal dat wordt gewonnen door propagatie of door vermeerdering van biologisch materiaal dat in Nederland of de Nederlandse Antillen rechtmatig in het verkeer is gebracht, dan wel door de octrooihouder of met diens toestemming in één van de lid-staten van de Europese Gemeenschap of in een andere staat die partij is bij de Overeenkomst betreffende de Europese Economische Ruimte in het verkeer is gebracht, indien de propagatie of vermeerdering noodzakelijkerwijs voortvloeit uit het gebruik waarvoor het biologisch materiaal in het verkeer is gebracht, mits het afgeleide materiaal vervolgens niet voor andere propagaties of vermeerderingen wordt gebruikt.

Art. 53c

Reikwijdte verkoop door octrooihouders

– 1. In afwijking van de artikelen 53 en 53*a* houdt de verkoop of een andere vorm van in het verkeer brengen, door de octrooihouder of met diens toestemming, van plantaardig propagatiemateriaal aan een landbouwer voor agrarische exploitatiedoeleinden voor de laatste het recht in om de voortbrengselen van zijn oogst voor verdere propagatie of vermeerdering door hemzelf op zijn eigen bedrijf te gebruiken met inachtneming van het bepaalde bij of krachtens artikel 14 van verordening (EG) nr. 2100/94 van de Raad van de Europese Unie van 27 juli 1994 inzake het communautaire kwekersrecht (*PbEG* L 227).

– 2. In afwijking van de artikelen 53 en 53*a* houdt de verkoop of een andere vorm van in het verkeer brengen, door de octrooihouder of met diens toestemming, van fokvee of dierlijk pro-

pagatiemateriaal aan een landbouwer voor de laatste het recht in om het door een octrooi beschermde vee voor agrarische doeleinden te gebruiken.
– 3. Onder gebruik voor agrarische doeleinden, bedoeld in het tweede lid, wordt in ieder geval verstaan het beschikbaar stellen van het dier of van dierlijk propagatiemateriaal voor het gebruik in het agrarisch bedrijf van de landbouwer, maar niet de verkoop in het kader van of met het oog op de commerciële fokkerij.
– 4. Bij algemene maatregel van rijksbestuur kunnen door Onze Minister, in overeenstemming met Onze Minister van Landbouw, Natuur en Voedselkwaliteit, nadere regels worden gesteld ten aanzien van het recht, bedoeld in het tweede of derde lid.

Art. 54

Beperkingen

Het uitsluitend recht van de octrooihouder strekt zich niet uit tot:
a. het gebruik aan boord van schepen van andere landen van datgene, wat het voorwerp van zijn octrooi uitmaakt, in het schip zelf, in de machines, het scheepswant, de tuigage en andere bijbehorende zaken, wanneer die schepen tijdelijk of bij toeval in de wateren van Nederland of de Nederlandse Antillen verblijven, mits bedoeld gebruik uitsluitend zal zijn ten behoeve van het schip;
b. het gebruik van datgene, wat het voorwerp van zijn octrooi uitmaakt, in de constructie of werking van voor de voortbeweging in de lucht of te land dienende machines van andere landen, of van het toebehoren van die machines, wanneer deze tijdelijk of bij toeval in Nederland of de Nederlandse Antillen verblijven;
c. handelingen, vermeld in artikel 27 van het op 7 december 1944 te Chicago tot stand gekomen Verdrag inzake de internationale burgerlijke luchtvaart (*Stb.* 1947, H 165), mits deze handelingen betrekking hebben op een luchtvaartuig van een onder *c* van dat artikel bedoelde andere staat dan het Koninkrijk of van Aruba.

Art. 55

Voorgebruiker

– 1. Degene, die datgene waarvoor door een ander een octrooi is gevraagd, in Nederland of de Nederlandse Antillen reeds in of voor zijn bedrijf vervaardigde of toepaste of aan zijn voornemen tot zodanige vervaardiging of toepassing een begin van uitvoering had gegeven op de dag van indiening van die aanvrage of, indien de aanvrager een recht van voorrang geniet ingevolge artikel 9, eerste lid, dan wel ingevolge artikel 87 van het Europees Octrooiverdrag, op de dag van indiening van de aanvrage, waarop het recht van voorrang berust, blijft niettegenstaande het octrooi, als voorgebruiker bevoegd de in artikel 53, eerste lid, bedoelde handelingen te verrichten, tenzij hij zijn wetenschap ontleend heeft aan hetgeen reeds door de octrooiaanvrager vervaardigd of toegepast werd, of wel aan beschrijvingen, tekeningen of modellen van de octrooiaanvrager.
– 2. Het eerste lid is van overeenkomstige toepassing ten aanzien van dat deel van het aan Nederland of de Nederlandse Antillen grenzende continentaal plat, waarop het Koninkrijk soevereine rechten heeft, doch uitsluitend voor zover het handelingen betreft, gericht op en verricht tijdens het onderzoek naar de aanwezigheid van natuurlijke rijkdommen of het winnen daarvan.
– 3. Degene, die te goeder trouw datgene waarvoor aan een ander een Europees octrooi is verleend, reeds in of voor zijn bedrijf vervaardigde of toepaste of aan zijn voornemen tot zodanige vervaardiging of toepassing een begin van uitvoering had gegeven voor de datum waarop van een verbeterde vertaling als bedoeld in artikel 52, zevende lid, aantekening is gedaan in het octrooiregister, blijft niettegenstaande het octrooi bevoegd de in artikel 53, eerste lid, bedoelde handelingen te verrichten, voor zover deze handelingen geen inbreuk maken op het uitsluitend recht van de octrooihouder, welk recht in dit geval bepaald wordt door de inhoud van de conclusies van het octrooischrift en de voor de uitleg daarvan bedoelde beschrijving en tekeningen in de eerdere, gebrekkige vertaling in het Nederlands.
– 4. De in het eerste en het derde lid bedoelde bevoegdheden gaan alleen met het bedrijf op anderen over.

Art. 56

Licentie

– 1. Door een licentie wordt van de octrooihouder de bevoegdheid verkregen handelingen te verrichten, die volgens artikel 53 aan anderen dan hem niet vrijstaan. Die bevoegdheid strekt zich uit tot alle in bedoeld artikel vermelde handelingen en geldt voor de gehele duur van het octrooi, tenzij bij de verlening der licentie een minder omvangrijk recht is toegekend.
– 2. Een licentie ontstaat door een overeenkomst, door een aanvaarde uiterste wilsbeschikking of, overeenkomstig de artikelen 57 en 58, door een beschikking van Onze Minister of door een in kracht van gewijsde gegane rechterlijke uitspraak. De door een overeenkomst of aanvaarde wilsbeschikking ontstane licentie is tegenover derden geldig, nadat de titel in het octrooiregister is ingeschreven. Voor de inschrijving is een bij of krachtens algemene maatregel van rijksbestuur vast te stellen bedrag verschuldigd.
– 3. Indien het recht op een vergoeding voor een licentie ingevolge artikel 75, achtste lid, of

artikel 78, vierde lid, op een ander overgaat, wordt door de nieuwe rechthebbende aanspraak verkregen op een deel van de in het geheel voor de licentie betaalde en te betalen vergoeding in verhouding tot de tijd, gedurende welke de licentie in normale omstandigheden nog van kracht moet blijven. Is hetgeen de licentiehouder nog moet betalen niet voldoende om de nieuwe rechthebbende te verschaffen wat hem toekomt, dan heeft deze voor het ontbrekende verhaal op de vroegere.

Art. 57

Dwanglicentie

– 1. Onze Minister kan, indien het algemeen belang dit naar zijn oordeel vordert, onder een octrooi een licentie van een door hem nauwkeurig omschreven inhoud aan een door hem aangewezen persoon verlenen. Alvorens zijn beschikking te geven onderzoekt Onze Minister, tenzij de te dezen vereiste spoed zich daartegen verzet, of de octrooihouder bereid is de licentie onder redelijke voorwaarden vrijwillig te verlenen. Hij stelt daartoe de octrooihouder in de gelegenheid schriftelijk en, zo deze dit verzoekt, ook mondeling van zijn gevoelen te doen blijken. De beschikking wordt aan de octrooihouder en aan de verkrijger van de licentie bekendgemaakt. Bij zijn beschikking kan Onze Minister de verkrijger van de licentie het stellen van zekerheid binnen een bepaalde termijn opleggen. Het instellen van bezwaar en beroep heeft schorsende werking, tenzij de beschikking van Onze Minister op grond van de te dezen vereiste spoed anders bepaalt.

– 2. Indien noch de octrooihouder, noch een ander krachtens een hem verleende licentie na verloop van drie jaren na dagtekening van het octrooi in het Koninkrijk of in een andere, bij algemene maatregel van rijksbestuur aangewezen staat in werking heeft een inrichting van nijverheid, waarin te goeder trouw in voldoende mate het betrokken voortbrengsel wordt vervaardigd of de betrokken werkwijze wordt toegepast, is de octrooihouder verplicht de voor het in werking hebben van zodanige inrichting nodige licentie te verlenen, tenzij geldige redenen voor het ontbreken van zodanige inrichting blijken te bestaan. Voor de houder van een Europees octrooi ontstaat deze verplichting, indien niet na verloop van drie jaren na de dag, waarop overeenkomstig artikel 97, vierde lid, van het Europees Octrooiverdrag de vermelding van de verlening van het Europees octrooi is gepubliceerd, een inrichting van nijverheid als hiervoor bedoeld in werking is in Nederland of in de Nederlandse Antillen of in een andere, bij algemene maatregel van rijksbestuur aangewezen staat.

– 3. Het tweede lid is niet van toepassing, indien de octrooihouder of een ander krachtens een hem verleende licentie in dat deel van het aan Nederland of de Nederlandse Antillen grenzende continentaal plat, waarop het Koninkrijk soevereine rechten heeft, in werking heeft een inrichting van nijverheid, waarin te goeder trouw in voldoende mate handelingen als in dat lid bedoeld worden verricht, mits die handelingen zijn gericht op en worden verricht tijdens het onderzoek naar de aanwezigheid van natuurlijke rijkdommen of het winnen daarvan.

– 4. De octrooihouder is te allen tijde verplicht de licentie te verlenen welke nodig mocht zijn voor de toepassing van een octrooi, verleend op een aanvrage met een gelijke of latere dag van indiening of, indien voor de aanvrage een recht van voorrang bestaat, gelijke of latere voorrangsdatum, voor zover in het octrooi ten behoeve waarvan de licentie is gevraagd, een belangrijke technische vooruitgang van aanzienlijke economische betekenis is belichaamd; de octrooihouder is evenwel tot verlening van een licentie welke nodig mocht zijn voor de toepassing van een Europees octrooi eerst verplicht nadat de voor het instellen van oppositie tegen het Europees octrooi gestelde termijn is verstreken of een ingestelde oppositieprocedure is afgesloten. Een zodanige licentie strekt zich niet verder uit dan noodzakelijk is voor de toepassing van het octrooi van de verkrijger. Deze is verplicht aan de houder van het andere octrooi wederkerig licentie onder zijn octrooi te verlenen.

– 5. De octrooihouder verleent aan een kweker een licentie tegen een redelijke vergoeding, indien de kweker een kwekersrecht op een plantenras niet kan verkrijgen of exploiteren zonder inbreuk te maken op het octrooi van eerdere datum en de licentie noodzakelijk is voor de exploitatie van het te beschermen plantenras, dat een belangrijke technische vooruitgang van aanzienlijk economisch belang vertegenwoordigt ten opzichte van de door het octrooi beschermde uitvinding.

– 6. Indien aan een octrooihouder een licentie is verleend op grond van artikel 42, tweede lid, van de Zaaizaad- en Plantgoedwet, verleent de octrooihouder aan de houder van het kwekersrecht op diens verzoek onder redelijke voorwaarden een wederkerige licentie om de beschermde uitvinding te gebruiken.

Art. 57a

Halfgeleiderstechnologie

In afwijking van artikel 57 kan een gedwongen licentie onder een octrooi op het gebied van de halfgeleiderstechnologie alleen worden verleend voor niet-commercieel gebruik door de overheid of voor het tegengaan van een gedraging waarvan na een rechterlijke of administratieve procedure is vastgesteld dat deze concurrentiebeperkend is.

Art. 58

– 1. Indien de licentie, bedoeld in artikel 57, tweede, vierde, vijfde of zesde lid, ten onrechte niet is verleend, wordt de licentie op vordering van de belanghebbende door de rechter verleend. Op verzoek van eiser wordt de dagvaarding door het bureau in het octrooiregister ingeschreven.

Dwanglicentie verleend door rechter

– 2. Indien het octrooi op grond van deze rijkswet is verleend, is de eiser in zijn rechtsvordering niet ontvankelijk als hij niet bij dagvaarding als bijlage daarbij het resultaat van een door het bureau of het in het Europees Octrooiverdrag bedoelde Europees Octrooibureau ingesteld onderzoek naar de stand van de techniek met betrekking tot het onderwerp van het octrooi, ten behoeve waarvan de licentie is gevorderd, overlegt.

– 3. De verlening van een op grond van artikel 57, vierde lid, eerste volzin, gevorderde licentie kan met of zonder tijdsbepaling worden geschorst, indien binnen twee maanden na de betekening van de dagvaarding waarin de licentie is gevorderd, een vordering tot vernietiging van het octrooi, ten behoeve waarvan de licentie is gevorderd, is ingesteld.

– 4. De rechter kan bij de omschrijving van de verleende licentie afwijken van hetgeen gevraagd is en kan voorts de verkrijger van de licentie het stellen van zekerheid binnen een bepaalde termijn opleggen. Een op grond van artikel 57, vierde lid, eerste volzin, verleende licentie zal slechts kunnen worden overgedragen tezamen met het octrooi van de licentiehouder. Een op grond van artikel 57, vierde lid, eerste of derde volzin, verleende licentie vervalt niet doordat het octrooi, ten behoeve waarvan de licentie is verleend, als gevolg van het verstrijken van de in artikel 36, zesde lid, bedoelde termijn is geëindigd of met goed gevolg is opgeëist, doch vervalt wel voor zover het octrooi geheel of gedeeltelijk is vernietigd als resultaat van de in het derde lid bedoelde vordering.

– 5. Een besluit als bedoeld in artikel 57, eerste lid, of een in kracht van gewijsde gegane rechterlijke uitspraak wordt door het bureau in het octrooiregister ingeschreven. Is het stellen van zekerheid opgelegd, dan heeft de inschrijving niet plaats, voordat aan die verplichting is voldaan. Voor de inschrijving is een bij of krachtens algemene maatregel van rijksbestuur vast te stellen bedrag verschuldigd. De licentie werkt eerst na die inschrijving, maar dan ook tegenover hen, die na de inschrijving van de in het eerste lid bedoelde dagvaarding rechten op het octrooi hebben verkregen. Een ingeschreven licentie, die op grond van artikel 57, vierde lid, is verleend, werkt echter terug tot en met de dag waarop de dagvaarding is ingeschreven.

– 6. Op vordering van de meest gerede partij bepaalt de rechter bij gebreke van overeenstemming de vergoeding, die de verkrijger van de licentie aan de octrooihouder dient te betalen. De rechter kan daarbij de verkrijger van de licentie het stellen van zekerheid binnen een bepaalde termijn opleggen, dan wel de op grond van artikel 57, eerste lid, of het vijfde lid van dit artikel bepaalde zekerheid bevestigen of wijzigen.

Art. 58a

– 1. Een op grond van artikel 57 verleende licentie is niet uitsluitend.

Overdracht dwanglicentie

– 2. Een op grond van artikel 57 verleende licentie kan niet worden overgedragen dan tezamen met het gedeelte van de onderneming of de goodwill van het gedeelte van de onderneming, waarin de licentie wordt uitgeoefend.

Intrekking dwanglicentie

– 3. Een op grond van artikel 57 verleende licentie kan worden ingetrokken wanneer, rekening houdend met een redelijke bescherming van de gerechtvaardigde belangen van de licentiehouder, de omstandigheden welke hebben geleid tot de verlening van de licentie ophouden te bestaan en het onwaarschijnlijk is dat zij herleven. De instantie welke de licentie heeft verleend onderzoekt op gemotiveerd verzoek het voortduren van bovengenoemde omstandigheden.

Art. 59

Dwanglicentie in belang van verdediging Koninkrijk

– 1. Bij koninklijk besluit kan, indien het belang van de verdediging van het Koninkrijk dit vordert, op gemeenschappelijke voordracht van Onze Minister en van Onze minister, wie het rechtstreeks aangaat, worden bepaald, dat de Staat bevoegd is in dat besluit nauwkeurig te omschrijven handelingen, waartoe de houder van een in dat besluit aan te wijzen octrooi ingevolge de artikelen 53 en 53*a* uitsluitend gerechtigd is, zelf te verrichten of door anderen te doen verrichten. Deze bevoegdheid geldt voor de gehele duur van het octrooi, tenzij in het besluit een kortere duur is bepaald.

– 2. Na het van kracht worden van een besluit als bedoeld in het eerste lid zal Onze minister, wie het rechtstreeks aangaat, zich met de octrooihouder verstaan omtrent de door de Staat aan deze te betalen vergoeding. Indien Onze minister, wie het rechtstreeks aangaat, hierover niet binnen zes maanden na het van kracht worden van het desbetreffende besluit met de octrooihouder tot overeenstemming is gekomen, is artikel 58, zesde lid, met uitzondering van het omtrent het stellen van zekerheid bepaalde, van overeenkomstige toepassing.

Art. 60

Overige licentiebepalingen

– 1. Onverminderd artikel 56, tweede lid, eerste volzin, ontstaat een licentie door:

a. een uitspraak van de Arbitrage-Commissie, bedoeld in artikel 20 van het Verdrag tot oprichting van de Europese Gemeenschap voor Atoomenergie (Euratom) (*Trb.* 1957, 92);
b. een besluit van Onze Minister ter uitvoering van artikel 21 van genoemd verdrag.
– 2. Ten aanzien van een licentie, ontstaan door een eindbeslissing als bedoeld in het eerste lid, onder *a*, is artikel 56, tweede lid, tweede en derde volzin, van overeenkomstige toepassing.
– 3. Ten aanzien van een besluit als bedoeld in het eerste lid, onder *b*, is artikel 58, eerste, vierde en vijfde lid, eerste, tweede en derde volzin, van overeenkomstige toepassing. Ten aanzien van een door zodanig besluit ontstane licentie is artikel 58, vijfde lid, vierde volzin, en zesde lid, van overeenkomstige toepassing.
– 4. Een licentie als bedoeld in het eerste lid geldt niet voor de Nederlandse Antillen.

§ 2. Jaartaks en afstand

Art. 61

Jaartaks

– 1. Voor de instandhouding van een octrooi moet elk jaar, voor het eerst voor de aanvang van het vierde jaar na de in artikel 29, eerste lid, bedoelde datum van indiening, op de laatste dag van de maand waarin de aanvrage die tot octrooi heeft geleid is ingediend, of ingevolge artikel 28, eerste lid, wordt aangemerkt te zijn ingediend, aan het bureau een bij of krachtens algemene maatregel van rijksbestuur vast te stellen bedrag worden betaald.
– 2. Voor de instandhouding van een Europees octrooi moet elk jaar, voor het eerst na afloop van het in artikel 86, vierde lid, van het Europees Octrooiverdrag bedoelde jaar doch niet eerder dan voor de aanvang van het vierde jaar na de in artikel 80 van het Europees Octrooiverdrag bedoelde datum van indiening, aan het bureau een bedrag als in het eerste lid bedoeld worden betaald en wel op de laatste dag van de maand waarin de datum van indiening valt, die de Europese octrooiaanvrage, die tot het octrooi heeft geleid, ingevolge artikel 80 van het Europees Octrooiverdrag met inachtneming van de artikelen 61 of 76 van dat verdrag, bezit. Indien het voor de eerste maal verschuldigde bedrag zou moeten worden betaald binnen een termijn van twee maanden na de dag waarop overeenkomstig artikel 97, vierde lid, van het Europees Octrooiverdrag de vermelding van de verlening van het Europees octrooi is gepubliceerd, kan dit bedrag nog worden betaald op de laatste dag van de maand waarin deze termijn eindigt.
– 3. Bij betaling na de vervaldag zijn bij of krachtens algemene maatregel van rijksbestuur vast te stellen verhogingen verschuldigd.

Art. 62

Verval van rechtswege

Een octrooi vervalt van rechtswege, wanneer de in artikel 61 genoemde bedragen niet binnen zes kalendermaanden na de daar genoemde vervaldag zijn betaald. Van dit vervallen wordt in het octrooiregister van het bureau aantekening gedaan.

Art. 63

Afstand

– 1. Een octrooihouder kan geheel of gedeeltelijk afstand doen van zijn octrooi. De afstand heeft terugwerkende kracht overeenkomstig artikel 75, vijfde tot en met zevende lid.
– 2. De afstand geschiedt door de inschrijving van een daartoe strekkende akte in het octrooiregister. Het bureau schrijft de akte niet in zolang er personen zijn, die krachtens in het octrooiregister ingeschreven stukken rechten op het octrooi of licenties hebben verkregen of rechtsvorderingen, het octrooi betreffende, hebben ingesteld en deze personen tot de afstand geen toestemming hebben verleend.

§ 3. Het octrooi als deel van het vermogen

Art. 64

Overgang

– 1. Het octrooi en de aanspraak op octrooi zijn zowel voor wat betreft het volle recht als voor wat betreft een aandeel daarin vatbaar voor overdracht of andere overgang.
– 2. De overdracht en andere overgang van het octrooi of van het recht, voortvloeiende uit de octrooiaanvrage, kunnen door het bureau worden ingeschreven in het octrooiregister. Voor de inschrijving is een bij of krachtens algemene maatregel van rijksbestuur vast te stellen bedrag verschuldigd.

Art. 65

Levering bij akte

– 1. De levering, vereist voor de overdracht van het octrooi of het recht, voortvloeiende uit een octrooiaanvrage, geschiedt bij een akte, houdende de verklaring van de rechthebbende, dat hij het octrooi of het recht, voortvloeiende uit de octrooiaanvrage, aan de verkrijger overdraagt, en van deze, dat hij deze overdracht aanneemt.
– 2. Elk voorbehoud, de overdracht betreffende, moet in de akte omschreven zijn; bij gebreke daarvan geldt de overdracht voor onbeperkt.
– 3. De overdracht werkt tegenover derden eerst wanneer de akte in het octrooiregister is ingeschreven. Tot het doen verrichten van deze inschrijving zijn beide partijen gelijkelijk bevoegd.
– 4. Artikel 88 van Boek 3 van het Nederlandse Burgerlijk Wetboek is van toepassing.

Art. 66

Meerdere rechthebbenden

– 1. Indien het octrooi aan verscheidene personen gezamenlijk toekomt, wordt hun onderlinge verhouding beheerst door hetgeen tussen hen bij overeenkomst is bepaald.
– 2. Indien er geen overeenkomst is of indien in de overeenkomst niet anders is bepaald, heeft iedere rechthebbende de bevoegdheid de in artikel 53 genoemde handelingen te verrichten en tegen zulke handelingen alsmede handelingen als bedoeld in artikel 73, eerste en tweede lid, die onbevoegdelijk zijn verricht, ingevolge de artikelen 70 tot en met 73 op te treden, doch kan een licentie of toestemming als bedoeld in artikel 73, tweede lid, door de rechthebbenden slechts met gemeen goedvinden verleend worden.
– 3. Voor de betaling van de in artikel 61 genoemde bedragen zijn de rechthebbenden hoofdelijk verbonden.

Art. 67

Pand

– 1. Pandrecht op een octrooi wordt gevestigd bij een akte en werkt tegenover derden eerst wanneer de akte door het bureau in het octrooiregister is ingeschreven.
– 2. De pandhouder is verplicht in een door hem ondertekende verklaring, bij het bureau ter inschrijving in te zenden, woonplaats te kiezen te 's-Gravenhage. Indien die keuze niet is gedaan, geldt het bureau als gekozen woonplaats.
– 3. Bedingen in de pandakte betreffende na inschrijving te verlenen licenties gelden van het ogenblik af, dat zij in het octrooiregister zijn aangetekend, ook tegenover derden. Bedingen betreffende vergoedingen voor licenties die op het ogenblik van de inschrijving reeds waren verleend, gelden tegenover de houder van de licentie na aanzegging aan deze bij deurwaardersexploit.
– 4. Akten, waaruit blijkt, dat het pandrecht heeft opgehouden te bestaan of krachteloos is geworden, worden door het bureau in het octrooiregister ingeschreven.

Art. 68

Beslag

– 1. Het beslag op een octrooi wordt gelegd en het proces-verbaal van inbeslagneming wordt door het bureau in het octrooiregister ingeschreven met overeenkomstige toepassing van de bepalingen van het Nederlandse Wetboek van Burgerlijke Rechtsvordering betreffende executoriaal en conservatoir beslag op onroerende zaken, met dien verstande dat in het proces-verbaal van inbeslagneming in plaats van de aard en de ligging van de onroerende zaak een aanduiding van het octrooi wordt opgenomen.
– 2. Een vervreemding, bezwaring, onderbewindstelling of verlening van een licentie, totstandgekomen na de inschrijving van het proces-verbaal, kan tegen de beslaglegger niet worden ingeroepen.
– 3. De voor de inschrijving van het proces-verbaal nog niet betaalde licentievergoedingen vallen mede onder een op het octrooi gelegd beslag, nadat het ingeschreven beslag aan de houder van de licentie is betekend. Deze vergoedingen moeten worden betaald aan de notaris voor wie de executie zal plaatsvinden, mits dit bij de betekening uitdrukkelijk aan de licentiehouder is medegedeeld, en behoudens de rechten van derden die de executant moet eerbiedigen. Hetgeen aan de notaris wordt betaald, wordt tot de in artikel 69, tweede lid, bedoelde opbrengst gerekend. De artikelen 475*i*, 476 en 478 van het Nederlandse Wetboek van Burgerlijke Rechtsvordering zijn van overeenkomstige toepassing.
– 4. De inschrijving van het proces-verbaal van inbeslagneming kan worden doorgehaald:
a. krachtens een schriftelijke, ter inschrijving aangeboden verklaring van de deurwaarder dat hij in opdracht van de beslaglegger het beslag opheft of dat het beslag is vervallen;
b. krachtens een ter inschrijving aangeboden rechterlijke uitspraak die tot opheffing van het beslag strekt of het verval van het beslag vaststelt of meebrengt.
– 5. De artikelen 504*a*, 507*a*, 538 tot en met 540, 726, tweede lid, en 727 van het Nederlandse Wetboek van Burgerlijke Rechtsvordering zijn in geval van beslag op een octrooi van overeenkomstige toepassing.

Art. 69

Verkoop tot verhaal

– 1. De verkoop van een octrooi door een pandhouder of een beslaglegger tot verhaal van een vordering geschiedt in het openbaar ten overstaan van een bevoegde notaris. De artikelen 508, 509, 513, eerste lid, 514, tweede en derde lid, 515 tot en met 519 en 521 tot en met 529 van het Nederlandse Wetboek van Burgerlijke Rechtsvordering zijn van overeenkomstige toepassing, met dien verstande dat hetgeen daar ten aanzien van hypotheken en hypotheekhouders is voorgeschreven geldt voor de op het octrooi rustende pandrechten en de pandhouders.
– 2. De verdeling van de opbrengst geschiedt met overeenkomstige toepassing van de artikelen 551 tot en met 552 van het Nederlandse Wetboek van Burgerlijke Rechtsvordering.

§ 4. *Handhaving van het octrooi*

Art. 70

Handhaving

– 1. De octrooihouder kan zijn octrooi handhaven jegens een ieder die, zonder daartoe gerechtigd te zijn, een der in artikel 53, eerste lid, genoemde handelingen verricht.

– 2. De houder van een octrooi verleend op grond van deze rijkswet is in zijn rechtsvordering niet ontvankelijk als hij niet bij dagvaarding dan wel bij conclusie van eis in reconventie als bijlage daarbij en in kort geding op de terechtzitting het resultaat van een door het bureau of het in het Europees Octrooiverdrag bedoelde Europees Octrooibureau ingesteld onderzoek naar de stand van de techniek met betrekking tot het onderwerp van het octrooi overlegt.

– 3. De rechter kan de houder van een octrooi verzoeken om een vertaling in het Nederlands van het octrooi en een tijdstip vaststellen wanneer deze vertaling moet zijn overgelegd. De houder van een octrooi is in zijn rechtsvordering niet ontvankelijk als hij op dit tijdstip de vertaling niet heeft overgelegd.

– 4. Schadevergoeding kan slechts worden gevorderd van hem, die wist of redelijkerwijs behoorde te weten dat zijn handelingen inbreuk maken.

– 5. Naast schadevergoeding kan worden gevorderd, dat de gedaagde veroordeeld wordt de door de inbreuk genoten winst af te dragen en dienaangaande rekening en verantwoording af te leggen; indien de rechter evenwel van oordeel is, dat de omstandigheden van het geval tot zulk een veroordeling geen aanleiding geven, zal hij de gedaagde tot schadevergoeding kunnen veroordelen. In passende gevallen kan de rechter de schadevergoeding vaststellen als een forfaitair bedrag.

– 6. De octrooihouder kan de vorderingen tot schadevergoeding of het afdragen van winst ook namens of mede namens licentienemers of pandhouders instellen, onverminderd de bevoegdheid van deze laatsten in een al of niet namens hen of mede namens hen door de octrooihouder aldus ingestelde vordering tussen te komen om rechtstreeks de door hen geleden schade vergoed te krijgen of zich een evenredig deel van de door de gedaagde af te dragen winst te doen toewijzen. Licentienemers en pandhouders kunnen slechts een zelfstandige vordering als bedoeld in het derde en vierde lid instellen, als zij de bevoegdheid daartoe van de octrooihouder hebben bedongen.

– 7. De octrooihouder heeft de bevoegdheid roerende zaken waarmee een inbreuk op zijn recht wordt gemaakt als zijn eigendom op te vorderen dan wel de bevoegdheid onttrekking aan het verkeer, vernietiging of onbruikbaarmaking te vorderen van die zaken, en onttrekking aan het verkeer te vorderen van materialen en werktuigen die voornamelijk zijn gebruikt bij de voortbrenging van die zaken. De bepalingen van het Wetboek van Burgerlijke Rechtsvordering betreffende beslag en executie tot afgifte van roerende zaken zijn van toepassing. Bij samenloop met een ander beslag gaat degene die beslag heeft gelegd krachtens dit artikel voor. Een vordering als bedoeld in de eerste volzin wordt op kosten van de gedaagde uitgevoerd, tenzij bijzondere redenen dit beletten. Bij de beoordeling van de vordering dient een afweging te worden gemaakt tussen de ernst van de inbreuk en de gevorderde maatregelen alsmede de belangen van derden.

– 8. Indien een rechtsvordering wordt ingesteld tot handhaving van een octrooi voor een werkwijze tot vervaardiging van een nieuw voortbrengsel, dan wordt vermoed, dat het betrokken voortbrengsel volgens de geoctrooieerde werkwijze is vervaardigd, tenzij door de gedaagde het tegendeel aannemelijk wordt gemaakt. Bij de beoordeling van de vraag of een voortbrengsel nieuw is, blijft de inhoud van in artikel 4, derde en vierde lid, bedoelde octrooiaanvragen buiten beschouwing.

– 9. De octrooihouder heeft de bevoegdheid een bevel te vorderen tot staking van diensten van tussenpersonen wier diensten door derden worden gebruikt om inbreuk op zijn recht te maken.

– 10. De octrooihouder heeft de bevoegdheid te vorderen dat degene die inbreuk op zijn recht heeft gemaakt wordt bevolen al hetgeen hem bekend is omtrent de herkomst en distributiekanalen van de zaken waarmee die inbreuk is gepleegd, aan hem mee te delen en alle daarop betrekking hebbende gegevens te verstrekken.

– 11. De octrooihouder heeft de bevoegdheid te vorderen dat bij tijdelijke voortzetting van de vermeende inbreuk aan deze voortzetting de voorwaarde wordt verbonden dat zekerheid wordt gesteld voor vergoeding van de door hem geleden schade. De octrooihouder komt die bevoegdheid eveneens toe bij voortzetting van de dienstverlening door een tussenpersoon als bedoeld in het achtste lid.

– 12. De octrooihouder heeft de bevoegdheid te vorderen dat de gedaagde wordt gelast op diens kosten passende maatregelen tot verspreiding van informatie over de uitspraak te treffen.

Art. 71

Vergoeding voor inbreuk

– 1. Behoudens het bepaalde in het vierde lid, kan de octrooihouder een redelijke vergoeding vorderen van hem, die in het tijdvak, gelegen tussen de inschrijving van de aanvrage die tot octrooi heeft geleid in het octrooiregister en de verlening van octrooi op die aanvrage of een daaruit ingevolge artikel 28 afgesplitste aanvrage, handelingen heeft verricht als vermeld in artikel 53, eerste lid, voor zover de octrooihouder daarvoor uitsluitende rechten heeft verkregen.

– 2. Behoudens het bepaalde in het vierde lid kan de octrooihouder eveneens een redelijke vergoeding vorderen van hem, die na de in het eerste lid bedoelde verlening van het octrooi handelingen als in dat lid bedoeld heeft verricht met voortbrengselen, die gedurende het aldaar genoemde tijdvak in het verkeer zijn gebracht. De octrooihouder kan een zelfde vergoeding vorderen van hem, die na de verlening van het octrooi ten dienste van zijn bedrijf voortbrengselen als bedoeld in artikel 53, eerste lid, onder *a* of *b*, dan wel in artikel 53*a* heeft gebruikt die in het eerste lid genoemde tijdvak in zijn bedrijf zijn vervaardigd.

– 3. De in het eerste en tweede lid bedoelde vergoeding is alleen verschuldigd voor handelingen die zijn verricht na verloop van dertig dagen nadat de betrokkene bij deurwaardersexploit, waarin nauwkeurig is aangegeven welk gedeelte van de octrooiaanvrage op die handelingen betrekking heeft, is gewezen op het krachtens dit artikel aan de octrooihouder toekomende recht.

– 4. Het krachtens dit artikel aan de octrooihouder toekomende recht strekt zich niet uit over handelingen, verricht door een daartoe krachtens artikel 55 of krachtens overeenkomst gerechtigde, alsmede handelingen met voortbrengselen, die hetzij voor de inschrijving in het octrooiregister van de betrokken octrooiaanvrage in het verkeer zijn gebracht, hetzij nadien door de aanvrager om octrooi of een gerechtigde als hiervoor bedoeld.

Art. 72

Inbreuk Europees octrooi

– 1. De houder van een Europees octrooi kan, behoudens het bepaalde in het vierde lid, een redelijke vergoeding vorderen van hem, die in het tijdvak, gelegen tussen de publikatie overeenkomstig artikel 93 van het Europees Octrooiverdrag van de aanvrage die tot octrooi heeft geleid en de in artikel 97, vierde lid, van dat verdrag bedoelde publikatie van de vermelding van de verlening van het Europees octrooi op die aanvrage of op een daaruit ingevolge artikel 76 van dit verdrag afgesplitste aanvrage, handelingen heeft verricht als vermeld in artikel 53, eerste lid, voor zover de octrooihouder daarvoor uitsluitende rechten heeft verkregen en de handelingen worden bestreken door de laatstelijk ingediende gepubliceerde conclusies.

– 2. Behoudens het bepaalde in het vierde lid kan de houder van een Europees octrooi eveneens een redelijke vergoeding vorderen van hem, die na de in het eerste lid bedoelde publikatie van de vermelding van de verlening van het Europees octrooi handelingen als in dat lid bedoeld heeft verricht met voortbrengselen, die gedurende het aldaar genoemde tijdvak in het verkeer zijn gebracht. De octrooihouder kan een zelfde vergoeding vorderen van hem, die na bedoelde publikatie ten dienste van zijn bedrijf voortbrengselen als bedoeld in artikel 53, eerste lid, onder *a* of *b*, dan wel in artikel 53*a* heeft gebruikt die in het in het eerste lid genoemde tijdvak in zijn bedrijf zijn vervaardigd.

– 3. De in het eerste en tweede lid bedoelde vergoeding is alleen verschuldigd voor handelingen, die zijn verricht na verloop van dertig dagen, nadat de betrokkene bij deurwaardersexploit is gewezen op het krachtens dit artikel aan de octrooihouder toekomende recht. Bij dit deurwaardersexploit, waarin nauwkeurig is aangegeven welk gedeelte van de octrooiaanvrage op die handelingen betrekking heeft, moet zijn betekend een vertaling in het Nederlands van de conclusies zoals vervat in de publikatie van de Europese octrooiaanvrage overeenkomstig artikel 93 van het Europees Octrooiverdrag. Indien een Nederlandse vertaling als hiervoor bedoeld reeds voor het uitbrengen van het deurwaardersexploit aan het bureau is toegezonden en daarvan aantekening gedaan is in het octrooiregister, kan de betekening van de vertaling achterwege blijven, mits in het exploit melding wordt gemaakt van de aantekening in het octrooiregister.

– 4. Het krachtens dit artikel aan de octrooihouder toekomende recht strekt zich niet uit over handelingen, verricht door een daartoe krachtens artikel 55 of krachtens overeenkomst gerechtigde, alsmede handelingen met voortbrengselen, die hetzij voor de in het eerste lid bedoelde publikatie van de aanvrage overeenkomstig artikel 93 van het Europees Octrooiverdrag in het verkeer zijn gebracht, hetzij nadien door de aanvrager van het octrooi of een gerechtigde als hiervoor bedoeld.

– 5. Het bureau gaat zo spoedig mogelijk over tot de in het derde lid bedoelde aantekening in het octrooiregister.

Art. 73

Vorderingen

– 1. De octrooihouder kan de vorderingen die hem ten dienste staan bij de handhaving van zijn octrooi instellen tegen iedere persoon, die in Nederland of de Nederlandse Antillen in of voor zijn bedrijf middelen betreffende een wezenlijk bestanddeel van de uitvinding aan anderen dan hen, die krachtens de artikelen 55 tot en met 60 tot toepassing van de geoctrooieerde uitvinding bevoegd zijn, aanbiedt of levert voor de toepassing van de geoctrooieerde uitvinding in Nederland of de Nederlandse Antillen of, als het een Europees octrooi betreft, in Nederland, een en ander mits die persoon weet dan wel het gezien de omstandigheden duidelijk is, dat die middelen voor die toepassing geschikt en bestemd zijn.

– 2. Het eerste lid geldt niet, indien het aanbieden of leveren geschiedt met toestemming van de octrooihouder. Dat lid geldt evenmin, indien de geleverde of aangeboden middelen algemeen in de handel verkrijgbare produkten zijn, tenzij de betrokkene degene aan wie hij levert aanzet tot het verrichten van in artikel 53, eerste lid, vermelde handelingen.

– 3. Artikel 70, vijfde lid, is van overeenkomstige toepassing.

Art. 74

Continentaal plat

De rechten en verplichtingen, voortvloeiende uit de artikelen 53 tot en met 60 en 64 tot en met 73, gelden mede in, op en boven dat deel van het aan Nederland of de Nederlandse Antillen grenzende continentaal plat, waarop het Koninkrijk soevereine rechten heeft, doch uitsluitend voor zover het betreft handelingen, gericht op en verricht tijdens het onderzoek naar de aanwezigheid van natuurlijke rijkdommen of het winnen daarvan.

HOOFDSTUK 5

Vernietiging en opeising

Art. 75

Vernietiging

– 1. Een octrooi wordt door de rechter vernietigd voor zover:

a. hetgeen waarvoor octrooi is verleend ingevolge de artikelen 2 tot en met 7 niet vatbaar is voor octrooi dan wel, indien het een Europees octrooi betreft, het octrooi ingevolge de artikelen 52 tot en met 57 van het Europees Octrooiverdrag niet had behoren te worden verleend;

b. het octrooischrift niet een beschrijving bevat van de uitvinding, die, in voorkomend geval met toepassing van artikel 25, tweede en derde lid, zodanig duidelijk en volledig is dat een deskundige deze uitvinding kan toepassen;

c. het onderwerp van het octrooi niet wordt gedekt door de inhoud van de ingediende aanvrage of, indien het octrooi is verleend op een afgesplitste of gewijzigde aanvrage dan wel op een nieuwe Europese octrooiaanvrage die is ingediend overeenkomstig artikel 61 van het Europees Octrooiverdrag, door de inhoud van de oorspronkelijke aanvrage;

d. na octrooiverlening uitbreiding van de beschermingsomvang is opgetreden;

e. de houder van het octrooi daarop geen aanspraak had hetzij krachtens de bepalingen van hoofdstuk 1 van deze rijkswet hetzij, indien het een Europees octrooi betreft, krachtens artikel 60, eerste lid, van het Europees Octrooiverdrag.

– 2. Voor de toepassing van het eerste lid, onder *a*, wordt onder de stand van de techniek, bedoeld in artikel 54, derde lid, van het Europees Octrooiverdrag, mede begrepen de inhoud van uit hoofde van deze rijkswet ingediende octrooiaanvragen, waarvan de dag van indiening voor de datum van indiening van de desbetreffende Europese octrooiaanvrage, die voor de toepassing van dat lid geldt, ligt, en die eerst op of na die datum overeenkomstig artikel 31 zijn ingeschreven.

– 3. De rechtsvordering tot vernietiging komt in de in het eerste lid, onder *a* tot en met *d*, genoemde gevallen toe aan een ieder en in het eerste lid, onder *e*, genoemde geval aan degene, die krachtens de in dat onderdeel genoemde bepalingen aanspraak op het octrooi heeft. Indien laatstgenoemde zelf een octrooi voor de desbetreffende uitvinding heeft verkregen, komt de rechtsvordering tot vernietiging ook toe aan licentiehouders en pandhouders.

– 4. De dagvaarding moet binnen acht dagen na haar dagtekening in het octrooiregister worden ingeschreven. Bij gebreke van tijdige inschrijving is de eiser verplicht de schade te vergoeden, geleden door hen, die te goeder trouw na die termijn en voor de inschrijving rechten, waarop de vernietiging invloed uitoefent, hebben verkregen.

– 5. Een octrooi wordt geacht van de aanvang af geheel of gedeeltelijk niet de in de artikelen 53, 53*a*, 71, 72 en 73 bedoelde rechtsgevolgen te hebben gehad naar gelang het octrooi geheel of gedeeltelijk is vernietigd.

– 6. De terugwerkende kracht van de nietigheid heeft geen invloed op:

a. een beslissing, niet zijnde een voorlopige voorziening, ter zake van handelingen in strijd met het in de artikelen 53 en 53*a* bedoelde uitsluitend recht van de octrooihouder of van handelingen als bedoeld in de artikelen 71, 72 en 73, die voor de vernietiging in kracht van gewijsde is gegaan en ten uitvoer is gelegd;

b. een voor de vernietiging gesloten overeenkomst, voor zover deze voor de vernietiging is uitgevoerd; uit billijkheidsoverwegingen kan echter terugbetaling worden geëist van op grond van deze overeenkomst betaalde bedragen in de mate als door de omstandigheden gerechtvaardigd is.

– 7. Voor de toepassing van het zesde lid, onder *b*, wordt onder het sluiten van een overeen-

komst mede verstaan het ontstaan van een licentie op een andere in artikel 56, tweede lid, 59 of 60 aangegeven wijze.
– 8. Ingeval een octrooi wordt vernietigd op grond van het eerste lid, onder *e*, en degene, die krachtens de in dat onderdeel genoemde bepalingen aanspraak op het octrooi heeft, zelf een octrooi voor de desbetreffende uitvinding heeft verkregen, worden licenties, die te goeder trouw van het vernietigde octrooi waren verkregen voor de inschrijving van de dagvaarding in het octrooiregister, aangemerkt als licentie van het bestaande octrooi, en verkrijgt de houder daarvan overeenkomstig artikel 56, derde lid, recht op de voor de licenties verschuldigde vergoeding. De houder van het vernietigde octrooi, die bij zijn aanvrage te goeder trouw was of die het octrooi voor de inschrijving van de dagvaarding te goeder trouw van een vroegere houder verkreeg, blijft in dat geval ten aanzien van het bestaande octrooi bevoegd tot toepassing van de uitvinding overeenkomstig artikel 55.
– 9. Zodra een eindbeslissing aangaande een vordering tot vernietiging in kracht van gewijsde is gegaan of de instantie is vervallen, wordt daarvan op verzoek van de meest gerede partij in het octrooiregister aantekening gedaan.

Art. 76

Advies nietigheidsgronden

– 1. Degene die een rechtsvordering als bedoeld in artikel 75 tot vernietiging van een krachtens deze rijkswet verleend octrooi instelt, is in die vordering niet ontvankelijk als hij niet als bijlage bij dagvaarding dan wel bij conclusie van eis in reconventie het resultaat van een door het bureau uitgebracht advies omtrent de toepasselijkheid van de in artikel 75, eerste lid, genoemde nietigheidsgronden overlegt.
– 2. In kort geding kan de voorzieningenrechter bedoeld in artikel 80, tweede lid, degene die stelt dat een krachtens deze rijkswet verleend octrooi vernietigd behoort te worden, opdragen een advies van het bureau omtrent de toepasselijkheid van de in artikel 75, eerste lid, genoemde nietigheidsgronden over te leggen.

Art. 77

Samenloop

– 1. Voor zover een uit hoofde van deze rijkswet verleend octrooi betrekking heeft op een uitvinding, waarvoor aan dezelfde uitvinder of zijn rechtverkrijgende een Europees octrooi is verleend, terwijl de dag van indiening of in voorkomend geval de voorrangsdatum van de onderscheidene aanvragen om octrooi dezelfde is, heeft eerstbedoeld octrooi, voor zover het dezelfde uitvinding beschermt als het Europees octrooi, in Nederland of in de Nederlandse Antillen als het een Europees octrooi betreft of in Nederland als het een Gemeenschapsoctrooi betreft, niet meer de in de artikelen 53, 53a, 71 en 73 bedoelde rechtsgevolgen vanaf de dag waarop:
a. de voor het instellen van oppositie tegen het Europees octrooi vastgestelde termijn is verstreken zonder dat oppositie is ingesteld;
b. de oppositieprocedure is afgesloten, waarbij het Europees octrooi in stand is gebleven;
c. het octrooi uit hoofde van deze rijkswet is verleend, indien deze dag ligt na die onder a of b bedoeld, al naar het geval.
– 2. Het tenietgaan, op welke wijze ook, van het Europees octrooi op een later tijdstip laat het bepaalde in het vorige lid onverlet.
– 3. Vorderingen ter vaststelling van een in het eerste lid bedoeld verlies van rechtsgevolg kunnen door een ieder worden ingesteld.
– 4. Artikel 75, vierde lid, achtste lid, eerste volzin, en negende lid, is van overeenkomstige toepassing.

Art. 78

Revindicatie

– 1. Een octrooi kan geheel, gedeeltelijk of wat betreft een aandeel daarin worden opgeëist door degene die krachtens artikel 11, 12 of 13 dan wel, indien het een Europees octrooi betreft, krachtens artikel 60, eerste lid, van het Europees Octrooiverdrag aanspraak of mede aanspraak heeft op dat octrooi.
– 2. De dagvaarding moet in het octrooiregister worden ingeschreven.
– 3. De octrooihouder, die bij zijn aanvrage te goeder trouw was, of die het octrooi voor de inschrijving van de dagvaarding te goeder trouw van een vroegere houder verkreeg, blijft ten aanzien van de nieuwe octrooihouder bevoegd tot toepassing van de uitvinding op de voet als omschreven in artikel 55.
– 4. Te goeder trouw voor de inschrijving verkregen licenties blijven geldig tegenover de nieuwe octrooihouder, die overeenkomstig artikel 56, derde lid, recht verkrijgt op de voor de licenties verschuldigde vergoeding.
– 5. Het derde en het vierde lid zijn niet van toepassing ingeval degene, die het octrooi met goed gevolg heeft opgeëist, reeds door zelf octrooi aan te vragen zijn aanspraken had doen gelden en de dagvaarding, waarbij de vordering tot opeising werd ingesteld, binnen drie maanden na de verlening van het octrooi of, indien het een Europees octrooi betreft, na de publikatie

overeenkomstig artikel 97, vierde lid, van het Europees Octrooiverdrag van de vermelding van de verlening van het Europees octrooi in het octrooiregister was ingeschreven.
– 6. Pandrechten, door een vroegere octrooihouder gevestigd, zijn alleen geldig tegenover de nieuwe octrooihouder, indien zij te goeder trouw zijn verkregen en voor de inschrijving van de dagvaarding gevestigd. Zij zijn nimmer tegenover deze geldig in het geval, bedoeld in het vorige lid.
– 7. De vordering, bedoeld in het eerste lid, verjaart, wanneer vijf jaren zijn verstreken na de dag van verlening van het octrooi of, indien het een Europees octrooi betreft, na de datum, waarop overeenkomstig artikel 97, vierde lid, van het Europees Octrooiverdrag de vermelding van de verlening van het Europees octrooi is gepubliceerd; nochtans kan degene, die bij het verkrijgen van het octrooi wist of had moeten weten, dat hij of de persoon, die het hem overdroeg, geen aanspraak had op het octrooi, zich niet op deze verjaring beroepen.
– 8. Zodra een eindbeslissing aangaande een vordering tot opeising in kracht van gewijsde is gegaan of de instantie is vervallen, wordt daarvan op verzoek van de meest gerede partij in het octrooiregister aantekening gedaan.

Art. 79

Strafbepalingen

– 1. Hij die opzettelijk inbreuk maakt op het recht van de octrooihouder door het verrichten van een der in artikel 53, eerste lid, bedoelde handelingen, wordt gestraft met gevangenisstraf van ten hoogste zes maanden of geldboete van de vierde categorie.
– 2. Hij die van het plegen van het in het vorige lid bedoelde misdrijf zijn beroep maakt of het plegen van dit misdrijf als bedrijf uitoefent, wordt gestraft met gevangenisstraf van ten hoogste vier jaar of geldboete van de vijfde categorie.
– 3. Bij veroordeling kan door de rechter de openbaarmaking van zijn uitspraak worden gelast.
– 4. Indien voorwerpen verbeurd zijn verklaard, kan de octrooihouder vorderen, dat die voorwerpen hem worden afgegeven indien hij zich daartoe ter griffie aanmeldt binnen een maand nadat het vonnis in kracht van gewijsde is gegaan. Door deze afgifte gaat de eigendom van de voorwerpen op de octrooihouder over. De rechter zal kunnen gelasten, dat die afgifte niet zal geschieden dan tegen een door hem bepaalde, door de octrooihouder te betalen vergoeding, welke ten bate komt van de Staat.
– 5. De in dit artikel bedoelde strafbare feiten zijn misdrijven. Van deze misdrijven neemt in Nederland in eerste aanleg uitsluitend de rechtbank te 's-Gravenhage kennis.

HOOFDSTUK 6
Octrooirechtelijke geschillen

Art. 80

Bevoegde rechter

– 1. De rechtbank te 's-Gravenhage is in eerste aanleg uitsluitend bevoegd voor:
a. vorderingen tot vaststelling van ontbreken van rechtsgevolg, vernietiging, vaststelling van een verlies van rechtsgevolg of opeising van octrooien, bedoeld in onderscheidenlijk de artikelen 10, 75, 77 en 78;
b. vorderingen tot opeising van Europese octrooiaanvragen;
c. vorderingen tot verlening van een licentie als bedoeld in artikel 58, eerste lid;
d. vorderingen tot vaststelling van een vergoeding als bedoeld in de artikelen 58, 59 en 60.
– 2. De rechtbank te 's-Gravenhage en de voorzieningenrechter van die rechtbank zijn in eerste aanleg in Nederland uitsluitend bevoegd voor:
a. vorderingen, bedoeld in de artikelen 70, 71, 72 en 73;
b. vorderingen welke worden ingesteld door een ander dan de octrooihouder ten einde te doen vaststellen dat bepaalde door hem verrichte handelingen niet strijdig zijn met een octrooi.

Art. 81

Afwijking Awb

In afwijking van artikel 8:7 van de Algemene wet bestuursrecht, is voor beroepen ingesteld tegen besluiten op grond van deze wet de rechtbank te 's-Gravenhage bevoegd.

Art. 82

Bevoegdheid octrooigemachtigde

Bij de behandeling ter terechtzitting van geschillen bedoeld in artikel 80 mogen octrooigemachtigden het woord voeren onverminderd de verantwoordelijkheid van de procureur.

Art. 83

Bevoegde rechter

– 1. Van alle andere geschillen dan in de artikelen 80 en 81 bedoeld wordt kennis genomen door de rechter die daartoe volgens de algemene regeling der rechtspraak bevoegd is.
– 2. Rechtsvorderingen, die gegrond zijn op artikel 12, zesde lid, worden aangemerkt als rechtsvorderingen met betrekking tot een arbeidsovereenkomst, tenzij de rechtsbetrekking tussen de bij het geschil betrokkenen niet wordt bepaald door een arbeidsovereenkomst.
– 3. Indien de rechter meent, dat op de beslissing van een geschil van invloed kan zijn een rechtsvordering, die op grond van artikel 10, 75, 77 of 78 is of zou kunnen worden ingesteld, kan hij de behandeling van het aanhangige geschil met of zonder tijdsbepaling schorsen. Gelij-

ke bevoegdheid bezit hij, indien op de beslissing inzake zulk een rechtsvordering een uit anderen hoofde ingestelde rechtsvordering van invloed kan zijn.
– 4. De rechter kan de behandeling van een geschil ter zake van een Europees octrooi met of zonder tijdsbepaling schorsen, indien bij het Europees Octrooibureau tegen dat octrooi oppositie is ingesteld ingevolge artikel 99 van het Europees Octrooiverdrag.

Art. 84

Advies nietigheidsgronden

– 1. Een ieder kan het bureau schriftelijk verzoeken een advies uit te brengen omtrent de toepasselijkheid van de in artikel 75, eerste lid, genoemde nietigheidsgronden op een krachtens deze rijkswet verleend octrooi.
– 2. Het verzoek bevat een gemotiveerde aanduiding van de aan artikel 75, eerste lid, ontleende bezwaren tegen het verleende octrooi waaromtrent een advies wordt verlangd.
– 3. Bij of krachtens algemene maatregel van rijksbestuur worden regels gesteld met betrekking tot de voor het advies verschuldigde vergoeding.

Art. 85

Vereisten aan advies

– 1. Het bureau stelt de in artikel 84 bedoelde verzoeker in de gelegenheid de geopperde bezwaren toe te lichten. Het bureau kan nietigheidsgronden die het baseert op het resultaat van het onderzoek naar de stand van de techniek als bedoeld in artikel 34, vierde lid, als bezwaren toevoegen. De houder van het desbetreffende octrooi wordt ten minste eenmaal in de gelegenheid gesteld op de bezwaren te reageren.
– 2. Het bureau is bevoegd voor de inbreng van verzoeker en octrooihouder termijnen te stellen.
– 3. Het in artikel 84 bedoelde advies wordt zo spoedig mogelijk uitgebracht, doch uiterlijk binnen twee maanden nadat het bureau kennis heeft genomen van het standpunt van de verzoeker en de octrooihouder of, indien toepassing is gegeven aan het vorige lid, binnen twee maanden nadat de gestelde termijn is verstreken.

Art. 86

Gemotiveerde beoordeling bezwaren

Het in artikel 84 bedoelde advies bestaat uit een gemotiveerde beoordeling van de in artikel 85, eerste lid, genoemde bezwaren.

Art. 87

Informatieplicht bureau

– 1. Het bureau is verplicht de rechter alle inlichtingen en technische adviezen te verstrekken, die deze tot beslissing van aan zijn oordeel onderworpen rechtsvorderingen inzake octrooien mocht verlangen.
– 2. De waarde van adviezen als bedoeld in het eerste lid wordt gelijkgesteld met die van deskundigen als bedoeld in artikel 194 en volgende van het Wetboek van Burgerlijke Rechtsvordering.

Art. 88

Rogatoire commissies

De in artikel 80 bedoelde rechtbank treedt op als centrale instantie, belast met het ontvangen van rogatoire commissies en bevoegd tot het uitvoeren van genoemde commissies van het Europees Octrooibureau, bedoeld in regel 99 van het bij het Europees Octrooiverdrag behorende Uitvoeringsreglement.

Art. 89

Afschrift uitspraak

Van alle rechterlijke uitspraken betreffende octrooien wordt door de griffier van het desbetreffende gerecht binnen één maand kosteloos een afschrift aan het bureau gezonden, en, indien het een Europees octrooi betreft, tevens aan het Europees Octrooibureau, bedoeld in het Europees Octrooiverdrag.

HOOFDSTUK 7
Aanvullende beschermingscertificaten

Art. 90

Begripsbepalingen

Voor de toepassing van dit hoofdstuk, met uitzondering van artikel 98, en de daarop berustende bepalingen, wordt verstaan onder:
verordening: de verordening (EEG) nr. 1768/92 van de Raad van de Europese Gemeenschappen van 18 juni 1992 betreffende de invoering van een aanvullende beschermingscertificaat voor geneesmiddelen (*PbEG* L 182), zoals deze laatstelijk is gewijzigd bij verordening (EG) nr. 1901/2006 van het Europees Parlement en de Raad van de Europese Unie van 12 december 2006 betreffende geneesmiddelen voor pediatrisch gebruik en tot wijziging van Verordening (EEG) nr. 1768/92, Richtlijn 2001/20/EG, Richtlijn 2001/83/EG en Verordening (EG) nr. 726/2004 (*PbEG* L 378);
basisoctrooi: een octrooi als bedoeld in artikel 1, onder c, van de verordening;
certificaat: een aanvullend beschermingscertificaat als bedoeld in artikel 1, onder d, van de verordening;
aanvrage om verlenging van de duur van een certificaat: een aanvraag om verlenging van de duur van een reeds verleend certificaat als bedoeld in artikel 1, onder e, van de verordening.

Art. 91

Aanvraag aanvullend certificaat

De aanvrage om een certificaat en om verlenging van de duur van een certificaat worden bij het bureau ingediend.

Art. 92

Bewijsstuk betaling

Bij de aanvrage om een certificaat en om verlenging van de duur van een certificaat dient een bewijsstuk te worden overgelegd waaruit blijkt dat aan het bureau een bedrag is betaald overeenkomstig een bij of krachtens algemene maatregel van bestuur vastgesteld tarief.

Art. 93

Toepasselijke bepalingen

Met betrekking tot aanvragen om een certificaat en om verlenging van de duur van een certificaat zijn de artikelen 24, derde lid, en 38, eerste lid, van deze rijkswet van overeenkomstige toepassing.

Art. 94

Afwijzing aanvraag

Indien niet is voldaan aan het bij artikel 8 van de verordening of het bij de artikelen 92 en 93 van deze rijkswet bepaalde, geeft het bureau daarvan binnen twee maanden na de datum van indiening van de aanvraag om een certificaat dan wel om verlenging van de duur van een certificaat schriftelijk kennis aan de aanvrager, onder opgave van de voorschriften waaraan niet is voldaan.

Art. 95

Jaartaks

Voor de instandhouding van een aanvullend beschermingscertificaat moet elk jaar, voor het eerst vanaf het jaar waarin de wettelijke duur van het basisoctrooi is verstreken, aan het bureau een bij of krachtens algemene maatregel van bestuur vast te stellen bedrag worden betaald. Dit bedrag wordt uiterlijk voldaan op de laatste dag van de maand waarin de wettelijke duur van het basisoctrooi is verstreken. De artikelen 61, derde lid, en 62 van deze rijkswet zijn van overeenkomstige toepassing.

Art. 96

Register/octrooiblad

– 1. De in de artikelen 9, tweede en derde lid, 11 en 16 van de verordening voorgeschreven mededelingen geschieden in het in artikel 20 van deze rijkswet bedoelde blad.

– 2. Het bureau schrijft de in de artikelen 9, tweede en derde lid, 11 en 16 van de verordening bedoelde gegevens in het octrooiregister in.

Art. 97

Toepasselijke bepalingen

De artikelen 64 tot en met 69 zijn van overeenkomstige toepassing op certificaten.

Art. 98

Nadere regeling bij AMvB

Indien een andere dan de in artikel 90 genoemde door de Raad van de Europese Gemeenschappen vastgestelde verordening betreffende aanvullende beschermingscertificaten in het belang van een goede uitvoering nadere regeling behoeft geschiedt dit bij algemene maatregel van bestuur. Daarbij kan worden voorzien in het opleggen van taksen, voor zover dat is toegelaten ingevolge de betrokken verordening.

HOOFDSTUK 8

Bijzondere bepalingen voor de Nederlandse Antillen

Art. 99

IE-bureau Nederlandse Antillen

In de Nederlandse Antillen kan een bureau voor de industriële eigendom worden ingesteld. Dit bureau is een instelling van dat land.

Art. 100

Nadere bepalingen

– 1. De aanvragen om octrooi van inwonenden van de Nederlandse Antillen kunnen worden ingediend bij het aldaar ingestelde bureau voor de industriële eigendom.

– 2. Als datum van indiening van de aanvrage geldt die, waarop bij het betrokken bureau de in artikel 29, eerste lid, onder *a*, *b* en *c*, vermelde bescheiden zijn overgelegd. Artikel 29, tweede en derde lid, is van overeenkomstige toepassing.

– 3. Nadat het betrokken bureau de in het tweede lid bedoelde datum op de aanvrage heeft vermeld, zendt het de aanvrage met alle overgelegde bescheiden zo spoedig mogelijk door aan het bureau, bedoeld in artikel 1, tenzij het meent dat deze bescheiden niet voldoen aan het bij of krachtens artikel 24 bepaalde.

– 4. In het geval, bedoeld in het derde lid, geeft het betrokken bureau aan de aanvrager schriftelijk kennis van de vermeende gebreken, met het verzoek deze binnen een door het bureau te bepalen termijn te herstellen. Na het verstrijken van die termijn worden, onverschillig of aan het verzoek is voldaan, de door de aanvrager overgelegde bescheiden, alsmede een afschrift van het hem afgegeven ontvangstbewijs door het betrokken bureau zo spoedig mogelijk aan het bureau, bedoeld in artikel 1, toegezonden.

HOOFDSTUK 9

Overgangs- en slotbepalingen

Art. 101

Vervallen van Rijksoctrooiwet

De Rijksoctrooiwet vervalt met ingang van een bij koninklijk besluit te bepalen tijdstip.

Art. 102

Werkingsgebied

– 1. Ten aanzien van octrooiaanvragen die zijn ingediend voor 1 april 1995 en van deze aanvragen afgesplitste octrooiaanvragen zijn de Rijksoctrooiwet en de artikelen 102*a* tot en met 102*e* van toepassing.

– 2. Ten aanzien van:

a. octrooiaanvragen, ingediend na de inwerkingtreding van deze rijkswet, met uitzondering van de in het eerste lid bedoelde afgesplitste octrooiaanvragen,

b. octrooien, verleend op de onder *a* bedoelde octrooiaanvragen en

c. licenties onder de onder *b* bedoelde octrooien is uitsluitend het bij en krachtens deze rijkswet bepaalde van toepassing.

– 3. Deze rijkswet is niet van toepassing op aanvragen om een certificaat als bedoeld in artikel 90 welke bij de Octrooiraad zijn ingediend voor de datum van inwerkingtreding van deze rijkswet.

– 4. De artikelen 95 en 97 zijn mede van toepassing op certificaten welke zijn verleend op aanvragen welke zijn ingediend voor de datum van inwerkingtreding van deze rijkswet.

Art. 102a

Verlening octrooi

– 1. Op octrooiaanvragen ten aanzien waarvan het resultaat van het onderzoek naar de stand van de techniek aan de aanvrager is meegedeeld, maar de aanvraagafdeling van de Octrooiraad op de datum van inwerkingtreding van dit artikel nog geen besluit heeft genomen als bedoeld in artikel 24 van de Rijksoctrooiwet, verleent de Octrooiraad in afwijking van Hoofdstuk II, Afdeling II, van de die Rijkswet octrooi door het plaatsen van een gedateerde aantekening op de aanvrage in de vorm zoals deze door de aanvrager is ingediend of door hem nadien is gewijzigd.

– 2. Indien op de datum van inwerkingtreding van dit artikel het resultaat van het onderzoek naar de stand van de techniek nog niet aan de aanvrager is meegedeeld, wordt het octrooi verleend met ingang van twee maanden na de datum waarop het resultaat van het onderzoek van de stand van de techniek is meegedeeld aan de aanvrager, welke termijn op verzoek van de aanvrager door de Octrooiraad eenmaal met twee maanden kan worden verlengd.

Art. 102b

Verlening octrooi

– 1. In afwijking van Hoofdstuk II, Afdeling II, van de Rijksoctrooiwet verleent de Octrooiraad octrooi op octrooiaanvragen ten aanzien waarvan de aanvraagafdeling of de afdeling van beroep van de Octrooiraad na de inwerkingtreding van dit artikel op grond van artikel 24 of 24A van die Rijkswet besluit tot gehele of gedeeltelijke openbaarmaking, door het plaatsen van een gedateerde aantekening op de aanvrage in de vorm zoals deze door de aanvraagafdeling of de afdeling van beroep geschikt is bevonden voor verlening.

– 2. Het octrooi begint te werken met ingang van de datum van het besluit tot gehele of gedeeltelijke openbaarmaking.

Art. 102c

Schakelbepaling

– 1. Vanaf de datum van inwerkingtreding van artikel 102*a* is artikel 102*a* van overeenkomstige toepassing op octrooiaanvragen waarop de artikelen 29A tot en met 29F van de Rijksoctrooiwet van toepassing zijn, met dien verstande dat:

a. de Octrooiraad besluit tot verlening van het octrooi door het plaatsen van een gedateerde aantekening op de aanvrage, doch dat de inschrijving van de octrooiaanvrage in het octrooiregister en de verlening van het octrooi worden opgeschort, en

b. de artikelen 41 tot en met 45 op die octrooiaanvragen van overeenkomstige toepassing zijn.

– 2. Het eerste lid is van overeenkomstige toepassing op artikel 102*b*.

Art. 102d

Rechtsgevolgen

– 1. Vanaf de datum van inwerkingtreding van dit artikel of, indien dat later is, vanaf de datum van verlening van het octrooi, hebben octrooien die zijn verleend op grond van de Rijksoctrooiwet of die worden verleend op grond van de artikelen 102*a*, 102*b* of 102*c*, in Nederland en de Nederlandse Antillen dezelfde rechtsgevolgen als octrooien die zijn verleend op grond van artikel 36 en zijn daarop de bepalingen van deze rijkswet van toepassing, met dien verstande dat:

a. de toepassing van artikel 76 beperkt is tot octrooien die zijn verleend op grond van artikel 102*a* of 102*c*, eerste lid, en

b. de toepassing van de artikelen 84 tot en met 86 beperkt is tot octrooien die zijn verleend op grond van de artikelen 102*a*, 102*b* of 102*c*.

– 2. Vanaf de datum van inwerkingtreding van dit artikel of, indien dat later is, vanaf de datum van verlening van het octrooi, hebben octrooien die zijn verleend op grond van de Rijksoctrooiwet of die worden verleend op grond van de artikelen 102*a*, 102*b* of 102*c*, in Aruba dezelfde rechtsgevolgen als octrooien die zijn verleend op grond van artikel 34 van de Landsverordening van Aruba van 5 mei 1997 houdende regels met betrekking tot octrooien (Octrooiverordening).

Art. 102e

Herstel in vorige toestand

– 1. Op een verzoek tot herstel in de vorige toestand dat is ingediend na de inwerkingtreding van dit artikel, is artikel 23 van de Rijksoctrooiwet 1995 van toepassing.

– 2. Het bureau verleent op een octrooiaanvrage die na de inwerkingtreding van deze wet wordt hersteld in de vorige toestand, octrooi door het plaatsen van een gedateerde aantekening op de aanvrage in de vorm zoals deze door de aanvrager is ingediend of door hem nadien is gewijzigd.

– 3. Het octrooi begint te werken met ingang van de datum waarop het besluit tot herstel onherroepelijk is.

Art. 102f

Register

Het openbare deel van de registers die worden gehouden op grond van de Rijksoctrooiwet maakt vanaf het tijdstip, bedoeld in artikel 101, deel uit van het register, bedoeld in artikel 19.

Art. 103

Verhouding Europees octrooiverdrag

– 1. Vanaf de datum van inwerkingtreding van dit artikellid is ten aanzien van Europese octrooien, waarvan de vermelding van de verlening overeenkomstig artikel 97, vierde lid, van het Europees Octrooiverdrag is gepubliceerd voor de inwerkingtreding van deze rijkswet, en licenties onder deze octrooien, het bij en krachtens deze rijkswet bepaalde van toepassing.

– 2. Ten aanzien van Europese octrooien, waarvan de vermelding van de verlening overeenkomstig artikel 97, vierde lid, van het Europees Octrooiverdrag is gepubliceerd na de inwerkingtreding van deze rijkswet, en licenties onder deze octrooien, is uitsluitend het bij en krachtens deze rijkswet bepaalde van toepassing.

Art. 104-107

Bevat wijzigingen in andere regelgeving.

Art. 108

Afwijking i.v.m. licenties

– 1. De artikelen 57 tot en met 58*a* zijn van toepassing op licenties onder octrooien die zijn verleend op grond van de Rijksoctrooiwet of die worden verleend op grond van de artikelen 102*a*, 102*b* of 102*c*.

– 2. Indien voor de inwerkingtreding van deze rijkswet een verzoek tot verlening van een licentie overeenkomstig artikel 34, vijfde lid, van de Rijksoctrooiwet is ingediend, vindt het eerste lid geen toepassing.

Art. 109

Stand van de techniek

Tot de stand van de techniek, bedoeld in de artikelen 4 en 75, tweede lid, behoort tevens de inhoud van voor de inwerkingtreding van deze rijkswet ingediende octrooiaanvragen, die op of na de in artikel 4, tweede lid, van deze wet onderscheidenlijk artikel 80 van het Europees Octrooiverdrag bedoelde dag overeenkomstig artikel 22C van de Rijksoctrooiwet ter inzage worden gelegd of, indien terinzagelegging nog niet had plaatsgevonden, overeenkomstig artikel 25 van die rijkswet openbaar worden gemaakt.

Art. 110

Nadere regeling bij AMvB

Indien in deze rijkswet geregelde onderwerpen in het belang van een goede uitvoering van deze rijkswet nadere regeling behoeven, kan deze geschieden bij algemene maatregel van rijksbestuur.

Art. 111

Inwerkingtreding

De artikelen van deze rijkswet treden in werking op een bij koninklijk besluit te bepalen tijdstip, dat voor de verschillende artikelen of onderdelen daarvan verschillend kan worden vastgesteld.

Art. 112

Citeertitel

Deze rijkswet wordt aangehaald als: Rijksoctrooiwet met vermelding van het jaartal van het *Staatsblad* waarin zij zal worden geplaatst.

Art. 113

Overzeese gebiedsdelen

– 1. Deze rijkswet is verbindend voor Nederland en, behoudens hoofdstuk 7, voor de Nederlandse Antillen.

– 2. Deze rijkswet is voor Aruba slechts verbindend voor zover het betreft de artikelen 40 tot en met 45, 59, 101, 102, eerste lid, artikel 102*a* tot en met 102*f*, 104 tot en met 108, 111 en 114. Voor de toepassing van de artikelen 40 tot en met 45 in Aruba wordt onder 'bureau' verstaan het Bureau voor de Intellectuele Eigendom van Aruba.

Art. 114

Rijkswet/wet

In Nederland kan bij wet en in de Nederlandse Antillen en Aruba kan bij landsverordening worden verklaard, dat de in deze rijkswet vervatte onderlinge regeling dient te worden beëindigd. Met ingang van het derde kalenderjaar na dat van afkondiging van zodanige wet of landsverordening verkrijgt deze rijkswet in Nederland de staat van wet en in de Nederlandse

Antillen en Aruba de staat van landsverordening. Het bepaalde in de vorige volzinnen geldt niet met betrekking tot de artikelen 40 tot en met 45 en artikel 59.

III.10 VERDRAG INZAKE DE VERLENING VAN EUROPESE OCTROOIEN (EUROPEES OCTROOIVERDRAG) [VERTALING] (UITTREKSEL)

Verdrag van 5 oktober 1973, Trb. 1976, 101, laatstelijk gewijzigd 29 november 2000, Trb. 2002, 64

[Inwerkingtreding: 07-10-1977]

Preambule
De Verdragsluitende Staten,
Geleid door de wens de samenwerking tussen de Europese Staten op het gebied van de bescherming van uitvindingen te bevorderen,
Geleid door de wens een dergelijke bescherming in die Staten te verwezenlijken door een eenvormige procedure voor het verlenen van octrooien en door het opstellen van bepaalde eenvormige regels inzake de aldus verleende octrooien,
Geleid door de wens daartoe een Verdrag te sluiten waarbij een Europese Octrooiorganisatie wordt opgericht en welk Verdrag een bijzondere overeenkomst vormt in de zin van artikel 19 van het Verdrag tot Bescherming van de Industriële Eigendom, ondertekend te Parijs op 20 maart 1883 en laatstelijk herzien op 14 juli 1967, benevens een regionaal octrooiverdrag in de zin van artikel 45, eerste lid, van het Verdrag tot Samenwerking inzake Octrooien van 19 juni 1970,
Zijn het volgende overeengekomen:

EERSTE DEEL
Algemene en institutionele bepalingen

HOOFDSTUK I
Algemene bepalingen

Europees recht voor de verlening van octrooien
Art. 1
Bij dit Verdrag wordt een voor de Verdragsluitende Staten gemeenschappelijk recht inzake de verlening van octrooien voor uitvindingen in het leven geroepen.

Gemeenschappelijk recht

Europees octrooi
Art. 2
– 1. De krachtens dit Verdrag verleende octrooien worden Europese octrooien genoemd.
– 2. Het Europese octrooi heeft in elk der Verdragsluitende Staten, waarvoor het is verleend, dezelfde rechtsgevolgen en is onderworpen aan dezelfde bepalingen als een nationaal octrooi, dat in die Staat is verleend, voor zover dit Verdrag niet anders bepaalt.

Europees octrooi

Toepassingsbeleid
Art. 3
De verlening van een Europees octrooi kan worden aangevraagd voor één of meer of alle Verdragsluitende Staten.

Toepassingsbeleid

Europese Octrooiorganisatie
Art. 4
– 1. Bij dit Verdrag wordt een Europese Octrooiorganisatie, hierna te noemen de Organisatie, in het leven geroepen. De Organisatie krijgt administratieve en financiële zelfstandigheid.
– 2. De organen van de Organisatie zijn:
a) het Europees Octrooibureau;
b) de Raad van Bestuur.
– 3. De Organisatie heeft tot taak het verlenen van Europese octrooien. Deze taak wordt uitgevoerd door het Europees Octrooibureau onder toezicht van de Raad van Bestuur.

Europese Octrooiorganisatie

Conferentie van ministers van de Verdragsluitende Staten
Art. 4a
Een conferentie van ministers van de Verdragsluitende Staten die verantwoordelijk zijn voor octrooiaangelegenheden komt ten minste een maal in de vijf jaar bijeen teneinde kwesties inzake de Organisatie en het Europese octrooistelsel te bespreken.

HOOFDSTUK III
Het Europees Octrooibureau

Talen van het Europees Octrooibureau, Europese octrooiaanvragen en andere stukken

Art. 14

Talen

– 1. De officiële talen van het Europees Octrooibureau zijn het Duits, Engels en Frans.

– 2. Een Europese octrooiaanvrage moet worden ingediend in een van de officiële talen of, indien zij in een andere taal wordt ingediend, vertaald worden in een van de officiële talen in overeenstemming met het Uitvoeringsreglement. Tijdens de gehele procedure voor het Europees Octrooibureau kan deze vertaling in overeenstemming worden gebracht met de aanvrage zoals die is ingediend. Indien een vereiste vertaling niet binnen de gestelde termijn is ingediend, wordt de aanvrage geacht te zijn ingetrokken.

– 3. De officiële taal van het Europees Octrooibureau waarin de Europese octrooiaanvrage is ingediend of waarin deze is vertaald moet als procestaal worden gebruikt in alle procedures voor het Europees octrooibureau, tenzij het Uitvoeringsreglement anders bepaalt.

– 4. Natuurlijke personen of rechtspersonen die hun woonplaats of hun zetel hebben in een Verdragsluitende Staat, die als officiële taal een andere taal heeft dan het Duits, Engels of Frans, en onderdanen van die Staat, die hun woonplaats in het buitenland hebben, kunnen stukken waarvan indiening aan een termijn is gebonden, in een officiële taal van die Staat indienen. Een vertaling in een officiële taal van het Europees Octrooibureau moet evenwel worden overgelegd in overeenstemming met het Uitvoeringsreglement. Indien een stuk, dat niet deel uitmaakt van de tot de Europese octrooiaanvrage behorende stukken, niet is ingediend in de voorgeschreven taal, of indien een vereiste vertaling niet binnen de gestelde termijn is ingediend, wordt het stuk geacht niet te zijn ingediend.

– 5. De Europese octrooiaanvragen worden gepubliceerd in de procestaal.

– 6. De Europese octrooischriften worden gepubliceerd in de procestaal en bevatten een vertaling van de conclusies in de beide andere officiële talen van het Europees Octrooibureau.

– 7. In de drie officiële talen van het Europees Octrooibureau worden gepubliceerd:

a. het *Europees Octrooiblad*;

b. het *Publicatieblad van het Europees Octrooibureau.*

– 8. Inschrijvingen in het Europees Octrooiregister geschieden in de drie officiële talen van het Europees Octrooibureau. In geval van twijfel geeft de inschrijving in de procestaal de doorslag.

De met de procedures belaste organen

Art. 15

Organen

Voor de toepassing van de in dit Verdrag voorgeschreven procedures worden bij het Europees Octrooibureau ingesteld:

a) een aanvraagafdeling;

b) afdelingen voor het nieuwheidsonderzoek;

c) onderzoekafdelingen;

d) oppositieafdelingen;

e) een juridische afdeling;

f) kamers van beroep;

g) een Grote Kamer van beroep.

Aanvraagafdeling

Art. 16

Aanvraagafdeling

De Aanvraagafdeling is verantwoordelijk voor het onderzoek naar de indiening van Europese octrooiaanvragen en voor het onderzoek naar de formele vereisten.

Afdelingen voor het nieuwheidsonderzoek

Art. 17

Afdelingen nieuwheidsonderzoek

De afdelingen voor het nieuwheidsonderzoek zijn bevoegd tot het opstellen van de verslagen van het Europese nieuwheidsonderzoek.

Onderzoekafdelingen

Art. 18

Onderzoekafdelingen

– 1. De onderzoekafdelingen zijn bevoegd tot het onderzoeken van de Europese octrooiaanvragen.

– 2. Een onderzoekafdeling bestaat uit drie technische onderzoekers. De voorbereiding van de beslissing op een Europese octrooiaanvrage wordt echter in het algemeen opgedragen aan een van de onderzoekers van de afdeling. De mondelinge behandeling vindt voor de onderzoekafdeling zelf plaats. Indien de onderzoekafdeling meent dat de aard van de beslissing zulks vereist, wordt zij aangevuld met een rechtsgeleerde onderzoeker. Bij het staken der stemmen is de stem van de voorzitter van de onderzoekafdeling doorslaggevend.

Oppositieafdelingen

Art. 19

Oppositieafdelingen

– 1. De oppositieafdelingen zijn bevoegd tot het onderzoeken van de opposities tegen de Europese octrooien.

– 2. De oppositieafdeling bestaat uit drie technische onderzoekers, waarvan er ten minste twee niet hebben deelgenomen aan de verleningsprocedure van het octrooi waartegen de oppositie is ingesteld. Een onderzoeker die heeft deelgenomen aan de procedure tot verlening van het Europese octrooi kan geen voorzitter zijn. De oppositieafdeling kan de voorbereiding van de beslissing op de oppositie opdragen aan één van haar leden. De mondelinge behandeling vindt voor de oppositieafdeling zelf plaats. Indien zij meent dat de aard van de beslissing zulks vereist, wordt de oppositieafdeling aangevuld met een rechtsgeleerde onderzoeker die niet heeft deelgenomen aan de verleningsprocedure van het octrooi. Bij het staken der stemmen is de stem van de voorzitter van de oppositieafdeling doorslaggevend.

Juridische afdeling

Art. 20

Juridische afdeling

– 1. De juridische afdeling is bevoegd ten aanzien van beslissingen inzake enerzijds de in het Europese Octrooiregister aan te brengen inschrijvingen en anderzijds het inschrijven in of het afvoeren van de lijst van de erkende gemachtigden.

– 2. De beslissingen van de juridische afdeling worden door een rechtsgeleerd lid genomen.

Kamers van beroep

Art. 21

Kamers van Beroep

– 1. De kamers van beroep zijn bevoegd het beroep te behandelen dat tegen de beslissingen van de aanvraagafdeling, de onderzoekafdelingen, de oppositieafdelingen en de juridische afdeling is ingesteld.

– 2. In geval van beroep tegen een beslissing van de aanvraagafdeling of van de juridische afdeling bestaat de kamer van beroep uit drie rechtsgeleerde leden.

– 3. In geval van beroep tegen een beslissing van een onderzoekafdeling, bestaat de kamer van beroep uit:

a. twee technische leden en een rechtsgeleerd lid, wanneer de beslissing betrekking heeft op de afwijzing van een Europese octrooiaanvrage of op de verlening, beperking of herroeping van een Europees octrooi en wanneer deze beslissing genomen is door een onderzoekafdeling bestaande uit minder dan vier leden;

b. drie technische en twee rechtsgeleerde leden, wanneer de beslissing is genomen door een onderzoekafdeling bestaande uit vier leden of indien de kamer van beroep meent dat de aard van het beroep zulks vereist;

c. drie rechtsgeleerde leden in alle andere gevallen.

– 4. In geval van beroep tegen een beslissing van een oppositieafdeling bestaat de kamer van beroep uit:

a. twee technische leden en een rechtsgeleerd lid wanneer de beslissing is genomen door een oppositieafdeling bestaande uit drie leden;

b. drie technische en twee rechtsgeleerde leden, wanneer de beslissing is genomen door een oppositieafdeling bestaande uit vier leden of indien de kamer van beroep meent dat de aard van het beroep zulks vereist.

Grote Kamer van beroep

Art. 22

Grote Kamer

– 1. De Grote Kamer van beroep is bevoegd tot:

a. het beslissen in rechtskwesties die haar worden voorgelegd door de kamers van beroep;

b. het uitbrengen van adviezen over rechtsaanvragen die haar door de Voorzitter van het Europees Octrooibureau worden voorgelegd ingevolge artikel 112;

c. het beslissen over verzoeken om herziening van beslissingen van de kamers van beroep ingevolge artikel 112*a*.

– 2. Bij procedures ingevolge het eerste lid, letters *a* en *b*, bestaat de Grote Kamer van beroep uit vijf rechtsgeleerde en twee technische leden. Bij procedures ingevolge het eerste lid, letter *c*, bestaat de Grote Kamer van beroep uit drie of vijf leden zoals vastgelegd in het Uitvoeringsreglement. Bij alle procedures berust het Voorzitterschap bij een rechtsgeleerd lid.

TWEEDE DEEL
Octrooirecht

HOOFDSTUK I
Octrooieerbaarheid

Octrooieerbare uitvindingen

Art. 52

Vatbaar voor octrooi

– 1. Europese octrooien worden verleend voor uitvindingen, op alle gebieden van de technologie, mits zij nieuw zijn, op uitvinderswerkzaamheid berusten en vatbaar zijn voor toepassing op het gebied van de nijverheid.

– 2. In de zin van het eerste lid worden in het bijzonder niet als uitvindingen beschouwd:
a. ontdekkingen, alsmede natuurwetenschappelijke en wiskundige methoden;
b. esthetische vormgevingen;
c. stelsels, regels en methoden voor het verrichten van geestelijke arbeid, voor het spelen of voor de bedrijfsvoering, alsmede computerprogramma's;
d. presentatie van gegevens.

– 3. Het tweede lid sluit de octrooieerbaarheid van de aldaar genoemde onderwerpen of werkzaamheden alleen dan uit voor zover de Europese octrooiaanvrage of het Europees octrooi betrekking heeft op een van die onderwerpen of werkzaamheden als zodanig.

Uitzonderingen op de octrooieerbaarheid

Art. 53

Uitzonderingen

Europese octrooien worden niet verleend voor:
a. uitvindingen waarvan de commerciële toepassing strijdig zou zijn met de openbare orde of met de goede zeden, met dien verstande dat niet als strijdig in deze zin zal worden beschouwd het enkele feit dat een dergelijke toepassing van de uitvindingen in bepaalde of alle Verdragsluitende Staten door een wettelijke of reglementaire bepaling is verboden;
b. planten- of dierenrassen of werkwijzen van wezenlijk biologische aard voor de voortbrenging van planten of dieren; deze bepaling is niet van toepassing op microbiologische werkwijzen of hierdoor verkregen voortbrengselen;
c. methoden voor de behandeling van het menselijk of dierlijk lichaam door chirurgische ingrepen of geneeskundige behandeling en diagnosemethoden die worden toegepast op het menselijk of dierlijk lichaam; deze bepaling is niet van toepassing op producten, in het bijzonder stoffen of mengsels, voor toepassing bij een van deze methoden.

Nieuwheid

Art. 54

Nieuwheid

– 1. Een uitvinding wordt als nieuw beschouwd indien zij geen deel uitmaakt van de stand van de techniek.

– 2. De stand van de techniek wordt gevormd door al hetgeen vóór de datum van indiening van de Europese octrooiaanvrage openbaar toegankelijk is gemaakt door een schriftelijke of mondelinge beschrijving, door toepassing of op enige andere wijze.

– 3. Als behorend tot de stand van de techniek wordt tevens aangemerkt de inhoud van Europese octrooiaanvragen, zoals die zijn ingediend, waarvan de datum van indiening gelegen is vóór de in het tweede lid genoemde datum en die eerst op of na die datum zijn gepubliceerd.

– 4. Het tweede en derde lid sluiten de octrooieerbaarheid van stoffen of mengsels, behorend tot de stand van de techniek, voor toepassing bij een in artikel 53, letter *c*, bedoelde methode niet uit, mits de toepassing ervan bij een dergelijke methode niet behoort tot de stand van de techniek.

– 5. Het eerste en tweede lid sluiten voorts niet de octrooieerbaarheid uit van stoffen of mengsels als bedoeld in het vierde lid voor een specifieke toepassing in een werkwijze bedoeld in artikel 53, letter *c*, mits die toepassing niet tot de stand van de techniek behoort.

Niet-schadende openbare bekendheid

Art. 55

Openbare bekendheid

– 1. Voor de toepassing van artikel 54 blijft een openbaarmaking van de uitvinding buiten beschouwing indien deze niet eerder is geschied dan zes maanden voor de indiening van de Europese octrooiaanvrage en indien deze direct of indirect het gevolg is van:
a) een kennelijk misbruik ten opzichte van de aanvrager of diens rechtsvoorganger, of
b) het feit, dat de aanvrager of diens rechtsvoorganger de uitvinding heeft tentoongesteld op van overheidswege gehouden of erkende tentoonstellingen in de zin van het Verdrag nopens

internationale tentoonstellingen, ondertekend te Parijs op 22 november 1928 en laatstelijk herzien op 30 november 1972.

– 2. In het geval bedoeld in het vorige lid, letter *b)*, is dat lid slechts van toepassing, indien de aanvrager bij de indiening van zijn aanvrage verklaart dat de uitvinding inderdaad is tentoongesteld en een bewijsstuk daarvoor overlegt binnen de termijn gesteld in en overeenkomstig de bepalingen van het Uitvoeringsreglement.

Uitvinderswerkzaamheid

Art. 56

Een uitvinding wordt als het resultaat van uitvinderswerkzaamheid aangemerkt, indien zij voor een deskundige niet op een voor de hand liggende wijze voortvloeit uit de stand van de techniek. Indien documenten als bedoeld in artikel 54, derde lid, tot de stand van de techniek behoren worden deze bij de beoordeling van de uitvinderswerkzaamheid buiten beschouwing gelaten. **Uitvinderswerkzaamheid**

Toepassing op het gebied van de nijverheid

Art. 57

Een uitvinding wordt voor toepassing op het gebied van de nijverheid vatbaar geacht, indien het onderwerp daarvan kan worden vervaardigd of toegepast op enig gebied van de nijverheid, de landbouw daaronder begrepen. **Nijverheid**

HOOFDSTUK II

Personen die gerechtigd zijn een Europees octrooi aan te vragen en te verkrijgen – vermelding van de uitvinder

Recht tot het aanvragen van een Europees octrooi

Art. 58

Elke natuurlijke persoon, rechtspersoon of vennootschap, die ingevolge het recht dat op haar van toepassing is met een rechtspersoon gelijk wordt gesteld, kan een Europees octrooi aanvragen. **Aanvraagrecht**

Meer dan een aanvrager

Art. 59

Een Europese octrooiaanvrage kan eveneens worden ingediend door een aantal aanvragers gezamenlijk of door een aantal aanvragers afzonderlijk die verschillende Verdragsluitende Staten aanwijzen. **Meerdere aanvragers**

Recht op een Europees octrooi

Art. 60

– 1. Het recht op een Europees octrooi komt toe aan de uitvinder of diens rechtverkrijgende. Indien de uitvinder werknemer is, wordt het recht op een Europees octrooi bepaald overeenkomstig het recht van de Staat waarin de werknemer overwegend werkzaam is; indien niet kan worden vastgesteld in welke Staat de werknemer overwegend werkzaam is, is het recht van toepassing van de Staat op het grondgebied waarvan het bedrijf van zijn werkgever zich bevindt. **Recht op octrooi**

– 2. Indien verscheidene personen de uitvinding onafhankelijk van elkaar hebben gedaan, heeft degene wiens octrooiaanvrage de oudste datum van indiening heeft recht op het Europees octrooi, mits deze eerste aanvrage is gepubliceerd.

– 3. Bij de procedure voor het Europees Octrooibureau wordt de aanvrager geacht gerechtigd te zijn het recht op het Europees octrooi te doen gelden.

Europese octrooiaanvrage door niet-gerechtigde personen

Art. 61

– 1. Indien bij een in kracht van gewijsde gegane beslissing de aanspraak op verlening van het Europees octrooi is toegewezen aan een persoon die niet de aanvrager is, kan deze persoon, in overeenstemming met het Uitvoeringsreglement **Niet-gerechtigden**

a. de Europese octrooiaanvrage in de plaats van de aanvrager als zijn eigen aanvrage voortzetten;

b. voor dezelfde uitvinding een nieuwe Europese octrooiaanvrage indienen; of

c. verzoeken dat de Europese octrooiaanvrage wordt afgewezen.

– 2. Op een nieuwe op grond van het eerste lid, letter *b*, ingediende Europese octrooiaanvrage is artikel 76, eerste lid, van overeenkomstige toepassing.

Recht van de uitvinder op vermelding van zijn naam

Art. 62

Naamsvermelding

De uitvinder heeft tegenover de aanvrager of de houder van het Europees octrooi het recht bij het Europees Octrooibureau als zodanig te worden vermeld.

HOOFDSTUK III

Rechtsgevolgen van het Europees octrooi en van de Europese octrooiaanvrage

Duur van het Europees octrooi

Art. 63

Duur octrooi

– 1. De duur van het Europees octrooi bedraagt twintig jaar te rekenen van de datum van indiening van de aanvrage.

– 2. Het voorgaande lid beperkt in geen enkel opzicht het recht van een Verdragsluitende Staat om de duur van een Europees octrooi te verlengen, of overeenkomstige bescherming te verlenen onmiddellijk aansluitend op het verstrijken van de duur van het octrooi, op dezelfde voorwaarden als die welke voor de nationale octrooien van die Staat gelden:

a. ingeval die Staat in oorlog of een vergelijkbare crisissituatie verkeert;

b. indien het onderwerp van een Europees octrooi een produkt of een werkwijze voor de vervaardiging van een produkt dan wel een gebruik van een produkt is, waarvoor een bij de wet vereiste procedure voor de verkrijging van een overheidsvergunning moet worden doorlopen alvorens het in die Staat op de markt kan worden gebracht.

– 3. Het tweede lid is van overeenkomstige toepassing op Europese octrooien die gezamenlijk voor een groep Verdragsluitende Staten zijn verleend overeenkomstig artikel 142.

– 4. Een Verdragsluitende Staat die ingevolge het tweede lid, letter *b*, de mogelijkheid biedt voor verlenging van de duur of overeenkomstige bescherming, kan, in overeenstemming met een met de Organisatie gesloten overeenkomst, taken samenhangend met de toepassing van de desbetreffende bepalingen overdragen aan het Europees Octrooibureau.

Rechten verbonden aan het Europees octrooi

Art. 64

Rechten

– 1. Behoudens het bepaalde in het tweede lid, heeft de houder van het Europees octrooi, vanaf de dag waarop de vermelding van de verlening daarvan is gepubliceerd, in elk der Verdragsluitende Staten, waarvoor het is verleend, dezelfde rechten als die hij zou ontlenen aan een in die Staat verleend nationaal octrooi.

– 2. Indien het Europees octrooi is verleend voor een werkwijze strekken de aan dat octrooi verbonden rechten zich uit tot de voortbrengselen die rechtstreeks verkregen zijn door die werkwijze.

– 3. Elke inbreuk op het Europees octrooi wordt beoordeeld overeenkomstig het nationale recht.

Vertaling van het Europees octrooi

Art. 65

Vertaling

– 1. Elke Verdragsluitende Staat kan, indien het Europees octrooi zoals verleend, gewijzigd of beperkt door het Europees Octrooibureau niet is opgesteld in een van zijn officiële talen, eisen dat de houder van het octrooi aan zijn centrale dienst voor de industriële eigendom een vertaling van die tekst verstrekt in één van die officiële talen naar zijn keuze, of, voor zover de betrokken Staat het gebruik van een bepaalde officiële taal verplicht heeft gesteld, in die taal. De termijn binnen welke de vertaling moet worden ingediend eindigt drie maanden na de datum waarop de vermelding van de verlening, van de instandhouding in gewijzigde vorm of van de beperking van het Europees octrooi wordt gepubliceerd in het *Europees Octrooiblad*, tenzij de betrokken Staat een langere termijn voorschrijft.

– 2. Elke Verdragsluitende Staat die voorschriften heeft gegeven krachtens het eerste lid, kan bepalen dat de houder van het octrooi binnen de door die Staat vast te stellen termijn de kosten van de publicatie van de vertaling geheel of gedeeltelijk voldoet.

– 3. Elke Verdragsluitende Staat kan bepalen dat, indien de krachtens het eerste en tweede lid gegeven voorschriften niet worden nagekomen, het Europees octrooi in die Staat geacht wordt van de aanvang af geen rechtsgevolgen te hebben gehad.

Gelijkwaardigheid van een Europese aanvrage aan een nationaal depot

Art. 66

Gelijkwaardigheid

Een Europese octrooiaanvrage, waaraan een datum van indiening is toegekend, is in de aangewezen Verdragsluitende Staten gelijkwaardig aan een regelmatig ingediende nationale octrooiaanvrage, in voorkomend geval rekening houdend met het recht van voorrang waarop voor de Europese octrooiaanvrage een beroep wordt gedaan.

Rechten voortvloeiende uit de Europese octrooiaanvrage na publicatie

Art. 67

Rechten na publicatie

– 1. De Europese octrooiaanvrage waarborgt, vanaf de datum van publicatie, de aanvrager in de Verdragsluitende Staten, die in de aanvrage zijn aangewezen, voorlopig de bescherming bedoeld in artikel 64.

– 2. Elke Verdragsluitende Staat kan bepalen dat de Europese octrooiaanvrage niet de in artikel 64 bedoelde bescherming waarborgt. De uit publicatie van een Europese octrooiaanvrage voortvloeiende bescherming mag echter niet geringer zijn dan de bescherming die de wetgeving van de desbetreffende Staat toekent aan de verplichte publicatie van de nog niet onderzochte nationale octrooiaanvragen. In ieder geval dient elke Staat er ten minste op toe te zien dat de aanvrager met ingang van de datum van publicatie van een Europese octrooiaanvrage een gezien de omstandigheden redelijke vergoeding kan eisen van eenieder die in de desbetreffende Staat de uitvinding heeft toegepast, onder omstandigheden die hem volgens het nationale recht aansprakelijk zouden doen zijn indien het inbreuk op het nationale octrooi zou hebben betroffen.

– 3. Elke Verdragsluitende Staat, die de procestaal niet als officiële taal heeft, kan bepalen dat de in het eerste en tweede lid bedoelde voorlopige bescherming eerst wordt verleend op de datum, waarop een vertaling van de conclusies, hetzij in een van de officiële talen van die Staat, naar keuze van de aanvrager, hetzij, voor zover de desbetreffende Staat het gebruik van een bepaalde officiële taal heeft verplicht gesteld, in die taal:

a. openbaar toegankelijk is gemaakt op de door de nationale wetgeving voorgeschreven wijze, of

b. is verstrekt aan degene die in deze Staat de uitvinding toepast.

– 4. De Europese octrooiaanvrage wordt geacht van de aanvang af niet de in het eerste en tweede lid bedoelde rechtsgevolgen te hebben gehad, indien zij is ingetrokken of geacht wordt te zijn ingetrokken of is afgewezen bij een in kracht van gewijsde gegane beslissing. Hetzelfde geldt voor de rechtsgevolgen van de Europese octrooiaanvrage in een Verdragsluitende Staat waarvan de aanwijzing is ingetrokken of geacht wordt te zijn ingetrokken.

Rechtsgevolgen van de herroeping of beperking van het Europees octrooi

Art. 68

Herroeping

De Europese octrooiaanvrage alsmede het daarop verleende octrooi worden geacht van de aanvang af niet de in de artikelen 64 en 67 bedoelde rechtsgevolgen te hebben gehad naar gelang het octrooi is herroepen of beperkt tijdens een oppositie-, beperkings- of herroepingsprocedure.

Beschermingsomvang

Art. 69

Beschermingsomvang

– 1. De beschermingsomvang van het Europees octrooi of van de Europese octrooiaanvrage wordt bepaald door de conclusies. Niettemin dienen de beschrijving en de tekeningen tot uitleg van de conclusies.

– 2. Voor het tijdvak tot de verlening van het Europees octrooi wordt de beschermingsomvang van de Europese octrooiaanvrage bepaald door de conclusies die zijn vervat in de gepubliceerde aanvrage. Het Europees octrooi, zoals dit is verleend of gewijzigd tijdens de oppositie-, beperkings- of herroepingsprocedure, bepaalt echter met terugwerkende kracht de beschermingsomvang die voortvloeit uit de Europese octrooiaanvrage, voor zover deze daarbij niet wordt uitgebreid.

Authentieke tekst van de Europese octrooiaanvrage of van het Europees octrooi

Art. 70

Authentieke tekst

– 1. De tekst van de Europese octrooiaanvrage of van het Europees octrooi in de procestaal is de authentieke tekst in alle procedures voor het Europees Octrooibureau en in alle Verdragsluitende Staten.

– 2. Indien de Europese octrooiaanvrage echter is ingediend in een taal die geen officiële taal is van het Europees Octrooibureau, is die tekst de aanvrage zoals ingediend in de zin van dit Verdrag.

– 3. Elke Verdragsluitende Staat kan bepalen dat een in dit Verdrag voorgeschreven vertaling in een officiële taal van die Staat aldaar zal gelden, behalve in geval van nietigheidsprocedures, als authentieke tekst, indien de beschermingsomvang van de Europese octrooiaanvrage of het

Europees octrooi in de vertaling beperkter is dan de bescherming die wordt geboden door die aanvrage of door dat octrooi in de procestaal.
– 4. Elke Verdragsluitende Staat die met toepassing van het derde lid een voorschrift vaststelt,
a. moet de aanvrager of de houder van het octrooi toestaan een herziene vertaling van de Europese octrooiaanvrage of van het Europees octrooi in te dienen. Deze herziene vertaling heeft geen rechtskracht zolang de door de Verdragsluitende Staat krachtens artikel 65, tweede lid, en artikel 67, derde lid, vastgestelde voorwaarden niet op overeenkomstige wijze vervuld zijn;
b. kan bepalen dat iemand die in die Staat te goeder trouw is begonnen met het toepassen van een uitvinding of hiertoe daadwerkelijke en wezenlijke voorbereidingen heeft getroffen, zonder dat die toepassing een inbreuk vormt op de aanvrage of op het octrooi in de oorspronkelijke vertaling, met deze toepassing in of voor zijn bedrijf kosteloos mag doorgaan nadat de herziene vertaling van kracht is geworden.

HOOFDSTUK IV
De Europese octrooiaanvrage als deel van het vermogen

Overgang en verlening van rechten

Art. 71

Overgang

Een Europese octrooiaanvrage kan overgaan of voorwerp van rechten zijn voor één of meer aangewezen Verdragsluitende Staten.

Overdracht

Art. 72

Overdracht

Overdracht van de Europese octrooiaanvrage geschiedt bij een schriftelijke akte, ondertekend door de partijen bij de overeenkomst.

Contractuele licentie

Art. 73

Licentie

Een Europese octrooiaanvrage kan, geheel of gedeeltelijk, het onderwerp zijn van licenties voor alle of een deel van de grondgebieden van de aangewezen Verdragsluitende Staten.

Toepasselijk recht

Art. 74

Toepasselijk recht

Tenzij in dit Verdrag anders is bepaald, is de Europese octrooiaanvrage als deel van het vermogen in elke aangewezen Verdragsluitende Staat en met de rechtsgevolgen die in die Staat gelden, onderworpen aan het recht dat in die Staat geldt voor nationale octrooiaanvragen.

DERDE DEEL
De Europese octrooiaanvrage

HOOFDSTUK I
Indiening van de Europese octrooiaanvrage en voorwaarden waaraan deze moet voldoen

Indiening van een Europese octrooiaanvrage

Art. 75

Indiening

– 1. De Europese octrooiaanvrage kan worden ingediend:
a. bij het Europees Octrooibureau, of
b. indien de wetgeving van een Verdragsluitende Staat zulks toestaat, en met inachtneming van artikel 76, eerste lid, bij de centrale dienst voor de industriële eigendom of bij een andere bevoegde instantie van die Staat. Een op zodanige wijze ingediende aanvrage heeft dezelfde rechtsgevolgen als wanneer zij op dezelfde datum was ingediend bij het Europees Octrooibureau.
– 2. Het eerste lid verhindert niet de toepassing van wettelijke bepalingen of administratieve voorschriften die in een Verdragsluitende Staat:
a. gelden voor uitvindingen welke, in verband met hun aard, niet zonder voorafgaande toestemming van de bevoegde instanties van de betrokken Staat naar het buitenland mogen worden medegedeeld, of
b. voorschrijven dat elke aanvrage eerst ingediend moet worden bij een nationale instantie, danwel de rechtstreekse indiening bij een andere instantie afhankelijk stellen van een voorafgaande toestemming.

Afgesplitste Europese aanvragen

Art. 76

Afsplitsing

– 1. Een afgesplitste Europese octrooiaanvrage moet rechtstreeks bij het Europees Octrooibureau worden ingediend in overeenstemming met het Uitvoeringsreglement. Zij kan alleen worden ingediend voor onderwerpen die door de inhoud van de oorspronkelijke aanvrage zoals die is ingediend worden gedekt; voor zover aan deze eis wordt voldaan, wordt de afgesplitste aanvrage geacht te zijn ingediend op de datum van indiening van de oorspronkelijke aanvrage en geniet zij het recht van voorrang daarvan.

– 2. Alle Verdragsluitende Staten die in de oorspronkelijke aanvrage ten tijde van de indiening van de afgesplitste Europese aanvrage zijn aangewezen, worden geacht te zijn aangewezen in de afgesplitste aanvrage.

Doorzending van Europese octrooiaanvragen

Art. 77

Doorzending

– 1. De centrale dienst voor de industriële eigendom van een Verdragsluitende Staat zendt de Europese octrooiaanvragen die bij de dienst of bij een andere bevoegde instantie van die Staat zijn ingediend, door aan het Europees Octrooibureau in overeenstemming met het Uitvoeringsreglement.

– 2. Een Europese octrooiaanvrage ten aanzien waarvan is besloten dat het onderwerp onder geheimhouding valt, wordt niet aan het Europees Octrooibureau doorgezonden.

– 3. Een Europese octrooiaanvrage die niet tijdig is doorgezonden aan het Europees Octrooibureau wordt geacht te zijn ingetrokken.

Voorschriften waaraan de Europese octrooiaanvrage moet voldoen

Art. 78

Voorschriften

– 1. De Europese octrooiaanvrage moet bevatten:

a. een verzoek tot verlening van een Europees octrooi;
b. een beschrijving van de uitvinding;
c. een of meer conclusies;
d. de tekeningen waarnaar de beschrijving of de conclusies verwijzen;
e. een uittreksel

en voldoen aan de voorwaarden die zijn vastgesteld in het Uitvoeringsreglement.

– 2. Voor een Europese octrooiaanvrage moeten de indieningstaks en de taks voor het nieuwheidsonderzoek worden betaald. Wanneer de indieningstaks of de taks voor het nieuwheidsonderzoek niet tijdig wordt betaald, wordt de aanvrage geacht te zijn ingetrokken.

Aanwijzing van de Verdragsluitende Staten

Art. 79

Aanwijzing Staat

– 1. Alle Verdragsluitende Staten die partij zijn bij dit Verdrag op het tijdstip waarop een Europese octrooiaanvrage wordt ingediend worden geacht te zijn aangewezen in het verzoek tot verlening van het Europees octrooi.

– 2. De aanwijzing van een Verdragsluitende Staat kan onderworpen zijn aan betaling van een aanwijzingstaks.

– 3. De aanwijzing van een Verdragsluitende Staat kan te allen tijde tot aan de verlening van het Europees octrooi worden ingetrokken.

Datum van indiening

Art. 80

Datum

De datum van indiening van de Europese octrooiaanvrage is de datum waarop aan de in het Uitvoeringsreglement vastgestelde vereisten is voldaan.

Vermelding van de uitvinder

Art. 81

Naamsvermelding

De Europese octrooiaanvrage dient de naam van de uitvinder te vermelden. Indien de aanvrager niet de uitvinder of de enige uitvinder is, dient daarbij verklaard te worden op welke wijze de aanvrager het recht op het Europees octrooi heeft verkregen.

Eenheid van uitvinding

Art. 82

Eenheid van uitvinding

De Europese octrooiaanvrage mag slechts op één enkele uitvinding betrekking hebben of op een groep van uitvindingen, die zodanig onderling verbonden zijn dat zij op een enkele algemene uitvindingsgedachte berusten.

Uiteenzetting van de uitvinding

Art. 83

Uiteenzetting

De uitvinding moet in de Europese octrooiaanvrage zodanig duidelijk en volledig worden beschreven dat zij door een deskundige kan worden toegepast.

Conclusies

Art. 84

Conclusies

De conclusies beschrijven het onderwerp waarvoor bescherming wordt gevraagd. Zij dienen duidelijk en beknopt te zijn en steun te vinden in de beschrijving.

Uittreksel

Art. 85

Uittreksel

Het uittreksel is alleen bedoeld als technische informatie; het kan niet in aanmerking komen voor enig ander doel, in het bijzonder niet voor de uitlegging van de omvang van de gevraagde bescherming en voor de toepassing van artikel 54, derde lid.

Jaartaksen voor de Europese octrooiaanvrage

Art. 86

Jaartaks

– 1. Voor de Europese octrooiaanvrage moeten, overeenkomstig het Uitvoeringsreglement, jaartaksen worden betaald aan het Europees Octrooibureau. Deze taksen moeten jaarlijks worden betaald vanaf het derde jaar, te rekenen van de datum waarop de aanvrage is ingediend. Indien een jaartaks niet binnen de gestelde termijn is betaald, wordt de aanvrage geacht te zijn ingetrokken.

– 2. De jaartaks behoeft niet meer te worden betaald na betaling van de taks die moet worden betaald voor het jaar waarin de vermelding van de verlening van het Europees octrooi is gepubliceerd.

HOOFDSTUK II

Voorrang

Recht van voorrang

Art. 87

Voorrang

– 1. Degene die op regelmatige wijze in of voor

a. een Staat die partij is bij het Verdrag van Parijs tot bescherming van de industriële eigendom of

b. een lid van de Wereldhandelsorganisatie,

een aanvrage heeft ingediend voor een octrooi van uitvinding, een gebruiksmodel of een gebruikscertificaat, of zijn rechtverkrijgende, geniet voor het indienen van een Europese octrooiaanvrage voor dezelfde uitvinding een recht van voorrang gedurende een termijn van twaalf maanden na de indiening van de eerste aanvrage.

– 2. Elke aanvrage die de waarde heeft van een regelmatige nationale aanvrage, overeenkomstig de nationale wetgeving van de Staat waarin de aanvrage is ingediend danwel overeenkomstig bilaterale of multilaterale overeenkomsten, met inbegrip van dit Verdrag, wordt erkend het recht van voorrang te doen ontstaan.

– 3. Onder regelmatige nationale aanvrage moet worden verstaan iedere aanvrage waarvan de datum van indiening kan worden vastgesteld, ongeacht het verdere lot van die aanvrage.

– 4. Met een eerste aanvrage waarvan de datum van indiening het begintijdstip van de termijn van voorrang is, moet worden gelijkgesteld een latere aanvrage die betrekking heeft op hetzelfde onderwerp als een eerder gedane aanvrage en die is ingediend in of voor dezelfde Staat, mits de eerder gedane aanvrage op de datum van indiening van de latere aanvrage is ingetrokken, prijsgegeven of afgewezen, zonder voor het publiek ter inzage te hebben gelegen en zonder rechten te hebben laten bestaan, en mits zij nog niet als grondslag heeft gediend voor het beroep op het recht van voorrang. De eerder gedane aanvrage kan dan niet meer als grondslag dienen voor het beroep op het recht van voorrang.

– 5. Indien de eerste aanvrage is ingediend bij een instantie voor de industriële eigendom die niet onder het Verdrag van Parijs tot bescherming van de industriële eigendom valt of het Verdrag tot oprichting van de Wereldhandelsorganisatie, zijn het eerste tot en met het vierde lid van toepassing, wanneer die instantie, volgens een mededeling van de Voorzitter van het Europees Octrooibureau, erkent dat een eerste indiening gedaan bij het Europees Octrooibureau een recht van voorrang doet ontstaan onder de voorwaarden en met vergelijkbare rechtsgevolgen als die welke zijn bedoeld in het Verdrag van Parijs.

Beroep op voorrang

Art. 88

Beroep op voorrang

– 1. De aanvrager van een Europees octrooi die zich wil beroepen op de voorrang van een eerdere aanvrage, moet een verklaring van voorrang en andere eventueel vereiste stukken indienen in overeenstemming met het Uitvoeringsreglement.

– 2. Voor een Europese octrooiaanvrage kan op meer dan een recht van voorrang een beroep worden gedaan, zelfs indien de rechten van voorrang uit verschillende landen afkomstig zijn. Ook kan voor eenzelfde conclusie op meer dan een recht van voorrang een beroep worden gedaan. Indien op meer dan een recht van voorrang een beroep wordt gedaan, worden de termijnen, die beginnen op de voorrangsdatum, berekend vanaf de vroegste voorrangsdatum.

– 3. Indien voor de Europese octrooiaanvrage op een of meer rechten van voorrang een beroep wordt gedaan, geldt het recht van voorrang alleen voor die elementen van de Europese octrooiaanvrage, die zijn vervat in de aanvrage of aanvragen, waarvoor een beroep op het recht van voorrang is gedaan.

– 4. Indien bepaalde elementen van de uitvinding waarvoor een beroep op het recht van voorrang is gedaan, niet voorkomen in de conclusies welke staan vermeld in de eerdere aanvrage, kan desondanks het recht van voorrang worden erkend indien uit de gezamenlijke stukken van de eerdere aanvrage deze elementen duidelijk blijken.

Rechtsgevolgen van het recht van voorrang

Art. 89

Rechtsgevolgen voorrang

Het recht van voorrang heeft ten gevolge, dat de voorrangsdatum wordt beschouwd als de datum van indiening van de Europese octrooiaanvrage voor de toepassing van artikel 54, tweede en derde lid, en artikel 60, tweede lid.

VIERDE DEEL

Procedure tot aan de verlening

Onderzoek bij de indiening en onderzoek op vormgebreken

Art. 90

Onderzoek

– 1. Het Europees Octrooibureau onderzoekt, in overeenstemming met het Uitvoeringsreglement, of de aanvrage voldoet aan de vereisten voor de toekenning van een datum van indiening.

– 2. Indien een datum van indiening niet kan worden toegekend na het onderzoek uit hoofde van het eerste lid, wordt de aanvrage niet als een Europese octrooiaanvrage behandeld.

– 3. Indien een datum van indiening is toegekend aan de Europese octrooiaanvrage, onderzoekt het Europees Octrooibureau, in overeenstemming met het Uitvoeringsreglement, of voldaan is aan de vereisten van de artikelen 14, 78 en 81 en, indien van toepassing, van artikel 88, eerste lid, en van artikel 133, tweede lid, alsmede aan andere vereisten vastgesteld in het Uitvoeringsreglement.

– 4. Wanneer het Europees Octrooibureau bij de uitvoering van het onderzoek uit hoofde van het eerste of derde lid vaststelt dat er gebreken zijn die kunnen worden opgeheven, stelt het de aanvrager in de gelegenheid deze op te heffen.

– 5. Indien een gebrek dat is vastgesteld bij het onderzoek uit hoofde van het derde lid niet wordt opgeheven, wordt de Europese octrooiaanvrage geweigerd. Wanneer het gebrek het recht van voorrang betreft, vervalt dit recht voor de aanvrage.

Art. 91

Vervallen.

Opstelling van het verslag van het Europese nieuwheidsonderzoek

Art. 92

Verslag

In overeenstemming met het Uitvoeringsreglement stelt het Europees Octrooibureau een verslag van het Europese nieuwheidsonderzoek op op grond van de conclusies en publiceert het, waarbij naar behoren rekening wordt gehouden met de beschrijving en met de eventuele tekeningen.

Publicatie van de Europese octrooiaanvrage

Art. 93

Publicatie aanvraag

– 1. Het Europees Octrooibureau publiceert de Europese octrooiaanvrage zo spoedig mogelijk

a. na het verstrijken van een termijn van achttien maanden na de datum van indiening of, indien een beroep op een recht van voorrang is gedaan, na die voorrangsdatum; of

b. op verzoek van de aanvrager voor het verstrijken van die termijn.

– 2. De Europese octrooiaanvrage en het Europese octrooischrift worden gelijktijdig gepubliceerd, indien de beslissing tot verlening van het octrooi van kracht is geworden voor het verstrijken van de termijn bedoeld in het eerste lid, letter *a*.

Onderzoek van de Europese octrooiaanvrage

Art. 94

Onderzoek

– 1. In overeenstemming met het Uitvoeringsreglement onderzoekt het Europees Octrooibureau op verzoek of de Europese octrooiaanvrage en de uitvinding waarop zij betrekking heeft, voldoet aan de vereisten van dit Verdrag. Het verzoek wordt eerst geacht te zijn ingediend na betaling van de taks voor het onderzoek.

– 2. Indien het verzoek om onderzoek niet is gedaan binnen de gestelde termijn, wordt de aanvrage geacht te zijn ingetrokken.

– 3. Indien bij het onderzoek blijkt dat de aanvrage of de uitvinding waarop zij betrekking heeft niet voldoet aan de bepalingen van dit Verdrag, verzoekt de onderzoekafdeling de aanvrager overeenkomstig de bepalingen van artikel 123, eerste lid, zo dikwijls als nodig de aanvrage aan te passen.

– 4. Indien de aanvrager niet tijdig gevolg geeft aan een mededeling van de onderzoekafdeling, wordt de aanvrage geacht te zijn ingetrokken.

Art. 95-96

Vervallen.

Verlening of afwijzing

Art. 97

Verlening of afwijzing

– 1. Indien de onderzoekafdeling van oordeel is dat de Europese octrooi-aanvrage en de uitvinding waarop zij betrekking heeft voldoen aan de bepalingen van dit Verdrag, besluit zij tot verlening van het Europees octrooi, mits aan de voorwaarden vastgesteld in het Uitvoeringsreglement wordt voldaan.

– 2. Indien de onderzoekafdeling van oordeel is dat de Europese octrooi-aanvrage of de uitvinding waarop zij betrekking heeft niet voldoen aan de bepalingen van dit Verdrag, wijst zij de aanvrage af tenzij in dit Verdrag hiervoor andere rechtsgevolgen zijn voorzien.

– 3. De beslissing tot verlening van het Europees octrooi wordt van kracht op de dag waarop de vermelding van deze octrooiverlening wordt gepubliceerd in het Europees Octrooiblad.

Publicatie van het Europees octrooischrift

Art. 98

Publicatie

Het Europees Octrooibureau publiceert het Europees octrooischrift zo spoedig mogelijk nadat de vermelding van de verlening van het Europese octrooi is gepubliceerd in het Europees Octrooiblad.

VIJFDE DEEL

Oppositie- en beperkingsprocedure

Oppositie

Art. 99

Oppositie

– 1. Binnen negen maanden na de dag waarop de vermelding van de verlening van het Europees octrooi is gepubliceerd in het Europees Octrooiblad, kan een ieder bij het Europees Octrooibureau oppositie instellen tegen dat octrooi, in overeenstemming met het Uitvoeringsreglement. De oppositie wordt eerst geacht te zijn ingesteld na betaling van de oppositietaks.

– 2. De oppositie geldt voor het Europees octrooi in alle Verdragsluitende Staten waarin het rechtsgevolgen heeft.

– 3. De opposanten zijn evenals de octrooihouder partij in de oppositieprocedure.

– 4. Indien iemand bewijst dat hij in plaats van de vorige octrooihouder, krachtens een in kracht van gewijsde gegaan vonnis, in een Verdragsluitende Staat is ingeschreven in het octrooiregister, treedt hij, op zijn verzoek, voor deze Staat in de plaats van de vorige octrooihouder. In afwijking van het bepaalde van artikel 118 worden de vorige octrooihouder en de persoon die aldus zijn rechten heeft doen gelden, niet beschouwd als medehouders, tenzij beiden hierom verzoeken.

Gronden voor oppositie

Art. 100

Gronden

De oppositie kan slechts op de volgende gronden berusten:

a) het onderwerp van het Europees octrooi is niet octrooieerbaar ingevolge de artikelen 52 tot en met 57;

b) het Europees octrooischrift bevat niet een beschrijving van de uitvinding, die zodanig duidelijk en volledig is dat een deskundige deze uitvinding kan toepassen;
c) het onderwerp van het Europese octrooi wordt niet gedekt door de inhoud van de aanvrage zoals die is ingediend, of door de inhoud van de oorspronkelijke aanvrage zoals die is ingediend, indien het octrooi is verleend op een afgesplitste aanvrage of op een overeenkomstig artikel 61 ingediende nieuwe aanvrage.

Onderzoek van het bezwaar – Herroeping of instandhouding van het Europees octrooi

Art. 101

Bezwaar

– 1. Indien de opposant ontvankelijk is, onderzoekt de oppositieafdeling, in overeenstemming met het Uitvoeringsreglement, of ten minste een van de in artikel 100 genoemde gronden voor oppositie het in stand blijven van het Europees octrooi in de weg staat. Tijdens dit onderzoek verzoekt de oppositieafdeling zo dikwijls als nodig partijen te antwoorden op mededelingen die zij tot hen heeft gericht of op mededelingen van andere partijen.
– 2. Indien de oppositieafdeling van oordeel is dat ten minste een van de gronden voor oppositie zich verzet tegen het in stand blijven van het Europees octrooi, herroept zij het octrooi. Anders wijst zij de oppositie af.
– 3. Indien de oppositieafdeling van oordeel is dat, gelet op de wijzigingen die de houder van het octrooi tijdens de oppositieprocedure heeft aangebracht, het octrooi en de uitvinding waarop het octrooi betrekking heeft
a. voldoen aan de bepalingen van dit Verdrag, besluit zij het octrooi in de gewijzigde vorm in stand te houden, mits voldaan wordt aan de voorwaarden als vastgesteld in het Uitvoeringsreglement;
b. niet voldoen aan de bepalingen van dit Verdrag, herroept zij het octrooi.

Art. 102

Vervallen.

Publicatie van een nieuw Europees octrooischrift

Art. 103

Publicatie

Indien het Europees octrooi in stand blijft zoals gewijzigd ingevolge artikel 101, derde lid, letter *a*, publiceert het Europees Octrooibureau zo spoedig mogelijk na de bekendmaking van de beslissing inzake de oppositie in het *Europees Octrooiblad* een nieuw Europees octrooischrift.

Kosten

Art. 104

Kosten

– 1. Elke bij de oppositieprocedure betrokken partij draagt de door haar gemaakte kosten, behalve indien de oppositieafdeling op gronden van billijkheid overeenkomstig het Uitvoeringsreglement opdracht geeft tot een andere verdeling van de kosten.
– 2. De procedure voor het vaststellen van de kosten wordt vastgesteld in het Uitvoeringsreglement.
– 3. Elke eindbeslissing van het Europees Octrooibureau waarbij het bedrag van de kosten wordt vastgesteld, wordt voor de tenuitvoerlegging hiervan in de Verdragsluitende Staten beschouwd als een in kracht van gewijsde gegane beslissing van een civielrechtelijke instantie van de Staat op het grondgebied waarvan de tenuitvoerlegging dient te geschieden. Een dergelijke beslissing kan alleen worden getoetst op haar echtheid.

Tussenkomst van de vermeende inbreukmaker

Art. 105

Tussenkomst inbreukmaker

– 1. Elke derde partij kan, in overeenstemming met het Uitvoeringsreglement, na het verstrijken van de termijn van oppositie tussenkomen in de oppositieprocedure, mits hij aantoont dat
a. tegen hem een rechtsvordering is ingediend wegens inbreuk op hetzelfde octrooi, of
b. hij naar aanleiding van een verzoek van de houder van het octrooi de vermeende inbreuk te staken een vordering heeft ingesteld om in rechte te doen vaststellen dat hij geen inbreuk maakt op het octrooi.
– 2. Een ontvankelijke tussenkomst wordt behandeld als een oppositie.

Verzoek om beperking of herroeping

Art. 105a

Verzoek beperking of herroeping

– 1. Op verzoek van de houder kan het Europees octrooi worden herroepen of worden beperkt door wijziging van de conclusies. Het verzoek wordt ingediend bij het Europees Octrooibureau in overeenstemming met het Uitvoeringsreglement. Het wordt geacht eerst te zijn ingediend nadat de beperkings- of herroepingstaks is betaald.

– 2. Het verzoek kan niet worden ingediend hangende een oppositieprocedure ten aanzien van het Europees octrooi.

Beperking of herroeping van het Europees octrooi

Art. 105b

Beperking of herroeping

– 1. Het Europees Octrooibureau onderzoekt of voldaan is aan de vereisten vastgesteld in het Uitvoeringsreglement voor het beperken of herroepen van het Europees octrooi.

– 2. Indien het Europees Octrooibureau van mening is dat het verzoek om beperking of herroeping van het Europees octrooi voldoet aan deze vereisten, besluit het het Europees octrooi te beperken of te herroepen in overeenstemming met het Uitvoeringsreglement. Anders wijst het het verzoek af.

– 3. De beslissing tot beperking of herroeping van het Europees octrooi is van toepassing op het Europees octrooi in alle Verdragsluitende Staten waarvoor het is verleend. De beslissing wordt van kracht op de datum waarop zij wordt vermeld in het *Europees Octrooiblad*.

Publicatie van het gewijzigde Europees octrooischrift

Art. 105c

Publicatie

Indien het Europees octrooi wordt beperkt ingevolge artikel 105*b*, tweede lid, publiceert het Europees Octrooibureau het gewijzigde Europees octrooischrift zo spoedig mogelijk nadat de vermelding van de beperking in het *Europees Octrooiblad* is gepubliceerd.

ZESDE DEEL

Beroepsprocedure

Beslissingen waartegen beroep kan worden ingesteld

Art. 106

Vatbaar voor beroep

– 1. Tegen de beslissingen van de aanvraagafdeling, de onderzoekafdelingen, de oppositieafdelingen en de juridische afdeling kan beroep worden ingesteld. Het beroep heeft schorsende werking.

– 2. Tegen een beslissing, waarbij een procedure ten aanzien van een van de partijen niet wordt afgesloten, kan slechts beroep worden ingesteld tegelijk met de eindbeslissing, tenzij de beslissing een afzonderlijk beroep mogelijk maakt.

– 3. Het recht een beroep in te stellen tegen beslissingen inzake de verdeling of vaststelling van kosten in oppositieprocedures kan worden beperkt in het Uitvoeringsreglement.

Personen die in beroep kunnen gaan en die partij kunnen zijn bij de procedure

Art. 107

Personen voor wie beroep openstaat

Een ieder die partij is bij de procedure welke heeft geleid tot een beslissing, kan hiertegen beroep instellen voor zover hij door die beslissing in het ongelijk is gesteld. De andere partijen bij die procedure zijn van rechtswege partij bij de beroepsprocedure.

Termijn en vorm

Art. 108

Termijn en vorm

Een beroep dient schriftelijk te worden ingesteld in overeenstemming met het Uitvoeringsreglement bij het Europees Octrooibureau binnen twee maanden na de dag waarop de beslissing is medegedeeld. De oppositie wordt eerst geacht te zijn ingesteld nadat de taks voor het beroep is betaald. Een schriftelijke uiteenzetting van de gronden van het beroep moet worden ingediend in overeenstemming met het Uitvoeringsreglement binnen vier maanden na de datum waarop de beslissing is medegedeeld.

Prejudiciële herziening

Art. 109

Herziening

– 1. Indien de instantie, waarvan de beslissing wordt betwist, het beroep ontvankelijk en gegrond acht, moet zij haar beslissing herzien. Deze bepaling vindt geen toepassing wanneer tegenover degene die het beroep heeft ingesteld een andere partij staat.

– 2. Indien het beroep niet binnen een maand na ontvangst van de uiteenzetting van de gronden van het beroep tot herziening leidt, dient het beroep onverwijld te worden voorgelegd aan de Kamer van beroep, zonder oordeel over de gronden daarvan.

Onderzoek van het beroep

Art. 110

Onderzoek

Indien het beroep ontvankelijk is, onderzoekt de kamer van beroep of het beroep gegrond is.

Het onderzoek van het beroep vindt plaats in overeenstemming met het Uitvoeringsreglement.

Beslissing over het beroep

Art. 111

Beslissing

– 1. Nadat onderzocht is of het beroep gegrond is, beslist de kamer van beroep over het beroep. De kamer van beroep kan hetzij de bevoegdheden uitoefenen van de instantie die de bestreden beslissing heeft genomen, hetzij de zaak voor verdere afdoening naar deze instantie terugwijzen.

– 2. Indien de kamer van beroep de zaak voor verdere afdoening terugwijst naar de instantie die de bestreden beslissing heeft genomen, is deze instantie gebonden aan de beoordeling van de rechtsvragen door de kamer van beroep, voor zover de feiten dezelfde zijn. Indien de bestreden beslissing is genomen door de aanvraagafdeling, is de onderzoekafdeling eveneens gebonden aan de beoordeling van de rechtsvragen door de kamer van beroep.

Beslissing of oordeel van de Grote Kamer van beroep

Art. 112

Oordeel Grote Kamer

– 1. Ten einde een eenvormige toepassing van het recht te verwezenlijken of indien een rechtsvraag van wezenlijk belang zich voordoet:

a) legt de kamer van beroep, waarvoor een procedure aanhangig is, hetzij ambtshalve hetzij op verzoek van een van de partijen, de Grote Kamer van beroep de vragen voor, ten aanzien waarvan zij een beslissing voor bovengenoemde doeleinden noodzakelijk acht. Wanneer de kamer van beroep het verzoek afwijst, moet de afwijzing in de eindbeslissing met redenen zijn omkleed;

b) kan de Voorzitter van het Europees Octrooibureau een rechtsvraag voorleggen aan de Grote Kamer van beroep wanneer twee kamers van beroep over deze vraag onderling afwijkende beslissingen hebben genomen.

– 2. In de gevallen bedoeld in het eerste lid, letter *a)*, zijn de partijen bij de beroepsprocedure partij bij de procedure voor de Grote Kamer van beroep.

– 3. De in het eerste lid, letter *b)*, bedoelde beslissing van de Grote Kamer van beroep is bindend voor de kamer van beroep voor wat het hangende beroep betreft.

Verzoek om herziening door de Grote Kamer van beroep

Art. 112a

Verzoek om herziening

– 1. Elke partij bij een beroepsprocedure die benadeeld wordt door de beslissing van de kamer van beroep kan een verzoek indienen om herziening van de beslissing door de Grote Kamer van beroep.

– 2. Het verzoek kan alleen worden ingediend wanneer

a. een lid van de kamer van beroep in strijd met artikel 24, eerste lid, deelgenomen heeft aan de beslissing of ondanks het feit dat hij was uitgesloten uit hoofde van een beslissing ingevolge artikel 24, vierde lid;

b. de kamer van beroep een persoon omvatte die niet is benoemd als lid van de Kamers van beroep;

c. een fundamentele inbreuk is gemaakt op artikel 113;

d. zich een andere fundamentele procedurele tekortkoming als omschreven in het Uitvoeringsreglement heeft voorgedaan in de beroepsprocedure; of

e. een strafbaar feit vastgesteld overeenkomstig de voorwaarden neergelegd in het Uitvoeringsreglement van invloed kan zijn geweest op de beslissing.

– 3. Het verzoek om herziening heeft geen schorsende werking.

– 4. Het verzoek om herziening wordt ingediend in de vorm van een met redenen omklede verklaring in overeenstemming met het Uitvoeringsreglement. Indien het verzoek gebaseerd is op het tweede lid, letters *a* tot en met *d*, dient het binnen twee maanden na de kennisgeving van de beslissing van de kamer van beroep te worden ingediend. Indien het verzoek is gebaseerd op het tweede lid, letter *e*, dient het binnen twee maanden na de datum waarop het strafbare feit is vastgesteld te worden ingediend, maar in geen geval later dan vijf jaar na de kennisgeving van de beslissing van de kamer van beroep. Het verzoek wordt eerst geacht te zijn ingediend nadat de voorgeschreven taks is betaald.

– 5. De Grote Kamer van beroep onderzoekt het verzoek om herziening in overeenstemming met het Uitvoeringsreglement. Indien het verzoek ontvankelijk is, vernietigt de Grote Kamer van beroep de beslissing die het voorwerp is van herziening en heropent de procedure bij de kamers van beroep in overeenstemming met het Uitvoeringsreglement.

– 6. Een persoon die in een aangewezen Verdragsluitende Staat te goeder trouw gebruik heeft gemaakt van of doeltreffende en serieuze voorbereidingen heeft getroffen voor toepassing van een uitvinding die het voorwerp is van een gepubliceerde Europese octrooiaanvrage of een Europees octrooi in het tijdvak tussen de beslissing van de kamer van beroep die herzien wordt en de publicatie van de vermelding van de beslissing van de Grote Kamer van beroep inzake het verzoek mag met deze toepassing in of voor zijn bedrijf kosteloos doorgaan.

ZEVENDE DEEL
Gemeenschappelijke bepalingen
HOOFDSTUK III
Vertegenwoordiging

Algemene beginselen betreffende de vertegenwoordiging
Art. 133

Procesvertegenwoordiging

– 1. Behoudens het tweede lid, is niemand verplicht zich te doen vertegenwoordigen door een erkend gemachtigde in de door dit Verdrag ingestelde procedures.
– 2. Natuurlijke personen of rechtspersonen die geen woonplaats of zetel hebben in een Verdragsluitende Staat moeten zich doen vertegenwoordigen door een erkend gemachtigde en moeten door zijn tussenkomst optreden in iedere door dit Verdrag ingestelde procedure, behalve voor het indienen van een Europese octrooiaanvrage; verdere uitzonderingen kunnen worden vastgesteld door het Uitvoeringsreglement.
– 3. Natuurlijke personen of rechtspersonen die hun woonplaats of zetel hebben in een Verdragsluitende Staat kunnen in door dit Verdrag ingestelde procedures optreden door een werknemer, die geen erkend gemachtigde behoeft te zijn, maar dient te beschikken over een volmacht in overeenstemming met het Uitvoeringsreglement. Het Uitvoeringsreglement kan bepalen of en onder welke voorwaarden de werknemer van een dergelijke rechtspersoon eveneens kan optreden voor andere rechtspersonen die hun zetel hebben op het grondgebied van een van de Verdragsluitende Staten en die economische banden hebben met de bedoelde rechtspersoon.
– 4. Bijzondere bepalingen betreffende de gemeenschappelijke vertegenwoordiging van gemeenschappelijk optredende partijen kunnen worden vastgesteld door het Uitvoeringsreglement.

Vertegenwoordiging voor het Europees Octrooibureau
Art. 134

Gemachtigden

– 1. Natuurlijke personen of rechtspersonen kunnen in de door dit Verdrag ingestelde procedures slechts worden vertegenwoordigd door erkende gemachtigden, die ingeschreven staan op een daartoe door het Europees Octrooibureau bij te houden lijst.
– 2. Iedere natuurlijke persoon die
a. onderdaan is van een Verdragsluitende Staat,
b. zijn kantoor of plaats van tewerkstelling heeft in een Verdragsluitende Staat en
c. met goed gevolg het Europese bekwaamheidsexamen heeft afgelegd kan worden ingeschreven op de lijst van erkende gemachtigden.
– 3. Gedurende een jaar vanaf de datum waarop de toetreding door een Staat tot dit Verdrag van kracht wordt, kan iedere natuurlijke persoon om opname in de lijst verzoeken die
a. onderdaan is van een Verdragsluitende Staat,
b. zijn kantoor of plaats van tewerkstelling heeft in de Staat die is toegetreden tot het Verdrag, en
c. bevoegd is natuurlijke personen of rechtspersonen te vertegenwoordigen in octrooizaken voor de centrale dienst voor de industriële eigendom van die Staat. Wanneer deze bevoegdheid niet afhankelijk is van het vereiste van specifieke professionele kwalificaties, dient de persoon gedurende ten minste vijf jaar regelmatig als zodanig te zijn opgetreden in die Staat.
– 4. De inschrijving geschiedt op verzoek en gaat vergezeld van certificaten waaruit blijkt dat aan de in het tweede of derde lid vastgestelde voorwaarden wordt voldaan.
– 5. Personen wier namen voorkomen op de lijst van erkende gemachtigden zijn bevoegd op te treden in alle door dit Verdrag vastgestelde procedures.
– 6. Om op te treden als erkend gemachtigde, is een ieder die staat ingeschreven op de in het eerste lid bedoelde lijst, bevoegd kantoor te houden in elke Verdragsluitende Staat waarin door dit Verdrag ingestelde procedures plaatsvinden, rekening houdend met het aan dit Verdrag als bijlage toegevoegde Protocol inzake de centralisatie. De autoriteiten van deze Staat kunnen deze bevoegdheden slechts intrekken in bijzondere gevallen krachtens de nationale wetgeving betreffende openbare orde en veiligheid. Alvorens een dergelijke maatregel wordt genomen dient de Voorzitter van het Europees Octrooibureau te worden geraadpleegd.
– 7. De Voorzitter van het Europees Octrooibureau kan vrijstelling verlenen:

a. in bijzondere omstandigheden, van de vereisten van het tweede lid, letter *a*, of het derde lid, letter *a*;
b. van het vereiste van het derde lid, letter *c*, tweede volzin, indien de aanvrager aantoont dat hij de vereiste kwalificatie op andere wijze heeft verworven.
– 8. In de door dit Verdrag ingestelde procedures kan de vertegenwoordiging ook geschieden, op dezelfde wijze als door een erkend gemachtigde, door iedere advocaat die bevoegd is op het grondgebied van een van de Verdragsluitende Staten praktijk uit te oefenen en die aldaar kantoor houdt, voor zover hij in die Staat bevoegd is op te treden als erkend gemachtigde op het gebied van octrooien van uitvinding. Het zesde lid is van overeenkomstige toepassing.

Instituut van erkende gemachtigden voor het Europees Octrooibureau

Art. 134a

Instituut van erkende gemachtigden

– 1. De Raad van Bestuur is bevoegd bepalingen vast te stellen en te wijzigen ten aanzien van:
a. het Instituut van erkende gemachtigden voor het Europees Octrooibureau, hierna te noemen het Instituut;
b. de vereiste bekwaamheid en opleiding om te worden toegelaten tot het Europese bekwaamheidsexamen en ten aanzien van het afnemen van dit examen;
c. het tuchtrecht, dat het Instituut of het Europees Octrooibureau over de erkende gemachtigden uitoefent;
d. de geheimhoudingsverplichting van de erkende gemachtigden en het recht om in procedures voor het Europees Octrooibureau te weigeren communicatie bekend te maken tussen een erkend gemachtigde en zijn cliënt of een andere persoon.
– 2. Iedere persoon die is opgenomen in de lijst van erkende gemachtigden bedoeld in artikel 134, eerste lid, is lid van het Instituut.

ACHTSTE DEEL

Gevolgen voor het nationale recht

HOOFDSTUK I

Omzetting in een nationale octrooiaanvrage

Verzoek tot het instellen van de nationale procedure

Art. 135

Verzoek nationale procedure

– 1. De centrale dienst voor de industriële eigendom van een aangewezen Verdragsluitende Staat stelt de procedure tot verlening van een nationaal octrooi in op verzoek van de aanvrager of van de houder van een Europees octrooi in de volgende gevallen:
a. indien de Europese octrooiaanvrage wordt geacht te zijn ingetrokken op grond van artikel 77, derde lid;
b. in de andere door de nationale wetgeving bepaalde gevallen waarin op grond van dit Verdrag de Europese octrooiaanvrage is afgewezen, ingetrokken of wordt geacht te zijn ingetrokken of het Europees octrooi is herroepen.
– 2. In het in het eerste lid, letter *a*, bedoelde geval wordt het verzoek tot omzetting ingediend bij de centrale dienst voor de industriële eigendom waarbij de Europese octrooiaanvrage is ingediend. Onverminderd de bepalingen inzake nationale veiligheid, zendt deze dienst het verzoek direct door aan de centrale diensten voor de industriële eigendom van de daarin vermelde Verdragsluitende Staten.
– 3. In de in het eerste lid, letter *b*, bedoelde gevallen wordt het verzoek tot omzetting ingediend bij het Europees Octrooibureau in overeenstemming met het Uitvoeringsreglement. Het verzoek wordt eerst geacht te zijn ingediend nadat de omzettingstaks is betaald. Het Europees Octrooibureau zendt het verzoek aan de centrale diensten voor de industriële eigendom van de daarin vermelde Verdragsluitende Staten.
– 4. De in artikel 66 bedoelde rechtsgevolgen van de Europese octrooiaanvrage vervallen indien het verzoek tot omzetting niet tijdig is ingediend.

Art. 136

Vervallen.

Vormvoorschriften voor de omzetting

Art. 137

Vormvoorschriften omzetting

– 1. Een Europese octrooiaanvrage die is doorgezonden in overeenstemming met artikel 135, tweede of derde lid, mag niet onderworpen worden aan vormvoorschriften van de nationale wet die afwijken van of een aanvulling betekenen op de door dit Verdrag vastgestelde bepalingen.

– 2. De centrale dienst voor de industriële eigendom waaraan de aanvrage is doorgezonden, kan eisen dat de aanvrager binnen ten minste twee maanden:
a. de nationale indieningstaks betaalt;
b. een vertaling van de oorspronkelijke tekst van de Europese octrooi-aanvrage in een van de officiële talen van de betrokken Staat indient, alsmede in voorkomend geval een vertaling van de tijdens de procedure voor het Europees Octrooibureau gewijzigde tekst die de aanvrager wenst te gebruiken voor de nationale procedure.

HOOFDSTUK II

Nietigheid en oudere rechten

Nietigverklaring van Europese octrooien

Art. 138

Nietigverklaring

– 1. Behoudens artikel 139 kan het Europees octrooi met rechtsgevolgen voor een Verdragsluitende Staat slechts nietig worden verklaard:
a. indien het onderwerp van het Europese octrooi niet octrooieerbaar is ingevolge de artikelen 52 tot en met 57;
b. indien het Europese octrooischrift niet een beschrijving van de uitvinding bevat, die zodanig duidelijk en volledig is dat een deskundige deze uitvinding kan toepassen;
c. indien het onderwerp van het Europese octrooi niet gedekt wordt door de inhoud van de aanvrage zoals die is ingediend, of door de inhoud van de oorspronkelijk ingediende aanvrage zoals die is ingediend, indien het octrooi is verleend op een afgesplitste aanvrage of op een nieuwe aanvrage die is ingediend overeenkomstig artikel 61;
d. indien de beschermingsomvang van het Europees octrooi is uitgebreid; of
e. indien de houder van het Europees octrooi niet de rechthebbende op het octrooi is volgens artikel 60, eerste lid.
– 2. Indien de nietigheidsgronden het Europese octrooi slechts gedeeltelijk aantasten, wordt het octrooi beperkt door een dienovereenkomstige aanpassing van de conclusies en gedeeltelijk nietig verklaard.
– 3. Bij procedures voor de bevoegde gerechtelijke instantie of autoriteit ten aanzien van de geldigheid van het Europees octrooi, heeft de houder van het octrooi het recht het octrooi te beperken door wijziging van de conclusies. Het aldus beperkte octrooi vormt de basis voor de procedures.

Oudere rechten of rechten van dezelfde datum

Art. 139

Oudere rechten

– 1. In elke aangewezen Verdragsluitende Staat hebben een Europese octrooiaanvrage en een Europees octrooi ten opzichte van een nationale octrooiaanvrage en een nationaal octrooi dezelfde rechtsgevolgen als ouder recht als een nationale octrooiaanvrage en een nationaal octrooi.
– 2. Een nationale octrooiaanvrage en een nationaal octrooi van een Verdragsluitende Staat hebben ten opzichte van een Europees octrooi, waarin die Verdragsluitende Staat is aangewezen, dezelfde rechtsgevolgen als ouder recht als ten opzichte van een nationaal octrooi.
– 3. Elke Verdragsluitende Staat kan bepalen of, en onder welke voorwaarden, een uitvinding die zowel in een Europese octrooiaanvrage of in een Europees octrooi als in een nationale octrooiaanvrage of in een nationaal octrooi met eenzelfde datum van indiening of, indien een beroep is gedaan op het recht van voorrang, met eenzelfde voorrangsdatum, openbaar is gemaakt, gelijktijdig door Europese en nationale aanvragen of octrooien beschermd kan worden.

HOOFDSTUK III

Andere rechtsgevolgen ten aanzien van het nationale recht

Nationale gebruiksmodellen en gebruikscertificaten

Art. 140

Nationale gebruiksmodellen

De artikelen 66, 124, 135, 137 en 139 zijn van toepassing op gebruiksmodellen en gebruikscertificaten alsmede op aanvragen voor gebruiksmodellen en gebruikscertificaten die zijn ingeschreven of gedeponeerd in de Verdragsluitende Staten waarin de wetgeving in deze vormen van bescherming voorziet.

Jaartaksen voor het Europees octrooi

Art. 141

Jaartaks

– 1. De jaartaksen voor het Europees octrooi kunnen slechts worden geheven voor de jaren volgende op het jaar bedoeld in artikel 86, tweede lid.

– 2. Indien de jaartaksen vervallen binnen twee maanden nadat de vermelding van de verlening van het Europees octrooi is gepubliceerd, worden deze jaartaksen geacht rechtsgeldig te zijn betaald als zij binnen die termijn zijn betaald. Door een nationale wetgeving vastgestelde toeslagen worden niet geheven.

NEGENDE DEEL
Bijzondere overeenkomsten

Eenheidsoctrooien

Art. 142

Eenheidsoctrooien

– 1. Iedere groep Verdragsluitende Staten die krachtens een bijzondere overeenkomst heeft besloten dat de voor die Staten verleende Europese octrooien voor hun gezamenlijke grondgebieden een eenheid vormen, kan bepalen dat de Europese octrooien slechts gezamenlijk voor al die Staten kunnen worden verleend.
– 2. De bepalingen van dit deel zijn van toepassing wanneer een groep Verdragsluitende Staten van de in het eerste lid bedoelde mogelijkheid gebruik heeft gemaakt.

Bijzondere organen van het Europees octrooibureau

Art. 143

Aanvullende taken octrooibureau

– 1. De groep Verdragsluitende Staten kan het Europees Octrooibureau aanvullende taken opdragen.
– 2. Ter uitvoering van die aanvullende taken kunnen bij het Europees Octrooibureau voor de tot die groep behorende Staten gemeenschappelijke bijzondere organen worden ingesteld. De leiding van deze bijzondere organen berust bij de Voorzitter van het Europees Octrooibureau; artikel 10, tweede en derde lid, is van overeenkomstige toepassing.

Vertegenwoordiging voor de bijzondere organen

Art. 144

Vertegenwoordiging

De groep Verdragsluitende Staten kan een bijzondere regeling treffen ten aanzien van de vertegenwoordiging van partijen voor de organen bedoeld in artikel 143, tweede lid.

Beperkte Commissie van de Raad van Bestuur

Art. 145

Beperkte commissie

– 1. De groep Verdragsluitende Staten kan een Beperkte Commissie van de Raad van Bestuur instellen voor toezicht op de werkzaamheden van de krachtens artikel 143, tweede lid, ingestelde bijzondere organen; het Europees Octrooibureau stelt deze Commissie personeel, ruimten en materiaal ter beschikking, benodigd voor de vervulling van haar taak. De Voorzitter van het Europees Octrooibureau moet ten overstaan van de Beperkte Commissie van de Raad van Bestuur verantwoording afleggen voor de werkzaamheden van de bijzondere organen.
– 2. De samenstelling, de bevoegdheden en de werkzaamheden van de Beperkte Commissie worden bepaald door de groep Verdragsluitende Staten.

Dekking van de kosten voor de bijzondere taken

Art. 146

Kosten bijzondere taken

Indien aan het Europees Octrooibureau aanvullende taken zijn opgedragen op grond van artikel 143, komen de kosten die voor de Organisatie zijn ontstaan in verband met de uitvoering van die taken ten laste van de groep Verdragsluitende Staten. Indien bij het Europees Octrooibureau bijzondere organen zijn ingesteld voor de uitvoering van die aanvullende taken, komen de voor deze organen te maken kosten met betrekking tot personeel, ruimten en materiaal voor rekening van de groep Verdragsluitende Staten. De artikelen 39, derde en vierde lid, 41 en 47 zijn van overeenkomstige toepassing.

Betalingen van taksen voor instandhouding van het eenheidsoctrooi

Art. 147

Jaartaks instandhouding

Indien de groep Verdragsluitende Staten voor de jaartaksen een eenheidstarief heeft vastgesteld, wordt het percentage, bedoeld in artikel 39, eerste lid, berekend aan de hand van dit eenheidstarief; het in artikel 39, eerste lid, bedoelde minimum is eveneens het minimum voor het eenheidsoctrooi. Artikel 39, derde en vierde lid, is van overeenkomstige toepassing.

De Europese octrooiaanvrage als deel van het vermogen

Art. 148

Analoge toepassing art. 74

– 1. Artikel 74 is van toepassing wanneer de groep Verdragsluitende Staten geen andere bepalingen heeft vastgesteld.

– 2. De groep Verdragsluitende Staten kan bepalen dat, voor zover deze Verdragsluitende Staten zijn aangewezen, overgang, inpandgeving of gedwongen uitwinning van de Europese octrooiaanvrage slechts is toegestaan voor al die Verdragsluitende Staten en overeenkomstig de bepalingen van de bijzondere overeenkomst.

Gezamenlijke aanwijzing

Art. 149

Gezamenlijke aanwijzing

– 1. De groep Verdragsluitende Staten kan bepalen dat de Staten van de groep slechts gezamenlijk kunnen worden aangewezen en dat de aanwijzing van een of meer Staten van deze groep geldt als aanwijzing van al deze Staten.

– 2. Wanneer het Europees Octrooibureau optreedt als aangewezen bureau in de zin van artikel 153, eerste lid, is het voorgaande lid van toepassing indien de aanvrager in de internationale aanvrage heeft medegedeeld dat hij een Europees octrooi wenst voor een of meer aangewezen Staten van de groep. Deze bepaling is eveneens van toepassing wanneer de aanvrager in de internationale aanvrage een Verdragsluitende Staat heeft aangewezen die tot deze groep behoort, indien de nationale wetgeving van die Staat bepaalt dat een aanwijzing van die Staat de rechtsgevolgen heeft van een aanvrage om een Europees octrooi.

Andere verdragen tussen de Verdragsluitende Staten

Art. 149a

Andere verdragen

– 1. Geen enkele bepaling in dit Verdrag mag zodanig worden uitgelegd dat zij het recht van bepaalde of alle Verdragsluitende Staten beperkt speciale verdragen te sluiten inzake aangelegenheden betreffende Europese octrooiaanvragen of Europese octrooien die uit hoofde van dit Verdrag onderworpen zijn aan en worden beheerst door het nationale recht, zoals
a. een verdrag tot oprichting van een gemeenschappelijk Europees octrooigerecht voor de Verdragsluitende Partijen die daar partij bij zijn;
b. een verdrag tot oprichting van een gemeenschappelijke instantie voor de Verdragsluitende Staten die daar partij bij zijn die op verzoek van de nationale gerechtelijke instanties of semi-rechterlijke autoriteiten zijn oordeel geeft over kwesties op het gebied van Europees of geharmoniseerd nationaal octrooirecht;
c. een verdrag uit hoofde waarvan de Verdragsluitende Partijen die daar partij bij zijn geheel of gedeeltelijk kunnen afzien van vertalingen van Europese octrooien uit hoofde van artikel 65;
d. een verdrag uit hoofde waarvan de Verdragsluitende Partijen die daar partij bij zijn bepalen dat vertalingen van Europese octrooien als vereist uit hoofde van artikel 65 kunnen worden ingediend bij en gepubliceerd door het Europees Octrooibureau.

– 2. De Raad van Bestuur is bevoegd om te beslissen dat:
a. de leden van de kamers van beroep of de Grote Kamer van beroep zitting kunnen hebben in een Europees octrooigerecht of in een gemeenschappelijke instantie en deelnemen aan procedures voor dat gerecht of die instantie in overeenstemming met een dergelijk verdrag;
b. het Europees Octrooibureau een gemeenschappelijke instantie zal voorzien van het ondersteunend personeel, de accommodatie en de uitrusting die nodig kunnen zijn voor de uitvoering van zijn taken en dat de kosten van die instantie geheel of gedeeltelijk worden gedragen door de Organisatie.

TIENDE DEEL

Internationale aanvragen uit hoofde van het Verdrag tot samenwerking inzake octrooien – Euro-PCT-aanvragen

Toepassing van het Verdrag tot samenwerking inzake octrooien

Art. 150

Samenwerkingsverdrag

– 1. Het Verdrag tot samenwerking inzake octrooien van 19 juni 1970, hierna te noemen het PCT, is van toepassing in overeenstemming met de bepalingen van dit Deel.

– 2. Internationale aanvragen die worden ingediend uit hoofde van het PCT kunnen het voorwerp zijn van procedures voor het Europees Octrooibureau. Bij dergelijke procedures zijn de bepalingen van het PCT en het Reglement daarbij van toepassing, aangevuld door de bepalingen van dit Verdrag. Indien deze met elkaar in strijd zijn, zijn de bepalingen van het PCT of het Reglement daarbij doorslaggevend.

Het Europees Octrooibureau als ontvangend bureau

Art. 151

Ontvangend bureau

Het Europees Octrooibureau treedt op als ontvangend bureau in de zin van het PCT en in overeenstemming met het Uitvoeringsreglement. Artikel 75, tweede lid, is van overeenkomstige toepassing.

Het Europees Octrooibureau als Instantie voor Internationaal Nieuwheidsonderzoek of Instantie voor de Internationale Voorlopige Beoordeling

Art. 152

Optreden Europees Octrooibureau

Het Europees Octrooibureau treedt op als Instantie voor Internationaal Nieuwheidsonderzoek en Instantie voor de Internationale Voorlopige Beoordeling in de zin van het PCT, in overeenstemming met een overeenkomst tussen de Organisatie en het Internationaal Bureau van de Wereldorganisatie voor de Intellectuele Eigendom, voor aanvragers die inwoner of onderdaan zijn van een Verdragsluitende Staat bij dit Verdrag. Deze overeenkomst kan bepalen dat het Europees Octrooibureau ook optreedt voor andere aanvragers.

Het Europees Octrooibureau als aangewezen bureau of gekozen bureau

Art. 153

Aangewezen bureau

– 1. Het Europees Octrooibureau is

a. het aangewezen bureau voor elke Verdragsluitende Staat bij dit Verdrag ten aanzien waarvan het PCT van kracht is, die is aangewezen in de internationale aanvrage en waarvoor de aanvrager een Europees octrooi wenst te verkrijgen; en

b. een gekozen bureau, indien de aanvrager een Staat heeft gekozen die is aangewezen uit hoofde van letter *a*.

– 2. Een internationale aanvrage waarvoor het Europees Octrooibureau het aangewezen of gekozen bureau is en waaraan een internationale datum van indiening is toegekend is gelijkwaardig aan een gewone Europese aanvrage (Euro-PCT-aanvrage).

– 3. De internationale publicatie van een Euro-PCT-aanvrage in een van de officiële talen van het Europees Octrooibureau vervangt de publicatie van de Europese octrooiaanvrage en wordt vermeld in het *Europees Octrooiblad*.

– 4. Indien de Euro-PCT-aanvrage wordt gepubliceerd in een andere taal, wordt een vertaling in een van de officiële talen ingediend bij het Europees Octrooibureau dat deze publiceert. Behoudens het bepaalde in artikel 67, derde lid, wordt de voorlopige bescherming, bedoeld in artikel 67, eerste en tweede lid, eerst verleend op de datum van deze publicatie.

– 5. De Euro-PCT-aanvrage wordt behandeld als een Europese octrooi-aanvrage en geacht te behoren tot de stand van de techniek in de zin van artikel 54, derde lid, indien aan de in het derde of vierde lid en in het Uitvoeringsreglement vastgestelde voorwaarden is voldaan.

– 6. Het verslag van het internationale nieuwheidsonderzoek dat is opgesteld ten aanzien van een Euro-PCT-aanvrage of de vervangende verklaring ervan en hun internationale publicatie treden in de plaats van het verslag van het Europese nieuwheidsonderzoek en de vermelding van de publicatie ervan in het *Europees Octrooiblad*.

– 7. Een aanvullend verslag van een Europees nieuwheidsonderzoek wordt opgesteld ten aanzien van een Euro-PCT-aanvrage uit hoofde van het vijfde lid. De Raad van Bestuur kan beslissen dat wordt afgezien van het aanvullende verslag van het nieuwheidsonderzoek of dat de taks voor het nieuwheidsonderzoek wordt verlaagd.

Art. 154-158

Vervallen.

III.11 BENELUX-VERDRAG INZAKE DE INTELLECTUELE EIGENDOM (MERKEN EN TEKENINGEN OF MODELLEN)

Verdrag van 25 februari 2005, Trb. 2005, 96, gewijzigd 1 december 2006, Trb. 2007, 1

[Inwerkingtreding: 01-09-2006]

Het Koninkrijk België,
Het Groothertogdom Luxemburg,
Het Koninkrijk der Nederlanden,
Bezield door de wens:
– de verdragen, de eenvormige wetten en de wijzigingsprotocollen inzake Benelux merken en tekeningen of modellen te vervangen door een enkel verdrag waarin zowel het merkenrecht als het tekeningen- of modellenrecht systematisch en overzichtelijk geregeld worden;
– snelle en efficiënte procedures in te voeren voor de aanpassing van de Benelux-regelgeving aan de Gemeenschapsregelgeving en reeds door de drie Hoge Verdragsluitende Partijen bekrachtigde internationale verdragen;
– het Benelux-Merkenbureau en het Benelux-Bureau voor Tekeningen of Modellen te vervangen door de Benelux-Organisatie voor de Intellectuele Eigendom (merken, tekeningen of modellen) die door middel van beslissings- en uitvoeringsorganen met eigen en aanvullende bevoegdheden haar taak uitoefent;
– de nieuwe Organisatie een structuur te geven die de huidige opvattingen inzake internationale organisaties weerspiegelt en de onafhankelijkheid ervan, met name door middel van een protocol inzake voorrechten en immuniteiten, garandeert;
– de nieuwe Organisatie dichter bij het bedrijfsleven te brengen door de bevoegdheden ervan ten volle te benutten zodat ze nieuwe taken op het gebied van de intellectuele eigendom kan vervullen en decentrale bijkantoren kan oprichten;
– aan de nieuwe Organisatie, op niet-exclusieve basis, een evaluatiebevoegdheid en initiatiefrecht toe te kennen bij de aanpassing van het Benelux-recht inzake merken en tekeningen- of modellen;
Hebben besloten te dien einde een verdrag te sluiten en hebben hiertoe als hun Gevolmachtigden aangewezen:
Zijne Excellentie de Heer K. DE GUCHT, Minister van Buitenlandse Zaken,
Zijne Excellentie de Heer B. R. BOT, Minister van Buitenlandse Zaken,
Zijne Excellentie de Heer J. ASSELBORN, Minister van Buitenlandse Zaken,
die, na hun in goede en behoorlijke vorm bevonden volmachten te hebben overgelegd, de volgende bepalingen zijn overeengekomen:

TITEL I
Algemene en institutionele bepalingen

Afkortingen

Art. 1.1

Afkortingen

In dit verdrag wordt verstaan onder:
– Verdrag van Parijs: het Verdrag van Parijs tot bescherming van de industriële eigendom van 20 maart 1883;
– Overeenkomst van Madrid: de Overeenkomst van Madrid betreffende de internationale inschrijving van merken van 14 april 1891;
– Protocol van Madrid: het Protocol bij de Overeenkomst van Madrid betreffende de internationale inschrijving van merken van 27 juni 1989;
– Overeenkomst van Nice: de Overeenkomst van Nice van 15 juni 1957 betreffende de internationale classificatie van de waren en diensten ten behoeve van de inschrijving van merken;
– Overeenkomst van 's-Gravenhage: de Overeenkomst van 's-Gravenhage betreffende het internationale depot van tekeningen of modellen van nijverheid van 6 november 1925;
– Gemeenschapsmerkenverordening: de Verordening (EG) nr. 40/94 van de Raad van 20 december 1993 inzake het Gemeenschapsmerk;
– Gemeenschapsmodellenverordening: de Verordening (EG) nr. 6/2002 van de Raad van 12 december 2001 betreffende Gemeenschapsmodellen;
– TRIPS verdrag: de Overeenkomst inzake de handelsaspecten van de Intellectuele Eigendom van 15 april 1994; bijlage 1C bij de Overeenkomst tot oprichting van de Wereldhandelsorganisatie;
– Internationaal Bureau: het Internationaal Bureau voor de intellectuele eigendom, zoals op-

gericht bij het Verdrag van 14 juli 1967 tot oprichting ven de Wereldorganisatie voor de intellectuele eigendom.

Organisatie

Art. 1.2

Organisatie

– 1. Er wordt een Benelux-Organisatie voor de Intellectuele Eigendom (merken en tekeningen of modellen), hierna te noemen 'de Organisatie', ingesteld.

– 2. De organen van de Organisatie zijn:

a. het Comité van Ministers als bedoeld in het Verdrag tot instelling van de Benelux Economische Unie, hierna te noemen 'het Comité van Ministers';

b. de Raad van Bestuur van het Benelux-Bureau voor de Intellectuele Eigendom (merken en tekeningen of modellen), hierna te noemen 'de Raad van Bestuur';

c. het Benelux-Bureau voor de Intellectuele Eigendom (merken en tekeningen of modellen), hierna te noemen 'het Bureau'.

Doelstellingen

Art. 1.3

Doelstellingen

De Organisatie heeft tot taak:

a. de uitvoering van dit verdrag en het uitvoeringsreglement;

b. de bevordering van de bescherming van merken en tekeningen of modellen in de Beneluxlanden;

c. de uitvoering van aanvullende taken op andere gebieden van het recht inzake de intellectuele eigendom, welke de Raad van Bestuur aanwijst;

d. voortdurende evaluatie en, indien nodig, aanpassing van het Benelux-recht inzake merken en tekeningen of modellen, in het licht onder meer van de internationale en communautaire ontwikkelingen.

Rechtspersoonlijkheid

Art. 1.4

Rechtspersoonlijkheid

– 1. De Organisatie bezit internationale rechtspersoonlijkheid ter uitoefening van de haar toebedeelde taken.

– 2. De Organisatie bezit nationale rechtspersoonlijkheid en heeft derhalve, op het grondgebied van de drie Benelux-landen, de rechtsbevoegdheid die aan nationale rechtspersonen is toegekend, voor zover nodig voor de uitoefening van haar taken en voor het bereiken van haar doelstellingen, in het bijzonder de bevoegdheid om contracten te sluiten, roerende en onroerende goederen te verwerven en te vervreemden, particuliere en openbare gelden te ontvangen en uit te geven en in rechte op te treden.

– 3. De Directeur-Generaal van het Bureau, hierna te noemen 'de Directeur-Generaal', vertegenwoordigt de Organisatie in en buiten rechte.

Zetel

Art. 1.5

Zetel

– 1. De Organisatie heeft haar zetel te 's-Gravenhage.

– 2. Het Bureau is gevestigd te 's-Gravenhage.

– 3. Er kunnen elders bijkantoren van het Bureau worden gevestigd.

Voorrechten en immuniteiten

Art. 1.6

Voorrechten en immuniteiten

– 1. De voorrechten en immuniteiten welke nodig zijn voor de uitoefening van de taken en het bereiken van de doelstellingen van de Organisatie worden vastgelegd in een tussen de Hoge Verdragsluitende Partijen te sluiten protocol.

– 2. De Organisatie kan met een of meer der Hoge Verdragsluitende Partijen aanvullende overeenkomsten aangaan in verband met de vestiging van onderdelen van de Organisatie op het grondgebied van die staat of die staten, teneinde met betrekking tot die staat of die staten uitvoering te geven aan de bepalingen van het overeenkomstig het eerste lid vastgestelde protocol, alsmede andere regelingen treffen ter waarborging van een goede functionering van de Organisatie en ter beveiliging van haar belangen.

Bevoegdheden Comité van Ministers

Art. 1.7

Bevoegdheden Comité van Ministers

– 1. Het Comité van Ministers is bevoegd in dit verdrag de wijzigingen aan te brengen die noodzakelijk zijn om de conformiteit van dit verdrag met een internationaal verdrag of met de regelgeving van de Europese Gemeenschap inzake merken en tekeningen of modellen te ver-

zekeren. De wijzigingen worden bekend gemaakt in het officiële publicatieblad van ieder der Hoge Verdragsluitende Partijen.
– 2. Het Comité van Ministers is bevoegd andere wijzigingen van dit verdrag, dan die bedoeld in het eerste lid, vast te stellen. Deze zullen aan de Hoge Verdragsluitende Partijen ter instemming of goedkeuring worden aangeboden.
– 3. Het Comité van Ministers is bevoegd, de Raad van Bestuur gehoord hebbende, de Directeur-Generaal te machtigen om namens de Organisatie te onderhandelen en, met zijn toestemming, overeenkomsten te sluiten met staten en met intergouvernementele organisaties.

Samenstelling en werkwijze Raad van Bestuur

Art. 1.8

Samenstelling en werkwijze Raad van Bestuur

– 1. De Raad van Bestuur is samengesteld uit door de Hoge Verdragsluitende Partijen aangewezen leden en wel één bestuurder en twee plaatsvervangende bestuurders per land.
– 2. Hij besluit met algemene stemmen.
– 3. Hij stelt zijn intern reglement vast.

Bevoegdheden Raad van Bestuur

Art. 1.9

Bevoegdheden Raad van Bestuur

– 1. De Raad van Bestuur is bevoegd voorstellen te doen aan het Comité van Ministers inzake wijzigingen van dit verdrag die noodzakelijk zijn om de conformiteit van dit verdrag met een internationaal verdrag of met regelgeving van de Europese Gemeenschap te verzekeren en inzake andere wijzigingen van dit verdrag die hij wenselijk acht.
– 2. Hij stelt het uitvoeringsreglement vast.
– 3. Hij stelt het huishoudelijke en het financiële reglement van het Bureau vast.
– 4. Hij wijst aanvullende taken, als bedoeld in artikel 1.3 onder *c*, op andere gebieden van het recht inzake de intellectuele eigendom aan.
– 5. Hij besluit over het vestigen van bijkantoren van het Bureau.
– 6. Hij benoemt de Directeur-Generaal en, de Directeur-Generaal gehoord, de Adjunct-Directeuren-Generaal en oefent te hunnen aanzien de disciplinaire bevoegdheden uit.
– 7. Hij stelt jaarlijks de begroting van inkomsten en van uitgaven vast, alsmede zonodig de wijzigingen of aanvullingen daarvan, en regelt in het financiële reglement de wijze waarop het toezicht op de begrotingen en op de uitvoering daarvan zal worden uitgeoefend. Hij stelt de door de Directeur-Generaal opgestelde jaarrekening vast.

Directeur-Generaal

Art. 1.10

Directeur-Generaal

– 1. De leiding van het Bureau berust bij de Directeur-Generaal die aan de Raad van Bestuur verantwoording is verschuldigd voor de werkzaamheden van het Bureau.
– 2. De Directeur-Generaal is bevoegd, de Raad van Bestuur gehoord hebbende, de uitoefening van bepaalde hem toekomende bevoegdheden te delegeren aan de Adjunct-Directeuren-Generaal.
– 3. De Directeur-Generaal en de Adjunct-Directeuren-Generaal zijn onderdaan van de lidstaten. De drie nationaliteiten zijn binnen de directie vertegenwoordigd.

Bevoegdheden Directeur-Generaal

Art. 1.11

Bevoegdheden Directeur-Generaal

– 1. De Directeur-Generaal doet voorstellen aan de Raad van Bestuur tot wijziging van het uitvoeringsreglement.
– 2. Hij neemt alle maatregelen, administratieve daaronder begrepen, om te zorgen voor een juiste uitvoering van de taken van het Bureau.
– 3. Hij voert het huishoudelijk en het financieel reglement van het Bureau uit en doet voorstellen aan de Raad van Bestuur tot wijziging hiervan.
– 4. Hij benoemt de personeelsleden en oefent de hiërarchische en disciplinaire bevoegdheden over hen uit.
– 5. Hij bereidt de begroting voor, voert deze uit en stelt de jaarrekeningen op.
– 6. Hij neemt alle andere maatregelen die hij wenselijk acht in het belang van het functioneren van het Bureau.

Financiën Organisatie

Art. 1.12

Financiën Organisatie

– 1. De lopende uitgaven van de Organisatie worden gedekt door haar ontvangsten.
– 2. De Raad van Bestuur kan bij de Hoge Verdragsluitende Partijen een bijdrage aanvragen, bestemd tot dekking van buitengewone uitgaven. Deze bijdrage wordt voor de helft door het

Koninkrijk der Nederlanden en voor de helft door de Belgisch-Luxemburgse Economische Unie gedragen.

Bemiddeling nationale diensten

Art. 1.13

Bemiddeling nationale diensten

– 1. Over het bedrag van de rechten, geïnd terzake van door bemiddeling van de nationale diensten verrichte handelingen, wordt aan deze diensten een percentage uitgekeerd, bestemd tot dekking van de kosten welke deze handelingen meebrengen; dit percentage wordt vastgesteld bij uitvoeringsreglement.

– 2. Terzake van deze handelingen kunnen door de nationale regelgevingen geen nationale rechten worden vastgesteld.

Erkenning rechterlijke beslissingen

Art. 1.14

Erkenning rechterlijke beslissingen

Het gezag van rechterlijke beslissingen die in een van de drie staten met toepassing van dit verdrag worden gegeven, wordt in de beide andere staten erkend, en de door de rechter uitgesproken doorhaling wordt door het Bureau op verzoek van de meest gerede partij verricht, indien:

a. het van de beslissing overgelegd afschrift, naar de wetgeving van het land waar deze beslissing is gegeven, aan de voor de echtheid van het afschrift nodige voorwaarden voldoet;

b. de beslissing niet meer vatbaar is voor verzet, noch hoger beroep, noch voor voorziening in cassatie.

Benelux-gerechtshof

Art. 1.15

Benelux-Gerechtshof

Het Benelux-Gerechtshof als bedoeld in artikel 1 van het Verdrag betreffende de instelling en het statuut van een Benelux-Gerechtshof, neemt kennis van de vragen van uitlegging van dit verdrag en het uitvoeringsreglement, met uitzondering van vragen van uitlegging betreffende het in artikel 1.6, eerste lid, bedoelde protocol inzake voorrechten en immuniteiten.

Toepassing

Art. 1.16

Reikwijdte

De toepassing van dit verdrag is beperkt tot het grondgebied van het Koninkrijk België, het Groothertogdom Luxemburg en het Koninkrijk der Nederlanden in Europa, hierna te noemen 'het Benelux-gebied'.

TITEL II
Merken

HOOFDSTUK 1
Individuele merken

Tekens die een Beneluxmerk kunnen vormen

Art. 2.1

Begripsbepaling

– 1. Als individuele merken worden beschouwd de benamingen, tekeningen, afdrukken, stempels, letters, cijfers, vormen van waren of van verpakking en alle andere voor grafische voorstelling vatbare tekens, die dienen om de waren of diensten van een onderneming te onderscheiden.

– 2. Evenwel kunnen niet als merken worden beschouwd tekens die uitsluitend bestaan uit een vorm die door de aard van de waar wordt bepaald, die een wezenlijke waarde aan de waar geeft of die noodzakelijk is om een technische uitkomst te verkrijgen.

– 3. Onverminderd de bepalingen van het gemene recht, kan een geslachtsnaam als merk dienen.

Verkrijging van het recht

Art. 2.2

Verkrijging van het recht

Onverminderd het uit het Verdrag van Parijs of het TRIPS verdrag voortvloeiende recht van voorrang, wordt het uitsluitend recht op een merk verkregen door de inschrijving van het merk, waarvan het depot is verricht binnen het Benelux-gebied (Benelux-depot) of voortvloeiend uit een inschrijving bij het Internationaal Bureau (internationaal depot).

Rangorde van het depot

Art. 2.3

Rangorde van het depot

Bij de beoordeling van de rangorde van het depot wordt rekening gehouden met de op het tijdstip van het depot bestaande en ten tijde van het geding gehandhaafde rechten op:
a. gelijke, voor dezelfde waren of diensten gedeponeerde merken;
b. gelijke of overeenstemmende, voor dezelfde of soortgelijke waren of diensten gedeponeerde merken, indien bij het publiek verwarring, inhoudende de mogelijkheid van associatie met het oudere merk, kan ontstaan;
c. overeenstemmende, voor niet-soortgelijke waren of diensten gedeponeerde merken, die bekendheid in het Benelux-gebied genieten, indien door het gebruik, zonder geldige reden, van het jongere merk ongerechtvaardigd voordeel wordt getrokken uit of afbreuk wordt gedaan aan het onderscheidend vermogen of de reputatie van het oudere merk.

Restricties

Art. 2.4

Restricties

Er wordt geen recht op een merk verkregen door:
a. de inschrijving van een merk dat, ongeacht het gebruik dat er van wordt gemaakt, in strijd is met de goede zeden of de openbare orde van één van de Benelux-landen, of ten aanzien waarvan artikel 6*ter* van het Verdrag van Parijs in weigering of nietigverklaring voorziet;
b. de inschrijving van een merk dat tot misleiding van het publiek kan leiden, bijvoorbeeld ten aanzien van aard, hoedanigheid of plaats van herkomst van de waren of diensten;
c. de inschrijving van een merk dat overeenstemt met een voor soortgelijke waren of diensten ingeschreven collectief merk waaraan een recht was verbonden dat is vervallen in de loop van de drie jaren voorafgaande aan het depot;
d. de inschrijving van een merk dat overeenstemt met een door een derde voor soortgelijke waren of diensten ingeschreven individueel merk, waaraan een recht was verbonden, dat in de loop van de twee jaren voorafgaande aan het depot vervallen is door het verstrijken van de geldigheidsduur van de inschrijving, tenzij die derde heeft toegestemd of overeenkomstig artikel 2.26, lid 2, sub *a*, geen gebruik van dit merk is gemaakt;
e. de inschrijving van een merk dat verwarring kan stichten met een algemeen bekend merk in de zin van artikel 6*bis* van het Verdrag van Parijs dat toebehoort aan een derde die zijn toestemming niet heeft verleend;
f. de inschrijving van een merk, waarvan het depot te kwader trouw is verricht, met name:
1° het depot dat wordt verricht terwijl de deposant weet of behoort te weten, dat een derde binnen de laatste drie jaren in het Benelux-gebied een overeenstemmend merk voor soortgelijke waren of diensten te goeder trouw en op normale wijze heeft gebruikt, en die derde zijn toestemming niet heeft verleend;
2° het depot dat wordt verricht terwijl de deposant op grond van zijn rechtstreekse betrekking tot een derde weet, dat die derde binnen de laatste drie jaren buiten het Benelux-gebied een overeenstemmend merk voor soortgelijke waren of diensten te goeder trouw en op normale wijze heeft gebruikt, tenzij die derde zijn toestemming heeft verleend, of bedoelde wetenschap eerst is verkregen nadat de deposant een begin had gemaakt met het gebruik van het merk binnen het Beneluxgebied;
g. de inschrijving van merken voor wijnen die geografische aanduidingen ter benoeming van wijnen bevatten dan wel uit zulke aanduidingen bestaan, of de inschrijving van merken voor spiritualiën die geografische aanduidingen ter benoeming van spiritualiën bevatten dan wel uit zulke aanduidingen bestaan, met betrekking tot wijnen of spiritualiën die niet deze oorsprong hebben, tenzij het depot dat heeft geleid tot deze inschrijving te goeder trouw is verricht voor 1 januari 2000 of voordat de desbetreffende geografische aanduiding in het land van oorsprong of de Gemeenschap is beschermd.

HOOFDSTUK 2
Depot, inschrijving en vernieuwing

Depot

Art. 2.5

Depot

– 1. Het Benelux-depot van merken geschiedt, hetzij bij de nationale diensten, hetzij bij het Bureau, met inachtneming van de in het uitvoeringsreglement gestelde vereisten en tegen betaling van de verschuldigde rechten. Er wordt onderzocht of de overgelegde stukken aan de voor het vaststellen van een datum van depot gestelde vereisten voldoen en de datum van depot wordt vastgesteld. Aan de deposant wordt onverwijld schriftelijk mededeling gedaan van de vastgestelde datum van depot dan wel van de gronden voor het niet toekennen van een depotdatum.

– 2. Indien bij het depot niet is voldaan aan de overige in het uitvoeringsreglement gestelde vereisten, wordt de deposant hiervan onverwijld schriftelijk in kennis gesteld onder opgave van de voorschriften waaraan niet is voldaan en wordt hij in de gelegenheid gesteld daaraan alsnog te voldoen.
– 3. Het depot vervalt, indien niet binnen de gestelde termijn voldaan is aan de bepalingen van het uitvoeringsreglement.
– 4. Wanneer het depot geschiedt bij een nationale dienst zendt deze het Benelux-depot door aan het Bureau, hetzij onverwijld na ontvangst van het depot, hetzij nadat is vastgesteld dat het depot voldoet aan de gestelde eisen.
– 5. Het Bureau publiceert, overeenkomstig de bepalingen van het uitvoeringsreglement, het depot nadat aan de vereisten voor het vaststellen van een depotdatum is voldaan en de opgegeven waren of diensten conform de Overeenkomst van Nice zijn gerangschikt.

Beroep op voorrang

Art. 2.6

Beroep op voorrang

– 1. Het beroep op een recht van voorrang voortvloeiend uit het Verdrag van Parijs of het TRIPS verdrag wordt gedaan bij het depot.
– 2. Het recht van voorrang als bedoeld in artikel 4 van het Verdrag van Parijs is eveneens van toepassing op dienstmerken.
– 3. Het beroep op een recht van voorrang kan tevens worden gedaan bij een bijzondere verklaring af te leggen bij het Bureau, in de maand volgende op het depot, met inachtneming van de bij uitvoeringsreglement gestelde vormvereisten en tegen betaling van de verschuldigde rechten.
– 4. Het ontbreken van een dergelijk beroep doet het recht op voorrang vervallen.

Onderzoek

Art. 2.7

Onderzoek

Het Bureau verricht op verzoek een onderzoek naar eerdere inschrijvingen.

Inschrijving

Art. 2.8

Inschrijving

– 1. Onverminderd de toepassing van de artikelen 2.11, 2.14 en 2.16 wordt het gedeponeerde merk, indien aan de in het uitvoeringsreglement gestelde vereisten is voldaan, voor de door de deposant vermelde waren of diensten ingeschreven. Aan de merkhouder wordt een bewijs van inschrijving verstrekt.
– 2. De deposant kan, indien aan alle in artikel 2.5 bedoelde vereisten is voldaan, het Bureau verzoeken, overeenkomstig de bepalingen van het uitvoeringsreglement, om onverwijld tot inschrijving van het depot over te gaan. Op de aldus ingeschreven merken zijn de artikelen 2.11, 2.12, 2.14, 2.16 en 2.17 van toepassing, met dien verstande dat het Bureau bevoegd is tot de doorhaling van de inschrijving te besluiten en de merkhouder in beroep kan verzoeken om handhaving van de inschrijving.

Geldigheidsduur en vernieuwing

Art. 2.9

Geldigheidsduur en vernieuwing

– 1. De inschrijving van een merk, waarvan het depot is verricht binnen het Benelux-gebied (Benelux-depot), heeft een geldigheidsduur van 10 jaren, te rekenen vanaf de datum van depot.
– 2. Het teken waaruit het merk bestaat mag niet worden gewijzigd, noch gedurende de inschrijving noch ter gelegenheid van de vernieuwing daarvan.
– 3. De inschrijving wordt op verzoek vernieuwd, voor verdere termijnen van 10 jaren, met inachtneming van de bij uitvoeringsreglement gestelde vormvereisten en tegen betaling van de verschuldigde rechten.
– 4. De vernieuwing moet worden verzocht en de rechten moeten worden betaald binnen zes maanden voorafgaand aan het verstrijken van de geldigheidsduur van de inschrijving. Binnen zes maanden na verstrijken van de geldigheidsduur van de inschrijving kan de vernieuwing alsnog worden verzocht, indien gelijktijdig een extra recht wordt betaald. De vernieuwing gaat in op de datum van het verstrijken van de geldigheidsduur van de inschrijving.
– 5. Zes maanden voor het verstrijken van de geldigheidsduur van de inschrijving herinnert het Bureau de merkhouder schriftelijk aan de datum van dat verstrijken.
– 6. Het Bureau zendt deze herinneringsbrieven aan het laatste aan het Bureau bekende adres van de merkhouder. Het niet-verzenden of niet-ontvangen van deze brieven ontslaat de houder niet van de verplichtingen voortvloeiend uit lid 3 en 4. Daarop kan noch in rechte, noch ten opzichte van het Bureau beroep worden gedaan.
– 7. Het Bureau schrijft de vernieuwingen in.

Internationaal depot

Art. 2.10

Internationaal depot

– 1. De internationale depots van merken geschieden volgens de bepalingen van de Overeenkomst van Madrid en het Protocol van Madrid. De nationale rechten, bedoeld in artikel 8, onder (1), van de Overeenkomst van Madrid en het Protocol van Madrid, alsmede de rechten bedoeld in artikel 8, onder 7 *(a)*, van het Protocol van Madrid, worden bij uitvoeringsreglement bepaald.
– 2. Onverminderd de toepassing van de artikelen 2.13 en 2.18 schrijft het Bureau de internationale depots in ten aanzien waarvan is verzocht de bescherming uit te strekken tot het Benelux-gebied.
– 3. De deposant kan het Bureau verzoeken, overeenkomstig de bepalingen van het uitvoeringsreglement, om onverwijld tot inschrijving over te gaan. Op de aldus ingeschreven merken zijn de artikelen 2.11, 2.12, 2.14, 2.16 en 2.17 van toepassing, met dien verstande dat het Bureau bevoegd is tot de doorhaling van de inschrijving te besluiten, en de merkhouder in beroep kan verzoeken om handhaving van de inschrijving.

HOOFDSTUK 3
Toetsing op absolute gronden

Weigering op absolute gronden

Art. 2.11

Weigering op absolute gronden

– 1. Het Bureau weigert een merk in te schrijven indien naar zijn oordeel:
a. het teken geen merk kan vormen in de zin van artikel 2.1, lid 1 en 2;
b. het merk elk onderscheidend vermogen mist;
c. het merk uitsluitend bestaat uit tekens of benamingen die in de handel kunnen dienen tot aanduiding van soort, hoedanigheid, hoeveelheid, bestemming, waarde, plaats van herkomst of het tijdstip van vervaardiging van de waren of verrichting van de dienst of andere kenmerken van de waren of diensten;
d. het merk uitsluitend bestaat uit tekens of benamingen die in het normale taalgebruik of in het bonafide handelsverkeer gebruikelijk zijn geworden;
e. het een merk betreft als bedoeld in artikel 2.4, sub *a*, *b* of *g*.
– 2. De weigering om tot inschrijving over te gaan moet het teken dat een merk vormt in zijn geheel betreffen. Zij kan tot een of meer van de waren of diensten waarvoor het merk bestemd is worden beperkt.
– 3. Het Bureau geeft van zijn voornemen de inschrijving geheel of gedeeltelijk te weigeren, onder opgave van redenen, onverwijld schriftelijk kennis aan de deposant en stelt hem in de gelegenheid hierop binnen een bij uitvoeringsreglement gestelde termijn te antwoorden.
– 4. Indien de bezwaren van het Bureau tegen de inschrijving niet binnen de gestelde termijn zijn opgeheven, wordt de inschrijving van het merk geheel of gedeeltelijk geweigerd. Van de weigering geeft het Bureau onder opgave van redenen onverwijld schriftelijk kennis aan de deposant, onder vermelding van het in artikel 2.12 genoemde rechtsmiddel tegen die beslissing.
– 5. De weigering wordt eerst definitief nadat de beslissing niet meer vatbaar is voor beroep, dan wel in voorkomend geval nadat de beslissing van de appèlrechter niet langer vatbaar is voor voorziening in cassatie.

Beroep tegen de weigering

Art. 2.12

Beroep tegen de weigering

– 1. De deposant kan zich binnen twee maanden na de kennisgeving bedoeld in artikel 2.11, lid 4, bij verzoekschrift wenden tot het Hof van Beroep te Brussel, het Gerechtshof te 's-Gravenhage of het Cour d'appel te Luxemburg teneinde een bevel tot inschrijving van het merk te verkrijgen.
– 2. In het kader van deze procedure kan het Bureau vertegenwoordigd worden door een daartoe aangewezen personeelslid.
– 3. Het territoriaal bevoegde hof wordt bepaald door het bij het depot vermelde adres van de deposant of zijn gemachtigde dan wel het bij het depot opgegeven correspondentieadres. Indien noch de deposant, noch diens gemachtigde een adres of een correspondentieadres binnen het Benelux-gebied heeft, dan is het bevoegde hof het hof dat gekozen wordt door de deposant.
– 4. Tegen de beslissing van de appèlrechter staat voorziening in cassatie open, deze heeft opschortende werking.

Weigering op absolute gronden van internationale depots

Art. 2.13

Schakelbepaling

– 1. Artikel 2.11, lid 1 en 2, is van overeenkomstige toepassing op internationale depots.

– 2. Het Bureau geeft van zijn voornemen de inschrijving te weigeren, onder opgave van redenen, zo spoedig mogelijk schriftelijk kennis aan het Internationaal Bureau door middel van een voorlopige gehele of gedeeltelijke weigering van bescherming van het merk en stelt de deposant daarbij in de gelegenheid hierop te antwoorden overeenkomstig het bepaalde bij uitvoeringsreglement. Artikel 2.11, lid 4, is van overeenkomstige toepassing.

– 3. Artikel 2.12 is van overeenkomstige toepassing, met dien verstande dat het territoriaal bevoegde hof wordt bepaald door het adres van de gemachtigde of door het correspondentieadres. Indien geen van beide adressen zich binnen het Benelux-gebied bevindt dan is het bevoegde hof het hof dat gekozen wordt door de deposant.

– 4. Van de beslissing waartegen geen beroep meer openstaat geeft het Bureau schriftelijk, onder opgave van redenen, onverwijld kennis aan het Internationaal Bureau.

HOOFDSTUK 4

Oppositie

Instellen van de procedure

Art. 2.14

Instellen procedure

– 1. De deposant of houder van een ouder merk kan, binnen een termijn van twee maanden, te rekenen vanaf de eerste dag van de maand volgende op de publicatie van het depot, schriftelijk oppositie instellen bij het Bureau tegen een merk dat:

a. in rangorde na het zijne komt, overeenkomstig de bepalingen in artikel 2.3, sub *a* en *b*, of

b. verwarring kan stichten met zijn algemeen bekend merk in de zin van artikel 6*bis* van het Verdrag van Parijs.

– 2. De licentiehouder beschikt over hetzelfde recht indien hij daartoe van de merkhouder toestemming heeft verkregen.

– 3. Oppositie kan op een of meer oudere merken berusten.

– 4. De oppositie wordt pas geacht te zijn ingesteld, nadat de verschuldigde rechten zijn betaald.

Vertegenwoordiging bij oppositie

Art. 2.15

Vertegenwoordiging bij oppositie

– 1. Behoudens lid 2, is niemand verplicht zich voor het Bureau te doen vertegenwoordigen.

– 2. Onverminderd de tweede zin van lid 3, moeten natuurlijke personen en rechtspersonen die op het grondgebied van de Europese Gemeenschap of Europese Economische Ruimte geen woonplaats, zetel of werkelijke en feitelijke vestiging voor bedrijf of handel hebben, zich doen vertegenwoordigen door een gemachtigde bij een overeenkomstig artikel 2.14 en 2.16 gevoerde oppositieprocedure.

– 3. Natuurlijke personen en rechtspersonen die op het grondgebied van de Europese Gemeenschap of Europese Economische Ruimte een woonplaats, zetel of werkelijke en feitelijke vestiging voor bedrijf of handel hebben, kunnen in een oppositieprocedure optreden door tussenkomst van een werknemer die overeenkomstig de bepalingen van het uitvoeringsreglement een ondertekende volmacht bij het Bureau dient over te leggen. De werknemer van een rechtspersoon als bedoeld in dit lid kan ook handelen voor andere rechtspersonen die met deze rechtspersoon economisch verbonden zijn, ook indien die andere rechtspersonen op het grondgebied van de Europese Gemeenschap of Europese Economische Ruimte geen woonplaats, zetel of werkelijke en feitelijke vestiging voor bedrijf of handel hebben.

– 4. In geval van vertegenwoordiging kunnen optreden als gemachtigde:

a. een in het register bij het Bureau ingeschreven gemachtigde;

b. een advocaat die is ingeschreven op het tableau van de rechtbank of van de orde of op de lijst van stagiaires van een binnen het Beneluxgebied gelegen balie;

c. een advocaat die de nationaliteit heeft van een lidstaat van de Europese Gemeenschap of van de Europese Economische Ruimte, die gerechtigd is zijn beroep uit te oefenen op het grondgebied van een der lidstaten en kantoor houdt in de Europese Gemeenschap of Europese Economische Ruimte;

d. een persoon die de nationaliteit heeft van een lidstaat van de Europese Gemeenschap of van de Europese Economische Ruimte en die gerechtigd is tot optreden als vertegenwoordiger in het kader van oppositieprocedures voor het Bureau voor de harmonisatie binnen de interne markt (merken, tekeningen en modellen);

e. een persoon die de nationaliteit heeft van en kantoor houdt in een lidstaat van de Europese Gemeenschap of van de Europese Economische Ruimte en die voldoet aan de voorwaarde van

een bijzondere beroepskwalificatie om te kunnen optreden als vertegenwoordiger in oppositieprocedures voor de centrale dienst voor de industriële eigendom van een lidstaat van de Europese Gemeenschap of van de Europese Economische Ruimte;
f. een persoon die de nationaliteit heeft van en kantoor houdt in een lidstaat van de Europese Gemeenschap of van de Europese Economische Ruimte en die sinds tenminste vijf jaar regelmatig optreedt als vertegenwoordiger in oppositieprocedures voor de centrale dienst voor de industriële eigendom van een lidstaat van de Europese Gemeenschap of van de Europese Economische Ruimte waar deze bevoegdheid niet afhankelijk is gesteld van een bijzondere beroepskwalificatie.

Verloop van de procedure

Art. 2.16

Verloop van procedure

– 1. Het Bureau behandelt de oppositie binnen een redelijke termijn overeenkomstig de bepalingen vastgelegd in het uitvoeringsreglement en met inachtneming van het beginsel van hoor en wederhoor.
– 2. De oppositieprocedure wordt opgeschort:
a. wanneer de oppositie op een merkdepot berust;
b. wanneer een vordering tot nietigverklaring of vervallenverklaring is ingesteld;
c. tijdens de duur van de weigeringsprocedure op absolute gronden;
d. op gezamenlijk verzoek van partijen.
– 3. De oppositieprocedure wordt afgesloten:
a. wanneer de opposant niet langer de hoedanigheid heeft om op te kunnen treden of binnen de gestelde termijn geen stukken heeft overgelegd waaruit blijkt dat het recht op zijn merk niet ingevolge artikel 2.26, lid 2, sub *a*, vervallen kan worden verklaard;
b. wanneer verweerder niet reageert op de ingestelde oppositie. In dit geval wordt hij geacht afstand te hebben gedaan van zijn rechten op het depot;
c. wanneer aan de oppositie de grondslag is ontvallen hetzij omdat zij is ingetrokken, hetzij omdat het depot waartegen oppositie is ingesteld is vervallen;
d. wanneer het oudere merk niet meer geldig is.
In deze gevallen wordt een deel van de betaalde rechten gerestitueerd.
– 4. Nadat het onderzoek van de oppositie is beëindigd, neemt het Bureau zo spoedig mogelijk een beslissing. Indien de oppositie gegrond bevonden wordt, weigert het Bureau het merk geheel of gedeeltelijk in te schrijven. In het tegengestelde geval wordt de oppositie afgewezen. De beslissing van het Bureau wordt eerst definitief nadat deze niet meer vatbaar is voor beroep, dan wel in voorkomend geval nadat de beslissing van de appèlrechter niet meer vatbaar is voor voorziening in cassatie.
– 5. De in het ongelijk gestelde partij wordt in de kosten verwezen. Deze worden vastgesteld conform het bepaalde in het uitvoeringsreglement. De kosten zijn niet verschuldigd indien de oppositie gedeeltelijk toegewezen wordt. De beslissing van het Bureau tot vaststelling van de kosten vormt executoriale titel; de gedwongen tenuitvoerlegging geschiedt volgens de bepalingen die van kracht zijn in de staat van executie.

Beroep

Art. 2.17

Beroep

– 1. Binnen twee maanden nadat over de oppositie uitspraak is gedaan overeenkomstig artikel 2.16, lid 4, kunnen partijen zich bij verzoekschrift wenden tot het Hof van Beroep te Brussel, het Gerechtshof te 's-Gravenhage of het Cour d'appel te Luxemburg teneinde een bevel tot vernietiging van de beslissing van het Bureau te verkrijgen.
– 2. Het territoriaal bevoegde hof wordt bepaald door het adres van de oorspronkelijke verweerder, het adres van zijn gemachtigde dan wel het bij het depot opgegeven correspondentieadres. Indien geen van die adressen in het Benelux-gebied gelegen is, wordt het territoriaal bevoegde hof bepaald door het adres van de opposant of zijn gemachtigde. Indien noch de opposant noch diens gemachtigde een adres of correspondentieadres binnen het Benelux-gebied hebben, dan is het bevoegde hof het hof dat gekozen is door de partij die het beroep instelt.
– 3. Tegen de beslissing van de appèlrechter staat voorziening in cassatie open, deze heeft opschortende werking.

Oppositie tegen internationale depots

Art. 2.18

Oppositie tegen internationale depots

– 1. Tegen een internationaal depot waarvan is verzocht de bescherming uit te strekken tot het Benelux-gebied kan binnen een termijn van twee maanden, te rekenen vanaf de eerste dag van de maand volgende op de publicatie door het Internationaal Bureau, oppositie worden ingesteld bij het Bureau. De artikelen 2.14 en 2.16 zijn van overeenkomstige toepassing.

– 2. Het Bureau geeft onverwijld schriftelijk kennis aan het Internationaal Bureau van de ingediende oppositie onder vermelding van het bepaalde in de artikelen 2.14 tot en met 2.17 evenals de daarop betrekking hebbende bepalingen uit het uitvoeringsreglement.
– 3. Van de beslissing waartegen geen beroep meer openstaat geeft het Bureau schriftelijk, onder opgave van redenen, onverwijld kennis aan het Internationaal Bureau.

HOOFDSTUK 5
Rechten van de houder

Registratieplicht

Art. 2.19

Registratieplicht

– 1. Behoudens de houder van een algemeen bekend merk in de zin van artikel 6*bis* van het Verdrag van Parijs kan niemand, welke vordering hij ook instelt, in rechte bescherming inroepen voor een teken, dat als merk wordt beschouwd in de zin van artikel 2.1, lid 1 en 2, tenzij hij zich kan beroepen op een inschrijving van het door hem gedeponeerde merk.
– 2. In voorkomend geval wordt de niet-ontvankelijkheid ambtshalve door de rechter uitgesproken.
– 3. De bepalingen van deze titel laten onverlet het recht van gebruikers van een teken, dat niet als merk wordt beschouwd in de zin van artikel 2.1, lid 1 en 2, om de bepalingen van het gemene recht in te roepen voor zover dit toestaat zich te verzetten tegen onrechtmatig gebruik van dit teken.

Beschermingsomvang

Art. 2.20

Beschermingsomvang

– 1. Het ingeschreven merk geeft de houder een uitsluitend recht. Onverminderd de eventuele toepassing van het gemene recht betreffende de aansprakelijkheid uit onrechtmatige daad kan de merkhouder op grond van zijn uitsluitend recht iedere derde die niet zijn toestemming hiertoe heeft verkregen, het gebruik van een teken verbieden:
a. wanneer dat teken gelijk is aan het merk en in het economisch verkeer gebruikt wordt voor dezelfde waren of diensten als die waarvoor het merk is ingeschreven;
b. wanneer dat teken gelijk is aan of overeenstemt met het merk en in het economisch verkeer gebruikt wordt voor dezelfde of soortgelijke waren of diensten, indien daardoor bij het publiek verwarring kan ontstaan, inhoudende het gevaar van associatie met het merk;
c. wanneer dat teken gelijk is aan of overeenstemt met het merk en in het economisch verkeer gebruikt wordt voor waren of diensten, die niet soortgelijk zijn aan die waarvoor het merk is ingeschreven, indien dit merk bekend is binnen het Benelux-gebied en door het gebruik, zonder geldige reden, van het teken ongerechtvaardigd voordeel wordt getrokken uit of afbreuk wordt gedaan aan het onderscheidend vermogen of de reputatie van het merk;
d. wanneer dat teken gebruikt wordt anders dan ter onderscheiding van waren of diensten, indien door gebruik, zonder geldige reden, van dat teken ongerechtvaardigd voordeel wordt getrokken uit of afbreuk wordt gedaan aan het onderscheidend vermogen of de reputatie van het merk.
– 2. Voor de toepassing van lid 1 wordt onder gebruik van een merk of een overeenstemmend teken met name verstaan:
a. het aanbrengen van het teken op de waren of op hun verpakking;
b. het aanbieden, in de handel brengen of daartoe in voorraad hebben van waren of het aanbieden of verrichten van diensten onder het teken;
c. het invoeren of uitvoeren van waren onder het teken;
d. het gebruik van het teken in stukken voor zakelijk gebruik en in de reclame.
– 3. Met de voor de inschrijving der merken toegepaste rangschikking in klassen conform de Overeenkomst van Nice wordt geen rekening gehouden bij de beoordeling van de soortgelijkheid der waren of diensten.
– 4. Het uitsluitend recht op een merk luidende in één der nationale of streektalen van het Benelux-gebied, strekt zich van rechtswege uit over zijn vertaling in een andere dezer talen. De beoordeling van de overeenstemming voortvloeiende uit vertalingen in een of meer aan het genoemde gebied vreemde talen geschiedt door de rechter.

Schadevergoeding en andere vorderingen

Art. 2.21

Schadevergoeding

– 1. Onder dezelfde voorwaarden als in artikel 2.20, lid 1, kan de merkhouder op grond van zijn uitsluitend recht schadevergoeding eisen voor elke schade, die hij door het in die bepaling bedoelde gebruik lijdt.
– 2. De rechter die de schadevergoeding vaststelt:

a. houdt rekening met alle passende aspecten, zoals de negatieve economische gevolgen, waaronder winstderving, die de benadeelde partij heeft ondervonden, de onrechtmatige winst die de inbreukmaker heeft genoten en, in passende gevallen, andere elementen dan economische factoren, onder meer de morele schade die de merkhouder door de inbreuk heeft geleden; of

b. kan, als alternatief voor het bepaalde onder *a*, in passende gevallen de schadevergoeding vaststellen als een forfaitair bedrag, op basis van elementen als ten minste het bedrag aan royalty's of vergoedingen dat verschuldigd was geweest indien de inbreukmaker toestemming had gevraagd om het merk te gebruiken.

– 3. De rechter kan bij wijze van schadevergoeding op vordering van de merkhouder bevelen tot de afgifte aan de merkhouder, van de goederen die een inbreuk maken op een merkrecht, alsmede, in passende gevallen, van de materialen en werktuigen die voornamelijk bij de productie van die goederen zijn gebruikt. De rechter kan gelasten dat de afgifte niet plaatsvindt dan tegen een door hem vast te stellen, door de eiser te betalen vergoeding.

– 4. Naast of in plaats van een vordering tot schadevergoeding, kan de merkhouder een vordering instellen tot het afdragen van ten gevolge van het in artikel 2.20, lid 1, bedoelde gebruik genoten winst alsmede tot het afleggen van rekening en verantwoording dienaangaande. Indien de rechter van oordeel is dat dit gebruik niet te kwader trouw is of dat de omstandigheden van het geval tot zulk een veroordeling geen aanleiding geven, wijst hij de vordering af.

– 5. De merkhouder kan de vordering tot schadevergoeding of het afdragen van winst namens de licentiehouder instellen, onverminderd de aan deze laatste in artikel 2.32, lid 4 en 5, toegekende bevoegdheid.

– 6. De merkhouder kan een redelijke vergoeding vorderen van hem, die in het tijdvak gelegen tussen de datum van publicatie van het depot en de datum van inschrijving van het merk, handelingen heeft verricht als vermeld in artikel 2.20, voor zover de merkhouder daarvoor uitsluitende rechten heeft verkregen.

Nevenvorderingen

Art. 2.22

Nevenvorderingen

– 1. Onverminderd de aan de merkhouder wegens de inbreuk verschuldigde schadevergoeding en zonder schadeloosstelling van welke aard ook, kan de rechter op vordering van de merkhouder de terugroeping uit het handelsverkeer, de definitieve verwijdering uit het handelsverkeer of de vernietiging gelasten van de goederen die een inbreuk maken op een merkrecht, alsmede, in passende gevallen, van de materialen en werktuigen die voornamelijk bij de productie van die goederen zijn gebruikt. Deze maatregelen worden uitgevoerd op kosten van de inbreukmaker, tenzij bijzondere redenen dit beletten. Bij de beoordeling van een vordering als bedoeld in dit lid, wordt rekening gehouden met de evenredigheid tussen de ernst van de inbreuk en de gelaste maatregelen, alsmede met de belangen van derden.

– 2. De bepalingen van het nationale recht omtrent middelen van bewaring van zijn recht en omtrent rechterlijke tenuitvoerlegging van vonnissen en authentieke akten zijn van toepassing.

– 3. Voor zover het nationale recht hier niet in voorziet, kan de rechter op grond van deze bepaling tegen de vermeende inbreukmaker of tegen een tussenpersoon wiens diensten door een derde worden gebruikt om op een merkrecht inbreuk te maken, op vordering van de merkhouder een voorlopig bevel uitvaardigen:

a. strekkende tot het voorkomen van een dreigende inbreuk op een merkrecht, of

b. waardoor tijdelijk de voortzetting van de vermeende inbreuk op een merkrecht wordt verboden, indien wenselijk op straffe van een dwangsom, of

c. waarbij aan de voortzetting van de vermeende inbreuk op een merkrecht de voorwaarde wordt verbonden dat zekerheid wordt gesteld voor schadeloosstelling van de merkhouder.

– 4. De rechter kan op vordering van de merkhouder in een gerechtelijke procedure wegens inbreuk degene die inbreuk op diens recht heeft gemaakt, bevelen al hetgeen hem bekend is omtrent de herkomst en de distributiekanalen van de goederen en diensten, waarmee die inbreuk is gepleegd, aan de merkhouder mee te delen en alle daarop betrekking hebbende gegevens aan deze te verstrekken, voor zover die maatregel gerechtvaardigd en redelijk voorkomt.

– 5. Het in lid 4 bedoelde bevel kan eveneens worden opgelegd aan de persoon die de inbreukmakende goederen op commerciële schaal in zijn bezit heeft, de inbreukmakende diensten op commerciële schaal heeft gebruikt, of op commerciële schaal diensten die bij inbreukmakende handelingen worden gebruikt, heeft verleend.

– 6. De rechter kan op vordering van de merkhouder een bevel uitvaardigen tot staking van diensten van tussenpersonen wier diensten door derden worden gebruikt om inbreuk op zijn merkrecht te maken.

– 7. De rechter kan, op vordering van de eiser, gelasten dat op kosten van de inbreukmaker, passende maatregelen tot verspreiding van informatie over de uitspraak worden getroffen.

Beperking van het uitsluitend recht

Art. 2.23

Beperking van het uitsluitend recht

– 1. Het uitsluitend recht omvat niet het recht zich te verzetten tegen het gebruik in het economisch verkeer door een derde:
a. van diens naam en adres;
b. van aanduidingen inzake soort, kwaliteit, hoeveelheid, bestemming, waarde, plaats van herkomst, tijdstip van vervaardiging van de waren of verrichting van de dienst of andere kenmerken van de waren of diensten;
c. van het merk, wanneer dit nodig is om de bestemming van een waar of dienst, met name als accessoire of onderdeel, aan te geven;
één en ander voor zover er sprake is van een eerlijk gebruik in nijverheid en handel.
– 2. Het uitsluitend recht op een merk omvat niet het recht zich te verzetten tegen het gebruik, in het economisch verkeer, van een overeenstemmend teken, dat zijn bescherming ontleent aan een ouder recht van slechts plaatselijke betekenis, indien en voor zover dat recht erkend is ingevolge de wettelijke bepalingen van één van de Benelux-landen.
– 3. Het uitsluitend recht omvat niet het recht zich te verzetten tegen het gebruik van het merk voor waren, die onder het merk door de houder of met diens toestemming in de Europese Gemeenschap of de Europese Economische Ruimte in het verkeer zijn gebracht, tenzij er voor de houder gegronde redenen zijn zich te verzetten tegen verdere verhandeling van de waren, met name wanneer de toestand van de waren, nadat zij in het verkeer zijn gebracht, gewijzigd of verslechterd is.

Rechtsverwerking wegens gedogen en verzetten tegen gebruik

Art. 2.24

Rechtsverwerking

– 1. De houder van een ouder merk die het gebruik van een ingeschreven jonger merk bewust heeft gedoogd gedurende vijf opeenvolgende jaren, kan zich niet meer verzetten tegen het gebruik van het jongere merk ingevolge artikel 2.20, lid 1, sub *a*, *b* en *c*, met betrekking tot de waren of diensten waarvoor dat merk is gebruikt, tenzij het te kwader trouw gedeponeerd is.
– 2. Het gedogen van het gebruik van een ingeschreven jonger merk als bedoeld in lid 1, geeft de houder van het later ingeschreven merk niet het recht zich te verzetten tegen het gebruik van het oudere merk.

HOOFDSTUK 6
Doorhaling, verval en nietigheid

Doorhaling op verzoek

Art. 2.25

Doorhaling op verzoek

– 1. De houder van een Benelux-merk kan te allen tijde doorhaling van zijn inschrijving verzoeken.
– 2. Indien evenwel een licentie is ingeschreven, kan doorhaling van de inschrijving van het merk alleen worden verricht op gezamenlijk verzoek van de merkhouder en de licentiehouder. Het in de vorige volzin bepaalde is van overeenkomstige toepassing in het geval een pandrecht of beslag is ingeschreven.
– 3. De doorhaling geldt voor het gehele Benelux-gebied.
– 4. Een tot een deel van het Benelux-gebied beperkte afstand van de uit een internationaal depot voortvloeiende bescherming geldt voor het gehele gebied, niettegenstaande enige door de houder afgelegde verklaring van het tegendeel.
– 5. De vrijwillige doorhaling kan tot één of meer van de waren of diensten waarvoor het merk is ingeschreven, worden beperkt.

Verval van het recht

Art. 2.26

Verval van merkrecht

– 1. Het recht op het merk vervalt:
a. door de vrijwillige doorhaling of het verstrijken van de geldigheidsduur van de inschrijving van het merk;
b. door de doorhaling of het verstrijken van de geldigheidsduur van de internationale inschrijving of door afstand van de bescherming in het Benelux-gebied, of overeenkomstig het in artikel 6 van de Overeenkomst en het Protocol van Madrid bepaalde, door het feit dat het merk geen wettelijke bescherming meer geniet in het land van oorsprong.

– 2. Het recht op een merk wordt, binnen de in artikel 2.27 gestelde grenzen, vervallen verklaard voor zover na de datum van inschrijving:
a. gedurende een ononderbroken tijdvak van vijf jaren zonder geldige reden geen normaal gebruik van het merk is gemaakt binnen het Benelux-gebied voor de waren of diensten waarvoor het merk is ingeschreven; in een geding kan de rechter de merkhouder geheel of gedeeltelijk met het bewijs van het gebruik belasten;
b. het merk door toedoen of nalaten van de merkhouder tot de in de handel gebruikelijke benaming is geworden van een waar of dienst waarvoor het is ingeschreven;
c. het merk, als gevolg van het gebruik dat ervan wordt gemaakt door de merkhouder, of met zijn instemming, voor de waren of diensten waarvoor het is ingeschreven, het publiek kan misleiden, met name omtrent de aard, de hoedanigheid of de plaats van herkomst van deze waren of diensten.
– 3. Voor de toepassing van lid 2, sub *a*, wordt onder gebruik van het merk mede verstaan:
a. het gebruik van het merk in een op onderdelen afwijkende vorm, zonder dat het onderscheidend vermogen van het merk in de vorm waarin het is ingeschreven, wordt gewijzigd;
b. het aanbrengen van het merk op waren of de verpakking ervan, uitsluitend met het oog op uitvoer;
c. het gebruik van het merk door een derde met toestemming van de merkhouder.

Inroepen van het verval

Art. 2.27

Inroepen van verval

– 1. Iedere belanghebbende kan het verval van het merkrecht inroepen in de gevallen vermeld in artikel 2.26, lid 2.
– 2. Het verval van een merkrecht op grond van artikel 2.26, lid 2, sub *a*, kan niet meer worden ingeroepen, wanneer het merk in de periode tussen het verstrijken van de periode van vijf jaren en de instelling van de vordering tot vervallenverklaring voor het eerst of opnieuw normaal is gebruikt. Begin van gebruik of hernieuwd gebruik binnen drie maanden voorafgaand aan de instelling van de vordering tot vervallenverklaring wordt echter niet in aanmerking genomen, indien de voorbereiding van het begin van gebruik of van hernieuwd gebruik pas wordt getroffen nadat de merkhouder er kennis van heeft genomen dat een vordering tot vervallenverklaring zou kunnen worden ingesteld.
– 3. De houder van het merkrecht ten aanzien waarvan het verval ingevolge lid 2 niet meer kan worden ingeroepen, kan zich niet ingevolge 2.20, lid 1, sub *a*, *b* en *c*, verzetten tegen gebruik van een merk waarvan het depot is verricht tijdens de periode waarin het oudere merkrecht vervallen kon worden verklaard op grond van artikel 2.26, lid 2, sub *a*.
– 4. De houder van het merkrecht ten aanzien waarvan het verval ingevolge lid 2 niet meer kan worden ingeroepen, kan niet overeenkomstig het in artikel 2.28, lid 3, bepaalde de nietigheid inroepen van de inschrijving van een merk, waarvan het depot is verricht tijdens de periode waarin het oudere merkrecht vervallen kon worden verklaard op grond van artikel 2.26, lid 2, sub *a*.

Inroepen van de nietigheid

Art. 2.28

Inroepen van nietigheid

– 1. Iedere belanghebbende, met inbegrip van het Openbaar Ministerie, kan de nietigheid inroepen:
a. van de inschrijving van het teken dat geen merk kan vormen in de zin van artikel 2.1, lid 1 en 2;
b. van de inschrijving van het merk dat elk onderscheidend vermogen mist;
c. van de inschrijving van het merk dat uitsluitend bestaat uit tekens of benamingen die in de handel kunnen dienen tot aanduiding van soort, hoedanigheid, hoeveelheid, bestemming, waarde, plaats van herkomst of het tijdstip van vervaardiging van de waren of verrichting van de dienst of andere kenmerken van de waren of diensten;
d. van de inschrijving van het merk dat uitsluitend bestaat uit tekens of benamingen die in het normale taalgebruik of in het bonafide handelsverkeer gebruikelijk zijn geworden;
e. van de inschrijving van het merk waarvoor krachtens artikel 2.4, sub *a*, *b* en *g*, geen merkrecht wordt verkregen.
f. van de inschrijving van het merk waarvoor krachtens artikel 2.4, sub *c*, geen merkrecht wordt verkregen op voorwaarde dat de nietigheid wordt ingeroepen binnen een termijn van vijf jaren, te rekenen van de datum van inschrijving.
– 2. De rechter kan oordelen dat de merken zoals bedoeld in lid 1, sub *b*, *c* en *d*, na inschrijving door gebruik onderscheidend vermogen hebben verkregen.
– 3. Wanneer de houder van de eerdere inschrijving of de in artikel 2.4, sub *d*, *e* en *f* bedoelde derde aan het geding deelneemt, kan iedere belanghebbende de nietigheid inroepen:

a. van de inschrijving van het merk waarvan het depot in rangorde na het depot van een overeenstemmend merk komt, overeenkomstig het bepaalde in artikel 2.3;
b. van de inschrijving van het merk waarvoor krachtens artikel 2.4, sub *d*, *e* en *f*, geen merkrecht wordt verkregen; de nietigheid op grond van artikel 2.4, sub *d*, moet worden ingeroepen binnen een termijn van drie jaren, te rekenen van de datum waarop de geldigheidsduur der eerdere inschrijving verstrijkt; de nietigheid op grond van artikel 2.4, sub *e* en *f* moet worden ingeroepen binnen een termijn van vijf jaren, te rekenen van de datum van inschrijving. Deze termijn van vijf jaren is niet van toepassing op inschrijvingen van merken als bedoeld in artikel 2.4, sub *e*, welke te kwader trouw zijn gedeponeerd.
– 4. Wordt het geding tot nietigverklaring door het Openbaar Ministerie aanhangig gemaakt, dan zijn in de in lid 1 vermelde gevallen alleen de rechter te Brussel, 's-Gravenhage en te Luxemburg bevoegd. Het aanhangig maken van het geding door het Openbaar Ministerie schorst ieder ander op dezelfde grondslag ingesteld geding.

Rechtsverwerking wegens gedogen en inroepen van nietigheid

Art. 2.29

Rechtsverwerking

De houder van een ouder merk die het gebruik van een ingeschreven jonger merk bewust heeft gedoogd gedurende vijf opeenvolgende jaren, kan niet meer op grond van zijn oudere recht de nietigheid van het jongere merk inroepen ingevolge artikel 2.28, lid 3, sub *a*, tenzij het te kwader trouw gedeponeerd is.

Reikwijdte van de nietig- en vervallenverklaring en vrijwillige doorhaling

Art. 2.30

Reikwijdte

– 1. De nietigverklaring van een inschrijving, de vervallenverklaring van het recht op een merk of de vrijwillige doorhaling van een inschrijving moet het teken, dat het merk vormt, in zijn geheel betreffen.
– 2. De nietig- of vervallenverklaring moet tot één of meer van de waren of diensten, waarvoor het merk is ingeschreven, worden beperkt, indien de grond voor de nietigheid of het verval slechts een deel van die waren of diensten betreft.

HOOFDSTUK 7
Overgang, licentie en andere rechten

Overgang

Art. 2.31

Overgang

– 1. Het merk kan, onafhankelijk van de overdracht van de onderneming of een deel daarvan, overgaan voor alle of een deel van de waren of diensten waarvoor het is gedeponeerd of ingeschreven.
– 2. Nietig is:
a. de overdracht onder levenden die niet schriftelijk is vastgelegd;
b. de overdracht of andere overgang die niet op het gehele Benelux-gebied betrekking heeft.

Licentie

Art. 2.32

Licentie

– 1. Het merk kan voorwerp van een licentie zijn voor alle of een deel van de waren of diensten waarvoor het is gedeponeerd of ingeschreven.
– 2. Het uitsluitend recht op een merk kan door de merkhouder ingeroepen worden tegen een licentiehouder die handelt in strijd met de bepalingen van de licentieovereenkomst inzake de duur daarvan, de door de inschrijving gedekte vorm waarin het merk mag worden gebruikt, de waren of diensten waarvoor de licentie is verleend, het grondgebied waarbinnen het merk mag worden aangebracht of de kwaliteit van de door de licentiehouder in het verkeer gebrachte waren of diensten.
– 3. De doorhaling van de inschrijving van de licentie in het register vindt slechts plaats op gezamenlijk verzoek van merkhouder en de licentiehouder.
– 4. De licentiehouder is bevoegd in een door de merkhouder ingestelde vordering als bedoeld in artikel 2.21, lid 1 tot en met 4, tussen te komen om rechtstreeks door hem geleden schade vergoed te krijgen of zich een evenredig deel van de door de gedaagde genoten winst te doen toewijzen.
– 5. Een zelfstandige vordering als bedoeld in het vorige lid kan de licentiehouder slechts instellen, indien hij de bevoegdheid daartoe van de merkhouder heeft bedongen.
– 6. De licentiehouder heeft het recht de in artikel 2.22, lid 1, bedoelde bevoegdheden uit te oefenen, voor zover deze strekken tot bescherming van de rechten waarvan hem de uitoefening is toegestaan, indien hij daartoe toestemming van de merkhouder heeft verkregen.

Derdenwerking

Art. 2.33

De overdracht of andere overgang of de licentie kan niet aan derden worden tegengeworpen dan na inschrijving van het depot van een uittreksel der akte, waaruit van die overgang of die licentie blijkt, of van een daarop betrekking hebbende, door de betrokken partijen ondertekende verklaring, mits dit depot is verricht met inachtneming van de bij uitvoeringsreglement gestelde vormvereisten en tegen betaling van de verschuldigde rechten. Het in de vorige volzin bepaalde is van overeenkomstige toepassing op pandrechten en beslagen.

HOOFDSTUK 8
Collectieve merken

Collectieve merken

Art. 2.34

– 1. Als collectieve merken worden beschouwd alle tekens, die aldus bij het depot worden aangeduid en die dienen om één of meer gemeenschappelijke kenmerken te onderscheiden van waren afkomstig van of diensten verleend door verschillende ondernemingen, die het merk onder toezicht van de houder gebruiken.
– 2. De houder mag geen gebruik maken van het merk voor waren die afkomstig zijn uit of voor diensten verleend door zijn eigen onderneming of een onderneming, aan welker bestuur of toezicht hij onmiddellijk of middellijk deelneemt.
– 3. Eveneens worden als collectieve merken beschouwd alle tekens die aldus bij het depot worden aangeduid en die dienen in het economisch verkeer tot aanduiding van de geografische herkomst van de waren of diensten. Een zodanig merk geeft de houder niet het recht zich te verzetten tegen het gebruik door een derde van die tekens in het economisch verkeer in overeenstemming met eerlijke gebruiken in handel en nijverheid; met name kan een zodanig merk niet worden ingeroepen tegen een derde die gerechtigd is de desbetreffende geografische benaming te gebruiken.

Overeenkomstige toepassing

Art. 2.35

Behoudens bepaling van het tegendeel zijn individuele en collectieve merken aan dezelfde regelen onderworpen.

Depot

Art. 2.36

– 1. Het uitsluitend recht op een collectief merk wordt slechts verkregen, indien het depot van het merk vergezeld gaat van een reglement op het gebruik en het toezicht.
– 2. Indien het evenwel gaat om een internationaal depot kan de deposant dit reglement nog deponeren gedurende een termijn van zes maanden te rekenen van de in de Overeenkomst en het Protocol van Madrid in artikel 3, sub (4), bedoelde kennisgeving van de internationale inschrijving.

Reglement op het gebruik en toezicht

Art. 2.37

– 1. Het bij een collectief merk behorende reglement op het gebruik en het toezicht moet de gemeenschappelijke kenmerken van de waren of diensten vermelden, tot waarborg waarvan het merk bestemd is.
– 2. Het moet eveneens bepalen op welke wijze een deugdelijk en doeltreffend toezicht op deze kenmerken wordt gehouden, met de bijhorende passende sancties.

Uitzondering

Art. 2.38

Artikel 2.4, sub *c*, is niet van toepassing op de inschrijving van een collectief merk, dat door de vroegere houder van de inschrijving van een overeenstemmend collectief merk of door zijn rechtverkrijgende wordt verricht.

Weigering van de inschrijving

Art. 2.39

Het Bureau mag het Benelux-depot van een collectief merk niet inschrijven, indien het bij dat merk behorende reglement op het gebruik en het toezicht niet volgens de in artikel 2.36 gestelde voorwaarden is gedeponeerd.

Wijziging reglement op het gebruik en toezicht

Art. 2.40

Wijziging reglement

– 1. De houders van collectieve merken zijn verplicht van iedere wijziging van het bij het merk behorende reglement op het gebruik en het toezicht aan het Bureau kennis te geven.
– 2. Deze kennisgeving wordt door het Bureau ingeschreven.
– 3. De wijziging treedt niet in werking voor de kennisgeving bedoeld in lid 1 en 2.

Personen die het merkrecht kunnen inroepen

Art. 2.41

Inroepen merkrecht

– 1. Het recht om ter bescherming van een collectief merk in rechte op te treden komt uitsluitend toe aan de houder van dat merk.
– 2. Het reglement op het gebruik en het toezicht kan evenwel aan personen, aan wie het gebruik van het merk is toegestaan, het recht toekennen tezamen met de houder een vordering in te stellen of in een door of tegen deze aangevangen geding zich te voegen of tussen te komen.
– 3. Het reglement op het gebruik en het toezicht kan eveneens bepalen, dat de houder, die alleen optreedt, het bijzonder belang van de gebruikers van het merk kan laten gelden en in zijn eis tot schadevergoeding de bijzondere schade, die één of meer van hen hebben geleden, kan opnemen.

Inroepen van verval door belanghebbenden

Art. 2.42

Inroepen van verval door belanghebbenden

– 1. Onverminderd het bij artikel 2.27 bepaalde, kan iedere belanghebbende, met inbegrip van het Openbaar Ministerie, het verval inroepen van het recht op een collectief merk, indien de houder het merk gebruikt onder de voorwaarden bedoeld in artikel 2.34, lid 2, of instemt met een gebruik in strijd met de bepalingen van het reglement op het gebruik en het toezicht, dan wel zodanig gebruik gedoogt.
– 2. Wordt het geding tot vervallenverklaring aanhangig gemaakt door het Openbaar Ministerie, dan is alleen de rechter te Brussel, te 's-Gravenhage en te Luxemburg bevoegd.
– 3. Het aanhangig maken van het geding door het Openbaar Ministerie schorst ieder ander op dezelfde grondslag ingesteld geding.

Inroepen van de nietigheid door het Openbaar Ministerie

Art. 2.43

Inroepen nietigheid door OM

– 1. Onverminderd het bij artikel 2.28 bepaalde kan het Openbaar Ministerie de nietigheid inroepen van de inschrijving van een collectief merk wanneer het reglement op het gebruik en het toezicht in strijd is met de openbare orde, of wanneer het niet in overeenstemming is met de bepalingen van artikel 2.37.
– 2. Het Openbaar Ministerie kan eveneens de nietigheid inroepen van de wijzigingen van het reglement op het gebruik en het toezicht, indien deze in strijd zijn met de openbare orde of met de bepalingen van artikel 2.37, of indien deze tot verzwakking van de door het reglement aan het publiek gegeven waarborgen leiden.
– 3. Alleen de rechter te Brussel, te 's-Gravenhage en te Luxemburg is bevoegd uitspraak te doen in deze gedingen; hij spreekt ambtshalve de doorhaling uit van de nietig verklaarde inschrijvingen of van de nietig verklaarde wijzigingen.

Gebruiksverbod

Art. 2.44

Gebruiksverbod

De collectieve merken, die zijn vervallen, nietig verklaard of doorgehaald, evenals die, ten aanzien waarvan vernieuwing niet is geschied en een herstel als bedoeld in artikel 2.38 is uitgebleven, mogen gedurende de drie jaren die volgen op de datum van de inschrijving van het verval, de nietigverklaring, de doorhaling of het verstrijken van de geldigheidsduur der niet vernieuwde inschrijving, onder geen beding worden gebruikt, behalve door degene die zich op een ouder recht op een individueel, overeenstemmend merk kan beroepen.

HOOFDSTUK 9
Bepalingen inzake gemeenschapsmerken

Rangorde

Art. 2.45

Schakelbepaling

Artikel 2.3 en artikel 2.28, lid 3, sub *a*, zijn van overeenkomstige toepassing in geval de inschrijving berust op een eerder depot van een Gemeenschapsmerk.

Anciënniteit

Art. 2.46

Artikel 2.3 en artikel 2.28, lid 3, sub *a*, zijn eveneens van toepassing op Gemeenschapsmerken, waarvoor overeenkomstig de Gemeenschapsmerkenverordening op geldige wijze de anciënniteit voor het Beneluxgebied wordt ingeroepen, ook al is de aan de anciënniteit ten grondslag liggende Benelux- of internationale inschrijving vrijwillig doorgehaald of de geldigheidsduur daarvan verstreken.

Anciënniteit

Inroepen van de nietigheid of het verval van het oudere recht

Art. 2.47

Indien voor een Gemeenschapsmerk de anciënniteit van een ouder merkrecht wordt ingeroepen, kan de nietigheid of het verval van dat ouder recht worden ingeroepen, zelfs indien dat recht reeds is vervallen door de vrijwillige doorhaling of het verstrijken van de geldigheidsduur van de inschrijving.

Inroepen nietigheid of verval van ouder recht

TITEL III

Tekeningen of modellen

HOOFDSTUK 1

Tekeningen of modellen

Tekeningen of modellen

Art. 3.1

– 1. Een tekening of model wordt beschermd voor zover de tekening of het model nieuw is en een eigen karakter heeft.

– 2. Als tekening of model wordt beschouwd het uiterlijk van een voortbrengsel of een deel ervan.

– 3. Het uiterlijk van een voortbrengsel wordt afgeleid uit de kenmerken van met name de lijnen, de omtrek, de kleuren, de vorm, de textuur of de materialen van het voortbrengsel zelf of de versiering ervan.

– 4. Onder voortbrengsel wordt verstaan elk op industriële of ambachtelijke wijze vervaardigd voorwerp, met inbegrip van onder meer onderdelen die zijn bestemd om tot een samengesteld voortbrengsel te worden samengevoegd, verpakkingen, uitvoering, grafische symbolen en typografische lettertypen. Computerprogramma's worden niet als voortbrengsel aangemerkt.

Tekeningen of modellen

Uitzonderingen

Art. 3.2

– 1. Van de bescherming uit hoofde van deze titel zijn uitgesloten:

a. de uiterlijke kenmerken van een voortbrengsel die uitsluitend door de technische functie worden bepaald;

b. de uiterlijke kenmerken van een voortbrengsel die noodzakelijkerwijs in precies dezelfde vorm en afmetingen gereproduceerd moeten worden om het voortbrengsel waarin de tekening of het model verwerkt is of waarop het toegepast is, mechanisch met een ander voortbrengsel te kunnen verbinden of om het in, rond of tegen een ander voortbrengsel te kunnen plaatsen, zodat elk van beide voortbrengselen zijn functie kan vervullen.

– 2. In afwijking van lid 1, sub *b*, worden de uiterlijke kenmerken van een voortbrengsel die tot doel hebben binnen een modulair systeem de meervoudige samenvoeging of verbinding van onderling verwisselbare voortbrengselen mogelijk te maken, beschermd door een modelrecht onder de in artikel 3.1, lid 1, gestelde voorwaarden.

Uitzonderingen

Nieuwheid en eigen karakter

Art. 3.3

– 1. Een tekening of model wordt als nieuw beschouwd, indien er geen identieke tekening of identiek model voor het publiek beschikbaar is gesteld vóór de datum van depot of vóór de datum van voorrang. Tekeningen of modellen worden geacht identiek te zijn, indien de kenmerken ervan slechts in onbelangrijke details verschillen.

– 2. Een tekening of model wordt geacht een eigen karakter te hebben, indien de algemene indruk die deze tekening of dit model bij de geïnformeerde gebruiker wekt, verschilt van de algemene indruk die bij die gebruiker wordt gewekt door tekeningen of modellen die voor het publiek beschikbaar zijn gesteld vóór de datum van depot of vóór de datum van voorrang. Bij de beoordeling van het eigen karakter wordt rekening gehouden met de mate van vrijheid van de ontwerper bij de ontwikkeling van de tekening of het model.

Nieuwheid en eigen karakter

– 3. Voor de beoordeling van de nieuwheid en het eigen karakter wordt een tekening of model geacht voor het publiek beschikbaar te zijn gesteld, indien deze tekening of dit model is gepubliceerd na inschrijving of op andere wijze, of is tentoongesteld, in de handel is gebracht of anderszins openbaar is gemaakt, tenzij deze feiten bij een normale gang van zaken redelijkerwijs niet vóór de datum van depot of vóór de datum van voorrang ter kennis konden zijn gekomen van ingewijden in de betrokken sector, die in de Europese Gemeenschap of de Europese Economische Ruimte werkzaam zijn. De tekening of het model wordt echter niet geacht voor het publiek beschikbaar te zijn gesteld, louter omdat het onder uitdrukkelijke of stilzwijgende voorwaarde van geheimhouding aan een derde bekendgemaakt is.
– 4. Voor de beoordeling van de nieuwheid en het eigen karakter wordt beschikbaarstelling voor het publiek van een tekening of model waarvoor op grond van een inschrijving aanspraak op bescherming wordt gemaakt, niet in aanmerking genomen, indien, binnen twaalf maanden voorafgaand aan de datum van depot of de datum van voorrang:
a. de beschikbaarstelling is geschied door de ontwerper, zijn rechtverkrijgende of een derde op grond van door de ontwerper of diens rechtverkrijgende verstrekte informatie of genomen maatregelen, of
b. de beschikbaarstelling is geschied ten gevolge van misbruik jegens de ontwerper of diens rechtverkrijgende.
– 5. Onder het recht van voorrang wordt verstaan het recht als bedoeld in artikel 4 van het Verdrag van Parijs. Hierop kan een beroep gedaan worden door degene die op regelmatige wijze een aanvraag om een tekening of model of een gebruiksmodel heeft ingediend in een der landen die partij zijn bij genoemd verdrag of bij het TRIPS verdrag.

Onderdelen van samengestelde voortbrengselen

Art. 3.4

Onderdelen van samengestelde voortbrengselen

– 1. Een tekening die of model dat is toegepast op of verwerkt in een voortbrengsel dat een onderdeel van een samengesteld voortbrengsel vormt, wordt slechts geacht nieuw te zijn en een eigen karakter te hebben:
a. voor zover het onderdeel, wanneer het in het samengestelde voortbrengsel is verwerkt, bij normaal gebruik van dit laatste zichtbaar blijft, en
b. voor zover deze zichtbare kenmerken van het onderdeel als zodanig aan de voorwaarden inzake nieuwheid en eigen karakter voldoen.
– 2. Onder samengesteld voortbrengsel wordt in deze titel verstaan een voortbrengsel dat bestaat uit meerdere onderdelen die vervangen kunnen worden, zodat het voortbrengsel uit elkaar gehaald en weer in elkaar gezet kan worden.
– 3. Normaal gebruik in de zin van lid 1, houdt het gebruik door de eindgebruiker in, met uitzondering van handelingen in verband met onderhoud of reparatie.

Verkrijging van het recht

Art. 3.5

Verkrijging van het recht

– 1. Onverminderd het recht van voorrang wordt het uitsluitend recht op een tekening of model verkregen door de inschrijving van het depot, verricht binnen het Benelux-gebied bij het Bureau (Benelux-depot), of verricht bij het Internationaal Bureau (internationaal depot).
– 2. Indien bij samenloop van depots het eerste depot niet wordt gevolgd door de publicatie als bedoeld in artikel 3.11, lid 2, van dit verdrag of in artikel 6, onder 3 van de Overeenkomst van 's-Gravenhage, verkrijgt het latere depot de rang van eerste depot.

Restricties

Art. 3.6

Restricties

Binnen de in artikelen 3.23 en 3.24, lid 2, gestelde grenzen wordt geen recht op een tekening of model verkregen door de inschrijving indien:
a. de tekening of het model in strijd is met een oudere tekening die of ouder model dat na de datum van depot of na de datum van voorrang voor het publiek beschikbaar is gesteld en vanaf een aan deze datum voorafgaand tijdstip beschermd wordt door een uitsluitend recht dat voortvloeit uit een Gemeenschapsmodel, de inschrijving van een Benelux-depot dan wel door een internationaal depot;
b. in de tekening of het model gebruik gemaakt wordt van een ouder merk zonder toestemming van de houder van dit merk;
c. in de tekening of het model gebruik gemaakt wordt van een reeds bestaand auteursrechtelijk beschermd werk zonder toestemming van de houder van dit auteursrecht;
d. de tekening of het model oneigenlijk gebruik vormt van een van de in artikel 6*ter* van het Verdrag van Parijs genoemde zaken;

e. de tekening of het model in strijd is met de goede zeden of de openbare orde van één der Benelux-landen;
f. de kenmerkende eigenschappen van de tekening of het model onvoldoende uit het depot blijken.

Opeising van een depot

Art. 3.7

Opeising depot

– 1. Binnen een termijn van vijf jaren, te rekenen vanaf de datum van publicatie van de inschrijving van het depot, kan de ontwerper van de tekening of het model, dan wel degene die volgens artikel 3.8 als ontwerper wordt beschouwd, het recht op het Benelux-depot of de voor het Benelux-gebied uit het internationaal depot van die tekening of dat model voortvloeiende rechten opeisen, indien het depot zonder zijn toestemming door een derde is verricht; om dezelfde redenen kan hij te allen tijde de nietigheid inroepen van de inschrijving van dat depot of van die rechten. De vordering tot opeising moet bij het Bureau worden ingeschreven op verzoek van de eiser, met inachtneming van de bij uitvoeringsreglement gestelde vormvereisten en tegen betaling van de verschuldigde rechten.
– 2. Indien de in lid 1 bedoelde deposant gehele of gedeeltelijke doorhaling heeft verzocht van de inschrijving van het Benelux-depot of afstand heeft gedaan van de rechten, die voor het Benelux-gebied uit het internationaal depot voortvloeien, heeft deze doorhaling of afstand geen werking ten aanzien van de ontwerper of van degene die volgens artikel 3.8 als ontwerper wordt beschouwd onder voorbehoud van lid 3, mits het depot werd opgeëist binnen één jaar na de datum van publicatie van de doorhaling of afstand en vóór het verstrijken van de in lid 1 genoemde termijn van vijf jaren.
– 3. Indien in het tijdvak gelegen tussen de doorhaling of afstand bedoeld in lid 2, en de inschrijving van de vordering tot opeising, een derde te goeder trouw een voortbrengsel heeft geëxploiteerd dat hetzelfde uiterlijk vertoont, wordt dit voortbrengsel als rechtmatig in het verkeer gebracht beschouwd.

Rechten van werk- en opdrachtgevers

Art. 3.8

Rechten van werk- en opdrachtgevers

– 1. Indien een tekening of model door een werknemer in de uitoefening van zijn functie werd ontworpen, wordt, behoudens andersluidend beding, de werkgever als ontwerper beschouwd.
– 2. Indien een tekening of model op bestelling is ontworpen, wordt, behoudens andersluidend beding, degene die de bestelling heeft gedaan als ontwerper beschouwd, mits de bestelling is gedaan met het oog op een gebruik in handel of nijverheid van het voortbrengsel waarin de tekening of het model is belichaamd.

HOOFDSTUK 2
Depot, inschrijving en vernieuwing

Depot

Art. 3.9

Depot

– 1. Het Benelux-depot van tekeningen of modellen geschiedt hetzij bij de nationale diensten, hetzij bij het Bureau, met inachtneming van de bij uitvoeringsreglement gestelde vormvereisten en tegen betaling van de verschuldigde rechten. Het Benelux-depot kan één of meer tekeningen of modellen bevatten (respectievelijk enkelvoudig en meervoudig depot). Er wordt onderzocht of de overgelegde stukken aan de voor het vaststellen van een datum van depot gestelde vereisten voldoen en de datum van het depot wordt vastgesteld. Aan de deposant wordt onverwijld schriftelijk mededeling gedaan van de vastgestelde datum van depot dan wel van de gronden voor het niet toekennen van een depotdatum.
– 2. Indien bij het depot niet is voldaan aan de overige in het uitvoeringsreglement gestelde vereisten, wordt de deposant hiervan onverwijld schriftelijk in kennis gesteld, onder opgave van de voorschriften waaraan niet is voldaan en wordt hij in de gelegenheid gesteld daaraan alsnog te voldoen.
– 3. Het depot vervalt, indien niet binnen de gestelde termijn voldaan is aan de bepalingen van het uitvoeringsreglement.
– 4. Wanneer het depot geschiedt bij een nationale dienst, zendt deze het Benelux-depot door aan het Bureau, hetzij onverwijld na ontvangst van het depot, hetzij nadat is vastgesteld dat het depot voldoet aan de in lid 1 tot en met 3 gestelde vereisten.
– 5. Onverminderd de toepassing op Benelux-depots van artikel 3.13, kan het depot van een tekening of model geen aanleiding geven tot enig onderzoek naar de inhoud van het depot, waarvan de uitkomst de deposant door het Bureau zou kunnen worden tegengeworpen.

Beroep op voorrang

Art. 3.10

Beroep op voorrang

– 1. Het beroep op het recht van voorrang wordt gedaan bij het depot of door een bijzondere verklaring, af te leggen bij het Bureau in de maand, volgende op het depot, met inachtneming van de bij uitvoeringsreglement gestelde vormvereisten en tegen betaling van de verschuldigde rechten.

– 2. Het ontbreken van een dergelijk beroep doet het recht van voorrang vervallen.

Inschrijving

Art. 3.11

Inschrijving

– 1. Het Bureau schrijft onverwijld de Benelux-depots in, evenals de internationale depots die gepubliceerd zijn in het 'Bulletin International des dessins ou modèles – International Design Gazette' ten aanzien waarvan de deposanten verzocht hebben dat zij hun werking zullen uitstrekken over het Benelux-gebied.

– 2. Onverminderd het bepaalde in artikelen 3.12 en 3.13, publiceert het Bureau overeenkomstig het uitvoeringsreglement zo spoedig mogelijk de inschrijvingen van Benelux-depots.

– 3. Indien de kenmerkende eigenschappen van de tekening of het model in de publicatie niet voldoende tot hun recht komen, kan de deposant, binnen de daartoe vastgestelde termijn, het Bureau verzoeken kosteloos een tweede publicatie te verrichten.

– 4. Vanaf de datum van publicatie van de tekening of het model kan het publiek kennis nemen van de inschrijving en van de bij het depot overgelegde stukken.

Opschorting publicatie op verzoek

Art. 3.12

Opschorting publicatie op verzoek

– 1. De deposant kan bij het verrichten van het Benelux-depot verzoeken de publicatie van de inschrijving op te schorten gedurende een periode die niet meer mag bedragen dan twaalf maanden te rekenen vanaf de datum van het depot of vanaf de datum waarop het recht van voorrang is ontstaan.

– 2. Indien de deposant gebruik maakt van de in lid 1 geboden mogelijkheid schort het Bureau de publicatie op conform het verzoek.

Strijd met openbare orde en goede zeden

Art. 3.13

Strijd met openbare orde en goede zeden

– 1. Indien het Bureau oordeelt, dat op de tekening of het model artikel 3.6, sub *e*, van toepassing is schort hij de publicatie op.

– 2. Het Bureau stelt de deposant daarvan in kennis en verzoekt hem zijn depot binnen een termijn van twee maanden in te trekken.

– 3. Indien de belanghebbende na het verstrijken van deze termijn zijn depot niet heeft ingetrokken, verzoekt het Bureau zo spoedig mogelijk het Openbaar Ministerie een vordering in te stellen tot nietigverklaring van het depot.

– 4. Indien het Openbaar Ministerie van oordeel is dat er geen aanleiding bestaat tot het instellen van een dergelijke vordering of indien de vordering werd afgewezen bij een rechterlijke beslissing die niet meer vatbaar is voor verzet, noch beroep, noch voor voorziening in cassatie, gaat het Bureau onverwijld over tot publicatie van de inschrijving van de tekening of het model.

Geldigheidsduur en vernieuwing

Art. 3.14

Geldigheidsduur en vernieuwing

– 1. De inschrijving van een Benelux-depot heeft een geldigheidsduur van vijf jaren te rekenen van de datum van het depot. Onverminderd het bepaalde in artikel 3.24, lid 2, kan de gedeponeerde tekening of het gedeponeerde model noch gedurende de inschrijving, noch ter gelegenheid van de vernieuwing daarvan worden gewijzigd.

– 2. De inschrijving kan voor vier achtereenvolgende termijnen van vijf jaren worden vernieuwd tot een maximale geldigheidsduur van 25 jaar.

– 3. Vernieuwing geschiedt door betaling van het daartoe vastgestelde recht. Dit recht dient betaald te worden binnen twaalf maanden voorafgaand aan het verstrijken van de geldigheidsduur van de inschrijving; het kan nog betaald worden binnen zes maanden die volgen op de datum van het verstrijken van de geldigheidsduur, indien gelijktijdig een extra recht wordt betaald. De vernieuwing heeft effect vanaf het verstrijken van de geldigheidsduur van de inschrijving.

– 4. De vernieuwing kan tot een deel van de in een meervoudig depot vervatte tekeningen of modellen worden beperkt.

– 5. Zes maanden voor het verstrijken van de geldigheidsduur van de eerste tot en met de

vierde termijn van inschrijving herinnert het Bureau aan de datum van dat verstrijken door verzending van een kennisgeving aan de houder van de tekening of het model, en aan de derden van wie rechten op de tekening of het model in het register zijn ingeschreven.
– 6. Het Bureau verzendt deze kennisgevingen aan het laatste hem bekende adres van betrokkenen. Het niet-verzenden of niet-ontvangen van deze brieven ontslaat de houder niet van de verplichtingen voortvloeiend uit lid 3. Daarop kan noch in rechte noch ten opzichte van het Bureau beroep worden gedaan.
– 7. Het Bureau schrijft de vernieuwingen in en publiceert deze overeenkomstig het uitvoeringsreglement.

Internationale depots

Art. 3.15

Internationale depots

De internationale depots geschieden volgens de bepalingen van de Overeenkomst van 's-Gravenhage.

HOOFDSTUK 3

Rechten van de houder

Beschermingsomvang

Art. 3.16

Beschermingsomvang

– 1. Onverminderd de toepassing van het gemene recht betreffende de aansprakelijkheid uit onrechtmatige daad, kan de houder van een tekening of model zich op grond van zijn uitsluitend recht verzetten tegen het gebruik van een voortbrengsel waarin de tekening of het model is verwerkt of waarop de tekening of het model is toegepast en dat hetzelfde uiterlijk vertoont als de gedeponeerde tekening of het gedeponeerde model, dan wel dat bij de geïnformeerde gebruiker geen andere algemene indruk wekt, rekening houdend met de mate van vrijheid van de ontwerper bij de ontwikkeling van de tekening of het model.
– 2. Onder gebruik wordt met name verstaan het vervaardigen, aanbieden, in de handel brengen, verkopen, leveren, verhuren, invoeren, uitvoeren, tentoonstellen, gebruiken of in voorraad hebben voor een van deze doeleinden.

Schadevergoeding en andere vorderingen

Art. 3.17

Schadevergoeding

– 1. De houder kan op grond van het uitsluitend recht slechts schadevergoeding vorderen voor de in artikel 3.16 opgesomde handelingen, indien deze hebben plaatsgevonden na de in artikel 3.11 bedoelde publicatie, waarin de kenmerkende eigenschappen van de tekening of het model op voldoende wijze werden weergegeven.
– 2. De rechter die de schadevergoeding vaststelt:
a. houdt rekening met alle passende aspecten, zoals de negatieve economische gevolgen, waaronder winstderving, die de benadeelde partij heeft ondervonden, de onrechtmatige winst die de inbreukmaker heeft genoten en, in passende gevallen, andere elementen dan economische factoren, onder meer de morele schade die de houder van het uitsluitend recht op een tekening of model door de inbreuk heeft geleden; of
b. kan, als alternatief voor het bepaalde onder *a*, in passende gevallen de schadevergoeding vaststellen als een forfaitair bedrag, op basis van elementen als ten minste het bedrag aan royalty's of vergoedingen dat verschuldigd was geweest indien de inbreukmaker toestemming had gevraagd om de tekening of het model te gebruiken.
– 3. De rechter kan bij wijze van schadevergoeding op vordering van de houder van het uitsluitend recht op een tekening of model bevelen tot de afgifte aan deze houder, van de goederen die een inbreuk maken op een tekening- of modelrecht, alsmede, in passende gevallen, van de materialen en werktuigen die voornamelijk bij de productie van die goederen zijn gebruikt. De rechter kan gelasten dat de afgifte niet plaatsvindt dan tegen een door hem vast te stellen, door de eiser te betalen vergoeding.
– 4. Naast of in plaats van een vordering tot schadevergoeding, kan de houder van een uitsluitend recht op een tekening of model een vordering instellen tot het afdragen van ten gevolge van het in artikel 3.16, bedoelde gebruik genoten winst alsmede tot het afleggen van rekening en verantwoording dienaangaande. Indien de rechter van oordeel is dat dit gebruik niet te kwader trouw is of dat de omstandigheden van het geval tot zulk een veroordeling geen aanleiding geven, wijst hij de vordering af.
– 5. De houder van het uitsluitend recht op een tekening of model kan de vordering tot schadevergoeding of het afdragen van winst namens de licentiehouder instellen, onverminderd de aan deze laatste in artikel 3.26, lid 4, toegekende bevoegdheid.
– 6. Vanaf de datum van depot kan een redelijke vergoeding gevorderd worden van degene die

met wetenschap van het depot handelingen heeft verricht als bedoeld in artikel 3.16, voor zover de houder daarvoor uitsluitende rechten heeft gekregen.

Nevenvorderingen

Art. 3.18

Nevenvorderingen

– 1. Onverminderd de aan de houder van een uitsluitend recht op een tekening of model wegens de inbreuk verschuldigde schadevergoeding en zonder schadeloosstelling van welke aard ook, kan de rechter op vordering van de houder van een uitsluitend recht op een tekening of model de terugroeping uit het handelsverkeer, de definitieve verwijdering uit het handelsverkeer of de vernietiging gelasten van de goederen die een inbreuk maken op een tekening- of modelrecht, alsmede, in passende gevallen, van de materialen en werktuigen die voornamelijk bij de productie van die goederen zijn gebruikt. Deze maatregelen worden uitgevoerd op kosten van de inbreukmaker, tenzij bijzondere redenen dit beletten. Bij de beoordeling van een vordering als bedoeld in dit lid, wordt rekening gehouden met de evenredigheid tussen de ernst van de inbreuk en de gelaste maatregelen, alsmede met de belangen van derden.

– 2. De bepalingen van het nationale recht omtrent de middelen van bewaring van zijn recht en omtrent de rechterlijke tenuitvoerlegging van vonnissen en authentieke akten zijn van toepassing.

– 3. Voor zover het nationale recht hier niet in voorziet, kan de rechter op grond van deze bepaling tegen de vermeende inbreukmaker of tegen een tussenpersoon wiens diensten door een derde worden gebruikt om op een tekening of modelrecht inbreuk te maken, op vordering van de houder van een uitsluitend recht op een tekening of model een voorlopig bevel uitvaardigen:

a. strekkende tot het voorkomen van een dreigende inbreuk op een tekening- of modelrecht, of

b. waardoor tijdelijk de voortzetting van de vermeende inbreuk op een tekening- of modelrecht wordt verboden, indien wenselijk op straffe van een dwangsom, of

c. waarbij aan de voortzetting van de vermeende inbreuk op een tekening- of modelrecht de voorwaarde wordt verbonden dat zekerheid wordt gesteld voor schadeloosstelling van de houder.

– 4. De rechter kan op vordering van de houder van een uitsluitend recht op een tekening of model in een gerechtelijke procedure wegens inbreuk degene die inbreuk op diens recht heeft gemaakt, bevelen al hetgeen hem bekend is omtrent de herkomst en de distributiekanalen van de goederen en diensten, waarmee die inbreuk is gepleegd, aan de houder mee te delen en alle daarop betrekking hebbende gegevens aan deze te verstrekken, voor zover die maatregel gerechtvaardigd en redelijk voorkomt.

– 5. Het in lid 4 bedoelde bevel kan eveneens worden opgelegd aan de persoon die de inbreukmakende goederen op commerciële schaal in zijn bezit heeft, de inbreukmakende diensten op commerciële schaal heeft gebruikt, of op commerciële schaal diensten die bij inbreukmakende handelingen worden gebruikt, heeft verleend.

– 6. De rechter kan op vordering van de houder van een uitsluitend recht op een tekening of model een bevel uitvaardigen tot staking van diensten van tussenpersonen wier diensten door derden worden gebruikt om inbreuk op zijn tekening- of modelrecht te maken.

– 7. De rechter kan, op vordering van de eiser, gelasten dat op kosten van de inbreukmaker, passende maatregelen tot verspreiding van informatie over de uitspraak worden getroffen.

Beperking van het uitsluitend recht

Art. 3.19

Beperking van uitsluitend recht

– 1. Het uitsluitend recht op een tekening of model houdt niet in het recht zich te verzetten tegen:

a. handelingen in de particuliere sfeer en voor niet-commerciële doeleinden;

b. handelingen voor experimentele doeleinden;

c. handelingen bestaande in reproductie ter illustratie of ten behoeve van onderwijs, mits deze handelingen verenigbaar zijn met de eerlijke handelsgebruiken, zij niet zonder noodzaak afbreuk doen aan de normale exploitatie van de tekening of het model, en de bron wordt vermeld.

– 2. Het uitsluitend recht op een tekening of model houdt evenmin het recht in zich te verzetten tegen:

a. de uitrusting van in een ander land geregistreerde vaartuigen en luchtvaartuigen die zich tijdelijk binnen het Benelux-gebied bevinden;

b. de invoer in het Benelux-gebied van vervangingsonderdelen en toebehoren ter reparatie van dergelijke vervoermiddelen;

c. reparaties aan dergelijke vervoermiddelen.

– 3. Het uitsluitend recht op een tekening of model dat een onderdeel vormt van een samengesteld voortbrengsel houdt niet het recht in zich te verzetten tegen het gebruik van de tekening of het model voor reparatie van dit samengestelde voortbrengsel met de bedoeling het zijn oorspronkelijke uiterlijk terug te geven.
– 4. Het uitsluitend recht op een tekening of model houdt niet in het recht zich te verzetten tegen de in artikel 3.16 bedoelde handelingen die betrekking hebben op voortbrengselen die in één der lidstaten van de Europese Gemeenschap of van de Europese Economische Ruimte in het verkeer zijn gebracht door de houder of met diens toestemming, of tegen handelingen als bedoeld in artikel 3.20.
– 5. De vorderingen kunnen geen betrekking hebben op voortbrengselen die vóór de datum van het depot in het Benelux-gebied in het verkeer werden gebracht.

Recht van voorgebruik

Art. 3.20

Recht van voorgebruik

– 1. Een recht van voorgebruik wordt toegekend aan de derde die, vóór de datum van het depot van een tekening of model of vóór de datum van voorrang, binnen het Benelux-gebied voortbrengselen heeft vervaardigd die hetzelfde uiterlijk vertonen als de gedeponeerde tekening of het gedeponeerde model, dan wel bij de geïnformeerde gebruiker geen andere algemene indruk wekken.
– 2. Hetzelfde recht wordt toegekend aan degene die onder dezelfde omstandigheden een begin heeft gemaakt met de uitvoering van zijn voornemen tot vervaardiging.
– 3. Dit recht wordt echter niet toegekend aan de derde, die de tekening of het model zonder toestemming van de ontwerper heeft nagemaakt.
– 4. Op grond van het recht van voorgebruik kan de houder daarvan de vervaardiging van bedoelde voortbrengselen voortzetten of, in het geval bedoeld in lid 2, een aanvang maken met deze vervaardiging en, niettegenstaande het uit de inschrijving voortvloeiende recht, alle andere in artikel 3.16 bedoelde handelingen verrichten, met uitzondering van invoer.
– 5. Het recht van voorgebruik kan slechts overgaan tezamen met het bedrijf waarin de handelingen, die hebben geleid tot het ontstaan van dat recht, hebben plaatsgevonden.

HOOFDSTUK 4
Doorhaling, verval en nietigheid

Doorhaling op verzoek

Art. 3.21

Doorhaling op verzoek

– 1. De houder van de inschrijving van een Benelux-depot kan te allen tijde de doorhaling van deze inschrijving verzoeken, behalve indien er rechten van derden bestaan, die bij overeenkomst zijn vastgelegd of in rechte worden vervolgd en welke ter kennis van het Bureau zijn gebracht.
– 2. Indien het een meervoudig depot betreft, kan de doorhaling betrekking hebben op een deel van de in dat depot vervatte tekeningen of modellen.
– 3. Indien een licentie is ingeschreven kan de doorhaling van de inschrijving van de tekening of het model slechts worden verricht op gezamenlijk verzoek van de houder van de inschrijving en de licentiehouder. Het in de vorige volzin bepaalde is van overeenkomstige toepassing in het geval een pandrecht of een beslag is ingeschreven.
– 4. De doorhaling geldt voor het gehele Benelux-gebied ondanks andersluidende verklaring.
– 5. De in dit artikel opgenomen bepalingen gelden eveneens ten aanzien van de afstand van de bescherming die voor het Benelux-gebied uit een internationaal depot voortvloeit.

Verval van het recht

Art. 3.22

Verval van recht

Behoudens het bepaalde in artikel 3.7, lid 2, vervalt het uitsluitend recht op een tekening of model:
a. door vrijwillige doorhaling of door het verstrijken van de geldigheidsduur van de inschrijving van het Benelux-depot;
b. door het verstrijken van de geldigheidsduur van de inschrijving van het internationaal depot of door afstand van rechten, die voor het Benelux-gebied uit het internationaal depot voortvloeien of door ambtshalve doorhaling van het internationaal depot, bedoeld in artikel 6, vierde lid, onder *c*, van de Overeenkomst van 's-Gravenhage.

Inroepen van de nietigheid

Art. 3.23

Inroepen nietigheid

– 1. Iedere belanghebbende met inbegrip van het Openbaar Ministerie kan de nietigheid inroepen van de inschrijving van een tekening of model indien:
a. de tekening of het model geen tekening of model is in de zin van artikel 3.1, lid 2 en 3;
b. de tekening of het model niet voldoet aan de voorwaarden gesteld in artikel 3.1, lid 1, en de artikelen 3.3 en 3.4;
c. de tekening of het model onder de toepassing van artikel 3.2 valt;
d. door die inschrijving krachtens artikel 3.6, sub *e* of *f*, geen recht op een tekening of model wordt verkregen.
– 2. Enkel de deposant of houder van een uitsluitend recht op een tekening of model dat voortvloeit uit een inschrijving van een Gemeenschapsmodel, een Benelux-inschrijving, of een internationaal depot, kan de nietigheid inroepen van de inschrijving van een met zijn recht strijdig jonger depot van een tekening of model, indien krachtens artikel 3.6, sub *a*, door de inschrijving geen recht op de tekening of het model wordt verkregen.
– 3. Enkel de houder van een ouder merkrecht of de houder van een ouder auteursrecht kan de nietigheid van de inschrijving van het Beneluxdepot of de voor het Benelux-gebied uit het internationaal depot van die tekening of dat model voortvloeiende rechten inroepen, indien krachtens artikel 3.6, sub *b*, respectievelijk sub *c*, geen recht op de tekening of het model wordt verkregen.
– 4. Enkel de belanghebbende kan de nietigheid van de inschrijving van de tekening of het model inroepen, indien krachtens artikel 3.6, sub *d*, geen recht op de tekening of het model wordt verkregen.
– 5. Enkel de ontwerper van een tekening of model als bedoeld in artikel 3.7, lid 1, kan onder de voorwaarden genoemd in dat artikel de nietigheid inroepen van de inschrijving van een depot van de tekening of het model, dat zonder zijn toestemming is verricht door een derde.
– 6. De inschrijving van het depot van een tekening of model kan ook na verval of afstand nietig worden verklaard.
– 7. Wordt het geding tot nietigverklaring door het Openbaar Ministerie aanhangig gemaakt, dan zijn alleen de rechter te Brussel, te 's-Gravenhage of te Luxemburg bevoegd. Het aanhangig maken van het geding door het Openbaar Ministerie schorst ieder ander op dezelfde grondslag ingesteld geding.

Reikwijdte van de nietig- en vervallenverklaring en de vrijwillige doorhaling

Art. 3.24

Reikwijdte

– 1. Behoudens het bepaalde in lid 2, hebben de nietigverklaring, de vrijwillige doorhaling en de afstand steeds betrekking op de gehele tekening of het gehele model.
– 2. Wanneer de inschrijving van het depot van een tekening of model op grond van artikel 3.6, sub *b*, *c*, *d* of *e*, en artikel 3.23, lid 1, sub *b* en *c*, nietig kan worden verklaard, kan het depot worden gehandhaafd in gewijzigde vorm, indien de tekening of het model in die vorm aan de beschermingsvoorwaarden voldoet en de identiteit ervan behouden blijft.
– 3. De handhaving bedoeld in lid 2, kan erin bestaan dat een verklaring van de houder dat hij gedeeltelijk afziet van aanspraken op het recht, of een rechterlijke beslissing waarbij het recht gedeeltelijk nietig is verklaard en die niet meer vatbaar is voor verzet noch voor hoger beroep noch voor voorziening in cassatie, wordt ingeschreven.

HOOFDSTUK 5
Overgang, licentie en andere rechten

Overgang

Art. 3.25

Overgang

– 1. Het uitsluitend recht op een tekening of model kan overgaan.
– 2. Nietig zijn:
a. overdrachten onder levenden, die niet schriftelijk zijn vastgelegd;
b. overdrachten of andere overgangen, die niet op het gehele Benelux-gebied betrekking hebben.

Licentie

Art. 3.26

Licentie

– 1. Het uitsluitend recht op een tekening of model kan voorwerp van een licentie zijn.
– 2. Het uitsluitend recht op een tekening of model kan door de houder daarvan ingeroepen worden tegen een licentiehouder die handelt in strijd met de bepalingen van de licentieovereenkomst inzake de duur daarvan, de door de inschrijving gedekte vorm waarin de tekening of

het model mag worden gebruikt, de voortbrengselen waarvoor de licentie is verleend en de kwaliteit van de door de licentiehouder in het verkeer gebrachte voortbrengselen.
– 3. De doorhaling van de inschrijving van de licentie in het register vindt slechts plaats op gezamenlijk verzoek van merkhouder en de licentiehouder.
– 4. De licentiehouder is bevoegd in een door de houder van het uitsluitend recht op een tekening of model ingestelde vordering als bedoeld in artikel 3.17, lid 1 tot en met 4, tussen te komen om rechtstreeks de door hem geleden schade vergoed te krijgen of zich een evenredig deel van de door de gedaagde genoten winst te doen toewijzen. Een zelfstandige vordering als bedoeld in artikel 3.17, lid 1 en 2, kan de licentiehouder slechts instellen indien hij de bevoegdheid daartoe van de houder van het uitsluitend recht heeft bedongen.
– 5. De licentiehouder heeft het recht de in artikel 3.18, lid 1, bedoelde bevoegdheden uit te oefenen voor zover deze strekken tot bescherming van de rechten waarvan hem de uitoefening is toegestaan, indien hij daartoe toestemming van de houder van het uitsluitend recht op een tekening of model heeft verkregen.

Derdenwerking

Art. 3.27

De overdracht of andere overgang of de licentie kan niet aan derden worden tegengeworpen dan na inschrijving van het depot van een uittreksel van de akte, waaruit van die overgang of die licentie blijkt, of van een daarop betrekking hebbende door de betrokken partijen ondertekende verklaring, mits dit depot is verricht met inachtneming van de bij uitvoeringsreglement gestelde vormvereisten en tegen betaling van de verschuldigde rechten. Het in de vorige volzin bepaalde is van overeenkomstige toepassing op pandrechten en beslagen.

Derdenwerking

HOOFDSTUK 6
Samenloop met het auteursrecht

Samenloop

Art. 3.28

– 1. Door de ontwerper van een krachtens de auteurswet beschermd werk aan een derde verleende toestemming tot het verrichten van een depot voor een tekening of model, waarin dat werk is belichaamd, houdt overdracht in van het op dit werk betrekking hebbende auteursrecht, voorzover bedoeld werk in die tekening of dat model is belichaamd.
– 2. De deposant van een tekening of model wordt vermoed tevens de houder te zijn van het desbetreffende auteursrecht; dit vermoeden geldt echter niet ten aanzien van de werkelijke ontwerper of zijn rechtverkrijgende.
– 3. Onverminderd de toepassing van artikel 3.25 houdt overdracht van het auteursrecht inzake een tekening of model tevens overdracht in van het recht op de tekening of het model en omgekeerd.

Samenloop

Auteursrecht van werk- en opdrachtgevers

Art. 3.29

Wanneer een tekening of model onder de omstandigheden als bedoeld in artikel 3.8 werd ontworpen, komt het auteursrecht inzake bedoelde tekening of model toe aan degene die overeenkomstig het in dat artikel bepaalde als de ontwerper wordt beschouwd.

Auteursrecht van werk- en opdrachtgevers

TITEL IV
Bepalingen gemeenschappelijk aan merken en tekeningen of modellen

HOOFDSTUK 1
Gemachtigdenregister

Algemene bepalingen inzake het gemachtigdenregister

Art. 4.1

– 1. Het Bureau houdt, overeenkomstig de bepalingen van het uitvoeringsreglement, een register van merken- en tekeningen- of modellengemachtigden in stand, waaruit kan worden afgeleid wie ingevolge dit verdrag aan de eisen van vakbekwaamheid van merken- en tekeningen- of modellengemachtigde voldoet. Het register is voor iedereen kosteloos ter inzage.
– 2. In een register als bedoeld in lid 1 kan op verzoek worden ingeschreven iedereen die:
a. beschikt over een door de Raad van Bestuur erkend diploma of soortgelijk bewijsstuk, dan wel
b. beschikt over een door de Directeur-Generaal afgegeven getuigschrift waaruit blijkt dat met goed gevolg een proeve van bekwaamheid is afgelegd, dan wel

Gemachtigdenregister

c. beschikt over een door de Directeur-Generaal verleende ontheffing van de plicht om een document als bedoeld sub *a* of *b*, over te leggen.
– 3. De Raad van Bestuur erkent een diploma als bedoeld in lid 2, sub *a*, indien hij oordeelt dat het door de organisatie, die in het diploma verstrekt, af te nemen examen leidt tot voldoende kennis van de Benelux regelgeving en de belangrijkste internationale regelingen met betrekking tot het merkenrecht en het tekeningen- of modellenrecht, evenals tot voldoende vaardigheid om deze te kunnen toepassen.

Beroep tegen weigering tot inschrijving in het register of erkenning diploma

Art. 4.2

Beroep

– 1. In geval van een weigering tot inschrijving of verlening van ontheffing of een doorhaling van een inschrijving in een register, dan wel een weigering tot erkenning of een intrekking van de erkenning van een diploma kan een belanghebbende zich binnen twee maanden na een dergelijke weigering, doorhaling of intrekking bij verzoekschrift wenden tot het Hof van Beroep te Brussel, het Gerechtshof te 's-Gravenhage of het Cour d'appel te Luxemburg teneinde een bevel tot inschrijving in het register of een erkenning van een diploma te verkrijgen.
– 2. In het kader van deze procedure kan het Bureau vertegenwoordigd worden door een daartoe aangewezen personeelslid.
– 3. Tegen de beslissing van de appèlrechter staat voorziening in cassatie open, welke opschortende werking heeft.

Misbruik door niet-ingeschreven personen

Art. 4.3

Verbodsbepaling

Het is anderen dan degenen die in een register als bedoeld in artikel 4.1, lid 1, zijn ingeschreven, verboden zichzelf in het economisch verkeer aan te duiden alsof zij in bedoeld register zouden zijn ingeschreven. Bij uitvoeringsreglement worden nadere regels gesteld.

HOOFDSTUK 2
Overige taken van het bureau

Taken

Art. 4.4

Taken

Het Bureau is, behalve met de in de voorgaande titels opgedragen taken, belast met:
a. het aanbrengen van wijzigingen in de depots en inschrijvingen, hetzij op verzoek van de houder, hetzij op grond van kennisgevingen van het Internationaal Bureau of van rechterlijke beslissingen, alsmede het zonodig daarvan verwittigen van het Internationaal Bureau;
b. het publiceren van de inschrijvingen van de Benelux-depots van merken en tekeningen of modellen en alle andere vermeldingen voorgeschreven bij uitvoeringsreglement;
c. het verstrekken op verzoek van iedere belanghebbende van afschriften van inschrijvingen;
d. het aan eenieder op verzoek verstrekken van inlichtingen uit het register van merken- en tekeningen- of modellengemachtigden alsmede omtrent de bij of krachtens dit verdrag gegeven voorschriften ten aanzien van de registratie van merken- en tekeningen- of modellengemachtigden.

HOOFDSTUK 3
Rechterlijke bevoegdheid

Geschillenbeslechting

Art. 4.5

Geschillenbeslechting

– 1. Alleen de rechter is bevoegd uitspraak te doen in gedingen, welke op dit verdrag zijn gegrond.
– 2. De niet-ontvankelijkheid die voortvloeit uit het ontbreken van de inschrijving van een depot van het merk of de tekening of het model, wordt opgeheven door inschrijving of vernieuwing van de inschrijving van het merk of de tekening of het model tijdens het geding.
– 3. De rechter spreekt ambtshalve de doorhaling uit van de nietig of vervallen verklaarde inschrijvingen.

Territoriale bevoegdheid

Art. 4.6

Territoriale bevoegdheid

– 1. Behoudens uitdrukkelijk afwijkende overeenkomst wordt de territoriale bevoegdheid van de rechter inzake merken of tekeningen of modellen bepaald door de woonplaats van de gedaagde of door de plaats, waar de in geding zijnde verbintenis is ontstaan, is uitgevoerd of moet worden uitgevoerd. De plaats waar een merk of een tekening of model is gedeponeerd of

ingeschreven kan in geen geval op zichzelf grondslag zijn voor het bepalen van de bevoegdheid.
– 2. Indien de hierboven gegeven regelen niet toereikend zijn ter bepaling van de territoriale bevoegdheid, kan de eiser de zaak bij de rechter van zijn woon- of verblijfplaats of, indien hij geen woon- of verblijfplaats binnen het Benelux-gebied heeft, naar keuze bij de rechter te Brussel, te 's-Gravenhage of te Luxemburg aanhangig maken.
– 3. De rechters passen de in lid 1 en 2 gegeven regelen ambtshalve toe en stellen hun bevoegdheid uitdrukkelijk vast.
– 4. De rechter, voor wie de hoofdvordering aanhangig is, neemt kennis van eisen in vrijwaring, van eisen tot voeging en tussenkomst en van incidentele eisen, alsmede van eisen in reconventie, tenzij hij onbevoegd is ten aanzien van het onderwerp van het geschil.
– 5. De rechters van één der drie landen verwijzen op vordering van één der partijen de geschillen, waarmede men zich tot hen heeft gewend, naar die van één der twee andere landen, wanneer deze geschillen daar reeds aanhangig zijn of wanneer zij verknocht zijn aan andere, aan het oordeel van deze rechters onderworpen geschillen. De verwijzing kan slechts worden gevorderd, wanneer de zaken in eerste aanleg aanhangig zijn. Zij geschiedt naar de rechter, bij wie de zaak het eerst bij een inleidend stuk aanhangig is gemaakt, tenzij een andere rechter terzake een eerdere uitspraak heeft gegeven, die niet louter een maatregel van orde is; in het eerste geval geschiedt de verwijzing naar die andere rechter.

HOOFDSTUK 4
Overige bepalingen

Rechtstreekse werking

Art. 4.7

Onderdanen van Benelux-landen, alsmede onderdanen van landen welke geen deel uitmaken van de door het Verdrag van Parijs opgerichte Unie, die woonplaats hebben in het Benelux-gebied of aldaar een daadwerkelijke en wezenlijke nijverheids- of handelsonderneming hebben, kunnen ingevolge dit verdrag, voor dit gehele gebied, de toepassing te hunnen voordele inroepen van de bepalingen van het Verdrag van Parijs, van de Overeenkomst en het Protocol van Madrid, van de Overeenkomst van 's-Gravenhage en het TRIPS verdrag.

Rechtstreekse werking

Ander toepasselijk recht

Art. 4.8

De bepalingen van dit verdrag doen geen afbreuk aan de toepassing van het Verdrag van Parijs, het TRIPS verdrag, de Overeenkomst en het Protocol van Madrid, de Overeenkomst van 's-Gravenhage alsmede de bepalingen van Belgisch, Luxemburgs of Nederlands recht, waaruit een verbod een merk te gebruiken voortvloeit.

Ander toepasselijk recht

Rechten en termijnen

Art. 4.9

– 1. Alle voor handelingen bij of door het Bureau verschuldigde rechten worden bepaald bij uitvoeringsreglement.
– 2. Alle voor handelingen bij of door het Bureau geldende termijnen, die niet in het verdrag zijn bepaald, worden bepaald bij uitvoeringsreglement.

Rechten en termijnen

TITEL V
Overgangsbepalingen

De Organisatie rechtsopvolger van de Bureaus

Art. 5.1

– 1. De Organisatie is de rechtsopvolger van het Benelux-Merkenbureau, ingesteld ingevolge artikel 1 van het Benelux-Verdrag inzake de warenmerken van 19 maart 1962, en van het Benelux-Bureau voor Tekeningen of Modellen, ingesteld ingevolge artikel 1 van het Benelux-Verdrag inzake tekeningen of modellen van 25 oktober 1966. Op de Organisatie gaan met ingang van de dag waarop dit verdrag in werking treedt, alle rechten en verplichtingen van het Benelux-Merkenbureau en het Benelux-Bureau voor Tekeningen of Modellen over.
– 2. Met ingang van de dag van inwerkingtreding van dit verdrag wordt het Protocol betreffende de rechtspersoonlijkheid van het Benelux-Merkenbureau en van het Benelux-Bureau voor tekeningen of modellen van 6 november 1981 ingetrokken.

Organisatie rechtsopvolger van de Bureaus

Beëindiging van de Benelux-verdragen inzake merken, tekeningen of modellen

Art. 5.2

Beëindiging Benelux-verdragen inzake merken, tekeningen of modellen

Met ingang van de dag waarop dit verdrag in werking treedt, worden het Benelux-Verdrag inzake de warenmerken van 19 maart 1962 en het Benelux-Verdrag inzake tekeningen of modellen van 25 oktober 1966 beëindigd.

Eerbiediging van de bestaande rechten

Art. 5.3

Eerbiediging bestaande rechten

De rechten die onder de eenvormige Beneluxwet op de merken onderscheidenlijk de eenvormige Beneluxwet inzake tekeningen of modellen bestonden, worden gehandhaafd.

Openstelling per klasse van de oppositieprocedure

Art. 5.4

Openstelling per klasse oppositieprocedure

Artikel III van het protocol van 11 december 2001 houdende wijziging van de eenvormige Beneluxwet op de merken blijft van toepassing.

Eerste uitvoeringsreglement

Art. 5.5

Eerste uitvoeringsreglement

In afwijking van het bepaalde in artikel 1.9, lid 2, zijn de Raad van Bestuur van het Benelux-Merkenbureau en de Raad van Bestuur van het Benelux-Bureau voor Tekeningen of Modellen bevoegd het eerste uitvoeringsreglement gezamenlijk vast te stellen.

TITEL VI

Slotbepalingen

Bekrachtiging

Art. 6.1

Bekrachtiging

Dit verdrag zal worden bekrachtigd. De akten van bekrachtiging zullen worden nedergelegd bij de Regering van het Koninkrijk België.

Inwerkingtreding

Art. 6.2

Inwerkingtreding

– 1. Dit verdrag treedt, onverminderd het bepaalde in de leden 2 en 3, in werking op de eerste dag van de derde maand, volgende op de nederlegging van de derde akte van bekrachtiging.

– 2. Artikel 2.15, hoofdstuk 1 van titel IV en artikel 4.4, sub *d*, treden in werking op een bij uitvoeringsreglement te bepalen datum, waarbij voor de inwerkingtreding van deze bepalingen verschillende data kunnen worden vastgesteld.

– 3. Artikel 5.5 wordt voorlopig toegepast.

Duur van het verdrag

Art. 6.3

Duur van verdrag

– 1. Dit verdrag wordt gesloten voor onbepaalde tijd.

– 2. Dit verdrag kan worden opgezegd door ieder van de Hoge Verdragsluitende Partijen.

– 3. De opzegging wordt van kracht uiterlijk op de eerste dag van het vijfde jaar volgende op het jaar waarin de kennisgeving is ontvangen door de beide andere Hoge Verdragsluitende Partijen, of op een andere datum te bepalen door de Hoge Verdragsluitende Partijen gezamenlijk.

Protocol inzake voorrechten en immuniteiten

Art. 6.4

Protocol inzake voorrechten en immuniteiten

Het protocol inzake voorrechten en immuniteiten vormt een wezenlijk onderdeel van dit verdrag.

Uitvoeringsreglement

Art. 6.5

Uitvoeringsreglement

– 1. De uitvoering van dit verdrag wordt geregeld bij uitvoeringsreglement. Dit wordt bekendgemaakt in het officiële publicatieblad van ieder der Hoge Verdragsluitende Partijen.

– 2. Indien de tekst van dit verdrag en het uitvoeringsreglement met elkaar in strijd zijn, geeft de tekst van het verdrag de doorslag.

III.12 VERDRAG TOT HET VASTSTELLEN VAN EENIGE EENVORMIGE REGELEN BETREFFENDE AANVARING [VERTALING] (AANVARINGSVERDRAG BRUSSEL 1910)

Verdrag van 23 september 1910, Stb. 1913, 74

[Inwerkingtreding: 01-03-1913]

Zijne Majesteit de Keizer van Duitschland, Koning van Pruisen, in naam van het Duitsche Rijk; de President van de Argentijnsche Republiek; Zijne Majesteit de Keizer van Oostenrijk, Koning van Bohemen, enz. en Apostolisch Koning van Hongarije, voor Oostenrijk en voor Hongarije; Zijne Majesteit de Koning der Belgen; de President der Vereenigde Staten van Brazilië; de President der Republiek Chili; de President der Republiek Cuba; Zijne Majesteit de Koning van Denemarken; Zijne Majesteit de Koning van Spanje; de President der Vereenigde Staten van Amerika; de President der Fransche Republiek; Zijne Majesteit de Koning van het Vereenigd Koninkrijk van Groot-Britannië en Ierland en der Britsche overzeesche bezittingen, Keizer van Indië; Zijne Majesteit de Koning der Hellenen; Zijne Majesteit de Koning van Italië; Zijne Majesteit de Keizer van Japan; de President der Vereenigde Mexicaansche Staten; de President der Republiek Nicaragua; Zijne Majesteit de Koning van Noorwegen; Hare Majesteit de Koningin der Nederlanden; Zijne Majesteit de Koning van Portugal en der Algarven; Zijne Majesteit de Koning van Rumenië; Zijne Majesteit de Keizer van alle Ruslanden; Zijne Majesteit de Koning van Zweden; de President der Republiek Uruguay,
het nut erkennende om in gemeen overleg eenige eenvormige regelen betreffende aanvaring vast te stellen, hebben besloten te dien einde een verdrag te sluiten, en hebben tot Hunne gevolmachtigden benoemd, te weten:
Zijne Majesteit de Keizer van Duitschland, Koning van Pruisen, in naam van het Duitsche Rijk:
den heer Kracker von Schwartzenfeldt, zaakgelastigde van Duitschland te Brussel;
den heer dr. Struckmann, geheim Opper-Regeeringsraad, verslaggevend Raad bij het Keizerlijk Departement van Justitie;
de President der Argentijnsche Republiek:
Zijne Excellentie den heer A. Blancas, buitengewoon gezant en gevolmachtigd Minister der Argentijnsche Republiek bij Zijne Majesteit den Koning der Belgen;
Zijne Majesteit de Keizer van Oostenrijk, Koning van Bohemen, enz. en Apostolisch Koning van Hongarije:
voor Oostenrijk en voor Hongarije:
Zijne Excellentie graaf von Clary und Aldringen, Hoogstdeszelfs buitengewoon gezant en gevolmachtigd Minister bij Zijne Majesteit den Koning der Belgen;
voor Oostenrijk:
den heer dr. Stephen Worms, afdeelingsraad bij het Keizerlijk Koninklijk Oostenrijksch Ministerie van Handel;
voor Hongarije:
den heer dr. Franz von Nagy, oud-secretaris van Staat, gewoon hoogleeraar aan de Koninklijke Universiteit te Budapest, lid der Hongaarsche Kamer van Afgevaardigden;
Zijne Majesteit de Koning der Belgen:
den heer Beernaert, Minister van Staat, voorzitter van het Internationaal Maritiem Comité;
den heer Capelle, buitengewoon gezant en gevolmachtigd Minister, directeur-generaal van den handel en der consulaten bij het Ministerie van Buitenlandsche Zaken;
den heer Ch. Le Jeune, ondervoorzitter van het Internationaal Maritiem Comité;
den heer Louis Franck, lid der Kamer van Volksvertegenwoordigers, secretaris-generaal van het Internationaal Maritiem Comité;
den heer P. Segers, lid der Kamer van Volksvertegenwoordigers;
de President der Vereenigde Staten van Brazilië:
den heer dr. Rodrigo Octavio de Langgaard Menezes, hoogleraar aan de vrije faculteit voor juridische en sociale wetenschappen te Rio de Janeiro, lid der Braziliaansche Academie;
de President der Chileensche Republiek:
Zijne Excellentie den heer F. Puga-Borne, buitengewoon gezant en gevolmachtigd Minister der Chileensche Republiek bij Zijne Majesteit den Koning der Belgen;
de President der Cubaansche Republiek:
den heer Francisco Zayas y Alfonso, Minister-Resident der Cubaansche Republiek te Brussel;
Zijne Majesteit de Koning van Denemarken:
den heer W. de Grevenkop Castenskiold, Minister-Resident van Denemarken te Brussel;
den heer Herman Barclay Halkier, advocaat bij het Opperste Gerechtshof van Denemarken;
Zijne Majesteit de Koning van Spanje:

Zijne Excellentie den heer de Baguer y Corsi, Hoogstdeszelfs buitengewoon gezant en gevolmachtigd Minister bij Zijne Majesteit den Koning der Belgen;
Don Juan Spottorno, Auditeur-Generaal der Koninklijke Marine;
Don Ramon Sanchez Ocaña, afdeelingschef bij het Ministerie van Justitie, oud-raadsheer in een territoriaal gerechtshof;
Don Faustino Alvarez del Manzano, hoogleeraar aan de Centrale Universiteit te Madrid;
de President der Vereenigde Staten van Amerika:
den heer Walter C. Noyes, rechter bij het ommegaand Hof der Vereenigde Staten te New-York;
den heer Charles C. Burlingham, advocaat te New-York;
den heer A. J. Montague, oud-Gouverneur van den Staat Virginia;
den heer Edwin W. Smith, advocaat te Pittsburg;
de President der Fransche Republiek:
Zijne Excellentie den heer Beau, buitengewoon gezant en gevolmachtigd Minister der Fransche Republiek bij Zijne Majesteit den Koning der Belgen;
den heer Lyon-Caen, lid van het Instituut, hoogleeraar aan de Faculteit der rechtsgeleerdheid te Parijs en aan de School voor politieke wetenschappen, Voorzitter der Fransche Vereeniging voor Zeerecht;
Zijne Majesteit de Koning van het Vereenigd Koninkrijk van Groot-Britannië en Ierland en der Britsche Overzeesche Bezittingen, Keizer van Indië:
Zijne Excellentie Sir Arthur Hardinge, K. C. B., K. C. M. G., Hoogstdeszelfs buitengewoon gezant en gevolmachtigd Minister bij Zijne Majesteit den Koning der Belgen;
the Honble Sir William Pickford, rechter in het Hooge Gerechtshof te Londen;
den heer Leslie Scott, Raad des Konings, te Londen:
the Honble Hugh Godley, advocaat te Londen;
Zijne Majesteit de Koning der Hellenen:
den heer Georges Diobouniotis, hoogleeraar aan de Universiteit te Athene;
Zijne Majesteit de Koning van Italië:
Prins van Castagneto Caracciolo, zaakgelastigde van Italië te Brussel;
den heer François Berlingieri, advocaat, hoogleeraar aan de Universiteit te Genua;
den heer François Mirelli, raadslid in het hof van appel te Napels;
den heer César Vivante, gewoon hoogleeraar aan de universiteit te Rome;
Zijne Majesteit de Keizer van Japan;
Zijne Excellentie den heer K. Nabeshima, Hoogstdeszelfs buitengewoon gezant en gevolmachtigd Minister bij Zijne Majesteit den Koning der Belgen;
den heer Yoshiyuki Irié, procureur en raad aan het Ministerie van Justitie van Japan;
den heer Takeyuki Ishikawa, chef der afdeeling voor zeezaken aan de directie voor verkeerswegen van Japan;
den heer M. Matsuda, tweede secretaris der Japansche legatie te Brussel;
de President der Vereenigde Mexicaansche Staten:
Zijne Excellentie den heer Olarte, buitengewoon gezant en gevolmachtigd Minister der Vereenigde Mexicaansche Staten bij Zijne Majesteit den Koning der Belgen;
den heer Victor Manuel Castillo, advocaat, lid van den Senaat;
de President der Republiek Nicaragua:
den heer L. Vallez, consul-generaal der Republiek Nicaragua te Brussel;
Zijne Majesteit de Koning van Noorwegen:
Zijne Excellentie den heer dr. G. F. Hagerup, Hoogstdeszelfs buitengewoon gezant en gevolmachtigd Minister bij Zijne Majesteit den Koning der Belgen;
den heer Christian Theodor Boe, scheepsreeder;
Hare Majesteit de Koningin der Nederlanden:
den heer jhr. P. R. A. Melvill van Carnbee, zaakgelastigde van Nederland te Brussel;
den heer W. R. B. A. Molengraaff, hoogleeraar aan de Rijksuniversiteit te Utrecht;
den heer mr. B. C. J. Loder, raadsheer in den Hoogen Raad der Nederlanden te 's-Gravenhage;
den heer mr. C. D. Asser jr., advocaat te Amsterdam;
Zijne Majesteit de Koning van Portugal en den Algarven:
den heer Antonio Duarte de Oliveira Soares, Zaakgelastigde van Portugal te Brussel;
Zijne Majesteit de Koning van Rumenië:
Zijne Excellentie den heer Djuvara, Hoogstdeszelfs buitengewoon gezant en gevolmachtigd Minister bij zijne Majesteit den Koning der Belgen;
Zijne Majesteit de Keizer van alle Ruslanden:
den heer C. Nabokoff, eerste secretaris der Russische Ambassade te Washington:
Zijne Majesteit den Koning van Zweden:
Zijne Excellentie graaf J. J. A. Ehrensvard, Hoogstdeszelfs buitengewoon gezant en gevolmachtigd Minister bij Zijne Majesteit den koning der Belgen;

den heer Einar Lange, directeur der Zweedsche stoombootverzekeringsmaatschappij;
de President der Republiek Uruguay:
Zijne Excellentie den heer Luis Garabelli, buitengewoon gezant en gevolmachtigd Minister der Republiek Uruguay bij Zijne Majesteit den Koning der Belgen,
die, daartoe behoorlijk gemachtigd, zijn overeengekomen als volgt:

Art. 1

In geval van aanvaring tusschen zeeschepen of tusschen zeeschepen en vaartuigen, welke de binnenwateren bevaren, wordt de vergoeding, verschuldigd ter zake van schaden toegebracht aan schepen en aan zaken of personen, die zich aan boord bevonden, geregeld overeenkomstig de navolgende bepalingen, onverschillig in welke wateren de aanvaring heeft plaats gehad.

Plaats aanvaring niet van belang

Art. 2

– 1. Wanneer de aanvaring is toe te schrijven aan toeval, wanneer ze veroorzaakt is door overmacht, of wanneer twijfel rijst omtrent de oorzaken der aanvaring, wordt de schade gedragen door hen aan wie ze is opgekomen.

Aanvaring door toeval of overmacht

– 2. Deze bepaling blijft toepasselijk ook in geval de schepen of één daarvan tijdens het ongeval voor anker liggen.

Art. 3

Indien de aanvaring is veroorzaakt door de schuld van een der schepen, komt de vergoeding der schaden ten laste van het schip dat de fout heeft begaan.

Aanvaring door schuld

Art. 4

– 1. In geval van schuld van wederzijde is de aansprakelijkheid van elk der schepen evenredig aan het gewicht der wederzijds begane fouten; wanneer evenwel die verhouding uit de omstandigheden niet kan worden afgeleid, of wanneer de fouten tegen elkander schijnen op te wegen, wordt de aansprakelijkheid gelijkelijk gedeeld.

Evenredigheid schuld

– 2. De schaden, toegebracht hetzij aan schepen, hetzij aan hunne ladingen, hetzij aan bagage of andere goederen der bemanningen, passagiers of andere personen die zich aan boord bevinden, worden in bovengemelde verhouding gedragen door de schepen welker schuld ze heeft veroorzaakt, zonder hoofdelijkheid ten aanzien van derden.

Hoofdelijke aansprakelijkheid

– 3. De schuldige schepen zijn hoofdelijk aansprakelijk ten aanzien van derden voor schaden, veroorzaakt door dood of verwonding, behoudens recht van verhaal voor dat hetwelk een grooter deel betaald heeft dan het, overeenkomstig het eerste lid van dit artikel, dragen moet.
– 4. Aan de nationale wetgevingen wordt overgelaten, voor wat dit verhaal betreft, de draagwijdte en de gevolgen vast te stellen van de contractueele of wettelijke bepalingen die de aansprakelijkheid der reeders beperken ten aanzien van de zich aan boord bevindende personen.

Art. 5

De in de voorgaande artikelen vastgestelde aansprakelijkheid blijft bestaan ingeval de aanvaring is veroorzaakt door de schuld van een loods, ook al is het gebruik van dezen verplicht.

Schuld loods

Art. 6

– 1. De rechtsvordering tot vergoeding van schaden ten gevolge van aanvaring geleden is niet afhankelijk van eenig protest of eenige andere bijzondere formaliteit.

Geen formaliteitseisen

– 2. Met betrekking tot aansprakelijkheid voor aanvaring bestaan geen wettelijke vermoedens omtrent schuld.

Art. 7

– 1. De rechtsvorderingen tot schadevergoeding verjaren in twee jaren, te rekenen van het voorval.

Verjaring

– 2. De termijn voor het instellen der vorderingen tot verhaal, toegelaten bij het derde lid van artikel 4, is één jaar. Deze verjaring loopt van den dag der betaling af.
– 3. De gronden voor schorsing en stuiting dezer verjaringen worden bepaald door de wet van het gerecht, voor hetwelk de vordering wordt aangebracht.

Schorsing en stuiting

– 4. De hooge verdragsluitende partijen behouden zich het recht voor als opschortingsgrond voor de hierboven gestelde termijnen in hare wetgevingen op te nemen het feit, dat op het schip welks schuld wordt beweerd, niet is kunnen worden beslag gelegd binnen de territoriale wateren van den Staat, in welken de eischer zijn woonplaats of den hoofdzetel zijner onderneming heeft.

Art. 8

– 1. Na eene aanvaring is de kapitein van ieder der in aanvaring geweest zijnde schepen gehouden om, voor zooverre hij zulks kan doen zonder ernstig gevaar voor zijn schip, zijne bemanning en zijne passagiers, hulp te verleenen aan het andere schip en deszelfs bemanning en passagiers.

Verplichte hulpverlening

– 2. Hij is, evenzeer binnen de grenzen van het mogelijke, gehouden om aan het andere schip op te geven den naam van zijn eigen schip en de haven waar het thuis behoort, alsmede de plaatsen vanwaar het komt en waarheen het gaat.

Verplichte informatie

Reder verantwoordelijk

– 3. De reeder is ter zake van de enkele overtreding der voorgaande bepalingen niet verantwoordelijk.

Art. 9

Straffen

– 1. De hooge verdragsluitende partijen, welker wetgeving tegen overtredingen van het voorgaand artikel geen straf bedreigt, verbinden zich om de maatregelen, noodig tot het straffen van zulke overtredingen, te nemen of aan hare wetgevende lichamen voor te stellen.

– 2. De hooge verdragsluitende partijen zullen zoodra mogelijk elkander mededeeling doen van de wetten en reglementen, welke ter uitvoering van vorenstaand voorschrift in hare Staten reeds gemaakt mochten zijn of alsnog gemaakt mochten worden.

Art. 10

Verhouding nationale wetten

Onder voorbehoud van wat later mocht worden overeengekomen, maken de bepalingen van dit verdrag geen inbreuk op de regelen omtrent de beperking der aansprakelijkheid der reeders gelijk die thans in ieder land gelden, noch ook op de verplichtingen uit de vervoerovereenkomst of welke andere overeenkomsten ook voortvloeiende.

Art. 11

Oorlogs- en Staatsschepen

Dit verdrag is niet van toepassing op oorlogsschepen en op Staatsschepen welke uitsluitend voor den openbaren dienst zijn bestemd.

Art. 12

Toepassing alle belanghebbenden

– 1. De bepalingen van dit verdrag zullen worden toegepast ten aanzien van alle belanghebbenden, wanneer alle betrokken schepen behooren tot Staten der hooge verdragsluitende partijen en voorts in de andere door de nationale wetgevingen voorziene gevallen.

– 2. Alles niettemin met dien verstande dat:

1° ten aanzien van belanghebbenden, die onderdanen zijn van een niet-verdragsluitenden Staat, de toepassing van gezegde bepalingen door iederen verdragsluitenden Staat afhankelijk kan worden gemaakt van de voorwaarde van wederkeerigheid;

2° wanneer alle belanghebbenden onderdanen zijn van den Staat waartoe het betrokken gerecht behoort, de nationale wet en niet het verdrag toepasselijk is.

Art. 13

Schade zonder aanvaring

Dit verdrag is mede van toepassing op de vergoeding van schaden die, hetzij door het uitvoeren of nalaten van een manoeuvre, hetzij door niet-naleving der reglementen, een schip heeft toegebracht, zoowel aan een ander schip als aan de zich aan boord daarvan bevindende zaken of personen, zelfs dan als er geen aanvaring had plaats gevonden.

Art. 14

Herziening

– 1. Elke der hooge verdragsluitende partijen zal bevoegd zijn de bijeenkomst uit te lokken van eene nieuwe conferentie, na drie jaren, te rekenen van het in werking treden van dit verdrag, ten einde na te gaan welke verbeteringen daarin zouden kunnen aangebracht worden, en inzonderheid om zoo mogelijk de sfeer der toepasselijkheid er van uit te breiden.

– 2. De Mogendheid, die van deze bevoegdheid gebruik zal willen maken, zal haar verlangen daartoe aan de andere Mogendheden kenbaar maken door bemiddeling van de Belgische regeering, welke zich verbindt de conferentie alsdan binnen zes maanden samen te roepen.

Art. 15

Toetreding

– 1. De Staten, die dit verdrag niet hebben onderteekend, worden tot toetreding daartoe op hun verlangen toegelaten.

– 2. Deze toetreding zal langs diplomatieken weg worden kenbaar gemaakt aan de Belgische regeering en door deze aan de regeeringen van de andere verdragsluitende partijen; zij zal van kracht zijn ééne maand na de toezending der kennisgeving door de Belgische regeering gedaan.

Art. 16

Bekrachtiging

– 1. Dit verdrag zal worden bekrachtigd.

– 2. Na afloop van een termijn van ten hoogste een jaar, te rekenen van den dag der onderteekening van het verdrag, zal de Belgische regeering zich in verbinding stellen met de regeeringen der hooge verdragsluitende partijen, die zich tot bekrachtiging hebben bereid verklaard, ten einde te doen beslissen of er aanleiding is het verdrag in werking te stellen.

– 3. De akten van bekrachtiging zullen in dat geval dadelijk te Brussel worden nedergelegd en ééne maand na deze nederlegging zal het verdrag in werking treden.

– 4. Het protocol zal nog gedurende één jaar open blijven ten behoeve der Staten welke op de conferentie te Brussel vertegenwoordigd waren. Na dat tijdsverloop zullen deze slechts kunnen toetreden overeenkomstig de bepalingen van artikel 15.

Art. 17

Opzegging

Ingeval de eene of andere der hooge verdragsluitende partijen dit verdrag mocht opzeggen, zal die opzegging eerst in werking treden één jaar nà den dag waarop zij aan de Belgische regeering zal zijn kenbaar gemaakt en het verdrag zal tusschen de andere verdragsluitende partijen van kracht blijven.

Additioneel art.

In afwijking van het voorafgaande artikel 16 is overeengekomen dat de bepaling van art. 5, hetwelk de aansprakelijkheid vaststelt voor het geval dat de aanvaring is veroorzaakt door de schuld van een verplichten loods, eerst dan van rechtswege kracht zal erlangen wanneer tusschen de hooge verdragsluitende partijen overeenstemming zal zijn verkregen omtrent de beperking der aansprakelijkheid van reeders.

Schuld verplichte loods

Protocol van onderteekening

Bij het overgaan tot onderteekening der op heden gesloten verdragen tot het vaststellen van eenige eenvormige regelen betreffende aanvaring en hulp en berging, is door de ondergeteekenden, gevolmachtigden, het navolgende overeengekomen:

De bepalingen van gezegde verdragen zullen onder voorbehoud als hierna vermeld, toepasselijk zijn op de koloniën en bezittingen der verdragsluitende Mogendheden.

I De Duitsche Regeering verklaart zich hare besluiten ten aanzien van hare koloniën voor te behouden. Ten aanzien van ieder dezer afzonderlijk behoudt zij zich het recht voor tot de verdragen toe te treden en ze op te zeggen.

II De Deensche Regeering verklaart ten aanzien van IJsland en de Deensche koloniën of bezittingen, ieder afzonderlijk, zich het recht voor te behouden tot de gezegde verdragen toe te treden en ze op te zeggen.

III De Regeering der Vereenigde Staten van Amerika verklaart zich het recht voor te behouden om voor de eilandbezittingen der Vereenigde Staten van Amerika tot gezegde verdragen toe te treden en deze op te zeggen.

IV De Regeering van Zijne Britsche Majesteit verklaart zich het recht voor te behouden om tot gezegde verdragen toe te treden en deze op te zeggen voor alle de koloniën, protectoraten en Britsche bezittingen, ieder afzonderlijk, zoomede voor het eiland Cyprus.

V De Italiaansche Regeering behoudt zich voor later tot de verdragen voor de Italiaansche onderhoorigheden en koloniën toe te treden.

VI De Nederlandsche Regeering behoudt zich het recht voor later voor de Nederlandsche koloniën en bezittingen tot de verdragen toe te treden.

VII De Portugeesche Regeering verklaart zich het recht voor te behouden om later voor de Portugeesche koloniën tot de verdragen toe te treden. Van deze toetredingen kan worden kennis gegeven hetzij door eene algemeene verklaring, welke alle koloniën en bezittingen omvat, hetzij door bijzondere verklaringen. Voor toetredingen en opzeggingen zal in voorkomend geval de vorm worden gevolgd, welke in de beide verdragen van heden is aangegeven. Alles niettemin met dien verstande, dat die toetredingen evenzeer kunnen worden opgenomen in het proces-verbaal van nederlegging der akten van bekrachtiging.

Verdrag van 28 april 1989, Trb. 1990, 109

[Inwerkingtreding: 14-07-1996]

De Staten die Partij zijn bij dit Verdrag,
De wenselijkheid erkennende om in gemeen overleg eenvormige internationale regels vast te stellen betreffende hulpverlening,
In aanmerking nemende dat belangrijke ontwikkelingen, in het bijzonder de toenemende aandacht voor de bescherming van het milieu, de noodzaak hebben aangetoond van een herziening van de internationale regels, thans vervat in het Verdrag tot het vaststellen van eenige eenvormige regelen betreffende hulp en berging, gedaan te Brussel, 23 september 1910,
Zich bewust van de belangrijke bijdrage die een doelmatige en tijdige hulpverlening kan leveren aan de veiligheid van schepen en andere zaken die in gevaar verkeren en aan de bescherming van het milieu,
Overtuigd van de noodzaak zorg te dragen voor voldoende aansporingen voor personen die hulp verlenen aan schepen en andere zaken die in gevaar verkeren,
Zijn als volgt overeengekomen:

HOOFDSTUK I
Algemene bepalingen

Definities

Definities

Art. 1

Voor de toepassing van dit Verdrag:
a. betekent *hulpverlening* iedere daad of werkzaamheid, verricht om hulp te verlenen aan een in een bevaarbaar water of in welk ander water dan ook in gevaar verkerend schip of andere zaak,
b. betekent *schip* ieder schip of ander vaartuig, dan wel iedere constructie waarmee kan worden gevaren,
c. betekent *zaak* iedere zaak die niet blijvend en opzettelijk aan de kust is bevestigd en daaronder is begrepen de in risico zijnde vracht,
d. betekent *milieuschade* aanzienlijke fysieke schade aan de gezondheid van de mens, aan de fauna of flora in zee of aan hulpbronnen in kust- of binnenwateren of daaraan grenzende gebieden, veroorzaakt door verontreiniging, besmetting, brand, ontploffing of soortgelijke ingrijpende gebeurtenissen,
e. betekent *betaling* iedere krachtens dit Verdrag verschuldigde beloning, vergoeding of schadeloosstelling,
f. betekent *Organisatie* de Internationale Maritieme Organisatie,
g. betekent *Secretaris-Generaal* de Secretaris-Generaal van de Organisatie.

Toepassing van het Verdrag

Reikwijdte

Art. 2

Dit Verdrag is van toepassing wanneer een gerechtelijke of scheidsrechtelijke procedure betreffende een aangelegenheid waarop dit Verdrag betrekking heeft, aanhangig wordt gemaakt in een Staat die Partij is bij dit Verdrag.

Platforms en booreenheden

Uitzondering voor boorplatforms

Art. 3

Dit Verdrag is niet van toepassing op vaste of drijvende platforms of verplaatsbare boorinstallaties wanneer die platforms of boorinstallaties op een lokatie in bedrijf zijn voor de exploratie, exploitatie of winning van minerale rijkdommen van de zeebodem.

Staatsschepen

Uitzondering voor staatsschepen

Art. 4

– 1. Onverminderd artikel 5 is dit Verdrag niet van toepassing op oorlogsschepen of andere niet-handelsschepen die eigendom zijn van of geëxploiteerd worden door een Staat en die ten tijde van de hulpverlening een beroep kunnen doen op staatsimmuniteit krachtens algemeen erkende beginselen van internationaal recht, tenzij die Staat anders besluit.
– 2. Wanneer een Staat die Partij is bij dit Verdrag besluit het Verdrag toe te passen op zijn oorlogsschepen of andere in het eerste lid bedoelde schepen, geeft die Staat hiervan kennis aan de

Secretaris-Generaal onder vermelding van de bepalingen en voorwaarden waaronder die toepassing geschiedt.

Hulpverlening onder toezicht van de overheid

Art. 5

Hulpverlening door of namens een overheid

– 1. Dit Verdrag laat onverlet de bepalingen van nationaal recht of enig verdrag betreffende hulpverleningswerkzaamheden die worden verricht door of onder toezicht van een overheid.
– 2. Niettemin kan een hulpverlener die zodanige werkzaamheden verricht een beroep doen op de in dit Verdrag ten aanzien van hulpverleningswerkzaamheden voorziene rechten en rechtsmiddelen.
– 3. De mate waarin een overheid op wie een verplichting rust om hulp te verlenen, gerechtigd is een beroep te doen op de rechten en rechtsmiddelen voorzien in dit Verdrag, wordt bepaald door het recht van de Staat waar die overheid is gevestigd.

Overeenkomsten omtrent hulpverlening

Art. 6

Hulpverlening krachtens overeenkomst

– 1. Dit Verdrag is van toepassing op iedere hulpverlening, behalve voorzover een overeenkomst uitdrukkelijk of stilzwijgend anders bepaalt.
– 2. De kapitein is bevoegd om namens de eigenaar van het schip een overeenkomst omtrent hulpverlening te sluiten. De kapitein of de eigenaar van het schip is bevoegd een zodanige overeenkomst namens de eigenaar van de zaken aan boord van het schip te sluiten.
– 3. Dit artikel laat onverlet de toepassing van artikel 7 en de verplichting tot voorkoming of beperking van milieuschade.

Vernietiging en wijziging van overeenkomsten

Art. 7

Vernietiging en wijziging overeenkomsten

Een overeenkomst of enig daarin voorkomend beding kan worden vernietigd of gewijzigd indien:
a. de overeenkomst is aangegaan onder misbruik van omstandigheden of onder invloed van gevaar en de overeengekomen bedingen onbillijk zijn, of
b. de overeengekomen betaling buitensporig hoog of laag is in verhouding tot de daadwerkelijk verleende diensten.

HOOFDSTUK II
Uitvoering van de hulpverlening

Plichten van de hulpverlener en van de eigenaar en de kapitein

Art. 8

Plichten hulpverlener

– 1. De hulpverlener is jegens de eigenaar van het schip of andere in gevaar verkerende zaak verplicht:
a. de hulpverlening met de nodige zorg uit te voeren;
b. bij de nakoming van de onder letter *a* bedoelde verplichting de nodige zorg te betrachten om milieuschade te voorkomen of te beperken;
c. in alle gevallen, waarin de omstandigheden dit redelijkerwijze vereisen, de bijstand in te roepen van andere hulpverleners; en
d. de tussenkomst van andere hulpverleners te aanvaarden, wanneer hierom redelijkerwijze wordt verzocht door de eigenaar of de kapitein van het schip of de andere in gevaar verkerende zaak; echter met dien verstande dat het bedrag van zijn beloning niet wordt verminderd, indien mocht blijken dat het verzoek onredelijk was.

Plichten eigenaar en kapitein

– 2. De eigenaar en de kapitein van het schip of de eigenaar van andere in gevaar verkerende zaken zijn jegens de hulpverlener verplicht:
a. gedurende de hulpverlening volledig met hem samen te werken;
b. daarbij de nodige zorg te betrachten om milieuschade te voorkomen of te beperken; en
c. wanneer het schip of de andere zaken in veiligheid zijn gebracht, teruggave daarvan te aanvaarden wanneer zulks redelijkerwijze door de hulpverlener wordt verzocht.

Rechten van kuststaten

Art. 9

Rechten van kuststaten

Geen bepaling van dit Verdrag doet afbreuk aan het recht van de betrokken kuststaat om maatregelen te nemen in overeenstemming met algemeen erkende beginselen van internationaal recht ter bescherming van zijn kust of daarmee samenhangende belangen tegen verontreiniging of dreigende verontreiniging na een ongeval op zee of na met een dergelijk ongeval verband houdende handelingen, waarvan redelijkerwijs kan worden aangenomen dat zij zeer ernstige schade tot gevolg kunnen hebben, daaronder begrepen het recht van een kuststaat aanwijzingen te geven met betrekking tot hulpverlening.

Plicht tot hulpverlening

Art. 10

Plicht tot hulpverlening

– 1. Iedere kapitein is verplicht, voor zover hij dit kan doen zonder ernstig gevaar voor zijn schip en de opvarenden, hulp te verlenen aan een ieder die op zee in levensgevaar verkeert.
– 2. De Staten die Partij zijn bij dit Verdrag nemen de maatregelen die nodig zijn voor de naleving van de in het eerste lid bedoelde verplichting.
– 3. De eigenaar van het schip is niet aansprakelijk voor de schending door de kapitein van de in het eerste lid bedoelde verplichting.

Samenwerking

Art. 11

Samenwerking

Telkenmale wanneer een Staat die Partij is bij dit Verdrag regels uitvaardigt of een besluit neemt over een aangelegenheid betreffende hulpverlening, zoals de toelating in havens van in nood verkerende schepen of het treffen van voorzieningen ten behoeve van hulpverleners, houdt hij rekening met de noodzaak tot samenwerking tussen hulpverleners, andere belanghebbende partijen en de overheid teneinde een doelmatige en geslaagde uitvoering van het redden van in gevaar verkerende mensenlevens of zaken, alsmede het voorkomen van schade aan het milieu in het algemeen te verzekeren.

HOOFDSTUK III

Rechten van hulpverleners

Voorwaarden voor het hulploon

Art. 12

Recht op hulploon

– 1. Hulp die met gunstig gevolg is verleend geeft recht op hulploon.
– 2. Tenzij anders is bepaald, is geen betaling krachtens dit Verdrag verschuldigd indien de hulp geen gunstig gevolg heeft gehad.
– 3. Dit hoofdstuk is ook van toepassing, indien het schip waaraan de hulp is verleend en het schip dat de hulp heeft verleend aan dezelfde eigenaar toebehoren.

Criteria voor het vaststellen van het hulploon

Art. 13

Vaststelling hulploon

– 1. Het hulploon wordt vastgesteld met het oog op het aanmoedigen van hulpverlening, rekening houdend met de volgende criteria ongeacht de volgorde waarin zij hieronder zijn opgesomd:
a. de geredde waarde van het schip en de andere goederen;
b. de vakkundigheid en inspanningen van de hulpverleners, betoond bij het voorkomen of beperken van schade aan het milieu;
c. de mate van de door de hulpverleners verkregen gunstige uitslag;
d. de aard en ernst van het gevaar;
e. de vakkundigheid en inspanningen betoond door de hulpverleners bij de redding van het schip, de andere zaken en mensenlevens;
f. de door de hulpverleners gebruikte tijd, gemaakte kosten en geleden verliezen;
g. het risico van aansprakelijkheid en andere door de hulpverleners of hun uitrusting gelopen risico's;
h. de snelheid van de verleende diensten;
i. de beschikbaarheid en het gebruik van schepen of andere voor hulpverlening bestemde uitrusting;
j. de staat van gereedheid alsmede de doelmatigheid en de waarde van de uitrusting van de hulpverleners.
– 2. De betaling van een in overeenstemming met het eerste lid vastgesteld hulploon geschiedt door alle belanghebbenden bij het schip en de andere goederen in evenredigheid met de geredde waarde daarvan. Een Staat die Partij is bij dit Verdrag mag echter in zijn nationale wetgeving bepalen dat de betaling van een hulploon door één van deze belanghebbenden geschiedt, met dien verstande dat die belanghebbende een recht van verhaal heeft jegens de andere belanghebbenden voor hun onderscheiden aandeel. Niets in dit artikel belet het gebruik van enig verweermiddel.
– 3. Het hulploon, met uitzondering van rente en verhaalbare gerechtelijke kosten, mag de geredde waarde van het schip of de andere goederen niet overtreffen.

Bijzondere vergoeding

Art. 14

Bijzondere vergoeding

– 1. Indien een hulpverlener hulp heeft verleend aan een schip dat zelf of wegens zijn lading schade dreigde toe te brengen aan het milieu en hij geen hulploon heeft verkregen krachtens artikel 13 dat ten minste gelijk is aan de volgens dit artikel vast te stellen bijzondere vergoeding, heeft hij recht op een bijzondere vergoeding van de zijde van de eigenaar van het schip, gelijk aan de door hem gemaakte kosten zoals in dit artikel omschreven.

– 2. Indien de hulpverlener in de in het eerste lid bedoelde omstandigheden door zijn hulpverleningswerkzaamheden schade aan het milieu heeft voorkomen of heeft beperkt, kan de door de eigenaar volgens het eerste lid aan de hulpverlener te betalen bijzondere vergoeding worden verhoogd tot een maximum van 30% van de door de hulpverlener gemaakte kosten. Indien echter het gerecht, rekening houdend met de in het eerste lid van artikel 13 genoemde criteria, zulks billijk en rechtvaardig acht, kan het die bijzondere vergoeding verder verhogen, maar de totale verhoging mag in geen geval meer bedragen dan 100% van de door de hulpverlener gemaakte kosten.

– 3. Voor de toepassing van het eerste en tweede lid worden onder kosten van de hulpverlener verstaan de contante uitgaven die door de hulpverlener redelijkerwijze zijn gemaakt bij de hulpverlening en een billijk tarief voor uitrusting en personeel die daadwerkelijk en redelijkerwijze zijn ingezet tijdens de hulpverlening, in aanmerking nemend de criteria genoemd in artikel 13, eerste lid, onder *(h)*, *(i)* en *(j)*.

– 4. De totale bijzondere vergoeding krachtens dit artikel wordt slechts betaald indien en voor zover deze vergoeding hoger is dan het hulploon dat de hulpverlener krachtens artikel 13 kan ontvangen.

– 5. Indien de hulpverlener nalatig is geweest en daardoor in gebreke is gebleven schade aan het milieu te voorkomen of te beperken, kan hem de krachtens dit artikel verschuldigde bijzondere vergoeding geheel of gedeeltelijk worden ontzegd.

– 6. Geen bepaling van dit artikel doet afbreuk aan enig recht van verhaal van de eigenaar van het schip.

Verdeling tussen hulpverleners

Art. 15

Verdeling tussen hulpverleners

– 1. De verdeling van een in artikel 13 bedoeld hulploon tussen hulpverleners geschiedt volgens de in dat artikel genoemde criteria.

– 2. De verdeling tussen de eigenaar, de kapitein en de andere in dienst van ieder hulpverlenend schip staande personen wordt bepaald door het recht van de vlag van het schip. Indien de hulpverlening niet is verricht vanaf een schip, wordt de verdeling bepaald door het recht dat van toepassing is op de overeenkomst tussen de hulpverlener en zijn ondergeschikten.

Redding van personen

Art. 16

Redding van mensen

– 1. Geen hulploon is verschuldigd door personen wier leven is gered, maar dit artikel doet geen afbreuk aan bepalingen van nationaal recht betreffende dit onderwerp.

– 2. Degene die mensenlevens heeft gered en heeft deelgenomen aan de werkzaamheden die zijn verricht ter gelegenheid van het ongeval dat aanleiding heeft gegeven tot de hulpverlening, is gerechtigd tot een billijk aandeel in de betaling die aan de hulpverlener is toegekend voor de redding van het schip of andere zaken of voor het voorkomen of beperken van schade aan het milieu.

Diensten die worden verleend krachtens bestaande overeenkomsten

Art. 17

Geen betaling bij hulp krachtens bestaande overeenkomst

Geen betaling is verschuldigd krachtens dit Verdrag tenzij de verleende diensten verder gaan dan wat redelijkerwijs kan worden aangemerkt als een gebruikelijke uitvoering vaneen overeenkomst die was gesloten voordat het gevaar ontstond.

Gevolgen van het wangedrag van de hulpverlener

Art. 18

Wangedrag hulpverlener

Aan een hulpverlener kan een krachtens dit Verdrag verschuldigde betaling geheel of gedeeltelijk worden ontzegd door zover de hulpverlening noodzakelijk geworden of bemoeilijkt is door zijn fout of nalatigheid of de hulpverlener zich schuldig heeft gemaakt aan bedrog of ander oneerlijk gedrag.

Verbod tot hulpverlening

Art. 19

Diensten, verleend niettegenstaande het uitdrukkelijke en redelijke verbod van de eigenaar of de kapitein van het schip of van de eigenaar van enige andere in gevaar verkerende zaak die zich niet aan boord van het schip bevindt of heeft bevonden, geven geen recht op een betaling krachtens dit Verdrag. **Verbod tot hulpverlening**

HOOFDSTUK IV
Vorderingen en rechtsgedingen

Scheepsvoorrecht

Art. 20

– 1. Geen bepaling van dit Verdrag doet afbreuk aan het scheepsvoorrecht van de hulpverlener krachtens een verdrag of nationaal recht. **Scheepsvoorrecht**
– 2. De hulpverlener kan zijn scheepsvoorrecht niet uitoefenen, wanneer hem op een behoorlijke wijze voldoende zekerheid voor zijn vordering, met inbegrip van rente en kosten, is aangeboden of verstrekt.

Verplichting tot het verstrekken van zekerheid

Art. 21

– 1. Op verzoek van de hulpverlener moet degene die aansprakelijk is voor een betaling krachtens dit Verdrag voldoende zekerheid stellen voor de voldoening van de vordering van de hulpverlener, met inbegrip van rente en kosten. **Verstrekken van zekerheid**
– 2. Onverminderd het in het eerste lid bepaalde moet de eigenaar van het schip waaraan de hulp is verleend zich inspannen om, voordat de lading wordt vrijgegeven, van de eigenaren daarvan voldoende zekerheid te verkrijgen voor de voldoening van de vorderingen, met inbegrip van rente en kosten, die jegens hen geldend kunnen worden gemaakt.
– 3. Het schip en de andere zaken waaraan de hulp is verleend mogen niet zonder toestemming van de hulpverlener worden verwijderd van de eerste haven of plaats waar zij na beëindiging van de hulpverlening zijn aangekomen, totdat voldoende zekerheid is gesteld voor de voldoening van de vordering van de hulpverlener op het schip of de andere zaken.

Interim-uitkering

Art. 22

– 1. Het gerecht dat bevoegd is kennis te nemen van de vordering van de hulpverlener kan bij tussenvonnis bevelen dat aan hem een billijke en rechtvaardige interim-uitkering wordt verstrekt en wel onder voorwaarden, zonodig daaronder begrepen voorwaarden terzake van zekerheidsstelling, die gezien de omstandigheden van het geval billijk en rechtvaardig zijn. **Interim-uitkering**
– 2. Ingeval van een krachtens dit artikel verstrekte interim-uitkering wordt de in artikel 21 bedoelde zekerheidsstelling dienovereenkomstig verminderd.

Verjaring van vorderingen

Art. 23

– 1. Iedere rechtsvordering betreffende een betaling krachtens dit Verdrag verjaart, indien niet binnen een tijdvak van twee jaar een gerechtelijke of scheidsrechtelijke procedure aanhangig is gemaakt. De verjaringstermijn vangt aan op de dag waarop de hulpverlening is beëindigd. **Verjaring van vorderingen**
– 2. Degene tegen wie een vordering is ingesteld kan gedurende de termijn dat de verjaring loopt te allen tijde die termijn verlengen door middel van een verklaring gericht aan de vorderende partij. Deze termijn kan op gelijke wijze verder worden verlengd.
– 3. Een vordering tot verhaal door een aansprakelijke persoon kan zelfs worden ingesteld na afloop van de verjaringstermijn als bedoeld in de vorige leden, indien zij wordt ingesteld binnen de termijn die is vastgesteld door de wet van de Staat waar het geding aanhangig is gemaakt.

Rente

Art. 24

Het recht van de hulpverlener op rente over een krachtens dit Verdrag verschuldigde betaling wordt bepaald door de wet van de Staat waarin het gerecht is gevestigd waar de zaak aanhangig is. **Rente**

Ladingen die toebehoren aan een Staat

Art. 25

Ladingen van een staat

Tenzij de Staat die eigenaar van de lading is daarin toestemt, kan geen bepaling van dit Verdrag worden ingeroepen om beslag te leggen op of door middel van een rechtsmaatregel terug te houden niet voor handelsdoeleinden bestemde ladingen die toebehoren aan een Staat en terzake waarvan ten tijde van de hulpverlening volgens algemeen erkende beginselen van internationaal recht een beroep kan worden gedaan op staatsimmuniteit; tegen die ladingen kan evenmin een vordering *in rem* worden ingesteld.

Ladingen bestemd voor humanitaire doeleinden

Art. 26

Ladingen voor humanitaire doelen

Geen bepaling van dit Verdrag kan worden ingeroepen om beslag te leggen op of terug te houden een lading die bestemd is voor humanitaire doeleinden en die geschonken is door een Staat, indien die Staat toegestemd heeft in de betaling voor de hulpverleningswerkzaamheden ten aanzien van die lading.

Publikatie van arbitrale vonnissen

Art. 27

Publicatie van arbitrale vonnissen

De Staten die Partij zijn bij dit Verdrag moedigen, voor zover mogelijk en met de toestemming van de betrokken partijen, de publikatie aan van arbitrale vonnissen die zijn gewezen in zaken betreffende hulpverlening.

HOOFDSTUK V

Slotbepalingen

Ondertekening, bekrachtiging, aanvaarding, goedkeuring en toetreding

Art. 28

Ondertekening en toetreding

– 1. Dit Verdrag staat open voor ondertekening op de Zetel van de Organisatie van 1 juli 1989 tot 30 juni 1990 en blijft daarna openstaan voor toetreding.

– 2. Staten kunnen hun instemming om door dit Verdrag te worden gebonden tot uitdrukking brengen door:

a. ondertekening zonder voorbehoud van bekrachtiging, aanvaarding of goedkeuring, of

b. ondertekening onder voorbehoud van bekrachtiging, aanvaarding of goedkeuring, gevolgd door bekrachtiging, aanvaarding of goedkeuring, of

c. toetreding.

– 3. Bekrachtiging, aanvaarding, goedkeuring of toetreding geschiedt door de nederlegging van een desbetreffende akte bij de Secretaris-Generaal.

Inwerkingtreding

Art. 29

Inwerkingtreding

– 1. Dit Verdrag treedt in werking één jaar na de datum waarop 15 Staten hun instemming om door dit Verdrag te worden gebonden tot uitdrukking hebben gebracht.

– 2. Voor een Staat die zijn instemming om door dit Verdrag te worden gebonden tot uitdrukking heeft gebracht nadat aan de voorwaarden voor de inwerkingtreding ervan is voldaan, wordt deze instemming van kracht één jaar na de datum waarop die instemming tot uitdrukking is gebracht.

Voorbehouden

Art. 30

Voorbehouden

– 1. Elke Staat kan, op het tijdstip van ondertekening, bekrachtiging, aanvaarding, goedkeuring of toetreding, zich het recht voorbehouden de bepalingen van dit Verdrag niet toe te passen:

a. wanneer de hulpverlening plaats vindt op binnenwateren en alle betrokken schepen binnenschepen zijn;

b. wanneer de hulpverlening plaats vindt op binnenwateren en geen schip daarbij is betrokken;

c. wanneer alle betrokken partijen onderdaan zijn van die Staat;

d. wanneer het gaat om een maritiem cultuurgoed dat van prehistorisch, archeologisch of historisch belang is en zich op de zeebodem bevindt.

– 2. Voorbehouden gemaakt op het tijdstip van ondertekening dienen bij bekrachtiging, aanvaarding of goedkeuring bevestigd te worden.

– 3. Elke Staat die een voorbehoud heeft gemaakt ten aanzien van dit Verdrag kan dit te allen tijde intrekken door middel van een kennisgeving aan de Secretaris-Generaal. Een zodanige kennisgeving wordt van kracht op de datum van ontvangst van de kennisgeving. Indien in de kennisgeving wordt verklaard dat de intrekking van een voorbehoud van kracht dient te worden op een daarin genoemde datum en die datum valt na de datum waarop de kennisgeving door de Secretaris-Generaal wordt ontvangen, wordt de intrekking op die latere datum van kracht.

Opzegging

Art. 31

Opzegging

– 1. Dit Verdrag kan te allen tijde worden opgezegd door een Staat, die Partij is bij dit Verdrag na afloop van een jaar te rekenen vanaf de datum waarop het Verdrag voor die Partij in werking is getreden.
– 2. Opzegging geschiedt door de nederlegging van een akte van opzegging bij de Secretaris-Generaal.
– 3. De opzegging wordt van kracht één jaar na de datum waarop de Secretaris-Generaal de akte van opzegging heeft ontvangen, of zoveel later als in de akte is vermeld.

Herziening en wijziging

Art. 32

Herziening en wijziging

– 1. Een conferentie ter herziening of wijziging van dit Verdrag kan door de Organisatie worden bijeengeroepen.
– 2. De Secretaris-Generaal roept een conferentie bijeen van Staten die Partij zijn bij dit Verdrag ter herziening of wijziging van het Verdrag op verzoek van acht Staten die partij zijn of een kwart van de Staten die Partij zijn indien dit laatste getal hoger is.
– 3. Een instemming om door dit Verdrag gebonden te worden, tot uitdrukking gebracht na de datum van inwerkingtreding van een wijziging van dit Verdrag, wordt geacht van toepassing te zijn op het gewijzigde Verdrag.

Depositaris

Art. 33

Depositaris

– 1. Dit Verdrag wordt nedergelegd bij de Secretaris-Generaal.
– 2. De Secretaris-Generaal:
a. stelt alle Staten die dit Verdrag hebben ondertekend of daartoe zijn toegetreden en alle leden van de Organisatie in kennis van:
(i) elke nieuwe ondertekening en elke nederlegging van een nieuwe akte van bekrachtiging, aanvaarding, goedkeuring of toetreding, alsmede de datum daarvan;
(ii) de datum van inwerkingtreding van dit Verdrag;
(iii) de nederlegging van elke akte van opzegging van dit Verdrag, alsmede de datum waarop deze is ontvangen en de datum waarop de opzegging van kracht wordt;
(iv) elke in overeenstemming met artikel 32 aangenomen wijziging;
(v) de ontvangst van elk voorbehoud, verklaring of kennisgeving, gedaan krachtens dit Verdrag;
b. doet voor eensluidend gewaarmerkte afschriften van dit Verdrag toekomen aan alle Staten die dit Verdrag hebben ondertekend of daartoe zijn toegetreden.
– 3. Zodra dit Verdrag in werking is getreden wordt een voor eensluidend gewaarmerkt afschrift ervan door de Secretaris-Generaal toegezonden aan de Secretaris-Generaal van de Verenigde Naties ter registratie en publikatie overeenkomstig artikel 102 van het Handvest der Verenigde Naties.

Talen

Art. 34

Authentieke talen

Dit Verdrag is in een enkel exemplaar opgesteld in de Engelse, Arabische, Chinese, Spaanse, Franse en Russische taal, zijnde alle teksten gelijkelijk authentiek.

Wet van 30 mei 1963, Stb. 228, betreffende verplichte verzekering tegen wettelijke aansprakelijkheid inzake motorrijtuigen, zoals deze wet laatstelijk is gewijzigd bij de Wet van 24 mei 2007, Stb. 194

[Inwerkingtreding: 01-07-1964]

Wij JULIANA, bij de gratie Gods, Koningin der Nederlanden, Prinses van Oranje-Nassau, enz., enz., enz.

Allen, die deze zullen zien of horen lezen, saluut! doen te weten:

Alzo Wij in overweging genomen hebben, dat het in verband met het op 7 januari 1955 te Brussel tussen Nederland, België en Luxemburg gesloten verdrag betreffende de verplichte aansprakelijkheidsverzekering in zake motorrijtuigen (*Trb.* 1955, nr. 16), en de aanvullende overeenkomst hierop van 3 juli 1956 (*Trb.* 1956, nr. 75) noodzakelijk, en ook overigens wenselijk is, een regeling te treffen omtrent de verplichte verzekering tegen burgerrechtelijke aansprakelijkheid waartoe motorrijtuigen aanleiding kunnen geven;

Zo is het, dat Wij, de Raad van State gehoord, en met gemeen overleg der Staten-Generaal, hebben goedgevonden en verstaan, gelijk Wij goedvinden en verstaan bij deze:

HOOFDSTUK 1
Algemene bepalingen

Art. 1

Begripsbepaling

Voor de toepassing van deze wet worden verstaan onder

motorrijtuigen: alle rij- of voertuigen, bestemd om anders dan langs spoorstaven over de grond te worden voortbewogen uitsluitend of mede door een mechanische kracht, op of aan het rij- of voertuig zelf aanwezig dan wel door electrische tractie met stroomtoevoer van elders; als een deel daarvan wordt aangemerkt al hetgeen aan het rij- of voertuig is gekoppeld of na koppeling daarvan is losgemaakt of losgeraakt, zolang het nog niet buiten het verkeer tot stilstand is gekomen;

verzekerden: zij wier aansprakelijkheid overeenkomstig de bepalingen van deze wet is gedekt;

benadeelden: zij die schade hebben geleden welke grond oplevert voor toepassing van deze wet, alsmede hun rechtverkrijgenden;

vergunning: een vergunning die een schadeverzekeraar ingevolge de Wet op het financieel toezicht behoeft voor de uitoefening van de branche Aansprakelijkheid motorrijtuigen;

verzekeraar: een schadeverzekeraar die ingevolge de Wet op het financieel toezicht in Nederland zijn bedrijf in de branche Aansprakelijkheid motorrijtuigen mag uitoefenen, en het bureau, bedoeld in artikel 2, zesde lid, dat is belast met de afwikkeling van de schade welke in Nederland is veroorzaakt door motorrijtuigen die gewoonlijk in het buitenland zijn gestald, en van de afwikkeling van de schade welke in een van de krachtens artikel 3, derde lid, aangewezen landen is veroorzaakt door motorrijtuigen die gewoonlijk in Nederland zijn gestald;

weg: een weg waarop de omschrijving van het begrip 'wegen' in artikel 1, eerste lid, onderdeel *b*, van de Wegenverkeerswet 1994 van toepassing is; onder 'weg' wordt mede verstaan een vaartuig dat wordt gebruikt bij de uitoefening van een veerdienst;

terrein: een terrein dat toegankelijk is voor het publiek of voor een zeker aantal personen die het recht hebben daar te komen;

kenteken: een kenteken als bedoeld in artikel 36 van de Wegenverkeerswet 1994;

kentekenbewijs: een kentekenbewijs als bedoeld in artikel 36 van de Wegenverkeerswet 1994.

Waarborgfonds Motorverkeer en fonds: de krachtens artikel 23, eerste lid, aangewezen rechtspersoon;

gevaarlijke stof: een stof als bedoeld in artikel 1210, onderdeel *a*, van Boek 8 van het Burgerlijk Wetboek;

gebeurtenis: een gebeurtenis als bedoeld in artikel 1210, onderdeel *d*, van Boek 8 van het Burgerlijk Wetboek;

exploitant: een exploitant als bedoeld in artikel 1210, onderdeel *e*, van Boek 8 van het Burgerlijk Wetboek;

lidstaat: een lidstaat van de Europese Unie;

Informatiecentrum: de krachtens artikel 27*b*, eerste lid, aangewezen rechtspersoon;

Schadevergoedingsorgaan: de krachtens artikel 27*k*, eerste lid, aangewezen rechtspersoon;

schaderegelaar: een schaderegelaar als bedoeld in artikel 4:70, tweede lid, van de Wet op het financieel toezicht.

Art. 2

Verzekeringsverplichting bezitter

– 1. De bezitter van een motorrijtuig en degene aan wie het kenteken voor een motorrijtuig is opgegeven, zijn verplicht voor het motorrijtuig een verzekering te sluiten en in stand te houden welke aan de bij en krachtens deze wet gestelde bepalingen voldoet, indien dat motorrijtuig op een weg wordt geplaatst of daarmee op een weg wordt gereden, indien buiten een weg met dat motorrijtuig op een terrein aan het verkeer wordt deelgenomen of indien voor dat motorrijtuig een kentekenbewijs is afgegeven.

Verzekeringsverplichting houder

– 2. In afwijking van het vorige lid rust de verplichting tot verzekering niet op de bezitter, maar op de houder die:

a. het motorrijtuig op grond van een overeenkomst van huurkoop onder zich heeft, of

b. het motorrijtuig in vruchtgebruik heeft, of

c. anderszins het motorrijtuig, anders dan als bezitter, tot duurzaam gebruik onder zich heeft.

Opheffing verplichting

– 3. De verplichting tot verzekering met betrekking tot een motorrijtuig waarvoor een kentekenbewijs is afgegeven, wordt opgeheven, indien het motorrijtuig buiten gebruik wordt gesteld en gehouden door plaatsing daarvan buiten een weg, gevolgd door een door de verzekeraar overeenkomstig artikel 13 aan de Dienst Wegverkeer, bedoeld in artikel 4*a* van de Wegenverkeerswet 1994, gedane kennisgeving van schorsing van de verzekering wegens buitengebruikstelling van het motorrijtuig. De in de vorige zin bedoelde opheffing van de verzekeringsplicht eindigt, zodra de verzekeraar overeenkomstig artikel 13 aan de Dienst Wegverkeer kennis heeft gegeven van de beëindiging van de schorsing, zodra het motorrijtuig zich op een weg bevindt of zodra het deelneemt aan het verkeer op een terrein. Bij of krachtens algemene maatregel van bestuur kunnen omtrent het in dit lid bepaalde nadere regels en voorwaarden worden gesteld. De in dit lid bedoelde opheffing van de verzekeringsplicht vindt slechts plaats, indien de geldigheid van het voor het desbetreffende motorrijtuig afgegeven kentekenbewijs is geschorst overeenkomstig artikel 67 van de Wegenverkeerswet 1994.

Schorsing verplichting

– 4. De verplichting tot verzekering is geschorst, zolang een door een ander gesloten verzekering overeenkomstig de bepalingen van deze wet met betrekking tot het motorrijtuig van kracht is. De verplichting tot verzekering is echter niet geschorst gedurende de in artikel 13, vierde lid, en de in artikel 13*a*, zevende lid, tweede volzin, bedoeld periode. Hetzelfde geldt voor de periode die voortvloeit uit artikel 13*a*, zesde lid, tweede volzin.

Sluiten verzekering

– 5. De verzekering moet zijn gesloten bij een schadeverzekeraar die ingevolge de Wet op het financieel toezicht in Nederland zijn bedrijf in de branche Aansprakelijkheid motorrijtuigen mag uitoefenen.

Internationaal verzekeringsbewijs

– 6. Het eerste lid is niet van toepassing op motorrijtuigen die gewoonlijk in het buitenland zijn gestald, mits een voor dat doel door Onze Minister van Financiën erkend bureau, dat rechtspersoon met volledige rechtsbevoegdheid is, of groep van verzekeraars, dan wel een, bij algemene maatregel van bestuur daartoe erkende, in Nederland gevestigde buitenlandse instantie tegenover de benadeelden de verplichting op zich heeft genomen de schade, door die motorrijtuigen veroorzaakt, overeenkomstig de bepalingen van deze wet te vergoeden.

Gestald in buitenland

– 7. Voor de toepassing van deze wet worden geacht gewoonlijk in Nederland te zijn gestald:

a. motorrijtuigen die zijn voorzien van een kenteken, ongeacht of het een permanent of tijdelijk kenteken betreft;

b. motorrijtuigen die ten onrechte niet zijn voorzien van een kenteken dan wel van een buitenlands kenteken, of zijn voorzien van een kenteken dan wel van een buitenlands kenteken dat niet overeenkomt of niet langer overeenkomt met het motorrijtuig, die in Nederland betrokken raken bij een ongeval, uitsluitend met het oog op het afwikkelen van een vordering door het bureau, bedoeld in het zesde lid, of het Waarborgfonds Motorverkeer;

c. motorrijtuigen, die vanuit een andere lidstaat naar Nederland worden verzonden, vanaf de aanvaarding van de levering door de koper, gedurende een periode van maximaal 30 dagen, zelfs indien het motorrijtuig niet officieel in Nederland is geregistreerd.

Voor de toepassing van deze wet worden geacht gewoonlijk in het buitenland te zijn gestald:

d. motorrijtuigen waarvoor een bijzonder kenteken met beperkte geldigheidsduur overeenkomstig een door Onze Minister van Verkeer en Waterstaat vastgesteld model is opgegeven;

e. motorrijtuigen die van de toepassing van artikel 36, eerste lid, van de Wegenverkeerswet 1994 zijn uitgezonderd en waarvoor een militair registratienummer is opgegeven;

f. motorrijtuigen die in een ander land krachtens de aldaar geldende wettelijke regeling zijn geregistreerd of van een verzekeringsplaat of ander onderscheidingsteken zijn voorzien.

– 8. Tot de motorrijtuigen met betrekking waartoe het bureau de in het zesde lid bedoelde verplichting op zich neemt, behoren in ieder geval de motorrijtuigen, welke gewoonlijk zijn gestald in een land dat ter uitvoering van deze bepaling bij algemene maatregel van bestuur is aangewezen, voor zover bij die maatregel daarvoor geen uitzondering is gemaakt.

– 9. De schadeverzekeraars die ingevolge de Wet op het financieel toezicht in Nederland hun bedrijf in de branche Aansprakelijkheid motorrijtuigen mogen uitoefenen, betalen jaarlijks aan het bureau, bedoeld in het zesde lid, de door het bureau te bepalen bijdragen, berekend op basis van de in Nederland geboekte premie of het aantal en de aard van de door ieder van hen in Nederland verzekerde motorrijtuigen.

Art. 3

Verzekeringsdekking

– 1. De verzekering moet tegen betaling van één enkele premie, gedurende de gehele looptijd van de verzekering, met inbegrip van de perioden waarin het motorrijtuig zich op het grondgebied van een andere lidstaat bevindt, dekken de burgerrechtelijke aansprakelijkheid, waartoe het motorrijtuig in het verkeer aanleiding kan geven, van iedere bezitter, houder en bestuurder van het verzekerde motorrijtuig, alsmede van degenen die daarmede worden vervoerd, zulks met uitzondering van de burgerrechtelijke aansprakelijkheid van hen die zich na het sluiten van de verzekering door diefstal of geweldpleging de macht over het motorrijtuig hebben verschaft en van hen die, dit wetende, dat motorrijtuig zonder geldige reden gebruiken.

Dekking in gebied Europese Economische Ruimte

– 2. De verzekering moet de schade omvatten, welke aan personen en aan zaken wordt toegebracht door feiten die zijn voorgevallen op het grondgebied waarop de Overeenkomst betreffende de Europese Economische Ruimte van toepassing is. Hierin is begrepen de schade, toegebracht aan personen die onder welke titel ook, worden vervoerd door het motorrijtuig, dat de schade veroorzaakt; de zaken, door dat motorrijtuig vervoerd, kunnen van de verzekering worden uitgesloten, behoudens wanneer het betreft zaken, toebehorende aan personen, vervoerd krachtens een ingevolge de Wet personenvervoer 2000 geldige vergunning (*Stb.* 1987, 175).

Dekking in gebied bij AMvB aangewezen

– 3. De verzekering moet voorts de schade omvatten welke aan personen en zaken wordt toegebracht door feiten, voorgevallen in bij algemene maatregel van bestuur aangewezen landen. De hoogte van de dekking van de schade, die bedoeld in het tweede lid daaronder begrepen, wordt bepaald door de wetgeving van het land waar het feit is voorgevallen dan wel door de wetgeving van het land waar het motorrijtuig gewoonlijk is gestald, indien in laatstbedoeld land de dekking hoger is. Indien het bureau, bedoeld in artikel 2 zesde lid, een zodanige schade heeft verrekend, heeft het voor het betaalde bedrag verhaal op degene op wie de verplichting tot verzekering rust, voor zover deze verplichting niet overeenkomstig het bepaalde in dit lid is nagekomen.

Dekking in EG

– 4. In afwijking van het bepaalde in het derde lid moet ten aanzien van motorrijtuigen, als bedoeld in artikel 6 van de Richtlijn van de Raad van de Europese Gemeenschappen van 24 april 1972 inzake de onderlinge aanpassing van de wetgevingen der Lid-Staten betreffende de verzekering tegen de wettelijke aansprakelijkheid waartoe deelneming aan het verkeer van motorrijtuigen aanleiding kan geven en de controle op de verzekering tegen deze aansprakelijkheid (*Pb. EG,* 2 mei 1972, L 103), gewijzigd bij de Richtlijn van de Raad van 19 december 1972 (*Pb. EG,* 28 december 1972, L 291, rectificatie *Pb. EG,* 23 maart 1973, L75), de verzekering de schade omvatten welke aan personen en zaken wordt toegebracht door feiten, voorgevallen op het grondgebied waar de Overeenkomst betreffende de Europese Economische Ruimte van toepassing is.

Burgerrechtelijke aansprakelijkheid

– 5. De verzekering moet de burgerrechtelijke aansprakelijkheid voor de door het motorrijtuig veroorzaakte schade dekken zoals die aansprakelijkheid voortvloeit uit de toepasselijke wet.

Art. 3a

Motorrijtuig gewicht 3,5 ton, extra verzekeringsdekking

– 1. Indien het een motorrijtuig betreft waarvan het maximaal toelaatbare gewicht hoger is dan 3500 kilogram, dient de verzekering voorts te dekken de aansprakelijkheid van de exploitant waartoe een gevaarlijke stof, aan boord van dat motorrijtuig, aanleiding kan geven en die is gebaseerd op de eerste afdeling van de veertiende titel van Boek 8 van het Burgerlijk Wetboek.

Dekking in gebied Europese Economische Ruimte

– 2. De in het eerste lid bedoelde dekking moet zich uitstrekken tot de aansprakelijkheid voor de schade, bedoeld in artikel 1210, onderdeel *b*, van Boek 8 van het Burgerlijk Wetboek, welke wordt toegebracht door gebeurtenissen die hebben plaatsgevonden op het grondgebied waarop de Overeenkomst betreffende de Europese Economische Ruimte van toepassing is. Hierin is begrepen de schade, toegebracht aan personen die onder welke titel ook, worden vervoerd door het motorrijtuig dat de schade veroorzaakt; de zaken, door dat motorrijtuig vervoerd, kunnen van de verzekering worden uitgesloten.

Dekking in gebied bij AMvB aangewezen

– 3. Dekking moet zich voorts uitstrekken tot de aansprakelijkheid voor de schade welke wordt toegebracht door gebeurtenissen die hebben plaatsgevonden in bij algemene maatregel van bestuur aangewezen landen. De hoogte van de dekking van de schade, die bedoeld in het tweede lid daaronder begrepen, wordt bepaald door de wetgeving van het land waar de gebeurtenis heeft plaatsgevonden dan wel door de wetgeving van het land waar het motorrijtuig gewoonlijk is gestald, indien in laatstbedoeld land de dekking hoger is. Indien het bureau, bedoeld in artikel 2, zesde lid, een zodanige schade heeft verrekend, heeft het voor het betaalde bedrag verhaal op degene op wie de verplichting tot verzekering rust, voor zover deze verplichting niet overeenkomstig het bepaalde in dit lid is nagekomen.

Dekking in EG

– 4. In afwijking van het bepaalde in het derde lid moet ten aanzien van motorrijtuigen, als bedoeld in het eerste lid en als bedoeld in artikel 6 van de Richtlijn nr. 72/166/EEG van de Raad van de Europese Gemeenschappen van 24 april 1972 inzake de onderlinge aanpassing van de wetgevingen der Lid-Staten betreffende de verzekering tegen de wettelijke aansprakelijkheid waartoe deelneming aan het verkeer van motorrijtuigen aanleiding kan geven en de controle op de verzekering tegen deze aansprakelijkheid (*PbEG* L 103), gewijzigd bij Richtlijn, nr. 72/430/EEG van de Raad van de Europese Gemeenschappen van 19 december 1972 (*PbEG* L 291, rectificatie *PbEG* 1973, L 75), nadien gewijzigd bij Richtlijn, nr. 84/5/EEG van de Raad van de Europese Gemeenschappen van 30 december 1983, (*PbEG* 1984, L 8), de verzekering de schade omvatten welke wordt toegebracht door gebeurtenissen die hebben plaatsgevonden op het grondgebied waarop de Overeenkomst betreffende de Europese Economische Ruimte van toepassing is.

Burgerrechtelijke aansprakelijkheid

– 5. De dekking moet zich uitstrekken tot de aansprakelijkheid voor de schade, bedoeld in artikel 1210, onderdeel *b*, van Boek 8 van het Burgerlijk Wetboek, veroorzaakt door de gevaarlijke stof aan boord van het in het eerste lid bedoelde motorrijtuig, zoals die aansprakelijkheid voortvloeit uit de toepasselijke wet.

Art. 4

Eigen schuld, geen dekking

– 1. De verzekering behoeft niet te dekken de aansprakelijkheid voor schade toegebracht aan de bestuurder van het motorrijtuig dat het ongeval veroorzaakt.

Eigen schuld, toch dekking

– 2. Indien het een verzekering als bedoeld in artikel 3*a* betreft, dient de verzekering tevens te dekken de aansprakelijkheid, bedoeld in de eerste afdeling van de veertiende titel van Boek 8 van het Burgerlijk Wetboek, voor schade, toegebracht aan de bestuurder van het motorrijtuig aan boord waarvan zich de gevaarlijke stof bevindt die de gebeurtenis heeft veroorzaakt, indien die bestuurder uit hoofde van een arbeidsverhouding met de verzekeringsplichtige het motorrijtuig bestuurde, tenzij de verzekeringsplichtige een vennootschap onder firma, een besloten vennootschap of een naamloze vennootschap is waaraan de bestuurder van het motorrijtuig zelf leiding geeft.

Snelheidswedstrijden e.d.

– 3. Van de verzekering kan worden uitgesloten de schade die voortvloeit uit het deelnemen van het motorrijtuig aan snelheids-, regelmatigheids- of behendigheidsritten en -wedstrijden, waarvoor de in artikel 148 van de Wegenverkeerswet 1994 bedoelde ontheffing is verleend.

Art. 5

Eigen risico verzekerde

Indien de overeenkomst een beding inhoudt dat de verzekerde persoonlijk voor een deel in de vergoeding van de schade zal bijdragen, blijft de verzekeraar niettemin jegens de benadeelde gehouden tot betaling van de schadeloosstelling die krachtens de overeenkomst ten laste van de verzekerde blijft.

Art. 5a

Verklaring door verzekeraar

De verzekeringnemer heeft te allen tijde het recht van de verzekeraar een verklaring te verzoeken omtrent de ingediende schadevorderingen of het ontbreken daarvan ten aanzien van het door de verzekering gedekte motorrijtuig of de gedekte motorrijtuigen gedurende ten minste de laatste 5 voorafgaande jaren van de looptijd van de verzekering. De verzekeraar verstrekt deze verklaring binnen 15 dagen na indiening van het verzoek.

Art. 6

Schadevergoedingsrecht benadeelde

– 1. De benadeelde heeft jegens de verzekeraar door wie de aansprakelijkheid volgens deze wet is gedekt, een eigen recht op schadevergoeding. Dit eigen recht kan evenwel niet worden uitgeoefend indien een fonds of fondsen zijn gevormd overeenkomstig artikel 1220 van Boek 8 van het Burgerlijk Wetboek. Het tenietgaan van zijn schuld aan de verzekerde bevrijdt de verzekeraar niet jegens de benadeelde, tenzij deze is schadeloos gesteld.

Meer benadeelden

– 2. Indien er bij een ongeval of een gebeurtenis meer dan een benadeelde is en het totaalbedrag van de verschuldigde schadeloosstellingen de verzekerde som overschrijdt, worden de rechten van de benadeelden tegen de verzekeraar naar evenredigheid teruggebracht tot het beloop van die som. Niettemin blijft de verzekeraar die, onbekend met het bestaan van vorderingen van andere benadeelden, te goeder trouw aan een benadeelde een groter bedrag dan het aan deze toekomende deel heeft uitgekeerd, jegens die anderen of, indien een fonds of fondsen zijn gevormd overeenkomstig artikel 1220 van Boek 8 van het Burgerlijk Wetboek, jegens degene die dat fonds of die fondsen heeft gevormd slechts gehouden tot het beloop van het overblijvende gedeelte van de verzekerde som.

Art. 7

Dagvaarden verzekerde

– 1. Voor de uitvoering van de bepalingen van deze wet kan de verzekeraar door de benadeelde worden gedagvaard, hetzij voor de rechter van de plaats van het feit, waaruit de schade is ontstaan, hetzij voor de rechter van de woonplaats van de benadeelde, hetzij voor de rechter van de zetel van de verzekeraar.

– 2. De aansprakelijke persoon kan door de benadeelde worden gedagvaard, hetzij voor de rechter van de plaats van het feit, waaruit de schade is ontstaan, hetzij voor de rechter van de woonplaats van de benadeelde, hetzij voor de rechter van de woonplaats van de aansprakelijke persoon.

Dagvaarden aansprakelijke persoon

Art. 8

Informatieplicht verzekerde

De verzekerden moeten van ieder ongeval en iedere gebeurtenis waarvan zij kennis dragen, mededeling doen aan de verzekeraar, indien bij dat ongeval of die gebeurtenis het verzekerde motorrijtuig is betrokken en schade is ontstaan tot welker dekking door verzekering deze wet verplicht. De verzekeringnemer moet aan de verzekeraar alle door de verzekeringsovereenkomst voorgeschreven inlichtingen en bescheiden verschaffen. De overige verzekerden moeten aan de verzekeraar op zijn verzoek alle nodige inlichtingen en bescheiden verschaffen.

Art. 9

Vonnis gezag van gewijsde

– 1. Aan een vonnis gewezen in een geschil ter zake van door een motorrijtuig veroorzaakte schade, komt tegenover de verzekeraar, de verzekerde of de benadeelde gezag van gewijsde toe, indien zij in het geding de positie van een procespartij hebben gehad.

Vonnis tegenwerpen aan verzekeraar

– 2. Voorts kan het vonnis dat is gewezen in een geschil tussen de benadeelde en de verzekerde, worden tegengeworpen aan de verzekeraar, indien is komen vast te staan dat de laatste in feite de leiding van het geding op zich heeft genomen; aan de verzekeraar staat alsdan geen tegenbewijs open tegen de bij gewijsde als bewezen aangenomen feiten.

Oproeping verzekerde

– 3. De verzekeraar kan de verzekerde in het geding roepen, dat door de benadeelde tegenover hem wordt ingesteld. De oproeping dient te geschieden door middel van dagvaarding voor het nemen van de conclusie van antwoord. De in het geding geroepene heeft de positie van een procespartij.

Art. 10

Verjaring rechtsvordering

– 1. Een uit deze wet voortvloeiende rechtsvordering van de benadeelde tegen de verzekeraar verjaart door verloop van drie jaar te rekenen van het feit waaruit de schade is ontstaan.

Stuiten verjaring

– 2. In afwijking van het eerste lid verjaart een rechtsvordering tot vergoeding van schade als bedoeld in artikel 1210, onderdeel *b*, van Boek 8 van het Burgerlijk Wetboek, van de benadeelde tegen de verzekeraar door verloop van drie jaren na de aanvang van de dag, volgende op die waarop de benadeelde bekend was of redelijkerwijze bekend had behoren te zijn met de schade en de daarvoor aansprakelijke persoon, en in ieder geval door verloop van tien jaren na de gebeurtenis waardoor de schade is ontstaan.

– 3. Indien de gebeurtenis bestond uit een opeenvolging van feiten met dezelfde oorzaak, loopt de termijn van tien jaren, bedoeld in het tweede lid, vanaf de dag waarop het laatste van die feiten plaatsvond.

– 4. Handelingen die de verjaring van de rechtsvordering van een benadeelde tegen een verzekerde stuiten, stuiten tevens de verjaring van de rechtsvordering van die benadeelde tegen de verzekeraar. Handelingen die de verjaring van de rechtsvordering van een benadeelde tegen de verzekeraar stuiten, stuiten tevens de verjaring van de rechtsvordering van de benadeelde tegen de verzekerden.

Onderhandeling verzekeraar/benadeelde

– 5. De verjaring wordt ten opzichte van een verzekeraar gestuit door iedere onderhandeling tussen de verzekeraar en de benadeelde. Een nieuwe termijn van drie jaar begint te lopen te rekenen van het ogenblik waarop een van de partijen bij deurwaardersexploot of aangetekende brief aan de andere partij heeft kennisgegeven dat zij de onderhandelingen afbreekt.

Art. 11

Tegenwerpen aan benadeelde

– 1. Geen uit de wettelijke bepalingen omtrent de verzekeringsovereenkomst of uit deze overeenkomst zelf voortvloeiende nietigheid, verweer of verval kan door een verzekeraar aan een benadeelde worden tegengeworpen. Het bepaalde in de vorige zin geldt niet met betrekking tot het bedrag, waarmede het van de verzekeraar gevorderde de krachtens artikel 22 vastgestelde som of sommen overschrijdt.

– 2. Het eerste lid is jegens de aansprakelijke persoon van overeenkomstige toepassing wanneer de verzekeraar wordt verzocht om een bedrag te voldoen in verband met de vorming van een fonds of fondsen overeenkomstig artikel 1220 van Boek 8 van het Burgerlijk Wetboek.

Art. 12

Einde verzekering

– 1. De verzekering met betrekking tot een motorrijtuig dat een kenteken behoeft, eindigt, wanneer de verplichting tot verzekering op een ander overgaat. De verzekeringnemer moet binnen acht dagen na de overgang daarvan mededeling doen aan de verzekeraar. Indien de overgang het gevolg is van het overlijden van de verzekeringnemer, rust de verplichting tot mededeling op diens erfgenamen en is de termijn, binnen welke de mededeling moet zijn verricht, dertig dagen.

Motorrijtuig zonder kenteken

– 2. De verzekering met betrekking tot een motorrijtuig dat geen kenteken behoeft, eindigt niet, wanneer de verplichting tot verzekering op een ander overgaat.

– 3. Van het bepaalde in dit artikel kan bij overeenkomst worden afgeweken.

Art. 13

Kennisgeving verzekeraar aan Dienst Wegverkeer

– 1. De verzekeraar is verplicht ten aanzien van de verzekering waartoe deze wet verplicht met betrekking tot een motorrijtuig dat een kenteken behoeft aan de Dienst Wegverkeer, bedoeld in artikel 4*a* van de Wegenverkeerswet 1994, kennis te geven van:
a. het sluiten van de verzekering;
b. de beëindiging, de vernietiging en de ontbinding van de verzekering;
c. de in artikel 2, derde lid, bedoelde schorsing van de verzekering en de beëindiging van die schorsing;
d. iedere andere schorsing van de verzekering of van de dekking,
alsmede van het einde van die schorsing.

Register

– 2. De Dienst Wegverkeer houdt een register aan waarin de in het eerste lid genoemde kennisgevingen worden aangetekend, alsmede de door de verzekeraars gedane kennisgevingen, bedoeld in artikel 13*a*, tweede lid en zesde lid.

Geen kennisgeving

– 3. Geen kennisgeving behoeft echter te geschieden, indien ten gevolge van het sluiten van een nieuwe verzekering tussen dezelfde partijen en ten aanzien van hetzelfde motorrijtuig het in artikel 3 bedoelde risico zonder onderbreking blijft gedekt.

Aansprakelijkheid verzekeraar na einde verzekering

– 4. De verplichtingen van de verzekeraar jegens de benadeelde blijven bestaan voor ongevallen en gebeurtenissen welke plaats vinden binnen 16 dagen na de aanvang van de dag, volgende op die waarop volgens de kennisgeving van de verzekeraar de verzekering is beëindigd, vernietigd, ontbonden of geschorst of de dekking is geschorst, mits de kennisgeving binnen 30 dagen na de aanvang van die dag bij de Dienst Wegverkeer is gedaan. Indien de verzekeraar de kennisgeving niet binnen de in de vorige zin bedoelde termijn van 30 dagen heeft gedaan, blijven zijn verplichtingen jegens de benadeelde bestaan voor ongevallen en gebeurtenissen welke plaats vinden binnen 16 dagen na de aanvang van de dag, volgende op die waarop de kennisgeving bij de Dienst Wegverkeer is ingediend. De Algemene termijnenwet is op de in dit lid genoemde termijnen niet van toepassing.

Van rechtswege eindigen

– 5. Deze verplichtingen eindigen echter van rechtswege door het van kracht worden van een nieuwe verzekering welke ten aanzien van hetzelfde motorrijtuig het in artikel 3 bedoelde risico dekt.

Verzekeringen ook ter kennisgeving

– 6. Een kennisgeving overeenkomstig het eerste lid wordt mede gedaan ten aanzien van verzekeringen waartoe deze wet verplicht met betrekking tot motorrijtuigen die voor herstel of bewerking ter beschikking zijn gesteld van een natuurlijke persoon of een rechtspersoon en die zijn voorzien van een kenteken dat niet voor een bepaald voertuig is opgegeven, overeenkomstig het bepaalde bij of krachtens artikel 37, derde lid van de Wegenverkeerswet 1994.

Aansprakelijkheid verzekeraar

– 7. De verzekeraar die als zodanig in het register wordt aangewezen, kan de benadeelde niet tegenwerpen dat hij niet de in de eerste zin van het eerste lid van artikel 6 bedoelde verzekeraar is, tenzij hij aantoont dat de registratie ten onrechte is geschied of dat zijn verplichtingen op grond van een kennisgeving overeenkomstig het eerste lid, onder *b*, *c* of *d*, niettemin jegens de benadeelde zijn geëindigd.

Regels bij AMvB

– 8. Voor de uitvoering van dit artikel en van artikel 13*a* worden bij of krachtens algemene maatregel van bestuur nadere regels gesteld.

Art. 13a

Tevens kennisgeving motorrijtuigen bedrijfsvoorraad

– 1. Een kennisgeving als bedoeld in artikel 13, eerste lid, wordt mede gedaan ten aanzien van verzekeringen tot het dekken van de burgerrechtelijke aansprakelijkheid waartoe in het verkeer aanleiding wordt gegeven door motorrijtuigen die behoren tot de bedrijfsvoorraad van een overeenkomstig artikel 62 van de Wegenverkeerswet 1994 erkende natuurlijke persoon of rechtspersoon.
– 2. De verzekeraar is verplicht aan de Dienst Wegverkeer kennis te geven van het sluiten van een verzekering als bedoeld in het eerste lid door een natuurlijke persoon of een rechtspersoon als bedoeld in artikel 62 van de Wegenverkeerswet 1994.
– 3. De natuurlijke persoon of rechtspersoon, bedoeld in artikel 62 van de Wegenverkeerswet 1994, is verplicht aan de Dienst Wegverkeer kennis te geven van het opnemen van het motorrijtuig in de bedrijfsvoorraad. De Dienst Wegverkeer bevestigt deze kennisgeving voor ontvangst.
– 4. De kennisgeving, bedoeld in het tweede lid, geldt tezamen met de voor ontvangst bevestigde kennisgeving, bedoeld in het derde lid, als de kennisgeving, bedoeld in artikel 13, eerste lid, onder *a*.
– 5. De voor ontvangst door de Dienst Wegverkeer bevestigde mededeling waaruit blijkt dat het motorrijtuig de bedrijfsvoorraad verlaat, geldt als de kennisgeving door de verzekeraar van het einde van de dekking met betrekking tot het motorrijtuig.
– 6. De verzekeraar is verplicht aan de Dienst Wegverkeer kennis te geven van de beëindiging, de vernietiging, de ontbinding en de schorsing van de verzekering. Artikel 13, vierde lid, is van overeenkomstige toepassing.

– 7. De dekking met betrekking tot het motorrijtuig eindigt van rechtswege doordat de mededeling aan de Dienst Wegverkeer waaruit blijkt dat het motorrijtuig de bedrijfsvoorraad verlaat door de Dienst Wegverkeer voor ontvangst wordt bevestigd. De verplichtingen van de verzekeraar jegens de benadeelde blijven echter bestaan voor ongevallen welke plaatsvinden binnen 16 dagen na de aanvang van de dag, volgende op die waarop de mededeling aan de Dienst Wegverkeer waaruit blijkt dat het motorrijtuig de bedrijfsvoorraad verlaat, door de Dienst Wegverkeer voor ontvangst is bevestigd.

Art. 14

Verzekeringsbewijs

– 1. De bestuurder van een motorrijtuig dat geen kenteken behoeft, alsmede de bestuurder van een motorrijtuig als bedoeld in artikel 2, zevende lid, onder *d* en *e*, moet, tenzij bij of krachtens algemene maatregel van bestuur anders is bepaald, bij zich hebben een bij of krachtens die maatregel voorgeschreven bewijs van verzekering. De bestuurder van een motorrijtuig die bij een ongeval of een gebeurtenis is betrokken, is verplicht, wanneer hij ingevolge het bepaalde in dit lid een document bij zich moet hebben, dit behoorlijk ter inzage te verstrekken aan degenen die eveneens bij dat ongeval of die gebeurtenis zijn betrokken.

Eindigen verplichtingen verzekeraar

– 2. De verplichtingen van de verzekeraar die een bewijs van verzekering heeft uitgereikt, eindigen slechts door het verloop van een termijn van 16 dagen na afloop van de periode waarvoor het bewijs is afgegeven. De Algemene termijnenwet is op deze termijn niet van toepassing.

Van rechtswege beeindigen

– 3. Deze verplichtingen eindigen echter van rechtswege na het van kracht worden van een nieuwe verzekering welke ten aanzien van hetzelfde motorrijtuig het in artikel 3 bedoelde risico dekt.

Einde verplichtingen internationale verzekeringsbewijs

– 4. In afwijking van het tweede lid eindigen de verplichtingen van het bureau bedoeld in artikel 2, zesde lid, door verloop van de geldigheidsduur van het, voor het motorrijtuig afgegeven, internationale verzekeringsbewijs, indien die verplichtingen uit de afgifte van dat bewijs voortvloeien.

Art. 15

Verhaalsrecht verzekeraar

– 1. De verzekeraar die ingevolge deze wet de schade van een benadeelde geheel of ten dele vergoedt, ofschoon de aansprakelijkheid voor die schade niet door een met hem gesloten verzekering was gedekt, heeft voor het bedrag der schadevergoeding verhaal op de aansprakelijke persoon. Het bepaalde in de vorige zin geldt niet ten aanzien van de aansprakelijke persoon, die niet is de verzekeringnemer, tenzij hij niet te goeder trouw mocht aannemen dat zijn aansprakelijkheid door een verzekering was gedekt.

Recht tegen verzekerde of verzekeringnemer

– 2. De verzekeraar kan zich bovendien voor de gevallen waarin hij volgens de wet of de verzekeringsovereenkomst gerechtigd mocht zijn de uitkering te weigeren of te verminderen, een recht van verhaal voorbehouden tegen de verzekeringnemer, en indien daartoe grond bestaat, tegen de verzekerde die niet is de verzekeringnemer.

Art. 16

Afwijking wetsbepaling

Van een bepaling van deze wet kan slechts worden afgeweken, indien de bevoegdheid daartoe uit de bepaling zelve blijkt.

HOOFDSTUK 2
Vrijstellingen

Art. 17

Staat vrijgesteld

– 1. De Staat is vrijgesteld van de verplichting tot het sluiten van een verzekering. Indien een motorrijtuig waarvoor de vrijstelling geldt, aanleiding geeft tot burgerrechtelijke aansprakelijkheid, heeft de benadeelde jegens de Staat de rechten welke hij overeenkomstig deze wet anders tegenover de verzekeraar zou hebben, terwijl de bepaling van artikel 7 van overeenkomstige toepassing is. In de gevallen genoemd in artikel 4, eerste lid, komt de benadeelde echter niet op grond van het bepaalde in de vorige zin voor een uitkering in aanmerking.

Bewijs van vrijstelling

– 2. De bestuurder van een motorrijtuig, waarvan de Staat de bezitter of de houder, als bedoeld in artikel 2, tweede lid, is, moet een bewijs bij zich hebben, waaruit van de vrijstelling blijkt. Het model van dit bewijs wordt vastgesteld door Onze Minister van Financiën, na overleg met Onze Minister van Verkeer en Waterstaat.

Ongevaarlijke motorrijtuigen

– 3. Wij behouden Ons voor bij algemene maatregel van bestuur vrijstelling van de verplichting tot het sluiten van een verzekering te verlenen met betrekking tot bepaalde soorten van motorrijtuigen welke nauwelijks gevaar opleveren.

Art. 18

Gemoedsbezwaren tegen verzekering

– 1. Van de verplichting tot het sluiten van een verzekering kunnen, op een daartoe aan Onze Minister van Financiën gedaan verzoek, worden vrijgesteld de in artikel 2, eerste en tweede lid, bedoelde personen die gemoedsbezwaren hebben tegen het sluiten van een verzekering. Rechtspersonen kunnen van de in de vorige zin bedoelde verplichting worden vrijgesteld, indien natuurlijke personen die bij die rechtspersonen betrokken zijn gemoedsbezwaren hebben tegen het sluiten van een verzekering. Bij algemene maatregel van bestuur kunnen omtrent het in de vorige zin bepaalde nadere regels worden gesteld. Het bepaalde in de tweede en derde zin van het eerste lid van het vorige artikel is, ingeval een vrijstelling is verleend, van overeenkomstige toepassing.

Verklaring van gemoedsbezwaren

– 2. Het verzoek geschiedt door indiening bij Onze Minister van Financiën van een door de verzoeker ondertekende verklaring, waarvan het model door Onze genoemde Minister wordt vastgesteld. Uit de verklaring moet blijken dat de verzoeker overwegende gemoedsbezwaren heeft tegen elke verzekering, welke ook, en dat hij mitsdien noch zichzelf noch iemand anders noch hem toebehorende goederen heeft verzekerd.

Art. 19

Vrijstellingsbewijs n.a.v. gemoedsbezwaren

– 1. Indien de in artikel 18 tweede lid bedoelde verklaring naar het oordeel van Onze Minister van Financiën overeenkomstig de waarheid is, verleent hij de verzoeker de gevraagde vrijstelling. Ten bewijze van de vrijstelling reikt hij voor elk van de motorrijtuigen waarvan de vrijgestelde de bezitter, degene, aan wie het kenteken voor het motorrijtuig is opgegeven, dan wel de in artikel 2, tweede lid, bedoelde houder is, tegen betaling een bewijs uit, dat ten hoogste een jaar geldig is. De bestuurders van deze motorrijtuigen moeten een geldig bewijs van vrijstelling bij zich hebben. Zolang de vrijstelling geldt, wordt het bewijs op verzoek van de vrijgestelde tegen betaling van jaar tot jaar vernieuwd. Het model van dit bewijs wordt vastgesteld door Onze voornoemde Minister.

Intrekken vrijstelling

– 2. Onze Minister van Financiën kan de verleende vrijstelling intrekken:

a. op verzoek van de vrijgestelde;

b. indien de gemoedsbezwaren, op grond waarvan vrijstelling is verleend, naar zijn oordeel niet langer geacht kunnen worden te bestaan;

c. indien gedurende een termijn van tenminste één jaar geen bewijs van vrijstelling is uitgereikt;

d. indien de vrijgestelde in gebreke blijft binnen twee maanden het bedrag, verschuldigd voor het verkrijgen van een in het eerste lid bedoeld bewijs, te betalen.

Regels bij AMvB

– 3. Bij of krachtens algemene maatregel van bestuur kunnen nadere regelen omtrent het in de vorige leden bepaalde worden gesteld.

Art. 20

Bedrag vrijstellingsbewijs

Onze Minister van Financiën stelt jaarlijks het bedrag vast dat de verzoekers zijn verschuldigd voor het verkrijgen van het in het vorig artikel bedoelde bewijs.

Art. 21

Waarborgfonds

Onze Minister van Financiën betaalt jaarlijks de uit hoofde van het vorige artikel ontvangen bedragen aan het fonds.

HOOFDSTUK 3

Verzekerde sommen

Art. 22

Verzekerde som

De som of sommen, waarvoor de in deze wet bedoelde verzekering ten minste moet zijn gesloten, worden door Ons bij algemene maatregel van bestuur bepaald.

HOOFDSTUK 4

Het Waarborgfonds Motorverkeer

Art. 23

Waarborgfonds Motorverkeer

– 1. Onze Minister van Justitie en Onze Minister van Financiën wijzen een rechtspersoon met volledige rechtsbevoegdheid aan, die onder de naam Waarborgfonds Motorverkeer tot taak heeft in de gevallen, in artikel 25 genoemd, aan de benadeelden hun schade te vergoeden overeenkomstig het bepaalde in artikel 26.

– 2. Een aanwijzing als bedoeld in het eerste lid vindt slechts plaats, indien de rechtspersoon aan de volgende eisen voldoet:

a. hij dient in staat te zijn de in het eerste lid bedoelde taak naar behoren te vervullen;

b. de voorwaarden dienen aanwezig te zijn voor een zodanige besluitvorming binnen de rechtspersoon dat een onafhankelijke vervulling van de in het eerste lid bedoelde taak is gewaarborgd.

– 3. Onze Minister van Justitie en Onze Minister van Financiën kunnen een aanwijzing als bedoeld in het eerste lid intrekken indien de rechtspersoon naar hun oordeel niet meer aan de in het tweede lid vermelde eisen voldoet, dan wel indien de rechtspersoon anderszins zijn taak niet meer onafhankelijk vervult.

– 4. Intrekking van een in het eerste lid bedoelde aanwijzing geschiedt onder gelijktijdige voorziening door Onze Minister van Justitie en Onze Minister van Financiën in de in het eerste lid bedoelde taak, waaromtrent zij nadere regels kunnen stellen. De intrekking heeft de ontbinding van de rechtspersoon ten gevolge en doet de vermogensbestanddelen daarvan onder algemene titel op de Staat overgaan.

– 5. Een aanwijzing en een intrekking van een aanwijzing als bedoeld in dit artikel worden in de *Staatscourant* bekend gemaakt.

Art. 23a

Statutenwijziging fonds

Het fonds kan zijn statuten niet wijzigen, tenzij de wijziging de instemming heeft van Onze Minister van Justitie en Onze Minister van Financiën. De artikelen 10:28 tot en met 10:31 van de Algemene wet bestuursrecht zijn van overeenkomstige toepassing.

Art. 23b

Informatieplicht

– 1. Het fonds verstrekt aan Onze Minister van Justitie en Onze Minister van Financiën alle gevraagde inlichtingen omtrent de uitvoering van zijn taak.
– 2. Het fonds zendt jaarlijks binnen zes maanden na afloop van het boekjaar aan Onze Minister van Justitie en Onze Minister van Financiën de balans en de staat van baten en lasten alsmede het jaarverslag over het betrokken boekjaar. Deze stukken worden met inachtneming van artikel 24, derde en vierde lid, opgesteld en gaan vergezeld van een verklaring omtrent de getrouwheid, afgelegd door een accountant als bedoeld in artikel 393, eerste lid, van Boek 2 van het Burgerlijk Wetboek.

Art. 24

Betalingen aan fonds

– 1. De schadeverzekeraars die ingevolge de Wet op het financieel toezicht in Nederland hun bedrijf in de branche Aansprakelijkheid motorrijtuigen mogen uitoefenen, betalen jaarlijks aan het fonds een door het fonds te bepalen bedrag, berekend op basis van het aantal en de aard van de door ieder van hen in Nederland verzekerde motorrijtuigen. Het fonds bepaalt op overeenkomstige wijze jaarlijks tevens het door de Staat aan het fonds te betalen bedrag. De bepaling bedoeld in de vorige volzinnen geschiedt uiterlijk op 30 juni van ieder jaar. De storting moet geschieden binnen een maand na het besluit tot bepaling van het verschuldigde bedrag.
– 2. Bij de bepaling van dit bedrag worden in aanmerking genomen de over het verleden door het fonds verkregen overschotten of geleden tekorten. Tevens wordt rekening gehouden met de in het komende jaar te verwachten schadelast.

Afzonderlijke administratie

– 3. De bedragen bedoeld in artikel 21 worden door het fonds afzonderlijk geadministreerd en worden uitsluitend aangewend tot betaling van schade en kosten, waartoe aanleiding wordt gegeven door motorrijtuigen met betrekking waartoe krachtens artikel 19, eerste lid, een geldig bewijs van vrijstelling is uitgereikt, en ter dekking van de kosten verbonden aan de behandeling van de verzoeken om vrijstelling en aan de uitreiking van de in artikel 19, eerste lid, bedoelde bewijzen.
– 4. Echter brengt het fonds van de krachtens artikel 21 ontvangen bedragen jaarlijks een bedrag over naar zijn algemene middelen; voor de vaststelling hiervan gelden dezelfde maatstaven als die welke krachtens het eerste lid worden gebezigd.

Art. 24a

Waarborgen verplichtingen fonds

– 1. De schadeverzekeraars die ingevolge de Wet op het financieel toezicht in Nederland hun bedrijf in de branche Aansprakelijkheid motorrijtuigen mogen uitoefenen, alsmede de Staat, waarborgen, ieder overeenkomstig het aantal en de aard van de door hen in Nederland verzekerde motorrijtuigen, onderscheidenlijk overeenkomstig het aantal en de aard van de motorrijtuigen waarvan de Staat de bezitter of de houder als bedoeld in artikel 2, tweede lid, is, de verplichtingen van het fonds.

Ontoereikend schadebedrag

– 2. De Staat waarborgt voorts de verplichtingen van het fonds, voor zover de bedragen in het derde lid van artikel 24 bedoeld, niet toereikend zijn tot vergoeding van schade, waartoe door de in genoemd artikellid bedoelde motorrijtuigen aanleiding is gegeven.

Art. 25

Schadevergoedingsrecht tegen fonds

– 1. Een benadeelde kan, wanneer er een burgerrechtelijke aansprakelijkheid voor de door een motorrijtuig veroorzaakte schade of een zodanige aansprakelijkheid als bedoeld in artikel 3a bestaat, een recht op schadevergoeding tegen het fonds geldend maken:
a. wanneer niet kan worden vastgesteld wie de aansprakelijke persoon is, tenzij aannemelijk is, dat de benadeelde niet tot die vaststelling heeft gedaan, wat redelijkerwijs van hem kon worden verwacht;
b. wanneer de verplichting tot verzekering niet is nagekomen;
c. wanneer de schade voortvloeit uit een handelen of nalaten van degene die zich door diefstal of geweldpleging de macht over het motorrijtuig heeft verschaft of van hem die, dit wetende, dat motorrijtuig zonder geldige reden gebruikt, en de verzekeraar, de Staat, of degene, die krachtens artikel 18 is vrijgesteld van de verzekeringsplicht deswege niet aansprakelijk is;
d. in geval van onvermogen van de verzekeraar;
e. wanneer op grond van een vrijstelling krachtens de artikelen 17, derde lid, of 18 een verzekering niet is afgesloten.

Aansprakelijkheid fonds

– 2. Het fonds is jegens het bureau, bedoeld in artikel 2 zesde lid, voorts aansprakelijk voor hetgeen dit bureau heeft betaald ter zake van de schade, in een van de krachtens artikel 3, derde lid, aangewezen landen veroorzaakt door een motorrijtuig dat gewoonlijk in Nederland is gestald en met betrekking waartoe krachtens artikel 19, eerste lid, een geldig bewijs van vrijstelling is uitgereikt. Op de aansprakelijkheid van het fonds ingevolge de vorige zin is het bepaalde in de eerste vijf leden van artikel 26 niet van toepassing.

Informatieplicht fonds

– 3. Het fonds geeft in de gevallen bedoeld in het eerste lid aan degenen die zich tot hem wenden voor vergoeding van de rechtstreeks door hen geleden schade, aan de hand van de inlichtingen die het op zijn verzoek van hen heeft verkregen, een met redenen omkleed antwoord met betrekking tot zijn tussenkomst.

– 4. Indien het fonds en een verzekeraar het niet eens zijn over de vraag wie van hen de schade moet vergoeden, dient degene die als eerste werd aangesproken, tot vergoeding van de schade over te gaan. Indien mocht blijken dat de ander geheel of gedeeltelijk tot vergoeding van de schade gehouden is, zal deze tot verrekening overgaan.

Art. 26

Geen aansprakelijkheid fonds

– 1. Het fonds is niet aansprakelijk voor schade, voor zover deze de som of sommen, vastgesteld krachtens artikel 22, overtreft.

– 2. Het fonds is niet aansprakelijk tegenover de benadeelde die ingevolge artikel 4, eerste en tweede lid, van het recht op een uitkering kan worden uitgesloten.

– 3. Het fonds is niet aansprakelijk voor de schade, bedoeld in artikel 4, derde lid, noch voor schade aan zaken, door het motorrijtuig vervoerd.

Gedeeltelijke aansprakelijkheid

– 4. Het fonds is in een geval als bedoeld in artikel 25, eerste lid, onder *a*, jegens een benadeelde voor de schade aan diens zaken slechts aansprakelijk voor zover deze schade meer bedraagt dan een bedrag dat bij algemene maatregel van bestuur wordt vastgesteld; met betrekking tot het deel van de schade dat geringer is dan dit bedrag, ontstaat voor het fonds geen aansprakelijkheid doordat een andere benadeelde de vordering tot vergoeding daarvan verkrijgt.

Eind-aansprakelijkheid fonds

– 5. Het fonds is slechts aansprakelijk, indien de benadeelde aantoont dat hij alle bekende als zodanig aansprakelijke personen en, voor zover de aansprakelijkheid van deze personen volgens deze wet verzekerd behoort te zijn, hun verzekeraars tot betaling heeft aangemaand.

Onvermogen verzekeraar

– 6. In afwijking van het vijfde lid kan ingeval van onvermogen van de verzekeraar de aanmaning achterwege blijven jegens de verzekerde aansprakelijke persoon; in dat geval is het fonds evenwel slechts aansprakelijk, voor zover de verplichting tot schadevergoeding van de verzekeraar door erkenning of bij gewijsde is komen vast te staan. Voor zover het fonds de vordering van de benadeelde jegens de verzekeraar heeft voldaan, treedt het fonds in alle rechten, welke de benadeelde terzake van de vordering heeft.

Overeenkomstige bepalingen

– 7. De artikelen 6, tweede lid, 7 en 9 zijn van overeenkomstige toepassing ten opzichte van het fonds.

– 8. Artikel 10 is van overeenkomstige toepassing op de rechtsvordering van de benadeelde tegenover het fonds.

Art. 27

Verhaalsrecht

– 1. Het fonds heeft een recht van verhaal tegen:

a. alle aansprakelijke personen;

b. degene die zijn verplichting tot verzekering niet is nagekomen met betrekking tot het motorrijtuig waarmee de schade is veroorzaakt of met betrekking tot het motorrijtuig aan boord waarvan de gevaarlijke stof zich bevond waarmee de schade is veroorzaakt; of

c. de waarborgfondsen van die lidstaten die gebruik maken van de mogelijkheid om bepaalde typen motorrijtuigen of bepaalde motorrijtuigen met een speciaal kenteken vrij te stellen van de verzekeringsplicht.

Het bepaalde onder *a* en *b* geldt in het geval van artikel 25, eerste lid, onder *d*, slechts voor zover aan de verzekeraar een recht van verhaal zou zijn toegekomen. Het fonds heeft voorts tegenover de verzekeraars van de aansprakelijke personen de rechten van een benadeelde.

– 2. Het fonds heeft overigens tegenover de aansprakelijke personen dezelfde rechten als een verzekeraar tegenover de verzekerden.

HOOFDSTUK 4 A

Het informatiecentrum

Art. 27a

Begripsbepaling

Voor de toepassing van dit hoofdstuk wordt verstaan onder:

a. benadeelden: zij die schade hebben geleden, veroorzaakt door motorrijtuigen die gewoonlijk zijn gestald en verzekerd in een lidstaat, alsmede hun rechtverkrijgenden;

b. verzekeraar: de verzekeraar die in een lidstaat in het bezit is van een vergunning als bedoeld in artikel 6 of artikel 23 van richtlijn nr. 73/239/EEG van de Raad van de Europese Gemeenschappen van 24 juli 1973 tot coördinatie van de wettelijke en bestuursrechtelijke bepalingen betreffende de toegang tot het directe verzekeringsbedrijf, met uitzondering van de levensverzekeringsbranche, en de uitoefening daarvan (*PbEG* L 228);

c. richtlijn nr. 72/166/EEG: richtlijn nr. 72/166/EEG van de Raad van de Europese Gemeenschappen van 24 april 1972 inzake de onderlinge aanpassing van de wetgevingen der Lid-Staten betreffende de verzekering van de wettelijke aansprakelijkheid waartoe de deelneming aan het verkeer van motorrijtuigen aanleiding kan geven en de controle op de verzekering tegen deze aansprakelijkheid (*PbEG* L 103).

Art. 27b

Informatiecentrum

– 1. Onze Minister van Justitie en Onze Minister van Financiën wijzen een rechtspersoon met volledige rechtsbevoegdheid aan als Informatiecentrum dat tot taak heeft informatie te verstrekken aan benadeelden teneinde hen in staat te stellen een vordering tot schadevergoeding in te dienen.

– 2. Een aanwijzing vindt slechts plaats, indien de rechtspersoon aan de volgende eisen voldoet:

a. hij dient in staat te zijn de in het eerste lid bedoelde taak naar behoren te vervullen;

b. de voorwaarden dienen aanwezig te zijn voor een zodanige besluitvorming binnen de rechtspersoon dat een onafhankelijke vervulling van de in het eerste lid bedoelde taak is gewaarborgd.

– 3. Onze Minister van Justitie en Onze Minister van Financiën kunnen een aanwijzing intrekken indien de rechtspersoon naar hun oordeel niet meer aan de in het tweede lid vermelde eisen voldoet, dan wel indien de rechtspersoon anderszins zijn taak niet meer onafhankelijk vervult.

– 4. Intrekking van een aanwijzing geschiedt onder gelijktijdige voorziening door Onze Minister van Justitie en Onze Minister van Financiën in de in het eerste lid bedoelde taak, waaromtrent zij nadere regels kunnen stellen.

– 5. Een aanwijzing en een intrekking van een aanwijzing worden in de *Staatscourant* bekend gemaakt.

Art. 27c

Statutenwijziging

Het Informatiecentrum kan zijn statuten niet wijzigen, tenzij de wijziging door Onze Minister van Justitie en Onze Minister van Financiën is goedgekeurd.

Art. 27d

Inlichtingenplicht

Het Informatiecentrum verstrekt aan Onze Minister van Justitie en Onze Minister van Financiën alle gevraagde inlichtingen omtrent de uitvoering van zijn taak.

Art. 27e

Bekostiging

Bij de aanwijzing, bedoeld in artikel 27*b*, eerste lid, wordt bepaald op welke wijze de werkzaamheden van het Informatiecentrum ter uitvoering van zijn taak, worden bekostigd.

Art. 27f

Coördinatietaak

– 1. Het Informatiecentrum coördineert ter uitvoering van de hem op grond van artikel 27*b*, eerste lid, opgelegde taak de verzameling en verstrekking van de volgende gegevens:

a. de kentekens van de motorrijtuigen die gewoonlijk in Nederland zijn gestald;

b.

1° de polisnummers van de verzekeringen, bedoeld in de artikelen 3 en 3*a* en, indien de verzekering is beëindigd, vernietigd of ontbonden, de datum waarop de dekking is geëindigd;

2° het nummer van het internationale verzekeringsbewijs of van de grensverzekeringspolis dat, onderscheidenlijk die is afgegeven voor motorrijtuigen waarvoor de in artikel 4, onder *b*, van richtlijn 72/166/EEG bepaalde afwijking geldt;

c. de namen en adressen van de verzekeraars en de schaderegelaars;

d. de lijst van motorrijtuigen waarvoor in een of meer lidstaten overeenkomstig artikel 4, onder *a* en *b*, van richtlijn nr. 72/166/EEG wordt afgeweken van de verplichte verzekering tegen burgerrechtelijke aansprakelijkheid, waartoe deze in het verkeer aanleiding kunnen geven;

e. met betrekking tot motorrijtuigen als bedoeld onder *d*:

1° de naam van de autoriteit of de instantie die overeenkomstig de tweede alinea van artikel 4, onder *a*, van richtlijn nr. 72/166/EEG, is belast met de schadevergoeding aan de benadeelden, indien de procedure van artikel 2, tweede lid, eerste streepje van die richtlijn niet van toepassing is en indien voor het motorrijtuig de afwijking geldt van artikel 4, onder *a*, van die richtlijn;

2° de naam van de instantie waaronder het motorrijtuig ressorteert in de lidstaat waar het gewoonlijk is gestald, indien voor het motorrijtuig de afwijking geldt van artikel 4, onder *b*, van richtlijn nr. 72/166/EEG.

– 2. De in het eerste lid, onder *a*, *b* en *c*, genoemde gegevens worden bewaard gedurende zeven jaar na de doorhaling van de inschrijving van het motorrijtuig in het kentekenregister, bedoeld in artikel 42, eerste lid, van de Wegenverkeerswet 1994 of van de beëindiging van de dekking.

Art. 27g

Informatie op verzoek

Indien een benadeelde binnen zeven jaar te rekenen van het feit waaruit de schade is ontstaan, daartoe een verzoek indient, verstrekt het Informatiecentrum onverwijld de volgende informatie:

a. de naam en het adres van de verzekeraar van het motorrijtuig waarmee de schade is veroorzaakt;
b. het polisnummer; en
c. de naam en het adres van de schaderegelaar van de verzekeraar, bedoeld onder *a.*

Art. 27h

Informatie bij belang

– 1. Indien een benadeelde er rechtmatig belang bij heeft, deelt het Informatiecentrum hem naam en adres van de bezitter, van degene aan wie het kenteken voor het motorrijtuig is opgegeven of van de houder van het motorrijtuig mee. Het Informatiecentrum informeert daartoe in het bijzonder bij:
a. de verzekeraar; of
b. de Dienst Wegverkeer.

– 2. Indien voor het motorrijtuig de afwijking geldt van artikel 4, onder *a*, van richtlijn nr. 72/166/EEG deelt het Informatiecentrum de benadeelde de naam mee van de autoriteit of de instantie die overeenkomstig de tweede alinea van artikel 4, onder *a*, van die richtlijn is belast met de schadevergoeding aan de benadeelden, indien de procedure van artikel 2, tweede lid, eerste streepje, van die richtlijn niet van toepassing is.

– 3. Indien voor het motorrijtuig de afwijking geldt van artikel 4, onder *b*, van richtlijn nr. 72/166/EEG deelt het Informatiecentrum de benadeelde de naam mee van de instantie waaronder het motorrijtuig ressorteert in de lidstaat waar het gewoonlijk is gestald.

Art. 27i

Samenwerking

Het Informatiecentrum werkt samen met de informatiecentra die in de andere lidstaten zijn aangewezen.

HOOFDSTUK 4 B
Het schadevergoedingsorgaan

Art. 27j

Begripsbepaling

Voor de toepassing van dit hoofdstuk wordt verstaan onder:
a. schade: schade ten gevolge van feiten, veroorzaakt door deelneming aan het verkeer van motorrijtuigen die gewoonlijk zijn gestald en verzekerd in een andere lidstaat dan Nederland en die zich ofwel hebben voorgedaan in een andere lidstaat dan die van de woonplaats van de benadeelde, ofwel in een staat buiten de Europese Unie waar een bureau, groep van verzekeraars of instantie werkzaam is dat onderscheidenlijk die overeenkomt met het bureau, bedoeld in artikel 2, zesde lid;
b. benadeelden: personen met woonplaats in Nederland die schade als bedoeld in onderdeel *a* hebben geleden, alsmede hun rechtverkrijgenden, evenwel met uitsluiting van verzekeraars, uitvoeringsinstellingen als bedoeld in artikel 41, derde lid, van de Organisatiewet sociale verzekeringen 1997, en andere instanties die door vergoeding van de schade in de rechten van deze personen zijn getreden;
c. verzekeraar: de verzekeraar die in een lidstaat in het bezit is van een vergunning als bedoeld in artikel 6 of artikel 23 van richtlijn 73/239/EEG van de Raad van de Europese Gemeenschappen van 24 juli 1973 tot coördinatie van de wettelijke en bestuursrechtelijke bepalingen betreffende de toegang tot het directe verzekeringsbedrijf, met uitzondering van de levensverzekeringsbranche, en de uitoefening daarvan (*PbEG* L 228).

Art. 27k

Schadevergoedingsorgaan

– 1. Onze Minister van Justitie en Onze Minister van Financiën wijzen een rechtspersoon met volledige rechtsbevoegdheid aan als Schadevergoedingsorgaan dat tot taak heeft in de gevallen, genoemd in artikel 27*o*, eerste lid, schade te vergoeden aan benadeelden.

– 2. Een aanwijzing vindt slechts plaats, indien de rechtspersoon aan de volgende eisen voldoet:
a. hij dient in staat te zijn de in het eerste lid bedoelde taak naar behoren te vervullen;
b. de voorwaarden dienen aanwezig te zijn voor een zodanige besluitvorming binnen de rechtspersoon dat een onafhankelijke vervulling van de in het eerste lid bedoelde taak is gewaarborgd.

– 3. Onze Minister van Justitie en Onze Minister van Financiën kunnen een aanwijzing intrekken, indien de rechtspersoon naar hun oordeel niet meer aan de in het tweede lid vermelde eisen voldoet, dan wel indien de rechtspersoon anderszins zijn taak niet meer onafhankelijk vervult.

– 4. Intrekking van een aanwijzing geschiedt onder gelijktijdige voorziening door Onze Minister van Justitie en Onze Minister van Financiën in de in het eerste lid bedoelde taak, waaromtrent zij nadere regels kunnen stellen.

– 5. Een aanwijzing en een intrekking van een aanwijzing worden in de *Staatscourant* bekend gemaakt.

Art. 27l

Statutenwijziging

Het Schadevergoedingsorgaan kan zijn statuten niet wijzigen, tenzij de wijziging door Onze Minister van Justitie en Onze Minister van Financiën is goedgekeurd.

Art. 27m

Inlichtingenplicht

– 1. Het Schadevergoedingsorgaan verstrekt aan Onze Minister van Justitie en Onze Minister van Financiën alle gevraagde inlichtingen omtrent de uitvoering van zijn taak.

– 2. Het Schadevergoedingsorgaan zendt jaarlijks binnen zes maanden na afloop van het boekjaar aan Onze Minister van Justitie en Onze Minister van Financiën de balans en de staat van baten en lasten alsmede het jaarverslag over het betrokken boekjaar. Deze stukken gaan vergezeld van een verklaring omtrent de getrouwheid, afgelegd door een accountant als bedoeld in artikel 393, eerste lid, van Boek 2 van het Burgerlijk Wetboek.

Art. 27n

Bekostiging

Bij de aanwijzing, bedoeld in artikel 27*k*, eerste lid, wordt bepaald op welke wijze de vergoeding door het Schadevergoedingsorgaan van schade als bedoeld in artikel 27*r*, wordt bekostigd.

Art. 27o

Schadevergoedingsverzoek

– 1. Een benadeelde kan, wanneer er een burgerrechtelijke aansprakelijkheid voor schade bestaat, een verzoek schadevergoeding indienen bij het Schadevergoedingsorgaan, indien:

a. binnen drie maanden na de datum waarop hij zijn verzoek tot schadevergoeding heeft ingediend bij de verzekeraar van het motorrijtuig waarmee de schade is veroorzaakt, of bij diens schaderegelaar in Nederland, die verzekeraar of die schaderegelaar hem geen met redenen omkleed antwoord op het verzoek heeft verstrekt;

b. de verzekeraar heeft nagelaten om in Nederland een schaderegelaar aan te stellen;

c. de verzekeraar niet kan worden geïdentificeerd binnen twee maanden na het voorvallen van het feit waaruit de schade is ontstaan; of

d. het motorrijtuig niet kan worden geïdentificeerd.

– 2. Een benadeelde kan geen verzoek tot schadevergoeding indienen bij het Schadevergoedingsorgaan:

a. in het geval, bedoeld in het eerste lid, onderdeel *b*, indien hij zijn verzoek tot schadevergoeding rechtstreeks heeft ingediend bij de verzekeraar en hij binnen drie maanden na de indiening van het verzoek een met redenen omkleed antwoord heeft ontvangen; of

b. indien hij rechtstreeks tegen de verzekeraar een rechtsvordering heeft ingesteld.

Art. 27p

Behandeling

– 1. Het Schadevergoedingsorgaan neemt het verzoek tot schadevergoeding in behandeling binnen twee maanden nadat de benadeelde het verzoek heeft ingediend.

– 2. Het Schadevergoedingsorgaan beëindigt de behandeling van het verzoek zodra de verzekeraar of diens schaderegelaar in Nederland binnen de in het eerste lid genoemde periode van twee maanden alsnog een met redenen omkleed antwoord op het verzoek heeft gegeven.

Art. 27q

Inkennisstelling

Het Schadevergoedingsorgaan stelt de navolgende partijen onmiddellijk in kennis van het bij hem ingediende verzoek tot schadevergoeding met de mededeling dat het verzoek binnen twee maanden na de indiening ervan in behandeling wordt genomen:

a. de verzekeraar van het motorrijtuig waarmee de schade is veroorzaakt, of diens schaderegelaar;

b. het schadevergoedingsorgaan in de lidstaat van vestiging van de verzekeraar, bedoeld in onderdeel *a*; en

c. indien deze bekend is, de persoon die de schade heeft veroorzaakt.

Art. 27r

Uitkering schadevergoeding

Het Schadevergoedingsorgaan gaat slechts over tot vergoeding van schade, indien de benadeelde aantoont dat hij alle bekende als zodanig aansprakelijke personen en, voor zover de aansprakelijkheid van deze personen behoort te zijn verzekerd volgens de desbetreffende wetgeving van de lidstaat waar het motorrijtuig waarmee de schade is veroorzaakt, gewoonlijk is gestald, hun verzekeraars of hun schaderegelaars in Nederland tot betaling heeft aangemaand.

Art. 27s

Maximum

Het Schadevergoedingsorgaan vergoedt geen schade, hoger dan de wettelijk vastgelegde bedragen in de lidstaat waar het feit heeft plaatsgevonden waaruit de schade is ontstaan, dan wel in de lidstaat waar het motorrijtuig gewoonlijk is gestald, indien in laatstbedoelde lidstaat de dekking hoger is.

Art. 27t

Verhaalsrecht

– 1. Na vergoeding van schade aan een benadeelde heeft het Schadevergoedingsorgaan recht van verhaal:

a. in de in artikel 27*o*, eerste lid, onderdelen *a* en *b* genoemde gevallen op het schadevergoe-

dingsorgaan in de lidstaat van vestiging van de verzekeraar van het motorrijtuig waarmee de schade is veroorzaakt;
b. in het in artikel 27*o*, eerste lid, onderdeel *c* genoemde geval op het nationale waarborgfonds in de lidstaat waar het motorrijtuig waarmee de schade is veroorzaakt gewoonlijk is gestald, dat overeenkomt met het Waarborgfonds Motorverkeer;
c. in het in artikel 27*o*, eerste lid, onderdeel *d* genoemde geval op het nationale waarborgfonds in de lidstaat waar het feit heeft plaatsgevonden waaruit de schade is ontstaan, dat overeenkomt met het Waarborgfonds Motorverkeer;
d. indien het ongeval is veroorzaakt door een motorrijtuig uit een staat buiten de Europese Unie, waar een bureau, groep van verzekeraars of instantie werkzaam is dat, onderscheidenlijk die overeenkomt met het bureau, bedoeld in artikel 2, zesde lid, en waarvan de verzekeraar binnen twee maanden na het ongeval niet kan worden geïdentificeerd, op het nationale waarborgfonds in de lidstaat waar het feit heeft plaatsgevonden waaruit de schade is ontstaan, dat overeenkomt met het Waarborgfonds Motorverkeer.

– 2. Indien een schadevergoedingsorgaan uit een andere lidstaat een persoon in diens lidstaat schade heeft vergoed op basis van wetgeving die overeenkomt met artikel 27*o* en daarna verhaal zoekt op het Schadevergoedingsorgaan, restitueert het Schadevergoedingsorgaan de door het schadevergoedingsorgaan uit die andere lidstaat betaalde bedrag. Het Schadevergoedingsorgaan meldt de naam van de betrokken verzekeraar aan de Pensioen- & Verzekeringskamer.

– 3. Indien op het Schadevergoedingsorgaan verhaal is genomen door een schadevergoedingsorgaan uit een andere lidstaat, heeft het voor het betaalde bedrag verhaal op degene die burgerrechtelijk aansprakelijk is of op diens verzekeraar.

HOOFDSTUK 5
Gevolgen van het intrekken van de vergunning of het opleggen van een verbod ter zake van acquisitie

Art. 28

Tijdelijke toepassing schadebepalingen

– 1. De artikelen 5 tot en met 15 blijven van toepassing op een schadeverzekeraar als bedoeld in artikel 1:1 van de Wet op het financieel toezicht met betrekking tot de schade tengevolge van een ongeval of een gebeurtenis dat heeft plaatsgehad voor of binnen 30 dagen na de intrekking van de vergunning dan wel de intrekking van een overeenkomstige vergunning indien het een verzekeraar met zetel in een andere lidstaat betreft, of het besluit als bedoeld in artikel 1:58, tweede lid, van de Wet op het financieel toezicht. De Algemene Termijnenwet is op deze termijn niet van toepassing.

Onbevoegde verzekeringsonderneming

– 2. Degene die met een verzekeraar die niet of niet meer in het bezit is van een vergunning dan wel een overeenkomstige vergunning indien het een verzekeraar met zetel in een andere lidstaat betreft, of ten aanzien van wie een besluit is genomen als bedoeld in artikel 1:58, tweede lid,van de Wet op het financieel toezicht, een verzekering heeft gesloten waartoe deze wet verplicht, kan deze verzekering door opzegging beëindigen; de verzekeraar geeft alsdan de vooruitbetaalde premie terug voor het gedeelte dat evenredig is aan het op de datum van de ontvangst der opzegging nog niet verstreken gedeelte van de termijn, waarvoor de premie werd betaald, onder aftrek van een door de Nederlandsche Bank N.V. te bepalen percentage van het terug te betalen bedrag aan onkosten.

Art. 29

Vervallen.

HOOFDSTUK 6
Verbods- en strafbepalingen

Art. 30

Strafsancties

– 1. Hij, die als bezitter, dan wel als degene aan wie het kenteken is opgegeven, dan wel als houder in de zin van artikel 2, tweede lid, een motorrijtuig op een weg doet rijden of laat staan of toelaat dat daarmede op een weg wordt gereden of gestaan, of buiten een weg met een motorrijtuig deelneemt of toelaat dat daarmede wordt deelgenomen aan het verkeer op een terrein zonder dat hij voor dat motorrijtuig een verzekering overeenkomstig deze wet heeft gesloten en in stand gehouden, wordt gestraft met hechtenis van ten hoogste drie maanden of geldboete van de tweede categorie.

– 2. De in het vorige lid genoemde personen worden met gelijke straf gestraft, indien zij voor een motorrijtuig waarvoor een kentekenbewijs is afgegeven niet een verzekering overeenkomstig deze wet hebben gesloten en in stand gehouden.

– 3. De in het eerste lid genoemde personen zijn niet strafbaar, indien op hen de verplichting tot verzekering niet rust.

– 4. De bestuurder van een motorrijtuig die daarmede op een weg rijdt of staat of buiten een weg met een motorrijtuig deelneemt aan het verkeer op een terrein zonder dat er voor dat motorrijtuig een verzekering overeenkomstig deze wet is gesloten en in stand gehouden, wordt gestraft met hechtenis van ten hoogste drie maanden of geldboete van de tweede categorie.

Uitsluiting strafbaarheid

– 5. De in het vorige lid bedoelde bestuurder is niet strafbaar indien:

a. met betrekking tot het motorrijtuig vrijstelling van de verplichting tot verzekering is verleend en een geldig bewijs van die vrijstelling is uitgereikt;

b. een in artikel 2, zesde lid, bedoeld bureau, groep van verzekeraars of buitenlandse instantie de verplichting op zich heeft genomen de door het motorrijtuig veroorzaakte schade overeenkomstig de bepalingen van deze wet te vergoeden.

Ontzegging rijbevoegdheid

– 6. Bij veroordeling wegens een strafbaar feit, omschreven in het eerste, tweede of vierde lid, kan de schuldige de bevoegdheid worden ontzegd motorrijtuigen te besturen voor de tijd van ten hoogste één jaar en ingeval tijdens het plegen van het strafbare feit nog geen vijf jaar zijn verlopen na het einde van de tijdsduur, waarvoor bij een vroegere onherroepelijke veroordeling de schuldige de bevoegdheid motorrijtuigen te besturen is ontzegd, voor de tijd van ten hoogste vijf jaren. Met een veroordeling wordt een strafbeschikking gelijkgesteld. Overigens zijn de bepalingen van de Wegenverkeerswet 1994, betreffende de bijkomende straf van ontzegging van de rijbevoegdheid motorrijtuigen te besturen van overeenkomstige toepassing.

– 7. Bij veroordeling wegens een strafbaar feit, omschreven in het eerste, tweede of vierde lid, kan de rechter tevens de schuldige de bijkomende straf van betaling van een bedrag van ten hoogste € 2723 aan het Waarborgfonds Motorverkeer opleggen. De artikelen 24*a*-24*c* van het Wetboek van Strafrecht zijn van overeenkomstige toepassing.

– 8. De in het vorige lid bedoelde bijkomende straf wordt ten uitvoer gelegd met overeenkomstige toepassing van de artikelen 561, eerste, tweede en derde lid, 572, 573, 575 en 576 van het Wetboek van Strafvordering. Het openbaar ministerie draagt er zorg voor, dat de geïnde bedragen tegen kwijting aan het Waarborgfonds Motorverkeer worden uitgekeerd.

Art. 31

Bevoegdheden opsporingsambtenaren

Op de eerste vordering van de personen, belast met de opsporing van de in deze wet strafbaar gestelde feiten is de bestuurder van een motorrijtuig verplicht het rijtuig te doen stilhouden en indien hij ingevolge artikel 14 eerste lid, artikel 17 tweede lid of artikel 19 eerste lid een document bij zich moet hebben, dit behoorlijk ter inzage af te geven.

Art. 32

Ongeldig bewijs

De houder van een bewijs als bedoeld in artikel 19 eerste lid is verplicht dit, wanneer het ongeldig is geworden, op eerste aanmaning bij het bevoegde gezag in te leveren.

Art. 33

Strafsanctie

Handelen in strijd met de artikelen 31 en 32 wordt gestraft met hechtenis van ten hoogste dertig dagen of geldboete van de tweede categorie.

Art. 34

Aantonen voldoening verzekeringsplicht

– 1. Indien uit het door de Dienst Wegverkeer aangehouden register niet blijkt dat ten aanzien van een motorrijtuig met betrekking waartoe gedurende een bepaald tijdvak een verplichting tot verzekering bestaat of heeft bestaan, gedurende dat tijdvak is voldaan aan de verzekeringsplicht uit hoofde van deze wet, kan een ambtenaar als bedoeld in artikel 37 van degene, aan wie het kenteken voor dat motorrijtuig is opgegeven, vorderen dat hij aantoont dat niettemin aan de verzekeringsplicht gedurende dat tijdvak voldaan is.

Termijnbepaling

– 2. Degene tot wie de vordering is gericht, kan daaraan voldoen door binnen een nader door de in het eerste lid bedoelde ambtenaar te bepalen termijn, welke echter niet korter mag zijn dan veertien dagen, een van een verzekeraar afkomstig geschrift op een hem opgegeven plaats ter inzage te verstrekken. Uit het geschrift moet blijken dat gedurende het tijdvak de aansprakelijkheid waartoe het motorrijtuig aanleiding kan geven, was gedekt door een verzekering overeenkomstig deze wet. De verzekeraar is gehouden een zodanig geschrift af te geven zo spoedig mogelijk, doch in ieder geval binnen tien dagen, nadat hem een daartoe strekkend verzoek heeft bereikt.

Strafsanctie

– 3. Degene die niet aan de in het eerste lid bedoelde vordering voldoet, wordt gestraft met een hechtenis van ten hoogste drie maanden of geldboete van de tweede categorie. Het zesde tot en met het achtste lid van artikel 30 zijn van overeenkomstige toepassing.

Art. 35

Strafbaar feit

Overtreding van het bepaalde bij of krachtens algemene maatregel van bestuur, voor zover die overtreding uitdrukkelijk als strafbaar feit is aangemerkt, wordt gestraft met hechtenis van ten hoogste dertig dagen of geldboete van de tweede categorie.

Art. 36

Overtreding

De bij of krachtens deze wet strafbaar gestelde feiten zijn overtredingen.

Art. 37

Bevoegde opsporingsambtenaren

Met de opsporing van de strafbare feiten, bedoeld in dit hoofdstuk, zijn, behalve de ambtenaren bedoeld in artikel 141 van het Wetboek van Strafvordering, belast de ambtenaren, die krachtens artikel 159 van de Wegenverkeerswet 1994 zijn aangewezen tot opsporing van strafbare feiten.

HOOFDSTUK 7
Slotbepalingen

Art. 38

Nadere regels AMvB

– 1. Voor de uitvoering van deze wet kunnen bij of krachtens algemene maatregel van bestuur nadere regelen worden gesteld.

Verstrekking inlichtingen door Dienst Wegverkeer

– 2. Inlichtingen omtrent de nakoming van de verplichting tot verzekering worden op aanvraag en tegen betaling, op de door de Dienst Wegverkeer vastgestelde wijze, van het daarvoor door deze dienst vastgestelde tarief door deze dienst verstrekt. Bij algemene maatregel van bestuur wordt vastgesteld wie tot betaling van het tarief is gehouden. Artikel 4*q*, eerste lid, van de Wegenverkeerswet 1994 is van overeenkomstige toepassing.

Art. 39

Bevat wijzigingen in andere regelgeving.

Art. 40

Vervallen.

Art. 41

Inwerkingtreding

De bepalingen van deze wet treden in werking op door Ons te bepalen tijdstippen.

Art. 42

Citeertitel

Deze wet kan worden aangehaald als: Wet aansprakelijkheidsverzekering motorrijtuigen.

III.15 VERDRAG TER VASTSTELLING VAN ENIGE EENVORMIGE REGELEN BETREFFENDE HET COGNOSSEMENT [VERTALING] (COGNOSSEMENTSVERDRAG BRUSSEL 1924)

Verdrag van 25 augustus 1924, Trb. 1957, 24

[Inwerkingtreding: 02-06-1931]

De President van de Duitse Republiek, de President van de Argentijnse Republiek, Zijne Majesteit de Koning der Belgen, de President van de Republiek Chili, de President van de Republiek Cuba, Zijne Majesteit de Koning van Denemarken en IJsland, Zijne Majesteit de Koning van Spanje, het Staatshoofd van Estland, de President der Verenigde Staten van Amerika, de President van de Republiek Finland, de President van de Franse Republiek, Zijne Majesteit de Koning van het Verenigd Koninkrijk van Groot-Brittannië en Ierland en van de Britse Bezittingen over Zee, Keizer van Indië, Zijne Doorluchtige Hoogheid de Bestuurder van het Koninkrijk Hongarije, Zijne Majesteit de Koning van Italië, Zijne Majesteit de Keizer van Japan, de President van de Republiek Letland, de President van de Republiek Mexico, Zijne Majesteit de Koning van Noorwegen, Hare Majesteit de Koningin der Nederlanden, de President van de Republiek Peru, de President van de Republiek Polen, de President van de Portugese Republiek, Zijne Majesteit de Koning van Roemenië, Zijne Majesteit de Koning der Serven, Kroaten en Slovenen, Zijne Majesteit de Koning van Zweden en de President van de Republiek Uruguay,

Erkend hebbend het nut om in gemeen overleg enige eenvormige regelen vast te stellen betreffende het cognossement, hebben besloten te dien einde een verdrag te sluiten en hebben als hun gevolmachtigden aangewezen, te weten:

Zie voor de opsomming der Staatshoofden met de namen hunner gevolmachtigden de Franse versie van dit Verdrag.

Die, hiertoe behoorlijk gemachtigd, het volgende zijn overeengekomen:

Art. 1

Begripsbepaling

In dit verdrag worden de navolgende woorden gebruikt in de hieronder aangegeven zin:

a. 'Vervoerder' omvat de eigenaar van het schip of de bevrachter, die partij is bij een vervoerovereenkomst met een afzender;

b. 'Vervoerovereenkomst' slaat slechts op een vervoerovereenkomst, waarvan blijkt uit een cognossement of enig dergelijk stuk recht gevend op het vervoer van goederen over zee; het slaat ook op het cognossement of dergelijk stuk uitgegeven krachtens een charterpartij van het ogenblik af dat dit de betrekkingen regelt van de vervoerder en de cognossementhouder;

c. 'Goederen' omvat zaken, voorwerpen, koopmanschappen en waren van welke aard ook, met uitzondering van levende dieren en van lading, die, bij de vervoerovereenkomst, opgegeven is als geplaatst op het dek en feitelijk aldus wordt vervoerd;

d. 'Schip' betekent elk vaartuig gebruikt voor het vervoer van de goederen over zee;

e. 'Vervoer van goederen' dekt de tijd verlopen van de inlading der goederen aan boord van het schip tot de lossing ervan uit het schip.

Art. 2

Aansprakelijkheid vervoerder

Onverminderd de bepalingen van artikel 6 is de vervoerder in alle overeenkomsten tot vervoer van goederen over zee, met betrekking tot de lading, de behandeling, de stuwing, het vervoer, de bewaking, de verzorging en de lossing dier goederen, belast met de aansprakelijkheden en verplichtingen hieronder vermeld gelijk hij geniet van de daarbedoelde rechten en ontheffingen.

Art. 3

Redelijke zorg

– 1. De vervoerder is gehouden voor en bij de aanvang van de reis een redelijke zorg aan te wenden voor:

a. het zeewaardig maken van het schip;

b. het voldoende bemannen, uitrusten en bevoorraden van het schip;

c. het geschikt maken en in goede staat brengen van de ruimen, vries- en koelkamers en alle andere delen van het schip, waarin goederen worden vervoerd, om deze daarin te bergen, te vervoeren en goed te houden.

– 2. Onder voorbehoud van het bepaalde bij artikel 4 is de vervoerder verplicht zorg te dragen voor de behoorlijke en zorgvuldige lading, behandeling, stuwing, vervoer, bewaking, verzorging en lossing van de vervoerde goederen.

Afgifte cognossement; inhoud

– 3. Na de goederen ontvangen en aangenomen te hebben moet de vervoerder of de kapitein of vertegenwoordiger van de vervoerder op verlangen van de afzender aan deze een cognossement afgeven, dat onder meer vermeldt:

a. de voornaamste voor het onderkennen van de goederen nodige merken, zoals deze vóór het begin der inlading door de afzender schriftelijk zijn opgegeven, mits deze merken op de niet verpakte goederen of op de kisten of verpakkingen, die de goederen inhouden, door stempe-

ling of op enige andere wijze duidelijk aangebracht zijn op zodanige wijze, dat zij in normale omstandigheden tot het einde van de reis leesbaar zullen blijven;
b. het aantal der colli of het stuktal der goederen of de hoeveelheid of het gewicht, al naar gelang der omstandigheden, zoals zulks door de afzender schriftelijk is opgegeven;
c. de uiterlijke staat en de uiterlijke gesteldheid van de goederen; met dien verstande, dat geen vervoerder, kapitein of vertegenwoordiger van de vervoerder verplicht zal zijn een cognossement af te geven inhoudende merken, getal, hoeveelheid of gewicht, wanneer hij redelijke gronden heeft te vermoeden, dat zij niet nauwkeurig de in werkelijkheid door hem ontvangen goederen weergeven of tot het toetsen waarvan hij geen redelijke gelegenheid heeft gehad.

Vermoeden van ontvangst

– 4. Zulk een cognossement geldt als vermoeden, behoudens tegenbewijs, van de ontvangst door de vervoerder van de goederen zoals zij beschreven zijn overeenkomstig § 3, *a*, *b* en *c*.

Aansprakelijkheid afzender

– 5. De afzender wordt geacht ten behoeve van de vervoerder in te staan voor de juistheid op het ogenblik van de inontvangstneming van de door hem opgegeven merken, getal, hoeveelheid en gewicht, en de afzender zal de vervoerder schadeloos stellen voor alle verliezen, schaden en kosten, ontstaan ten gevolge van onjuistheden in de opgave van deze bijzonderheden. Het recht van de vervoerder op dergelijke schadeloosstelling beperkt in genen dele zijn aansprakelijkheid en zijn verbintenissen, zoals zij uit de vervoerovereenkomst voortvloeien, tegenover elke andere persoon dan de afzender.

Vermoeden van aflevering conform cognossement

– 6. Tenzij aan de vervoerder of zijn vertegenwoordiger in de loshaven, voor of op het ogenblik van het weghalen van de goederen en van hun overgifte aan de krachtens de vervoerovereenkomst op de aflevering recht hebbende persoon schriftelijk kennis is gegeven van het verlies of de schade en van de algemene aard van dit verlies of die beschadiging, geldt bedoelde weghaling, tot bewijs van het tegendeel, als vermoeden, dat de goederen door de vervoerder werden afgeleverd, zoals zij in het cognossement zijn omschreven.
Is het verlies of de beschadiging niet uiterlijk zichtbaar, dan moet de kennisgeving binnen drie dagen na de aflevering geschieden.
Schriftelijk voorbehoud is overbodig als de staat van het goed op het ogenblik van de inontvangstneming door beide partijen gezamenlijk vastgesteld werd.
In elk geval zijn de vervoerder en het schip van alle aansprakelijkheid wegens verlies of beschadiging ontheven, tenzij een rechtsvordering wordt ingesteld binnen een jaar, nadat de goederen zijn of behoorden te zijn afgeleverd.
Indien er zekerheid of vermoeden bestaat, dat er verlies of beschadiging heeft plaats gehad, moeten de vervoerder en de ontvanger elkander over en weer in redelijkheid alle middelen verschaffen om het onderzoek van het goed en het natellen van de colli gemakkelijk te maken.

'Geladen' cognossement

– 7. Als de goederen ingeladen zijn, wordt door de vervoerder, kapitein of vertegenwoordiger van de vervoerder aan de afzender op zijn verlangen een cognossement afgegeven met de vermelding 'geladen', mits de afzender, indien hij vooraf enig op die goederen rechtgevend document heeft ontvangen, hetzelve tegen afgifte van het 'geladen'-cognossement teruggeeft. De vervoerder, de kapitein of de vertegenwoordiger heeft eveneens het recht in de haven van inlading op het oorspronkelijk afgegeven document de naam van het schip of van de schepen, waarin de goederen werden geladen en de datum of de data van inlading aan te tekenen, in welk geval het aldus aangevulde document, mits inhoudende de in artikel 3, § 3, vermelde bijzonderheden, als een 'geladen'-cognossement in de zin van dit artikel wordt beschouwd.

Afwijking door exoneratie

– 8. Iedere bepaling, beding of afspraak in een vervoerovereenkomst, waardoor de vervoerder of het schip wordt ontheven van aansprakelijkheid voor verlies of beschadiging van of met betrekking tot goederen, voortvloeiende uit nalatigheid, schuld of tekortkoming in het voldoen aan de verplichtingen, in dit artikel voorzien, of waardoor deze aansprakelijkheid mocht worden verminderd op andere wijze dan in dit verdrag is voorzien, is nietig, van onwaarde en zonder gevolg. Een beding, krachtens hetwelk de uitkering op grond van een gesloten verzekering aan de vervoerder komt, of elk ander beding van dergelijke strekking wordt geacht te zijn gemaakt ten einde de vervoerder van aansprakelijkheid te ontheffen.

Art. 4

Uitzondering op aansprakelijkheid vervoerder

– 1. Noch de vervoerder noch het schip is aansprakelijk wegens verlies of schade, ontstaan ten gevolge van of voortvloeiend uit onzeewaardigheid, tenzij deze te wijten is aan gebrek aan redelijke zorg aan de zijde van de vervoerder om het schip zeewaardig te maken of om het behoorlijk uit te rusten, te bemannen of te bevoorraden, of om de ruimen, koel- en vrieskamers en alle andere delen van het schip, waarin goederen vervoerd worden, geschikt te maken en in goede staat te brengen, opdat zij kunnen dienen tot het ontvangen, het vervoeren en het bewaren van de goederen, alles overeenkomstig het bepaalde bij artikel 3, § 1. Telkens als verlies of schade het gevolg is van onzeewaardigheid, rust de bewijslast ten aanzien van de uitoefening van de redelijke zorg op de vervoerder of op elke andere persoon, die mocht beweren krachtens dit artikel van aansprakelijkheid te zijn ontheven.

– 2. Noch de vervoerder noch het schip is aansprakelijk wegens verlies of schade, voortvloeiend uit of ontstaan ten gevolge van:
a. een handeling, onachtzaamheid of nalatigheid van de kapitein, een lid van de bemanning, de loods of een ondergeschikte van de vervoerder, gepleegd bij de navigatie of de behandeling van het schip;
b. brand, tenzij veroorzaakt door opzet of schuld van de vervoerder;
c. gevaren en onheilen van de zee of van andere bevaarbare wateren;
d. onvermijdelijke natuurlijke toevallen;
e. oorlogshandelingen;
f. daden van publieke vijanden;
g. aanhouding of maatregelen van hogerhand of gerechtelijk beslag;
h. quarantainemaatregelen;
i. een handeling of een nalatigheid van de afzender of eigenaar der goederen, van zijn vertegenwoordiger of lasthebber;
j. werkstakingen of uitsluitingen of stilstand of belemmering van de arbeid, ten gevolge van welke oorzaak ook, hetzij gedeeltelijk, hetzij geheel;
k. oproer of ongeregeldheden;
l. redding of poging tot redding van mensenlevens of goederen op zee;
m. verlies aan volumen of gewicht of elk ander verlies, of elke andere beschadiging, veroorzaakt door een verborgen gebrek, de bijzondere aard of een eigen gebrek van het goed;
n. onvoldoende verpakking;
o. onvoldoende of verkeerde merken;
p. verborgen gebreken, indien zij ondanks behoorlijke zorg niet te ontdekken waren;
q. een andere oorzaak, niet bestaand uit opzet of schuld van de vervoerder, noch uit opzet of schuld van de vertegenwoordigers of ondergeschikten van de vervoerder; doch de bewijslast rust op degene, die zich op deze ontheffing beroept, en het staat aan hem aan te tonen, dat noch de schuld van de vervoerder zelf, noch zijn opzet, noch de schuld of het opzet van de vertegenwoordigers of de ondergeschikten van de vervoerder heeft bijgedragen tot het verlies of de schade.

Afzender niet aansprakelijk

– 3. De afzender is niet aansprakelijk voor door de vervoerder of het schip geleden verliezen of schaden, ontstaan door of voortvloeiend uit enigerlei oorzaak zonder dat er sprake is van handeling, schuld of nalatigheid van de afzender, zijn vertegenwoordigers of zijn ondergeschikten.

Afwijking koers

– 4. Generlei afwijking van de koers tot redding of poging tot redding van mensenlevens of goederen op zee en generlei redelijke afwijking van de koers wordt als een inbreuk op dit verdrag of op de vervoerovereenkomst beschouwd en de vervoerder is niet aansprakelijk voor enig verlies of enige beschadiging, daardoor ontstaan.

Maximum aansprakelijkheid

– 5. De vervoerder en het schip zijn nimmer aansprakelijk voor verlies of schade van of met betrekking tot de goederen tot een bedrag boven £ 100 per stuk of eenheid, of een daarmede overeenstemmend bedrag in een andere muntsoort, tenzij de aard en de waarde van de goederen zijn aangegeven door de afzender, vóórdat de goederen zijn ingeladen en deze aangifte is opgenomen in het cognossement.
Deze aldus in het cognossement opgenomen aangifte schept een vermoeden, behoudens tegenbewijs, maar zij bindt de vervoerder, die haar kan betwisten niet.
Bij overeenkomst tussen de vervoerder, kapitein of vertegenwoordiger van de vervoerder en de afzender mag een ander maximumbedrag dan het in deze paragraaf genoemde worden bepaald, mits dit overeengekomen maximum niet lager zij dan het daarin vastgestelde bedrag.
Noch de vervoerder noch het schip is aansprakelijk voor verlies of schade van of met betrekking tot goederen, indien aard of waarde daarvan door de afzender opzettelijk verkeerdelijk in het cognossement is aangegeven.

Gevaarlijke goederen; beperking ook bij actie buiten contract; ook voor ondergeschikten

– 6. Goederen van ontvlambare, ontplofbare of gevaarlijke aard, tot welker lading de vervoerder, de kapitein of de vertegenwoordiger van de vervoerder geen toestemming zou hebben gegeven, wanneer hij de aard of de gesteldheid daarvan gekend had, mogen te allen tijde voor de lossing op iedere plaats door de vervoerder worden gelost of vernietigd of onschadelijk gemaakt zonder schadevergoeding, en de afzender van deze goederen is aansprakelijk voor alle schaden en onkosten, middellijk of onmiddellijk ontstaan ten gevolge van de inlading ervan.
Indien een van deze goederen, ingeladen met voorkennis en toestemming van de vervoerder, een gevaar wordt voor het schip of de lading, mag het eveneens door de vervoerder worden gelost of vernietigd of onschadelijk gemaakt zonder enige aansprakelijkheid van de vervoerder, tenzij voor averij-grosse, indien daartoe gronden bestaan.

Art. 5

Vergroting aansprakelijkheid; verdrag niet voor charterpartijen

– 1. Een vervoerder is vrij zijn rechten en ontheffingen geheel of gedeeltelijk op te geven of zijn aansprakelijkheden en verplichtingen te vermeerderen, zoals deze en gene voorzien zijn in dit verdrag, mits deze afstand of deze vermeerdering vermeld wordt in het de afzender afgegeven cognossement.

– 2. Geen bepaling van dit verdrag is van toepassing op charterpartijen; maar als in het geval van een bevracht schip cognossementen worden afgegeven, zijn deze onderworpen aan de voorschriften van dit verdrag. Geen voorschrift in deze regelen wordt beschouwd als een beletsel voor de opneming in een cognossement van enig geoorloofd beding omtrent averij-grosse.

Art. 6

Afwijkend beding

– 1. Onverminderd de bepalingen der voorgaande artikelen zijn een vervoerder, kapitein of vertegenwoordiger van de vervoerder en een afzender vrij, omtrent bepaalde goederen, welke ook, een overeenkomst aan te gaan met zodanige bedingen als hun goed zullen dunken aangaande de aansprakelijkheid en de verplichtingen van de vervoerder betreffende deze goederen alsmede de rechten en ontheffingen van de vervoerder ten aanzien van deze goederen, of aangaande zijn verplichtingen voor wat betreft de staat van zeewaardigheid van het schip voorzover zodanig beding niet strijdig is met de openbare orde, of aangaande de zorgen of onachtzaamheid van zijn ondergeschikten of vertegenwoordigers voor wat betreft de inlading, de behandeling, de stuwing, het vervoer, de bewaking, de verzorging en de lossing der over zee vervoerde goederen, mits in dit geval geen cognossement is of wordt uitgegeven en de bepalingen van de getroffen afspraak opgenomen zijn in een ontvangstbewijs, dat een niet verhandelbaar stuk is en hiervan melding maakt.

– 2. Elke zo gesloten overeenkomst heeft volledig rechtsgevolg.

– 3. Dit artikel is echter niet van toepassing op gewone handelsverschepingen, bewerkstelligd bij gelegenheid van gewone handelsverrichtingen, maar slechts op andere verladingen, waarbij het karakter en de gesteldheid van de te vervoeren goederen en de omstandigheden, de bedingen en de bepalingen, waarop het vervoer plaats moet vinden, zodanig zijn, dat ze een bijzondere afspraak rechtvaardigen.

Art. 7

Exoneratie voor periode voor inlading of na lossing

Geen bepaling van dit verdrag verbiedt een vervoerder of een afzender in een overeenkomst bedingen, bepalingen, voorbehouden of ontheffingen van de verplichtingen en aansprakelijkheden van de vervoerder of het schip betreffende het verlies of de schaden, aan de goederen overkomen of aangaande de bewaking, zorg en behandeling ervan, vóór de inlading in en na de lossing uit het schip, waarmede de goederen over zee worden vervoerd, op te nemen.

Art. 8

Verhouding tot geldende wet

De bepalingen van dit verdrag laten onverlet de rechten en de verplichtingen van de vervoerder, voortvloeiend uit enige thans geldende wet betreffende de beperking van de aansprakelijkheid van eigenaren van zeeschepen.

Art. 9

Geldeenheden

– 1. De geldeenheden waarvan sprake is in dit verdrag zijn goudmunten.

– 2. Die verdragsluitende Staten, waar het pond sterling niet in gebruik is als geldeenheid, behouden zich het recht voor de in dit verdrag in ponden sterling aangegeven sommen naar hun muntstelsel om te zetten in ronde bedragen.

– 3. De landswetten kunnen de schuldenaar de bevoegdheid verlenen zich te kwijten in de landsmunt volgens de wisselkoers ten dage der aankomst van het schip in de haven van lossing van het desbetreffende goed.

Art. 10

Toepasselijkheid verdrag

De bepalingen van dit verdrag zijn van toepassing op elk cognossement, in een der verdragsluitende Staten opgemaakt.

Art. 11

Bekrachtiging

– 1. Na afloop van een termijn van ten hoogste twee jaar, te rekenen van de dag der ondertekening van het verdrag stelt de Belgische Regering zich in verbinding met de Regeringen der Hoge verdragsluitende Partijen, die zich bereid hebben verklaard het te bekrachtigen ten einde te doen beslissen of er aanleiding is het in werking te doen treden. De bekrachtigingen worden neergelegd te Brussel op de dag, die in gemeen overleg tussen de genoemde Regeringen wordt vastgesteld. De eerste nederlegging van bekrachtigingen wordt vastgesteld door een procesverbaal, ondertekend door de vertegenwoordigers van de Staten, die er aan deelnemen en door de Minister van Buitenlandse Zaken van België.

– 2. De verdere nederleggingen geschieden door een schriftelijke mededeling, gericht tot de Belgische Regering en vergezeld van een akte van bekrachtiging.

– 3. Een voor gelijkluidend met het proces-verbaal betreffende de eerste nederlegging van bekrachtigingen en met de mededelingen uit het vorig lid gewaarmerkt afschrift alsmede een van de akten van bekrachtiging die hen vergezellen, wordt door de zorgen van de Belgische Regering en langs diplomatieke weg onmiddellijk gezonden aan de Staten, die dit verdrag hebben ondertekend of er toe zijn toegetreden. In de gevallen uit het vorige lid geeft deze Regering te zelfder tijd de dag op, waarop zij de mededeling heeft ontvangen.

Art. 12

Toetreding

– 1. De Staten, die dit verdrag niet hebben ondertekend, kunnen tot dit verdrag toetreden, onafhankelijk van de vraag, of zij al dan niet vertegenwoordigd zijn geweest op de internationale conferentie te Brussel.
– 2. De Staat, die wenst toe te treden, deelt zijn voornemen schriftelijk mede aan de Belgische Regering, en overhandigt Haar de akte van toetreding, die wordt neergelegd in de archieven dezer Regering.
– 3. De Belgische Regering overhandigt onmiddellijk aan al de ondertekend hebbende of toegetreden Staten een voor gelijkluidend gewaarmerkt afschrift van de mededeling, alsmede van de akte van toetreding, terwijl Zij de dag vermeldt, waarop Zij de mededeling heeft ontvangen.

Art. 13

Voorbehouden

De Hoge verdragsluitende Partijen kunnen bij de ondertekening, de nederlegging der bekrachtigingen of haar toetreding verklaren, dat de aanvaarding van dit verdrag niet geldt, hetzij voor zekere, hetzij voor alle zelfbesturende gewesten, koloniën, bezittingen, protectoraten of overzeese gebieden, die gesteld zijn onder haar opperbewind of gezag.
Dienvolgens kunnen zij later afzonderlijk toetreden in naam van een of meer van deze zelfbesturende gewesten, koloniën, bezittingen, protectoraten of overzeese gebieden, die aldus in hun oorspronkelijke verklaring zijn uitgesloten. Zij kunnen evenzeer, zich richtend naar deze bepalingen, dit verdrag afzonderlijk opzeggen voor een of meer der zelfbesturende gewesten, koloniën, bezittingen, protectoraten of overzeese gebieden, die gesteld zijn onder haar opperbewind of gezag.

Art. 14

Inwerkingtreding

Met betrekking tot de Staten, die deel hebben genomen aan de eerste nederlegging van bekrachtigingen, wordt dit verdrag van kracht een jaar na de dag van het proces-verbaal van deze nederlegging. Wat betreft de Staten, die het later bekrachtigen of die er toe toetreden, alsmede in de gevallen, waarin de inwerkingtreding later en volgens artikel 13 plaats vindt, wordt het van kracht zes maanden, nadat de mededelingen, voorzien in artikel 11, lid 2, en in artikel 12, lid 2, ontvangen zijn door de Belgische Regering.

Art. 15

Opzegging

– 1. Indien het mocht gebeuren, dat een der verdragsluitende Staten dit verdrag zou willen opzeggen, wordt de opzegging schriftelijk ter kennis gebracht van de Belgische Regering, die onmiddellijk een voor gelijkluidend gewaarmerkt afschrift zal verstrekken aan al de andere Staten, terwijl Zij Hun de dag bericht, waarop Zij haar heeft ontvangen.
– 2. De opzegging heeft alleen gevolg ten aanzien van de Staat, die haar heeft gedaan en wel een jaar nadat de mededeling ervan de Belgische Regering heeft bereikt.

Art. 16

Conferentie over verbeteringen

– 1. Elke verdragsluitende Staat heeft de bevoegdheid de bijeenkomst uit te lokken van een nieuwe conferentie ten einde de verbeteringen te onderzoeken, welke in dit verdrag zouden kunnen worden aangebracht.
– 2. Diegene der Staten, die gebruik wil maken van deze bevoegdheid, moet een jaar tevoren zijn voornemen kenbaar maken aan de andere Staten door bemiddeling van de Belgische Regering, die zich belast met de bijeenroeping van de conferentie.
Gedaan te Brussel, in één enkel exemplaar, de 25e augustus 1924.
Protocol van ondertekening

Overgaande tot de ondertekening van het internationale verdrag tot het vaststellen van enige eenvormige regelen betreffende het cognossement hebben de ondergetekende Gevolmachtigden dit protocol aanvaard, dat dezelfde waarde heeft alsof de bepalingen ervan opgenomen waren in de tekst zelf van het verdrag, waarop het slaat.
De Hoge Verdragsluitende Partijen kunnen gevolg geven aan dit Verdrag hetzij door er kracht van wet aan te geven, hetzij door de regelen in het verdrag aanvaard in haar landswet op te nemen in een bij deze wet passende vorm.
Zij behouden zich nadrukkelijk het recht voor:
1° Nader te bepalen, dat in de gevallen, voorzien in artikel 4, lid 2, onder *c* tot *p*, de cognossementhouder de persoonlijke schuld van de vervoerder of die van zijn ondergeschikten, voor zover deze niet vallen onder *a*, mag aanvoeren;
2° Met betrekking tot de nationale kustvaart te bepalen, dat artikel 6 van toepassing is op alle soorten goederen, zonder dat rekening wordt gehouden met de beperking uit het laatste lid van genoemd artikel.
Gedaan te Brussel, in één enkel exemplaar, de 25e augustus 1924.

III.15A PROTOCOL TOT WIJZIGING VAN HET INTERNATIONALE VERDRAG TER VASTSTELLING VAN ENIGE EENVORMIGE REGELEN BETREFFENDE HET COGNOSSEMENT, ONDERTEKEND TE BRUSSEL OP 25 AUGUSTUS 1924 [VERTALING]

Protocol van 23 februari 1968, Trb. 1979, 26

[Inwerkingtreding: 23-06-1977]

De Verdragsluitende Partijen,
Overwegende dat het wenselijk is het Internationale Verdrag ter vaststelling van enige eenvormige regelen betreffende het cognossement, ondertekend te Brussel op 25 augustus 1924, te wijzigen,
Zijn overeengekomen als volgt:

Art. 1

Tegenbewijs niet toegestaan

– 1. Aan artikel 3, vierde lid, wordt de volgende tekst toegevoegd:
'Tegenbewijs is echter niet toegelaten wanneer het cognossement is overgedragen aan een derde te goeder trouw'.
– 2. Artikel 3, zesde lid, vierde alinea, wordt geschrapt en vervangen door de volgende bepaling:
'Onder voorbehoud van het bepaalde in lid *6bis*, zijn de vervoerder en het schip in elk geval van elke aansprakelijkheid uit welke hoofde dan ook in verband met de goederen ontheven, tenzij een rechtsvordering wordt ingesteld binnen een jaar nadat zij zijn afgeleverd of behoorden te zijn afgeleverd. Deze termijn kan echter worden verlengd bij overeenkomst tussen partijen, gesloten nadat de gebeurtenis die de vordering heeft doen ontstaan heeft plaatsgevonden.'
– 3. Aan artikel 3 dient na het zesde lid een nieuw lid *6bis* te worden ingevoegd, dat luidt als volgt:
'Vorderingen tot verhaal op een derde kunnen zelfs na afloop van de termijn, bedoeld in het voorgaande lid, worden ingesteld mits zij maar worden ingesteld binnen de termijn gesteld door de wet van het gerecht, waar de zaak aanhangig is gemaakt. Deze termijn mag echter niet korter zijn dan drie maanden te rekenen van de dag waarop degene die een zodanige vordering tot verhaal instelt de zaak heeft geregeld, of waarop hem de dagvaarding in de tegen hemzelf ingestelde vordering is betekend.'

Art. 2

Beperking aansprakelijkheid

Artikel 4, vijfde lid, wordt geschrapt en vervangen door de volgende tekst:

a) Tenzij de aard en de waarde van de goederen zijn opgegeven door de afzender vóór hun inlading en deze opgave in het cognossement is opgenomen, is noch de vervoerder noch het schip in enig geval aansprakelijk voor enig verlies van of enige schade aan de goederen of met betrekking tot deze voor een bedrag hoger dan de tegenwaarde van 10 000 franken per collo of eenheid, dan wel 30 franken per kilogram brutogewicht der verloren gegane of beschadigde goederen, waarbij het hoogste dezer bedragen in aanmerking moet worden genomen.
b) Het totale verschuldigde bedrag wordt berekend met inachtneming van de waarde van zodanige goederen ter plaatse en ten dage waarop de goederen volgens de overeenkomst zijn gelost of zouden moeten zijn gelost.
De waarde van de goederen wordt berekend naar de koers op de goederenbeurs of, wanneer er geen dergelijke koers is, naar de gangbare marktwaarde of, wanneer ook deze ontbreekt, naar de normale waarde van goederen van dezelfde aard en hoedanigheid.
c) Wanneer een laadkist, een laadbord of dergelijk vervoergerei is gebezigd om goederen bijeen te brengen, wordt iedere collo of eenheid die volgens vermelding in het cognossement in dat vervoergerei is verpakt, beschouwd als een collo of eenheid als bedoeld in dit lid. Behalve in het geval hiervoor omschreven, wordt dit vervoergerei als collo of eenheid beschouwd.
d) Onder frank wordt verstaan een eenheid bestaande uit 65,5 milligram goud van een gehalte van 900-duizendste fijn. De datum waarop het verschuldigde bedrag in nationale munteenheid moet worden omgerekend, wordt bepaald door de wet van het gerecht waar het geschil dient.
e) Noch de vervoerder, noch het schip kan de in dit lid bepaalde aansprakelijkheidsbeperking inroepen, wanneer bewezen is dat de schade is ontstaan uit een handeling of nalaten van de vervoerder, geschied hetzij met het opzet schade te veroorzaken, hetzij roekeloos en met het bewustzijn dat schade er waarschijnlijk uit zou voortvloeien.
f) De opgave, bedoeld onder *a)* van dit lid schept, indien zij is opgenomen in het cognossement, behoudens tegenbewijs, een vermoeden, maar bindt niet de vervoerder, die haar kan betwisten.
g) Bij overeenkomst tussen de vervoerder, de kapitein of de vertegenwoordiger van de ver-

voerder enerzijds en de afzender anderzijds, mogen andere maximumbedragen dan die, genoemd onder *a)* van dit lid worden bepaald, mits dit overeengekomen maximumbedrag niet lager zij dan het daar genoemde overeenkomstige maximumbedrag.
h) Noch de vervoerder noch het schip is in enig geval aansprakelijk voor verlies van of schade aan goederen of met betrekking tot deze, indien aard of waarde daarvan door de afzender opzettelijk verkeerdelijk in het cognossement is opgegeven.

Art. 3

Ontheffingen en beperkingen

Tussen de artikelen 4 en 5 van het Verdrag wordt een artikel 4*bis* ingevoegd, dat luidt als volgt:
– 1. De ontheffingen en beperkingen van aansprakelijkheid als voorzien in dit Verdrag zijn van toepassing op iedere vordering tegen de vervoerder strekkende tot vergoeding van verlies van of schade aan goederen waarop een vervoerovereenkomst betrekking heeft, ongeacht of de vordering wordt gegrond op de aansprakelijkheid uit overeenkomst dan wel op aansprakelijkheid buiten overeenkomst.
– 2. Wordt een zodanige vordering ingesteld tegen een ondergeschikte van de vervoerder, dan kan deze ondergeschikte zich beroepen op de ontheffingen en beperkingen van aansprakelijkheid waarop de vervoerder zich op grond van het Verdrag kan beroepen.
– 3. Het totaal van de bedragen, verhaalbaar op de vervoerder en zijn ondergeschikten, overtreft in dit geval niet de in dit Verdrag bepaalde grens.
– 4. De ondergeschikte kan zich evenwel niet beroepen op de bepalingen van dit artikel, wanneer bewezen is dat de schade is ontstaan uit een handeling of nalaten van deze ondergeschikte, geschied hetzij met het opzet schade te veroorzaken, hetzij roekeloos en met het bewustzijn dat schade er waarschijnlijk uit zou voortvloeien.

Art. 4

Kernschade

Artikel 9 van het Verdrag wordt geschrapt en vervangen door de volgende bepaling:
'Dit Verdrag laat de bepalingen van internationale verdragen of nationale wetten die de aansprakelijkheid wegens kernschade regelen, onverlet.'

Art. 5

Toepasselijkheid Verdrag

Artikel 10 van het Verdrag wordt geschrapt en vervangen door de volgende bepaling:
'De bepalingen van dit Verdrag zijn van toepassing op elk cognossement dat betrekking heeft op vervoer van goederen tussen havens in twee verschillende Staten, indien:
a) het cognossement is uitgegeven in een Verdragsluitende Staat,
of
b) het vervoer plaatsvindt vanuit een haven in een Verdragsluitende Staat,
of
c) de overeenkomst, die in het cognossement is vervat of daaruit blijkt, bepaalt, dat op die overeenkomst toepasselijk zijn de bepalingen van dit Verdrag of van een wet van een Staat waarbij aan die bepalingen rechtskracht is verleend,
ongeacht de nationaliteit van het schip, de vervoerder, de afzender, de geadresseerde of van iedere andere betrokken persoon.
Iedere Verdragsluitende Staat moet de bepalingen van dit Verdrag toepassen op cognossementen als hiervoor genoemd.
Dit artikel maakt geen inbreuk op het recht van een Verdragsluitende Staat om de bepalingen van dit Verdrag toe te passen op cognossementen, niet bedoeld in de voorgaande leden.

Art. 6

Een enkele akte

Tussen de Partijen bij dit Protocol worden het Verdrag en het Protocol beschouwd en uitgelegd als vormden zij een enkele akte.
Een Partij bij dit Protocol is niet verplicht de bepalingen van dit Protocol toe te passen op cognossementen welke zijn afgegeven in een Staat die partij is bij het Verdrag, doch niet bij dit Protocol.

Art. 7

Opzegging

Tussen de Partijen bij dit Protocol mag de opzegging van het Verdrag door één van hen krachtens artikel 15 van dat Verdrag niet worden uitgelegd als een opzegging van het Verdrag zoals dat is gewijzigd bij dit Protocol.

Art. 8

Arbitrage

Elk geschil tussen de Verdragsluitende Partijen betreffende de uitlegging of de toepassing van het Verdrag dat niet door onderhandeling kan worden geregeld, wordt op verzoek van een der Partijen onderworpen aan arbitrage. Indien de Partijen binnen zes maanden na de datum waarop het verzoek om arbitrage is gedaan niet tot overeenstemming kunnen komen over de regeling van de arbitrage, kan een der Partijen het geschil voorleggen aan het Internationale Gerechtshof door een verzoek in te dienen overeenkomstig het Statuut van het Hof.

Art. 9

Gebondenheid aan art. 8

– 1. Iedere Verdragsluitende Partij kan, op het tijdstip van ondertekening of bekrachtiging van of op het tijdstip van toetreding tot dit Protocol, verklaren dat zij zich niet gebonden acht door

artikel 8 van dit Protocol. De andere Verdragsluitende Partijen zijn niet door dit artikel gebonden ten opzichte van een Verdragsluitende Partij die een zodanig voorbehoud heeft gemaakt.
– 2. Iedere Verdragsluitende Partij die een voorbehoud heeft gemaakt overeenkomstig het voorgaande lid, kan te allen tijde dit voorbehoud intrekken door middel van een kennisgeving aan de Belgische Regering.

Art. 10

Termijn ondertekening

Dit Protocol staat open ter ondertekening voor Staten die vóór 23 februari 1968 het Verdrag hebben bekrachtigd of tot het Verdrag zijn toegetreden, alsmede voor iedere Staat die vertegenwoordigd was op de twaalfde zitting (1967-1968) van de Diplomatieke Zeerechtconferentie.

Art. 11

Bekrachtiging

– 1. Dit Protocol moet worden bekrachtigd.
– 2. Bekrachtiging van dit Protocol door een Staat die geen partij is bij het Verdrag, houdt toetreding tot het Verdrag in.
– 3. De akten van bekrachtiging dienen te worden nedergelegd bij de Belgische Regering.

Art. 12

Toetredingsmogelijkheid

– 1. Lid-Staten van de Verenigde Naties of van haar Gespecialiseerde Organisaties die niet vertegenwoordigd waren op de twaalfde zitting van de Diplomatieke Zeerechtconferentie kunnen tot dit Protocol toetreden.
– 2. Toetreding tot dit Protocol houdt toetreding tot het Verdrag in.
– 3. De akten van toetreding dienen te worden nedergelegd bij de Belgische Regering.

Art. 13

Inwerkingtreding

– 1. Dit Protocol treedt in werking drie maanden na de datum van nederlegging van tien akten van bekrachtiging of toetreding waarvan ten minste vijf dienen te zijn nedergelegd door Staten die elk een totaal tonnage bezitten dat gelijk is aan of meer bedraagt dan een miljoen bruto ton.
– 2. Voor iedere Staat die dit Protocol bekrachtigt of daartoe toetreedt na de datum van nederlegging van de akte van bekrachtiging of toetreding die bepalend is voor de inwerkingtreding als bepaald in het eerste lid van dit artikel, wordt dit Protocol van kracht drie maanden na de nederlegging van zijn akte van bekrachtiging of toetreding.

Art. 14

Opzegging

– 1. Iedere Verdragsluitende Staat kan dit Protocol opzeggen door middel van een kennisgeving aan de Belgische Regering.
– 2. Deze opzegging houdt tevens opzegging van het Verdrag in.
– 3. De opzegging wordt van kracht een jaar na de datum van ontvangst van de kennisgeving door de Belgische Regering.

Art. 15

Kennisgeving toepasselijk grondgebied

– 1. Iedere Verdragsluitende Staat kan op het tijdstip van ondertekening, bekrachtiging, toetreding of op elk later tijdstip de Belgische Regering schriftelijk kennisgeven op welke grondgebieden, waarover hij de soevereiniteit bezit of waarvan hij de internationale betrekkingen behartigt, dit Protocol van toepassing is.
Het Protocol wordt van toepassing op de genoemde gebieden drie maanden na ontvangst van deze kennisgeving door de Belgische Regering, maar niet vóór de datum waarop dit Protocol ten aanzien van deze Staat in werking treedt.
– 2. Deze uitbreiding geldt eveneens voor het Verdrag, als het nog niet van toepassing is op deze grondgebieden.
– 3. Iedere Verdragsluitende Staat die een verklaring volgens het eerste lid van dit artikel heeft afgelegd, kan te allen tijde de Belgische Regering ervan in kennis stellen dat het Protocol niet langer van toepassing is op de desbetreffende gebieden. Deze opzegging wordt van kracht een jaar na de datum van ontvangst door de Belgische Regering van de kennisgeving van opzegging; zij geldt eveneens voor het Verdrag.

Art. 16

Kracht van wet

De Verdragsluitende Partijen kunnen dit Protocol van kracht doen worden, hetzij door het kracht van wet te verlenen, hetzij door de regels van dit Protocol op te nemen in hun wetgeving in een daaraan aangepaste vorm.

Art. 17

Kennisgeving

De Belgische Regering geeft de Staten die vertegenwoordigd waren op de twaalfde zitting (1967-1968) van de Diplomatieke Zeerechtconferentie, de Staten die toetreden tot dit Protocol, alsmede de Staten die partij zijn bij het Verdrag kennis van:
1. De ingevolge de artikelen 10, 11 en 12 ontvangen ondertekeningen, bekrachtigingen en toetredingen.
2. De datum waarop dit Protocol ingevolge artikel 13 in werking treedt.
3. De kennisgevingen inzake de territoriale toepassing ingevolge artikel 15.
4. De krachtens artikel 14 ontvangen opzeggingen.

III.15B PROTOCOL TOT WIJZIGING VAN HET INTERNATIONALE VERDRAG TER VASTSTELLING VAN ENIGE EENVORMIGE REGELEN BETREFFENDE HET COGNOSSEMENT VAN 25 AUGUSTUS 1924, ZOALS GEWIJZIGD BIJ HET PROTOCOL VAN 23 FEBRUARI 1968 [VERTALING]

Protocol van 21 december 1979, Trb. 1985, 122

[Inwerkingtreding: 14-02-1984]

De Verdragsluitende Partijen bij dit Protocol,
Partij zijnde bij het Internationale Verdrag ter vaststelling van enige eenvormige regelen betreffende het cognossement, gedaan te Brussel op 25 augustus 1924, zoals gewijzigd bij het Protocol tot wijziging van dat Verdrag, gedaan te Brussel op 23 februari 1968,
Zijn overeengekomen als volgt:

Art. I

'Verdrag'

Voor de toepassing van dit Protocol wordt onder 'Verdrag' verstaan het Internationale Verdrag ter vaststelling van enige eenvormige regelen betreffende het cognossement en het Protocol van ondertekening ervan, gedaan te Brussel op 25 augustus 1924, zoals gewijzigd bij het Protocol, gedaan te Brussel op 23 februari 1968.

Art. II

Beperking aansprakelijkheid

– 1. Artikel 4, vijfde lid, letter *a*, van het Verdrag wordt vervangen door de volgende tekst:
a. Tenzij de aard en de waarde van de goederen zijn opgegeven door de afzender vóór hun inlading en deze opgave in het cognossement is opgenomen, is noch de vervoerder noch het schip in enig geval aansprakelijk voor enig verlies van of enige schade aan de goederen of met betrekking tot deze voor een bedrag hoger dan 666.67 rekeneenheden per collo of eenheid, dan wel 2 rekeneenheden per kilogram brutogewicht der verloren gegane of beschadigde goederen, waarbij het hoogste dezer bedragen in aanmerking moet worden genomen.

Rekeneenheid

– 2. Artikel 4, vijfde lid, letter *d*, van het Verdrag wordt vervangen door de volgende tekst:
d. De in dit artikel genoemde rekeneenheid is het bijzondere trekkingsrecht, zoals dit is omschreven door het Internationale Monetaire Fonds. De onder letter *a* van dit lid genoemde bedragen worden omgerekend in de nationale munteenheid volgens de waarde van die munteenheid op een door de wet van het gerecht, waarvoor de vordering aanhangig is, vast te stellen datum. De waarde van de nationale munteenheid, uitgedrukt in bijzondere trekkingsrechten, van een Staat die lid is van het Internationale Monetaire Fonds wordt berekend overeenkomstig de waarderingsmethode die door het Internationale Monetaire Fonds op de desbetreffende datum wordt toegepast voor zijn eigen verrichtingen en transacties. De waarde van de nationale munteenheid, uitgedrukt in bijzondere trekkingsrechten, van een Staat die geen lid is van het Internationale Monetaire Fonds, wordt berekend op een door die Staat vastgestelde wijze.
Niettemin kan een Staat, die geen lid is van het Internationale Monetaire Fonds en waarvan de wet de toepassing van de bepalingen van de voorgaande zinnen niet toelaat, op het tijdstip van bekrachtiging van het Protocol van 1979 of toetreding ertoe, of op enig tijdstip nadien, verklaren dat de in dit Verdrag bedoelde aansprakelijkheidsgrenzen die op zijn grondgebied van toepassing zijn, als volgt worden vastgesteld:
i met betrekking tot het bedrag van 666.67 rekeneenheden, genoemd onder letter *a* van het vijfde lid van dit artikel, 10.000 monetaire eenheden.
ii met betrekking tot het bedrag van 2 rekeneenheden, genoemd onder letter *a* van het vijfde lid van dit artikel, 30 monetaire eenheden.
De in de voorgaande zin bedoelde monetaire eenheid komt overeen met 65,5 milligram goud van een gehalte van 900.000ste fijn. De omrekening van de in die zin genoemde bedragen in de nationale munteenheid geschiedt volgens de wet van de betrokken Staat.
De berekening en de omrekening genoemd in de voorgaande zinnen geschieden op zodanige wijze, dat in de nationale munteenheid van de Staat zo veel mogelijk dezelfde werkelijke waarde tot uitdrukking komt voor de onder letter *a* van het vijfde lid van dit artikel genoemde bedragen, als daarin uitgedrukt in rekeneenheden.
De Staten stellen de depositaris in kennis van hun wijze van berekening of van het resultaat van de omrekening, al naar gelang het geval, op het tijdstip van nederlegging van de akte van bekrachtiging van het Protocol van 1979 of van toetreding daartoe en telkens wanneer een verandering optreedt in hun wijze van berekening of in de waarde van hun nationale munteenheid met betrekking tot de rekeneenheid of de monetaire eenheid.

Art. III

Arbitrage

Elk geschil tussen de Verdragsluitende Partijen betreffende de uitlegging of de toepassing van dit Protocol dat niet door onderhandelingen kan worden geregeld, wordt op verzoek van een der Partijen onderworpen aan arbitrage. Indien de Partijen binnen zes maanden na de datum waarop het verzoek om arbitrage is gedaan niet tot overeenstemming kunnen komen over de regeling van de arbitrage, kan een der Partijen het geschil voorleggen aan het Internationale Gerechtshof door een verzoek in te dienen overeenkomstig het Statuut van het Hof.

Art. IV

Gebondenheid aan art. III

– 1. Iedere Verdragsluitende Partij kan, op het tijdstip van ondertekening of bekrachtiging van dit Protocol of op het tijdstip van toetreding tot dit Protocol, verklaren dat zij zich niet gebonden acht door artikel III.

– 2. Iedere Verdragsluitende Partij die een voorbehoud heeft gemaakt overeenkomstig het voorgaande lid, kan te allen tijde dit voorbehoud intrekken door middel van een kennisgeving aan de Belgische Regering.

Art. V

Termijn ondertekening

Dit Protocol staat open ter ondertekening voor de Staten, die het Verdrag van 25 augustus 1924 of het Protocol van 23 februari 1968 hebben ondertekend of die Partij zijn bij het Verdrag.

Art. VI

Bekrachtiging

– 1. Dit Protocol dient te worden bekrachtigd.

– 2. Bekrachtiging van dit Protocol door een Staat die geen Partij is bij het Verdrag houdt bekrachtiging van het Verdrag in.

– 3. De akten van bekrachtiging dienen te worden nedergelegd bij de Belgische Regering.

Art. VII

Toetreding

– 1. De niet in artikel V bedoelde Staten kunnen tot dit Protocol toetreden.

– 2. Toetreding tot dit Protocol houdt toetreding tot het Verdrag in.

– 3. De akten van toetreding dienen te worden nedergelegd bij de Belgische Regering.

Art. VIII

Inwerkingtreding

– 1. Dit Protocol treedt in werking drie maanden na de datum van nederlegging van vijf akten van bekrachtiging of van toetreding.

– 2. Voor iedere Staat die dit Protocol bekrachtigt of daartoe toetreedt na de vijfde nederlegging, treedt dit Protocol in werking drie maanden na de nederlegging van zijn akte van bekrachtiging of toetreding.

Art. IX

Opzegging

– 1. De Verdragsluitende Partijen kunnen dit Protocol opzeggen door middel van een kennisgeving aan de Belgische Regering.

– 2. De opzegging wordt van kracht een jaar na de datum van ontvangst van de kennisgeving door de Belgische Regering.

Art. X

Kennisgeving toepasselijk grondgebied

– 1. Iedere Staat kan op het tijdstip van ondertekening, bekrachtiging of toetreding of op enig tijdstip nadien de Belgische Regering schriftelijk kennisgeven op welke grondgebieden, waarvan hij de internationale betrekkingen behartigt, dit Protocol van toepassing is. Het Protocol wordt van toepassing op de genoemde gebieden drie maanden na de datum van ontvangst van deze kennisgeving door de Belgische Regering, maar niet vóór de datum waarop dit Protocol ten aanzien van deze Staat in werking treedt.

– 2. Deze uitbreiding geldt eveneens voor het Verdrag, indien het nog niet van toepassing is op deze grondgebieden.

– 3. De Verdragsluitende Partijen die een verklaring volgens het eerste lid van dit artikel hebben afgelegd, kunnen te allen tijde de Belgische Regering ervan in kennis stellen dat het Protocol niet langer van toepassing is op de desbetreffende gebieden. Deze opzegging wordt van kracht een jaar na de datum van ontvangst door de Belgische Regering van de kennisgeving van opzegging.

Art. XI

Kennisgeving

De Belgische Regering geeft de ondertekenende en toetredende Staten kennis van:

1. de overeenkomstig de artikelen V, VI en VII ontvangen ondertekeningen, bekrachtigingen en toetredingen.
2. de datum, waarop dit Protocol overeenkomstig artikel VIII in werking treedt.
3. de kennisgevingen inzake de territoriale toepassing overeenkomstig artikel X.
4. de verklaringen en mededelingen gedaan overeenkomstig artikel II.
5. de overeenkomstig artikel IV afgelegde verklaringen.
6. de overeenkomstig artikel IX ontvangen opzeggingen.

III.16 VERDRAG BETREFFENDE DE OVEREENKOMST TOT INTERNATIONAAL VERVOER VAN GOEDEREN OVER DE WEG (CMR) [VERTALING]

Verdrag van 19 mei 1956, Trb. 1957, 84

[Inwerkingtreding: 02-07-1961]

Preambule

De Verdragsluitende Partijen,

Erkend hebbende het nut om de voorwaarden van de overeenkomst tot internationaal vervoer van goederen over de weg, in het bijzonder voor wat betreft de voor dit vervoer te gebruiken documenten en de aansprakelijkheid van de vervoerder, op eenvormige wijze te regelen,

Zijn overeengekomen als volgt:

HOOFDSTUK I
Toepasselijkheid

Art. 1

Toepasselijkheid

– 1. Dit Verdrag is van toepassing op iedere overeenkomst onder bezwarende titel voor het vervoer van goederen over de weg door middel van voertuigen, wanneer de plaats van inontvangstneming der goederen en de plaats bestemd voor de aflevering, zoals deze zijn aangegeven in de overeenkomst, gelegen zijn in twee verschillende landen, waarvan tenminste één een bij het Verdrag partij zijnd land is, ongeacht de woonplaats en de nationaliteit van partijen.

Voertuigen

– 2. Voor de toepassing van dit Verdrag wordt onder 'voertuigen' verstaan: de motorrijtuigen, gelede voertuigen, aanhangwagens en opleggers, zoals deze zijn omschreven in artikel 4 van het Verdrag nopens het wegverkeer van 19 september 1949.

– 3. Dit Verdrag is eveneens van toepassing, indien het vervoer, dat binnen zijn werkingssfeer valt, wordt bewerkstelligd door Staten of door Regeringsinstellingen of -organisaties.

Uitzonderingen

– 4. Dit Verdrag is niet van toepassing:

a) op vervoer, bewerkstelligd overeenkomstig internationale postovereenkomsten,

b) op vervoer van lijken,

c) op verhuizingen.

– 5. De Verdragsluitende Partijen komen overeen, dat dit Verdrag niet door bijzondere overeenkomsten, gesloten tussen twee of meer van haar, zal worden gewijzigd, tenzij om aan de werking daarvan haar grensverkeer te onttrekken of om voor vervoer, dat uitsluitend over haar grondgebied plaats heeft, het gebruik van een de goederen vertegenwoordigende vrachtbrief toe te staan.

Art. 2

Vervoer voertuig via andere transportmiddelen

– 1. Wanneer het voertuig, waarin de goederen zich bevinden, over een gedeelte van het traject wordt vervoerd over zee, per spoor, over de binnenwateren of door de lucht, zonder dat de goederen – behoudens ter toepassing van de bepalingen van artikel 14 – uit dat voertuig worden uitgeladen, blijft dit Verdrag niettemin van toepassing op het gehele vervoer. Voorzover evenwel wordt bewezen dat verlies, beschadiging of vertraging in de aflevering van de goederen, ontstaan tijdens het vervoer op andere wijze dan over de weg, niet is veroorzaakt door een daad of nalatigheid van de wegvervoerder en voortspruit uit een feit, dat zich alleen heeft kunnen voordoen tijdens en tengevolge van het vervoer anders dan over de weg, wordt de aansprakelijkheid van de wegvervoerder niet bepaald door dit Verdrag, maar op de wijze waarop de aansprakelijkheid van de niet-wegvervoerder zou zijn bepaald, zo een vervoerovereenkomst tussen de afzender en de niet-wegvervoerder tot vervoer van de goederen alleen zou zijn afgesloten overeenkomstig de wettelijke bepalingen van dwingend recht betreffende het vervoer van goederen op die andere wijze. Bij gebreke van dergelijke bepalingen wordt de aansprakelijkheid van de wegvervoerder echter bepaald door dit Verdrag.

– 2. Indien de wegvervoerder zelf het gedeelte van het vervoer dat niet over de weg plaats vindt bewerkstelligt, wordt zijn aansprakelijkheid eveneens bepaald volgens het eerste lid, als werden zijn hoedanigheden van wegvervoerder en niet-wegvervoerder uitgeoefend door twee verschillende personen.

HOOFDSTUK II
Personen voor wie de vervoerder aansprakelijk is

Art. 3

Ondergeschikten en hulppersonen

Voor de toepassing van dit Verdrag is de vervoerder, als ware het voor zijn eigen daden en nalatigheden, aansprakelijk voor de daden en nalatigheden van zijn ondergeschikten en van alle andere personen, van wie hij zich voor de bewerkstelliging van het vervoer bedient, wanneer deze ondergeschikten of deze personen handelen in de uitoefening van hun werkzaamheden.

HOOFDSTUK III
Sluiting en uitvoering van de vervoerovereenkomst

Art. 4

Vrachtbrief

De vervoerovereenkomst wordt vastgelegd in een vrachtbrief. De afwezigheid, de onregelmatigheid of het verlies van de vrachtbrief tast noch het bestaan noch de geldigheid aan van de vervoerovereenkomst, die onderworpen blijft aan de bepalingen van dit Verdrag.

Art. 5

Opmaak vrachtbrief in drievoud

– 1. De vrachtbrief wordt opgemaakt in drie oorspronkelijke exemplaren, ondertekend door de afzender en de vervoerder. Deze ondertekening kan worden gedrukt of vervangen door de stempels van de afzender en de vervoerder, indien de wetgeving van het land, waar de vrachtbrief wordt opgemaakt, zulks toelaat. Het eerste exemplaar wordt overhandigd aan de afzender, het tweede begeleidt de goederen en het derde wordt door de vervoerder behouden.

– 2. Wanneer de te vervoeren goederen moeten worden geladen in verschillende voertuigen of wanneer het verschillende soorten goederen of afzonderlijke partijen betreft, heeft de afzender of de vervoerder het recht om te eisen, dat er evenzoveel vrachtbrieven worden opgemaakt als er voertuigen moeten worden gebruikt of als er soorten of partijen goederen zijn.

Art. 6

Inhoud vrachtbrief

– 1. De vrachtbrief moet de volgende aanduidingen bevatten:
a) de plaats en de datum van het opmaken daarvan,
b) de naam en het adres van de afzender,
c) de naam en het adres van de vervoerder,
d) de plaats en de datum van inontvangstneming der goederen en de plaats bestemd voor de aflevering der goederen,
e) de naam en het adres van de geadresseerde,
f) de gebruikelijke aanduiding van de aard der goederen en de wijze van verpakking en, voor gevaarlijke goederen, hun algemeen erkende benaming,
g) het aantal colli, hun bijzondere merken en hun nummers,
h) het bruto-gewicht of de op andere wijze aangegeven hoeveelheid van de goederen,
i) de op het vervoer betrekking hebbende kosten (vrachtprijs, bijkomende kosten, douanerechten en andere vanaf de sluiting van de overeenkomst tot aan de aflevering opkomende kosten),
j) de voor het vervullen van douane- en andere formaliteiten nodige instructies,
k) de aanduiding, dat het vervoer, ongeacht enig tegenstrijdig beding, is onderworpen aan de bepalingen van dit Verdrag.

– 2. Als het geval zich voordoet, moet de vrachtbrief nog de volgende aanduidingen bevatten:
a) het verbod van overlading,
b) de kosten, welke de afzender voor zijn rekening neemt,
c) het bedrag van het bij de aflevering van de goederen te innen remboursement,
d) de gedeclareerde waarde der goederen en het bedrag van het bijzonder belang bij de aflevering,
e) de instructies van de afzender aan de vervoerder voor wat betreft de verzekering der goederen,
f) de overeengekomen termijn, binnen welke het vervoer moet zijn volbracht,
g) de lijst van bescheiden, welke aan de vervoerder zijn overhandigd.

– 3. De partijen kunnen in de vrachtbrief iedere andere aanduiding, welke zij nuttig achten, opnemen.

Art. 7

Aansprakelijkheid wegens onjuistheid vrachtbrief

– 1. De afzender is aansprakelijk voor alle kosten en schaden, welke door de vervoerder worden geleden tengevolge van de onnauwkeurigheid of de onvolledigheid:
a) van de aanduidingen, aangegeven in artikel 6, eerste lid onder *b), d), e), f), g), h) en j),*
b) van de aanduidingen, aangegeven in artikel 6, tweede lid,
c) van alle andere aanduidingen of instructies, welke hij verstrekt voor het opmaken van de vrachtbrief of om daarin te worden opgenomen.

– 2. Indien de vervoerder op verzoek van de afzender de vermeldingen, bedoeld in het eerste lid van dit artikel, in de vrachtbrief opneemt, wordt hij behoudens tegenbewijs geacht voor rekening van de afzender te handelen.

– 3. Indien de vrachtbrief niet de vermelding, bedoeld in artikel 6, eerste lid onder *k)*, bevat, is de vervoerder aansprakelijk voor alle kosten en schaden, welke de rechthebbende op de goederen door deze nalatigheid lijdt.

Art. 8

Onderzoeksplicht vervoerder

– 1. Bij de inontvangstneming der goederen is de vervoerder gehouden te onderzoeken:
a) de juistheid van de vermeldingen in de vrachtbrief met betrekking tot het aantal colli en hun merken en nummers,

b) de uiterlijke staat van de goederen en hun verpakking.

– 2. Indien de vervoerder geen redelijke middelen ter beschikking staan om de juistheid van de vermeldingen, bedoeld in het eerste lid onder *a)* van dit artikel, te onderzoeken, tekent hij in de vrachtbrief met redenen omkleed aan, welke voorbehouden hij maakt. Eveneens geeft hij de redenen aan voor alle voorbehouden, welke hij maakt ten aanzien van de uiterlijke staat van de goederen en van hun verpakking. Deze voorbehouden verbinden de afzender niet, indien zij niet uitdrukkelijk in de vrachtbrief door hem zijn aanvaard.

– 3. De afzender heeft het recht te eisen, dat de vervoerder het bruto-gewicht of de op andere wijze uitgedrukte hoeveelheid der goederen onderzoekt. Hij kan tevens een onderzoek van de inhoud der colli eisen. De vervoerder kan de kosten van het onderzoek in rekening brengen. Het resultaat van de onderzoekingen wordt in de vrachtbrief neergelegd.

Art. 9

Bewijskracht vrachtbrief

– 1. De vrachtbrief levert volledig bewijs, behoudens tegenbewijs, van de voorwaarden der overeenkomst en van de ontvangst van de goederen door de vervoerder.

– 2. Bij gebreke van vermelding in de vrachtbrief van gemotiveerde voorbehouden van de vervoerder wordt vermoed, dat de goederen en hun verpakking in uiterlijk goede staat waren op het ogenblik van de inontvangstneming door de vervoerder en dat het aantal colli en hun merken en nummers in overeenstemming waren met de opgave in de vrachtbrief.

Art. 10

Aansprakelijkheid afzender jegens vervoerder

De afzender is jegens de vervoerder aansprakelijk voor de schade aan personen, materiaal of aan andere goederen en de kosten, welke voortspruiten uit de gebrekkige verpakking van de goederen, tenzij de gebrekkigheid zichtbaar of aan de vervoerder bekend was op het ogenblik van de inontvangstneming en de vervoerder te dien aanzien geen voorbehouden heeft gemaakt.

Art. 11

Benodigde bescheiden en inlichtingen

– 1. Ter voldoening aan douane- en andere formaliteiten, welke vóór de aflevering van de goederen moeten worden vervuld, moet de afzender de nodige bescheiden bij de vrachtbrief voegen of ter beschikking van de vervoerder stellen en hem alle gewenste inlichtingen verschaffen.

– 2. De vervoerder is niet gehouden de nauwkeurigheid en de volledigheid van deze bescheiden en inlichtingen te onderzoeken. De afzender is jegens de vervoerder aansprakelijk voor alle schaden, die kunnen voortspruiten uit de afwezigheid, onvolledigheid of onregelmatigheid van deze bescheiden en inlichtingen, behoudens in geval van schuld van de vervoerder.

Aansprakelijkheid vervoerder m.b.t. bescheiden; limitering

– 3. De vervoerder is op dezelfde voet als een commissionnair aansprakelijk voor de gevolgen van verlies of onjuiste behandeling van de bescheiden, die in de vrachtbrief zijn vermeld en deze begeleiden of in zijn handen zijn gesteld. De door hem verschuldigde schadevergoeding mag evenwel die, verschuldigd in geval van verlies van de goederen, niet overschrijden.

Art. 12

Beschikkingsrecht over de goederen

– 1. De afzender heeft het recht over de goederen te beschikken, in het bijzonder door van de vervoerder te vorderen dat hij het vervoer ophoudt, de plaats bestemd voor de aflevering der goederen wijzigt of de goederen aflevert aan een andere geadresseerde dan in de vrachtbrief is aangegeven.

– 2. Dit recht vervalt, wanneer het tweede exemplaar van de vrachtbrief aan de geadresseerde is overhandigd of wanneer deze gebruik maakt van het recht bedoeld in artikel 13, eerste lid; vanaf dat ogenblik moet de vervoerder zich houden aan de opdrachten van de geadresseerde.

– 3. Het beschikkingsrecht komt evenwel reeds vanaf het opmaken van de vrachtbrief aan de geadresseerde toe, wanneer een vermelding in die zin door de afzender op de vrachtbrief is gesteld.

– 4. Indien de geadresseerde bij de uitoefening van zijn beschikkingsrecht bepaalt, dat de goederen aan een andere persoon moeten worden afgeleverd, kan deze persoon geen andere geadresseerde aanwijzen.

– 5. De uitoefening van het beschikkingsrecht is onderworpen aan de volgende voorwaarden:

a) de afzender of, in het geval bedoeld in het derde lid van dit artikel, de geadresseerde, die dit recht wenst uit te oefenen, moet het eerste exemplaar van de vrachtbrief, waarop de aan de vervoerder gegeven nieuwe instructies moeten zijn aangetekend, overleggen en de vervoerder schadeloos stellen voor kosten en schade die de uitvoering van deze instructies meebrengt;

b) de uitvoering van deze instructies moet mogelijk zijn op het ogenblik, dat de instructies de persoon, die deze moet uitvoeren, bereiken en zij mag noch de normale bedrijfsvoering van de vervoerder beletten noch schade toebrengen aan afzenders of geadresseerden van andere zendingen;

c) de instructies mogen nimmer het verdelen van de zending tot gevolg hebben.

– 6. Wanneer de vervoerder tengevolge van de bepalingen van het vijfde lid onder *b)* van dit artikel de instructies, die hij ontvangt, niet kan uitvoeren, moet hij onmiddellijk de persoon, van wie deze instructies afkomstig zijn, daarvan in kennis stellen.

– 7. De vervoerder, die de volgens de voorwaarden van dit artikel gegeven instructies niet heeft uitgevoerd of die dergelijke instructies heeft opgevolgd zonder overlegging van het eerste exemplaar van de vrachtbrief te hebben geëist, is tegenover de rechthebbende aansprakelijk voor de hierdoor veroorzaakte schade.

Art. 13

Rechten van geadresseerde; aflevering

– 1. Na aankomst van de goederen op de plaats bestemd voor de aflevering, heeft de geadresseerde het recht van de vervoerder te vorderen dat het tweede exemplaar van de vrachtbrief aan hem wordt overhandigd en de goederen aan hem worden afgeleverd, een en ander tegen ontvangstbewijs. Wanneer verlies van de goederen is vastgesteld of de goederen aan het einde van de termijn, bedoeld in artikel 19, niet zijn aangekomen, is de geadresseerde gerechtigd om op eigen naam tegenover de vervoerder gebruik te maken van de rechten, die uit de vervoerovereenkomst voortspruiten.

– 2. De geadresseerde, die gebruik maakt van de rechten, die hem ingevolge het eerste lid van dit artikel zijn toegekend, is gehouden de volgens de vrachtbrief verschuldigde bedragen te betalen. In geval van geschil terzake is de vervoerder niet verplicht om de goederen af te leveren dan tegen zekerheidstelling door de geadresseerde.

Art. 14

Uitvoering overeenkomst onmogelijk

– 1. Indien, om welke reden ook, de uitvoering van de overeenkomst op de voorwaarden van de vrachtbrief onmogelijk is of wordt voordat de goederen op de plaats bestemd voor de aflevering, zijn aangekomen, is de vervoerder gehouden instructies te vragen aan de persoon, die het recht heeft overeenkomstig artikel 12 over de goederen te beschikken.

– 2. Indien evenwel de omstandigheden de uitvoering van het vervoer toelaten op andere voorwaarden dan die van de vrachtbrief en indien de vervoerder niet tijdig instructies heeft kunnen verkrijgen van de persoon, die het recht heeft overeenkomstig artikel 12 over de goederen te beschikken, neemt hij de maatregelen, welke hem het beste voorkomen in het belang van de persoon, die het recht heeft over de goederen te beschikken.

Art. 15

Aflevering onmogelijk

– 1. Wanneer na aankomst van de goederen op de plaats van bestemming zich omstandigheden voordoen die de aflevering beletten, vraagt de vervoerder instructies aan de afzender. Indien de geadresseerde de goederen weigert, heeft de afzender het recht om daarover te beschikken zonder verplicht te zijn het eerste exemplaar van de vrachtbrief te tonen.

– 2. De geadresseerde kan, zelfs indien hij de goederen heeft geweigerd, te allen tijde de aflevering daarvan vragen, zolang de vervoerder geen andersluidende instructies van de afzender heeft ontvangen.

– 3. Indien een omstandigheid, die de aflevering belet, zich voordoet, nadat de geadresseerde overeenkomstig zijn recht ingevolge artikel 12, derde lid, opdracht heeft gegeven om de goederen aan een andere persoon af te leveren, treedt voor de toepassing van het eerste en tweede lid van dit artikel de geadresseerde in de plaats van de afzender en die andere persoon in de plaats van de geadresseerde.

Art. 16

Vergoeding instructiekosten

– 1. De vervoerder heeft recht op vergoeding van de kosten, welke zijn verzoek om instructies of de uitvoering van ontvangen instructies voor hem meebrengt, mits deze kosten niet door zijn schuld zijn ontstaan.

Lossing en bewaring

– 2. In de gevallen, bedoeld in artikel 14, eerste lid, en in artikel 15, kan de vervoerder de goederen onmiddellijk voor rekening van de rechthebbende lossen; na deze lossing wordt het vervoer geacht te zijn geëindigd. De vervoerder neemt dan de bewaring van de goederen op zich. Hij kan de goederen evenwel aan een derde toevertrouwen en is dan slechts aansprakelijk voor een oordeelkundige keuze van deze derde. De goederen blijven belast met volgens de vrachtbrief verschuldigde bedragen en alle andere kosten.

Verkoop

– 3. De vervoerder kan zonder instructies van de rechthebbende af te wachten tot verkoop van de goederen overgaan, wanneer de bederfelijke aard of de staat van de goederen dit rechtvaardigt of wanneer de kosten van bewaring onevenredig hoog zijn in verhouding tot de waarde van de goederen. In andere gevallen kan hij eveneens tot verkoop overgaan, wanneer hij niet binnen een redelijke termijn van de rechthebbende andersluidende instructies heeft ontvangen, waarvan de uitvoering redelijkerwijs kan worden gevorderd.

– 4. Indien de goederen ingevolge dit artikel zijn verkocht, moet de opbrengst van de verkoop ter beschikking van de rechthebbende worden gesteld onder aftrek van de kosten, die op de goederen drukken. Indien deze kosten de opbrengst van de verkoop te boven gaan, heeft de vervoerder recht op het verschil.

– 5. De verkoop geschiedt op de wijze bepaald door de wet of de gebruiken van de plaats, waar de goederen zich bevinden.

HOOFDSTUK IV
Aansprakelijkheid van de vervoerder

Art. 17

Aansprakelijkheid bij verlies, beschadiging of vertraging

– 1. De vervoerder is aansprakelijk voor geheel of gedeeltelijk verlies en voor beschadiging van de goederen, welke ontstaan tussen het ogenblik van de inontvangstneming van de goederen en het ogenblik van de aflevering, alsmede voor vertraging in de aflevering.

Overmacht

– 2. De vervoerder is ontheven van deze aansprakelijkheid, indien het verlies, de beschadiging of de vertraging is veroorzaakt door schuld van de rechthebbende, door een opdracht van deze, welke niet het gevolg is van schuld van de vervoerder, door een eigen gebrek van de goederen of door omstandigheden, die de vervoerder niet heeft kunnen vermijden en waarvan hij de gevolgen niet heeft kunnen verhinderen.

– 3. De vervoerder kan zich niet aan zijn aansprakelijkheid onttrekken door een beroep te doen op gebreken van het voertuig, waarvan hij zich bedient om het vervoer te bewerkstelligen, of op fouten van de persoon, van wie hij het voertuig heeft gehuurd of van diens ondergeschikten.

– 4. Met inachtneming van artikel 18, tweede tot vijfde lid, is de vervoerder ontheven van zijn aansprakelijkheid, wanneer het verlies of de beschadiging een gevolg is van de bijzondere gevaren, eigen aan één of meer van de volgende omstandigheden:

a) gebruik van open en niet met een dekzeil afgedekte voertuigen, wanneer dit gebruik uitdrukkelijk is overeengekomen en in de vrachtbrief is vermeld;

b) ontbreken of gebrekkigheid van de verpakking bij goederen, die door hun aard aan kwaliteitsverlies of beschadiging zijn blootgesteld, wanneer zij niet of slecht verpakt zijn;

c) behandeling, lading, stuwing of lossing van de goederen door de afzender, de geadresseerde of personen, die voor rekening van de afzender of de geadresseerde handelen;

d) de aard van bepaalde goederen, die door met deze aard zelf samenhangende oorzaken zijn blootgesteld hetzij aan geheel of gedeeltelijk verlies hetzij aan beschadiging, in het bijzonder door breuk, roest, bederf, uitdroging, lekkage, normaal kwaliteitsverlies, of optreden van ongedierte en knaagdieren;

e) onvolledigheid of gebrekkigheid van de merken of nummers der colli;

f) vervoer van levende dieren.

– 5. Indien ingevolge dit artikel de vervoerder niet aansprakelijk is voor sommige der factoren, die de schade hebben veroorzaakt, is hij slechts aansprakelijk in evenredigheid tot de mate, waarin de factoren waarvoor hij ingevolge dit artikel aansprakelijk is, tot de schade hebben bijgedragen.

Art. 18

Bewijslast

– 1. Het bewijs, dat het verlies, de beschadiging of de vertraging door één der in artikel 17, tweede lid, genoemde feiten is veroorzaakt, rust op de vervoerder.

– 2. Wanneer de vervoerder aantoont, dat, gelet op de omstandigheden van het geval, het verlies of de beschadiging een gevolg heeft kunnen zijn van een of meer van de in artikel 17, vierde lid, genoemde bijzondere gevaren, wordt vermoed dat deze daarvan de oorzaak zijn. De rechthebbende kan evenwel bewijzen, dat de schade geheel of gedeeltelijk niet door een van deze gevaren veroorzaakt is.

– 3. Het hierboven genoemde vermoeden bestaat niet in het in artikel 17, vierde lid, onder *a*, genoemde geval, indien zich een ongewoon groot tekort of een verlies van colli voordoet.

– 4. Indien het vervoer wordt bewerkstelligd door middel van een voertuig, ingericht om de goederen te onttrekken aan de invloed van hitte, koude, temperatuurverschillen of vochtigheid van de lucht, kan de vervoerder geen beroep doen op het voorrecht van artikel 17, vierde lid, onder *d*, tenzij hij bewijst, dat alle maatregelen, waartoe hij, rekening houdende met de omstandigheden, verplicht was, zijn genomen met betrekking tot de keuze, het onderhoud en het gebruik van deze inrichtingen en dat hij zich heeft gericht naar de bijzondere instructies, die hem mochten zijn gegeven.

– 5. De vervoerder kan geen beroep doen op het voorrecht van artikel 17, vierde lid, onder *f*, tenzij hij bewijst, dat alle maatregelen, waartoe hij normaliter, rekening houdende met de omstandigheden, verplicht was, zijn genomen en dat hij zich heeft gericht naar de bijzondere instructies, die hem mochten zijn gegeven.

Art. 19

Vertraging in de aflevering

Er is vertraging in de aflevering, wanneer de goederen niet zijn afgeleverd binnen de bedongen termijn of, bij gebreke van zulk een termijn, wanneer de werkelijke duur van het vervoer, zo men rekening houdt met de omstandigheden en met name, bij gedeeltelijke lading, met de tijd benodigd voor het verkrijgen van een volledige lading op de gebruikelijke voorwaarden, meer tijd vergt dan een goed vervoerder redelijkerwijs behoort te worden toegestaan.

Art. 20

Verloren goederen

– 1. De rechthebbende kan, zonder enig nader bewijs, de goederen als verloren beschouwen, wanneer zij niet zijn afgeleverd binnen dertig dagen na afloop van de bedongen termijn, of, bij gebreke van zulk een termijn, binnen zestig dagen na de inontvangstneming van de goederen door de vervoerder.

– 2. De rechthebbende kan bij ontvangst van de schadevergoeding voor de verloren goederen schriftelijk verzoeken hem onmiddellijk te berichten ingeval de goederen worden teruggevonden in de loop van het jaar, volgende op de betaling der schadevergoeding. Dit verzoek wordt hem schriftelijk bevestigd.

– 3. Binnen dertig dagen na ontvangst van dit bericht kan de rechthebbende vorderen, dat de goederen aan hem worden afgeleverd tegen betaling van de volgens de vrachtbrief verschuldigde bedragen en tegen teruggave van de schadevergoeding, die hij heeft ontvangen, onder aftrek van de kosten, welke in deze schadevergoeding mochten zijn begrepen, en met behoud van alle rechten op schadevergoeding voor vertraging in de aflevering ingevolge artikel 23 en, indien toepasselijk, ingevolge artikel 26.

– 4. Bij gebreke hetzij van het verzoek, bedoeld in het tweede lid, hetzij van instructies gegeven binnen de termijn van dertig dagen, bedoeld in het derde lid, of ook, indien de goederen eerst meer dan een jaar na betaling van de schadevergoeding zijn teruggevonden, kan de vervoerder over de goederen beschikken overeenkomstig de wet van de plaats, waar deze zich bevinden.

Art. 21

Geen inning remboursement

Indien de goederen aan de geadresseerde zijn afgeleverd zonder inning van het remboursement, dat door de vervoerder volgens de bepalingen van de vervoerovereenkomst zou moeten zijn ontvangen, is de vervoerder gehouden de afzender schadeloos te stellen tot ten hoogste het bedrag van het remboursement, onverminderd zijn verhaal op de geadresseerde.

Art. 22

Gevaarlijke goederen

– 1. Indien de afzender aan de vervoerder gevaarlijke goederen aanbiedt, licht hij hem in over de juiste aard van het gevaar, dat zij opleveren, en geeft hij, zo nodig, de te nemen voorzorgsmaatregelen aan. Indien deze inlichting niet in de vrachtbrief is vermeld, staat het aan de afzender of de geadresseerde met enig ander middel te bewijzen, dat de vervoerder kennis heeft gedragen van de juiste aard van het gevaar, dat het vervoer van de voornoemde goederen opleverde.

– 2. De gevaarlijke goederen, die niet, gegeven het bepaalde in het eerste lid van dit artikel, als zodanig aan de vervoerder bekend waren, kunnen op ieder ogenblik en op iedere plaats door de vervoerder worden gelost, vernietigd of onschadelijk gemaakt en wel zonder enige schadevergoeding; de afzender is bovendien aansprakelijk voor alle kosten en schaden, voortvloeiende uit de aanbieding ten vervoer of uit het vervoer zelf.

Art. 23

Schadevergoeding bij verlies

– 1. Wanneer ingevolge de bepalingen van dit Verdrag een schadevergoeding voor geheel of gedeeltelijk verlies van de goederen ten laste van de vervoerder wordt gebracht, wordt deze schadevergoeding berekend naar de waarde van de goederen op de plaats en het tijdstip van de inontvangstneming.

– 2. De waarde van de goederen wordt vastgesteld volgens de beurskoers of, bij gebreke daarvan, volgens de gangbare marktprijs of, bij gebreke van een en ander, volgens de gebruikelijke waarde van goederen van dezelfde aard en kwaliteit.

Limitering

– 3. De schadevergoeding kan evenwel niet meer bedragen dan 25 frank voor elk ontbrekend kilogram bruto-gewicht. Onder frank wordt verstaan de goudfrank met een gewicht van 10/31 gram van een gehalte van 0,900.

– 4. Bovendien worden de vrachtprijs, de douanerechten en de overige met betrekking tot het vervoer der goederen gemaakte kosten, in geval van geheel verlies volledig en in geval van gedeeltelijk verlies naar verhouding, terugbetaald; verdere schadevergoeding is niet verschuldigd.

Vertragingsschade

– 5. In geval van vertraging is, indien de rechthebbende bewijst, dat daardoor schade is ontstaan, de vervoerder gehouden voor deze schade een vergoeding te betalen, die niet meer kan bedragen dan de vrachtprijs.

– 6. Hogere vergoedingen kunnen slechts worden gevorderd in geval van aangifte van de waarde der goederen of van een bijzonder belang bij de aflevering, overeenkomstig de artikelen 24 en 26.

Art. 24

Overeengekomen hoger maximum

De afzender kan tegen betaling van een overeengekomen toeslag in de vrachtbrief een waarde van de goederen aangeven, die het maximum, vermeld in het derde lid van artikel 23, overschrijdt. In dat geval treedt het aangegeven bedrag in de plaats van dit maximum.

Art. 25

Schadevergoeding bij beschadiging

– 1. In geval van beschadiging vergoedt de vervoerder het bedrag van de waardevermindering, berekend naar de volgens artikel 23, eerste, tweede en vierde lid vastgestelde waarde der goederen.

– 2. De schadevergoeding beloopt evenwel niet meer dan de volgende bedragen:

a) indien de gehele zending door de beschadiging in waarde is verminderd, het bedrag, dat zij zou hebben belopen in geval van geheel verlies;

b) indien slechts een gedeelte van de zending door de beschadiging in waarde is verminderd, het bedrag, dat zij zou hebben belopen in geval van verlies van het in waarde verminderd gedeelte.

Art. 26

Bijzonder belang

– 1. De afzender kan tegen betaling van een overeengekomen toeslag het bedrag van een bijzonder belang bij de aflevering voor het geval van verlies of beschadiging en voor dat van overschrijding van de overeengekomen termijn, vaststellen door vermelding van dit bedrag in de vrachtbrief.

– 2. Indien een bijzonder belang bij de aflevering is aangegeven, kan, onafhankelijk van de schadevergoedingen, bedoeld in de artikelen 23, 24 en 25, en tot ten hoogste het bedrag van het aangegeven belang, een schadevergoeding worden gevorderd gelijk aan de bewezen bijkomende schade.

Art. 27

Rente over schadevergoeding

– 1. De rechthebbende kan over het bedrag der schadevergoeding rente vorderen. Deze rente, ten bedrage van vijf procent per jaar, loopt vanaf de dag waarop de vordering schriftelijk bij de vervoerder is ingediend of, indien dit niet is geschied, vanaf de dag waarop zij in rechte aanhangig is gemaakt.

– 2. Wanneer de bedragen, die tot grondslag voor de berekening der schadevergoeding dienen, niet zijn uitgedrukt in de munt van het land, waar de betaling wordt gevorderd, geschiedt de omrekening volgens de koers van de dag en de plaats van betaling der schadevergoeding.

Art. 28

Toepasselijkheid op buiten-contractuele vordering

– 1. Wanneer het verlies, de beschadiging of de vertraging, ontstaan in de loop van een aan dit Verdrag onderworpen vervoer, volgens de toepasselijke wet kan leiden tot een vordering, die niet op de vervoerovereenkomst is gegrond, kan de vervoerder zich beroepen op de bepalingen van dit Verdrag, die zijn aansprakelijkheid uitsluiten of de verschuldigde schadevergoedingen vaststellen of beperken.

– 2. Wanneer de niet op de vervoerovereenkomst berustende aansprakelijkheid voor verlies, beschadiging of vertraging, van één der personen voor wie de vervoerder ingevolge artikel 3 aansprakelijk is, in het geding is, kan deze persoon zich eveneens beroepen op de bepalingen van dit Verdrag, die de aansprakelijkheid van de vervoerder uitsluiten of de verschuldigde schadevergoedingen vaststellen of beperken.

Art. 29

Geen vrijwaring bij opzet of grove schuld

– 1. De vervoerder heeft niet het recht om zich te beroepen op de bepalingen van dit hoofdstuk, die zijn aansprakelijkheid uitsluiten of beperken of die de bewijslast omkeren, indien de schade voortspruit uit zijn opzet of uit schuld zijnerzijds, welke volgens de wet van het gerecht, waar de vordering aanhangig is, met opzet gelijkgesteld wordt.

– 2. Hetzelfde geldt bij opzet of schuld van de ondergeschikten van de vervoerder of van alle andere personen, van wier diensten hij voor de bewerkstelliging van het vervoer gebruik maakt, wanneer deze ondergeschikten of deze andere personen handelen in de uitoefening van hun werkzaamheden. In dat geval hebben deze ondergeschikten of andere personen eveneens niet het recht om zich, voor wat hun persoonlijke aansprakelijkheid betreft, te beroepen op de bepalingen van dit hoofdstuk, als omschreven in het eerste lid.

HOOFDSTUK V
Vorderingen in en buiten rechte

Art. 30

Staat van de goederen bij ontvangst

– 1. Indien de geadresseerde de goederen in ontvangst heeft genomen zonder dat hij ten overstaan van de vervoerder de staat daarvan heeft vastgesteld of zonder dat hij, indien het zichtbare verliezen of beschadigingen betreft, uiterlijk op het ogenblik van de aflevering, of, indien het onzichtbare verliezen of beschadigingen betreft, binnen zeven dagen na de aflevering, zon- en feestdagen niet inbegrepen, voorbehouden ter kennis van de vervoerder heeft gebracht, waarin de algemene aard van het verlies of de beschadiging is aangegeven, wordt hij behoudens tegenbewijs geacht de goederen te hebben ontvangen in de staat als omschreven in de vrachtbrief. De bovenbedoelde voorbehouden moeten, indien het onzichtbare verliezen of beschadigingen betreft, schriftelijk worden gemaakt.

Tegenbewijs

– 2. Wanneer de staat van de goederen door de geadresseerde ten overstaan van de vervoerder is vastgesteld, is geen tegenbewijs tegen het resultaat van deze vaststelling toegelaten, tenzij het onzichtbare verliezen of beschadigingen betreft en de geadresseerde schriftelijke voorbehouden ter kennis van de vervoerder heeft gebracht binnen zeven dagen, zon- en feestdagen niet inbegrepen, na deze vaststelling.

Vertragingsschade; termijn

– 3. Bij vertraging in de aflevering is schadevergoeding alleen verschuldigd, indien binnen een termijn van 21 dagen nadat de goederen ter beschikking van de geadresseerde zijn gesteld, een schriftelijk voorbehoud ter kennis van de vervoerder is gebracht.

– 4. Bij het bepalen van de termijnen ingevolge dit artikel wordt de datum van aflevering of, al naar het geval, de datum van vaststelling of die van terbeschikkingstelling niet meegerekend.

– 5. De vervoerder en de geadresseerde verlenen elkaar alle redelijke faciliteiten voor de nodige vaststellingen en onderzoekingen.

Art. 31

Bevoegde rechter

– 1. Alle rechtsgedingen, waartoe het aan dit Verdrag onderworpen vervoer aanleiding geeft, kunnen door de eiser behalve voor de gerechten van de bij dit Verdrag partij zijnde landen, bij beding tussen partijen aangewezen, worden gebracht voor de gerechten van het land op het grondgebied waarvan:

a) de gedaagde zijn gewone verblijfplaats, zijn hoofdzetel of het filiaal of agentschap heeft, door bemiddeling waarvan de vervoerovereenkomst is gesloten, of

b) de plaats van inontvangstneming der goederen of de plaats bestemd voor de aflevering der goederen, is gelegen; zij kunnen voor geen andere gerechten worden gebracht.

Nieuwe vordering

– 2. Wanneer in een rechtsgeding, bedoeld in het eerste lid van dit artikel, een vordering aanhangig is voor een volgens dat lid bevoegd gerecht, of wanneer in een zodanig geding door een zodanig gerecht een uitspraak is gedaan, kan geen nieuwe vordering omtrent hetzelfde onderwerp tussen dezelfde partijen worden ingesteld, tenzij de uitspraak van het gerecht, waarvoor de eerste vordering aanhangig is gemaakt, niet vatbaar is voor tenuitvoerlegging in het land, waarin de nieuwe vordering wordt ingesteld.

Uitvoerbaarheid vonnis

– 3. Wanneer in een rechtsgeding, bedoeld in het eerste lid van dit artikel, een uitspraak, gedaan door een gerecht van een bij het Verdrag partij zijnd land, in dat land uitvoerbaar is geworden, wordt zij eveneens uitvoerbaar in elk ander bij het Verdrag partij zijnd land, zodra de aldaar terzake voorgeschreven formaliteiten zijn vervuld. Deze formaliteiten kunnen geen hernieuwde behandeling van de zaak meebrengen.

– 4. De bepalingen van het derde lid van dit artikel zijn van toepassing op uitspraken op tegenspraak gewezen, op uitspraken bij verstek en op schikkingen, aangegaan ten overstaan van de rechter, maar zij zijn niet van toepassing op uitspraken die slechts bij voorraad uitvoerbaar zijn, noch op veroordelingen tot vergoeding van schaden en interessen, welke boven de kosten zijn uitgesproken tegen een eiser wegens de gehele of gedeeltelijke afwijzing van zijn vordering.

Geen zekerheidstelling proceskosten

– 5. Van onderdanen van bij het Verdrag partij zijnde landen, die hun woonplaats of een bedrijf hebben in een van deze landen, kan geen zekerheidstelling voor de betaling der proceskosten worden gevorderd in rechtsgedingen, waartoe een aan dit Verdrag onderworpen vervoer aanleiding geeft.

Art. 32

Verjaring

– 1. De rechtsvorderingen, waartoe een aan dit Verdrag onderworpen vervoer aanleiding geeft, verjaren door verloop van een jaar. In geval van opzet of van schuld, welke volgens de wet van het gerecht, waarvoor de vordering aanhangig is, met opzet gelijkgesteld wordt, is de verjaringstermijn drie jaar. De verjaring loopt:

a) in geval van gedeeltelijk verlies, beschadiging of vertraging, vanaf de dag, waarop de goederen zijn afgeleverd;

b) in geval van volledig verlies, vanaf de dertigste dag na afloop van de bedongen termijn of, bij gebreke van zulk een termijn, vanaf de zestigste dag na de inontvangstneming van de goederen door de vervoerder;

c) in alle andere gevallen, na afloop van een termijn van drie maanden na de sluiting der vervoerovereenkomst. De hierboven als begin van de verjaring aangegeven dag wordt niet begrepen in de verjaringstermijn.

– 2. Een schriftelijke vordering schorst de verjaring tot aan de dag, waarop de vervoerder de vordering schriftelijk afwijst en de daarbij gevoegde stukken terugzendt. In geval van gedeeltelijke aanvaarding van de vordering hervat de verjaring haar loop alleen voor het deel van de vordering, dat betwist blijft. Het bewijs van ontvangst van de vordering of van het antwoord en van het terugzenden der stukken rust op de partij, die dit feit inroept. Verdere, op hetzelfde onderwerp betrekking hebbende vorderingen schorsen de verjaring niet.

– 3. Met inachtneming van de bepalingen van het tweede lid, wordt de schorsing van de verjaring beheerst door de wet van het gerecht waarvoor de zaak aanhangig is. Hetzelfde geldt voor de stuiting van de verjaring.

– 4. Een verjaarde vordering kan ook niet meer in de vorm van een vordering in reconventie of van een exceptie worden geldend gemaakt.

Art. 33

De vervoerovereenkomst kan een bepaling bevatten inzake het toekennen van bevoegdheid aan een scheidsgerecht, mits deze bepaling inhoudt, dat het scheidsgerecht dit Verdrag zal toepassen.

Arbitrage

HOOFDSTUK VI

Bepalingen nopens vervoer verricht door opvolgende vervoerders

Art. 34

Indien een vervoer, onderworpen aan één enkele overeenkomst, wordt bewerkstelligd door opvolgende wegvervoerders, worden de tweede en ieder van de volgende vervoerders door inontvangstneming van de goederen en van de vrachtbrief partij bij de overeenkomst op de voorwaarden van de vrachtbrief en wordt ieder van hen aansprakelijk voor de bewerkstelliging van het gehele vervoer.

Opvolgende vervoerders

Art. 35

– 1. De vervoerder, die de goederen van de voorafgaande vervoerder in ontvangst neemt, overhandigt hem een gedateerd en ondertekend ontvangstbewijs. Hij moet zijn naam en adres op het tweede exemplaar van de vrachtbrief vermelden. Indien daartoe aanleiding is, tekent hij op dat exemplaar alsmede op het ontvangstbewijs soortgelijke voorbehouden aan als die, bedoeld in artikel 8, tweede lid.

Ontvangstbewijs

– 2. De bepalingen van artikel 9 zijn op de betrekkingen tussen opvolgende vervoerders van toepassing.

Art. 36

Behoudens in het geval van een eis in reconventie of van een exceptie, opgeworpen in een rechtsgeding inzake een eis, welke is gebaseerd op dezelfde vervoerovereenkomst, kan de vordering tot aansprakelijkstelling voor verlies, beschadiging of vertraging slechts worden gericht tegen de eerste vervoerder, de laatste vervoerder of de vervoerder, die het deel van het vervoer bewerkstelligde, gedurende hetwelk het feit, dat het verlies, de beschadiging of de vertraging heeft veroorzaakt, zich heeft voorgedaan; de vordering kan tegelijkertijd tegen verschillenden van deze vervoerders worden ingesteld.

Aansprakelijkheid

Art. 37

De vervoerder, die een schadevergoeding heeft betaald uit hoofde van de bepalingen van dit Verdrag, heeft recht van verhaal voor de hoofdsom, rente en kosten tegen de vervoerders, die aan de uitvoering van de vervoerovereenkomst hebben deelgenomen, overeenkomstig de volgende bepalingen:

Verhaal

a) de vervoerder, door wiens toedoen de schade is veroorzaakt, draagt de schadevergoeding alleen, onverschillig of deze door hemzelf of door een andere vervoerder is betaald;

b) wanneer de schade is veroorzaakt door toedoen van twee of meer vervoerders, moet ieder van hen een bedrag betalen in verhouding tot zijn deel van de aansprakelijkheid; indien begroting van de delen der aansprakelijkheid niet mogelijk is, is ieder van hen aansprakelijk in verhouding tot het hem toekomende deel van de beloning voor het vervoer;

c) indien niet kan worden vastgesteld, aan wie van de vervoerders de aansprakelijkheid moet worden toegerekend, wordt het bedrag van de schadevergoeding verdeeld tussen alle vervoerders, in de verhouding bepaald onder *b)*.

Art. 38

Indien een van de vervoerders insolvent is, wordt het door hem verschuldigde deel, dat hij niet heeft betaald, tussen alle andere vervoerders verdeeld in verhouding tot hun beloning.

Omslag bij insolventie

Art. 39

– 1. De vervoerder, op wie verhaal wordt uitgeoefend ingevolge de artikelen 37 en 38, is niet gerechtigd de gegrondheid van de betaling door de vervoerder, die het verhaal uitoefent, te betwisten, wanneer de schadevergoeding is vastgesteld bij rechterlijke uitspraak, mits hij behoorlijk van het rechtsgeding in kennis is gesteld en hij gelegenheid heeft gehad om daarin zich te voegen of tussen te komen.

Verhaalsprocedure

– 2. De vervoerder, die verhaal wil uitoefenen, kan zulks doen voor het bevoegde gerecht van het land, waarin een van de betrokken vervoerders zijn gewone verblijfplaats, zijn hoofdzetel of het filiaal of agentschap heeft, door bemiddeling waarvan de vervoerovereenkomst is gesloten. Het verhaal kan in een en hetzelfde geding tegen alle betrokken vervoerders worden gericht.

– 3. De bepalingen van artikel 31, derde en vierde lid, zijn van toepassing op rechterlijke uitspraken, gegeven terzake van het verhaal ingevolge de artikelen 37 en 38.

– 4. De bepalingen van artikel 32 zijn van toepassing op het verhaal tussen vervoerders. De verjaring loopt evenwel hetzij vanaf de dag van een rechterlijke einduitspraak tot vaststelling van de ingevolge de bepalingen van dit Verdrag te betalen schadevergoeding hetzij, bij gebreke van zulk een uitspraak, vanaf de dag waarop de betaling is geschied.

Art. 40

Afwijkende regeling

De vervoerders kunnen onderling een van de artikelen 37 en 38 afwijkende regeling bedingen.

HOOFDSTUK VII

Nietigheid van bedingen in strijd met het Verdrag

Art. 41

Afwijkende bedingen nietig; partiële nietigheid

– 1. Behoudens de bepalingen van artikel 40 is nietig ieder beding, dat middellijk of onmiddellijk afwijkt van de bepalingen van dit Verdrag. De nietigheid van dergelijke bedingen heeft niet de nietigheid van de overige bepalingen van de overeenkomst tot gevolg.

– 2. In het bijzonder is nietig ieder beding, door hetwelk de vervoerder zich de rechten uit de verzekering der goederen laat overdragen of ieder ander beding van dergelijke strekking, evenals ieder beding, dat de bewijslast verplaatst.

HOOFDSTUK VIII

Slotbepalingen

Art. 42

Ondertekening, toetreding en bekrachtiging

– 1. Dit Verdrag staat open voor ondertekening of toetreding door landen die lid zijn van de Economische Commissie voor Europa en landen, die overeenkomstig paragraaf 8 van het mandaat van deze Commissie met raadgevende stem tot de Commissie zijn toegelaten.

– 2. De landen, die overeenkomstig paragraaf 11 van het mandaat van deze Commissie aan zekere werkzaamheden van de Economische Commissie voor Europa kunnen deelnemen, kunnen partij bij dit Verdrag worden door toetreding na de inwerkingtreding.

– 3. Het Verdrag zal voor ondertekening openstaan tot en met 31 augustus 1956. Na deze datum zal het openstaan voor toetreding.

– 4. Dit Verdrag zal worden bekrachtigd.

– 5. Bekrachtiging of toetreding geschiedt door nederlegging van een akte bij de Secretaris-Generaal van de Verenigde Naties.

Art. 43

Inwerkingtreding

– 1. Dit Verdrag treedt in werking op de negentigste dag, nadat vijf landen, als bedoeld in het eerste lid van artikel 42, hun akte van bekrachtiging of van toetreding hebben nedergelegd.

– 2. Voor ieder land, dat het Verdrag bekrachtigt of ertoe toetreedt, nadat vijf landen hun akte van bekrachtiging of van toetreding hebben nedergelegd, treedt dit Verdrag in werking op de negentigste dag na de nederlegging van de akte van bekrachtiging of toetreding door het genoemde land.

Art. 44

Opzegging

– 1. Iedere Verdragsluitende Partij kan dit Verdrag opzeggen door middel van een tot de Secretaris-Generaal van de Verenigde Naties gerichte kennisgeving.

– 2. De opzegging heeft rechtsgevolg twaalf maanden na de datum, waarop de Secretaris-Generaal de kennisgeving heeft ontvangen.

Art. 45

Buitenwerkingtreding door opzeggingen

Indien na de inwerkingtreding van dit Verdrag het aantal Verdragsluitende Partijen tengevolge van opzeggingen is teruggebracht tot minder dan vijf, houdt de werking van dit Verdrag op van de datum af, waarop de laatste opzegging rechtsgevolg heeft.

Art. 46

Verklaringen over werkingsgebied

– 1. Ieder land kan bij de nederlegging van zijn akte van bekrachtiging of toetreding of te eniger tijd daarna, door middel van een tot de Secretaris-Generaal van de Verenigde Naties gerichte kennisgeving verklaren, dat dit Verdrag van toepassing zal zijn op alle of een deel van de gebieden, welker internationale betrekkingen het behartigt.

Het Verdrag is op het gebied of de gebieden, vermeld in de kennisgeving, van toepassing met ingang van de negentigste dag na ontvangst van deze kennisgeving door de Secretaris-Generaal of, indien het Verdrag op die datum nog niet in werking is getreden, met ingang van de dag der inwerkingtreding.

– 2. Ieder land, dat overeenkomstig het vorige lid een verklaring heeft afgelegd, waardoor dit Verdrag van toepassing wordt op een gebied, welks internationale betrekkingen het behartigt, kan overeenkomstig artikel 44 het Verdrag, voor wat dat gebied betreft, opzeggen.

Art. 47

Competentie Internationaal Gerechtshof

Ieder geschil tussen twee of meer Verdragsluitende Partijen betreffende de uitleg of de toepassing van dit Verdrag, dat de Partijen niet door middel van onderhandelingen of door andere middelen hebben kunnen regelen, kan op verzoek van één der betrokken Verdragsluitende Partijen ter beslissing worden voorgelegd aan het Internationale Gerechtshof.

Art. 48

Voorbehoud

– 1. Iedere Verdragsluitende Partij kan op het tijdstip, waarop zij dit Verdrag ondertekent of bekrachtigt of ertoe toetreedt, verklaren dat zij zich niet door artikel 47 van het Verdrag ge-

bonden acht. De andere Verdragsluitende Partijen zijn niet door artikel 47 gebonden tegenover een Verdragsluitende Partij, die zulk een voorbehoud heeft gemaakt.
– 2. Iedere Verdragsluitende Partij die een voorbehoud overeenkomstig het eerste lid heeft gemaakt, kan te allen tijde dit voorbehoud intrekken door een tot de Secretaris-Generaal van de Verenigde Naties gerichte kennisgeving.
– 3. Geen enkel ander voorbehoud ten aanzien van dit Verdrag is toegestaan.

Art. 49

Bijeenroeping herzieningsconferentie

– 1. Nadat dit Verdrag gedurende drie jaar in werking is geweest, kan iedere Verdragsluitende Partij door middel van een tot de Secretaris-Generaal van de Verenigde Naties gerichte kennisgeving de bijeenroeping verzoeken van een conferentie teneinde dit Verdrag te herzien. De Secretaris-Generaal geeft van dit verzoek kennis aan alle Verdragsluitende Partijen en roept een conferentie tot herziening bijeen, indien binnen een termijn van vier maanden na de door hem gedane kennisgeving, tenminste één vierde van de Verdragsluitende Partijen hun instemming met dit verzoek aan hem hebben medegedeeld.
– 2. Indien een conferentie wordt bijeengeroepen overeenkomstig het vorige lid, stelt de Secretaris-Generaal alle Verdragsluitende Partijen daarvan in kennis en nodigt hij hen uit binnen een termijn van drie maanden voorstellen in te dienen welke zij door de conferentie wensen bestudeerd te zien. De Secretaris-Generaal deelt de voorlopige agenda van de conferentie alsmede de tekst van die voorstellen tenminste drie maanden voor de openingsdatum van de conferentie aan alle Verdragsluitende Partijen mede.
– 3. De Secretaris-Generaal nodigt voor iedere conferentie, bijeengeroepen overeenkomstig dit artikel, alle landen uit, die zijn bedoeld in het eerste lid van artikel 42, alsmede de landen die partij bij het Verdrag zijn geworden door toepassing van het tweede lid van artikel 42.

Art. 50

Mededelingen omtrent stand van zaken

Behalve de kennisgevingen ingevolge artikel 49 geeft de Secretaris-Generaal van de Verenigde Naties aan de in het eerste lid van artikel 42 bedoelde landen, alsmede aan de landen, die partij bij het Verdrag zijn geworden door toepassing van het tweede lid van artikel 42, kennis van:
a) de bekrachtigingen en toetredingen ingevolge artikel 42,
b) de data, waarop dit Verdrag in werking treedt overeenkomstig artikel 43,
c) de opzeggingen ingevolge artikel 44,
d) het overeenkomstig artikel 45 buiten werking treden van dit Verdrag,
e) de overeenkomstig artikel 46 ontvangen kennisgevingen,
f) de overeenkomstig het eerste en tweede lid van artikel 48 ontvangen verklaringen en kennisgevingen.

Art. 51

Nederlegging origineel

Na 31 augustus 1956 wordt het origineel van dit Verdrag nedergelegd bij de Secretaris-Generaal van de Verenigde Naties, die aan elke van de in het eerste en tweede lid van artikel 42 bedoelde landen gewaarmerkte afschriften doet toekomen.
Protocol van Ondertekening

Op het tijdstip van ondertekening van het Verdrag betreffende de overeenkomst tot internationaal vervoer van goederen over de weg, zijn de ondergetekenden, behoorlijk gevolmachtigd, de volgende verklaring en precisering overeengekomen:
1. Dit Verdrag is niet van toepassing op vervoer tussen het Verenigd Koninkrijk van Groot-Brittannië en Noord-Ierland en de Republiek Ierland.
2. *Ad artikel 1, vierde lid:*
De ondergetekenden verbinden zich te onderhandelen over verdragen nopens de overeenkomst tot verhuizing en de overeenkomst tot gecombineerd vervoer.

Wet van 30 september 1893, Stb. 140 , op het faillissement en de surséance van betaling , zoals deze wet laatstelijk is gewijzigd bij de Wetten van 14 februari 2009, Stb. 106, 25 maart 2009, Stb. 155

[Inwerkingtreding: 01-09-1896]

In naam van Hare Majesteit WILHELMINA, bij de gratie Gods, Koningin der Nederlanden, Prinses van Oranje-Nassau, enz., enz., enz.
Wij EMMA, Koningin-Weduwe, Regentes van het Koninkrijk;
Allen, die deze zullen zien of hooren lezen, saluut! doen te weten:
Alzoo Wij in overweging genomen hebben, dat de wettelijke bepalingen omtrent het faillissement en de surséance van betaling herziening vereischen;
Zoo is het, dat Wij, den Raad van State gehoord, en met gemeen overleg der Staten-Generaal, hebben goedgevonden en verstaan, gelijk Wij goedvinden en verstaan bij deze:

TITEL I
Van faillissement

EERSTE AFDELING
Van de faillietverklaring

Art. 1

Eigen aangifte, verzoek schuldeisers, verzoek OM

– 1. De schuldenaar, die in de toestand verkeert dat hij heeft opgehouden te betalen, wordt, hetzij op eigen aangifte, hetzij op verzoek van een of meer zijner schuldeisers, bij rechterlijk vonnis in staat van faillissement verklaard.
– 2. De faillietverklaring kan ook worden uitgesproken, om redenen van openbaar belang, op verzoek van het Openbaar Ministerie. (Fw art. 212*h*, 212*m*, 213*a*, 213*f*; BW art. 2:136, 164 lid 1 sub *i*, 246, 274 lid 1 sub *i*; BW art. 3:276, 277; Sr art. 340 e.v.; Wet toezicht verz.bedr. art. 156 e. v.; Wet toezicht kredietwezen art. 70 e.v.)

Art. 2

Bevoegde rechter

– 1. De faillietverklaring geschiedt door de rechtbank van de woonplaats des schuldenaars. (BW art. 1:10; BW art. 2:27 lid 4, 66, 177, 286 lid 4; Ned.-Belg. Executieverdrag art. 20)
– 2. Indien de schuldenaar zich buiten het Rijk in Europa heeft begeven, is de rechtbank zijner laatste woonplaats bevoegd.
– 3. Ten aanzien van vennoten onder ene firma is de rechtbank, binnen welker gebied het kantoor der vennootschap is gevestigd, mede bevoegd.
– 4. Indien de schuldenaar binnen het Rijk in Europa geen woonplaats heeft, doch aldaar een beroep of bedrijf uitoefent, is de rechtbank, binnen welker gebied hij een kantoor heeft, bevoegd.
– 5. Wordt in het geval van het derde of vierde lid door meer dan één daartoe bevoegde rechtbank op verschillende dagen de faillietverklaring uitgesproken, dan heeft alleen de eerst gedane uitspraak rechtsgevolgen. Heeft de uitspraak van verschillende rechtbanken op dezelfde dag plaats, dan heeft alleen de uitspraak van de rechtbank, die in de wet van 10 augustus 1951, *Stb.* 347 het eerst genoemd wordt, rechtsgevolgen. (Fw art. 212*h*, 213*a*)

Art. 3

Toepasselijkheid schuldsaneringsregeling

– 1. Indien een verzoek tot faillietverklaring een natuurlijke persoon betreft en hij geen verzoekschrift heeft ingediend tot het uitspreken van de toepassing van de schuldsaneringsregeling bedoeld in titel III, geeft de griffier de schuldenaar terstond bij brief kennis dat hij binnen veertien dagen na de dag van de verzending van die brief een verzoekschrift als bedoeld in artikel 284 kan indienen.
– 2. De behandeling van het verzoek tot faillietverklaring wordt geschorst totdat de in het eerste lid bedoelde termijn is verstreken. (Fw art. 3*b*, 15*b*)

Art. 3a

Samenloop

– 1. Indien een verzoek tot faillietverklaring en een verzoek tot het uitspreken van de toepassing van de schuldsaneringsregeling bedoeld in titel III gelijktijdig aanhangig zijn, komt eerst het laatste in behandeling.
– 2. De behandeling van het verzoek tot faillietverklaring wordt geschorst totdat bij in kracht van gewijsde gegane uitspraak is beslist op het verzoek tot het uitspreken van de toepassing van de schuldsaneringsregeling.
– 3. Het verzoek tot faillietverklaring vervalt van rechtswege door de uitspraak tot de definitieve toepassing van de schuldsaneringsregeling. (Fw art. 3*b*, 7, 212*l*, 213*e*, 284, 287, 288)

Art. 3b

Schuldsanering al van toepassing

De artikelen 3 en 3*a* blijven buiten toepassing indien een verzoek tot faillietverklaring een schuldenaar betreft ten aanzien van wie de schuldsaneringsregeling van toepassing is. (Fw art. 312)

Art. 4

Eigen aangifte; vonnis

– 1. De aangifte tot faillietverklaring wordt gedaan en het verzoek daartoe ingediend ter griffie en met de meeste spoed in raadkamer behandeld. Het Openbaar Ministerie wordt daarop gehoord. Indien de aangifte tot faillietverklaring wordt gedaan door een natuurlijk persoon, stelt de griffier deze terstond ervan in kennis dat hij, onverminderd artikel 15*b*, eerste lid, een verzoekschrift als bedoeld in artikel 284 kan indienen. (Fw art. 5)
– 2. Een schuldenaar die gehuwd is of een geregistreerd partnerschap is aangegaan kan slechts aangifte doen met medewerking van zijn echtgenoot onderscheidenlijk geregistreerde partner tenzij iedere gemeenschap tussen echtgenoten onderscheidenlijk geregistreerde partners, is uitgesloten. (Fw art. 6 lid 2; BW art. 1:80*a* e.v., 97, 98)
– 3. Ten aanzien ener vennootschap onder ene firma, moet de aangifte inhouden de naam en de woonplaats van elk der hoofdelijk voor het geheel verbonden vennoten. (WvK art. 16)
– 4. De aangifte of het verzoek tot faillietverklaring bevat zodanige gegevens dat de rechter kan beoordelen of hem rechtsmacht toekomt op grond van de verordening, genoemd in artikel 5, derde lid. (BW art. 2:136, 164 lid 1 sub *i*, 246, 274 lid 1 sub *i*; Invorderingswet 1990 art. 3, 10, 19; Wet toezicht verz.bedr. art. 156 e.v.; Wet toezicht kredietwezen art. 70 e.v.)
– 5. Het vonnis van faillietverklaring wordt ter openbare terechtzitting uitgesproken en is bij voorraad, op de minuut uitvoerbaar, niettegenstaande enige daartegen gerichte voorziening.

Art. 5

Verzoekschrift door advocaat

– 1. De verzoekschriften, bedoeld in het vorige artikel en in de artikelen 8, 9, 10, 11, 15*c*, tweede lid, 67, 155, 166, 198 en 206, worden ingediend door een advocaat. (Fw art. 283)
– 2. Het eerste lid is niet van toepassing op een hoger beroep dat wordt ingesteld tegen een beschikking van de rechter-commissaris, houdende machtiging aan de curator tot opzegging van een arbeidsovereenkomst.
– 3. Verzoekschriften op de voet van artikel 33 van de verordening (EG) nr. 1346/2000 van de Raad van de Europese Unie van 29 mei 2000 betreffende insolventieprocedures (*PbEG* L 160) worden ingediend door een advocaat.

Art. 6

Oproeping schuldenaar; voorwaarden voor faillietverklaring

– 1. De rechtbank kan bevelen, dat de schuldenaar worde opgeroepen, om in persoon of bij gemachtigde gehoord te worden. De griffier doet de oproeping op de wijze, bij algemene maatregel van bestuur te bepalen. Is buiten Nederland een hoofdprocedure geopend op de voet van artikel 3, eerste lid, van de in artikel 5, derde lid, genoemde verordening, dan stelt de griffier de curator in de hoofdprocedure onverwijld schriftelijk in kennis van de aanvraag onder mededeling dat deze zijn zienswijze binnen een daartoe door de rechter bepaalde termijn kenbaar kan maken.
– 2. Indien de schuldenaar, die is opgeroepen om gehoord te worden, gehuwd is of een geregistreerd partnerschap is aangegaan, is zijn echtgenoot onderscheidenlijk geregistreerde partner mede bevoegd om in persoon of bij gemachtigde te verschijnen. (Fw art. 4 lid 2)
– 3. De faillietverklaring wordt uitgesproken, indien summierlijk blijkt van het bestaan van feiten of omstandigheden, welke aantonen, dat de schuldenaar in de toestand verkeert dat hij heeft opgehouden te betalen, en, zo een schuldeiser het verzoek doet, ook van het vorderingsrecht van deze.
– 4. Ontleent de Nederlandse rechter zijn rechtsmacht aan de in artikel 5, derde lid, genoemde verordening, dan wordt in het vonnis van faillietverklaring vermeld of het een hoofdprocedure dan wel een territoriale procedure in de zin van de verordening betreft. (212*m*, 213*f*)

Art. 7

Verzegeling van de boedel

– 1. Hangende het onderzoek kan de rechtbank de verzoeker desverlangd verlof verlenen de boedel te doen verzegelen. Zij kan daaraan de voorwaarde van zekerheidstelling tot een door haar te bepalen bedrag, verbinden.
– 2. De verzegeling geschiedt door een bij dit verlof aan te wijzen notaris. Buiten de verzegeling blijven zaken die onder artikel 21 vallen; in het proces-verbaal wordt een korte beschrijving daarvan opgenomen. (Fw art. 93; Rv art. 616, 658 e.v.; Sr art. 199)

Art. 8

Hoger beroep en verzet door schuldenaar

– 1. De schuldenaar, die in staat van faillissement is verklaard, nadat hij op de aanvraag tot faillietverklaring is gehoord, heeft gedurende acht dagen, na de dag der uitspraak, recht van hoger beroep. (Rv art. 332 e.v., 358 e.v.; RO art. 69)
– 2. Zo hij niet is gehoord, heeft hij gedurende veertien dagen, na de dag der uitspraak, recht van verzet. Indien hij tijdens de uitspraak zich niet binnen het Rijk in Europa bevindt, wordt die termijn verlengd tot een maand. (Rv art. 143 e.v.)

– 3. Van het vonnis, op het verzet gewezen, kan hij gedurende acht dagen, na de dag der uitspraak, in hoger beroep komen.
– 4. Het verzet of hoger beroep geschiedt bij een verzoekschrift in te dienen ter griffie van het rechtscollege, dat van de zaak kennis moet nemen. De voorzitter bepaalt terstond dag en uur voor de behandeling. Uiterlijk op de vierde dag, volgende op die waarop hij zijn verzoek heeft ingediend, wordt door de schuldenaar van het gedane verzet of ingestelde hoger beroep, alsmede van de tijd voor de behandeling bepaald, bij deurwaardersexploot aan de advocaat, die het verzoek tot faillietverklaring heeft ingediend, kennis gegeven. (Fw art. 5)
– 5. Deze kennisgeving geldt voor oproeping van de schuldeiser, die de faillietverklaring heeft uitgelokt.
– 6. De behandeling geschiedt op de wijze bij artikel 4 voorgeschreven. (Fw art. 154, 219)

Art. 9

Hoger beroep na afwijzing of vernietiging

– 1. Bij afwijzing van de aangifte of aanvraag tot faillietverklaring bestaat recht van hoger beroep, gedurende acht dagen na de dag der afwijzing.
– 2. Hetzelfde geldt bij vernietiging der faillietverklaring ten gevolge van verzet, in welk geval van het hoger beroep door de griffier van het gerechtshof, waarbij het is aangebracht, onverwijld wordt kennis gegeven aan de griffier van de rechtbank die de vernietiging heeft uitgesproken.
– 3. De instelling en behandeling van het hoger beroep geschiedt op de wijze in de artikelen 4 en 6 voorgeschreven. (Fw art. 5; Rv art. 332 e.v., 358 e.v.; RO 69)

Art. 10

Verzet door schuldeisers en belanghebbenden

– 1. Elk schuldeiser, met uitzondering van hem die de faillietverklaring heeft verzocht, en elk belanghebbende heeft tegen de faillietverklaring recht van verzet gedurende acht dagen na de dag der uitspraak.
– 2. Het verzet geschiedt bij een verzoekschrift in te dienen ter griffie van het rechtscollege, dat de faillietverklaring heeft uitgesproken. (Fw art. 5)
– 3. De voorzitter bepaalt terstond dag en uur voor de behandeling. Uiterlijk op de vierde dag, volgende op die waarop hij zijn verzoek heeft ingediend, wordt door de verzoeker van het gedane verzet, alsmede van de tijd voor de behandeling bepaald, bij deurwaardersexploot kennis gegeven aan de schuldenaar en, indien de faillietverklaring door een schuldeiser is verzocht, ook aan de advocaat, die namens deze het verzoek tot faillietverklaring heeft ingediend.
– 4. Deze kennisgeving geldt voor oproeping van de schuldenaar en van die schuldeiser.
– 5. De behandeling geschiedt op de wijze bij artikel 4 voorgeschreven. (Fw art. 209; Rv art. 376)

Art. 11

Hoger beroep na afwijzing verzet

– 1. De schuldeiser of de belanghebbende, wiens in het vorige artikel bedoeld verzet door de rechtbank is afgewezen, heeft recht van hoger beroep, gedurende acht dagen na de dag der afwijzing.
– 2. Hetzelfde geldt, bij vernietiging der faillietverklaring door de rechtbank ten gevolge van dat verzet, voor de schuldenaar, de schuldeiser, die de faillietverklaring verzocht heeft, en het Openbaar Ministerie, in welk geval tevens het tweede lid van artikel 9 van toepassing is.
– 3. De instelling en behandeling van het hoger beroep geschiedt op de wijze in de artikelen 4 en 6 voorgeschreven. (Fw art. 5)
– 4. Is het verzet bij het gerechtshof gedaan, dan is hoger beroep uitgesloten. (Rv art. 332 e.v., 358 e.v.)

Art. 12

Beroep in cassatie

– 1. Van het arrest, door het gerechtshof gewezen, kunnen de schuldenaar, de schuldeiser die de faillietverklaring verzocht, de in art. 10 bedoelde schuldeiser of belanghebbende en het Openbaar Ministerie, gedurende acht dagen na de dag der uitspraak, in cassatie komen.
– 2. Het beroep in cassatie wordt aangebracht en behandeld op de wijze bij de artikelen 4, 6 en 8 bepaald.
– 3. Indien de cassatie is gericht tegen een arrest, houdende vernietiging van het vonnis van faillietverklaring, geeft de griffier van de Hoge Raad van het verzoek tot cassatie onverwijld kennis aan de griffier van het gerechtshof dat de vernietiging heeft uitgesproken. (Fw art. 187, 211, 221; RO art. 79; Rv art. 426 e.v.)

Art. 13

Gevolgen van vernietiging

– 1. Indien ten gevolge van verzet, hoger beroep of cassatie de faillietverklaring wordt vernietigd, blijven niettemin geldig en verbindend voor de schuldenaar de handelingen, door de curator verricht vóór of op de dag, waarop aan het voorschrift tot aankondiging overeenkomstig artikel 15 is voldaan. (Fw art. 168)
– 2. Hangende het verzet, het hoger beroep of de cassatie kan geen raadpleging over een akkoord plaats hebben, noch tot de vereffening van de boedel buiten toestemming van de schuldenaar worden overgegaan. (Fw art. 141, 173, 248)

Art. 13a

Gevolgen voor opzegging arbeidsovereenkomst

Indien de faillietverklaring wordt vernietigd wordt de opzegging van een arbeidsovereenkomst door een curator, in afwijking van artikel 13, eerste lid, met terugwerkende kracht beheerst door de wettelijke of overeengekomen regels die van toepassing zijn buiten faillissement, met dien verstande dat de termijnen, bedoeld in artikel 683 leden 1 en 2 van Boek 7 van het Burgerlijk Wetboek en in artikel 9, derde lid, van het Buitengewoon Besluit Arbeidsverhoudingen 1945, aanvangen op het tijdstip waarop het faillissement wordt vernietigd.

Art. 14

Inhoud vonnis

– 1. Het vonnis van faillietverklaring houdt in de benoeming van een der leden van de rechtbank tot rechter-commissaris in het faillissement, en de aanstelling van een of meer curators. De rechter die de faillietverklaring uitspreekt, geeft in de uitspraak tevens last aan de curator tot het openen van aan de gefailleerde gerichte brieven en telegrammen. De rechtbank vermeldt op het vonnis het tijdstip van de faillietverklaring tot op de minuut nauwkeurig. (Fw art. 63*e* lid 1, 64 e.v., 68, 70, 73 e.v., 99, 167, 212*b* lid 1, 241*e* lid 1, 287 lid 3; Gw art. 13)

– 2. Van de faillietverklaring wordt door de griffier onverwijld kennis gegeven aan het postvervoerbedrijf of de postvervoerbedrijven die zijn aangewezen als verlener van de universele postdienst, alsmede de andere geregistreerde postvervoerbedrijven, bedoeld in de Postwet 2009. In de kennisgeving wordt melding gemaakt van de in het vorige lid bedoelde last. (Fw art. 99)

Publiciteitsbeginsel

– 3. Een uittreksel uit het vonnis van faillietverklaring, houdende vermelding van de naam, de woonplaats of het kantoor en het beroep van de gefailleerde, van de naam van de rechter-commissaris, van de naam en de woonplaats of het kantoor des curators, van de dag der uitspraak, alsmede van de naam, het beroep en de woonplaats of het kantoor van ieder lid der voorlopige commissie uit de schuldeisers, zo er een benoemd is, wordt door de curator onverwijld geplaatst in de *Nederlandsche Staatscourant*.

– 4. Op verzoek van een curator in een insolventieprocedure op de voet van artikel 3, eerste of tweede lid, van de in artikel 5, derde lid, genoemde verordening geeft de griffier van de rechtbank te 's-Gravenhage onverwijld in de *Staatscourant* kennis van de in artikel 21 van die verordening bedoelde gegevens. Een zodanige kennisgeving vindt in elk geval plaats wanneer de schuldenaar in Nederland een vestiging heeft in de zin van artikel 1, onder *h*, van de in de eerste zin bedoelde verordening. De gegevens, bedoeld in de eerste zin, worden aan de griffier verstrekt in de Nederlandse, Engelse, Duitse of Franse taal. (Fw art. 167, 193, 212*o*, 213*h*, 248; BW art. 2:51, 303; Hrgb art. 27)

Art. 15

Kennisgeving en publicatie van vernietiging; kosten

– 1. Zodra een vonnis van faillietverklaring ten gevolge van verzet, hoger beroep of cassatie is vernietigd, en in de twee eerste gevallen de termijn, om in hoger beroep of in cassatie te komen, verstreken is zonder dat daarvan gebruik is gemaakt, wordt door de griffier van het rechtscollege, dat de vernietiging heeft uitgesproken, van die uitspraak kennis gegeven aan de curator en aan het postvervoerbedrijf of de postvervoerbedrijven die zijn aangewezen als verlener van de universele postdienst, alsmede de andere geregistreerde postvervoerbedrijven, bedoeld in de Postwet 2009. (Fw art. 99)

– 2. Gelijke kennisgeving geschiedt, in geval van vernietiging van een vonnis van faillietverklaring in hoger beroep of cassatie, aan de griffier van de rechtbank, die het vonnis heeft gewezen.

– 3. De rechter, die de vernietiging van een vonnis van faillietverklaring uitspreekt, stelt tevens het bedrag vast van de faillissementskosten en van het salaris des curators. Hij brengt dit bedrag ten laste van degene, die de faillietverklaring heeft aangevraagd, van de schuldenaar, of van beide in de door de rechter te bepalen verhouding. Tegen deze beslissing staat geen rechtsmiddel open. Een bevelschrift van tenuitvoerlegging zal daarvan worden uitgegeven ten behoeve van de curator. (Fw art. 71, 168, 248; Hrgb art. 27)

Art. 15a

Faillietverklaring in hoger beroep of cassatie

Wordt faillietverklaring in hoger beroep of in cassatie uitgesproken met vernietiging van een vonnis of arrest, waarbij de aangifte of aanvrage tot faillietverklaring werd afgewezen, dan geeft de griffier van het rechtscollege, dat de faillietverklaring uitspreekt, van die uitspraak kennis aan de griffier van de rechtbank, waarbij de aangifte of aanvrage is ingediend.

Art. 15b

Omzetting faillissement in schuldsanering

– 1. Indien redelijkerwijs niet geoordeeld kan worden dat de gefailleerde wegens hem toe te rekenen omstandigheden binnen de termijn bedoeld in artikel 3, eerste lid, geen verzoekschrift tot het van toepassing verklaren van de schuldsaneringsregeling heeft ingediend of indien het faillissement is uitgesproken op eigen aangifte van de schuldenaar, kan de rechtbank, totdat de verificatievergadering is gehouden of, indien de verificatievergadering achterwege blijft, totdat de rechter-commissaris de beschikkingen als bedoeld in artikel 137*a*, eerste lid,

heeft gegeven, op verzoek van de gefailleerde diens faillissement opheffen onder het gelijktijdig uitspreken van de toepassing van de schuldsaneringsregeling bedoeld in titel III.
– 2. De gefailleerde zal zich daartoe bij een verzoekschrift als bedoeld in artikel 284 wenden tot de rechtbank waarbij de aangifte of het verzoek tot faillietverklaring werd ingediend. Het derde lid van artikel 284 is niet van toepassing.
– 3. Het eerste lid is niet van toepassing:
a. indien het faillissement is uitgesproken terwijl de schuldsaneringsregeling ten aanzien van de schuldenaar van toepassing was;
b. indien de schuldenaar in staat van faillissement verkeert door beëindiging van de toepassing van de schuldsaneringsregeling;
c. indien het faillissement is uitgesproken op grond van artikel 340, vierde lid.
– 4. Alvorens te beslissen kan de rechtbank de gefailleerde, de rechter-commissaris en de curator oproepen om te worden gehoord. Artikel 6, tweede lid, is van toepassing.
– 5. Bij toewijzing van het verzoek, spreekt de rechtbank de definitieve toepassing van de schuldsaneringsregeling uit.
– 6. Van de opheffing van het faillissement wordt door de griffier kennis gegeven in de aankondiging die is voorgeschreven in artikel 293. Indien in het faillissement overeenkomstig artikel 108 reeds het tijdstip voor de verificatievergadering was bepaald, zal in die aankondiging tevens mededeling worden gedaan dat die verificatievergadering niet zal worden gehouden. (Fw art. 4 lid 1, 19, 108 e.v., 247*a*, 287, 288, 312, 338, 350)

Art. 15c

Rechtsmiddelen bij omzetting

– 1. Tegen het vonnis, houdende uitspraak tot de opheffing van het faillissement en tot de toepassing van de schuldsaneringsregeling, kunnen noch door schuldeisers noch door andere belanghebbenden rechtsmiddelen worden ingesteld.
– 2. Indien de toepassing van de schuldsaneringsregeling niet is uitgesproken, heeft de gefailleerde gedurende acht dagen na de dag van de uitspraak het recht van hoger beroep. Het hoger beroep wordt ingesteld bij een verzoekschrift, in te dienen ter griffie van het gerechtshof, dat van de zaak kennis moet nemen. De griffier van het gerechtshof geeft van die indiening onverwijld kennis aan de griffier van de rechtbank.
– 3. De voorzitter bepaalt terstond dag en uur voor de behandeling, welke zal moeten plaatshebben binnen twintig dagen na de dag van de indiening van het verzoekschrift. De uitspraak vindt niet later plaats dan op de achtste dag na die van de behandeling van het verzoekschrift ter terechtzitting. Van het arrest van het gerechtshof wordt door de griffier onverwijld mededeling gedaan aan de griffier van de rechtbank.
– 4. Indien het gerechtshof het faillissement handhaaft, kan de schuldenaar gedurende acht dagen na die van de uitspraak in cassatie komen. Het beroep in cassatie wordt ingesteld bij een verzoekschrift, in te dienen ter griffie van de Hoge Raad. De voorzitter bepaalt terstond dag en uur voor de behandeling. De griffier van de Hoge Raad geeft van het beroep in cassatie en van de uitspraak van de Hoge Raad onverwijld kennis aan de griffier van de rechtbank.
– 5. Zolang niet op het verzoekschrift bedoeld in artikel 15*b*, tweede lid, is beslist en, indien de schuldsaneringsregeling niet is uitgesproken, hangende het hoger beroep of de cassatie, kan in het faillissement geen raadpleging over een akkoord plaatshebben, noch tot uitdeling aan de schuldeisers worden overgegaan. (Fw art. 247*b*, 292; RO art. 79; Rv art. 332 e.v., 358 e.v., 426 e.v.)

Art. 15d

Gevolgen van omzetting

– 1. Indien het faillissement wordt opgeheven onder het gelijktijdig uitspreken van de toepassing van de schuldsaneringsregeling, gelden de volgende regelen:
a. handelingen door de curator tijdens het faillissement verricht, blijven geldend en verbindend;
b. boedelschulden, gedurende het faillissement ontstaan, gelden ook in de schuldsaneringsregeling als boedelschulden;
c. in het faillissement ingediende vorderingen gelden als ingediend in de schuldsaneringsregeling.
– 2. Het tijdstip, waarop de termijnen vermeld in de artikelen 43 en 45 aanvangen, wordt berekend met ingang van de dag van de faillietverklaring. (Fw art. 247*c*, 312, 359)

Art. 16

Kosteloze behandeling; opheffing

– 1. Indien niet voldoende baten beschikbaar zijn voor de voldoening van de faillissementskosten en de overige boedelschulden, kan de rechtbank, op voordracht van de rechter-commissaris en na de commissie uit de schuldeisers, zo die er is, gehoord te hebben, bevelen, hetzij de kosteloze behandeling, hetzij, na verhoor of behoorlijke oproeping van de gefailleerde, en in dit geval bij beschikking in het openbaar uit te spreken, de opheffing van het faillissement. (Fw art. 74)
– 2. De rechter, die de opheffing van het faillissement beveelt, stelt tevens het bedrag van de

faillissementskosten vast en – zo daartoe gronden aanwezig zijn – van het salaris van de curator. Hij brengt deze bedragen ten laste van de schuldenaar. Zij worden bij voorrang boven alle andere schulden voldaan. (Fw art. 71)
– 3. Tegen deze vaststelling staat geen rechtsmiddel open. Een bevelschrift van tenuitvoerlegging zal daarvan worden uitgegeven ten behoeve van de curator. (Fw art. 85)
– 4. In afwijking van hetgeen in het tweede lid is bepaald, komen de kosten van de in deze titel bevolen publicaties, voorzover deze niet uit de boedel kunnen worden voldaan, ten laste van de Staat. De griffier van het rechtscollege dat de opheffing heeft bevolen, draagt zorg voor de voldoening van het door de rechtbank vast te stellen bedrag dat ten laste van de Staat komt. (Fw art. 17, 18, 19, 168; BW art. 2:19 lid 1 onder *c*)

Art. 17

Vrijstelling van kosten

Het bevel tot kosteloze behandeling van het faillissement heeft ten gevolge vrijstelling van griffiekosten. (Fw art. 168)

Art. 18

Publicatie opheffing, rechtsmiddelen, nieuwe aanvraag

De beschikking, bevelende de opheffing van het faillissement, wordt op dezelfde wijze openbaar gemaakt als het vonnis van faillietverklaring en daartegen kunnen de schuldenaar en de schuldeisers op dezelfde wijze en binnen dezelfde termijnen opkomen, als bepaald is ten aanzien van het vonnis, waarbij een faillietverklaring wordt geweigerd. Indien na een dergelijke opheffing opnieuw aangifte of – binnen drie jaar – aanvraag tot faillietverklaring wordt gedaan, is de schuldenaar of de aanvrager verplicht aan te tonen, dat er voldoende baten aanwezig zijn om de kosten van het faillissement te bestrijden. (Fw art. 9 e.v., 14, 168; BW art. 2:51, 303; Hrgb art. 27)

Art. 19

Openbaar register

– 1. Bij elke rechtbank wordt door de griffier een openbaar register gehouden, waarin hij, voor ieder faillissement afzonderlijk, achtereenvolgens, met vermelding der dagtekening, inschrijft:
1° een uittreksel van de rechterlijke beslissingen, waarbij de faillietverklaring uitgesproken of de uitgesprokene weder opgeheven is; (Fw art. 2, 8, 12)
2° de summiere inhoud en de homologatie van het akkoord; (Fw art. 138 e.v., 150 e.v., 271)
3° de ontbinding van het akkoord; (Fw art. 165, 212*kk*, 213*cc*, 280)
4° het bedrag van de uitdelingen bij vereffening; (Fw art. 179, 192)
5° de opheffing van het faillissement ingevolge artikel 15*b* of artikel 16;
6° de rehabilitatie. (Fw art. 206 e.v., 212)
– 2. Omtrent vorm en inhoud van het register worden door Ons bij algemene maatregel van bestuur nadere regels gegeven.
– 3. De griffier is verplicht aan ieder kosteloze inzage van het register en tegen betaling een uittreksel daaruit te verstrekken. (Fw art. 222*a*, 294; BW art. 3:24 lid 2 onder *c*)
– 4. De griffier geeft de in het eerste lid onder 1° tot en met 6° genoemde gegevens door aan Onze Minister van Justitie of een bij algemene maatregel van bestuur aan te wijzen ander orgaan ten behoeve van het in artikel 19*a* genoemde centrale register.

Art. 19a

Centraal register

– 1. Door onze Minister van Justitie of, indien ingevolge artikel 19, vierde lid, een ander orgaan is aangewezen, door dat orgaan, wordt een centraal register gehouden, waarin de in artikel 19, eerste lid, onder 1° tot en met 6° genoemde gegevens worden ingeschreven.
– 2. Omtrent vorm en inhoud van het register worden bij algemene maatregel van bestuur nadere regels gegeven.
– 3. Een ieder heeft kosteloos inzage in het register en kan tegen betaling een uittreksel daaruit verkrijgen. (Fw art. 222*b*, 294*a*)

Art. 19b

Inschrijving gegevens in register

In het geval, bedoeld in artikel 14, vierde lid, worden de gegevens met betrekking tot de daar bedoelde insolventieprocedure door de griffier van de rechtbank te 's-Gravenhage ingeschreven in het register, bedoeld in artikel 19, eerste lid, alsmede in het centrale register, bedoeld in artikel 19*a*, eerste lid.

TWEEDE AFDELING
Van de gevolgen der faillietverklaring

Art. 20

Algemeen beslag; fixatiebeginsel

Het faillissement omvat het gehele vermogen van de schuldenaar ten tijde van de faillietverklaring, alsmede hetgeen hij gedurende het faillissement verwerft. (BW art. 3:276; Belgisch Executieverdrag art. 20 e.v.)

Art. 21

Goederen buiten faillissement

Niettemin blijven buiten het faillissement:
1° de zaken vermeld in artikel 447, nrs. 1-3, van het Wetboek van Burgerlijke Rechtsvordering,

de toerusting van de leden van de krijgsmacht volgens hun dienst en rang en het auteursrecht in de gevallen, waarin het niet vatbaar is voor beslag; alsmede hetgeen in het eerste lid van artikel 448 van genoemd Wetboek omschreven is, tenzij in het faillissement schuldeisers opkomen wegens vorderingen, vermeld in het tweede lid van dat artikel; (Fw 7 art. lid 2, 93 lid 2, 95; Auteurswet art. 2)
2° hetgeen de gefailleerde door persoonlijke werkzaamheid, of als bezoldiging wegens een ambt of bediening, of als soldij, gagement, pensioen of onderstand, gedurende het faillissement verkrijgt, indien en voorzover de rechter-commissaris zulks bepaalt; (Fw art. 67100; Ambtenarenwet art. 120 e.v.)
3° de gelden, die aan de gefailleerde verstrekt worden ter voldoening aan een wettelijke onderhoudsplicht; (BW art. 1:81, 157, 169, 182, 392 e.v., 404 e.v.)
4° een door de rechter-commissaris te bepalen bedrag uit de opbrengst van het in artikel 253*l*, eerste en tweede lid, van Boek 1 van het Burgerlijk Wetboek bedoelde vruchtgenot, ter bestrijding van de in artikel 253*l*, derde lid van Boek 1 van dat wetboek vermelde lasten en van de kosten van verzorging en opvoeding van het kind. (Fw art. 63, 67, 343)
5° het ingevolge artikel 642*c* van het Wetboek van Burgerlijke Rechtsvordering in de kas der gerechtelijke consignaties gestorte bedrag; (Rv art. 642*a* e.v.)
6° de goederen bedoeld in artikel 60*a*, derde lid.

Art. 21a

Vervallen.

Art. 22

Huwelijksgemeenschap of geregistreerd partnerschap

In het vorige artikel wordt onder 'gefailleerde' mede begrepen de echtgenoot of de geregistreerde partner van de in enige gemeenschap van goederen gehuwde onderscheidenlijk als partner geregistreerde. (Fw art. 61 e.v.; BW art. 1:80*a*, 93, 114 e.v.)

Art. 22a

Overeenkomst van levensverzekering

– 1. Ten aanzien van een overeenkomst van levensverzekering vallen voorts buiten de boedel:
a. het recht op het doen afkopen van een levensverzekering voorzover de begunstigde of de verzekeringnemer door afkoop onredelijk benadeeld wordt;
b. het recht om de begunstiging te wijzigen, tenzij de wijziging geschiedt ten behoeve van de boedel en de begunstigde of de verzekeringnemer daardoor niet onredelijk benadeeld wordt;
c. het recht om de verzekering te belenen.
– 2. Voor de uitoefening van het recht op het doen afkopen en het recht om de begunstiging te wijzigen, behoeft de curator de toestemming van de rechter-commissaris, die daarbij zonodig vaststelt tot welk bedrag deze rechten mogen worden uitgeoefend. Slechts met schriftelijke toestemming van de verzekeringnemer is de curator bevoegd tot overdracht van de verzekering.
– 3. Indien de curator de begunstiging heeft gewijzigd, vervalt deze wijziging met de beëindiging van het faillissement.
– 4. Indien de begunstiging na de faillietverklaring onherroepelijk wordt, kan deze onherroepelijkheid niet aan de boedel worden tegengeworpen. De verzekeraar is verplicht een uitkering, waarop de begunstiging betrekking heeft, onder zich te houden. Voor zover vaststaat dat de begunstiging niet zal worden gewijzigd, blijven de eerste en de tweede volzin buiten toepassing. Ten aanzien van de begunstigde is artikel 69 van overeenkomstige toepassing.
– 5. In afwijking van het vierde lid, tweede zin, kan de verzekeraar een betaling aan de begunstigde tegenwerpen aan de boedel, voorzover de curator niet bewijst dat de verzekeraar op het tijdstip van betaling op de hoogte was van het faillissement of van een daaraan voorafgegaan beslag ten laste van de verzekeringnemer. In dat geval heeft de curator verhaal op de begunstigde.

Art. 23

Verlies beschikking en beheer

Door de faillietverklaring verliest de schuldenaar van rechtswege de beschikking en het beheer over zijn tot het faillissement behorend vermogen, te rekenen van de dag waarop de faillietverklaring wordt uitgesproken, die dag daaronder begrepen. (Fw art. 28, 52, 63*e*, 193, 212*b*, 217, 228 lid 1; BW art. 3:17 lid 1 onder *e*, 72, 84 lid 1; BW art. 7A:1683 sub 4; RO art. 11 sub *b*; Advocatenwet art. 16)

Art. 24

Verbintenissen na faillietverklaring ontstaan

Voor verbintenissen van de schuldenaar, na de faillietverklaring ontstaan, is de boedel niet aansprakelijk dan voorzover deze ten gevolge daarvan is gebaat. (Fw art. 52, 63*e*, 212*b*, 212*m*, 213*l*, 213*m*, 228 lid 2; BW art. 6:31, 209, 276; BW art. 7A:1681)

Art. 25

Procederen door en tegen curator

– 1. Rechtsvorderingen, welke rechten of verplichtingen tot de failliete boedel behorende ten onderwerp hebben, worden zowel tegen als door de curator ingesteld. (Rv art. 106)
– 2. Indien zij, door of tegen de gefailleerde ingesteld of voortgezet, een veroordeling van de

gefailleerde ten gevolge hebben, heeft die veroordeling tegenover de failliete boedel geen rechtskracht. (Fw art. 28, 30 lid 1, 68 lid 2, 122, 126, 228 lid 2, 231 lid 3)

Art. 26

Vordering tot voldoening van een verbintenis uit de boedel

Rechtsvorderingen, die voldoening ener verbintenis uit de boedel ten doel hebben, kunnen gedurende het faillissement ook tegen de gefailleerde op geen andere wijze ingesteld worden, dan door aanmelding ter verificatie. (Fw art. 36, 122, 126, 231, 299 lid 2)

Art. 27

Door schuldenaar reeds ingestelde vorderingen

– 1. Indien de rechtsvordering tijdens de faillietverklaring aanhangig en door de schuldenaar ingesteld is, wordt het geding ten verzoeke van de gedaagde geschorst, ten einde deze gelegenheid te geven, binnen een door de rechter te bepalen termijn, de curator tot overneming van het geding op te roepen.

– 2. Zo deze aan die oproeping geen gevolg geeft, heeft de gedaagde het recht ontslag van de instantie te vragen; bij gebreke daarvan kan het geding tussen de gefailleerde en de gedaagde worden voortgezet, buiten bezwaar van de boedel.

– 3. Ook zonder opgeroepen te zijn, is de curator bevoegd het proces te allen tijde over te nemen en de gefailleerde buiten het geding te doen stellen. (Fw art. 30 lid 1, 68 lid 2, 231; Rv art. 225 e.v.)

Art. 28

Tegen schuldenaar reeds ingestelde vorderingen

– 1. Indien de rechtsvordering tijdens de faillietverklaring aanhangig en tegen de schuldenaar ingesteld is, is de eiser bevoegd schorsing te verzoeken, ten einde, binnen een door de rechter te bepalen termijn, de curator in het geding te roepen.

– 2. Door zijn verschijning neemt deze het proces over en is de gefailleerde van rechtswege buiten het geding.

– 3. Indien de curator verschijnende dadelijk in de eis toestemt, zijn de proceskosten van de tegenpartij geen boedelschuld. (Rv art. 237)

– 4. Zo de curator niet verschijnt, is op het tegen de gefailleerde te verkrijgen vonnis de bepaling van het tweede lid van artikel 25 niet toepasselijk. (Fw art. 23, 30 lid 1, 68 lid 2, 231; Rv art. 225 e.v.)

Art. 29

Aanhangige vordering tot voldoening verbintenis uit de boedel

Voorzover tijdens de faillietverklaring aanhangige rechtsvorderingen voldoening ener verbintenis uit de boedel ten doel hebben, wordt het geding na de faillietverklaring geschorst, om alleen dan voortgezet te worden, indien de verificatie der vordering betwist wordt. In dit geval wordt hij, die de betwisting doet, in de plaats van de gefailleerde, partij in het geding. (Fw art. 30 lid 1, 122 lid 2, 126; Rv art. 225 e.v.)

Art. 30

Stukken ter beslissing overgelegd

– 1. Indien vóór de faillietverklaring de stukken van het geding tot het geven van een beslissing aan de rechter zijn overgelegd, zijn het tweede lid van artikel 25 en de artikelen 27-29 niet toepasselijk. (Rv art. 225, 229)

– 2. De artikelen 27-29 worden weer toepasselijk, indien het geding voor de rechter, bij wie het aanhangig is, ten gevolge van zijn beslissing wordt voortgezet. (Rv art. 232)

Art. 31

Nietigheid handelingen van schuldenaar

Indien een geding door of tegen de curator, of ook in het geval van artikel 29 tegen een schuldeiser wordt voortgezet, kan door de curator of door die schuldeiser de nietigheid worden ingeroepen van handelingen, door de schuldenaar vóór zijn faillietverklaring in het geding verricht, zo bewezen wordt dat deze door die handelingen de schuldeisers desbewust heeft benadeeld en dat dit aan zijn tegenpartij bekend was. (Fw art. 42 e.v.)

Art. 32

Schakelbepaling

De artikelen 27 tot en met 31 zijn van overeenkomstige toepassing met betrekking tot rechtsvorderingen betreffende een goed of recht waarover de schuldenaar het beheer en de beschikking heeft verloren door de opening van een in Nederland op grond van artikel 16 van de verordening, genoemd in artikel 5, derde lid, te erkennen insolventieprocedure, indien deze een liquidatieprocedure is in de zin van artikel 2, onder c, van die verordening.

Art. 33

Verval gerechtelijke tenuitvoerlegging en beslagen

– 1. Het vonnis van faillietverklaring heeft ten gevolge, dat alle gerechtelijke tenuitvoerlegging op enig deel van het vermogen van de schuldenaar, vóór het faillissement aangevangen, dadelijk een einde neemt, en dat, ook van hetzelfde ogenblik af, geen vonnis bij lijfsdwang kan worden ten uitvoer gelegd. (Fw art. 34, 57, 195; Rv art. 430 e.v., 585)

– 2. Gelegde beslagen vervallen; de inschrijving van een desbetreffende verklaring van de rechter-commissaris machtigt de bewaarder van de openbare registers tot doorhaling. Het beslag herleeft, zodra het faillissement een einde neemt ten gevolge van vernietiging of opheffing van het faillissement, mits het goed dan nog tot de boedel behoort. Indien de inschrijving van het beslag in de openbare registers is doorgehaald, vervalt de herleving, indien niet binnen

veertien dagen na de herleving een exploot is ingeschreven, waarbij van de herleving mededeling aan de schuldenaar is gedaan. (BW art. 3:17 lid 1; Kadw art. 8 lid 3, 38 e.v.)
– 3. Indien de schuldenaar zich in gijzeling bevindt, wordt hij ontslagen, zodra het vonnis van faillietverklaring in kracht van gewijsde is gegaan, behoudens toepassing van artikel 87.
– 4. Het bepaalde bij dit artikel geldt niet voor lijfsdwang bij vonnissen, beschikkingen en authentieke akten, waarbij een uitkering tot levensonderhoud, krachtens het Boek 1 van het Burgerlijk Wetboek verschuldigd, daaronder begrepen het verschuldigde voor verzorging en opvoeding van een minderjarige en voor levensonderhoud en studie van een meerderjarige die de leeftijd van een en twintig jaren niet heeft bereikt, is bevolen of toegezegd, alsmede beschikkingen, waarbij een uitkering, krachtens artikel 85 lid 2 van Boek 1 van het Burgerlijk Wetboek door de ene partner aan de andere partner verschuldigd, is bevolen, alsmede besluiten op grond van paragraaf 6.5 van de Wet werk en bijstand. (Fw art. 230, 302; Rv art. 585, 611*e*; Sv art. 576 lid 4; Wet toezicht verz.bedrijf art. 163; Wet toezicht kredietwezen art. 74)

Art. 33a

Vervallen.

Art. 34

Reeds vastgestelde executoriale verkoop

Indien vóór het faillissement van de schuldenaar de uitwinning zijner goederen zo ver was gevorderd, dat de dag van de verkoop reeds was bepaald, kan de curator, op machtiging van de rechter-commissaris, de verkoop voor rekening van de boedel laten voortgaan. (Fw art. 67, 72; Rv art. 449, 515, 570)

Art. 35

Ongeldige levering

– 1. Indien op de dag van de faillietverklaring nog niet alle handelingen die voor een levering door de schuldenaar nodig zijn, hebben plaatsgevonden, kan de levering niet geldig meer geschieden. (BW art. 2:86 lid 1, 196 lid 1; BW art. 3:89 e.v., 98, 186, 236 e.v., 260)

Bij voorbaat geleverd

– 2. Heeft de schuldenaar voor de dag van de faillietverklaring een toekomstig goed bij voorbaat geleverd, dan valt dit goed, indien het eerst na de aanvang van die dag door hem is verkregen, in de boedel, tenzij het gaat om nog te velde staande vruchten of beplantingen die reeds voor de faillietverklaring uit hoofde van een zakelijk recht of een huur- of pachtovereenkomst aan de schuldenaar toekwamen. (BW art. 3:97, 237, 266)
– 3. Voor de toepassing van de artikelen 86 en 238 van Boek 3 van het Burgerlijk Wetboek wordt degene die van de schuldenaar heeft verkregen, geacht na de bekendmaking van de faillietverklaring, bedoeld in artikel 14, derde lid, diens onbevoegdheid te hebben gekend. (Fw art. 52, 63*e*, 212*b*)

Art. 35a

Verkoop registergoed vrij van beding

Indien een beding als bedoeld in artikel 252 van Boek 6 van het Burgerlijk Wetboek op de dag van de faillietverklaring nog niet in de openbare registers was ingeschreven, kan de curator het registergoed ten aanzien waarvan het is gemaakt, vrij van het beding overeenkomstig de artikelen 101 of 176 verkopen.

Art. 35b

Gift geeft geen recht

Aan een gift, door de schuldenaar gedaan onder een opschortende voorwaarde of een opschortende tijdsbepaling, die op de dag van de faillietverklaring nog niet was vervuld of verschenen, kan de begiftigde generlei recht tegen de boedel ontlenen. (BW art. 7:175 e.v.)

Art. 36

Verlenging verjaringstermijn

– 1. Wanneer een verjaringstermijn betreffende een rechtsvordering, als bedoeld in artikel 26, zou aflopen gedurende het faillissement of binnen zes maanden na het einde daarvan, loopt de termijn voort totdat zes maanden na het einde van het faillissement zijn verstreken.
– 2. Het eerste lid is van overeenkomstige toepassing op van rechtswege aanvangende vervaltermijnen. (BW art. 3:306 e.v.)

Art. 36a

Verlenging termijn

Wanneer een termijn die vóór de faillietverklaring uit hoofde van artikel 55, tweede lid, van Boek 3 of artikel 88 van Boek 6 van het Burgerlijk Wetboek aan de schuldenaar was gesteld, ten tijde van de faillietverklaring nog niet was verstreken, loopt de termijn voort voorzover dit redelijkerwijze noodzakelijk is om de curator in staat te stellen zijn standpunt te bepalen. De wederpartij kan de curator daartoe een nieuwe redelijke termijn stellen. (Fw art. 99 lid 2)

Art. 37

Niet-nagekomen overeenkomst

– 1. Indien een wederkerige overeenkomst ten tijde van de faillietverklaring zowel door de schuldenaar als door zijn wederpartij in het geheel niet of slechts gedeeltelijk is nagekomen en de curator zich niet binnen een hem daartoe schriftelijk door de wederpartij gestelde redelijke termijn bereid verklaart de overeenkomst gestand te doen, verliest de curator het recht zijnerzijds nakoming van de overeenkomst te vorderen. (BW art. 3:55 lid 2, 69 lid 4; BW art. 6:40 onder *a*, 80, 87, 88, 261, 263, 265 e.v.; BW art. 7:20 e.v., 40)
– 2. Indien de curator zich wel tot nakoming van de overeenkomst bereid verklaart, is hij verplicht bij die verklaring voor deze nakoming zekerheid te stellen. (BW art. 6:51)

– 3. De vorige leden zijn niet van toepassing op overeenkomsten waarbij de gefailleerde slechts verbintenissen op zich heeft genomen tot door hem persoonlijk te verrichten handelingen. (Fw art. 68, 78, 236; BW art. 7:404, 659)

Art. 37a

Concurrente vordering

Voor vorderingen die de wederpartij uit hoofde van ontbinding of vernietiging van een vóór de faillietverklaring met de schuldenaar gesloten overeenkomst op deze heeft verkregen, of die strekken tot schadevergoeding ter zake van tekortschieten in de nakoming van een vóór de faillietverklaring op deze verkregen vordering, kan zij als concurrent schuldeiser in het faillissement opkomen. (Fw art. 108 e.v., 236*a*; BW art. 3:53; BW art. 6:87, 271)

Art. 37b

Nakomen aflevering gas etc.

– 1. Een wederpartij is niet bevoegd de nakoming van zijn verbintenis die voortvloeit uit een overeenkomst tot het geregeld afleveren van gas, water, elektriciteit of verwarming, benodigd voor de eerste levensbehoeften of voor het voortzetten van de door de schuldenaar gedreven onderneming, jegens de schuldenaar op te schorten wegens het door de schuldenaar niet nakomen van een vóór de faillietverklaring ontstane verbintenis tot betaling van een geldsom.
– 2. Een tekortkoming door de schuldenaar in de nakoming van een verbintenis als in het eerste lid bedoeld, die plaatsvond vóór de faillietverklaring, levert geen grond op voor ontbinding van een overeenkomst als bedoeld in het eerste lid.
– 3. Een beroep door de wederpartij op een beding dat het faillissement, de aanvraag van het faillissement of het leggen van beslag door een derde grond oplevert voor ontbinding van een overeenkomst als bedoeld in het eerste lid, dan wel dat die overeenkomst daardoor van rechtswege zal zijn ontbonden, is slechts toegelaten met goedvinden van de curator. (Fw art. 237*b*, 304; BW 6:262, 265)

Art. 38

Termijnhandel

Indien in het geval van artikel 37 de levering van waren, die ter beurze op termijn worden verhandeld, bedongen is tegen een vastgesteld tijdstip of binnen een bepaalde termijn, en dit tijdstip invalt of die termijn verstrijkt na de faillietverklaring, wordt de overeenkomst door de faillietverklaring ontbonden en kan de wederpartij van de gefailleerde zonder meer voor schadevergoeding als concurrent schuldeiser opkomen. Lijdt de boedel door de ontbinding schade, dan is de wederpartij verplicht deze te vergoeden. (Fw art. 237; BW 6:269 e.v.; K art. 59 e.v.)

Art. 38a

(Scheeps)huurkoop

– 1. Indien de gefailleerde huurkoper is, kan zowel de curator als de verkoper de huurkoop dan wel scheepshuurkoop ontbonden verklaren.
– 2. Deze ontbinding heeft dezelfde gevolgen als ontbinding der overeenkomst wegens het niet nakomen door de koper van zijn verplichtingen.
– 3. De verkoper kan voor het hem verschuldigde bedrag als concurrent schuldeiser opkomen. (Fw art. 232 sub 3, 237*a*; BW art. 6:269 e.v.; BW art. 7A:1576*h*, 1576*t*; BW 8:800 e.v., 810)

Art. 39

Huur; pacht; vordering is boedelschuld

– 1. Indien de gefailleerde huurder is, kan zowel de curator als de verhuurder de huur tussentijds doen eindigen, mits de opzegging geschiede tegen een tijdstip, waarop dergelijke overeenkomsten naar plaatselijk gebruik eindigen. Bovendien moet bij de opzegging de daarvoor overeengekomen of gebruikelijke termijn in acht genomen worden, met dien verstande echter, dat een termijn van drie maanden in elk geval voldoende zal zijn. Zijn er huurpenningen vooruitbetaald, dan kan de huur niet eerder opgezegd worden, dan tegen de dag, waarop de termijn, waarvoor vooruitbetaling heeft plaats gehad, eindigt. Van de dag der faillietverklaring af is de huurprijs boedelschuld.
– 2. Indien de gefailleerde pachter is, vindt het bovenstaande overeenkomstige toepassing. (Fw art. 68 lid 2, 78, 238, 305, 362; BW art. 7:201, 228, 271, 290; Pachtw. art. 51 e.v.)

Art. 40

Opzegging arbeidsovereenkomst bij faillissement; vordering is boedelschuld

– 1. Werknemers in dienst van de gefailleerde kunnen de arbeidsovereenkomst opzeggen en hun kan wederkerig door de curator de arbeidsovereenkomst worden opgezegd, en wel met inachtneming van de overeengekomen of wettelijke termijnen, met dien verstande echter dat in elk geval de arbeidsovereenkomst kan worden opgezegd met een termijn van zes weken.
– 2. Van de dag der faillietverklaring af zijn het loon en de met de arbeidsovereenkomst samenhangende premieschulden boedelschuld.
– 3. Dit artikel is van overeenkomstige toepassing op agentuurovereenkomsten. (Fw art. 68 lid 2, 78, 212*ij*, 213*t*, 239, 362; BW art. 7:428 en 437, 669 e.v.; BBA 1945 art. 6; Wet melding coll. ontslag art. 2 lid 3)

Art. 41

Erfenis

– 1. Erfenissen, gedurende het faillissement aan de gefailleerde opkomende, worden door de curator niet anders aanvaard dan onder voorrecht van boedelbeschrijving. (Fw art. 20; BW art. 4:185 e.v., 190 e.v.)

– 2. Tot het verwerpen ener nalatenschap behoeft de curator machtiging van de rechter-commissaris. (Fw art. 72; BW art. 4:190, 191)

Art. 42

Faillissementspauliana

– 1. De curator kan ten behoeve van de boedel elke rechtshandeling die de schuldenaar vóór de faillietverklaring onverplicht heeft verricht en waarvan deze bij dit verrichten wist of behoorde te weten dat daarvan benadeling van de schuldeisers het gevolg zou zijn, door een buitengerechtelijke verklaring vernietigen. Artikel 50, tweede lid, van Boek 3 van het Burgerlijk Wetboek is niet van toepassing.

– 2. Een rechtshandeling anders dan om niet, die hetzij meerzijdig is, hetzij eenzijdig en tot een of meer bepaalde personen gericht, kan wegens benadeling slechts worden vernietigd, indien ook degenen met of jegens wie de schuldenaar de rechtshandeling verrichtte, wisten of behoorden te weten dat daarvan benadeling van de schuldeisers het gevolg zou zijn.

– 3. Wordt een rechtshandeling om niet wegens benadeling vernietigd, dan heeft de vernietiging ten aanzien van de bevoordeelde, die wist noch behoorde te weten dat van de rechtshandeling benadeling van de schuldeisers het gevolg zou zijn, geen werking, voorzover hij aantoont dat hij ten tijde van de faillietverklaring niet ten gevolge van de rechtshandeling gebaat was. (Fw art. 24, 31, 43, 49, 51 leden 2 en 3, 169, 212*x*, 212*ee*, 213*s*, 213*z*; BW art. 3:45; Sr art. 340 e.v.)

Art. 43

Vermoeden van wetenschap

– 1. Indien de rechtshandeling waardoor de schuldeisers zijn benadeeld, is verricht binnen een jaar voor de faillietverklaring en de schuldenaar zich niet reeds voor de aanvang van die termijn daartoe had verplicht, wordt de aan het slot van artikel 42, eerste lid, eerste zin, bedoelde wetenschap, behoudens tegenbewijs, vermoed aan beide zijden te bestaan: (Fw art. 49 e.v., 249)

1° bij overeenkomsten, waarbij de waarde der verbintenis aan de zijde van de schuldenaar aanmerkelijk die der verbintenis aan de andere zijde overtreft; (Sr art. 341 sub *a*, 2, 343 sub 2)

2° bij rechtshandelingen ter voldoening van of zekerheidstelling voor een niet opeisbare schuld; (BW art. 3:227; BW art. 6:25, 39; Sr art. 341 sub 3, 343 sub 3)

3° bij rechtshandelingen, door de schuldenaar die een natuurlijk persoon is, verricht met of jegens:

a. zijn echtgenoot, zijn pleegkind of een bloed- of aanverwant tot in de derde graad; (BW art. 1:3)

b. een rechtspersoon waarin hij, zijn echtgenoot, zijn pleegkind of een bloed- of aanverwant tot in de derde graad bestuurder of commissaris is, dan wel waarin deze personen, afzonderlijk of tezamen, als aandeelhouder rechtstreeks of middellijk voor ten minste de helft van het geplaatste kapitaal deelnemen;

4° bij rechtshandelingen, door de schuldenaar die rechtspersoon is, verricht met of jegens een natuurlijk persoon,

a. die bestuurder of commissaris van de rechtspersoon is, dan wel met of jegens diens echtgenoot, pleegkind of bloed- of aanverwant tot in de derde graad:

b. die al dan niet tezamen met zijn echtgenoot, zijn pleegkinderen en zijn bloed- of aanverwanten tot in de derde graad, als aandeelhouder rechtstreeks of middellijk voor ten minste de helft van het geplaatste kapitaal deelneemt;

c. wiens echtgenoot, pleegkinderen of bloed- of aanverwanten tot in de derde graad, afzonderlijk of tezamen, als aandeelhouder rechtstreeks of middellijk voor tenminste de helft van het geplaatste kapitaal deelnemen;

5° bij rechtshandelingen, door de schuldenaar die rechtspersoon is, verricht met of jegens een andere rechtspersoon, indien

a. een van deze rechtspersonen bestuurder is van de andere;

b. een bestuurder, natuurlijk persoon, van een van deze rechtspersonen, of diens echtgenoot, pleegkind of bloed- of aanverwant tot in de derde graad, bestuurder is van de andere;

c. een bestuurder, natuurlijk persoon, of een commissaris van een van deze rechtspersonen, of diens echtgenoot, pleegkind of bloed- of aanverwant tot in de derde graad, afzonderlijk of tezamen, als aandeelhouder rechtstreeks of middellijk voor ten minste de helft van het geplaatste kapitaal deelneemt in de andere;

d. in beide rechtspersonen voor ten minste de helft van het geplaatste kapitaal rechtstreeks of middellijk wordt deelgenomen door dezelfde rechtspersoon, dan wel dezelfde natuurlijke persoon, al dan niet tezamen met zijn echtgenoot, zijn pleegkinderen en zijn bloed- of aanverwanten tot in de derde graad;

6° bij rechtshandelingen, door de schuldenaar die rechtspersoon is, verricht met of jegens een groepsmaatschappij. (BW art. 2:24*b*)

– 2. Met een echtgenoot wordt een geregistreerde partner of een andere levensgezel gelijkgesteld. (BW art. 1:80*a*)

– 3. Onder pleegkind wordt verstaan hij die duurzaam als eigen kind is verzorgd en opgevoed.
– 4. Onder bestuurder, commissaris of aandeelhouder wordt mede verstaan hij die minder dan een jaar vóór de rechtshandeling bestuurder, commissaris of aandeelhouder is geweest.
– 5. Indien de bestuurder van een rechtspersoon-bestuurder zelf een rechtspersoon is, wordt deze rechtspersoon met de rechtspersoon-bestuurder gelijkgesteld.
– 6. Artikel 138, tiende lid, van boek 2 van het Burgerlijk Wetboek is van toepassing ingeval de schuldenaar een rechtspersoon is. (Fw art. 45, 49, 212*m*, 213*l*, 249; BW art. 3:46)

Art. 44

Vervallen.

Art. 45

Vermoeden van wetenschap

In geval van benadeling door een rechtshandeling om niet, die de schuldenaar heeft verricht binnen één jaar vóór de faillietverklaring, wordt vermoed dat hij wist of behoorde te weten dat benadeling van de schuldeisers het gevolg van de rechtshandeling zou zijn. (Fw art. 42, 43, 49, 212*m*, 213*l*, 249; BW art. 3:47; BW 7:175 e.v.; Sr art. 341 sub *a*, 2, 343 sub 2)

Art. 46

Vervallen.

Art. 47

Voldoening opeisbare schuld

De voldoening door de schuldenaar aan een opeisbare schuld kan alleen dan worden vernietigd, wanneer wordt aangetoond, hetzij dat hij die de betaling ontving, wist dat het faillissement van de schuldenaar reeds aangevraagd was, hetzij dat de betaling het gevolg was van overleg tussen de schuldenaar en de schuldeiser, dat ten doel had laatstgenoemde door die betaling boven andere schuldeisers te begunstigen. (Fw art. 42, 49, 52; BW art. 6:27 e.v., 111 e.v.; Sr art. 341 sub *a*, 3, 343 sub 3)

Art. 48

Order- en toonderpapier

– 1. Krachtens het vorige artikel kan geen terugvordering geschieden van hem, die als houder van een papier aan order of toonder, uit hoofde zijner rechtsverhouding tot vroegere houders, tot aanneming der betaling verplicht was.
– 2. In dit geval is hij, te wiens bate het papier is uitgegeven, verplicht de door de schuldenaar betaalde som aan de boedel terug te geven, wanneer wordt aangetoond, hetzij dat hij bij de uitgifte van het papier de in het vorige artikel genoemde wetenschap bezat, hetzij dat de uitgifte het gevolg was van een overleg als in dat artikel bedoeld. (Fw art. 49; K art. 137 e.v., 142 e.v., 176, 217 e.v., 229*i*)

Art. 49

Rechtsvorderingen ingesteld door curator

– 1. Rechtsvorderingen, gegrond op de bepalingen der artikelen 42-48, worden ingesteld door de curator.
– 2. Niettemin kunnen de schuldeisers op gronden, aan die bepalingen ontleend, de toelating ener vordering bestrijden. (Fw art. 25, 68, 122)

Art. 50

Nietigheid en akkoord

Beëindiging van het faillissement door de homologatie van een akkoord doet de rechtsvorderingen in het vorige artikel bedoeld vervallen, tenzij het akkoord boedelafstand inhoudt, in welk geval zij ten behoeve van de schuldeisers vervolgd of ingesteld kunnen worden door de vereffenaars. (Fw art. 138 e.v., 152, 193, 194)

Art. 51

Gevolgen nietigheid

– 1. Hetgeen door de vernietigde rechtshandeling uit het vermogen van de schuldenaar gegaan is, moet door hen jegens wie de vernietiging werkt, aan de curator worden teruggegeven met inachtneming van afdeling 2 van titel 4 van Boek 6 van het Burgerlijk Wetboek. (Fw art. 42 lid 3)
– 2. Rechten, door derden te goeder trouw anders dan om niet op de terug te geven goederen verkregen, worden geëerbiedigd. Tegen een derde te goeder trouw die om niet heeft verkregen, heeft geen terugvordering plaats voorzover hij aantoont dat hij ten tijde van de faillietverklaring niet ten gevolge van de rechtshandeling gebaat was. (BW art. 3:45 lid 5)
– 3. Het door de schuldenaar uit hoofde van de vernietigde rechtshandeling ontvangene of de waarde daarvan, wordt door de curator teruggegeven, voorzover de boedel erdoor is gebaat. Voor het tekortkomende kunnen zij jegens wie de vernietiging werkt, als concurrent schuldeiser opkomen. (Fw 24, 42 lid 3; BW art. 3:45 lid 3 en 5)

Art. 52

Betaling aan gefailleerde

– 1. Voldoening na de faillietverklaring doch vóór de bekendmaking daarvan, aan de gefailleerde gedaan, tot nakoming van verbintenissen jegens deze vóór de faillietverklaring ontstaan, bevrijdt hem, die haar deed, tegenover de boedel, zolang zijn bekendheid met de faillietverklaring niet bewezen wordt.
– 2. Voldoening, als in het vorig lid bedoeld, na de bekendmaking der faillietverklaring aan de gefailleerde gedaan, bevrijdt tegenover de boedel alleen dan, wanneer hij, die haar deed, bewijst dat de faillietverklaring te zijner woonplaats langs de weg der wettelijke aankondiging

nog niet bekend kon zijn, behoudens het recht van de curator om aan te tonen, dat zij hem toch bekend was. (Fw art. 212*r*, 212*w*, 213*l* sub b, 213*r*)
– 3. In elk geval bevrijdt voldoening aan de gefailleerde de schuldenaar tegenover de boedel, voorzover hetgeen door hem voldaan werd ten bate van de boedel is gekomen. (Fw art. 23, 24, 47, 240; BW art. 6:34)

Art. 53

Schuldverrekening of compensatie

– 1. Hij die zowel schuldenaar als schuldeiser van de gefailleerde is, kan zijn schuld met zijn vordering op de gefailleerde verrekenen, indien beide zijn ontstaan vóór de faillietverklaring of voortvloeien uit handelingen, vóór de faillietverklaring met de gefailleerde verricht.
– 2. De vordering op de gefailleerde wordt zonodig berekend naar de regels in de artikelen 130 en 131 gesteld.
– 3. De curator kan geen beroep doen op artikel 136 van Boek 6 van het Burgerlijk Wetboek. (Fw art. 63*e*; 205, 212*b*, 234, 307; BW art. 6:127 e.v., 130 lid 2)

Art. 54

Schuldoverneming en compensatie

– 1. Niettemin is degene die een schuld aan de gefailleerde of een vordering op de gefailleerde vóór de faillietverklaring van een derde heeft overgenomen, niet bevoegd tot verrekening, indien hij bij de overneming niet te goeder trouw heeft gehandeld.
– 2. Na de faillietverklaring overgenomen vorderingen of schulden kunnen niet worden verrekend. (Fw art. 63*e*, 204, 212*b*, 235; BW art. 6:155 e.v.)

Art. 55

Order- en toonderpapier en compensatie

De schuldenaar van de gefailleerde die zijn schuld wil verrekenen met een vordering aan order of toonder, is gehouden te bewijzen dat hij het papier reeds op het ogenblik der faillietverklaring te goeder trouw had verkregen. (Fw art. 123, 234, 235 lid 3; BW art. 3:118)

Art. 56

Verdeling gemeenschap

Hij die met de gefailleerde deelgenoot is in een gemeenschap waarvan tijdens het faillissement een verdeling plaatsvindt, kan toepassing van artikel 184, eerste lid, van Boek 3 van het Burgerlijk Wetboek verlangen, ook als de schuld van de gefailleerde aan de gemeenschap er een is onder een nog niet vervulde opschortende voorwaarde. De artikelen 130 en 131 zijn van toepassing. (Fw art. 235 lid 3; BW art. 3:116 e.v.)

Art. 57

Hypotheek- en pandhouder

– 1. Pand- en hypotheekhouders kunnen hun recht uitoefenen, alsof er geen faillissement was. (BW art. 3:246, 248, 268, 270 lid 1, 273, 274; Rv art. 544 lid 3)
– 2. Bij de verdeling kunnen uit eigen hoofde mede de beperkt gerechtigden opkomen, wier recht vóór de faillietverklaring was gevestigd, maar door de executie door een pand- of hypotheekhouder is vervallen, voor hun recht op schadevergoeding, bedoeld in artikel 282 van Boek 3 van het Burgerlijk Wetboek.
– 3. Bij de verdeling van de opbrengst oefent de curator ten behoeve van de boedel mede de rechten uit, die de wet aan beslagleggers op het goed toekent. Hij is gehouden mede de belangen te behartigen van de bevoorrechte schuldeisers die in rang boven de voormelde pand- en hypotheekhouders en beperkt gerechtigden gaan. (Fw art. 23, 68, 69; BW art. 3:236 e.v., 260 e..v., 269, 270, 272, 284 lid 2, 285 lid 2; Rv art. 482 e.v., 490*c*)
– 4. Zo een rangregeling nodig is, wordt deze verzocht aan de voorzieningenrechter van de rechtbank waarvan de rechter-commissaris in het faillissement lid is. De verdeling geschiedt ten overstaan van deze rechter-commissaris op de wijze voorgeschreven in het Wetboek van Burgerlijke Rechtsvordering. (Fw art. 33, 58, 59*a*, 110, 132, 180 lid 2, 182, 188 lid 1; Rv art. 481, 552)

Art. 58

Termijn; inlossing

– 1. De curator kan de pand- en hypotheekhouders een redelijke termijn stellen om tot uitoefening van hun rechten overeenkomstig het vorige artikel over te gaan. Heeft de pand- of hypotheekhouder het onderpand niet binnen deze termijn verkocht, dan kan de curator de goederen opeisen en met toepassing van de artikelen 101 of 176 verkopen, onverminderd het recht van de pand- en hypotheekhouders op de opbrengst. De rechter-commissaris is bevoegd de termijn op verzoek van de pand- of hypotheekhouder een of meer malen te verlengen. (Fw art. 67, 188; BW art. 3:268)
– 2. De curator kan een met pand of hypotheek bezwaard goed tot op het tijdstip van de verkoop lossen tegen voldoening van hetgeen waarvoor het pand- of hypotheekrecht tot zekerheid strekt, alsmede van de reeds gemaakte kosten van executie. (Fw art. 59*a*, 68 lid 2; BW 3:249 lid 2, 269)

Art. 59

Ontoereikende opbrengst

Indien de opbrengst niet toereikend is om een pand- of hypotheekhouder of een dergenen wier beperkt recht door de executie is vervallen, te voldoen, kan hij voor het ontbrekende als concurrent schuldeiser in de boedel opkomen. (Fw art. 37*a*, 38, 38*a* lid 3, 57, 59*a*, 110, 132, 180 lid 2)

Art. 59a

In register teboekstaande luchtvaartuigen

– 1. De artikelen 57-59 zijn niet van toepassing wanneer de hypotheek rust op een luchtvaartuig dat te boek staat in de openbare registers, bedoeld in afdeling 2 van titel 1 van Boek 3 van het Burgerlijk Wetboek, of in een verdragsregister als bedoeld in artikel 1300 onder *d* van Boek 8 van het Burgerlijk Wetboek.

– 2. Hypotheekhouders wier rechten rusten op luchtvaartuigen als bedoeld in het vorige lid, en andere schuldeisers die op grond van artikel 1317 van Boek 8 van het Burgerlijk Wetboek een voorrecht op het luchtvaartuig hebben, kunnen hun recht uitoefenen, alsof er geen faillissement was. Artikel 57, tweede en derde lid, is van overeenkomstige toepassing.

– 3. De curator kan deze schuldeisers een redelijke termijn stellen om tot uitoefening van hun rechten overeenkomstig het vorige lid over te gaan. Heeft de schuldeiser het luchtvaartuig niet binnen deze termijn verkocht, dan kan de curator het luchtvaartuig verkopen. De rechter-commissaris is bevoegd de termijn op verzoek van de schuldeiser een of meer malen te verlengen. (Fw art. 67 lid 2, 182)

– 4. Op verkoop door de curator zijn de artikelen 584*d* en 584*f*-584*q* van het Wetboek van Burgerlijke Rechtsvordering van overeenkomstige toepassing, met dien verstande dat de curator wordt aangemerkt als beslaglegger uit hoofde van een vordering die niet van enige voorrang is voorzien, en dat met het vonnis van faillietverklaring wordt gehandeld als voorgeschreven voor het proces-verbaal van beslag.

– 5. De rechter-commissaris in het faillissement kan in dat geval bepalen dat een door hem vast te stellen gedeelte van de algemene faillissementskosten als kosten van de executie in de zin van artikel 584*n* van het Wetboek van Burgerlijke Rechtsvordering zal gelden.

– 6. De curator kan het luchtvaartuig tot op het tijdstip van de verkoop lossen tegen voldoening van het daarop verschuldigde, alsmede van de reeds gemaakte kosten van executie.

– 7. Artikel 59 is van overeenkomstige toepassing.

Art. 60

Retentierecht

– 1. De schuldeiser die retentierecht heeft op een aan de schuldenaar toebehorende zaak, verliest dit recht niet door de faillietverklaring. (Fw art. 20; BW art. 6:53)

– 2. De zaak kan door de curator worden opgeëist en met toepassing van artikel 101 of 176 worden verkocht, onverminderd de voorrang, aan de schuldeiser in artikel 292 van Boek 3 van het Burgerlijk Wetboek toegekend. De curator kan ook, voorzover dit in het belang is van de boedel, de zaak in de boedel terugbrengen door voldoening van de vordering waarvoor het retentierecht kan worden uitgeoefend.

– 3. De schuldeiser kan de curator een redelijke termijn stellen om tot toepassing van het vorige lid over te gaan. Heeft de curator de zaak niet binnen deze termijn verkocht, dan kan de schuldeiser haar verkopen met overeenkomstige toepassing van de bepalingen betreffende parate executie door een pandhouder of, als het een registergoed betreft, die betreffende parate executie door een hypotheekhouder. De rechter-commissaris is bevoegd de termijn op verzoek van de curator een of meer malen te verlengen. (Fw art. 67; BW art. 3:248 e.v., 268 e.v.)

– 4. Betreft het een registergoed, dan dient de schuldeiser, op straffe van verval van het recht van parate executie, binnen veertien dagen na het verstrijken van de in het vorige lid bedoelde termijn, aan de curator bij exploot aan te zeggen dat hij tot executie overgaat, en dit exploot in de openbare registers te doen inschrijven. (Fw 68 lid 2, 110, 113, 119 lid 1, 132, 143, 145, 157, 173*b*, 180, 182 lid 1, 190, 230 lid 3, 232, 257 lid 2, 299*b*; BW 3:17, 24, 290 e.v.; 6:52 e.v.)

Art. 60a

Onbelaste uitwinning

– 1. Indien tot het vermogen van de gefailleerde onder bewind staande goederen behoren en zich schuldeisers ter verificatie hebben aangemeld, die deze goederen onbelast met het bewind kunnen uitwinnen, zal de curator deze goederen van de bewindvoerder opeisen, onder zijn beheer nemen en te gelde maken, voorzover dit voor de voldoening van deze schuldeisers uit de opbrengst nodig is. Door de opeising eindigt het bewind over het goed. De opbrengst wordt overeenkomstig deze wet onder deze schuldeisers verdeeld, voorzover zij zijn geverifieerd. De curator draagt hetgeen na deze verdeling van de opbrengst over is, aan de bewindvoerder af, tenzij de andere schuldeisers de onder bewind staande goederen onder de last van het bewind kunnen uitwinnen in welk geval het restant overeenkomstig deze wet onder deze laatste schuldeisers verdeeld wordt.

– 2. Indien zich slechts schuldeisers ter verificatie hebben aangemeld die de goederen onder de last van het bewind kunnen uitwinnen, worden deze goederen door de curator overeenkomstig de artikelen 101 of 176 onder die last verkocht.

– 3. Buiten de gevallen, bedoeld in de vorige leden, blijven de onder bewind staande goederen buiten het faillissement en wordt slechts aan de curator uitgekeerd wat de goederen netto aan vruchten hebben opgebracht.

– 4. De bewindvoerder is te allen tijde, zodra de curator dit verlangt, verplicht aan deze rekening en verantwoording af te leggen. (Fw art. 68 lid 2; BW art. 1:380, 409e.v., 418 lid 3, 420,

431 e.v.; BW art. 2:22, 94*a* lid 5; BW art. 3:168 lid 2, 181 lid 2, 221, BW art. 4:153 e.v.; Rv art. 710)

Art. 60b

Beheer en vereffening van goederen

– 1. Zijn krachtens het vorige artikel goederen buiten het faillissement gebleven en heeft de bewindvoerder opgehouden de schuldeisers te betalen die deze goederen onbelast met bewind kunnen uitwinnen, dan kan de rechtbank die de faillietverklaring heeft uitgesproken op verzoek van ieder van deze schuldeisers die niet in het faillissement kan opkomen, de curator opdragen ook het beheer van deze goederen op zich te nemen en voor de vereffening te hunnen behoeve zorg te dragen.
– 2. De bepalingen betreffende faillietverklaring en faillissement zijn van overeenkomstige toepassing.

Art. 61

Echtgenoot of geregistreerde partner van gefailleerde

– 1. De echtgenoot of geregistreerde partner van de gefailleerde neemt alle goederen die hem toebehoren en niet in de huwelijksgemeenschap onderscheidenlijk de gemeenschap van het geregistreerd partnerschap vallen, terug.
– 2. De aanbrengst van de bij huwelijkse voorwaarden of bij voorwaarden van geregistreerd partnerschap buiten de gemeenschap gehouden rechten aan toonder en zaken die geen registergoederen zijn, kan slechts worden bewezen zoals bij artikel 130 van Boek 1 van het Burgerlijk Wetboek ten opzichte van derden is voorgeschreven.
– 3. Van de aan de echtgenoot of geregistreerde partner van de gefailleerde opgekomen rechten aan toonder en zaken die geen registergoederen zijn, ten aanzien waarvan bij uiterste wilsbeschikking van de erflater of bij de gift is bepaald dat zij buiten de gemeenschap vallen, moet, in geval van geschil, door beschrijving of bescheiden blijken. Hetzelfde geldt voor zodanige rechten en zaken, hem staande huwelijk of geregistreerd partnerschap bij erfenis, legaat of schenking opgekomen, die ingevolge de huwelijkse voorwaarden onderscheidenlijk de voorwaarden van geregistreerd partnerschap buiten de gemeenschap vallen.
– 4. De goederen, voortgesproten uit de belegging of wederbelegging van gelden aan de echtgenoot of geregistreerde partner van de gefailleerde buiten de gemeenschap toebehorende, worden insgelijks door die echtgenoot onderscheidenlijk geregistreerde partner teruggenomen, mits de belegging of wederbelegging, in geval van geschil, door voldoende bescheiden, ten genoegen van de rechter, zij bewezen.
– 5. Indien de goederen aan de echtgenoot of geregistreerde partner van de gefailleerde toebehorende, door de gefailleerde zijn vervreemd, doch de koopprijs nog niet is betaald, of wel de koopenningen nog onvermengd met de failliete boedel aanwezig zijn, kan de echtgenoot onderscheidenlijk geregistreerde partner zijn recht van terugneming op die koopprijs of op de voorhanden kooppenningen uitoefenen.
– 6. Voor zijn persoonlijke schuldvorderingen treedt de echtgenoot of geregistreerde partner van de gefailleerde als schuldeiser op. (Fw art. 229 lid 2; BW art. 1:80*a* e.v., 93 e.v., 114 e.v., 130, 131, 132)

Art. 62

Vervallen.

Art. 63

Gemeenschap van goederen

– 1. Het faillissement van de persoon die in enige gemeenschap van goederen gehuwd is of in enige gemeenschap van goederen een geregistreerd partnerschap is aangegaan, wordt als faillissement van die gemeenschap behandeld. Het omvat, behoudens de uitzonderingen van artikel 21, alle goederen, die in de gemeenschap vallen, en strekt ten behoeve van alle schuldeisers, die op de goederen der gemeenschap verhaal hebben. Goederen die de gefailleerde buiten de gemeenschap heeft, strekken slechts tot verhaal van schulden die daarop verhaald zouden kunnen worden, indien er generlei gemeenschap was. (Fw art. 105 lid 2)
– 2. Bij het faillissement van een schuldenaar die in gemeenschap van goederen gehuwd is of die in gemeenschap van goederen een geregistreerd partnerschap is aangegaan, zijn de bepalingen van deze wet omtrent handelingen door de schuldenaar verricht, toepasselijk op de handelingen waardoor de gemeenschap wettig verbonden is, onverschillig wie van de echtgenoten onderscheidenlijk van de geregistreerde partners deze verrichtte. (Fw art. 42 e.v.; BW art. 1:80*a* e.v., 93 e.v., 114 e.v.)

Art. 63a

Afkoelingsperiode

– 1. De rechter-commissaris kan op verzoek van elke belanghebbende of ambtshalve bij schriftelijke beschikking een afkoelingsperiode afkondigen, waarin elke bevoegdheid van derden, met uitzondering van boedelschuldeisers, tot verhaal op tot de boedel behorende goederen of tot de opeising van goederen die zich in de macht van de gefailleerde of de curator bevinden, voor een periode van ten hoogste twee maanden niet dan met zijn machtiging kan worden uitgeoefend. De rechter-commissaris kan deze periode eenmaal verlengen met een periode van ten hoogste twee maanden.

– 2. De rechter-commissaris kan zijn beschikking beperken tot bepaalde derden en voorwaarden verbinden zowel aan zijn beschikking als aan de machtiging van een derde tot uitoefening van een aan deze toekomende bevoegdheid.
– 3. Indien een derde ter zake van zijn bevoegdheid een redelijke termijn aan de curator stelt, wordt deze termijn geschorst tijdens de afkoelingsperiode. (Fw art. 58, 60 lid 3)
– 4. De afkoelingsperiode kan ook op verlangen van de aanvrager van het faillissement of van de schuldenaar worden afgekondigd door de rechter die de faillietverklaring uitspreekt. De afkoelingsperiode die tegelijkertijd wordt afgekondigd met de faillietverklaring heeft gevolgen vanaf de dag waarop de faillietverklaring wordt uitgesproken, die dag daaronder begrepen. (Fw art. 23, 67, 212*b*, 241*a*, 309)

Art. 63b

Bevoegdheid pandhouder

– 1. Ingeval de schuldenaar overeenkomstig artikel 239, eerste lid, van Boek 3 van het Burgerlijk Wetboek een pandrecht heeft gevestigd op een vordering op naam of op het vruchtgebruik van een zodanige vordering, blijft de pandhouder tijdens de afkoelingsperiode bevoegd de mededeling, bedoeld in artikel 239, derde lid, van dat Boek te doen en betalingen in ontvangst te nemen.
– 2. Artikel 490*b*, tweede lid, van het Wetboek van Burgerlijke Rechtsvordering, is van overeenkomstige toepassing, met dien verstande dat de pandhouder het volledige bedrag bij de bewaarder stort. (Fw art. 241*b*; BW art. 3:239)

Art. 63c

Geen uitwinning

– 1. Tijdens de afkoelingsperiode kan de Ontvanger die een beslag heeft gelegd als bedoeld in artikel 22, derde lid, Invorderingswet 1990, niet tot uitwinning overgaan, tenzij de rechter-commissaris anders beslist.
– 2. Een beslag als bedoeld in artikel 22, derde lid, van de Invorderingswet 1990 dat tijdens de afkoelingsperiode wordt gelegd op een zaak die zich op de bodem van de gefailleerde bevindt en die niet aan hem toebehoort, kan niet worden tegengeworpen aan de eigenaar van de zaak of, als daarop een pandrecht van een ander rust, aan die ander, indien deze voordat het beslag was gelegd bij deurwaardersexploot aanspraak heeft gemaakt op afgifte van de zaak. (Fw art. 241*c*)

Art. 63d

Uitgezonderde goederen

Van de goederen als bedoeld in artikel 63*a*, eerste lid, zijn uitgezonderd de goederen die uit hoofde van een financiëlezekerheidsovereenkomst als bedoeld in artikel 51 van Boek 7 van het Burgerlijk Wetboek zijn verpand. (Fw art. 241*d*, 309*a*)

Art. 63e

Uitzondering 00.00-uurregel

– 1. In afwijking van de artikelen 23 en 35 werkt de faillietverklaring van een schuldenaar uit hoofde van een financiëlezekerheidsovereenkomst als bedoeld in artikel 51 van Boek 7 van het Burgerlijk Wetboek niet terug tot aan het begin van de dag waarop zij wordt uitgesproken, ten aanzien van een door de schuldenaar voor het tijdstip van faillietverklaring gesloten financiëlezekerheidsovereenkomst of een overdracht, vestiging van een pandrecht of een opdracht tot verrekening op grond daarvan.
– 2. De artikelen 23, 24, 35, 53, eerste lid, 54, tweede lid, van deze wet, alsmede artikel 72, aanhef en onder *a*, van Boek 3 van het Burgerlijk Wetboek, kunnen niet aan derden worden tegengeworpen ten aanzien van een door een schuldenaar na het tijdstip van faillietverklaring gesloten financiëlezekerheidsovereenkomst als bedoeld in artikel 51 van Boek 7 van het Burgerlijk Wetboek, een overdracht of vestiging van een pandrecht op grond van een financiëlezekerheidsovereenkomst, alsmede elke rechtshandeling op grond van een financiëlezekerheidsovereenkomst vanwege verbintenissen van de schuldenaar die na het tijdstip van faillietverklaring zijn ontstaan, mits de betreffende rechtshandeling plaatsvindt op de dag van faillietverklaring en de wederpartij kan aantonen dat deze ten tijde van de rechtshandeling de faillietverklaring niet kende of behoorde te kennen. (Fw art. 14, 212*b*, 241*e*)

DERDE AFDELING
Van het bestuur over de failliete boedel

§ 1. Van de rechter-commissaris

Art. 64

Taak rechter-commissaris

De rechter-commissaris houdt toezicht op het beheer en de vereffening van de failliete boedel. (Fw art. 14 lid 1, 68 lid 1, 87, 173 e.v., 223*a*)

Art. 65

Horen rechter-commissaris

Alvorens in enige zaak, het beheer of de vereffening des faillieten boedels betreffende, een beslissing te geven, is de rechtbank verplicht de rechter-commissaris te horen.

Art. 66

Getuigen; deskundigen; verschoning

– 1. De rechter-commissaris is bevoegd ter opheldering van alle omstandigheden, het faillissement betreffende, getuigen te horen of een onderzoek van deskundigen te bevelen.
– 2. De getuigen worden gedagvaard namens de rechter-commissaris. Artikel 177 van het Wetboek van Burgerlijke Rechtsvordering is van overeenkomstige toepassing.
– 3. Bij niet-verschijning of weigering om de eed of getuigenis af te leggen, zijn de artikelen 171, 172, 173, eerste lid, eerste volzin, tweede en derde lid, 174 en 175 van het Wetboek van Burgerlijke Rechtsvordering toepasselijk.
– 4. De echtgenoot of gewezen echtgenoot van de gefailleerde of degene met wie de gefailleerde een geregistreerd partnerschap is of was aangegaan, de kinderen en verdere afkomelingen en de ouders en grootouders van de gefailleerde kunnen zich van het geven van getuigenis verschonen. (Rv art. 165 lid 2; Sv art. 217)

Art. 67

Hoger beroep

– 1. Van alle beschikkingen van de rechter-commissaris is gedurende vijf dagen hoger beroep op de rechtbank mogelijk, te rekenen vanaf de dag waarop de beschikking is gegeven. De rechtbank beslist na verhoor of behoorlijke oproeping van de belanghebbenden. Niettemin staat geen hoger beroep open van de beschikkingen, vermeld in de artikelen 21, 2° en 4°, 34, 58, eerste lid, 59*a*, derde lid, 60, derde lid, 73*a*, tweede lid, 79, 93*a*, 94, 98, 100, 102, 125, 127, vierde lid, 137*a*, eerste lid, 174, 175, tweede lid, 176, eerste en tweede lid, 177, 179 en 180. (Fw art. 315; Rv art. 358 e.v.)
– 2. In afwijking van het eerste lid vangt in het geval van hoger beroep tegen een machtiging van de rechter-commissaris aan de curator tot opzegging van een arbeidsovereenkomst de termijn van vijf dagen aan op de dag dat de werknemer die het beroep instelt van de machtiging kennis heeft kunnen nemen. Op straffe van vernietigbaarheid wijst de curator de werknemer bij de opzegging op de mogelijkheid van beroep en op de termijn daarvan. Het beroep op de vernietigbaarheid geschiedt door een buitengerechtelijke verklaring aan de curator, en kan worden gedaan gedurende veertien dagen, te rekenen vanaf de dag waarop de arbeidsovereenkomst is opgezegd.

§ 2. Van de curator

Art. 68

Taak curator; machtiging rechter-commissaris

– 1. De curator is belast met het beheer en de vereffening van de failliete boedel. (BW art. 2:84, 193)
– 2. Alvorens in rechte op te treden, behalve waar het verificatiegeschillen betreft, alsmede in de gevallen van de artikelen 37, 39, 40, 58, tweede lid, 60, tweede en derde lid, en 60*a*, eerste lid, behoeft de curator machtiging van de rechter-commissaris. (Fw art. 25, 27, 28, 49, 67, 212*ii*, 213*aa*)

Art. 69

Beroep op rechter-commissaris

– 1. Ieder der schuldeisers, de commissie uit hun midden benoemd en ook de gefailleerde kunnen bij verzoekschrift tegen elke handeling van de curator bij de rechter-commissaris opkomen, of van deze een bevel uitlokken, dat de curator een bepaalde handeling verrichte of een voorgenomen handeling nalate.
– 2. De rechter-commissaris beslist, na de curator gehoord te hebben, binnen drie dagen. (Fw art. 67, 74, 78, 317)

Art. 70

Meer curatoren

– 1. Indien meer dan één curator benoemd is, wordt voor de geldigheid hunner handelingen toestemming der meerderheid of bij staking van stemmen een beslissing van de rechter-commissaris vereist.
– 2. De curator, aan wie bij het vonnis van faillietverklaring een bepaalde werkkring is aangewezen, is binnen de grenzen daarvan zelfstandig tot handelen bevoegd. (Fw art. 224)

Art. 71

Salaris curator

– 1. Onverminderd het bepaalde in artikel 15, derde lid, wordt het salaris van de curator in elk faillissement door de rechtbank vastgesteld.
– 2. In geval van akkoord wordt het salaris bij het vonnis van homologatie bepaald. (Fw art. 16 lid 2, 65, 85, 180 lid 1, 320)

Art. 72

Aansprakelijkheid bij ontbreken machtiging

– 1. Het ontbreken van de machtiging van de rechter-commissaris, waar die vereist is, of de niet-inachtneming van de bepalingen vervat in de artikelen 78 en 79, heeft, voor zoveel derden betreft, geen invloed op de geldigheid van de door de curator verrichte handeling. De curator is deswege alleen jegens de gefailleerde en de schuldeisers aansprakelijk.
– 2. In afwijking van het eerste lid is de opzegging van een arbeidsovereenkomst door de curator zonder dat de rechter-commissaris daarvoor de machtiging, bedoeld in artikel 68, tweede lid, heeft gegeven, vernietigbaar. Daarnaast is de curator jegens de gefailleerde en de werkne-

mer aansprakelijk. Het beroep op de vernietigbaarheid geschiedt door een buitengerechtelijke verklaring aan de curator, en kan worden gedaan gedurende vijf dagen, te rekenen vanaf de dag waarop de arbeidsovereenkomst is opgezegd. (Fw art. 34, 41 lid 2, 67 lid 2, 68 lid 2, 98, 103, 104; BW art. 6:162)

Art. 73

Ontslag; medecurator

– 1. De rechtbank heeft de bevoegdheid de curator te allen tijde, na hem gehoord of behoorlijk opgeroepen te hebben, te ontslaan en door een ander te vervangen, of hem een of meer medecurators toe te voegen, een en ander hetzij op voordracht van de rechter-commissaris, hetzij op een met redenen omkleed verzoek van een of meer schuldeisers, de commissie uit hun midden, of de gefailleerde. (Fw art. 65, 74, 85 e.v.)

– 2. De ontslagen curator legt rekening en verantwoording van zijn beheer af aan de in zijn plaats benoemde curator. (Fw art. 78, 162, 193 lid 2, 319; Rv art. 771 e.v.)

Art. 73a

Periodiek verslag

– 1. De curator brengt, telkens na verloop van drie maanden, een verslag uit over de toestand van de boedel. De curator legt zijn verslag neder ter griffie van de rechtbank, ter kosteloze inzage van een ieder. De neerlegging geschiedt kosteloos. (Fw art. 107)

– 2. De termijn, bedoeld in het vorige lid, kan door de rechter-commissaris worden verlengd. (Fw art. 62, 227, 318)

§ 3. Van de commissie uit de schuldeisers

Art. 74

Voorlopige commissie

– 1. Bij het vonnis van faillietverklaring of bij een latere beschikking kan de rechtbank, zo de belangrijkheid of de aard des boedels daartoe aanleiding geeft, uit de haar bekende schuldeisers een voorlopige commissie van een tot drie leden benoemen, ten einde de curator van advies te dienen, zolang over de benoeming van de in het volgende artikel genoemde commissie geen beslissing is genomen. (Fw art. 69, 167, 173*a* lid 2, 174)

– 2. Indien een lid van de voorlopige commissie zijn benoeming niet aanneemt, bedankt of overlijdt, voorziet de rechtbank, uit een voordracht van een dubbeltal door de rechter-commissaris, in de daardoor ontstane vacature.

Art. 75

Definitieve commissie

– 1. Hetzij al of niet een voorlopige commissie uit de schuldeisers is benoemd, raadpleegt de rechter-commissaris op de verificatievergadering de schuldeisers, na afloop der verificatie, over de benoeming van een definitieve commissie uit hun midden. Zo de vergadering deze wenselijk acht, gaat hij dadelijk tot de benoeming over. Ook deze commissie bestaat uit een tot drie leden.

– 2. Een verslag van het hieromtrent verhandelde wordt in het proces-verbaal der vergadering opgenomen.

– 3. Indien een lid van de definitieve commissie zijn benoeming niet aanneemt, bedankt of overlijdt, voorziet de rechter-commissaris in de daardoor ontstane vacature. (Fw art. 67, 173*b*)

Art. 76

Bevoegdheden commissie

De commissie kan te allen tijde raadpleging van de boeken, bescheiden en andere gegevensdragers, op het faillissement betrekking hebbende, vorderen. De curator is verplicht aan de commissie alle van hem verlangde inlichtingen te verstrekken. (Fw art. 92, 105)

Art. 77

Vergadering curator en commissie

Tot het inwinnen van het advies der commissie vergadert de curator met haar, zo dikwijls hij het nodig acht. In deze vergaderingen zit hij voor en voert hij de pen.

Art. 78

Verplicht advies

– 1. De curator is verplicht het advies der commissie in te winnen, alvorens een rechtsvordering in te stellen of een aanhangige voort te zetten of zich tegen een ingestelde of aanhangige rechtsvordering te verdedigen, behalve waar het geldt verificatiegeschillen; omtrent het al of niet voortzetten van het bedrijf des gefailleerden; alsmede in de gevallen van de artikelen 37, 39, 40, 58, tweede lid, 73, tweede lid, 100, 101, 175, laatste lid en 177, en in het algemeen omtrent de wijze van vereffening en tegeldemaking van de boedel en het tijdstip en het bedrag der te houden uitdelingen.

– 2. Dit advies wordt niet vereist, wanneer de curator de commissie tot het uitbrengen daarvan, met inachtneming van een bekwamen termijn, ter vergadering heeft opgeroepen en er geen advies wordt uitgebracht. (Fw art. 25, 27, 28, 49, 68 lid 2, 72, 84 lid 1, 104, 140, 141 sub 1, 173*a*)

Art. 79

Advies niet bindend

De curator is niet gebonden aan het advies der commissie. Zo hij zich daarmede niet verenigt, geeft hij hiervan onmiddellijk kennis aan de commissie, die de beslissing van de rechter-commissaris kan inroepen. Zo zij verklaart dit te doen, is de curator verplicht de uitvoering van de voorgenomen, met het advies der commissie strijdige, handeling gedurende drie dagen op te schorten. (Fw art. 67, 69, 72)

§ 4. Van de vergaderingen der schuldeisers

Art. 80

Voorzitter, aanwezigheid curator

– 1. In de vergaderingen der schuldeisers is de rechter-commissaris voorzitter.
– 2. De tegenwoordigheid van de curator of van iemand, die hem met goedvinden van de rechter-commissaris vervangt, is verplicht. (Fw art. 116, 141, 178)

Art. 81

Besluitvorming

– 1. Op de vergaderingen van schuldeisers worden de besluiten genomen met volstrekte meerderheid van stemmen der aanwezige schuldeisers. Voor elke € 45 brengt ieder schuldeiser één stem uit. Voor vorderingen of overschietende gedeelten van vorderingen, beneden € 45, wordt mede één stem uitgebracht.
– 2. Splitsing van vorderingen, na de faillietverklaring gedaan, doet geen stemrecht verwerven. (Fw art. 145, 146, 218, 268)

Art. 82

Stemrecht

Stemgerechtigd zijn de erkende en de voorwaardelijk toegelaten schuldeisers, alsmede de toonder ener ten name van 'toonder' geverifieerde schuldvordering. (Fw art. 121, 125, 130 e.v., 134)

Art. 83

Vertegenwoordiging schuldeisers

– 1. De schuldeisers kunnen ter vergadering verschijnen in persoon, bij schriftelijk gevolmachtigde of bij advocaat.
– 2. Ten behoeve van de schuldeisers, die zich op een vergadering hebben doen vertegenwoordigen, worden alle oproepingen voor latere vergaderingen en alle kennisgevingen aan de gevolmachtigde gedaan, ten ware zij de curator schriftelijk verzoeken, dat die oproepingen en kennisgevingen aan hen zelve of aan een anderen gevolmachtigde geschieden. (Fw art. 142, 168 lid 3, 178, 183 lid 3)

Art. 84

Overige vergaderingen van schuldeisers

– 1. Behalve de door deze wet voorgeschreven vergaderingen, wordt er een vergadering van schuldeisers gehouden, zo dikwijls de rechter-commissaris dit nodig oordeelt of hem daartoe door de commissie uit de schuldeisers of door ten minste vijf schuldeisers, vertegenwoordigende één vijfde deel der erkende en der voorwaardelijk toegelaten schuldvorderingen, een met redenen omkleed verzoek wordt gedaan.
– 2. In elk geval bepaalt de rechter-commissaris dag, uur en plaats der vergadering, waartoe de stemgerechtigde schuldeisers ten minste tien dagen van te voren door de curator worden opgeroepen bij brieven, vermeldende het in de vergadering te behandelen onderwerp. (Fw art. 67, 74, 108, 141, 178)

§ 5. Van de rechterlijke beschikkingen

Art. 85

Geen hoger beroep

Alle beschikkingen in zaken, het beheer of de vereffening des faillieten boedels betreffende, worden door de rechtbank in het hoogste ressort gewezen, behalve in de gevallen waarin het tegendeel is bepaald. (Fw art. 8 lid 3, 67, 154, 211, 219, 243, 250*a* lid 5)

Art. 86

Uitvoerbaar bij voorraad

Alle beschikkingen in zaken, het beheer of de vereffening des faillieten boedels betreffende, ook die welke niet uitgaan van de rechtbank, zijn uitvoerbaar bij voorraad en op de minuut, tenzij het tegendeel is bepaald. (Fw art. 4 lid 5, 67, 87; Rv art. 233, 234)

VIERDE AFDELING

Van de voorzieningen na de faillietverklaring en van het beheer des curators

Art. 87

Verzekerde bewaring

– 1. De rechtbank kan bij het vonnis van faillietverklaring of te allen tijde daarna, doch in het laatste geval niet dan op voordracht van de rechter-commissaris, of op verzoek van de curator of van een of meer der schuldeisers en na de rechter-commissaris gehoord te hebben, bevelen, dat de gefailleerde, wegens het niet nakomen van verplichtingen welke de wet hem in verband met zijn faillissement oplegt, dan wel wegens gegronde vrees voor het niet nakomen van zodanige verplichtingen, in verzekerde bewaring worde gesteld, hetzij in een huis van bewaring, hetzij in zijn eigen woning onder het opzicht van een ambtenaar, aangesteld voor de uitvoering van de politietaak, of een andere ambtenaar, voorzover die ambtenaar behoort tot een categorie die daartoe door Onze Minister van Justitie is aangewezen.
– 2. Het bevel hiertoe wordt door het Openbaar Ministerie ten uitvoer gelegd.
– 3. Dit bevel is voor niet langer dan dertig dagen geldig, te rekenen van de dag waarop het ten uitvoer is gelegd. Aan het einde van die termijn kan de rechtbank, op voordracht van de rech-

ter-commissaris of op een verzoek en na verhoor als in het eerste lid bedoeld, het bevel voor ten hoogste dertig dagen verlengen. Daarna kan hetzelfde telkens op dezelfde wijze voor ten hoogste dertig dagen geschieden.

– 4. De in het eerste lid bedoelde ambtenaar die door het Openbaar Ministerie is aangewezen om zijn medewerking te verlenen aan de tenuitvoerlegging van het bevel, is bevoegd elke plaats te betreden, voorzover dat redelijkerwijs voor de vervulling van zijn taak nodig is. (Fw art. 33, 85, 106)

Art. 88

Ontslag uit bewaring; zekerheidstelling

– 1. De rechtbank heeft de bevoegdheid, op voordracht van de rechter-commissaris, of op verzoek van de gefailleerde, deze uit de verzekerde bewaring te ontslaan, met of zonder zekerheidstelling, dat hij te allen tijde op de eerste oproeping zal verschijnen.

– 2. Het bedrag der zekerheidstelling wordt door de rechtbank bepaald en komt bij niet-verschijning des gefailleerden ten voordele des boedels. (Fw art. 85, 106)

Art. 89

Vervallen.

Art. 90

Overbrenging gefailleerde

– 1. In alle gevallen, waarin de tegenwoordigheid van de gefailleerde bij deze of gene bepaalde werkzaamheid, de boedel betreffende, vereist wordt, zal hij, zo hij zich in verzekerde bewaring bevindt, op last van de rechter-commissaris uit de bewaarplaats kunnen worden overgebracht.

– 2. De last hiertoe wordt door het Openbaar Ministerie ten uitvoer gelegd. (Fw art. 67, 105, 106, 116, 144, 152 lid 2)

Art. 91

Woonplaats verlaten

Gedurende het faillissement mag de gefailleerde zonder toestemming van de rechter-commissaris zijn woonplaats niet verlaten. (Fw art. 67, 106)

Art. 92

Bewaring boedel

De curator zorgt, dadelijk na de aanvaarding zijner betrekking, door alle nodige en gepaste middelen voor de bewaring des boedels. Hij neemt onmiddellijk de bescheiden en andere gegevensdragers, gelden, kleinodiën, effecten en andere papieren van waarde tegen ontvangbewijs onder zich. Hij is bevoegd de gelden aan de ontvanger voor de gerechtelijke consignatiën in bewaring te geven. (Fw art. 102, 103, 193 lid 3, 323; BW art. 3:15*a*; Rv art. 445; Sr art. 341 sub *a*, 4, 343 sub 4°)

Art. 93

Verzegeling

– 1. De curator doet, zo hij of de rechter-commissaris dit nodig acht, dadelijk de boedel verzegelen door een notaris.

– 2. Buiten de verzegeling blijven, doch worden in het proces-verbaal kortelijk beschreven, de goederen vermeld in de artikelen 21, nr. 1 en 92, alsmede de voorwerpen tot het bedrijf van de gefailleerde vereist, indien dit wordt voortgezet. (Fw art. 7, 67, 98; Rv art. 658 e.v.)

Art. 93a

Binnentreden

De curator heeft toegang tot elke plaats, voorzover dat redelijkerwijs voor de vervulling van zijn taak nodig is. De rechter-commissaris is bevoegd tot het geven van een machtiging als bedoeld in artikel 2 van de Algemene wet op het binnentreden. (Fw art. 67)

Art. 94

Boedelbeschrijving

– 1. De curator gaat zo spoedig mogelijk over tot het opmaken van een beschrijving des faillieten boedels.

– 2. De boedelbeschrijving kan ondershands worden opgemaakt en de waardering door de curator geschieden, een en ander onder goedkeuring van de rechter-commissaris.

– 3. De leden der voorlopige commissie uit de schuldeisers zijn bevoegd bij de beschrijving tegenwoordig te zijn. (Fw art. 67, 74; Rv art. 671 e.v.)

Art. 95

Staat van goederen buiten faillissement

Van de goederen, vermeld in artikel 21, nr. 1, wordt een staat aan de beschrijving gehecht; die, vermeld in artikel 92, worden in de beschrijving opgenomen.

Art. 96

Staat van baten en schulden

De curator gaat dadelijk na de beschrijving van de boedel over tot het opmaken van een staat, waaruit de aard en het bedrag van de baten en schulden des boedels, de namen en woonplaatsen der schuldeisers, alsmede het bedrag der vorderingen van ieder hunner blijken. (Fw art. 94, 105 lid 1, 214)

Art. 97

Terinzagelegging

– 1. Door de curator gewaarmerkte afschriften van de boedelbeschrijving en van de staat, vermeld in het voorgaande artikel, worden ter kosteloze inzage van een ieder neergelegd ter griffie van de rechtbank van het arrondissement waarin zich de woonplaats, het kantoor of het verblijf van de gefailleerde bevindt, naar gelang de faillietverklaring is uitgesproken door het rechterlijk college van de woonplaats, het kantoor of het verblijf van de gefailleerde.

– 2. De neerlegging geschiedt kosteloos. (Fw art. 107, 114, 325)

Art. 98

Voortzetting bedrijf

De curator is bevoegd het bedrijf van de gefailleerde voort te zetten. Indien er geen commissie uit de schuldeisers is benoemd, heeft hij daartoe de machtiging van de rechter-commissaris nodig. (Fw art. 67, 72, 74, 78, 93 lid 2, 98, 173 lid 2, 311)

Art. 99

Poststukken

– 1. De curator opent krachtens de last bedoeld in artikel 14, de brieven en telegrammen aan de gefailleerde gericht. Die, welke niet op de boedel betrekking hebben, stelt hij terstond aan de gefailleerde ter hand. Het postvervoerbedrijf of de postvervoerbedrijven die zijn aangewezen als verlener van de universele postdienst, alsmede de andere geregistreerde postvervoerbedrijven, bedoeld in de Postwet 2009 is, na van de griffier ontvangen kennisgeving, verplicht de curator de brieven en telegrammen, voor de gefailleerde bestemd, af te geven, totdat de curator of de rechter-commissaris haar van die verplichting ontslaat of zij de kennisgeving ontvangt, bedoeld in artikel 15. De rechterlijke last tot het openen van brieven en telegrammen verliest zijn kracht op het in de vorige zin bedoelde tijdstip waarop de verplichting van de administratie tot afgifte van brieven en telegrammen eindigt. (Fw art. 14 lid 2, 67; Gw art. 13)

– 2. Protesten, exploten, verklaringen en termijnstellingen betreffende de boedel geschieden door en aan de curator. (Fw art. 57; BW art. 3:37, 50, 55 lid 2, 69 lid 4; BW art. 6:82, 88, 265 e.v.; K art. 143, 176, 217)

Art. 100

Uitkering tot levensonderhoud

De curator is bevoegd naar omstandigheden een door de rechter-commissaris vast te stellen som ter voorziening in het levensonderhoud van de gefailleerde en zijn huisgezin uit te keren. (Fw art. 21 sub 2, 67, 78, 173 lid 2)

Art. 101

Vervreemding goederen

– 1. De curator is bevoegd goederen te vervreemden, indien en voorzover de vervreemding noodzakelijk is ter bestrijding der kosten van het faillissement, of de goederen niet dan met nadeel voor de boedel bewaard kunnen blijven.

– 2. De bepaling van artikel 176 is toepasselijk. (Fw art. 58, 78, 175)

Art. 102

Bewaring; belegging gelden

– 1. De curator houdt alle gelden, kleinodiën, effecten en andere papieren van waarde onder zijn onmiddellijke bewaring, tenzij door de rechter-commissaris een andere wijze van bewaring wordt bepaald.

– 2. Gerede gelden, die voor het beheer niet nodig zijn, worden door de curator belegd ten name van de boedel op de wijze door de rechter-commissaris goed te keuren. (Fw art. 67, 92, 103)

Art. 103

Beschikking gelden enz.

Over gelden, kleinodiën, effecten en andere papieren van waarde, die, volgens bepaling van de rechter-commissaris, door een derde worden bewaard, en over belegde gelden mag de curator niet anders beschikken dan door middel van door de rechter-commissaris voor gezien getekende stukken. (Fw art. 102)

Art. 104

Vaststellingsovereenkomst, schikkingen

De curator is, na ingewonnen advies van de commissie uit de schuldeisers, zo die er is, en onder goedkeuring van de rechter-commissaris, bevoegd vaststellingsovereenkomsten of schikkingen aan te gaan. (Fw art. 67, 72, 78; BW art. 7:900 e.v.)

Art. 105

Verschaffen van inlichtingen

– 1. De gefailleerde is verplicht voor de rechter-commissaris, de curator of de commissie uit de schuldeisers te verschijnen en deze alle inlichtingen te verschaffen, zo dikwijls hij daartoe wordt opgeroepen. (Fw art. 66, 76, 106; Sr art. 194)

– 2. Bij een faillissement van een persoon die in gemeenschap van goederen is gehuwd of in gemeenschap van goederen een geregistreerd partnerschap is aangegaan, rust de verplichting om inlichtingen te geven op ieder van de echtgenoten onderscheidenlijk van de geregistreerde partners voorzover hij gehandeld heeft. (Fw art. 63)

Art. 106

Toepasselijkheid bepalingen t.a.v. bestuur, commissarissen

Bij het faillissement van een rechtspersoon zijn de bepalingen van de artikelen 87-91 op de bestuurders, die van artikel 105, eerste lid, op bestuurders en commissarissen toepasselijk. (Fw art. 117; BW art. 2:44, 47, 57, 63*f*, 129, 140, 158, 237, 239, 250, 268, 291; Sr art. 194)

Art. 107

Afschriften

– 1. De griffier is verplicht aan elke schuldeiser op diens verzoek en op diens kosten afschrift te geven van de stukken, die ingevolge enige bepaling dezer wet ter griffie worden neergelegd of zich aldaar bevinden. (Fw art. 183)

– 2. Evenzo is de griffier verplicht aan een ieder op diens verzoek en op diens kosten afschrift af te geven van de stukken waarvan een ieder ingevolge enige bepaling van deze wet ter griffie inzage kan verkrijgen. (Fw art. 73*a*, 97, 114, 137, 139, 148, 215, 226, 253, 263, 269; Tar. art. 13)

VIJFDE AFDELING

Van de verificatie der schuldvorderingen

Art. 108

Indiening vorderingen; verificatievergadering

– 1. De rechter-commissaris bepaalt uiterlijk binnen veertien dagen nadat het vonnis van faillietverklaring in kracht van gewijsde is gegaan:

1. de dag, waarop uiterlijk de schuldvorderingen ingediend moeten worden; (Fw art. 127 lid 1, 173*a* lid 5)

2. dag, uur en plaats, waarop de verificatievergadering zal gehouden worden. (Fw art. 8) (Fw art. 80 e.v., 115)

– 2. Tussen de dagen, onder 1 en 2 vermeld, moeten ten minste veertien dagen verlopen. (Fw 173*a*; Rv 642g)

Art. 109

Kennisgeving

De curator geeft van deze beschikkingen onmiddellijk aan alle bekende schuldeisers bij brieven kennis. (Fw art. 83, 115)

Art. 110

Wijze van indiening

– 1. De indiening der schuldvorderingen geschiedt bij de curator door de overlegging ener rekening of andere schriftelijke verklaring, aangevende de aard en het bedrag der vordering, vergezeld van de bewijsstukken of een afschrift daarvan, en van een opgave, of op voorrecht, pand, hypotheek of retentierecht aanspraak wordt gemaakt.

– 2. De schuldeisers zijn bevoegd van de curator een ontvangbewijs te vorderen. (Fw art. 36, 108, 127, 173*a* lid 5, 178, 186, 257; BW art. 3:227 e.v., 276 e.v., 290 e.v.; Rv art. 642*l*)

Art. 111

Onderzoek curator

De curator toetst de ingezonden rekeningen aan de administratie en opgaven van de gefailleerde, treedt, als hij tegen de toelating ener vordering bezwaar heeft, met de schuldeiser in overleg, en is bevoegd van deze overlegging van ontbrekende stukken alsook inzage van zijn administratie en van de oorspronkelijke bewijsstukken te vorderen. (Fw art. 105, 173*a*, 178, 258; BW art. 2:10; BW art. 3:15*a*; K art. 8, 11; Rv art. 642*l*)

Art. 112

Voorlopig erkende en betwiste vorderingen

De curator brengt de vorderingen, die hij goedkeurt, op een lijst van voorlopig erkende schuldvorderingen, en de vorderingen, die hij betwist, op een afzonderlijke lijst, vermeldende de gronden der betwisting. (Fw art. 119, 178, 259; Rv art. 642*l*)

Art. 113

Voorrecht, pand, hypotheek, retentie

In de lijsten, bedoeld in het vorige artikel, wordt elke vordering omschreven, en aangegeven of zij naar de mening van de curator bevoorrecht of door pand of hypotheek gedekt is, of wel ter zake der vordering retentierecht kan worden uitgeoefend. Betwist de curator alleen de voorrang, of het retentierecht, zo wordt de vordering op de lijst der voorlopig erkende schuldvorderingen gebracht met aantekening van deze betwisting en de gronden daarvan. (Fw art. 57, 119, 143, 178; BW art. 3:227 e.v., 276 e.v., 290 e.v.)

Art. 114

Nederlegging ter inzage

– 1. Van ieder der lijsten, in artikel 112 bedoeld, wordt een afschrift door de curator ter griffie van de rechtbank neergelegd, om aldaar gedurende de zeven aan de verificatievergadering voorafgaande dagen kosteloos ter inzage te liggen van een ieder. (Fw art. 97, 107, 173*a* lid 4, 173*c* lid 2, 178)

– 2. De neerlegging geschiedt kosteloos.

Art. 115

Kennisgeving; oproeping

Van de krachtens artikel 114 gedane neerlegging der lijsten geeft de curator aan alle bekende schuldeisers schriftelijk bericht, waarbij hij een nadere oproeping tot de verificatievergadering voegt en tevens vermeldt of een ontwerp-akkoord door de gefailleerde ter griffie is neergelegd. (Fw art. 108 lid 1 sub 2, 139)

Art. 116

Inlichtingen gefailleerde ter vergadering

De gefailleerde woont de verificatievergadering in persoon bij, ten einde aldaar alle inlichtingen over de oorzaken van het faillissement en de staat van de boedel te geven, die hem door de rechter-commissaris gevraagd worden. De schuldeisers kunnen de rechter-commissaris verzoeken omtrent bepaalde door hen op te geven punten inlichtingen aan de gefailleerde te vragen. De vragen aan de gefailleerde gesteld en de door hem gegeven antwoorden worden in het proces-verbaal opgetekend. (Fw art. 80, 117; Sr art. 194)

Art. 117

Verplichting bestuurders

Bij het faillissement van een rechtspersoon rust op de bestuurders de verplichting in het vorig artikel de gefailleerde opgelegd. (Fw art. 106; BW art. 2:37, 44, 129, 239, 291; Sr art. 194)

Art. 118

Vervallen.

Art. 119

Behandeling der vorderingen

– 1. Op de vergadering leest de rechter-commissaris de lijst der voorlopig erkende en die der door de curator betwiste schuldvorderingen voor. Ieder der op die lijsten voorkomende schuldeisers is bevoegd de curator omtrent elke vordering en haar plaatsing op een der lijsten inlichtingen te vragen, of wel haar juistheid, de beweerde voorrang of het beweerde retentierecht te betwisten, of te verklaren, dat hij zich bij de betwisting van de curator aansluit. (Fw art. 80, 112, 124)

– 2. De curator is bevoegd op de door hem gedane voorlopige erkenning of betwisting terug te komen, of wel te vorderen, dat de schuldeiser de deugdelijkheid zijner noch door de curator, noch door een der schuldeisers betwiste schuldvordering onder ede bevestige; indien de oorspronkelijke schuldeiser overleden is, zullen de rechthebbenden onder ede moeten verklaren, dat zij te goeder trouw geloven dat de schuld bestaat en onvoldaan is. (Fw art. 120; Sr art. 207)

– 3. Bestaat er behoefte aan verdaging der vergadering, dan wordt deze binnen acht dagen, op het door de rechter-commissaris aan te wijzen tijdstip, zonder nadere oproeping, voortgezet.

Art. 120

Eedsaflegging

– 1. De eed, bedoeld in het tweede lid van het vorige artikel, wordt in persoon of door een daartoe bijzonder gevolmachtigde afgelegd in handen van de rechter-commissaris, hetzij onmiddellijk op de vergadering, hetzij op een latere door de rechter-commissaris te bepalen dag. De volmacht kan ondershands worden verleend. (Fw art. 121 lid 2; BW art. 3:60 e.v.)

– 2. Indien de schuldeiser, aan wie de eed is opgedragen, niet ter vergadering aanwezig is, geeft de griffier hem onmiddellijk kennis van de eedsopdracht en van de voor de eedsaflegging bepaalde dag.

– 3. De rechter-commissaris geeft de schuldeiser een verklaring van de eedsaflegging, tenzij de eed wordt afgelegd in een vergadering van schuldeisers, in welk geval van de aflegging aantekening wordt gehouden in het proces-verbaal dier vergadering.

Art. 121

Lijst erkende schuldeisers; voorwaardelijke toelating

– 1. De vorderingen, welke niet betwist worden, worden overgebracht op een in het proces-verbaal op te nemen lijst van erkende schuldeisers. Op het papier aan order en aan toonder wordt door de curator de erkenning aangetekend. (Fw art. 134; K art. 100, 174, 178)

– 2. De schuldvorderingen, van welke de curator de beëdiging heeft gevorderd, worden voorwaardelijk toegelaten, totdat door het al of niet afleggen van de eed, op de bij het eerste lid van artikel 120 bedoelden tijd, over haar toelating definitief zal zijn beslist. (Fw art. 84 lid 1, 125, 145)

– 3. Het proces-verbaal der vergadering wordt ondertekend door de rechter-commissaris en de griffier. (Fw art. 148)

– 4. De in het proces-verbaal der vergadering opgetekende erkenning ener vordering heeft in het faillissement kracht van gewijsde zaak. Alleen op grond van bedrog kan de curator vernietiging daarvan vorderen. (Fw art. 148, 196; BW art. 3:44)

Art. 122

Renvooiprocedure

– 1. In geval van betwisting beproeft de rechter-commissaris een schikking. Indien hij partijen niet kan verenigen, en voorzover het geschil niet reeds aanhangig is, verwijst hij partijen naar een door hem te bepalen terechtzitting van de rechtbank, zonder dat daartoe een dagvaarding wordt vereist. (Fw art. 26, 29, 67, 122*a*, 126; Rv art. 139; Tar. art. 9 lid 2)

– 2. De advocaten, die voor partijen optreden, verklaren dit bij de oproeping der zaak ter terechtzitting.

– 3. Verschijnt de schuldeiser, die de verificatie vraagt, op de bepaalde terechtzitting niet, dan wordt hij geacht zijn aanvrage te hebben ingetrokken; verschijnt hij, die de betwisting doet, niet, dan wordt hij geacht de betwisting te laten varen en erkent de rechter de vordering.

– 4. Schuldeisers, die ter verificatievergadering geen betwisting hebben gedaan, kunnen in het geding zich niet voegen noch tussenkomen. (Fw 119 lid 1)

Art. 122a

Schorsing bij homologatie

– 1. Wanneer de betwisting door de curator is gedaan, wordt de loop van het rechtsgeding van rechtswege geschorst door het in kracht van gewijsde gaan van de homologatie van een akkoord in het faillissement, tenzij de stukken van het geding reeds tot het geven van een beslissing aan de rechter zijn overgelegd, in welk geval de vordering, indien zij wordt erkend, geacht wordt in het faillissement erkend te zijn, terwijl ten aanzien van de beslissing omtrent de kosten van het geding de schuldenaar in de plaats treedt van de curator.

– 2. Het geding wordt hervat in de stand waarin dit zich bij de schorsing bevond doordat een der partijen, met instemming van de andere partij, een daartoe strekkende akte ter rolle neemt, dan wel bij exploot verklaart dat het geding wordt hervat.

– 3. De partij die bij het in het tweede lid bedoelde exploot verklaart dat het geding wordt hervat, roept daarbij de andere partij op tegen de dag waarop zij de zaak ter rolle wil doen dienen. Voor deze oproeping moeten de voor de dagvaarding voorgeschreven termijnen in acht worden genomen. Partijen stellen opnieuw advocaat.

– 4. *Vervallen. (Fw art. 119, 159)*

– 5. Wanneer de betwisting is gedaan door een mede-schuldeiser, kan het geding, nadat de homologatie van een akkoord in het faillissement in kracht van gewijsde is gegaan, door partijen worden voortgezet uitsluitend ten einde de rechter te doen beslissen over de proceskosten.

Art. 123

Bewijs betwiste vordering

De schuldeiser, wiens vordering betwist wordt, is tot staving daarvan tot geen nader of meerder bewijs gehouden, dan hij tegen de gefailleerde zelf zoude moeten leveren. (Fw art. 55; Rv art. 149 e.v.)

Art. 124

Kennisgeving betwisting; verwijzing

– 1. Indien de schuldeiser, wiens vordering betwist wordt, niet ter vergadering aanwezig is, geeft de griffier hem onmiddellijk kennis van de gedane betwisting en verwijzing.
– 2. De schuldeiser kan zich in het geding op het ontbreken dier kennisgeving niet beroepen. (Fw art. 120 lid 2)

Art. 125

Voorwaardelijke toelating, erkenning

Vorderingen, die betwist worden, kunnen door de rechter-commissaris voorwaardelijk worden toegelaten tot een bedrag door hem te bepalen. Wanneer de voorrang betwist wordt, kan deze door de rechter-commissaris voorwaardelijk worden erkend. (Fw art. 67, 82, 84 lid 1, 119, 142, 145, 164, 181)

Art. 126

Betwisting door gefailleerde

– 1. Ook de gefailleerde is bevoegd, onder summiere opgaaf zijner gronden, tegen de toelating ener vordering, hetzij voor het geheel, hetzij voor een gedeelte, of tegen de erkenning van de beweerde voorrang, zich te verzetten. In dit geval geschiedt in het proces-verbaal aantekening van de betwisting en van haar gronden, zonder verwijzing van partijen naar de rechtbank, en zonder dat daardoor de erkenning der vordering in het faillissement wordt verhinderd.
– 2. Betwisting, waarvoor geen gronden worden opgegeven, of welke niet de gehele vordering omvat en toch niet uitdrukkelijk aanwijst, welk deel wordt erkend, en welk betwist, wordt niet als betwisting aangemerkt. (Fw art. 119, 159, 197)

Art. 127

Later ingediende vorderingen

– 1. Vorderingen, na afloop van de in artikel 108, 1°. genoemde termijn, doch uiterlijk twee dagen vóór de dag, waarop de verificatievergadering zal worden gehouden, bij de curator ingediend, worden op daartoe ter vergadering gedaan verzoek geverifieerd, indien noch de curator noch een der aanwezige schuldeisers daartegen bezwaar maakt.
– 2. Vorderingen, daarna ingediend, worden niet geverifieerd.
– 3. De bepalingen van het eerste en tweede lid zijn niet toepasselijk, indien de schuldeiser buiten het Rijk in Europa woont en daardoor verhinderd was zich eerder aan te melden.
– 4. In geval van bezwaar, als in het eerste lid bedoeld, of van geschil over het al dan niet aanwezig zijn der verhindering, in het derde lid bedoeld, beslist de rechter-commissaris, na de vergadering te hebben geraadpleegd. (Fw art. 67, 173*a*, 178, 186, 191, 265; Rv art. 642*o*)

Art. 128

Interesten

Interesten, na de faillietverklaring lopende, kunnen niet geverifieerd worden, tenzij door pand of hypotheek gedekt. In dit geval worden zij pro memorie geverifieerd. Voorzover de interesten op de opbrengst van het onderpand niet batig gerangschikt worden, kan de schuldeiser uit deze verificatie geen rechten ontlenen. (Fw art. 260, 328; BW art. 3:244, 263; BW art. 6:119; BW art. 7A:1804)

Art. 129

Ontbindende voorwaarde

Een vordering onder een ontbindende voorwaarde wordt voor het gehele bedrag geverifieerd, onverminderd de werking der voorwaarde, wanneer zij vervuld wordt. (Fw art. 260; BW art. 6:21 e.v.; Rv art. 483*a*)

Art. 130

Opschortende voorwaarde

– 1. Een vordering onder een opschortende voorwaarde kan geverifieerd worden voor haar waarde op het ogenblik der faillietverklaring.
– 2. Indien de curator en de schuldeisers het niet eens kunnen worden over deze wijze van verificatie, wordt zodanige vordering voor het volle bedrag voorwaardelijk toegelaten. (Fw art. 53, 57 lid 2, 82, 142, 145, 261; BW art. 6:21 e.v.; Rv art. 483*b*)

Art. 131

Waardebepaling niet-opeisbare vorderingen

– 1. Een vordering, waarvan het tijdstip der opeisbaarheid onzeker is, of welke recht geeft op periodieke uitkeringen, wordt geverifieerd voor haar waarde op de dag der faillietverklaring. (BW art. 6:40)
– 2. Alle schuldvorderingen, vervallende binnen één jaar na den dag, waarop het faillissement is aangevangen, worden behandeld, alsof zij op dat tijdstip opeisbaar waren. Alle later dan één jaar daarna vervallende schuldvorderingen worden geverifieerd voor de waarde, die zij hebben na verloop van een jaar sedert de aanvang van het faillissement. (BW art. 6:40; BW art. 7A:1809 sub 3)
– 3. Bij de berekening wordt uitsluitend gelet op het tijdstip en de wijze van aflossing, het

kansgenot, waar dit bestaat, en, indien de vordering rentedragend is, op de bedongen rentevoet. (Fw art. 262; Rv art. 483*c*)

Art. 132

Niet batig gerangschikt gedeelte

– 1. Schuldeisers, wier vorderingen door pand, hypotheek of retentierecht gedekt of op een bepaald voorwerp bevoorrecht zijn, maar die kunnen aantonen dat een deel hunner vordering vermoedelijk niet batig gerangschikt zal kunnen worden op de opbrengst der verbonden goederen, kunnen verlangen dat hun voor dat deel de rechten van concurrente schuldeisers worden toegekend met behoud van hun recht van voorrang.

– 2. Het bedrag waarvoor pand- en hypotheekhouders batig gerangschikt kunnen worden, wordt bepaald met inachtneming van artikel 483*e* van het Wetboek van Burgerlijke Rechtsvordering met dien verstande dat voor het tijdstip van het opmaken van de staat in de plaats treedt de aanvang van de dag waarop de faillietverklaring werd uitgesproken. (Fw art. 57, 60, 113, 143, 180 lid 2; BW art. 3:227 e.v., 236 e.v., 260 e.v., 290 e.v.)

Art. 133

Geschatte waarde

Vorderingen, waarvan de waarde onbepaald, onzeker, niet in Nederlands geld of in het geheel niet in geld is uitgedrukt, worden geverifieerd voor hun geschatte waarde in Nederlands geld. (BW art. 6:123)

Art. 134

Verificatie t.n.v. toonder

Schuldvorderingen aan toonder kunnen ten name van 'toonder' geverifieerd worden. Iedere ten name van 'toonder' geverifieerde vordering wordt als de vordering van een afzonderlijk schuldeiser beschouwd. (Fw art. 82)

Art. 135

Vervallen.

Art. 136

Hoofdelijke schuldenaren

– 1. Indien van hoofdelijke schuldenaren een of meer in staat van faillissement verkeren, kan de schuldeiser in het faillissement van die schuldenaar, onderscheidenlijk in het faillissement van ieder dier schuldenaren opkomen voor en betaling ontvangen over het gehele bedrag, hem ten tijde der faillietverklaring nog verschuldigd, totdat zijn vordering ten volle zal zijn gekweten.

– 2. Een hoofdelijke schuldenaar kan, zo nodig voorwaardelijk, worden toegelaten voor de bedragen waarvoor hij op de gefailleerde, krachtens hun onderlinge rechtsverhouding als hoofdelijke medeschuldenaren, een vordering heeft verkregen of zal verkrijgen. De toelating geschiedt echter slechts:

a. voorzover de schuldeiser daarvoor zelf niet kan opkomen of, hoewel hij het kan, niet opkomt;

b. voor het geval de schuldeiser gedurende het faillissement voor het gehele bedrag waarvoor hij is opgekomen, wordt voldaan;

c. voorzover om een andere reden de toelating geen voor de concurrente schuldeisers nadelige invloed heeft op de aan hen uit te keren percenten. (Fw art. 160, 180 lid 2, 241, BW art. 6:6 e.v., BW art. 7:850 e.v.)

Art. 137

Verslag; proces-verbaal verificatievergadering

– 1. Na afloop der verificatie brengt de curator verslag uit over de stand van de boedel, en geeft hij daaromtrent alle door de schuldeisers verlangde inlichtingen. Het verslag wordt, met het proces-verbaal der verificatievergadering, na afloop dier vergadering ter griffie nedergelegd ter kosteloze inzage van een ieder. De neerlegging geschiedt kosteloos. (Fw art. 107)

– 2. Zowel de curator, als de schuldeisers en de gefailleerde kunnen na de neerlegging van het proces-verbaal, aan de rechtbank verbetering daarvan verzoeken, indien uit de stukken zelve blijkt dat in het proces-verbaal een vergissing is geslopen.

VIJFDE AFDELING A

Vereenvoudigde afwikkeling van faillissement

Art. 137a

Afhandeling concurrente vorderingen achterwege

– 1. Indien aannemelijk is dat de beschikbare baten niet voldoende zijn om daaruit de concurrente vorderingen geheel of gedeeltelijk te voldoen, kan de rechter-commissaris op verzoek van de curator dan wel ambtshalve bepalen dat afhandeling van concurrente vorderingen achterwege blijft en dat geen verificatievergadering wordt gehouden. (Fw art. 67)

– 2. De curator geeft van de in het eerste lid bedoelde beschikking onmiddellijk aan alle bekende schuldeisers bij brieven kennis en doet daarvan aankondiging in de *Staatscourant*.

– 3. Ingeval de in het eerste lid bedoelde beschikking is gegeven, is deze afdeling van toepassing. De vijfde afdeling vindt geen toepassing. Op niet-concurrente vorderingen zijn de artikelen 128 tot en met 136 van de vijfde afdeling van overeenkomstige toepassing. De zesde en de zevende afdeling vinden geen toepassing, tenzij hierna anders is bepaald.

Art. 137b

Bevoorrechte vorderingen; betwisting

– 1. De curator gaat na welke vorderingen bevoorrecht zijn of door pand, hypotheek of retentierecht gedekt zijn.

– 2. Indien de curator een vordering dan wel de aan een vordering verbonden voorrang betwist, geeft hij de desbetreffende schuldeiser daarvan bericht en treedt hij met hem in overleg ter regeling van dit geschil.

– 3. Indien de curator geen overeenstemming bereikt met de in het vorige lid bedoelde schuldeiser, legt hij het geschil aan de rechter-commissaris voor. Artikel 122, eerste, tweede en derde lid, is van overeenkomstige toepassing.

– 4. De gefailleerde is bevoegd zijn bezwaren tegen een vordering dan wel tegen de aan een vordering verbonden voorrang aan de curator kenbaar te maken, die, als hij de bezwaren niet kan wegnemen, deze aan de rechter-commissaris voorlegt. Artikel 126 is van overeenkomstige toepassing.

Art. 137c

Tegeldemaking boedel; uitdelingslijst

– 1. De curator gaat over tot tegeldemaking van de boedel. De artikelen 175, tweede lid, 176 en 177 zijn van overeenkomstige toepassing.

– 2. De curator maakt een uitdelingslijst op. De lijst houdt in een staat van de ontvangsten en uitgaven (daaronder begrepen het salaris van de curator), de namen van de schuldeisers die een bevoorrechte of door pand, hypotheek of retentierecht gedekte vordering hebben, het bedrag van ieders vordering en de daarop te ontvangen uitkering.

– 3. Voor de vorderingen waarover een geschil als bedoeld in artikel 122 aanhangig is, trekt de curator op de lijst percenten over het volle bedrag uit, alsmede percenten voor in verband daarmee nog aan te wenden kosten. Artikel 194 is van overeenkomstige toepassing. (Fw art. 101)

Art. 137d

Goedkeuring uitdelingslijst; verslag

– 1. De curator legt de uitdelingslijst ter goedkeuring aan de rechter-commissaris voor.

– 2. De curator legt een afschrift van de door de rechter-commissaris goedgekeurde lijst alsmede een verslag over de toestand van de boedel ter griffie van de rechtbank neder om aldaar gedurende tien dagen kosteloos ter inzage te liggen voor een ieder.

– 3. Van de neerlegging doet de curator aankondiging in de *Staatscourant*.

– 4. De curator geeft daarvan schriftelijk bericht aan alle bekende schuldeisers, met mededeling dat de uitdelingslijst geen betrekking heeft op concurrente vorderingen.

– 5. Artikel 182 is van overeenkomstige toepassing. (Fw art. 180, 183)

Art. 137e

Verzet

– 1. Gedurende de in artikel 137*d*, tweede lid, genoemde termijn kan iedere schuldeiser in verzet komen tegen de ter griffie nedergelegde uitdelingslijst door inlevering van een met redenen omkleed bezwaarschrift ter griffie; hem wordt door de griffier een bewijs van ontvangst gegeven.

– 2. Het bezwaarschrift wordt als bijlage bij de uitdelingslijst gevoegd.

– 3. Het verzet door een concurrente schuldeiser kan niet worden gegrond op het enkele feit dat zijn vordering niet op de ter griffie nedergelegde uitdelingslijst is geplaatst.

– 4. De artikelen 185 en 187 zijn van overeenkomstige toepassing. (Fw art. 184)

Art. 137f

Uitkering

– 1. Na afloop van de termijn, genoemd in artikel 137*d*, tweede lid, of, indien verzet is gedaan, nadat de beschikking op het verzet in kracht van gewijsde is gegaan, verkeert de boedel van rechtswege in staat van insolventie en gaat de curator over tot het doen van de vastgestelde uitkering.

– 2. De artikelen 188, 189, 190, 192 en 193 zijn van overeenkomstige toepassing.

Art. 137g

Alsnog verificatievergadering

– 1. Indien tijdens de vereffening baten opkomen die van zodanige omvang zijn dat uit de opbrengst daarvan ook concurrente vorderingen geheel of gedeeltelijk kunnen worden voldaan, bepaalt de rechter-commissaris dat alsnog een verificatievergadering wordt gehouden en stelt daartoe dag, uur en plaats vast, alsmede de dag waarop uiterlijk de vorderingen ingediend moeten worden. Artikel 108, tweede lid, is van toepassing.

– 2. De curator geeft van de in het vorige lid genoemde beschikking onmiddellijk aan alle bekende schuldeisers kennis en doet daarvan aankondiging in de *Staatscourant*.

– 3. De vijfde, zesde en zevende afdeling zijn van toepassing. (Fw art. 194)

ZESDE AFDELING
Van het akkoord

Art. 138

Aanbieding akkoord

De gefailleerde is bevoegd aan zijn gezamenlijke schuldeisers een akkoord aan te bieden. (Fw art. 50, 75, 170, 252, 329 e.v.)

Art. 139

Behandeling ontwerpakkoord

– 1. Indien de gefailleerde een ontwerp van akkoord, ten minste acht dagen vóór de vergadering tot verificatie der schuldvorderingen, ter griffie van de rechtbank heeft nedergelegd, ter kosteloze inzage van een ieder, wordt daarover in die vergadering na afloop der verificatie dadelijk geraadpleegd en beslist, behoudens de bepaling van artikel 141.
– 2. Een afschrift van het ontwerp van akkoord moet, gelijktijdig met de nederlegging ter griffie, worden toegezonden aan de curator en aan ieder der leden van de voorlopige commissie uit de schuldeisers. (Fw art. 107, 115, 253)

Art. 140

Schriftelijk advies over akkoord

De curator en de commissie uit de schuldeisers zijn verplicht ieder afzonderlijk ter vergadering een schriftelijk advies over het aangeboden akkoord te geven. (Fw art. 17, 64)

Art. 141

Uitstel behandeling

De raadpleging en beslissing worden tot een volgende door de rechter-commissaris op ten hoogste drie weken later te bepalen vergadering uitgesteld:
1° indien staande de vergadering een definitieve commissie uit de schuldeisers is benoemd, niet bestaande uit dezelfde personen als de voorlopige, en de meerderheid der verschenen schuldeisers van haar een schriftelijk advies over het aangeboden akkoord verlangt; (Fw art. 75)
2° indien het ontwerp van akkoord niet tijdig ter griffie is neergelegd en de meerderheid der verschenen schuldeisers zich voor uitstel verklaart. (Fw art. 81, 139)

Art. 142

Kennisgeving van uitstel

Wanneer de raadpleging en stemming over het akkoord, ingevolge de bepalingen van het voorgaande artikel, worden uitgesteld tot een nadere vergadering, wordt daarvan door de curator onverwijld aan de niet op de verificatievergadering verschenen, erkende of voorwaardelijk toegelaten schuldeisers kennis gegeven, bij brieven vermeldende de summiere inhoud van het akkoord. (Fw art. 83)

Art. 143

Stemrecht

– 1. Van de stemming over het akkoord zijn uitgesloten de schuldeisers aan wier vordering voorrang verbonden is daaronder begrepen diegenen, wier voorrang betwist wordt, tenzij zij, vóór de aanvang der stemming, van hun voorrang ten behoeve van de boedel afstand mochten doen.
– 2. Deze afstand maakt hen tot concurrente schuldeisers, ook voor het geval het akkoord niet mocht worden aangenomen. (Fw art. 57, 113, 119, 132, 257 lid 2; BW art. 3:227 e.v., 236 e.v., 260 e.v., 276 e.v., 282, 283 e.v., 288 e.v., 290 e.v.)

Art. 144

Toelichting, verdediging, wijziging

De gefailleerde is bevoegd tot toelichting en verdediging van het akkoord op te treden en het, staande de raadpleging, te wijzigen. (Fw art. 152 lid 2)

Art. 145

Vereiste meerderheid

Tot het aannemen van het akkoord wordt vereist de toestemming van de gewone meerderheid van de ter vergadering verschenen erkende en voorwaardelijk toegelaten concurrente schuldeisers, die tezamen ten minste de helft van het bedrag van de door geen voorrang gedekte erkende en voorwaardelijk toegelaten schuldvorderingen vertegenwoordigen. (Fw art. 81 e.v., 125, 130, 134, 143, 218 lid 2, 268, 332; Sr art. 345)

Art. 146

Vaststellen akkoord

In afwijking van artikel 145 kan de rechter-commissaris op verzoek van de schuldenaar of de curator bij gemotiveerde beschikking een aangeboden akkoord vaststellen als ware het aangenomen, indien
a. drie vierde van de ter vergadering verschenen erkende en voorwaardelijk toegelaten concurrente schuldeisers voor het akkoord hebben gestemd; en
b. de verwerping van het akkoord het gevolg is van het tegenstemmen van een of meer schuldeisers die, alle omstandigheden in aanmerking genomen en in het bijzonder het percentage dat die schuldeisers, zou de boedel worden vereffend, naar verwachting aan betaling op hun vordering zullen ontvangen, in redelijkheid niet tot dit stemgedrag hebben kunnen komen. (Fw art. 144, 150, 268*a*, 332)

Art. 147

Aanneming of verwerping definitief

Latere veranderingen, in het getal der schuldeisers of in het bedrag der vorderingen, hebben geen invloed op de geldigheid van de aanneming, vaststelling of verwerping van het akkoord. (Fw art. 157)

Art. 148

Inhoud proces-verbaal

– 1. Het proces-verbaal der vergadering vermeldt de inhoud van het akkoord, de namen der verschenen stemgerechtigde schuldeisers, de door ieder hunner uitgebrachte stem, de uitslag der stemming en al wat verder op de vergadering is voorgevallen. Het wordt ondertekend door de rechter-commissaris en de griffier. (Fw art. 121 lid 3; WTBZ art. 13)

– 2. Gedurende acht dagen kan een ieder ter griffie kosteloze inzage van het proces-verbaal verkrijgen. (Fw art. 107, 121, 269)

Art. 149

Verzoek verbetering proces-verbaal

Zowel de schuldeisers, die vóór gestemd hebben, als de gefailleerde, kunnen gedurende acht dagen na afloop der vergadering aan de rechtbank verbetering van het proces-verbaal verzoeken, indien uit de stukken zelve blijkt dat het akkoord door de rechter-commissaris ten onrechte als verworpen is beschouwd. (Fw art. 150 lid 2, 270)

Art. 150

Homologatie

– 1. Indien het akkoord is aangenomen of vastgesteld, bepaalt de rechter-commissaris vóór het sluiten der vergadering de terechtzitting, waarop de rechtbank de homologatie zal behandelen.

– 2. Bij toepassing van artikel 149 geschiedt de bepaling der terechtzitting door de rechtbank in haar beschikking. Van deze beschikking geeft de curator aan de schuldeisers schriftelijk kennis. (Fw art. 83)

– 3. De terechtzitting zal gehouden worden ten minste acht en ten hoogste veertien dagen na de stemming over het akkoord of, bij toepassing van artikel 149, na de beschikking van de rechtbank. (Fw art. 269*b*)

Art. 151

Indiening bezwaren

Gedurende die tijd kunnen de schuldeisers aan de rechter-commissaris schriftelijk de redenen opgeven, waarom zij weigering der homologatie wenselijk achten. (Fw art. 153 lid 3, 269*b*)

Art. 152

Behandeling

– 1. Op de bepaalde dag wordt ter openbare terechtzitting door de rechter-commissaris een schriftelijk rapport uitgebracht, en kan ieder der schuldeisers in persoon, bij schriftelijk gemachtigde of bij advocaat de gronden uiteenzetten, waarop hij de homologatie wenst of haar bestrijdt.

– 2. De gefailleerde is mede bevoegd, tot verdediging zijner belangen op te treden. (Fw art. 90, 144, 155 lid 2, 271, 337)

Art. 153

Weigering homologatie

– 1. Op dezelfde dag, of anders zo spoedig mogelijk, geeft de rechtbank haar met redenen omklede beschikking. (Fw art. 155 lid 2)

– 2. Zij zal de homologatie weigeren: (Fw art. 158)

1° indien de baten des boedels, de som, bij het akkoord bedongen, aanmerkelijk te boven gaan;

2° indien de nakoming van het akkoord niet voldoende is gewaarborgd; (Fw art. 165)

3° indien het akkoord door bedrog, door begunstiging van een of meer schuldeisers of met behulp van andere oneerlijke middelen is tot stand gekomen, onverschillig of de gefailleerde dan wel een ander daartoe heeft medegewerkt; (Sr art. 326, 344 sub 2, 345; BW art. 3:44.)

4° indien de curator in een hoofdprocedure als bedoeld in artikel 6, eerste lid, derde zin, zijn instemming aan het akkoord heeft onthouden, tenzij de rechtbank van oordeel is dat het akkoord de financiële belangen van de schuldeisers van de hoofdprocedure niet aantast.

– 3. Zij kan ook op andere gronden en ook ambtshalve de homologatie weigeren. (Fw art. 151, 272, 338; Ned.-Belgisch Executie Verdrag art. 21)

Art. 154

Hoger beroep

Binnen acht dagen na de beschikking van de rechtbank kunnen, zo de homologatie is geweigerd, zowel de schuldeisers, die vóór het akkoord stemden, als de gefailleerde; zo de homologatie is toegestaan, de schuldeisers, die tegenstemden of bij de stemming afwezig waren, tegen die beschikking in hoger beroep komen. In het laatste geval hebben ook de schuldeisers, die vóór stemden, ditzelfde recht, doch alleen op grond van het ontdekken na de homologatie van handelingen als in artikel 153 onder 3°. genoemd. (Fw art. 85, 272 lid 5; RO art. 60)

Art. 155

Behandeling

– 1. Het hoger beroep geschiedt bij een verzoekschrift, in te dienen ter griffie van het gerechtshof, dat van de zaak moet kennis nemen. De voorzitter bepaalt terstond dag en uur voor de behandeling, welke zal moeten plaats hebben binnen twintig dagen. Van het hoger beroep wordt door de griffier van het rechtscollege, waarbij het is aangebracht, onverwijld kennis gegeven aan de griffier van de rechtbank, die de beschikking omtrent de homologatie heeft gegeven.

– 2. Op de behandeling van het hoger beroep zijn, met uitzondering van het bepaalde omtrent de rechter-commissaris, artikel 152 en artikel 153, eerste lid, toepasselijk. (Fw art. 5, 272 lid 5; Rv art. 358 e.v.; Tar. art. 9 lid 3)

Art. 156

Cassatie

Cassatie wordt binnen dezelfde termijnen en op dezelfde wijze aangetekend en behandeld. (Fw art. 12, 272 lid 5; RO art. 79; Rv art. 426 e.v.)

Art. 157

Verbindendheid akkoord

Het gehomologeerde akkoord is verbindend voor alle geen voorrang hebbende schuldeisers, zonder uitzondering, onverschillig of zij al dan niet in het faillissement opgekomen zijn. (Fw art. 57, 147, 159 e.v., 163 lid 1, 273, 340)

Art. 158

Geen tweede aanbieding

Na verwerping of weigering van de homologatie van het akkoord kan de gefailleerde in hetzelfde faillissement geen akkoord meer aanbieden. (Fw art. 153, 170, 173, 281)

Art. 159

Executoriale titel

Het in kracht van gewijsde gegane vonnis van homologatie levert, in verband met het procesverbaal der verificatie, ten behoeve der erkende vorderingen, voorzover zij niet door de gefailleerde overeenkomstig artikel 126 betwist zijn, een voor tenuitvoerlegging vatbaren titel op tegen de schuldenaar en de tot het akkoord als borgen toegetreden personen. (Fw art. 107, 196, 274; Rv art. 430)

Art. 160

Rechten tegen borgen

Niettegenstaande het akkoord behouden de schuldeisers al hun rechten tegen de borgen en andere medeschuldenaren van de schuldenaar. De rechten, welke zij op goederen van derden kunnen uitoefenen, blijven bestaan als ware geen akkoord tot stand gekomen. (Fw art. 136, 241, 272 lid 5, 300; BW art. 6:6 e.v.; BW art. 7:850 e.v.)

Art. 161

Einde faillissement

Zodra de homologatie van het akkoord in kracht van gewijsde is gegaan, eindigt het faillissement. De curator draagt zorg voor de bekendmaking daarvan in de *Staatscourant*. (Fw art. 50, 167, 193, 206, 276)

Art. 162

Rekening en verantwoording

– 1. Nadat de homologatie in kracht van gewijsde is gegaan, is de curator verplicht, ten overstaan van de rechter-commissaris rekening en verantwoording aan de schuldenaar te doen. (Fw art. 73 lid 2, 193 lid 2; Rv art. 771 e.v.)

– 2. Indien bij het akkoord geene andere bepalingen deswege zijn gemaakt, geeft de curator aan de schuldenaar tegen behoorlijke kwijting af alle goederen, gelden, boeken en papieren tot de boedel behorende. (Fw art. 92)

Art. 163

Zekerheid voor preferente vorderingen

– 1. Het bedrag, waarop geverifieerde schuldeisers, krachtens een erkend voorrecht, aanspraak kunnen maken, alsmede de kosten van het faillissement, moeten in handen van de curator worden gestort, tenzij deswege door de schuldenaar zekerheid wordt gesteld. Zolang hieraan niet is voldaan, is de curator verplicht alle goederen en gelden tot de boedel behorende onder zich te houden, totdat dit bedrag en de bedoelde kosten aan de daarop rechthebbenden zijn voldaan. (Fw art. 121)

– 2. Wanneer één maand na het in kracht van gewijsde gaan van het vonnis van homologatie is verlopen, zonder dat vanwege de schuldenaar de voldoening van een en ander is geschied, zal de curator daartoe overgaan uit de voorhanden baten van de boedel.

– 3. Het bedrag in het eerste lid bedoeld, en het deel daarvan, aan ieder schuldeiser krachtens zijn recht van voorrang toe te kennen, wordt desnodig door de rechter-commissaris begroot. (Fw art. 67)

Art. 164

Voorwaardelijk erkende preferentie

Voor zoveel betreft vorderingen, waarvan het voorrecht voorwaardelijk erkend is, bepaalt de in het vorige artikel bedoelde verplichting van de schuldenaar zich tot het stellen van zekerheid en is de curator bij gebreke daarvan slechts gehouden tot het reserveren uit de baten des boedels van het bedrag waarop het voorrecht aanspraak geeft. (Fw art. 125, 130 lid 2, 136 lid 2, 189; BW art. 6:51)

Art. 165

Ontbinding van akkoord

– 1. Ontbinding van het gehomologeerde akkoord kan door elke schuldeiser gevorderd worden, jegens wie de schuldenaar in gebreke blijft aan de inhoud daarvan te voldoen. (Fw art. 153 lid 2 sub 2, 159; BW art. 6:265 e.v.)

– 2. Op de schuldenaar rust het bewijs, dat aan het akkoord is voldaan. (Rv art. 150)

– 3. De rechter kan, ook ambtshalve, de schuldenaar uitstel van ten hoogste één maand verlenen, om alsnog aan zijn verplichtingen te voldoen. (Fw art. 280)

Art. 166

Behandeling

De vordering tot ontbinding van het akkoord wordt op dezelfde wijze aangebracht en beslist, als ten aanzien van het verzoek tot faillietverklaring in de artikelen 4, 6-9 en 12 is voorgeschreven. (Fw art. 5, 9 lid 3, 280)

Art. 167

Heropening faillissement

– 1. In het vonnis, waarbij de ontbinding van het akkoord wordt uitgesproken, wordt tevens heropening van het faillissement bevolen met benoeming van een rechter-commissaris en curator, alsmede van een commissie uit de schuldeisers, indien er in het faillissement reeds een geweest is.

– 2. Bij voorkeur zullen daartoe de personen gekozen worden, die vroeger in het faillissement die betrekkingen hebben waargenomen.
– 3. De curator draagt zorg voor de bekendmaking van het vonnis op de wijze in artikel 14, derde lid, voorgeschreven. (Fw art. 14, 19 lid 1 sub 3°, 165, 280)

Art. 168

Toepasselijkheid bepalingen

– 1. De artikelen 13, eerste lid, 15-18 en die, welke vervat zijn in de tweede, derde en vierde afdeling van deze titel, zijn bij heropening van het faillissement toepasselijk.
– 2. Evenzo zijn toepasselijk de bepalingen van de afdeling over de verificatie der schuldvorderingen, behoudens deze wijziging, dat de verificatie beperkt blijft tot de schuldvorderingen, die niet reeds vroeger geverifieerd werden.
– 3. Niettemin worden ook de reeds geverifieerde schuldeisers tot bijwoning der verificatievergadering opgeroepen en hebben zij het recht de vorderingen, waarvoor toelating verzocht wordt, te betwisten. (Fw art. 83)

Art. 169

Tussentijdse handelingen

De handelingen, door de schuldenaar in de tijd tussen de homologatie van het akkoord en de heropening van het faillissement verricht, zijn voor de boedel verbindend, behoudens de toepassing van artikel 42 en volgende zo daartoe gronden zijn. (Fw art. 23, 131 lid 1)

Art. 170

Geen tweede aanbieding

– 1. Na de heropening van het faillissement kan niet opnieuw een akkoord aangeboden worden. (Fw art. 158, 281)
– 2. De curator gaat zonder verwijl tot de vereffening over. (Fw art. 173)

Art. 171

Voldoening akkoordpercentage

– 1. Indien tijdens de heropening jegens enige schuldeisers reeds geheel of gedeeltelijk aan het akkoord is voldaan, worden bij de verdeling aan de nieuwe schuldeisers en diegene onder de oude, die nog geen voldoening ontvingen, de bij het akkoord toegezegde percenten, en wordt aan hen, die gedeeltelijke betaling ontvingen, hetgeen aan het toegezegde bedrag nog ontbreekt, vooruitbetaald.
– 2. In hetgeen alsdan nog overschiet, wordt door alle schuldeisers, zo oude als nieuwe, gelijkelijk gedeeld. (Fw art. 179)

Art. 172

Toepasselijkheid bepalingen

Het vorige artikel is eveneens toepasselijk, indien de boedel van de schuldenaar, terwijl door hem aan het akkoord nog niet volledig is voldaan, opnieuw in staat van faillissement wordt verklaard.

Art. 172a

Schakelbepaling

De bepalingen van deze afdeling zijn van overeenkomstige toepassing in het geval dat een akkoord wordt aangeboden op de voet van artikel 34, eerste lid, van de verordening, genoemd in artikel 5, derde lid.

ZEVENDE AFDELING
Van de vereffening des boedels

Art. 173

Staat van insolventie

– 1. Indien op de verificatievergadering geen akkoord aangeboden of indien het aangeboden akkoord verworpen of de homologatie definitief geweigerd is, verkeert de boedel van rechtswege in staat van insolventie. (Fw art. 139, 145, 153, 170)
– 2. De artikelen 98 en 100 houden op van toepassing te zijn, wanneer vaststaat, dat het bedrijf van de gefailleerde niet overeenkomstig de volgende artikelen zal worden voortgezet of wanneer de voortzetting wordt gestaakt.

Art. 173a

Voortzetting bedrijf; nagekomen vorderingen

– 1. Indien ter verificatievergadering geen akkoord is aangeboden of indien het aangeboden akkoord is verworpen, kan de curator of een ter vergadering aanwezige schuldeiser voorstellen, dat het bedrijf van de gefailleerde worde voortgezet. (Fw art. 98)
– 2. De commissie uit de schuldeisers, indien deze er is, en, zo het voorstel is gedaan door een schuldeiser, de curator geven hun advies over dit voorstel. (Fw art. 68, 74 e.v., 79)
– 3. Op verlangen van de curator of van een der aanwezige schuldeisers, stelt de rechter-commissaris de beraadslaging en beslissing over het voorstel uit, tot een op ten hoogste veertien dagen later te bepalen vergadering.
– 4. De curator geeft onverwijld aan de schuldeisers, die niet ter vergadering aanwezig waren, kennis van deze nadere vergadering bij brieven, waarin het ingediend voorstel wordt vermeld en hun tevens de bepaling van artikel 114 wordt herinnerd.
– 5. Op deze vergadering zal, zo nodig, tevens de verificatie plaats hebben van de schuldvorderingen, die na afloop van de in artikel 108, n°. 1, bepaalde termijn zijn ingediend en niet reeds ingevolge artikel 127 geverifieerd zijn. De curator handelt ten opzichte van deze vorderingen overeenkomstig de bepalingen van de artikelen 111-114.

Art. 173b

Vereiste meerderheid

– 1. Het voorstel is aangenomen, indien schuldeisers, vertegenwoordigende meer dan de helft der erkende en voorwaardelijk toegelaten schuldvorderingen, welke niet door pand, hypotheek of retentierecht zijn gedekt, zich daarvóór verklaren. (Fw art. 57, 119, 132, 143; BW art. 236, 260, 290)

– 2. In dit geval vindt, indien een commissie uit de schuldeisers niet bestaat, artikel 75 overeenkomstige toepassing.

– 3. Het proces-verbaal der vergadering vermeldt de namen der verschenen schuldeisers, de door ieder hunner uitgebrachte stem, de uitslag der stemming en al wat verder ter vergadering is voorgevallen.

– 4. Gedurende acht dagen kan een ieder ter griffie kosteloos inzage van het proces-verbaal vragen.

Art. 173c

Vergadering over voortzetting bedrijf

– 1. Indien binnen acht dagen, nadat de homologatie van een akkoord definitief is geweigerd, de curator of een schuldeiser bij de rechter-commissaris een voorstel indient tot voortzetting van het bedrijf van de gefailleerde, zal de rechter-commissaris op door hem terstond te bepalen dag, uur en plaats een vergadering van schuldeisers beleggen ten einde over het voorstel te doen beraadslagen en beslissen. (Fw art. 153, 175)

– 2. De curator roept de schuldeisers, ten minste tien dagen vóór de vergadering, op bij brieven, waarin het ingediend voorstel wordt vermeld en hun tevens de bepaling van artikel 114 wordt herinnerd. (Fw art. 109)

– 3. Artikel 173*a*, lid 2 en 5, alsmede artikel 173*b* zijn van toepassing.

Art. 173d

Voorstel ten onrechte verworpen of aangenomen beschouwd

De curator en de schuldeisers kunnen gedurende acht dagen na afloop der vergadering aan de rechtbank vragen, alsnog te verklaren, dat het voorstel is aangenomen of verworpen, indien uit de stukken zelve blijkt, dat de rechter-commissaris dit ten onrechte als verworpen of aangenomen heeft beschouwd.

Art. 174

Staking voortzetting bedrijf

– 1. De rechter-commissaris kan op verzoek van een schuldeiser of van de curator gelasten, dat de voortzetting van het bedrijf worde gestaakt. Op dit verzoek worden gehoord de commissie uit de schuldeisers, indien deze er is, alsmede de curator, als het verzoek niet door hem is gedaan. (Fw art. 67, 74)

– 2. Bovendien kan de rechter-commissaris ieder schuldeiser en de schuldenaar horen.

Art. 175

Vereffening; huisraad

– 1. Indien een voorstel tot voortzetting van het bedrijf niet of niet tijdig wordt gedaan of indien het wordt verworpen, of de voortzetting wordt gestaakt, gaat de curator onmiddellijk over tot vereffening en tegeldemaking van alle baten des boedels, zonder dat daartoe de toestemming of medewerking des gefailleerden nodig is. (Fw art. 101)

– 2. Niettemin kan de gefailleerde enig huisraad, door de rechter-commissaris aan te wijzen, worden gelaten. (Fw art. 21, 67)

– 3. Ook in geval van voortzetting van het bedrijf kunnen baten van de boedel, welke voor de voortzetting niet nodig zijn, worden te gelde gemaakt. (Fw art. 78)

Art. 176

Verkoop

– 1. De goederen worden in het openbaar of met toestemming van de rechter-commissaris ondershands verkocht. (Fw art. 101)

– 2. Over alle niet spoedig of in het geheel niet voor vereffening vatbare baten beschikt de curator op de wijze door de rechter-commissaris goed te keuren. (Fw art. 58, 60, 67, 78)

Art. 177

Diensten gefailleerde

De curator kan ten behoeve der vereffening van de diensten des gefailleerden gebruik maken, tegen een door de rechter-commissaris vast te stellen vergoeding. (Fw art. 21 sub 2, 67, 78, 98, 100, 173 lid 2)

Art. 178

Vereffeningsvergadering

Nadat de boedel insolvent is geworden, kan de rechter-commissaris, op door hem te bepalen dag, uur en plaats, een vergadering van schuldeisers beleggen, ten einde hen zo nodig te raadplegen over de wijze van vereffening des boedels, en zo nodig de verificatie te doen plaats hebben der schuldvorderingen, die na afloop van de in artikel 108, n°. 1 bepaalde termijn nog zijn ingediend en niet reeds ingevolge artikel 127 geverifieerd zijn. De curator handelt ten opzichte van deze vorderingen overeenkomstig de bepalingen van de artikelen 111-114. Hij roept de schuldeisers, ten minste tien dagen vóór de vergadering, bij brieven op, waarin het onderwerp der vergadering wordt vermeld en hun tevens de bepaling van artikel 114 wordt herinnerd. (Fw art. 67, 83, 348)

Art. 179

Uitdeling

Zo dikwijls er, naar het oordeel van de rechter-commissaris, voldoende gerede penningen aanwezig zijn, beveelt deze een uitdeling aan de geverifieerde schuldeisers. (Fw art. 67, 190)

Art. 180

Uitdelingslijst

– 1. De curator maakt telkens de uitdelingslijst op en onderwerpt die aan de goedkeuring van de rechter-commissaris. De lijst houdt in een staat der ontvangsten en uitgaven (daaronder begrepen het salaris van de curator), de namen der schuldeisers, het geverifieerde bedrag van ieders vordering, benevens de daarop te ontvangen uitkering. (Tar. art. 9 lid 1)

– 2. Voor de concurrente schuldeisers worden de door de rechter-commissaris te bepalen percenten uitgetrokken. Voor de schuldeisers die voorrang hebben, ongeacht of deze betwist wordt, en die niet reeds overeenkomstig artikel 57 of 60 lid 3 voldaan zijn wordt het bedrag uitgetrokken waarvoor zij batig gerangschikt kunnen worden op de opbrengst der goederen waarop hun voorrang betrekking heeft. Zo dit minder is dan het gehele bedrag van hun vorderingen, worden voor het ontbrekende – zo de goederen waarop hun vordering betrekking heeft nog niet verkocht zijn, voor hun hele vordering – gelijke percenten als voor de concurrente schuldeisers uitgetrokken. (Fw art. 67, 132, 189 e.v., 192 e.v.)

Art. 181

Voorwaardelijk toegelaten vorderingen

Voor de voorwaardelijk toegelaten schuldvorderingen worden op de uitdelingslijst de percenten over het volle bedrag uitgetrokken. (Fw art. 121 lid 2, 125, 130 lid 2, 136 lid 2, 189)

Art. 182

Omslag faillissementskosten; separatisten

– 1. De algemene faillissementskosten worden omgeslagen over ieder deel van de boedel, met uitzondering van hetgeen na een executie overeenkomstig artikel 57 of artikel 60, derde lid, tweede zin, toekomt aan de pand- of hypotheekhouders, aan de schuldeisers met retentierecht en aan de beperkt gerechtigden, huurders en pachters wier recht door de executie is vervallen of verloren gegaan, maar met inbegrip van hetgeen krachtens een zodanige executie aan de curator is uitgekeerd ten behoeve van een schuldeiser die boven een of meer van voormelde personen bevoorrecht was. (BW art. 3:227 e.v., 236 e.v., 260 e.v., 264 lid 7, 282, 290 e.v.)

– 2. De in het vorige lid genoemde uitzondering geldt eveneens ten aanzien van luchtvaartuigen, welke overeenkomstig de bepaling van artikel 59*a* door een schuldeiser zelf zijn verkocht.

Art. 183

Nederlegging uitdelingslijst

– 1. De door de rechter-commissaris goedgekeurde uitdelingslijst ligt gedurende tien dagen ter griffie van de rechtbank ter kosteloze inzage van de schuldeisers. (Fw art. 67, 107, 187 lid 4; Tar. art. 9)

– 2. Van de neerlegging wordt door de zorg van de curator aan ieder van de erkende en voorwaardelijk toegelaten schuldeisers schriftelijk kennis gegeven, met vermelding van het voor hem uitgetrokken bedrag. (Fw art. 83)

– 3. Van de neerlegging wordt door de zorg van de curator aankondiging gedaan in het nieuwsblad of de nieuwsbladen bedoeld in artikel 14, terwijl daarvan bovendien aan ieder der erkende en voorwaardelijk toegelaten schuldeisers schriftelijk kennis wordt gegeven, met vermelding van het voor hem uitgetrokken bedrag. (Rv art. 642*u*)

Art. 184

Bezwaar tegen uitdelingslijst

– 1. Gedurende de in het vorige artikel genoemde termijn kan ieder schuldeiser in verzet komen tegen de uitdelingslijst, door inlevering van een met redenen omkleed bezwaarschrift ter griffie; hem wordt door de griffier een bewijs van ontvangst afgegeven.

– 2. Het bezwaarschrift wordt als bijlage bij de lijst gevoegd. (WTBZ art. 9 lid 4)

Art. 185

Behandeling

– 1. Zo er verzet gedaan is, bepaalt de rechter-commissaris, onmiddellijk na afloop van de termijn van inzage, de dag, waarop het ter openbare terechtzitting behandeld zal worden. Deze beschikking ligt ter griffie ter kosteloze inzage van een ieder. Bovendien doet de griffier daarvan aan de opposanten en de curator schriftelijk mededeling. De dag van behandeling mag niet later gesteld worden dan veertien dagen na afloop van de termijn van artikel 183.

– 2. Op de bepaalde dag wordt ter openbare terechtzitting door de rechter-commissaris een schriftelijk rapport uitgebracht, en kan de curator en ieder der schuldeisers in persoon, bij schriftelijk gemachtigde of bij advocaat de gronden uiteenzetten ter verdediging of bestrijding van de uitdelingslijst.

– 3. Op dezelfde dag, of anders zo spoedig mogelijk, geeft de rechtbank haar met redenen omklede beschikking. (Fw art. 152 e.v.)

Art. 186

Verzet door niet geverifieerde schuldeiser

– 1. Ook een niet-geverifieerde schuldeiser, zomede een schuldeiser, wiens vordering voor een te laag bedrag is geverifieerd, doch overeenkomstig zijn opgave, kan verzet doen, mits hij uiterlijk twee dagen vóór die waarop het verzet ter openbare terechtzitting zal behandeld worden, de vordering of het niet-geverifieerde deel der vordering bij de curator indiene, een af-

schrift daarvan bij het bezwaarschrift voege, en in dit bezwaarschrift tevens verzoek doe om geverifieerd te worden. (Fw art. 184)
– 2. De verificatie geschiedt alsdan op de wijze, bij artikel 119 en volgende voorgeschreven, ter openbare terechtzitting, bestemd voor de behandeling van het verzet en voordat daarmede een aanvang wordt gemaakt.
– 3. Indien dit verzet alleen ten doel heeft als schuldeiser geverifieerd te worden, en er niet tevens door anderen verzet is gedaan, komen de kosten van het verzet ten laste van de nalatige schuldeiser. (Fw art. 127, 191; WTBZ art. 9 lid 4)

Art. 187

Cassatie; verbindend worden

– 1. Van de beschikking der rechtbank kan binnen acht dagen, nadat zij is gegeven, beroep in cassatie worden ingesteld door de curator en door iedere schuldeiser. (RO art. 79; Rv art. 426 e. v.)
– 2. Het beroep geschiedt bij een verzoekschrift, in te dienen ter griffie van de Hoge Raad. De Voorzitter bepaalt terstond dag en uur voor de behandeling, welke zal moeten plaats hebben binnen twintig dagen. De griffier geeft van het beroep onverwijld kennis aan de griffier van de rechtbank, welke de beschikking op het verzet heeft gegeven.
– 3. Het beroep wordt ter openbare terechtzitting behandeld. De curator en alle schuldeisers kunnen aan de behandeling deelnemen.
– 4. Door verloop van de termijn van artikel 183, of, zo verzet is gedaan, doordat de beschikking op het verzet in kracht van gewijsde is gegaan, wordt de uitdelingslijst verbindend. (Fw art. 195)

Art. 188

Doorhaling hypotheken

– 1. Door levering ingevolge verkoop door de curator en de voldoening van de koopprijs gaan alle op het verkochte goed rustende hypotheken teniet en vervallen de beperkte rechten die niet tegen alle geverifieerde schuldeisers ingeroepen kunnen worden.
– 2. De rechter-commissaris geeft desverlangd aan de koper een verklaring af van dit tenietgaan en vervallen. De verklaring kan bij of na de levering in de registers worden ingeschreven. Zij machtigt dan de bewaarder der registers tot doorhaling van de betrokken inschrijvingen.
– 3. Op verkoop, door de curator, van tot de boedel behorende schepen, is artikel 578 van het Wetboek van Burgerlijke Rechtsvordering toepasselijk. (Fw art. 57, 67, 132, 180 lid 2; BW art. 3:17, 273; BW art. 8:219, 829; Kadw art. 8 lid 3, 18 e.v., 48)

Art. 189

Voorwaardelijk toegelaten schuldeisers; betwiste voorrang

– 1. De uitdeling, uitgetrokken voor een voorwaardelijk toegelaten schuldeiser, wordt niet uitgekeerd, zolang niet omtrent zijn vordering beslist zal zijn. Blijkt het ten slotte dat hij niets of minder te vorderen heeft, dan komen de voor hem bestemde gelden geheel of ten dele ten bate van de andere schuldeisers.
– 2. Uitdelingen bestemd voor vorderingen, welker voorrang betwist wordt, worden, voorzover zij meer bedragen dan de percenten over de concurrente vorderingen uit te keren, gereserveerd tot na de uitspraak over de voorrang. (Fw art. 125, 130 lid 2, 136 lid 2, 192, 194)

Art. 190

Uitkering onder aftrek ontvangene

Indien enig goed met betrekking waartoe een schuldeiser voorrang heeft, wordt verkocht nadat hem ingevolge artikel 179 in verband met het slot van artikel 180, reeds een uitkering is gedaan, wordt hem bij een volgende uitdeling het bedrag waarvoor hij op de opbrengst van goed batig gerangschikt is, niet anders uitgekeerd dan onder aftrek van de percenten die hij reeds tevoren over dit bedrag ontving. (Fw art. 59, 132)

Art. 191

Uitkering op nagekomen vorderingen

– 1. Aan schuldeisers, die, ten gevolge van hun verzuim om op te komen, eerst geverifieerd worden nadat er reeds uitdelingen hebben plaats gehad, wordt uit de nog voorhanden baten een bedrag, evenredig aan het door de overige erkende schuldeisers reeds genotene, vooruitbetaald. (Fw art. 127, 186 lid 3, 265 lid 2)
– 2. Indien zij voorrang hebben, verliezen zij die, voorzover de opbrengst van de zaak, waarop die voorrang kleefde, bij een vroegere uitdelingslijst aan andere schuldeisers bij voorrang is toegekend.

Art. 192

Uitkering; consignatie

Na afloop van de termijn van inzage, bedoeld bij artikel 183, of na uitspraak van het vonnis op het verzet, is de curator verplicht de vastgestelde uitkering onverwijld te doen. De uitkeringen, waarover niet binnen één maand daarna is beschikt of welke ingevolge artikel 189 gereserveerd zijn, worden door hem in de kas der gerechtelijke consignatiën gestort.

Art. 193

Einde faillissement; rekening en verantwoording

– 1. Zodra aan de geverifieerde schuldeisers het volle bedrag hunner vorderingen is uitgekeerd, of zodra de slotuitdelingslijst verbindend is geworden, neemt het faillissement een einde, behoudens de bepaling van artikel 194. Door de curator geschiedt daarvan aankondiging op de wijze bij artikel 14 bepaald. (Fw art. 50, 161, 187 lid 4, 195, 206; BW art. 2:51, 303)

– 2. Na verloop van een maand doet de curator rekening en verantwoording van zijn beheer aan de rechter-commissaris. (Fw art. 73 lid 2; Rv art. 771)

– 3. De boeken en papieren, door de curator in de boedel gevonden, worden door hem tegen behoorlijk bewijs aan de schuldenaar afgegeven. (Fw art. 92, 356)

Art. 194

Nakomende baten

Indien na de slotuitdeling ingevolge artikel 189 gereserveerde uitdelingen aan de boedel terugvallen, of mocht blijken dat er nog baten van de boedel aanwezig zijn, welke ten tijde der vereffening niet bekend waren, gaat de curator, op bevel van de rechtbank, tot vereffening en verdeling daarvan over op de grondslag van de vroegere uitdelingslijsten. (Fw art. 167, 195, 357; BW art. 2:23*c*)

ACHTSTE AFDELING

Van de rechtstoestand des schuldenaars na afloop van de vereffening

Art. 195

Rechten van schuldeisers

Door het verbindend worden der slotuitdelingslijst herkrijgen de schuldeisers voor hun vorderingen, in zover deze onvoldaan zijn gebleven, hun rechten van executie op de goederen van de schuldenaar. (Fw art. 33, 187 lid 4, 193 lid 1)

Art. 196

Kracht van gewijsde; executoriale titel

De in het vierde lid van artikel 121 bedoelde erkenning ener vordering heeft kracht van gewijsde zaak tegen de schuldenaar; het proces-verbaal der verificatievergadering levert voor de daarin als erkend vermelde vorderingen de voor tenuitvoerlegging vatbare titel op tegen de schuldenaar. (Fw art. 159, 274; Rv art. 236, 430)

Art. 197

Door gefailleerde betwiste vordering

De bepaling van het vorige artikel geldt niet voorzover de vordering door de gefailleerde overeenkomstig artikel 126 betwist is. (Fw art. 159)

NEGENDE AFDELING

Art. 198-202

Vervallen.

TIENDE AFDELING

Bepalingen van internationaal recht

Art. 203

Verhaal op goederen in buitenland

Schuldeisers, die na de faillietverklaring hun vordering geheel of gedeeltelijk afzonderlijk verhaald hebben op in het buitenland zich bevindende, aan hen niet bij voorrang verbonden, goederen van de in Nederland gefailleerde schuldenaar, zijn verplicht het aldus verhaalde aan de boedel te vergoeden. (Fw art. 20, 251, 359*a*; BW art. 6:95 e.v.; Rv art. 431)

Art. 204

Cessie tot verhaal in buitenland

– 1. De schuldeiser, die zijn vordering tegen de gefailleerde, geheel of gedeeltelijk, aan een derde overdraagt, ten einde deze in de gelegenheid te stellen die vordering, geheel of gedeeltelijk, afzonderlijk of bij voorrang te verhalen op in het buitenland zich bevindende goederen van de gefailleerde, is verplicht het aldus verhaalde aan de boedel te vergoeden.

– 2. De overdracht wordt, behoudens tegenbewijs, vermoed met dit doel te zijn geschied, als zij is gedaan met de wetenschap, dat de faillietverklaring reeds was aangevraagd of aangevraagd zou worden. (Fw art. 54, 251, 359*a*; BW art. 6:95 e.v.)

Art. 205

Cessie tot compensatie

– 1. Gelijke verplichting tot vergoeding jegens de boedel rust op hem die zijn vordering of zijn schuld geheel of gedeeltelijk aan een derde overdraagt, die daardoor in staat wordt gesteld in het buitenland een door deze wet niet toegelaten verrekening in te roepen.

– 2. Het tweede lid van het vorige artikel is hier toepasselijk. (Fw art. 53, 251, 359*a*; BW art. 6:95 e.v., 127 e.v.)

ELFDE AFDELING

Van rehabilitatie

Art. 206

Verzoek van rehabilitatie

Nadat het faillissement overeenkomstig de artikelen 161 of 193 geëindigd is, is de schuldenaar of zijn zijn erfgenamen bevoegd een verzoek van rehabilitatie in te leveren bij de rechtbank, die het faillissement heeft berecht. (Fw art. 5)

Art. 207

Ontvankelijkheid verzoek

De schuldenaar of zijn erfgenamen zijn tot dit verzoek niet ontvankelijk, tenzij bij het verzoekschrift zij overgelegd het bewijs, waaruit blijkt, dat alle erkende schuldeisers, ten genoegen van elk hunner, zijn voldaan. (Fw art. 193)

Art. 208

Van het verzoek wordt aankondiging gedaan in de *Staatscourant*. (Fw art. 14) Aankondiging

Art. 209

Verzet

– 1. Ieder erkend schuldeiser is bevoegd om binnen de tijd van twee maanden na voorschreven aankondiging verzet tegen het verzoek te doen, door inlevering van een met redenen omkleed bezwaarschrift ter griffie; hem wordt door de griffier een bewijs van ontvangst afgegeven.

– 2. Dit verzet zal alleen daarop kunnen gegrond zijn, dat door de verzoeker niet behoorlijk aan het voorschrift van artikel 207 is voldaan. (Fw art. 10)

Art. 210

Beslissing

Na verloop van de voormelde twee maanden zal de rechtbank, om het even of er verzet of geen verzet is gedaan, op de conclusie van het Openbaar Ministerie het verzoek toestaan of weigeren. (Rv art. 44)

Art. 211

Geen rechtsmiddelen

Van de beslissing der rechtbank wordt noch hoger beroep, noch cassatie toegelaten.

Art. 212

Uitspraak; register

Het vonnis, waarbij de rehabilitatie wordt toegestaan, wordt ter openbare terechtzitting uitgesproken, terwijl mede daarvan aantekening geschiedt in het in artikel 19 bedoelde register.

AFDELING 11A

Van het definitieve karakter van de afwikkeling van betalingen en effectentransacties in betalings- en afwikkelingssystemen

Art. 212a

Begripsbepaling

Voor de toepassing van deze afdeling en afdeling 11AA wordt verstaan onder:

a. instelling:

1° een kredietinstelling als bedoeld in artikel 1:1 van de Wet op het financieel toezicht;

2° een financiële instelling die een verklaring van ondertoezichtstelling als bedoeld in artikel 3:110, eerste lid, van de Wet op het financieel toezicht heeft;

3° een beleggingsonderneming als bedoeld in artikel 1:1 van de Wet op het financieel toezicht;

4° een centrale tegenpartij, indien deze in het kader van deelname aan het systeem op grond van een overboekingsopdracht effectentegoeden verkrijgt;

5° een overheidsinstantie of onderneming met overheidsgarantie;

6° een ieder, bedoeld in artikel 3:4 van de Wet op het financieel toezicht, die een vergunning heeft als bedoeld in artikel 2:11 van die wet.

7° een clearinginstelling als bedoeld in artikel 1:1 van de Wet op het financieel toezicht.

b. systeem:

1° een door de Minister van Financiën op grond van artikel 212*d* aangewezen systeem;

2° een formele overeenkomst waarop het recht van een lidstaat van de Europese Unie van toepassing is en die door een andere lidstaat van de Europese Unie als systeem in de zin van richtlijn nr. 98/26/EG van het Europees Parlement en de Raad van de Europese Unie van 19 mei 1998 (*PbEG* L 166) is aangemeld bij de Commissie van de Europese Gemeenschappen;

c. centrale tegenpartij: een lichaam dat tussen de instellingen die deelnemen aan een systeem, in staat en dat optreedt als de exclusieve tegenpartij van deze instellingen met betrekking tot hun overboekingsopdrachten;

d. afwikkelende instantie: een lichaam dat aan instellingen of centrale tegenpartijen die deelnemen aan systemen, afwikkelingsrekeningen beschikbaar stelt via welke overboekingsopdrachten binnen die systemen worden afgewikkeld;

e. verrekeningsinstituut: een lichaam dat verantwoordelijk is voor de berekening van de netto posities van de instellingen, een eventuele centrale tegenpartij of een eventuele afwikkelende instantie;

f. deelnemer: een instelling, een centrale tegenpartij, een afwikkelende instantie, dan wel een verrekeningsinstituut;

g. indirecte deelnemer: een kredietinstelling als bedoeld in artikel 1:1 van de Wet op het financieel toezicht, of een financiële instelling als bedoeld in artikel 1:1 van die wet, die op grond van een overeenkomst met een instelling die deelneemt in een systeem via het systeem een geldsom ter beschikking van een ontvanger kan stellen door middel van een boeking in de rekening van een kredietinstelling, een financiële instelling, een centrale bank of een afwikkelende instantie;

h. centrale bank: een centrale bank van een lidstaat van de Europese Unie, de centrale bank van een andere Staat die partij is bij de Overeenkomst betreffende de Europese Economische Ruimte, dan wel de Europese Centrale Bank;

i. bijkantoor: een duurzaam in een andere staat dan de staat van de zetel aanwezig onderdeel zonder rechtspersoonlijkheid van een instelling;
j. effect: een effect als bedoeld in artikel 1:1 van de Wet op het financieel toezicht;
k. overboekingsopdracht: een opdracht door een deelnemer om door middel van een boeking op de rekeningen van een kredietinstelling, een centrale bank of een afwikkelende instantie een geldsom ter beschikking van een ontvanger te stellen, of iedere opdracht die resulteert in het op zich nemen of het nakomen van een betalingsverplichting zoals gedefinieerd in de regels van het systeem, dan wel een opdracht door een deelnemer om door middel van een boeking in een register of anderszins, de rechten op of de rechten ten aanzien van één of meer effecten over te boeken;
l. insolventieprocedure: elke collectieve maatregel waarin de wetgeving van een lidstaat of van een derde land voorziet, met het oog op de liquidatie of de sanering van de deelnemer indien een dergelijke maatregel gepaard gaat met opschorting van, of oplegging van beperkingen aan overboekingen en betalingen;
m. verrekening: het in één nettovordering of nettoverplichting omzetten van vorderingen en verplichtingen die voortvloeien uit overboekingsopdrachten die een deelnemer geeft aan of ontvangt van, dan wel die deelnemers geven aan of ontvangen van, één of meer andere deelnemers, met als gevolg dat er alleen een nettovordering of een nettoverplichting ontstaat;
n. afwikkelingsrekening: een rekening bij een centrale bank, een afwikkelende instantie of een centrale tegenpartij, die gebruikt wordt voor het houden van geld of effecten en waarmee ook transacties tussen deelnemers aan een systeem worden afgewikkeld.

Art. 212b

Uitzondering 00.00-uurregel

– 1. In afwijking van de artikelen 23 en 35 werkt de faillietverklaring van een instelling niet terug tot aan het begin van de dag waarop zij wordt uitgesproken, ten aanzien van een door die instelling vóór het tijdstip van faillietverklaring van die instelling gegeven overboekingsopdracht, opdracht tot verrekening of enige uit een dergelijke opdracht voortvloeiende betaling, levering, verrekening of andere rechtshandeling die benodigd is om de opdracht volledig in het systeem uit te voeren.
– 2. In afwijking van artikel 63*a*, geldt de afkoelingsperiode niet voor een bevoegdheid tot verhaal op tot de boedel behorende goederen of tot opeising van goederen die zich in de macht van de gefailleerde of de curator bevinden, noch voor de goederen waarop een dergelijke bevoegdheid betrekking heeft, indien die bevoegdheid is toegekend aan een centrale bank of, in verband met deelname aan het systeem, aan een andere instelling die deelneemt aan het systeem.
– 3. De artikelen 23, 24, 35, 53, eerste lid, en 54, tweede lid, van deze wet, alsmede artikel 72, aanhef en onder *a*, van boek 3 van het Burgerlijk Wetboek, kunnen niet aan derden worden tegengeworpen ten aanzien van een door een instelling na het tijdstip van faillietverklaring van die instelling gegeven overboekingsopdracht, opdracht tot verrekening of enige uit een dergelijke opdracht voortvloeiende betaling, levering, verrekening of andere rechtshandeling die benodigd is om de opdracht volledig uit te voeren, indien de opdracht in het systeem wordt uitgevoerd op de dag van faillietverklaring en de centrale tegenpartij, de afwikkelende instantie of het verrekeningsinstituut kan aantonen dat deze ten tijde van de uitvoering van de opdracht de faillietverklaring niet kende of behoorde te kennen.
– 4. Het eerste en het derde lid zijn van overeenkomstige toepassing op de toekenning en op de uitoefening van een bevoegdheid als bedoeld in het tweede lid. (Fw art. 63*e*, 241*e*)

Art. 212c

Kennisgeving DNB

– 1. De griffier van de rechtbank stelt De Nederlandsche Bank N.V. terstond in kennis van de faillietverklaring.
– 2. De Nederlandsche Bank N.V. stelt daarna terstond de door de Minister van Financiën op grond van artikel 212*d* aangewezen systemen, alsmede de bevoegde autoriteiten van de overige lidstaten van de Europese Unie en van de andere staten die partij zijn bij de Overeenkomst betreffende de Europese Economische Ruimte, in kennis van de faillietverklaring. (Fw art. 212*n*, 213*g*)

Art. 212d

Aanwijzing systeem

– 1. De Minister van Financiën kan, De Nederlandsche Bank N.V. gehoord, als systeem aanwijzen een formele overeenkomst tussen drie of meer deelnemers, een afwikkelende instantie, een centrale tegenpartij, een verrekeningsinstituut of een indirecte deelnemer niet meegerekend, met gemeenschappelijke regels en standaardprocedures voor het uitvoeren van overboekingsopdrachten tussen de deelnemers, waarop het recht van toepassing is van een door de deelnemers gekozen lidstaat van de Europese Unie waarin ten minste één van de deelnemers zijn hoofdvestiging heeft.
– 2. Indien dit noodzakelijk is met het oog op het vermijden van systeemrisico's, kan de Minister van Financiën, De Nederlandsche Bank N.V. gehoord, als systeem aanwijzen een formele overeenkomst tussen twee deelnemers, een afwikkelende instantie, een centrale tegenpartij,

een verrekeningsinstituut of een indirecte deelnemer niet meegerekend, met gemeenschappelijke regels en standaardprocedures voor het uitvoeren van overboekingsopdrachten tussen de deelnemers, waarop het recht van toepassing is van een door de deelnemers gekozen lidstaat waarin ten minste één van de deelnemers zijn hoofdvestiging heeft.
– 3. Aan de beschikking tot aanwijzing als systeem kan de Minister van Financiën voorschriften verbinden.
– 4. Het systeem stelt de Minister van Financiën in kennis van de instellingen die direct of indirect deelnemen aan het systeem, alsmede van elke aanvang of beëindiging van deelname door een instelling aan het systeem.
– 5. Van een beschikking als bedoeld in het eerste lid wordt in de *Staatscourant* mededeling gedaan.
– 6. De Minister van Financiën meldt de aangewezen systemen aan bij de Commissie van de Europese Gemeenschappen.

Art. 212e

Toepasselijk recht

Ingeval een insolventieprocedure wordt geopend tegen een instelling, worden de rechten en de verplichtingen die zij uit of in verband met deelname aan dat systeem heeft, bepaald door het recht waardoor dat systeem wordt beheerst.

Art. 212f

Vervallen.

AFDELING 11AA
Van het faillissement van een kredietinstelling

§ 1. In Nederland gevestigde kredietinstellingen en buiten de Europese Economische Ruimte gevestigde kredietinstellingen met bijkantoor in Nederland

Art. 212g

Begripsbepaling

– 1. Voor de toepassing van deze afdeling wordt verstaan onder:
a. kredietinstelling: een kredietinstelling als bedoeld in artikel 1:1 van de Wet op het financieel toezicht;
b. liquidatieprocedure: een collectieve procedure, het faillissement daaronder begrepen, geopend in een lidstaat, die het te gelde maken van de activa van een kredietinstelling en het op toepasselijke wijze verdelen van de opbrengst onder de schuldeisers, aandeelhouders of leden behelst, en die noodzakelijkerwijs een optreden van administratieve of rechterlijke instanties behelst, daaronder begrepen de collectieve procedure die wordt afgesloten met een gerechtelijk akkoord of een andere maatregel van dezelfde strekking;
c. lidstaat: een staat die lid is van de Europese Unie alsmede een staat, niet zijnde een lidstaat van de Europese Unie, die partij is bij de overeenkomst betreffende de Europese Economische Ruimte (*Trb.* 1992, 132);
d. lidstaat van herkomst: ingeval de kredietinstelling een rechtspersoon is, de lidstaat waarin aan een kredietinstelling haar zetel heeft, dan wel, ingeval de kredietinstelling geen rechtspersoon is, de lidstaat waar zij haar hoofdbestuur heeft;
e. bevoegde instanties: de administratieve of rechterlijke instanties die bevoegd zijn ter zake van liquidatieprocedures;
f. toezichthoudende autoriteit: de instantie die in een lidstaat bij of krachtens de wet met het toezicht op het kredietwezen is belast;
g. curator: de curator of elke andere persoon of ander orgaan, aangewezen door de bevoegde instanties van een andere lidstaat dan Nederland of door een bestuursorgaan van de kredietinstelling om de liquidatieprocedure uit te voeren;
h. financiële instrumenten: instrumenten, bedoeld in deel B van de bijlage bij richtlijn nr. 93/22/EEG van de Raad van de Europese Gemeenschappen van 10 mei 1993 betreffende het verrichten van diensten op het gebied van beleggingen in effecten (*PbEG* L 141).
– 2. Voor de toepassing van deze afdeling is een kredietinstelling gevestigd in:
a. de staat waar de statutaire zetel is, indien het een rechtspersoon betreft die overeenkomstig het toepasselijke recht een statutaire zetel heeft; en
b. de staat waar haar zij haar hoofdbestuur heeft en zij feitelijk werkzaam is, indien het een andere kredietinstelling betreft dan de kredietinstelling, bedoeld in onderdeel *a.* (Fw art. 284)

Art. 212h

Geen faillissement kredietinstelling met vergunning andere lidstaat

– 1. Artikel 2, tweede tot met vijfde lid, is niet van toepassing op een in een andere lidstaat dan Nederland gevestigde kredietinstelling die daar een vergunning heeft verkregen.
– 2. Een in een andere lidstaat dan Nederland gevestigde kredietinstelling die daar een vergunning heeft verkregen kan in Nederland niet in staat van faillissement worden verklaard. (Fw art. 213*a*)

Art. 212i

Verzoek faillietverklaring

De Nederlandsche Bank N.V. kan een verzoek om een kredietinstelling in staat van faillissement te verklaren zonder tussenkomst van een advocaat indienen. (Fw art. 5 lid 1, 213*b*)

Art. 212j

Kennisgeving inhoud verzoekschrift

De Nederlandsche Bank N.V. zendt een afschrift van haar verzoekschrift aan de kredietinstelling en geeft van de inhoud daarvan kennis aan:
a. de toezichthoudende autoriteiten van de andere lidstaten waar de kredietinstelling een bijkantoor heeft of waarheen zij diensten verricht vanuit de vestigingen in de Europese Unie, indien het een in Nederland gevestigde kredietinstelling betreft;
b. de toezichthoudende autoriteiten van de andere Lidstaten waarheen zij diensten verricht vanuit een bijkantoor in Nederland indien het een buiten de Europese Unie gevestigde kredietinstelling betreft. (Fw 213*c*)

Art. 212k

Mening De Nederlandsche Bank N.V.

– 1. Op een verzoek tot faillietverklaring van een kredietinstelling, eigen aangifte daaronder begrepen, wordt niet beslist dan nadat de rechtbank De Nederlandsche Bank N.V. in de gelegenheid heeft gesteld haar mening daaromtrent kenbaar te maken.
– 2. De Nederlandsche Bank N.V. trekt de vergunning van de kredietinstelling in, indien deze op het tijdstip van de faillietverklaring nog een vergunning heeft. (Fw art. 213*d*)

Art. 212l

Schorsing behandeling i.v.m. noodregeling

– 1. Wanneer een verzoek tot het uitspreken van de noodregeling in de zin van de Wet op het financieel toezicht, aanhangig is tegelijk met een verzoek tot faillietverklaring, eigen aangifte daaronder begrepen, wordt de behandeling van het verzoek tot faillietverklaring geschorst, totdat op het verzoek tot het uitspreken van de noodregeling is beschikt.
– 2. Wordt een verklaring als bedoeld in artikel 3:160, eerste of tweede lid, of artikel 3:206, eerste of tweede lid, van de Wet op het financieel toezicht gegeven, dan vervalt het verzoek tot faillietverklaring van rechtswege. (Fw art. 3*a*, 213*e*)

Art. 212m

Faillietverklaring; negatief eigen vermogen

– 1. Nadat de rechtbank een noodregeling als bedoeld in artikel 3:160 van de Wet op het financieel toezicht heeft uitgesproken, kan zij in afwijking van artikel 1, de Nederlandsche Bank N.V. gehoord, op verzoek van de bewindvoerders, op voordracht van de rechter-commissaris of ambtshalve, de desbetreffende kredietinstelling met zetel in Nederland in staat van faillissement verklaren indien blijkt dat deze een negatief eigen vermogen heeft en het met de verleende machtiging te bereiken doel is verwezenlijkt of niet meer kan worden verwezenlijkt of, indien geen machtiging is verleend, geen redelijk vooruitzicht meer bestaat dat het met een machtiging te bereiken doel alsnog kan worden verwezenlijkt.
– 2. De noodregeling en de machtiging houden van rechtswege op van kracht te zijn ingeval de financiële onderneming, bedoeld in het eerste lid, in staat van faillissement wordt verklaard.
– 3. Alsdan, zomede indien de faillietverklaring wordt uitgesproken binnen vier weken na de beëindiging van de noodregeling, gelden de volgende bepalingen:
a. het tijdstip waarop de termijnen, bedoeld in de artikelen 43 en 45, aanvangen, wordt berekend vanaf het geven van de verklaring, bedoeld in artikel 3:160, eerste of tweede lid, of artikel 3:206, eerste of tweede lid, van de Wet op het financieel toezicht;
b. boedelschulden, na het geven van de verklaring ontstaan, zullen ook in het faillissement als boedelschuld gelden;
c. het tijdstip waarop de termijnen, vermeld in de artikelen 138, zesde lid, en 248, zesde lid, van Boek 2 van het Burgerlijk Wetboek, aanvangen wordt berekend vanaf de aanvang van de bijzondere voorziening;
d. handelingen, ingevolge artikel 3:175 van de Wet op het financieel toezicht door of namens de bewindvoerders, bedoeld in dat artikel, verricht gedurende de tijd dat de noodregeling van kracht was, worden beschouwd als handelingen van de curator;
e. de boedel is niet aansprakelijk voor verbintenissen van de kredietinstelling die in strijd met artikel 3:175, eerste en zesde lid, van de Wet op het financieel toezicht zijn aangegaan gedurende de tijd dat de noodregeling van kracht was, dan voorzover deze daardoor is gebaat; en
f. indien de uitvoering van de vangnetregeling is aangevangen onder de noodregeling, wordt deze tijdens het faillissement voortgezet op de voet van afdeling 3.5.6 van de Wet op het financieel toezicht.
– 4. Het bepaalde in de eerste titel en artikel 362 is van overeenkomstige toepassing. (Fw art. 6 lid 3, 213*f*)

Art. 212ma

Schakelbepaling

Indien een kredietinstelling in staat van faillissement wordt verklaard zonder dat artikel 212m, eerste of derde lid, tot toepassing is gekomen, is afdeling 3.5.6 van de Wet op het financieel toezicht van overeenkomstige toepassing.

Art. 212n

Na de inkennisstelling, bedoeld in artikel 212*c*, stelt De Nederlandsche Bank N.V. onverwijld de toezichthoudende autoriteiten van alle andere lidstaten in kennis van het vonnis tot faillietverklaring, alsmede van de mogelijke gevolgen daarvan in het desbetreffende geval. (Fw art. 212*c*, 213*g*)

Inkennisstelling toezichthoudende autoriteiten

Art. 212o

Publicatie

– 1. Onverminderd artikel 14, derde lid, plaatst de curator het uittreksel van het vonnis van faillietverklaring en, indien de verklaring als bedoeld in artikel 3:160, eerste of tweede lid, of artikel 3:206, eerste of tweede lid, van de Wet op het financieel toezicht is ingetrokken, van die intrekking, in het *Publicatieblad van de Europese Unie*, alsmede in ten minste twee landelijke dagbladen van iedere andere lidstaat dan Nederland waar de kredietinstelling een bijkantoor heeft of waarheen zij diensten verricht.

– 2. In aanvulling op de gegevens, bedoeld in artikel 14, vermeldt de curator dat het Nederlandse recht, behoudens uitzonderingen, van toepassing is.

– 3. De curator kan verzoeken dat het faillissement wordt ingeschreven in een openbaar register in een andere lidstaat.

– 4. De kosten van inschrijving op de voet van het derde lid zijn boedelschuld. (Fw art. 213*h*)

Art. 212p

Kennisgeving aan schuldeisers

– 1. De curator geeft van het vonnis tot faillietverklaring onmiddellijk aan alle bekende schuldeisers schriftelijk kennis.

– 2. De curator die op de voet van artikel 109 aan alle bekende schuldeisers kennis geeft van de in dat artikel bedoelde beschikkingen, deelt daarbij tevens mede wat de gevolgen zijn van het indienen van een vordering na het verstrijken van de termijn, bedoeld in artikel 108, eerste lid, onderdeel 1, en dat schuldeisers, daaronder begrepen de schuldeisers met een voorrecht of zakelijk zekerheidsrecht, hun vorderingen bij de curator moeten indienen, met, in het voorkomende geval, de opgave dat op een voorrecht of zakelijk zekerheidsrecht aanspraak wordt gemaakt.

– 3. De curator stelt alle bekende schuldeisers regelmatig op passende wijze in kennis van in ieder geval het verloop van de procedure. (Fw art. 14, 73*a*, 213*i*, 213*k* lid 1)

Art. 212q

Taal

– 1. De kennisgeving, bedoeld in artikel 212*p*, eerste lid, aan een bekende schuldeiser met gewone verblijfplaats of woonplaats in een lidstaat, geschiedt in het Nederlands met een formulier dat in alle officiële talen van de Europese Unie het opschrift draagt 'Oproep tot indiening van opmerkingen betreffende schuldvorderingen. Termijnen'.

– 2. Elke schuldeiser met gewone verblijfplaats of woonplaats in een lidstaat kan zijn vordering en schriftelijke opmerkingen betreffende zijn vordering indienen in een officiële taal van die lidstaat met een verklaring met als opschrift in de Nederlandse taal 'Indiening van een vordering' onderscheidenlijk 'Indiening van opmerkingen betreffende een vordering'.

– 3. De curator kan een vertaling in het Nederlands van het stuk waarbij de vordering wordt ingediend en van de opmerkingen betreffende de vordering verlangen. (Fw art. 213*j*)

Art. 212r

Bevrijdende voldoening

In afwijking van artikel 52, tweede lid, bevrijdt voldoening na de bekendmaking van de faillietverklaring van een kredietinstelling die geen natuurlijk persoon is tegenover de boedel indien degene die haar deed, bewijst dat hij niet bekend was met de faillietverklaring.

§ 2. Bepalingen van internationaal privaatrecht

Art. 212s

Erkenning beslissing opening liquidatieprocedure

– 1. Een in een andere lidstaat van herkomst dan Nederland genomen beslissing tot opening van een liquidatieprocedure met betrekking tot een kredietinstelling wordt van rechtswege erkend.

– 2. De beslissing heeft rechtsgevolgen binnen Nederland vanaf het tijdstip dat zij rechtsgevolgen heeft in de lidstaat van herkomst. (Fw art. 213*n*)

Art. 212t

Toepasselijk recht

De beslissing tot opening van een liquidatieprocedure, de liquidatieprocedure zelf en de rechtsgevolgen van de liquidatieprocedure worden beheerst door het recht van de lidstaat waar de liquidatieprocedure is geopend, tenzij de wet anders bepaalt. (Fw art. 212*ij* e.v., 213*o*)

Art. 212u

Goederenrechtelijk recht

– 1. De beslissing tot opening van een liquidatieprocedure laat onverlet het goederenrechtelijke recht van een schuldeiser of een derde op een goed of goederen, zowel bepaalde goederen als gehelen van onbepaalde goederen met een wisselende samenstelling, die toebehoren aan de kredietinstelling en die zich op het tijdstip waarop de beslissing tot opening van de liquidatieprocedure rechtsgevolgen heeft, bevinden op het grondgebied van een andere lidstaat dan de lidstaat van herkomst.

– 2. Voor de toepassing van het eerste lid wordt onder goederenrechtelijk recht in ieder geval verstaan:
a. het recht een goed te gelde te maken of te laten maken en te worden voldaan uit de opbrengst van of de inkomsten uit het goed, in het bijzonder op grond van een recht van pand of recht van hypotheek;
b. het uitsluitende recht een vordering te innen, in het bijzonder op grond van een pandrecht op de vordering of op grond van een cessie tot zekerheid van de vordering;
c. het recht om een goed van een ieder die het zonder recht houdt op te eisen, van dat goed afgifte te verlangen of van dat goed een ongestoord genot te verlangen;
d. het goederenrechtelijke recht om van een goed de vruchten te trekken.
– 3. Voor de toepassing van het eerste lid wordt met een goederenrechtelijk recht gelijk gesteld met in een openbaar register ingeschreven recht tot verkrijging van een goederenrechtelijk recht als bedoeld in het eerste lid dat aan derden kan worden tegengeworpen.
– 4. Voor de toepassing van dit artikel is de lidstaat waar een goed zich bevindt:
a. met betrekking tot registergoederen en rechten op registergoederen: de lidstaat onder het gezag waarvan het desbetreffende register wordt gehouden;
b. met betrekking tot zaken, voor zover niet vallend onder onderdeel *a*: de lidstaat op het grondgebied waarvan de zaak zich bevindt;
c. met betrekking tot schuldvorderingen, de lidstaat op het grondgebied waarvan de derde-schuldenaar is gevestigd. (Fw art. 212*x*, 213*p*)

Art. 212v

Gevolgen voor eigendomsvoorbehoud verkoper

– 1. Ingeval de kredietinstelling een zaak heeft gekocht, laat de beslissing tot opening van een liquidatieprocedure onverlet de op een eigendomsvoorbehoud berustende rechten van de verkoper, indien de zaak waarop het eigendomsvoorbehoud betrekking heeft zich op het tijdstip waarop de beslissing tot opening van een liquidatieprocedure rechtsgevolgen heeft, bevindt op het grondgebied van een andere lidstaat dan de lidstaat van herkomst.
– 2. Ingeval de kredietinstelling een zaak heeft verkocht, is de beslissing tot opening van een liquidatieprocedure geen grond voor ontbinding of beëindiging van de overeenkomst tot verkoop, en belet de liquidatieprocedure de koper niet de eigendom van de gekochte zaak te verkrijgen, indien de zaak zich op het tijdstip waarop de beslissing tot opening van de liquidatieprocedure rechtsgevolgen heeft, bevindt op het grondgebied van een andere lidstaat dan de lidstaat van herkomst.
– 3. Artikel 212*u*, vierde lid, is van overeenkomstige toepassing. (Fw art. 212*x*, 213*q*)

Art. 212w

Bevoegdheid schuld te verrekenen

Indien degene die zowel schuldeiser als schuldenaar is van de kredietinstelling bevoegd is zijn schuld te verrekenen met de vordering op de kredietinstelling op grond van het recht dat van toepassing is op de vordering van de kredietinstelling, laat de beslissing tot opening van de liquidatieprocedure de bedoelde bevoegdheid onverlet. (Fw art. 53, 212*x*, 213*r*)

Art. 212x

Nietigheid wegens benadeling

De artikelen 212*u* tot en met 212*w* staan er niet aan in de weg dat een vordering wordt ingesteld tot nietigheid, vernietiging of het niet kunnen worden tegengeworpen van een rechtshandeling wegens de benadeling van het geheel van schuldeisers welke van die rechtshandeling het gevolg is. (Fw art. 42 e.v., 213*s*)

Art. 212ij

Toepasselijk recht arbeidsovereenkomsten

In afwijking van artikel 212*t* worden de gevolgen van een liquidatieprocedure voor arbeidsovereenkomsten en andere rechtsverhoudingen ter zake van het verrichten van arbeid uitsluitend beheerst door het recht van de lidstaat dat op die overeenkomst of rechtsverhouding van toepassing is. (Fw art. 40, 21*t*)

Art. 212z

Overeenkomst onroerende zaak

In afwijking van artikel 212*t* worden de gevolgen van een liquidatieprocedure voor een overeenkomst die het recht geeft op het genot of de verkrijging van een onroerende zaak uitsluitend beheerst door het recht van de lidstaat op het grondgebied waarvan de onroerende zaak is gelegen. Dit recht bepaalt of een zaak roerend dan wel onroerend is. (Fw art. 213*u*)

Art. 212aa

Registergoed

In afwijking van artikel 212*t* worden de gevolgen van een liquidatieprocedure voor de rechten van de kredietinstelling op een registergoed beheerst door het recht van de lidstaat onder het gezag waarvan het register wordt gehouden. (Fw art. 213*v*)

Art. 212bb

Gereglementeerde markt

In afwijking van artikel 212*t* worden, onverminderd artikel 212*hh*, de gevolgen van een liquidatieprocedure voor de rechten en verplichtingen van deelnemers aan een gereglementeerde markt als bedoeld in artikel 1, onder 13, van richtlijn nr. 93/22/EEG van de Raad van de Europese Gemeenschappen van 10 mei 1993 betreffende het verrichten van diensten op het gebied van beleggingen in effecten (*PbEG* L 141) uitsluitend beheerst door het recht dat op die markt van toepassing is. (Fw art. 213*w*)

Art. 212cc

Rechtshandeling registergoed of effecten

In afwijking van artikel 212*t* wordt de rechtsgeldigheid van een rechtshandeling, onder bezwarende titel aangegaan door de kredietinstelling na het tijdstip van opening van een liquidatieprocedure, waarmee zij beschikt over een registergoed of effecten of andere waardepapieren waarvan het bestaan of de overdracht inschrijving in een wettelijk voorgeschreven register of op een wettelijk voorgeschreven rekening veronderstelt, of die zijn geplaatst in een door het recht van een lidstaat beheerst gecentraliseerd effectendepot, beheerst door het recht van de lidstaat onder het gezag waarvan het register, de rekening of het depot wordt gehouden dan wel, indien het een onroerende zaak betreft, door het recht van de lidstaat waar de onroerende zaak is gelegen. (Fw art. 213*x*)

Art. 212dd

Rechtsvordering goed

In afwijking van artikel 212*t* worden de gevolgen van de liquidatieprocedure voor een aanhangige rechtsvordering betreffende een goed waarover de kredietinstelling het beheer en de beschikking heeft verloren, uitsluitend beheerst door het recht van de lidstaat waar het rechtsgeding aanhangig is. (Fw art. 213*ij*)

Art. 212ee

Bewijs

Artikel 212*t* is niet van toepassing op regels betreffende de nietigheid, de vernietigbaarheid van voor het geheel van schuldeisers nadelige rechtshandelingen en evenmin op de regels die bepalen of dergelijke rechtshandelingen kunnen worden tegengeworpen, indien degene die voordeel heeft gehad bij die rechtshandeling bewijst dat:
a. die rechtshandeling wordt beheerst door het recht van een andere lidstaat dan de lidstaat van herkomst; en
b. dat recht in het gegeven geval niet voorziet in de mogelijkheid dat die rechtshandeling wordt aangetast onderscheidenlijk niet kan worden tegengeworpen. (Fw art. 42 e.v., 213*z*)

Art. 212ff

Toepasselijk recht overeenkomst tot verrekening

In afwijking van artikel 212*t* worden de gevolgen van een liquidatieprocedure voor een overeenkomst tot verrekening als bedoeld in artikel 212*a*, onderdeel *m*, uitsluitend beheerst door het recht dat van toepassing is op die overeenkomst.

Art. 212gg

Overeenkomst tot latere overdracht

In afwijking van artikel 212*t* worden, onverminderd artikel 212*hh*, de gevolgen van een liquidatieprocedure voor een overeenkomst waarbij de ene partij, de koper, zich verbindt tot een latere overdracht van een gelijke hoeveelheid activa van dezelfde soort aan de verkoper, uitsluitend beheerst door het recht van de lidstaat dat van toepassing is op die overeenkomst.

Art. 212hh

Rechten op financiële instrumenten

In afwijking van artikel 212*t* worden de gevolgen van een liquidatieprocedure voor het uitoefenen van het rechten op financiële instrumenten waarvan het bestaan of de overdracht inschrijving in een register, op een rekening of in een in een lidstaat bijgehouden of gesitueerd gecentraliseerd effectendepot veronderstelt, uitsluitend beheerst door het recht van de lidstaat waar het register, de rekening of het gecentraliseerde effectendepot waar deze rechten zijn ingeschreven, wordt bijgehouden of is gesitueerd.

Art. 212ii

Uitoefenen bevoegdheden in Nederland

– 1. Behoudens de bevoegdheid tot het aanwenden van een dwangmaatregel en de bevoegdheid tot het doen van een uitspraak in een geding of een geschil heeft de curator uit een andere lidstaat van herkomst dan Nederland in Nederland de bevoegdheden die hij in de lidstaat van herkomst heeft. De wijze van uitoefenen van deze bevoegdheden in Nederland wordt beheerst door het Nederlandse recht.
– 2. De curator kan personen aanwijzen om hem te vertegenwoordigen of anderszins bij te staan.
– 3. Indien op grond van het recht van de lidstaat van herkomst personen zijn aangewezen om de curator te vertegenwoordigen of anderszins bij te staan, kunnen zij de bevoegdheden die zij hebben op grond van het recht van die lidstaat uitoefenen op het grondgebied van Nederland. (Fw art. 68 e.v., 213*aa*)

Art. 212jj

Aanwijzen curator andere lidstaat

– 1. Voor het bewijs van aanwijzing van de curator uit een andere lidstaat dan Nederland volstaat een voor eensluidend gewaarmerkt afschrift van het aanwijzingsbesluit of van ieder ander door de bevoegde instanties van de lidstaat gegeven schriftelijke verklaring.
– 2. De curator uit een andere lidstaat dan Nederland toont op verlangen van een ieder tegenover wie hij zijn bevoegdheden wenst uit te oefenen een vertaling in de Nederlandse taal van het afschrift. (Fw art. 213*bb*)

Art. 212kk

Inschrijving gegevens

Op verzoek van een curator uit een andere lidstaat dan Nederland worden de gegevens met betrekking tot een liquidatieprocedure, geopend in een andere lidstaat dan Nederland, door de griffier van de rechtbank te 's-Gravenhage ingeschreven in het register, bedoeld in artikel 19, eerste lid. (213*cc*)

Art. 212ll

Inkennisstelling DNB

Indien het faillissement is uitgesproken van een kredietinstelling die niet is gevestigd in een staat van de Europese Unie of een staat die partij is bij de Overeenkomst betreffende de Europese Economische Ruimte en een bijkantoor in Nederland heeft, stelt de griffier van de rechtbank De Nederlandsche Bank N.V. onverwijld in kennis van de inhoud van de beschikking, alsmede van de mogelijke gevolgen daarvan in het desbetreffende geval. De Nederlandsche Bank N.V. stelt daarna onverwijld de bevoegde autoriteiten van de andere lidstaten van de Europese Unie en van de andere staten die partij zijn bij de Overeenkomst betreffende de Europese Economische Ruimte in kennis van de beschikking, alsmede van de mogelijke gevolgen daarvan in het desbetreffende geval. De Nederlandsche Bank N.V. stelt de bevoegde autoriteiten van de andere lidstaten van de Europese Unie en van de andere staten die partij zijn bij de Overeenkomst betreffende de Europese Economische Ruimte in kennis van de beschikking en van de beëindiging van de faillietverklaring.

Art. 212mm

Coördinatie

– 1. Indien een kredietinstelling die niet is gevestigd in een lidstaat van de Europese Unie of een staat die partij is bij de Overeenkomst betreffende de Europese Economscue Ruimte en een bijkantoor heeft in Nederland en een of meer bijkantoren in andere lidstaten, trachten zowel de rechtbank als de Nederlandsche Bank hun optreden te coördineren met de bevoegde instanties onderscheidenlijk de toezichthoudende autoriteiten van die andere lidstaten.

– 2. In het in het eerste lid bedoelde geval tracht de in Nederland benoemde curator zijn optreden te coördineren met de curatoren in de andere lidstaten waarin aan de financiële onderneming een vergunning is verleend.

Art. 212nn

Opnemen gegevens in verslagen; beperking

De curator kan in de verslagen, bedoeld in artikel 73*a*, geen gegevens of inlichtingen opnemen die betrekking hebben op derden die betrokken zijn of zijn geweest bij pogingen de kredietinstelling in staat te stellen zijn bedrijf voort te zetten. (Fw art. 213*ee*)

AFDELING 11B

Van het faillissement van een verzekeraar

§ 1. Definities

Art. 213

Begripsbepaling

Voor de toepassing van deze afdeling wordt verstaan onder:

a. verzekeraar: een schadeverzekeraar of levensverzekeraar als bedoeld in artikel 1:1 van de Wet op het financieel toezicht:

1. die een vergunning heeft ingevolge de Wet op het financieel toezicht dan wel, indien hij zijn zetel in een andere lidstaat dan Nederland heeft, een daarmee overeenkomende vergunning, hem door de toezichthoudende autoriteit van die lidstaat verleend;
2. waarvan de vergunning, bedoeld onder 1, is ingetrokken of vervallen; of
3. die nimmer in het bezit is geweest van een door de Nederlandsche Bank N.V. verleende vergunning dan wel, indien de verzekeraar zijn zetel in een andere lidstaat dan Nederland heeft, de verzekeraar met zetel in een andere lidstaat dan Nederland met een bijkantoor in Nederland, die nimmer in het bezit is geweest van een daarmee overeenkomende, door de toezichthoudende autoriteit van die lidstaat verleende vergunning;

b. overeenkomst van schadeverzekering: een overeenkomst van schadeverzekering als bedoeld in artikel 1:1 van de Wet op het financieel toezicht;

c. overeenkomst van levensverzekering: een overeenkomst van levensverzekering als bedoeld in artikel 1:1 van de Wet op het financieel toezicht;

d. schadeverzekeraar: een schadeverzekeraar als bedoeld in artikel 1:1 van de Wet op het financieel toezicht;

e. levensverzekeraar: een levensverzekeraar als bedoeld in artikel 1:1 van de Wet op het financieel toezicht;

f. zetel: de plaats waar een verzekeraar volgens zijn statuten of reglementen is gevestigd of, indien hij geen rechtspersoon is, de plaats waar die verzekeraar zijn hoofdvestiging heeft;

g. bijkantoor: een duurzame aanwezigheid van een verzekeraar, met uitzondering van de zetel, beheerd door eigen personeel van de verzekeraar of door een zelfstandig persoon die is gemachtigd duurzaam voor de verzekeraar op te treden;

h. liquidatieprocedure: een collectieve procedure, het faillissement daaronder begrepen, geopend in een lidstaat van de Europese Unie, die het te gelde maken van de activa van een verzekeraar en het op toepasselijke wijze verdelen van de opbrengst onder de schuldeisers,

aandeelhouders of leden behelst, en die noodzakelijkerwijs een optreden van de administratieve of rechterlijke instanties van die lidstaat behelst, daaronder begrepen de collectieve procedure die wordt afgesloten met een gerechtelijk akkoord of een andere maatregel van dezelfde strekking, ongeacht of de procedure op insolventie berust en ongeacht of de procedure op eigen aangifte van de verzekeraar dan wel op verzoek van een ander is geopend;
i. lidstaat: een staat die lid is van de Europese Unie of een staat, niet zijnde een lidstaat van de Europese Unie, die partij is bij de op 2 mei 1992 tot stand gekomen overeenkomst betreffende de Europese Economische Ruimte (*Trb.* 1992, 132);
j. lidstaat van herkomst: de lidstaat waar de verzekeraar zijn zetel heeft;
k. bevoegde instanties: de administratieve of rechterlijke instanties die bevoegd zijn ter zake van liquidatieprocedures;
l. toezichthoudende autoriteit: de instantie die in een lidstaat bij of krachtens de wet met het toezicht op het verzekeringsbedrijf is belast;
m. curator: de curator of elke andere persoon of ander orgaan, aangewezen door de bevoegde instanties van een andere lidstaat dan Nederland of door een bestuursorgaan van de verzekeraar om de liquidatieprocedure uit te voeren;
n. vordering uit hoofde van verzekering: de uit een overeenkomst van verzekering voortvloeiende vordering, rechtstreeks op de verzekeraar;
o. noodregeling: de noodregeling, bedoeld in afdeling 3.5.5 van de Wet op het financieel toezicht. (Fw art. 284)

§ 2. Verzekeraars met zetel in Nederland, verzekeraars zonder vergunning met zetel in een andere lidstaat dan Nederland en verzekeraars met zetel buiten de Europese Unie met bijkantoor in Nederland

Art. 213a

Geen faillissement verzekeraar met vergunning andere lidstaat

– 1. Artikel 2, tweede tot en met vijfde lid, is niet van toepassing op een verzekeraar die in een andere lidstaat dan Nederland zijn zetel heeft en daar een vergunning heeft verkregen.
– 2. Een verzekeraar die in een andere lidstaat dan Nederland zijn zetel heeft en daar een vergunning heeft verkregen, kan in Nederland niet in staat van faillissement worden verklaard. (Fw 212*h*)

Art. 213b

Verzoek faillietverklaring

De Nederlandsche Bank N.V. kan een verzoek om een verzekeraar in staat van faillissement te verklaren zonder tussenkomst van een procureur indienen. (Fw art. 5 lid 1, 212*h*)

Art. 213c

Kennisgeving inhoud verzoekschrift

De Nederlandsche Bank N.V. zendt een afschrift van haar verzoekschrift aan de verzekeraar en geeft van de inhoud daarvan kennis aan:
a. indien het een verzekeraar met zetel in Nederland betreft, de toezichthoudende autoriteiten van de andere lidstaten waar de verzekeraar een bijkantoor heeft of waarheen hij diensten verricht vanuit de vestigingen in de Europese Unie;
b. indien het een verzekeraar met zetel buiten de Europese Unie betreft, de toezichthoudende autoriteiten van de andere lidstaten waarheen hij diensten verricht vanuit een bijkantoor in Nederland en, indien een andere toezichthoudende autoriteit in de Europese Unie is belast met het toezicht op de solvabiliteitsmarge van de betrokken verzekeraar, die toezichthoudende autoriteit. (Fw art. 212*j*)

Art. 213d

Mening Nederlandsche Bank N.V.

– 1. Op een vordering of verzoek tot faillietverklaring van een verzekeraar, eigen aangifte daaronder begrepen, wordt niet beslist dan nadat de rechter de Nederlandsche Bank N.V. in de gelegenheid heeft gesteld haar mening daaromtrent kenbaar te maken.
– 2. De Nederlandsche Bank N.V. trekt de vergunning van de verzekeraar in, indien deze op het tijdstip van faillietverklaring nog een vergunning heeft. (Fw art. 212*k*)

Art. 213e

Schorsing behandeling i.v.m. noodregeling

– 1. Wanneer een verzoek tot het uitspreken van de noodregeling aanhangig is tegelijk met een verzoek tot faillietverklaring, wordt de behandeling van het verzoek tot faillietverklaring geschorst totdat op het verzoek tot het uitspreken van de noodregeling is beschikt.
– 2. Indien de rechtbank de noodregeling uitspreekt, vervalt het verzoek tot faillietverklaring van rechtswege. (Fw art. 3*a*, 212*l*)

Art. 213f

Faillietverklaring verzekeraar na uitspreken noodregeling

– 1. Nadat de rechtbank een noodregeling als bedoeld in artikel 3:161 van de Wet op het financieel toezicht heeft uitgesproken, kan zij in afwijking van artikel 1, de Nederlandsche Bank N.V. gehoord, op verzoek van de bewindvoerders, bedoeld in artikel 3:162, vierde lid, van de Wet op het financieel toezicht, op voordracht van de rechter-commissaris of ambtshalve, de desbetreffende verzekeraar met zetel in Nederland in staat van faillissement verklaren indien blijkt dat deze een negatief eigen vermogen heeft en het met de verleende machtiging te bereiken doel is

verwezenlijkt of niet meer kan worden verwezenlijkt of, indien geen machtiging is verleend, geen redelijk vooruitzicht meer bestaat dat het met een machtiging te bereiken doel alsnog kan worden verwezenlijkt.
– 2. De noodregeling en de machtiging houden van rechtswege op van kracht te zijn ingeval de verzekeraar in staat van faillissement wordt verklaard. (Fw art. 6 lid 3, 212*m*)
– 3. Alsdan, zomede indien de faillietverklaring wordt uitgesproken binnen vier weken na de beëindiging van de noodregeling, gelden de volgende bepalingen:
a. het tijdstip waarop de termijnen, bedoeld in de artikelen 43 en 45, aanvangen, wordt berekend vanaf het geven van de uitspraak, bedoeld in artikel 3:160, eerste of tweede lid, of artikel 3:206, eerste of tweede lid, van de Wet op het financieel toezicht;
b. boedelschulden, na het geven van die uitspaak ontstaan, zullen ook in het faillissement als boedelschuld gelden;
c. het tijdstip waarop de termijnen, vermeld in de artikelen 138, zesde lid, en 248, zesde lid, van Boek 2 van het Burgerlijk Wetboek, aanvangen, wordt berekend vanaf die uitspraak.
d. handelingen, ingevolge artikel 3:175 van de Wet op het financieel toezicht door of namens de bewindvoerders, bedoeld in dat artikel, verricht gedurende de tijd dat de noodregeling van kracht was, worden beschouwd als handelingen van de curator;
e. de boedel is niet aansprakelijk voor verbintenissen van de verzekeraar die in strijd met artikel 3:175, eerste en zesde lid, van de Wet op het financieel toezicht zijn aangegaan gedurende de tijd dat de noodregeling van kracht was, dan voor zover deze daardoor is gebaat;
f. een beroep op verrekening kan in afwijking van artikel 53 slechts worden gedaan indien de vordering en de schuldplichtigheid beide zijn ontstaan voor het tijdstip waarop de uitspraak van de noodregeling is gedaan of voortvloeien uit een handeling voor dat tijdstip met de verzekeraar verricht; en
g. vorderingen uit overeenkomsten van levensverzekering kunnen in afwijking van artikel 110, eerste lid, worden ingediend door overlegging van de polis of een afschrift daarvan, zonder dat het bedrag van de vordering behoeft te worden vermeld; voor zover de curator de vordering erkent, stelt hij de omvang daarvan vast.
– 4. Het bepaalde in de eerste titel en artikel 362 is van overeenkomstige toepassing.

Art. 213g

Inkennisstelling DNB

– 1. De griffier stelt de Nederlandsche Bank N.V. onverwijld in kennis van de beslissing tot faillietverklaring.
– 2. De Nederlandsche Bank N.V. stelt onverwijld daarna de toezichthoudende autoriteiten van alle andere lidstaten in kennis van het vonnis tot faillietverklaring, alsmede van de mogelijke gevolgen daarvan in het desbetreffende geval. (Fw art. 212*c*, 212*n*)

Art. 213h

Publicatie

– 1. Onverminderd artikel 14, eerste lid, plaatst de curator een uittreksel van het vonnis tot faillietverklaring in het *Publicatieblad van de Europese Gemeenschappen* en in een of meer door de rechter-commissaris aan te wijzen dagbladen.
– 2. In aanvulling op de gegevens, bedoeld in artikel 14, vermeldt de curator dat het Nederlandse recht, behoudens uitzonderingen, van toepassing is. (Fw art. 212*o*)

Art. 213i

Kennisgeving aan schuldeisers

– 1. De curator geeft van het vonnis tot faillietverklaring onmiddellijk aan alle bekende schuldeisers schriftelijk kennis.
– 2. De curator die op de voet van artikel 109 aan alle bekende schuldeisers kennis geeft van de in dat artikel bedoelde beschikkingen, deelt daarbij tevens mede wat de gevolgen zijn van het indienen van een vordering na het verstrijken van de termijn, bedoeld in artikel 108, eerste lid, onderdeel 1, en dat schuldeisers, daaronder begrepen de schuldeisers met een voorrecht of zakelijk zekerheidsrecht, hun vorderingen bij de curator moeten indienen, met, in het voorkomende geval, de opgave dat op een voorrecht of zakelijk zekerheidsrecht aanspraak wordt gemaakt. Aan schuldeisers met een vordering uit hoofde van verzekering vermeldt de kennisgeving voorts welke de belangrijkste gevolgen van de faillietverklaring voor de overeenkomsten uit hoofde van verzekering zijn, en de rechten en verplichtingen van de verzekerde en anderen in verband met de overeenkomst van verzekering. (Fw art. 14, 212*p*)

Art. 213j

Officiële taal lidstaat

– 1. De kennisgeving, bedoeld in artikel 213*i*, eerste lid, aan een bekende schuldeiser met gewone verblijfplaats of woonplaats in een lidstaat, die een vordering uit hoofde van verzekering heeft, geschiedt in een officiële taal van die lidstaat.
– 2. De kennisgeving, bedoeld in artikel 213*i*, eerste lid, aan een bekende schuldeiser met gewone verblijfplaats of woonplaats in een lidstaat, die een andere vordering heeft dan de vordering, bedoeld in het eerste lid, geschiedt in het Nederlands met een formulier dat in alle officiële talen van de Unie het opschrift draagt 'Oproep tot indiening van schuldvorderingen. Termijnen'.

– 3. Elke schuldeiser met gewone verblijfplaats of woonplaats in een lidstaat kan zijn vordering en schriftelijke opmerkingen betreffende zijn vordering indienen in een officiële taal van die lidstaat met een verklaring met als opschrift in de Nederlandse taal 'Indiening van een vordering', onderscheidenlijk 'Indiening van opmerkingen betreffende een vordering'. (Fw art. 212*q*)

Art. 213k

Inkennisstelling verloop procedure

– 1. De curator stelt alle bekende schuldeisers regelmatig op passende wijze in kennis van in ieder geval het verloop van de procedure.
– 2. De Nederlandsche Bank N.V. stelt de toezichthoudende autoriteiten van de andere lidstaten die zulks verzoeken in kennis van het verloop van de procedure. (Fw 73*a*, 212*p* lid 3)

Art. 213l

Vervallen.

Art. 213m

Omslaan boedelschulden

– 1. In geval van een faillietverklaring op grond van deze afdeling worden de boedelschulden, al naar gelang de aard van de betrokken boedelschuld hetzij omgeslagen over ieder deel van de boedel, hetzij uitsluitend van een bepaalde bate van de boedel afgetrokken. Onder boedelschulden vallen in ieder geval de kosten van inschrijving in een openbaar register in een andere lidstaat dan Nederland.
– 2. Onverminderd het bepaalde in het eerste lid en behoudens vorderingen door pand of hypotheek gedekt, worden in geval van faillissement van een schadeverzekeraar de volgende vorderingen verhaald op de boedel in de volgende volgorde:
a. de vorderingen uit hoofde van verzekering betreffende periodieke uitkeringen ter zake van ziekte, letsel of overlijden van natuurlijke personen, ontstaan uit of krachtens overeenkomsten van schadeverzekering, met uitzondering evenwel van uitkeringen, krachtens overeenkomst van herverzekering aan een andere verzekeraar verschuldigd, en van uitkeringen ter zake van pensioenen, toegezegd aan werknemers of gewezen werknemers van de verzekeraar of aan hun nabestaanden;
b. de vorderingen van werknemers en gewezen werknemers alsmede de vorderingen van hun nabestaanden met betrekking tot reeds vervallen termijnen van pensioen voorzover de vordering niet ouder is dan een jaar;
c. de vorderingen van werknemers, niet zijnde bestuurders van de verzekeraar bij wie zij in dienst zijn, en gewezen werknemers alsmede de vorderingen van hun nabestaanden met betrekking tot in de toekomst tot uitkering komende termijnen van toegezegd pensioen;
d. de vorderingen van werknemers met betrekking tot het loon over het voorafgaande jaar en hetgeen over het lopende jaar is verschuldigd, benevens het bedrag van de verhoging van dat loon ingevolge artikel 625 van Boek 7 van het Burgerlijk Wetboek alsmede het bedrag van de uitgaven, door de werknemer voor de verzekeraar als werkgever gedaan, en de bedragen, door de verzekeraar aan de werknemer krachtens titel 10 van Boek 7 van het Burgerlijk Wetboek in verband met de beëindiging van de arbeidsovereenkomst verschuldigd;
e. de vorderingen uit hoofde van verzekering betreffende niet-periodieke uitkeringen ter zake van ziekte, letsel of overlijden van natuurlijke personen, ontstaan uit of krachtens overeenkomsten van schadeverzekering, met uitzondering evenwel van uitkeringen, krachtens overeenkomst van herverzekering aan een andere verzekeraar verschuldigd;
f. de vorderingen uit hoofde van verzekering betreffende uitkeringen ter zake van andere dan in de onderdelen *a* en *e* bedoelde schaden, ontstaan uit overeenkomsten van schadeverzekering;
g. de vorderingen tot teruggave van bedragen die zonder rechtsgrond zijn betaald of aan de betaling waarvan de rechtsgrond is komen te ontvallen, welke betaling heeft plaatsgevonden in de veronderstelling dat daarmee premies zijn betaald.
– 3. Onverminderd het bepaalde in het eerste lid en behoudens vorderingen door pand of hypotheek gedekt, worden ingeval het faillissement van een levensverzekeraar de volgende vorderingen verhaald op de boedel in de volgende volgorde:
a. de vorderingen van werknemers en gewezen werknemers alsmede de vorderingen van hun nabestaanden met betrekking tot reeds vervallen termijnen van pensioen, voorzover de vordering niet ouder is dan een jaar;
b. de vorderingen van werknemers, niet zijnde bestuurders van de verzekeraar waarbij zij in dienst zijn, en gewezen werknemers alsmede de vorderingen van hun nabestaanden met betrekking tot in de toekomst tot uitkering komende termijnen van toegezegd pensioen;
c. de vorderingen van werknemers met betrekking tot het loon over het voorafgaande jaar en hetgeen over het lopende jaar verschuldigd is, benevens het bedrag van de verhoging van dat loon ingevolge artikel 625 van Boek 7 van het Burgerlijk Wetboek alsmede het bedrag van de uitgaven, door de werknemer voor de verzekeraar gedaan, en de bedragen, door de verzekeraar

aan de werknemer krachtens titel 10 van Boek 7 van het Burgerlijk Wetboek in verband met de beëindiging van de arbeidsovereenkomst verschuldigd;
d. de vorderingen uit hoofde van verzekering en rechten betreffende uitkeringen, die zijn ontstaan of nog zullen ontstaan uit overeenkomsten van levensverzekering;
e. de vorderingen tot teruggave van bedragen die zonder rechtsgrond zijn betaald of aan de betaling waarvan de rechtsgrond is komen te ontvallen, welke betaling heeft plaatsgevonden in de veronderstelling dat daarmee premies zijn betaald.
– 4. Onder de vorderingen, bedoeld in het tweede lid, onderdelen *a*, *e* en *f*, en derde lid, onderdeel *d*, worden mede verstaan de vorderingen ter zake van uitkeringen krachtens lopende overeenkomsten van verzekering, ontstaan op of na de dag waarop de noodregeling is uitgesproken.
– 5. Vorderingen die niet worden genoemd in het tweede en derde lid, worden eerst dan voldaan indien de vorderingen, bedoeld in het tweede en derde lid zijn voldaan en indien vaststaat dat in de toekomst zodanige vorderingen niet meer zullen ontstaan, naar evenredigheid van elke vordering, behoudens de door de wet erkende redenen van voorrang.
– 6. De in het vijfde lid bedoelde redenen van voorrang gelden zowel voor vorderingen van schuldeisers met gewone verblijfplaats, woonplaats of statutaire zetel in Nederland als voor soortgelijke vorderingen van schuldeisers met gewone verblijfplaats, woonplaats of statutaire zetel in een andere lidstaat dan Nederland. (Fw art. 24)

§ 3. Bepalingen van internationaal privaatrecht

Art. 213n

Erkenning beslissing opening liquidatieprocedure

– 1. Een in een andere lidstaat van herkomst dan Nederland genomen beslissing tot opening van een liquidatieprocedure met betrekking tot een verzekeraar wordt van rechtswege erkend.
– 2. De beslissing heeft rechtsgevolgen binnen Nederland vanaf het tijdstip dat zij rechtsgevolgen heeft in de lidstaat van herkomst. (Fw art. 212*s*)

Art. 213o

Toepasselijk recht

De beslissing tot opening van een liquidatieprocedure, de liquidatieprocedure zelf en de rechtsgevolgen van de liquidatieprocedure worden beheerst door het recht van de lidstaat van herkomst, tenzij de wet anders bepaalt. (Fw art. 212*t*, e.v.)

Art. 213p

Goederenrechtelijk recht

– 1. De beslissing tot opening van een liquidatieprocedure laat onverlet het goederenrechtelijke recht van een schuldeiser of een derde op een goed of goederen, zowel bepaalde goederen als gehelen met een wisselende samenstelling van onbepaalde goederen, die toebehoren aan de verzekeraar en die zich op het tijdstip waarop de beslissing tot opening van de liquidatieprocedure rechtsgevolgen heeft, bevinden op het grondgebied van een andere lidstaat dan de lidstaat van herkomst.
– 2. Voor de toepassing van het eerste lid wordt onder goederenrechtelijk recht in ieder geval verstaan:
a. het recht een goed te gelde te maken of te laten maken en te worden voldaan uit de opbrengst van of de inkomsten uit het goed, in het bijzonder op grond van een recht van pand of recht van hypotheek;
b. het uitsluitende recht een vordering te innen, in het bijzonder op grond van een pandrecht op de vordering of op grond van een cessie tot zekerheid van de vordering;
c. het recht om een goed van een ieder die het zonder recht houdt op te eisen, van dat goed afgifte te verlangen of van dat goed een ongestoord genot te verlangen;
d. het goederenrechtelijke recht om van een goed de vruchten te trekken.
– 3. Voor de toepassing van het eerste lid wordt met een goederenrechtelijk recht gelijk gesteld het in een openbaar register ingeschreven recht tot verkrijging van een goederenrechtelijk recht als bedoeld in het eerste lid, dat aan derden kan worden tegengeworpen.
– 4. Voor de toepassing van dit artikel is de lidstaat waar een goed zich bevindt:
a. met betrekking tot registergoederen en rechten op registergoederen: de lidstaat onder het gezag waarvan het desbetreffende register wordt gehouden;
b. met betrekking tot zaken, voorzover niet vallend onder onderdeel *a*: de lidstaat op het grondgebied waarvan de zaak zich bevindt;
c. met betrekking tot schuldvorderingen, de lidstaat op het grondgebied waarvan de derdeschuldenaar zijn statutaire zetel heeft. (Fw art. 212*u*, 213*s*)

Art. 213q

Gevolgen voor eigendomsvoorbehoud verkoper

– 1. Ingeval de verzekeraar een zaak heeft gekocht, laat de beslissing tot opening van een liquidatieprocedure onverlet de op een eigendomsvoorbehoud berustende rechten van de verkoper, indien de zaak waarop het eigendomsvoorbehoud betrekking heeft zich op het tijdstip waarop de beslissing tot opening van een liquidatieprocedure rechtsgevolgen heeft, bevindt op het grondgebied van een andere lidstaat dan de lidstaat van herkomst.

– 2. Ingeval de verzekeraar een zaak heeft verkocht, is de beslissing tot opening van een liquidatieprocedure geen grond voor ontbinding of beëindiging van de overeenkomst tot verkoop, en belet de liquidatieprocedure de koper niet de eigendom van de gekochte zaak te verkrijgen, indien de zaak zich op het tijdstip waarop de beslissing tot opening van de liquidatieprocedure rechtsgevolgen heeft, bevindt op het grondgebied van een andere lidstaat dan de lidstaat van herkomst.

– 3. Artikel 3:241, vierde lid, van de Wet op het financieel toezicht is van overeenkomstige toepassing. (Fw art. 212*v*, 213*s*)

Art. 213r

Bevoegdheid schuld te verrekenen

Indien degene die zowel schuldeiser als schuldenaar is van de verzekeraar bevoegd is zijn schuld te verrekenen met de vordering op de verzekeraar op grond van het recht dat van toepassing is op de vordering van de verzekeraar, laat de beslissing tot opening van de liquidatieprocedure de bedoelde bevoegdheid onverlet. (Fw art. 53, 212*w*, 213*s*)

Art. 213s

Nietigheid wegens benadeling

De artikelen 213*p* tot en met 213*r* staan er niet aan in de weg dat een vordering wordt ingesteld tot nietigheid, vernietiging of het niet kunnen worden tegengeworpen van een rechtshandeling wegens de benadeling van het geheel van schuldeisers welke van die rechtshandeling het gevolg is. (Fw art. 42 e.v., 212*x*)

Art. 213t

Toepasselijk recht arbeidsovereenkomsten

In afwijking van artikel 213*o* worden de gevolgen van een liquidatieprocedure voor arbeidsovereenkomsten en andere rechtsverhoudingen ter zake van het verrichten van arbeid uitsluitend beheerst door het recht van de lidstaat dat op die overeenkomst of rechtsverhouding van toepassing is. (Fw art. 40, 212*ij*)

Art. 213u

Overeenkomst onroerende zaak

In afwijking van artikel 213*o* worden de gevolgen van een liquidatieprocedure voor een overeenkomst die het recht geeft op het genot of de verkrijging van een onroerende zaak uitsluitend beheerst door het recht van de lidstaat op het grondgebied waarvan de onroerende zaak is gelegen. (Fw art. 212*z*)

Art. 213v

Registergoed

In afwijking van artikel 213*o* worden de gevolgen van een liquidatieprocedure voor de rechten van de verzekeraar op een registergoed beheerst door het recht van de lidstaat onder het gezag waarvan het register wordt gehouden. (Fw art. 212*aa*)

Art. 213w

Gereglementeerde markt

– 1. In afwijking van artikel 213*o* worden, onverminderd artikel 213*p*, de gevolgen van een liquidatieprocedure voor de rechten en verplichtingen van deelnemers aan een gereglementeerde markt als bedoeld in artikel 1, onder 13, van richtlijn nr. 93/22/EEG van de Raad van de Europese Gemeenschappen van 10 mei 1993 betreffende het verrichten van diensten op het gebied van beleggingen in effecten (*PbEG* L 141) uitsluitend beheerst door het recht dat op die markt van toepassing is.

– 2. Het eerste lid staat er niet aan in de weg dat een vordering wordt ingesteld tot nietigheid, vernietiging of het niet kunnen worden tegengeworpen van een rechtshandeling wegens de benadeling van het geheel van schuldeisers die van die rechtshandeling het gevolg is. (Fw art. 212*bb*)

Art. 213x

Rechtshandeling registergoed of effecten

In afwijking van artikel 213*o* wordt de rechtsgeldigheid van een rechtshandeling, onder bezwarende titel aangegaan door de verzekeraar na het tijdstip van opening van een liquidatieprocedure, waarmee hij beschikt over een registergoed of effecten of andere waardepapieren waarvan het bestaan of de overdracht inschrijving in een wettelijk voorgeschreven register of op een wettelijk voorgeschreven rekening veronderstelt, of die zijn geplaatst in een door het recht van een lidstaat beheerst gecentraliseerd effectendepot, beheerst door het recht van de lidstaat onder het gezag waarvan het register, de rekening of het depot wordt gehouden dan wel, indien het een onroerende zaak betreft, door het recht van de lidstaat waar de onroerende zaak is gelegen. (Fw art. 212*cc*)

Art. 213ij

Rechtsvordering goed

In afwijking van artikel 213*o* worden de gevolgen van de liquidatieprocedure voor een aanhangige rechtsvordering betreffende een goed waarover de verzekeraar het beheer en de beschikking heeft verloren, uitsluitend beheerst door het recht van de lidstaat waar het rechtsgeding aanhangig is. (Fw art. 212*dd*)

Art. 213z

Bewijs

Artikel 213*o* is niet van toepassing op regels betreffende de nietigheid, de vernietigbaarheid van voor het geheel van schuldeisers nadelige rechtshandelingen en evenmin op de regels die bepalen of dergelijke rechtshandelingen kunnen worden tegengeworpen, indien degene die voordeel heeft gehad bij de rechtshandeling bewijst dat:

a. die rechtshandeling wordt beheerst door het recht van een andere lidstaat dan de lidstaat van herkomst; en
b. dat recht in het gegeven geval niet voorziet in de mogelijkheid dat die rechtshandeling wordt aangetast respectievelijk niet kan worden tegengeworpen. (Fw art. 42 e.v., 212*ee*)

Art. 213aa

Uitoefenen bevoegdheden in Nederland

– 1. Behoudens de bevoegdheid tot het aanwenden van een dwangmaatregel en de bevoegdheid tot het doen van een uitspraak in een geding of een geschil heeft de curator uit een andere lidstaat van herkomst dan Nederland in Nederland de bevoegdheden die hij in de lidstaat van herkomst heeft. De wijze van uitoefenen van deze bevoegdheden in Nederland wordt beheerst door het Nederlandse recht.
– 2. Indien op grond van het recht van de lidstaat van herkomst personen zijn aangewezen om de curator te vertegenwoordigen of anderszins bij te staan, kunnen zij de bevoegdheden die zij hebben op grond van het recht van die lidstaat uitoefenen op het grondgebied van Nederland. (Fw art. 68, e.v., 212*ii*)

Art. 213bb

Aanwijzing curator andere lidstaat

– 1. Voor het bewijs van aanwijzing van de curator uit een andere lidstaat dan Nederland volstaat een voor eensluidend gewaarmerkt afschrift van het aanwijzingsbesluit of van ieder ander door de bevoegde instanties van de lidstaat van herkomst gegeven schriftelijke verklaring.
– 2. De curator uit een andere lidstaat dan Nederland toont op verlangen van een ieder tegenover wie hij zijn bevoegdheden wenst uit te oefenen een vertaling in de Nederlandse taal van het afschrift. (Fw art. 212*jj*)

Art. 213cc

Inschrijving gegevens

Op verzoek van een curator uit een andere lidstaat dan Nederland worden de gegevens met betrekking tot een liquidatieprocedure, geopend in een andere lidstaat dan Nederland, door de griffier van de rechtbank te 's-Gravenhage ingeschreven in het register, bedoeld in artikel 19, eerste lid.

Art. 213dd

Coördinatie

– 1. Indien een verzekeraar met zetel buiten de Europese Unie een bijkantoor heeft in Nederland en een of meer bijkantoren in andere lidstaten, trachten zowel de rechtbank als de Nederlandsche Bank N.V. hun optreden te coördineren met de bevoegde instanties onderscheidenlijk de toezichthoudende autoriteiten van de andere lidstaten waarin aan de verzekeraar een vergunning is verleend.
– 2. In het in het eerste lid bedoelde geval tracht de in Nederland benoemde curator zijn optreden te coördineren met de curatoren in die andere lidstaten.

Art. 213ee

Opnemen gegevens in verslagen, beperking

De curator kan in de verslagen, bedoeld in artikel 73*a*, geen gegevens of inlichtingen opnemen die betrekking hebben op derden die betrokken zijn of zijn geweest bij pogingen de verzekeraar in staat te stellen haar bedrijf voort te zetten.

§ 4. Natura-uitvaartzekeraars

Art. 213ff

Begripsbepaling

Voor de toepassing van deze paragraaf wordt verstaan onder:
a. natura-uitvaartverzekeraar: de natura-uitvaartverzekeraar, bedoeld in artikel 1:1 van de Wet op het financieel toezicht.
b. natura-uitvaartverzekeraar met zetel in een niet-aangewezen staat: de natura-uitvaartverzekeraar met zetel in een niet-aangewezen staat, bedoeld in artikel 1:1 van de Wet op het financiële toezicht.

Art. 213gg

Schakelbepaling

De artikelen 213*b*, 213*d*, 213*e*, 213*f*, 213*i* en 213*k*, eerste lid, zijn van overeenkomstige toepassing op de natura-uitvaartverzekeraar.

Art. 213hh

Kennisgeving inhoud verzoekschrift

De Nederlandsche Bank N.V. zendt een afschrift van haar verzoekschrift, bedoeld in artikel 213*b*, aan de natura-uitvaartverzekeraar en geeft van de inhoud daarvan kennis aan:
a. indien het een natura-uitvaartverzekeraar met zetel in Nederland betreft, de toezichthoudende autoriteiten van de staten die zijn aangewezen op grond van artikel 2:50, tweede lid, van de Wet op het financieel toezicht waar de natura-uitvaartverzekeraar een bijkantoor heeft of waarheen hij diensten verricht vanuit vestigingen in op grond van dat artikel aangewezen staten;
b. indien het een natura-uitvaartverzekeraar met zetel in een andere staat betreft, de toezichthoudende autoriteiten van andere staten die zijn aangewezen op grond van artikel 2:50 van de Wet op het financiële toezicht waarheen hij diensten verricht vanuit een bijkantoor in Nederland.

Art. 213ii

Inkennisstelling DNB

– 1. De griffier stelt de Nederlandsche Bank N.V. onverwijld in kennis van de beslissing tot faillietverklaring.
– 2. De Nederlandsche Bank N.V. stelt onverwijld daarna de toezichthoudende autoriteiten van de andere staten die zijn aangewezen op grond van artikel 2:50 van de Wet op het financiële toezicht in kennis van het vonnis tot faillietverklaring, alsmede van de mogelijke gevolgen daarvan in het desbetreffende geval.

Art. 213jj

Inkennisstelling verloop procedure

De Nederlandsche Bank N.V. stelt de toezichthoudende autoriteiten van de staten die zijn aangewezen op grond van artikel 2:50 van de Wet op het financiële toezicht die zulks verzoeken in kennis van het verloop van de procedure.

Art. 213kk

Omslaan boedelschulden

– 1. In geval van faillietverklaring op grond van deze paragraaf worden de boedelschulden, al naar gelang de aard van de betrokken boedelschuld hetzij over ieder deel van de boedel omgeslagen, hetzij uitsluitend van een bepaalde bate van de boedel afgetrokken.
– 2. Onverminderd het bepaalde in het eerste lid en behoudens vorderingen door pand en hypotheek gedekt, worden de volgende vorderingen verhaald op de boedel in de volgende volgorde:
a. de vorderingen van werknemers en gewezen werknemers alsmede de vorderingen van hun nabestaanden met betrekking tot reeds vervallen termijnen van pensioenen, voorzover de vordering niet ouder is dan een jaar;
b. de vorderingen van werknemers, niet zijnde bestuurders van de natura-uitvaartverzekeraar waarbij zij in dienst zijn, en gewezen werknemers alsmede de vorderingen van hun nabestaanden met betrekking tot in de toekomst tot uitkering komende termijnen van toegezegd pensioen;
c. de vorderingen van werknemers met betrekking tot het loon over het voorafgaande jaar en hetgeen over het lopende jaar verschuldigd is, benevens het bedrag van de verhoging van dat loon ingevolge artikel 625 van Boek 7 van het Burgerlijk Wetboek alsmede het bedrag van de uitgaven, door de werknemer voor de natura-uitvaartverzekeraar als werkgever gedaan, en de bedragen, door de natura-uitvaartverzekeraar aan de werknemer krachtens artikel 10 van Boek 7 van het Burgerlijk Wetboek in verband met de beëindiging van de arbeidsovereenkomst verschuldigd;
d. de vorderingen en rechten betreffende prestaties, die zijn ontstaan of nog zullen ontstaan uit een natura-uitvaartverzekering, gesloten vanuit een vestiging in Nederland.
– 3. Artikel 213*m*, vierde tot en met zesde lid, is van overeenkomstige toepassing.

TITEL II
Van surseance van betaling

EERSTE AFDELING
Van de verlening van surseance van betaling en haar gevolgen

Art. 214

Op verzoek van schuldenaar; verzoekschrift; ontwerpakkoord

– 1. De schuldenaar die voorziet, dat hij met het betalen van zijn opeisbare schulden niet zal kunnen voortgaan, kan surseance van betaling aanvragen.
– 2. Hij zal zich daartoe, onder overlegging van een door behoorlijke bescheiden gestaafde staat als bedoeld in artikel 96, bij verzoekschrift, door hemzelf en zijn advocaat ondertekend, wenden tot de rechtbank, aangewezen in artikel 2. Het verzoekschrift bevat zodanige gegevens dat de rechter kan beoordelen of hem rechtsmacht toekomt op grond van de verordening, genoemd in artikel 5, derde lid.
– 3. Bij het verzoekschrift kan een ontwerp van een akkoord worden gevoegd. (Fw art. 219, 281*a*)
– 4. Surseance van betaling wordt niet verleend aan een natuurlijke persoon die geen zelfstandig beroep of bedrijf uitoefent, noch aan een kredietinstelling als bedoeld in artikel 212g, eerste lid, onderdeel *a*, noch aan een verzekeraar als bedoeld in artikel 213. (Fw art. 223, 247, 250*a*; Wet toez. verz. bedrijf art. 163; Wet toez. kredietwezen art. 74; Belgisch Executie Verdrag art. 24)

Art. 215

Terinzagelegging; voorlopige verlening

– 1. Het verzoekschrift met bijbehorende stukken wordt ter griffie van de rechtbank neergelegd, ter kosteloze inzage van een ieder. (Fw art. 107, 249, 252)
– 2. De rechtbank zal dadelijk de gevraagde surseance voorlopig verlenen en een of meer bewindvoerders benoemen, ten einde met de schuldenaar het beheer over diens zaken te voeren. Bovendien beveelt zij, dat de bekende schuldeisers, benevens de schuldenaar, tegen een door haar op korte termijn bepaalde dag, door de griffier bij brieven worden opgeroepen, ten einde,

alvorens beslist wordt omtrent het definitief verlenen van de gevraagde surseance, op het verzoekschrift te worden gehoord. Behalve de dag worden uur en plaats der bijeenkomst daarbij vermeld, alsmede of een ontwerp van akkoord bij het verzoekschrift is gevoegd. Artikel 6, eerste lid, derde zin, en vierde lid, is van overeenkomstige toepassing. (Fw art. 222, 225, 246, 247*a*, 281c)

Art. 216

Aankondiging

De griffier doet van de indiening van het verzoek, van de voorlopige verlening van surseance en het tijdstip daarvan tot op de minuut nauwkeurig, van de naam van de rechter-commissaris zo die is benoemd, van de namen en woonplaatsen der benoemde bewindvoerders en van de overeenkomstig het tweede lid van het voorgaande artikel bepaalde dag onmiddellijk aankondiging in de *Staatscourant*. Indien bij het verzoekschrift een ontwerp van akkoord is gevoegd, wordt daarvan in de aankondiging melding gemaakt. (Fw art. 14, 219 lid 4, 221 lid 3, 245, 252, BW art. 2:51, 303; Hrgb 27)

Art. 217

Aanvang

De surseance wordt geacht te zijn ingegaan bij de aanvang van de dag, waarop zij voorlopig is verleend. (Fw art. 23, 215, 241*e*)

Art. 218

Behandeling; failliet-verklaring

– 1. Ten bepaalden dage hoort de rechtbank in raadkamer de schuldenaar, de rechter-commissaris zo die is benoemd, de bewindvoerders en de in persoon bij schriftelijk gemachtigde of bij advocaat opgekomen schuldeisers. Iedere schuldeiser is bevoegd om, zelfs zonder opgeroepen te zijn, op te komen. (Fw art. 281*e* lid 2)

– 2. De rechtbank kan de schuldenaar definitief surseance verlenen, tenzij zich daartegen verklaren hetzij houders van meer dan één vierde van het bedrag der ter vergadering vertegenwoordigde, in artikel 233 bedoelde, schuldvorderingen, hetzij meer dan één derde der houders van zodanige vorderingen. (Fw art. 81, 145, 223)

– 3. Over de toelating tot de stemming beslist, bij verschil, de rechtbank.

– 4. Surseance kan nimmer definitief worden verleend, indien er gegronde vrees bestaat, dat de schuldenaar zal trachten de schuldeisers tijdens de surseance te benadelen of het vooruitzicht niet bestaat, dat hij na verloop van tijd zijn schuldeisers zal kunnen bevredigen. (Fw art. 242)

– 5. De rechtbank, het verzoek afwijzende, kan bij dezelfde beschikking den schuldenaar in staat van faillissement verklaren. Wordt het faillissement niet uitgesproken, dan blijft de voorlopig verleende surseance gehandhaafd tot de beschikking der rechtbank in kracht van gewijsde is gegaan. (Fw art. 242 lid 4, 277)

– 6. Indien een aanvrage tot faillietverklaring en een verzoek tot surseance gelijktijdig aanhangig zijn, komt eerst het laatste in behandeling. (Fw art. 3*a*)

– 7. De beschikking op het verzoek is met redenen omkleed en wordt uitgesproken ter openbare terechtzitting. (RO art. 5, Rv art. 426 e.v.)

Art. 219

Hoger beroep

– 1. Gedurende acht dagen na de dag der uitspraak heeft, in geval van afwijzing van het verzoek, de schuldenaar, of, ingeval de surseance verleend is, iedere schuldeiser, die zich niet vóór het verlenen daarvan heeft verklaard, recht van hoger beroep.

– 2. Het hoger beroep wordt ingesteld bij een verzoekschrift, in te dienen ter griffie van het gerechtshof, dat van de zaak kennis moet nemen. De voorzitter bepaalt terstond dag en uur voor de behandeling. (Fw art. 283)

– 3. Indien het hoger beroep door een schuldeiser is ingesteld, geeft deze uiterlijk op de vierde dag volgende op die, waarop hij zijn verzoek heeft gedaan, aan de advocaat, die het verzoek tot surseance heeft ingediend, bij deurwaardersexploot kennis van het hoger beroep en van de tijd voor de behandeling bepaald. Deze kennisgeving geldt voor oproeping van de schuldenaar.

– 4. De griffier van het gerechtshof doet van het hoger beroep en van de tijd, voor de behandeling bepaald, aankondiging in de *Staatscourant*. Tevens geeft hij van het ingestelde hoger beroep aan de griffier der rechtbank kennis, neemt van deze de in artikel 214 bedoelde stukken over en legt die op zijn griffie voor een ieder ter kosteloze inzage.

Art. 220

Behandeling

– 1. Bij de behandeling van het hoger beroep wordt het verzoek niet opnieuw in stemming gebracht, maar ieder schuldeiser is bevoegd in persoon, bij schriftelijk gemachtigde of bij advocaat aan de bestrijding of verdediging van de uitspraak, waartegen het beroep gericht is, deel te nemen.

– 2. De behandeling heeft plaats in raadkamer; het arrest wordt uitgesproken ter openbare terechtzitting.

Art. 221

Cassatie

– 1. Van het arrest, door het gerechtshof gewezen, kan, ingeval van afwijzing van het verzoek, de schuldenaar, of, ingeval de surseance is verleend, iedere schuldeiser, die zich niet vóór het verlenen daarvan heeft verklaard, gedurende acht dagen na de dag der uitspraak, in cassatie komen.

– 2. Het beroep in cassatie wordt ingesteld bij een verzoekschrift, in te dienen ter griffie van de Hoge Raad. De voorzitter bepaalt terstond dag en uur voor de behandeling. (Fw art. 283)

– 3. De griffier van de Hoge Raad doet van het beroep in cassatie en van de tijd, voor de behandeling bepaald, aankondiging in de *Staatscourant*. Tevens geeft hij van het ingestelde beroep kennis aan de griffier van het gerechtshof, neemt van deze de in artikel 214 bedoelde stukken over en legt die op zijn griffie voor een ieder ter kosteloze inzage.

– 4. De bepalingen van het derde lid van artikel 219 en van het tweede lid van artikel 220 vinden overeenkomstige toepassing. (RO art. 79, Rv. art. 426 e.v.)

Art. 222

Uitvoerbaar bij voorraad; publicatie

– 1. De beschikking, waarbij de surseance definitief wordt toegestaan, is bij voorraad uitvoerbaar, niettegenstaande enige daartegen gerichte voorziening. (Fw art. 4 lid 5, 86)

– 2. Zij wordt aangekondigd op de wijze, in artikel 216 voorgeschreven.

Art. 222a

Openbaar register

– 1. Bij elke rechtbank wordt door de griffier een openbaar register aangehouden, waarin hij voor iedere surseance van betaling afzonderlijk, achtereenvolgens, met vermelding van de dagtekening, inschrijft:

1° een uittreksel van de rechterlijke beslissingen, waarbij voorlopig of definitief surseance van betaling is verleend, waarbij deze is verlengd of waarbij de surseance van betaling is ingetrokken; (Fw art. 215, 218, 220, 223, 242)

2° de benoeming van een rechter-commissaris; (Fw art. 223*a*)

3° de summiere inhoud en de homologatie van het akkoord; (Fw art. 252, 272)

4° de ontbinding van het akkoord. (Fw art. 280)

– 2. Omtrent vorm en inhoud van het register worden bij algemene maatregel van bestuur nadere regels gegeven.

– 3. De griffier is verplicht aan ieder kosteloze inzage van het register en tegen betaling een uittreksel daaruit te verstrekken. (Fw art. 19, 294)

– 4. De griffier geeft de in het eerste lid onder 1° tot en met 4° genoemde gegevens door aan Onze Minister van Justitie of een bij algemene maatregel van bestuur aan te wijzen ander orgaan ten behoeve van het in artikel 222*b* genoemde centrale register.

Art. 222b

Centraal register

– 1. Door onze Minister van Justitie of, indien ingevolge artikel 222*a*, vierde lid, een ander orgaan is aangewezen, door dat orgaan, wordt een centraal register gehouden, waarin de in artikel 222*a*, eerste lid, onder 1° tot en met 4° genoemde gegevens worden ingeschreven.

– 2. Omtrent vorm en inhoud van het register worden bij algemene maatregel van bestuur nadere regels gegeven.

– 3. Een ieder heeft kosteloos inzage in het register en kan tegen betaling een uittreksel daaruit verkrijgen. (Fw art. 19*a*, Fw 294*a*)

Art. 223

Duur; verlenging

– 1. Bij het definitief verlenen der surseance bepaalt de rechtbank haar duur ten hoogste op anderhalf jaar. Indien de surseance is geëindigd door het verloop van de termijn waarvoor zij is verleend, doen de bewindvoerders daarvan aankondiging in de *Staatscourant*.

– 2. Vóór het einde der surseance kan door de schuldenaar eenmaal of meermalen haar verlenging voor ten hoogste anderhalf jaar worden gevraagd. Het verzoek wordt behandeld op dezelfde wijze als een verzoek tot verlening van surseance. Zolang bij afloop der surseance op een verzoek tot verlenging nog niet is beschikt, blijft de surseance gehandhaafd. De door de rechtbank gewezen beschikking wordt bekendgemaakt op de wijze als in het eerste lid is bepaald. (Fw art. 275, 283)

Art. 223a

Benoeming rechter-commissaris

Bij het voorlopig verlenen der surseance of bij een latere beschikking kan de rechtbank een harer leden tot rechter-commissaris benoemen, teneinde de bewindvoerders op hun verzoek van advies te dienen. (Fw art. 14 lid 1, 64 e.v.)

Art. 223b

Getuigenverhoor; verschoning

– 1. Op verzoek van de bewindvoerders is de rechter-commissaris bevoegd ter opheldering van alle omstandigheden, de surseance betreffende, getuigen te horen of een onderzoek van deskundigen te bevelen. De getuigen worden gedagvaard namens de rechter-commissaris. Artikel 177 van het Wetboek van Burgerlijke Rechtsvordering is van overeenkomstige toepassing. (Fw art. 66)

– 2. Bij niet-verschijning of weigering om de eed of getuigenis af te leggen, zijn de artikelen 171, 172, 173, eerste lid, eerste volzin, tweede en derde lid, 174 en 175 van het Wetboek van Burgerlijke Rechtsvordering toepasselijk.

– 3. De echtgenoot of gewezen echtgenoot van de schuldenaar of degene met wie de schuldenaar een geregistreerd partnerschap is of was aangegaan, de kinderen en verdere afkomelingen en de ouders en grootouders van de schuldenaar kunnen zich van het geven van getuigenis verschonen. (Rv art. 165; Sv art. 217)

Art. 224

Bewindvoerders

– 1. Indien meer dan één bewindvoerder is benoemd, wordt voor de geldigheid hunner handelingen toestemming der meerderheid of bij staking van stemmen een beslissing van de rechter-commissaris zo die is benoemd of, bij gebreke van dien, van de voorzieningenrechter der rechtbank vereist. Het tweede lid van artikel 70 vindt overeenkomstige toepassing.
– 2. De rechtbank kan te allen tijde een bewindvoerder, na hem gehoord of behoorlijk opgeroepen te hebben, ontslaan en door een ander vervangen of hem één of meer bewindvoerders toevoegen, een en ander op verzoek van hemzelf, van de andere bewindvoerders of van één of meer schuldeisers, op voordracht van de rechter-commissaris zo die is benoemd, dan wel ambtshalve. (Fw art. 70, 215 lid 2, 226 lid 4)

Art. 225

Bescherming belangen schuldeisers

– 1. Bij het voorlopig verlenen der surseance kan de rechtbank zodanige bepalingen maken, als zij ter beveiliging van de belangen der schuldeisers nodig oordeelt.
– 2. Zij kan dit ook gedurende de surseance doen op voordracht van de rechter-commissaris zo die is benoemd, op verzoek van de bewindvoerders of van één of meer schuldeisers dan wel ambtshalve. (Fw art. 226, 283, 290)

Art. 226

Deskundigenverslag

– 1. Bij het voorlopig verlenen der surseance kan de rechtbank één of meer deskundigen benoemen teneinde binnen een door haar te bepalen termijn, die zo nodig kan worden verlengd, een onderzoek naar de staat van de boedel in te stellen en een beredeneerd verslag van hun bevinding uit te brengen. Het laatste lid van artikel 225 vindt overeenkomstige toepassing.
– 2. Het verslag van de deskundigen bevat een met redenen omkleed oordeel over de betrouwbaarheid van de door de schuldenaar overgelegde staat en bescheiden, en over de vraag of er vooruitzicht bestaat, dat de schuldenaar na verloop van tijd zijn schuldeisers zal kunnen bevredigen. Het verslag geeft zo mogelijk de maatregelen aan, welke tot die bevrediging kunnen leiden. (Fw art. 218 lid 4)
– 3. De deskundigen leggen hun verslag neder ter griffie van de rechtbank, ter kosteloze inzage van een ieder. De neerlegging geschiedt kosteloos.
– 4. Het laatste lid van artikel 224 vindt ten aanzien van de deskundigen overeenkomstige toepassing. (Fw art. 250, Fw 291; Rv art. 194 e.v.)

Art. 227

Periodiek verslag bewindvoerders

– 1. De bewindvoerders brengen, telkens na verloop van drie maanden, een verslag uit over de toestand van de boedel. Met dit verslag wordt gehandeld, gelijk in het derde lid van artikel 226 is voorgeschreven.
– 2. De termijn, bedoeld in het vorige lid, kan door de rechter-commissaris zo die is benoemd of, bij gebreke van dien, de rechtbank worden verlengd. (Fw art. 73*a*)

Art. 228

Medewerking bewindvoerders

– 1. Gedurende de surseance is de schuldenaar onbevoegd enige daad van beheer of beschikking betreffende de boedel te verrichten zonder medewerking, machtiging of bijstand van de bewindvoerders. Indien de schuldenaar in strijd daarmede gehandeld heeft, zijn de bewindvoerders bevoegd alles te doen, wat vereist wordt, om de boedel te dier zake schadeloos te houden. (Fw art. 242 lid 1 sub 3, 249 lid 1 sub 2)
– 2. Voor verbintenissen van de schuldenaar, zonder medewerking, machtiging of bijstand van de bewindvoerders na de aanvang der surseance ontstaan, is de boedel niet aansprakelijk, dan voorzover deze tengevolge daarvan is gebaat. (Fw art. 24, 238, 239, 241*e*; BW art. 6:31, 209, 276)

Art. 229

Huwelijksgemeenschap of geregistreerd partnerschap

– 1. Indien de schuldenaar in enige gemeenschap gehuwd is of in enige gemeenschap een geregistreerd partnerschap is aangegaan, worden onder de boedel de baten en lasten van die gemeenschap begrepen.
– 2. Artikel 61 vindt overeenkomstige toepassing. (BW art. 1:80*a*; 93, 123, 128)

Art. 230

Schorsing executies; verval beslagen

– 1. Gedurende de surseance kan de schuldenaar niet tot betaling zijner in artikel 233 bedoelde schulden worden genoodzaakt en blijven alle tot verhaal van die schulden aangevangen executies geschorst.
– 2. De gelegde beslagen vervallen en de schuldenaar, die zich in gijzeling bevindt, wordt daaruit ontslagen, zodra de uitspraak, houdende definitieve verlening der surseance of homologatie van het akkoord, in kracht van gewijsde is gegaan, beide tenzij de rechtbank op verzoek van de bewindvoerders reeds een vroeger tijdstip daarvoor heeft bepaald. De inschrijving van een desbetreffende, op verzoek van de bewindvoerders af te geven verklaring van de rechter-com-

missaris of, zo geen rechter-commissaris is benoemd, van de voorzieningenrechter van de rechtbank, machtigt de bewaarder van de openbare registers tot doorhaling.
– 3. Het in de voorgaande leden bepaalde vindt geen toepassing ten aanzien van executies en beslagen ten behoeve van vorderingen waaraan voorrang is verbonden, voorzover het de goederen betreft, waarop de voorrang rust. (BW art. 3:227 e.v., 236 e.v., 260 e.v., 276 e.v., 282, 283 e.v., 288 e.v., 290 e.v.; Fw art. 301, Fw 302)
– 4. Ter zake van schulden waarvoor het eerste lid geldt, is artikel 36 van overeenkomstige toepassing. (Fw art. 33)

Art. 231

Aanhangige procedures

– 1. De surseance stuit de loop niet van reeds aanhangige rechtsvorderingen, noch belet het aanleggen van nieuwe.
– 2. Indien niettemin de rechtsgedingen blotelijk betreffen de vordering van betaling ener schuld, door de schuldenaar erkend, en de aanlegger geen belang heeft om vonnis te verkrijgen, teneinde rechten tegen derden te doen gelden, kan de rechter, na van de erkenning der schuld akte te hebben verleend, het uitspreken van het vonnis opschorten tot na het einde der surseance. (Fw art. 25; Rv art. 225 e.v.)
– 3. De schuldenaar kan, voor zoveel betreft rechtsvorderingen, welke rechten of verplichtingen tot de boedel behorende ten onderwerp hebben, noch eisende, noch verwerende in rechte optreden, zonder medewerking der bewindvoerders. (Fw art. 27 e.v.)

Art. 231a

Schakelbepaling

Artikel 231 is van overeenkomstige toepassing met betrekking tot rechtsvorderingen betreffende een goed of recht waarover de schuldenaar het beheer en de beschikking heeft verloren door de opening van een in Nederland op grond van artikel 16 van de verordening, genoemd in artikel 5, derde lid, te erkennen insolventieprocedure, indien deze geen liquidatieprocedure is in de zin van artikel 2, onder *c*, van die verordening.

Art. 232

Vorderingen buiten surseance

De surseance werkt niet ten aanzien van:
1° vorderingen waaraan voorrang is verbonden, behoudens voorzover zij niet verhaald kunnen worden op de goederen waarop de voorrang rust; (Fw art. 230 lid 3)
2° vorderingen wegens kosten van levensonderhoud of van verzorging of opvoeding, verschuldigd krachtens de wet en vastgesteld bij overeenkomst of rechterlijke uitspraak, behoudens voorzover het gaat om vóór de aanvang der surseance vervallen termijnen, waarvan de rechtbank het bedrag heeft vastgesteld, waarvoor de surseance werkt; (BW art. 1:157, 158, 392 e.v., 401, 404 e.v.)
3° termijnen van huurkoop en van scheepshuurkoop. (Fw art. 237*a*; BW art. 7A:1576*h*; BW art. 8:800)

Art. 233

Gelijke behandeling schuldeisers

De betaling van alle andere schulden, bestaande vóór de aanvang der surseance, kan, zolang de surseance duurt, niet anders plaats hebben dan aan alle schuldeisers gezamenlijk, in evenredigheid hunner vorderingen.

Art. 234

Schuldvergelijking of compensatie

– 1. Hij die zowel schuldenaar als schuldeiser van de boedel is, kan zijn schuld met zijn vordering op de boedel verrekenen, indien beide zijn ontstaan vóór de aanvang van de surseance of voortvloeien uit een handeling vóór de aanvang van de surseance met de schuldenaar verricht.
– 2. De vordering op de schuldenaar wordt zo nodig berekend naar de regels in de artikelen 261 en 262 gesteld.
– 3. Van de zijde van de boedel kan geen beroep worden gedaan op artikel 136 van Boek 6 van het Burgerlijk Wetboek. (Fw art. 53, 241*e*, 307; BW art. 6:127 e.v., 130 lid 2)

Art. 235

Schuldoverneming en compensatie

– 1. Niettemin is degene die een schuld aan de boedel of een vordering op de boedel vóór de aanvang van de surseance van een derde heeft overgenomen, niet bevoegd tot verrekening, indien hij bij de overneming niet te goeder trouw heeft gehandeld.
– 2. Na de aanvang van de surseance overgenomen vorderingen of schulden kunnen niet worden verrekend.
– 3. De artikelen 55 en 56 zijn van overeenkomstige toepassing. (Fw art. 54, 241*e*; BW art. 6:155 e.v.)

Art. 236

Wederkerige overeenkomsten

– 1. Indien een wederkerige overeenkomst bij de aanvang van de surseance zowel door de schuldenaar als door zijn wederpartij in het geheel niet of slechts gedeeltelijk is nagekomen en de schuldenaar en de bewindvoerder zich niet binnen een hun daartoe schriftelijk door de wederpartij gestelde redelijke termijn bereid verklaren de overeenkomst gestand te doen, verliezen zij het recht hunnerzijds nakoming van de overeenkomst te vorderen.

– 2. Indien de schuldenaar en de bewindvoerder zich wel tot nakoming van de overeenkomst bereid verklaren, zijn zij verplicht desverlangd voor deze nakoming zekerheid te stellen.
– 3. De vorige leden zijn niet van toepassing op overeenkomsten waarbij de schuldenaar slechts verbintenissen op zich heeft genomen tot door hem persoonlijk te verrichten handelingen. (Fw art. 37; BW art. 6:261, 265 e.v.)

Art. 236a

Opkomen vorderingen

Voor vorderingen die de wederpartij uit hoofde van ontbinding of vernietiging van een vóór de aanvang van de surseance met de schuldenaar gesloten overeenkomst op deze heeft verkregen, of die strekken tot schadevergoeding ter zake van tekortschieten in de nakoming van een vóór de aanvang van de surseance op deze verkregen vordering, kan zij opkomen op de voet, in artikel 233 bepaald. (Fw art. 37*a;* ;BW art. 3:53; BW art. 6:87, 271)

Art. 237

Termijnhandel

Indien in het geval van artikel 236 de levering van waren, die ter beurze op termijn worden verhandeld, bedongen is tegen een vastgesteld tijdstip of binnen een bepaalden termijn, en dit tijdstip invalt of die termijn verstrijkt na de aanvang der surseance, wordt de overeenkomst door de voorlopige verlening van surseance ontbonden en kan de wederpartij van de schuldenaar zonder meer voor schadevergoeding opkomen op de voet, in artikel 233 bepaald. Lijdt de boedel door de ontbinding schade dan is de wederpartij verplicht deze te vergoeden. (Fw art. 38; BW art. 6:269 e.v.; K art. 59 e.v.)

Art. 237a

(Scheeps)huurkoop

– 1. Zodra de surseance een aanvang heeft genomen, kan zowel de schuldenaar, die huurkoper is, als de verkoper de huurkoop dan wel scheepshuurkoop ontbonden verklaren.
– 2. Deze ontbinding heeft dezelfde gevolgen als ontbinding der overeenkomst wegens het niet nakomen door de koper van zijn verplichtingen.
– 3. De verkoper kan voor het hem verschuldigde bedrag opkomen op de voet als in artikel 233 bepaald. (Fw 38*a*, 232 sub 3°; BW 7A: 1576*h*; 8: 800 e.v., 810; Tijd. wet huurkoop onr. zaken)

Art. 237b

Nakoming aflevering gas etc.

– 1. Een wederpartij is niet bevoegd de nakoming van zijn verbintenis die voortvloeit uit een overeenkomst tot het geregeld afleveren van gas, water, elektriciteit of verwarming, benodigd voor de eerste levensbehoeften of voor het voortzetten van de door de schuldenaar gedreven onderneming, jegens de schuldenaar op te schorten wegens het door de schuldenaar niet nakomen van een vóór de surseance ontstane verbintenis tot betaling van een geldsom.
– 2. Een tekortkoming door de schuldenaar in de nakoming van een verbintenis als in het eerste lid bedoeld, die plaatsvond vóór de verlening van de surseance, levert geen grond op voor ontbinding van een overeenkomst als bedoeld in het eerste lid.
– 3. Een beroep door de wederpartij op een beding dat verlening van de surseance, de aanvraag van de surseance of het leggen van beslag grond oplevert voor ontbinding van een overeenkomst als bedoeld in het eerste lid, dan wel dat die overeenkomst daardoor van rechtswege zal zijn ontbonden, is slechts toegelaten met goedvinden van de schuldenaar en de bewindvoerder. (Fw 37*b*, 304; BW 6: 262, 265)

Art. 238

Huur; pacht

– 1. Zodra de surseance een aanvang heeft genomen, kan de schuldenaar, die huurder is, met inachtneming van het bij artikel 228 bepaalde, de huur tussentijds doen eindigen, mits de opzegging geschiede tegen een tijdstip, waarop dergelijke overeenkomsten naar plaatselijk gebruik eindigen. Bovendien moet bij de opzegging de daarvoor overeengekomen of gebruikelijke termijn in acht genomen worden, met dien verstande echter, dat een termijn van drie maanden in elk geval voldoende zal zijn. Zijn de huurpenningen vooruit betaald, dan kan de huur niet eerder worden opgezegd dan tegen de dag, waarop de termijn, waarvoor vooruitbetaling heeft plaats gehad, eindigt.
– 2. Van de aanvang der surseance af is de huurprijs boedelschuld.
– 3. Indien de schuldenaar pachter is, vindt het bovenstaande overeenkomstige toepassing. (Fw art. 39, 236, 305, 362; BW art. 7:201, 228, 271, 290; Pachtw. art. 51 e.v.)

Art. 239

Opzegging bij surseance

– 1. Zodra de surseance een aanvang heeft genomen, kan de schuldenaar, met inachtneming van het bij artikel 228 bepaalde, aan werknemers in zijn dienst, de arbeidsovereenkomst opzeggen, met inachtneming van de overeengekomen of wettelijke termijnen, met dien verstande echter, dat in elk geval de arbeidsovereenkomst kan worden geëindigd door opzegging met een termijn van zes weken of, indien de termijn, omschreven in artikel 672 lid 2 van Boek 7 van het Burgerlijk Wetboek langer is dan zes weken, met inachtneming van die termijn.
– 2. Zodra de surseance een aanvang heeft genomen, behoeft bij opzegging der arbeidsovereenkomst door werknemers in dienst van de schuldenaar het bepaalde in artikel 672 lid 3 van Boek 7 van het Burgerlijk Wetboek niet in acht te worden genomen.

– 3. Van de aanvang der surseance af zijn het loon en de met de arbeidsovereenkomst samenhangende premieschulden boedelschuld.
– 4. Dit artikel is van overeenkomstige toepassing op agentuurovereenkomsten. (Fw art. 40, 236, 362; BW art. 7:428, 437, 689 e.v.; BBA1945 art. 6; Wet melding coll. ontslag art. 2 lid 3)

Art. 240

Betaling aan schuldenaar

– 1. Voldoening nadat de surseance voorlopig is verleend doch vóór de bekendmaking daarvan, aan de schuldenaar gedaan, ter vervulling van verbintenissen jegens deze vóórdien ontstaan, bevrijdt hem, die haar deed, tegenover de boedel, zolang zijn bekendheid met de voorlopige verlening van de surseance niet bewezen wordt.
– 2. Voldoening, als in het vorig lid bedoeld, nà de bekendmaking aan de schuldenaar gedaan, bevrijdt tegenover de boedel alleen dan, wanneer hij, die haar deed, bewijst, dat de voorlopige verlening van de surseance te zijner woonplaats langs de weg der wettelijke aankondiging nog niet bekend kon zijn, behoudens het recht van bewindvoerders om aan te tonen, dat zij hem toch bekend was.
– 3. In elk geval bevrijdt voldoening aan de schuldenaar hem, die haar deed, tegenover de boedel, voorzover hetgeen door hem voldaan werd ten bate van de boedel is gekomen. (Fw art. 52, 216; BW art. 6:34)

Art. 241

Medeschuldenaren en borg

De surseance werkt niet ten voordele van de borgen en andere medeschuldenaren. (Fw art. 136, 160, 300; BW art. 6:6 e.v.; BW art. 7:850 e.v.)

Art. 241a

Afkondiging afkoelingsperiode; machtiging verhaal

– 1. De rechtbank kan op verzoek van elke belanghebbende of ambtshalve bij schriftelijke beschikking een afkoelingsperiode afkondigen, waarin elke bevoegdheid van derden, met uitzondering van boedelschuldeisers, tot verhaal op tot de boedel behorende goederen of tot de opeising van goederen die zich in de macht van de schuldenaar bevinden, voor een periode van ten hoogste twee maanden, niet kan worden uitgeoefend dan met machtiging van de rechtbank of, zo een rechter-commissaris is benoemd, van deze. De rechtbank kan deze periode eenmaal verlengen met een periode van ten hoogste twee maanden.
– 2. De rechtbank kan haar beschikking beperken tot bepaalde derden en daaraan voorwaarden verbinden. De rechtbank en rechter-commissaris kunnen voorwaarden verbinden aan een door hen gegeven machtiging van een derde tot uitoefening van een aan deze toekomende bevoegdheid.
– 3. Indien een derde ter zake van zijn bevoegdheid een redelijke termijn aan de curator stelt, wordt deze termijn geschorst tijdens de afkoelingsperiode.
– 4. De afkoelingsperiode kan ook op verlangen van de schuldenaar worden afgekondigd door de rechter die de surseance verleent. De afkoelingsperiode die wordt afgekondigd met de verlening van de surseance wordt geacht te zijn ingegaan bij de aanvang van de dag waarop de surseance voorlopig is verleend. (Fw art. 63*a*, 241*d*, 309)

Art. 241b

Bevoegdheid pandhouder

– 1. Ingeval de schuldenaar overeenkomstig artikel 239, eerste lid, van Boek 3 van het Burgerlijk Wetboek een pandrecht heeft gevestigd op een vordering op naam of op het vruchtgebruik van een zodanige vordering, blijft de pandhouder tijdens de afkoelingsperiode bevoegd de mededeling, bedoeld in artikel 239, derde lid, van dat Boek, te doen en betalingen in ontvangst te nemen.
– 2. Artikel 490*b*, tweede lid, van het Wetboek van Burgerlijke Rechtsvordering, is van overeenkomstige toepassing, met dien verstande dat de pandhouder het volledige bedrag bij de bewaarder stort. (Fw art. 63*b*; BW art. 3:239)

Art. 241c

Geen uitwinning

– 1. Tijdens de afkoelingsperiode kan de Ontvanger die een beslag heeft gelegd als bedoeld in artikel 22, derde lid, Invorderingswet 1990, niet tot uitwinning overgaan, tenzij de rechtbank of de rechter-commissaris zo die is benoemd, anders beslist.
– 2. Een beslag als bedoeld in artikel 22, derde lid, van de Invorderingswet 1990 dat tijdens de afkoelingsperiode wordt gelegd op een zaak die zich op de bodem van de schuldenaar bevindt en die niet aan hem toebehoort, kan niet worden tegengeworpen aan de eigenaar van de zaak of, als daarop een pandrecht van een ander rust, aan die ander, indien deze voordat het beslag was gelegd bij deurwaardersexploot aanspraak heeft gemaakt op afgifte van de zaak. (Fw art. 63*c*)

Art. 241d

Uitgezonderde goederen

Van de goederen als bedoeld in artikel 241*a*, eerste lid, zijn uitgezonderd de goederen die uit hoofde van een financiëlezekerheidsovereenkomst als bedoeld in artikel 51 van Boek 7 van het Burgerlijk Wetboek zijn verpand. (Fw art. 63*d*, 309*a*)

Art. 241e

Uitzondering 00.00-uurregel

– 1. In afwijking van artikel 217 werkt het verlenen van surseance aan een schuldenaar uit hoofde van een financiëlezekerheidsovereenkomst als bedoeld in artikel 51 van Boek 7 van het Burgerlijk Wetboek niet terug tot aan het begin van de dag waarop zij voorlopig is verleend, ten aanzien van een door de schuldenaar voor het tijdstip van het verlenen van surseance gesloten financiëlezekerheidsovereenkomst of een overdracht, vestiging van een pandrecht of een opdracht tot verrekening op grond daarvan.

– 2. De artikelen 217, 228, tweede lid, 234, eerste lid, 235, tweede lid, van deze wet, kunnen niet aan derden worden tegengeworpen ten aanzien van een door een schuldenaar na het tijdstip van het verlenen van surseance gesloten financiëlezekerheidsovereenkomst als bedoeld in artikel 51 van Boek 7 van het Burgerlijk Wetboek, een overdracht of vestiging van een pandrecht op grond van een financiëlezekerheidsovereenkomst, alsmede elke rechtshandeling op grond van een financiëlezekerheidsovereenkomst vanwege verbintenissen van de schuldenaar die na het tijdstip van het verlenen van surseance zijn ontstaan, mits de betreffende rechtshandeling plaatsvindt op de dag van het verlenen van surseance en de wederpartij kan aantonen dat deze ten tijde van de rechtshandeling het verlenen van surseance niet kende of behoorde te kennen. (Fw art. 63e, 212b, 216)

Art. 242

Intrekking surseance; faillietverklaring

– 1. Nadat de surseance is verleend, kan zij, op voordracht van de rechter-commissaris zo die is benoemd, op verzoek van de bewindvoerders, van één of meer der schuldeisers of ook ambtshalve door de rechtbank worden ingetrokken:

1° indien de schuldenaar zich, gedurende de loop der surseance, aan kwade trouw in het beheer van de boedel schuldig maakt;

2° indien hij zijn schuldeisers tracht te benadelen; (Fw art. 218 lid 4)

3° indien hij handelt in strijd met artikel 228, eerste lid;

4° indien hij nalaat te doen, wat in de bepalingen, door de rechtbank bij het verlenen der surseance of later gesteld, aan hem is opgelegd of wat naar het oordeel der bewindvoerders door hem in het belang des boedels moet worden gedaan;

5° indien, hangende de surseance, de staat des boedels zodanig blijkt te zijn, dat handhaving der surseance niet langer wenselijk is of het vooruitzicht, dat de schuldenaar na verloop van tijd zijn schuldeisers zal kunnen bevredigen, blijkt niet te bestaan. (Fw art. 283) (Fw art. 218 lid 4)

– 2. In de gevallen, vermeld onder 1° en 5°, zijn de bewindvoerders verplicht de intrekking te vragen.

– 3. De verzoeker, de schuldenaar en de bewindvoerders worden gehoord of behoorlijk opgeroepen. De oproeping geschiedt door de griffier tegen een door de rechtbank te bepalen dag. De beschikking is met redenen omkleed.

– 4. Indien op grond van dit artikel de surseance wordt ingetrokken, kan bij dezelfde beschikking de faillietverklaring van de schuldenaar worden uitgesproken. Wordt het faillissement niet uitgesproken, dan blijft de surseance gehandhaafd tot de beschikking der rechtbank in kracht van gewijsde is gegaan. (Fw art. 247, 276, 283)

Art. 243

Hoger beroep

– 1. Gedurende acht dagen na de dag der beschikking heeft, in geval van intrekking der surseance, de schuldenaar, en, ingeval de intrekking der surseance geweigerd is, hij, die het verzoek tot intrekking heeft gedaan, recht van hoger beroep tegen de beschikking der rechtbank.

– 2. Het hoger beroep wordt ingesteld bij een verzoekschrift, in te dienen ter griffie van het gerechtshof, dat van de zaak moet kennis nemen. De griffier van het gerechtshof geeft van die indiening terstond kennis aan dien van de rechtbank.

– 3. De voorzitter van het gerechtshof bepaalt terstond dag en uur voor de behandeling van het verzoekschrift. De griffier roept ten spoedigste hen, die het verzoek tot intrekking hebben gedaan, de schuldenaar en de bewindvoerders bij brieven tegen de bepaalde dag op.

– 4. De beschikking van het gerechtshof wordt door de griffier terstond medegedeeld aan die van de rechtbank. (Fw art. 283)

Art. 244

Cassatie

– 1. Gedurende acht dagen na de beschikking van het gerechtshof kan de daarbij in het ongelijk gestelde partij in cassatie komen.

– 2. Het beroep in cassatie wordt ingesteld bij een verzoekschrift, in te dienen ter griffie van de Hoge Raad. De griffier van de Hoge Raad geeft van die indiening terstond kennis aan die van de rechtbank.

– 3. De voorzitter van de Hoge Raad bepaalt terstond dag en uur voor de behandeling van het verzoekschrift. De griffier roept ten spoedigste de partijen bij brieven tegen de bepaalde dag op. De beschikking van de Hoge Raad wordt door de griffier terstond medegedeeld aan die van de rechtbank. (RO 79; Rv 426 e.v.)

Art. 245

Aankondiging

Zodra een beschikking, waarbij de surseance is ingetrokken, in kracht van gewijsde is gegaan, wordt zij aangekondigd, gelijk is voorgeschreven in artikel 216. (Fw art. 222*a*; BW art. 2:51, 303)

Art. 246

Uitstel verhoor schuldeisers

– 1. Indien de rechtbank van oordeel is, dat de behandeling van het verzoek tot intrekking van de surseance niet zal zijn beëindigd vóór de dag, waarop de schuldeisers krachtens artikel 215, tweede lid, worden gehoord, gelast zij, dat de griffier de schuldeisers bij brieven zal mededelen, dat dit verhoor op die dag niet zal worden gehouden.
– 2. Zo nodig bepaalt zij later de dag waarop dit verhoor alsnog zal plaats vinden; de schuldeisers worden door de griffier bij brieven opgeroepen.

Art. 247

Intrekkingsverzoek schuldenaar

– 1. De schuldenaar is steeds bevoegd aan de rechtbank de intrekking van de surseance te verzoeken, op grond dat de toestand des boedels hem weer in staat stelt zijn betalingen te hervatten. De bewindvoerders en, indien het een definitief verleende surseance betreft, de schuldeisers worden gehoord of behoorlijk opgeroepen.
– 2. Deze oproeping geschiedt bij brieven door de griffier tegen een door de rechtbank te bepalen dag. (Fw art. 242, 276, 283)

Art. 247a

Omzetting

– 1. Uiterlijk op de achtste dag voorafgaande aan de dag bepaald overeenkomstig artikel 215, tweede lid, doch in ieder geval niet later dan twee maanden na de dag waarop de surseance voorlopig is verleend, kan de rechtbank op verzoek van de schuldenaar, zijnde een natuurlijke persoon, de hem voorlopig verleende surseance intrekken onder het gelijktijdig uitspreken van de toepassing van de schuldsaneringsregeling bedoeld in titel III.
– 2. De schuldenaar zal zich daartoe bij een verzoekschrift als bedoeld in artikel 284 wenden tot de rechtbank die de surseance voorlopig heeft verleend.
– 3. Alvorens te beslissen kan de rechtbank de schuldenaar, de rechter-commissaris en de bewindvoerder oproepen om te worden gehoord.
– 4. Artikel 6, tweede lid, is van toepassing.
– 5. Bij toewijzing van het verzoek, spreekt de rechtbank de definitieve toepassing van de schuldsaneringsregeling uit.
– 6. Van de intrekking van de voorlopig verleende surseance wordt door de griffier kennis gegeven in de aankondiging die is voorgeschreven in artikel 293. In die aankondiging wordt tevens mededeling gedaan dat het verhoor van de schuldeisers, bepaald overeenkomstig artikel 215, tweede lid, niet zal worden gehouden. Indien op de voet van artikel 255 of 264 reeds een tijdstip was bepaald voor de raadpleging en stemming over een akkoord, wordt in die aankondiging mededeling gedaan dat die raadpleging en stemming niet zullen plaatsvinden. (Fw art. 15*b*, 287, 288)

Art. 247b

Rechtsmiddelen tegen omzetting

– 1. Tegen het vonnis, houdende uitspraak tot de intrekking van de voorlopig verleende surseance en tot de toepassing van de schuldsaneringsregeling, kunnen noch door schuldeisers noch door andere belanghebbenden rechtsmiddelen worden ingesteld.
– 2. Indien het verzoek tot de toepassing van de schuldsaneringsregeling is afgewezen, heeft de schuldenaar gedurende acht dagen na de dag van de uitspraak het recht van hoger beroep. Het hoger beroep wordt ingesteld bij een verzoekschrift, in te dienen ter griffie van het gerechtshof, dat van de zaak kennis moet nemen. De griffier van het gerechtshof geeft van die indiening onverwijld kennis aan de griffier van de rechtbank.
– 3. De voorzitter bepaalt terstond dag en uur voor de behandeling, welke zal moeten plaatshebben binnen twintig dagen na de dag van de indiening van het verzoekschrift. De uitspraak vindt niet later plaats dan op de achtste dag na die van de behandeling van het verzoekschrift ter terechtzitting. Van het arrest van het gerechtshof wordt door de griffier onverwijld mededeling gedaan aan de griffier van de rechtbank.
– 4. De schuldenaar kan van de uitspraak van het gerechtshof gedurende acht dagen na die van de uitspraak in cassatie komen. Het beroep in cassatie wordt ingesteld bij een verzoekschrift, in te dienen ter griffie van de Hoge Raad. De voorzitter bepaalt terstond dag en uur voor de behandeling. De griffier van de Hoge Raad geeft van het beroep in cassatie en van de uitspraak van de Hoge Raad onverwijld kennis aan de griffier van de rechtbank.
– 5. Zolang niet op het verzoekschrift bedoeld in artikel 247*a*, tweede lid, is beslist en, indien de schuldsaneringsregeling niet is uitgesproken, hangende het hoger beroep of de cassatie, kan de surseance van betaling niet definitief worden verleend en kan geen raadpleging over een akkoord plaatshebben. (Fw art. 15*c*, 283, 292; RO art. 79; Rv art. 332 e.v., 358, 426 e.v.)

Art. 247c

Gevolgen van omzetting

– 1. Indien de surseance van betaling wordt ingetrokken onder het gelijktijdig uitspreken van de toepassing van de schuldsaneringsregeling, gelden de volgende regelen:

a. de bewindvoerder in de schuldsaneringsregeling oefent de bevoegdheid uit, in artikel 228, eerste lid, tweede volzin, aan de bewindvoerder in de surseance toegekend;
b. boedelschulden, gedurende de toepassing van de surseance ontstaan, gelden ook in de toepassing van de schuldsaneringsregeling als boedelschulden;
c. in de surseance ingediende vorderingen gelden als ingediend in de schuldsaneringsregeling.
– 2. Artikel 249, eerste lid, onder 1° en 4°, is van overeenkomstige toepassing. (Fw art. 15*d*)

Art. 247d

Omzetting in faillissement of schuldsanering

In het geval van een verzoek tot omzetting als bedoeld in artikel 37 van de verordening, genoemd in artikel 5, derde lid, zijn, wanneer het de omzetting in een faillissement betreft, de artikelen 242, derde lid, en 243 tot en met 246 dan wel, wanneer het de omzetting in een toepassing van de schuldsaneringsregeling betreft, de artikelen 247*a*, derde tot en met vijfde lid, 247*b*, eerste lid, en 247*c* van overeenkomstige toepassing.

Art. 248

Faillietverklaring

– 1. Gedurende een surseance kan faillietverklaring niet rauwelijks worden verzocht.
– 2. Indien ingevolge een der bepalingen van deze titel een faillietverklaring uitgesproken wordt, vindt artikel 14 overeenkomstige toepassing; wordt ingevolge die bepalingen een faillissement vernietigd, dan vinden de artikelen 13 en 15 overeenkomstige toepassing. (BW art. 2:51, 303)

Art. 249

Opvolgend faillissement, nieuwe surseance

– 1. Indien de faillietverklaring wordt uitgesproken ingevolge een der bepalingen van deze titel of wel binnen één maand na het einde der surseance, gelden de volgende regelen:
1° het tijdstip, waarop de termijnen vermeld in de artikelen 43 en 45 van deze wet en in de artikelen 138, zesde lid, en 248, zesde lid, van boek 2 van het Burgerlijk Wetboek aanvangen, wordt berekend van de aanvang der surseance af;
2° de curator oefent de bevoegdheid uit, in het eerste lid van artikel 228 aan de bewindvoerders toegekend;
3° handelingen, door de schuldenaar met medewerking, machtiging of bijstand van de bewindvoerders verricht, worden beschouwd als handelingen van de curator en boedelschulden, gedurende de surseance ontstaan, zullen ook in het faillissement als boedelschulden gelden;
4° de boedel is niet aansprakelijk voor verbintenissen van de schuldenaar, zonder medewerking, machtiging of bijstand van de bewindvoerders gedurende de surseance ontstaan, dan voorzover deze ten gevolge daarvan gebaat is.
– 2. Is opnieuw surseance verzocht, binnen een maand na afloop van een vroeger verleende, dan geldt hetgeen in het eerste lid is bepaald mede voor het tijdvak der eerstvolgende surseance.

Art. 249a

Voortzetting vangnetregeling

Indien de faillietverklaring van een beleggingsonderneming als bedoeld in artikel 1:1 van de Wet op het financieel toezicht, van een financiële instelling die een verklaring van ondertoezichtstelling als bedoeld in artikel 3:110 van die wet heeft, of van een persoon die een vergunning heeft ingevolge artikel 3:4, eerste lid van die wet, wordt uitgesproken ingevolge een bepaling van deze titel of binnen een maand na het einde van een surseance van betaling die aan een dergelijke onderneming is verleend, wordt de uitvoering van de vangnetregeling die werd uitgevoerd tijdens de surseance van betaling voortgezet tijdens het faillissement op de voet van afdeling 3.5.6 van die wet.

Art. 250

Betaling loon en verschotten

– 1. Het loon van de deskundigen, benoemd ingevolge de bepaling van artikel 226, en van de bewindvoerders wordt bepaald door de rechtbank en bij voorrang voldaan. (Fw art. 71, 180, 272 lid 1 sub 4)
– 2. Dit laatste is ook van toepassing op hun verschotten en op die, door de griffier ten gevolge van de bepalingen van deze titel gedaan. (Fw art. 216, 219 lid 4, 221 lid 3, 242 lid 3, 244 lid 3, 246, 247 lid 2)

Art. 250a

Vervallen.

Art. 251

Internationaal recht

De bepalingen van internationaal recht van de artikelen 203-205 vinden bij surseance overeenkomstige toepassing.

TWEEDE AFDELING
Van het akkoord

Art. 252

Aanbieding akkoord

De schuldenaar is bevoegd bij of na het verzoek tot surseance aan hen, die vorderingen hebben, ten aanzien waarvan de surseance werkt, een akkoord aan te bieden. (Fw art. 138, 214 lid 2, 232, 329 e.v.; Belgisch executieverdrag art. 24)

Art. 253

– 1. Het ontwerp van akkoord wordt, indien het niet ingevolge artikel 215 ter griffie van de rechtbank berust, aldaar neergelegd ter kosteloze inzage van een ieder. Nederlegging ontwerpakkoord

– 2. Een afschrift moet zodra mogelijk aan de bewindvoerders en de deskundigen worden toegezonden. (Fw art. 139)

Art. 254

Het ontwerp van akkoord vervalt, indien, voordat het vonnis van homologatie van het akkoord in kracht van gewijsde is gegaan, een rechterlijke beslissing houdende beëindiging der surseance in kracht van gewijsde gaat. (Fw art. 242, 247) Verval ontwerp

Art. 255

– 1. Indien het ontwerp van akkoord tegelijk met het verzoekschrift tot verlening van surseance ter griffie is nedergelegd, kan de rechtbank, de rechter-commissaris zo die is benoemd en bewindvoerders gehoord, gelasten, dat de in artikel 218 bedoelde behandeling van het verzoek niet zal plaats hebben, in welk geval zij tevens zal vaststellen: Behandeling

1° de dag, waarop uiterlijk de schuldvorderingen, ten aanzien waarvan de surseance werkt, bij de bewindvoerders moeten worden ingediend;

2° dag en uur, waarop over het aangeboden akkoord ten overstaan van de rechter-commissaris of, bij gebreke van dien, in raadkamer zal worden geraadpleegd en beslist.

– 2. Tussen de dagen, onder 1°. en 2°. vermeld, moeten ten minste veertien dagen verlopen.

– 3. Indien de rechtbank van deze bevoegdheid geen gebruik maakt of het ontwerp van akkoord niet tegelijk met het verzoekschrift tot het verlenen van surseance ter griffie is nedergelegd, zal de rechtbank de rechter-commissaris zo die is benoemd en, bewindvoerders gehoord, de dagen en uren, in het eerste lid bedoeld, vaststellen zodra de beschikking, waarbij de surseance definitief is verleend, kracht van gewijsde heeft verkregen of, indien het ontwerp van akkoord eerst daarna ter griffie is nedergelegd, dadelijk na die nederlegging. (Fw art. 247*a*)

Art. 256

– 1. De bewindvoerders doen dadelijk zowel van de in het vorige artikel bedoelde beschikking als van de neerlegging ter griffie van het ontwerp van akkoord – tenzij deze reeds ingevolge artikel 216 is bekend gemaakt – aankondiging in de *Staatscourant*. (Fw art. 253; BW art. 2:51, 303) Aankondiging

– 2. Zij geven tevens van een en ander bij brieven kennis aan alle bekende schuldeisers. Daarbij wordt op het bepaalde bij artikel 257, tweede lid, gewezen.

– 3. De schuldeisers kunnen verschijnen in persoon, bij schriftelijk gemachtigde of bij procureur.

– 4. De bewindvoerders kunnen vorderen, dat de schuldenaar hun een door hen te bepalen bedrag ter bestrijding van de kosten dezer aankondigingen en kennisgevingen vooraf ter hand stelt. (Fw art. 281*c*)

Art. 257

– 1. De indiening der schuldvorderingen geschiedt bij de bewindvoerders door de overlegging ener rekening of andere schriftelijke verklaring, aangevende de aard en het bedrag der vordering, vergezeld van de bewijsstukken of een afschrift daarvan. Indiening vorderingen; preferente vorderingen

– 2. Vorderingen, ten aanzien waarvan de surseance niet werkt, komen voor indiening niet in aanmerking. Heeft nochtans indiening plaats gehad, dan werkt de surseance ook ten aanzien van die vorderingen en gaat een aan de vordering verbonden voorrecht, retentierecht, pandrecht of hypotheek verloren. Een en ander geldt niet voor zover de vordering vóór de aanvang der stemming wordt teruggenomen. (Fw art. 232)

– 3. De schuldeisers zijn bevoegd van de bewindvoerders een ontvangbewijs te vorderen. (Fw art. 110)

Art. 258

De bewindvoerders toetsen de ingezonden rekeningen aan de administratie en opgaven van de schuldenaar, treden, als zij tegen de toelating ener vordering bezwaar hebben, met de schuldeiser in overleg, en zijn bevoegd van deze overlegging van ontbrekende stukken alsook raadpleging van zijn administratie en van de oorspronkelijke bewijsstukken te vorderen. (Fw art. 111; BW art. 2:10; BW art. 3:15*a*; Rv art. 642*l* lid 4) Onderzoek bewindvoerders

Art. 259

De bewindvoerders brengen de bij hen ingediende vorderingen op een lijst, vermeldende de namen en woonplaatsen der schuldeisers, het bedrag en de omschrijving der vorderingen, alsmede of en in hoever de bewindvoerders die vorderingen erkennen of betwisten. (Fw art. 112, 263, 281*d*; Rv art. 642*l* lid 5) Lijst van vorderingen

Art. 260

– 1. Een rentedragende vordering wordt op de lijst gebracht met bijrekening der rente tot de aanvang der surseance. (Fw art. 128; BW art. 6:119; BW art. 7A:1804 e.v.) Bijrekening rente

– 2. De artikelen 129, 133-135 en 136, eerste en tweede lid, vinden overeenkomstige toepassing.

Art. 261

Opschortende voorwaarde

– 1. Een vordering onder een opschortende voorwaarde kan op de lijst gebracht worden voor haar waarde bij de aanvang der surseance.

– 2. Indien de bewindvoerders en de schuldeisers het niet eens kunnen worden over deze waardebepaling, wordt zodanige vordering voor het volle bedrag voorwaardelijk toegelaten. (Fw art. 130 e.v.; BW art. 6:21 e.v.; Rv art. 483*b*)

Art. 262

Waardebepaling vorderingen

– 1. Een vordering, waarvan het tijdstip der opeisbaarheid onzeker is, of welke recht geeft op periodieke uitkeringen, wordt op de lijst gebracht voor haar waarde bij de aanvang der surseance.

– 2. Alle schuldvorderingen, vervallende binnen één jaar na de aanvang der surseance, worden behandeld, alsof zij op dat tijdstip opeisbaar waren. Alle later dan één jaar daarna vervallende schuldvorderingen worden op de lijst gebracht voor de waarde, die zij hebben na verloop van een jaar na dat tijdstip.

– 3. Bij de berekening wordt uitsluitend gelet op het tijdstip en de wijze van aflossing, het kansgenot, waar dit bestaat, en, indien de vordering rentedragend is, op de bedongen rentevoet. (Fw art. 131; BW art. 6:40; BW art. 7A:1809 sub 2; Rv art. 483*c*)

Art. 263

Nederlegging ter inzage

– 1. Van de in artikel 259 bedoelde lijst wordt een afschrift door de bewindvoerders ter griffie van de rechtbank neergelegd, om aldaar gedurende de zeven dagen voorafgaande aan de vergadering, in artikel 255 bedoeld, kosteloos ter inzage te liggen voor een ieder.

– 2. De neerlegging geschiedt kosteloos. (Fw art. 114)

Art. 264

Uitstel behandeling

– 1. De rechter-commissaris zo die is benoemd of, bij gebreke van dien, de rechtbank kan, op verzoek van de bewindvoerders of ambtshalve, de raadpleging en stemming over het akkoord tot een latere dag uitstellen.

– 2. Artikel 256 vindt alsdan overeenkomstige toepassing. (Fw art. 247*a*, 281*c*)

Art. 265

Behandeling; nagekomen vorderingen

– 1. Ter vergadering brengen zowel de bewindvoerders als de deskundigen, zo die er zijn, schriftelijk verslag uit over het aangeboden akkoord. Artikel 144 vindt overeenkomstige toepassing. (Fw art. 140)

– 2. Vorderingen, na afloop van de in artikel 255, 1°., genoemde termijn, doch uiterlijk twee dagen vóór de dag, waarop de vergadering zal worden gehouden, bij de bewindvoerders ingediend, worden op daartoe ter vergadering gedaan verzoek op de lijst geplaatst, indien noch de bewindvoerders, noch een der aanwezige schuldeisers daartegen bezwaar maken. (Fw art. 127, 191)

– 3. Vorderingen, daarna ingediend, worden niet op de lijst geplaatst.

– 4. De bepalingen van de twee voorgaande leden zijn niet toepasselijk, indien de schuldeiser buiten het Rijk in Europa woont en daardoor verhinderd was zich eerder aan te melden.

– 5. Ingeval van bezwaar, als in het tweede lid bedoeld, of van geschil over het al of niet aanwezig zijn der verhindering, in het vierde lid bedoeld, beslist de rechter-commissaris zo die is benoemd of bij gebreke van dien de rechtbank, na de vergadering te hebben geraadpleegd.

Art. 266

Betwisting; erkenning

– 1. De bewindvoerders zijn bevoegd ter vergadering op elke door hen gedane erkenning of betwisting terug te komen. (Fw art. 119 lid 2, 259)

– 2. Zowel de schuldenaar als ieder verschenen schuldeiser kan een door de bewindvoerders geheel of gedeeltelijk erkende vordering betwisten.

– 3. Betwistingen of erkenningen, op de vergadering gedaan, worden op de lijst aangetekend.

Art. 267

Toelating tot stemming

De rechter-commissaris zo die is benoemd of bij gebreke van dien de rechtbank bepaalt of en tot welk bedrag de schuldeisers, wier vorderingen betwist zijn, tot de stemming zullen worden toegelaten.

Art. 268

Vereiste meerderheid

– 1. Tot het aannemen van het akkoord wordt vereist de toestemming van de gewone meerderheid van de ter vergadering verschenen erkende en toegelaten schuldeisers, die tezamen ten minste de helft van het bedrag van de erkende en toegelaten schuldvorderingen vertegenwoordigen. Geen toestemming is vereist van een erkende of toegelaten schuldeiser, voorzover zijn schuldvordering is gegrond op een verbeurde dwangsom. (Fw art. 281*e* lid 2; Rv art. 611*a* e.v.)

– 2. Artikel 147 is van overeenkomstige toepassing. (Fw art. 145; Rv art. 332; Sr art. 345)

Art. 268a

Vaststellen akkoord

In afwijking van artikel 268 kan de rechtbank of, zo die is benoemd, de rechter-commissaris op verzoek van de schuldenaar of de bewindvoerder bij gemotiveerde beschikking een aangeboden akkoord vaststellen als ware het aangenomen, indien:

a. drie vierde van de ter vergadering verschenen erkende en toegelaten schuldeisers voor het akkoord hebben gestemd; en

b. de verwerping van het akkoord het gevolg is van het tegenstemmen van een of meer schuldeisers die, alle omstandigheden in aanmerking genomen en in het bijzonder het percentage dat die schuldeisers, zou de boedel worden vereffend, naar verwachting aan betaling op hun vordering zullen ontvangen, in redelijkheid niet tot dit stemgedrag hebben kunnen komen. (Fw art. 269*b*, 332)

Art. 269

Inhoud proces-verbaal

– 1. Het proces-verbaal van het verhandelde vermeldt de inhoud van het akkoord, de namen der verschenen stemgerechtigde schuldeisers, de door ieder hunner uitgebrachte stem, de uitslag der stemming en al wat verder is voorgevallen. De door de bewindvoerders opgemaakte lijst van schuldeisers, zoals zij tijdens de raadpleging is aangevuld of gewijzigd, wordt, door de rechter-commissaris zo die is benoemd en bij gebreke van dien, door de voorzieningenrechter en de griffier gewaarmerkt, aan het proces-verbaal gehecht. (Fw art. 281*e* lid 5)

– 2. Gedurende acht dagen kan een ieder ter griffie kosteloos inzage van het proces-verbaal verkrijgen. (Fw art. 148)

Art. 269a

Kennisgeving verwerping

Indien ten overstaan van een rechter-commissaris is geraadpleegd en beslist en het akkoord verworpen is verklaard, stelt de rechter-commissaris de rechtbank onverwijld in kennis van deze verwerping door toezending van het ontwerp van akkoord en het in artikel 269 bedoelde proces-verbaal. Zowel de schuldeisers, die vóór gestemd hebben, als de schuldenaar kunnen gedurende acht dagen na afloop der vergadering aan de rechtbank verbetering van het procesverbaal verzoeken, indien uit de stukken zelve blijkt dat het akkoord door de rechter-commissaris ten onrechte als verworpen is beschouwd. (Fw art. 149)

Art. 269b

Homologatie

– 1. Indien het akkoord is aangenomen of vastgesteld, bepaalt de rechter-commissaris vóór het sluiten der vergadering de terechtzitting, waarop de rechtbank de homologatie zal behandelen.

– 2. Bij toepassing van artikel 269*a* geschiedt de bepaling der terechtzitting door de rechtbank in haar beschikking. Van deze beschikking geven de bewindvoerders schriftelijk kennis aan de schuldeisers.

– 3. De terechtzitting zal gehouden worden ten minste acht en ten hoogste veertien dagen na de stemming over het akkoord of, bij toepassing van artikel 269*a*, na de beschikking der rechtbank.

– 4. Gedurende die tijd kunnen de schuldeisers aan de rechter-commissaris schriftelijk de redenen opgeven, waarom zij weigering der homologatie wenselijk achten. (Fw art. 150; 151)

Art. 270

Verbetering procesverbaal

– 1. Indien de raadpleging en beslissing over het akkoord in raadkamer der rechtbank heeft plaats gehad, kunnen zowel de schuldeisers, die vóór gestemd hebben, als de schuldenaar gedurende acht dagen na afloop der stemming aan het gerechtshof verbetering van het procesverbaal verzoeken, indien uit de stukken zelve blijkt, dat het akkoord door de rechtbank ten onrechte als verworpen is beschouwd. (Fw art. 149)

– 2. Indien het gerechtshof het proces-verbaal verbetert, bepaalt het bij zijn beschikking de dag, waarop de rechtbank de homologatie zal behandelen, welke dag gesteld wordt op niet vroeger dan acht en niet later dan veertien dagen na de beschikking. Van deze beschikking geven de bewindvoerders schriftelijk kennis aan de schuldeisers. Deze beschikking brengt van rechtswege vernietiging mede van een ingevolge artikel 277 uitgesproken faillissement. (Fw art. 281*e* lid 5, 283)

Art. 271

Homologatie

– 1. Indien het akkoord is aangenomen, wordt op de bepaalde dag ter openbare terechtzitting door de rechter-commissaris zo die is benoemd een schriftelijk rapport uitgebracht en kunnen zowel de bewindvoerders als elke schuldeiser de gronden uiteenzetten, waarop zij de homologatie wensen of haar bestrijden. Artikel 152, tweede lid, vindt overeenkomstige toepassing.

– 2. De rechtbank kan bepalen, dat de behandeling der homologatie op een latere, terstond door haar vast te stellen, dag zal plaats vinden.

Art. 272

Weigering homologatie; failletverklaring

– 1. De rechtbank geeft zo spoedig mogelijk haar met redenen omklede beschikking.

– 2. Zij zal de homologatie weigeren:

1° indien de baten van de boedel de bij het akkoord bedongen som te boven gaan; (Fw art. 153 lid 1 sub 1, 226 e.v.)
2° indien de nakoming van het akkoord niet voldoende is gewaarborgd;
3° indien het akkoord door bedrog, door begunstiging van één of meer schuldeisers of met behulp van andere oneerlijke middelen is tot stand gekomen, onverschillig of de schuldenaar dan wel een ander daartoe heeft medegewerkt; (Sr art. 344 sub 2, 345)
4° indien het loon en de verschotten van de deskundigen en de bewindvoerders niet in handen van de bewindvoerders zijn gestort of daarvoor zekerheid is gesteld; (Fw art. 250)
5° indien de curator in een hoofdprocedure als bedoeld in artikel 6, eerste lid, derde zin, zijn instemming aan het akkoord heeft onthouden, tenzij de rechtbank van oordeel is dat het akkoord de financiële belangen van de schuldeisers van de hoofdprocedure niet aantast.
– 3. Zij kan ook op andere gronden en ook ambtshalve de homologatie weigeren. (Fw art. 153)
– 4. De rechtbank, de homologatie weigerende, kan bij dezelfde beschikking de schuldenaar in staat van faillissement verklaren. Wordt het faillissement niet uitgesproken, dan eindigt de surseance zodra de beschikking, waarbij de homologatie geweigerd is, in kracht van gewijsde is gegaan. Van deze beëindiging doen de bewindvoerders aankondiging op de in artikel 216 voorgeschreven wijze. (Fw art. 170, 277)
– 5. De artikelen 154-156 en 160 vinden overeenkomstige toepassing. (Fw art. 222*a*, 281*e* lid 5, 283)

Art. 273

Verbindende kracht akkoord

Het gehomologeerde akkoord is verbindend voor alle schuldeisers te wier aanzien de surseance werkt. (Fw art. 157, 232)

Art. 274

Executoriale titel

Het in kracht van gewijsde gegane vonnis van homologatie levert, in verband met het in artikel 269 bedoelde proces-verbaal, ten behoeve der door de schuldenaar niet betwiste vorderingen een voor tenuitvoerlegging vatbare titel op tegen de schuldenaar en de tot het akkoord als borgen toegetreden personen. (Fw art. 159, 196; Rv art. 430)

Art. 275

Verlenging surseance

Zolang niet over het aangeboden akkoord uiteindelijk is beslist, eindigt de surseance niet door verloop van de termijn, waarvoor zij is verleend. (Fw art. 161, 223)

Art. 276

Einde surseance

De surseance neemt een einde zodra de homologatie in kracht van gewijsde is gegaan. Van deze beëindiging doen de bewindvoerders aankondiging op de in artikel 216 voorgeschreven wijze. (Fw art. 242; 340)

Art. 277

Faillietverklaring

De rechtbank kan, wanneer het akkoord niet wordt aangenomen, de schuldenaar bij vonnis in staat van faillissement verklaren. Wordt het faillissement niet uitgesproken, dan eindigt de surseance zodra de termijn, in artikel 269*a* dan wel in artikel 270 bedoeld, ongebruikt verstreken is of verbetering van het proces-verbaal geweigerd is. Van deze beëindiging doen de bewindvoerders aankondiging op de in artikel 216 voorgeschreven wijze. (Fw art. 218 lid 5, 242 lid 4, 248, 272 lid 4, 281)

Art. 278

Hoger beroep

– 1. Indien de rechtbank de schuldenaar in staat van faillissement heeft verklaard, heeft deze recht van hoger beroep tegen de faillietverklaring gedurende acht dagen na de dag waarop de termijn van artikel 269*a* dan wel van artikel 270 ongebruikt verstreken is of verbetering van het proces-verbaal geweigerd is.
– 2. Het hoger beroep wordt ingesteld bij een verzoekschrift, in te dienen ter griffie van het gerechtshof, dat van de zaak kennis moet nemen. De voorzitter bepaalt terstond dag en uur van de behandeling.
– 3. De griffier doet van het hoger beroep en van dag en uur, voor de behandeling bepaald, aankondiging in de *Staatscourant*. Elke schuldeiser is bevoegd bij de behandeling op te komen. (Fw art. 219; Rv art. 332 e.v., 358 e.v.)

Art. 279

Cassatie

– 1. Tot het instellen van het beroep in cassatie is, indien het gerechtshof de faillietverklaring handhaaft, de schuldenaar en, indien het gerechtshof de faillietverklaring vernietigt, elke in hoger beroep opgekomen schuldeiser bevoegd.
– 2. Het beroep in cassatie wordt binnen dezelfde termijn en op dezelfde wijze als het hoger beroep ingesteld en behandeld, met dien verstande, dat de aankondiging in de *Staatscourant* wordt vervangen door een exploot, binnen vier dagen na de aantekening van het beroep uit te brengen aan de wederpartij. (Fw art. 221 ; RO art. 79; Rv art. 426 e.v.)

Art. 280

Ontbinding akkoord

– 1. Ten aanzien van de ontbinding van het akkoord vinden de artikelen 165 en 166 overeenkomstige toepassing.

– 2. Bij het vonnis, waarbij de ontbinding van het akkoord wordt uitgesproken, wordt de schuldenaar tevens in staat van faillissement verklaard. (Fw art. 283)

Art. 281

Geen tweede akkoord; schakelbepaling

– 1. In een faillissement, uitgesproken krachtens de artikelen 272, 277 of 280 kan een akkoord niet worden aangeboden. (Fw art. 170)

– 2. De bepalingen van deze afdeling zijn van overeenkomstige toepassing in het geval dat een akkoord wordt aangeboden op de voet van artikel 34, eerste lid, van de verordening, genoemd in artikel 5, derde lid.

TWEEDE AFDELING A
Bijzondere bepalingen

Art. 281a

Vermelding groepen schuldeisers

– 1. Indien er meer dan 10 000 schuldeisers zijn, behoeven op de staat, welke de schuldenaar krachtens artikel 214 bij zijn verzoek moet overleggen, de namen en woonplaatsen der schuldeisers, alsmede het bedrag der vorderingen van ieder hunner, niet te worden vermeld, doch kan worden volstaan met vermelding van de verschillende groepen van crediteuren, al naar gelang van de aard hunner vorderingen, en van het globale aantal en het globale bedrag van de gezamenlijke vorderingen van iedere groep.

– 2. Indien het aantal schuldeisers niet meer dan 10 000, doch wel meer dan 5000 bedraagt, kan de rechtbank toestaan dat de schuldenaar een staat overeenkomstig het vorige lid overlegt.

Art. 281b

Treffen voorzieningen

– 1. Indien blijkt dat het aantal schuldeisers meer dan 5000 bedraagt, kan de rechtbank op verzoek van de bewindvoerders de voorzieningen treffen, omschreven in de artikelen 281*c*-281*f*.

– 2. De voorzieningen krachtens de artikelen 281*d* en *e* kunnen slechts gezamenlijk worden getroffen.

Art. 281c

Oproeping bij aankondiging

De rechtbank kan bepalen dat de oproepingen van de schuldeisers, bedoeld in de artikelen 215, vierde lid, 216*a*, tweede lid, tweede zin, 256, tweede lid, en 264, tweede lid, niet bij brieven, doch door aankondigingen in de *Staatscourant* dan wel in een of meer door de rechtbank aan te wijzen nieuwsbladen zullen plaatsvinden. In dat geval bepaalt de rechtbank tevens op welke datum uiterlijk deze aankondigingen moeten geschieden en welke punten in de aankondigingen moeten worden opgenomen.

Art. 281d

Kleine vorderingen

De rechtbank kan bepalen, dat bepaalde soorten van vorderingen of vorderingen beneden een bepaald bedrag – dat echter niet hoger zal mogen zijn dan € 450 – niet op de lijst bedoeld in artikel 259, zullen behoeven te worden geplaatst.

Art. 281e

Commissie van vertegenwoordiging

– 1. De rechtbank kan een commissie van vertegenwoordiging benoemen, bestaande uit ten minste 9 leden. Bij de samenstelling van de commissie wordt er op gelet, dat daarin personen zitting hebben die geacht kunnen worden de belangrijkste groepen van de schuldeisers te vertegenwoordigen.

– 2. Bij de stemmingen, bedoeld in de artikelen 218 en 268, hebben alleen de leden van de commissie stemrecht.

– 3. Surseance kan niet definitief worden verleend, indien zich daartegen verklaren meer dan een vierde van de ter vergadering, waarin daarover moet worden beslist, verschenen leden der commissie.

– 4. Tot het aannemen van een akkoord wordt vereist de toestemming van drie vierde van de ter vergadering, waarin daarover moet worden beslist, verschenen leden der commissie. Indien ter vergadering niet ten minste twee derde van de leden verschenen is, wordt de stemming over het akkoord tot een latere dag uitgesteld. Een nadere oproeping van de schuldeisers is niet vereist, doch de leden der commissie zullen door de bewindvoerders bij brieven tot de volgende vergadering worden opgeroepen. In deze vergadering wordt de stemming gehouden onafhankelijk van het aantal verschenen leden der commissie.

– 5. Voor de toepassing van de artikelen 269, eerste lid, eerste zin, 270 en 272, en voor de overeenkomstige toepassing van artikel 154 wordt telkens in plaats van 'schuldeisers' gelezen 'leden der commissie' en voor de toepassing van artikel 271 in plaats van 'elke schuldeiser': elke schuldeiser en elk lid der commissie.

Art. 281f

Tweede uitkering aan toonder

Indien te voorzien is dat er meer dan één uitkering aan de schuldeisers zal moeten geschieden, kan de rechtbank bij de homologatie van het akkoord bepalen, dat bij de eerste uitkering aan de schuldeisers een of meer papieren aan toonder zullen worden ter hand gesteld en dat betaling van de volgende uitkeringen uitsluitend door middel van aanbieding van zodanig papier zal kunnen worden gevorderd. (Fw art. 272; Wvk art. 229e e.v.)

TWEEDE AFDELING B

Van de verlening van surseance van betaling aan een beleggingsonderneming en een financiële instelling die een verklaring van ondertoezichtstelling heeft of een andere instelling

Art. 281g

Schakelbepaling

De artikelen 212*a*, onderdelen *b* tot en met *f*, en 212*b* tot en met 212*f* zijn van overeenkomstige toepassing op de verlening van surseance van betaling aan:

a. een beleggingsonderneming als bedoeld in artikel 1:1 van de Wet op het financieel toezicht;

b. een financiële instelling als bedoeld in artikel 1:1 van de Wet op het financieel toezicht die een verklaring van ondertoezichtstelling als bedoeld in artikel 3:110 heeft;

c. een centrale tegenpartij, indien deze in het kader van deelname aan het systeem op grond van een overboekingsopdracht effectentegoeden verkrijgt;

d. een overheidsinstantie of onderneming met overheidsgarantie;

e. een beleggingsonderneming met zetel in een staat die niet een lidstaat is die haar bedrijf uitoefent vanuit een in Nederland gelegen bijkantoor, met dien verstande dat:

– voor 'artikel 23' wordt gelezen: artikel 217;
– voor 'artikel 24' wordt gelezen: artikel 228, tweede lid;
– voor 'artikel 53, eerste lid,' wordt gelezen: artikel 234, eerste lid; en
– voor 'artikel 54, tweede lid,' wordt gelezen: artikel 235, tweede lid.

Art. 281h

Schakelbepaling

Afdeling 3.5.6 van de Wet op het financieel toezicht is van overeenkomstige toepassing op een surseance van betaling die wordt verleend aan een beleggingsonderneming als bedoeld in artikel 1:1 van die wet of een financiële instelling die een verklaring van ondertoezichtstelling als bedoeld in artikel 3:110 van die wet heeft.

DERDE AFDELING

Slotbepalingen

Art. 282

Rechtsmiddelen

Tegen de beslissingen van de rechter, ingevolge de bepalingen van deze titel gegeven, staat geen hogere voorziening open, behalve in de gevallen, waarin het tegendeel is bepaald, en behoudens de mogelijkheid van cassatie in het belang der wet.

Art. 283

Procesvertegenwoordiging

– 1. De verzoeken, te doen ingevolge de artikelen 219, 223, 225, 242, 243, 247, 247*b*, tweede lid, 270, 272, laatste lid, 278 en 280, eerste lid, moeten door een advocaat zijn ondertekend, behalve wanneer een verzoek wordt gedaan door de bewindvoerders.

– 2. Een verzoekschrift op de voet van artikel 37 van de in artikel 5, derde lid, genoemde verordening wordt ingediend door een advocaat.

– 3. Voor het instellen van beroep in cassatie is steeds de medewerking nodig van een advocaat bij de Hoge Raad.

TITEL III

Schuldsaneringsregeling natuurlijke personen

EERSTE AFDELING

Het uitspreken van de toepassing van de schuldsaneringsregeling

Art. 284

Toepassing schuldsaneringsregeling

– 1. Een natuurlijke persoon kan, indien redelijkerwijs is te voorzien dat hij niet zal kunnen voortgaan met het betalen van zijn schulden of indien hij in de toestand verkeert dat hij heeft opgehouden te betalen, verzoeken de toepassing van de schuldsaneringsregeling uit te spreken.

– 2. Hij zal zich daartoe bij een door hem of een gevolmachtigde ondertekend verzoekschrift wenden tot de rechtbank, aangewezen in artikel 2. Indien de gevolmachtigde niet als advocaat is ingeschreven, moet een geschrift waaruit de volmacht blijkt, bij het verzoekschrift worden overgelegd. Artikel 4, vierde lid, is van overeenkomstige toepassing.

– 3. Een gehuwde schuldenaar of een schuldenaar die een geregistreerd partnerschap is aangegaan kan het verzoek slechts doen met medewerking van zijn echtgenoot onderscheidenlijk zijn geregistreerde partner, tenzij iedere gemeenschap van goederen tussen de echtgenoten onderscheidenlijk de geregistreerde partners is uitgesloten.

– 4. Een verzoek als bedoeld in het eerste lid kan ten behoeve van een natuurlijke persoon ook worden gedaan door burgemeester en wethouders van de gemeente waar die persoon woon- of verblijfplaats heeft.

– 5. De schuldsaneringsregeling natuurlijke personen kan niet van toepassing worden verklaard op een verzekeraar als bedoeld in artikel 213, noch op een kredietinstelling als bedoeld in artikel 212*g*, onderdeel *a*. (Fw 1 lid 1, 3 e.v., 6, 15*b*, 15*d*, 63, 214, 247*a*, 247*c*, 288 lid 1 sub *a*; BW art. 1:97, 98)

Art. 285

Inhoud verzoekschrift

– 1. In het verzoekschrift of in een daarbij te voegen bijlage worden opgenomen:

a. een staat als bedoeld in artikel 96;

b. een opgave van de goederen van de schuldenaar, met vermelding van eventueel daarop rustende rechten van pand en hypotheek en retentierechten die daarop uitgeoefend kunnen worden;

c. een gespecificeerde opgave van de inkomsten van de schuldenaar, hoe ook genaamd en ongeacht de titel van verkrijging, die de schuldenaar pleegt te verwerven of kan verwerven, onder vermelding van de wijzigingen die daarin over de eerstvolgende drie jaar redelijkerwijs voorzienbaar zijn;

d. een gespecificeerde opgave van de vaste lasten van de schuldenaar;

e. indien de schuldenaar is gehuwd of een geregistreerd partnerschap is aangegaan, een opgave van de gegevens, bedoeld onder *c* en *d* betreffende de echtgenoot onderscheidenlijk de geregistreerde partner;

f. een met redenen omklede verklaring dat er geen reële mogelijkheden zijn om tot een buitengerechtelijke schuldregeling te komen, alsmede over welke aflossingsmogelijkheden de verzoeker beschikt, afgegeven door het college van burgemeester en wethouders van de gemeente van de woon- of verblijfplaats van de schuldenaar. Het college kan deze bevoegdheid mandateren aan een gemeentelijke kredietbank als bedoeld in de Wet financiële dienstverlening of aan krachtens artikel 48, eerste lid, onderdeel *d*, van de Wet op het consumentenkrediet aangewezen natuurlijke personen of rechtspersonen, dan wel categorieën daarvan;

g. een opgave van de aard en het bedrag van de vorderingen ter zake waarvan de schuldenaar zich als borg of anderszins als medeschuldenaar heeft verbonden;

h. indien de schuldenaar aan zijn schuldeisers een buitengerechtelijke schuldregeling heeft aangeboden die niet is aanvaard, de inhoud van het ontwerp van de schuldregeling, de reden waarom de schuldregeling niet is aanvaard alsmede met welke middelen, bij aanvaarding van de schuldregeling, bevrediging van schuldeisers zou kunnen plaatsvinden;

i. een opgave van andere gegevens van belang om een zo getrouw mogelijk beeld te bieden van de vermogens- en inkomenspositie van de schuldenaar en van de mogelijkheden voor schuldsanering.

– 2. De colleges van burgemeester en wethouders, een daartoe gemandateerde kredietbank of een daartoe aangewezen natuurlijke persoon of rechtspersoon zijn verplicht hun medewerking te verlenen aan de afgifte van verklaringen als bedoeld in het eerste lid, onderdeel *f*.

Art. 286

Inzage verzoekschrift

Het verzoekschrift met bijbehorende stukken, bedoeld in artikel 285, eerste lid, worden ter griffie van de rechtbank neergelegd en zijn vanaf de uitspraak tot de toepassing van de schuldsaneringsregeling ter kosteloze inzage van een ieder. De neerlegging geschiedt kosteloos.

Art. 287

Uitspraak

– 1. De rechtbank zal met de meeste spoed op het verzoekschrift uitspraak doen. De uitspraak geschiedt bij vonnis. Artikel 6, vierde lid, is van overeenkomstige toepassing. De toepassing van de schuldsaneringsregeling gaat in bij de aanvang van de dag waarop de rechter die toepassing heeft uitgesproken.

– 2. Indien in of bij het verzoekschrift gegevens als bedoeld in artikel 285, eerste lid, ontbreken, kan de rechtbank de schuldenaar een termijn van ten hoogste een maand gunnen om de ontbrekende gegevens te verstrekken. De griffier brengt het orgaan of de persoon, bedoeld in artikel 285, tweede lid, hiervan onverwijld op de hoogte. Indien na deze termijn nog steeds gegevens ontbreken, wordt de schuldenaar niet-ontvankelijk verklaard.

– 3. Het vonnis, bedoeld in het eerste lid houdt in de benoeming van een rechter-commissaris en een bewindvoerder.

– 4. De rechtbank is in spoedeisende zaken bevoegd, gelet op de belangen van partijen, een voorlopige voorziening bij voorraad te geven. De voorlopige voorziening wordt gevraagd in het verzoekschrift of, indien dit al is ingediend, bij afzonderlijk verzoekschrift. De artikelen 256, 257 en 258 van het Wetboek van Burgerlijke Rechtsvordering zijn van overeenkomstige toepassing. Op hoger beroep zijn de artikelen 358 tot en met 362 van het Wetboek van Burgerlijke Rechtsvordering van toepassing.

– 5. De rechtbank geeft in het vonnis, bedoeld in het eerste lid, last aan de bewindvoerder tot het openen van aan de schuldenaar gerichte brieven en telegrammen gedurende een termijn van dertien maanden. De bewindvoerder kan gedurende de toepassing van de schuldsane-

ringsregeling de rechter-commissaris verzoeken om wijziging van de termijn of om een nieuwe last gedurende een bepaalde termijn.
– 6. Indien het verzoekschrift op de voet van artikel 284, vierde lid, door burgemeester en wethouders is ingediend, wordt het verzoek niet toegewezen dan nadat de schuldenaar is opgeroepen om te worden gehoord. Dit geldt niet voor zover het verzoek strekt tot het geven van een voorlopige voorziening bij voorraad.
– 7. Indien het verzoekschrift op de voet van artikel 284, vierde lid, door burgemeester en wethouders is ingediend en in het verzoekschrift of in een daarbij gevoegde bijlage gegevens als bedoeld in artikel 285, eerste lid, ontbreken, stelt de rechtbank burgemeester en wethouders in de gelegenheid om binnen een termijn van een maand de ontbrekende gegevens te verstrekken.

Art. 287a

Verzoek instemming schuldregeling

– 1. De schuldenaar kan in het verzoekschrift, bedoeld in artikel 284, eerste lid, de rechtbank verzoeken één of meer schuldeisers die weigert of weigeren mee te werken aan een vóór indiening van het verzoekschrift aangeboden schuldregeling, te bevelen in te stemmen met deze schuldregeling.
– 2. De rechtbank stelt terstond dag, uur en plaats vast waarop zij de schuldenaar en schuldeiser of schuldeisers op wie het verzoek betrekking heeft, zal horen, onverminderd artikel 287, tweede lid.
– 3. De griffier roept de schuldenaar op bij brief en roept de schuldeiser of schuldeisers op bij aangetekende brief, tenzij de rechter anders bepaalt.
– 4. De rechtbank doet op de dag van de zitting of anders uiterlijk op de achtste dag daarna uitspraak op het verzoekschrift. De uitspraak geschiedt bij vonnis.
– 5. De rechtbank wijst het verzoek toe indien de schuldeiser in redelijkheid niet tot weigering van instemming met de schuldregeling heeft kunnen komen, in aanmerking genomen de onevenredigheid tussen het belang dat hij heeft bij uitoefening van de bevoegdheid tot weigering en de belangen van de schuldenaar of van de overige schuldeisers die door die weigering worden geschaad. Artikel 300, lid 1, van Boek 3 van het Burgerlijk Wetboek is van toepassing.
– 6. Indien de rechtbank het verzoek toewijst, veroordeelt de rechtbank de schuldeiser die instemming met de schuldregeling heeft geweigerd, in de kosten.
– 7. Indien de rechtbank het verzoek afwijst, beslist zij op het verzoek tot toepassing van de schuldsaneringsregeling, indien de schuldenaar het verzoek daartoe handhaaft.

Art. 287b

Voorlopige voorziening bij bedreigende situatie

– 1. Voorafgaand aan de behandeling van het verzoek, bedoeld in artikel 287*a*, eerste lid, kan de schuldenaar onderscheidenlijk kunnen burgemeester en wethouders indien een verzoek op de voet van artikel 284, vierde lid, is ingediend, middels het verzoekschrift, bedoeld in artikel 284, eerste lid, de rechtbank verzoeken een voorlopige voorziening te geven indien er sprake is van een bedreigende situatie.
– 2. Onder een bedreigende situatie, als bedoeld in het eerste lid, wordt verstaan gedwongen woningontruiming, beëindiging van de levering van gas, elektra of water of opzegging dan wel ontbinding van de zorgverzekering.
– 3. Artikel 287*a*, tweede, derde en vierde lid, is van toepassing.
– 4. De voorlopige voorziening strekt tot het van toepassing verklaren van de artikelen 304 of 305 alsmede tot een verbod tot het opzeggen of ontbinden van de zorgverzekering.
– 5. De voorlopige voorziening wordt uitgesproken voor de duur van maximaal zes maanden.
– 6. Een gemeentelijke kredietbank als bedoeld in de Wet financiële dienstverlening of een krachtens artikel 48, eerste lid, van de Wet op het consumentenkrediet aangewezen natuurlijke persoon of rechtspersoon, dan wel categorie daarvan, die namens de schuldenaar de buitengerechtelijke schuldregeling uitvoert, brengt na afloop van de voorziening, bedoeld in het eerste lid, verslag uit aan de rechtbank.

Art. 288

Toewijzing verzoek

– 1. Het verzoek, bedoeld in artikel 284, eerste lid, wordt slechts toegewezen indien voldoende aannemelijk is:
a. dat de schuldenaar niet zal kunnen voortgaan met het betalen van zijn schulden;
b. dat de schuldenaar ten aanzien van het ontstaan of onbetaald laten van zijn schulden in de vijf jaar voorafgaand aan de dag waarop het verzoekschrift is ingediend, te goeder trouw is geweest; en
c. dat de schuldenaar de uit de schuldsaneringsregeling voortvloeiende verplichtingen naar behoren zal nakomen en zich zal inspannen zoveel mogelijk baten voor de boedel te verwerven.
– 2. Het verzoek wordt evenwel afgewezen:
a. indien de schuldsaneringsregeling reeds op de schuldenaar van toepassing is;

b. indien de poging tot een buitengerechtelijke schuldregeling niet is uitgevoerd door een persoon of instelling als bedoeld in artikel 48, eerste lid, van de Wet op het consumentenkrediet;
c. indien de schuldenaar schulden heeft welke voortvloeien uit een onherroepelijke veroordeling als bedoeld in artikel 358, vierde lid, ter zake van een of meer misdrijven, welke veroordeling onherroepelijk is geworden binnen vijf jaar vóór de dag van het verzoekschrift, tenzij de rechter aanleiding ziet een langere termijn in acht te nemen; of
d. indien minder dan tien jaar voorafgaande aan de dag waarop het verzoekschrift is ingediend, ten aanzien van de schuldenaar de schuldsaneringsregeling van toepassing is geweest, tenzij deze toepassing is beëindigd op grond van artikel 350, derde lid, onder *a* of *b* of op grond van artikel 350, derde lid, onder *d*, om redenen die de schuldenaar niet waren toe te rekenen.
– 3. Het verzoek kan in afwijking van het eerste lid, onder *b*, en het tweede lid, onder *c*, worden toegewezen indien voldoende aannemelijk is dat de schuldenaar de omstandigheden die bepalend zijn geweest voor het ontstaan of onbetaald laten van zijn schulden, onder controle heeft gekregen.
– 4. Het van toepassing verklaren van de schuldsaneringsregeling kan niet worden geweigerd uitsluitend op grond dat er geen of onvoldoende vooruitzicht bestaat dat schuldeisers algehele of gedeeltelijke betaling op hun vorderingen zullen ontvangen. (Fw art. 3*a*, 292 lid 7)
– 5. Indien het verzoek wordt afgewezen, kan de schuldenaar niet ambtshalve in staat van faillissement worden verklaard.

Art. 289

Inhoud vonnis

– 1. Het vonnis waarbij de toepassing van de schuldsaneringsregeling wordt uitgesproken, kan tevens de vaststelling inhouden van de dag, uur en plaats waarop de verificatievergadering zal worden gehouden.
– 2. Indien de dag, uur en plaats waarop de verificatievergadering zal worden gehouden niet in het vonnis, bedoeld in het eerste lid, zijn vastgesteld, kunnen deze op een later tijdstip door de rechter-commissaris worden vastgesteld, ambtshalve, of op verzoek van de schuldenaar of van de bewindvoerder.
– 3. Indien de rechtbank of de rechter-commissaris de verificatievergadering bepaalt, wordt daarbij tevens de dag vastgesteld waarop uiterlijk de schuldvorderingen bij de bewindvoerder moeten worden ingediend.
– 4. Tussen de in het derde lid bedoelde dag en de dag van de verificatievergadering moeten ten minste veertien dagen verlopen.
– 5. De verificatievergadering zal niet eerder worden gehouden dan twee maanden na de dag van de uitspraak tot toepassing van de schuldsaneringsregeling. (Fw art. 293, 322, 348)

Art. 290

Voorzieningen

– 1. De rechter die de toepassing van de schuldsaneringsregeling uitspreekt, kan in deze uitspraak tevens voorzieningen treffen die hij ter beveiliging van de belangen van de schuldeisers nodig oordeelt.
– 2. De rechter-commissaris kan dit ook terwijl de schuldsaneringsregeling van toepassing is op verzoek van de bewindvoerder of van één of meer schuldeisers dan wel ambtshalve. (Fw art. 225)

Art. 291

Benoeming deskundigen

– 1. De rechter kan in de uitspraak tot de toepassing van de schuldsaneringsregeling één of meer deskundigen benoemen ten einde binnen een door hem te bepalen termijn, die zo nodig kan worden verlengd, een onderzoek naar de staat van de boedel in te stellen en een beredeneerd verslag van hun bevindingen uit te brengen. Het tweede lid van artikel 290 vindt overeenkomstige toepassing.
– 2. Het verslag bevat een met redenen omkleed oordeel over de betrouwbaarheid van de door de schuldenaar overgelegde staat en bescheiden. (FW art. 226)

Art. 292

Rechtsmiddelen

– 1. Tegen de uitspraak tot toewijzing van het verzoek om een bevel tot instemming met een schuldregeling, bedoeld in artikel 287*a*, eerste lid, kunnen de schuldeisers die het verzoek betrof gedurende acht dagen na de dag van de uitspraak in hoger beroep komen.
– 2. Tegen de uitspraak tot toepassing van de schuldsaneringsregeling kan noch door schuldeisers noch door andere belanghebbenden verzet, hoger beroep of cassatie worden ingesteld.
– 3. Tegen de uitspraak tot afwijzing van het verzoek tot toepassing van de schuldsaneringsregeling kan de schuldenaar gedurende acht dagen na de dag van de uitspraak in hoger beroep komen. Wanneer het verzoekschrift tevens een verzoek inhield als bedoeld in het eerste lid, wordt dit verzoek eveneens aan het gerechtshof voorgelegd.
– 4. Het hoger beroep wordt ingesteld bij een verzoekschrift, in te dienen ter griffie van het gerechtshof, dat van de zaak kennis moet nemen. De voorzitter bepaalt terstond dag en uur voor de behandeling, welke zal moeten plaatshebben binnen twintig dagen na de dag van de

indiening van het verzoekschrift. De uitspraak vindt niet later plaats dan op de achtste dag na die van de behandeling van het verzoekschrift ter terechtzitting.
– 5. Van het arrest, waarbij het verzoek van de schuldenaar bedoeld in de eerste zin van het derde lid, en indien van toepassing tevens het verzoek bedoeld in de tweede zin van het derde lid, door het gerechtshof is afgewezen, kan de schuldenaar gedurende acht dagen na die van de uitspraak in cassatie komen.
– 6. Van het arrest, waarbij het verzoek van de schuldeisers bedoeld in het eerste lid, door het gerechtshof is afgewezen, kunnen deze schuldeisers gedurende acht dagen na die van de uitspraak in cassatie komen.
– 7. Het beroep in cassatie wordt ingesteld bij een verzoekschrift, in te dienen ter griffie van de Hoge Raad.
– 8. Indien het verzoek van de schuldenaar in hoger beroep of cassatie wordt verworpen, kan de schuldenaar niet ambtshalve in staat van faillissement worden verklaard. (Fw art. 15*c*, 219 e.v., 247*b*, 288 lid 4, 361; RO art. 79; Rv art. 332 e.v., 358 e.v., 426 e.v.)
– 9. Wordt de toepassing van de schuldsaneringsregeling pas in hoger beroep of cassatie uitgesproken, dan geeft de griffier van het rechtscollege daarvan onverwijld kennis aan de griffier van de rechtbank, waarbij de schuldenaar zijn verzoek heeft ingediend. De rechtbank gaat terstond na die kennisgeving over tot benoeming van een rechter-commissaris en een bewindvoerder.

Art. 293

Aankondiging

– 1. De griffier van de rechtbank doet van de uitspraak tot de toepassing van de schuldsaneringsregeling, van de naam, de woonplaats en het beroep van de schuldenaar, van de naam van de rechter-commissaris, van de naam en de woonplaats of het kantoor van de bewindvoerder alsmede van de dagen, uur en plaats bedoeld in artikel 289, onverwijld aankondiging in de *Staatscourant*.
– 2. De griffier van de rechtbank geeft van de toepassing van de schuldsaneringsregeling onverwijld kennis aan het postvervoerbedrijf of de postvervoerbedrijven die zijn aangewezen als verlener van de universele postdienst, alsmede de andere geregistreerde postvervoerbedrijven, bedoeld in de Postwet 2009. In de kennisgeving wordt melding gemaakt van de in artikel 287, vijfde lid, bedoelde last. (Fw art. 14, 329 leden 5 en 6, 331, 340 lid 1, 345 lid 3, 350, 352 lid 4, 356 lid 2)

Art. 294

Openbaar register

– 1. Bij elke rechtbank wordt door de griffier een openbaar register gehouden, waarin hij, voor iedere van toepassing verklaarde schuldsaneringsregeling afzonderlijk, achtereenvolgens, met vermelding van de dagtekening, inschrijft:
a. een uittreksel van de rechterlijke uitspraken tot toepassing van de schuldsaneringsregeling en tot beëindiging daarvan;
b. de beëindiging en de herleving van de toepassing van de schuldsaneringsregeling bedoeld in artikel 312;
c. de summiere inhoud en de homologatie van het akkoord;
d. de ontbinding van het akkoord;
e. het bedrag van de uitdelingen;
f. de summiere inhoud van de uitspraak bedoeld in artikel 354 en 354*a*;
g. de datum waarop de schuldsaneringsregeling ingevolge het bepaalde in artikel 356, tweede lid, is geëindigd.
– 2. Omtrent vorm en inhoud van het register worden bij algemene maatregel van bestuur nadere regels gegeven.
– 3. De griffier is verplicht aan een ieder kosteloze inzage van het register en tegen betaling een uittreksel daaruit te verstrekken. (Fw art. 19, 222*a*, 287, 338, 340, 343 e.v., 349, 350, 356)
– 4. De griffier geeft de in het eerste lid, onder *a* tot en met *g*, genoemde gegevens door aan Onze Minister van Justitie of een bij algemene maatregel van bestuur aan te wijzen ander orgaan ten behoeve van het in artikel 294*a* genoemde centrale register.

Art. 294a

Centraal register

– 1. Door onze Minister van Justitie of, indien ingevolge artikel 294, vierde lid, een ander orgaan is aangewezen, door dat orgaan wordt een centraal register gehouden, waarin de in artikel 294, eerste lid, onder *a* tot en met *g*, genoemde gegevens worden ingeschreven.
– 2. Omtrent vorm en inhoud van het register worden bij algemene maatregel van bestuur nadere regels gegeven.
– 3. Een ieder heeft kosteloos inzage in het register en kan tegen betaling een uittreksel daaruit verkrijgen. (Fw art. 19*a*, 222*b*)

Art. 294b

Uittreksel

De griffier geeft voor iedere van toepassing verklaarde schuldsaneringsregeling een uittreksel van het verzoekschrift met bijlagen op grond van artikel 285 door aan Onze Minister van Justitie of, indien ingevolge artikel 294, vierde lid, een ander orgaan is aangewezen, dat orgaan ter inschrijving in het in artikel 294*a* bedoelde register. Onze Minister van Justitie onderscheidenlijk het orgaan, bedoeld in de eerste zin, stelt vast welke gegevens in het uittreksel worden opgenomen. Artikel 294*a*, derde lid, is op het uittreksel niet van toepassing.

TWEEDE AFDELING
De gevolgen van de toepassing van de schuldsaneringsregeling

Art. 295

Boedel

– 1. De boedel omvat de goederen van de schuldenaar ten tijde van de uitspraak tot de toepassing van de schuldsaneringsregeling, alsmede de goederen die hij tijdens de toepassing van die regeling verkrijgt.
– 2. Van het inkomen en van periodieke uitkeringen onder welke benaming ook die de schuldenaar verkrijgt, wordt, onverminderd het derde lid, slechts buiten de boedel gelaten een bedrag gelijk aan de beslagvrije voet bedoeld in artikel 475*d* van het Wetboek van Burgerlijke Rechtsvordering.
– 3. De rechter-commissaris kan op verzoek van de schuldenaar, de bewindvoerder dan wel ambtshalve bij schriftelijke beschikking het bedrag, bedoeld in het tweede lid, verhogen met een in die beschikking vast te stellen nominaal bedrag. De rechter-commissaris kan aan zijn beschikking voorwaarden verbinden en terugwerkende kracht verlenen.
– 4. Buiten de boedel vallen voorts:
a. de goederen die de schuldenaar, anders dan om niet, verkrijgt krachtens een tijdens de toepassing van de schuldsaneringsregeling tot stand gekomen overeenkomst indien de met die verkrijging samenhangende prestatie van de schuldenaar niet ten laste van de boedel komt;
b. de inboedel, voorzover niet bovenmatig, bedoeld in artikel 5 van Boek 3 van het Burgerlijk Wetboek;
c. hetgeen is vermeld in artikel 21, onder 1°, 3°, 5° en 6°;
d. het door de rechter of door de rechter-commissaris overeenkomstig artikel 21, onder 4°, vastgestelde bedrag.
– 5. Niettemin valt een goed als bedoeld in het vierde lid, onder *a*, in de boedel indien de waarde van dat goed de waarde van de met de verkrijging samenhangende prestatie aanmerkelijk overtreft. Artikel 22*a* is van overeenkomstige toepassing.
– 6. Ten aanzien van het tweede en vierde lid, onder *c* en *d*, is artikel 22 van overeenkomstige toepassing. Artikel 22*a* is van overeenkomstige toepassing. (Fw art. 20 e.v., 297 e.v., 311, 312, 315, 320, 324, 343, 350)

Art. 295a

Vervallen.

Art. 296

Verlies beschikkingsbevoegdheid

– 1. Door de uitspraak tot de toepassing van de schuldsaneringsregeling verliest de schuldenaar van rechtswege:
a. de bevoegdheid om over de tot de boedel behorende goederen te beschikken;
b. de bevoegdheid om ten aanzien van die goederen feitelijke handelingen te verrichten en toe te laten.
– 2. De schuldenaar is verplicht alle goederen die tot de boedel behoren op verzoek van de bewindvoerder aan hem af te leveren.
– 3. De rechter-commissaris kan op verzoek van de schuldenaar of de bewindvoerder dan wel ambtshalve bij schriftelijke beschikking ten aanzien van bepaaldelijk daartoe aan te wijzen goederen bepalen dat de schuldenaar daarover het beheer heeft. (Fw art. 23, 311 lid 2, 315, 343, 350 lid 3 sub *c*)

Art. 297

Verrichten rechtshandelingen

– 1. Onverminderd het bepaalde in artikel 296 is de schuldenaar zelfstandig bevoegd tot het verrichten van rechtshandelingen.
– 2. De schuldenaar behoeft niettemin de toestemming van de bewindvoerder voor de volgende rechtshandelingen:
a. het aangaan van een overeenkomst inzake krediet in de zin van de Wet op het financieel toezicht;
b. overeenkomsten waarbij hij zich als borg of anderszins als medeschuldenaar verbindt, zich voor een derde sterk maakt of zich tot zekerheidstelling voor de schuld van een derde verbindt;
c. giften, met uitzondering van de gebruikelijke, voorzover niet bovenmatig.
– 3. Een rechtshandeling in strijd met het tweede lid verricht, is vernietigbaar. Slechts de bewindvoerder kan deze vernietigingsgrond inroepen. (Fw art. 312, 359 lid 2; BW art. 3:50, BW art. 6:6, BW art. 7:175 e.v., BW art. 850 e.v.)

Art. 298

Vervallen. (Fw art. 24, 228 lid 2; BW art. 6:31, 209, 276)

Art. 299

Werking schuldsaneringsregeling

– 1. De schuldsaneringsregeling werkt ten aanzien van:
a. vorderingen op de schuldenaar die ten tijde van de uitspraak tot de toepassing van de schuldsaneringsregeling bestaan;
b. vorderingen op de schuldenaar die na de uitspraak tot de toepassing van de schuldsaneringsregeling ontstaan uit hoofde van ontbinding of vernietiging van een vóór die uitspraak met de schuldenaar gesloten overeenkomst;
c. vorderingen die strekken tot schadevergoeding ter zake van tekortschieten na de uitspraak tot de toepassing van de schuldsaneringsregeling in de nakoming van een vóór die uitspraak op de schuldenaar verkregen verbintenis;
d. vorderingen op de schuldenaar die na de uitspraak tot de toepassing van de schuldsaneringsregeling ontstaan door de vervulling van een vóór die uitspraak overeengekomen ontbindende voorwaarde;
e. na de uitspraak tot de toepassing van de schuldsaneringsregeling onvoldaan gebleven vorderingen op de schuldenaar die ontstaan krachtens artikel 10 van Boek 6 van het Burgerlijk Wetboek uit hoofde van een ten tijde van de uitspraak tot de toepassing van de schuldsaneringsregeling reeds bestaande rechtsbetrekking.
– 2. Rechtsvorderingen die voldoening van een vordering uit de boedel ten doel hebben, kunnen gedurende de toepassing van de schuldsaneringsregeling ook tegen de schuldenaar op geen andere wijze worden ingesteld dan door aanmelding ter verificatie. (Fw art. 26)
– 3. De artikelen 57 tot en met 59*a* zijn van overeenkomstige toepassing. (Fw art. 301)

Art. 299a

Studiefinanciering

– 1. De schuldsaneringsregeling werkt niet ten aanzien van vorderingen uit hoofde van studieschulden waarop hoofdstuk 6 van de Wet studiefinanciering 2000 van toepassing is, behoudens voorzover die vorderingen betrekking hebben op de in artikel 6.8 van die wet bedoelde achterstallige schulden die bestaan ten tijde van de uitspraak tot de toepassing van de schuldsaneringsregeling.
– 2. Zolang de schuldsaneringsregeling van toepassing is, wordt de aflosfase bedoeld in artikel 6.7 van de Wet studiefinanciering 2000 opgeschort. Gedurende deze periode is over de studieschuld geen rente verschuldigd.

Art. 299b

Retentierecht

– 1. De schuldeiser die retentierecht heeft op een aan de schuldenaar toebehorende zaak, verliest dit recht niet door het van toepassing verklaren van de schuldsaneringsregeling.
– 2. De bewindvoerder kan, voorzover dit in het belang is van de boedel, de zaak in de boedel terugbrengen door voldoening van de vordering waarvoor het retentierecht kan worden uitgeoefend.
– 3. De schuldeiser kan de bewindvoerder een redelijke termijn stellen om tot toepassing van het tweede lid over te gaan. Heeft de bewindvoerder niet binnen deze termijn de zaak in de boedel teruggebracht, dan kan de schuldeiser haar verkopen met overeenkomstige toepassing van de bepalingen betreffende parate executie door een pandhouder of, als het een registergoed betreft, die betreffende parate executie door een hypotheekhouder. De rechter-commissaris is bevoegd de termijn op verzoek van de bewindvoerder een of meermalen te verlengen.
– 4. Betreft het een registergoed, dan dient de schuldeiser, op straffe van verval van het recht van parate executie, binnen veertien dagen na het verstrijken van de in het derde lid bedoelde termijn, aan de bewindvoerder bij exploot aan te zeggen dat hij tot executie overgaat, en dit exploot in de openbare registers te doen inschrijven.
– 5. De bewindvoerder kan de schuldeiser die overeenkomstig het derde lid het recht van parate executie kan uitoefenen, een redelijk termijn stellen daartoe over te gaan. Heeft de schuldeiser de zaak niet binnen deze termijn verkocht, dan kan de bewindvoerder haar opeisen en met toepassing van artikel 326 of 347, tweede lid, verkopen, onverminderd de voorrang, aan de schuldeiser in artikel 292 van Boek 3 van het Burgerlijk Wetboek toegekend. De rechter-commissaris is bevoegd de termijn op verzoek van de schuldeiser een of meermalen te verlengen. (Fw 60, 315, 332 lid 2; BW art. 3:17, 24, 290 e.v.; BW art. 6:52 e.v.)

Art. 300

Borgen

De schuldsaneringsregeling werkt niet ten voordele van borgen en andere medeschuldenaren. (Fw art. 136, 160, 241; BW art. 6:6 e.v.; BW art. 7: 850 e.v.)

Art. 301

Schorsing executies; beslagen vervallen

– 1. Een vordering van de ontvanger als bedoeld in artikel 19 van de Invorderingswet 1990 (*Stb.* 221) is niet toegelaten.
– 2. Alle ten tijde van de uitspraak tot de toepassing van de schuldsaneringsregeling tot verhaal van zijn schulden aangevangen executies worden geschorst.
– 3. De gelegde beslagen vervallen met ingang van de dag waarop de toepassing van de schuldsaneringsregeling is uitgesproken. De inschrijving van een desbetreffende, op verzoek

van de bewindvoerder af te geven verklaring van de rechter-commissaris machtigt de bewaarder van de openbare registers tot doorhaling.
– 4. Een vervallen beslag herleeft, zodra de toepassing van de schuldsaneringsregeling eindigt op grond van het bepaalde in artikel 350, derde lid, onder *b*, mits het goed dan nog tot de boedel behoort. Indien de inschrijving van het beslag in de openbare registers is doorgehaald, vervalt de herleving, indien niet binnen veertien dagen na de herleving een exploot is ingeschreven, waarbij van de herleving mededeling aan de schuldenaar is gedaan.
– 5. Het tweede, derde en vierde lid zijn eveneens van toepassing ten aanzien van executies en beslagen, aangevangen of gelegd ten behoeve van vorderingen welke door pand of hypotheek zijn gedekt, voorzover die executies en beslagen niet zijn aangevangen en gelegd op goederen, welke voor die vorderingen bijzonderlijk zijn verbonden. (Fw art. 33, 299 lid 2, 230, 338, 347)

Art. 302

Gijzeling

Indien de schuldenaar zich in gijzeling bevindt, is hij daaruit van rechtswege ontslagen door de uitspraak tot toepassing van de schuldsaneringsregeling, tenzij de gijzeling plaatsvindt anders dan wegens een vordering ten aanzien waarvan de schuldsaneringsregeling werkt. (Fw art. 33 lid 3, 87, 230, 287)

Art. 303

Rente

– 1. Met ingang van de dag van de uitspraak tot de toepassing van de schuldsaneringsregeling is de schuldenaar wettelijke noch bedongen rente verschuldigd over vorderingen ten aanzien waarvan de schuldsaneringsregeling werkt.
– 2. De renteverplichting herleeft met terugwerkende kracht zodra de toepassing van de schuldsaneringsregeling is beëindigd op voet van artikel 312, tweede lid, of met ingang van de dag waarop de uitspraak tot beëindiging van de schuldsaneringsregeling krachtens artikel 350, derde lid, onder *c* tot en met g, in kracht van gewijsde is gegaan.
– 3. De rechtbank kan in de uitspraak tot toepassing van de schuldsaneringsregeling of bij beschikking het eerste lid buiten toepassing verklaren ten aanzien van rente die verschuldigd is over een vordering waarvoor een hypotheek tot zekerheid strekt die is gevestigd op het registergoed waarin de schuldenaar woonachtig is, indien dat in het belang van de boedel is. De rechter-commissaris kan dit op verzoek van de bewindvoerder bij schriftelijke beschikking verklaren indien dit in het belang van de boedel is, nadat de schuldsaneringsregeling van toepassing is verklaard.

Art. 304

Gas, water enz.

– 1. Een wederpartij is niet bevoegd de nakoming van zijn verbintenis die voortvloeit uit een overeenkomst tot het geregeld afleveren van gas, water, elektriciteit of verwarming, benodigd voor de eerste levensbehoeften, jegens de schuldenaar op te schorten wegens het door de schuldenaar niet nakomen van een verbintenis tot betaling van een geldsom die is ontstaan vóór de uitspraak tot de toepassing van de schuldsaneringsregeling.
– 2. Een tekortkoming in de nakoming van de schuldenaar als in het eerste lid bedoeld, die plaatsvond vóór de uitspraak tot de toepassing van de schuldsaneringsregeling, levert geen grond op voor ontbinding van een overeenkomst als bedoeld in het eerste lid.
– 3. Een beroep door de wederpartij op een beding dat een uitspraak tot de toepassing van de schuldsaneringsregeling grond oplevert voor ontbinding van een overeenkomst als bedoeld in het eerste lid, dan wel dat die overeenkomst daardoor van rechtswege zal zijn ontbonden, is slechts toegelaten met goedvinden van de bewindvoerder. (Fw art. 37*b*, 237*b*; BW art. 6:262, 265)

Art. 305

Opzegging huur

– 1. Indien de schuldenaar huurder is, kan de bewindvoerder, of met diens machtiging de schuldenaar, de huur tussentijds doen eindigen, mits de opzegging geschiedt overeenkomstig de opzegtermijnen van de artikelen 228, lid 2, 271, lid 2, en 293, lid 2, van Boek 7 van het Burgerlijk Wetboek. Bovendien moet bij de opzegging de daarvoor overeengekomen of gebruikelijke termijn in acht genomen worden, met dien verstande echter, dat een termijn van drie maanden in elk geval voldoende zal zijn. Zijn de huurpenningen vooruit betaald, dan kan de huur niet eerder worden opgezegd dan tegen de dag, waarop de termijn, waarvoor vooruitbetaling heeft plaats gehad, eindigt.
– 2. Een tekortkoming door de schuldenaar in de nakoming van een financiële verplichting, voortvloeiend uit de huurovereenkomst met betrekking tot zijn woonruimte, welke tekortkoming plaatsvond vóór de uitspraak tot de toepassing van de schuldsaneringsregeling, levert geen grond op voor opzegging of ontbinding van de huurovereenkomst. Is een vonnis tot ontruiming van de woonruimte wegens een dergelijke tekortkoming uitgesproken vóór de uitspraak tot toepassing van de schuldsaneringsregeling, dan wordt de tenuitvoerlegging van het vonnis opgeschort voor de duur van de schuldsaneringsregeling, mits de lopende huurpenningen tijdig worden voldaan. De huurovereenkomst wordt voor de duur van de schuldsaneringsregeling verlengd.

– 3. De verhuurder is bevoegd de huur tussentijds te beëindigen indien de schuldenaar jegens de verhuurder een verplichting die ontstaat na de uitspraak tot de toepassing van de schuldsaneringsregeling, niet nakomt, mits de opzegging geschiedt tegen een tijdstip, waarop dergelijke overeenkomsten naar plaatselijk gebruik eindigen. De tweede en derde volzin van het eerste lid zijn van toepassing. (Fw art. 39, 238, 311 lid 3, 316 lid 2, 362; BW art. 7:201, 228, 271, 290; Pachtw. art. 51 e.v.)
– 4. Indien de schuldenaar pachter is, vinden het eerste, tweede en derde lid overeenkomstige toepassing.

Art. 306

Nietige betaling

Een betaling ten laste van niet tot de boedel behorende goederen van de schuldenaar verricht, op vorderingen ten aanzien waarvan de schuldsaneringsregeling werkt, is nietig.

Art. 307

Verrekening

– 1. Hij die zowel schuldenaar als schuldeiser is van de persoon ten aanzien van wie de schuldsaneringsregeling is uitgesproken, kan zijn schuld met zijn vordering ten aanzien waarvan de schuldsaneringsregeling werkt, slechts verrekenen indien beide zijn ontstaan vóór de uitspraak tot de toepassing van de schuldsaneringsregeling.
– 2. Artikel 53, tweede en derde lid, is van overeenkomstige toepassing. (Fw art. 234; BW art. 6:127 e.v., 130 lid 2)

Art. 308

Betaling door schuldenaar

Een betaling door de schuldenaar anders dan ten laste van de boedel verricht, wordt niet toegerekend op een vordering ten aanzien waarvan de schuldsaneringsregeling werkt. (Fw art. 306)

Art. 309

Vervallen.

Art. 309a

Uitgezonderde goederen

Van de goederen als bedoeld in artikel 309, eerste lid, zijn uitgezonderd de goederen die uit hoofde van een financiëlezekerheidsovereenkomst als bedoeld in artikel 51 van Boek 7 van het Burgerlijk Wetboek zijn verpand.

Art. 310

Betaling niet ten laste boedel

– 1. De rechter-commissaris kan op verzoek van de bewindvoerder, van de schuldenaar dan wel ambtshalve bij schriftelijke beschikking bepalen dat betaling op niet tot de boedel behorende vorderingen van de schuldenaar tot betaling van een geldsom, moet geschieden aan de bewindvoerder. De rechter-commissaris kan de beschikking beperken tot een bepaalde periode en tot bepaalde vorderingen.
– 2. De bewindvoerder brengt de schuldenaren die het aangaat bij brief van de beschikking bedoeld in het eerste lid op de hoogte.
– 3. De door de bewindvoerder ingevolge het eerste lid ontvangen gelden behoren niet tot de boedel. De bewindvoerder voert ter zake een afzonderlijke administratie.
– 4. De bewindvoerder voldoet uit de door hem ingevolge het eerste lid ontvangen gelden voor en namens de schuldenaar vorderingen ten aanzien waarvan de schuldsaneringsregeling niet werkt en die ter voldoening door de rechter-commissaris zijn aangewezen. (Fw art. 315)

Art. 311

Voortzetten beroep of bedrijf

– 1. De rechter-commissaris kan op verzoek van de bewindvoerder of de schuldenaar dan wel ambtshalve bij schriftelijke beschikking bepalen dat de schuldenaar gedurende een in die beschikking vast te stellen periode bevoegd is ten behoeve van de boedel de uitoefening van zijn zelfstandig beroep of bedrijf voort te zetten. De rechter-commissaris kan een periode telkens verlengen en aan zijn beschikking voorwaarden verbinden.
– 2. Een beschikking als bedoeld in het eerste lid heeft tot gevolg dat de schuldenaar bevoegd is alle handelingen waartoe de bewindvoerder toestemming heeft gegeven en die voor de normale uitoefening van het beroep of bedrijf nodig zijn, te verrichten.
– 3. Vorderingen die voortvloeien uit een voortzetting van de uitoefening van het beroep of bedrijf waartoe de schuldenaar op grond van dit artikel bevoegd is, waaronder te begrijpen de verschuldigde huurpenningen, voorzover aan die voortzetting toe te rekenen, zijn boedelschulden. (Fw art. 98, 295 lid 1, 296 lid 1, 305, 315)

Art. 312

Faillissement

– 1. Gedurende de toepassing van de schuldsaneringsregeling kan de schuldenaar in staat van faillissement worden verklaard ter zake van vorderingen ten aanzien waarvan de schuldsaneringsregeling niet werkt.
– 2. Door de faillietverklaring van de schuldenaar eindigt de toepassing van de schuldsaneringsregeling van rechtswege. Van de beëindiging wordt door de curator melding gemaakt in de publicatie bedoeld in artikel 14, derde lid.
– 3. Indien tengevolge van verzet, hoger beroep of cassatie de faillietverklaring wordt vernietigd, herleeft de toepassing van de schuldsaneringsregeling van rechtswege. Daarvan wordt

melding gemaakt in de aankondiging bedoeld in artikel 15, eerste lid, tweede volzin. Artikel 15*d*, eerste lid, is van overeenkomstige toepassing. (Fw art. 6 lid 3, 294 lid 1 sub *b*, 295, 297 lid 1, 303, 320 lid 4, 340, 343, 350, 359)

Art. 313

Schakelbepaling

– 1. De artikelen 24 tot en met 31, 34 tot en met 38*a*, 40 tot en met 52, 54 tot en met 56 en 60*a* tot en met 63*a* zijn van overeenkomstige toepassing.

– 2. De in de eerste volzin van artikel 63*a*, eerste lid, bedoelde beslissing kan ook op verzoek van de schuldenaar dan wel ambtshalve worden gegeven door de rechter die de toepassing van de schuldsaneringsregeling uitspreekt.

DERDE AFDELING

Het bestuur over de boedel

Art. 314

Toezicht op bewindvoerder

– 1. De rechter-commissaris houdt toezicht op de vervulling door de bewindvoerder van de door hem ingevolge deze titel te verrichten taken.

– 2. De artikelen 65 en 66 zijn van overeenkomstige toepassing. (Fw art. 64)

Art. 315

Hoger beroep

– 1. Van alle beschikkingen van de rechter-commissaris staat gedurende vijf dagen hoger beroep op de rechtbank open. De rechtbank beslist na verhoor of behoorlijke oproeping van de belanghebbenden.

– 2. Niettemin kan geen hoger beroep worden ingesteld tegen de beschikkingen die zijn genomen overeenkomstig de artikelen 21, onder 4, 34, 58, eerste lid, 59*a*, derde lid, 94, tweede lid, 102, tweede lid, 125, 127, vierde lid, 176, tweede lid, en de beschikkingen bedoeld in de artikelen 287, vijfde lid, 289, tweede lid, 290, tweede lid, 295, derde lid, 296, derde lid, artikel 299*b*, derde en vijfde lid, 310, eerste lid, 311, eerste lid, 316, tweede lid, 318, tweede lid, 320, tweede en vierde lid, 324, derde lid, 328*a*, tweede lid, 332, vierde lid en 347, tweede lid. (Fw art. 67, 67 lid 1, 361)

Art. 316

Taak bewindvoerder

– 1. De bewindvoerder is belast met:

a. het toezicht op de naleving door de schuldenaar van diens verplichtingen die uit de schuldsaneringsregeling voortvloeien;

b. het beheer en de vereffening van de boedel.

– 2. Alvorens in rechte op te treden, behalve waar het verificatiegeschillen betreft, alsmede in de gevallen van de artikelen 37, 40, 58, tweede lid, 59*a*, zesde lid, 305, 326, eerste lid, en 349, eerste lid, behoeft de bewindvoerder machtiging van de rechter-commissaris. Artikel 72 is van overeenkomstige toepassing. (Fw art. 68, 315)

Art. 317

Beroep op R-C

– 1. Ieder der schuldeisers van vorderingen waarvoor de schuldsaneringsregeling werkt en de schuldenaar kunnen bij verzoekschrift tegen elke handeling van de bewindvoerder bij de rechter-commissaris opkomen, of van deze een bevel uitlokken dat de bewindvoerder een bepaalde handeling zal verrichten of een voorgenomen handeling zal nalaten.

– 2. De rechter-commissaris beslist, na de bewindvoerder te hebben gehoord, binnen drie dagen. (Fw art. 69)

Art. 318

Periodiek verslag

– 1. De bewindvoerder brengt binnen twee maanden na de uitspraak tot toepassing van de schuldsaneringsregeling en uiterlijk tien dagen voor de dag waarop de verificatievergadering zal worden gehouden een verslag uit over de toestand van de boedel en vervolgens telkens na verloop van zes maanden een verslag over de voortgang van de schuldsaneringsregeling. De bewindvoerder legt zijn verslag neer ter griffie van de rechtbank, ter kosteloze inzage van schuldeisers. De neerlegging geschiedt kosteloos.

– 2. De in het eerste lid bedoelde termijn van zes maanden, kan op verzoek van de bewindvoerder of ambtshalve door de rechter-commissaris worden gewijzigd. (Fw art. 73*a*, 315)

Art. 319

Ontslag bewindvoerder

– 1. De rechtbank is bevoegd de bewindvoerder, na hem gehoord of behoorlijk opgeroepen te hebben, te ontslaan en door een ander te vervangen, hetzij op voordracht van de rechter-commissaris hetzij op een met redenen omkleed verzoek van de bewindvoerder, een of meer schuldeisers dan wel de schuldenaar.

– 2. De ontslagen bewindvoerder legt rekening en verantwoording af aan de in zijn plaats benoemde bewindvoerder. (Fw art. 73)

Art. 320

Salaris bewindvoerder

– 1. De rechtbank stelt het salaris van de bewindvoerder vast in het vonnis bedoeld in artikel 354, eerste lid.

– 2. De rechter-commissaris kan op verzoek van de bewindvoerder tijdens de toepassing van de schuldsaneringsregeling telkens voor een daarbij vast te stellen periode een voorschot op het salaris toekennen.

– 3. Indien de toepassing van de schuldsaneringsregeling wordt beëindigd op de voet van artikel 350 of artikel 354*a*, stelt de rechtbank daarbij tevens het salaris vast.

– 4. Eindigt de toepassing van de schuldsaneringsregeling op grond van het bepaalde in artikel 312, tweede lid, dan stelt de rechtbank het salaris vast zodra de uitspraak tot faillietverklaring in kracht van gewijsde is gegaan.

– 5. In geval van akkoord wordt het salaris bij het vonnis van homologatie bepaald.

– 6. Het salaris van de bewindvoerder wordt vastgesteld volgens bij algemene maatregel van bestuur te stellen regels.

– 7. Het salaris van de bewindvoerder is schuld van de boedel en wordt bij voorrang voldaan boven alle andere schulden en boven een betaling bedoeld in artikel 295, vijfde lid. Het in de vorige volzin bepaalde is ook van toepassing op de verschotten en op de publicaties die ingevolge deze titel zijn voorgeschreven.

– 8. De kosten van de ingevolge deze titel voorgeschreven publicaties die niet uit de boedel kunnen worden voldaan, en het salaris van deskundigen komen ten laste van de Staat. De griffier van de rechtbank waarbij de schuldenaar zijn verzoekschrift tot het uitspreken van de toepassing van de schuldsaneringsregeling heeft ingediend, draagt zorg voor de voldoening van het door de rechter die het eindsalaris van de bewindvoerder bepaalt, vast te stellen bedrag dat ten laste van de Staat komt. (Fw art. 71)

Art. 321

Schakelbepaling

De artikelen 85 en 86 zijn van overeenkomstige toepassing.

VIERDE AFDELING

De voorzieningen na de uitspraak tot de toepassing van de schuldsaneringsregeling en de taak van de bewindvoerder

Art. 322

Plaats, dag en uur

De bewindvoerder geeft van de dagen, uur en plaats bedoeld in artikel 289 onverwijld aan alle bekende schuldeisers bij brieven kennis. Indien de schuldenaar een ontwerp van akkoord ter griffie heeft neergelegd, wordt daarvan eveneens melding gemaakt.

Art. 323

Bewaring van de boedel

De bewindvoerder zorgt, dadelijk na zijn benoeming, door alle nodige en gepaste middelen voor de bewaring van de boedel. Tenzij de rechter-commissaris anders bepaalt, neemt de bewindvoerder de tot de boedel behorende bescheiden en andere gegevensdragers, gelden, kleinodiën, effecten en andere papieren van waarde tegen ontvangstbewijs onder zich, behoudens voorzover het beheer daarover op grond van een beslissing als bedoeld in artikel 296, derde lid, toekomt aan de schuldenaar. (Fw 92)

Art. 324

Boedelbeschrijving

– 1. Artikel 94, eerste en tweede lid, is van overeenkomstige toepassing.

– 2. Van de goederen bedoeld in artikel 295, vierde lid, wordt een staat aan de beschrijving gehecht.

– 3. De rechter-commissaris kan bepalen dat de bewindvoerder een staat opmaakt als bedoeld in artikel 96 ter vervanging van de staat bedoeld in artikel 285, eerste lid, onder *a*. (Fw 315)

Art. 325

Afschrift boedelbeschrijving

Een afschrift van de boedelbeschrijving en, indien toepassing is gegeven aan artikel 324, derde lid, van de staat in dat artikellid bedoeld, worden ter kosteloze inzage van een ieder neergelegd ter griffie van de rechtbank die de schuldsaneringsregeling van toepassing heeft verklaard. De neerlegging geschiedt kosteloos. (Fw 97)

Art. 326

Vervallen.

Art. 327

Bewaring, beschikking enz.

De artikelen 99 en 102 tot en met 105 en 107 zijn van overeenkomstige toepassing.

VIJFDE AFDELING

Verificatie van vorderingen

Art. 328

Schakelbepaling

– 1. Op de verificatie van vorderingen zijn de artikelen 110 tot en met 116, 119 tot en met 127 (in welk laatste artikel in de plaats van 108, 1°, wordt gelezen: 289, derde lid) en 129 tot en met 137 van overeenkomstige toepassing.

– 2. Renten, na de uitspraak tot de toepassing van de schuldsaneringsregeling lopende ten aanzien van door pand of hypotheek gedekte vorderingen, worden pro memorie geverifieerd.

Voorzover de renten op de opbrengst daarvan niet batig gerangschikt worden, kan de schuldeiser aan deze verificatie geen rechten ontlenen.

Art. 328a

Wel of geen verificatievergadering

– 1. De rechter-commissaris kan de bewindvoerder verzoeken hem binnen acht dagen na dagtekening van het verzoek te melden of hij de verificatie van de vorderingen wenst voor te leggen aan de verificatievergadering. In het bevestigende geval stelt de rechter-commissaris dag, uur en plaats vast waarop de verificatievergadering zal worden gehouden en geeft de bewindvoerder hiervan onverwijld kennis aan alle bekende schuldeisers en de schuldenaar bij schriftelijke oproeping, tenzij de rechter-commissaris anders bepaalt.
– 2. Indien de bewindvoerder geen verificatievergadering wenst, kan de rechter-commissaris bepalen dat de verificatievergadering slechts pro forma gehouden zal worden op een door hem te bepalen dag en plaats en dat de vorderingen als geverifieerd zullen gelden zoals door de bewindvoerder in overeenstemming met de artikelen 112, 113 en 114 aangegeven, tenzij een schuldeiser binnen acht dagen na dagtekening van de in de tweede volzin bedoelde oproeping mededeling doet aan de rechtbank dat hij gebruik wenst te maken van zijn bevoegdheid als bedoeld in de artikelen 116, tweede zin, en 119, eerste lid. De bewindvoerder geeft van deze beschikking onmiddellijk kennis aan alle bekende schuldeisers en de schuldenaar bij schriftelijke oproeping, tenzij de rechter-commissaris anders bepaalt.
– 3. Ontvangt de rechtbank een mededeling van een of meer schuldeisers als bedoeld in het tweede lid, dan stelt de rechter-commissaris een dag, uur en plaats vast waarop de verificatievergadering zal worden gehouden. De bewindvoerder geeft hiervan onverwijld kennis aan alle bekende schuldeisers en de schuldenaar bij schriftelijke oproeping, tenzij de rechter-commissaris anders bepaalt.
– 4. In geval van het tweede lid ligt een afschrift van de lijsten als bedoeld in artikel 114 ter griffie van de rechtbank ter inzage gedurende acht dagen na dagtekening van de kennisgeving van de pro forma zitting dan wel, indien een verificatievergadering wordt gehouden, tot de dag van die vergadering.
– 5. Met ingang van de dag van de pro forma zitting, gelden de vorderingen als geverifieerd zoals door de bewindvoerder ingevolge artikel 112 vastgesteld.

ZESDE AFDELING
Het akkoord

Art. 329

Akkoord

– 1. De schuldenaar is bevoegd ten aanzien van vorderingen waarvoor de schuldsaneringsregeling werkt aan de schuldeisers van die vorderingen een akkoord aan te bieden.
– 2. Het ontwerp van akkoord wordt ter griffie van de rechtbank neergelegd ter kosteloze inzage van een ieder. De neerlegging geschiedt kosteloos.
– 3. Aanbieding van een akkoord is ook toegelaten indien een akkoord eerder tijdens de toepassing van de schuldsaneringsregeling is verworpen of de homologatie is geweigerd. De in de vorige volzin bedoelde bevoegdheid kan één keer worden uitgeoefend.
– 4. De rechter-commissaris stelt dadelijk na nederlegging van het akkoord dag, uur en plaats vast waarop over het aangeboden akkoord ten overstaan van hem zal worden geraadpleegd en beslist.
– 5. Indien er nog geen dag, uur en plaats voor een verificatievergadering is bepaald, stelt de rechter-commissaris deze vast overeenkomstig artikel 289, tweede tot en met vijfde lid. Over het akkoord wordt in de vergadering na afloop van de verificatie dadelijk geraadpleegd en beslist.
– 6. De bewindvoerder geeft van de nederlegging en, indien van toepassing, van de dag bedoeld in het vijfde lid, onverwijld schriftelijk kennis aan alle bekende schuldeisers. Indien het vijfde lid van toepassing is, doet de bewindvoerder tevens onverwijld aankondiging in de *Staatscourant* van de nederlegging en van de dag bedoeld in dat lid.

Art. 330

Verval ontwerp-akkoord

Het ontwerp van een akkoord vervalt:
a. indien de toepassing van de schuldsaneringsregeling niet wordt uitgesproken;
b. indien, voordat het vonnis van homologatie van het akkoord in kracht van gewijsde is gegaan, een rechterlijke uitspraak tot beëindiging van de toepassing van de schuldsaneringsregeling in kracht van gewijsde gaat;
c. indien de toepassing van de schuldsaneringsregeling eindigt op grond van het bepaalde in artikel 312, tweede lid. (Fw art. 350)

Art. 331

Vervallen.

Art. 332

Toelichting en wijziging

– 1. De schuldenaar is ter vergadering bevoegd tot toelichting en verdediging van het akkoord op te treden en het, staande de raadpleging, te wijzigen.

– 2. Tot stemming over het akkoord zijn bevoegd de schuldeisers van vorderingen ten aanzien waarvan de schuldsaneringsregeling werkt. Pandhouders, hypotheekhouders en schuldeisers als bedoeld in artikel 299*b* zijn tot stemmen bevoegd, indien zij vóór de aanvang van de stemming van hun recht van parate executie afstand doen. Zij herkrijgen dat recht niet, ongeacht of het akkoord wordt aanvaard, verworpen of overeenkomstig het vierde lid wordt vastgesteld.

– 3. Tot het aannemen van het akkoord wordt vereist:

a. de toestemming van de gewone meerderheid van de ter vergadering verschenen schuldeisers van erkende en voorwaardelijk toegelaten vorderingen waaraan voorrang is verbonden, welke tezamen ten minste de helft van het totale bedrag van hun vorderingen vertegenwoordigen; en

b. de toestemming van de gewone meerderheid van de ter vergadering verschenen erkende en voorwaardelijk toegelaten concurrente schuldeisers, welke tezamen ten minste de helft van het totale bedrag van hun vorderingen vertegenwoordigen.

– 4. In afwijking van het derde lid kan de rechter-commissaris op verzoek van de schuldenaar of de bewindvoerder bij gemotiveerde beschikking een aangeboden akkoord vaststellen als ware het aangenomen, indien:

a. drie vierde van de ter vergadering verschenen schuldeisers van erkende en voorwaardelijk toegelaten vorderingen waaraan voorrang is verbonden en drie vierde van de concurrente schuldeisers voor het akkoord hebben gestemd; en

b. de verwerping van het akkoord het gevolg is van het tegenstemmen van een of meer ter vergadering verschenen schuldeisers die, alle omstandigheden in aanmerking genomen en in het bijzonder het percentage dat die schuldeisers, zou de toepassing van de schuldsaneringsregeling worden voortgezet, naar verwachting aan betaling op hun vorderingen zullen ontvangen, in redelijkheid niet tot dit stemgedrag hebben kunnen komen.

– 5. Het proces-verbaal van de vergadering vermeldt de inhoud van het akkoord, de namen van de verschenen stemgerechtigde schuldeisers, de door ieder hunner uitgebrachte stem, de uitslag van de stemming en, indien toepassing is gegeven aan het vierde lid, de beschikking van de rechter-commissaris.

– 6. Artikel 149 is van overeenkomstige toepassing. (Fw art. 57, 145, 268, 268*a*, 315)

Art. 333

Vervallen.

Art. 333a

Schakelbepaling

De bepalingen van deze paragraaf zijn van overeenkomstige toepassing in het geval dat een akkoord wordt aangeboden op de voet van artikel 34, eerste lid, van de verordening, genoemd in artikel 5, derde lid.

Art. 334

Vervallen.

Art. 335

Terechtzitting

– 1. Is een akkoord aangenomen of vastgesteld, dan bepaalt de rechter-commissaris vóór het sluiten van de verificatievergadering dag en tijd voor de terechtzitting waarop de rechtbank achtereenvolgens zal behandelen:

a. verzoekschriften, indien deze op de voet van artikel 149 zijn ingediend;

b. de homologatie van het akkoord, indien een akkoord is aangenomen of vastgesteld.

– 2. De terechtzitting zal gehouden worden ten minste acht en ten hoogste veertien dagen na de dag waarop de verificatievergadering heeft plaatsgevonden. Artikel 151 is van overeenkomstige toepassing. (Fw art. 333, 337)

– 3. Is een akkoord afgewezen, dan wordt de schuldsaneringregeling voortgezet, tenzij artikel 350 van toepassing is.

Art. 336

Vervallen.

Art. 337

Openbare terechtzitting

– 1. Op de openbare terechtzitting, bepaald ingevolge artikel 335, eerste lid, wordt door de rechter-commissaris verslag uitgebracht.

– 2. Ieder van de schuldeisers ten aanzien van wier vorderingen de schuldsaneringsregeling werkt, kan in persoon, bij schriftelijk gemachtigde of bij advocaat de gronden uiteenzetten waarop hij de homologatie van een akkoord wenst of haar bestrijdt.

– 3. De schuldenaar is bevoegd tot verdediging van zijn belangen op te treden. (Fw art. 152, 271, 333, 339 lid 1, 341, 342)

Art. 338

Uitspraak

– 1. Op de dag van de terechtzitting bedoeld in artikel 337, of anders uiterlijk op de achtste dag daarna, doet de rechtbank uitspraak.

– 2. Zij zal, voorzover van toepassing, eerst bij met redenen omklede beschikking uitspraak doen op verzoekschriften als bedoeld in artikel 149 en tot homologatie van het akkoord dan wel tot weigering daarvan. Artikel 153, tweede en derde lid, is van overeenkomstige toepassing.

– 3. Indien de homologatie wordt geweigerd, kan de rechter de schuldenaar niet in staat van faillissement verklaren. De schuldsaneringsregeling wordt voortgezet, tenzij artikel 350 van toepassing is.

Art. 339

Schakelbepaling

– 1. Ten aanzien van de uitspraak tot weigering dan wel verlening van homologatie, zijn de artikelen 154, 155, eerste lid, en 156 van overeenkomstige toepassing, met dien verstande dat het recht van hoger beroep en cassatie slechts toekomt aan schuldeisers die op de terechtzitting bedoeld in artikel 337 zijn verschenen.

– 2. Op de behandeling van het hoger beroep zijn de artikelen 337, tweede en derde lid, en 338, eerste lid, van overeenkomstige toepassing.

– 3. Wordt de homologatie in hoger beroep of cassatie vernietigd, dan geeft de griffier van het rechtscollege daarvan onverwijld kennis aan de griffier van de rechtbank.

Art. 340

Einde schuldsaneringsregeling

– 1. De toepassing van de schuldsaneringsregeling eindigt van rechtswege zodra de homologatie in kracht van gewijsde is gegaan. Van de beëindiging doet de bewindvoerder aankondiging in de *Staatscourant*.

– 2. Het gehomologeerde akkoord is verbindend voor alle schuldeisers ten aanzien van wier vorderingen de schuldsaneringsregeling werkt, onverschillig of zij al dan niet in de schuldsaneringsregeling opgekomen zijn.

– 3. De artikelen 159, 160 en 162 tot en met 166 zijn van overeenkomstige toepassing.

– 4. Bij het vonnis waarbij de ontbinding van het akkoord wordt uitgesproken, kan de schuldenaar tevens in staat van faillissement worden verklaard indien er baten beschikbaar zijn om daaruit vorderingen geheel of gedeeltelijk te voldoen.

– 5. In een faillissement, uitgesproken overeenkomstig het vierde lid, kan geen akkoord worden aangeboden. (Fw art. 157, 161, 276, 294 lid 1 sub *d*, 312 lid 2, 333)

Art. 341-346

Vervallen.

ZEVENDE AFDELING

De vereffening van de boedel

Art. 347

– 1. Zodra de toepassing van de schuldsaneringsregeling is uitgesproken, verkeert de boedel van rechtswege in staat van insolventie en gaat de bewindvoerder over tot vereffening en tegeldemaking van de tot de boedel behorende goederen voor zover daaromtrent in de uitspraak of door de rechter-commissaris niet anders is bepaald, zonder dat daartoe toestemming of medewerking van de schuldenaar nodig is.

– 2. De goederen worden ondershands verkocht, tenzij de rechter-commissaris bepaalt dat de verkoop in het openbaar zal geschieden.

– 3. Artikel 176, tweede lid, is van overeenkomstige toepassing.

Art. 348

Wijze van vereffening

De rechter-commissaris kan op verzoek van de schuldenaar, bewindvoerder of een schuldeiser alsmede ambtshalve op een door hem te bepalen dag, uur en plaats een vergadering van schuldeisers beleggen, teneinde hen zo nodig te raadplegen over de wijze van vereffening van de boedel alsmede over andere onderwerpen de schuldsanering betreffende en zo nodig verificatie te doen plaatsvinden van de schuldvorderingen die na afloop van de ingevolge artikel 289, derde lid, bepaalde termijn zijn ingediend en niet reeds overeenkomstig artikel 127 geverifieerd zijn. De bewindvoerder handelt ten opzichte van deze vorderingen overeenkomstig de bepalingen van de artikelen 111 tot en met 114. Hij roept de schuldeisers ten minste tien dagen vóór de vergadering, bij brieven op waarin het onderwerp van de vergadering wordt vermeld en hun tevens de bepaling van artikel 114 wordt herinnerd. (Fw art. 178)

Art. 349

Uitdeling

– 1. Zo dikwijls er voldoende gerede penningen aanwezig zijn, gaat de bewindvoerder over tot een uitdeling aan de geverifieerde schuldeisers.

Niettemin vindt geen uitdeling plaats, indien de verkoop van een goed nog moet plaatsvinden en daarop pand of hypotheek rust of ten aanzien van dat goed voorrang geldt als bedoeld in

artikel 292 van Boek 3 van het Burgerlijk Wetboek, dan wel op dat bepaalde goed een voorrecht rust.
Indien een goed als bedoeld in de vorige volzin in de boedel valt nadat een uitdeling heeft plaatsgevonden, heeft dat geen invloed op de geldigheid van die uitdeling.
– 2. De uitdeling geschiedt naar evenredigheid van ieders vordering, met dien verstande dat, zolang de vorderingen waaraan voorrang is verbonden niet volledig zijn voldaan, daarop een twee keer zo groot percentage wordt betaald als op de concurrente vorderingen.
– 3. Voor de toepassing van het tweede lid worden de vorderingen van de schuldeisers die voorrang hebben, ongeacht of deze wordt betwist, en die niet reeds overeenkomstig artikel 57 of 299b, derde lid, voldaan zijn, bepaald op het bedrag waarvoor zij batig gerangschikt kunnen worden op de opbrengst der goederen waarop hun voorrang betrekking heeft. Zo dit minder is dan het gehele bedrag van hun vorderingen, worden zij voor het ontbrekende als concurrent behandeld.
– 4. De bewindvoerder maakt telkens een uitdelingslijst op. De lijst houdt in een staat van de ontvangsten en uitgaven, de namen van de schuldeisers, het geverifieerde bedrag van ieders vordering, benevens de daarop te ontvangen uitkering.
– 5. De artikelen 181, 182 (in welk artikel in de plaats van 60, derde lid, tweede zin, wordt gelezen: 299b, derde lid, tweede volzin), 183 tot en met 189, 191 en 192 zijn van overeenkomstige toepassing. (Fw art. 179, 294 lid 1 sub *f*, 316, 356)

ACHTSTE AFDELING
Termijn en beëindiging van de toepassing van de schuldsaneringsregeling

Art. 349a

Termijn

– 1. De termijn van de schuldsaneringsregeling bedraagt drie jaar, te rekenen van de dag van de uitspraak tot de toepassing van de schuldsaneringsregeling, die dag daaronder begrepen. In afwijking daarvan kan de rechter de termijn op ten hoogste vijf jaar stellen, indien voor de gehele termijn tevens een nominaal bedrag wordt vastgesteld als bedoeld in artikel 295, derde lid.
– 2. De rechter-commissaris kan bij schriftelijke beschikking de termijn ambtshalve, dan wel op verzoek van de bewindvoerder, de schuldenaar, of een of meer schuldeisers wijzigen. De termijn bedraagt ten hoogste vijf jaar. De bewindvoerder geeft van de gewijzigde termijn onverwijld kennis aan de schuldeisers. De rechter-commissaris dient de schuldenaar in de gelegenheid stellen te worden gehoord, alvorens te beslissen de termijn te verlengen.
– 3. Onder dezelfde voorwaarden kan de rechtbank in het kader van artikel 350 of 352 de termijn ambtshalve dan wel op voordracht van de rechter-commissaris of op verzoek van de bewindvoerder, schuldenaar of een of meer schuldeisers wijzigen. Tegen dit vonnis kunnen de schuldeisers die om de wijziging gevraagd hebben en kan de schuldenaar gedurende acht dagen na de dag van de uitspraak in hoger beroep komen. Artikel 351, tweede tot en met vijfde lid, is van toepassing.

Art. 350

Beëindiging

– 1. De rechtbank kan de toepassing van de schuldsaneringsregeling beëindigen op voordracht van de rechter-commissaris of op verzoek van de bewindvoerder, van de schuldenaar dan wel van een of meer schuldeisers. Zij kan zulks ook ambtshalve doen.
– 2. Alvorens te beslissen roept de rechtbank de schuldenaar op teneinde door haar te worden gehoord. Tevens kan zij schuldeisers en de bewindvoerder daartoe oproepen.
– 3. Een beëindiging bedoeld in het eerste lid geschiedt indien:
a. de vorderingen ten aanzien waarvan de schuldsaneringsregeling werkt, zijn voldaan;
b. de schuldenaar in staat is zijn betalingen te hervatten;
c. de schuldenaar een of meer van zijn uit de schuldsaneringsregeling voortvloeiende verplichtingen niet naar behoren nakomt of door zijn doen of nalaten de uitvoering van de schuldsaneringsregeling anderszins belemmert dan wel frustreert;
d. de schuldenaar bovenmatige schulden doet of laat ontstaan;
e. de schuldenaar tracht zijn schuldeisers te benadelen;
f. feiten en omstandigheden bekend worden die op het tijdstip van de indiening van het verzoekschrift tot toelating tot de schuldsaneringsregeling reeds bestonden en die reden zouden zijn geweest het verzoek af te wijzen overeenkomstig artikel 288, eerste en tweede lid;
g. de schuldenaar aannemelijk maakt niet in staat te zijn aan zijn uit de schuldsaneringsregeling voortvloeiende verplichtingen te voldoen.
– 4. De uitspraak geschiedt bij vonnis. In de gevallen bedoeld in het derde lid, onder *a* en *b*, en bij het ontbreken van enige baten voor uitdeling, blijft verificatie van vorderingen alsmede het opmaken van en uitdelingslijst achterwege en eindigt de schuldsanering door het in kracht van gewijsde gaan van het vonnis.
– 5. Indien de beëindiging geschiedt op grond van het bepaalde in het derde lid, onder *c* tot en

met g, en er baten beschikbaar zijn om daaruit vorderingen geheel of gedeeltelijk te voldoen, verkeert de schuldenaar van rechtswege in staat van faillissement zodra de uitspraak in kracht van gewijsde is gegaan. De rechtbank benoemt terstond een rechter-commissaris en een curator.
– 6. Van de beëindiging wordt door de bewindvoerder aankondiging gedaan in de *Staatscourant* of, indien het vijfde lid toepassing vindt, door de curator in de publicatie bedoeld in artikel 14, derde lid.

Art. 351

Hoger beroep

– 1. Van het vonnis bedoeld in artikel 350 heeft, in geval van beëindiging van de toepassing van de schuldsaneringsregeling, de schuldenaar, of, in geval de beëindiging van de toepassing van de schuldsaneringsregeling geweigerd is, hij die het verzoek tot die beëindiging heeft gedaan, gedurende acht dagen na de dag van de uitspraak recht van hoger beroep.
– 2. Het hoger beroep wordt ingesteld bij een verzoekschrift, in te dienen ter griffie van het gerechtshof dat van de zaak kennis moet nemen. De griffier van het gerechtshof geeft van die indiening onverwijld kennis aan de griffier van de rechtbank. (Fw art. 361; Rv art. 332 e.v., 358 e.v.)
– 3. De voorzitter bepaalt terstond dag en uur voor de behandeling, welke zal moeten plaatsvinden binnen twintig dagen na de dag van de indiening van het verzoekschrift.
– 4. De uitspraak vindt niet later plaats dan op de achtste dag na die van de behandeling van het verzoekschrift ter terechtzitting. Van het arrest van het gerechtshof wordt door de griffier onverwijld mededeling gedaan aan de griffier van de rechtbank.
– 5. Gedurende acht dagen na het arrest van het gerechtshof kan de daarbij in het ongelijk gestelde partij in cassatie komen. Het beroep in cassatie wordt ingesteld bij een verzoekschrift, in te dienen ter griffie van de Hoge Raad. De griffier van de Hoge Raad geeft van die indiening en van het arrest van de Hoge Raad onverwijld kennis aan de griffier van de rechtbank.

Art. 351a

Verslag

Uiterlijk drie maanden voordat de termijn volgend uit artikel 349*a* afloopt, brengt de bewindvoerder verslag uit aan de rechter-commissaris over de wijze waarop de schuldenaar gedurende de schuldsaneringsregeling aan zijn verplichtingen heeft voldaan.

Art. 352

Terechtzitting

– 1. Indien de toepassing van de schuldsaneringsregeling niet reeds is beëindigd, bepaalt de rechtbank op voordracht van de rechter-commissaris, op verzoek van de bewindvoerder dan wel van de schuldenaar hetzij ambtshalve uiterlijk een maand vóór het einde van de termijn bedoeld in artikel 349*a*, dag, uur en plaats voor de terechtzitting waarop de beëindiging van de toepassing van de schuldsaneringsregeling wordt behandeld.
– 2. De zitting zal niet eerder dan veertien dagen en niet later dan eenentwintig dagen na de beschikking van de rechtbank gehouden worden.
– 3. De bewindvoerder doet van de dag, uur, en plaats onverwijld aankondiging in de *Staatscourant*.

Art. 353

Oproeping bewindvoerder en schuldenaar

– 1. Voor de terechtzitting, bepaald ingevolge artikel 352, kunnen de bewindvoerder en de schuldenaar schriftelijk worden opgeroepen. De schuldenaar en bewindvoerder worden opgeroepen indien twijfel bestaat of de schuldenaar in de nakoming van een of meer uit de schuldsaneringsregeling voortvloeiende verplichtingen niet toerekenbaar is tekortgeschoten.
– 2. De rechtbank kan iedere verschenen schuldeiser in de gelegenheid stellen in persoon, bij schriftelijk gemachtigde of bij advocaat het woord te voeren.

Art. 354

Uitspraak

– 1. Op de dag van de terechtzitting, of anders uiterlijk op de achtste dag daarna, doet de rechtbank bij vonnis uitspraak of de schuldenaar in de nakoming van een of meer uit de schuldsaneringsregeling voortvloeiende verplichtingen is tekortgeschoten en, indien er sprake is van een tekortkoming, of deze aan de schuldenaar kan worden toegerekend.
– 2. Ingeval van een toerekenbare tekortkoming, kan de rechter daarbij bepalen dat de tekortkoming, gezien haar bijzondere aard of geringe betekenis, buiten beschouwing blijft.

Art. 354a

Terechtzitting beëindiging schuldsaneringsregeling

– 1. Indien nog geen dag voor de verificatievergadering is bepaald en minstens een jaar is verstreken sinds de uitspraak tot toepassing van de schuldsaneringsregeling, kan de rechtbank op voordracht van de rechter-commissaris, op verzoek van de bewindvoerder dan wel van de schuldenaar een dag bepalen voor de terechtzitting waarop de beëindiging van de toepassing van de schuldsaneringsregeling wordt behandeld. De rechtbank bepaalt die zitting slechts als de voordracht of het verzoek vergezeld gaat van een beredeneerde verklaring van de bewindvoerder omtrent de vraag of redelijkerwijs niet de verwachting bestaat dat de schuldenaar op zodanige wijze aan zijn verplichtingen kan voldoen dat voortzetting van de schuldsanerings-

regeling gerechtvaardigd is. De rechter-commissaris kan de bewindvoerder bevelen deze verklaring op te stellen en aan de rechtbank en de betrokken partijen te doen toekomen.
– 2. De rechtbank beëindigt de schuldsanering slechts indien redelijkerwijs niet de verwachting bestaat dat de schuldenaar op zodanige wijze aan zijn verplichtingen kan voldoen dat voortzetting van de schuldsaneringsregeling gerechtvaardigd is en van omstandigheden als bedoeld in artikel 350, derde lid, onder *c* tot en met *g* niet is gebleken.
– 3. De rechtbank kan een of meer keren haar beslissing aanhouden voor nader onderzoek. De rechtbank bepaalt de dag waarop de schuldsaneringsregeling eindigt.
– 4. De bewindvoerder doet van de dag, uur en plaats onverwijld aankondiging in de *Staatscourant*.

Art. 355

Hoger beroep

– 1. Van het vonnis, bedoeld in artikel 354 en in artikel 354*a*, kunnen de schuldeisers en de schuldenaar gedurende acht dagen na de dag van de uitspraak in hoger beroep komen.
– 2. Artikel 351, tweede tot en met vijfde lid, is van toepassing. (Fw art. 361; Rv art. 332 e.v., 358 e.v.)

Art. 356

Slotuitdelingslijst

– 1. De bewindvoerder gaat, zodra de uitspraak bedoeld in artikel 354 in kracht van gewijsde is gegaan, onverwijld over tot het opmaken van een slotuitdelingslijst. Geen slotuitdelingslijst wordt opgemaakt indien de rechtbank de toepassing van de schuldsaneringsregeling heeft beëindigd op grond van artikel 354a.
– 2. De toepassing van de schuldsaneringsregeling is van rechtswege beëindigd zodra de slotuitdelingslijst verbindend is geworden dan wel, indien de rechtbank de toepassing van de schuldsaneringsregeling heeft beëindigd op grond van artikel 354a, zodra de uitspraak tot de beëindiging in kracht van gewijsde is gegaan. De bewindvoerder doet daarvan aankondiging in de *Staatscourant*.
– 3. Na verloop van een maand na de beëindiging doet de bewindvoerder rekening en verantwoording van zijn beheer aan de rechter-commissaris. (Fw art. 193, 349)
– 4. Artikel 194 is van toepassing.

Art. 357

Vervallen.

Art. 358

Onafdwingbaarheid vorderingen

– 1. Door de beëindiging van de toepassing van de schuldsaneringsregeling op grond van artikel 356, tweede lid, is een vordering ten aanzien waarvan de schuldsaneringsregeling werkt, voorzover deze onvoldaan is gebleven, niet langer afdwingbaar, onverschillig of de schuldeiser al dan niet in de schuldsaneringsregeling is opgekomen en onverschillig of de vordering al dan niet is geverifieerd.
– 2. Het eerste lid is niet van toepassing indien de rechter in het vonnis bedoeld in artikel 354 heeft vastgesteld dat de schuldenaar toerekenbaar is tekortgeschoten en de rechter daarbij geen toepassing heeft gegeven aan het tweede lid van artikel 354. (Fw art. 358*a*, 361, BW art. 6:3)
– 3. Het eerste lid is tevens van toepassing op boedelschulden, bedoeld in artikel 15d, eerste lid, onder b, voor zover deze niet uit de boedel van de schuldsaneringsregeling voldaan kunnen worden.
– 4. Onverminderd artikel 288, tweede lid, onder c, is bij beëindiging van de schuldsaneringsregeling het eerste lid niet van toepassing ten aanzien van vorderingen die voortvloeien uit een in kracht van gewijsde gegane strafrechtelijke veroordeling
a. tot betaling van een geldboete als bedoeld in artikel 9, eerste lid, onder 4, van het Wetboek van Strafrecht,
b. tot betaling van een geldbedrag ter ontneming van wederrechtelijk verkregen voordeel als bedoeld in artikel 36e van het Wetboek van Strafrecht,
c. tot betaling van een geldbedrag ten behoeve van het slachtoffer als bedoeld in artikel 36f van het Wetboek van Strafrecht, of
d. tot betaling van een schadevergoeding aan een benadeelde partij als bedoeld in artikel 51a Wetboek van Strafvordering.
Met een vordering onder dit lid wordt gelijkgesteld een vordering die voortvloeit uit een in kracht van gewijsde gegane veroordeling tot betaling van schadevergoeding die is vastgesteld door de burgerlijke rechter nadat de strafrechter die over het misdrijf of de overtreding heeft geoordeeld, heeft vastgesteld dat de vordering tot betaling van schadevergoeding of een deel daarvan slechts bij de burgerlijke rechter kan worden aangebracht.
– 5. Het eerste lid is niet van toepassing ten aanzien van een vordering waarvoor een hypotheek tot zekerheid strekt, die is gevestigd op het registergoed waarin de schuldenaar woonachtig is, indien op de rente van deze vordering artikel 303, derde lid, van toepassing is.

– 6. Het eerste lid is niet van toepassing indien de schuldenaar tijdens de toepassing van de schuldsaneringsregeling is overleden.

NEGENDE AFDELING
Bijzondere bepalingen

Art. 358a

Art. 358 lid 1 buiten toepassing

– 1. Indien na de beëindiging van de toepassing van de schuldsaneringsregeling waardoor het rechtsgevolg bedoeld in artikel 358, eerste lid, is ingetreden, blijkt dat zich voordien feiten of omstandigheden hebben voorgedaan die grond zouden hebben opgeleverd voor de beëindiging van de toepassing van de schuldsaneringsregeling op de voet van artikel 350, derde lid, onder e, kan de rechter op verzoek van iedere belanghebbende bepalen dat artikel 358, eerste lid, verder geen toepassing vindt.
– 2. Alvorens te beslissen roept de rechtbank de schuldenaar op ten einde door haar te worden gehoord.
– 3. Van het vonnis kan gedurende acht dagen na de uitspraak in hoger beroep worden gekomen. Het hoger beroep wordt ingesteld bij een verzoekschrift, in te dienen ter griffie van het gerechtshof, dat van de zaak kennis moet nemen.
– 4. Gedurende acht dagen na het arrest van het gerechtshof kan beroep in cassatie worden ingesteld. Het beroep in cassatie wordt ingesteld bij een verzoekschrift, in te dienen ter griffie van de Hoge Raad.
– 5. Zodra de uitspraak bedoeld in het eerste lid in kracht van gewijsde is gegaan, doet de griffier van het gerecht dat deze uitspraak heeft gedaan daarvan onverwijld aankondiging in de *Staatscourant*.

Art. 359

Faillietverklaring

– 1. Indien de faillietverklaring van de schuldenaar tijdens de toepassing van de schuldsaneringsregeling wordt uitgesproken of indien de schuldenaar ingevolge artikel 350, vijfde lid, in staat van faillissement komt te verkeren, gelden de volgende regelen:
a. handelingen tijdens de toepassing van de schuldsaneringsregeling door de bewindvoerder verricht, blijven geldend en verbindend;
b. boedelschulden, gedurende de toepassing van de schuldsaneringsregeling ontstaan, gelden als boedelschulden in het faillissement;
c. nieuwe schulden, gedurende de toepassing van de schuldsaneringsregeling ontstaan, niet zijnde boedelschulden, gelden als in het faillissement verifieerbare schulden;
d. in de schuldsaneringsregeling ingediende vorderingen gelden als ingediend in het faillissement;
e. rentevorderingen als bedoeld in artikel 303 moeten alsnog worden ingediend.
– 2. De curator oefent de bevoegdheid uit, in artikel 297, derde lid, aan de bewindvoerder toegekend.
– 3. Het tijdstip, waarop de termijnen vermeld in de artikelen 43 en 45 aanvangen, wordt berekend met ingang van de dag van de uitspraak tot de toepassing van de schuldsaneringsregeling. (Fw art. 15*d*, 247*c*, 312 lid 2, 338 lid 6, 350 lid 5)

Art. 359a

Schakelbepaling

De artikelen 203 tot en met 205 zijn van overeenkomstige toepassing.

TIENDE AFDELING
Slotbepalingen

Art. 360

Rechtsmiddelen

Tegen de beslissingen van de rechter, ingevolge de bepalingen van deze titel gegeven, staat geen hogere voorziening open, behalve in de gevallen, waarin het tegendeel is bepaald, en behoudens de mogelijkheid van cassatie in het belang der wet.

Art. 361

Procesvertegenwoordiging

– 1. De verzoeken, te doen ingevolge de artikelen 292, eerste en derde lid, 315, eerste lid, 348, 349*a*, tweede lid, 350, eerste lid, 351, eerste lid, 355, eerste lid, en 358*a*, eerste lid, moeten door een advocaat zijn ondertekend, behalve wanneer een verzoek wordt gedaan door de bewindvoerder of, bij een verzoek ingevolge artikel 350, eerste lid, door de schuldenaar.
– 2. Verzoekschriften op de voet van artikel 33 van de in artikel 5, derde lid, genoemde verordening worden ingediend door een advocaat. (Fw art. 283)
– 3. Voor het instellen van beroep in cassatie is steeds de medewerking nodig van een advocaat bij de Hoge Raad.

Algemene slotbepaling

Art. 362

Algemene termijnenwet

– 1. De Algemene termijnenwet is niet van toepassing op de termijnen, gesteld in de artikelen 39, 40, 238, 239 en 305.

– 2. De derde titel van het eerste boek van het Wetboek van Burgerlijke Rechtsvordering is niet van toepassing op verzoeken ingevolge deze wet.

Verordening van de Raad van 29 mei 2000, PbEG L 160, betreffende insolventieprocedures, laatstelijk gewijzigd 24 juli 2008, PbEU L 213

[Inwerkingtreding: 31-05-2002]

DE RAAD VAN DE EUROPESE UNIE,

Gelet op het Verdrag tot oprichting van de Europese Gemeenschap, en met name op artikel 61, onder *c)*, en artikel 67, lid 1,

Gezien het initiatief van de Bondsrepubliek Duitsland en de Republiek Finland,

Gezien het advies van het Europees Parlement (1),

Gezien het advies van het Economisch en Sociaal Comité (2),

Overwegende hetgeen volgt:

(1) De Europese Unie heeft zich voorgenomen een ruimte van vrijheid, veiligheid en rechtvaardigheid tot stand te brengen.

(2) Voor de goede werking van de interne markt zijn efficiënte en doeltreffende grensoverschrijdende insolventieprocedures nodig. Ter verwezenlijking van dat doel dient deze verordening te worden vastgesteld. Dit doel valt onder de samenwerking in burgerlijke zaken in de zin van artikel 65 van het Verdrag.

(3) De activiteiten van ondernemingen hebben meer en meer grensoverschrijdende gevolgen en vallen daardoor in toenemende mate onder de regels van het Gemeenschapsrecht. Ook de insolventie van ondernemingen heeft gevolgen voor de goede werking van de interne markt en vergt derhalve een handeling van de Gemeenschap die dwingt tot coördinatie van de maatregelen die ten aanzien van het vermogen van een insolvente schuldenaar worden getroffen.

(4) De goede werking van de interne markt moet verhinderen dat er prikkels voor partijen bestaan om ter verbetering van hun rechtspositie geschillen of goederen van de ene lidstaat naar de andere over te brengen ('forum shopping').

(5) Deze doelstellingen kunnen in onvoldoende mate door de lidstaten worden verwezenlijkt en een handeling van de Gemeenschap is derhalve gerechtvaardigd.

(6) Op grond van het proportionaliteitsbeginsel mag deze verordening alleen voorschriften behelzen tot regeling van de rechterlijke bevoegdheid inzake de opening van een insolventieprocedure en de beslissingen die rechtstreeks uit een insolventieprocedure voortvloeien en daarmee nauw samenhangen. Voorts moet deze verordening bepalingen bevatten betreffende de erkenning van die beslissingen en betreffende het toepasselijke recht, die eveneens met het noodzakelijkheidsbeginsel stroken.

(7) Het faillissement, akkoorden en andere soortgelijke procedures zijn uitgesloten van het toepassingsgebied van het Verdrag van Brussel van 1968 betreffende de rechterlijke bevoegdheid en de tenuitvoerlegging van rechterlijke beslissingen in burgerlijke en handelszaken (3), zoals gewijzigd bij de Verdragen inzake de toetreding tot dat Verdrag (4).

(8) Met het oog op een meer efficiënte en doeltreffende afwikkeling van insolventieprocedures met grensoverschrijdende gevolgen is het noodzakelijk en aangewezen dat de bepalingen inzake rechterlijke bevoegdheid, erkenning en toepasselijk recht vervat worden in een instrument van het Gemeenschapsrecht dat verbindend is in al haar onderdelen en rechtstreeks toepasselijk is in elke lidstaat.

(9) Deze verordening moet van toepassing zijn op insolventieprocedures, ongeacht of de schuldenaar een natuurlijke dan wel een rechtspersoon, een koopman dan wel een particulier is. De onder deze verordening vallende insolventieprocedures worden opgesomd in de bijlagen. Deze verordening mag niet van toepassing zijn op verzekeringsondernemingen en kredietinstellingen, beleggingsondernemingen die diensten verrichten welke het houden van geld of effecten van derden behelzen, en instellingen voor collectieve belegging. Deze ondernemingen mogen niet onder deze verordening vallen omdat zij aan specifieke regelingen onderworpen zijn waarbij de nationale toezichthoudende autoriteiten in bepaalde opzichten over omvangrijke bevoegdheden beschikken om in te grijpen.

(10) Een insolventieprocedure hoeft niet noodzakelijkerwijs het optreden van een rechterlijke instantie te behelzen. De term 'rechter' moet in deze verordening in brede zin worden opgevat. Er dient mede onder te worden verstaan een persoon die of lichaam dat krachtens de nationale wetgeving tot opening van een insolventieprocedure bevoegd is. Om onder de toepassing van

(1) Advies uitgebracht op 2 maart 2000 (nog niet verschenen in het *Publicatieblad*).
(2) Advies uitgebracht op 26 januari 2000 (nog niet verschenen in het *Publicatieblad*).
(3) *PB* L 299 van 31.12.1972, blz. 32.
(4) *PB* L 204 van 2.8.1975, blz. 28.*PB* L 304 van 30.10.1978, blz. 1.*PB* L 388 van 31.12.1982, blz. 1.*PB* L 285 van 3.10.1989, blz. 1.*PB* C 15 van 15.1.1997, blz. 1.

deze verordening te vallen dient een procedure (die wettelijk voorgeschreven handelingen en formaliteiten impliceert) niet alleen in overeenstemming te zijn met de bepalingen van deze verordening maar ook in de lidstaat waar de insolventieprocedure wordt geopend, officieel erkend en rechtsgeldig te zijn, en bovendien een collectieve insolventieprocedure te zijn die ertoe leidt dat schuldenaars het beheer en de beschikking over hun vermogen geheel of ten dele verliezen en dat een curator wordt aangewezen.

(11) Uitgangspunt van deze verordening is dat, gezien de grote verschillen in het materieel recht van de lidstaten, de invoering van een insolventieprocedure van universele strekking in de gehele Gemeenschap niet praktisch zou zijn. De toepassing, zonder uitzonderingen, van het recht van de lidstaat waar de insolventieprocedure wordt geopend zou daardoor veelal problematisch zijn. Dit geldt bijvoorbeeld voor de zeer uiteenlopende regels inzake zekerheidsrechten die in de Gemeenschap worden aangetroffen. Ook de voorrechten die sommige schuldeisers in een insolventieprocedure genieten zijn in sommige gevallen totaal verschillend. Deze verordening dient op tweeërlei wijze met die situatie rekening te houden, door enerzijds specifieke voorschriften betreffende het toepasselijke recht te bepalen voor specifiek belangrijke rechten en rechtsverhoudingen (zoals zakelijke rechten en arbeidsverhoudingen), en anderzijds de mogelijkheid te bieden naast een hoofdinsolventieprocedure van universele strekking ook nationale procedures te openen die uitsluitend het vermogen in de lidstaat van de desbetreffende procedure betreffen.

(12) Deze verordening maakt het mogelijk de hoofdinsolventieprocedure te openen in de lidstaat waar het centrum van de voornaamste belangen van de schuldenaar is gelegen. Die procedure heeft een universele strekking en beoogt alle goederen van de schuldenaar te omvatten. Ter bescherming van de diversiteit van de belangen, maakt deze verordening het mogelijk dat parallel met de hoofdinsolventieprocedure secundaire procedures worden geopend. Een secundaire procedure kan worden geopend in de lidstaat waar de schuldenaar een vestiging heeft. De gevolgen van die secundaire procedure blijven beperkt tot de goederen van de schuldenaar die zich in de lidstaat in kwestie bevinden. Dwingende regels voor de coördinatie met de hoofdprocedure garanderen de noodzakelijke eenheid binnen de Gemeenschap.

(13) Het 'centrum van de voornaamste belangen' dient overeen te komen met de plaats waar de schuldenaar gewoonlijk het beheer over zijn belangen voert en die daardoor als zodanig voor derden herkenbaar is.

(14) Deze verordening is uitsluitend van toepassing op procedures waarbij het centrum van de voornaamste belangen van de schuldenaar in de Gemeenschap ligt.

(15) De bevoegdheidsregels van de verordening bepalen alleen de internationale bevoegdheid, wat betekent dat zij de lidstaat aanwijzen waarvan de rechter een insolventieprocedure mag openen. De territoriale bevoegdheid binnen de lidstaat in kwestie wordt bepaald volgens het nationale recht van die lidstaat.

(16) De tot opening van de hoofdinsolventieprocedure bevoegde rechter dient te worden gemachtigd om, zodra om opening van een insolventieprocedure is verzocht, voorlopige en beschermende maatregelen te gelasten. Aan de opening van de insolventieprocedure voorafgaande, alsmede daarop aansluitende conservatoire maatregelen zijn van groot belang om de doeltreffendheid van de procedure te garanderen. Deze verordening voorziet daartoe in verschillende mogelijkheden. Ten eerste moet de voor de hoofdinsolventieprocedure bevoegde rechter, ook met betrekking tot goederen die zich op het grondgebied van andere lidstaten bevinden, voorlopige beschermingsmaatregelen kunnen gelasten en ten tweede moet een vóór de opening van de hoofdinsolventieprocedure aangewezen voorlopige curator in de lidstaten waar zich een vestiging van de schuldenaar bevindt, om toepassing van de beschermende maatregelen van het recht van die lidstaten kunnen verzoeken.

(17) Voordat er een hoofdprocedure is geopend geldt het recht om een insolventieprocedure aan te vragen in de lidstaat waar de schuldenaar een vestiging heeft, uitsluitend voor plaatselijke schuldeisers en schuldeisers van de plaatselijke vestiging of voor gevallen waarin het recht van de lidstaat waar de schuldenaar het centrum van zijn voornaamste belangen heeft niet toelaat een hoofdprocedure te openen. Die beperking is ingegeven door de wens om de gevallen waarin een territoriale procedure wordt aangevraagd voordat er een hoofdprocedure is aangevraagd tot het hoogstnoodzakelijke te beperken. Zodra er een hoofdprocedure wordt geopend, wordt de territoriale procedure een secundaire procedure.

(18) Wanneer er een hoofdprocedure is geopend laat de verordening het recht om een insolventieprocedure aan te vragen in de lidstaat waar de schuldenaar een vestiging heeft, onverlet. De curator van de hoofdprocedure of eenieder die volgens het recht van die lidstaat daartoe gerechtigd is, kan een secundaire insolventieprocedure aanvragen.

(19) Een secundaire insolventieprocedure kan diverse doelen dienen, naast de bescherming van plaatselijke belangen. De boedel van de schuldenaar kan bijvoorbeeld te gecompliceerd zijn om als één geheel te worden beheerd, of de verschillen in de rechtsstelsels kunnen zo groot

zijn dat er moeilijkheden zouden rijzen bij uitbreiding van de rechtsgevolgen van het recht van de lidstaat waar de procedure wordt geopend tot de andere lidstaten waar zich goederen bevinden. Om die reden mag de curator van de hoofdprocedure een secundaire procedure aanvragen wanneer dat voor een efficiënt beheer van de boedel nodig is.

(20) De hoofdinsolventieprocedure en secundaire procedures kunnen alleen tot een efficiënte afwikkeling van de boedel bijdragen wanneer de gelijktijdige aanhangige procedures gecoördineerd worden. Een essentiële voorwaarde tot die coördinatie is een nauwe samenwerking van de diverse curatoren, in het bijzonder een nodige uitwisseling van informatie. Het overwicht van de hoofdprocedure moet verzekerd zijn doordat de curator van de hoofdprocedure in gelijktijdig aanhangige secundaire procedures kan ingrijpen, bijvoorbeeld door een herstelplan of akkoord voor te stellen of om schorsing van de afwikkeling van de boedel in de secundaire procedure te verzoeken.

(21) Elke schuldeiser die zijn gewone verblijfplaats, woonplaats of zetel heeft in de Gemeenschap, moet het recht hebben in elke in de Gemeenschap lopende insolventieprocedure zijn vorderingen op de schuldenaar in te dienen. Dit moet ook gelden voor belastingautoriteiten en socialezekerheidsinstanties. Met het oog op de gelijke behandeling van de schuldeisers moet de uitdeling van de opbrengst evenwel worden gecoördineerd. Elke schuldeiser moet kunnen behouden wat hij in het kader van een insolventieprocedure verkregen heeft, doch kan pas aan de verdeling van de boedel in een andere procedure deelnemen wanneer de schuldeisers met gelijke rang een evenredige uitkering van hun vorderingen hebben gekregen.

(22) Deze verordening moet voorzien in onmiddellijke erkenning van de beslissingen inzake de opening, het verloop en de beëindiging van een onder haar werkingssfeer vallende insolventieprocedure, alsmede van beslissingen die rechtstreeks met deze insolventieprocedure verband houden. De automatische erkenning moet dus tot gevolg hebben dat de rechtsgevolgen die de procedure heeft krachtens het recht van de lidstaat waar de procedure is geopend, worden uitgebreid tot alle andere lidstaten. De erkenning van beslissingen van de rechters van de lidstaten moet berusten op het beginsel van wederzijds vertrouwen. In dat verband moeten gronden voor niet-erkenning tot het noodzakelijke minimum worden beperkt. Ook indien de rechters van twee lidstaten zich bevoegd achten om een hoofdinsolventieprocedure te openen, moet dit conflict volgens het vertrouwensbeginsel worden opgelost. De beslissing van de rechter die de procedure het eerst heeft geopend, moet in de andere lidstaten worden erkend zonder dat deze de bevoegdheid hebben de beslissing van die rechter te toetsen.

(23) Deze verordening moet voor haar werkingssfeer uniforme conflictregels vaststellen die, voorzover zij van toepassing zijn, in de plaats treden van de nationale voorschriften op het gebied van het internationale privaatrecht. Tenzij anders is bepaald, moet het recht van de lidstaat waar de procedure is geopend van toepassing zijn (lex concursus). Deze conflictregels moeten voor zowel de hoofdprocedure als de territoriale procedures gelden. De lex concursus is bepalend voor alle rechtsgevolgen van de insolventieprocedure, zowel procedureel als materieel, ten aanzien van de betrokken rechtssubjecten en rechtsbetrekkingen. Dit recht beheerst alle voorwaarden voor het openen, het verloop en het beëindigen van de insolventieprocedure.

(24) De automatische erkenning van een insolventieprocedure, waarop in de regel het recht van de lidstaat waar de procedure is geopend van toepassing is, kan de regels doorkruisen die de rechtshandelingen in die lidstaten normaliter beheersen. Ter bescherming van het gewettigd vertrouwen en de rechtszekerheid van rechtshandelingen in andere lidstaten dan de lidstaat waarin de procedure is geopend, moet er in een aantal uitzonderingen op de algemene regel worden voorzien.

(25) Aan een bijzondere aanknoping, die afwijkt van het recht van de lidstaat waar de procedure is geopend, is met name behoefte voor zakelijke rechten, aangezien die van groot belang zijn voor het verlenen van kredieten. De vestiging, de geldigheid en de draagwijdte van zakelijke rechten moeten derhalve in de regel worden bepaald door het recht van de staat waar de zaken zich bevinden en dienen door de opening van een insolventieprocedure onverlet te worden gelaten. De houder van het zakelijk recht moet derhalve zijn recht om te handelen alsof er geen insolventieprocedure was of zijn recht van separatisme op het tot zekerheid strekkende goed kunnen blijven doen gelden. Wanneer op activa krachtens het recht van de staat waar de zaak zich bevindt zakelijke rechten rusten, terwijl de hoofdprocedure in een andere lidstaat wordt gevoerd, moet de curator in de hoofdprocedure om opening van een secundaire procedure kunnen verzoeken in het rechtsgebied waar de zakelijke rechten ontstaan, wanneer de schuldenaar daar een vestiging heeft. Wanneer geen secundaire procedure wordt geopend, moet het surplus uit de verkoopopbrengst van de activa waarop de zakelijke rechten rusten, worden betaald aan de curator in de hoofdprocedure.

(26) Indien volgens het recht van de staat waar de procedure wordt geopend, verrekening niet is toegestaan, moet een schuldeiser toch recht hebben op verrekening, wanneer deze wel is

toegestaan volgens het recht dat van toepassing is op de vordering van de insolvente schuldenaar. Aldus opgevat wordt verrekening als het ware een soort waarborg die beheerst wordt door een recht op de toepassing waarvan de betrokken schuldeiser bij het sluiten van de overeenkomst of het aangaan van de schuld kan rekenen.

(27) Ook bij betalingssystemen en financiële markten bestaat een specifieke behoefte aan bescherming. Dit geldt zowel voor de in die systemen voorkomende regelingen inzake 'closing out' en 'netting' als voor de vervreemding van effecten en de ter verzekering van deze transacties gestelde zekerheden, zoals met name geregeld in Richtlijn 98/26/EG van het Europees Parlement en de Raad van 19 mei 1998 betreffende het definitieve karakter van de afwikkeling van betalingen en effectentransacties in betalings- en afwikkelingssystemen [1]. Derhalve is alleen het recht dat op het betrokken systeem of de betrokken markt van toepassing is, voor deze transacties bepalend. Het is de bedoeling te vermijden dat veranderingen optreden in de regelingen betreffende betaling of afwikkeling van transacties in betalings- of afwikkelingssystemen of op georganiseerde financiële markten die in de lidstaten functioneren in geval van insolventie van een partij bij een transactie. Richtlijn 98/26/EG bevat specifieke voorschriften die voorrang moeten krijgen op de algemene regelingen van deze verordening.

(28) Ter bescherming van de werknemers en de arbeidsverhoudingen worden de gevolgen van de insolventieprocedure voor de voortzetting of de beëindiging van het dienstverband en de rechten en verplichtingen van elk van beide partijen uit hoofde van dat dienstverband, overeenkomstig de algemene conflictregel bepaald door het recht dat op de arbeidsovereenkomst van toepassing is. Andere vragen met betrekking tot insolventie, zoals de vraag of de vorderingen van werknemers door een voorrecht beschermd zijn, en welke rang dit voorrecht eventueel moet krijgen, moeten worden bepaald volgens het recht van de staat waar de procedure wordt geopend.

(29) In het belang van het economisch verkeer moet de wezenlijke inhoud van de beslissing tot opening van de procedure op verzoek van de curator worden bekendgemaakt in de andere lidstaten. Bekendmaking kan dwingend worden voorgeschreven wanneer zich in de betrokken lidstaat een vestiging bevindt. De bekendmaking mag in beide gevallen echter geen voorwaarde zijn voor erkenning van de buitenlandse procedure.

(30) Het kan voorkomen dat sommige betrokkenen niet van de opening van de procedure op de hoogte zijn en te goeder trouw in strijd met de nieuwe situatie handelen. Ter bescherming van dergelijke personen, die – niet op de hoogte zijnde van de opening van de procedure in het buitenland – een verbintenis ten voordele van de schuldenaar uitvoeren die zij eigenlijk voor de buitenlandse curator hadden moeten uitvoeren, moet ervoor worden gezorgd dat deze uitvoering of betaling een bevrijdend karakter heeft.

(31) Deze verordening bevat bijlagen met betrekking tot de organisatie van de insolventieprocedures. Aangezien die bijlagen uitsluitend betrekking hebben op de wetgeving van de lidstaten, bestaan er voor de Raad gemotiveerde bijzondere redenen om zich het recht voor te behouden deze bijlagen te wijzigen, teneinde rekening te houden met eventuele wijzigingen van het nationale recht van de lidstaten.

(32) Het Verenigd Koninkrijk en Ierland hebben, overeenkomstig artikel 3 van het protocol betreffende de positie van het Verenigd Koninkrijk en Ierland, gehecht aan het Verdrag betreffende de Europese Unie en het Verdrag tot oprichting van de Europese Gemeenschap, schriftelijk medegedeeld dat zij wensen deel te nemen aan de aanneming en toepassing van deze verordening.

(33) Denemarken neemt, overeenkomstig de artikelen 1 en 2 van het protocol betreffende de positie van Denemarken, bij het Verdrag van Amsterdam gehecht aan het Verdrag betreffende de Europese Unie en het Verdrag tot oprichting van de Europese Gemeenschap, niet deel aan de aanneming van deze verordening. Deze verordening is bijgevolg niet bindend voor, noch van toepassing op Denemarken,

HEEFT DE VOLGENDE VERORDENING VASTGESTELD:

HOOFDSTUK I
Algemene bepalingen

Toepassingsgebied

Art. 1

Reikwijdte

– 1. Deze verordening is van toepassing op collectieve procedures die, op de insolventie van de schuldenaar berustend, ertoe leiden dat deze schuldenaar het beheer en de beschikking over zijn vermogen geheel of ten dele verliest en dat een curator wordt aangewezen.

– 2. Deze verordening is niet van toepassing op insolventieprocedures betreffende verzeke-

(1) *PB* L 166 van 11.6.1998, blz. 45.

ringsondernemingen en kredietinstellingen, beleggingsondernemingen die diensten verrichten welke het houden van geld of effecten van derden behelzen, en instellingen voor collectieve belegging.

Definities

Art. 2

Begripsbepaling

Voor het doel van deze verordening wordt verstaan onder:

a) 'insolventieprocedure': de collectieve procedures bedoeld in artikel 1, lid 1. Deze procedures worden opgesomd in bijlage A;

b) 'curator': elke persoon of elk orgaan, belast met het beheer of de liquidatie van de goederen waarover de schuldenaar het beheer en de beschikking is verloren of met het toezicht op het beheer van diens zaken. Deze personen en organen worden opgesomd in bijlage C;

c) 'liquidatieprocedure': een insolventieprocedure als bedoeld onder *a*), die leidt tot liquidatie van de goederen van de schuldenaar, ook wanneer de procedure wordt beëindigd met een akkoord of een andere maatregel die de insolventie beëindigt, dan wel wordt beëindigd wegens ontoereikendheid van het vermogen. Deze procedures worden opgesomd in bijlage B;

d) 'rechter': de rechterlijke of elke andere bevoegde instantie van een lidstaat die bevoegd is om een insolventieprocedure te openen of tijdens die procedure beslissingen te geven;

e) 'beslissing': met betrekking tot de opening van een insolventieprocedure of het aanwijzen van een curator: de beslissing van elke rechter die bevoegd is om een dergelijke procedure te openen of een curator aan te wijzen;

f) 'tijdstip waarop de procedure is geopend': het tijdstip waarop de beslissing tot opening van een procedure rechtsgevolgen heeft, onafhankelijk van de vraag of de beslissing definitief is;

g) 'lidstaat waar zich een goed bevindt':

– met betrekking tot lichamelijke zaken: de lidstaat op het grondgebied waarvan de zaak zich bevindt;

– met betrekking tot zaken of rechten die de eigenaar of de rechthebbende in een openbaar register moet laten inschrijven: de lidstaat onder de autoriteit waarvan dat register wordt gehouden;

– met betrekking tot schuldvorderingen: de lidstaat op het grondgebied waarvan het centrum van de voornaamste belangen van de derde-schuldenaar is gelegen, als bepaald in artikel 3, lid 1;

h) 'vestiging': elke plaats van handeling waar de schuldenaar met behulp van mensen en goederen een economische activiteit uitoefent die niet van tijdelijke aard is.

Internationale bevoegdheid

Art. 3

Internationale bevoegdheid

– 1. De rechters van de lidstaat waar het centrum van de voornaamste belangen van de schuldenaar gelegen is, zijn bevoegd de insolventieprocedure te openen. Bij vennootschappen en rechtspersonen wordt, zolang het tegendeel niet is bewezen, het centrum van de voornaamste belangen vermoed de plaats van de statutaire zetel te zijn.

– 2. Wanneer het centrum van de voornaamste belangen van de schuldenaar op het grondgebied van een lidstaat gelegen is, zijn de rechters van een andere lidstaat slechts tot opening van een insolventieprocedure ten aanzien van deze schuldenaar bevoegd indien hij op het grondgebied van laatstgenoemde lidstaat een vestiging bezit. De gevolgen van deze procedure gelden alleen ten aanzien van de goederen van de schuldenaar die zich op het grondgebied van die lidstaat bevinden.

– 3. Wanneer krachtens lid 1 een insolventieprocedure wordt geopend, is iedere insolventieprocedure die vervolgens krachtens lid 2 wordt geopend een secundaire procedure. Deze procedure moet een liquidatieprocedure zijn.

– 4. De opening van een territoriale insolventieprocedure krachtens lid 2 kan slechts in de volgende gevallen aan de opening van een insolventieprocedure krachtens lid 1 voorafgaan:

a) wanneer de opening van een insolventieprocedure krachtens lid 1 niet kan worden verkregen in verband met de voorwaarden die gesteld worden in de wetgeving van de lidstaat waar het centrum van de voornaamste belangen van de schuldenaar zich bevindt;

b) wanneer de opening van de territoriale insolventieprocedure is aangevraagd door een schuldeiser die zijn woonplaats, zetel of gebruikelijke verblijfplaats heeft in de lidstaat op het grondgebied waarvan de betrokken vestiging is gelegen of wiens vordering het resultaat is van een uit de exploitatie van de vestiging voortvloeiende verplichting.

Toepasselijk recht

Art. 4

Toepasselijk recht

– 1. Tenzij deze verordening iets anders bepaalt, worden de insolventieprocedure en de gevol-

gen daarvan beheerst door het recht van de lidstaat op het grondgebied waarvan de insolventieprocedure wordt geopend, hierna te noemen 'lidstaat waar de procedure wordt geopend'.
– 2. Het recht van de lidstaat waar de procedure wordt geopend, bepaalt onder welke voorwaarden deze procedure wordt geopend, verloopt en wordt beëindigd. Het bepaalt met name:
a) welke schuldenaars op grond van hun hoedanigheid aan een insolventieprocedure kunnen worden onderworpen;
b) welk deel van het vermogen van de schuldenaar tot de boedel behoort en of de na de opening van de insolventieprocedure verkregen goederen tot deze boedel behoren;
c) welke de respectieve bevoegdheden van de schuldenaar en de curator zijn;
d) onder welke voorwaarden een verrekening kan worden tegengeworpen;
e) de gevolgen van de insolventieprocedure voor lopende overeenkomsten waarbij de schuldenaar partij is;
f) de gevolgen van de insolventieprocedure voor individuele vervolgingen met uitzondering van lopende rechtsvorderingen;
g) welke vorderingen te verhalen zijn op het vermogen van de schuldenaar en wat de gevolgen zijn ten aanzien van vorderingen die zijn ontstaan na de opening van de insolventieprocedure;
h) de regels betreffende indiening, verificatie en toelating van de vorderingen;
i) de regels betreffende de verdeling van de opbrengst van de te gelde gemaakte goederen, de rangindeling van de vorderingen, en de rechten van schuldeisers die krachtens een zakelijk recht of ingevolge verrekening gedeeltelijk zijn voldaan;
j) de voorwaarden voor en de gevolgen van de beëindiging van de insolventieprocedure, met name door een akkoord;
k) de rechten van de schuldeisers nadat de insolventieprocedure beëindigd is;
l) voor wiens rekening de kosten en uitgaven in het kader van de insolventieprocedure zijn;
m) de regels betreffende nietigheid, vernietigbaarheid of niet-tegenwerpbaarheid van de voor het geheel van schuldeisers nadelige rechtshandelingen.

Zakelijke rechten van derden

Art. 5

Zakelijke rechten van derden

– 1. De opening van de insolventieprocedure laat onverlet het zakelijk recht van een schuldeiser of van een derde op lichamelijke of onlichamelijke roerende of onroerende goederen – zowel bepaalde goederen als gehelen, met een wisselende samenstelling, van onbepaalde goederen –, die toebehoren aan de schuldenaar en die zich op het tijdstip waarop de procedure wordt geopend op het grondgebied van een andere lidstaat bevinden.
– 2. Onder rechten in de zin van lid 1 worden met name verstaan:
a) het recht een goed te gelde te maken of te laten maken en te worden voldaan uit de opbrengst van of de inkomsten uit dat goed, in het bijzonder op grond van pand of hypotheek;
b) het exclusieve recht een vordering te innen, in het bijzonder door middel van een pandrecht op de vordering of door de cessie van die vordering tot zekerheid;
c) het recht om het goed op te eisen en/of de vergoeding ervan te verlangen van eenieder die het tegen de wil van de rechthebbende in bezit of in gebruik heeft;
d) het zakelijke recht om van een goed de vruchten te trekken.
– 3. Een zakelijk recht wordt gelijkgesteld met het in een openbaar register ingeschreven recht tot verkrijging van een zakelijk recht in de zin van lid 1, dat aan derden kan worden tegengeworpen.
– 4. Lid 1 vormt geen beletsel voor het instellen van vorderingen tot nietigheid, vernietiging of niet-tegenwerpbaarheid als bedoeld in artikel 4, lid 2, onder *m*).

Verrekening

Art. 6

Verrekening

– 1. De opening van de insolventieprocedure laat het recht van een schuldeiser op verrekening van zijn vordering met de vordering van de schuldenaar onverlet wanneer die verrekening is toegestaan bij het recht dat op de vordering van de insolvente schuldenaar van toepassing is.
– 2. De in lid 1 uiteengezette regel vormt geen beletsel voor het instellen van vorderingen tot nietigheid, vernietiging of niet-tegenwerpbaarheid als bedoeld in artikel 4, lid 2, onder *m*).

Eigendomsvoorbehoud

Art. 7

Eigendomsvoorbehoud

– 1. De opening van een insolventieprocedure tegen de koper van een goed laat de op een eigendomsvoorbehoud berustende rechten van de verkoper onverlet wanneer dat goed zich op het tijdstip waarop de procedure wordt geopend, bevindt op het grondgebied van een andere lidstaat dan de lidstaat waar de procedure is geopend.
– 2. De opening van een insolventieprocedure tegen de verkoper van een goed nadat de leve-

ring van dat goed heeft plaatsgevonden, is geen grond voor ontbinding of opzegging van de verkoop en belet de koper niet de eigendom van het gekochte goed te verkrijgen wanneer dit goed zich op het tijdstip waarop de insolventieprocedure is geopend, bevindt op het grondgebied van een andere lidstaat dan de lidstaat waar de procedure is geopend.
– 3. De leden 1 en 2 vormen geen beletsel voor het instellen van vorderingen tot nietigheid, vernietiging of niet-tegenwerpbaarheid als bedoeld in artikel 4, lid 2, onder *m*).

Overeenkomsten betreffende een onroerend goed

Art. 8

De gevolgen van de insolventieprocedure voor een overeenkomst die recht geeft op de verkrijging of het gebruik van een onroerend goed, worden uitsluitend beheerst door het recht van de lidstaat op het grondgebied waarvan dit onroerend goed gelegen is.

Overeenkomsten betreffende een onroerend goed

Betalingssystemen en financiële markten

Art. 9

– 1. Onverminderd artikel 5 worden de gevolgen van de insolventieprocedure voor de rechten en verplichtingen van deelnemers aan een betalings- of afwikkelingssysteem of aan een financiële markt uitsluitend beheerst door het recht van de lidstaat dat op dat systeem of die markt van toepassing is.
– 2. Lid 1 vormt geen beletsel voor het instellen van een vordering tot nietigheid, vernietiging of niet-tegenwerpbaarheid van betalingen of verrichtingen krachtens het recht dat op het desbetreffende betalingssysteem of de desbetreffende financiële markt van toepassing is.

Betalingssystemen en financiële markten

Arbeidsovereenkomsten

Art. 10 De gevolgen van de insolventieprocedure voor arbeidsovereenkomsten en arbeidsbetrekkingen worden uitsluitend beheerst door het recht van de lidstaat dat op de arbeidsovereenkomst van toepassing is.

Arbeidsovereenkomsten

Gevolgen voor aan registratie onderworpen rechten

Art. 11

De gevolgen van de insolventieprocedure voor de rechten van de schuldenaar op onroerend goed, een schip of een luchtvaartuig dat aan inschrijving in een openbaar register onderworpen is, worden beheerst door het recht van de lidstaat onder het gezag waarvan het register wordt gehouden.

Gevolgen voor aan registratie onderworpen rechten

Gemeenschapsoctrooien en -merken

Art. 12

Gemeenschapsoctrooien, Gemeenschapsmerken of soortgelijke bij communautaire bepalingen vastgelegde rechten kunnen uit hoofde van deze verordening slechts in de procedure bedoeld in artikel 3, lid 1, worden ingebracht.

Gemeenschapsoctrooien en -merken

Nadelige handeling

Art. 13

Artikel 4, lid 2, onder *m*), is niet van toepassing indien degene die voordeel heeft gehad bij een voor het geheel van schuldeisers nadelige handeling bewijst:
– dat deze handeling onderworpen is aan het recht van een andere lidstaat dan de lidstaat waar de procedure is geopend, en
– dat dat recht in het gegeven geval niet voorziet in de mogelijkheid om die handeling te bestrijden.

Nadelige handeling

Bescherming van de derde-verkrijger

Art. 14

Indien de schuldenaar door een na de opening van de insolventieprocedure verrichte handeling onder bezwarende titel beschikt over:
– een onroerend goed,
– een schip of een luchtvaartuig dat aan inschrijving in een openbaar register onderworpen is, of
– effecten waarvan het bestaan inschrijving in een wettelijk voorgeschreven register veronderstelt,
wordt de rechtsgeldigheid van die handeling beheerst door het recht van de lidstaat op het grondgebied waarvan dit onroerend goed zich bevindt of onder het gezag waarvan dit register wordt gehouden.

Bescherming van de derde-verkrijger

Gevolgen van de insolventieprocedure voor lopende rechtsvorderingen

Art. 15

Gevolgen van de insolventieprocedure voor lopende rechtsvorderingen

De gevolgen van de insolventieprocedure voor een lopende rechtsvordering betreffende een goed of recht waarover de schuldenaar het beheer en de beschikking heeft verloren, worden uitsluitend beheerst door het recht van de lidstaat waar deze rechtsvordering aanhangig is.

HOOFDSTUK II

Erkenning van de insolventieprocedure

Beginsel

Art. 16

Beginsel

– 1. Elke beslissing tot opening van een insolventieprocedure, genomen door een krachtens artikel 3 bevoegde rechter van een lidstaat, wordt erkend in alle andere lidstaten zodra de beslissing rechtsgevolgen heeft in de lidstaat waar de procedure is geopend.

Deze regel geldt ook wanneer de schuldenaar op grond van zijn hoedanigheid in de andere lidstaten niet aan een insolventieprocedure onderworpen kan worden.

– 2. De erkenning van een procedure als bedoeld in artikel 3, lid 1, belet niet dat door een rechter van een andere lidstaat een procedure als bedoeld in artikel 3, lid 2, wordt geopend. Deze andere procedure is een secundaire insolventieprocedure in de zin van hoofdstuk III.

Gevolgen van de erkenning

Art. 17

Gevolgen van de erkenning

– 1. De opening van een procedure als bedoeld in artikel 3, lid 1, heeft, zonder enkele verdere formaliteit, in de andere lidstaten de gevolgen die daaraan worden verbonden bij het recht van de lidstaat waar de procedure is geopend, tenzij deze verordening anders bepaalt, en zolang in die andere lidstaten geen procedure als bedoeld in artikel 3, lid 2, is geopend.

– 2. De gevolgen van een procedure als bedoeld in artikel 3, lid 2, kunnen niet in de andere lidstaten worden betwist. Beperkingen van de rechten van de schuldeisers, in het bijzonder een uitstel van de betalingen of een uit die procedure voortvloeiende schuldkwijtschelding, kunnen met betrekking tot zich op het grondgebied van een andere lidstaat bevindende goederen alleen worden tegengeworpen aan schuldeisers die hun instemming hebben betuigd.

Bevoegdheden van de curator

Art. 18

Bevoegdheden van de curator

– 1. De curator die is aangewezen door een krachtens artikel 3, lid 1, bevoegde rechter kan in een andere lidstaat alle bevoegdheden uitoefenen die hem zijn verleend door het recht van de lidstaat waar de procedure is geopend, zolang in die andere lidstaat geen andere insolventieprocedure is geopend, of geen tegenstrijdige conservatoire maatregel na een verzoek tot opening van een insolventieprocedure in die lidstaat is getroffen. Hij mag met name de goederen van de schuldenaar verwijderen uit het grondgebied van de lidstaat waar zij zich bevinden, met inachtneming van de artikelen 5 en 7.

– 2. De curator die is aangewezen door een krachtens artikel 3, lid 2, bevoegde rechter kan in een andere lidstaat in en buiten rechte aanvoeren dat een roerend goed na de opening van de insolventieprocedure van het grondgebied van de lidstaat waar de procedure is geopend, is overgebracht naar het grondgebied van die andere lidstaat. Hij kan ook elk rechtsmiddel aanwenden dat de belangen van de schuldeisers dient.

– 3. Bij de uitoefening van zijn bevoegdheden moet de curator het recht van de lidstaat op het grondgebied waarvan hij wil optreden, eerbiedigen, in het bijzonder de voorschriften inzake het te gelde maken van de goederen. Deze bevoegdheden mogen niet de aanwending van dwangmiddelen, noch het recht om uitspraak te doen in gedingen of geschillen behelzen.

Bewijs van de aanwijzing van de curator

Art. 19

Bewijs van de aanwijzing van de curator

De aanwijzing van de curator wordt vastgesteld door overlegging van een voor eensluidend gewaarmerkt afschrift van het aanwijzingsbesluit of van ieder ander door de bevoegde rechter opgesteld attest.

Er kan een vertaling worden verlangd in de officiële taal of een van de officiële talen van de lidstaat op het grondgebied waarvan de curator wil optreden. Een legalisatie of andere soortgelijke formaliteit kan niet worden verlangd.

Teruggave en aanrekening

Art. 20

Teruggave en aanrekening

– 1. De schuldeiser die, nadat een procedure als bedoeld in artikel 3, lid 1, is geopend, door

ongeacht welk middel, met name door executiemaatregelen, geheel of gedeeltelijk wordt voldaan uit goederen van de schuldenaar die zich op het grondgebied van een andere lidstaat bevinden, moet hetgeen hij heeft verkregen aan de curator restitueren, onder voorbehoud van het bepaalde in de artikelen 5 en 7.
– 2. Ter verzekering van een gelijke behandeling van de schuldeisers neemt de schuldeiser die in een insolventieprocedure een uitkering op zijn vordering heeft ontvangen, pas aan uitdelingen in een andere procedure deel wanneer de schuldeisers van dezelfde rang of dezelfde categorie in die andere procedure een gelijkwaardige uitkering hebben ontvangen.

Openbaarmaking

Art. 21

Openbaarmaking

– 1. De curator kan verzoeken dat de hoofdzaken van de beslissing tot opening van de insolventieprocedure en, in voorkomend geval, van de beslissing inzake de aanwijzing van de curator in elke andere lidstaat openbaar worden gemaakt volgens de in die lidstaat geldende openbaarmakingsregels; in de openbaarmakingsmaatregelen wordt tevens de aangewezen curator vermeld alsmede de bevoegdheidsregel die van toepassing is krachtens artikel 3, lid 1, dan wel artikel 3, lid 2.
– 2. Iedere lidstaat op het grondgebied waarvan de schuldenaar een vestiging heeft, kan evenwel openbaarmaking verplicht stellen. In voorkomend geval neemt de curator of de daartoe in de lidstaat waar de procedure als bedoeld in artikel 3, lid 1, is geopend bevoegde autoriteit de nodige maatregelen om openbaarmaking te verzekeren.

Inschrijving in een openbaar register

Art. 22

Inschrijving in een openbaar register

– 1. De curator kan verzoeken dat de beslissing tot opening van een procedure als bedoeld in artikel 3, lid 1, wordt ingeschreven in het kadaster, het handelsregister en enig ander openbaar register dat in de andere lidstaten wordt gehouden.
– 2. Iedere lidstaat kan evenwel de inschrijving verplicht stellen. In voorkomend geval neemt de curator of de daartoe in de lidstaat waar de procedure als bedoeld in artikel 3, lid 1, is geopend, bevoegde autoriteit de nodige maatregelen om inschrijving te verzekeren.

Kosten

Art. 23

Kosten

De kosten voor de in de artikelen 21 en 22 bedoelde maatregelen inzake openbaarmaking en inschrijving worden als kosten en uitgaven van de procedure beschouwd.

Uitvoering ten voordele van de schuldenaar

Art. 24

Uitvoering ten voordele van de schuldenaar

– 1. Degene die in een lidstaat een verbintenis uitvoert ten voordelen van de schuldenaar die is onderworpen aan een in een andere lidstaat geopende insolventieprocedure terwijl hij die verbintenis had moeten uitvoeren voor de curator van die procedure, wordt bevrijd indien hij niet van de opening van de procedure op de hoogte was
– 2. Degene die deze verbintenis heeft uitgevoerd vóór de in artikel 21 bedoelde openbaarmakingsmaatregelen wordt, totdat het tegendeel is bewezen, vermoed niet van de opening van de insolventieprocedure op de hoogte te zijn geweest; degene die deze verbintenis heeft uitgevoerd na de in artikel 21 bedoelde openbaarmakingsmaatregelen wordt, totdat het tegendeel is bewezen, geacht van de opening van de procedure op de hoogte te zijn geweest.

Erkenning en executoir karakter van andere beslissingen

Art. 25

Erkenning en executoir karakter van andere beslissingen

– 1. De inzake het verloop en de beëindiging van een insolventieprocedure gegeven beslissingen van een rechter wiens beslissing tot opening van de procedure krachtens artikel 16 is erkend, alsmede een door die rechter bevestigd akkoord, worden eveneens zonder verdere formaliteiten erkend. Die beslissingen worden ten uitvoer gelegd overeenkomstig de artikelen 31 tot en met 51 (met uitzondering van artikel 34, lid 2), van het Verdrag van Brussel betreffende de rechterlijke bevoegdheid en de tenuitvoerlegging van beslissingen in burgerlijke en handelszaken, als gewijzigd bij de Verdragen inzake de toetreding tot dat Verdrag.
De eerste alinea geldt eveneens voor beslissingen die rechtstreeks voortvloeien uit de insolventieprocedure en daar nauw op aansluiten, zelfs indien die beslissingen door een andere rechter worden gegeven.
De eerste alinea geldt eveneens voor beslissingen betreffende na het verzoek tot opening van een insolventieprocedure genomen conservatoire maatregelen.

– 2. De erkenning en de tenuitvoerlegging van andere beslissingen dan die bedoeld in lid 1 worden beheerst door het in lid 1 bedoelde Verdrag voorzover dat Verdrag van toepassing is.
– 3. De lidstaten zijn niet gehouden een in lid 1 bedoelde beslissing te erkennen of ten uitvoer te leggen als die tot een beperking van de persoonlijke vrijheid of van het postgeheim leidt.

Openbare orde

Openbare orde

Art. 26 (1)

Iedere lidstaat kan weigeren een in een andere lidstaat geopende insolventieprocedure te erkennen of een in het kader van een dergelijke procedure gegeven beslissing ten uitvoer te leggen indien uit die erkenning of tenuitvoerlegging gevolgen zouden voortvloeien die kennelijk in strijd zijn met de openbare orde van die lidstaat, in het bijzonder met de grondbeginselen daarvan of met de grondwettelijk beschermde rechten en individuele vrijheden.

HOOFDSTUK III
Secundaire insolventieprocedures

Opening

Opening

Art. 27

Indien een procedure als bedoeld in artikel 3, lid 1, wordt geopend door een rechter van een lidstaat en in een andere lidstaat wordt erkend (hoofdprocedure) kan in die andere lidstaat, indien een rechter van die lidstaat krachtens artikel 3, lid 2, bevoegd zou zijn, een secundaire insolventieprocedure worden geopend, zonder dat de insolventie van de schuldenaar in die andere lidstaat behandeld hoeft te worden. Deze procedure moet een van de in bijlage B genoemde procedures zijn. De gevolgen van die procedure gelden alleen ten aanzien van de goederen van de schuldenaar die zich op het grondgebied van die andere lidstaat bevinden.

Toepasselijk recht

Toepasselijk recht

Art. 28

Tenzij deze verordening iets anders bepaalt, wordt de secundaire procedure beheerst door het recht van de lidstaat op het grondgebied waarvan de secundaire procedure is geopend.

Recht om de procedure aan te vragen

Recht om de procedure aan te vragen

Art. 29

Een secundaire procedure kan worden aangevraagd door:
a) de curator van de hoofdprocedure;
b) elke andere persoon of autoriteit die krachtens het recht van de lidstaat op het grondgebied waarvan de secundaire procedure wordt aangevraagd, bevoegd is om een insolventieprocedure aan te vragen.

Voorschot op de kosten en uitgaven

Voorschot op de kosten en uitgaven

Art. 30

Wanneer het recht van de lidstaat waar een secundaire procedure aangevraagd is, voorschrijft dat de boedel van de schuldenaar toereikend moet zijn om de kosten en uitgaven van de procedure geheel of gedeeltelijk te dekken, kan de aangezochte rechter van de aanvrager een voorschot op de kosten of een passende zekerheidstelling verlangen.

Samenwerkings- en kennisgevingsplicht

Samenwerkings- en kennisgevingsplicht

Art. 31

– 1. Onverminderd de regels die de mededeling van inlichtingen beperken, geldt voor de curator van de hoofdprocedure en de curatoren van de secundaire procedures een wederzijdse kennisgevingsplicht. Zij moeten onverwijld kennis geven van al hetgeen voor de andere procedure van nut kan zijn, met name de stand van de indiening en de verificatie van de vorderingen en de maatregelen tot beëindiging van de procedure.
– 2. Onverminderd de regels die op elk van deze procedures van toepassing zijn, geldt voor de curator van de hoofdprocedure en de curatoren van de secundaire procedures een wederzijdse samenwerkingsplicht.
– 3. De curator van een secundaire procedure moet de curator van de hoofdprocedure tijdig de gelegenheid bieden voorstellen in te dienen om de boedel van de secundaire procedure te liquideren of op enigerlei wijze te gebruiken.

(1) Zie de verklaring van Portugal betreffende de toepassing van artikel 26 en artikel 37 (*PB* C 183 van 30.6.2000, blz. 1).

Uitoefening van de rechten van de schuldeisers

Art. 32

Uitoefening van de rechten van de schuldeisers

– 1. Iedere schuldeiser kan zijn vordering indienen in de hoofdprocedure en in elke secundaire procedure.

– 2. De curatoren van de hoofdprocedure en van een secundaire procedure dienen in een andere procedure de vorderingen in die reeds zijn ingediend in de procedure waarvoor zij aangewezen zijn, voorzover zulks dienstig is voor de schuldeisers wier belangen zij behartigen en onverminderd het recht van laatstgenoemden om zich daartegen te verzetten of hun ingediende vorderingen in te trekken, wanneer het van toepassing zijnde recht in die mogelijkheid voorziet.

– 3. De curator van een hoofdprocedure of een secundaire procedure kan met dezelfde rechten als alle andere schuldeisers aan een andere procedure deelnemen, met name door deel te nemen aan een vergadering van schuldeisers.

Schorsing van de liquidatie

Art. 33

Schorsing van de liquidatie

– 1. De rechter die de secundaire procedure heeft geopend, schorst de liquidatieverrichtingen geheel of ten dele op verzoek van de curator van de hoofdprocedure, onverminderd de mogelijkheid om in dat geval van de curator van de hoofdprocedure alle passende maatregelen te verlangen ter waarborging van de belangen van de schuldeisers van de secundaire procedure en van bepaalde groepen schuldeisers. Het verzoek van de curator van de hoofdprocedure kan alleen worden afgewezen indien het kennelijk niet in het belang is van de schuldeisers van de hoofdprocedure. De schorsing van de liquidatie kan worden bevolen voor een periode van ten hoogste drie maanden; zij kan worden verlengd of vernieuwd voor perioden van dezelfde duur.

– 2. De in lid 1 bedoelde rechter heft de schorsing van de liquidatieverrichtingen op:

– wanneer de curator van de hoofdprocedure daarom verzoekt;

– ambtshalve, op verzoek van een schuldeiser of op verzoek van de curator van de secundaire procedure, indien de schorsing niet meer gerechtvaardigd lijkt, met name door het belang van de schuldeisers van de hoofdprocedure of van de secundaire procedure.

Maatregelen waarmee de insolventieprocedure wordt beëindigd

Art. 34

Maatregelen waarmee de insolventieprocedure wordt beëindigd

– 1. Wanneer het recht dat van toepassing is op de secundaire procedure voorziet in de mogelijkheid deze procedure zonder liquidatie te beëindigen door middel van een herstelplan, een akkoord of een vergelijkbare maatregel, kan een dergelijke maatregel door de curator van de hoofdprocedure zelf worden voorgesteld.

De beëindiging van de secundaire procedure door middel van een maatregel als bedoeld in de eerste alinea, wordt pas definitief met de instemming van de curator van de hoofdprocedure of, bij ontstentenis van diens instemming, wanneer de voorgestelde maatregel de financiële belangen van de schuldeisers van de hoofdprocedure niet aantast.

– 2. Iedere beperking van de rechten van de schuldeisers, zoals uitstel van betaling of schuldkwijtschelding, die voortvloeit uit een in een secundaire procedure voorgestelde maatregel als bedoeld in lid 1, kan voor goederen van de schuldenaar waarop deze procedure geen betrekking heeft slechts gevolgen hebben wanneer alle belanghebbende schuldeisers daarmee instemmen.

– 3. Tijdens de krachtens artikel 33 bevolen schorsing van de liquidatieverrichtingen kan slechts de curator van de hoofdprocedure, of de schuldenaar, met diens instemming, in de secundaire procedure maatregelen als bedoeld in lid 1 voorstellen; geen enkel ander voorstel voor een dergelijke maatregel wordt in stemming gebracht of goedgekeurd.

Saldo van de secundaire procedure

Art. 35

Saldo van de secundaire procedure

Indien de liquidatie van de boedel van de secundaire procedure de mogelijkheid biedt alle in die procedure toegelaten vorderingen uit te keren, draagt de in die procedure aangewezen curator het saldo onverwijld over aan de curator van de hoofdprocedure.

Later geopende hoofdprocedure

Art. 36

Later geopende hoofdprocedure

Indien een procedure als bedoeld in artikel 3, lid 1, wordt geopend nadat in een andere lidstaat een procedure als bedoeld in artikel 3, lid 2, is geopend, zijn de artikelen 31 tot en met 35 van toepassing op de eerst geopende insolventieprocedure, voorzover de stand van die procedure zulks mogelijk maakt.

Omzetting van de eerder geopende procedure

Art. 37 [1]

Omzetting van de eerder geopende procedure

De curator van de hoofdprocedure kan verzoeken een in bijlage A vermelde procedure die reeds eerder in een andere lidstaat is geopend, in een liquidatieprocedure om te zetten, indien deze omzetting nuttig blijkt voor de belangen van de schuldeisers van de hoofdprocedure. De krachtens artikel 3, lid 2, bevoegde rechter geeft het bevel tot de omzetting in een van de in bijlage B vermelde procedures.

Conservatoire maatregelen

Art. 38

Conservatoire maatregelen

Wanneer door de krachtens artikel 3, lid 1, bevoegde rechter van een lidstaat een voorlopige curator is aangewezen ter verzekering van de bewaring van de goederen van de schuldenaar, is die voorlopige curator gerechtigd om ten aanzien van de goederen van de schuldenaar die zich in een andere lidstaat bevinden om elke in het recht van laatstgenoemde lidstaat opgenomen conservatoire en beschermende maatregel te verzoeken voor de periode tussen de aanvraag van een insolventieprocedure en de beslissing tot opening van die procedure.

HOOFDSTUK IV

Kennisgeving aan de schuldeisers en indiening van hun vorderingen

Recht om vorderingen in te dienen

Art. 39

Recht om vorderingen in te dienen

Elke schuldeiser die zijn gewone verblijfplaats, woonplaats of zetel heeft in een andere lidstaat dan de lidstaat waar de procedure is geopend, met inbegrip van de belastingautoriteiten en de socialezekerheidsinstellingen van de lidstaten, heeft het recht zijn vorderingen in de insolventieprocedure schriftelijk in te dienen.

Verplichte kennisgeving aan de schuldeisers

Art. 40

Verplichte kennisgeving aan de schuldeisers

– 1. Zodra in een lidstaat een insolventieprocedure wordt geopend, stelt de in deze lidstaat bevoegde rechter of de door die rechter aangewezen curator de bekende schuldeisers die hun gewone verblijfplaats, woonplaats of zetel in een andere lidstaat hebben, daarvan onverwijld in kennis.

– 2. Deze kennisgeving, die geschiedt door individuele toezending van een bericht, betreft met name de in acht te nemen termijnen, de sancties ten aanzien van die termijnen, het orgaan of de instantie waarbij de vorderingen moeten worden ingediend en de andere voorgeschreven maatregelen. Het bericht vermeldt ook of schuldeisers met een bevoorrechte vordering of een zakelijk zekerheidsrecht hun vorderingen moeten indienen.

Inhoud van de indiening van een vordering

Art. 41

Inhoud van de indiening van een vordering

De schuldeiser zendt een afschrift van bewijsstukken, indien die bestaan, en doet opgave van aard, datum van ontstaan en bedrag van de vordering; hij geeft tevens aan of hij voor de vordering aanspraak maakt op een voorrecht, een zakelijk zekerheidsrecht of een eigendomsvoorbehoud, en op welke goederen zijn zekerheid betrekking heeft.

Talen

Art. 42

Talen

– 1. De in artikel 40 bedoelde kennisgeving geschiedt in de officiële taal of een van de officiële talen van de lidstaat waar de procedure is geopend. Hiertoe wordt gebruikgemaakt van een formulier dat in alle officiële talen van de instellingen van de Europese Unie het opschrift draagt: 'Oproep tot indiening van schuldvorderingen. In acht te nemen termijnen'.

– 2. Elke schuldeiser die zijn gewone verblijfplaats, woonplaats of zetel heeft in een andere lidstaat dan de lidstaat waar de procedure is geopend, kan zijn vordering indienen in de officiële taal of een van de officiële talen van die andere lidstaat. In dat geval moet de verklaring van indiening van een vordering echter in de officiële taal of een van de officiële talen van de lidstaat waar de procedure is geopend het opschrift dragen: 'Indiening van een schuldvordering'. Van hem kan bovendien een vertaling in de officiële taal of een van de officiële talen van de lidstaat waar de procedure is geopend, worden verlangd.

(1) Zie de verklaring van Portugal betreffende de toepassing van artikel 26 en artikel 37 (*PB* C 183 van 30.6.2000, blz. 1).

HOOFDSTUK V
Overgangs- en slotbepalingen

Toepassing in de tijd

Art. 43

Toepassing in de tijd

Deze verordening is slechts van toepassing op insolventieprocedures die na de inwerkingtreding ervan zijn geopend. Op de rechtshandelingen die de schuldenaar vóór de inwerkingtreding ervan heeft verricht, blijft het recht van toepassing dat gold op het tijdstip dat zij werden verricht.

Verhouding tot verdragen

Art. 44

Verhouding tot verdragen

– 1. Na haar inwerkingtreding treedt deze verordening, wat haar toepassingsgebied betreft, in de betrekkingen tussen de lidstaten in de plaats van de tussen twee of meer lidstaten gesloten verdragen, met name van:

a) de Overeenkomst tussen België en Frankrijk betreffende de rechterlijke bevoegdheid, het gezag en de tenuitvoerlegging van rechterlijke beslissingen, van scheidsrechterlijke uitspraken en van authentieke akten, gesloten te Parijs op 8 juli 1899;

b) het Verdrag inzake faillissement, akkoord en uitstel van betaling tussen België en Oostenrijk, getekend te Brussel op 16 juli 1969 (met aanvullend protocol van 13 juni 1973);

c) het Verdrag tussen Nederland en België betreffende de territoriale rechterlijke bevoegdheid, betreffende het faillissement en betreffende het gezag en de tenuitvoerlegging van rechterlijke beslissingen, van scheidsrechterlijke uitspraken en van authentieke akten, gesloten te Brussel op 28 maart 1925;

d) het Verdrag tussen Duitsland en Oostenrijk inzake faillissement en akkoord, gesloten te Wenen op 25 mei 1979;

e) het Frans-Oostenrijkse Verdrag betreffende de rechterlijke bevoegdheid, de erkenning en de tenuitvoerlegging van beslissingen op het gebied van het faillissement, gesloten te Wenen op 27 februari 1979;

f) het Verdrag tussen Frankrijk en Italië betreffende de tenuitvoerlegging van vonnissen in burgerlijke en handelszaken, gesloten te Rome op 3 juni 1930;

g) het Verdrag tussen Italië en Oostenrijk inzake faillissement en akkoord, gesloten te Rome op 12 juli 1977;

h) het Verdrag tussen het Koninkrijk der Nederlanden en de Bondsrepubliek Duitsland betreffende de wederzijdse erkenning en tenuitvoerlegging van rechterlijke beslissingen en andere executoriale titels in burgerlijke zaken, gesloten te 's-Gravenhage op 30 augustus 1962;

i) de Overeenkomst tussen het Verenigd Koninkrijk en België betreffende de wederzijdse tenuitvoerlegging van vonnissen in burgerlijke en handelszaken, met protocol, ondertekend te Brussel op 2 mei 1934;

j) de Overeenkomst tussen Denemarken, Finland, Noorwegen, Zweden en IJsland, betreffende het faillissement, gesloten te Kopenhagen op 7 november 1933;

k) het Europees Verdrag betreffende bepaalde internationale aspecten van het faillissement, ondertekend te Istanboel op 5 juni 1990.

l) de Overeenkomst tussen de Federatieve Volksrepubliek Joegoslavië en het Koninkrijk Griekenland inzake de wederzijdse erkenning en tenuitvoerlegging van beslissingen, ondertekend te Athene op 18 juni 1959;

m) de Overeenkomst tussen de Federatieve Volksrepubliek Joegoslavië en de Republiek Oostenrijk inzake de wederzijdse erkenning en tenuitvoerlegging van scheidsrechterlijke uitspraken en regelingen in het kader van arbitrage in handelszaken, ondertekend te Belgrado op 18 maart 1960;

n) de Overeenkomst tussen de Federatieve Volksrepubliek Joegoslavië en de Republiek Italië inzake wederzijdse rechtshulp in burgerlijke en bestuurlijke zaken, ondertekend te Rome op 3 december 1960;

o) de Overeenkomst tussen de Federatieve Volksrepubliek Joegoslavië en het Koninkrijk België inzake wederzijdse rechtshulp in burgerlijke en handelszaken, ondertekend te Belgrado op 24 september 1971;

p) de Overeenkomst tussen de Regeringen van Joegoslavië en Frankrijk inzake de erkenning en tenuitvoerlegging van beslissingen in burgerlijke en handelszaken, ondertekend te Parijs op 18 mei 1971;

q) het Verdrag tussen de Tsjechoslowaakse Socialistische Republiek en de Helleense Republiek inzake rechtshulp in burgerlijke en strafzaken, ondertekend te Athene op 22 oktober 1980, dat nog van kracht is tussen Tsjechië en Griekenland;

r) het Verdrag tussen de Tsjechoslowaakse Socialistische Republiek en de Republiek Cyprus

inzake rechtshulp in burgerlijke en strafzaken, ondertekend te Nicosia op 23 april 1982, dat nog van kracht is tussen Tsjechië en Cyprus;
s) het Verdrag tussen de Regering van de Tsjechoslowaakse Socialistische Republiek en de Regering van de Franse Republiek inzake rechtshulp en de erkenning en tenuitvoerlegging van vonnissen in burgerlijke, gezins- en handelszaken, ondertekend te Parijs op 10 mei 1984, dat nog van kracht is tussen Tsjechië en Frankrijk;
t) het Verdrag tussen de Tsjechoslowaakse Socialistische Republiek en de Italiaanse Republiek inzake rechtshulp in burgerlijke en strafzaken, ondertekend te Praag op 6 december 1985, dat nog van kracht is tussen Tsjechië en Italië;
u) de Overeenkomst tussen de Republiek Letland, de Republiek Estland en de Republiek Litouwen inzake rechtshulp en rechtsbetrekkingen, ondertekend te Tallinn op 11 november 1992;
v) de Overeenkomst tussen Estland en Polen inzake rechtshulp en rechtsbetrekkingen in burgerlijke, arbeids- en strafrechtzaken, ondertekend te Tallinn op 27 november 1998;
w) de Overeenkomst tussen de Republiek Litouwen en de Republiek Polen inzake rechtshulp en rechtsbetrekkingen in burgerlijke, arbeids- en strafrechtzaken, ondertekend te Warschau op 26 januari 1993.
x) de Overeenkomst tussen de Socialistische Republiek Roemenië en de Helleense Republiek inzake rechtshulp in burgerlijke en strafzaken en bijbehorend protocol, ondertekend te Boekarest op 19 oktober 1972;
y) de Overeenkomst tussen de Socialistische Republiek Roemenië en de Franse Republiek inzake rechtshulp in burgerlijke en handelszaken, ondertekend te Parijs op 5 november 1974;
z) de Overeenkomst tussen de Volksrepubliek Bulgarije en de Helleense Republiek inzake rechtshulp in burgerlijke en strafzaken, ondertekend te Athene op 10 april 1976;
aa) de Overeenkomst tussen de Volksrepubliek Bulgarije en de Republiek Cyprus inzake rechtshulp in burgerlijke en strafzaken, ondertekend te Nicosia op 29 april 1983;
ab) de Overeenkomst tussen de Regering van de Volksrepubliek Bulgarije en de Regering van de Franse Republiek inzake wederzijdse rechtshulp in burgerlijke zaken, ondertekend te Sofia op 18 januari 1989;
ac) het Verdrag tussen Roemenië en de Tsjechische Republiek inzake rechtshulp in burgerlijke zaken, ondertekend te Boekarest op 11 juli 1994;
ad) het Verdrag tussen Roemenië en Polen inzake rechtshulp en rechtsbetrekkingen in burgerlijke zaken, ondertekend te Boekarest op 15 mei 1999
– 2. De in lid 1 genoemde verdragen blijven rechtsgeldig voorzover zij betrekking hebben op procedures die vóór de inwerkingtreding van deze verordening zijn geopend.
– 3. Deze verordening is niet van toepassing:
a) in de lidstaten, voorzover zij in strijd is met verplichtingen die met betrekking tot een faillissement ontstaan uit een verdrag dat de betrokken lidstaat vóór de inwerkingtreding van deze verordening met een of meer derde staten heeft gesloten;
b) in het Verenigd Koninkrijk van Groot-Brittannië en Noord-Ierland, voorzover zij in strijd is met verplichtingen die in verband met faillissement ontstaan uit enigerlei regelingen met het Gemenebest die bij de inwerkingtreding van deze verordening bestaan.

Wijziging van de bijlagen

Art. 45

Wijziging van de bijlagen

De Raad kan, met gekwalificeerde meerderheid, op initiatief van een van zijn leden of op voorstel van de Commissie, de bijlagen wijzigen.

Verslaggeving

Art. 46

Verslaggeving

Uiterlijk op 1 juni 2012 en daarna om de vijf jaar dient de Commissie bij het Europees Parlement, de Raad en het Economisch en Sociaal Comité een verslag in over de toepassing van deze verordening. Het verslag gaat zo nodig vergezeld van voorstellen tot wijziging van deze verordening.

Inwerkingtreding

Art. 47

Inwerkingtreding

Deze verordening treedt in werking op 31 mei 2002.

BIJLAGE A

Insolventieprocedures bedoeld in artikel 2, onder a)
BELGIË/BELGIQUE
– Het faillissement/La faillite

- Het gerechtelijk akkoord/Le concordat judiciaire
- De collectieve schuldenregeling/Le règlement collectif de dettes
- De vrijwillige vereffening/La liquidation volontaire
- De gerechtelijke vereffening/La liquidation judiciaire
- De voorlopige ontneming van beheer, bepaald in artikel 8 van de faillissementswet/Le dessaisissement provisoire, visé à l'article 8 de la loi sur les faillites

БЪЛГАРИЯ
- Производство по несъстоятелност

ČESKÁ REPUBLIKA
- Konkurz
- Reorganizace
- Oddlužení

DEUTSCHLAND
- Das Konkursverfahren
- Das gerichtliche Vergleichsverfahren
- Das Gesamtvollstreckungsverfahren
- Das Insolvenzverfahren

EESTI
- Pankrotimenetlus

ΕΛΛΑΔΑ
- Η πτώψευση
- Η ειδική εκκαφΐριση
- Η προσςρινή διαψεΰριση εταιρεΰαω. Η διοΰκηση και διαψεΰριση τςν πιστςτών
- Η υπαγςγή επιψεΰρησηω υπΐ επΰτροπο με σκοπΐ τη σηναθη συμβιβασμοη με τουω πιστςτΰω

ESPAÑA
- Concurso

FRANCE
- Sauvegarde
- Redressement judiciaire
- Liquidation judiciaire

IRELAND
- Compulsory winding-up by the court
- Bankruptcy
- The administration in bankruptcy of the estate of persons dying insolvent
- Winding-up in bankruptcy of partnerships
- Creditors' voluntary winding-up (with confirmation of a court)
- Arrangements under the control of the court which involve the vesting of all or part of the property of the debtor in the official assignee for realisation and distribution
- Company examinership

ITALIA
- Fallimento
- Concordato preventivo
- Liquidazione coatta amministrativa
- Amministrazione straordinaria

ΚΥΠΡΟΣ
- Υποψρεςτική εκκαφΐριση απΐ το Δικαστήριο
- Εκοησια εκκαφΐριση απΐ πιστςτΰω κατΐπιν Δικαστικοη Διατΐγματοω
- Εκοησια εκκαφΐριση απΐ μΰλη
- Εκκαφΐριση με την εποπτεΰα του Δικαστηρΰου
- Πτώψευση κατΐπιν Δικαστικοη Διατΐγματοω
- Διαψεΰριση τηω περιουσΰαω προσώπςν που απεβΰςσαν αφερΰγγυα

LATVIJA
- Tiesiskās aizsardzības process
- Sanācija juridiskās personas maksātnespējas procesā
- Izlīgums juridiskās personas maksātnespējas procesā
- Izlīgums fiziskās personas maksātnespējas procesā
- Bankrota procedūra juridiskās personas maksātnespējas procesā
- Bankrota procedūra fiziskās personas maksātnespējas procesā

LIETUVA
- įmonės restruktūrizavimo byla
- įmonės bankroto byla
- įmonės bankroto procesas ne teismo tvarka

LUXEMBOURG
– Faillite
– Gestion contrôlée
– Concordat préventif de faillite (par abandon d'actif)
– Régime spécial de liquidation du notariat
MAGYARORSZÁG
– Csődeljárás
– Felszámolási eljárás
MALTA
– Xoljiment
– Amministrazzjoni
– Stralċ volontarju mill-membri jew mill-kredituri
– Stralċ mill-Qorti
– Falliment f'każ ta' negozjant
NEDERLAND
– Het faillissement
– De surséance van betaling
– De schuldsaneringsregeling natuurlijke personen
ÖSTERREICH
– Das Konkursverfahren
– Das Ausgleichsverfahren
POLSKA
– Postępowanie upadłościowe
– Postępowanie układowe
– Upadłość obejmująca likwidację
– Upadłość z możliwością zawarcia układu
PORTUGAL
– Processo de insolvencia
– Processo de falencia
– Processos especiais de recuperação de empresa, ou seja:
– Concordata
– Reconstituição empresarial
– Reestruturação financeira
– Gestão controlada
ROMÂNIA
– procedura insolvenței
– reorganizarea judiciar□
– procedura falimentului
SLOVENIJA
– Stečajni postopek
– Skrajšani stečajni postopek
– Postopek prisilne poravnave
– Prisilna poravnava v stečaju
SLOVENSKO
– Konkurzné konanie
– Reštrukturalizačné konanie
SUOMI/FINLAND
– Konkurssi/konkurs
– Yrityssaneeraus/företagssanering
SVERIGE
– Konkurs
– Företagsrekonstruktion
UNITED KINGDOM
– Winding-up by or subject to the supervision of the court
– Creditors' voluntary winding-up (with confirmation by the court)
– Administration, including appointments made by filing prescribed documents with the court
– Voluntary arrangements under insolvency legislation
– Bankruptcy or sequestration

BIJLAGE B

Liquidatieprocedures bedoeld in artikel 2, onder c)
BELGIË/BELGIQUE
- Het faillissement/La faillite
- De vrijwillige vereffening/La liquidation volontaire
- De gerechtelijke vereffening/La liquidation judiciaire
БЪЛГАРИЯ
- Производство по несъстоятелност
ČESKÁ REPUBLIKA
- Konkurz
DEUTSCHLAND
- Das Konkursverfahren
- Das Gesamtvollstreckungsverfahren
- Das Insolvenzverfahren
EESTI
- Pankrotimenetlus
ΕΛΛΑΔΑ
- Η πτώψευση
- Η ειδική εκκαϕίριση
ESPAÑA
- Concurso
FRANCE
- Liquidation judiciaire
IRELAND
- Compulsory winding-up
- Bankruptcy
- The administration in bankruptcy of the estate of persons dying insolvent
- Winding-up in bankruptcy of partnerships
- Creditors' voluntary winding-up (with confirmation of a court)
- Arrangements under the control of the court which involve the vesting of all or part of the property of the debtor in the official assignee for realisation and distribution
ITALIA
- Fallimento
- Concordato preventivo con cessione dei beni
- Liquidazione coatta amministrativa
- Amministrazione straordinaria con programma di cessione dei complessi aziendali
- Amministrazione straordinaria con programma di ristrutturazione di cui sia parte integrante un concordato con cessione dei beni
ΚΥΠΡΟΣ
- Υποψρεςτική εκκαϕίριση απï το Δικαστήριο
- Εκκαϕίριση με την εποπτεΰα του Δικαστηρΰου
- Εκοηѕια εκκαϕίριση απï πιστςτὺω (με την επικηρςση του Δικαστηρΰου)
- Πτώψευση
- Διαψεΰριση τηω περιουσΰαω προσώπςν που απεβΰςσαν αφερὺγγυα
LATVIJA
- Bankrota procedūra juridiskās personas maksātnespējas procesā
- Bankrota procedūra fiziskās personas maksātnespējas procesā
LIETUVA
- įmonės bankroto byla
- įmonės bankroto procesas ne teismo tvarka
LUXEMBOURG
- Faillite
- Régime spécial de liquidation du notariat
MAGYARORSZÁG
- Felszámolási eljárás
MALTA
- Stralċ volontarju
- Stralċ mill-Qorti
- Falliment inkluż il-ħruġ ta' mandat ta' qbid mill-Kuratur f'każ ta' negozjant fallut
NEDERLAND
- Het faillissement
- De schuldsaneringsregeling natuurlijke personen

ÖSTERREICH
– Das Konkursverfahren
POLSKA
– Postępowanie upadłościowe
– Upadłość obejmująca likwidację
PORTUGAL
– Processo de insolvência
– Processo de falência
ROMÂNIA
– procedura falimentului
SLOVENIJA
– Stečajni postopek
– Skrajšani stečajni postopek
SLOVENSKO
– Konkurzné konanie
SUOMI/FINLAND
– Konkurssi/konkurs
SVERIGE
– Konkurs
UNITED KINGDOM
– Winding-up by or subject to the supervision of the court
– Winding-up through administration, including appointments made by filing prescribed documents with the court
– Creditors' voluntary winding-up (with confirmation by the court)
– Bankruptcy or sequestration

BIJLAGE C

Curatoren bedoeld in artikel 2, onder b)
BELGIË/BELGIQUE
– De curator/Le curateur
– De commissaris inzake opschorting/Le commissaire au sursis
– De schuldbemiddelaar/Le médiateur de dettes
– De vereffenaar/Le liquidateur
– De voorlopige bewindvoerder/L'administrateur provisoire
БЪЛГАРИЯ
– Назначен предварително временен синдик
– Временен синдик
– (Постоянен) синдик
– Служебен синдик
ČESKÁ REPUBLIKA
– Insolvenční správce
– Předběžný insolvenční správce
– Oddělený insolvenční správce
– Zvláštní insolvenční správce
– Zástupce insolvenčního správce
DEUTSCHLAND
– Konkursverwalter
– Vergleichsverwalter
– Sachverwalter (nach der Vergleichsordnung)
– Verwalter
– Insolvenzverwalter
– Sachverwalter (nach der Insolvenzordnung)
– Treuhänder
– Vorläufiger Insolvenzverwalter
EESTI
– Pankrotihaldur
– Ajutine pankrotihaldur
– Usaldusisik
ΕΛΛΑΔΑ
– Ο σηνδικοω
– Ο προσςρινΐω διαψειριστήω. Η διοικοησα επιτροπή τςν πιστςτών

– Ο ειδικΐω εκκαφαριστήω
– Ο επΰτροποω
ESPAÑA
– Administradores concursales
FRANCE
– Mandataire judiciaire
– Liquidateur
– Administrateur judiciaire
– Commissaire à l'exécution du plan
IRELAND
– Liquidator
– Official assignee
– Trustee in bankruptcy
– Provisional liquidator
– Examiner
ITALIA
– Curatore
– Commissario giudiziale
– Commissario straordinario
– Commissario liquidatore
– Liquidatore giudiziale
ΚΥΠΡΟΣ
– Εκκαφαριστήω και Προσςρινΐω Εκκαφαριστήω
– Επΰσημοω Παραλήπτηω
– Διαψειριστήω τηω Πτώψευσηω
– Εχεταστήω
LATVIJA
– Maksātnespējas procesa administrators
LIETUVA
– Bankrutuojančių įmonių administratorius
– Restruktūrizuojamų įmonių administratorius
LUXEMBOURG
– Le curateur
– Le commissaire
– Le liquidateur
– Le conseil de gérance de la section d'assainissement du notariat
MAGYARORSZÁG
– Vagyonfelügyelő
– Felszámoló
MALTA
– Amministratur Proviżorju
– Riċevitur Uffiċjali
– Stralċjarju
– Manager Speċjali
– Kuraturi f'każ ta' proċeduri ta' falliment
NEDERLAND
– De curator in het faillissement
– De bewindvoerder in de surséance van betaling
– De bewindvoerder in de schuldsaneringsregeling natuurlijke personen
ÖSTERREICH
– Masseverwalter
– Ausgleichsverwalter
– Sachverwalter
– Treuhänder
– Besondere Verwalter
– Konkursgericht
POLSKA
– Syndyk
– Nadzorca sądowy
– Zarządca
PORTUGAL
– Administrador da insolvência
– Gestor judicial

- Liquidatário judicial
- Comissão de credores

ROMÂNIA
- practician în insolvenț□
- administrator judiciar
- lichidator

SLOVENIJA
- Upravitelj prisilne poravnave
- Stečajni upravitelj
- Sodišče, pristojno za postopek prisilne poravnave
- Sodišče, pristojno za stečajni postopek

SLOVENSKO
- Predbežný správca
- Správca

SUOMI/FINLAND
- Pesänhoitaja/boförvaltare
- Selvittäjä/utredare

SVERIGE
- Förvaltare
- Rekonstruktör

UNITED KINGDOM
- Liquidator
- Supervisor of a voluntary arrangement
- Administrator
- Official receiver
- Trustee
- Provisional liquidator
- Judicial factor

Wet van 29 maart 1828, Stb. 14, zoals deze wet laatstelijk is gewijzigd bij de Wet van 5 februari 2009, Stb. 108

[Inwerkingtreding: 01-10-1838]

EERSTE BOEK
De wijze van procederen voor de rechtbanken, de hoven en de hoge raad

EERSTE TITEL
Algemene bepalingen

EERSTE AFDELING
Rechtsmacht van de Nederlandse rechter

Art. 1

Rechtsmacht Nederlandse rechter

Onverminderd het omtrent rechtsmacht in verdragen en EG-verordeningen bepaalde wordt de rechtsmacht van de Nederlandse rechter beheerst door de volgende bepalingen. (EEX; EVEX; EEX-Vo.; CMR; Gr. 94)

Art. 2

Rechtsmacht bij dagvaardingsprocedure

In zaken die bij dagvaarding moeten worden ingeleid, heeft de Nederlandse rechter rechtsmacht indien de gedaagde in Nederland zijn woonplaats of gewone verblijfplaats heeft. (Rv 99 e.v.; EEX 2; EVEX 2; BW 1: 10; Rv 13)

Art. 3

Rechtsmacht bij verzoekschriftprocedure

In zaken die bij verzoekschrift moeten worden ingeleid, met uitzondering van zaken als bedoeld in de artikelen 4 en 5, heeft de Nederlandse rechter rechtsmacht indien:
a. hetzij de verzoeker of, indien er meer verzoekers zijn, een van hen, hetzij een van de in het verzoekschrift genoemde belanghebbenden in Nederland zijn woonplaats of gewone verblijfplaats heeft,
b. het verzoek betrekking heeft op een bij dagvaarding ingeleid of in te leiden geding ten aanzien waarvan de Nederlandse rechter rechtsmacht heeft, of
c. de zaak anderszins voldoende met de rechtssfeer van Nederland verbonden is. (Rv 6, 261 e.v.)

Art. 4

Huwelijkszaken

– 1. Indien de Verordening (EG) nr. 2201/2003 van de Raad van de Europese Unie van 27 november 2003 betreffende de bevoegdheid en de erkenning en tenuitvoerlegging van beslissingen in huwelijkszaken en inzake de ouderlijke verantwoordelijkheid, en tot intrekking van verordening (EG) nr. 1347/2000 (*PbEU* L 338) niet van toepassing is, wordt de rechtsmacht van de rechter met betrekking tot echtscheiding, scheiding van tafel en bed en ontbinding van het huwelijk na scheiding van tafel en bed, nietigverklaring, alsmede nietigheid en geldigheid van het huwelijk uitsluitend bepaald overeenkomstig de artikelen 3, 4 en 5 van deze verordening. (Rv 814 (oud))
– 2. Heeft de Nederlandse rechter rechtsmacht met betrekking tot echtscheiding, scheiding van tafel en bed en ontbinding van het huwelijk na scheiding van tafel en bed, nietigheid, nietigverklaring of geldigheid van huwelijken, dan heeft hij, voorzover de in het eerste lid genoemde verordening daarop niet van toepassing is en onverminderd artikel 1, tevens rechtsmacht tot het treffen van voorlopige en bewarende maatregelen voorzover die verband houden met echtscheiding, scheiding van tafel en bed en ontbinding van het huwelijk na scheiding van tafel en bed, nietigverklaring, alsmede nietigheid en geldigheid van huwelijken.
– 3. Heeft de Nederlandse rechter rechtsmacht met betrekking tot echtscheiding, scheiding van tafel en bed en ontbinding van het huwelijk na scheiding van tafel en bed, nietigheid, nietigverklaring of geldigheid van huwelijken, dan heeft hij, voorzover de in het eerste lid genoemde verordening daarop niet van toepassing is en onverminderd artikel 1, tevens rechtsmacht ter zake van daarmee verband houdende neven-voorzieningen, met dien verstande
a. dat met betrekking tot de voorzieningen als bedoeld in artikel 827, eerste lid, onder *d* en *e*, de Nederlandse rechter uitsluitend rechtsmacht heeft als de woning in Nederland is gelegen, en
b. dat met betrekking tot verzoeken tot regeling van het gezag en het omgangsrecht de Nederlandse rechter zich onbevoegd verklaart indien hij zich, wegens de geringe verbondenheid van de zaak met de rechtssfeer van Nederland, niet in staat acht het belang van het kind naar behoren te beoordelen.
– 4. Met betrekking tot het geregistreerd partnerschap zijn het eerste tot en met het derde lid

van overeenkomstige toepassing, met dien verstande dat de Nederlandse rechter steeds rechtsmacht heeft indien het geregistreerd partnerschap in Nederland is aangegaan.

Art. 4a

Vervallen.

Art. 5

Zaken betreffende ouderlijke verantwoordelijkheid

Onverminderd artikel 1 heeft de Nederlandse rechter in zaken betreffende ouderlijke verantwoordelijkheid geen rechtsmacht indien het kind zijn gewone verblijfplaats niet in Nederland heeft, tenzij hij zich in een uitzonderlijk geval, wegens de verbondenheid van de zaak met de rechtssfeer van Nederland, in staat acht het belang van het kind naar behoren te beoordelen.

Art. 5a

Vervallen.

Art. 6

Uitbreiding rechtsmacht

De Nederlandse rechter heeft eveneens rechtsmacht in zaken betreffende:

a. verbintenissen uit overeenkomst, indien de verbintenis die aan de eis of het verzoek ten grondslag ligt, in Nederland is uitgevoerd of moet worden uitgevoerd;

b. een individuele arbeidsovereenkomst of een agentuurovereenkomst, indien de arbeid gewoonlijk in Nederland wordt verricht of laatstelijk gewoonlijk in Nederland werd verricht;

c. een individuele arbeidsovereenkomst, indien de arbeid tijdelijk in Nederland wordt verricht, voorzover het betreft een rechtsvordering met betrekking tot arbeidsvoorwaarden en arbeidsomstandigheden, welke is gegrond op artikel 1 van de Wet arbeidsvoorwaarden grensoverschrijdende arbeid, artikel 7 of 15 van de Wet minimumloon en minimumvakantiebijslag, artikel 2, zesde lid, van de Wet op het algemeen verbindend en het onverbindend verklaren van bepalingen van collectieve arbeidsovereenkomsten, artikel 8 of 11 van de Wet allocatie arbeidskrachten door intermediairs, alsmede artikel 5, eerste lid, onder b, d, e, of f, van de Algemene wet gelijke behandeling;

d. een overeenkomst die wordt gesloten door een partij die handelt in de uitoefening van een beroep of bedrijf en een natuurlijke persoon die niet handelt in de uitoefening van een beroep of bedrijf, indien die natuurlijke persoon in Nederland zijn woonplaats of gewone verblijfplaats heeft en de partij die handelt in de uitoefening van een beroep of bedrijf aldaar commerciële of beroepsactiviteiten ontplooit, of dergelijke activiteiten met ongeacht welke middelen richt op Nederland en de overeenkomst onder die activiteiten valt;

e. verbintenissen uit onrechtmatige daad, indien het schadebrengende feit zich in Nederland heeft voorgedaan of zich kan voordoen;

f. zakelijke rechten op, alsmede huur en verhuur, pacht en verpachting van in Nederland gelegen onroerende zaken;

g. nalatenschappen, indien de erflater zijn laatste woonplaats of gewone verblijfplaats in Nederland had;

h. de geldigheid, de nietigheid of de ontbinding van in Nederland gevestigde vennootschappen of rechtspersonen; de geldigheid, nietigheid of rechtsgevolgen van hun besluiten of die van hun organen, dan wel de rechten en verplichtingen van hun leden of vennoten als zodanig; (EEX 5, 16; EVEX 5, 16; EEX-Vo. 5, 22)

i. faillissement, surséance van betaling of schuldsaneringsregeling natuurlijke personen indien het faillissement, de surséance van betaling of de toepassing van de schuldsaneringsregeling in Nederland is uitgesproken of verleend.

Art. 6a

Plaats van uitvoering in Nederland

Voor de toepassing van artikel 6, onderdeel *a*, is, tenzij anders is overeengekomen, de plaats van uitvoering in Nederland gelegen:

a. voor de koop en verkoop van roerende zaken, indien de zaken volgens de overeenkomst in Nederland geleverd werden of geleverd hadden moeten worden;

b. voor de verstrekking van diensten, indien de diensten volgens de overeenkomst in Nederland verstrekt werden of verstrekt hadden moeten worden.

Art. 7

Meerdere gedaagden

– 1. Indien in zaken die bij dagvaarding moeten worden ingeleid de Nederlandse rechter ten aanzien van een van de gedaagden rechtsmacht heeft, komt hem deze ook toe ten aanzien van in hetzelfde geding betrokken andere gedaagden, mits tussen de vorderingen tegen de onderscheiden gedaagden een zodanige samenhang bestaat, dat redenen van doelmatigheid een gezamenlijke behandeling rechtvaardigen.

– 2. Indien in zaken die bij dagvaarding moeten worden ingeleid de Nederlandse rechter rechtsmacht heeft, komt hem deze ook toe ten aanzien van een vordering in reconventie en ten aanzien van een vordering tot vrijwaring, voeging of tussenkomst, tenzij tussen deze vorderingen en de oorspronkelijke vordering onvoldoende samenhang bestaat. (EEX 6; EVEX 6; EEX-Vo. 6)

Art. 8

Forumkeuze

– 1. De Nederlandse rechter heeft rechtsmacht indien partijen met betrekking tot een bepaalde rechtsbetrekking die tot hun vrije bepaling staat, bij overeenkomst een Nederlandse rechter of de Nederlandse rechter hebben aangewezen voor de kennisneming van geschillen welke naar aanleiding van die rechtsbetrekking zijn ontstaan of zullen ontstaan, tenzij daarvoor geen redelijk belang aanwezig is.
– 2. De Nederlandse rechter heeft geen rechtsmacht indien partijen met betrekking tot een bepaalde rechtsbetrekking die tot hun vrije bepaling staat, bij overeenkomst een rechter of de rechter van een vreemde staat bij uitsluiting hebben aangewezen voor de kennisneming van geschillen welke naar aanleiding van die rechtsbetrekking zijn ontstaan of zullen ontstaan.
– 3. Een overeenkomst als bedoeld in het tweede lid laat de rechtsmacht van de Nederlandse rechter onverlet indien de zaak een individuele arbeidsovereenkomst betreft of een overeenkomst als bedoeld in artikel 6, onder *d*.
– 4. Het derde lid vindt geen toepassing indien:
a. de in het tweede lid bedoelde overeenkomst is aangegaan na het ontstaan van het geschil, of (EEX-Vo. 21)
b. de werknemer, of de partij die niet handelt in de uitoefening van een beroep of bedrijf, zich op de overeenkomst beroept om zich tot de rechter van een vreemde staat te wenden. (EEX-Vo. 21)
– 5. Een overeenkomst als bedoeld in het eerste of het tweede lid wordt bewezen door een geschrift. Daarvoor is voldoende een geschrift dat een dergelijk beding bevat of dat verwijst naar algemene voorwaarden die een dergelijk beding bevatten, mits dat geschrift door of namens de wederpartij uitdrukkelijk of stilzwijgend is aanvaard.
– 6. Een overeenkomst als bedoeld in het eerste of het tweede lid dient als een afzonderlijke overeenkomst te worden beschouwd en beoordeeld. De aangewezen rechter is bevoegd te oordelen over de rechtsgeldigheid van de hoofdovereenkomst waarvan een overeenkomst als bedoeld in het eerste of het tweede lid deel uitmaakt of waarop zij betrekking heeft. (EEX 17; EVEX 17; EEX-Vo. 23; Rv 1020, 1021, 1053)

Art. 8a

Vervallen.

Art. 9

Uitbreiding rechtsmacht

Komt de Nederlandse rechter niet op grond van de artikelen 2 tot en met 8 rechtsmacht toe, dan heeft hij niettemin rechtsmacht indien:
a. het een rechtsbetrekking betreft die ter vrije bepaling van partijen staat en de gedaagde of belanghebbende in de procedure is verschenen niet uitsluitend of mede met het doel de rechtsmacht van de Nederlandse rechter te betwisten, tenzij voor rechtsmacht van de Nederlandse rechter geen redelijk belang aanwezig is,
b. een gerechtelijke procedure buiten Nederland onmogelijk blijkt, of
c. een zaak die bij dagvaarding moet worden ingeleid voldoende met de rechtssfeer van Nederland verbonden is en het onaanvaardbaar is van de eiser te vergen dat hij de zaak aan het oordeel van een rechter van een vreemde staat onderwerpt. (EEX 18; EVEX 18; Rv 3 sub *c*; EVRM 6 lid 1)

Art. 10

Vreemdelingenbeslag

De Nederlandse rechter heeft rechtsmacht in het geval, bedoeld in artikel 767, alsmede indien dit voortvloeit uit andere wettelijke bepalingen tot aanwijzing van een bevoegde rechter dan die vervat in de derde afdeling van de tweede titel en de tweede afdeling van de derde titel. (Rv 621, 629, 630, 635, 637)

Art. 11

Rechtsmachtverweer

Het verweer dat de Nederlandse rechter geen rechtsmacht heeft, wordt in zaken die bij dagvaarding moeten worden ingeleid op straffe van verval van het recht daartoe gevoerd vóór alle weren ten gronde. (Rv 110, 1052 lid 2)

Art. 12

Zaak in buitenland aanhangig

Indien een zaak voor een rechter van een vreemde staat aanhangig is gemaakt en daarin een beslissing kan worden gegeven die voor erkenning en, in voorkomend geval, voor tenuitvoerlegging in Nederland vatbaar is, kan de Nederlandse rechter bij wie nadien een zaak tussen dezelfde partijen over hetzelfde onderwerp is aangebracht, de behandeling aanhouden totdat daarin door eerstbedoelde rechter is beslist. Indien die beslissing voor erkenning en, in voorkomend geval, voor tenuitvoerlegging in Nederland vatbaar blijkt te zijn, verklaart de Nederlandse rechter zich onbevoegd. Indien het een zaak betreft die bij dagvaarding moet worden ingeleid, is artikel 11 van overeenkomstige toepassing. (EEX 21; EVEX 21; EEX-Vo. 27; Rv 431)

Art. 12a

Vervallen.

Art. 13

Bewarende of voorlopige maatregelen

De bevoegdheid van de Nederlandse rechter tot het treffen van bewarende of voorlopige maatregelen kan niet worden betwist op de enkele grond dat hij met betrekking tot de zaak ten principale geen rechtsmacht heeft. (EEX 24; EVEX 24; EEX-Vo. 31)

Art. 14

Omvang grondgebied

Voor de toepassing van de regels betreffende de rechtsmacht van de Nederlandse rechter wordt het Nederlandse gedeelte van het continentale plat gelijk gesteld met het grondgebied van Nederland. (Verdrag inzake continentaal plateau, *Trb.* 1959, 126)

TWEEDE AFDELING

Enkelvoudige en meervoudige kamers

Art. 15

Rechtbank

– 1. Bij de rechtbank worden zaken, behoudens in de wet genoemde uitzonderingen, behandeld en beslist door een enkelvoudige kamer.

– 2. Indien de zaak naar het oordeel van de enkelvoudige kamer ongeschikt is voor behandeling en beslissing door één rechter, verwijst zij deze naar een meervoudige kamer, bestaande uit drie leden. De enkelvoudige kamer kan ook in andere gevallen een zaak naar een meervoudige kamer verwijzen.

– 3. Verwijzing kan geschieden in elke stand van de procedure. De behandeling van een verwezen zaak wordt voortgezet in de stand waarin zij zich bevindt.

– 4. De meervoudige kamer kan bepalen dat de behandeling geheel of gedeeltelijk zal geschieden door een zoveel als mogelijk uit haar midden aangewezen rechter-commissaris. De rechter-commissaris oefent daarbij de bevoegdheden uit, aan de rechtbank toegekend. (Awb 8:10)

– 5. De meervoudige kamer kan na het wijzen van een tussenvonnis de zaak verwijzen naar de enkelvoudige kamer voor verdere behandeling. Het tweede lid en het derde lid, tweede volzin, zijn van overeenkomstige toepassing.

Art. 16

Gerechtshof

– 1. Bij het gerechtshof worden zaken, behoudens in de wet genoemde uitzonderingen, behandeld en beslist door een meervoudige kamer, bestaande uit drie raadsheren.

– 2. Tenzij de zaak in eerste aanleg door een meervoudige kamer is beslist, kan de meervoudige kamer naar een enkelvoudige kamer verwijzen de zaken die aanhangig zijn gemaakt ingevolge het bij of krachtens Boek 1 van het Burgerlijk Wetboek bepaalde en die naar haar oordeel daarvoor geschikt zijn.

– 3. Indien de verwezen zaak naar het oordeel van de enkelvoudige kamer ongeschikt is voor behandeling en beslissing door één raadsheer, wijst zij deze terug naar de meervoudige kamer.

– 4. Verwijzing of terugwijzing kan geschieden in elke stand van de procedure. De behandeling van een verwezen of teruggewezen zaak wordt voortgezet in de stand waarin zij zich bevindt.

– 5. De meervoudige kamer kan bepalen dat de behandeling geheel of gedeeltelijk zal geschieden door een zoveel als mogelijk uit haar midden aangewezen rechter-commissaris. De raadsheer-commissaris oefent daarbij de bevoegdheden uit, aan het gerechtshof toegekend. (Awb 8:10)

Art. 17

Hoge Raad

– 1. Bij de Hoge Raad worden zaken, behoudens in de wet genoemde uitzonderingen, behandeld en beslist door vijf leden van de meervoudige kamer.

– 2. De voorzitter van de meervoudige kamer kan bepalen dat een zaak die daarvoor naar zijn oordeel geschikt is, wordt behandeld en beslist door drie leden van die kamer. Indien de zaak naar het oordeel van een van deze leden ongeschikt is voor behandeling en beslissing door drie leden, wordt de behandeling voortgezet door vijf leden.

– 3. De leden kunnen bepalen dat de behandeling geheel of gedeeltelijk zal geschieden door een uit hun midden aangewezen raadsheer-commissaris. De raadsheer-commissaris oefent daarbij de bevoegdheden uit, aan de Hoge Raad toegekend.

Art. 18

Verwijzingsmogelijkheid

– 1. De kamer bij welke een zaak in behandeling is, kan deze, met toestemming van het bestuur van het gerecht, verwijzen naar een andere kamer van gelijk getal. Tegen de verwijzing staat geen voorziening open.

– 2. Vonnissen, arresten en beschikkingen, gewezen onderscheidenlijk gegeven door een meervoudige kamer, kunnen worden uitgesproken door een enkelvoudige kamer.

DERDE AFDELING

Algemene voorschriften voor procedures

Art. 19

Hoor en wederhoor

De rechter stelt partijen over en weer in de gelegenheid hun standpunten naar voren te brengen en toe te lichten en zich uit te laten over elkaars standpunten en over alle bescheiden en andere gegevens die in de procedure ter kennis van de rechter zijn gebracht, een en ander tenzij uit de wet anders voortvloeit. Bij zijn beslissing baseert de rechter zijn oordeel, ten nadele van een der partijen, niet op bescheiden of andere gegevens waarover die partij zich niet voldoende heeft kunnen uitlaten. (Rv 23, 24, 30)

Art. 19a

Vervallen.

Art. 20

Waken tegen onredelijke vertraging

– 1. De rechter waakt tegen onredelijke vertraging van de procedure en treft, zo nodig, op verzoek van een partij of ambtshalve maatregelen.

– 2. Partijen zijn tegenover elkaar verplicht onredelijke vertraging van de procedure te voorkomen. (EVRM 6)

Art. 21

Waarheidsplicht

Partijen zijn verplicht de voor de beslissing van belang zijnde feiten volledig en naar waarheid aan te voeren. Wordt deze verplichting niet nageleefd, dan kan de rechter daaruit de gevolgtrekking maken die hij geraden acht. (Rv 24)

Art. 22

Verwijzing door kantonrechter

De rechter kan in alle gevallen en in elke stand van de procedure partijen of een van hen bevelen bepaalde stellingen toe te lichten of bepaalde, op de zaak betrekking hebbende bescheiden over te leggen. Partijen kunnen dit weigeren indien daarvoor gewichtige redenen zijn. De rechter beslist of de weigering gerechtvaardigd is, bij gebreke waarvan hij daaruit de gevolgtrekking kan maken die hij geraden acht. (Rv 88, 131, 162) (Rv 27, eerste lid onder *e*.)

Art. 23

Omvang rechtsgeding

De rechter beslist over al hetgeen partijen hebben gevorderd of verzocht. (Rv 26, 32)

Art. 24

Grondslag onderzoek rechter

De rechter onderzoekt en beslist de zaak op de grondslag van hetgeen partijen aan hun vordering, verzoek of verweer ten gronde hebben gelegd, tenzij uit de wet anders voortvloeit.

Art. 25

Ambtshalve aanvulling rechtsgronden

De rechter vult ambtshalve de rechtsgronden aan. (Rv 48 (oud))

Art. 26

Ministerieplicht

De rechter mag niet weigeren te beslissen. (RO 14*a*; Rv 844-852 (oud))

Art. 27

Openbare terechtzitting

– 1. De terechtzitting is openbaar. De rechter kan evenwel gehele of gedeeltelijke behandeling met gesloten deuren of slechts met toelating van bepaalde personen bevelen:

a. in het belang van de openbare orde of de goede zeden,

b. in het belang van de veiligheid van de Staat,

c. indien de belangen van minderjarigen of de eerbiediging van de persoonlijke levenssfeer van partijen dit eisen, of

d. indien openbaarheid het belang van een goede rechtspleging ernstig zou schaden.

– 2. Indien iemand op een terechtzitting de orde verstoort, kan de rechter hem laten verwijderen. (Rv 19, 134 lid 2)

Art. 28

Openbaarheidsbeginsel

– 1. De uitspraak geschiedt in het openbaar. (RO 5 lid 1; Gr 121)

– 2. Onverminderd de artikelen 231, eerste lid, en 290, derde lid, verstrekt de griffier aan een ieder die dat verlangt afschrift van vonnissen, arresten en beschikkingen, tenzij verstrekking naar het oordeel van de griffier ter bescherming van zwaarwegende belangen van anderen, waaronder die van partijen, geheel of gedeeltelijk dient te worden geweigerd. In het laatste geval kan de griffier volstaan met verstrekking van een geanonimiseerd afschrift of uittreksel van het vonnis, het arrest of de beschikking.

– 3. Onder vonnissen, arresten en beschikkingen zijn begrepen stukken die aan de uitspraak zijn gehecht. Van andere tot een procesdossier behorende stukken wordt geen afschrift of uittreksel aan derden verstrekt.

– 4. Van vonnissen, arresten en beschikkingen in zaken die met gesloten deuren zijn behandeld, wordt uitsluitend een geanonimiseerd afschrift of uittreksel verstrekt. (Rv 27)

– 5. Een verzoek om afschrift als bedoeld in het tweede lid dient te worden gericht tot de griffier van het gerecht dat de uitspraak heeft gedaan. Deze zal bij inwilliging van het verzoek een vergoeding in rekening brengen die wordt vastgesteld overeenkomstig artikel 13, derde lid, van de Wet tarieven in burgerlijke zaken.

– 6. Gedurende twee weken na de dagtekening van een gehele of gedeeltelijke weigering om aan een verzoek om afschrift te voldoen, kan verzoeker daartegen schriftelijk in verzet komen bij de voorzieningenrechter.

– 7. Tegen de beslissing van de voorzieningenrechter staat geen voorziening open. (Rv 838)

– 8. Ingevolge artikel 15, tweede lid, van verordening (EG) nr. 1/2003 van de Raad van de Europese Unie van 16 december 2002 betreffende de uitvoering van de mededingingsregels van de artikelen 81 en 82 van het Verdrag (*PbEG* 2003, L 1) verstrekt de griffier onverwijld een afschrift van vonnissen, arresten en beschikkingen met betrekking tot de toepassing van artikel 81 of 82 van het Verdrag tot oprichting van de Europese Gemeenschap aan de Commissie van de Europese Gemeenschappen. De verstrekking geschiedt, behalve wanneer het arresten of beschikkingen van de Hoge Raad betreft, door tussenkomst van de Raad voor de rechtspraak. Wanneer naar het oordeel van de griffier de bescherming van zwaarwegende belangen van anderen, waaronder die van partijen, daartoe aanleiding geeft, kan de griffier volstaan met de verstrekking van een geanonimiseerd afschrift van het vonnis, het arrest of de beschikking.

Art. 29

Geheimhoudingsplicht

– 1. Het is aan partijen verboden aan derden mededelingen te doen omtrent:
a. het verhandelde op een terechtzitting met gesloten deuren of een terechtzitting waarbij slechts bepaalde personen zijn toegelaten;
b. andere gegevens uit een procedure, indien de rechter zulks heeft bepaald.
– 2. De rechter kan het verbod, bedoeld in het eerste lid, op verzoek van een der partijen geheel of gedeeltelijk opheffen. (Sr 272)

Art. 30

Motiveringsplicht

Vonnissen, arresten en beschikkingen houden de gronden in waarop zij rusten, tenzij uit de wet anders voortvloeit. (Gr 121; Rv 230 lid 1, jo. 287)

Art. 31

Verbetering kennelijke verschrijving

– 1. De rechter verbetert te allen tijde op verzoek van een partij of ambtshalve in zijn vonnis, arrest of beschikking een kennelijke rekenfout, schrijffout of andere kennelijke fout die zich voor eenvoudig herstel leent. De rechter gaat niet tot de verbetering over dan na partijen in de gelegenheid te hebben gesteld zich daarover uit te laten.
– 2. De verbetering wordt op een door de rechter nader te bepalen dag uitgesproken en wordt met vermelding van deze dag en van de naleving van de tweede volzin van het eerste lid op de minuut van het vonnis, het arrest of de beschikking gesteld.
– 3. Van de verbeterde minuut verstrekt de griffier op de dag van de uitspraak aan de in de oorspronkelijke procedure verschenen partijen een afschrift, zo nodig opgemaakt in executoriale vorm. Een eerder verstrekt afschrift opgemaakt in executoriale vorm verliest hierdoor zijn kracht. De partij die in het bezit is van een afschrift als bedoeld in de vorige zin, geeft dit af aan de griffier. Was de executie reeds aangevangen, dan kan deze met inachtneming van de verbetering worden voortgezet op grond van een na de verbetering afgegeven afschrift opgemaakt in executoriale vorm.
– 4. Tegen de verbetering of de weigering daarvan staat geen voorziening open. (Rv 1060)

Art. 32

Aanvulling rechterlijke beslissing

– 1. De rechter vult te allen tijde op verzoek van een partij zijn vonnis, arrest of beschikking aan indien hij heeft verzuimd te beslissen over een onderdeel van het gevorderde of verzochte. De rechter gaat niet tot de aanvulling over dan na partijen in de gelegenheid te hebben gesteld zich daarover uit te laten.
– 2. Artikel 31, tweede en derde lid, is van overeenkomstige toepassing.
– 3. Tegen de weigering van de aanvulling staat geen voorziening open. (Rv 1061)

Art. 33

Indieningstermijn

– 1. Verzoeken en mededelingen kunnen ook elektronisch worden gedaan, indien van deze mogelijkheid voor het desbetreffende gerecht blijkt uit een voor dat gerecht vastgesteld procesreglement. Een gerecht kan een verzoek of mededeling dat tot een of meer geadresseerden is gericht, elektronisch verzenden indien de geadresseerde kenbaar heeft gemaakt dat hij daarvoor langs deze weg bereikbaar is. De bereikbaarheid langs deze weg geldt voor de duur van een procedure, tenzij de geadresseerde meedeelt dat hij haar wijzigt of intrekt. De voorgaande zinnen gelden mede voor de indiening van processtukken ter griffie en de verzending van processtukken door de griffier.
– 2. Bij algemene maatregel van bestuur worden regels gegeven aangaande de betrouwbaarheid en vertrouwelijkheid van het doen van verzoeken en mededelingen en de indiening en de verzending van processtukken als bedoeld in het eerste lid en kunnen in verband met deze wijze van verzending nadere regels worden gesteld. Bij algemene maatregel van bestuur kan worden bepaald in welke gevallen het doen van verzoeken en mededelingen en de indiening en verzending van processtukken uitsluitend elektronisch kunnen plaatsvinden.
– 3. Als tijdstip waarop een verzoek, mededeling of processtuk door een gerecht elektronisch is ontvangen, geldt het tijdstip waarop het verzoek, mededeling en processtuk een systeem voor gegevensverwerking heeft bereikt waarvoor het gerecht verantwoordelijkheid draagt. Verzendingen die voor 24.00 uur van de laatste dag van een lopende termijn zijn ontvangen, gelden als binnen de termijn ingediend.
– 4. Als tijdstip waarop een verzoek, mededeling of processtuk door een gerecht elektronisch

is verzonden, geldt het tijdstip waarop het bericht een systeem voor gegevensverwerking heeft bereikt waarvoor het gerecht geen verantwoordelijkheid draagt.
– 5. De voordracht voor een krachtens het tweede lid vast te stellen algemene maatregel van bestuur wordt niet eerder gedaan dan vier weken nadat het ontwerp aan beide kamers der Staten-Generaal is overgelegd.

Art. 34

Verplichtingen aanlegger

– 1. Wanneer een procedure na verwijzing of na toepassing van een rechtsmiddel voor een andere rechter wordt voortgezet, is de aanlegger verplicht aan de rechter over te leggen:
a. een afschrift als bedoeld in artikel 231 onderscheidenlijk artikel 290 van het vonnis, het arrest of de beschikking waarbij de procedure is verwezen of waartegen het rechtsmiddel is aangewend;
b. afschriften van de overige op de procedure betrekking hebbende stukken.
– 2. De rechter kan nadere aanwijzingen geven over het tijdstip van overlegging.
– 3. Wanneer een procedure na verwijzing of toepassing van een rechtsmiddel voor een andere rechter wordt voortgezet, zendt de griffier van het gerecht waar de procedure aanhangig was afschriften van de op de procedure betrekking hebbende stukken op diens verzoek aan de griffier van het gerecht waar de procedure wordt voortgezet. Desverzocht zendt de griffier de stukken in origineel.

Art. 35

Nadere regelgeving termijnen en uitstel

– 1. Bij algemene maatregel van bestuur kunnen nadere regels worden gesteld met betrekking tot door de rechter te stellen termijnen voor het verrichten van proceshandelingen en kunnen beperkingen worden gesteld aan de mogelijkheid om daarvoor uitstel te verkrijgen.
– 2. Bij algemene maatregel van bestuur kunnen ook andere nadere regels worden gesteld betreffende het verloop van de procedure, alsmede nadere regels ter bevordering van de eenheid van de wijze van rechtspleging bij de verschillende gerechten.

VIERDE AFDELING
Wraking en verschoning van rechters

Art. 36

Wrakingsgrond

Op verzoek van een partij kan elk van de rechters die een zaak behandelen, worden gewraakt op grond van feiten of omstandigheden waardoor de rechterlijke onpartijdigheid schade zou kunnen lijden. (Awb 8:15 e.v.; Sv 512 e.v.)

Art. 37

Wrakingsverzoek

– 1. Het verzoek wordt gedaan zodra de feiten of omstandigheden aan de verzoeker bekend zijn geworden.
– 2. Het verzoek geschiedt schriftelijk en is gemotiveerd. Na de aanvang van een terechtzitting kan het ook mondeling geschieden.
– 3. Alle feiten of omstandigheden moeten tegelijk worden voorgedragen.
– 4. Een volgend verzoek tot wraking van dezelfde rechter wordt niet in behandeling genomen, tenzij feiten of omstandigheden worden voorgedragen die pas na het eerdere verzoek aan de verzoeker bekend zijn geworden.
– 5. Aanstonds na een verzoek tot wraking wordt de behandeling geschorst.

Art. 38

Berusting in wraking

Een rechter van wie wraking is verzocht, kan in de wraking berusten.

Art. 39

Behandeling en beslissing

– 1. Het verzoek tot wraking wordt zo spoedig mogelijk ter terechtzitting behandeld door een meervoudige kamer waarin de rechter van wie wraking is verzocht, geen zitting heeft.
– 2. De verzoeker en de rechter van wie wraking is verzocht, worden in de gelegenheid gesteld te worden gehoord. De meervoudige kamer kan ambtshalve of op verzoek van de verzoeker of de rechter van wie wraking is verzocht, bepalen dat zij niet in elkaars aanwezigheid zullen worden gehoord.
– 3. De meervoudige kamer beslist zo spoedig mogelijk. De beslissing is gemotiveerd en wordt onverwijld in het openbaar uitgesproken en aan de verzoeker, de andere partijen en de rechter van wie wraking was verzocht, medegedeeld.
– 4. In geval van misbruik kan de meervoudige kamer bepalen dat een volgend verzoek niet in behandeling wordt genomen. Hiervan wordt in de beslissing melding gemaakt.
– 5. Tegen de beslissing staat geen voorziening open. (Sv 515)

Art. 40

Verschoningsverzoek

– 1. Op grond van feiten of omstandigheden als bedoeld in artikel 36 kan elk van de rechters die een zaak behandelen, verzoeken zich te mogen verschonen.
– 2. Het verzoek geschiedt schriftelijk en is gemotiveerd. Na de aanvang van een terechtzitting kan het ook mondeling geschieden.

– 3. Aanstonds na een verzoek zich te mogen verschonen wordt de behandeling geschorst. (Sv 517)

Art. 41

Behandeling verschoningsverzoek

– 1. Het verzoek zich te mogen verschonen wordt zo spoedig mogelijk behandeld door een meervoudige kamer waarin de rechter die dat verzoek heeft gedaan, geen zitting heeft.
– 2. De meervoudige kamer beslist zo spoedig mogelijk. De beslissing is gemotiveerd en wordt onverwijld aan partijen en de rechter die het verzoek had gedaan, medegedeeld.
– 3. Tegen de beslissing staat geen voorziening open. (Sv 518)

VIJFDE AFDELING
Het openbaar ministerie en de procureur-generaal bij de Hoge Raad

Art. 42

Bevoegdheid openbaar ministerie

– 1. Het openbaar ministerie is bevoegd alle op een zaak betrekking hebbende bescheiden in te zien en op elke terechtzitting tegenwoordig te zijn.
– 2. Het openbaar ministerie kan op verzoek van de rechter of een partij bescheiden waarover het beschikt, in de procedure brengen. Indien een zodanig verzoek niet wordt ingewilligd, wordt dit gemotiveerd.
– 3. In zaken bij de Hoge Raad zijn het eerste en het tweede lid van toepassing, met dien verstande dat voor het openbaar ministerie wordt gelezen: de procureur-generaal bij de Hoge Raad. (RO 111 e.v., 124 e.v.)

Art. 43

Openbaar ministerie als partij

– 1. Wanneer het openbaar ministerie als partij optreedt, geschieden de inleiding en de behandeling van de zaak volgens de gewone regels, voor zover daarvan in dit artikel niet is afgeweken.
– 2. Het openbaar ministerie kan in rechte optreden zonder advocaat. In cassatie is echter vertegenwoordiging door een advocaat bij de Hoge Raad vereist.
– 3. Hoger beroep en cassatie worden ingesteld door en tegen de ambtenaar van het openbaar ministerie bij het gerecht dat de beslissing waarvan beroep heeft genomen. Bij de verdere behandeling in hoger beroep treedt echter voor deze in de plaats de ambtenaar van het openbaar ministerie bij het college dat het hoger beroep behandelt. Bij de verdere behandeling in cassatie blijft als partij optreden de ambtenaar van het openbaar ministerie bij het gerecht dat de beslissing waarvan beroep heeft genomen.
– 4. Een beslissing omtrent de kosten wordt ten aanzien van het openbaar ministerie genomen ten name van de Staat.

Art. 44

Openbaar ministerie niet als partij

– 1. Wanneer het openbaar ministerie niet als partij optreedt, wordt het gehoord indien het, al dan niet op verzoek van de rechter, de wens daartoe te kennen heeft gegeven.
– 2. In cassatieprocedures wordt de procureur-generaal bij de Hoge Raad steeds gehoord.
– 3. Na de conclusie van het openbaar ministerie, onderscheidenlijk de procureur-generaal bij de Hoge Raad, is geen plaats meer voor debat door partijen. Wel kunnen partijen binnen twee weken nadat de conclusie is genomen dan wel een afschrift daarvan aan partijen is verzonden, hun schriftelijk commentaar daarop, zo nodig in een brief vervat, aan de rechter, of, bij een meervoudige kamer, aan de voorzitter, of, bij de Hoge Raad, aan de President van de Hoge Raad doen toekomen, met afschrift aan de wederpartij en het openbaar ministerie, onderscheidenlijk de procureur-generaal. (Sv 439)

VIJFDE AFDELING A
De raad van bestuur van de Nederlandse Mededingingsautoriteit en de Commissie van de Europese Gemeenschappen

Art. 44a

Bestuur Nma; Commissie EG

– 1. De raad van bestuur van de Nederlandse Mededingingsautoriteit of de Commissie van de Europese Gemeenschappen kan, niet optredende als partij, schriftelijke opmerkingen maken ingevolge artikel 15, derde lid, eerste alinea, van verordening (EG) nr. 1/2003 van de Raad van de Europese Unie van 16 december 2002 betreffende de uitvoering van de mededingingregels van de artikelen 81 en 82 van het Verdrag (*PbEG* 2003, L 1), indien deze de wens daartoe te kennen heeft gegeven. Met toestemming van de rechter kan de raad van bestuur van de Nederlandse Mededingingsautoriteit of de Commissie van de Europese Gemeenschappen ook mondelinge opmerkingen maken.
De rechter kan daartoe een roldatum bepalen.
– 2. Op een verzoek ingevolge artikel 15, derde lid, tweede alinea, van de verordening verstrekt de rechter aan de raad van bestuur van de Nederlandse Mededingingsautoriteit of de Commissie van de Europese Gemeenschappen de in die bepaling bedoelde stukken. Partijen

kunnen binnen een door de rechter te bepalen termijn hun mening over de te verstrekken stukken geven.

– 3. Partijen kunnen binnen een door de rechter te bepalen termijn op de opmerkingen van de raad van bestuur van de Nederlandse Mededingingsautoriteit of de Commissie van de Europese Gemeenschappen reageren.

ZESDE AFDELING
Exploten

Art. 45

Exploot

– 1. Exploten worden door een daartoe bevoegde deurwaarder gedaan op de wijze in deze afdeling bepaald.

– 2. Het exploot vermeldt ten minste:

a. de datum van de betekening;

b. de naam, en in het geval van een natuurlijke persoon tevens de voornamen, en de woonplaats van degene op wiens verzoek de betekening geschiedt;

c. de voornamen, de naam en het kantooradres van de deurwaarder;

d. de naam en de woonplaats van degene voor wie het exploot is bestemd;

e. degene aan wie afschrift van het exploot is gelaten, onder vermelding van diens hoedanigheid.

– 3. Indien het exploot een vordering tot ontruiming betreft van een gebouwde onroerende zaak of een gedeelte daarvan door anderen dan gebruikers of gewezen gebruikers krachtens een persoonlijk of zakelijk recht, van wie naam en woonplaats in redelijkheid niet kunnen worden achterhaald, behoeft het deze naam en deze woonplaats niet te vermelden, noch de persoon aan wie afschrift van het exploot is gelaten. (Rv 61)

– 4. Het exploot en de afschriften daarvan worden door de deurwaarder ondertekend. (Rv 111 e.v.; Gerechtsdeurwaarderswet 2 e.v.)

Art. 46

Achterlaten afschrift exploot

– 1. De deurwaarder laat een afschrift van het exploot aan degene voor wie het is bestemd in persoon of aan de woonplaats aan een huisgenoot van deze of aan een andere persoon die zich daar bevindt en van wie aannemelijk is dat deze zal bevorderen dat het afschrift degene voor wie het exploot is bestemd, tijdig bereikt. Is het exploot voor meer personen bestemd, dan verstrekt hij voor ieder van hen een afschrift.

– 2. Voor degene voor wie het exploot is bestemd, geldt het afschrift als het oorspronkelijke exploot.

– 3. Indien degene voor wie het exploot is bestemd, weigert het afschrift in ontvangst te nemen, vermeldt de deurwaarder die weigering op het exploot en wordt degene voor wie het exploot is bestemd, geacht het afschrift in persoon te hebben ontvangen. Voorts laat de deurwaarder een afschrift in een gesloten envelop aan de woonplaats, dan wel verzendt hij een afschrift per post. Zijn achterlating aan de woonplaats en verzending per post redelijkerwijs niet zinvol of niet mogelijk, dan kan de deurwaarder het afschrift in een gesloten envelop achterlaten in de macht van degene voor wie het exploot is bestemd. Artikel 47, eerste lid, derde zin, en tweede lid, zijn van overeenkomstige toepassing. (Rv 1 en 3 (oud))

Art. 47

Achterlaten gesloten envelop

– 1. Indien de deurwaarder aan geen van de in artikel 46, eerste lid, bedoelde personen afschrift kan laten, laat hij een afschrift aan de woonplaats achter in een gesloten envelop. Indien ook dat feitelijk onmogelijk is, bezorgt hij terstond een afschrift ter post. De deurwaarder maakt, zowel in het ene als het andere geval tevens onder vermelding van de reden van de feitelijke onmogelijkheid, van deze handelingen melding in het exploot.

– 2. Op de envelop waarin het afschrift ingevolge het eerste lid wordt achtergelaten of ter post wordt bezorgd, worden vermeld de naam en de woonplaats van degene voor wie het exploot is bestemd. De envelop vermeldt tevens de naam, de hoedanigheid, het kantooradres en het telefoonnummer van de deurwaarder, alsmede een aanduiding dat de inhoud de onmiddellijke aandacht behoeft. (Rv 2 (oud))

Art. 48

Exploot voor Koning of Staat

Ten aanzien van de Koning, de vermoedelijke opvolger van de Koning, hun echtgenoten en de Regent, alsmede ten aanzien van de Staat, geschiedt de betekening aan het parket van de procureur-generaal bij de Hoge Raad. Indien afschrift van een voor de Staat bestemd exploot wordt gelaten aan een persoon ten parkette die daartoe is aangewezen, is het exploot gedaan aan de Staat in persoon. Indien mogelijk wordt in het exploot vermeld welk ministerie het betreft. (Rv 4 sub 1° (oud))

Art. 49

Exploot voor publiekrechtelijke rechtspersoon

Ten aanzien van een rechtspersoon als bedoeld in artikel 1 van Boek 2 van het Burgerlijk Wetboek, met uitzondering van de Staat, geschiedt de betekening ter plaatse waar het bestuur zitting of kantoor houdt, of aan de persoon of de woonplaats van het hoofd van dat bestuur. Indien afschrift van het exploot wordt gelaten aan een bestuurder of aan een persoon die daartoe is aangewezen, is het exploot gedaan aan de rechtspersoon in persoon. (Rv 4 sub 2° (oud))

Art. 50

Exploot voor overige rechtspersonen

Ten aanzien van andere rechtspersonen geschiedt de betekening aan hun kantoor of aan de persoon of de woonplaats van een van de bestuurders. Na de ontbinding geschiedt zij aan het kantoor, de persoon of de woonplaats van een van de vereffenaars. Indien afschrift van het exploot wordt gelaten aan een bestuurder, of, na de ontbinding, aan een vereffenaar, is het exploot gedaan aan de rechtspersoon in persoon. (Rv 4 sub 3° (oud))

Art. 51

Exploot voor vof of cv

– 1. Ten aanzien van vennootschappen onder firma en commanditaire vennootschappen geschiedt de betekening aan hun kantoor of aan de persoon of de woonplaats van een van de beherende vennoten. Na de ontbinding geschiedt zij aan het kantoor, de persoon of de woonplaats van een van de vereffenaars. Indien afschrift van het exploot wordt gelaten aan een beherende vennoot, of, na de ontbinding, aan een vereffenaar, is het exploot gedaan aan de vennootschap in persoon.

– 2. Ten aanzien van maatschappen die een gemeenschappelijke naam voeren, geschiedt de betekening aan hun kantoor. (Rv 4 sub 4° (oud))

Art. 52

Exploot in geval van faillissement, surséance of schuldsaneringsregeling

Ten aanzien van curatoren in een faillissement, bewindvoerders in een surséance van betaling dan wel in een schuldsaneringsregeling natuurlijke personen geschiedt de betekening aan het kantoor, de persoon of de woonplaats van een van hen. (Rv 4 sub 5° (oud))

Art. 53

Exploot voor gezamenlijke erfgenamen

Bij een betekening ten aanzien van de gezamenlijke erfgenamen van een overledene kan vermelding van hun namen en woonplaatsen achterwege blijven indien deze geschiedt:

a. aan de laatste woonplaats van de overledene, mits aldaar nog de overlevende echtgenoot, geregistreerde partner of andere levensgezel, een broer, een zuster of een nabestaande in de rechte lijn woont,

b. aan de persoon of de woonplaats van een executeur of door de rechtbank benoemde vereffenaar van de nalatenschap, van een ten tijde van het overlijden fungerend curator of bewindvoerder, of, indien bij een dagvaarding verzet, hoger beroep of beroep in cassatie wordt ingesteld, aan het kantoor van de advocaat of deurwaarder bij wie de overledene laatstelijk woonplaats heeft gekozen, of

c. aan de persoon of de woonplaats van een van de erfgenamen, mits binnen een jaar na het overlijden, in welk geval het exploot tevens moet worden aangekondigd in een landelijk dagblad of een dagblad verschijnend in de streek waar de laatste woonplaats van de overledene was; een en ander onverminderd de mogelijkheid van betekening aan ieder van de erfgenamen afzonderlijk op de gewone wijze. (Rv 4 sub 6° (oud))

Art. 54

Betekening ter plaatse van werkelijk verblijf

– 1. Ten aanzien van hen die geen bekende woonplaats in Nederland hebben, geschiedt de betekening ter plaatse van hun werkelijk verblijf.

– 2. Indien de woonplaats en het werkelijk verblijf onbekend zijn en het exploot een te voeren of aanhangige procedure betreft, alsmede indien in rechte worden opgeroepen houders van aandelen of andere effecten, welke niet op naam staan of waarvan de houders niet bij name bekend zijn, geschiedt de betekening aan het parket van de ambtenaar van het openbaar ministerie bij het gerecht waar de zaak moet dienen of dient. Indien de zaak dient of moet dienen bij de Hoge Raad, geschiedt de betekening aan het parket van de procureur-generaal bij de Hoge Raad. Voorts wordt een uittreksel van het exploot zo spoedig mogelijk bekend gemaakt in een landelijk dagblad of in een dagblad verschijnend in de streek waar voormeld gerecht zitting houdt onder vermelding van naam en kantooradres van de deurwaarder of van de advocaat van wie afschrift van het exploot kan worden verkregen.

– 3. Gelijkelijk wordt gehandeld ten aanzien van rechtspersonen, bestaande of ontbonden, bij gebreke van kantoor, bestuurder of vereffenaar, of wanneer de bestuurder of vereffenaar geen bekend kantoor, bekende woonplaats of bekend werkelijk verblijf heeft.

– 4. Indien het exploot niet een te voeren of aanhangige procedure betreft, geschiedt de betekening aan het parket van de ambtenaar van het openbaar ministerie bij de rechtbank binnen het rechtsgebied waarvan de verzoeker zijn woonplaats of, bij gebreke daarvan, zijn werkelijk verblijf heeft, terwijl een uittreksel van het exploot voorts bekend wordt gemaakt in een landelijk dagblad of in een dagblad verschijnend in de streek waar de verzoeker woonplaats of werkelijk verblijf heeft, onder vermelding van naam en kantooradres van de deurwaarder of van de advocaat van wie afschrift van het exploot kan worden verkregen. Heeft de verzoeker geen bekende woonplaats of bekend werkelijk verblijf in Nederland, dan geschiedt de betekening aan het parket van de ambtenaar van het openbaar ministerie bij de rechtbank te 's-Gravenhage.

– 5. Indien het exploot ten verzoeke van de ene echtgenoot of geregistreerde partner aan de andere wordt gedaan, houdt het de naam van de raadsman van die andere echtgenoot of geregistreerde partner in, indien deze bekend is. (Rv 4 sub 7° (oud))

Art. 55

Woon- of verblijfplaats niet bekend

– 1. Ten aanzien van hen die geen bekende woonplaats of bekend werkelijk verblijf in Nederland hebben, maar van wie de woonplaats of het werkelijk verblijf buiten Nederland bekend is, geschiedt de betekening aan het parket van de ambtenaar van het openbaar ministerie, onderscheidenlijk de procureur-generaal, bedoeld in artikel 54, tweede en vierde lid, die een afschrift van het exploot ten behoeve van degene voor wie het bestemd is, toezendt aan het Ministerie van Buitenlandse Zaken of, indien de woonplaats of het werkelijk verblijf van de betrokkene zich in de Nederlandse Antillen of op Aruba bevindt, aan het Kabinet van de Gevolmachtigd Minister van de Nederlandse Antillen respectievelijk van Aruba in Nederland. Een tweede afschrift wordt door de deurwaarder per aangetekende brief onverwijld toegezonden aan de woonplaats of het werkelijk verblijf van de betrokkene.

– 2. Heeft degene voor wie het exploot bestemd is, een bekende woonplaats of een bekend werkelijk verblijf buiten Nederland in een Staat die partij is bij het op 15 november 1965 te 's-Gravenhage tot stand gekomen Verdrag inzake de betekening en de kennisgeving in het buitenland van gerechtelijke en buitengerechtelijke stukken in burgerlijke en in handelszaken (*Trb.* 1966, 91) en ontvangt deze het afschrift op een wijze die aldaar wordt aangemerkt als betekening in persoon, dan wordt het exploot geacht te zijn gedaan aan hem in persoon. (Rv 4 sub 8° (oud))

Art. 56

Woon- of verblijfplaats bekend buiten Nederland

– 1. Voorzover nodig in afwijking van hetgeen elders in deze afdeling is bepaald, geschiedt de betekening ten aanzien van hen die geen bekende woonplaats of bekend werkelijk verblijf in Nederland hebben, maar wel een bekende woonplaats of bekend werkelijk verblijf hebben in een Staat waar de verordening (EG) nr. 1348/2000 van de Raad van de Europese Unie van 29 mei 2000 inzake de betekening en de kennisgeving in de lidstaten van gerechtelijke en buitengerechtelijke stukken in burgerlijke of in handelszaken (*PbEG* L 160/37) van toepassing is, met inachtneming van het tweede tot en met vierde lid.

– 2. Een deurwaarder die is aangewezen als verzendende instantie als bedoeld in artikel 2, eerste lid, van de verordening, verzendt een afschrift van het te betekenen stuk aan een ontvangende instantie als bedoeld in artikel 2, tweede lid, van de verordening ter betekening aan degene voor wie het stuk bestemd is. In plaats van een afschrift kan de deurwaarder ook een vertaling van het stuk verzenden in een taal als bedoeld in artikel 8, eerste lid onder *a*, van de verordening. De gerechtsdeurwaarder maakt in het stuk melding van de verzending, alsmede van de volgende gegevens:

a. de datum van verzending;
b. de naam en het adres van de ontvangende instantie;
c. de wijze van verzending;
d. of een vertaling is verzonden en, zo ja, in welke taal;
e. de taal waarin het formulier als bedoeld in artikel 4, derde lid, van de verordening is ingevuld;
f. de gevraagde wijze van betekening.

– 3. Wanneer de betekening binnen een bepaalde termijn moet worden verricht, wordt ten aanzien van degene op wiens verzoek de betekening geschiedt, de datum van verzending overeenkomstig het tweede lid in aanmerking genomen als de datum van betekening. Wordt een dagvaarding overeenkomstig artikel 63, eerste lid, betekend aan het kantoor van de advocaat of deurwaarder bij wie degene voor wie de dagvaarding is bestemd, laatstelijk woonplaats heeft gekozen, dan wordt ter bepaling of tijdig verzet, hoger beroep, onderscheidenlijk beroep in cassatie is ingesteld de datum van die betekening in aanmerking genomen, mits de deurwaarder binnen veertien dagen daarna tevens een afschrift van de dagvaarding, of een vertaling daarvan in een taal als bedoeld in artikel 8, eerste lid onder *a*, van de verordening, aan een ontvangende instantie zendt als bedoeld in artikel 2, tweede lid, van de verordening, ter betekening aan de betrokkene dan wel bij aangetekende post rechtstreeks aan de betrokkene verzendt.

– 4. Ontvangt degene voor wie het stuk bestemd is het afschrift of de vertaling op een wijze die in de desbetreffende Staat wordt aangemerkt als betekening in persoon, dan wordt het stuk geacht te zijn betekend aan hem in persoon. (Rv 55 lid 2)

Art. 57

Exploot voor huisgenoot

– 1. Ten aanzien van hem die met degene ten verzoeke van wie het exploot wordt gedaan de woning deelt, geschiedt de betekening aan hem in persoon.

– 2. Indien betekening in persoon niet kan geschieden, handelt de deurwaarder overeenkomstig artikel 47 en doet hij bovendien een afschrift van het exploot toekomen aan het parket van de ambtenaar van het openbaar ministerie bij het gerecht waarvoor de zaak moet dienen of dient dan wel, indien het exploot niet een te voeren of aanhangige procedure betreft, bij de rechtbank binnen welker rechtsgebied de woning gelegen is. Indien de zaak dient of moet dienen bij de Hoge Raad, geschiedt de betekening aan het parket van de procureur-generaal bij de Hoge Raad. De ambtenaar van het openbaar ministerie, onderscheidenlijk de procureur-generaal, bevordert dat het exploot de betrokkene bereikt. (Rv 4 sub 9° (oud))

Art. 57a-57c

Vervallen.

Art. 58

Betekening aan eigenaar schip/rederij

Ten aanzien van de eigenaar en ten aanzien van de leden dan wel de boekhouder van een rederij van een schip dat in de openbare registers, bedoeld in afdeling 2 van titel 1 van Boek 3 van het Burgerlijk Wetboek, te boek staat, indien het exploot het schip dan wel een in of krachtens Boek 8 van het Burgerlijk Wetboek geregeld onderwerp betreft, geschiedt de betekening aan de in artikel 194, zesde lid, of artikel 784, zevende lid, van Boek 8 genoemde woonplaats. (Rv 4 sub 10° (oud))

Art. 59

Betekening aan kapitein

Ten aanzien van de opvarenden van een schip die geen bekende woonplaats in Nederland hebben en die noch aan boord van dat schip, noch elders worden aangetroffen, geschiedt de betekening, indien het exploot het schip of een in of krachtens Boek 8 van het Burgerlijk Wetboek geregeld onderwerp betreft, aan boord aan de kapitein of de schipper van dat schip. (Rv 4 sub 11° (oud))

Art. 60

Betekening aan eigenaar luchtvaartuig

Ten aanzien van de eigenaar van een luchtvaartuig dat in de openbare registers, bedoeld in afdeling 2 van titel 1 van Boek 3 van het Burgerlijk Wetboek, te boek staat, geschiedt de betekening, indien het exploot het luchtvaartuig dan wel een in of krachtens Boek 8 van het Burgerlijk Wetboek geregeld onderwerp betreft, aan de in artikel 1303, zesde lid, van Boek 8 van het Burgerlijk Wetboek genoemde woonplaats. (Rv 4 sub 11° (oud))

Art. 61

Betekening aan krakers

Ten aanzien van hen die verblijven in een gebouwde onroerende zaak of een gedeelte daarvan, indien het exploot een vordering tot ontruiming daarvan door anderen dan gebruikers of gewezen gebruikers krachtens een persoonlijk of zakelijk recht betreft, zonder dat de naam en de woonplaats van degenen voor wie het exploot is bestemd, alsmede de persoon aan wie afschrift wordt gelaten, worden vermeld, geschiedt de betekening op de wijze als vermeld in artikel 47, met dien verstande dat voor 'aan de woonplaats' in het eerste lid van dat artikel wordt gelezen: ter plaatse, en dat degenen voor wie het exploot bestemd is, daarin en op de envelop waarin een afschrift wordt achtergelaten of ter post wordt bezorgd, worden aangeduid als: zij die verblijven in de desbetreffende onroerende zaak of een gedeelte daarvan. Voorts wordt een uittreksel van het exploot zo spoedig mogelijk bekend gemaakt in een landelijk dagblad of in een dagblad verschijnend in de streek waarin de onroerende zaak gelegen is, onder vermelding van naam en kantooradres van de deurwaarder of van de advocaat van wie afschrift van het exploot kan worden verkregen. (Rv 4 sub 12° (oud))

Art. 62

Betekening ingeval van algemene voorwaarden

Ten aanzien van hen die algemene voorwaarden gebruiken waarin bedingen voorkomen waarvan gesteld wordt dat zij onredelijk bezwarend zijn, geschiedt, indien ingevolge artikel 1003, onder 1°, hun naam en woonplaats niet afzonderlijk in het exploot worden vermeld, de betekening aan het parket van de procureur-generaal bij het gerecht waar de zaak aanhangig wordt gemaakt, is of laatstelijk was, terwijl een uittreksel van het exploot zo spoedig mogelijk bekend wordt gemaakt in een landelijk dagblad onder vermelding van naam en kantooradres van de deurwaarder of van de advocaat van wie afschrift van het exploot kan worden verkregen. (Rv 4 sub 13° (oud))

Art. 63

Betekening aan kantoor advocaat of deurwaarder

– 1. Een exploot waarbij verzet wordt gedaan of waarbij hoger beroep of beroep in cassatie wordt ingesteld, kan ook worden gedaan aan het kantoor van de advocaat of deurwaarder bij wie degene voor wie het exploot is bestemd, laatstelijk ter zake woonplaats heeft gekozen. Deze advocaat of deurwaarder bevordert dat het exploot degene voor wie het is bestemd, tijdig bereikt.

– 2. Aan een in verband met executie volgens wettelijk voorschrift gekozen woonplaats kunnen alle exploten worden gedaan, zelfs van verzet, hoger beroep en cassatie. (Rv 438*a* (oud); Rv 74, 79 lid 2, 80 lid 4)

Art. 64

Tijdstip uitbrenging exploot

– 1. Geen exploot mag worden gedaan tussen acht uur 's avonds en zeven uur 's ochtends.

– 2. Evenmin mag een exploot worden gedaan op een zondag of een algemeen erkende feestdag. Indien de laatste dag van de termijn, waarbinnen het exploot kan worden gedaan, op een zondag of een algemeen erkende feestdag valt, kan het exploot de daarop volgende dag worden gedaan.
– 3. De voorzieningenrechter of, in kantonzaken, de kantonrechter van het gerecht, waarvoor bij dat exploot wordt gedagvaard of opgeroepen, en in alle andere gevallen de voorzieningenrechter van de rechtbank binnen het rechtsgebied waarvan het exploot wordt uitgebracht, kan, in afwijking van het eerste en tweede lid, verlof verlenen het exploot uit te brengen op alle dagen en uren. (Rv 14 (oud); ATW 3 lid 1; Rv 438*b*)

Art. 65

Nietigheid exploot

Een exploot of akte van rechtspleging kan slechts nietig worden verklaard, indien dit exploot of deze akte lijdt aan een gebrek dat uitdrukkelijk met nietigheid is bedreigd of indien de nietigheid voortvloeit uit de aard van het gebrek. (Rv 90 (oud))

Art. 66

Nietigheid slechts bij onredelijke benadeling

– 1. De niet-naleving van hetgeen in deze afdeling is voorgeschreven, brengt slechts nietigheid mee voor zover aannemelijk is dat degene voor wie het exploot is bestemd, door het gebrek onredelijk is benadeeld.
– 2. Een gebrek in een exploot dat nietigheid meebrengt, kan, tenzij uit de wet anders voortvloeit, bij exploot worden hersteld. (Rv 120; Rv 94 (oud))

ZEVENDE AFDELING
Inlichtingen over buitenlands recht en communautair mededingingsrecht

Art. 67

Inlichtingen over buitenlands recht en communautair mededingingsrecht

– 1. Indien de rechter inlichtingen wil inwinnen overeenkomstig artikel 3 van de op 7 juni 1968 te Londen gesloten Europese Overeenkomst nopens het verstrekken van inlichtingen over buitenlands recht (*Trb.* 1968, 142) dan wel inlichtingen of advies wil vragen ingevolge artikel 15, eerste lid, van verordening (EG)) nr. 1/2003 van de Raad van de Europese Unie van 16 december 2002 betreffende de uitvoering van de mededingingregels van de artikelen 81 en 82 van het Verdrag (*PbEG* 2003, L 1), doet hij aan partijen schriftelijk opgave van de te stellen vragen en de te verzenden stukken.
– 2. Partijen kunnen binnen een door de rechter te bepalen termijn schriftelijk hun mening omtrent de te stellen vragen en de te verzenden stukken geven.
– 3. De rechter stelt de inhoud van het verzoek om inlichtingen of advies in een tussenbeslissing vast. Voor zover het inlichtingen over buitenlands recht betreft, neemt hij artikel 4 van de Overeenkomst daarbij in acht.
– 4. Tegen deze tussenbeslissing staat geen voorziening open, voor zover het de inhoud van de te stellen vragen en de te verzenden stukken betreft.
– 5. Indien aan de rechter op grond van artikel 13 van de Overeenkomst aanvullende inlichtingen worden gevraagd, stelt hij partijen in de gelegenheid binnen een door hem te bepalen termijn schriftelijk op dit verzoek te reageren. (Rv 150 en 429*s* (oud), 1044)

Art. 68

Hervatting procedure na antwoord of advies

– 1. De griffier zendt een afschrift van het antwoord op het verzoek om inlichtingen of van het advies aan partijen. Alsdan bepaalt de rechter de dag waarop de procedure wordt voortgezet.
– 2. Partijen kunnen binnen een door de rechter te bepalen termijn hun beschouwingen over het antwoord of het advies geven.

ACHTSTE AFDELING
Herstel van verkeerd inleiden van een procedure, verwijzing door of naar de kantonrechter en verwijzing bij absolute onbevoegdheid

Art. 69

Verkeerd ingeleide procedure

– 1. Indien een procedure met een verzoekschrift is ingeleid in plaats van met een dagvaarding of met een dagvaarding in plaats van met een verzoekschrift, beveelt de rechter, zo nodig, de aanlegger binnen een door de rechter te bepalen termijn op kosten van de aanlegger het stuk waarmee de procedure is ingeleid, te verbeteren of aan te vullen. De procedure is aanhangig vanaf de oorspronkelijke dag van indiening of dagvaarding. (Rv 125, 278)
– 2. De rechter beveelt voorts, zo nodig met verwijzing naar een andere kamer, dat de procedure in de stand waarin zij zich bevindt wordt voortgezet volgens de regels die gelden voor de dagvaardingsprocedure respectievelijk de verzoekschriftprocedure.
– 3. Beveelt de rechter dat de procedure wordt voortgezet volgens de regels die gelden voor de dagvaardingsprocedure, dan bepaalt hij tevens een dag waarop de zaak op de rol zal komen. Heeft nog geen oproeping van de verweerder plaatsgevonden, dan beveelt hij dat deze dag door de aanlegger bij exploot aan de verweerder wordt aangezegd.

– 4. De rechter stelt partijen, zo nodig, in de gelegenheid hun stellingen aan de dan toepasselijke procesregels aan te passen.
– 5. Tegen een beslissing ingevolge het eerste, tweede, derde of vierde lid staat geen hogere voorziening open.

Art. 70

Gevolgen keuze voor civiele rechter bij administratief geschil

– 1. Voor zover de rechter de aanlegger in zijn vordering of verzoek niet-ontvankelijk verklaart omdat bezwaar kon worden gemaakt, administratief beroep kon worden ingesteld of beroep bij een administratieve rechter kon worden ingesteld, wordt dit in het vonnis, het arrest of de beschikking vermeld.
– 2. Indien de niet-ontvankelijkheid voor de aanlegger onduidelijk kon zijn, vermeldt de rechter tevens in het vonnis, het arrest of de beschikking bij welk orgaan alsnog bezwaar kan worden gemaakt of alsnog beroep kan worden ingesteld. Het orgaan waarbij alsnog bezwaar kan worden gemaakt of alsnog beroep kan worden ingesteld, is aan die beslissing gebonden.
– 3. De termijn voor het alsnog indienen van het bezwaar- of beroepschrift vangt aan met ingang van de dag na die waarop het vonnis, het arrest of de beschikking onherroepelijk is geworden. (Awb 6:11, 8:71; Rv 96*a* (oud); Rv 237 lid 1)

Art. 71

Verwijzing naar kantonrechter

– 1. Moet een zaak, in behandeling bij de kantonrechter, verder worden behandeld en beslist door een kamer die niet tot de sector kanton behoort, dan wordt de zaak daartoe op verlangen van een der partijen of ambtshalve naar een zodanige kamer verwezen.
– 2. Moet een zaak, in behandeling bij een kamer die niet tot de sector kanton behoort, verder worden behandeld en beslist door de kantonrechter, dan wordt de zaak daartoe op verlangen van een der partijen of ambtshalve verwezen naar een kamer die tot de sector kanton behoort.
– 3. De vraag of verwijzing nodig is beoordeelt de rechter, voor zover daarvoor het onderwerp van het geschil bepalend is, aan de hand van zijn voorlopig oordeel over het onderwerp van het geschil.
– 4. In de beslissing tot verwijzing vermeldt de rechter op welke wijze partijen in de procedure moeten verschijnen. In het geval van een dagvaardingsprocedure vermeldt de rechter tevens een nieuwe roldatum en beveelt hij, indien tegen de gedaagde verstek is verleend, dat deze door de eiser bij exploot aan de gedaagde wordt aangezegd onder betekening van de beslissing tot verwijzing.
– 5. Tegen een verwijzing en tegen het achterwege laten van verwijzing staat geen voorziening open. De rechter naar wie de zaak is verwezen, is aan de verwijzing gebonden. (Rv 93 e.v.)

Art. 72

Onbevoegdheidsverklaring

Indien een zaak niet behoort tot de absolute bevoegdheid van de rechter, verklaart deze zich, zo nodig ambtshalve, onbevoegd. (Rv 73, 76)

Art. 73

Verwijzing

Verklaart de rechter zich onbevoegd en is een andere gewone rechter wel bevoegd, dan verwijst hij de zaak naar deze rechter. (Rv 157*a* lid 1 (oud))

Art. 74

Hervatting procedure na verwijzing

– 1. Betreft de verwijzing een zaak die bij dagvaarding moet worden ingeleid, dan heeft iedere partij het recht de overige partijen bij exploot op te roepen tegen de dag waarop zij de zaak ter rolle wil doen dienen. Voor deze oproeping moeten de voor dagvaarding voorgeschreven termijnen in acht worden genomen. Het exploot kan ook worden gedaan aan het kantoor van de advocaat of deurwaarder bij wie degene voor wie het exploot bestemd is, laatstelijk ter zake woonplaats heeft gekozen. Deze advocaat of deurwaarder bevordert dat het exploot degene voor wie het is bestemd, tijdig bereikt. (Rv 158*a* (oud), 63, 110 lid 2)
– 2. Betreft de verwijzing een zaak die met een verzoekschrift moet worden ingeleid, dan zendt de griffier een afschrift van de beschikking aan de rechter naar wie de zaak is verwezen.
– 3. De procedure wordt, in de stand waarin zij zich bij de verwijzing bevindt, voortgezet voor de rechter naar wie de zaak is verwezen. Een lagere rechter is aan de verwijzing gebonden, een hogere rechter niet. (Rv 157*a* lid 1, 157*b* lid 2 en 3 (oud))

Art. 75

Beroep in cassatie

– 1. Tegen een arrest of beschikking waarbij de rechter zich onbevoegd verklaart en de zaak verwijst naar een lagere rechter, kan beroep in cassatie slechts worden ingesteld binnen acht weken, te rekenen van de dag van de uitspraak van het arrest of de beschikking.
– 2. Tegen een vonnis of beschikking waarbij de rechter zich onbevoegd verklaart en de zaak verwijst naar een hogere rechter, is geen hogere voorziening toegelaten. (Rv 157*b* lid 3 (oud); Rv 110 lid 3)

Art. 76

Verwijzing naar lagere rechter

Indien de rechter in hoger beroep een vonnis of beschikking van een lagere rechter, waarbij deze zich onbevoegd had verklaard wegens ontbreken van rechtsmacht of in verband met een overeenkomst tot arbitrage, vernietigt, verwijst de rechter de zaak naar deze lagere rechter om op de hoofdzaak te worden beslist, tenzij partijen verklaren te verlangen dat de rechter in beroep de zaak aan zich houdt. (Rv 157*a* lid 2 (oud))

NEGENDE AFDELING
Slotbepaling

Art. 77

Koning als partij

– 1. In alle procedures waarin de Koning als eiser of als verzoeker optreedt, wordt de zaak ingeleid en voortgezet ten name van en door een door hem aan te wijzen gemachtigde.
– 2. Alle procedures tegen de Koning worden voortgezet ten name van een door hem aan te wijzen gemachtigde. Betreft het een zaak die bij dagvaarding moet worden ingeleid, dan wordt, indien de gemachtigde niet in het geding opkomt en indien daartoe gronden zijn, het verstek verleend en vonnis gewezen ten name van de procureur-generaal bij de Hoge Raad. (RO 111; Rv 6 (oud))

TWEEDE TITEL
De dagvaardingsprocedure in eerste aanleg

EERSTE AFDELING
Algemene bepalingen

Art. 78

Dagvaardingsprocedure

– 1. Deze titel is van toepassing op alle zaken waarop niet ingevolge artikel 261 de derde titel van toepassing is, en voor zover daarop niet een andere, bijzondere wettelijke regeling van toepassing is. (Rv 261)
– 2. De zaken, bedoeld in het eerste lid, worden elders in dit wetboek aangeduid als: zaken die bij dagvaarding moeten worden ingeleid. (Rv 111)

Art. 79

Procederen in persoon
Advocaat verplicht

– 1. Partijen kunnen in zaken voor de kantonrechter in persoon procederen. (Rv 80, 81; RO 38)
– 2. In alle overige zaken kunnen partijen niet in persoon procederen, maar slechts bij advocaat. Zij worden geacht tot aan het eindvonnis bij de gestelde advocaat woonplaats te hebben gekozen, tenzij zij hebben verklaard een andere woonplaats te hebben gekozen. Zij kunnen de door hen gestelde advocaat niet herroepen zonder tevens een andere advocaat te stellen. (Rv 82, 83, 84 lid 2 sub *a*; Rv 133, 146 (oud))

Art. 80

Bijstand of vertegenwoordiging bij procederen in persoon

– 1. In zaken waarin partijen in persoon kunnen procederen, kunnen zij zich laten bijstaan of zich door een gemachtigde laten vertegenwoordigen.
– 2. De kantonrechter kan van een gemachtigde overlegging van een schriftelijke volmacht verlangen.
– 3. Het tweede lid is niet van toepassing op advocaten en deurwaarders.
– 4. Partijen worden geacht tot aan het eindvonnis bij de gemachtigde woonplaats te hebben gekozen, tenzij zij hebben verklaard een andere woonplaats te hebben gekozen. (Awb 8:24; Rv 101 (oud))

Art. 81

Weigering bijstand of vertegenwoordiging

– 1. De kantonrechter kan bij met redenen omklede beschikking bijstand of vertegenwoordiging door een persoon tegen wie ernstige bezwaren bestaan en die geen advocaat of deurwaarder is, weigeren. De weigering geldt voor een bepaalde zaak of voor een door de kantonrechter te bepalen tijd.
– 2. De weigering wordt aan de desbetreffende partij en aan de in het eerste lid bedoelde persoon schriftelijk meegedeeld met vermelding van de reden van de weigering. Tevens stelt de kantonrechter de partij in de gelegenheid een andere persoon aan te wijzen. Daartoe houdt hij de zaak zo nodig aan.
– 3. De kantonrechter kan bepalen dat een beschikking, op grond van het eerste lid gegeven, uitvoerbaar bij voorraad is.
– 4. De persoon die is geweigerd, kan binnen vier weken na de verzending van de beschikking in beroep komen bij het gerechtshof.
– 5. Het gerechtshof beslist na de betrokken kantonrechter te hebben uitgenodigd de nodige inlichtingen te verstrekken en na de appellant te hebben gehoord. (Rv 102 (oud))

Art. 82

Wijze waarop conclusies en akten worden genomen

– 1. In zaken waarin partijen in persoon kunnen procederen, worden conclusies en akten genomen ter terechtzitting, dan wel door indiening ter griffie vóór de roldatum.
– 2. In deze zaken kunnen conclusies en akten ook mondeling ter terechtzitting worden genomen.
– 3. In zaken waarin partijen niet in persoon kunnen procederen, worden, indien op de roldatum een terechtzitting plaatsvindt, conclusies en akten ter terechtzitting genomen. Indien niet

een terechtzitting plaatsvindt, worden conclusies en akten op de roldatum genomen door indiening ter griffie vóór of op de roldatum.

Art. 83

Ondertekening conclusies en akten

– 1. In zaken waarin partijen in persoon kunnen procederen, worden de conclusies en akten, wanneer zij niet mondeling worden genomen, ondertekend door de partij van wie het stuk afkomstig is of door haar gemachtigde. (Rv 117 lid 2 (oud))
– 2. In zaken waarin partijen niet in persoon kunnen procederen, worden deze stukken ondertekend door de advocaat. (Rv 133 lid 3 (oud))

Art. 84

Verstrekking conclusies en akten aan griffier

– 1. Conclusies en akten worden, wanneer zij ter terechtzitting worden genomen, aan de griffier verstrekt. (Rv 82 lid 3)
– 2. In zaken waarin partijen in persoon kunnen procederen, zendt de griffier zo spoedig mogelijk een afschrift van deze stukken aan de wederpartij, voor zover dit afschrift niet reeds aan haar of aan haar gemachtigde ter terechtzitting is overhandigd.
– 3. Indien mondeling is geconcludeerd zonder dat de wederpartij of haar gemachtigde daarbij aanwezig was, zendt de griffier een weergave van de zakelijke inhoud van de conclusie aan de wederpartij of aan haar gemachtigde.
– 4. In zaken waarin partijen niet in persoon kunnen procederen, doet de advocaat uiterlijk op de roldatum een afschrift van deze stukken aan de advocaat van de wederpartij toekomen.

Art. 85

Afschrift gedingstuk

– 1. Indien een partij zich bij dagvaarding, conclusie of akte op enig stuk beroept, is zij verplicht een afschrift van het stuk bij te voegen, tenzij een afschrift reeds bij een eerder processtuk in dezelfde zaak was gevoegd. De in de vorige volzin bedoelde verplichting vervalt indien de wederpartij verklaart geen afschrift te verlangen.
– 2. Indien de wederpartij verklaart inzage in het stuk zelf te verlangen, is de partij die zich op het stuk beroept bovendien verplicht dit ter griffie te deponeren. In zaken waarin partijen niet in persoon kunnen procederen, kan in plaats daarvan het stuk aan de advocaat van de wederpartij tegen ontvangstbewijs worden afgegeven.
– 3. Indien een partij nog enig stuk in het geding wenst te brengen nadat de dag voor een verschijning van partijen ter terechtzitting of het houden van pleidooien is bepaald, zendt zij een afschrift aan de wederpartij. Tegelijkertijd verstrekt zij een afschrift van het stuk aan de griffier.
– 4. Indien ten aanzien van enig stuk aan enig voorschrift van dit artikel niet is voldaan, of dermate laat dat de wederpartij dientengevolge niet voldoende in staat is zich daarover uit te laten, kan zij zich daarop tot aan het eindvonnis beroepen. In dat geval of indien zodanig beroep niet wordt gedaan, terwijl de rechter reden heeft om te veronderstellen dat de wederpartij geen afschrift van het stuk heeft ontvangen, biedt hij de wederpartij de gelegenheid zich alsnog over het stuk uit te laten, dan wel houdt hij bij zijn beslissing ten nadele van de wederpartij met het stuk geen rekening. (Rv 147 (oud); Rv 19)

Art. 86

Teruggave origineel gedingstuk

De in artikel 85, tweede lid, bedoelde stukken worden teruggegeven binnen een week na dagtekening van het ontvangstbewijs of, op verlangen van de partij die zich op de stukken beroept, binnen een week na de kennisgeving aan de wederpartij dat de stukken ter griffie zijn gedeponeerd. (Rv 148 (oud))

Art. 87

Schikkingscomparitie

– 1. De rechter kan, op verzoek van partijen of van een van hen dan wel ambtshalve, in alle gevallen en in elke stand van het geding een verschijning van partijen ter terechtzitting bevelen teneinde een schikking te beproeven. (Rv 131)
– 2. Partijen verschijnen ter terechtzitting in persoon of bij gemachtigde. In zaken waarin zij niet in persoon kunnen procederen, verschijnen zij in persoon of bij advocaat. De rechter kan verschijning in persoon bevelen. Partijen die ter terechtzitting in persoon verschijnen, mogen zich laten bijstaan door hun raadsman. In zaken waarin partijen niet in persoon kunnen procederen, is de raadsman een advocaat.
– 3. Indien een schikking tot stand komt, wordt, wanneer een partij dat verlangt, een proces-verbaal opgemaakt, dat mede wordt ondertekend door partijen of hun tot dat doel bijzonderlijk gevolmachtigden en waarin de verbintenissen die partijen ten gevolge van die schikking op zich nemen, worden uitgedrukt. De uitgifte van dit proces-verbaal geschiedt in executoriale vorm.
– 4. Indien geen schikking tot stand komt, bepaalt de rechter de dag waarop de zaak weer op de rol zal komen. (Rv 19 (oud); Rv 191)

Art. 88

Inlichtingencomparitie

– 1. Een verschijning van partijen ter terechtzitting kan ook worden bevolen tot het geven van inlichtingen aan de rechter. Artikel 87, tweede lid, is van toepassing. (Rv 22, 131)
– 2. De rechter ondervraagt partijen. Partijen kunnen elkaar vragen stellen, behoudens de be-

voegdheid van de rechter om te beletten dat aan een bepaalde vraag gevolg wordt gegeven. (Rv 179 lid 3)

– 3. Van het verhandelde wordt een proces-verbaal opgemaakt dat na voorlezing door de rechter en door de griffier, alsmede door partijen wordt ondertekend. Indien geen inlichtingen zijn gegeven of de verschenen partijen daarmee instemmen, kan de rechter bepalen dat voorlezing en ondertekening door partijen achterwege blijven. Weigert een partij te ondertekenen of verklaart zij dit niet te kunnen, dan wordt die weigering of die verklaring inhoudende de oorzaak van verhindering, in het proces-verbaal vermeld. Eveneens vermeldt het proces-verbaal de door de rechter bepaalde dag waarop de zaak weer op de rol zal komen.

– 4. Een verklaring omtrent door haar te bewijzen feiten kan in het voordeel van de partij die haar aflegde geen bewijs opleveren. Overigens kan de rechter uit de afgelegde verklaringen, uit een niet-verschijnen ter terechtzitting of uit een weigering om te antwoorden of het proces-verbaal te ondertekenen de gevolgtrekking maken die hij geraden acht, behoudens artikel 154. (Rv 19*a* (oud); Rv 134 lid 4, 179 lid 4, 191)

Art. 89

Tijdstip overleggen bescheiden

Indien met het oog op een verschijning ter terechtzitting als bedoeld in artikel 87 of artikel 88 een bevel als bedoeld in artikel 22 wordt gegeven, moeten de bescheiden uiterlijk op een door de rechter te bepalen dag vóór de datum van de verschijning aan de rechter en in afschrift aan de wederpartij zijn overgelegd. (Rv 19*a* lid 1 (oud))

Art. 89a

Vervallen.

Art. 90

Zaak weer op de rol

– 1. In alle gevallen waarin de rechter een dag bepaalt waarop de zaak weer op de rol zal komen, bepaalt hij tevens welke proceshandeling dan moet worden verricht.

– 2. Dient een zaak in enige stand van het geding wederom voor een proceshandeling ter rolle, dan geschiedt dit bij een enkelvoudige kamer.

Art. 91

Afschrift proces-verbaal naar partijen

De griffier verstrekt zo spoedig mogelijk een afschrift van processen-verbaal aan de eiser en aan de in het geding verschenen gedaagde. (Rv 118 lid 3 (oud))

Art. 92

Toezending bij gewone brief

Indien de griffier aan partijen stukken toezendt, geschiedt dit, tenzij de rechter anders bepaalt, bij gewone brief. (Rv 118 lid 4 (oud))

TWEEDE AFDELING
Kantonzaken

Art. 93

Absolute competentie kantonrechter

Door de kantonrechter worden behandeld en beslist:

a. zaken betreffende vorderingen met een beloop van ten hoogste € 5000, de tot aan de dag van dagvaarding verschenen rente daarbij inbegrepen, tenzij de rechtstitel dat bedrag te boven gaat en die rechtstitel wordt betwist;

b. zaken betreffende vorderingen van onbepaalde waarde, indien er duidelijke aanwijzingen bestaan dat de vordering geen hogere waarde vertegenwoordigt dan € 5000;

c. zaken betreffende een arbeidsovereenkomst, een collectieve arbeidsovereenkomst, algemeen verbindend verklaarde bepalingen van een collectieve arbeidsovereenkomst, een vutovereenkomst als bedoeld in de Wet kaderregeling vut overheidspersoneel, of een agentuur-, huur- of huurkoopovereenkomst, ongeacht het beloop of de waarde van de vordering;

d. andere zaken ten aanzien waarvan de wet dit bepaalt. (RO 38 e.v. (oud); Rv 332; Huurwet 27)

Art. 94

Bevoegdheid in geval van meerdere vorderingen

– 1. Indien een zaak meer dan één vordering als bedoeld in artikel 93 onder *a* en *b* betreft, is voor de toepassing van dat artikel beslissend het totale beloop of de totale waarde van deze vorderingen.

– 2. Indien een zaak meer vorderingen betreft en tenminste één daarvan een vordering is als bedoeld in artikel 93 onder *c* of *d*, worden deze vorderingen alle door de kantonrechter behandeld en beslist, voor zover de samenhang tussen de vorderingen zich tegen afzonderlijke behandeling verzet.

– 3. In het geval van zaken in conventie en in reconventie, waarvan er tenminste één een vordering betreft als bedoeld in artikel 93 onder *c* of *d*, is het tweede lid van overeenkomstige toepassing.

– 4. In het geval van een hoofdzaak en een zaak in vrijwaring, waarvan er tenminste één een vordering betreft als bedoeld in artikel 93 onder *c* of *d*, worden deze vorderingen alle door de kantonrechter behandeld en beslist. (Rv 70 lid 1, 97)

Art. 95

Wijziging eis en competentie

Voor de toepassing van de artikelen 93 en 94 wordt mede gelet op een wijziging van de eis. (Rv 71)

Art. 96

'Arbitrage' bij kantonrechter

In alle zaken die slechts rechtsgevolgen betreffen die ter vrije bepaling van partijen staan, kunnen zij zich samen tot een kantonrechter van hun keuze wenden en zijn beslissing inroepen. Het geding wordt gevoerd op de wijze als door de kantonrechter bepaald. (Rv 79, 329, 333, 355 lid 2, 1020; RO 43 (oud))

Art. 96a

Vervallen.

Art. 97

Reconventie en competentie

– 1. Buiten de gevallen als bedoeld in artikel 94, derde lid, wordt een zaak in reconventie ook in afwijking van de artikelen 93 tot en met 96 behandeld en beslist door de rechter die de zaak in conventie behandelt en beslist, voor zover de samenhang tussen de vorderingen zich tegen afzonderlijke behandeling verzet.

– 2. Buiten de gevallen als bedoeld in artikel 94, vierde lid, wordt een zaak in vrijwaring ook in afwijking van de artikelen 93 tot en met 96 behandeld en beslist door de rechter die de hoofdzaak behandelt en beslist.

Art. 97a

Vervallen.

Art. 98

Verwijzing naar meervoudige kamer

Indien de kantonrechter in de gevallen, bedoeld in de artikelen 94, tweede tot en met vierde lid, en 97, eerste lid, van oordeel is dat de zaak ongeschikt is voor behandeling en beslissing door één rechter, kan hij de zaak met toepassing van artikel 15, tweede lid, verwijzen naar een meervoudige kamer van een andere sector dan de sector kanton.

Art. 98a

Vervallen.

DERDE AFDELING
Relatieve bevoegdheid

Art. 99

Relatieve competentie

– 1. Tenzij de wet anders bepaalt, is bevoegd de rechter van de woonplaats van de gedaagde.

– 2. Bij gebreke van een bekende woonplaats van de gedaagde in Nederland is bevoegd de rechter van zijn werkelijk verblijf. (Rv 126 (oud); Rv 2; BW 1:10)

Art. 99a

Vervallen.

Art. 100

Bevoegdheid bij arbeidszaken

In zaken betreffende een individuele arbeidsovereenkomst, een agentuurovereenkomst, een collectieve arbeidsovereenkomst of algemeen verbindend verklaarde bepalingen van een collectieve arbeidsovereenkomst is mede bevoegd de rechter van de plaats waar de arbeid gewoonlijk wordt of laatstelijk gewoonlijk werd verricht. In zaken betreffende een individuele arbeidsovereenkomst is, indien de arbeid tijdelijk in Nederland wordt verricht, mede bevoegd de rechter van de plaats waar de werknemer de arbeid tijdelijk verricht, voorzover het betreft een rechtsvordering met betrekking tot arbeidsvoorwaarden en arbeidsomstandigheden, welke is gegrond op artikel 1 van de Wet arbeidsvoorwaarden grensoverschrijdende arbeid, artikel 7 of 15 van de Wet minimumloon en minimumvakantiebijslag, artikel 2, zesde lid, van de Wet op het algemeen verbindend en het onverbindend verklaren van bepalingen van collectieve arbeidsovereenkomsten, artikel 8 of 11 van de Wet allocatie arbeidskrachten door intermediairs, alsmede artikel 5, eerste lid, onder *b*, *d*, *e*, of *f*, van de Algemene wet gelijke behandeling. (Rv 98 lid 2 (oud); RO 38 lid 1 sub *c* (oud); Rv 93 sub *c*)

Art. 100a

Vervallen.

Art. 101

Bevoegdheid bij consumentenzaken

In zaken betreffende een overeenkomst die wordt gesloten door een partij die handelt in de uitoefening van een beroep of bedrijf en een natuurlijk persoon die niet handelt in de uitoefening van een beroep of bedrijf, is mede bevoegd de rechter van de woonplaats of, bij gebreke daarvan, van het werkelijk verblijf van die natuurlijke persoon. (Rv 98 lid 4 (oud); BW 7: 5; EEX 13 e.v.; EVEX 13)

Art. 102

Bevoegdheid bij onrechtmatige daadzaken

In zaken betreffende verbintenissen uit onrechtmatige daad is mede bevoegd de rechter van de plaats waar het schadebrengende feit zich heeft voorgedaan. (Rv 6 sub *d*; EEX 5 sub 3°; EVEX 5 sub 3°)

Art. 103

Bevoegdheid bij onroerende zaakgeschillen

In zaken betreffende onroerende zaken is mede bevoegd de rechter binnen wiens rechtsgebied de zaak of het grootste gedeelte daarvan is gelegen. In zaken betreffende huur van woonruimte of huur van bedrijfsruimte in de zin van artikel 290 van Boek 7 van het Burgerlijk Wetboek is echter uitsluitend bevoegd de rechter binnen wiens rechtsgebied het gehuurde of het grootste gedeelte daarvan is gelegen. (Rv 98 lid 1 en 126 lid 8 (oud); Rv 6 sub *e*; 518, 520; EEX-Vo 22; EEX 16; EVEX 16)

Art. 104

Bevoegdheid bij erfrechtzaken

– 1. In zaken betreffende nalatenschappen is mede bevoegd de rechter van de laatste woonplaats van de overledene.
– 2. In zaken betreffende schuldvorderingen ten laste van de overledene is de in het eerste lid aangewezen rechter eveneens bevoegd. (Rv 126 lid 12 (oud); Rv 6 sub *f*, 268)

Art. 105

Bevoegdheid bij ondernemingsrechtelijke geschillen

In zaken betreffende de geldigheid, de nietigheid of de ontbinding van vennootschappen of rechtspersonen, de geldigheid, nietigheid of rechtsgevolgen van hun besluiten of die van hun organen dan wel de rechten en verplichtingen van hun leden of vennoten als zodanig, is mede bevoegd de rechter van de woonplaats of de plaats van vestiging van de rechtspersoon of de vennootschap. (Rv 126 lid 11 (oud); Rv 6 sub g; BW 2: 15)

Art. 106

Bevoegdheid bij faillissements- en surséancezaken

In zaken betreffende de toepassing van de wettelijke bepalingen inzake faillissement, surséance van betaling en schuldsaneringsregeling natuurlijke personen is mede bevoegd de rechtbank waaruit de rechter-commissaris is benoemd of, indien in geval van surséance geen rechter-commissaris is benoemd, de rechtbank die over het verzoek tot het verlenen van surséance heeft geoordeeld. (Rv 126 lid 13 (oud); Rv 6 sub *h*)

Art. 107

Meerdere gedaagden

Indien een rechter ten aanzien van een van de gezamenlijk in het geding betrokken gedaagden bevoegd is, is die rechter ook ten aanzien van de overige gedaagden bevoegd, mits tussen de vorderingen tegen de onderscheiden gedaagden een zodanige samenhang bestaat, dat redenen van doelmatigheid een gezamenlijke behandeling rechtvaardigen. (Rv 126 lid 7 (oud); Rv 7 lid 1)

Art. 108

Keuzevrijheid partijen

– 1. Hebben partijen bij overeenkomst een rechter aangewezen voor de kennisneming van geschillen die zijn ontstaan of zullen ontstaan naar aanleiding van een bepaalde rechtsbetrekking die tot hun vrije bepaling staat, dan is die rechter bij uitsluiting bevoegd van de zaak kennis te nemen, voorzover niet uit de overeenkomst anders voortvloeit.
– 2. Beloopt de vordering evenwel ten hoogste € 5 000 of betreft het een individuele arbeidsovereenkomst dan wel een zaak als bedoeld in artikel 101 of artikel 103, tweede zin, dan heeft een overeenkomst als bedoeld in het eerste lid geen gevolg, tenzij:
a. zij is aangegaan na het ontstaan van het geschil, of
b. de werknemer, de partij die niet handelt in de uitoefening van beroep of bedrijf dan wel de huurder zich tot de aangewezen rechter wendt.
– 3. Een overeenkomst tot aanwijzing van een bevoegde rechter wordt bewezen door een geschrift. Daarvoor is voldoende een geschrift dat een dergelijk beding bevat of dat verwijst naar algemene voorwaarden die een dergelijk beding bevatten, mits dat geschrift door of namens de wederpartij uitdrukkelijk of stilzwijgend is aanvaard.
– 4. Een overeenkomst tot aanwijzing van een bevoegde rechter dient als een afzonderlijke overeenkomst te worden beschouwd en beoordeeld. De aangewezen rechter is bevoegd te oordelen over de rechtsgeldigheid van de hoofdovereenkomst waarvan een overeenkomst tot aanwijzing van een bevoegde rechter deel uitmaakt of waarop zij betrekking heeft. (Rv 126 lid 16 (oud); Rv 8 lid 1 en 2; EEX-Vo 23; EEX 17; EVEX 17)

Art. 108a

Vervallen.

Art. 109

Restbepaling m.b.t. bevoegde rechter

Wijzen de artikelen 99 tot en met 108 geen bevoegde rechter aan, dan is bevoegd de rechter van de woonplaats van de eiser dan wel, indien er meer eisers zijn, elk van de eisers of, bij gebreke daarvan, de rechter te 's-Gravenhage. (Rv 429*c* lid 14 (oud); Rv 269)

Art. 110

Bevoegdheidsverweer

– 1. Het verweer dat de rechter niet relatief bevoegd is, wordt op straffe van verval van het recht daartoe gevoerd vóór alle weren ten gronde. In zaken waarin de vordering ten hoogste € 5000 beloopt, zaken betreffende een individuele arbeidsovereenkomst en zaken als bedoeld in artikel 101 en 103, tweede zin, beoordeelt de rechter ook zonder daartoe strekkend verweer of hij relatief bevoegd is. (Rv 154 lid 2 (oud); Rv 11, 270, 1052 lid 2)
– 2. Indien de rechter beslist dat niet hij, maar een andere rechter relatief bevoegd is, verwijst

hij de zaak naar deze rechter. Artikel 74, eerste lid en derde lid, eerste zin, zijn van toepassing. (Rv 72)

– 3. Tegen een vonnis waarbij een verweer als bedoeld in het eerste lid wordt verworpen of de zaak naar een andere rechter wordt verwezen, is geen hogere voorziening toegelaten. De rechter naar wie de zaak is verwezen, is aan die verwijzing gebonden. De vorige zin mist toepassing indien de rechter zich tevens absoluut onbevoegd verklaart en de zaak verwijst naar een hogere rechter.

VIERDE AFDELING
Dagvaarding

Art. 111

Dagvaarding

– 1. Dagvaarding geschiedt bij exploot. (Rv 45 e.v., 66)

– 2. Naast de gegevens bedoeld in artikel 45, tweede lid, vermeldt het exploot van dagvaarding:
a. de door eiser gekozen woonplaats de door eiser gekozen woonplaats in Nederland;
b. in zaken waarin partijen in persoon kunnen procederen, indien de eiser bij gemachtigde procedeert, de naam en het adres van de gemachtigde;
c. in zaken waarin partijen niet in persoon kunnen procederen, de naam en het kantooradres van de advocaat die door de eiser wordt gesteld;
d. de eis en de gronden daarvan;
e. de aanwijzing van de rechter die van de zaak kennisneemt, onder vermelding van het adres van het gerecht dan wel, indien de zaak moet worden behandeld op een nevenvestigingsplaats of nevenzittingsplaats van het gerecht, het adres van die nevenvestigingsplaats of nevenzittingsplaats alsmede, indien de zaak moet worden behandeld op een nevenzittingsplaats waar geen stukken kunnen worden ingediend, het adres waar stukken kunnen worden ingediend;
f. de roldatum waartegen wordt gedagvaard en, indien alsdan een terechtzitting plaatsvindt, het uur daarvan;
g. in zaken waarin partijen in persoon kunnen procederen: de wijze waarop de gedaagde in het geding moet verschijnen, te weten in persoon of vertegenwoordigd door een gemachtigde en de wijze waarop de gedaagde kan antwoorden, zoals bepaald in artikel 82, eerste en tweede lid;
h. in zaken waarin partijen niet in persoon kunnen procederen: de wijze waarop de gedaagde in het geding moet verschijnen, te weten vertegenwoordigd door een advocaat;
i. de in artikel 139 genoemde rechtsgevolgen die intreden indien de gedaagde niet op de voorgeschreven wijze in het geding verschijnt; (Rv 139 e.v.)
j. indien er meer gedaagden zijn, het in artikel 140, tweede lid, genoemde rechtsgevolg dat intreedt indien niet alle gedaagden op de voorgeschreven wijze in het geding verschijnen.

– 3. Het exploot van dagvaarding vermeldt de door gedaagde tegen de eis aangevoerde verweren en de gronden daarvoor. Verder vermeldt het exploot de bewijsmiddelen waarover eiser kan beschikken en de getuigen die hij kan doen horen ter staving van de aldus betwiste gronden van de eis. (Rv 120 e.v.)

Art. 112

Dagvaarding in kort geding

Betreft het exploot van dagvaarding een kort geding voor de voorzieningenrechter, dan bevat dit tevens de mededeling dat bij verschijning een vast recht zal worden geheven, alsmede de hoogte daarvan. Hierbij wordt vermeld, dat aan on- en minvermogenden vermindering van dit vast recht kan worden verleend. In afwijking van de eerste en tweede zin bevat het exploot van dagvaarding in het geval, bedoeld in artikel 254, vierde lid, de mededeling dat van de gedaagde bij verschijning geen vast recht zal worden geheven. (Rv 5*a* (oud); Rv 255; WR 4)

Art. 113

Vervallen.

Art. 114

Dagvaardingstermijn

De gewone termijn van dagvaarding is ten minste een week. (Rv 7 (oud); Rv 119)

Art. 115

Langere dagvaardingstermijn

– 1. Indien de gedaagde een bekende woonplaats of een bekend werkelijk verblijf buiten Nederland heeft in een Staat waar de verordening (EG) nr. 1348/2000 van de Raad van de Europese Unie van 29 mei 2000 inzake de betekening en de kennisgeving in de lidstaten van gerechtelijke en buitengerechtelijke stukken in burgerlijke of in handelszaken (*PbEG* L 160/37) van toepassing is, of in een Staat die in Europa is gelegen en die partij is bij het op 15 november 1965 te 's-Gravenhage tot stand gekomen Verdrag inzake de betekening en de kennisgeving in het buitenland van gerechtelijke en buitengerechtelijke stukken in burgerlijke en in handelszaken (*Trb.* 1966, 91), is de termijn van dagvaarding ten minste vier weken.

– 2. Indien de gedaagde noch in Nederland, noch in een Staat als bedoeld in het eerste lid, een bekende woonplaats of een bekend werkelijk verblijf heeft, is de termijn van dagvaarding ten minste drie maanden.

– 3. Indien de gedaagde in Nederland geen bekende woonplaats of bekend werkelijk verblijf heeft, is de termijn van dagvaarding in afwijking van het eerste en tweede lid ten minste een week, indien het exploot in Nederland wordt gedaan aan de gedaagde in persoon, dan wel aan een door de gedaagde voor deze zaak gekozen woonplaats. (Rv 55 lid 2; Rv 11 (oud))

Art. 116

Dagvaardingstermijn aandeel- of effectenhouders

– 1. Indien in rechte worden opgeroepen houders van aandelen of andere effecten welke niet op naam staan of waarvan de houders niet bij name bekend zijn, is de termijn van dagvaarding ten minste vier weken.

– 2. Deze termijn geldt eveneens indien in rechte worden opgeroepen zij die algemene voorwaarden gebruiken waarin bedingen voorkomen waarvan gesteld wordt dat zij onredelijk bezwarend zijn, in het geval dat ingevolge artikel 1003, onder 1°, hun naam en woonplaats niet afzonderlijk in het exploot worden vermeld. (Rv 9 lid 3 (oud); Rv 1003 e.v.; BW 6: 231, 233 e.v., 240 e.v.)

Art. 117

Kortere dagvaardingstermijn

De in de artikelen 114, 115 en 116 genoemde termijnen kunnen op mondeling of schriftelijk verzoek van de eiser door de voorzieningenrechter of, in kantonzaken, de kantonrechter, zo nodig onder het stellen van voorwaarden, worden verkort. De beschikking wordt vermeld aan het hoofd van het exploot van dagvaarding. (Rv 7 lid 2 en 9 lid 2 (oud))

Art. 118

Oproeping van derden

Oproepingen van derden als partij in het geding geschieden met inachtneming van de voor dagvaarding geldende termijnen. Indien de oproeping niet geschiedt bij hetzelfde exploot waarmee de gedaagde is gedagvaard, wordt het exploot, waarmee de gedaagde is gedagvaard, met de oproeping aan de derde betekend. Artikel 111, tweede lid, aanhef en onderdelen g, h, i en j, zijn van overeenkomstige toepassing. (Rv 12*a* (oud); Rv 140)

Art. 119

Dagvaardingstermijn

– 1. De termijn van dagvaarding vangt aan op de dag, volgend op die waarop het exploot is uitgebracht. Wordt de dagvaarding gedaan met toepassing van artikel 56, dan vangt de termijn van dagvaarding aan op de dag, volgend op de datum van verzending als bedoeld in het tweede lid, onder *a*, van dat artikel.

– 2. Bij het bepalen van de termijn van dagvaarding wordt de roldatum niet meegerekend. (Rv 8 (oud))

Art. 120

Sanctie

– 1. Al hetgeen in deze afdeling is voorgeschreven, wordt op straffe van nietigheid in acht genomen.

– 2. Een gebrek in een exploot van dagvaarding dat nietigheid meebrengt, kan bij exploot, uitgebracht voor de roldatum, worden hersteld.

– 3. Bij het uitbrengen van dat exploot moet de voor dagvaarding voorgeschreven termijn in acht worden genomen. Indien inachtneming van de termijn van dagvaarding meebrengt dat de roldatum niet kan worden gehandhaafd, moet een andere roldatum worden aangezegd, met vermelding van het uur indien alsdan een terechtzitting plaatsvindt.

– 4. Het eerste lid is niet van toepassing op hetgeen is voorgeschreven in artikel 111, derde lid. De rechter kan eiser bevelen alsnog de ontbrekende gegevens te verstrekken. (Rv 91 en 92 (oud))

Art. 121

Geen verstek in geval van nietigheid

– 1. Verschijnt de gedaagde niet in het geding dan wel verzuimt hij advocaat te stellen hoewel hem dat bij dagvaarding was aangezegd, en blijkt aan de rechter dat het exploot van dagvaarding lijdt aan een gebrek dat nietigheid meebrengt, dan verleent de rechter geen verstek tegen hem. (Rv 139)

– 2. In het geval bedoeld in het eerste lid bepaalt de rechter een nieuwe roldatum en beveelt hij dat deze door de eiser bij exploot aan de gedaagde wordt aangezegd met herstel van het gebrek op kosten van de eiser.

– 3. Is echter aannemelijk dat het exploot van dagvaarding de gedaagde als gevolg van het gebrek niet heeft bereikt, dan spreekt de rechter de nietigheid van het exploot uit. (Rv 93 (oud))

Art. 122

Nietigheid slechts bij onredelijke belangenschading

– 1. Verschijnt de gedaagde in het geding, of komt hij, na bij verstek te zijn veroordeeld, in verzet, en beroept hij zich op de nietigheid van het exploot van dagvaarding, dan verwerpt de rechter dat beroep indien naar zijn oordeel het gebrek de gedaagde niet onredelijk in zijn belangen heeft geschaad. (Rv 66 lid 1)

– 2. De rechter kan echter in dit geval, zo daartoe gronden zijn, het herstel van het gebrek op kosten van de eiser bevelen.

Art. 123

Herstelmogelijkheid om advocaat te stellen

– 1. Indien echter de eiser ten onrechte geen advocaat heeft gesteld, biedt de rechter hem en, indien in dit geval de gedaagde wel in het geding was verschenen maar eveneens ten onrechte

geen advocaat had gesteld, ook deze, de gelegenheid binnen een door hem te bepalen termijn alsnog advocaat te stellen. (Rv 79 lid 2)
– 2. Indien de eiser van de hem ingevolge het eerste lid geboden gelegenheid geen gebruik maakt, wordt de gedaagde van de instantie ontslagen, met veroordeling van de eiser in de kosten.
– 3. Indien alleen de gedaagde van de aan partijen ingevolge het eerste lid geboden gelegenheid om alsnog advocaat te stellen, geen gebruik maakt, zijn de artikelen 139 tot en met 142 van toepassing.
– 4. Indien de eiser en de gedaagde alsnog advocaat hebben gesteld, wordt het geding in de stand waarin het zich bevindt, voortgezet, met dien verstande dat de rechter, indien hij reeds de dag heeft bepaald waarop hij uitspraak zal doen, partijen alsnog de gelegenheid biedt zich binnen een door hem te bepalen termijn over de zaak uit te laten. (Rv 19)
– 5. Tegen een beslissing ingevolge het eerste, tweede of vierde lid staat geen hogere voorziening open.

Art. 124

Ten onrechte advocaatstelling

Indien de eiser ten onrechte advocaat heeft gesteld, wordt de zaak voortgezet met inachtneming van de voorschriften voor zaken waarin partijen in persoon kunnen procederen.

VIJFDE AFDELING
Verloop van het geding

Art. 125

Aanvang geding

– 1. Het geding is aanhangig vanaf de dag van dagvaarding.
– 2. Het exploot van dagvaarding wordt door de eiser ter griffie ingediend uiterlijk op de laatste dag waarop de griffie is geopend, voorafgaande aan de in de dagvaarding vermelde roldatum.
– 3. De griffier schrijft de zaak in op de rol van een enkelvoudige kamer.
– 4. De aanhangigheid van het geding vervalt indien het exploot van dagvaarding niet uiterlijk op het in het tweede lid vermelde tijdstip ter griffie is ingediend, tenzij binnen twee weken na de in de dagvaarding vermelde roldatum een geldig herstelexploot is uitgebracht.

Art. 125a-125x

Vervallen.

Art. 126

Vervroeging roldatum

– 1. De gedaagde kan de roldatum, vermeld in het exploot van dagvaarding, vervroegen door aan de eiser bij exploot een vroegere roldatum te doen aanzeggen, met vermelding van het uur indien alsdan een terechtzitting plaatsvindt. In zaken waarin partijen niet in persoon kunnen procederen, wordt hierbij tevens advocaat gesteld. (Rv 136 (oud))
– 2. Die aanzegging geschiedt op straffe van nietigheid op een termijn van ten minste een week voor de aangezegde vroegere roldatum. De gedaagde dient het exploot van aanzegging uiterlijk op de laatste dag waarop de griffie is geopend, voorafgaande aan de vervroegde roldatum, in ter griffie. (Rv 66 lid 2, 127 lid 3)
– 3. Zijn er medegedaagden, dan wordt de aanzegging, voor zover zij niet mede van hen uitgaat, bij exploot ook aan hen op straffe van nietigheid gedaan met inachtneming van zodanige termijn tussen dat exploot en de vervroegde roldatum, als waarop ieder van hen, als gedaagde, volgens de wet aanspraak zou kunnen maken. (Rv 66 lid 2)
– 4. Wordt door meer dan één gedaagde van het recht de roldatum te vervroegen gebruik gemaakt, dan geldt de aanzegging van de vroegste roldatum.

Art. 127

Inschrijving zaak op de rol door gedaagde

– 1. Indien de in artikel 125, tweede lid, bedoelde indiening ter griffie van het exploot van dagvaarding niet tijdig heeft plaats gehad, is de gedaagde bevoegd, onder overlegging van het exploot van dagvaarding, de zaak op de rol te laten inschrijven. (Rv 139 (oud))
– 2. Indien de gedaagde van zijn in het eerste lid bedoelde bevoegdheid gebruik maakt, is hij tevens bevoegd, te vorderen dat hij van de instantie wordt ontslagen met veroordeling van de eiser in de kosten. In dat geval biedt de rechter gedurende een door hem te bepalen termijn aan de eiser gelegenheid om hetzij op de voet van artikel 123, eerste lid, advocaat te stellen, hetzij bij akte te verklaren dat hij wenst voort te procederen. Indien de eiser van deze gelegenheid geen gebruik maakt, wordt de vordering toegewezen.
– 3. Indien de gedaagde een vroegere roldatum heeft aangezegd en het exploot van aanzegging niet tijdig ter griffie heeft ingediend, blijft de oorspronkelijke, in het exploot van dagvaarding vermelde roldatum gehandhaafd.

Art. 128

Mededeling gegevens over procureur/gemachtigde

– 1. Indien de gedaagde bij gemachtigde of bij advocaat procedeert, deelt hij op de eerste roldatum de naam en het adres van de gemachtigde of de naam en het kantooradres van de advocaat mede.

– 2. De gedaagde neemt zijn met redenen omklede conclusie van antwoord op de eerste of op een door de rechter nader te bepalen roldatum. (Rv 84)
– 3. De gedaagde brengt alle excepties en zijn antwoord ten principale tegelijk naar voren, op straffe van verval van de niet aangevoerde excepties en, indien niet ten principale is geantwoord, van het recht om dat alsnog te doen. (Rv 110, 119 e.v.)
– 4. In afwijking van het derde lid kunnen zij die beroep willen doen op de termijn van artikel 104 van Boek 1 of van artikel 185 van Boek 4 van het Burgerlijk Wetboek, hun verweer tot dit beroep beperken. (Rv 141 (oud))
– 5. De conclusie van antwoord vermeldt de bewijsmiddelen waarover gedaagde kan beschikken tot staving van de gronden van zijn verweer, alsmede de getuigen die hij daartoe kan doen horen. De rechter kan gedaagde bevelen alsnog de ontbrekende gegevens te verstrekken. (Rv 111 lid 3; 120 lid 4)

Art. 129

Eisvermindering

Zolang de rechter nog geen eindvonnis heeft gewezen, kan de eiser te allen tijde zijn eis verminderen.

Art. 130

Verandering of vermeerdering eis

– 1. Zolang de rechter nog geen eindvonnis heeft gewezen, is de eiser bevoegd zijn eis of de gronden daarvan schriftelijk, bij conclusie of akte ter rolle, te veranderen of te vermeerderen. De gedaagde is bevoegd hiertegen bezwaar te maken, op grond dat de verandering of vermeerdering in strijd is met de eisen van een goede procesorde. De rechter beslist, partijen gehoord, zo spoedig mogelijk. De rechter kan op dezelfde grond ook ambtshalve een verandering of vermeerdering van eis buiten beschouwing laten.
– 2. Tegen de beslissingen van de rechter, bedoeld in het eerste lid, staat geen hogere voorziening open.
– 3. Indien een partij niet in het geding is verschenen, is een verandering of vermeerdering van eis tegen die partij uitgesloten, tenzij de eiser de verandering of vermeerdering tijdig bij exploot aan haar kenbaar heeft gemaakt. In laatstgenoemd geval is artikel 120, derde lid, van overeenkomstige toepassing. (Rv 134 (oud); Rv 283)

Art. 131

Comparitie na antwoord

Nadat de gedaagde voor antwoord heeft geconcludeerd, beveelt de rechter een verschijning van partijen ter terechtzitting als bedoeld in artikel 87 of artikel 88, tenzij hij oordeelt dat de zaak daarvoor niet geschikt is. Uiterlijk twee weken na het in de eerste volzin bedoelde tijdstip beslist de rechter hieromtrent. Tegen deze beslissing staat geen hogere voorziening open. (Rv 141*a* (oud); Rv 128 lid 2, 147)

Art. 132

Repliek en dupliek

– 1. Indien geen verschijning van partijen ter terechtzitting op de voet van artikel 131 is bevolen, geeft de rechter aan de eiser gelegenheid voor repliek te concluderen. Hierna kan de gedaagde voor dupliek concluderen. (Rv 109, 142 lid 1 (oud))
– 2. Is wel een verschijning van partijen ter terechtzitting op de voet van artikel 131 bevolen, dan wordt aan partijen slechts gelegenheid geboden voor repliek en dupliek, indien zulks met het oog op artikel 19 of met het oog op een goede instructie van de zaak noodzakelijk is.
– 3. De rechter staat het nemen van nog meer conclusies toe, indien zulks met het oog op artikel 19 of met het oog op een goede instructie van de zaak noodzakelijk is. (Rv 142 lid 2 (oud))
– 4. Tegen beslissingen over de toepassing van het tweede lid en het derde lid staat geen hogere voorziening open.

Art. 133

Termijnen voor conclusies

– 1. De rechter stelt de termijnen voor het nemen van de conclusies vast. (Rv 109, 143 lid 1 (oud))
– 2. Partijen kunnen uitstel vragen voor het nemen van conclusies. De rechter volgt een daartoe strekkend, eenstemmig verzoek van partijen, tenzij dit zou leiden tot onredelijke vertraging van het geding. (Rv 143 lid 2 (oud))
– 3. Het eerste en het tweede lid zijn van overeenkomstige toepassing op de termijnen voor het verrichten van andere proceshandelingen dan conclusies en op de mogelijkheid om daarvoor uitstel te krijgen.
– 4. Wanneer een proceshandeling niet is verricht binnen de daarvoor gestelde termijn en daarvoor geen uitstel kan worden verkregen, vervalt het recht om de desbetreffende proceshandeling te verrichten. (Rv 20)

Art. 134

Gelegenheid voor pleidooi

– 1. Voordat de rechter over de zaak beslist, wordt aan partijen desverlangd gelegenheid geboden voor pleidooien. Indien partijen op een terechtzitting op de voet van artikel 131 hun standpunt in voldoende mate mondeling hebben kunnen uiteenzetten, kan de rechter bepalen dat geen gelegenheid zal worden gegeven voor pleidooien. (Rv 20)

– 2. Indien de pleidooien op de bepaalde dag niet plaatsvinden, wordt, behoudens bijzondere omstandigheden, geen nieuwe dag voor pleidooien bepaald.
– 3. Partijen mogen hun eigen zaak bepleiten. (Rv 20 (oud))
– 4. De rechter kan bepalen dat partijen bij de pleidooien in persoon aanwezig moeten zijn. (Rv 87 lid 2, 88 lid 1)

Art. 135

Informatie over procesverloop

In zaken waarin partijen in persoon kunnen procederen, stelt de griffier zo spoedig mogelijk de eiser en de in het geding verschenen gedaagde, voor zover zij niet in persoon of bij gemachtigde aanwezig waren op de terechtzitting, op de hoogte van het procesverloop. (Rv 118 lid 2 (oud))

ZESDE AFDELING
Reconventie

Art. 136

Eis in reconventie

De gedaagde is bevoegd een eis in reconventie in te stellen, tenzij de eiser in conventie is opgetreden in hoedanigheid en de reconventie hem persoonlijk zou betreffen of omgekeerd. (Rv 250 lid 1 (oud))

Art. 137

Moment instellen eis in reconventie

De eis in reconventie moet dadelijk bij het antwoord worden ingesteld. Artikel 111, derde lid, is van overeenkomstige toepassing. (Rv 353 lid 1 slot)

Art. 138

Gelijktijdig afdoen

– 1. De zaken in conventie en in reconventie worden tegelijk voldongen en bij een en hetzelfde eindvonnis beslist, tenzij de rechter van oordeel is dat de zaak in conventie of die in reconventie vroeger kan worden afgedaan. (Rv 252 lid 1(oud) Rv 332 lid 3)
– 2. De zaken worden gesplitst indien in één van beide zaken de rechter beveelt dat de procedure wordt voortgezet volgens de regels die gelden voor de verzoekschriftprocedure dan wel de rechter met toepassing van artikel 71 verwijst of zich absoluut onbevoegd verklaart. (Rv 252 lid 2 (oud); Rv 73)

ZEVENDE AFDELING
Verstek

Art. 139

Verstek tegen gedaagde

Indien de gedaagde niet op de eerste of op een door de rechter nader bepaalde roldatum in het geding verschijnt dan wel verzuimt advocaat te stellen hoewel hem dat bij dagvaarding was aangezegd, en de voorgeschreven termijnen en formaliteiten in acht zijn genomen, verleent de rechter verstek tegen hem en wijst hij de vordering toe, tenzij deze hem onrechtmatig of ongegrond voorkomt. (Rv 76 lid 1 (oud); Rv 121, 123, 128)

Art. 140

Verstekverlening bij meerdere gedaagden

– 1. Zijn er meer gedaagden en is ten minste een van hen in het geding verschenen, dan wordt, indien ten aanzien van de niet verschenen gedaagden de voorgeschreven formaliteiten en termijnen in acht zijn genomen, tegen dezen verstek verleend en tussen de eiser en de verschenen gedaagden voortgeprocedeerd.
– 2. Tussen alle partijen wordt één vonnis gewezen, dat als een vonnis op tegenspraak wordt beschouwd. (Rv 79 (oud))
– 3. Het eerste en tweede lid zijn van overeenkomstige toepassing in geval van oproeping van derden als partij in het geding als bedoeld in artikel 118.

Art. 141

Kosten i.v.m. niet-verschijnen

De kosten die een gevolg zijn van het feit dat een partij niet in het geding is verschenen, komen ten laste van die partij, tenzij verstek was verleend op een dagvaarding die nietig wordt verklaard. (Rv 89 (oud))

Art. 141a

Vervallen.

Art. 142

Zuivering verstek

De gedaagde tegen wie verstek is verleend, heeft, zolang het eindvonnis nog niet is gewezen, de bevoegdheid om alsnog in het geding te verschijnen, waardoor de gevolgen van het tegen hem verleende verstek vervallen, behalve ten aanzien van de daardoor veroorzaakte kosten. (Rv 89*a* (oud))

ACHTSTE AFDELING
Verzet

Art. 143

Verzet

– 1. De gedaagde die bij verstek is veroordeeld, kan daartegen verzet doen. (Rv 139, 142)
– 2. Het verzet moet worden gedaan bij exploot van dagvaarding binnen vier weken na de betekening van het vonnis of van enige uit kracht daarvan opgemaakte of ter uitvoering daar-

van strekkende akte aan de veroordeelde in persoon, of na het plegen door deze van enige daad waaruit noodzakelijk voortvloeit dat het vonnis of de aangevangen tenuitvoerlegging aan hem bekend is. De in de eerste volzin bedoelde termijn is acht weken indien de gedaagde ten tijde van de in de eerste volzin bedoelde betekening of daad geen bekende woonplaats of bekend werkelijk verblijf in Nederland heeft, maar zijn woonplaats of werkelijk verblijf buiten Nederland bekend is. (Rv 55 lid 2, Rv 358 lid 2)
– 3. Buiten de gevallen bedoeld in het tweede lid vangt de termijn waarbinnen het verzet moet worden gedaan, aan op de dag waarop het vonnis ten uitvoer is gelegd.
– 4. De veroordeelde die in het vonnis heeft berust, kan daartegen niet meer in verzet komen. (Rv 81 (oud))

Art. 144

Ten uitvoer gelegd verstekvonnis

Het vonnis wordt geacht ten uitvoer te zijn gelegd:
a. in geval van gerechtelijke verkoop van goederen, na de verkoop; (Rv 459, 462)
b. in geval van derdenbeslag op een vordering, na de uitbetaling aan de beslaglegger, of, indien dit beslag wordt gelegd op een vordering tot periodieke betalingen, na de eerste uitbetaling; (Rv 477)
c. in geval van tenuitvoerlegging van een veroordeling tot levering of afgifte van goederen die geen registergoederen zijn, nadat de levering of afgifte heeft plaatsgevonden;
d. in geval van gedwongen ontruiming van onroerende zaken, nadat de ontruiming heeft plaatsgevonden. (Rv 82 lid 1 (oud), 555 e.v.)

Art. 145

Schorsing tenuitvoerlegging

Het verzet, mits tijdig en op de voorgeschreven wijze gedaan, schorst de tenuitvoerlegging van het vonnis, tenzij dit uitvoerbaar bij voorraad was verklaard. (Rv 82 lid 2 (oud))

Art. 146

Inhoud verzetexploot

– 1. Op het exploot van verzet is artikel 111, tweede lid, onder *a* tot en met *c* en *e* tot en met *h* van overeenkomstige toepassing, met dien verstande dat niet vermeld hoeft te worden de wijze waarop de oorspronkelijke eiser kan antwoorden. (Rv 122, 143 lid 2)
– 2. Indien een eis in reconventie wordt ingesteld, vermeldt het exploot deze eis met de gronden daarvan. Artikel 111, derde lid, is van overeenkomstige toepassing.

Art. 147

Verloop verzetprocedure

Door het verzet wordt de instantie heropend. Het geding verloopt als in de vijfde afdeling bepaald, met dien verstande dat het exploot van verzet als conclusie van antwoord geldt. (Rv 136 e.v.)

Art. 148

Verval van instantie na verzet

Door verval van instantie na verzet vervalt ook het verstekvonnis. (Rv 251, 253)

NEGENDE AFDELING
Bewijs

§ 1. Algemene bepalingen van bewijsrecht

Art. 149

Autonomie van partijen bij bewijsvoering

– 1. Tenzij uit de wet anders voortvloeit, mag de rechter slechts die feiten of rechten aan zijn beslissing ten grondslag leggen, die in het geding aan hem ter kennis zijn gekomen of zijn gesteld en die overeenkomstig de voorschriften van deze afdeling zijn komen vast te staan. Feiten of rechten die door de ene partij zijn gesteld en door de wederpartij niet of niet voldoende zijn betwist, moet de rechter als vaststaand beschouwen, behoudens zijn bevoegdheid bewijs te verlangen, zo vaak aanvaarding van de stellingen zou leiden tot een rechtsgevolg dat niet ter vrije bepaling van partijen staat. (Rv 176 (oud); Rv 24, 153, 1020 lid 3)
– 2. Feiten of omstandigheden van algemene bekendheid, alsmede algemene ervaringsregels mogen door de rechter aan zijn beslissing ten grondslag worden gelegd, ongeacht of zij zijn gesteld, en behoeven geen bewijs. (Sv 338, 339 lid 2)

Art. 150

Wie stelt moet bewijzen

De partij die zich beroept op rechtsgevolgen van door haar gestelde feiten of rechten, draagt de bewijslast van die feiten of rechten, tenzij uit enige bijzondere regel of uit de eisen van redelijkheid en billijkheid een andere verdeling van de bewijslast voortvloeit. (Rv 177 (oud))

Art. 151

Dwingend bewijs

– 1. Dwingend bewijs houdt in dat de rechter verplicht is de inhoud van bepaalde bewijsmiddelen als waar aan te nemen dan wel verplicht is de bewijskracht te erkennen die de wet aan bepaalde gegevens verbindt.
– 2. Tegenbewijs, ook tegen dwingend bewijs, staat vrij, tenzij de wet het uitsluit. (Rv 178 (oud); Rv 161)

Art. 152

Alle middelen

– 1. Bewijs kan worden geleverd door alle middelen, tenzij de wet anders bepaalt.

Vrije waardering

– 2. De waardering van het bewijs is aan het oordeel van de rechter overgelaten, tenzij de wet anders bepaalt. (Rv 179 (oud))

Art. 153

Bewijsovereenkomst

Overeenkomsten waarbij van het wettelijke bewijsrecht wordt afgeweken, blijven buiten toepassing, wanneer zij betrekking hebben op het bewijs van feiten waaraan het recht gevolgen verbindt, die niet ter vrije bepaling van partijen staan, zulks onverminderd de gronden waarop zij krachtens het Burgerlijk Wetboek buiten toepassing blijven. (Rv 180 (oud); Rv 1020 lid 3; BW 3: 44 lid 4; 6: 233, 236 lid 3 sub *d* en *h*, 248 lid 2; 7: 900 lid 3)

Art. 154

Gerechtelijke erkentenis

– 1. Een gerechtelijke erkentenis is het in een aanhangig geding door een partij uitdrukkelijk erkennen van de waarheid van een of meer stellingen van de wederpartij. (Rv 88, 149 lid 1)

– 2. Een gerechtelijke erkentenis kan slechts worden herroepen, indien aannemelijk is dat zij door een dwaling of niet in vrijheid is afgelegd. (Rv 181 (oud))

Art. 155

Eindvonniswijzende rechter

– 1. De rechter ten overstaan van wie in een zaak bewijs is bijgebracht, zal daarin zoveel als mogelijk het eindvonnis wijzen of medewijzen.

– 2. Van een afwijking van deze regel en de oorzaak daarvan wordt in het vonnis melding gemaakt. Tegen de afwijking staat geen voorziening open. (Rv 212 (oud); Sv 268)

§ 2. Akten en vonnissen

Art. 156

Akten

– 1. Akten zijn ondertekende geschriften, bestemd om tot bewijs te dienen.

– 2. Authentieke akten zijn akten in de vereiste vorm en bevoegdelijk opgemaakt door ambtenaren, aan wie bij of krachtens de wet is opgedragen op die wijze te doen blijken van door hen gedane waarnemingen of verrichtingen. Als authentieke akten worden tevens beschouwd de akten, waarvan het opmaken aan ambtenaren is voorbehouden, doch waarvan de wet het opmaken in bepaalde gevallen aan anderen dan ambtenaren opdraagt. (Rv 183 (oud); Rv 159, 430; BW 1: 16 e.v., 292; 4: 985, 996; 1000; K 143*b*, 218*b*; AB 10; Sr 226 e.v.; Not.wet 2, 37 e.v.; Besl. BS 15, 36 e.v.; Cons.Wet 11*b* e.v., 17 e.v.)

– 3. Onderhandse akten zijn alle akten die niet authentieke akten zijn.

Art. 157

Dwingend bewijs van akten

– 1. Authentieke akten leveren tegen een ieder dwingend bewijs op van hetgeen de ambtenaar binnen de kring van zijn bevoegdheid omtrent zijn waarnemingen en verrichtingen heeft verklaard. (BW 1: 26, 130; Rv 430)

– 2. Een authentieke of onderhandse akte levert ten aanzien van de verklaring van een partij omtrent hetgeen de akte bestemd is ten behoeve van de wederpartij te bewijzen, tussen partijen dwingend bewijs op van de waarheid van die verklaring, tenzij dit zou kunnen leiden tot een rechtsgevolg dat niet ter vrije bepaling van partijen staat. Onder partij wordt begrepen de rechtverkrijgende onder algemene of bijzondere titel, voor zover het desbetreffende recht is verkregen na het opmaken van de akte. (Rv 184 (oud); Rv 151)

Art. 157a-157b

Vervallen.

Art. 158

Uitzonderingen

– 1. Op een onderhandse akte waarin verbintenissen van slechts één partij zijn aangegaan of vastgelegd, is, voor zover die verbintenissen strekken tot voldoening van een geldsom, het tweede lid van artikel 157 niet van toepassing, tenzij deze partij de akte geheel met de hand heeft geschreven of heeft voorzien van een goedkeuring die de geldsom voluit in letters vermeldt.

– 2. Het eerste lid is niet van toepassing op aandelen in een obligatielening en op verbintenissen door de schuldenaar in de uitoefening van zijn beroep of bedrijf aangegaan. (Rv 185 (oud); K 100 e.v., 109, 174 e.v., 178 e.v., 229*e* e.v., 255 e.v.)

Art. 158a

Vervallen.

Art. 159

Betwisting echtheid

– 1. Een geschrift dat het uiterlijk heeft van een authentieke akte, geldt als zodanig behoudens bewijs van het tegendeel.

– 2. Een onderhandse akte waarvan de ondertekening door de partij, tegen welke zij dwingend bewijs zou leveren, stellig wordt ontkend, levert geen bewijs op, zolang niet bewezen is van wie de ondertekening afkomstig is. Is degeen tegen wie de akte wordt ingeroepen een ander dan hij die haar ondertekend zou hebben, dan kan worden volstaan met de verklaring, dat men de echtheid van de ondertekening niet erkent. (Rv 186 (oud))

Art. 160

Oorspronkelijke akte

– 1. De kracht van het schriftelijke bewijs is in de oorspronkelijke akte gelegen. (Rv 85)

– 2. Grossen en gehele afschriften van een authentieke akte die volgens wettelijk voorschrift moet worden bewaard, leveren, wanneer zij zijn afgegeven door een daartoe bevoegde ambtenaar, hetzelfde bewijs op als de oorspronkelijke akte. (Wet Notarisambt 49 e.v.; K 166 e.v.)

Art. 161

Dwingend bewijs strafvonnis

Een in kracht van gewijsde gegaan, op tegenspraak gewezen vonnis waarbij de Nederlandse strafrechter bewezen heeft verklaard dat iemand een feit heeft begaan, levert dwingend bewijs op van dat feit. (Rv 188 (oud); BW 6: 162 e.v.)

§ 3. Openlegging van boeken, bescheiden en geschriften

Art. 162

Openleggingsplicht

– 1. De rechter kan in de loop van een geding, op verzoek of ambtshalve, aan partijen of aan een van hen de openlegging bevelen van de boeken, bescheiden en geschriften, die zij ingevolge de wet moeten houden, maken of bewaren.

– 2. Wordt aan dit bevel niet voldaan, dan kan de rechter daaruit de gevolgtrekking maken die hij geraden acht.

– 3. In een geding betreffende een jaarrekening kan de rechter ook ambtshalve de openlegging bevelen op straffe van een dwangsom. (K 8 (oud); Rv 611*a* e.v., 999 e.v.)

§ 4. Getuigen

Art. 163

Eigen waarneming

Een getuigenverklaring kan slechts als bewijs dienen, voor zover zij betrekking heeft op aan de getuige uit eigen waarneming bekende feiten. (Sv 342 lid 1)

Art. 164

Partij-getuige

– 1. Ook partijen kunnen als getuige optreden. (Rv 173 lid 1 slot, 174 lid 2)

– 2. Indien een partij als getuige is gehoord, kan haar verklaring omtrent door haar te bewijzen feiten geen bewijs in haar voordeel opleveren, tenzij de verklaring strekt ter aanvulling van onvolledig bewijs. (Rv 213 lid 1 (oud); Rv 88 lid 4, 179 lid 4)

– 3. Indien een partij die gehouden is als getuige een verklaring af te leggen, niet ter terechtzitting verschijnt, niet antwoordt op de haar gestelde vragen of weigert haar verklaring te ondertekenen, kan de rechter daaruit de gevolgtrekking maken die hij geraden acht. (Rv 213 lid 2 (oud); Rv 88 lid 4)

Art. 165

Getuigplicht

– 1. Een ieder, daartoe op wettige wijze opgeroepen, is verplicht getuigenis af te leggen. (Rv 191 (oud); Rv 171*e*; Sr 192, 444; Sv 213; Fw 66 lid 3)

– 2. Van deze verplichting kunnen zich verschonen:

a. de echtgenoot en de vroegere echtgenoot dan wel de geregistreerde partner en de vroegere geregistreerde partner van een partij, de bloed- of aanverwanten van een partij of van de echtgenoot of van de geregistreerde partner van een partij, tot de tweede graad ingesloten, een en ander tenzij de partij in hoedanigheid optreedt; (Sv 217)

b. zij die tot geheimhouding verplicht zijn uit hoofde van hun ambt, beroep of betrekking omtrent hetgeen hun in die hoedanigheid is toevertrouwd. (Rv 284, 843*b* lid 3; Sv 218; BW 2: 351 lid 3; RO 28)

– 3. De getuige kan zich verschonen van het beantwoorden van een hem gestelde vraag, indien hij daardoor of zichzelf, of een van zijn bloed- of aanverwanten in de rechte lijn of in de zijlijn in de tweede of derde graad, of zijn echtgenoot of vroegere echtgenoot onderscheidenlijk zijn geregistreerde partner of vroegere geregistreerde partner aan het gevaar van een strafrechtelijke veroordeling ter zake van een misdrijf zou blootstellen. (Sv 162, 219)

Art. 166

Getuigenverhoor op verzoek of ambtshalve

– 1. Indien bewijs door getuigen bij de wet is toegelaten, beveelt de rechter een getuigenverhoor zo vaak een van de partijen het verzoekt en de door haar te bewijzen aangeboden feiten betwist zijn en tot de beslissing van de zaak kunnen leiden. Hij kan dit ook ambtshalve doen. (Rv 1039 lid 3)

– 2. Het vonnis vermeldt aan welke partij en omtrent welke feiten bewijs worden opgedragen alsmede de plaats waar, en de dag en het uur waarop de getuigen zullen worden gehoord. Plaats, dag en uur van het getuigenverhoor kunnen ook later door de rechter worden vastgesteld.

– 3. Het verhoor van getuigen geschiedt ter terechtzitting. (RO 4; Gr 121; Rv 192 (oud), 1041)

Art. 167

In persoon aanwezig

De rechter kan bepalen dat partijen bij de getuigenverhoren in persoon aanwezig moeten zijn. (Rv 193 (oud); Rv 179 lid 3, 201 lid 4)

Art. 168

Contra-enquête

Het verhoor van getuigen tot het leveren van tegenbewijs staat van rechtswege vrij en wordt gehouden op de plaats, de dag en het uur te bepalen dadelijk na afloop van het verhoor van de voor het bewijs gehoorde getuigen of op een later tijdstip, tenzij de rechter, na overleg met partijen, dit verhoor doet plaatsvinden in aansluiting op het verhoor van de voor het bewijs gehoorde getuigen. (Rv 194 (oud); Rv 151 lid 2)

Art. 169

Wijziging termijn

Indien een partij verkorting of verlenging van de termijnen, bedoeld in de artikelen 166 en 168, verzoekt, wordt op dit verzoek na verhoor of behoorlijke oproeping van de wederpartij beslist. Tegen de beslissing staat geen hogere voorziening open. (Rv 195 (oud))

Art. 170

Oproeping van getuigen

– 1. De namen en woonplaatsen van de getuigen worden ten minste een week voor het verhoor aan de wederpartij en aan de griffier opgegeven. De belanghebbende partij roept de getuigen ten minste een week voor het verhoor bij exploot of bij aangetekende brief op. De dag van de oproeping en de dag van het verhoor worden niet meegerekend bij het bepalen van deze termijn. Indien een partij meer getuigen heeft voorgebracht dan redelijkerwijs noodzakelijk was, kan de rechter daarmee bij de veroordeling in de kosten rekening houden. (Rv 237)

– 2. De oproeping maakt melding van dag, uur en plaats van het verhoor, van de feiten waaromtrent bewijs moet worden geleverd en van de gevolgen, verbonden aan het niet verschijnen ter terechtzitting. (Rv 196 (oud); Rv 172, 178; Sr 12 lid 1, 444)

Art. 171

Oproeping bij exploot

Indien een bij aangetekende brief opgeroepen getuige niet ter terechtzitting verschijnt, bepaalt de rechter op verzoek van de belanghebbende partij een dag waartegen de getuige bij exploot kan worden opgeroepen. Daarbij wordt de termijn, bedoeld in artikel 170, eerste lid, in acht genomen. (Rv 197 (oud); Rv 165; Sr 192 lid 1 sub 2, 444)

Art. 172

Bevel verschijning

De rechter kan bevelen, dat de op een oproeping bij exploot niet ter terechtzitting verschenen getuige door de openbare macht voor hem wordt gebracht op een door hem te bepalen dag en uur om aan zijn verplichting te voldoen. (Rv 198 (oud); Rv 165; Sv 213, 287 lid 3)

Art. 173

Gijzeling weigerachtige getuige

– 1. Indien een getuige weigert zijn verklaring af te leggen, kan de rechter op verzoek van de belanghebbende partij bevelen, dat hij op kosten van die partij in gijzeling zal worden gesteld totdat hij aan zijn verplichting zal hebben voldaan, met dien verstande dat de gijzeling ten hoogste een jaar kan duren. Deze bepaling is niet van toepassing als het een partij betreft die als getuige wordt gehoord. (Rv 199 (oud); Rv 164 lid 3, 178; Sr 192 lid 2, 444)

– 2. De rechter beveelt de gijzeling slechts indien naar zijn oordeel het belang van de waarheidsvinding toepassing van die maatregel rechtvaardigt.

– 3. De rechter die de gijzeling heeft bevolen, beëindigt ambtshalve of op verzoek van de gegijzelde de gijzeling indien voortzetting ervan naar zijn oordeel niet meer door het belang dat met toepassing van de dwangmaatregel werd gediend, wordt gerechtvaardigd. (Rv 585 e.v.)

Art. 174

Ver weg wonende getuige

– 1. Indien een getuige te ver verwijderd woont, kan de rechter het verhoor opdragen aan de rechter van gelijke rang van de woonplaats van de getuige. (RO 25)

– 2. Het eerste lid is niet van toepassing indien het een partij betreft die als getuige wordt gehoord. (Rv 200 (oud))

Art. 175

Verhinderde getuige

Indien een getuige verhinderd is uit hoofde van ziekte of anderszins om naar het gerechtsgebouw te komen, kan de rechter zich bij hem vervoegen tot het ontvangen van zijn verklaring of de rechter, in artikel 174 bedoeld, verzoeken hem te verhoren. (Rv 201 (oud))

Art. 176

In buitenland wonende getuige

– 1. Voor zover bij verdrag of EG-verordening niet anders is bepaald, kan de rechter, indien een getuige in het buitenland woont, aan een door hem aan te wijzen autoriteit van het land waar de getuige zijn woonplaats heeft, verzoeken het verhoor, indien mogelijk onder ede, te houden, of dat verhoor opdragen aan de Nederlandse consulaire ambtenaar tot wiens ressort de woonplaats van die getuige behoort. (Rechtsv. verdragen; Verdrag verkrijging bewijs in buitenland; Consulaire Wet 9 e.v.)

– 2. De rechter bepaalt dan tevens de termijn die in acht genomen moet worden bij het betekenen aan de wederpartij van de plaats, de dag en het uur waarop dit verhoor wordt gehouden en stelt mede de dag vast waarop de zaak weer op de rol zal komen.

– 3. Het proces-verbaal van dit getuigenverhoor heeft gelijke kracht als dat van het door de Nederlandse rechter gehouden verhoor. (Rv 202 (oud))

Art. 177

Formaliteiten

– 1. Op de bepaalde dag vraagt de rechter de getuigen hun naam, voornamen, leeftijd, beroep en woon- of verblijfplaats, of zij bloed- of aanverwant zijn van de partijen of van een van hen, en zo ja in welke graad, alsmede of zij in dienstverband staan tot partijen of een van hen.

– 2. De getuigen zweren, alvorens hun getuigenis af te leggen, op de bij de wet bepaalde wijze

de eed de gehele waarheid en niets dan de waarheid te zullen zeggen. (Rv 210 (oud); Rv 184; Sv 290; Eedswet 1911; Eedswet 1971)
– 3. Indien een getuige de betekenis van de eed niet voldoende kan beseffen of de leeftijd van zestien jaren nog niet heeft bereikt, wordt hij niet beëdigd, maar wordt hij aangemaand de gehele waarheid en niets dan de waarheid te zeggen. Indien het bewijs mede wordt aangenomen op de verklaring van een zodanige getuige, geeft het vonnis daarvan in het bijzonder reden. (Sv 216 lid 2, 360 lid 1)
– 4. Overigens mag de rechter aan een onbeëdigde verklaring slechts bewijs ontlenen indien hij in het vonnis vermeldt dat de eed ten onrechte niet is afgenomen en dat het niet mogelijk is de getuige opnieuw te horen. (Rv 210 (oud); Rv 184)

Art. 178

Beëdiging getuige

De opgeroepen getuige die niet ter terechtzitting verschijnt of, verschenen zijnde, weigert de eed of zijn verklaring af te leggen, kan worden veroordeeld tot vergoeding van de vergeefs aangewende kosten, onverminderd zijn aansprakelijkheid tot schadevergoeding indien daartoe gronden zijn. (BW 6: 162 e.v.; Rv 204 (oud); Rv 173)

Art. 179

Horen van getuigen

– 1. De rechter hoort ieder van de getuigen buiten tegenwoordigheid van de mede ter terechtzitting verschenen getuigen die nog niet zijn gehoord, voor zover deze laatste getuigen niet tevens partij zijn.
– 2. Partijen en hun raadslieden kunnen aan de getuigen vragen stellen, behoudens de bevoegdheid van de rechter om te beletten dat aan een bepaalde vraag gevolg wordt gegeven. De rechter kan ambtshalve of op verzoek van een partij getuigen tegenover elkaar of tegenover partijen of een van hen stellen. (Rv 167)
– 3. De rechter kan naar aanleiding van de getuigenverklaringen aan partijen vragen stellen. Indien het betreft het verhoor van een getuige die niet tevens partij is, kunnen ook partijen elkaar zelf of bij monde van hun raadslieden vragen stellen, behoudens de bevoegdheid van de rechter om te beletten dat aan een bepaalde vraag gevolg wordt gegeven. (Rv 167; Sv 288)
– 4. Een verklaring omtrent door haar te bewijzen feiten kan in het voordeel van de partij die haar aflegde geen bewijs opleveren. Overigens kan de rechter uit de op de voet van het derde lid afgelegde verklaringen, uit het niet-verschijnen ter terechtzitting of uit een weigering om te antwoorden of het proces-verbaal te ondertekenen, de gevolgtrekking maken die hij geraden acht, behoudens hetgeen in artikel 154 is bepaald. (Rv 205 (oud); Rv 164, 184)

Art. 180

Proces-verbaal getuigenverhoor

– 1. Van het getuigenverhoor wordt proces-verbaal opgemaakt, waarin achtereenvolgens aantekening geschiedt van de in acht genomen vormen en van al hetgeen met betrekking tot de zaak voorvalt. (Rv 171-179)
– 2. Dit proces-verbaal wordt aan iedere getuige voorgelezen voor het gedeelte dat hem betreft. Hij mag daarin zodanige veranderingen en bijvoegingen maken als hem goeddunkt.
– 3. De getuige ondertekent zijn verklaring. Weigert hij te ondertekenen of verklaart hij dit niet te kunnen, dan wordt die weigering of die verklaring, inhoudende de oorzaak van verhindering, in het proces-verbaal vermeld.
– 4. Op de door partijen afgelegde verklaringen zijn het eerste, tweede en derde lid van overeenkomstige toepassing.
– 5. Het proces-verbaal wordt ondertekend door de rechter voor wie het getuigenverhoor heeft plaatsgehad en door de griffier. (Rv 206 (oud))

Art. 181

Geen proces-verbaal

– 1. In afwijking van artikel 180 behoeft in zaken die niet aan hoger beroep zijn onderworpen, geen proces-verbaal van het getuigenverhoor te worden opgemaakt. Het naar aanleiding van het getuigenverhoor te wijzen vonnis houdt, behalve de vermelding van de opgave, verklaringen en eedsaflegging bij artikel 177 aangeduid, de summiere inhoud van de afgelegde getuigenverklaringen in.
– 2. Het eerste lid wordt niet toegepast in zaken die in eerste aanleg door een gerechtshof worden behandeld.

Art. 182

Begroting schadeloosstelling

Indien de getuige schadeloosstelling vordert, wordt deze door de rechter begroot. Daarvan wordt melding gemaakt in het proces-verbaal. De schadeloosstelling wordt voldaan door de partij die de getuige heeft voorgebracht. (Rv 237; Tar. 57)

Art. 183

Uitstel tot nadere dag

In geval de getuigen niet op één dag kunnen worden gehoord, stelt de rechter het verdere horen tot een nadere dag uit en geschiedt er noch aan de ter terechtzitting verschenen getuigen noch aan de al dan niet aldaar verschenen partij enige nieuwe oproeping. (Rv 209 (oud))

Art. 184

Nietigheid getuigenverhoor

Het nalaten van een van de in deze paragraaf voorgeschreven formaliteiten heeft, met uitzondering van artikel 177 omtrent het afleggen van de eed, alleen de nietigheid van het verhoor ten gevolge indien de belanghebbende partij daardoor in haar belangen is benadeeld en het verzuim niet kan worden hersteld; in het tegenovergestelde geval kan de rechter, zo daartoe gronden zijn, herstel van begane onregelmatigheden bevelen. (Rv 210 (oud))

Art. 185

Zaak weer op de rol

Na afloop van het getuigenverhoor of indien dit achterwege blijft, bepaalt de rechter de dag waarop de zaak weer op de rol zal komen. (Rv 211 (oud))

§ 5. Voorlopig getuigenverhoor

Art. 186

Voorlopig getuigenverhoor

– 1. In de gevallen waarin bij de wet het bewijs door getuigen is toegelaten, kan, voordat een zaak aanhangig is, op verzoek van de belanghebbende onverwijld een voorlopig getuigenverhoor worden bevolen. (Rv 214 (oud); Rv 193)

– 2. Tijdens een reeds aanhangig geding kan de rechter op verzoek van een partij een voorlopig getuigenverhoor bevelen. (Rv 202 lid 2 e.v., 353 lid 1)

Art. 187

Verzoek aan vermoedelijk bevoegde rechter

– 1. Het verzoek wordt gedaan aan de rechter die vermoedelijk bevoegd zal zijn van de zaak, indien deze aanhangig wordt gemaakt, kennis te nemen, of aan de rechter tot wiens absolute bevoegdheid de zaak behoort en binnen wiens rechtsgebied de personen die men als getuigen wil doen horen, of het grootste aantal van hen, woonachtig zijn of verblijven. Indien de zaak door de kantonrechter moet worden behandeld en beslist, wordt het verzoek gedaan aan de kantonrechter. De rechter beoordeelt summierlijk of hij absoluut bevoegd is en of de zaak door de kantonrechter moet worden behandeld en beslist.

– 2. Indien het geding reeds aanhangig is, wordt het verzoek gedaan aan de rechter waar het geding aanhangig is.

– 3. Het verzoekschrift houdt in:

a. de aard en het beloop van de vordering;

b. de feiten of rechten die men wil bewijzen;

c. de namen en woonplaatsen van de personen die men als getuigen wil doen horen;

d. de naam en de woonplaats van de wederpartij of de redenen waarom de wederpartij onbekend is.

– 4. Tenzij de wederpartij onbekend is en behoudens gevallen van onverwijlde spoed, wordt op het verzoekschrift niet eerder beschikt dan nadat een behandeling heeft plaatsgevonden, waartoe de verzoeker en de wederpartij worden opgeroepen. (Rv 215 (oud))

Art. 187a

Vervallen.

Art. 188

Vaststelling tijd en plaats voorlopig getuigenverhoor

– 1. Indien de rechter het verzoek toestaat, bepaalt hij de plaats, de dag en het uur waarop het voorlopig getuigenverhoor zal plaatshebben en de dag waarop uiterlijk de verzoeker een afschrift van het verzoekschrift, indien dit nog niet is toegezonden, en van de beschikking aan de wederpartij, zo die bekend is, moet doen toekomen.

– 2. Voor zover het verzoek wordt toegewezen, is geen hogere voorziening toegelaten. (Rv 216 (oud))

Art. 189

Schakelbepaling

De bepalingen omtrent het getuigenverhoor zijn op het voorlopig getuigenverhoor van overeenkomstige toepassing. (Rv 217 (oud); 163 e.v.)

Art. 190

Afschrift aan wederpartij

– 1. Met inachtneming van de termijn die krachtens artikel 188 door de rechter is bepaald, zendt de verzoeker, indien de wederpartij bekend is, haar bij aangetekende brief een afschrift van het verzoekschrift, indien dit nog niet is toegezonden, en van de beschikking van de rechter, of doet hij haar deze afschriften betekenen. Alvorens tot het houden van het voorlopig getuigenverhoor over te gaan, vergewist de rechter zich ervan dat aan dit voorschrift is voldaan.

– 2. Verschijnt de wederpartij bij het verhoor ter terechtzitting, dan bepaalt de rechter na afloop daarvan op haar verzoek de plaats waar en het tijdstip waarop het voorlopig getuigenverhoor voor tegenbewijs kan plaatshebben. (Rv 218 (oud); Rv 168)

Art. 191

Comparitie na voorlopig getuigenverhoor

– 1. De rechter kan, op verzoek van partijen of van een van hen dan wel ambtshalve, na afloop van het voorlopig getuigenverhoor of het voorlopig getuigenverhoor voor tegenbewijs een verschijning van partijen bevelen teneinde een schikking te beproeven of tot het geven van inlichtingen aan de rechter. Artikel 87, tweede en derde lid, en artikel 88, tweede lid, eerste en tweede zin, en vierde lid, zijn van overeenkomstige toepassing.

– 2. Bij een verschijning van partijen ter terechtzitting kan ook de verdere wijze van behandeling van geschillen over de vordering worden besproken. Afspraken dienaangaande worden, wanneer een partij dat verlangt, met overeenkomstige toepassing van artikel 87, derde lid, in een proces-verbaal vastgelegd. Een beroep in rechte op deze afspraken kan niet worden gedaan, voor zover zij in strijd komen met een dwingende wetsbepaling, met fundamentele beginselen van behoorlijke rechtspleging of voor zover een beroep daarop in verband met onvoorziene omstandigheden redelijkerwijs niet kan worden gedaan.

Art. 192

Bewijskracht getuigenverklaringen

– 1. Indien alle partijen bij het verhoor aanwezig of vertegenwoordigd zijn geweest, hebben de getuigenverklaringen in een voorlopig getuigenverhoor afgelegd, dezelfde bewijskracht als die, welke op de gewone wijze in een aanhangig geding zijn afgelegd.

– 2. Zijn niet alle partijen bij het voorlopig getuigenverhoor aanwezig of vertegenwoordigd geweest, dan kan de rechter de daarin afgelegde verklaringen buiten beschouwing laten. (Rv 219 (oud))

Art. 193

Waarschijnlijk toekomstige procespartij

Indien een getuige aannemelijk maakt dat de verzoeker met het voorlopig getuigenverhoor beoogt inlichtingen van hem te verkrijgen ten behoeve van een tegen hem in te stellen vordering, houdt de rechter het verhoor met inachtneming van de bepalingen die van toepassing zijn op het verhoor van de partij als getuige. Van een en ander wordt melding gemaakt in het proces-verbaal. (Rv 164 lid 3)

§ 6. Deskundigen

Art. 194

Deskundigenbericht of -verhoor

– 1. De rechter kan op verzoek van een partij of ambtshalve een bericht of een verhoor van deskundigen bevelen. Het vonnis vermeldt de punten waarover het oordeel van deskundigen wordt gevraagd.

– 2. De rechter benoemt bij vonnis of bij latere rolbeschikking een of meer deskundigen na overleg met partijen, met opdracht bij hem schriftelijk bericht in te leveren of aan hem mondeling verslag uit te brengen. Tegen deze benoeming staat geen hogere voorziening open.

– 3. De griffier zendt afschrift van deze benoeming aan de deskundigen.

– 4. Indien een deskundige de benoeming niet aanneemt of zijn taak niet naar behoren zal kunnen volbrengen of weigerachtig is dit te doen, kan de rechter ambtshalve of op verzoek van de meest gerede partij, na overleg met partijen, een andere deskundige in zijn plaats benoemen.

– 5. De rechter kan, op verzoek van een partij of ambtshalve, aan de deskundigen het geven van nadere mondelinge of schriftelijke toelichting of aanvulling bevelen, dan wel, na overleg met partijen, een of meer andere deskundigen benoemen. (Rv 221, 222, 224 lid 2 (oud); Rv 810*a*; BW 2: 339 e.v.)

Art. 195

Kosten deskundige

De rechter kan ambtshalve of op verzoek van een of meer partijen deskundigen vragen hun kosten te begroten. Door de eisende partij wordt een door de rechter te bepalen voorschot en, indien dit is bepaald, een nader voorschot, ter zake van die kosten ter griffie gedeponeerd, voor zover niet bij het vonnis, bedoeld in artikel 194, eerste lid, in verband met de omstandigheden van het geding de wederpartij of beide partijen te zamen daartoe is of zijn aangewezen. Aan partijen aan wie ingevolge de Wet op de rechtsbijstand een toevoeging is verleend of ten aanzien van wie ingevolge artikel 18 of artikel 18*a* van de Wet tarieven in burgerlijke zaken het vast recht gedeeltelijk in debet is gesteld, wordt geen voorschot opgelegd. Evenmin wordt een voorschot opgelegd aan partijen die geen griffierecht verschuldigd zijn en ten aanzien van wie de griffier verklaart dat zij, indien zij griffierecht verschuldigd waren, voor gedeeltelijke indebetstelling in aanmerking zouden komen. Weigert de griffier een verklaring als bedoeld in de vorige zin af te geven, dan staat daartegen verzet open op de wijze als voorzien in artikel 25 van de Wet tarieven in burgerlijke zaken. (Rv 223 lid 1 en 2 (oud); Rv 233 lid 1 slot)

Art. 196

Termijn voor voldoening voorschot

– 1. De rechter kan, zo nodig ambtshalve, bij de bepaling van een voorschot als bedoeld in artikel 195, of nadien, een termijn vaststellen voor de voldoening van het voorschot. Deze termijn kan een of meermalen worden verlengd. Tegen beslissingen ingevolge de eerste en tweede zin staat geen hogere voorziening open. (Rv 20)

– 2. Wanneer een partij het voorschot niet binnen de daarvoor gestelde termijn voldoet, kan de rechter daaruit de gevolgtrekking maken die hij geraden acht.

Art. 197

Deskundigenonderzoek

– 1. Indien de deskundigen een onderzoek moeten verrichten, bepaalt de rechter bij hun benoeming of op een later tijdstip waar en wanneer zij tot het onderzoek zullen overgaan.

– 2. Bij de in het eerste lid bedoelde beslissing bepaalt de rechter tevens de termijn waarbinnen de deskundigen hun schriftelijke bericht ter griffie moeten inleveren of de terechtzitting waarop zij mondeling verslag moeten uitbrengen. In het eerste geval wordt mede de dag be-

paald waarop de zaak weer op de rol zal komen. In het tweede geval wordt deze dag bepaald op de terechtzitting waarop het verslag is uitgebracht.
– 3. Wanneer op die dag het bericht van deskundigen nog niet mocht zijn ingekomen, kan de rechter op verzoek van partijen of van een van hen een nadere roldatum bepalen. Eveneens kan een nadere terechtzitting worden bepaald, wanneer op de daarvoor vastgestelde terechtzitting het mondelinge verslag niet wordt uitgebracht. (Rv 223 (oud))

Art. 198

Onpartijdig en naar beste weten

– 1. De deskundige die zijn benoeming heeft aanvaard, is verplicht de opdracht onpartijdig en naar beste weten te volbrengen. (Sr 192)
– 2. De deskundigen stellen hun onderzoek in, hetzij onder leiding van de rechter, hetzij zelfstandig. De deskundigen moeten bij hun onderzoek partijen in de gelegenheid stellen opmerkingen te maken en verzoeken te doen. Uit het schriftelijke bericht moet blijken of aan dit voorschrift is voldaan. Van de inhoud van de opmerkingen en verzoeken wordt in het schriftelijke bericht melding gemaakt. Indien een partij schriftelijke opmerkingen of verzoeken aan de deskundigen doet toekomen, verstrekt zij daarvan terstond afschrift aan de wederpartij.
– 3. Partijen zijn verplicht mee te werken aan een onderzoek door deskundigen. Wordt aan deze verplichting niet voldaan, dan kan de rechter daaruit de gevolgtrekking maken die hij geraden acht.
– 4. Het schriftelijke bericht is met redenen omkleed zonder dat het persoonlijke gevoelen van ieder van de deskundigen behoeft te blijken. Ieder van de deskundigen kan van zijn afwijkende mening doen blijken. Het schriftelijke bericht wordt door de deskundigen ondertekend. Indien een of meer deskundigen niet hebben ondertekend, wordt de oorzaak hiervan zo mogelijk op het schriftelijke bericht vermeld. Indien geen van de deskundigen zich in de gelegenheid bevindt te ondertekenen, wordt het bericht door de griffier ondertekend. De griffier zendt aan partijen afschrift van het schriftelijke bericht.
– 5. Het proces-verbaal van de slotsom van het mondelinge verslag wordt na voorlezing, behalve door de griffier, ondertekend door de rechter aan wie het verslag is uitgebracht en door de deskundigen. Verklaart een deskundige niet te kunnen ondertekenen, dan wordt die verklaring, inhoudende de oorzaak van verhindering, in het proces-verbaal vermeld. (Rv 222, 223, 224 (oud))

Art. 199

Schadeloosstelling en loon voor deskundige

– 1. De deskundigen hebben aanspraak op schadeloosstelling en op loon, door de rechter te begroten onder de minuut van het schriftelijke bericht of onder het van het mondelinge verslag opgemaakte proces-verbaal.
– 2. De griffier betaalt het bedrag ten laste van het gestorte voorschot aan de deskundigen. Indien het vastgestelde voorschot niet toereikend is, wordt voor het resterende bedrag een bevelschrift van tenuitvoerlegging op de minuut van het schriftelijke bericht uitgegeven ten laste van de in de tweede volzin van artikel 195 genoemde partij of partijen. In geval van mondeling verslag wordt dit bevelschrift gegeven op een in executoriale vorm uitgegeven uittreksel uit het proces-verbaal van dat verslag.
– 3. Voor zover ten gevolge van artikel 195, derde tot en met vijfde volzin, het tweede lid niet kan worden toegepast, betaalt de griffier het bedrag waarop de deskundigen aanspraak hebben ten laste van 's Rijks kas. Hangende het geding wordt het ten laste van 's Rijks kas betaalde bedrag voorlopig in debet gesteld. (Rv 225 (oud); Rv 195)

Art. 200

Tegenonderzoek

– 1. De rechter kan een partij op haar verzoek toestaan deskundigen te doen horen die niet door de rechter zijn benoemd.
– 2. De rechter ten overstaan van wie in een zaak bewijs wordt bijgebracht, kan aan partijen toestaan, bij die gelegenheid ook zodanige deskundigen te doen horen.
– 3. Indien de rechter een verhoor van een zodanige deskundige heeft toegestaan, is ook de wederpartij bevoegd op dezelfde voet deskundigen te doen horen.
– 4. De rechter kan, op verzoek van een partij of ambtshalve, aan een zodanige deskundige het geven van nadere, mondelinge of schriftelijke, toelichting bevelen.
– 5. De artikelen 166, derde lid, 167 tot en met 170, 174 tot en met 177, eerste lid, 179, tweede, derde en vierde lid, en 180 tot en met 185 omtrent het getuigenverhoor zijn van overeenkomstige toepassing op het verhoor van deze deskundigen. (Rv 225 (oud); Rv 1042 lid 5)

§ 7. Plaatsopneming en bezichtiging

Art. 201

Plaatsopneming en bezichtiging

– 1. De rechter kan op verzoek van een partij of ambtshalve, vergezeld van de griffier, een plaatselijke gesteldheid opnemen of zaken bezichtigen die niet of bezwaarlijk ter terechtzitting kunnen worden overgebracht.
– 2. Het daartoe strekkende vonnis vermeldt de plaats of de zaak welke in ogenschouw moet

worden genomen, bepaalt de tijd van de plaatsopneming, de tijd en de plaats van de bezichtiging, de termijn waarbinnen het van de verrichting op te maken proces-verbaal ter griffie moet zijn neergelegd, alsmede de dag waarop de zaak weer op de rol zal komen.
– 3. De rechter heeft voor het doen van een plaatsopneming of een bezichtiging als bedoeld in het eerste lid, toegang tot elke plaats. Op het proces-verbaal als bedoeld in het tweede lid, zijn de artikelen 10 en 11, tweede lid, van de Algemene wet op het binnentreden van overeenkomstige toepassing.
– 4. Partijen worden in de gelegenheid gesteld opmerkingen te maken of verzoeken te doen. Uit het proces-verbaal moet blijken of aan dit voorschrift is voldaan. Van de inhoud van de opmerkingen of verzoeken wordt in het proces-verbaal melding gemaakt. Het proces-verbaal wordt door de rechter die de verrichting heeft gedaan, en door de griffier ondertekend. De rechter kan ter plaatse getuigen horen. De vierde paragraaf van deze afdeling is, behoudens artikel 170, hierop van toepassing.
– 5. De rechter kan zich tot de uitoefening van de in dit artikel toegekende bevoegdheden buiten zijn rechtsgebied begeven.
– 6. De reis- en verblijfkosten van de rechter en de griffier komen ten laste van de Staat. (Rv 226 (oud))

§ 8. Voorlopig bericht of verhoor van deskundigen, voorlopige plaatsopneming en bezichtiging

Art. 202

Voorlopig bericht, verhoor of plaatsopneming

– 1. Voordat een zaak aanhangig is, kan op verzoek van de belanghebbende een voorlopig bericht of verhoor van deskundigen of een voorlopige plaatsopneming en bezichtiging worden bevolen. (Rv 1020 lid 4 sub *a*, 1047)
– 2. Tijdens een reeds aanhangig geding kan dit op verzoek van een partij worden bevolen. (Rv 227 (oud); Rv 186, 633; BW 8: 494 e.v., 959 e.v., 1135)

Art. 203

Bevoegde rechter

– 1. Het verzoek wordt gedaan aan de rechter waar het geding aanhangig is of, indien het niet aanhangig is, aan de rechter die vermoedelijk bevoegd zal zijn daarvan kennis te nemen. Indien de zaak door de kantonrechter moet worden behandeld en beslist, wordt het verzoek gedaan aan de kantonrechter. De rechter beoordeelt summierlijk of hij absoluut bevoegd is en of de zaak door de kantonrechter moet worden behandeld en beslist. (Rv 187)
– 2. Het verzoekschrift houdt in:
a. de aard en het beloop van de vordering;
b. de punten waarover het oordeel van de deskundigen wordt gevraagd of de plaats of de zaak die in ogenschouw moet worden genomen;
c. de naam en de woonplaats van de wederpartij of de redenen waarom de wederpartij onbekend is.
– 3. Tenzij de wederpartij onbekend is en behoudens gevallen van onverwijlde spoed, wordt op het verzoekschrift niet eerder beschikt dan nadat een behandeling heeft plaatsgevonden, waartoe de verzoeker en de wederpartij worden opgeroepen. (Rv 228 (oud); Rv 187)

Art. 204

Toewijzing verzoek

– 1. Indien de rechter het verzoek toestaat, bepaalt hij tevens de uiterste dag waarop de verzoeker een afschrift van het verzoekschrift, indien dit nog niet is toegezonden, en van de beschikking aan de wederpartij, zo die bekend is, moet doen toekomen.
– 2. Voor zover het verzoek wordt toegewezen, is geen hogere voorziening toegelaten. (Rv 229 (oud); Rv 188 lid 2)

Art. 205

Schakelbepaling

– 1. De bepalingen betreffende deskundigen en betreffende plaatsopneming en bezichtiging zijn van overeenkomstige toepassing.
– 2. Indien ten aanzien van een partij, met toepassing van het derde lid van artikel 199, het bedrag van de schadeloosstelling en het loon van deskundigen voorlopig in debet zijn gesteld, stelt de rechter op het moment van toezending van het schriftelijke bericht aan partijen of afgifte van het proces-verbaal van de slotsom van het mondelinge verslag, dan wel zo spoedig mogelijk daarna, vast welk deel van dit bedrag elk der partijen dient te dragen en veroordeelt hen dienovereenkomstig tot voldoening aan de griffier. Artikel 243, derde lid, is van overeenkomstige toepassing.
– 3. Het tweede lid blijft buiten toepassing wanneer op het moment van de toezending aan de rechter is gebleken dat tussen partijen een geding aanhangig is over de vordering waarop het bericht of verhoor van deskundigen betrekking heeft.

Art. 206

Afschrift aan wederpartij

Met inachtneming van de termijn, krachtens artikel 204 bepaald, zendt de verzoeker een afschrift van het verzoekschrift, indien dit nog niet is toegezonden, en de beschikking van de rechter bij aangetekende brief aan de wederpartij, zo die bekend is, of doet hij deze afschriften bij exploot aan de wederpartij betekenen. Alvorens tot de verrichting over te gaan, vergewist de rechter zich ervan dat aan dit voorschrift is voldaan. (Rv 231 (oud); Rv 190)

Art. 207

Bewijskracht

– 1. Indien alle partijen bij de verrichting aanwezig zijn geweest, hebben de verklaringen van de deskundigen, de plaatsopneming en de bezichtiging dezelfde bewijskracht als die, welke op de gewone wijze in een aanhangig geding hebben plaatsgehad. (BW 8: 494 lid 2, 495 lid 2, 959 lid 2, 960 lid 2, 1135 lid 2)

– 2. Zijn niet alle partijen aanwezig geweest, dan kan de rechter een en ander buiten beschouwing laten. (Rv 232 (oud); Rv 192)

TIENDE AFDELING
Incidentele vorderingen

§ 1. Algemene bepalingen

Art. 208

Wijze instelling incidentele vordering

– 1. Incidentele vorderingen worden ingesteld bij dagvaarding of bij met redenen omklede conclusie. De artikelen 85, 86, 128, 133 en 134 zijn van toepassing. (Rv 247 (oud); Rv 82 lid 2)

– 2. De rechter kan in bijzondere gevallen het nemen van conclusies van repliek en dupliek toestaan. (Rv 247 lid 3 (oud))

– 3. Incidentele vorderingen worden zoveel mogelijk tegelijk ingesteld. (Rv 248 (oud))

Art. 209

Eerst beslissen op incidentele vordering

Op de incidentele vorderingen wordt, indien de zaak dat medebrengt, eerst en vooraf beslist. Voor zover de hoofdzaak niet gelijktijdig is afgedaan, bepaalt de rechter bij de beslissing op het incident tevens de dag waarop de zaak weer op de rol zal komen. (Rv 232 lid 2 sub *b*; Rv 337)

§ 2. Vrijwaring

Art. 210

Wijze oproeping in vrijwaring

– 1. Indien de gedaagde meent gronden te hebben om iemand in vrijwaring op te roepen en hij die oproeping niet heeft gedaan vóór de dag waarop de hoofdzaak moet dienen, neemt hij zijn daartoe strekkende, met redenen omklede conclusie vóór alle weren op de voor het nemen van de conclusie van antwoord bepaalde roldatum.

– 2. Indien de eiser meent gronden te hebben om iemand in vrijwaring op te roepen, neemt hij zijn daartoe strekkende, met redenen omklede conclusie uiterlijk op de roldatum, op zijn verzoek bepaald bij de verschijning van partijen ter terechtzitting op de voet van artikel 131. Vindt geen verschijning van partijen op de voet van artikel 131 plaats, dan neemt de eiser zijn conclusie uiterlijk op de voor het nemen van de conclusie van repliek bepaalde datum.

– 3. Indien de vordering wordt toegewezen, bepaalt de rechter de dag waarop zowel de hoofdzaak als de zaak in vrijwaring weer op de rol zullen komen. Betreft de zaak in vrijwaring een vordering die ongeacht het beloop of de waarde door de kantonrechter moet worden behandeld, dan verwijst de rechter beide zaken daarbij zo nodig, met overeenkomstige toepassing van artikel 71, naar de kantonrechter. (Rv 94 lid 4)

– 4. Het vonnis waarbij de dagvaarding in vrijwaring is toegestaan, behoeft aan de waarborg niet betekend te worden. De dagvaarding moet de in het vonnis vermelde beslissing behelzen; bij die dagvaarding moet de dagvaarding in de hoofdzaak in afschrift worden betekend.

– 5. Indien de vordering wordt afgewezen, bepaalt de rechter bij die beslissing de dag waarop de zaak weer op de rol zal komen of beveelt hij een verschijning van partijen ter terechtzitting. (Rv 68 (oud))

Art. 211

Geen uitstel

Indien de vordering tot oproeping in vrijwaring niet tijdig is gedaan, wordt zonder uitstel in de hoofdzaak voortgeprocedeerd. (Rv 69 (oud))

Art. 212

Zakelijke vrijwaring

In geval van vrijwaring wegens uitwinning van een goed of wegens een recht waarmee het goed niet belast had mogen zijn, mag de waarborg de hoofdzaak van de gewaarborgde overnemen met dien verstande dat de gewaarborgde als partij in het geding blijft. (Rv 70 (oud); Rv 217)

Art. 213

Tenuitvoerlegging tegen gewaarborgde

– 1. In het geval, bedoeld in artikel 212, kan het tegen de waarborg gewezen vonnis tegen de gewaarborgde ten uitvoer worden gelegd.

– 2. Wat de kosten en de vordering tot schadevergoeding betreft, kunnen de vereffening en de tenuitvoerlegging slechts tegen de waarborg geschieden.

– 3. Indien echter de waarborg geen verhaal biedt, moet de gewaarborgde de kosten dragen en, zo daartoe gronden zijn, ook de schade vergoeden. (Rv 72 (oud))

Art. 214

Eenvoudige vrijwaring

In zaken van eenvoudige vrijwaring mag de waarborg zich in de hoofdzaak slechts voegen zonder de zaak van de gewaarborgde over te nemen. (Rv 72 (oud))

Art. 215

Gelijktijdige beslissing

In geval de hoofdzaak en de zaak in vrijwaring tegelijk in staat van wijzen zijn, wordt daarin gelijktijdig beslist. Indien dit niet het geval is, wordt op vordering van de oorspronkelijke eiser of gedaagde de hoofdzaak afzonderlijk beslist. (Rv 73 (oud))

Art. 216

Bevoegde rechter

Hij die ter zake van vrijwaring is gedagvaard, moet procederen voor de rechter waar de hoofdzaak aanhangig is, zelfs indien hij ontkent waarborg te zijn. (Rv 74 (oud); Rv 72 e.v.)

§ 3. Voeging en tussenkomst

Art. 217

Voeging en tussenkomst

Ieder die een belang heeft bij een tussen andere partijen aanhangig geding, kan vorderen zich daarin te mogen voegen of daarin te mogen tussenkomen. (Rv 285 (oud); Rv 353, 376)

Art. 218

Vordering bij incidentele conclusie

Deze vordering wordt ingesteld bij incidentele conclusie vóór of op de roldatum waarop de laatste conclusie in het aanhangige geding wordt genomen. (Rv 286 (oud))

Art. 219

Inhoud conclusie

– 1. De conclusie vermeldt:

a. de voornaam, de naam en de woonplaats van degene die de vordering instelt;

b. de vordering en de gronden waarop zij berust;

c. in zaken waarin partijen niet in persoon kunnen procederen, de naam van degene die als advocaat wordt gesteld.

– 2. De in het eerste lid aangeduide gegevens worden vermeld op straffe van nietigheid. Artikel 122 is van overeenkomstige toepassing.

§ 4. Verwijzing en voeging van zaken

Art. 220

Verwijzing naar andere rechter

– 1. In zaken die reeds eerder bij een andere gewone rechter van gelijke rang aanhangig zijn gemaakt tussen dezelfde partijen over hetzelfde onderwerp, of in geval de zaak verknocht is aan een zaak die reeds bij een andere gewone rechter van gelijke rang aanhangig is, kan de verwijzing naar die andere rechter worden gevorderd. Verwijzing is ook mogelijk indien één der zaken bij de kantonrechter in behandeling is en de andere niet.

– 2. Door de eiser kan deze vordering slechts worden ingesteld bij de inleidende dagvaarding of bij incidentele conclusie vóór het antwoord.

– 3. Door de gedaagde moet de vordering worden ingesteld bij met redenen omklede conclusie vóór alle weren op de voor het nemen van de conclusie van antwoord bepaalde roldatum. (EEX 21 e.v.; EVEX 21 e.v.; EEX-Vo. 27 e.v. Belg. Ex. verdr. 6 lid 1; Rv 158 (oud); Rv 94 lid 2-4, 125, 278 lid 4, 285)

– 4. In het geval van verwijzing naar een andere kamer van hetzelfde gerecht vermeldt de rechter in de beslissing tot verwijzing een nieuwe roldatum alsmede, indien daarin een wijziging optreedt, op welke wijze partijen in het geding moeten verschijnen. Indien tegen de gedaagde verstek is verleend, beveelt de rechter dat de nieuwe roldatum door de eiser bij exploot aan de gedaagde wordt aangezegd onder betekening van de beslissing tot verwijzing. Artikel 221 is bij verwijzing naar een andere kamer van hetzelfde gerecht niet van toepassing. (Rv 71)

– 5. Indien bij hetzelfde gerecht één der zaken in behandeling is bij de kantonrechter en deze een vordering betreft als bedoeld in artikel 93 onder *c* of *d*, kan in de andere zaak verwijzing van die andere zaak naar de kantonrechter worden gevorderd, ook als die zaak reeds eerder aanhangig was. (Rv 71)

Art. 221

Formaliteiten na verwijzing

Indien een zaak naar een andere rechter wordt verwezen, heeft iedere partij het recht de overige partijen bij exploot op te roepen tegen de dag waarop zij de zaak ter rolle wil doen dienen. Voor deze oproeping moeten de voor dagvaarding voorgeschreven termijnen in acht worden genomen. Is met het oog op het geding voor de eerste rechter woonplaats gekozen, dan kan het in dit artikel bedoelde exploot ook aan die woonplaats worden gedaan. (Rv 158*a* (oud))

Art. 222

Voeging van zaken

– 1. In geval voor dezelfde rechter tussen dezelfde partijen en over hetzelfde onderwerp tegelijk zaken aanhangig zijn, of voor dezelfde rechter verknochte zaken aanhangig zijn, kan daarvan de voeging worden gevorderd.

– 2. Artikel 220, tweede en derde lid, zijn op deze vordering van toepassing. (Rv 159 (oud); Belg. Ex. verdr. 6; EEX 21 e.v.; EVEX 21 e.v.; EEX-Vo. 27 e.v.)

§ 5. *Voorlopige voorzieningen*

Art. 223

Voorlopige voorzieningen

– 1. Tijdens een aanhangig geding kan iedere partij vorderen dat de rechter een voorlopige voorziening zal treffen voor de duur van het geding.
– 2. Deze vordering moet samenhangen met de hoofdvordering. (Rv 51, 116 (oud); Rv 254, 337 lid 1)

§ 6. *Zekerheidstelling voor proceskosten*

Art. 224

Zekerheidstelling voor proceskosten

– 1. Allen zonder woonplaats of gewone verblijfplaats in Nederland die bij een Nederlandse rechter een vordering instellen of zich voegen of tussenkomen in een geding alhier, zijn verplicht op vordering van de wederpartij zekerheid te stellen voor de proceskosten en de schadevergoeding tot betaling waarvan zij veroordeeld zouden kunnen worden.
– 2. Geen verplichting tot het stellen van zekerheid bestaat:
a. indien dit voortvloeit uit een verdrag of uit een EG-verordening;
b. indien een veroordeling tot betaling van proceskosten en schadevergoeding op grond van het Statuut voor het Koninkrijk der Nederlanden, een verdrag of een EG-verordening ten uitvoer zal kunnen worden gelegd ter plaatse waar degene van wie zekerheid gevorderd wordt, zijn woonplaats of gewone verblijfplaats heeft;
c. indien redelijkerwijs aannemelijk is dat verhaal voor een veroordeling tot betaling van proceskosten en schadevergoeding in Nederland mogelijk zal zijn;
d. indien daardoor voor degene van wie zekerheid wordt gevorderd de effectieve toegang tot de rechter zou worden belemmerd.
– 3. De wederpartij is bevoegd de vordering, bedoeld in het eerste lid, in te stellen vóór alle weren.
– 4. De partij die het stellen van zekerheid vordert, wordt niet geacht daardoor de rechtsmacht van de rechter te hebben erkend.
– 5. Het vonnis waarbij het stellen van zekerheid wordt bevolen, drukt de som uit tot beloop waarvan de zekerheid moet worden verstrekt. (Rv 152, 153 (oud); Rv 353, 414 e.v., 616; AB 9; BW 6: 51; Verdr. Rechtsv. 1905 art. 17; Verdr. Rechtsv. 1954 art. 17; Aanv. Rechtsv.verdr. Groot Brittannië; CMR 31 lid 5; Verdrag Vriendschap, Handel en Scheepvaart Ned.-Ver. St. 1956; Verdrag verhaal onderhoud 1956, art. 9; Verdrag verhaal onderhoudsverplichtingen jegens kinderen 1958 art. 9; EEX art. 45; EVEX 45; EEX-Vo. 51; Haags Verdrag inz. de toegang tot de rechter in internationale gevallen art. 14; Verdrag van Genève 1951 betreffende de status van vluchtelingen; Verdrag van New York 1954 betreffende de status van staatlozen art. 16))

ELFDE AFDELING
Schorsing en hervatting

Art. 225

Gronden voor schorsing geding

– 1. Gronden voor schorsing van het geding zijn:
a. de dood van een partij;
b. verandering van de persoonlijke staat van een partij;
c. het ophouden van de betrekkingen waarin een partij het geding voerde, hetzij ten gevolge van rechtsopvolging onder algemene titel op een ander, hetzij door een andere oorzaak.
– 2. Schorsing vindt plaats door betekening van de ingeroepen grond voor de schorsing aan de wederpartij dan wel door een daartoe strekkende akte ter rolle. Bij gebreke hiervan wordt het geding op naam van de oorspronkelijke partij voortgezet.
– 3. Alle proceshandelingen, verricht nadat de schorsing is ingetreden, zijn nietig.
– 4. Schorsing kan niet meer plaatsvinden nadat de dag is bepaald waarop het vonnis zal worden uitgesproken. (Rv 254e.v. (oud))

Art. 226

Schorsing van rechtswege

– 1. In zaken waarin partijen niet in persoon kunnen procederen, wordt het geding van rechtswege geschorst doordat de gestelde advocaat overlijdt of doordat hij zijn hoedanigheid van advocaat verliest.
– 2. Artikel 225, derde en vierde lid, is van toepassing. (Rv 256 lid 2 (oud))

Art. 227

Hervatting geding

– 1. In de gevallen, bedoeld in artikel 225, eerste lid, wordt het geding hervat in de stand waarin dit zich bij de schorsing bevond:
a. doordat de partij bij wie de grond voor de schorsing is opgekomen bij de betekening van de schorsingsgrond verklaart dat het geding wordt hervat;
b. doordat een der partijen, met instemming van de andere partij, een daartoe strekkende akte ter rolle neemt, dan wel bij exploot verklaart dat het geding wordt hervat.
– 2. De partij die bij de in het eerste lid, onder a, bedoelde betekening of het in het eerste lid,

onder b, bedoelde exploot verklaart dat het geding wordt hervat, roept daarbij de andere partij op tegen de dag waarop zij de zaak ter rolle wil doen dienen. Voor deze oproeping moeten de voor dagvaarding voorgeschreven termijnen in acht worden genomen. (Rv 66 lid 2)
– 3. In zaken waarin partijen niet in persoon kunnen procederen, stellen zij opnieuw advocaat. (Rv 257, 258 lid 1, 261 lid 1(oud))

Art. 228

Hervatting geding

– 1. In geval van schorsing wegens overlijden of verlies van de hoedanigheid van de gestelde advocaat, wordt het geding hervat in de stand waarin dit zich bij de schorsing bevond doordat een der partijen, met instemming van de andere partij, een daartoe strekkende akte ter rolle neemt, dan wel bij exploot verklaart dat het geding wordt hervat.
– 2. Artikel 227, tweede lid, is van overeenkomstige toepassing. Partijen stellen opnieuw advocaat. (Rv 258 lid 2, 259, 261 lid 1 (oud))

TWAALFDE AFDELING
Het vonnis

§ 1. Algemeen

Art. 229

Bepalen dag uitspraak

De rechter bepaalt de dag waarop hij uitspraak zal doen en deelt deze dag aan de eiser en aan de in het geding verschenen gedaagde mede. Op verlangen van de in het geding verschenen partijen stelt de rechter de uitspraak uit. (Rv 18 lid 2, 20; Gw 121)

Art. 230

Inhoud vonnis

– 1. Het vonnis vermeldt:
a. de namen en de woonplaats van de partijen, en de namen van hun gemachtigden of advocaten;
b. het verloop van het geding;
c. de slotsom van de dagvaarding en de conclusies van partijen;
d. de slotsom van de conclusie van het openbaar ministerie in de gevallen waarin het is gehoord;
e. de gronden van de beslissing, waaronder begrepen de feiten waarop de beslissing rust; (Rv 23 e.v.; RO 2.1.4)
f. de beslissing;
g. de naam van de rechter of, bij een meervoudige kamer, de namen van de rechters door wie het vonnis is gewezen; (Rv 1057 lid 4)
h. de dag van de uitspraak.
– 2. Indien tegen de gedaagde of, bij meer gedaagden, tegen hen allen verstek is verleend en de vorderingen van de eiser geheel of gedeeltelijk worden toegewezen, kan ten aanzien van de ingevolge het eerste lid onder *a, c, e* en *f* te vermelden gegevens worden volstaan met verwijzing naar een door de griffier gewaarmerkt afschrift van het exploot van dagvaarding waarop het vonnis wordt gesteld of dat aan het vonnis wordt gehecht.
– 3. Het vonnis wordt door de rechter, of, bij een meervoudige kamer, door de voorzitter en de griffier ondertekend. Het vonnis kan ook worden ondertekend door de rechter die het uitspreekt. (Rv 59-62 en 76 lid 2 (oud); Sv 357 e.v.; Gr 121)

Art. 231

Grosse

– 1. Van de vonnissen verstrekt de griffier op de dag van de uitspraak een afschrift aan de eiser en aan de gedaagde die in het geding is verschenen. Betreft het een eindvonnis, dan is het afschrift dat wordt verstrekt aan een partij die tot tenuitvoerlegging van dat vonnis kan overgaan, opgemaakt in executoriale vorm.
– 2. De griffier verstrekt desverlangd tweede of verdere in executoriale vorm opgemaakte afschriften van een vonnis aan de partij die tot tenuitvoerlegging van dat vonnis kan overgaan, dan wel aan de rechtverkrijgenden onder algemene titel van deze partij. Artikel 28, vijfde en zesde lid, is van overeenkomstige toepassing.
– 3. Elk afschrift dat in executoriale vorm is opgemaakt, wordt gedagtekend. (Rv 843 (oud); Rv 290 leden 4 en 5)

Art. 232

Mogelijkheid tussenvonnis

– 1. De rechter kan, voordat hij definitief over de zaak beslist, een tussenvonnis wijzen.
– 2. Van de artikelen 230 en 231, eerste lid, kan, voor zover nodig, worden afgeweken:
a. indien een tussenvonnis wordt gewezen bij een verschijning van partijen ter terechtzitting als bedoeld in de artikelen 87 en 88 en indien alle partijen aldaar zijn verschenen;
b. indien een tussenvonnis wordt gewezen ter beslissing op een incidentele vordering en de wederpartij te kennen geeft tegen toewijzing geen bezwaar te hebben.

Art. 233

Uitvoerbaar bij voorraad

– 1. Tenzij uit de wet of uit de aard van de zaak anders voortvloeit, kan de rechter, indien dit

wordt gevorderd, verklaren dat zijn vonnis uitvoerbaar bij voorraad zal zijn niettegenstaande daartegen aan te wenden rechtsmiddelen. De rechter kan een vonnis waarbij op de voet van artikel 195 wordt beslist omtrent een voorschot ter zake van de kosten van deskundigen, ook ambtshalve uitvoerbaar bij voorraad verklaren.
– 2. De uitvoerbaarverklaring bij voorraad kan het gehele vonnis betreffen of een gedeelte daarvan.
– 3. De rechter kan aan de uitvoerbaarverklaring bij voorraad de voorwaarde verbinden dat tot een door hem te bepalen bedrag zekerheid wordt gesteld. (Rv 52 (oud); Rv 235, 616; BW 6: 51)

Art. 234

Alsnog uitvoerbaar bij voorraad

Indien het vonnis niet uitvoerbaar bij voorraad is verklaard en tegen dat vonnis een rechtsmiddel is aangewend, kan alsnog een incidentele vordering tot uitvoerbaarverklaring bij voorraad van dat vonnis worden ingesteld. (Rv 53 (oud); Rv 208 e.v., 438 lid 2)

Art. 235

Zekerheidstelling

Indien het vonnis uitvoerbaar bij voorraad is verklaard, evenwel zonder dat daaraan de voorwaarde is verbonden dat zekerheid wordt gesteld, en indien tegen dat vonnis een rechtsmiddel is aangewend, kan alsnog een daartoe strekkende incidentele vordering worden ingesteld. (Rv 54 (oud); Rv 438 lid 2, 616)

Art. 236

Gezag van gewijsde

– 1. Beslissingen die de rechtsbetrekking in geschil betreffen en zijn vervat in een in kracht van gewijsde gegaan vonnis, hebben in een ander geding tussen dezelfde partijen bindende kracht.
– 2. Onder partijen worden mede begrepen de rechtverkrijgenden onder algemene of bijzondere titel, tenzij uit de wet anders voortvloeit.
– 3. Het gezag van gewijsde wordt niet ambtshalve toegepast. (BW 7: 900 e.v.; Rv 67 (oud); Rv 431, 1059, 1069; Sr 68)

§ 2. *Kosten*

Art. 237

Kostenveroordeling

– 1. De partij die bij vonnis in het ongelijk wordt gesteld, wordt in de kosten veroordeeld. De kosten mogen echter geheel of gedeeltelijk worden gecompenseerd tussen echtgenoten of geregistreerde partners of andere levensgezellen, bloedverwanten in de rechte lijn, broers en zusters of aanverwanten in dezelfde graad, alsmede indien partijen over en weer op enkele punten in het ongelijk zijn gesteld. Ook kan de rechter de kosten die nodeloos werden aangewend of veroorzaakt, voor rekening laten van de partij die deze kosten aanwendde of veroorzaakte.
– 2. Bij een tussenvonnis kan de beslissing over de kosten tot het eindvonnis worden aangehouden.
– 3. Het bedrag van de kosten waarin de verliezende partij wordt veroordeeld, wordt, voor zover die kosten vóór de uitspraak zijn gemaakt en niet aan haar zijde zijn gevallen, bij het vonnis vastgesteld.
– 4. De na de uitspraak ontstane kosten worden op verzoek van de partij in het voordeel van wie een kostenveroordeling is uitgesproken, begroot door de rechter die het vonnis heeft gewezen. Deze geeft daarvoor een bevelschrift af. Hiertegen is geen hogere voorziening toegelaten. (Rv 56 (oud); Rv 123 lid 2, 127 lid 2, 250 lid 4, 252, 289)

Art. 238

Reis- en verblijfkosten wederpartij

– 1. In zaken waarin partijen in persoon kunnen procederen, wordt, indien de wederpartij van de in het ongelijk gestelde partij zonder gemachtigde procedeert, onder de kosten waarin laatstgenoemde partij wordt veroordeeld, opgenomen een door de rechter te bepalen bedrag voor noodzakelijke reis- en verblijfkosten van die wederpartij. De rechter kan onder de kosten waarin de in het ongelijk gestelde partij wordt veroordeeld, ook opnemen een door hem te bepalen bedrag voor noodzakelijke verletkosten van de wederpartij.
– 2. Procedeert de wederpartij van de in het ongelijk gestelde partij met een gemachtigde, dan wordt onder die kosten een door de rechter te bepalen bedrag opgenomen voor salaris en noodzakelijke verschotten van de gemachtigde, tenzij de rechter om in het vonnis te vermelden redenen anders beslist. (Rv 57*a* (oud); Rv 80 e.v.; BW 7: 400, 405 e.v.)

Art. 239

Alleen advocaatkosten

In zaken waarin partijen niet in persoon kunnen procederen, kunnen van de kosten van de wederpartij slechts de salarissen en verschotten van de advocaat van die wederpartij ten laste van de in het ongelijk gestelde partij worden gebracht. (Rv 57 lid 1 (oud))

Art. 240

Kosten ambtshandelingen deurwaarder

Kosten terzake van ambtshandelingen, verricht door gerechtsdeurwaarders, worden berekend overeenkomstig bij of krachtens algemene maatregel van bestuur vastgestelde tarieven.

Art. 241

Beperking vergoedingsmogelijkheid

Ter zake van verrichtingen waarvoor de in de artikelen 237 tot en met 240 bedoelde kosten een vergoeding plegen in te sluiten, zoals die ter voorbereiding van gedingstukken en ter instructie van de zaak, kan jegens de wederpartij geen vergoeding op grond van artikel 96, tweede lid, van Boek 6 van het Burgerlijk Wetboek worden toegekend, maar zijn alleen de regels betreffende proceskosten van toepassing. (Rv 57 lid 6 (oud))

Art. 242

Matiging proceskosten

– 1. De rechter kan bedragen die geacht kunnen worden te zijn bedongen ter vergoeding van proceskosten of van buitengerechtelijke kosten als bedoeld in artikel 96, tweede lid, onder *b* en *c*, van Boek 6 van het Burgerlijk Wetboek ambtshalve matigen, doch niet tot onder het bedrag van de krachtens de wet te begroten proceskosten respectievelijk het bedrag van de buitengerechtelijke kosten die, gelet op de tarieven volgens welke zodanige kosten aan de opdrachtgevers gewoonlijk in rekening worden gebracht, jegens de wederpartij redelijk zijn.
– 2. Het eerste lid geldt niet voor overeenkomsten die strekken tot regeling van een reeds gerezen geschil.

Art. 243

Kostenveroordeling bij gefinancierde rechtsbijstand

– 1. Indien er termen zijn om de wederpartij van hem aan wie ter zake van het gevoerde geding krachtens de Wet op de rechtsbijstand een toevoeging is verleend, in de kosten te verwijzen, veroordeelt de rechter haar ambtshalve om aan de griffier te voldoen de ingevolge de artikelen 17 en 18 van de Wet tarieven in burgerlijke zaken in debet gestelde griffierechten, alsmede de onder deze kosten begrepen salarissen van advocaten of deurwaarders, en verschotten.
– 2. Uit het ingevolge het eerste lid ontvangen bedrag stelt de griffier degene aan wie een toevoeging is verleend, zoveel mogelijk schadeloos voor de door deze voldane eigen bijdrage. Het eventueel resterende bedrag voldoet de griffier, na aftrek van zijn verschotten, en de ingevolge artikel 37 van de Wet op de rechtsbijstand aan de advocaat of deurwaarder te betalen vergoeding, aan de advocaat of deurwaarder.
– 3. Bij gebreke van de betaling geschiedt de invordering krachtens een door de griffier uit te vaardigen dwangbevel. Artikel 22 van de Wet tarieven in burgerlijke zaken is van overeenkomstige toepassing, met dien verstande dat de tenuitvoerlegging wordt opgeschort indien blijkt dat de veroordeling nog niet in kracht van gewijsde is gegaan. (Rv 57*b* (oud))

Art. 244

Kosten deskundige

– 1. Indien ten aanzien van een partij, met toepassing van het derde lid van artikel 199, het bedrag van de schadeloosstelling en het loon van deskundigen voorlopig in debet zijn gesteld, veroordeelt de rechter de partij die in de kosten van het geding wordt verwezen ambtshalve om dit bedrag aan de griffier te voldoen. (Rv 57*c* (oud))
– 2. Indien de kosten geheel of gedeeltelijk worden gecompenseerd, stelt de rechter vast welk deel van het in het eerste lid bedoelde bedrag elk der partijen dient te dragen en veroordeelt hen dienovereenkomstig tot voldoening aan de griffier.
– 3. Artikel 243, derde lid, is van overeenkomstige toepassing.

Art. 245

'Eigen beursje'

– 1. Indien blijkt dat een partij niet bestaat, of dat zij niet rechtsgeldig in het geding is verschenen doordat een daartoe niet bevoegde voor haar is opgetreden of tot het voeren van een geding opdracht heeft gegeven, geschiedt een veroordeling in de kosten, wanneer daartoe aanleiding is, in plaats van ten laste van de partij in naam van wie in rechte is opgetreden, ten laste van de gemachtigde of advocaat van die partij, of van degene die tot het voeren van het geding opdracht heeft gegeven, in het eerste geval onverminderd het verhaal van die advocaat of gemachtigde op zijn opdrachtgever.
– 2. Alvorens aldus te beslissen, stelt de rechter de betrokkene in de gelegenheid zijn standpunt naar voren te brengen en toe te lichten.

DERTIENDE AFDELING
Afbreking van de instantie

§ 1. Doorhaling op de rol

Art. 246

Royement op verzoek

– 1. Op verlangen van partijen wordt de zaak op de rol doorgehaald.
– 2. De enkele doorhaling op de rol heeft geen rechtsgevolgen. Partijen kunnen de rechtsgevolgen bij overeenkomst bepalen.

Art. 247

Ambtshalve royement

Indien geen van partijen er, na in de gelegenheid te zijn gesteld zich daarover uit te laten, blijk van geeft het geding te willen voortzetten, kan de zaak ook ambtshalve op de rol worden doorgehaald.

Art. 248

Bijzondere gevolgen

Indien ten aanzien van een partij, met toepassing van het derde lid van artikel 199, het bedrag van de schadeloosstelling en het loon van deskundigen voorlopig in debet zijn gesteld, beslist de rechter met overeenkomstige toepassing van artikel 244, tweede lid, welk deel van dit bedrag elk der partijen dient te dragen en veroordeelt hen dienovereenkomstig tot voldoening aan de griffier.

§ 2. Afstand van instantie

Art. 249

Afstand van instantie

– 1. Zolang de gedaagde niet voor antwoord heeft geconcludeerd, kan de eiser afstand doen van de instantie. (Rv 277 lid 1 (oud))
– 2. De eiser is verplicht de proceskosten van de gedaagde te betalen.
– 3. Artikel 248 is van overeenkomstige toepassing.

Art. 250

Formaliteiten en gevolgen

– 1. Afstand van instantie wordt gedaan bij akte ter rolle.
– 2. Indien de afstand door een advocaat of een gemachtigde wordt gedaan, legt deze een hem daartoe door de eiser verstrekte bijzondere volmacht over.
– 3. Door afstand van instantie worden partijen van rechtswege hersteld in de toestand als ware het geding niet in deze instantie aanhangig geweest, onverminderd het bepaalde in artikel 316, tweede lid, van Boek 3 van het Burgerlijk Wetboek.
– 4. Ter zake van de betaling van de kosten vaardigt de rechter op verlangen van de gedaagde een bevelschrift uit. Het bevelschrift is uitvoerbaar bij voorraad.
– 5. Nadat hij de kosten heeft betaald, kan de eiser de vordering opnieuw instellen. (Rv 278 (oud))

§ 3. Verval van instantie

Art. 251

Verval van instantie

– 1. Indien de proceshandeling waarvoor de zaak staat, langer dan twaalf maanden niet is verricht, bepaalt de rechter op verlangen van de wederpartij van de partij die de proceshandeling moet verrichten, een roldatum waarop deze wederpartij verval van instantie kan vorderen, dan wel kan vragen om een laatste uitstel te verlenen aan de partij die de proceshandeling moet verrichten of om vonnis te wijzen. De rechter kan hiertoe, eveneens na verloop van twaalf maanden, ook ambtshalve een roldatum bepalen.
– 2. De in het eerste lid bedoelde roldatum wordt in beide gevallen bepaald op een termijn van ten hoogste drie maanden.
– 3. Verval van instantie kan op de bepaalde roldatum slechts worden gevorderd indien het voornemen daartoe ten minste twee weken vóór die roldatum aan de nalatige partij is aangezegd.
– 4. De rechter wijst de vordering tot verval van instantie toe, tenzij voor of op die roldatum
a. de proceshandeling alsnog wordt verricht, of
b. de wederpartij van de partij die het verval vordert, aannemelijk maakt dat voor de vertraging van het geding een reden bestaat die deze in redelijkheid kan rechtvaardigen.
– 5. Indien op de ingevolge het eerste lid bepaalde roldatum de proceshandeling waarvoor de zaak staat niet alsnog is of wordt verricht, en voorts de wederpartij van degene die de proceshandeling moet verrichten geen verval van instantie vordert noch zich anderszins uitlaat over de voortgang van het geding als bedoeld in het eerste lid, wordt de zaak op de rol doorgehaald. (Rv 279-284 (oud))

Art. 252

Compensatie van kosten

– 1. De kosten van de vervallen instantie worden van rechtswege gecompenseerd. De rechter kan echter, indien hij daartoe gronden aanwezig acht, een partij geheel of gedeeltelijk in de kosten veroordelen.
– 2. Artikel 248 is van overeenkomstige toepassing.

Art. 253

Gevolgen verval van instantie

– 1. Door verval van instantie worden partijen van rechtswege hersteld in de toestand als ware het geding niet in deze instantie aanhangig geweest, onverminderd het bepaalde in artikel 316, tweede lid, van Boek 3 van het Burgerlijk Wetboek. (Rv 250 lid 3)
– 2. Wordt de vordering opnieuw ingesteld, dan kan wederom gebruik worden gemaakt van in de vervallen instantie gedane gerechtelijke erkentenissen en bijgebracht bewijs. (Rv 282 e.v.)

VEERTIENDE AFDELING
Het kort geding

Art. 254

Kort geding

– 1. In alle spoedeisende zaken waarin, gelet op de belangen van partijen, een onmiddellijke voorziening bij voorraad wordt vereist, is de voorzieningenrechter bevoegd deze te geven.
– 2. Op aanvraag van de belanghebbende partij kan de voorzieningenrechter de dagvaarding bevelen tegen de dag en het uur, de zondag daarbij inbegrepen, voor elk geval te bepalen. Hij kan daarbij tevens bevelen dat de terechtzitting op een andere plaats dan in het gerechtsgebouw wordt gehouden. De voorzieningenrechter kan aan de dagbepaling voorwaarden verbinden, die door de eiser in acht moeten worden genomen. Deze voorwaarden moeten uit de dagvaarding blijken.
– 3. De zaak kan ook worden aangebracht op een terechtzitting, door de voorzieningenrechter te houden op de daartoe door hem te bepalen werkdagen.
– 4. In zaken die ten gronde door de kantonrechter worden behandeld en beslist is ook de kantonrechter bevoegd tot het geven van een voorziening als in deze afdeling bedoeld. Daarbij is op de kantonrechter van toepassing hetgeen omtrent de voorzieningenrechter is bepaald. (Rv 289 (oud); Rv 257, 339 lid 2, 438, 479*e*, 586, 604, 611, 676, 709, 710, 729*b*, 853; AWB 8: 81; EEX 24; EEX-Vo 31) (Vreemdelingenwet art. 71)

Art. 255

Vertegenwoordiging in kort gedingprocedure

– 1. De gedaagde kan in de zaken, bedoeld in artikel 79, tweede lid, behalve bij advocaat ook in persoon procederen, maar niet vertegenwoordigd door een gemachtigde die geen advocaat is.
– 2. Partijen kunnen ook vrijwillig ter terechtzitting van de voorzieningenrechter in kort geding verschijnen. Het eerste lid is van toepassing.
– 3. In andere korte gedingen niet ingeleid met een dagvaarding, kunnen partijen behalve bij advocaat ook in persoon procederen, maar niet vertegenwoordigd door een gemachtigde die geen advocaat is. (Rv 290 (oud))

Art. 256

Niet geschikt voor kort geding

Indien de voorzieningenrechter oordeelt dat de zaak niet geschikt is om in kort geding te worden beslist, weigert hij de voorziening. (Rv 291 (oud); Rv 438 lid 3)

Art. 257

Geen prejudiciërende werking

De beslissingen bij voorraad brengen geen nadeel toe aan de zaak ten principale. (Rv 292 (oud))

Art. 258

Ambtshalve uitvoerbaar bij voorraad

De voorzieningenrechter kan zijn vonnis ook ambtshalve uitvoerbaar bij voorraad verklaren. (Rv 235)

Art. 259

Verzet bij voorzieningenrechter

Het verzet moet worden gedaan bij de voorzieningenrechter. Artikel 255, eerste lid, is niet van toepassing. (Rv 294 (oud))

Art. 260

Vervallen.

DERDE TITEL
De verzoekschriftprocedure in eerste aanleg

EERSTE AFDELING
Algemene bepaling

Art. 261

Toepassingsgebied verzoekschriftprocedure

– 1. Voor zover uit de wet niet anders voortvloeit, is deze titel van toepassing op alle zaken die met een verzoekschrift moeten worden ingeleid, alsmede op zaken waarin de rechter ambtshalve een beschikking geeft. (Rv 43, 78 lid 1; Rv 429*a* (oud))
– 2. Met een verzoekschrift worden ingeleid de zaken ten aanzien waarvan dit uit de wet voortvloeit. (Rv 429*b* (oud))

TWEEDE AFDELING
Relatieve bevoegdheid

Art. 262

Relatieve bevoegdheid

Tenzij de wet anders bepaalt, is bevoegd:
a. de rechter van de woonplaats van hetzij de verzoeker of één van de verzoekers, hetzij één van de in het verzoekschrift genoemde belanghebbenden dan wel, als zodanige woonplaats in Nederland niet bekend is, de rechter van het werkelijk verblijf van één van hen; (Rv 3, 99)
b. indien het verzoek betrekking heeft op een bij dagvaarding ingeleid of in te leiden geding, de rechter die bevoegd is van dat geding kennis te nemen, tenzij het verzoek niet behoort tot diens absolute bevoegdheid. (Rv 429*c* (oud))

Art. 263

Zaken m.b.t. burgerlijke stand

In zaken die uitsluitend betreffen de aanvulling van de registers van de burgerlijke stand of de inschrijving, doorhaling of wijziging van daarin in te schrijven of ingeschreven akten, is bevoegd de rechter binnen wiens rechtsgebied de akte is of moet worden ingeschreven. (Rv 429*c* lid 6 (oud))

Art. 264

Bevoegdheid rechter

In zaken betreffende huur van gebouwde onroerende zaken of een gedeelte daarvan is uitsluitend bevoegd de rechter binnen wiens rechtsgebied het gehuurde of het grootste gedeelte daarvan is gelegen. (Rv 6 sub e; EEX-Vo 22; EEX 16; EVEX 16)

Art. 265

Zaken betreffende minderjarigen

In zaken betreffende minderjarigen is bevoegd de rechter van de woonplaats of, bij gebreke van een woonplaats in Nederland, van het werkelijk verblijf van de minderjarige. (Rv 429*c* lid 4 (oud))

Art. 266

Zaken betreffende curatele en onderbewindstelling

In zaken betreffende curatele, onderbewindstelling ter bescherming van meerderjarigen of mentorschap ten behoeve van meerderjarigen is bevoegd de rechter van de woonplaats of, bij gebreke van een woonplaats in Nederland, van het werkelijk verblijf van degene wiens curatele onderscheidenlijk goederen of mentorschap het betreft. (Rv 429*c* lid 5 (oud))

Art. 267

Zaken van afwezigheid of vermissing

In zaken van afwezigheid of vermissing is bevoegd de rechter van de verlaten woonplaats van de afwezige of vermiste. Ten aanzien van de vaststelling van overlijden is bevoegd de rechter te 's-Gravenhage. (Rv 429*c* lid 7 (oud))

Art. 268

Zaken betreffende nalatenschappen

– 1. In zaken betreffende nalatenschappen is bevoegd de rechter van de laatste woonplaats van de overledene. In afwijking van de eerste zin is in zaken die volgens afdeling 7 van titel 5 van Boek 4 van het Burgerlijk Wetboek met een verzoekschrift moeten worden ingeleid, bevoegd de rechter van de woonplaats van de rechthebbende. (Rv 429*c* lid 9 (oud); Rv 6 sub f; 105)

– 2. Van de in artikel 12, vierde lid, tweede volzin, bedoelde beschikking wordt door de griffier afschrift gezonden aan de als uitsluitend bevoegde aangewezen kantonrechter, aan de onder curatele gestelde, de rechthebbende en degene ten behoeve van wie een mentorschap is ingesteld en voorts aan de curator, de mentor en aan ieder der bewindvoerders. Van de beslissing is geen hogere voorziening toegelaten. De kantonrechter die als uitsluitend bevoegde is aangewezen, is aan die aanwijzing gebonden.

Art. 269

Restrechter

Wijzen de artikelen 262 tot en met 268 geen bevoegde rechter aan, dan is de rechter te 's-Gravenhage bevoegd. (Rv 429*c* lid 14 (oud))

Art. 270

Verwijzing

– 1. Indien de rechter, zonodig ambtshalve, beslist dat niet hij, maar een andere rechter van gelijke rang bevoegd is, verwijst hij de zaak in de stand waarin deze zich bevindt, naar die andere rechter. De griffier zendt een afschrift van de beschikking aan de rechter naar wie de zaak is verwezen. Verwijzing als bedoeld in dit lid vindt niet plaats indien de verzoeker en de opgeroepen belanghebbenden hebben aangegeven dat zij geen verwijzing wensen.

– 2. In zaken met betrekking tot echtscheiding, scheiding van tafel en bed, ontbinding van het huwelijk na scheiding van tafel en bed en ontbinding van een geregistreerd partnerschap en daarmee verband houdende verzoeken tot het treffen van een voorlopige voorziening of een nevenvoorziening, vindt een verwijzing als bedoeld in het eerste lid slechts plaats indien de andere echtgenoot of geregistreerde partner de bevoegdheid betwist.

– 3. Tegen de beslissing waarbij een betwisting van bevoegdheid wordt verworpen of de zaak naar een andere rechter wordt verwezen, is geen hogere voorziening toegelaten. De rechter naar wie de zaak is verwezen, is aan die verwijzing gebonden. De vorige zin mist toepassing indien de rechter zich tevens absoluut onbevoegd verklaart en de zaak verwijst naar een hogere rechter. (Rv 11, 72 e.v., 74 lid 2, 110, 279)

DERDE AFDELING

Oproeping

Art. 271

Oproeping verzoekers/verschenen belanghebbenden

De oproeping van verzoekers of van in de procedure verschenen belanghebbenden geschiedt door de griffier bij gewone brief, tenzij de rechter anders bepaalt. (Rv 429*r* (oud))

Art. 272

Oproeping niet verschenen belanghebbenden

De oproeping van niet in de procedure verschenen belanghebbenden geschiedt door de griffier bij aangetekende brief, tenzij de rechter anders bepaalt.

Art. 273

Oproeping rechterlijke autoriteit e.a.

De oproeping van een rechterlijke autoriteit, het openbaar ministerie of de raad voor de kinderbescherming geschiedt door de griffier bij gewone brief.

Art. 274

Oproeping bij brief

Oproepingen die bij brief geschieden, vermelden de dag van de verzending. Deze vermelding geschiedt niet slechts op de envelop.

Art. 275

Terugontvangst oproeping

Indien de griffier een bij aangetekende brief verzonden oproeping terug ontvangt en hem blijkt dat de geadresseerde op de dag van verzending of uiterlijk een week nadien in de daartoe bestemde registers ingeschreven stond op het op de oproeping vermelde adres, verzendt hij de oproeping onverwijld bij gewone brief. In de overige gevallen waarin de griffier de oproeping terug ontvangt, verbetert de griffier, indien mogelijk, het op de oproeping vermelde adres en verzendt hij de oproeping opnieuw bij aangetekende brief, tenzij de rechter anders bepaalt.

Art. 276

Inhoud oproeping

Oproepingen vermelden de plaats, de dag en het uur van de terechtzitting. Zij worden zo spoedig mogelijk en ten minste een week vóór die dag verzonden, tenzij de rechter anders bepaalt.

Art. 277

Oproeping bij brief

De oproeping bij brief van verzoekers of belanghebbenden die geen bekende woonplaats of bekend werkelijk verblijf in Nederland hebben, maar wel een bekende woonplaats of bekend werkelijk verblijf in een staat waar de verordening (EG) nr. 1348/2000 van de Raad van de Europese Unie van 29 mei 2000 inzake de betekening en de kennisgeving in de lidstaten van gerechtelijke en buitengerechtelijke stukken in burgerlijke of in handelszaken (*PbEG* L 160/37) van toepassing is, geschiedt met inachtneming van de in artikel 14, tweede lid, van de verordening bedoelde voorwaarden waaronder de desbetreffende staat kennisgeving van gerechtelijke stukken per post aanvaardt.

VIERDE AFDELING
Verloop van de procedure

Art. 278

Inhoud verzoekschrift

– 1. Het verzoekschrift vermeldt de voornamen, naam en woonplaats of, bij gebreke van een woonplaats in Nederland, het werkelijk verblijf van de verzoeker, alsmede een duidelijke omschrijving van het verzoek en de gronden waarop het berust. In zaken betreffende een nalatenschap vermeldt het verzoekschrift tevens de laatste woonplaats van de overledene of de reden waarom deze vermelding niet mogelijk is.

– 2. Het verzoekschrift wordt ondertekend en ter griffie ingediend. Indien de voorzieningenrechter daarop moet beschikken, kan het aan deze ter hand worden gesteld.

– 3. Tenzij indiening bij de kantonrechter plaatsvindt of ingevolge bijzondere wettelijke bepaling niet door een advocaat behoeft te geschieden, wordt het verzoekschrift ondertekend door een advocaat. Het kantoor van die advocaat geldt als gekozen woonplaats van de verzoeker.

– 4. De griffier tekent de dag van indiening of de dag van terhandstelling aan de voorzieningenrechter op het verzoekschrift aan. (Rv 429*d* leden 1-3 (oud))

Art. 279

Bepalen dag en uur behandeling

– 1. De rechter bepaalt, tenzij hij zich aanstonds onbevoegd verklaart of het verzoek toewijst, onverwijld dag en uur waarop de behandeling aanvangt. Hij beveelt tevens oproeping van de verzoeker en voor zover nodig van de in het verzoekschrift genoemde belanghebbenden. Bovendien kan hij te allen tijde belanghebbenden, bekende of onbekende, doen oproepen.

– 2. De oproepingen, behalve die van de verzoeker, gaan vergezeld van een afschrift van het verzoekschrift, tenzij een oproeping op andere wijze dan bij brief of exploot geschiedt, of de rechter anders bepaalt; in deze gevallen bevat de oproeping een korte omschrijving van het verzoek.

– 3. De opgeroepene verschijnt ter terechtzitting in persoon of bij een gemachtigde. In zaken waarin het verzoekschrift door een advocaat moet worden ingediend, verschijnt de opgeroepene in persoon of bij advocaat. De rechter kan verschijning in persoon bevelen. De opgeroepene die in persoon verschijnt, mag zich laten bijstaan door zijn raadsman. In zaken waarin het verzoekschrift door een advocaat moet worden ingediend, is de raadsman een advocaat. (Rv 429*f* leden 4 en 5 (oud))

– 4. Van het verhandelde en van de zakelijke inhoud van de afgelegde verklaringen wordt een proces-verbaal opgemaakt, dat door de rechter voor wie de mondelinge behandeling heeft plaatsgevonden, en de griffier wordt ondertekend. (Rv 429g lid 3 (oud))

– 5. Indien de behandeling van een zaak wordt aangehouden, blijft een hernieuwde oproeping van diegenen, aan wie de dag en het uur reeds mondeling ter terechtzitting waren medegedeeld, achterwege.

Art. 280

Schakelbepaling

In zaken waarin de indiening van het verzoekschrift niet door een advocaat behoeft te geschieden, zijn de artikelen 80 en 81 van overeenkomstige toepassing.

Art. 281

Herstelmogelijkheid

– 1. Indien het verzoekschrift ten onrechte niet door een advocaat is ingediend, biedt de rechter de verzoeker de gelegenheid binnen een door hem te bepalen termijn dit verzuim te herstellen. Maakt de verzoeker van deze gelegenheid geen gebruik, dan wordt hij in het verzoek niet ontvankelijk verklaard. (Rv 123)

– 2. Tegen een beslissing ingevolge het eerste lid staat geen hogere voorziening open.

Art. 282

Verweerschrift

– 1. Iedere belanghebbende kan tot de aanvang van de behandeling of, indien de rechter dit toestaat, in de loop van de behandeling een verweerschrift indienen. Artikel 278 is van overeenkomstige toepassing met dien verstande dat, indien de rechter dit bepaalt, indiening van een verweerschrift in de loop van de behandeling kan geschieden ter terechtzitting onder verstrekking van een afschrift aan de verzoeker en de andere opgeroepen belanghebbenden.

– 2. Het verweerschrift en de overgelegde bescheiden gaan vergezeld van de nodige afschriften. Tenzij de indiening overeenkomstig het eerste lid ter terechtzitting plaatsvindt, zendt de griffier onverwijld een afschrift toe aan de verzoeker en aan de andere opgeroepen belanghebbenden.

– 3. De griffier roept, voor zover dat nog niet is geschied, hen die verweerschriften hebben ingediend op tegen de dag van de behandeling.

– 4. Het verweerschrift mag een zelfstandig verzoek bevatten, mits dit betrekking heeft op het onderwerp van het oorspronkelijke verzoek. De rechter kan aan de verzoeker en aan de overige belanghebbenden gelegenheid geven tegen dit zelfstandige verzoek een verweerschrift in te dienen. (Rv 429*h* (oud))

Art. 283

Vermindering of vermeerdering verzoek of gronden

Zolang de rechter nog geen eindbeschikking heeft gegeven, is de verzoeker bevoegd het verzoek of de gronden daarvan te verminderen, dan wel schriftelijk te veranderen of te vermeerderen. In het geval van verandering of vermeerdering is artikel 130 van overeenkomstige toepassing. (Rv 429*i* (oud); Rv 130)

Art. 284

Schakelbepaling

– 1. De negende afdeling van de tweede titel is van overeenkomstige toepassing, tenzij de aard van de zaak zich hiertegen verzet. (Rv 149 e.v.)

– 2. Indien de rechter een getuigenverhoor beveelt, kan hij ook door hem aangewezen personen als getuigen doen oproepen. In dit geval kan de oproeping door de griffier geschieden. (Rv 429*j* (oud))

– 3. Het verschoningsrecht komt aan de in artikel 165, tweede lid, onder *a*, genoemde personen niet toe in procedures betreffende de toepassing van de bepalingen van Boek 1 van het Burgerlijk Wetboek, vervat in de titels 5, 5*a* en 9 tot en met 20, of van die vervat in titel 6 voor zover het betreft procedures tussen echtgenoten of geregistreerde partners. Evenwel kunnen ouders en kinderen van de echtgenoten of van de geregistreerde partners zich in procedures tot echtscheiding en tot scheiding van tafel en bed, onderscheidenlijk tot ontbinding van het geregistreerd partnerschap, verschonen. (Rv 191 lid 3 (oud))

– 4. De overeenkomstige toepassing van de artikelen 195 en 199 vindt aldus plaats dat de daarin bedoelde voorschotheffing, tenuitvoerlegging of voorlopige indebetstelling geschiedt ten laste van de belanghebbende die het verzoekschrift heeft ingediend dan wel mede of uitsluitend ten laste van een of meer andere door de rechter aangewezen belanghebbenden. (Rv 182 lid 2 (oud))

Art. 285

Verwijzing naar andere rechter

– 1. De rechter kan, indien een verzoekschrift over hetzelfde of een verknocht onderwerp reeds bij een andere rechter is ingediend, de verwijzing naar die andere rechter bevelen. Een verzoek daartoe kan worden gedaan tot de aanvang van de behandeling. De griffier zendt een afschrift van de beschikking aan de rechter naar wie is verwezen. (Rv 220)

– 2. Indien bij dezelfde rechter meer verzoekschriften over hetzelfde of een verknocht onderwerp zijn ingediend, kan de voeging daarvan worden bevolen. Een verzoek daartoe kan worden gedaan tot het einde van de behandeling. (Rv 429*m* (oud); Rv 34, 74 lid 2, 270 lid 1)

Art. 286

Bepalen dag uitspraak

De rechter bepaalt na afloop van de behandeling de dag waarop hij uitspraak zal doen en deelt deze dag aan de verzoeker en de in de procedure verschenen belanghebbenden mede. Op verlangen van de verzoeker en de in de procedure verschenen belanghebbenden kan de rechter de uitspraak uitstellen. (Rv 429*k* lid 1 (oud); Rv 229)

Art. 287

Schakelbepaling

– 1. Op een beschikking is artikel 230, eerste en derde lid, van overeenkomstige toepassing.

– 2. Indien het verzoekschrift rechtstreeks aan de voorzieningenrechter ter hand is gesteld en de voorzieningenrechter toewijzend op het verzoek beschikt, is ook artikel 230, tweede lid, van overeenkomstige toepassing. (Rv 429*k* lid 3 (oud))

Art. 288

De rechter kan de eindbeschikking uitvoerbaar bij voorraad verklaren, met of zonder zekerheidstelling. (Rv 429*k* lid 3 (oud); Rv 233 e.v.)

Uitvoerbaar bij voorraad

Art. 288a-288d

Vervallen.

Art. 289

De eindbeschikking kan tevens een veroordeling in de proceskosten inhouden. De artikelen 243 en 244 zijn van toepassing. (Rv 429*k* lid 3 (oud); Rv 243 e.v.)

Proceskostenveroordeling

Art. 290

– 1. De verzoeker en iedere belanghebbende hebben recht op inzage en afschrift van het verzoekschrift, de verweerschriften, de op de zaak betrekking hebbende bescheiden en de processen-verbaal. (Rv 429*l* (oud))

Recht op inzage en afschrift

– 2. De griffier verstrekt zo spoedig mogelijk een afschrift van processen-verbaal aan de verzoeker en aan de in de procedure verschenen belanghebbenden. (Rv 91)

– 3. Van de beschikkingen verstrekt de griffier zo spoedig mogelijk een afschrift aan de verzoeker en aan de in de procedure verschenen belanghebbenden. Betreft het een eindbeschikking, dan is het afschrift dat wordt verstrekt aan degene die tot tenuitvoerlegging van de beschikking kan overgaan, opgemaakt in executoriale vorm. (Rv 242)

– 4. De griffier verstrekt desverlangd tweede of verdere in executoriale vorm opgemaakte afschriften van een beschikking aan de belanghebbende die tot tenuitvoerlegging van die beschikking kan overgaan, dan wel aan de rechtverkrijgenden onder algemene titel van deze belanghebbende. Artikel 28, vijfde en zesde lid, is van overeenkomstige toepassing.

– 5. Elk afschrift dat in executoriale vorm is opgemaakt, wordt gedagtekend.

Art. 291

De verzending van processtukken en van mededelingen aan de verzoeker en belanghebbenden, geschiedt op de wijze als in de derde afdeling van deze titel voor oproepingen bepaald. (Rv 92)

Verzending processtukken en mededelingen

Art. 292-302

Vervallen.

VIERDE TITEL

Art. 303-321

Vervallen.

VIJFDE TITEL

Art. 322-328

Vervallen.

ZESDE TITEL

Prorogatie van rechtspraak aan het gerechtshof

Art. 329

In alle voor hoger beroep bij het gerechtshof vatbare geschillen over zaken die ter vrije bepaling van de partijen staan, kunnen partijen overeenkomen die geschillen bij de aanvang van het geding dadelijk ter kennis te brengen van het gerechtshof dat in hoger beroep bevoegd zou zijn. (Rv 76, 96, 108, 110 lid 1, 333, 355 lid 2, 398 sub 2°, 1020; RO 62; BW 7: 900 e.v.)

Prorogatie

Art. 330

Voogden, curators of bewindvoerders zijn hiervan niet uitgesloten, mits daarbij in achtnemende de verpligtingen aan hen bij de wet opgelegd. (BW 1: 249, 345, 349, 386, 409; 4: 1025, 1030, 1066; Fw 104)

Prorogatiemogelijkheid voogden, curators, bewindvoerders

Art. 331

– 1. Voor het geregtshof gelden, bij deze regtsgedingen, de voorschriften, ten aanzien van het regtsgeding in eersten aanleg. (Rv 125 e.v.)

Voorschriften geding in eerste aanleg

– 2. Het gerechtshof doet uitspraak in eerste aanleg, tevens in hoogste ressort. (Rv 125, 382, 398 e.v.; RO 62)

ZEVENDE TITEL
Hoger beroep

EERSTE AFDEELING
Van de zaken aan hooger beroep onderworpen

Art. 332

Hoger beroep

– 1. Partijen kunnen van een in eerste aanleg gewezen vonnis in hoger beroep komen, tenzij de vordering waarover de rechter in eerste aanleg had te beslissen niet meer beloopt dan € 1750 of, in geval van een vordering van onbepaalde waarde, er duidelijke aanwijzingen bestaan dat de vordering geen hogere waarde vertegenwoordigt dan € 1750, een en ander tenzij de wet anders bepaalt. Voor de toepassing van de eerste zin wordt de tot aan de dag van dagvaarding in eerste aanleg verschenen rente bij de vordering inbegrepen.
– 2. Indien de zaak meer dan één vordering tussen dezelfde partijen betreft, is voor de toepassing van het eerste lid beslissend het totale beloop of de totale waarde van deze vorderingen.
– 3. Was in eerste aanleg een eis in reconventie ingesteld, dan is voor de toepassing van het eerste lid beslissend het totale beloop of de totale waarde van de vordering in conventie en van de vordering in reconventie, met dien verstande dat met betrekking tot de vordering in reconventie de rente wordt berekend tot aan de dag van instelling van de eis in reconventie. Indien echter de beide zaken zijn gesplitst en daarin afzonderlijk is beslist, zijn op elk van beide vonnissen de gewone regels voor de vatbaarheid voor hoger beroep van toepassing. (Rv 253 (oud); Rv 93 e.v.; RO 60)

Art. 333

Beperking mogelijkheid hoger beroep

Geen hoger beroep staat open in zaken die slechts rechtsgevolgen betreffen die ter vrije bepaling van partijen staan en waarbij partijen zijn overeengekomen van hoger beroep af te zien. In zaken als bedoeld in artikel 96 staat hoger beroep slechts open indien partijen zich dat beroep, binnen de grenzen van artikel 332, hebben voorbehouden. (RO 55 en 43 (oud))

Art. 334

Berusting

Elke partij welke zal berust hebben in een vonnis, kan niet meer ontvankelijk zijn om daarvan te komen in hooger beroep. (Rv 143 lid 4, 339 lid 3, 358 lid 1, 400) (Rv 400)

Art. 335

Verstek in eerste aanleg

– 1. Van veroordeelingen bij verstek valt geen hooger beroep, doch indien de oorspronkelijke eischer van het vonnis in hooger beroep komt, zal de gedaagde alle zijne verdedigingen insgelijks in het hooger beroep kunnen doen gelden, zelfs bij wege van incidenteel beroep, zonder van het middel van verzet in eersten aanleg meer te kunnen gebruik maken. (Rv 143, 401*b*)
– 2. In afwijking van het eerste lid kan de niet verschenen gedaagde van een vonnis als bedoeld in artikel 140, tweede lid, in hoger beroep komen, mits hij vooraf bij voorraad, tegen het stellen van zekerheid, aan het vonnis voldoet, zelfs wanneer dat vonnis niet uitvoerbaar bij voorraad was verklaard. (Rv 616)

Art. 336

Vervallen.

Art. 337

Hoger beroep van tussenvonnissen

– 1. Van vonnissen waarbij een voorlopige voorziening wordt getroffen of geweigerd, kan hoger beroep worden ingesteld voordat het eindvonnis is gewezen. (Rv 223)
– 2. Van andere tussenvonnissen kan hoger beroep slechts tegelijk met dat van het eindvonnis worden ingesteld, tenzij de rechter anders heeft bepaald. (Rv 337 (oud); Rv 232, 339, 358, 401*a*)

Art. 338

Vervallen.

TWEEDE AFDEELING
Van den termijn van beroep

Art. 339

Drie maanden

– 1. De termijn van beroep is drie maanden, te rekenen van de dag van de uitspraak van het vonnis. (Rv 350 e.v.)

Appèltermijn

– 2. In afwijking van het eerste lid is de termijn van beroep van een vonnis in kort geding vier weken. (Rv 146)
– 3. De gedaagde in hoger beroep kan incidenteel beroep instellen, zelfs na verloop van deze termijnen en na berusting in het vonnis. Het incidenteel beroep wordt, op straffe van verval, ingesteld bij de conclusie van antwoord.
– 4. De afstand van instantie laat de mogelijkheid incidenteel beroep in te stellen onverlet. De gedaagde in hoger beroep kan op de roldatum waarop de afstand van instantie is gedaan, de rechter verzoeken voor het instellen van incidenteel beroep een termijn te bepalen. De gedaagde in hoger beroep kan het incidenteel beroep ook instellen op een roldatum die binnen

twee weken na de afstand van instantie bij exploot aan eiser in hoger beroep is aangezegd. Artikel 74, eerste lid, tweede tot en met vierde volzin, is van overeenkomstige toepassing.
– 5. Indien in eerste aanleg een vordering tot vrijwaring geheel of gedeeltelijk is afgewezen op grond van de afwijzing van de vordering in de hoofdzaak, staat het hoger beroep daartegen open tot het moment dat in de hoofdzaak in hoger beroep de conclusie van antwoord wordt genomen. (Rv 402 lid 3)

Art. 340

Nieuwe appèltermijn na uitspraak in cassatie

Indien tijdig beroep in cassatie van een vonnis is ingesteld, doch dit vonnis voor cassatie niet vatbaar wordt bevonden, vangt de termijn van beroep van dat vonnis opnieuw aan te rekenen van de dag der uitspraak in cassatie, mits het beroep in cassatie werd ingesteld binnen de termijn van beroep. (Rv 358 lid 2, 429*n* lid 2)

Art. 341

Instellen hoger beroep door erfgenamen

Bij overlijden van de in het ongelijk gestelde partij gedurende de loop van de termijn voor het hoger beroep, kan het beroep door haar erfgenamen of rechtverkrijgenden nog worden ingesteld binnen drie maanden na het overlijden, of binnen een maand na afloop van de termijn, bedoeld in artikel 185 van Boek 4 van het Burgerlijk Wetboek. (Rv 141 lid 3, 225 lid 1 sub *a*, 228, 386, 403; BW 4: 1070 e.v.)

Art. 342

Vervallen.

DERDE AFDEELING

Van de regtspleging in hooger beroep en de gevolgen van hetzelve

Art. 343

Aanvang hoger beroep

Het hoger beroep wordt aangevangen door een dagvaarding in dezelfde vorm en met dezelfde vereisten als die in eerste aanleg, zonder dat zij de middelen waarop het hoger beroep gegrond is, behoeft uit te drukken. Artikel 111, tweede lid, onder *i*, en derde lid, is niet van toepassing. (Rv 63 lid 1, 65 e.v., 121, 125, 407)

Art. 344

Behandeling door enkelvoudige kamer

– 1. Alle zaken die in hoger beroep bij de hogere rechter aanhangig worden gemaakt, worden ingeschreven ter rolle van een enkelvoudige kamer en door haar behandeld.
– 2. De enkelvoudige kamer verwijst een zaak, ingevolge dit artikel bij haar aanhangig, naar een meervoudige kamer indien haar dit wenselijk toeschijnt, doch uiterlijk wanneer pleidooi wordt gevraagd of recht op de stukken wordt verzocht. (Rv 15 lid 5, 16, 18 lid 1, 90, 408*a*)

Art. 344a

Vervallen.

Art. 344b

Gelijke voorschriften

De voorschriften omtrent de behandeling in hoger beroep zijn zowel op de behandeling door de enkelvoudige als op die door de meervoudige kamer van toepassing, met dien verstande, dat degene die zitting heeft in een enkelvoudige kamer tevens de bevoegdheden bezit die aan de voorzitter van een meervoudige kamer toekomen.

Art. 345-346

Vervallen.

Art. 347

Eén conclusie van eis en van antwoord

– 1. In hoger beroep worden een conclusie van eis en een conclusie van antwoord genomen.
– 2. *Vervallen.*
– 3. Niettemin zal ingeval van incidenteel beroep of indien door den verweerder eene exceptie tegen het principaal beroep wordt aangevoerd, den appellant, op zijn verlangen, een termijn verleend worden om het incidenteel beroep of de voorgestelde exceptie bij conclusie te beantwoorden. (Rv 339 lid 2, 353)

Art. 348

Nieuwe verweren

De oorspronkelijke verweerder kan nieuwe weren van regten, eene verdediging ten principale opleverende, inbrengen, tenzij dezelve in het geding ter eerster instantie zijn gedekt, waaronder niet begrepen is het geval, dat het regt om ten principale te antwoorden ingevolge artikel 128 vervallen is. (BW 3: 51, 306 e.v.)

Art. 349

Wijze van indienen nieuwe verweren

Zoo wel in het principaal als in het incidenteel beroep, kunnen de nieuwe verweringen, waarvan in het voorgaande artikel is gesproken, gedaan worden bij met redenen omkleede conclusiën. (Rv 347)

Art. 350

Schorsende werking

– 1. Het hoger beroep schorst de ten uitvoerlegging van het vonnis, indien daarbij niet is bepaald, dat hetzelve bij voorraad zal worden ten uitvoer gelegd in de gevallen waarin dit is toegelaten. (Rv 233 e.v., 404, 432 e.v., 590, 909 lid 2)
– 2. Het hoger beroep, ingesteld tegen een tussenvonnis waartegen ingevolge artikel 337,

tweede lid, geen hoger beroep openstaat voordat het eindvonnis is gewezen of ingesteld met gebruikmaking van de nieuwe termijn ingevolge artikel 340, schorst de tenuitvoerlegging niet.

Art. 351

Schorsing tenuitvoerlegging ondanks uitvoerbaarheid bij voorraad

Indien hoger beroep is ingesteld tegen een vonnis dat uitvoerbaar bij voorraad is verklaard, kan de hogere rechter op vordering van een partij alsnog de tenuitvoerlegging van het vonnis schorsen. (Rv 235)

Art. 352

Vervallen.

Art. 353

Overeenkomstige toepassing

– 1. Voor zover uit deze titel dan wel uit een andere wettelijke regeling niet anders voortvloeit, is de tweede titel in hoger beroep van overeenkomstige toepassing, met dien verstande dat partijen slechts bij advocaat kunnen procederen, dat artikel 131 niet van toepassing is en dat geen eis in reconventie kan worden ingesteld. (Rv 34, 79 e.v.; Rv 250 lid 2 (oud))

Zekerheidstelling

– 2. Niettemin is artikel 224 niet anders van toepassing dan behoudens de navolgende bepalingen:
De oorspronkelijke gedaagde, eischer wordende in hooger beroep, is niet gehouden tot de in dat artikel bedoelde zekerheidstelling.
De gedaagde in hooger beroep is daartoe evenmin gehouden, zelfs niet bij het instellen van incidenteel beroep.
De in eersten aanleg gestelde zekerheid blijft ook verbonden voor de kosten van hooger beroep.
De zekerheidstelling wordt gevorderd vóór alle weren van regten. (Rv 616)

Art. 354

Vervallen.

Art. 355

Hoger beroep van tussenvonnis

In geval van beroep van een tussenvonnis verwijst de rechter in beroep, wanneer hij het vonnis bekrachtigt, de zaak naar de rechter in eerste aanleg om op de hoofdzaak te worden beslist. (Rv 337)
Niettemin kan de rechter in beroep de hoofdzaak in het hoogste ressort zelf afdoen op eenstemmig verlangen van partijen of indien het geding in staat van wijzen is.

Art. 356

Zaak aan zich houden

Wanneer de rechter in hoger beroep een tussenvonnis vernietigt, kan hij de zaak aan zich houden om in hoger beroep op de hoofdzaak te beslissen. (Rv 76)

Art. 357

Vervallen.

VIERDE AFDELING
Hoger beroep tegen beschikkingen

Art. 358

Mogelijkheid van hoger beroep

– 1. Tegen eindbeschikkingen in zaken als bedoeld in artikel 261 staat, behoudens berusting, hoger beroep open.
– 2. Door de verzoeker en door de in de procedure verschenen belanghebbenden moet het hoger beroep worden ingesteld binnen drie maanden, te rekenen van de dag van de uitspraak en door andere belanghebbenden binnen drie maanden na de betekening daarvan of nadat de beschikking hun op andere wijze bekend is geworden. De artikelen 340 en 350, tweede lid, zijn van overeenkomstige toepassing, met dien verstande dat de nieuwe termijn van hoger beroep openstaat voor degene die beroep in cassatie heeft ingesteld. Bij het beroepschrift worden zoveel afschriften gevoegd als er anderen dan hij in eerste aanleg zijn opgeroepen. (Rv 27 lid 1, 361 lid 3 en 4)
– 3. De termijn loopt in zaken die volgens afdeling 7 van titel 5 van Boek 4 van het Burgerlijk Wetboek met een verzoekschrift moeten worden ingeleid, vanaf de dag van de uitspraak, behoudens voor zover het niet verschenen belanghebbenden betreft die, hoewel zij ten tijde van de indiening van het verzoekschrift bekend waren, niet bij name, en zo zij toen onbekend waren, in het geheel niet zijn opgeroepen. Voor de in de vorige zin bedoelde belanghebbenden loopt de termijn vanaf de betekening van de beschikking of het tijdstip waarop de beschikking hun op andere wijze bekend geworden is. Hetzelfde geldt in zaken betreffende executele en vereffening van een nalatenschap.
– 4. Van tussenbeschikkingen kan hoger beroep slechts tegelijk met dat van de eindbeschikking worden ingesteld, tenzij de rechter anders heeft bepaald. (Rv 337)
– 5. Indien hoger beroep is ingesteld, kan ondanks het verstrijken van de in de eerste zin van het tweede lid genoemde termijn en ondanks berusting ieder van de aldaar genoemde personen alsnog bij verweerschrift incidenteel hoger beroep instellen. (Rv 429*n* (oud); Rv 339 lid 3)

Art. 359

Wijze van instellen hoger beroep

Hoger beroep wordt ingesteld door indiening van een beroepschrift ter griffie van het gerechtshof. Het beroepschrift vermeldt, naast hetgeen ingevolge artikel 278, eerste lid, in het verzoekschrift moet worden vermeld, naam en woonplaats van hen die in eerste aanleg in de procedure zijn verschenen of bij name zijn opgeroepen. (Rv 429*o* (oud))

Art. 360

Schorsende werking

– 1. Hoger beroep schorst de werking, tenzij de beschikking uitvoerbaar bij voorraad is verklaard. (Rv 288)
– 2. Deze uitvoerbaarverklaring bij voorraad kan ook in hoger beroep geschieden. Niettegenstaande de uitvoerbaarverklaring bij voorraad in eerste aanleg kan de hogere rechter schorsing van de werking bevelen. (Rv 429*p* (oud), Rv 350 e.v.)
– 3. Het hoger beroep ingesteld tegen een tussenbeschikking waartegen ingevolge artikel 358, derde lid, geen hoger beroep openstaat, schorst de werking niet.

Art. 361

Bepalen dag en uur behandeling

– 1. De rechter bepaalt dag en uur waarop de behandeling aanvangt. Hij beveelt tevens oproeping van de appellant, van de verzoeker in eerste aanleg en van de in eerste aanleg in de procedure verschenen belanghebbenden. Bovendien kan hij te allen tijde belanghebbenden, bekende of onbekende, doen oproepen.
– 2. Indien aangaande dezelfde beschikking meer beroepschriften zijn ingediend, kan voeging worden bevolen.
– 3. Iedere belanghebbende kan een verweerschrift indienen. Door belanghebbenden die in hoger beroep zijn opgeroepen, moet het verweerschrift worden ingediend binnen vier weken na de toezending aan hen van een afschrift van het beroepschrift, tenzij de rechter anders bepaalt.
– 4. Indien een belanghebbende incidenteel hoger beroep heeft ingesteld, kunnen de appellant en de in hoger beroep opgeroepen belanghebbenden daartegen binnen vier weken na de toezending aan hen van een afschrift van het verweerschrift waarbij dit incidentele hoger beroep is ingesteld, een verweerschrift indienen, tenzij de rechter anders bepaalt. (Rv 429*q* (oud))

Art. 362

Schakelbepaling

Voor zover uit deze afdeling dan wel uit een andere wettelijke regeling niet anders voortvloeit, is de derde titel in hoger beroep van overeenkomstige toepassing, met dien verstande dat artikel 285 niet van toepassing is en dat geen zelfstandig verzoek kan worden gedaan. (Rv 271 e.v.)

ACHTSTE TITEL

Art. 363-375

Vervallen.

NEGENDE TITEL
Verzet door derden

Art. 376

Derdenverzet

Derden zijn bevoegd zich te verzetten tegen een vonnis hetwelk hunne regten benadeelt, indien zij noch in persoon, noch wettiglijk vertegenwoordigd, of indien zij welke zij vertegenwoordigen, in het regtsgeding niet zijn geroepen, of door voeging of tusschenkomst geene partij zijn geweest. (Rv 217, 236, 382; Fw 10)

Art. 377

Procedure

Dit verzet wordt beoordeeld door den regter, bij wien zoodanig vonnis is gewezen. Het wordt aangebragt door eene dagvaarding tegen alle de partijen tusschen welke hetzelve is gevallen, en de algemeene voorschriften wegens de wijze van procederen zijn op dit verzet toepasselijk. (Rv 78 e.v.)

Art. 378

Schorsing geding

Indien zoodanig vonnis aan eenen derde is tegengeworpen in een regtsgeding, en het verzet daartegen is ingesteld op den voet van het vorige artikel, staat het vrij aan den regter voor wien dat regtsgeding aanhangig is, indien daartoe gronden bestaan, de schorsing van hetzelve toe te staan, tot dat het ingestelde verzet zal zijn uitgewezen. (Rv 225 e.v., 386)

Art. 379

Schorsing aangevallen vonnis

De regter die over een verzet van derden oordeelt, kan, indien daartoe gronden bestaan, de uitvoering van het aangevallen vonnis schorsen, tot dat het verzet zal zijn uitgewezen. (Rv 351, 386)

Art. 380

Partiële wijziging vonnis

Bij wettiging van het verzet wordt het vonnis, waartegen dit gerigt is geweest, alleen in zoo verre verbeterd als het de regten van derden heeft benadeeld, ten zij het onsplitsbare der gevallene uitspraak eene geheele vernietiging daarvan noodzakelijk mogt maken.

Art. 381

Vervallen.

TIENDE TITEL
Herroeping

EERSTE AFDELING
Herroeping van vonnissen

Art. 382

Herroeping

Een vonnis dat in kracht van gewijsde is gegaan, kan op vordering van een partij worden herroepen indien:
a. het berust op bedrog door de wederpartij in het geding gepleegd,
b. het berust op stukken, waarvan de valsheid na het vonnis is erkend of bij gewijsde is vastgesteld, of
c. de partij na het vonnis stukken van beslissende aard in handen heeft gekregen die door toedoen van de wederpartij waren achtergehouden. (Rv 1068)

Art. 383

Termijn voor herroeping

– 1. Het rechtsmiddel moet worden aangewend binnen drie maanden nadat de grond voor de herroeping is ontstaan en de eiser daarmee bekend is geworden. De termijn vangt niet aan dan nadat het vonnis in kracht van gewijsde is gegaan.
– 2. Indien de partij die gronden heeft de herroeping te vorderen binnen die termijn is overleden, is artikel 341 van overeenkomstige toepassing.

Art. 384

Bevoegde rechter

– 1. De vordering tot herroeping wordt gebracht voor de rechter die in laatste feitelijke instantie over de zaak heeft geoordeeld.
– 2. Indien de Hoge Raad na vernietiging ten principale recht heeft gedaan, wordt de vordering gebracht voor de rechter van wie het vonnis of het arrest door de Hoge Raad is vernietigd.
– 3. Is in laatste feitelijke instantie beslist door de voorzieningenrechter in kort geding, dan wordt de vordering gebracht voor de rechtbank.

Art. 385

Inleiding geding

Het geding wordt ingeleid met een dagvaarding die voldoet aan de eisen van artikel 111 en wordt verder gevoerd op de wijze als in de tweede titel is bepaald.

Art. 386

Geen schorsende werking

De vordering tot herroeping schorst de tenuitvoerlegging van het vonnis niet. De rechter die over de herroeping oordeelt, kan evenwel, desgevorderd, bij voorlopige voorziening de tenuitvoerlegging schorsen.

Art. 387

Heropening geding

De rechter die de voor herroeping aangevoerde grond of gronden juist bevindt, heropent het geding geheel of gedeeltelijk. Hij geeft partijen gelegenheid hun stellingen en verweren te wijzigen en aan te vullen.

Art. 388

Schorsende werking bij heropening

– 1. Het vonnis waarbij het geding is heropend, schorst de tenuitvoerlegging van het bestreden vonnis in zoverre.
– 2. De beslissing inzake de heropening van het geding is niet vatbaar voor hoger beroep. Een vordering tot herroeping kan daartegen evenmin worden ingesteld.

Art. 389

Andersluidend oordeel

Indien de rechter met betrekking tot het geding voor zover het is heropend, tot een ander oordeel komt, doet hij daarin opnieuw uitspraak met herroeping in zoverre van het bestreden vonnis.

TWEEDE AFDELING
Herroeping van beschikkingen

Art. 390

Herroeping van beschikkingen

Een beschikking kan op verzoek van de oorspronkelijke verzoeker of van een belanghebbende worden herroepen op de gronden genoemd in artikel 382, tenzij de aard van de beschikking zich daartegen verzet.

Art. 391

Schakelbepaling

De artikelen 382 tot en met 384 en 386 tot en met 389 zijn van overeenkomstige toepassing. Overigens wordt het verzoek tot herroeping behandeld op de wijze als in de derde titel is bepaald.

Art. 392-397

Vervallen.

ELFDE TITEL
Cassatie

EERSTE AFDELING
Van de zaken aan cassatie onderworpen

Art. 398

Cassatieberoep

Partijen kunnen beroep in cassatie instellen: (Rv 339)
1° tegen uitspraken, die hetzij in eerste en hoogste ressort hetzij in hoger beroep zijn gewezen; (RO 78 e.v.)
2° tegen vonnissen die in eerste ressort op tegenspraak zijn gewezen, indien partijen nadien zijn overeengekomen het hoger beroep over te slaan. (Rv 96, 329, 333; RO 62)

Art. 399

Geen cassatie

Het beroep staat niet open voor hem die zijn bezwaren kan doen herstellen door dezelfde rechter bij wie de zaak heeft gediend. (Rv 81, 382, 426; RO 96)

Art. 400

Berusting

Het beroep staat niet open voor hem, die in de uitspraak heeft berust. (Rv 143 lid 4, 334, 426)

Art. 401

Vervallen.

Art. 401a

Cassatieberoep tegen tussenuitspraak

– 1. Van uitspraken, waarbij een voorlopige voorziening wordt toegestaan of geweigerd, kan beroep in cassatie worden ingesteld voordat de einduitspraak is gewezen. (Rv 51)
– 2. Van andere tussenvonnissen of tussenarresten kan beroep in cassatie slechts tegelijk met dat van het eindvonnis of eindarrest worden ingesteld, tenzij de rechter anders heeft bepaald of artikel 75, eerste lid, van toepassing is. (Rv 337, 426 lid 4)

Art. 401b

Cassatie in geval van verstekuitspraak

– 1. Tegen een bij verstek gewezen uitspraak kan de niet-verschenen partij geen beroep in cassatie instellen.
– 2. Zij kan echter, indien een der andere partijen beroep in cassatie instelt, bij de Hoge Raad verweer voeren en zelfs incidenteel beroep instellen. (Rv 335 lid 1)

Art. 401c

Verval gebruik verzetprocedure

– 1. Indien het beroep tegen een bij verstek gewezen uitspraak wordt ingesteld, terwijl verzet nog open staat, kan de verweerder niet meer verzet doen, indien hij heeft gebruik gemaakt van de bevoegdheid, hem in artikel 401*b*, tweede lid, toegekend. (Rv 143)
– 2. Ingeval van verzet vervalt het geding bij de Hoge Raad, onverminderd het recht van partijen om, na de uitspraak op het verzet, in cassatie op te komen tegen die uitspraak, zomede van de oorspronkelijke eiser om alsdan binnen dezelfde termijn in cassatie op te komen tegen de uitspraak bij verstek voor wat betreft de beslissingen, die door het verzet niet zijn getroffen.
– 3. Ingeval, voordat verzet is gedaan, het geding bij de Hoge Raad geëindigd is, belet dit niet het alsnog doen van verzet. Indien de Hoge Raad ten principale uitspraak deed, moet het verzet bij hem worden gedaan. In alle gevallen is de rechter gebonden aan hetgeen de Hoge Raad omtrent rechtspunten had beslist.

TWEEDE AFDELING
Van de termijn van beroep en van deszelfs schorsende kracht

Art. 402

Cassatietermijn

– 1. Het beroep in cassatie moet – behoudens in de gevallen waarin de wet een kortere cassatietermijn voorschrijft – worden ingesteld binnen drie maanden, te rekenen van de dag van de uitspraak.
– 2. In de gevallen, waarin de wet voor het hoger beroep een kortere termijn heeft voorgeschreven, wordt ook de termijn voor het beroep in cassatie verkort en gesteld op het dubbele van de termijn in die gevallen voor het hoger beroep bepaald.
– 3. Indien in de vorige instantie een vordering tot vrijwaring geheel of gedeeltelijk is afgewezen op grond van de afwijzing van de vordering in de hoofdzaak, staat het beroep in cassatie daartegen open tot het moment dat in de hoofdzaak in cassatie de conclusie van antwoord wordt genomen. (Rv 339, 642*ij* lid 2, 990; Fw 12; Huurwet 27; ATW)

Art. 403

Nieuwe termijn bij overlijden

– 1. Bij overlijden van de in het ongelijk gestelde partij gedurende de loop van de cassatietermijn vangt voor de erfgenamen of rechtverkrijgenden een nieuwe termijn aan op de dag na die van het overlijden. (Rv 341)
– 2. In ieder geval kan het beroep nog worden ingesteld binnen vier weken na afloop van de termijn, bedoeld in artikel 185 van Boek 4 van het Burgerlijk Wetboek. (Rv 225; BW 3: 104; 4: 185)

Art. 404

Schorsende werking

Buiten de gevallen, waarin de rechter de voorlopige tenuitvoerlegging heeft toegestaan, heeft het beroep in cassatie schorsende kracht. (Rv 145, 233 e.v., 350, 360, 433, 3.8.6)

Art. 405-406

Vervallen.

DERDE AFDELING

Van de rechtspleging in cassatie

Art. 407

Inhoud en betekening cassatiedagvaarding

– 1. Het beroep in cassatie wordt ingesteld bij een dagvaarding in dezelfde vorm en met dezelfde vereisten als in eerste aanleg, behoudens de volgende leden: (Rv 111)

– 2. De dagvaarding behelst, in plaats van hetgeen in artikel 111, tweede lid, onder *d*, is vermeld, de omschrijving van de middelen, waarop het beroep steunt. Artikel 111, tweede lid, onder *i*, en derde lid, is niet van toepassing. (Rv 343, 410 lid 1, 419 lid 1)

– 3. De eiser is gehouden in het exploit van dagvaarding een advocaat bij de Hoge Raad aan te wijzen, die hem in het geding zal vertegenwoordigen, op straffe van nietigheid. (Rv 63)

– 4. Hij wordt geacht woonplaats te hebben gekozen bij die advocaat, tenzij het exploit een andere binnen de gemeente 's-Gravenhage gekozen woonplaats uitdrukt. (Rv 409 lid 3)

Art. 408

Verweerder verkort de termijn

De verweerder kan de termijn, waarop hij gedagvaard is, verkorten door bij een aan de gekozen woonplaats des eisers betekend exploit deze tegen een vroegere dan in het exploit van dagvaarding opgegeven rechtsdag op te roepen. (Rv 126, 353)

Art. 408a

Behandeling door enkelvoudige kamer en verwijzing naar meerv. kamer

– 1. Alle zaken worden ingeschreven ter rolle van de enkelvoudige kamer en door haar behandeld.

– 2. De enkelvoudige kamer verwijst de zaak naar de meervoudige kamer:

a. wanneer pleidooi wordt gevraagd, tenzij volstaan zal worden met het overleggen van schriftelijke toelichtingen

b. wanneer recht op de stukken wordt verzocht

c. steeds wanneer zij verwijzing wenselijk acht.

– 3. Is volstaan met het overleggen van schriftelijke toelichtingen, dan vindt verwijzing plaats wanneer arrest wordt gevraagd.

– 4. *Vervallen.*

– 5. Voor de toepassing van de artikelen 412, tweede lid, 417 en 418, eerste lid geldt de schriftelijke toelichting als bedoeld in het tweede lid, onderdeel *a*, en in het derde lid als pleidooi. (Rv 17 e.v., 417, 418; RO 75)

Art. 409

Advocaat verweerder

– 1. De advocaat bij de Hoge Raad, die voor de verweerder optreedt, verklaart dit bij de oproeping der zaak ter terechtzitting. (Rv 79 lid 2, 111 lid 2)

– 2. Van deze verklaring geschiedt aantekening in het zittingblad.

– 3. De verweerder wordt geacht woonplaats te hebben gekozen bij zijn advocaat. Hij kan echter ook een andere woonplaats mits binnen de gemeente 's-Gravenhage, in het zittingblad opgeven. (Rv 407 lid 4)

Art. 410

Incidenteel beroep in cassatie

– 1. De verweerder, van zijn zijde in cassatie wensend te komen, doet dit, op straffe van verval van het recht daartoe, bij zijn conclusie van antwoord, welke alsdan een omschrijving behelst van de middelen, waarop het beroep steunt.

– 2. De verweerder is in dit incidentele beroep ontvankelijk ook na verloop van de in artikel 402 gestelde termijnen en zelfs na berusting in de uitspraak.

– 3. De afstand van instantie laat de mogelijkheid incidenteel beroep in te stellen onverlet. De verweerder kan op de roldatum waarop de afstand van instantie is gedaan, de rechter verzoeken voor het instellen van incidenteel beroep een termijn te bepalen. De verweerder kan het incidenteel beroep ook instellen op een roldatum die binnen twee weken na de afstand van instantie bij exploot aan eiser is aangezegd. Artikel 74, eerste lid, tweede tot en met vierde volzin, is van overeenkomstige toepassing. (Rv 334, 339 lid 3 en 4)

Art. 411

Termijn voor conclusie van antwoord

– 1. Wanneer de verweerder niet reeds op de eerste rechtsdag zijn conclusie van antwoord neemt, wordt hem tot dat einde, op zijn verlangen, een termijn van ten hoogste vier weken verleend.

– 2. Hij is op straffe van verval van het recht exceptiën aan te voeren, gehouden deze met zijn antwoord ten principale te verenigen.

– 3. Alleen de in artikel 128, vierde lid, bedoelde exceptie wordt op straffe van verval afzonderlijk voor alle weren van rechten voorgedragen. (Rv 128)

Art. 412

Termijn reactie eiser

– 1. Ingeval van incidenteel beroep of indien door de verweerder een exceptie tegen het principale beroep wordt aangevoerd, wordt aan de eiser, op zijn verlangen, een termijn van ten hoogste vier weken verleend om het incidentele beroep of de voorgestelde exceptie bij conclusie te beantwoorden. (Rv 339 lid 2, 347 lid 2, 415)

– 2. Is het een noch het ander het geval, dan wordt onmiddellijk na het nemen der conclusie van antwoord de dag van pleidooi bepaald, tenzij partijen, onder overlegging der stukken, daarop recht vragen.

Art. 413

Afschrift aan wederpartij

Partijen zijn gehouden de bescheiden, waarop zij zich beroepen, elkander over en weer mede te delen in afschrift of door nederlegging van het oorspronkelijke ter griffie gedurende tenminste drie dagen. (Rv 85)

Art. 414

Zekerheidstelling door vreemdelingen

– 1. Artikel 224 is van toepassing in cassatie.

– 2. Niettemin is de oorspronkelijke verweerder, eiser zijnde in cassatie, niet gehouden tot zekerheidstelling.

– 3. De verweerder in cassatie is daartoe evenmin gehouden, zelfs niet bij het instellen van incidenteel beroep.

– 4. De in vroegere instantiën gestelde zekerheid blijft ook verbonden voor de kosten van cassatie.

– 5. De zekerheidstelling wordt gevorderd vóór alle weren van rechten. (Rv 224, 353, 616)

Art. 415

Instellen incidentele vorderingen

– 1. De vordering tot zekerheidstelling en alle andere incidentele vorderingen worden ingesteld bij conclusie ter rolle.

– 2. De verweerder op het incident neemt in dezelfde of in een nadere door de Hoge Raad te bepalen terechtzitting zijn conclusie van antwoord op het incident, dat door de Hoge Raad, na partijen, zo zij dit verlangen, en de procureur-generaal bij de Hoge Raad te hebben gehoord, afzonderlijk wordt beslist. (Rv 208 e.v., 418)

Art. 416

Advocaat

De aangewezen advocaat blijft de partij vertegenwoordigen totdat hetzij door haar een andere advocaat bij de Hoge Raad is aangewezen bij aan de wederpartij betekend exploit, hetzij de advocaat zelf aan deze laatste bij betekend exploit of ter terechtzitting heeft aangezegd, dat hij zich aan de verdere behandeling der zaak onttrekt. (Rv 226 lid 2)

Art. 417

Pleidooi door andere advocaat

De pleidooien kunnen ook worden gehouden door andere dan de volgens de artikelen 407 en 409 aangewezen advocaten, zonder dat de daaruit ontstaande vermeerdering van kosten in de uitspraak over de kosten begrepen is. (Rv 134 e.v.)

Art. 418

Conclusie procureur-generaal

Na de pleidooien, of nadat partijen recht op de stukken hebben verzocht, neemt de procureur-generaal bij de Hoge Raad conclusie, hetzij onmiddellijk, hetzij op een daartoe te bepalen dag. Tenzij de Hoge Raad dadelijk uitspraak doet, bepaalt hij de dag, waarop dit zal geschieden. (Rv 408a; RO 111 lid 2)

Art. 418a

Schakelbepaling

Voor zover uit deze titel niet anders voortvloeit, zijn van de tweede titel de artikelen 87 tot en met 92, de artikelen 111 tot en met 122, artikel 125, de zevende tot en met de negende afdeling, alsmede de elfde tot en met de dertiende afdeling van overeenkomstige toepassing.

VIERDE AFDELING

Van de uitspraak in cassatie

Art. 419

Grondslag onderzoek Hoge Raad

– 1. De Hoge Raad bepaalt zich bij zijn onderzoek tot de middelen waarop het beroep steunt.

– 2. De feitelijke grondslag der middelen kan alleen worden gevonden in de bestreden uitspraak en in de stukken van het geding.

– 3. De Hoge Raad is gebonden aan hetgeen in de bestreden uitspraak omtrent de feiten is vastgesteld.

– 4. De Hoge Raad geeft omtrent de kosten van het geding zodanige uitspraak als hij vermeent te behoren. (Rv 237)

Art. 420

Zelf afdoen

Bij vernietiging van de bestreden uitspraak doet de Hoge Raad het geding zelf af, voor zover er niet op de voet van de navolgende bepalingen gronden zijn voor verwijzing. (Sv 441)

Art. 421

Verwijzing na vernietiging

Indien na de vernietiging dient te worden beslist over feiten, waaromtrent nog geen uitspraak is gedaan, verwijst de Hoge Raad het geding, tenzij het een punt van ondergeschikte aard betreft, waarover de Hoge Raad op grond van de stukken van het geding een beslissing kan geven. (Sv 441)

Art. 422

Nog niet besliste rechtspunten

Indien na de vernietiging dient te worden beslist over rechtspunten, waaromtrent nog geen uitspraak is gedaan, zal de Hoge Raad naar bevind van omstandigheden daaromtrent een beslissing geven dan wel daartoe het geding verwijzen. (Sv 441 lid 2)

Art. 422a

Verwijzing naar rechter eerste aanleg

Het geding wordt verwezen naar de rechter, wiens uitspraak vernietigd is, tenzij er overeenkomstig het bepaalde bij de artikelen 76 en 355 reden is tot verwijzing naar de rechter van eerste aanleg.

Art. 423

Verwijzing naar andere rechter

De Hoge Raad kan, in stede van het geding te verwijzen naar de rechter, wiens uitspraak vernietigd is, het verwijzen naar een andere rechter en wel:

1° wanneer de vernietigde uitspraak was gewezen door een rechtbank, naar het gerechtshof van het ressort;

2° wanneer de vernietigde uitspraak was gewezen door een gerechtshof, naar een ander gerechtshof. (Rv 34; Sv 441 lid 2)

Art. 424

Inachtneming uitspraak HR

De rechter, naar wie het geding is verwezen, zet de behandeling daarvan voort en beslist met inachtneming van de uitspraak van de Hoge Raad.

Art. 425

Verzet in beginsel niet mogelijk

Er wordt geen verzet toegelaten tegen arresten door de Hoge Raad bij verstek in cassatie gewezen, dan alleen wanneer er gronden waren tot nietigverklaring van de dagvaarding of het beroep was ingesteld na verloop van de wettelijke termijn en mits het verzet geschiedde binnen veertien dagen na de betekening van het arrest. (Rv 143 e.v., 401*b*, 402, 407)

VIJFDE AFDELING

Van beroep in cassatie tegen beschikkingen op rekest

Art. 426

Cassatietermijn

– 1. Tegen beschikkingen op rekest kan beroep in cassatie worden ingesteld door degenen, die in een der vorige instantiën verschenen zijn, binnen drie maanden, te rekenen van de dag van de uitspraak. (Rv 402)

– 2. In de gevallen, waarin de wet voor het hoger beroep een kortere termijn heeft voorgeschreven, wordt ook de termijn voor het beroep in cassatie verkort en gesteld op het dubbele van de termijn in die gevallen voor het hoger beroep bepaald.

– 3. In de gevallen, waarin de wet voor het hoger beroep een ander aanvangstijdstip heeft voorgeschreven dan de dag van de uitspraak, geldt dat andere aanvangstijdstip ook voor de termijn van het beroep in cassatie.

– 4. De artikelen 399, 400 en 401*a* en de artikelen 79 en 80 van de Wet op de rechterlijke organisatie zijn van overeenkomstige toepassing.

Art. 426a

Verzoekschrift

– 1. Het beroep in cassatie wordt aangebracht bij een verzoekschrift, dat wordt getekend door een advocaat bij de Hoge Raad en ingediend bij deszelfs griffie.

– 2. Het verzoekschrift behelst de omschrijving van de middelen waarop het beroep steunt. (Rv 407)

Art. 426b

Afschriften

– 1. De verzoeker doet zijn verzoekschrift vergezeld gaan van zoveel afschriften als er anderen dan hij in de vorige instantie verschenen zijn.

– 2. De griffier zendt onverwijld een afschrift aan ieder hunner toe.

Verweerschrift

– 3. Binnen 3 weken na de toezending kunnen de verweerders een door een advocaat bij de Hoge Raad getekend verweerschrift ter griffie van de Hoge Raad indienen.

– 4. De Hoge Raad kan in een bepaald geval een andere termijn vaststellen.

– 5. De griffier vermeldt bij de toezending de termijn, binnen welke het verweerschrift moet worden ingediend.

Art. 427

In cassatie bij verweerschrift

– 1. Bij het verweerschrift kan de verweerder, ondanks het verstrijken van de in artikel 426 gestelde termijnen en ondanks berusting, van zijn zijde in cassatie komen. (Rv 410 lid 2)

– 2. Artikel 426*a*, tweede lid, en artikel 410, derde lid, zijn van toepassing.

Art. 427a

Toezending afschrift verweerschrift; termijn voor antwoord

– 1. Het verweerschrift gaat vergezeld van een afschrift, dat de griffier onverwijld aan de advocaat van de verzoeker tot cassatie toezendt.

– 2. In geval van incidenteel beroep of indien door de verweerder een exceptie tegen het principaal beroep wordt aangevoerd, kan de verzoeker tot cassatie binnen 3 weken na de toezen-

ding daarop bij door zijn advocaat getekend verweerschrift antwoorden. Het verweerschrift gaat vergezeld van een afschrift, hetwelk de griffier onverwijld aan de advocaat van de verweerder toezendt. (Rv 412)
– 3. Het vierde en vijfde lid van artikel 426*b* zijn van toepassing.

Art. 428

Bevel tot toelichting

– 1. Indien het belang der zaak dit geraden doet voorkomen, kan de Hoge Raad, hetzij ambtshalve, hetzij op daartoe strekkend verzoek, een toelichting door de advocaten bevelen.
– 2. Geschiedt de toelichting mondeling, dan vindt deze voor de meervoudige kamer plaats. Wordt de toelichting schriftelijk gegeven, dan geschiedt dit voor de enkelvoudige kamer. (Rv 27 lid 1, 417)
– 3. De toelichting kan ook worden gegeven door andere advocaten, zonder dat de daaruit ontstaande vermeerdering van kosten in de uitspraak over de kosten begrepen is. (Rv 408*a*)

Art. 428a

Schakelbepaling

Voor zover uit deze afdeling niet anders voortvloeit, is artikel 284 van overeenkomstige toepassing.

Art. 429

Conclusie procureur-generaal

– 1. Nadat de procureur-generaal bij de Hoge Raad binnen een door de Hoge Raad te bepalen termijn schriftelijk conclusie heeft genomen, geeft de Hoge Raad zijn beschikking. (Rv 328, 418)
– 2. De artikelen 419-424 zijn van overeenkomstige toepassing.
– 3. De Hoge Raad geeft bij de beschikking zodanige uitspraak omtrent de kosten als hij vermeent te behoren. De griffier doet onverwijld mededeling van de gevallen beslissing aan de advocaten, die de schrifturen hebben ingediend. (Rv 419 lid 4)

Art. 429a-429t

Vervallen.

TWEEDE BOEK
Van de gerechtelijke tenuitvoerlegging van vonnissen, beschikkingen en authentieke akten

EERSTE TITEL
Algemene regels

Art. 430

Tenuitvoerlegging grossen

– 1. De grossen van in Nederland gewezen vonnissen, van beschikkingen van de Nederlandse rechter en van in Nederland verleden authentieke akten alsmede van andere bij de wet als executoriale titel aangewezen stukken kunnen in geheel Nederland worden ten uitvoer gelegd. (Rv 28, 231, 290, Fw 4, 86)
– 2. Zij moeten aan het hoofd voeren de woorden: In naam des Konings. (Wet Notarisambt 50; Sv 554 lid 1)
– 3. Zij kunnen niet worden ten uitvoer gelegd dan na betekening aan de partij tegen wie de executie zich zal richten. (Rv 434*a*, 479*g*; BW 3: 296 e.v.; Besl. tar. ambtsh. gerechtsdeurwaarders 2 e.v.)

Art. 431

Beslissingen van vreemde rechters

– 1. Behoudens het bepaalde in de artikelen 985-994, kunnen noch beslissingen, door vreemde rechters gegeven, noch buiten Nederland verleden authentieke akten binnen Nederland ten uitvoer worden gelegd.
– 2. De gedingen kunnen opnieuw bij de Nederlandse rechter worden behandeld en afgedaan.

Art. 431a

Overgang executie

Indien de bevoegdheid tot tenuitvoerlegging van een executoriale titel op een ander overgaat, kan de executie eerst worden aangevangen of voortgezet na betekening van deze overgang aan de geëxecuteerde. (BW 6: 142)

Art. 432

Positie van derden bij executie

Geen vonnis waarvan de voorlopige tenuitvoerlegging niet is toegestaan kan tegen een derde worden ten uitvoer gelegd, noch kan daaraan door die derde worden voldaan, dan acht dagen na betekening daarvan aan de partij die in het ongelijk is gesteld, en met overlegging van een verklaring van de griffier dat er op zijn registers geen verzet, hoger beroep of cassatie daartegen is aangetekend. (Rv 350, 404, 479g lid 2)

Art. 433

Aantekening van een rechtsmiddel

De partij die verzet heeft gedaan, of hoger beroep of beroep in cassatie heeft ingesteld, heeft de bevoegdheid om daarvan ter griffie van het gerecht dat het bestreden vonnis heeft uitgesproken, in een daartoe bestemd register aantekening te doen houden, met vermelding van de namen van de partijen, de dagtekening van het vonnis en die van het verzet, het hoger beroep of het beroep in cassatie. (Rv 145, 350, 404; BW 3: 27 lid 2, 29 lid 3, 301 lid 2; 5: 32 lid 4, 35 lid 3; 6: 260 lid 4; RI)

Art. 434

Machtiging tot executie

De overhandiging van de executoriale titel, waarvan men de uitvoering verlangt, aan de deurwaarder, machtigt hem in die zaak tot het doen van de gehele executie, uit die titel voortvloeiende, met uitzondering alleen van die bij lijfsdwang, waartoe een bijzondere volmacht vereist wordt. (Rv 440 lid 1, 589, 599; BW 7: 400 e.v.)

Art. 434a

Tarieven ambtshandelingen

Kosten terzake van ambtshandelingen, verricht door gerechtsdeurwaarders, worden voor de bepaling van de kosten van tenuitvoerlegging in aanmerking genomen overeenkomstig bij of krachtens algemene maatregel van bestuur vastgestelde tarieven.

Art. 435

Omvang beslag

– 1. Het staat aan de executant vrij te gelijker tijd beslag te leggen op alle voor beslag vatbare goederen, waartoe hij bevoegd is zijn vordering te verhalen. (BW 3: 276; Rv 598)

Betekening

– 2. Hij is verplicht een beslag dat strekt tot verhaal op een goed dat aan een ander dan de schuldenaar toebehoort, en dat ten laste van die ander wordt gelegd, binnen acht dagen aan de schuldenaar te betekenen. (Rv 626, 708)

– 3. Wordt een beslag van de in het vorige lid bedoelde strekking ten laste van de schuldenaar gelegd, dan is de beslaglegger verplicht het binnen acht dagen aan de ander te betekenen of, zo hij diens recht niet kent, onverwijld nadat hij van dat recht kennis heeft gekregen. Indien de ander, voordat acht dagen na deze betekening zijn verstreken, schriftelijk aan de deurwaarder mededeelt zich tegen het verhaal op zijn goed te verzetten, geldt het beslag jegens hem slechts als conservatoir en kan de executie jegens hem slechts plaatsvinden uit hoofde van een tegen hem verkregen executoriale titel om deze executie te dulden. (Rv 456, 538)

Art. 436

Geen beslag

Beslag mag niet worden gelegd op goederen, bestemd voor de openbare dienst. (Rv 479, 703; BW 5: 28)

Art. 437

Beperkt recht of aandeel

Hetgeen omtrent de executie van een goed is bepaald, is van overeenkomstige toepassing op de executie van een beperkt recht op of een aandeel in een zodanig goed. (Rv 707; BW 3: 96, 98, 189 lid 1, 226 lid 4, 276)

Art. 438

Executiegeschillen

– 1. Geschillen die in verband met een executie rijzen, worden gebracht voor de rechtbank die naar de gewone regels bevoegd zou zijn, of in welker rechtsgebied de inbeslagneming plaatsvindt, zich een of meer van de betrokken zaken bevinden of de executie zal geschieden. (Rv 435)

Bevoegdheden voorzieningenrechter

– 2. Tot het verkrijgen van een voorziening bij voorraad kan het geschil ook worden gebracht in kort geding voor de voorzieningenrechter van de volgens het eerste lid bevoegde rechtbank. Onverminderd zijn overige bevoegdheden kan de voorzieningenrechter desgevorderd de executie schorsen voor een bepaalde tijd of totdat op het geschil zal zijn beslist, dan wel bepalen dat de executie slechts tegen zekerheidstelling mag plaatsvinden of worden voortgezet. Hij kan beslagen, al of niet tegen zekerheidstelling, opheffen. Hij kan gedurende de executie herstel bevelen van verzuimde formaliteiten met bepaling welke op het verzuim gevolgde formaliteiten opnieuw moeten worden verricht en te wiens laste de kosten daarvan zullen komen. Hij kan bepalen dat een in het geding geroepen derde de voortzetting van de executie moet gedogen dan wel zijn medewerking daaraan moet verlenen, al dan niet tegen zekerheidstelling door de executant. (Rv 12*a*, 289 e.v.; BW 6: 51)

– 3. Voor zover de zaak zich niet leent voor behandeling in kort geding, kan de voorzieningenrechter in plaats van de vordering af te wijzen de zaak op verlangen van de eiser verwijzen naar de rechtbank met bepaling van de dag waarop zij op de rol moet komen. Tegen een gedaagde die op voormeld tijdstip niet verschijnt en ook voor de voorzieningenrechter niet bij advocaat is verschenen, wordt slechts verstek verleend, zo hij tegen dit tijdstip bij exploit is opgeroepen met inachtneming van de voor dagvaarding voorgeschreven termijn, dan wel van de termijn die op verlangen van de eiser door de voorzieningenrechter bepaald is. (Rv 7, 145)

– 4. De deurwaarder die met de executie is belast en daarbij op een bezwaar stuit dat een onverwijlde voorziening nodig maakt, kan zich met een daarvan door hem opgemaakt procesverbaal bij de voorzieningenrechter vervoegen ten einde deze in kort geding tussen de betrokken partijen te doen beslissen. De voorzieningenrechter zal de behandeling aanhouden tot de partijen zijn opgeroepen, tenzij hij, gelet op de aard van het bezwaar, een onmiddellijke beslissing geboden acht. De deurwaarder die zijn voormelde bevoegdheid zonder instemming van de executant uitoefent, kan persoonlijk in de kosten worden veroordeeld, indien deze uitoefening nodeloos was. (Rv 254 e.v., 280, 434, 434*a*, 446)

– 5. Verzet tegen de executie door een derde geschiedt door dagvaarding van zowel de executant als de geëxecuteerde. (Rv 456, 476 lid 2, 496 e.v., 538 e.v.)

Art. 438a

Bevoegdheid voorzieningenrechter

– 1. In zaken betreffende een executie die volgens de tweede en de derde titel van dit Boek of titel 9 van Boek 3 van het Burgerlijk Wetboek worden ingeleid door een verzoekschrift aan de voorzieningenrechter van de rechtbank, is bevoegd de voorzieningenrechter in wiens rechtsgebied de te executeren zaken zich geheel of grotendeels bevinden of de executie zal geschieden.
– 2. De indiening van verzoekschriften krachtens de artikelen 459, derde lid, 461*b*, 462, tweede lid, 463, derde lid, 463*a*, 465, 481, eerste lid, 496, tweede lid, en 506, tweede lid, kan ook door een deurwaarder geschieden. Hetzelfde geldt voor een verzoekschrift krachtens artikel 234, derde lid, van Boek 3 van het Burgerlijk Wetboek, indien de executie door een pandhouder geschiedt, of krachtens artikel 251 van dat Boek. Indien een deurwaarder het verzoek indient, geldt zijn kantoor als gekozen woonplaats van de verzoeker. (Rv 429*c* lid 12, 429*d* lid 4 (oud); BW 1: 15; Rv 439 lid 3, 440 lid 1, 474*c* lid 1, 475 lid 1, 479*i*, 502 lid 4, 504 lid 2)

Art. 438b

Schakelbepaling

Voor zover de executie andere handelingen vergt dan het doen van een exploot, is artikel 64 van overeenkomstige toepassing, met dien verstande dat voor de overeenkomstige toepassing van het derde lid van dat artikel de plaats waar de handeling moet worden verricht, bepalend is.

TWEEDE TITEL

Van de gerechtelijke tenuitvoerlegging op goederen die geen registergoederen zijn

EERSTE AFDELING

Van executoriaal beslag op roerende zaken die geen registergoederen zijn

Art. 439

Voorwaarden executoriaal beslag

– 1. Het beslag op roerende zaken die geen registergoederen zijn, moet worden voorafgegaan door een exploit van een deurwaarder, houdende bevel om binnen twee dagen aan de executoriale titel te voldoen. Eerst na verloop van die termijn kan het beslag worden gelegd. Indien daartoe gronden zijn, kan de voorzieningenrechter van de rechtbank, ook op mondeling verzoek van de deurwaarder, die termijn inkorten. (Rv 502 lid 1)
– 2. Indien bij het betekenen van de executoriale titel tevens het voorgeschreven bevel is gedaan, wordt geen afzonderlijk bevel vereist. (Rv 502 lid 3)
– 3. Bij het bevel of de betekening moet de executant tot het uiteinde der executie woonplaats kiezen ten kantore van de deurwaarder, zulks op straffe van nietigheid van het exploit. Tevens kan woonplaats worden gekozen in Nederland ten kantore van een advocaat. (Rv 438*a*, 502 lid 4)

Art. 440

Voorgeschreven vormen

– 1. Het beslag wordt gelegd bij een exploit van een deurwaarder dat, behalve de gewone formaliteiten, op straffe van nietigheid inhoudt:
a. de vermelding van de voornaam, naam en woonplaats van de executant en de naam en woonplaats van de geëxecuteerde;
b. de vermelding van de executoriale titel uit hoofde waarvan het beslag wordt gelegd;
c. indien het beslag niet wordt gelegd door een deurwaarder ten kantore van wie woonplaats is gekozen overeenkomstig artikel 439, derde lid, een keuze van woonplaats ten kantore van de deurwaarder die het beslag legt. (Rv 504)
– 2. De deurwaarder kan zich doen bijstaan door een of twee getuigen, wier naam en woonplaats hij in dat geval in het proces-verbaal zal vermelden en die dat stuk mede zullen tekenen. (Rv 475, 479*i*, 564 lid 2, 565)

Art. 441

Vorderingsrecht

– 1. Het beslag kan slechts worden gedaan voor een vordering waarvan het geldelijk beloop bepaalbaar is. (Rv 712)
– 2. Indien de vordering niet is vereffend, worden na het beslag alle verdere vervolgingen gestaakt, totdat de vereffening is geschied. (Rv 504*a*)

Art. 442

Vervallen.

Art. 443

Aanduiding beslagen zaken

– 1. De deurwaarder zal dadelijk, of uiterlijk op de volgende dag overgaan tot de meer bijzondere aanduiding der zaken die hij in beslag neemt, en zal deze op het door hem daarvan onverwijld op te maken proces-verbaal nauwkeurig beschrijven met opgave van hun getal, gewicht en maat overeenkomstig hun aard. Het proces-verbaal wordt binnen drie dagen na de inbeslagneming betekend aan de geëxecuteerde en, als er een bewaarder is, ook aan deze. (Rv 435, 565 lid 3; ATW)

– 2. De executant mag bij de inbeslagneming niet tegenwoordig zijn dan in geval de deurwaarder zulks ter aanwijzing van de in beslag te nemen zaken noodzakelijk acht. (Rv 492, 712)

Art. 444

Toegang tot elke plaats

– 1. De deurwaarder heeft ter inbeslagneming toegang tot elke plaats, voor zover dat redelijkerwijs voor de vervulling van zijn taak nodig is.

– 2. Indien de deuren gesloten zijn, of de opening daarvan geweigerd wordt, gelijk mede indien geweigerd wordt enige kamer of stuk huisraad te openen, alsmede wanneer bij niet-tegenwoordigheid van de geëxecuteerde er niemand gevonden wordt om hem te vertegenwoordigen, zal de deurwaarder zich vervoegen bij de burgemeester der gemeente in wiens tegenwoordigheid de opening van de deuren en van het huisraad zal worden gedaan voor zover dat redelijkerwijs nodig is. De burgemeester kan zich doen vertegenwoordigen door een ambtenaar van politie die tevens hulpofficier van justitie is. Van de tegenwoordigheid van deze ambtenaar en van hetgeen in zijn bijzijn, uit kracht van dit en de volgende drie artikelen, is verricht, zal melding gemaakt worden in het proces-verbaal van beslag.

– 3. Bij het binnentreden in een woning zonder toestemming van de bewoner zijn de artikelen 10 en 11, tweede lid, van de Algemene wet op het binnentreden op het proces-verbaal van beslag van overeenkomstige toepassing. Deze artikelen gelden eveneens in het geval dat na het binnentreden geen beslag wordt gelegd. (Gr 12; Rv 438 lid 4, 444*a*, 557, 600, 602, 712; Sv 120; RD 14 onder H)

Art. 444a

Verplichte medewerking derde

– 1. Indien er redelijk vermoeden bestaat, dat in beslag te nemen zaken zich bevinden op een plaats, van een derde gehuurd of op andere wijze in gebruik verkregen, zodanig dat voor de toegang de medewerking van de derde nodig blijft, zal de deurwaarder, ingeval van weigering van de geëxecuteerde of de derde om de deuren, welke tot de plaats toegang geven, te openen, handelen, zoals in het vorige artikel is bepaald. Met weigering staat gelijk afwezigheid na behoorlijke sommatie om persoonlijk of bij gemachtigde te verschijnen om de deuren te openen. De deurwaarder kan inmiddels door een bewaarder beletten, dat van de plaats iets wordt weggenomen. (Rv 603)

– 2. De derde is gehouden de deurwaarder op vertoon van de titel, uit krachte waarvan het beslag wordt gelegd, aanwijzing te doen van de verhuurde of op andere wijze in gebruik gegeven ruimte.

– 3. Zij die van het verhuren of op andere wijze in gebruik geven, als bedoeld in de vorige leden, een bedrijf maken, zijn verplicht desgewenst de deurwaarder inzage te geven van het register of de stukken, waarin de gebruikers zijn vermeld.

– 4. Van het ogenblik, dat de deurwaarder zich tot de derde heeft gewend om tot de inbeslagneming ingevolge dit artikel te komen, mag de derde de geëxecuteerde toegang tot de ruimte niet meer verlenen dan in tegenwoordigheid van de deurwaarder. (Rv 438 lid 4, 712)

Art. 444b

Veroordeling onwillige derde

– 1. Indien de derde niet voldoet aan enige hem bij het tweede, derde en vierde lid van het vorige artikel opgelegde verplichting, kan hij worden veroordeeld tot voldoening van het bedrag der vordering, waarvoor het beslag wordt gelegd, met rente en kosten.

– 2. De schade, welke de derde lijdt door het openbreken der deuren, wordt, indien dit niet aan hem te wijten is, hem vergoed door de executant, behoudens het verhaal van deze op de geexecuteerde, indien daartoe gronden aanwezig zijn. De derde kan verlangen, dat, alvorens tot het openmaken der deuren wordt overgegaan, zekerheid wordt gesteld voor de voldoening der hem verschuldigde schadevergoeding. (Rv 616)

– 3. De deurwaarder en de ambtenaar, in artikel 444 genoemd, zijn tot geheimhouding verplicht nopens de inhoud van het register en de stukken, bedoeld in het derde lid van het vorige artikel; echter wat de geëxecuteerde betreft, voor zover niet anders is vereist voor een behoorlijke vervulling van hun taak te dezen. (Rv 712; Sr 272)

Art. 445

Gereed geld

Indien er bij de inbeslagneming gereed geld wordt gevonden, zal het getal en de geldsoort vermeld worden; de deurwaarder zal het geld benevens alle aandeelbewijzen, effecten en verder geldswaarde hebbend papier aan een door hem aan te wijzen financiële onderneming die ingevolge de Wet op het financieel toezicht in Nederland het bedrijf van bank mag uitoefenen of door een zodanige financiële onderneming gegarandeerd effectenbewaarbedrijf of aan de Nederlandsche Bank N.V. in gerechtelijke bewaring geven, tenzij de executant en geëxecuteerde omtrent een andere plaats van bewaring mochten zijn overeengekomen. De bewaring geschiedt ten name van de deurwaarder onder vermelding van het beslag, van de executant en van de geëxecuteerde. (Rv 712, 795 e.v.; Fw 92)

Art. 446

Gerechtelijk bewaarder

– 1. De deurwaarder kan ook andere zaken dan die bedoeld in het vorige artikel aan een door hem aan te wijzen geschikte bewaarder in gerechtelijke bewaring geven, indien dit voor het behoud van deze zaken redelijkerwijze noodzakelijk is. De tweede zin van het vorige artikel is van toepassing.

– 2. De deurwaarder maakt van de inbewaringgeving een afzonderlijk proces-verbaal op, dat binnen drie dagen na de inbewaringgeving wordt betekend aan de geëxecuteerde en aan de bewaarder. (Rv 506, 564, 796 e.v.)

Art. 447

Geen beslag

Geen beslag op roerende zaken mag, uit welken hoofde ook, gedaan worden:

1° op het nodige bed en beddegoed van de geëxecuteerde en de inwonende leden van zijn gezin en op de kleren, waarmee zij gekleed en gedekt zijn;

2° op de gereedschappen van ambachtslieden en werklieden, tot hun persoonlijk bedrijf behorende;

3° op de in het huis voorhanden zijnde voorraad van spijs en drank, dienende tot de behoefte van het huisgezin, gedurende een maand;

4° op het ingevolge artikel 642*c* in de kas der gerechtelijke consignaties gestorte bedrag. (Rv 712; Fw 21)

Art. 448

Evenmin beslag

– 1. Evenmin kan beslag worden gelegd op de boeken die de geëxecuteerde nodig heeft voor zijn beroep, en op de werktuigen en gereedschappen, dienend tot enig onderwijs of de beoefening van kunsten en wetenschappen, telkens tot een bij algemene maatregel van bestuur vast te stellen bedrag en te zijner keuze.

Uitzondering

– 2. De in het eerste lid bedoelde zaken kunnen wel in beslag worden genomen voor vorderingen:

1° wegens levensbehoeften verstrekt aan de geëxecuteerde en de inwonende leden van zijn gezin;

2° ter zake van de vervaardiging of het herstel van deze zaken of de verkoop daarvan aan de geëxecuteerde. (Rv 712)

Art. 449

Opgave tijdstip verkoop

Dag en uur van de verkoop van de in beslag genomen zaken worden aan de geëxecuteerde betekend hetzij tezamen met het proces-verbaal van inbeslagneming hetzij binnen drie dagen na de betekening daarvan. (Rv 443, 447)

Art. 450

Vervallen.

Art. 451

Voorkomen verwaarlozing

– 1. Indien beesten of werktuigen voor de landbouw, of vruchten te velde welke reeds van de grond zijn afgescheiden, zijn in beslag genomen, kan de kantonrechter, op verzoek van de executant, en na verhoor of behoorlijke oproeping van de geëxecuteerde, een geschikte persoon aanstellen, teneinde voor de nodige bedrijfsvoering, verzorging of inzameling zorg te dragen. (Rv 494 lid 3, 507, 732)

– 2. Tegen een toewijzende beschikking krachtens het vorige lid is geen hogere voorziening toegelaten. (Rv 455, 712; BW 7: 400 e.v.)

Art. 452-453

Vervallen.

Art. 453a

Blokkerende werking beslag

– 1. Een vervreemding, bezwaring, onderbewindstelling of verhuring van de zaak, tot stand gekomen nadat deze in beslag genomen is, kan niet tegen de beslaglegger worden ingeroepen. (Rv 475*h*, 505 lid 2, 712)

Derde t.g.t.

– 2. Rechten door een derde anders dan om niet verkregen, worden geëerbiedigd, mits de zaak in zijn handel is gekomen en hij toen te goeder trouw was. (BW 3: 45 lid 5)

Art. 454

Vervallen.

Art. 455

Verantwoording

– 1. Nog niet verantwoorde en afgedragen baten, voortgebracht door de in beslag genomen zaken, vallen mede onder het beslag en moeten aan de deurwaarder worden verantwoord en op zijn verlangen aan hem worden afgedragen, een en ander behoudens de rechten van derden, die de executant moet eerbiedigen.

– 2. Bestaat de bate in een vordering op een derde dan valt zij niet onder het beslag dan nadat het beslag aan de derde is betekend. De artikelen 475*c*, 476 en 478 zijn van overeenkomstige toepassing. (Rv 455*a*, 474*b*, 507 e.v.; BW 7: 604)

Art. 455a

Waardevermindering van de beslagen zaak

– 1. Vorderingen tot vergoeding die na inbeslagneming in de plaats van de beslagen zaak zijn getreden, daaronder begrepen vorderingen ter zake van waardevermindering van de zaak, vallen, nadat het beslag aan de schuldenaar uit die vordering is betekend, eveneens onder het beslag, behoudens de rechten van derden, die de executant moet eerbiedigen. Zij moeten op verlangen van de deurwaarder aan hem worden voldaan. (Rv 457, 507*a*; BW 3: 229, 283)

– 2. De artikelen 475*i*, 476 en 478 zijn van overeenkomstige toepassing. (Rv 479*b* e.v.)

Art. 456

Verzet tegen verkoop

– 1. Treft het beslag een zaak die geheel of ten dele aan een ander toebehoort of ten aanzien waarvan een ander een recht geldend kan maken dat de executant moet eerbiedigen, dan kan deze ander zich tegen verkoop waarbij zijn recht niet in acht wordt genomen tot op het tijdstip van verkoop verzetten. (Rv 435, 438)

– 2. De eiser die in het ongelijk wordt gesteld, zal op vordering van de executant, zo daartoe gronden zijn, tot schadevergoeding worden veroordeeld.

Art. 457

Cumulatief beslag

– 1. Op de in beslag genomen zaken kan tot op het tijdstip van de verkoop opnieuw beslag worden gelegd. De beslaglegger is verplicht een zodanig beslag onverwijld te betekenen aan de deurwaarder die het eerdere beslag heeft gelegd en, zo deze er is, aan de gerechtelijke bewaarder, met vermelding van de aard van de vordering en van het beloop van het bedrag waarvoor het nieuwe beslag is gelegd of, indien de vordering nog niet is vereffend, van het geschatte bedrag. (Rv 480)

– 2. Is het eerdere beslag gelegd op de grondslag van het Wetboek van Strafvordering dan is de beslaglegger verplicht het door hem later gelegde beslag onverwijld te betekenen aan het parket van het openbaar ministerie bij het gerecht in feitelijke aanleg waarvoor de strafzaak, op grond waarvan het eerdere beslag is gelegd, wordt of het laatst werd vervolgd.

– 3. Indien onder een beslag vorderingen tot vergoeding vallen, die voor in beslag genomen zaken in de plaats zijn getreden, worden deze ook door volgende beslagen op die zaken getroffen. Is een in beslag genomen zaak verloren gegaan, dan kan op die vorderingen tot op het tijdstip van de inning daarvan beslag worden gelegd met inachtneming van dezelfde formaliteiten als wanneer deze zaak zich nog onder de schuldenaar zou hebben bevonden. (Rv 440, 443, 455*a*, 457 lid 1, 712)

Art. 458

Verkoop door eerste beslaglegger

– 1. Indien op de zaak meer beslagen zijn gelegd, wordt zij verkocht door de beslaglegger die het oudste executoriale beslag heeft gelegd. (Rv 478, 513, 704)

– 2. Rust op een zaak een beperkt recht dat deze beslaglegger moet eerbiedigen, maar dat niet aan een latere beslaglegger kan worden tegengeworpen, dan wordt de zaak vrij van het beperkte recht verkocht, indien deze laatste beslaglegger aan de executant, de geëxecuteerde en de beperkt gerechtigde bij exploit mededeelt dit te verlangen. (Rv 456; BW 3: 237, 282, 284 e.v.)

Art. 459

Overnemen executie

– 1. Indien de executant in gebreke blijft om binnen vier weken na afloop van de in artikel 462 bedoelde termijn de verkoop tot stand te brengen, kan iedere beslaglegger die een executoriale titel heeft, de executie van de door hem in beslag genomen zaken overnemen door zulks bij exploit aan de executant en de geëxecuteerde aan te zeggen.

– 2. De overneming kan niet geschieden dan nadat aan de executant schriftelijk een redelijke termijn is gesteld om alsnog tot verkoop over te gaan.

– 3. Indien er meer beslagleggers zijn die de overneming verlangen, is slechts degene die het oudste executoriale beslag heeft gelegd, daartoe bevoegd, tenzij de voorzieningenrechter van de rechtbank op verzoek van de meest gerede partij anders beslist. (Rv 438*a* lid 2)

– 4. Tegen beschikkingen krachtens het vorige lid is geen hogere voorziening toegelaten.

Art. 460-461

Vervallen.

Art. 461a

Overneming door pandhouder

– 1. Indien de in beslag genomen zaak is verpand en de pandhouder bevoegd is tot executie over te gaan, kan hij, zo nodig overeenkomstig artikel 496 afgifte van de zaak vorderende, de executie overnemen en zelf executeren met inachtneming van de bepalingen betreffende executie krachtens pandrecht.

– 2. Rusten op een zaak meer pandrechten, dan komt deze bevoegdheid uitsluitend toe aan de hoogst gerangschikte pandhouder, die tot executie wenst over te gaan.

– 3. De pandhouder, die van deze bevoegdheid gebruik wil maken, dient zulks uiterlijk op het tijdstip van de verkoop bij exploit aan de beslaglegger, aan te zeggen met opgave van de termijn binnen welke hij tot verkoop zal overgaan.

– 4. Zolang geen aanzegging als voormeld plaatsvindt, blijft de beslaglegger bevoegd de executie voort te zetten. (BW 3: 249, 252 e.v.; Rv 508 e.v., 544)

Art. 461b

Pandhouder traineert executie

– 1. Indien de pandhouder de in het derde lid van het vorige artikel bedoelde termijn te lang stelt dan wel binnen die termijn niet tot verkoop overgaat, kan de voorzieningenrechter van de rechtbank op verzoek van de beslaglegger een termijn bepalen binnen welke de pandhouder

uiterlijk tot de verkoop moet overgaan. Volgt binnen die termijn geen verkoop, dan is de executant met uitsluiting van de pandhouder bevoegd met de executie voort te gaan. (Rv 509, 545)
– 2. Tegen een beschikking krachtens het vorige lid is geen hogere voorziening toegelaten.

Art. 461c

Overneming door hypotheek-pandhouder

De schuldeiser die vóór het beslag ten aanzien van in beslag genomen zaken het beding, bedoeld in artikel 254 van Boek 3 van het Burgerlijk Wetboek heeft gemaakt en van de in het tweede lid van dat artikel bedoelde bevoegdheid tot gezamenlijke executie gebruik wil maken, kan de executie overeenkomstig artikel 461*a* overnemen. De artikelen 544-548 zijn op de executie van deze zaken van toepassing. (BW 3: 268 e.v.)

Art. 461d

Toepasselijkheid regels derdenbeslag

Bevindt de in beslag genomen zaak zich onder een derde en beroept deze zich erop dat hij het beslag wegens de vorm ervan of wegens een hem ten aanzien van de zaak toekomend recht niet behoeft te dulden, dan dienen bij het beslag, voor zover de executant de executie zonder eerbiediging van het ingeroepen recht of bevoegdheid wenst door te zetten, de regels betreffende het derden-beslag uit de tweede afdeling te worden gevolgd, met dien verstande dat het reeds gelegde beslag geldt als een uitsluitend op die zaken gelegd derden-beslag en vervalt indien niet binnen drie dagen nadat het is gelegd, aan de derde een formulier in tweevoud als bedoeld in artikel 475, is betekend. (Rv 475, 712)

Art. 462

Termijn verkoop in beslag genomen zaken

– 1. De verkoop der in beslag genomen zaken mag geen plaats hebben vóór vier weken, te rekenen van de dag van de betekening aan de geëxecuteerde van het proces-verbaal, bedoeld in artikel 443, zulks op straffe van schadevergoeding. (Rv 516)
– 2. Deze termijn kan verkort worden bij onderlinge toestemming van partijen of ook ten verzoeke van de meest gerede partij door de voorzieningenrechter van de rechtbank. (Rv 438 lid 2)

Art. 463

Openbare verkoop

– 1. De verkoop zal in het openbaar worden gehouden ten overstaan van de deurwaarder en op een door deze daartoe aan te wijzen binnen zijn ambtsgebied gelegen plaats. (Rv 514, 519)
– 2. Is de in beslag genomen zaak op een markt of beurs verhandelbaar, dan kan de verkoop in afwijking van de artikelen 464-466 en 469 geschieden op die markt door tussenkomst van een tussenpersoon in het vak of ter beurze door die van een bevoegde tussenpersoon overeenkomstig de regels en gebruiken die aldaar voor een gewone verkoop gelden.
– 3. De voorzieningenrechter van de rechtbank kan ten verzoeke van de beslaglegger of de geexecuteerde een verkoop als in het vorige lid bedoeld ook bepalen ten aanzien van effecten aan toonder die niet ter beurze verhandelbaar zijn. (Rv 429*d* lid 4)

Art. 463a

Executiegeschillen

Geschillen over de veilconditiën, over de wijze van verkoop of over dag, uur of plaats daarvan worden op verzoek van de meest gerede partij of de deurwaarder beslist door de voorzieningenrechter van de rechtbank, onverminderd de bevoegdheid van hen wier rechten bij de executie niet worden geëerbiedigd, zich daartegen overeenkomstig artikel 438 te verzetten. (Rv 429*d* lid 4, 518)

Art. 463b

Geen beroep

Tegen beschikkingen krachtens de artikelen 462, tweede lid, 463, derde lid, en 463*a* is geen hogere voorziening toegelaten.

Art. 464

Aankondiging met biljetten

– 1. In de gemeente binnen welke de verkoop zal geschieden, zullen, ter plaatse daartoe bestemd, biljetten worden aangeslagen, houdende aanduiding van de plaats, de dag en het uur van de verkoop, alsmede van de aard van de zaken, doch zonder vermelding van nadere bijzonderheden.
– 2. De biljetten worden in elk geval aangeslagen aan de plaats waar de zaken zich bevinden en aan die waar de verkoop zal plaatsvinden. (Rv 463)

Art. 465

Termijn aanslaan biljetten

– 1. Het aanslaan der biljetten moet geschieden na de in artikel 449 bedoelde betekening en tenminste vier dagen vóór de verkoop, tenzij die termijn door de voorzieningenrechter van de rechtbank ten verzoeke van de meest gerede partij is verkort. (Rv 429*d* lid 4)
– 2. Tegen een beschikking krachtens het vorige lid is geen hogere voorziening toegelaten. (RD 14 onder C sub *c*)

Art. 466

Aankondiging in dagblad

– 1. De verkoop zal daarenboven worden bekend gemaakt in een dagblad van de plaats waar de verkoping zal geschieden, en bij gebreke van zodanig dagblad, in dat van een naburige plaats.
– 2. Deze bekendmaking wordt echter niet vereist, indien het bedrag der in beslag genomen zaken klaarblijkelijk minder dan € 180 bedraagt.

Art. 467

Aantekening in proces-verbaal

De deurwaarder zal aan de voet van zijn proces-verbaal van beslag aantekening moeten doen van het aanslaan der biljetten en van de bekendmaking van de verkoop.

Art. 468

Vervallen.

Art. 469

Verkoop bij opbod

– 1. De verkoop wordt gehouden bij opbod of, ter keuze van de executant, bij opbod gevolgd door afmijning en de toewijzing zal geschieden aan de meestbiedende en tegen gerede betaling in handen van de deurwaarder. (Rv 480, 519, 524)

– 2. De deurwaarder is bevoegd te vorderen, dat hem door elke bieder de geboden koopsom wordt ter hand gesteld en mag deze onder zich houden, totdat de zaak is toegewezen.

– 3. Stelt een bieder, na de in het vorige lid bedoelde vordering, de geboden koopsom niet aan de deurwaarder ter hand, dan wordt zijn bod niet aangenomen en wordt hij gedurende de gehele verkoping niet meer als bieder toegelaten.

– 4. Bij de toewijzing wordt geen rekening gehouden met biedingen die ingevolge het vorige lid niet mogen worden aangenomen.

– 5. Bij gebreke van betaling zal de zaak terstond weer verkocht worden ten laste van hem wien zij toegewezen is. (Rv 527 e.v.)

Art. 470

Overschot wordt niet verkocht

– 1. Men zal met de verkoop der in beslag genomen zaken niet verder gaan dan nodig is om een opbrengst te verkrijgen, die voor betaling van de schulden en kosten voldoende is. (Rv 480, 521 e.v.)

– 2. Te dien einde kan de geëxecuteerde de orde regelen, volgens welke de zaken zullen worden verkocht.

Art. 471-473

Vervallen.

Art. 474

Verplichting deurwaarder

De deurwaarder is verantwoordelijk voor de verkregen opbrengst en voldoet daaruit onverwijld de kosten van de executie. Hij vermeldt in zijn proces-verbaal de namen en woonplaatsen der kopers. (Rv 455 e.v., 477 lid 2, 480, 485, 524; BW 3: 253, 270, 277 lid 1)

EERSTE AFDELING A

Van executoriaal beslag op rechten aan toonder of order, aandelen op naam en effecten op naam, die geen aandelen zijn

Art. 474a

Toepassing conform beslag op roerende zaken, derdenbeslag en eigenbeslag

– 1. Het beslag op rechten aan toonder of order geschiedt door beslag op het papier. De eerste en tweede afdeling en de tweede afdeling B zijn, voor wat betreft het daar omtrent beslag op zaken bepaalde, van overeenkomstige toepassing, tenzij uit de betreffende bepaling in verband met de aard van het recht anders volgt. Indien het recht bestaat in een opeisbare vordering, kan de executant in plaats van tot verkoop overeenkomstig de eerste afdeling over te gaan, de executie ook voortzetten door beslag onder derden overeenkomstig de tweede afdeling. (Rv 445)

Endossement

– 2. Is ter voltooiing van de executie endossement vereist, dan kan dit door de deurwaarder die met de verkoop is belast, in zijn hoedanigheid van deurwaarder worden gesteld onder vermelding van 'ter executie'.

– 3. Ingeval van verkoop moeten de voormelde rechten op de biljetten als bedoeld in artikel 464 worden omschreven, met opgave van de naam van degene jegens wie het recht bestaat, van de aard van het recht, van het bedrag van de vordering waarin het recht bestaat en van de renten welke daarbij mochten zijn bepaald. (Rv 463, 475 e.v.; BW 3: 93; 6: 49, 128)

Art. 474aa

Executie van effecten en aandelen op naam niet in NV of BV

– 1. De executie van andere aandelen op naam dan die bedoeld in de volgende afdelingen en van effecten op naam die geen aandelen zijn, geschiedt met overeenkomstige toepassing van die afdeling, tenzij uit de betreffende bepaling in verband met de aard van het aandeel of effect anders voortvloeit.

– 2. Lidmaatschapsrechten in verenigingen worden als effecten op naam aangemerkt, indien zij voor vervreemding vatbaar zijn. (BW 2: 34)

Art. 474b

Verantwoording

– 1. Nog niet aan de geëxecuteerde verantwoorde en afgedragen baten, die voortvloeien uit een recht aan toonder of order, een aandeel op naam of een effect op naam dat geen aandeel is, en die bestaan in geld of andere waarden, vallen mede onder het beslag en moeten aan de deurwaarder worden verantwoord en op zijn verlangen aan hem worden afgedragen, een en ander behoudens de rechten van derden die de executant moet eerbiedigen. (Rv 455 e.v., 507 e.v.)

Beslag niet tegenwerpbaar

– 2. Aan de schuldenaar die de in het eerste lid bedoelde baten heeft uitgekeerd aan hem die zich door middel van het toonder- of orderpapier als gerechtigd tot die baten heeft gelegitimeerd, kan evenwel dit beslag niet worden tegengeworpen. (Rv 714; BW 3: 93; 6: 146)

– 3. De artikelen 475*i*, 476 en 478 zijn van overeenkomstige toepassing.

Art. 474ba

Stemrecht e.d.

Het stemrecht verbonden aan een in beslag genomen goed als bedoeld in het vorige artikel, en andere aan een zodanig goed verbonden bevoegdheden die niet onder het vorige artikel vallen, blijven gedurende het beslag bij de geëxecuteerde. Desgevraagd is de bewaarder of, als deze ontbreekt, de deurwaarder verplicht hem daartoe een bewijsstuk af te geven en verder het nodige te verrichten om hem in de gelegenheid te stellen tot het uitoefenen van deze rechten.

Art. 474bb

Vangnetregeling

– 1. Rechten waarvan de executie niet elders geregeld is, en niet opeisbare rechten waarop beslag onder derden mogelijk is, kunnen met overeenkomstige toepassing van de eerste afdeling worden geëxecuteerd, tenzij uit de wet of de aard van het recht anders volgt. (Rv 463, 477 lid 3; BW 3: 95)

– 2. De artikelen 474*b* en 474*ba* zijn onder hetzelfde voorbehoud van overeenkomstige toepassing.

– 3. Gaat het om een recht dat jegens een derde moet worden uitgeoefend, dan is voor het beslag tevens betekening van het beslagexploit aan de derde vereist.

Staking executie

– 4. Indien door een zodanige executie van een niet opeisbaar recht waarop beslag onder derden mogelijk is, de geëxecuteerde of een andere belanghebbende onredelijk wordt benadeeld, beveelt de voorzieningenrechter op diens vordering dat de executie wordt gestaakt. (Rv 438 lid 2)

EERSTE AFDELING B

Van executoriaal beslag op aandelen op naam in naamloze vennootschappen en besloten vennootschappen met beperkte aansprakelijkheid

Art. 474c

Beslag op aandelen op naam in NV of BV

– 1. Onverminderd het bepaalde in het achtste lid van dit artikel geschiedt het beslag op aandelen op naam in een naamloze vennootschap of besloten vennootschap met beperkte aansprakelijkheid bij exploit van een deurwaarder dat, behalve de gewone formaliteiten, op straffe van nietigheid inhoudt:

a. een aanzegging aan de vennootschap van de inbeslagneming;

b. de vermelding van de voornaam, naam en woonplaats van de executant en de naam en woonplaats van de geëxecuteerde;

c. de vermelding van de executoriale titel uit hoofde waarvan het beslag wordt gelegd;

d. een keuze van woonplaats ten kantore van de deurwaarder. (Rv 440, 475, 479*i*, 504)

– 2. De deurwaarder vermeldt in zijn proces-verbaal zo mogelijk het getal en de nummers der in beslag genomen aandelen.

– 3. Aan de vennootschap zal afschrift worden gelaten van het beslagexploit en van de executoriale titel uit hoofde waarvan het beslag wordt gelegd. (Rv 475 lid 2)

– 4. In het register van aandeelhouders wordt terstond een namens de vennootschap ondertekende en door de deurwaarder mede-ondertekende aantekening geplaatst vermeldende de datum en het tijdstip van het gelegde beslag, de naam van de beslaglegger en het getal en zo mogelijk de nummers der in beslag genomen aandelen. (BW 2: 85 e.v., 194 e.v.)

– 5. De vennootschap en een ieder die toegang heeft tot de ruimte waar het register van aandeelhouders wordt bewaard, zijn verplicht hun medewerking aan de bepaling van het vorige lid te verlenen. Indien geen register bestaat, vermeldt de deurwaarder dit in zijn proces-verbaal. (Rv 474*h* lid 2)

– 6. Indien voor de in beslag genomen aandelen aandeelbewijzen zijn uitgegeven, is de vennootschap verplicht, op verlangen van de deurwaarder, hem daarvan bij het uitbrengen van het exploit mededeling te doen.

– 7. Bij gebreke van enige medewerking als bedoeld in de drie voorafgaande leden is artikel 444*b* van overeenkomstige toepassing.

In buitenland verhandelde aandelen

– 8. Indien het betreft aandelen op naam in vennootschappen als bedoeld in artikel 86*c* van boek 2 van het Burgerlijk Wetboek, welker statuten voorschrijven, dat voor levering daarvan al dan niet onder bepaalde omstandigheden afgifte van het aandeelbewijs bij de vennootschap vereist is, geschiedt het beslag bij exploit van een deurwaarder met aanzegging als in het eerste lid vermeld na voorafgaande inbeslagneming van de desbetreffende aandeelbewijzen op de wijze als omschreven in de eerste afdeling. Deze inbeslagneming en de bewaargeving, bedoeld in artikel 445, zullen onder verwijzing naar de akte of processen-verbaal, bedoeld in de artikelen 440 en 443, in het exploit worden vermeld.

Art. 474d

Mededeling en betekening aan geëxecuteerde

– 1. De deurwaarder zal van het gelegde beslag onverwijld, zo mogelijk op dezelfde dag, schriftelijk mededeling doen aan de geëxecuteerde.

– 2. Daarenboven moet, op straffe van verval van het beslag, een afschrift van het exploit binnen acht dagen na het beslag, aan de geëxecuteerde worden betekend.

– 3. Indien voor de in beslag genomen aandelen aandeelbewijzen zijn uitgegeven, is de geëxecuteerde verplicht aan de deurwaarder, zo mogelijk reeds bij de betekening van het exploit van beslag, de aandeelbewijzen met de eventueel daarbij behorende dividendbewijzen en talons ter hand te stellen of het nodige te verrichten opdat deze stukken hem ter hand gesteld worden. Indien voor die terhandstelling de medewerking van een derde vereist is, is die derde verplicht zijn medewerking tegen vergoeding der kosten te verlenen. Bij gebreke van medewerking van de derde is artikel 444*b* van overeenkomstige toepassing.

– 4. De deurwaarder zal, in afwachting van de executoriale verkoop, met die stukken handelen als bepaald in artikel 445.

Art. 474e

Blokkerende werking

De in beslag genomen aandelen kunnen niet ten nadele van de beslaglegger worden vervreemd, bezwaard of onder bewind gesteld. (Rv 453*a*, 475*b*, 505; Sr 198)

Art. 474f

Voor het beslag gevestigde rechten

Binnen acht dagen na het beslag zal de vennootschap aan de deurwaarder schriftelijk mededeling doen van rechten die vóór het exploit reeds op de in beslag genomen aandelen mochten zijn gevestigd, onder opgave van de namen en woonplaatsen der gerechtigden.

Art. 474g

Termijn tot verkoop

– 1. Binnen één maand na het exploit van beslag zal de beslaglegger, op straffe van verval van het gelegde beslag, aan de rechtbank van de plaats van vestiging van de vennootschap, zo mogelijk onder overlegging van de mededeling bedoeld in het voorgaande artikel en de statuten der vennootschap, verzoeken bij beschikking te bepalen, dat en binnen welke termijn tot verkoop en overdracht van de in beslag genomen aandelen kan worden overgegaan.

Oproeping van belanghebbenden

– 2. De rechtbank gelast alvorens de gevraagde beschikking te geven de oproeping van de deurwaarder, de beslaglegger, de geëxecuteerde, de vennootschap, en, zo zij dit nodig acht, van verdere belanghebbenden, om op het verzoek te worden gehoord. Verzet tegen de verkoop door derden-rechthebbenden, kan uitsluitend geschieden door tijdige indiening van een daartoe strekkend verzoekschrift, waarvan afschrift wordt betekend aan de beslaglegger en aan de deurwaarder, die het beslag heeft gelegd. (Rv 456 e.v.)

Wijze van verkoop en overdracht

– 3. De rechtbank zal in haar beschikking bepalen op welke wijze en onder welke voorwaarden de verkoop en overdracht dienen te geschieden.

– 4. De wettelijke en statutaire bepalingen ter zake van vervreemding van aandelen moeten worden in acht genomen, met dien verstande, dat alle ten aanzien van de vervreemding aan de aandeelhouder toekomende rechten en op hem drukkende verplichtingen worden uitgeoefend en nagekomen door de deurwaarder. Ook de beschikking der rechtbank zal ten aanzien van deze wettelijke en statutaire bepalingen geen afwijkingen mogen inhouden behoudens voor zover inachtneming van deze bepalingen de executoriale verkoop onmogelijk zou maken. (Rv 261 e.v., 474*c*; BW 2: 86, 89 lid 5, 195 e.v., 198 lid 5)

Art. 474h

Proces-verbaal van verkoop

– 1. Van de verkoop wordt door de deurwaarder proces-verbaal opgemaakt. Tenzij artikel 86*c* van boek 2 van het Burgerlijk Wetboek van toepassing is, vermeldt het proces-verbaal de gegevens als bedoeld in lid 2 van onderscheidenlijk artikel 86 en artikel 196 van dat wetboek. De koopprijs wordt de deurwaarder ter hand gesteld.

Levering

– 2. Tenzij artikel 86*c* van boek 2 van het Burgerlijk Wetboek op de vennootschap van toepassing is, is voor de levering van het aandeel vereist dat het proces-verbaal in Nederland ter registratie is aangeboden. De artikelen 86*a* en 196*a* Boek 2 van dat wetboek zijn van overeenkomstige toepassing, met dien verstande dat de aan het aandeel verbonden rechten eerst kunnen worden uitgeoefend nadat een afschrift van het proces-verbaal dat ter registratie is aangeboden en de grosse van de door de rechtbank gegeven beschikking aan de vennootschap zijn betekend. Indien het aandelen betreft in vennootschappen als bedoeld in artikel 86*c* van boek 2 van het Burgerlijk Wetboek geschiedt de levering door betekening van de akte en grosse voormeld en inlevering van het aandeelbewijs bij de vennootschap.

Desverlangd duplicaten

– 3. Indien ten aanzien van andere aandelen dan die bedoeld in de laatste zin van het tweede lid van dit artikel de verkrijger daarvan niet de beschikking heeft kunnen krijgen over de aandeelbewijzen met de eventueel daarbij behorende dividendbewijzen en talons op naam, zal de vennootschap hem daarvan desverlangd en op zijn kosten duplicaten afgeven. Door de uitgifte der duplicaten verliezen de oorspronkelijke stukken hun geldigheid. Indien de bedoelde verkrijger niet de beschikking heeft kunnen krijgen over de eventueel bij de aandeelbewijzen behorende dividendbewijzen en talons aan toonder, zal de vennootschap hem daarvan desverlangd en op zijn kosten slechts duplicaten afgeven na zekerheidstelling zijnerzijds voor de door de vennootschap tengevolge van de uitgifte der duplicaten op te lopen schade.

Art. 474i

Formaliteiten bij reële executie tot levering aandeel

Bij executie van een executoriale titel tot levering van een aandeel zijn de leden 2-4 van het vorige artikel van overeenkomstige toepassing, met dien verstande dat in plaats van het proces-verbaal en de beschikking, bedoeld in het tweede lid, de te executeren titel aan de vennootschap wordt betekend. (BW 2: 86, 196; 3: 300)

TWEEDE AFDELING

Van executoriaal beslag onder derden

Art. 475

Voorwaarden derdenbeslag

– 1. Het beslag op vorderingen die de geëxecuteerde op derden mocht hebben of uit een ten tijde van het beslag reeds bestaande rechtsverhouding rechtstreeks zal verkrijgen, en op hem toebehorende roerende zaken die onder derden mochten berusten en geen registergoederen zijn, geschiedt bij een exploit van een deurwaarder dat, behalve de gewone formaliteiten, op straffe van nietigheid inhoudt:

a. een bevel aan de derde om het verschuldigde of de zaken onder zich te houden op straffe van onwaarde van elke in weerwil van het beslag gedane betaling of afgifte; (Rv 475*b* lid 1)

b. een vermelding van de naam, voornaam en woonplaats van de executant en de naam en woonplaats van de geëxecuteerde;

c. een vermelding van de titel uit hoofde waarvan het beslag wordt gelegd, en een opgave van hetgeen de geëxecuteerde krachtens deze titel aan de executant verschuldigd is;

d. een keuze van woonplaats ten kantore van de deurwaarder. (438*a*, 439 e.v., 474*a* lid 1, 475*a* lid 2, 479*b*, 718)

– 2. De deurwaarder laat aan de derde-beslagene afschrift van het beslagexploit en van de executoriale titel uit hoofde waarvan het beslag wordt gelegd, alsmede een formulier in tweevoud volgens een bij algemene maatregel van bestuur vast te stellen model, waarop de verklaring bedoeld in artikel 476*b* kan worden gedaan. (Rv 475*i*, 476*a* e.v., 477*a* e.v.)

Art. 475a

Geen beslag

– 1. Het beslag strekt zich niet uit tot vorderingen of zaken die volgens de wet niet voor beslag vatbaar zijn, noch tot vorderingen die recht geven op een volgens de wet of naar haar aard niet voor beslag vatbare prestatie. (Rv 447 e.v.)

– 2. Het beslag is niet geldig op het gedeelte van een vordering dat daarop wordt ingehouden krachtens de wet, uit hoofde van een ziektekostenverzekering of van een pensioenspaarregeling dan wel uit hoofde van een ondernemingsspaarregeling voor een oudedagsverzorging.

– 3. Vorderingen die recht geven op iets anders dan betaling van een geldsom of dan levering van roerende zaken die geen registergoederen zijn, of van rechten aan toonder of order, vallen slechts onder het beslag, voor zover zij in het beslagexploit uitdrukkelijk zijn omschreven. (Rv 479)

Art. 475b

Periodieke betalingen

– 1. Beslag onder een derde op een of meer vorderingen van de schuldenaar tot periodieke betalingen waaraan een beslagvrije voet is verbonden, is slechts geldig voor zover een periodieke betaling de beslagvrije voet overtreft.

– 2. Ligt beslag onder verschillende derden op vorderingen van de schuldenaar tot periodieke betalingen waaraan een beslagvrije voet is verbonden, dan wordt de beslagvrije voet omgeslagen in verhouding tot de hoogte van deze periodieke betalingen.

– 3. Beslag op nabetalingen is niet verder geldig dan indien de betaling gedurende het beslag tijdig was geschied. (Rv 479*b*, 720; BW 6: 135, 7: 633; Sv 576 lid 5)

Art. 475c

Beslagvrije voet

Een beslagvrije voet is verbonden aan vorderingen tot periodieke betaling van:

a. loon,

b. inkomstenbelasting begrepen in een voorlopige teruggaaf als bedoeld in artikel 13, tweede lid, van de Algemene wet inzake rijksbelastingen,

c. uitkeringen op grond van sociale zekerheidswetten, uitgezonderd kinderbijslag onder welke benaming ook,

d. pensioen en lijfrente, waaronder mede worden verstaan uitkeringen ten laste van een lijfrentespaarrekening of ten laste van de waarde van een lijfrentebeleggingsrecht als bedoeld in artikel 3.126a, vierde en zesde lid, van de Wet inkomstenbelasting 2001,

e. uitkeringen uit levens-, invaliditeits-, ongevallen- of ziekengeldverzekering,

f. uitkeringen tot levensonderhoud, verschuldigd krachtens boek 1 van het Burgerlijk Wetboek, of tot vergoeding van schade door het derven van levensonderhoud,

g. uitkeringen of buitengewone pensioenen op grond van een wettelijke regeling voor oorlogsgetroffenen of voor degenen die hun vervangende dienstplicht vervullen, *i.* bezoldiging als bedoeld in artikel 115 van de Ambtenarenwet met uitzondering van die bedragen waarop de ambtenaar of gewezen ambtenaar niet periodiek aanspraak heeft.

Art. 475d

Berekening beslagvrije voet

– 1. De beslagvrije voet bedraagt voor schuldenaren die kunnen worden aangemerkt als:
a. echtgenoten of geregistreerde partners als bedoeld in artikel 3 van Wet werk en bijstand die beiden 21 jaar of ouder zijn: negentig procent van de norm genoemd in artikel 21, onderdeel *c*, respectievelijk artikel 22, onderdeel *c* en *d*, van die wet;
b. een alleenstaande en een alleenstaande ouder als bedoeld in artikel 4, onderdeel *a* en *b*, van de Wet werk en bijstand die 21 jaar of ouder, doch jonger dan 65 jaar zijn:
1° indien het periodieke inkomen bij de beslaglegger bekend is: 90 procent van dat inkomen inclusief de vakantie-aanspraak, doch ten minste 90 procent van de norm genoemd in artikel 21, onderdeel *a* en *b*, van de Wet werk en bijstand en ten hoogste 90 procent van die norm nadat deze eerst is verhoogd met het bedrag genoemd in artikel 25, tweede lid, van die wet;
2° indien het periodieke inkomen niet bij de beslaglegger bekend is: 90 procent van de norm genoemd in artikel 21, onderdeel *a* en *b*, van de Wet werk en bijstand;
c. een alleenstaande van 65 jaar of ouder en een alleenstaande ouder van 65 jaar of ouder: negentig procent van de norm genoemd in artikel 22, onderdeel *a* en *b*, van die wet.
– 2. De beslagvrije voet bedraagt voor schuldenaren die kunnen worden aangemerkt als:
a. echtgenoten of geregistreerde partners zonder ten laste komende kinderen die beiden jonger zijn dan 21 jaar: 90 procent van de norm genoemd in artikel 20, eerste lid, onderdeel *b*, van de Wet werk en bijstand;
b. echtgenoten of geregistreerde partners zonder ten laste komende kinderen waarvan een van hen jonger is dan 21 jaar: 90 procent van de norm genoemd in artikel 20, eerste lid, onderdeel *c*, van de Wet werk en bijstand;
c. een alleenstaande jonger dan 21 jaar: 90 procent van de norm genoemd in artikel 20, eerste lid, onderdeel *a*, van de Wet werk en bijstand;
d. een alleenstaande ouder jonger dan 21 jaar: 90 procent van de norm genoemd in artikel 20, tweede lid, onderdeel *a*, van de Wet werk en bijstand;
e. echtgenoten of geregistreerde partners die beiden jonger zijn dan 21 jaar met een of meer ten laste komende kinderen: 90 procent van de norm genoemd in artikel 20, tweede lid, onderdeel *b*, van de Wet werk en bijstand;
f. echtgenoten of geregistreerde partners waarvan een van hen jonger is dan 21 jaar met een of meer ten laste komende kinderen: 90 procent van de norm genoemd in artikel 20, tweede lid, onderdeel *c*, van de Wet werk en bijstand.
– 3. Voor zover het echtgenoten of geregistreerde partners betreft, wordt de beslagvrije voet voor ten hoogste de helft verminderd met het eigen, niet onder beslag liggende periodieke inkomen inclusief vakantie-aanspraak van degene aan wie de bijstand samen met de schuldenaar zou kunnen toekomen.
– 4. Indien de schuldenaar ter verzorging of verpleging in een daartoe bestemde inrichting is opgenomen bedraagt de beslagvrije voet de prijs die is verschuldigd voor verzorging dan wel verpleging. De beslagvrije voet wordt verhoogd met twee derden van de bijstandsnorm genoemd in artikel 23 van de Wet werk en bijstand.
– 5. De beslagvrije voet wordt verhoogd met:
a. de premie van een door de schuldenaar gesloten ziektekostenverzekering, verminderd met de normpremie, bedoeld in artikel 2 van de Wet op de zorgtoeslag, voor zover reeds begrepen in de bijstandsnorm zoals die voor de schuldenaar geldt ingevolge het eerste, tweede en vierde lid, en met de krachtens die wet ontvangen zorgtoeslag, telkens wanneer deze premie vervalt terwijl het beslag ligt;
b. de voor rekening van de schuldenaar komende woonkosten verminderd met ontvangen huurtoeslag of woonkostentoeslag, voor zover de woonkosten, na deze vermindering, meer bedragen dan het bedrag, genoemd in artikel 17, tweede lid, van de Wet op de huurtoeslag, met dien verstande dat de verhoging van de beslagvrije voet niet meer bedraagt dan het huurtoeslagbedrag waarop de schuldenaar, uitgaande van de laagste inkomenscategorie, krachtens artikel 21 van de Wet op de huurtoeslag ten hoogste aanspraak heeft.
– 6. De beslagvrije voet wordt verminderd met de voor beslag vatbare periodieke inkomsten van de schuldenaar waarop geen beslag ligt, alsmede met het normbedrag voor de kosten van levensonderhoud en de toeslag voor een partner of eenoudergezin, begrepen in aan de schuldenaar toegekende studiefinanciering of tegemoetkoming in de studiekosten die niet vatbaar is voor beslag.
– 7. Met wijziging van omstandigheden die de beslagvrije voet verhogen, moet de beslaglegger onverwijld rekening houden. Hij is verplicht aan degene die de periodieke betaling moet verrichten, met het tijdstip van ingang, kennis van de verhoging te geven onmiddellijk nadat de reden daarvoor is aangetoond aan hem, zijn advocaat, zijn gemachtigde of de deurwaarder.

– 8. Tenzij alle betalingen wekelijks geschieden, worden zij, evenals inkomsten van degene aan wie samen met de schuldenaar gezinsbijstand zou kunnen toekomen, voor de toepassing van dit artikel berekend per maand.

Art. 475e

Uitzondering

Geen beslagvrije voet geldt voor vorderingen van een schuldenaar die niet in Nederland woont of vast verblijft. Indien hij evenwel aantoont dat hij buiten deze vorderingen onvoldoende middelen van bestaan heeft, kan de kantonrechter op zijn verzoek een beslagvrije voet vaststellen voor zijn vorderingen op schuldenaren die woonplaats hebben in Nederland. (Rv 261 e.v.)

Art. 475f

Uitbreiding op art. 475c

Indien beslag is gelegd op een vordering tot weerkerende betalingen die niet in artikel 475*c* is omschreven en de schuldenaar onvoldoende andere middelen van bestaan heeft, kan hij de kantonrechter verzoeken de artikelen 475*b* en 475*d* mede op die vordering van toepassing te verklaren. (Rv 261 e.v.)

Art. 475g

Informatieplichten

– 1. Een schuldenaar is verplicht aan een deurwaarder die gerechtigd is tegen hem beslag te leggen, desgevraagd zijn bronnen van inkomsten op te geven. Een deurwaarder die beslag heeft gelegd, is verplicht hem op te geven hoeveel zijn beslagvrije voet bedraagt, berekend volgens artikel 475*d*, eerste lid.

Sanctie

– 2. Zo lang als de schuldenaar desgevraagd niet aan de beslaglegger of diens vertegenwoordiger opgeeft of en hoeveel inkomen toekomt aan degene aan wie samen met hem gezinsbijstand zou kunnen toekomen, wordt de beslagvrije voet gehalveerd.

– 3. Een deurwaarder die gerechtigd is tegen een schuldenaar beslag te leggen, is bevoegd aan degene van wie hij vermoedt dat deze aan de schuldenaar periodieke betalingen verricht of schuldig is, te vragen of dat zo is. Ieder is verplicht hierop desgevraagd schriftelijk te antwoorden. Daarbij moeten de termijn van de betalingen en hun omvang na aftrek van de in artikel 475*a* genoemde inhoudingen worden opgegeven alsmede eventuele gelegde beslagen. De Staat en degenen die periodieke betalingen doen aan personen wier naam zij niet rechtstreeks uit hun administratie kunnen lichten, behoeven de vraag slechts te beantwoorden ten aanzien van in de vraag omschreven betalingen of aangeduide collectieve verzekeringen.

– 4. Met het oog op het inwinnen van de in het derde lid bedoelde gegevens is de deurwaarder bevoegd bij de gemeentelijke basisadministratie persoonsgegevens het burgerservicenummer van de schuldenaar op te vragen. Met behulp van dit nummer kunnen gegevens worden opgevraagd bij personen of instanties, bedoeld in het derde lid, die zelf reeds gerechtigd zijn tot het gebruik van het nummer.

– 5. De deurwaarder gebruikt het burgerservicenummer uitsluitend voor het opvragen van de in het derde lid bedoelde gegevens bij de in het derde lid bedoelde personen of instanties, die zelf reeds gerechtigd zijn tot het gebruik van het nummer. (Rv 434)

Art. 475h

Blokkerende werking

– 1. Een vervreemding, bezwaring, afstand of onderbewindstelling van een door het beslag getroffen vordering, tot stand gekomen nadat het beslag is gelegd, kan niet tegen de beslaglegger worden ingeroepen. Hetzelfde geldt voor een in weerwil van het beslag gedane betaling of afgifte, tenzij de derde heeft gedaan wat redelijkerwijs van hem kon worden gevergd om de betaling of afgifte te voorkomen. (Rv 453*a*, 474*e*, 505 lid 2; BW 3: 97 lid 2; 6: 130 lid 2)

– 2. Op door het beslag getroffen zaken is artikel 453*a* van overeenkomstige toepassing.

Art. 475i

Betekening beslagexploit

De executant is verplicht om binnen acht dagen na het leggen van het beslag het beslagexploit aan de geëxecuteerde te doen betekenen bij gebreke waarvan de voorzieningenrechter van de rechtbank het beslag op vordering van de geëxecuteerde kan opheffen. (Rv 438)

Art. 476

Schorsing

– 1. Een schorsing van de executie werkt tegen de derde-beslagene pas, nadat deze schorsing hem met de grond waarop zij berust schriftelijk is medegedeeld. (Rv 438)

– 2. De executie wordt mede geschorst door betekening aan de derde-beslagene van een dagvaarding, waarbij de geëxecuteerde in kort geding schorsing van de executie of opheffing van het beslag vordert, indien deze dagvaarding niet later is uitgebracht dan veertien dagen na de in artikel 475*i* bedoelde betekening van het beslag aan de geëxecuteerde en in het exploit van betekening aan de derde tevens mededeling van deze schorsende werking wordt gedaan.

Art. 476a

Verklaring door de derde

– 1. Zodra vier weken zijn verstreken na het leggen van het beslag, is de derde verplicht verklaring te doen van de vorderingen en zaken die door het beslag zijn getroffen. Is de executie geschorst op grond van een tegen de executoriale titel gericht rechtsmiddel of een tegen de executie gericht verzet, dan loopt de termijn vanaf de betekening van de uitspraak, waarbij het rechtsmiddel is verworpen of het verzet is afgewezen, dan wel de schorsing is opgeheven of geweigerd.

– 2. De verklaring wordt door de derde-beslagene gedagtekend en ondertekend en bevat:
a. de met redenen omklede opgave of hij al dan niet iets aan de geëxecuteerde verschuldigd is of uit een ten tijde van het beslag reeds bestaande rechtsverhouding zal worden, dan wel of hij al dan niet iets voor deze onder zich heeft;
b. de aard en het beloop van de door het beslag getroffen vorderingen en eventueel de tijdsbepalingen of voorwaarden die daaraan zijn verbonden;
c. een gespecificeerde opgave van de door het beslag getroffen zaken;
d. een opgave van eventuele andere, onder de derde-beslagene ten laste van de geëxecuteerde liggende beslagen met vermelding van de deurwaarders die ze hebben gelegd en de tijdstippen waarop ze zijn gelegd;
e. een opgave van de aan de derde-beslagene bekende pandrechten die op door het beslag getroffen goederen rusten, met vermelding van de pandhouders;
f. de verdere gegevens die voor het vaststellen van de rechten van partijen dienstig mochten zijn.

Art. 476b

Gericht tot deurwaarder of advocaat

– 1. De verklaring wordt op een bij algemene maatregel van bestuur vast te stellen wijze gericht tot de deurwaarder die het beslag heeft gelegd of tot de advocaat die voor de beslaglegger optreedt, zo deze in het exploit is vermeld. (Rv 475*a* lid 2)
– 2. De verklaring gaat zo veel mogelijk vergezeld van afschrift van tot staving dienende bescheiden.
– 3. De deurwaarder of advocaat die een verklaring heeft ontvangen, zendt binnen drie dagen afschrift daarvan aan de geëxecuteerde. (BW 3: 35 e.v.)

Art. 477

Afgifte

– 1. De derde-beslagene die overeenkomstig het vorige artikel verklaring heeft gedaan, is verplicht de volgens deze verklaring verschuldigde geldsommen aan de deurwaarder te voldoen en de verschuldigde goederen of af te geven zaken te zijner beschikking te stellen. (Rv 480 e.v.)
– 2. Verschuldigde geldsommen worden uitbetaald tot het bedrag waarvoor het beslag is gelegd, verminderd met de kosten van de in artikel 476*b*, tweede lid, bedoelde afschriften en vermeerderd met de door de deurwaarder aan de derde-beslagene op te geven kosten van executie, die door de deurwaarder uit het betaalde worden voldaan. Verschuldigde goederen of af te geven zaken mogen onder de derde worden gelaten, totdat zij voor de verdere afwikkeling van de executie nodig blijken. (Rv 477*a* lid 2; BW 6: 58)
– 3. Is een door het beslag getroffen vordering of een verplichting tot afgifte van een door het beslag getroffen zaak er een onder tijdsbepaling of voorwaarde, dan kan slechts betaling of afgifte na het verschijnen van het aangewezen tijdstip of de vervulling van de voorwaarde worden gevorderd. (BW 6: 39)
– 4. De beslaglegger is bevoegd tot opzegging, wanneer de vordering niet opeisbaar is, maar door opzegging opeisbaar gemaakt kan worden. Hij is jegens de geëxecuteerde gehouden niet onnodig van deze bevoegdheid gebruik te maken. (BW 3: 246 lid 2)
– 5. Hetgeen in handen van de deurwaarder is gesteld, wordt verder geëxecuteerd overeenkomstig de gewone regels, die voor de executie daarvan gelden. (Rv 480 e.v.)

Art. 477a

Verklaringsprocedure

– 1. Indien de derde-beslagene in gebreke blijft verklaring te doen, wordt hij op vordering van de executant veroordeeld tot betaling van het bedrag waarvoor het beslag is gelegd als ware hij daarvan zelf schuldenaar, onverminderd zijn verplichting tot vergoeding van de schade, zo daartoe gronden zijn. De derde-beslagene tegen wie deze vordering wordt ingesteld, wordt toegelaten alsnog een gerechtelijke verklaring te doen. De kosten die in dat geval nodeloos zijn veroorzaakt, worden voor zijn rekening gebracht.
– 2. Indien de derde-beslagene wel een verklaring heeft afgelegd, is de executant bevoegd deze geheel of ten dele te betwisten dan wel aanvulling daarvan te eisen door de derde binnen twee maanden na zijn verklaring te dagvaarden tot het doen van gerechtelijke verklaring en tot betaling of afgifte van hetgeen volgens de vaststelling door de rechter aan de executant zal blijken toe te komen. Overschrijding van deze termijn doet deze bevoegdheid vervallen. De rechter kan op verlangen van de derde-beslagene, te uiten voor alle weren, bepalen dat de executant, op straffe van niet ontvankelijkheid, zekerheid moet stellen voor de proceskosten, waarin hij jegens de derde-beslagene kan worden veroordeeld. (Rv 478 lid 4)
– 3. De advocaat van de executant, die een gerechtelijke verklaring ontvangt, zendt binnen drie dagen afschrift daarvan aan de geëxecuteerde. (Rv 476*b* lid 3)
– 4. Indien de derde-beslagene, die overeenkomstig artikel 476*b* verklaring heeft gedaan, zijn in artikel 477 bedoelde verplichting tot betaling of afgifte niet nakomt, wordt hij op vordering van de executant veroordeeld tot nakoming van deze verplichting, alsmede tot de vervangende schadevergoeding, die hij in geval van niet-nakoming daarvan verschuldigd zal zijn.

Bevoegde rechter

– 5. Tot kennisneming van de in dit artikel bedoelde vorderingen is de rechtbank bevoegd.

Indien de executant bij zijn dagvaarding het beslag slechts vervolgt op vorderingen, waarvan de berechting ongeacht hun beloop of naar hun gezamenlijk beloop tot de bevoegdheid van de kantonrechter behoort, is slechts de kantonrechter bevoegd. (Rv 93 e.v.)

Art. 477b

Bevrijding

– 1. Betaling of afgifte door de derde-beslagene overeenkomstig zijn buitengerechtelijke verklaring of krachtens een veroordeling als bedoeld in artikel 477*a* geldt als betaling of afgifte aan de geëxecuteerde.

Levering

– 2. Levering uit hoofde van de executoriale verkoop van een goed dat de derde aan de geëxecuteerde verschuldigd was en ter beschikking van de deurwaarder heeft gesteld, geldt tevens als levering van dit goed door de derde aan de geëxecuteerde. Indien het niet gaat om een roerende zaak die geen registergoed is, of een recht aan toonder of order, dient de terbeschikkingstelling schriftelijk te zijn geschied.

Gedwongen tussenkomst

– 3. De derde-beslagene en de geëxecuteerde worden overigens niet gebonden door hetgeen in een vonnis ingevolge artikel 477*a* omtrent hun onderlinge rechtsverhouding is beslist, tenzij de derde-beslagene de geëxecuteerde tijdig in het geding heeft geroepen. (BW 3: 218, 245)

Art. 478

Mede-beslag

– 1. Indien onder de derde-beslagene ten laste van de geëxecuteerde ook andere beslagen zijn gelegd en niet bij voorbaat vaststaat dat alle beslagleggers uit de door de derde-beslagene verschuldigde geldsommen zullen kunnen worden voldaan, int de deurwaarder die het oudste executoriale beslag heeft gelegd, voor de gezamenlijke beslagleggers hetgeen de derde-beslagene heeft te betalen of af te geven. Wordt de executie door de legger van dit beslag niet voortgezet, dan neemt de deurwaarder die het daaropvolgende executoriale beslag heeft gelegd, de inning over. (Rv 455 e.v., 474*b*, 479*h*, 507 e.v., 704)

– 2. Een derde-beslagene die een betaling of afgifte heeft gedaan aan een deurwaarder die een der andere executoriale beslagen heeft gelegd, is niettemin bevrijd. De deurwaarder die de gelden of goederen heeft ontvangen, draagt deze onverwijld af aan de deurwaarder die ze had behoren te ontvangen.

– 3. Ieder der deurwaarders die beslag hebben gelegd, is verplicht de anderen zodra mogelijk van het door hen gelegde beslag op de hoogte te brengen. De derde is verplicht ieder van hen desgevraagd in te lichten omtrent andere beslagen, de namen en gekozen woonplaatsen van de andere beslagleggers en het beloop van hun vorderingen. Deze verplichtingen gelden ook voor en jegens degene op wiens last beslag is gelegd op de grondslag van het Wetboek van Strafvordering. (Sv 554, 556, 574 e.v.)

– 4. Ieder der beslagleggers kan tussen komen in een procedure als bedoeld in artikel 477*a*. (Rv 285, 480 e.v.)

Art. 479

Derdenbeslag onder de staat

– 1. Derdenbeslag onder de staat of een openbaar lichaam is, onverminderd het in artikel 436 bepaalde, toegelaten, echter slechts op bepaalde in het exploit of, in geval van het beslag als bedoeld in artikel 479g, in de kennisgeving omschreven vorderingen of zaken.

– 2. Om redenen van openbaar belang kan de staat of het openbaar lichaam in kort geding voor de voorzieningenrechter van de rechtbank onmiddellijke opheffing van het derdenbeslag vorderen. (Rv 720; Ambtenarenwet 116 e.v.)

Art. 479a

Redelijke vergoeding

– 1. Ingeval een schuldeiser voor een vordering verhaal zoekt op een schuldenaar, die om niet of tegen een onevenredig lage vergoeding geregeld werkzaamheden of diensten voor een derde verricht welker aard en omvang zodanig zijn, dat zij gewoonlijk slechts tegen betaling worden verricht, wordt ten behoeve van die schuldeiser aangenomen, dat daarvoor een redelijke vergoeding verschuldigd is.

– 2. Bij de beoordeling der vraag, of het in het vorige lid bedoelde geval zich voordoet, en, zo ja, welke vergoeding als redelijk aangenomen moet worden, worden alle omstandigheden van het geval in aanmerking genomen, in het bijzonder de aard van de verrichte werkzaamheden of diensten, de betrekkingen van verwantschap of van andere aard tussen de schuldenaar en de derde en de financiële draagkracht van deze laatste. (Rv 720; BW 7: 633)

Art. 479a bis

Vervallen.

TWEEDE AFDELING A

Van executoriaal beslag onder derden in zaken betreffende levensonderhoud en uitkering voor de huishouding

Art. 479b

Loonbeslag t.b.v. levensonderhoud

Het beslag tot verhaal van een uitkering tot levensonderhoud, krachtens Boek 1 van het Burgerlijk Wetboek of bij wijze van voorlopige voorziening in verband met een geding tot echtscheiding, tot scheiding van tafel en bed, onderscheidenlijk tot ontbinding van een geregistreerd partnerschap verschuldigd, daaronder begrepen het verschuldigde voor verzorging en opvoeding van een minderjarige alsmede het beslag tot verhaal van een uitkering krachtens artikel 85, tweede lid, van Boek 1 van het Burgerlijk Wetboek door de ene partner aan de andere partner verschuldigd, worden, indien de beslagen gelegd worden op loon of andere periodieke uitkeringen, welke de geëxecuteerde van een derde te vorderen mocht hebben, gelegd en vervolgd op de wijze en met de gevolgen in de vorige afdeling bepaald, voor zover daarvan in deze afdeling niet is afgeweken. (Rv 475 e.v., 598*a*, 828*a*, 870; BW 1: 81 e.v., 156, 167, 392 e.v., 404 e.v., 406)

Art. 479c

Vervallen.

Art. 479d

Verzet bij Pres. Rb.

De geëxecuteerde kan te allen tijde overeenkomstig artikel 438 verzet instellen op grond dat de beslissing over de uitkering inmiddels is gewijzigd of ingetrokken of dat het recht op uitkering niet langer bestaat. (Rv 475*d* lid 7; BW 1: 401)

Art. 479e

Verplichting derde-beslagene

– 1. Van de dag van het beslag af is de derde-beslagene verplicht om, zolang de executant dit verlangt, naar gelang hij loon of andere periodieke uitkeringen aan de geëxecuteerde verschuldigd is het door de executant aangegeven achterstallig bedrag en de termijnen van de uitkering, tot welker verhaal het beslag is gelegd, aan de executant te betalen, tenzij onder hem beslag gelegd mocht worden wegens vorderingen van hogere of gelijke rang.

– 2. Verzet tegen het beslag door de geëxecuteerde schorst de verplichting tot betaling, behoudens de bevoegdheid van de voorzieningenrechter de voorlopige voortzetting van de betaling te bevelen.

– 3. De derde die meer aan de executant heeft betaald dan waarop deze recht heeft, is jegens de geëxecuteerde bevrijd, voor zover dat voortvloeit uit artikel 34 van Boek 6 van het Burgerlijk Wetboek. (Rv 438)

Art. 479f

Kantonrechter bevoegd

De executant vervolgt de derde-beslagene, die in gebreke blijft aan zijn verplichting ingevolge het voorgaand artikel te voldoen, voor de kantonrechter.

Art. 479g

Raad voor de kinderbescherming, Landelijk Bureau Inning Onderhoudsbijdragen

– 1. Indien de raad voor de kinderbescherming executant is dan wel, indien ingevolge het bepaalde in artikel 408, tweede lid, van Boek 1 van het Burgerlijk Wetboek het Landelijk Bureau Inning Onderhoudsbijdragen is belast met de invordering van onderhoudsgelden, kan hij dit beslag leggen hetzij op de gewone wijze, hetzij door van de beschikking in afschrift mededeling te doen aan de derde-beslagene. In het laatste geval zendt deze die schriftelijke kennisgeving voor 'gezien' getekend aan de raad voor de kinderbescherming of het Landelijk Bureau Inning Onderhoudsbijdragen terug. Eerst door deze terugzending is het beslag voltooid.

– 2. De raad voor de kinderbescherming en het Landelijk Bureau Inning Onderhoudsbijdragen kunnen beslag leggen op de dag, volgende op die waarop de uitkering moet geschieden, zonder voorafgaande betekening of bevel tot betaling als bedoeld in artikel 432.

– 3. Toezending door de executant van een afschrift der kennisgeving bij aangetekende brief aan de geëxecuteerde binnen zeven dagen na de dag, waarop die kennisgeving, voor 'gezien' getekend, door de executant van de derde-beslagene is terugontvangen, geldt als de betekening, bij artikel 475*i* voorgeschreven. (BW 1: 238 e.v., 407 e.v.; Ambtenarenwet 115 lid 4 en 120; Sv 576)

TWEEDE AFDELING B

Van executoriaal beslag onder de schuldeiser zelf

Art. 479h

Eigenbeslag

Een schuldeiser kan ook beslag leggen op de vorderingen die zijn schuldenaar op hem heeft of uit een ten tijde van het beslag reeds bestaande rechtsverhouding rechtstreeks zal verkrijgen, alsook op de aan zijn schuldenaar toebehorende roerende zaken die hij voor deze onder zich heeft en die geen registergoederen zijn. (Rv 475, 475*a* lid 1, 724; BW 6: 52, 127, 130)

Art. 479i

Voorwaarden beslag

– 1. Het beslag wordt gelegd bij een exploit van een deurwaarder dat, behalve de gewone formaliteiten, op straffe van nietigheid inhoudt:

a. de voornaam, naam en woonplaats van de executant en de naam en woonplaats van de geëxecuteerde;

b. een gespecificeerde opgave en omschrijving van de vorderingen en zaken waarop het beslag wordt gelegd;

c. een vermelding van de titel waarvan de tenuitvoerlegging plaatsvindt, en een opgave van hetgeen de geëxecuteerde krachtens deze titel aan de executant verschuldigd is;

d. een keuze van woonplaats ten kantore van de deurwaarder.

– 2. De artikelen 475*a*, eerste en tweede lid, en 475*b*-475*h* zijn van overeenkomstige toepassing.

Art. 479j

Termijn voor betaling of afgifte

– 1. Veertien dagen na het leggen van het beslag is de executant bevoegd de door hem aan de geëxecuteerde verschuldigde goederen of af te geven zaken over te geven aan de deurwaarder ter executie volgens de gewone regels voor zodanige goederen of zaken voorgeschreven. (Rv 476 lid 2, 477, 480 e.v.)

Bevrijdende werking

– 2. Door de executoriale verkoop wordt de executant bevrijd van zijn verplichting tot levering van de goederen of afgifte van de zaken aan de geëxecuteerde. (Rv 477*b*)

Art. 479k

Overeenkomstige toepassing

Indien andere schuldeisers ten laste van de schuldenaar beslag op de vordering of de zaak hebben gelegd, is artikel 478 van overeenkomstige toepassing.

TWEEDE AFDELING C

Van executoriaal beslag op de rechten uit een sommenverzekering

§ 1. Algemene bepalingen

Art. 479ka

Beslag door derde begunstigde

– 1. Ten laste van degene die als begunstigde derde tot het ontvangen van een uitkering uit een sommenverzekering is aangewezen kan beslag worden gelegd onder de verzekeraar, indien:

a. de aanwijzing is aanvaard of aanvaard kan worden;

b. de aanwijzing onherroepelijk is volgens artikel 968, onder *b* tot en met *d*, van het Burgerlijk Wetboek en deze zijn aanwijzing niet heeft afgewezen.

– 2. De begunstigde derde wordt in het geval, bedoeld in het eerste lid onder *b*, geacht zijn aanwijzing te hebben aanvaard voor zover de executie strekt. Heeft de aanwijzing betrekking op een uitkering uit een levensverzekering, dan blijft de eerste zin buiten toepassing zolang de begunstiging ingevolge de eerste zin van artikel 479*r*, eerste lid, nog kan worden gewijzigd. (BW 7:964 e.v.)

Art. 479kb

Geen beslag op uit verzekering voortvloeiend recht

– 1. Onder de verzekeringnemer of een begunstigde kan geen beslag worden gelegd op enig uit de verzekering voortvloeiend recht, tenzij hun rechten aan toonder of order zijn gesteld.

– 2. Zijn de rechten van de verzekeringnemer of de begunstigde aan toonder of order gesteld, dan kunnen deze rechten niet krachtens artikel 474*a* worden verkocht, doch dient de executie te worden voortgezet door beslag onder de verzekeraar overeenkomstig de tweede afdeling.

Art. 479kc

Tegenwerping rechtshandeling

– 1. Aan degene die ten laste van de verzekeringnemer beslag onder de verzekeraar heeft gelegd, kan een rechtshandeling, na de beslaglegging door of met medewerking van de verzekeringnemer met betrekking tot de verzekering verricht, niet worden tegengeworpen.

– 2. Aan degene die ten laste van de onherroepelijk aangewezen begunstigde beslag onder de verzekeraar heeft gelegd, kan een rechtshandeling, na de beslaglegging door of met medewerking van de begunstigde met betrekking tot de verzekering verricht, niet worden tegengeworpen.

§ 2. Beslag ten laste van de verzekeringnemer op diens rechten uit een levensverzekering

Art. 479l

Beslag

Het beslag op de rechten die voor de geëxecuteerde als verzekeringnemer voortvloeien uit een overeenkomst van levensverzekering, wordt uitsluitend gelegd en vervolgd op de wijze zoals in de tweede afdeling voor de in artikel 475 bedoelde goederen is bepaald, voor zover daarvan in deze afdeling niet wordt afgeweken. (BW 7:975)

Art. 479m

Afkopen of belenen

– 1. Nadat de verzekeraar verklaring heeft gedaan als bedoeld in artikel 476*a*, kan de executant de levensverzekering doen afkopen, tenzij de verzekeringnemer de bevoegdheid mist de verzekering te doen afkopen, en zulks niet het gevolg is van een beperking of uitsluiting als bedoeld in artikel 986, vierde lid, van Boek 7 van het Burgerlijk Wetboek. Tevens kan de executant de begunstiging wijzigen ten behoeve van de geëxecuteerde, voor zover deze niet reeds onherroepelijk was toen het beslag gelegd werd.

– 2. Ondanks het beslag kan de geëxecuteerde een uit de overeenkomst of de wet voortvloeiend recht tot belening van de levensverzekering uitoefenen ter voldoening, voor zover mogelijk, van hetgeen aan de executant verschuldigd is.

– 3. Het door de verzekeraar ingevolge afkoop, belening of uitkering van de levensverzekering aan de geëxecuteerde of diens rechtverkrijgenden verschuldigde bedrag, valt onder het beslag.

Art. 479n

Aanzegging aan geëxecuteerde

– 1. De executant is verplicht bij deurwaardersexploit aan de geëxecuteerde mededeling te

doen welke van de in artikel 479*m*, eerste lid, bedoelde rechten hij wil uitoefenen. Het exploit houdt op straffe van nietigheid de vermelding in van de mogelijkheid als bedoeld in artikel 479*p* tot het vorderen van een verbod van de afkoop van de verzekering of de wijziging van de begunstiging, alsmede van de daarvoor gestelde termijn. Hij doet een afschrift van het exploit toekomen aan de verzekeraar.
– 2. Indien de executant de levensverzekering wil doen afkopen, houdt het exploit op straffe van nietigheid de vermelding in dat de geëxecuteerde binnen twee weken na de dag waarop het exploit is uitgebracht aan de executant en de verzekeraar bij aangetekende brief mededeling kan doen dat hij de levensverzekering overeenkomstig artikel 479*m*, tweede lid, wil belenen.
– 3. De executant kan de bevoegdheden als bedoeld in artikel 479*m*, eerste lid, uitoefenen zodra twee weken zijn verstreken na de dag waarop het exploit bedoeld in het eerste lid is uitgebracht. Heeft de geëxecuteerde een mededeling gedaan als bedoeld in het tweede lid, dan kan de executant de levensverzekering evenwel eerst doen afkopen zodra vier weken na die mededeling zijn verstreken en de belening niet heeft plaatsgevonden.

Art. 479o

Verval beslag na uitkering

– 1. Indien de executant de levensverzekering heeft doen afkopen of de geëxecuteerde deze overeenkomstig artikel 479*m*, tweede lid, heeft beleend, vervalt het beslag met betrekking tot die verzekering zodra de verzekeraar het uit die afkoop of die belening verschuldigde bedrag aan de deurwaarder heeft voldaan.
– 2. Indien de executant met betrekking tot een levensverzekering de begunstiging heeft gewijzigd, vervalt die wijziging door de beëindiging van het beslag op die verzekering.

Art. 479p

Interventie voorzieningenrechter bij onredelijke benadeling

– 1. Indien de geëxecuteerde of een begunstigde door een afkoop van de levensverzekering of een wijziging van de begunstiging onredelijk zou worden benadeeld, verbiedt de voorzieningenrechter op diens vordering geheel of ten dele die afkoop of wijziging. De in de vorige volzin bedoelde vordering kan slechts worden ingesteld tot twee weken na de dag waarop het exploit bedoeld in artikel 479*n*, eerste lid, is uitgebracht. De in de eerste volzin bedoelde vordering kan in de gevallen, bedoeld in artikel 479*r*, tweede lid, eerste volzin, en derde lid, worden ingesteld tot twee weken na de dag waarop het exploit, bedoeld in artikel 479*r*, tweede lid, onderscheidenlijk derde lid, is uitgebracht.
– 2. Zolang op een vordering als bedoeld in het eerste lid niet is beslist, kan de executant de levensverzekering niet doen afkopen of de begunstiging wijzigen.
– 3. Bij de beslissing op een vordering tot het verbieden van de afkoop van de verzekering kan de voorzieningenrechter, ook ambtshalve, de geëxecuteerde een nadere termijn van ten hoogste vier weken toestaan voor het belenen van de verzekering.

Art. 479q

Oudste beslag leidt tot executie

Indien met betrekking tot een levensverzekering door verschillende schuldeisers beslag is gelegd, geschiedt de voortzetting van de executie door degene die het oudste executoriaal beslag heeft gelegd. Wordt de executie door de legger van dit beslag niet voortgezet, dan neemt degene die het daaropvolgende beslag heeft gelegd, de executie over.

Art. 479r

Tegenwerpen onherroepelijkheid aan executant

– 1. Indien de begunstiging na de beslaglegging onherroepelijk wordt, kan deze onherroepelijkheid niet aan de executant worden tegengeworpen. De verzekeraar is verplicht een uitkering, waarop de begunstiging betrekking heeft, onder zich te houden. Voor zover vaststaat dat de begunstiging niet zal worden gewijzigd, blijven de eerste en de tweede volzin buiten toepassing.
– 2. Eindigt het verzekerde risico door het overlijden van de verzekeringnemer binnen twee weken na de dag waarop het in artikel 479*n*, eerste lid, bedoelde exploit is uitgebracht, dan kan de executant niet tot wijziging van de begunstiging overgaan tot twee weken nadat hij de begunstigde bij deurwaardersexploit van zijn voornemen tot wijziging van de begunstiging op de hoogte heeft gesteld. Hij doet een afschrift van het exploit toekomen aan de verzekeraar. De verzekeraar is verplicht aan de executant de nodige gegevens te verschaffen om de begunstigde te kunnen bereiken. Artikel 479*n*, eerste lid, tweede volzin, is van overeenkomstige toepassing. De eerste volzin mist toepassing wanneer de begunstigde reeds een vordering als bedoeld in artikel 479*p*, eerste lid, heeft ingesteld.
– 3. Heeft de executant nog niet overeenkomstig artikel 479*n*, eerste lid, of overeenkomstig het tweede lid aan de geëxecuteerde, onderscheidenlijk de begunstigde, mededeling gedaan van zijn voornemen tot wijziging van de begunstiging, dan vervalt de mogelijkheid om de begunstiging te wijzigen, indien de executant de begunstigde niet binnen een door hem aan de executant gestelde termijn van tenminste vier weken bij deurwaardersexploit van zijn voornemen tot wijziging op de hoogte heeft gesteld.

DERDE AFDELING

Van de verdeling van de opbrengst der executie

Art. 480

Betaling aan schuldeisers

– 1. Indien er geen andere schuldeiser is, die op de goederen of de opbrengst van de executie beslag heeft gelegd, en evenmin een beperkt gerechtigde bekend is wiens recht door de executie is vervallen, keert de deurwaarder de netto-opbrengst aan de executant tot het beloop van diens vordering uit. Een eventueel overschot wordt aan de geëxecuteerde afgedragen. (Rv 474, 477 lid 2, 485)

Gemeenschap van crediteuren e.a.

– 2. In geval er wel schuldeisers of beperkt gerechtigden zijn, als in het eerste lid bedoeld, stort de deurwaarder de netto-opbrengst onverwijld bij een bewaarder als bedoeld in artikel 445. Indien de voormelde schuldeisers en beperkt gerechtigden alsmede de geëxecuteerde en de executant, tot overeenstemming omtrent de verdeling van de netto-opbrengst komen, keert de deurwaarder of in zijn opdracht de bewaarder aan ieder het hem toekomende uit. (BW 3: 282)

– 3. Voor zover de verplichtingen welke krachtens dit artikel op de deurwaarder rusten, niet worden nageleefd, is de Staat jegens belanghebbenden voor de daaruit voor hen voortvloeiende schade met de deurwaarder hoofdelijk aansprakelijk. (Rv 490*b*, 551)

Art. 481

Rangregeling door rechter-commissaris

– 1. Is na de inning van de opbrengst van de executie geen overeenstemming als bedoeld in het tweede lid van het vorige artikel tot stand gekomen, dan kan de meest gerede partij aan de voorzieningenrechter van de rechtbank binnen welker rechtsgebied de executie in hoofdzaak heeft plaats gehad, de benoeming van een rechter-commissaris verzoeken, te wiens overstaan de verdeling zal plaatsvinden. (Rv 429*d* lid 4 (oud))

– 2. Bij het verzoekschrift is gevoegd een staat van alle in artikel 480 bedoelde belanghebbenden met vermelding van hun woonplaatsen, op te maken door de deurwaarder.

Geen beroep

– 3. Tegen een benoeming krachtens het eerste lid is geen hogere voorziening toegelaten. (Rv 551*a* e.v.)

Art. 482

Mededeling aan belanghebbenden

– 1. De griffier doet onverwijld aan de voormelde belanghebbenden bij gewone brief mededeling van de benoeming van de rechter-commissaris, met vermelding van de termijn waarbinnen de in het tweede lid bedoelde aanmelding van de vorderingen moet plaatsvinden.

Termijn voor melding vordering

– 2. De tot voormelde belanghebbenden behorende schuldeisers, onder wie begrepen de voormelde beperkt gerechtigden, dienen binnen veertien dagen na de in het eerste lid bedoelde mededeling hun vorderingen schriftelijk, zo veel mogelijk met overlegging van bewijsstukken, bij de rechter-commissaris aan te melden teneinde overeenkomstig de door hen daarbij aan te geven rang te worden gerangschikt. (Fw 108 e.v.; Rv 552 lid 4, 642*g*, 642*l*, 791 e.v.)

Art. 483

Staat van verdeling

Na verloop der veertien dagen bij het voorgaande artikel bepaald, zal de rechter-commissaris, naar aanleiding van de overgelegde stukken, een staat van verdeling opmaken. (Rv 642*l*; Fw 112)

Art. 483a

Onder ontbindende voorwaarde

Vorderingen onder een ontbindende voorwaarde worden in de rangschikking begrepen voor het hele bedrag, onverminderd de werking van de voorwaarde, wanneer zij vervuld wordt. (Fw 129)

Art. 483b

Onder opschortende voorwaarde

Vorderingen onder een opschortende voorwaarde worden in de rangschikking begrepen, hetzij voor hun waarde ten tijde van het opmaken van de staat van verdeling, hetzij op verlangen van een der schuldeisers of de geëxecuteerde, voorwaardelijk voor het hele bedrag. (Fw 130)

Art. 483c

Niet opeisbare vorderingen

– 1. Niet opeisbare vorderingen en vorderingen die recht geven op periodieke uitkeringen, worden in de rangschikking begrepen voor hun waarde ten tijde van het opmaken van de staat van verdeling.

– 2. Bij de berekening wordt uitsluitend gelet op het tijdstip en de wijze van aflossing, het kansgenot, waar dit bestaat, en, indien de vordering rentedragend is, op de bedongen rentevoet. (Fw 131)

Art. 483d

Onbepaalde vorderingen

Vorderingen, waarvan de waarde onbepaald of onzeker is of niet in Nederlands geld uitgedrukt, worden in de rangschikking begrepen voor hun geschatte waarde in Nederlands geld ten tijde van het opmaken van de staat van verdeling. (Fw 133; Rv 642*s*)

Art. 483e

Pand of hypotheek

Indien een pand- of hypotheekrecht strekt tot zekerheid van vorderingen die de pand- of hypotheekhouder uit hoofde van een bestaande rechtsverhouding zal verkrijgen, kunnen deze in de rangregeling worden begrepen, hetzij voor het gehele op het tijdstip van het opmaken van de staat reeds verschuldigde bedrag, hetzij, op verlangen van de pand- of hypotheekhouder, voorwaardelijk voor het hele bedrag waarvoor het pand- of hypotheekrecht tot zekerheid strekt. (BW 3: 231)

Art. 483f

Betwiste vordering of voorrang

Vorderingen die betwist worden, kunnen door de rechter-commissaris voorwaardelijk worden opgenomen tot een door hem te bepalen bedrag. Wanneer de voorrang betwist wordt, kan deze door de rechter-commissaris voorwaardelijk worden erkend. (Fw 125, 189; Rv 485 lid 1, 490*a*)

Art. 484

Kennisgeving

– 1. De staat wordt door de rechter-commissaris ter griffie nedergelegd en van deze nederlegging wordt onverwijld door de griffier aan alle bovengenoemde belanghebbenden bij gewone brief kennis gegeven met vermelding van dag en uur, waarop alle partijen zich bij de rechter-commissaris zullen kunnen vervoegen tot het voorstellen hunner tegenspraak.

– 2. Indien de geëxecuteerde niet tevens de schuldenaar is, geschiedt de kennisgeving mede aan deze laatste. (Fw 114 e.v.; Rv 320*l*, 320*m*)

Art. 485

Sluiting proces-verbaal en uitbetaling

– 1. Ingeval er geen tegenspraak gedaan wordt, zal de rechter-commissaris zijn proces-verbaal sluiten, en bij bevelschrift de houder van de netto-opbrengst gelasten daaruit de nog niet eerder voldane kosten te voldoen en aan de schuldeisers en de geëxecuteerde uit te betalen hetgeen hun, volgens de staat, toekomt. Het bedrag waarvoor een vordering of een daaraan verbonden voorrang voorwaardelijk is opgenomen of erkend, wordt gereserveerd tot de vordering of de voorrang vaststaat. (Rv 483*b*, 483*e*, 483*f*, 490*a*; Fw 179, 181)

– 2. De bevelschriften worden in executoriale vorm uitgegeven. (Rv 642*s*)

Art. 485a

Tegenspraak

– 1. De tegenspraak wordt gericht tot de rechter-commissaris en op diens proces-verbaal aangetekend. (Rv 642*p*; Fw 184)

– 2. Heeft een schuldeiser als bedoeld in artikel 482, tweede lid, de daar bedoelde termijn niet in acht genomen of niet op de in artikel 484 bedoelde dag tegenspraak gedaan, dan zal hij slechts in zijn tegenspraak kunnen worden ontvangen, indien hij daarbij een redelijk belang heeft en hij de daardoor veroorzaakte kosten en schade voor zijn rekening neemt en deze tot een door de rechter-commissaris voorlopig te begroten bedrag onverwijld stort bij de bewaarder van de opbrengst. (Rv 642*v*)

Art. 486

Renvooi

– 1. In geval van tegenspraak verwijst de rechter-commissaris de partijen, zo hij ze niet kan verenigen, en voor zover het geschil niet reeds aanhangig is, naar een door hem te bepalen terechtzitting van de rechtbank, zonder dat daartoe een dagvaarding is vereist.

– 2. De advocaten, die voor partijen optreden, verklaren dit bij het uitroepen ter terechtzitting.

– 3. Verschijnt de schuldeiser, wiens vordering is tegengesproken, op de bepaalde terechtzitting niet, dan wordt hij geacht de aanmelding van zijn vordering te hebben ingetrokken; verschijnt hij die de tegenspraak doet niet, dan wordt hij geacht zijn tegenspraak te hebben laten varen.

– 4. Belanghebbenden die geen tegenspraak hebben gedaan, kunnen in het geding niet tussenkomen of zich voegen. (Fw 122; Rv 642*q* e.v.)

Art. 487-488

Vervallen.

Art. 489

Overeenkomstige toepassing na uitspraak

Nadat op het geschil bij in kracht van gewijsde gegane uitspraak is beslist of het geschil krachtens artikel 486, derde lid, is geëindigd, legt de meest gerede partij de uitspraak of een uittreksel uit het audiëntieblad waaruit van het niet verschijnen blijkt, aan de rechter-commissaris over. Deze sluit zijn proces-verbaal en beveelt de uitgifte van bevelschriften tot betaling overeenkomstig artikel 485. (Rv 642*s*)

Art. 490

Gevolgen sluiting proces-verbaal

Na het sluiten van het proces-verbaal van verdeling kan geen tegenspraak meer worden gedaan, hebben de belanghebbenden onderling geen recht meer op rente over hetgeen aan hen is toegedeeld, en kan geen beslag op de opbrengst van de executie meer worden gelegd.

Art. 490a

Reservering voorwaardelijk opgenomen vordering

Het bedrag, uitgetrokken voor een voorwaardelijk opgenomen vordering of een voorwaardelijk erkende voorrang, wordt, zodra blijkt dat de schuldeiser niets of minder te vorderen heeft dan wel geen of een lagere voorrang heeft, overeenkomstig de opgemaakte staat onder de schuldeisers verdeeld. (Fw 189)

Art. 490b

Executie door pandhouder

– 1. Indien een pandhouder krachtens zijn pandrecht heeft geëxecuteerd en er beperkt gerechtigden of beslagleggers zijn als bedoeld in de derde volzin van artikel 253, eerste lid, van Boek 3 van het Burgerlijk Wetboek, wordt het daar bedoelde overschot dat van de netto-opbrengst na afhouding van het aan de pandhouder krachtens zijn rang toekomende is overgebleven, aan hen uitgekeerd overeenkomstig hetgeen zij en de pandgever omtrent de verdeling daarvan zijn overeengekomen. (Rv 480 lid 2)

Pandhouder als bewaarder

– 2. Is op het tijdstip dat de pandhouder tot uitkering kan overgaan, nog geen overeenstemming omtrent de verdeling bereikt, dan stort de pandhouder de opbrengst tot tenminste het bedrag van het overschot onverwijld bij een bewaarder met overeenkomstige toepassing van artikel 445 en kan de meest gerede partij, onder wie de pandhouder zelf, een rangregeling verzoeken overeenkomstig de voorgaande artikelen van deze afdeling. Indien de pandhouder zelf aan de eisen van artikel 445 voldoet, kan hij zichzelf als bewaarder aanwijzen. (Rv 481 lid 1)

Verantwoording

– 3. De rangregeling betreft het overeenkomstig het tweede lid in bewaring gegeven bedrag, mits de pandhouder binnen de in artikel 482 bedoelde termijn aan de rechter-commissaris de stukken ter hand stelt, waaruit van de verantwoording van het gestorte bedrag blijkt en binnen de in artikel 484 bedoelde termijn geen tegenspraak ter zake van het door de pandhouder afgehouden bedrag wordt gedaan.

Uitkering van tekort

– 4. Blijkt na tegenspraak de pandhouder volgens de definitief geworden staat te veel van de netto-opbrengst te hebben afgehouden, dan gelast de rechter-commissaris desverlangd bij een in executoriale vorm afgegeven bevelschrift, dat door ieder bij genoemde staat batig gerangschikte kan worden geëxecuteerd, de pandhouder het tekort tegen kwijting aan de in het tweede lid bedoelde bewaarder uit te keren.

– 5. Heeft de pandhouder overeenkomstig artikel 482 rangschikking van zijn vordering gevorderd of blijkt hij na tegenspraak overeenkomstig het vorige lid te veel te hebben afgehouden, dan draagt hij in de kosten van de rangregeling bij. In andere gevallen worden de kosten van de in de rangregeling betrokken pandhouder hem vergoed door degenen die zijn verantwoording betwist hebben. Desverlangd geeft de rechter-commissaris een desbetreffend bevelschrift in executoriale vorm uit.

Alsnog overeenstemming

– 6. Indien belanghebbenden voor het tot stand komen van een rangregeling alsnog over de verdeling overeenstemming bereiken en daarvan uit een onderhandse of authentieke akte doen blijken, keert de bewaarder ieder het hem volgens deze akte toekomende uit. (Rv 480 lid 2, 551*a*; BW 3: 271 lid 2)

Art. 490c

Rekening en verantwoording

– 1. Een executant die betaling heeft ontvangen, is verplicht desverlangd aan hem wiens goed is verkocht en aan de schuldenaar binnen één maand na de betaling rekening en verantwoording te doen.

– 2. Een schuldeiser die in de rangregeling is begrepen, kan binnen één maand na de sluiting daarvan een gelijke rekening en verantwoording vragen, indien hij daarbij een rechtstreeks belang heeft. (BW 3: 272; Fw 57)

Art. 490d

Geen beroep

Beschikkingen van de rechter-commissaris krachtens de onderhavige afdeling zijn niet vatbaar voor hoger beroep. (Rv 642*ij* lid 1; Fw 67 lid 2)

VIERDE AFDELING

Van executie tot afgifte van roerende zaken, die geen registergoederen zijn

Art. 491

Reële executie

– 1. De executie tot afgifte van een roerende zaak die geen registergoed is, vangt aan met een bevel als bedoeld in artikel 439, dat van overeenkomstige toepassing is, behoudens dat de in het eerste lid van dat artikel bedoelde termijn niet behoeft te worden in acht genomen ter zake van de executie van vonnissen en beschikkingen, die uitvoerbaar bij voorraad zijn verklaard.

– 2. De executie geschiedt doordat de deurwaarder de zaak onder zich neemt en afgeeft aan degene die haar krachtens de executoriale titel moet ontvangen. Hij maakt van een en ander onverwijld proces-verbaal op.

– 3. De artikelen 440 en 443-444*b* zijn van overeenkomstige toepassing met dien verstande dat voor de toepassing van artikel 444*b* de waarde van de zaak in de plaats treedt van het bedrag van de vordering waarvoor beslag is gelegd. (BW 3: 296 e.v.; Rv 555-557)

Art. 492

Onwillige geëxecuteerde

– 1. Ter inleiding van de toepassing van artikel 491 kan de deurwaarder op de zaak beslag tot verkrijging van afgifte leggen. De in artikel 439, eerste lid, bedoelde termijn behoeft daarbij niet in acht te worden genomen. (Rv 709 e.v., 730 e.v.)

– 2. Indien de deurwaarder bevindt dat de zaak reeds in beslag is genomen, mist artikel 491 toepassing, maar kan de deurwaarder daarop overeenkomstig het eerste lid eveneens beslag leggen. Hij is verplicht dit beslag onverwijld te betekenen aan de deurwaarder die het reeds liggende beslag heeft gelegd. (Rv 457 lid 1, 497)

– 3. De artikelen 440, 443-446, 451, 453*a* en 455 zijn van overeenkomstige toepassing met inachtneming van de volgende bepalingen van deze afdeling. Voor de toepassing van artikel 444*b* treedt de waarde van de in beslag te nemen zaak in de plaats van het bedrag van de vordering waarvoor het beslag is gelegd. De artikelen 445 en 446 worden niet toegepast, zolang de zaak zich reeds in gerechtelijke bewaring bevindt. Artikel 455 is alleen van toepassing voor zover het recht op afgifte mede de daar bedoelde baten betreft.

– 4. Indien geen ander beslag daaraan in de weg staat, kan de deurwaarder alsnog artikel 491 toepassen. Het door hem gelegde beslag eindigt daardoor.

Art. 493

Soort zaken

Betreft het recht op afgifte een of meer naar de soort bepaalde zaken, dan zal de deurwaarder een aan dat recht beantwoordende hoeveelheid zaken van die soort onder zich of in beslag nemen, uit te kiezen door de deurwaarder tenzij de geëxecuteerde tijdig van een hem toekomende bevoegdheid tot kiezen gebruik maakt. (BW 6: 28, 65; 7: 31)

Art. 494

Beslag op oogst

– 1. Betreft het recht op afgifte te velde staande vruchten en beplantingen van een onroerende zaak, dan kan uit dien hoofde beslag worden gelegd op de zaak of het zakelijk recht van degene jegens wie dit recht bestaat, zulks overeenkomstig de bepalingen betreffende beslag op onroerende zaken, maar met vermelding in het proces-verbaal dat het beslag slechts ten aanzien van die vruchten of beplantingen zijn werking heeft.

– 2. Het beslag komt op de vruchten of beplantingen te rusten, zodra deze zijn afgescheiden. Zodra alle vruchten of beplantingen waarop het beslag betrekking heeft zijn afgescheiden, vervalt het beslag op de zaak of het zakelijk recht. (Rv 492)

– 3. Artikel 451 is, mede ter zake van de inoogsting, van overeenkomstige toepassing. (BW 3: 216, 237 lid 4, 266)

Art. 495

Afgifte van orderpapier

– 1. Betreft het recht op afgifte een orderpapier, dan is artikel 474*a*, tweede lid, van overeenkomstige toepassing.

– 2. Betreft het recht op afgifte een toonder- of orderpapier en is aan het daaruit voortvloeiende recht stemrecht verbonden, dan is artikel 474*ba* van overeenkomstige toepassing, tenzij het stemrecht blijkens de executoriale titel aan de executant toekomt.

Art. 496

Executie door pandhouder

– 1. Betreft het een executie tot afgifte op vordering van een pandhouder als bedoeld in artikel 237, derde lid, van Boek 3 van het Burgerlijk Wetboek, dan geeft de deurwaarder de zaak af aan de pandhouder of derde in wiens macht de zaak moet worden gebracht.

Pandhoudersbeslag

– 2. Is het pandrecht uit hoofde waarvan de afgifte geëist wordt, niet bij een authentieke akte gevestigd, dan kan de deurwaarder de zaak slechts onder zich nemen of in beslag nemen met verlof van de voorzieningenrechter van de rechtbank binnen welker rechtsgebied de zaak zich bevindt. Het verlof wordt verzocht bij een verzoekschrift waarbij de pandakte wordt overgelegd. De voorzieningenrechter beslist na summier onderzoek. Het verlof en het verzoekschrift worden, met het in artikel 491, tweede lid, bedoelde proces-verbaal, aan de pandgever betekend. Tegen een krachtens dit lid gegeven verlof is geen hogere voorziening toegelaten. (Rv 700, 702 lid 2)

Overnemen executie

– 3. Is op de zaak reeds beslag gelegd, dan kan de deurwaarder haar met handhaving van het beslag niettemin onder zich nemen, mits de pandhouder tevens overeenkomstig artikel 461*a* de executie van de beslaglegger overneemt. Hij betekent de in de derde zin van het vorige lid bedoelde stukken onverwijld mede aan de deurwaarder die het beslag heeft gelegd. (Rv 490*b*)

Art. 497

Samenloop van beslagen

– 1. Bij samenloop van een beslag tot verkrijging van afgifte met een ander beslag, al of niet van dezelfde aard, kan de meest gerede partij zich overeenkomstig artikel 438 tot de rechter wenden.

– 2. Wordt op een zaak zowel beslag tot verkrijging van afgifte gelegd als tot verhaal van een geldvordering, dan geldt het beslag tot verkrijging van afgifte zo nodig tevens als een als tweede gelegd executoriaal beslag tot verhaal van de vordering tot vervangende schadevergoeding wegens uitblijven van de afgifte.

– 3. Een beslag tot verhaal van een vordering tot vervangende schadevergoeding wegens het uitblijven van afgifte van een zaak kan niet tegen de legger van een beslag tot verkrijging van afgifte van die zaak worden ingeroepen, indien deze andere goederen van de beslagene aanwijst die voor deze vordering voldoende verhaal bieden. (BW 1: 96 lid 1; Rv 736)

Art. 498

Verzet tegen afgifte

Zolang de afgifte nog niet heeft plaats gevonden, kan ieder wiens recht op de zaak de executant moet eerbiedigen, zich tegen de afgifte verzetten. (Rv 456)

Art. 499

Zaak onder derde

Bevindt de zaak zich onder een derde die tegen de afgifte geen bezwaar maakt of zich niet te goeder trouw tegen een vordering tot afgifte aan de geëxecuteerde zou kunnen verzetten, dan geschiedt de executie overeenkomstig de voorgaande artikelen van deze afdeling. De afgifte aan de executant geldt mede als afgifte van de derde aan de geëxecuteerde. (Rv 461*d*, 477*b* lid 1)

Art. 500

Eventueel derdenbeslag

Tot afgifte van een zaak die zich onder een derde bevindt, kan ook derdenbeslag gelegd worden. De artikelen 475-479 zijn van overeenkomstige toepassing. Het exploit van beslaglegging houdt in om de afgifte van welke zaak of zaken het gaat. De verklaring van de derde, als bedoeld in artikel 476*a*, betreft uitsluitend deze zaak of zaken. (Rv 477*b* lid 1)

Art. 501

Vervallen.

DERDE TITEL
Van de gerechtelijke tenuitvoerlegging op onroerende zaken

EERSTE AFDELING
Van executoriaal beslag op onroerende zaken

Art. 502

Voorwaarden executoriaal beslag

– 1. Het beslag op onroerende zaken moet worden voorafgegaan door een exploit van een deurwaarder, houdende bevel om binnen twee dagen aan de executoriale titel te voldoen. Eerst na verloop van die termijn kan het beslag worden gelegd. Indien daartoe gronden zijn, kan de voorzieningenrechter van de rechtbank, ook op mondeling verzoek van de deurwaarder, die termijn inkorten. (BW 3: 3 e.v.)

– 2. Het bevel zal melding maken van de titel uit kracht waarvan de vervolging plaats heeft en zal uitdrukken dat bij gebreke van betaling zal worden overgegaan tot executoriale maatregelen tegen de onroerende zaken van de geëxecuteerde, zulks op straffe van nietigheid van het exploit.

– 3. Indien bij het betekenen van de executoriale titel tevens het voorgeschreven bevel is gedaan, wordt geen afzonderlijk bevel vereist.

– 4. Bij het bevel of de betekening moet de executant tot het uiteinde der executie woonplaats kiezen ten kantore van de deurwaarder, zulks op straffe van nietigheid van het exploit. Tevens kan woonplaats worden gekozen in Nederland ten kantore van een advocaat. (Rv 439)

Art. 503

Een jaar geldig

Indien de schuldeiser een jaar na het bevel heeft laten verlopen, zal hij gehouden zijn het bevel te vernieuwen.

Art. 504

Voorgeschreven vormen

– 1. Het beslag geschiedt bij proces-verbaal van een deurwaarder dat, behalve de gewone formaliteiten, op straffe van nietigheid inhoudt:

a. de vermelding van de voornaam, naam en woonplaats van de executant en de naam en woonplaats van de geëxecuteerde;

b. de vermelding van de titel uit hoofde waarvan het beslag wordt gelegd;

c. de aard van de in beslag genomen onroerende zaken, hun kadastrale aanduiding, en, indien zij buiten de bebouwde kom zijn gelegen, zo veel mogelijk de grootte; (Rv 437)

d. indien het beslag niet wordt gelegd door een deurwaarder ten kantore van wie woonplaats is gekozen overeenkomstig artikel 439, derde lid, een keuze van woonplaats ten kantore van de deurwaarder die het beslag legt. (Rv 440)

– 2. In het proces-verbaal kan tevens een notaris worden aangewezen ten overstaan van wie de verkoop zal geschieden. In dat geval wordt in plaats van bij de deurwaarder, woonplaats bij de notaris gekozen. (Rv 514)

Art. 504a

Vorderingsrecht

– 1. Het beslag kan slechts worden gelegd voor een vordering waarvan het geldelijk beloop bepaalbaar is.

– 2. Zolang de vordering niet is vereffend, kan niet tot executoriale verkoop worden overgegaan. (Rv 441)

Art. 505

Inschrijving en betekening

– 1. Het proces-verbaal van inbeslagneming zal in de in afdeling 2 van titel 1 van Boek 3 van het Burgerlijk Wetboek bedoelde openbare registers worden ingeschreven. Een afschrift van het proces-verbaal zal op straffe van nietigheid van het beslag niet later dan drie dagen na de inschrijving aan de geëxecuteerde worden betekend. (ATW; BW 3: 18 e.v.)

Blokkerende werking

– 2. Een vervreemding, bezwaring, onderbewindstelling, verhuring of verpachting, tot stand gekomen na de inschrijving van het proces-verbaal, kan niet tegen de beslaglegger worden ingeroepen. Dit geldt niet voor verhuur van woonruimte waarop de artikelen 271 tot en met 277 van Boek 7 van het Burgerlijk Wetboek van toepassing zijn, tenzij de verhuring plaatsvond na de bekendmaking bedoeld in artikel 516 of huurder wist dat de beslaglegger door de verhuring in zijn verhaalsmogelijkheden zou worden benadeeld. (Rv 453*a*, 474*e*, 475*b*; BW 3: 19 lid 2, 21, 45 e.v.)

– 3. Indien de akte betreffende de vervreemding of bezwaring vóór de inschrijving van het beslag reeds was verleden, kan de vervreemding of bezwaring nog tegen de beslaglegger worden ingeroepen, mits de inschrijving van deze akte uiterlijk geschiedt de eerste dag, waarop het kantoor van de Dienst voor het kadaster en de openbare registers na de dag van de inschrijving van het beslag voor het publiek opengesteld is. (BW 3: 24 e.v., 45 e.v.; Fw 35)

Art. 506

Verzorging beslagobject

– 1. De geëxecuteerde is verplicht de in beslag genomen zaken in goede staat te houden.

– 2. De voorzieningenrechter van de rechtbank kan op verzoek van een beslaglegger een gerechtelijke bewaarder van de zaak aanstellen. (Rv 709, 766, 796 e.v.)

– 3. Tegen een aanstelling krachtens het vorige lid is geen hogere voorziening toegelaten. (Rv 446, 451)

Art. 507

Vruchten en beplanting

– 1. Vruchten en beplantingen, die ten tijde van de inschrijving zich nog op of in de zaak bevinden of te velde staan en vóór de verkoop worden geoogst, vallen mede onder het beslag, tenzij daarop rechten op beslagen van derden rusten, daaronder begrepen het pandrecht bedoeld in artikel 237, vierde lid, van Boek 3 van het Burgerlijk Wetboek.

– 2. Artikel 451 is, mede ter zake van de inoogsting, van toepassing.

– 3. Na de betekening van het ingeschreven beslag aan de huurder of pachter valt de aan de geëxecuteerde nog verschuldigde huur en pacht onder het beslag en moet zij worden betaald aan de notaris ten overstaan van wie de executie zal plaatsvinden, mits dit bij de betekening uitdrukkelijk aan de huurder of pachter met opgave van de plaats van betaling wordt medegedeeld en behoudens de rechten van derden, die de executant moet eerbiedigen. Hetgeen aan de notaris wordt betaald, wordt gerekend tot de in artikel 551 bedoelde opbrengst van de zaak. De artikelen 475*i*, 476 en 478 zijn van overeenkomstige toepassing. (Rv 455*a*)

– 4. Het vorige lid is van overeenkomstige toepassing op hetgeen aan de geëxecuteerde verschuldigd is als canon uit hoofde van een erfpacht of als retributie uit hoofde van een opstalrecht of erfdienstbaarheid of als tegenprestatie ter zake van een kwalitatieve verplichting als bedoeld in artikel 252, vierde lid, van Boek 6 van het Burgerlijk Wetboek. (Rv 455 e.v., 474*b*)

Art. 507a

Waardevermindering van de beslagen zaak

– 1. Eveneens vallen onder het beslag vorderingen tot vergoeding die na de inschrijving in de plaats van de zaak zijn getreden, daaronder begrepen vorderingen ter zake van waardevermindering van de zaak.

– 2. Zij moeten met overeenkomstige toepassing van artikel 507, derde lid, aan de notaris worden voldaan, behoudens de rechten van derden, die de executant moet eerbiedigen. (Rv 455*a*)

Art. 508

Hypotheek

Rusten op de in beslag genomen zaak een of meer hypotheken, dan zal de beslaglegger het door hem gelegde beslag uiterlijk binnen vier dagen na de inschrijving in de betreffende openbare registers aan de hypotheekhouders doen betekenen; de betekening mag geschieden aan de door deze overeenkomstig artikel 260, eerste lid, derde zin, van Boek 3 van het Burgerlijk Wetboek gekozen woonplaats. (BW 3: 260 e.v.)

Art. 509

Overneming door hypotheekhouder

– 1. Indien een hypotheekhouder die uit hoofde van zijn recht bevoegd is tot executoriale verkoop, de executie wil overnemen en dit binnen veertien dagen nadat het beslag aan hem is betekend, aanzegt aan de executant met inachtneming van artikel 544, tweede lid, geschiedt de executie verder door de hypotheekhouder en zijn de desbetreffende bepalingen van toepassing. (Rv 515)

– 2. Zijn er meer hypotheekhouders, dan komt deze bevoegdheid toe aan de hoogst gerangschikte hypotheekhouder, die de in het eerste lid bedoelde aanzegging heeft gedaan.

– 3. Wordt niet binnen veertien dagen een aanzegging als in het eerste lid bedoeld gedaan, dan is de beslaglegger bevoegd de executie voort te zetten. (Rv 461*a*; BW 3: 268 e.v.)

Art. 510-512

Vervallen.

Art. 513

Meerdere beslagleggers

– 1. Indien meer schuldeisers op dezelfde zaak beslag hebben gelegd, zal de executie plaatsvinden op de vervolging van degene die het eerst overeenkomstig artikel 505, eerste lid, het proces-verbaal van beslag heeft doen inschrijven. (Rv 458)

Overnemen executie

– 2. De voorzieningenrechter van de rechtbank binnen welker rechtsgebied de zaak geheel of

grotendeels is gelegen, kan op verzoek van een schuldeiser wiens proces-verbaal later is ingeschreven, bepalen dat deze de executie zal overnemen:
a. in geval van arglist van de schuldeiser wiens proces-verbaal het eerst is ingeschreven, of samenspanning van deze met de geëxecuteerde; (BW 3: 45)
b. indien deze schuldeiser de executie niet met redelijke spoed voortzet. (Rv 459, 545)
– 3. Tegen een beschikking krachtens het tweede lid is geen hogere voorziening toegelaten.
– 4. Bij toepassing van het tweede lid wordt de overneming bij exploit aan de geëxecuteerde aangezegd.

Art. 513a

Doorhaling ingeschreven beslag

De inschrijving van het beslag kan worden doorgehaald met toepassing van de artikelen 28 en 29 van Boek 3 van het Burgerlijk Wetboek, met dien verstande dat de bewaarder mede tot doorhaling wordt gemachtigd door:
1° een ingeschreven schriftelijke verklaring van de deurwaarder dat hij in opdracht van de executant het beslag opheft of dat het beslag is vervallen;
2° een overeenkomstig artikel 17, eerste lid, onder *e*, van Boek 3 van het Burgerlijk Wetboek ingeschreven rechterlijke uitspraak die tot opheffing van het beslag strekt.

TWEEDE AFDELING
Van executoriale verkoop van onroerende zaken

Art. 514

Aanwijzing notaris

– 1. De executoriale verkoop geschiedt ten overstaan van een bevoegde notaris. (Rv 519; BW 3: 268 lid 1)
– 2. Zo de notaris niet reeds in het proces-verbaal van inbeslagneming is aangewezen, geschiedt de aanwijzing bij exploit aan de geëxecuteerde. Hetzelfde geldt voor de vervanging van een reeds aangewezen notaris. (Rv 504 lid 2)
– 3. Bij een exploit als bedoeld in het tweede lid kiest de executant op straffe van nietigheid woonplaats ten kantore van de aangewezen notaris. (Rv 439 lid 3)

Art. 515

Tijdstip verkoop

– 1. De notaris stelt binnen veertien dagen na zijn aanwijzing of, zo er hypothecaire inschrijvingen zijn, binnen veertien dagen na het ongebruikt verstrijken van de in artikel 509, eerste lid, bedoelde termijn, dag, uur en plaats van de verkoop vast.
– 2. Hij deelt schriftelijk dag, uur en plaats van de verkoop mede aan de geëxecuteerde en aan alle in artikel 551 bedoelde beperkt gerechtigden en schuldeisers, een en ander aan de hand van een door de bewaarder van het kadaster en de openbare registers af te geven kadastraal uittreksel inzake hypotheken en beslagen als bedoeld in artikel 100, eerste lid, van de Kadasterwet, waarin de inschrijvingen en de boekingen in de registers van voorlopige aantekeningen worden vermeld, die daartoe van belang zijn.

Art. 516

Bekendmaking verkoop

– 1. Geen verkoop zal kunnen plaatsvinden dan na verloop van dertig dagen, nadat zij door aanplakking volgens plaatselijk gebruik en door aankondiging in een plaatselijk verspreid dagblad zal zijn bekend gemaakt.
– 2. In de bekendmakingen wordt vermeld dat het een executoriale verkoop betreft.

Art. 517

Veilingvoorwaarden

– 1. De notaris stelt de veilcondítiën vast, zulks in overleg met de executant en met inachtneming van het bepaalde in artikel 519. Tenminste acht dagen voor de verkoop doet hij de in artikel 515, tweede lid, bedoelde ingeschrevenen en latere beslagleggers hiervan mededeling met toezending van een exemplaar van deze condities en legt hij tevens een exemplaar daarvan te zijnen kantore neer ter inzage voor het publiek.
– 2. Op verlangen van ieder der voormelde belanghebbenden kunnen de veilconditiën tevens inhouden dat de zaak wordt verkocht vrij van daarop rustende rechten of beperkingen, die niet tegen het recht van deze belanghebbende kunnen worden ingeroepen. (Rv 458 lid 2, 526 lid 2)

Art. 518

Geschillen

– 1. Geschillen over de veilconditiën, over de wijze van verkoop of over dag, uur of plaats daarvan worden op verzoek van de meest gerede partij of van de notaris beslist door de voorzieningenrechter van de rechtbank in welker rechtsgebied de zaken geheel of grotendeels zijn gelegen, onverminderd de bevoegdheid van hen wier rechten bij de executie niet worden geëerbiedigd, zich daartegen overeenkomstig artikel 538 te verzetten.
– 2. Tegen beschikkingen krachtens dit artikel is geen hogere voorziening toegelaten. (Rv 463*a*)

Art. 519

Openbare verkoop

De verkoop vindt in het openbaar plaats, eerst bij opbod en vervolgens bij afmijning. (Rv 469)

Art. 520

Onroerende zaken verspreid

– 1. De executant kan onroerende zaken die in verschillende arrondissementen zijn gelegen,

slechts gezamenlijk voor één prijs verkopen, indien zij tezamen worden geëxploiteerd of door alle belanghebbenden bij de opbrengst gezamenlijke verkoop is overeengekomen.
– 2. Is zulks niet overeengekomen, dan kan de voorzieningenrechter van de rechtbank binnen welker rechtsgebied de zaken grotendeels zijn gelegen op verzoek van de meest gerede partij of van de notaris bepalen dat de zaken gezamenlijk zullen worden verkocht.
– 3. Tegen beschikkingen krachtens het vorige lid is geen hogere voorziening toegelaten.

Art. 521

Volgorde van executie

Heeft de executant voor de schuld waarvoor hij beslag heeft gelegd tevens hypotheek op andere onroerende zaken of op beperkte rechten daarop, dan mag hij de in beslag genomen zaken slechts verkopen in geval de aan hem verhypothekeerde goederen ontoereikend zijn.

Art. 522

Bescherming geëxecuteerde

Indien meer onroerende zaken in dezelfde inbeslagneming zijn vervat en de opbrengst van het verkochte toereikend is om de executant, de beperkt gerechtigden wier recht vervalt, en de andere beslagleggers op deze zaken, met de kosten, te voldoen, zal de notaris met de verkoop der overige zaken niet verder gaan, tenzij de geëxecuteerde verklaart die verkoop te verlangen. (Rv 470)

Art. 523

Kennisgeving

De notaris is verplicht, voor zover hem dit mogelijk is, uiterlijk op de dag na de verkoop, van de verkoop schriftelijk kennis te geven aan de geëxecuteerde en aan alle in artikel 551 bedoelde beperkt gerechtigden en schuldeisers. (BW 3: 252)

Art. 524

Verplichting notaris

De koper is gehouden de koopprijs te voldoen in handen van de notaris. Deze voldoet daaruit de kosten van de executie. (Rv 474, 551; BW 3: 270 lid 1)

Art. 525

Inschrijving

– 1. De koper verkrijgt het recht op de verkochte zaken door inschrijving van het proces-verbaal van toewijzing.
– 2. De bewaarder van de openbare registers weigert inschrijving, indien niet tevens een verklaring van de notaris wordt overgelegd dat de koopprijs in zijn handen is gestort en, zo het om een verkoop bedoeld in artikel 477*b*, tweede lid, gaat, tevens een schriftelijke verklaring van de derde dat hij de zaak ter beschikking heeft gesteld van de deurwaarder die het beslag onder de derde heeft gelegd.

Ontruiming

– 3. De geëxecuteerde zal op enkel vertoon van het proces-verbaal tot ontruiming worden genoodzaakt op de wijze bepaald bij de artikelen 556 en 557.

Art. 526

Verkrijging vrij van rechten

– 1. Artikel 273 van Boek 3 van het Burgerlijk Wetboek is van toepassing.
– 2. Op de in dat artikel aangegeven wijze vervallen ook beperkte rechten die wel tegen de verkoper ingeroepen kunnen worden, indien de zaak vrij van deze rechten is verkocht overeenkomstig artikel 517, tweede lid.

Art. 527

Hernieuwde verkoop

Schiet de koper tekort in de nakoming van de koopovereenkomst, dan mag de executant ten laste van de koper de verkochte zaak met inachtneming van de artikelen 514 en volgende wederom verkopen. De executant is tot deze verkoop gehouden, indien een van de bij de opbrengst direct belanghebbenden dit verlangt.

Art. 528

Alsnog voldoening

De koper zal deze nieuwe verkoop kunnen voorkomen door vóór de verkoop alsnog aan de koopovereenkomst te voldoen en de met betrekking tot deze nieuwe verkoop reeds gemaakte kosten te betalen met aanbod van zekerheid voor zover deze nog niet bekend mochten zijn.

Art. 529

Aansprakelijkheid koper

De koper die in de nakoming van de koopovereenkomst tekortschiet, is aansprakelijk voor het verschil tussen de prijs waarvoor hij de zaak heeft gekocht en die van de nieuwe verkoop, zonder dat hij nochtans het meerdere dat deze laatste verkoop mocht hebben opgebracht, zal kunnen vorderen; dit meerdere zal aan de schuldeisers, of zo dezen niet meer te vorderen hebben, aan degenen tegen wie het beslag gedaan is, betaald worden.

Art. 530-537j

Vervallen.

DERDE AFDELING
Van opvordering door derden

Art. 538

Verzet tegen verkoop

– 1. Treft het beslag een zaak die geheel of ten dele aan een ander toebehoort of waarop een recht van een ander rust dat de executant moet eerbiedigen, dan kan deze ander zich tegen verkoop waarbij zijn recht niet in acht wordt genomen, tot op het tijdstip van de verkoop verzetten.

– 2. De eiser die in het ongelijk wordt gesteld, zal, op vordering van de executant, zo daartoe gronden zijn, tot schadevergoeding worden veroordeeld. (Rv 438, 456, 543 lid 2)

Art. 539

De notaris aan wie een dagvaarding als bedoeld in het vorige artikel betekend wordt is bevoegd de verkoop van alle bij de executie betrokken zaken op te schorten, totdat de voorzieningenrechter van de rechtbank omtrent de schorsing van de executie zal hebben beslist op vordering van de meest gerede partij of op verlangen van de notaris, die zich daartoe bij de voorzieningenrechter kan vervoegen. (Rv 438 lid 4; BW 3: 234 lid 3)

Opschorting verkoop door notaris

Art. 540

Indien de verkoop door het verzet is vertraagd, kan deze niet plaatsvinden dan nadat de in artikel 516 bedoelde bekendmakingen opnieuw hebben plaatsgevonden en de daar bedoelde termijn opnieuw is in acht genomen. (Rv 538 lid 2)

Vertraging verkoop

Art. 541-543

Vervallen.

VIERDE AFDELING

Van executie door een hypotheekhouder

Art. 544

– 1. De hypotheekhouder is verplicht de executie te doen inleiden door een aanzegging daarvan of van de in artikel 509 bedoelde overneming aan de hypotheekgever, de schuldenaar en hen van wier recht of beslag uit de registers blijkt en wier recht door de executoriale verkoop zal tenietgaan of vervallen.

Voorwaarde executie

– 2. De aanzegging van de executie of de overneming daarvan geschiedt bij exploit van een deurwaarder en houdt in:

a. zo nauwkeurig mogelijk het bedrag waarvoor de hypotheekhouder uit hoofde van zijn recht tot executie wil overgaan, en de ter zake tot het tijdstip van de aanzegging reeds gemaakte kosten;

b. de aanwijzing van de notaris ten overstaan van wie de verkoop zal plaatsvinden. (Rv 514 e.v.)

– 3. Een hypotheekhouder kan de executie ook overnemen van een andere hypotheekhouder wiens recht in rang na het zijne komt, door binnen veertien dagen nadat hem de in het eerste lid bedoelde aanzegging is gedaan, van de overneming aanzegging te doen. Artikel 509 is van overeenkomstige toepassing. De vorige leden worden opnieuw in acht genomen. (BW 3: 249, 268 e.v.)

Art. 545

– 1. Indien de hypotheekhouder in gebreke mocht blijven de executie met redelijke spoed voort te zetten, kan elke beslaglegger of hypotheekhouder aan de voorzieningenrechter van de rechtbank binnen welker rechtsgebied de zaken geheel of grotendeels zijn gelegen, verzoeken een termijn vast te stellen, waarbinnen de hypotheekhouder tot de verkoop of tot indiening van een verzoek tot onderhandse verkoop moet overgaan. (Rv 513 lid 2)

Hypotheekhouder traineert executie

– 2. Bij overschrijding van de termijn wordt de executie voortgezet door de verzoeker met de hoogst gerangschikte hypotheek of, zo onder de verzoekers geen hypotheekhouder is, door de schuldeiser wiens beslag het eerst is ingeschreven.

– 3. Tegen een beschikking krachtens het eerste lid is geen hogere voorziening toegelaten.

Art. 546

De artikelen 514, tweede lid, tweede zin, en derde lid, 515-520, 522, 523, 525, 526, tweede lid, en 527-529 zijn ook bij executie door een hypotheekhouder van toepassing met inachtneming van de volgende artikelen van deze afdeling. (BW 3: 268 lid 1, 270 lid 1, 273)

Voorgeschreven vormen

Art. 547

– 1. De in artikel 515 bedoelde termijn loopt vanaf de dag van de in artikel 544 bedoelde aanzegging aan de hypotheekgever.

Termijnen

– 2. In de in artikel 516 bedoelde aanplakking en aankondiging dient tevens te zijn opgenomen dat tot veertien dagen vóór de voor de verkoop bepaalde dag ondershands op de te executeren zaken kan worden geboden bij een aan de notaris gericht geschrift.

– 3. De notaris geeft van de binnengekomen biedingen onverwijld afschrift aan de executant en de geëxecuteerde. (BW 3: 268 lid 2)

Art. 548

– 1. Tot één week vóór de voor de verkoop bepaalde dag kan bij de voorzieningenrechter van de rechtbank het in artikel 268, tweede lid, van Boek 3 van het Burgerlijk Wetboek bedoelde verzoek dat de verkoop ondershands zal geschieden, worden ingediend.

Onderhandse verkoop

– 2. Dit verzoek kan uitsluitend worden gedaan, indien tevens een volledige koopakte wordt overgelegd, zij het dat, indien het verzoek niet door de executant wordt gedaan, de akte niet door of namens hem ondertekend behoeft te zijn. Tevens dienen in afschrift te worden overgelegd de biedingen die bij de notaris zijn binnengekomen dan wel een verklaring van de notaris dat hij zulke biedingen niet heeft ontvangen.

– 3. Bij verzoekschrift wordt voorts een lijst overgelegd van de in artikel 544 bedoelde belanghebbenden. De griffier deelt hun onverwijld mede dat het verzoek is gedaan en dat zij op hun verlangen door de voorzieningenrechter kunnen worden gehoord.

– 4. Door tijdige indiening van het verzoek vervalt de voor de openbare verkoop bepaalde dag. Wordt het verzoek afgewezen, dan zal de rechter tevens de dag bepalen waarop de openbare verkoop zal plaatsvinden. Deze verkoop zal tenminste veertien dagen tevoren op de in artikel 516 bedoelde wijze worden bekendgemaakt. De voorzieningenrechter kan de verzoeker in de kosten van de bekendmaking veroordelen, onverminderd diens verplichting de door het verzoek ontstane schade te vergoeden, zo daartoe gronden zijn.

Art. 549

Huurbeding

– 1. Een verzoekschrift van de hypotheekhouder tot het verkrijgen van het verlof, bedoeld in artikel 264 lid 5 van Boek 3 van het Burgerlijk Wetboek kan, behalve door een advocaat, ook door een notaris worden ingediend, in welk geval diens kantoor als gekozen woonplaats van de verzoeker geldt. Bij het verzoekschrift wordt overgelegd een niet langer dan één maand tevoren aan de huurder of, als de woonruimte in zijn plaats door een onderhuurder wordt bewoond, aan de onderhuurder door een deurwaarder uitgebracht exploit waarbij:

a. aan de huurder of onderhuurder wordt betekend de aanzegging of de overneming van de executie door de hypotheekhouder bedoeld in artikel 544;

b. aan de huurder of onderhuurder wordt aangezegd dat het beding jegens de huurder zal worden ingeroepen.

– 2. De voorzieningenrechter beslist niet dan na verhoor of behoorlijke oproeping van de huurder en de eventuele onderhuurders.

– 3. Indien het onderpand met overlating aan de koper van de bevoegdheid het beding in te roepen wordt verkocht, gaan ook de rechten uit de beschikking waarbij het verlof is verleend, op de koper over.

– 4. Onder de huurder in de zin van dit artikel wordt begrepen degene die ingevolge artikel 266 lid 1 of artikel 267 lid 1 van Boek 7 van het Burgerlijk Wetboek medehuurder is.

Art. 550

Vervallen.

VIJFDE AFDELING

Van de verdeling van de opbrengst van de executie

Art. 551

Uitkering opbrengst executie

– 1. Indien er geen andere schuldeiser is, die op het geëxecuteerde of op de koopprijs beslag heeft gelegd, en evenmin door de executie een beperkt recht vervalt, draagt de notaris aan de executant uit de netto-opbrengst van de zaak af hetgeen aan deze blijkens een door hem te dien aanzien aan de notaris afgelegde verklaring krachtens zijn executoriale titel toekomt; het overschot keert de notaris uit aan de geëxecuteerde.

Bewaarder

– 2. Ingeval er wel schuldeisers of beperkt gerechtigden zijn, als in het eerste lid bedoeld, dan wel de in dat lid bedoelde verklaring wordt betwist of de notaris ernstige reden heeft te vermoeden dat zij onjuist is, stort de notaris de netto-opbrengst onverwijld bij een door hem aangewezen bewaarder die aan de in artikel 445 bedoelde eisen voldoet.

Overeenstemming

– 3. Wanneer de schuldeisers die op de zaak of op de koopprijs beslag hebben gelegd, de beperkt gerechtigden wier recht door de executie vervalt, en de geëxecuteerde het vóór de betaaldag van de koopsom omtrent de verdeling van de te storten som eens zijn geworden, blijft de storting achterwege en keert de notaris aan ieder het hem toekomende uit.

– 4. Voor zover de verplichtingen welke ingevolge dit artikel op de notaris rusten, niet worden nagekomen, is de Staat jegens belanghebbenden voor de daaruit voor hen voortvloeiende schade met de notaris hoofdelijk aansprakelijk.

– 5. In geval van executie door een hypotheekhouder is niet dit artikel, maar artikel 270 van Boek 3 van het Burgerlijk Wetboek van toepassing.

Geen afwijking

– 6. Van het in dit artikel bepaalde kan in de koopvoorwaarden niet worden afgeweken. (Rv 480 e.v., 490*c*, 524; BW 3: 270 e.v.)

Art. 551a

Rangregeling

– 1. Na de betaling van de koopprijs is ieder der in het derde lid van het vorige artikel genoemde belanghebbenden bevoegd een gerechtelijke rangregeling te verzoeken.

– 2. Indien deze belanghebbenden met betrekking tot de verdeling alsnog tot overeenstemming komen en daarvan door een authentieke akte doen blijken aan de in artikel 551, tweede lid, bedoelde bewaarder, keert deze aan ieder het hem volgens deze akte toekomende uit. (BW 3: 271)

Art. 552

Rangregeling door rechter-commissaris

– 1. Een gerechtelijke rangregeling, bedoeld in het vorige artikel en in artikel 271 van Boek 3 van het Burgerlijk Wetboek, wordt verzocht door aan de voorzieningenrechter van de rechtbank binnen welker rechtsgebied zich de geëxecuteerde zaken geheel of grotendeels bevinden, de benoeming van een rechter-commissaris te verzoeken, te wiens overstaan de verdeling zal plaatsvinden.
– 2. Bij het verzoekschrift wordt gevoegd een door de bewaarder van het kadaster en de openbare registers af te geven kadastraal uittreksel inzake hypotheken en beslagen als bedoeld in artikel 100, eerste lid, van de Kadasterwet, waarin de inschrijvingen en de boekingen in het register van voorlopige aantekeningen worden vermeld, die voor de aanwijzing van de in artikel 551 bedoelde belanghebbenden van belang zijn, alsmede een door de notaris af te geven staat van de schuldeisers die beslag hebben gelegd op de opbrengst van de executie of hun vordering ontlenen aan artikel 264, lid 7 van Boek 3 van het Burgerlijk Wetboek. (Rv 515 lid 2)
– 3. Tegen een benoeming krachtens het eerste lid is geen hogere voorziening toegelaten.
– 4. Op de rangregeling zijn de artikelen 482-490*a*, 490*c* en 490*d* van toepassing.

Art. 553

Positie deelgerechtigden

– 1. Ingeval bij een executoriale verkoop meer onroerende zaken of daarop rustende rechten tezamen, dan wel een of meer onroerende zaken of daarop rustende rechten tezamen met daarbij behorende roerende zaken, zoals omschreven in artikel 254 van Boek 3 van het Burgerlijk Wetboek, voor één prijs zijn verkocht en er deelnemers aan de rangregeling zijn, wier recht of voorrang niet alle verkochte zaken of rechten betreft, deelt ieder van hen alleen mee of alleen met voorrang mee in het gedeelte van de netto-opbrengst dat naar schatting kan worden toegerekend aan de zaken of rechten waarop zijn recht of voorrang betrekking had.
– 2. In de in artikel 483 bedoelde staat van verdeling zal de rechter-commissaris aan de hand van de overgelegde stukken en zo nodig na verhoor van deskundigen een verdeling overeenkomstig het vorige lid voorstellen. (Rv 522)

Art. 554

Vervallen.

ZESDE AFDELING
Van gedwongen ontruiming

Art. 555

Voorwaarden ontruiming

De gedwongen ontruiming van onroerende zaken moet worden voorafgegaan door een exploit van een deurwaarder, houdende bevel om binnen drie dagen aan de executoriale titel te voldoen. De artikelen 502 en 503 zijn van overeenkomstige toepassing. (ATW 2)

Art. 556

Deurwaarder

– 1. De gedwongen ontruiming geschiedt door een deurwaarder.
– 2. Deze kan zich doen bijstaan door een of twee getuigen, wier naam en woonplaats hij in dat geval in zijn proces-verbaal zal vermelden en die dit stuk mede zullen tekenen. (Rv 440 lid 3, 564 lid 2, 602 lid 2)

Art. 557

Gesloten deuren

Indien de deuren gesloten zijn, of de opening geweigerd wordt, gelijk mede indien geweigerd wordt enige kamer te openen, is artikel 444 van overeenkomstige toepassing.

Art. 557a

Uitstel ontruiming

– 1. Tenzij zulks onverenigbaar zou zijn met het belang van degene op wiens vordering het bevel wordt gedaan, kan de rechter bepalen dat een vonnis, waarbij aan anderen dan aan gebruikers of gewezen gebruikers krachtens een persoonlijk of zakelijk recht de ontruiming wordt bevolen van een gebouwde onroerende zaak of gedeelte daarvan, binnen een door hem te bepalen termijn niet ten uitvoer kan worden gelegd, onverminderd het recht van de eerstgenoemde op vergoeding van alle geleden of te lijden schade.

Inlichtingen

– 2. Tenzij zulks onverenigbaar zou zijn met het belang van degene op wiens vordering het bevel tot ontruiming wordt gedaan, bepaalt de rechter dat dit bevel niet ten uitvoer kan worden gelegd, totdat hij omtrent het al dan niet bepalen van een termijn als in het vorige lid bedoeld heeft beslist, na terzake inlichtingen te hebben ingewonnen bij burgemeester en wethouders van de gemeente waarin de onroerende zaak zich bevindt. Hiertoe beveelt hij burgemeester en wethouders binnen een door hem te bepalen termijn hun schriftelijk bericht ter griffie in te leveren of op een door hem te bepalen terechtzitting mondeling verslag te doen of door een door hen aangewezen ambtenaar te laten doen.

Werking vonnis

– 3. Desgevorderd kan de rechter bepalen dat een vonnis, waarbij aan anderen dan aan gebruikers of gewezen gebruikers krachtens een persoonlijk of zakelijk recht de ontruiming wordt bevolen van een gebouwde onroerende zaak of gedeelte daarvan, tot een jaar na de dag waarop het vonnis wordt uitgesproken dan wel bekrachtigd, of, indien de rechter een termijn bepaalt als bedoeld in het eerste lid, tot een jaar na de dag waarop die datum verstrijkt, ten uitvoer kan worden gelegd tegen een ieder die ten tijde van de tenuitvoerlegging zich daar bevindt of daar binnentreedt en telkens wanneer dat zich voordoet.

Art. 558

Ontruiming en rechterlijke machtiging

Deze afdeling is mede van toepassing, indien een gehele of gedeeltelijke al of niet tijdelijke ontruiming nodig is, omdat:

a. de executant overeenkomstig artikel 299 van Boek 3 van het Burgerlijk Wetboek is gemachtigd ten aanzien van een onroerende zaak zelf datgene te verrichten waartoe nakoming van een jegens hem bestaande verplichting zou hebben geleid; of

b. de executant krachtens de door hem verkregen uitspraak gerechtigd is werkzaamheden op of aan een onroerende zaak te verrichten en degene tegen wie de tenuitvoerlegging zich richt, gehouden is dit te gedogen. (BW 6: 79)

Art. 559-562

Vervallen.

VIERDE TITEL

Van de gerechtelijke tenuitvoerlegging van schepen en luchtvaartuigen

EERSTE AFDELING

Van executoriaal beslag op en executie van schepen

Art. 562a

Begrip

In deze titel wordt onder schepen mede verstaan schepen in aanbouw. (BW 8: 1 lid 6)

Art. 563

Voorwaarden beslag

– 1. Het beslag op schepen moet worden voorafgegaan door een aan de eigenaar of boekhouder te betekenen exploit van een deurwaarder, houdende een bevel om binnen vierentwintig uur aan de executoriale titel te voldoen. Eerst na verloop van die termijn kan het beslag worden gelegd. (BW 8: 10, 160 e.v.)

Verlof voorzieningenrechter

– 2. Indien er echter vrees bestaat dat het schip spoedig naar een andere plaats zal vertrekken kan de voorzieningenrechter van de rechtbank, ook op mondeling verzoek van de deurwaarder, bepalen dat deze ook zonder voorafgaand bevel tot de inbeslagneming kan overgaan.

– 3. In dat geval zal, in afwijking van artikel 430, derde lid, de betekening van de titel tezamen met die van het proces-verbaal van inbeslagneming kunnen geschieden. (Rv 2, 430, 439, 502)

Art. 564

Beslag aan boord

– 1. Het beslag op schepen wordt aan boord daarvan gedaan.

– 2. De deurwaarder kan zich doen bijstaan door één of twee getuigen, wier naam en woonplaats hij in dat geval in het in artikel 565 bedoelde proces-verbaal zal vermelden en die dat stuk mede zullen ondertekenen. (Rv 440 lid 2, 602)

– 3. De deurwaarder kan een bewaarder aan boord stellen en de nodige maatregelen nemen om het vertrek van het schip te beletten.

Art. 565

Inhoud proces-verbaal

– 1. Het beslag geschiedt bij een proces-verbaal van een deurwaarder dat, behalve de gewone formaliteiten, op straffe van nietigheid inhoudt: (Rv 440 e.v., 504)

a. de vermelding van de voornaam, naam en woonplaats van de executant;

b. de vermelding van de titel uit hoofde waarvan het beslag wordt gelegd;

c. een opgave van het bedrag dat krachtens deze titel aan de executant verschuldigd is;

d. de naam en de woonplaats van de eigenaar of de boekhouder, de naam van de kapitein of de schipper, telkens indien zij bekend zijn, en de naam en woonplaats van hem jegens wie de onder *b* bedoelde titel luidt, indien deze een ander is dan de eigenaar; (BW 8: 10, 160 e.v., 260 e.v.)

e. de naam, de soort en de ruimte van het schip en, zo het schip te boek staat in de openbare registers, bedoeld in afdeling 2 van titel 1 van Boek 3 van het Burgerlijk Wetboek, de gegevens omschreven in artikel 21, eerste lid onder *c* Kadasterwet; (Kad. 21 lid 4)

f. de algemene omschrijving van het scheepstoebehoren. (Rv 581; BW 8: 1 leden 4 en 5)

– 2. In het proces-verbaal moet de executant tot het einde van de executie woonplaats kiezen in Nederland: (Rv 438*a*, 439 lid 3)

a. in geval in het proces-verbaal een notaris wordt aangewezen ten overstaan van wie de verkoop met toepassing van artikel 570 zal plaatsvinden: bij die notaris of bij een advocaat; (Rv 504 lid 2, 514 leden 2 en 3)

b. in geval het voornemen bestaat de verkoop met toepassing van artikel 575 te doen plaats vinden voor de rechtbank: bij een advocaat;

c. in geval de verkoop dient plaats te vinden met toepassing van artikel 576: bij de deurwaarder of bij een advocaat.

– 3. Het proces-verbaal wordt binnen acht dagen betekend aan de eigenaar van het schip of, als deze een rederij is en een boekhouder heeft, aan de boekhouder, alsmede aan degene jegens

wie de in het eerste lid onder *b* bedoelde titel luidt, indien dit een andere is dan de eigenaar. (Rv 432, 435 lid 2 en 3, 566 lid 3; BW 8: 10, 160 e.v., 210 e.v., 800 e.v.)
– 4. Indien de eigenaar van het schip of de boekhouder niet bekend is, kan aan de eis van het vorige lid worden voldaan doordat het proces-verbaal wordt betekend aan boord aan de kapitein of de schipper of zijn plaatsvervanger; zo deze niet te bereiken zijn, vindt de betekening plaats door een afschrift van het betekende proces-verbaal aan boord van het schip aan te plakken. (BW 8: 260 e.v.)
– 5. Artikel 435 lid 3 is niet van toepassing.

Art. 566

Inschrijving proces-verbaal in register

– 1. Het proces-verbaal van inbeslagneming van schepen die te boek staan in de openbare registers, bedoeld in afdeling 2 van titel 1 van Boek 3 van het Burgerlijk Wetboek, zal worden ingeschreven in die registers. (Rv 505 lid 1; Kad. 8 lid 1 sub *b*, 12 lid 2)
– 2. Een vervreemding, bezwaring, onderbewindstelling, verhuring of vervrachting, totstandgekomen na de inschrijving van het proces-verbaal, kan niet tegen de beslaglegger worden ingeroepen. (Rv 505 lid 2)
– 3. De in artikel 565, derde lid, bedoelde betekening dient tevens binnen acht dagen na de inschrijving te geschieden.
– 4. Artikel 513*a* is van overeenkomstige toepassing.

Art. 567

Niet in Nederland teboekgestelde schepen

Een inbeslagneming van schepen die niet te boek staan in de openbare registers, bedoeld in afdeling 2 van titel 1 van Boek 3 van het Burgerlijk Wetboek, heeft tot gevolg dat een vervreemding, bezwaring, onderbewindstelling, verhuring of vervrachting, totstandgekomen na de in artikel 565, derde lid, bedoelde betekening, niet tegen de beslaglegger kan worden ingeroepen. (Rv 453*a* lid 1)

Art. 568

Schakelbepaling

Indien op een in beslag genomen schip dat te boek staat in de openbare registers, bedoeld in afdeling 2 van titel 1 van Boek 3 van het Burgerlijk Wetboek, een of meer hypotheken rusten, zijn de artikelen 508 en 509 van overeenkomstige toepassing.

Art. 569

Eerste beslaglegger executeert

– 1. Indien meer schuldeisers op hetzelfde schip beslag hebben gelegd, zal de executie plaatsvinden op vervolging van degene die het oudste executoriale beslag heeft gelegd. (Rv 458, 513)

Overnemen executie

– 2. De voorzieningenrechter van de rechtbank binnen welker rechtsgebied de verkoop zal plaats vinden, kan op verzoek van een schuldeiser die later beslag heeft gelegd, bepalen dat deze de executie zal overnemen, indien de executant de executie niet met redelijke spoed voortzet. (Rv 459, 513)
– 3. Tegen een beschikking als bedoeld in het tweede lid is geen hogere voorziening toegelaten.
– 4. Bij toepassing van het tweede lid wordt de overneming bij exploit aangezegd aan de in artikel 565, derde en vierde lid, aangewezen personen. (Rv 513)

Art. 570

Verkoop

– 1. De executoriale verkoop geschiedt ten overstaan van een bevoegde notaris, tenzij de executant gebruik maakt van de hem in artikel 575 toegekende bevoegdheid of artikel 576 van toepassing is.
– 2. In geval van verkoop ten overstaan van een notaris zijn de artikelen 514, tweede en derde lid, 515, 517-519, 523, 525 en 528-540 van overeenkomstige toepassing, voor zover daarvan in de volgende bepalingen van deze afdeling niet wordt afgeweken. (Rv 577)

Art. 571

Voorwaarden verkoop

– 1. Geen verkoop zal kunnen plaatsvinden dan na verloop van veertien dagen, nadat zij bekend zal zijn gemaakt door aanplakking volgens plaatselijk gebruik, die in elk geval mede op een in het oog vallende plaats van het schip geschiedt, en door aankondiging in een ter plaatse waar het schip zich bevindt verspreid dagblad. (Rv 516)
– 2. Geldt het de verkoop van een buitenlands zeeschip, dan wordt een kennisgeving bovendien, zo mogelijk, geplaatst in één of meer door de voorzieningenrechter van de rechtbank binnen welker rechtsgebied de verkoop zal plaatsvinden, aan te wijzen nieuwsbladen van het land waartoe het schip behoort. Geldt het de verkoop van een binnenschip dat teboekstaat in een Verdragsregister als bedoeld in artikel 781 onder *d* van Boek 8 van het Burgerlijk Wetboek, dan wel in enig soortgelijk buitenlands register, dan wordt een kennisgeving bovendien, zo mogelijk, geplaatst in één of meer door de voorzieningenrechter van de rechtbank aan te wijzen nieuwsbladen van het land, waar het register wordt gehouden.
– 3. Geldt het de verkoop van een buitenlands zeeschip of van een binnenschip dat teboekstaat in een register als genoemd in artikel 781 onder *d* van Boek 8 van het Burgerlijk Wetboek, dan wel van een in enig soortgelijk buitenlands register teboekstaand binnenschip, dan wordt

in plaats van een termijn van veertien dagen in acht genomen de door de voorzieningenrechter van de rechtbank te bepalen termijn.

– 4. Het in het derde lid bepaalde geldt eveneens, indien het de verkoop betreft van een binnenschip, dat niet in een der in artikel 781 van Boek 8 van het Burgerlijk Wetboek genoemde registers, noch in enig ander soortgelijk buitenlands register teboekstaat en dat een vrachtschip is van 20 of meer tonnen laadvermogen dan wel een ander binnenschip is met 10 of meer kubieke meters verplaatsing, zijnde de in kubieke meters uitgedrukte waterverplaatsing tussen het vlak van inzinking van het lege binnenschip in zoet water en het vlak van de grootste toegelaten diepgang.

– 5. De in het tweede tot en met vierde lid bedoelde beslissingen van de voorzieningenrechter worden gegeven op verzoek van de executant of de notaris, ten overstaan van wie de verkoop zal geschieden. Tegen toewijzing van het verzoek is geen hogere voorziening toegelaten.

Art. 572

Inhoud aanplakkingen en aankondigingen

De in artikel 571 bedoelde aanplakkingen en aankondigingen moeten inhouden:

a. naar gelang de verkoop zal plaatsvinden met toepassing van artikel 570, 575 of 576 de naam van de notaris ten overstaan van wie de verkoop zal geschieden, de rechtbank voor welke de verkoop zal plaatsvinden of de naam van de deurwaarder die met de verkoop is belast;

b. de voornaam, naam en woonplaats van de executant, alsmede de door deze met inachtneming van artikel 565, tweede lid gekozen woonplaats;

c. de titel uit hoofde waarvan de verkoop plaatsvindt, en het bedrag dat krachtens deze titel aan de executant verschuldigd is;

d. de naam en de woonplaats van de eigenaar of de boekhouder van het in beslag genomen schip, indien een en ander bekend is, alsmede van hem jegens wie de onder *c* bedoelde titel luidt, indien deze een ander is dan de eigenaar;

e. de naam van het schip;

f. de scheepsruimte;

g. de plaats waar het schip zich bevindt;

h. de plaats, de dag en het uur, waarop de verkoop zal plaatshebben.

Art. 573

Niet in Nederland teboekgestelde schepen

Vindt verkoop ten overstaan van een notaris plaats van een schip dat niet te boek staat in de openbare registers, bedoeld in afdeling 2 van titel 1 van Boek 3 van het Burgerlijk Wetboek, dan vinden de in artikel 515, tweede lid, en 517, eerste lid, bedoelde mededelingen plaats aan de rechthebbenden en beslagleggers die aan de notaris bekend zijn.

Art. 574

Geen toepassing art. 525 lid 1 en 2

In het in artikel 573 bedoelde geval is artikel 525, eerste en tweede lid, niet van toepassing, en geschiedt de levering met toepassing van de regels die ter zake van levering van een schip van de betreffende soort in acht dienen te worden genomen. (BW 3: 90)

Art. 575

Voorwaarden verkoop

– 1. Geldt de verkoop een buitenlands zeeschip, dan kan zij ook plaats vinden voor de rechtbank ter openbare terechtzitting. De executant verzoekt daartoe aan de rechtbank voor welke hij voornemens is de executie te doen plaatsvinden, bepaling van dag en uur van de verkoop. De rechtbank stelt deze vast met inachtneming van de in het tweede lid bedoelde termijnen waarbinnen geen verkoop kan plaatsvinden. (Rv 570)

– 2. De verkoop kan, onverminderd de in artikel 571 voorgeschreven termijn, niet plaats vinden voordat dertig dagen zijn verstreken nadat de executant ter griffie heeft gedeponeerd:

a. de veilingvoorwaarden;

b. een verklaring van de deurwaarder of van een advocaat dat aan de in artikel 571, eerste lid, voorgeschreven aanplakkingen en aankondigingen is voldaan, waarbij exemplaren daarvan zijn gevoegd;

c. een door een advocaat opgestelde en ondertekende lijst van de bekende rechthebbenden en beslagleggers op het schip.

– 3. De executant deelt onverwijld aan de in het tweede lid onder *c* bedoelde rechthebbenden en beslagleggers schriftelijk dag en uur van de verkoop mede en deponeert ter griffie een verklaring van een advocaat dat aan dit voorschrift is voldaan. (Rv 515 lid 2, 573)

– 4. Tenminste drie dagen voor de aanvang van de verkoop stelt de voorzieningenrechter van de rechtbank een staat van geschatte kosten van de executie op, die op de griffie en ter terechtzitting ter inzage wordt gegeven.

– 5. De verkoop geschiedt eerst bij opbod en vervolgens bij afmijning. Met betrekking tot de veilingvoorwaarden zijn de artikelen 517, tweede lid, en 518 van overeenkomstige toepassing. (Rv 519)

De executant geeft schriftelijk van de verkoop kennis aan de geëxecuteerde en de hem bekende rechthebbenden en beslagleggers. (Rv 523)

– 6. Tegen het vonnis van verkoop en toewijzing is geen hogere voorziening toegelaten.

– 7. Artikel 538 is van overeenkomstige toepassing. De dagvaarding waarbij het verzet plaatsvindt, wordt mede aan de griffier betekend. Deze betekening schorst de executie. (Rv 438)
– 8. De rechtbank kan op verzoek van de executant nader dag en uur van de verkoop vaststellen. In dat geval vinden de in artikel 571, eerste lid, bedoelde aanplakkingen en aankondigingen opnieuw plaats. (Rv 518)

Art. 576

Verkoop conform executie roerende zaken

– 1. De verkoop zal geschieden als die van andere roerende zaken, indien het beslag gelegd is op: (Rv 462 e.v.)
a. zeeschepen, waarvan de bruto-inhoud minder dan 20 kubieke meters of de brutotonnage minder dan 6 bedraagt of, in geval van een schip in aanbouw zal bedragen, en die niet te boek staan in de openbare registers, bedoeld in afdeling 2 van titel 1 van Boek 3 van het Burgerlijk Wetboek, of op
b. binnenschepen als bedoeld in het tweede lid van artikel 785 van Boek 8 onder *a* van het Burgerlijk Wetboek, die niet te boek staan in een der registers genoemd in artikel 781, onder *c* en *d*, van Boek 8 van het Burgerlijk Wetboek, noch in enig ander soortgelijk buitenlands register.
– 2. De bekendmaking zal geschieden door aankondiging in een dagblad, verspreid ter plaatse waar het schip zich bevindt, en door aanplakking naar plaatselijk gebruik en in elk geval op een in het oog vallende plaats van het schip. (Rv 466, 571)

Art. 577

Betaling koopprijs

– 1. De koopprijs wordt gestort in handen van de notaris, de griffier of de deurwaarder, naar gelang de verkoop plaats heeft gevonden met toepassing van artikel 570, 575 of 576, dan wel bij een door de notaris, de griffier of deurwaarder aan te wijzen bewaarder die aan de eisen van artikel 445 voldoet, telkens onverminderd de bevoegdheid van de koper om in afwachting van de betaling voldoende zekerheid te stellen. (Rv 469, 524; BW 6: 51; 8: 210, 820)
– 2. Bij gebreke van een zodanige betaling, bewaring of zekerheidsstelling is de executant bevoegd het schip ten laste van de koper met inachtneming van artikel 570 en volgende wederom te verkopen. De executant is tot deze verkoop gehouden, indien een van de bij de opbrengst direct belanghebbenden dit verlangt. (Rv 469 lid 5, 527)

Art. 578

Gevolgen betaling koopprijs

– 1. Door betaling van de koopprijs, onderscheidenlijk zekerheidsstelling of in bewaringgeving overeenkomstig artikel 577, eerste lid, wordt het schip bevrijd van de daarop bij voorrang verhaalbare vorderingen en vervallen de daarop gelegde beslagen, alsook de beperkte rechten die niet tegen de verkoper ingeroepen kunnen worden of ter zake waarvan artikel 517, tweede lid, is toegepast. (Rv 526)
– 2. Ter zake van schepen die teboekstaan in het in artikel 193 van Boek 8 of 783 van Boek 8 van het Burgerlijk Wetboek genoemde register is artikel 273, tweede en derde lid, van Boek 3, van het Burgerlijk Wetboek, van overeenkomstige toepassing, met dien verstande dat bevoegd is de voorzieningenrechter van de rechtbank binnen wier rechtsgebied de verkoop heeft plaatsgevonden.

Art. 579

Schakelbepaling

Bij de executie door een hypotheekhouder van een schip dat te boek staat in de openbare registers, bedoeld in afdeling 2 van titel 1 van Boek 3 van het Burgerlijk Wetboek, zijn de artikelen 544 en 545 van overeenkomstige toepassing. De executie geschiedt voorts met toepassing van de artikelen 570, 571, eerste lid, en 572.

Art. 580

Op de verdeling van de opbrengst zijn de artikelen 551-552 van overeenkomstige toepassing. Is een schip verkocht als bedoeld in artikel 576, dan zijn de artikelen 480-490*a* 490*c* en 490*d* van toepassing.

Art. 581

Vergoeding voor verlies van scheepstoebehoren

– 1. In geval bij een executoriale verkoop van een schip voor één prijs mede scheepstoebehoren is verkocht, dat ten tijde van de verkoop aan een ander dan de eigenaar van het schip toebehoorde en deze ander de eigendom van het scheepstoebehoren als gevolg van de verkoop verloren heeft, wordt aan hem uit de netto-opbrengst met voorrang boven allen jegens wie hij zijn recht ten tijde van de verkoop kon inroepen, een vergoeding uitgekeerd ten bedrage van de waarde die het scheepstoebehoren ten tijde van de executie naar schatting had. (Rv 565 lid 1 sub *b*; BW 3: 264 lid 7, 282)
– 2. Ingeval er bij de verdeling van de netto-opbrengst deelnemers aan de rangregeling zijn, wier recht of voorrang niet gelijkelijk schip en scheepstoebehoren betreft, is artikel 553 van overeenkomstige toepassing.

Art. 582

Wijze van executie

– 1. De executie tot afgifte van een schip vangt aan met een bevel als bedoeld in artikel 563, dat van overeenkomstige toepassing is.

– 2. De executie geschiedt doordat de deurwaarder het schip, zonodig met overeenkomstige toepassing van de artikelen 556-558, onder zich neemt en afgeeft aan degene die het krachtens de executoriale titel moet ontvangen.
– 3. De artikelen 444-444*b*, 492, eerste, tweede en vierde lid, 497, 499, 500 en 564 zijn van overeenkomstige toepassing, met dien verstande dat voor de toepassing van artikel 444*b* de waarde van het schip in de plaats treedt van de vordering waarvoor het beslag is gelegd. (Rv 491)

Art. 583-584

Vervallen.

TWEEDE AFDELING
Van executoriaal beslag op en executie van luchtvaartuigen

Art. 584a

Begripsbepalingen

– 1. De in artikel 1300 van Boek 8 van het Burgerlijk Wetboek opgenomen begripsomschrijvingen gelden ook voor de onderhavige afdeling.
– 2. In deze afdeling wordt voorts verstaan onder:
a. het Verdrag van Chicago: het op 7 december 1944 te Chicago tot stand gekomen Verdrag inzake de internationale burgerluchtvaart (*Stb.* 1947, H 165);
b. nationaliteitsregister: een register als bedoeld in artikel 17 van het Verdrag van Chicago.

Art. 584b

Beslag op luchtvaartuig

– 1. Het beslag op een luchtvaartuig dat in de openbare registers of in een verdragsregister te boek staat, moet worden voorafgegaan door een aan de geëxecuteerde te betekenen exploit van een deurwaarder, houdende een bevel om binnen vierentwintig uur aan de executoriale titel te voldoen. Eerst na verloop van die termijn kan het beslag worden gelegd.
– 2. De voorzieningenrechter van de rechtbank kan, ook op mondeling verzoek van de deurwaarder, bepalen dat deze ook zonder voorafgaand bevel tot inbeslagneming kan overgaan.
– 3. In dat geval zal, in afwijking van artikel 430, derde lid, de betekening van de titel tezamen met die van het proces-verbaal van inbeslagneming kunnen geschieden. (Rv 563)

Art. 584c

Inhoud proces-verbaal

– 1. De deurwaarder legt het beslag ter plaatse waar het luchtvaartuig zich bevindt bij een proces-verbaal dat behalve de gewone formaliteiten, op straffe van nietigheid inhoudt:
a. de vermelding van de voornaam, naam en woonplaats van de executant en de naam en woonplaats van de geëxecuteerde;
b. de vermelding van de titel uit hoofde waarvan het beslag wordt gelegd;
c. een opgave van de vordering waarvoor het beslag wordt gelegd;
d. de kentekenen van het luchtvaartuig en een korte aanduiding van de inhoud van het bewijs van inschrijving, bedoeld in artikel 29 van het Verdrag van Chicago, dan wel de vermelding dat dit hem, deurwaarder, bij navraag niet is vertoond;
e. het adres van de in artikel III, eerste lid, van het Verdrag van Genève bedoelde dienst;
f. een keuze van woonplaats ten kantore van de deurwaarder die het beslag legt en, desgewenst, in Nederland ten kantore van een advocaat. (Rv 502, 565)
– 2. De deurwaarder kan zich doen bijstaan door een of twee getuigen, wier naam en woonplaats hij in dat geval in het procesverbaal zal vermelden en die dit stuk mede zullen ondertekenen. (Rv 440 lid 2, 556 lid 2, 564 lid 2)
– 3. De deurwaarder neemt de nodige maatregelen om vertrek van het luchtvaartuig te beletten. Hij is gerechtigd het luchtvaartuig of enig onderdeel daarvan in gerechtelijke bewaring te geven, waartoe hij tot verplaatsing binnen Nederland mag overgaan. De artikelen 445, tweede zin, en 446, tweede lid, zijn van overeenkomstige toepassing. (Rv 446, 564 lid 3, 796-797*f*)

Art. 584d

Inschrijving proces-verbaal

– 1. Wanneer beslag is gelegd op een luchtvaartuig dat te boek staat in de openbare registers, zal het proces-verbaal van inbeslagneming daarin worden ingeschreven. (Rv 505 lid 1, 566 lid 1; Kad. 8 lid 1 sub *c*, 12 lid 2)
– 2. Wanneer beslag is gelegd op een in een verdragsregister teboekstaand luchtvaartuig, zendt de deurwaarder een door hem gewaarmerkt afschrift van het proces-verbaal ten spoedigste rechtstreeks aangetekend en zo mogelijk per luchtpost naar de in artikel III, eerste lid, van het Verdrag van Genève bedoelde dienst, alsmede aan de bewaarder van het nationaliteitsregister, waar het luchtvaartuig is ingeschreven.
– 3. In elk geval zal het proces-verbaal van beslag op straffe van nietigheid binnen drie dagen na het leggen daarvan aan de geëxecuteerde worden betekend. (Rv 505 lid 1, 565 lid 3)

Art. 584e

Blokkerende werking

Een vervreemding, bezwaring of onderbewindstelling tot stand gebracht na de inschrijving in de openbare registers, kan niet tegen de beslaglegger of de koper ter executie worden ingeroepen, wanneer deze totstandbrenging geschiedde door de geëxecuteerde, terwijl hij kennis droeg van het beslag. (Rv 505 lid 2, 566 lid 2)

Art. 584f

Voorgeschreven vormen beslaglegging

– 1. De beslaglegger legt op de griffie van de rechtbank in welker rechtsgebied het luchtvaartuig zich dan bevindt, neer een afschrift van het proces-verbaal van inbeslagneming, alsmede een uittreksel uit de registratie voor luchtvaartuigen als bedoeld in artikel 102, eerste lid, van de Kadasterwet, dat ten minste de gegevens bevat, bedoeld in artikel 92, tweede lid, Kadasterwet, onder *a, c, d, e, f, g* en *j*, alsmede de gegevens omtrent niet doorgehaalde voorlopige aantekeningen, dan wel een soortgelijk uittreksel uit het verdragsregister.

– 2. Hij verzoekt voorts aan deze rechtbank:

a. benoeming van een rechter-commissaris voor de verificatie van de rechten waaraan het luchtvaartuig is onderworpen, en van de vorderingen die daarop verhaalbaar zijn;

b. vaststelling van plaats, dag en uur, waarop de verkoop en de toewijzing zullen plaats hebben. Deze dag moet tenminste 7 weken liggen na de dagtekening van de beschikking der rechtbank;

c. vaststelling van de dag, voor welke zij, die beweren rechten en vorderingen als bedoeld onder *a* te bezitten, deze bij de rechter-commissaris moeten kenbaar maken. Deze dag mag niet meer dan 4 weken voor de dag van de verkoop liggen.

– 3. Ten minste 6 weken voor de voor de verkoop bestemde dag brengt hij deze te 's-Gravenhage ter openbare kennis op de wijze als voorgeschreven bij algemene maatregel van bestuur. Wanneer beslag is gelegd op een in een verdragsregister teboekstaand luchtvaartuig brengt hij de verkoop tevens ter openbare kennis ter plaatse, waar het nationaliteitsregister waarin het luchtvaartuig is ingeschreven, is gevestigd, op de wijze daar voorgeschreven.

– 4. Hij verwittigt voorts 6 weken voor de voor de verkoop bestemde dag degenen die in de registratie voor luchtvaartuigen, bedoeld in artikel 92 Kadasterwet of in een verdragsregister, als beperkt gerechtigd of beslaglegger staan vermeld, van de voorgenomen verkoop bij aangetekende brief, alsmede zo mogelijk bij per luchtpost verzonden aangetekende brief, beide gericht naar hun woonplaatsen vermeld in de registratie voor luchtvaartuigen dan wel in het verdragsregister.

Art. 584g

Inhoud kennisgevingen

De kennisgevingen uit hoofde van artikel 584*f* derde lid, behelzen:

a. de voornaam, de naam, en woonplaats van de executant;

b. de korte vermelding van de titel, uit kracht waarvan hij beslag heeft gelegd;

c. de vordering, waarvoor het beslag is gelegd;

d. de door hem in het proces-verbaal gekozen woonplaats;

e. de veilingvoorwaarden;

f. de door de rechtbank op grond van artikel 584*f* tweede lid, gegeven beschikkingen.

Art. 584h

Verkoop na verloop termijn

Op verzoek van de executant kan de rechtbank ook na het verstrijken van de krachtens artikel 584*f*, tweede lid onder *c*, door haar gestelde termijn, nader plaats, dag en uur, waarop de verkoop en de toewijzing zullen plaats hebben, vaststellen alsmede een nadere dag, voor welke de in artikel 584*f* bedoelde vorderingen bij de rechter-commissaris moeten zijn kenbaar gemaakt. De rechtbank neemt bij deze nadere vaststelling, welke zij slechts éénmaal kan verrichten, de termijnen, vermeld in artikel 584*f*, in acht en stelt overigens die voorwaarden, welke haar dienstig voorkomen. De executant vervult de formaliteiten, vermeld in artikel 584*f* leden 3 en 4 en in artikel 584*g*.

Art. 584i

Indiening vorderingen en rangregeling

Na het verstrijken van de krachtens artikel 584*f*, tweede lid onder *c* of 584*h* door de rechtbank gestelde termijn maakt de rechter-commissaris uit de ingediende beweringen een staat op van de in artikel 584*f* tweede lid, bedoelde rechten en vorderingen.

– 2. De artikelen 483*a*-490*a* 490*c* en 490*d* zijn van overeenkomstige toepassing, voor zover uit de volgende artikelen van deze afdeling niet anders voortvloeit.

Art. 584j

Termijn en tegenspraak

– 1. De in artikel 484 bedoelde nederlegging en mededeling vinden plaats ten minste twee weken voor de voor de verkoop vastgestelde dag.

– 2. De rechter-commissaris sluit de lijst van rechten en vorderingen niet voor het voor de verkoop vastgestelde tijdstip; tot dit tijdstip kunnen schuldeisers tegenspraak doen.

Art. 584k

Renvooiprocedure en sluiting rangregeling

– 1. Indien voor het tijdstip van de verkoop geen tegenspraak is gedaan dan tegen rechten en vorderingen die in rang na die van de executant komen, sluit de rechter-commissaris de lijst en wordt tot verkoop overgegaan.

– 2. Indien voor het tijdstip van verkoop wel tegenspraak als bedoeld in het vorige lid is gedaan, verdaagt de rechtercommissaris de verkoop.

– 3. Zodra op de tegenspraak is beslist bij een vonnis, dat in kracht van gewijsde is gegaan, sluit de rechter-commissaris op verzoek van de executant de lijst en bepaalt hij plaats, dag en uur, waarop de verkoop en de toewijzing zullen plaats hebben. Deze dag moet tenminste 7 weken liggen na de dagtekening van de beschikking van de rechter-commissaris

– 4. De executant vervult in dat geval opnieuw de formaliteiten vermeld in artikel 584*f*, derde lid. Hij verwittigt voorts hen, die een bewering hebben ingediend, alsmede de in artikel 584*f*, vierde lid, bedoelde beperkt gerechtigden en beslagleggers, van de voorgenomen verkoop bij aangetekende brief, alsmede, zo mogelijk, bij per luchtpost verzonden aangetekende brief.

Art. 584l

Overneming

– 1. Iedere schuldeiser, wiens vordering op de door de rechter-commissaris vastgestelde lijst rang neemt boven die van de beslaglegger, kan bij de verkoop diens plaats innemen mits hij de beslaglegger ten minste 7 dagen voor de verkoop van zijn voornemen hiertoe bij aangetekende brief heeft kennis gegeven.

– 2. Indien de beslaglegger de uitwinning niet of niet op de bepaalde dag vervolgt, heeft iedere schuldeiser, wiens vordering op de door de rechter-commissaris vastgestelde lijst rang neemt boven die van de beslaglegger, het recht dit te doen. Dit recht vervalt, wanneer hij, na aanmaning door een belanghebbende, er binnen een redelijke termijn geen gebruik van maakt. De schuldeiser, die van dit recht gebruik wenst te maken, vervult in dat geval opnieuw de formaliteiten vermeld in artikel 584*k*, vierde lid; artikel 584*g* vindt, voor zover mogelijk, overeenkomstige toepassing.

Art. 584m

Verkoop bij opbod

– 1. De verkoop geschiedt bij opbod en vervolgens bij afmijning voor de rechter-commissaris met inachtneming van de veilingvoorwaarden zoals hiervan door de beslaglegger is kennisgegeven of zoals deze door de rechter-commissaris op verzoek van een belanghebbende nader zijn bepaald, en overigens op de door de rechter-commissaris na raadpleging van de executant te bepalen wijze. (Rv 469, 519, 575 lid 5)

Toewijzing

– 2. De rechter-commissaris beslist over de toewijzing. Toewijzing vindt niet plaats, wanneer niet alle vorderingen, welke op de door de rechter-commissaris vastgestelde lijst als bevoorrecht boven de vordering van hem, op wiens verzoek de verkoop geschiedt, voorkomen, uit de opbrengst worden voldaan of door de koper te zijnen laste worden genomen.

– 3. In het in het vorige lid bedoelde geval blijven de kosten van uitwinning ten laste van hem, op wiens verzoek de verkoop geschiedt.

Art. 584n

Betaling van de koopprijs

– 1. De koopprijs wordt binnen twee dagen voldaan in handen van de griffier van de rechtbank binnen welker rechtsgebied de verkoop is geschied dan wel bij een door de griffier aan te wijzen bewaarder die aan de eisen van artikel 445 voldoet. De griffier voldoet daaruit op last van de rechter-commissaris de kosten van de executie die in het gezamenlijk belang van de schuldeisers zijn gemaakt en keert de netto-opbrengst uit overeenkomstig de door de rechter-commissaris opgestelde lijst, zodra deze gesloten is. (Rv 480, 551, 580; BW 3: 270)

– 2. Schiet de koper in de nakoming van de koopovereenkomst tekort, dan zijn de artikelen 527-529 van overeenkomstige toepassing. (Rv 577)

Art. 584o

Eigendomsovergang

– 1. De koper verkrijgt de eigendom van een in het register teboekstaand luchtvaartuig door inschrijving van het proces-verbaal van toewijzing.

– 2. De bewaarder van de registers weigert inschrijving, indien niet tevens een verklaring van de griffier wordt overgelegd dat de koopprijs in zijn handen is gestort.

– 3. De koper verkrijgt de eigendom van een in het verdragsregister teboekstaand luchtvaartuig door de voldoening van de koopprijs. (Rv 525 leden 1 en 2)

Art. 584p

Zuivering

– 1. Tenzij in de veilingvoorwaarden anders is bepaald, vervallen door de levering aan de koper en de voldoening van de koopprijs alle op een in het register teboekstaand luchtvaartuig rustende rechten, voor zover deze niet rang nemen boven het recht van de executant, alsmede de rechten die niet op de lijst van de rechter-commissaris voorkomen. De ingeschreven overeenkomsten, bedoeld in de artikelen 1308 en 1309 van Boek 8 van het Burgerlijk Wetboek, worden ontbonden, voor zover de daaruit voortvloeiende rechten rang nemen na de vordering van de executant. Aldus waardeloos geworden inschrijvingen van hypotheken en beslagen worden ambtshalve doorgehaald. (Rv 526, 578; BW 3: 273)

– 2. Tenzij in de veilingvoorwaarden anders is bepaald, vervallen door de eigendomsverkrijging overeenkomstig artikel 584*o*, derde lid, alle in het vorige lid bedoelde rechten die op een in het verdragsregister teboekstaand luchtvaartuig rusten.

Art. 584q

Vernietiging

Indien het beslag en de executie niet overeenkomstig deze afdeling hebben plaats gevonden, kan een ieder, die daardoor is benadeeld, binnen zes maanden na de toewijzing vorderen dat de rechtbank binnen welker rechtsgebied de verkoop is geschied de verkoop en daaropgevolgde eigendomsovergang vernietigt. Indien deze vorderingen een in het register teboekstaand luchtvaartuig betreft, moet zij op straffe van niet ontvankelijkheid binnen drie dagen na de instelling daarvan in de openbare registers worden ingeschreven. (Kad. 40; BW 3: 28 e.v.)

Art. 584r

Reële executie

– 1. De executie tot afgifte van een in het register of een verdragsregister teboekstaand luchtvaartuig vangt aan met een bevel als bedoeld in artikel 584*b*, dat van overeenkomstige toepassing is.
– 2. De executie geschiedt doordat de deurwaarder het luchtvaartuig onder zich neemt en afgeeft aan degene die het krachtens executoriale titel moet ontvangen.
– 3. De artikelen 444-444*b*, 492, eerste, tweede en vierde lid, 497, 499, 500 en 584*c* zijn van overeenkomstige toepassing, met dien verstande dat voor de toepassing van artikel 444*b* de waarde van het luchtvaartuig in de plaats treedt van de vordering waarvoor het beslag is gelegd. (Rv 582)

VIJFDE TITEL
Van lijfsdwang en deszelfs tenuitvoerlegging en van dwangsom

EERSTE AFDELING
Lijfsdwang

Art. 585

Toelaatbaarheid lijfsdwang

De rechter kan op verlangen van de schuldeiser de tenuitvoerlegging bij lijfsdwang toestaan van:
a. vonnissen en beschikkingen, voor zover zij een veroordeling tot iets anders dan het betalen van geld inhouden;
b. vonnissen, beschikkingen en authentieke akten waarbij een uitkering tot levensonderhoud, krachtens Boek 1 van het Burgerlijk Wetboek verschuldigd, daaronder begrepen het verschuldigde voor verzorging en opvoeding van een minderjarige en voor levensonderhoud en studie van een meerderjarige die de leeftijd van een en twintig jaren niet heeft bereikt, is bevolen of toegezegd, alsmede beschikkingen waarbij een uitkering krachtens artikel 85, tweede lid, van Boek 1 van het Burgerlijk Wetboek door de ene echtgenoot of geregistreerde partner aan de andere verschuldigd, is bevolen, en beschikkingen tot verhaal op grond van de Wet werk en bijstand.

Art. 586

Vordering tot uitvoerbaarverklaring bij lijfsdwang

Tenzij de tenuitvoerlegging bij lijfsdwang reeds was toegestaan in het vonnis of de beschikking tot nakoming waarvan dit dwangmiddel strekt, wordt een vordering tot uitvoerbaarverklaring bij lijfsdwang ingesteld bij de voorzieningenrechter van de rechtbank. De vordering wordt ingesteld en behandeld als een kort geding. (Rv 598*b* (oud); Rv 591)

Art. 587

Ultimum remedium

De rechter verklaart een vonnis, beschikking of akte als bedoeld in artikel 585 slechts uitvoerbaar bij lijfsdwang, indien aannemelijk is dat toepassing van een ander dwangmiddel onvoldoende uitkomst zal bieden en het belang van de schuldeiser toepassing daarvan rechtvaardigt. (Rv 600 sub *f*)

Art. 588

Beperking uitvoerbaarheid bij lijfsdwang

Uitvoerbaarheid bij lijfsdwang wordt niet uitgesproken indien de schuldenaar buiten staat is aan de verplichting waarvoor tenuitvoerlegging bij lijfsdwang wordt verlangd, te voldoen. (Rv 589*a* (oud); Rv 600 sub *d*)

Art. 589

Duur tenuitvoerlegging lijfsdwang

– 1. De tenuitvoerlegging van de lijfsdwang duurt ter zake van dezelfde verplichting ten hoogste een jaar. (Rv 591*a* (oud))
– 2. Strekt de verplichting van de schuldenaar tot nalaten, dan bepaalt de rechter de termijn gedurende welke de lijfsdwang kan worden ten uitvoer gelegd. Bij andere verplichtingen kan de rechter een termijn bepalen.

Art. 589a

Vervallen.

Art. 590

Aanhouding beslissing

De rechter kan zijn beslissing over de uitvoerbaarheid bij lijfsdwang voor een door hem te bepalen termijn aanhouden. (Rv 598*a* (oud))

TWEEDE AFDELING
Tenuitvoerlegging en ontslag

Art. 591

Tenuitvoerlegging na betekening

– 1. Behoudens verlof tot dadelijke tenuitvoerlegging, kan lijfsdwang niet worden ten uitvoer

gelegd dan een dag na betekening van het vonnis of de beschikking waarin de uitvoerbaarheid bij lijfsdwang is toegestaan.
– 2. Het exploot houdt mede een bevel tot nakoming in. (Rv 599 (oud); Rv 45, 586)

Art. 592

Toegang tot elke plaats

– 1. De deurwaarder heeft voor de ingijzelingstelling van de schuldenaar toegang tot elke plaats, voor zover dat redelijkerwijs voor de vervulling van zijn taak nodig is. Artikel 444, tweede lid, is van overeenkomstige toepassing.
– 2. De schuldenaar mag niet worden gegijzeld zolang een vrijgeleide duurt, waarvan de tijd moet worden bepaald door de rechter die het heeft gegeven teneinde de schuldenaar voor zich te laten verschijnen. (Rv 600 (oud))

Art. 593

Elk moment

De ingijzelingstelling kan op alle dagen en uren plaatsvinden. (Rv 601 (oud))

Art. 594

Bijstand door getuigen

De deurwaarder kan zich door een of twee getuigen doen bijstaan. (Rv 602 lid 2 (oud); Rv 440 lid 2, 564 lid 2)

Art. 595

Bijstand door sterke arm

De deurwaarder kan de sterke arm verzoeken bij de aanhouding bijstand te verlenen. (Rv 603 (oud))

Art. 596

Overbrenging naar huis van bewaring

De gegijzelde schuldenaar wordt overgebracht naar een huis van bewaring. (Rv 438)

Art. 597

Voorschieten kosten onderhoud

– 1. De schuldeiser schiet iedere dertig dagen een toereikende som tot onderhoud van de schuldenaar voor, volgens een bij algemene maatregel van bestuur vastgesteld tarief.
– 2. Indien de schuldeiser niet aan het eerste lid voldoet, is de directeur van het huis van bewaring bevoegd de schuldenaar uit de gijzeling te ontslaan. (Rv 592 (oud))

Art. 598

Akte van ingijzelingstelling en insluiting

– 1. Van de ingijzelingstelling en de insluiting in het huis van bewaring maakt de deurwaarder een akte op.
– 2. De akte vermeldt:
a. het vonnis of de beschikking waarin de tenuitvoerlegging bij lijfsdwang is toegestaan;
b. de datum van de betekening;
c. de naam, de voornamen en de woonplaats van de schuldeiser;
d. een door de schuldeiser gekozen woonplaats in de gemeente waarin de schuldenaar is ingesloten;
e. de voornamen, de naam en het kantooradres van de deurwaarder;
f. de naam en de woonplaats van de schuldenaar;
g. plaats en tijdstip van de ingijzelingstelling en, indien daarbij getuigen aanwezig waren, hun namen en woonplaatsen;
h. het voorschot van onderhoud voor ten minste dertig dagen;
i. de vermelding dat de schuldenaar een afschrift van de akte heeft ontvangen.
– 3. Bij het binnentreden in een woning zonder toestemming van de bewoner zijn de artikelen 10 en 11, tweede lid, van de Algemene wet op het binnentreden op de akte, bedoeld in het eerste lid, van overeenkomstige toepassing. Is na het binnentreden de schuldenaar niet gegijzeld, dan maakt de deurwaarder, met overeenkomstige toepassing van de artikelen 10 en 11, tweede lid, van de Algemene wet op het binnentreden en van het tweede lid, onder *a*, *b*, *c*, *e*, *f* en g, eveneens een akte op. (Rv 602, 606 (oud))

Art. 598a-598k

Vervallen.

Art. 599

Inschrijving in register

– 1. De directeur van het huis van bewaring schrijft de gegevens bedoeld in artikel 598, tweede lid, onder *a* tot en met *h*, in in zijn register.
– 2. De deurwaarder verstrekt de directeur afschriften van het vonnis of de beschikking waarin de tenuitvoerlegging bij lijfsdwang werd toegestaan en van de akte van insluiting. Deze afschriften worden bij het in het eerste lid bedoelde register gevoegd. Indien de deurwaarder de afschriften niet verstrekt, weigert de directeur de opname van de schuldenaar. (Rv 607 (oud))

Art. 600

Ontslag uit gijzeling

De schuldenaar wordt uit de gijzeling ontslagen indien:
a. de schuldeiser daarin schriftelijk toestemt;
b. de schuldenaar alsnog zijn schuld met de verschenen rente betaalt dan wel zich, in het geval zijn verplichting een andere is dan de betaling van geld, onder het stellen van voldoende waarborg bereid verklaart daaraan te voldoen, een en ander onder betaling van vereffende kosten, de kosten van de gijzeling en de voorgeschoten onderhoudskosten;

c. de gijzeling een zodanig nadelige invloed op de gezondheid van de schuldenaar heeft dat zijn leven daardoor in gevaar komt;
d. de schuldenaar buiten staat is te voldoen aan de prestatie waartoe hij verplicht is; (Rv 588)
e. het belang van de schuldeiser voortzetting van de gijzeling niet rechtvaardigt; (Rv 587)
f. toepassing van een ander dwangmiddel alsnog redelijkerwijs voldoende uitkomst kan bieden. (Rv 596 (oud); Rv 438, 587)

Art. 601-611

Vervallen.

DERDE AFDEELING
Van dwangsom

Art. 611a

Veroordeling op vordering

– 1. De rechter kan op vordering van een der partijen de wederpartij veroordelen tot betaling van een geldsom, dwangsom genaamd, voor het geval dat aan de hoofdveroordeling niet wordt voldaan, onverminderd het recht op schadevergoeding indien daartoe gronden zijn. Een dwangsom kan echter niet worden opgelegd in geval van een veroordeling tot betaling van een geldsom. (Rv 1056)
– 2. De dwangsom kan ook voor het eerst in verzet of in hoger beroep worden gevorderd.

Betekening

– 3. De dwangsom kan niet worden verbeurd vóór de betekening van de uitspraak waarbij zij is vastgesteld. (Rv 430)
– 4. De rechter kan bepalen dat de veroordeelde pas na verloop van een zekere termijn de dwangsom zal kunnen verbeuren. (BW 3: 296, 299; 6: 27, 74 e.v.)

Art. 611b

Mogelijkheden

De rechter kan de dwangsom hetzij op een bedrag ineens, hetzij op een bedrag per tijdseenheid of per overtreding vaststellen. In de laatste twee gevallen kan de rechter eveneens een bedrag bepalen waarboven geen dwangsom meer verbeurd wordt.

Art. 611c

Executie

De dwangsom, eenmaal verbeurd, komt ten volle toe aan de partij die de veroordeling heeft verkregen. Deze partij kan de dwangsom ten uitvoer leggen krachtens de titel waarbij zij is vastgesteld. (EEX-Vo 49; EEX–Verdrag 43; Ned.-Duits Ex. 7)

Art. 611d

Opheffen, opschorten, verminderen

– 1. De rechter die een dwangsom heeft opgelegd, kan op vordering van de veroordeelde de dwangsom opheffen, de looptijd ervan opschorten gedurende de door hem te bepalen termijn of de dwangsom verminderen in geval van blijvende of tijdelijke, gehele of gedeeltelijke onmogelijkheid voor de veroordeelde om aan de hoofdveroordeling te voldoen. (Rv 611*e*; BW 6: 2 lid 1, 74 lid 1)
– 2. Voor zover de dwangsom verbeurd was voordat de onmogelijkheid intrad, kan de rechter haar niet opheffen of verminderen. (Rv 611, 1056)

Art. 611e

Faillissement

– 1. De dwangsom kan gedurende het faillissement van de veroordeelde niet worden verbeurd.
– 2. Dwangsommen die vóór de faillietverklaring verbeurd zijn, worden in het passief van het faillissement niet toegelaten.

Schuldsaneringsregeling

– 3. Het eerste en tweede lid zijn van overeenkomstige toepassing in de schuldsaneringsregeling natuurlijke personen, met dien verstande dat dwangsommen tijdens de toepassing van de schuldsaneringsregeling kunnen worden opgelegd en verbeurd ter zake van vorderingen ten aanzien waarvan de schuldsaneringsregeling niet werkt.

Art. 611f

Na overlijden veroordeelde

– 1. Na overlijden van de veroordeelde wordt een dwangsom die op een bepaald bedrag per tijdseenheid is vastgesteld, niet verder verbeurd, maar de vóór het overlijden verbeurde dwangsommen blijven verschuldigd. De dwangsom wordt door erfgenamen van de veroordeelde pas opnieuw verbeurd nadat de rechter die haar heeft opgelegd, aldus heeft beslist. De rechter kan het bedrag en de voorwaarden ervan wijzigen.
– 2. Andere dwangsommen kunnen, op vordering van de erfgenamen, door de rechter die ze heeft opgelegd, worden opgeheven of verminderd, hetzij blijvend hetzij tijdelijk, en, in voorkomend geval, met ingang van de dag waarop de veroordeelde overleden is. (Rv 611)

Art. 611g

Verjaring

– 1. Een dwangsom verjaart door verloop van zes maanden na de dag waarop zij verbeurd is.

Schorsing

– 2. De verjaring wordt geschorst door faillissement, toepassing van de schuldsaneringsregeling natuurlijke personen en ieder ander wettelijk beletsel voor tenuitvoerlegging van de dwangsom.
– 3. De verjaring wordt ook geschorst zolang degene die de veroordeling verkreeg met het verbeuren van de dwangsom redelijkerwijze niet bekend kon zijn. (BW 3: 306 e.v., 312)

Art. 611h

Rechterlijke bevoegdheid

Voor de bepaling van de rechterlijke bevoegdheid en de vatbaarheid voor hoger beroep wordt geen rekening gehouden met de dwangsom. (RO 38 e.v., 53 e.v.)

Art. 611i

Scheidsmannen

Onder rechter in deze afdeling worden mede scheidsmannen begrepen. (Rv 1056; BW 3: 305)

ZESDE TITEL

Van het vereffenen van schadevergoeding

Art. 612

Schadestaatprocedure

De rechter die een veroordeling tot schadevergoeding uitspreekt, begroot, voor zover hem dit mogelijk is, de schade in het vonnis. Indien begroting in het vonnis hem niet mogelijk is, spreekt hij een veroordeling uit tot schadevergoeding op te maken bij staat. (Overg.r. 25; BW 6: 97)

Art. 613

Betekening

– 1. De tenuitvoerlegging van een veroordeling tot schadevergoeding op te maken bij staat, vangt aan met de betekening aan de wedepartij van een staat waarin het beloop van de schade waarvan de vereffening wordt gevorderd, gespecificeerd wordt opgegeven.

Inhoud exploot

– 2. Het exploot vermeldt de roldatum en, indien dan een terechtzitting wordt gehouden, het uur daarvan. De bepalingen betreffende dagvaarding zijn van overeenkomstige toepassing. Bevoegd is de rechter die in eerste instantie over de hoofdzaak heeft geoordeeld. (Rv 5 e.v., 75 e.v., 133 e.v., 773)

Art. 614

Anders dan geld

De schuldeiser kan in de schadestaat ook vereffening van de schade in andere vorm dan betaling van een geldsom vorderen. (BW 6: 103)

Art. 615

Nieuwe posten

De schuldeiser kan, onverschillig of in de hoofdzaak reeds schadeposten waren gesteld, nieuwe posten in de schadestaat opnemen. Indien de wederpartij zich door de opneming in haar verdediging onredelijk bemoeilijkt acht, kan zij zich daartegen verzetten met overeenkomstige toepassing van artikel 130, eerste en tweede lid. Het verzet wordt in elk geval afgewezen, voor zover de schuldeiser ten tijde van de hoofdzaak niet met de schade bekend was.

Art. 615a

Afzonderlijke gedingen

Voor de toepassing van de artikelen 123, 127, 129, 130, 139 tot en met 147, 225 tot en met 228, 249 tot en met 253 worden hoofdzaak en schadestaatprocedure als afzonderlijke gedingen beschouwd.

Art. 615b

Veroordeling

De schuldenaar wordt veroordeeld de vastgestelde schade te voldoen. Op verlangen van de schuldeiser kan de rechter de schadeposten afzonderlijk toewijzen, zodra zij zijn komen vast te staan.

ZEVENDE TITEL

Van het stellen van zekerheid

Art. 616

Bevoegde rechter

– 1. Ingeval van geschil over een krachtens vonnis of beschikking te stellen zekerheid wordt daarover op vordering van de meest gerede partij in kort geding beslist door de voorzieningenrechter van de rechtbank, door wie of door wiens college de zaak in eerste aanleg is behandeld, of, in geval van een arbitraal vonnis, van de rechtbank ter griffie waarvan dat vonnis is nedergelegd.

– 2. Gaat het om een vonnis of beschikking van de kantonrechter, dan wordt de vordering voor deze ingesteld. Gaat het om een uitspraak van een gerechtshof in eerste aanleg, dan wordt de vordering ingesteld voor de voorzieningenrechter van de rechtbank die naar de gewone regels in eerste aanleg bevoegd zou zijn.

– 3. Zowel de rechter die het vonnis of de beschikking, bedoeld in de vorige leden, wijst als de rechter die over het geschil omtrent de te stellen zekerheid oordeelt, kan een termijn bepalen:

a. waarbinnen de zekerheid moet worden aangeboden of gesteld, op straffe van verval van de bevoegdheid met het oog op welker uitoefening de zekerheidstelling is bevolen;

b. waarbinnen een aangeboden zekerheid door de wederpartij moet worden aanvaard of geweigerd, op straffe van verval van haar bevoegdheid zekerheidstelling te eisen.

– 4. De rechter die de termijn heeft bepaald, kan deze op verzoek van de meest gerede partij, in te dienen voordat de termijn is verstreken, verlengen. Tegen een beschikking krachtens dit lid is geen hogere voorziening toegelaten. (BW 6: 51)

Art. 617-620

Vervallen.

EERSTE TITEL
Van rechtspleging in zaken van verkeersmiddelen en vervoer

EERSTE AFDELING
Algemene bepalingen

Art. 621

Bevoegde rechter

Bevoegd tot het kennisnemen van een betwisting, als bedoeld in artikel 168 van Boek 8 van het Burgerlijk Wetboek, en van verzoeken tot verkoop als bedoeld in afdeling 1 van titel 3 van Boek 8 van dat Wetboek is de rechtbank van de woonplaats genoemd in artikel 194 zesde lid of artikel 784 zevende lid van Boek 8 van het Burgerlijk Wetboek. Verkoop van het schip geschiedt slechts na verhoor of behoorlijke oproeping van de leden der rederij en de boekhouder, zo er een boekhouder is. (BW 8: 10, 160 e.v.)

Art. 622

Benoeming deskundigen

– 1. Indien binnen één maand, nadat de boekhouder aan de leden der rederij kennis heeft gegeven van zijn verlangen als bedoeld in artikel 170 van Boek 8 van het Burgerlijk Wetboek, tussen hem en alle leden der rederij geen eenstemmigheid is verkregen omtrent de benoeming van de in dat artikel bedoelde deskundigen, zullen deze, in oneven getale, op verzoek van de boekhouder dan wel een lid der rederij, worden benoemd door de voorzieningenrechter van de rechtbank van de woonplaats genoemd in artikel 194 zesde lid of artikel 784, zevende lid van Boek 8 van het Burgerlijk Wetboek.

– 2. Indien binnen één maand, nadat een lid der rederij aan de andere leden daarvan kennis heeft gegeven van zijn verlangen als bedoeld in artikel 174 van Boek 8 van het Burgerlijk Wetboek, tussen hem en die andere leden geen eenstemmigheid is verkregen omtrent de benoeming van de in dat artikel bedoelde deskundigen, zullen deze, in oneven getale, op verzoek van het eerstgenoemde lid der rederij, worden benoemd door de voorzieningenrechter van de in het eerste lid genoemde rechtbank. (BW 2: 336 e.v.)

Art. 623

Werking vonnis

Een vonnis verkregen tegen de rederij of tegen de boekhouder als zodanig kan op het gemeenschappelijke vermogen van de leden der rederij ten uitvoer worden gelegd en daarnaast voor ieders aandeel op het overige vermogen van die leden die ten dage dat de vordering, voor welke beslag wordt gelegd, is ontstaan, leden der rederij waren.

Art. 624

Bevoegde rechter goedkeuring of machtiging

– 1. Bevoegd tot kennisneming van verzoeken tot goedkeuring als bedoeld in artikel 1303, vierde lid, van Boek 8 van het Burgerlijk Wetboek en tot machtiging tot doorhaling als bedoeld in de artikelen 195, 786 of 1304 van Boek 8 van het Burgerlijk Wetboek zijn de rechtbank van de woonplaats, bedoeld in de artikelen 194, zesde lid, 784, zevende lid, of 1303, zesde lid, van Boek 8 van het Burgerlijk Wetboek, alsmede de rechtbank binnen welker rechtsgebied het kantoor waar het schip te boek staat in de openbare registers, bedoeld in afdeling 2 van titel 1 van Boek 3 van het Burgerlijk Wetboek, is gelegen.

– 2. Machtiging wordt slechts verleend na verhoor of behoorlijke oproeping van degenen van wier recht of beslag uit een inschrijving blijkt of te wier gunste voorlopige aantekeningen bestaan. Deze machtiging wordt door de griffier der rechtbank op het verzoekschrift aangetekend.

– 3. Bij de verzoeken, bedoeld in het eerste lid, is de tussenkomst van een advocaat niet vereist.

Art. 625

Scheepshuurkoop

Bevoegd tot kennisneming van verzoeken en vorderingen terzake van scheepshuurkoop is mede de rechtbank van de woonplaats als bedoeld in artikel 784 zevende lid van Boek 8 van het Burgerlijk Wetboek. (BW 8: 800 e.v.)

Art. 626

Conservatoir beslag door vervoerder

– 1. Een vervoerder kan terzake van het hem verschuldigde conservatoir beslag leggen op onder de vervoerovereenkomst aan boord van een schip vervoerde zaken gedurende één maand na de aanvang van de dag, waarop zij niet meer aan boord van het schip zijn, zolang niet een derde te goeder trouw en anders dan om niet daarop enig recht heeft verkregen. (BW 8: 391 e.v., 484, 907 e.v., 932, 947)

– 2. Het beslag wordt gelegd met toepassing van de regels betreffende conservatoir beslag op roerende zaken in handen van de schuldenaar. De artikelen 711, eerste lid, 461*d* en 708, tweede lid, zijn op dit beslag niet van toepassing. (Rv 711 e.v.)

Art. 627

Aanwijzing van een derde

De aanwijzing van een derde, als bedoeld in artikel 481 tweede lid en artikel 946 tweede lid van Boek 8 van het Burgerlijk Wetboek of in enig desbetreffend partijbeding, geschiedt ten verzoeke van de meest gerede partij door de voorzieningenrechter van de rechtbank van de plaats, waar het daar bedoelde cognossement aan de vervoerder moet worden afgegeven. (Rv 261 e.v.)

Art. 628

Bewaring

Op een verzoek van de vervoerder tot toestemming ten vervoer ontvangen zaken op te slaan, onder zichzelf te houden of daarvoor andere maatregelen te treffen wordt beslist door de voorzieningenrechter van de rechtbank, binnen welker rechtsgebied de zaken zich bevinden. (Rv 261 e.v., 626)

Art. 629

Bevoegde rechter eindbestemming in Nederland

– 1. Bevoegd tot het kennis nemen van geschillen tussen een vervoerder en een ontvanger, die niet de afzender was, inzake overeenkomsten tot vervoer geheel of gedeeltelijk per schip van een buiten Nederland gelegen plaats naar een in Nederland gelegen plaats van eindbestemming is de rechter binnen wiens rechtsgebied die plaats in Nederland ligt. Onder ontvanger wordt mede begrepen, hij, die een vordering instelt terzake van niet afgeleverde zaken.

Afwijkend beding

– 2. Nietig is ieder beding, waarbij van het eerste lid van dit artikel wordt afgeweken, tenzij zulk een beding

a. bevoegd verklaart een rechter van een met name genoemde plaats gelegen op het grondgebied van de staat waarin hetzij de vervoerder hetzij de ontvanger woonplaats heeft, dan wel

b. is neergelegd in een afzonderlijk, niet naar algemene voorwaarden verwijzend geschrift.

Art. 630

Bevoegde rechter art. 31 CMR

Tot het kennisnemen van geschillen als bedoeld in artikel 31 van het Verdrag betreffende de overeenkomst tot internationaal vervoer van goederen over de weg is mede bevoegd de rechtbank van de plaats van in ontvangstneming der zaken of van de plaats bestemd voor de aflevering der zaken.

Art. 631

Bevoegde rechter zekerheid

Geschillen naar aanleiding van het stellen, aanvullen of vervangen van zekerheid als bedoeld in de artikelen 30, 69, 489, 954 en 1131 van Boek 8 van het Burgerlijk Wetboek worden ten verzoeke van de meest gerede partij beslist door de voorzieningenrechter van de rechtbank, binnen welker rechtsgebied de aflevering plaatsvindt of moet plaatsvinden.

Art. 632

Verkoop ten vervoer ontvangen zaken

– 1. Op een verzoek tot machtiging ten vervoer ontvangen zaken te verkopen wordt beslist door de voorzieningenrechter van de rechtbank, binnen welker rechtsgebied de zaken zich bevinden. De verzoeker is verplicht bij zijn verzoek aan te geven op welke wijze of wijzen de zaken kunnen worden verkocht.

– 2. De voorzieningenrechter van de rechtbank zal op verzoek van de meest gerede partij in zijn beschikking bepalen dat, en zo ja, op welke wijze de opbrengst van het verkochte of een gedeelte daarvan zal strekken tot zekerheid voor nog niet vaststaande vorderingen van de verzoerder. (Rv 261 e.v.)

Art. 633

Onderzoek

– 1. Op een verzoek tot gerechtelijk onderzoek als bedoeld in de artikelen 494, 495, 959, 960 en 1135 van Boek 8 van het Burgerlijk Wetboek wordt beslist door de voorzieningenrechter van de rechtbank binnen welker rechtsgebied de zaken zich bevinden. Deze wijst daarbij hetzij één, hetzij drie deskundigen aan en bepaalt op welke wijze dezen de wederpartij van de verzoeker zullen oproepen bij het onderzoek aanwezig te zijn.

– 2. Op een verzoek van de in het eerste lid bedoelde aanvrager tot het geheel of gedeeltelijk ten laste van zijn wederpartij brengen van de kosten van het onderzoek of de begroting als daar bedoeld, dan wel van de door dat onderzoek geleden schade, wordt beslist door de in dat lid genoemde rechter. (Rv 227 e.v., 261 e.v.)

Art. 634

Vervallen.

Art. 635

Bevoegde rechter bij aanvaring

In zaken van aanvaring of van een voorval als bedoeld in artikel 541 van Boek 8 van het Burgerlijk Wetboek, is mede bevoegd de rechter van de plaats waarin het kantoor waar het schip te boek staat in de openbare registers, bedoeld in afdeling 2 van titel 1 van Boek 3 van het Burgerlijk Wetboek, is gelegen. (Rv 99 e.v., 767)

Art. 635a

Vervallen.

Art. 636

Beslag door hulpverlener

– 1. Een hulpverlener kan terzake van het hem uit hoofde van hulpverlening verschuldigde conservatoir beslag leggen op zaken, waaraan hulp is verleend doch die niet meer aan boord van het schip zijn, zolang niet een derde te goeder trouw en anders dan om niet daarop enig recht heeft verkregen.

– 2. De in dit artikel bedoelde beslagen kunnen niet worden gelegd op zaken die zich onder beheer van de strandvonder bevinden.
– 3. Tenzij het een schip betreft dat niet onder artikel 573 valt, wordt het beslag gelegd met toepassing van de regels betreffende conservatoir beslag op roerende zaken in handen van de schuldenaar. De artikelen 711, eerste lid, 461*d* en 708, tweede lid, zijn op dit beslag niet van toepassing. (Rv 626)

Art. 637

Bevoegde rechter bij hulpverlening

– 1. In zaken van hulpverlening is artikel 635 van overeenkomstige toepassing en is voorts mede bevoegd de rechter binnen het rechtsgebied van wie de hulp is verleend.
– 2. Betreft de zaak een verzoek als bedoeld in afdeling 2 van titel 6 van Boek 8 van het Burgerlijk Wetboek of een geschil met betrekking tot de zekerheid als bedoeld in artikel 568 van dat Boek, dan is bevoegd de voorzieningenrechter van de bevoegde rechtbank. (Rv 11, 99 e.v., 767)

Art. 638

Verplichtingen scheepseigenaar of rompbevrachter

– 1. Indien zich naar zijn mening een geval van avarij-grosse voordeed, is de eigenaar van het schip en in geval van rompbevrachting de rompbevrachter, verplicht met inachtneming van het derde lid van dit artikel binnen redelijke termijn na het einde van de onderneming een persoon (dispacheur) aan te wijzen ter berekening van de avarij-grosse en ter vaststelling van hen die recht hebben op vergoedingen en van hen te wier laste de bijdragen in de avarij-grosse komen. Hij is verplicht van deze aanwijzing tijdig mededeling te doen aan hen die naar zijn mening in de avarij-grosse moeten bijdragen.
– 2. Indien de in het eerste lid genoemde verplichting niet is nagekomen, is ieder die van mening is recht te hebben op een vergoeding in avarij-grosse danwel in een avarij-grosse te zullen moeten bijdragen, bevoegd de voorzieningenrechter van de rechtbank, binnen welker rechtsgebied de onderneming eindigde, te verzoeken de dispacheur te benoemen. Gelijke bevoegdheid komt toe aan ieder die zich niet kan verenigen met de ingevolge het eerste lid aangewezen dispacheur. (Rv 429*a* e.v.)
– 3. Tenzij de in het tweede lid bedoelde belanghebbenden anders overeenkomen, moet de dispacheur kantoorhouden in, danwel zo dicht mogelijk bij, de plaats waar de onderneming eindigde. Ligt deze plaats in Nederland dan moet de dispacheur in Nederland kantoor houden. (Rv 227 e.v.; BW 8: 610 e.v.)

Art. 639

Informatieplicht belanghebbenden

– 1. De belanghebbenden bij de avarij-grosse zijn verplicht de dispacheur iedere inlichting en alle documenten, die hij ter opstelling van de dispache vraagt, te doen toekomen.
– 2. Indien een partij niet aan de in het eerste lid omschreven verplichting voldoet, is de dispacheur gerechtigd zich de noodzakelijke inlichtingen of documenten te verschaffen en deze worden alsdan vermoed juist te zijn.

Art. 640

Verplichtingen dispacheur

De dispacheur is bevoegd een door hem ondertekend exemplaar van de dispache ter griffie van de rechtbank te Rotterdam te deponeren en is alsdan verplicht, voor zover hem dit redelijkerwijs mogelijk is, alle belanghebbenden, onder toezending van een exemplaar der dispache of een uittreksel daarvan, bericht te zenden.

Art. 641

Homologatie dispache

Hij, die de hem toegezonden dan wel ter griffie van de rechtbank te Rotterdam gedeponeerde dispache wenst af te wikkelen, verzoekt deze rechtbank de dispache te homologeren. Zo dit nog niet is geschied, legt hij een exemplaar der dispache of een uittreksel daarvan ter griffie neer. (Rv 232, 261 e.v., 641*b* lid 2; Fw 150 e.v., 271 e.v.)

Art. 641a

Herzieningsverzoek

– 1. Ieder der in artikel 638 bedoelde personen, die zich niet met de hem toegezonden, dan wel ter griffie van de rechtbank te Rotterdam gedeponeerde dispache kan verenigen, verzoekt deze rechtbank de dispache te herzien. Zo dit nog niet is geschied legt hij een exemplaar der dispache of een uittreksel daarvan ter griffie neer. (Rv 261 e.v.)
– 2. Wijst de rechter het in het vorige lid bedoelde verzoek af, dan homologeert hij de dispache. (Rv 641*b* lid 2)

Art. 641b

Wijziging of intrekking

– 1. Gaat de rechter in het geval van artikel 641 of artikel 641*a* niet tot homologatie over dan is de dispacheur of een mogelijkerwijs door de rechter aangewezen andere dispacheur verplicht de dispache in overeenstemming met de rechterlijke beslissing te wijzigen, dan wel haar in te trekken. In geval van intrekking wordt, tenzij de rechter anders beslist, de dispache desalniettemin wat betreft honorarium en kosten van de dispacheur gehomologeerd.
– 2. Gaat de rechter in het geval van artikel 641 of artikel 641*a* tot homologatie over, dan zijn zij die de dispache betwistten, hoofdelijk verplicht de belanghebbenden, die niet tot dergelijke betwisting overgingen, de tengevolge van de betwisting geleden schade te vergoeden.

Art. 641c

Zekerheidstelling

Ieder die de dispache betwist, is op verzoek van ieder die dit niet deed, verplicht ten behoeve van deze laatste zekerheid te stellen voor de door deze laatste mogelijkerwijs geleden of te lijden schade. Geschillen naar aanleiding van het stellen, aanvullen of vervangen van deze zekerheid worden ten verzoeke van de meest gerede partij beslist door de voorzieningenrechter van de rechtbank.

Art. 641d

Executoriale titel

Na het in kracht van gewijsde gaan van een beschikking van homologatie levert de dispache een voor tenuitvoerlegging vatbare titel op.

Art. 642

In beginsel geen hogere voorziening

Tegen een beslissing van de voorzieningenrechter van de rechtbank, gegeven in de gevallen van de artikelen 621 tot en met 641*d* staat geen andere voorziening open dan cassatie in het belang van de wet.

TWEEDE AFDELING

Van rechtspleging inzake beperking van aansprakelijkheid van scheepseigenaren

Art. 642a

Verzoek beperking aansprakelijkheid

– 1. Wie op grond van artikel 750, artikel 751, artikel 1060 of artikel 1061 van Boek 8 van het Burgerlijk Wetboek een beroep wil doen op beperking van zijn aansprakelijkheid, verzoekt de rechtbank binnen welker rechtsgebied het kantoor waar het schip te boek staat in de openbare registers, bedoeld in afdeling 2 van titel 1 van Boek 3 van het Burgerlijk Wetboek, is gelegen, dan wel wanneer het schip niet te boek staat in de openbare registers, bedoeld in afdeling 2 van titel 1 van Boek 3 van het Burgerlijk Wetboek, de rechtbank te Rotterdam, het bedrag of de bedragen waartoe zijn aansprakelijkheid is beperkt (het bedrag van het fonds of van de fondsen), vast te stellen en te bevelen dat tot een procedure ter verdeling van een te stellen fonds zal worden overgegaan. (BW 8: 755 e.v., 1065 e.v.)

– 2. Het verzoek vermeldt:

a. de naam van het schip;

b. wanneer het een zeeschip betreft de nationaliteit daarvan en wanneer het een zeevissersschip of een binnenschip betreft zo mogelijk de plaats waarin het kantoor waar het schip te boek staat, is gelegen;

c. de naam en de woonplaats van de verzoeker;

d. het bedrag dat naar het oordeel van de verzoeker het fonds of de fondsen belopen, en de gegevens noodzakelijk ter berekening hiervan;

e. de dag en de plaats van het voorval dat aanleiding gaf tot de vorderingen ten aanzien waarvan de verzoeker zijn aansprakelijkheid meent te kunnen beperken alsmede een omschrijving daarvan;

f. de naam en de woonplaats van de aan de verzoeker bekende personen tegenover wie hij meent zich op beperking van zijn aansprakelijkheid te kunnen beroepen met een schatting van het maximum-bedrag van ieders vordering.

De verzoeker doet in het verzoekschrift een voorstel omtrent de wijze waarop hij fonds denkt te stellen.

– 3. Het indienen van een verzoek als in dit artikel bedoeld, vormt niet een erkenning van aansprakelijkheid.

– 4. De behandeling geschiedt op de dag en de tijd die door de griffier aan de in het tweede lid onder *f* bedoelde personen worden medegedeeld. Bovendien doet de griffier van het verzoek aankondiging in één of meer door de rechtbank mogelijkerwijs aan te wijzen nieuwsbladen.

Art. 642b

Voeging

Wanneer naar aanleiding van hetzelfde voorval meer dan één op eenzelfde schip betrekking hebbend verzoek als bedoeld in artikel 642*a* is ingediend, beveelt de rechtbank alvorens op deze verzoeken te beslissen, tenzij een verzoeker zich daartegen verzet en dit verzet gegrond is bevonden, de voeging van de zaken op één fonds betrekking hebbend.

Art. 642c

Behandeling verzoek

– 1. Bij de behandeling van het in artikel 642*a* bedoelde verzoek kan geen beroep worden gedaan op artikel 754 of artikel 1064 van Boek 8 van het Burgerlijk Wetboek.

Toewijzing verzoek

– 2. Bij toewijzing van het verzoek bepaalt de rechtbank met inachtneming van de artikelen 755 en 756 van Boek 8 van het Burgerlijk Wetboek dan wel de in artikel 1065 van dat boek bedoelde algemene maatregel van bestuur het in rekeneenheden uitgedrukte beloop van het fonds of de fondsen. Zij beveelt de verzoeker op een door haar te bepalen dag, die niet later kan liggen dan één maand na de dag der beschikking, fonds te stellen

a. hetzij door het bedrag van het fonds berekend met inachtneming van de artikelen 755, 756 en 759 van Boek 8 van het Burgerlijk Wetboek of van de in artikel 1065 van dat boek bedoelde algemene maatregel van bestuur, vermeerderd met de wettelijke rente ingevolge artikel 757 of

die algemene maatregel van bestuur alsmede vermeerderd met een bedrag ter bestrijding van de kosten der procedure in de consignatiekas te storten,
b. hetzij door op andere door haar bepaalde wijze zekerheid te stellen ten belope van het onder *a* genoemde bedrag, alsnog vermeerderd met de wettelijke rente daarover van de aanvang van de dag volgende op de dag van deze laatst bedoelde zekerheidsstelling tot de aanvang van de dag waarop de griffier de in artikel 642*v* bedoelde oproep doet uitgaan.
– 3. De rechtbank wijst een rechter-commissaris aan ter vaststelling van de staat van verdeling van het fonds of de fondsen en benoemt tevens een vereffenaar hiervan. Wanneer zij daartoe termen aanwezig acht, kan zij voor ieder fonds meer dan één vereffenaar benoemen.
– 4. Het fonds wordt gesteld ten name van de benoemde rechter-commissaris en vereffenaar, die daarover met uitsluiting van de verzoeker, doch slechts gezamenlijk, kunnen beschikken.
– 5. De beschikking van de rechtbank is uitvoerbaar bij voorraad. De werking van de beschikking kan door de hogere rechter niet worden geschorst.
– 6. De verzoeker die aan het bevel der rechtbank heeft voldaan, richt zich onverwijld tot haar met het verzoek dit te verklaren. Indien de rechtbank deze verklaring weigert, kan zij de verzoeker een hernieuwd bevel tot het stellen van fonds geven op een door haar te bepalen dag die niet later kan liggen dan één maand na de dag der beschikking. De verzoeker die aan dit hernieuwde bevel der rechtbank heeft voldaan, richt zich wederom tot haar met het verzoek dit te verklaren. De tweede zin van dit lid is alsdan niet van toepassing.
– 7. De verzoeker ten aanzien van wie de rechtbank geen verklaring als in het zesde lid bedoeld heeft gegeven, kan zijn aansprakelijkheid niet meer op grond van artikel 750, artikel 751, artikel 1060 of artikel 1061 van Boek 8 van het Burgerlijk Wetboek beperken.
– 8. Op de voldoening aan een bevel tot storting of andere zekerheidsstelling als bedoeld in dit artikel zijn de artikelen 45 tot en met 48 van Boek 3 van het Burgerlijk Wetboek en de artikelen 42 tot en met 49 van de Faillissementswet niet van toepassing. (Rv 447 sub 4°; Fw 21 sub 5°)

Art. 642d

Gesteld fonds

Indien terzake van één en hetzelfde voorval een fonds is gesteld door één der personen of zijn verzekeraar genoemd in
a. artikel 758, eerste lid, onder *a*, of artikel 1066, eerste lid, onder *a*, van Boek 8 van het Burgerlijk Wetboek,
b. artikel 758, eerste lid, onder *b*, of artikel 1066, eerste lid, onder *b*, van Boek 8 van het Burgerlijk Wetboek,
c. artikel 758, eerste lid, onder *c*, of artikel 1066, eerste lid, onder *c*, van Boek 8 van het Burgerlijk Wetboek, of
d. artikel 758, tweede lid, of artikel 1066, tweede lid, van Boek 8 van het Burgerlijk Wetboek,
wordt dit fonds aangemerkt als door alle onder dezelfde letter genoemde personen te zijn gesteld en zulks ten aanzien van de vorderingen waarvoor het fonds werd gesteld.

Art. 642e

Opheffing beslagen, teruggave zekerheid

– 1. Indien na toewijzing van een op artikel 750 of artikel 751 van Boek 8 van het Burgerlijk Wetboek gegrond verzoek geen der schuldeisers binnen de in artikel 642*g* genoemde termijn betwist heeft, dat de schuldenaar zijn aansprakelijkheid kan beperken, dan wel omtrent een zodanige betwisting onherroepelijk afwijzend is beslist en een fonds is gesteld ten aanzien waarvan de rechtbank een verklaring als bedoeld in het zesde lid van artikel 642*c* heeft afgegeven en dat werkelijk ten bate van de schuldeiser beschikbaar is alsmede de schuldeiser zijn vordering op het fonds in rechte geldend kan maken, kan de rechter op verzoek van hem te wiens behoeve het fonds is gesteld de opheffing van beslagen die ter zake van de vorderingen waarvoor het fonds is gesteld, zijn gelegd, dan wel de teruggave van te dier zake gegeven zekerheid bevelen.
– 2. Indien aan de in het eerste lid gestelde vereisten is voldaan, zal de rechter op een verzoek als in het eerste lid bedoeld een bevel als in dat lid bedoeld geven, wanneer het fonds is gesteld
a. in de haven waar het ongeval waaruit aansprakelijkheid is voortgevloeid, plaats vond, of wanneer dit ongeval niet in een haven plaats vond, in de eerste haven welke het schip daarna aanliep, of
b. in de haven van ontscheping van de betrokken persoon, indien de schade is voortgevloeid uit dood of letsel van personen, of
c. met betrekking tot beschadigde lading in de haven van lossing, of
d. in de Staat waarin het beslag is gelegd.
– 3. Het eerste of tweede lid van dit artikel vindt slechts toepassing indien het fonds aan de schuldeiser, wat zijn vordering betreft, vrij kan worden overgemaakt.
– 4. Indien ten aanzien van een op artikel 1060 of artikel 1061 van Boek 8 van het Burgerlijk Wetboek gegrond verzoek aan de in het eerste lid gestelde vereisten is voldaan, geeft de rechtbank op een verzoek als in het eerste lid bedoeld een bevel als in dat lid bedoeld.

Schorsing geding

Art. 642f

– 1. Indien aan de in artikel 642*e* gestelde vereisten is voldaan, worden procedures terzake van vorderingen waarvoor het fonds is gesteld, geschorst overeenkomstig artikel 225, tweede lid, eerste zin, ook al waren deze reeds in staat van wijzen.

– 2. Behoudens de gevallen bedoeld in het derde lid wordt na schorsing van een hangende procedure het geding op verzoek van de meest gerede partij van de rol afgevoerd, wanneer

a. het verzoek van de schuldeiser tot verificatie als bedoeld in artikel 642*l* is afgewezen of

b. de staat van verdeling bedoeld in artikel 642*v* op de in dat artikel genoemde wijze is vastgesteld of

c. de vordering van de schuldeiser ingevolge artikel 642*w* is tenietgegaan.

Hervatting geding

– 3. Het geschorste geding wordt hervat, indien

a. alsnog onherroepelijk wordt beslist dat de schuldenaar zijn aansprakelijkheid niet kan beperken of

b. in een der in het tweede lid bedoelde gevallen de schuldenaar de veroordeling van de schuldeiser in de kosten van het geding vordert.

– 4. Blijft een beroep op schorsing als bedoeld in het eerste lid van dit artikel achterwege, dan verliest een schuldenaar de bevoegdheid jegens de betrokken schuldeiser beroep te doen op zijn beperkte aansprakelijkheid.

Toepasselijke bepalingen

– 5. Op de schorsing en de hervatting van het geding zijn artikel 225, tweede lid, tweede zin, en derde lid, en artikel 227 van overeenkomstige toepassing.

Art. 642g

Termijn indienen vorderingen en betwistingen aansprakelijkheidsbeperking

– 1. Nadat de in artikel 642*c*, zesde lid, bedoelde verklaring is afgegeven bepaalt de rechter-commissaris, de vereffenaar gehoord hebbend, zo spoedig mogelijk de dag waarop uiterlijk de vorderingen op de schuldenaar, alsmede de betwistingen van diens beroep op beperking van zijn aansprakelijkheid hetzij ten aanzien van alle, hetzij ten aanzien van één of meer der schuldeisers bij de vereffenaar moeten worden ingediend.

Datum verificatie vorderingen en behandeling betwistingen aansprakelijkheidsbeperking

– 2. De rechter-commissaris bepaalt, de vereffenaar gehoord hebbend, tevens de dag of de dagen met bepaling van tijd en plaats, waarop door hem zal worden overgegaan tot verificatie van de ingediende vorderingen en behandeling van betwistingen van het beroep op beperking van aansprakelijkheid. Deze dagen, tijden en plaatsen kunnen voor elk der fondsen alsmede voor één dezer fondsen verschillend zijn.

Ten minste acht weken

– 3. Tussen de in het eerste lid genoemde dag voor de indiening der vorderingen en het verrichten van betwistingen als in dat lid bedoeld en de dag der verificatiezitting of de zitting waarop deze betwistingen zullen worden behandeld, moeten tenminste acht weken verlopen. (Fw 108)

Art. 642h

Voorlopige terzijdestelling bedrag

Indien een schuldenaar aantoont, dat hij op een later tijdstip niettegenstaande het eerste lid van artikel 642*f* gedwongen zou kunnen worden geheel of gedeeltelijk een bedrag te betalen waarvoor hij, als hij dit bedrag vóór de verdeling van het fonds had betaald, op grond van artikel 642*j* in de rechten van de schuldeiser zou zijn gesubrogeerd, kan de rechter-commissaris gelasten, dat voorlopig een bedrag zal worden terzijde gesteld, dat voldoende is om het de schuldenaar mogelijk te maken op dat latere tijdstip zijn rechten overeenkomstig artikel 642*j* geldend te maken.

Art. 642i

Kennisgeving beschikkingen

De vereffenaar geeft van de beschikkingen genoemd in artikel 642*g* onverwijld bij aangetekende brief kennis aan de schuldenaar of de schuldenaren en de door dezen opgegeven schuldeisers. Bovendien doet hij, indien de rechter-commissaris zulks beveelt, van deze beschikkingen aankondiging in één of meer door de rechter-commissaris mogelijkerwijs aan te wijzen nieuwsbladen. (Fw 109; Rv 642*w*)

Art. 642j

Subrogatie

Een bedrag dat een schuldenaar of diens verzekeraar vóór de verdeling van een fonds heeft betaald, kan door hem niet geheel of gedeeltelijk worden teruggevorderd; hij wordt voor het betaalde bedrag van rechtswege gesubrogeerd in de rechten van de schuldeiser. (Rv 642*h*)

Art. 642k

Aanmelden vordering ter verificatie

De schuldeiser die tegen het verzoek van een schuldenaar verweer voert, moet niettemin zijn vordering ter verificatie aanmelden. Hetzelfde geldt ten aanzien van een schuldeiser die twijfelt of de schuldenaar gezien de aard van de vordering met betrekking tot deze vordering jegens hem een beroep kan doen op de beperking van zijn aansprakelijkheid.

Art. 642l

Indiening schuldvorderingen

– 1. De indiening der schuldvorderingen geschiedt bij de vereffenaar door de overlegging van een rekening of andere schriftelijke verklaring aangevende de aard en het bedrag der vordering vergezeld van de bewijsstukken of een afschrift daarvan. De in de tweede zin van artikel 642*k*

bedoelde schuldeiser legt bovendien over een schriftelijke verklaring bevattende de gronden van zijn daar bedoelde twijfel.
– 2. Indiening van een vordering ter verificatie wordt ten aanzien van verjaring en verval aangemerkt als het in rechte instellen van deze vordering.
– 3. De schuldeisers zijn bevoegd van de vereffenaar een ontvangstbewijs te vorderen.
– 4. De vereffenaar toetst de ingezonden rekeningen aan de administratie en opgaven van de schuldenaar, treedt, als hij tegen de toelating van een vordering bezwaar heeft, met de schuldeiser en de schuldenaar of schuldenaren in overleg en is bevoegd van dezen overlegging van ontbrekende stukken alsook raadpleging van hun administratie en van de oorspronkelijke bewijsstukken te vorderen. **Toetsing, overleg en bevoegdheden**
– 5. Voor ieder fonds brengt de vereffenaar de vorderingen die hij goedkeurt op een lijst van voorlopig erkende schuldvorderingen en de vorderingen die hij betwist, op een afzonderlijke lijst vermeldende de gronden der betwisting. **Twee lijsten**
– 6. De door de vereffenaar opgestelde lijsten liggen gedurende ten minste 21 dagen vóór de dag, voor de verificatie bestemd, ter griffie ter kosteloze inzage voor ieder. De nederlegging geschiedt kosteloos. **Neerlegging lijsten**
– 7. De vereffenaar vermeldt de verweerschriften ingediend tegen het verzoek door een schuldenaar gedaan vermeldende de gronden der betwisting. (Fw 110 e.v.) **Vermelding verweerschriften**

Art. 642m

Bericht neerlegging lijsten

Van de krachtens artikel 642*l* gedane nederlegging der lijsten geeft de vereffenaar aan alle bekende schuldeisers en de schuldenaar of schuldenaren schriftelijk bericht, waarbij hij een nadere oproeping tot de verificatievergadering voegt.

Art. 642n

Zittingen R-C

Op de ingevolge artikel 642*g* bepaalde dag of dagen houdt de rechter-commissaris in tegenwoordigheid van de vereffenaar één of meer zittingen.

Art. 642o

Te laat ingediende vorderingen

– 1. Vorderingen ingediend na afloop van de in het eerste lid van artikel 642*g* genoemde termijn kunnen op verzoek van de schuldeiser door de rechter-commissaris tot de verificatie worden toegelaten.
– 2. Een dergelijk verzoek moet worden toegestaan, indien de schuldeiser buiten Nederland woont en daardoor verhinderd was zich eerder te melden.
– 3. In geval van geschil over het al dan niet aanwezig zijn der verhindering in het tweede lid bedoeld beslist de rechter-commissaris na de vergadering te hebben geraadpleegd. (Fw 127)

Art. 642p

Betwisting vordering

– 1. Alle schuldeisers en schuldenaren kunnen een vordering betwisten. (Fw 119)
– 2. Vorderingen die niet worden betwist, worden door de rechter-commissaris vastgesteld op het beweerde bedrag. (Rv 642*t* lid 1)
– 3. Van de vaststelling door de rechter-commissaris geschiedt aantekening in het proces-verbaal ter zitting en op de door de vereffenaar opgestelde lijst. (Fw 121)

Art. 642q

Verwijzing

– 1. In geval van betwisting ter zitting van een vordering of van het beroep op beperking van aansprakelijkheid verwijst de rechter-commissaris partijen en de schuldenaar, indien hij hen niet kan verenigen, naar een of meer door hem te bepalen terechtzittingen van de rechtbank ter beslissing van het punt van geschil. De rechter-commissaris verwijst ook de in de tweede zin van artikel 642*k* bedoelde schuldeiser wiens vordering overigens niet wordt betwist, naar de terechtzitting der rechtbank ter beslissing van de vraag of zijn vordering terecht ter verificatie werd ingediend.
– 2. Indien een schuldeiser wiens vordering betwist wordt, of indien een schuldenaar niet ter zitting aanwezig is, geeft de vereffenaar hem onmiddellijk per aangetekende brief kennis van iedere verwijzing.

Art. 642r

Afwezigheid ter terechtzitting

– 1. Verschijnt de schuldeiser die de verificatie vraagt, niet ter terechtzitting van de rechtbank, dan wordt hij geacht zijn vordering voor zover zij betwist is, te hebben ingetrokken.
– 2. Verschijnt hij die een betwisting van enige stelling van een schuldenaar of schuldeiser deed, niet, dan wordt hij geacht deze betwisting te hebben laten varen.
– 3. De in het tweede lid van artikel 642*q* genoemde personen kunnen zich in het geding niet op het ontbreken van de daar bedoelde kennisgeving beroepen.
– 4. Schuldeisers die bij de indiening van hun vordering, noch ter vergadering, betwisting hebben gedaan, kunnen in het geding zich voegen noch tussenkomen; tussenkomst kan in geval van faillissement van een schuldenaar worden gevorderd door de curator in dat faillissement of, ingeval van toepassing van de schuldsaneringsregeling natuurlijke personen, door de bewindvoerder.
– 5. Een onherroepelijke beslissing inhoudende dat een schuldenaar zijn aansprakelijkheid

ten opzichte van één of meer vorderingen niet kan beperken, heeft bindende kracht zowel jegens een schuldenaar als in geval van diens faillissement of toepassing ten aanzien van hem van de schuldsaneringsregeling natuurlijke personen jegens zijn schuldeisers. (Fw 122, 328)

Art. 642s

Staat van verdeling

– 1. Na afloop van de in artikel 642*n* bedoelde zittingen of, indien deze tot geschillen aanleiding hebben gegeven, nadat daarover onherroepelijk is beslist, wordt door de vereffenaar een staat van verdeling van het betrokken fonds opgemaakt en aan de goedkeuring van de rechter-commissaris onderworpen.

Verval gestelde zekerheid en uitkering gestort bedrag

– 2. Indien onherroepelijk is beslist, dat de schuldenaar zijn aansprakelijkheid niet kan beperken, vervalt de gestelde zekerheid en wordt een gestort bedrag uitgekeerd aan hem die de storting verrichtte doch niet eerder dan één maand nadat het vonnis in kracht van gewijsde is gegaan en de vereffenaar op de in artikel 642*i* voorgeschreven wijze kennis heeft gegeven van de dag waarop deze uitkering zal plaatsvinden.

Art. 642t

Verificatie vorderingen buitenlandse valuta

– 1. Vorderingen waarvan de waarde niet in Nederlands geld is uitgedrukt, worden geverifieerd voor hun geschatte waarde in Nederlands geld.

Toepasselijke regels bij aansprakelijkheidsbeperking maritieme vorderingen en binnenschepen

– 2. Indien de schuldenaar gebruik maakte van de hem hetzij in artikel 750 of artikel 751 hetzij in artikel 1060 of artikel 1061 van Boek 8 van het Burgerlijk Wetboek gegeven bevoegdheid zijn de volgende regels van toepassing:

a. het personenfonds wordt aangewend ter voldoening van vorderingen betreffende personenschade;

b. het passagiersfonds wordt aangewend ter voldoening van vorderingen betreffende personenschade van reizigers;

c. het zakenfonds wordt aangewend ter voldoening van vorderingen betreffende zaakschade en van vorderingen betreffende personenschade voor zover deze nog onvoldaan mochten zijn na toepassing van de onder *a* genoemde regel;

d. het wrakkenfonds wordt aangewend ter voldoening van vorderingen als bedoeld in artikel 752, eerste lid, onder *d* of *e*, van Boek 8 van het Burgerlijk Wetboek;

e. het waterverontreinigingsfonds wordt aangewend ter voldoening van vorderingen terzake van kosten en schadevergoedingen verschuldigd voor waterverontreiniging als bedoeld in de algemene maatregel van bestuur ter uitvoering van artikel 1065 van Boek 8 van het Burgerlijk Wetboek;

f. indien een volgens de onder *a* tot en met *e* genoemde regels te verdelen bedrag niet voldoende is ter voldoening van de vorderingen waartoe het volgens deze regels wordt aangewend, worden deze vorderingen in evenredigheid gekort.

– 3. Voor de toepassing van het tweede lid wordt onder personenschade verstaan alle schade voortspruitende uit dood of letsel van personen en onder zaakschade alle schade, die niet is personenschade.

– 4. Onder voorbehoud van het in het tweede lid, onder *c*, bepaalde is ieder fonds uitsluitend bestemd voor de voldoening van de vorderingen met betrekking waartoe het is gesteld.

Art. 642u

Neerlegging staat van verdeling

– 1. Een door de rechter-commissaris goedgekeurde staat van verdeling van het beschikbare fonds ligt gedurende 14 dagen ter griffie van de rechtbank ter kosteloze inzage van de schuldeisers wier vorderingen zijn erkend, en van de schuldenaren. De nederlegging geschiedt kosteloos.

Aankondiging neerlegging

– 2. Van de nederlegging wordt door de vereffenaar aankondiging gedaan op de wijze voorgeschreven in artikel 642*i*, terwijl daarvan bovendien bij aangetekende brief kennis wordt gegeven aan de schuldenaren en aan ieder der schuldeisers wier vorderingen zijn erkend met vermelding van het voor hen uitgetrokken bedrag; ieder van hen kan gedurende de genoemde termijn bij de rechtbank tegen de staat van verdeling in verzet komen door indiening van een met redenen omkleed bezwaarschrift ter griffie.

Beschikking rechtbank

– 3. Na afloop van de termijn geeft de rechtbank haar beschikking, nadat zij de schuldeisers en de schuldenaren heeft gehoord of behoorlijk doen oproepen. De oproeping geschiedt bij aangetekende brief door de vereffenaar.

Art. 642v

Vastgestelde staat van verdeling, oproep ontvangstneming

– 1. Nadat een staat van verdeling door de rechter-commissaris of, indien tijdig verzet is gedaan, door de rechtbank is vastgesteld, roept de griffier bij aangetekende brief de schuldeisers op het hun toekomende bedrag in ontvangst te nemen.

Kosteloze inzage

– 2. De staat ligt na de vaststelling ter griffie ter kosteloze inzage van belanghebbenden.

Uitkering

– 3. Een nog bestaand batig saldo en uitkeringen waarover niet binnen één jaar is beschikt, worden uitgekeerd aan hem die de storting verrichtte. Artikel 642*s*, tweede lid, is daarbij van overeenkomstige toepassing.

Art. 642w

Behoudens het vierde lid van artikel 642*f* gaan de vorderingen van schuldeisers die, hoewel daartoe behoorlijk opgeroepen zijnde, deze niet ter verificatie hebben aangemeld, door het in kracht van gewijsde gaan van de staat van verdeling teniet. Tenietgaan vorderingen

Art. 642x

– 1. De rechter-commissaris is bevoegd te allen tijde een voorlopige staat van verdeling vast te stellen. In dat geval zijn de artikelen 642*s* tot en met 642*v* van overeenkomstige toepassing. Voorlopige staat van verdeling

– 2. De rechter-commissaris kan bevelen, dat door schuldeisers aan wie op grond van een voorlopige staat van verdeling een uitkering wordt gedaan, een door hem aan te wijzen vorm van zekerheid wordt gegeven.

Art. 642y

– 1. De beschikkingen van de rechter-commissaris alsmede die van de rechtbank krachtens artikel 642*u*, derde lid, zijn niet vatbaar voor hoger beroep, noch voor beroep in cassatie. Uitsluiting hoger beroep en cassatie

– 2. Tegen de andere uitspraken, waartoe de artikelen 642*a* tot en met 642*z* aanleiding geven, kan door de schuldenaar en door de verschenen schuldeisers binnen vier weken na de dag der uitspraak hoger beroep worden ingesteld, tenzij krachtens enige algemene regeling een kortere termijn van toepassing is. Dezelfde termijn geldt voor het beroep in cassatie. Termijn hoger beroep en cassatie

– 3. Indien een rechtsmiddel wordt ingesteld, moet daarvan bij exploit worden kennis gegeven aan de griffier der rechtbank. Kennisgeving instelling rechtsmiddel

– 4. De uitspraak op het rechtsmiddel wordt door de griffier van het betrokken rechtscollege onverwijld medegedeeld aan de griffier der rechtbank, die daarvan bij aangetekende brief aan schuldeisers en schuldenaren kennis geeft. Mededeling uitspraak op rechtsmiddel

Art. 642z

Behoudens de toepassing van artikel 289 komen de kosten voortvloeiende uit de toepassing van de artikelen 642*a* tot en met 642*y* ten laste van de schuldenaar. (Rv 237 e.v.) Kosten

Art. 643-645

Vervallen.

VIERDE AFDEELING

Art. 646-653

Vervallen.

VIJFDE AFDEELING

Art. 654-657

Vervallen.

TWEEDE TITEL

Van procedures betreffende een nalatenschap of een gemeenschap

EERSTE AFDELING

Van de verzegeling

Art. 658

– 1. Zaken die tot een nalatenschap of een gemeenschap waarop afdeling 2 van titel 7 van Boek 3 van het Burgerlijk Wetboek van toepassing is behoren kunnen worden verzegeld met verlof van de kantonrechter van de rechtbank van het arrondissement waarin de verzegeling moet plaatsvinden. De verzegeling geschiedt door een bij dit verlof aan te wijzen notaris met diens zegel. Tegen het verlof is geen hogere voorziening toegelaten. Procedure

– 2. De notaris kan een bewaarder van de gelegde zegels aanstellen. (Wet Notarisambt 45; Sr 199)

Art. 659

De artikelen 444, 444*a* en 444*b*, tweede en derde lid, zijn van overeenkomstige toepassing. Overeenkomstige toepassing

Art. 660

– 1. Verlof tot verzegeling kan worden verzocht: Bevoegdheid tot verzegeling

1° door hem die de nalatenschap kan opeisen of als deelgenoot of beperkt gerechtigde op een aandeel van de gemeenschap verdeling daarvan kan vorderen; (Rv 808; BW 1: 100; 4: 880 e.v., 1002, 1005)

2° zo zich onder 1° bedoelde personen onbekwamen bevinden, die geen wettelijke vertegenwoordiger hebben, of, indien deze afwezig is, door een bloed- of aanverwant van de onbekwame;

3° in geval van een nalatenschap:

a. mede door de overgebleven echtgenoot of de overgebleven partner bij een geregistreerd partnerschap of door een executeur van de nalatenschap; (BW 4: 1056, 1174)

b. zo noch de onder *a* bedoelde personen, noch een der erfgenamen aanwezig mocht zijn, door een dergenen die in dienst van de overledene waren of met hem samenwoonden;
c. zo de nalatenschap onder bewind staat: door de bewindvoerder;
4° door een schuldeiser van de nalatenschap of gemeenschap, doch alleen indien hij zonder de verzegeling ernstig gevaar zou lopen zijn vordering niet te kunnen verhalen. (Fw 7)
5° door een door de rechter benoemde vereffenaar van de nalatenschap of gemeenschap.
– 2. Het verlof wordt slechts gegeven, indien de verzoeker zijn recht of bevoegdheid en een voldoende ernstig belang bij de verzegeling summierlijk aannemelijk maakt. (Fw 93)

Art. 661

Notaris of Ktr. bevoegd

Indien in geval van een nalatenschap een der in artikel 660, eerste lid onder 1°, bedoelde personen afwezig of onbekwaam is, en geen wettelijke vertegenwoordiger heeft of deze afwezig is, kan het verlof tot verzegeling ook door een notaris worden verzocht of door de kantonrechter ambtshalve worden bevolen.

Art. 662

Inhoud proces-verbaal

Van de verzegeling moet door een proces-verbaal blijken, dat zal inhouden:
1° dag en uur van de verzegeling;
2° naam, voornaam en woonplaats van hem op wiens verzoek de verzegeling is gedaan en een keuze van woonplaats ten kantore van de notaris die de verzegeling verricht;
3° de vermelding van het verlof tot verzegeling;
4° de verschijning van de partijen en hun verzoeken en beweringen;
5° de opgave van de plaatsen en de voorwerpen waarop het zegel is gezet en een korte beschrijving van de zaken die buiten verzegeling zijn gebleven;
6° naam, woonplaats en beroep van de bewaarder als bedoeld in artikel 658, tweede lid;
7° de eed bij de sluiting der verzegeling die in handen van de notaris moet worden afgelegd door degenen die de zaken onder zich hadden of het huis bewonen, waar de verzegeling is gedaan, dat zij niets verduisterd hebben, noch gezien hebben noch weten dat iets verduisterd is. (Rv 674 sub 7°, 676, 839; BW 3: 194 lid 2)

Art. 663

Boeken of papieren gevonden

– 1. Indien bij de verzegeling boeken of papieren worden gevonden, kunnen zij door de notaris worden geopend. Indien zij voor de nalatenschap of gemeenschap of de daartoe behorende goederen of schulden van belang kunnen zijn, worden zij overgebracht naar de griffie van de rechtbank, bedoeld in artikel 658, eerste lid, of naar een andere door de notaris aan te wijzen plaats, waar zij ter beschikking van de partijen blijven.
– 2. Zodra blijkt dat de overgebrachte boeken of papieren niet van belang zijn of aan een derde toebehoren, zorgt de notaris voor afgifte aan de rechthebbende.

Art. 664

Foto of kopie

De notaris kan op verlangen en op kosten van elk der partijen de voorwerpen, boeken en papieren, alsmede de plaats waar zij zijn aangetroffen, doen fotograferen of copiëren. Hij hecht de foto's of copieën aan het proces-verbaal van verzegeling.

Art. 665

Zaken buiten verzegeling

– 1. Indien geen tot de nalatenschap of gemeenschap behorende roerende zaken van voldoende belang worden aangetroffen, zal dit in het proces-verbaal worden vermeld en verzegeling achterwege kunnen blijven.
– 2. Zaken die niet voor beslag vatbaar zijn of niet zonder schade verzegeld kunnen worden, blijven buiten de verzegeling, maar worden overeenkomstig artikel 662 onder 5° in het proces-verbaal beschreven.

TWEEDE AFDELING
Van ontzegeling

Art. 666

Bevoegde personen

– 1. De in artikel 660 onder 1° en 3° onder *a* bedoelde personen kunnen aan de kantonrechter die verlof tot de verzegeling gaf, verlof tot ontzegeling verzoeken. Tegen het verlof is geen hogere voorziening toegelaten.
– 2. Ontzegeling heeft in elk geval plaats voor zover van de nalatenschap of gemeenschap van goederen een partijen bindende boedelbeschrijving wordt opgesteld of alle partijen hun toestemming tot de ontzegeling geven en het vrije beheer over hun goederen hebben. (Rv 671 v.)

Art. 667

Oproeping

– 1. De in artikel 660 onder 1° en 3° onder *a* bedoelde personen en degene die de verzegeling heeft uitgelokt worden opgeroepen om op het verzoekschrift te worden gehoord, indien zij het verlangen daartoe tijdig aan de notaris die de verzegeling heeft verricht, hebben medegedeeld met opgave van de redenen van dit verlangen en van hun woonplaats.
– 2. Bij het verzoekschrift wordt een verklaring van de notaris overgelegd waaruit blijkt of en, zo ja, welke mededelingen zijn gedaan.

Art. 668

De ontzegeling geschiedt door de in het verlof tot ontzegeling aangewezen notaris. (Rv 658) **Notaris**

Art. 669

Kennisgeving

De in artikel 660 onder 1° en 3° onder *a* bedoelde personen en degene die de verzegeling heeft uitgelokt worden door de notaris ten minste vierentwintig uur tevoren van het tijdstip van ontzegeling op de hoogte gesteld. Hetzelfde geldt voor de schuldeiser van de nalatenschap of gemeenschap die zijn verlangen daartoe tijdig aan de notaris heeft medegedeeld met opgave van zijn vordering en van zijn woonplaats.

Art. 670

Inhoud proces-verbaal

Het proces-verbaal van de ontzegeling moet bevatten:

1° dag en uur waarop zij gedaan wordt;

2° naam, voornaam en woonplaats of gekozen woonplaats van hem die de ontzegeling verzocht heeft;

3° vermelding van het verlof tot ontzegeling;

4° vermelding van de in artikel 669 bedoelde mededelingen;

5° de verschijning van partijen en hun opmerkingen;

6° de herkenning van de zegels en de bevinding daarvan als gaaf en ongeschonden, of indien zij dit niet mochten zijn, de vermelding van de toestand waarin zij worden bevonden. (Rv 676)

DERDE AFDELING

Van boedelbeschrijving

Art. 671

Notariële of onderhandse akte

Indien alle partijen zich daarmee verenigen en het vrije beheer over hun goederen hebben, kan een voorgeschreven boedelbeschrijving plaatsvinden bij een onderhandse akte. In alle andere gevallen geschiedt zij bij notariële akte. (BW 1: 338, 436; 4: 1174)

Art. 672

Bevel Ktr.

– 1. De kantonrechter van de rechtbank van het arrondissement waarin de boedel zich geheel of voor een groot deel bevindt, kan op verzoek van een der in artikel 660 onder 1° en 3° onder *a* bedoelde personen of van iemand die daarbij op andere grond voldoende belang heeft, een boedelbeschrijving bevelen door een bij dat bevel aan te wijzen notaris. Tegen het bevel is geen hogere voorziening toegelaten. (Rv 429*a* v.)

– 2. Het verzoek kan worden gedaan tezamen met een verzoek strekkende tot verzegeling of tot ontzegeling. (Rv 658)

– 3. Het bevel wordt slechts gegeven, indien de verzoeker zijn recht en belang summierlijk aannemelijk maakt. (Rv 808*a*, 825*f*, 827*p*; BW 3: 194, 205)

Art. 673

Overeenkomstige toepassing

Indien de notaris nodig oordeelt de te beschrijven zaken zelf in ogenschouw te nemen, zijn de artikelen 444, 444*a* en 444*b*, tweede en derde lid, van overeenkomstige toepassing. (Rv 659)

Art. 674

Inhoud boedelbeschrijving

De boedelbeschrijving zal bevatten:

1° naam, voornaam en woonplaats van de verschenen of opgeroepen partijen en van de aangewezen schatters; (Rv 675)

2° een korte beschrijving van alle tot de boedel behorende goederen en schulden en, zo een der partijen zulks wenst, een schatting van de waarde van de roerende zaken door een of meer door partijen aan te wijzen schatters met hun beëdiging;

3° een opgave van de plaats waar de beschreven zaken zich bevinden, of waarheen zij zijn overgebracht;

4° een opgave van tot de boedel behorende geldsommen;

5° een opgave van de aangetroffen boeken en registers betreffende de boedel, die op de eerste en laatste bladzijden worden gewaarmerkt, ingeval van een notariële beschrijving door de notaris en ingeval van een onderhandse beschrijving door de partijen;

6° vermelding van de akten die op de goederen en de schulden van de boedel betrekking hebben;

7° ingeval van een notariële beschrijving: vermelding van de eed, af te leggen in handen van de notaris, van hen die vóór de beschrijving de goederen in hun macht hadden of het huis waarin deze zich bevinden bewoond hebben, dat zij niets hebben verduisterd, noch gezien hebben, noch weten dat iets verduisterd is. (Rv 662)

Art. 675

Benoeming schatters

Indien partijen het niet eens worden over de aanwijzing van de schatters, worden deze benoemd door de notaris of in geval van een onderhandse boedelbeschrijving, door de in artikel 672 bedoelde kantonrechter.

VIERDE AFDELING

Van geschillen in verband met verzegeling, ontzegeling en boedelbeschrijving

Art. 676

Kort geding

Geschillen die in verband met een verzegeling, ontzegeling of boedelbeschrijving rijzen, worden in kort geding gebracht voor de voorzieningenrechter van de rechtbank in welker rechtsgebied de verzegeling is geschiedt of de te beschrijven boedel zich geheel of grotendeels bevindt.

VIERDE AFDELING A

Rechtsmiddelen tegen beschikkingen in procedures betreffende een nalatenschap

Art. 676a

Cassatie in het belang der wet

Geen andere voorziening dan cassatie in het belang der wet staat open tegen beschikkingen ingevolge:

a. 25, vierde lid, van Boek 4 van het Burgerlijk Wetboek;
b. artikel 77 van Boek 4 van het Burgerlijk Wetboek;
c. artikel 143 lid 1, tweede zin, van Boek 4 van het Burgerlijk Wetboek;
d. artikel 147, tweede lid, van Boek 4 van het Burgerlijk Wetboek;
e. artikel 149, tweede lid, tweede zin, van Boek 4 van het Burgerlijk Wetboek;
f. artikel 150 lid 2, tweede zin, van Boek 4 van het Burgerlijk Wetboek;
g. artikel 157, vierde lid, van Boek 4 van het Burgerlijk Wetboek;
h. artikel 164, tweede lid, tweede zin, van Boek 4 van het Burgerlijk Wetboek;
i. artikel 173, derde zin, van Boek 4 van het Burgerlijk Wetboek, waarbij een machtiging als in die bepaling bedoeld wordt verleend;
j. artikel 185 lid 2 van Boek 4 van het Burgerlijk Wetboek waarbij maatregelen als in die bepaling bedoeld worden voorgeschreven;
k. artikel 185, derde lid, van Boek 4 van het Burgerlijk Wetboek;
l. artikel 191, tweede lid, van Boek 4 van het Burgerlijk Wetboek, waarbij maatregelen als in die bepaling bedoeld worden voorgeschreven;
m. artikel 192, tweede lid, van Boek 4 van het Burgerlijk Wetboek;
n. artikel 196 van Boek 4 van het Burgerlijk Wetboek;
o. artikel 197, tweede lid, eerste zin, van Boek 4 van het Burgerlijk Wetboek;
p. artikel 201, tweede lid, van Boek 4 van het Burgerlijk Wetboek;
q. artikel 202, eerste lid, onder *a*, van Boek 4 van het Burgerlijk Wetboek;
r. artikel 206, vijfde lid, tweede zin, van Boek 4 van het Burgerlijk Wetboek;
s. artikel 211, vierde lid, van Boek 4 van het Burgerlijk Wetboek;
t. artikel 215, tweede lid, tweede zin, van Boek 4 van het Burgerlijk Wetboek;
u. artikel 218, eerste lid, tweede zin, van Boek 4 van het Burgerlijk Wetboek
v. artikel 221, tweede lid, eerste zin, van Boek 4 van het Burgerlijk Wetboek;
w. artikel 223, eerste lid, tweede zin, van Boek 4 van het Burgerlijk Wetboek;
x. artikel 226, derde lid, van Boek 4 van het Burgerlijk Wetboek, waarbij een machtiging als in die bepaling bedoeld wordt verleend.

Art. 676b

Hoger beroep van beschikkingen R-C

Van de beschikkingen van de rechter-commissaris ingevolge afdeling 3 van titel 6 van Boek 4 van het Burgerlijk Wetboek is gedurende vijf dagen hoger beroep op de rechtbank toegelaten, behoudens voor zover het beschikkingen betreft waartegen, indien zij door de kantonrechter waren gegeven, geen hogere voorziening is toegelaten.

VIJFDE AFDELING

Van de verdeling van een gemeenschap

Art. 677

Verdeling t.o.v. notaris

– 1. Het vonnis waarbij een vordering tot verdeling van een gemeenschap wordt toegewezen zonder dat de rechter de vaststelling van de verdeling aan zich houdt, zal inhouden een bevel tot verdeling ten overstaan van een notaris, alsmede, zo partijen het over de keuze niet eens zijn, de benoeming van deze notaris. De rechter die een notaris benoemt, kan de zaak voor wat betreft hetgeen overigens ter zake van de verdeling is gevorderd, aanhouden tot is gebleken of de notaris partijen kan verenigen. De griffier van het gerecht dat de benoeming deed, zendt de notaris onverwijld een expeditie van de uitspraak.

– 2. Op verlangen van elk der partijen kan het vonnis tevens de benoeming inhouden van een onzijdig persoon als bedoeld in artikel 181 van Boek 3 van het Burgerlijk Wetboek.

– 3. De notaris bepaalt dag en uur waarop partijen voor hem moeten verschijnen en roept hen tegen het vastgestelde tijdstip op. Indien zij niet allen verschijnen, kan hij partijen een of meer malen tegen een nieuwe dag oproepen.

– 4. De bepalingen van deze afdeling zijn van overeenkomstige toepassing op verzoeken en beschikkingen betreffende de verdeling van een gemeenschap van goederen die door of tijdens een huwelijk of een geregistreerd partnerschap is ontstaan. (BW 3: 166 e.v., 178 e.v., 183, 185)

Art. 678

Proces-verbaal

– 1. Indien de notaris partijen niet kan verenigen, constateert hij dit in een proces-verbaal, waarin hij desverlangd opgeeft op welke punten partijen reeds tot overeenstemming zijn gekomen.

– 2. Zolang geen volledige overeenstemming is bereikt, kan de meest gerede partij vorderen dat de rechter de wijze van verdeling gelast of zelf de verdeling vaststelt, dan wel wat overigens ter zake van hetgeen partijen verdeeld houdt, nodig mocht zijn.

– 3. Zolang hem geen afschrift van het in het eerste lid bedoelde proces-verbaal wordt overgelegd, kan de rechter op verlangen van elk der partijen de zaak aanhouden ten einde de notaris opnieuw gelegenheid te geven tot toepassing van het derde lid van het vorige artikel. (Rv 56 lid 1)

Art. 679

Benoeming deskundigen

– 1. Indien partijen het niet eens worden over de benoeming van een deskundige om de waarde van een of meer der te verdelen goederen te schatten, geschiedt de benoeming op verzoek van de meest gerede partij door de kantonrechter van de rechtbank van het arrondissement waarin de goederen zich bevinden. Bevinden zij zich in het buitenland, dan is de kantonrechter te Amsterdam bevoegd. (Rv 675)

– 2. Is met betrekking tot de verdeling een procedure aanhangig, dan kan de benoeming ook, op verlangen van een der partijen of ambtshalve, worden gedaan door de rechter voor wie de zaak in eerste aanleg of in hoger beroep dient of door de rechter voor wie een getuigenverhoor of verschijning van partijen is gelast.

Art. 680

Vordering tot verdeling van de gehele gemeenschap

– 1. Indien een vordering tot verdeling, tot gelasten van de wijze van verdeling of tot vaststelling van een verdeling niet de gehele voor verdeling vatbare gemeenschap betreft, kan ieder van de gedaagden overeenkomstig de hem in de artikelen 179 en 185 van Boek 3 van het Burgerlijk Wetboek toegekende bevoegdheden eisen dat de verdeling van de gehele voor verdeling vatbare gemeenschap wordt bevolen of door de rechter zelf wordt vastgesteld.

– 2. Indien de vordering strekt tot het verkrijgen van een bevel tot verdeling of tot de wijze van verdeling van de gehele voor verdeling vatbare gemeenschap, kan ieder van de gedaagden vaststelling van de verdeling door de rechter zelf vorderen.

– 3. De in de vorige leden bedoelde eis moet worden gedaan voor alle weren die niet de bevoegdheid van de rechter of zekerheidstelling overeenkomstig artikel 224 betreffen.

– 4. Zijn een of meer partijen niet verschenen, dan doet degene die de eis heeft gedaan haar aan hem betekenen met inachtneming van de voor dagvaarding voorgeschreven termijnen en met oproeping tegen de dag waarop hij de zaak wederom ter rolle wil doen dienen. Deze dag zal niet later mogen worden gesteld dan drie maanden na de dag waartegen de op te roepen partij voor wie de langste termijn van dagvaarding geldt, op zijn vroegst gedagvaard zou mogen worden. De rechter kan, uiterlijk op de dag waartegen is opgeroepen, oproeping tegen een latere dag toestaan. (EEX 20)

Alsnog oproeping van betrokkenen

– 5. Zijn niet allen die aan de verdeling dienen mee te werken in het geding betrokken, dan kan ieder van de gedaagden hen met overeenkomstige toepassing van het vorige lid alsnog in het geding roepen, met betekening tevens van een afschrift van de aan hem zelf uitgebrachte dagvaarding.

Art. 681-699

Vervallen.

VIERDE TITEL

Van middelen tot bewaring van zijn recht

EERSTE AFDELING

Algemene bepalingen

Art. 700

Verlof voorzieningenrechter

– 1. Voor het leggen van conservatoir beslag is verlof vereist van de voorzieningenrechter van de rechtbank binnen welker rechtsgebied zich een of meer van de betrokken zaken bevinden, dan wel, indien het beslag niet op zaken betrekking heeft, de schuldenaar of degene of een dergenen onder wie het beslag gelegd wordt, woonplaats heeft.

Inhoud verzoekschrift

– 2. Het verlof wordt verzocht bij een verzoekschrift waarin de aard van het te leggen beslag en van het door de verzoeker ingeroepen recht en, zo dit recht een geldvordering is, ook het bedrag of, zo dit nog niet vaststaat, het maximum bedrag daarvan, worden vermeld, onverminderd de bijzondere eisen door de wet gesteld voor een beslag van de soort waarom het gaat. De voorzieningenrechter beslist na summier onderzoek. In geval van een geldvordering stelt hij het bedrag vast waarvoor het verlof wordt verleend, met inbegrip van de kosten waarin de schuldenaar zal kunnen worden veroordeeld. Bij het verlof kan de voorzieningenrechter, onverminderd artikel 64, derde lid, tevens verlof verlenen het beslag te leggen op alle dagen en uren. Tegen een krachtens dit lid gegeven verlof is geen hogere voorziening toegelaten. (Rv 711 e.v., 725, 730 e.v.)

Termijn i.v.m. hoofdzaak

– 3. Tenzij op het tijdstip van het verlof reeds een eis in de hoofdzaak is ingesteld, wordt het verlof verleend onder voorwaarde dat het instellen daarvan geschiedt binnen een door de voorzieningenrechter daartoe te bepalen termijn van ten minste acht dagen na het beslag. De voorzieningenrechter kan de termijn verlengen, indien de beslaglegger dit voor het verstrijken van de termijn verzoekt. Tegen de beschikking is geen hogere voorziening toegelaten. In het geval van een beslag als bedoeld in artikel 714 of artikel 718 moet de verlenging, om haar werking te hebben, binnen acht dagen na het tijdstip waarop de termijn zonder verlenging zou verstrijken, schriftelijk zijn medegedeeld aan de in artikel 715 bedoelde vennootschap, onderscheidenlijk de in artikel 718 bedoelde derde. Overschrijding van de termijn voor het instellen van een eis in de hoofdzaak doet het beslag vervallen. (Rv 710*a*)

– 4. Verlof tot het leggen van beslag ten laste van een instelling als bedoeld in artikel 212*a*, onder *a*, van de Faillissementswet kan slechts worden verleend nadat de instelling in de gelegenheid is gesteld om te worden gehoord, tenzij het beslag uitsluitend op zaken betrekking heeft.

Art. 701

Zekerheidstelling

– 1. De voorzieningenrechter kan het verlof verlenen onder voorwaarde dat tot een door hem te bepalen bedrag zekerheid wordt gesteld voor schade die door het beslag kan worden veroorzaakt.

– 2. De zekerheid moet voor of bij de betekening van het beslagexploit aan de beslagene worden aangeboden. Voor het overige is artikel 616 van toepassing. (BW 6: 51)

Art. 702

Overeenkomstige toepassing

– 1. Tenzij de wet anders bepaalt, wordt een conservatoir beslag gelegd met overeenkomstige toepassing van de voorschriften, geldende voor het leggen van executoriaal beslag tot verhaal van een geldvordering op een goed van de soort als in beslag genomen wordt. In plaats van de executoriale titel wordt in het beslagexploit het in artikel 700 bedoelde verlof van de voorzieningenrechter vermeld.

– 2. Dit verlof en het verzoekschrift waarop het is gegeven worden tezamen met het beslagexploit aan de beslagene betekend.

Art. 703

Geen beslag

Het beslag mag niet worden gelegd op goederen bestemd voor de openbare dienst. (Rv 436)

Art. 704

Beslag wordt executoriaal

– 1. Zodra de beslaglegger in de hoofdzaak een executoriale titel heeft verkregen en deze voor tenuitvoerlegging vatbaar is geworden, gaat het conservatoir beslag over in een executoriaal beslag, mits de verkregen titel aan de beslagene en, zo het beslag onder een derde is gelegd, ook aan deze is betekend. (Rv 722)

– 2. Wordt de eis in de hoofdzaak afgewezen, en is deze afwijzing in kracht van gewijsde gegaan, dan vervalt daardoor tevens van rechtswege het beslag. Hetzelfde geldt, indien voor de tenuitvoerlegging van de beslissing in de hoofdzaak een rechterlijk bevelschrift of verlof nodig is, en de beslissing waarbij dit door de rechter is geweigerd in kracht van gewijsde is gegaan.

Art. 705

Vordering opheffing beslag

– 1. De voorzieningenrechter die verlof tot het beslag heeft gegeven kan, rechtdoende in kort geding, het beslag op vordering van elke belanghebbende opheffen, onverminderd de bevoegdheid van de gewone rechter. (Rv 438 lid 2)

– 2. De opheffing wordt onder meer uitgesproken bij verzuim van op straffe van nietigheid voorgeschreven vormen, indien summierlijk van de ondeugdelijkheid van het door de beslaglegger ingeroepen recht of van het onnodige van het beslag blijkt, of, zo het beslag is gelegd voor een geldvordering, indien voor deze vordering voldoende zekerheid wordt gesteld.

– 3. Artikel 63, tweede lid, en artikel 438, tweede lid, vierde zin, derde, vierde en vijfde lid, zijn van overeenkomstige toepassing.

Art. 706

Beslagkosten

De kosten van het beslag kunnen, al of niet in de hoofdzaak, van de beslagene worden teruggevorderd, tenzij het beslag nietig, onnodig of onrechtmatig was.

Art. 707

Beperkt recht

Hetgeen is bepaald omtrent conservatoir beslag op een goed, is van overeenkomstige toepassing op conservatoir beslag op een beperkt recht op of een aandeel in een zodanig goed. (Rv 437)

Art. 708

Betekening

– 1. Hetgeen is bepaald omtrent conservatoir beslag op een goed van de schuldenaar is van

overeenkomstige toepassing op conservatoir beslag op een goed waarop de schuldeiser zich kan verhalen en dat aan een ander dan de schuldenaar toebehoort. De beslaglegger is in dit geval verplicht het beslag binnen acht dagen aan de schuldenaar te betekenen.
– 2. Wordt het beslag ten laste van de schuldenaar gelegd, dan is de beslaglegger verplicht het binnen acht dagen aan de ander te betekenen of, zo hij diens recht niet kent, onverwijld nadat hij van dat recht kennis heeft gekregen. Indien de ander, voordat acht dagen na deze betekening zijn verstreken, schriftelijk aan de deurwaarder mededeelt zich tegen het voorgenomen verhaal op zijn goed te verzetten, gaat het beslag jegens hem slechts over in een executoriaal beslag uit hoofde van een tegen hem verkregen executoriale titel om de executie te dulden. (Rv 435, 626; BW 3: 48)

Art. 709

Aanstelling bewaarder

– 1. Op verzoek van degene die verlof vraagt tot het leggen van conservatoir beslag op roerende zaken die geen registergoederen zijn, of die op zodanige zaken reeds beslag heeft gelegd, kan de voorzieningenrechter die het verlof geeft of heeft gegeven of in het rechtsgebied van wiens rechtbank zich een of meer van de betrokken zaken bevinden, bevelen dat zij tevens ter gerechtelijke bewaring zullen worden afgegeven aan een door de voorzieningenrechter aan te wijzen bewaarder. (Rv 446, 491)
– 2. Een overeenkomstig verzoek kan worden gedaan door een pandhouder als bedoeld in artikel 237 van Boek 3 van het Burgerlijk Wetboek, wanneer op de verpande zaak conservatoir of executoriaal beslag is gelegd. (Rv 496 lid 3, 710*a*)
– 3. De voorzieningenrechter wijst het verzoek niet toe dan na de beslagene en eventuele andere belanghebbenden gelegenheid te hebben gegeven te worden gehoord, tenzij bijzondere omstandigheden eisen dat het bevel terstond wordt gegeven. Tegen het bevel is geen hogere voorziening toegelaten. (Rv 710*a*)
– 4. Artikel 701 is van overeenkomstige toepassing.

Art. 710

Onderbewindstelling

– 1. Indien over één of meer goederen geschil bestaat aan wie van twee of meer partijen zij toekomen, kunnen zij op vordering van elk der partijen in kort geding onder bewind worden gesteld door de voorzieningenrechter van de rechtbank in welker rechtsgebied zich een of meer van de betrokken zaken bevinden of waarvoor de hoofdzaak aanhangig is of die naar de gewone regels bevoegd zou zijn van de hoofdzaak kennis te nemen.

Termijn

– 2. Tenzij reeds een eis in de hoofdzaak is ingesteld, vindt onderbewindstelling slechts plaats onder voorwaarde dat deze eis binnen een door de voorzieningenrechter daartoe te bepalen termijn ingesteld wordt. De voorzieningenrechter kan de termijn verlengen, indien dit voor het verstrijken van de termijn door een der partijen of de bewindvoerder wordt verzocht. Tegen de beschikking is geen hogere voorziening toegelaten. Overschrijding van de termijn doet het bewind eindigen. (Rv 700 lid 3)

Beslag en bewind

– 3. Door partijen op een of meer van de goederen gelegde beslagen beperken de bewindvoerder niet in de hem als zodanig toekomende bevoegdheden.
– 4. De bewindvoerder doet de onder het bewind staande goederen toekomen aan degene die daarop krachtens een in kracht van gewijsde gegane of uitvoerbaar bij voorraad verklaarde uitspraak recht heeft, tenzij de voorzieningenrechter anders heeft bepaald.
– 5. De voorzieningenrechter kan voor het bewind zodanige voorschriften geven als hij dienstig acht. Op het bewind zijn, voor zover deze voorschriften niet anders bepalen de artikelen 433 lid 1, 435, 436 leden 1-3, 437, 438 lid 1, 439, 441 lid 1, eerste zin, en 442-448 van Boek 1 van het Burgerlijk Wetboek van toepassing. Het kan door een gezamenlijk besluit van partijen of op verzoek van een hunner door de voorzieningenrechter worden opgeheven.

Art. 710a

Indiening verzoekschrift door deurwaarder

De indiening van verzoekschriften krachtens de artikelen 700, derde lid, tweede volzin, 709, tweede en derde lid, 715, tweede lid, derde volzin, en 721, tweede volzin, kan ook door een deurwaarder geschieden. Indien een deurwaarder het verzoekschrift indient, geldt zijn kantoor als gekozen woonplaats van de verzoeker. (Rv 438*a*)

TWEEDE AFDELING
Van conservatoir beslag in handen van de schuldenaar

Art. 711

Conservatoir beslag tot verhaal

– 1. Verlof om conservatoir beslag tot verhaal van een geldvordering te leggen op roerende zaken die geen registergoederen zijn en op rechten aan toonder of order wordt slechts verleend, indien de schuldeiser aantoont dat er gegronde vrees bestaat voor verduistering hetzij door de schuldenaar van zijn goederen hetzij, zo de voor het beslag vatbare goederen aan een ander dan de schuldenaar toebehoren, door deze ander van die goederen. (Rv 626)
– 2. De eis van vrees voor verduistering geldt niet wanneer het verlof wordt verleend aan de houder van een wisselbrief, een orderbiljet of cheque, waarvan de non-betaling door protest of

een voor de cheque daarmee gelijk te stellen verklaring is vastgesteld, telkens voor hetgeen deze houder te vorderen heeft van de trekker, de acceptant, de avalist en de endossanten. Ook artikel 701 mist in dit geval toepassing. (K 142 e.v., 217 e.v.)

– 3. De vorige leden zijn mede van toepassing op de goederen bedoeld in artikel 474*bb*. Het in beslag te nemen goed moet in het in artikel 700, tweede lid, bedoelde verzoekschrift worden omschreven.

Art. 712

Overeenkomstige toepassing

De artikelen 441, eerste lid, 443-445, 447, 448, 451, 453*a*, 455*a*, 457 en 461*d* zijn op de in het vorige artikel bedoelde beslag van overeenkomstige toepassing.

Art. 713

Toonder- of orderpapier

Wordt het beslag gelegd op een recht aan toonder of order, dan worden de in artikel 474*b* bedoelde baten geïnd door de bewaarder van het papier en zijn voorts dat artikel en artikel 474*ba* van overeenkomstige toepassing. (Rv 445)

DERDE AFDELING

Van conservatoir beslag op aandelen op naam, en effecten op naam die geen aandelen zijn

Art. 714

Overeenkomstige toepassing

De bepalingen van de artikelen 474*b*, tweede lid, 474*ba* en 711, eerste en tweede lid, zijn van overeenkomstige toepassing op het conservatoir beslag tot verhaal van een geldvordering op aandelen op naam en effecten op naam die geen aandelen zijn.

Art. 715

Aandelen op naam in NV of BV

– 1. Conservatoir beslag op aandelen op naam in een naamloze vennootschap of besloten vennootschap met beperkte aansprakelijkheid wordt gelegd op de wijze en met de gevolgen als bepaald in de artikelen 474*c*, 474*d*, 474*e* en 474*f*, met dien verstande dat het verlof van de voorzieningenrechter van de rechtbank treedt in de plaats van de executoriale titel.

Termijn i.v.m. hoofdzaak

– 2. Het beslagexploit houdt in waar de hoofdzaak aanhangig is of binnen welke termijn zij blijkens het verlof ingesteld moet worden. Is nog geen eis in de hoofdzaak ingesteld, dan is de beslaglegger verplicht binnen acht dagen na dit instellen een afschrift van de dagvaarding of, zo de eis op andere wijze is ingesteld, van het stuk waarbij dit geschiedde, aan de vennootschap te betekenen. De voorzieningenrechter kan deze termijn op verzoek van de beslaglegger verlengen, in dier voege dat de verlenging om haar werking te hebben binnen acht dagen na het verstrijken van de termijn schriftelijk aan de vennootschap moet zijn medegedeeld. Tegen de beschikking is geen hogere voorziening toegelaten. (Rv 700 lid 3, 710*a*)

– 3. De termijn, vermeld in artikel 474*g*, eerste lid, eindigt eerst één maand na de dag, waarop de in kracht van gewijsde gegane executoriale titel aan de vennootschap is betekend.

Art. 716

Baten uit beslagen aandelen

Ten aanzien van de baten uit in beslag genomen aandelen op naam voortvloeiende geldt het beslag als een beslag onder de vennootschap. Van deze baten doet de vennootschap verklaring aan de rechtbank alvorens deze de beschikking bedoeld in artikel 474*g* geeft. Bij deze beschikking wordt tevens beslist omtrent de deugdelijkheid van deze verklaring, en wordt de afgifte van de baten aan de deurwaarder gelast, mits alle kosten aan de zijde van de vennootschap ter zake van de deugdelijk bevonden verklaring worden vergoed. (Rv 474*b*, 713)

Art. 717

Andere aandelen dan in NV of BV

– 1. De bepalingen van de artikelen 715 en 716 zijn voor zover mogelijk eveneens van toepassing op andere aandelen op naam dan in een naamloze vennootschap of besloten vennootschap met beperkte aansprakelijkheid en op effecten op naam die geen aandelen zijn.

– 2. Lidmaatschapsrechten in verenigingen worden als effecten op naam aangemerkt, indien zij voor vervreemding vatbaar zijn. (BW 2: 34)

VIERDE AFDELING

Van conservatoir beslag onder derden

Art. 718

Beslagobject

Een schuldeiser kan onder derden conservatoir beslag leggen op de in artikel 475 bedoelde goederen.

Art. 719

Inhoud beslagexploit

– 1. Onverminderd hetgeen voortvloeit uit artikel 702, moeten op straffe van nietigheid in het beslagexploit worden vermeld het bedrag waarvoor het in artikel 700 bedoelde verlof werd verleend, alsmede waar de hoofdzaak aanhangig is of binnen welke termijn zij blijkens het verlof ingesteld moet worden. (Rv 715 lid 2)

– 2. Bij het beslagexploit wordt aan de derde tevens een afschrift betekend van het verlof van de voorzieningenrechter en van het verzoekschrift waarop het is gegeven.

Art. 720

Overeenkomstige toepassing

De artikelen 475*a*-475*i*, 476*a* en 476*b*, 479 en 479*a* zijn van overeenkomstige toepassing. In het geval van artikel 475*a*, derde lid, moet de vordering waarop het beslag wordt gelegd in het verzoekschrift waarbij verlof van de voorzieningenrechter wordt gevraagd, uitdrukkelijk worden omschreven. Verlof tot het leggen van beslag op een vordering tot een in artikel 475*c* vermelde periodieke betaling kan slechts worden verleend, nadat de schuldenaar is gehoord of hij de gelegenheid te worden gehoord, ongebruikt heeft laten voorbijgaan.

Art. 721

Betekening

De beslaglegger is op straffe van nietigheid van het beslag verplicht om, zo de eis in de hoofdzaak na het beslag wordt ingesteld, binnen acht dagen na dit instellen een afschrift van de dagvaarding of, zo de eis op andere wijze is ingesteld, van het stuk waarbij het is geschied, aan de derde te betekenen. De voorzieningenrechter kan deze termijn op verzoek van de beslaglegger verlengen, in dier voege dat de verlenging om haar werking te hebben binnen acht dagen na het verstrijken van de termijn schriftelijk aan de derde moet zijn medegedeeld. Tegen de beschikking is geen hogere voorziening toegelaten. (Rv 710*a*, 715 lid 2)

Art. 722

Betaling van waarde

De betekening aan de derde, in het eerste lid van artikel 704 voorgeschreven, dient te geschieden binnen één maand nadat ter zake van de hoofdvordering een executoriale titel is verkregen en deze voor tenuitvoerlegging vatbaar is geworden; blijft betekening binnen deze termijn uit, dan zullen de betalingen door de derde gedaan, van waarde zijn.

Art. 723

Termijnen

De in artikel 477 bedoelde verplichting van de derde en de in 477*a* bedoelde bevoegdheden van de executant gaan niet in voordat vier weken sedert de in het vorige artikel bedoelde betekening zijn verstreken.

VIJFDE AFDELING

Van conservatoir beslag onder de schuldeiser zelf

Art. 724

Eigenbeslag

– 1. Een schuldeiser kan onder zichzelf beslag leggen op de in artikel 479*h* bedoelde goederen. Deze goederen moeten in het in artikel 700, tweede lid, bedoelde verzoekschrift worden omschreven.

– 2. De artikelen 475*a*, eerste en tweede lid, en 475*b*-475*h* zijn van overeenkomstige toepassing.

– 3. De termijn van artikel 479*j*, eerste lid, begint te lopen vanaf de dag dat de schuldeiser een executoriale titel heeft verkregen en deze voor tenuitvoerlegging vatbaar is geworden en aan de schuldenaar is betekend. (Rv 704)

VIJFDE AFDELING A

Van conservatoir beslag op de rechten uit een sommenverzekering

Art. 724a

Conservatoir beslag op rechten uit sommenverzekering

– 1. Een schuldeiser kan conservatoir beslag leggen op de rechten die voor de verzekeringnemer voortvloeien uit een sommenverzekering. Voorts kan in de gevallen, bedoeld in artikel 479*ka*, eerste lid, conservatoir beslag worden gelegd ten laste van degene die tot het ontvangen van een uitkering uit sommenverzekering is aangewezen. De artikelen 479*kb*, eerste lid, 479*kc*, 479*m*, tweede en derde lid, 479*o*, eerste lid, 479*p*, eerste lid, eerste volzin, en 479*r*, eerste lid, zijn van overeenkomstige toepassing.

– 2. Het beslag wordt onder de verzekeraar gelegd op de wijze en met de gevolgen als in de vierde afdeling is bepaald, tenzij de rechten van de verzekeringnemer of de begunstigde aan toonder of order zijn gesteld. In het geval, bedoeld aan het slot van de eerste volzin, wordt het beslag gelegd op de wijze en met de gevolgen als in de tweede afdeling is bepaald. (Rv 718, 711; BW 7:964)

ZESDE AFDELING

Van conservatoir beslag op onroerende zaken

Art. 725

Voorwaarde beslag

Indien is voldaan aan de eisen die in artikel 711, eerste en tweede lid, voor het verlof worden gesteld, kan ook verlof verleend worden om beslag te leggen op een of meer bepaald aan te wijzen onroerende zaken.

Art. 726

Overeenkomstige toepassing

– 1. De artikelen 504*a*, eerste lid, 505, 506, 507*a* en 513*a* zijn van overeenkomstige toepassing.

– 2. De termijn van artikel 508 begint te lopen vanaf de dag dat de schuldeiser een executoriale titel heeft verkregen en deze voor tenuitvoerlegging vatbaar is geworden en aan de schuldenaar is betekend. (Rv 724 lid 3, 728*a*)

Art. 727

Termijn i.v.m. hoofdzaak

Indien de eis in de hoofdzaak niet binnen de overeenkomstig artikel 700, derde lid, bepaalde termijn is ingesteld, is de beslaglegger verplicht de inschrijving van het beslag in de openbare registers onverwijld te doen doorhalen op straffe van schadevergoeding. (Rv 513*a*, 728*b*)

ZESDE AFDELING A
Van conservatoir beslag op schepen

Art. 728

Bevoegde rechter

– 1. Tot het geven van verlof tot het leggen van conservatoir beslag op schepen is mede bevoegd de voorzieningenrechter van de rechtbank binnen welker rechtsgebied het schip wordt verwacht.
Artikel 711, eerste lid, is niet van toepassing. Artikel 712 is evenmin van toepassing, tenzij het beslag is gelegd op een schip als bedoeld in artikel 576.

Domiciliekeuze

– 2. In het proces-verbaal van inbeslagneming kan woonplaats worden gekozen ten kantore van de deurwaarder in plaats van bij een notaris. Tevens kan woonplaats worden gekozen in Nederland ten kantore van een advocaat. (Rv 565 lid 2, 700-710, 730-737, 765-767)

Art. 728a

Inschrijving beslag

– 1. Artikel 708, tweede lid, is niet van toepassing. De artikelen 566, 567 en 513*a* zijn van overeenkomstige toepassing.

Beslag en hypotheek

– 2. De termijn van artikel 508, in verbinding met artikel 568, begint te lopen vanaf de dag dat de schuldeiser een executoriale titel heeft verkregen en deze voor tenuitvoerlegging vatbaar is geworden en is betekend aan de schuldenaar jegens wie deze titel luidt. (Rv 726 lid 2)

Art. 728b

Doorhaling

Indien het beslag is gelegd op een schip dat te boek staat in de openbare registers, bedoeld in afdeling 2 van titel 1 van Boek 3 van het Burgerlijk Wetboek en de eis in hoofdzaak niet binnen de overeenkomstig artikel 700, derde lid, bepaalde termijn is ingesteld, is de beslaglegger verplicht de waardeloosheid van de inschrijving van het beslag onverwijld te doen inschrijven op straffe van schadevergoeding. (Rv 727)

ZESDE AFDELING B
Van conservatoir beslag op luchtvaartuigen

Art. 729

Reikwijdte

– 1. Deze afdeling geldt uitsluitend voor in de openbare registers te boek staande luchtvaartuigen. en voor luchtvaartuigen van de nationaliteit van een vreemde staat, ten aanzien van welke het op 29 mei 1933 te Rome gesloten verdrag tot het vaststellen van enige eenvormige bepalingen inzake conservatoir beslag op luchtvaartuigen van kracht is.
– 2. De in artikel 1300 van Boek 8 van het Burgerlijk Wetboek opgenomen begripsomschrijvingen gelden ook voor de onderhavige afdeling. (Rv 584*a*, 700-710, 730-737, 765-767)

Art. 729a

Geen beslag

– 1. Voor beslag zijn niet vatbaar:
a. luchtvaartuigen, welke bij uitsluiting zijn bestemd voor den dienst van een vreemde Staat, postvervoer daaronder begrepen, doch met uitsluiting van handelsvervoer;
b. luchtvaartuigen, welke daadwerkelijk in dienst zijn gesteld op een geregelde luchtlijn van openbaar vervoer en de daarvoor onontbeerlijke reserveluchtvaartuigen;
c. elk ander luchtvaartuig, dat dient voor het vervoer van personen of zaken tegen betaling, wanneer het gereed staat voor zulk een vervoer te vertrekken; behalve in geval het beslag wordt gelegd voor een schuld, aangegaan ten behoeve van de reis, welke het luchtvaartuig op het punt staat te ondernemen of voor een vordering, welke tijdens de reis is ontstaan.
– 2. Het bepaalde in het vorige lid is niet van toepassing ten aanzien van beslag, hetwelk wordt gelegd ter zake van terugvordering van een ontvreemd luchtvaartuig. (Rv 703; BW 3: 86 lid 3)

Art. 729b

Zekerheidstelling

– 1. Onverminderd het bepaalde in artikel 729*a* mag geen beslag op een luchtvaartuig worden gelegd, indien ter voorkoming daarvan voldoende zekerheid is gesteld. Onmiddellijke opheffing van gelegd beslag zal worden gelast, wanneer voldoende zekerheid wordt gesteld. (Rv 705 lid 2)
– 2. De zekerheid is voldoende, indien zij het bedrag van de schuldvordering en de kosten dekt en uitsluitend is bestemd voor de betaling van den schuldeischer, of indien zij de waarde van het luchtvaartuig dekt, ingeval deze geringer is dan het bedrag van de schuld en de kosten.
– 3. Wanneer bij het aanbieden van zekerheid ter voorkoming van beslag geschil ontstaat over het bedrag of den aard der te stellen zekerheid, beslist de voorzieningenrechter van de rechtbank, binnen welker gebied het luchtvaartuig zich bevindt, op verzoek van de meest gerede partij, na verhoor of behoorlijke oproeping. (BW 6: 51)

Art. 729c

Schadevergoeding

– 1. Wanneer in strijd met de overige artikelen van deze afdeling of zonder goede grond beslag

op een luchtvaartuig is gelegd, is de beslaglegger gehouden de daardoor ontstane schade te vergoeden.
– 2. Het eerste lid is mede van toepassing, wanneer de schuldenaar zekerheid heeft moeten stellen om een beslag te voorkomen dat, ware het gelegd, in strijd met de vorige artikelen of zonder goede grond zijn geweest. (Rv 705)

Art. 729d

Bevoegde rechter

– 1. Tot het geven van verlof tot het leggen van conservatoir beslag op luchtvaartuigen is mede bevoegd de voorzieningenrechter van de rechtbank binnen welker rechtsgebied het luchtvaartuig wordt verwacht. De artikelen 711, eerste lid, en 712 zijn niet van toepassing. (Rv 728 lid 1)

Toepasselijke bepalingen

– 2. Artikel 708, tweede lid, tweede zin, is niet van toepassing. De artikelen 584*c*-584*e* en 513*a* zijn van overeenkomstige toepassing. (Rv 728*a* lid 1)
– 3. Indien het beslag is gelegd op een in het register teboekstaand luchtvaartuig en de eis in de hoofdzaak niet binnen de overeenkomstig artikel 700, derde lid, bepaalde termijn is ingesteld, is de beslaglegger verplicht de inschrijving van het beslag in de openbare registers onverwijld te doen doorhalen op straffe van schadevergoeding. (Rv 727, 728*b*)

Art. 729e

Executoriale fase

Indien terzake van de hoofdvordering een executoriale titel is verkregen en deze voor tenuitvoerlegging vatbaar is geworden, gaat de beslaglegger tot executie over overeenkomstig artikel 584*f*.

ZEVENDE AFDELING
Van conservatoir beslag tot afgifte van zaken en levering van goederen

Art. 730

Toepassingsgebied

Ieder die recht heeft op afgifte van een roerende zaak of levering van een goed of die zodanig recht door een rechterlijke uitspraak tot vernietiging of ontbinding kan verkrijgen, kan deze zaak of dit goed ter bewaring van dit recht in beslag nemen. (Rv 491 e.v., 711 e.v.; BW 3: 300; 5: 2)

Art. 730a

Vervallen.

Art. 731

Soortzaken

Betreft het recht op afgifte een of meer naar de soort bepaalde zaken, dan zal de deurwaarder een aan dat recht beantwoordende hoeveelheid zaken van die soort in beslag nemen, uit te kiezen door de deurwaarder, tenzij de beslagene tijdig een redelijke andere keuze doet. (Rv 493)

Art. 732

Afgifte van oogst

Betreft het recht op afgifte te velde staande vruchten of beplantingen van een onroerende zaak, dan kan uit dien hoofde beslag worden gelegd overeenkomstig artikel 494. In dat geval worden de in artikel 451 aan de kantonrechter toegekende bevoegdheden uitgeoefend door de voorzieningenrechter van de rechtbank, indien dit bij het in artikel 700, tweede lid, bedoelde verzoekschrift wordt verzocht. (Rv 494)

Art. 733

Deelgenootschap

– 1. Hij die verdeling van een gemeenschap kan vorderen, kan de daartoe behorende goederen in beslag nemen, voor zover zij in het bijzonder in aanmerking komen om aan hem of aan de deelgenoot voor wiens aandeel hij optreedt, te worden toegedeeld.
– 2. Het beslag vervalt, naarmate de goederen aan een ander worden toegedeeld. (Rv 658 e.v., 678 e.v., 735, 808*b*, 808*d*; BW 3: 168, 178, 180, 185)

Art. 734

Overeenkomstige toepassing, voor zover

– 1. Op een beslag als bedoeld in deze afdeling zijn de voorschriften betreffende conservatoir beslag tot verhaal van geldvorderingen van overeenkomstige toepassing, behoudens voor zover dit zou leiden tot toepasselijkheid van de artikelen 447, 448 en 505, derde lid, en 541.
– 2. In geval van overeenkomstige toepassing van artikel 444*b* treedt de waarde van het in beslag te nemen goed in de plaats van het bedrag van de vordering waarvoor beslag is gelegd.
– 3. Artikel 474*b* is slechts van overeenkomstige toepassing ingeval uit hoofde van het recht waarvoor het beslag is gelegd, tevens recht op de in dat artikel bedoelde baten bestaat.
– 4. In het in artikel 700, tweede lid, bedoelde verzoekschrift wordt het in beslag te nemen goed omschreven. Vrees voor verduistering behoeft niet te worden gesteld.

Art. 734a-734d

Vervallen.

Art. 735

Executoriale fase

– 1. Een beslag als bedoeld in de voorgaande artikelen, gelegd ter verkrijging van levering van een goed, blijft van kracht totdat hetzij de levering heeft plaatsgevonden, hetzij zes maanden zijn verstreken, nadat in de hoofdzaak een beslissing is verkregen die een executoriale titel oplevert en die in kracht van gewijsde is gegaan. (BW 3: 300)

– 2. Een beslag als bedoeld in de voorgaande artikelen van deze afdeling op een roerende zaak die geen registergoed is, gaat krachtens artikel 704, eerste lid, over in een executoriaal beslag als bedoeld in artikel 492, indien de door de beslaglegger verkregen executoriale titel tot afgifte strekt.

Art. 736

Samenloop van beslagen

– 1. Bij samenloop van een beslag als bedoeld in de onderhavige afdeling met een ander beslag, al of niet van dezelfde aard, kan de meest gerede partij zich tot de rechter wenden, al naar de aard van het andere beslag overeenkomstig artikel 438 of overeenkomstig artikel 705.
– 2. Wordt op een goed zowel beslag gelegd als bedoeld in de voorgaande artikelen van de onderhavige afdeling als tot verhaal van een geldvordering, dan geldt eerstgenoemd beslag zo nodig tevens als een conservatoir beslag, gelegd tot verhaal van de vordering tot vervangende schadevergoeding wegens uitblijven van afgifte of levering.
– 3. Een beslag tot verhaal van een vordering tot vervangende schadevergoeding wegens het uitblijven van afgifte of levering kan niet tegen de legger van een beslag tot verkrijging van afgifte of levering van dezelfde zaak of hetzelfde goed worden ingeroepen, indien deze andere goederen van de beslagene aanwijst die voor de vordering voldoende verhaal bieden. (Rv 497)

Art. 737

Conservatoir Pauliana-beslag

– 1. Een beslag als bedoeld in deze afdeling kan mede worden gelegd door een schuldeiser die door een rechterlijke uitspraak tot vernietiging op grond van artikel 45 van Boek 3 van het Burgerlijk Wetboek de bevoegdheid kan verkrijgen zich op het goed te verhalen.
– 2. Is de vernietiging uitgesproken, dan gaat het beslag over in een conservatoir beslag op het goed tot verhaal van zijn vordering of, als te dier zake is voldaan aan de eisen van artikel 704, eerste lid, in een overeenkomstig executoriaal beslag.

Art. 738-764

Vervallen.

ACHTSTE AFDELING

Van conservatoir beslag tegen schuldenaren zonder bekende woonplaats in Nederland

Art. 765

Vreemdelingenbeslag

Indien de schuldenaar geen bekende woonplaats in Nederland heeft, kan in Nederland overeenkomstig de voorgaande afdelingen van deze titel beslag worden gelegd, zonder dat vrees voor verduistering behoeft te worden aangetoond.

Art. 766

Bewaring

De beslaglegger is van rechtswege bewaarder van de in beslag genomen zaken, in geval deze zich onder hem bevinden; zo niet, dan kan daarover naar de regels betreffende executoriaal beslag een gerechtelijke bewaarder worden aangesteld. (Rv 446, 506 lid 2, 796-797*d*)

Art. 767

Bevoegde rechter eis in hoofdzaak

Bij gebreke van een andere weg om een executoriale titel in Nederland te verkrijgen kan de eis in de hoofdzaak, de vordering ter zake van de beslagkosten daaronder begrepen, worden ingesteld voor de rechtbank waarvan de voorzieningenrechter het verlof tot het gelegde of het tegen zekerheidstelling voorkomen of opgeheven beslag heeft verleend. In geval van verlof tot beslag onder een derde geldt dit alleen indien het goed waarop beslag zal worden gelegd in het verzoekschrift uitdrukkelijk is omschreven.

NEGENDE AFDELING

Van middelen tot bewaring van zijn recht op goederen der gemeenschap

Art. 768

Recht op goederen van de gemeenschap

– 1. Indien echtgenoten of gewezen echtgenoten dan wel geregistreerde partners of vroegere geregistreerde partners gehuwd onderscheidenlijk als partners geregistreerd zijn of waren in een gemeenschap van goederen, kan ieder van hen de voorzieningenrechter van de rechtbank verzoeken hem verlof te verlenen tot verzegeling, boedelbeschrijving en waardering van goederen der gemeenschap alsmede tot het leggen van conservatoir beslag op goederen der gemeenschap.
– 2. Indien nog geen verzoek tot opheffing van de gemeenschap, tot echtscheiding, tot scheiding van tafel en bed of tot ontbinding van het geregistreerd partnerschap is gedaan, is de in artikel 700 aangewezen voorzieningenrechter bevoegd. Is een zodanig verzoek reeds gedaan, dan is bevoegd de voorzieningenrechter van de rechtbank waarbij dat verzoek aanhangig is of laatstelijk was.
– 3. Tot het leggen van conservatoir beslag verleent de voorzieningenrechter slechts verlof indien de verzoeker aantoont dat er gegronde vrees voor verduistering van de goederen der gemeenschap bestaat.
– 4. Tegen een verlof als bedoeld in het eerste lid is geen hogere voorziening toegelaten. (Rv 658 e.v., 671 e.v., 700 e.v.)

Art. 769

Beslag

– 1. Op het beslag zijn de bepalingen betreffende conservatoir beslag tot verhaal van een geldvordering van overeenkomstige toepassing met dien verstande dat geen vermelding van een bedrag wordt vereist en dat als hoofdzaak geldt het verzoek tot opheffing van de gemeenschap respectievelijk tot echtscheiding, tot scheiding van tafel en bed of tot ontbinding van het geregistreerd partnerschap, alles behoudens voor zover daarvan in de volgende artikelen niet wordt afgeweken. (Rv 804 e.v., 814 e.v.)

– 2. Voor de overeenkomstige toepassing van artikel 444*b* treedt de waarde van het in beslag te nemen goed in de plaats van het bedrag van de vordering waarvoor het beslag wordt gelegd. (Rv 700 e.v.)

Art. 770

Derdenbeslag

– 1. Indien het beslag is gelegd onder een derde, is deze verplicht verklaring te doen van de vorderingen en zaken die door het beslag zijn getroffen. De artikelen 475-477*a* zijn van overeenkomstige toepassing.

– 2. De derde voldoet op verlangen van de deurwaarder aan zijn verplichtingen tot voldoening, afgifte of terbeschikkingstelling van de uit te keren gelden, zaken of goederen, naar gelang dit voor de afwikkeling van de verdeling van de gemeenschap nodig is.

Art. 770a

Beslag onroerende zaak

In geval van een beslag op een onroerende zaak is artikel 505, derde lid, niet van toepassing.

Art. 770b

Verval van het beslag

– 1. Bij toewijzing van het verzoek tot opheffing van de gemeenschap respectievelijk tot echtscheiding, tot scheiding van tafel en bed of tot ontbinding van het geregistreerd partnerschap, vervalt het beslag zodra de goederen aan de andere echtgenoot of geregistreerde partner worden toegedeeld of krachtens de verdeling aan de beslaglegger geleverd.

– 2. Het beslag vervalt eveneens zodra een verzoek als bedoeld in lid 1 wordt ingetrokken.

– 3. De artikelen 704, eerste lid, 715, derde lid, 722, 723 en 724, derde lid, zijn niet van toepassing.

Art. 770c

Executieoverschot

Een eventueel overschot van een executie wordt door de deurwaarder, notaris of pandhouder onverwijld gestort bij een bewaarder als bedoeld in artikel 445 ten behoeve van de echtgenoot of geregistreerde partner aan wie dit overschot wordt toegedeeld.

Art. 770d-770k

Vervallen.

VIJFDE TITEL
Rekenprocedure

Art. 771

Dagvaarding tot rekening en verantwoording

– 1. Indien rekening en verantwoording moet worden gedaan aan belanghebbenden die allen of voor een deel onbekend of afwezig zijn, dagvaardt de rekenplichtige hen allen tot het opnemen en goedkeuren van de rekening op de wijze als vermeld in artikel 54, tweede lid.

– 2. De bekende belanghebbenden worden bovendien gedagvaard op de wijze als voor ieder van hen is bepaald in de zesde afdeling van de eerste titel van het Eerste Boek. (Rv 784-786 (oud), Rv 45 e.v.)

– 3. De termijn van dagvaarding is ten minste drie maanden. (Rv 115 lid 2; BW 1: 91, 337, 359, 370, 372, 383, 386, 410, 420, 422, 445; 3: 173, 204, 272; 4: 1061, 1082, 1176; 6: 199; 7: 403; 8: 166 e.v.)

Art. 772

Deponeren rekening en bescheiden ter griffie

De rekenplichtige deponeert de rekening met de daarbij behorende bescheiden ter griffie, waar deze ter inzage van de belanghebbenden ligt. De rekenplichtige vermeldt dit depot in het exploot van dagvaarding. (Rv 787 (oud))

Art. 773

Ambtshalve toetsing bij verstek

Artikel 140, eerste en tweede lid, is van toepassing, met dien verstande dat de rechter, indien tegen een of meer gedaagden verstek is verleend, ambtshalve de rechtmatigheid en de gegrondheid van de vordering onderzoekt. (Rv 788-790 (oud); BW 2: 92*a* lid 3)

Art. 774

Ambtshalve toetsing bij verstek

– 1. Wordt tegen alle belanghebbenden verstek verleend, dan onderzoekt de rechter ambtshalve de rechtmatigheid en de gegrondheid van de vordering. Indien dit onderzoek niet leidt tot afwijzing van de vordering, stelt de rechter het saldo aan de hand van de overgelegde bescheiden vast en sluit hij de rekening. Tegen dit vonnis staat geen verzet open.

– 2. De rechter geeft zodanige beslissing over de kosten van het geding als hij geraden acht. Een gedaagde tegen wie verstek is verleend, wordt niet verwezen in de kosten. (Rv 793 (oud); BW 2: 92*a* lid 6)

Art. 775

Storting in consignatiekas

De rekenplichtige kan zich van het onder hem berustende saldo bevrijden door storting in de consignatiekas. Deze storting kan ook op vordering van belanghebbenden worden bevolen. (Rv 792 (oud))

Art. 776

Verzoek tot rangregeling

Wordt tussen de belanghebbenden over de verdeling van een batig saldo geen overeenstemming bereikt, dan kan de meest gerede partij rangregeling overeenkomstig de voorschriften van de derde afdeling van de tweede titel van het Tweede Boek verzoeken. (Rv 791 (oud))

Art. 777-794

Vervallen.

ZESDE TITEL
Rechtspleging in zaken betreffende het personen- en familierecht

EERSTE AFDELING
Rechtspleging in andere zaken dan scheidingszaken

Art. 798

Belanghebbenden

– 1. Voor de toepassing van deze afdeling wordt onder belanghebbende verstaan degene op wiens rechten of verplichtingen de zaak rechtstreeks betrekking heeft.

– 2. In zaken van curatele, onderbewindstelling of mentorschap worden onder belanghebbenden bovendien verstaan de echtgenoot, de geregistreerde partner of andere levensgezel en de kinderen of, bij gebreke van dezen, de ouders, broers en zusters van degene wiens curatele, goederen of mentorschap het betreft.

Art. 799

Namen in verzoekschrift

– 1. Onverminderd het bepaalde in artikel 278, eerste lid, bevat een verzoekschrift de namen en, voor zover bekend, de voornamen en de woonplaats van de belanghebbenden, alsmede van anderen wier verklaring in verband met de beoordeling van het verzoek van betekenis kan zijn.

– 2. Bij de indiening van het verzoekschrift ter griffie worden, voor zover nodig, overgelegd de bescheiden die kunnen dienen tot bewijs van de gestelde feiten. Eveneens worden de nodige afschriften van het verzoekschrift en de bescheiden overgelegd. (Rv 803)

Art. 800

Afschrift naar belanghebbenden

– 1. Tenzij de rechter aanstonds een beschikking geeft waarbij hij zich onbevoegd verklaart of het verzoek toewijst, wordt aan de belanghebbenden, voorzover hun woonplaats bekend is, een afschrift van het verzoekschrift en van de daarbij behorende bescheiden toegezonden en worden de belanghebbenden opgeroepen voor de behandeling. Is de woonplaats niet bekend, dan wordt bij de oproeping het verzoek kort aangeduid.

– 2. Voorts kan de rechter bevelen dat degenen wier verklaring in verband met de beoordeling van het verzoek van betekenis kan zijn, worden opgeroepen om ter terechtzitting te verschijnen.

– 3. De beschikkingen tot voorlopige ondertoezichtstelling van een minderjarige en tot machtiging van de stichting, bedoeld in artikel 1, onder *f*, van de Wet op de jeugdzorg om een minderjarige uit huis te plaatsen alsmede een beschikking met betrekking tot de voorlopige voogdij kunnen alleen dan aanstonds worden gegeven, indien de behandeling niet kan worden afgewacht zonder onmiddellijk en ernstig gevaar voor de minderjarige. Deze beschikkingen verliezen haar kracht na verloop van twee weken, tenzij de belanghebbenden binnen deze termijn in de gelegenheid zijn gesteld hun mening kenbaar te maken.

Art. 801

Termijn voor verweerschrift

– 1. In zaken van levensonderhoud wordt in de oproeping van de belanghebbenden een termijn vermeld waarbinnen dezen een verweerschrift kunnen indienen. Indien binnen die termijn geen verweerschrift wordt ingediend, kan, tenzij artikel 809 toepassing vindt, een behandeling ter terechtzitting achterwege blijven.

– 2. De oproeping van de belanghebbende gaat in deze zaken vergezeld van de mededeling dat de rechter kan bepalen dat de behandeling achterwege kan blijven indien binnen de voor het indienen van een verweerschrift vastgestelde termijn geen verweerschrift wordt ingediend, alsmede van de mededeling dat de indiening slechts kan geschieden door een advocaat.

Art. 802

Ondervraging buiten gerechtsgebouw

Indien een verzoeker, een belanghebbende, of een ander wiens verklaring in verband met de beoordeling van het verzoek van betekenis kan zijn en die moet worden ondervraagd, in Nederland verblijft, doch buiten staat is zich naar het gerechtsgebouw te begeven, kan de ondervraging op diens verblijfplaats geschieden. Zou de rechter zich daartoe buiten zijn rechtsgebied moeten begeven, dan kan hij een rechter binnen wiens rechtsgebied de betrokkene verblijft, verzoeken de ondervraging te verrichten. (Rv 200)

Art. 803

Behandeling met gesloten deuren

De behandeling geschiedt met gesloten deuren. (Rv 429g lid 2 (oud))

Art. 804

Mededeling tijdstip beschikking

Na afloop van de behandeling deelt de rechter aan de ter behandeling verschenen personen mede op welke terechtzitting de beschikking zal worden uitgesproken.

Art. 805

Afschrift beschikking

– 1. De griffier verstrekt of verzendt onverwijld een afschrift van de beschikking aan de verzoeker, de verschenen belanghebbenden en de niet verschenen belanghebbenden aan wie een afschrift van het verzoekschrift is verzonden. De griffier verstrekt of verzendt eveneens een afschrift van een beschikking die een minderjarige of de herroeping van een adoptie betreft, aan de raad voor de kinderbescherming, tenzij de beschikking het levensonderhoud van de minderjarige betreft.

– 2. De griffier vermeldt daarbij de termijn waarbinnen en de wijze waarop hoger beroep kan worden ingesteld.

Art. 806

Hoger beroep

– 1. In afwijking van het bepaalde in het tweede lid van artikel 358 kan van een beschikking hoger beroep worden ingesteld:

a. door de verzoeker en degenen aan wie een afschrift van de beschikking is verstrekt of verzonden, binnen drie maanden na de dag van de uitspraak;

b. door andere belanghebbenden binnen drie maanden na de betekening daarvan of nadat de beschikking hun op andere wijze bekend is geworden.

– 2. Op de procedure in hoger beroep zijn de artikelen 799 tot en met 805, eerste lid, van overeenkomstige toepassing.

Art. 807

Beperkte rechtsmiddelen

Tegen beschikkingen ingevolge

a. de artikelen 254, vijfde lid, en 255, alsmede de artikelen 259 en 260, met uitzondering van beschikkingen ingevolge artikel 263*a*, tweede lid, van Boek 1 van het Burgerlijk Wetboek;

b. artikel 278, lid 2 van Boek 1 van het Burgerlijk Wetboek;

c. artikel 253*s* of 336*a* van Boek 1 van het Burgerlijk Wetboek;

d. artikel 435, tweede lid, van Boek 1 van het Burgerlijk Wetboek;

e. artikel 452, tweede lid, van Boek 1 van het Burgerlijk Wetboek staat geen andere voorziening open dan cassatie in het belang der wet.

Art. 808

Kinderrechter

Zaken betreffende minderjarigen die bij de rechtbank aanhangig worden gemaakt, uitgezonderd die welke het levensonderhoud van een minderjarige betreffen, worden behandeld door de kinderrechter. Indien deze de zaak naar de meervoudige kamer verwijst, neemt de kinderrechter aan de behandeling deel. (RO 58*a*)

Art. 808a-808j

Vervallen.

Art. 809

Horen handelingsonbekwamen

– 1. In zaken betreffende minderjarigen, uitgezonderd die welke het levensonderhoud van een minderjarige betreffen die de leeftijd van zestien jaren nog niet heeft bereikt, beslist de rechter niet dan na de minderjarige van twaalf jaren of ouder in de gelegenheid te hebben gesteld hem zijn mening kenbaar te maken, tenzij het naar het oordeel van de rechter een zaak van kennelijk ondergeschikt belang betreft. De rechter kan minderjarigen die de leeftijd van twaalf jaren nog niet hebben bereikt, in de gelegenheid stellen hem hun mening kenbaar te maken op een door hem te bepalen wijze. Hetzelfde geldt in zaken betreffende het levensonderhoud van minderjarigen die de leeftijd van zestien jaren nog niet hebben bereikt.

– 2. In zaken betreffende curatele, onderbewindstelling en mentorschap is de eerste volzin van het eerste lid van overeenkomstige toepassing ten aanzien van de onder curatele te stellen of gestelde persoon, ten aanzien van degene wiens goederen het betreft alsmede ten aanzien van de persoon ten behoeve van wie mentorschap is verzocht of is ingesteld. (BW 1: 378 e.v., 431 e.v., 450 e.v.)

– 3. Indien de gelegenheid waarop de minderjarige zijn mening kenbaar kan maken niet kan worden afgewacht zonder onmiddellijk en ernstig gevaar voor de minderjarige, kan de rechter de beschikkingen tot voorlopige ondertoezichtstelling van een minderjarige en tot machtiging van de stichting, bedoeld in artikel 1, onder *f*, van de Wet op de jeugdzorg om een minderjarige uit huis te plaatsen alsmede een beschikking met betrekking tot de voorlopige voogdij geven zonder toepassing van het eerste lid. Deze beschikkingen verliezen haar kracht na verloop van twee weken, tenzij de minderjarige binnen deze termijn in de gelegenheid is gesteld zijn mening kenbaar te maken.

– 4. Indien de minderjarige van de in het eerste en derde lid bedoelde gelegenheid geen gebruik heeft gemaakt, kan de rechter een nadere dag bepalen, waarop hij voor hem gebracht zal worden. Verschijnt de minderjarige alsdan wederom niet, dan kan de zaak zonder hem worden behandeld. (BW 1: 241, 271 e.v., 331 e.v.)

Art. 810

Advies raad voor de kinderbescherming

– 1. De rechter kan in zaken betreffende minderjarigen, uitgezonderd die welke zijn levensonderhoud betreffen, indien hij dit met het oog op de beoordeling van de belangen van de minderjarige noodzakelijk acht, het advies van de raad voor de kinderbescherming inwinnen. Hij kan de raad daartoe in elke stand van de zaak oproepen. (BW 1: 238 e.v.)

– 2. De raad voor de kinderbescherming kan in deze zaken eigener beweging zijn mening schriftelijk aan de rechter kenbaar maken of ter terechtzitting verschijnen, indien de raad dit met het oog op de beoordeling van de belangen van de minderjarige noodzakelijk acht.

– 3. De raad voor de kinderbescherming ontvangt daartoe onverwijld een afschrift van het verzoekschrift, en wordt tijdig van het tijdstip van de terechtzitting op de hoogte gesteld.

– 4. Indien de zaak evenwel de ondertoezichtstelling van een minderjarige betreft, de toepassing of overeenkomstige toepassing van de artikelen 259 en 260, van Boek 1 van het Burgerlijk Wetboek daaronder niet begrepen, dan wel de ontheffing of ontzetting van het ouderlijk gezag of van de voogdij, beslist de rechter niet dan na verhoor of behoorlijke oproeping daartoe van de raad voor de kinderbescherming.

Art. 810a

Ouders, deskundigen

– 1. In zaken betreffende minderjarigen, uitgezonderd zaken als bedoeld in het tweede lid alsmede die welke het levensonderhoud van een minderjarige betreffen, beslist de rechter pas nadat een ouder, indien deze daarom verzoekt, in de gelegenheid is gesteld een rapport van een niet door de rechter benoemde deskundige over te leggen, mits dat mede tot de beslissing van de zaak kan leiden en het belang van het kind zich daartegen niet verzet.

– 2. In zaken betreffende de ondertoezichtstelling van minderjarigen, de ontheffing en ontzetting van het ouderlijk gezag, of de ontzetting van de voogdij, benoemt de rechter op verzoek van een ouder en na overleg met die ouder een deskundige, mits dat mede tot de beslissing van de zaak kan leiden en het belang van het kind zich daartegen niet verzet.

– 3. In de in het tweede lid genoemde zaken wordt het aan de in dat lid bedoelde deskundige toekomende bedrag overeenkomstig bij algemene maatregel van bestuur te stellen regels door de rechter vastgesteld en ten laste van 's Rijks kas door de griffier aan de deskundige betaald. Van de ouder kan een bijdrage worden gevraagd overeenkomstig bij algemene maatregel van bestuur te stellen regels.

Art. 811

Inzage- en afschriftgerechtigden

– 1. In zaken betreffende minderjarigen worden als belanghebbenden bij het recht op inzage en afschrift, als bedoeld in artikel 290, van door de raad voor de kinderbescherming of het openbaar ministerie overgelegde bescheiden alsmede van door een deskundige op verzoek van de rechter overgelegde bescheiden aangemerkt:

a. de verzoekers,

b. de ouders en voogden,

c. degenen die de minderjarige als behorende tot hun gezin verzorgen en opvoeden en die uit dien hoofde een nauwe persoonlijke betrekking met het kind hebben, en

d. de minderjarige van twaalf jaren of ouder, tenzij de rechter is gebleken dat hij niet in staat is tot een redelijke waardering van zijn belangen ter zake.

– 2. Inzage of afschrift kan evenwel worden geweigerd door de rechter aan wie de bescheiden zijn overgelegd, op een van de onder *e* en *g* van het tweede lid van artikel 10 van de Wet openbaarheid van bestuur genoemde gronden.

– 3. Tegen de beschikking staat geen andere voorziening open dan cassatie in het belang der wet.

Art. 812

Afgifte minderjarigen

– 1. Iedere beschikking betreffende de gezagsuitoefening over minderjarigen, de beschikkingen ingevolge de artikelen 253*s*, 261, 326 en 336*a* van Boek 1 van het Burgerlijk Wetboek daaronder begrepen, geeft degene aan wie deze minderjarigen ingevolge de beschikking tijdelijk of blijvend worden toevertrouwd, van rechtswege het recht tot het aan hem doen afgeven van deze minderjarigen, zonodig met behulp van de sterke arm.

– 2. Een beschikking als bedoeld in artikel 253a, eerste en tweede lid, of artikel 377a, tweede lid, van Boek 1 van het Burgerlijk Wetboek kan slechts met de sterke arm ten uitvoer worden gelegd voorzover dit bij die beschikking is bepaald.

Art. 813

Taak OM

– 1. Het openbaar ministerie verleent zo nodig zijn medewerking:

a. tot de voorgeleiding van een minderjarige voor de rechter ingevolge artikel 809 van dit Wetboek;

b. tot de overbrenging van een minderjarige in verband met een uithuisplaatsing ingevolge de artikelen 261, en 326 van Boek 1 van het Burgerlijk Wetboek;

c. tot de afgifte van minderjarigen, als bedoeld in artikel 812;
d. tot de tenuitvoerlegging der beschikkingen, bedoeld in artikel 278, tweede lid, van Boek 1 van het Burgerlijk Wetboek.
– 2. De ambtenaar, aangesteld voor de uitvoering van de politietaak, die door het openbaar ministerie is aangewezen om de in lid 1 bedoelde medewerking te verlenen, heeft toegang tot elke plaats, voor zover dat redelijkerwijs voor de vervulling van zijn taak nodig is. (Politiewet 1993 art. 2; Alg. wet op het binnentreden art. 1 en 2)

TWEEDE AFDELING
Rechtspleging in scheidingszaken

§ 1. Echtscheiding, scheiding van tafel en bed en ontbinding van het huwelijk na scheiding van tafel en bed

Art. 814

Vervallen.

Art. 815

Inhoud verzoekschrift

– 1. Onverminderd het in artikel 278, eerste lid, bepaalde vermeldt het verzoekschrift:
a. de naam, de voornamen en voorzover bekend de woonplaats en de werkelijke verblijfplaats van de echtgenoot die niet de verzoeker is;
b. voorzover bekend de naam van diens raadsman;
c. de naam en de voornamen en voorzover bekend de woonplaats en de werkelijke verblijfplaats van ieder minderjarig kind van de echtgenoten te zamen of van een van hen.
– 2. Het verzoekschrift bevat een ouderschapsplan ten aanzien van:
a. hun gezamenlijke minderjarige kinderen over wie de echtgenoten al dan niet gezamenlijk het gezag uitoefenen;
b. de minderjarige kinderen over wie de echtgenoten ingevolge artikel 253sa of 253t het gezag gezamenlijk uitoefenen.
– 3. In het ouderschapsplan worden in ieder geval afspraken opgenomen over:
a. de wijze waarop de echtgenoten de zorg- en opvoedingstaken, bedoeld in artikel 247 van Boek 1 van het Burgerlijk Wetboek, verdelen of het recht en de verplichting tot omgang, bedoeld in artikel 377a, eerste lid, van Boek 1 van het Burgerlijk Wetboek vormgeven;
b. de wijze waarop de echtgenoten elkaar informatie verschaffen en raadplegen omtrent gewichtige aangelegenheden met betrekking tot de persoon en het vermogen van de minderjarige kinderen;
c. de kosten van de verzorging en opvoeding van de minderjarige kinderen.
– 4. Het verzoekschrift vermeldt over welke van de gevraagde voorzieningen overeenstemming is bereikt en over welke van de gevraagde voorzieningen een verschil van mening bestaat met de gronden daarvoor. Tevens vermeldt het verzoekschrift op welke wijze de kinderen zijn betrokken bij het opstellen van het ouderschapsplan. (BW 1: 83 lid 1)

Over te leggen bescheiden

– 5. Bij de indiening van het verzoekschrift moeten worden overgelegd:
a. een afschrift of uittreksel van de huwelijksakte;
b. bescheiden betreffende de gronden waarop de rechter ingevolge artikel 4 rechtsmacht heeft;
c. een afschrift of uittreksel van de akte van geboorte van ieder minderjarig kind van de echtgenoten te zamen of van een van hen;
d. de processtukken die betrekking hebben op de voorlopige voorzieningen, bedoeld in de artikelen 822 en 823, indien deze zijn gevraagd;
e. indien het een verzoek tot ontbinding van het huwelijk na scheiding van tafel en bed betreft: een authentiek afschrift van de rechterlijke uitspraak waarbij de scheiding van tafel en bed is uitgesproken.
– 6. Indien het ouderschapsplan, bedoeld in het tweede lid, of de stukken, bedoeld in het vijfde lid, onderdelen a tot en met c, redelijkerwijs niet kunnen worden overgelegd, kan worden volstaan met overlegging van andere stukken of kan op andere wijze daarin worden voorzien, een en ander ter beoordeling van de rechter.
– 7. Indien ten behoeve van minderjarige kinderen voorzieningen moeten worden getroffen, zendt de griffier onverwijld een afschrift van het verzoekschrift aan de raad voor de kinderbescherming.

Art. 816

Betekening verzoekschrift aan andere echtgenoot

– 1. Betreft het een verzoek van één der echtgenoten, dan doet de verzoeker binnen veertien dagen na de indiening van het verzoekschrift een afschrift daarvan betekenen aan de andere echtgenoot. Uiterlijk op een in het exploit vermeld tijdstip kan de andere echtgenoot hetzij een verweerschrift indienen, hetzij om uitstel te dier zake verzoeken. Het exploit vermeldt dat een en ander slechts kan geschieden door een advocaat. Het originele exploit moet ter griffie worden ingediend.

Termijn verweerschrift

– 2. Het tijdstip dat ingevolge lid 1 in het exploit moet worden vermeld, wordt bepaald met inachtneming van een termijn van ten minste zes weken, te rekenen vanaf de dag van de betekening. Heeft de andere echtgenoot geen bekende woonplaats in Nederland, dan bedraagt deze termijn ten minste drie maanden.

– 3. Indien het bepaalde in lid 1 of lid 2 niet in acht is genomen, of indien het exploit anderszins lijdt aan een gebrek, zijn de artikelen 120 en 121 van overeenkomstige toepassing.

Zelfstandig tegenverzoek in verweerschrift

– 4. Indien de andere echtgenoot tijdig om uitstel heeft verzocht, alsmede indien een ingediend verweerschrift een zelfstandig verzoek bevat, bepaalt de rechter een termijn waarbinnen de andere echtgenoot respectievelijk de echtgenoot die het oorspronkelijke verzoekschrift heeft ingediend, een verweerschrift kan indienen.

Verlengingsmogelijkheden termijn

– 5. Op eensluidend verzoek van de echtgenoten verlengt de rechter de termijn bedoeld in lid 4, tenzij dit leidt tot onredelijke vertraging van het geding. Hij kan deze termijn ook verlengen op verzoek van een der echtgenoten of ambtshalve.

Art. 817

Geestesstoornis andere echtgenoot

– 1. Betreft het een verzoek van een der echtgenoten, terwijl de andere echtgenoot op grond van een geestesstoornis verblijft in een ziekenhuis, verpleeghuis, verpleeginrichting of een psychiatrische inrichting als bedoeld in het derde lid, dan vermeldt het verzoekschrift het feit van dit verblijf.

Toevoeging advocaat

– 2. In het geval bedoeld in het eerste lid beveelt de rechter het bureau rechtsbijstandvoorziening in het ressort waarbinnen deze echtgenoot verblijf houdt, indien deze nog geen advocaat heeft, aan hem een advocaat toe te voegen en bepaalt hij tevens een nieuwe termijn voor het indienen van een verweerschrift. Bij algemene maatregel van bestuur worden regels gesteld voor de vergoeding die de advocaat ontvangt voor de door hem verleende rechtsbijstand.

– 3. Onder een psychiatrische inrichting wordt verstaan een psychiatrisch ziekenhuis als bedoeld in artikel 1, onder *h*, van de Wet bijzondere opnemingen psychiatrische ziekenhuizen (*Stb.* 1992, 669).

Art. 818

Achterwege blijven van behandeling ter terechtzitting

– 1. In afwijking van het bepaalde in artikel 279, eerste lid, kan een behandeling ter terechtzitting achterwege blijven indien er geen minderjarige kinderen zijn die ingevolge artikel 809 in de gelegenheid moeten worden gesteld hun mening kenbaar te maken en er, wanneer het een verzoek van een der echtgenoten betreft, niet tijdig verweer is gevoerd.

Uitstel van behandeling

– 2. De rechter kan de echtgenoten naar een mediator verwijzen met als doel om de echtgenoten in onderling overleg tot afspraken over één of meer gevolgen van de echtscheiding te laten komen indien het verzoekschrift of de behandeling ter terechtzitting daartoe aanleiding geeft.

Zelfstandig tegenverzoek in verweerschrift

– 3. Op een eensluidend mondeling of schriftelijk verzoek van de echtgenoten wordt de behandeling niet aangevangen of voortgezet voor het verstrijken van een door hen aangeduide termijn, tenzij dit leidt tot onredelijke vertraging van het geding.

Geconcentreerde behandeling

– 4. Indien tijdig een verweerschrift is ingediend dat een zelfstandig verzoek bevat, vangt de behandeling niet aan voordat tegen dit verzoek een verweerschrift is ingediend dan wel de daarvoor geldende termijn ongebruikt is verstreken.

– 5. De behandeling geschiedt, indien mogelijk, in één zitting.

– 6. De artikelen 802 en 803 zijn van overeenkomstige toepassing.

Art. 819

Gemeenschappelijke verzoekschriftprocedure

De rechter kan op verzoek van de echtgenoten of van een van hen de getroffen onderlinge regelingen, daaronder begrepen afspraken omtrent uitkeringen tot levensonderhoud en omtrent de kosten van verzorging en opvoeding van een minderjarige, geheel of gedeeltelijk in de beschikking opnemen.

Art. 820

Hoger beroep, termijn en betekening

– 1. In afwijking van het bepaalde van artikel 358, tweede lid, kan een echtgenoot die in eerste aanleg niet in de procedure is verschenen, tegen een beschikking waarbij een verzoek tot echtscheiding, scheiding van tafel en bed of ontbinding van het huwelijk na scheiding van tafel en bed is toegewezen, hoger beroep instellen binnen drie maanden na de betekening van deze beschikking aan hem in persoon dan wel binnen drie maanden nadat zij op andere wijze is betekend en overeenkomstig het tweede lid openlijk bekend is gemaakt.

– 2. De openlijke bekendmaking geschiedt door plaatsing van een uittreksel van de beschikking in de *Staatscourant*. Het uittreksel bevat de dagtekening van de beschikking en de aanduiding van de rechter die haar heeft gewezen, alsmede de naam, voornamen en woonplaats van ieder der echtgenoten.

Kennisgeving door griffier

– 3. Indien hoger beroep of beroep in cassatie is ingesteld tegen een beschikking als bedoeld in het eerste lid, moet de griffier van het gerecht waarbij dit beroep is ingesteld, terstond het gerecht dat de bestreden beschikking heeft gegeven, daarvan op de hoogte stellen.

Geen incidenteel appel tegen scheidingsbeschikking

– 4. Indien een echtgenoot slechts hoger beroep of beroep in cassatie heeft ingesteld tegen een beslissing omtrent nevenvoorzieningen, kan de andere echtgenoot na het verstrijken van de voor het instellen van het desbetreffende rechtsmiddel geldende termijn of na berusting geen beroep meer instellen tegen de uitspraak voorzover daarbij een verzoek tot echtscheiding, scheiding van tafel en bed of ontbinding van het huwelijk na scheiding van tafel en bed is toegewezen.

Procedure in hoger beroep

– 5. In hoger beroep en in cassatie zijn de artikelen 802, 803 en 817 van overeenkomstige toepassing.

Art. 820a

Vervallen.

§ 2. Voorlopige voorzieningen

Art. 821

Procedure voorlopige voorzieningen

– 1. In zaken van echtscheiding of scheiding van tafel en bed kan ieder der echtgenoten bij verzoekschrift voorlopige voorzieningen als bedoeld in de artikelen 822 en 823 vragen. Een voorlopige voorziening kan worden gevraagd tot het tijdstip waarop een zodanige voorziening, indien gegeven, ingevolge artikel 826 haar kracht verliest.

Behandeling

– 2. De behandeling ter terechtzitting vangt niet later aan dan in de derde week volgende op die waarin de voorziening is gevraagd.

Beslissing

– 3. De rechter beslist zo spoedig mogelijk na de behandeling ter terechtzitting.

Verval voorlopige voorzieningen

– 4. De beschikking houdende voorlopige voorzieningen, gegeven voordat een verzoek tot echtscheiding of tot scheiding van tafel en bed is gedaan, verliest haar kracht, indien niet binnen vier weken na haar dagtekening een verzoek tot echtscheiding of tot scheiding van tafel en bed is gedaan.

– 5. De artikelen 810 en 812 zijn van overeenkomstige toepassing.

Art. 822

Opsomming voorlopige voorzieningen

– 1. De rechter kan bij beschikking voor de duur van het geding: (Rv 821 lid 4, 826)

a. bepalen dat één der echtgenoten bij uitsluiting gerechtigd zal zijn tot het gebruik van de echtelijke woning met bevel dat de andere echtgenoot die woning dient te verlaten en deze verder niet mag betreden; (BW 1: 83 lid 1; 7A: 1623g)

b. bevelen dat ieder der echtgenoten aan de andere echtgenoot beschikbaar zal stellen de goederen tot diens dagelijks gebruik strekkend, alsmede de goederen strekkend tot het dagelijks gebruik van de kinderen;

c. bepalen aan wie der echtgenoten ieder minderjarig kind van de echtgenoten te zamen zal worden toevertrouwd, waarbij tevens, indien het kind niet reeds in de macht van die echtgenoot mocht zijn, de afgifte van dat kind aan hem zal worden bevolen, en bovendien het bedrag bepalen dat de andere echtgenoot voor de verzorging en opvoeding van ieder der kinderen moet betalen; (Rv 812; BW 1:82)

d. een regeling vaststellen inzake de verdeling van de zorg- en opvoedingstaken of de omgang tussen het kind en de echtgenoot die niet het gezag uitoefent alsmede inzake het verschaffen van informatie dan wel het raadplegen van de echtgenoten over de minderjarige kinderen van de echtgenoten;

e. het bedrag bepalen dat de ene echtgenoot moet betalen voor het levensonderhoud van de andere echtgenoot.

Aanvang voorlopige voorzieningen

– 2. De voorzieningen, bedoeld in het eerste lid, vangen aan op de dag van de dagtekening der beschikking, tenzij de rechter een eerdere of latere aanvangsdag heeft vastgesteld. (BW 1: 81, 84 lid 6) (Rv 429*c*)

Art. 823

Ondertoezichtstelling kind

– 1. De rechter is bevoegd op verzoek van een echtgenoot of van de raad voor de kinderbescherming een kind onder toezicht te stellen als bedoeld in artikel 254 van Boek I van het Burgerlijk Wetboek. (Rv 429*c*)

– 2. Artikel 826 is niet van toepassing. (BW 1: 240)

Art. 824

Geen hogere voorzieningen

– 1. Tegen de op grond van artikel 822 gegeven beschikkingen en tegen de beschikkingen tot wijziging of intrekking daarvan staan geen hogere voorzieningen open, behoudens cassatie in het belang der wet. (RO 95, 98)

Criterium wijziging of intrekking

– 2. Op een verzoek van de echtgenoten of van één van hen kan een beschikking, als bedoeld in artikel 822, door de rechtbank die of het gerechtshof dat de beschikking heeft gegeven, worden gewijzigd of ingetrokken, indien de omstandigheden na de dagtekening der beschikking in zodanige mate zijn gewijzigd of indien bij het geven van de beschikking in zodanige mate van onjuiste of onvolledige gegevens is uitgegaan, dat, alle betrokken belangen in aanmerking genomen, de voorziening niet in stand kan blijven. Artikel 821, tweede tot en met vijfde lid, is van overeenkomstige toepassing. (Rv 826)

Art. 824a-824b

Vervallen.

Art. 825

Inzage en afschrift bescheiden

Als belanghebbenden bij het recht op inzage en afschrift, bedoeld in artikel 290, van de bescheiden die betrekking hebben op de voorlopige voorzieningen, worden aangemerkt de echtgenoten met dien verstande dat in zaken betreffende minderjarigen artikel 811 van toepassing is.

Art. 825a-825g

Vervallen.

Art. 826

Voorlopige voorzieningen niet meer van kracht

– 1. De voorlopige voorzieningen verliezen hun kracht zodra een beschikking waarbij de echtscheiding of de scheiding van tafel en bed is uitgesproken, wordt ingeschreven in de registers van de burgerlijke stand onderscheidenlijk het huwelijksgoederenregister, aangewezen in artikel 116 van Boek 1 van het Burgerlijk Wetboek, of zodra de mogelijkheid daartoe vervalt, met dien verstande dat:

a. de voorlopige voorziening bedoeld in artikel 822, eerste lid, onderdeel *a*, haar kracht behoudt totdat de beslissing op een verzoek als bedoeld in artikel 266 lid 5 van Boek 7 van het Burgerlijk Wetboek, indien dit verzoek is gedaan, in kracht van gewijsde gaat;

b. indien een verzoek tot voorziening in het gezag is gedaan of door de rechter ambtshalve in het gezag wordt voorzien, de voorlopige voorzieningen die op de kinderen betrekking hebben, hun kracht behouden totdat het gezag overeenkomstig artikel 253*p* van Boek 1 van het Burgerlijk Wetboek is begonnen;

c. de voorlopige voorziening bedoeld in artikel 822, eerste lid, onderdeel *e*, haar kracht behoudt totdat de beslissing op een verzoek als bedoeld in artikel 157 van het Eerste Boek van het Burgerlijk Wetboek, indien dit verzoek is gedaan, bij toewijzing voor tenuitvoerlegging vatbaar wordt dan wel bij afwijzing in kracht van gewijsde gaat.

– 2. De voorlopige voorzieningen verliezen eveneens hun kracht zodra een verzoek tot echtscheiding of tot scheiding van tafel en bed wordt ingetrokken, alsmede zodra een beschikking waarbij een verzoek tot echtscheiding of tot scheiding van tafel en bed wordt afgewezen, in kracht van gewijsde gaat.

§ 3. Nevenvoorzieningen

Art. 827

Opsomming nevenvoorzieningen

– 1. Ingeval de echtscheiding, de scheiding van tafel en bed of de ontbinding van het huwelijk na scheiding van tafel en bed wordt uitgesproken, kan de rechter als nevenvoorziening de navolgende voorzieningen treffen:

a. toekenning van een uitkering tot levensonderhoud aan een echtgenoot ten laste van de andere echtgenoot;

b. voorzieningen met betrekking tot de verdeling van de gemeenschap of bij huwelijkse voorwaarden overeengekomen verrekening van inkomsten of van vermogen;

c. voorzieningen betreffende het gezag over, de verdeling van de zorg- en opvoedingstaken over, de vaststelling van de hoofdverblijfplaats van of de omgang met, de informatie en raadpleging over en een bijdrage in de kosten van verzorging en opvoeding van minderjarige kinderen van de echtgenoten;

alsmede, ingeval de echtscheiding of de scheiding van tafel en bed wordt uitgesproken: (BW 1: 407 lid 2, 408)

d. toepassing van artikel 165, eerste lid, of van artikel 175, eerste lid, van Boek 1 van het Burgerlijk Wetboek;

e. toepassing van artikel 266 lid 5 van Boek 7 van het Burgerlijk Wetboek;

f. een andere voorziening dan bedoeld in de onderdelen *a* tot en met *e*, mits deze voldoende samenhang vertoont met het verzoek tot echtscheiding, scheiding van tafel en bed of ontbinding van het huwelijk na scheiding van tafel en bed, en niet te verwachten is dat de behandeling daarvan tot onnodige vertraging van het geding zal leiden.

Nevenvoorzieningen alleen in eerste aanleg

– 2. Ten aanzien van nevenvoorzieningen als bedoeld in het eerste lid, onderdeel *c*, zijn de artikelen 808, 809, eerste lid, 810, 810*a*, 811 en 812 van toepassing, en komt, in afwijking van het bepaalde in artikel 358, het recht van hoger beroep slechts toe aan de ouders, voorzover dezen tot het gezag bevoegd zijn, alsmede aan de raad voor de kinderbescherming.

Minderjarigen

– 3. Indien aan de rechter blijkt dat een verzoek tot toekenning van een uitkering tot levensonderhoud aan een echtgenoot ten laste van de andere echtgenoot als voorwaarde is verbonden aan verlening van bijstand, stelt de rechter de gemeente die de voorwaarde heeft gesteld, in de gelegenheid schriftelijk of ter terechtzitting haar mening omtrent de vordering kenbaar te maken. (ABW95 108)

Art. 827a-827p

Vervallen.

§ 4. Ontbinding van een geregistreerd partnerschap

Art. 828

Op een ontbinding van een geregistreerd partnerschap zijn de bepalingen over de rechtspleging in scheidingszaken van overeenkomstige toepassing. (BW 1: 80*e*)

Ontbinding

Art. 828a-832

Vervallen.

ZEVENDE TITEL

Enige bijzondere rechtsplegingen

EERSTE AFDELING

Afschrift, uittreksel en inzage van akten en andere bewijsmiddelen

Art. 833-837

Vervallen.

Art. 838

Afschrift en uittreksel uit registers

– 1. De griffiers en andere bewaarders van openbare registers moeten daarvan, zonder regterlijk bevel, tegen betaling der hun toekomende regten, afschrift of uittreksel afleveren aan alle degenen die zulks vorderen, op straffe van vergoeding van kosten, schaden en interessen.

– 2. Het eerste lid geldt niet, voor zover artikel 28 van toepassing is. (Rv 430; BW 1: 26 e.v.; 3: 16, 30; Sv 554; Tar. 14; Besl. Tar.)

Art. 839-843

Vervallen.

Art. 843a

Inzage, afschrift of uittreksel van bepaalde bescheiden

– 1. Hij die daarbij rechtmatig belang heeft, kan op zijn kosten inzage, afschrift of uittreksel vorderen van bepaalde bescheiden aangaande een rechtsbetrekking waarin hij of zijn rechtsvoorgangers partij zijn, van degene die deze bescheiden te zijner beschikking of onder zijn berusting heeft. Onder bescheiden worden mede verstaan: op een gegevensdrager aangebrachte gegevens.

– 2. De rechter bepaalt zo nodig de wijze waarop inzage, afschrift of uittreksel zal worden verschaft.

– 3. Hij die uit hoofde van zijn ambt, beroep of betrekking tot geheimhouding verplicht is, is niet gehouden aan deze vordering te voldoen, indien de bescheiden uitsluitend uit dien hoofde te zijner beschikking staan of onder zijn berusting zijn.

– 4. Degene die de bescheiden te zijner beschikking of onder zijn berusting heeft, is niet gehouden aan deze vordering te voldoen, indien daarvoor gewichtige redenen zijn, alsmede indien redelijkerwijs aangenomen kan worden dat een behoorlijke rechtsbedeling ook zonder verschaffing van de gevraagde gegevens is gewaarborgd.

Art. 843b

Inzage e.d. i.v.m. verlies van bewijsmiddel

– 1. Hij die een bewijsmiddel heeft verloren, kan van degene die de beschikking heeft over bescheiden die tot bewijs kunnen dienen van enig feit waarop het verloren bewijsmiddel betrekking had, of die zodanige bescheiden onder zijn berusting heeft, vorderen daarvan te zijnen behoeve op zijn kosten, voor zover nodig, inzage, afschrift, of uittreksel te verschaffen. Onder bescheiden worden mede verstaan: op een gegevensdrager aangebrachte gegevens.

– 2. De rechter bepaalt zonodig de wijze waarop inzage, afschrift of uittreksel zal worden verschaft.

– 3. Hij die uit hoofde van zijn ambt, beroep of betrekking tot geheimhouding verplicht is, is niet gehouden aan deze vordering te voldoen, indien de bescheiden uitsluitend uit dien hoofde te zijner beschikking staan of onder zijn berusting zijn.

Art. 844-852

Vervallen.

TWEEDE AFDELING

Van gerechtelijke bewaring

Art. 853

Kort geding

Behalve in de andere in de wet vermelde gevallen kan een zaak in gerechtelijke bewaring worden gesteld op een in kort geding gegeven bevel van de voorzieningenrechter van de rechtbank. (Rv 445 e.v., 506, 709, 766; BW 3: 257; 6: 66 e.v.; 7: 600 e.v.; 8: 490, 955)

Art. 854

Aanwijzing bewaarder

De rechter die de gerechtelijke bewaring van een bepaalde zaak beveelt, kan iedere daartoe geschikte persoon die bereid is deze benoeming te aanvaarden, als gerechtelijke bewaarder van die zaak aanwijzen. Hetzelfde geldt voor de deurwaarder die gebruik maakt van zijn bevoegdheid om een zaak in bewaring te stellen krachtens artikel 446 en die ter plaatse geen voor zodanige zaken aangewezen gerechtelijke bewaarder tegen een redelijk loon tot de bewaring bereid vindt.

Art. 855

Grondslag bewaring

– 1. Degene die gerechtelijke bewaring verlangt van een roerende zaak die geen registergoed is, geeft bij de inbewaringgeving aan de bewaarder de wettelijke bepaling of het rechterlijk bevel op uit hoofde waarvan de bewaring zal geschieden. De bewaarder geeft hem een ontvangstbewijs waarop deze bepaling of dit bevel is vermeld.

– 2. Degene die de zaak in bewaring heeft gegeven, is verplicht hiervan zo spoedig mogelijk schriftelijk mededeling te doen aan degenen tegen wie de bewaring zich richt en daarbij op te geven op welke grond de inbewaringstelling geschiedt.

Art. 856

Toepasselijke regels

– 1. De gerechtelijke bewaring van een zaak geschiedt op de voorwaarden die door de bewaarder gewoonlijk voor zaken van dezelfde soort worden overeengekomen, of, bij gebreke daarvan, volgens de regels die krachtens het Burgerlijk Wetboek op de overeenkomst van toepassing zijn, telkens tenzij de rechter die de gerechtelijke bewaring beveelt, anders bepaalt. (BW 7: 600)

– 2. De inbewaringsteling kan aldus geschieden dat de bewaarder de zaak mag afgeven aan degene tegen wie de bewaring zich richt, mits deze tevoren aan zijn verplichtingen jegens de bewaargever heeft voldaan. Van een zodanig beding wordt melding gemaakt in de mededeling, bedoeld in artikel 855, tweede lid. (BW 6: 66)

Overneming

– 3. De rechter die de gerechtelijke bewaring heeft bevolen, of anders de voorzieningenrechter van de rechtbank, kan op verzoek van de bewaarder of een belanghebbende de voorwaarden vaststellen of wijzigen of een gerechtelijke bewaarder aanwijzen die de gerechtelijke bewaring van de oorspronkelijke zal overnemen. De indiening van het verzoekschrift kan ook door een deurwaarder geschieden, voor zover de bewaring haar grond vindt in een beslag.

Art. 857

Kosten

– 1. De kosten van de bewaring worden aan de bewaarder voldaan door degene die de zaak in bewaring heeft doen geven of het bevel tot bewaring heeft uitgelokt, onverminderd de rechten van hemzelf tegen degenen die jegens hem voor de kosten aansprakelijk zijn. (BW 7: 601)

Retentierecht

– 2. De bewaarder heeft voor al hetgeen hem ter zake van de bewaring toekomt een retentierecht op de in bewaring gestelde zaken, dat hij kan uitoefenen tegen ieder die recht op afgifte van die zaken mocht hebben. (BW 3: 290)

Art. 858

Verkoop

– 1. Wanneer de kosten van de bewaring niet op tijd aan de bewaarder worden voldaan, kan deze op een door de voorzieningenrechter van de rechtbank op zijn verzoek te bepalen wijze het in bewaring gestelde verkopen; de opbrengst treedt voor het in bewaring gestelde in de plaats en wordt, na aftrek van de kosten van bewaring en van de verkoop, ten behoeve van belanghebbenden in de consignatiekas gestort.

Beslag

– 2. Ingeval de bewaring haar grond vindt in een beslag, wijst de voorzieningenrechter het verzoek niet toe dan nadat de beslagene is opgeroepen om te worden gehoord. (Rv 860)

– 3. Tegen een toewijzende beschikking krachtens dit artikel is geen hogere voorziening toegelaten.

Afwijking

– 4. Van dit artikel kan niet bij de overeenkomst van bewaargeving worden afgeweken, tenzij de rechter krachtens artikel 856 anders bepaalt.

Art. 859

Verzekeringskosten

Indien degene die de zaak in bewaring heeft doen geven, in verband daarmee ten aanzien van de zaak een verzekering heeft gesloten, kan hij de door hem betaalde premies en kosten op dezelfde voet als de kosten van de bewaring terugvorderen van degenen die jegens hem voor die kosten aansprakelijk zijn, tenzij het niet redelijk was om de verzekering te sluiten.

Art. 860

Vordering opheffing bewaring

– 1. Een gerechtelijke bewaring kan op vordering van elke belanghebbende in kort geding, al of niet tegen zekerheidstelling, worden opgeheven door de voorzieningenrechter die de bewaring heeft bevolen of in het rechtsgebied van wiens rechtbank de zaken zich bevinden. De voorzieningenrechter bepaalt desverlangd aan wie de bewaarder de zaak dient af te geven.

– 2. Opheffing van het beslag waarin de gerechtelijke bewaring haar grond vindt, heeft van rechtswege tevens opheffing van de bewaring tot gevolg. De bewaarder is verplicht tot afgifte van de zaak aan de beslagene.

– 3. Opheffing van de bewaring doet niet af aan de rechten van de bewaarder tot het tijdstip van de afgifte. (Rv 857)

Art. 861

Afgifte

– 1. In geval van een gerechtelijke bewaring die haar grond vindt in een beslag tot verhaal van een geldvordering, geeft de bewaarder het in bewaring gestelde op verzoek van de deurwaarder die met de executoriale verkoop is belast, tijdig aan deze af.
– 2. Is een zaak in bewaring gesteld in afwachting van de beslissing wie op afgifte daarvan recht heeft, dan geeft de bewaarder haar af aan degene aan wie zij krachtens een in kracht van gewijsde gegane of uitvoerbaar bij voorraad verklaarde beslissing toekomt. (Rv 710 lid 4, 857 lid 2)

Art. 862-984

Vervallen.

NEGENDE TITEL
Van de formaliteiten, vereist voor de tenuitvoerlegging van in vreemde Staten tot stand gekomen executoriale titels

EERSTE AFDELING
Algemene bepalingen

Art. 985

Rechterlijk verlof tot tenuitvoerlegging

Wanneer een beslissing, gegeven door de rechter van een vreemde Staat, in Nederland uitvoerbaar is krachtens een verdrag of krachtens de wet, wordt zij niet ten uitvoer gelegd dan na daartoe verkregen rechterlijk verlof. De zaak zelf wordt niet aan een nieuw onderzoek onderworpen. Tot de kennisneming van het verzoek om verlening van het verlof zijn bevoegd de rechtbank van het arrondissement waar de wederpartij van de verzoeker woonplaats heeft en die van het arrondissement waar de tenuitvoerlegging wordt verlangd. (Rv 431, 992, 994)

Art. 986

Verzoekschrift

– 1. Het verlof tot tenuitvoerlegging wordt gevraagd bij verzoekschrift. Het verzoekschrift wordt ingediend door een advocaat en houdt tevens in de keuze van een woonplaats binnen het arrondissement van de rechtbank.
– 2. Bij het verzoekschrift wordt een authentiek afschrift van de beslissing overgelegd, benevens de stukken, waardoor kan worden vastgesteld dat zij uitvoerbaar is in het land, waar zij is gewezen.
– 3. De rechtbank kan legalisatie van het afschrift van de beslissing en van de overige in het tweede lid bedoelde stukken verlangen. Zij kan tevens eisen, dat de beslissing en de overige overgelegde stukken worden vertaald in het Nederlands, en dat deze vertaling voor eensluidend wordt verklaard hetzij door een in Nederland toegelaten beëdigde vertaler, hetzij door een beëdigde vertaler, toegelaten in het land waar de beslissing is gegeven, hetzij door de diplomatieke of consulaire vertegenwoordiger van bedoeld land in Nederland. (Verdrag afschaffing vereiste van legalisatie)
– 4. Bij ongenoegzaamheid der overgelegde stukken wordt de verzoeker de gelegenheid tot aanvulling gegeven.

Art. 987

Verhoor van partijen

– 1. De rechtbank geeft haar beschikking met bekwame spoed, doch niet dan na verhoor, althans behoorlijke oproeping, van de partijen tegen wie de tenuitvoerlegging wordt verlangd.
– 2. De rechtbank bepaalt dag en uur voor het verhoor, alsmede de termijn, bij de oproepingen in acht te nemen.
– 3. De oproepingen geschieden vanwege de verzoeker bij deurwaardersexploot. De verzoeker legt de bewijzen van oproeping vóór of bij het verhoor aan de rechtbank over.
– 4. De rechtbank kan, indien een opgeroepene niet verschijnt, zijn nadere oproeping bevelen. Hetzelfde geldt, indien een partij ten onrechte niet is opgeroepen.
– 5. De verzoeker en de andere partijen verschijnen bij advocaat.
– 6. Na afloop van het verhoor deelt de rechter mede, wanneer de uitspraak zal plaatsvinden.

Art. 988

Uitspraak in het openbaar

– 1. De beschikking der rechtbank is met redenen omkleed en wordt in het openbaar uitgesproken. (Rv 429*k*, 430)
– 2. De beschikking is uitvoerbaar bij voorraad zonder zekerheidstelling, voorzover de rechtbank niet anders beslist.
– 3. Ten aanzien van de proceskosten is het bepaalde in de artikelen 237, 239 en 245 van toepassing.

Art. 989

Geen verzet, wel hoger beroep

– 1. De beschikking der rechtbank is niet vatbaar voor verzet.

– 2. Partijen kunnen tegen de beschikking hoger beroep instellen binnen een maand na de dag van de uitspraak. Het wordt gebracht voor het gerechtshof.

– 3. In geval van hoger beroep vinden de artikelen 986-988 en 989, eerste lid, overeenkomstige toepassing, met dien verstande dat ook de oorspronkelijke verzoeker wordt verhoord, althans behoorlijk opgeroepen.

Art. 990

Cassatie

Partijen kunnen tegen de beschikking van het gerechtshof beroep in cassatie instellen binnen een maand na de dag waarop zij is gegeven. De artikelen 988, eerste lid, en 989, eerste lid, vinden overeenkomstige toepassing.

Art. 991

Vervallen.

Art. 992

Vertaling

De bepalingen van deze titel zijn slechts van toepassing, voor zover een verdrag of een bijzondere wet geen afwijkende voorzieningen inhoudt. (Rv 994)

TWEEDE AFDELING
Bijzondere bepalingen

Art. 993

Authentieke akte

– 1. De bepalingen van de Eerste Afdeling van deze titel zijn van overeenkomstige toepassing, wanneer een in een vreemde Staat verleden authentieke akte in Nederland uitvoerbaar is krachtens verdrag of wet, met dien verstande dat de voorzieningenrechter der rechtbank treedt in de plaats van de rechtbank. (Rv 431)

Andere executoriale titels

– 2. Wij behouden Ons voor bij algemene maatregel van bestuur te bepalen, dat onder dit artikel tevens zullen vallen niet eerder in deze titel bedoelde, in vreemde Staten tot stand gekomen executoriale titels, welke krachtens verdrag of wet in Nederland uitvoerbaar zijn.

Art. 994

De bepalingen van deze titel zijn niet van toepassing op uitspraken van internationale organen.

TIENDE TITEL
Van rechtspleging in zaken van rechtspersonen

Art. 995

Bevoegde rechter

– 1. In de zaken die ingevolge het bij of krachtens Boek 2 van het Burgerlijk Wetboek bepaalde met een verzoekschrift worden ingeleid, is, tenzij anders is bepaald, bevoegd de rechter van de woonplaats van de rechtspersoon. Nadat de rechtspersoon is opgehouden te bestaan blijft deze rechter bevoegd in zaken betreffende de vereffening, de benoeming van bewaarders van boeken en bescheiden en het verlenen van machtiging tot inzage in boeken en bescheiden. (BW 1: 10 lid 2; Rv 429*a* e.v.)

Inhoud verzoekschrift

– 2. Het verzoekschrift vermeldt, onverminderd het in artikel 278 bepaalde, de naam en de woonplaats van de rechtspersoon.

Oproeping

– 3. De rechter gelast in ieder geval de oproeping van de rechtspersoon.

Art. 996

Appèltermijn

Hoger beroep moet worden ingesteld binnen drie maanden, te rekenen van de dag van de uitspraak van de eindbeschikking in zaken.

a. tot ontbinding van een rechtspersoon of tot verkrijging van een verklaring dat en op welk tijdstip een rechtspersoon ingevolge haar statuten is ontbonden; (BW 2: 15 e.v., 19, 22, 31, 70, 181)

b. tot verkrijging van een machtiging tot omzetting van een rechtspersoon; (BW 2: 20)

c. tot doorhaling, aanvulling of wijziging van hetgeen is ingeschreven in het in artikel 29 lid 1 of in artikel 289 lid 1 van Boek 2 van het Burgerlijk Wetboek bedoelde register;

d. tot wijziging van de statuten van een stichting; (BW 2: 294)

e. tot nietigverklaring van een wijziging van de statuten van een stichting, en (BW 2: 295)

f. tot wijziging van of voorziening in het bestuur van een stichting. (BW 298 lid 2, 299)

Art. 997

Verzet schuldeiser of wederpartij

– 1. Het verzet van een schuldeiser onderscheidenlijk een wederpartij overeenkomstig de artikelen 100 lid 3, 209 lid 3, 316 lid 2, 334*l*, of 404 lid 5 van boek 2 van het Burgerlijk Wetboek wordt door de rechter met de meeste spoed behandeld. Indien verschillende verzoekschriften zijn ingediend, wordt op alle tezamen beschikt.

– 2. Van de dag waarop de behandeling zal plaatsvinden, wordt door de griffier aankondiging gedaan in de *Nederlandse Staatscourant* en in een landelijk verspreid dagblad.

– 3. Voorts geeft de griffier kennis aan het kantoor van het handelsregister, waar de vennootschap is ingeschreven.

– 4. De rechtbank hoort de schuldeisers onderscheidenlijk de wederpartijen die zijn verschenen.

– 5. Hoger beroep moet binnen drie weken na de dagtekening van de eindbeschikking worden ingesteld bij de ondernemingskamer van het gerechtshof te Amsterdam. De voorgaande leden vinden in hoger beroep overeenkomstige toepassing.

Hoger beroep

Art. 997a

– 1. Een afschrift van het exploit van dagvaarding waarbij een vordering bij de rechtbank wordt ingesteld als bedoeld in de artikelen 336, 342 en 343 van boek 2 van het Burgerlijk Wetboek wordt onverwijld door de eiser aan de vennootschap betekend.

Afschrift dagvaarding aan vennootschap

– 2. Binnen twee weken na de betekening stelt de vennootschap de niet gedagvaarde aandeelhouders schriftelijk in kennis van de inhoud van de dagvaarding.
– 3. Van ieder vonnis wordt een afschrift door de griffier behalve aan partijen tevens aan de vennootschap toegezonden. Een afschrift van het onherroepelijk geworden vonnis als bedoeld in artikel 340 lid 1 van boek 2 van het Burgerlijk Wetboek wordt onverwijld door de eiser aan de gedaagden en de vennootschap betekend.
– 4. Tegen het vonnis is geen verzet van derden mogelijk als bedoeld in artikel 376 van dit wetboek.

Art. 998

Vervallen.

ELFDE TITEL

Art. 999-1002

Vervallen.

TWAALFDE TITEL

Van rechtspleging in zaken betreffende onredelijk bezwarende bedingen in algemene voorwaarden

Art. 1003

Bij vorderingen als bedoeld in de artikelen 240 en 242 van Boek 6 van het Burgerlijk Wetboek kan als volgt worden afgeweken van het bepaalde in artikel 111, tweede lid:

Collectieve exploiten

1° Een exploit dat bestemd is zowel voor een vereniging die ten doel heeft de behartiging van belangen van personen die een beroep of bedrijf uitoefenen, alsook voor de leden van deze vereniging, alsmede een exploit dat bestemd is voor de gewezen leden van een in eerste aanleg mede-gedagvaarde, doch inmiddels ontbonden vereniging als hiervoor bedoeld, behoeft de naam en de woonplaats van deze leden of gewezen leden niet afzonderlijk te vermelden.
2° Een exploit dat wordt uitgebracht zowel ten verzoeke van een vereniging die ten doel heeft de behartiging van belangen van personen die een beroep of bedrijf uitoefenen, alsook ten verzoeke van de leden van deze vereniging, alsmede een exploit dat wordt uitgebracht ten verzoeke van de gewezen leden van een in eerste aanleg mede-gedagvaarde, doch inmiddels ontbonden vereniging als hiervoor bedoeld, behoeft de voornaam, de naam en de woonplaats van deze leden of gewezen leden niet afzonderlijk te vermelden.

Art. 1004

Een verzoekschrift als bedoeld in artikel 242, tweede lid, van Boek 6 van het Burgerlijk Wetboek, dat wordt ingediend namens of mede namens de leden van een vereniging die ten doel heeft de behartiging van belangen van personen die een beroep of bedrijf uitoefenen, dan wel namens of mede namens de gewezen leden van een in eerste aanleg mede-gedagvaarde, doch inmiddels ontbonden vereniging als hiervoor bedoeld, behoeft, in afwijking van het bepaalde in artikel 278, de voornamen, de naam en de woonplaats of het werkelijk verblijf van deze verzoekers niet afzonderlijk te vermelden.

Verzoekschrift tot opheffing/wijziging

Art. 1005

In geval van een vordering als bedoeld in artikel 240 van Boek 6 van het Burgerlijk Wetboek waarbij de in artikel 1003 onder 1° bedoelde gegevens niet in het exploot werden vermeld, kan het beroep in cassatie slechts worden ingesteld door degenen die in eerste aanleg verschenen zijn.

Speciale regeling cassatieberoep

Art. 1006

Bovendien gelden in geval van een vordering of verzoek als bedoeld in de artikelen 240 en 242 van Boek 6 van het Burgerlijk Wetboek, indien de in de artikelen 1003 en 1004 bedoelde gegevens niet in het exploit of in het verzoekschrift werden vermeld, de navolgende bijzondere voorzieningen:

Proceskosten en cautie

1° De artikelen 237, 239 en 289 worden toegepast als vormden de hiervoor bedoelde vereniging en haar leden, onderscheidenlijk de gewezen leden van een ontbonden vereniging, tezamen één partij. Niet verschenen of gewezen leden worden niet in de kosten van het geding verwezen.
2° Op vordering onderscheidenlijk verzoek van ieder der partijen kan de rechter, indien gerede twijfel bestaat of de wederpartij voor de proceskosten voldoende verhaal zal bieden, in elk

stadium van de procedure bevelen dat terzake van de betaling der proceskosten zekerheid wordt gesteld.

TITEL 13

Van rechtspleging in zaken betreffende de teruggave van cultuurgoederen

Art. 1008

Instellen rechtsvordering door lidstaat Europese Unie

Een lid-staat van de Europese Unie of een andere staat die partij is bij de Overeenkomst betreffende de Europese Economische Ruimte kan voor de naar de regels van dit Wetboek bevoegde rechtbank een rechtsvordering tot teruggave van een roerende zaak die een cultuurgoed is in de zin van artikel 1, onder 1, van richtlijn nr. 93/7/EEG van de Raad van de Europese Gemeenschappen van 15 maart 1993 betreffende de teruggave van cultuurgoederen die op onrechtmatige wijze buiten het grondgebied van een lid-staat zijn gebracht (*PbEG* L 74), instellen tegen de bezitter of, bij ontstentenis van een bezitter, tegen de houder van die zaak, mits de zaak na 31 december 1992 op onrechtmatige wijze buiten zijn grondgebied is gebracht zonder dat deze onrechtmatigheid inmiddels is opgeheven, met dien verstande dat voor de Republiek Oostenrijk geldt dat de zaak na 30 juni 1994 buiten het grondgebied van deze staat dient te zijn gebracht, dat voor de Republiek Finland, de Republiek IJsland, het Koninkrijk Noorwegen en het Koninkrijk Zweden geldt dat de zaak na 31 december 1994 buiten het grondgebied van de desbetreffende staat dient te zijn gebracht en dat voor het Vorstendom Liechtenstein geldt dat de zaak na 30 april 1995 buiten het grondgebied van deze staat dient te zijn gebracht. (Wet tot behoud van cultuurbezit, *Stb.* 1984, 49, artt.14*a* en *b*; BW 3: 86*a*, 88 lid 2, 99 lid 2, 238 lid 4, 310*b*, 319*a*)

Art. 1009

Betekening documenten

Op straffe van nietigheid dienen te zamen met de dagvaarding te worden betekend:

a. een document waarin de roerende zaak waarvan de teruggave wordt gevorderd, wordt beschreven, en waarin wordt verklaard dat deze zaak een beschermd cultuurgoed is in de zin van de richtlijn, bedoeld in artikel 1008, en

b. een verklaring van de staat die de vordering heeft ingesteld, dat de roerende zaak waarop de vordering tot teruggave betrekking heeft, op onrechtmatige wijze buiten zijn grondgebied is gebracht.

Art. 1010

Maatregelen ter bevordering teruggave

De centrale autoriteit, aangewezen krachtens artikel 3 van de richtlijn, bedoeld in artikel 1008, kan ten behoeve van de lid-staat van de Europese Unie of ten behoeve van de andere staat die partij is bij de Overeenkomst betreffende de Europese Economische Ruimte die aanspraak op teruggave van een cultuurgoed maakt, de nodige maatregelen nemen, zoals het doen leggen van conservatoir beslag, het in bewaring of onder bewind doen stellen van de zaak, en het vorderen van voorlopige voorzieningen in kort geding, zulks onverminderd de bevoegdheid te dier zake van de desbetreffende staat zelf.

Art. 1011

Toewijzing van kosten

De kosten die voortvloeien uit de uitvoering van een beslissing van een rechtbank tot teruggave van een roerende zaak ingevolge artikel 1008, komen ten laste van de staat die rechtsvordering heeft ingesteld. Dit geldt ook voor de kosten inzake de maatregelen die door de centrale autoriteit, aangewezen krachtens artikel 3 van de richtlijn, zijn genomen voor het materiële behoud van het cultuurgoed, bedoeld in artikel 4, onder 4, van de richtlijn. Hieronder vallen tevens de kosten, bedoeld in artikel 1010.

Art. 1012

Toepasselijk rechtsstelsel

De eigendom van het cultuurgoed na de teruggave ervan wordt bepaald door het nationale recht van de staat die de rechtsvordering tot teruggave heeft ingesteld.

TITEL 14

Van rechtspleging in zaken betreffende de verbindendverklaring van overeenkomsten strekkende tot collectieve schadeafwikkeling

Art. 1013

Inhoud verzoekschrift

– 1. Het verzoekschrift waarmee het verzoek, bedoeld in artikel 907, eerste lid, van Boek 7 van het Burgerlijk Wetboek wordt ingeleid, vermeldt:

a. de namen en de woonplaatsen van de verzoekers;

b. een omschrijving van de gebeurtenis of de gebeurtenissen waarop de overeenkomst betrekking heeft;

c. de namen en de woonplaatsen van de aan de verzoekers bekende personen ten behoeve van wie de overeenkomst is gesloten, waarbij zij zich kunnen houden aan de laatste hun bekende woonplaatsen;

d. een korte omschrijving van de overeenkomst;

e. een duidelijke omschrijving van het verzoek en de gronden waarop het berust.

– 2. Aan het verzoekschrift wordt de overeenkomst als bijlage toegevoegd.
– 3. Het gerechtshof te Amsterdam is bij uitsluiting bevoegd tot kennisneming van een verzoek in eerste aanleg als in dit artikel bedoeld.
– 4. In afwijking van artikel 282, tweede lid, behoeft geen afschrift van een verweerschrift en de overlegde bescheiden verzonden te worden aan de personen ten behoeve van wie de overeenkomst is gesloten.
– 5. De oproeping van de in het eerste lid, onder *c* bedoelde personen geschiedt bij gewone brief, tenzij de rechter anders bepaalt. Bovendien geschiedt de oproeping door aankondiging daarvan in één of meer door de rechter aan te wijzen nieuwsbladen, waarbij tevens rechtspersonen als bedoeld in artikel 1014 worden opgeroepen. Hierbij wordt naast de plaats, de dag en het uur van de terechtzitting telkens op een door de rechter aan te geven wijze melding gemaakt van een korte omschrijving van de overeenkomst en van de gevolgen van toewijzing van het verzoek. Tevens wordt vermeld dat de in artikel 290, eerste lid, genoemde bescheiden ter inzage en afschrift liggen bij de griffie en wordt gewezen op de bevoegdheid om een verweerschrift in te dienen. Tenzij de rechter anders bepaalt, dragen de verzoekers zorg voor de oproeping ingevolge dit lid. De rechter kan gelasten dat de in dit lid bedoelde informatie ook op andere wijze wordt bekend gemaakt.
– 6. De rechter kan, indien hij de dag en het uur van de behandeling bepaalt, tevens bepalen dat verweerschriften in afwijking van artikel 282, eerste lid, uiterlijk voor een door hem vast te stellen tijdstip voor de behandeling moeten worden ingediend.

Art. 1014

Verweerschrift

Een stichting of vereniging met volledige rechtsbevoegdheid die ingevolge haar statuten de belangen van de personen behartigt ten behoeve van wie de overeenkomst is gesloten, kan een verweerschrift indienen.

Art. 1015

Schorsing geding

– 1. Tijdens de behandeling van het verzoek lopende procedures betreffende vorderingen ter zake waarvan de overeenkomst in een vergoeding voorziet worden op verzoek van een partij bij de overeenkomst van wie in de procedure schadevergoeding wordt gevorderd geschorst overeenkomstig artikel 225, tweede lid, ook indien reeds de dag is bepaald waarop het vonnis zal worden uitgesproken.
– 2. Het geschorste geding wordt overeenkomstig artikel 227, eerste lid, hervat:
a. indien in de procedure schadevergoeding wordt gevorderd, in de vergoeding waarvan de overeenkomst niet voorziet;
b. indien de gerechtigde tot vergoeding de in artikel 908, tweede lid, van Boek 7 van het Burgerlijk Wetboek bedoelde verklaring heeft ingediend;
c. indien vaststaat dat het verzoek niet tot toewijzing zal leiden;
d. indien de overeenkomst ingevolge artikel 908, vierde lid, van Boek 7 van het Burgerlijk Wetboek wordt opgezegd;
e. indien de behandeling van het verzoek met het oog op de belangen van een gerechtigde tot een vergoeding en alle omstandigheden in aanmerking genomen, onaanvaardbaar lang duurt en naar verwachting nog onaanvaardbaar lang zal duren;
f. indien een der partijen nadat de beschikking tot verbindendverklaring onherroepelijk is geworden de veroordeling in de kosten van het geding vordert.
– 3. Artikel 907, vijfde lid, van Boek 7 van het Burgerlijk Wetboek is niet van toepassing op hetgeen in een ingevolge het tweede lid hervat geding wordt gevorderd.
– 4. Behoudens de gevallen, bedoeld in het tweede lid, wordt na schorsing van een hangende procedure het geding op verzoek van de meest gerede partij van de rol afgevoerd wanneer de beschikking tot verbindendverklaring onherroepelijk is geworden.
– 5. De artikelen 225, tweede lid, tweede zin, en derde lid en 227, tweede en derde lid, zijn van toepassing.

Art. 1016

Deskundigen

– 1. De rechter kan bevelen dat één of meer deskundigen zullen berichten over de voor het verzoek van belang zijnde punten.
– 2. Behoudens de toepassing van artikel 289 kan de rechter bepalen dat de kosten voortvloeiende uit de toepassing van de bepalingen van deze titel ten laste komen van één of meer verzoekers.

Art. 1017

Afschrift

– 1. Een afschrift van de beschikking wordt door de griffier bij gewone brief zo spoedig mogelijk verstrekt aan de verzoekers.
– 2. De beschikking en de overeenkomst die daarbij verbindend is verklaard liggen ter griffie ter inzage en afschrift van de gerechtigden tot een vergoeding.
– 3. Een afschrift van de beschikking tot verbindendverklaring wordt zo spoedig mogelijk nadat deze onherroepelijk is bij gewone brief verstrekt aan de bekende gerechtigden tot een ver-

goeding en aan in de procedure verschenen rechtspersonen als bedoeld in artikel 1014. Bovendien wordt zo spoedig mogelijk nadat deze beschikking onherroepelijk is hiervan aankondiging gedaan in één of meer door de rechter aan te wijzen nieuwsbladen. Hierbij wordt telkens op een door de rechter aan te geven wijze melding gemaakt van een korte omschrijving van de overeenkomst, in het bijzonder de wijze waarop vergoeding kan worden verkregen en, indien de overeenkomst dat bepaalt, de termijn waarbinnen daarop aanspraak dient te worden gemaakt, alsmede van de gevolgen van de verbindendverklaring, en worden de termijn waarbinnen en de wijze waarop de gerechtigden zich van de gevolgen van de verbindendverklaring kunnen bevrijden vermeld. Tevens wordt vermeld dat de beschikking en de overeenkomst die daarbij verbindend is verklaard voor de gerechtigden ter inzage en afschrift bij de griffie liggen. Tenzij de rechter anders bepaalt, dragen de verzoekers zorg voor de in dit lid bedoelde verstrekking en aankondiging. De rechter kan bepalen dat de in dit lid bedoelde informatie ook op andere wijze wordt bekend gemaakt.

– 4. Zo spoedig mogelijk nadat het verzoek tot verbindendverklaring onherroepelijk is afgewezen, dragen de verzoekers er zorg voor dat de personen ten behoeve van wie de overeenkomst is gesloten, daar op een door de rechter te bepalen wijze van op de hoogte worden gebracht.

Art. 1018

Cassatie en herroeping

– 1. Beroep in cassatie staat uitsluitend voor de verzoekers open, en kan uitsluitend door de verzoekers gezamenlijk worden ingesteld.

– 2. Herroeping staat uitsluitend open voor de stichting of vereniging, bedoeld in artikel 907, eerste lid, van Boek 7 van het Burgerlijk Wetboek, en voor de overige verzoekers gezamenlijk. Indien de in de eerste zin bedoelde stichting of vereniging is ontbonden, staat herroeping open voor een stichting of vereniging, bedoeld in artikel 1014. Herroeping van de beschikking op verzoek van een in de eerste of tweede zin bedoelde stichting of vereniging, heeft geen gevolgen voor een gerechtigde tot een vergoeding die zich daartegen verzet.

TITEL 15

Van rechtspleging in zaken betreffende rechten van intellectuele eigendom

Art. 1019

Reikwijdte

Deze titel is van toepassing op de handhaving van rechten van intellectuele eigendom ingevolge de Auteurswet, de Wet op de naburige rechten, de Databankenwet, de Rijksoctrooiwet 1995, het Benelux-verdrag inzake de intellectuele eigendom (merken en tekeningen of modellen), de Wet houdende regelen inzake de bescherming van oorspronkelijke topografieën van halfgeleiderprodukten, de Zaaizaad- en plantgoedwet 2005, op procedures krachtens de artikelen 5 en 5*a* Handelsnaamwet, op procedures inzake geografische benamingen krachtens artikel 13*a* Landbouwkwaliteitswet en op handhaving van rechten van intellectuele eigendom ingevolge verordening (EG) nr. 40/94 van de Raad van 20 december 1993 inzake het Gemeenschapsmerk (*PbEG* 1994, L11), verordening (EG) nr. 2100/94 van de Raad van 27 juli 1994 inzake het communautaire kwekersrecht (*PbEG* L 227) en verordening (EG) nr. 6/2002 van de Raad van 12 december 2001 betreffende Gemeenschapsmodellen (*PbEG* 2002, L3).

Art. 1019a

Gelijkstelling

– 1. Een verbintenis uit onrechtmatige daad wegens inbreuk op een recht van intellectuele eigendom geldt als een rechtsbetrekking als bedoeld in artikel 843*a*.

– 2. In de procedure op de voet van artikel 843*a* kan ook overlegging gevorderd worden van ander bewijsmateriaal dat zich in de macht van de wederpartij bevindt.

– 3. De rechter wijst de vordering af voor zover de bescherming van vertrouwelijke informatie niet is gewaarborgd. Artikel 843*a*, vierde lid, is niet van toepassing.

Art. 1019b

Maatregelen ter bescherming van bewijs

– 1. De voorzieningenrechter kan verlof verlenen tot het treffen van voorlopige maatregelen ter bescherming van bewijs aan de verzoeker die voldoende aannemelijk heeft gemaakt dat er inbreuk op zijn recht van intellectuele eigendom is gemaakt of dreigt te worden gemaakt. Tot deze maatregelen ter bescherming van bewijs kunnen behoren, naast de reeds in de wet geregelde maatregelen, conservatoir bewijsbeslag, gedetailleerde beschrijving en monsterneming ter zake van vermeend inbreukmakende roerende zaken, bij de productie daarvan gebruikte materialen en werktuigen en op de inbreuk betrekking hebbende documenten.

– 2. De rechter bepaalt zo nodig de wijze waarop beschrijving plaatsvindt of monsters worden genomen en wat met de monsters dient te gebeuren.

– 3. Deze maatregelen worden genomen zo nodig zonder dat de wederpartij wordt gehoord, met name indien het aannemelijk is dat uitstel de verzoeker onherstelbare schade zal berokkenen, of indien er een aantoonbaar gevaar voor verduistering of verlies van bewijs bestaat.

– 4. Verlof tot het treffen van de gevraagde maatregel wordt niet gegeven voor zover de bescherming van vertrouwelijke informatie niet is gewaarborgd.

Art. 1019c

Schakelbepaling

– 1. Conservatoir beslag tot bescherming van bewijs wordt gelegd met overeenkomstige toepassing van de voorschriften betreffende middelen tot bewaring van zijn recht, met uitzondering van artikel 709, derde lid.

– 2. Zodra in de hoofdzaak is beslist en deze beslissing in kracht van gewijsde is gegaan, vervalt het beslag van rechtswege. Zijn de beslagen zaken in gerechtelijke bewaring gegeven, dan is de bewaarder verplicht tot afgifte daarvan aan de beslagene, tenzij de rechter op vordering van eiser anders heeft bepaald. De rechter kan op verzoek van partijen of ambtshalve nadere aanwijzingen geven.

Art. 1019d

Beschrijving door deurwaarder

– 1. Beschrijving geschiedt door een deurwaarder ter plaatse waar de zaken, bedoeld in artikel 1019*b*, eerste lid, zich bevinden. De deurwaarder zal de zaken op het door hem daarvan onverwijld op te maken proces-verbaal nauwkeurig beschrijven met opgave van hun beweerdelijk inbreukmakende kenmerken, getal, gewicht en maat overeenkomstig hun aard. Tot deze beschrijving kan ook behoren het op enigerlei wijze vastleggen van de zaken op beeld- of geluidsmateriaal dat wordt gevoegd bij het proces-verbaal en daarvan deel uitmaakt. Het proces-verbaal vermeldt het rechterlijk verlof. De artikelen 440, tweede lid, 443, 444, 444*a* en 444*b* zijn van overeenkomstige toepassing.

– 2. Monsterneming geschiedt door een deurwaarder ter plaatse waar de zaken, bedoeld in artikel 1019*b*, eerste lid, zich bevinden. De voorschriften betreffende middelen tot bewaring van zijn recht zijn van overeenkomstige toepassing, met uitzondering van artikel 709, derde lid. Hij zal van elk soort der zaken ten hoogste drie exemplaren aan een door de voorzieningenrechter aan te wijzen bewaarder in gerechtelijke bewaring geven, tenzij de rechter anders bepaalt.

– 3. Zodra in de hoofdzaak is beslist en deze beslissing in kracht van gewijsde is gegaan, is de bewaarder verplicht tot afgifte van de monsters aan de beslagene, tenzij de rechter op vordering van eiser anders heeft bepaald. De rechter kan op verzoek van partijen of ambtshalve nadere aanwijzingen geven.

Art. 1019e

Spoedeisende zaken

– 1. In spoedeisende zaken, met name indien uitstel onherstelbare schade voor de houder van het recht van intellectuele eigendom zou veroorzaken, is de voorzieningenrechter bevoegd een onmiddellijke voorziening bij voorraad te geven op een bij verzoekschrift gedaan verzoek om tegen de vermeende inbreukmaker een bevel uit te vaardigen teneinde een dreigende inbreuk op het recht van intellectuele eigendom van de houder te voorkomen, zonder de vermeende inbreukmaker op te roepen.

– 2. De voorzieningenrechter kan het verzoek toewijzen onder voorwaarde dat tot een door hem te bepalen bedrag zekerheid wordt gesteld.

– 3. De vermeende inbreukmaker kan vorderen dat de voorzieningenrechter die de beschikking inhoudende het bevel genoemd in het eerste lid heeft gegeven, de beschikking herziet, rechtdoende in kort geding.

Art. 1019f

Getuigenverhoor

– 1. Indien de eiser informatie wenst te verkrijgen van een derde die op commerciële schaal inbreukmakende goederen in zijn bezit heeft of gebruikt, die op commerciële schaal diensten verleent die bij de inbreuk worden gebruikt, of die door een van deze derden is aangewezen als zijnde betrokken bij de productie, fabricage of distributie van deze goederen of bij het verlenen van deze diensten, kan de rechter op gerechtvaardigde en redelijke vordering van de eiser een getuigenverhoor bevelen over al hetgeen de derde bekend is over de herkomst en de distributiekanalen van de inbreukmakende goederen of diensten. Dit verhoor heeft enkel betrekking op het verkrijgen van de in dit lid bedoelde informatie.

– 2. Naast of in plaats van verhoor van een getuige ter terechtzitting, kan ook overlegging gevraagd worden van de in het tweede lid bedoelde informatie in schriftelijke vorm door de getuige.

Art. 1019g

Schadevergoeding bij onterechte maatregel

De rechter kan op vordering van degene die is getroffen door

a. een beslag dat is gelegd ingevolge artikel 28, derde lid, Auteurswet 1912, artikel 17, tweede lid, Wet op de naburige rechten, de artikelen 2.22, tweede lid, en 3.18, tweede lid, Beneluxverdrag inzake de intellectuele eigendom (merken en tekeningen of modellen, artikel 70, negende lid, Zaaizaad- en plantgoedwet 2005 en artikel 13*a*, negende lid, Landbouwkwaliteitswet,

b. een maatregel als bedoeld in artikel 1019*b*, eerste lid,

c. een bevel als bedoeld in artikel 1019*e*, eerste lid, of

d. enige andere voorlopige maatregel die is opgelegd krachtens een in artikel 1019 bedoeld recht van intellectuele eigendom, tot voorkoming van een dreigende inbreuk of houdende een verbod op inbreukmakende handelingen of een verbod jegens een tussenpersoon, gelasten dat degene die om deze maatregel heeft gevraagd de door deze maatregel toegebrachte schade op passende wijze vergoedt, indien het beslag ten onrechte is gelegd of het beslag is opgeheven dan wel voor zover de maatregel niet had behoren te worden getroffen of het bevel niet had behoren te worden gegeven of indien wordt vastgesteld dat er geen inbreuk was gemaakt of dreigde.

Art. 1019h

Kostenveroordeling

Voor zover nodig in afwijking van de tweede paragraaf van de twaalfde afdeling van de tweede titel van het eerste Boek en in afwijking van artikel 843*a*, eerste lid, wordt de in het ongelijk gestelde partij desgevorderd veroordeeld in redelijke en evenredige gerechtskosten en andere kosten die de in het gelijk gestelde partij heeft gemaakt, tenzij de billijkheid zich daartegen verzet.

Art. 1019i

Termijn voor instellen eis in hoofdzaak

– 1. In zaken betreffende vorderingen tot het gelasten van voorlopige maatregelen als bedoeld in artikel 50, eerste lid, van de Overeenkomst inzake de handelsaspecten van de intellectuele eigendom, als bijlage 1C gevoegd bij de Overeenkomst tot oprichting van de Wereldhandelsorganisatie (*Trb.* 1995, 130), bepaalt de voorzieningenrechter bij het treffen van een voorlopige voorziening een redelijke termijn voor het instellen van de eis in de hoofdzaak. De voorlopige voorziening verliest haar kracht wanneer een eis in de hoofdzaak niet binnen die termijn is ingesteld en de gedaagde een daartoe strekkende verklaring bij de griffie indient. Is de verklaring ingediend na het verstrijken van de gestelde termijn, dan verliest de voorlopige voorziening haar kracht met de indiening van de verklaring.

– 2. Heeft de voorzieningenrechter geen termijn als bedoeld in het eerste lid gesteld, dan verliest de voorlopige voorziening haar werking door een verklaring als bedoeld in het eerste lid, wanneer na ten minste 31 dagen, waarvan ten minste 20 werkdagen, geen eis in de hoofdzaak is ingesteld.

– 3. Bij een verklaring als bedoeld in het eerste lid wordt een afschrift overgelegd van het vonnis. Is daartegen een rechtsmiddel ingesteld, dan wordt dit in de verklaring vermeld. De gedaagde zendt zo spoedig mogelijk een afschrift van zijn verklaring aan de eiser.

TITEL 16

Van rechtspleging in pachtzaken

Art. 1019j

Bevoegdheid pachtkamer

Door de pachtkamer van de rechtbank bedoeld in artikel 48, tweede en derde lid, van de Wet op de rechterlijke organisatie, worden behandeld en beslist alle zaken betreffende

a. een pachtovereenkomst als bedoeld in de vijfde titel van Boek 7 van het Burgerlijk Wetboek;
b. een overeenkomst tot wijziging of beëindiging van een pachtovereenkomst;
c. een overeenkomst tot het aangaan van een pachtovereenkomst;
d. een overeenkomst waarbij persoonlijke zekerheid wordt gesteld voor de nakoming van een pachtovereenkomst;
e. een overeenkomst als bedoeld in de artikelen 399c of 399e van Boek 7 van het Burgerlijk Wetboek;
f. een overeenkomst tussen de afgaande en opkomende pachter, verband houdende met de overgang van het bedrijf;
g. vorderingen tot ontruiming van het gepachte door de pachter of de gewezen pachter en tot opeising van het verpachte van de pachter of gewezen pachter;
h. vorderingen tot schadevergoeding of betaling van het bedrag, bedoeld in de artikelen 373, eerste en derde lid, en 377, derde en vierde lid, van Boek 7 van het Burgerlijk Wetboek;
i. vorderingen tot terugbetaling van te veel betaalde pacht;
j. vorderingen tot vergoeding van schade wegens onrechtmatig gebruik van het gepachte, nadat de pachtovereenkomst is geëindigd.

Art. 1019k

Ambtshalve onbevoegd

– 1. Indien een zaak niet behoort tot de bevoegdheid van de pachtkamer, verklaart deze zich zonodig ambtshalve onbevoegd. Behoort de zaak tot de bevoegdheid van de gewone rechter, dan verwijst de pachtkamer de zaak naar de gewone rechter die ingevolge de voor de betreffende zaak geldende bepalingen bevoegd is.

– 2. Indien een zaak behoort tot de bevoegdheid van de pachtkamer, maar bij een andere gewone rechter is ingediend, verklaart deze zich ambtshalve onbevoegd en verwijst hij de zaak naar de bevoegde pachtkamer.

Art. 1019l

Gezamenlijke behandeling

– 1. Indien een zaak meer vorderingen betreft en ten minste één daarvan een zaak als bedoeld in artikel 1019j onder a tot en met j, worden al deze vorderingen door de pachtkamer behan-

deld en beslist, voor zover de samenhang tussen de vorderingen zich tegen afzonderlijke behandeling verzet.
– 2. In het geval van een vordering in conventie en in reconventie, waarvan ten minste één een vordering betreft als bedoeld in artikel 1019j, is het eerste lid van overeenkomstige toepassing.
– 3. In geval van een hoofdzaak en een zaak in vrijwaring waarvan er ten minste één een vordering betreft als bedoeld in artikel 1019j, worden deze vorderingen alle door de pachtkamer behandeld en beslist.

Art. 1019m

Wijziging van eis

Voor de toepassing van de artikelen 1019*j* tot en met 1019*l* wordt mede gelet op een wijziging van eis.

Art. 1019n

Indiening verzoek na wettelijke termijn

Indien binnen de in de wet gestelde termijn een verzoek is ingediend bij de grondkamer en deze beslist, dat zij niet bevoegd is daarvan kennis te nemen, kan het verzoek, indien de pachtkamer van de rechtbank bevoegd is daarvan kennis te nemen en een wettelijke termijn, binnen welke het verzoek bij de pachtkamer moet worden ingediend of de vordering moet worden ingesteld, niet meer kan worden in acht genomen, niettemin nog binnen een maand na de beslissing van de grondkamer bij de pachtkamer worden ingediend of kan de vordering binnen dezelfde termijn worden ingesteld. Hetzelfde geldt, indien een dergelijke beslissing door de Centrale Grondkamer wordt bevestigd dan wel door haar de grondkamer alsnog niet bevoegd wordt verklaard van het verzoek kennis te nemen.

Art. 1019o

Hoger beroep

– 1. Het hoger beroep van de vonnissen en beschikkingen van de pachtkamer van de rechtbanken wordt ingesteld bij de pachtkamer van het gerechtshof te Arnhem, bedoeld in artikel 69 van de Wet op de rechterlijke organisatie.
– 2. De termijn van hoger beroep bedraagt één maand na de dag van de uitspraak.

Art. 1019p

Jurisdictiegeschillen

De pachtkamer van het gerechtshof neemt kennis van alle jurisdictie geschillen tussen de pachtkamers van de rechtbanken.

Art. 1019q

Schakelbepaling

– 1. Op zaken, bedoeld in artikel 1019*j*, zijn de gewone regels van procesrecht van toepassing, voor zover daarvan niet in deze titel wordt afgeweken.
– 2. De pachtkamer van de rechtbank treedt in de plaats van de kantonrechter behoudens in de gevallen voorzien bij de artikelen 117, 177, eerste lid, 180, vijfde lid, en 230, derde lid. De artikelen 96-97 zijn niet van toepassing.

Art. 1019r

Opneming

– 1. Onverminderd het in artikel 201 bepaalde is de pachtkamer bevoegd, zo vaak zulks haar nodig voorkomt, in elke stand van de procedure, de staat van de onroerende zaak door een of meer van haar leden te doen opnemen, mits de griffier hiervan ten minste twee dagen voor de opneming aan partijen heeft kennis gegeven. Van de opneming wordt proces-verbaal opgemaakt.
– 2. De pachtkamer van het gerechtshof te Arnhem kan de kosten van een plaatsopneming geheel of ten dele ten laste van de Staat brengen.

Art. 1019s

Behandeling door rechter-commissaris

– 1. De pachtkamer van een rechtbank kan bepalen dat de behandeling van de zaak geheel of gedeeltelijk zal geschieden door een uit haar midden aangewezen rechter-commissaris. De rechter-commissaris oefent daarbij de bevoegdheden uit, aan de pachtkamer toegekend.
– 2. De pachtkamer van het gerechtshof kan bepalen dat de behandeling geheel of gedeeltelijk zal geschieden door een uit haar midden aangewezen raadsheer-commissaris. De raadsheer-commissaris oefent daarbij de bevoegdheid uit, aan de pachtkamer van het gerechtshof toegekend.

Art. 1019t

Schriftelijke vastlegging

– 1. Met betrekking tot de schriftelijke vastlegging van pachtovereenkomsten of van overeenkomsten tot wijziging of beëindiging van pachtovereenkomsten gelden de volgende bepalingen.
– 2. De griffier van de pachtkamer van de rechtbank zendt binnen veertien dagen na de uitspraak van het vonnis, waarbij de overeenkomst schriftelijk wordt vastgelegd, drie gewaarmerkte afschriften van het vonnis aan de bevoegde grondkamer.
– 3. De griffier van de pachtkamer van het gerechtshof te Arnhem geeft onverwijld aan de grondkamer kennis van een ingesteld beroep. De grondkamer houdt alsdan de behandeling aan, totdat omtrent de uitslag van het beroep bericht is ontvangen.
– 4. Indien de pachtkamer van het gerechtshof in afwijking van de beslissing van de pachtkamer van de rechtbank de overeenkomst niet vastlegt, dan wel niet tot een andere beslissing dan

de eerste rechter komt, geeft de griffier daarvan onverwijld kennis aan de bevoegde grondkamer.

– 5. Indien de pachtkamer van het gerechtshof te Arnhem, in afwijking van de beslissing van de pachtkamer van de rechtbank, de overeenkomst vastlegt, dan wel de overeenkomst anders vastlegt, zendt de griffier van de pachtkamer van het gerechtshof binnen veertien dagen na de uitspraak van het vonnis drie gewaarmerkte afschriften van het vonnis aan de bevoegde grondkamer.

– 6. De griffier van de Hoge Raad geeft onverwijld aan de grondkamer kennis van een ingesteld beroep in cassatie. De grondkamer houdt alsdan de behandeling aan, totdat omtrent de uitslag van beroep bericht is ontvangen. De griffier van de Hoge Raad geeft onverwijld aan de grondkamer kennis van die uitslag.

Art. 1019u

Relatieve bevoegdheid

In zaken als bedoeld in artikel 1019j die met een verzoekschrift moeten worden ingediend, is de pachtkamer bevoegd van de rechtbank binnen welker rechtsgebied het gepachte of het grootste deel daarvan is gelegen. Indien het een hoeve betreft, is de pachtkamer bevoegd van de rechtbank binnen welker rechtsgebied het hoofdgebouw, tot de hoeve behorend, gelegen is.

Art. 1019v

Schakelbepaling

De bepalingen betreffende wraking en verschoning van rechters zijn van overeenkomstige toepassing op de deskundige leden van de pachtkamers van de rechtbanken en de pachtkamer van het gerechtshof, bedoeld in de artikelen 48, derde lid, en 69, tweede lid, van de Wet op de rechterlijke organisatie en hun plaatsvervangers.

VIERDE BOEK
Arbitrage

EERSTE TITEL
Arbitrage in Nederland

EERSTE AFDELING
De overeenkomst tot arbitrage en de benoeming tot arbiter

Art. 1020

Arbitrageovereenkomst

– 1. Partijen kunnen bij overeenkomst geschillen die tussen hen uit een bepaalde, al dan niet uit een overeenkomst voortvloeiende, rechtsbetrekking zijn ontstaan dan wel zouden kunnen ontstaan, aan arbitrage onderwerpen. (Gr 112 e.v.; BW 7: 900 e.v.)

Compromis en arbitraal beding

– 2. De overeenkomst tot arbitrage, bedoeld in het eerste lid, betreft zowel het compromis waarbij de partijen zich verbinden om een tussen hen bestaand geschil aan arbitrage te onderwerpen als het arbitraal beding waarbij de partijen zich verbinden om geschillen die tussen hen zouden kunnen ontstaan, aan arbitrage te onderwerpen.

– 3. De overeenkomst tot arbitrage mag niet leiden tot de vaststelling van rechtsgevolgen welke niet ter vrije bepaling van de partijen staan. (Rv 96, 108, 329)

– 4. Bij overeenkomst kunnen tevens aan arbitrage worden onderworpen:

a. de enkele vaststelling van de hoedanigheid of van de toestand van zaken;

b. de enkele bepaling van de hoogte van een schadevergoeding of van een verschuldigde geldsom;

c. de aanvulling of wijziging van de rechtsbetrekking als bedoeld in het eerste lid. (BW 7: 900 e.v.)

– 5. Onder de overeenkomst tot arbitrage wordt mede begrepen een arbitraal beding dat is opgenomen in de partijen bindende statuten of reglementen.

– 6. Een arbitragereglement, waarnaar in een overeenkomst tot arbitrage wordt verwezen, wordt geacht deel van die overeenkomst uit te maken.

Art. 1021

Bewijs overeenkomst arbitrage

De overeenkomst tot arbitrage wordt bewezen door een geschrift. Daarvoor is voldoende een geschrift dat in arbitrage voorziet of dat verwijst naar algemene voorwaarden welke in arbitrage voorzien en dat door of namens de wederpartij uitdrukkelijk of stilzwijgend is aanvaard. De overeenkomst tot arbitrage kan tevens worden bewezen door elektronische gegevens. Artikel 227*a*, eerste lid, van Boek 6 van het Burgerlijk Wetboek is van overeenkomstige toepassing. (Verdrag 1958 erk. scheidsr.besl. Art. II, lid 1)

Art. 1022

Gewone rechter onbevoegd

– 1. De rechter, bij wie een geschil aanhangig is gemaakt waarover een overeenkomst tot arbitrage is gesloten, verklaart zich onbevoegd, indien een partij zich voor alle weren op het bestaan van deze overeenkomst beroept, tenzij de overeenkomst ongeldig is. (Rv 1065, 1074 lid 1)

Maatregel tot bewaring en k.g.

– 2. Een overeenkomst tot arbitrage belet niet dat een partij de gewone rechter verzoekt om een maatregel tot bewaring van recht dan wel zich wendt tot de voorzieningenrechter van de

rechtbank in kort geding overeenkomstig artikel 254; deze besluit in dit geval met inachtneming van het bepaalde in artikel 1051.
– 3. Een overeenkomst van arbitrage belet niet dat een partij de gewone rechter verzoekt een voorlopig getuigenverhoor, een voorlopig deskundigenbericht of een voorlopige plaatsopneming en bezichtiging te bevelen, tenzij ten tijde van dit verzoek arbiters zijn benoemd. De artikelen 187, eerste lid, en 203, eerste lid, vinden toepassing alsof geen overeenkomst tot arbitrage van kracht is. (Rv 186 e.v., 202 e.v., 1074 lid 2)

Art. 1023

Arbiter

Iedere handelingsbekwame, natuurlijke persoon kan tot arbiter worden benoemd. Geen persoon is om reden van zijn nationaliteit van benoeming uitgesloten, tenzij de partijen anders zijn overeengekomen.

Art. 1024

Inhoud compromis

– 1. Het compromis bevat een aanduiding van hetgeen de partijen aan arbitrage wensen te onderwerpen.
– 2. Door het sluiten van een compromis is de zaak aanhangig, tenzij de partijen een andere wijze van aanhangig maken zijn overeengekomen. (Rv 1027 lid 2)
– 3. Indien de partijen zijn overeengekomen dat de benoeming van de arbiter of arbiters, of een of meer hunner, door een derde zal geschieden, zendt de meest gerede partij een afschrift van het compromis aan die derde. (Rv 1027 lid 1)

Art. 1025

Arbitraal beding

– 1. Ingeval van een arbitraal beding is een zaak aanhangig op de dag van de ontvangst van een schriftelijke mededeling, waarbij een partij aan haar wederpartij bericht, tot arbitrage over te gaan. Die mededeling bevat een aanduiding van hetgeen de partij, die de zaak aanhangig maakt, aan arbitrage wenst te onderwerpen. (Rv 1027 lid 2)
– 2. Indien de partijen zijn overeengekomen dat de benoeming van de arbiter of arbiters, of een of meer hunner, door een derde zal geschieden, zendt de partij die tot arbitrage overgaat een afschrift van de mededeling, bedoeld in het eerste lid, aan die derde. (Rv 1027 lid 1)
– 3. De partijen kunnen overeenkomen dat de zaak op een andere wijze aanhangig wordt gemaakt dan voorzien in dit artikel. (Rv 1027 lid 2)

Art. 1026

Oneven aantal arbiters

– 1. Een scheidsgerecht heeft een oneven aantal arbiters. Het kan ook uit een arbiter bestaan.
– 2. Ingeval de partijen het aantal arbiters niet zijn overeengekomen, of indien een overeengekomen wijze van bepaling van het aantal niet wordt uitgevoerd en de partijen niet alsnog tot overeenstemming komen over het aantal, wordt dat aantal op verzoek van de meest gerede partij bepaald door de voorzieningenrechter van de rechtbank. (Rv 1072)
– 3. Indien de partijen een even aantal arbiters zijn overeengekomen, benoemen deze arbiters een aanvullend arbiter als voorzitter van het scheidsgerecht.
– 4. Bij gebreke van overeenstemming tussen de arbiters wordt deze aanvullend arbiter, tenzij de partijen anders zijn overeengekomen, op verzoek van de meest gerede partij benoemd door de voorzieningenrechter van de rechtbank. (Rv 1072)

Art. 1027

Benoeming arbiter(s)

– 1. De arbiter of arbiters worden benoemd op de wijze zoals de partijen zijn overeengekomen. De partijen kunnen de benoeming van de arbiter of arbiters, of van een of meer hunner, aan een derde opdragen. Indien geen wijze van benoeming is overeengekomen, worden de arbiter of arbiters door de partijen gezamenlijk benoemd.
– 2. De benoeming dient te geschieden binnen twee maanden nadat de zaak aanhangig is, tenzij de arbiter of arbiters reeds voordien zijn benoemd. Indien evenwel een der gevallen bedoeld in artikel 1026, tweede lid, zich voordoet, vangt de termijn van twee maanden aan op de dag dat het aantal der arbiters is bepaald. Deze termijn is drie maanden indien ten minste een der partijen buiten Nederland woont of feitelijk verblijf houdt. De termijnen kunnen door de partijen bij overeenkomst worden bekort of verlengd.
– 3. Vindt de benoeming van de arbiter of arbiters niet binnen de in het vorige lid bedoelde termijn plaats, dan worden deze, op verzoek van de meest gerede partij, benoemd door de voorzieningenrechter van de rechtbank. De wederpartij wordt in de gelegenheid gesteld, te worden gehoord. (Rv 1072)
– 4. De voorzieningenrechter of de derde benoemt de arbiter of arbiters ongeacht de vraag of de overeenkomst tot arbitrage geldig is. Door mede te werken aan de benoeming van de arbiter of arbiters verliezen de partijen niet het recht om een beroep te doen op de onbevoegdheid van het scheidsgerecht wegens het ontbreken van een geldige overeenkomst tot arbitrage. (Rv 1065, 1073 lid 2)

Art. 1028

Bevoorrechte positie bij benoeming

Indien in de overeenkomst tot arbitrage aan een der partijen een bevoorrechte positie bij de benoeming van de arbiter of arbiters is toegekend, kan de wederpartij, in afwijking van de in deze overeenkomst nedergelegde benoemingsregeling, binnen een maand nadat de zaak aanhangig is, de voorzieningenrechter van de rechtbank verzoeken de arbiter of arbiters te benoemen. De wederpartij van de verzoeker wordt in de gelegenheid gesteld, te worden gehoord. Artikel 1027, vierde lid, is van overeenkomstige toepassing. (Rv 1072)

Art. 1029

Aanvaarding en ontheffing opdracht

– 1. Een arbiter aanvaardt zijn opdracht schriftelijk.

– 2. Een arbiter die zijn opdracht heeft aanvaard, kan op eigen verzoek daarvan worden ontheven hetzij met instemming van de partijen, hetzij door een door de partijen aangewezen derde of, bij gebreke daarvan, door de voorzieningenrechter van de rechtbank. (Rv 1072)

– 3. Een arbiter die zijn opdracht heeft aanvaard, kan door de partijen gezamenlijk van zijn opdracht worden ontheven.

– 4. Een arbiter die zijn opdracht heeft aanvaard, kan, indien hij rechtens of feitelijk niet meer in staat is, zijn opdracht te vervullen, op verzoek van een der partijen van zijn opdracht worden ontheven door een door de partijen aangewezen derde of, bij gebreke daarvan, door de voorzieningenrechter van de rechtbank. (Rv 1072)

Art. 1030

Vervanging

– 1. Een arbiter die ingevolge artikel 1029, tweede, derde of vierde lid, van zijn opdracht is ontheven, wordt vervangen volgens de regelen die van toepassing waren op de oorspronkelijke benoeming, tenzij de partijen een andere wijze van vervanging zijn overeengekomen. Hetzelfde geldt ingeval van overlijden van een arbiter.

– 2. Indien de partijen in de overeenkomst tot arbitrage de arbiter of arbiters met name hebben aangewezen, vindt vervanging in de in het eerste lid bedoelde gevallen eveneens plaats, tenzij de partijen zijn overeengekomen dat de overeenkomst tot arbitrage alsdan eindigt.

– 3. Ingeval van vervanging is het geding van rechtswege geschorst, tenzij de partijen anders zijn overeengekomen. Na de schorsing wordt het geding voortgezet in de stand waarin het zich bevindt, tenzij de partijen anders zijn overeengekomen. (Rv 1035 lid 3)

Art. 1031

Beëindiging opdracht

– 1. De partijen kunnen gezamenlijk de opdracht van het scheidsgerecht beëindigen.

– 2. Op verzoek van de meest gerede partij kan een door de partijen aangewezen derde of, bij gebreke daarvan, de voorzieningenrechter van de rechtbank, de wederpartij en de arbiter of arbiters gehoord, de opdracht van het scheidsgerecht beëindigen, indien het, ondanks herhaalde aanmaning, zijn opdracht, alle omstandigheden in aanmerking genomen, op onaanvaardbaar trage wijze uitvoert. In dat geval herleeft de bevoegdheid van de gewone rechter, tenzij de partijen anders zijn overeengekomen. (Rv 1072)

Art. 1032

Overlijden van een partij

– 1. Het overlijden van een partij doet de overeenkomst tot arbitrage noch de opdracht van het scheidsgerecht eindigen, tenzij de partijen anders zijn overeengekomen.

– 2. Het scheidsgerecht schorst het geding voor een door hem te bepalen termijn. Het scheidsgerecht kan, op verzoek van de rechtsopvolgers van een overleden partij, deze termijn verlengen. Het scheidsgerecht stelt de wederpartij in de gelegenheid, op het verzoek te worden gehoord.

– 3. Na de schorsing wordt het geding voortgezet in de stand waarin het zich bevindt, tenzij de partijen anders zijn overeengekomen.

Art. 1033

Wraking

– 1. Een arbiter kan worden gewraakt indien gerechtvaardigde twijfel bestaat aan zijn onpartijdigheid of onafhankelijkheid. Om dezelfde redenen kan een aan het scheidsgerecht toegevoegde secretaris worden gewraakt. Artikel 1035 is in dit geval van overeenkomstige toepassing.

– 2. Een door een partij benoemde arbiter kan door die partij slechts worden gewraakt om redenen welke haar na de benoeming bekend zijn geworden.

– 3. Een partij kan een door een derde of door de voorzieningenrechter van de rechtbank benoemde arbiter niet wraken, indien zij in diens benoeming heeft berust, tenzij de reden tot wraking haar eerst later bekend is geworden. (Rv 36 e.v.)

Art. 1034

Vermoedelijke wraking

– 1. Een als arbiter of secretaris aangezochte persoon die het vermoeden heeft dat hij zou kunnen worden gewraakt, doet daarvan schriftelijk mededeling aan degene die hem heeft aangezocht, onder vermelding van de vermoedelijke redenen tot wraking.

– 2. Een tot arbiter of secretaris benoemde persoon doet de in het eerste lid bedoelde mededeling aan de partijen zodra zijn benoeming heeft plaatsgevonden, tenzij zij deze mededeling reeds hebben ontvangen.

Art. 1035

Schorsing bij wraking

– 1. De wrakende partij brengt de wraking, onder opgave van redenen, schriftelijk ter kennis van de betrokken arbiter, het scheidsgerecht, haar wederpartij en tevens, indien een derde de

gewraakte arbiter heeft benoemd, van die derde. Het geding kan door het scheidsgerecht worden geschorst vanaf de dag van de ontvangst van de kennisgeving.
– 2. Trekt een gewraakte arbiter zich niet binnen twee weken na de dag van de ontvangst van die kennisgeving terug, dan wordt over de gegrondheid van de wraking op verzoek van de meest gerede partij door de voorzieningenrechter van de rechtbank beslist. Wordt dit verzoek niet binnen vier weken na de dag van de ontvangst van de kennisgeving gedaan, dan vervalt het recht tot wraking en wordt het geding, indien het geschorst was, hervat in de stand waarin het zich bevindt. (Rv 1072, 1073 lid 2)
– 3. Trekt de gewraakte arbiter zich terug of wordt diens wraking door de voorzieningenrechter van de rechtbank gegrond bevonden, dan wordt hij vervangen volgens de regelen welke van toepassing waren op zijn oorspronkelijke benoeming, tenzij de partijen een andere wijze van vervanging zijn overeengekomen. Artikel 1030, tweede en derde lid, is van overeenkomstige toepassing.
– 4. Indien de betrokken arbiter, een der partijen of beide partijen buiten Nederland wonen of feitelijk verblijf houden, zijn de in het tweede lid vermelde termijnen zes onderscheidenlijk acht weken.

TWEEDE AFDELING
Het arbitraal geding

Art. 1036

Wijze van gedingvoering

Onverminderd het bepaalde in deze Titel wordt het arbitraal geding gevoerd op de wijze als door de partijen is overeengekomen of, voorzover de partijen daarin niet hebben voorzien, als door het scheidsgerecht bepaald.

Art. 1037

Plaats van arbitrage

– 1. De plaats van arbitrage wordt door de partijen bij overeenkomst bepaald en bij gebreke daarvan door het scheidsgerecht. Door de bepaling van de plaats van arbitrage is tevens de plaats van de uitspraak vastgesteld. (Rv 1073)
– 2. Indien de plaats van arbitrage noch door de partijen noch door het scheidsgerecht is bepaald, geldt de plaats van de uitspraak, door het scheidsgerecht in het vonnis vermeld, als plaats van arbitrage.
– 3. Het scheidsgerecht kan zitting houden, beraadslagen, getuigen en deskundigen horen op elke andere plaats, in of buiten Nederland, die het daartoe geschikt acht. (Rv 1039[3])

Art. 1038

In persoon of vertegenwoordigd

– 1. De partijen kunnen voor het scheidsgerecht in persoon verschijnen of zich doen vertegenwoordigen door een advocaat dan wel door een bijzonderlijk daartoe schriftelijk gevolmachtigde.
– 2. De partijen kunnen zich in het geding door personen van keuze doen bijstaan. (Rv 20, 133, 137, 140, 144)

Art. 1039

Gelijke behandeling

– 1. De partijen worden op voet van gelijkheid behandeld. Het scheidsgerecht geeft iedere partij de gelegenheid, voor haar rechten op te komen en haar stellingen voor te dragen. (Rv 1028)
– 2. Het scheidsgerecht geeft, op verzoek van een der partijen of uit eigen beweging, aan de partijen de gelegenheid tot het geven van een mondelinge toelichting. (Rv 20, 144)

Getuigen of deskundigen

– 3. Het scheidsgerecht kan, op verzoek van een der partijen, een partij toestaan om getuigen of deskundigen voor te brengen. Het scheidsgerecht is bevoegd om een van zijn leden aan te wijzen om getuigen of deskundigen te horen. (Rv 1041)
– 4. Het scheidsgerecht is bevoegd, overlegging van stukken te bevelen.

Vrij bewijs

– 5. Voor zover de partijen niet anders zijn overeengekomen, is het scheidsgerecht vrij ten aanzien van de toepassing van de regelen van bewijsrecht.

Art. 1040

Verstek

– 1. Blijft de eiser, ofschoon daartoe behoorlijk in de gelegenheid gesteld, in gebreke zijn eis in te dienen of naar behoren toe te lichten, zonder daartoe gegronde redenen aan te voeren, dan kan het scheidsgerecht bij vonnis een einde maken aan het arbitraal geding. (Rv 75, 139, 277, 279)

Geen verweer: direct vonnis

– 2. Blijft de verweerder, ofschoon daartoe behoorlijk in de gelegenheid gesteld, in gebreke verweer te voeren, zonder daartoe gegronde redenen aan te voeren, dan kan het scheidsgerecht aanstonds vonnis wijzen.
– 3. Bij het vonnis, bedoeld in het tweede lid, wordt de eis toegewezen, tenzij deze aan het scheidsgerecht onrechtmatig of ongegrond voorkomt. Het scheidsgerecht kan, alvorens vonnis te wijzen, van de eiser het bewijs van een of meer van zijn stellingen verlangen. (Rv 76)

Art. 1041

Getuigenverhoor

– 1. Indien een getuigenverhoor plaatsvindt, bepaalt het scheidsgerecht tijdstip en plaats van het verhoor en de wijze waarop het verhoor zal geschieden. Indien het scheidsgerecht het nodig oordeelt, hoort het de getuigen, nadat dezen op de bij de wet bepaalde wijze de eed hebben gezworen de gehele waarheid en niets dan de waarheid te zullen zeggen. (Rv 1039 lid 3)

– 2. Indien een getuige niet vrijwillig verschijnt dan wel, verschenen zijnde, weigert een verklaring af te leggen, kan het scheidsgerecht aan de partij die dit verzoekt, toestaan om zich binnen een door het scheidsgerecht te bepalen termijn, te wenden tot de voorzieningenrechter van de rechtbank met verzoek een rechter-commissaris te benoemen voor wie het getuigenverhoor zal plaatsvinden. Het verhoor vindt plaats op dezelfde wijze als in gewone zaken, met dien verstande dat de arbiter of arbiters door de griffier van de rechtbank in de gelegenheid worden gesteld, bij het getuigenverhoor aanwezig te zijn. (Rv 172 e.v., 1072)

– 3. De griffier van de rechtbank zendt ten spoedigste afschrift van het verslag van het verhoor aan het scheidsgerecht en aan de partijen.

– 4. Het scheidsgerecht kan het geding schorsen tot de dag dat het scheidsgerecht het verslag van het verhoor heeft ontvangen.

Art. 1042

Advies van deskundigen

– 1. Het scheidsgerecht kan een of meer deskundigen benoemen tot het uitbrengen van een advies. Het scheidsgerecht zendt ten spoedigste afschrift van de benoeming en van de aan deskundigen gegeven opdracht aan de partijen.

– 2. Het scheidsgerecht kan van een partij verlangen, de deskundigen de vereiste inlichtingen te verschaffen en de benodigde medewerking te verlenen.

– 3. Na de ontvangst van het deskundigenbericht wordt dit in afschrift door het scheidsgerecht ten spoedigste aan de partijen toegezonden.

– 4. Op verzoek van een der partijen worden de deskundigen in een zitting van het scheidsgerecht gehoord. Indien een partij zulk een verzoek wenst te doen, deelt zij dit ten spoedigste mede aan het scheidsgerecht en aan de wederpartij.

– 5. Het scheidsgerecht stelt de partijen in de gelegenheid, de deskundigen vragen te stellen en harerzijds deskundigen voor te brengen. (Rv 1039 lid 3)

– 6. Artikel 1041, eerste lid, is van overeenkomstige toepassing. (Rv 194 e.v.)

Art. 1043

Comparitie

Het scheidsgerecht kan in elke stand van het geding de persoonlijke verschijning van de partijen bevelen voor het geven van inlichtingen dan wel teneinde een vergelijk te beproeven. (Rv 87 e.v., 1069)

Art. 1044

Inlichtingen over buitenlands recht

– 1. Het scheidsgerecht kan door tussenkomst van de voorzieningenrechter van de rechtbank te 's-Gravenhage een verzoek om inlichtingen doen als bedoeld in artikel 3 van de op 7 juni 1968 te Londen gesloten Europese Overeenkomst nopens het verstrekken van inlichtingen over buitenlands recht (*Trb*. 1968, 142). De voorzieningenrechter zendt het verzoek, tenzij het hem nutteloos voorkomt, ten spoedigste aan het orgaan als bedoeld in artikel 2 van de Overeenkomst en deelt dit aan het scheidsgerecht mede. (Rv 67 e.v.)

– 2. Het scheidsgerecht kan het geding schorsen tot de dag dat het scheidsgerecht het antwoord op het verzoek om inlichtingen heeft ontvangen.

Art. 1045

Voeging of tussenkomst

– 1. Op schriftelijk verzoek van een derde die enig belang heeft bij een arbitraal geding kan het scheidsgerecht hem toestaan om zich daarin te voegen of tussen te komen. Het scheidsgerecht zend ten spoedigste een afschrift van het verzoek aan de partijen. (Rv 217 e.v.)

Vrijwaring

– 2. Een partij kan een derde in vrijwaring oproepen. De oproep wordt ten spoedigste in afschrift gezonden aan het scheidsgerecht en aan de wederpartij. (Rv 210 e.v.)

– 3. De voeging, tussenkomst of vrijwaring kan slechts door het scheidsgerecht, de partijen gehoord, worden toegelaten indien de derde bij schriftelijke overeenkomst met de partijen tot de overeenkomst tot arbitrage is toegetreden.

– 4. Door de toelating van de voeging, tussenkomst of vrijwaring wordt de derde in het arbitraal geding partij. Het scheidsgerecht regelt de verdere gang van het geding, tenzij de partijen daarin bij overeenkomst hebben voorzien.

Art. 1046

Samenvoeging van arbitrale gedingen

– 1. Indien voor een scheidsgerecht in Nederland een arbitraal geding aanhangig is, waarvan het onderwerp samenhangt met dat van een bij een ander scheidsgerecht in Nederland aanhangig geding, kan de meest gerede partij de voorzieningenrechter van de rechtbank te Amsterdam verzoeken, de samenvoeging van de gedingen te gelasten, tenzij de partijen anders zijn overeengekomen.

– 2. De voorzieningenrechter kan, nadat hij alle partijen en de arbiters in de gelegenheid heeft gesteld, hun mening kenbaar te maken, het verzoek geheel of gedeeltelijk toewijzen dan wel afwijzen. Zijn beslissing wordt aan alle partijen en de betrokken scheidsgerechten schriftelijk medegedeeld.

– 3. Indien de voorzieningenrechter algehele samenvoeging beveelt, benoemen de partijen in

onderling overleg de arbiter of arbiters, in oneven getale, en bepalen zij, welke regelen op het samengevoegde geding van toepassing zullen zijn. Indien de partijen daarover binnen een door de voorzieningenrechter te stellen termijn geen overeenstemming kunnen bereiken, benoemt de voorzieningenrechter, op verzoek van de meest gerede partij, de arbiter of arbiters en bepaalt hij, zonodig, welke regelen op het samengevoegde geding van toepassing zullen zijn. De voorzieningenrechter bepaalt voor de arbiter of arbiters die als gevolg van de algehele samenvoeging van hun opdracht worden ontheven, de beloning voor de reeds door hen verrichte werkzaamheden.
– 4. Beveelt de voorzieningenrechter gedeeltelijke samenvoeging, dan beslist hij welke geschillen daaronder zijn begrepen. De voorzieningenrechter benoemt, op verzoek van de meest gerede partij, de arbiter of arbiters en bepaalt welke regelen op het samengevoegde geding van toepassing zijn, indien de partijen daaromtrent binnen een door de voorzieningenrechter te bepalen termijn geen overeenstemming bereiken. In dit geval schorsen de scheidsgerechten, waarbij de bij de gedeeltelijke samenvoeging betrokken zaken reeds aanhangig zijn, de behandeling dier zaken. Het vonnis van het voor de samengevoegde zaken benoemde scheidsgerecht wordt door dit gerecht aan de andere betrokken scheidsgerechten toegezonden. Na de ontvangst van dit vonnis zetten deze scheidsgerechten de bij hen aanhangige zaken voort en beslissen zij met inachtneming van het in het samengevoegde geding gewezen vonnis.
– 5. In de gevallen, bedoeld in het derde of vierde lid, is artikel 1027, vierde lid, van overeenkomstige toepassing.

Arbitraal hoger beroep

– 6. Tegen een op voet van het derde of vierde lid gewezen vonnis staat arbitraal hoger beroep open, indien en voorzover alle bij het samengevoegde geding betrokken partijen bij een overeenkomst in zodanig hoger beroep hebben voorzien.

Art. 1047

Kwaliteitsarbitrage

Ingeval van arbitrage omtrent zaken als bedoeld in artikel 1020, vierde lid, onder *a*, blijft, behoudens artikel 1037, het in deze afdeling bepaalde buiten toepassing. Het geding wordt alsdan gevoerd op de wijze als door de partijen is overeengekomen of, voor zover de partijen daarin niet hebben voorzien, als door het scheidsgerecht bepaald.

Art. 1048

Tijdstip vonnis

De bepaling van het tijdstip, waarop het vonnis zal worden gewezen, is het scheidsgerecht voorbehouden. (Rv 1031 lid 2)

DERDE AFDELING
Het arbitraal vonnis

Art. 1049

Eindvonnis of tussenvonnis

Het scheidsgerecht kan een geheel of gedeeltelijk eindvonnis dan wel een tussenvonnis wijzen.

Art. 1050

Arbitraal hoger beroep

– 1. Arbitraal hoger beroep van een arbitraal vonnis is slechts mogelijk indien de partijen bij overeenkomst hebben voorzien.
– 2. Arbitraal hoger beroep van een gedeeltelijk eindvonnis kan slechts tezamen met het hoger beroep van het laatste eindvonnis worden ingesteld, tenzij de partijen anders zijn overeengekomen.
– 3. Arbitraal hoger beroep van een tussenvonnis kan slechts worden ingesteld tezamen met het hoger beroep van een geheel of gedeeltelijk eindvonnis, tenzij de partijen anders zijn overeengekomen.
– 4. De termijn voor het instellen van het arbitraal hoger beroep beloopt drie maanden na de dag van nederlegging van het vonnis ter griffie van de rechtbank, tenzij de partijen anders zijn overeengekomen.

Art. 1051

Arbitraal kort geding

– 1. De partijen kunnen bij overeenkomst het scheidsgerecht dan wel de voorzitter daarvan, binnen de grenzen gesteld bij artikel 254, eerste lid, de bevoegdheid verlenen om in kort geding vonnis te wijzen.
– 2. Indien, niettegenstaande een zodanige overeenkomst, de zaak in kort geding bij de voorzieningenrechter is aangebracht, kan deze, indien een partij zich op het bestaan van deze overeenkomst beroept, alle omstandigheden in aanmerking nemende, zich onbevoegd verklaren door de zaak te verwijzen naar het overeengekomen arbitraal kort geding, tenzij de overeenkomst ongeldig is. (Rv 1022 lid 3)
– 3. Een uitspraak, gedaan in arbitraal kort geding, geldt als een arbitraal vonnis; daarop zijn de bepalingen van de derde tot en met de vijfde afdeling van deze Titel van toepassing. (Rv 1050 lid 1)
– 4. Ingeval van verwijzing naar het arbitraal kort geding, als bedoeld in het tweede lid, staat tegen de beslissing van de voorzieningenrechter van de rechtbank geen voorziening open. (Rv 1070)

Art. 1052

Beoordeling eigen bevoegdheid

– 1. Het scheidsgerecht is gerechtigd, over zijn bevoegdheid te oordelen. (Rv 1065^1, sub *a*)

– 2. Een partij die in het arbitraal geding is verschenen, dient een beroep op de onbevoegdheid van het scheidsgerecht op de grond dat een geldige overeenkomst tot arbitrage ontbreekt, voor alle weren te doen, op straffe van verval van haar recht op dat ontbreken later, in het arbitraal geding of bij de gewone rechter, alsnog een beroep te doen, tenzij dit beroep wordt gedaan op de grond dat het geschil volgens artikel 1020, derde lid, niet vatbaar is voor arbitrage. (Rv 154^2, 1065^2, 10762)

Geen beroep op onbevoegdheid

– 3. Een partij die aan de samenstelling van het scheidsgerecht heeft medegewerkt, kan in het arbitraal geding of bij de gewone rechter geen beroep doen op de onbevoegdheid van het scheidsgerecht op de grond dat het scheidsgerecht in strijd met de daarvoor geldende regelen is samengesteld. Een partij die in het arbitraal geding is verschenen en die niet aan de samenstelling van het scheidsgerecht heeft medegewerkt, dient het beroep op de onbevoegdheid van het scheidsgerecht op de grond dat het scheidsgerecht in strijd met de daarvoor geldende regelen is samengesteld, voor alle weren te doen, op straffe van verval van haar recht daarop later, in het arbitraal geding of bij de gewone rechter, alsnog een beroep te doen. (Rv 1065^3, 1076^3)

– 4. De beslissing, waarbij het scheidsgerecht zich bevoegd verklaart, kan slechts tegelijk met een daaropvolgend geheel of gedeeltelijk eindvonnis met de rechtsmiddelen, genoemd in artikel 1064, eerste lid, worden bestreden. (Rv 1065)

Bevoegdheid gewone rechter

– 5. Indien het scheidsgerecht zich onbevoegd verklaart, is de gewone rechter bevoegd van de zaak kennis te nemen, tenzij de partijen anders zijn overeengekomen.

Arbitraal hoger beroep

– 6. Zowel ingeval van bevoegdverklaring als van onbevoegdverklaring door het scheidsgerecht, is arbitraal hoger beroep, indien overeengekomen, toegelaten. De gewone rechter is alsdan niet eerder bevoegd ingevolge het vierde of vijfde lid van dit artikel dan nadat in hoger beroep uitspraak is gedaan, of de voor dit beroep geldende termijn ongebruikt is verstreken dan wel eerder, indien schriftelijk van hoger beroep afstand is gedaan.

Art. 1053

Rechtsgeldigheid hoofdovereenkomst

De overeenkomst tot arbitrage dient als een afzonderlijke overeenkomst te worden beschouwd en beoordeeld. Het scheidsgerecht is bevoegd, te oordelen over de rechtsgeldigheid van de hoofdovereenkomst waarvan de overeenkomst tot arbitrage deel uitmaakt of waarop zij betrekking heeft.

Art. 1054

Rechtskeuze

– 1. Het scheidsgerecht beslist naar de regelen des rechts.

– 2. Ingeval de partijen een rechtskeuze hebben gedaan, beslist het scheidsgerecht naar de door de partijen aangewezen regelen des rechts. Indien een dergelijke rechtskeuze niet heeft plaatsgevonden, beslist het scheidsgerecht volgens de regelen des rechts die het in aanmerking acht te komen.

Als goede mannen naar billijkheid

– 3. Het scheidsgerecht beslist als goede mannen naar billijkheid, indien de partijen het daartoe bij overeenkomst opdracht hebben gegeven.

– 4. In alle gevallen houdt het scheidsgerecht rekening met de toepasselijke handelsgebruiken. (BW 6: 248)

Art. 1055

Uitvoerbaar bij voorraad

Staat van het vonnis arbitraal hoger beroep open, dan kan het scheidsgerecht zijn vonnis uitvoerbaar bij voorraad verklaren in de gevallen waarin de gewone rechter daartoe bevoegd is. Het scheidsgerecht kan bepalen dat zekerheid wordt gesteld alvorens het vonnis bij voorraad ten uitvoer kan worden gelegd. (Rv 233 e.v.)

Art. 1056

Dwangsom

In de gevallen waarin de gewone rechter een dwangsom kan opleggen, is een scheidsgerecht daartoe eveneens bevoegd. De artikelen 611*a* tot en met 611*i* zijn van overeenkomstige toepassing, met dien verstande dat in de gevallen bedoeld in artikel 611*d*, de opheffing, de opschorting of de vermindering van de dwangsom bij verzoekschrift moet worden verzocht aan de voorzieningenrechter van de rechtbank, ter griffie waarvan het origineel van het vonnis ingevolge artikel 1058, eerste lid, moet worden nedergelegd.

Art. 1057

Meerderheid van stemmen

– 1. Het scheidsgerecht beslist, indien het uit meer arbiters bestaat, bij meerderheid van stemmen, tenzij de partijen anders zijn overeengekomen.

– 2. Het vonnis wordt op schrift gesteld en door de arbiter of arbiters ondertekend.

Weigering ondertekening

– 3. Weigert een minderheid van de arbiters te ondertekenen, dan wordt daarvan door de andere arbiters onder het door hen ondertekende vonnis melding gemaakt. Deze melding wordt door hen ondertekend. Een overeenkomstige melding vindt plaats, indien een minderheid niet in staat is te ondertekenen en niet verwacht kan worden dat het beletsel daartoe binnen korte tijd zal zijn opgeheven.

Inhoud vonnis

– 4. Het vonnis bevat, naast de beslissing, in elk geval:

a. de namen en woonplaatsen van de arbiter of arbiters;
b. de namen en woonplaatsen van de partijen;
c. de dagtekening van de uitspraak;
d. de plaats van de uitspraak;
e. de gronden voor de in het vonnis gegeven beslissing, tenzij het vonnis uitsluitend betreft de enkele vaststelling van de hoedanigheid of van de toestand van zaken, als bedoeld in artikel 1020, vierde lid, onder *a*, dan wel de vastlegging van een vergelijk, als bedoeld in artikel 1069. (Rv 30, 230, 1060, 1065; RO 5 lid 1)

Art. 1058

– 1. Het scheidsgerecht draagt er zorg voor dat ten spoedigste: **Afschrift aan partijen**
a. elk vonnis in afschrift, getekend door een arbiter of de secretaris van het scheidsgerecht, aan de partijen wordt gezonden;
b. het origineel van een geheel of gedeeltelijk eindvonnis wordt nedergelegd ter griffie van de rechtbank binnen welker arrondissement de plaats van de arbitrage is gelegen. (Rv 1037)
– 2. De opdracht van het scheidsgerecht eindigt door de nederlegging ter griffie van het laatste eindvonnis, onverminderd het bepaalde in de artikelen 1060 en 1061. **Einde opdracht**

Art. 1059

– 1. Slechts een geheel of gedeeltelijk arbitraal eindvonnis kan gezag van gewijsde verkrijgen. Het heeft dit met ingang van de dag waarop het is gewezen. (Rv 1064) **Gezag van gewijsde**
– 2. Indien echter arbitraal hoger beroep is overeengekomen, verkrijgt een in eerste aanleg gewezen geheel of gedeeltelijk eindvonnis gezag van gewijsde met ingang van de dag waarop de voor dit beroep geldende termijn ongebruikt is verstreken dan wel met ingang van de dag waarop in hoger beroep uitspraak is gedaan, indien en voorzover het vonnis in eerste aanleg in dat hoger beroep is bevestigd.

Art. 1060

– 1. Een partij kan tot dertig dagen na de dag van de nederlegging van het vonnis ter griffie van de rechtbank, het scheidsgerecht schriftelijk verzoeken, een kennelijke rekenfout of schrijffout in het vonnis te herstellen. **Rectificatie vonnis**
– 2. Indien de gegevens, genoemd in artikel 1057, vierde lid, onder *a* tot en met *d*, onjuist zijn vermeld of geheel of gedeeltelijk in het vonnis ontbreken, kan een partij, tot dertig dagen na de dag van de nederlegging van het vonnis ter griffie van de rechtbank, het scheidsgerecht schriftelijk de verbetering van die gegevens verzoeken. **Verbeteren gegevens**
– 3. Een verzoek, bedoeld in het eerste of tweede lid, wordt door het scheidsgerecht in afschrift aan de wederpartij gezonden.
– 4. Het scheidsgerecht kan, tot dertig dagen na de dag van nederlegging van het vonnis ter griffie van de rechtbank, ook uit eigen beweging tot het herstel, als bedoeld in het eerste lid, of de verbetering, als bedoeld in het tweede lid, overgaan.
– 5. Gaat het scheidsgerecht tot het herstel of de verbetering over, dan wordt deze door het scheidsgerecht op het origineel en op de afschriften van het vonnis aangebracht en ondertekend, dan wel in een apart door het scheidsgerecht ondertekend stuk vermeld, welk stuk geacht wordt deel uit te maken van het vonnis. De artikelen 1057, eerste tot en met derde lid, en 1058, eerste lid, zijn van overeenkomstige toepassing.
– 6. Wijst het scheidsgerecht het verzoek tot het herstel of de verbetering af, dan deelt het zulks schriftelijk aan de partijen mede.
– 7. Het verzoek als bedoeld in dit artikel schort de mogelijkheid tot tenuitvoerlegging of vernietiging niet op, tenzij de voorzieningenrechter of de rechtbank gewichtige redenen aanwezig acht om die mogelijkheid wel op te schorten totdat over het verzoek is beslist. (Rv 31)

Art. 1061

– 1. Heeft het scheidsgerecht nagelaten, te beslissen omtrent een of meer zaken welke aan zijn oordeel waren onderworpen, dan kan de meest gerede partij, tot dertig dagen na de dag van nederlegging van het vonnis ter griffie van de rechtbank, het scheidsgerecht verzoeken, een aanvullend vonnis te wijzen. **Aanvullend vonnis**
– 2. Het verzoek wordt door het scheidsgerecht in afschrift aan de wederpartij toegezonden.
– 3. Voordat het scheidsgerecht op het verzoek beslist, stelt het de partijen in de gelegenheid, te worden gehoord.
– 4. Een aanvullend vonnis geldt als een arbitraal vonnis; daarop zijn de bepalingen van de derde tot en met de vijfde afdeling van deze Titel van toepassing. (Rv 1057)
– 5. Wijst het scheidsgrecht het verzoek tot een aanvullend vonnis af, dan deelt het zulks schriftelijk aan de partijen mede. Een afschrift van deze mededeling, getekend door een arbiter of de secretaris van het scheidsgerecht, wordt, overeenkomstig het bepaalde in artikel 1058, eerste lid, ter griffie van de rechtbank nedergelegd.
– 6. Indien arbitraal hoger beroep is overeengekomen, kan het in eerste aanleg gewezen arbi-

traal vonnis slechts in hoger beroep worden aangevuld. Het verzoek daartoe moet binnen de voor het hoger beroep geldende termijn worden gedaan. (Rv 32)

VIERDE AFDELING
De tenuitvoerlegging van het arbitraal vonnis

Art. 1062

Verlof voorzieningenrechter

– 1. De tenuitvoerlegging in Nederland van een geheel of gedeeltelijk arbitraal eindvonnis dat niet vatbaar is voor arbitraal hoger beroep dan wel uitvoerbaar bij voorraad is verklaard, of van een geheel of gedeeltelijk eindvonnis, gewezen in arbitraal hoger beroep, kan eerst plaatsvinden nadat de voorzieningenrechter van de rechtbank, ter griffie waarvan het origineel van het vonnis volgens artikel 1058, eerste lid, moet worden nedergelegd, daartoe op verzoek van een der partijen verlof heeft verleend. (Rv 1059)

– 2. Het verlof wordt aangetekend op het origineel van het vonnis of, zo geen nederlegging heeft plaatsgevonden, opgenomen in een beschikking. De griffier zendt ten spoedigste aan de partijen een gewaarmerkt afschrift van het vonnis, met het daarop aangetekend verlof tot tenuitvoerlegging of een gewaarmerkt afschrift van de beschikking waarbij het verlof tot tenuitvoerlegging is verleend.

Hoger beroep

– 3. Staat arbitraal hoger beroep open, dan kan het verlof tot tenuitvoerlegging van een in eerste aanleg gewezen arbitraal vonnis dat niet uitvoerbaar bij voorraad is verklaard, eerst worden gegeven nadat de voor dat arbitraal hoger beroep geldende termijn ongebruikt is verstreken, dan wel eerder, indien schriftelijk van hoger beroep afstand is gedaan.

Vernietiging of herroeping

– 4. Verleent de voorzieningenrechter van de rechtbank het verlof tot tenuitvoerlegging, dan staan de wederpartij van de verzoeker slechts de rechtsmiddelen genoemd in artikel 1064, eerste lid, open. Vernietiging of herroeping van het arbitraal vonnis brengt van rechtswege die van het verlof tot tenuitvoerlegging met zich mede.

Art. 1063

Weigeren executie

– 1. De voorzieningenrechter van de rechtbank kan de tenuitvoerlegging van het arbitraal vonnis slechts weigeren, indien het vonnis, of de wijze waarop dit tot stand kwam, kennelijk in strijd is met de openbare orde of de goede zeden, dan wel indien in strijd met artikel 1055 tenuitvoerlegging bij voorraad is bevolen of in strijd met artikel 1056 een dwangsom is opgelegd. In dit laatste geval betreft de weigering alleen de tenuitvoerlegging van de dwangsom. (Rv 1065 lid 1 sub *e*)

– 2. De griffier zendt ten spoedigste een gewaarmerkt afschrift van de beschikking van de voorzieningenrechter waarbij deze het verlof weigert, aan de partijen.

Hoger beroep

– 3. Van de weigering van het verlof tot tenuitvoerlegging kan de verzoeker hoger beroep bij het gerechtshof instellen binnen twee maanden na de dagtekening van de beschikking.

Cassatie

– 4. Indien het verlof tot tenuitvoerlegging ook in hoger beroep niet verleend wordt, is de termijn voor beroep in cassatie twee maanden na de dagtekening van de beschikking in hoger beroep.

– 5. Indien in hoger beroep of na beroep in cassatie, het verlof tot tenuitvoerlegging alsnog wordt verleend, is het bepaalde in artikel 1062, vierde lid, eerste zin, van overeenkomstige toepassing.

VIJFDE AFDELING
De vernietiging en de herroeping van het arbitraal vonnis

Art. 1064

Vernietiging of herroeping

– 1. Tegen een geheel of gedeeltelijk arbitraal eindvonnis dat niet vatbaar is voor arbitraal hoger beroep, of tegen een geheel of gedeeltelijk eindvonnis, gewezen in arbitraal hoger beroep, staan slechts de rechtsmiddelen van vernietiging en van herroeping op de voet van deze afdeling open. (Rv 1059, 1068)

– 2. De vordering tot vernietiging wordt ingesteld bij de rechtbank ter griffie waarvan het origineel van het vonnis volgens artikel 1058, eerste lid, moet worden nedergelegd.

– 3. Een partij kan de vordering tot vernietiging instellen zodra het vonnis gezag van gewijsde heeft verkregen. De bevoegdheid daartoe vervalt drie maanden na de dag van nederlegging van het vonnis ter griffie van de rechtbank. Wordt echter het vonnis, voorzien van een verlof tot tenuitvoerlegging, aan de wederpartij betekend, dan kan die partij, ongeacht het verstreken zijn van de termijn van drie maanden, genoemd in de vorige zin, alsnog binnen drie maanden na deze betekening de vordering tot vernietiging instellen. (Rv 1059)

– 4. Tegen een arbitraal tussenvonnis kan de vordering tot vernietiging slechts worden ingesteld te zamen met de vordering tot vernietiging van het geheel of gedeeltelijk arbitraal eindvonnis.

– 5. Alle gronden tot vernietiging moeten, op straffe van verval van het recht daartoe in de dagvaarding worden voorgedragen. (Rv 382 e.v.)

Art. 1065

Gronden voor vernietiging

– 1. Vernietiging kan slechts plaatsvinden op een of meer van de navolgende gronden:
a. een geldige overeenkomst tot arbitrage ontbreekt; (Rv 1052)
b. het scheidsgerecht is in strijd met de daarvoor geldende regelen samengesteld; (Rv 1052)
c. het scheidsgerecht heeft zich niet aan zijn opdracht gehouden;
d. het vonnis is niet overeenkomstig het in artikel 1057 bepaalde ondertekend of niet met redenen omkleed;
e. het vonnis, of de wijze waarop dit tot stand kwam, strijdt met de openbare orde of de goede zeden. (Rv 1063 lid 1)

– 2. De grond, bedoeld onder *a* van het eerste lid, kan niet tot vernietiging leiden in het geval genoemd in artikel 1052, tweede lid.

– 3. De grond, bedoeld onder *b* van het eerste lid, kan niet tot vernietiging leiden in de gevallen genoemd in artikel 1052, derde lid.

– 4. De grond, bedoeld onder *c* van het eerste lid, kan niet tot vernietiging leiden indien de partij die deze aanvoert aan het geding heeft deelgenomen zonder daarop een beroep te doen, hoewel haar bekend was dat het scheidsgerecht zich niet aan zijn opdracht hield.

Gedeeltelijke vernietiging

– 5. Indien het scheidsgerecht meer of anders heeft toegewezen dan werd gevorderd, wordt het arbitraal vonnis gedeeltelijk vernietigd, voorzover het meer of anders toegewezene kan worden gescheiden van het overige gedeelte van het vonnis.

– 6. Indien en voorzover het scheidsgerecht heeft nagelaten, uitspraak te doen omtrent een of meer zaken welke aan zijn oordeel waren onderworpen, kan de vordering tot vernietiging op de grond, bedoeld in het eerste lid, onder *c*, slechts worden ingesteld indien een aanvullend vonnis, bedoeld in artikel 1061, eerste lid, is gewezen dan wel een verzoek tot aanvulling, bedoeld in artikel 1061, eerste lid, geheel of ten dele is afgewezen.

– 7. In afwijking van het bepaalde in artikel 1064, derde lid, tweede zin, vervalt de termijn voor het instellen van de in het vorige lid bedoelde vordering tot vernietiging drie maanden na de dag van nederlegging ter griffie van de rechtbank van het aanvullend vonnis dan wel van het afschrift van de mededeling der afwijzing, als bedoeld in artikel 1061, vijfde lid.

Art. 1066

Schorsende werking

– 1. De vordering tot vernietiging schorst de tenuitvoerlegging van het vonnis niet.

– 2. De rechter die omtrent de vernietiging oordeelt, kan echter, indien daartoe gronden zijn, op verzoek van de meest gerede partij, de tenuitvoerlegging schorsen totdat over de vordering tot vernietiging onherroepelijk is beslist.

– 3. Het verzoek tot schorsing wordt door de griffier van de rechtbank ten spoedigste aan de wederpartij in afschrift toegezonden.

– 4. De rechter beslist niet op het verzoek dan nadat de wederpartij in de gelegenheid is gesteld, zich daarover uit te laten.

– 5. Bij toewijzing van het verzoek kan de rechter bepalen dat door de verzoeker zekerheid wordt gesteld. Bij afwijzing van het verzoek kan de rechter bepalen dat de wederpartij zekerheid stelt.

Opheffing schorsing

– 6. In geval van schorsing van de tenuitvoerlegging kan de meest gerede partij de rechter verzoeken, de schorsing op te heffen. Het derde tot en met vijfde lid zijn van overeenkomstige toepassing.

Art. 1067

Bevoegdheid gewone rechter

Zodra het vonnis waarbij een arbitraal vonnis is vernietigd onherroepelijk is geworden, herleeft de bevoegdheid van de gewone rechter, tenzij de partijen anders zijn overeengekomen.

Art. 1068

Gronden voor herroeping

– 1. Herroeping kan slechts plaats vinden op een of meer van de navolgende gronden:
a. het vonnis berust geheel of ten dele op na de uitspraak ontdekt bedrog, door of met medeweten van de wederpartij in de arbitrale procedure gepleegd;
b. het vonnis berust geheel of ten dele op stukken die na de uitspraak blijken vals te zijn;
c. een partij heeft na de uitspraak stukken die op de beslissing van het scheidsgerecht van invloed zouden zijn geweest en door toedoen van de wederpartij zijn achtergehouden, in handen gekregen.

Termijn

– 2. De vordering tot herroeping wordt met overeenkomstige toepassing van artikel 1064, derde lid, of, indien dit een later tijdstip zal opleveren, binnen drie maanden nadat het bedrog of de valsheid bekend is geworden of een partij de nieuwe stukken in handen heeft gekregen, aangebracht voor het gerechtshof dat bevoegd zou zijn in hoger beroep te oordelen over de vordering tot vernietiging, bedoeld in artikel 1064. Indien de partij die gronden heeft de herroeping te vorderen binnen de in de eerste volzin bedoelde termijn is overleden, is artikel 341 van overeenkomstige toepassing. De procedure wordt ingeleid met een dagvaarding die voldoet aan de eisen van artikel 111 en wordt verder gevoerd op de wijze als in de tweede titel van het Eerste Boek is bepaald. Artikel 1066 is van overeenkomstige toepassing.

– 3. Indien de rechter de voor herroeping aangevoerde grond of gronden juist bevindt, vernietigt hij het vonnis geheel of gedeeltelijk. Artikel 1067 is van overeenkomstige toepassing. (Rv 382 e.v.)

ZESDE AFDELING
Het arbitraal vonnis, houdende een vergelijk tussen de partijen

Art. 1069

Vastleggen schikking in vonnis

– 1. Indien de partijen gedurende een arbitraal geding tot een vergelijk komen, kan op gezamenlijk verzoek het scheidsgerecht de inhoud daarvan in een arbitraal vonnis vastleggen. Het scheidsgerecht kan het verzoek zonder opgave van redenen weigeren. (Rv 1043)
– 2. Het arbitraal vonnis, houdende een vergelijk tussen de partijen, geldt als een arbitraal vonnis waarop de bepalingen van de derde tot en met de vijfde afdeling van deze Titel van toepassing zijn, met dien verstande dat:
a. het vonnis slechts kan worden vernietigd op de grond dat het in strijd is met de openbare orde of de goede zeden;
b. het vonnis, in afwijking van het bepaalde in artikel 1057, niet de gronden waarop het berust, behoeft te bevatten; en (BW 7: 902)
c. het vonnis door de partijen wordt mede-ondertekend.

ZEVENDE AFDELING
Slotbepalingen

Art. 1070

Geen voorziening tegen beschikking

Tegen beschikkingen van de voorzieningenrechter van de rechtbank, als bedoeld in de eerste tot en met de derde afdeling van deze Titel, staat geen voorziening open.

Art. 1071

Indienen verzoek- en verweerschrift; advocaat

In de gevallen bedoeld in de artikelen 1026, tweede en vierde lid, 1027, derde lid, 1028, 1044, eerste lid, en 1062, eerste lid, behoeven het verzoekschrift en, voorzover van toepassing, het verweerschrift niet door een advocaat te worden ingediend. (Rv 1031, 1035, 1041, 1046, 1056)

Art. 1072

Aanwijzing voorzieningenrechter

De partijen kunnen bij overeenkomst de voorzieningenrechter van een bepaalde rechtbank als bevoegde voorzieningenrechter aanwijzen voor zaken als bedoeld in de artikelen 1026, tweede en vierde lid, 1027, derde lid, 1028, 1029, tweede en vierde lid, 1031, tweede lid, 1035, tweede lid, en 1041, tweede lid.

Art. 1073

Toepasselijkheid in Nederland

– 1. Het in deze Titel bepaalde is van toepassing indien de plaats van arbitrage in Nederland is gelegen. (Rv 1037)
– 2. Ingeval de partijen de plaats van arbitrage niet hebben bepaald, kan de benoeming of de wraking van de arbiter of arbiters of de aan het scheidsgerecht toegevoegde secretaris met toepassing van de voorzieningen in de eerste afdeling van deze Titel reeds plaatsvinden, indien ten minste een der partijen in Nederland woont dan wel feitelijk verblijf houdt.

TWEEDE TITEL
Arbitrage buiten Nederland

Art. 1074

Rechtsmacht Nederlandse rechter

– 1. De rechter in Nederland bij wie een geschil aanhangig is gemaakt waarover een overeenkomst tot arbitrage is gesloten waaruit voortvloeit dat arbitrage buiten Nederland moet plaatsvinden, verklaart zich onbevoegd, indien een partij zich voor alle weren op het bestaan van deze overeenkomst beroept, tenzij de overeenkomst ongeldig is onder het op die overeenkomst toepasselijke recht. (Rv 1022 lid 1)
– 2. De overeenkomst, bedoeld in het eerste lid, belet niet dat een partij de Nederlandse rechter verzoekt om een maatregel tot bewaring van recht dan wel zich wendt tot de voorzieningenrechter van de rechtbank in kort geding overeenkomstig artikel 254. (Rv 1022 lid 2)

Art. 1075

Tenuitvoerlegging buitenlands arbitraal vonnis bij verdrag

Een in een vreemde Staat gewezen arbitraal vonnis waarop een erkennings- en tenuitvoerleggingsverdrag van toepassing is, kan in Nederland worden erkend en ten uitvoer gelegd. De artikelen 985 tot en met 991 zijn van overeenkomstige toepassing voorzover het verdrag geen afwijkende voorzieningen inhoudt en met dien verstande dat de voorzieningenrechter van de rechtbank in de plaats treedt van de rechtbank en de termijn voor hoger beroep en beroep in cassatie twee maanden bedraagt. (Rv 1063 lid 3 en 4)

Art. 1076

Zonder verdrag

– 1. Is geen erkennings- en tenuitvoerleggingsverdrag van toepassing of laat een toepasselijk verdrag toe, zich te beroepen op de wet van het land waar de erkenning of tenuitvoerlegging wordt verzocht, dan kan een in een vreemde Staat gewezen arbitraal vonnis in Nederland wor-

den erkend en kan daarvan in Nederland de tenuitvoerlegging worden verzocht, tegen overlegging van het origineel of een gewaarmerkt afschrift, van de overeenkomst tot arbitrage en van het arbitraal vonnis, tenzij:
A. de partij tegen wie de erkenning of tenuitvoerlegging wordt verzocht, stelt en bewijst dat:
a. een geldige overeenkomst tot arbitrage ontbreekt onder het op die overeenkomst toepasselijke recht; (Rv 1065 lid 1 sub *a*)
b. het scheidsgerecht in strijd met de daarvoor geldende regelen is samengesteld; (Rv 1065 lid 1 sub *b*)
c. het scheidsgerecht zich niet aan zijn opdracht heeft gehouden; (Rv 1064 lid 1 sub *c*)
d. tegen het arbitraal vonnis hoger beroep bij arbiters of de rechter openstaat in het land waar het arbitraal vonnis is gewezen;
e. het arbitraal vonnis is vernietigd door een bevoegde autoriteit van het land waar dat vonnis is gewezen;
B. de rechter oordeelt dat de erkenning of tenuitvoerlegging strijdig is met de openbare orde.
– 2. De grond onder A*a* van het eerste lid leidt niet tot weigering van erkenning of tenuitvoerlegging, indien de partij die zich daarop beroept, in het arbitraal geding is verschenen en heeft nagelaten voor alle weren een beroep te doen op de onbevoegdheid van het scheidsgerecht op grond dat een geldige overeenkomst tot arbitrage ontbreekt. (Rv 1052 lid 2)
– 3. De grond onder A*b* van het eerste lid leidt niet tot weigering van erkenning of tenuitvoerlegging, indien de partij die zich daarop beroept, aan de samenstelling van het scheidsgerecht heeft medegewerkt of indien de partij die niet aan de samenstelling van het scheidsgerecht heeft medegewerkt, in het arbitraal geding is verschenen en heeft nagelaten voor alle weren een beroep te doen op de onbevoegdheid van het scheidsgerecht op de grond dat het scheidsgerecht in strijd met de daarvoor geldende regelen is samengesteld. (Rv 1052 lid 3)
– 4. De grond onder A*c* leidt niet tot weigering van de erkenning of tenuitvoerlegging, indien de partij die deze aanvoert aan het geding heeft deelgenomen zonder daarop een beroep te doen, hoewel haar bekend was dat het scheidsgerecht zich niet aan zijn opdracht hield. (Rv 1065 lid 4)
– 5. Is meer of anders toegewezen dan gevorderd, dan is het arbitraal vonnis voor gedeeltelijke erkenning of tenuitvoerlegging vatbaar voorzover het anders of meer toegewezene kan worden gescheiden van het overige gedeelte van het vonnis. (Rv 1065 lid 5)
– 6. De artikelen 985 tot en met 991 zijn van overeenkomstige toepassing, met dien verstande dat de voorzieningenrechter van de rechtbank in de plaats treedt van de rechtbank, de termijn voor hoger beroep en beroep in cassatie twee maanden bedraagt en geen stukken behoeven te worden overlegd waaruit blijkt dat het arbitraal vonnis uitvoerbaar is in het land waar het is gewezen.
– 7. Indien de vernietiging van een in een vreemde Staat gewezen arbitraal vonnis is verzocht aan de bevoegde autoriteit van het land waar dat vonnis is gewezen, is, indien in Nederland de erkenning of tenuitvoerlegging wordt verzocht, artikel 1066, tweede tot en met het zesde lid, van overeenkomstige toepassing. (Rv 1065 lid 1 sub *e*)

Algemene slotbepaling

Art. 1077

– 1. De Algemene termijnenwet is niet van toepassing op de termijn gesteld in de artikelen 443, eerste lid, eerste zin, en 479g, tweede lid.
– 2. Voor de toepassing van de Algemene termijnenwet worden de termijnen, gesteld in de artikelen 114 tot en met 116, als termijnen in de zin van artikel 1, tweede lid, van die wet aangemerkt.
– 3. Onder algemeen erkende feestdagen worden in dit wetboek verstaan de in artikel 3 van de Algemene termijnenwet als zodanig genoemde en de bij of krachtens dat artikel daarmede gelijkgestelde dagen.

Transponeringstabel Wetboek van Burgerlijke Rechtsvordering

Rv oud	Rv nieuw
1	art. 46 (1.6.2)
2	art. 47 (1.6.3)
4	art. 48 (1.6.4)
4	art. 49 (1.6.5)
4	art. 50 (1.6.6)
4	art. 51 (1.6.7)
4	art. 52 (1.6.8)
4	art. 53 (1.6.9)
4	art. 54 (1.6.10)
4	art. 55 (1.6.11)
4	art. 57 (1.6.12)
4	art. 58 (1.6.13)
4	art. 59 (1.6.14)
4	art. 60 (1.6.14a)
4	art. 61 (1.6.15)
4	art. 62 (1.6.16)
5	art. 45 (1.6.1), 111 (2.3.1)
5a	art. 112 (2.3.1a)
6	art. 77 (1.9.1)
7	art. 114 (2.3.3)
7	art. 117 (2.3.6)
8	art. 119 (2.3.8)
9-11	art. 115 (2.3.4)
9	art. 116 (2.3.5)
9	art. 117 (2.3.6)
10	art. 117 (2.3.6)
12a	art. 118 (2.3.7)
18	art. 27 (1.3.9)
19	art. 87 (2.1.10)
19a	art. 22 (1.3.4), 88 (2.1.11), 89 (2.1.12) en 164 (2.8.16)
20	art. 134 (2.4.10)
24-25	art. 27 (1.3.9)
29	art. 36 (1.4.1)
30	art. 37 (1.4.2)
31	art. 38 (1.4.3)
32	art. 39 (1.4.4)
34	art. 40 (1.4.6)
35	art. 41 (1.4.7)
45	art. 19 (1.3.1)
45	art. 229 (2.11.1)
46	art. 232 (2.11.4)
47	art. 229 (2.11.1)
48	art. 25 (1.3.7)
51	art. 223 (2.9.16)
52	art. 233 (2.11.5)
53	art. 234 (2.11.6)
54	art. 235 (2.11.7)
56	art. 237 (2.11.9)
57	art. 239 (2.11.11)
57	art. 241 (2.11.12)
57a	art. 238 (2.11.10)
57ab	art. 242 (2.11.13)
57b	art. 243 (2.11.14)
57b	art. 248 (2.12.3)
57c	art. 244 (2.11.15)
59	art. 230 (2.11.2)
60 en 61	art. 230 (2.11.2)
62	art. 28 (1.3.10)
62	art. 230 (2.11.2)
64	art. 231 (2.11.3)
67	art. 236 (2.11.8)
68	art. 210 (2.9.3)
69	art. 211 (2.9.4)
70	art. 212 (2.9.5)
71	art. 213 (2.9.6)
72	art. 214 (2.9.7)
73	art. 215 (2.9.8)
74	art. 216 (2.9.9)
75	art. 123 (2.3.12), 127 (2.4.3)
76	art. 139 (2.6.1)
76	art. 230 (2.11.2)
79	art. 140 (2.6.2)
81	art. 143 (2.7.1)
82	art. 144 (2.7.2)
82	art. 145 (2.7.3)
83	art. 146 (2.7.4)
89	art. 141 (2.6.3)
89a	art. 142 (2.6.4)
90	art. 65 (1.6.19)
91	art. 120 (2.3.9)
92	art. 120 (2.3.9)
93	art. 121 (2.3.10)
94	art. 122 (2.3.11)
96a	art. 70 (1.8.2)
98	art. 6 (1.1.5) en 100 (2.2.2)
98	art. 6 (1.1.5) en 101 (2.2.3)
98	art. 6 (1.1.5) en 103 (2.2.5)
100	art. 8 (1.1.7), 108 (2.2.10)
101	art. 80 (2.1.3)
102	art. 81 (2.1.4)
103	art. 111 (2.3.1)
105	art. 82 (2.1.5)
106	art. 139 (2.6.1)
106	art. 143 (2.7.1) en 147 (2.7.5)
107	art. 140 (2.6.2)
109	art. 132 (2.4.8) en 133 (2.4.9)
110	art. 22 (1.3.4)
112	art. 129 (2.4.5)
116	art. 223 (2.9.16) en 254 (2.13.1)
117	art. 83 (2.1.6)
117	art. 84 (2.1.7)
118	art. 84 (2.1.7)
118	art. 91 (2.1.14) en 231 (2.11.3)
118	art. 92 (2.1.15)
118	art. 135 (2.4.11)
126	art. 2 (1.1.2) en 99 (2.2.1)

126	art. 6 (1.1.5) en 103 (2.2.5)
126	art. 6 (1.1.5) en 104 (2.2.6)
126	art. 6 (1.1.5) en 106 (2.2.8)
126	art. 7 (1.1.6) en 107 (2.2.9)
126	art. 99 (2.2.1)
126	art. 105 (2.2.7)
126	art. 109 (2.2.11)
133	art. 79 (2.1.2)
133	art. 83 (2.1.6)
133	art. 111 (2.3.1)
134	art. 129 (2.4.5) en 130 (2.4.6)
136	art. 126 (2.4.2)
137	art. 79 (2.1.2)
139	art. 127 (2.4.3)
141	art. 128 (2.4.4)
141a	art. 131 (2.4.7)
142	art. 132 (2.4.8)
143	art. 20 (1.3.2)
143	art. 133 (2.4.9)
146	art. 79 (2.1.2)
147	art. 85 (2.1.8)
148	art. 86 (2.1.9)
150	art. 67 (1.7.1)
151	art. 68 (1.7.2)
152	art. 224 (2.9.17)
153	art. 224 (2.9.17)
154	art. 11 (1.1.10) en 110 (2.2.12)
156	art. 72 (1.8.3)
157a	art. 73 (1.8.4) en 110 (2.2.12)
157b	art. 75 (1.8.6)
157b	art. 110 (2.2.12)
158	art. 220 (2.9.13)
158a	art. 221 (2.9.14)
158b	art. 75 (1.8.6)
159	art. 222 (2.9.15)
176	art. 24 (1.3.6)
176	art. 149 (2.8.1)
177	art. 150 (2.8.2)
178	art. 151 (2.8.3)
179	art. 152 (2.8.4)
180	art. 153 (2.8.5)
181	art. 154 (2.8.6)
182	art. 284 (3.4.7)
183	art. 156 (2.8.8)
184	art. 157 (2.8.9)
185	art. 158 (2.8.10)
186	art. 159 (2.8.11)
187	art. 160 (2.8.12)
188	art. 161 (2.8.13)
189	art. 163 (2.8.15)
190	art. 164 (2.8.16)
191	art. 165 (2.8.17)
191	art. 284 (3.4.7)
191	art. 165 (2.8.17)
192	art. 15 (1.2.2)
192	art. 166 (2.8.18)
193	art. 167 (2.8.19)
194	art. 168 (2.8.20)
195	art. 169 (2.8.21)
196	art. 170 (2.8.22)
197	art. 171 (2.8.23)
198	art. 172 (2.8.24)
199	art. 173 (2.8.26)
200	art. 174 (2.8.27)
201	art. 175 (2.8.28)
202	art. 176 (2.8.29)
203	art. 177 (2.8.30)
204	art. 178 (2.8.31)
205	art. 179 (2.8.32)
205	art. 164 (2.8.16)
206	art. 180 (2.8.33)
207	art. 181 (2.8.34)
208	art. 182 (2.8.35)
209	art. 183 (2.8.36)
210	art. 184 (2.8.37)
211	art. 185 (2.8.38)
212	art. 155 (2.8.7)
213	art. 164 (2.8.16)
214	art. 186 (2.8.39)
215	art. 187 (2.8.40)
216	art. 188 (2.8.41)
217	art. 189 (2.8.42)
218	art. 190 (2.8.43)
219	art. 192 (2.8.44)
220	art. 193 (2.8.45)
221	art. 194 (2.8.46)
222	art. 194 (2.8.46)
222	art. 198 (2.8.49)
223	art. 195 (2.8.47)
223	art. 197 (2.8.48)
223	art. 198 (2.8.49)
224	art. 194 (2.8.46)
224	art. 198 (2.8.49)
225	art. 199 (2.8.50)
226	art. 201 (2.8.52)
227	art. 202 (2.8.53)
228	art. 203 (2.8.54)
229	art. 204 (2.8.55)
230	art. 205 (2.8.56)
231	art. 206 (2.8.57)
232	art. 207 (2.8.58)
247	art. 208 (2.9.1)
248	art. 208 (2.9.1)
249	art. 209 (2.9.2)
250	art. 136 (2.5.1) en 353
251	art. 137 (2.5.2)
252	art. 138 (2.5.3)
253	art. 332
254	art. 225 (2.10.1)
254	art. 226 (2.10.2)
255	art. 225 (2.10.1)
256	art. 225 (2.10.1)
256	art. 226 (2.10.2)
257	art. 227 (2.10.3) en 228 (2.10.4)
258	art. 227 (2.10.3)
259	art. 227 (2.10.3) en 228 (2.10.4)

261	art. 227 (2.10.3) en 228 (2.10.4)
277	art. 249 (2.12.4)
278	art. 249 (2.12.4) en 250 (2.12.5)
282	art. 253 (2.12.8)
282	art. 252 (2.12.7)
283	art. 253 (2.12.8)
285	art. 217 (2.9.10)
286	art. 218 (2.9.11)
287	art. 219 (2.9.12)
288a	art. 15 (1.2.2)
288a	art. 18 (1.2.5)
288a	art. 90 (2.1.13)
289	art. 254 (2.13.1)
290	art. 255 (2.13.2)
291	art. 256 (2.13.3)
292	art. 257 (2.13.4)
294	art. 259 (2.13.6)
295	art. 339
322	art. 42 (1.5.1)
323	art. 43 (1.5.2)
324	art. 44 (1.5.3)
328	art. 44 (1.5.3)
343	art. 63 (1.6.17)
344	art. 18 (1.2.5)
344a	art. 16 (1.2.3)
382-397	art. 382-391
407	art. 63 (1.6.17)
418	art. 18 (1.2.5)
428	art. 27 (1.3.9)
429a	art. 261 (3.1.1)
429b	art. 261 (3.1.1)
429c	art. 3 (1.1.3)
429c	art. 262 (3.2.1)
429c	art. 263 (3.2.2)
429c	art. 265 (3.2.3)
429c	art. 266 (3.2.4)
429c	art. 267 (3.2.5)
429c	art. 268 (3.2.6)
429c	art. 269 (3.2.7)
429d	art. 278 (3.4.1)
429f	art. 15 (1.2.2)
429f	art. 279 (3.4.2)
429g	art. 27 (1.3.9)
429g	art. 279 (3.4.2)
429h	art. 282 (3.4.5)
429i	art. 283 (3.4.6)
429j	art. 284 (3.4.7)
429k	art. 28 (1.3.10)
429k	art. 29 (1.3.11) en 287 (3.4.10)
429k	art. 286 (3.4.9)
429k	art. 288 (3.4.11) en 289 (3.4.12)
429l	art. 290 (3.4.13)
429m	art. 285 (3.4.8)
429n	art. 358
429o	art. 359
429p	art. 360
429q	art. 16 (1.2.3)
429q	art. 361
429q	art. 362
429r	art. 271 t/m 277 (3.3.1 t/m 3.3.6a)
429t	art. 68 (1.7.2)
438a	art. 63 (1.6.17)
838	art. 27 (1.3.9)
843	art. 231 (2.11.3)
844-852	art. 26 (1.3.8)

TRIPs[1]	**Rv nieuw**
art. 50	art. 260 (2.13.7)

WvK	**Rv nieuw**
art. 8	art. 162 (2.8.14)

Besluit OMV[2]	**Rv nieuw**
art. 2	art. 271 (3.3.1)
art. 3	art. 272 (3.3.2)
art. 4	art. 273 (3.3.3)
art. 5	art. 274 (3.3.4)
art. 6	art. 275 (3.3.5)
art. 7	art. 276 (3.3.6)
art. 7	art. 279 (3.4.2)
art. 8	art. 284 (3.4.7)
art. 11	art. 279 (3.4.2)

Rv nieuw	**Rv oud**
2 (1.1.2) en 99 (2.2.1)	126
3 (1.1.3)	429c
6 (1.1.5) en 106 (2.2.8)	126
6 (1.1.5) en 104 (2.2.6)	126
6 (1.1.5) en 103 (2.2.5)	126
6 (1.1.5) en 101 (2.2.3)	98
6 (1.1.5) en 100 (2.2.2)	98
6 (1.1.5) en 103 (2.2.5)	98
7 (1.1.6) en 107 (2.2.9)	126
8 (1.1.7) en 108 (2.2.10)	100
11 (1.1.10) en 110 (2.2.12)	154
15 (1.2.2)	192
15 (1.2.2)	288a
15 (1.2.2)	429f
16 (1.2.3)	344a
16 (1.2.3)	429q
18 (1.2.5)	288a
18 (1.2.5)	344
18 (1.2.5)	418
19 (1.3.1)	45
20 (1.3.2)	143
22 (1.3.4)	110

1 Afkorting van: (Agreement on) Trade-Related Aspects of Intellectual Property Rights (Overeenkomst inzake de handelsaspecten van de intellectuele eigendom, opgenomen als bijlage 1C bij de Overeenkomst tot oprichting van de Wereldhandelsorganisatie, Trb. 1995, 130, in werking getreden op 1 januari 1996).

2 Besluit oproepingen, mededelingen en zendingen verzoekschriftprocedure (Besluit van 14 november 1986, Stb. 1986, 578, gewijzigd bij Besluit van 22 augustus 1991, Stb. 1991, 437).

22 (1.3.4), 88 (2.1.11), 89 (2.1.12) en 164 (2.8.16)	19a
24 (1.3.6)	176
25 (1.3.7)	48
26 (1.3.8)	844-852
27 (1.3.9)	18
27 (1.3.9)	24-25
27 (1.3.9)	428
27 (1.3.9)	429g
27 (1.3.9)	838
28 (1.3.10)	429k
28 (1.3.10)	62
29 (1.3.11) en 287 (3.4.10)	429k
36 (1.4.1)	29
37 (1.4.2)	30
38 (1.4.3)	31
39 (1.4.4)	32
40 (1.4.6)	34
41 (1.4.7)	35
42 (1.5.1)	322
43 (1.5.2)	323
44 (1.5.3)	324
44 (1.5.3)	328
45 (1.6.1), 111 (2.3.1)	5
46 (1.6.2)	1
47 (1.6.3)	2
48 (1.6.4)	4
49 (1.6.5)	4
50 (1.6.6)	4
51 (1.6.7)	4
52 (1.6.8)	4
53 (1.6.9)	4
54 (1.6.10)	4
55 (1.6.11)	4
57 (1.6.12)	4
58 (1.6.13)	4
59 (1.6.14)	4
60 (1.6.14a)	4
61 (1.6.15)	4
62 (1.6.16)	4
63 (1.6.17)	343
63 (1.6.17)	407
63 (1.6.17)	438a
65 (1.6.19)	90
67 (1.7.1)	150
68 (1.7.2)	151
68 (1.7.2)	429t
70 (1.8.2)	96a
72 (1.8.3)	156
73 (1.8.4) en 110 (2.2.12)	157a
75 (1.8.6)	157b
75 (1.8.6)	158b
77 (1.9.1)	6
79 (2.1.2)	133
79 (2.1.2)	137
79 (2.1.2)	146
80 (2.1.3)	101
81 (2.1.4)	102
82 (2.1.5)	105
83 (2.1.6)	117
83 (2.1.6)	133
84 (2.1.7)	117
84 (2.1.7)	118
85 (2.1.8)	147
86 (2.1.9)	148
87 (2.1.10)	19
90 (2.1.13)	288a
91 (2.1.14) en 231 (2.11.3)	118
92 (2.1.15)	118
99 (2.2.1)	126
105 (2.2.7)	126
109 (2.2.11)	126
110 (2.2.12)	157b
111 (2.3.1)	103
111 (2.3.1)	133
112 (2.3.1a)	5a
114 (2.3.3)	7
115 (2.3.4)	9-11
116 (2.3.5)	9
117 (2.3.6)	10
117 (2.3.6)	7
117 (2.3.6)	9
118 (2.3.7)	12a
119 (2.3.8)	8
120 (2.3.9)	91
120 (2.3.9)	92
121 (2.3.10)	93
122 (2.3.11)	94
123 (2.3.12), 127 (2.4.3)	75
126 (2.4.2)	136
127 (2.4.3)	139
128 (2.4.4)	141
129 (2.4.5)	112
129 (2.4.5) en 130 (2.4.6)	134
131 (2.4.7)	141a
132 (2.4.8) en 133 (2.4.9)	109
132 (2.4.8)	142
133 (2.4.9)	143
134 (2.4.10)	20
135 (2.4.11)	118
136 (2.5.1) en 353	250
137 (2.5.2)	251
138 (2.5.3)	252
139 (2.6.1)	106
139 (2.6.1)	76
140 (2.6.2)	107
140 (2.6.2)	79
141 (2.6.3)	89
142 (2.6.4)	89a
143 (2.7.1) en 147 (2.7.5)	106
143 (2.7.1)	81
144 (2.7.2)	82
145 (2.7.3)	82
146 (2.7.4)	83
149 (2.8.1)	176
150 (2.8.2)	177
151 (2.8.3)	178
152 (2.8.4)	179

153 (2.8.5)	180
154 (2.8.6)	181
155 (2.8.7)	212
156 (2.8.8)	183
157 (2.8.9)	184
158 (2.8.10)	185
159 (2.8.11)	186
160 (2.8.12)	187
161 (2.8.13)	188
163 (2.8.15)	189
164 (2.8.16)	190
164 (2.8.16)	205
164 (2.8.16)	213
165 (2.8.17)	191
165 (2.8.17)	191
166 (2.8.18)	192
167 (2.8.19)	193
168 (2.8.20)	194
169 (2.8.21)	195
170 (2.8.22)	196
171 (2.8.23)	197
172 (2.8.24)	198
173 (2.8.26)	199
174 (2.8.27)	200
175 (2.8.28)	201
176 (2.8.29)	202
177 (2.8.30)	203
178 (2.8.31)	204
179 (2.8.32)	205
180 (2.8.33)	206
181 (2.8.34)	207
182 (2.8.35)	208
183 (2.8.36)	209
184 (2.8.37)	210
185 (2.8.38)	211
186 (2.8.39)	214
187 (2.8.40)	215
188 (2.8.41)	216
189 (2.8.42)	217
190 (2.8.43)	218
192 (2.8.44)	219
193 (2.8.45)	220
194 (2.8.46)	221
194 (2.8.46)	222
194 (2.8.46)	224
195 (2.8.47)	223
197 (2.8.48)	223
198 (2.8.49)	222
198 (2.8.49)	223
198 (2.8.49)	224
199 (2.8.50)	225
201 (2.8.52)	226
202 (2.8.53)	227
203 (2.8.54)	228
204 (2.8.55)	229
205 (2.8.56)	230
206 (2.8.57)	231
207 (2.8.58)	232
208 (2.9.1)	247
208 (2.9.1)	248
209 (2.9.2)	249
210 (2.9.3)	68
211 (2.9.4)	69
212 (2.9.5)	70
213 (2.9.6)	71
214 (2.9.7)	72
215 (2.9.8)	73
216 (2.9.9)	74
217 (2.9.10)	285
218 (2.9.11)	286
219 (2.9.12)	287
220 (2.9.13)	158
221 (2.9.14)	158a
222 (2.9.15)	159
223 (2.9.16) en 254 (2.13.1)	116
223 (2.9.16)	51
224 (2.9.17)	152
224 (2.9.17)	153
225 (2.10.1)	254
225 (2.10.1)	255
225 (2.10.1)	256
226 (2.10.2)	254
226 (2.10.2)	256
227 (2.10.3) en 228 (2.10.4)	257
227 (2.10.3)	258
227 (2.10.3) en 228 (2.10.4)	259
227 (2.10.3) en 228 (2.10.4)	261
229 (2.11.1)	45
229 (2.11.1)	47
230 (2.11.2)	59 en 61
230 (2.11.2)	60
230 (2.11.2)	62
230 (2.11.2)	76
231 (2.11.3)	64
231 (2.11.3)	843
232 (2.11.4)	46
233 (2.11.5)	52
234 (2.11.6)	53
235 (2.11.7)	54
236 (2.11.8)	67
237 (2.11.9)	56
238 (2.11.10)	57a
239 (2.11.11)	57
241 (2.11.12)	57
242 (2.11.13)	57ab
243 (2.11.14)	57b
244 (2.11.15)	57c
248 (2.12.3)	57b
249 (2.12.4)	277
249 (2.12.4) en 250 (2.12.5)	278
252 (2.12.7)	282
253 (2.12.8)	282
253 (2.12.8)	283
254 (2.13.1)	289
255 (2.13.2)	290
256 (2.13.3)	291
257 (2.13.4)	292
259 (2.13.6)	294
261 (3.1.1)	429a
261 (3.1.1)	429b
262 (3.2.1)	429c

263 (3.2.2)	429c
265 (3.2.3)	429c
266 (3.2.4)	429c
267 (3.2.5)	429c
268 (3.2.6)	429c
269 (3.2.7)	429c
271 t/m 277 (3.3.1 t/m 3.3.6a)	429r
278 (3.4.1)	429d
279 (3.4.2)	429f
279 (3.4.2)	429g
282 (3.4.5)	429h
283 (3.4.6)	429i
284 (3.4.7)	182
284 (3.4.7)	191
284 (3.4.7)	429j
285 (3.4.8)	429m
286 (3.4.9)	429k
288 (3.4.11) en 289 (3.4.12)	429k
290 (3.4.13)	429l
332	253
339	295
358	429n
359	429o
360	429p
361	429q
362	429q
382-391	382-397

Rv nieuw	**TRIPs**[3]
260 (2.13.7)	50

Rv nieuw	**WvK**
162 (2.8.14)	8

Rv nieuw	**Besluit OMV**[4]
271 (3.3.1)	2
272 (3.3.2)	3
273 (3.3.3)	4
274 (3.3.4)	5
275 (3.3.5)	6
276 (3.3.6)	7
279 (3.4.2)	7
284 (3.4.7)	8
279 (3.4.2)	11

3 Afkorting van: (Agreement on) Trade-Related Aspects of Intellectual Property Rights (Overeenkomst inzake de handelsaspecten van de intellectuele eigendom, opgenomen als bijlage 1C bij de Overeenkomst tot oprichting van de Wereldhandelsorganisatie, Trb. 1995, 130, in werking getreden op 1 januari 1996).

4 Besluit oproepingen, mededelingen en zendingen verzoekschriftprocedure (Besluit van 14 november 1986, *Stb.* 1986, 578, gewijzigd bij Besluit van 22 augustus 1991, *Stb.* 1991, 437).

Wet van 23 december 1993, Stb. 775 , houdende regelen omtrent de door de overheid gefinancierde rechtsbijstand, zoals deze wet laatstelijk is gewijzigd bij de Wet van 5 februari 2009, Stb. 108

[Inwerkingtreding: 01-01-1994]

Wij Beatrix, bij de gratie Gods, Koningin der Nederlanden, Prinses van Oranje-Nassau, enz. enz. enz.
Allen, die deze zullen zien of horen lezen, saluut! doen te weten:
Alzo Wij in overweging genomen hebben, dat het, mede ter uitvoering van artikel 18, tweede lid, van de Grondwet, wenselijk is nieuwe wettelijke regels vast te stellen omtrent de verstrekking door de overheid van gefinancierde rechtsbijstand aan minder draagkrachtigen;
Zo is het, dat Wij, de Raad van State gehoord, en met gemeen overleg der Staten-Generaal, hebben goedgevonden en verstaan, gelijk Wij goedvinden en verstaan bij deze:

HOOFDSTUK I
Begripsbepalingen

Art. 1

Begripsbepaling

– 1. In deze wet en de daarop berustende bepalingen wordt verstaan onder:
a. Onze Minister: Onze Minister van Justitie;
b. raad: de raad voor rechtsbijstand, bedoeld in Hoofdstuk II;
c. bureau: het onder de raad ressorterende bureau rechtsbijstandvoorziening;
d. stichting: de door de raad gesubsidieerde stichting rechtsbijstand;
e. rechtsbijstand: rechtskundige bijstand aan een rechtzoekende ter zake van een rechtsbelang dat hem rechtstreeks en individueel aangaat, voor zover in deze wet en de daarop berustende bepalingen geregeld;
f. rechtzoekende: degene die op grond van onvoldoende financiële draagkracht aanspraak kan maken op rechtsbijstand, voor zover in deze wet en de daarop berustende bepalingen geregeld, alsmede degene die met het oog op de toepassing van artikel 51*a* van het Wetboek van Strafvordering als benadeelde partij zijn schade wil vorderen dan wel zijn schade wil vorderen als slachtoffer van een misdrijf tegen de zeden of een geweldsmisdrijf;
g. jaarplan: het door de raad op te stellen jaarplan, bedoeld in artikel 7, tweede lid;
h. rechtsbijstandverlener: de advocaat, de medewerker van de stichting, bedoeld in artikel 22, eerste lid, en de personen, bedoeld in artikel 13, eerste lid onder *c*;
i. toevoeging: de toevoeging van een rechtsbijstandverlener, bedoeld in artikel 24, eerste lid;
j. peiljaar: het tweede kalenderjaar dat voorafgaat aan het kalenderjaar waarin de aanvraag om een toevoeging wordt gedaan;
k. Bijstandsnorm: de norm voor gehuwden, genoemd in artikel 21, onderdeel *c*, van de Wet werk en bijstand, verminderd met het overeenkomstig artikel 19, derde lid, van die wet vastgestelde bedrag van de vakantietoeslag;
l. inkomen: het inkomen, zoals berekend ingevolge de artikelen 34*a* tot en met 34*e*;
m. vermogen: het gemiddelde van de rendementsgrondslagen, bedoeld in artikel 5.2 van de Wet op de inkomstenbelasting 2001;
n. heffingvrij vermogen: het heffingvrij vermogen, bedoeld in de artikelen 5.5 en 5.6 van de Wet inkomstenbelasting 2001;
o. inspecteur: de inspecteur, bedoeld in artikel 2, derde lid, onder *b*, van de Algemene wet inzake rijksbelastingen;
p. inkomensgegeven: inkomensgegeven als bedoeld in artikel 21, onderdeel e, van de Algemene wet inzake rijksbelastingen.
– 2. *Vervallen.*
– 3. In deze wet en de daarop berustende bepalingen worden onder advocaten mede verstaan de personen, bedoeld in artikel 16*h* van de Advocatenwet.

HOOFDSTUK II
De raad voor rechtsbijstand

AFDELING 1
Samenstelling van de raad

Art. 2

Instelling raad

– 1. Er is in elke hoofdplaats van het ressort van een gerechtshof een raad gevestigd.
– 2. De raad heeft rechtspersoonlijkheid.

– 3. Onder de raad ressorteert een bureau rechtsbijstandvoorziening.

– 4. De raad subsidieert binnen zijn ressort een of meer stichtingen rechtsbijstand.

– 5. Op de subsidie, die per boekjaar wordt verstrekt, is afdeling 4.2.8 van de Algemene wet bestuursrecht van toepassing.

Art. 3

Samenstelling

– 1. De raad bestaat uit ten hoogste negen leden.

– 2. Onze Minister benoemt, schorst en ontslaat de voorzitter en de overige leden van de raad. Zij worden, de raad gehoord, benoemd uit personen die over juridische, financiële, bestuurlijke of maatschappelijke deskundigheid of ervaring beschikken.

– 3. Ten hoogste de helft leden van de raad kunnen zijn rechtsbijstandverleners in de zin van deze wet.

– 4. De raad wijst uit zijn midden een secretaris en een penningmeester aan.

Art. 4

Benoeming

– 1. De benoeming van de voorzitter en de overige leden van de raad geschiedt voor de tijd van vier jaar.

– 2. Aftredende leden kunnen tweemaal terstond worden herbenoemd.

Art. 5

Tussentijds ontslag

– 1. Aan een lid wordt tussentijds ontslag verleend:

a. op eigen verzoek;

b. indien hij naar het oordeel van de raad wegens geestelijke of lichamelijke gesteldheid moet worden geacht de geschiktheid tot het bekleden van het lidmaatschap te missen;

c. om zwaarwegende redenen.

– 2. Schorsing vindt plaats wegens zwaarwegende redenen.

Art. 6

Vertegenwoordiging

– 1. De voorzitter en de secretaris, dan wel de directeur, bedoeld in artikel 11, eerste lid, tezamen met de voorzitter of de secretaris, vertegenwoordigen de raad in en buiten rechte.

– 2. De leden van de raad genieten voor hun werkzaamheden ten behoeve van de raad een door Onze Minister vast te stellen toelage, alsmede vergoeding van reis- en verblijfkosten overeenkomstig de bepalingen welke te dien aanzien voor de burgerlijke rijksambtenaren gelden.

Art. 6a

Bestuursreglement

De raad stelt een bestuursreglement vast. Het reglement behoeft de goedkeuring van Onze Minister.

AFDELING 2

Taak en werkwijze van de raad

Art. 7

Taken raad

– 1. De raad is belast met de organisatie van de verlening van rechtsbijstand in het ressort en met het toezicht op de uitvoering daarvan. De raad draagt zorg voor een zo evenwichtig mogelijke spreiding van het aanbod van de verlening van rechtsbijstand in het ressort alsmede voor een zo doelmatig mogelijke besteding van de hem ter beschikking staande middelen.

– 2. De raad heeft voorts tot taak:

a. het nemen van besluiten op aanvragen om rechtsbijstand en die om verlening van toevoegingen;

b. de vaststelling en uitbetaling van vergoedingen aan rechtsbijstandverleners;

c. de controle op werkzaamheden van rechtsbijstandverleners, voorzover deze niet elders in deze wet aan anderen is opgedragen;

d. de vaststelling van de draagkracht overeenkomstig de bepalingen van deze wet, voorzover dat bij wettelijk voorschrift is bepaald;

e. het vergoeden van de in deze wet bedoelde, door de rechtzoekende met een grensoverschrijdend geschil als bedoeld in hoofdstuk III*a* gemaakte kosten.

– 3. De raad stelt voor elk kalenderjaar een jaarplan op. Van het jaarplan maken een activiteitenplan en een begroting deel uit. Het jaarplan geeft inzicht in de regels die ten grondslag liggen aan het werkplan van de stichting, bedoeld in artikel 23. Het jaarplan wordt van kracht zodra Onze Minister ermee heeft ingestemd.

– 4. Bij ministeriële regeling kunnen regels worden gesteld omtrent de inrichting van het jaarplan, het beheer en de administratie, en omtrent voorzieningen die getroffen zullen worden als niet tijdig met een jaarplan ingestemd kan worden.

Art. 8

Commissies

De raad kan voor de uitvoering of voorbereiding van bepaalde werkzaamheden commissies instellen, waarvan ook anderen dan leden van de raad deel kunnen uitmaken.

Art. 9

Verslag

– 1. De raad brengt jaarlijks verslag uit aan Onze Minister. Van het verslag maken een financi-

eel verslag en een activiteitenverslag deel uit. Het activiteitenverslag besteedt aandacht aan de ontwikkeling van de rechtsbijstandverlening in het ressort.
– 2. Bij ministeriële regeling kunnen regels worden gesteld omtrent de inrichting van het verslag.
– 3. De raad verstrekt Onze Minister alle gewenste inlichtingen zonder dat deze tot individuele rechtzoekenden herleidbaar zijn.
– 4. Indien de raad zijn taken, bedoeld in artikel 7, eerste en tweede lid, naar het oordeel van Onze Minister ernstig verwaarloost, kan Onze Minister zonodig voorzieningen treffen. Onze Minister doet hiervan terstond mededeling aan de Staten-Generaal.

AFDELING 3
Het bureau rechtsbijstandvoorziening

Art. 10

Vervallen.

Art. 11

(Plaatsvervangend) directeur

– 1. De directeur, de plaatsvervangend directeur en de overige personeelsleden van het onder de raad ressorterende bureau, worden in dienst genomen op arbeidsovereenkomst naar burgerlijk recht. De bepalingen van titel 10 van Boek 7 van het Burgerlijk Wetboek alsmede artikel 6 van het Buitengewoon Besluit Arbeidsverhoudingen 1945 zijn op deze overeenkomst van toepassing.
– 2. Onze Minister kan regels stellen omtrent de inrichting, werkwijze en personeelsformatie van het bureau.

HOOFDSTUK III
De verlening van rechtsbijstand

AFDELING 1
Algemeen

Art. 12

Verlening rechtsbijstand

– 1. Rechtsbijstand wordt uitsluitend verleend ter zake van in de Nederlandse rechtssfeer liggende rechtsbelangen aan natuurlijke en rechtspersonen wier financiële draagkracht de in artikel 34 genoemde bedragen niet overschrijdt.
– 2. Rechtsbijstand wordt niet verleend indien:
a. de daartoe strekkende aanvraag kennelijk van elke grond is ontbloot;
b. de aan de te verlenen rechtsbijstand verbonden kosten niet in redelijke verhouding staan tot het belang van de zaak;
c. de daartoe strekkende aanvraag betrekking heeft op een strafzaak en het op grond van de overtreden norm aannemelijk is dat een in verhouding tot het inkomen lage boete zal worden opgelegd;
d. de daartoe strekkende aanvraag wordt gedaan door een rechtspersoon die is opgericht met het doel om een gerechtelijke procedure te voeren;
e. het rechtsbelang waarop de aanvraag betrekking heeft, de uitoefening van een zelfstandig beroep of bedrijf betreft, tenzij:
1° voortzetting van het beroep of bedrijf voorzover het niet in de vorm van een rechtspersoon wordt gevoerd, afhankelijk is van het resultaat van de aangevraagde rechtsbijstand, of
2° het beroep of bedrijf ten minste één jaar geleden is beëindigd, de aanvrager in eerste aanleg als verweerder bij een procedure is betrokken of betrokken is geweest en de kosten van rechtsbijstand niet op andere wijze kunnen worden vergoed;
f. het een rechtsbelang betreft dat wordt voorgelegd aan een bij verdrag met rechtspraak belast internationaal college of een daarmee vergelijkbaar internationaal college en het college zelf in een aanspraak op vergoeding van rechtsbijstand voorziet;
g. het een belang betreft waarvan de behartiging redelijkerwijze aan de aanvrager zelf kan worden overgelaten, zo nodig met bijstand van een andere persoon of instelling van wie onderscheidenlijk waarvan de werkzaamheden niet vallen binnen de werkingssfeer van deze wet.
– 3. Bij algemene maatregel van bestuur kunnen nadere regels worden gesteld omtrent de overeenkomstig het tweede lid in acht te nemen criteria.

Art. 13

Wie verlenen rechtsbijstand

– 1. Rechtsbijstand wordt verleend door:
a. door de raad ingeschreven advocaten;
b. medewerkers van de stichtingen;
c. notarissen, onverminderd het bepaalde in artikel 56 van de Wet op het notarisambt, gerechtsdeurwaarders en anderen met wie de raad een overeenkomst is aangegaan tot het verlenen van rechtsbijstand op bepaalde rechtsgebieden.

– 2. In het jaarplan worden nadere regels gesteld voor het aangaan van de in het eerste lid onder *c* bedoelde overeenkomsten.

AFDELING 2

De inschrijving van advocaten door de raad

Art. 14

Inschrijving door raad

Alle in het ressort kantoor houdende advocaten die daartoe een aanvraag hebben ingediend, worden door de raad ingeschreven indien zij voldoen aan de in artikel 15 bedoelde voorwaarden.

Art. 15

Voorwaarden

– 1. De door de raad te stellen voorwaarden kunnen betrekking hebben op:
a. het minimum en het maximum aantal zaken waarvoor een advocaat jaarlijks zal worden toegevoegd;
b. de deskundigheid van de advocaat op bepaalde rechtsgebieden;
c. de organisatie van het kantoor waar de advocaat werkzaam is;
d. de verslaglegging door de advocaat omtrent de door hem verleende rechtsbijstand.
– 2. In het jaarplan worden nadere regels gesteld voor de krachtens het eerste lid door de raad te stellen voorwaarden.

Art. 16

Bijzondere gevallen

In bijzondere gevallen kan de raad beslissen dat rechtsbijstand zal worden verleend door een niet ingeschreven advocaat.
Als bijzonder geval kan worden aangemerkt:
a. de uitdrukkelijke en gemotiveerde wens van de rechtzoekende, door een bepaalde advocaat te worden bijgestaan;
b. de behoefte aan bijstand door een advocaat die over specifieke deskundigheid op een bepaald rechtsgebied beschikt.

Art. 17

Doorhaling inschrijving

– 1. De inschrijving wordt door de raad doorgehaald bij verlies van de hoedanigheid van advocaat.
– 2. Voorts kan de raad de inschrijving doorhalen:
a. indien de advocaat niet voldaan heeft dan wel niet langer voldoet aan de voor de inschrijving gestelde voorwaarden;
b. indien naar zijn oordeel genoegzaam is gebleken dat de rechtsbijstandverlening door de advocaat niet voldoet aan redelijkerwijs te stellen eisen van doelmatigheid of zorgvuldigheid;
c. indien aan de advocaat een maatregel is opgelegd als bedoeld in artikel 48, tweede lid, onder *a* tot en met *c*, van de Advocatenwet dan wel artikel 60*b*, tweede lid, onder *a* tot en met *c*;
d. indien naar zijn oordeel genoegzaam is gebleken dat de advocaat herhaaldelijk onjuiste informatie heeft verstrekt ten behoeve van het vaststellen van de vergoeding;
e. indien de advocaat niet voldoet aan de eisen gesteld aan de wijze van indiening van een aanvraag om een toevoeging;
f. indien de advocaat niet voldoet aan de eisen gesteld aan de inrichting en de wijze van indiening van een aanvraag om vaststelling van de vergoeding.

AFDELING 3

De stichting rechtsbijstand

Art. 18

Stichting rechtsbijstand

– 1. In elk ressort als bedoeld in artikel 2 zijn er één of meer stichtingen rechtsbijstand,, waarvan de statuten de instemming van de raad behoeven.
– 2. Het bestuur van de stichting bestaat uit ten minste drie en ten hoogste vijf personen. Een minderheid van de leden van het bestuur kan rechtsbijstandverlener in de zin van deze wet zijn.
– 3. Aan de stichting is een bureau verbonden.

Art. 19

Taken stichting

– 1. De stichting heeft tot taak:
a. het verzorgen van spreekuren;
b. het verzorgen van verdergaande rechtsbijstand ten vervolge op een spreekuur overeenkomstig bij algemene maatregel van bestuur vast te stellen grenzen of voorwaarden;
c. het verlenen van verdergaande rechtsbijstand op basis van een toevoeging.
– 2. De stichting onderzoekt de draagkracht van de rechtzoekende in het geval van rechtsbijstand op basis van het eerste lid, onder *b*, behalve in het geval de rechtzoekende met het oog op de toepassing van artikel 51*a* van het Wetboek van Strafvordering als benadeelde partij zijn schade wil vorderen. Bij zijn onderzoek gaat de stichting uit van het inkomen en vermogen dat het verzamelinkomen respectievelijk het vermogen in het jaar waarin de verlening van verder-

gaande rechtsbijstand ten vervolge op een spreekuur is aangevangen zo goed mogelijk benadert.

– 3. Bij of krachtens algemene maatregel van bestuur worden omtrent de beoordeling van het inkomen en vermogen met het oog op de verlening van verdergaande rechtsbijstand ten vervolge op een spreekuur alsmede met betrekking tot de over te leggen gegevens nadere regels gesteld.

Art. 20

Benoeming (plaatsvervangend) directeur

– 1. Het bestuur benoemt een directeur en een plaatsvervangend directeur van de stichting. De benoeming behoeft de instemming van de raad.

– 2. De overige personeelsleden worden door het bestuur, op voordracht van de directeur, in dienst genomen en ontslagen.

– 3. Voor het vervullen van de taken, bedoeld in artikel 19, eerste lid, onder *a* en *b*, kan de raad na overleg met de stichting overeenkomsten aangaan met ingeschreven advocaten of met personen, bedoeld in artikel 13, eerste lid, onder *c*. In het jaarplan wordt vermeld welke toepassing de raad aan het bepaalde in dit lid zal geven.

Art. 21

Personeelsformatie

Op voorstel van de raden stelt Onze Minister voor elke stichting de personeelsformatie vast voor de medewerkers in vaste dienst die met de verlening van rechtsbijstand zijn belast. Voor alle arrondissementen gezamenlijk kan dit aantal niet meer bedragen dan tien ten honderd van het aantal door de raden ingeschreven advocaten. Het jaarplan vermeldt per stichting het aantal medewerkers in vaste dienst dat met de verlening van rechtsbijstand is belast.

Art. 22

Eisen Advocatenwet

– 1. Medewerkers van de stichting die belast zijn met de verlening van rechtsbijstand, moeten voldoen aan de eisen, genoemd in artikel 2, eerste lid, of artikel 2*a* van de Advocatenwet.

Klachtenregeling

– 2. De raad stelt een klachtenregeling vast, waarop een ieder die een klacht heeft over een gedraging van een medewerker van de stichting of van een persoon als bedoeld in artikel 13, eerste lid, onder *c*, een beroep kan doen. Gegrondverklaring van de klacht kan ertoe leiden, dat de rechtsbijstandverlener die het betreft, al dan niet voor bepaalde tijd, van de verdere verlening van een door de raad te bepalen vorm van rechtsbijstand wordt uitgesloten.

– 3. De klachtenregeling behoeft de goedkeuring van Onze Minister. De goedkeuring kan worden onthouden wegens strijd met het recht of het algemeen belang.

Art. 23

Werkplan met begroting

– 1. De stichting stelt voor elk kalenderjaar een werkplan op. Van het werkplan maken een activiteitenplan en een begroting deel uit. Het werkplan wordt van kracht zodra de raad ermee heeft ingestemd.

– 2. In het activiteitenplan wordt aangegeven welk beleid de stichting zal voeren met betrekking tot de toegankelijkheid voor de rechtzoekende van het aan de stichting verbonden bureau en van advocaten die een overeenkomst zijn aangegaan als bedoeld in artikel 20, vierde lid.

HOOFDSTUK IIIA

De verlening van rechtsbijstand in grensoverschrijdende geschillen binnen de Europese Unie

Art. 23a

Begripsbepaling

In dit hoofdstuk wordt verstaan onder:

a. richtlijn: de richtlijn 2003/8/EG van de Raad van 27 januari 2003 tot verbetering van de toegang tot de rechter bij grensoverschrijdende geschillen, door middel van gemeenschappelijke minimumvoorschriften betreffende rechtsbijstand bij die geschillen;

b. lidstaat: lidstaat van de Europese Unie met uitzondering van Denemarken.

AFDELING 1

Rechtzoekenden die wonen in een andere lidstaat dan Nederland

Art. 23b

Woonplaats in andere lidstaat

– 1. De bepalingen van deze afdeling zijn uitsluitend van toepassing op de verlening van rechtsbijstand aan een natuurlijk persoon in een grensoverschrijdend geschil op het terrein van het burgerlijk recht of het handelsrecht die zijn rechtmatige woonplaats of rechtmatige gewone verblijfplaats heeft in een andere lidstaat.

– 2. Onder een grensoverschrijdend geschil wordt verstaan een geschil waarbij op de dag van het indienen van de aanvraag om verlening van rechtsbijstand met het oog op de behandeling van de zaak in Nederland of de tenuitvoerlegging van de beslissing in die zaak in Nederland, de rechtzoekende zijn rechtmatige woonplaats of rechtmatige gewone verblijfplaats heeft in een andere lidstaat.

– 3. Om vast te stellen of een rechtzoekende woonplaats heeft in Nederland wordt Nederlands recht toegepast. Indien de rechtzoekende geen woonplaats heeft in Nederland, wordt voor de vaststelling of betrokkene een woonplaats heeft in een andere lidstaat het recht van die lidstaat toegepast.

Art. 23c

Verlenen rechtsbijstand

– 1. Indien de bijzondere feitelijke of juridische ingewikkeldheid van het geval of de gelijkheid van de partijen dat vereist, kan, in afwijking van artikel 12, tweede lid, onder g, rechtsbijstand worden verleend.

– 2. Het eerste lid is van overeenkomstige toepassing, indien de raad een toevoeging verleent op last van de rechter.

– 3. Rechtsbijstand behoeft niet te worden verleend, indien de rechtzoekende in het betrokken geschil daadwerkelijk toegang heeft tot andere regelingen voor de dekking van de kosten van rechtsbijstand alsmede de in artikel 23*e* bedoelde kosten.

– 4. Artikel 33, eerste lid, onder *c*, is niet van toepassing.

Art. 23d

Verschil in kosten levensonderhoud

Ondanks de toepasselijkheid van de artikelen 34 en 35 wordt rechtsbijstand verleend of worden kosten, bedoeld in artikel 23*e* vergoed, indien de rechtzoekende aantoont dat hij niet in staat is de kosten van rechtsbijstand te dragen als gevolg van de verschillen in de kosten van levensonderhoud tussen de lidstaat waar hij zijn woonplaats of gewone verblijfplaats heeft en Nederland.

Art. 23e

Kosten in verband met grensoverschrijdend karakter van geschil

– 1. Onverminderd de kosten die op grond van deze wet worden vergoed, worden de hierna te noemen kosten door de raad aan de rechtzoekende vergoed voorzover die rechtstreeks verband houden met het grensoverschrijdende karakter van het geschil en voorzover deze kosten, niet zijnde proceskosten, ten behoeve van de rechtzoekende zijn gemaakt en voor rekening van de rechtzoekende komen en door de rechtzoekende zijn betaald:

a. de kosten van tolken, voorzover deze zijn geregistreerd in het kwaliteitsregister te 's-Hertogenbosch;

b. de kosten voor de vertaling door een beëdigde vertaler van de voor de afdoening van de zaak benodigde stukken die door de rechter of de raad worden verlangd en door de rechtzoekende worden overgelegd;

c. de reiskosten, voorzover bij het voorleggen van de zaak van de aanvrager de aanwezigheid van betrokkenen ter terechtzitting bij de wet of door de rechter geboden is en de rechter oordeelt dat de betrokkenen niet anderszins ten genoegen van de rechter kunnen worden gehoord, en

d. vijftig procent van het honorarium van personen die in opdracht van de rechter in de procedure optreden.

– 2. Voorzover mogelijk draagt de raad zorg voor de vertaling van de stukken, bedoeld in het eerste lid, onder *b*.

– 3. De hoogte van de vergoeding van de reiskosten, bedoeld in het eerste lid, onder *c*, wordt berekend overeenkomstig artikel 25 van het Besluit vergoedingen rechtsbijstand 2000.

– 4. De hoogte van de vergoeding van het honorarium van de personen, bedoeld in het eerste lid, onder *a*, *b* en *d*, wordt berekend overeenkomstig de Wet tarieven in burgerlijke zaken.

Art. 23f

Overige gronden voor rechtsbijstand

Onverminderd de toepasselijkheid van de bepalingen van deze wet, wordt in een grensoverschrijdend geschil ook rechtsbijstand verleend:

a. voor de tenuitvoerlegging van de beslissing van de rechter in de zaak die in Nederland is behandeld;

b. indien bij wet of door een rechterlijke uitspraak de rechtzoekende verplicht is van een buitengerechtelijke procedure gebruik te maken;

c. voor de tenuitvoerlegging van authentieke akten in Nederland;.

Art. 23g

Indienen aanvraag rechtsbijstand

– 1. De rechtzoekende dient de aanvraag om verlening van rechtsbijstand in bij de raad voor rechtsbijstand te 's-Gravenhage.

– 2. Bij ministeriële regeling wordt bepaald in welke taal of talen de aanvraag mag worden gedaan.

Art. 23h

Schakelbepaling

Indien in Nederland om erkenning, niet-erkenning of tenuitvoerlegging van een uitspraak van de rechter uit een andere lidstaat, wordt verzocht door een rechtzoekende die in een andere lidstaat dan Nederland zijn rechtmatige woonplaats of gewone verblijfplaats als bedoeld in artikel 23*b*, derde lid, heeft en van wie de hoofdzaak in een andere lidstaat dan Nederland is behandeld waarbij hij op grond van de richtlijn, genoemd in artikel 23*i*, eerste lid, rechtsbijstand heeft ontvangen zijn de artikelen 23*c* tot en met 23*g* van overeenkomstige toepassing.

AFDELING 2
Rechtzoekenden die wonen in Nederland

Art. 23i

Woonplaats in Nederland

– 1. In het geval waarin de richtlijn van toepassing is, wordt aan de rechtzoekende, die op de dag van het indienen van de aanvraag om verlening van rechtsbijstand met het oog op de behandeling van de zaak in een andere lidstaat dan Nederland, zijn rechtmatige woonplaats of rechtmatige gewone verblijfplaats als bedoeld in artikel 23*b*, derde lid, in Nederland heeft, rechtsbijstand verleend totdat de aanvraag om verlening van rechtsbijstand in overeenstemming met voornoemde richtlijn is ontvangen door de bevoegde autoriteit van de lidstaat waar de zaak verder zal worden behandeld.
– 2. Artikel 23*b*, derde lid, is van toepassing.
– 3. In de gevallen, bedoeld in het eerste lid, wordt rechtsbijstand uitsluitend niet verleend, indien de daartoe strekkende aanvraag kennelijk van elke grond is ontbloot.
– 4. De verlening van rechtsbijstand, bedoeld in het eerste lid, omvat uitsluitend de verlening van rechtsbijstand tijdens een spreekuur als bedoeld in artikel 19 of de verlening van een adviestoevoeging
– 5. De aanvraag om verlening van rechtsbijstand, bedoeld in het eerste lid, wordt gedaan bij de raad voor rechtsbijstand te 's-Gravenhage.
– 6. De raad, bedoeld in het vijfde lid, zendt de aanvraag binnen vijftien dagen nadat de aanvraag en de daarbij begeleidende stukken zijn vertaald naar de bevoegde autoriteit in de lidstaat waar de zaak zal worden behandeld, tenzij de rechtsbijstand op grond van het derde lid niet is verleend. De raad draagt zorg voor de vertaling van de aanvraag en van de vereiste begeleidende stukken zo spoedig mogelijk na ontvangst van de aanvraag. De kosten van de vertaling komen voor rekening van de raad.
– 7. De rechtzoekende is geen kosten verschuldigd voor de handelingen van de raad, bedoeld in het zesde lid. Indien de bevoegde autoriteit in de lidstaat waar de zaak zal worden behandeld de aanvraag om verlening van rechtsbijstand afwijst, is de rechtzoekende de kosten van vertaling verschuldigd aan de raad.

Art. 23j

Schakelbepaling

Indien in Nederland om erkenning, niet-erkenning of tenuitvoerlegging van een uitspraak van de rechter uit een andere lidstaat, wordt verzocht door een rechtzoekende die in Nederland zijn rechtmatige woonplaats of rechtmatige gewone verblijfplaats als bedoeld in artikel 23*b*, derde lid, heeft en van wie de hoofdzaak in een andere lidstaat is behandeld waarbij hij op grond van de richtlijn rechtsbijstand heeft ontvangen, zijn de artikelen 23*c* tot en met 23g overeenkomstige toepassing.

AFDELING 3
Afstemming andere regelgeving

Art. 23k

Afstemming andere regelgeving

In het geval waarin de richtlijn van toepassing is, zijn de bepalingen in de afdelingen 1 en 2 van hoofdstuk III*a* van toepassing in afwijking van andere tussen Nederland en de lidstaten geldende overeenkomsten alsmede in afwijking van het Verdrag van 25 oktober 1980 inzake de toegang tot de rechter in internationale gevallen (*Trb.* 1989, 114).

HOOFDSTUK IV
De toevoeging

Art. 24

Toevoeging

– 1. De raad beslist op de aanvraag om een toevoeging ten behoeve van:
a. rechtsbijstand door een advocaat;
b. rechtsbijstand door een medewerker van een stichting in het geval, bedoeld in artikel 19, eerste lid, onder *c*;
c. rechtsbijstand door personen, bedoeld in artikel 13, eerste lid, onder *c*.
– 2. De rechtsbijstandverlener dient mede namens de rechtzoekende, een aanvraag om een toevoeging in bij de raad in het ressort waar de rechtsbijstandverlener kantoor houdt. De aanvraag wordt mede namens de rechtzoekende, ondertekend door de rechtsbijstandverlener.
– 3. De aanvraag om een toevoeging bevat een genoegzame omschrijving van de feiten en omstandigheden betreffende het rechtsprobleem waarvoor rechtsbijstand wordt gevraagd, de aan te voeren gronden dan wel een aanduiding van de werkzaamheden op basis van de toevoeging die ter zake van het rechtsprobleem nodig worden geacht.
– 4. De rechtsbijstandverlener kan slechts met instemming van de raad de toevoeging weigeren. Zolang de toevoeging niet is gewijzigd of ingetrokken, is hij verplicht de nodige rechtsbijstand te verlenen.
– 5. De toevoeging vermeldt een omschrijving van het rechtsbelang terzake waarvan de toe-

voeging is verleend. Het besluit vermeldt tevens het bedrag van de eigen bijdrage die op de voet van het bepaalde in artikel 35 is verschuldigd.

Art. 25

Burgerservicenummer

– 1. Voorzover beschikbaar worden bij de aanvraag om een toevoeging in ieder geval het burgerservicenummer of, bij het ontbreken daarvan, het sociaal-fiscaalnummer, van de aanvrager en van degenen als bedoeld in artikel 34, derde lid, verstrekt.

Financiële draagkracht

– 2. Indien het een aanvraag betreft van een vreemdeling van wie geen burgerservicenummer noch een sociaal-fiscaalnummer beschikbaar is, verstrekt Onze Minister op verzoek van de raad de gegevens die voor de beoordeling van de aanvraag noodzakelijk zijn.

– 3. De inspecteur verstrekt op verzoek van de raad het bedrag aan vermogen dat meer bedraagt dan het heffingvrij vermogen van de rechtzoekende en van degenen als bedoeld in artikel 34, derde lid. Voor zover van de rechtzoekende of van degenen als bedoeld in artikel 34, derde lid, geen vermogens- of inkomensgegeven beschikbaar is, verstrekt de inspecteur op verzoek van de raad zo mogelijk het bedrag dat in het peiljaar het vermogen of inkomen zo goed mogelijk benadert.

– 4. In de gevallen waarin de inspecteur niet beschikt over de gegevens over vermogen of inkomen, bedoeld in het derde lid, legt de aanvrager stukken over op grond waarvan de raad het bedrag aan vermogen of inkomen kan vaststellen.

– 5. Met het oog op het vaststellen van de financiële draagkracht en van de hoogte van de eigen bijdrage van de rechtzoekende worden op verzoek van de raad uit de gemeentelijke basisadministratie persoonsgegevens inlichtingen verstrekt over de rechtzoekende en degenen met wie de rechtzoekende een gezamenlijke huishouding voert als bedoeld in artikel 34, derde lid.

– 6. Bij algemene maatregel van bestuur kunnen nadere regels worden gesteld omtrent de bij de aanvraag over te leggen gegevens en bescheiden alsmede omtrent het opvragen van het burgerservicenummer of, bij het ontbreken daarvan, het sociaal-fiscaalnummer bij degenen wier inkomen of vermogen betrokken wordt bij de beoordeling van de aanvraag.

Art. 26

Vervallen.

Art. 27

Horen rechtzoekende

De raad kan, alvorens op de aanvraag te beslissen, de rechtzoekende horen, indien hij dat noodzakelijk acht voor de beoordeling van de aanvraag of de financiële draagkracht van de rechtzoekende. De raad kan tevens, tenzij het belang van de rechtzoekende zich daartegen verzet, de tegenpartij in de gelegenheid stellen haar standpunt uiteen te zetten.

Art. 28

Weigering toevoeging

– 1. De raad kan de toevoeging weigeren indien de aanvraag:

a. wordt ingediend nadat de rechtsbijstand reeds feitelijk is verleend;

b. betrekking heeft op een rechtsbelang ter zake waarvan de aanvrager aanspraak kan maken op rechtsbijstand op grond van een eerder afgegeven toevoeging;

c. een rechtsprobleem betreft dat naar het oordeel van de raad eenvoudig afgehandeld kan worden.

– 2. Bij de in artikel 12, derde lid, bedoelde algemene maatregel van bestuur kunnen omtrent het in het eerste lid bepaalde nadere regels worden gesteld.

Art. 29

Afschrift

– 1. Een afschrift van het besluit tot toevoeging wordt zo spoedig mogelijk, doch in ieder geval voordat de einduitspraak is gedaan, overgelegd aan de rechter voor wie de zaak dient.

– 2. Indien de rechtsbijstandverlener de toevoeging niet overeenkomstig het eerste lid aan de rechter heeft overgelegd en als gevolg daarvan geen toepassing is gegeven aan artikel 57*b*, eerste lid, van het Wetboek van Burgerlijke Rechtsvordering of artikel 8:75, tweede lid, van de Algemene wet bestuursrecht, wordt op het bedrag dat als vergoeding is vastgesteld in mindering gebracht het bedrag dat de tegenpartij in een procedure na een veroordeling in de proceskosten aan de rechtzoekende moet betalen.

– 3. Indien op grond van de Algemene wet bestuursrecht bezwaar of administratief beroep wordt ingesteld en de belanghebbende een verzoek om een kostenvergoeding doet, wordt een afschrift van het besluit tot toevoeging zo spoedig mogelijk, doch in ieder geval voordat het bestuursorgaan op het bezwaar heeft beslist dan wel het beroepsorgaan op het beroep heeft beslist, overgelegd aan dat bestuurs- of beroepsorgaan.

Art. 30

Voorlopige toevoeging

– 1. In spoedeisende gevallen verleent de raad een voorlopige toevoeging. De raad beslist zo spoedig mogelijk daarna over definitieve toevoeging; dit besluit treedt met terugwerkende kracht in de plaats van die tot verlening van een voorlopige toevoeging.

– 2. Bij de verlening van de voorlopige toevoeging stelt de raad de aanvrager overeenkomstig artikel 4:5, eerste lid, van de Algemene wet bestuursrecht een termijn, waarbinnen deze de voor de beoordeling van zijn aanvraag om een definitieve toevoeging van belang zijnde gegevens moet hebben overgelegd.

Art. 31

Vervallen.

Art. 32

Reikwijdte toevoeging

De toevoeging geldt uitsluitend voor het rechtsbelang ter zake waarvoor zij is verleend en, in het geval van een procedure, voor de behandeling daarvan in één instantie, de tenuitvoerlegging van de rechterlijke uitspraak daaronder begrepen.

Art. 33

Wijzigen toevoeging

– 1. De raad kan de toevoeging, anders dan op verlangen van de aanvrager, wijzigen, beëindigen of intrekken, indien:

a. deze is verleend op grond van onjuiste of onvolledige gegevens omtrent de aard of het belang van de zaak, de financiële draagkracht of de woonplaats van de aanvrager;

b. de aanvrager de voor een goede behartiging van zijn zaak noodzakelijke medewerking weigert;

c. de aanvrager in gebreke blijft de door hem verschuldigde eigen bijdrage en overige kosten die voor zijn rekening komen, dan wel een hem daarop gevraagd voorschot, te voldoen;

d. blijkt dat een andere toevoeging mede omvat het rechtsbelang waarvoor de toevoeging is verleend.

– 2. De toegevoegde rechtsbijstandverlener kan zich na beëindiging of intrekking van de toevoeging aan de zaak onttrekken.

– 3. Indien de toevoeging wordt beëindigd of ingetrokken op grond van een situatie als bedoeld in het eerste lid, onder *a*, kan de raad het bedrag ter hoogte van de vergoeding, bedoeld in artikel 37, vorderen van de rechtzoekende, tenzij de verlening van de vergoeding op grond van artikel 4:48, eerste lid, onder *c* of *d*, van de Algemene wet bestuursrecht is ingetrokken of gewijzigd of de vergoeding op grond van artikel 4:46, tweede lid, onder *c* of *d*, van de Algemene wet bestuursrecht lager is vastgesteld dan wel de vaststelling van de vergoeding op grond van artikel 4:49, eerste lid, onder *b*, van die wet is ingetrokken of ten nadele van de rechtsbijstandverlener is gewijzigd.

HOOFDSTUK V
Financiële bepalingen

AFDELING 1
De normen voor de financiële draagkracht van de rechtzoekende

Art. 34

Inkomensgrenzen

– 1. Rechtsbijstand overeenkomstig de bepalingen van deze wet wordt verleend aan hen wier inkomen per jaar € 23.800 of minder bedraagt, indien zij alleenstaand zijn, dan wel, indien zij met één of meer anderen een gemeenschappelijke huishouding voeren, ten hoogste € 33.600.

– 2. In afwijking van het bepaalde in het eerste lid wordt geen rechtsbijstand verleend, indien de rechtzoekende beschikt over een vermogen dat meer bedraagt dan het heffingvrij vermogen.

– 3. Bij de vaststelling van het inkomen en vermogen van de rechtzoekende worden, behoudens het geval van onderling tegenstrijdige belangen, mede in aanmerking genomen het inkomen en vermogen van:

a. de echtgenoot of geregistreerde partner van de rechtzoekende, tenzij deze op het moment van de aanvraag duurzaam van hem gescheiden leeft;

b. de persoon van verschillend of gelijk geslacht met wie de rechtzoekende duurzaam een gezamenlijke huishouding voert, tenzij tussen deze en de rechtzoekende op het moment van de aanvraag een bloedverwantschap in de eerste of tweede graad bestaat.

Art. 34a

Begripsbepaling

– 1. Het inkomen van de rechtzoekende is het inkomensgegeven in het peiljaar. Voor zover van de rechtzoekende geen inkomensgegeven beschikbaar is, wordt onder inkomen verstaan het bedrag dat in het peiljaar het inkomen zo goed mogelijk benadert, dan wel het door de raad op grond van door de rechtzoekende overgelegde gegevens vastgestelde bedrag aan inkomen. Indien een inkomensgegeven over het peiljaar beschikbaar is dat afwijkt van het eerder toegepaste inkomensgegeven of het bedrag, bedoeld in de tweede volzin, en dat gevolg heeft voor het al dan niet verlenen van een toevoeging of de hoogte van de door de rechtzoekende verschuldigde eigen bijdrage, neemt de raad ambtshalve een besluit dat in de plaats komt van het eerder genomen besluit. Artikel 34d, eerste lid, derde volzin, is van toepassing.

– 2. Indien op grond van het ambtshalve besluit van de raad, bedoeld in het eerste lid, de rechtzoekende een hogere eigen bijdrage verschuldigd is, is hij hetgeen meer moet worden betaald verschuldigd aan de raad. Is de rechtzoekende een lagere eigen bijdrage of geen eigen bijdrage verschuldigd, dan kan hij het teveel betaalde vorderen van de raad. Over de te betalen of te vorderen bedragen worden geen renten en kosten vergoed. Artikel 34*f* is van overeenkomstige toepassing.

– 3. Het vermogen is het vermogen in het peiljaar. Het eerste lid is van overeenkomstige toepassing.

– 4. Bij algemene maatregel van bestuur kunnen nadere regels worden gegeven voor de vaststelling van het voor de financiële draagkracht in aanmerking te nemen inkomen en vermogen.

Art. 34b

Schakelbepaling

Artikel 34*a* is van overeenkomstige toepassing op het vaststellen van het inkomen en vermogen van een andere persoon dan de rechtzoekende als bedoeld in artikel 34, derde lid.

Art. 34c

Terugval inkomen of vermogen

– 1. Indien in het jaar waarin de aanvraag om een toevoeging is gedaan sprake is van een terugval in het inkomen of vermogen, neemt de raad op aanvraag van de rechtzoekende een besluit dat is gebaseerd op het inkomen of vermogen in het jaar waarin de aanvraag om een toevoeging is gedaan. Artikel 25, derde en vierde lid, is van overeenkomstige toepassing.

– 2. Onder terugval van inkomen of vermogen wordt verstaan een vermindering van het inkomen of vermogen met ten minste 15% ten opzichte van het peiljaar.

– 3. De aanvraag wordt bij de raad ingediend binnen zes weken na de bekendmaking van het besluit waarin is beslist op de aanvraag om een toevoeging.

– 4. Bij de aanvraag wordt overgelegd een verklaring waarin de oorzaak van de inkomens- of vermogensdaling wordt toegelicht.

Art. 34d

Ambtshalve besluit

– 1. Indien de raad de aanvraag, bedoeld in artikel 34c, eerste lid, niet heeft afgewezen, neemt de raad indien een inkomensgegeven over het jaar van de aanvraag beschikbaar is dat afwijkt van het eerder toegepaste inkomensgegeven of het bedrag, bedoeld in artikel 34a, eerste lid, tweede volzin, en dat gevolg heeft voor het al dan niet verlenen van een toevoeging of de hoogte van de door de rechtzoekende verschuldigde eigen bijdrage, ambtshalve een besluit dat in de plaats komt van het eerder genomen besluit, bedoeld in artikel 34c, eerste lid, met dien verstande dat dit besluit niet van een hoger inkomensgegeven uitgaat dan zou zijn toegepast in het peiljaar, bedoeld in artikel 34a, eerste lid. De vorige volzin is van overeenkomstige toepassing op het vermogen in het jaar van de aanvraag. Het besluit heeft geen gevolg voor de beschikking tot verlening en vaststelling van de vergoeding alsmede voor het recht van de rechtsbijstandverlener om de eigen bijdrage die voortvloeit uit de draagkracht zoals berekend in het eerder genomen besluit te vorderen.

– 2. Artikel 34*a*, tweede lid, is van overeenkomstige toepassing.

– 3. Bij algemene maatregel van bestuur kan worden bepaald in welke gevallen de raad mag beslissen tot de verlening van een toevoeging, indien het geschatte inkomen of vermogen de grenzen, genoemd in artikel 34, eerste en tweede lid, overschrijdt dan wel de terugval in het inkomen of vermogen minder is dan 15%. In die gevallen is de eigen bijdrage gelijk aan die geregeld in artikel 35, derde of vierde lid, telkens onder *e*.

Art. 34e

Beslissing op bezwaar

– 1. De beslissing op het bezwaar tegen de beslissing op de aanvraag om een toevoeging wordt geacht mede betrekking te hebben op de beslissing op de aanvraag, bedoeld in artikel 34*c*, eerste lid.

– 2. Indien de aanvraag, bedoeld in artikel 34*c*, eerste lid, later is ingediend dan het bezwaarschrift wordt in afwijking van artikel 7:10 van de Algemene wet bestuursrecht de termijn waarbinnen de raad beslist geacht aan te vangen bij ontvangst van de aanvraag.

– 3. Indien het bezwaarschrift later is ingediend dan de aanvraag om peiljaarverlegging wordt de termijn waarbinnen de raad op de aanvraag om peiljaarverlegging moet beslissen opgeschort tot het moment waarop op het bezwaar wordt beslist.

Art. 34f

Bedrag verlening rechtsbijstand

– 1. De rechtzoekende is het bedrag dat in het kader van de verlening van rechtsbijstand door de raad is betaald aan de rechtsbijstandverlener verschuldigd aan de raad, indien de rechtzoekende op grond van het besluit, bedoeld in artikel 34*d*, eerste lid, geen recht heeft op de verlening van rechtsbijstand.

– 2. De raad vordert het bedrag, bedoeld in het eerste lid, van de rechtzoekende, tenzij zwaarwegende omstandigheden zich daartegen verzetten.

– 3. Bij het vaststellen van de termijn of de termijnen waarbinnen moet worden betaald, houdt de raad rekening met de draagkracht van de rechtzoekende.

– 4. Indien de rechtzoekende het verschuldigde bedrag niet of niet tijdig voldoet maant de raad de rechtzoekende schriftelijk aan om alsnog binnen vier weken na dagtekening van de aanmaning het daarin vermelde bedrag aan de raad te voldoen. De aanmaning vermeldt dat

bij niet tijdige betaling deze kan worden afgedwongen door op kosten van de schuldenaar uit te voeren invorderingsmaatregelen. De aanmaning vermeldt de vergoeding die in rekening wordt gebracht.
– 5. Volgt op deze aanmaning de betaling binnen de gestelde termijn niet, dan vaardigt de raad een dwangbevel uit. Het dwangbevel omvat mede de buitengerechtelijke kosten.
– 6. De bekendmaking van het dwangbevel geschiedt door middel van de betekening van een exploot als bedoeld in het Wetboek van Burgerlijke Rechtsvordering.
– 7. Het dwangbevel levert een executoriale titel op, die met toepassing van de voorschriften van het Wetboek van Burgerlijke Rechtsvordering kan worden tenuitvoergelegd. Bij het dwangbevel kunnen tevens de aanmaningsvergoeding en de kosten van het dwangbevel worden ingevorderd.
– 8. Binnen vier weken na de betekening staat verzet open tegen het dwangbevel, bedoeld in het vijfde lid, door dagvaarding van de raad. Het verzet schorst de tenuitvoerlegging van het dwangbevel voorzover deze door het verzet wordt bestreden.

Art. 34g

Intrekking toevoeging

– 1. Tenzij zwaarwegende omstandigheden zich daartegen verzetten, wordt de toevoeging met terugwerkende kracht ingetrokken, indien:
a. de rechtzoekende de kosten van rechtsbijstand kan verhalen op een derde, of
b. op het moment van de definitieve afhandeling van de zaak waarvoor die toevoeging was verleend de rechtzoekende als resultaat van die zaak een vordering met betrekking tot een geldsom ter hoogte van tenminste 50% van het heffingvrij vermogen heeft.
– 2. Het eerste lid, onder *b*, is niet van toepassing in zaken betreffende het strafrecht en het vreemdelingenrecht.
– 3. Artikel 34*a*, tweede lid, tweede, derde en vierde volzin en artikel 34*d*, eerste lid, derde volzin zijn van overeenkomstige toepassing.

Art. 35

Eigen bijdrage

– 1. De rechtzoekende is een bijdrage van € 13,50 verschuldigd wanneer rechtsbijstand wordt verleend op basis van artikel 19, eerste lid, onder *b*.
– 2. De rechtzoekende is een eigen bijdrage waarvan de hoogte afhankelijk is van zijn inkomen, verschuldigd wanneer rechtsbijstand verleend wordt op basis van een toevoeging.
– 3. Indien uitsluitend het inkomen of vermogen van de rechtzoekende in aanmerking wordt genomen, bedraagt de eigen bijdrage:
a. voor hen wier inkomen niet hoger is dan € 16.800: € 98,
b. voor hen wier inkomen meer is dan € 16.800 en ten hoogste € 17.300 bedraagt: € 154,
c. voor hen wier inkomen meer is dan € 17.300 en ten hoogste € 18.200 bedraagt: € 265,
d. voor hen wier inkomen meer is dan € 18.200 en ten hoogste € 20.000 bedraagt: € 466,
e. voor hen wier inkomen meer is dan € 20.000 en ten hoogste € 23.800 bedraagt: € 732.
– 4. In de andere gevallen bedraagt de eigen bijdrage:
a. voor hen wier inkomen niet hoger is dan € 23.400: € 98,
b. voor hen wier inkomen meer is dan € 23.400 en ten hoogste € 24.200 bedraagt: € 154,
c. voor hen wier inkomen meer is dan € 24.200 en ten hoogste € 25.500 bedraagt: € 265,
d. voor hen wier inkomen meer is dan € 25.500 en ten hoogste € 28.300 bedraagt: € 466,
e. voor hen wier inkomen meer is dan € 28.300 en ten hoogste € 33.600 bedraagt: € 732.
– 5. De in artikel 34 en de in het derde en vierde lid van dit artikel genoemde inkomensgrenzen, alsmede de in het derde en vierde lid genoemde eigen bijdragen worden jaarlijks per 1 januari aangepast met het percentage waarmee het indexcijfer van de lonen op 31 oktober van het voorgaande jaar afwijkt van het overeenkomstige indexcijfer op 31 oktober in het daaraan voorafgaande jaar, met dien verstande dat de te wijzigen inkomensbedragen worden afgerond op het naastliggende veelvoud van € 100,- en dat de te wijzigen eigen bijdragen worden afgerond op het naastliggende veelvoud van € 1,-. Onze Minister maakt jaarlijks de geïndexeerde bedragen bekend door publicatie in de *Staatscourant*.
– 6. De in het eerste, derde en vierde lid genoemde eigen bijdragen kunnen voorts bij algemene maatregel van bestuur worden gewijzigd.
– 7. Bij algemene maatregel van bestuur wordt bepaald wat onder het indexcijfer van de lonen als bedoeld in het vijfde lid wordt verstaan.
– 8. Bij algemene maatregel van bestuur worden regels gesteld over de gevallen waarin de raad bevoegd is geen of een lagere eigen bijdrage dan genoemd in het eerste, derde of vierde lid op te leggen.

Art. 36

Rechtspersonen

– 1. Aan rechtspersonen wordt overeenkomstig de bepalingen van deze wet rechtsbijstand verleend, indien van de rechtspersoon redelijkerwijze niet verwacht kan worden dat deze de kosten van rechtsbijstand betaalt uit eigen vermogen of inkomsten, waaronder begrepen bijdragen van leden of betrokkenen, alsmede subsidies van de overheid.

– 2. De rechtspersoon aan wie rechtsbijstand op basis van een toevoeging wordt verleend, is een eigen bijdrage verschuldigd als genoemd in artikel 35, derde lid, onder *e*.

AFDELING 2
De kosten van de verlening van rechtsbijstand

Art. 37

Vergoeding

– 1. De raad verstrekt aan een rechtsbijstandverlener een subsidie, genoemd vergoeding, voor:
a. de door hem op basis van een toevoeging verleende rechtsbijstand;
b. de door hem verleende rechtsbijstand in een zaak waarin een rechtsbijstandverlener rechtsbijstand heeft verleend in het kader van een door de raad getroffen regeling voor het beurtelings verlenen van rechtsbijstand in bij algemene maatregel van bestuur aan te wijzen zaken.
– 2. De vergoeding omvat mede de bij algemene maatregel van bestuur aan te wijzen overige kosten die verband houden met de verlening van rechtsbijstand alsmede de omzetbelasting die over de vergoeding is verschuldigd.
– 3. De voor de rechtzoekende vastgestelde eigen bijdrage wordt op de in het eerste lid bedoelde vergoeding in mindering gebracht.
– 4. Aan ingeschreven advocaten wordt periodiek een voorschot toegekend.
– 5. Bij of krachtens algemene maatregel van bestuur kunnen regels worden vastgesteld met betrekking tot:
a. het bedrag van de vergoeding en de wijze waarop dit bedrag wordt bepaald;
b. de aanvraag van de vergoeding en de besluitvorming daarover;
c. de voorwaarden waaronder de vergoeding wordt verleend;
d. de verplichtingen van de rechtsbijstandverlener;
e. de vaststelling van de vergoeding;
f. de wijziging van de vergoeding;
g. de verlening van voorschotten;
h. de betaling van de vergoeding;
i. de naleving.
– 6. De in het eerste lid bedoelde vergoeding is verschuldigd aan de betrokken stichting, indien de rechtsbijstand wordt verleend door medewerkers van de stichting.

Art. 37a

Geen vergoeding

Indien een rechtspersoon een gehele of gedeeltelijke geldelijke bijdrage ontvangt voor de verlening van rechtskundige diensten, worden aan een advocaat die een privaatrechtelijke of publiekrechtelijke dienstbetrekking heeft bij deze rechtspersoon geen vergoeding verstrekt voorzover de door hem op basis van een toevoeging verleende rechtsbijstand redelijkerwijs kan worden aangemerkt als een rechtskundige dienst waarvoor een geldelijke bijdrage is ontvangen.

Art. 37b

Subsidie

– 1. De raad kan aan een rechtsbijstandverlener of een samenwerkingsverband van rechtsbijstandverleners ten behoeve van de verlening van rechtsbijstand subsidie verstrekken voor bijzondere doeleinden en projecten.
– 2. De raad kan een subsidieplafond vaststellen voor de activiteiten waarvoor subsidie kan worden verstrekt.
– 3. De raad stelt regels vast voor de verstrekking van subsidies als bedoeld in het eerste lid.
– 4. Deze regels bevatten in ieder geval:
a. een uitwerking van de activiteiten die voor subsidie in aanmerking komen;
b. een nadere omschrijving van aan de subsidie verbonden verplichtingen;
c. de termijn die bij de indiening van de aanvraag tot subsidieverlening in acht wordt genomen;
d. de aan de subsidie verbonden verplichtingen;
e. de termijn die bij de indiening van de aanvraag tot vaststelling van de subsidie in acht moet worden genomen;
f. de wijze waarop en de termijn waarbinnen het beschikbare bedrag wordt verdeeld.
– 5. De door de raad te stellen regels behoeven de goedkeuring van Onze Minister.

Art. 38

Eigen bijdrage van rechtswege verschuldigd

– 1. De rechtzoekende is de hem opgelegde eigen bijdrage van rechtswege verschuldigd aan degene die hem de rechtsbijstand verleent. Voor het overige is hij geen vergoeding verschuldigd, behoudens voor kosten die meer in het bijzonder ten behoeve van zijn zaak zijn gemaakt, voor zover die op grond van artikel 41 aan hem in rekening mogen worden gebracht.
– 2. De ingevolge artikel 35, derde lid, verschuldigde eigen bijdrage bedraagt niet meer dan

het bedrag van de vergoeding waarop de rechtsbijstandverlener ingevolge artikel 37 recht heeft.

– 3. De rechtsbijstandverlener licht de rechtzoekende vooraf zo goed mogelijk in over de kosten die voor hem aan de te verlenen rechtsbijstand verbonden zijn. Hij kan ter verzekering van de inning van de eigen bijdrage en de overige aan de zaak verbonden kosten die voor rekening van de rechtzoekende komen, verlangen dat de rechtzoekende een voorschot betaalt.

– 4. Indien de rechtzoekende weigerachtig blijft de door hem aan de rechtsbijstandverlener verschuldigde bijdrage en vergoeding voor de kosten te voldoen, wordt het bedrag daarvan nader vastgesteld door de president van de rechtbank van het arrondissement waarin de rechtsbijstandverlener is gevestigd. De artikelen 34 tot en met 40 van de Wet tarieven in burgerlijke zaken zijn van overeenkomstige toepassing.

– 5. De in het eerste lid bedoelde eigen bijdrage is van rechtswege verschuldigd aan de stichting indien de rechtsbijstandverlener een medewerker van de stichting is.

Art. 39

Nadere regels vergoedingen

Bij de in artikel 37, vijfde lid, bedoelde algemene maatregel van bestuur worden regels gesteld voor de vergoedingen voor diensten die bij de verlening van rechtsbijstand zijn verricht door deurwaarders en, in strafzaken, door tolken, alsmede omtrent betaling van krachtens wettelijk voorschrift of rechterlijk bevel in dag- of nieuwsbladen geplaatste oproepingen of aankondigingen.

Art. 40

Geen kosten verschuldigd

De rechtzoekende is geen kosten verschuldigd voor het uitbrengen van een exploit of het opmaken van een proces-verbaal in een zaak waarin op grond van deze wet rechtsbijstand wordt verleend, noch voor de bijstand bij de tenuitvoerlegging van de in een zodanige zaak gegeven uitspraak.

Art. 41

Nadere regels kosten

– 1. Bij de in artikel 37, vijfde lid, bedoelde algemene maatregel van bestuur worden regels gesteld omtrent de kosten die ten behoeve van de zaak zijn gemaakt en die door de rechtsbijstandverlener in rekening mogen worden gebracht.

– 2. Tevens kunnen bij deze algemene maatregel van bestuur regels worden gesteld omtrent de gegevens die de rechtsbijstandverlener aan de raad dient over te leggen inzake:

a. de aan de rechtzoekende boven de eigen bijdrage in rekening gebrachte kosten;
b. de aan de zaak bestede tijd;
c. de wijze waarop de zaak is behandeld.

AFDELING 3
Subsidieverstrekking aan de raad en aan de stichting rechtsbijstand

Art. 42

Verstrekking subsidie

– 1. Onze Minister verstrekt de raad een subsidie voor de uitvoering van zijn wettelijke taak.

– 2. In afwijking van artikel 4:21, derde lid, van de Algemene wet bestuursrecht is titel 4.2 van die wet van toepassing.

Rekening en verantwoording

– 3. De subsidie wordt per boekjaar verstrekt.

– 4. Afdeling 4.2.8 van de Algemene wet bestuursrecht is van toepassing.

Art. 42a

Nadere regelgeving

– 1. Bij of krachtens algemene maatregel van bestuur worden regels gesteld omtrent:

a. de gegevens die Onze Minister met het oog op het opstellen van de begroting verstrekt aan de raad, alsmede op welk tijdstip deze gegevens uiterlijk worden verstrekt;
b. de termijn die bij de indiening van de aanvraag tot subsidieverlening in acht wordt genomen;
c. de bij de aanvraag tot subsidieverlening over te leggen gegevens of bescheiden;
d. de eisen waaraan de begroting moet voldoen:
e. de wijze waarop de subsidie wordt bepaald;
f. het verlenen van voorschotten;
g. de gevallen waarin de raad een vergoeding voor vermogensvorming als bedoeld in artikel 4:41 van de Algemene wet bestuursrecht verschuldigd is, alsmede hoe deze vergoeding wordt berekend;
h. de handelingen, bedoeld in artikel 4:71 van de Algemene wet bestuursrecht, waarvoor de raad de toestemming van Onze Minister behoeft;
i. het vormen van egalisatiereserves door de raad;
j. de overige aan de subsidie verbonden verplichtingen;
k. de termijn die bij de indiening van de aanvraag tot vaststelling van de subsidie in acht wordt genomen;
l. de termijn waarbinnen Onze Minister op de aanvraag tot vaststelling van de subsidie beslist;

m. het onderzoek door de accountant, bedoeld in artikel 4:78 van de Algemene wet bestuursrecht;
n. de overige eisen waaraan het financiële verslag en het activiteitenverslag moeten voldoen.
– 2. Onze Minister stelt een aanwijzing over de reikwijdte en de intensiteit van de controle, als bedoeld in artikel 4:79, tweede lid, van de Algemene wet bestuursrecht, vast.

Art. 42b

Regels over verstrekking subsidies

– 1. De raad verstrekt aan een stichting rechtsbijstand een subsidie ten behoeve van de kosten benodigd voor de uitoefening van de taken, genoemd in artikel 19.
– 2. De raad stelt regels over de verstrekking van de subsidie, die in ieder geval bepalingen omvatten omtrent:
a. de termijn die bij de indiening van de aanvraag tot subsidieverlening in acht wordt genomen;
b. het verlenen van voorschotten;
c. de gevallen waarin de stichting een vergoeding voor vermogensvorming als bedoeld in artikel 4:41 van de Algemene wet bestuursrecht verschuldigd is, alsmede hoe deze vergoeding wordt berekend;
d. de handelingen, bedoeld in artikel 4:71 van de Algemene wet bestuursrecht, waarvoor de stichting de toestemming van de raad behoeft;
e. het vormen van een egalisatiereserve door de stichting;
f. de overige aan de subsidie verbonden verplichtingen;
g. de termijn die bij de indiening van de aanvraag tot vaststelling van de subsidie in acht wordt genomen;
h. het onderzoek door de accountant, bedoeld in artikel 4:78 van de Algemene wet bestuursrecht.
– 3. De raad stelt een aanwijzing over de reikwijdte en de intensiteit van de controle, als bedoeld in artikel 4:79, tweede lid, van de Algemene wet bestuursrecht, vast.
– 4. De door de raad te stellen regels behoeven de goedkeuring van Onze Minister. De goedkeuring kan worden onthouden wegens strijd met het recht of het algemeen belang.
– 5. Voorzover noodzakelijk met het oog op het onderzoek door de accountant, bedoeld in artikel 4:78 van de Algemene wet bestuursrecht, verstrekt de stichting persoonsgegevens van rechtzoekenden aan de accountant.

Art. 42c

Subsidie voor projecten

– 1. De raad kan aan een stichting rechtsbijstand met het oog op de uitvoering van de taak, bedoeld in artikel 19, subsidie verstrekken voor bijzondere doeleinden en projecten.
– 2. Het tweede tot en met vijfde lid van artikel 37*b* zijn van toepassing.

HOOFDSTUK VI
Rechtsbijstand in strafzaken

Art. 43

Kosteloos

– 1. Rechtsbijstand is kosteloos in de gevallen waarin krachtens enig wettelijk voorschrift in het Wetboek van Strafrecht of het Wetboek van Strafvordering aan de verdachte of de veroordeelde op last van de rechter een raadsman wordt toegevoegd door de raad, onverminderd het in artikel 49 van het Wetboek van Strafvordering bepaalde.
– 2. Het eerste lid is van overeenkomstige toepassing op rechtsbijstand bedoeld in:
a. artikel 24, derde lid, van de Uitleveringswet;
b. artikel 100 van de Vreemdelingenwet 2000;
c. artikel 65, eerste lid, van de Penitentiaire beginselenwet;
d. artikel 70, eerste lid, van de Beginselenwet justitiële jeugdinrichtingen;
e. artikel 52, derde lid, en 64, tweede lid, van de Wet overdracht tenuitvoerlegging strafvonnissen;
f. de artikelen 8, derde lid, 22, eerste lid, en 41*a*, zesde lid, van de Wet bijzondere opnemingen in psychiatrische ziekenhuizen;
g. artikel 62, eerste lid, van de Beginselenwet verpleging ter beschikking gestelden;
h. artikel 5 van de Wet tijdelijk huisverbod.

Art. 44

Toevoeging advocaat

– 1. Aan personen die zich krachtens het Wetboek van Strafrecht of het Wetboek van Strafvordering door een raadsman kunnen doen bijstaan, kan de raad een advocaat toevoegen.
– 2. De eigen bijdrage bedoeld in artikel 35, eerste en tweede lid, is niet verschuldigd voor rechtsbijstand, indien deze op grond van het eerste lid wordt verleend aan een rechtzoekende wiens inkomen niet meer bedraagt dan genoemd in artikel 35, derde lid, onder *a*.
– 3. De eigen bijdrage is niet verschuldigd, indien een zaak eindigt zonder de toepassing van een straf of maatregel dan wel zonder toepassing van artikel 9*a* Wetboek van Strafrecht. De

rechtsbijstandverlener restitueert de eigen bijdrage aan de rechtzoekende, tenzij deze de eigen bijdrage nog niet heeft voldaan.
– 4. De raad is bevoegd geen eigen bijdrage op te leggen bij de toevoeging van een raadsman aan hen die zich anders dan als verdachte of veroordeelde krachtens het Wetboek van Strafrecht of Wetboek van Strafvordering laten bijstaan.
– 5. Ongeacht de draagkracht is rechtsbijstand aan een slachtoffer van een misdrijf tegen de zeden of een geweldsmisdrijf kosteloos, indien in de desbetreffende zaak vervolging is ingesteld en het slachtoffer overeenkomstig artikel 3 van de Wet schadefonds geweldsmisdrijven in aanmerking komt voor een uitkering.

Art. 44a

– 1. Indien een verdachte in een strafzaak is bijgestaan door een raadsman die op het moment van de verlening van rechtsbijstand is toegevoegd, wordt met uitzondering van de vergoeding van de eigen bijdrage, geen kostenvergoeding van een raadsman als bedoeld in artikel 591*a*, tweede lid, van het Wetboek van Strafvordering toegekend, tenzij de toevoeging, anders dan na een daartoe ingediende aanvraag, wordt ingetrokken of beëindigd. **Geen kostenvergoeding**
– 2. In het geval op last van de rechter een raadsman is toegevoegd, wordt overeenkomstig het eerste lid geen kostenvergoeding toegekend, indien de toevoeging op of na de uitspraak van de rechter na een daartoe ingediend verzoek van de verdachte bij de rechterlijke instantie die een last heeft verstrekt, wordt ingetrokken of beëindigd.

HOOFDSTUK VII
Bezwaar en beroep

Art. 45

Vervallen.

Art. 46

– 1. Indien beroep wordt ingesteld tegen een besluit van de raad is in afwijking van artikel 8:7, tweede lid, van de Algemene wet bestuursrecht, de rechtbank bevoegd binnen het rechtsgebied waarvan de raad is gevestigd. **Beroep**
– 2. In afwijking van artikel 8:41, derde lid, onder b en c, van de Algemene wet bestuursrecht bedraagt het griffierecht € 41 indien door een rechtzoekende beroep wordt ingesteld tegen een besluit van de raad.
– 3. In afwijking van artikel 40, tweede lid, onder a en b, van de Wet op de Raad van State bedraagt het griffierecht € 110 indien door een rechtzoekende hoger beroep wordt ingesteld.
– 4. De in het tweede en derde lid genoemde bedragen kunnen bij algemene maatregel van bestuur worden gewijzigd voorzover de consumentenprijsindex daartoe aanleiding geeft.

HOOFDSTUK VIII
Toezicht op de naleving

Art. 47

– 1. Met het toezicht op de naleving van de bij of krachtens deze wet aan de ontvanger van de subsidie onderscheidenlijk vergoeding opgelegde verplichtingen zijn belast de bij besluit van Onze Minister aangewezen personen. **Toezicht(houders)**
– 2. De toezichthouder beschikt niet over de bevoegdheden, vermeld in de artikelen 5:18 en 5:19 van de Algemene wet bestuursrecht.
– 3. Van een besluit als bedoeld in het eerste lid wordt mededeling gedaan door plaatsing in de *Staatscourant*.
– 4. Aan door Onze Minister verstrekte subsidies onderscheidenlijk vergoedingen is de verplichting verbonden dat de ontvanger van de subsidie onderscheidenlijk vergoeding aan een toezichthouder alle medewerking verleent die deze redelijkerwijs kan vorderen bij de uitoefening van zijn bevoegdheden. **Verplichting tot medewerking**

HOOFDSTUK IX
Slot- en overgangsbepalingen

Art. 48

Artikel 10, eerste lid, van de Vreemdelingenwet 2000 is niet van toepassing op de aanspraken op rechtsbijstand overeenkomstig deze wet. **Vreemdelingenzaken uitgezonderd**

Art. 49

De voordracht voor een krachtens artikel 12, derde lid, artikel 19, eerste lid, onder *b*, artikel 34, vierde lid, artikel 35, vijfde lid, en artikel 37, vijfde lid, vastgestelde algemene maatregel van bestuur wordt niet gedaan dan nadat het ontwerp in de *Staatscourant* is bekendgemaakt en aan een ieder de gelegenheid is geboden om binnen vier weken na de dag waarop de bekendmaking is geschied, wensen en bedenkingen ter kennis van Onze Minister te brengen. Gelijk- **Voordracht voor AMvB** tijdig met de bekendmaking wordt het ontwerp aan de beide kamers der Staten-Generaal overgelegd.

Art. 50-63

Bevat wijzigingen in andere regelgeving.

Art. 64-65

Vervallen.

Art. 66

Inwerkingtreding

– 1. Deze wet treedt in werking met ingang van de dag na de datum van uitgifte van het *Staatsblad* waarin zij wordt geplaatst.

– 2. Met ingang van dezelfde datum wordt de Wet rechtsbijstand aan on- en minvermogenden ingetrokken met dien verstande dat deze laatste wet en de daarop steunende bepalingen, in afwijking van het gestelde in Artikel IV van de Wet van 22 december 1983 tot wijziging van de Wet rechtsbijstand aan on- en minvermogenden, van het Wetboek van Burgerlijke Rechtsvordering en van de Wet tarieven in burgerlijke zaken van toepassing blijven op rechtsbijstand die krachtens een voor deze datum genomen beslissing aan een rechtzoekende wordt verleend.

Art. 67

Citeertitel

Deze wet kan worden aangehaald als: Wet op de rechtsbijstand.

Wet van 28 augustus en 29 december 1843, Stb. 37, 38, 39, 40, 66 en 67, houdende vaststelling eener algemeene bepaling en van de titels van het tarief van justitie-kosten en salarissen in burgerlijke zaken, in een doorlopende reeks van artikelen vervat ingevolge artikel 2 der Wet van 28 augustus 1843, Stb. 41, zoals deze wet laatstelijk is gewijzigd bij de Wet van 20 maart 2008, Stb. 100

[Inwerkingtreding: 01-09-1843]

Wij WILLEM II, bij de gratie Gods, Koning der Nederlanden, Prins van Oranje-Nassau, Groot-Hertog van Luxemburg, enz., enz., enz.
Allen die deze zullen zien of hooren lezen, salut! doen te weten:
Alzoo Wij in overweging genomen hebben de noodzakelijkheid, om het, krachtens de wet van den 15den December 1838 (*Staatsblad n°.* 43), bij reglement van openbaar bestuur van den 30sten November 1839 (*Staatsblad n°.* 49) vastgesteld en krachtens de wet van den 15den December 1842 (*Staatsblad n°.* 26) nog in werking zijnde tarief van justitie-kosten en salarissen in burgerlijke zaken, door wettelijke bepalingen te doen vervangen;
Zoo is het, dat Wij, den Raad van State gehoord en met gemeen overleg der Staten-Generaal, hebben goedgevonden en verstaan, gelijk Wij goedvinden en verstaan bij deze, vast te stellen de navolgende algemeene bepaling en titel, welke zullen uitmaken een gedeelte van het tarief van justitie-kosten en salarissen in burgerlijke zaken:

Algemeene bepaling
Vervallen.

EERSTE TITEL
Van de heffing van rechten

Art. 1

Heffing rechten

– 1. In burgerlijke zaken worden de volgende rechten geheven, behalve van het openbaar ministerie indien het ambtshalve optreedt.
– 2. Wij kunnen bij algemene maatregel van bestuur de bedragen genoemd in deze titel wijzigen, indien de consumentenprijsindex daartoe aanleiding geeft.
– 3. Onze Minister van Justitie kan bepalen dat voor bepaalde categorieën van zaken geen vast recht verschuldigd zal zijn.

§ 1. Vast recht bij de arrondissementsrechtbanken, de gerechtshoven en de Hoge Raad der Nederlanden

Art. 2

Vast recht

– 1. Voor een geding wordt van elke eisende partij, na de eerste uitroeping van de zaak ter terechtzitting, en van elke verschenen gedaagde voor iedere instantie een vast recht geheven. Voor de indiening van een verzoekschrift anders dan bedoeld in artikel 14, derde lid, of een verweerschrift wordt eveneens voor iedere instantie een vast recht geheven. Gedaagden en verweerders zijn geen vast recht verschuldigd in zaken, te behandelen door de kantonrechter of de pachtkamer
– 2. Het vast recht bij de rechtbanken bedraagt:
1° In zaken te behandelen en te beslissen door de kantonrechter of de pachtkamer:
a. € 36 wanneer de eis uitsluitend strekt tot betaling van loon als bedoeld in artikel 629 van Boek 7 van het Burgerlijk Wetboek.
b. € 63 wanneer de eis of het verzoekschrift enkel strekt tot betaling van een bepaalde geldsom van niet meer dan € 90 in hoofdsom.
c. € 90 wanneer de eis of het verzoekschrift strekt tot betaling van een bepaalde geldsom van meer dan € 90 en niet meer dan € 453 in hoofdsom.
d. € 158 wanneer de eis of het verzoekschrift strekt tot betaling van een bepaalde geldsom van meer dan € 453 en niet meer dan € 1361 in hoofdsom.
e. € 208 wanneer de eis of het verzoekschrift strekt tot betaling van een bepaalde geldsom van meer dan € 1361 in hoofdsom.
f. In alle andere gevallen € 110 indien eiser een natuurlijk persoon is of € 297 indien eiser een rechtspersoon is.
2° In andere zaken:
a. € 208 wanneer de eis of het verzoekschrift enkel betrekking heeft op het bij of krachtens Boek 1 van het Burgerlijk Wetboek bepaalde.

b. € 110 wanneer de eis uitsluitend strekt tot betaling van loon als bedoeld in artikel 629 van Boek 7 van het Burgerlijk Wetboek.
c. € 313 wanneer de eis of het verzoekschrift strekt tot betaling van een bepaalde geldsom van meer dan € 4538 en niet meer dan € 11 345 in hoofdsom.
d. Wanneer de eis of het verzoekschrift strekt tot een betaling van een bepaalde geldsom van meer dan € 11 345, 2,2 procent van die geldsom, met een minimum van € 316 en een maximum van € 4 938 en met een minimum van € 310 en een maximum van € 1 185 voor de gedaagde of verweerder indien deze een natuurlijke persoon is. Het verschuldigde vast recht wordt afgerond op het meest nabijgelegen veelvoud van € 5.
e. in zaken waarin een dagvaarding in vrijwaring wordt gedaan, 2,2 procent van de achterliggende vordering indien deze op een financieel belang waardeerbaar is, met een minimum van € 240 en een maximum van € 4 941 en tot een maximum van € 1 184 voor de gedaagde of verweerder indien deze een natuurlijke persoon is. Het verschuldigde vast recht wordt afgerond op het meest nabijgelegen veelvoud van € 5.
f. In zaken waarin een vordering tot onteigening wordt gedaan 2,2 procent van de som die in de uitspraak als schadeloosstelling wordt toegekend, met een minimum van € 240 en een maximum van € 4 941 en tot een maximum van € 1 184 voor de gedaagde of verweerder indien deze een natuurlijke persoon is. Voorshands is verschuldigd 2,2 procent van de som die als schadeloosstelling wordt aangeboden, met een minimum van € 240 en een maximum van € 4 941 en tot een maximum van € 1 184 voor de gedaagde of verweerder indien deze een natuurlijke persoon is. Het verschuldigde vast recht wordt afgerond op het meest nabijgelegen veelvoud van € 5.
g. € 262 is alle andere gevallen.
– 3. Het vast recht bij de gerechtshoven en de Hoge Raad bedraagt:
a. € 262 wanneer de eis of het verzoekschrift enkel betrekking heeft op het bij of krachtens Boek 1 van het Burgerlijk Wetboek bepaalde.
b. € 110 wanneer de eis uitsluitend strekt tot betaling van loon als bedoeld in artikel 629 van Boek 7 van het Burgerlijk Wetboek.
c. € 419 wanneer de eis of het verzoekschrift strekt tot betaling van een bepaalde geldsom van meer dan € 4538 en niet meer dan € 11 345 in hoofdsom.
d. Wanneer de eis of het verzoekschrift strekt tot betaling van een bepaalde geldsom van meer dan € 11 345, 3 procent van die geldsom, met een minimum van € 422 en een maximum van € 6 174 en met een minimum van € 422 en een maximum van € 1 185 voor de gedaagde of verweerder in hoger beroep indien deze een natuurlijke persoon is. Het verschuldigde vast recht wordt afgerond op het meest nabijgelegen veelvoud van € 5.
e. € 262 in zaken in hoger beroep van een vonnis of beschikking van de kantonrechter of de pachtkamer.
f. € 313 in alle andere gevallen.
– 4. Het recht wordt bepaald aan de hand van de eis in de dagvaarding, met uitzondering van het recht bedoeld in het tweede lid, onder 2°, onder f, eerste volzin. Met de eis in de dagvaarding wordt gelijkgesteld de som die in de dagvaarding als schadeloosstelling wordt aangeboden. In geval van vermindering van eis wordt het recht niet verminderd; in geval van vermeerdering van eis tot een bepaalde geldsom als bedoeld in het tweede lid, onder 1°, onder b, c, d of e, en onder 2°, onder c of d wordt het recht overeenkomstig verhoogd. De verhoging is verschuldigd na de uitroeping van de zaak ter terechtzitting waarop de eiser zijn eis bij conclusie of akte ter rolle heeft vermeerderd.
– 5. Indien de eiser veroordeling tot schadevergoeding op te maken bij staat heeft gevorderd, maar de rechter in het vonnis of arrest de schade heeft begroot, wordt alsnog van elke eisende partij en van elke verschenen gedaagde het vast recht geheven dat dezen verschuldigd zouden zijn indien de eis had gestrekt tot betaling van een bepaalde geldsom ten belope van de begrote schade.
– 6. Op het ingevolge de vorige leden verschuldigde vast recht wordt het in de zaak waarop het geding of verzoekschrift betrekking heeft reeds betaalde recht in mindering gebracht.
– 7. Indien in de loop van een aanhangig geding een op dit geding betrekking hebbend verzoekschrift wordt ingediend, is daarvoor geen vast recht verschuldigd. Evenmin is vast recht verschuldigd ter zake van een verzoekschrift strekkende tot begroting van kosten als bedoeld in artikel 237, vierde lid, van het Wetboek van Burgerlijke Rechtsvordering.

Art. 3

Bijzondere gevallen

– 1. Eisers of gedaagden, die bij eenzelfde advocaat of gemachtigde verschijnen en gelijkluidende conclusies nemen, zijn gezamenlijk slechts eenmaal vast recht verschuldigd.
– 2. Het geding in reconventie, het incidenteel beroep als bedoeld in de artikelen 339, derde lid, en 410 van het Wetboek van Burgerlijke Rechtsvordering en het doen van rekening en verantwoording worden niet als afzonderlijke gedingen beschouwd.

– 3. De vordering tot voeging of tussenkomst, als bedoeld in artikel 217 van het Wetboek van Burgerlijke Rechtsvordering, geldt voor de partij, die de vordering doet, als het aanvangen van een nieuw geding. Voor een zodanige vordering is een gelijk bedrag aan vast recht verschuldigd als voor de vordering in het oorspronkelijke geding.
– 4. In een geding tot vrijwaring is de eiser tot vrijwaring geen vast recht verschuldigd.
– 5. In geval van verzet is de geopposeerde geen vast recht verschuldigd.
– 6. Voor de indiening van een gemeenschappelijk verzoek tot echtscheiding, scheiding van tafel en bed, ontbinding van het huwelijk na scheiding van tafel en bed of beëindiging van een geregistreerd partnerschap, wordt van elk van de verzoekers de helft van het verschuldigde vast recht geheven.
– 7. Indien de eiser in een zaak, te behandelen door de kantonrechter, onmiddellijk na de eerste oproeping ter terechtzitting en voordat is geantwoord afstand van instantie doet, is geen vast recht verschuldigd.
– 8. In geval van verwijzing door of naar de kantonrechter op de voet van artikel 71 van het Wetboek van Burgerlijke Rechtsvordering wordt het vast recht verhoogd voor zover uit artikel 2 een hoger bedrag aan vast recht voortvloeit.
– 9. Bij verwijzing van een zaak naar een ander gerecht is opnieuw vast recht verschuldigd, met dien verstande dat het eerder verschuldigde vast recht in mindering wordt gebracht.

Art. 4

Vast recht gedaagde in kort geding

In afwijking van het bepaalde in artikel 2, tweede lid, onder 2° bedraagt het vast recht voor de verschenen gedaagde in een kort geding bij de rechtbanken € 262.

Art. 5

Kosteloze verstrekking afschriften

– 1. Aan elke partij worden, ongeacht of door haar het vaste recht verschuldigd is, kosteloos verstrekt:
a. een grosse of afschrift van alle uitspraken en beschikkingen;
b. verdere afschriften van de einduitspraak of eindbeschikking voor zover deze nodig mochten zijn voor de tenuitvoerlegging, voor het aanwenden van rechtsmiddelen of krachtens wettelijk voorschrift;
c. één afschrift van alle akten en processen-verbaal die met betrekking tot de behandeling ter terechtzitting zijn opgemaakt.
– 2. Evenmin worden kosten in rekening gebracht voor beslissingen, akten en processen-verbaal, die een rechtstreeks uitvloeisel van de uitspraak of beschikking zijn, met inbegrip van grossen of afschriften op de voet van het vorige lid.
– 3. Onze Minister van Justitie kan nadere regelen stellen omtrent de toepassing van dit artikel.

Art. 6-8

Vervallen.

Art. 9

Vast recht faillissementsboedel

– 1. In elk faillissement betaalt de curator uit de baten van de boedel bij het deponeren van de eerste uitdelingslijst of zodra de uitspraak tot homologatie van een akkoord in kracht van gewijsde is gegaan, een vast recht van € 517.
– 2. Onder dit vaste recht is niet begrepen het recht, volgens artikel 2 voor verificatiegeschillen verschuldigd.
– 3. In geval van indiening van een verzoekschrift in hoger beroep of cassatie van de beslissing betreffende de homologatie van een akkoord, evenals in geval van indiening van een verzoekschrift tot ontbinding van een akkoord en van een verzoekschrift in hoger beroep of cassatie van die beslissing, wordt een vast recht geheven van € 262.
– 4. Hij die, als niet geverifieerd schuldeiser, verzet doet tegen de uitdelingslijst teneinde als schuldeiser geverifieerd te worden, voldoet een vast recht van € 262. Artikel 3, lid 1, is van overeenkomstige toepassing. Het recht wordt niet geheven, indien tevens door wel geverifieerde schuldeisers verzet tegen de uitdelingslijst wordt gedaan.
– 5. Het derde en vierde lid zijn van toepassing in de schuldsaneringsregeling natuurlijke personen.

Art. 9a

Schakelbepaling

Artikel 9, eerste, tweede en derde lid, is van overeenkomstige toepassing:
a. in geval van een opdracht aan de curator om het beheer van de onder bewind staande goederen over te nemen en voor de vereffening zorg te dragen, gegeven door de rechtbank op verzoek van een schuldeiser die op de goederen verhaal heeft, maar niet in het faillissement kan opkomen;
b. in geval van benoeming door de rechter van een of meer vereffenaars van een ontbonden rechtspersoon, van een gemeenschap of van een nalatenschap.

Art. 10

Vast recht bij gerechtelijke rangregeling buiten faillissement

– 1. Voor de opening van een gerechtelijke rangregeling buiten faillissement wordt een bedrag

van € 102 geheven van degene die benoeming van een rechter-commissaris heeft verzocht en, zodra deze is benoemd, € 208 Artikel 3, eerste lid, is van overeenkomstige toepassing.
– 2. Voor de indiening van verzoekschriften tot rangschikking wordt geen recht geheven. In geval van verwijzing ingevolge tegenspraak is het recht overeenkomstig artikel 2 verschuldigd.

§ 2.

Art. 11-12

Vervallen.

§ 3. Overige rechten bij de burgerlijke gerechten

Art. 13

Kosteloze afschriften voor partijen en belanghebbenden

– 1. Onverminderd het bepaalde in de overige artikelen worden aan partijen en aan belanghebbenden afschriften van of uittreksels uit beslissingen, akten, processen-verbaal, registers of andere stukken zonder betaling afgegeven ten behoeve van hun advocaten of hun gemachtigden.
– 2. Voorts is de griffier bevoegd aan partijen en belanghebbenden afschriften of uittreksels, als in het eerste lid bedoeld, zonder betaling af te geven, indien en voor zover zij daarbij belang hebben en niet in staat zijn op andere wijze in de behoefte te voorzien. Bij weigering van de griffier kunnen partijen de beslissing van de voorzieningenrechter of van de kantonrechter inroepen. Hiervoor is geen vast recht, als bedoeld in paragraaf 1 van deze titel, verschuldigd. Tegen deze beslissing is geen hogere voorziening toegelaten.

Niet kosteloze afschriften

– 3. Voor het overige worden bij en krachtens algemene maatregel van bestuur regelen gesteld met betrekking tot de vergoedingen, verschuldigd voor afschriften van en uittreksels uit vonnissen en beschikkingen.
– 4. Voor de geregelde verstrekking van niet-getekende afschriften van of uittreksels uit de rol aan advocaten, procureurs of gemachtigden wordt een recht geheven van € 17 per maand.
– 5. Voor de uitgifte van afschriften en uittreksels uit de registers van de burgerlijke stand met bijlagen worden de bedragen berekend, bedoeld bij de Wet rechten burgerlijke stand.

Huwelijkse voorwaarden

– 6. Voor de overschrijving van huwelijkse voorwaarden of van de voorwaarden van een geregistreerd partnerschap in de registers wordt een recht geheven van € 155 van degene die overschrijving verzoekt.

Legalisaties

– 7. Voor de legalisaties van handtekeningen wordt een recht geheven van € 17 voor iedere handtekening, met dien verstande dat meerdere handtekeningen, van dezelfde persoon op hetzelfde stuk als één handtekening worden beschouwd.

Apostilles

– 8. Voor de afgifte van apostilles, als bedoeld in artikel 3, eerste lid, van het op 5 oktober 1961 te 's-Gravenhage tot stand gekomen Verdrag tot afschaffing van het vereiste van legalisatie van buitenlandse openbare akten, wordt een recht geheven van € 17 voor iedere apostille.

Art. 14

Akten e.d. buiten een geding

– 1. Voor elke akte, proces-verbaal, beschikking of andere beslissing, gedaan, gegeven of opgemaakt door een rechter of een griffier anders dan in een geding, anders dan bij de behandeling van een verzoekschrift of van andere zaken waaromtrent in paragraaf 1 het vast recht geregeld is, wordt een recht geheven van € 102.
– 2. Voor de noodzakelijke afschriften dezer beschikkingen, akten en processen-verbaal wordt geen recht geheven. Onze Minister van Justitie kan nadere regelen geven ter uitvoering van het in dit lid bepaalde.
– 3. Voor verzoekschriften aan de voorzieningenrechter van de rechtbank of de voorzieningenrechter van het gerechtshof wordt een recht geheven van € 102.

Art. 15

Gevallen waarin geen recht wordt geheven

– 1. Geen recht wordt geheven ter zake van beëdigingen welke ingevolge wettelijk voorschrift plaats vinden, voor de akte van bewaargeving der registers van de burgerlijke stand en voor de behandeling der aangifte voor eigen faillissement of van een verzoekschrift tot het van toepassing verklaren van de schuldsaneringsregeling natuurlijke personen. Voor de afschriften der in die gevallen op te maken akten is geen recht verschuldigd.
– 2. Ook wordt geen recht geheven van openbare colleges en van ambtenaren van openbare lichamen, die afschriften of uittreksels van stukken of legalisaties van handtekeningen dan wel afgifte van apostilles, als bedoeld in artikel 13, achtste lid, behoeven voor de waarneming van de dienst.
– 3. Voorts wordt geen recht geheven in de gevallen, waarin bij bijzondere wetten vrijstellingen zijn toegestaan of vastgesteld.

TWEEDE TITEL

Van de betaling der rechten en verschotten

Art. 16

Betaling rechten en verschotten

– 1. Betaling der rechten en verschotten geschiedt hetzij contant, hetzij uit voorschot.

– 2. Voor de voldoening daarvan zijn mede-aansprakelijk de advocaten of gemachtigden van partijen of van belanghebbenden, en in geval van faillissement de curator.

Art. 17

Indebetstelling bij toevoeging

– 1. Indien op het tijdstip waarop het vast recht verschuldigd wordt een afschrift van het bewijs van toevoeging als bedoeld in artikel 29 van de Wet op de rechtsbijstand is overgelegd wordt het recht door de betrokkene verschuldigd voor drievierde deel, of indien bij de toevoeging een eigen bijdrage is opgelegd als bedoeld in artikel 35, derde lid, onder e, of artikel 35, vierde lid, onder e, van die wet, voor de helft in debet gesteld. Indien het vast recht meer dan € 470 bedraagt, wordt het recht in de hiervoor bedoelde gevallen, behoudens een bedrag van € 119 onderscheidenlijk € 238 in debet gesteld.

– 2. Indien op het tijdstip waarop het vast recht verschuldigd wordt een afschrift van het besluit waarbij de voorlopige toevoeging is verleend als bedoeld in artikel 30, eerste lid van de Wet op de rechtsbijstand dan wel een afschrift van de in artikel 24, tweede lid, van de Wet op rechtsbijstand bedoelde aanvraag is overgelegd, wordt het recht door de betrokkene verschuldigd voorlopig voor drievierde deel in debet gesteld. Het gestelde in de tweede volzin van het eerste lid is van overeenkomstige toepassing.

– 3. Indien toevoeging wordt geweigerd of een toevoeging met toepassing van het bepaalde in de Wet op de rechtsbijstand wordt ingetrokken of zodanig wordt verleend of gewijzigd dat minder recht in debet dient te worden gesteld, is het alsdan verschuldigde recht terstond opvorderbaar.

– 4. De advocaat of gemachtigde van de betrokkene is niet aansprakelijk voor het recht dat na een weigering of intrekking van een toevoeging ingevolge het bepaalde in het derde lid opvorderbaar is.

Art. 18

Indebetstelling zonder toevoeging

– 1. Indien geen toevoeging overeenkomstig de Wet op de rechtsbijstand is verleend, stelt de griffier het vast recht verschuldigd door de betrokkene wiens inkomen blijkens de door deze over te leggen verklaring van de raad voor rechtsbijstand, bedoeld in artikel 1 van die wet, niet meer bedraagt dan in artikel 35, derde en vierde lid, telkens onderdelen *a* tot en met *d* dan wel in die artikelleden, telkens onderdeel *e*, van die wet is bedoeld, voor het drievierde deel, onderscheidenlijk voor de helft in debet.

– 2. Artikel 35, vijfde tot en met achtste lid, van de Wet op de rechtsbijstand, artikel 243 van het Wetboek van Burgerlijke Rechtsvordering, en artikel 17, eerste lid, zijn van overeenkomstige toepassing.

Art. 18a

Indebetstelling ondanks verzuim overleggen stukken

– 1. Indien tijdige overlegging van stukken als bedoeld in artikel 17, eerste en tweede lid, en artikel 18, eerste lid, is uitgebleven ten gevolge van omstandigheden die redelijkerwijs niet aan de betrokkene zijn toe te rekenen, stelt de griffier het vast recht op verzoek van de betrokkene alsnog gedeeltelijk, onderscheidenlijk voorlopig gedeeltelijk, in debet. Het verzoek wordt door de betrokkene ondertekend. De griffier betaalt hetgeen inmiddels teveel is voldaan terug aan de betrokkene. Was het vast recht voldaan door een ander dan de betrokkene, dan kan terugbetaling ook plaatsvinden aan die ander, tenzij de betrokkene bij het verzoek te kennen heeft gegeven dit niet te wensen.

– 2. Is de wederpartij van de betrokkene op het tijdstip waarop alsnog stukken als bedoeld in het eerste lid worden overgelegd, reeds verwezen in de kosten van de instantie waarvoor het vast recht is verschuldigd, dan wordt het vast recht slechts in debet gesteld indien de wederpartij deze kosten nog niet heeft voldaan. Alsdan dient de wederpartij het alsnog in debet gestelde vast recht aan de griffier te voldoen en verliest de betrokkene in zoverre zijn recht op betaling. Het derde lid van artikel 243 van het Wetboek van Burgerlijke Rechtsvordering is van overeenkomstige toepassing.

– 3. In het geval, bedoeld in het tweede lid, wijst de griffier het verzoek slechts toe indien de betrokkene de aan hem afgegeven afschriften overlegt van het vonnis of de beschikking waarbij zijn wederpartij in de kosten is verwezen. De griffier doet van de indebetstelling aantekening op de minuut en de overgelegde afschriften van het vonnis of de beschiking.

Art. 19

Vervallen.

Art. 20

In debet gestelde opvorderbare rechten worden voldaan zodra de griffier de vordering tot betaling doet.

Art. 21

Terugbetaling verschotten door griffier gedaan

Verschotten voor reis- en verblijfkosten, advertenties, exploiten en oproepingen anders dan per post door de griffier gedaan, worden door belanghebbenden terugbetaald. Advocaten en gemachtigden zijn voor de terugbetaling mede aansprakelijk.

Art. 22

Invordering bij dwangbevel

– 1. Bij gebreke van betaling geschiedt invordering der rechten en betaalde verschotten krachtens een door de griffier uit te vaardigen dwangbevel.

– 2. Het dwangbevel wordt uitvoerbaar verklaard indien het een enkelvoudige kamer betreft, door de rechter in die kamer, indien het een meervoudige kamer betreft, door de voorzitter van die kamer van het betrokken gerecht en levert dan een executoriale titel op, die met toepassing van de voorschriften van het Wetboek van Burgerlijke Rechtsvordering kan worden tenuitvoergelegd, indien tenminste een maand na de betekening is verstreken.

– 3. *Vervallen.*

– 4. Gedurende een maand na de betekening van het dwangbevel kan de schuldenaar bij het betrokken gerecht, rechtdoende in burgerlijke zaken, daartegen, bij verzoekschrift, in verzet komen.

Art. 23

Vervallen.

Art. 24

Voorschot aan griffier

– 1. De griffiers zijn bevoegd, van de belanghebbenden, hun advocaten, raadslieden of gemachtigden, tegen bewijs van ontvangst en ter latere verrekening, een voorschot te vragen tot dekking van de vermoedelijke rechten en verschotten.

– 2. De griffiers kunnen hun dienst weigeren, zolang het verlangde voorschot niet is gestort.

– 3. Gedurende een maand na de storting van het voorschot kan de voorschotgever bij het gerecht ter welks griffie het voorschot is gestort, rechtdoende in burgerlijke zaken, tegen de beslissing van de griffier, bij verzoekschrift, in verzet komen.

– 4. Tegen de beslissing van het gerecht is geen hogere voorziening toegelaten.

Art. 25

Verzet tegen beslissing griffier omtrent rechten en verschotten

– 1. Gedurende een maand na de mededeling van de uit het voorschot verrekende rechten en verschotten, en bij rechtstreekse betaling daarvan, binnen een maand na die betaling, kunnen hij van wie de rechten en verschotten zijn geheven alsmede, in het eerste geval de voorschotgever, in het tweede geval hij die de rechten en verschotten betaalde, bij het gerecht ter griffie waarvan voorschot werd gestort of werd betaald, rechtdoende in burgerlijke zaken, tegen de beslissing van de griffier, bij verzoekschrift, in verzet komen. Tegen de beslissing van de griffier omtrent de toepassing van artikel 18*a* kunnen de betrokkene en de voorschotgever, onderscheidenlijk degene die het vast recht betaalde, op overeenkomstige wijze gedurende een maand na de mededeling daarvan in verzet komen.

– 2. Tegen de beslissing van het gerecht is geen hogere voorziening toegelaten.

Art. 26

Voor de indiening een verzoek als bedoeld in artikel 18*a*, eerste lid, en van een verzoekschrift ingevolge een der artikelen 24 en 25 is geen recht verschuldigd.

Art. 27-28

Vervallen.

DERDE TITEL

Van de advocaten

Art. 29

Tarieven advocaten

– 1. Aan de advocaten is verschuldigd:

a. Voor elke besogne of conferentie met of voor hunne clienten € 0,82, des echter dat zij, voor elk besogne of conferentie, welke langer dan een uur duurt, gelijke € 0,82, gedeelten voor het geheel genomen, per uur mogen berekenen;

b. Voor eene comparitie € 1,63;

c. Voor eene vacatie buiten de plaats hunner woning € 5,45 voor eenen geheelen dag, en € 2,72 voor een gedeelte van den dag, zes uren of minder bedragende, onverminderd, in beide gevallen, hetgeen voor de gedurende dien tijd verrigte werkzaamheden verschuldigd is, mitsgaders de reis- en verblijfkosten;

d. Vervallen;

e. Voor het schrijven van eenen brief en voor het lezen van eenen ontvangen brief € 0,41;

– 2. Indien dezelve buitengewoon groot of van veel gewigt is, alsdan naar mate van den tijd, welke daartoe noodig mogt zijn geweest, berekend op den voet sub litt *a* vermeld.

Art. 30

Salaris voor overige werkzaamheden

Voor werkzaamheden, niet in het vorig artikel vermeld, berekenen de advocaten het hun verschuldigde salaris, naar mate van het belang en de moeijelijkheid der zaken, mitsgaders van den tijd, welke daaraan besteed heeft moeten worden.

Art. 31

Gespecificeerde rekeningen

– 1. De advocaten zijn verpligt aan hunne clienten, des gevorderd wordende, te geven gespecificeerde rekeningen met opgave van den dag waarop de werkzaamheden zijn verrigt en van den besteedden tijd, voor zoo verre de hoegrootheid van het salaris daarvan afhankelijk is.

– 2. Voor werkzaamheden ten behoeve van personen, die het vrije beheer over hunne goederen niet bezitten, alsmede in vacante boedels, onderwerpen de advocaten hunne rekeningen vooraf aan de begrooting van den voorzitter der regtbank van het arrondissement waarin hunne woonplaats is gevestigd, of van een der leden daartoe door hem benoemd; van die begrootte rekening wordt een ongezegeld afschrift aan de clienten uitgegeven.

Art. 32

Begroting salaris bij geschil door de raad van toezicht

Buiten de gevallen in het 2de lid van art. 31 vermeld, geschiedt, in geval van verschil over het salaris, door den advocaat aan den client berekend, de begrooting door de raden van toezigt en discipline in de hoofdplaats van het arrondissement waarin de advocaat woonachtig is, of, indien aldaar geen raad van toezigt aanwezig is, door dien in de residentie van het provinciaal geregtshof waaronder de woonplaats van den advocaat behoort; en indien ook aldaar geen zoodanige raad bestaat, alsdan door dien, gevestigd in de residentie van den hoogen raad.

Art. 33

Nadere vaststelling door de rechter

– 1. Indien de advocaat met de begrooting van den raad van toezigt geen genoegen neemt, of de client weigerachtig blijft het bedrag daarvan te voldoen, wordt het bedrag van het verschuldigde nader vastgesteld door den voorzitter van het collegie waar de zaak, waarin het salaris berekend is, gediend heeft, of door een der leden, daartoe door hem benoemd.

– 2. Indien de zaak voor geen regterlijk collegie is aanhangig geweest, geschiedt zulks door den voorzitter der regtbank van het arrondissement waarin de woonplaats van den advocaat is gevestigd, of door een der leden, daartoe door hem benoemd.

Art. 34

– 1. De begrooting geschiedt op gezegelde rekeningen, waarop iedere post, zoo van salaris als verschot, behoorlijk is omschreven, en het bedrag daarvan afzonderlijk uitgedrukt, en waarop, naast de uitgetrokkene som, een wit vak is opengelaten.

– 2. Onder de rekening wordt gesteld: *ter begrooting ingediend door*......., met onderteekening en dagteekening, zonder dat er eenige andere vorm, bij de indiening ter begrooting, in acht genomen behoeft te worden.

Art. 35

Overlegging stukken bij begroting door de rechter

– 1. De regter, door wien de begrooting geschiedt, is bevoegd de overlegging der justificatoire stukken te vorderen.

– 2. Hij slaat bij de begrooting acht op de omstandigheid, of de gemaakte kosten en verschotten en de gedeclareerde vacatien, naar den aard der zaak, nuttig, doelmatig of noodig kunnen geacht worden, of door den client zijn verlangd, en wijzigt, roijeert of vermindert de zoodanige, welke daarbij geoordeeld worden overbodig te zijn, of de palen eener billijke gematigdheid te overschrijden, daarbij in aanmerking nemende het gewigt der zaak, en de moeijelijkheid die zij mogt hebben opgeleverd.

Art. 36

Vermindering verschotten

– 1. Wanneer in de rekeningen als verschot worden gebragt posten, die uit eigen hoofde aan begrooting onderworpen, doch niet begroot zijn, zijn deze posten nog steeds voor vermindering vatbaar, en worden alleen geleden tot zoodanig bedrag, als waarop de regter dezelve begroot, onverminderd het verhaal tegen hem, die aldus blijken mogt te veel te hebben ontvangen.

– 2. Posten wegens betaalde zegel-, griffie- en registratie-regten, mits van derzelver voldoening behoorlijk blijke, zijn niet aan vermindering onderworpen.

Art. 37

Herziening begroting; horen belanghebbenden

– 1. Het bedrag der te hoog gestelde of onaannemelijke posten wordt doorgehaald en in het daarvoor opengelaten wit vak de verschuldigde som, of wel *nihil*, gesteld.

– 2. Aan het slot der rekening wordt door den regter gesteld:

goedgekeurd ter somma van ...., met uitdrukking, in letters, van het geheel bedrag waarop dezelve is begroot, en daaronder een bevelschrift van ten uitvoer legging, hetwelk op de minuut ten uitvoer wordt gelegd.

– 3. De advocaat kan de herziening der begrooting aan het collegie, welks voorzitter of benoemd lid dezelve heeft gedaan, verzoeken bij een verzoekschrift, waarop niet wordt beschikt, dan nadat de belanghebbenden voor twee commissarissen uit het collegie, daartoe benoemd, zijn opgeroepen, om in hunne belangen te worden gehoord.

Art. 38

De begrootingen van den regter zijn niet aan regten van registratie of griffie onderworpen.

Art. 39

Bevelschrift tot betaling

De schuldenaar wordt tot de betaling genoodzaakt, hetzij krachtens het bevelschrift van ten uitvoer legging van den voorzitter of benoemden regter, hetzij krachtens de beschikking, door het collegie op een verzoek tot herziening genomen.

Art. 40

Verzet tegen bevelschrift tot betaling

– 1. Degene, ten wiens laste zoodanig bevelschrift is afgegeven, kan daartegen verzet doen.

– 2. Dit verzet wordt gebragt voor het collegie, welks voorzitter of benoemd lid het bevelschrift heeft afgegeven, en wordt als eene summiere zaak afgedaan.

– 3. De uitspraak op het verzet en de beschikking op een verzoek om herziening, zijn niet vatbaar voor verzet, hooger beroep of voorziening in cassatie.

Art. 41-42

Vervallen.

VIERDE TITEL

Art. 43-52

Vervallen.

VIJFDE TITEL

Art. 53-56

Vervallen.

ZESDE TITEL

Slotbepalingen

Art. 57

Vergoeding aan bewaarders, deskundigen en getuigen

Wij stellen, bij algemene maatregel van bestuur, de bedragen vast, welke wegens werkzaamheden, tijdverzuim en daarmede verband houdende noodzakelijke kosten, en wegens reis- en verblijfkosten toekomen aan:

a. houders of bewaarders van stukken, die opgeroepen worden om stukken, welke onder hun berusting of bewaring zijn, voor de rechter te brengen;

b. deskundigen;

c. getuigen.

Art. 58

Vergoeding reiskosten van partijen

In de gevallen, waarin de partijen, tengevolge van een rechterlijke uitspraak verplicht zijn te reizen, worden de kosten, daardoor veroorzaakt, ten laste gebracht van de in de kosten veroordeelde partij, overeenkomstig de daarvan door de rechter vast te stellen begroting.

Art. 59

Citeertitel

Deze wet kan worden aangehaald als Wet tarieven in burgerlijke zaken.

V.4 VERDRAG BETREFFENDE DE RECHTERLIJKE BEVOEGDHEID EN DE TENUITVOERLEGGING VAN BESLISSINGEN IN BURGERLIJKE EN HANDELSZAKEN (VERDRAG VAN LUGANO)

[Inwerkingtreding: 01-01-1992]

Verdrag van 16 september 1988, Trb. 1989, 58 (Rectificatie Trb. 1992, 72 en 1998, 73)

Preambule

De Hoge Verdragsluitende Partijen,

Geleid door de wens op hun grondgebied de rechtsbescherming van degenen die er gevestigd zijn, te vergroten,

Overwegende dat het daartoe noodzakelijk is de bevoegdheid van hun gerechten in internationaal verband vast te stellen, de erkenning van beslissingen te vergemakkelijken en, ter verzekering van de tenuitvoerlegging hiervan, alsmede van de tenuitvoerlegging van authentieke akten en gerechtelijke schikkingen, een vlotte rechtsgang in te voeren,

Zich bewust van hun onderlinge banden, die op economisch gebied zijn bekrachtigd door de vrijhandelsovereenkomsten tussen de Europese Economische Gemeenschap en de Europese Vrijhandelsassociatie,

Rekening houdend met het verdrag van Brussel van 27 september 1968 betreffende de rechterlijke bevoegdheid en de tenuitvoerlegging van beslissingen in burgerlijke en handelszaken, zoals dit gewijzigd is bij de toetredingsverdragen ingevolge de opeenvolgende uitbreidingen van de Europese Gemeenschappen,

Ervan overtuigd dat de uitbreiding van de beginselen van dat verdrag tot de Staten die partij zijn bij het onderhavige instrument, de juridische en economische samenwerking in Europa zal versterken,

Verlangende een zo groot mogelijke eenheid in de uitlegging ervan te bewerkstelligen,

Hebben in die geest besloten het onderhavige verdrag te sluiten en

Hebben overeenstemming bereikt omtrent de volgende bepalingen:

TITEL I
Toepassingsgebied

Art. 1

Reikwijdte

– 1. Dit verdrag wordt toegepast in burgerlijke en handelszaken, ongeacht de aard van het gerecht waarvoor deze zaken zich afspelen. Het heeft inzonderheid geen betrekking op fiscale zaken, douanezaken of administratiefrechtelijke zaken.

– 2. Het is niet van toepassing op:

1. de staat en de bevoegdheid van natuurlijke personen, het huwelijksgoederenrecht, testamenten en erfenissen;
2. het faillissement, akkoorden en andere soortgelijke procedures;
3. de sociale zekerheid;
4. de arbitrage.

TITEL II
Bevoegdheid

AFDELING 1
Algemene bepalingen

Art. 2

Rechterlijke bevoegdheid

– 1. Onverminderd de bepalingen van dit verdrag worden degenen die woonplaats hebben op het grondgebied van een Verdragsluitende Staat, ongeacht hun nationaliteit, opgeroepen voor de gerechten van die Staat.

– 2. Voor degenen die niet de nationaliteit bezitten van de Staat waar zij woonplaats hebben, gelden de regels van rechterlijke bevoegdheid die op de eigen onderdanen van die Staat van toepassing zijn.

Art. 3

Exorbitante bevoegdheden

– 1. Degenen die op het grondgebied van een Verdragsluitende Staat woonplaats hebben, kunnen niet voor de rechter van een andere Verdragsluitende Staat worden opgeroepen dan krachtens de in de afdelingen 2 tot en met 6 van deze titel gegeven regels.

– 2. Tegen hen kunnen met name niet worden ingeroepen:

– in België: artikel 15 van het Burgerlijk Wetboek (Code civil) en artikel 638 van het Gerechtelijk Wetboek (Code judiciaire);

– in Denemarken: artikel 246, lid 2 en 3, van de Wet op de burgerlijke rechtsvordering (Lov om rettens pleje);

– in de Bondsrepubliek Duitsland: artikel 23 van het Wetboek van Burgerlijke Rechtsvordering (Zivilprozessordnung);
– in Griekenland: artikel 40 van het Wetboek van Burgerlijke Rechtsvordering (Κώδικαω Πολιτικήω Δικουομΰαω);
– in Frankrijk: de artikelen 14 en 15 van het Burgerlijk Wetboek (Code civil);
– in Ierland: de bepalingen inzake de bevoegdheid die berust op de omstandigheid dat een het geding inleidend stuk wordt betekend of meegedeeld aan de verweerder die tijdelijk in Ierland verblijft;
– in IJsland: artikel 77 van het Wetboek van Burgerlijke Rechtsvordering (lög um meðferð einkamála i héraði);
– in Italië: de artikelen 2 en 4, No. 1 en No. 2, van het Wetboek van Burgerlijke Rechtsvordering (Codice di procedura civile);
– in Luxemburg: de artikelen 14 en 15 van het Burgerlijk Wetboek (Code civil);
– in Nederland: de artikelen 126, lid 3, en 127 van het Wetboek van Burgerlijke Rechtsvordering;
– in Noorwegen: artikel 32 van het Wetboek van Burgerlijke Rechtsvordering (Tvistemålsloven);
– in Oostenrijk: artikel 99 van de Wet op de Rechterlijke Organisatie (Jurisdiktionsnorm);
– in Portugal: de artikelen 65, lid 1, onder *c)*, 65, lid 2 en 65A, onder *c)*, van het Wetboek van Burgerlijke Rechtsvordering (Código de Processo Civil) en artikel 11 van het Wetboek van Rechtsvordering in arbeidszaken (Código de Processo do Trabalho);
– in Zwitserland: de bevoegdheid van de kantonnale rechtbank van de plaats van beslag (for du lieu du séquestre/Gerichtsstand des Arrestortes/foro del luogo del sequestro), als bedoeld in artikel 4 van de federale wet betreffende het internationaal privaatrecht (Loi fédérale sur le droit international privé/Bundesgesetz über das internationale Privatrecht/Legge federale sul diritto internazionale privato);
– in Finland: de tweede, de derde en de vierde zin van artikel 1 van hoofdstuk 10 van het Wetboek van Rechtsvordering (oikeudenkäymiskaari/rättegångsbalken);
– in Zweden: de eerste zin van artikel 3 van hoofdstuk 10 van het Wetboek van Rechtsvordering (Rättegångsbalken);
– in het Verenigd Koninkrijk: de bepalingen inzake de bevoegdheid die berust op:
a) de omstandigheid dat een het geding inleidend stuk wordt betekend of medegedeeld aan de verweerder die tijdelijk in het Verenigd Koninkrijk verblijft;
b) de aanwezigheid van goederen die toebehoren aan de verweerder in het Verenigd Koninkrijk; of
c) het beslag door de eiser gelegd op goederen die zich in het Verenigd Koninkrijk bevinden.

Art. 4

Toepasselijk recht bevoegdheid

– 1. Indien de verweerder geen woonplaats heeft op het grondgebied van een Verdragsluitende Staat, wordt de bevoegdheid in elke Verdragsluitende Staat geregeld door de wetgeving van die Staat, onverminderd de toepassing van het bepaalde in artikel 16.
– 2. Tegen deze verweerder kan ieder, ongeacht zijn nationaliteit, die op het grondgebied van een verdragsluitende Staat woonplaats heeft, aldaar op dezelfde voet als de eigen onderdanen van die Staat de bevoegdheidsregels inroepen die er van kracht zijn, met name de regels, bedoeld in artikel 3, tweede lid.

AFDELING 2
Bijzondere bevoegdheid

Art. 5

Bijzondere bevoegdheden

De verweerder die woonplaats heeft op het grondgebied van een Verdragsluitende Staat, kan in een andere Verdragsluitende Staat voor de navolgende gerechten worden opgeroepen:
1. ten aanzien van verbintenissen uit overeenkomst: voor het gerecht van de plaats waar de verbintenis die aan de eis ten grondslag ligt, is uitgevoerd of moet worden uitgevoerd; ten aanzien van individuele verbintenissen uit arbeidsovereenkomst is dit de plaats waar de werknemer gewoonlijk zijn arbeid verricht en, wanneer de werknemer niet in een zelfde land gewoonlijk zijn arbeid verricht, de plaats waar zich de vestiging bevindt die de werknemer in dienst heeft genomen;
2. ten aanzien van onderhoudsverplichtingen: voor het gerecht van de plaats waar de tot onderhoud gerechtigde zijn woonplaats of zijn gewone verblijfplaats heeft of, indien het een bijkomende eis is die verbonden is met een vordering betreffende de staat van personen, voor het gerecht dat volgens zijn eigen wet bevoegd is daarvan kennis te nemen, behalve in het geval dat deze bevoegdheid uitsluitend berust op de nationaliteit van een der partijen;
3. ten aanzien van verbintenissen uit onrechtmatige daad: voor het gerecht van de plaats waar het schadebrengende feit zich heeft voorgedaan;

4. ten aanzien van een op een strafbaar feit gegronde rechtsvordering tot schadevergoeding of tot teruggave: voor het gerecht waarbij de strafvervolging is ingesteld, zulks voor zover volgens de interne wetgeving dit gerecht van de burgerlijke vordering kennis kan nemen;
5. ten aanzien van een geschil betreffende de exploitatie van een filiaal, van een agentschap of enige andere vestiging: voor het gerecht van de plaats waar zij gelegen zijn;
6. als oprichter, trustee of begunstigde van een trust, die in het leven is geroepen op grond van de wet of bij geschrifte dan wel bij een schriftelijk bevestigde mondelinge overeenkomst: voor de gerechten van de Verdragsluitende Staat op het grondgebied waarvan de trust gevestigd is;
7. ten aanzien van een geschil betreffende de betaling van de beloning wegens de hulp of berging die aan een lading of vracht ten goede is gekomen: voor het gerecht in het rechtsgebied waarvan op deze lading of de daarop betrekking hebbende vracht:
a) beslag is gelegd tot zekerheid van deze betaling, of
b) daartoe beslag had kunnen worden gelegd, maar borgtocht of andere zekerheid is gesteld;
deze bepaling is slechts van toepassing indien wordt beweerd dat de verweerder een recht heeft op de lading of de vracht, of dat hij daarop een zodanig recht had op het tijdstip van deze hulp of berging.

Art. 6

Oproeping

Deze verweerder kan ook worden opgeroepen:
1. indien er meer dan één verweerder is: voor het gerecht van de woonplaats van een hunner;
2. bij een vordering tot vrijwaring of bij een vordering tot voeging of tussenkomst: voor het gerecht waarvoor de oorspronkelijke vordering aanhangig is, tenzij de vordering slechts is ingesteld om de opgeroepene af te trekken van de rechter die de wet hem toekent;
3. ten aanzien van een tegeneis die voortspruit uit de overeenkomst of uit het rechtsfeit waarop de oorspronkelijke eis is gegrond: voor het gerecht waar deze laatste aanhangig is;
4. ten aanzien van een verbintenis uit overeenkomst, indien de vordering vergezeld kan gaan van een zakelijke vordering betreffende een onroerend goed tegen dezelfde verweerder: voor de gerechten van de Verdragsluitende Staat waarin het onroerend goed gelegen is.

Art. 6 bis

Vorderingen inzake aansprakelijkheid

Wanneer een gerecht van een Verdragsluitende Staat uit hoofde van dit verdrag bevoegd is kennis te nemen van vorderingen ter zake van aansprakelijkheid voortvloeiend uit het gebruik of de exploitatie van een schip, neemt dit gerecht, of elk ander gerecht dat volgens het nationale recht van deze Staat in zijn plaats treedt, tevens kennis van de vorderingen tot beperking van deze aansprakelijkheid.

AFDELING 3
Bevoegdheid in verzekeringszaken

Art. 7

Bevoegdheid verzekeringszaken

De bevoegdheid in verzekeringszaken is in deze afdeling geregeld, onverminderd het bepaalde in de artikelen 4 en 5, nr. 5.

Art. 8

Oproeping

– 1. De verzekeraar met woonplaats op het grondgebied van een Verdragsluitende Staat kan worden opgeroepen:
1. voor de gerechten van de Staat waar hij woonplaats heeft, of
2. in een andere Verdragsluitende Staat, voor het gerecht voor de woonplaats van de verzekeringnemer, of
3. indien het een medeverzekeraar betreft, voor het gerecht van een Verdragsluitende Staat waar de vordering tegen de eerste verzekeraar is ingesteld.
– 2. Wanneer de verzekeraar geen woonplaats heeft op het grondgebied van een Verdragsluitende Staat, maar in een Verdragsluitende Staat een filiaal, een agentschap of enige andere vestiging heeft, wordt hij voor de geschillen betreffende de exploitatie daarvan geacht woonplaats te hebben op het grondgebied van die Staat.

Art. 9

Geschil inzake aansprakelijkheidsverzekering

De verzekeraar kan bovendien worden opgeroepen voor het gerecht van de plaats waar het schadebrengende feit zich heeft voorgedaan, indien het geschil een aansprakelijkheidsverzekering of een verzekering welke betrekking heeft op onroerende goederen betreft. Hetzelfde geldt voor het geval dat de verzekering zowel betrekking heeft op onroerende als op roerende goederen welke door een zelfde polis zijn gedekt en door hetzelfde onheil zijn getroffen.

Art. 10

Aansprakelijkheidsverzekering

– 1. Ter zake van aansprakelijkheidsverzekering kan de verzekeraar eveneens worden opgeroepen voor het gerecht waar de rechtsvordering van de getroffene tegen de verzekerde aanhangig is, indien de voor dit gerecht geldende wetgeving het toelaat.
– 2. De artikelen 7, 8 en 9 zijn van toepassing op de vordering welke door de getroffene rechtstreeks tegen de verzekeraar wordt ingesteld, indien de rechtstreekse vordering mogelijk is.

– 3. Indien de wettelijke bepalingen betreffende deze rechtstreekse vordering het in het geding roepen van de verzekeringnemer of de verzekerde regelen, is hetzelfde gerecht ook te hunnen opzichte bevoegd.

Art. 11

Indienen vordering

– 1. Onverminderd het bepaalde in artikel 10, derde lid, kan de vordering van de verzekeraar slechts worden gebracht voor de gerechten van de Verdragsluitende Staat op het grondgebied waarvan de verweerder woonplaats heeft, ongeacht of deze laatste verzekeringnemer, verzekerde of begunstigde is.

– 2. De bepalingen van deze afdeling laten het recht om een tegeneis in te stellen bij het gerecht voor hetwelk met inachtneming van deze afdeling de oorspronkelijke eis is gebracht, onverlet.

Art. 12

Afwijken

Van de bepalingen van deze afdeling kan slechts worden afgeweken door overeenkomsten:

1. gesloten na het ontstaan van het geschil, of
2. die aan de verzekeringnemer, de verzekerde of de begunstigde de mogelijkheid geven de zaak bij andere gerechten dan de in deze afdeling genoemde aanhangig te maken, of
3. waarbij een verzekeringnemer en een verzekeraar die, op het tijdstip waarop de overeenkomst wordt gesloten, hun woonplaats of gewone verblijfplaats in dezelfde Verdragsluitende Staat hebben, zelfs als het schadebrengende feit zich in het buitenland heeft voorgedaan, de gerechten van die Staat bevoegd verklaren, tenzij de wetgeving van die Staat dergelijke overeenkomsten verbiedt, of
4. gesloten door een verzekeringnemer die zijn woonplaats niet in een Verdragsluitende Staat heeft, behoudens in geval van verplichte verzekering dan wel in geval van verzekering van een in een Verdragsluitende Staat gelegen onroerend goed, of
5. die betrekking hebben op een verzekeringsovereenkomst, voor zover daarmee een of meer van de risico's bedoeld in artikel 12 *bis* worden gedekt.

Art. 12 bis

Risico's

De in artikel 12, nr. 5 bedoelde risico's zijn de volgende:

1. elke schade

a) aan zeeschepen, vaste installaties in de kustwateren of in volle zee, of luchtvaartuigen, die wordt veroorzaakt door gebeurtenissen in verband met het gebruik daarvan voor handelsdoeleinden,

b) aan andere goederen dan de bagage van passagiers, toegebracht tijdens het vervoer met deze schepen of luchtvaartuigen of tijdens gemengd vervoer waarbij mede met deze schepen of luchtvaartuigen wordt vervoerd;

2. elke aansprakelijkheid, met uitzondering van die voor lichamelijk letsel van passagiers of schade aan hun bagage

a) voortvloeiend uit het gebruik of de exploitatie van de schepen, installaties of luchtvaartuigen overeenkomstig nr. 1, sub *a)*, voor zover ter zake overeenkomsten tot aanwijzing van een bevoegde rechter niet zijn verboden bij de wet van de Verdragsluitende Staat waar de luchtvaartuigen ingeschreven zijn,

b) veroorzaakt door de goederen gedurende vervoer als bedoeld onder nr. 1, sub *b)*;

3. de geldelijke verliezen in verband met het gebruik of de exploitatie van de schepen, installaties of luchtvaartuigen overeenkomstig nr. 1 sub *a)*, inzonderheid verlies van vracht of verlies van opbrengst van vervrachting;

4. elk risico dat komt bij een van de onder nr. 1 tot en met nr. 3 genoemde risico's.

AFDELING 4

Bevoegdheid inzake door consumenten gesloten overeenkomsten

Art. 13

Bevoegdheid

– 1. Ter zake van overeenkomsten gesloten door een persoon voor een gebruik dat als niet bedrijfs- of beroepsmatig kan worden beschouwd, hierna te noemen de consument, wordt de bevoegdheid geregeld door deze afdeling, onverminderd het bepaalde in de artikelen 4 en 5, nr. 5,

1. wanneer het gaat om koop en verkoop op afbetaling van roerende lichamelijke zaken,
2. wanneer het gaat om leningen op afbetaling of andere krediettransacties ter financiering van koopovereenkomsten van zodanige zaken,
3. voor elke andere overeenkomst die betrekking heeft op de verstrekking van diensten of op de levering van roerende lichamelijke zaken indien

a) de sluiting van de overeenkomst in de Staat waar de consument woonplaats heeft, is voorafgegaan door een bijzonder voorstel of reclame, en

b) de consument in die Staat de voor de sluiting van die overeenkomst noodzakelijke handelingen heeft verricht.

– 2. Wanneer de wederpartij van de consument geen woonplaats heeft op het grondgebied van een Verdragsluitende Staat, maar in een Verdragsluitende Staat een filiaal, een agentschap of enige andere vestiging heeft, wordt hij voor de geschillen betreffende de exploitatie daarvan geacht woonplaats te hebben op het grondgebied van die Staat.
– 3. Deze afdeling is niet van toepassing op de vervoerovereenkomst.

Art. 14

Instellen rechtsvordering

– 1. De rechtsvordering die door een consument wordt ingesteld tegen de wederpartij bij de overeenkomst kan worden gebracht hetzij voor de gerechten van de Verdragsluitende Staat op het grondgebied waarvan deze partij woonplaats heeft, hetzij voor de gerechten van de Verdragsluitende Staat op het grondgebied waarvan de consument woonplaats heeft.
– 2. De rechtsvordering die tegen de consument wordt ingesteld door de andere partij bij de overeenkomst kan slechts worden gebracht voor de gerechten van de Verdragsluitende Staat op het grondgebied waarvan de consument woonplaats heeft.
– 3. Deze bepalingen laten het recht om een tegeneis in te stellen bij het gerecht, waarvoor met inachtneming van deze afdeling de oorspronkelijke eis is gebracht, onverlet.

Art. 15

Afwijken

Van de bepalingen van deze afdeling kan slechts worden afgeweken door overeenkomsten:
1. gesloten na het ontstaan van het geschil, of
2. die aan de consument de mogelijkheid geven de zaak bij andere gerechten dan de in deze afdeling genoemde aanhangig te maken, of
3. waarbij een consument en zijn wederpartij, die op het tijdstip van het sluiten van de overeenkomst hun woonplaats of hun gewone verblijfplaats hebben in dezelfde verdragsluitende Staat, de gerechten van die Staat bevoegd verklaren, tenzij de wetgeving van die Staat dergelijke overeenkomsten verbiedt.

AFDELING 5
Exclusieve bevoegdheid

Art. 16

Exclusieve bevoegdheden

Ongeacht de woonplaats zijn bij uitsluiting bevoegd:
1.
a) ten aanzien van zakelijke rechten op en huur en verhuur, pacht en verpachting van onroerende goederen: de gerechten van de Verdragsluitende Staat waar het onroerend goed gelegen is,
b) ten aanzien evenwel van huur en verhuur, pacht en verpachting van onroerende goederen voor tijdelijk particulier gebruik voor ten hoogste zes opeenvolgende maanden: eveneens de gerechten van de Verdragsluitende Staat waar de verweerder woonplaats heeft, mits de huurder of pachter een natuurlijke persoon is en geen van de partijen woonplaats heeft in de Verdragsluitende Staat waar het onroerend goed gelegen is;
2. ten aanzien van de geldigheid, de nietigheid of de ontbinding van vennootschappen of rechtspersonen met plaats van vestiging in een Verdragsluitende Staat, dan wel ten aanzien van de besluiten van hun organen: de gerechten van die Staat;
3. ten aanzien van de geldigheid van inschrijvingen in openbare registers: de gerechten van de Verdragsluitende Staat waar deze registers worden gehouden;
4. ten aanzien van de registratie of de geldigheid van octrooien, merken, tekeningen en modellen van nijverheid, en andere soortgelijke rechten welke aanleiding geven tot deponering of registratie: de gerechten van de Verdragsluitende Staat op het grondgebied waarvan de deponering of registratie is verzocht, heeft plaatsgehad of geacht wordt te hebben plaatsgehad in de zin van een internationale overeenkomst;
5. ten aanzien van de tenuitvoerlegging van beslissingen: de gerechten van de Verdragsluitende Staat van de plaats van tenuitvoerlegging.

AFDELING 6
Door partijen aangewezen bevoegde rechter

Art. 17

Forumkeuze

– 1. Wanneer de partijen, van wie er ten minste één woonplaats heeft op het grondgebied van een Verdragsluitende Staat, een gerecht of de gerechten van een Verdragsluitende Staat hebben aangewezen voor de kennisneming van geschillen welke naar aanleiding van een bepaalde rechtsbetrekking zijn ontstaan of zullen ontstaan, is dit gerecht of zijn de gerechten van die Staat bij uitsluiting bevoegd. Deze overeenkomst tot aanwijzing van een bevoegde rechter dient te worden gesloten:
a) hetzij bij een schriftelijke overeenkomst, hetzij bij een schriftelijk bevestigde mondelinge overeenkomst;

b) hetzij in een vorm die wordt toegelaten door de handelswijzen die tussen de partijen gebruikelijk zijn geworden;
c) hetzij, in de internationale handel, in een vorm die overeenstemt met een gewoonte waarvan de partijen op de hoogte zijn of hadden behoren te zijn en die in de internationale handel algemeen bekend is en door partijen bij dergelijke overeenkomsten in de betrokken handelsbranche doorgaans in acht wordt genomen.
Wanneer een dergelijke overeenkomst wordt gesloten door partijen die geen van allen woonplaats op het grondgebied van een Verdragsluitende Staat hebben, kunnen de gerechten van de andere Verdragsluitende Staten van het geschil geen kennis nemen, zolang het aangewezen gerecht of de aangewezen gerechten zich niet onbevoegd hebben verklaard.
– 2. Het gerecht of de gerechten van een Verdragsluitende Staat waaraan in de oprichtingsakte van een trust bevoegdheid is toegekend, zijn bij uitsluiting bevoegd kennis te nemen van een vordering tegen een oprichter, een trustee of een begunstigde van een trust, als het gaat om de betrekkingen tussen deze personen of om hun rechten of verplichtingen in het kader van de trust.
– 3. Overeenkomsten tot aanwijzing van een bevoegde rechter en soortgelijke bedingen in akten tot oprichting van een trust hebben geen rechtsgevolg indien zij strijdig zijn met de bepalingen van de artikelen 12 en 15, of indien de gerechten op welker bevoegdheid inbreuk wordt gemaakt, krachtens artikel 16 bij uitsluiting bevoegd zijn.
– 4. Indien een overeenkomst tot aanwijzing van een bevoegde rechter slechts is gemaakt ten behoeve van een der partijen, behoudt deze het recht zich te wenden tot elk ander gerecht dat op grond van dit verdrag bevoegd is.
– 5. Ten aanzien van geschillen inzake individuele arbeidsovereenkomsten hebben overeenkomsten tot aanwijzing van een bevoegde rechter alleen gevolg indien deze laatste overeenkomsten zijn gesloten na het ontstaan van het geschil.

Art. 18

Bevoegdheid rechter

Buiten de gevallen waarin zijn bevoegdheid voortvloeit uit andere bepalingen van dit verdrag, is de rechter van een Verdragsluitende Staat voor wie de verweerder verschijnt, bevoegd. Dit voorschrift is niet van toepassing indien de verschijnen uitsluitend ten doel heeft de bevoegdheid te betwisten, of indien er een ander gerecht bestaat dat krachtens artikel 16 bij uitsluiting bevoegd is.

AFDELING 7
Toetsing van de bevoegdheid en de ontvankelijkheid

Art. 19

Ambtshalve onbevoegd

De rechter van een Verdragsluitende Staat bij wie een geschil aanhangig is gemaakt met als inzet een vordering waarvoor krachtens artikel 16 een gerecht van een andere Verdragsluitende Staat bij uitsluiting bevoegd is, verklaart zich ambtshalve onbevoegd.

Art. 20

Niet verschijnen

– 1. Wanneer de verweerder met woonplaats op het grondgebied van een Verdragsluitende Staat voor een gerecht van een andere Verdragsluitende Staat wordt opgeroepen en niet verschijnt, verklaart de rechter zich ambtshalve onbevoegd indien zijn bevoegdheid niet berust op de bepalingen van dit verdrag.
– 2. De rechter is verplicht zijn uitspraak aan te houden zolang niet vaststaat dat de verweerder in de gelegenheid is gesteld het stuk dat het geding inleidt of een gelijkwaardig stuk, zo tijdig als met het oog op de verdediging nodig was, te ontvangen, of dat daartoe al het nodige is gedaan.
– 3. Het bepaalde in het voorgaande lid wordt vervangen door de bepalingen van artikel 15 van het verdrag van 's-Gravenhage van 15 november 1965 inzake de betekening en de kennisgeving in het buitenland van gerechtelijke en buitengerechtelijke stukken in burgerlijke of handelszaken, indien de toezending van het stuk dat het geding inleidt, overeenkomstig het bepaalde in dat verdrag moest geschieden.

AFDELING 8
Aanhangigheid en samenhang

Art. 21

Aanhouden uitspraak

– 1. Wanneer voor gerechten van verschillende Verdragsluitende Staten tussen dezelfde partijen vorderingen aanhangig zijn, welke hetzelfde onderwerp betreffen en op dezelfde oorzaak berusten, houdt het gerecht waarbij de zaak het laatst is aangebracht zijn uitspraak ambtshalve aan totdat de bevoegdheid van het gerecht waarbij de zaak het eerst is aangebracht, vaststaat.
– 2. Wanneer de bevoegdheid van het gerecht waarbij de zaak het eerst is aangebracht, vaststaat, verklaart het gerecht waarbij de zaak het laatst is aangebracht, zich onbevoegd.

Art. 22

– 1. Wanneer samenhangende vorderingen bij gerechten van verschillende Verdragsluitende Staten zijn aangebracht en in eerste aanleg aanhangig zijn, kan het gerecht waarbij de zaak het laatst is aangebracht, zijn uitspraak aanhouden.

– 2. Dit gerecht kan, op verzoek van een der partijen, ook tot verwijzing overgaan mits zijn wetgeving de voeging van samenhangende zaken toestaat en het gerecht waarbij de zaak het eerst is aangebracht, bevoegd is van de beide vorderingen kennis te nemen.

– 3. Samenhangend in de zin van dit artikel zijn vorderingen waartussen een zodanig nauwe band bestaat dat een goede rechtsbedeling vraagt om hun gelijktijdige behandeling en berechting, ten einde te vermijden dat bij afzonderlijke berechting van de zaken onverenigbare uitspraken worden gegeven.

Aanhouden mogelijk

Art. 23

Wanneer ten aanzien van de vorderingen meer dan een gerecht bij uitsluiting bevoegd is, worden partijen verwezen naar het gerecht waarbij de zaak het eerst aanhangig is gemaakt.

Verwijzing

AFDELING 9

Voorlopige maatregelen en maatregelen tot bewaring van recht

Art. 24

In de wetgeving van een Verdragsluitende Staat voorziene voorlopige of bewarende maatregelen kunnen bij de rechterlijke autoriteiten van die Staat worden aangevraagd, zelfs indien een gerecht van een andere Verdragsluitende Staat krachtens dit verdrag bevoegd is van het bodemgeschil kennis te nemen.

Aanvragen

TITEL III

Erkenning en tenuitvoerlegging

Art. 25

Onder beslissing in de zin van dit verdrag wordt verstaan, elke door een gerecht van een Verdragsluitende Staat gegeven beslissing, ongeacht de daaraan gegeven benaming, zoals arrest, vonnis, beschikking of rechterlijk dwangbevel, alsmede de vaststelling door de griffier van het bedrag der proceskosten.

Beslissing

AFDELING 1

Erkenning

Art. 26

– 1. De in een Verdragsluitende Staat gegeven beslissingen worden in de overige Verdragsluitende Staten erkend zonder vorm van proces.

– 2. Indien tegen de erkenning van een beslissing bezwaar wordt gemaakt, kan iedere partij die er belang bij heeft, ten principale te zien vastgesteld dat de beslissing erkend dient te worden, gebruik maken van de procedure, geregeld in de afdelingen 2 en 3 van deze titel.

– 3. Wordt ten overstaan van een gerecht van een Verdragsluitende Staat de erkenning bij wege van tussenvordering gevraagd, dan is dit gerecht bevoegd om van de vordering kennis te nemen.

Erkenning

Art. 27

Beslissingen worden niet erkend:

1. indien de erkenning strijdig is met de openbare orde van de aangezochte Staat;
2. indien het stuk dat het geding inleidt of een gelijkwaardig stuk niet regelmatig en zo tijdig als met het oog op zijn verdediging nodig was, aan de verweerder tegen wie verstek werd verleend, is betekend of is medegedeeld;
3. indien de beslissing onverenigbaar is met een tussen dezelfde partijen in de aangezochte Staat gegeven beslissing;
4. indien de rechter van de Staat van herkomst, om tot zijn beslissing te komen, zich heeft uitgesproken over een vraag betreffende de staat of de bevoegdheid van natuurlijke personen, het huwelijksgoederenrecht, testamenten en erfenissen en daarbij een regel van internationaal privaatrecht van de aangezochte Staat heeft geschonden, tenzij de beslissing tot hetzelfde resultaat voert als wanneer de regels van internationaal privaatrecht van de aangezochte Staat zouden zijn toegepast;
5. indien de beslissing onverenigbaar is met een beslissing die vroeger in een niet bij het verdrag partij zijnde Staat tussen dezelfde partijen is gegeven in een geschil dat hetzelfde onderwerp betreft en op dezelfde oorzaak berust, mits deze laatste beslissing voldoet aan de voorwaarden voor erkenning in de aangezochte Staat.

Geen erkenning

Art. 28

– 1. De beslissingen worden eveneens niet erkend indien de bepalingen van de afdelingen 3, 4 en 5 van titel II zijn geschonden, alsook indien het in artikel 59 bedoelde geval zich voordoet.

Eveneens geen erkenning

– 2. Erkenning van een beslissing kan voorts worden geweigerd indien een van de in artikel 54 *ter*, derde lid, of in artikel 57, vierde lid, bedoelde gevallen zich voordoet.
– 3. Bij de toetsing of de in de vorige leden genoemde bevoegdheidsregels niet geschonden zijn, is de aangezochte instantie gebonden aan de feitelijke overwegingen op grond waarvan het gerecht van de Staat van herkomst zijn bevoegdheid heeft aangenomen.
– 4. Onverminderd het bepaalde in de eerste twee leden, mag de bevoegdheid van de gerechten van de Staat van herkomst niet worden getoetst; de bevoegdheidsregels betreffen niet de openbare orde als bedoeld in artikel 27, nr. 1.

Art. 29

Geen onderzoek naar juistheid beslissing

In geen geval wordt overgegaan tot een onderzoek van de juistheid van de in den vreemde gegeven beslissing.

Art. 30

Aanhouden uitspraak

– 1. De rechterlijke autoriteit van een Verdragsluitende Staat, bij wie de erkenning van een in een andere Verdragsluitende Staat gegeven beslissing wordt ingeroepen, kan haar uitspraak aanhouden indien tegen deze beslissing een gewoon rechtsmiddel is aangewend.
– 2. De rechterlijke autoriteit van een Verdragsluitende Staat, bij wie de erkenning wordt ingeroepen van een in Ierland of het Verenigd Koninkrijk gegeven beslissing, waarvan de tenuitvoerlegging door een daartegen aangewend rechtsmiddel in de Staat van herkomst is geschorst, kan haar uitspraak aanhouden.

AFDELING 2
Tenuitvoerlegging

Art. 31

Tenuitvoerlegging

– 1. De beslissingen die in een Verdragsluitende Staat gegeven zijn en daar uitvoerbaar zijn, kunnen in een andere Verdragsluitende Staat ten uitvoer worden gelegd, nadat zij aldaar, ten verzoeke van iedere belanghebbende partij, uitvoerbaar zijn verklaard.
– 2. In het Verenigd Koninkrijk worden deze beslissingen in Engeland en Wales, in Schotland of in Noord-Ierland echter eerst ten uitvoer gelegd na ten verzoeke van iedere belanghebbende partij in het betrokken deel van het Verenigd Koninkrijk voor tenuitvoerlegging te zijn geregistreerd.

Art. 32

Bevoegde rechter

– 1. Het verzoek wordt gericht:
– in België, tot de rechtbank van eerste aanleg of tribunal de première instance;
– in Denemarken, tot de byret;
– in de Bondsrepubliek Duitsland, tot de President van een kamer van het Landgericht;
– in Griekenland, tot μονομελεω πρςτοδικεῦο;
– in Spanje, tot de Juzgado de Primera Instancia;
– in Frankrijk, tot de President van het tribunal de grande instance;
– in Ierland, tot het High Court;
– in IJsland, tot de héraδsdómari;
– in Italië, tot het corte d'appello;
– in Luxemburg, tot de President van het tribunal d'arrondissement;
– in Nederland, tot de President van de arrondissementsrechtbank;
– in Noorwegen, tot de herredsrett of byrett als namsrett;
– in Oostenrijk, tot het Landesgericht of het Kreisgericht;
– in Portugal, tot het Tribunal Judicial de Circulo; de beslissing wordt gegeven door de Juiz de Circulo;
– in Zwitserland:
a) ten aanzien van beslissingen houdende een veroordeling tot betaling van een geldsom, tot het gerecht dat opheffing gelast/juge de la mainlevée/Rechtsöffnungsrichter/giudice competente a pronunciare sul rigetto dell'opposizione in het geval van de procedure krachtens de artikelen 80 en 81 van de Federale wet op vervolging wegens faillissementsschulden/Loi fédérale sur la poursuite pour dettes et la faillite/Bundesgesetz über Schuldbetreibung und Konkurs/Legge federale sulla esecuzione e sul fallimento;
b) ten aanzien van beslissingen niet houdende een veroordeling tot betaling van een geldsom, tot de bevoegde exequaturrechter van het kanton/juge cantonal d'exequatur compétent/zuständiger kantonaler Vollstreckungsrichter/giudice cantonele competente a pronunciare l'exequatur;
– in Finland, tot de ulosotonhaltija/överexejutor;
– in Zweden, tot de Svea hovrätt;
– in het Verenigd Koninkrijk:
a) in Engeland en Wales, tot het High Court of Justice of, in geval van een beslissing inzake

onderhoudsverplichtingen, tot het Magistrates' Court, door tussenkomst van de Secretary of State;
b) in Schotland, tot het Court of Session of, ingeval van een beslissing inzake onderhoudsverplichtingen, door tussenkomst van de Secretary of State, tot het Sheriff Court;
c) in Noord-Ierland, tot het High Court of Justice of, in geval van een beslissing inzake onderhoudsverplichtingen, door tussenkomst van de Secretary of State, tot het Magistrates' Court.
– 2. Het relatief bevoegde gerecht is dat van de woonplaats van de partij tegen wie de tenuitvoerlegging wordt gevraagd. Indien deze partij geen woonplaats heeft in de aangezochte Staat, wordt de bevoegdheid bepaald door de plaats van tenuitvoerlegging.

Art. 33

Vereisten verzoek

– 1. De vereisten waaraan het verzoek moet voldoen, worden vastgesteld door de wet van de aangezochte Staat.
– 2. De verzoeker moet, binnen het rechtsgebied van het gerecht dat van het verzoek kennis neemt, woonplaats kiezen. Kent echter de wetgeving van de aangezochte Staat geen woonplaatskeuze, dan kan de verzoeker een procesgemachtigde aanwijzen.
– 3. Bij het verzoek worden gevoegd de in de artikelen 46 en 47 genoemde documenten.

Art. 34

Onverwijld uitspraak

– 1. Het gerecht tot hetwelk het verzoek is gericht, doet onverwijld uitspraak; de partij tegen wie de tenuitvoerlegging wordt gevraagd, wordt in deze stand van de procedure niet gehoord.
– 2. Het verzoek kan slechts om een van de in de artikelen 27 en 28 genoemde redenen worden afgewezen.
– 3. In geen geval wordt overgegaan tot een onderzoek van de juistheid van de in den vreemde gegeven beslissingen.

Art. 35

Ter kennis brengen beslissing

De op het verzoek gegeven beslissing wordt door bemiddeling van de griffier onverwijld ter kennis van de verzoeker gebracht op de wijze als is bepaald in de wetgeving van de aangezochte Staat.

Art. 36

Verzet

– 1. Indien de tenuitvoerlegging wordt toegestaan, kan de partij tegen wie de tenuitvoerlegging wordt gevraagd, binnen één maand na de betekening van de beslissing daartegen verzet doen.
– 2. Indien deze partij woonplaats heeft in een andere Verdragsluitende Staat dan die waar de beslissing houdende verlof tot tenuitvoerlegging is gegeven, beloopt de termijn twee maanden en vangt aan op de dag dat de beslissing aan de partij in persoon of aan haar woonplaats is betekend. Deze termijn mag niet op grond van de afstand worden verlengd.

Art. 37

Bevoegde rechter verzet

– 1. Het verzet wordt volgens de regels van de procedure op tegenspraak gebracht:
– in België, voor de rechtbank van eerste aanleg of tribunal de première instance;
– in Denemarken, voor de landsret;
– in de Bondsrepubliek Duitsland, voor het Oberlandesgericht;
– in Griekenland, voor de εφετεῦο;
– in Spanje, voor de Audiencia Provincial;
– in Frankrijk, voor het cour d'appel;
– in Ierland, voor het High Court;
– in IJsland, voor de héraðsdómari;
– in Italië, voor het corte d'appello;
– in Luxemburg, voor het Cour supérieure de justice siégeant en matière d'appel civil;
– in Nederland, voor de arrondissementsrechtbank;
– in Noorwegen, voor de lagmansrett;
– in Oostenrijk, voor het Landesgericht of het Kreisgericht;
– in Portugal, voor het Tribunal da Relação;
– in Zwitserland, voor het tribunal du canton/Kantonsgericht/tribunale cantonale;
– in Finland, voor de hovioikeus/hovrätt;
– in Zweden, voor de Svea hovrätt;
– in het Verenigd Koninkrijk:
a) in Engeland en Wales, voor het high Court of Justice of, in geval van een beslissing inzake onderhoudsverplichtingen, voor het Magistrates' Court;
b) in Schotland voor het Court of Session of, in geval van een beslissing inzake onderhoudsverplichtingen, voor het Sheriff Court;
c) in Noord-Ierland, voor het High Court of Justice of, in geval van een beslissing inzake onderhoudsverplichtingen, voor het Magistrates' Court.
– 2. Tegen de op het verzet gegeven beslissing kan

– in België, Griekenland, Spanje, Frankrijk, Italië, Luxemburg en Nederland slechts een beroep in cassatie worden ingesteld;
– in Denemarken slechts, met machtiging van de minister van Justitie, een beroep bij de højesteret worden ingesteld;
– in de Bondsrepubliek Duitsland slechts het middel van Rechtsbeschwerde worden aangewend;
– in Ierland slechts het rechtsmiddel van beroep over een rechtsvraag bij het Supreme Court worden aangewend;
– in IJsland slechts een beroep bij de Hæstiréttur worden ingesteld;
– in Noorwegen slechts een beroep ('kjæremål' of 'anke') bij de Hoyesteretts Kjæremålsutvalg of Hoyesterett worden ingesteld;
– in Oostenrijk, in geval van beroep, slechts Revisionsrekurs worden ingesteld, en in geval van verzet slechts Berufung met de eventuele mogelijkheid van Revision;
– in Portugal slechts het rechtsmiddel van beroep inzake een rechtsvraag worden aangewend;
– in Zwitserland slechts een recours de droit public devant le tribunal fédéral/staatsrechtliche Beschwerde beim Bundesgericht/ricorso di diritto publico davanti al tribunale federale worden ingesteld;
– in Finland slechts een beroep bij het korkein oikeus/högsta domstolen worden ingesteld;
– in Zweden slechts een beroep bij het högsta domstolen worden ingesteld;
– in het Verenigd Koninkrijk slechts in één hogere instantie het rechtsmiddel van beroep over een rechtsvraag worden aangewend.

Art. 38

Aanhouden uitspraak

– 1. Het gerecht dat over het verzet oordeelt, kan op verzoek van de partij die het verzet heeft gedaan, zijn uitspraak aanhouden indien tegen de in den vreemde gegeven beslissing in de Staat van herkomst een gewoon rechtsmiddel is aangewend of indien de termijn daarvoor nog niet is verstreken; in dit laatste geval kan het gerecht een termijn stellen waarbinnen het rechtsmiddel moet worden aangewend.
– 2. Indien de beslissing in Ierland of het Verenigd Koninkrijk is gegeven, wordt elk rechtsmiddel dat in de Staat van herkomst kan worden ingesteld, voor de toepassing van het eerste lid beschouwd als een gewoon rechtsmiddel.
– 3. Dit gerecht kan het verlof tot tenuitvoerlegging ook geven op voorwaarde dat zekerheid wordt gesteld; de zekerheid wordt door het gerecht omschreven.

Art. 39

Bewarende maatregelen

– 1. Gedurende de termijn van verzet bedoeld in artikel 36, en tot het tijdstip dat daarover uitspraak is gedaan, kunnen slechts bewarende maatregelen worden genomen ten aanzien van de goederen van de partij tegen wie de tenuitvoerlegging is gevraagd.
– 2. De beslissing waarbij de tenuitvoerlegging wordt toegestaan, houdt tevens het verlof in deze maatregelen te treffen.

Art. 40

Hoger beroep

– 1. Indien zijn verzoek is afgewezen, kan de verzoeker daartegen beroep instellen;
– in België, bij het hof van beroep of cour d'appel;
– in Denemarken, bij de landsret;
– in de Bondsrepubliek Duitsland, bij het Oberlandesgericht;
– in Griekenland, bij de εφετεῦο;
– in Spanje, bij de Audiencia Provincial;
– in Frankrijk, bij het cour d'appel;
– in Ierland, bij het High Court;
– in IJsland, bij de héraδsdómari;
– in Italië, bij het corte d'appello;
– in Luxemburg, bij het Cour supérieure de Justice siégeant en materière d'appel civil;
– in Nederland, bij het gerechtshof;
– in Noorwegen, bij de lagmansrett;
– in Oostenrijk, bij het Landesgericht of het Kreisgericht;
– in Portugal, bij het Tribunal da Relação;
– in Zwitserland, bij het tribunal cantonal/Kantonsgericht/tribunale cantonale;
– in Finland, bij de hovioikeus/hovrätt;
– in Zweden, bij de Svea hovrätt;
– in het Verenigd Koninkrijk:
a) in Engeland en Wales, bij het High Court of Justice of, in geval van een beslissing inzake onderhoudsverplichtingen, bij het Magistrates' Court;
b) in Schotland bij het Court of Session of, in geval van een beslissing inzake onderhoudsverplichtingen, bij het Sheriff Court;

c) in Noord-Ierland, bij het High Court of Justice of, in geval van een beslissing inzake onderhoudsverplichtingen, bij het Magistrates' Court.

– 2. De partij tegen wie de tenuitvoerlegging is gevraagd, wordt opgeroepen te verschijnen voor het gerecht bij hetwelk het beroep is ingesteld. In geval van verstek zijn de bepalingen van artikel 20, tweede en derde lid, van toepassing, ook wanneer deze partij geen woonplaats heeft op het grondgebied van een der Verdragsluitende Staten.

Art. 41

Cassatieberoep

Tegen de beslissing waarbij over het beroep bedoeld in artikel 40 uitspraak wordt gedaan, kan

– in België, Griekenland, Spanje, Frankrijk, Italië, Luxemburg en Nederland slechts een beroep in cassatie worden ingesteld;

– in Denemarken slechts, met machtiging van de minister van Justitie, een beroep bij de højesteret worden ingesteld;

– in de Bondsrepubliek Duitsland slechts het middel van Rechtsbeschwerde worden aangewend;

– in Ierland slechts het rechtsmiddel van beroep over een rechtsvraag bij het Supreme Court worden aangewend;

– in IJsland slechts een beroep bij de Hæstiréttur worden ingesteld;

– in Noorwegen slechts een beroep ('kjæremål' of 'anke') bij de Hoyesteretts Kjæremålsutvalg of Hoyesterett worden ingesteld;

– in Oostenrijk, slechts Revisionsrekurs worden ingesteld;

– in Portugal slechts het rechtsmiddel van beroep inzake een rechtsvraag worden aangewend;

– in Zwitserland slechts een recours de droit public devant le tribunal fédéral/staatsrechtliche Beschwerde beim Bundesgericht/ricorso di diritto pubblico davanti a tribunale federale worden ingesteld;

– in Finland slechts een beroep bij het korkein oikeus/högsta domstolen worden ingesteld;

– in Zweden slechts een beroep bij het högsta domstolen worden ingesteld;

– in het Verenigd Koninkrijk slechts in één hogere instantie het rechtsmiddel van beroep over een rechtsvraag worden aangewend.

Art. 42

Tenuitvoerlegging voor onderdelen

– 1. Wanneer in de in den vreemde gegeven beslissing uitspraak is gedaan over meer dan een punt van de eis, en de tenuitvoerlegging niet voor het geheel kan worden toegestaan, staat de rechterlijke autoriteit de tenuitvoerlegging toe voor één of meer onderdelen daarvan.

– 2. De verzoeker kan vorderen dat het verlof tot tenuitvoerlegging een gedeelte van de uitspraak betreft.

Art. 43

Dwangsom

In den vreemde gegeven beslissingen die een veroordeling tot een dwangsom inhouden, kunnen in de aangezochte Staat slechts ten uitvoer worden gelegd indien het bedrag ervan door de gerechten van de Staat van herkomst definitief is bepaald.

Art. 44

Kosteloze rechtsbijstand

– 1. De verzoeker die in de Staat van herkomst in aanmerking kwam voor gehele of gedeeltelijke kosteloze rechtsbijstand of vrijstelling van kosten en uitgaven, komt in de procedure volgens de artikelen 32 tot en met 35 in aanmerking voor de meest gunstige bijstand of voor de meest ruime vrijstelling waarin het recht van de aangezochte Staat voorziet.

– 2. De verzoeker die tenuitvoerlegging van een in Denemarken of IJsland door een administratieve autoriteit gegeven beslissing inzake onderhoudsverplichtingen vraagt, kan in de aangezochte Staat een beroep doen op het in het eerste lid bedoelde voorrecht, indien hij een door het Deense of door het IJslandse Ministerie van Justitie afgegeven verklaring overlegt ten bewijze van het feit dat hij voldoet aan de economische voorwaarden om hem geheel of gedeeltelijk voor kosteloze rechtsbijstand of vrijstelling van kosten en uitgaven in aanmerking te doen komen.

Art. 45

Zekerheid of depot

Aan de partij die een Verdragsluitende Staat de tenuitvoerlegging vraagt van een in een andere Verdragsluitende Staat gegeven beslissing, kan geen enkele zekerheid of depot, onder welke benaming ook, worden opgelegd wegens de hoedanigheid van vreemdeling dan wel wegens het ontbreken van een woonplaats of verblijfplaats in eerstgenoemde Staat.

AFDELING 3

Gemeenschappelijke bepalingen

Art. 46

Overleggen expeditie

De partij die de erkenning inroept of de tenuitvoerlegging verzoekt van een beslissing, moet overleggen:

1. een expeditie ervan die voldoet aan de voorwaarden nodig voor haar echtheid;
2. indien de beslissing bij verstek gewezen is, het origineel of een voor eensluidend gewaar-

merkt afschrift van het document waaruit blijkt dat het stuk dat het geding heeft ingeleid of een gelijkwaardig stuk aan de niet verschenen partij is betekend of is medegedeeld.

Art. 47

Overleggen documenten

De partij die de tenuitvoerlegging verzoekt, moet bovendien overleggen:
1. enig document waaruit kan worden vastgesteld dat de beslissing volgens de wet van de Staat van herkomst uitvoerbaar is en betekend is geworden;
2. voor zover nodig, een document waaruit blijkt dat de verzoeker in de Staat van herkomst vergunning heeft verkregen om kosteloos of tegen verminderd tarief te procederen.

Art. 48

Termijn

– 1. Bij gebreke van overlegging van de in de artikelen 46, nr. 2 en 47, nr. 2 bedoelde documenten kan de rechterlijke autoriteit voor de overlegging een termijn bepalen of gelijkwaardige documenten aanvaarden, dan wel, indien zij zich voldoende voorgelicht acht, van de overlegging vrijstelling verlenen.
– 2. Indien de rechterlijke autoriteit zulks verlangt, wordt van de documenten een vertaling overlegd; de vertaling wordt gewaarmerkt door degene die in een van de Verdragsluitende Staten daartoe gemachtigd is.

Art. 49

Geen legalisatie

Geen enkele legalisatie of soortgelijke formaliteit mag worden geëist met betrekking tot de documenten genoemd in de artikelen 46, 47 en 48, tweede lid, alsook, in voorkomend geval, met betrekking tot de procesvolmacht.

TITEL IV
Authentieke akten en gerechtelijke schikkingen

Art. 50

Uitvoerbaarverklaring

– 1. Authentieke akten, verleden en uitvoerbaar in een Verdragsluitende Staat, worden op verzoek, overeenkomstig de in de artikelen 31 en volgende bedoelde procedure, in een andere Verdragsluitende Staat uitvoerbaar verklaard. Het verzoek kan slechts worden afgewezen indien de tenuitvoerlegging van de authentieke akte strijdig is met de openbare orde van de aangezochte Staat.
– 2. De overgelegde akte moet voldoen aan de voorwaarden, nodig voor haar echtheid in de Staat van herkomst.
– 3. De bepalingen van de afdeling 3 van titel III zijn, voor zover nodig, van toepassing.

Art. 51

Op dezelfde voet uitvoerbaar

Gerechtelijke schikkingen welke in de loop van een geding tot stand zijn gekomen en die uitvoerbaar zijn in de Staat van herkomst, zijn op dezelfde voet als authentieke akten uitvoerbaar in de aangezochte Staat.

TITEL V
Algemene bepalingen

Art. 52

Vaststelling woonplaats

– 1. Om vast te stellen of een partij woonplaats heeft op het grondgebied van de Verdragsluitende Staat, bij een van welks gerechten een zaak aanhangig is, past de rechter zijn interne wet toe.
– 2. Indien een partij geen woonplaats heeft in de Staat, bij een van welks gerechten een zaak aanhangig is, past de rechter ter vaststelling of zij een woonplaats heeft in een andere Verdragsluitende Staat, de wet van die Staat toe.

Art. 53

Vaststelling plaats van vestiging

– 1. Voor de toepassing van dit verdrag wordt de plaats van vestiging van vennootschappen en rechtspersonen gelijkgesteld met de woonplaats. Om deze plaats van vestiging vast te stellen, past de rechter evenwel de regels van het voor hem geldende internationaal privaatrecht toe.
– 2. Om vast te stellen of een trust gevestigd is in de Verdragsluitende Staat bij welks gerechten de zaak aanhangig is gemaakt, past de rechter de regels van het voor hem geldende internationaal privaatrecht toe.

TITEL VI
Overgangsbepalingen

Art. 54

Overgangsrecht

– 1. De bepalingen van dit verdrag zijn slechts van toepassing op rechtsvorderingen ingesteld en authentieke akten verleden na de inwerkingtreding van het verdrag in de Staat van herkomst en, indien de erkenning of tenuitvoerlegging van een beslissing of authentieke akte wordt verzocht, na de inwerkingtreding in de aangezochte Staat.
– 2. Evenwel worden beslissingen, gegeven na de dag van inwerkingtreding van dit verdrag in de betrekkingen tussen de Staat van herkomst en de aangezochte Staat naar aanleiding van

voor deze dag ingestelde vorderingen, erkend en ten uitvoer gelegd overeenkomstig de bepalingen van titel III, indien de toegepaste bevoegdheidsregels overeenkomen met de regels voorzien in titel II, of neergelegd in een verdrag dat tussen de Staat van herkomst en de aangezochte Staat van kracht was toen de vordering werd ingesteld.

– 3. Indien de partijen in een geschil over een overeenkomst vóór de inwerkingtreding van dit verdrag schriftelijk waren overeengekomen op deze overeenkomst het Ierse recht of het recht van een deel van het Verenigd Koninkrijk toe te passen, blijven de gerechten van Ierland of van dit deel van het Verenigd Koninkrijk bevoegd om van dit geschil kennis te nemen.

Art. 54 bis

Overgangsrecht zeerecht

Gedurende drie jaar na de inwerkingtreding van dit verdrag voor respectievelijk Denemarken, Griekenland, Ierland, IJsland, Noorwegen, Finland en Zweden, wordt in elk van deze Staten de bevoegdheid in zaken van zeerecht niet alleen bepaald overeenkomstig titel II ervan, maar ook overeenkomstig de bepalingen van nr. 1 tot en met nr. 7 hierna. Deze bepalingen zijn in elk van deze Staten evenwel niet langer van toepassing zodra het op 10 mei 1952 te Brussel ondertekende internationale verdrag tot eenmaking van enkele bepalingen inzake conservatoir beslag op zeeschepen voor die Staat in werking is getreden.

1. Hij die zijn woonplaats heeft in een Verdragsluitende Staat, kan in de volgende gevallen voor de gerechten van een van de hierboven genoemde Staten worden gedaagd ter zake van een zeerechtelijke vordering, wanneer op het schip waarop de vordering betrekking heeft of op enig ander schip waarvan hij eigenaar is, op het grondgebied van laatstgenoemde Staat gerechtelijk beslag is gelegd als zekerheid voor de vordering, of wanneer aldaar beslag had kunnen worden gelegd, maar er borgtocht dan wel enige andere zekerheid is gesteld:
a) indien de eiser zijn woonplaats in die Staat heeft;
b) indien de vordering in de Staat is ontstaan;
c) indien de vordering is ontstaan op een reis tijdens welke het beslag is gelegd of had kunnen worden gelegd;
d) indien de vordering voortspruit uit een aanvaring of schade die, hetzij door het uitvoeren of nalaten van een manoeuvre, hetzij door niet-naleving der reglementen, een schip heeft toegebracht aan een ander schip dan wel aan de zich aan boord van een van deze schepen bevindende zaken of personen;
e) indien de vordering is ontstaan uit hulp of berging;
f) indien de vordering betrekking heeft op een hypotheek of een anedere vorm van zekerheid betreffende het schip waarop beslag is gelegd.

2. Beslag kan worden gelegd op elk schip waarop de zeerechtelijke vordering betrekking heeft of op elk ander schip dat toebehoort aan degene die op het tijdstip van het ontstaan van de vordering eigenaar was van het schip waarop deze vordering betrekking heeft. Ter zake van de in nr. 5, sub *o), p)* of *q)*, bedoelde vorderingen kan evenwel alleen beslag worden gelegd op het schip waarop de vordering betrekking heeft.

3. Schepen worden geacht dezelfde eigenaar te hebben wanneer alle aandelen in handen zijn van dezelfde persoon of personen.

4. In geval van bevrachting waarbij de zeggenschap over het schip is overgedragen, kan, wanneer alleen de bevrachter aansprakelijk is voor een zeerechtelijke vordering ter zake van het schip, op dit schip of op enig ander schip van deze bevrachter beslag worden gelegd, doch kan ter zake van deze vordering geen beslag worden gelegd op enig ander schip van de eigenaar. Dit geldt ook in alle gevallen waarin een ander dan de eigenaar aansprakelijk is voor een zeerechtelijke vordering ter zake van het schip.

5. Onder 'zeerechtelijke vordering' wordt verstaan een vordering voortvloeiend uit:
a) schade veroorzaakt door een schip door aanvaring of anderszins;
b) dood of persoonlijk letsel veroorzaakt door een schip of voortspruitend uit de exploitatie van een schip;
c) hulp en berging;
d) overeenkomsten betreffende het gebruik of de huur van een schip bij wijze van bevrachting of anderszins;
e) overeenkomsten betreffende goederenvervoer per schip bij wijze van bevrachting, cognossement of anderszins;
f) verlies van of schade aan goederen, met inbegrip van de bagage, vervoerd per schip;
g) avarij-grosse;
h) bodemerij;
i) slepen;
j) loodsen;
k) aan een schip geleverde goederen of materiaal ten behoeve van de exploitatie of het onderhoud van het schip, ongeacht de plaats van de levering;
l) bouw, herstelling of uitrusting van een schip, of havengelden;

m) de lonen van kapitein, officieren of bemanning;
n) uitgaven van de kapitein, met inbegrip van uitgaven gedaan door verschepers, bevrachters, of agenten voor rekening van het schip of zijn eigenaar;
o) geschillen over de eigendom van een schip;
p) geschillen tussen medeëigenaars van een schip over eigendom, bezit, exploitatie of opbrengsten van dat schip;
q) elke hypotheek of andere vorm van zekerheid betreffende een schip.
6. In Denemarken dekt de uitdrukking 'beslag', voor wat de in nr. 5, sub *o)* en *p)*, bedoelde zeerechtelijke vorderingen betreft, ook de 'forbud', voor zover ingevolge de artikelen 646 tot en met 653 van de Wet op de burgerlijke rechtsvordering (Lov om rettens pleje) alleen deze procedure ter zake is toegelaten.
7. In IJsland wordt de term 'beslag', voor wat de in nr. 5, sub *o)* en *p)*, bedoelde zeerechtelijke vorderingen betreft, geacht ook de 'lögbann' te omvatten, wanneer dit krachtens de wetgeving inzake beslag en bevel (lög um kyrrsetningu og lögbann) de enig toegestane procedure voor een dergelijke vordering is.

TITEL VII
Verhouding tot het verdrag van Brussel en tot andere verdragen

Art. 54 ter

Verhouding tot Verdrag van Brussel

– 1. Dit verdrag laat onverlet de toepassing door de Lid-Staten van de Europese Gemeenschappen van het op 27 september 1968 te Brussel ondertekende verdrag betreffende de rechterlijke bevoegdheid en de tenuitvoerlegging van beslissingen in burgerlijke en handelszaken en van het op 3 juni 1971 te Luxemburg ondertekende protocol betreffende de uitlegging van genoemd verdrag door het Hof van Justitie, zoals gewijzigd bij de verdragen betreffende de toetreding tot genoemd verdrag en tot genoemd protocol door de tot de Europese Gemeenschappen toetredende Staten, welk geheel van deze verdragen en van dit protocol hierna het ' Verdrag van Brussel' worden genoemd.
– 2. Dit verdrag is echter in elk geval van toepassing:
a) ten aanzien van de rechterlijke bevoegdheid, indien de verweerder woonplaats heeft op het grondgebied van een Verdragsluitende Staat die geen lid is van de Europese Gemeenschappen of indien de artikelen 16 of 17 van dit verdrag de gerechten van een dergelijke Verdragsluitende Staat bevoegdheid verlenen;
b) ten aanzien van aanhangigheid of samenhang zoals bedoeld in de artikelen 21 en 22, indien procedures zijn aangespannen in een Verdragsluitende Staat die geen lid is van de Europese Gemeenschappen en in een Verdragsluitende Staat die wel lid is van de Europese Gemeenschappen;
c) ten aanzien van erkenning en tenuitvoerlegging, indien de Staat van herkomst of de aangezochte Staat geen lid is van de Europese Gemeenschappen.
– 3. Behalve op de gronden genoemd in titel III kan erkenning of tenuitvoerlegging worden geweigerd indien de rechterlijke bevoegdheidsgrond waarop de beslissing gebaseerd is, verschilt van de grond krachtens dit verdrag en erkenning of tenuitvoerlegging wordt geëist tegen een partij met woonplaats in een Verdragsluitende Staat die geen lid is van de Europese Gemeenschappen, tenzij de beslissing volgens het recht van de aangezochte Staat anderszins kan worden erkend of ten uitvoer kan worden gelegd.

Art. 55

Vervanging overige verdragen

Onverminderd de bepalingen van de artikelen 54, tweede lid, en 56, vervangt dit verdrag tussen de Staten die daarbij partij zijn, de tussen twee of meer van deze Staten gesloten verdragen, te weten:
– het verdrag tussen Frankrijk en de Zwitserse Bondsstaat betreffende de rechterlijke bevoegdheid en de tenuitvoerlegging van vonnissen in burgerlijke zaken, ondertekend te Parijs op 15 juni 1869,
– het verdrag tussen de Zwitserse Bondsstaat en Spanje betreffende de wederzijdse tenuitvoerlegging van vonnissen en arresten in burgerlijke en handelszaken, ondertekend te Madrid op 19 november 1896,
– het verdrag tussen de Zwitserse Bondsstaat en het Duitse Rijk betreffende de erkenning en tenuitvoerlegging van rechterlijke beslissingen en scheidsrechterlijke uitspraken, ondertekend te Bern op 2 november 1929,
– het verdrag tussen Denemarken, Finland, IJsland, Noorwegen en Zweden betreffende de erkenning en tenuitvoerlegging van vonnissen, ondertekend te Kopenhagen op 16 maart 1932,
– het verdrag tussen de Zwitserse Bondsstaat en Italië betreffende de erkenning en tenuitvoerlegging van rechterlijke beslissingen, ondertekend te Rome op 3 januari 1933,
– het verdrag tussen Zweden en de Zwitserse Bondsstaat betreffende de erkenning en de ten-

uitvoerlegging van rechterlijke beslissingen en scheidsrechterlijke uitspraken, ondertekend te Stockholm op 15 januari 1936,
– het verdrag tussen het Koninkrijk België en Oostenrijk inzake de wederzijdse erkenning en tenuitvoerlegging van rechterlijke beslissingen en authentieke akten op het gebied van onderhoudsverplichtingen, ondertekend te Wenen op 25 oktober 1957,
– het verdrag tussen de Zwitserse Bondsstaat en België betreffende de erkenning en de tenuitvoerlegging van rechterlijke beslissingen en scheidsrechterlijke uitspraken, ondertekend te Bern op 29 april 1959,
– het verdrag tussen de Bondsrepubliek Duitsland en Oostenrijk inzake de wederzijdse erkenning en tenuitvoerlegging van gerechtelijke beslissingen en schikkingen, alsmede van authentieke akten in burgerlijke en handelszaken, ondertekend te Wenen op 6 juni 1959,
– het verdrag tussen het Koninkrijk België en Oostenrijk betreffende de wederzijdse erkenning en tenuitvoerlegging van rechterlijke beslissingen, scheidsrechterlijke uitspraken en authentieke akten in burgerlijke en handelszaken, ondertekend te Wenen op 16 juni 1959,
– het verdrag tussen Oostenrijk en de Zwitserse Bondsstaat inzake de erkenning en tenuitvoerlegging van rechterlijke beslissingen, ondertekend te Bern op 16 december 1960,
– het verdrag tussen Noorwegen en het Verenigd Koninkrijk betreffende de wederzijdse erkenning en tenuitvoerlegging van vonnissen in burgerlijke zaken, ondertekend te Londen op 12 juni 1961,
– het verdrag tussen het Verenigd Koninkrijk en Oostenrijk inzake de wederzijdse erkenning en tenuitvoerlegging van rechterlijke beslissingen in burgerlijke en handelszaken, ondertekend te Wenen op 14 juli 1961, met protocol, ondertekend te Londen op 6 maart 1970,
– het verdrag tussen het Koninkrijk der Nederlanden en Oostenrijk inzake de wederzijdse erkenning en tenuitvoerlegging van rechterlijke beslissingen en authentieke akten in burgerlijke en handelszaken, ondertekend te Den Haag op 6 februari 1963,
– het verdrag tussen Frankrijk en Oostenrijk inzake de erkenning en tenuitvoerlegging van rechterlijke beslissingen en authentieke akten in burgerlijke en handelszaken, ondertekend te Wenen op 15 juli 1966,
– het verdrag tussen Luxemburg en Oostenrijk inzake de erkenning en tenuitvoerlegging van rechterlijke beslissingen en authentieke akten in burgerlijke en handelszaken, ondertekend te Luxemburg op 29 juli 1971,
– het verdrag tussen Italië en Oostenrijk inzake de wederzijdse erkenning en tenuitvoerlegging van rechterlijke beslissingen en schikkingen en van authentieke akten in burgerlijke en handelszaken, ondertekend te Rome op 16 november 1971,
– het verdrag tussen Noorwegen en de Bondsrepubliek Duitsland betreffende de erkenning en tenuitvoerlegging van vonnissen en executoriale akten in burgerlijke en handelszaken, ondertekend te Oslo op 17 juni 1977,
– het verdrag tussen Denemarken, Finland, IJsland, Noorwegen en Zweden betreffende de erkenning en de tenuitvoerlegging van vonnissen in burgerlijke zaken, ondertekend te Kopenhagen op 11 oktober 1977,
– het verdrag tussen Oostenrijk en Zweden inzake de erkenning en tenuitvoerlegging van vonnissen in burgerlijke zaken, ondertekend te Stockholm op 16 september 1982
– het verdrag tussen Oostenrijk en Spanje inzake de wederzijdse erkenning en tenuitvoerlegging van rechterlijke beslissingen en schikkingen en van authentieke akten in burgerlijke en handelszaken, ondertekend te Wenen op 17 februari 1984,
– het verdrag tussen Noorwegen en Oostenrijk inzake de erkenning en tenuitvoerlegging van vonnissen in burgerlijke zaken, ondertekend te Wenen op 21 mei 1984, en
– het verdrag tussen Finland en Oostenrijk inzake de erkenning en tenuitvoerlegging van vonnissen in burgerlijke zaken, ondertekend te Wenen op 17 november 1986.

Art. 56

Toepasselijkheid verdragen

– 1. De in artikel 55 vermelde verdragen blijven van kracht ten aanzien van onderwerpen waarop dit verdrag niet van toepassing is.
– 2. Zij blijven voorts van kracht met betrekking tot vóór de inwerkingtreding van dit verdrag gegeven beslissingen en verleden akten.

Art. 57

Verhouding tot bijzondere verdragen

– 1. Dit verdrag laat onverlet de verdragen waarbij de Verdragsluitende Staten partij zijn of zullen zijn en die, voor bijzondere onderwerpen, de rechterlijke bevoegdheid, de erkenning en de tenuitvoerlegging van beslissingen regelen.
– 2. Dit verdrag staat er niet aan in de weg dat een gerecht van een Verdragsluitende Staat die partij is bij een in het eerste lid bedoeld verdrag, overeenkomstig dat verdrag kennis neemt van een zaak, ook indien de verweerder woonplaats heeft op het grondgebied van een Verdragsluitende Staat die geen partij is bij dat verdrag. Dat gerecht past in ieder geval artikel 20 van het onderhavige verdrag toe.

– 3. Beslissingen die een gerecht van een Verdragsluitende Staat heeft gegeven uit hoofde van rechterlijke bevoegdheid die ontleend wordt aan een in het eerste lid bedoeld verdrag, worden in de andere Verdragsluitende Staten overeenkomstig titel III van het onderhavige verdrag erkend en ten uitvoer gelegd.
– 4. Behalve op de gronden genoemd in titel III kan erkenning of tenuitvoerlegging worden geweigerd wanneer de aangezochte Staat geen partij is bij een in het eerste lid bedoeld verdrag en de persoon tegen wie erkenning of tenuitvoerlegging wordt gevraagd woonplaats heeft in die Staat, tenzij de beslissing volgens het recht van de aangezochte Staat anderszins kan worden erkend of ten uitvoer kan worden gelegd.
– 5. Indien een in het eerste lid bedoeld verdrag, waarbij zowel de Staat van herkomst als de aangezochte Staat partij zijn, voorwaarden vaststelt voor de erkenning of tenuitvoerlegging van beslissingen, vinden die voorwaarden toepassing. In elk geval kunnen de bepalingen van het onderhavige verdrag betreffende de procedure voor erkenning en tenuitvoerlegging van beslissingen, worden toegepast.

Art. 58

–

Art. 59

Niet erkennen beslissing

– 1. Dit verdrag belet niet dat een Verdragsluitende Staat zich tegenover een derde Staat, bij een verdrag betreffende de erkenning en de tenuitvoerlegging van rechterlijke beslissingen, verbindt om een beslissing niet te erkennen, welke, met name in een andere Verdragsluitende Staat, gegeven is tegen een verweerder die zijn woonplaats of zijn gewone verblijf had op het grondgebied van die derde Staat, indien in een door artikel 4 voorzien geval de beslissing slechts gegrond kon worden op een bevoegdheid als bedoeld in artikel 3, tweede lid.
– 2. Een Verdragsluitende Staat kan zich echter niet jegens een derde Staat verbinden om een beslissing niet te erkennen, die in een andere verdragsluitende Staat is gegeven door een gerecht dat zijn bevoegdheid grondt op de aanwezigheid in laatstgenoemde Staat van goederen die aan de verweerder toebehoren, of op het beslag dat door de eiser is gelegd op daar aanwezige goederen,
1. indien de vordering betrekking heeft op eigendom of bezit van die goederen, strekt tot verkrijging van machtiging daarover te beschikken, dan wel verband houdt met een ander geschil omtrent deze goederen, of
2. indien de goederen de zekerheid vormen voor een schuld die het onderwerp is van de vordering.

TITEL VIII
Slotbepalingen

Art. 60

Deelnemende Staten

Aan dit verdrag kunnen deelnemen:
a) de Staten die op het tijdstip waarop dit verdrag voor ondertekening wordt opengesteld, lid zijn van de Europese Gemeenschappen of van de Europese Vrijhandelsassociatie;
b) de Staten die, nadat dit verdrag voor ondertekening is opengesteld, lid worden van de Europese Gemeenschappen of van de Europese Vrijhandelsassociatie,
c) de Staten die overeenkomstig artikel 62, eerste lid, sub *b)*, tot toetreding worden uitgenodigd.

Art. 61

Ondertekening, bekrachtiging en inwerkingtreding

– 1. Dit verdrag staat open voor ondertekening door de Lid-Staten van de Europese Gemeenschappen en van de Europese Vrijhandelsassociatie.
– 2. Het verdrag wordt ter bekrachtiging voorgelegd aan de ondertekenende Staten. De akten van bekrachtiging worden nedergelegd bij de Zwitserse Bondsraad.
– 3. Het verdrag treedt in werking op de eerste dag van de derde maand die volgt op de datum waarop twee Staten, waarvan de een lid is van de Europese Gemeenschappen en de ander van de Europese Vrijhandelsassociatie, hun akten van bekrachtiging nederleggen.
– 4. Het verdrag wordt met betrekking tot elke andere ondertekenende Staat van kracht op de eerst dag van de derde maand volgende op het nederleggen van de akte van bekrachtiging van die Staat.

Art. 62

Toetreding

– 1. Na de inwerkingtreding kunnen tot dit verdrag toetreden:
a) de in artikel 60, sub *b)*, genoemde Staten,
b) de overige Staten die daartoe door een Verdragsluitende Staat via de Staat van nederlegging zijn uitgenodigd. De Staat van nederlegging zal de betrokken Staat pas om toetreding verzoeken nadat hij de ondertekenende Staten alsook de overige in artikel 60, sub *a)* en *b)*, vermelde Verdragsluitende Staten in kennis heeft gesteld van de inhoud van de mededelingen die deze

Staat overeenkomstig artikel 63 wil doen, en daarop hun algemene instemming heeft verkregen.
– 2. Indien een toetredende Staat bijzonderheden voor de toepassing van protocol 1 wenst te verstrekken, worden daartoe onderhandelingen geopend. Voor deze onderhandelingen wordt een Conferentie bijeengeroepen door de Zwitserse Bondsraad.
– 3. Met betrekking tot elke toetredende Staat treedt het Verdrag in werking op de eerste dag van de derde maand die volgt op het nederleggen van de akte van toetreding.
– 4. Ten aanzien van een in het eerste lid, sub *a)* of *b)*, bedoelde toetredende Staat treedt het verdrag echter slechts in werking in betrekkingen tussen deze Staat en de Verdragsluitende Staten die geen bezwaar tegen deze toetreding hebben gemaakt voor de eerste dag van de derde maand die volgt op het nederleggen van de akte van toetreding.

Art. 63

Vereiste mededelingen

De toetredende Staat doet bij het nederleggen van zijn akte van toetreding de voor de toepassing van de artikelen 3, 32, 37, 40, 41 en 55 van dit verdrag vereiste mededelingen en verstrekt zo nodig de bijzonderheden die tijdens de onderhandelingen voor de toepassing van protocol 1 worden vastgesteld.

Art. 64

Werkingsduur, verlenging en opzegging

– 1. Dit verdrag wordt gesloten voor een eerste periode van vijf jaar vanaf de datum waarop het overeenkomstig artikel 61, derde lid, in werking treedt, ook met betrekking tot Staten die het nadien bekrachtigen of die nadien toetreden.
– 2. Aan het einde van de eerste periode van vijf jaar wordt het verdrag stilzwijgend van jaar tot jaar verlengd.
– 3. Na het verstrijken van de eerste periode van vijf jaar kunnen de deelnemende Staten het verdrag te allen tijde opzeggen door middel van een kennisgeving aan de Zwitserse Bondsraad.
– 4. De opzegging wordt van kracht aan het einde van het kalenderjaar volgende op het verstrijken van een periode van zes maanden na de datum van ontvangst door de Zwitserse Bondsraad van de kennisgeving van opzegging.

Art. 65

Protocollen

Aan dit verdrag zijn toegevoegd:
– een protocol 1, betreffende enkele onderwerpen van bevoegdheid, wijze van procederen en tenuitvoerlegging,
– een protocol 2, betreffende de eenheid in de uitlegging van het verdrag,
– een protocol 3, betreffende de toepassing van artikel 57.
Deze protocollen maken deel uit van het verdrag.

Art. 66

Herziening

Iedere Verdragsluitende Staat kan verzoeken om herziening van dit verdrag. Daartoe roept de Zwitserse Bondsraad binnen zes maanden na het verzoek om herziening een conferentie voor de herziening bijeen.

Art. 67

Kennisgevingen

De Zwitserse Bondsraad geeft aan de Staten die vertegenwoordigd waren op de diplomatieke Conferentie van Lugano en aan de Staten die nadien zijn toegetreden tot het verdrag, kennis van:
a) de nederlegging van elke akte van bekrachtiging of van toetreding,
b) de data van inwerkingtreding van dit verdrag voor de Verdragsluitende Staten,
c) de overeenkomstig artikel 64 ontvangen opzeggingen,
d) de uit hoofde van artikel I *bis* van protocol 1 ontvangen verklaringen,
e) de uit hoofde van artikel I *ter* van protocol 1 ontvangen verklaringen,
f) de uit hoofde van artikel IV van protocol 1 ontvangen verklaringen,
g) de uit hoofde van artikel VI van protocol 1 gedane mededelingen.

Art. 68

Vertalingen

Dit verdrag, opgesteld in één exemplaar, in de Deense, de Duitse, de Engelse, de Finse, de Franse, de Griekse, de Ierse, de IJslandse, de Italiaanse, de Nederlandse, de Noorse, de Portugese, de Spaanse en de Zweedse taal, welke veertien teksten gelijkelijk authentiek zijn, zal worden nedergelegd in het archief van de Zwitserse Bondsraad, die een voor eensluidend gewaarmerkt afschrift ervan toezendt aan de Regering van elke Staat die vertegenwoordigd was op de diplomatieke Conferentie van Lugano en aan de Regering van elke toetredende Staat.

PROTOCOL 1

(betreffende enkele onderwerpen van bevoegdheid, wijze van procederen en tenuitvoerlegging)

De Hoge Verdragsluitende Partijen hebben overeenstemming bereikt over de volgende bepalingen, die als bijlage aan het Verdrag worden toegevoegd:

Art. I

Luxemburg

Ieder die in Luxemburg woonplaats heeft en met toepassing van artikel 5, nr. 1, voor een gerecht van een andere Verdragsluitende Staat is opgeroepen, kan de bevoegdheid van dit gerecht afwijzen. Dit gerecht verklaart zich ambtshalve onbevoegd indien de verweerder niet verschijnt.

Een overeenkomst tot aanwijzing van een bevoegde rechter in de zin van artikel 17 heeft, ten opzichte van een persoon die in Luxemburg woonplaats heeft, slechts rechtsgevolg indien deze de overeenkomst uitdrukkelijk en in het bijzonder heeft aanvaard.

Art. I bis

Voorbehoud t.b.v. Zwitserland

– 1. De Zwitserse Bondsstaat behoudt zich het recht voor om bij de nederlegging van zijn akte van bekrachtiging te verklaren dat een in een andere Verdragsluitende Staat gegeven beslissing in Zwitserland niet wordt erkend of ten uitvoer gelegd wanneer

a) de bevoegdheid van het gerecht dat de beslissing heeft gegeven, alleen op artikel 5, nr. 1, van dit verdrag berust;

b) de verweerder op het tijdstip dat de procedure werd ingeleid, woonplaats had in Zwitserland; voor de toepassing van dit artikel wordt een vennootschap of rechtspersoon geacht woonplaats in Zwitserland te hebben wanneer de hoofdvestiging en het daadwerkelijke centrum van de activiteiten zich in Zwitserland bevinden, en

c) de verweerder bezwaar maakt tegen de erkenning of tenuitvoerlegging van de beslissing in Zwitserland, voor zover hij geen afstand gedaan heeft van zijn recht om de in dit lid bedoelde verklaring af te leggen.

– 2. Dit voorbehoud zal niet van toepassing zijn voor zover op het tijdstip waarop om erkenning of tenuitvoerlegging wordt verzocht, een uitzondering op artikel 59 van de Zwitserse Federale Grondwet zal zijn toegestaan. De Zwitserse Regering zal de ondertekenende en de toetredende Staten in kennis stellen van dergelijke uitzonderingen.

– 3. Dit voorbehoud heeft geen gevolg meer na 31 december 1999.

Het kan te allen tijde worden ingetrokken.

Art. I ter

Voorbehoud

Elke Verdragsluitende Staat kan, door middel van een verklaring die wordt afgelegd bij de ondertekening of bij de nederlegging van zijn akte van bekrachtiging of toetreding, zich het recht voorbehouden om, in weerwil van het bepaalde in artikel 28, in de andere Verdragsluitende Staten gegeven beslissingen niet te erkennen en ten uitvoer te leggen wanneer de bevoegdheid van het gerecht in de Staat van herkomst overeenkomstig artikel 16, nr. 1, sub *b*), uitsluitend berust op de woonplaats van de verweerder in de Staat van herkomst en het onroerend goed gelegen is in de Staat die het voorbehoud heeft gemaakt.

Art. II

Gedaagde strafrechtelijk vervolgd

Degenen die in een Verdragsluitende Staat woonplaats hebben en wegens een onopzettelijk gepleegd strafbaar feit vervolgd worden voor de gerechten van een andere Verdragsluitende Staat, waarvan zij geen onderdaan zijn, zijn, onverminderd aldaar geldende gunstigere bepalingen, bevoegd zich te doen verdedigen door daartoe bevoegde personen, zelfs indien zij niet persoonlijk verschijnen.

Het gerecht dat de zaak berecht, kan echter de persoonlijke verschijning bevelen; indien deze niet heeft plaatsgevonden behoeft de beslissing, op de burgerlijke rechtsvordering gewezen zonder dat de betrokkene de gelegenheid heeft gehad zich te doen verdedigen, in de overige Verdragsluitende Staten niet te worden erkend, noch ten uitvoer te worden gelegd.

Art. III

Griffierecht e.d.

Ter zake van de procedure tot verlening van het verlof tot tenuitvoerlegging, wordt in de aangezochte Staat geen belasting, recht of heffing, evenredig aan het geldelijke belang der zaak, geheven.

Art. IV

Betekening stukken

De gerechtelijke en buitengerechtelijke stukken, opgemaakt op het grondgebied van een Verdragsluitende Staat, die medegedeeld of betekend moeten worden aan personen die zich op het grondgebied van een andere Verdragsluitende Staat bevinden, worden toegezonden op de wijze als is bepaald in tussen de Verdragsluitende Staten gesloten verdragen of overeenkomsten.

Tenzij de Staat van bestemming zich daartegen verzet bij een verklaring gedaan aan de Zwitserse Bondsraad, kunnen deze stukken ook rechtstreeks door de deurwaarders van de Staat waar de stukken zijn opgesteld, worden toegezonden aan de deurwaarders van de Staat op het grondgebied waarvan degene voor wie het stuk bestemd is, zich bevindt. In dat geval zendt de deurwaarder van de Staat van herkomst een afschrift van het stuk aan de deurwaarder, die in de aangezochte Staat bevoegd is het stuk uit te reiken aan degene voor wie het bestemd is. Deze uitreiking geschiedt volgens de door de wet van de aangezochte Staat voorgeschreven formaliteiten. De daarvan opgemaakte verklaring wordt rechtstreeks aan de deurwaarder van de Staat van herkomst toegezonden.

Art. V

Bondsrepubliek Duitsland, Spanje, Oostenrijk en Zwitserland

De rechterlijke bevoegdheid, bepaald in de artikelen 6, nr. 2, en 10 ten aanzien van de vordering tot vrijwaring of de vordering tot voeging of tussenkomst, kan in de Bondsrepubliek Duitsland, in Spanje, in Oostenrijk en in Zwitserland niet worden ingeroepen. Ieder die woonplaats heeft in een andere Verdragsluitende Staat, kan worden opgeroepen voor de gerechten van:
– de Bondsrepubliek Duitsland, met toepassing van de artikelen 68, 72, 73 en 74 van het Wetboek van Burgerlijke Rechtsvordering betreffende de litis denuntiatio;
– Spanje, met toepassing van artikel 1482 van het Burgerlijk Wetboek;
– Oostenrijk, overeenkomstig artikel 21 van het Wetboek van burgerlijke rechtsvordering (Zivilprozessordnung) betreffende de litis denuntiatio;
– de Zwitserse Bondsstaat, met toepassing van de bepalingen betreffende de litis denuntiatio in de kantonale wetboeken van burgerlijke rechtsvordering.

De in de overige Verdragsluitende Staten krachtens de artikelen 6, nr. 2, en 10 gegeven beslissingen worden in de Bondsrepubliek Duitsland, in Spanje, in Oostenrijk en in Zwitserland overeenkomstig titel III erkend en ten uitvoer gelegd. De gevolgen voor derden van de beslissingen welke in deze Staten met toepassing van het bepaalde in het voorgaande lid zijn gegeven, worden eveneens in de overige Verdragsluitende Staten erkend.

Art. V bis

Administratieve autoriteiten

Ten aanzien van onderhoudsverplichtingen worden onder de termen 'rechter' en 'gerecht' mede begrepen de Deense, IJslandse en Noorse administratieve autoriteiten.

Ten aanzien van burgerlijke en handelszaken worden de termen 'rechter' en 'gerecht' mede begrepen de Finse 'ulosotonhaltija/överexekutor'.

Art. V ter

Bevoegdheid bij zeerecht

Bij geschillen tussen de kapitein en een bemanningslid van een in Denemarken, Griekenland, Ierland, IJsland, Noorwegen, Portugal of Zweden geregistreerd zeeschip over de beloning of andere arbeidsvoorwaarden moet het gerecht van een Verdragsluitende Staat nagaan of de ten aanzien van het schip bevoegde diplomatieke of consulaire vertegenwoordiger van het geschil in kennis gesteld. Zolang deze vertegenwoordiger niet van het geschil in kennis is gesteld, moet het gerecht zijn uitspraak aanhouden. Het gerecht moet zich, zelfs ambtshalve, onbevoegd verklaren, indien deze vertegenwoordiger, na haar behoren van het geschil in kennis te zijn gesteld, gebruik heeft gemaakt van de bevoegdheden die hij krachtens een consulaire overeenkomst bezit, dan wel bij gebreke van een dergelijke overeenkomst, binnen de gestelde termijn bezwaren heeft gemaakt tegen de bevoegdheid.

Art. V quater

–

Art. V quinquies

Europees octrooi

Onverminderd de bevoegdheid van het Europees Octrooibureau volgens het op 5 oktober 1973 te München ondertekende Europees Octrooiverdrag, zijn de gerechten van elke Verdragsluitende Staat, zonder acht te slaan op de woonplaats, bij uitsluiting bevoegd ter zake van inschrijving of geldigheid van een Europees octrooi dat voor die Staat is verleend en dat geen Gemeenschapsoctrooi is krachtens artikel 86 van het op 15 december 1975 te Luxemburg ondertekende Verdrag betreffende het Europees octrooi voor de gemeenschappelijke markt.

Art. VI

Melding nationale wetswijziging

De Verdragsluitende Staten zullen aan de Zwitserse Bondsraad mededeling doen van de tekst van hun wettelijke bepalingen, die verandering brengen hetzij in de in het verdrag vermelde artikelen uit hun wetgeving, hetzij in de aanwijzing van de gerechten in titel III, tweede afdeling, van het verdrag.

PROTOCOL 2

(betreffende de eenheid in de uitlegging van het Verdrag)

Preambule

De Hoge Verdragsluitende Partijen,
Gelet op artikel 65 van het onderhavige verdrag,

Overwegende dat er een hechte band bestaat tussen dit verdrag en het verdrag van Brussel,
Overwegende dat bij het protocol van 3 juni 1971 de bevoegdheid van het Hof van Justitie van de Europese Gemeenschappen is erkend om uitspraak te doen over de uitlegging van het verdrag van Brussel,
Met volledige kennis van de beslissingen die het Hof van Justitie van de Europese Gemeenschappen met betrekking tot de uitlegging van het verdrag van Brussel tot het tijdstip van de ondertekening van het onderhavige verdrag, heeft gegeven,
Overwegende dat de onderhandelingen die tot de sluiting van dit verdrag hebben geleid, in het licht van die beslissingen gebaseerd zijn op het verdrag van Brussel,
Verlangende om, met volledige eerbiediging van de onafhankelijkheid van de gerechten, verschillen in uitlegging te voorkomen en een zo groot mogelijke eenheid te bereiken in de uitlegging van dit verdrag, alsmede van het onderhavige verdrag en de bepalingen van het verdrag van Brussel die in hoofdzaak in dit verdrag zijn overgenomen,
Hebben overeenstemming bereikt over het volgende:

Art. 1

Gerechtelijke toepassing en uitlegging

De gerechten van elke Verdragsluitende Staat houden bij de toepassing en de uitlegging van dit verdrag naar behoren rekening met de beginselen vervat in alle relevante beslissingen van de gerechten van de andere Verdragsluitende Staten met betrekking tot het onderhavige verdrag.

Art. 2

Systeem van informatie-uitwisseling

– 1. De Verdragsluitende Partijen komen overeen een systeem in te stellen voor de uitwisseling van informatie betreffende de uit hoofde van dit verdrag gegeven beslissingen en de relevante, uit hoofde van het verdrag van Brussel gegeven beslissingen. Dit systeem omvat:
– toezending aan een centrale instantie, door de bevoegde autoriteiten, van de door de gerechten van laatste aanleg en het Hof van Justitie van de Europese Gemeenschappen gegeven beslissingen, alsmede van andere in kracht van gewijsde gegane en uit hoofde van dit verdrag of het verdrag van Brussel gegeven beslissingen die van bijzonder belang zijn;
– classificatie van die beslissingen door de centrale instantie, met inbegrip van, voor zover nodig, het maken en publiceren van vertalingen en samenvattingen;
– toezending, door de centrale instantie, van documentatie aan de bevoegde nationale autoriteiten van alle ondertekenende en toetredende Staten bij dit verdrag en aan de Commissie van de Europese Gemeenschappen.
– 2. De centrale instantie is de griffier van het Hof van Justitie van de Europese Gemeenschappen.

Art. 3

Permanent Comité

– 1. Voor het onderhavige protocol wordt een permanent Comité opgericht.
– 2. Het Comité bestaat uit vertegenwoordigers die worden aangewezen door elke ondertekenende en toetredende Staat.
– 3. De Europese Gemeenschappen (de Commissie, het Hof van Justitie en het Secretariaat-Generaal van de Raad) en de Europese Vrijhandelsassociatie kunnen als waarnemer aan de vergaderingen deelnemen.

Art. 4

Evaluatie werking verdrag

– 1. Op verzoek van een Verdragsluitende Staat roept de instantie van nederlegging van het verdrag het Comité bijeen om van gedachten te wisselen over de werking van het verdrag, met name over
– de ontwikkeling van de overeenkomstig artikel 2, eerste lid, eerste streepje, medegedeelde jurisprudentie,
– de toepassing van artikel 57 van het verdrag.
– 2. In het licht van de gedachtenwisselingen kan het Comité ook nagaan of het wenselijk is het verdrag op bepaalde punten te herzien, en aanbevelingen doen.

PROTOCOL 3

(betreffende de toepassing van artikel 57)

De Hoge Verdragsluitende Partijen zijn het volgende overeengekomen:

Verhouding tot bepaling in besluiten Instellingen van de EG

1. Voor de toepassing van dit verdrag worden de bepalingen betreffende de rechterlijke bevoegdheid, de erkenning of tenuitvoerlegging van beslissingen in bijzondere zaken, welke bepalingen in besluiten van de Instellingen van de Europese Gemeenschappen zijn of zullen worden vervat, op gelijke voet gesteld met de in artikel 57, eerste lid, van dit verdrag bedoelde verdragen.
2. Wanneer volgens een Verdragsluitende Staat een bepaling in een besluit van de Instellingen van de Europese Gemeenschappen niet verenigbaar is met het verdrag, beraden de Verdrag-

sluitende Staten zich onverwijld over een wijziging van dit verdrag overeenkomstig artikel 66, onverminderd de toepassing van de bij protocol 2 ingestelde procedure.

Verklaringen

Verklaring van de Vertegenwoordigers van de Regeringen van de Staten die het Verdrag van Lugano hebben ondertekend en Lid zijn van de Europese Gemeenschappen over Protocol 3 betreffende de toepassing van artikel 57 van het Verdrag

Op het tijdstip van de ondertekening van het verdrag betreffende de rechterlijke bevoegdheid en de tenuitvoerlegging van beslissingen in burgerlijke en handelszaken te Lugano op 16 september 1988,
Verklaren de Vertegenwoordigers van de Regeringen van de Lid-Staten van de Europese Gemeenschappen,
In overweging nemend de verplichtingen die zij tegenover de Lid-Staten van de Europese Vrijhandelsassociatie hebben aangegaan,
Verlangende de eenheid van het door dit verdrag ingevoerde rechtsstelsel niet aan te tasten,
dat zij alles zullen doen wat in hun vermogen ligt om bij de opstelling van besluiten van de Gemeenschap als bedoeld in punt 1 van protocol 3 betreffende de toepassing van artikel 57, zorg te dragen voor de naleving van de bij dit Verdrag ingestelde regels inzake de rechterlijke bevoegdheid en de erkenning en tenuitvoerlegging van beslissingen.
Verklaring van de Vertegenwoordigers van de Regeringen van de Staten die het Verdrag van Lugano hebben ondertekend en Lid zijn van de Europese Gemeenschappen

Op het tijdstip van de ondertekening van het verdrag betreffende de rechterlijke bevoegdheid en de tenuitvoerlegging van beslissingen in burgerlijke en handelszaken te Lugano op 16 september 1988,
Verklaren de Vertegenwoordigers van de Regeringen van de Lid-Staten van de Europese Gemeenschappen,
dat zij het juist achten dat het Hof van Justitie van de Europese Gemeenschappen bij de uitlegging van het verdrag van Brussel naar behoren rekening houdt met de jurisprudentie over het verdrag van Lugano.
Verklaring van de Vertegenwoordigers van de Regeringen van de Staten die het Verdrag van Lugano hebben ondertekend en Lid zijn van de Europese Vrijhandelsassociatie

Op het tijdstip van de ondertekening van het verdrag betreffende de rechterlijke bevoegdheid en de tenuitvoerlegging van beslissingen in burgerlijke en handelszaken te Lugano op 16 september 1988,
Verklaren de Vertegenwoordigers van de Regeringen van de Lid-Staten van de Europese Vrijhandelsassociatie,
dat zij het juist achten dat hun gerechten bij de uitlegging van het verdrag van Lugano naar behoren rekening houden met de jurisprudentie van het Hof van Justitie van de Europese Gemeenschappen en van de gerechten van de Lid-Staten van de Europese Gemeenschappen inzake de bepalingen van het verdrag van Brussel die in hoofdzaak in het verdrag van Lugano zijn overgenomen.

V.5 VERORDENING NR. 44/2001 BETREFFENDE DE RECHTERLIJKE BEVOEGDHEID, DE ERKENNING EN DE TENUITVOERLEGGING VAN BESLISSINGEN IN BURGERLIJKE EN HANDELSZAKEN (EEX-VERORDENING) (BRUSSEL I)

Verordening van de Raad van 22 december 2000 , PbEG L 12 (Rectificatie PbEG L 307), betreffende de rechterlijke bevoegdheid, de erkenning en de tenuitvoerlegging van beslissingen in burgerlijke en handelszaken, laatstelijk gewijzigd 6 april 2009, PbEU L 93

[Inwerkingtreding: 01-03-2002]

DE RAAD VAN DE EUROPESE UNIE,

Gelet op het Verdrag tot oprichting van de Europese Gemeenschap, met name op artikel 61, onder *c)*, en artikel 67, lid 1,

Gezien het voorstel van de Commissie[1],

Gezien het advies van het Europees Parlement[2],

Gezien het advies van het Economisch en Sociaal Comité[3],

Overwegende hetgeen volgt:

(1) De Gemeenschap heeft zich ten doel gesteld een ruimte van vrijheid, veiligheid en rechtvaardigheid te handhaven en ontwikkelen waarin het vrije verkeer van personen gewaarborgd is. Met het oog op de geleidelijke totstandbrenging van een dergelijke ruimte dient de Gemeenschap onder meer de maatregelen op het gebied van de justitiële samenwerking in burgerlijke zaken vast te stellen die voor de goede werking van de interne markt nodig zijn.

(2) Sommige verschillen in de nationale regels inzake de rechterlijke bevoegdheid en de erkenning van beslissingen bemoeilijken de goede werking van de interne markt. Bepalingen die de eenvormigheid van de regels inzake jurisdictiegeschillen in burgerlijke en handelszaken mogelijk maken alsook de vereenvoudiging van de formaliteiten met het oog op een snelle en eenvoudige erkenning en tenuitvoerlegging van de beslissingen van de lidstaten waarvoor deze verordening verbindend is, zijn onontbeerlijk.

(3) Deze aangelegenheden behoren tot het gebied van de justitiële samenwerking in burgerlijke zaken in de zin van artikel 65 van het Verdrag.

(4) Deze doelstellingen kunnen overeenkomstig het subsidiariteits- en het evenredigheidsbeginsel zoals neergelegd in artikel 5 van het Verdrag, niet voldoende door de lidstaten worden verwezenlijkt en kunnen derhalve beter door de Gemeenschap worden verwezenlijkt. Deze verordening beperkt zich tot het minimum dat vereist is om die doelstellingen te verwezenlijken en gaat niet verder dan hetgeen daarvoor nodig is.

(5) De lidstaten zijn op 27 september 1968 op grond van artikel 293, vierde streepje, van het Verdrag overgegaan tot sluiting van het Verdrag van Brussel betreffende de rechterlijke bevoegdheid en de tenuitvoerlegging van beslissingen in burgerlijke en handelszaken, zoals gewijzigd bij de verdragen inzake de toetreding van nieuwe lidstaten tot dit verdrag ('het Verdrag van Brussel')[4]. Op 16 september 1988 hebben de lidstaten en de EVA-staten het Verdrag van Lugano betreffende de rechterlijke bevoegdheid en de tenuitvoerlegging van beslissingen in burgerlijke en handelszaken gesloten, dat een nevenverdrag is van het Verdrag van Brussel van 1968. Over de herziening van die verdragen is onderhandeld en de Raad heeft de inhoud van de herziene tekst goedgekeurd. De continuïteit van de resultaten die bij deze herziening zijn behaald, moet worden gewaarborgd.

(6) Met het oog op het vrije verkeer van beslissingen in burgerlijke en handelszaken is het nodig en passend de regels inzake de rechterlijke bevoegdheid, de erkenning en de tenuitvoerlegging van beslissingen in een verbindend en rechtstreeks toepasselijk besluit van de Gemeenschap neer te leggen.

(7) Het is van belang dat alle belangrijke burgerlijke en handelszaken onder de werkingssfeer van deze verordening worden gebracht, met uitzondering van bepaalde duidelijk omschreven aangelegenheden.

(8) De zaken waarin deze verordening wordt toegepast moeten een aanknopingspunt hebben met het grondgebied van de lidstaten waarvoor deze verordening verbindend is. De gemeenschappelijke regels inzake rechterlijke bevoegdheid moeten derhalve in beginsel van toepassing zijn wanneer de verweerder woonplaats in een van die lidstaten heeft.

(9) Ten aanzien van verweerders die geen woonplaats in een lidstaat hebben, gelden als regel

(1) *PB* C 376 van 28.12.1999, blz. 1.

(2) Advies van 21 september 2000 (nog niet verschenen in het *Publicatieblad*).

(3) *PB* C 117 van 26.4.2000, blz. 6.

(4) *PB* L 299 van 31.12.1972, blz. 32.*PB* L 304 van 30.10.1978, blz. 1.*PB* L 388 van 31.12.1982, blz. 1.*PB* L 285 van 3.10.1989, blz. 1.*PB* C 15 van 15.1.1997, blz. 1.Zie de geconsolideerde versie in *PB* C 27 van 26.1.1998, blz. 1.

de nationale bevoegdheidsregels die worden toegepast op het grondgebied van de lidstaat van het gerecht waarbij de zaak is aangebracht, en voor verweerders met woonplaats in een lidstaat waarvoor deze verordening niet verbindend is, blijft het Verdrag van Brussel gelden.

(10) Met het oog op het vrije verkeer van beslissingen dienen beslissingen, gegeven in een lidstaat waarvoor deze verordening verbindend is, in een andere lidstaat waarvoor deze verordening verbindend is, te worden erkend en ten uitvoer gelegd, zelfs indien de persoon tegen wie de beslissing is uitgesproken woonplaats heeft in een derde staat.

(11) De bevoegdheidsregels moeten in hoge mate voorspelbaar zijn, waarbij als beginsel geldt dat de bevoegdheid in het algemeen gegrond wordt op de woonplaats van de verweerder; de bevoegdheid moet altijd op die grond kunnen worden gevestigd, behalve in een gering aantal duidelijk omschreven gevallen waarin het voorwerp van het geschil of de autonomie van de partijen een ander aanknopingspunt wettigt. Voor rechtspersonen moet de woonplaats autonoom worden bepaald om de gemeenschappelijke regels doorzichtiger te maken en jurisdictiegeschillen te voorkomen.

(12) Naast de woonplaats van de verweerder moeten er alternatieve bevoegdheidsgronden mogelijk zijn, gebaseerd op de nauwe band tussen het gerecht en de vordering of de noodzaak een goede rechtsbedeling te vergemakkelijken.

(13) In het geval van verzekerings-, consumenten- en arbeidsovereenkomsten moet de zwakke partij worden beschermd door bevoegdheidsregels die gunstiger zijn voor haar belangen dan de algemene regels.

(14) De autonomie van de partijen bij een andere overeenkomst dan een verzekerings-, consumenten- of arbeidsovereenkomst, waarvoor slechts een beperkte autonomie geldt met betrekking tot de keuze van het bevoegde gerecht, moet worden geëerbiedigd, behoudens de exclusieve bevoegdheidsgronden die in de verordening zijn neergelegd.

(15) Met het oog op een harmonische rechtsbedeling in de Gemeenschap moeten parallel lopende processen zoveel mogelijk worden beperkt en moet worden voorkomen dat in twee lidstaten onverenigbare beslissingen worden gegeven. Er moet een duidelijke en afdoende regeling zijn om problemen op het gebied van aanhangigheid en samenhang op te lossen, alsook om problemen te verhelpen die voortvloeien uit de tussen de lidstaten bestaande verschillen ten aanzien van de datum waarop een zaak als aanhangig wordt beschouwd. Voor de toepassing van deze verordening moet die datum autonoom worden bepaald.

(16) Op grond van het wederzijds vertrouwen in de rechtsbedeling is het gewettigd de in een lidstaat gegeven beslissingen van rechtswege te erkennen zonder dat daarvoor, behoudens bij betwisting, nog een procedure moet worden gevolgd.

(17) Eveneens op grond van dit wederzijds vertrouwen moet de procedure om een in een lidstaat gegeven beslissing in een andere lidstaat uitvoerbaar te verklaren, doeltreffend en snel zijn. De verklaring van uitvoerbaarheid van een beslissing moet daarom vrijwel automatisch, zonder dat het gerecht ambtshalve een van de in deze verordening genoemde gronden voor niet-uitvoering kan aanvoeren, worden afgegeven, na een eenvoudige formele controle van de overgelegde documenten.

(18) De eerbiediging van de rechten van de verdediging houdt evenwel in dat de verweerder de mogelijkheid moet hebben in een procedure op tegenspraak een rechtsmiddel in te stellen tegen de verklaring van uitvoerbaarheid, wanneer hij van mening is dat een van de gronden voor niet-uitvoering van toepassing is. Ook de eiser moet een rechtsmiddel kunnen instellen indien zijn verzoek om een verklaring van uitvoerbaarheid wordt afgewezen.

(19) De continuïteit tussen het Verdrag van Brussel en deze verordening moet gewaarborgd worden. Daartoe zijn overgangsbepalingen nodig. Deze continuïteit moet ook voor de uitlegging van het Verdrag van Brussel door het Hof van Justitie van de Europese Gemeenschappen gelden en het Protocol van 1971 [(5)] moet ook van toepassing blijven op de zaken die op de datum van inwerkingtreding van de verordening reeds aanhangig zijn.

(20) Het Verenigd Koninkrijk en Ierland hebben, overeenkomstig artikel 3 van het Protocol betreffende de positie van het Verenigd Koninkrijk en Ierland, gehecht aan het Verdrag betreffende de Europese Unie en het Verdrag tot oprichting van de Europese Gemeenschap, uitdrukking gegeven aan hun wens om deel te nemen aan de aanneming en toepassing van deze verordening.

(21) Denemarken neemt, overeenkomstig de artikelen 1 en 2 van het Protocol betreffende de positie van Denemarken, gehecht aan het Verdrag betreffende de Europese Unie en het Verdrag tot oprichting van de Europese Gemeenschap, niet deel aan de aanneming van deze verorde-

(5) *PB* L 204 van 2.8.1975, blz. 28.*PB* L 304 van 30.10.1978, blz. 1.*PB* L 388 van 31.12.1982, blz. 1.*PB* L 285 van 3.10.1989, blz. 1.*PB* C 15 van 15.1.1997, blz. 1.Zie de geconsolideerde versie in *PB* C 27 van 26.1.1998, blz. 28.

ning en deze verordening is derhalve niet verbindend voor, noch van toepassing in Denemarken.

(22) Aangezien het Verdrag van Brussel van kracht is in de betrekkingen tussen Denemarken en de lidstaten waarvoor deze verordening verbindend is, blijven het Verdrag van Brussel en het Protocol van 1971 van toepassing in de betrekkingen tussen Denemarken en de lidstaten waarvoor deze verordening verbindend is.

(23) Het Verdrag van Brussel blijft ook van toepassing op de grondgebieden van de lidstaten die onder de territoriale werkingssfeer van dat verdrag vallen en die krachtens artikel 299 van het Verdrag van deze verordening uitgesloten zijn.

(24) Met het oog op de samenhang moet deze verordening tevens de in specifieke besluiten van de Gemeenschap neergelegde regels inzake de bevoegdheid en erkenning van beslissingen onverlet laten.

(25) De eerbiediging van de internationale verplichtingen van de lidstaten houdt in dat deze verordening de verdragen en internationale overeenkomsten waarbij de lidstaten partij zijn en die bijzondere onderwerpen bestrijken, onverlet laat.

(26) De algemene regels van deze verordening moeten soepel genoeg zijn om rekening te houden met de specifieke procedureregels van bepaalde lidstaten; daartoe moeten sommige bepalingen van het aan het Verdrag van Brussel gehechte protocol in deze verordening worden opgenomen.

(27) Met het oog op een harmonieuze overgang op een aantal gebieden waarover het protocol bij het Verdrag van Brussel bijzondere bepalingen bevatte, voorziet deze verordening tijdens een overgangsperiode in bepalingen waarin de specifieke situatie in enkele lidstaten in aanmerking wordt genomen.

(28) De Commissie dient uiterlijk vijf jaar na de datum van inwerkingtreding van deze verordening een verslag in over de toepassing ervan en kan, indien nodig, voorstellen voor aanpassingen doen.

(29) De Commissie moet de bijlagen I tot en met IV betreffende de nationale bevoegdheidsregels, de gerechten en de bevoegde autoriteiten alsmede de rechtsmiddelen wijzigen op basis van de door de betrokken lidstaat meegedeelde wijzigingen; de wijzigingen in de bijlagen V en VI moeten worden aangenomen overeenkomstig Besluit 1999/468/EG van de Raad van 28 juni 1999 tot vaststelling van de voorwaarden voor de uitoefening van de aan de Commissie verleende uitvoeringsbevoegdheden [(6)],

HEEFT DE VOLGENDE VERORDENING VASTGESTELD:

HOOFDSTUK I
Toepassingsgebied

Art. 1

Materieel toepassingsgebied

– 1. Deze verordening wordt toegepast in burgerlijke en handelszaken, ongeacht de aard van het gerecht. Zij heeft met name geen betrekking op fiscale zaken, douanezaken of administratief-rechtelijke zaken.

– 2. Zij is niet van toepassing op:

a) de staat en de bevoegdheid van natuurlijke personen, het huwelijksgoederenrecht, testamenten en erfenissen;

b) het faillissement, akkoorden en andere soortgelijke procedures;

c) de sociale zekerheid;

d) de arbitrage.

– 3. Tenzij anders bepaald, wordt onder 'lidstaat' verstaan alle lidstaten behalve Denemarken.

HOOFDSTUK II
Bevoegdheid

AFDELING 1
Algemene bepalingen

Art. 2

Woonplaats op grondgebied lidstaat

– 1. Onverminderd deze verordening worden zij die woonplaats hebben op het grondgebied van een lidstaat, ongeacht hun nationaliteit, opgeroepen voor de gerechten van die lidstaat.

– 2. Voor degenen die niet de nationaliteit bezitten van de lidstaat waar zij woonplaats hebben, gelden de regels voor de rechterlijke bevoegdheid die op de eigen onderdanen van die lidstaat van toepassing zijn.

Art. 3

Exorbitante bevoegdheden

– 1. Degenen die op het grondgebied van een lidstaat woonplaats hebben, kunnen slechts voor

(6) *PB* L 184 van 17.7.1999, blz. 23.

het gerecht van een andere lidstaat worden opgeroepen krachtens de in de afdelingen 2 tot en met 7 van dit hoofdstuk gegeven regels.

– 2. Tegen hen kan in het bijzonder geen beroep worden gedaan op de in bijlage I opgenomen nationale bevoegdheidsregels.

Art. 4

Woonplaats buiten grondgebied lidstaat

– 1. Indien de verweerder geen woonplaats heeft op het grondgebied van een lidstaat, wordt de bevoegdheid in elke lidstaat geregeld door de wetgeving van die lidstaat, onverminderd de artikelen 22 en 23.

– 2. Tegen deze verweerder kan ieder, ongeacht zijn nationaliteit, die op het grondgebied van een lidstaat woonplaats heeft, aldaar op dezelfde voet als de eigen onderdanen van die staat een beroep doen op de bevoegdheidsregels die daar van kracht zijn, met name de regels van bijlage I.

AFDELING 2
Bijzondere bevoegdheid

Art. 5

Alternatieve fora

Een persoon die woonplaats heeft op het grondgebied van een lidstaat, kan in een andere lidstaat voor de volgende gerechten worden opgeroepen:

1.

a) ten aanzien van verbintenissen uit overeenkomst: voor het gerecht van de plaats waar de verbintenis die aan de eis ten grondslag ligt, is uitgevoerd of moet worden uitgevoerd;

b) voor de toepassing van deze bepaling en tenzij anders is overeengekomen, is de plaats van uitvoering van de verbintenis die aan de eis ten grondslag ligt:

– voor de koop en verkoop van roerende lichamelijke zaken, de plaats in een lidstaat waar de zaken volgens de overeenkomst geleverd werden of geleverd hadden moeten worden;

– voor de verstrekking van diensten, de plaats in een lidstaat waar de diensten volgens de overeenkomst verstrekt werden of verstrekt hadden moeten worden;

c) punt *a)* is van toepassing indien punt *b)* niet van toepassing is;

2. ten aanzien van onderhoudsverplichtingen: voor het gerecht van de plaats waar de tot onderhoud gerechtigde woonplaats of zijn gewone verblijfplaats heeft of, indien het een bijkomende eis is die verbonden is met een vordering betreffende de staat van personen, voor het gerecht dat volgens zijn eigen recht bevoegd is daarvan kennis te nemen, behalve in het geval dat deze bevoegdheid uitsluitend berust op de nationaliteit van een der partijen;

3. ten aanzien van verbintenissen uit onrechtmatige daad: voor het gerecht van de plaats waar het schadebrengende feit zich heeft voorgedaan of zich kan voordoen;

4. ten aanzien van een op een strafbaar feit gegronde rechtsvordering tot schadevergoeding of tot teruggave: voor het gerecht waarbij de strafvervolging is ingesteld, voorzover dit gerecht volgens de interne wetgeving van de burgerlijke vordering kennis kan nemen;

5. ten aanzien van een geschil betreffende de exploitatie van een filiaal, van een agentschap of enige andere vestiging: voor het gerecht van de plaats waar zij gelegen zijn;

6. als oprichter, trustee of begunstigde van een trust, die in het leven is geroepen op grond van de wet of bij geschrifte dan wel bij een schriftelijk bevestigde mondelinge overeenkomst: voor de gerechten van de lidstaat op het grondgebied waarvan de trust woonplaats heeft;

7. ten aanzien van een geschil betreffende de betaling van de beloning wegens de hulp en berging die aan een lading of vracht ten goede is gekomen: voor het gerecht in het rechtsgebied waarvan op deze lading of de daarop betrekking hebbende vracht:

a) beslag is gelegd tot zekerheid van deze betaling,

of

b) daartoe beslag had kunnen worden gelegd, maar borgtocht of andere zekerheid is gesteld; deze bepaling is slechts van toepassing indien wordt beweerd dat de verweerder een recht heeft op de lading of de vracht, of dat hij daarop een zodanig recht had op het tijdstip van deze hulp of berging.

Art. 6

Alternatieve fora

Deze persoon kan ook worden opgeroepen:

1. indien er meer dan één verweerder is: voor het gerecht van de woonplaats van een hunner, op voorwaarde dat er tussen de vorderingen een zo nauwe band bestaat dat een goede rechtsbedeling vraagt om hun gelijktijdige behandeling en berechting, teneinde te vermijden dat bij afzonderlijke berechting van de zaken onverenigbare beslissingen worden gegeven;

2. bij een vordering tot vrijwaring of bij een vordering tot voeging of tussenkomst: voor het gerecht waarvoor de oorspronkelijke vordering aanhangig is, tenzij de vordering slechts is ingesteld om de opgeroepene af te trekken van de rechter die deze verordening hem toekent;

3. ten aanzien van een tegenvordering die voortspruit uit de overeenkomst of uit het rechtsfeit

waarop de oorspronkelijke vordering gegrond is: voor het gerecht waar deze laatste aanhangig is;
4. ten aanzien van een verbintenis uit overeenkomst, indien de vordering vergezeld kan gaan van een zakelijke vordering betreffende een onroerend goed tegen dezelfde verweerder: voor de gerechten van de lidstaat op het grondgebied waarvan het onroerend goed gelegen is.

Art. 7

Aansprakelijkheid reder

Wanneer een gerecht van een lidstaat uit hoofde van deze verordening bevoegd is kennis te nemen van vorderingen terzake van aansprakelijkheid voortvloeiend uit het gebruik of de exploitatie van een schip, neemt dit gerecht, of elk ander gerecht dat volgens het interne recht van deze lidstaat in zijn plaats treedt, tevens kennis van de vorderingen tot beperking van deze aansprakelijkheid.

AFDELING 3
Bevoegdheid in verzekeringszaken

Art. 8

Verzekeringszaken

De bevoegdheid in verzekeringszaken is in deze afdeling geregeld, onverminderd artikel 4 en artikel 5, punt 5.

Art. 9

Woonplaats verzekeraar op grondgebied lidstaat

– 1. De verzekeraar met woonplaats op het grondgebied van een lidstaat kan worden opgeroepen:
a) voor de gerechten van de lidstaat waar hij zijn woonplaats heeft, of
b) in een andere lidstaat, indien het een vordering van de verzekeringnemer, de verzekerde of een begunstigde betreft, voor het gerecht van de woonplaats van de eiser, of
c) indien het een medeverzekeraar betreft, voor het gerecht van een lidstaat waar de vordering tegen de eerste verzekeraar is ingesteld.
– 2. Wanneer de verzekeraar geen woonplaats heeft op het grondgebied van een lidstaat, maar in een lidstaat een filiaal, een agentschap of enige andere vestiging heeft, wordt hij voor de geschillen betreffende de exploitatie daarvan geacht woonplaats te hebben op het grondgebied van die lidstaat.

Art. 10

Alternatieve bevoegdheid

De verzekeraar kan bovendien worden opgeroepen voor het gerecht van de plaats waar het schadebrengende feit zich heeft voorgedaan, indien het geschil een aansprakelijkheidsverzekering of een verzekering van onroerend goed betreft. Hetzelfde geldt voor het geval dat de verzekering zowel betrekking heeft op onroerende als op roerende goederen die door eenzelfde polis gedekt zijn en door hetzelfde onheil getroffen zijn.

Art. 11

Aansprakelijkheidsverzekering

– 1. Terzake van aansprakelijkheidsverzekering kan de verzekeraar ook in vrijwaring worden opgeroepen voor het gerecht waar de rechtsvordering van de getroffene tegen de verzekerde aanhangig is, indien de voor dit gerecht geldende wetgeving het toelaat.
– 2. De artikelen 8, 9 en 10 zijn van toepassing op de vordering die door de getroffene rechtstreeks tegen de verzekeraar wordt ingesteld, indien de rechtstreekse vordering mogelijk is.
– 3. Indien de wettelijke bepalingen betreffende deze rechtstreekse vordering het in het geding roepen van de verzekeringnemer of de verzekerde regelen, is hetzelfde gerecht ook te hunnen opzichte bevoegd.

Art. 12

Woonplaats verweerder

– 1. Onverminderd artikel 11, lid 3, kan de vordering van de verzekeraar slechts worden gebracht voor de gerechten van de lidstaat op het grondgebied waarvan de verweerder woonplaats heeft, ongeacht of deze laatste verzekeringnemer, verzekerde of begunstigde is.
– 2. Deze afdeling laat het recht om een tegenvordering in te stellen bij het gerecht waarvoor met inachtneming van deze afdeling de oorspronkelijke vordering is gebracht, onverlet.

Art. 13

Forumkeuze

Van deze afdeling kan slechts worden afgeweken door overeenkomsten:
1. gesloten na het ontstaan van het geschil, of
2. die aan de verzekeringnemer, de verzekerde of de begunstigde de mogelijkheid geven de zaak bij andere gerechten dan de in deze afdeling genoemde aanhangig te maken, of
3. waarbij een verzekeringnemer en een verzekeraar die op het tijdstip waarop de overeenkomst wordt gesloten, hun woonplaats of hun gewone verblijfplaats in dezelfde lidstaat hebben, zelfs als het schadebrengende feit zich in het buitenland heeft voorgedaan, de gerechten van die lidstaat bevoegd verklaren, tenzij de wetgeving van die lidstaat dergelijke overeenkomsten verbiedt, of
4. gesloten door een verzekeringnemer die zijn woonplaats niet in een lidstaat heeft, behalve wanneer het gaat om een verplichte verzekering of een verzekering van een in een lidstaat gelegen onroerend goed, of

5. betreffende een verzekeringsovereenkomst, voorzover daarmee een of meer van de risico's bedoeld in artikel 14 worden gedekt.

Art. 14

Risico's

De in artikel 13, punt 5, bedoelde risico's zijn de volgende:

1. elke schade

a) aan zeeschepen, vaste installaties in de kustwateren of in volle zee, of luchtvaartuigen, die wordt veroorzaakt door gebeurtenissen in verband met het gebruik daarvan voor handelsdoeleinden,

b) aan andere goederen dan de bagage van passagiers, toegebracht tijdens het vervoer met deze schepen of luchtvaartuigen of tijdens gemengd vervoer waarbij mede met deze schepen of luchtvaartuigen wordt vervoerd;

2. elke aansprakelijkheid, met uitzondering van die voor lichamelijk letsel van passagiers of schade aan hun bagage

a) voortvloeiend uit het gebruik of de exploitatie van de schepen, installaties of luchtvaartuigen overeenkomstig punt 1, onder *a)*, voorzover, wat luchtvaartuigen betreft, voor de verzekering van zulke risico's overeenkomsten tot aanwijzing van een bevoegd gerecht niet verboden zijn bij de wet van de lidstaat waar de luchtvaartuigen zijn ingeschreven,

b) veroorzaakt door de goederen gedurende vervoer als bedoeld in punt 1, onder *b)*;

3. de geldelijke verliezen in verband met het gebruik of de exploitatie van de schepen, installaties of luchtvaartuigen overeenkomstig punt 1, onder *a)*, met name verlies van vracht of verlies van opbrengst van vervrachting;

4. elk risico dat komt bij een van de in punt 1 tot en met punt 3 genoemde risico's;

5. behoudens de punten 1 tot en met 4, alle 'grote risico's' zoals omschreven in Richtlijn 73/239/EEG van de Raad, als gewijzigd bij Richtlijn 88/357/EEG, Richtlijn 90/618/EEG van de Raad en eventuele latere wijzigingsbesluiten.

AFDELING 4

Bevoegdheid voor door consumenten gesloten overeenkomsten

Art. 15

Consumentenovereenkomst

– 1. Voor overeenkomsten gesloten door een persoon, de consument, voor een gebruik dat als niet bedrijfs- of beroepsmatig kan worden beschouwd, wordt de bevoegdheid geregeld door deze afdeling, onverminderd artikel 4 en artikel 5, punt 5, wanneer

a) het gaat om koop en verkoop op afbetaling van roerende lichamelijke zaken,

b) het gaat om leningen op afbetaling of andere krediettransacties ter financiering van de verkoop van zulke zaken,

c) in alle andere gevallen, de overeenkomst is gesloten met een persoon die commerciële of beroepsactiviteiten ontplooit in de lidstaat waar de consument woonplaats heeft, of dergelijke activiteiten met ongeacht welke middelen richt op die lidstaat, of op meerdere staten met inbegrip van die lidstaat, en de overeenkomst onder die activiteiten valt.

– 2. Wanneer de wederpartij van de consument geen woonplaats heeft op het grondgebied van een lidstaat, maar in een lidstaat een filiaal, een agentschap of enige andere vestiging heeft, wordt hij voor de geschillen betreffende de exploitatie daarvan geacht woonplaats te hebben op het grondgebied van die lidstaat.

– 3. Deze afdeling is niet van toepassing op vervoerovereenkomsten, behoudens overeenkomsten waarbij voor één enkele prijs zowel vervoer als verblijf worden aangeboden.

Art. 16

Vordering tegen wederpartij

– 1. De rechtsvordering die door een consument wordt ingesteld tegen de wederpartij bij de overeenkomst, kan worden gebracht hetzij voor de gerechten van de lidstaat op het grondgebied waarvan die partij woonplaats heeft, hetzij voor het gerecht van de plaats waar de consument woonplaats heeft.

– 2. De rechtsvordering die tegen de consument wordt ingesteld door de wederpartij bij de overeenkomst kan slechts worden gebracht voor de gerechten van de lidstaat op het grondgebied waarvan de consument woonplaats heeft.

– 3. Dit artikel laat het recht om een tegenvordering in te stellen bij het gerecht waarvoor met inachtneming van deze afdeling de oorspronkelijke vordering is gebracht, onverlet.

Art. 17

Forumkeuze

Van deze afdeling kan slechts worden afgeweken door overeenkomsten:

1. gesloten na het ontstaan van het geschil,

of

2. die aan de consument de mogelijkheid geven de zaak bij andere gerechten dan de in deze afdeling genoemde aanhangig te maken,

of

3. waarbij een consument en zijn wederpartij, die op het tijdstip waarop de overeenkomst

wordt gesloten woonplaats of hun gewone verblijfplaats in dezelfde lidstaat hebben, de gerechten van die lidstaat bevoegd verklaren, tenzij het recht van die lidstaat dergelijke overeenkomsten verbiedt.

AFDELING 5
Bevoegdheid voor individuele verbintenissen uit arbeidsovereenkomst

Art. 18

Verbintenis uit arbeidsovereenkomst

– 1. Voor individuele verbintenissen uit arbeidsovereenkomst wordt de bevoegdheid geregeld door deze afdeling, onverminderd artikel 4 en artikel 5, punt 5.

– 2. Wanneer een werknemer een individuele arbeidsovereenkomst aangaat met een werkgever die geen woonplaats heeft op het grondgebied van een lidstaat, maar in een lidstaat een filiaal, agentschap of andere vestiging heeft, wordt de werkgever voor geschillen betreffende de exploitatie daarvan geacht zijn woonplaats te hebben op het grondgebied van die lidstaat.

Art. 19

Woonplaats werkgever

De werkgever met woonplaats op het grondgebied van een lidstaat kan voor de volgende gerechten worden opgeroepen:

1. voor de gerechten van de lidstaat waar hij woonplaats heeft, of
2. in een andere lidstaat:

a) voor het gerecht van de plaats waar de werknemer gewoonlijk werkt of voor het gerecht van de laatste plaats waar hij gewoonlijk heeft gewerkt, of

b) wanneer de werknemer niet in eenzelfde land gewoonlijk werkt of heeft gewerkt, voor het gerecht van de plaats waar zich de vestiging bevindt of bevond die de werknemer in dienst heeft genomen.

Art. 20

Woonplaats werknemer

– 1. De vordering van de werkgever kan slechts worden gebracht voor de gerechten van de lidstaat op het grondgebied waarvan de werknemer woonplaats heeft.

– 2. Deze afdeling laat het recht om een tegenvordering in te stellen bij het gerecht waarvoor met inachtneming van deze afdeling de oorspronkelijke vordering is gebracht, onverlet.

Art. 21

Forumkeuze

Van deze afdeling kan slechts worden afgeweken door overeenkomsten:

1. gesloten na het ontstaan van het geschil, of
2. die aan de werknemer de mogelijkheid geven de zaak bij andere gerechten dan de in deze afdeling genoemde aanhangig te maken.

AFDELING 6
Exclusieve bevoegdheid

Art. 22

Exclusieve bevoegdheid

Ongeacht de woonplaats zijn bij uitsluiting bevoegd:

1. voor zakelijke rechten op en huur en verhuur, pacht en verpachting van onroerende goederen: de gerechten van de lidstaat waar het onroerend goed gelegen is.

Voor huur en verhuur, pacht en verpachting van onroerende goederen voor tijdelijk particulier gebruik voor ten hoogste zes opeenvolgende maanden: ook de gerechten van de lidstaat waar de verweerder woonplaats heeft, mits de huurder of pachter een natuurlijke persoon is en de eigenaar en de huurder of pachter woonplaats in dezelfde lidstaat hebben;

2. voor de geldigheid, de nietigheid of de ontbinding van vennootschappen of rechtspersonen met plaats van vestiging in een lidstaat, dan wel van de besluiten van hun organen: de gerechten van die lidstaat. Om deze plaats van vestiging vast te stellen, past het gerecht de regels van het voor hem geldende internationaal privaatrecht toe;

3. voor de geldigheid van inschrijvingen in openbare registers: de gerechten van de lidstaat waar deze registers worden gehouden;

4. voor de registratie of de geldigheid van octrooien, merken, tekeningen en modellen van nijverheid, en andere soortgelijke rechten die aanleiding geven tot deponering of registratie: de gerechten van de lidstaat op het grondgebied waarvan de deponering of registratie is verzocht, heeft plaatsgehad of geacht wordt te hebben plaatsgehad in de zin van een besluit van de Gemeenschap of een internationale overeenkomst.

Onverminderd de bevoegdheid van het Europees octrooibureau krachtens het Verdrag inzake de verlening van Europese octrooien, ondertekend te München op 5 oktober 1973, zijn ongeacht de woonplaats, de gerechten van elke lidstaat bij uitsluiting bevoegd voor de registratie of de geldigheid van een voor die lidstaat verleend Europees octrooi;

5. voor de tenuitvoerlegging van beslissingen: de gerechten van de lidstaat van de plaats van tenuitvoerlegging.

AFDELING 7
Door partijen aangewezen bevoegd gerecht

Art. 23

Forumkeuze

– 1. Wanneer de partijen van wie er ten minste één woonplaats heeft op het grondgebied van een lidstaat, een gerecht of de gerechten van een lidstaat hebben aangewezen voor de kennisneming van geschillen die naar aanleiding van een bepaalde rechtsbetrekking zijn ontstaan of zullen ontstaan, is dit gerecht of zijn de gerechten van die lidstaat bevoegd. Deze bevoegdheid is exclusief, tenzij de partijen anders zijn overeengekomen. Deze overeenkomst tot aanwijzing van een bevoegd gerecht wordt gesloten:

a) hetzij bij een schriftelijke overeenkomst of bij een schriftelijk bevestigde mondelinge overeenkomst;

b) hetzij in een vorm die wordt toegelaten door de handelwijzen die tussen de partijen gebruikelijk zijn geworden;

c) hetzij, in de internationale handel, in een vorm die overeenstemt met een gewoonte waarvan de partijen op de hoogte zijn of hadden behoren te zijn en die in de internationale handel algemeen bekend is en door partijen bij dergelijke overeenkomsten in de betrokken handelsbranche doorgaans in acht wordt genomen.

– 2. Als 'schriftelijk' wordt tevens elke elektronische mededeling aangemerkt, waardoor de overeenkomst duurzaam geregistreerd wordt.

– 3. Wanneer een dergelijke overeenkomst wordt gesloten door partijen die geen van allen woonplaats op het grondgebied van een lidstaat hebben, kunnen de gerechten van de andere lidstaten van het geschil niet kennisnemen, zolang het aangewezen gerecht of de aangewezen gerechten zich niet onbevoegd hebben verklaard.

– 4. Het gerecht of de gerechten van een lidstaat waaraan in de akte tot oprichting van een trust bevoegdheid is toegekend, is of zijn bij uitsluiting bevoegd kennis te nemen van een vordering tegen een oprichter, een trustee of een begunstigde van een trust, als het gaat om de betrekkingen tussen deze personen of om hun rechten of verplichtingen in het kader van de trust.

– 5. Overeenkomsten tot aanwijzing van een bevoegd gerecht en soortgelijke bedingen in akten tot oprichting van een trust hebben geen rechtsgevolg indien zij strijdig zijn met de artikelen 13, 17 of 21, of indien de gerechten op welker bevoegdheid inbreuk wordt gemaakt, krachtens artikel 22 bij uitsluiting bevoegd zijn.

Art. 24

Stilzwijgende forumkeuze

Buiten de gevallen waarin zijn bevoegdheid voortvloeit uit andere bepalingen van deze verordening, is het gerecht van een lidstaat waarvoor de verweerder verschijnt bevoegd. Dit voorschrift is niet van toepassing indien de verschijning ten doel heeft de bevoegdheid te betwisten, of indien er een ander gerecht bestaat dat krachtens artikel 22 bij uitsluiting bevoegd is.

AFDELING 8
Toetsing van de bevoegdheid en de ontvankelijkheid

Art. 25

Exclusieve bevoegdheid

Het gerecht van een lidstaat waarbij een geschil aanhangig is gemaakt met als inzet een vordering waarvoor krachtens artikel 22 een gerecht van een andere lidstaat bij uitsluiting bevoegd is, verklaart zich ambtshalve onbevoegd.

Art. 26

Verstek

– 1. Wanneer de verweerder met woonplaats op het grondgebied van een lidstaat voor een gerecht van een andere lidstaat wordt opgeroepen en niet verschijnt, verklaart het gerecht zich ambtshalve onbevoegd indien zijn bevoegdheid niet berust op deze verordening.

– 2. Het gerecht is verplicht zijn uitspraak aan te houden zolang niet vaststaat dat de verweerder in de gelegenheid is gesteld het stuk dat het geding inleidt of een gelijkwaardig stuk, zo tijdig als met het oog op zijn verdediging nodig was, te ontvangen, of dat daartoe al het nodige is gedaan.

– 3. Artikel 19 van Verordening (EG) nr. 1348/2000 van de Raad van 29 mei 2000 inzake de betekening en de kennisgeving in de lidstaten van gerechtelijke en buitengerechtelijke stukken in burgerlijke of in handelszaken is van toepassing in plaats van lid 2, indien de toezending van het stuk dat het geding inleidt of een gelijkwaardig stuk, overeenkomstig deze verordening moest plaatsvinden.

– 4. Wanneer Verordening (EG) nr. 1348/2000 niet van toepassing is, is artikel 15 van het Verdrag van 's-Gravenhage van 15 november 1965 inzake de betekening en de kennisgeving in het buitenland van gerechtelijke en buitengerechtelijke stukken in burgerlijke of handelszaken van toepassing, indien de toezending van het stuk dat het geding inleidt of een gelijkwaardig stuk, overeenkomstig dat verdrag moest plaatsvinden.

AFDELING 9
Aanhangigheid en samenhang

Art. 27

Litispendentie

– 1. Wanneer voor gerechten van verschillende lidstaten tussen dezelfde partijen vorderingen aanhangig zijn, die hetzelfde onderwerp betreffen en op dezelfde oorzaak berusten, houdt het gerecht waarbij de zaak het laatst is aangebracht zijn uitspraak ambtshalve aan totdat de bevoegdheid van het gerecht waarbij de zaak het eerst is aangebracht, vaststaat.
– 2. Wanneer de bevoegdheid van het gerecht waarbij de zaak het eerst is aangebracht, vaststaat, verklaart het gerecht waarbij de zaak het laatst is aangebracht, zich onbevoegd.

Art. 28

Connexiteit

– 1. Wanneer samenhangende vorderingen aanhangig zijn voor gerechten van verschillende lidstaten, kan het gerecht waarbij de zaak het laatst is aangebracht, zijn uitspraak aanhouden.
– 2. Wanneer deze vorderingen in eerste aanleg aanhangig zijn, kan dit gerecht, op verzoek van een der partijen, ook tot verwijzing overgaan mits het gerecht waarbij de zaak het eerst is aangebracht bevoegd is van de betreffende vorderingen kennis te nemen en zijn wetgeving de voeging ervan toestaat.
– 3. Samenhangend in de zin van dit artikel zijn vorderingen waartussen een zo nauwe band bestaat dat een goede rechtsbedeling vraagt om hun gelijktijdige behandeling en berechting, teneinde te vermijden dat bij afzonderlijke berechting van de zaken onverenigbare beslissingen worden gegeven.

Art. 29

Eerst aanhangige zaak

Wanneer voor de vorderingen meer dan één gerecht bij uitsluiting bevoegd is, worden partijen verwezen naar het gerecht waarbij de zaak het eerst aanhangig is gemaakt.

Art. 30

Tijdstip indiening vordering

Voor de toepassing van deze afdeling wordt een zaak geacht te zijn aangebracht bij een gerecht
1. op het tijdstip waarop het stuk dat het geding inleidt of een gelijkwaardig stuk bij het gerecht wordt ingediend, mits de eiser vervolgens niet heeft nagelaten te doen wat hij met het oog op de betekening of de kennisgeving van het stuk aan de verweerder moest doen, of
2. indien het stuk betekend of meegedeeld moet worden voordat het bij het gerecht wordt ingediend, op het tijdstip waarop de autoriteit die verantwoordelijk is voor de betekening of de kennisgeving het stuk ontvangt, mits de eiser vervolgens niet heeft nagelaten te doen wat hij met het oog op de indiening van het stuk bij het gerecht moest doen.

AFDELING 10
Voorlopige maatregelen en maatregelen tot bewaring van recht

Art. 31

Voorlopige maatregelen

In de wetgeving van een lidstaat vastgestelde voorlopige of bewarende maatregelen kunnen bij de gerechten van die staat worden aangevraagd, zelfs indien een gerecht van een andere lidstaat krachtens deze verordening bevoegd is van het bodemgeschil kennis te nemen.

HOOFDSTUK III
Erkenning en tenuitvoerlegging

Art. 32

Definitie beslissing

Onder beslissing in de zin van deze verordening wordt verstaan, elke door een gerecht van een lidstaat gegeven beslissing, ongeacht de daaraan gegeven benaming, zoals arrest, vonnis, beschikking of rechterlijk dwangbevel, alsmede de vaststelling door de griffier van het bedrag van de proceskosten.

AFDELING 1
Erkenning

Art. 33

Automatische erkenning

– 1. De in een lidstaat gegeven beslissingen worden in de overige lidstaten erkend zonder vorm van proces.
– 2. Indien tegen de erkenning van een beslissing bezwaar wordt gemaakt, kan iedere partij die er belang bij heeft ten principale te zien vastgesteld dat de beslissing erkend moet worden, gebruik maken van de procedures, bedoeld in de afdelingen 2 en 3 van dit hoofdstuk.
– 3. Wordt voor een gerecht van een lidstaat de erkenning bij wege van tussenvordering gevraagd, dan is dit gerecht bevoegd om van de vordering kennis te nemen.

Art. 34

Weigeringsgronden

Een beslissing wordt niet erkend indien:
1. de erkenning kennelijk strijdig is met de openbare orde van de aangezochte lidstaat;
2. het stuk dat het geding inleidt of een gelijkwaardig stuk, niet zo tijdig en op zodanige wijze als met het oog op zijn verdediging nodig was, aan de verweerder tegen wie verstek werd ver-

leend, betekend of meegedeeld is, tenzij de verweerder tegen de beslissing geen rechtsmiddel heeft aangewend terwijl hij daartoe in staat was;
3. de beslissing onverenigbaar is met een tussen dezelfde partijen in de aangezochte lidstaat gegeven beslissing;
4. de beslissing onverenigbaar is met een beslissing die vroeger in een andere lidstaat of in een derde land tussen dezelfde partijen is gegeven in een geschil dat hetzelfde onderwerp betreft en op dezelfde oorzaak berust, mits deze laatste beslissing voldoet aan de voorwaarden voor erkenning in de aangezochte lidstaat.

Art. 35

Overige weigeringsgronden

– 1. De beslissingen worden tevens niet erkend, indien de afdelingen 3, 4 en 6 van hoofdstuk II zijn geschonden, of indien het in artikel 72 bedoelde geval zich voordoet.
– 2. Bij de toetsing of de in het vorige lid genoemde bevoegdheidsregels niet zijn geschonden, is het aangezochte gerecht of de aangezochte autoriteit gebonden aan de feitelijke overwegingen op grond waarvan het gerecht van de lidstaat van herkomst zijn bevoegdheid heeft aangenomen.
– 3. Onverminderd lid 1 mag de bevoegdheid van de gerechten van de lidstaat van herkomst niet worden getoetst. De bevoegdheidsregels betreffen niet de openbare orde als bedoeld in artikel 34, punt 1.

Art. 36

Geen onderzoek naar juistheid beslissing

In geen geval wordt overgegaan tot een onderzoek van de juistheid van de in den vreemde gegeven beslissing.

Art. 37

Aanhouding uitspraak bij inroepen erkenning

– 1. Een gerecht van een lidstaat, waarbij een beroep wordt gedaan op de erkenning van een in een andere lidstaat gegeven beslissing, kan zijn uitspraak aanhouden, indien tegen deze beslissing een gewoon rechtsmiddel is ingesteld.
– 2. De rechterlijke autoriteit van een lidstaat, bij wie de erkenning wordt ingeroepen van een in Ierland of het Verenigd Koninkrijk gegeven beslissing, waarvan de tenuitvoerlegging door een daartegen aangewend rechtsmiddel in de lidstaat van herkomst is geschorst, kan haar uitspraak aanhouden.

AFDELING 2
Tenuitvoerlegging

Art. 38

Tenuitvoerlegging in andere lidstaat

– 1. De beslissingen die in een lidstaat gegeven zijn en daar uitvoerbaar zijn, kunnen in een andere lidstaat ten uitvoer worden gelegd, nadat zij aldaar, ten verzoeke van iedere belanghebbende partij, uitvoerbaar zijn verklaard.
– 2. In het Verenigd Koninkrijk worden deze beslissingen in Engeland en Wales, in Schotland of in Noord-Ierland echter eerst ten uitvoer gelegd na op verzoek van iedere belanghebbende partij in het betrokken deel van het Verenigd Koninkrijk voor tenuitvoerlegging te zijn geregistreerd.

Art. 39

Absolute en relatieve bevoegdheid

– 1. Het verzoek wordt gericht tot het gerecht of de bevoegde autoriteit, vermeld in de lijst in bijlage II.
– 2. Het relatief bevoegde gerecht is dat van de woonplaats van de partij tegen wie de tenuitvoerlegging wordt gevraagd, of van de plaats van tenuitvoerlegging.

Art. 40

Vereisten

– 1. De vereisten waaraan het verzoek moet voldoen, worden vastgesteld door het recht van de aangezochte lidstaat.
– 2. De verzoeker moet, binnen het rechtsgebied van het gerecht dat van het verzoek kennis neemt, woonplaats kiezen. Kent echter het recht van de aangezochte lidstaat geen woonplaatskeuze, dan wijst de verzoeker een procesgemachtigde aan.
– 3. Bij het verzoek worden de in artikel 53 genoemde documenten gevoegd.

Art. 41

Verbod toetsing weigeringsgronden

De beslissing wordt uitvoerbaar verklaard zodra de formaliteiten van artikel 53 vervuld zijn, zonder toetsing uit hoofde van de artikelen 34 en 35. De partij tegen wie de tenuitvoerlegging wordt gevraagd, wordt in deze stand van de procedure niet gehoord.

Art. 42

Kennisgeving

– 1. De beslissing over het verzoek om een verklaring van uitvoerbaarheid wordt onmiddellijk ter kennis van de verzoeker gebracht op de wijze als is bepaald in het recht van de aangezochte lidstaat.
– 2. De verklaring van uitvoerbaarheid wordt betekend of meegedeeld aan de partij tegen wie de tenuitvoerlegging wordt gevraagd en gaat vergezeld van de beslissing, indien deze nog niet aan haar is betekend of meegedeeld.

Art. 43

Rechtsmiddel

– 1. Elke partij kan een rechtsmiddel instellen tegen de beslissing op het verzoek om een verklaring van uitvoerbaarheid.
– 2. Het rechtsmiddel wordt bij het in bijlage III bedoelde gerecht ingesteld.
– 3. Het rechtsmiddel wordt volgens de regels van de procedure op tegenspraak behandeld.
– 4. Indien de partij tegen wie de tenuitvoerlegging wordt gevraagd, niet verschijnt voor het gerecht dat over het door de verzoeker ingestelde rechtsmiddel oordeelt, is artikel 26, leden 2 tot en met 4, van toepassing, ook wanneer de partij tegen wie de tenuitvoerlegging wordt gevraagd, geen woonplaats heeft op het grondgebied van een der lidstaten.
– 5. Een rechtsmiddel tegen de verklaring van uitvoerbaarheid moet worden ingesteld binnen één maand na de betekening daarvan. Indien de partij tegen wie de tenuitvoerlegging wordt gevraagd woonplaats heeft in een andere lidstaat dan die waar de verklaring van uitvoerbaarheid is gegeven, is de termijn waarbinnen het rechtsmiddel moet worden ingesteld, twee maanden met ingang van de dag waarop de beslissing aan de partij in persoon of aan haar woonplaats is betekend. Deze termijn mag niet op grond van de afstand worden verlengd.

Art. 44

Rechtsmiddelen tegen beslissing hoger beroep

Tegen de op het rechtsmiddel gegeven beslissing kunnen slechts de in bijlage IV genoemde middelen worden aangewend.

Art. 45

Gronden

– 1. De verklaring van uitvoerbaarheid wordt door het gerecht dat oordeelt over een rechtsmiddel, bedoeld in de artikelen 43 of 44, slechts op een van de in de artikelen 34 en 35 genoemde gronden geweigerd of ingetrokken. Het gerecht doet onverwijld uitspraak.
– 2. In geen geval wordt overgegaan tot een onderzoek van de juistheid van de in den vreemde gegeven beslissing.

Art. 46

Aanhouding uitspraak

– 1. Het gerecht dat oordeelt over een rechtsmiddel, bedoeld in de artikelen 43 en 44, kan op verzoek van de partij tegen wie de tenuitvoerlegging wordt gevraagd, zijn uitspraak aanhouden indien tegen de in den vreemde gegeven beslissing in de lidstaat van herkomst een gewoon rechtsmiddel is ingesteld of indien de termijn daarvoor nog niet is verstreken; in dit laatste geval kan het gerecht een termijn stellen waarbinnen het rechtsmiddel moet worden ingesteld.
– 2. Indien de beslissing in Ierland of het Verenigd Koninkrijk is gegeven, wordt elk rechtsmiddel dat in de lidstaat van herkomst kan worden ingesteld, voor de toepassing van lid 1 beschouwd als een gewoon rechtsmiddel.
– 3. Dit gerecht kan het verlof tot tenuitvoerlegging ook geven op voorwaarde dat zekerheid wordt gesteld; de zekerheid wordt door het gerecht bepaald.

Art. 47

Beroep op voorlopige of bewarende maatregelen

– 1. Indien een beslissing erkend moet worden overeenkomstig deze verordening, belet niets dat de verzoeker zich beroept op voorlopige of bewarende maatregelen waarin de wetgeving van de aangezochte lidstaat voorziet, zonder dat daartoe een verklaring van uitvoerbaarheid, bedoeld in artikel 41, vereist is.
– 2. De verklaring van uitvoerbaarheid houdt tevens het verlof in bewarende maatregelen te treffen.
– 3. Gedurende de termijn voor het instellen van een rechtsmiddel overeenkomstig artikel 43, lid 5, tegen de verklaring van uitvoerbaarheid en totdat daarover uitspraak is gedaan, kunnen slechts bewarende maatregelen worden genomen ten aanzien van de goederen van de partij tegen wie de tenuitvoerlegging is gevraagd.

Art. 48

Deelexequator

– 1. Wanneer in de in den vreemde gegeven beslissing uitspraak is gedaan over meer dan één punt van de vordering, en de verklaring van uitvoerbaarheid niet kan worden verleend voor het geheel, verleent het gerecht of de bevoegde autoriteit deze voor één of meer onderdelen daarvan.
– 2. De verzoeker kan vorderen dat de verklaring van uitvoerbaarheid een gedeelte van de uitspraak betreft.

Art. 49

Dwangsom

In den vreemde gegeven beslissingen die een veroordeling tot een dwangsom inhouden, kunnen in de aangezochte lidstaat slechts ten uitvoer worden gelegd indien het bedrag ervan door de gerechten van de lidstaat van herkomst definitief is bepaald.

Art. 50

Kosteloze rechtsbijstand

De verzoeker die in de lidstaat waar de beslissing is gegeven, in aanmerking kwam voor gehele of gedeeltelijke kosteloze rechtsbijstand of vrijstelling van kosten en uitgaven, komt in de procedure, vermeld in deze afdeling, in aanmerking voor de meest gunstige bijstand of voor de meest ruime vrijstelling die in het recht van de aangezochte lidstaat is vastgesteld.

Art. 51

Verbod oplegging zekerheid of depot

Aan de partij die in een lidstaat de tenuitvoerlegging vraagt van een in een andere lidstaat gegeven beslissing, kan geen enkele zekerheid of depot, onder welke benaming ook, worden opgelegd wegens de hoedanigheid van vreemdeling dan wel wegens het ontbreken van een woonplaats of verblijfplaats in eerstgenoemde lidstaat.

Art. 52

Verbod heffing belasting of recht

Ter zake van de procedure tot verlening van een verklaring van uitvoerbaarheid wordt in de aangezochte lidstaat geen belasting, recht of heffing, evenredig aan het geldelijke belang van de zaak, geheven.

AFDELING 3

Gemeenschappelijke bepalingen

Art. 53

Over te leggen documenten

– 1. De partij die een beroep doet op de erkenning of om een verklaring van uitvoerbaarheid verzoekt, moet een expeditie van de beslissing overleggen, die voldoet aan de voorwaarden nodig voor haar echtheid.

– 2. De partij die om een verklaring van uitvoerbaarheid verzoekt, moet bovendien het in artikel 54 bedoelde certificaat overleggen, onverminderd artikel 55.

Art. 54

Certificaat

Het gerecht of de bevoegde autoriteit van een lidstaat waar een beslissing is gegeven, geeft ten verzoeke van elke belanghebbende partij een certificaat af volgens het modelformulier in bijlage V bij deze verordening.

Art. 55

Gelijkwaardige documenten

– 1. Wordt het in artikel 54 bedoelde certificaat niet overgelegd, dan kan het gerecht of de bevoegde autoriteit voor de overlegging een termijn bepalen of gelijkwaardige documenten aanvaarden, dan wel, indien dat gerecht of die autoriteit zich voldoende voorgelicht acht, van de overlegging vrijstelling verlenen.

– 2. Indien het gerecht of de bevoegde autoriteit dat verlangt, wordt van de documenten een vertaling overgelegd. De vertaling wordt gewaarmerkt door degene die in een van de lidstaten daartoe gemachtigd is.

Art. 56

Vrijstelling van legalisatie

Geen enkele legalisatie of soortgelijke formaliteit mag worden geëist met betrekking tot de in artikel 53, en in artikel 55, lid 2, genoemde documenten of de procesvolmacht.

HOOFDSTUK IV

Authentieke akten en gerechtelijke schikkingen

Art. 57

Authentieke akten

– 1. Authentieke akten, verleden en uitvoerbaar in een lidstaat, worden op verzoek, overeenkomstig de in artikel 38 en volgende bedoelde procedure, in een andere lidstaat uitvoerbaar verklaard. De verklaring van uitvoerbaarheid wordt door het gerecht dat oordeelt over een rechtsmiddel, bedoeld in de artikelen 43 en 44, slechts geweigerd of ingetrokken indien de tenuitvoerlegging van de authentieke akte kennelijk strijdig is met de openbare orde van de aangezochte lidstaat.

– 2. Als authentieke akten in de zin van lid 1 worden eveneens beschouwd de overeenkomsten inzake de onderhoudsverplichting die voor een administratieve overheid zijn gesloten of door haar zijn bekrachtigd.

– 3. De overgelegde akte moet voldoen aan de voorwaarden, nodig voor haar echtheid in de lidstaat van herkomst.

– 4. Afdeling 3 van hoofdstuk III is, voorzover nodig, van toepassing. De bevoegde autoriteit van een lidstaat waar een authentieke akte is verleden, geeft ten verzoeke van elke belanghebbende partij een certificaat af volgens het modelformulier in bijlage VI bij deze verordening.

Art. 58

Gerechtelijke schikking

Gerechtelijke schikkingen die in de loop van een geding tot stand zijn gekomen en die uitvoerbaar zijn in de lidstaat van herkomst, zijn op dezelfde voet als authentieke akten uitvoerbaar in de aangezochte staat. Het gerecht of de bevoegde autoriteit van een lidstaat waar een gerechtelijke schikking tot stand is gekomen, geeft ten verzoeke van elke belanghebbende partij een certificaat af volgens het modelformulier in bijlage V bij deze verordening.

HOOFDSTUK V

Algemene bepalingen

Art. 59

Woonplaats

– 1. Om vast te stellen of een partij woonplaats heeft op het grondgebied van de lidstaat bij een van welks gerechten een zaak aanhangig is, past het gerecht zijn intern recht toe.

– 2. Indien een partij geen woonplaats heeft in de lidstaat bij een van welks gerechten een zaak aanhangig is, past het gerecht voor de vaststelling of zij een woonplaats heeft in een andere lidstaat, het recht van die lidstaat toe.

Art. 60

Woonplaats rechtspersonen

– 1. Voor de toepassing van deze verordening hebben vennootschappen en rechtspersonen woonplaats op de plaats van:
a) hun statutaire zetel, of
b) hun hoofdbestuur, of
c) hun hoofdvestiging.
– 2. In het Verenigd Koninkrijk en Ierland wordt onder het 'registered office' de statutaire zetel verstaan of, indien dat nergens bestaat, de 'place of incorporation' (plaats van oprichting) of, indien die nergens bestaat, de plaats krachtens het recht waarvan de 'formation' (vorming) is geschied.
– 3. Om vast te stellen of een trust woonplaats heeft op het grondgebied van de lidstaat bij welks gerechten de zaak aanhangig is gemaakt, past het gerecht de regels van het voor hem geldende internationaal privaatrecht toe.

Art. 61

Verschijning bij onopzettelijk gepleegd strafbaar feit

Zij die woonplaats hebben op het grondgebied van een lidstaat en wegens een onopzettelijk gepleegd strafbaar feit vervolgd worden voor de gerechten van een andere lidstaat, waarvan zij geen onderdaan zijn, zijn, onverminderd aldaar geldende gunstigere bepalingen, bevoegd zich te doen verdedigen door daartoe bevoegde personen, zelfs indien zij niet persoonlijk verschijnen. Het gerecht dat de zaak berecht, kan echter de persoonlijke verschijning bevelen; indien deze niet heeft plaatsgevonden, behoeft de beslissing, op de burgerlijke rechtsvordering gewezen zonder dat de betrokkene de gelegenheid heeft gehad zich te doen verdedigen, in de overige lidstaten niet te worden erkend, noch ten uitvoer te worden gelegd.

Art. 62

Zweden

In Zweden wordt in het kader van de summiere procedures betreffende de 'betalningsföreläggande' (aanmaningen tot betaling) en de 'handräckning' (bijstandszaken) onder de term 'gerecht' ook de Zweedse gerechtsdeurwaarderinstantie ('kronofogdemyndighet') verstaan.

Art. 63

Luxemburg

– 1. Een persoon die op het grondgebied van Luxemburg woonplaats heeft en met toepassing van artikel 5, punt 1, voor een gerecht van een andere lidstaat is opgeroepen, kan de bevoegdheid van dit gerecht afwijzen indien de uiteindelijke plaats van levering van de goederen of van verrichting van de diensten in Luxemburg gelegen is.
– 2. Indien de uiteindelijke plaats van levering van de goederen of van verrichting van de diensten met toepassing van lid 1 in Luxemburg gelegen is, moet elke overeenkomst tot aanwijzing van de bevoegde rechter, om rechtsgeldig te zijn, worden aanvaard bij een schriftelijke overeenkomst of bij een schriftelijk bevestigde mondelinge overeenkomst als bedoeld in artikel 23, lid 1, onder *a)*.
– 3. Dit artikel is niet van toepassing op overeenkomsten inzake de verrichting van financiële diensten.
– 4. Dit artikel is van toepassing voor een periode van zes jaar te rekenen vanaf de inwerkingtreding van deze verordening.

Art. 64

Grieks of Portugees zeeschip

– 1. Bij geschillen tussen de kapitein en een bemanningslid van een in Griekenland of Portugal geregistreerd zeeschip over de beloning of andere arbeidsvoorwaarden moet het gerecht van een lidstaat nagaan of de ten aanzien van het schip bevoegde diplomatieke of consulaire vertegenwoordiger van het geschil in kennis is gesteld. Zodra deze vertegenwoordiger van het geschil in kennis is gesteld, kan het gerecht uitspraak doen.
– 2. Dit artikel is van toepassing voor een periode van zes jaar te rekenen vanaf de inwerkingtreding van deze verordening.

Art. 65

Duitsland en Oostenrijk

– 1. De rechterlijke bevoegdheid, bepaald in artikel 6, punt 2, en artikel 11 ten aanzien van de vordering tot vrijwaring of de vordering tot voeging of tussenkomst kan in Duitsland en in Oostenrijk niet worden ingeroepen. Eenieder die woonplaats heeft in een andere lidstaat, kan worden opgeroepen voor de gerechten van:
a) Duitsland, met toepassing van de artikelen 68, 72, 73 en 74 van het wetboek van burgerlijke rechtsvordering (Zivilprozessordnung) betreffende de litis denuntiatio;
b) Oostenrijk, overeenkomstig artikel 21 van het wetboek van burgerlijke rechtsvordering (Zivilprozessordnung) betreffende de litis denuntiatio;
c) Hongarije, overeenkomstig de artikelen 58 t/m 60 van het wetboek van burgerlijke rechtsvordering (Polgári perrendtartás) betreffende de litis denuntiato.
– 2. De in de overige lidstaten krachtens de artikel 6, punt 2, en artikel 11 gegeven beslissingen

worden in Duitsland, Oostenrijk en Hongarije overeenkomstig hoofdstuk III erkend en ten uitvoer gelegd. De gevolgen voor derden van de beslissingen welke in deze staten met toepassing van het voorgaande lid zijn gegeven, worden eveneens in de overige lidstaten erkend.

HOOFDSTUK VI
Overgangsbepalingen

Art. 66

Reikwijdte

– 1. Deze verordening is slechts van toepassing op rechtsvorderingen die zijn ingesteld en authentieke akten die zijn verleden na de inwerkingtreding van deze verordening.
– 2. Indien de vordering in de lidstaat van herkomst werd ingesteld voor de inwerkingtreding van deze verordening worden beslissingen die na die datum zijn gegeven evenwel erkend en ten uitvoer gelegd overeenkomstig hoofdstuk III:
a) indien de vordering in de lidstaat van herkomst werd ingesteld na de inwerkingtreding van het Verdrag van Brussel of het Verdrag van Lugano in zowel de lidstaat van herkomst als de aangezochte lidstaat;
b) in alle overige gevallen, indien de toegepaste bevoegdheidsregels overeenkomen met hetzij de regels van hoofdstuk II, hetzij met de regels van een verdrag dat tussen de lidstaat van herkomst en de aangezochte lidstaat van kracht was toen de vordering werd ingesteld.

HOOFDSTUK VII
Verhouding tot andere besluiten

Art. 67

EG-besluiten en nationale wetgeving

Deze verordening laat onverlet de toepassing van de bepalingen die, voor bijzondere onderwerpen, de rechterlijke bevoegdheid, de erkenning en de tenuitvoerlegging van beslissingen regelen en die opgenomen zijn of zullen worden in de besluiten van de Gemeenschap of in de nationale wetgevingen die ter uitvoering van deze besluiten geharmoniseerd zijn.

Art. 68

Verdrag van Brussel

– 1. Deze verordening komt, in de betrekkingen tussen de lidstaten, in de plaats van het Verdrag van Brussel, uitgezonderd ten aanzien van de grondgebieden van de lidstaten die onder de territoriale werkingssfeer van dat verdrag vallen en die krachtens artikel 299 van het Verdrag tot oprichting van de Europese Gemeenschap van deze verordening uitgesloten zijn.
– 2. Voorzover deze verordening in de betrekkingen tussen de lidstaten in de plaats komt van het Verdrag van Brussel, geldt elke verwijzing naar dat verdrag als een verwijzing naar deze verordening.

Art. 69

Vervanging van verdragen

Onverminderd artikel 66, lid 2, en artikel 70 vervangt deze verordening tussen de lidstaten de volgende, tussen twee of meer van deze lidstaten gesloten verdragen en overeenkomsten:
– de Overeenkomst tussen België en Frankrijk betreffende de rechterlijke bevoegdheid, het gezag en de tenuitvoerlegging van rechterlijke beslissingen, van scheidsrechterlijke uitspraken en van authentieke akten, gesloten te Parijs op 8 juli 1899,
– het Verdrag tussen Nederland en België betreffende de territoriale rechterlijke bevoegdheid, betreffende het faillissement en betreffende het gezag en de tenuitvoerlegging van rechterlijke beslissingen, van scheidsrechterlijke uitspraken en van authentieke akten, gesloten te Brussel op 28 maart 1925,
– het Verdrag tussen Frankrijk en Italië betreffende de tenuitvoerlegging van vonnissen in burgerlijke en handelszaken, gesloten te Rome op 3 juni 1930,
– het Verdrag tussen het Verenigd Koninkrijk en Frankrijk betreffende de wederzijdse tenuitvoerlegging van vonnissen in burgerlijke en handelszaken, met Protocol, ondertekend te Parijs op 18 januari 1934,
– het Verdrag tussen het Verenigd Koninkrijk en België betreffende de wederzijdse tenuitvoerlegging van vonnissen in burgerlijke en handelszaken, met Protocol, ondertekend te Brussel op 2 mei 1934,
– het Verdrag tussen Duitsland en Italië betreffende de erkenning en de tenuitvoerlegging van vonnissen in burgerlijke en handelszaken, gesloten te Rome op 9 maart 1936,
– de Overeenkomst tussen België en Oostenrijk betreffende de wederzijdse erkenning en tenuitvoerlegging van vonnissen en authentieke akten betreffende onderhoudsverplichtingen, gesloten te Wenen op 25 oktober 1957,
– de Overeenkomst tussen Duitsland en België betreffende de erkenning en de wederzijdse tenuitvoerlegging van rechterlijke beslissingen, scheidsrechterlijke uitspraken en authentieke akten in burgerlijke zaken of handelszaken, gesloten te Bonn op 30 juni 1958,
– het Verdrag tussen Nederland en Italië betreffende de erkenning en tenuitvoerlegging van rechterlijke beslissingen in burgerlijke en handelszaken, gesloten te Rome op 17 april 1959,
– het Verdrag tussen Duitsland en Oostenrijk betreffende de wederzijdse erkenning en tenuit-

voerlegging van vonnissen, schikkingen en authentieke akten in burgerlijke en handelszaken, gesloten te Wenen op 6 juni 1959,
– de Overeenkomst tussen België en Oostenrijk betreffende de wederzijdse erkenning en tenuitvoerlegging van vonnissen, scheidsrechterlijke uitspraken en authentieke akten in burgerlijke en handelszaken, gesloten te Wenen op 16 juni 1959,
– het Verdrag tussen het Verenigd Koninkrijk en de Bondsrepubliek Duitsland betreffende de wederzijdse erkenning en tenuitvoerlegging van vonnissen in burgerlijke en handelszaken, ondertekend te Bonn op 14 juli 1960,
– het Verdrag tussen het Verenigd Koninkrijk en Oostenrijk betreffende de wederzijdse erkenning en tenuitvoerlegging van vonnissen in burgerlijke en handelszaken, gesloten te Wenen op 14 juli 1961, en het Protocol tot wijziging van dit Verdrag, gesloten te Londen op 6 maart 1970,
– het Verdrag tussen Griekenland en Duitsland betreffende de wederzijdse erkenning en tenuitvoerlegging van vonnissen, schikkingen en authentieke akten in burgerlijke en handelszaken, ondertekend te Athene op 4 november 1961,
– de Overeenkomst tussen België en Italië betreffende de erkenning en tenuitvoerlegging van rechterlijke beslissingen en andere uitvoerbare titels in burgerlijke en handelszaken, gesloten te Rome op 6 april 1962,
– het Verdrag tussen Nederland en Duitsland betreffende de wederzijdse erkenning en tenuitvoerlegging van rechterlijke beslissingen en andere executoriale titels in burgerlijke en handelszaken, gesloten te 's-Gravenhage op 30 augustus 1962,
– de Overeenkomst tussen Nederland en Oostenrijk over de wederzijdse erkenning en tenuitvoerlegging van vonnissen en authentieke akten in burgerlijke en handelszaken, gesloten te Den Haag op 6 februari 1963,
– het Verdrag tussen het Verenigd Koninkrijk en de Italiaanse Republiek betreffende de wederzijdse erkenning en tenuitvoerlegging van vonnissen in burgerlijke en handelszaken, ondertekend te Rome op 7 februari 1964, met Protocol van wijziging, ondertekend te Rome op 14 juli 1970,
– de Overeenkomst tussen Frankrijk en Oostenrijk betreffende de erkenning en tenuitvoerlegging van vonnissen en authentieke akten in burgerlijke en strafzaken, gesloten te Wenen op 15 juli 1966,
– het Verdrag tussen het Verenigd Koninkrijk van Groot-Brittannië en Noord-Ierland en het Koninkrijk der Nederlanden betreffende de wederkerige erkenning en tenuitvoerlegging van vonnissen in burgerlijke zaken, ondertekend te 's-Gravenhage op 17 november 1967,
– het Verdrag tussen Spanje en Frankrijk betreffende de erkenning en tenuitvoerlegging van vonnissen en scheidsrechterlijke uitspraken in burgerlijke en handelszaken, ondertekend te Parijs op 28 mei 1969,
– de Overeenkomst tussen Luxemburg en Oostenrijk betreffende de erkenning en tenuitvoerlegging van vonnissen en authentieke akten in burgerlijke en handelszaken, gesloten te Luxemburg op 29 juli 1971,
– de Overeenkomst tussen Italië en Oostenrijk betreffende de erkenning en tenuitvoerlegging van vonnissen in burgerlijke en handelszaken, van gerechtelijke schikkingen en notariële akten, gesloten te Rome op 16 november 1971,
– het Verdrag tussen Spanje en Italië betreffende de rechtsbijstand en erkenning en tenuitvoerlegging van vonnissen in burgerlijke en handelszaken ondertekend te Madrid op 22 mei 1973,
– het Verdrag tussen Finland, IJsland, Noorwegen, Zweden en Denemarken betreffende de erkenning en tenuitvoerlegging van beslissingen betreffende vorderingen in burgerlijke en handelszaken, gesloten te Kopenhagen op 11 oktober 1977,
– de Overeenkomst tussen Oostenrijk en Zweden betreffende de erkenning en tenuitvoerlegging van beslissingen in burgerlijke zaken, gesloten te Stockholm op 16 september 1982,
– het Verdrag tussen Spanje en Duitsland betreffende de erkenning en tenuitvoerlegging van vonnissen, rechterlijke schikkingen en executoriale authentieke akten in burgerlijke en handelszaken, ondertekend te Bonn op 14 november 1983,
– de Overeenkomst tussen Oostenrijk en Spanje betreffende de erkenning en tenuitvoerlegging van vonnissen, schikkingen en uitvoerbare authentieke akten in burgerlijke en handelszaken, gesloten te Wenen op 17 februari 1984,
– de Overeenkomst tussen Finland en Oostenrijk betreffende de erkenning en tenuitvoerlegging van beslissingen in burgerlijke zaken, gesloten te Wenen op 17 november 1986, en
– het Verdrag tussen België, Nederland en Luxemburg betreffende de rechterlijke bevoegdheid, betreffende het faillissement en betreffende het gezag en de tenuitvoerlegging van rechterlijke beslissingen, van scheidsrechterlijke uitspraken en van authentieke akten, gesloten te Brussel op 24 november 1961, voorzover het van kracht is.
– de Overeenkomst tussen de Tsjechoslowaakse Republiek en Portugal inzake de erkenning en

tenuitvoerlegging van rechterlijke beslissingen, ondertekend te Lissabon op 23 november 1927, die nog van kracht is tussen Tsjechië en Portugal,
– de Overeenkomst tussen de Federatieve Volksrepubliek Joegoslavië en de Republiek Oostenrijk inzake wederzijdse rechtshulp, ondertekend te Wenen op 16 december 1954,
– de Overeenkomst tussen de Poolse Volksrepubliek en de Hongaarse Volksrepubliek inzake wederzijdse rechtshulp in burgerlijke, familie- en strafzaken, ondertekend te Budapest op 6 maart 1959,
– de Overeenkomst tussen de Federatieve Volksrepubliek Joegoslavië en het Koninkrijk Griekenland inzake de wederzijdse erkenning en tenuitvoerlegging van beslissingen, ondertekend te Athene op 18 juni 1959,
– de Overeenkomst tussen de Poolse Volksrepubliek en de Federatieve Volksrepubliek Joegoslavië inzake wederzijdse rechtshulp in burgerlijke en strafzaken, ondertekend te Warschau op 6 februari 1960, nu van kracht tussen Polen en Slovenië,
– de Overeenkomst tussen de Federatieve Volksrepubliek Joegoslavië en de Republiek Oostenrijk inzake de wederzijdse erkenning en tenuitvoerlegging van scheidsrechterlijke uitspraken en regelingen in handelszaken, ondertekend te Belgrado op 18 maart 1960,
– de Overeenkomst tussen de Federatieve Volksrepubliek Joegoslavië en de Republiek Oostenrijk inzake de wederzijdse erkenning en tenuitvoerlegging van beslissingen in alimentatiezaken, ondertekend te Wenen op 10 oktober 1961,
– de Overeenkomst tussen Polen en Oostenrijk inzake de wederzijdse betrekkingen in burgerlijke zaken en inzake documenten, ondertekend te Wenen op 11 december 1963,
– het Verdrag tussen de Tsjechoslowaakse Socialistische Republiek en de Socialistische Federatieve Republiek Joegoslavië tot regeling van de rechtsbetrekkingen in burgerlijke, gezins- en strafzaken ondertekend te Belgrado op 20 januari 1964, dat nog van kracht is tussen Tsjechië, Slowakije en Slovenië,
– de Overeenkomst tussen Polen en Frankrijk inzake het toepasselijke recht, de rechterlijke bevoegdheid en de tenuitvoerlegging van beslissingen in het kader van het personen- en familierecht, gesloten te Warschau op 5 april 1967,
– de Overeenkomst tussen de Federatieve Volksrepubliek Joegoslavië en Frankrijk inzake de erkenning en tenuitvoerlegging van beslissingen in burgerlijke en handelszaken, ondertekend te Parijs op 18 mei 1971,
– de Overeenkomst tussen de Federatieve Volksrepubliek Joegoslavië en het Koninkrijk België inzake de erkenning en tenuitvoerlegging van rechterlijke beslissingen in alimentatiezaken, ondertekend te Belgrado op 12 december 1973,
– de Overeenkomst tussen Hongarije en Griekenland inzake rechtshulp in burgerlijke en strafzaken, ondertekend te Boedapest op 8 oktober 1979,
– de Overeenkomst tussen Polen en Griekenland inzake rechtshulp in burgerlijke en strafzaken, ondertekend te Athene op 24 oktober 1979,
– de Overeenkomst tussen Hongarije en Frankrijk inzake rechtshulp in burgerrechtelijke en familierechtelijke aangelegenheden, inzake de erkenning en tenuitvoerlegging van beslissingen en inzake rechtshulp in strafzaken, ondertekend te Boedapest op 31 juli 1980,
– het Verdrag tussen de Tsjechoslowaakse Socialistische Republiek en de Helleense Republiek inzake rechtshulp in burgerlijke en strafzaken, ondertekend te Athene op 22 oktober 1980, dat nog van kracht is tussen Tsjechië, Slowakije en Griekenland,
– de Overeenkomst tussen de Republiek Cyprus en de Hongaarse Volksrepubliek inzake rechtshulp in burgerlijke en strafzaken, ondertekend te Nicosia op 30 november 1981,
– het Verdrag tussen de Tsjechoslowaakse Socialistische Republiek en de Republiek Cyprus inzake rechtshulp in burgerlijke en strafzaken, ondertekend te Nicosia op 23 april 1982, dat nog van kracht is tussen Tsjechië, Slowakije en Cyprus,
– de Overeenkomst tussen de Republiek Cyprus en de Republiek Griekenland inzake justitiële samenwerking in burgerrechtelijke, familierechtelijke, handelsrechtelijke en strafrechtelijke aangelegenheden, ondertekend te Nicosia op 5 maart 1984,
– het Verdrag tussen de Regering van de Tsjechoslowaakse Socialistische Republiek en Frankrijk inzake rechtshulp en de erkenning en tenuitvoerlegging van vonnissen in burgerlijke, familie- en handelszaken, ondertekend te Parijs op 10 mei 1984, dat nog van kracht is tussen Tsjechië, Slowakije en Frankrijk,
– de Overeenkomst tussen de Republiek Cyprus en de Socialistische Federale Republiek Joegoslavië inzake rechtshulp in burgerlijke en strafzaken, ondertekend te Nicosia op 19 september 1984, dat thans nog van kracht is tussen Cyprus en Slovenië,
– het Verdrag tussen de Tsjechoslowaakse Socialistische Republiek en de Italiaanse Republiek inzake rechtshulp in burgerlijke en strafzaken, ondertekend te Praag op 6 december 1985, dat nog van kracht is tussen Tsjechië, Slowakije en Italië,
– het Verdrag tussen de Tsjechoslowaakse Socialistische Republiek en het Koninkrijk Spanje

inzake rechtshulp en de erkenning en tenuitvoerlegging van rechterlijke beslissingen in burgerlijke zaken, ondertekend te Madrid op 4 mei 1987, dat nog van kracht is tussen Tsjechië, Slowakije en Spanje,

– het Verdrag tussen de Tsjechoslowaakse Socialistische Republiek en de Poolse Volksrepubliek inzake rechtshulp en tot regeling van de rechtsbetrekkingen in burgerlijke, gezins-, arbeids- en strafzaken, ondertekend te Warschau op 21 december 1987, dat nog van kracht is tussen Tsjechië, Slowakije en Polen,

– het Verdrag tussen de Tsjechoslowaakse Socialistische Republiek en de Hongaarse Volksrepubliek inzake rechtshulp en tot regeling van de rechtsbetrekkingen in burgerlijke, gezins- en strafzaken, ondertekend te Bratislava op 28 maart 1989, dat nog van kracht is tussen Tsjechië, Slowakije en Hongarije,

– de Overeenkomst tussen Polen en Italië inzake rechtshulp en de erkenning en tenuitvoerlegging van beslissingen in burgerlijke zaken, ondertekend te Warschau op 28 april 1989,

– het Verdrag tussen de Tsjechische Republiek en de Slowaakse Republiek inzake rechtshulp van justitiële instanties en tot regeling van bepaalde rechtsbetrekkingen in burgerlijke en strafzaken, ondertekend te Praag op 29 oktober 1992,

– de Overeenkomst tussen de Republiek Letland, de Republiek Estland en de Republiek Litouwen inzake rechtshulp en rechtsbetrekkingen, ondertekend te Tallinn op 11 november 1992,

– de Overeenkomst tussen de Volksrepubliek Polen en de Republiek Litouwen inzake rechtshulp en rechtsbetrekkingen in burgerlijke, familie-, arbeids- en strafzaken, ondertekend te Warschau op 26 januari 1993,

– de Overeenkomst tussen de Republiek Letland en de Republiek Polen inzake rechtshulp en rechtsbetrekkingen in burgerlijke, gezins-, arbeids- en strafzaken, ondertekend te Riga op 23 februari 1994,

– de Overeenkomst tussen de Republiek Cyprus en de Republiek Polen inzake justitiële samenwerking in burgerlijke en strafzaken, ondertekend te Nicosia op 14 november 1996,

– de Overeenkomst tussen Estland en Polen inzake rechtshulp en rechtsbetrekkingen in burgerlijke, arbeids- en strafzaken, ondertekend te Tallinn op 27 november 1998.

– de Overeenkomst tussen Bulgarije en België betreffende de rechtsbijstand in burgerlijke en handelszaken, ondertekend te Sofia op 2 juli 1930,

– de Overeenkomst tussen de Volksrepubliek Bulgarije en de Federatieve Volksrepubliek Joegoslavië inzake wederzijdse rechtshulp, ondertekend te Sofia op 23 maart 1956, die nog van kracht is tussen Bulgarije en Slovenië,

– het Verdrag tussen de Volksrepubliek Roemenië en de Volksrepubliek Hongarije inzake rechtshulp in burgerlijke, familie- en strafzaken, ondertekend te Boekarest op 7 oktober 1958,

– het Verdrag tussen de Volksrepubliek Roemenië en de Tsjechoslowaakse Republiek inzake rechtshulp in burgerlijke, familie- en strafzaken, ondertekend te Praag op 25 oktober 1958, dat nog van kracht is tussen Roemenië en Slowakije,

– de Overeenkomst tussen de Volksrepubliek Bulgarije en de Volksrepubliek Roemenië inzake rechtshulp in burgerlijke, familie- en strafzaken, ondertekend te Sofia op 3 december 1958,

– het Verdrag tussen de Volksrepubliek Roemenië en de Federatieve Volksrepubliek Joegoslavië inzake rechtshulp, ondertekend te Belgrado op 18 oktober 1960, en bijbehorend Protocol, die nog van kracht zijn tussen Roemenië en Slovenië,

– de Overeenkomst tussen de Volksrepubliek Bulgarije en de Poolse Volksrepubliek inzake rechtshulp en rechtsbetrekkingen in burgerlijke, familie- en strafzaken, ondertekend te Warschau op 4 december 1961,

– de Overeenkomst tussen de Socialistische Republiek Roemenië en de Republiek Oostenrijk inzake rechtshulp in burgerlijke en familiezaken en inzake de geldigheid en de betekening van documenten, en bijbehorend Protocol, ondertekend te Wenen op 17 november 1965,

– de Overeenkomst tussen de Volksrepubliek Bulgarije en de Hongaarse Volksrepubliek inzake rechtshulp in burgerlijke, familie- en strafzaken, ondertekend te Sofia op 16 mei 1966,

– de Overeenkomst tussen de Socialistische Republiek Roemenië en de Helleense Republiek inzake rechtshulp in burgerlijke en strafzaken en bijbehorend protocol, ondertekend te Boekarest op 19 oktober 1972,

– de Overeenkomst tussen de Socialistische Republiek Roemenië en de Italiaanse Republiek inzake rechtshulp in burgerlijke en strafzaken, ondertekend te Boekarest op 11 november 1972,

– de Overeenkomst tussen de Socialistische Republiek Roemenië en de Franse Republiek inzake rechtshulp in burgerlijke en handelszaken, ondertekend te Parijs op 5 november 1974,

– de Overeenkomst tussen de Socialistische Republiek Roemenië en het Koninkrijk België inzake rechtshulp in burgerlijke en handelszaken, ondertekend te Boekarest op 30 oktober 1975,

– de Overeenkomst tussen de Volksrepubliek Bulgarije en de Helleense Republiek inzake rechtshulp in burgerlijke en strafzaken, ondertekend te Athene op 10 april 1976,

– de Overeenkomst tussen de Volksrepubliek Bulgarije en de Tsjechoslowaakse Socialistische Republiek inzake rechtshulp en regeling van betrekkingen in burgerlijke, familie- en strafzaken, ondertekend te Sofia op 25 november 1976,
– de Overeenkomst tussen de Socialistische Republiek Roemenië en het Verenigd Koninkrijk van Groot-Brittannië en Noord-Ierland inzake rechtshulp in burgerlijke en handelszaken, ondertekend te Londen op 15 juni 1978,
– het Aanvullend Protocol bij de Overeenkomst tussen de Socialistische Republiek Roemenië en het Koninkrijk België inzake rechtshulp in burgerlijke en handelszaken, ondertekend te Boekarest op 30 oktober 1979,
– de Overeenkomst tussen de Socialistische Republiek Roemenië en het Koninkrijk België inzake de erkenning en tenuitvoerlegging van rechterlijke beslissingen in alimentatiezaken, ondertekend te Boekarest op 30 oktober 1979,
– de Overeenkomst tussen de Socialistische Republiek Roemenië en het Koninkrijk België inzake de erkenning en tenuitvoerlegging van beslissingen in echtscheidingszaken, ondertekend te Boekarest op 6 november 1980,
– de Overeenkomst tussen de Volksrepubliek Bulgarije en de Republiek Cyprus inzake rechtshulp in burgerlijke en strafzaken, ondertekend te Nicosia op 29 april 1983,
– de Overeenkomst tussen de Regering van de Volksrepubliek Bulgarije en de Regering van de Franse Republiek inzake wederzijdse rechtshulp in burgerlijke zaken, ondertekend te Sofia op 18 januari 1989,
– de Overeenkomst tussen de Bulgaarse Volksrepubliek en de Italiaanse Republiek inzake rechtshulp en tenuitvoerlegging van beslissingen in burgerlijke zaken, ondertekend te Rome op 18 mei 1990,
– de Overeenkomst tussen de Republiek Bulgarije en het Koninkrijk Spanje inzake wederzijdse rechtshulp in burgerlijke zaken, ondertekend te Sofia op 23 mei 1993,
– het Verdrag tussen Roemenië en de Tsjechische Republiek inzake rechtshulp in burgerlijke zaken, ondertekend te Boekarest op 11 juli 1994,
– de Overeenkomst tussen Roemenië en het Koninkrijk Spanje betreffende de rechterlijke bevoegdheid, de erkenning en de tenuitvoerlegging van beslissingen in burgerlijke en handelszaken, ondertekend te Boekarest op 17 november 1997,
– de Overeenkomst tussen Roemenië en het Koninkrijk Spanje – in aanvulling op het Verdrag van Den Haag betreffende de burgerlijke rechtsvordering (Den Haag, 1 maart 1954), ondertekend te Boekarest op 17 november 1997,
– het Verdrag tussen Roemenië en de Republiek Polen inzake rechtshulp en rechtsbetrekkingen in burgerlijke zaken, ondertekend te Boekarest op 15 mei 1999

Art. 70

Andere onderwerpen

– 1. De in artikel 69 vermelde verdragen en overeenkomsten blijven van kracht voor onderwerpen waarop deze verordening niet van toepassing is.
– 2. Zij blijven voorts van kracht met betrekking tot vóór de inwerkingtreding van deze verordening gegeven beslissingen en verleden akten.

Art. 71

Bijzondere onderwerpen

– 1. Deze verordening laat onverlet de verdragen waarbij de lidstaten partij zijn en die, voor bijzondere onderwerpen, de rechterlijke bevoegdheid, de erkenning en de tenuitvoerlegging van beslissingen regelen.
– 2. Teneinde de eenvormige uitlegging van lid 1 te waarborgen wordt dat lid als volgt toegepast:
a) deze verordening belet niet dat een gerecht van een lidstaat die partij is bij een verdrag of overeenkomst over een bijzonder onderwerp, overeenkomstig dat verdrag of die overeenkomst kennisneemt van een zaak, ook indien de verweerder zijn woonplaats heeft op het grondgebied van een lidstaat die geen partij is bij dat verdrag of die overeenkomst. Het gerecht past in ieder geval artikel 26 van deze verordening toe;
b) beslissingen die een gerecht van een lidstaat heeft gegeven uit hoofde van rechterlijke bevoegdheid die ontleend wordt aan een verdrag of overeenkomst over een bijzonder onderwerp, worden in de andere lidstaten overeenkomstig de onderhavige verordening erkend en ten uitvoer gelegd.
Indien een verdrag of overeenkomst over een bijzonder onderwerp, waarbij zowel de lidstaat van herkomst als de aangezochte lidstaat partij is, voorwaarden vaststelt voor de erkenning of de tenuitvoerlegging van beslissingen vinden die voorwaarden toepassing. In elk geval kunnen de bepalingen van deze verordening betreffende de procedures voor de erkenning en de tenuitvoerlegging van beslissingen worden toegepast.

Art. 72

Oude verdragen

Deze verordening laat onverlet de overeenkomsten waarbij de lidstaten zich krachtens artikel 59 van het Verdrag van Brussel vóór de inwerkingtreding van deze verordening hebben verbonden om een beslissing, met name die welke in een andere staat die partij is bij dat verdrag, gegeven zijn tegen een verweerder die zijn woonplaats of zijn gewone verblijfplaats heeft in een derde land, niet te erkennen indien in een door artikel 4 van genoemd verdrag bedoeld geval de beslissing slechts gegrond kon worden op een bevoegdheid als bedoeld in artikel 3, tweede alinea, van dat verdrag.

HOOFDSTUK VIII
Slotbepalingen

Art. 73

Uiterlijk vijf jaar na de inwerkingtreding van deze verordening dient de Commissie bij het Europees Parlement, de Raad en het Economisch en Sociaal Comité een verslag in over de toepassing van deze verordening. Dit verslag gaat eventueel vergezeld van voorstellen tot wijziging van de verordening.

Evaluatiebepaling

Art. 74

– 1. De lidstaten stellen de Commissie in kennis van de teksten die wijzigingen aanbrengen in de lijsten in de bijlagen I tot en met IV. De Commissie wijzigt dienovereenkomstig de desbetreffende bijlagen.

Wijzigingen

– 2. De bijwerking of de technische aanpassing van de formulieren, waarvan de modellen in de bijlagen V en VI staan, wordt aangenomen door de Commissie. Deze maatregelen, die niet-essentiële onderdelen van deze verordening beogen te wijzigen, worden vastgesteld volgens de in artikel 75, lid 2, bedoelde regelgevingsprocedure met toetsing.

Art. 75

– 1. De Commissie wordt bijgestaan door een comité.

Comité

– 2. Wanneer naar dit lid wordt verwezen, zijn artikel 5 bis, leden 1 tot en met 4, en artikel 7 van Besluit 1999/468/EG van toepassing, met inachtneming van artikel 8 daarvan..

Art. 76

Deze verordening treedt in werking op 1 maart 2002.

Inwerkingtreding

BIJLAGE I

Nationale bevoegdheidsregels bedoeld in artikel 3, lid 2, en artikel 4, lid 2

– in België: de artikelen 5 tot en met 14 van de Wet van 16 juli 2004 houdende het Wetboek van internationaal privaatrecht;
– in Bulgarije: artikel 4, lid 1, tweede alinea, van het Wetboek betreffende het internationaal privaatrecht;
– in de Tsjechische Republiek: artikel 86 van Wet 99/1963 *Sb.*, het Wetboek van burgerlijke rechtsvordering (*občanský soudní řád*), zoals gewijzigd;
– in Duitsland: artikel 23 van het Wetboek van burgerlijke rechtsvordering (*Zivilprozessordnung*);
– in Estland: artikel 86 van het Wetboek van burgerlijke rechtsvordering (*tsiviilkohtumenetluse seadustik*);
– in Griekenland: artikel 40 van het Wetboek van burgerlijke rechtsvordering (*Kώdikav politikήv dikonomíav*);
– in Frankrijk: de artikelen 14 en 15 van het Burgerlijk Wetboek (*Code civil*);
– in Ierland: de bepalingen inzake de bevoegdheid gebaseerd op een het geding inleidend stuk dat wordt betekend of meegedeeld aan de verweerder die tijdelijk in Ierland verblijft;
– in Italië: de artikelen 3 en 4 van Wet 218 van 31 mei 1995;
– in Cyprus: artikel 21, lid 2, van de Wet op de rechterlijke organisatie (Wet 14 van 1960), zoals gewijzigd;
– in Letland: artikel 27 en artikel 28, leden 3, 5, 6 en 9, van de Wet betreffende het burgerlijk procesrecht (*Civilprocesa likums*);
– in Litouwen: artikel 31 van het Wetboek van burgerlijke rechtsvordering (*Civilinio proceso kodeksas*);
– in Luxemburg: de artikelen 14 en 15 van het Burgerlijk Wetboek (*Code civil*);
– in Hongarije: artikel 57 van Wetsdecreet nr. 13 van 1979 betreffende het internationaal privaatrecht (*a nemzetközi magánjogról szóló 1979. évi 13. törvényerejű rendelet*);
– in Malta: de artikelen 742, 743 en 744 van het Wetboek van Organisatie en burgerlijke rechtsvordering – Cap. 12 (*Kodiċi ta' Organizzazzjoni u Proċedura Ċivili – Kap.* 12) en artikel 549 van het Handelswetboek – Cap. 13 (*Kodiċi talkummerċ – Kap.* 13);
– in Oostenrijk: artikel 99 van de Wet op de rechterlijke bevoegdheid (*Jurisdiktionsnorm*);
– in Polen: de artikelen 1103 en 1110 van het Wetboek van burgerlijke rechtsvordering (*Kodeks postępowania cywilnego*), voor zover de bevoegdheid berust op de woonplaats van de verweer-

der in Polen, op de omstandigheid dat de verweerder in Polen goederen bezit, op de omstandigheid dat hij in Polen aanspraak maakt op eigendomsrechten, op de omstandigheid dat het voorwerp van het geschil zich in Polen bevindt of op de omstandigheid dat een van de partijen een Poolse burger is;
– in Portugal: de artikelen 65 en 65 A van het Wetboek van burgerlijke rechtsvordering (*Código de Processo Civil*) en artikel 11 van het Wetboek van rechtsvordering in arbeidszaken (*Código de Processo de Trabalho*);
– in Roemenië: de artikelen 148-157 van Wet nr. 105/1992 inzake betrekkingen betreffende het internationaal privaatrecht;
– in Slovenië: artikel 48, lid 2, van de Wet betreffende het internationaal privaatrecht en de internationale privaatrechtelijke procesvoering (*Zakon o medarodnem zasebnem pravu in postopku*), juncto artikel 47, lid 2, van de Wet betreffende het burgerlijk procesrecht (*Zakon o pravdnem postopku*) en artikel 58 van de Wet betreffende het internationaal privaatrecht en de internationale privaatrechtelijke procesvoering (*Zakon o medarodnem zasebnem pravu in postopku*), juncto artikel 59 van de Wet betreffende het burgerlijk procesrecht (*Zakon o pravdnem postopku*);
– in Slowakije: artikel 37 tot en met artikel 37e van Wet 97/1963 betreffende het internationaal privaatrecht en de internationale privaatrechtelijke procesvoering;
– in Finland: het Wetboek van rechtsvordering (*oikeudenkäymiskaari/rättegångsbalken*), hoofdstuk 10, artikel 1, lid 1, tweede, derde en vierde zin;
– in Zweden: hoofdstuk 10, artikel 3, eerste alinea, eerste zin, van het Wetboek van rechtsvordering (*rättegångsbalken*);
– in het Verenigd Koninkrijk: de bepalingen inzake de bevoegdheid die berust op:
a) de omstandigheid dat een het geding inleidend stuk wordt betekend of meegedeeld aan de verweerder die tijdelijk in het Verenigd Koninkrijk verblijft, of
b) de aanwezigheid in het Verenigd Koninkrijk van goederen die toebehoren aan de verweerder, of
c) het beslag door de eiser gelegd op goederen die zich in het Verenigd Koninkrijk bevinden.

BIJLAGE II

De gerechten of bevoegde autoriteiten waarbij het in artikel 39 bedoelde verzoek kan worden ingediend, zijn:
– in België, de rechtbank van eerste aanleg, het *'tribunal de première instance'*, of het *'erstinstanzliches Gericht'*;
– in Bulgarije, de ' ';
– in de Tsjechische Republiek, de *'okresní soud'* of *'soudní exekutor'*;
– in Duitsland,
a) de president van een kamer van het 'Landgericht',
b) een notaris in het kader van een procedure van verklaring van uitvoerbaarheid van een authentiek instrument;
– in Estland, de *'maakohus'*;
– in Griekenland, de *Monomelév Prwtodikeío'*;
– in Spanje, de *'Juzgado de Primera Instancia'*;
– in Frankrijk,
a) de *'greffier en chef du tribunal de grande instance'*,
b) de *'président de la chambre départementale des notaires'* in het geval van een verzoek om een verklaring van uitvoerbaarheid van een authentieke notariële akte;
– in Ierland, de *'High Court'*;
– in Italië, het *'corte d'appello'*;
– in Cyprus, de *Eparciakó Dikastήrio'* of, in het geval van een beslissing inzake onderhoudsverplichtingen, de *Oikogeneiakó Dikastήrio'*;
– in Letland, de *'rajona (pilsētas) tiesa'*;
– in Litouwen, de *'Lietuvos apeliacinis teismas'*;
– in Luxemburg, de president van het *'tribunal d'arrondissement'*;
– in Hongarije, de *'megyei bíróság székhelyén működő helyi bíróság'*, en in Boedapest, de *'Budai Központi Kerületi Bíróság'*;
– in Malta, de *'Prim' Awla tal-Qorti Ċivili'* of de *'Qorti tal-Maġistrati ta' Għawdex fil-ġurisdizzjoni superjuri tagħha'* of, in het geval van een beslissing inzake onderhoudsverplichtingen, de *'Reġistratur tai-Qorti'* door tussenkomst van de *'Ministru responsabbli għall-Ġustizzja'*;
– in Nederland, de voorzieningenrechter van de rechtbank;
– in Oostenrijk, het *'Bezirksgericht'*;
– in Polen, de *'sąd okręgowy'*;

– in Portugal, het *'Tribunal de Comarca'*;
– in Roemenië, het *'Tribunal'*;
– in Slovenië, de *'okrožno sodišče'*;
– in Slowakije, de *'okresný súd'*;
– in Finland, de *'käräjäoikeus/tingsrätt'*;
– in Zweden, de *'Svea hovrätt'*;
– in het Verenigd Koninkrijk,
a) in Engeland en Wales, de *'High Court of Justice'* of, in het geval van een beslissing inzake onderhoudsverplichtingen, door tussenkomst van de *'Secretary of State'*, de *'Magistrates' Court'*,
b) in Schotland, de *'Court of Session'* of, in het geval van een beslissing inzake onderhoudsverplichtingen, door tussenkomst van de *'Secretary of State'*, de *'Sheriff Court'*,
c) in Noord-Ierland, de *'High Court of Justice'* of, in het geval van een beslissing inzake onderhoudsverplichtingen, door tussenkomst van de *'Secretary of State'*, de *'Magistrates' Court'*,
d) in Gibraltar, de *'Supreme Court of Gibraltar'* of, in het geval van een beslissing inzake onderhoudsverplichtingen, door tussenkomst van de *'Attorney General of Gibraltar'*, de *'Magistrates' Court'*.

BIJLAGE III

De gerechten waarbij de in artikel 43, lid 2, bedoelde rechtsmiddelen kunnen worden ingesteld, zijn:
– in België,
a) wat het rechtsmiddel van de verweerder betreft, de rechtbank van eerste aanleg, het *'tribunal de première instance'* of het *'erstinstanzliches Gericht'*;
b) wat het rechtsmiddel van de verzoeker betreft: het hof van beroep of het *'Cour d'appel'*;
– in Bulgarije, de ' – ',
– in de Tsjechische Republiek, het hof van beroep via de districtsrechtbank;
– in Duitsland, het *'Oberlandesgericht'*;
– in Estland, de *'ringkonnakohus'*;
– in Griekenland, de *'Efeteío'*;
– in Spanje *'el Juzgado de Primera Instancia'* die de bestreden beslissing heeft gegeven opdat de *'Audiencia Provincial'* zich uitspreekt over het rechtsmiddel;
– in Frankrijk,
a) het *'cour d'appel'* in het geval van beslissingen waarbij het verzoek wordt ingewilligd,
b) de president van het *'tribunal de grande instance'* in het geval van beslissingen waarbij het verzoek wordt afgewezen;
– in Ierland, de *'High Court'*;
– in IJsland, de *'heradsdomur'*;
– in Italië, het *'corte d'appello'*;
– in Cyprus, de *'Eparciakó Dikastήrio'* of, in het geval van een beslissing inzake onderhoudsverplichtingen, de *'Oikogeneiakó Dikastήrio'*;
– in Letland, de *'Apgabaltiesa'* via de *'rajona (pilsētas) tiesa'*;
– in Litouwen, de *'Lietuvos apeliacinis teismas'*;
– in Luxemburg, het *'Cour supérieure de Justice siégeant en matière d'appel civil'*;
– in Hongarije, de lokale rechtbank ter zetel van de hogere rechter (in Boedapest: de centrale districtsrechtbank van Buda); de beslissing over het rechtsmiddel wordt gegeven door de hogere rechter (in Boedapest: het hoofdstedelijk hof);
– in Malta, de *'Qorti ta' l-Appell'*, overeenkomstig de beroepsprocedure zoals bepaald in de *'Kodiċi ta' Organizzazzjoni u Proċedura Ċivili – Kap. 12'* of, in het geval van een beslissing inzake onderhoudsverplichtingen gegeven door de *'ċitazzjoni'* voor de *'Prim' Awla tal-Qorti ivili jew il-Qorti tal-Maġistrati ta' Għawdex fil-ġurisdizzjoni superjuri tagħha"*;
– in Nederland,
a) voor de verweerder: de *'arrondissementsrechtbank'*,
b) voor de verzoeker: het gerechtshof;
– in Oostenrijk, het *'Landesgericht'* via het *'Bezirksgericht'*;
– in Polen, de *'sąd apelacyjny'* via de *'sąd okręgowy'*;
– in Portugal, het *'Tribunal da Relação'* is het bevoegde gerecht. Het rechtsmiddel wordt overeenkomstig de nationale wetgeving ingesteld door indiening van een verzoekschrift bij de rechtbank die de bestreden beslissing heeft gegeven;
– in Roemenië, de *'Curte de Apel'*;
– in Slovenië, de *'okrožno sodišče'*;
– in Slowakije, het hof van beroep via de districtsrechtbank tegen de beslissing waarvan beroep wordt ingesteld;

– in Finland, de *'hovioikeus/hovrätt'*;
– in Zweden, the *'Svea hovrätt'*;
– in het Verenigd Koninkrijk,
a) in Engeland en Wales, de *'High Court of Justice'* of, in het geval van een beslissing inzake onderhoudsverplichtingen, de *'Magistrates' Court'*,
b) in Schotland de *'Court of Session'* of, in het geval van een beslissing inzake onderhoudsverplichtingen, de *'Sheriff Court'*,
c) in Noord-Ierland, de *'High Court of Justice'* of, in het geval van een beslissing inzake onderhoudsverplichtingen, de *'Magistrates' Court'*,
d) in Gibraltar, de *'Supreme Court of Gibraltar'* of, in het geval van een beslissing inzake onderhoudsverplichtingen, de *'Magistrates' Court'*.

Wet van 2 juli 2003, Stb. 290, tot uitvoering van de verordening (EG) Nr. 44/2001 van de Raad van de Europese Unie van 22 december 2000 betreffende de rechterlijke bevoegdheid, de erkenning en de tenuitvoerlegging van beslissingen in burgerlijke en handelszaken (PbEG L 12), zoals deze wet laatstelijk is gewijzigd bij de Wet van 20 maart 2008, Stb. 100

[Inwerkingtreding: 01-09-2003]

Wij Beatrix, bij de gratie Gods, Koningin der Nederlanden, Prinses van Oranje-Nassau, enz. enz. enz.
Allen, die deze zullen zien of horen lezen, saluut! doen te weten:
Alzo Wij in overweging genomen hebben, dat wetgeving nodig is ter uitvoering van de verordening (EG) Nr. 44/2001 van de Raad van de Europese Unie van 22 december 2000 betreffende de rechterlijke bevoegdheid, de erkenning en de tenuitvoerlegging van beslissingen in burgerlijke en handelszaken (*PbEG* L 12);
Zo is het, dat Wij, de Raad van State gehoord, en met gemeen overleg der Staten-Generaal, hebben goedgevonden en verstaan, gelijk Wij goedvinden en verstaan bij deze:

Art. 1

Begripsbepaling

In deze wet wordt verstaan onder 'de verordening': de verordening (EG) nr. 44/2001 van de Raad van 22 december 2000 betreffende de rechterlijke bevoegdheid, de erkenning en de tenuitvoerlegging van beslissingen in burgerlijke en handelszaken (*PbEG* L 12).

Art. 2

Reikwijdte

– 1. Ten aanzien van het verlof tot tenuitvoerlegging, bedoeld in artikel 38 van de verordening, zijn de artikelen 985 tot en met 991 van het Wetboek van Burgerlijke Rechtsvordering niet van toepassing.
– 2. Het verlof tot tenuitvoerlegging, bedoeld in artikel 38 van de verordening, wordt gevraagd bij verzoekschrift, dat in de Nederlandse taal is gesteld, onverminderd artikel 7 van de Wet gebruik Friese taal in het rechtsverkeer. Het wordt ingediend door een deurwaarder of advocaat en houdt tevens in de keuze van een woonplaats binnen het arrondissement van de rechtbank.
– 3. Onverminderd het bepaalde bij artikel 55, eerste lid, van de verordening, wordt bij ongenoegzaamheid van de bij het verzoekschrift overgelegde documenten aan de verzoeker de gelegenheid tot aanvulling gegeven.
– 4. In afwijking van het gestelde in het tweede lid, tweede zin, is de bijstand van een deurwaarder of advocaat niet vereist indien het bedrag dat de partij tegen wie de tenuitvoerlegging wordt gevraagd, moet voldoen in hoofdsom niet hoger is dan het bedrag, genoemd in artikel 93, onder *a*, van het Wetboek van Burgerlijke Rechtsvordering. Is het eerstbedoelde bedrag uitgedrukt in een andere munteenheid dan de euro, dan moet het worden omgerekend tegen de koers van de dag van de indiening van het verzoek om verlof tot tenuitvoerlegging.

Art. 3

Eenvoudig verlof

– 1. Inwilliging van het verzoek, bedoeld in artikel 39, eerste lid, van de verordening, door de voorzieningenrechter geschiedt in de vorm van een eenvoudig verlof, dat op de overgelegde expeditie van de ten uitvoer te leggen beslissing wordt gesteld.
– 2. De voorzieningenrechter veroordeelt de schuldenaar in de kosten welke op de afgifte van het verlof zijn gevallen.

Art. 4

Rechtsmiddel

– 1. De rechtbank van welke de voorzieningenrechter op het verzoek om verlof tot tenuitvoerlegging heeft beschikt, neemt kennis van het rechtsmiddel, bedoeld in artikel 43, eerste lid, van de verordening. Artikel 93 van het Wetboek van Burgerlijke Rechtsvordering is niet van toepassing.
– 2. *Vervallen.*
– 3. Het rechtsmiddel, bedoeld in artikel 43, eerste lid, van de verordening, moet, indien het wordt ingesteld door de verzoeker, worden ingesteld binnen een maand na de dagtekening van de beschikking, waarbij het verlof is geweigerd.

Art. 5

Fictiebepaling

Voor de toepassing van de Wet tarieven in burgerlijke zaken wordt de bij een rechtsmiddel ingestelde vordering geacht geen eis tot betaling van een bepaalde geldsom te zijn.

Art. 5a

Schakelbepaling

Deze wet is van overeenkomstige toepassing op de rechterlijke beslissingen, bedoeld in artikel 25, eerste lid, van de verordening (EG) nr. 1346/2000 van de Raad van de Europese Unie van 29 mei 2000 betreffende insolventieprocedures (*PbEG* L 160).

Art. 6

Bevoegde autoriteit

De bevoegde autoriteit, bedoeld in artikel 57, vierde lid, van de verordening, is de notaris die de authentieke akte heeft verleden of de notaris die zijn protocol heeft overgenomen.

Art. 7

Inwerkingtreding

Deze wet treedt in werking op een bij koninklijk besluit te bepalen tijdstip.

Art. 8

Citeertitel

Deze wet wordt aangehaald als: Uitvoeringswet EG-executieverordening.

V.6 VERDRAG INZAKE DE VERKRIJGING VAN BEWIJS IN HET BUITENLAND IN BURGERLIJKE EN IN HANDELSZAKEN [VERTALING] (BEWIJSVERDRAG)

Verdrag van 18 maart 1970, Trb. 1979, 38

[Inwerkingtreding: 07-10-1972]

De Staten die dit Verdrag hebben ondertekend,
Geleid door de wens de overmaking en uitvoering van rogatoire commissies te vergemakkelijken en te bevorderen, dat de verschillende werkwijzen welke zij te dien einde volgen beter met elkaar in overeenstemming worden gebracht,
Strevend naar verbetering van de wederzijdse samenwerking op het gebied van de rechtshulpverlening in burgerlijke en in handelszaken,
Hebben besloten te dien einde een Verdrag tot stand te brengen en zijn het volgende overeengekomen:

HOOFDSTUK I
Rogatoire commissies

Art. 1

Rogatoire commissie

– 1. In burgerlijke en in handelszaken kan de rechterlijke autoriteit van een Verdragsluitende Staat overeenkomstig de wettelijke bepalingen van die Staat, bij wege van rogatoire commissie aan de bevoegde autoriteit van een andere Verdragsluitende Staat verzoeken, een handeling tot het verkrijgen van bewijs (onderzoekshandeling) of andere gerechtelijke handelingen te verrichten.
– 2. Een onderzoekshandeling kan niet worden verzocht met het doel partijen in staat te stellen, zich bewijs te verschaffen dat niet bestemd is om te dienen tot gebruik in een reeds aanhangige of in een toekomstige procedure.
– 3. De term 'andere gerechtelijke handelingen' heeft geen betrekking op de betekening of kennisgeving van gerechtelijke stukken, noch op maatregelen tot bewaring van recht of tot tenuitvoerlegging.

Art. 2

Centrale Autoriteit

– 1. Elke Verdragsluitende Staat wijst een Centrale Autoriteit aan, die belast is met het in ontvangst nemen van rogatoire commissies die afkomstig zijn van de rechterlijke autoriteit van een andere Verdragsluitende Staat, en met het overmaken daarvan aan de voor de uitvoering ervan bevoegde autoriteit. Iedere Staat organiseert de Centrale Autoriteit overeenkomstig de bepalingen van zijn eigen wetgeving.
– 2. De rogatoire commissies worden aan de Centrale Autoriteit van de aangezochte Staat overgemaakt zonder tussenkomst van een andere autoriteit van die Staat.

Art. 3

Inhoud rogatoire commissie

– 1. De rogatoire commissie bevat de volgende gegevens:
a) de verzoekende autoriteit en, indien mogelijk, de aangezochte autoriteit;
b) de namen en adressen van de partijen en eventueel van hun vertegenwoordigers;
c) de aard en het onderwerp van het geding en een beknopte uiteenzetting van de feiten;
d) de onderzoekshandelingen of andere gerechtelijke handelingen die moeten worden verricht.
Voor zover nodig vermeldt de rogatoire commissie bovendien:
e) de namen en adressen van de te horen personen;
f) de vragen welke aan de te horen personen moeten worden gesteld, dan wel de feiten waarover zij moeten worden gehoord;
g) de stukken of andere voorwerpen welke moeten worden onderzocht;
h) het verzoek om de verklaring onder ede of belofte af te nemen en, eventueel, de formule die daarbij moet worden gebruikt;
i) de bijzondere vormen waarvan de toepassing wordt verlangd overeenkomstig artikel 9.
– 2. De rogatoire commissie vermeldt eventueel tevens de inlichtingen welke nodig zijn voor de toepassing van artikel 11.
– 3. Er kan geen legalisatie of andere vergelijkbare formaliteit worden verlangd.

Art. 4

Taal

– 1. De rogatoire commissie moet worden gesteld in de taal van de aangezochte autoriteit of vergezeld gaan van een vertaling in die taal.
– 2. Evenwel moet elke Verdragsluitende Staat een rogatoire commissie die in het Frans of het Engels is gesteld of vergezeld is van een vertaling in een van deze talen aanvaarden, tenzij die Staat zich daartegen heeft verzet door het maken van het voorbehoud voorzien in artikel 33.
– 3. Elke Verdragsluitende Staat die meer dan één officiële taal heeft en wegens redenen van

zijn nationale wetgeving niet een rogatoire commissie voor zijn gehele grondgebied kan aanvaarden indien deze slechts in één van die talen is gesteld, moet door middel van een daartoe strekkende verklaring doen weten, in welke taal de rogatoire commissie moet worden gesteld of vertaald met het oog op de uitvoering ervan in de door die Staat aangewezen delen van zijn grondgebied. Indien de verplichting welke uit die verklaring voortvloeit zonder geldige reden niet is nageleefd, komen de kosten van de vertaling in de vereiste taal voor rekening van de Staat waarvan het verzoek is uitgegaan.

– 4. Elke Verdragsluitende Staat kan door middel van een daartoe strekkende verklaring doen weten, in welke andere taal of talen dan die bedoeld in de voorgaande leden een rogatoire commissie aan zijn Centrale Autoriteit kan worden gericht.

– 5. Elke aan een rogatoire commissie gehechte vertaling moet voor overeenstemmend zijn verklaard door een diplomatieke of consulaire ambtenaar, door een beëdigd vertaler dan wel door enige andere daartoe in een van de beide Staten bevoegd verklaarde persoon.

Art. 5

Bezwaren tegen verzoek op grond Verdrag

Indien de Centrale Autoriteit van oordeel is dat de bepalingen van het Verdrag niet zijn geëerbiedigd, stelt zij de autoriteit van de verzoekende Staat die haar de rogatoire commissie heeft overgemaakt onverwijld daarvan in kennis en doet daarbij nauwkeurige opgave van de bezwaren welke tegen het verzoek zijn gerezen.

Art. 6

Onbevoegdheid aangezochte autoriteit

Ingeval van onbevoegdheid van de aangezochte autoriteit, wordt de rogatoire commissie ambtshalve en onverwijld overgedragen aan de rechterlijke autoriteit van dezelfde Staat, die volgens de bepalingen van diens wetgeving wel bevoegd is.

Art. 7

Tegenwoordigheid partijen

De verzoekende autoriteit wordt op haar verlangen ingelicht over het tijdstip waarop en de plaats waar de verlangde handeling zal worden verricht, opdat de belanghebbende partijen en eventueel hun vertegenwoordigers daarbij tegenwoordig kunnen zijn. Deze mededeling wordt rechtstreeks aan die partijen of hun vertegenwoordigers gedaan, wanneer de verzoekende autoriteit zulks heeft verzocht.

Art. 8

Tegenwoordigheid rechterlijke ambtenaren verzoekende autoriteit

Elke Verdragsluitende Staat kan verklaren, dat rechterlijke ambtenaren van de verzoekende autoriteit van een andere Verdragsluitende Staat de uitvoering van een rogatoire commissie mogen bijwonen. Daaraan kan de Staat die zulk een verklaring heeft afgelegd de voorwaarde verbinden, dat vooraf toestemming moet zijn verleend door een door die Staat aangewezen bevoegde autoriteit.

Art. 9

Vormen

– 1. De rechterlijke autoriteit die de rogatoire commissie uitvoert past, wat betreft de vormen waarin dit geschiedt, haar eigen landswet toe.

– 2. Deze autoriteit zal evenwel gehoor geven aan de wens van de autoriteit waarvan het verzoek uitgaat om een speciale vorm toe te passen, tenzij deze onverenigbaar is met de wet van de aangezochte Staat, of de toepassing niet mogelijk is hetzij wegens de rechterlijke gebruiken van de aangezochte Staat, hetzij wegens praktische moeilijkheden.

– 3. De rogatoire commissie moet onverwijld worden uitgevoerd.

Art. 10

Dwangmiddelen

Bij de uitvoering van de rogatoire commissie past de aangezochte autoriteit de daartoe passende dwangmiddelen toe welke in haar eigen wet zijn voorzien, in de gevallen en in gelijke mate als zij daartoe verplicht zou zijn bij de uitvoering van een dergelijk verzoek van de autoriteiten van de eigen Staat, of bij het gevolg geven aan een daartoe strekkend verzoek van een belanghebbende partij.

Art. 11

Verschoningsrecht; verbod afleggen verklaring

– 1. De rogatoire commissie wordt niet uitgevoerd, indien en voorzover de betrokken persoon zich beroept op een recht van verschoning of een verbod tot het afleggen van een verklaring gegrond op:

a) de wet van de aangezochte Staat; of

b) de wet van de verzoekende Staat, en het verschoningsrecht of het verbod is vermeld in de rogatoire commissie of, eventueel, op verzoek van de aangezochte autoriteit is bevestigd door de autoriteit waarvan het verzoek uitgaat.

– 2. Elke Verdragsluitende Staat kan verklaren, dat hij eveneens dergelijke verschoningsrechten en verboden erkent welke voorkomen in de wetten van andere Staten dan de Staat waaruit het verzoek afkomstig is en de aangezochte Staat, zulks in de mate waarin dit is aangegeven in die verklaring.

Art. 12

Weigeringsgronden

– 1. De uitvoering van de rogatoire commissie kan niet worden geweigerd dan in zoverre *a)* die uitvoering in de aangezochte Staat niet behoort tot de bevoegdheid van de rechterlijke macht; of

b) de aangezochte Staat van oordeel is dat die uitvoering een inbreuk zou betekenen op zijn soevereiniteit of zijn veiligheid.

– 2. De uitvoering kan niet worden geweigerd op de enkele grond, dat de wet van de aangezochte Staat ten aanzien van de zaak waarop het verzoek betrekking heeft uitsluitende rechtsmacht voor die Staat opeist, dan wel een rechtsvordering als waarop het verzoek betrekking heeft niet toekent.

Art. 13

Verzending stukken ten bewijze van uitvoering

– 1. De stukken ten bewijze van de uitvoering van de rogatoire commissie worden door de aangezochte autoriteit aan de verzoekende autoriteit overgemaakt langs dezelfde weg die deze laatste heeft gebruikt.

– 2. Wanneer de rogatoire commissie niet of slechts ten dele is uitgevoerd, wordt de verzoekende autoriteit daarvan onverwijld verwittigd langs dezelfde weg en de redenen daarvoor worden daarbij medegedeeld.

Art. 14

Kosten

– 1. De uitvoering van de rogatoire commissie kan niet leiden tot terugbetaling van rechten of kosten van welke aard ook.

– 2. Evenwel heeft de aangezochte Staat het recht van de verzoekende Staat de terugbetaling te verlangen van vergoedingen welke zijn betaald aan deskundigen en tolken, alsmede van de kosten welke zijn veroorzaakt door de toepassing van een bijzondere vorm welke door de verzoekende Staat verzocht is overeenkomstig het tweede lid van artikel 9.

– 3. De aangezochte autoriteit welker wet het aan partijen overlaat de bewijzen te verzamelen en die niet in staat is zelf de rogatoire commissie uit te voeren, kan een daartoe geschikte persoon daarmede belasten na daartoe toestemming te hebben verkregen van de verzoekende autoriteit. Bij het verzoek tot een zodanige toestemming vermeldt de aangezochte autoriteit bij benadering de uit deze procedure voortvloeiende kosten. De toestemming brengt voor de verzoekende autoriteit de verplichting mee, die kosten terug te betalen. Is er geen toestemming verleend, dan kan de verzoekende autoriteit niet voor die kosten worden aangesproken.

HOOFDSTUK II

De verkrijging van bewijs door diplomatieke of consulaire ambtenaren en door commissarissen

Art. 15

Verrichtingen diplomatieke of consulaire ambtenaar; verlof

– 1. In burgerlijke en in handelszaken kan een diplomatieke of consulaire ambtenaar van een Verdragsluitende Staat op het grondgebied van een andere Verdragsluitende Staat, binnen het ressort waar hij zijn functie uitoefent, zonder dwang elke onderzoekshandeling verrichten, mits daarbij slechts onderdanen van een Staat die hij vertegenwoordigt zijn betrokken en het een zaak betreft welke aanhangig is voor een gerecht van die Staat.

– 2. Elke Verdragsluitende Staat heeft de bevoegdheid te verklaren dat deze handeling slechts kan worden verricht indien daartoe verlof is verleend, op een daartoe strekkend verzoek van deze ambtenaar zelf of te zijnen behoeve gedaan, door de bevoegde autoriteit welke door de Staat die deze verklaring heeft afgelegd is aangewezen.

Art. 16

– 1. Een diplomatieke of consulaire ambtenaar van een Verdragsluitende Staat kan bovendien op het gebied van een andere Verdragsluitende Staat, binnen het ressort waar hij zijn functie uitoefent, zonder dwang onderzoekshandelingen verrichten waarbij onderdanen van de Staat waar hij zijn functie uitoefent of onderdanen van derde Staten zijn betrokken, ten behoeve van een zaak die aanhangig is voor een gerecht van een Staat die hij vertegenwoordigt:

a) indien een bevoegde autoriteit welke is aangewezen door de Staat waar de ambtenaar zijn functies verricht daartoe verlof heeft verleend, hetzij in het algemeen, hetzij voor ieder geval afzonderlijk, en

b) indien hij de voorwaarden die de bevoegde autoriteit bij dat verlof heeft gesteld naleeft.

– 2. Elke Verdragsluitende Staat kan verklaren dat de hierboven bedoelde onderzoekshandelingen zonder zijn voorafgaand verlof mogen worden verricht.

Art. 17

Verrichtingen commissaris; verlof

– 1. In burgerlijke en in handelszaken kan iedere persoon die daartoe op behoorlijke wijze als commissaris is benoemd, zonder dwang op het gebied van een Verdragsluitende Staat onderzoekshandelingen verrichten welke betrekking hebben op een procedure, welke aanhangig is voor een gerecht van een andere Verdragsluitende Staat:

a) indien een bevoegde autoriteit welke is aangewezen door de Staat waar de uitvoering moet plaats vinden daartoe verlof heeft verleend, hetzij in het algemeen, hetzij voor ieder geval afzonderlijk, en

b) indien hij de voorwaarden die de bevoegde autoriteit bij het verlof heeft gesteld naleeft.
– 2. Elke Verdragsluitende Staat kan verklaren dat de hierboven bedoelde onderzoekshandelingen zonder zijn voorafgaand verlof mogen worden verricht.

Art. 18

Bijstand; dwangmiddelen

– 1. Elke Verdragsluitende Staat kan verklaren dat een diplomatieke of consulaire ambtenaar of een commissaris, die bevoegd is tot het verrichten van een onderzoekshandeling in overeenstemming met artikel 15, 16 of 17, zich kan wenden tot de terzake als bevoegd aangewezen autoriteit van die Staat, met het verzoek de nodige bijstand te verkrijgen tot het verrichten van deze handeling door toepassing van dwangmiddelen. De verklaring kan elke voorwaarde bevatten welke de Staat die haar aflegt dienstig acht.
– 2. Wanneer de bevoegde autoriteit gevolg geeft aan het verzoek, past zij de dwangmiddelen toe welke passend zijn en in haar interne wet zijn voorzien.

Art. 19

Voorwaarden voor verlof

De bevoegde autoriteit kan aan het verlenen van het verlof bedoeld in de artikelen 15, 16 en 17 of van de toestemming op grond van artikel 18 de voorwaarden verbinden welke zij wenselijk acht, met name wat betreft het uur, de dag en de plaats van de onderzoekshandeling. Zij kan ook verlangen dat het uur, de dag en de plaats haar tevoren tijdig worden medegedeeld; in dat geval kan een vertegenwoordiger van die autoriteit die onderzoekshandeling bijwonen.

Art. 20

Raadsman

De personen op wie een onderzoekshandeling als bedoeld in dit hoofdstuk betrekking heeft kunnen zich doen bijstaan door een raadsman.

Art. 21

Gevolgen bevoegdheid/verlof

Wanneer een diplomatieke of consulaire ambtenaar of een commissaris bevoegd is of verlof heeft gekregen om een onderzoekshandeling te verrichten ingevolge de artikelen 15, 16 of 17:
a) kan hij alle onderzoekshandelingen verrichten welke niet onverenigbaar zijn met de wet van de Staat waar de uitvoering geschiedt, of die niet in strijd is met het op grond van de evenvermelde artikelen verleend verlof en kan hij binnen dezelfde grenzen een verklaring onder ede of onder belofte voor zich doen afleggen;
b) moet, tenzij de bij de onderzoekshandeling betrokken persoon onderdaan is van de Staat waar de procedure aanhangig is, iedere oproep om te verschijnen of om mede te werken aan een onderzoekshandeling zijn gesteld in de taal van de plaats waar de onderzoekshandeling wordt verricht, of vergezeld zijn van een vertaling in die taal;
c) vermeldt de oproep dat de betrokkene zich kan doen bijstaan door een raadsman en, in elke Staat die niet een verklaring als bedoeld in artikel 18 heeft afgelegd, dat hij niet is gehouden om te verschijnen of mede te werken aan de onderzoekshandeling;
d) kan de onderzoekshandeling worden verricht met inachtneming van de vormen die zijn voorgeschreven door de wet van het gerecht waar de procedure aanhangig is, mits deze vormen niet zijn verboden door de wet van de Staat waar de uitvoering geschiedt;
e) kan de persoon op wie de onderzoekshandeling betrekking heeft zich beroepen op een recht van verschoning of een verbod als bedoeld in artikel 11.

Art. 22

Weigering medewerking; rogatoire commissie

De omstandigheid dat een onderzoekshandeling niet kon worden verricht overeenkomstig de bepalingen van het onderhavige hoofdstuk doordat een persoon geweigerd heeft er aan mede te werken, belet niet dat een rogatoire commissie voor dezelfde handeling later wordt verzocht overeenkomstig het eerste hoofdstuk.

HOOFDSTUK III
Algemene bepalingen

Art. 23

'Pre-trial discovery of documents'

Elke Verdragsluitende Staat kan op het tijdstip van de ondertekening, bekrachtiging of toetreding verklaren, dat hij geen uitvoering geeft aan rogatoire commissies tot het houden van een procedure welke in de Staten waar de Common Law geldt bekend is als 'pre-trial discovery of documents'.

Art. 24

Andere autoriteiten; federale staten

– 1. Elke Verdragsluitende Staat kan naast de Centrale Autoriteit nog andere autoriteiten aanwijzen; hij stelt de bevoegdheden daarvan vast. Evenwel kunnen rogatoire commissies steeds worden overgemaakt aan de Centrale Autoriteit.
– 2. Federale Staten hebben de bevoegdheid om meer dan één Centrale Autoriteit aan te wijzen.

Art. 25

Meerdere rechtsstelsels

Elke Verdragsluitende Staat waarin meer dan één rechtsstelsel van kracht is, kan de autoriteiten van één van deze stelsels aanwijzen, die een exclusieve bevoegdheid zullen bezitten wat de uitvoering van de rogatoire commissies ingevolge dit Verdrag betreft.

Art. 26

Terugbetaling

– 1. Elke Verdragsluitende Staat kan, indien hij daartoe op staatsrechtelijke gronden is gehouden, van de verzoekende Staat de terugbetaling verlangen van de kosten van de uitvoering van de rogatoire commissie wat betreft de betekening of de oproep te verschijnen, de schadeloosstellingen verschuldigd aan de persoon die de getuigenverklaring heeft afgelegd en de opstelling van het proces-verbaal van de onderzoekshandeling.

– 2. Indien een Staat gebruik heeft gemaakt van de bepalingen van het vorige lid, kan elke andere Verdragsluitende Staat deze Staat verzoeken zodanige kosten terug te betalen.

Art. 27

Afwijking van het Verdrag

De bepalingen van dit Verdrag beletten niet dat een Verdragsluitende Staat:

a) verklaart dat rogatoire commissies aan zijn rechterlijke autoriteiten kunnen worden overgemaakt langs andere wegen dan die bedoeld in artikel 2;

b) toestaat, krachtens zijn interne wet of zijn gewoonterecht, de handelingen waarop het Verdrag betrekking heeft onder minder beperkende voorwaarden uit te voeren;

c) toestaat, krachtens zijn interne wet of zijn gewoonterecht, andere methoden tot verkrijging van bewijs dan die waarin dit Verdrag voorziet te gebruiken.

Art. 28

Dit Verdrag belet niet dat Verdragsluitende Staten overeenkomen af te wijken van

a) artikel 2, wat betreft de wijze van overmaking van de rogatoire commissies;

b) artikel 4, wat betreft het gebruik van de talen;

c) artikel 8, wat betreft de tegenwoordigheid van rechterlijke ambtenaren bij de uitvoering van rogatoire commissies;

d) artikel 11, wat betreft de verschoningsrechten of verboden om een getuigenverklaring te geven;

e) artikel 13, wat betreft de overmaking van de stukken ten bewijze van de uitvoering;

f) artikel 14, wat betreft de kostenregeling;

g) de bepalingen van hoofdstuk II.

Art. 29

Verhouding tot andere verdragen

Dit Verdrag vervangt in de rechtsbetrekkingen tussen de Staten die het hebben bekrachtigd de artikelen 8-16 van de Verdragen betreffende de burgerlijke rechtsvordering onderscheidenlijk ondertekend te 's-Gravenhage op 17 juli 1905 en 1 maart 1954, voor zover die Staten bij één van deze of beide Verdragen partij zijn.

Art. 30

Dit Verdrag maakt geen inbreuk op de toepassing van artikel 23 van het Verdrag van 1905 of van artikel 24 van het Verdrag van 1954.

Art. 31

De aanvullende akkoorden bij de Verdragen van 1905 en 1954, gesloten door de Verdragsluitende Staten, worden eveneens op dit Verdrag van toepassing geacht, tenzij de belanghebbende Staten daaromtrent anders overeenkomen.

Art. 32

Onverminderd het bepaalde in de artikelen 29 en 31 laat dit Verdrag onverlet de Verdragen waarbij de Verdragsluitende Staten partij zijn of zullen worden en die bepalingen bevatten inzake bij dit Verdrag geregelde onderwerpen.

Art. 33

Voorbehoud

– 1. Elke Staat kan op het tijdstip van de ondertekening, bekrachtiging of toetreding de toepassing van het bepaalde in het tweede lid van artikel 4, alsmede van het bepaalde in hoofdstuk II, geheel of gedeeltelijk uitsluiten. Geen enkel ander voorbehoud is toegestaan.

– 2. Elke Verdragsluitende Staat kan een door die Staat gemaakt voorbehoud te allen tijde intrekken; de werking van het voorbehoud eindigt met ingang van de zestigste dag volgend op de kennisgeving van intrekking.

– 3. Indien een Staat een voorbehoud heeft gemaakt, kan elke andere Staat die daardoor is getroffen dezelfde regel toepassen ten opzichte van de Staat die het voorbehoud heeft gemaakt.

Art. 34

Elke Staat kan te allen tijde een verklaring intrekken of wijzigen.

Art. 35

Mededeling aanwijzing autoriteiten; verklaringen

– 1. Elke Verdragsluitende Staat brengt op het tijdstip van de nederlegging van zijn akte van bekrachtiging of toetreding, of op een later tijdstip, de aanwijzing van de autoriteiten bedoeld in de artikelen 2, 8, 24 en 25 ter kennis van het Ministerie van Buitenlandse Zaken van Nederland.

– 2. Een Verdragsluitende Staat brengt, voor zover nodig, onder dezelfde voorwaarden ter kennis van het Ministerie:

a) de aanwijzing van de autoriteiten tot wie de diplomatieke of consulaire ambtenaren zich moeten wenden op grond van artikel 16 en van de autoriteiten die het verlof of de bijstand bedoeld in de artikelen 15, 16 en 18 kunnen verlenen;

b) de aanwijzing van de autoriteiten die aan de commissaris de toestemming bedoeld in artikel 17 of de bijstand bedoeld in artikel 18 kunnen verlenen;

c) de verklaringen bedoeld in de artikelen 4, 8, 11, 15, 16, 17, 18, 23 en 27;

d) elke intrekking of wijziging van de bovengenoemde aanwijzingen en verklaringen;

e) de intrekking van een voorbehoud.

Art. 36

Moeilijkheden

Moeilijkheden die tussen de Verdragsluitende Staten naar aanleiding van de toepassing van dit Verdrag kunnen rijzen, worden langs diplomatieke weg geregeld.

Art. 37

Ondertekening

– 1. Dit Verdrag staat ter ondertekening open voor de Staten die vertegenwoordigd waren op de Elfde Zitting van de Haagse Conferentie voor Internationaal Privaatrecht.

– 2. Het dient te worden bekrachtigd en de akten van bekrachtiging dienen te worden nedergelegd bij het Ministerie van Buitenlandse Zaken van Nederland.

Art. 38

Inwerkingtreding

– 1. Dit Verdrag treedt in werking op de zestigste dag na de nederlegging van de derde akte van bekrachtiging, bedoeld in het tweede lid van artikel 37.

– 2. Voor elke ondertekenende Staat die het Verdrag daarna bekrachtigt, treedt het in werking op de zestigste dag na de nederlegging van zijn akte van bekrachtiging.

Art. 39

– 1. Elke Staat die niet vertegenwoordigd is geweest op de Elfde Zitting van de Haagse Conferentie voor Internationaal Privaatrecht en die lid is van deze Conferentie of van de Verenigde Naties of van een van haar gespecialiseerde organisaties, of die Partij is bij het Statuut van het Internationaal Gerechtshof, kan tot dit Verdrag toetreden nadat het overeenkomstig het eerste lid van artikel 38 in werking is getreden.

– 2. De akte van toetreding dient te worden nedergelegd bij het Ministerie van Buitenlandse Zaken van Nederland.

– 3. Het Verdrag treedt voor een toetredende Staat in werking op de zestigste dag na de nederlegging van zijn akte van toetreding.

– 4. De toetreding heeft slechts gevolg ten aanzien van de betrekkingen tussen de toetredende Staat en de Verdragsluitende Staten die verklaard hebben de toetreding te aanvaarden. Een zodanige verklaring wordt nedergelegd bij het Ministerie van Buitenlandse Zaken van Nederland; dit Ministerie doet daarvan langs diplomatieke weg een voor eensluidend gewaarmerkt afschrift aan elk der Verdragsluitende Staten toekomen.

– 5. Tussen de toetredende Staat en de Staat die heeft verklaard de toetreding te aanvaarden treedt het Verdrag in werking op de zestigste dag na de nederlegging van de verklaring van aanvaarding.

Art. 40

Verklaring van uitbreiding

– 1. Iedere Staat kan bij de ondertekening, bekrachtiging of toetreding verklaren, dat dit Verdrag zich uitstrekt tot alle gebieden voor welker internationale betrekkingen hij verantwoordelijk is, of tot één of meer van deze gebieden. Een zodanige verklaring wordt van kracht op de datum van inwerkingtreding van het Verdrag voor de betrokken Staat.

– 2. Daarna wordt van zodanige uitbreidingen kennis gegeven aan het Ministerie van Buitenlandse Zaken van Nederland.

– 3. Het Verdrag treedt voor de in de verklaring van uitbreiding genoemde gebieden in werking op de zestigste dag na de kennisgeving bedoeld in het voorafgaande lid.

Art. 41

Opzegging

– 1. Dit Verdrag blijft van kracht gedurende vijf jaar te rekenen van de datum van zijn inwerkingtreding overeenkomstig het eerste lid van artikel 38, ook voor die Staten die het Verdrag nadien hebben bekrachtigd of daartoe zijn toegetreden.

– 2. Indien geen opzegging heeft plaatsgevonden, wordt het Verdrag stilzwijgend telkens voor vijf jaar verlengd.

– 3. Opzeggingen moeten ten minste zes maanden voor het einde van de termijn van vijf jaar ter kennis worden gebracht van het Ministerie van Buitenlandse Zaken van Nederland.

– 4. De opzegging kan beperkt worden tot bepaalde gebieden waarop het Verdrag van toepassing is.

– 5. De opzegging heeft slechts gevolg ten opzichte van de Staat die haar ter kennis heeft gebracht. Het Verdrag blijft voor de andere Verdragsluitende Staten van kracht.

Art. 42

Kennisgevingen

Het Ministerie van Buitenlandse Zaken van Nederland geeft aan de in artikel 37 bedoelde Staten, alsmede aan de Staten die overeenkomstig artikel 39 zijn toegetreden, kennis van:

a) de ondertekeningen en bekrachtigingen bedoeld in artikel 37;

b) de datum waarop dit Verdrag overeenkomstig het eerste lid van artikel 38 in werking treedt;
c) de toetredingen bedoeld in artikel 39 en de tijdstippen waarop zij van kracht worden;
d) de uitbreidingen bedoeld in artikel 40 en de tijdstippen waarop zij van kracht worden;
e) de aanwijzingen, voorbehouden en verklaringen genoemd in de artikelen 33 en 35;
f) de opzeggingen bedoeld in het derde lid van artikel 41.

Wet van 11 december 1980, Stb. 653 , houdende uitvoering van het op 18 maart 1970 te 's-Gravenhage tot stand gekomen Verdrag inzake de verkrijging van bewijs in het buitenland in burgerlijke en in handelszaken, zoals deze wet laatstelijk is gewijzigd bij de Wet van 9 oktober 2008, Stb. 411

[Inwerkingtreding: 07-06-1981]

Wij Beatrix, bij de gratie Gods, Koningin der Nederlanden, Prinses van Oranje-Nassau, enz. enz. enz.
Allen, die deze zullen zien of horen lezen, saluut! doen te weten:
Alzo Wij in overweging genomen hebben, dat er aanleiding bestaat om voorzieningen te treffen tot uitvoering van het op 18 maart 1970 te 's-Gravenhage tot stand gekomen Verdrag inzake de verkrijging van bewijs in het buitenland in burgerlijke en in handelszaken;
Zo is het, dat Wij, de Raad van State gehoord, en met gemeen overleg der Staten-Generaal, hebben goedgevonden en verstaan, gelijk Wij goedvinden en verstaan bij deze:

HOOFDSTUK I
Algemene bepalingen

Art. 1

Begripsbepaling

In deze wet wordt onder 'het verdrag' verstaan: het op 18 maart 1970 te 's-Gravenhage tot stand gekomen verdrag inzake de verkrijging van bewijs in het buitenland in burgerlijke en in handelszaken, waarvan de Franse en de Engelse tekst in *Tractatenblad* 1969, nr. 94 alsmede de vertaling in het Nederlands in *Tractatenblad* 1979, nr. 38 is geplaatst.

Art. 2

Aanwijzing centrale autoriteit

Als centrale autoriteit, bedoeld in artikel 2 van het verdrag, wordt voor Nederland aangewezen de rechtbank 's-Gravenhage.

Art. 3

Doorzending rogatoire commissies

Rogatoire commissies, waarvan de toezending niet is geschied overeenkomstig de voorschriften van het verdrag, worden door de ontvanger onder opgaaf van redenen toegezonden aan de centrale autoriteit.

Art. 4

Uitvoerende autoriteit

– 1. Als de autoriteit door welke overeenkomstig de bepalingen van het verdrag de uitvoering geschiedt van rogatoire commissies, afkomstig uit de Staten waar het verdrag van kracht is, wordt aangewezen de rechtbank.
– 2. De rechter voert de rogatoire commissie onverwijld uit.

HOOFDSTUK II
De behandeling van uit een verdragsstaat ontvangen rogatoire commissies

Art. 5

Relatieve competentie

– 1. De centrale autoriteit gaat na of de rogatoire commissie voldoet aan de bepalingen van het verdrag.
– 2. Is de centrale autoriteit van oordeel dat de rogatoire commissie voldoet aan de bepalingen van het verdrag, dan zendt deze de rogatoire commissie toe aan de rechtbank binnen wier gebied de uitvoering moet geschieden. Deze rechtbank is aan deze toezending gebonden. In geval van een getuigenverhoor of deskundigenonderzoek wordt de rogatoire commissie uitgevoerd door de rechtbank binnen wier gebied de getuigen of deskundigen, of het grootste aantal van hen woonachtig zijn of verblijven. Indien de uitvoering van de rogatoire commissie in verschillende rechtsgebieden dient plaats te vinden, is elk van de rechtbanken van deze rechtsgebieden bevoegd de commissie in haar geheel uit te voeren.
– 3. De rogatoire commissie kan worden verwezen naar de kantonrechter. De kantonrechter is aan deze verwijzing gebonden.
– 4. Bij algemene maatregel van bestuur kunnen met betrekking tot het tweede lid nadere regels worden gesteld.

Art. 6

Bezwaren tegen het verzoek

– 1. Is de centrale autoriteit van oordeel dat de rogatoire commissie niet voldoet aan de bepalingen van het verdrag, dan stelt de centrale autoriteit de autoriteit van de verzoekende Staat die de rogatoire commissie heeft overgemaakt onverwijld daarvan in kennis en doet daarbij nauwkeurige opgave van de bezwaren welke tegen het verzoek zijn gerezen.
– 2. De in het voorgaande lid bedoelde mededeling moet worden gesteld of vertaald in de taal waarin het verzoek is gesteld of vertaald, indien dit is het Duits, Engels, Frans of Nederlands. In andere gevallen moet de mededeling in het Engels worden gesteld.

– 3. Een rogatoire commissie die betrekking heeft op een procedure welke in de Staten waar de 'common law' geldt bekend is als 'pre-trial discovery of documents', wordt behandeld overeenkomstig de bepalingen van de voorgaande leden.

Art. 7

Inbreuk op soevereiniteit; staatsveiligheid

Oordeelt de centrale autoriteit dat artikel 12, eerste lid, onder b, van het verdrag van toepassing is, dan zendt deze de stukken onder opgaaf van redenen aan Onze Minister van Justitie, die zo nodig na overleg met Onze Minister van Buitenlandse Zaken, beslist.

Art. 8-9

Vervallen.

Art. 10

Vertaling

De rechter die met de uitvoering van de rogatoire commissie is belast kan, indien hij zulks voor een goede uitvoering nodig oordeelt, de stukken door een beëdigd vertaler in het Nederlands doen vertalen. Hij kan daartoe de tussenkomst van de centrale autoriteit verzoeken. De kosten van de vertaling zijn kosten als bedoeld in artikel 13.

Art. 11

Verhoor van personen

– 1. Op het verhoor van personen ter zake van rogatoire commissies vinden zoveel mogelijk de bepalingen van de Nederlandse wet toepassing, als gold het een geding voor een Nederlandse rechter.

– 2. De rechter kan bepalen welke der partijen zorg draagt voor de oproeping uit hoofde van de uitvoering van een rogatoire commissie. Oproepingen die niet door een der partijen worden verricht geschieden door de griffier van de rechtbank. De artikelen 171, 172, 173 en 178 van het Wetboek van Burgerlijke Rechtsvordering zijn op het verhoor van getuigen van overeenkomstige toepassing.

Verschoningsrecht; verbod afleggen verklaring

– 3. De rechter geeft toepassing aan een verschoningsrecht of een verbod tot het afleggen van een verklaring overeenkomstig artikel 11, eerste lid, van het verdrag en oordeelt zelfstandig over de erkenning van een verschoningsrecht of een verbod als bedoeld in artikel 11, tweede lid, van het verdrag.

Art. 12

Proces-verbaal

Van de uitvoering van de rogatoire commissie wordt proces-verbaal opgemaakt.

Art. 13

Kosten

Alle kosten van de uitvoering van rogatoire commissies komen ten laste van de Staat, behoudens de kosten bedoeld in artikel 14, tweede lid, van het verdrag en de kosten welke met toepassing van artikel 26, tweede lid, van het verdrag worden verhaald.

Art. 14

Inzending aan centrale autoriteit

De rechter die de rogatoire commissie heeft uitgevoerd zendt het proces-verbaal daarvan, zonodig vergezeld van een opgave van de kosten welke niet ten laste van de Staat komen, aan de centrale autoriteit.

Art. 15

Doorzending aan verzoekende autoriteit

– 1. De centrale autoriteit zendt het proces-verbaal van uitvoering van de rogatoire commissie onverwijld en zonder dat een vertaling wordt bijgevoegd aan de verzoekende autoriteit van de Staat waaruit de commissie is ontvangen, langs dezelfde weg die deze heeft gebruikt.

– 2. Is de rogatoire commissie niet of slechts ten dele uitgevoerd, dan doet de centrale autoriteit de verzoekende autoriteit daarvan mededeling onder opgave van de redenen. Artikel 6, tweede lid, is van toepassing.

– 3. Zijn met de uitvoering van de rogatoire commissie kosten gemoeid geweest welke niet ten laste van de Staat komen, dan doet de centrale autoriteit daarvan opgave aan de verzoekende autoriteit, met verzoek die kosten te vergoeden.

Art. 15a

Hoger beroep bij afwijzende beslissing

Een afwijzende beslissing op grond van artikel 5, artikel 9, tweede lid, en artikel 12, eerste lid, onder a, van het verdrag wordt beschouwd als een beschikking waartegen voor partijen in de hoofdprocedure hoger beroep openstaat overeenkomstig de vierde afdeling van titel 7 van het Eerste Boek van het Wetboek van Burgerlijke Rechtsvordering, met dien verstande dat het hoger beroep de werking niet schorst, tenzij de rechter anders heeft bepaald, en dient te worden ingesteld binnen een termijn van vier weken te rekenen vanaf de dag van de beslissing.

HOOFDSTUK III

Rogatoire commissies door de Nederlandse rechter opgedragen

Art. 16

Opdracht rogatoire commissie door Nederlandse rechter

– 1. Indien door de Nederlandse rechter overeenkomstig de voorschriften van het verdrag een rogatoire commissie wordt opgedragen aan de bevoegde autoriteit van een der Staten waar het verdrag van kracht is, zendt de griffier de stukken aan de in artikel 2 van het verdrag bedoelde centrale autoriteit van die Staat, hetzij aan een andere autoriteit die overeenkomstig artikel 24 van het verdrag tevens is aangewezen tot het in ontvangst nemen van rogatoire commissies.

– 2. De stukken gaan vergezeld van een door een beëdigd vertaler vervaardigde vertaling in de taal van de aangezochte autoriteit dan wel, indien artikel 4, tweede of vierde lid, van het verdrag voor de betreffende Staat van toepassing is, in het Frans, het Engels of een andere taal waarin een rogatoire commissie aan de centrale autoriteit van die Staat kan worden gericht. De rechter kan bepalen welke der partijen zorg draagt voor en de kosten betaalt van deze vertaling.

Art. 17

Inhoud rogatoire commissie

– 1. De rogatoire commissie moet de volgende gegevens bevatten:
a) de naam van de verzoekende autoriteit en, indien mogelijk, die van de aangezochte autoriteit;
b) de namen en adressen van de partijen en, zonodig, van hun vertegenwoordigers;
c) de aard en het onderwerp van het geding alsmede een beknopte uiteenzetting van de feiten;
d) de onderzoekshandeling of andere gerechtelijke handeling die moet worden verricht.
– 2. Voor zover nodig vermeldt de rogatoire commissie bovendien:
a) de namen en adressen van de te horen personen;
b) de vragen welke aan de te horen personen moeten worden gesteld, dan wel de feiten waarover zij moeten worden gehoord;
c) de stukken of andere voorwerpen welke moeten worden onderzocht;
d) of de verklaring onder ede of onder belofte moet worden afgenomen en eventueel de formule welke daarbij moet worden gebruikt;
e) de bijzondere vorm waarvan de toepassing wordt verlangd overeenkomstig artikel 9 van het verdrag.
– 3. De rogatoire commissie vermeldt tevens zonodig de inlichtingen welke nodig zijn voor de toepassing van artikel 11 van het verdrag.

Art. 18

Vergoedingen en kosten

– 1. Omtrent de vergoedingen en kosten waarvan door de betrokken aangezochte Staat terugbetaling wordt verzocht, wordt door de rechter overeenkomstig de artikelen 237 en 289 van het Wetboek van Burgerlijke Rechtsvordering uitspraak gedaan, voorzover deze artikelen daarvoor een vergoeding plegen in te sluiten.
– 2. De griffier betaalt de in het voorgaande lid bedoelde kosten en vergoedingen aan de centrale autoriteit van die aangezochte Staat en brengt deze, voorzover zij in een veroordeling in de proceskosten plegen te worden begrepen, in rekening bij de eiser of verzoeker, tenzij de rechter daartoe in verband met de omstandigheden van het geding de gedaagde, de eiser en gedaagde gezamenlijk, een of meer andere belanghebbenden of dezen met de verzoeker gezamenlijk heeft aangewezen. Met betrekking tot de terugbetaling van de vergoeding voor deskundigen zijn de derde tot en met vijfde volzin van artikel 195 van het Wetboek van Burgerlijke Rechtsvordering van overeenkomstige toepassing. In de in deze zinnen bedoelde gevallen zijn de artikelen 199, derde lid, en 244, eerste lid, van het Wetboek van Burgerlijke Rechtsvordering van overeenkomstige toepassing.

Art. 19

Roldatum

De rechter stelt zonodig de dag vast, waarop de zaak weder ter rolle zal worden opgeroepen.

Art. 20

Kracht procesverbaal en andere stukken

– 1. De processen-verbaal van de uitvoering der rogatoire commissies hebben gelijke kracht als die van de Nederlandse rechter.
– 2. Andere stukken betreffende de uitvoering van een handeling tot het verkrijgen van bewijs of een andere gerechtelijke handeling hebben een gelijke kracht als Nederlandse stukken met betrekking tot eenzelfde handeling.

HOOFDSTUK IV
Uitvoering van de artikelen 8 en 17 van het verdrag

Art. 21

Aanwezigheid rechterlijke ambtenaar verzoekende autoriteit

– 1. De autoriteit, bedoeld in artikel 8, tweede zin, van het verdrag, die toestemming moet verlenen aan een rechterlijke ambtenaar van de verzoekende autoriteit tot het bijwonen van de uitvoering van een rogatoire commissie is: de rechter die met de uitvoering van de rogatoire commissie is belast.
– 2. De in het eerste lid bedoelde rechter kan aan zijn toestemming voorwaarden verbinden die hij uit het oogpunt van een goede procesorde nuttig of noodzakelijk acht.
– 3. Bij algemene maatregel van bestuur kunnen nadere regels worden gesteld met betrekking tot de in het tweede lid bedoelde voorwaarden.

Art. 22

Onderzoekshandelingen commissaris; voorwaarden

– 1. De autoriteit, bedoeld in artikel 17, eerste lid, onder *a)* van het verdrag, die verlof moet verlenen tot de uitvoering van onderzoekshandelingen door een daartoe benoemde commissaris is: de voorzieningenrechter van de rechtbank van het arrondissement waar de onderzoekshandeling moet worden verricht. In geval van een getuigenverhoor of deskundigenverhoor is dit het arrondissement waar de getuigen of deskundigen, of het grootste aantal van hen, woonachtig zijn of verblijven.

– 2. De voorzieningenrechter kan aan het verlof voorwaarden verbinden die hij uit het oogpunt van een goede procesorde nuttig of noodzakelijk acht. Hij kan bepalen dat het onderzoek of verhoor geschiedt in het gerechtsgebouw onder toezicht van een door hem aan te wijzen rechter.

– 3. Bij algemene maatregel van bestuur kunnen nadere regels worden gesteld met betrekking tot de in het tweede lid bedoelde voorwaarden.

– 4. Het in het eerste lid bedoelde verlof wordt, onverminderd het bepaalde in het voorgaande lid, slechts verleend wanneer voldaan is aan de volgende voorwaarden:

a) De betrokken getuige of deskundige moet behoorlijk zijn opgeroepen bij een oproeping die is gesteld in het Nederlands of vergezeld gaat van een vertaling in het Nederlands. De oproeping moet bovendien vermelden:

– de gegevens en een korte omschrijving van de procedure waarin het onderzoek of het verhoor is verzocht alsmede de rechter van wie het verzoek afkomstig is;

– dat de verschijning vrijwillig geschiedt en dat een weigering om te verschijnen, de eed of de belofte af te leggen of een verklaring af te leggen, niet kan leiden tot enigerlei maatregel of straf van welke aard ook tegen de betrokkene, noch in Nederland, noch in de Staat waar de procedure aanhangig is;

– dat de betrokkene zich kan doen bijstaan door een raadsman;

– dat de betrokkene zich overeenkomstig artikel 11 van het verdrag kan beroepen op een recht van verschoning of een verbod tot het afleggen van een verklaring;

– dat de kosten van verschijning door de met het onderzoek belaste commissaris worden vergoed.

b) Een afschrift van de onder *a)* bedoelde oproeping moet worden toegezonden aan de voorzieningenrechter.

c) Het verzoek moet de reden aangeven, waarom de onderzoekshandeling aan de commissaris is opgedragen, alsmede de hoedanigheid van de commissaris, tenzij een in Nederland bevoegde advocaat als zodanig is aangewezen.

d) De kosten van de uitvoering van de onderzoekshandeling, met name de kosten van de getuigen, deskundigen of tolken, moeten worden vergoed.

Slotbepaling

Art. 23

Deze wet treedt in werking op een door Ons te bepalen tijdstip.

V7 VERORDENING (EG) NR. 1206/2001 BETREFFENDE DE SAMENWERKING TUSSEN DE GERECHTEN VAN DE LIDSTATEN OP HET GEBIED VAN BEWIJSVERKRIJGING IN BURGERLIJKE EN HANDELSZAKEN

Verordening van de Raad van 28 mei 2001, PbEG L 174, betreffende de samenwerking tussen de gerechten van de lidstaten op het gebied van bewijsverkrijging in burgerlijke en handelszaken, gewijzigd 22 oktober 2008, PbEU L 304

[Inwerkingtreding: 01-07-2001]

De Raad van de Europese Unie,
Gelet op het Verdrag tot oprichting van de Europese Gemeenschap, inzonderheid op artikel 61, onder *c)*, en artikel 67, lid 1,
Gezien het initiatief van de Bondsrepubliek Duitsland(1),
Gezien het advies van het Europees Parlement(2),
Gezien het advies van het Economisch en Sociaal Comité(3),
Overwegende hetgeen volgt:
(1) De Europese Unie heeft zich ten doel gesteld, de Unie te handhaven en te ontwikkelen als een ruimte van vrijheid, veiligheid en rechtvaardigheid waarin het vrij verkeer van personen gewaarborgd is. Met het oog op de geleidelijke totstandbrenging van een dergelijke ruimte dient de Gemeenschap onder meer de maatregelen op het gebied van de justitiële samenwerking in burgerlijke zaken aan te nemen die nodig zijn voor de goede werking van de interne markt.
(2) Ter wille van de goede werking van de interne markt moet de samenwerking tussen de gerechten op het gebied van bewijsverkrijging worden verbeterd, en in het bijzonder worden vereenvoudigd en bespoedigd.
(3) De Europese Raad heeft er op 15 en 16 oktober 1999 in Tampere op gewezen dat nieuwe procesregels voor grensoverschrijdende zaken moeten worden opgesteld, in het bijzonder op het gebied van bewijsverkrijging.
(4) Dit gebied valt onder artikel 65 van het EG-Verdrag.
(5) Daar de doelstellingen van het overwogen optreden, namelijk de verbetering van de samenwerking tussen de gerechten op het gebied van bewijsverkrijging in burgerlijke en handelszaken niet voldoende door de lidstaten kunnen worden verwezenlijkt en derhalve beter door de Gemeenschap kunnen worden verwezenlijkt, kan de Gemeenschap overeenkomstig het in artikel 5 van het EG-Verdrag neergelegde subsidiariteitsbeginsel maatregelen nemen. Overeenkomstig het in hetzelfde artikel neergelegde evenredigheidsbeginsel, gaat deze verordening niet verder dan nodig is om deze doestellingen te verwezenlijken.
(6) Op het gebied van bewijsverkrijging bestaat er op dit ogenblik geen bindende overeenkomst tussen alle lidstaten van de Europese Unie. Het Verdrag van Den Haag van 18 maart 1970 inzake de verkrijging van bewijs in het buitenland in burgerlijke en in handelszaken is slechts tussen elf lidstaten van de Europese Unie van kracht.
(7) Aangezien het voor een rechterlijke beslissing in een burgerlijke of handelszaak in een bepaalde lidstaat vaak nodig is dat in een andere lidstaat bewijs wordt verkregen, kan de Gemeenschap zich niet beperken tot de verzending van gerechtelijke en buitengerechtelijke stukken in burgerlijke en handelszaken, zoals geregeld in Verordening (EG) nr. 1348/2000 van de Raad van 29 mei 2000 inzake de betekening en de kennisgeving in de lidstaten van gerechtelijke en buitengerechtelijke stukken in burgerlijke en handelszaken (4). Daarom moet de samenwerking tussen de gerechten van de lidstaten op het gebied van bewijsverkrijging versterkt worden.
(8) Voorwaarde voor de doeltreffendheid van gerechtelijke procedures in burgerlijke en handelszaken is, dat de verzending en uitvoering van verzoeken om handelingen tot het verkrijgen van bewijs te verrichten rechtstreeks en langs de snelste kanalen tussen de gerechten van de lidstaten verlopen.
(9) Een snelle verzending van een verzoek om een handeling tot het verkrijgen van bewijs te verrichten vereist de inzet van alle daartoe geschikte middelen, waarbij bepaalde voorwaarden inzake de leesbaarheid en de betrouwbaarheid van het inkomende document in acht moeten worden genomen. Om zo veel mogelijk duidelijkheid en rechtszekerheid te waarborgen, worden dergelijke verzoeken met een formulier verzonden, dat wordt ingevuld in de taal van de lidstaat van het aangezochte gerecht of in een andere door die lidstaat aanvaarde taal. Ook voor

(1) *PB* C 314 van 3.11.2000, blz. 2.
(2) Advies uitgebracht op 14 maart 2001 (nog niet bekendgemaakt in het *Publicatieblad*).
(3) Advies uitgebracht op 28 februari 2001 (nog niet bekendgemaakt in het *Publicatieblad*).
(4) *PB* L 160 van 30.6.2000, blz. 37.

de verdere communicatie tussen de betrokken gerechten verdient het aanbeveling zo veel mogelijk gebruik te maken van formulieren.
(10) Een verzoek om een handeling tot het verkrijgen van bewijs te verrichten dient vlot te worden uitgevoerd. Kan het verzoek niet binnen 90 dagen na ontvangst door het aangezochte gerecht worden uitgevoerd, dan is het aangezochte gerecht gehouden het verzoekende gerecht hiervan in kennis te stellen, met opgave van de redenen die een vlotte uitvoering van het verzoek in de weg staan.
(11) Met het oog op de doeltreffendheid van deze verordening blijft de mogelijkheid om een verzoek om een handeling tot het verkrijgen van bewijs te verrichten te weigeren, beperkt tot strikt begrensde buitengewone gevallen.
(12) Het aangezochte gerecht dient het verzoek overeenkomstig zijn nationale wet uit te voeren.
(13) De partijen en eventueel hun vertegenwoordigers moeten aanwezig kunnen zijn bij de verrichting van de handeling tot het verkrijgen van bewijs, indien daarin is voorzien in de wet van de lidstaat van het verzoekende gerecht, om de procedure te kunnen volgen als werd de handeling in de lidstaat van het verzoekende gerecht verricht. Zij moeten ook het recht hebben te verzoeken aan de verrichting van de handeling tot het verkrijgen van bewijs te mogen deelnemen om daarbij een actievere rol te kunnen spelen. De voorwaarden waaronder zij aan de verrichting van de handeling kunnen deelnemen worden evenwel door het aangezochte gerecht overeenkomstig zijn nationale recht vastgesteld.
(14) De vertegenwoordigers van het verzoekende gerecht moeten aanwezig kunnen zijn bij de verrichting van de handeling tot het verkrijgen van bewijs, indien zulks verenigbaar is met de wet van de lidstaat van het verzoekende gerecht, om het bewijs beter te kunnen beoordelen. Zij moeten ook het recht hebben te verzoeken onder de door het aangezochte gerecht overeenkomstig zijn nationale recht bepaalde voorwaarden aan de verrichting van de handeling tot het verkrijgen van bewijs te mogen deelnemen om daarbij een actievere rol te kunnen spelen.
(15) Om de bewijsverkrijging te vergemakkelijken, moet het voor een gerecht van een lidstaat mogelijk zijn om overeenkomstig zijn nationale wet een handeling tot het verkrijgen van bewijs rechtstreeks in een andere lidstaat te verrichten, mits dit door de andere lidstaat wordt aanvaard en onder de door het centrale orgaan of de bevoegde autoriteit van de aangezochte lidstaat bepaalde voorwaarden.
(16) De uitvoering van het verzoek overeenkomstig artikel 10 moet geen aanleiding geven tot terugbetaling van rechten of kosten. Indien het aangezochte gerecht evenwel om terugbetaling verzoekt, dienen de vergoedingen betaald aan deskundigen en tolken, alsmede de door de toepassing van artikel 10, leden 3 en 4, veroorzaakte kosten, niet door dat gerecht gedragen te worden. In een dergelijk geval, dient het verzoekende gerecht de nodige maatregelen te nemen om ervoor te zorgen dat de terugbetaling onverwijld geschiedt. Wanneer het advies van een deskundige wordt vereist, kan het aangezochte gerecht, vóór de uitvoering van het verzoek, het verzoekende gerecht verzoeken om een passend deposito of voorschot voor de gevraagde kosten.
(17) In de betrekkingen tussen de lidstaten die partij zijn bij internationale overeenkomsten op de door deze verordening bestreken gebieden, heeft de verordening voorrang op die overeenkomsten. Deze verordening belet niet dat lidstaten onderling overeenkomsten of regelingen kunnen sluiten om de samenwerking op het gebied van bewijsverkrijging nog meer te vergemakkelijken.
(18) De krachtens deze verordening verzonden gegevens moeten beschermd worden. Aangezien Richtlijn 95/46/EG van het Europees Parlement en de Raad van 24 oktober 1995 betreffende de bescherming van natuurlijke personen in verband met de verwerking van persoonsgegevens en betreffende het vrije verkeer van die gegevens[5], alsmede Richtlijn 97/66/EG van het Europees Parlement en de Raad van 15 december 1997 betreffende de verwerking van persoonsgegevens en de bescherming van de persoonlijke levenssfeer in de telecommunicatiesector[6] van toepassing zijn, behoeven daartoe in deze verordening geen specifieke bepalingen inzake gegevensbescherming te worden opgenomen.
(19) De voor de uitvoering van deze verordening vereiste maatregelen worden vastgesteld overeenkomstig Besluit 1999/468/EG van de Raad van 28 juni 1999 tot vaststelling van de voorwaarden voor de uitoefening van de aan de Commissie verleende uitvoeringsbevoegdheden[7].
(20) Voor de goede werking van deze verordening onderzoekt de Commissie de toepassing ervan en stelt, in voorkomend geval, de nodige wijzigingen voor.
(21) Het Verenigd Koninkrijk en Ierland hebben overeenkomstig artikel 3 van het Protocol be-

(5) *PB* L 281 van 23.11.1995, blz. 31.
(6) *PB* L 24 van 30.1.1998, blz. 1.
(7) *PB* L 184 van 17.7.1999, blz. 23.

treffende de positie van het Verenigd Koninkrijk en Ierland, dat aan het Verdrag betreffende de Europese Unie en het Verdrag tot oprichting van de Europese Gemeenschap is gehecht, gemeld dat zij wensen deel te nemen aan de aanneming en toepassing van deze verordening.
(22) Denemarken neemt, overeenkomstig de artikelen 1 en 2 van het Protocol betreffende de positie van Denemarken, gehecht aan het Verdrag betreffende de Europese Unie en het Verdrag tot oprichting van de Europese Gemeenschap, niet deel aan de aanneming van deze verordening en deze verordening is derhalve niet verbindend voor, noch van toepassing in Denemarken,
Heeft de volgende verordening vastgesteld:

HOOFDSTUK I
Algemene bepalingen

Werkingssfeer

Art. 1

Reikwijdte

– 1. Deze verordening is van toepassing in burgerlijke en handelszaken wanneer het gerecht van een lidstaat overeenkomstig de wettelijke bepalingen van die staat:
a) het bevoegde gerecht van een andere lidstaat verzoekt, een handeling tot het verkrijgen van bewijs te verrichten; of
b) verzoekt een handeling tot het verkrijgen van bewijs rechtstreeks in een andere lidstaat te mogen verrichten.
– 2. Er mag geen verzoek worden gedaan met het doel partijen in staat te stellen, zich bewijs te verschaffen dat niet bestemd is voor gebruik in een reeds aanhangige of in een voorgenomen procedure.
– 3. In deze verordening worden onder 'lidstaat' de lidstaten met uitzondering van Denemarken verstaan.

Rechtstreeks verkeer tussen de gerechten

Art. 2

Rechtstreeks verkeer tussen gerechten

– 1. Verzoeken uit hoofde van artikel 1, lid 1, onder *a)*, hierna 'verzoeken' te noemen, worden door het gerecht waarvoor de procedure reeds aanhangig of voorgenomen is, hierna 'verzoekend gerecht' te noemen, rechtstreeks aan het bevoegde gerecht van een andere lidstaat, hierna het 'aangezochte gerecht' te noemen, gezonden ter verrichting van handelingen tot het verkrijgen van bewijs.
– 2. Iedere lidstaat stelt een lijst op van de gerechten die bevoegd zijn om handelingen tot het verkrijgen van bewijs te verrichten overeenkomstig deze verordening. In de lijst worden ook de territoriale en, in voorkomend geval, de bijzondere bevoegdheid van deze gerechten aangegeven.

Centraal orgaan

Art. 3

Centraal orgaan

– 1. Iedere lidstaat wijst een centraal orgaan aan dat tot taak heeft:
a) de gerechten informatie te verschaffen;
b) oplossingen te zoeken indien zich moeilijkheden voordoen bij verzoeken;
c) in uitzonderingsgevallen, op verzoek van een verzoekend gerecht een verzoek aan het bevoegde gerecht te doen toekomen.
– 2. Een federale staat, een staat waarin verschillende rechtsstelsels van kracht zijn of een staat met autonome territoriale structuren heeft de bevoegdheid om meer dan één centraal orgaan aan te wijzen.
– 3. Iedere lidstaat wijst tevens het in lid 1 bedoelde centraal orgaan aan dat, dan wel een of meer bevoegde autoriteiten die tot taak hebben te beslissen over verzoeken uit hoofde van artikel 17.

HOOFDSTUK II
Verzending en uitvoering van verzoeken

AFDELING 1
Verzending van het verzoek

Vorm en inhoud van het verzoek

Art. 4

Vorm en inhoud verzoek

– 1. Het verzoek wordt ingediend met gebruikmaking van formulier A in de bijlage of, in voorkomend geval, formulier I.

Het verzoek bevat de volgende gegevens:
a) het verzoekende en voorzover nodig het aangezochte gerecht;
b) de namen en adressen van de partijen en eventueel van hun vertegenwoordigers;
c) de aard en het onderwerp van het geding en een beknopte uiteenzetting van de feiten;
d) een omschrijving van de handeling tot het verkrijgen van bewijs die moet worden verricht;
e) bij een verzoek om een persoon te verhoren:
– de namen en adressen van de te verhoren personen,
– de vragen die aan de te verhoren personen moeten worden gesteld, dan wel de feiten waarover zij moeten worden verhoord,
– in voorkomend geval de vermelding van een recht van verschoning gegrond op de wet van de lidstaat van het verzoekende gerecht,
– het verzoek om de verklaring onder ede of belofte af te nemen en, eventueel, de formule die daarbij moet worden gebruikt,
– in voorkomend geval alle andere informatie die het verzoekende gerecht noodzakelijk acht,
f) bij een verzoek om enige andere vorm van bewijsverkrijging, de stukken of andere voorwerpen die moeten worden onderzocht;
g) in voorkomend geval een verzoek krachtens de artikel 10, leden 3 en 4, en de artikelen 11 en 12 en de voor de toepassing van die bepalingen noodzakelijke inlichtingen.
– 2. Noch het verzoek, noch de bij het verzoek gevoegde stukken behoeven legalisatie of enige andere vergelijkbare formaliteit.
– 3. Stukken die naar het oordeel van het verzoekende gerecht noodzakelijk zijn voor de uitvoering van het verzoek en derhalve moeten worden toegevoegd, moeten vergezeld gaan van een vertaling in de taal waarin het verzoek is gesteld.

Talen

Art. 5

Talen

Verzoeken en kennisgevingen uit hoofde van deze verordening worden gesteld in de officiële taal van de aangezochte lidstaat of, indien er verscheidene officiële talen in die lidstaat bestaan, in de officiële taal of een van de officiële talen van de plaats waar de verzochte handeling tot het verkrijgen van bewijs moet worden verricht, of in een andere taal die de aangezochte lidstaat heeft verklaard te kunnen aanvaarden. Elke lidstaat doet opgave van de officiële taal of talen van de instellingen van de Europese Gemeenschap, andere dan zijn eigen taal of talen, die voor de invulling van de formulieren worden aanvaard.

Verzending van verzoeken en van overige kennisgevingen

Art. 6

Verzending verzoeken en kennisgevingen

Verzoeken en kennisgevingen uit hoofde van deze verordening worden verzonden langs de snelste weg die de aangezochte lidstaat heeft verklaard te kunnen aanvaarden. De verzending van verzoeken kan op elke passende wijze plaatsvinden, mits de inhoud van het ontvangen stuk precies overeenstemt met die van het verzonden stuk en alle informatie in het ontvangen stuk leesbaar is.

AFDELING 2
Ontvangst van het verzoek

Ontvangst van het verzoek

Art. 7

Ontvangst van verzoek

– 1. Het aangezochte bevoegde gerecht stuurt het verzoekende gerecht binnen zeven dagen na ontvangst van het verzoek een ontvangstbewijs, met gebruikmaking van formulier B in de bijlage. Indien het verzoek niet voldoet aan de in de artikelen 5 en 6 gestelde voorwaarden, maakt het aangezochte gerecht daarvan een aantekening in het ontvangstbewijs.
– 2. Indien de uitvoering van een verzoek dat met gebruikmaking van formulier A in de bijlage is ingediend en dat aan de in artikel 5 gestelde voorwaarden voldoet, niet behoort tot de bevoegdheid van het gerecht waaraan het verzoek is gericht, stuurt dit gerecht het verzoek door aan het wel bevoegde gerecht in dezelfde lidstaat en stelt het het verzoekende gerecht hiervan in kennis met gebruikmaking van formulier A in de bijlage.

Onvolledige verzoeken

Art. 8

Onvolledige verzoeken

– 1. Indien een verzoek niet kan worden uitgevoerd omdat het niet alle in artikel 5 bedoelde gegevens bevat, stelt het aangezochte gerecht het verzoekende gerecht daar onverwijld en uiterlijk binnen 30 dagen na ontvangst van het verzoek van in kennis, met gebruikmaking van

formulier C in de bijlage, en verzoekt het het verzoekende gerecht de ontbrekende gegevens, waarvan zo nauwkeurig mogelijk opgave wordt gedaan, toe te zenden.
– 2. Indien een verzoek niet kan worden uitgevoerd omdat een deposito of voorschot noodzakelijk is overeenkomstig artikel 18, lid 3, stelt het aangezochte gerecht het verzoekende gerecht hiervan onverwijld en uiterlijk binnen 30 dagen na ontvangst van het verzoek met gebruikmaking van formulier C in de bijlage in kennis met vermelding van de wijze waarop het deposito of voorschot dient te worden overgemaakt. Het aangezochte gerecht bevestigt de ontvangst van het deposito of voorschot onverwijld en uiterlijk binnen tien dagen na ontvangst ervan met gebruikmaking van formulier D.

Aanvulling van het verzoek

Art. 9

Aanvulling van verzoek

– 1. Indien het aangezochte gerecht overeenkomstig artikel 7, lid 1, op het ontvangstbewijs aantekent dat het verzoek niet voldoet aan de in de artikelen 5 en 6 gestelde voorwaarden, of indien het het verzoekende gerecht er overeenkomstig artikel 8 van in kennis heeft gesteld dat het verzoek niet kan worden uitgevoerd omdat het niet alle in artikel 4 bedoelde gegevens bevat, vangt de in artikel 10, lid 1, bedoelde termijn aan wanneer het aangezochte gerecht het naar behoren aangevulde verzoek ontvangt.
– 2. Wanneer het aangezochte gerecht overeenkomstig artikel 18, lid 3, om een deposito of voorschot heeft verzocht, vangt deze termijn aan wanneer het deposito of voorschot is gestort.

AFDELING 3
Bewijsverkrijging door het aangezochte gerecht

Algemene bepalingen betreffende de uitvoering van het verzoek

Art. 10

Uitvoering verzoek, algemene bepalingen

– 1. Het aangezochte gerecht voert het verzoek onverwijld en uiterlijk binnen 90 dagen na ontvangst van het verzoek uit.
– 2. Het aangezochte gerecht voert het verzoek uit overeenkomstig zijn nationale wet.
– 3. Het verzoekende gerecht kan met gebruikmaking van formulier A in de bijlage van het aangezochte gerecht verlangen dat het verzoek wordt uitgevoerd volgens een bijzondere vorm waarin wordt voorzien door zijn nationale wet. Aan die wens wordt door het aangezochte gerecht gehoor gegeven, tenzij deze vorm niet verenigbaar is met de wet van de lidstaat van het aangezochte gerecht, dan wel wegens grote praktische moeilijkheden niet mogelijk is. Indien het aangezochte gerecht op een van deze gronden geen gehoor geeft aan de wens, stelt het het verzoekende gerecht hiervan in kennis met gebruikmaking van formulier E in de bijlage.
– 4. Het verzoekende gerecht kan van het aangezochte gerecht verlangen dat bij de verrichting van de handeling tot het verkrijgen van bewijs gebruik wordt gemaakt van communicatietechnologie, in het bijzonder video- en teleconferenties.
Aan die wens wordt door het aangezochte gerecht gehoor gegeven, tenzij deze vorm niet verenigbaar is met de wet van de lidstaat van het aangezochte gerecht, dan wel wegens grote praktische moeilijkheden niet mogelijk is.
Indien het aangezochte gerecht op een van deze gronden geen gehoor geeft aan de wens, stelt het het verzoekende gerecht hiervan in kennis met gebruikmaking van formulier E in de bijlage.
Indien het verzoekende of het aangezochte gerecht geen toegang heeft tot bovenbedoelde technische middelen, kunnen zij door de gerechten in onderlinge overeenstemming ter beschikking worden gesteld.

Uitvoering in aanwezigheid en met deelneming van de partijen

Art. 11

Uitvoering in aanwezigheid en deelneming partijen

– 1. Indien de wet van de lidstaat van het verzoekende gerecht daarin voorziet, hebben de partijen en eventueel hun vertegenwoordigers het recht aanwezig te zijn bij de verrichting van de handeling tot het verkrijgen van bewijs door het aangezochte gerecht.
– 2. In zijn verzoek deelt het verzoekende gerecht het aangezochte gerecht met gebruikmaking van formulier A in de bijlage mee dat de partijen en eventueel hun vertegenwoordigers aanwezig zullen zijn en, in voorkomend geval, dat om hun deelneming wordt verzocht. Deze mededeling kan ook op enig ander passend tijdstip worden gedaan.
– 3. Indien wordt verzocht om de deelneming van de partijen en eventueel hun vertegenwoordigers aan de verrichting van de handeling tot het verkrijgen van bewijs, bepaalt het aangezochte gerecht overeenkomstig artikel 10 de voorwaarden waaronder zij mogen deelnemen.
– 4. Het aangezochte gerecht stelt de partijen en eventueel hun vertegenwoordigers met gebruikmaking van formulier F in de bijlage in kennis van het tijdstip waarop en de plaats waar de

verlangde handeling zal worden verricht en, in voorkomend geval, van de voorwaarden waaronder zij mogen deelnemen.

– 5. De leden 1 tot en met 4 doen geen afbreuk aan de mogelijkheid voor het aangezochte gerecht om de partijen en eventueel hun vertegenwoordigers te verzoeken bij de verrichting van de handeling tot het verkrijgen van bewijs aanwezig te zijn of daaraan deel te nemen, indien zijn nationale wet in die mogelijkheid voorziet.

Uitvoering in aanwezigheid van en met deelneming van vertegenwoordigers van het verzoekende gerecht

Art. 12

Uitvoering in aanwezigheid en deelneming vertegenwoordigers

– 1. De vertegenwoordigers van het verzoekende gerecht hebben het recht aanwezig te zijn bij de verrichting van de handeling tot het verkrijgen van bewijs door het aangezochte gerecht indien zulks verenigbaar is met de wet van de lidstaat van het verzoekende gerecht.

– 2. Voor de toepassing van dit artikel worden onder het begrip 'vertegenwoordiger' de rechterlijke ambtenaren verstaan die door het verzoekende gerecht zijn aangewezen overeenkomstig zijn nationale wet. Het verzoekende gerecht kan overeenkomstig zijn nationale wet tevens enige andere persoon aanwijzen, zoals een deskundige.

– 3. In zijn verzoek deelt het verzoekende gerecht het aangezochte gerecht met gebruikmaking van formulier A in de bijlage mee dat zijn vertegenwoordigers aanwezig zullen zijn en, in voorkomend geval, dat om hun deelneming wordt verzocht. Deze mededeling kan ook op enig ander passend tijdstip worden gedaan.

– 4. Indien wordt verzocht om de deelneming van de vertegenwoordigers van het verzoekende gerecht aan de verrichting van de handeling tot het verkrijgen van bewijs, bepaalt het aangezochte gerecht overeenkomstig artikel 10 de voorwaarden waaronder zij mogen deelnemen.

– 5. Het aangezochte gerecht stelt het verzoekende gerecht met gebruikmaking van formulier F in de bijlage in kennis van het tijdstip waarop en de plaats waar de verlangde handeling zal worden verricht en, in voorkomend geval, van de voorwaarden waaronder de vertegenwoordigers mogen deelnemen.

Dwangmaatregelen

Art. 13

Dwangmaatregelen

Voorzover nodig past het aangezochte gerecht bij de uitvoering van het verzoek de daartoe passende dwangmaatregelen toe waarin de wet van de lidstaat van het aangezochte gerecht voorziet, in de gevallen en in de mate waarin het daartoe verplicht zou zijn bij de uitvoering van een soortgelijk verzoek van de autoriteiten van de eigen staat of van een belanghebbende partij.

Weigering van uitvoering

Art. 14

Weigering van uitvoering

– 1. Een verzoek om een persoon te verhoren wordt niet uitgevoerd indien de betrokken persoon zich beroept op een recht van verschoning of een verbod om een verklaring af te leggen gegrond op:

a) de wet van de lidstaat van het aangezochte gerecht; of

b) de wet van de lidstaat van het verzoekende gerecht, en het verschoningsrecht of het verbod is vermeld in het verzoek of, eventueel, op verzoek van het aangezochte gerecht is bevestigd door het verzoekende gerecht.

– 2. Afgezien van de in lid 1 genoemde gronden kan de uitvoering van een verzoek niet worden geweigerd dan indien:

a) het verzoek niet binnen de werkingssfeer van deze verordening zoals bepaald in artikel 1 valt; of

b) de uitvoering van het verzoek volgens de wet van de lidstaat van het aangezochte gerecht niet behoort tot de bevoegdheid van de rechterlijke macht; of

c) het verzoekende gerecht niet binnen 30 dagen gehoor geeft aan het verzoek van het aangezochte gerecht om het verzoek aan te vullen overeenkomstig artikel 8, of

d) een deposito of voorschot waarom overeenkomstig artikel 18, lid 3, is verzocht niet is gestort binnen 60 dagen nadat het aangezochte gerecht daarom heeft verzocht.

– 3. De uitvoering kan door het aangezochte gerecht niet worden geweigerd op de enkele grond dat de wet van zijn lidstaat van dat gerecht uitsluitende rechtsmacht toekent ten aanzien van de zaak waarop het verzoek betrekking heeft, dan wel dat de wet van die lidstaat een rechtsvordering als waarop het verzoek betrekking heeft niet toekent.

– 4. Indien de uitvoering van het verzoek op een van de in lid 2 genoemde gronden wordt geweigerd, stelt het aangezochte gerecht het verzoekende gerecht daar met gebruikmaking van formulier H in de bijlage binnen 60 dagen na ontvangst van het verzoek van in kennis.

Kennisgeving van vertraging

Art. 15

Kennisgeving van vertraging

Indien het aangezochte gerecht niet binnen 90 dagen na ontvangst aan het verzoek kan voldoen, stelt het het verzoekende gerecht hiervan in kennis met gebruikmaking van formulier G in de bijlage. Daarbij wordt opgave gedaan van de redenen voor de vertraging en van de tijd die het aangezochte gerecht meent nodig te hebben om aan het verzoek te kunnen voldoen.

Procedure na de uitvoering van het verzoek

Art. 16

Procedure na uitvoering verzoek

Het aangezochte gerecht doet het verzoekende gerecht onverwijld de stukken ten bewijze van de uitvoering van het verzoek toekomen en zendt in voorkomend geval de van het verzoekende gerecht ontvangen stukken terug. De stukken gaan vergezeld van een uitvoeringsbevestiging waarvoor formulier H in de bijlage wordt gebruikt.

AFDELING 4
Rechtstreekse bewijsverkrijging door het verzoekende gerecht

Art. 17

Rechtstreekse bewijsverkrijging verzoekende gerecht

– 1. Wanneer een gerecht verzoekt een handeling tot het verkrijgen van bewijs rechtstreeks in een andere lidstaat te mogen verrichten, dient het daartoe met gebruikmaking van formulier I in de bijlage een verzoek in bij het centraal orgaan of de bevoegde autoriteit van die staat, bedoeld in artikel 3, lid 3.

– 2. Een handeling tot het verkrijgen van bewijs kan alleen rechtstreeks worden verricht indien zij vrijwillig en zonder dwangmaatregelen kan worden uitgevoerd.

Indien de rechtstreekse verrichting van een handeling tot het verkrijgen van bewijs inhoudt dat een persoon wordt verhoord, stelt het verzoekende gerecht die persoon ervan in kennis dat de handeling vrijwillig wordt verricht.

– 3. De handeling tot het verkrijgen van bewijs wordt verricht door een rechterlijk ambtenaar of door een andere persoon, zoals een deskundige, die overeenkomstig de wet van de lidstaat van het verzoekende gerecht wordt aangewezen.

– 4. Binnen 30 dagen na ontvangst van het verzoek deelt het centraal orgaan of de bevoegde autoriteit van de aangezochte lidstaat, bedoeld in artikel 3, lid 3, met gebruikmaking van formulier J aan het verzoekende gerecht mee of het verzoek wordt aanvaard en, indien nodig, onder welke voorwaarden de handeling overeenkomstig de wet van de aangezochte lidstaat moet worden verricht.

Met name kan het centraal orgaan of de bevoegde autoriteit een gerecht van zijn lidstaat opdragen aan de verrichting van de handeling tot het verkrijgen van bewijs deel te nemen teneinde te garanderen dat dit artikel correct wordt toegepast en de gestelde voorwaarden in acht worden genomen.

Het centraal orgaan of de bevoegde autoriteit moedigt het gebruik aan van communicatietechnologie, zoals video- en teleconferenties.

– 5. Het centraal orgaan of de bevoegde autoriteit kan de rechtstreekse verrichting van een handeling tot het verkrijgen van bewijs slechts weigeren indien:

a) het verzoek niet binnen de werkingssfeer van deze verordening zoals bepaald in artikel 1 valt;

b) het verzoek niet alle in artikel 4 bedoelde gegevens bevat; of

c) de gevraagde rechtstreekse verrichting van de handeling tot het verkrijgen van bewijs strijdig is met fundamentele beginselen van zijn nationale recht.

– 6. Onverminderd de overeenkomstig lid 4 bepaalde voorwaarden handelt het verzoekende gerecht het verzoek af overeenkomstig zijn nationale wet.

AFDELING 5
Kosten

Art. 18

Kosten

– 1. De uitvoering van het verzoek overeenkomstig artikel 10 geeft geen aanleiding tot terugbetaling van rechten of kosten.

– 2. Indien het aangezochte gerecht evenwel om terugbetaling verzoekt, zorgt het verzoekende gerecht voor de onverwijlde terugbetaling van:

– de vergoedingen die betaald zijn aan deskundigen en tolken; en
– de kosten die veroorzaakt zijn door de toepassing van artikel 10, leden 3 en 4.

De wet van de lidstaat van het verzoekende gerecht bepaalt wie verplicht is de vergoeding of kosten te dragen.

– 3. Wanneer het advies van een deskundige wordt vereist, kan het aangezochte gerecht, vóór de uitvoering van het verzoek, het verzoekende gerecht verzoeken om een passend deposito of voorschot voor de gevraagde kosten. In alle andere gevallen vormt een deposito of voorschot geen voorwaarde voor de uitvoering van een verzoek.

Partijen storten een deposito of voorschot indien de wet van de lidstaat van het verzoekende gerecht dat bepaalt.

HOOFDSTUK III
Slotbepalingen

Toepassingsvoorschriften

Art. 19

Toepassingsvoorschriften

– 1. De Commissie stelt een handleiding op, die ook elektronisch beschikbaar is, met de gegevens die de lidstaten overeenkomstig artikel 22 hebben verstrekt en met de geldende overeenkomsten of regelingen overeenkomstig artikel 21, en werkt deze handleiding op gezette tijden bij.

– 2. De in de bijlage opgenomen modelformulieren worden bijgewerkt of technisch aangepast door de Commissie. Deze maatregelen, die niet-essentiële onderdelen van deze verordening beogen te wijzigen, worden vastgesteld volgens de in artikel 20, lid 2, bedoelde regelgevingsprocedure met toetsing.

Comité

Art. 20

Comité

– 1. De Commissie wordt bijgestaan door een comité.

– 2. Wanneer naar dit lid wordt verwezen, zijn artikel 5 bis, leden 1 tot en met 4, en artikel 7 van Besluit 1999/468/EG van toepassing, met inachtneming van artikel 8 daarvan.

Verband met bestaande of toekomstige overeenkomsten of regelingen tussen lidstaten

Art. 21

Overeenkomsten of regelingen tussen lidstaten

– 1. In de betrekkingen tussen de lidstaten die partij zijn bij bilaterale of multilaterale overeenkomsten of regelingen, met name bij het Verdrag van Den Haag van 1 maart 1954 betreffende de burgerlijke rechtsvordering en het Verdrag van Den Haag van 18 maart 1970 inzake de verkrijging van bewijs in het buitenland in burgerlijke en in handelszaken, heeft deze verordening voor de aangelegenheden die zij bestrijkt voorrang op die overeenkomsten of regelingen.

– 2. Deze verordening belet twee of meer lidstaten niet onderling overeenkomsten of regelingen te handhaven of te sluiten om de bewijsverkrijging nog meer te vergemakkelijken, mits die overeenkomsten of regelingen met deze verordening verenigbaar zijn.

– 3. Elke lidstaat doet aan de Commissie:

a) uiterlijk op 1 juli 2003 een exemplaar toekomen van de in lid 2 bedoelde overeenkomsten of regelingen met andere lidstaten die hij handhaaft;

b) een exemplaar toekomen van de in lid 2 bedoelde overeenkomsten of regelingen met andere lidstaten, alsook van de nog niet aangenomen ontwerpen daarvan; en

c) mededeling van de opzegging van of wijzigingen in deze overeenkomsten of regelingen.

Mededelingen

Art. 22

Mededelingen

Uiterlijk op 1 juli 2003 deelt elke lidstaat de Commissie het volgende mee:

1) de lijst met gegevens overeenkomstig artikel 2, lid 2, met vermelding van de territoriale en, voorzover van toepassing, de bijzondere bevoegdheid van de gerechten;

2) de namen en adressen van de centrale organen en bevoegde autoriteiten overeenkomstig artikel 4, met vermelding van hun territoriale bevoegdheid;

3) de technische middelen voor de ontvangst van verzoeken waarover de in artikel 2, lid 2, bedoelde gerechten beschikken;

4) de talen waarin het verzoek kan worden gesteld zoals bepaald in artikel 5.

De lidstaten brengen de Commissie op de hoogte wanneer deze gegevens veranderen.

Toetsing

Art. 23

Toetsing

Uiterlijk op 1 januari 2007 en vervolgens om de vijf jaar, dient de Commissie bij het Europees Parlement, de Raad en het Economisch en Sociaal Comité een verslag in over de toepassing van deze verordening, waarbij zij met name toeziet op de praktische toepassing van artikel 3, lid 1, onder *c)*, en lid 3, en de artikelen 17 en 18.

Inwerkingtreding

Art. 24

Inwerkingtreding

– 1. Deze verordening treedt in werking op 1 juli 2001.

– 2. Deze verordening wordt van kracht op 1 januari 2004, met uitzondering van de artikelen 19, 21 en 22, die van kracht worden op 1 juli 2001.

Wet van 26 mei 2004, Stb. 258, tot uitvoering van de verordening (EG) Nr. 1206/2001 van de Raad van de Europese Unie van 28 mei 2001 betreffende de samenwerking tussen de gerechten van de lidstaten op het gebied van bewijsverkrijging in burgerlijke en handelszaken (PbEG L 174/1), zoals deze wet is gewijzigd bij de Wet van 8 september 2005, Stb. 455

[Inwerkingtreding: 30-06-2004]

Wij Beatrix, bij de gratie Gods, Koningin der Nederlanden, Prinses van Oranje-Nassau, enz. enz. enz.

Allen, die deze zullen zien of horen lezen, saluut! doen te weten:

Alzo Wij in overweging genomen hebben, dat het noodzakelijk is voorzieningen te treffen ter uitvoering van de verordening (EG) Nr. 1206/2001 van de Raad van de Europese Unie van 28 mei 2001 betreffende de samenwerking tussen de gerechten van de lidstaten op het gebied van bewijsverkrijging in burgerlijke en handelszaken (*PbEG* L 174/1);

Zo is het, dat Wij, de Raad van State gehoord, en met gemeen overleg der Staten-Generaal, hebben goedgevonden en verstaan, gelijk Wij goedvinden en verstaan bij deze:

§ 1. Algemene bepalingen

Art. 1

Begripsbepaling

In deze wet wordt verstaan onder:

a. verordening: de verordening (EG) Nr. 1206/2001 van de Raad van 28 mei 2001 betreffende de samenwerking tussen de gerechten van de lidstaten op het gebied van bewijsverkrijging in burgerlijke en handelszaken (*PbEG* L 174/1);

b. verzoekend gerecht: een verzoekend gerecht als bedoeld in artikel 2, eerste lid, van de verordening;

c. aangezocht gerecht: een aangezocht gerecht als bedoeld in artikel 2, eerste lid, van de verordening;

d. centraal orgaan: het centrale orgaan, bedoeld in artikel 3, eerste lid, van de verordening;

e. bevoegde autoriteit: de bevoegde autoriteit, bedoeld in artikel 3, derde lid, van de verordening.

Art. 2

Bevoegde gerechten

– 1. Als gerechten die bevoegd zijn om handelingen tot het verkrijgen van bewijs te verrichten overeenkomstig artikel 2, tweede lid, van de verordening worden voor Nederland aangewezen de rechtbanken.

– 2. Het verzoek om een handeling tot het verkrijgen van bewijs te verrichten wordt gedaan aan de rechtbank binnen wier gebied de uitvoering van het verzoek moet geschieden. In het geval van een getuigenverhoor of deskundigenonderzoek wordt het verzoek gedaan aan de rechtbank binnen wier gebied de getuigen of deskundigen, of het grootste aantal van hen, woonachtig zijn of verblijven. Indien de uitvoering van het verzoek in verschillende rechtsgebieden dient plaats te vinden, is elk van de rechtbanken van deze rechtsgebieden bevoegd het verzoek in zijn geheel uit te voeren.

– 3. Het verzoek om een handeling tot het verkrijgen van bewijs te verrichten kan worden verwezen naar de kantonrechter. De kantonrechter is aan deze verwijzing gebonden.

– 4. Bij algemene maatregel van bestuur kunnen met betrekking tot het tweede lid nadere regels worden gesteld.

Art. 3

Centraal orgaan

– 1. Als centraal orgaan wordt voor Nederland aangewezen de Raad voor de rechtspraak.

– 2. Als bevoegde autoriteit wordt voor Nederland aangewezen de rechtbank te 's-Gravenhage.

– 3. Bij regeling van Onze Minister van Justitie kunnen nadere regels worden gesteld met betrekking tot de wijze waarop het centrale orgaan zijn taken, bedoeld in artikel 3, eerste lid, van de verordening, uitvoert.

§ 2. Verzoeken aan een gerecht, het centrale orgaan of de bevoegde autoriteit in Nederland

Art. 4

Engelse taal

Verzoeken en kennisgevingen uit hoofde van de verordening aan een aangezocht gerecht, het centrale orgaan of de bevoegde autoriteit kunnen worden gesteld in de Engelse taal.

Art. 5

Nederlandse vertaling

Het aangezochte gerecht kan, indien dit voor een goede uitvoering van het verzoek nodig wordt geoordeeld, de stukken door een beëdigd vertaler in het Nederlands doen vertalen.

Snelste wijze van verzending

Art. 6

Voor verzoeken en kennisgevingen uit hoofde van de verordening geldt als snelste wijze van verzending als bedoeld in artikel 6 van de verordening de verzending per fax, of, indien het aangezochte gerecht, het centrale orgaan of de bevoegde autoriteit heeft aangegeven een snellere wijze te aanvaarden, deze wijze.

Doorzending van een verzoek

Art. 7

In geval van doorzending van een verzoek om een handeling tot het verkrijgen van bewijs te verrichten ingevolge artikel 7, tweede lid, van de verordening, is het gerecht waaraan het verzoek wordt doorgezonden aan deze doorzending gebonden.

Voorwaarden stellen aan deelname

Art. 8

– 1. Het aangezochte gerecht kan aan de deelname van partijen en hun vertegenwoordigers ingevolge artikel 11, derde lid, van de verordening en de deelname van vertegenwoordigers van het gerecht ingevolge artikel 12, vierde lid, van de verordening voorwaarden stellen die het uit het oogpunt van een goede procesorde nuttig of noodzakelijk acht.

– 2. De bevoegde autoriteit kan aan de rechtstreekse verrichting van een handeling tot het verkrijgen van bewijs ingevolge artikel 17, vierde lid, van de verordening voorwaarden stellen die zij uit het oogpunt van een goede procesorde nuttig of noodzakelijk acht.

– 3. Bij algemene maatregel van bestuur kunnen nadere regels worden gesteld met betrekking tot de in het eerste en tweede lid bedoelde voorwaarden.

Bepalen wie zorg draagt voor oproeping

Art. 9

– 1. Het aangezochte gerecht kan bepalen welke der partijen zorg draagt voor de oproeping uit hoofde van een verzoek om een bewijshandeling te verrichten.

– 2. Oproepingen die niet door één der partijen worden verricht geschieden door de griffier van het aangezochte gerecht. De artikelen 171, 172, 173 en 178 van het Wetboek van Burgerlijke Rechtsvordering zijn op het verhoor van getuigen van overeenkomstige toepassing.

Kosten

Art. 10

De kosten van de uitvoering van een verzoek om een bewijshandeling te verrichten komen ten laste van de Staat, behoudens de kosten waarvan ingevolge artikel 18, tweede lid, van de verordening door het verzoekende gerecht terugbetaling plaatsvindt en de kosten die ingevolge artikel 9, eerste lid, voor rekening van partijen komen.

Hoger beroep

Art. 11

Een afwijzende beslissing op grond van artikel 10, derde of vierde lid, artikel 14, tweede lid, en artikel 17, vijfde lid, van de verordening wordt beschouwd als een beschikking waartegen voor partijen in de hoofdprocedure hoger beroep openstaat overeenkomstig de vierde afdeling van titel 7 van het Eerste Boek van het Wetboek van Burgerlijke Rechtsvordering, met dien verstande dat het hoger beroep de werking niet schorst, tenzij de rechter anders heeft bepaald, en dient te worden ingesteld binnen een termijn van vier weken te rekenen vanaf de dag van de beslissing.

§ 3. Verzoeken aan een gerecht, het centrale orgaan of de bevoegde autoriteit in een andere lidstaat

Aanwezigheid of deelneming rechterlijk ambtenaar

Art. 12

– 1. Een verzoekend gerecht kan een rechterlijk ambtenaar met rechtspraak belast of een andere persoon aanwijzen op de voet van artikel 12, tweede lid, van de verordening om aanwezig te zijn bij of deel te nemen aan de verrichting van de handeling tot het verkrijgen van bewijs.

– 2. Een verzoekend gerecht kan een rechterlijk ambtenaar met rechtspraak belast of een andere persoon op de voet van artikel 17, derde lid, van de verordening aanwijzen om rechtstreeks een handeling tot het verkrijgen van bewijs te verrichten.

– 3. Ten aanzien van de kosten van de in de voorgaande leden bedoelde andere persoon zijn de artikelen 195 en 199 van het Wetboek van Burgerlijke Rechtsvordering voor zover nodig van overeenkomstige toepassing.

Kosten vertaling

Art. 12a

Het verzoekende gerecht kan bepalen welke der partijen zorg draagt voor en de kosten betaalt van een door een beëdigd vertaler vervaardigde vertaling van de stukken in een door de lidstaat van het aangezochte gerecht aanvaarde taal.

Vergoedingen en kosten

Art. 13

– 1. Omtrent de vergoedingen en kosten waarvan door het aangezochte gerecht op de voet van artikel 18, tweede lid, van de verordening aan het verzoekend gerecht terugbetaling wordt verzocht, wordt door de rechter overeenkomstig de artikelen 237 en artikel 289 van het Wetboek van Burgerlijke Rechtsvordering uitspraak gedaan, voorzover deze artikelen daarvoor een vergoeding plegen in te sluiten.

– 2. De griffier betaalt de in artikel 18, tweede lid, van de verordening bedoelde kosten en vergoedingen terug aan het aangezochte gerecht en brengt deze, voorzover zij in een veroordeling in de proceskosten plegen te worden begrepen, in rekening bij de eiser of verzoeker, tenzij de rechter daartoe in verband met de omstandigheden van het geding de gedaagde, de eiser en gedaagde gezamenlijk, een of meer andere belanghebbenden of dezen met de verzoeker gezamenlijk heeft aangewezen. Met betrekking tot de terugbetaling van de vergoeding voor deskundigen zijn de derde tot en met vijfde volzin van artikel 195 van het Wetboek van Burgerlijke Rechtsvordering van overeenkomstige toepassing. In de in deze zinnen bedoelde gevallen zijn de artikelen 199, derde lid, en 244, eerste lid, van het Wetboek van Burgerlijke Rechtsvordering van overeenkomstige toepassing.

– 3. Een deposito of voorschot van de kosten betreffende een deskundige als bedoeld in artikel 18, derde lid, van de verordening, wordt door de eiser of verzoeker ter griffie gedeponeerd, tenzij de rechter daartoe in verband met de omstandigheden van het geding de gedaagde, de eiser en gedaagde gezamenlijk, een of meer belanghebbenden of dezen en de verzoeker gezamenlijk heeft aangewezen. De griffier voldoet het deposito of voorschot na ontvangst hiervan aan het aangezochte gerecht. In het geval het voorschot na verrichting van de bewijshandeling door de deskundige niet toereikend blijkt, worden de overige kosten in rekening gebracht bij degene die het voorschot heeft gestort of gedeponeerd. De tweede en derde volzin van het tweede lid zijn van overeenkomstige toepassing.

Art. 14

Rechtskracht

– 1. De processen-verbaal van de uitvoering van een bewijsverrichting door een aangezocht gerecht hebben gelijke kracht als die van de Nederlandse rechter.

– 2. Andere stukken betreffende de uitvoering van een bewijsverrichting door het aangezochte gerecht hebben gelijke kracht als Nederlandse stukken met betrekking tot eenzelfde bewijsverrichting.

§ 4. Slotbepalingen

Art. 15

Nadere regelgeving

Bij algemene maatregel van bestuur kunnen nadere regels worden gesteld met betrekking tot het gebruik van communicatietechnologie zoals bedoeld in artikel 10, vierde lid, van de verordening.

Art. 16

Aanpassing art. 176 Rv

Bevat wijzigingen in andere regelgeving.

Art. 17

Inwerkingtreding

Deze wet treedt in werking op een bij koninklijk besluit te bepalen tijdstip.

Art. 18

Citeertitel

Deze wet wordt aangehaald als: Uitvoeringswet EG-bewijsverordening.

V.8 VERDRAG INZAKE DE BETEKENING EN DE KENNISGEVING IN HET BUITENLAND VAN GERECHTELIJKE EN BUITENGERECHTELIJKE STUKKEN IN BURGERLIJKE EN IN HANDELSZAKEN [VERTALING] (HAAGS BETEKENINGSVERDRAG)

Verdrag van 15 november 1965, Trb. 1969, 55 (Rectificatie Trb. 1969, 210)

[Inwerkingtreding: 10-02-1969]

De Staten die dit Verdrag hebben ondertekend,
Verlangend maatregelen te nemen die er toe kunnen leiden dat gerechtelijke en buitengerechtelijke stukken waarvan in het buitenland betekening of kennisgeving moet worden gedaan, tijdig ter kennis komen van degenen voor wie zij bestemd zijn,
Ernaar strevend tot dat doel de onderlinge rechtshulp te verbeteren door de daarbij te volgen procedure te vereenvoudigen en te versnellen;
Hebben besloten te dien einde een Verdrag te sluiten en zijn overeengekomen als volgt:

Art. 1

Toepasselijkheid

– 1. Dit Verdrag is van toepassing in alle gevallen waarin in burgerlijke zaken of in handelszaken een gerechtelijk of buitengerechtelijk stuk ter betekening of kennisgeving naar het buitenland moet worden gezonden.
– 2. Het Verdrag is niet van toepassing, indien het adres van degene voor wie het stuk is bestemd, onbekend is.

HOOFDSTUK I
Gerechtelijke stukken

Art. 2

Aanwijzing centrale autoriteit

– 1. Iedere Verdragsluitende Staat wijst een centrale autoriteit aan, die tot taak heeft de uit een andere Verdragsluitende Staat afkomstige aanvragen om betekening of kennisgeving overeenkomstig de artikelen 3-6 in ontvangst te nemen en af te doen.
– 2. De aangezochte Staat wijst de centrale autoriteit aan en regelt tevens haar werkwijze.

Art. 3

Aanvrage

– 1. De daartoe volgens wet van de Staat van herkomst van het stuk bevoegde autoriteit of deurwaarder richt tot de centrale autoriteit van de aangezochte Staat een aanvrage, die moet overeenstemmen met het als bijlage aan dit Verdrag toegevoegde modelformulier. Ten aanzien van de aanvrage is geen legalisatie van stukken of een daarmede gelijk te stellen formaliteit vereist.
– 2. De aanvrage moet vergezeld gaan van twee exemplaren van het gerechtelijke stuk of van twee afschriften daarvan.

Art. 4

Onjuiste aanvrage

Indien de centrale autoriteit oordeelt dat de bepalingen van het Verdrag niet in acht zijn genomen, stelt zij de aanvrager hiervan onverwijld in kennis, met nauwkeurige vermelding van de tegen de aanvrage gerezen bezwaren.

Art. 5

Betekening en kennisgeving

– 1. De centrale autoriteit van de aangezochte Staat belast zich met de betekening of de kennisgeving van het stuk of het doen betekenen of kennisgeven daarvan,
a) hetzij met inachtneming van de vormen, in de wetgeving van de aangezochte Staat voorgeschreven voor de betekening of de kennisgeving van stukken die in dat land zijn opgemaakt en bestemd zijn voor zich aldaar bevindende personen,
b) hetzij met inachtneming van een bijzondere, door de aanvrager verzochte vorm, mits deze niet in strijd is met de wet van de aangezochte Staat.
– 2. Behoudens in het geval bedoeld in het eerste lid onder *b*, kan het stuk altijd worden afgegeven aan degene voor wie het bestemd is, zo deze het vrijwillig aanneemt.
– 3. Indien van het stuk betekening of kennisgeving moet worden gedaan overeenkomstig het bepaalde in het eerste lid, kan de centrale autoriteit verlangen dat het stuk wordt opgesteld of vertaald in de officiële taal of in een van de officiële talen van haar land.
– 4. Het gedeelte van de aanvrage bestaande uit het als bijlage aan dit Verdrag toegevoegde modelformulier, dat aard en onderwerp van het te betekenen stuk weergeeft, wordt afgegeven aan degene voor wie het stuk bestemd is.

Art. 6

Verklaring van uitvoering

– 1. De centrale autoriteit van de aangezochte Staat, of de daarvoor door die Staat aangewezen autoriteit, maakt een verklaring op die moet overeenstemmen met het modelformulier voor zodanige verklaringen, dat als bijlage aan dit Verdrag is toegevoegd.
– 2. De verklaring behelst dat aan de aanvrage uitvoering is gegeven en vermeldt tevens de vorm waarin, de plaats waar en het tijdstip waarop dit is geschied, alsmede de persoon aan wie

het stuk is afgegeven. In voorkomend geval worden in de verklaring de omstandigheden vermeld die de uitvoering van de aanvrage hebben belet.

– 3. Indien de verklaring niet is opgemaakt door de centrale autoriteit of een rechterlijke autoriteit, kan de aanvrager verlangen dat zij door een van deze autoriteiten voor gezien wordt getekend.

– 4. De verklaring wordt rechtstreeks toegezonden aan de aanvrager.

Art. 7

Taalkeuze

– 1. Het te drukken gedeelte van het modelformulier, dat als bijlage aan dit Verdrag is toegevoegd, moet steeds in de Franse of in de Engelse taal zijn gesteld, doch kan daarenboven worden gesteld in de officiële taal of in een van de officiële talen van de Staat van herkomst der stukken.

– 2. Hetgeen in de aansluitende witte vakken moet worden ingevuld dient hetzij in de taal van de aangezochte Staat, hetzij in de Franse taal, hetzij in de Engelse taal te worden gesteld.

Art. 8

Rechtstreekse betekening of kennisgeving

– 1. Iedere Verdragsluitende Staat is bevoegd betekeningen of kennisgevingen van gerechtelijke stukken aan zich in het buitenland bevindende personen rechtstreeks, zonder rechtsdwang, door de zorg van zijn diplomatieke of consulaire ambtenaren te doen verrichten.

– 2. Een Staat kan verklaren dat hij zich tegen de uitoefening van deze bevoegdheid op zijn grondgebied verzet, tenzij van het stuk betekening of kennisgeving moet worden gedaan aan een onderdaan van de Staat van herkomst van dat stuk.

Art. 9

Toezending

– 1. Iedere Verdragsluitende Staat is bovendien bevoegd gerechtelijke stukken langs de consulaire weg ter betekening of kennisgeving toe te zenden aan de autoriteiten van een andere Verdragsluitende Staat die daarvoor door deze Staat zijn aangewezen.

– 2. Indien buitengewone omstandigheden dit noodzakelijk maken, is iedere Verdragsluitende Staat bevoegd deze toezending langs de diplomatieke weg te doen geschieden.

Art. 10

Andere mogelijkheden

Dit Verdrag laat, tenzij de Staat van bestemming verklaart zich daartegen te verzetten, onverlet:

a) de bevoegdheid gerechtelijke stukken rechtstreeks over de post toe te zenden aan zich in het buitenland bevindende personen,

b) de bevoegdheid van de deurwaarders, ambtenaren of andere bevoegde personen van de Staat van herkomst gerechtelijke stukken rechtstreeks door de deurwaarders, ambtenaren of andere bevoegde personen van de Staat van bestemming, betekening of kennisgeving te doen verrichten,

c) de bevoegdheid van iedere belanghebbende bij een rechtsgeding betekeningen of kennisgevingen van gerechtelijke stukken rechtstreeks te doen verrichten door de deurwaarders, ambtenaren of andere bevoegde personen in de Staat van bestemming.

Art. 11

Rechtstreeks verkeer wederzijdse autoriteiten

Dit Verdrag belet niet dat twee of meer Verdragsluitende Staten over en weer toelaten dat ter betekening of kennisgeving van gerechtelijke stukken andere wegen worden gevolgd dan die, welke in de voorafgaande artikelen zijn geregeld, met name zich verstaan over rechtstreeks verkeer tussen hun wederzijdse autoriteiten.

Art. 12

Kosten betekening of kennisgeving

– 1. De betekeningen of kennisgevingen van uit een Verdragsluitende Staat afkomstige gerechtelijke stukken geven geen aanleiding tot betaling of terugbetaling van heffingen of kosten voor de diensten welke door de aangezochte Staat zijn verleend.

– 2. De aanvrager is gehouden de kosten te betalen of terug te betalen, veroorzaakt door:

a) het optreden van een deurwaarder of van een volgens de wet van de Staat van bestemming bevoegde persoon,

b) de inachtneming van een bijzondere vorm van betekening of kennisgeving.

Art. 13

Weigering uitvoering aanvrage

– 1. De uitvoering van een aanvrage om betekening of kennisgeving overeenkomstig de bepalingen van dit Verdrag kan alleen worden geweigerd indien de aangezochte Staat oordeelt dat hierdoor inbreuk zou worden gemaakt op zijn soevereiniteit of veiligheid.

– 2. De uitvoering kan niet worden geweigerd op de enkele grond dat de wet van de aangezochte Staat ten aanzien van de zaak waarop de aanvrage betrekking heeft, uitsluitende rechtsmacht voor die Staat opeist, dan wel een rechtsvordering als waarop de aanvrage betrekking heeft, niet toekent.

– 3. Van de weigering een aanvrage uit te voeren stelt de centrale autoriteit de aanvrager, met vermelding van de redenen, onverwijld in kennis.

Art. 14

Moeilijkheden

Moeilijkheden die naar aanleiding van de toezending, ter betekening of kennisgeving, van gerechtelijke stukken mochten ontstaan, worden langs de diplomatieke weg geregeld.

Art. 15

Verweerder verschijnt niet; aanhouden rechterlijke beslissing

– 1. Wanneer een stuk dat het geding inleidt of een daarmede gelijk te stellen stuk ter betekening of kennisgeving overeenkomstig de bepalingen van dit Verdrag, naar het buitenland moest worden gezonden en de verweerder niet is verschenen, houdt de rechter de beslissing aan totdat is gebleken dat:

a) hetzij van het stuk betekening of kennisgeving is gedaan met inachtneming van de vormen in de wetgeving van de aangezochte Staat voorgeschreven voor de betekening of de kennisgeving van stukken die in dat land zijn opgemaakt en bestemd zijn voor zich op het grondgebied van dat land bevindende personen,

b) hetzij het stuk aan de verweerder in persoon of aan zijn woonplaats is afgegeven op een andere in dit Verdrag geregelde wijze, en dat de betekening of de kennisgeving, onderscheidenlijk de afgifte zo tijdig is geschied dat de verweerder gelegenheid heeft gehad verweer te voeren.

– 2. Iedere Verdragsluitende Staat is bevoegd te verklaren dat zijn rechters in afwijking van het bepaalde in het eerste lid een beslissing kunnen geven, ook als geen bewijs, hetzij van betekening of kennisgeving, hetzij van afgifte is ontvangen, indien aan elk van de volgende voorwaarden is voldaan:

a) het stuk is toegezonden op een van de in dit Verdrag geregelde wijzen,

b) sedert het tijdstip van toezending van het stuk een termijn is verlopen die door de rechter voor elk afzonderlijk geval zal worden vastgesteld, doch die ten minste zes maanden zal bedragen,

c) in weerwil van alle daartoe bij de bevoegde autoriteiten aangewende pogingen geen bewijs kon worden verkregen.

– 3. Het bepaalde in dit artikel belet niet dat door de rechter in spoedeisende gevallen voorlopige of conservatoire maatregelen kunnen worden genomen.

Art. 16

Verweerder bij verstek veroordeeld; nieuwe termijn rechtsmiddel

– 1. Wanneer een stuk dat het geding inleidt of een daarmede gelijk te stellen stuk ter betekening of kennisgeving overeenkomstig de bepalingen van dit Verdrag naar het buitenland moest worden verzonden en de verweerder bij verstek werd veroordeeld, kan de rechter, indien de termijn waarbinnen een rechtsmiddel had moeten worden aangewend is verstreken, de gedaagde een nieuwe termijn toestaan binnen welke hij het rechtsmiddel alsnog kan aanwenden, mits is voldaan aan elk van de volgende voorwaarden:

a) de verweerder heeft niet de gelegenheid gehad zich te verweren of een rechtsmiddel aan te wenden, doordat het stuk onderscheidenlijk de beslissing hem, buiten zijn schuld, niet tijdig heeft bereikt,

b) de grieven van de verweerder zijn, naar het aanvankelijk oordeel van de rechter, niet van elke grond ontbloot.

– 2. Het verzoek om verlening van een nieuwe termijn voor de aanwending van het rechtsmiddel is slechts ontvankelijk, indien het is ingediend binnen een redelijke termijn na het tijdstip waarop de gedaagde van de beslissing kennis heeft gekregen.

– 3. Iedere Verdragsluitende Staat is bevoegd te verklaren dat het verzoek niet ontvankelijk is, indien het is ingediend na het verstrijken van de in die verklaring genoemde termijn, welke echter niet korter mag zijn dan een jaar, te rekenen van de dag waarop de beslissing is gegeven.

– 4. Het bepaalde in dit artikel is niet van toepassing op beslissingen betreffende de staat van personen.

HOOFDSTUK II

Buitengerechtelijke stukken

Art. 17

Overeenkomstige toepassing

Buitengerechtelijke stukken, afkomstig van autoriteiten en deurwaarders van een Verdragsluitende Staat, kunnen ter betekening of kennisgeving in een andere Verdragsluitende Staat worden toegezonden op de wijzen en onder de voorwaarden als in dit Verdrag geregeld.

HOOFDSTUK III

Algemene bepalingen

Art. 18

Andere autoriteiten; meerdere centrale autoriteiten

– 1. Iedere Verdragsluitende Staat kan naast de centrale autoriteit andere autoriteiten aanwijzen, wier bevoegdheden door die Staat worden geregeld.

– 2. De aanvrager heeft echter steeds het recht zich rechtstreeks tot de centrale autoriteit te wenden.

– 3. Bondsstaten zijn bevoegd meer dan een centrale autoriteit aan te wijzen.

Art. 19

Andere toezendingswijzen bij interne wet

Dit Verdrag belet niet dat door de interne wet van een Verdragsluitende Staat voor de betekening of de kennisgeving in die Staat van uit het buitenland afkomstige stukken, andere wijzen van toezending worden toegelaten dan die, geregeld in de voorafgaande artikelen.

Art. 20

Toegelaten afwijkingen

Dit Verdrag belet niet dat twee of meer Verdragsluitende Staten overeenkomen af te wijken van het bepaalde in:

a) artikel 3, tweede lid, betreffende de toezending van twee exemplaren van de stukken,
b) artikel 5, derde lid, en artikel 7, betreffende de te bezigen taal,
c) artikel 5, vierde lid,
d) artikel 12, tweede lid.

Art. 21

Informatieverschaffing door Staten

– 1. Iedere Verdragsluitende Staat geeft hetzij op het tijdstip van de nederlegging van zijn akte van bekrachtiging of toetreding, hetzij op een later tijdstip, het Ministerie van Buitenlandse Zaken van Nederland kennis van:

a) de aanwijzing van de autoriteiten, bedoeld in de artikelen 2 en 18,
b) de aanwijzing van de autoriteit bevoegd tot het opstellen van de in artikel 6 bedoelde verklaring,
c) de aanwijzing van de autoriteit bevoegd tot het in ontvangst nemen van stukken die overeenkomstig artikel 9 langs de consulaire weg zijn toegezonden.

– 2. In voorkomend geval geeft een Verdragsluitende Staat het Ministerie op een van de genoemde tijdstippen kennis van:

a) zijn bezwaren tegen de wijzen van toezending, bedoeld bij de artikelen 8 en 10,
b) de verklaringen, bedoeld bij de artikelen 15, tweede lid, en 16, derde lid,
c) elke wijziging van de bovengenoemde aanwijzingen, bezwaren en verklaringen.

Art. 22

Verhouding tot verdragen van 17 juli 1905 en 1 maart 1954

Dit Verdrag vervangt in de rechtsbetrekkingen tussen de Staten die het hebben bekrachtigd, de artikelen 1-7 van het op 17 juli 1905 te 's-Gravenhage ondertekende Verdrag betreffende de burgerlijke rechtsvordering, onderscheidenlijk van het op 1 maart 1954 te 's-Gravenhage ondertekende Verdrag betreffende de burgerlijke rechtsvordering, al naar gelang bedoelde Staten partij zijn bij een dezer of bij beide Verdragen.

Art. 23

Reikwijdte

– 1. Dit Verdrag belet noch de toepassing van artikel 23 van het op 17 juli 1905 te 's-Gravenhage ondertekende Verdrag betreffende de burgerlijke rechtsvordering, noch die van artikel 24 van het op 1 maart 1954 te 's-Gravenhage ondertekende Verdrag betreffende de burgerlijke rechtsvordering.

– 2. Deze artikelen zijn echter slechts van toepassing, indien gebruik wordt gemaakt van eveneens in die Verdragen geregelde wijzen van toezending.

Art. 24

Toepassing overeenkomsten

Door de Verdragsluitende Staten in aansluiting aan de genoemde Verdragen van 1905 en 1954 gesloten overeenkomsten worden geacht eveneens van toepassing te zijn op het onderhavige Verdrag, tenzij de betrokken Staten dienaangaande anders zijn overeengekomen.

Art. 25

Verhouding tot gelijksoortige verdragen

Onverminderd het bepaalde in de artikelen 22 en 24 laat het onderhavige Verdrag onverlet de Verdragen, waarbij de Verdragsluitende Staten partij zijn of zullen worden, en welke bepalingen bevatten over door het onderhavige Verdrag geregelde onderwerpen.

Art. 26

Ondertekening, bekrachtiging, nederlegging

– 1. Dit Verdrag staat ter ondertekening open voor de Staten die waren vertegenwoordigd op de tiende zitting van de Haagse Conferentie voor internationaal privaatrecht.

– 2. Het dient te worden bekrachtigd en de akten van bekrachtiging zullen worden nedergelegd bij het Ministerie van Buitenlandse Zaken van Nederland.

Art. 27

Inwerkingtreding

– 1. Dit Verdrag treedt in werking op de zestigste dag na de nederlegging van de derde akte van bekrachtiging bedoeld in artikel 26, tweede lid.

– 2. Voor iedere ondertekenende Staat die het nadien bekrachtigt, treedt het in werking op de zestigste dag na de nederlegging van zijn akte van bekrachtiging.

Art. 28

Toetreding

– 1. Iedere Staat die niet vertegenwoordigd is geweest op de tiende zitting van de Haagse Conferentie voor internationaal privaatrecht, kan tot dit Verdrag toetreden nadat dit overeenkomstig artikel 27, eerste lid, in werking is getreden. De akte van toetreding zal worden nedergelegd bij het Ministerie van Buitenlandse Zaken van Nederland.

– 2. Het Verdrag treedt voor die Staat slechts in werking bij gebreke van verzet door een Staat

die het Verdrag vóór deze nederlegging heeft bekrachtigd, van welk verzet moet worden kennis gegeven aan het Ministerie van Buitenlandse Zaken van Nederland binnen een termijn van zes maanden te rekenen van de datum waarop dit Ministerie laatstbedoelde Staat van de toetreding in kennis heeft gesteld.
– 3. Bij gebreke van verzet, treedt het Verdrag voor de toetredende Staat in werking op de eerste dag van de maand volgende op het verstrijken van de laatste van de termijnen bedoeld in het vorige lid.

Art. 29

Verklaringen over werkingsgebied

– 1. Iedere Staat kan bij de ondertekening, bekrachtiging of toetreding verklaren dat de werking van dit Verdrag tevens zal gelden voor alle gebieden voor welker internationale betrekkingen hij verantwoordelijk is, of voor een, dan wel meer, van zulke gebieden. Deze verklaring wordt van kracht op het tijdstip waarop het Verdrag voor bedoelde Staat in werking treedt.
– 2. Daarna moet van elke uitbreiding van de werking van het Verdrag kennis worden gegeven aan het Ministerie van Buitenlandse Zaken van Nederland.
– 3. Voor de gebieden waarop de uitbreiding betrekking heeft, treedt het Verdrag in werking op de zestigste dag na de in het vorige lid vermelde kennisgeving.

Art. 30

Looptijd; verlenging, opzegging

– 1. Dit Verdrag blijft gedurende vijf jaren van kracht, te rekenen van de datum van inwerkingtreding overeenkomstig artikel 27, eerste lid, ook voor de Staten die het later hebben bekrachtigd of die later tot het Verdrag zijn toegetreden.
– 2. Dit Verdrag wordt, behoudens opzegging, stilzwijgend telkens voor vijf jaar verlengd.
– 3. De opzegging moet ten minste zes maanden voor het einde van de termijn ter kennis worden gebracht van het Ministerie van Buitenlandse Zaken van Nederland.
– 4. De opzegging kan zich beperken tot enkele der gebieden waarop het Verdrag van toepassing is.
– 5. De opzegging heeft slechts gevolg ten opzichte van de Staat die haar heeft gedaan. Het Verdrag blijft van kracht voor de andere Verdragsluitende Staten.

Art. 31

Mededelingen omtrent stand van zaken

Het Ministerie van Buitenlandse Zaken van Nederland doet de Staten bedoeld in artikel 26, alsmede de Staten die zijn toegetreden overeenkomstig de bepalingen van artikel 28, mededeling van:
a) de ondertekeningen en bekrachtigingen bedoeld in artikel 26;
b) de datum waarop het Verdrag overeenkomstig de bepalingen van artikel 27, eerste lid, in werking treedt;
c) de toetredingen bedoeld in artikel 28, en de datum waarop deze van kracht worden;
d) de uitbreidingen bedoeld in artikel 29, en de datum waarop zij gevolg hebben;
e) de aanwijzingen, bezwaren en verklaringen genoemd in artikel 21;
f) de opzeggingen bedoeld in artikel 30, derde lid.

V.9 VERORDENING (EG) NR. 1393/2007 INZAKE DE BETEKENING EN DE KENNISGEVING IN DE LIDSTATEN VAN GERECHTELIJK EN BUITENGERECHTELIJKE STUKKEN IN BURGERLIJKE OF IN HANDELSZAKEN ('DE BETEKENING EN DE KENNISGEVING VAN STUKKEN'), EN TOT INTREKKING VAN VERORDENING (EG) NR. 1348/2000 VAN DE RAAD

Verordening van het Europees Parlement en de Raad van 13 november 2007, PbEU L 324, inzake de betekening en de kennisgeving in de lidstaten van gerechtelijke en buitengerechtelijke stukken in burgerlijke of in handelszaken ('de betekening en de kennisgeving van stukken'), en tot intrekking van Verordening (EG) nr. 1348/2000 van de Raad

[Inwerkingtreding: 30-12-2007]

HOOFDSTUK I
Algemene bepalingen

Werkingssfeer

Art. 1

Reikwijdte

– 1. Deze verordening is van toepassing in burgerlijke en in handelszaken, waarin een gerechtelijk of buitengerechtelijk stuk van een lidstaat naar een andere lidstaat moet worden verzonden ter betekening of kennisgeving aldaar. Deze verordening is met name niet van toepassing in fiscale, douane- en/of administratieve zaken of in het geval van aansprakelijkheid van de staat voor handelingen of omissies bij de uitoefening van het overheidsgezag ('acta iure imperii').

– 2. Deze verordening is niet van toepassing indien het adres van degene voor wie het stuk is bestemd, onbekend is.

– 3. In deze verordening wordt onder het begrip 'lidstaat' vrstaan alle lidstaten met uitzondering van Denemarken.

Verzendende en ontvangende instanties

Art. 2

Verzendende en ontvangende instanties

– 1. Elke lidstaat wijst de deurwaarders, autoriteiten of andere personen aan, hierna 'verzendende instanties' genoemd, die bevoegd zijn gerechtelijke of buitengerechtelijke stukken te verzenden ter betekening of kennisgeving in een andere lidstaat.

– 2. Elke lidstaat wijst de deurwaarders, autoriteiten of andere personen aan, hierna 'ontvangende instanties' genoemd, die bevoegd zijn van een andere lidstaat afkomstige gerechtelijke of buitengerechtelijke stukken in ontvangst te nemen.

– 3. Elke lidstaat kan één verzendende instantie en één ontvangende instantie aanwijzen, dan wel een instantie die beide functies vervult. Een federale staat, een staat waarin verschillende rechtsstelsels gelden of een staat met autonome territoriale structuren kan meer dan een van dergelijke instanties aanwijzen. De aanwijzing is vijf jaar geldig en kan telkens met vijf jaar worden verlengd.

– 4. Elke lidstaat verstrekt de Commissie de volgende gegevens:
a) de naam en het adres van de in de leden 2 en 3 bedoelde ontvangende instanties,
b) hun territoriale bevoegdheid,
c) de wijze waarop zij stukken kunnen ontvangen, en
d) de talen die kunnen worden gebruikt voor het invullen van het formulier waarvan het model in bijlage I is opgenomen.

De lidstaten stellen de Commissie van alle wijzigingen van deze gegevens in kennis.

Centrale instantie

Art. 3

Centrale instantie

Elke lidstaat wijst een centrale instantie aan die tot taak heeft:
a) de verzendende instanties informatie te verschaffen;
b) oplossingen te zoeken voor de problemen die zich bij de verzending van stukken ter betekening of kennisgeving kunnen voordoen;
c) in buitengewone omstandigheden, op verzoek van een verzendende instantie, aan de bevoegde ontvangende instantie een aanvraag voor betekening of kennisgeving te doen toekomen.

Een federale staat, een staat waarin verschillende rechtsstelsels gelden of een staat met autonome territoriale structuren kan meer dan een centrale instantie aanwijzen.

HOOFDSTUK II
Gerechtelijke stukken

AFDELING 1
Verzending en betekening of kennisgeving van gerechtelijke stukken

Verzending van stukken

Art. 4

Verzending van stukken

– 1. De op grond van artikel 2 aangewezen instanties zenden elkaar de gerechtelijke stukken zo spoedig mogelijk rechtstreeks toe.
– 2. De verzendende en ontvangende instanties kunnen elkaar de stukken, aanvragen, bevestigingen, ontvangstbewijzen, certificaten en alle overige documenten langs elke passende weg toezenden, mits de inhoud van het ontvangen stuk met die van het verzonden document overeenstemt en alle informatie daarin goed leesbaar is.
– 3. Het te verzenden stuk gaat vergezeld van een aanvraag die volgens het modelformulier in de bijlage is opgesteld. Het formulier wordt in de officiële taal van de aangezochte lidstaat ingevuld of, indien er verscheidene officiële talen in die lidstaat zijn, in de officiële taal of een van de officiële talen van de plaats waar de betekening of kennisgeving moet worden verricht, of in een andere taal die de aangezochte lidstaat heeft verklaard te kunnen aanvaarden. Elke lidstaat doet opgave van de officiële taal of talen van de instellingen van de Europese Unie, andere dan zijn eigen taal of talen, die hij voor de invulling van het formulier aanvaardt.
– 4. Alle verzonden stukken en overige documenten zijn vrijgesteld van legalisatie of een daarmee gelijk te stellen formaliteit.
– 5. Wanneer de verzendende instantie verlangt dat een afschrift van het stuk samen met het in artikel 10 bedoelde certificaat wordt teruggezonden, zendt zij het stuk in tweevoud op.

Vertaling van stukken

Art. 5

Vertaling

– 1. De aanvrager wordt door de verzendende instantie waaraan hij het stuk ter verzending overdraagt, in kennis gesteld van het feit dat degene voor wie het stuk is bestemd, kan weigeren het stuk in ontvangst te nemen omdat het niet in een van de in artikel 8 bedoelde talen is gesteld.
– 2. De aanvrager draagt de eventuele kosten van vertaling vóór de verzending van het stuk, onverminderd een eventuele latere verwijzing in die kosten door de rechter of bevoegde autoriteit.

Ontvangst van stukken door de ontvangende instantie

Art. 6

Ontvangst

– 1. Bij de ontvangst van een stuk zendt de ontvangende instantie de verzendende instantie zo spoedig mogelijk en in ieder geval binnen zeven dagen na de ontvangst van het stuk langs de snelst mogelijke weg een ontvangstbewijs, overeenkomstig het modelformulier in bijlage I.
– 2. Indien de aanvraag voor betekening of kennisgeving niet aan de hand van de toegezonden gegevens of stukken kan worden uitgevoerd, neemt de ontvangende instantie langs de snelst mogelijke weg contact met de verzendende instantie op om de ontbrekende gegevens of stukken te verkrijgen.
– 3. Indien de aanvraag voor betekening of kennisgeving duidelijk buiten het toepassingsgebied van deze verordening valt of indien de betekening of kennisgeving niet mogelijk is omdat niet aan de vormvoorschriften is voldaan, worden de aanvraag en de toegezonden stukken na ontvangst aan de verzendende instantie teruggezonden, samen met het bericht van teruggave, overeenkomstig het modelformulier in bijlage I.
– 4. Een ontvangende instantie die een stuk ontvangt maar voor de betekening of kennisgeving ervan niet territoriaal bevoegd is, zendt het stuk, evenals de aanvraag, aan de bevoegde ontvangende instantie in dezelfde lidstaat door indien de aanvraag aan de in artikel 4, lid 3, bedoelde voorwaarden voldoet en stelt de verzendende instantie daarvan door middel van het modelformulier in bijlage I in kennis. De laatstgenoemde ontvangende instantie stelt de verzendende instantie op de in lid 1 beschreven wijze in kennis van de ontvangst.

Betekening of kennisgeving van stukken

Art. 7

Betekening of kennisgeving

– 1. De ontvangende instantie zorgt voor de betekening of kennisgeving van het stuk, hetzij overeenkomstig het recht van de aangezochte lidstaat, hetzij in de specifieke, door de verzendende instantie gewenste vorm, mits deze met het recht van die aangezochte lidstaat verenigbaar is.

– 2. De ontvangende instantie neemt de nodige stappen om te bewerkstelligen dat de betekening of kennisgeving van het stuk zo spoedig mogelijk en in ieder geval binnen een maand na de ontvangst ervan geschiedt. Indien de betekening of kennisgeving niet heeft kunnen plaatsvinden binnen een maand na de ontvangst,
a) deelt de ontvangende instantie dit onmiddellijk aan de verzendende instantie mee door middel van het certificaat in het modelformulier in bijlage I, dat volgens de in artikel 10, lid 2, opgenomen regels wordt ingevuld, en
b) blijft de ontvangende instantie de nodige stappen zetten voor de betekening of kennisgeving van het stuk, tenzij anders aangegeven door de verzendende instantie, wanneer de betekening of kennisgeving binnen een redelijke termijn mogelijk lijkt.

Weigering van ontvangst van een stuk

Art. 8

Weigering van ontvangst

– 1. De ontvangende instantie stelt degene voor wie het stuk is bestemd, door middel van het in bijlage II opgenomen modelformulier in kennis van het feit dat hij kan weigeren het stuk waarvan betekening of kennisgeving moet worden verricht, in ontvangst te nemen op het ogenblik van de betekening of kennisgeving ofwel door het stuk binnen een week naar de ontvangende instantie terug te zenden, indien het niet is gesteld in of niet vergezeld gaat van een vertaling in een van de volgende talen:
a) een taal die degene voor wie het stuk bestemd is, begrijpt, of
b) de officiële taal van de aangezochte lidstaat of, indien er verscheidene officiële talen in de aangezochte lidstaat zijn, de officiële taal of een van de officiële talen van de plaats waar de betekening of kennisgeving moet worden verricht.
– 2. Indien de ontvangende instantie ervan op de hoogte is gesteld dat de persoon voor wie het stuk is bestemd dit overeenkomstig lid 1 weigert in ontvangst te nemen, stelt zij de verzendende instantie daarvan onmiddellijk door middel van het in artikel 10 bedoelde certificaat in kennis en zendt zij de aanvraag alsmede de stukken waarvan de vertaling wordt gevraagd terug.
– 3. Indien degene voor wie het stuk is bestemd overeenkomstig lid 1 heeft geweigerd het stuk in ontvangst te nemen, kan de betekening of kennisgeving van het stuk worden geregulariseerd door aan degene voor wie het stuk is bestemd overeenkomstig deze verordening betekening of kennisgeving te doen van het stuk vergezeld van een vertaling in een taal zoals bedoeld in lid 1. In dat geval is de datum van betekening of kennisgeving van het stuk die waarop de betekening of kennisgeving van het stuk vergezeld van de vertaling overeenkomstig het recht van de aangezochte lidstaat is geschied. Wanneer de betekening of kennisgeving van een stuk overeenkomstig het recht van een lidstaat echter binnen een bepaalde termijn moet worden verricht, dan is de datum die ten aanzien van de aanvrager in aanmerking wordt genomen de datum van betekening of kennisgeving van het oorspronkelijke stuk, vastgesteld overeenkomstig artikel 9, lid 2.
– 4. De leden 1, 2 en 3 zijn van toepassing op de wijzen van verzending en betekening of kennisgeving van gerechtelijke stukken overeenkomstig Afdeling 2.
– 5. Voor de toepassing van lid 1, stellen diplomatieke of consulaire ambtenaren, wanneer de betekening of kennisgeving overeenkomstig artikel 13 is verricht, of de autoriteit of persoon, wanneer de betekening of kennisgeving overeenkomstig artikel 14 is verricht, degene voor wie het stuk is bestemd in kennis van het feit dat hij kan weigeren het stuk in ontvangst te nemen en dat geweigerde stukken naar deze ambtenaren of naar deze autoriteit of bevoegde persoon moeten worden gezonden.

Datum van betekening of kennisgeving

Art. 9

Datum betekening of kennisgeving

– 1. Onverminderd artikel 8 is de datum van betekening of kennisgeving van artikel 7 de datum waarop betekening of kennisgeving overeenkomstig het recht van de aangezochte lidstaat is geschied.
– 2. Wanneer de betekening of kennisgeving van een stuk overeenkomstig het recht van een lidstaat echter binnen een bepaalde termijn moet worden verricht, dan wordt de datum die ten aanzien van de aanvrager in aanmerking moet worden genomen, evenwel bepaald door het recht van deze lidstaat.
– 3. De leden 1 tot en met 2 zijn van toepassing op de wijzen van verzending en betekening of kennisgeving van gerechtelijke stukken overeenkomstig afdeling 2.

Certificaat van betekening of kennisgeving en afschrift van het stuk waarvan de betekening of kennisgeving is verricht

Art. 10

Certificaat

– 1. Wanneer alle formaliteiten met betrekking tot de betekening of kennisgeving van het stuk zijn verricht, wordt door middel van het modelformulier in bijlage I een certificaat betreffende de voltooiing van deze handelingen opgesteld en aan de verzendende instantie toegezonden; in geval van toepassing van artikel 4, lid 5, gaat het certificaat vergezeld van een afschrift van het stuk waarvan de betekening of kennisgeving is verricht.

– 2. Het certificaat wordt in de officiële taal of een van de officiële talen van de lidstaat van herkomst ingevuld of in een andere taal die de lidstaat van herkomst heeft meegedeeld te kunnen aanvaarden. Elke lidstaat doet opgave van de officiële taal of talen van de instellingen van de Europese Unie, andere dan zijn eigen taal of talen, die hij voor de invulling van het formulier aanvaardt.

Kosten van betekening of kennisgeving

Art. 11

Kosten

– 1. De betekening of kennisgeving van uit een andere lidstaat afkomstige gerechtelijke stukken geeft geen aanleiding tot betaling of terugbetaling van heffingen of kosten voor de door de aangezochte lidstaat verleende diensten.

– 2. De aanvrager is echter gehouden de kosten te betalen of terug te betalen, veroorzaakt door:

a) bijstand door een deurwaarder of van een volgens de wet van de aangezochte lidstaat bevoegde persoon;

b) de toepassing van een bijzondere vorm van betekening of kennisgeving.

De kosten voor bijstand door een deurwaarder of van een overeenkomstig het recht van de aangezochte lidstaat bevoegde persoon komen overeen met een enkele vaste vergoeding waarvan het bedrag vooraf door deze lidstaat wordt bepaald met inachtneming van de beginselen van evenredigheid en non-discriminatie. De lidstaten delen de Commissie het bedrag van deze vaste vergoedingen mee.

AFDELING 2

Andere wijzen van verzending en betekening of kennisgeving van gerechtelijke stukken

Toezending langs consulaire of diplomatieke weg

Art. 12

Toezending langs consulaire of diplomatieke weg

In buitengewone omstandigheden is elke lidstaat bevoegd gerechtelijke stukken langs consulaire of diplomatieke weg aan de krachtens artikel 2 of artikel 3 aangewezen instanties van een andere lidstaat ter betekening of kennisgeving toe te zenden.

Betekening of kennisgeving door de zorg van diplomatieke of consulaire ambtenaren

Art. 13

Zorg diplomatieke of consulaire ambtenaren

– 1. Elke lidstaat is bevoegd de betekening of kennisgeving van gerechtelijke stukken aan zich in een andere lidstaat bevindende personen rechtstreeks, zonder rechtsdwang, door de zorg van zijn diplomatieke of consulaire ambtenaren te doen verrichten.

– 2. Elke lidstaat kan, overeenkomstig artikel 23, lid 1, verklaren dat hij zich tegen de uitoefening van deze bevoegdheid op zijn grondgebied verzet, tenzij van het stuk betekening of kennisgeving moet worden gedaan aan een onderdaan van de lidstaat van herkomst van dat stuk.

Betekening of kennisgeving per post

Art. 14

Betekening of kennisgeving per post

Elke lidstaat kan de betekening of kennisgeving van gerechtelijke stukken aan in een andere lidstaat verblijvende personen rechtstreeks door postdiensten doen verrichten bij aangetekend schrijven met ontvangstbevestiging of op gelijkwaardige wijze.

Rechtstreekse betekening of kennisgeving

Art. 15

Rechtstreekse betekening

– 1. Iedere belanghebbende bij een rechtsgeding mag de betekening of kennisgeving van gerechtelijke stukken rechtstreeks doen verrichten door de deurwaarders, ambtenaren of andere bevoegde personen in de aangezochte lidstaat, indien rechtstreekse betekening of kennisgeving is toegestaan door de wetgeving van die lidstaat.

HOOFDSTUK III
Buitengerechtelijke stukken

Verzending

Art. 16

Buitengerechtelijke stukken kunnen overeenkomstig de bepalingen van deze verordening ter betekening of kennisgeving in een andere lidstaat worden verzonden.

Verzending

HOOFDSTUK IV
Slotbepalingen

Toepassing

Art. 17

De maatregelen die de niet-essentiële elementen van deze verordening betreffende het bijwerken van of het aanbrengen van technische aanpassingen in de modelformulieren in de bijlagen I en II beogen te wijzigen, worden aangenomen volgens de in artikel 18, lid 2, bedoelde regelgevingsprocedure met toetsing.

Toepassing

Comité

Art. 18

– 1. De Commissie wordt bijgestaan door een comité.
– 2. Wanneer naar dit lid wordt verwezen, zijn artikel 5 bis, leden 1 tot en met 4, en artikel 7 van Besluit 1999/468/EG van toepassing, met inachtneming van artikel 8 van dat besluit.

Comité

Niet-verschenen verweerder

Art. 19

– 1. Wanneer een stuk dat het geding inleidt of een daarmee gelijk te stellen stuk overeenkomstig de bepalingen van deze verordening ter betekening of kennisgeving naar een andere lidstaat moest worden gezonden en de verweerder niet is verschenen, houdt de rechter de beslissing aan totdat is gebleken dat:
a) hetzij van het stuk betekening of kennisgeving is gedaan met inachtneming van de in de wetgeving van de aangezochte lidstaat voorgeschreven vormen voor de betekening of kennisgeving van stukken die in dat land zijn opgemaakt en voor zich op het grondgebied van dat land bevindende personen bestemd zijn, of
b) hetzij het stuk daadwerkelijk is afgegeven aan de verweerder in persoon of aan zijn woonplaats op een andere in deze verordening geregelde wijze, en dat de betekening of kennisgeving respectievelijk de afgifte zo tijdig is geschied dat de verweerder gelegenheid heeft gehad verweer te voeren.
– 2. Elke lidstaat is bevoegd, overeenkomstig artikel 23, lid 1, te verklaren dat zijn rechters in afwijking van lid 1 een beslissing kunnen geven, ook wanneer geen certificaat van betekening, kennisgeving of afgifte is ontvangen, indien aan elk van de volgende voorwaarden is voldaan:
a) het stuk is op één van de in deze verordening geregelde wijzen toegezonden;
b) sedert het tijdstip van toezending van het stuk is een termijn verlopen die door de rechter voor elk afzonderlijk geval wordt vastgesteld, doch die ten minste zes maanden zal bedragen;
c) in weerwil van alle redelijke inspanningen die daartoe bij de bevoegde autoriteiten of organen van de aangezochte staat zijn aangewend, kon geen bewijs worden verkregen.
– 3. Het bepaalde in de leden 1 en 2 belet niet dat de rechter in spoedeisende gevallen voorlopige of bewarende maatregelen kan nemen.
– 4. Wanneer een stuk dat het geding inleidt of een daarmee gelijk te stellen stuk overeenkomstig de bepalingen van deze verordening ter betekening of kennisgeving naar een andere lidstaat moest worden gezonden en de verweerder bij verstek is veroordeeld, kan de rechter, indien de termijn waarbinnen een rechtsmiddel had moeten worden aangewend is verstreken, de verweerder een nieuwe termijn toestaan waarbinnen hij het rechtsmiddel alsnog kan aanwenden, mits aan elk van de volgende voorwaarden is voldaan:
a) de verweerder heeft niet de gelegenheid gehad zich te verweren of een rechtsmiddel aan te wenden, doordat het stuk respectievelijk de beslissing hem, buiten zijn schuld, niet tijdig heeft bereikt, en
b) de grieven van de verweerder zijn, naar het aanvankelijke oordeel van de rechter, niet van elke grond ontbloot.
Een verzoek om verlening van een nieuwe termijn voor het aanwenden van een rechtsmiddel is slechts ontvankelijk indien het is ingediend binnen een redelijke termijn na het tijdstip waarop de verweerder van de beslissing kennis heeft gekregen.
Elke lidstaat kan, overeenkomstig artikel 23, lid 1, verklaren dat het verzoek niet ontvankelijk

Niet-verschenen verweerder

is, indien het is ingediend na het verstrijken van een in die verklaring genoemde termijn, die echter niet korter mag zijn dan één jaar te rekenen vanaf de dag waarop de beslissing is gegeven.
– 5. Lid 4 is niet van toepassing op beslissingen betreffende de staat of bekwaamheid van personen.

Verband met overeenkomsten of regelingen waarbij de lidstaten partij zijn

Art. 20

Voorrang

– 1. Voor het gebied dat tot haar werkingsfeer behoort, heeft deze verordening voorrang op de bepalingen in door de lidstaten gesloten bilaterale of multilaterale overeenkomsten of regelingen, met name artikel IV van het protocol bij het Verdrag van Brussel van 1968 en het Verdrag van 's-Gravenhage van 15 november 1965.
– 2. Deze verordening belet niet dat afzonderlijke lidstaten overeenkomsten of regelingen behouden of sluiten om de toezending van stukken verder te versnellen of te vereenvoudigen, mits die overeenkomsten of regelingen met deze verordening verenigbaar zijn.
– 3. Elke lidstaat doet aan de Commissie:
a) een exemplaar toekomen van de in lid 2 bedoelde overeenkomsten of regelingen met andere lidstaten alsook van de nog niet aangenomen ontwerpen daarvan, en
b) mededeling van de opzegging van of wijzigingen in deze overeenkomsten of regelingen.

Rechtshulp

Art. 21

Rechtshulp

Artikel 23 van het Verdrag van 17 juli 1905 betreffende de burgerlijke rechtsvordering, artikel 24 van het Verdrag van 1 maart 1954 betreffende de burgerlijke rechtsvordering en artikel 13 van het Verdrag van 25 oktober 1980 inzake de toegang tot de rechter in internationale gevallen blijven onverminderd van toepassing tussen de lidstaten welke partij zijn bij die verdragen.

Bescherming van verzonden gegevens

Art. 22

Bescherming verzonden gegevens

– 1. Gegevens, waaronder met name begrepen persoonsgegevens, die krachtens deze verordening worden verzonden, worden door de ontvangende instantie alleen gebruikt voor het doel waarvoor zij zijn verzonden.
– 2. De ontvangende instanties beschermen de vertrouwelijkheid van die gegevens overeenkomstig hun nationale wetgeving.
– 3. De leden 1 en 2 laten onverlet dat de toepasselijke nationale wetgeving degenen wier gegevens het betreft, in staat stelt te worden ingelicht omtrent het gebruik van overeenkomstig deze verordening verzonden gegevens.
– 4. Deze verordening doet geen afbreuk aan de toepassing van de R ichtlijnen 95/46/EG en 2002/58/EG.

Bekendmaking

Art. 23

Bekendmaking

– 1. De lidstaten delen de Commissie de in de artikelen 2, 3, 4, 10, 11, 13, 15 en 19 bedoelde gegevens mee. De lidstaten delen de Commissie mee of de betekening of kennisgeving van een stuk overeenkomstig hun recht binnen een bepaalde termijn als bedoeld in artikel 8, lid 3, en artikel 9, lid 2, moet worden verricht.
– 2. De Commissie maakt de overeenkomstig lid 1 bedoelde gegevens bekend in het *Publicatieblad van de Europese Unie*, met uitzondering van de adressen en overige contactgegevens van de instanties en van de centrale organen, en hun territoriale bevoegdheid.
– 3. De Commissie zorgt voor de opstelling en regelmatige bijwerking van een handleiding die de in lid 1 bedoelde gegevens bevat en die elektronisch beschikbaar is, met name via het Europees justitieel netwerk in burgerlijke en handelszaken.

Toetsing

Art. 24

Evaluatiebepaling

Uiterlijk op 1 juni 2011 en vervolgens om de vijf jaar dient de Commissie bij het Europees Parlement, de Raad en het Europees Economisch en Sociaal Comité een verslag in over de toepassing van deze verordening, en met name over de doeltreffendheid van de overeenkomstig artikel 2 aangewezen instanties en de praktische toepassing van artikel 3, onder c), en artikel 9. Dit verslag gaat, in voorkomend geval, vergezeld van voorstellen om deze verordening aan de ontwikkeling van de kennisgevingsregelingen aan te passen.

Intrekking

Art. 25

Intrekking

– 1. Verordening (EG) nr. 1348/2000 wordt ingetrokken met ingang van de datum vanaf welke de onderhavige verordening van toepassing is.
– 2. Elke verwijzing naar de ingetrokken verordening wordt gelezen als een verwijzing naar de onderhavige verordening en overeenkomstig de concordantietabel in bijlage III.

Inwerkingtreding

Art. 26

Inwerkingtreding

Deze verordening treedt in werking op de twintigste dag volgende op die van haar bekendmaking in het *Publicatieblad van de Europese Unie*.
Zij is van toepassing met ingang van 13 november 2008, met uitzondering van artikel 23, dat van toepassing is met ingang van 13 augustus 2008.

Wet van 13 december 2001, Stb. 622, tot uitvoering van de verordening (EG) Nr. 1348/2000 van de Raad van de Europese Unie van 29 mei 2000 inzake de betekening en de kennisgeving in de lidstaten van gerechtelijke en buitengerechtelijke stukken in burgerlijke of in handelszaken (PbEG L 160/37)

[Inwerkingtreding: 21-12-2001]

Wij Beatrix, bij de gratie Gods, Koningin der Nederlanden, Prinses van Oranje-Nassau, enz. enz. enz.

Allen, die deze zullen zien of horen lezen, saluut! doen te weten:

Alzo Wij in overweging genomen hebben, dat het noodzakelijk is voorzieningen te treffen ter uitvoering van de verordening (EG) Nr. 1348/2000 van de Raad van de Europese Unie van 29 mei 2000 inzake de betekening en de kennisgeving in de lidstaten van gerechtelijke en buitengerechtelijke stukken in burgerlijke of in handelszaken (*PbEG* L 160/37);

Zo is het, dat Wij, de Raad van State gehoord, en met gemeen overleg der Staten-Generaal, hebben goedgevonden en verstaan, gelijk Wij goedvinden en verstaan bij deze:

Art. 1

Begripsbepaling

In deze wet wordt verstaan onder:

a. de verordening: de verordening (EG) nr. 1348/2000 van de Raad van 29 mei 2000 inzake de betekening en de kennisgeving in de lidstaten van gerechtelijke en buitengerechtelijke stukken in burgerlijke of in handelszaken (*PbEG* L 160/37);

b. verzendende instanties: verzendende instanties als bedoeld in artikel 2, eerste lid, van de verordening;

c. ontvangende instanties: ontvangende instanties als bedoeld in artikel 2, tweede lid, van de verordening.

Art. 2

Verzendende en ontvangende instantie

– 1. Als verzendende instanties en als ontvangende instanties worden voor Nederland aangewezen de gerechtsdeurwaarders.

– 2. Ten aanzien van de kennisgeving van gerechtelijke stukken door een gerecht of de griffier van een gerecht worden mede als verzendende instantie aangewezen de gerechten.

Art. 3

Centrale instantie

– 1. Als centrale instantie als bedoeld in artikel 3 van de verordening wordt voor Nederland aangewezen de Koninklijke Beroepsorganisatie van Gerechtsdeurwaarders.

– 2. Onze Minister van Justitie kan nadere regels stellen met betrekking tot de wijze waarop de centrale instantie haar taken, bedoeld in artikel 3 van de verordening, uitvoert.

Art. 4

Formulier

– 1. Een aan een ontvangende instantie in Nederland verzonden formulier als bedoeld in artikel 4, derde lid, van de verordening kan in de Engelse taal worden ingevuld.

– 2. Een aan een verzendende instantie in Nederland verzonden certificaat als bedoeld in artikel 10 van de verordening kan in de Engelse taal worden ingevuld.

Art. 5

Uitvoering aanvraag ontvangende instantie

Een aanvraag aan een ontvangende instantie in Nederland voor betekening of kennisgeving wordt uitgevoerd door middel van een exploot, tenzij uit de aanvraag voortvloeit dat zij op andere wijze moet worden uitgevoerd.

Art. 6

Rechtstreekse betekenis

– 1. Rechtstreekse betekening of kennisgeving per post aan zich in Nederland bevindende personen geschiedt bij aangetekende post.

– 2. Stukken die per post zijn verzonden aan zich in Nederland bevindende personen worden opgesteld of vertaald in de Nederlandse taal of in een taal die degene voor wie het stuk is bestemd, begrijpt.

Art. 7

Rechterlijke beslissing

– 1. In afwijking van artikel 19, eerste lid, van de verordening kan de rechter een beslissing geven, ook als geen bewijs, hetzij van betekening of kennisgeving, hetzij van afgifte is ontvangen, indien aan elk van de volgende voorwaarden is voldaan:

a. het stuk is op één van de in de verordening geregelde wijzen toegezonden;

b. sedert het tijdstip van toezending van het stuk is een termijn verlopen die door de rechter voor elk afzonderlijk geval wordt vastgesteld, doch die ten minste zes maanden zal bedragen;

c. in weerwil van alle redelijke inspanningen die daartoe bij de bevoegde autoriteiten of organen van de aangezochte staat zijn aangewend, kon geen bewijs worden verkregen.

– 2. Is in een geval waarin geen bewijs als bedoeld in het eerste lid is ontvangen, niet voldaan aan de in dat lid gestelde voorwaarden, dan kan de rechter, al of niet na verloop van een door hem vast te stellen termijn, zo hij daartoe gronden aanwezig acht, het verlenen van verstek tegen de verweerder weigeren.

– 3. Een verzoek om verlening van een nieuwe termijn als bedoeld in artikel 19, vierde lid, van de verordening is slechts ontvankelijk indien het is ingediend binnen één jaar, te rekenen van de dag waarop de beslissing is gegeven.

Art. 8-10

Bevat wijzigingen in andere regelgeving.

Art. 11

Gerechtsdeurwaarderswet

Indien deze wet in werking treedt voor het tijdstip waarop de Gerechtsdeurwaarderswet in werking treedt, wordt in afwijking van artikel 3, eerste lid, tot dat tijdstip voor Nederland als centrale instantie aangewezen de Koninklijke Vereniging van Gerechtsdeurwaarders.

Art. 12

Inwerkingtreding

Deze wet treedt in werking met ingang van de dag na de datum van uitgifte van het *Staatsblad* waarin zij wordt geplaatst.

Art. 13

Citeertitel

Deze wet wordt aangehaald als: Uitvoeringswet EG-betekeningsverordening.

V.11 VERDRAG OVER DE ERKENNING EN TENUITVOERLEGGING VAN BUITENLANDSE SCHEIDSRECHTERLIJKE UITSPRAKEN [VERTALING] (ARBITRAGEVERDRAG NEW YORK)

Verdrag van 10 juni 1958, Trb. 1959, 58 (Rectificatie)

[Inwerkingtreding: 07-06-1959]

Art. I

Reikwijdte

– 1. Dit Verdrag is van toepassing op de erkenning en tenuitvoerlegging van scheidsrechterlijke uitspraken, gewezen op het grondgebied van een andere Staat dan die waar de erkenning en tenuitvoerlegging van zodanige uitspraken wordt verzocht, en voortvloeiende uit geschillen tussen natuurlijke of rechtspersonen. Het is eveneens van toepassing op scheidsrechterlijke uitspraken die niet beschouwd worden als nationale uitspraken in de Staat waar hun erkenning en tenuitvoerlegging wordt verzocht.

– 2. De uitdrukking 'scheidsrechterlijke uitspraken' omvat niet alleen uitspraken, gewezen door voor een bepaald geval benoemde scheidsmannen, doch tevens uitspraken, gewezen door permanente scheidsrechterlijke instanties waaraan partijen zich hebben onderworpen.

– 3. Bij het ondertekenen of bekrachtigen van of het toetreden tot dit Verdrag of bij het mededelen van de uitbreiding daarvan overeenkomstig artikel X kan iedere Staat op basis van wederkerigheid verklaren, dat hij het Verdrag slechts zal toepassen op de erkenning en tenuitvoerlegging van uitspraken gewezen op het grondgebied van een andere Verdragsluitende Staat. Hij kan ook verklaren, dat hij het Verdrag slechts zal toepassen op geschillen welke voortvloeien uit al dan niet contractuele rechtsbetrekkingen die volgens het nationale recht van de Staat die de verklaring aflegt, als handelsrechtelijk worden beschouwd.

Art. II

Schriftelijke overeenkomst

– 1. Iedere Verdragsluitende Staat erkent de schriftelijke overeenkomst waarbij partijen zich verbinden aan een uitspraak van scheidsmannen te onderwerpen alle of bepaalde geschillen welke tussen hen zijn gerezen of welke tussen hen zouden kunnen rijzen naar aanleiding van een bepaalde al dan niet contractuele rechtsbetrekking en betreffende een geschil, dat vatbaar is voor beslissing door arbitrage.

– 2. Onder 'schriftelijke overeenkomst' wordt verstaan een compromissoir beding in een overeenkomst of een akte van compromis, ondertekend door partijen of vervat in gewisselde brieven of telegrammen.

– 3. De rechter van een Verdragsluitende Staat bij wie een geschil aanhangig wordt gemaakt over een onderwerp ten aanzien waarvan partijen een overeenkomst als bedoeld in dit artikel hebben aangegaan, verwijst partijen op verzoek van een hunner naar arbitrage, tenzij hij constateert, dat genoemde overeenkomst vervallen is, niet van kracht is of niet kan worden toegepast.

Art. III

Bindend erkennen van scheidsrechterlijke uitspraken

Iedere Verdragsluitende Staat zal onder de in de volgende artikelen vervatte voorwaarden scheidsrechterlijke uitspraken als bindend erkennen en ze ten uitvoer leggen overeenkomstig de regelen van rechtsvordering, geldende in het gebied waar een beroep op de uitspraak wordt gedaan. De erkenning of tenuitvoerlegging van scheidsrechterlijke uitspraken waarop dit Verdrag van toepassing is, zal niet worden onderworpen aan aanzienlijk drukkender voorwaarden of aanzienlijk hogere gerechtskosten dan die waaraan de erkenning of tenuitvoerlegging van de nationale scheidsrechterlijke uitspraken zijn onderworpen.

Art. IV

Stukken overleggen

– 1. Ter verkrijging van de erkenning en tenuitvoerlegging, bedoeld in het voorgaande artikel, dient de partij die de erkenning en tenuitvoerlegging verzoekt, bij haar verzoek over te leggen:

a) het behoorlijk gelegaliseerde origineel van de uitspraak of een behoorlijk gewaarmerkt afschrift daarvan;

b) het origineel van de in artikel II bedoelde overeenkomst of een behoorlijk gewaarmerkt afschrift daarvan.

– 2. Indien genoemde uitspraak of overeenkomst niet is gesteld in een officiële taal van het land waarin een beroep op de uitspraak wordt gedaan, dient de partij die de erkenning en tenuitvoerlegging van de uitspraak verzoekt, een vertaling van deze documenten in een zodanige taal over te leggen. De vertaling moet worden gewaarmerkt door een officiële of beëdigde vertaler of door een diplomatiek of consulair ambtenaar.

Art. V

Weigeren van erkenning en tenuitvoerlegging uitspraak

– 1. De erkenning en tenuitvoerlegging van de uitspraak zullen slechts dan, op verzoek van de partij tegen wie een beroep op de uitspraak wordt gedaan, geweigerd worden, indien die partij aan de bevoegde autoriteit van het land waar de erkenning en tenuitvoerlegging wordt verzocht, het bewijs levert:

a) dat de partijen bij de in artikel II bedoelde overeenkomst krachtens het op hen toepasselijke

recht onbekwaam waren die overeenkomst aan te gaan, of dat die overeenkomst niet geldig is krachtens het recht waaraan partijen haar hebben onderworpen, of – indien elke aanwijzing hieromtrent ontbreekt – krachtens het recht van het land waar de uitspraak werd gewezen; of
b) dat aan de partij tegen wie een beroep op de uitspraak wordt gedaan, niet behoorlijk was kennis gegeven van de benoeming van de scheidsman of van de scheidsrechterlijke procedure, of dat het hem om andere redenen onmogelijk is geweest zijn zaak te verdedigen; of
c) dat de uitspraak betrekking heeft op een geschil dat niet valt onder het compromis of dat niet valt binnen de termen van het compromissoir beding, of dat de uitspraak beslissingen bevat die de bepalingen van het compromis of van het compromissoir beding te buiten gaan, met dien verstande dat, indien de beslissingen welke betrekking hebben op kwesties die aan arbitrage zijn onderworpen gescheiden kunnen worden van de beslissingen die betrekking hebben op kwesties die niet aan arbitrage zijn onderworpen, *dat gedeelte van de uitspraak hetwelk* de eerstgenoemde beslissingen bevat, kan worden erkend en tenuitvoergelegd; of
d) dat de samenstelling van het scheidsgerecht of de scheidsrechterlijke procedure niet in overeenstemming was met de overeenkomst der partijen, of, bij gebreke van een overeenkomst daaromtrent, niet in overeenstemming was met het recht van het land waar de arbitrage heeft plaats gevonden; of
e) dat de uitspraak nog niet bindend is geworden voor partijen of is vernietigd of haar tenuitvoerlegging is geschorst door een bevoegde autoriteit van het land waar of krachtens welks recht die uitspraak werd gewezen.
– 2. De erkenning en tenuitvoerlegging van een scheidsrechterlijke uitspraak kan eveneens worden geweigerd, indien de bevoegde autoriteit van het land waar de erkenning en tenuitvoerlegging wordt verzocht, constateert:
a) dat het onderwerp van geschil volgens het recht van dat land niet vatbaar is voor beslissing door arbitrage; of
b) dat de erkenning of tenuitvoerlegging van de uitspraak in strijd zou zijn met de openbare orde van dat land.

Art. VI

Opschorting tenuitvoerlegging uitspraak

Indien vernietiging van de uitspraak of schorsing van haar tenuitvoerlegging is verzocht aan de bevoegde autoriteit, bedoeld in artikel V, eerste lid, onder *e*, kan de autoriteit bij wie een beroep op de uitspraak wordt gedaan, indien zij daartoe aanleiding vindt, de beslissing over de tenuitvoerlegging van de uitspraak opschorten en ook, op verzoek van de partij die de tenuitvoerlegging van de uitspraak verzocht, bevelen, dat de andere partij passende zekerheid stelt.

Art. VII

Geldigheid multilaterale of bilaterale overeenkomsten

– 1. De bepalingen van dit Verdrag doen geen afbreuk aan de geldigheid van multilaterale of bilaterale overeenkomsten, gesloten door de Verdragsluitende Staten, betreffende de erkenning en tenuitvoerlegging van scheidsrechterlijke uitspraken en ontnemen geen belanghebbende partij enig recht dat zij mocht hebben om gebruik te maken van een scheidsrechterlijke uitspraak op de wijze en in de mate, toegestaan volgens de wetgeving of de internationale overeenkomsten van het land waar op die uitspraak een beroep wordt gedaan.
– 2. Het Protocol van Genève van 1923 betreffende arbitrage-clausules en het Verdrag van Genève van 1927 nopens de tenuitvoerlegging van in het buitenland gewezen scheidsrechterlijke uitspraken zullen tussen de Verdragsluitende Staten ophouden van kracht te zijn op de dag en in de mate dat zij gebonden worden door dit Verdrag.

Art. VIII

Openstaan voor ondertekening

– 1. Dit Verdrag staat tot 31 december 1958 open ter ondertekening voor ieder Lid van de Verenigde Naties, alsmede voor iedere andere Staat die lid is of op een later tijdstip lid zal worden van een der gespecialiseerde organisaties van de Verenigde Naties of die partij is of op een later tijdstip partij zal worden bij het Statuut van het Internationale Gerechtshof, of voor iedere andere Staat die door de Algemene Vergadering van de Verenigde Naties daartoe is uitgenodigd.
– 2. Dit Verdrag dient te worden bekrachtigd en de akten van bekrachtiging moeten worden nedergelegd bij de Secretaris-Generaal van de Verenigde Naties.

Art. IX

Toetreding

– 1. Tot dit Verdrag kunnen toetreden alle in artikel VIII genoemde Staten.
– 2. Toetreding geschiedt door nederlegging van een akte van toetreding bij de Secretaris-Generaal van de Verenigde Naties.

Art. X

Verklaring verdragsstaten

– 1. Iedere Staat kan op het ogenblik van ondertekening, bekrachtiging of toetreding verklaren, dat de toepasselijkheid van dit Verdrag zal worden uitgebreid tot alle of een of meer der gebieden voor welker internationale betrekkingen hij verantwoordelijk is. Een zodanige verklaring wordt van kracht op het ogenblik waarop het Verdrag voor de betrokken Staat in werking treedt.
– 2. Daarna geschiedt iedere zodanige uitbreiding door middel van een tot de Secretaris-Ge-

neraal van de Verenigde Naties gerichte kennisgeving en wordt van kracht op de negentigste dag na die van ontvangst van deze kennisgeving door de Secretaris-Generaal van de Verenigde Naties of op de datum waarop dit Verdrag voor de betrokken Staat in werking treedt, indien die datum later mocht zijn.

– 3. Ten aanzien van de gebieden waarop dit Verdrag op het ogenblik van ondertekening, bekrachtiging of toetreding niet toepasselijk is, onderzoekt iedere betrokken Staat de mogelijkheid de nodige maatregelen te nemen teneinde de toepasselijkheid van dit Verdrag tot zodanige gebieden uit te breiden, onder voorbehoud van de instemming van de Regeringen van zodanige gebieden, indien die toestemming grondwettelijk is vereist.

Art. XI

Bondsstaat of niet-eenheidsstaat

Wanneer het een bondsstaat of niet-eenheidsstaat betreft, gelden de volgende bepalingen:

a) Ten aanzien van die artikelen van dit Verdrag die binnen de wetgevende bevoegdheid van de bondsautoriteit vallen, zijn de verplichtingen van de bondsregering dezelfde als die van Verdragsluitende Staten die geen bondsstaten zijn;

b) Ten aanzien van die artikelen van dit Verdrag die vallen binnen de wetgevende bevoegdheid van de samenstellende staten of provincies, die krachtens het grondwettelijk systeem van de bondsstaat niet gehouden zijn tot het verrichten van enige wetgevende handeling, brengt de bondsregering zodanige artikelen zo spoedig mogelijk met een gunstige aanbeveling ter kennis van de bevoegde autoriteiten van de samenstellende staten of provincies;

c) Een bondsstaat die Partij is bij dit Verdrag, dient op een door tussenkomst van de Secretaris-Generaal van de Verenigde Naties overhandigd verzoek van enige andere Verdragsluitende Partij een uiteenzetting te geven over de wetgeving en praktijk welke in de bondsstaat en in zijn samenstellende eenheden van kracht zijn met betrekking tot enige bepaling van het Verdrag, waarbij wordt aangegeven in hoeverre aan die bepaling uitvoering is gegeven door wetgevende of andere maatregelen.

Art. XII

Inwerkingtreding

– 1. Dit Verdrag treedt in werking op de negentigste dag volgende op de datum van nederlegging van de derde akte van bekrachtiging of toetreding.

– 2. Voor iedere Staat dit het Verdrag bekrachtigt of ertoe toetreedt na de nederlegging van de derde akte van bekrachtiging of toetreding, treedt dit Verdrag in werking op de negentigste dag na de datum van nederlegging van de akte van bekrachtiging of toetreding door die Staat.

Art. XIII

Opzegging

– 1. Iedere Verdragsluitende Staat kan dit Verdrag opzeggen door middel van een schriftelijke mededeling, gericht tot de Secretaris-Generaal van de Verenigde Naties. De opzegging wordt van kracht een jaar na de datum van ontvangst van de mededeling door de Secretaris-Generaal.

– 2. Iedere Staat die overeenkomstig artikel X een verklaring heeft afgelegd of een kennisgeving heeft gedaan, kan op ieder tijdstip daarna door middel van een tot de Secretaris-Generaal van de Verenigde Naties gerichte kennisgeving verklaren, dat dit Verdrag een jaar na de datum van ontvangst van de kennisgeving door de Secretaris-Generaal zal ophouden toepasselijk te zijn op het betrokken gebied.

– 3. Het Verdrag blijft van toepassing op scheidsrechterlijke uitspraken ten aanzien waarvan een procedure nopens erkenning of tenuitvoerlegging aanhangig is gemaakt vóór de opzegging van kracht wordt.

Art. XIV

Beroep op verdrag

Een Verdragsluitende Staat heeft slechts het recht zich tegenover andere Verdragsluitende Staten op dit Verdrag te beroepen voor zover die Staat zelf gehouden is het Verdrag toe te passen.

Art. XV

Mededelingen Secretaris-Generaal VN

De Secretaris-Generaal van de Verenigde Naties doet aan de in artikel VIII bedoelde Staten mededeling van:

a) Ondertekeningen en bekrachtigingen overeenkomstig artikel VIII;

b) Toetredingen overeenkomstig artikel IX;

c) Verklaringen en kennisgevingen overeenkomstig de artikelen I, X en XI;

d) De datum waarop dit Verdrag overeenkomstig artikel XII in werking treedt;

e) Opzeggingen en kennisgevingen overeenkomstig artikel XIII.

Art. XVI

Archief VN

– 1. Dit Verdrag, waarvan de Chinese, Engelse, Franse, Russische en Spaanse teksten gelijkelijk authentiek zijn, wordt nedergelegd in het archief van de Verenigde Naties.

– 2. De Secretaris-Generaal van de Verenigde Naties doet aan de in artikel VIII bedoelde Staten een voor eensluidend gewaarmerkt afschrift van het Verdrag toekomen.

V.12 LANDELIJK PROCESREGLEMENT VOOR CIVIELE DAGVAARDINGSZAKEN BIJ DE RECHTBANKEN

Reglement van 13 juni 2008, Stcrt. 145

Considerans
Voor u ligt het Landelijk procesreglement voor civiele dagvaardingszaken bij de rechtbanken.
Dit procesreglement (hierna ook: het reglement) is in het kader van het project Civiele procedure van het programma versterking rechterlijke organisatie (PVRO) tot stand gekomen en het resultaat van een uitvoerige gedachtewisseling tussen de civiele sectoren van de negentien rechtbanken, waarbij ook een brede consultatie van de Nederlandse Orde van Advocaten heeft plaatsgevonden en afstemming heeft plaatsgehad met de afdeling wetgeving van het Ministerie van Justitie. Op 14 april 2000 heeft het Landelijk Overleg Voorzitters van de Civiele sectoren van de rechtbanken (LOVC) deze procesregeling goedgekeurd, waarna alle rechtbanken het reglement als eigen reglement hebben vastgesteld.
Evaluatie van de werking van dit reglement heeft plaatsgevonden in oktober 2001. De wijzigingen waartoe deze evaluatie aanleiding heeft gegeven, zijn met ingang van 1 januari 2002 in werking getreden. Tijdens de op 10 februari 2003 gehouden tweede landelijke roldag, heeft een volgende evaluatie van het rolreglement plaatsgevonden, wederom resulterend in een aantal wijzigingen. Op 13 april 2006 is een derde landelijke roldag gehouden, die heeft geleid tot een aantal wijzigingen die op 1 maart 2007 in werking is getreden.
De thans voorliggende versie van het reglement vindt zijn oorsprong in een initiatief van het Project procesreglementen, dat onderdeel uitmaakt van het Programma Civiele Sectoren, en is ontwikkeld door een door dit project geïnitieerde en door het LOVC gefaciliteerde werkgroep, in nauwe samenwerking met de redactieraad die verantwoordelijk is voor het onderhoud van het reglement en de Nederlandse Orde van Advocaten. Het LOVC heeft de gewijzigde versie op 13 juni 2008 goedgekeurd, waarna de besturen van alle rechtbanken deze versie hebben geaccordeerd en publicatie in de *Staatscourant* is gevolgd.
Het reglement beoogt in de eerste plaats uniformiteit in de wijze van procederen bij alle rechtbanken in de civiele zaken die met een dagvaarding worden ingeleid en beoogt voorts een bijdrage te leveren aan verkorting van de doorlooptijden van de civielrechtelijke procedure.
De thans voorliggende versie behelst voornamelijk een niet-inhoudelijke aanpassing van het reglement waardoor het op het punt van de redactie, vormgeving en mogelijkheden om het digitaal te raadplegen in de pas zal lopen met de overige inmiddels door het Project procesreglementen ontwikkelde landelijke procesreglementen. Voorts is in de nieuwe versie van het reglement rekening gehouden met de afschaffing van de verplichte procuraten.
Mocht u de gedrukte uitgave van het reglement raadplegen, dan maken wij u erop attent dat dit niet het brondocument is. Vanwege de wijzigingen die met enige regelmaat in de tekst worden aangebracht, is het brondocument, behalve in de *Staatscourant*, te vinden op de website http://www.rechtspraak.nl/Naar+de+rechter/Landelijke+regelingen/Sector+civiel+recht/. Op de website staat altijd de meest recente versie van dit reglement, inclusief de inhoud van de hyperlinks die in de gedrukte versie niet is weergegeven.
Versie, september 2008

1. Algemene bepalingen

1.1. Toepasselijkheid
Dit reglement heeft betrekking op de voortgang van het geding in alle met een dagvaarding ingeleide civiele zaken bij de rechtbanken waarvoor een verplichte procesvertegenwoordiging geldt.

1.2. Begripsbepalingen
In dit reglement wordt verstaan onder:
a. rechtbank: de met de behandeling van de zaak belaste enkelvoudige of meervoudige kamer of, in voorkomende gevallen, de rolrechter of rechter-commissaris;
b. roldatum: de dag waarop de hierna onder m. en n. bedoelde rol wordt afgehandeld;
c. inlevertijdstip: het tijdstip waarop processtukken, met uitzondering van de dagvaarding, en berichten uiterlijk bij de rechtbank moeten worden ingeleverd;
d. dagen: maandag tot en met vrijdag, met uitzondering van de dagen als bedoeld in artikel 3 van de Algemene Termijnenwet;
e. proceshandeling: hetgeen op grond van een wettelijk voorschrift, reglement of beslissing van de rechtbank door een partij moet of kan worden verricht om het geding te kunnen voortzetten of het wijzen van vonnis mogelijk te maken;

f. conclusie: een processtuk dat uitgebreider op de inhoud van de zaak ingaat dan een akte als bedoeld onder g.;
g. akte: een processtuk dat een korte mededeling, zoals een enkele erkenning of ontkenning, een bewijsaanbod, de aankondiging van een productie of een reactie daarop bevat;
h. bericht: een stuk dat een voorstel, verzoek, opgave of mededeling betreffende de procesvoering in een zaak bevat;
i. klemmende reden: een omstandigheid waardoor het voor een partij redelijkerwijs niet mogelijk is de proceshandeling binnen de gestelde termijn te verrichten of op de zitting te verschijnen;
j. overmacht: een omstandigheid waardoor het voor een partij redelijkerwijs niet mogelijk is tijdig om een klemmende reden om uitstel te verzoeken;
k. Roljournaal: een voor advocaten door middel van het internet toegankelijke weergave van de proceshandelingen van de rol van de rechtbank, sector civiel;
l. B-formulier: een formulier dat beschikbaar is in Roljournaal, voor het aankondigen van rolhandelingen en voor berichten als bedoeld onder h.;
m. continuatierol: de rol waarop zaken zijn geplaatst waarin actief wordt geprocedeerd;
n. parkeerrol: de rol waarnaar zaken zijn verwezen waarin het geding tijdelijk niet wordt voortgezet.

1.3. Roldatum en inlevertijdstip
De roldatum en het inlevertijdstip: woensdag en 10.00 uur.

1.4. Procesvoering, afwijkende procesvoering
Partijen zijn gebonden aan de wijze en termijnen van procesvoering als in dit reglement voorzien, tenzij de rechtbank op hun eenstemmig verzoek dat vóór de eerste roldatum is gedaan, een daarvan afwijkende procesvoering toestaat.

1.5. Toepasselijkheid op bijzondere procedures
Dit reglement is ook van toepassing op procedures waarvoor enige bijzondere wettelijke regeling betreffende de procesvoering geldt, behoudens voor zover deze regeling zich daartegen verzet.

1.6. Gevolgen niet-naleving reglement
De rechtbank zal aan de niet-naleving van een in dit reglement gegeven voorschrift het gevolg verbinden dat haar met het oog op de aard van het voorschrift en de ernst van het verzuim passend voorkomt.

1.7. Ambtshalve handhaven termijnen, verval van recht
De termijnen worden ambtshalve gehandhaafd, tenzij uit dit reglement anders voortvloeit.
Indien een proceshandeling niet is verricht binnen de daarvoor gestelde termijn en van die termijn geen uitstel kan worden verkregen, vervalt het recht de proceshandeling te verrichten.

1.8. Berichtenverkeer
Een partij gebruikt voor een aan de rechtbank gericht bericht een B-formulier. Indien een bericht niet door middel van een B-formulier ter kennis van de rechtbank kan worden gebracht, kan dit ook per telefax worden toegezonden
Indien een partij enig bericht aan de rechtbank zendt, doet deze partij gelijktijdig een kopie van het bericht aan de wederpartij toekomen. Zij doet dit op zodanige wijze dat kan worden aangenomen dat de wederpartij het bericht niet later dan de rechtbank ontvangt. Uit het bericht aan de rechtbank moet blijken dat aan dit voorschrift is voldaan. De wederpartij kan binnen twee dagen reageren.

1.9. Uitstel op grond van klemmende redenen of overmacht
Een gemotiveerd verzoek van een partij om uitstel op grond van klemmende redenen, wordt zo spoedig mogelijk, maar uiterlijk vier dagen voor de afloop van de desbetreffende termijn of voor de zitting ingediend. De wederpartij kan binnen twee dagen na indiening van het verzoek reageren.
De rechtbank beoordeelt het verzoek zo spoedig mogelijk na het verstrijken van een termijn van twee dagen na indiening van het verzoek of, indien voordien een reactie van de wederpartij is ontvangen, zo spoedig mogelijk na ontvangst van deze reactie. Indien een partij door overmacht niet in staat is het verzoek in te dienen binnen de in de eerste zin van deze bepaling genoemde termijn van vier dagen, geeft zij de rechtbank daarvan bij eerste gelegenheid bericht. De rechtbank beslist terstond, de wederpartij zo mogelijk gehoord.

1.10. Beslissing rechtbank op bericht
Bij haar beslissing op een bericht bepaalt de rechtbank, zo nodig, ook door welke partij en op welke termijn enige proceshandeling zal worden verricht.

1.11. Inzage griffiedossier
Partijen hebben recht op inzage van het griffiedossier.

1.12. Bekendmaking rol
De verrichte proceshandelingen en het wijzen van vonnis worden uiterlijk twee dagen na de rol op Roljournaal bekendgemaakt.

1.13. Gevallen waarin dit reglement niet voorziet
In alle gevallen waarin dit reglement niet voorziet, beslist de rechtbank. Bij de beslissing worden zoveel mogelijk de bepalingen van dit reglement in acht genomen.

1.14. Bijzondere omstandigheden
Indien omstandigheden van het geval daartoe aanleiding geven, kan de rechtbank van dit reglement afwijken.

2. Indiening van processtukken

2.1. Tijdstip en wijze van indiening
Voor zover in artikel 3.1 niet anders is bepaald, wordt een voor een roldatum bestemd processtuk uiterlijk op het inlevertijdstip ter griffie ingediend.
De indiener voegt bij het processtuk een behoorlijk ingevuld B-formulier.

2.2. Op het processtuk te vermelden gegevens
Op het processtuk worden in de kop administratieve gegevens, zoals zaak- of rolnummer en roldatum, en de namen van de procespartijen, vermeld. Indien met het processtuk ook een andere proceshandeling wordt verricht dan die waarvoor de zaak staat, wordt hiervan eveneens melding gemaakt in de kop en op het bijgevoegde B-formulier.

2.3. Producties
De indiener nummert de in het geding gebrachte producties en voegt een overzicht bij.
In een volgend processtuk van een partij wordt bij de nummering van de producties uit het vorige processtuk van diezelfde partij aangesloten.

2.4. Conclusies en akten
Conclusies en akten worden in enkelvoud ingediend.
De partij die een conclusie of akte indient, zorgt voor gelijktijdige toezending of terhandstelling aan de wederpartij van een kopie daarvan en, indien van toepassing, van de daarbij behorende producties.

2.5. Opmerkingen en accentueringen op stukken
Overgelegde stukken bevatten geen opmerkingen en geen accentueringen die in het originele stuk niet voorkomen. Stukken die hieraan niet voldoen, worden teruggezonden. De indiener vervangt de teruggezonden stukken binnen twee weken door exemplaren die van deze opmerkingen en accentueringen zijn geschoond.

2.6. Verandering of vermeerdering van eis
Een partij die haar eis of de grondslag daarvan verandert of vermeerdert, vermeldt dit in de kop van het processtuk en op het B-formulier.
Indien een partij bezwaar wenst te maken tegen een verandering of vermeerdering van de eis en op dit bezwaar een beslissing wil verkrijgen alvorens verder te procederen, vraagt zij de rechtbank de zaak te plaatsen op de rol van twee weken na de roldatum waarop de verandering of vermeerdering van de eis is gedaan. Deze termijn wordt niet verlengd. Indien deze partij op andere wijze bezwaar maakt, wordt op het bezwaar bij het eerstvolgende vonnis beslist.

2.7. Termijnen voor conclusies en akten
Voor een conclusie of een akte, geldt tot aan het wijzen van een inhoudelijk tussenvonnis een termijn van zes weken en daarna een termijn van vier weken.

Voor een conclusie in een incident en voor een eenvoudige akte geldt een termijn van twee weken.

2.8. Uitstel
Uitstel wordt niet verleend, behoudens in de volgende gevallen:
a. op eenstemmig verzoek van partijen, tenzij uitstel zou leiden tot onredelijke vertraging van het geding;
b. op verzoek van een of meer partijen op grond van klemmende redenen;
c. op verzoek van een of meer partijen in geval van overmacht.
Een eerste eenstemmig verzoek van partijen als bedoeld onder a. wordt ingewilligd. Een tweede en volgend eenstemmig verzoek wordt schriftelijk toegelicht, waarbij partijen tevens motiveren waarom verwijzing naar de parkeerrol niet in aanmerking komt. Uitstel wordt verleend met inachtneming van ten hoogste de termijnen als bedoeld in artikel 2.7.

2.9. Producties en proceshandelingen voorafgaand aan getuigenverhoor, comparitie, descente of pleidooi
Een partij die bij gelegenheid van een getuigenverhoor, comparitie, descente of pleidooi nog een proceshandeling wenst te verrichten of producties in het geding wenst te brengen, zendt uiterlijk twee weken voor de dag van de zitting een afschrift van de te verrichten proceshandeling of de in het geding te brengen producties aan de rechtbank en aan de wederpartij toe. Dit afschrift kan ook per telefax aan de rechtbank worden toegezonden.

2.10. Depot
Voorwerpen kunnen ter griffie worden gedeponeerd. Van het depot maakt de griffie een akte op, die aan het griffiedossier wordt toegevoegd en in kopie aan partijen ter beschikking wordt gesteld.
Indien vanwege de aard van het voorwerp depot ter griffie niet in aanmerking komt, kan het voorwerp op een andere plaats worden gedeponeerd. In de akte wordt deze plaats vermeld.

2.11. Partijberaad
Nadat de laatst toegelaten proceshandeling is verricht, wordt een termijn van twee weken verleend om een verzoek in te dienen tot het nemen van een conclusie of akte, het houden van pleidooi, het wijzen van vonnis, verwijzing naar de parkeerrol of doorhaling. Indien een dergelijk verzoek achterwege blijft, wordt een roldatum voor vonnis bepaald of wordt de zaak naar de parkeerrol verwezen.

3. Nieuwe zaken

3.1. Inschrijving, over te leggen stukken
Een nieuwe zaak wordt ter griffie {hyperlink naar de rechtbanken} ingediend uiterlijk op de laatste dag voorafgaande aan de in de dagvaarding vermelde roldatum.
Daarbij wordt gebruik gemaakt van het B-formulier, en worden, indien en voor zover van toepassing, de volgende stukken overgelegd of mededelingen gedaan:
a. de originele dagvaarding – zo nodig: herstelexploot en verlof ingevolge artikel 117 van het Wetboek van Burgerlijke Rechtsvordering (hierna: Rv) – en een kopie daarvan {hyperlink naar checklist dagvaarding};
b. indien de dagvaarding moet worden betekend in het buitenland, de originele stukken waaruit blijkt dat dit op juiste wijze is geschied;
c. een verkregen bewijs van toevoeging of de mededeling dat een toevoeging is aangevraagd;
d. een bewijsstuk van de woonplaatskeuze van de gedaagde partij;
e. de in het geding te brengen producties;
f. de mededeling of vóór de procedure een mediation heeft plaatsgevonden, en worden in de navolgende gevallen bovendien nog de volgende stukken in kopie overgelegd:
g. indien aanspraak wordt gemaakt op vergoeding van beslagkosten, een kopie van de beslagstukken;
h. in zaken van verwijzing, het verwijzingsvonnis en de tot aan de verwijzing genomen stukken;
i. indien de dagvaarding moet worden gepubliceerd of vertaald in een vreemde taal, de stukken waaruit blijkt dat dit is geschied.

3.2. Herstel verzuim
Indien eisende partij aan enige toepasselijke bepaling van het voorgaande artikel niet heeft

voldaan en het verzuim nog kan worden hersteld, verleent de rechtbank haar een termijn van twee weken voor herstel.

3.3. Toevoeging
Van het verlenen van een (definitieve) toevoeging, een wijziging in de toevoeging of een intrekking daarvan wordt, onder overlegging van de desbetreffende beslissing, zo spoedig mogelijk melding gemaakt aan de griffie.

3.4. Verwijzing door de kantonrechter: inschrijving
Een zaak die door de kantonrechter voor verdere behandeling en beslissing is verwezen naar een kamer van de sector civiel, wordt ingeschreven op de door hem bepaalde roldatum.

3.5. Verwijzing door de kantonrechter: eisende partij geen advocaat
Indien een eisende partij op de door de kantonrechter bepaalde roldatum geen advocaat heeft gesteld, wordt de zaak verwezen naar een roldatum gelegen op een termijn van twee weken, op welke roldatum alsnog advocaat kan worden gesteld.

3.6. Verwijzing door de kantonrechter: gedaagde partij geen advocaat
Indien een gedaagde partij op de door de kantonrechter bepaalde roldatum geen advocaat heeft gesteld en de verwijzing niet, onder betekening van de beslissing van de kantonrechter, bij exploot aan deze gedaagde partij is aangezegd, wordt de zaak verwezen naar een roldatum gelegen op een termijn van twee weken, tegen welke roldatum de verwijzing alsnog kan worden aangezegd.

4. Comparitie na antwoord

4.1. Inhoud comparitievonnis
Het comparitievonnis vermeldt de ambtshalve bepaalde datum waarop de comparitie wordt gehouden en het aanvangs- en eindtijdstip van de comparitie.
Het vonnis kan voorts vermelden:
- de naam van de behandelend rechter;
- de onderwerpen waarover van partijen in het bijzonder inlichtingen wordt verlangd;
- door partijen nader over te leggen stukken;
- indien een eis in reconventie is ingesteld, op welke dag de conclusie van antwoord in reconventie uiterlijk door de rechtbank en de wederpartij moet zijn ontvangen en dat het antwoord in reconventie ter comparitie kan worden genomen.

4.2. Mededelingen per brief
De rechtbank kan de in artikel 4.1. genoemde zaken ook bij brief onder de aandacht van partijen brengen.

5. Pleidooi

5.1. Vragen pleidooi
Een partij die om pleidooi vraagt, doet dit gemotiveerd onder opgave van haar verhinderdata en die van de wederpartij. Indien geen verhinderdata zijn opgegeven, is de rechtbank in de dagbepaling vrij.

5.2. Behandeling en beslissing
Nadat de wederpartij in de gelegenheid is gesteld binnen één week op het verzoek tot het houden van een pleidooi te reageren, beslist de rechtbank.

5.3. Aantal procesdossiers
Bij het vragen van pleidooi wordt een extra exemplaar van het procesdossier overgelegd, tenzij de rechtbank heeft medegedeeld dat overlegging achterwege kan blijven. Indien pleidooi wordt gehouden voor een meervoudige kamer van de rechtbank, legt de partij die om pleidooi heeft verzocht, uiterlijk vier weken voor de dag waarop het pleidooi zal worden gehouden nog eens twee extra exemplaren van het procesdossier over.
Ter gelegenheid van het pleidooi in het geding te brengen producties worden in tweevoud overgelegd indien het pleidooi voor een enkelvoudige kamer van de rechtbank wordt gehouden en in viervoud indien het pleidooi voor een meervoudige kamer wordt gehouden.

5.4. Spreektijd
Voor de pleitzitting wordt anderhalf uur gereserveerd.
Iedere partij krijgt in de eerste termijn de gelegenheid haar standpunt gedurende ten hoogste dertig minuten toe te lichten. Indien een partij langer wenst te pleiten, verzoekt zij dit gemotiveerd bij het vragen van het pleidooi, onder opgave van de gewenste spreektijd.

6. Uitspraak

6.1. Berichten aan de rechtbank nadat vonnis is bepaald
De rechtbank neemt geen kennis van berichten aan de rechtbank nadat vonnis is bepaald, tenzij blijkt dat de wederpartij met de kennisneming heeft ingestemd.

6.2. Incompleet griffiedossier
Een partij bij wie na het bepalen van vonnis in het griffiedossier ontbrekende stukken zijn opgevraagd, doet deze stukken binnen twee weken aan de griffie toekomen.

6.3. Termijn rolbeslissing
De termijn voor een rolbeslissing bedraagt twee weken.

6.4. Termijn vonnis
De termijn voor het wijzen van een vonnis bedraagt zes weken. De termijn voor het wijzen van een verstekvonnis en een vonnis in een incident bedraagt vier weken.
Een vonnis kan ook bij vervroeging worden uitgesproken, tenzij beide partijen hiertegen bezwaar maken. Een verstekvonnis kan niet bij vervroeging worden uitgesproken.

6.5. Uitstel vonnis wijzen
Een partij kan verzoeken om uitstel van het wijzen van vonnis. Het bepaalde in artikel 2.8. is van overeenkomstige toepassing op de beoordeling van dit verzoek.
Indien voor de tweede maal om uitstel wordt verzocht en de rechtbank dit verzoek inwilligt, wordt de zaak naar de parkeerrol verwezen.

7. Onttrekking

7.1. Mededeling onttrekking
De advocaat van een partij die zich op een roldatum aan een zaak wil onttrekken, geeft daarvan bericht met een aan de rechtbank gericht B-formulier.
De advocaat heeft zijn opdrachtgever over de gevolgen daarvan geïnformeerd. Bij zijn bericht aan de rechtbank bevestigt de advocaat dat hij deze verplichting is nagekomen.

7.2. Rolverwijzing voor het stellen van een nieuwe advocaat
Na de onttrekking wordt de zaak verwezen naar de roldatum gelegen op een termijn van twee weken later voor het stellen van een nieuwe advocaat.

7.3. Nieuwe advocaat gesteld
Indien zich voor de in artikel 7.1 bedoelde partij een andere advocaat stelt, wordt de proceshandeling waarvoor deze partij staat, alsnog op de in artikel 7.2 genoemde roldatum verricht.

7.4. Geen nieuwe advocaat gesteld
Indien zich op de in artikel 7.2 genoemde roldatum geen andere advocaat stelt, kan de wederpartij verzoeken in de zaak vonnis te wijzen.
Indien zich op deze roldatum geen andere advocaat stelt en de wederpartij niet verzoekt in de zaak vonnis te wijzen of de proceshandeling waarvoor zij staat op deze datum niet verricht, wordt de zaak naar de parkeerrol verwezen.

8. Zittingsdata

8.1. Ambtshalve dagbepaling
De rechtbank kan de datum en het aanvangs- en eindtijdstip van een zitting, waaronder begrepen een descente, ambtshalve bepalen.

8.2. Voorafgaande opgave verhinderdata
Een partij die voorziet dat in haar zaak een zitting zal worden bepaald waarbij haar aanwezig-

heid is vereist, kan op voorhand verhinderdata schriftelijk aan de rechtbank opgeven met een B-formulier.

8.3. Uitstel na ambtshalve dagbepaling
Indien datum en tijdstip van de zitting ambtshalve zijn bepaald, kunnen partijen binnen twee weken na de datum van de beslissing dagbepaling schriftelijk een andere dag voor de zitting verzoeken. Bij het verzoek wordt een opgave van de verhinderdata van alle betrokkenen voor de eerstkomende drie maanden gevoegd. Indien deze opgave ontbreekt, wordt aan partijen medegedeeld dat de eerdere dagbepaling van kracht blijft.
Behoudens in geval van klemmende redenen of overmacht wordt na het verstrijken van de termijn van twee weken geen uitstel van de desbetreffende zitting meer verleend.

8.4. Termijn opgave verhinderdata
De rechtbank kan partijen in de gelegenheid stellen binnen een termijn van twee weken opgave te doen van hun verhinderdata. Indien partijen hun opgave niet binnen deze termijn aan de rechtbank hebben doen toekomen, wordt ervan uitgegaan dat zij geen verhinderdata hebben.

8.5. Uitstel na opgave verhinderdata
Indien bij het bepalen van datum en tijdstip van de zitting rekening is gehouden met de opgegeven verhinderdata van partijen, wordt alleen nog uitstel verleend in een van de volgende gevallen:
a. indien tussen de dag waarop de verhinderdata uiterlijk moesten zijn opgegeven en de datum waarop de dagbepaling heeft plaatsgevonden meer dan een week is verstreken, of
b. indien sprake is van klemmende redenen of overmacht.
In het hiervoor onder a. bedoelde geval kan iedere partij binnen twee weken na de datum waarop de dagbepaling heeft plaatsgevonden, aanvullende verhinderdata opgeven. Bij de nieuwe dagbepaling wordt met een dergelijke tijdig ontvangen aanvullende opgave rekening gehouden. In het hiervoor onder b. bedoelde geval wordt gehandeld met inachtneming van het bepaalde in artikel 8.4.

9. Doorhaling, parkeerrol en hervatting

9.1. Doorhaling op eenstemmig verzoek
De zaak wordt op eenstemmig verzoek van partijen op de continuatierol of op de parkeerrol doorgehaald.

9.2. Ambtshalve doorhaling
Alleen een zaak die op de parkeerrol staat, kan ambtshalve worden doorgehaald.

9.3. Gronden verwijzing parkeerrol
Een zaak kan op eenstemmig verzoek van partijen naar de parkeerrol worden verwezen op de grond dat zij tijdelijk niet wensen voort te procederen.
Voorts wordt ambtshalve naar de parkeerrol verwezen:
– een zaak waarin tot ambtshalve doorhaling zal worden overgegaan omdat partijen geen prijs stellen op verdere voortzetting van de procedure;
– een zaak waarin verwijzing naar de parkeerrol uit dit reglement voortvloeit;
– een zaak waarin het geding is geschorst.

9.4. Schema verwijzing parkeerrol
Voor verwijzing naar de parkeerrol geldt het volgende schema:
– zaken die op een roldatum in de maanden januari tot en met juni naar de parkeerrol worden verwezen, worden geplaatst op de parkeerrol die wordt behandeld op de eerste roldatum in de maand oktober van datzelfde jaar;
– zaken die op een roldatum in de maanden juli tot en met december naar de parkeerrol worden verwezen, worden geplaatst op de parkeerrol die wordt behandeld op de eerste roldatum in de maand april van het daaropvolgende jaar.

9.5. Behandeling parkeerrol
De parkeerrol wordt, naast de continuatierol, op de eerste roldatum in april en oktober van ieder jaar behandeld.
Een partij dient uiterlijk vier dagen voorafgaande aan de roldatum waarop de parkeerrol wordt behandeld, te berichten of zij de zaak wenst te hervatten of te laten doorhalen of verwijzing

naar een volgende parkeerrol wenst. Dit bericht wordt gedaan met behulp van een B-formulier. Indien om verwijzing naar een volgende parkeerrol wordt verzocht, bevat het verzoek een motivering waarom ambtshalve doorhaling niet in aanmerking komt.
Indien partijen zich hierover niet uitlaten, wordt ervan uitgegaan dat zij het geding niet wensen voort te zetten en wordt de zaak ambtshalve doorgehaald.
Indien een op de parkeerrol geplaatste zaak niet wordt doorgehaald:
– wordt bepaald welke proceshandeling vervolgens dient te geschieden, alsmede welke partij deze proceshandeling dient te verrichten en op welke roldatum, of
– wordt de zaak naar de volgende parkeerrol verwezen.

9.6. Hervatting (opbrengen)
Een zaak kan op verzoek van een partij weer naar de continuatierol worden verwezen.
Het verzoek vermeldt op welke roldatum deze partij de zaak wenst te hebben geplaatst en dat de wederpartij van het verzoek op de hoogte is gesteld.
Bij het verzoek wordt gevoegd:
– indien de verzoekende partij voor het verrichten van een proceshandeling aan de beurt is, een kopie van de door haar te verrichten proceshandeling;
– indien de wederpartij voor de te verrichten proceshandeling aan de beurt is, de mededeling van de verzoekende partij dat zij de wederpartij ten minste zes weken voorafgaande aan de roldatum waarop zij de zaak wenst te hebben geplaatst, van het verzoek op de hoogte heeft gesteld;
– indien in de zaak een zitting was bepaald, mededeling over de wijze waarop partijen wensen voort te procederen.
Het verzoek wordt gedaan met behulp van een B-formulier.

10. Overgangsbepalingen

10.1. Vaststelling en inwerkingtreding
Deze versie van het Landelijk reglement voor de civiele rol bij de rechtbanken (hierna: dit reglement) is in de vergadering van het Landelijk Overleg Voorzitters van de Civiele Sectoren van de rechtbanken (LOVC) van 13 juni 2008 vastgesteld.
Dit reglement treedt in werking op 1 september 2008.

10.2. Toepasselijkheid
Dit reglement is van toepassing vanaf het tijdstip van zijn in werking treden.

10.3. Invoering
Dit reglement vervangt met ingang van 1 september 2008 de voordien geldende versie van het Landelijk reglement voor de civiele rol bij de rechtbanken.

11. Transponeringstabellen

11.1. Transponeringstabel I

LR-rb (nieuw)	**LR-rb (oud)**
artikel 1.1	artikel 1.1
artikel 1.2	artikel 1.2; artikel 1.14
artikel 1.3	artikel 1.2 onder a. en onder b.
artikel 1.4	artikel 1.3
artikel 1.5	artikel 1.4
artikel 1.6	artikel 1.5
artikel 1.7	artikel 1.7
artikel 1.8	artikel 1.9
artikel 1.9	artikel 1.10
artikel 1.10	artikel 1.11
artikel 1.11	artikel 7.1, laatste zin
artikel 1.12	artikel 1.13-1.14
artikel 1.13	artikel 1.8
artikel 1.14	-
artikel 2.1	artikel 2.1
artikel 2.2	artikel 2.2

LR-rb (nieuw)	LR-rb (oud)
artikel 2.3	artikel 2.3
artikel 2.4	artikel 2.4
artikel 2.5	artikel 2.5
artikel 2.6	artikel 2.6
artikel 2.7	artikel 2.7; artikel 5.2
artikel 2.8	artikel 2.8-2.10
artikel 2.9	artikel 1.12
artikel 2.10	artikel 10.1
artikel 2.11	artikel 2.12
artikel 3.1	artikel 3.1
artikel 3.2	artikel 3.2
artikel 3.3	artikel 3.3
artikel 3.4	artikel 3.4
artikel 3.5	artikel 3.5
artikel 3.6	artikel 3.6
artikel 4.1	artikel 5.3; artikel 5.8
artikel 4.2	artikel 5.5
artikel 5.1	artikel 6.1
artikel 5.2	artikel 6.2
artikel 5.3	artikel 6.3
artikel 5.4	artikel 6.4
artikel 6.1	artikel 2.14
artikel 6.2	artikel 7.1
artikel 6.3	artikelen 2.12-2.13
artikel 6.4	artikelen 2.12-2.13; artikel 4.2
artikel 6.5	artikel 7.3
artikel 7.1	artikel 8.1
artikel 7.2	artikel 8.2
artikel 7.3	artikel 8.4
artikel 7.4	artikel 8.3; artikel 8.5
artikel 8.1	-
artikel 8.2	artikel 9.1
artikel 8.3	artikel 9.4
artikel 8.4	artikel 9.2
artikel 8.5	artikel 9.3
artikel 9.1	artikel 11.7
artikel 9.2	artikel 11.1, tweede zin
artikel 9.3	artikel 11.2-11.4
artikel 9.4	bijlage C
artikel 9.5	artikel 11.1, eerste zin; artikel 11.5; artikel 11.6
artikel 9.6	artikel 11.8

11.2. Transponeringstabel II

LR-rb (oud)	LR-rb (nieuw)
artikel 1.1	artikel 1.1
artikel 1.2	artikel 1.2
artikel 1.3	artikel 1.4
artikel 1.4	artikel 1.5
artikel 1.5	artikel 1.6
artikel 1.6	artikel 1.14
artikel 1.7	artikel 1.7
artikel 1.8	artikel 1.13
artikel 1.9	artikel 1.8
artikel 1.10	artikel 1.9
artikel 1.11	artikel 1.10
artikel 1.12	artikel 2.9
artikel 1.13	artikel 1.12

LR-rb (oud)	LR-rb (nieuw)
artikel 1.14	artikel 1.2 aanhef en onder k; artikel 1.12
artikel 2.1	artikel 2.1
artikel 2.2	artikel 2.2
artikel 2.3	artikel 2.3
artikel 2.4	artikel 2.4
artikel 2.5	artikel 2.5
artikel 2.6	artikel 2.6
artikel 2.7	artikel 2.7
artikel 2.8	artikel 2.8
artikel 2.9	artikel 2.8
artikel 2.10	artikel 2.8
artikel 2.11	-
artikel 2.12	artikel 2.11; artikelen 6.3-6.4
artikel 2.13	artikelen 6.3-6.4
artikel 2.14	artikel 6.1
artikel 3.1	artikel 3.1
artikel 3.2	artikel 3.2
artikel 3.3	artikel 3.3
artikel 3.4	artikel 3.4
artikel 3.5	artikel 3.5
artikel 3.6	artikel 3.6
artikel 4.1	-
artikel 4.2	artikel 6.4
artikel 4.3	-
artikel 4.4	-
artikel 5.1	artikel 2.7
artikel 5.2	-
artikel 5.3	artikel 4.1
artikel 5.4	-
artikel 5.5	artikel 4.2
artikel 5.6	-
artikel 5.7	-
artikel 5.8	artikel 4.1
artikel 6.1	artikel 5.1
artikel 6.2	artikel 5.2
artikel 6.3	artikel 5.3
artikel 6.4	artikel 5.4
artikel 7.1	artikel 1.11; artikel 6.2
artikel 7.2	-
artikel 7.3	artikel 6.5
artikel 7.4	-
artikel 7.5	-
artikel 7.6	-
artikel 8.1	artikel 7.1
artikel 8.2	artikel 7.2
artikel 8.3	artikel 7.4
artikel 8.4	artikel 7.3
artikel 8.5	artikel 7.4
artikel 9.1	artikel 8.2
artikel 9.2	artikel 8.4
artikel 9.3	artikel 8.5
artikel 9.4	artikel 8.3
artikel 10.1	artikel 2.10
artikel 10.2	-
artikel 10.3	-
artikel 11.1	artikel 9.2; artikel 9.4
artikel 11.2	artikel 9.3
artikel 11.3	artikel 9.3
artikel 11.4	artikel 9.3
artikel 11.5	artikel 9.5

LR-rb (oud)	LR-rb (nieuw)
artikel 11.6	artikel 9.5
artikel 11.7	artikel 9.1
artikel 11.8	artikel 9.6
artikel 11.9	artikel 9.6

Wet op de Zamenstelling der Regterlijke Magt en het Beleid der Justitie van 18 april 1827, Stb. 20, zoals deze wet laatstelijk is gewijzigd bij de Wet van 30 oktober 2008, Stb 434

[Inwerkingtreding: 01-10-1838]

Wij WILLEM, bij de gratie Gods, Koning der Nederlanden, Prins van Oranje-Nassau, Groot-Hertog van Luxemburg, enz., enz., enz.
Allen die deze zullen zien of hooren lezen, salut! doen te weten:
Alzoo Wij in overweging genomen hebben, dat, volgens art. 163 van de grondwet, moet worden ingevoerd 'een algemeen wetboek van burgerlijk regt, van koophandel, van lijfstraffelijk regt, van de zamenstelling der regterlijke magt en van de manier van procederen;'
Zoo is het, dat Wij, den Raad van State gehoord, en met gemeen overleg der Staten-Generaal, Hebben goedgevonden en verstaan, gelijk Wij goedvinden en verstaan bij deze, te arresteren de navolgende Wet op de zamenstelling der Regterlijke Magt en het beleid der Justitie voor het Koningrijk der Nederlanden.

HOOFDSTUK 1
Algemene bepalingen

Art. 1

Begripsbepaling

In deze wet en de daarop berustende bepalingen wordt verstaan onder:
a. gerechten: de gerechten, genoemd in artikel 2;
b. rechterlijke ambtenaren:
1° de president van de Hoge Raad;
2° de coördinerend vice-presidenten van, de vice-presidenten van, de raadsheren in, de raadsheren in buitengewone dienst bij, de raadsheren-plaatsvervangers in, de rechters in en de rechters-plaatsvervangers in de gerechten;
3° de procureur-generaal bij de Hoge Raad, alsmede de plaatsvervangend procureur-generaal, de advocaten-generaal en de advocaten-generaal in buitengewone dienst;
4° de procureurs-generaal die het College van procureurs-generaal vormen, bedoeld in artikel 130;
5° de advocaten-generaal en de plaatsvervangende advocaten-generaal bij de ressortsparketten;
6° de officieren van justitie, de plaatsvervangende officieren van justitie, de officieren enkelvoudige zittingen en de plaatsvervangende officieren enkelvoudige zittingen bij de arrondissementsparketten, het landelijk parket en het functioneel parket;
7° de gerechtsauditeurs bij de gerechten;
8° de griffier en substituut-griffiers van de Hoge Raad;
c. rechterlijke ambtenaren met rechtspraak belast: de rechterlijke ambtenaren, genoemd in onderdeel *b*, onder 1° en 2°;
d. gerechtsambtenaren: burgerlijke rijksambtenaren op basis van een aanstelling werkzaam bij een gerecht;
e. Hoge Raad: Hoge Raad der Nederlanden;
f. Onze Minister: Onze Minister van Justitie;
g. de Raad: de Raad voor de rechtspraak, bedoeld in artikel 84.

HOOFDSTUK 2
Rechtspraak

AFDELING 1
Algemene bepalingen

Art. 2

Gerechten

De tot de rechterlijke macht behorende gerechten zijn:
a. de rechtbanken;
b. de gerechtshoven; en
c. de Hoge Raad.

Art. 3

Niet van toepassing op Hoge Raad

De afdelingen 2 en 6 zijn niet van toepassing op de Hoge Raad.

Art. 3a

Vervallen.

Art. 4

Openbaarheid zittingen

– 1. Tenzij bij de wet anders is bepaald, zijn, op straffe van nietigheid, de zittingen openbaar.

– 2. Om gewichtige redenen kan het onderzoek ter zitting geheel of gedeeltelijk plaatsvinden met gesloten deuren. In het proces-verbaal van de zitting worden de redenen vermeld.

Art. 5

Openbaarheid uitspraken

– 1. Op straffe van nietigheid geschiedt de uitspraak van vonnissen en arresten in burgerlijke zaken en strafzaken in het openbaar en bevatten deze beslissingen de gronden waarop zij berusten.

– 2. Op straffe van nietigheid worden de beschikkingen, vonnissen en arresten in burgerlijke zaken en strafzaken gewezen en de uitspraken in bestuursrechtelijke zaken gedaan met het in deze wet bepaalde aantal rechterlijke ambtenaren met rechtspraak belast.

– 3. Indien bij de wet is bepaald dat ook anderen dan rechterlijke ambtenaren deel uitmaken van een meervoudige kamer, zijn de beslissingen van de desbetreffende meervoudige kamer tevens nietig, indien deze beslissingen niet zijn genomen met het in deze wet bepaalde aantal personen, niet zijnde rechterlijk ambtenaar.

Art. 5a

Vervallen.

Art. 6

Enkelvoudige en meervoudige kamers

– 1. Het bestuur van een gerecht vormt voor het behandelen en beslissen van zaken en het beëdigen van de daartoe bij de wet aangewezen functionarissen enkelvoudige en meervoudige kamers en bepaalt de bezetting daarvan.

– 2. Tenzij in deze wet anders is bepaald, bestaan de meervoudige kamers uit drie rechterlijke ambtenaren met rechtspraak belast, van wie een als voorzitter optreedt. Indien ook anderen dan rechterlijke ambtenaren deel uitmaken van een meervoudige kamer, treedt een rechterlijk ambtenaar met rechtspraak belast op als voorzitter.

– 3. Het bestuur kan bepalen dat in een zaak in verband met de veiligheid van personen dan wel indien de zitting langer dan een dag zal duren, een of meer rechterlijke ambtenaren met rechtspraak belast zich met het oog op mogelijke vervanging van een van de leden van een meervoudige kamer gereed houden. Deze rechterlijke ambtenaren zijn bij de behandeling ter terechtzitting van die zaak aanwezig, maar nemen aan het onderzoek in en de beraadslaging en beslissing over die zaak niet deel, tenzij zij op verzoek van de voorzitter van de meervoudige kamer in de plaats treden van een van de afwezige leden.

– 4. Dit artikel is niet van toepassing op de Hoge Raad.

Art. 6a-6d

Vervallen.

Art. 7

Hoofdelijke omvraag in raadkamer

– 1. De voorzitter van de meervoudige kamer doet in raadkamer hoofdelijk omvraag. De voorzitter geeft als laatste zijn oordeel.

– 2. Ieder lid is verplicht aan de besluitvorming deel te nemen.

– 3. De rechterlijke ambtenaren met rechtspraak belast, de gerechtsauditeurs, de rechterlijke ambtenaren in opleiding, de griffier, substituut-griffiers en waarnemend griffiers van de Hoge Raad, gerechtsambtenaren en buitengriffiers, bedoeld in artikel 14, vierde lid, zijn tot geheimhouding verplicht van hetgeen in de raadkamer over aanhangige zaken is geuit.

Art. 7a-7c

Vervallen.

Art. 8

Plaatsvervangers

Raadsheren-plaatsvervangers en rechters-plaatsvervangers kunnen door het bestuur worden opgeroepen voor de behandeling en beslissing van zaken.

Art. 8a

Vervallen.

Art. 9

Waarneming

De Raad kan in overeenstemming met het lid van een gerechtshof of rechtbank en het bestuur van het gerecht waar hij werkzaam is, dat lid belasten met de waarneming van een ander rechterlijk ambt bij een ander gerechtshof of andere rechtbank.

Art. 10

Hoofdplaats en nevenvestigingsplaats

– 1. In de hoofdplaats en de nevenvestigingsplaats is de griffie alle werkdagen gedurende ten minste zes uren per dag geopend.

Nevenzittingsplaats

– 2. In de nevenzittingsplaats is de griffie niet alle werkdagen, of minder dan zes uren per dag, geopend.

Art. 11

Orde van dienst

Bij algemene maatregel van bestuur worden regels gesteld omtrent de orde van dienst binnen de gerechten.

Art. 11a-11c

Vervallen.

Art. 12

De rechterlijke ambtenaren met rechtspraak belast, de gerechtsauditeurs, de rechterlijke ambtenaren in opleiding en de griffier en substituut-griffiers van de Hoge Raad mogen zich niet op enige wijze inlaten met partijen of hun advocaten of gemachtigden over enige voor hen aanhangige geschillen of geschillen waarvan zij weten of vermoeden dat die voor hen aanhangig zullen worden.

Onafhankelijk en onpartijdig

Art. 12a

Vervallen.

Art. 13

De rechterlijke ambtenaren met rechtspraak belast, de gerechtsauditeurs, de rechterlijke ambtenaren in opleiding, de griffier, substituut-griffiers en waarnemend griffiers van de Hoge Raad, gerechtsambtenaren en buitengriffiers, bedoeld in artikel 14, vierde lid, zijn verplicht tot geheimhouding van de gegevens waarover zij bij de uitoefening van hun taak de beschikking krijgen en waarvan zij het vertrouwelijke karakter kennen of redelijkerwijs moeten vermoeden, behoudens voorzover enig wettelijk voorschrift hen tot mededeling verplicht of uit hun taak de noodzaak tot mededeling voortvloeit.

Geheimhoudingsplicht

Art. 13a-13b

Vervallen.

AFDELING 2
De organisatie van de gerechten

§ 1. Inrichting

Art. 14

Werkzaam bij een gerecht

– 1. Bij een gerecht zijn werkzaam:
a. rechterlijke ambtenaren met rechtspraak belast, en
b. gerechtsambtenaren.
– 2. Bij een gerecht kunnen gerechtsauditeurs en rechterlijke ambtenaren in opleiding werkzaam zijn.
– 3. De daartoe door het bestuur van een gerecht aangewezen gerechtsambtenaren, rechterlijke ambtenaren in opleiding en gerechtsauditeurs verrichten de werkzaamheden die bij of krachtens de wet aan de griffier zijn opgedragen. Zij zijn bevoegd deze werkzaamheden ook voor andere gerechten uit te voeren. De aanwijzing geschiedt schriftelijk.
– 4. Het bestuur van een gerecht kan personen, niet zijnde rechterlijk ambtenaar met rechtspraak belast, gerechtsambtenaar, rechterlijk ambtenaar in opleiding of gerechtsauditeur, benoemen tot buitengriffier. Zij kunnen in die hoedanigheid door het bestuur worden opgeroepen voor het verrichten van werkzaamheden die bij of krachtens de wet aan de griffier zijn opgedragen. Het derde lid, tweede volzin, is van overeenkomstige toepassing. Alvorens voor de eerste keer te worden opgeroepen leggen zij ten overstaan van het bestuur de eed of belofte af. Bij of krachtens algemene maatregel van bestuur wordt het formulier voor de eed of belofte vastgesteld en kunnen nadere regels worden gesteld over hun beëdiging. Zij ontvangen een vergoeding volgens bij of krachtens algemene maatregel van bestuur te stellen regels.
– 5. Een buitengriffier wordt op eigen verzoek door het bestuur van het gerecht ontslagen.
– 6. Het bestuur van het gerecht kan een buitengriffier ontslaan:
a. indien hij gedurende een periode van ten minste drie jaar geen griffierswerkzaamheden heeft verricht;
b. op grond van ongeschiktheid anders dan wegens ziekte; of
c. wegens het doen of nalaten van hetgeen een persoon, werkzaam ten behoeve van een gerecht, behoort na te laten of te doen.
– 7. Indien een gerechtsambtenaar, rechterlijk ambtenaar in opleiding, gerechtsauditeur of buitengriffier griffierswerkzaamheden verricht ter ondersteuning van een rechterlijk ambtenaar met rechtspraak belast of een deskundig lid, is hij verplicht te voldoen aan de aanwijzingen van die rechterlijk ambtenaar of dat deskundig lid.

Art. 14a-14e

Vervallen.

Art. 15

Bestuur gerecht

– 1. Bij elk gerecht is een bestuur, dat bestaat uit een voorzitter, de sectorvoorzitters en een niet-rechterlijk lid.
– 2. De voorzitter van het bestuur is een rechterlijk ambtenaar met rechtspraak belast en draagt de titel van president.
– 3. De sectorvoorzitter is een rechterlijk ambtenaar met rechtspraak belast.
– 4. Het niet-rechterlijk lid is een gerechtsambtenaar en draagt de titel van directeur bedrijfsvoering.

– 5. De bestuursleden worden bij koninklijk besluit op voordracht van Onze Minister benoemd voor een periode van zes jaar. Zij kunnen worden herbenoemd.
– 6. Voor de benoeming van een bestuurslid stelt de Raad een aanbeveling op van drie personen. Voordat de Raad een aanbeveling opstelt, hoort hij het bestuur van het desbetreffende gerecht. Het bestuur stelt de Raad daarbij tevens op de hoogte van de zienswijze van de ondernemingsraad.
– 7. Een lid van het bestuur kan niet tevens zijn lid van de Raad dan wel lid van het bestuur van een ander gerecht.
– 8. Een lid van het bestuur kan niet tevens zijn:
a. lid van de Staten-Generaal;
b. minister;
c. staatssecretaris;
d. vice-president van de Raad van State of staatsraad;
e. president of lid van de Algemene Rekenkamer;
f. Nationale ombudsman of substituut-ombudsman;
g. advocaat of notaris, dan wel anderszins van het verlenen van rechtskundige bijstand het beroep maken;
h. ambtenaar bij een ministerie, alsmede de daaronder ressorterende instellingen, diensten en bedrijven.
– 9. De voorzitter en de sectorvoorzitters zijn rechterlijke ambtenaren met rechtspraak belast die zijn aangesteld overeenkomstig artikel 2, eerste lid, van de Wet rechtspositie rechterlijke ambtenaren. Zij kunnen niet tevens rechterlijk ambtenaar, genoemd in artikel 1, onder *b*, onder 1° en 3° tot en met 8°, vice-president van de Hoge Raad, raadsheer in de Hoge Raad of raadsheer in buitengewone dienst bij de Hoge Raad zijn.
– 10. De directeur bedrijfsvoering kan niet tevens rechterlijk ambtenaar zijn.

Art. 16

Toelage sectorvoorzitter

– 1. De voorzitter onderscheidenlijk de sectorvoorzitter ontvangt in verband met het verrichten van de werkzaamheden als voorzitter onderscheidenlijk sectorvoorzitter een toelage op het salaris dat hij als rechterlijk ambtenaar geniet. Het bedrag van de toelage is gelijk aan het verschil tussen dat salaris en de bij algemene maatregel van bestuur voor de functie van voorzitter onderscheidenlijk sectorvoorzitter vast te stellen salarishoogte.
– 2. Een lid van het bestuur wordt bij koninklijk besluit op voordracht van Onze Minister ontslagen bij de aanvaarding van een ambt dat of een betrekking die ingevolge artikel 15 onverenigbaar is met het zijn van lid van het bestuur van het gerecht.
– 3. De voorzitter en de sectorvoorzitter worden bij koninklijk besluit op voordracht van Onze Minister ontslagen onderscheidenlijk geschorst als lid van het bestuur indien zij als rechterlijk ambtenaar met rechtspraak belast worden ontslagen onderscheidenlijk geschorst, tenzij dat ontslag of die schorsing alleen een rechtsprekend ambt betreft waarin zij niet zijn aangesteld overeenkomstig artikel 2, eerste lid, van de Wet rechtspositie rechterlijke ambtenaren.
– 4. De voorzitter en de sectorvoorzitter worden op eigen verzoek bij koninklijk besluit op voordracht van Onze Minister ontslagen.
– 5. De directeur bedrijfsvoering wordt disciplinair gestraft, geschorst en ontslagen bij koninklijk besluit op voordracht van Onze Minister. Onze Minister doet zijn voordracht op voorstel van de Raad.
– 6. Bij algemene maatregel van bestuur worden nadere regels gesteld over de rechtspositie van de bestuursleden, waaronder in ieder geval regels betreffende de in het eerste lid bedoelde toelage van de voorzitter en de sectorvoorzitter alsmede de bezoldiging van de directeur bedrijfsvoering.

Art. 17

Besluitvormingsprocedure

– 1. Het bestuur kan slechts beslissingen nemen indien ten minste de helft van het aantal leden aanwezig is.
– 2. Het bestuur beslist bij meerderheid van stemmen.
– 3. Indien de stemmen staken, geeft de stem van de president de doorslag.

Art. 18

Machtiging tot uitoefening bevoegdheden

Het bestuur kan een of meer leden van het bestuur machtigen een of meer van zijn bevoegdheden uit te oefenen. Afdeling 10.1.1 van de Algemene wet bestuursrecht is van overeenkomstige toepassing.

Art. 19

Nadere regelgeving

– 1. Het bestuur stelt bij reglement in ieder geval nadere regels vast met betrekking tot zijn werkwijze, besluitvorming en taakverdeling, de organisatiestructuur, de machtiging, bedoeld in artikel 18, de vervanging van zijn leden in geval van ziekte of andere verhindering, de indeling in kamers, bedoeld in artikel 6, eerste lid, de verdeling van zaken over de sectoren, bedoeld

in artikel 20, tweede lid, alsmede de verdeling van zaken over de hoofdplaats en nevenvestigings- en nevenzittingsplaatsen.
– 2. Het reglement behoeft de instemming van de Raad. De artikelen 10:28 tot en met 10:31 van de Algemene wet bestuursrecht zijn van overeenkomstige toepassing.
– 3. De instemming kan slechts worden onthouden wegens strijd met het recht of het belang van een goede bedrijfsvoering van het gerecht.
– 4. Het reglement wordt gepubliceerd in de *Staatscourant*.

Art. 20

Sectoren

– 1. Het bestuur stelt binnen het gerecht ten hoogste vier organisatorische eenheden in onder de benaming sectoren.
– 2. Binnen een sector als bedoeld in het eerste lid worden in de enkelvoudige en meervoudige kamers de soorten zaken behandeld en beslist die door het bestuur aan die sector zijn opgedragen.
– 3. Met uitzondering van de raadsheren-plaatsvervangers en rechters-plaatsvervangers, die niet zijn aangewezen voor het vervullen van een gehele of gedeeltelijke taak, vormen de binnen een sector werkzame rechterlijke ambtenaren, rechterlijke ambtenaren in opleiding en gerechtsambtenaren tezamen de sectorvergadering.
– 4. De raadsheren-plaatsvervangers en rechters-plaatsvervangers die ingevolge het derde lid niet van de sectorvergadering deel uitmaken, kunnen daar op uitnodiging aan deelnemen.
– 5. Gerechtsambtenaren nemen niet deel aan een stemming over de juridische kwaliteit en uniforme rechtstoepassing, bedoeld in artikel 23, derde lid.

Art. 21

Sectorvoorzitter

– 1. De sectorvoorzitter is belast met de dagelijkse leiding van de sector.
– 2. De sectorvoorzitter is voorzitter van de sectorvergadering.

Art. 22

Gerechtsvergadering

– 1. Met uitzondering van de raadsheren-plaatsvervangers en rechters-plaatsvervangers, die niet zijn aangewezen voor het vervullen van een gehele of gedeeltelijke taak, vormen de bij een gerecht werkzame rechterlijke ambtenaren met rechtspraak belast, de gerechtsauditeurs, die tevens raadsheer-plaatsvervanger of rechter-plaatsvervanger zijn, en de rechterlijke ambtenaren in opleiding tezamen de gerechtsvergadering.
– 2. De president is voorzitter van de gerechtsvergadering.
– 3. De bij het gerecht werkzame gerechtsambtenaren, gerechtsauditeurs, die niet tevens raadsheer-plaatsvervanger of rechter-plaatsvervanger zijn, en de raadsheren-plaatsvervangers en rechters-plaatsvervangers, die niet zijn aangewezen voor het vervullen van een gehele of gedeeltelijke taak, kunnen op uitnodiging deelnemen aan de gerechtsvergadering.

§ 2. Taken en bevoegdheden

Art. 23

Taken en bevoegdheden bestuur

– 1. Het bestuur is belast met de algemene leiding, de organisatie en de bedrijfsvoering van het gerecht. In het bijzonder draagt het bestuur zorg voor:
a. automatisering en bestuurlijke informatievoorziening;
b. de voorbereiding, vaststelling en uitvoering van de begroting;
c. huisvesting en beveiliging;
d. de kwaliteit van de bestuurlijke en organisatorische werkwijze van het gerecht;
e. personeelsaangelegenheden;
f. overige materiële voorzieningen.
– 2. Bij de uitvoering van de taken, bedoeld in het eerste lid, treedt het bestuur niet in de procesrechtelijke behandeling van, de inhoudelijke beoordeling van alsmede de beslissing in een concrete zaak of in categorieën van zaken.
– 3. Het bestuur heeft voorts tot taak binnen het gerecht de juridische kwaliteit en de uniforme rechtstoepassing te bevorderen. Het voert daarover overleg met een sectorvergadering of de gerechtsvergadering. Bij de uitvoering van deze taak treedt het bestuur niet in de procesrechtelijke behandeling van, de inhoudelijke beoordeling van alsmede de beslissing in een concrete zaak.
– 4. De bestuursleden geven elkaar inlichtingen die voor de uitvoering van de taken, bedoeld in het eerste en derde lid, noodzakelijk zijn.

Art. 24

Aanwijzingsbevoegdheid

– 1. Het bestuur kan ter uitvoering van zijn taken, genoemd in artikel 23, eerste lid, alle bij het gerecht werkzame ambtenaren algemene en bijzondere aanwijzingen geven.
– 2. Bij het geven van aanwijzingen treedt het bestuur niet in de procesrechtelijke behandeling van, de inhoudelijke beoordeling van alsmede de beslissing in een concrete zaak of in categorieën van zaken.

Art. 25

Schorsing en ontslag gerechtsambtenaren

– 1. Met uitzondering van de directeur bedrijfsvoering worden de gerechtsambtenaren aangesteld, disciplinair gestraft, geschorst en ontslagen door het bestuur.
– 2. Ten aanzien van de gerechtsambtenaren worden de in de Ambtenarenwet aan het bevoegd gezag toegekende bevoegdheden uitgeoefend door het bestuur, met dien verstande dat deze bevoegdheden ten aanzien van de directeur bedrijfsvoering worden uitgeoefend door het bestuur uitgezonderd de directeur bedrijfsvoering.
– 3. Bij of krachtens algemene maatregel van bestuur worden nadere regels gesteld omtrent de uitoefening van rechtspositionele bevoegdheden ten aanzien van de gerechtsambtenaren door het bestuur onderscheidenlijk het bestuur uitgezonderd de directeur bedrijfsvoering en door de Raad voor de rechtspraak.
– 4. Het bestuur is functionele autoriteit als bedoeld in de Wet rechtspositie rechterlijke ambtenaren en de daarop berustende bepalingen ten aanzien van de rechterlijke ambtenaren die werkzaam zijn bij het gerecht en de rechterlijke ambtenaren in opleiding, voorzover zij de opleiding bij het gerecht doorbrengen. In afwijking hiervan worden de bij en krachtens de wet aan het bestuur als functionele autoriteit toegekende bevoegdheden ten aanzien van een rechterlijk ambtenaar met rechtspraak belast die tevens lid van het bestuur is, uitgeoefend door het bestuur uitgezonderd die rechterlijk ambtenaar met rechtspraak belast.

Art. 26

Regeling klachtenprocedure

– 1. Het bestuur stelt een regeling vast voor de behandeling van klachten.
– 2. De regeling of een wijziging daarvan behoeft de instemming van de Raad. De artikelen 10:28 tot en met 10:31 van de Algemene wet bestuursrecht zijn van overeenkomstige toepassing.
– 3. De instemming kan slechts worden onthouden wegens strijd met het recht of het belang van een goede bedrijfsvoering van het gerecht.
– 4. Klachten zijn niet mogelijk ten aanzien van gedragingen waartegen ingevolge een wettelijk geregelde voorziening een procedure bij een rechterlijke instantie aanhangig is, dan wel beroep openstaat tegen een uitspraak die in een zodanige procedure is gedaan. Klachten kunnen evenmin een rechterlijke beslissing betreffen.
– 5. De regeling wordt gepubliceerd in de *Staatscourant*.
– 6. Afdeling 9.1.2 van de Algemene wet bestuursrecht is van overeenkomstige toepassing.

Art. 27

President

De president vertegenwoordigt het gerecht.

Art. 28

Advies sector-/gerechtsvergadering

Een sectorvergadering of de gerechtsvergadering kan het bestuur gevraagd of ongevraagd adviseren over de uitvoering van de in artikel 23, derde lid, genoemde taak.

Art. 28a

Vervallen.

§ 3. Planning en bekostiging

Art. 29

Budget

– 1. Met inachtneming van de regels, bedoeld in artikel 97, eerste lid, kent de Raad jaarlijks aan elk gerecht een algemeen budget toe ten laste van de rijksbegroting. De Raad kan aan de toekenning van het budget voorschriften verbinden.
– 2. In aanvulling op het algemene budget kan de Raad een gerecht financiële middelen verstrekken voor specifiek omschreven activiteiten die gericht zijn op verbetering van de organisatie of de werkwijze van de gerechten of het desbetreffende gerecht. De tweede volzin van het eerste lid is van overeenkomstige toepassing.

Art. 29a-29b

Vervallen.

Art. 30

Mededeling omtrent budget

De Raad deelt aan elk gerecht zo spoedig mogelijk na de mededeling, bedoeld in artikel 101 mede welk budget, met inbegrip van de daaraan te verbinden voorschriften, voor het komende begrotingsjaar voorlopig kan worden verwacht. Hij deelt daarbij tevens mede op welke wijze het geraamde budget is berekend.

Art. 31

Jaarplan

– 1. Het bestuur stelt jaarlijks een jaarplan voor het gerecht vast. Het plan bevat:
a. een omschrijving van de voorgenomen activiteiten ter uitvoering van de in artikel 23, eerste lid, genoemde taken voor het jaar volgend op het jaar waarin het plan is vastgesteld;
b. een begroting voor het komende begrotingsjaar;
c. een meerjarenraming voor ten minste vier op het begrotingsjaar volgende jaren.
– 2. In afwijking van artikel 17, tweede lid, stelt het bestuur het jaarplan vast met meerderheid van stemmen, waaronder de stem van de president.

– 3. De Raad kan omtrent de inrichting van het plan algemene aanwijzingen geven.
– 4. Het bestuur zendt het plan voor een door de Raad te bepalen tijdstip aan de Raad.
– 5. Binnen het bestuur ziet de president toe op de uitvoering van het jaarplan.

Art. 32

Begroting

– 1. Het bestuur stelt de begroting van het gerecht als onderdeel van het jaarplan vast in overeenstemming met het door de Raad geraamde budget, bedoeld in artikel 30.
– 2. De begroting van het gerecht behoeft de instemming van de Raad. De artikelen 10:28 tot en met 10:30 van de Algemene wet bestuursrecht zijn van overeenkomstige toepassing.
– 3. De instemming kan slechts worden onthouden wegens strijd met het recht of het belang van een goede bedrijfsvoering van het gerecht.
– 4. De Raad beslist binnen acht weken na ontvangst van de begroting van het gerecht. De instemming wordt geacht te zijn verleend indien binnen deze termijn geen beslissing van de Raad is ontvangen.
– 5. In gevallen van dringende spoed kan het bestuur een uitgave doen voordat de desbetreffende begroting de instemming van de Raad heeft verkregen. De Raad wordt daarvan terstond in kennis gesteld.

Art. 33

Bekendmaking toekenning budget

– 1. De Raad maakt aan elk gerecht zo spoedig mogelijk na de vaststelling van de begroting van het Ministerie van Justitie bekend, welk budget hij aan het gerecht toekent. Indien het budget afwijkt van het geraamde budget, bedoeld in artikel 30 is de tweede volzin van dat artikel van overeenkomstige toepassing.
– 2. Indien het budget afwijkt van het geraamde budget, bedoeld in artikel 30, wijzigt het bestuur de begroting van het gerecht.
– 3. Beslissingen tot andere wijzigingen van de begroting kunnen uiterlijk tot het eind van het desbetreffende begrotingsjaar worden genomen.
– 4. De Raad wordt van de wijzigingen, bedoeld in het tweede en derde lid, terstond in kennis gesteld.
– 5. Het bestuur doet de noodzakelijke uitgaven binnen de grenzen van de vastgestelde of gewijzigde begroting.

Art. 34

Instemming Raad verplicht

– 1. Indien de begroting niet de instemming van de Raad heeft verkregen, behoeft het bestuur tot het doen van uitgaven steeds de instemming van de Raad.
– 2. Een verzoek van het bestuur om instemming kan door de Raad slechts worden afgewezen wegens strijd met het recht of het belang van een goede bedrijfsvoering van het gerecht. De artikelen 10:28 tot en met 10:30 van de Algemene wet bestuursrecht zijn van overeenkomstige toepassing.
– 3. De Raad beslist op het verzoek binnen acht weken na ontvangst van het verzoek. De instemming wordt geacht te zijn verleend indien binnen deze termijn geen beslissing van de Raad is ontvangen.
– 4. De Raad kan aan de instemming voorschriften verbinden.
– 5. De Raad kan bepalen voor welke posten en tot welk bedrag het bestuur geen instemming behoeft.

Art. 35

Verslag

– 1. Het bestuur dient jaarlijks voor een door de Raad te bepalen tijdstip bij de Raad een verslag in.
– 2. Het verslag bestaat uit de jaarrekening met bijbehorende begroting, de daarin aangebrachte wijzigingen, het jaarverslag en overige financiële gegevens.
– 3. In de jaarrekening wordt rekening en verantwoording afgelegd van het financiële beheer van het gerecht over het voorafgaande begrotingsjaar.
– 4. De jaarrekening behoeft de instemming van de Raad. De instemming kan slechts worden onthouden wegens strijd met het recht. De artikelen 10:28 tot en met 10:31 van de Algemene wet bestuursrecht zijn van overeenkomstige toepassing.
– 5. In het jaarverslag wordt vermeld op welke wijze de werkzaamheden ten behoeve waarvan het budget ten laste van de rijksbegroting is verleend, zijn uitgevoerd. Daarbij wordt aangegeven op welke wijze deze werkzaamheden zich verhouden tot het plan zoals dit overeenkomstig artikel 31 voor het desbetreffende jaar is vastgesteld en tot de in het desbetreffende jaar geldende financieringsregels, bedoeld in artikel 97, eerste lid.
– 6. Het verslag omvat een verklaring omtrent de getrouwheid en de rechtmatigheid, afgegeven door een door het bestuur aangewezen accountant als bedoeld in artikel 393, eerste lid, van Boek 2 van het Burgerlijk Wetboek. De accountant voegt bij de verklaring een rapport naar aanleiding van de controle op het financiële beheer. Bij de aanwijzing van de accountant wordt bedongen dat aan de Raad op diens verzoek inzicht wordt geboden in de controle-rapporten van de accountant.

– 7. De Raad kan een aanwijzing vaststellen inzake de reikwijdte en de intensiteit van de accountantscontrole. Deze aanwijzing is in overeenstemming met de aanwijzing, bedoeld in artikel 104, zesde lid.
– 8. In afwijking van artikel 17, tweede lid, stelt het bestuur het jaarverslag vast met meerderheid van stemmen, waaronder de stem van de president.
– 9. De Raad kan omtrent de inrichting van het verslag algemene aanwijzingen geven.

Art. 35a

Privaatrechtelijke rechtshandelingen

– 1. In afwijking van artikel 32, eerste lid, van de Comptabiliteitswet 2001, verricht het bestuur namens de Staat privaatrechtelijke rechtshandelingen voorzover die voortvloeien uit het door hem beheerde deel van de begroting van het Ministerie van Justitie, tenzij bij of krachtens de wet is bepaald dat een andere minister dan Onze Minister de rechtshandeling verricht.
– 2. De artikelen 32, vierde lid, en 39 van de Comptabiliteitswet 2001 zijn van overeenkomstige toepassing.

§ 4. Toezicht

Art. 36

Inlichtingenplicht bestuur

– 1. Het bestuur verstrekt desgevraagd aan de Raad de voor de uitoefening van zijn taak benodigde inlichtingen.
– 2. De Raad kan omtrent de verstrekking van inlichtingen algemene aanwijzingen geven voorzover de gevraagde inlichtingen betrekking hebben op beslissingen en handelingen ter uitvoering van de taken, genoemd in artikel 23, eerste lid.

Art. 36a

Vervallen.

Art. 37

Vernietiging beslissing bestuur

Een beslissing van het bestuur ter uitvoering van de in artikel 23, eerste lid, genoemde taken kan door de Raad worden vernietigd indien de beslissing kennelijk in strijd is met het recht of het belang van een goede bedrijfsvoering van het gerecht. De artikelen 10:36, 10:37, 10:38 tot en met 10:45 van de Algemene wet bestuursrecht zijn van overeenkomstige toepassing.

Art. 38

Schorsing en ontslag bestuurslid

– 1. In geval van ongeschiktheid anders dan wegens ziekte kan de Raad Onze Minister voorstellen om een of meer leden van het bestuur voor te dragen voor ontslag als lid van het bestuur. In geval van een ernstig vermoeden voor het bestaan van ongeschiktheid anders dan wegens ziekte, kan de Raad Onze Minister voorstellen om een of meer leden van het bestuur voor te dragen voor schorsing als lid van het bestuur.
– 2. De schorsing of het ontslag geschiedt bij koninklijk besluit op voordracht van Onze Minister.
– 3. Indien alle leden van het bestuur zijn geschorst of ontslagen, kan de Raad bij het desbetreffende gerecht een of meer tijdelijke bewindvoerders aanstellen. Artikel 15, zevende tot en met tiende lid, zijn van overeenkomstige toepassing. Bij de aanstelling wordt een termijn bepaald voor de bewindvoering.

Art. 39

Beroep bij Hoge Raad

– 1. Tegen een besluit op grond van artikel 38, eerste en tweede lid, kan een belanghebbende beroep instellen bij de Hoge Raad.
– 2. De Hoge Raad beoordeelt of de Kroon in redelijkheid tot het oordeel heeft kunnen komen dat sprake is van ongeschiktheid anders dan wegens ziekte, onderscheidenlijk een ernstig vermoeden voor het bestaan daarvan, alsmede of Onze Minister bij zijn voordracht in strijd met artikel 109 heeft gehandeld.
– 3. Op het beroep is hoofdstuk 8 van de Algemene wet bestuursrecht, met uitzondering van afdeling 8.1.1 en de artikelen 8:10, 8:11, 8:13 en 8:86, van overeenkomstige toepassing.

AFDELING 3
De rechtbanken

§ 1. Algemene bepalingen

Art. 40

Rechterlijke ambtenaren bij rechtbanken

– 1. Rechterlijke ambtenaren met rechtspraak belast, werkzaam bij de rechtbanken zijn:
a. coördinerend vice-presidenten;
b. vice-presidenten;
c. rechters;
d. rechters-plaatsvervangers.
– 2. De rechterlijke ambtenaren met rechtspraak belast in een rechtbank zijn van rechtswege rechter-plaatsvervanger in de overige rechtbanken.

Art. 41

Vestigingsplaats rechtbank

– 1. De rechtbank is gevestigd in de hoofdplaats van het arrondissement.
– 2. De nevenvestigingsplaatsen van de rechtbank zijn vermeld in de bij deze wet behorende bijlage. Bij algemene maatregel van bestuur kunnen nevenzittingsplaatsen worden aangewezen. Tevens kunnen bij algemene maatregel van bestuur regels worden gesteld voor de verdeling van zaken over de hoofdplaats en de nevenvestigings- en nevenzittingsplaatsen.
– 3. De voordracht voor een krachtens het tweede lid vast te stellen algemene maatregel van bestuur wordt niet eerder gedaan dan vier weken nadat het ontwerp aan beide kamers der Staten-Generaal is voorgelegd.
– 4. Het bestuur verdeelt de zaken over de hoofdplaats en de nevenvestigings- en nevenzittingsplaatsen, met inachtneming van de regels, bedoeld in het tweede lid.
– 5. De rechterlijke ambtenaren met rechtspraak belast, de niet-rechterlijke leden van een meervoudige kamer, de gerechtsambtenaren, de rechterlijke ambtenaren in opleiding, de gerechtsauditeurs en de buitengriffiers kunnen in de nevenvestigings- en nevenzittingsplaatsen alle werkzaamheden, ook buiten de terechtzitting, verrichten waartoe zij in de hoofdplaats bevoegd zijn.
– 6. De griffie van de hoofdplaats is voor de zaken die in de nevenvestigings- en nevenzittingsplaatsen worden behandeld, mede daar gevestigd.
– 7. Stukken en zaken kunnen worden ingediend en gedeponeerd bij de griffie in de plaats waar de zaak wordt behandeld, met dien verstande dat in nevenzittingsplaatsen geen zaken kunnen worden gedeponeerd. Het bestuur kan in het bestuursreglement bepalen dat in een nevenzittingsplaats geen stukken kunnen worden ingediend.
– 8. Onze Minister kan, na overleg met het bestuur van de rechtbank, bepalen dat in een zaak de terechtzitting zal worden gehouden op een door hem aan te wijzen locatie in de hoofdplaats van het arrondissement, buiten de hoofdplaats van het arrondissement of buiten het arrondissement, indien dit noodzakelijk is in verband met de veiligheid van personen.

Art. 42

Bevoegdheid bij civiele zaken

De rechtbanken nemen in eerste aanleg kennis van alle burgerlijke zaken, behoudens bij de wet bepaalde uitzonderingen.

Art. 43

Bevoegdheid bij bestuursrechtelijke zaken

De rechtbanken nemen in eerste aanleg kennis van de bestuursrechtelijke zaken waarvan de kennisneming bij de wet aan hen is opgedragen.

Art. 43a

Vervallen.

Art. 44

Bevoegdheid bij belastingzaken

De rechtbanken nemen in eerste aanleg kennis van de belastingzaken waarvan de kennisneming bij de wet aan hen is opgedragen.

Art. 45

Bevoegdheid bij strafzaken

– 1. De rechtbanken nemen in eerste aanleg kennis van alle strafzaken, behoudens bij de wet bepaalde uitzonderingen.
– 2. De rechtbanken nemen ook kennis van de vordering tot vergoeding van kosten en schaden ten behoeve van de benadeelde partij in strafzaken.

Art. 46

Aanwijzing rechters-commissarissen

Het bestuur van de rechtbank wijst uit de bij het gerecht werkzame rechterlijke ambtenaren met rechtspraak belast rechters-commissarissen aan, belast met de behandeling van strafzaken.

§ 2. De sector kanton

Art. 47

Sector kanton

– 1. Er is een sector kanton waarbinnen in enkelvoudige kamers kantonzaken worden behandeld en beslist.
– 2. De sector kanton verricht zijn taken in de arrondissementshoofdplaats alsmede in de nevenvestigingsplaatsen die zijn vermeld in de bijlage, bedoeld in artikel 41, tweede lid, en in de nevenzittingsplaatsen die krachtens artikel 41, tweede lid, zijn aangewezen.
– 3. Het bestuur hoort de sectorvergadering van de sector kanton over:
a. het opmaken van een lijst van aanbeveling voor een opengevallen plaats binnen de sector kanton als bedoeld in artikel 1*e*, eerste lid, van de Wet rechtspositie rechterlijke ambtenaren;
b. het houden van zittingen door de sector kanton in nevenzittingsplaatsen;
c. de verdeling van kantonzaken over de hoofdplaats en nevenvestigings- en nevenzittingsplaatsen.

Art. 47a

Vervallen.

Art. 48

Kantonrechter

– 1. Het bestuur van de rechtbank vormt binnen de sector kanton enkelvoudige kamers en bepaalt de bezetting daarvan. Degene die zitting heeft in de enkelvoudige kamer draagt de titel van kantonrechter dan wel kantonrechter-plaatsvervanger.

– 2. In afwijking van artikel 47, eerste lid, vormt het bestuur van de rechtbank binnen de sector kanton meervoudige kamers onder de benaming van pachtkamers en bepaalt de bezetting daarvan.

– 3. Een pachtkamer wordt bezet door twee personen, niet zijnde rechterlijk ambtenaar, als deskundige leden en een kantonrechter. Op de deskundige leden zijn de artikelen 7, derde lid, 12 en 13 van overeenkomstige toepassing.

Art. 48a

(Plaatsvervangend) lid pachtkamer

– 1. De deskundige leden van de pachtkamers van de rechtbanken, bedoeld in artikel 48, derde lid, van deze wet en hun plaatsvervangers worden benoemd bij koninklijk besluit op voordracht van Onze Minister van Justitie, gehoord Gedeputeerde Staten. Zij worden genoemd lid, onderscheidenlijk plaatsvervangend lid van de pachtkamer.

– 2. Om te kunnen worden benoemd tot lid of plaatsvervangend lid van een pachtkamer moet men Nederlander zijn.

– 3. De deskundige leden en de plaatsvervangende leden van de pachtkamers worden voor de tijd van vijf jaren benoemd. Zij zijn bij hun aftreden weer benoembaar. Zij worden op eigen verzoek bij koninklijk besluit ontslagen.

– 4. Bij de benoeming van de deskundige leden en van de plaatsvervangende leden dragen Wij zorg, dat in de pachtkamer noch het belang der pachters, noch het belang van de verpachters overheerst.

– 5. De deskundige leden en hun plaatsvervangers leggen voorafgaand aan de datum van indiensttreding de eed of belofte af volgens het formulier zoals dat is vastgesteld in de tweede bijlage bij de Wet rechtspositie rechterlijke ambtenaren.

– 6. Met ingang van de eerste dag van de maand volgende op die waarin een deskundig lid of een plaatsvervangend lid van de pachtkamer de leeftijd van zeventig jaren heeft bereikt, wordt aan hem bij koninklijk besluit ontslag verleend.

Art. 48b

Schakelbepaling

– 1. Het in de artikelen 46*c*, 46*d*, 46*e*, 46*f*, 46*g*, eerste en tweede lid, 46*i*, met uitzondering van het eerste lid onder *c*, 46*j*, 46*l*, eerste en derde lid, 46*m*, 46*o* en 46*p*, eerste tot en met vijfde lid, van de Wet rechtspositie rechterlijk ambtenaren bepaalde is van overeenkomstige toepassing ten aanzien van de deskundige leden van de pachtkamers en hun plaatsvervangers.

– 2. Zij genieten vergoeding voor hun reis- en verblijfkosten en verdere vergoeding volgens bij algemene maatregel van bestuur vast te stellen regels.

– 3. Bij algemene maatregel van bestuur worden voorschriften gegeven ter uitvoering van dit artikel en van artikel 48*a*.

Art. 49

Militaire kantonrechter

Het bestuur van de rechtbank te Arnhem vormt binnen de sector kanton een enkelvoudige kamer voor het behandelen en beslissen van militaire kantonzaken en bepaalt de bezetting daarvan. Degene die zitting heeft in deze kamer draagt de titel van militaire kantonrechter.

§ 3. Vorming en bezetting van kamers

Art. 50

Voorzieningenrechter

– 1. Het bestuur vormt voor het behandelen en beslissen van zaken waarvoor in verband met onverwijlde spoed een voorziening wordt gevraagd enkelvoudige kamers en bepaalt de bezetting daarvan. Deze kamers kunnen ook andere bij de wet aan hen toebedeelde zaken behandelen en beslissen.

– 2. Degene die zitting heeft in een enkelvoudige kamer als bedoeld in het eerste lid draagt de titel van voorzieningenrechter.

– 3. In kort geding als bedoeld in het Wetboek van Burgerlijke Rechtsvordering draagt de voorzieningenrechter ter terechtzitting de aanspreektitel van president in kort geding.

Art. 51

Politierechter

– 1. Het bestuur vormt voor het behandelen en beslissen van strafzaken in eerste aanleg, niet zijnde kantonzaken als bedoeld in artikel 47, eerste lid, enkelvoudige kamers. Het bestuur bepaalt de bezetting van deze kamers.

– 2. Degene die zitting heeft in een enkelvoudige kamer als bedoeld in het eerste lid draagt de titel van politierechter.

Art. 52

Economische politierechter

– 1. Het bestuur vormt voor het behandelen en beslissen van zaken betreffende economische delicten enkelvoudige en meervoudige kamers onder de benaming van economische kamers. Het bestuur bepaalt de bezetting van deze kamers.

– 2. Degene die zitting heeft in een enkelvoudige economische kamer draagt de titel van economische politierechter.

Art. 53

Kinderrechter

– 1. Het bestuur vormt voor het behandelen en beslissen van kinderzaken enkelvoudige kamers en bepaalt de bezetting daarvan.
– 2. Degene die zitting heeft in een enkelvoudige kamer voor kinderzaken draagt de titel van kinderrechter.

Art. 54

Militaire ambtenarenrechter

– 1. Het bestuur van de rechtbank te 's-Gravenhage vormt voor het behandelen en beslissen van zaken op grond van de Militaire Ambtenarenwet 1931 enkelvoudige en meervoudige kamers en bepaalt de bezetting daarvan.
– 2. Degene die zitting heeft in een enkelvoudige kamer als bedoeld in het eerste lid draagt de titel van militaire ambtenarenrechter.
– 3. Een meervoudige kamer bestaat uit twee rechterlijke ambtenaren met rechtspraak belast en een militair lid, dat bij voorkeur afkomstig is uit het krijgsmachtdeel waartoe degene die beroep heeft ingesteld behoort of behoorde. Op het militaire lid zijn de artikelen 7, derde lid, 12 en 13 van overeenkomstige toepassing.

Art. 55

Militaire kamers

– 1. Het bestuur van de rechtbank te Arnhem vormt voor het behandelen en beslissen van zaken als bedoeld in artikel 2 van de Wet militaire strafrechtspraak, enkelvoudige en meervoudige kamers onder de benaming van militaire kamers. Het bestuur bepaalt de bezetting van deze kamers.
– 2. Een meervoudige kamer bestaat uit twee rechterlijke ambtenaren met rechtspraak belast en een militair lid, dat bij voorkeur afkomstig is uit het krijgsmachtdeel waartoe de verdachte behoort of behoorde. Bij de behandeling van een zaak tegen verdachten van verschillende krijgsmachtdelen bepaalt de voorzitter van de kamer uit welk krijgsmachtdeel het militaire lid afkomstig is. Op het militaire lid zijn de artikelen 7, derde lid, 12 en 13 van overeenkomstige toepassing.
– 3. Degene die zitting heeft in een enkelvoudige militaire kamer draagt de titel van militaire politierechter.

Art. 55a

Kamers voor het kwekersrecht

– 1. Het bestuur van de rechtbank te 's-Gravenhage vormt voor het behandelen en beslissen van zaken als bedoeld in artikel 78, eerste en tweede lid, van de Zaaizaad- en plantgoedwet 2005 kamers onder de benaming van kamers voor het kwekersrecht. Het bestuur bepaalt de bezetting van deze kamers.
– 2. Een kamer voor het kwekersrecht bestaat uit twee rechterlijke ambtenaren met rechtspraak belast en een persoon, niet zijnde rechterlijk ambtenaar, als deskundig lid. Op het deskundige lid zijn de artikelen 7, derde lid, 12 en 13 van overeenkomstige toepassing.

Art. 55b-55c

Vervallen.

Art. 56

Douanekamers

Het bestuur van de rechtbank te Haarlem vormt voor het behandelen en beslissen van zaken als bedoeld in artikel 27, tweede lid, van de Algemene wet inzake rijksbelastingen, enkelvoudige en meervoudige kamers onder de benaming van douanekamers. Het bestuur bepaalt de bezetting van deze kamers.

Art. 57

Vervallen.

AFDELING 4
De gerechtshoven

§ 1. Algemene bepalingen

Art. 58

Rechterlijke ambtenaren bij gerechtshoven

– 1. Rechterlijke ambtenaren met rechtspraak belast, werkzaam bij de gerechtshoven zijn:
a. coördinerend vice-presidenten;
b. vice-presidenten;
c. raadsheren;
d. raadsheren-plaatsvervangers.
– 2. De rechterlijke ambtenaren met rechtspraak belast in een gerechtshof zijn van rechtswege raadsheer-plaatsvervanger in de overige gerechtshoven.

Art. 58a

Vervallen.

Art. 59

Vestigingsplaats gerechtshof

– 1. Het gerechtshof is gevestigd in de hoofdplaats van het ressort.

– 2. Bij algemene maatregel van bestuur kunnen nevenzittingsplaatsen worden aangewezen. Tevens kunnen bij algemene maatregel van bestuur regels worden gesteld voor de verdeling van zaken over de hoofdplaats en de nevenzittingsplaatsen.

– 3. De voordracht voor een krachtens het tweede lid vast te stellen algemene maatregel van bestuur wordt niet eerder gedaan dan vier weken nadat het ontwerp aan beide kamers der Staten-Generaal is voorgelegd.

– 4. Het bestuur verdeelt de zaken over de hoofdplaats en de nevenzittingsplaatsen, met inachtneming van de regels, bedoeld in het tweede lid.

– 5. De rechterlijke ambtenaren met rechtspraak belast, de niet-rechterlijke leden van een meervoudige kamer, de gerechtsambtenaren, de gerechtsauditeurs en de buitengriffiers kunnen in de nevenzittingsplaatsen alle werkzaamheden, ook buiten de terechtzitting, verrichten waartoe zij in de hoofdplaats bevoegd zijn.

– 6. De griffie van de hoofdplaats is voor de zaken die in de nevenzittingsplaatsen worden behandeld, mede daar gevestigd.

– 7. Stukken en zaken kunnen worden ingediend en gedeponeerd bij de griffie in de plaats waar de zaak wordt behandeld, met dien verstande dat in nevenzittingsplaatsen geen zaken kunnen worden gedeponeerd. Het bestuur kan in het bestuursreglement bepalen dat in een nevenzittingsplaats geen stukken kunnen worden ingediend.

– 8. Onze Minister kan, na overleg met het bestuur van het gerechtshof, bepalen dat in een zaak de terechtzitting zal worden gehouden op een door hem aan te wijzen locatie in de hoofdplaats van het ressort, buiten de hoofdplaats van het ressort of buiten het ressort, indien dit noodzakelijk is in verband met de veiligheid van personen.

Art. 59a-59i

Vervallen.

Art. 60

Bevoegdheid gerechtshoven

– 1. De gerechtshoven oordelen in hoger beroep over de daarvoor vatbare vonnissen, beschikkingen en uitspraken in burgerlijke zaken, strafzaken en belastingzaken van de rechtbanken in hun ressort.

– 2. Het eerste lid is van overeenkomstige toepassing op het aan hoger beroep onderworpen deel van het vonnis van een rechtbank in een strafzaak dat betrekking heeft op de vordering van de benadeelde partij indien de vordering meer dan € 1 750 bedraagt.

– 3. Het bestuur van het gerechtshof kan uit de bij het gerecht werkzame rechterlijke ambtenaren met rechtspraak belast raadsheren-commissarissen aanwijzen, belast met de behandeling van strafzaken.

Art. 60a

Vervallen.

Art. 61

Jurisdictiegeschillen tussen rechtbanken

De gerechtshoven nemen in eerste aanleg, tevens in hoogste ressort, kennis van jurisdictiegeschillen tussen rechtbanken binnen hun rechtsgebied, met uitzondering van geschillen als bedoeld in artikel 8:9 van de Algemene wet bestuursrecht.

Art. 61a-61b

Vervallen.

Art. 62

Prorogatie

– 1. De gerechtshoven nemen in eerste aanleg, tevens in hoogste ressort, kennis van de voor hoger beroep vatbare burgerlijke zaken waarin partijen zijn overeengekomen deze bij de aanvang van het geding bij wege van prorogatie aanhangig te maken bij het gerechtshof dat in hoger beroep bevoegd zou zijn.

– 2. Het eerste lid is niet van toepassing op zaken die niet ter vrije bepaling van partijen staan.

§ 2. Vorming en bezetting van kamers

Art. 63

Voorzieningenrechter

– 1. Het bestuur vormt voor het behandelen en beslissen van zaken waarvoor in verband met onverwijlde spoed een voorziening wordt gevraagd enkelvoudige kamers en bepaalt de bezetting daarvan. Deze kamers kunnen ook andere bij de wet aan hen toebedeelde zaken behandelen en beslissen.

– 2. Degene die zitting heeft in een enkelvoudige kamer als bedoeld in het eerste lid draagt de titel van voorzieningenrechter.

Art. 64

Economische kamers

Het bestuur vormt voor het behandelen en beslissen van zaken waarin door de economische kamers van de rechtbanken vonnis is gewezen dan wel een bevel of een beschikking is gegeven, enkelvoudige en meervoudige kamers onder de benaming van economische kamers. Het bestuur bepaalt de bezetting van deze kamers.

Art. 65

Douanekamers

Het bestuur van het gerechtshof te Amsterdam vormt voor het behandelen en beslissen in hoger beroep van zaken waarin door de douanekamers van de rechtbank te Haarlem uitspraak is gedaan enkelvoudige en meervoudige kamers onder de benaming van douanekamers. Het bestuur bepaalt de bezetting van deze kamers.

Art. 66

Ondernemingskamer

– 1. Het bestuur van het gerechtshof te Amsterdam vormt voor het behandelen en beslissen van zaken als bedoeld in Boek 2 van het Burgerlijk Wetboek, de artikelen 173, 217 en 218 van de Pensioenwet, artikel 5 van de Wet op de Europese ondernemingsraden, artikel 26 van de Wet op de ondernemingsraden, artikel 36 van de Wet medezeggenschap op scholen en de artikelen 997 en 1000 van het Wetboek van Burgerlijke Rechtsvordering een meervoudige kamer onder de benaming van ondernemingskamer en bepaalt de bezetting daarvan.
– 2. De ondernemingskamer bestaat uit drie rechterlijke ambtenaren met rechtspraak belast en twee personen, niet zijnde rechterlijk ambtenaar, als deskundige leden. Op de deskundige leden zijn de artikelen 7, derde lid, 12 en 13 van deze wet en de artikelen 46*c*, 46*d*, 46*f*, 46*g*, eerste en tweede lid, 46*i*, met uitzondering van het eerste lid, onderdeel *c*, 46*j*, 46*l*, eerste en derde lid, 46*m*, 46*o* en 46*p* van de Wet rechtspositie rechterlijke ambtenaren van overeenkomstige toepassing.
– 3. Het bestuur van het gerechtshof te 's-Gravenhage vormt voor het behandelen en beslissen van zaken als bedoeld in artikel 46*d*, onderdeel *i*, van de Wet op de ondernemingsraden een meervoudige kamer en bepaalt de bezetting daarvan. Het tweede lid is van overeenkomstige toepassing.
– 4. De deskundige leden worden bij koninklijk besluit benoemd voor een periode van vijf jaar. Er kunnen ook plaatsvervangers worden benoemd.
– 5. De deskundige leden leggen alvorens zij met hun werkzaamheden aanvangen de eed of belofte af ten overstaan van een enkelvoudige of meervoudige kamer van het gerecht waarbij zij zijn benoemd.
– 6. Bij algemene maatregel van bestuur worden regels gesteld over de wijze van eedaflegging, het kostuum, de afwezigheid, de afwisseling, de vergoeding voor reis- en verblijfskosten en nadere vergoeding van de deskundige leden en hun plaatsvervangers.

Art. 67

Kamer inzake vervroegde invrijheidstelling

– 1. Het bestuur van het gerechtshof te Arnhem vormt een meervoudige kamer die is belast met het behandelen en beslissen van zaken in beroep als bedoeld in de artikelen 502, 509*v* en 509*ff* van het Wetboek van Strafvordering. Het bestuur bepaalt de bezetting van deze kamer.
– 2. Deze kamer is voorts belast met het verstrekken van adviezen ingevolge artikel 43, derde lid, van de Wet overdracht tenuitvoerlegging strafvonnissen.
– 3. Deze kamer wordt voor de beslissing in zaken in beroep als bedoeld in de artikelen 502, 509*v* en 509*ff* van het Wetboek van Strafvordering aangevuld met twee personen, niet zijnde rechterlijk ambtenaar, als deskundige leden. In de overige zaken kan de voorzitter van de kamer deze leden toevoegen. Op de deskundige leden zijn de artikelen 7, derde lid, 12 en 13 van deze wet en de artikelen 46*c*, 46*d*, 46*f*, 46*g*, eerste en tweede lid, 46*i*, met uitzondering van het eerste lid, onderdeel *c*, 46*j*, 46*l*, eerste en derde lid, 46*m*, 46*o* en 46*p* van de Wet rechtspositie rechterlijke ambtenaren van overeenkomstige toepassing.
– 4. De deskundige leden worden bij koninklijk besluit benoemd voor een periode van vijf jaar. Er kunnen ook plaatsvervangers worden benoemd.
– 5. De deskundige leden leggen alvorens zij met hun werkzaamheden aanvangen de eed of belofte af ten overstaan van een enkelvoudige of meervoudige kamer van het gerecht waarbij zij zijn benoemd.
– 6. Bij algemene maatregel van bestuur worden regels gesteld over de wijze van eedaflegging, het kostuum, de afwezigheid, de afwisseling, de vergoeding voor reis- en verblijfskosten en nadere vergoeding van de deskundige leden en hun plaatsvervangers.

Art. 68

Militaire kamer

– 1. Het bestuur van het gerechtshof te Arnhem vormt voor het behandelen en beslissen van zaken waarin door de militaire kamer van de rechtbank te Arnhem vonnis is gewezen een meervoudige kamer onder de benaming van militaire kamer. Het bestuur bepaalt de bezetting van deze kamer.
– 2. De militaire kamer bestaat uit twee rechterlijke ambtenaren met rechtspraak belast en een militair lid, dat bij voorkeur behoort tot het krijgsmachtdeel waartoe de verdachte behoort of behoorde. Bij de behandeling van een zaak tegen verdachten van verschillende krijgsmachtdelen bepaalt de voorzitter van de kamer uit welk krijgsmachtdeel het militaire lid afkomstig is. Op het militaire lid zijn de artikelen 7, derde lid, 12 en 13 van overeenkomstige toepassing.

– 3. De militaire kamer oordeelt ook over het beklag over niet vervolging in militaire zaken als bedoeld in artikel 12 van het Wetboek van Strafvordering.

Art. 69

Pachtkamer

– 1. Het bestuur van het gerechtshof te Arnhem vormt voor het behandelen en beslissen van zaken als bedoeld in artikel 132 van de Pachtwet, een meervoudige kamer onder de benaming van pachtkamer. Het bestuur bepaalt de bezetting van deze kamer.
– 2. De pachtkamer bestaat uit drie rechterlijke ambtenaren met rechtspraak belast en twee personen, niet zijnde rechterlijk ambtenaar, als deskundige leden. Op de deskundige leden zijn de artikelen 7, derde lid, 12 en 13 van overeenkomstige toepassing.

Art. 69a

(Plaatsvervangende) raad pachtkamer gerechtshof

– 1. De deskundige leden van de pachtkamer van het gerechtshof en hun plaatsvervangers worden benoemd bij koninklijk besluit op voordracht van Onze Minister van Justitie. Zij worden genoemd raad, onderscheidenlijk plaatsvervangende raad in de pachtkamer van het gerechtshof.
– 2. Het bepaalde in de artikelen 48*a*, tweede, derde, vierde, vijfde lid en zesde lid, en 48*b* is mede op deze leden en hun plaatsvervangers van toepassing.

Art. 70

Kamer voor het kwekersrecht

– 1. Het bestuur van het gerechtshof te 's-Gravenhage vormt voor het behandelen en beslissen van zaken als bedoeld in artikel 78, derde lid, van de Zaaizaad- en plantgoedwet 2005, een meervoudige kamer onder de benaming van kamer voor het kwekersrecht. Het bestuur bepaalt de bezetting van deze kamer.
– 2. De kamer voor het kwekersrecht bestaat uit drie rechterlijke ambtenaren met rechtspraak belast en twee personen, niet zijnde rechterlijk ambtenaar, als deskundige leden. Op de deskundige leden zijn de artikelen 7, derde lid, 12 en 13 van overeenkomstige toepassing.

Art. 71

Kamers voor Wet Mulderzaken

Het bestuur van het gerechtshof te Leeuwarden vormt enkelvoudige en meervoudige kamers voor het behandelen en beslissen van zaken op basis van de Wet administratiefrechtelijke handhaving verkeersvoorschriften en op basis van artikel 154b van de Gemeentewet. Het bestuur bepaalt de bezetting van deze kamers.

AFDELING 5
De Hoge Raad

Art. 72

Samenstelling Hoge Raad

– 1. De Hoge Raad bestaat uit een president, ten hoogste zeven vice-presidenten, ten hoogste dertig raadsheren en ten hoogste vijftien raadsheren in buitengewone dienst.
– 2. De raadsheren in buitengewone dienst verrichten, als raadsheer, werkzaamheden voorzover zij daartoe door de president worden opgeroepen.
– 3. Bij de Hoge Raad wordt een griffier benoemd.
– 4. Bij de Hoge Raad kunnen gerechtsauditeurs worden benoemd.
– 5. Voor de toepassing van het eerste lid worden de president van, de vice-presidenten van en de raadsheren in de Hoge Raad aan wie buitengewoon verlof zonder behoud van bezoldiging is verleend, voor de duur van dat verlof en gedurende ten hoogste een jaar daarna buiten beschouwing gelaten.
– 6. Voor de toepassing van het eerste lid worden rechterlijke ambtenaren die zijn aangesteld voor het vervullen van een gedeeltelijke werktijd, geteld overeenkomstig de breuk die hun werktijd aangeeft.

Art. 73

Waarneming

– 1. In geval van ziekte of andere verhindering wordt de president vervangen door een vice-president.
– 2. In geval van ziekte of andere verhindering van de griffier wordt hij, bij gebreke van een substituut-griffier, vervangen door een waarnemend griffier.
– 3. De waarnemend griffiers worden door Onze Minister benoemd op aanbeveling van de Hoge Raad. Alvorens in dienst te treden, leggen zij ten overstaan van de president van de Hoge Raad de eed of belofte af. Bij of krachtens algemene maatregel van bestuur wordt het formulier voor de eed of belofte vastgesteld en kunnen nadere regels worden gesteld over hun beëdiging. Zij ontvangen een vergoeding volgens bij of krachtens algemene maatregel van bestuur te stellen regels.
– 4. Een waarnemend griffier wordt op eigen verzoek door Onze Minister ontslagen. Onze Minister stelt de president van de Hoge Raad hiervan op de hoogte.
– 5. Onze Minister kan een waarnemend griffier ontslaan:
a. indien hij gedurende een periode van ten minste drie jaar geen griffierswerkzaamheden heeft verricht;
b. op grond van ongeschiktheid anders dan wegens ziekte; of

c. wegens het doen of nalaten van iets wat een persoon, werkzaam ten behoeve van de Hoge Raad, behoort na te laten of te doen.

Art. 74

Advies of inlichtingen

De Hoge Raad geeft advies of inlichtingen wanneer dat vanwege de regering wordt gevraagd.

Art. 75

Meervoudige en enkelvoudige kamers

– 1. De Hoge Raad vormt, op voorstel van de president, een of meer meervoudige kamers en, voor de gevallen waarin de wet dat voorschrijft, een of meer enkelvoudige kamers en bepaalt de bezetting daarvan.

– 2. Bij de Hoge Raad worden zaken, behoudens bij de wet bepaalde uitzonderingen, behandeld en beslist door vijf leden van een meervoudige kamer, van wie een als voorzitter optreedt.

– 3. De voorzitter van een meervoudige kamer kan bepalen dat een zaak die daarvoor naar zijn oordeel geschikt is, wordt behandeld en beslist door drie leden van die kamer. Indien de zaak naar het oordeel van een van deze leden ongeschikt is voor behandeling en beslissing door drie leden, wordt de behandeling voortgezet door vijf leden.

– 4. De Hoge Raad stelt, op voorstel van de president, een reglement van inwendige dienst vast. In dit reglement wordt de indeling in kamers vastgelegd.

– 5. Het reglement wordt gepubliceerd in de *Staatscourant*.

Art. 76

Ambtsmisdrijven en -overtredingen

– 1. De Hoge Raad neemt in eerste instantie, tevens in hoogste ressort, kennis van de ambtsmisdrijven en ambtsovertredingen begaan door de leden van de Staten-Generaal, de ministers en de staatssecretarissen.

– 2. Onder ambtsmisdrijven en ambtsovertredingen worden hier begrepen strafbare feiten begaan onder een der verzwarende omstandigheden omschreven in artikel 44 van het Wetboek van Strafrecht.

– 3. In de gedingen, bedoeld in het eerste en tweede lid, is de Hoge Raad tevens bevoegd kennis te nemen van de vordering tot vergoeding van kosten en schaden ten behoeve van de benadeelde partij.

– 4. In de gedingen, bedoeld in het eerste en tweede lid, oordeelt de Hoge Raad met een aantal van tien raadsheren. Bij het staken der stemmen wordt een uitspraak ten voordele van de verdachte gedaan.

Art. 77

Jurisdictiegeschillen

– 1. De Hoge Raad neemt in eerste aanleg, tevens in hoogste ressort, kennis van jurisdictiegeschillen tussen:

a. rechtbanken, tenzij artikel 61 van toepassing is;

b. gerechtshoven;

c. een gerechtshof en een rechtbank;

d. een tot de rechterlijke macht behorend gerecht en een niet tot de rechterlijke macht behorend gerecht;

e. administratieve rechters, tenzij een andere administratieve rechter daartoe bevoegd is.

– 2. Indien het jurisdictiegeschil is gerezen tussen de Hoge Raad en een ander in het eerste lid genoemd gerecht, wordt de Hoge Raad ter beslissing daarvan zoveel mogelijk samengesteld uit raadsheren die van de zaak nog geen kennis genomen hebben.

Art. 78

Beroep in cassatie

– 1. De Hoge Raad neemt kennis van het beroep in cassatie tegen de handelingen, arresten, vonnissen en beschikkingen van de gerechtshoven en de rechtbanken, ingesteld hetzij door een partij, hetzij 'in het belang der wet' door de procureur-generaal bij de Hoge Raad.

– 2. Het eerste lid is niet van toepassing op de handelingen en uitspraken van de rechtbanken in zaken waarvan zij als administratieve rechter kennis nemen.

– 3. Het eerste lid is voorts niet van toepassing ten aanzien van de handelingen en beslissingen van de rechtbanken en van het gerechtshof te Leeuwarden in zaken met betrekking tot de Wet administratiefrechtelijke handhaving verkeersvoorschriften en in zaken betreffende bestuurlijke boeten opgelegd op grond van artikel 154b van de Gemeentewet, met dien verstande dat de Hoge Raad wel kennis neemt van de eis tot 'cassatie in het belang der wet' door de procureur-generaal.

– 4. De Hoge Raad neemt kennis van het beroep in cassatie tegen uitspraken van de administratieve rechter voorzover dit bij wet is bepaald.

– 5. Een partij kan geen beroep in cassatie instellen indien voor haar een ander gewoon rechtsmiddel openstaat of heeft opengestaan.

– 6. Cassatie 'in het belang der wet' kan niet worden ingesteld indien voor partijen een gewoon rechtsmiddel openstaat en brengt geen nadeel toe aan de rechten door partijen verkregen

Art. 79

Cassatiegronden

– 1. De Hoge Raad vernietigt handelingen, arresten, vonnissen en beschikkingen:

a. wegens verzuim van vormen voorzover de niet-inachtneming daarvan uitdrukkelijk met nietigheid is bedreigd of zodanige nietigheid voortvloeit uit de aard van de niet in acht genomen vorm;
b. wegens schending van het recht met uitzondering van het recht van vreemde staten.
– 2. Feiten waaruit het gelden of niet gelden van een regel van gewoonterecht wordt afgeleid, worden voorzover zij bewijs behoeven, alleen op grond van de bestreden beslissing als vaststaande aangenomen.

Art. 80

Cassatie tegen vonnis kantonrechter

– 1. Tegen een vonnis of een beschikking van een kantonrechter in een burgerlijke zaak waartegen geen hoger beroep kan of kon worden ingesteld, kan een partij slechts beroep in cassatie instellen wegens:
a. het niet inhouden van de gronden waarop het vonnis of de beschikking berust;
b. het niet in het openbaar gedaan zijn van het vonnis of, voorzover rechtens vereist, de beschikking;
c. onbevoegdheid; of
d. overschrijding van rechtsmacht.
– 2. Een vonnis van een kantonrechter in een strafzaak kan, afgezien van het geval van cassatie 'in het belang der wet', wegens geen ander verzuim van vormen worden vernietigd dan wegens:
a. het niet inhouden van het ten laste gelegde dan wel, in geval van een bewezenverklaring, het ten laste gelegde alsmede de gronden waarop het vonnis berust;
b. het niet beslissen op de grondslag van de tenlastelegging;
c. het niet geven van de beslissing, bedoeld in artikel 358, derde lid, van het Wetboek van Strafvordering, dan wel het niet geven van de redenen voor deze beslissing; of
d. het niet in het openbaar gewezen zijn van het vonnis.

Art. 81

Beperking motiveringsplicht

Indien de Hoge Raad oordeelt dat een aangevoerde klacht niet tot cassatie kan leiden en niet noopt tot beantwoording van rechtsvragen in het belang van de rechtseenheid of de rechtsontwikkeling, kan hij zich bij de vermelding van de gronden van zijn beslissing beperken tot dit oordeel.

Art. 82

Beëdiging

– 1. De Hoge Raad is belast met de beëdiging van functionarissen ten aanzien van wie zulks bij of krachtens de wet is bepaald.
– 2. De in het eerste lid bedoelde taak wordt uitgeoefend door de president van de Hoge Raad. De beëdiging geschiedt op vordering van de procureur-generaal.

Art. 83

Inlichtingenplicht rechtbanken, hoven en presidenten

De rechtbanken, de gerechtshoven en de presidenten geven inlichtingen wanneer die door de Hoge Raad voor de behandeling van een zaak noodzakelijk worden geacht.

Art. 83a

Vervallen.

AFDELING 6
Raad voor de rechtspraak

§ 1. Inrichting

Art. 84

Raad voor de rechtspraak

– 1. Er is een Raad voor de rechtspraak.
– 2. De Raad bestaat uit vijf leden.
– 3. De leden van de Raad worden bij koninklijk besluit op voordracht van Onze Minister benoemd voor een periode van zes jaar. Zij kunnen eenmaal worden herbenoemd voor een periode van drie jaar.
– 4. Van de vijf leden van de Raad zijn drie leden rechterlijke ambtenaren met rechtspraak belast dan wel met rechtspraak belaste leden van de Centrale Raad van Beroep of het College van Beroep voor het bedrijfsleven. De overige twee leden van de Raad zijn geen rechterlijke ambtenaren met rechtspraak belast, dan wel met rechtspraak belaste leden van de Centrale Raad van Beroep of het College van Beroep voor het bedrijfsleven.
– 5. Een van de rechterlijke leden wordt bij koninklijk besluit op voordracht van Onze Minister tot voorzitter van de Raad benoemd.
– 6. De rechterlijke leden zijn rechterlijke ambtenaren met rechtspraak belast dan wel met rechtspraak belaste leden van de Centrale Raad van Beroep of het College van Beroep voor het bedrijfsleven die zijn aangesteld overeenkomstig artikel 2, eerste lid, van de Wet rechtspositie rechterlijke ambtenaren.
– 7. De leden kunnen niet tevens zijn:

a. lid van de Staten-Generaal;
b. minister;
c. staatssecretaris;
d. vice-president van de Raad van State of staatsraad;
e. president of lid van de Algemene Rekenkamer;
f. Nationale ombudsman of substituut-ombudsman;
g. ambtenaar bij een ministerie, alsmede de daaronder ressorterende instellingen, diensten en bedrijven;
h. rechterlijk ambtenaar, als bedoeld in artikel 1, onderdeel *b*, onder 1° en 3° tot en met 8°;
i. vice-president van, raadsheer in of raadsheer in buitengewone dienst bij de Hoge Raad;
j. lid van het College van Afgevaardigden, bedoeld in artikel 90.

Art. 84a

Vervallen.

Art. 85

Kandidatenlijst

– 1. Voorafgaand aan de voordracht, bedoeld in artikel 84, derde lid, stelt Onze Minister in overeenstemming met de Raad een lijst vast van maximaal zes personen die voor de vervulling van de desbetreffende vacature in aanmerking lijken te komen.
– 2. De lijst wordt ter beschikking gesteld aan een commissie van aanbeveling. Deze bestaat uit een president van een gerecht, een vertegenwoordiger van de Nederlandse Vereniging voor Rechtspraak, een lid van het College van afgevaardigden, een directeur bedrijfsvoering van een gerecht en een door Onze Minister aangewezen persoon. De president is voorzitter.
– 3. De commissie stelt uit de lijst een aanbeveling op van maximaal drie personen. Zij zendt deze uiterlijk acht weken na vaststelling van de lijst aan Onze Minister.
– 4. Bij algemene maatregel van bestuur kunnen nadere regels worden gesteld omtrent de procedure, bedoeld in dit artikel.

Art. 86

Bezoldiging leden van de Raad

– 1. De rechterlijke leden van de Raad ontvangen in verband met het verrichten van de werkzaamheden als lid van de Raad een toelage op het salaris dat zij als rechterlijk ambtenaar, lid van de Centrale Raad van Beroep of lid van het College van Beroep voor het bedrijfsleven genieten. Het bedrag van de toelage is gelijk aan het verschil tussen dat salaris en de bij algemene maatregel van bestuur voor de functie van rechterlijk lid van de Raad vast te stellen salarishoogte.
– 2. Een lid van de Raad wordt bij koninklijk besluit op voordracht van Onze Minister ontslagen bij de aanvaarding van een ambt dat of een betrekking die volgens artikel 84 onverenigbaar is met het lidmaatschap van de Raad. Een niet-rechterlijk lid van de Raad wordt tevens als lid van de Raad ontslagen indien hij wordt benoemd als rechterlijk ambtenaar met rechtspraak belast, met rechtspraak belast lid van de Centrale Raad van Beroep of met rechtspraak belast lid van het College van Beroep voor het bedrijfsleven.
– 3. Een rechterlijk lid van de Raad wordt bij koninklijk besluit op voordracht van Onze Minister ontslagen onderscheidenlijk geschorst als lid van de Raad indien hij als rechterlijk ambtenaar met rechtspraak belast dan wel met rechtspraak belast lid van de Centrale Raad van Beroep of het College van Beroep voor het bedrijfsleven wordt ontslagen, onderscheidenlijk geschorst, tenzij dat ontslag of die schorsing alleen een rechtsprekend ambt betreft waarin hij niet is aangesteld overeenkomstig artikel 2, eerste lid, van de Wet rechtspositie rechterlijke ambtenaren.
– 4. Een rechterlijk lid van de Raad wordt op eigen verzoek bij koninklijk besluit op voordracht van Onze Minister ontslagen.
– 5. Een niet-rechterlijk lid van de Raad wordt disciplinair gestraft, geschorst en ontslagen bij koninklijk besluit op voordracht van Onze Minister.
– 6. Ten aanzien van een niet-rechterlijk lid van de Raad worden de in de Ambtenarenwet aan het bevoegd gezag toegekende bevoegdheden uitgeoefend door de Raad, uitgezonderd het niet-rechterlijk lid van de Raad. Bij algemene maatregel van bestuur worden nadere regels gesteld omtrent de uitoefening van rechtspositionele bevoegdheden door de Raad ten aanzien van een niet-rechterlijk lid.
– 7. Ten aanzien van een rechterlijk lid van de Raad worden de in de artikelen 21, 27*a* tot en met 30, 34, 35, 37 tot en met 39, 45 en 46 van de Wet rechtspositie rechterlijke ambtenaren aan de functionele autoriteit toegekende bevoegdheden uitgeoefend door de Raad, uitgezonderd dat rechterlijk lid van de Raad. Bij algemene maatregel van bestuur worden nadere regels gesteld omtrent de uitoefening van rechtspositionele bevoegdheden door de Raad ten aanzien van een rechterlijk lid.
– 8. Bij algemene maatregel van bestuur worden nadere regels gesteld over de rechtspositie van de leden van de Raad, waaronder in ieder geval regels betreffende de in het eerste lid bedoelde toelage van de rechterlijke leden alsmede de bezoldiging van een niet-rechterlijk lid.

Art. 87

Quorum

– 1. De Raad kan alleen beslissingen nemen indien ten minste drie leden aanwezig zijn.
– 2. De Raad beslist bij meerderheid van stemmen.
– 3. Indien de stemmen staken, geeft de stem van de voorzitter de doorslag.
– 4. De Raad stelt bij reglement nadere regels vast met betrekking tot zijn werkwijze en besluitvorming. Het reglement wordt aan Onze Minister gezonden en gepubliceerd in de *Staatscourant*.

Art. 88

Machtigingsbevoegdheid

De Raad kan een of meer leden machtigen een of meer van zijn bevoegdheden uit te oefenen. Afdeling 10.1.1 van de Algemene wet bestuursrecht is van overeenkomstige toepassing.

Art. 89

Bureau

– 1. Te zijner ondersteuning beschikt de Raad over een bureau.
– 2. De tot het bureau behorende ambtenaren worden door de Raad aangesteld, disciplinair gestraft, geschorst en ontslagen.
– 3. Ten aanzien van de tot het bureau behorende ambtenaren worden de in de Ambtenarenwet aan het bevoegd gezag toegekende bevoegdheden uitgeoefend door de Raad.
– 4. Bij of krachtens algemene maatregel van bestuur worden nadere regels gesteld omtrent de uitoefening van rechtspositionele bevoegdheden door de Raad ten aanzien van de tot het bureau behorende ambtenaren.

Art. 90

College van afgevaardigden

– 1. Er is een College van afgevaardigden.
– 2. Het College bestaat uit vertegenwoordigers van de gerechten, de Centrale Raad van Beroep en het College van Beroep voor het bedrijfsleven. Bij algemene maatregel van bestuur worden nadere regels gesteld omtrent de samenstelling en inrichting van het College en de afvaardiging van de leden.
– 3. Het College heeft tot taak de Raad gevraagd of ongevraagd te adviseren omtrent de uitvoering van zijn taken.
– 4. De Raad verstrekt desgevraagd aan het College de voor de uitoefening van zijn taak benodigde inlichtingen.

§ 2. Taken en bevoegdheden

Art. 91

Taken Raad

– 1. De Raad is belast met:
a. de voorbereiding van de begroting voor de Raad en de gerechten gezamenlijk;
b. de toekenning van budgetten ten laste van de rijksbegroting aan de gerechten;
c. de ondersteuning van de bedrijfsvoering bij de gerechten;
d. het toezicht op de uitvoering van de begroting door de gerechten;
e. het toezicht op de bedrijfsvoering bij de gerechten;
f. landelijke activiteiten op het gebied van werving, selectie, aanstelling, benoeming en opleiding van het personeel bij de gerechten.
– 2. Ter uitvoering van de in het eerste lid, onder *c* en *e*, genoemde taken is de zorg van de Raad in het bijzonder gericht op:
a. automatisering en bestuurlijke informatievoorziening;
b. huisvesting en beveiliging;
c. de kwaliteit van de bestuurlijke en organisatorische werkwijze van de gerechten;
d. personeelsaangelegenheden;
e. overige materiële voorzieningen.

Art. 92

Aanwijzingsbevoegdheid Raad

– 1. De Raad kan ter uitvoering van de in artikel 91 genoemde taken algemene aanwijzingen geven aan de besturen van de gerechten voorzover dit noodzakelijk is met het oog op een goede bedrijfsvoering van de gerechten.
– 2. Alvorens een aanwijzing te geven stelt de Raad het College van afgevaardigden in de gelegenheid zijn zienswijze kenbaar te maken. In de motivering van de aanwijzing geeft de Raad aan op welke wijze hij de zienswijze van het College in zijn beoordeling heeft betrokken.
– 3. Een aanwijzing wordt gepubliceerd in de *Staatscourant*.

Art. 93

Aanwijzingsbevoegdheid minister

– 1. Onze Minister kan algemene aanwijzingen geven betreffende de uitvoering van de in artikel 91 genoemde taken door de Raad voorzover dit noodzakelijk is met het oog op een goede bedrijfsvoering van de rechterlijke organisatie.
– 2. Alvorens een aanwijzing te geven als bedoeld in het eerste lid, stelt Onze Minister de Raad in de gelegenheid schriftelijk zijn zienswijze kenbaar te maken.
– 3. Onze Minister deelt de Raad de voorgenomen aanwijzing en de motivering daarvan

schriftelijk mede. Onze Minister kan de Raad voor het kenbaar maken van zijn zienswijze een termijn stellen. De zienswijze van de Raad wordt schriftelijk en gemotiveerd gegeven.
– 4. Indien de zienswijze van de Raad luidt dat de aanwijzing in strijd zal zijn met artikel 109, wordt de aanwijzing niet gegeven.
– 5. De aanwijzing wordt gepubliceerd in de *Staatscourant*.
– 6. Artikel 8:2, onderdelen *a* en *b*, van de Algemene wet bestuursrecht is van overeenkomstige toepassing.

Art. 94

Ondersteunende taak

De Raad heeft tot taak ondersteuning te bieden aan activiteiten van de gerechten die gericht zijn op uniforme rechtstoepassing en bevordering van de juridische kwaliteit.

Art. 95

Adviestaak

– 1. De Raad heeft tot taak regering en Staten-Generaal te adviseren omtrent algemeen verbindende voorschriften en te voeren beleid van het Rijk op het terrein van de rechtspleging. De adviezen van de Raad worden vastgesteld na overleg met de gerechten.
– 2. Hoofdstuk 4 van de Kaderwet adviescolleges is van overeenkomstige toepassing.

Art. 96

Beperking aan bevoegdheid Raad

– 1. Bij de uitvoering van de taken, bedoeld in de artikelen 94 en 95, treedt de Raad niet in de procesrechtelijke behandeling van, de inhoudelijke beoordeling van alsmede de beslissing in een concrete zaak.
– 2. Bij de uitvoering van de overige taken en bevoegdheden, toegedeeld bij of krachtens deze wet, is het eerste lid van overeenkomstige toepassing met dien verstande dat de Raad ook niet treedt in de procesrechtelijke behandeling van, de inhoudelijke beoordeling van alsmede de beslissing in categorieën van zaken.

§ 3. Planning en bekostiging

Art. 97

Financiering rechtspraak

– 1. Bij algemene maatregel van bestuur worden regels gesteld met betrekking tot de financiering van de rechtspraak. Daartoe behoren in elk geval regels betreffende:
a. de objectieve meting van de werklast bij de gerechten;
b. de vergoeding van de gerechtskosten;
c. de voorschriften die aan de financiering kunnen worden verbonden in verband met de activiteiten van de gerechten en de daaraan verbonden werklast;
d. de wijze waarop bij de financiering rekening kan worden gehouden met de naleving van de in onderdeel *c* bedoelde voorschriften in de voorafgaande periode;
e. het door de Raad en de gerechten toe te passen begrotingsstelsel.
– 2. Voordat een voordracht voor een krachtens het eerste lid vast te stellen algemene maatregel van bestuur wordt gedaan, stelt Onze Minister de Raad in de gelegenheid schriftelijk zijn zienswijze kenbaar te maken. In de nota van toelichting bij de algemene maatregel van bestuur wordt aangegeven in hoeverre en op welke gronden van de zienswijze van de Raad is afgeweken.
– 3. De voordracht voor een krachtens het eerste lid vast te stellen algemene maatregel van bestuur wordt niet eerder gedaan dan vier weken nadat het ontwerp aan beide kamers der Staten-Generaal is voorgelegd.
– 4. In het verslag, bedoeld in artikel 104, eerste lid, besteedt de Raad aandacht aan de wijze waarop de algemene maatregel van bestuur is toegepast. Daarbij geeft de Raad aan op welke wijze de toepassing van de regeling zich verhoudt tot de kwaliteit van de taakuitvoering door de gerechten en doet hij zo nodig voorstellen tot wijziging.

Art. 98

Begrotingsvoorstel

– 1. Met inachtneming van de regels, bedoeld in artikel 97, eerste lid, stelt de Raad jaarlijks, voorafgaand aan het desbetreffende begrotingsjaar, een voorstel vast voor een begroting van de Raad en de gerechten gezamenlijk, met inbegrip van de aan het toe te kennen budget te verbinden voorschriften, alsmede een meerjarenraming voor ten minste vier op het begrotingsjaar volgende jaren.
– 2. Alvorens de Raad het begrotingsvoorstel en de meerjarenraming vaststelt, voert de Raad overleg met de gerechten.
– 3. De Raad zendt het begrotingsvoorstel en de meerjarenraming voor een door Onze Minister te bepalen tijdstip aan Onze Minister.
– 4. Bij of krachtens algemene maatregel van bestuur kunnen regels worden gesteld met betrekking tot de voorbereiding en de inrichting van het begrotingsvoorstel en de meerjarenraming, met inbegrip van de daarbij behorende toelichting en bijlagen.

Art. 99

Ontwerp-begroting overeenkomstig begrotingsvoorstel

– 1. De ontwerp-begroting, bedoeld in artikel 12, eerste lid, van de Comptabiliteitswet 2001,

wordt door Onze Minister opgesteld in overeenstemming met het begrotingsvoorstel van de Raad, tenzij zich het geval voordoet, bedoeld in het derde lid.
– 2. Indien Onze Minister zich met het oog op een rechtmatig en doelmatig beheer van 's Rijks gelden niet kan verenigen met het begrotingsvoorstel van de Raad of een onderdeel daarvan, deelt hij dit mede aan de Raad en voert hij hierover met de Raad overleg.
– 3. Indien het in het tweede lid bedoelde overleg niet tot overeenstemming leidt en Onze Minister overwegende bezwaren houdt, wordt het begrotingsvoorstel van de Raad of het desbetreffende onderdeel daarvan in gewijzigde vorm opgenomen in de ontwerp-begroting, bedoeld in artikel 12, eerste lid, van de Comptabiliteitswet 2001.
– 4. In de toelichting op het voorstel van wet geeft Onze Minister aan welke voorschriften hij voornemens is aan het krachtens artikel 100 toe te kennen budget te verbinden. Het eerste tot en met het derde lid zijn van overeenkomstige toepassing.

Art. 100

Toekenning budget

Met inachtneming van de regels, bedoeld in artikel 97, eerste lid, kent Onze Minister jaarlijks aan de Raad een budget toe ten laste van de rijksbegroting ten behoeve van de activiteiten van de Raad en de gerechten gezamenlijk. Aan de toekenning kan Onze Minister voorschriften verbinden.

Art. 101

Mededeling omtrent geraamd budget

Onze Minister deelt zo spoedig mogelijk na de aanhangigmaking van het voorstel van wet tot vaststelling van de begroting van het Ministerie van Justitie bij de Raad van State, aan de Raad mede welk budget, met inbegrip van de daaraan te verbinden voorschriften, voor het komende begrotingsjaar voorlopig kan worden verwacht. Hij deelt daarbij mede op welke wijze het geraamde budget is berekend.

Art. 101a

Vervallen.

Art. 102

Jaarplan

– 1. De Raad stelt jaarlijks een jaarplan vast voor de Raad en de gerechten gezamenlijk. Het plan omvat:
a. een omschrijving van de voorgenomen activiteiten ter uitvoering van de in artikel 91 genoemde taken voor het jaar volgend op het jaar waarin het plan is vastgesteld;
b. een begroting voor het komende begrotingsjaar.
– 2. De Raad stelt de begroting vast in overeenstemming met het geraamde budget, bedoeld in artikel 101.
– 3. De Raad zendt het jaarplan voor een door Onze Minister te bepalen tijdstip aan Onze Minister. Onze Minister zendt het jaarplan onverwijld aan de beide kamers der Staten-Generaal.
– 4. Bij of krachtens algemene maatregel van bestuur kunnen regels worden gesteld met betrekking tot de inrichting van het jaarplan.

Art. 103

Toekenning budget

– 1. Onze Minister maakt aan de Raad zo spoedig mogelijk na de vaststelling van de begroting van het Ministerie van Justitie bekend, welk budget hij toekent aan de Raad en de gerechten gezamenlijk. Indien het budget afwijkt van het geraamde budget, bedoeld in artikel 101, is de tweede volzin van dat artikel van overeenkomstige toepassing.
– 2. Indien het budget afwijkt van het geraamde budget, bedoeld in artikel 101, wijzigt de Raad de begroting.
– 3. Beslissingen tot andere wijzigingen van de begroting kunnen tot uiterlijk het eind van het desbetreffende begrotingsjaar worden genomen.
– 4. De Raad doet de noodzakelijke uitgaven binnen de grenzen van de vastgestelde of gewijzigde begroting.

Art. 104

Jaarverslag

– 1. De Raad dient jaarlijks voor een door Onze Minister te bepalen tijdstip bij Onze Minister een verslag in. Onze Minister zendt het verslag onverwijld aan de beide kamers der Staten-Generaal.
– 2. Het verslag bestaat uit de jaarrekening met bijbehorende begroting, de daarin aangebrachte wijzigingen, het jaarverslag en overige financiële gegevens.
– 3. In de jaarrekening wordt rekening en verantwoording afgelegd van het financiële beheer van de Raad en de gerechten gezamenlijk over het voorafgaande begrotingsjaar.
– 4. In het jaarverslag wordt vermeld op welke wijze de werkzaamheden ten behoeve waarvan het budget ten laste van de rijksbegroting is verleend, zijn uitgevoerd. Daarbij wordt aangegeven op welke wijze deze werkzaamheden zich verhouden tot het plan zoals dit overeenkomstig artikel 102 voor het desbetreffende jaar is vastgesteld, de plannen, bedoeld in artikel 31, eerste lid, en de verslagen, bedoeld in artikel 35, eerste lid.
– 5. Het verslag omvat een verklaring omtrent de getrouwheid en de rechtmatigheid, afgegeven door een door de Raad aangewezen accountant als bedoeld in artikel 393, eerste lid, van

Boek 2 van het Burgerlijk Wetboek. De accountant voegt bij de verklaring een rapport naar aanleiding van de controle op het financiële beheer. Bij de aanwijzing van de accountant wordt bedongen dat aan Onze Minister op diens verzoek inzicht wordt geboden in de controle-rapporten van de accountant.
– 6. Onze Minister kan een aanwijzing vaststellen inzake de reikwijdte en de intensiteit van de accountantscontrole.
– 7. Bij of krachtens algemene maatregel van bestuur kunnen regels worden gesteld omtrent de inrichting van het verslag.

Art. 104a

– 1. In afwijking van artikel 32, eerste lid, van de Comptabiliteitswet 2001, verricht de Raad namens de Staat privaatrechtelijke rechtshandelingen voorzover die voortvloeien uit het door hem beheerde deel van de begroting van het Ministerie van Justitie, tenzij bij of krachtens de wet is bepaald dat een andere minister dan Onze Minister de rechtshandeling verricht. **Privaatrechtelijke rechtshandelingen**
– 2. De artikelen 32, vierde lid, en 39 van de Comptabiliteitswet 2001 zijn van overeenkomstige toepassing.

§ 4. Toezicht

Art. 105

De Raad verstrekt desgevraagd aan Onze Minister de voor de uitoefening van zijn taak benodigde inlichtingen. **Inlichtingenplicht**

Art. 106

– 1. Een beslissing van de Raad ter uitvoering van de in artikel 91 genoemde taken kan op voordracht van Onze Minister bij koninklijk besluit worden vernietigd indien de beslissing kennelijk in strijd is met het recht of het belang van een goede bedrijfsvoering van de rechterlijke organisatie. De artikelen 10:36, 10:37, 10:38 tot en met 10:45 van de Algemene wet bestuursrecht zijn van overeenkomstige toepassing. **Vernietigingsmogelijkheid beslissing**
– 2. Artikel 8:4, onderdeel *a*, van de Algemene wet bestuursrecht is van overeenkomstige toepassing.

Art. 107

– 1. In geval van ongeschiktheid anders dan wegens ziekte kan Onze Minister een of meer leden van de Raad voordragen voor ontslag als lid van de Raad. In geval van een ernstig vermoeden voor het bestaan van ongeschiktheid anders dan wegens ziekte, kan Onze Minister een of meer leden van de Raad voordragen voor schorsing als lid van de Raad. **Schorsing en ontslag lid van de Raad**
– 2. De schorsing of het ontslag geschiedt bij koninklijk besluit.
– 3. Indien alle leden van de Raad zijn geschorst of ontslagen, kan Onze Minister bij de Raad een of meer tijdelijke bewindvoerders aanstellen. Artikel 84, zesde en zevende lid, is van overeenkomstige toepassing. Bij de aanstelling wordt een termijn bepaald voor de bewindvoering.

Art. 108

– 1. Tegen een besluit op grond van artikel 107, eerste en tweede lid, kan een belanghebbende beroep instellen bij de Hoge Raad. **Beroepsmogelijkheid**
– 2. De Hoge Raad beoordeelt of de Kroon in redelijkheid tot het oordeel heeft kunnen komen dat sprake is van ongeschiktheid anders dan wegens ziekte, onderscheidenlijk een ernstig vermoeden voor het bestaan daarvan, alsmede of Onze Minister bij zijn voordracht in strijd met artikel 109 heeft gehandeld.
– 3. Op het beroep is hoofdstuk 8 van de Algemene wet bestuursrecht, met uitzondering van afdeling 8.1.1 en de artikelen 8:10, 8:11, 8:13 en 8:86, van overeenkomstige toepassing.

Art. 109

Bij de uitvoering van de bevoegdheden, toegedeeld bij of krachtens deze wet, treedt Onze Minister niet in de procesrechtelijke behandeling van, de inhoudelijke beoordeling van alsmede de beslissing in een concrete zaak of in categorieën van zaken. **Uitvoering bevoegdheden**

Art. 110

Vervallen.

HOOFDSTUK 3

De procureur-generaal bij de Hoge Raad

Art. 111

– 1. Er is een parket bij de Hoge Raad, aan het hoofd waarvan de procureur-generaal bij de Hoge Raad staat. **Parket bij de Hoge Raad**
– 2. De procureur-generaal bij de Hoge Raad is belast met:
a. de vervolging van ambtsmisdrijven en ambtsovertredingen begaan door de leden van de Staten-Generaal, de ministers en de staatssecretarissen;
b. het nemen van aan de Hoge Raad uit te brengen conclusies in de bij de wet bepaalde gevallen;

c. de instelling van cassatie 'in het belang der wet';
d. de instelling van vorderingen tot het door de Hoge Raad nemen van beslissingen als bedoeld in hoofdstuk 6A van de Wet rechtspositie rechterlijke ambtenaren.
– 3. In de gevallen waarin de Hoge Raad ten principale recht doet, neemt de procureur-generaal bij de Hoge Raad de taken en bevoegdheden van het openbaar ministerie, bedoeld in artikel 125, waar.
– 4. Bij de wet kan de procureur-generaal bij de Hoge Raad ook met andere taken worden belast.
– 5. De bevoegdheden van de procureur-generaal kunnen, tenzij de aard van de bevoegdheden zich daartegen verzet, mede worden uitgeoefend door de plaatsvervangend procureur-generaal en door advocaten-generaal.

Art. 112

Vervallen.

Art. 113

Samenstelling parket bij de Hoge Raad

– 1. Het parket bij de Hoge Raad bestaat uit een procureur-generaal, een plaatsvervangend procureur-generaal, ten hoogste tweeëntwintig advocaten-generaal en ten hoogste elf advocaten-generaal in buitengewone dienst.
– 2. De advocaten-generaal in buitengewone dienst nemen, als advocaat-generaal, conclusies voorzover zij daartoe door de procureur-generaal worden opgeroepen. Zij nemen in zodanig geval, wanneer de Hoge Raad ten principale recht doet, de taken en bevoegdheden van het openbaar ministerie, bedoeld in artikel 125, waar.
– 3. Voor de toepassing van het eerste lid worden de procureur-generaal, de plaatsvervangend procureur-generaal, en de advocaten-generaal bij de Hoge Raad aan wie buitengewoon verlof zonder behoud van bezoldiging is verleend, voor de duur van dat verlof en gedurende ten hoogste een jaar daarna buiten beschouwing gelaten.
– 4. Voor de toepassing van het eerste lid worden rechterlijke ambtenaren die zijn aangesteld voor het vervullen van een gedeeltelijke werktijd, geteld overeenkomstig de breuk die hun werktijd aangeeft.

Art. 114-115

Vervallen.

Art. 116

Procureur-generaal

De procureur-generaal geeft leiding aan het parket bij de Hoge Raad.

Art. 117

Vervanging procureur-generaal

In geval van afwezigheid, belet of ontstentenis wordt de procureur-generaal vervangen door de plaatsvervangend procureur-generaal en, bij afwezigheid, belet of ontstentenis ook van deze, door de advocaat-generaal oudste in rang.

Art. 118

Waarneming procureur-generaal

Onze Minister van Justitie kan de plaatsvervangend procureur-generaal of een advocaat-generaal belasten met de waarneming van het ambt van procureur-generaal.

Art. 119

Plaatsvervangend advocaat-generaal

– 1. Onze Minister van Justitie kan, op aanbeveling van de procureur-generaal, als plaatsvervangend advocaat-generaal bij de Hoge Raad een lid van een rechtbank of een gerechtshof of een lid van het openbaar ministerie aanwijzen. De aanwijzing geschiedt voor een daarbij te bepalen termijn. De artikelen 46*c*, eerste lid, 46*d*, eerste lid, onderdeel *d*, en 46*e* van de Wet rechtspositie rechterlijke ambtenaren zijn op de plaatsvervangend advocaat-generaal van overeenkomstige toepassing.
– 2. Aanwijzing van een lid van een rechtbank of een gerechtshof tot plaatsvervangend advocaat-generaal geschiedt slechts met diens toestemming.
– 3. Plaatsvervangende advocaten-generaal nemen, op de voet van een advocaat-generaal, conclusies voor zover zij daartoe door de procureur-generaal worden opgeroepen. Zij nemen in zodanig geval, wanneer de Hoge Raad ten principale recht doet, de taken en bevoegdheden van het openbaar ministerie, bedoeld in artikel 125, waar.
– 4. Artikel 12 van de Wet rechtspositie rechterlijke ambtenaren is niet van toepassing op de plaatsvervangende advocaten-generaal.
– 5. De president van de Hoge Raad kan, op aanbeveling van de procureur-generaal, als waarnemend advocaat-generaal bij de Hoge Raad aanwijzen een lid of lid in buitengewone dienst van de Hoge Raad, die daarmee heeft ingestemd. Een waarnemend advocaat-generaal neemt, op de voet van een advocaat-generaal, conclusies voorzover hij daartoe door de procureur-generaal wordt opgeroepen. Hij neemt in zodanig geval, wanneer de Hoge Raad ten principale recht doet, de taken en bevoegdheden van het openbaar ministerie, bedoeld in artikel 125, waar.

Art. 120

Schakelbepaling

– 1. De artikelen 12, 13 en 74 zijn op de in artikel 111 genoemde rechterlijke ambtenaren van overeenkomstige toepassing.

– 2. Voor de uitvoering van de taken, bedoeld in artikel 111, tweede lid, is artikel 83 van overeenkomstige toepassing op de procureur-generaal bij de Hoge Raad.

Art. 121

Taak procureur-generaal

De procureur-generaal bij de Hoge Raad waakt in het bijzonder voor de handhaving en uitvoering van wettelijke voorschriften bij de Hoge Raad, de gerechtshoven en de rechtbanken.

Art. 122

In kennis stellen Minister van Justitie

– 1. Indien naar het oordeel van de procureur-generaal bij de Hoge Raad het openbaar ministerie bij de uitoefening van zijn taak de wettelijke voorschriften niet naar behoren handhaaft of uitvoert, kan hij Onze Minister van Justitie daarvan in kennis stellen.

– 2. Op verzoek van de procureur-generaal worden hem vanwege het College van procureurs-generaal de inlichtingen verstrekt die hij nodig acht en worden hem de desbetreffende stukken overgelegd.

Art. 123

Bijstand

Het College van procureurs-generaal verleent de procureur-generaal bij de Hoge Raad de bijstand van het openbaar ministerie, die deze ter uitvoering van de aan hem opgedragen taken verlangt.

HOOFDSTUK 4
Het openbaar ministerie

AFDELING 1
Taken en bevoegdheden

Art. 124

Taak openbaar ministerie

Het openbaar ministerie is belast met de strafrechtelijke handhaving van de rechtsorde en met andere bij de wet vastgestelde taken.

Art. 125

Uitoefening taken en bevoegdheden openbaar ministerie

De taken en bevoegdheden van het openbaar ministerie worden, op de wijze bij of krachtens de wet bepaald, uitgeoefend door:

a. het College van procureurs-generaal;

b. de officieren van justitie, de plaatsvervangende officieren van justitie, de officieren enkelvoudige zittingen en de plaatsvervangende officieren enkelvoudige zittingen;

c. de advocaten-generaal en de plaatsvervangende advocaten-generaal.

Art. 126

Opgedragen bevoegdheid

– 1. De uitoefening van een of meer bevoegdheden van de officier van justitie, de officier enkelvoudige zittingen of de advocaat-generaal kan worden opgedragen aan een andere bij het parket werkzame ambtenaar voor zover het hoofd van het parket daarmee heeft ingestemd.

– 2. De opgedragen bevoegdheid wordt in naam en onder verantwoordelijkheid van de officier van justitie, de officier enkelvoudige zittingen, onderscheidenlijk de advocaat-generaal, uitgeoefend.

– 3. De uitoefening van een bevoegdheid als bedoeld in het eerste lid, kan niet aan een andere bij het parket werkzame ambtenaar worden opgedragen indien de regeling waarop de bevoegdheid steunt of de aard van de bevoegdheid zich daartegen verzet. Daarvan is in elk geval sprake voor zover het gaat om het optreden ter terechtzitting in strafzaken en de toepassing van de dwangmiddelen als bedoeld in Titel IV van het Eerste Boek van het Wetboek van Strafvordering.

– 4. Bij algemene maatregel van bestuur worden omtrent de toepassing van dit artikel nadere regels gesteld.

Art. 127

Aanwijzingen

Onze Minister van Justitie kan algemene en bijzondere aanwijzingen geven betreffende de uitoefening van de taken en bevoegdheden van het openbaar ministerie.

Art. 128

Zienswijze College van procureurs-generaal

– 1. Onze Minister van Justitie stelt het College van procureurs-generaal in de gelegenheid zijn zienswijze kenbaar te maken voordat hij in een concreet geval een aanwijzing geeft inzake de opsporing of vervolging van strafbare feiten.

– 2. Onze Minister deelt het College de voorgenomen aanwijzing en de motivering daarvan schriftelijk mede. Onze Minister kan het College voor het kenbaar maken van zijn zienswijze een termijn stellen. De zienswijze van het College wordt schriftelijk en gemotiveerd gegeven.

– 3. Een aanwijzing als bedoeld in het eerste lid, wordt schriftelijk en gemotiveerd gegeven.

– 4. Slechts indien de aanwijzing in verband met de vereiste spoed niet schriftelijk kan worden gegeven, kan zij mondeling worden gegeven. In dat geval wordt zij zo spoedig mogelijk doch in elk geval binnen een week daarna op schrift gesteld. Het voorgaande is van overeenkomstige toepassing op het mededelen van een voorgenomen aanwijzing door Onze Minister en voor het geven van de zienswijze door het College.

– 5. De in het eerste lid bedoelde aanwijzing wordt, tezamen met de voorgenomen aanwijzing en de zienswijze van het College, door de officier van justitie bij de processtukken gevoegd. Voor zover het belang van de staat zich naar het oordeel van Onze Minister daartegen verzet, blijft voeging bij de processtukken achterwege, met dien verstande dat in dat geval bij de processtukken een verklaring wordt gevoegd waaruit blijkt dat een aanwijzing is gegeven.

– 6. Indien het betreft een aanwijzing tot het niet of niet verder opsporen of vervolgen, stelt Onze Minister de beide Kamers der Staten-Generaal zo spoedig mogelijk in kennis van de aanwijzing, de voorgenomen aanwijzing en de zienswijze van het College, voor zover het verstrekken van de desbetreffende stukken niet in strijd is met het belang van de staat.

Art. 129

Inlichtingen

– 1. Het College verstrekt Onze Minister de inlichtingen die deze nodig heeft.

– 2. De leden van het openbaar ministerie verstrekken het College de inlichtingen die het College nodig heeft.

AFDELING 2
Inrichting

Art. 130

College van procureurs-generaal

– 1. Er is een College van procureurs-generaal.

– 2. Het College staat aan het hoofd van het openbaar ministerie.

– 3. Het College bestaat uit een bij algemene maatregel van bestuur te bepalen aantal van ten minste drie en ten hoogste vijf procureurs-generaal. Bij koninklijk besluit wordt een van de procureurs-generaal benoemd tot voorzitter van het College voor een periode van ten hoogste drie jaar. Hij kan eenmaal worden herbenoemd. De voorzitter ontvangt in verband met het verrichten van werkzaamheden als voorzitter een toelage op het salaris dat hij als procureur-generaal geniet, volgens bij algemene maatregel van bestuur te stellen regels.

– 4. Het College kan algemene en bijzondere aanwijzingen geven betreffende de uitoefening van de taken en bevoegdheden van het openbaar ministerie.

Art. 131

Quorum

– 1. Het College van procureurs-generaal kan geen beslissingen nemen indien niet ten minste drie leden aanwezig zijn.

– 2. Het College neemt beslissingen bij meerderheid van stemmen.

– 3. Indien de stemmen staken, geeft de stem van de voorzitter de doorslag.

– 4. Bij reglement stelt het College nadere regels met betrekking tot zijn werkwijze en besluitvorming. Het reglement en wijzigingen daarvan behoeven de goedkeuring van Onze Minister van Justitie. Het reglement of een wijziging daarvan wordt na de goedkeuring gepubliceerd in de *Staatscourant*.

– 5. In het reglement wordt in ieder geval geregeld in welke gevallen de voorzitter een voorgenomen beslissing aan Onze Minister van Justitie voorlegt, daaronder zijn in ieder geval begrepen de beslissingen bedoeld in artikel 140*a* van het Wetboek van Strafvordering.

Art. 132

Verdeling werkzaamheden

– 1. Het College van procureurs-generaal verdeelt de werkzaamheden onder de procureurs-generaal.

– 2. Onze Minister van Justitie kan bepaalde werkzaamheden opdragen aan de voorzitter van het College.

Art. 133

Machtiging

– 1. Het College van procureurs-generaal kan een procureur-generaal machtigen een of meer van zijn bevoegdheden uit te oefenen, tenzij de regeling waarop de bevoegdheid steunt of de aard van de bevoegdheid zich daartegen verzet.

– 2. De uitoefening van een bevoegdheid door een procureur-generaal overeenkomstig het eerste lid geschiedt in naam en onder verantwoordelijkheid van het College.

– 3. Het College kan ten aanzien van de uitoefening van de bevoegdheid algemene en bijzondere aanwijzingen geven.

Art. 134

Openbaar Ministerie

– 1. Het openbaar ministerie bestaat uit:
a. het parket-generaal;
b. de arrondissementsparketten;
c. het landelijk parket;
d. het functioneel parket;
e. de ressortsparketten.

– 2. De arrondissementsparketten en de ressortsparketten zijn gevestigd in de hoofdplaatsen van de rechtbanken respectievelijk van de gerechtshoven.

Art. 135

Parket-generaal

– 1. Bij het parket-generaal zijn werkzaam:
a. de procureurs-generaal die het College vormen;
b. andere ambtenaren.

– 2. Bij het parket-generaal kunnen ambtenaren werkzaam zijn in alle rangen, bedoeld in de artikelen 136 tot en met 138.

– 3. Aan het hoofd van het parket-generaal staat het College.

– 4. De procureurs-generaal zijn van rechtswege plaatsvervangend advocaat-generaal bij de ressortsparketten, plaatsvervangend officier van justitie bij de arrondissementsparketten, plaatsvervangend officier van justitie bij het landelijk parket en plaatsvervangend officier van justitie bij het functioneel parket.

Art. 136

Arrondissementsparket

– 1. Bij een arrondissementsparket zijn werkzaam:
a. officieren van justitie;
b. plaatsvervangende officieren van justitie;
c. officieren enkelvoudige zittingen;
d. plaatsvervangende officieren enkelvoudige zittingen;
e. andere ambtenaren.

– 2. Bij een arrondissementsparket kunnen rechterlijke ambtenaren in opleiding werkzaam zijn.

– 3. Aan het hoofd van een arrondissementsparket staat een officier van justitie in de rang van hoofdofficier en met de titel hoofd van het arrondissementsparket. Hij kan algemene en bijzondere aanwijzingen geven aan de bij zijn parket werkzame ambtenaren betreffende de uitoefening van de taken en bevoegdheden van het parket.

– 4. Bij een arrondissementsparket wordt tevens een officier van justitie benoemd hetzij – indien in het arrondissement twee politieregio's gelegen zijn – in de rang van fungerend hoofdofficier, hetzij – indien dat niet het geval is – in de rang van plaatsvervangend hoofdofficier. In geval van afwezigheid, belet of ontstentenis van het hoofd van het arrondissementsparket wordt hij vervangen door de fungerend onderscheidenlijk door de plaatsvervangend hoofdofficier.

– 5. De overige officieren van justitie worden benoemd in de rang van officier eerste klasse, officier of substituut-officier.

– 6. De officieren van justitie en de officieren enkelvoudige zittingen bij een arrondissementsparket zijn van rechtswege plaatsvervangend officier van justitie, onderscheidenlijk plaatsvervangend officier enkelvoudige zittingen bij de overige arrondissementsparketten, bij het landelijk parket en bij het functioneel parket.

– 7. Het College van procureurs-generaal kan een officier van justitie bij een arrondissementsparket benoemen tot plaatsvervangend advocaat-generaal.

– 8. De officier enkelvoudige zittingen en de plaatsvervangende officier enkelvoudige zittingen hebben de bevoegdheden en verplichtingen die bij of krachtens de wet aan de officier van justitie worden toegekend, met uitzondering van de bevoegdheid om op te treden ter terechtzitting van een meervoudige kamer van de rechtbank.

Art. 137

Landelijk parket

– 1. Bij het landelijk parket zijn werkzaam:
a. officieren van justitie;
b. plaatsvervangende officieren van justitie;
c. officieren enkelvoudige zittingen;
d. plaatsvervangende officieren enkelvoudige zittingen;
e. andere ambtenaren.

– 2. Aan het hoofd van het landelijk parket staat een officier van justitie in de rang van hoofdofficier en met de titel hoofd van het landelijk parket. Hij kan algemene en bijzondere aanwijzingen geven aan de bij zijn parket werkzame ambtenaren betreffende de uitoefening van de taken en bevoegdheden van het parket.

– 3. Bij het landelijk parket wordt tevens een officier van justitie benoemd in de rang van plaatsvervangend hoofdofficier. In geval van afwezigheid, belet of ontstentenis van het hoofd van het landelijk parket wordt hij vervangen door de plaatsvervangend hoofdofficier.

– 4. De overige officieren van justitie worden benoemd in de rang van officier eerste klasse, officier of substituut-officier.

– 5. De officieren van justitie en de officieren enkelvoudige zittingen bij het landelijk parket zijn van rechtswege plaatsvervangend officier van justitie, onderscheidenlijk plaatsvervan-

gend officier enkelvoudige zittingen bij de arrondissementsparketten en het functioneel parket.
– 6. Het College van procureurs-generaal kan een officier van justitie bij het landelijk parket benoemen tot plaatsvervangend advocaat-generaal.
– 7. De officier enkelvoudige zittingen en de plaatsvervangende officier enkelvoudige zittingen hebben de bevoegdheden en verplichtingen die bij of krachtens de wet aan de officier van justitie worden toegekend, met uitzondering van de bevoegdheid om op te treden ter terechtzitting van een meervoudige kamer van de rechtbank.

Art. 137a

Functioneel parket

– 1. Bij het functioneel parket zijn werkzaam:
a. officieren van justitie;
b. plaatsvervangende officieren van justitie;
c. officieren enkelvoudige zittingen;
d. plaatsvervangende officieren enkelvoudige zittingen;
e. andere ambtenaren.
– 2. Aan het hoofd van het functioneel parket staat een officier van justitie in de rang van hoofdofficier en met de titel hoofd van het functioneel parket. Hij kan algemene en bijzondere aanwijzingen geven aan de bij zijn parket werkzame ambtenaren betreffende de uitoefening van de taken en bevoegdheden van het parket.
– 3. Bij het functioneel parket wordt tevens een officier van justitie benoemd in de rang van plaatsvervangend hoofdofficier. In geval van afwezigheid, belet of ontstentenis van het hoofd van het functioneel parket wordt hij vervangen door de plaatsvervangend hoofdofficier.
– 4. De overige officieren van justitie worden benoemd in de rang van officier eerste klasse, officier of substituut-officier.
– 5. De officieren van justitie en de officieren enkelvoudige zittingen bij het functioneel parket zijn van rechtswege plaatsvervangend officier van justitie, onderscheidenlijk plaatsvervangend officier enkelvoudige zittingen bij de arrondissementsparketten en het landelijk parket.
– 6. Het College van procureurs-generaal kan een officier van justitie bij het functioneel parket benoemen tot plaatsvervangend advocaat-generaal.
– 7. De officier enkelvoudige zittingen en de plaatsvervangende officier enkelvoudige zittingen hebben de bevoegdheden en verplichtingen die bij of krachtens de wet aan de officier van justitie worden toegekend, met uitzondering van de bevoegdheid om op te treden ter terechtzitting van een meervoudige kamer van de arrondissementsrechtbank.

Art. 138

Ressortsparket

– 1. Bij een ressortsparket zijn werkzaam:
a. advocaten-generaal;
b. plaatsvervangende advocaten-generaal;
c. andere ambtenaren.
– 2. Aan het hoofd van een ressortsparket staat een advocaat-generaal in de rang van hoofdadvocaat-generaal en met de titel hoofd van het ressortsparket. Hij kan algemene en bijzondere aanwijzingen geven aan de bij zijn parket werkzame ambtenaren betreffende de uitoefening van de taken en bevoegdheden van het parket.
– 3. Bij een ressortsparket wordt tevens een advocaat-generaal benoemd in de rang van plaatsvervangend hoofdadvocaat-generaal. Bij afwezigheid, belet of ontstentenis van het hoofd van het ressortsparket wordt hij vervangen door de plaatsvervangend hoofdadvocaat-generaal.
– 4. De overige advocaten-generaal worden benoemd in de rang van ressorts-advocaat-generaal.
– 5. De advocaten-generaal zijn van rechtswege plaatsvervangend advocaat-generaal bij de overige ressortsparketten.
– 6. Het College van procureurs-generaal kan een advocaat-generaal benoemen tot plaatsvervangend officier van justitie.

Art. 139

Ondergeschiktheid

– 1. De hoofden van de parketten zijn in hun ambtsuitoefening ondergeschikt aan het College.
– 2. De andere bij een parket werkzame ambtenaren zijn in hun ambtsuitoefening ondergeschikt aan het hoofd van het parket.
– 3. De bij het parket-generaal werkzame ambtenaren zijn in hun ambtsuitoefening ondergeschikt aan het College.

AFDELING 3
Overige bepalingen

Art. 140-141

Vervallen.

Art. 142

Onze Minister van Justitie kan een rechterlijk ambtenaar als bedoeld in artikel 1, onderdeel *b*, onder 4° tot en met 6°, belasten met de waarneming van een ander ambt bij het openbaar ministerie. **Waarneming**

Art. 143

De rechterlijke ambtenaren, bedoeld in artikel 142, zijn verplicht tot het verstrekken van inlichtingen wanneer de procureur-generaal bij de Hoge Raad op grond van artikel 122, tweede lid, daarom vraagt. **Inlichtingenplicht**

Art. 144

Artikel 13 is op de in artikel 142 bedoelde rechterlijke ambtenaren van overeenkomstige toepassing. **Geheimhoudingsplicht**

HOOFDSTUK 5

Rechterlijke ambtenaren in opleiding

Art. 145

– 1. Onze Minister kan rechterlijke ambtenaren in opleiding aanstellen. **Aanstelling als Raio**

– 2. Bij algemene maatregel van bestuur worden regels gesteld met betrekking tot de selectie, de aanstelling, de opleiding en overige aangelegenheden die de rechtspositie van de rechterlijke ambtenaren in opleiding betreffen.

HOOFDSTUK 6

Overgangs- en slotbepalingen

Art. 146

Deze wet wordt aangehaald als: Wet op de rechterlijke organisatie. **Citeertitel**

BIJLAGE

(**als bedoeld in artikel 41, tweede lid**)

De nevenvestigingsplaatsen van de rechtbanken zijn:

rechtbank Alkmaar:	Hoorn
rechtbank Almelo:	Enschede
rechtbank Amsterdam:	Hilversum
rechtbank Arnhem:	Tiel, Nijmegen
rechtbank Assen:	Emmen
rechtbank Breda:	Tilburg, Bergen op Zoom
rechtbank 's-Gravenhage:	Delft, Leiden, Gouda, Alphen aan den Rijn
rechtbank Haarlem:	Haarlemmermeer, Zaanstad
rechtbank 's-Hertogenbosch:	Eindhoven, Helmond, Boxmeer
rechtbank Leeuwarden:	Heerenveen
rechtbank Maastricht:	Heerlen, Sittard-Geleen
rechtbank Middelburg:	Terneuzen
rechtbank Roermond:	Venlo
rechtbank Rotterdam:	Schiedam, Brielle
rechtbank Utrecht:	Amersfoort
rechtbank Zutphen:	Apeldoorn
rechtbank Zwolle-Lelystad:	Deventer, Lelystad

Wet van 29 november 1996, Stb. 590, tot vaststelling van de gewijzigde Wet rechtspositie rechterlijke ambtenaren (aanvulling met onder meer de onderwerpen omvang van de taak, arbeidstijd, vakantie en verlof), zoals deze wet laatstelijk is gewijzigd bij de Wet van 20 maart 2008, Stb. 100

[Inwerkingtreding: 01-01-1997]

Wij Beatrix, bij de gratie Gods, Koningin der Nederlanden, Prinses van Oranje-Nassau, enz. enz. enz.

Allen, die deze zullen zien of horen lezen, saluut! doen te weten:

Alzo Wij in overweging genomen hebben, dat het, mede ter uitvoering van artikel 117, vierde lid, van de Grondwet, wenselijk is de Wet rechtspositie rechterlijke ambtenaren uit te breiden met onder meer de onderwerpen omvang van de taak, arbeidstijd, vakantie en verlof, en dat het in verband daarmee gewenst is deze wet opnieuw vast te stellen;

Zo is het, dat Wij, de Raad van State gehoord, en met gemeen overleg der Staten-Generaal, hebben goedgevonden en verstaan, gelijk Wij goedvinden en verstaan bij deze:

HOOFDSTUK 1
Algemeen

Art. 1

Begripsbepaling

– 1. In deze wet en de daarop berustende bepalingen wordt verstaan onder:

a. Onze Minister: Onze Minister van Justitie;

b. rechterlijke ambtenaren: de in de Wet op de rechterlijke organisatie als zodanig aangeduide ambtenaren;

c. rector: degene die krachtens artikel 145 van de Wet op de rechterlijke organisatie als rector van de opleiding van de rechterlijke ambtenaren in opleiding is aangewezen;

d. burgerlijke rijksambtenaren: burgerlijke rijksambtenaren, werkzaam bij de departementen van algemeen bestuur;

e. rechterlijke ambtenaren in opleiding: de rechterlijke ambtenaren in opleiding, bedoeld in artikel 145 van de Wet op de rechterlijke organisatie.

– 2. In deze wet en de daarop berustende bepalingen wordt verstaan onder functionele autoriteit:

a. ten aanzien van de rechterlijke ambtenaren die werkzaam zijn bij een rechtbank en de rechterlijke ambtenaren in opleiding, voorzover de opleiding wordt doorgebracht bij een rechtbank: het bestuur van die rechtbank;

b. ten aanzien van de rechterlijke ambtenaren die werkzaam zijn bij een gerechtshof: het bestuur van dat gerechtshof;

c. ten aanzien van de vice-presidenten van, de raadsheren in, de raadsheren in buitengewone dienst bij, de griffier en de substituutgriffiers van, alsmede de gerechtsauditeurs bij de Hoge Raad: de president van de Hoge Raad;

d. ten aanzien van de plaatsvervangend procureur-generaal, de advocaten-generaal, de advocaten-generaal in buitengewone dienst, de plaatsvervangende en de waarnemende advocaten-generaal bij de Hoge Raad: de procureur-generaal bij de Hoge Raad;

e. ten aanzien van de rechterlijke ambtenaren die werkzaam zijn bij een arrondissementsparket, alsmede de rechterlijke ambtenaren in opleiding, voor zover de opleiding wordt doorgebracht bij een arrondissementsparket: het hoofd van dat arrondissementsparket;

f. ten aanzien van de rechterlijke ambtenaren die werkzaam zijn bij het landelijk parket: het hoofd van het landelijk parket;

g. ten aanzien van de rechterlijke ambtenaren die werkzaam zijn bij het functioneel parket: het hoofd van het functioneel parket;

h. ten aanzien van de rechterlijke ambtenaren die werkzaam zijn bij een ressortsparket: het hoofd van dat ressortsparket;

i. ten aanzien van de hoofden van de parketten: het College van procureurs-generaal;

j. ten aanzien van de leden van het College van procureurs-generaal: Onze Minister.

k. ten aanzien van de rechterlijke ambtenaren in opleiding gedurende de buitenstage: de rector.

HOOFDSTUK 1A

Benoeming, beëdiging, installatie en ambtskostuum

§ *1A.1. Benoeming*

Art. 1a

Benoeming

– 1. De rechterlijke ambtenaren met rechtspraak belast, bedoeld in artikel 1, onderdeel *c*, van de Wet op de rechterlijke organisatie, en de rechterlijke ambtenaren deel uitmakend van het parket bij de Hoge Raad, bedoeld in artikel 1, onderdeel *b*, onder 3°, van de Wet op de rechterlijke organisatie, worden bij koninklijk besluit voor het leven benoemd, met inachtneming van het bepaalde in deze wet.

– 2. De procureurs-generaal die het College van procureurs-generaal vormen, de advocaten-generaal bij de ressortsparketten, en de officieren van justitie bij de arrondissementsparketten, het landelijk parket en het functioneel parket worden benoemd bij koninklijk besluit, met inachtneming van het bepaalde in deze wet.

– 3. De plaatsvervangende advocaten-generaal bij de ressortsparketten en de plaatsvervangende officieren van justitie alsook de officieren enkelvoudige zittingen bij de arrondissementsparketten, het landelijk parket en het functioneel parket worden benoemd door Onze Minister, tenzij artikel 136, zevende lid, artikel 137, zesde lid, artikel 137a, zesde lid, of artikel 138, zesde lid, van de Wet op de rechterlijke organisatie van toepassing is.

– 4. De gerechtsauditeurs worden benoemd door Onze Minister onderscheidenlijk bij koninklijk besluit op voordracht van Onze Minister, indien zij in tijdelijke dienst onderscheidenlijk in vaste dienst worden aangesteld. Zij worden benoemd in de rang van senior-gerechtsauditeur of gerechtsauditeur. Onze Minister benoemt niet onderscheidenlijk doet geen voordracht voor benoeming dan na overleg met de betrokken functionele autoriteit.

– 5. De griffier van de Hoge Raad en zijn substituten worden benoemd bij koninklijk besluit.

Art. 1b

Wijziging

– 1. De benoeming van de president van, een vice-president van of een raadsheer in de Hoge Raad kan op verzoek van de betrokkene, nadat hij de leeftijd van eenenzestig jaren heeft bereikt, bij koninklijk besluit worden gewijzigd in een benoeming als raadsheer in buitengewone dienst bij de Hoge Raad.

– 2. De benoeming van de procureur-generaal, de plaatsvervangend procureur-generaal of een advocaat-generaal bij de Hoge Raad kan op verzoek van de betrokkene, nadat hij de leeftijd van eenenzestig jaren heeft bereikt, bij koninklijk besluit worden gewijzigd in een benoeming als advocaat-generaal in buitengewone dienst bij de Hoge Raad.

– 3. Een wijziging als bedoeld in het eerste of tweede lid, wordt voor de vaststelling van aanspraken op en verplichtingen ten aanzien van pensioenen en uitkeringen wegens vrijwillig vervroegd uittreden gelijkgesteld met ontslag. Artikel 46*n* is niet van toepassing op de raadsheren en de advocaten-generaal in buitengewone dienst.

Art. 1c

Nederlandse nationaliteit

Tot rechterlijk ambtenaar kan alleen een Nederlander worden benoemd.

Art. 1d

Opleidingsvereisten

– 1. Tot rechterlijk ambtenaar of rechterlijk ambtenaar in opleiding kan worden benoemd degene:

a. aan wie op grond van het met goed gevolg afleggen van een afsluitend examen van een opleiding in het wetenschappelijk onderwijs op het gebied van het recht door een universiteit dan wel de Open Universiteit als bedoeld in de Wet op het hoger onderwijs en wetenschappelijk onderzoek, de graad Bachelor op het gebied van het recht en tevens de graad van Master op het gebied van het recht is verleend;

b. die op grond van het goed gevolg afleggen van het afsluitend examen van een opleiding op het gebied van het recht aan een universiteit dan wel de Open Universiteit als bedoeld in de Wet op het hoger onderwijs en wetenschappelijk onderzoek, het recht om de titel meester te voeren heeft verkregen.

– 2. Bij algemene maatregel van bestuur kunnen graden, verleend door een universiteit, de Open Universiteit of een hogeschool als bedoeld in de Wet op het hoger onderwijs en wetenschappelijk onderzoek, of daaraan gelijkwaardige getuigschriften worden aangewezen die voor de toepasselijkheid van het eerste lid, onder a, gelijk worden gesteld aan de in dat lid bedoelde graad Bachelor op het gebied van het recht.

– 3. Bij algemene maatregel van bestuur kunnen voorts nadere regels worden gesteld met betrekking tot de beroepsvereisten voor de rechterlijke ambtenaren, bedoeld in artikel 1, onderdeel b, onder 1° tot en met 6° en 8°, van de Wet op de rechterlijke organisatie, en de rechterlijke ambtenaren in opleiding.

– 4. Aan de bij of krachtens het eerste tot en met derde lid gestelde beroepsvereisten wordt tevens voldaan indien de betrokkene in het bezit is van een ten aanzien van het door hem uit te oefenen beroep afgegeven EG-verklaring als bedoeld in de Algemene wet erkenning EG-beroepskwalificaties.

Art. 1e

Lijst van aanbeveling

– 1. Wanneer bij een rechtbank een plaats van coördinerend vice-president, vice-president, rechter of rechter-plaatsvervanger openvalt, maakt het bestuur van de rechtbank een lijst van aanbeveling van zo mogelijk drie kandidaten op. Deze lijst wordt door tussenkomst van de Raad voor de rechtspraak aangeboden aan de regering om hierop zodanig acht te slaan als zij zal dienstig oordelen.

– 2. Wanneer bij een gerechtshof een plaats van coördinerend vice-president, vice-president, raadsheer of raadsheer-plaatsvervanger openvalt, maakt het bestuur van het gerechtshof een lijst van aanbeveling van zo mogelijk drie kandidaten op. Deze lijst wordt door tussenkomst van de Raad voor de rechtspraak aangeboden aan de regering om hierop zodanig acht te slaan als zij zal dienstig oordelen.

– 3. De gerechtsvergadering kan het bestuur adviseren inzake de lijst van aanbeveling, bedoeld in het eerste onderscheidenlijk tweede lid, voorzover het de kandidaten betreft die nog niet als rechterlijk ambtenaar met rechtspraak belast bij dat gerecht werkzaam zijn.

– 4. Wanneer bij de Hoge Raad een plaats van raadsheer openvalt, geeft de Hoge Raad daarvan kennis aan de Tweede Kamer der Staten-Generaal. De Hoge Raad zendt bij deze kennisgeving een door de Hoge Raad, na overleg met de procureur-generaal bij de Hoge Raad, opgemaakte lijst van aanbeveling van zes kandidaten, waarop de Tweede Kamer der Staten-Generaal bij het opmaken van haar voordracht zodanig acht zal slaan als zij zal dienstig oordelen.

Art. 1f

Nadere regelgeving benoemingsprocedure

Bij algemene maatregel van bestuur kunnen regels worden gesteld met betrekking tot de benoemingsprocedure ten aanzien van de procureur-generaal, de plaatsvervangend procureur-generaal en de advocaten-generaal bij de Hoge Raad, de procureurs-generaal die het College van procureurs-generaal vormen, de advocaten-generaal bij de ressortsparketten alsmede de officieren van justitie bij de arrondissementsparketten, het landelijk parket en het functioneel parket.

§ 1A.2. Beëdiging en installatie

Art. 1g

Eed of belofte

– 1. Een rechterlijk ambtenaar legt voorafgaand aan de datum van indiensttreding de eed of belofte af volgens het formulier zoals dat is vastgesteld in de eerste bijlage bij deze wet.

– 2. Bij een opvolgende benoeming binnen hetzelfde gerecht of parket wordt een rechterlijk ambtenaar niet opnieuw beëdigd, tenzij het:

a. de benoeming van een raadsheer in of een vice-president van de Hoge Raad tot president van de Hoge Raad betreft;

b. de benoeming van een advocaat-generaal of een plaatsvervangend procureur-generaal bij de Hoge Raad tot procureur-generaal bij de Hoge Raad betreft;

c. de benoeming van een gerechtsauditeur, niet tevens zijnde raadsheer-plaatsvervanger of rechter-plaatsvervanger, of de griffier van de Hoge Raad betreft.

– 3. De rechterlijk ambtenaar wordt na de datum van indiensttreding geïnstalleerd. Bij algemene maatregel van bestuur kunnen gevallen worden aangewezen waarin installatie achterwege blijft.

– 4. Bij algemene maatregel van bestuur worden regels gesteld over de beëdiging en de installatie van rechterlijke ambtenaren.

– 5. In afwijking van het eerste lid worden niet als zodanig beëdigd de plaatsvervangers van rechtswege alsmede de door het College van procureurs-generaal benoemde plaatsvervangers.

– 6. Een deskundig lid legt voorafgaand aan de datum van indiensttreding de eed of belofte af volgens het formulier zoals dat is vastgesteld in de tweede bijlage bij deze wet.

§ 1A.3. Het ambtskostuum

Art. 1h

Nadere regelgeving

Bij algemene maatregel van bestuur worden regels gesteld over het ambtskostuum van rechterlijke ambtenaren.

HOOFDSTUK 2
Volledige taak en deeltaak

Art. 2

Volledige of gedeeltelijke taak

– 1. Een rechterlijk ambtenaar wordt aangesteld voor het vervullen van een volledige of een gedeeltelijke taak.

– 2. Een rechterlijk ambtenaar in opleiding wordt aangesteld voor het vervullen van een volledige taak of, voor zover voorzien bij algemene maatregel van bestuur en met inachtneming van de daarbij gestelde regels, voor het vervullen van een gedeeltelijke taak.

Art. 3

Wijziging aanstelling

– 1. De aanstelling van een rechterlijk ambtenaar kan naar omvang van de taak op zijn verzoek bij koninklijk besluit worden gewijzigd.

– 2. Met inachtneming van de krachtens artikel 2, tweede lid, gestelde regels, kan de aanstelling van een rechterlijk ambtenaar in opleiding naar omvang van de taak op zijn verzoek bij beschikking van Onze Minister worden gewijzigd.

Art. 4

Advies functionele autoriteit

– 1. Op een verzoek als bedoeld in artikel 3, eerste lid, wordt beslist nadat daarover het advies is ingewonnen van de functionele autoriteit.

– 2. Op een verzoek als bedoeld in artikel 3, tweede lid, wordt beslist nadat daarover het advies is ingewonnen van de rector en hetzij het bestuur van de rechtbank hetzij het hoofd van het arrondissementsparket.

Art. 5

Geen aanstelling

– 1. In afwijking van artikel 2 worden raadsheren in buitengewone dienst bij de Hoge Raad, raadsheren-plaatsvervangers, rechters-plaatsvervangers, advocaten-generaal in buitengewone dienst bij de Hoge Raad, plaatsvervangende advocaten-generaal, plaatsvervangende officieren van justitie en plaatsvervangende officieren enkelvoudige zittingen niet aangesteld voor het vervullen van een volledige of een gedeeltelijke taak.

– 2. Zij kunnen voor het verrichten van werkzaamheden worden opgeroepen door de president van de Hoge Raad, door het bestuur van het desbetreffende gerechtshof, door het bestuur van de desbetreffende rechtbank, door de procureur-generaal bij de Hoge Raad, onderscheidenlijk door het hoofd van het desbetreffende parket.

Art. 6

Plaatsvervangers

– 1. Raadsheren-plaatsvervangers, rechters-plaatsvervangers, plaatsvervangende advocaten-generaal, plaatsvervangende officieren van justitie en plaatsvervangende officieren enkelvoudige zittingen kunnen op hun verzoek tijdelijk worden aangewezen voor het vervullen van een volledige of een gedeeltelijke taak.

– 2. De aanwijzing geschiedt voor een bepaalde tijd en kan worden verlengd. De tijdsduur van aanwijzing en verlenging te zamen kan niet meer dan drie jaar bedragen. Een volgende aanwijzing is slechts mogelijk indien sinds de beëindiging van de vorige aanwijzing ten minste zes maanden zijn verstreken.

– 3. De aanwijzing kan naar de omvang van de taak op verzoek van de belanghebbende worden gewijzigd.

– 4. Op een aanwijzing, een verlenging van de aanwijzing of een tussentijdse wijziging van de aan de aanwijzing verbonden taak is artikel 4, eerste lid, van overeenkomstige toepassing.

– 5. Een aanwijzing, een verlenging of een wijziging van de aanwijzing geschiedt voor zover het plaatsvervangende advocaten-generaal, plaatsvervangende officieren van justitie en plaatsvervangende officieren enkelvoudige zittingen betreft bij beschikking van Onze Minister en overigens bij koninklijk besluit.

HOOFDSTUK 3
Bezoldiging en andere financiële arbeidsvoorwaarden

Art. 7

Bezoldigingscategorieën

– 1. Voor de bepaling van hun bezoldiging worden de rechterlijke ambtenaren en de rechterlijke ambtenaren in opleiding ingedeeld in de volgende categorieën:
categorie 1: president van en procureur-generaal bij de Hoge Raad;
categorie 2: vice-president van en plaatsvervangend procureur-generaal bij de Hoge Raad;
categorie 3: raadsheer in en advocaat-generaal bij de Hoge Raad; procureur-generaal, lid van het College van procureurs-generaal; hoofdofficier bij de arrondissementsparketten te Amsterdam, 's-Gravenhage en Rotterdam; hoofdofficier bij het landelijk parket; hoofdofficier bij het functioneel parket;
categorie 4: hoofdadvocaat-generaal; hoofdofficier bij de overige arrondissementsparketten;
categorie 5: coördinerend vice-president van een gerechtshof;
categorie 6: fungerend hoofdofficier;
categorie 7: vice-president van een gerechtshof; coördinerend vice-president van een rechtbank; plaatsvervangend hoofdadvocaat-generaal; plaatsvervangend hoofdofficier;
categorie 8: raadsheer in een gerechtshof; vice-president van een rechtbank; ressorts-advocaat-generaal; officier eerste klasse;
categorie 9: rechter in een rechtbank; officier;
categorie 10: gerechtsauditeur, tevens raadsheer-plaatsvervanger in het gerechtshof waarbij

hij is aangesteld; gerechtsauditeur, tevens rechter-plaatsvervanger in de rechtbank waarbij hij is aangesteld; substituut-officier; officier enkelvoudige zittingen; senior-gerechtsauditeur;
categorie 11: gerechtsauditeur;
categorie 11a: griffier van de Hoge Raad;
categorie 12: rechterlijk ambtenaar in opleiding.
– 2. In de bij deze wet behorende derde bijlage is, overeenkomstig de indeling in het eerste lid, het salaris vermeld dat de rechterlijke ambtenaren en de rechterlijke ambtenaren in opleiding die zijn aangesteld voor het vervullen van een volledige taak maandelijks genieten.

Art. 8

Bezoldiging deeltijdrechters

– 1. Rechterlijke ambtenaren of rechterlijke ambtenaren in opleiding die zijn aangesteld voor het vervullen van een gedeeltelijke taak, ontvangen een salaris dat een met hun taak overeenkomend deel bedraagt van het salaris dat zij zouden hebben ontvangen indien zij in hetzelfde ambt zouden zijn aangesteld voor het vervullen van een volledige taak.
– 2. De rechterlijk ambtenaar of de rechterlijk ambtenaar in opleiding voor wie de arbeidsduur op basis van artikel 20, eerste lid, op meer dan gemiddeld 36 uur per week is vastgesteld, ontvangt een salaris voor het vervullen van een volledige taak, vermenigvuldigd met de voor hem geldende arbeidsduurfactor, bedoeld in artikel 20, vierde lid.

Art. 9

Salaris plaatsvervangers

– 1. Raadsheren-plaatsvervangers, rechters-plaatsvervangers, plaatsvervangende advocaten-generaal, plaatsvervangende officieren van justitie en plaatsvervangende officieren enkelvoudige zittingen die zijn aangewezen om tijdelijk een volledige of een gedeeltelijke taak te vervullen en die niet reeds uit anderen hoofde als rechterlijk ambtenaar of als rechterlijk ambtenaar in opleiding worden bezoldigd, ontvangen over de periode van hun aanwijzing een salaris op de voet van de artikelen 7 en 8.
– 2. Raadsheren-plaatsvervangers, rechters-plaatsvervangers, plaatsvervangende advocaten-generaal, plaatsvervangende officieren van justitie en plaatsvervangende officieren enkelvoudige zittingen die niet zijn aangewezen om tijdelijk een volledige of een gedeeltelijke taak te vervullen en die niet reeds uit anderen hoofde als rechterlijk ambtenaar of als rechterlijk ambtenaar in opleiding worden bezoldigd, ontvangen een vergoeding volgens bij algemene maatregel van bestuur te stellen regels.
– 3. Voor de toepassing van het eerste lid:
a. wordt een raadsheer-plaatsvervanger gelijk gesteld met een raadsheer in hetzelfde gerechtshof;
b. wordt een rechter-plaatsvervanger gelijk gesteld met een rechter in of een vice-president van dezelfde rechtbank;
c. wordt een plaatsvervangend advocaat-generaal gelijk gesteld met een advocaat-generaal bij hetzelfde ressortsparket;
d. wordt een plaatsvervangend officier van justitie gelijkgesteld met een substituut-officier of met een officier, door Onze Minister van Justitie bij de aanwijzing te bepalen;
e. wordt een plaatsvervangend officier enkelvoudige zittingen gelijkgesteld met een officier enkelvoudige zittingen of met een gerechtsauditeur, door Onze Minister van Justitie bij de aanwijzing te bepalen.

Art. 10

Vergoeding buitengewone dienst

Raadsheren in buitengewone dienst bij en advocaten-generaal in buitengewone dienst bij de Hoge Raad ontvangen een vergoeding voor verrichte werkzaamheden volgens bij algemene maatregel van bestuur te stellen regels.

Art. 11

Vervallen.

Art. 12

Waarnemingstoelage

– 1. Aan de rechterlijk ambtenaar die is belast met de waarneming van een ander ambt waarop deze wet van toepassing is en waaraan een hoger maximum salaris is verbonden, wordt, wanneer de waarneming ten minste 30 dagen heeft geduurd, voor de duur van de waarneming een toelage toegekend.
– 2. Het bedrag van de toelage is gelijk aan het verschil tussen het salaris dat de rechterlijk ambtenaar geniet en het salaris dat hij zou genieten als hij met ingang van de dag waarop de waarneming is ingegaan in het door hem waargenomen ambt zou zijn benoemd.

Art. 13

Salarisschaal

– 1. Indien in de bijlage, bedoeld in artikel 7, tweede lid, voor het salaris van een rechterlijk ambtenaar of een rechterlijk ambtenaar in opleiding een schaal is opgenomen, geniet deze bij de eerste benoeming met ingang van de datum van indiensttreding het als eerste in de schaal vermelde salaris en vervolgens telkens na één jaar het daarna in de schaal vermelde salaris.
– 2. Van het eerste lid kan worden afgeweken in het besluit waarin de rechterlijk ambtenaar of rechterlijk ambtenaar in opleiding wordt benoemd.

– 3. Indien Onze Minister en de te benoemen rechterlijk ambtenaar of rechterlijk ambtenaar in opleiding geen overeenstemming kunnen bereiken over de toepassing van het tweede lid, wordt beslist nadat een gezamenlijk advies is uitgebracht door een president van een gerechtshof, een president van een rechtbank en een andere met rechtspraak belaste rechterlijk ambtenaar, allen aangewezen door Onze Minister.

Art. 14

Opvolgende benoeming hoger maximum salaris

Bij een opvolgende benoeming in een ambt waaraan een hoger maximum salaris is verbonden en waarvoor in de bijlage een schaal is opgenomen, geschiedt de inpassing in die schaal, met ingang van de datum van indiensttreding, op het naast hogere bedrag. De jaarlijkse verhoging tot het daarna in de schaal vermelde salaris blijft geschieden op dezelfde dag van het jaar als waarop die overeenkomstig artikel 13 plaatsvond.

Art. 15

Opvolgende benoeming gelijk maximum salaris

Bij een opvolgende benoeming in een ambt waaraan een gelijk maximum salaris is verbonden en waarvoor in de bijlage een schaal is opgenomen, geschiedt de inpassing in die schaal van de rechterlijk ambtenaar die nog niet het aan dat ambt verbonden maximum salaris geniet, met ingang van de datum van indiensttreding, op het naast hogere bedrag. De jaarlijkse verhoging tot het daarna in de schaal vermelde salaris blijft geschieden op dezelfde dag van het jaar als waarop die overeenkomstig artikel 13 plaatsvond.

Art. 16

Vakantie-uitkering, ziektekostenvergoeding, etc.

– 1. De rechterlijke ambtenaren die zijn aangesteld of aangewezen voor het vervullen van een volledige of gedeeltelijke taak, en de rechterlijke ambtenaren in opleiding hebben, overeenkomstig de bepalingen die gelden voor de burgerlijke rijksambtenaren, aanspraak op een vakantie-uitkering, een ziektekostenvergoeding, een vergoeding van reis- en verblijfkosten en een vergoeding van verplaatsingskosten.

– 2. Bovendien genieten zij een uitkering ter zake van veeljarige dienst op de tijdstippen en tot de bedragen die gelden voor de burgerlijke rijksambtenaren. Bij de bepaling van de diensttijd wordt rekening gehouden met tijd in overheidsdienst doorgebracht, overeenkomstig de bepalingen die gelden voor de burgerlijke rijksambtenaren.

Art. 17

Aanvangstijdstip

– 1. Het genot van de bezoldiging vangt aan met ingang van de dag waarop de rechterlijk ambtenaar of de rechterlijk ambtenaar in opleiding in dienst treedt.

– 2. Bij overgang naar een andere functie binnen de rijksoverheid wordt, indien dit ambt wordt aanvaard met ingang van een dag waarop het einde van de aanstelling in het oude rechterlijke ambt nog niet is ingegaan, de bezoldiging in dit oude ambt niet langer uitbetaald dan tot de dag waarop het genot van de bezoldiging in het nieuwe ambt aanvangt.

– 3. De bezoldiging wordt per maand genoten.

– 4. Indien een aanspraak op een verhoging van de bezoldiging ontstaat op een andere dag dan de eerste dag van een kalendermaand, wordt het nieuwe salaris genoten vanaf de eerste dag van die kalendermaand.

– 5. Indien de bezoldiging moet worden berekend over een gedeelte van een maand, wordt de bezoldiging per dag gesteld op 1/30 deel van de bezoldiging per maand.

Art. 18

Einde bezoldiging

– 1. De bezoldiging van de rechterlijk ambtenaar of de rechterlijk ambtenaar in opleiding wordt niet langer uitbetaald dan tot en met de dag van overlijden.

– 2. Zo spoedig mogelijk na het overlijden wordt aan de weduwe of de weduwnaar van wie de overleden rechterlijk ambtenaar of rechterlijk ambtenaar in opleiding niet duurzaam gescheiden leefde, een bedrag uitgekeerd gelijk aan de bezoldiging over een tijdvak van drie maanden. Als maatstaf geldt de bezoldiging die de rechterlijk ambtenaar of de rechterlijk ambtenaar in opleiding op de dag van het overlijden genoot. Onder weduwe of weduwnaar van wie de rechterlijk ambtenaar of de rechterlijk ambtenaar in opleiding niet duurzaam gescheiden leefde, wordt mede begrepen de achtergebleven geregistreerde partner alsmede de nabestaande levenspartner met wie de niet gehuwde rechterlijk ambtenaar of rechterlijk ambtenaar in opleiding samenwoonde en, met het oogmerk duurzaam samen te leven, een gemeenschappelijke huishouding voerde op basis van een notarieel verleden samenlevingscontract bevattende de wederzijdse rechten en verplichtingen ter zake van die samenwoning en gemeenschappelijke huishouding. Tegelijkertijd kan slechts één persoon als levenspartner worden aangemerkt.

– 3. De uitkering wordt vermeerderd met een bedrag gelijk aan drie maal de vakantie-uitkering over een maand. Als maatstaf geldt de bezoldiging die de rechterlijk ambtenaar of de rechterlijk ambtenaar in opleiding in de maand van het overlijden zou hebben genoten.

– 4. Bij ontstentenis van een weduwe of weduwnaar van wie de rechterlijk ambtenaar of de rechterlijk ambtenaar in opleiding niet duurzaam gescheiden leefde, geschiedt de uitkering ten behoeve van de minderjarige kinderen. Onder kinderen worden mede verstaan natuurlijke kinderen waarover de rechterlijk ambtenaar of de rechterlijk ambtenaar in opleiding de pleegouderlijke zorg droeg. Onder pleegouderlijke zorg wordt verstaan de zorg voor het onderhoud en de opvoeding van het kind als was het een eigen kind, onafhankelijk van enige verplichting daartoe of van het genieten van een vergoeding daarvoor.

– 5. Ontbreken ook minderjarige kinderen, dan geschiedt, indien de rechterlijk ambtenaar of de rechterlijk ambtenaar in opleiding kostwinner was van ouders, meerderjarige kinderen, broers of zusters, de uitkering ten behoeve van deze nagelaten betrekkingen.

Art. 19

Schakelbepaling militaire bezoldiging

De bepalingen die voor burgerlijke rijksambtenaren gelden ten aanzien van het gelijktijdig genot van burgerlijke en militaire beloning, vinden overeenkomstige toepassing ten aanzien van de bezoldigde rechterlijke ambtenaren, met dien verstande dat voor het leven benoemde rechterlijke ambtenaren van de aan hun ambt verbonden bezoldiging nimmer minder ontvangen dan het bedrag, waarmede deze bezoldiging hun militaire bezoldiging overtreft.

HOOFDSTUK 4
Arbeidsduur, werktijd en werkverdeling

Art. 20

Arbeidsduur

– 1. De arbeidsduur bedraagt bij een volledige taak gemiddeld 36 uur per week. Op verzoek van de rechterlijk ambtenaar of rechterlijk ambtenaar in opleiding kan de arbeidsduur in hele uren worden vastgesteld op meer dan gemiddeld 36 uur per week, waarbij een maximum geldt van gemiddeld 40 uur per week. Dit verzoek wordt toegewezen, tenzij het dienstbelang zich daartegen verzet. Een verzoek tot het vaststellen van de arbeidsduur op meer dan 36 uur per week wordt niet toegewezen aan:

a. de rechterlijk ambtenaar wiens gemiddelde werktijd op basis van artikel 38*d* van het Besluit rechtspositie rechterlijke ambtenaren is teruggebracht;

b. de rechterlijk ambtenaar of rechterlijk ambtenaar in opleiding die betaald ouderschapsverlof geniet;

c. de rechterlijk ambtenaar of rechterlijk ambtenaar in opleiding die op basis van artikel 39 buitengewoon verlof geniet;

d. de rechterlijk ambtenaar aan wie op zijn verzoek gedeeltelijk ontslag is verleend met het oog op een uitkering op grond van de Regeling flexibel pensioen en uittreden, bedoeld in artikel 1.5 van het Pensioenreglement;

e. de rechterlijk ambtenaar bij wie een verminderde arbeidsprestatie is vastgesteld en aan wie een uitkering op grond van de Wet werk en inkomen naar arbeidsvermogen, de Wet op de arbeidsongeschiktheidsverzekering, de Wet arbeidsongeschiktheidsverzekering zelfstandigen of de Wet arbeidsongeschiktheidsvoorziening jonggehandicapten is toegekend of op wie artikel 2.3 van de Wet Invoering en financiering Wet werk en inkomen naar arbeidsvermogen van toepassing is.

– 2. Voor de rechterlijk ambtenaar of rechterlijk ambtenaar in opleiding met een volledige taak bedraagt het aantal te werken uren in een jaar: het aantal kalenderdagen, verminderd met het aantal zaterdagen en zondagen en met de niet op zaterdag of zondag vallende feestdagen, bedoeld in artikel 21, vijfde lid, in dat jaar, vermenigvuldigd met 7,2.

– 3. Voor de rechterlijk ambtenaar of rechterlijk ambtenaar in opleiding met een gedeeltelijke taak bedraagt het aantal te werken uren in een jaar een evenredig deel van het aantal uren, berekend overeenkomstig het tweede lid.

– 4. Het aantal te werken uren in een jaar, bedoeld in het tweede lid, wordt voor de rechterlijk ambtenaar of rechterlijk ambtenaar in opleiding, voor wie de arbeidsduur op basis van het eerste lid op meer dan gemiddeld 36 uur per week is vastgesteld, vermenigvuldigd met de arbeidsduurfactor. De arbeidsduurfactor is een breuk waarvan de teller bestaat uit de voor de rechterlijk ambtenaar of rechterlijk ambtenaar in opleiding vastgestelde arbeidsduur en de noemer bestaat uit 36.

– 5. Het aantal te werken uren, bedoeld in het tweede, derde of vierde lid, wordt rekenkundig op hele uren afgerond.

– 6. In afwijking van artikel 3 berust de bevoegdheid tot het vaststellen van de arbeidsduur op meer dan gemiddeld 36 uur per week als bedoeld in het eerste lid bij de functionele autoriteit.

– 7. Onder de Stichting Pensioenfonds ABP wordt in dit artikel verstaan de Stichting Pensioenfonds ABP, bedoeld in artikel 6 van de Wet privatisering ABP.

Art. 21

Werktijdregeling

– 1. De functionele autoriteit stelt voor de rechterlijk ambtenaar of rechterlijk ambtenaar in opleiding, in overeenstemming met deze, een werktijdregeling vast. Voor een rechterlijk ambtenaar in opleiding die een deelstage van zijn binnenstage elders dan bij een rechtbank of arrondissementsparket doorbrengt, geschiedt die vaststelling door de rector.

– 2. Onder werktijdregeling wordt verstaan een voor een periode van langer dan een week opgesteld en tevoren bekendgemaakt schema van aanvang en einde van de dagelijkse werktijden. In de werktijdregeling wordt het aantal te werken uren, bedoeld in artikel 20, tweede, derde of vierde lid, vermeld. Het in de werktijdregeling opgenomen aantal te werken uren is op jaarbasis niet hoger dan gemiddeld 40 uur per week.

– 3. Op verzoek van de rechterlijk ambtenaar of de rechterlijk ambtenaar in opleiding kan, indien het belang van de taakvervulling zich daartegen niet verzet, een werktijdregeling worden vastgesteld waarbij het aantal te werken uren gelijk is aan het aantal kalenderdagen per jaar, verminderd met het aantal zaterdagen en zondagen en niet op zaterdag of zondag vallende feestdagen, bedoeld in het vijfde lid, vermenigvuldigd met acht. De bepalingen die terzake gelden voor de burgerlijke rijksambtenaren zijn van overeenkomstige toepassing. De rechterlijk ambtenaar of rechterlijk ambtenaar in opleiding voor wie de arbeidsduur op basis van artikel 20, eerste lid, op meer dan gemiddeld 36 uur per week is vastgesteld, kan geen verzoek doen als bedoeld in de eerste volzin.

– 4. Van de vastgestelde werktijdregeling kan slechts worden afgeweken voor een beperkte duur en indien het belang van de taakvervulling dit naar het oordeel van degene die de werktijdregeling ingevolge het eerste lid heeft vastgesteld, onvermijdelijk maakt.

– 5. Geen werkzaamheden worden opgedragen op zondagen en dagen die bij of krachtens de Algemene termijnenwet zijn aangemerkt als algemeen erkende feestdagen, tenzij het belang van de taakvervulling dit naar het oordeel van de functionele autoriteit onvermijdelijk maakt.

– 6. Op zaterdag kunnen werkzaamheden worden opgedragen, mits het belang van de taakvervulling daartoe naar het oordeel van de functionele autoriteit aanleiding geeft.

– 7. In bijzondere gevallen kan van de vaststelling van een werktijdregeling als bedoeld in het eerste lid worden afgezien. In dat geval zijn de artikelen 20 en 21, vierde, vijfde en zesde lid, van overeenkomstige toepassing.

Art. 22

Verdeling werkzaamheden

– 1. Het bestuur van de rechtbank onderscheidenlijk van het gerechtshof verdeelt de werkzaamheden van de rechterlijke ambtenaren met rechtspraak belast die werkzaam zijn bij het gerecht.

– 2. Het hoofd van het parket verdeelt de werkzaamheden van de rechterlijke ambtenaren bij het parket.

– 3. De president van de Hoge Raad, het bestuur van het gerechtshof onderscheidenlijk het bestuur van de rechtbank verdeelt de werkzaamheden van de gerechtsauditeurs die zijn aangesteld bij het desbetreffende gerecht.

– 4. Het bestuur van de rechtbank onderscheidenlijk het hoofd van het arrondissementsparket verdeelt de werkzaamheden van de rechterlijke ambtenaren in opleiding voorzover zij hun opleiding doorbrengen bij die rechtbank onderscheidenlijk dat parket.

– 5. Van de in het eerste tot en met vierde lid bedoelde verdeling van werkzaamheden kan slechts worden afgeweken voor een beperkte duur en indien het belang van de taakvervulling dit naar het oordeel van de functionele autoriteit onvermijdelijk maakt.

HOOFDSTUK 5
Vakantie en verlof

§ 5.1. Vakantie

Art. 23

Vakantie-aanspraken

– 1. Rechterlijke ambtenaren en rechterlijke ambtenaren in opleiding hebben aanspraak op vakantie met behoud van hun volle bezoldiging.

– 2. De aanspraak op vakantie wordt uitgedrukt in uren per kalenderjaar. Zo nodig vindt afronding naar boven plaats.

Art. 24

Omvang vakantieaanspraak

– 1. De omvang van de aanspraak op vakantie is afhankelijk van de leeftijd en van de taakomvang van de rechterlijk ambtenaar of de rechterlijk ambtenaar in opleiding.

– 2. De aanspraak op vakantie bedraagt 165,6 uren per kalenderjaar bij een volledige taak.

– 3. De aanspraak op vakantie wordt, afhankelijk van de leeftijd die de rechterlijk ambtenaar of de rechterlijk ambtenaar in opleiding in het desbetreffende kalenderjaar bereikt, verhoogd volgens onderstaande tabel:

leeftijd:	verhoging:
van 45 tot en met 49 jaar	7,2 uren
van 50 tot en met 54 jaar	14,4 uren
van 55 tot en met 59 jaar	21,6 uren
van 60 tot en met 64 jaar	28,8 uren
van 65 tot en met 70 jaar	36 uren

– 4. De aanspraak op vakantie wordt voor degene die een aanstelling of aanwijzing voor een gedeeltelijke taak heeft, vastgesteld op een evenredig deel van de aanspraak bij een volledige taak.
– 5. De ingevolge het tweede en derde lid geldende aanspraak op vakantie wordt voor de rechterlijk ambtenaar of rechterlijk ambtenaar in opleiding voor wie de arbeidsduur op basis van artikel 20, eerste lid, op meer dan gemiddeld 36 uur per week is vastgesteld, vermenigvuldigd met de voor hem geldende arbeidsduurfactor, bedoeld in artikel 20, vierde lid.

Art. 25

Wijziging arbeidsduur

Indien wijziging wordt aangebracht in de arbeidsduur van de rechterlijk ambtenaar of de rechterlijk ambtenaar in opleiding, wordt de aanspraak op vakantie over een eventueel resterend gedeelte van het desbetreffende kalenderjaar opnieuw vastgesteld, rekening houdend met de nieuwe arbeidsduur. De tot aan de datum van ingang van de wijziging verworven aanspraak op vakantie blijft ongewijzigd gehandhaafd.

Art. 26

Aanspraak naar evenredigheid

Bij indiensttreding of bij het einde van de aanstelling of aanwijzing in de loop van een kalenderjaar wordt de aanspraak op vakantie naar evenredigheid vastgesteld.

Art. 27

Geen werkzaamheden, geen vakantie

– 1. Over kalendermaanden gedurende welke de rechterlijk ambtenaar of de rechterlijk ambtenaar in opleiding in afwijking van de voor hem geldende werktijdregeling in het geheel geen werkzaamheden verricht, heeft hij geen aanspraak op vakantie. Over kalendermaanden gedurende welke hij in afwijking van de voor hem geldende werktijdregeling gedeeltelijk werkzaamheden verricht, heeft hij slechts aanspraak op vakantie naar evenredigheid van het gedeelte van zijn taak dat hij feitelijk vervult. De eerste en tweede volzin zijn eerst van toepassing nadat de rechterlijk ambtenaar dan wel de rechterlijk ambtenaar in opleiding gedurende een periode van 30 aaneengesloten kalenderdagen geheel of gedeeltelijk geen werkzaamheden verricht.
– 2. Het eerste lid is niet van toepassing:
a. indien de rechterlijk ambtenaar of de rechterlijk ambtenaar in opleiding als gevolg van ziekte zijn werkzaamheden niet of slechts gedeeltelijk verricht, en de verhindering tot het verrichten van werkzaamheden korter duurt dan 26 weken, waarbij de tijdvakken worden samengeteld indien zij elkaar met een onderbreking van 30 aaneengesloten kalenderdagen of minder opvolgen,
b. in geval van genoten zwangerschaps- en bevallingsverlof,
c. in geval van genoten vakantie;
d. in geval van genoten adoptie- of pleegverlof.

Art. 27a

Verlaging vakantieaanspraken

– 1. Indien het belang van de dienst zich daartegen niet verzet, kan de functionele autoriteit op verzoek van de rechterlijk ambtenaar of rechterlijk ambtenaar in opleiding eenmaal per kalenderjaar de voor die rechterlijk ambtenaar of rechterlijk ambtenaar in opleiding ingevolge artikel 24, tweede tot en met vierde lid, geldende aanspraak op vakantie verlagen.
– 2. Het aantal uren vakantie waarmee de aanspraak kan worden verlaagd bedraagt ten hoogste het aantal uren vakantie waarop de rechterlijk ambtenaar of rechterlijk ambtenaar in opleiding over het desbetreffende kalenderjaar aanspraak heeft, verminderd met 144 uren indien hij is aangesteld of aangewezen voor het vervullen van een volledige taak, dan wel verminderd met een in evenredigheid lager aantal uren indien hij is aangesteld of aangewezen voor het vervullen van een gedeeltelijke taak. De aanspraak op vakantie kan alleen worden verlaagd met een aantal uren vakantie dat deelbaar is door het getal vier.
– 3. Het aantal uren vakantie waarmee de aanspraak van de rechterlijk ambtenaar of rechterlijk ambtenaar in opleiding, voor wie de arbeidsduur op basis van artikel 20, eerste lid, op meer dan gemiddeld 36 uur per week is vastgesteld, kan worden verlaagd, bedraagt ten hoogste het aantal uren vakantie waarop de rechterlijk ambtenaar of rechterlijk ambtenaar in opleiding over het desbetreffende kalenderjaar aanspraak heeft, verminderd met: 144 uur vermenigvuldigd met de voor de voor hem geldende arbeidsduurfactor, bedoeld in artikel 20, vierde lid.
– 4. Onze Minister stelt vast voor welke datum verzoeken als bedoeld in het eerste lid kunnen worden ingediend.
– 5. De functionele autoriteit beslist op of na de in het derde lid bedoelde datum gelijktijdig op de voor die datum ingediende verzoeken.
– 6. De rechterlijk ambtenaar of rechterlijk ambtenaar in opleiding ontvangt voor elk uur vakantie waarmee zijn aanspraak op vakantie overeenkomstig het eerste en tweede lid wordt verlaagd, een vergoeding ten bedrage van het salaris per uur dat hij geniet op de door Onze Minister krachtens het derde lid vastgestelde datum.

Art. 28

Vrijheid moment opnemen vakantie

– 1. De rechterlijk ambtenaar of rechterlijk ambtenaar in opleiding is vrij om vast te stellen wanneer hij vakantie opneemt, voor zover het belang van de taakvervulling zich daartegen naar het oordeel van de functionele autoriteit niet verzet.

– 2. De rechterlijk ambtenaar of rechterlijk ambtenaar in opleiding die is aangesteld of aangewezen voor een volledige taak dient in elk kalenderjaar ten minste 108 uren vakantie op te nemen, waarvan ten minste 72 uren over een aaneengesloten periode.

– 3. Voor de rechterlijk ambtenaar of rechterlijk ambtenaar in opleiding die is aangesteld of aangewezen voor het vervullen van een gedeeltelijke taak wordt de op grond van het tweede lid geldende verplichting vastgesteld op een evenredig deel van de verplichting bij een volledige taak.

– 4. Het aantal uren vakantie, bedoeld in het tweede lid, wordt voor de rechterlijk ambtenaar of rechterlijk ambtenaar in opleiding voor wie de arbeidsduur op basis van artikel 20, eerste lid, op meer dan gemiddeld 36 uur per week is vastgesteld, vermenigvuldigd met de arbeidsduurfactor, bedoeld in artikel 20, vierde lid.

Art. 29

Melding voornemen vakantie

– 1. De rechterlijk ambtenaar of rechterlijk ambtenaar in opleiding gedurende de binnenstage meldt het voornemen vakantie op te nemen tijdig aan de functionele autoriteit.

– 2. Het eerste lid is niet van toepassing op de president van en de procureur-generaal bij de Hoge Raad, de leden van het College van procureurs-generaal en de hoofden van de parketten.

Art. 30

Intrekking vakantie

Indien de taakvervulling dat dringend noodzakelijk maakt, kan de functionele autoriteit, bedoeld in artikel 29, aan de rechterlijk ambtenaar of rechterlijk ambtenaar in opleiding opdragen reeds opgenomen vakantie in te trekken, zowel voor als tijdens de vakantie. Indien deze door het intrekken van de vakantie geldelijke schade lijdt, wordt deze aan hem vergoed.

Art. 31

Overboeken niet-opgenomen vakantie

Niet opgenomen vakantie, waaronder eventueel van vorige jaren overgeboekte vakantie, wordt naar het volgende kalenderjaar overgeboekt tot een maximum van de aanspraak van de rechterlijk ambtenaar of de rechterlijk ambtenaar in opleiding over een vol kalenderjaar berekend op grond van de artikelen 24 tot en met 27, verminderd met de in artikel 28, tweede, derde en vierde lid, bedoelde vakantie.

Art. 32

Vakantie-aanspraak bij einde aanstelling

– 1. Indien de rechterlijk ambtenaar of rechterlijk ambtenaar in opleiding op de datum van het einde van zijn aanstelling nog aanspraak heeft op vakantie, wordt hem voor ieder uur vakantie dat hij nog niet heeft opgenomen, een vergoeding toegekend ten bedrage van het salaris per uur dat hij direct voorafgaand aan het einde van zijn aanstelling genoot. De vergoeding wordt berekend met inachtneming van artikel 31 en uitgaande van het salaris en de taak zoals die direct voorafgaand aan de beëindiging van het dienstverband voor hem golden en de leeftijd welke hij bereikt in het kalenderjaar van het einde van zijn aanstelling.

– 2. Indien op de dag van het einde van zijn aanstelling blijkt dat de rechterlijk ambtenaar of rechterlijk ambtenaar in opleiding teveel vakantie heeft genoten, is hij voor ieder uur teveel genoten vakantie een bedrag verschuldigd ten bedrage van het salaris per uur.

– 3. In geval van overgang zonder onderbreking naar een andere functie binnen de rijksoverheid in de loop van een kalenderjaar kan de rechterlijk ambtenaar of rechterlijk ambtenaar in opleiding, in afwijking van het eerste lid, ervoor kiezen de vakantieaanspraken van het lopende kalenderjaar die niet genoten zijn, te behouden. Daarbij wordt de vakantie die in het lopende kalenderjaar is genoten in mindering gebracht op de aanspraken in dat jaar.

§ 5.2. Verlof

Art. 33

Verlof i.v.m. ziekte of ongeval

– 1. De rechterlijk ambtenaar of rechterlijk ambtenaar in opleiding die uit hoofde van ziekte of ongeval verhinderd is zijn werkzaamheden te verrichten, geniet verlof. Hij behoudt gedurende dit verlof aanspraak op doorbetaling van zijn bezoldiging voor zover dit bij of krachtens de wet is bepaald.

– 2. Indien het gerecht of het parket waarbij de rechterlijk ambtenaar werkzaam is dan wel waar de rechterlijk ambtenaar in opleiding de opleiding doorbrengt, op een daartoe aangewezen kerkelijke of nationale, landelijk, regionaal of plaatselijk erkende feest- of gedenkdag is gesloten, geniet hij verlof met behoud van bezoldiging voor zover de taakvervulling zich daartegen naar het oordeel van de functionele autoriteit niet verzet.

Art. 34

Kort verzuimverlof

– 1. Het calamiteiten- en ander kort verzuimverlof, bedoeld in artikel 4:1 van de Wet arbeid en zorg, wordt verleend voor een daarbij te bepalen periode.

– 2. Voor de toepasselijkheid van de artikelen 4:3, eerste lid, en 4:4 van de Wet arbeid en zorg wordt onder 'werkgever' verstaan: functionele autoriteit.

Art. 35

Recht op doorbetaling bij kortdurend zorgverlof

– 1. In afwijking van artikel 5:6 van de Wet arbeid en zorg behoudt de rechterlijk ambtenaar of rechterlijk ambtenaar in opleiding gedurende het kortdurend zorgverlof, bedoeld in artikel 5:1 van de Wet arbeid en zorg, aanspraak op doorbetaling van de volledige bezoldiging.

– 2. In afwijking van artikel 5:2 van de Wet arbeid en zorg bedraagt het verlof van een rechterlijk ambtenaar of rechterlijk ambtenaar in opleiding per kalenderjaar ten hoogste twee maal de arbeidsduur per week.

– 3. Voor de toepasselijkheid van de artikelen 5:3 tot en met 5:5 van de Wet arbeid en zorg wordt onder 'werkgever' verstaan: functionele autoriteit.

– 4. In afwijking van artikel 5:4, tweede lid, van de Wet arbeid en zorg vangt het verlof niet aan en eindigt het zodra aan de rechterlijk ambtenaar of rechterlijk ambtenaar in opleiding kenbaar wordt gemaakt dat de taakvervulling zich tegen het opnemen van het verlof respectievelijk de voortzetting daarvan ernstig verzet.

– 5. In afwijking van artikel 5:4, derde lid, van de Wet arbeid en zorg kan de functionele autoriteit die, nadat een melding hem bereikt heeft, niet aangeeft dat het belang van de taakvervulling zich ernstig verzet tegen het opnemen van het kortdurend zorgverlof, zich nadien niet op dat belang beroepen.

Art. 36

Zwangerschaps- en bevallingsverlof

– 1. De vrouwelijke rechterlijk ambtenaar of rechterlijk ambtenaar in opleiding behoudt gedurende het zwangerschaps- en bevallingsverlof, bedoeld in artikel 3:1 van de Wet arbeid en zorg, aanspraak op doorbetaling van de volledige bezoldiging.

– 2. Indien de vrouwelijke rechterlijk ambtenaar of rechterlijk ambtenaar in opleiding aan wie zwangerschaps- en bevallingsverlof is verleend gedurende dat verlof of gedurende een bepaalde periode van dat verlof tevens recht heeft op een financiële tegemoetkoming op basis van de Wet arbeid en zorg, wordt gedurende de periode waarin de financiële tegemoetkoming wordt genoten een inhouding toegepast op de doorbetaling van de bezoldiging ter grootte van die financiële tegemoetkoming.

– 3. Indien de vrouwelijke rechterlijk ambtenaar of rechterlijk ambtenaar in opleiding aan de voorwaarden voor het toekennen van een financiële tegemoetkoming als bedoeld in het tweede lid voldoet, maar geen financiële tegemoetkoming is toegekend omdat zij daarvoor geen aanvraag heeft ingediend, wordt de financiële tegemoetkoming geacht onverminderd te zijn genoten en wordt het tweede lid overeenkomstig toegepast.

– 4. Voor de toepasselijkheid van artikel 3:3, eerste lid, van de Wet arbeid en zorg wordt onder 'werkgever' verstaan: functionele autoriteit.

Art. 37

Ouderschapsverlof

– 1. In afwijking van artikel 6:1, eerste en tweede lid, van de Wet arbeid en zorg behoudt de rechterlijk ambtenaar of rechterlijk ambtenaar in opleiding over de uren waarop hem ouderschapsverlof wordt verleend 75 procent van zijn bezoldiging, verminderd met de ouderschapsverlofkorting waarop over die uren op grond van artikel 8.14b van de Wet inkomstenbelasting 2001 maximaal recht kan bestaan. Indien hem een ouderschapsverlofkorting is toegekend, wordt aan de rechterlijk ambtenaar of rechterlijk ambtenaar in opleiding op zijn aanvraag tevens een bedrag toegekend ter grootte van het verschil tussen de maximale ouderschapsverlofkorting, bedoeld in de eerste volzin, en de hem toegekende ouderschapsverlofkorting. De rechterlijk ambtenaar of rechterlijk ambtenaar in opleiding dient de aanvraag, bedoeld in de tweede volzin, in binnen zes maanden nadat de ouderschapsverlofkorting is toegekend.

– 2. Voor de toepasselijkheid van artikel 6:2, eerste lid, van de Wet arbeid en zorg wordt onder 'arbeidsduur per week' verstaan: arbeidsduur per week, uitgaande van de arbeidsduur op het tijdstip waarop het verlof ingaat.

– 3. Indien de arbeidsduur van de rechterlijk ambtenaar of rechterlijk ambtenaar in opleiding gedurende het ouderschapsverlof wijzigt, wordt de aanspraak op verlof opnieuw vastgesteld, rekening houdend met de mate waarin de arbeidsduur is gewijzigd en de mate waarin de periode gedurende welke het verlof wordt genoten is verstreken.

– 4. Indien het verlof op basis van artikel 6:2, vierde lid, onderdeel *b*, van de Wet arbeid en zorg is opgedeeld in perioden en de arbeidsduur van de rechterlijk ambtenaar of rechterlijk ambtenaar in opleiding tussen twee van die perioden wijzigt, is het derde lid van overeenkomstige toepassing.

– 5. Voor de toepasselijkheid van de artikelen 6:2, vierde en vijfde lid, 6:5, eerste, derde en vierde lid, en 6:6 van de Wet arbeid en zorg wordt onder 'werkgever' verstaan: functionele autoriteit.

– 6. In afwijking van artikel 6:2, vijfde lid, van de Wet arbeid en zorg wordt een verzoek als bedoeld in artikel 6:2, vierde lid, van diezelfde wet van een rechterlijk ambtenaar of rechterlijk ambtenaar in opleiding toegewezen, tenzij de taakvervulling zich hiertegen ernstig verzet.

– 7. In afwijking van artikel 6:5, derde lid, van de Wet arbeid en zorg kan de spreiding van de uren ouderschapsverlof over de week worden gewijzigd op grond van gewichtige redenen met betrekking tot de taakvervulling.

– 8. In afwijking van artikel 6:6, eerste lid, van de Wet arbeid en zorg wordt een verzoek van een rechterlijk ambtenaar of rechterlijk ambtenaar in opleiding om het verlof op grond van onvoorziene omstandigheden niet op te nemen of niet voort te zetten toegewezen, tenzij de taakvervulling zich hiertegen ernstig verzet.

– 9. Indien het verlof op grond van artikel 6:2, vierde lid, onderdeel *b*, van de Wet arbeid en zorg is opgedeeld in perioden, zijn het zevende en achtste lid op iedere periode van toepassing.

– 10. De rechterlijk ambtenaar of rechterlijk ambtenaar in opleiding is verplicht tot terugbetaling van de bezoldiging over de genoten uren ouderschapsverlof wanneer zijn aanstelling tijdens de verlofperiode of binnen een jaar na afloop van het verlof wordt beëindigd op verzoek, dan wel niet op verzoek op grond van aan hem te wijten feiten of omstandigheden. Beëindiging op verzoek gevolgd door een overgang binnen een maand naar een andere functie binnen de rijksoverheid wordt niet als beëindiging van de aanstelling beschouwd. Onze Minister kan, gehoord de functionele autoriteit, de rechterlijk ambtenaar of rechterlijk ambtenaar in opleiding ontheffen van de in de eerste volzin bedoelde verplichting, indien er bijzondere omstandigheden zijn die dat naar zijn oordeel rechtvaardigen.

Art. 38

Adoptieverlof

– 1. De rechterlijk ambtenaar of rechterlijk ambtenaar in opleiding behoudt gedurende het adoptieverlof, bedoeld in artikel 3:2 van de Wet arbeid en zorg, aanspraak op doorbetaling van de volledige bezoldiging.

– 2. Indien de rechterlijk ambtenaar of rechterlijk ambtenaar in opleiding aan wie adoptieverlof is verleend gedurende dat verlof of gedurende een bepaalde periode van dat verlof tevens recht heeft op een financiële tegemoetkoming op basis van de Wet arbeid en zorg, wordt gedurende de periode waarin de financiële tegemoetkoming wordt genoten een inhouding toegepast op de doorbetaling van de bezoldiging ter grootte van de financiële tegemoetkoming.

– 3. Indien de rechterlijk ambtenaar of rechterlijk ambtenaar in opleiding aan de voorwaarden voor het toekennen van een financiële tegemoetkoming als bedoeld in het tweede lid voldoet, maar geen financiële tegemoetkoming is toegekend omdat hij daarvoor geen aanvraag heeft ingediend, wordt de financiële tegemoetkoming geacht onverminderd te zijn genoten en wordt het tweede lid overeenkomstig toegepast.

– 4. Voor de toepasselijkheid van de artikelen 3:2, tweede lid, en 3:3, tweede lid, van de Wet arbeid en zorg wordt onder 'werkgever' verstaan: functionele autoriteit.

– 5. De voorgaande leden zijn van overeenkomstige toepassing op de rechterlijk ambtenaar of rechterlijk ambtenaar in opleiding die een pleegkind opneemt als bedoeld in artikel 5:1, tweede lid, onderdeel *d*, van de Wet arbeid en zorg.

Art. 39

Buitengewoon verlof

– 1. Aan een rechterlijk ambtenaar, die is aangesteld of aangewezen voor het vervullen van een volledige of een gedeeltelijke taak, of een rechterlijk ambtenaar in opleiding kan op zijn verzoek door de functionele autoriteit buitengewoon verlof al dan niet met behoud van bezoldiging worden verleend. De verlening geschiedt voor een daarbij te bepalen periode. Aan de verlening kunnen voorschriften worden verbonden.

– 2. Het buitengewoon verlof gaat niet eerder in dan na aanvaarding van dat verlof met de daaraan verbonden voorschriften door de rechterlijk ambtenaar of rechterlijk ambtenaar in opleiding.

– 3. In geval van buitengewoon verlof zonder behoud van bezoldiging heeft de rechterlijk ambtenaar of de rechterlijk ambtenaar in opleiding geen aanspraak op vakantie.

HOOFDSTUK 6
Overige rechten en plichten

Art. 40

Verhuisplicht

– 1. De rechterlijke ambtenaren – met uitzondering van de raadsheren in buitengewone dienst, de advocaten-generaal in buitengewone dienst en de plaatsvervangers – en de rechterlijke ambtenaren in opleiding kunnen door de functionele autoriteit worden verplicht te gaan of blijven wonen in of nabij de gemeente waarin het gerecht of parket waarbij zij zijn aangesteld is gevestigd, indien dit naar het oordeel van die functionele autoriteit in verband met de goede vervulling van hun taak noodzakelijk is.

– 2. Aan deze verplichting moet worden voldaan binnen twee jaar nadat zij is opgelegd.

Art. 41

Andere werkzaamheden

– 1. Onze Minister kan een niet voor het leven benoemde rechterlijk ambtenaar of een rechter-

lijk ambtenaar in opleiding verplichten tijdelijk andere werkzaamheden te verrichten dan die welke hij gewoonlijk verricht, mits die werkzaamheden hem redelijkerwijs kunnen worden opgedragen.
– 2. Een besluit als in het eerste lid bedoeld wordt genomen nadat daarover het advies is ingewonnen van de functionele autoriteit.

Art. 42

Aansprakelijkheid Staat

– 1. Voor schade die een rechterlijk ambtenaar of een rechterlijk ambtenaar in opleiding bij de vervulling van zijn taak aan een derde toebrengt en waarvoor hij zelf krachtens de wet aansprakelijk zou zijn, is jegens de derde uitsluitend de Staat aansprakelijk.
– 2. Voor schade als bedoeld in het eerste lid en voor schade die hij bij de vervulling van zijn taak aan de Staat toebrengt, is een rechterlijk ambtenaar of rechterlijk ambtenaar in opleiding jegens de Staat niet aansprakelijk, behalve voor zover de schade een gevolg is van zijn opzet of bewuste roekeloosheid.
– 3. Voor schade die een gevolg is van een rechterlijke uitspraak is een rechterlijk ambtenaar niet aansprakelijk.
– 4. Onze Minister kan de betrokken rechterlijk ambtenaar of rechterlijk ambtenaar in opleiding bij besluit verplichten om ter zake van schade waarvoor deze op grond van het tweede lid aansprakelijk is, aan de Staat ter finale kwijting een vergoeding te betalen.
– 5. In het besluit wordt het bedrag van de vergoeding vermeld. Indien het bedrag nog niet kan worden vastgesteld, worden de reden daarvan en zo mogelijk een voorlopige raming van het bedrag in het besluit vermeld, waarna Onze Minister zo spoedig mogelijk bij afzonderlijk besluit het bedrag vaststelt.

Art. 43

Plichten niet voor het leven benoemde rechterlijk ambtenaar

– 1. Een niet voor het leven benoemde rechterlijk ambtenaar of rechterlijk ambtenaar in opleiding onthoudt zich van het openbaren van gedachten of gevoelens en van de uitoefening van de rechten tot vereniging, tot vergadering en tot betoging, indien door de uitoefening van deze rechten de goede vervulling van zijn taak of het goede functioneren van de rechterlijke macht niet in redelijkheid zou zijn verzekerd.
– 2. Het eerste lid is, voor zover het betreft het recht van vereniging, niet van toepassing op het lidmaatschap van:
a. een politieke groepering, waarvan de aanduiding is ingeschreven overeenkomstig de Kieswet, of
b. een vakvereniging.

Art. 44

Onverenigbare functies

– 1. Rechterlijke ambtenaren – met uitzondering van de plaatsvervangers – en rechterlijke ambtenaren in opleiding gedurende de binnenstage kunnen niet tevens advocaat of notaris zijn dan wel anderszins van het verlenen van rechtskundige bijstand een beroep maken.
– 2. Rechterlijke ambtenaren en rechterlijke ambtenaren in opleiding gedurende de binnenstage geven de functionele autoriteit kennis van de betrekkingen die zij buiten hun ambt vervullen. Zo mogelijk geschiedt de kennisgeving zodra het voornemen bestaat tot het gaan vervullen van de betrekking.
– 3. De functionele autoriteit houdt een register bij waarin de in het tweede lid, eerste volzin, bedoelde betrekkingen zijn opgenomen. Het register ligt ter inzage bij het desbetreffende gerecht, het desbetreffende parket dan wel het parket-generaal.
– 4. Onze Minister geeft de procureur-generaal bij de Hoge Raad kennis van de betrekkingen die de leden van het College van procureurs-generaal buiten hun ambt vervullen.

Art. 45

Functie in publiekrechtelijk college

– 1. Aan een rechterlijk ambtenaar of rechterlijk ambtenaar in opleiding die is benoemd of verkozen in een functie in een publiekrechtelijk college wordt, tenzij het belang van een goede taakvervulling zich daartegen verzet, door de functionele autoriteit gelegenheid gegeven tot het bijwonen van vergaderingen en zittingen van dat college en voor het verrichten van daaruit voortvloeiende werkzaamheden ten behoeve van dat college.
– 2. Aan een rechterlijk ambtenaar of rechterlijk ambtenaar in opleiding wordt, tenzij het belang van een goede taakvervulling zich daartegen verzet, door de functionele autoriteit gelegenheid gegeven tot het verrichten van of het deelnemen aan activiteiten op de terreinen, bedoeld in artikel 48, eerste of derde lid, voor of van een vakvereniging.

Art. 46

Schadeloosstelling

– 1. Aan een rechterlijk ambtenaar of een rechterlijk ambtenaar in opleiding kan door Onze Minister onderscheidenlijk, indien het een rechterlijk ambtenaar betreft die werkzaam is bij een gerechtshof of rechtbank, door de functionele autoriteit naar billijkheid een schadeloosstelling, een vergoeding van kosten of overigens een geldelijke tegemoetkoming worden verleend.
– 2. Een afschrift van een beslissing van Onze Minister als bedoeld in het eerste lid wordt ge-

zonden aan de functionele autoriteit van de betrokken rechterlijk ambtenaar of rechterlijk ambtenaar in opleiding.

– 3. De functionele autoriteit, bedoeld in het eerste lid, stelt de Raad voor de rechtspraak in de gelegenheid om advies uit te brengen inzake een voorgenomen besluit tot verlening van een schadeloosstelling, een kostenvergoeding of een geldelijke tegemoetkoming als bedoeld in het eerste lid die op jaarbasis meer dan € 5 000 bedraagt. Indien de Raad voor de rechtspraak advies heeft uitgebracht, zendt de functionele autoriteit een afschrift van het vervolgens genomen besluit aan de Raad voor de rechtspraak.

– 4. Onze Minister kan, in overeenstemming met Onze Minister van Binnenlandse Zaken en Koninkrijksrelaties, regels geven omtrent schadeloosstelling, kostenvergoedingen en overige geldelijke tegemoetkomingen aan groepen van rechterlijke ambtenaren of rechterlijke ambtenaren in opleiding.

Art. 46a

Evaluatiegesprekken

– 1. De functionele autoriteit besteedt aan de wijze waarop de voor het leven benoemde rechterlijk ambtenaar zijn taak vervult regelmatig aandacht door middel van het houden van evaluatiegesprekken.

– 2. Een gesprek als bedoeld in het eerste lid, vindt in elk geval plaats wanneer de functionele autoriteit dit wenselijk acht of de voor het leven benoemde rechterlijk ambtenaar hierom verzoekt.

– 3. Van een gesprek als bedoeld in het eerste lid, maakt de functionele autoriteit een schriftelijk verslag op. De voor het leven benoemde rechterlijk ambtenaar wordt in de gelegenheid gesteld zijn zienswijze omtrent dit verslag kenbaar te maken. Van deze zienswijze wordt melding gemaakt in het verslag.

– 4. Indien de voor het leven benoemde rechterlijk ambtenaar werkzaam is bij een gerechtshof of een rechtbank, wordt in het eerste tot en met derde lid onder functionele autoriteit verstaan: het bestuur van dat gerechtshof onderscheidenlijk die rechtbank, uitgezonderd het niet-rechterlijk lid van dit bestuur.

HOOFDSTUK 6A
Disciplinaire maatregelen, schorsing en ontslag

§ 6A.1. *Algemeen*

Art. 46b

Voor het leven benoemde rechterlijke ambtenaren

Dit hoofdstuk is alleen van toepassing op de voor het leven benoemde rechterlijke ambtenaren.

§ 6A.2. *Disciplinaire maatregelen*

Art. 46c

Disciplinaire maatregelen

– 1. Ten aanzien van de rechterlijk ambtenaar kan de disciplinaire maatregel van schriftelijke waarschuwing worden opgelegd, indien hij:

a. de waardigheid van zijn ambt, zijn ambtsbezigheden of zijn ambtsplichten verwaarloost;

b. de bepalingen overtreedt waarbij hem het uitoefenen van een beroep wordt verboden, een vast en voortdurend verblijf wordt aangewezen, verboden wordt zich in een onderhoud of een gesprek in te laten met partijen of haar advocaten of gemachtigden of een bijzondere inlichting of schriftelijk stuk van hen aan te nemen, of de verplichting wordt opgelegd een geheim te bewaren.

– 2. Ten aanzien van de rechterlijk ambtenaar kan de disciplinaire maatregel van ontslag worden opgelegd, indien hij door handelen of nalaten ernstig nadeel toebrengt aan de goede gang van zaken bij de rechtspraak of het in haar te stellen vertrouwen.

– 3. Aan de rechterlijk ambtenaar die zich schuldig maakt aan een van de gedragingen, bedoeld in het eerste lid, onderdeel *b*, kan de disciplinaire maatregel van ontslag worden opgelegd, indien hem eerder wegens een gelijke overtreding de disciplinaire maatregel van schriftelijke waarschuwing is opgelegd.

Art. 46d

Schriftelijke waarschuwing

– 1. De disciplinaire maatregel van schriftelijke waarschuwing wordt opgelegd:

a. ten aanzien van de rechterlijke ambtenaren die werkzaam zijn bij een rechtbank en daarvan niet tevens president zijn: door de rechterlijk ambtenaar die tevens president van die rechtbank is;

b. ten aanzien van de rechterlijke ambtenaren die werkzaam zijn bij een gerechtshof en daarvan niet tevens president zijn, alsmede de rechterlijke ambtenaren die tevens president zijn van een rechtbank binnen het rechtsgebied van een gerechtshof: door de rechterlijk ambtenaar die tevens president van dat gerechtshof is;

c. ten aanzien van de vice-presidenten van, de raadsheren in en de raadsheren in buitengewo-

ne dienst bij de Hoge Raad, alsmede de rechterlijke ambtenaren die tevens president zijn van een gerechtshof: door de president van de Hoge Raad;
d. ten aanzien van de plaatsvervangend procureur-generaal, de advocaten-generaal en de advocaten-generaal in buitengewone dienst bij de Hoge Raad: door de procureur-generaal bij de Hoge Raad.
– 2. De disciplinaire maatregel van ontslag wordt door de Hoge Raad opgelegd.

Art. 46e

Zienswijze rechterlijk ambtenaar

– 1. Een disciplinaire maatregel van schriftelijke waarschuwing wordt niet opgelegd dan nadat de rechterlijk ambtenaar, tevens zijnde president van het gerechtshof of de rechtbank, de president van de Hoge Raad onderscheidenlijk de procureur-generaal bij de Hoge Raad, de betrokken rechterlijk ambtenaar in de gelegenheid heeft gesteld om zijn zienswijze schriftelijk of mondeling naar voren te brengen.
– 2. Van het mondeling naar voren brengen van de zienswijze wordt een proces-verbaal opgemaakt dat door de betrokken rechterlijk ambtenaar en door degene te wiens overstaan de zienswijze naar voren wordt gebracht, wordt ondertekend. Weigert de rechterlijk ambtenaar het proces-verbaal te ondertekenen, dan wordt daarvan, zo mogelijk met vermelding van de redenen, melding gemaakt. Aan de rechterlijk ambtenaar wordt een afschrift van het proces-verbaal verstrekt.

§ 6A.3. Schorsing

Art. 46f

Schorsing door de Hoge Raad

– 1. Een rechterlijk ambtenaar wordt door de Hoge Raad geschorst, indien:
a. hij zich in voorlopige hechtenis bevindt;
b. hij bij een nog niet onherroepelijk geworden rechterlijke uitspraak wegens een misdrijf is veroordeeld dan wel hem bij een dergelijke uitspraak een maatregel is opgelegd die vrijheidsbeneming tot gevolg heeft;
c. hij bij een nog niet onherroepelijk geworden rechterlijke uitspraak onder curatele is gesteld, in staat van faillissement is verklaard, ten aanzien van hem de schuldsaneringsregeling natuurlijke personen van toepassing is verklaard, hij surséance van betaling heeft gekregen, dan wel wegens schulden is gegijzeld.
– 2. Een rechterlijk ambtenaar kan door de Hoge Raad worden geschorst, indien:
a. tegen hem een gerechtelijk vooronderzoek ter zake van een misdrijf is ingesteld;
b. er een ander ernstig vermoeden is voor het bestaan van feiten of omstandigheden die tot ontslag, anders dan op grond van de artikelen 46*h* en 46*i*, zouden kunnen leiden.

Art. 46g

Duur schorsing

– 1. In een geval als bedoeld in artikel 46*f*, tweede lid, eindigt de schorsing na drie maanden. De Hoge Raad kan de maatregel telkens voor ten hoogste drie maanden verlengen.
– 2. De Hoge Raad beëindigt de schorsing zodra de grond voor deze maatregel is vervallen.
– 3. De Hoge Raad kan bij de beslissing, waarbij de rechterlijk ambtenaar wordt geschorst, bepalen dat tijdens de duur van de schorsing geen salaris of slechts een daarbij te bepalen gedeelte van het salaris zal worden genoten.
– 4. Indien de schorsing anders dan door ontslag eindigt, kan de Hoge Raad beslissen dat het niet genoten salaris geheel of voor een daarbij te bepalen gedeelte alsnog zal worden uitbetaald.

§ 6A.4. Ontslag en herplaatsing

Art. 46h

Ontslag op eigen verzoek

– 1. De rechterlijk ambtenaar wordt op eigen verzoek bij koninklijk besluit ontslagen.
– 2. Met ingang van de eerste dag van de maand volgende op die waarin de rechterlijk ambtenaar de leeftijd van zeventig jaren heeft bereikt, wordt aan hem bij koninklijk besluit ontslag verleend.

Art. 46i

Ontslag bij ziekte

– 1. De rechterlijk ambtenaar kan, wanneer hij wegens ziekte ongeschikt is tot het verrichten van zijn arbeid, door de Hoge Raad worden ontslagen, indien:
a. de ongeschiktheid twee jaar onafgebroken heeft geduurd;
b. herstel van zijn ziekte binnen een periode van zes maanden na de in onderdeel *a* genoemde termijn van twee jaar redelijkerwijs niet is te verwachten; en
c. naar het oordeel van de functionele autoriteit duurzame reïntegratie in de eigen arbeid, in andere passende arbeid als bedoeld in artikel 46*k*, eerste lid, bij een gerecht of binnen het gezagsbereik van Onze Minister, of in passende arbeid als bedoeld in artikel 46*k*, eerste lid, buiten dat gezagsbereik, niet binnen een redelijke termijn is te verwachten.
– 2. Voor het berekenen van het tijdvak van twee jaar, bedoeld in het eerste lid, onderdeel *a*, worden niet in aanmerking genomen:

a. perioden van ongeschiktheid tot het verrichten van arbeid als gevolg van zwangerschap voorafgaand aan het zwangerschapsverlof; en
b. perioden van ongeschiktheid tot het verrichten van arbeid tijdens het zwangerschaps- en bevallingsverlof, bedoeld in artikel 3:1, tweede en derde lid, van de Wet arbeid en zorg.
– 3. Voor de berekening van het tijdvak van twee jaar, bedoeld in het eerste lid, onderdeel *a*, worden perioden van ongeschiktheid tot het verrichten van arbeid, anders dan bedoeld in het tweede lid, samengeteld:
a. indien zij elkaar met een onderbreking van minder dan vier weken opvolgen; of
b. indien de ene periode van ongeschiktheid direct voorafgaat aan en de andere periode van ongeschiktheid direct aansluit op het tijdvak gedurende welke zwangerschaps- en bevallingsverlof als bedoeld in artikel 3:1, tweede en derde lid, van de Wet arbeid en zorg wordt genoten, en de ongeschiktheid in deze perioden redelijkerwijs geacht kan worden voort te vloeien uit dezelfde oorzaak.
– 4. Het tijdvak van twee jaar, bedoeld in het eerste lid, onderdeel *a*, wordt verlengd:
a. indien de aangifte, bedoeld in artikel 38, eerste lid, van de Ziektewet, later is gedaan dan op grond van dat artikel is voorgeschreven, met de duur van die vertraging;
b. indien de aanvraag, bedoeld in artikel 64, eerste lid, van de Wet werk en inkomen naar arbeidsvermogen, later wordt gedaan dan in of op grond van dat artikel is voorgeschreven, met de duur van die vertraging;
c. indien de wachttijd, bedoeld in artikel 19, eerste lid, van de Wet op de arbeidsongeschiktheidsverzekering, op grond van het zevende lid van dat artikel is verlengd, met de duur van die verlenging; en
d. indien het Uitvoeringsinstituut werknemersverzekeringen, genoemd in hoofdstuk 5 van de Wet structuur uitvoeringsorganisatie werk en inkomen, op grond van artikel 24, eerste lid, of artikel 25, negende lid, van de Wet werk en inkomen naar arbeidsvermogen dan wel op grond van artikel 71*a*, negende lid, van de Wet op de arbeidsongeschiktheidsverzekering een tijdvak heeft vastgesteld, met de duur van dit tijdvak.
– 5. In afwijking van het eerste lid kan het ontslag, indien de daar bedoelde voorwaarden zijn vervuld en de rechterlijk ambtenaar daarom verzoekt, worden verleend bij koninklijk besluit op voordracht van Onze Minister. Voor de rechtsgevolgen wordt dit ontslag gelijkgesteld met een door de Hoge Raad overeenkomstig het eerste lid verleend ontslag.
– 6. Het eerste lid, onderdeel *c*, is niet van toepassing op de raadsheren in buitengewone dienst bij en de advocaten-generaal in buitengewone dienst bij de Hoge Raad, de raadsheren-plaatsvervangers in de gerechtshoven en de rechters-plaatsvervangers in de rechtbanken.

Art. 46j

Medisch advies

– 1. Om te beoordelen of sprake is van een situatie als bedoeld in artikel 46*i*, eerste lid, onderdelen *a* en *b*, wordt door de functionele autoriteit medisch advies ingewonnen bij een daartoe door het Uitvoeringsinstituut werknemersverzekeringen, genoemd in hoofdstuk 5 van de Wet structuur uitvoeringsorganisatie werk en inkomen, aangewezen arts. Deze arts stelt naar aanleiding van zijn bevindingen een rapport op, dat wordt toegezonden aan de functionele autoriteit en in afschrift aan de betrokken rechterlijk ambtenaar.
– 2. De in het eerste lid bedoelde arts betrekt bij zijn beoordeling een door de functionele autoriteit aangewezen arts en, indien de rechterlijk ambtenaar dit wenst, een door de rechterlijk ambtenaar aangewezen arts.
– 3. De functionele autoriteit stelt de rechterlijk ambtenaar er schriftelijk van op de hoogte dat de in het eerste lid bedoelde procedure zal worden ingesteld en dat de rechterlijk ambtenaar bevoegd is desgewenst een arts aan te wijzen. Deze kennisgeving geschiedt niet eerder dan nadat de rechterlijk ambtenaar gedurende een onafgebroken periode van achttien maanden ongeschikt is geweest tot het verrichten van zijn arbeid wegens ziekte en in ieder geval op een zodanig tijdstip dat de procedure met betrekking tot het medisch advies uiterlijk binnen een periode van vierentwintig maanden ongeschiktheid afgerond kan zijn.

Art. 46k

Andere taak bij arbeidsongeschiktheid

– 1. Aan de rechterlijk ambtenaar, die ongeschikt is tot het verrichten van zijn arbeid wegens ziekte, kan door de Hoge Raad een andere taak worden opgedragen bij een gerecht of binnen het gezagsbereik van Onze Minister, indien sprake is van passende arbeid. Onder passende arbeid wordt verstaan: alle arbeid die voor de krachten en bekwaamheden van de rechterlijk ambtenaar is berekend, tenzij aanvaarding om redenen van lichamelijke, geestelijke of sociale aard niet van de rechterlijk ambtenaar kan worden gevergd. De rechterlijk ambtenaar is verplicht de hem opgedragen taak te aanvaarden.
– 2. In afwijking van het eerste lid kan de opdracht, indien de daar bedoelde voorwaarden zijn vervuld en de rechterlijk ambtenaar daarom verzoekt, worden gegeven bij koninklijk besluit op voordracht van Onze Minister. Voor de rechtsgevolgen wordt een zodanige opdracht gelijkgesteld met een door de Hoge Raad overeenkomstig het eerste lid gegeven opdracht.

– 3. Indien de rechterlijk ambtenaar een andere taak wordt opgedragen die wordt vervuld in een ambt waarin hij niet voor het leven wordt benoemd, wordt hij door de Hoge Raad onderscheidenlijk bij koninklijk besluit tevens ontslagen als voor het leven benoemd rechterlijk ambtenaar.
– 4. Indien de rechterlijk ambtenaar een taak wordt opgedragen die wordt vervuld in een ambt waarin hij voor het leven wordt benoemd en die taak minder uren omvat dan zijn oorspronkelijke taak, wordt hij door de Hoge Raad onderscheidenlijk bij koninklijk besluit tevens ontslagen voor het meerdere aantal uren.
– 5. Het eerste tot en met vierde lid zijn niet van toepassing op de raadsheren in buitengewone dienst bij en de advocaten-generaal in buitengewone dienst bij de Hoge Raad, de raadsheren-plaatsvervangers in de gerechtshoven en de rechters-plaatsvervangers in de rechtbanken.

Art. 46ka

Ontslag bij arbeidsongeschiktheid wegens ziekte

– 1. De rechterlijk ambtenaar, die wegens ziekte ongeschikt is tot het verrichten van zijn arbeid, kan, in afwijking van artikel 46*i*, eerste lid, door de Hoge Raad worden ontslagen indien hij zonder deugdelijke grond weigert:
a. gevolg te geven aan door de functionele autoriteit of een door de functionele autoriteit aangewezen deskundige gegeven redelijke voorschriften of mee te werken aan door de functionele autoriteit of een door de functionele autoriteit aangewezen deskundige getroffen maatregelen om hem in staat te stellen de eigen of andere passende arbeid te verrichten;
b. passende arbeid te verrichten waartoe hij in de gelegenheid wordt gesteld; of
c. zijn medewerking te verlenen aan het opstellen, evalueren en bijstellen van een plan van aanpak als bedoeld in artikel 25, tweede lid, van de Wet werk en inkomen naar arbeidsvermogen dan wel artikel 71*a*, tweede lid, van de Wet op de arbeidsongeschiktheidsverzekering.
– 2. Om te beoordelen of sprake is van een situatie als bedoeld in het eerste lid wint de functionele autoriteit het advies in van het in artikel 46*j*, eerste lid, bedoelde Uitvoeringsinstituut werknemersverzekeringen.

Art. 46l

Ontslag wegens ongeschiktheid etc.

– 1. De rechterlijk ambtenaar wordt door de Hoge Raad ontslagen, indien hij:
a. ongeschikt is voor het verrichten van zijn taak, anders dan wegens ziekte;
b. een ambt of betrekking aanvaardt dat onderscheidenlijk die volgens de wet onverenigbaar is met het door hem beklede ambt;
c. het Nederlanderschap verliest.
– 2. In afwijking van het eerste lid wordt het ontslag in geval van ongeschiktheid voor het verrichten van de taak, anders dan wegens ziekte, indien de rechterlijk ambtenaar daarom verzoekt, verleend bij koninklijk besluit op voordracht van Onze Minister. Voor de rechtsgevolgen wordt dit ontslag gelijk gesteld met een door de Hoge Raad overeenkomstig het eerste lid, onderdeel *a*, verleend ontslag.
– 3. Voor de beoordeling of sprake is van ongeschiktheid voor het verrichten van de taak, anders dan wegens ziekte, wordt advies ingewonnen bij een commissie van drie deskundigen. Bij of krachtens algemene maatregel van bestuur worden hieromtrent nadere regels gesteld.

Art. 46m

Ontslag wegens strafrechtelijke veroordeling etc.

De rechterlijk ambtenaar kan door de Hoge Raad worden ontslagen, indien hij:
a. bij onherroepelijk geworden rechterlijke uitspraak wegens misdrijf is veroordeeld dan wel hem bij een dergelijke uitspraak een maatregel is opgelegd die vrijheidsbeneming tot gevolg heeft;
b. bij onherroepelijk geworden rechterlijke uitspraak onder curatele is gesteld, in staat van faillissement is verklaard, ten aanzien van hem de schuldsaneringsregeling natuurlijke personen van toepassing is verklaard, hij surséance van betaling heeft verkregen, dan wel wegens schulden is gegijzeld.

Art. 46n

Uitkering bij ontslag

– 1. Ingeval van een ontslag ingevolge de artikelen 46*c*, tweede en derde lid, 46*ka*, 46*l* of 46*m* kan de Hoge Raad een voorziening treffen onderscheidenlijk kan bij koninklijk besluit op voordracht van Onze Minister een voorziening worden getroffen waarbij de rechterlijk ambtenaar een uitkering wordt verleend die naar het oordeel van de Hoge Raad onderscheidenlijk Onze Minister met het oog op de omstandigheden redelijk is te achten.
– 2. De uitkering is ten hoogste gelijk aan het voor de rechterlijk ambtenaar geldende totaal van uitkeringen berekend op basis van de Werkloosheidswet en een krachtens artikel 54, tweede lid, getroffen besluit ter zake van werkloosheid, als ware als gevolg van het ontslag geen sprake van verwijtbare werkloosheid als bedoeld in artikel 24 van de Werkloosheidswet.
– 3. Op de uitkering zijn voor het overige de Werkloosheidswet en het krachtens artikel 54, tweede lid, getroffen besluit ter zake van werkloosheid, van overeenkomstige toepassing.
– 4. Indien de rechterlijk ambtenaar ter zake van hetzelfde ontslag recht heeft op een uitkering krachtens de Werkloosheidswet of een krachtens artikel 54, tweede lid, getroffen besluit

ter zake van werkloosheid, vervalt de door de Hoge Raad of bij koninklijk besluit toegekende uitkering.

§ 6A.5. Procedure bij de Hoge Raad

Art. 46o

Vordering procureur-generaal

– 1. De Hoge Raad neemt de in dit hoofdstuk bedoelde beslissingen op vordering van de procureur-generaal bij de Hoge Raad. Over herziening van een uitkering als bedoeld in artikel 46*n*, tweede lid, en over beëindiging van een schorsing beslist de Hoge Raad op vordering van de procureur-generaal dan wel op verzoek van de betrokken rechterlijk ambtenaar.
– 2. De vordering van de procureur-generaal, bedoeld in het eerste lid, geschiedt ambtshalve dan wel naar aanleiding van een met redenen omkleed verzoek van de functionele autoriteit van de betrokken rechterlijk ambtenaar. Indien de betrokken rechterlijk ambtenaar werkzaam is bij een gerechtshof of een rechtbank en daarvan niet tevens president is, wordt in de eerste volzin onder functionele autoriteit verstaan: de rechterlijk ambtenaar die tevens president van dat gerechtshof onderscheidenlijk die rechtbank is. Indien de betrokken rechterlijk ambtenaar werkzaam is bij een gerechtshof onderscheidenlijk een rechtbank en daarvan tevens president is, wordt in de eerste volzin onder functionele autoriteit verstaan: de president van de Hoge Raad onderscheidenlijk de rechterlijk ambtenaar die tevens president is van het gerechtshof tot het rechtsgebied waarvan die rechtbank behoort.
– 3. De procureur-generaal vordert het ontslag of de schorsing van een rechterlijk ambtenaar niet dan nadat hij de rechterlijk ambtenaar in de gelegenheid heeft gesteld om zijn zienswijze schriftelijk of mondeling naar voren te brengen. Van het mondeling naar voren brengen van de zienswijze wordt een proces-verbaal opgemaakt dat door de betrokken rechterlijk ambtenaar en de procureur-generaal wordt ondertekend. Weigert de rechterlijk ambtenaar het proces-verbaal te ondertekenen, dan wordt daarvan in het proces-verbaal, zo mogelijk met vermelding van de redenen, melding gemaakt. Aan de rechterlijk ambtenaar wordt een afschrift van het proces-verbaal verstrekt.
– 4. De vordering wordt door de procureur-generaal gemotiveerd en schriftelijk ingesteld. Bij de vordering wordt in elk geval het proces-verbaal, bedoeld in het derde lid, gevoegd.

Art. 46p

Onderzoek Hoge Raad

– 1. Het onderzoek door de Hoge Raad geschiedt in raadkamer.
– 2. De betrokken rechterlijk ambtenaar wordt uitgenodigd om bij het onderzoek aanwezig te zijn en daarbij, zo gewenst, zijn mening kenbaar te maken. De uitnodiging gaat vergezeld van een afschrift van de ingestelde vordering en van de daarbij gevoegde stukken.
– 3. De Hoge Raad kan, hetzij op verzoek van de procureur-generaal of de betrokken rechterlijk ambtenaar, hetzij ambtshalve, getuigen oproepen en horen.
– 4. De Hoge Raad beslist bij met redenen omkleed arrest. De uitspraak geschiedt in het openbaar.
– 5. De Hoge Raad doet aan het betrokken gerecht onderscheidenlijk het parket bij de Hoge Raad alsmede aan Onze Minister onverwijld mededeling van beslissingen waarbij een rechterlijk ambtenaar wordt ontslagen of geschorst, de schorsing wordt verlengd of beëindigd, dan wel hem bij ongeschiktheid wegens ziekte een andere taak wordt opgedragen.
– 6. De Hoge Raad doet aan Onze Minister alsmede aan het betrokken gerecht onderscheidenlijk het parket bij de Hoge Raad onverwijld mededeling van beslissingen waarbij een uitkering als bedoeld in artikel 46*n*, tweede lid, wordt toegekend, herzien of ingetrokken.

Art. 46q

Schorsing en ontslag procureur-generaal

Indien het ontslag, de schorsing of het bij ongeschiktheid wegens ziekte opdragen van een andere taak van de procureur-generaal in het geding is, worden de in de artikelen 46*o* en 46*p* aan de procureur-generaal toegekende bevoegdheden en verplichtingen uitgeoefend door de plaatsvervangend procureur-generaal.

HOOFDSTUK 7
Beroep

Art. 47

Beroep

– 1. Een belanghebbende kan tegen een besluit of een andere handeling van een bestuursorgaan waarbij een rechterlijk ambtenaar als zodanig of een rechterlijk ambtenaar in opleiding als zodanig, hun nagelaten betrekkingen of hun rechtverkrijgenden belanghebbende zijn, beroep instellen bij de Centrale Raad van Beroep.
– 2. Geen beroep kan worden ingesteld tegen een besluit tot benoeming, aanstelling of aanwijzing, tenzij het beroep wordt ingesteld door een rechterlijk ambtenaar of rechterlijk ambtenaar in opleiding als zodanig, hun nagelaten betrekkingen of hun rechtverkrijgenden.
– 3. Een belanghebbende kan bij de Centrale Raad van Beroep tevens beroep instellen tegen een schriftelijke beslissing of een handeling, genomen of verricht door een onafhankelijk, bij

wet ingesteld met rechtspraak belast orgaan, door de voorzitter of een lid van een zodanig orgaan, door het bestuur van een zodanig orgaan of de voorzitter van dat bestuur, door de Raad voor de rechtspraak, dan wel door de procureur-generaal, de plaatsvervangend procureur-generaal of een advocaat-generaal bij de Hoge Raad, waarbij een voor het leven benoemde rechterlijk ambtenaar als zodanig, een nagelaten betrekking of rechtverkrijgende belanghebbende is.
– 4. Het derde lid is niet van toepassing ten aanzien van beslissingen van de Hoge Raad als bedoeld in hoofdstuk 6A, vorderingen als bedoeld in artikel 46o tot het nemen van deze beslissingen, alsmede schriftelijke beslissingen en handelingen genomen of verricht door de president van de Hoge Raad.

HOOFDSTUK 8
Overleg

Art. 48

Aangelegenheden algemeen belang rechtstoestand

– 1. Over aangelegenheden van algemeen belang voor de rechtstoestand – met inbegrip van de algemene regels volgens welke het personeelsbeleid zal worden gevoerd – van de rechterlijke ambtenaren en de rechterlijke ambtenaren in opleiding, wordt niet beslist dan nadat daarover door Onze Minister overleg is gevoerd met de Sectorcommissie rechterlijke macht.
– 2. Het eerste lid is niet van toepassing ten aanzien van de regelingen, bedoeld in artikel 49, een en ander voor zover in het overleg over deze regelingen niet is voorzien in een bevoegdheid om aanvullende of afwijkende voorzieningen te treffen ten behoeve van de functionarissen, bedoeld in het eerste lid.
– 3. Over algemene aangelegenheden met betrekking tot de rechtspleging wordt door Onze Minister overleg gevoerd met de Sectorcommissie rechterlijke macht, indien een deelnemer aan het overleg dat verzoekt.
– 4. Het overleg, bedoeld in het eerste en het derde lid, wordt op een zodanig tijdstip gevoerd, dat het van wezenlijke invloed kan zijn op de te nemen besluiten.

Art. 49

Overleg regelingen overheids- en onderwijspersoneel

Het overleg met betrekking tot regelingen die specifiek betrekking hebben op overheids- en onderwijspersoneel in het algemeen, bedoeld in artikel 1 van het Regeling overleg Raad voor het Overheidspersoneelsbeleid, heeft eveneens betrekking op de rechterlijke ambtenaren en de rechterlijke ambtenaren in opleiding.

Art. 50

Deelnemers overleg

– 1. De deelnemers aan het overleg, bedoeld in artikel 48, eerste en derde lid, zijn de Sectorcommissie rechterlijke macht en Onze Minister.
– 2. De Sectorcommissie rechterlijke macht bestaat uit vertegenwoordigers van:
a. de Nederlandse Vereniging voor Rechtspraak;
b. andere door Onze Minister tot het overleg toegelaten verenigingen of centrales van verenigingen van ambtenaren, die onder meer gelet op het aantal rechterlijke ambtenaren en rechterlijke ambtenaren in opleiding dat zij vertegenwoordigen, eveneens als representatief kunnen worden aangemerkt en tegen wier toelating het algemeen belang zich niet verzet.
– 3. Ten aanzien van de Sectorcommissie rechterlijke macht kunnen bij algemene maatregel van bestuur over de volgende onderwerpen nadere regels worden gesteld: de samenstelling, de werkwijze, de besluitvorming, de stemverhouding daaronder begrepen, de onderwerpen waarover de Sectorcommissie Onze Minister dient in te lichten, de intrekking en schorsing van de toelating van verenigingen of centrales van verenigingen tot de Sectorcommissie, en de schorsing van vertegenwoordigers in de Sectorcommissie.
– 4. Onze Minister is voorzitter van het overleg. Onze Minister kan een ambtenaar machtigen als voorzitter van het overleg op te treden.
– 5. De deelnemers aan het overleg kunnen zich, na overleg met de voorzitter, doen bijstaan door deskundigen of adviseurs.
– 6. Bij algemene maatregel van bestuur worden nadere voorschriften gegeven met betrekking tot de inrichting van het overleg.

Art. 51

Voorstellen invoering etc. regelingen art. 48

– 1. Voorstellen strekkende tot invoering, wijziging of intrekking van regelingen welke aangelegenheden betreffen waarop artikel 48, eerste lid, betrekking heeft en waaraan individuele functionarissen als bedoeld in artikel 48, eerste lid, rechten kunnen ontlenen dan wel die plichten voor hen kunnen meebrengen, worden slechts ten uitvoer gebracht indien daarover overeenstemming bestaat met de Sectorcommissie rechterlijke macht.
– 2. Het eerste lid is niet van toepassing op voorstellen strekkende tot:
a. invoering of wijziging van een wettelijke regeling die betrekking heeft op alle burgers of alle werknemers, waaronder begrepen de functionarissen, bedoeld in artikel 48, eerste lid,
b. invoering of wijziging van een wettelijke regeling voor de functionarissen, bedoeld in artikel

48, eerste lid, met een overeenkomstige inhoud als een voorstel tot invoering of wijziging van een wettelijke regeling die betrekking heeft op werknemers die krachtens arbeidsovereenkomst als bedoeld in artikel 610, eerste lid, van Boek 7 van het Burgerlijk Wetboek werkzaam zijn,
c. vantoepassingverklaring op de functionarissen, bedoeld in artikel 48, eerste lid, van een wettelijke regeling die betrekking heeft op werknemers die krachtens arbeidsovereenkomst als bedoeld in artikel 610, eerste lid, van Boek 7 van het Burgerlijk Wetboek werkzaam zijn en met die vantoepassingverklaring samenhangende wijzigingen in voor functionarissen als bedoeld in artikel 48, eerste lid, geldende regelingen, een en ander mits het totaal van rechten en plichten van de functionarissen, bedoeld in artikel 48, eerste lid, over het geheel beoordeeld niet ongunstiger wordt, of
d. implementatie van verplichtingen voortvloeiend uit een internationaal verdrag.
– 3. Indien in een overleg een geschil ontstaat over de vraag of bij een voorstel als bedoeld in het tweede lid, onderdeel *c*, wordt voldaan aan de voorwaarde dat het totaal van rechten en plichten over het geheel beoordeeld niet ongunstiger wordt, wordt dat geschil onderworpen aan een arbitrale uitspraak van de Advies- en Arbitragecommissie, bedoeld in artikel 53, eerste lid.

Art. 52

Geen algehele instemming

– 1. Indien tijdens het overleg met de Sectorcommissie rechterlijke macht over voorstellen als bedoeld in artikel 48, eerste lid, de voorzitter onderscheidenlijk een of meer leden van de Sectorcommissie rechterlijke macht tot het oordeel komt dat het overleg niet tot een uitkomst zal leiden die de instemming van alle deelnemers aan het overleg zal hebben, brengt diegene dat oordeel binnen drie dagen nadat daarvan in het overleg blijk is gegeven, schriftelijk ter kennis aan de leden van de Sectorcommissie rechterlijke macht onderscheidenlijk aan de voorzitter van het overleg en de overige leden van de Sectorcommissie rechterlijke macht.
– 2. Binnen vijf dagen na de kennisgeving, bedoeld in het eerste lid, schrijft de voorzitter een bijzondere vergadering uit. De vergadering moet worden gehouden binnen zeven dagen nadat deze is uitgeschreven. In deze vergadering wordt nagegaan of:
a. het overleg wordt voortgezet of wordt beëindigd, dan wel
b. overeenstemming bestaat over de vraag wat het onderwerp en de inhoud van het geschil is en of een oplossing van dat geschil zal worden gezocht door middel van voortzetting van het overleg nadat het advies is ingewonnen van de Advies- en Arbitragecommissie dan wel door middel van onderwerping van het geschil aan een arbitrale uitspraak van de Advies- en Arbitragecommissie.
– 3. Bij algemene maatregel van bestuur worden nadere voorschriften gegeven omtrent de wijze waarop het advies kan worden ingewonnen dan wel het geschil aan een arbitrale uitspraak kan worden onderworpen.
– 4. Het overleg wordt voortgezet twee weken na ontvangst van het advies van de Advies- en Arbitragecommissie.

Art. 53

Advies- en arbitragecommissie

– 1. Er is een Advies- en Arbitragecommissie, die tot taak heeft te adviseren dan wel een arbitrale uitspraak te doen in de geschillen die haar ingevolge artikel 51, derde lid, of artikel 52, tweede lid, onderdeel *b*, worden voorgelegd. Ten aanzien van de samenstelling van de Advies- en Arbitragecommissie is artikel 110g van het Algemeen Rijksambtenarenreglement van overeenkomstige toepassing, met dien verstande dat de Advies- en Arbitragecommissie voor de behandeling van aangelegenheden op grond van artikel 51, derde lid, of artikel 52, tweede lid, onderdeel *b*, wordt uitgebreid met twee leden en hun plaatsvervangers, benoemd door Onze Minister. Van hen worden één lid en zijn plaatsvervanger benoemd op voordracht van de Sectorcommissie rechterlijke macht. Bij algemene maatregel van bestuur worden regels gesteld omtrent deze voordracht door de Sectorcommissie rechterlijke macht.
– 2. Tot het inwinnen van een advies van de Advies- en Arbitragecommissie is zowel de voorzitter van het overleg als de Sectorcommissie rechterlijke macht bevoegd.
– 3. Voor het onderwerpen van het geschil aan een arbitrale uitspraak van de Advies- en Arbitragecommissie overeenkomstig artikel 52, tweede lid, onderdeel *b*, is overeenstemming vereist tussen de deelnemers aan het overleg.
– 4. De arbitrale uitspraak van de Advies- en Arbitragecommissie heeft bindende kracht.
– 5. Bij algemene maatregel van bestuur worden nadere voorschriften gegeven met betrekking tot de samenstelling en de werkwijze van de Advies- en Arbitragecommissie.

HOOFDSTUK 9
Slotbepalingen

Art. 54

Nadere arbeidsvoorwaarden

– 1. Bij of krachtens algemene maatregel van bestuur kunnen, ter aanvulling van hetgeen in

deze wet is geregeld, voor de rechterlijke ambtenaren en de rechterlijke ambtenaren in opleiding nadere arbeidsvoorwaarden worden vastgesteld. Daarbij kan worden afgeweken van de bepalingen, bedoeld in de artikelen 16 en 19.
– 2. Voorts kunnen bij of krachtens algemene maatregel van bestuur voor rechterlijke ambtenaren en rechterlijke ambtenaren in opleiding voorschriften worden vastgesteld met betrekking tot:
a. aanstelling, schorsing en ontslag, behoudens de voor het leven benoemde rechterlijke ambtenaren,
b. wachtgeld,
c. voorzieningen in verband met ziekte,
d. bescherming bij de arbeid,
e. overige rechten en plichten,
f. disciplinaire straffen,
g. arbeidsduur, werktijd, werkverdeling, vakantie en verlof.

Art. 55

Deze wet wordt aangehaald als: Wet rechtspositie rechterlijke ambtenaren. **Citeertitel**

Art. 56-66

Vervallen.

Besluit van 10 december 2001, Stb. 616, tot vaststelling van nevenzittingsplaatsen van de gerechtshoven en de rechtbanken en houdende regels voor de verdeling van zaken over de hoofdplaats en de nevenvestigings- en nevenzittingsplaatsen, zoals dit besluit laatstelijk is gewijzigd bij het Besluit van 19 november 2008, Stb. 488

[Inwerkingtreding: 01-01-2002]

Wij Beatrix, bij de gratie Gods, Koningin der Nederlanden, Prinses van Oranje-Nassau, enz. enz. enz.
Op de voordracht van Onze Minister van Justitie van 13 november 2001, nr. 5132150/01/6;
Gelet op de artikelen 41 en 59 van de Wet op de rechterlijke organisatie;
De Raad van State gehoord (advies van 28 november 2001, nr. W03.01.0599/I);
Gelet op het nader rapport van de Minister van Justitie van 5 december 2001, nr. 5137099/01/6;
Hebben goedgevonden en verstaan:

§ 1. Algemene bepalingen

Art. 1

Begripsbepaling

In dit besluit wordt verstaan onder:
a. kantonzaken: zaken die ingevolge de wet door de kantonrechter worden behandeld;
b. zittingscapaciteit: de beschikbare zittingsruimte, de beschikbare capaciteit aan rechterlijke ambtenaren met rechtspraak belast en de beschikbare capaciteit aan gerechtsambtenaren benodigd voor de behandeling van zaken;
c. gespecialiseerde zittingscapaciteit: de beschikbare zittingsruimte en de beschikbare capaciteit aan rechterlijke ambtenaren met rechtspraak belast en aan gerechtsambtenaren die voldoen aan de specifieke kennis, deskundigheid of andere vereisten die nodig zijn voor de behandeling van bepaalde zaken of bepaalde categorieën van zaken.

§ 2. Nevenzittingsplaatsen binnen het rechtsgebied van de gerechtshoven en de rechtbanken

Art. 2

Nevenzittingsplaatsen gerechtshoven

De nevenzittingsplaatsen van de gerechtshoven zijn:
a. gerechtshof Amsterdam: Alkmaar, Amersfoort, Den Helder, Haarlem, Hilversum, Hoorn, Utrecht, Zaanstad;
b. gerechtshof Arnhem: Almelo, Almere, Apeldoorn, Deventer, Enschede, Harderwijk, Lelystad, Nijmegen, Tiel, Zutphen, Zwolle;
c. gerechtshof 's-Gravenhage: Dordrecht, Middelburg, Rotterdam;
d. gerechtshof 's-Hertogenbosch: Bergen op Zoom, Breda, Eindhoven, Heerlen, Maastricht, Roermond, Tilburg, Venlo;
e. gerechtshof Leeuwarden: Assen, Groningen.

Art. 2a

Vervallen.

Artikel 3

Nevenzittingsplaatsen rechtbanken

De nevenzittingsplaatsen van de rechtbanken zijn:
a. rechtbank Alkmaar: Den Helder;
b. rechtbank Arnhem: Wageningen;
c. rechtbank Dordrecht: Gorinchem;
d. rechtbank Groningen: Winschoten;
e. rechtbank Haarlem: Haarlemmermeer;
f. rechtbank Leeuwarden: Sneek;
g. rechtbank Roermond: Venray;
h. rechtbank Rotterdam: Middelharnis;
i. rechtbank Zutphen: Doetinchem, Harderwijk, Oost Gelre, Oude IJsselstreek;
j. rechtbank Zwolle-Lelystad: Almere, Steenwijkerland.

§ 3. Nevenzittingsplaatsen buiten het rechtsgebied van de gerechtshoven en de rechtbanken

Art. 4

Nevenzittingsplaatsen rechtbank 's-Gravenhage

– 1. De nevenzittingsplaatsen van de rechtbank te 's-Gravenhage voor beroepen, ingesteld tegen besluiten die zijn gegeven op grond van de Vreemdelingenwet 2000, zijn de hoofdplaatsen van de andere arrondissementen alsmede Haarlemmermeer.
– 2. De rechtbank te 's-Gravenhage kan buiten de hoofdplaats van het arrondissement onderscheidenlijk buiten het arrondissement vreemdelingenzaken als bedoeld in Hoofdstuk 5 van

de Vreemdelingenwet 2000 behandelen in de nevenvestigingsplaats Alphen aan den Rijn en in de nevenzittingsplaatsen Loenen en Tilburg.

Art. 5

Nevenzittingsplaatsen gerechtshoven en rechtbanken in strafzaken

– 1. De gerechtshoven kunnen, voor zover het betreft de meervoudige kamers of raadkamers voor strafzaken, buiten het ressort terechtzittingen houden in de nevenzittingsplaatsen Amsterdam, Rotterdam en Soest.

– 2. De rechtbanken kunnen, voor zover het betreft de meervoudige kamers of raadkamers voor strafzaken, buiten het arrondissement terechtzittingen houden in de nevenzittingsplaatsen Amsterdam, Rotterdam en Soest.

Art. 5a

Vervallen.

Art. 6

Zaken waarbij personeel gerecht betrokken is

– 1. Zaken waarbij het personeel van het gerechtshof betrokken is, kunnen in een nevenzittingsplaats buiten het ressort worden behandeld. Een nevenzittingsplaats buiten het ressort is de hoofdplaats van een aangrenzend ressort.

– 2. Zaken waarbij personeel van de rechtbank betrokken is, kunnen in een nevenzittingsplaats buiten het arrondissement worden behandeld. Een nevenzittingsplaats buiten het arrondissement is de hoofdplaats of een nevenvestigingsplaats van een aangrenzend arrondissement.

Art. 7

Tijdelijke aanwijzing nevenzittingsplaatsen buiten ressort

– 1. Bij gebrek aan voldoende zittingscapaciteit of aan gespecialiseerde zittingscapaciteit in de hoofdplaats of een nevenzittingsplaats binnen het ressort, kan het bestuur van een gerechtshof, de Raad voor de rechtspraak verzoeken tijdelijk een of meer nevenzittingsplaatsen buiten het ressort aan te wijzen voor de behandeling van een zaak of categorieën van zaken met het oog op een snellere behandeling van die zaken.

– 2. De tijdelijke aanwijzing van een of meer nevenzittingsplaatsen buiten het ressort als bedoeld in het eerste lid geldt voor ten hoogste drie jaren en kan een maal worden verlengd.

– 3. De nevenzittingsplaatsen buiten het ressort, die op grond van het eerste lid kunnen worden aangewezen, zijn de hoofdplaatsen van de andere ressorten.

– 4. De Raad wijst zo veel als mogelijk een of meer nevenzittingsplaatsen aan in een of meer aangrenzende ressorten.

– 5. Zaken waarvoor, vanwege hun aard dan wel de feiten of omstandigheden die met die zaken samenhangen, behandeling binnen het rechtsgebied waarin zij zijn aangebracht is aangewezen, worden zo veel als mogelijk binnen het rechtsgebied behandeld.

– 6. Indien de aanwijzing betrekking heeft op strafzaken vindt de aanwijzing niet plaats, dan nadat de Raad daarover het College van procureurs-generaal heeft gehoord.

– 7. Bij het aanwijzen van een of meer nevenzittingsplaatsen buiten het ressort voor de behandeling van categorieën van zaken geeft de Raad aan voor welke periode de aanwijzing geldt.

– 8. De aanwijzing wordt gepubliceerd in de *Staatscourant*.

– 9. Het zesde tot en met het achtste lid zijn van overeenkomstige toepassing op de verlenging van de aanwijzing als bedoeld in het tweede lid.

Art. 8

Tijdelijke aanwijzing nevenzittingsplaatsen buiten arrondissement

– 1. Bij gebrek aan voldoende zittingscapaciteit of aan gespecialiseerde zittingscapaciteit in de hoofdplaats, een nevenvestigingsplaats of een nevenzittingsplaats binnen het arrondissement kan het bestuur van een rechtbank, de Raad voor de rechtspraak verzoeken tijdelijk een of meer nevenzittingsplaatsen buiten het arrondissement aan te wijzen voor de behandeling van een zaak of categorieën van zaken met het oog op een snellere behandeling van zaken.

– 2. De tijdelijke aanwijzing van een of meer nevenzittingsplaatsen buiten het arrondissement als bedoeld in het eerste lid geldt voor ten hoogste drie jaren en kan een maal worden verlengd.

– 3. De nevenzittingsplaatsen buiten het arrondissement, die op grond van het eerste lid kunnen worden aangewezen, zijn de hoofdplaatsen en nevenvestigingsplaatsen van de andere arrondissementen.

– 4. De Raad wijst zo veel als mogelijk een of meer nevenzittingsplaatsen aan in een of meer aangrenzende arrondissementen.

– 5. Zaken waarvoor, vanwege hun aard dan wel de feiten of omstandigheden die met die zaken samenhangen, behandeling binnen het rechtsgebied waarin zij zijn aangebracht is aangewezen, worden zo veel als mogelijk binnen het rechtsgebied behandeld.

– 6. Indien de aanwijzing betrekking heeft op strafzaken vindt de aanwijzing niet plaats, dan nadat de Raad daarover het College van procureurs-generaal heeft gehoord.

– 7. Bij het aanwijzen van een of meer nevenzittingsplaatsen buiten het arrondissement voor de behandeling van categorieën van zaken geeft de Raad aan voor welke periode de aanwijzing geldt.

– 8. De aanwijzing wordt gepubliceerd in de *Staatscourant*.
– 9. Het zesde tot en met het achtste lid zijn van overeenkomstige toepassing op de verlenging van de aanwijzing als bedoeld in het tweede lid.

Art. 9

Nevenzittingsplaats alle rechtbanken in strafzaken

– 1. Bij gebrek aan voldoende gespecialiseerde zittingscapaciteit voor de werkzaamheden van de rechter-commissaris in strafzaken, waarin het onderzoek plaatsvindt door een niet regionaal opsporingsteam onder leiding van een officier van justitie van het landelijk parket, het functioneel parket, of een officier van justitie van een arrondissementsparket zijn Rotterdam, Amsterdam, Den Bosch, Haarlem, Den Haag, Zwolle, Arnhem of Groningen nevenzittingsplaats van alle rechtbanken. De nevenzittingsplaats is in die gevallen de plaats waar het onderzoek onder leiding van de officier van justitie wordt uitgevoerd.
– 2. In de nevenzittingsplaats, bedoeld in het eerste lid, kan ook het hoger beroep worden behandeld tegen de beschikking van de rechter-commissaris in de gevallen bij wet bepaald en kunnen ook andere beslissingen die in het voorbereidend onderzoek aan de rechtbank zijn opgedragen, worden genomen.

Art. 9a

– 1. Bij gebrek aan een volledig operationeel geïntegreerd bedrijfsprocessysteem binnen een arrondissement kan het bestuur van een rechtbank de Raad voor de rechtspraak verzoeken tijdelijk een of meer nevenzittingsplaatsen buiten het arrondissement aan te wijzen voor de behandeling van strafzaken die met een eerder uitgevaardigde strafbeschikking in verband staan.
– 2. De tijdelijke aanwijzing van een of meer nevenzittingsplaatsen buiten het arrondissement als bedoeld in het eerste lid geldt voor ten hoogste drie jaren en kan eenmaal worden verlengd met ten hoogste twee jaren.
– 3. De artikelen 8, vierde, zesde tot en met negende lid, en 11 zijn van overeenkomstige toepassing.

Art. 10

Griffierecht

Zaken kunnen pas in een nevenzittingsplaats buiten het ressort onderscheidenlijk buiten het arrondissement worden behandeld, nadat het griffierecht is voldaan.

Art. 11

Overleg en verslag

– 1. De Raad voor de rechtspraak overlegt jaarlijks met het College van procureurs-generaal en met de Nederlandse Orde van Advocaten over de uitvoering van de artikelen 7 tot en met 9 in de praktijk.
– 2. De Raad voor de rechtspraak doet jaarlijks verslag van het resultaat en de wijze waarop de artikelen 7 tot en met 9 zijn uitgevoerd door de Raad voor de rechtspraak en de gerechten. Daarbij besteedt de Raad voor de rechtspraak aandacht aan:
a. de op grond van artikel 7 en 8 gegeven aanwijzingen, de redenen daarvoor, de geldingsduur, de verleende verlengingen, de redenen daarvoor, alsmede een oordeel over de mogelijke aard van het gebrek aan zittingscapaciteit of gespecialiseerde zittingscapaciteit;
b. de mate waarin bij de aanwijzing van een of meer nevenzittingsplaatsen geen uitvoering kon worden gegeven aan artikelen 7, vierde en vijfde lid, en 8, vierde en vijfde lid, en de redenen daarvoor;
c. het overleg met het College van procureurs-generaal als bedoeld in artikelen 7 en 8 en de resultaten daarvan;
d. het aantal en de categorieën van zaken die daadwerkelijk in een nevenzittingsplaats buiten het ressort onderscheidenlijk buiten het arrondissement zijn behandeld op grond van artikelen 7 tot en met 9;
e. de effecten van de behandeling in een nevenzittingsplaats buiten het ressort onderscheidenlijk buiten het arrondissement op de werkvoorraden, op de doelmatige inzet van de zittingscapaciteit en op de positie van de justitiabelen;
f. klachten in verband met het behandelen van zaken in een nevenzittingsplaats buiten het ressort of arrondissement en de wijze waarop deze zijn afgehandeld;
g. eventuele knelpunten bij de uitvoering van artikelen 7 tot en met 10;
h. de resultaten van het overleg bedoeld in het eerste lid.

§ 4. Regels voor de verdeling van kantonzaken

Art. 12

Plaats behandeling kantonzaak

– 1. Bij het bepalen van de plaats in een arrondissement waar een kantonzaak wordt behandeld, geldt de in de bijlage bij dit besluit opgenomen gebiedsindeling en zijn de regels voor de relatieve competentie van de rechtbanken van overeenkomstige toepassing.
– 2. Indien een kantonzaak in meer dan een plaats kan worden behandeld, wordt de zaak behandeld in de plaats die de eiser of de verzoeker in de dagvaarding onderscheidenlijk het verzoekschrift vermeldt. Indien het verzoekschrift niet de plaats vermeldt waar de zaak wordt

behandeld, bepaalt het gerechtsbestuur in welke plaats binnen het arrondissement de zaak wordt behandeld.

– 3. Behalve in een geval als bedoeld in artikel 6, tweede lid, worden kantonzaken niet in een nevenzittingsplaats buiten het arrondissement behandeld.

Art. 12a

– 1. In afwijking van artikel 12 kan, bij gebrek aan een volledig operationeel geïntegreerd bedrijfsprocessensysteem binnen een arrondissement, het bestuur van een rechtbank de Raad voor de rechtspraak verzoeken tijdelijk een of meer nevenzittingsplaatsen buiten het arrondissement aan te wijzen voor de behandeling van een kantonzaak die met een eerder uitgevaardigde strafbeschikking in verband staat.

– 2. De tijdelijke aanwijzing van een of meer nevenzittingsplaatsen buiten het arrondissement als bedoeld in het eerste lid geldt voor ten hoogste drie jaren en kan eenmaal worden verlengd met ten hoogste twee jaren.

– 3. De artikelen 8, vierde, zesde tot en met negende lid, en 11 zijn van overeenkomstige toepassing.

Art. 13

Nevenzittingsplaatsen

Kantonzaken die ingevolge artikel 12 in de na te noemen plaatsen worden behandeld, kunnen worden behandeld in de volgende nevenzittingsplaatsen:

a. Oude IJsselstreek: Doetinchem;
b. Zwolle: Steenwijkerland;
c. Lelystad: Almere.

§ 5. *Slotbepalingen*

Art. 14

Intrekking Besluit nevenzittingsplaatsen

Het Besluit nevenzittingsplaatsen wordt ingetrokken.

Art. 15

Inwerkingtreding

Dit besluit treedt in werking op een bij koninklijk besluit te bepalen tijdstip.

Art. 16

Citeertitel

Dit besluit wordt aangehaald als: Besluit nevenvestigings- en nevenzittingsplaatsen.

BIJLAGE

(als bedoeld in artikel 12, eerste lid)

Deze bijlage bevat voor de behandeling van kantonzaken per rechtbank voor de hoofdplaats, de nevenvestigingsplaatsen en de nevenzittingsplaatsen waar kantonzaken worden behandeld, een gebiedsindeling. Voor de nevenzittingsplaatsen, die in artikel 13 voor de behandeling van kantonzaken worden aangewezen, geldt geen eigen gebiedsindeling. Deze plaatsen zijn omwille van de duidelijkheid in de gebiedsindeling onderstreept en tevens afzonderlijk vermeld. Nevenzittingsplaatsen waar geen kantonzaken kunnen worden behandeld, zijn niet afzonderlijk in de gebiedsindeling opgenomen.

RECHTBANK ALKMAAR

Alkmaar	**Hoorn**	**Den Helder**
hoofdplaats	*nevenvestigingsplaats*	*nevenzittingsplaats*
Alkmaar	Andijk	Anna Paulowna
Bergen	Drechterland	Den Helder
Castricum	Enkhuizen	Texel
Graft-De Rijp	Hoorn	Wieringen
Harenkarspel	Koggenland	Wieringermeer
Heerhugowaard	Medemblik	
Heiloo	Opmeer	
Langedijk	Stede Broec	
Niedorp	Wervershoof	
Schagen		
Schermer		
Zijpe		

RECHTBANK ALMELO

Almelo	**Enschede**
hoofdplaats	*nevenvestigingsplaats*
Almelo	Dinkelland
Borne	Enschede
Hellendoorn	Haaksbergen
Hof van Twente	Hengelo (O.)
Rijssen-Holten	Losser
Tubbergen	Oldenzaal
Twenterand	
Wierden	

RECHTBANK AMSTERDAM

Amsterdam	**Hilversum**
hoofdplaats	*nevenvestigingsplaats*
Aalsmeer	Blaricum
Amstelveen	Bussum
Amsterdam	Hilversum
Diemen	Huizen
Ouder-Amstel	Laren (N.-H.)
Uithoorn	Muiden
	Naarden
	Weesp
	Wijdemeren

RECHTBANK ARNHEM

Arnhem	**Tiel**	**Nijmegen**	**Wageningen**
hoofdplaats	*nevenvestigingsplaats*	*nevenvestigingsplaats*	*nevenzittingsplaats*
Arnhem	Buren	Beuningen	Barneveld
Doesburg	Culemborg	Druten	Ede
Duiven	Geldermalsen	Groesbeek	Nijkerk
Rheden	Neder-Betuwe	Heumen	Renkum
Rozendaal	Lingewaal	Lingewaard	Scherpenzeel
Rijnwaarden	Maasdriel	Millingen aan de Rijn	Wageningen
Westervoort	Neerijnen	Nijmegen	
Zevenaar	Tiel	Overbetuwe	
	West Maas en Waal	Ubbergen	
	Zaltbommel	Wijchen	

RECHTBANK ASSEN

Assen	**Emmen**
hoofdplaats	*nevenvestigingsplaats*
Aa en Hunze	Borger-Odoorn
Assen	Coevorden
De Wolden	Emmen
Hoogeveen	
Meppel	
Midden-Drenthe	
Noordenveld	
Tynaarlo	
Westerveld	

RECHTBANK BREDA

Breda	**Tilburg**	**Bergen op Zoom**
hoofdplaats	*nevenvestigingsplaats*	*nevenvestigingsplaats*
Aalburg	Alphen-Chaam	Bergen op Zoom
Breda	Baarle-Nassau	Etten-Leur
Drimmelen	Dongen	Halderberge
Geertruidenberg	Gilze en Rijen	Moerdijk
Oosterhout	Goirle	Roosendaal
Werkendam	Hilvarenbeek	Rucphen
Woudrichem	Loon op Zand	Steenbergen
Zundert	Oisterwijk	Woensdrecht
	Tilburg	
	Waalwijk	

RECHTBANK DORDRECHT

Dordrecht	**Gorinchem**
hoofdplaats	*nevenzittingsplaats*
Alblasserdam	Giessenlanden
Binnenmaas	Gorinchem
Cromstrijen	Hardinxveld-Giessendam
Dordrecht	Leerdam
Graafstroom	Zederik
Hendrik-Ido-Ambacht	
Korendijk	
Liesveld	
Nieuw-Lekkerland	
Oud-Beijerland	
Papendrecht	
Sliedrecht	
Strijen	
Zwijndrecht	

RECHTBANK 'S-GRAVENHAGE

's-Gravenhage	**Delft**	**Leiden**	**Gouda**
hoofdplaats	*nevenvestigingsplaats*	*nevenvestigingsplaats*	*nevenvestigingsplaats*
's-Gravenhage	Delft	Alkemade	Bergambacht
Leidschendam-Voorburg	Midden-Delfland	Hillegom	Gouda
Rijswijk	Pijnacker-Nootdorp	Katwijk	Moordrecht
Wassenaar	Westland	Leiden	Nederlek
	Zoetermeer	Leiderdorp	Nieuwerkerk aan den IJssel
		Lisse	Ouderkerk
		Noordwijk	Reeuwijk
		Noordwijkerhout	Schoonhoven
		Oegstgeest	Vlist
		Teylingen	Waddinxveen
		Voorschoten	Zevenhuizen-Moerkappelle
		Zoeterwoude	

Alphen aan den Rijn
nevenvestigingsplaats

RECHTBANK 'S-GRAVENHAGE

Alphen aan den Rijn
Bodegraven
Boskoop
Jacobswoude
Nieuwkoop
Rijnwoude

RECHTBANK GRONINGEN

Groningen
hoofdplaats
Appingedam
Bedum
De Marne
Delfzijl
Eemsmond
Groningen
Grootegast
Haren
Hoogezand-Sappemeer
Leek
Loppersum
Marum
Slochteren
Ten Boer
Winsum
Zuidhorn

Winschoten
nevenzittingsplaats
Bellingwedde
Menterwolde
Pekela
Reiderland
Scheemda
Stadskanaal
Veendam
Vlagtwedde
Winschoten

RECHTBANK HAARLEM

Haarlem
hoofdplaats
Bennebroek
Beverwijk
Bloemendaal
Haarlem
Haarlemmerliede en Spaarnwoude
Haarlemmermeer
Heemskerk
Heemstede
Uitgeest
Velsen
Zandvoort

Zaanstad
nevenvestigingsplaats
Beemster
Waterland
Edam-Volendam
Landsmeer
Oostzaan
Purmerend
Wormerland
Zaanstad
Zeevang

RECHTBANK 'S-HERTOGENBOSCH

's-Hertogenbosch	**Eindhoven**	**Helmond**	**Boxmeer**
hoofdplaats	*nevenvestigingsplaats*	*nevenvestigingsplaats*	*nevenvestigingsplaats*
Bernheze	Bergeijk	Asten	Boxmeer
Boekel	Best	Deurne	Cuijk
Boxtel	Bladel	Gemert-Bakel	Grave
Haaren	Cranendonck	Helmond	Mill en Sint Hubert
's-Hertogenbosch	Eersel	Laarbeek	Sint Anthonis
Heusden	Eindhoven	Someren	
Landerd	Geldrop-Mierlo		
Lith	Heeze-Leende		
Maasdonk	Nuenen, Gerwen en Nederwetten		
Sint-Michielsgestel	Oirschot		
Oss	Reusel-De Mierden		
Schijndel	Sint-Oedenrode		
Uden	Son en Breugel		
Veghel	Valkenswaard		
Vught	Veldhoven		
	Waalre		

RECHTBANK LEEUWARDEN

Leeuwarden	**Heerenveen**	**Sneek**
hoofdplaats	*nevenvestigingsplaats*	*nevenzittingsplaats*
Achtkarspelen	Heerenveen	Bolsward
Ameland	Lemsterland	Gaasterlân-Sleat
Boarnsterhim	Ooststellingwerf	Littenseradiel
Dantumadeel	Opsterland	Nijefurd
Dongeradeel	Skarsterlân	Sneek
Ferwerderadiel	Smallingerland	Wûnseradiel
Franekeradeel	Weststellingwerf	Wymbritseradiel
Harlingen		
Het Bildt		
Kollumerland en Nieuwkruisland		
Leeuwarden		
Leeuwarderadeel		
Menaldumadeel		
Schiermonnikoog		
Terschelling		
Tytjerksteradiel		
Vlieland		

RECHTBANK MAASTRICHT

Maastricht	**Heerlen**	**Sittard-Geleen**
hoofdplaats	*nevenvestigingsplaats*	*nevenvestigingsplaats*
Eijsden	Brunssum	Beek
Gulpen-Wittem	Heerlen	Onderbanken
Maastricht	Kerkrade	Schinnen
Margraten	Landgraaf	Sittard-Geleen
Meerssen	Nuth	Stein
Vaals	Simpelveld	
Valkenburg aan de Geul	Voerendaal	

RECHTBANK MIDDELBURG

Middelburg	Terneuzen
hoofdplaats	*nevenvestigingsplaats*
Borsele	Hulst
Goes	Sluis
Kapelle	Terneuzen
Middelburg	
Noord-Beveland	
Reimerswaal	
Schouwen-Duiveland	
Tholen	
Veere	
Vlissingen	

RECHTBANK ROERMOND

Roermond	Venlo
hoofdplaats	*nevenvestigingsplaats*
Beesel	Arcen en Velden
Echt-Susteren	Bergen (L.)
Kessel	Gennep
Leudal	Helden
Maasgouw	Horst aan de Maas
Meijel	Maasbree
Nederweert	Meerlo-Wanssum
Roerdalen	Mook en Middelaar
Roermond	Sevenum
Weert	Venlo
	Venray

RECHTBANK ROTTERDAM

Rotterdam	Schiedam	Brielle	Middelharnis
hoofdplaats	*nevenvestigingsplaats*	*nevenvestigingsplaats*	*nevenzittingsplaats*
Albrandswaard	Maassluis	Bernisse	Dirksland
Barendrecht	Schiedam	Brielle	Goedereede
Capelle aan den IJssel	Vlaardingen	Hellevoetsluis	Middelharnis
Krimpen aan den IJssel		Rozenburg	Oostflakkee
Lansingerland		Spijkenisse	
Ridderkerk		Westvoorne	
Rotterdam			

RECHTBANK UTRECHT

Utrecht	Amersfoort
hoofdplaats	*nevenvestigingsplaats*

RECHTBANK UTRECHT

Abcoude	Amersfoort
Breukelen	Baarn
Bunnik	Bunschoten
De Bilt	Eemnes
De Ronde Venen	Leusden
Houten	Renswoude
Loenen	Rhenen
Lopik	Soest
Maarssen	Veenendaal
Montfoort	Woudenberg
Nieuwegein	
Oudewater	
Utrecht	
Utrechtse Heuvelrug	
Vianen	
Woerden	
Wijk bij Duurstede	
IJsselstein	
Zeist	

RECHTBANK ZUTPHEN

Zutphen	**Apeldoorn**	**Oost Gelre**	**Oude IJsselstreek**	**Harderwijk**	**Doetinchem**
hoofdplaats	nevenvestigingsplaats	nevenzittingsplaats	nevenzittingsplaats	nevenzittingsplaats	nevenzittingsplaats
Bronckhorst	Apeldoorn	Aalten	*Doetinchem*	Elburg	*kantonzaken uit Oude IJsselstreek*
Brummen	Epe	Berkelland	Montferland	Ermelo	
Lochem	Hattem	Oost Gelre	Oude IJsselstreek	Harderwijk	
Zutphen	Heerde	Winterswijk		Nunspeet	
	Voorst			Oldebroek	
				Putten	

RECHTBANK ZWOLLE-LELYSTAD

Zwolle	**Deventer**	**Lelystad**	**Almere**
hoofdplaats	*nevenvestigingsplaats*	*nevenvestigingsplaats*	*nevenzittingsplaats*
Dalfsen	Deventer	Almere	*kantonzaken uit Lelystad*
Hardenberg	Olst-Wijhe	Dronten	
Kampen	Raalte	Lelystad	
Ommen		Noordoostpolder	
Staphorst		Urk	
Steenwijkerland		Zeewolde	
Zwartewaterland			
Zwolle			
Steenwijkerland			
nevenzittingsplaats			
kantonzaken uit Zwolle			

Wet van 23 juni 1952, Stb. 365, houdende instelling van de Nederlandse orde van advocaten alsmede regelen betreffende orde en discipline voor de advocaten en procureurs, zoals deze wet laatstelijk is gewijzigd bij de Wet van 20 maart 2008, Stb. 100

[Inwerkingtreding: 01-10-1952]

Wij JULIANA, bij de gratie Gods, Koningin der Nederlanden, Prinses van Oranje-Nassau, enz., enz., enz.

Allen, die deze zullen zien of horen lezen, saluut! doen te weten:

Alzo Wij in overweging genomen hebben, dat het wenselijk is de Nederlandse orde van advocaten in te stellen, alsmede de regelen betreffende de orde en discipline voor de advocaten en procureurs te herzien;

Zo is het, dat Wij, de Raad van State gehoord, en met gemeen overleg der Staten-Generaal, hebben goedgevonden en verstaan, gelijk Wij goedvinden en verstaan bij deze:

§ *1. Van de inschrijving en de beëdiging van de advocaten; van het tableau*

Art. 1

Inschrijving

– 1. De advocaten worden ingeschreven op het tableau van de Nederlandse orde van advocaten.

– 2. De inschrijving als advocaat geschiedt voorwaardelijk of onvoorwaardelijk.

– 3. Voorwaardelijke inschrijving vindt plaats indien de verzoeker geen bewijs kan overleggen dat hij met gunstig gevolg het in artikel 9c bedoelde examen heeft afgelegd of niet in het bezit is van een ten aanzien van het beroep van advocaat afgegeven EG-verklaring als bedoeld in de Algemene wet erkenning EG-beroepskwalificaties. In alle overige gevallen alsmede in het geval, bedoeld in het eerste lid van artikel 2a, geschiedt de inschrijving onvoorwaardelijk. Wordt het bewijs of de verklaring nadien alsnog overgelegd dan wordt van rechtswege aan de inschrijving het voorwaardelijk karakter ontnomen.

Art. 2

Verzoek

– 1. Ieder is bevoegd aan de voorzitter van de rechtbank van het arrondissement waarin de verzoeker kantoor wenst te houden schriftelijk inschrijving als advocaat te verzoeken:

a. aan wie op grond van het met goed gevolg afleggen van een afsluitend examen van een opleiding in het wetenschappelijk onderwijs op het gebied van het recht door een universiteit dan wel de Open Universiteit als bedoeld in de Wet op het hoger onderwijs en wetenschappelijk onderzoek, de graad Bachelor op het gebied van het recht en tevens de graad Master op het gebied van het recht is verleend;

b. die op grond van het met goed gevolg afleggen van het afsluitend examen van een opleiding op het gebied van het recht aan een universiteit dan wel de Open Universiteit als bedoeld in de Wet op het hoger onderwijs en wetenschappelijk onderzoek, het doctoraat in de rechtsgeleerdheid of het recht om de titel meester te voeren heeft verkregen.

Bij algemene maatregel van bestuur kunnen voorts nadere regels worden gesteld met betrekking tot de beroepsvereisten. Eveneens is bevoegd inschrijving te verzoeken degene die in het bezit is van een ten aanzien van het beroep van advocaat afgegeven EG-verklaring als bedoeld in de Algemene wet erkenning EG-hoger-onderwijsdiploma's dan wel in de Algemene wet erkenning EG-beroepsopleidingen.

Bij algemene maatregel van bestuur kunnen graden, verleend door een universiteit, de Open Universiteit of een hogeschool als bedoeld in de Wet op het hoger onderwijs en wetenschappelijk onderzoek, of daaraan gelijkwaardige getuigschriften worden aangewezen die voor de toepasselijkheid van onderdeel a, gelijk worden gesteld aan de in dat onderdeel bedoelde graad Bachelor op het gebied van het recht.

– 2. Gelijktijdig met de indiening van het verzoek als bedoeld in het eerste lid legt de verzoeker over een verklaring omtrent het gedrag, afgegeven volgens de Wet justitiële en strafvorderlijke gegevens. Indien de verzoeker eerder als advocaat ingeschreven is geweest, legt hij tevens over een document dat is afgegeven door de raad van toezicht van het arrondissement waarin hij het laatst kantoor heeft gehouden, waaruit blijkt of hij al dan niet tuchtrechtelijk is veroordeeld dan wel of hij in staat van faillissement heeft verkeerd of ten aanzien van hem de schuldsaneringsregeling natuurlijke personen van toepassing is geweest. Het in de vorige zin bedoelde document wordt eveneens door de ingeschreven advocaat die in een ander arrondissement kantoor wenst te houden overgelegd aan de raad van toezicht aldaar.

– 3. De advocaat geeft van iedere kantoorverplaatsing kennis aan de secretaris van de algemene raad met het oog op de verwerking op het tableau. Vanaf de verwerking van de kennisgeving

van een kantoorverplaatsing naar een ander arrondissement wordt de advocaat geacht in dit andere arrondissement kantoor te houden.
– 4. De griffier zendt onverwijld afschrift van het verzoek en de daarbij overgelegde verklaringen of documenten aan de raad van toezicht, bedoeld in artikel 22, eerste lid, van deze wet.
– 5. Indien de raad van toezicht zich, overeenkomstig artikel 4, eerste lid, tegen inwilliging van een verzoek om inschrijving met vrucht heeft verzet, wordt een nieuw verzoek, binnen een jaar na het eerstbedoelde ingediend, buiten behandeling gelaten, tenzij, naar het oordeel van de voorzitter van de rechtbank van het arrondissement waarin de verzoeker kantoor wenst te houden, wijziging in de omstandigheden of het feit dat het verzoek bij een andere rechtbank is ingediend behandeling van het verzoek rechtvaardigt; in het laatste geval handelt de griffier, zoals in het vorige lid is bepaald.

Art. 2a

Inschrijving EU-advocaat

– 1. In afwijking van het eerste lid van artikel 2 is degene die in een andere lidstaat van de Europese Unie of in een andere staat die partij is bij de Overeenkomst betreffende de Europese Economische Ruimte of in Zwitserland, hierna te noemen staat van herkomst, gerechtigd is zijn beroepswerkzaamheid uit te oefenen onder de benaming advocaat of een daarmee overeenkomstige benaming in de taal of in de talen van de staat van herkomst, bevoegd te verzoeken te worden ingeschreven als advocaat, indien hij een document overlegt waaruit blijkt dat hij gedurende ten minste drie jaar daadwerkelijk en regelmatig in Nederland in het Nederlandse recht, met inbegrip van het gemeenschapsrecht als advocaat werkzaam is geweest. Onder daadwerkelijk en regelmatig werkzaam wordt verstaan de daadwerkelijke uitoefening van de werkzaamheid zonder andere dan de in het dagelijks leven normale onderbrekingen.
– 2. De advocaat dient een aanvraag om afgifte van een document als bedoeld in het eerste lid in bij de raad van toezicht in het arrondissement waarin de advocaat kantoor kan houden.
– 3. De aanvraag omvat ten minste inlichtingen of bescheiden betreffende het aantal en de aard van de door de aanvrager behandelde dossiers.
– 4. De raad van toezicht kan verifiëren of de uitgeoefende werkzaamheden als regelmatig en daadwerkelijk kunnen worden aangemerkt en kan zo nodig de advocaat verzoeken mondeling of schriftelijk aanvullende verduidelijkingen of preciseringen te verstrekken met betrekking tot inlichtingen en bescheiden, als bedoeld in het derde lid.
– 5. In plaats van de verklaring omtrent het gedrag of de andere in het tweede lid van artikel 2 genoemde documenten kan de advocaat, bedoeld in het eerste lid, een met deze verklaring of die documenten overeenkomende documenten, afgegeven door het daartoe bevoegde gezag in de staat van herkomst overleggen. Artikel 7 van de Algemene wet erkenning EG-hoger-onderwijsdiploma's is van overeenkomstige toepassing.

Art. 2b

Uitzondering op 3-jaarstermijn

– 1. Indien de advocaat gedurende ten minste drie jaar daadwerkelijk en regelmatig in Nederland als advocaat werkzaam is geweest, doch gedurende kortere tijd in het Nederlandse recht, kan de raad van toezicht het document, bedoeld in het eerste lid van artikel 2*a*, afgeven als de advocaat voldoende bekwaam is om de werkzaamheden in het Nederlandse recht, met inbegrip van het gemeenschapsrecht voort te zetten. Hierbij houdt de raad van toezicht rekening met:
a. de periode gedurende welke de betrokken advocaat daadwerkelijk en regelmatig werkzaamheden heeft verricht in Nederland,
b. de kennis en beroepservaring op het gebied van het Nederlandse recht,
c. de deelname aan cursussen of seminars met betrekking tot het Nederlandse recht en
d. de kennis en beroepservaring van alsmede de deelname aan cursussen of seminars over de Nederlandse beroeps- en gedragsregels.
– 2. De beoordeling van de daadwerkelijke en regelmatige werkzaamheden in Nederland alsmede de beoordeling van de bekwaamheid van de advocaat om de in Nederland uitgeoefende werkzaamheden voort te zetten, vinden plaats in het kader van een onderhoud dat ten doel heeft de daadwerkelijke en regelmatige aard van de uitgeoefende werkzaamheid te verifiëren.

Art. 2c

Titelvoering

– 1. De advocaat die overeenkomstig artikel 2*a* is ingeschreven, is bevoegd om naast het voeren van de titel advocaat zijn oorspronkelijke beroepstitel in de officiële taal of in een van de officiële talen van de staat van herkomst te voeren.
– 2. Indien de bevoegde autoriteit van de lidstaat van herkomst of de tuchtrechter aldaar de uitoefening van het beroep advocaat tijdelijk of blijvend heeft ontzegd is de betrokken advocaat van rechtswege niet meer bevoegd om in Nederland zijn beroep onder zijn oorspronkelijke beroepstitel uit te oefenen.

Art. 3

Beëdiging

– 1. De advocaten worden door de rechtbank van het arrondissement waarin zij kantoor wensen te houden en aan wier voorzitter zij een verzoek tot inschrijving hebben gedaan op requisi-

toir van het openbaar ministerie beëdigd. Van de beëdiging wordt door de griffier van de rechtbank kennisgegeven aan de secretaris van de algemene raad met het oog op de verwerking hiervan op het tableau.
– 2. Zij leggen de navolgende eed of belofte af:
'Ik zweer (beloof) getrouwheid aan de Koning, gehoorzaamheid aan de Grondwet, eerbied voor de rechterlijke autoriteiten, en dat ik geen zaak zal aanraden of verdedigen, die ik in gemoede niet gelove rechtvaardig te zijn.'

Art. 4

Verzet Raad van Toezicht

– 1. De verzoeker wordt niet toegelaten tot de beëdiging, indien de raad van toezicht binnen zes weken na de indiening van het verzoek verklaart tegen de inschrijving verzet te doen.
– 2. Deze beschikking kan alleen worden genomen op een der na te noemen gronden:
a. dat de verzoeker niet voldoet aan de in de artikelen 2 en 2*a* gestelde vereisten voor de inschrijving, dan wel de in die artikelen bedoelde verklaringen of documenten niet heeft overgelegd.
b. dat gegronde vrees bestaat, dat de verzoeker als advocaat inbreuk zal maken op de voor advocaten geldende wetten, verordeningen en besluiten of zich anderszins zal schuldig maken aan enig handelen of nalaten dat een behoorlijke advocaat niet betaamt;
c. dat verzoeker met toepassing van artikel 8, derde lid, van het tableau is geschrapt zonder dat alsnog het daar bedoelde bewijs kan worden overgelegd.
– 3. Indien de raad van toezicht binnen die termijn geen verzet heeft gedaan, of vóór de afloop daarvan verklaart geen bezwaar tegen de beëdiging te hebben, kan de beëdiging, mits binnen een jaar na de indiening van het verzoek, geschieden.

Art. 5

Kennisgeving verzet

– 1. De secretaris van de raad van toezicht maakt de beschikking, houdende verzet tegen de inschrijving, onverwijld bekend:
a. aan de verzoeker;
b. aan de rechtbank, aan wier voorzitter inschrijving is verzocht.
– 2. De verzoeker kan gedurende zes weken na de bekendmaking beklag doen bij het hof van discipline, bedoeld in artikel 51.
– 3. Het beklag wordt gedaan bij verzoekschrift, in zevenvoud in te dienen en vergezeld van zes afschriften van de beslissing, waartegen het beklag is gericht. De griffier zendt onverwijld een der exemplaren van het verzoekschrift aan de raad van toezicht, die de beslissing heeft genomen. Op de behandeling van het beklag zijn de hoofdstukken 6 en 7 van de Algemene wet bestuursrecht niet van toepassing.

Art. 6

Procedure beklag

– 1. Het hof van discipline beslist niet dan na verhoor of behoorlijke oproeping van de verzoeker en van de raad van toezicht. Op de behandeling van de zaak zijn artikel 56, zesde lid, en artikel 57, tweede lid, van overeenkomstige toepassing.
– 2. De raad van toezicht kan zich door zijn deken of een zijner leden doen vertegenwoordigen; de verzoeker kan zich door een advocaat doen bijstaan.

Art. 7

Kennisgeving beslissing

De griffier zendt onverwijld afschrift van de beslissing:
a. aan de verzoeker;
b. aan de raad van toezicht;
c. aan de rechtbank, aan wier voorzitter inschrijving is verzocht.

Art. 8

Tableau

– 1. De secretaris van de algemene raad verwerkt kennisgevingen over beëdigingen, schrappingen, schorsingen en kantoorverplaatsingen van advocaten op het tableau met het oog op het vaststellen van de hoedanigheid van advocaat en een goede rechtsbedeling.
De op het tableau verwerkte gegevens met betrekking tot de persoon en het kantoor van de advocaat zijn toegankelijk voor de gerechten, de raden voor rechtsbijstand en de orden in de arrondissementen. De gegevens met betrekking tot de hoedanigheid van de advocaat zijn voor een ieder toegankelijk.
– 2. Zij die verlangen niet langer op het tableau te staan of enige betrekking verkrijgen waarmede het beroep van advocaat onverenigbaar is, worden op hun aangifte door de secretaris van de algemene raad van het tableau geschrapt. In het laatstbedoelde geval kan eveneens de rechtbank in het arrondissement waarin de advocaat kantoor houdt tot schrapping beslissen op requisitoir van het openbaar ministerie, de raad van toezicht gehoord. Van de beslissing tot schrapping wordt door de griffier van de rechtbank kennisgegeven aan de secretaris van de algemene raad met het oog op de verwerking op het tableau.
– 3. Van het tableau worden eveneens geschrapt zij die, hetzij onafgebroken, hetzij met onderbrekingen, gedurende een tijdvak van drie jaar voorwaardelijk als advocaat ingeschreven hebben gestaan zonder dat het bewijs, dat met gunstig gevolg het in artikel 9*c* bedoelde examen is

afgelegd, kan worden overgelegd. De schrapping geschiedt in dit geval na kennisgeving door de algemene raad met ingang van een tijdstip dat ten minste twee maanden en ten hoogste zes maanden na de datum van kennisgeving gelegen is.
Van de kennisgeving wordt gelijktijdig mededeling gedaan aan de advocaat, die het betreft, aan de patroon en aan het openbaar ministerie. Voor voorwaardelijk ingeschreven advocaten die in deeltijd werkzaam zijn, wordt het in de eerste volzin bedoelde tijdvak naar evenredigheid verlengd, met dien verstande dat deze verlenging niet meer dan drie jaar kan bedragen.
– 4. De secretaris van de algemene raad geeft van de inschrijving of de schrapping binnen acht dagen schriftelijk kennis aan de algemene raad en aan de raad van toezicht.
– 5. Schrapping van het tableau brengt mede verlies van de betrekkingen, waarbij de hoedanigheid van advocaat vereiste voor verkiesbaarheid of benoembaarheid is.

Art. 9

Onjuiste inlichtingen

– 1. De raad van toezicht kan gedurende één jaar nadat een advocaat is beëdigd, beslissen dat hij van het tableau zal worden geschrapt, wanneer hetzij de advocaat de raad van toezicht of het hof van discipline zo onjuiste of onvolledige inlichtingen heeft verstrekt, dat hij, ware de juiste toedracht van zaken de raad van toezicht of het hof van discipline bekend geweest, niet tot de beëdiging zou zijn toegelaten, hetzij de advocaat zich in het tijdvak tussen het verzoek tot inschrijving en de beëdiging aan een zo ernstige misdraging heeft schuldig gemaakt, dat hem, indien hij na de beëdiging zich daaraan zou hebben schuldig gemaakt, de maatregel van schrapping van het tableau zou zijn opgelegd.
– 2. Op de behandeling van de zaak zijn de artikelen 47 en 49, tweede tot en met laatste lid, van overeenkomstige toepassing.
– 3. De secretaris van de raad van toezicht maakt een beschikking als bedoeld in het eerste lid, onverwijld bekend.
– 4. Van een zodanige beslissing kan de betrokken advocaat binnen zes weken na de bekendmaking in hoger beroep komen bij het hof van discipline. Artikel 5, derde lid, en artikel 6 zijn van overeenkomstige toepassing.
– 5. De griffier van het hof van discipline zendt onverwijld afschrift van de beslissing aan de betrokken advocaat en aan de raad van toezicht.
– 6. Zodra de beslissing tot schrapping van het tableau in kracht van gewijsde is gegaan, wordt zij door de secretaris van de raad van toezicht medegedeeld aan de secretaris van de algemene raad met het oog op de verwerking op het tableau.

Art. 9a

Titel van advocaat

Tot het voeren van de titel van advocaat is uitsluitend gerechtigd hij die als advocaat binnen Nederland is ingeschreven en hij die buiten Nederland tot het voeren van een overeenkomstige titel bevoegd is.

Art. 9aa

Bevoegde autoriteit lidstaat van herkomst

– 1. Indien de bevoegde autoriteit van de lidstaat van ontvangst of de tuchtrechter aldaar de uitoefening van het beroep van de advocaat die zich krachtens het nationale recht van die lidstaat van de Europese Unie of de desbetreffende staat die partij is bij de Overeenkomst betreffende de Europese Economische Ruimte dat uitvoering geeft aan artikel 3 van richtlijn 98/5/EG van het Europees Parlement en de Raad van de Europese Unie van 16 februari 1998 ter vergemakkelijking van de permanente uitoefening van het beroep van advocaat, heeft laten inschrijven, tijdelijk of blijvend heeft ontzegd, beslist de raad van toezicht in het arrondissement waar de betrokken advocaat kantoor houdt ambtshalve tot tijdelijke of blijvende schrapping van het tableau, indien er gegronde vrees bestaat dat de betrokkene als advocaat inbreuk zal maken op de voor de advocaten geldende wetten verordeningen en besluiten of zich anderszins zal schuldig maken aan enig handelen of nalaten dat een behoorlijk advocaat niet betaamt. Het besluit treedt in werking zes weken nadat het is bekend gemaakt.
– 2. De artikelen 5 tot en met 7 en artikel 8, vierde en vijfde lid, zijn van overeenkomstige toepassing.
– 3. De secretaris van de algemene raad schrapt overeenkomstig de beschikking van de raad van toezicht de advocaat tijdelijk of blijvend van het tableau, nadat de beschikking onherroepelijk is geworden.
– 4. Het beklag schorst de werking van de beschikking van de raad van toezicht.
– 5. Het hof van discipline kan de raad van toezicht een termijn stellen voor het nemen van een nieuw besluit.
– 6. De raad van toezicht stelt de bevoegde autoriteit van de lidstaat van ontvangst in kennis van de schrapping.
– 7. De advocaat draagt op verzoek van de raad van toezicht zorg voor de beëdigde vertaling van de gegevens en bescheiden die voor zijn beslissing nodig zijn. Indien de advocaat weigert aan dit verzoek te voldoen, draagt de raad van toezicht zorg voor de beëdigde vertaling en verhaalt hij de kosten daarvan op de betrokken advocaat.

– 8. Het hof van discipline kan eisen dat de door haar aangewezen stukken worden vertaald door een in Nederland toegelaten beëdigd vertaler. De advocaat draagt zorg voor de kosten van de vertaling.
– 9. Indien de advocaat zich in Zwitserland heeft laten inschrijven met inachtneming van de op 21 juni 1999 tot stand gekomen Overeenkomst tussen de Europese Gemeenschap en haar lidstaten enerzijds en de Zwitserse Bondsstaat anderzijds, over het vrije verkeer van personen, zijn de voorgaande leden van overeenkomstige toepassing.

§ *1a. Van de opleiding en de stage van advocaten*

Art. 9b

Drie jaar stage

– 1. Elke advocaat, met uitzondering van de advocaat die in het bezit is van een ten aanzien van het beroep van advocaat afgegeven EG-verklaring als bedoeld in de Algemene wet erkenning EG-beroepskwalificaties alsmede met uitzondering van de advocaat, die overeenkomstig artikel 2a is ingeschreven is verplicht gedurende de eerste drie jaar waarin hij als zodanig is ingeschreven als stagiaire de praktijk uit te oefenen onder toezicht van een andere advocaat – hierna te noemen de patroon – en bij deze kantoor te houden.

Verlenging stage

– 2. Voor stagiaires die in deeltijd werkzaam zijn wordt de duur van de stage naar evenredigheid verlengd. Voorts kan de duur van de stage met ten hoogste drie jaar worden verlengd indien de raad van toezicht van oordeel is dat de stagiaire nog niet over voldoende praktijkervaring beschikt. De duur van de stage kan door de raad van toezicht, met goedkeuring van de algemene raad, op verzoek van de stagiaire worden verkort.

Buiten patronaat

– 3. Van de verplichting van de stagiaire bij een patroon kantoor te houden kan de raad van toezicht vrijstelling verlenen, indien naar het oordeel van de raad een behoorlijke praktijkuitoefening, waaronder de financiering van de praktijk en de dekking van het risico van de beroepsaansprakelijkheid van de stagiaire, overeenkomstig de daaromtrent gestelde voorschriften bij of krachtens deze wet, verzekerd is. Is dit naar het oordeel van de raad niet langer het geval, dan kan een verleende vrijstelling worden ingetrokken.

Aanwijzing patroon

– 4. Indien de raad de in het derde lid bedoelde vrijstelling heeft verleend, wijst hij, indien de stagiaire geen patroon heeft kunnen vinden die zich met het vereiste toezicht wil belasten, een advocaat als patroon aan, tenzij dit voor de desbetreffende advocaat een onredelijke last zou vormen.

Beroep

– 5. Tegen het verlengen van de duur van de stage, het weigeren of intrekken van een vrijstelling op voet van het bepaalde in het derde lid, de aanwijzing van een patroon met toepassing van het vierde lid, of de weigering van zulk een aanwijzing, kan een belanghebbende administratief beroep instellen bij de algemene raad.

Patroon

– 6. Bij of krachtens verordening als bedoeld in artikel 28 wordt bepaald wie als patroon kunnen optreden, onderscheidenlijk als patroon kunnen worden aangewezen, aan welke verplichtingen de patroon en de stagiaire hebben te voldoen, alsmede wanneer en in welke gevallen de tussen hen bestaande verhouding haar begin en einde neemt.

Art. 9c

Opleiding stagiaires

– 1. De Nederlandse orde van advocaten draagt zorg voor een opleiding voor stagiaires en stelt de stagiaire in de gelegenheid deze opleiding te volgen die met een examen wordt afgesloten.
– 2. De volgende onderwerpen, de opleiding als bedoeld in het eerste lid betreffende, worden nader vastgesteld bij of krachtens verordening als bedoeld in artikel 28, tenzij daarin bij algemene maatregel van bestuur is voorzien:
a. de inhoud en de duur van de opleiding;
b. de omvang van het examen en de wijze waarop het examen wordt afgenomen;
c. de eisen voor de toelating tot het afleggen van het examen;
d. de eisen voor het verkrijgen van vrijstelling voor bepaalde onderdelen van het examen;
e. de aan de stagiaire in rekening te brengen cursus- en examengelden.

Art. 9d

Curatorium

– 1. Er is een curatorium dat toezicht houdt op de opleiding en het examen. Het curatorium bestaat uit vijf leden, waarvan drie worden benoemd door Onze Minister van Justitie en twee door het college van afgevaardigden. Onze Minister van Justitie wijst uit de leden ook de voorzitter aan.
– 2. De leden van het curatorium treden om de vier jaar af en kunnen eenmaal worden herbenoemd.

Art. 9e

Beroep

Tegen een op grond van het bepaalde bij of krachtens artikel 9c genomen beslissing kan een belanghebbende administratief beroep instellen bij het curatorium.

Art. 9f-9h

Vervallen.

Art. 9i

Verslag curatorium

Het curatorium brengt elk jaar aan Onze Minister van Justitie en aan de algemene raad verslag uit omtrent zijn werkzaamheden. Dit verslag wordt algemeen verkrijgbaar gesteld.

§ 2. *Van de bevoegdheden en verplichtingen der advocaten*

Art. 10

Praktijk

De advocaten oefenen de praktijk uit overeenkomstig de bevoegdheden en vereisten, bij de Wetboeken van Burgerlijke Rechtsvordering en Strafvordering en bij de bijzondere wetten en besluiten gegeven en gevorderd, en overeenkomstig deze wet en de daarop berustende verordeningen en besluiten.

Art. 11

Alle rechterlijke colleges

Zowel in burgerlijke als in strafzaken hebben de advocaten de bevoegdheid om als zodanig voor alle rechterlijke colleges binnen het Rijk op te treden.

Art. 12

Kantoorvestiging

– 1. Advocaten zijn verplicht kantoor te houden. Zij mogen slechts in één arrondissement op één locatie kantoor houden.

– 2. De advocaten die kantoor houden in het arrondissement 's-Gravenhage, zijn tevens advocaat bij de Hoge Raad.

– 3. Het kantoor van de advocaat geldt voor al zijn handelingen als zodanig als gekozen woonplaats.

– 4. Door de algemene raad kan om bijzondere redenen aan een advocaat, die zijn kantoor buiten Nederland wenst te vestigen, ontheffing van het in het eerste lid vervatte voorschrift worden verleend. De raad van toezicht wordt tevoren gehoord.

– 5. Advocaten, die aan de voorschriften van dit artikel niet voldoen, worden, na een aanmaning daartoe door de raad van toezicht, op requisitoir van het openbaar ministerie en nadat de rechtbank tot schrapping heeft beslist. Van de beslissing tot schrapping wordt door de griffier van de rechtbank kennisgegeven aan de secretaris van de algemene raad met het oog op de verwerking op het tableau van het tableau geschrapt.

Art. 13

Aanwijzing advocaat

– 1. De rechtzoekende die niet of niet tijdig een advocaat bereid vindt hem zijn diensten te verlenen in een zaak, waarin vertegenwoordiging door een advocaat is voorgeschreven dan wel bijstand uitsluitend door een advocaat kan geschieden, kan zich wenden tot de deken van de orde van advocaten in het arrondissement waar de zaak moet dienen, met het verzoek een advocaat aan te wijzen.

– 2. De deken kan het verzoek alleen wegens gegronde redenen afwijzen. Hij kan een aanwijzing op grond van bijzondere redenen wijzigen of intrekken.

– 3. Binnen zes weken na de bekendmaking van de beschikking, houdende afwijzing van het verzoek, kan de belanghebbende beklag doen bij het hof van discipline. Op de behandeling van het beklag zijn de hoofdstukken 6 en 7 van de Algemene wet bestuursrecht niet van toepassing.

– 4. De aangewezen advocaat is verplicht zijn diensten te verlenen.

– 5. De advocaat, door het bureau rechtsbijstandvoorziening als raadsman toegevoegd, is verplicht als zodanig op te treden of zich overeenkomstig artikel 46 van het Wetboek van Strafvordering te doen vervangen, zolang niet een gekozen raadsman is opgetreden of op de voet van artikel 45 van het Wetboek van Strafvordering een ander is toegevoegd.

Art. 14

Vormvoorschriften pleidooi

De advocaten pleiten staande, gekleed in het kostuum bij het bijzondere reglement op dat onderwerp bepaald, des goedvindende met gedekten hoofde.

Art. 15

Vervallen.

Art. 16

Schorsing

Advocaten, die in staat van faillissement zijn verklaard of ten aanzien van wie de schuldsaneringsregeling natuurlijke personen van toepassing is verklaard, die wegens schulden zijn gegijzeld of onder curatele zijn gesteld, zijn gedurende de duur van het faillissement onderscheidenlijk de toepassing van de schuldsaneringsregeling natuurlijke personen, de gijzeling of de curatele van rechtswege in de uitoefening van de praktijk geschorst. De geschorste advocaat mag gedurende de schorsing de titel van advocaat niet voeren. De griffier van het gerecht dat een van de in de eerste zin vermelde beslissingen of een beslissing die de opheffing van de schorsing tot gevolg heeft, heeft uitgesproken, geeft van de schorsing , onderscheidenlijk de opheffing hiervan kennis aan de secretaris van de algemene raad met het oog op de verwerking op het tableau.

§ *2a. Van de bevoegdheden en verplichtingen van andere dan in Nederland ingeschreven advocaten*

Art. 16a

De bepalingen van deze wet en andere wettelijke voorschriften betreffende advocaten, hebben uitsluitend betrekking op in Nederland ingeschreven advocaten, voor zover die voorschriften of de navolgende, tot deze paragraaf behorende, artikelen niet anders bepalen.

In Nederland ingeschreven

Art. 16b

Voor de uitoefening in Nederland van werkzaamheden bij wijze van dienstverrichting, worden mede als advocaat aangemerkt, personen die niet als zodanig in Nederland zijn ingeschreven, maar die wel in een andere lidstaat van de Europese Unie, in een andere staat die partij is bij de Overeenkomst betreffende de Europese Economische Ruimte of in Zwitserland, hierna te noemen staat van herkomst, gerechtigd zijn hun beroepswerkzaamheden uit te oefenen onder de benaming advocaat of een daarmede overeenkomstige benaming in de taal of in een der talen van de staat van herkomst.

EU-advocaten

Art. 16c

Wanneer de in het vorige artikel bedoelde personen, hierna te noemen: bezoekende advocaten, bij de uitoefening in Nederland van werkzaamheden bij wijze van dienstverrichting hun titel voeren, dienen zij daarbij de beroepsorganisatie te vermelden waartoe zij behoren of het gerecht waarbij zij overeenkomstig de wettelijke regeling van de staat van herkomst zijn toegelaten.

Bezoekende advocaten

Art. 16d

– 1. De werkzaamheden, bij wijze van dienstverrichting, betreffende de vertegenwoordiging en de verdediging van een cliënt in rechte of ten overstaan van een overheidsinstantie worden door bezoekende advocaten onder dezelfde voorwaarden uitgeoefend als die welke gelden voor in Nederland ingeschreven advocaten.

Beroepsregels bezoekende advocaten

– 2. Bij de uitoefening van de in het eerste lid genoemde werkzaamheden nemen bezoekende advocaten de beroepsregels in acht die gelden voor in Nederland ingeschreven advocaten, met inbegrip van de verordeningen genoemd in artikel 28, onverminderd hetgeen waartoe zij als advocaat in de staat van herkomst verplicht zijn.

– 3. Bij het optreden ten overstaan van een overheidsinstantie moeten bezoekende advocaten desgevraagd hun bevoegdheid tot de uitoefening van het beroep van advocaat ten genoegen van die instantie aantonen.

Art. 16e

– 1. Bij de uitoefening van werkzaamheden, bij wijze van dienstverrichting, betreffende de vertegenwoordiging en de verdediging van een cliënt in rechte, waarvoor ingevolge de wet de bijstand of vertegenwoordiging van een advocaat is voorgeschreven, moet een bezoekende advocaat samenwerken met een in Nederland ingeschreven advocaat, hierna te noemen de samenwerkende advocaat.

Samenwerkende advocaat

– 2. De samenwerkende advocaat dient zich tevoren te vergewissen van de bevoegdheid van de bezoekende advocaat tot uitoefening van het beroep van advocaat en is daarvoor verantwoordelijk tegenover het betrokken gerecht.

– 3. De samenwerkende advocaat stelt de bezoekende advocaat, alvorens deze voor de eerste maal als zodanig in rechte optreedt, voor aan de rechter die de leiding heeft van de terechtzitting.

– 4. De bezoekende advocaat wordt geacht voor de in het eerste lid bedoelde werkzaamheden woonplaats te hebben gekozen ten kantore van de samenwerkende advocaat.

– 5. In de gevallen dat advocaten verplicht of gerechtigd zijn tot het dragen van een bijzonder kostuum, mag de bezoekende advocaat, indien hij zulks verkiest, in plaats daarvan het kostuum dragen dat is voorgeschreven in de staat van herkomst.

– 6. De rechter die de leiding heeft van de terechtzitting kan bezoekende advocaten toestaan zich van een andere taal te bedienen dan de Nederlandse, indien hij van mening is dat daardoor een goede rechtsbedeling niet wordt geschaad. Hij kan daarbij als voorwaarde stellen dat van een tolk gebruik gemaakt wordt.

Art. 16f

Ten aanzien van andere werkzaamheden, bij wijze van dienstverrichting, dan die bedoeld in het eerste lid van artikel 16*d*, blijven bezoekende advocaten onderworpen aan de voorwaarden en de beroepsregels van de staat van herkomst. Zij dienen daarnaast de voor in Nederland ingeschreven advocaten geldende beroepsregels in acht te nemen, met name die betreffende:

Beroepsregels staat van herkomst naast Nederlandse beroepsregels

(a) de onverenigbaarheid van het uitoefenen van de werkzaamheden van advocaat met het verrichten van andere werkzaamheden in Nederland,

(b) het beroepsgeheim,

(c) de verhouding tot andere advocaten,

(*d*) het verbod van bijstand door een zelfde advocaat aan partijen met tegenstrijdige belangen en

(*e*) de publiciteit. Laatstbedoelde regels zijn slechts toepasselijk voor zover zij kunnen worden nageleefd door een advocaat die niet in Nederland is gevestigd en de naleving ervan objectief gerechtvaardigd is ten einde in Nederland de behoorlijke uitoefening van de werkzaamheden van advocaten, de waardigheid van het beroep en de inachtneming van de bedoelde regels inzake onverenigbaarheid te verzekeren.

§ *2b. De bevoegdheden en verplichtingen van de advocaat uit een andere lidstaat die onder zijn oorspronkelijke beroepstitel als advocaat werkzaam wil zijn*

Art. 16g

Reikwijdte bepalingen

De bepalingen van deze wet en andere wettelijke voorschriften betreffende advocaten hebben uitsluitend betrekking op in Nederland ingeschreven advocaten voorzover die voorschriften of de navolgende, tot deze paragraaf behorende, artikelen niet anders bepalen.

Art. 16h

Inschrijving bij permanente beroepsuitoefening

– 1. Degene die niet met inachtneming van artikel 1 is ingeschreven, maar die wel in een andere lidstaat van de Europese Unie of in een andere staat die partij is bij de Overeenkomst betreffende de Europese Economische Ruimte of in Zwitserland hierna te noemen staat van herkomst, gerechtigd is zijn beroepswerkzaamheid uit te oefenen onder de benaming advocaat of een daarmee overeenkomstige benaming in de taal of in de talen van de staat van herkomst, heeft het recht om permanent dezelfde werkzaamheden uit te oefenen als de overeenkomstig artikel 1 ingeschreven advocaat nadat hij zich heeft laten inschrijven bij de raad van toezicht in het arrondissement waarin hij kantoor houdt.

– 2. De raad van toezicht schrijft de advocaat in na overlegging van een verklaring van inschrijving bij de bevoegde autoriteit van de staat van herkomst, indien de verklaring niet langer dan drie maanden voor het moment waarop de aanvraag om inschrijving is ingediend is afgegeven.

– 3. De raad van toezicht stelt de bevoegde autoriteit van de staat van herkomst in kennis van de inschrijving.

– 4. Indien de raad van toezicht de namen van de overeenkomstig artikel 1 ingeschreven advocaten publiceert, worden ook de namen van de overeenkomstig dit artikel ingeschreven advocaten gepubliceerd.

Art. 16i

Oorspronkelijke beroepstitel

– 1. De advocaat, bedoeld in het eerste lid van artikel 16*h*, is gehouden zijn beroepswerkzaamheden in Nederland uit te oefenen onder zijn oorspronkelijke beroepstitel, zoals deze dient te luiden in de taal of een der officiële talen van de staat van herkomst, evenwel op een verstaanbare wijze en zodanig dat hij niet kan worden verward met de titel advocaat, bedoeld in artikel 9*a*.

– 2. Bij de uitoefening van de werkzaamheden, bedoeld in het eerste lid, vermeldt de advocaat de beroepsorganisatie waartoe hij behoort of het gerecht waarbij hij overeenkomstig de wettelijke regeling van de staat van herkomst is toegelaten alsmede zijn inschrijving bij de raad van toezicht.

Art. 16j

Samenwerkende advocaten

Voor de uitoefening van de werkzaamheden die met de vertegenwoordiging en de verdediging van een cliënt in rechte verband houden werkt de advocaat, bedoeld in het eerste lid van artikel 16*h*, samen met een overeenkomstig artikel 1 in Nederland ingeschreven advocaat voorzover ingevolge de wet de bijstand of vertegenwoordiging van een advocaat is voorgeschreven. Het eerste lid van artikel 16*d* alsmede het tweede tot en met vierde en zesde lid van artikel 16*e* zijn van overeenkomstige toepassing.

Art. 16k

Gebondenheid aan beroeps- en gedragsregels

– 1. De advocaat, bedoeld in het eerste lid van artikel 16*h*, is voor alle werkzaamheden die hij in Nederland uitoefent aan dezelfde beroeps- en gedragregels alsmede aan dezelfde voorwaarden onderworpen als de advocaat die overeenkomstig artikel 1 is ingeschreven, met inbegrip van de verordeningen genoemd in artikel 28.

– 2. De artikelen 10, 12, 13, 14 en 16 zijn van overeenkomstige toepassing. Artikel 11 is van overeenkomstige toepassing voorzover de advocaat optreedt in Nederland.

§ *3. Van de Nederlandse orde van advocaten, van de orden in de arrondissementen, en van haar organen*

Afdeling 1. Van de samenstelling en de bevoegdheid

Art. 17

NOVA

– 1. De gezamenlijke advocaten, die in Nederland zijn ingeschreven, vormen de Nederlandse

orde van advocaten. Zij is gevestigd te 's-Gravenhage. Zij is een publiekrechtelijk lichaam als bedoeld in artikel 134 van de Grondwet.
– 2. De gezamenlijke advocaten die kantoor houden in een zelfde arrondissement, vormen de orde van advocaten in het arrondissement.
– 3. De Nederlandse orde van advocaten en de orden zijn rechtspersonen.

Art. 18

Algemene raad

– 1. Aan het hoofd van de Nederlandse orde van advocaten staat een algemene raad, bestaande uit tenminste vijf en ten hoogste negen leden, onder wie de deken. Het aantal leden van de raad wordt nader bepaald door het in artikel 19, eerste lid, bedoelde college van afgevaardigden.
– 2. De deken wordt bij ontstentenis of verhindering vervangen door een lid van de algemene raad, daartoe door die raad aangewezen.

Art. 19

College van afgevaardigden

– 1. De deken en de overige leden van de algemene raad worden gekozen door een college van afgevaardigden, dat daartoe ieder jaar in de maand november bijeenkomt.
– 2. Het lidmaatschap van de algemene raad is niet verenigbaar met het lidmaatschap van het college van afgevaardigden.
– 3. Jaarlijks treden twee leden volgens een door de algemene raad vast te stellen rooster af.
– 4. In vacatures die tussentijds ontstaan voorziet het college van afgevaardigden zo spoedig mogelijk, zo nodig in een buitengewone vergadering.
– 5. Niemand kan langer dan negen jaren in het geheel, als deken of als lid, deel uitmaken van de algemene raad.

Art. 20

Verkiezing afgevaardigden en plaatsvervangers

– 1. De afgevaardigden en hun plaatsvervangers worden voor de tijd van drie jaren gekozen in vergaderingen van de orden in de arrondissementen in de maand oktober te houden; zij zijn herkiesbaar.
– 2. De aantallen afgevaardigden en plaatsvervangers bedragen:
één voor orden, bestaande uit niet meer dan 50 advocaten,
twee voor orden, bestaande uit 51-150 advocaten,
drie voor orden, bestaande uit 151-300 advocaten,
vier voor orden, bestaande uit 301-450 advocaten,
vijf voor orden, bestaande uit 451-600 advocaten,
zes voor orden, bestaande uit 601-750 advocaten,
zeven voor orden, bestaande uit meer dan 750 advocaten.
– 3. Voor de toepassing van het vorige lid is beslissend het aantal advocaten in een arrondissement kantoor houdende op de eerste oktober van het jaar waarin de verkiezing, bedoeld in het eerste lid, wordt gehouden.
– 4. De plaatsvervangers treden op in volgorde van verkiezing.
– 5. Bij gebleken behoefte kan in vacatures onmiddellijk worden voorzien.
– 6. De secretaris van de algemene raad treedt op als secretaris van de vergadering van het college van afgevaardigden.

Art. 21

Verhindering afgevaardigde

Bij verhindering van een afgevaardigde, een vergadering van het college van afgevaardigden bij te wonen, geeft hij daarvan onverwijld kennis aan de in artikel 20, vierde lid, aangewezen plaatsvervanger.

Art. 22

Raden van toezicht

– 1. De orde in het arrondissement wordt bestuurd door een raad van toezicht die bestaat uit ten minste vijf en ten hoogste elf leden, onder wie de deken. Het aantal leden van de raad van toezicht wordt nader bepaald in het huishoudelijk reglement van de orde.
– 2. De deken en de overige leden van de raad van toezicht worden uit de leden der orde gekozen in de jaarlijkse vergadering der orde, te houden in de maand oktober.
– 3. Jaarlijks treden twee leden volgens door de raad van toezicht vast te stellen rooster af. De deken is herkiesbaar. Een lid van de raad van toezicht kan steeds tot deken gekozen worden. De leden van de raad van toezicht zijn niet herkiesbaar, tenzij het huishoudelijk reglement anders bepaalt.
– 4. Bij gebleken behoefte kan in vacatures onmiddellijk worden voorzien.

Art. 23

Vervanging deken

– 1. De deken wordt bij ontstentenis of verhindering vervangen door een lid van de raad van toezicht, daartoe door die raad aangewezen.
– 2. De raad van toezicht wijst uit zijn midden een secretaris en een penningmeester aan.

Art. 24

Verkiesbaarheid

– 1. Als leden van de algemene raad, van het college van afgevaardigden en van de raden van toezicht zijn slechts verkiesbaar advocaten en degenen die overeenkomstig artikel 16*h* zijn ingeschreven voorzover zij de ouderdom van zeventig jaren nog niet hebben bereikt. Na het bereiken van die leeftijd treden zij af met ingang van de eerstvolgende maand.

– 2. Bij huishoudelijk reglement van de orde in het arrondissement kan worden bepaald dat als lid van de raad van toezicht van die orde slechts advocaten of degenen die overeenkomstig artikel 16*h* zijn ingeschreven verkiesbaar zijn, die tenminste gedurende een bepaalde tijd, drie jaren niet te boven gaande, als zodanig zijn ingeschreven.

Art. 25

Vergadering NOVA

De vergadering der Nederlandse orde van advocaten beraadslaagt over onderwerpen, die voor advocaten en rechtzoekenden van belang zijn.

Art. 26

Taken algemene raad en raden van toezicht

De algemene raad en de raden van toezicht bevorderen een behoorlijke uitoefening der praktijk en zijn bevoegd tot het nemen van alle maatregelen, die daartoe kunnen bijdragen. Zij komen op voor de rechten en belangen en zien toe op de naleving van de plichten van de advocaten als zodanig en vervullen de taken die hun bij verordeningen zijn opgedragen.

Art. 27

Vertegenwoordiging

De algemene raad vertegenwoordigt de Nederlandse advocaten overal, waar daartoe aanleiding bestaat, ook indien het belang der Nederlandse orde daarbij niet rechtstreeks betrokken is.

Art. 28

Verordeningen

– 1. Het college van afgevaardigden stelt verordeningen vast in het belang van de goede uitoefening van de praktijk. Het college stelt voorts de nodige verordeningen vast betreffende de huishouding en de organisatie van de Nederlandse Orde van Advocaten.

– 2. Voorstellen van verordeningen worden aan het college van afgevaardigden gedaan door de algemene raad of door ten minste vijf afgevaardigden. Alvorens een ontwerp-verordening bij het college van afgevaardigden in te dienen kan de algemene raad de raden van toezicht uitnodigen hun oordeel kenbaar te maken.

– 3. De verordeningen worden na de vaststelling onverwijld medegedeeld aan Onze Minister van Justitie en afgekondigd in de *Nederlandse Staatscourant*.

Art. 29

Verbindendheid verordeningen

– 1. De verordeningen zijn verbindend voor de leden van de Nederlandse orde van advocaten, alsmede voor bezoekende advocaten volgens het bepaalde in artikel 16*d*, tweede lid, en in artikel 16*f*.

– 2. Zij mogen geen bepalingen inhouden omtrent punten, waarin door of krachtens de wet is voorzien, noch treden in aangelegenheden, die zich tengevolge van het uiteenlopen der omstandigheden in de arrondissementen niet lenen voor algemene voorzieningen.

– 3. De bepalingen van verordeningen, in welker onderwerp door of krachtens de wet wordt voorzien, houden van rechtswege op te gelden.

Art. 30

Vernietiging besluiten

– 1. Besluiten van het college van afgevaardigden, van de algemene raad of van andere organen van de Nederlandse orde van advocaten kunnen bij koninklijk besluit worden vernietigd.

– 2. De schorsing of vernietiging geschiedt binnen zes maanden na de in artikel 28, derde lid, bedoelde mededeling of, wanneer het een besluit van de algemene raad of van een ander orgaan van de Nederlandse orde van advocaten betreft, binnen zes maanden nadat het besluit ter kennis van Onze Minister van Justitie is gekomen.

Art. 31

Vertegenwoordiging

De algemene raad en de raden van toezicht vertegenwoordigen de Nederlandse orde van advocaten, onderscheidenlijk de orden, in en buiten rechte.

Art. 32

Bestuur en beheer

– 1. De algemene raad en de raden van toezicht besturen de Nederlandse orde van advocaten, onderscheidenlijk de orden in de arrondissementen, en zijn gerechtigd tot het verrichten van daden van beheer en beschikking met betrekking tot haar vermogen.

Contributie

– 2. Het college van afgevaardigden en de vergadering der orde in het arrondissement stellen jaarlijks de bedragen vast, die de leden ter dekking van de door de Nederlandse orde van advocaten, onderscheidenlijk door de orde te maken kosten moeten bijdragen.

Rekening en verantwoording

– 3. De algemene raad en de raden van toezicht doen jaarlijks rekening en verantwoording van hun geldelijk beheer. Deze rekening en verantwoording wordt onderzocht door een commissie van drie leden, door het college van afgevaardigden, onderscheidenlijk de orde, uit hun midden aan te wijzen. De commissie brengt verslag uit aan het college onderscheidenlijk de orde. Goedkeuring van de rekening door het college van afgevaardigden, onderscheidenlijk de orde, strekt de algemene raad, onderscheidenlijk de raad van toezicht, tot décharge.

Jaarverslag

– 4. Jaarlijks wordt door de algemene raad en de raden van toezicht een verslag betreffende het afgelopen jaar uitgebracht en in de vergadering van het college van afgevaardigden, onderscheidenlijk van de orde, ter bespreking gesteld.

Art. 33

De algemene raad houdt het bureau van de Nederlandse orde van advocaten in stand en geeft door middel daarvan voorlichting ten aanzien van al die onderwerpen, waarvan de wetenschap voor de advocaat van belang is, streeft de eenheid van beroepsgenoten na en bevordert de behandeling van wetenschappelijke en praktische vraagstukken in algemene vergaderingen van advocaten.

Bureau NOVA

Art. 34

De algemene raad benoemt en ontslaat zijn secretaris, die niet lid van de algemene raad kan zijn. De secretaris van de algemene raad heeft de leiding van het bureau van de orde; de algemene raad stelt zijn salaris vast, regelt de voorwaarden onder welke hij werkzaam zal zijn en voorziet in zijn vervanging bij verhindering of afwezigheid. Hij kan tevens griffier van het hof van discipline zijn.

Secretaris algemene raad

Art. 35

– 1. De deken der orde licht de leden voor over al hetgeen verband houdt met de wijze van uitoefening van de praktijk. Hij kan zijn bemiddeling verlenen tot het bijleggen van geschillen tussen advocaten onderling of tussen advocaten en derden.

– 2. De deken kan een deel van zijn bemoeiingen aan een ander lid van de raad van toezicht opdragen.

Taken deken

Art. 36

De Nederlandse orde van advocaten, de algemene raad, het college van afgevaardigden, de orden en de raden van toezicht kunnen huishoudelijke reglementen vaststellen.

Huishoudelijke reglementen

Afdeling 2. Van de vergaderingen

Art. 37

– 1. De deken van de Nederlandse orde van advocaten, onderscheidenlijk de deken der orde roept een vergadering bijeen zo vaak hij zulks nodig oordeelt en steeds indien voor de Nederlandse orde van advocaten ten minste vijftig leden, voor de algemene raad of voor een raad van toezicht ten minste twee leden, voor het college van afgevaardigden ten minste vier leden en voor een orde ten minste zes leden zulks schriftelijk verzoeken.

– 2. De deken van de Nederlandse orde van advocaten en de leden van de algemene raad hebben toegang tot de vergaderingen van het college van afgevaardigden.

Bijeenroepen vergaderingen

Art. 38

– 1. In de vergaderingen bekleedt de deken het voorzitterschap.

– 2. In de vergaderingen van de raad van toezicht en van de orde in het arrondissement heeft de deken bij staken der stemmen een beslissende stem.

Voorzitter

Staken der stemmen

Art. 39

– 1. Een behoorlijk bijeengeroepen vergadering wordt gehouden ongeacht het aantal aanwezige leden.

– 2. Een vergadering van de algemene raad wordt evenwel niet gehouden wanneer niet ten minste vijf leden, en een vergadering van het college van afgevaardigden niet wanneer niet meer dan de helft van het aantal afgevaardigden of hun plaatsvervangers is opgekomen.

– 3. Wanneer in een vergadering van het college van afgevaardigden het vereiste aantal afgevaardigden of plaatsvervangers niet is opgekomen, wordt een nieuwe vergadering belegd. Deze vergadering wordt gehouden ongeacht het aantal afgevaardigden of plaatsvervangers, dat is opgekomen.

Aantal aanwezige leden

Art. 40

– 1. In de vergadering der orde in het arrondissement zijn alle leden stemgerechtigd. Tevens zijn stemgerechtigd degenen die zich overeenkomstig artikel 16*h* hebben laten inschrijven.

– 2. Iedere stemgerechtigde brengt één stem uit.

Stemgerechtigdheid

Art. 41

– 1. Over alle zaken wordt mondeling en bij hoofdelijke oproeping gestemd; in de vergaderingen der Nederlandse orde van advocaten en der orden wordt echter gestemd bij zitten en opstaan, tenzij een der aanwezigen een mondelinge stemming bij hoofdelijke oproeping verlangt.

– 2. Bij het doen van keuzen van personen wordt gestemd bij gesloten en ongetekende briefjes.

– 3. Indien bij het nemen van een besluit over een zaak door geen der aanwezigen stemming wordt gevraagd, wordt het voorstel geacht te zijn aangenomen.

Wijze van stemmen

Art. 42

– 1. In een vergadering van de algemene raad is een stemming nietig, indien niet ten minste vijf leden daaraan hebben deelgenomen.

– 2. In een vergadering van het college van afgevaardigden is een stemming nietig, indien niet

Nietigheid

meer dan de helft van het aantal afgevaardigden of plaatsvervangers, dat zitting heeft, daaraan heeft deelgenomen.

– 3. Bij het doen van keuzen van personen worden afgevaardigden of hun plaatsvervangers, die niet of niet behoorlijk ingevulde briefjes ingeleverd hebben, voor de toepassing van dit artikel geacht aan de stemming te hebben deelgenomen.

– 4. Een stemming is geldig ongeacht het aantal afgevaardigden of hun plaatsvervangers, dat eraan heeft deelgenomen, ingeval opnieuw wordt gestemd over een voorstel of over een benoeming, ten aanzien waarvan in een vroegere vergadering een stemming op grond van het bepaalde in het tweede lid nietig was.

Art. 43

Volstrekte meerderheid

– 1. Voor het tot stand komen van een besluit bij stemming wordt de volstrekte meerderheid vereist van de leden, die aan de stemming hebben deelgenomen.

– 2. Bij het doen van keuzen van personen worden de leden, die niet of niet behoorlijk ingevulde briefjes ingeleverd hebben, voor de toepassing van dit artikel geacht niet aan de stemming te hebben deelgenomen.

Art. 44

Staken der stemmen

– 1. Bij staking van stemmen over zaken wordt, behoudens het bepaalde in artikel 38, tweede lid, het nemen van een besluit uitgesteld tot een volgende vergadering, waarin de beraadslagingen kunnen worden heropend.

– 2. In deze, en evenzo in een voltallige vergadering wordt, behoudens het bepaalde in artikel 38, tweede lid, bij staken der stemmen over zaken het voorstel geacht niet te zijn aangenomen.

Art. 45

Stemopnemers, stemming over personen

– 1. Bij de stemming over personen treden in de vergaderingen twee door de voorzitter aan te wijzen leden als stemopnemers op.

– 2. De stemopnemers onderzoeken, of het aantal briefjes gelijk is aan dat der tegenwoordig zijnde leden.

– 3. Er hebben zovele afzonderlijke stemmingen plaats als personen te kiezen zijn; bij keuze van een deken wordt over hem in de eerste plaats gestemd.

– 4. In geval van twijfel over de inhoud van een briefje beslist de voorzitter.

– 5. Een verkregen meerderheid van stemmen geldt niet, wanneer de vergadering beslist, dat daarop een tussen het aantal der briefjes en dat der aanwezigen bestaand verschil van invloed heeft kunnen zijn.

– 6. Wanneer niemand bij de eerste stemming de volstrekte meerderheid heeft verkregen, wordt tot een tweede vrije stemming overgegaan.

– 7. Is ook bij deze geen volstrekte meerderheid verkregen, dan wordt de stemming bepaald tot de twee personen, die bij de tweede stemming de meeste stemmen hebben verkregen, of, zijn de meeste stemmen tussen meerdere personen verdeeld, tot allen die aldus de meeste stemmen hebben erlangd.

– 8. Indien ook hierdoor geen meerderheid van stemmen is verkregen, wordt een vierde stemming gehouden over twee personen die bij de derde stemming de meeste stemmen hebben erlangd.

– 9. Indien bij de derde of de vierde stemming twee of meer personen hetzelfde aantal stemmen hebben verkregen, beslist het lot.

§ *4. Van de tuchtrechtspraak*

Art. 46

Gevallen aan tuchtrechtspraak onderworpen

De advocaten zijn aan tuchtrechtspraak onderworpen ter zake van enig handelen of nalaten in strijd met de zorg die zij als advocaat behoren te betrachten ten opzichte van degenen wier belangen zij als zodanig behartigen of behoren te behartigen, ter zake van inbreuken op de verordeningen van de Nederlandse orde en ter zake van enig handelen of nalaten dat een behoorlijk advocaat niet betaamt. Deze tuchtrechtspraak wordt uitgeoefend in eerste aanleg door de raden van discipline en in hoger beroep, tevens in hoogste ressort, door het hof van discipline.

Art. 46a

Raad van discipline, vestigingsplaatsen

– 1. In het rechtsgebied van elk gerechtshof is een raad van discipline, wiens rechtsgebied samenvalt met dat van het gerechtshof en die de tuchtrechtspraak in eerste aanleg uitoefent met betrekking tot de advocaten, kantoorhoudende in dat gebied.

– 2. De raden van discipline zijn gevestigd in de vestigingsplaatsen van de gerechtshoven. Zij kunnen ook buiten de vestigingsplaats zitting houden.

– 3. Met betrekking tot de leden-advocaten, de plaatsvervangende leden-advocaten en de griffier van de raden van discipline wordt de tuchtrechtspraak in eerste aanleg uitgeoefend door een door de voorzitter van het hof van discipline naar aanleiding van een ingekomen klacht ambtshalve aan te wijzen andere raad van discipline. Van een zodanige verwijzing geeft

de voorzitter van het hof van discipline kennis aan de aangewezen raad van discipline alsmede aan de deken die de klacht ter kennis heeft gebracht van het hof van discipline en aan de klager.
– 4. Aanwijzing van een andere raad van discipline overeenkomstig het vorige lid vindt ook plaats indien een klacht afkomstig is van de leden-advocaten, de plaatsvervangende leden-advocaten en de griffier van de raden van discipline.

Art. 46b

Samenstelling raad van discipline

– 1. Elke raad van discipline bestaat uit een voorzitter, ten hoogste zes plaatsvervangende voorzitters, acht leden-advocaten en ten hoogste vijftien plaatsvervangende leden-advocaten.
– 2. De voorzitter en plaatsvervangende voorzitters worden door Onze Minister van Justitie voor de tijd van vier jaren benoemd uit leden van de rechterlijke macht met rechtspraak belast.
– 3. De leden-advocaten en de plaatsvervangende leden-advocaten kunnen alleen zijn advocaten die kantoor houden binnen het rechtsgebied van de betrokken raad, die langer dan vijf jaar in Nederland zijn ingeschreven.
– 4. De leden-advocaten en de plaatsvervangende leden-advocaten worden door het college van afgevaardigden in de in artikel 19, eerste lid, bedoelde vergadering gekozen uit voordrachten van de raden van toezicht, voor de tijd van ten hoogste vier jaren. De verkiezing geschiedt met inachtneming van het streven naar een regionaal verantwoorde samenstelling van de raden van discipline.
– 5. De voorzitter en plaatsvervangend voorzitters zijn na hun aftreden eenmaal terstond herbenoembaar.
– 6. Van de leden-advocaten en de plaatsvervangende leden-advocaten treedt volgens een door de betrokken raad van discipline vast te stellen rooster jaarlijks een vierde deel af.
– 7. De voorzitter, de plaatsvervangende voorzitters, de leden-advocaten en de plaatsvervangende leden-advocaten treden in ieder geval af met ingang van de eerstvolgende maand na die waarin zij de leeftijd van zeventig jaren hebben bereikt.
– 8. Indien de zetel van voorzitter of plaatsvervangend voorzitter tussentijds vacant raakt, voorziet Onze Minister van Justitie zo spoedig mogelijk in de vacature.
– 9. In vacatures, die tussentijds ontstaan, voorziet het college van afgevaardigden zo spoedig mogelijk, zo nodig in een buitengewone vergadering. Het is daarbij niet aan een voordracht gebonden.
– 10. Zij die benoemd zijn ter vervulling van een tussentijds opengevallen plaats treden af op het tijdstip, waarop degenen in wier plaats zij zijn benoemd hadden moeten aftreden.
– 11. De voorzitter, de plaatsvervangende voorzitters, de leden-advocaten en de plaatsvervangende leden-advocaten blijven na het verstrijken van hun ambtstermijn in functie, totdat de door hun aftreden vacante plaats weer is vervuld. Zij blijven na hun aftreden, ook nadat in de door hen opengelaten plaatsen is voorzien, bevoegd om deel te nemen aan de verdere behandeling van en de beslissing over klachten, aan de behandeling waarvan zij voor hun aftreden reeds hebben deelgenomen.
– 12. Het lidmaatschap of het plaatsvervangend lidmaatschap van een raad van discipline is niet verenigbaar met het lidmaatschap of het plaatsvervangend lidmaatschap van de algemene raad of van het hof van discipline en met de functie van deken.
– 13. Tussen de voorzitter, plaatsvervangende voorzitters, de leden-advocaten en de plaatsvervangende leden-advocaten van een raad van discipline mag niet bestaan de verhouding van echtgenoten of geregistreerde partners, bloed- of aanverwanten tot de derde graad ingesloten, een maatschap of ander duurzaam samenwerkingsverband tot het uitoefenen van het beroep van advocaat of de verhouding van werkgever tot werknemer.
– 14. Het in de artikelen 46*c*, tweede lid, 46*d*, tweede lid, 46*f*, 46*g*, eerste en tweede lid, 46*i*, met uitzondering van het eerste lid, onderdeel *c*, 46*j*, 46*l*, eerste en derde lid, 46*m*, 46*o* en 46*p*, eerste tot en met het vijfde lid, van de Wet rechtspositie rechterlijke ambtenaren bepaalde is van overeenkomstige toepassing ten aanzien van de voorzitter, plaatsvervangende voorzitters, de leden-advocaten en de plaatsvervangende leden-advocaten van de raad van discipline.
– 15. De leden-advocaten en de plaatsvervangende leden-advocaten van de raad van discipline kunnen worden ontslagen op de gronden aangegeven in de artikelen 46*c*, tweede lid, 46*d*, tweede lid, 46*i*, met uitzondering van het eerste lid, onderdeel *c*, 46*j*, 46*l*, eerste en derde lid, 46*m* van de Wet rechtspositie rechterlijke ambtenaren. Daarnaast vervalt het lidmaatschap van de leden-advocaten en de plaatsvervangende leden-advocaten van rechtswege zodra zij opgehouden hebben advocaat te zijn.
– 16. De raad van discipline benoemt en ontslaat zijn griffier en voorziet in diens vervanging bij verhindering of afwezigheid. Slechts advocaten die zijn ingeschreven bij een rechtbank binnen het rechtsgebied van de betrokken raad zijn als zodanig benoembaar.

Art. 46c

Klachten tegen advocaten

– 1. Klachten tegen advocaten worden schriftelijk ingediend bij de deken van de orde waartoe zij behoren. Indien de klager daarom verzoekt, is de deken hem behulpzaam bij het op schrift stellen van de klacht. Indien een ingediende klacht verduidelijking behoeft, is de deken de klager daarbij op diens verzoek behulpzaam.

– 2. De deken stelt een onderzoek in naar elke bij hem ingediende klacht.

– 3. De deken is bevoegd een bij hem ingediende klacht te verwijzen naar een lid van de raad van toezicht, ten einde haar te onderzoeken en af te handelen op de wijze als in dit artikel en de artikelen 46*d* en 46*e* omschreven.

– 4. Klachten tegen een deken van een orde worden ingediend bij, of terstond doorgezonden aan de voorzitter van de raad van discipline. Deze verwijst de zaak naar een deken van een andere orde in zijn ressort, ten einde haar te onderzoeken en af te handelen op een wijze als in dit artikel en de artikelen 46*d* en 46*e* omschreven.

– 5. De raad van toezicht draagt zorg voor voldoende bekendmaking in het arrondissement van de plaats en de tijd waarop de deken, of, bij zijn ontstentenis of verhindering, zijn plaatsvervanger, zitting houdt.

Art. 46d

Minnelijke schikking

– 1. De deken tracht steeds de klachten in der minne te schikken, tenzij deze overeenkomstig artikel 46*e* onmiddellijk aan de raad van discipline ter kennis wordt gebracht.

– 2. Indien een minnelijke schikking mogelijk blijkt, wordt deze op schrift gesteld en door de klager, de advocaat tegen wie de klacht is ingediend en de deken ondertekend. Door een aldus vastgestelde minnelijke schikking vervalt de bevoegdheid van de klager om de terkennisbrenging van de klacht aan de raad van discipline te verlangen.

– 3. Is drie maanden na de indiening van de klacht geen minnelijke schikking bereikt, dan kan de klager de deken verzoeken de klacht ter kennis van de raad van discipline te brengen. Overigens brengt de deken de klacht steeds ter kennis van de raad van discipline, indien aannemelijk is dat daarvoor geen oplossing in der minne kan worden bereikt.

Kennisgeving klacht raad van discipline

– 4. De klacht wordt schriftelijk ter kennis van de raad van discipline gebracht. De deken stelt daarvan steeds de advocaat tegen wie de klacht is gericht en de klager schriftelijk op de hoogte. Indien hij op grond van zijn onderzoek van oordeel is dat de klacht kennelijk ongegrond of van onvoldoende gewicht is, deelt hij dat met redenen omkleed bij de terkennisbrenging van de klacht aan de klager, aan de advocaat tegen wie de klacht is gericht en aan de raad van discipline mee.

Art. 46e

– 1. Indien de klager daarom bij indiening van de klacht verzoekt, brengt de deken, onverminderd het bepaalde in artikel 46*c*, tweede lid, deze onmiddellijk ter kennis van de raad van discipline.

– 2. Indien naar zijn oordeel de inhoud van de klacht een minnelijke schikking ongewenst of onmogelijk maakt, brengt de deken de klacht ambtshalve onmiddellijk ter kennis van de raad van discipline.

– 3. Artikel 46*d*, vierde lid, is van overeenkomstige toepassing.

Art. 46f

Bezwaren tegen advocaten zonder klacht

– 1. Indien de deken buiten het geval van een klacht op de hoogte is gebracht van bezwaren tegen een advocaat, kan hij deze ter kennis van de raad van discipline brengen. Hij stelt daarvan de advocaat tegen wie de bezwaren zijn gerezen schriftelijk op de hoogte.

– 2. Artikel 46*d*, vierde lid, is van overeenkomstige toepassing.

Art. 46fa

Klacht tegen EU-advocaat

– 1. Indien de advocaat jegens wie een klacht is ingediend of jegens wie bezwaren bestaan zich krachtens het nationale recht van een andere lidstaat van de Europese Unie of een andere staat die partij is bij de Overeenkomst betreffende de Europese Economische Ruimte dat uitvoering geeft aan artikel 3 van richtlijn 98/5/EG van het Europees Parlement en de Raad van de Europese Unie van 16 februari 1998 ter vergemakkelijking van de permanente uitoefening van het beroep van advocaat, heeft laten inschrijven, stelt de raad van toezicht voor de aanvang van de tuchtrechtelijke procedure de bevoegde autoriteit in die lidstaat of lidstaten op de hoogte van het voornemen een tuchtrechtelijke procedure jegens de advocaat aan te vangen en verstrekt hij aan die autoriteit of autoriteiten alle dienstige inlichtingen.

– 2. Indien de advocaat zich in Zwitserland heeft laten inschrijven met inachtneming van de op 21 juni 1999 tot stand gekomen Overeenkomst tussen de Europese Gemeenschap en haar lidstaten enerzijds en de Zwitserse Bondsstaat anderzijds, over het vrije verkeer van personen, is het eerste lid van overeenkomstige toepassing.

Art. 46g

Niet ontvankelijk, ongegrond, onvoldoende gewicht

– 1. De voorzitter van de raad van discipline kan kennelijk niet-ontvankelijke en kennelijk ongegronde klachten, alsmede klachten die naar zijn oordeel van onvoldoende gewicht zijn, binnen dertig dagen nadat zij ter kennis van de raad zijn gebracht, bij met redenen omklede beslissing schriftelijk afwijzen.

– 2. Van de beslissing zendt de griffier onverwijld een afschrift aan de deken, de klager en aan de advocaat tegen wie de klacht is ingediend.
– 3. De voorzitter kan zich bij de uitoefening van de in het eerste lid bedoelde bevoegdheid door één van de plaatsvervangende voorzitters doen vervangen.

Art. 46h

Verzet

– 1. Tegen de beslissing, in het vorige artikel bedoeld, kunnen de klager en de deken binnen veertien dagen na de verzending van het afschrift van de beslissing, schriftelijk verzet doen bij de raad van discipline.
– 2. Ten gevolge van dat verzet vervalt de beslissing, tenzij de raad van discipline het verzet niet-ontvankelijk of ongegrond verklaart.
– 3. Is de raad van discipline van oordeel dat de klacht kennelijk niet-ontvankelijk, kennelijk ongegrond, of van onvoldoende gewicht is, dan kan hij zonder nader onderzoek het verzet ongegrond verklaren, echter niet dan na de klager, de deken en de advocaat tegen wie de klacht is gericht, in de gelegenheid te hebben gesteld te worden gehoord.
– 4. De beslissing tot niet-ontvankelijk- of ongegrondverklaring van het verzet is met redenen omkleed. Daartegen staat geen rechtsmiddel open. Artikel 46g, tweede lid, is van overeenkomstige toepassing.
– 5. Indien de raad van oordeel is dat het verzet gegrond is, wordt de klacht in verdere behandeling genomen.

Art. 47

Vijf leden

– 1. Aan de behandeling en de beslissing van tuchtzaken wordt op straffe van nietigheid deelgenomen door vijf leden van de raad van discipline, onder wie de voorzitter of één van de plaatsvervangende voorzitters.

Art. 512-519 overeenkomstige toepassing

– 2. De artikelen 512 tot en met 519 van het Wetboek van Strafvordering zijn ten aanzien van de voorzitter, de plaatsvervangende voorzitters, de leden-advocaten en de plaatsvervangende leden-advocaten van overeenkomstige toepassing.
– 3. Een lid-advocaat of een plaatsvervangend lid-advocaat van de raad van discipline mag op straffe van nietigheid niet deelnemen aan de behandeling van een zaak, waarin hij als deken of lid van een raad van toezicht het in artikel 46*c*, tweede lid, bedoelde onderzoek heeft verricht.

Art. 47a

In geval van intrekking van de klacht wordt de behandeling daarvan gestaakt, tenzij de raad van discipline beslist dat de behandeling van de klacht om redenen aan het algemeen belang ontleend, moet worden voortgezet. In dat laatste geval wordt de klacht verder behandeld als ware deze afkomstig van de deken.

Art. 48

Beslissing

– 1. De beslissingen van de raad van discipline over de voorgelegde klachten zijn met redenen omkleed en worden in het openbaar uitgesproken, alles op straffe van nietigheid.

Maatregelen

– 2. De raad kan, indien hij oordeelt dat het tegen de betrokken advocaat gerezen bezwaar gegrond is een der volgende maatregelen opleggen:
a. enkele waarschuwing;
b. berisping;
c. schorsing in de uitoefening van de praktijk voor de duur van ten hoogste een jaar;
d. schrapping van het tableau.
– 3. Indien enig door artikel 46 beschermd belang dat vordert kan de raad van discipline bij de beslissing houdende oplegging van een der laatstgenoemde drie maatregelen besluiten tot openbaarmaking van de opgelegde maatregel, al dan niet met de gronden waarop zij berust, op de door hem te bepalen wijze.
– 4. Tot de tenuitvoerlegging van maatregelen overeenkomstig dit artikel opgelegd wordt eerst overgegaan zodra zij in kracht van gewijsde zijn gegaan.
– 5. De geschorste advocaat mag gedurende de schorsing de titel van advocaat niet voeren.
– 6. Schorsing in de uitoefening van de praktijk brengt mede verlies van de betrekkingen, waarbij de hoedanigheid van advocaat vereiste voor verkiesbaarheid of benoembaarheid is.
– 7. De raad spreekt, indien de klager daarom verzoekt, in zijn beslissing steeds met redenen omkleed uit of de advocaat tegen wie de klacht is ingediend, jegens hem de zorgvuldigheid heeft betracht die bij een behoorlijke rechtshulpverlening betaamt. De raad kan een dergelijke uitspraak, indien hij daartoe voldoende grond aanwezig acht, ook ambtshalve doen.

Art. 48a

Schorsing

– 1. Bij de oplegging van de maatregel van schorsing in de uitoefening van de praktijk kan de raad van discipline daarbij zowel ten aanzien van deze maatregel als ten aanzien van de openbaarmaking daarvan en van het verbod om de titel van advocaat te voeren bepalen dat deze maatregel geheel of voor een door de raad van discipline te bepalen gedeelte niet zal worden ten uitvoer gelegd tenzij de raad van discipline later anders mocht bepalen op grond dat de betrokken advocaat zich vóór het einde van een in de beslissing aan te geven proeftijd aan een

in artikel 46 bedoelde gedraging heeft schuldig gemaakt, of een bijzondere voorwaarde welke in de beslissing mocht zijn gesteld, niet heeft nageleefd.
– 2. De proeftijd beloopt ten hoogste twee jaren. Zij gaat in zodra de beslissing in kracht van gewijsde is gegaan.

Art. 48b

Bijzondere voorwaarden

– 1. Bij de oplegging van de in artikel 48, tweede lid, onder *a* tot en met *d*, genoemde maatregelen kan de raad van discipline in afwijking van het bepaalde in het eerste lid van het voorgaande artikel als bijzondere voorwaarde stellen dat de betrokken advocaat de door zijn gedraging veroorzaakte schade geheel of tot een bij de beslissing te bepalen gedeelte binnen een daarbij te stellen termijn, korter dan de proeftijd, vergoedt.
– 2. Bovendien is de raad van discipline bevoegd bij de beslissing ook andere bijzondere voorwaarden, de praktijkbeoefening van de betrokken advocaat gedurende de proeftijd of een bij de beslissing te bepalen gedeelte daarvan betreffende, te stellen.

Art. 48c

Toezicht op nakoming voorwaarden

– 1. De deken van de orde, waartoe de advocaat behoort, ziet toe op de nakoming der voorwaarden, tenzij de raad van discipline, in overleg met de deken, bij besluit een ander lid van de orde daarmee belast. Indien de betrokken advocaat de deken is, wijst de raad van discipline een ander lid van de orde aan in overleg met het in artikel 23, eerste lid, bedoelde lid van de raad van toezicht.
– 2. De deken of het in het eerste lid bedoelde andere lid van de orde geeft, ingeval de betrokken advocaat de voorwaarden gedurende de proeftijd niet nakomt, daarvan kennis aan de raad van discipline, met zodanige vordering als hij nodig acht.

Art. 48d

Wijziging bijzondere voorwaarden

De raad van discipline die het in artikel 48*a* bedoelde bevel heeft gegeven, kan, hetzij op vordering van de betrokken deken of het in het eerste lid van artikel 48*c* bedoelde lid van de orde, hetzij op verzoek van de betrokken advocaat, hetzij ambtshalve, gedurende de proeftijd in de gestelde bijzondere voorwaarden wijziging brengen.

Art. 48e

Tenuitvoerlegging voorwaardelijke schorsing

De raad van discipline, die met toepassing van artikel 48*a* heeft bepaald dat de opgelegde maatregel voor een door hem te bepalen gedeelte niet zal worden tenuitvoergelegd, kan hetzij op vordering van de betrokken deken of het in het eerste lid van 48*c* bedoelde lid van de orde, hetzij ambtshalve, last geven dat alsnog tot tenuitvoerlegging zal worden overgegaan. Een zodanige last kan niet meer worden gegeven wanneer sedert het einde van de proeftijd drie maanden verstreken zijn.

Art. 48f

Verhoor, oproeping

Een beslissing als bedoeld in de artikelen 48*d* en 48*e* wordt niet gegeven dan na verhoor, althans behoorlijke oproeping van de betrokken advocaat en, in het geval de beslissing de bijzondere voorwaarde tot gehele of gedeeltelijke schadevergoeding betreft en deze daarbij belanghebbende is, de klager. Voor het verhoor wordt tevens opgeroepen de in het eerste lid van artikel 48*c* bedoelde toezichthouder. Op het verhoor en de beslissing zijn de bepalingen van de artikelen 49, tweede tot en met het laatste lid, en 50 van overeenkomstige toepassing.

Art. 48g

Rechtsmiddel

Een beslissing als bedoeld in de artikelen 48*d* en 48*e* is niet aan enig rechtsmiddel onderworpen.

Art. 48h

Bijwonen behandeling deken

– 1. Indien de deken door wiens tussenkomst de klacht aanhangig is gemaakt verzoekt de behandeling daarvan bij te wonen, stelt de raad van discipline hem daartoe steeds in de gelegenheid. De raad kan overigens de deken door wiens tussenkomst de klacht aanhangig is gemaakt uitnodigen de behandeling daarvan bij te wonen.
– 2. Betreft de klacht de deken van de orde, dan kan de behandeling worden bijgewoond door het in artikel 23, eerste lid, bedoelde lid van de raad van toezicht van die orde.
Het eerste lid is van overeenkomstige toepassing.

Art. 49

Procedure

– 1. De raad van discipline neemt geen beslissing dan na verhoor of behoorlijke oproeping van de advocaat tegen wie de klacht is ingediend, en van de klager.
– 2. De betrokken advocaat en de klager zijn bevoegd zich bij de behandeling van de klacht door een raadsman te doen bijstaan. Zij en hun raadslieden worden in de gelegenheid gesteld tijdig van de processtukken kennis te nemen. Hun wordt door de griffier van de raad van discipline tijdig medegedeeld, waar en wanneer deze gelegenheid bestaat.
– 3. De raad van discipline kan weigeren bepaalde personen, die van het verlenen van rechtshulp hun beroep maken en niet zijn advocaat, als raadsman toe te laten. De behandeling van de klacht wordt in dat geval aangehouden totdat de betrokkene in de gelegenheid is geweest de

geweigerde raadsman te vervangen. Hij wordt door de griffier van de aanhouding en de reden daartoe in kennis gesteld.
– 4. De raad van discipline kan getuigen en deskundigen oproepen en horen. Het horen van getuigen en deskundigen kan worden opgedragen aan de voorzitter, de plaatsvervangend voorzitter of een van de leden of plaatsvervangende leden van de raad van discipline.
– 5. Op verzoek van de raad van discipline doet de officier van justitie hen dagvaarden. De getuigen en deskundigen zijn na dagvaarding verplicht te verschijnen.
– 6. Verschijnt een getuige of deskundige op de dagvaarding niet, dan doet de officier van justitie op verzoek van de raad van discipline hem andermaal dagvaarden, desverzocht met bevel tot medebrenging.
– 7. Artikel 556 van het Wetboek van Strafvordering is van overeenkomstige toepassing.
– 8. De voorzitter beëdigt de getuige, dat hij de gehele waarheid en niets dan de waarheid zal zeggen; de getuige is verplicht op de gestelde vragen te antwoorden. De deskundige is gehouden zijn taak onpartijdig en naar beste weten te verrichten. Ingeval van toepassing van het vierde lid, tweede volzin, geschiedt de beëdiging van de getuige door het daartoe aangewezen lid-advocaat of plaatsvervangend lid-advocaat van de raad van discipline.
– 9. Op de getuigen en deskundigen vinden de artikelen 217-219 van het Wetboek van Strafvordering overeenkomstige toepassing.
– 10. De getuigen en deskundigen ontvangen desverkiezende op vertoon van hun oproeping of dagvaarding schadeloosstelling van het Rijk door de officier van justitie te begroten overeenkomstig het bij en krachtens de Wet tarieven in burgerlijke zaken bepaalde.
– 11. De raad van discipline behandelt de klacht in een openbare zitting. De raad kan om gewichtige redenen bevelen dat de behandeling geheel of gedeeltelijk met gesloten deuren zal plaatsvinden.

Art. 50

Kennisgeving beslissing

– 1. De griffier van de raad van discipline zendt van de beslissingen van de raad bij aangetekende brief onverwijld afschrift:
a. aan de betrokken advocaat;
b. aan de deken der Nederlandse orde van advocaten;
c. aan de deken van de orde waarvan de advocaat deel uitmaakt, of, indien de betrokken advocaat de deken is, aan het in artikel 23, eerste lid, bedoelde lid van de raad van toezicht en aan de deken naar wie de klacht ingevolge artikel 46*c*, vierde lid, is verwezen.
d. indien de beslissing werd gegeven krachtens een verwijzing als bedoeld in het derde lid van artikel 46*a*, aan de raad van discipline der orde waarvan de betrokken advocaat deel uitmaakt;
e. indien de betrokken advocaat is ingeschreven bij een raad voor rechtsbijstand en aan hem een maatregel als bedoeld in artikel 48, tweede lid, onder *a* tot en met *d* is opgelegd en de beslissing waarbij de maatregel is opgelegd in kracht van gewijsde is gegaan dan wel de raad van discipline toezending nodig acht, aan de voorzitter van de desbetreffende raad voor rechtsbijstand.
– 2. Indien werd beslist naar aanleiding van een klacht als bedoeld in artikel 46*c*, eerste lid, wordt ook aan de klager bij aangetekende brief een afschrift van de beslissing gezonden.

Art. 50a

Kosten

– 1. Bij ministeriële regeling aangewezen kosten die verbonden zijn aan het voorzitterschap en het plaatsvervangend voorzitterschap komen ten laste van de staat.
– 2. De reis- en verblijfkosten van de leden-advocaten en de plaatsvervangende leden-advocaten van de raad van discipline en van de griffier worden vergoed en komen ten laste van de Nederlandse orde van advocaten.

Art. 51

Hof van discipline

– 1. Het hof van discipline is gevestigd in de hoofdplaats van een ressort. Het hof kan uit zijn midden kamers vormen voor het vervullen van zijn taak. Kamers kunnen ook buiten de vestigingsplaats zitting houden. Het hof bestaat uit ten hoogste tien door Ons benoemde leden, waaronder de voorzitter en ten hoogste zes plaatsvervangende voorzitters, en vier leden-advocaten, alsmede uit door Ons benoemde plaatsvervangende leden en plaatsvervangende leden-advocaten, tot het door Ons, onderscheidenlijk door het college van afgevaardigden nodig geachte aantal.
– 2. De voorzitter, de plaatsvervangende voorzitters en de overige door Ons benoemde leden en plaatsvervangende leden worden voor de tijd van vijf jaren benoemd uit leden van de rechterlijke macht, met rechtspraak belast. De leden-advocaten en plaatsvervangende leden-advocaten worden door het college van afgevaardigden voor de tijd van vijf jaren gekozen.
– 3. Het hof van discipline benoemt en ontslaat zijn griffier en voorziet in zijn vervanging bij verhindering of afwezigheid.
– 4. De leden-advocaten, plaatsvervangende leden-advocaten en de griffier van het hof van

discipline kunnen niet gelijktijdig zijn lid van de algemene raad of lid-advocaat of plaatsvervangend lid-advocaat van een raad van discipline.

Art. 52

Aftreden

– 1. De voorzitter, de plaatsvervangende voorzitters en de leden en plaatsvervangende leden treden af met ingang van de eerstvolgende maand nadat zij de leeftijd van zeventig jaren hebben bereikt. Indien op dat tijdstip hun ambtstermijn nog niet is verstreken, kunnen zij, op eigen verzoek, in functie blijven tot het tijdstip dat de ambtstermijn is beëindigd.

– 2. Tussen de voorzitter, de plaatsvervangende voorzitters, de leden, plaatsvervangende leden en de griffier mag geen bloed- of aanverwantschap tot en met de derde graad bestaan. Tussen de leden-advocaten en de plaatsvervangende leden-advocaten mag voorts niet bestaan een maatschap of ander duurzaam samenwerkingsverband tot het uitoefenen van het beroep van advocaat of de verhouding van werkgever tot werknemer.

Art. 53

Verkiesbaarheid leden-advocaten

– 1. Als leden-advocaten en plaatsvervangende leden-advocaten van het hof van discipline zijn slechts verkiesbaar advocaten, die langer dan zeven jaren binnen het Rijk de praktijk hebben uitgeoefend en die de ouderdom van zeventig jaren nog niet hebben bereikt.

– 2. De stemming geschiedt schriftelijk en voor elk lid afzonderlijk.

– 3. De plaatsvervangende leden van het hof nemen zitting in volgorde van benoeming of verkiezing.

– 4. Leden van de algemene raad of van een raad van toezicht, die tot lid of plaatsvervangend lid van het hof van discipline zijn gekozen, treden bij het aanvaarden dezer functie af als lid van de betrokken raad. Leden-advocaten of plaatsvervangende leden-advocaten van een raad van discipline, die tot lid of plaatsvervangend lid van het hof van discipline zijn gekozen, treden bij het aanvaarden dezer functie af als lid-advocaat onderscheidenlijk plaatsvervangend lid-advocaat van de raad van discipline.

Art. 54

Schakelbepaling

– 1. Het in de artikelen 46*c*, tweede lid, 46*d*, tweede lid, 46*f*, 46*g*, eerste en tweede lid, 46*i* met uitzondering van het eerste lid, onderdeel *c*, 46*j*, 46*l*, eerste en derde lid, 46*m*, 46*o* en 46*p*, eerste tot en met het vijfde lid, van de Wet rechtspositie rechterlijke ambtenaren bepaalde is van overeenkomstige toepassing ten aanzien van de leden en plaatsvervangende leden van het hof van discipline.

– 2. De leden-advocaten en plaatsvervangende leden-advocaten kunnen worden ontslagen op de gronden aangegeven in de artikelen 46*c*, tweede lid, 46*d*, tweede lid, 46*i*, met uitzondering van het eerste lid, onderdeel *c*, 46*j*, 46*l*, eerste en derde lid, en 46*m* van de Wet rechtspositie rechterlijke ambtenaren. Daarnaast vervalt het lidmaatschap van de leden-advocaten en de plaatsvervangende leden-advocaten van rechtswege indien zij hebben opgehouden advocaat te zijn.

Art. 55

Toezicht termijnen

– 1. Het hof van discipline waakt tegen nodeloze vertraging van het onderzoek door de raden van discipline.

– 2. Het kan zich de stukken doen overleggen en een termijn stellen, binnen welke de beslissing moet zijn genomen.

– 3. Indien een raad van discipline hieraan niet voldoet, kan het hof de behandeling van de zaak aan zich trekken en in het hoogste ressort beslissen.

Art. 56

Hoger beroep

– 1. Van de beslissingen van de raad van discipline kan gedurende dertig dagen na de verzending van het in artikel 50 bedoelde afschrift hoger beroep worden ingesteld bij het hof van discipline door:

a. de klager die ingevolge artikel 46*c*, eerste lid, de klacht die tot de beslissing heeft geleid, heeft ingediend, indien:

– daarbij de klacht geheel of ten dele ongegrond is verklaard;

– bij gegrondbevinding van de klacht, het in artikel 48, zevende lid, bedoelde verzoek wordt afgewezen;

b. de deken, welke de klacht die tot de beslissing heeft geleid, ter kennis van de raad van discipline heeft gebracht, indien de klacht geheel of ten dele ongegrond is verklaard;

c. de advocaat jegens wie de beslissing is genomen.

– 2. Van alle beslissingen van de raad van discipline kan voorts binnen dezelfde termijn hoger beroep worden ingesteld door de deken der Nederlandse orde van advocaten. Hij kan zich vooraf de stukken doen overleggen. Hij kan bij de uitoefening van deze bevoegdheden zich door een lid van de algemene raad doen vervangen.

– 3. Het beroep wordt ingesteld bij met redenen omklede memorie, in zevenvoud in te dienen bij de griffier van het hof van discipline en vergezeld van zes afschriften van de beslissing waarvan beroep. De griffier geeft van de instelling van het beroep onverwijld kennis aan de raad van discipline die de beslissing in eerste aanleg heeft genomen en, voorzover het hoger beroep niet door hem is ingesteld, aan de deken van de orde waartoe de betrokken advocaat behoort, aan de betrokken advocaat en aan de klager.

– 4. Aan de behandeling en de beslissing van beroepen door een kamer bij het hof wordt op straffe van nietigheid deelgenomen door vijf leden van het hof, onder wie de voorzitter of één van de plaatsvervangende voorzitters, alsmede door twee door Ons benoemde leden.

– 5. Indien een ingesteld hoger beroep wordt ingetrokken, bepaalt, voor het geval dat de maatregel van schorsing in de uitoefening van de praktijk is opgelegd, het hof van discipline, de betrokken advocaat gehoord of behoorlijk opgeroepen, de dag waarop de maatregel aanvangt.

– 6. De artikelen 512 tot en met 519 van het Wetboek van Strafvordering zijn ten aanzien van de leden van het hof van discipline van overeenkomstige toepassing.

Art. 56a

Directe afwijzing beroep

– 1. De voorzitter van het hof van discipline kan kennelijk niet-ontvankelijke en kennelijk ongegronde beroepen, alsmede beroepen die naar zijn oordeel niet zullen leiden tot een andere beslissing dan die van de raad van discipline, binnen dertig dagen nadat zij zijn ingesteld, bij met redenen omklede beslissing afwijzen.

– 2. Artikel 46*g*, tweede en derde lid, is van overeenkomstige toepassing, met dien verstande dat ook een afschrift van de beslissing wordt gezonden aan de deken van de Nederlandse orde van advocaten.

– 3. De voorzitter kan zich bij de uitoefening van de in het eerste lid bedoelde bevoegdheden doen vervangen door een plaatsvervangend voorzitter, lid van de rechterlijke macht.

Art. 56b

Verzet

– 1. Tegen de beslissing in het vorige artikel bedoeld, kunnen degene die het beroep heeft ingesteld, alsmede de deken van de Nederlandse orde van advocaten binnen veertien dagen na de verzending van het afschrift van de beslissing, schriftelijk verzet doen bij het hof van discipline.

– 2. Artikel 46*h*, tweede tot en met vierde lid, is van overeenkomstige toepassing, met dien verstande dat van de beslissing tot niet-ontvankelijk- of ongegrondverklaring ook een afschrift aan de deken van de Nederlandse orde van advocaten wordt gezonden.

Art. 57

Procedure

– 1. Het hof van discipline beslist niet dan na verhoor of behoorlijke oproeping van de klager, de betrokken advocaat en, zo dezen hoger beroep hebben ingesteld, de deken die in eerste aanleg de klacht ter kennis van de raad van discipline heeft gebracht en de deken van de Nederlandse orde van advocaten.

– 2. Op de behandeling in het hoger beroep zijn de artikelen 47*a*, 48, eerste lid, en 49 van overeenkomstige toepassing.

– 3. Het hof van discipline kan de deken, die de betrokken zaak heeft onderzocht of het lid van de raad van toezicht, dat hem bij de instructie van de zaak heeft vervangen, alsmede de raad van discipline die de beslissing heeft genomen, uitnodigen nadere inlichtingen te verschaffen.

– 4. Het hof van discipline onderzoekt op grondslag van de beslissing van de raad van discipline. Het hof kan mede oordelen over feiten die de raad van discipline niet voor een maatregel vatbaar heeft geacht, en kan door de raad van discipline onbewezen geachte feiten onderzoeken.

– 5. Indien alleen de betrokken advocaat hoger beroep heeft ingesteld kan het hof van discipline slechts met eenparigheid van stemmen de opgelegde maatregel verzwaren. In de overige gevallen kan het hof van discipline een maatregel opleggen, een opgelegde maatregel verlichten of verzwaren, of bepalen dat er geen grond is voor het opleggen van een maatregel.

Art. 57a

Voorwaardelijke schorsing

Indien het hof van discipline bij oplegging van de maatregel van schorsing beslist dat deze, overeenkomstig het in artikel 48*a* bepaalde, geheel of gedeeltelijk niet ten uitvoer zal worden gelegd, wordt de beslissing over de tenuitvoerlegging overgelaten aan de raad van discipline die in eerste aanleg over de klacht heeft geoordeeld. De artikelen 48*b* tot en met 48*g* zijn van overeenkomstige toepassing.

Art. 58

Kennisgeving beslissing

De griffier van het hof van discipline zendt van de beslissing bij aangetekende brief onverwijld afschrift:

a. aan de betrokken advocaat;
b. aan de deken van de Nederlandse orde van advocaten;
c. aan de raad van discipline die de zaak in eerste aanleg heeft behandeld;
d. aan de deken van de orde waarvan de betrokken advocaat deel uitmaakt, of, indien de betrokken advocaat de deken is, aan het lid van de raad van toezicht bedoeld in het eerste lid van artikel 23;
e. indien de beslissing in eerste aanleg werd gegeven krachtens een verwijzing als bedoeld in

het derde lid van artikel 46*a*, aan de voorzitter van de raad van discipline, waartoe de betrokken advocaat behoort;
f. indien aan de betrokken advocaat die is ingeschreven bij een raad voor rechtsbijstand, een maatregel als bedoeld in artikel 48, tweede lid, onder *a* tot en met *d* is opgelegd dan wel het hof van discipline toezending nodig acht, aan de voorzitter van de desbetreffende raad voor rechtsbijstand;
g. aan de klager, indien werd beslist naar aanleiding van een klacht in eerste aanleg als bedoeld in artikel 46*c*, eerste lid.

Art. 59

Schorsing/schrapping

– 1. De maatregelen van schorsing in de uitoefening van de praktijk en van schrapping van het tableau worden, zodra de beslissing in kracht van gewijsde is gegaan, door de griffier van de raad van discipline medegedeeld aan de secretaris van de algemene raad met het oog op de verwerking op het tableau.
– 2. De deken van de orde, waarvan de betrokken advocaat deel uitmaakt, of in het geval vermeld in artikel 50, eerste lid, onder *c*, het daar bedoelde lid, draagt zorg voor de openbaarmaking, als bedoeld in artikel 48, derde lid.
– 3. In geval van toepassing van de artikelen 48*a* tot en met 48*g* geschieden de mededeling, bedoeld in het eerste lid, en de openbaarmaking, bedoeld in het tweede lid, niet dan nadat last tot tenuitvoerlegging van de beslissing of het betrokken deel daarvan is gegeven.

Art. 60

Kosten

– 1. Bij ministeriële regeling aangewezen kosten die verbonden zijn aan het lidmaatschap van de door Ons benoemde leden en plaatsvervangende leden komen ten laste van de staat.
– 2. De leden-advocaten en plaatsvervangende leden-advocaten en de griffier ontvangen vergoeding van reis- en verblijfkosten en verdere verschotten van de Nederlandse orde. De griffier ontvangt bovendien een vergoeding van de Nederlandse orde, waarvan het bedrag wordt vastgesteld door de algemene raad.
– 3. De overige kosten van het hof van discipline komen ten laste van de Nederlandse orde, met dien verstande dat de kosten die voortvloeien uit beroepen bedoeld in artikel 56, eerste lid, onder a, door de staat aan de Nederlandse orde worden vergoed.

Art. 60a

Bezoekende advocaten

De voorgaande bepalingen van deze paragraaf, met uitzondering van artikel 46*fa*, zijn eveneens van toepassing op bezoekende advocaten als bedoeld in artikel 16*b*, met dien verstande dat:
1. in afwijking van artikel 46 de tuchtrechtspraak in eerste aanleg wordt uitgeoefend door de raad van discipline die bevoegd is ten aanzien van de samenwerkende advocaat en bij gebreke van dien door de raad van discipline te 's-Gravenhage;
2. in afwijking van artikel 48, tweede lid, als maatregelen kunnen worden opgelegd:
a. enkele waarschuwing;
b. berisping;
c. schorsing gedurende ten hoogste één jaar in de bevoegdheid in Nederland de in artikel 16*b* bedoelde werkzaamheden uit te oefenen;
d. ontzegging van de bevoegdheid in Nederland de in artikel 16*b* bedoelde werkzaamheden uit te oefenen;
3. het in artikel 48, derde lid, bepaalde omtrent openbaarmaking mede van toepassing is op de in het vorige lid onder *b*, *c* en *d* genoemde straffen;
4. aan de bevoegde autoriteit van de staat van herkomst van de betrokken advocaat mededelingen kunnen worden gevraagd van de nodige gegevens over diens beroepsuitoefening en kennis zal worden gegeven van iedere genomen beslissing, een en ander onverminderd het vertrouwelijke karakter van die inlichtingen.

Art. 60aa

Schakelbepaling

– 1. De artikelen 46 tot en met 46*f* en 46*g* tot en met 60 alsmede de artikelen 60*b* tot en met 60*g* zijn van overeenkomstige toepassing op de advocaten die hun werkzaamheden uitoefenen onder hun oorspronkelijke beroepstitel als bedoeld in artikel 16*h*.
– 2. In afwijking van artikel 48, tweede lid, kunnen als maatregelen worden opgelegd:
a. de enkele waarschuwing;
b. de berisping;
c. de schorsing gedurende ten hoogste één jaar in de bevoegdheid in Nederland de in artikel 16*h* bedoelde werkzaamheden uit te oefenen;
d. de doorhaling van de inschrijving.
– 3. Het in artikel 48, derde lid bepaalde omtrent openbaarmaking is mede van toepassing op de in het tweede lid genoemde maatregelen.
– 4. De bevoegde autoriteit van de staat van herkomst wordt in de gevallen, bedoeld in de

artikelen 46*h*, derde lid, 48*f*, 49, 56, vijfde lid, 57, eerste lid, 60*b*, eerste en zevende lid en 60*c*, derde en vierde lid in de gelegenheid gesteld haar mening kenbaar te maken.

– 5. Indien de bevoegde autoriteit van de lidstaat van herkomst of de tuchtrechter aldaar de uitoefening van het beroep advocaat tijdelijk of blijvend heeft ontzegd is de betrokken advocaat van rechtswege niet meer bevoegd om in Nederland zijn beroep onder zijn oorspronkelijke beroepstitel uit te oefenen. De raad van toezicht haalt alsdan de inschrijving van de advocaat tijdelijk onderscheidenlijk blijvend door. De raad van toezicht stelt de bevoegde autoriteit van de staat van herkomst in kennis van de doorhaling.

– 6. Alvorens jegens de onder zijn oorspronkelijke beroepstitel werkzame advocaat een tuchtrechtelijke procedure in te stellen dan wel een procedure inzake de onbehoorlijke praktijkuitoefening aan te vangen, stelt de raad van toezicht waarbij deze advocaat zich heeft laten inschrijven de bevoegde autoriteit van de staat van herkomst van die advocaat daarvan onverwijld in kennis en verstrekt zij deze alle dienstige inlichtingen.

– 7. Gedurende de procedure werkt de raad van toezicht met de bevoegde autoriteit van de staat van herkomst samen. Het vierde lid van artikel 60*a* is van overeenkomstige toepassing.

§ *4a. De procedure inzake de onbehoorlijke praktijkuitoefening*

Art. 60b

Procedure inzake onbehoorlijke praktijkuitoefening

– 1. De raad van discipline kan, al dan niet nadat een onderzoek overeenkomstig de artikelen 60*c* tot en met 60*g* heeft plaatsgevonden, op verzoek van de deken van de orde waartoe de advocaat behoort een advocaat die tijdelijk of blijvend geen blijk geeft zijn praktijk behoorlijk uit te kunnen oefenen, voor onbepaalde tijd in de uitoefening van de praktijk schorsen dan wel een of meer voorzieningen met betrekking tot de praktijkuitoefening van de betrokken advocaat treffen die hij geboden acht. De raad van discipline kan tegelijkertijd met het opleggen van een schorsing een voorziening treffen. Hij beslist niet dan na verhoor of behoorlijke oproeping van de deken van de orde waartoe de advocaat behoort en de betrokken advocaat.

– 2. Op de behandeling van de zaak zijn de artikelen 47, eerste en tweede lid, en 49, tweede tot en met tiende lid, van overeenkomstige toepassing. De behandeling geschiedt met gesloten deuren, tenzij de betrokken advocaat behandeling in een openbare zitting wenst.

– 3. Op de verzending van een afschrift van de beslissingen van de raad van discipline, bedoeld in het eerste lid, is het eerste lid, onder *a* tot en met *d* van artikel 50 van overeenkomstige toepassing. Bovendien zendt de griffier van de raad van discipline bij aangetekende brief onverwijld afschrift van de beslissing inzake de schorsing van de betrokken advocaat, bedoeld in het eerste lid, aan de secretaris van de algemene raad met het oog op de verwerking op het tableau, en indien de betrokken advocaat is ingeschreven bij een raad voor rechtsbijstand, aan de voorzitter van de desbetreffende raad voor rechtsbijstand.

– 4. Zowel de advocaat als de deken van de orde waartoe de advocaat behoort kan gedurende dertig dagen na verzending van een afschrift van de beslissing tegen de beslissing, bedoeld in het eerste lid, hoger beroep instellen bij het hof van discipline. De tweede zin van het tweede lid is van toepassing. Op de behandeling van de zaak zijn de artikelen 55, 56, tweede, derde, vierde en zesde lid van toepassing. Artikel 57 met uitzondering van de verwijzing in het tweede lid naar artikel 47*a* en het eerste lid van artikel 48 en met uitzondering van het vijfde lid is van overeenkomstige toepassing. Het eerste lid, onder *a* tot en met *f* van artikel 58 is van toepassing met dien verstande dat de griffier van het hof van discipline aan de voorzitter van de raad van rechtsbijstand bij welke de advocaat is ingeschreven uitsluitend een afschrift van de beslissing inzake de schorsing zendt. Met het oog op de verwerking op het tableau ontvangt de secretaris van de algemene raad ontvangt eveneens een afschrift van de beslissing van het hof inzake de schorsing van de betrokken advocaat. Het hoger beroep schorst niet de werking van de beslissing waartegen het is gericht.

– 5. De geschorste advocaat mag gedurende de schorsing de titel van advocaat niet voeren. Het zesde lid van artikel 48 is van toepassing.

– 6. Met betrekking tot het toezien op de naleving van de voorzieningen als bedoeld in het eerste lid is artikel 48*c* van overeenkomstige toepassing.

– 7. Op verzoek van de advocaat kan de raad van discipline te allen tijde de schorsing of de getroffen voorzieningen opheffen. Hij beslist hierover niet dan na verhoor of behoorlijke oproeping van de deken en de betrokken advocaat. Het tweede tot en met het vijfde lid zijn van overeenkomstige toepassing.

Art. 60c

Verzoek instellen onderzoek

– 1. De deken kan de voorzitter van de raad van discipline schriftelijk verzoeken tot het instellen van een onderzoek naar de toestand waarin de praktijk van een advocaat zich bevindt, indien hij aanwijzingen heeft dat een situatie als bedoeld in artikel 60*b*, eerste lid, zich voordoet. Het verzoekschrift bevat de gronden waarop het berust.

– 2. Bevoegd tot het indienen van een verzoekschrift is de deken van de orde waartoe de advocaat behoort. Indien de betrokken advocaat de deken is, is het in artikel 23, eerste lid, bedoelde lid van de raad van toezicht bevoegd. Bevoegd tot kennisneming is de voorzitter van de raad van discipline binnen wiens ressort de betrokken advocaat kantoor houdt. De voorzitter kan zich bij de uitoefening van zijn bevoegdheid door één van de plaatsvervangende voorzitters doen vervangen.

– 3. De voorzitter beslist op het verzoek als bedoeld in het eerste lid zo spoedig mogelijk na verhoor of behoorlijke oproeping van de deken en de betrokken advocaat. De behandeling geschiedt ter zitting met gesloten deuren, tenzij de betrokken advocaat behandeling in een openbare zitting wenst.

– 4. Tegen de beslissing, bedoeld in het derde lid, kunnen de betrokken advocaat en de deken binnen veertien dagen na verzending van een afschrift van de beslissing verzet doen bij de raad van discipline. Het derde lid is van overeenkomstige toepassing. Het verzet schorst niet de werking van de beslissing waartegen het is gericht.

Art. 60d

Benoeming en vergoeding rapporteurs

– 1. Bij het instellen van een onderzoek als bedoeld in artikel 60*c*, eerste lid benoemt de voorzitter van de raad van discipline één of meer rapporteurs onder vaststelling van een termijn van ten hoogste zes weken waarbinnen aan hem verslag moet worden uitgebracht over de toestand waarin de praktijk van de betrokken advocaat zich bevindt. De voorzitter kan deze termijn op verzoek van de rapporteur of rapporteurs één maal met ten hoogste zes weken verlengen.

– 2. De voorzitter bepaalt bij de beslissing, bedoeld in het eerste lid, de grondslag voor de vergoeding van de door hem benoemde rapporteur of rapporteurs en stelt het bedrag vast dat het onderzoek ten hoogste mag kosten. Hij kan hangende het onderzoek dit bedrag op verzoek van de rapporteur of rapporteurs verhogen. De voorzitter kan voorts bepalen dat de betrokken advocaat voor de betaling van de kosten zekerheid stelt.

– 3. De raad van discipline stelt met inachtneming van het tweede lid, het bedrag vast dat overeenkomstig het vierde lid moet worden vergoed.

– 4. De betrokken advocaat draagt de kosten van het onderzoek, tenzij de raad van discipline naar aanleiding van de resultaten van het verslag de betrokken advocaat niet schorst dan wel geen voorziening treft als bedoeld in artikel 60*b*, eerste lid of de betrokken advocaat niet of slechts gedeeltelijk in staat is deze kosten te dragen. In het laatste geval draagt de advocaat een gedeelte van de kosten.

– 5. De kosten van het onderzoek die niet door de advocaat worden gedragen, worden vergoed door de orde in het arrondissement waarin de advocaat kantoor houdt.

– 6. Indien het hof van discipline in hoger beroep beslist dat er geen grond is voor het opleggen van een schorsing of het treffen van een voorziening, kan het hof van discipline tevens bepalen dat een geheel of gedeelte van de kosten van het onderzoek wordt gedragen door de orde in het arrondissement waarin de advocaat kantoor houdt.

Art. 60e

Bevoegdheden rapporteur

– 1. De rapporteur alsmede de door hem aangewezen personen die hem vergezellen, is bevoegd elke plaats te betreden waarin de praktijk van de betrokken advocaat wordt uitgeoefend en zij zijn gerechtigd tot inzage van de dossiers, boeken, bescheiden en andere gegevensdragers betrekking hebbende op de praktijk van de advocaat waarvan de rapporteur de kennisneming in verband met een juiste vervulling van zijn taak nodig acht met inbegrip van die van het samenwerkingsverband waarbinnen de advocaat zijn praktijk uitoefent. De rapporteur kan de hulp van de sterke arm inroepen.

– 2. De betrokken advocaat en de advocaten met wie hij een samenwerkingsverband vormt, degenen die in dienst van de advocaat of het samenwerkingsverband zijn alsmede de werkgever van de betrokken advocaat zijn verplicht alle gevraagde inlichtingen te verschaffen die de rapporteur nodig oordeelt voor zijn onderzoek en inzage te verschaffen in de in het eerste lid bedoelde gegevensdragers. Indien het onderzoek – mede – betrekking heeft op een rechtspersoon, berust op de bestuurders en commissarissen van die rechtspersoon eenzelfde verplichting.

– 3. Op de advocaten met wie de betrokken advocaat een samenwerkingsverband vormt zijn de artikelen 217 tot en met 219 van het Wetboek van Strafvordering van overeenkomstige toepassing.

Art. 60f

Voorlopige voorziening

– 1. Tijdens het onderzoek kan de voorzitter van de raad van discipline op verzoek van de rapporteur of de rapporteurs voor ten hoogste de duur van het onderzoek een voorlopige voorziening treffen indien het belang van het onderzoek dit eist.

– 2. Tijdens het onderzoek kan de voorzitter van de raad van discipline op verzoek van de deken of de rapporteur of de rapporteurs een voorlopige voorziening treffen indien hij dit in verband met de toestand van de praktijk noodzakelijk acht. Deze voorziening blijft gelden totdat een beslissing als bedoeld in artikel 60*b*, eerste lid, is genomen of de voorzitter van de raad de voorlopige voorziening opheft op de grond dat deze niet langer noodzakelijk is in verband met de toestand van de praktijk.

– 3. Tegen een beslissing als bedoeld in het eerste en tweede lid kunnen de betrokken advocaat en de deken binnen veertien dagen na verzending van een afschrift van de beslissing verzet doen bij de raad van discipline. Artikel 60*c*, derde lid, tweede volzin, is van overeenkomstige toepassing. Het verzet schorst niet de werking van de beslissing waartegen het is gericht.

Art. 60g

Verslag toestand praktijk; geen mededeling derden

– 1. De rapporteur zendt zijn verslag, dat een met redenen omkleed oordeel over de toestand van de praktijk van de betrokken advocaat en desgewenst een of meer aanbevelingen bevat, aan de voorzitter van de raad. De griffier van de raad doet onverwijld aan de betrokken advocaat alsmede aan de deken een afschrift van het verslag toekomen.

– 2. Behalve door de betrokken advocaat en door de deken aan de raad van toezicht waarvan hij deel uitmaakt, mag zonder toestemming van de voorzitter van de raad van discipline uit het verslag geen mededeling aan derden worden gedaan. De rapporteur en degenen die de rapporteur bij het onderzoek heeft betrokken maken hetgeen hun bij het onderzoek blijkt, niet verder bekend dan de opdracht met zich brengt.

– 3. De raad van discipline neemt een beslissing als bedoeld in artikel 60*b*, eerste lid, binnen vier weken na de ontvangst van het verslag.

– 4. Onverminderd de bevoegdheid van de voorzitter van de raad een voorlopige voorziening als bedoeld in artikel 60*f*, tweede lid, eerder op te heffen, is een dergelijke voorziening van rechtswege opgeheven met ingang van de eerste dag na ommekomst van de in het derde lid van dit artikel genoemde termijn indien de raad een beslissing als bedoeld in artikel 60*b*, eerste lid, niet heeft genomen.

Art. 60h

Procedure onbehoorlijke praktijkuitoefening

– 1. Indien de advocaat jegens wie het voornemen bestaat een procedure inzake de onbehoorlijke praktijkuitoefening aan te vangen, zich krachtens het nationale recht van een andere lidstaat van de Europese Unie of een andere staat die partij is bij de Overeenkomst betreffende de Europese Economische Ruimte dat uitvoering geeft aan artikel 3 van richtlijn 98/5/EG van het Europees Parlement en de Raad van de Europese Unie van 16 februari 1998 ter vergemakkelijking van de permanente uitoefening van het beroep van advocaat, heeft laten inschrijven, stelt de raad van toezicht voor de aanvang van de procedure de bevoegde autoriteit in die lidstaat of lidstaten van dit voornemen op de hoogte en verstrekt hij aan die autoriteit of autoriteiten alle dienstige inlichtingen.

– 2. Indien de advocaat zich in Zwitserland heeft laten inschrijven met inachtneming van de op 21 juni 1999 tot stand gekomen Overeenkomst tussen de Europese Gemeenschap en haar lidstaten enerzijds en de Zwitserse Bondsstaat anderzijds, over het vrije verkeer van personen, is het eerste lid van overeenkomstige toepassing.

Art. 61-69a

Vervallen.

§ *5. Slotbepalingen*

Art. 70

Nadere regelgeving ambtskostuum

Bij algemene maatregel van bestuur worden regels gesteld met betrekking tot het ambtskostuum van de advocaten.

Art. 71

Citeertitel

Deze wet wordt aangehaald als: Advocatenwet.

Art. 72-83

Vervallen.

Wet van 3 april 1999, Stb. 190, houdende wettelijke regeling van het notarisambt, mede ter vervanging van de Wet van 9 juli 1842, Stb. 20, op het Notarisambt en de Wet van 31 maart 1847, Stb. 12, houdende vaststelling van het tarief betreffende het honorarium der notarissen en verschotten, zoals deze wet laatstelijk is gewijzigd bij de Wet van 20 maart 2008, Stb. 100

[Inwerkingtreding: 01-10-1999]

Wij Beatrix, bij de gratie Gods, Koningin der Nederlanden, Prinses van Oranje-Nassau, enz. enz. enz.

Allen, die deze zullen zien of horen lezen, saluut! doen te weten:

Alzo Wij in overweging genomen hebben, dat het wenselijk is een nieuwe wettelijke regeling te geven met betrekking tot het ambt van notaris en de kandidaat-notarissen, mede ter vervanging van de Wet van 9 juli 1842, *Stb.* 20, op het Notarisambt en de Wet van 1847, *Stb.* 12, houdende vaststelling van het tarief betreffende het honorarium der notarissen en verschotten;

Zo is het, dat Wij, de Raad van State gehoord, en met gemeen overleg der Staten-Generaal, hebben goedgevonden en verstaan, gelijk Wij goedvinden en verstaan bij deze:

TITEL I
Begripsbepalingen

Art. 1

Begripsbepaling

– 1. Deze wet en de daarop berustende bepalingen verstaan onder:
a. notaris: de ambtenaar, bedoeld in artikel 2;
b. kandidaat-notaris: degene die voldoet aan een van de voorwaarden, genoemd in artikel 6, tweede lid, onder *a* en onder verantwoordelijkheid van een notaris of een waarnemer notariële werkzaamheden verricht, alsmede hij die geen notaris zijnde het notarisambt waarneemt;
c. minuut: het originele exemplaar van een notariële akte;
d. repertorium: het register, bedoeld in de artikelen 7 en 13, onderdeel *e*, van de Registratiewet 1970;
e. protocol: de minuten, notariële verklaringen, registers, afschriften, repertoria en kaartsystemen die onder de notaris berusten;
f. grosse: een in executoriale vorm uitgegeven afschrift of uittreksel van een notariële akte;
g. deeltijd: de werktijd die korter is dan de volledige werktijd die geldt voor de burgerlijke rijksambtenaren, werkzaam op de ministeries;
h. de KNB: de Koninklijke Notariële Beroepsorganisatie, bedoeld in artikel 60;
i. Onze Minister: Onze Minister van Justitie;
j. verordening: een verordening als bedoeld in artikel 89;
k. het Bureau: het Bureau Financieel Toezicht, bedoeld in artikel 110, eerste lid;
l. het fonds: de Stichting Notarieel Pensioenfonds, bedoeld in artikel 113*a*, eerste lid.
– 2. In deze wet en de daarop berustende bepalingen wordt gelijkgesteld met:
a. echtgenoot: geregistreerde partner;
b. gehuwd: geregistreerd.

TITEL II
Ambt, bevoegdheid, benoeming en ontslag van de notaris

Art. 2

Ambt; bevoegdheid

– 1. Het ambt van notaris houdt de bevoegdheid in om authentieke akten te verlijden in de gevallen waarin de wet dit aan hem opdraagt of een partij zulks van hem verlangt en andere in de wet aan hem opgedragen werkzaamheden te verrichten.

Titel

– 2. Tot het voeren van de titel notaris is uitsluitend bevoegd hij die als zodanig is benoemd en beëdigd en die niet gedefungeerd is.

Art. 3

Benoeming bij KB

– 1. De notaris wordt als zodanig bij koninklijk besluit benoemd. In het besluit wordt de plaats van vestiging aangegeven.

Eed; belofte

– 2. De notaris legt binnen zes maanden na de dagtekening van zijn benoeming voor de rechtbank in het arrondissement, waarin zijn plaats van vestiging is gelegen, de navolgende eed af:
'Ik zweer getrouwheid aan de Koning en de Grondwet en eerbied voor de rechterlijke autoriteiten.
Ik zweer, dat ik mij zal gedragen naar de wetten, de reglementen en de verordeningen die op het notarisambt van toepassing zijn en dat ik mijn taak eerlijk, nauwgezet en onpartijdig zal uitvoeren; dat ik geheimhouding zal betrachten ten aanzien van alles waarvan ik door mijn

ambt kennis neem en dat ik voorts, middellijk noch onmiddellijk, onder enige naam of voorwendsel, tot het verkrijgen van mijn benoeming aan iemand iets heb gegeven of beloofd, noch zal geven of beloven. Als de eed niet tijdig is afgelegd, vervalt de benoeming.

P-v eedsaflegging – 3. De griffier van de rechtbank geeft ter zitting een proces-verbaal van de eedsaflegging af aan de notaris.

Ingangsdatum – 4. De notaris is bevoegd met ingang van de dag na de eedsaflegging. Indien in het benoemingsbesluit een latere datum is vermeld, is hij bevoegd met ingang van die dag indien tevoren de eed is afgelegd. Is hij waarnemer van het kantoor, dan is hij terstond na de eedsaflegging bevoegd.

Inschrijving – 5. De notaris laat zich terstond na de eedsaflegging bij de kamer van toezicht inschrijven in het register van notarissen, bedoeld in artikel 5 onder overlegging van het proces-verbaal van de eedsaflegging.

Art. 4

Handtekening; paraaf – 1. De notaris deponeert terstond na de eedsaflegging zijn handtekening en paraaf ter griffie van de rechtbank in het arrondissement waarin zijn plaats van vestiging is gelegen.

– 2. Het eerste lid is niet van toepassing op de notaris die binnen dit arrondissement opnieuw wordt benoemd.

Art. 5

Namenregister – 1. De kamer van toezicht houdt een register waarin de namen van de in het desbetreffende arrondissement gevestigde notarissen, met de datum en plaats van hun geboorte, worden opgenomen en waarin tevens aantekening wordt gehouden van de datum van de benoeming, de datum van de eedsaflegging, de ingangsdatum van de bevoegdheid, de plaats van vestiging, de datum van ontslag van rechtswege of op eigen verzoek dan wel de datum van overlijden.

Schorsing; ontzetting – 2. Ingeval van onherroepelijke oplegging van de maatregelen schorsing in de uitoefening van het ambt of ontzetting uit het ambt wordt daarvan in het register aantekening gehouden, met vermelding van de datum waarop de maatregel van kracht is geworden en eventueel is beëindigd.

Schorsing van rechtswege – 3. Ingeval van schorsing van rechtswege in de uitoefening van het ambt op grond van artikel 26 wordt daarvan in het register aantekening gehouden, met vermelding van de duur van het faillissement, de schuldsaneringsregeling, de surséance van betaling, de gijzeling of de curatele.

Inzage register – 4. Het register ligt bij de kamer van toezicht voor een ieder ter inzage. De kamer is verplicht daaruit op hun verzoek aan belanghebbenden een gewaarmerkt afschrift tegen de kostende prijs te verstrekken.

Inrichting register – 5. Bij of krachtens algemene maatregel van bestuur kunnen nadere regels worden gesteld betreffende de inrichting van het register en de wijze waarop het wordt bijgehouden.

Art. 6

Benoembaarheidsvereisten – 1. Tot notaris is slechts benoembaar hij die de Nederlandse nationaliteit bezit.

– 2. Voor de benoembaarheid is vereist:

a. dat

1° hem op grond van het met goed gevolg afleggen van een afsluitend examen van een opleiding in het wetenschappelijk onderwijs aan een universiteit dan wel de Open Universiteit als bedoeld in de Wet op het hoger onderwijs en wetenschappelijk onderzoek, de graad Bachelor op het gebied van het recht en tevens de graad Master op het gebied van het recht zijn verleend, of

2° hij het recht heeft verkregen om de titel meester te voeren op grond van het met goed gevolg afleggen van het afsluitend examen van een opleiding op het gebied van het recht aan een universiteit of de Open Universiteit als bedoeld in de Wet op het hoger onderwijs en wetenschappelijk onderzoek,

dan wel in het bezit is van een ten aanzien van het beroep van kandidaat-notaris afgegeven EG-verklaring als bedoeld in de Algemene wet erkenning EG-beroepskwalificaties;

b. dat hij:

1° een stage heeft doorlopen als bedoeld in artikel 31;

2° met goed gevolg heeft afgelegd het examen, bedoeld in artikel 33;

3° als kandidaat-notaris gedurende een al dan niet aaneengesloten periode van twee jaren binnen het tijdsbestek van drie jaren voorafgaande aan zijn verzoek om benoeming, in het Koninkrijk onder verantwoordelijkheid van een notaris of een waarnemer notariële werkzaamheden heeft verricht of het notarisambt heeft waargenomen, dan wel als notaris gedurende die periode het notarisambt heeft vervuld, met dien verstande dat, in geval van werkzaamheid in deeltijd, deze termijnen naar evenredigheid worden verlengd;

4° dat hij in het bezit is van een ondernemingsplan dat voldoet aan de voorwaarden van artikel 7, eerste lid, alsmede van het advies als bedoeld in artikel 7, tweede lid, alsmede

c. dat hij in het bezit is van:

1° een verklaring omtrent het gedrag, afgegeven volgens de Wet justitiële en strafvorderlijke gegevens; en
2° een verklaring van de kamers van toezicht in het arrondissement of de arrondissementen waar hij als kandidaat-notaris werkzaam is of werkzaam is geweest, waaruit blijkt of hem een maatregel als bedoeld in artikel 103 is opgelegd en, zo ja, welke.
– 3. Bij algemene maatregel van bestuur worden nadere regels gesteld met betrekking tot de beroepsvereisten, waaraan hij die de opleiding, bedoeld in het tweede lid, onderdeel a, heeft gevolgd moet voldoen.
– 4. Bij algemene maatregel van bestuur kunnen graden, verleend door een universiteit, de Open Universiteit of een hogeschool als bedoeld in de Wet op het hoger onderwijs en wetenschappelijk onderzoek, of daaraan gelijkwaardige getuigschriften worden aangewezen die voor de toepasselijkheid van het tweede lid, onderdeel a, onder 1°, gelijk worden gesteld aan de in dat lid bedoelde graad Bachelor op het gebied van het recht.

Art. 7

Ondernemingsplan

– 1. Het ondernemingsplan, bedoeld in artikel 6, is zodanig opgesteld dat daaruit in ieder geval blijkt:
a. dat de verzoeker over voldoende financiële middelen beschikt om een kantoor te houden dat in overeenstemming is met de eisen van het ambt; en
b. dat op redelijke gronden mag worden verwacht dat na drie jaren de praktijk kostendekkend kan worden uitgeoefend.
– 2. Over het ondernemingsplan wordt advies uitgebracht door een door Onze Minister te benoemen Commissie van deskundigen. De Commissie is bevoegd in verband met het onderzoek van het ondernemingsplan inlichtingen in te winnen bij de KNB en het Bureau. Het advies wordt als bijlage bij het ondernemingsplan gevoegd.
– 3. Voor de advisering over het ondernemingsplan door de Commissie van deskundigen worden aan de verzoeker kosten in rekening gebracht.
– 4. Bij of krachtens algemene maatregel van bestuur worden nadere regels gesteld omtrent:
a. het ondernemingsplan;
b. de samenstelling en de werkwijze van de Commissie van deskundigen;
c. de wijze waarop de kosten van de advisering worden berekend.

Art. 8

Benoeming kandidaat-notaris tot notaris

– 1. Degene die voor benoeming tot notaris in aanmerking wenst te komen dient bij Onze Minister een daartoe strekkend verzoek in, met opgave van de gemeente waarin hij voornemens is zich als notaris te vestigen. Bij het verzoek legt hij bewijsstukken over waaruit blijkt dat hij voldoet aan de voorwaarden van artikel 6, daaronder begrepen het ondernemingsplan. In het verzoek doet hij tevens opgave van het kantoor of de kantoren waar hij als kandidaat-notaris werkzaam is geweest.
– 2. Onze Minister zendt een afschrift van het verzoek met de bijlagen aan het bestuur van de KNB en aan de kamers van toezicht in het arrondissement of de arrondissementen waar de verzoeker als kandidaat-notaris werkzaam is of werkzaam is geweest, met het verzoek hem uiterlijk binnen drie maanden in kennis te stellen van eventuele aan hen bekende feiten of omstandigheden, welke naar hun oordeel tot weigering van het verzoek zouden kunnen leiden.
– 3. Een benoeming kan uitsluitend worden geweigerd indien aan één of meer van de in de artikelen 6 of 9 genoemde voorwaarden niet is voldaan of wanneer, gelet op de antecedenten van de verzoeker, er een gegronde vrees bestaat dat hij in strijd zal handelen met de voor het notarisambt geldende regels, of uit anderen hoofde de eer en het aanzien van het notarisambt zal schaden. Een beschikking tot weigering van een benoeming wordt gegeven door Onze Minister.
– 4. Op het verzoek wordt beslist binnen vijf maanden na ontvangst ervan.

Art. 9

Onverenigbaarheid met andere functies

Een notaris kan, onverminderd de onverenigbaarheden die voortvloeien uit andere wetten, niet tevens lid zijn van de rechterlijke macht, behoudens als raadsheer-plaatsvervanger, rechter-plaatsvervanger of kantonrechter-plaatsvervanger, noch kan hij gerechtsdeurwaarder, bewaarder van het kadaster en de openbare registers of advocaat zijn. Hetzelfde geldt voor een kandidaat-notaris.

Art. 10

Vestigingsplaats

– 1. De plaats van vestiging van een notaris kan door Onze Minister worden gewijzigd bij een beschikking waarbij tevens de datum van ingang wordt bepaald. De bevoegdheid van de notaris in de vorige plaats van vestiging vervalt van rechtswege met ingang van dezelfde datum, onverminderd het bepaalde in artikel 13.

Verzoek andere vestigingsplaats

– 2. De notaris die zich in een andere plaats wenst te vestigen, richt daartoe een verzoek tot Onze Minister. Hij doet daarbij opgave van de gemeente waar hij voornemens is zich te vestigen

en geeft daarbij, in geval van vestiging buiten het arrondissement, aan of hij gebruik wil maken van de bevoegdheid, bedoeld in het zesde lid. Bij dit verzoek legt hij een ondernemingsplan over als bedoeld in het eerste lid van artikel 7, betrekking hebbend op de plaats waar hij voornemens is zich te vestigen, alsmede het advies als bedoeld in het tweede lid van dat artikel.
– 3. Onze Minister zendt een afschrift van het verzoek met bijlagen aan het bestuur van de KNB en aan de kamer van toezicht in het arrondissement waar de verzoeker zich wenst te vestigen, met het verzoek hem uiterlijk binnen drie maanden in kennis te stellen van eventuele aan hen bekende feiten of omstandigheden welke naar hun oordeel tot weigering van het verzoek zouden kunnen leiden.
– 4. Het verzoek kan uitsluitend worden geweigerd indien het bij het verzoek overgelegde ondernemingsplan niet voldoet aan de voorwaarden van artikel 7.
– 5. Op het verzoek wordt beslist binnen vijf maanden na ontvangst ervan.
– 6. Indien de notaris zich vestigt buiten het arrondissement waarin zijn plaats van vestiging is gelegen, is hij bevoegd zijn protocol over te brengen naar de nieuwe plaats van vestiging.
– 7. Indien de notaris zich vestigt buiten het arrondissement waarin zijn plaats van vestiging is gelegen, laat hij zich zo spoedig mogelijk met overlegging van de daartoe strekkende ministeriele beschikking, uit het register van notarissen, bedoeld in artikel 5, schrappen en bij de kamer van toezicht in de nieuwe plaats van vestiging in dat register inschrijven. Indien een notaris zich binnen het arrondissement in een andere plaats vestigt, doet hij, met overlegging van de ministeriële beschikking, opgave daarvan aan de kamer van toezicht ter inschrijving in het register van notarissen.

Art. 11

Nevenbetrekking

– 1. De notaris doet opgave aan de kamer van toezicht van het aanvaarden van en het beëindigen van een al dan niet bezoldigde nevenbetrekking. De kamer houdt een register waarin van iedere notaris de nevenbetrekkingen zijn vermeld. De gegevens van notarissen die niet meer als zodanig binnen het arrondissement werkzaam zijn, blijven gedurende tien jaar in het register bewaard. Het register ligt voor een ieder kosteloos ter inzage. De kamer geeft aan een ieder op diens verzoek tegen de kostende prijs afschriften van of uittreksels uit hetgeen in het register ingeschreven is.
– 2. De kamer kan bij met redenen omklede beslissing de uitoefening door de notaris van een nevenbetrekking ongewenst verklaren, indien hierdoor zijn onpartijdigheid of onafhankelijkheid wordt of kan worden beïnvloed dan wel de eer of het aanzien van het ambt wordt of kan worden geschaad. Van die beslissing zendt de kamer onverwijld bij aangetekende brief een afschrift aan de notaris. Daarbij deelt zij tevens mee op welke wijze hij tegen de beslissing beroep kan instellen.
– 3. Binnen zes weken na de dag van verzending van het afschrift van de beslissing kan de notaris tegen de beslissing beroep instellen bij het gerechtshof te Amsterdam. Tegen de beslissing van het gerechtshof is geen hogere voorziening toegelaten.
– 4. Indien de beslissing onherroepelijk is geworden of in beroep is bevestigd, is de notaris verplicht de nevenbetrekking zo spoedig mogelijk te beëindigen.
– 5. De notaris is bevoegd om, voordat hij een nevenbetrekking aanvaardt, de kamer van toezicht te verzoeken een beslissing te nemen over de vraag of de uitoefening van deze nevenbetrekking toelaatbaar is. Het derde lid is van overeenkomstige toepassing. Op de behandeling van de zaak bij de kamer van toezicht en bij het gerechtshof zijn de artikelen 101, 102 en 104 van overeenkomstige toepassing.
– 6. De bepalingen van de voorgaande leden zijn mede van toepassing op de kandidaat-notaris.

Art. 12

Kantoor; protocol

– 1. De notaris is verplicht kantoor te houden in de plaats van vestiging die in het besluit van zijn benoeming is vermeld en aldaar zijn protocol te bewaren.
– 2. De notaris mag, behoudens voor zover in de wet of bij rechterlijke beslissing anders is bepaald, zijn protocol of een onderdeel daarvan niet uit handen geven.
– 3. De notaris is verplicht zijn protocol op ordelijke wijze te bewaren op een tegen brand en andere gevaren beveiligde plaats.

Art. 12a

Protocollenregister

– 1. De KNB houdt een protocollenregister waarin van iedere notaris de volgende gegevens worden opgenomen:
a. zijn naam en plaats van vestiging;
b. het nummer dat op grond van artikel 2, tweede lid, onderdeel *a*, van de Wet op het centraal testamentenregister aan hem is toegekend;
c. de namen van de notarissen van wie hij een protocol heeft overgenomen en welk protocol nog onder hem berust, met vermelding van hun plaats van vestiging en de periode gedurende welke zij in functie waren.

– 2. Het register ligt bij de KNB voor een ieder ter inzage.
– 3. Bij of krachtens algemene maatregel van bestuur kunnen nadere regels worden gesteld betreffende de inrichting van het register en de wijze waarop het wordt bijgehouden.

Art. 13

Ambtelijke werkzaamheden buiten vestigingsplaats

Het is de notaris toegestaan buiten zijn plaats van vestiging ambtelijke werkzaamheden te verrichten, mits op het grondgebied van Nederland. Hij is evenwel niet bevoegd buiten zijn plaats van vestiging bijkantoren te hebben. Ook is hij niet bevoegd buiten zijn plaats van vestiging op vaste of onregelmatige tijden zitdagen te houden, met uitzondering van de waddeneilanden, indien op het desbetreffende eiland geen notaris gevestigd is.

Art. 14

Ontslag van rechtswege bij 65 jaar

– 1. De notaris is met ingang van de eerstvolgende maand na het bereiken van de 65-jarige leeftijd van rechtswege ontslagen.
– 2. Aan de notaris die voor het bereiken van de in het eerste lid genoemde leeftijd ontslag verzoekt, wordt ontslag verleend bij koninklijk besluit, dat tevens de datum van ingang daarvan vermeldt.
– 3. De notaris laat zich zo spoedig mogelijk nadat hem ontslag is verleend, onder overlegging van het desbetreffende koninklijk besluit, bij de kamer van toezicht uit het register van notarissen, bedoeld in artikel 5, schrappen.

Art. 15

Ambtsopvolging

– 1. Indien de notaris overlijdt, defungeert of zich vestigt buiten het arrondissement waarin zijn plaats van vestiging is gelegen zonder medeneming van zijn protocol, wijst Onze Minister, gehoord de kamer van toezicht, een notaris aan om het protocol en de overige notariële bescheiden over te nemen. Indien deze bescheiden moeten worden overgenomen door een nieuw benoemde notaris, kan de aanwijzing bij het koninklijk besluit van zijn benoeming plaatsvinden. Bij verordening worden nadere voorschriften gegeven over de wijze waarop de overdracht en de overname van het protocol en de overige notariële bescheiden dienen te geschieden.
– 2. De aangewezen notaris treedt met ingang van de dag van zijn aanwijzing van rechtswege in de plaats van zijn ambtsvoorganger met betrekking tot de bijzondere rekeningen, bedoeld in artikel 25. Hij stelt de financiële onderneming, bedoeld in artikel 25, eerste lid, terstond van zijn aanwijzing in kennis.

TITEL III

De uitoefening van het notarisambt

Art. 16

(Wettelijke) werkzaamheden

Het verrichten van wettelijke werkzaamheden en werkzaamheden die de notaris in samenhang daarmee pleegt te verrichten, berust op een overeenkomst tussen de notaris en de cliënt, bedoeld in titel 5 van Boek 6 van het Burgerlijk Wetboek.

Art. 16a

Schakelbepaling

De artikelen 2:1 en 2:2 en de hoofdstukken 3 en 4 van de Algemene wet bestuursrecht zijn niet van toepassing op de wettelijke werkzaamheden en de werkzaamheden die de notaris in samenhang daarmee pleegt te verrichten en op de weigering deze te verrichten.

Art. 17

Onafhankelijkheid; onpartijdigheid; zorgvuldigheid

– 1. De notaris oefent zijn ambt in onafhankelijkheid uit en behartigt de belangen van alle bij de rechtshandeling betrokken partijen op onpartijdige wijze en met de grootst mogelijke zorgvuldigheid.
– 2. De notaris mag zijn ambt niet uitoefenen in dienstbetrekking of in enig ander verband waardoor zijn onafhankelijkheid of onpartijdigheid wordt of kan worden beïnvloed.
– 3. Het is de notaris verboden, rechtstreeks of middellijk, te handelen en te beleggen in registergoederen en effecten in ter beurze genoteerde en in niet ter beurze genoteerde vennootschappen, tenzij hij redelijkerwijs mag verwachten dat hierdoor zijn onpartijdigheid of onafhankelijkheid niet wordt of kan worden beïnvloed dan wel de eer of het aanzien van het ambt niet wordt of kan worden geschaad.

Art. 18

Aangaan samenwerkingsverband

– 1. De notaris kan een samenwerkingsverband aangaan met beoefenaren van een ander beroep, mits hierdoor zijn onafhankelijkheid of onpartijdigheid niet wordt of kan worden beïnvloed.
– 2. Bij verordening worden ter waarborging van die onafhankelijkheid en onpartijdigheid regels vastgesteld over de wijze waarop samenwerkingsverbanden kunnen worden aangegaan.
– 3. De notaris is verplicht om jaarlijks binnen de in artikel 112, eerste lid, genoemde termijn, aan het Bureau een verklaring van een onafhankelijke externe deskundige over te leggen,

waaruit blijkt dat hij heeft voldaan aan de voorschriften van de verordening, bedoeld in het tweede lid.

Art. 19

Verbod tot verlijden bepaalde akten

– 1. De notaris mag geen akte verlijden waarin hijzelf, zijn echtgenoot of een bloed- of aanverwant tot en met de derde graad hetzij in persoon of door een vertegenwoordiger, als partij optreedt. Evenmin mag de notaris een akte verlijden waarin hijzelf, zijn echtgenoot of een bloed- of aanverwant tot en met de derde graad als vertegenwoordiger optreedt voor een partij bij die akte. Hetzelfde geldt met betrekking tot een akte waarbij een rechtspersoon als partij of vertegenwoordiger optreedt,

a. waarvan de notaris weet of had behoren te weten dat de in dit lid bedoelde personen daarin alleen of gezamenlijk de meerderheid van de aandelen houden; of

b. waarin de notaris of zijn echtgenoot de functie van bestuurder of commissaris vervult.

Uitzondering op verbod

– 2. Het bepaalde in het eerste lid geldt niet voor akten waarbij openbare verkopingen, openbare verhuringen, openbare verpachtingen of openbare aanbestedingen worden geconstateerd en de in dat lid bedoelde personen als koper, huurder, pachter of aannemer zijn vermeld, noch voor akten waarin een proces-verbaal van het verhandelde in een vergadering wordt opgenomen en daarin deze personen als deelnemer worden vermeld.

Sanctie

– 3. In geval van overtreding van een bepaling van het eerste lid, eerste en tweede volzin, mist de akte authenticiteit en voldoet zij niet aan de voorschriften waarin de vorm van een notariële akte wordt geëist.

Verbod voor waarnemer

– 4. Het bepaalde in het eerste lid geldt tevens voor een waarnemer ten opzichte van de vervangen notaris en diens echtgenoot.

Art. 20

Verboden begunstigingen

– 1. De notaris mag geen akte verlijden die een begunstiging van één of meer van de in artikel 19, eerste lid, bedoelde personen inhoudt; de verboden begunstiging is nietig. Een benoeming tot executeur van een nalatenschap is geen verboden begunstiging.

– 2. Artikel 19, vierde lid, is van overeenkomstige toepassing.

– 3. Met betrekking tot de begunstiging van getuigen bij akten die een uiterste wilsbeschikking bevatten, zijn de artikelen 61 en 62, eerste lid, van Boek 4 van het Burgerlijk Wetboek van toepassing.

Art. 20a

Geen andere rechtshandelingen

Notariële akten die uiterste wilsbeschikkingen inhouden, bevatten geen andere rechtshandelingen.

Art. 21

Verplichte werkzaamheden

– 1. De notaris is verplicht de hem bij of krachtens de wet opgedragen of de door een partij verlangde werkzaamheden te verrichten, behoudens het bepaalde in het tweede lid.

Weigering

– 2. De notaris is verplicht zijn dienst te weigeren wanneer naar zijn redelijke overtuiging de werkzaamheid die van hem verlangd wordt leidt tot strijd met het recht of de openbare orde, wanneer zijn medewerking wordt verlangd bij handelingen die kennelijk een ongeoorloofd doel of gevolg hebben of wanneer hij andere gegronde redenen voor weigering heeft.

Art. 22

Geheimhoudingsplicht

– 1. De notaris is, voorzover niet bij of krachtens de wet anders is bepaald, ten aanzien van al hetgeen waarvan hij uit hoofde van zijn werkzaamheid als zodanig kennis neemt tot geheimhouding verplicht. Dezelfde verplichting geldt voor de personen die onder zijn verantwoordelijkheid werkzaam zijn voor al hetgeen waarvan zij kennis dragen uit hoofde van hun werkzaamheid.

– 2. De geheimhoudingsplicht van de notaris en van de onder zijn verantwoordelijkheid werkzame personen blijft ook bestaan na beëindiging van het ambt of de betrekking waarin de werkzaamheid is verricht.

Art. 23

Verbod op handelingen met financieel risico

– 1. Het is de notaris verboden, rechtstreeks of middellijk, handelingen te verrichten waarvan hij redelijkerwijs moet verwachten dat zij ertoe kunnen leiden, dat hij te eniger tijd niet zal kunnen voldoen aan zijn financiële verplichtingen.

– 2. In ieder geval is het de notaris verboden:

a. leningen aan te gaan, behoudens voor zover deze redelijkerwijs nodig zijn voor de uitoefening van het ambt of voor persoonlijke doeleinden;

b. leningen te verstrekken aan degene die partij is bij een akte of die rechtstreeks of middellijk betrokken is bij een rechtshandeling waarop de akte betrekking heeft;

c. zich borg te stellen of anderszins in te staan voor schulden van anderen.

– 3. De rechtsgeldigheid van een rechtshandeling welke is verricht in strijd met het eerste en tweede lid is niet uit dien hoofde aantastbaar.

Art. 24

Verplichte kantoor- en privé-administratie

– 1. De notaris is verplicht van zijn kantoorvermogen en van alles betreffende zijn werkzaam-

heden, daaronder begrepen het beheer van gelden van derden al dan niet vallend onder artikel 25, naar de eisen die voortvloeien uit deze werkzaamheden, op zodanige wijze een administratie te voeren en de daartoe behorende boeken, bescheiden en andere gegevensdragers op zodanige wijze te bewaren, dat te allen tijde op eenvoudige wijze zijn rechten en verplichtingen kunnen worden gekend.
– 2. Het in het vorige lid bepaalde is van overeenkomstige toepassing op het privé-vermogen van de notaris, daaronder mede begrepen het vermogen van een gemeenschap van goederen waarin hij is gehuwd.
– 3. Bij verordening kunnen voorschriften worden vastgesteld ten aanzien van de wijze waarop de kantoor- en privé-administratie moeten worden ingericht, bijgehouden en bewaard.
– 4. De notaris moet jaarlijks zowel ten aanzien van zijn kantoorvermogen als van zijn privévermogen binnen vier maanden na afloop van het boekjaar een balans en een staat betreffende de inkomensopstelling opmaken en op papier stellen en, voor wat betreft de kantoorwerkzaamheden, een staat van baten en lasten. Deze termijn kan op verzoek van de notaris door het Bureau op grond van bijzondere omstandigheden worden verlengd met een termijn van ten hoogste twee maanden. Tegen een weigering van het verzoek kan verzoeker beroep instellen bij de kamer van toezicht.
– 5. De notaris is verplicht de in de leden 1 en 2 bedoelde boeken, bescheiden en andere gegevensdragers betreffende zijn kantoor- en privé-administratie gedurende de in artikel 10, derde lid, van Boek 2 Burgerlijk Wetboek bedoelde termijn te bewaren. Artikel 10, vierde lid, Boek 2 Burgerlijk Wetboek is van toepassing.

Art. 25

Bijzondere rekening (en)

– 1. De notaris is verplicht bij een financiële onderneming die ingevolge de Wet op het financieel toezicht in Nederland het bedrijf van bank mag uitoefenen een of meer bijzondere rekeningen aan te houden op zijn naam met vermelding van zijn hoedanigheid, die uitsluitend bestemd zijn voor gelden, die hij in verband met zijn werkzaamheden als zodanig onder zich neemt. Gelden die aan de notaris in verband met zijn werkzaamheden als zodanig ten behoeve van derden worden toevertrouwd, moeten op die rekening worden gestort. De bovenbedoelde financiële onderneming voegt de over de gelden gekweekte rente toe aan het saldo van de bijzondere rekening. Indien deze gelden abusievelijk op een andere rekening van de notaris zijn gestort of indien ten onrechte gelden op de bijzondere rekening zijn gestort, is de notaris verplicht deze onverwijld op de juiste rekening te storten. Hetzelfde geldt indien de gelden rechtstreeks in handen van de notaris zijn gesteld. Indien meer notarissen in een maatschap samenwerken, kan de bijzondere rekening ten name van die notarissen tezamen, de maatschap of vennootschap worden gesteld. In geval van samenwerking met beoefenaren van een ander beroep moet uit de tenaamstelling van de bijzondere rekening blijken dat de notaris deze rekening houdt. De notaris vermeldt het nummer van de bijzondere rekening op zijn briefpapier.
– 2. De notaris is bij uitsluiting bevoegd tot het beheer en de beschikking over de bijzondere rekening. Hij kan aan een onder zijn verantwoordelijkheid werkzame persoon volmacht verlenen. Ten laste van deze rekening mag hij slechts betalingen doen in opdracht van een rechthebbende.
– 3. Het vorderingsrecht voortvloeiende uit de bijzondere rekening behoort toe aan de gezamenlijke rechthebbenden. Het aandeel van iedere rechthebbende wordt berekend naar evenredigheid van het bedrag dat te zijnen behoeve op de bijzondere rekening is gestort. De notaris of, indien het een gezamenlijke rekening als bedoeld in het eerste lid, zesde volzin betreft, iedere notaris, is verplicht een tekort in het saldo van de bijzondere rekening terstond aan te vullen, en hij is ter zake daarvan aansprakelijk, tenzij hij aannemelijk kan maken dat hem ter zake van het ontstaan van het tekort geen verwijt treft.
– 4. Een rechthebbende heeft voor zover uit de aard van zijn recht niet anders voortvloeit, te allen tijde recht op uitkering van zijn aandeel in het saldo van de bijzondere rekening. Is het saldo van de bijzondere rekening niet toereikend om aan iedere rechthebbende het bedrag van zijn aandeel uit te keren, dan mag de notaris aan de rechthebbende slechts zoveel uitkeren als in verband met de rechten van de andere rechthebbenden mogelijk is. In dat geval wordt het saldo onder de rechthebbenden verdeeld naar evenredigheid van ieders aandeel, met dien verstande dat, indien een notaris zelf rechthebbende is, hem slechts wordt toegedeeld hetgeen overblijft, nadat de andere rechthebbenden het hun toekomende hebben ontvangen.
– 5. Er kan geen derdenbeslag worden gelegd onder de in het eerste lid bedoelde financiële onderneming op het aandeel van een rechthebbende in de bijzondere rekening. Is onder de notaris derdenbeslag gelegd op het aandeel van een rechthebbende in de bijzondere rekening, dan kan de notaris die overeenkomstig de artikelen 476*a* en 477 van het Wetboek van Burgerlijke Rechtsvordering verklaring heeft gedaan of die is veroordeeld overeenkomstig artikel

477*a* van dat wetboek, zonder opdracht van de rechthebbende overeenkomstig de verklaring of veroordeling betalen aan de executant.
– 6. Rechtshandelingen verricht in strijd met de bepalingen van dit artikel zijn vernietigbaar. De vernietigingsgrond kan worden ingeroepen door iedere rechtstreeks belanghebbende. Rechten, door derden te goeder trouw anders dan om niet verkregen op gelden die het voorwerp waren van de vernietigde rechtshandeling, worden geëerbiedigd.
– 7. Onze Minister kan regels vaststellen met betrekking tot de wijze van berekening en uitkering van de rente van de op de bijzondere rekening gestorte gelden.
– 8. Van de bepalingen van dit artikel en van de in het zevende lid bedoelde regels kan niet worden afgeweken.

Art. 26

Schorsing van rechtswege gedurende faillissement enz.

Notarissen ten aanzien van wie de schuldsaneringsregeling natuurlijke personen van toepassing is verklaard, die in staat van faillissement worden verklaard, surséance van betaling hebben verkregen, wegens schulden worden gegijzeld of die onder curatele worden gesteld, zijn gedurende de toepassing van de schuldsaneringsregeling natuurlijke personen, voor de duur van het faillissement, de surséance van betaling, de gijzeling of de curatele van rechtswege in de uitoefening van hun ambt geschorst. Artikel 103, zesde lid, is van toepassing.

Art. 27

Schorsing wegens lichamelijke of geestelijke ongeschiktheid

– 1. Een notaris, die wegens zijn lichamelijke of geestelijke toestand niet in staat is tot het behoorlijk verrichten van zijn werkzaamheden kan, na verhoor of behoorlijke oproeping, door de voorzitter van de kamer van toezicht voor onbepaalde tijd in de uitoefening van zijn ambt worden geschorst. De kamer van toezicht bekrachtigt deze maatregel binnen vier weken. Op verzoek van de notaris kan de kamer van toezicht de schorsing te allen tijde opheffen. Artikel 103, zesde lid, is van toepassing.
– 2. De notaris kan binnen zes weken na de dag van verzending van het afschrift van de beslissing tot schorsing of tot weigering van de opheffing van de schorsing daartegen in beroep komen bij het gerechtshof te Amsterdam. Het beroep schorst de tenuitvoerlegging van de maatregel niet. Tegen de beslissing van het gerechtshof is geen hogere voorziening toegelaten.
– 3. Op de behandeling van de zaak bij de kamer van toezicht en bij het gerechtshof zijn de artikelen 101, 102, 104, 105 en 107 van overeenkomstige toepassing.
– 4. In geval van blijvende ongeschiktheid van de notaris voor de uitoefening van het ambt wordt hij, op voordracht van Onze Minister, de kamer van toezicht gehoord, bij koninklijk besluit ontslagen.

Art. 28

Waarneming notarisambt

In de waarneming van het notarisambt wordt voorzien:
a. in geval van afwezigheid of verhindering van de notaris;
b. wanneer de notaris niet in staat is zijn ambt uit te oefenen wegens ziekte;
c. in geval van schorsing in de uitoefening van zijn ambt;
d. in geval van ontslag of vestiging buiten het arrondissement waarin zijn vestigingsplaats is gelegen;
e. in geval van zijn overlijden.

Art. 29

Benoembaarheid kandidaat-notaris tot waarnemer

– 1. Een kandidaat-notaris is slechts tot waarnemer benoembaar indien hij gedurende een al dan niet aaneengesloten periode van twee jaren binnen het tijdsbestek van drie jaren voorafgaande aan het verzoek om benoeming of de ambtshalve benoeming onder verantwoordelijkheid van een notaris of een waarnemer notariële werkzaamheden heeft verricht of het notarisambt heeft waargenomen, dan wel als notaris gedurende die periode het notarisambt heeft vervuld, met dien verstande dat, in geval van werkzaamheid in deeltijd, deze termijnen naar evenredigheid worden verlengd. Tevens dient hij te voldoen aan de vereisten gesteld in artikel 6, eerste lid en tweede lid, onderdelen *a*, *b*, onder 1° en 2°, en *c*, met dien verstande dat in plaats van onderdeel *b*, onder 1°, geldt een stage van drie jaren, die, in geval van werkzaamheid in deeltijd naar evenredigheid wordt verlengd. In afwijking van het vorenstaande kan in de gevallen van artikel 28, onderdelen *c*, *d* en *e* een kandidaat-notaris slechts tot waarnemer worden benoemd indien hij een stage heeft doorlopen als bedoeld in artikel 31. Degene die reeds op grond van het tweede lid als waarnemer is benoemd behoeft in geval van benoeming als waarnemer voor een andere notaris in hetzelfde arrondissement niet opnieuw te voldoen aan het vereiste van artikel 6, tweede lid, onderdeel *c*. Het notarisambt kan slechts worden waargenomen door degene die de 65-jarige leeftijd nog niet heeft bereikt.
– 2. Op verzoek van een notaris benoemt de voorzitter van de kamer van toezicht een of meer notarissen, of kandidaat-notarissen die aan de voorwaarden van het eerste lid voldoen, en die zich daartoe bereid hebben verklaard, als vaste waarnemer teneinde de notaris in de in artikel 28, onderdelen *a* en *b*, bedoelde gevallen te vervangen. Telkens wanneer zich een geval als bedoeld in artikel 28 voordoet benoemt de voorzitter van de kamer van toezicht ambtshalve één

of meer waarnemers, tenzij het een geval als bedoeld in artikel 28, onderdelen *a* of *b*, betreft en een vaste waarnemer is benoemd. In het geval van ambtshalve benoeming tot waarnemer treft hij zo nodig een regeling omtrent het honorarium. Van elke benoeming van een waarnemer en van elke intrekking van een benoeming wordt onmiddellijk kennis gegeven aan de betrokkenen. Tegen een beslissing van de voorzitter van de kamer van toezicht kan binnen dertig dagen na de dag van verzending van de brief waarbij die beslissing aan betrokkenen wordt meegedeeld beroep worden ingesteld bij het gerechtshof te Amsterdam. Artikel 107, eerste tot en met derde lid, zesde en zevende lid, is van overeenkomstige toepassing.

Periode waarneming

– 3. De periode van waarneming kan niet langer zijn dan één jaar in geval van een volledige waarneming. Bij waarneming in deeltijd dient de notaris zijn ambt uit te oefenen gedurende minimaal het aantal uren per week dat bij algemene maatregel van bestuur wordt vastgesteld. De kamer van toezicht kan van het bovenstaande in bijzondere gevallen ontheffing verlenen.

Weigering ambtshalve benoeming tot waarnemer

– 4. In geval van een ambtshalve benoeming van een notaris of kandidaat-notaris als waarnemer kan de betrokkene slechts wegens gegronde redenen zijn benoeming weigeren.

Onbevoegdheid notaris gedurende waarneming

– 5. De ambtshalve benoemde waarnemer, die een notaris in de in artikel 28, onderdelen *c*, *d*, en *e*, bedoelde gevallen vervangt, kan in geval van afwezigheid, verhindering of ziekte worden vervangen door een andere waarnemer, die voldoet aan de in het eerste lid, tweede volzin, gestelde eisen. Het tweede lid, eerste volzin, is van overeenkomstige toepassing.

Melding waarneming

– 6. Zolang de waarnemer bevoegd is, is de notaris onbevoegd met betrekking tot zijn eigen protocol het notarisambt uit te oefenen.

Namenregister bevoegde waarnemers

– 7. De notaris meldt aan de kamer van toezicht en de financiële onderneming, bedoeld in artikel 25, eerste lid, terstond de waarneming van zijn functie op grond van artikel 28 door een waarnemer als bedoeld in het tweede lid, eerste volzin. In geval van een ambtshalve benoeming tot waarnemer stelt de waarnemer terstond de financiële onderneming in kennis van zijn benoeming en van de intrekking van zijn benoeming.

Aansprakelijkheid

– 8. De kamer van toezicht houdt een register waarin de namen van bevoegde waarnemers worden opgenomen en waarin tevens aantekening wordt gehouden van het begin en het einde van de waarnemingstermijn, de naam van de bevoegde waarnemer, de grond van de waarneming als bedoeld in artikel 28 en, indien van toepassing, op welke dagen of dagdelen de waarnemer bevoegd is. Het register ligt bij de kamer van toezicht voor een ieder ter inzage. De kamer is verplicht daaruit op hun verzoek aan belanghebbenden een gewaarmerkt afschrift tegen de kostende prijs te verstrekken.

Zegel en protocol vervangen notaris

– 9. De notaris en elke niet-ambtshalve benoemde waarnemer zijn ieder voor de door de laatste als zodanig verrichte werkzaamheden of gepleegde verzuimen jegens derden voor het geheel aansprakelijk.

Nadere voorschriften bij verordening

– 10. De waarnemer gebruikt het zegel van de vervangen notaris en de door de waarnemer opgemaakte minuten behoren tot het protocol van de vervangen notaris.

– 11. Bij verordening worden nadere voorschriften gegeven over de wijze waarop de overdracht en de overname van het protocol en de overige notariële bescheiden dienen te geschieden, alsmede de mogelijkheden van vrijstelling en ontheffing daarvan.

Art. 29a

Waarneming voor rekening/risico vervangen notaris

De notarispraktijk wordt voor rekening en risico van de vervangen notaris voortgezet:
a. bij waarneming in de in artikel 28, onderdelen *a* of *b*, bedoelde gevallen;
b. bij waarneming in de in artikel 28, onderdelen *c*, *d* of *e*, bedoelde gevallen, indien in het benoemingsbesluit het honorarium voor de waarnemer is vastgesteld.

Art. 30

Vereisten aanvaarding benoeming kandidaat-notaris tot waarnemer

– 1. De kandidaat-notaris die voor de eerste maal tot waarnemer wordt benoemd, legt in verband met de aanvaarding van zijn benoeming voor de rechtbank in het arrondissement waarin de vervangen notaris zijn plaats van vestiging heeft, de eed af. Artikel 3 is van overeenkomstige toepassing.

– 2. De kandidaat-notaris deponeert terstond na de eedsaflegging zijn handtekening en paraaf ter griffie van de rechtbank waarbij hij de eed heeft afgelegd. Wordt een kandidaat-notaris of notaris benoemd als waarnemer voor een notaris in een ander arrondissement, dan deponeert hij binnen een week na die benoeming tevens zijn handtekening en paraaf ter griffie van de rechtbank binnen wier arrondissement de plaats van vestiging van de vervangen notaris is gelegen.

Art. 30a

– 1. Een gedefungeerde notaris verkrijgt, indien hij dit wenst, de hoedanigheid van kandidaat-notaris gedurende een jaar na zijn ontslag. Als hij tot waarnemer wordt benoemd is artikel 30, eerste lid, niet van toepassing. Een notaris die voor of na zijn defungeren tot vaste waarnemer is benoemd is één jaar na zijn defungeren van rechtswege uit deze functie ontslagen.

– 2. Na de beëindiging van de notariële werkzaamheden zoals bedoeld in artikel 1, eerste lid, onderdeel *b*, behoudt de kandidaat-notaris, indien hij dit wenst, gedurende een jaar de hoeda-

nigheid van kandidaat-notaris. Indien hij voor of na de beëindiging van zijn notariële werkzaamheden tot vaste waarnemer is benoemd is hij één jaar na die beëindiging van rechtswege uit deze functie ontslagen.
– 3. Indien de gedefungeerde notaris of de gewezen kandidaat-notaris ambtshalve benoemd is tot waarnemer, behoudt hij de hoedanigheid van kandidaat-notaris gedurende één jaar na het einde van de laatste waarnemingsperiode.
– 4. De gedefungeerde notaris, de gewezen kandidaat-notaris of de ambtshalve benoemde waarnemer die gedurende een jaar waarnemingsbevoegd wil blijven, geeft binnen een week na defungeren of de beëindiging van de notariële werkzaamheden of de waarneming, kennis aan de KNB dat hij de hoedanigheid van kandidaat-notaris wenst te verkrijgen onderscheidenlijk wenst te behouden. De KNB zendt de gedefungeerde notaris of de gewezen kandidaat-notaris een bewijs van ontvangst van de kennisgeving en doet terstond mededeling aan de kamer van toezicht in het arrondissement waarbinnen de notaris of de kandidaat-notaris gevestigd was.

TITEL IV

De stage, de registratie van de werktijd en de beroepsopleiding van de kandidaat-notaris

Art. 31

Stage kandidaat-notaris

– 1. Een kandidaat-notaris moet, alvorens tot notaris te kunnen worden benoemd, gedurende een stage van ten minste zes jaren werkzaam zijn geweest op één of meer notariskantoren in Nederland. In geval van werkzaamheid in deeltijd wordt die periode naar evenredigheid verlengd. De stage vangt aan op de dag van de kennisgeving, bedoeld in artikel 32, eerste lid.
– 2. Bij verordening wordt bepaald aan welke verplichtingen de notaris en de kandidaat-notaris gedurende de stage moeten voldoen.

Art. 32

Kennisgeving aan KNB

– 1. De kandidaat-notaris die:
a. werkzaamheden op een notariskantoor heeft aanvaard; of
b. werkzaamheden in een andere vestiging van een notariskantoor heeft aanvaard; of
c. meer of minder uren per week op een notariskantoor werkzaam is, geeft hiervan binnen een week nadat hij met de uitoefening van die werkzaamheden is begonnen of nadat zijn arbeidsduur is gewijzigd, kennis aan de KNB. Deze kennisgeving wordt door de desbetreffende notaris voor 'gezien' getekend. Indien de kandidaat-notaris werkzaam is voor of deel uitmaakt van een maatschap van notarissen of van notarissen en kandidaat-notarissen kan zulks geschieden door één van die notarissen. Indien het de eerste maal is dat hij als kandidaat-notaris werkzaam is, legt hij daarbij tevens het getuigschrift van het door hem afgelegd examen dan wel een EG-verklaring over, als bedoeld in artikel 6, tweede lid, onderdeel *a.*
– 2. De kennisgeving houdt in:
a. datum en plaats van geboorte van de kandidaat-notaris;
b. de voornamen, de naam en de plaats van vestiging van de notaris te wiens kantore de kandidaat-notaris het laatst werkzaam is geweest en gedurende welk tijdvak, of de verklaring dat hij als kandidaat-notaris nog niet eerder op een notariskantoor werkzaam was;
c. in geval van werkzaamheid in deeltijd, het aantal uren per week dat de kandidaat-notaris op het notariskantoor werkzaam is.
– 3. De KNB zendt de kandidaat-notaris een bewijs van ontvangst van de kennisgeving. Zij zendt tevens het door haar voor 'gezien' getekende getuigschrift, indien dit aan haar is overgelegd, aan de kandidaat-notaris terug.
– 4. De KNB doet terstond na ontvangst van de kennisgeving als bedoeld in het eerste lid, mededeling aan de kamer van toezicht in het arrondissement waarbinnen de notaris zijn plaats van vestiging heeft.
– 5. Binnen een week nadat de kandidaat-notaris zijn werkzaamheden op het notariskantoor heeft beëindigd, geeft de notaris hiervan schriftelijk kennis aan de KNB. De KNB doet na ontvangst van deze kennisgeving terstond mededeling aan de kamer van toezicht in het arrondissement waarbinnen de notaris zijn plaats van vestiging heeft.
– 6. Op verzoek geeft de KNB aan de kandidaat-notaris een verklaring af ter bevestiging dat hij de in artikel 31 bedoelde stage heeft doorlopen.
– 7. Tegen een weigering tot afgifte van een verklaring als bedoeld in het zesde lid, kan een belanghebbende beroep instellen bij de kamer van toezicht.

Art. 33

Zorg KNB voor opleiding kandidaat-notarissen; examen

– 1. De KNB draagt zorg voor een opleiding voor kandidaat-notarissen gedurende de stage, aan het eind waarvan een examen wordt afgenomen. De opleiding duurt ten hoogste drie jaren en neemt ten minste twee maal per jaar een aanvang.

Verordening opleidingsonderwerpen

– 2. Over de volgende onderwerpen betreffende de opleiding worden bij verordening nadere regels vastgesteld:

a. de aanvangsdata van de opleiding en de onderwerpen waarop zij betrekking heeft;
b. de inhoud van het examen, de wijze waarop het examen wordt afgenomen en de personen die bevoegd zijn het examen af te nemen;
c. de voorwaarden voor de toelating tot het afleggen van het examen;
d. de voorwaarden voor het verkrijgen van vrijstelling voor bepaalde onderdelen van het examen;
e. de hoogte van de cursus- en examengelden en te wiens laste deze komen.

Art. 34

Commissie van toezicht

– 1. Er is een commissie van toezicht die tot taak heeft toezicht te houden op de opleiding voor de kandidaat-notarissen en op het examen. De commissie bestaat uit vijf leden. Drie leden, waaronder de voorzitter, worden benoemd door Onze Minister, de andere leden door de KNB. De commissie is gevestigd ten kantore van de KNB.
– 2. Bij verordening worden nadere regels gesteld betreffende de zittingsduur en het aftreden van de leden en de voorzitter, alsmede betreffende de werkzaamheid, de vergaderingen, de besluitvorming en andere onderwerpen die voor het functioneren van de commissie van toezicht van belang zijn.

Art. 35

Administratief beroep

Tegen een beslissing op grond van de verordening, bedoeld in artikel 33, tweede lid, kan een belanghebbende administratief beroep instellen bij de commissie van toezicht.

Art. 36

Verslag werkzaamheden cie. van toezicht

De commissie van toezicht brengt elk jaar aan Onze Minister en aan het bestuur van de KNB verslag uit over haar werkzaamheden. Dit verslag wordt door de KNB algemeen verkrijgbaar gesteld.

TITEL V
De akten, minuten, grossen en afschriften

Art. 37

Notariële akten

– 1. Notariële akten kunnen zijn partij-akten of proces-verbaal-akten. Partij-akten bevatten waarnemingen van de notaris, verklaringen van partijen en eventueel bevestigingen daarvan door getuigen. Proces-verbaal-akten bevatten slechts waarnemingen van de notaris en eventueel bevestigingen daarvan door getuigen.

Totstandkoming akten

– 2. Partij-akten komen tot stand door ondertekening van de akte door de partijen, de notaris en de eventuele getuigen. Proces-verbaal-akten komen tot stand door ondertekening van de akte door de notaris en de eventuele getuigen.

Bewijskracht

– 3. Is een proces-verbaal-akte ten bewijze van instemming medeondertekend door een of meer bij de inhoud belanghebbende personen, dan geldt die akte te hunnen opzichte tevens als partij-akte voor wat betreft de bewijskracht van de daarin vermelde waarnemingen van de notaris.

Art. 38

Verplichte opname verleden akten in protocol

– 1. De notaris is verplicht de voor hem verleden akten in zijn protocol op te nemen.

Uitzondering akte van volmacht

– 2. Van deze verplichting is uitgezonderd de akte van volmachtverlening waarin uitdrukkelijk is vermeld dat zij aan de volmachtgever zal worden uitgegeven. In dat geval neemt de notaris een afschrift van de akte in zijn protocol op.
– 3. In een akte van volmacht waarin uitdrukkelijk is vermeld dat zij aan de volmachtgever zal worden uitgegeven mogen de persoonlijke gegevens van de gevolmachtigde oningevuld worden gelaten. Hiervoor mogen niet meer dan vier regels worden opengelaten.
– 4. In het geval dat een akte aan de volmachtgever is uitgegeven, wordt aan het vereiste van artikel 3 van de Registratiewet 1970 voldaan door de aanbieding ter registratie van een afschrift van de akte.
– 5. De notaris is verplicht binnen een maand na afloop van het kalenderjaar aan het bestuur van de KNB opgave te doen van het aantal in dat jaar gepasseerde akten.

Art. 39

Vereisten bij verlijden akten

– 1. De bij het verlijden van de akte verschijnende personen en getuigen moeten aan de notaris bekend zijn. Hij stelt de identiteit van de personen die de eerste maal voor hem verschijnen vast aan de hand van een document als bedoeld in artikel 1 van de Wet op de identificatieplicht en vermeldt de aard en het nummer daarvan in de akte. Indien onder de verantwoordelijkheid van de notaris werkzame personen als gevolmachtigden of getuigen optreden, is de tweede volzin niet van toepassing. Indien de natuurlijke personen die blijkens de akte daarbij als partij optreden niet bij het verlijden van de akte verschijnen, wordt in de aan de akte te hechten volmacht, dan wel indien krachtens mondelinge volmacht wordt gehandeld in de akte, de aard en het nummer van het in de tweede volzin bedoelde document van de volmachtgever vermeld.
– 2. De notaris kan in alle gevallen de tegenwoordigheid van twee getuigen verlangen indien hij dit wenselijk acht.

– 3. De getuigen moeten meerderjarig zijn en hun woonplaats hebben in Nederland. Zij moeten de taal verstaan waarin de akte is opgesteld, of die waarin de akte van bewaargeving is geschreven.
– 4. Geen getuigen kunnen zijn:
a. de echtgenoot en de bloed- en aanverwanten van de notaris of de partijen bij de akte tot en met de derde graad;
b. de vervangen notaris en diens echtgenoot, indien de akte wordt verleden door een waarnemer.
– 5. In geval van niet-naleving van enige bepaling van dit artikel, met uitzondering van het eerste lid, tweede en vierde volzin, mist de akte authenticiteit en voldoet zij niet aan de voorschriften waarin de vorm van een notariële akte wordt geëist.

Art. 40

Inhoud akten

– 1. De akte vermeldt in ieder geval de naam, de voornamen en de plaats van vestiging van de notaris voor wie de akte wordt verleden en, in geval van waarneming, behalve de vorengenoemde gegevens van de waarnemer, met uitzondering van de plaats van vestiging, ook die van de notaris tot wiens protocol de akte behoort.
– 2. De akte vermeldt bovendien:
a. naam, voornamen, geboortedatum en -plaats, woonplaats met adres en burgerlijke staat van de natuurlijke personen die blijkens de akte daarbij als partij optreden;
b. rechtsvorm, naam en woonplaats met adres van de rechtspersonen die blijkens de akte daarbij als partij optreden;
c. ten aanzien van natuurlijke en rechtspersonen die blijkens de akte voormelde partijen vertegenwoordigen: de in de onderdelen *a* en *b* bedoelde gegevens, met uitzondering van de burgerlijke staat, alsmede de grond van hun bevoegdheid, met dien verstande dat voor natuurlijke personen die een kantoor houden of werkzaam zijn op een kantoor ten aanzien van aangelegenheden die dit kantoor betreffen in plaats van de woonplaats met adres ook het kantooradres vermeld kan worden;
d. naam, voornamen, geboortedatum en -plaats van iedere getuige, indien de akte in tegenwoordigheid van getuigen wordt verleden;
e. de plaats, het jaar, de maand en de dag, waarop de akte is verleden;
f. in geval van toepassing van artikel 42, eerste lid, naam, voornamen, geboortedatum en -plaats en woonplaats van de tolk-vertaler.
Indien opgave van één of meer van deze gegevens niet mogelijk is, worden de redenen daarvan vermeld.
– 3. Indien de vermelding van het tijdstip van de ondertekening van de akte door de notaris, in verband met de inschrijving in de openbare registers of om andere reden van belang kan zijn, wordt ook dit tijdstip vermeld.
– 4. Indien de akte de plaats, het jaar, de maand of de dag niet vermeldt, mist zij authenticiteit en voldoet zij niet aan de voorschriften waarin de vorm van een notariële akte wordt geëist.

Art. 41

Vereisten tekst en materiaal akten; nadere regels

– 1. De tekst van een akte voldoet aan de volgende eisen:
a. zij moet goed leesbaar zijn en mag geen afkortingen bevatten;
b. zij moet zoveel mogelijk ononderbroken doorlopen;
c. ruimten die zijn opengebleven en onbeschreven vakken moeten vóór de ondertekening voor beschrijving onbruikbaar worden gemaakt;
d. getallen ter bepaling van het aantal of de grootte van zaken, alsmede tijdsaanduidingen moeten in schrijfletters worden uitgedrukt; zij kunnen tevens in cijfers worden herhaald of voorafgesteld.
– 2. De inhoud van de akte wordt duurzaam op deugdelijk materiaal gesteld. Bij verordening kunnen regels worden gesteld omtrent dit materiaal en omtrent de wijze waarop de tekst van de akte daarop wordt gesteld, onverminderd het te dien aanzien op grond van artikel 21, eerste lid, van de Archiefwet 1995 bepaalde.

Art. 42

Taal akten

– 1. De akte wordt verleden in de Nederlandse taal. Indien partijen zulks verlangen, wordt de akte verleden in een vreemde of de Friese taal, mits de notaris die taal voldoende verstaat, tenzij de wet anders bepaalt. Indien een verschijnende partij de taal van de akte niet voldoende verstaat, verschijnt mede een tolk, die zo mogelijk ook beëdigd vertaler is, die de zakelijke inhoud van de akte vertaalt. De akte wordt dan mede door hem ondertekend. Van zijn bijstand wordt in het slot van de akte melding gemaakt.
– 2. De akte kan in meer dan één taal worden verleden. In dat geval wordt de tekst in de ene taal gevolgd door de tekst in een andere taal. Deze bepaling is ook van toepassing indien de akte wordt verleden in de Nederlandse en de Friese taal, of de Friese taal één van de talen is waarin de akte is verleden.

Art. 43

– 1. De partijen bij de akte en de bij het verlijden van de akte eventueel verschijnende andere personen krijgen tijdig tevoren de gelegenheid om van de inhoud van de akte kennis te nemen. Alvorens tot het verlijden van een akte over te gaan, doet de notaris aan de verschijnende personen mededeling van de zakelijke inhoud daarvan en geeft daarop een toelichting. Zo nodig wijst hij daarbij tevens op de gevolgen die voor partijen of één of meer hunner uit de inhoud van de akte voortvloeien. Indien het niet betreft een akte als bedoeld in het tweede lid en de verschijnende personen verklaren van de inhoud van de akte kennis te hebben genomen en met beperkte voorlezing in te stemmen, leest de notaris hun in elk geval de volgende gedeelten van de akte voor:

a. de voornamen, de naam en de plaats van vestiging van de notaris en de datum en de plaats van het verlijden van de akte;

b. de gegevens van de verschijnende personen en van de partijen;

c. het slot.

Kennisgeving inhoud akten

– 2. Van akten die in tegenwoordigheid van getuigen worden verleden, leest de notaris steeds de volledige tekst voor. Hij voldoet dan eveneens in het bijzijn van getuigen aan de in de tweede en derde zin van het eerste lid genoemde informatieplicht.

Getuigen en voorlezing

– 3. De beschreven bladzijden van de akte worden doorlopend genummerd. Voor zover op een blad niet de ondertekening voorkomt als bedoeld in het vierde lid of de bladen niet reeds met toepassing van artikel 45, eerste lid, onderdeel *d*, van een paraaf zijn voorzien, worden zij door de notaris van een paraaf voorzien.

Nummering akten

– 4. De akte wordt door ieder der verschijnende personen onmiddellijk na voorlezing ondertekend. Onmiddellijk daarna ondertekent de notaris de akte. Indien een persoon verklaart niet te kunnen ondertekenen zal van deze verklaring, alsmede de reden van verhindering, melding worden gemaakt. Een akte die in tegenwoordigheid van getuigen wordt verleden, wordt door de getuigen en de notaris onmiddellijk na voorlezing ondertekend. Betreft het een akte als bedoeld in artikel 40, derde lid, dan neemt de notaris, voordat hij tot ondertekening overgaat, het uur en de minuut van die ondertekening in de akte op.

Ondertekening akten

– 5. Van de mededeling van de zakelijke inhoud en de toelichting daarop overeenkomstig het eerste lid van dit artikel, van de beperkte of volledige voorlezing overeenkomstig het eerste of het tweede lid, alsmede van de ondertekening overeenkomstig het vierde lid wordt in het slot van de akte melding gemaakt.

Melding in slot van akte

– 6. In geval van niet-naleving van de voorschriften van de eerste volzin van het tweede lid en de eerste tot en met vierde volzin van het vierde lid mist de akte authenticiteit en voldoet zij niet aan de voorschriften waarin de vorm van een notariële akte wordt geëist.

Sanctie

Art. 44

– 1. De volmachten waaraan de verschijnende personen hun bevoegdheid ontlenen en die niet behoren tot het protocol van een Nederlandse notaris worden aan de akte gehecht.

Volmachten

– 2. Indien krachtens een mondelinge volmacht wordt gehandeld, wordt zulks in de akte vermeld met de verklaring van de notaris, dat hem van het bestaan van de volmacht genoegzaam is gebleken.

– 3. Indien de notaris de in het tweede lid bedoelde verklaring niet kan geven, wordt een schriftelijke volmacht overgelegd.

Art. 45

– 1. Voordat de notaris de akte ondertekent, mag hij wijzigingen in de tekst aanbrengen met inachtneming van de volgende voorschriften:

a. doorhalingen geschieden op zodanige wijze dat de oorspronkelijke tekst leesbaar blijft;

b. de gewijzigde tekst wordt aangebracht in de kant van de desbetreffende bladzijde of vóór het slot van de akte;

c. de wijziging moet worden goedgekeurd en de goedkeuring vermeldt het aantal doorgehaalde of bijgevoegde woorden, letters, cijfers, leestekens en symbolen;

d. indien de goedkeuring geschiedt in de kant van de bladzijde, moet zij worden gewaarmerkt met een paraaf door allen die de akte ondertekenen.

Tekstwijzigingen in akte door notaris

– 2. De notaris is bevoegd kennelijke schrijffouten en kennelijke misslagen in de tekst van een akte ook na het verlijden daarvan te verbeteren. Hij maakt van deze verbeteringen proces-verbaal op en stelt op de oorspronkelijke akte een aantekening daarvan, onder vermelding van datum en repertoriumnummer van dit proces-verbaal. Hij zendt een afschrift van het proces-verbaal aan partijen.

Art. 45a

– 1. De artikelen 19, 20, 40 tot en met 42, en 45 zijn van overeenkomstige toepassing op een bijhoudingsverklaring als bedoeld in artikel 46*a* van de Kadasterwet.

– 2. De notaris zendt een afschrift van de bijhoudingsverklaring, bedoeld in het eerste lid, aan partijen, nadat hij op de oorspronkelijke akte een aantekening heeft gesteld van het opmaken van die bijhoudingsverklaring onder vermelding van de datum ervan.

Art. 46

Vermelding geldelijke tegenprestatie in akte van levering

De notaris neemt bij de vermelding ingevolge artikel 89, tweede lid, van Boek 3 van het Burgerlijk Wetboek van de titel van overdracht in de akte van levering steeds ook op een vermelding van de geldelijke tegenprestatie, ook al is deze voor de overdracht zonder belang. Wordt met het oog op de inschrijving een uittreksel afgegeven, dan neemt de notaris deze vermelding ook daarin op.

Art. 47

Onderhandse verklaring van erfrecht

Na de dood van de erflater moet de notaris een onderhandse uiterste wil die hem gesloten is ter hand gesteld, aanbieden aan de kantonrechter van het sterfhuis. De kantonrechter zal de uiterste wil openen en proces-verbaal opmaken van de aanbieding en de opening van de uiterste wil, alsmede van de staat waarin deze zich bevindt, en dit stuk daarna aan de notaris die de aanbieding heeft gedaan, teruggeven.

Art. 48

Verzoek opneming akte i.d.z.v. 156 lid 1 Rv in protocol

– 1. Wanneer aan de notaris een akte in de zin van artikel 156, eerste lid, van het Wetboek van Burgerlijke Rechtsvordering wordt aangeboden, met verzoek deze in zijn protocol op te nemen, is hij verplicht van de inhoud daarvan kennis te nemen en van de aanbieding en opname een akte te verlijden en het stuk aan die akte te hechten, onverminderd het bepaalde in artikel 95 van Boek 4 van het Burgerlijk Wetboek.

– 2. Onverminderd het bepaalde in artikel 21, tweede lid, kan de notaris zijn dienst weigeren indien de verzoeker niet aannemelijk kan maken dat hij bij opneming van het aangeboden stuk in het protocol een redelijk belang heeft.

Art. 49

Bevoegdheid tot uitgeven afschriften, uittreksels en grossen

– 1. Voor zover bij of krachtens de wet niet anders is bepaald, geeft de notaris van de tot zijn protocol behorende notariële akten:

a. afschriften, uittreksels en grossen uit aan partijen bij de akte en aan degenen die een recht ontlenen aan de akte indien de gehele inhoud van de akte van rechtstreeks belang is voor dat recht;

b. al dan niet in executoriale vorm uitgegeven uittreksels uit aan degenen die aan een deel van de inhoud van de akte een recht ontlenen, doch alleen voor wat betreft dat gedeelte van de akte dat rechtstreeks van belang is voor dat recht;

c. afschriften, uittreksels en grossen uit aan de rechtverkrijgenden onder algemene titel van de onder *a* en *b* genoemde partij of rechthebbende.

Het uittreksel moet woordelijk gelijkluidend zijn met de overgenomen gedeelten van de akte. Het moet het hoofd en het slot van de akte vermelden en tot slot hebben de woorden: Uitgegeven voor woordelijk gelijkluidend uittreksel.

– 2. Onder degene die een recht ontleent aan de inhoud van de akte als bedoeld in het eerste lid, onder *a* en *b*, wordt mede begrepen degene die door een uiterste wilsbeschikking een erfrechtelijke aanspraak heeft verloren, doch slechts ten aanzien van het desbetreffende onderdeel van die wilsbeschikking.

– 3. Van de niet tot zijn protocol behorende akten en stukken mag de notaris afschriften en uittreksels uitgeven aan degenen die over de akte of het stuk beschikken.

– 4. Degene die op grond van dit artikel recht heeft op een afschrift, uittreksel of grosse, kan ook inzage in de akte of het desbetreffende gedeelte van de akte verlangen.

Art. 49a

Uitstel uitgeven afschriften, uittreksels en grossen

De erflater kan bij uiterste wilsbeschikking bepalen dat de in artikel 49, eerste lid, bedoelde afschriften, uittreksels en grossen van zijn uiterste wil niet mogen worden uitgegeven noch inzage in zijn uiterste wil mag worden verleend, voor zijn lijk is begraven of verbrand, met dien verstande dat zodanig uitstel niet meer mag bedragen dan vijf dagen na het overlijden van de erflater.

Art. 49b

Afschrift verklaringen van erfrecht

– 1. De notaris geeft van tot zijn protocol behorende verklaringen van erfrecht desverlangd afschriften uit aan degenen die daarbij belang hebben in verband met een rechtsverhouding waarin zij tot de erflater stonden. Eveneens geeft de notaris van tot zijn protocol behorende notariële akten, houdende uiterste wilsbeschikkingen, desverlangd uittreksels uit aan personen als bedoeld in de eerste zin, doch alleen voor wat betreft dat gedeelte van de akte dat betrekking heeft op feiten als bedoeld in artikel 188 van Boek 4 van het Burgerlijk Wetboek.

– 2. Artikel 49*a* is van overeenkomstige toepassing.

Art. 50

Afgifte grosse; inhoud

– 1. De notaris kan aan iedere partij bij een akte daarvan een grosse afgeven. Deze moet tot hoofd hebben de woorden: In naam des Konings, en tot slot: Uitgegeven voor eerste grosse. Van elke afgifte van een grosse stelt de notaris op de akte een gewaarmerkte aantekening, behelzende de dag van de afgifte, de rang van de grosse en de aanduiding van de partij, aan welke zij werd uitgereikt. De notaris geeft desverlangd een tweede of verdere grosse af aan iedere partij bij de akte, dan wel aan hun rechtverkrijgenden onder algemene titel.

– 2. Uittreksels mogen slechts als grossen worden uitgegeven van:

a. akten van verdeling van gemeenschappen;

b. processen-verbaal van openbare verkopingen, verhuringen, verpachtingen en aanbestedingen;

c. testamenten.

– 3. Geen grossen mogen worden uitgegeven van een verklaring van erfrecht als bedoeld in artikel 188 van Boek 4 van het Burgerlijk Wetboek of een notariële verklaring als bedoeld in de artikelen 26, 27, derde lid, 30, 31, onder *b*, juncto 26, eerste lid, 34, 35 en 36 van de Kadasterwet.

Uitgifte uittreksels als grossen

Art. 51

– 1. Het zegel van de notaris bevat het koninklijk wapen en in het randschrift de hoedanigheid van notaris, de eerste letters van zijn voornamen, zijn naam en zijn plaats van vestiging. Het zegel wordt aangebracht op alle door hem uit te geven akten en af te geven grossen, afschriften en uittreksels, verklaringen van erfrecht als bedoeld in artikel 188 van Boek 4 van het Burgerlijk Wetboek, legalisaties en andere verklaringen die door de notaris als zodanig worden afgegeven. Met het zegel worden stukken aan akten gehecht. Het zegel wordt tevens gebezigd bij de handeling, bedoeld in artikel 658 van het Wetboek van Burgerlijke Rechtsvordering, en andere verzegelingen die de notaris als zodanig verricht.

Zegel notaris

– 2. De notaris moet ervoor zorgen dat van het zegel geen misbruik kan worden gemaakt.

Art. 52

– 1. De notaris maakt proces-verbaal op van iedere voor hem plaats hebbende eedsaflegging die niet reeds onderdeel uitmaakt van een akte.

P-v eedsaflegging

– 2. Legalisatie van een handtekening door de notaris houdt in dat hij op het aangeboden stuk of op een daaraan aangehecht stuk een door hem gedagtekende en ondertekende verklaring stelt waarin hij de echtheid van de handtekening bevestigt.

Legalisatie handtekening door notaris

– 3. De handtekening van de notaris wordt overeenkomstig het bepaalde in het tweede lid desverlangd gelegaliseerd door de voorzieningenrechter van de rechtbank van het arrondissement waarin de plaats van vestiging van de notaris is gelegen.

Legalisatie handtekening van notaris

Art. 53

– 1. Bij algemene maatregel van bestuur kunnen nadere regels worden gesteld omtrent de gegevens en verklaringen welke in grossen, afschriften en uittreksels van akten dienen te worden opgenomen.

Nadere regels bij AMvB

– 2. Bij of krachtens algemene maatregel van bestuur kunnen regels worden gesteld omtrent de wijze waarop elektronische afschriften en elektronische uittreksels van akten worden vervaardigd.

TITEL VI
De kosten van de ambtelijke werkzaamheden

Art. 54

– 1. Bij algemene maatregel van bestuur worden voor het verrichten van ambtelijke werkzaamheden tarieven dan wel regels vastgesteld ter bepaling van het honorarium dat de notaris de cliënt in rekening brengt, voor zover zulks kennelijk noodzakelijk is om de continuïteit van een toegankelijke notariële dienstverlening te waarborgen.

Tarieven en honorarium bij AMvB

– 2. Het eerste lid kan zonodig onmiddellijk nadat de in artikel 127, tweede en derde lid, bedoelde overgangsregeling is geëindigd, worden toegepast.

Art. 55

– 1. De notaris is verplicht om op verzoek van de cliënt een rekening van zijn honorarium voor ambtelijke werkzaamheden en de overige aan de zaak verbonden kosten op te maken, waaruit duidelijk blijkt op welke wijze het in rekening gebrachte bedrag is berekend.

Gespecificeerde rekening op verzoek

– 2. Indien over de in het eerste lid bedoelde rekening geschil ontstaat, kan de meest gerede partij bij met redenen omkleed schriftelijk verzoek aan de voorzitter van het bestuur van de ring, bedoeld in artikel 82, eerste lid, in het arrondissement waar de notaris gevestigd is, een beslissing vragen. Indien de voorzitter of andere leden van het bestuur van de ring bij het geschil betrokken zijn, wijst de voorzitter van de KNB op verzoek van één van de partijen een voorzitter van het bestuur van een andere ring aan om een beslissing te nemen. De voorzitter kan de partijen oproepen voor overleg en nadere inlichtingen en overlegging van stukken verlangen die voor zijn beslissing van belang kunnen zijn.

Geschillenbeslechting

Art. 56

– 1. De voorzitter van de kamer van toezicht kan op verzoek van een belanghebbende wiens financiële draagkracht de in artikel 34 van de Wet op de rechtsbijstand genoemde bedragen niet overschrijdt, een in het desbetreffende arrondissement gevestigde notaris opdragen de in

Ambtelijke werkzaamheden voor bijstandsgerechtigden

het tweede lid genoemde ambtelijke werkzaamheden te verrichten tegen een bedrag waarvan de maximumhoogte het bedrag is van de eigen bijdrage, genoemd in artikel 35, derde lid, onder *d*, van de Wet op de rechtsbijstand.

– 2. Het eerste lid is van toepassing op werkzaamheden met betrekking tot:

a. notariële akten houdende testament, huwelijkse voorwaarden, partnerschapsvoorwaarden, samenlevingsovereenkomst en voogdijbenoeming;

b. notariële akten van scheiding van onverdeeldheden indien uit de onverdeeldheid de kosten van de notaris niet kunnen worden voldaan;

c. verklaringen van erfrecht indien het saldo van de boedel minder bedraagt dan het in artikel 34, tweede lid, van de Wet op de rechtsbijstand genoemde bedrag voor het vermogen van een alleenstaande.

– 3. De verzoeker legt aan de voorzitter een verklaring over van de raad voor rechtsbijstand, bedoeld in artikel 1, van de Wet op de rechtsbijstand, waaruit het inkomen van de verzoeker blijkt.

Maximumbedrag

– 4. Voor degenen op wie de eerste drie leden niet van toepassing zijn geldt voor de daarin bedoelde ambtelijke werkzaamheden een tarief waarvan het maximum bedraagt vier maal het in het eerste lid bedoelde bedrag. Dit laatste maximum geldt niet indien het eigen vermogen van een partij bij de akte of van partijen tezamen meer bedraagt dan € 226 890. Dit bedrag kan bij ministeriële regeling worden gewijzigd voorzover de consumentenprijsindex daartoe aanleiding geeft.

– 5. Bij algemene maatregel van bestuur worden regels gesteld met betrekking tot de wijze waarop de hoogte van het in het vierde lid bedoelde eigen vermogen wordt bepaald.

TITEL VII
De notariële archieven

Art. 57

Algemene bewaarplaats van protocollen per arrondissement

– 1. Er is in ieder arrondissement een algemene bewaarplaats van protocollen. De kamer van toezicht in dat arrondissement houdt toezicht op de algemene bewaarplaats.

Benoeming (plaatsvervangend) bewaarder

– 2. De kamer van toezicht benoemt uit de notarissen die in het arrondissement hun plaats van vestiging hebben een bewaarder en een plaatsvervangend bewaarder. Deze benoemingen geschieden voor de tijd van vijf jaar en kunnen telkens met dezelfde termijn worden verlengd.

Bevoegdheden (plaatsvervangend) bewaarder

– 3. De bewaarder en de plaatsvervangend bewaarder hebben ten aanzien van de zich in de algemene bewaarplaats bevindende protocollen dezelfde bevoegdheden en verplichtingen als een notaris.

– 4. In afwijking van artikel 41, eerste lid, onder *b*, van de Archiefwet 1995 is Onze Minister zorgdrager van de zich in de algemene bewaarplaats bevindende archiefbescheiden, voorzover deze niet zijn overgebracht naar een rijksarchiefbewaarplaats.

Art. 58

Overbrenging protocollen naar algemene bewaarplaats

– 1. Een notaris die het protocol van zijn voorganger heeft overgenomen, brengt binnen drie maanden daarna de minuten, afschriften, bedoeld in artikel 38, tweede lid, registers en repertoria en zo mogelijk de kaartsystemen, die op de eerste dag van de maand januari van het jaar van overneming ouder waren dan dertig jaar, over naar de algemene bewaarplaats.

– 2. De notaris is bevoegd om het gedeelte van de onder hem berustende protocollen dat ouder is dan twintig jaar over te brengen naar de algemene bewaarplaats.

Nadere regels door Minister

– 3. Onze Minister kan nadere regels stellen over de overbrenging van de in het eerste en tweede lid bedoelde protocollen naar de algemene bewaarplaatsen.

Art. 59

Uitzonderingen

– 1. In afwijking van artikel 12 van de Archiefwet 1995 geldt dat de protocollen die ouder zijn dan vijfenzeventig jaar, met uitzondering van de akten betreffende uiterste willen, en die in een algemene bewaarplaats berusten, binnen een tijdvak van tien jaar naar de bij of krachtens die wet voor de bewaring daarvan aangewezen rijksarchiefbewaarplaats worden overgebracht. Akten betreffende uiterste willen die ouder zijn dan honderd jaar worden binnen een tijdvak van tien jaar naar de rijksarchiefbewaarplaats overgebracht.

Rijksarchiefbewaarplaatsen

– 2. Onze Minister en Onze Minister van Onderwijs, Cultuur en Wetenschappen zijn gezamenlijk bevoegd over de overbrenging van protocollen uit algemene bewaarplaatsen naar de in die wet bedoelde rijksarchiefbewaarplaatsen nadere regels te stellen.

TITEL VIII
De Koninklijke Notariële Beroepsorganisatie

AFDELING 1
De organisatie van de KNB

Art. 60

De Koninklijke Notariële Beroepsorganisatie

De Koninklijke Notariële Beroepsorganisatie is een openbaar lichaam in de zin van artikel 134 van de Grondwet. Alle in Nederland gevestigde notarissen en de kandidaat-notarissen zijn leden van de KNB. De KNB is gevestigd te 's-Gravenhage.

Art. 61

Taak KNB

– 1. De KNB heeft tot taak de bevordering van een goede beroepsuitoefening door de leden en van hun vakbekwaamheid. Haar taak omvat mede de zorg voor de eer en het aanzien van het notarisambt.

– 2. Bij verordening worden beroeps- en gedragsregels van de leden van de KNB vastgesteld. Tevens kunnen bij verordening regels worden gesteld betreffende de bevordering van de vakbekwaamheid van de leden en de kwaliteit van de beroepsuitoefening.

Art. 62

Organisatie

De KNB heeft een bestuur, een ledenraad, een algemene ledenvergadering alsmede afdelingen in elk arrondissement, ringen genaamd.

Art. 63

Bureau

De KNB houdt een bureau in stand, dat het bestuur bijstaat in de uitoefening van zijn taken.

AFDELING 2
Het bestuur van de KNB

Art. 64

Bestuur

– 1. Het bestuur is belast met de algemene leiding van de KNB en met de uitoefening van haar in artikel 61 omschreven taken, alsmede met het beheer en de beschikking over haar vermogen. Het geeft voorts algemene leiding aan het bureau van de KNB en regelt zijn werkzaamheid.

– 2. Het bestuur wordt bijgestaan door een aantal secretarissen, waaronder de directie van het bureau. Zij worden aangesteld op een arbeidsovereenkomst naar burgerlijk recht. De directie van het bureau is belast met de coördinatie van hun werkzaamheden en met de leiding van de dagelijkse gang van zaken van het bureau.

– 3. Het bestuur kan nadere regelen stellen betreffende zijn werkwijze en die van het bureau.

– 4. Het bestuur stelt jaarlijks een verslag op over zijn werkzaamheden ten behoeve van de algemene ledenvergadering en zendt dit om advies aan de ledenraad. Het brengt het verslag ter kennis van Onze Minister.

– 5. Het bestuur stelt jaarlijks een verantwoording op van zijn financieel beleid alsmede een begroting voor het komende boekjaar, met toelichting, en zendt deze stukken om advies aan de ledenraad.

Art. 65

Samenstelling bestuur

– 1. Het bestuur bestaat uit een oneven aantal van ten minste zeven leden. De samenstelling van het bestuur geschiedt zoveel mogelijk op grondslag van gelijkheid in aantal van zijn leden-notarissen en zijn leden-kandidaat-notarissen.

– 2. De leden worden benoemd voor een termijn van drie jaren en kunnen na aftreden terstond voor eenzelfde termijn eenmaal worden herbenoemd.

– 3. Het bestuur vertegenwoordigt de KNB. Daartoe zijn ook gezamenlijk bevoegd de voorzitter of de plaatsvervangend voorzitter en een van de andere leden van het bestuur.

Art. 66

Voorzitter bestuur

De voorzitter van het bestuur van de KNB is in die hoedanigheid belast met de leiding van de vergadering van de algemene ledenvergadering.

AFDELING 3
De ledenraad

Art. 67

Samenstelling ledenraad

– 1. De ledenraad bestaat uit de voorzitters van de ringbesturen, alsmede een lid uit elke ring, met dien verstande dat voor elke ring één notaris en één kandidaat-notaris in de ledenraad zitting hebben. Ieder lid heeft een plaatsvervanger. De plaatsvervangers van de voorzitters zijn de plaatsvervangend voorzitters van de ringbesturen.

Zittingsperiode; herkiesbaarheid

– 2. De leden en hun plaatsvervangers worden door de desbetreffende ringvergadering gekozen voor een termijn van drie jaren en zij zijn slechts eenmaal voor eenzelfde termijn herkiesbaar.

– 3. De ledenraad wijst per 1 oktober van elk jaar uit de voorzitters van de ringbesturen voor de periode van één jaar de voorzitter en de plaatsvervangend voorzitter van de ledenraad aan.

Deze kunnen zich bij de vervulling van hun taak doen bijstaan door secretarissen van het bureau van de KNB.

Art. 68

Zorg ledenraad

De ledenraad heeft de zorg voor de vaststelling van het algemene beleid van de KNB en treedt daartoe zonodig in overleg met het bestuur. Het bestuur stelt de ledenraad desgevraagd of eigener beweging in kennis van alle gegevens die voor het algemeen beleid van de KNB van belang kunnen zijn, in het bijzonder gegevens betreffende zaken die het bestuur in uitvoering of behandeling heeft of die het in voorbereiding of onderzoek heeft genomen. De ledenraad is bevoegd het bestuur te allen tijde inlichtingen te vragen of onderzoek op te dragen betreffende onderwerpen die voor de bepaling van het beleid der KNB van belang kunnen zijn. De ledenraad brengt het bestuur regelmatig op de hoogte van de ontwikkelingen met betrekking tot de zaken der KNB in de ringen.

Art. 69

Taak

De ledenraad is belast met het vaststellen van verordeningen van de KNB.

Art. 70

Overleg met bestuur

De ledenraad overlegt met het bestuur over de voorstellen van verordeningen van de KNB, na daarover het advies van de ringbesturen te hebben ingewonnen.

Art. 71

Benoemingen

– 1. De ledenraad benoemt het bestuur van de KNB en kan, met inachtneming van artikel 65, het aantal der leden daarvan bepalen. De ledenraad benoemt de voorzitter en zijn plaatsvervanger uit de leden van het bestuur voor een termijn van twee jaren.

– 2. Het lidmaatschap van het bestuur is niet verenigbaar met het lidmaatschap en het plaatsvervangend lidmaatschap van de ledenraad, het bestuur van een ring en een kamer van toezicht.

– 3. De ledenraad kan nadere regels vaststellen betreffende de benoeming en het aftreden van de leden van het bestuur.

Art. 72

Toezicht

De ledenraad oefent toezicht uit op het bestuur en hij kan de leden daarvan in hun functie schorsen of ontslaan, indien hij het vertrouwen in hun wijze van taakvervulling heeft verloren of wegens andere gegronde redenen.

Art. 73

Advies

De ledenraad brengt aan de jaarlijkse algemene ledenvergadering advies uit over het verslag van de werkzaamheden van het bestuur alsmede over de verantwoording van het financieel beleid, de ontwerpbegroting van de KNB voor het komende jaar en de daarbij behorende toelichtingen, na deze stukken te hebben onderzocht.

Art. 74

Schorsing; ontslag

De leden van de ledenraad kunnen door de ringvergadering die hen heeft benoemd worden geschorst of ontslagen, indien zij het vertrouwen in hun wijze van taakvervulling heeft verloren of wegens andere gegronde redenen.

Art. 75

Ledenraadsvergadering

Het bestuur van de KNB roept de ledenraad tenminste een maal per jaar bijeen om te beraadslagen over de in artikel 73 bedoelde stukken. Andere vergaderingen worden bijeen geroepen zo dikwijls als het bestuur zulks nodig acht en voorts indien ten minste zes leden van de raad het bestuur schriftelijk daarom verzoeken, met opgave van de te behandelen onderwerpen.

Art. 76

Openbare/besloten vergaderingen

De vergaderingen van de ledenraad zijn openbaar. Er wordt met gesloten deuren vergaderd indien de voorzitter, de aard van het te behandelen onderwerp in aanmerking genomen, zulks nodig oordeelt of indien ten minste acht leden van de raad daarom verzoeken. De leden van het bestuur van de KNB, de directeur van het bureau van de KNB en de secretarissen kunnen de besloten vergaderingen bijwonen, tenzij de ledenraad anders beslist. Over de toelating van andere personen beslist de ledenraad. Van de besloten vergadering wordt een afzonderlijk verslag gemaakt, dat niet openbaar wordt gemaakt tenzij de ledenraad anders beslist.

Art. 77

Nadere regels

Bij verordening worden nadere regels gesteld betreffende de benoeming en het aftreden van de leden, en voorts betreffende zijn werkzaamheid, de wijze van vergaderen, de besluitvorming en de wijze waarop in de vergadering wordt gestemd, alsmede de wijze waarop aan de leden van de KNB kennis wordt gegeven van zijn besluiten.

AFDELING 4
De algemene ledenvergadering

Art. 78

Algemene/buitengewone ledenvergaderingen

Het bestuur van de KNB roept jaarlijks een algemene ledenvergadering bijeen. Buitengewone ledenvergaderingen worden bijeengeroepen zo dikwijls het bestuur zulks nodig acht en voorts indien de ledenraad of tenminste vijftig leden van de KNB het bestuur schriftelijk daarom verzoeken met opgave van de te behandelen onderwerpen.

Art. 79

De vergadering van de algemene ledenvergadering is openbaar. Er wordt met gesloten deuren vergaderd indien de voorzitter, de aard van het te behandelen onderwerp in aanmerking genomen, zulks nodig oordeelt of indien tenminste dertig aanwezige leden daarom verzoeken. De leden van het bestuur, de directeur van het bureau van de KNB en de secretarissen wonen de besloten vergadering bij, tenzij de vergadering anders beslist. Over de toelating van andere personen beslist de vergadering. Van de besloten vergadering wordt een afzonderlijk verslag gemaakt, dat niet openbaar wordt gemaakt tenzij de vergadering anders beslist.

Openbare/besloten vergaderingen

Art. 80

De algemene ledenvergadering beraadslaagt en beslist zonodig over het verslag van de werkzaamheden van het bestuur van de KNB, alsmede over de financiële verantwoording, het verslag van de accountant, bedoeld in artikel 88, tweede lid, de ontwerp-begroting voor het komende jaar en de daarbij behorende toelichtingen alsmede de over deze stukken door de ledenraad uitgebrachte adviezen.

Onderwerpen ter beraadslaging en beslissing

Art. 81

Op voorstel van het bestuur van de KNB stelt de algemene ledenvergadering nadere regels vast betreffende haar werkwijze, de wijze van vergaderen, de besluitvorming en de wijze waarop in de vergaderingen worden gestemd, de wijze waarop te behandelen stukken of onderwerpen ter kennis worden gebracht van de leden, alsmede de wijze waarop haar besluiten aan de leden van de KNB ter kennis worden gebracht.

Nadere regels

AFDELING 5

De ringen

Art. 82

– 1. Leden van elke ring zijn de in dat arrondissement gevestigde en werkzame notarissen en kandidaat-notarissen. De ring is gevestigd in de hoofdplaats van het arrondissement. De ring wordt aangeduid met vermelding van de hoofdplaats van het arrondissement of de naam van de provincie.

Ring

– 2. De ringen kunnen door het bestuur van de KNB worden belast met de uitvoering van de in artikel 61, eerste lid, omschreven taken in het arrondissement.

– 3. De ring heeft een bestuur en een ringvergadering. De ring is een rechtspersoon.

Art. 83

Het bestuur van de ring is belast met de leiding van de ring alsmede met het beheer en de beschikking over zijn vermogen. Het brengt aan de ledenraad advies uit over de voorstellen voor verordeningen van de KNB. Het kan regels stellen betreffende zijn taakvervulling.

Taak bestuur ring

Art. 84

– 1. Het bestuur van de ring bestaat uit een oneven aantal van ten minste drie leden van de ring. De samenstelling van het bestuur geschiedt zoveel mogelijk op grondslag van gelijkheid in aantal van zijn leden-notarissen en zijn leden kandidaat-notarissen.

Samenstelling bestuur ring

– 2. De leden en hun eventuele plaatsvervangers worden benoemd voor een termijn van drie jaren en kunnen na aftreden terstond voor eenzelfde termijn eenmaal worden herbenoemd.

Benoemingstermijn; herbenoeming

– 3. Het bestuur vertegenwoordigt de ring. Daartoe zijn ook gezamenlijk bevoegd de voorzitter of de plaatsvervangend voorzitter en een van de andere leden van het ringbestuur.

Vertegenwoordiging

Art. 85

De ringvergadering benoemt het bestuur van de ring en kan, met inachtneming van artikel 84, eerste lid, het aantal der leden daarvan bepalen. De ringvergadering benoemt telkens voor ten hoogste drie jaren een voorzitter en een plaatsvervangend voorzitter uit de leden van het bestuur van de ring.

Ringvergadering

Art. 86

Bij verordening worden nadere regels gesteld betreffende de werkzaamheid, de besluitvorming en wijze van vergaderen van de ringen, de wijze waarop in de vergadering wordt gestemd, alsmede de wijze waarop aan de leden van de ring kennis wordt gegeven van haar besluiten.

Nadere regels

AFDELING 6

De geldmiddelen van de KNB

Art. 87

De KNB draagt alle kosten die uit de uitvoering van de haar door deze wet opgedragen taken voortvloeien. Ter dekking van deze kosten kan zij van de leden jaarlijks bijdragen heffen. De algemene ledenvergadering stelt, op voorstel van het bestuur, de hoogte van de bijdragen voor

Kosten; bijdragen

het boekjaar vast. Het bedrag daarvan kan voor verschillende categorieën van leden verschillend zijn.

Art. 88

Boekjaar

– 1. Het boekjaar van de KNB wordt vastgesteld door het bestuur.

– 2. Het bestuur wijst telkens voor elk boekjaar een accountant aan die is belast met de controle op de financiële verantwoording, bestaande uit een balans, een staat van baten en lasten en een toelichting. Deze brengt binnen drie maanden na afloop van het boekjaar daarover verslag uit aan het bestuur.

– 3. Binnen acht maanden na de afloop van het boekjaar legt het bestuur de financiële verantwoording met het daarover door de accountant uitgebrachte verslag, alsmede de begroting voor het komende boekjaar met een toelichting aan de ledenraad over. De ledenraad brengt na onderzoek van deze stukken daarover verslag uit aan de algemene ledenvergadering.

Financiële verantwoording

– 4. De vaststelling van de financiële verantwoording door de algemene ledenvergadering houdt tevens in décharge van het bestuur terzake.

AFDELING 7

De verordeningen en andere besluiten van de KNB

Art. 89

Verordeningen

– 1. Verordeningen worden slechts vastgesteld met betrekking tot onderwerpen waarvan deze wet regeling of nadere regeling bij verordening voorschrijft.

– 2. Verordeningen bevatten geen verplichtingen of voorschriften die niet strikt noodzakelijk zijn voor verwezenlijking van het doel dat met de verordening wordt beoogd en beperken niet onnodig de marktwerking.

– 3. Voorstellen van verordeningen worden aan de ledenraad gedaan door het bestuur of door ten minste vijf leden van de ledenraad. Alvorens een ontwerp-verordening bij de ledenraad in te dienen kan het bestuur de kamers van toezicht uitnodigen hun oordeel kenbaar te maken. Over het ontwerp van de verordening, bedoeld in artikel 24, derde lid, wint het bestuur van de KNB het advies in van het Bureau.

– 4. De verordeningen van de KNB zijn slechts verbindend voor haar leden en haar organen.

– 5. Een verordening kan aan het bestuur van de KNB de bevoegdheid toekennen tot het geven van nadere regels betreffende het in de verordening behandelde onderwerp. Deze worden ter kennisname toegezonden aan Onze Minister.

Art. 90

Voorstel verordening; advies

Het voorstel van een verordening, wordt met een toelichting ten minste twee maanden vóór de dag waarop de ledenraad daarover beraadslaagt ter kennis gebracht van de leden van elke ring. Het bestuur van de ring brengt, na raadpleging van de leden, zijn advies omtrent het voorstel ten minste drie weken vóór de dag waarop daarover wordt beraadslaagd ter kennis van de ledenraad.

Art. 91

Goedkeuring

– 1. Een verordening behoeft de goedkeuring van Onze Minister. De goedkeuring kan worden onthouden wegens strijd met het recht of het algemeen belang.

– 2. Een verordening wordt, nadat zij is goedgekeurd, door de zorg van het bestuur van de KNB bekend gemaakt door plaatsing in de *Staatscourant*. De verordening verbindt niet dan nadat zij bekend is gemaakt. Zij treedt in werking met ingang van de eerste dag van de tweede maand na die van de dag van de bekendmaking of zoveel eerder als zij zelf bepaalt, met dien verstande dat tussen de dag van de bekendmaking en die van de inwerkingtreding tenminste een termijn van tien dagen moet liggen.

Art. 92

Vernietigbaarheid besluiten bij KB

Besluiten van de ledenraad, van het bestuur of van andere organen van de KNB, niet zijnde een verordening die op grond van artikel 91 rechtsgeldig tot stand is gekomen, kunnen bij koninklijk besluit worden vernietigd. Onverminderd artikel 10:39 van de Algemene wet bestuursrecht kan een besluit niet worden vernietigd, indien zes maanden zijn verstreken nadat het is bekendgemaakt.

TITEL IX

Het toezicht over de notarissen en kandidaat-notarissen en de tuchtrechtspraak, alsmede het financiële toezicht

AFDELING 1

Het toezicht en de tuchtrechtspraak

Art. 93

Toezicht; tuchtrechtspraak

– 1. Het toezicht over de notarissen en kandidaat-notarissen, alsmede de tuchtrechtspraak, worden uitgeoefend door de kamers van toezicht. De kamers zijn belast met de uitvoering van de haar in deze wet opgedragen taken, alsmede met de behandeling van klachten welke bij haar over notarissen of kandidaat-notarissen zijn ingediend.

– 2. In de hoofdplaats van ieder arrondissement is een kamer van toezicht gevestigd, wier rechtsgebied samenvalt met dat van de rechtbank. **Kamer van toezicht**

– 3. De aan de werkzaamheden van de kamers verbonden kosten komen ten laste van de staat. **Kosten kamers**

Art. 94

– 1. Elke kamer van toezicht bestaat uit een voorzitter en vier leden. Er zijn ten minste twee plaatsvervangend voorzitters. **Samenstelling kamer van toezicht**

– 2. De president van de rechtbank van het arrondissement waar de kamer van toezicht is gevestigd, is voorzitter van deze kamer. De plaatsvervangende voorzitters worden door de voorzitter aangewezen uit de leden van de rechtbank. **Voorzitter**

– 3. Twee leden worden voor de tijd van vier jaren benoemd door Onze Minister, die tevens voor elk hunner een of meer plaatsvervangers aanwijst. Een van die leden wordt benoemd uit de kantonrechters van de rechtbank die is gelegen binnen het rechtsgebied van de desbetreffende kamer van toezicht. Het andere lid is de inspecteur, bedoeld in artikel 2, derde lid, onderdeel *b*, van de Algemene wet inzake rijksbelastingen. Zij zijn bij hun aftreden herbenoembaar. Op eigen verzoek kan hen door Onze Minister tussentijds ontslag worden verleend. **Leden benoemd door Minister**

– 4. De overige twee leden moeten notaris of kandidaat-notaris zijn. Deze leden worden voor de tijd van vier jaren door de ringvergadering in het arrondissement van de desbetreffende kamer van toezicht, op voordracht van het ringbestuur, uit de leden van de ring benoemd. Zij zijn bij hun aftreden eenmaal herbenoembaar. Op eigen verzoek kan hun tussentijds door de ringvergadering ontslag worden verleend. De ringvergadering wijst tevens uit de leden van de ring twee of meer plaatsvervangers aan die beide leden kunnen vervangen. Bij verordening worden regels gesteld omtrent de wijze van benoeming van deze leden en hun plaatsvervangers. **Leden benoemd door ringvergadering**

– 5. De kamer van toezicht heeft een secretaris en zo nodig een plaatsvervangend secretaris. Zij worden door de voorzitter van de kamer aangewezen uit de gerechtssecretarissen van de rechtbank. **Secretaris**

– 6. Tussen de voorzitter, plaatsvervangend voorzitter, de leden en de plaatsvervangende leden van een kamer van toezicht mag niet bestaan de verhouding van echtgenoten, bloed- of aanverwantschap tot de derde graad ingesloten, een maatschap of ander duurzaam samenwerkingsverband tot het uitoefenen van het notarisambt. **Verbod op verwantschap/samenwerking tussen leden**

– 7. Bij of krachtens algemene maatregel van bestuur worden nadere regels gesteld betreffende de inrichting van de kamers en betreffende de uitoefening van haar werkzaamheden, alsmede de reis- en verblijfkosten van de leden. **Nadere regels**

Art. 95

– 1. Het lidmaatschap van de leden van de kamer van toezicht vervalt van rechtswege indien zij de kwaliteit verliezen waarin zij benoemd zijn, met dien verstande dat ten aanzien van een lid als bedoeld in artikel 94, vierde lid, dit kwaliteitsverlies alleen dan intreedt wanneer hij noch kandidaat-notaris noch notaris is. **Verval lidmaatschap van rechtswege**

– 2. Het in de artikelen 46*c*, tweede lid, 46*d*, tweede lid, 46*f*, 46*g*, eerste en tweede lid, 46*i* met uitzondering van het eerste lid, onderdeel *c*, 46*j*, 46*l*, eerste lid, aanhef en onder *a*, en derde lid, 46*m*, 46*o* en 46*p*, eerste tot en met vijfde lid, van de Wet rechtspositie rechterlijke ambtenaren bepaalde is van overeenkomstige toepassing ten aanzien van deze leden. **Ontslag; op non-actiefstelling**

Art. 96

– 1. Het toezicht over de notarissen en kandidaat-notarissen omvat het toezicht op de naleving van de bepalingen van deze wet, van de op grond daarvan uitgevaardigde algemene maatregelen van bestuur en ministeriële regelingen, alsmede van de verordeningen en andere besluiten van de KNB, in het bijzonder die betreffende de goede uitoefening en de eer en het aanzien van het notarisambt. Afdeling 5.2 van de Algemene wet bestuursrecht is niet van toepassing. **Inhoud toezicht**

– 2. De voorzitter van de kamer van toezicht kan in verband met de uitoefening van het in het eerste lid omschreven toezicht een onderzoek gelasten. Hij is daartoe verplicht indien het bestuur van de KNB of het bestuur van het Bureau daarom verzoekt. De voorzitter draagt de uitvoering van het onderzoek op aan een plaatsvervangend voorzitter. **Onderzoek in het kader van toezicht**

– 3. De voorzitter of de met het onderzoek belaste plaatsvervangend voorzitter kan te allen tijde een notaris of kandidaat-notaris om inlichtingen vragen, alsmede inzage van stukken verlangen of hem uitnodigen tot het geven van een verklaring van zijn gedrag of handelwijze, indien hij zulks voor de uitoefening van het toezicht dan wel in het belang van een voorgenomen onderzoek wenselijk acht.

– 4. De voorzitter of de met het onderzoek belaste plaatsvervangend voorzitter kan, indien hij zulks in het belang van het onderzoek wenselijk acht, van de notaris verlangen dat hij inzage geeft van zijn kantoor- en privé-administratie, de daaraan ten grondslag liggende bescheiden,

de balansen en de staat van baten en lasten, alsmede van zijn protocol en archief en de overige op deze onderwerpen betrekking hebbende stukken. Hij kan voorts een afschrift daarvan verlangen.
– 5. De voorzitter of de met het onderzoek belaste plaatsvervangend voorzitter kan, indien hij zulks in het belang van het onderzoek wenselijk acht, het Bureau opdragen een onderzoek in te stellen en hem van zijn bevindingen verslag uit te brengen.
– 6. Indien de voorzitter op grond van het onderzoek daartoe aanleiding ziet, legt hij de zaak voor aan de kamer van toezicht teneinde haar te behandelen overeenkomstig de volgende bepalingen.
– 7. Een plaatsvervangend voorzitter die een onderzoek in een zaak heeft uitgevoerd, neemt geen deel aan de behandeling van die zaak door de kamer van toezicht.
– 8. Artikel 98, derde lid, is van overeenkomstige toepassing.

Art. 97

Verplichting rijksbelastingambtenaren

De ambtenaren van de rijksbelastingdienst zijn verplicht om van hetgeen hun bij de uitvoering van hun taak betreffende de persoon of de zaken van een notaris of kandidaat-notaris blijkt of meegedeeld wordt, terstond mededeling te doen aan de voorzitter van de kamer van toezicht waaronder de desbetreffende notaris of kandidaat-notaris ressorteert, indien het betreft een handelen of nalaten, dat, gelet op artikel 98, eerste lid, tot een tuchtrechtelijke maatregel aanleiding kan geven.

Art. 98

Onderwerping aan tuchtrechtspraak

– 1. Notarissen en kandidaat-notarissen zijn aan tuchtrechtspraak onderworpen ter zake van enig handelen of nalaten in strijd met hetzij enige bij of krachtens deze wet gegeven bepaling of een op deze wet berustende verordening, hetzij met de zorg die zij als notarissen of kandidaat-notarissen behoren te betrachten ten opzichte van degenen te wier behoeve zij optreden en ter zake van enig handelen of nalaten dat een behoorlijk notaris of kandidaat-notaris niet betaamt.

Uitoefening tuchtrechtspraak

– 2. Deze tuchtrechtspraak wordt in eerste aanleg uitgeoefend door de kamers van toezicht en in hoger beroep door het gerechtshof te Amsterdam. Tegen beslissingen van het gerechtshof is geen hogere voorziening toegelaten.
– 3. Indien met betrekking tot de leden of plaatsvervangende leden van de kamers van toezicht die notaris of kandidaat-notaris zijn een klacht is ingediend, verzoekt de voorzitter de president van het gerechtshof te Amsterdam een andere kamer van toezicht aan te wijzen teneinde zich met de behandeling daarvan te belasten. De president van het gerechtshof te Amsterdam deelt de beslissing mee aan de aangewezen kamer van toezicht, aan de desbetreffende notaris of kandidaat-notaris, aan de voorzitter van de kamer van toezicht die het verzoek tot aanwijzing heeft gedaan en, indien een klacht is ingediend, aan de klager.
– 4. Notarissen en kandidaat-notarissen die niet meer als zodanig werkzaam zijn blijven aan de tuchtrechtspraak onderworpen ter zake van enig in het eerste lid bedoeld handelen of nalaten gedurende de tijd dat zij als zodanig werkzaam waren.

Art. 99

Indiening klachten

– 1. Klachten tegen notarissen en kandidaat-notarissen worden schriftelijk en met redenen omkleed ingediend bij de kamer van toezicht, waaronder de notaris of kandidaat-notaris ressorteert. Indien de klager daarom verzoekt, is de secretaris van de kamer van toezicht hem behulpzaam bij het op schrift stellen van de klacht.

Afwijzing klacht

– 2. De voorzitter kan na een summier onderzoek, zo nodig na de klager en de betrokken notaris of kandidaat-notaris te hebben gehoord, de klacht terstond bij met redenen omklede beslissing afwijzen indien hij van oordeel is dat deze kennelijk niet ontvankelijk, dan wel kennelijk ongegrond is, of van onvoldoende gewicht.

Minnelijke schikking

– 3. Indien de voorzitter van oordeel is dat een klacht vatbaar is voor minnelijke schikking, roept hij de klager en de betrokken notaris of kandidaat-notaris op teneinde een zodanige schikking te beproeven. Indien een minnelijke schikking mogelijk blijkt, wordt deze op schrift gesteld en door de klager, de notaris of de kandidaat-notaris tegen wie de klacht is ingediend en de voorzitter ondertekend.

Niet opgeloste en afgewezen klachten

– 4. Hij brengt klachten, die niet in der minne worden opgelost of door hem worden afgewezen, ter kennis van de kamer.

Afschrift beslissing

– 5. Van de beslissing van de voorzitter zendt de secretaris onverwijld een afschrift aan de klager en de betrokken notaris of kandidaat-notaris, in geval van afwijzing van een klacht aan de klager bij aangetekende brief.

Verzet tegen afwijzing

– 6. Tegen de beslissing van de voorzitter tot afwijzing van een klacht, kan de klager binnen veertien dagen na de dag van verzending van het afschrift van de beslissing schriftelijk verzet doen bij de kamer van toezicht. Hij dient gemotiveerd aan te geven met welke overwegingen van de voorzitter hij zich niet kan verenigen. Hij kan daarbij vragen over zijn verzet te worden gehoord.

– 7. Indien overeenkomstig het zesde lid verzet is gedaan tegen de beslissing van de voorzitter, wijst deze een plaatsvervanger aan om hem bij de behandeling van het verzet te vervangen.
– 8. Ten gevolge van het verzet vervalt de beslissing, tenzij de kamer van toezicht het verzet niet-ontvankelijk of ongegrond verklaart.
– 9. Is de kamer van toezicht van oordeel dat de klacht kennelijk niet-ontvankelijk, kennelijk ongegrond of van onvoldoende gewicht is, dan kan zij zonder nader onderzoek het verzet ongegrond verklaren, echter niet dan na de klager die daarom vroeg in de gelegenheid te hebben gesteld te worden gehoord.
– 10. De beslissing tot niet-ontvankelijkverklaring of ongegrondverklaring van het verzet is met redenen omkleed. Daartegen staat geen rechtsmiddel open. Het vijfde lid is van overeenkomstige toepassing.
– 11. Is de kamer van oordeel dat het verzet gegrond is, dan wordt de zaak in verdere behandeling genomen.
– 12. Een klacht kan slechts worden ingediend gedurende drie jaren na de dag waarop de tot klacht gerechtigde van het handelen of nalaten van een notaris of kandidaat-notaris dat tot tuchtrechtelijke maatregelen aanleiding kan geven kennis heeft genomen.

Verjaringstermijn indiening klacht

– 13. Intrekken van de klacht, nadat deze is ingekomen, of staking van de werkzaamheden door de persoon over wie geklaagd is, heeft op de verdere behandeling geen invloed, wanneer naar het oordeel van de kamer van toezicht het algemeen belang de voortzetting van de behandeling vordert of wanneer degene over wie geklaagd is, schriftelijk heeft verklaard voortzetting van de behandeling van de klacht te verlangen.

Intrekking klacht/staking werkzaamheden beklaagde

Art. 100

Verschoning; wraking

Zij die deel uitmaken van een kamer van toezicht kunnen zich verschonen en kunnen worden gewraakt, indien te hunnen aanzien feiten of omstandigheden bestaan, waardoor in het algemeen de onpartijdigheid schade zou kunnen lijden. Titel IV van het Vierde Boek van het Wetboek van Strafvordering is van overeenkomstige toepassing.

Art. 101

Beslissing na verhoor; oproeping

– 1. De kamer van toezicht neemt geen beslissing dan na verhoor of behoorlijke oproeping van de notaris of kandidaat-notaris en van de klager. De oproepingen geschieden bij aangetekende brief ten minste zeven dagen voor het verhoor.

Bijstand door raadsman; kennisneming stukken

– 2. De notaris of kandidaat-notaris en de klager zijn bevoegd zich te doen bijstaan door een raadsman. De secretaris van de kamer stelt hen tijdig in de gelegenheid om van de op de zaak betrekking hebbende stukken kennis te nemen. Zij kunnen afschriften of uittreksels van die stukken vragen tegen vergoeding van de kostende prijs.

Weigeren raadsman; aanhouding zaak

– 3. De kamer van toezicht kan weigeren personen, die geen advocaat zijn, als raadsman toe te laten. In dat geval houdt de kamer de zaak tot een volgende zitting aan.

Openbare/besloten behandeling

– 4. De behandeling door de kamer geschiedt in het openbaar. De kamer kan om gewichtige redenen bevelen dat de behandeling geheel of gedeeltelijk met gesloten deuren zal plaatsvinden.

Art. 102

Getuigen en deskundigen

– 1. De kamer van toezicht kan getuigen en deskundigen horen. Zij worden daartoe bij aangetekende brief opgeroepen en zijn verplicht aan de oproeping gevolg te geven.
– 2. Verschijnt een getuige of deskundige op de oproeping niet, dan doet de officier van justitie op verzoek van de kamer hem dagvaarden. Verschijnt een getuige of deskundige op de dagvaarding niet, dan doet de officier van justitie op verzoek van de kamer hem andermaal dagvaarden desverzocht met bevel tot medebrenging. Artikel 556 van het Wetboek van Strafvordering is van overeenkomstige toepassing.
– 3. De voorzitter kan een getuige onder ede horen. In dat geval moet hij verklaren dat hij de gehele waarheid en niets dan de waarheid zal zeggen. De getuige is verplicht op de gestelde vragen te antwoorden. De deskundige is gehouden zijn taak onpartijdig en naar beste weten te verrichten.
– 4. Ten aanzien van de getuigen en deskundigen zijn de artikelen 217 tot en met 219 van het Wetboek van Strafvordering van overeenkomstige toepassing.
– 5. De getuigen en deskundigen ontvangen op verzoek op vertoon van hun oproeping of dagvaarding schadeloosstelling overeenkomstig het bij en krachtens de Wet tarieven in burgerlijke zaken bepaalde.

Art. 103

Tuchtmaatregelen tegen notaris

– 1. De kamer van toezicht kan, indien zij oordeelt dat een tegen een notaris gerezen bedenking gegrond is, een van de volgende tuchtmaatregelen opleggen:
a. waarschuwing;
b. berisping;
c. schorsing in de uitoefening van het ambt voor de duur van ten hoogste zes maanden;
d. ontzetting uit het ambt.

– 2. De kamer kan een bedenking ook gegrond verklaren zonder oplegging van een maatregel.

Tuchtmaatregelen tegen kandidaat-notaris

– 3. Het in de leden 1 en 2 bepaalde is van overeenkomstige toepassing op de kandidaat-notaris, met dien verstande dat aan hem de tuchtmaatregelen als bedoeld in het eerste lid, onder *a* en *b*, kunnen worden opgelegd, alsmede de tuchtmaatregel van ontzegging van de bevoegdheid om waar te nemen voor bepaalde of onbepaalde duur.

– 4. In geval van waarneming door een kandidaat-notaris is het in de leden 1 tot en met 3 bepaalde van overeenkomstige toepassing op de waarnemer, met dien verstande dat hij tevens als waarnemer in de uitoefening van het ambt kan worden geschorst voor bepaalde duur.

Waarschuwing; berisping

– 5. De kamer kan bij het opleggen van een waarschuwing of berisping besluiten tot openbaarmaking op door haar te bepalen wijze van de opgelegde maatregel, al dan niet met de gronden waarop hij rust, indien enig door deze bepaling beschermd belang dat vordert. De waarschuwing of berisping wordt door de voorzitter uitgesproken in een vergadering van de kamer, in aanwezigheid van de notaris of kandidaat-notaris, die daarvoor bij aangetekende brief wordt opgeroepen. Daarvan wordt proces-verbaal opgemaakt. De secretaris zendt een afschrift van het proces-verbaal bij aangetekende brief aan de notaris of kandidaat-notaris. Indien deze in de vergadering niet is verschenen, deelt de secretaris de inhoud van de waarschuwing of berisping bij aangetekende brief met bericht van ontvangst aan hem mee.

Schorsing

– 6. Schorsing in de uitoefening van het ambt brengt mede verlies voor de duur van de schorsing van de betrekkingen, waarbij de hoedanigheid van notaris vereiste is voor de verkiesbaarheid of benoembaarheid.

Uit ambt ontzette notaris

– 7. Een notaris die uit zijn ambt is ontzet kan niet meer tot waarnemer worden benoemd.

Art. 104

Beslissingen kamer met redenen omkleed

– 1. De beslissingen van de kamer van toezicht zijn met redenen omkleed en worden in het openbaar uitgesproken.

Afschrift

– 2. De secretaris zendt van de beslissingen van de kamer bij aangetekende brief een afschrift:
a. aan de betrokken notaris of kandidaat-notaris;
b. aan het bestuur van de KNB, indien het op grond van artikel 96, tweede lid, tweede volzin, heeft verzocht een onderzoek in te stellen;
c. aan het bestuur van het Bureau, indien het op grond van artikel 96, tweede lid, tweede volzin, heeft verzocht een onderzoek in te stellen;
d. aan de klager, indien werd beslist naar aanleiding van een klacht als bedoeld in artikel 99.

– 3. Aan de ambtenaar van de rijksbelastingdienst, bedoeld in artikel 97, wordt een afschrift van de beslissing gezonden.

Art. 105

Datum onherroepelijke beslissing schorsing en ontzetting

In geval van oplegging van de maatregelen schorsing in de uitoefening van het ambt en ontzetting uit het ambt deelt de kamer van toezicht aan de betrokken notaris bij aangetekende brief, nadat de beslissing onherroepelijk is geworden, de datum mee waarop de maatregel van kracht wordt.

Art. 106

Onmiddellijke schorsing

– 1. Indien het betreft een klacht tegen een notaris van zeer ernstige aard, er kennelijk gevaar bestaat voor benadeling van derden en de voorzitter van de kamer van toezicht een ernstig vermoeden heeft ten aanzien van de gegrondheid, kan hij bij wijze van maatregel van orde de onmiddellijke schorsing in de uitoefening van het ambt gelasten voor de duur van de behandeling van de klacht. Artikel 27, eerste lid, tweede tot en met derde volzin, en tweede lid, is van overeenkomstige toepassing.

Ordemaatregelen

– 2. Indien de kamer van toezicht uiteindelijk de klacht niet-ontvankelijk of ongegrond verklaart of een andere maatregel dan schorsing oplegt, vervalt de ordemaatregel van rechtswege. Spreekt de kamer de schorsing uit, dan kan zij bij de bepaling van de termijn rekening houden met de duur van de schorsing bij wege van ordemaatregel.

Art. 107

Hoger beroep

– 1. Tegen een beslissing van de kamer van toezicht kan binnen dertig dagen na de dag van verzending van de in artikel 104 bedoelde brief hoger beroep worden ingesteld bij het gerechtshof te Amsterdam. Voor wat betreft de mogelijkheid tot het instellen van beroep worden als klager aangemerkt het bestuur van de KNB en het bestuur van het Bureau, indien de zaak door de voorzitter van de kamer van toezicht ter behandeling aan de kamer is voorgelegd na een onderzoek op grond van artikel 96, tweede lid, tweede volzin.

Verzoekschrift

– 2. Het beroep wordt ingesteld bij verzoekschrift. De griffier van het hof geeft door toezending van een afschrift van het verzoekschrift onverwijld kennis aan de kamer van toezicht die de beslissing heeft genomen en, voor zover het beroep niet door hem is ingesteld, aan de klager en aan de notaris of kandidaat-notaris.

Toepasselijke bepalingen

– 3. Op de behandeling in hoger beroep zijn de artikelen 101 tot en met 104 van overeenkomstige toepassing.

Behandeling in volle omvang

– 4. Het gerechtshof behandelt de zaak opnieuw in volle omvang.

– 5. Tenzij het gerechtshof beslist dat er geen aanleiding bestaat tot het opleggen van enige maatregel, legt het zelf een maatregel op die het in het gegeven geval passend oordeelt.

Passende maatregel

– 6. De griffier van het gerechtshof brengt de beslissing terstond ter kennis van de kamer van toezicht.

Kennisgeving door griffier

Art. 108

– 1. De griffiers der gerechten doen aan de kamers van toezicht in het arrondissement waar elk gerecht gevestigd is mededeling van elke onherroepelijk geworden beslissing waarbij een notaris wegens een misdrijf is veroordeeld.

Mededelingen over wegens misdrijf veroordeelde notaris

– 2. Indien de kamer van toezicht van oordeel is, dat de feiten die tot de beslissing of beslissingen hebben geleid van zodanige aard zijn, dat een ernstige aantasting van de eer en het aanzien van het notarisambt daarvan het gevolg is, kan zij ambtshalve de maatregel van ontzetting uit het ambt opleggen. De artikelen 101, 102, 104 en 107 zijn van overeenkomstige toepassing.

Ambtshalve maatregel van ontzetting

Art. 109

– 1. In gevallen waarin een van de in artikel 103, eerste lid, onder *c* en *d*, omschreven maatregelen of de maatregel van ontzegging van de bevoegdheid om waar te nemen voor bepaalde of onbepaalde duur, bedoeld in het derde lid, is opgelegd, kan, zo bijzondere omstandigheden zulks wettigen, bij koninklijk besluit worden bepaald dat de schorsing wordt opgeheven, dat de betrokken notaris in zijn ambt wordt hersteld of dat de kandidaat-notaris in de hem ontzegde bevoegdheid wordt hersteld.

Opheffing maatregelen

– 2. De voordracht tot een besluit krachtens het eerste lid wordt gedaan door Onze Minister. Alvorens zodanige voordracht wordt gedaan, wint Onze Minister het advies in van de kamer van toezicht of het gerechtshof die de maatregel heeft opgelegd.

Voordracht

AFDELING 2
Het financiële toezicht

Art. 110

– 1. Er is een Bureau Financieel Toezicht, dat gevestigd is te Utrecht. Het Bureau bezit rechtspersoonlijkheid. Het Bureau houdt toezicht op de naleving door de notaris van de artikelen 23, 24 en 25, eerste lid en tweede lid, derde volzin, alsmede de verordeningen, bedoeld in artikel 18, tweede lid, en 24, derde lid, en de ministeriële regeling, bedoeld in artikel 25, zevende lid. Afdeling 5.2 van de Algemene wet bestuursrecht is niet van toepassing.

Bureau Financieel Toezicht

– 2. Bij algemene maatregel van bestuur kan zonodig worden bepaald dat het Bureau daarbij aangegeven andere taken kan verrichten dan die, bedoeld in het eerste lid, indien deze taken verband houden met de in dat lid genoemde taken. Onze Minister is bevoegd tot het vaststellen van algemeen verbindende voorschriften of beleidsregels ten aanzien van de uitoefening van de taken van het Bureau.
– 3. Het bestuur van het Bureau is belast met de algemene leiding van het Bureau en met het beheer en de beschikking over zijn vermogen.
– 4. Het bestuur van het Bureau bestaat uit een voorzitter en vier leden. Het bestuur wijst uit zijn midden een plaatsvervangend voorzitter aan. De voorzitter en de andere leden van het bestuur worden benoemd, geschorst en ontslagen door Onze Minister. De voorzitter en één lid moeten over juridische deskundigheid en ervaring beschikken; de andere leden moeten over financiële deskundigheid en ervaring beschikken. De leden van het bestuur worden benoemd voor een periode van vier jaren en kunnen na aftreden terstond voor eenzelfde termijn eenmaal worden herbenoemd.
– 5. De leden van het bestuur ontvangen voor hun werkzaamheden een door Onze Minister vast te stellen vergoeding, alsmede een vergoeding van reis- en verblijfkosten overeenkomstig de bepalingen welke te dien aanzien voor de ambtenaren in dienst van het Rijk gelden.
– 6. De voorzitter vertegenwoordigt het Bureau in en buiten rechte.
– 7. Het bestuur wordt bijgestaan door een directeur, die belast is met de dagelijkse leiding van het Bureau. De directeur wordt aangesteld, geschorst en ontslagen door het bestuur. Het personeel van het Bureau wordt door het bestuur, op voordracht van de directeur, aangesteld, geschorst en ontslagen.
– 8. De rechtspositie van het personeel van het Bureau is in overeenstemming met de regels die gelden voor ambtenaren die zijn aangesteld in dienst van het Rijk, met dien verstande dat waar in deze regels een bevoegdheid is toegekend aan een andere minister dan Onze Minister van Binnenlandse Zaken, deze bevoegdheid wordt uitgeoefend door het bestuur van het Bureau. Bij algemene maatregel van bestuur kan zonodig worden afgeweken van de in de vorige volzin bedoelde regels.
– 9. Het bestuur stelt een bestuursreglement vast. Dit reglement behoeft de goedkeuring van Onze Minister.
– 10. De bestuursleden en het personeel van het Bureau moeten, alvorens zij hun taak aanvan-

gen, voor de rechtbank te Utrecht de navolgende eed afleggen: 'Ik zweer getrouwheid aan de Koning en de wet.
Ik zweer dat ik mijn taak toegewijd en nauwgezet zal uitvoeren en dat ik, voor zover niet bij of krachtens de wet anders is bepaald, geheimhouding zal betrachten ten aanzien van alles waarvan ik uit hoofde van mijn taakvervulling kennis neem.
De griffier van de rechtbank geeft ter zitting een proces-verbaal van de eedsaflegging af aan de betrokkene.
– 11. Indien het Bureau zijn taken, bedoeld in het eerste en tweede lid, naar het oordeel van Onze Minister ernstig verwaarloost, kan hij zonodig voorzieningen treffen. Onze Minister doet hiervan terstond mededeling aan de Staten-Generaal.

Art. 111

Kostensubsidie

– 1. Onze Minister verstrekt aan het Bureau een subsidie voor de kosten van de exploitatie van het Bureau.
– 2. In afwijking van artikel 4:21, derde lid, van de Algemene wet bestuursrecht is titel 4.2 van die wet van toepassing.
– 3. De subsidie wordt per boekjaar verstrekt. Afdeling 4.2.8 van de Algemene wet bestuursrecht is van toepassing.
– 4. Onze Minister kan voorschotten op de in het eerste lid bedoelde subsidie verlenen.

Art. 112

Verplichte indiening stukken bij Bureau

– 1. De notaris is verplicht de in artikel 24, vierde lid, bedoelde stukken, vergezeld van een verslag van het onderzoek daarover van een accountant, dat voor wat betreft de jaarrekening van het kantoor ten minste een beoordelingskarakter draagt, aanstonds na het verstrijken van de termijn, bedoeld in artikel 24, vierde lid, in te dienen bij het Bureau.

Inzageverschaffing

– 2. Het Bureau kan van de notaris verlangen dat hij inzage verschaft van zijn kantoor- en privé-administratie en de daarmee verband houdende bescheiden, de balansen en de staten van baten en lasten alsmede van zijn protocol en zijn archief. Het Bureau kan, behoudens voor wat betreft de minuten en repertoria, verlangen dat de notaris een afschrift van deze stukken verstrekt.

Vermoeden grond tuchtmaatregel

– 3. Indien het Bureau bij de uitoefening van het toezicht van feiten of omstandigheden blijkt die naar zijn oordeel grond opleveren tot het opleggen van een tuchtmaatregel, brengt het zijn bevindingen, desgeraden in de vorm van een klacht, ter kennis van de voorzitter van de kamer van toezicht.

Onderzoekstaak

– 4. Het Bureau is belast met het doen van elk onderzoek naar de kantoor- en privé-administratie van de notaris waartoe de voorzitter of de met het onderzoek belaste plaatsvervangend voorzitter van een kamer van toezicht overeenkomstig artikel 96, vijfde lid, opdracht geeft.

Advies

– 5. Het Bureau adviseert het bestuur van de KNB over het ontwerp van de verordening, bedoeld in artikel 24, derde lid.

Inlichtingen i.v.m. ondernemingsplan

– 6. Het Bureau verschaft aan de Commissie van deskundigen, bedoeld in artikel 7, tweede lid, desverlangd inlichtingen in verband met het onderzoek van het ondernemingsplan.

Inlichtingen aan Minister

– 7. Het Bureau verstrekt desgevraagd aan Onze Minister de voor de uitoefening van zijn taak benodigde inlichtingen. Onze Minister kan inzage vorderen van zakelijke gegevens en bescheiden, voor zover dat voor de vervulling van zijn taak redelijkerwijs nodig is.

Verslag werkzaamheden

– 8. Het Bureau stelt jaarlijks voor één juli een verslag op van de werkzaamheden, het gevoerde beleid in het algemeen en de doelmatigheid en doeltreffendheid van zijn werkzaamheden en werkwijze in het bijzonder in het afgelopen kalenderjaar. Het verslag wordt aan Onze Minister toegezonden en algemeen verkrijgbaar gesteld.

Art. 113

Evaluatieverslag

Onze Minister van Justitie zendt binnen vijf jaar na de inwerkingtreding van deze wet en vervolgens telkens na vier jaar aan de Staten-Generaal een verslag over de doeltreffendheid en de doelmatigheid van het functioneren van het Bureau. Het verslag, bedoeld in artikel 4:24 van de Algemene wet bestuursrecht, wordt hierin opgenomen.

TITEL IXA

Het Notarieel Pensioensfonds

Art. 113a

Verplichte deelname aan Notarieel Pensioenfonds

– 1. De notarissen en kandidaat-notarissen zijn verplicht deel te nemen in de Stichting Notarieel Pensioenfonds, gevestigd te 's-Gravenhage.
– 2. In het bestuur van het fonds moeten notarissen en kandidaat-notarissen zitting hebben.
– 3. Met kandidaat-notarissen worden gelijkgesteld degenen die werkzaam zijn bij een door Onze Minister, gehoord het bestuur van het fonds, op haar verzoek aangewezen instelling, die de behartiging van notariële belangen beoogt. Bij algemene maatregel van bestuur worden nadere regelen vastgesteld omtrent de aanwijzing van een instelling en de beëindiging van zodanige aanwijzing.

– 4. Notarissen, kandidaat-notarissen en overeenkomstig het derde lid aangewezen instellingen, alsmede degenen, die rechten op uitkering ontlenen aan het pensioenreglement zijn verplicht tot naleving van het bij of krachtens de statuten en de reglementen van het fonds te hunnen aanzien bepaalde.

Art. 113b

Pensioenreglement bij notariële akte

– 1. Van de vaststelling en wijziging van het pensioenreglement van het fonds wordt een notariële akte opgemaakt.

– 2. De statuten en het pensioenreglement, alsmede de wijzigingen daarin behoeven de voorafgaande goedkeuring door Onze Minister. Alvorens deze goedkeuring te verlenen hoort Onze Minister De Nederlandsche Bank N.V. Van goedkeuring wordt mededeling gedaan in de *Nederlandse Staatscourant*.

– 3. Indien een wijziging van de beroepspensioenregeling heeft plaatsgevonden zendt het fonds binnen twee weken nadat de wijziging tot stand is gekomen een afschrift van die wijziging aan Onze Minister en De Nederlandsche Bank N.V.

Art. 113c

Schakelbepaling

– 1. De artikelen 1, 2, 20, tweede en derde lid, 21, 22 tot en met 106, 110 tot en met 214, tweede lid, van de Wet verplichte beroepspensioenregeling zijn van toepassing.

– 2. Artikel 19 van de Wet verplichte beroepspensioenregeling is van toepassing, met dien verstande dat in het eerste lid voor 'verplichtstelling' wordt gelezen: verplichte deelneming op grond van artikel 113*a* van de Wet op het notarisambt.

– 3. De artikelen 17 en 214, derde lid, van de Wet verplichte beroepspensioenregeling zijn van overeenkomstige toepassing.

– 4. Artikel 214, vierde lid, van de Wet verplichte beroepspensioenregeling is ten aanzien van artikel 111 van overeenkomstige toepassing.

TITEL X

Overgangs- en slotbepalingen

Art. 114

Intrekking Wet op het Notarisambt 1842

De Wet van 9 juli 1842, *Stb.* 20, op het Notarisambt alsmede de Wet van 31 maart 1847, *Stb.* 12, houdende vaststelling van het tarief voor het honorarium en de verschotten der notarissen worden ingetrokken.

Art. 115-121

Bevat wijzigingen in andere regelgeving.

Art. 122

Bevat wijzigingen in deze regelgeving.

Art. 123

Toepassing Wet op het Notarisambt 1842

– 1. Aan het benoembaarheidsvereiste, bedoeld in artikel 6, tweede lid, onderdeel *a*, voldoet tevens hij die kandidaat-notaris is op grond van artikel 20*a* van de Wet van 9 juli 1842, *Stb.* 20, op het Notarisambt zoals dit artikel voor de inwerkingtreding van deze wet luidde.

– 2. Zij die vóór het tijdstip van de plaatsing van deze wet in het *Staatsblad* naar een standplaats hebben gesolliciteerd kunnen tot het tijdstip van de inwerkingtreding van de wet tot notaris worden benoemd als zij voldoen aan de in artikel 10 van de Wet van 9 juli 1842, *Stb.* 20, op het Notarisambt vermelde vereisten.

– 3. Na het tijdstip van in werking treden van deze wet kunnen tot notaris worden benoemd zij die vóór dat tijdstip voldeden aan de in artikel 10 van de Wet van 9 juli 1842, *Stb.* 20, op het Notarisambt vermelde vereisten om tot notaris te worden benoemd, met dien verstande dat vereist is dat zij gedurende zes jaren onder verantwoordelijkheid van een notaris notariële werkzaamheden hebben verricht, de duur van de stage daaronder begrepen, en dat zij tevens dienen te voldoen aan de vereisten van artikel 6, tweede lid, onderdeel *b*, onder 3° en 4°, en onderdeel *c*. Hetzelfde geldt voor de benoeming tot waarnemer, met dien verstande dat in de gevallen van artikel 28, onderdelen *a* en *b*, een kandidaat-notaris slechts tot waarnemer kan worden benoemd indien hij een driejarige stage heeft doorlopen en hij tevens voldoet aan de vereisten van artikel 6, tweede lid, onderdelen *b*, onder 3°, en *c*. In de gevallen van artikel 28, onderdelen *c*, *d* en *e* dient de kandidaat-notaris gedurende zes jaren onder verantwoordelijkheid van een notaris notariële werkzaamheden te hebben verricht, de duur van de stage daaronder begrepen, en tevens te voldoen aan de vereisten van artikel 6, tweede lid, onderdelen *b*, onder 3°, en *c*.

– 4. Op de kandidaat-notaris die reeds vóór het tijdstip van in werking treden van deze wet een betrekking op een notariskantoor heeft aanvaard is artikel 6, tweede lid, onderdeel *b*, onder 2°, niet van toepassing.

– 5. Voor de vaststelling van de duur van de door de kandidaat-notaris vóór het tijdstip van inwerkingtreding van de wet verrichte notariële werkzaamheden, bedoeld in het derde lid, zijn de artikelen 1, onderdeel *g*, en 31, eerste lid, tweede volzin, van toepassing.

– 6. De notaris die vóór het tijdstip van inwerkingtreding van deze wet zijn standplaats heeft in een deel van een gemeente heeft na dat tijdstip zijn plaats van vestiging in de gehele gemeente.

Art. 124

Benoeming aantal notarissen per jaar

Tot vier jaren na het tijdstip van in werking treden van deze wet worden jaarlijks niet meer notarissen benoemd dan een aantal dat overeenkomt met een tiende van het aantal notarissen dat op eenendertig december van het voorafgaande jaar in functie was of voor wie een waarnemer was benoemd. Bij algemene maatregel van bestuur kan deze termijn één maal met ten hoogste twee jaren worden verlengd. Onze Minister kan voor deze overgangsperiode regels vaststellen met betrekking tot het aantal notarissen dat ten hoogste in ieder arrondissement kan worden benoemd.

Art. 125

Onverenigbaarheid andere functie

Op een notaris of kandidaat-notaris die tevens advocaat is vóór het tijdstip van in werking treden van deze wet is artikel 9 niet van toepassing.

Art. 126

Verzoek opneming akte in protocol

Artikel 48 is uitsluitend van toepassing op verzoeken die worden gedaan na het tijdstip van de inwerkingtreding van deze wet. De aanbieding van stukken aan de notaris met het verzoek deze in zijn protocol op te nemen, waarvan een akte is opgemaakt vóór dat tijdstip, blijft beheerst door de bepalingen van de Wet van 9 juli 1842, *Stb.* 20 op het Notarisambt en door het recht dat zich met betrekking tot dit onderwerp tot aan dat tijdstip heeft gevormd.

Art. 127

Koninklijke Notariële Beroepsorganisatie (KNB)

– 1. De vereniging genaamd Koninklijke Notariële Beroepsorganisatie en gevestigd te 's-Gravenhage wordt van rechtswege ontbonden op het tijdstip van de inwerkingtreding van deze wet en wordt van rechtswege onder algemene titel opgevolgd door de KNB. Het bestuur van de KNB is bevoegd tot het nemen van alle maatregelen en beslissingen die uit de rechtsopvolging voortvloeien.

Vaststelling tarieven

– 2. Onze Ministers van Justitie en van Economische Zaken stellen gedurende een periode van drie jaar na inwerkingtreding van de wet gezamenlijk jaarlijks bij ministeriële regeling tarieven of een tarievenstelsel vast ter bepaling van het honorarium dat de notaris de cliënt in rekening brengt. Die regeling laat artikel 56 onverlet. Het is de notaris verboden aan de cliënt een honorarium in rekening te brengen dat niet in overeenstemming is met die ministeriële regeling. Artikel 54 is niet van toepassing gedurende die periode.

– 3. De tarieven worden zodanig vastgesteld dat een geleidelijke overgang wordt bewerkstelligd naar een vrije tariefsvorming. Daarbij wordt rekening gehouden met de notariële tarieven voor ambtshandelingen, zoals deze laatstelijk hebben gegolden krachtens artikel 59 van de statuten van de voormalige vereniging Koninklijke Notariële Beroepsorganisatie.

– 4. Onze Minister zendt in overeenstemming met Onze Minister van Economische Zaken zo spoedig mogelijk na verloop van een periode van twee jaar na de inwerkingtreding van deze wet aan de Staten-Generaal een verslag over de gevolgen van de overgangsregeling van het tweede en derde lid betreffende de continuïteit en de toegankelijkheid van de notariële dienstverlening in die periode. In het verslag worden de in artikel 128 bedoelde rapporten over die periode verwerkt. Het verslag bevat tevens een conclusie met betrekking tot de vraag of er aanleiding is tot toepassing van artikel 54 na het einde van de overgangsregeling.

Art. 128

Benoeming commissie

– 1. Onze Minister benoemt in overeenstemming met Onze Minister van Economische Zaken een commissie van drie leden, waarvan een onafhankelijke voorzitter deel uitmaakt. Deze commissie heeft tot taak om gedurende de overgangsperiode van artikel 127, tweede lid, ieder jaar aan Onze Ministers van Justitie en van Economische Zaken en aan de Staten-Generaal een rapport uit te brengen over de gevolgen van de wet, in het bijzonder met betrekking tot haar doeltreffendheid ter zake van de bedrijfsvoering van het notariaat, de kwaliteit van de notariele dienstverlening, de continuïteit en de toegankelijkheid van het notariaat en de ontwikkeling van de tarieven.

Gegevensverschaffing

– 2. De commissie stelt alle personen en organisaties die belang hebben bij of betrokken zijn bij de toepassing van de wet in de gelegenheid om haar gegevens te verschaffen en zich over de werking van de wet uit te spreken.

Art. 129

Ambtenaar Bureau Financieel Toezicht

– 1. Met ingang van de datum van inwerkingtreding van deze wet zijn de personeelsleden van het Centraal Bureau van Bijstand, bedoeld in artikel 1 van het koninklijk besluit van 20 mei 1933, *Stb.* 292 tot vaststelling van een algemene maatregel van bestuur, bedoeld in artikel 73*a* van de Wet op het Notarisambt, van wie naam en functie zijn vermeld op een door Onze Minister vastgestelde lijst, van rechtswege ontslagen en aangesteld als ambtenaar in dienst van het Bureau Financieel Toezicht.

Rechtspositie

– 2. De overgang van de in het eerste lid bedoelde personeelsleden vindt plaats met een rechtspositie die als geheel ten minste gelijkwaardig is aan die welke voor elk van hen gold bij het Centraal Bureau van Bijstand.

– 3. De personen die op het tijdstip van inwerkingtreding van deze wet krachtens een arbeidsovereenkomst naar burgerlijk recht behoren tot het personeel van het Centraal Bureau van Bijstand, waarvan naam en functie zijn vermeld op een door Onze Minister vastgestelde lijst, zijn met ingang van dat tijdstip van rechtswege ontslagen en aangesteld in dienst van het Bureau met een rechtspositie die in totaliteit ten minste gelijkwaardig is aan die welke voor elk van hen gold bij het Centraal Bureau van Bijstand.

Art. 130

Toerekening vermogensbestanddelen aan Bureau Financieel Toezicht

– 1. Onze Minister bepaalt in overeenstemming met Onze Minister van Financiën welke vermogensbestanddelen van de Staat die aan het Centraal Bureau van Bijstand worden toegerekend, worden toebedeeld aan het Bureau.

– 2. De in het eerste lid bedoelde vermogensbestanddelen gaan met ingang van de datum van inwerkingtreding van deze wet onder algemene titel over op het Bureau tegen een door Onze Minister in overeenstemming met Onze Minister van Financiën te bepalen waarde.

Overgang registergoederen

– 3. Ingeval krachtens het eerste en tweede lid registergoederen overgaan, zal verandering in de tenaamstelling in de openbare registers, bedoeld in afdeling 2 van titel 1 van Boek 3 van het Burgerlijk Wetboek plaatsvinden. De daartoe nodige opgaven worden door de zorg van Onze Minister van Financiën aan de bewaarders van de desbetreffende registers gedaan.

Art. 131

Overgang archief

Archiefbescheiden van het Centraal Bureau van Bijstand gaan met ingang van de datum van inwerkingtreding van deze wet over naar het Bureau, voor zover zij niet overeenkomstig de Archiefwet 1995 zijn overgebracht naar een archiefbewaarplaats.

Art. 132

Bestuur KNB

Onze Minister wijst, na daarover het gevoelen van de vereniging Koninklijke Notariële Beroepsorganisatie te hebben ingewonnen, de personen aan die na de inwerkingtreding van de wet als voorzitter of als lid zitting hebben in het bestuur van de KNB, de ledenraad en de ringbesturen voor een termijn van ten hoogste negentig dagen. Binnen die termijn geven de ledenraad onderscheidenlijk de ringvergadering uitvoering aan artikel 71, eerste lid, onderscheidenlijk aan de artikelen 67, tweede lid en 85.

Art. 133

Inwerkingtreding verordeningen KNB

– 1. De verordeningen van de KNB, bedoeld in de artikelen 12, derde lid, 15, eerste lid, 18, tweede lid, 29, elfde lid, 31, tweede lid, 33, tweede lid, 34, tweede lid, 41, tweede lid, 61, tweede lid, 77, 86 en 94, vierde lid, moeten binnen één jaar na de dag van inwerkingtreding van die artikelen in werking treden. Zolang de verordeningen niet in werking zijn getreden blijft voor zover mogelijk op de daarin te regelen onderwerpen het vóór de inwerkingtreding van deze wet geldende recht van toepassing.

– 2. Indien en voorzover niet is voldaan aan het bepaalde in het eerste lid, is Onze Minister bevoegd de verordeningen voor de eerste maal vast te stellen. Zulks laat de uit artikel 69 voortvloeiende bevoegdheid van het bestuur en de ledenraad voor het overige onverlet.

Art. 134

Inwerkingtreding

Deze wet treedt in werking op een bij koninklijk besluit te bepalen tijdstip, dat voor de verschillende onderdelen en artikelen verschillend kan zijn.

Art. 135

Citeertitel

Deze wet wordt aangehaald als: Wet op het notarisambt.

Wet van 26 januari 2001, Stb. 70, tot vaststelling van de Gerechtsdeurwaarderswet, zoals deze wet laatstelijk is gewijzigd bij de Wet van 20 maart 2008, Stb. 100

[Inwerkingtreding: 15-07-2001]

Wij Beatrix, bij de gratie Gods, Koningin der Nederlanden, Prinses van Oranje-Nassau, enz. enz. enz.

Allen, die deze zullen zien of horen lezen, saluut! doen te weten:

Alzo Wij in overweging genomen hebben, dat het wenselijk is om bij wet regels te stellen met betrekking tot de organisatie van het ambt van gerechtsdeurwaarder en met betrekking tot de rechten en verplichtingen van gerechtsdeurwaarders;

Zo is het, dat Wij, de Raad van State gehoord, en met gemeen overleg der Staten-Generaal, hebben goedgevonden en verstaan, gelijk Wij goedvinden en verstaan bij deze:

HOOFDSTUK I
Algemene bepalingen

Art. 1

Begripsbepaling

Voor de toepassing van het bij of krachtens deze wet bepaalde wordt verstaan onder:

a. Onze Minister: Onze Minister van Justitie;

b. ambtshandelingen: de werkzaamheden, bedoeld in artikel 2;

c. gerechtsdeurwaarder: de ambtenaar, benoemd krachtens artikel 4, eerste lid;

d. kandidaat-gerechtsdeurwaarder: hij die met goed gevolg de opleiding, bedoeld in artikel 25, eerste lid, heeft doorlopen;

e. toegevoegd kandidaat-gerechtsdeurwaarder: een als zodanig, overeenkomstig artikel 26, aangewezen kandidaat-gerechtsdeurwaarder;

f. het Bureau: het Bureau Financieel Toezicht, bedoeld in artikel 110 van de Wet op het notarisambt;

g. kamer voor gerechtsdeurwaarders: het college, bedoeld in artikel 34;

h. deeltijd: de werktijd die korter is dan de volledige werktijd die geldt voor burgerlijke rijksambtenaren, werkzaam op de ministeries;

i. de KBvG: de Koninklijke Beroepsorganisatie van Gerechtsdeurwaarders, bedoeld in artikel 56.

HOOFDSTUK II
De gerechtsdeurwaarder

§ 1. Ambt en bevoegdheid

Art. 2

Taken

– 1. De gerechtsdeurwaarder is een openbaar ambtenaar, belast met de taken die bij of krachtens de wet, al dan niet bij uitsluiting van ieder ander, aan deurwaarders onderscheidenlijk gerechtsdeurwaarders zijn opgedragen of voorbehouden. De gerechtsdeurwaarder is in het bijzonder belast met:

a. het doen van dagvaardingen en andere betekeningen, behorende tot de rechtsingang of de instructie van gedingen;

b. het doen van gerechtelijke aanzeggingen, bekendmakingen, protesten en verdere exploten;

c. ontruimingen, beslagen, executoriale verkopingen, gijzelingen en andere handelingen, behorende tot of vereist voor de uitvoering van executoriale titels dan wel voor de bewaring van rechten;

d. het doen van protesten van non-acceptatie of non-betaling van wissels, orderbiljetten en dergelijke en het opmaken van een akte van interventie aan de voet van het protest;

e. het ambtelijk toezicht bij vrijwillige openbare verkopingen van roerende lichamelijke zaken bij opbod, bij opbod en afslag, of bij afslag.

– 2. Bij algemene maatregel van bestuur worden de in het eerste lid bedoelde ambtshandelingen omschreven.

– 3. Onder ambtshandelingen worden mede verstaan de werkzaamheden die rechtstreeks daarmee samenhangen.

– 4. De hoofdstukken 3 en 4 van de Algemene wet bestuursrecht zijn niet van toepassing op ambtshandelingen en de weigering deze te verrichten.

Art. 3

Bevoegdheid

– 1. De gerechtsdeurwaarder is bevoegd tot het verrichten van ambtshandelingen op het grondgebied van Nederland.

[Inwerkingtreding: 15-07-2001]

– 2. De gerechtsdeurwaarder is niet bevoegd tot het verrichten van ambtshandelingen ten behoeve van of gericht tegen:
a. zichzelf, zijn echtgenoot, geregistreerde partner of een persoon met wie hij een duurzame relatie onderhoudt en samenwoont;
b. zijn bloed- of aanverwanten, in rechte lijn onbepaald en in de zijlijn tot en met de derde graad.
– 3. De gerechtsdeurwaarder is niet bevoegd tot het verrichten van ambtshandelingen ten behoeve van of gericht tegen:
a. de bloed- en aanverwanten van een persoon met wie hij een duurzame relatie onderhoudt en samenwoont, in rechte lijn onbepaald en in de zijlijn tot en met de derde graad;
b. een rechtspersoon waarvan hij weet of had behoren te weten dat een van de personen, bedoeld in het tweede lid, onderdeel *a*, dan wel een van hun bloed of aanverwanten in rechte lijn daarin een meerderheid van de aandelen bezit of de functie van directeur vervult.
– 4. Ambtshandelingen, verricht in strijd met het tweede of derde lid, zijn nietig.

Art. 3a

Opdracht tot ambtshandeling; in kennis stellen minister

– 1. De gerechtsdeurwaarder die opdracht ontvangt tot het verrichten van een ambtshandeling stelt, indien hij redelijkerwijs rekening moet houden met de mogelijkheid dat het verrichten daarvan in strijd is met de volkenrechtelijke verplichtingen van de Staat, Onze Minister aanstonds van de ontvangen opdracht in kennis, op de wijze als bij ministeriële regeling is vastgesteld.
– 2. Onze Minister kan een gerechtsdeurwaarder aanzeggen dat een ambtshandeling die aan hem is of zal worden opgedragen, dan wel door hem reeds is verricht, in strijd is met de volkenrechtelijke verplichtingen van de Staat.
– 3. Een aanzegging kan uitsluitend ambtshalve geschieden. In verband met de vereiste spoed kan een aanzegging mondeling geschieden, in welk geval zij onverwijld schriftelijk wordt bevestigd.
– 4. Van de aanzegging wordt mededeling gedaan door plaatsing in de *Staatscourant*.
– 5. Is op het tijdstip waarop de gerechtsdeurwaarder een aanzegging ontvangt als bedoeld in het tweede lid, de ambtshandeling nog niet verricht, dan heeft de aanzegging ten gevolge dat de gerechtsdeurwaarder niet bevoegd is tot het verrichten van deze ambtshandeling. Een ambtshandeling die is verricht in strijd met de eerste volzin is nietig.
– 6. Is op het tijdstip waarop de gerechtsdeurwaarder een aanzegging ontvangt als bedoeld in het tweede lid, de ambtshandeling reeds verricht en behelsde deze een beslagexploot, dan betekent hij deze aanzegging aanstonds aan degene aan wie het exploot is gedaan, heft het beslag op en maakt de gevolgen daarvan ongedaan. De kosten van de betekening van de aanzegging komen ten laste van de Staat.
– 7. De voorzieningenrechter kan, rechtdoende in kort geding, de gevolgen van de aanzegging, bedoeld in het vijfde lid, eerste volzin, en de verplichtingen, bedoeld in het zesde lid, opheffen, onverminderd de bevoegdheid van de gewone rechter. Indien de ambtshandeling een beslag behelst is artikel 438, vierde lid, van het Wetboek van Burgerlijke Rechtsvordering van toepassing.

§ 2. Benoeming en beëdiging

Art. 4

Benoeming

– 1. Een gerechtsdeurwaarder wordt benoemd bij koninklijk besluit. In het besluit wordt de plaats van vestiging aangegeven. Hij mag zijn werkzaamheden als gerechtsdeurwaarder eerst aanvangen na overeenkomstig artikel 9 te zijn beëdigd.
– 2. Tot het voeren van de titel van gerechtsdeurwaarder is uitsluitend bevoegd degene die als zodanig is benoemd en beëdigd.

Art. 5

Benoembaar

– 1. Tot gerechtsdeurwaarder is slechts benoembaar degene die:
a. Nederlander is,
b. met goed gevolg een door Onze Minister erkende opleiding tot kandidaat-gerechtsdeurwaarder heeft doorlopen, dan wel in het bezit is van een ten aanzien van het beroep van gerechtsdeurwaarder afgegeven EG-verklaring als bedoeld in de Algemene wet erkenning EG-beroepskwalificaties,
c. als toegevoegd kandidaat-gerechtsdeurwaarder ten minste gedurende twee jaren, waaronder begrepen de stage, bedoeld in artikel 27, eerste lid, werkzaam is geweest, met dien verstande dat, in geval van werkzaamheid in deeltijd, deze termijn naar evenredigheid wordt verlengd,
d. in het bezit is van een ondernemingsplan dat voldoet aan de voorwaarden van artikel 6, eerste lid, alsmede van het advies, bedoeld in artikel 6, tweede lid,

e. in het bezit is van een verklaring omtrent het gedrag afgegeven volgens de Wet justitiële en strafvorderlijke gegevens, en
f. in het bezit is van een verklaring van de kamer voor gerechtsdeurwaarders, waaruit blijkt of hem een maatregel als bedoeld in artikel 43 is opgelegd, en zo ja, welke.
– 2. In bijzondere gevallen en in geval van een persoon die reeds eerder tot gerechtsdeurwaarder was benoemd, kan bij de benoeming van een gerechtsdeurwaarder worden afgezien van het eerste lid, onderdeel c.

Art. 6

Ondernemingsplan

– 1. Het ondernemingsplan, bedoeld in artikel 5, is zodanig opgesteld dat daaruit in ieder geval blijkt:
a. dat de verzoeker over voldoende financiële middelen beschikt om een kantoor te houden dat in overeenstemming is met de eisen van het ambt; en
b. dat op redelijke gronden mag worden verwacht dat na drie jaren de praktijk kostendekkend kan worden uitgeoefend.
– 2. Over het ondernemingsplan wordt advies uitgebracht door een door Onze Minister te benoemen Commissie van deskundigen. De Commissie is bevoegd in verband met het onderzoek van het ondernemingsplan inlichtingen in te winnen bij de KBvG en het Bureau. Het advies wordt als bijlage bij het ondernemingsplan gevoegd.
– 3. Het secretariaat van de Commissie van deskundigen berust bij het Bureau.
– 4. Voor de advisering over het ondernemingsplan door de Commissie van deskundigen worden aan de verzoeker kosten in rekening gebracht.
– 5. Bij of krachtens algemene maatregel van bestuur worden nadere regels gesteld omtrent:
a. het ondernemingsplan;
b. de samenstelling en de werkwijze van de Commissie van deskundigen;
c. de wijze waarop de kosten van de advisering worden berekend.

Art. 7

Benoemingsverzoek kandidaat-gerechtsdeurwaarder

– 1. De kandidaat-gerechtsdeurwaarder die voor benoeming tot gerechtsdeurwaarder in aanmerking wenst te komen dient bij Onze Minister een daartoe strekkend verzoek in, met opgave van de plaats waarin hij voornemens is zich als gerechtsdeurwaarder te vestigen. Bij het verzoek legt hij bewijsstukken over waaruit blijkt dat hij voldoet aan de voorwaarden van artikel 5, daaronder begrepen het ondernemingsplan. In het verzoek doet hij tevens opgave van het kantoor of de kantoren waar hij als toegevoegd kandidaat-gerechtsdeurwaarder werkzaam is geweest.
– 2. Onze Minister zendt een afschrift van het verzoek met de bijlagen aan het bestuur van de KBvG met het verzoek hem uiterlijk binnen drie maanden in kennis te stellen van eventuele aan haar bekende feiten of omstandigheden, welke naar haar oordeel tot weigering van het verzoek zouden kunnen leiden.
– 3. Een benoeming kan uitsluitend worden geweigerd indien aan één of meer van de in artikel 5 genoemde voorwaarden niet is voldaan of wanneer er, gelet op de antecedenten van de verzoeker, een gegronde vrees bestaat dat de kandidaat-gerechtsdeurwaarder zal handelen of nalaten in strijd met het bij of krachtens de wet bepaalde of anderszins het aanzien of de vervulling van het gerechtsdeurwaardersambt wordt geschaad of belemmerd. Een beschikking tot weigering van een benoeming wordt gegeven door Onze Minister.
– 4. Op het verzoek wordt beslist binnen vier maanden na ontvangst ervan.

Art. 8

Beroep tegen benoemingsbesluit

In afwijking van artikel 8:4, onderdeel *d*, van de Algemene wet bestuursrecht kan een belanghebbende tegen een besluit tot benoeming tot gerechtsdeurwaarder beroep instellen.

Art. 9

Eed of belofte

– 1. De gerechtsdeurwaarder legt binnen twee maanden na de dagtekening van zijn benoeming ter openbare terechtzitting voor de rechtbank van het arrondissement waarin de plaats van vestiging is gelegen de navolgende eed of belofte af:
'Ik zweer (beloof) getrouwheid aan de Koning en de Grondwet.'
'Ik zweer (beloof), dat ik mij zal gedragen naar de wetten en voorschriften op mijn ambt van toepassing en dat ik mijn taak eerlijk en nauwgezet zal uitvoeren.'
'Voorts zweer (verklaar) ik, dat ik, om tot gerechtsdeurwaarder te worden benoemd, direct of indirect aan niemand, onder welke naam of welk voorwendsel ook, enige giften of gaven beloofd of afgegeven heb, noch beloven of afgeven zal'.
– 2. Indien de eed of belofte niet binnen de in het eerste lid bedoelde termijn is afgelegd, vervalt de benoeming. Onze Minister kan de in het eerste lid bedoelde termijn verlengen.
– 3. Alvorens de eed of belofte af te leggen, deponeert de gerechtsdeurwaarder zijn handtekening en paraaf ter griffie van de in het eerste lid bedoelde rechtbank. In geval van verandering van plaats van vestiging buiten het arrondissement deponeert de gerechtsdeurwaarder zo spoedig mogelijk na de benoeming op de nieuwe plaats van vestiging zijn handtekening en

paraaf ter griffie van de rechtbank in het arrondissement waarin de nieuwe plaats van vestiging is gelegen.

Art. 10

Plaats van vestiging

– 1. De plaats van vestiging van een gerechtsdeurwaarder kan, met instemming van de betrokkene, door Onze Minister worden gewijzigd bij een beschikking waarbij tevens de datum van ingang wordt bepaald.

– 2. De gerechtsdeurwaarder die zich in een andere plaats wenst te vestigen, richt daartoe een verzoek tot Onze Minister. Hij doet daarbij opgave van de gemeente waar hij voornemens is zich te vestigen. Bij dit verzoek legt hij een ondernemingsplan over als bedoeld in artikel 6, eerste lid, betrekking hebbend op de plaats waar hij voornemens is zich te vestigen, alsmede het advies, bedoeld in het tweede lid van dat artikel. Artikel 7, tweede en vierde lid, zijn van overeenkomstige toepassing.

– 3. Het verzoek kan uitsluitend worden geweigerd indien het bij het verzoek overgelegde ondernemingsplan niet voldoet aan de voorwaarden van artikel 6.

– 4. Indien de gerechtsdeurwaarder zich vestigt buiten het arrondissement waarin zijn plaats van vestiging is gelegen, is hij niet bevoegd zijn register en repertorium over te brengen naar de nieuwe plaats van vestiging.

§ 3. Verplichtingen

Art. 11

Ambtshandelingen in gehele arrondissement

De gerechtsdeurwaarder is te allen tijde verplicht in het gehele arrondissement waarin zijn plaats van vestiging is gelegen de ambtshandelingen waartoe hij bevoegd is, te verrichten wanneer hierom wordt verzocht, tenzij:

a. met het oog op zijn persoonlijke omstandigheden dit redelijkerwijs niet van hem kan worden verlangd, of

b. de verzoeker niet bereid is het krachtens deze wet door de gerechtsdeurwaarder aan hem gevraagde voorschot voor het verrichten van ambtshandelingen te voldoen.

Art. 12

Treffen van maatregelen

– 1. Indien zich omstandigheden voordoen als bedoeld in artikel 11, onderdeel *a*, treft de gerechtsdeurwaarder, voor zover dit in zijn vermogen ligt, de nodige maatregelen om te verzekeren dat desverlangd in het verrichten van de ambtshandelingen ter plaatse kan worden voorzien. De gerechtsdeurwaarder kan daartoe Onze Minister verzoeken, een waarnemer te benoemen. Hij kan daartoe een waarnemer aanbevelen.

– 2. Wanneer de gerechtsdeurwaarder gedurende meer dan dertig dagen verhinderd is zijn ambt te vervullen, stelt hij Onze Minister hiervan in kennis, onder mededeling van de maatregelen, bedoeld in het eerste lid, die hij heeft getroffen.

Art. 13

Legitimatie

Bij het verrichten van ambtshandelingen is de gerechtsdeurwaarder verplicht zich desverlangd te legitimeren door middel van een door Onze Minister afgegeven legitimatiebewijs.

Art. 14

Kennisgeving voornemen tot executie

Alvorens over te gaan tot de executie van een executoriale titel tot ontruiming van onroerende zaken, van een woonwagen of woonschip, geeft de gerechtsdeurwaarder aan burgemeester en wethouders van de gemeente waarbinnen de ontruiming zal plaats hebben, zo spoedig mogelijk kennis van het tijdstip waarop hij tot executie zal overgaan.

Art. 15

Eisen exploot

– 1. Het exploot van de gerechtsdeurwaarder dient duidelijk, in onafgebroken samenhang, zonder afkortingen en in overeenstemming met de terzake geldende wettelijke voorschriften te zijn opgesteld.

– 2. Een exploot is gedateerd en ondertekend door de gerechtsdeurwaarder. De dagtekening geschiedt in letters.

– 3. Aan de voet van het exploot worden de kosten, bedoeld in de artikelen 240 en 434*a* van het Wetboek van Burgerlijke Rechtsvordering, vermeld.

– 4. Een gerechtsdeurwaarder verstrekt desgevraagd het origineel van het exploot aan degene op wiens verzoek hij de ambtshandeling heeft verricht. Van ieder exploot bewaart hij een afschrift ten behoeve van zijn administratie.

Art. 16

Kantoor

– 1. De gerechtsdeurwaarder houdt een kantoor dat in zijn plaats van vestiging is gelegen. Hij is verplicht aldaar zijn register en repertorium te bewaren.

– 2. Op verzoek van een gerechtsdeurwaarder kan Onze Minister, gehoord de Commissie van deskundigen, bedoeld in artikel 6, hem toestaan om elders een nevenkantoor te vestigen.

§ 4. *Administratie en boekhouding*

Art. 17

Deugdelijke administratie

– 1. De gerechtsdeurwaarder is verplicht zowel ten aanzien van zijn werkzaamheden als zodanig als ten aanzien van zijn kantoorvermogen een administratie te voeren, waaruit te allen tijde op eenvoudige wijze zijn rechten en verplichtingen kunnen worden gekend. Hij is tevens verplicht ten aanzien van zijn privé-vermogen, daaronder mede begrepen het vermogen van een gemeenschap van goederen waarin hij is gehuwd of waarin hij een geregistreerd partnerschap is aangegaan, een administratie te voeren. De gerechtsdeurwaarder moet jaarlijks zowel ten aanzien van zijn kantoorvermogen als ten aanzien van zijn privé-vermogen een balans opmaken en, voor wat betreft de kantoorwerkzaamheden, een staat van baten en lasten.

– 2. De administratie ten aanzien van zijn werkzaamheden als zodanig, bedoeld in het eerste lid, heeft betrekking op de ambtshandelingen alsmede op de andere werkzaamheden, bedoeld in artikel 20, welke de gerechtsdeurwaarder verricht. De administratie met betrekking tot de ambtshandelingen omvat onder meer een register en een repertorium.

– 3. Het register omvat, in volgorde van dagtekening, de afschriften van de door de gerechtsdeurwaarder opgemaakte of ondertekende exploten, processen-verbaal, akten en verklaringen.

– 4. Het repertorium wordt van dag tot dag bijgehouden en bevat met betrekking tot alle door de gerechtsdeurwaarder uitgebrachte exploten:

a. de dagtekening van het exploot,

b. de aard van het exploot,

c. de naam van ten minste een der betrokken partijen, en

d. de kosten van het exploot.

– 5. Bij verordening worden regels gesteld met betrekking tot de wijze waarop de kantoor- en privé-administratie worden ingericht en bijgehouden.

Art. 18

Bewaarplicht

– 1. De gerechtsdeurwaarder is verplicht de stukken en afschriften betreffende zijn kantooradministratie gedurende de in artikel 10, derde lid, van Boek 2 van het Burgerlijk Wetboek bedoelde termijn te bewaren. Artikel 10, vierde lid, van Boek 2 van het Burgerlijk Wetboek is van toepassing.

– 2. De gerechtsdeurwaarder is verplicht van de tot zijn register behorende stukken, tegen betaling van de bij ministeriële regeling vast te stellen kosten, op hun verlangen expedities of uittreksels af te geven aan hen die ten tijde van het opmaken van de akte of de betekening daarvan, hetzij het origineel, hetzij een afschrift hebben ontvangen, of aan hun rechtsopvolgers onder algemene of bijzondere titel. De expedities of uittreksels worden bij de afgifte daarvan als zodanig gewaarmerkt en door de gerechtsdeurwaarder die deze afgeeft gedagtekend en getekend.

– 3. In geval van overlijden, een wijziging van de plaats van vestiging als bedoeld in artikel 10, vierde lid, dan wel ontslag, dragen de gerechtsdeurwaarder of zijn erfgenamen de tot de administratie behorende stukken die krachtens het eerste lid nog moeten worden bewaard, over aan de waarnemend gerechtsdeurwaarder of aan een door Onze Minister aan te wijzen bewaarder. Het tweede lid is van overeenkomstige toepassing op degene aan wie de stukken zijn overgedragen.

– 4. Het eerste lid is van overeenkomstige toepassing op de privé-administratie van de gerechtsdeurwaarder.

Art. 19

Bijzondere rekeningen

– 1. De gerechtsdeurwaarder is verplicht bij een bank als bedoeld in artikel 1:1 van de Wet op het financieel toezicht, een of meer bijzondere rekeningen aan te houden op zijn naam met vermelding van zijn hoedanigheid, die uitsluitend bestemd zijn voor gelden, die hij in verband met zijn werkzaamheden als zodanig ten behoeve van derden onder zich neemt. Gelden die aan de gerechtsdeurwaarder in verband met zijn werkzaamheden als zodanig ten behoeve van derden worden toevertrouwd, moeten op die rekening worden gestort. De bovenbedoelde kredietinstelling voegt de over de gelden gekweekte rente toe aan het saldo van de bijzondere rekening. Indien deze gelden abusievelijk op een andere rekening van de gerechtsdeurwaarder zijn gestort of indien ten onrechte gelden op de bijzondere rekening zijn gestort, is de gerechtsdeurwaarder verplicht deze onverwijld op de juiste rekening te storten. Hetzelfde geldt indien de gelden rechtstreeks in handen van de gerechtsdeurwaarder zijn gesteld. Indien meer gerechtsdeurwaarders in een maatschap samenwerken, kan de bijzondere rekening ten name van die gerechtsdeurwaarders tezamen, de maatschap of de vennootschap worden gesteld. De gerechtsdeurwaarder vermeldt het nummer van de bijzondere rekening op zijn briefpapier.

– 2. De gerechtsdeurwaarder is bij uitsluiting bevoegd tot het beheer en de beschikking over de bijzondere rekening. De gerechtsdeurwaarder kan met een rechthebbende overeenkomen om zijn aandeel in het saldo van de bijzondere rekening periodiek uit te keren. Hij kan aan een

onder zijn verantwoordelijkheid werkzame persoon volmacht verlenen. Ten laste van deze rekening mag hij slechts betalingen doen in opdracht van een rechthebbende.
– 3. Het vorderingsrecht voortvloeiende uit de bijzondere rekening behoort toe aan de gezamenlijke rechthebbenden. Het aandeel van iedere rechthebbende wordt berekend naar evenredigheid van het bedrag dat te zijnen behoeve op de bijzondere rekening is gestort. De gerechtsdeurwaarder of, indien het een gezamenlijke rekening als bedoeld in het eerste lid, zesde volzin betreft, iedere gerechtsdeurwaarder, is verplicht een tekort in het saldo van de bijzondere rekening terstond aan te vullen, en hij is ter zake daarvan aansprakelijk, tenzij hij aannemelijk kan maken dat hem ter zake van het ontstaan van het tekort geen verwijt treft.
– 4. Een rechthebbende heeft voor zover uit de aard van zijn recht niet anders voortvloeit, te allen tijde recht op uitkering van zijn aandeel in het saldo van de bijzondere rekening. Is het saldo van de bijzondere rekening niet toereikend om aan iedere rechthebbende het bedrag van zijn aandeel uit te keren, dan mag de gerechtsdeurwaarder aan de rechthebbende slechts zoveel uitkeren als in verband met de rechten van de andere rechthebbenden mogelijk is. In dat geval wordt het saldo onder de rechthebbenden verdeeld naar evenredigheid van ieders aandeel, met dien verstande dat, indien een gerechtsdeurwaarder zelf rechthebbende is, hem slechts wordt toegedeeld hetgeen overblijft, nadat de andere rechthebbenden het hun toekomende hebben ontvangen.
– 5. Er kan geen derdenbeslag worden gelegd onder de in het eerste lid bedoelde kredietinstelling op het aandeel van een rechthebbende in de bijzondere rekening. Is onder de gerechtsdeurwaarder derdenbeslag gelegd op het aandeel van een rechthebbende in de bijzondere rekening, dan kan de gerechtsdeurwaarder die overeenkomstig de artikelen 476*a* en 477 van het Wetboek van Burgerlijke Rechtsvordering verklaring heeft gedaan of die is veroordeeld overeenkomstig artikel 477*a* van dat wetboek, zonder opdracht van de rechthebbende overeenkomstig de verklaring of veroordeling betalen aan de executant.
– 6. Rechtshandelingen verricht in strijd met de bepalingen van dit artikel zijn vernietigbaar. De vernietigingsgrond kan worden ingeroepen door iedere rechtstreeks belanghebbende. Rechten, door derden te goeder trouw anders dan om niet verkregen op gelden die het voorwerp waren van de vernietigde rechtshandeling, worden geëerbiedigd.
– 7. Bij ministeriële regeling worden regels gesteld met betrekking tot de wijze van berekening en uitkering van de rente van de op de bijzondere rekening gestorte gelden. Beneden een bij de regeling te bepalen bedrag is geen rente verschuldigd.
– 8. Van de bepalingen van dit artikel en van de in het zevende lid bedoelde regels kan niet worden afgeweken.

§ 5. Nevenwerkzaamheden

Art. 20

Andere werkzaamheden

– 1. Andere werkzaamheden dan die, bedoeld in artikel 2, verricht de gerechtsdeurwaarder slechts indien dit de goede en onafhankelijke vervulling van zijn ambt, dan wel het aanzien daarvan, niet schaadt of belemmert.
– 2. Met het oog op de belangen, bedoeld in het eerste lid, kunnen bij algemene maatregel van bestuur met betrekking tot het verrichten van bepaalde werkzaamheden regels worden gesteld.
– 3. Bij algemene maatregel van bestuur kan het verrichten van bepaalde werkzaamheden worden verboden, behoudens indien het betreft:
a. het optreden als proces- of rolgemachtigde en het verlenen van rechtsbijstand in en buiten rechte, overeenkomstig hetgeen daaromtrent bij of krachtens de wet is bepaald;
b. het optreden als curator of bewindvoerder;
c. het innen van gelden voor derden, waarbij artikel 19 van overeenkomstige toepassing is;
d. het verrichten van inventarisaties en taxaties;
e. het opmaken van een schriftelijke verklaring betreffende door de gerechtsdeurwaarder persoonlijk waargenomen feiten van stoffelijke aard;
f. de uitoefening van het veilinghoudersbedrijf, met dien verstande dat de ambtshandelingen, bedoeld in artikel 2, eerste lid, onderdeel *e*, daarin niet mogen worden uitgeoefend.

§ 6. De declaratie

Art. 21

Voorschotten

Bij algemene maatregel van bestuur worden regels gesteld met betrekking tot het betalen van voorschotten op hetgeen door de opdrachtgever aan de gerechtsdeurwaarder verschuldigd is.

Art. 22

Inzichtelijke rekening

De gerechtsdeurwaarder is verplicht een rekening ter zake van een aan hem toevertrouwde zaak op te maken, waaruit duidelijk blijkt op welke wijze het in rekening gebrachte is berekend en of het betrekking heeft op ambtshandelingen of op andere werkzaamheden, als bedoeld in artikel 20.

HOOFDSTUK III
Waarnemend gerechtsdeurwaarders, kandidaat-gerechtsdeurwaarders en toegevoegd kandidaat-gerechtsdeurwaarders

§ 1. *De waarnemend gerechtsdeurwaarder*

Art. 23

Waarnemend gerechtsdeurwaarder

– 1. Ingeval van ontslag dan wel indien de ter plaatse benoemde gerechtsdeurwaarder door ziekte, afwezigheid of schorsing zijn ambt niet kan vervullen, kan Onze Minister voor bepaalde of onbepaalde tijd een waarnemend gerechtsdeurwaarder benoemen.
– 2. Tot waarnemend gerechtsdeurwaarder kunnen worden benoemd:
a. een gerechtsdeurwaarder;
b. een persoon die voldoet aan de vereisten voor benoeming tot gerechtsdeurwaarder, met uitzondering van het vereiste van artikel 5, eerste lid, onder *d*;
c. in geval van ontslag wegens het bereiken van de leeftijd van 65 jaren, de ontslagene zelf, doch niet voor langer dan één jaar.
– 3. Een persoon als bedoeld in het tweede lid, onderdeel *b*, die voor de eerste maal tot waarnemend gerechtsdeurwaarder wordt benoemd, legt zo spoedig mogelijk na zijn benoeming ter openbare terechtzitting voor de rechtbank van het arrondissement waarin de plaats van vestiging is gelegen, de navolgende eed of belofte af:
'Ik zweer (beloof) getrouwheid aan de Koning en de Grondwet.'
'Ik zweer (beloof), dat ik mij zal gedragen naar de wetten en voorschriften op mijn ambt van toepassing en dat ik mijn taak eerlijk en nauwgezet zal uitvoeren.'
– 4. De waarneming eindigt:
a. door ontslag door Onze Minister;
b. doordat de waargenomen gerechtsdeurwaarder, na kennisgeving daarvan aan Onze Minister, zijn ambtsvervulling hervat;
c. door verloop van de termijn waarvoor de waarnemend gerechtsdeurwaarder werd benoemd.

Art. 24

Dezelfde rechten en plichten

– 1. Een waarnemend gerechtsdeurwaarder heeft dezelfde rechten en verplichtingen als een gerechtsdeurwaarder.
– 2. Onverminderd het bepaalde in artikel 3, tweede tot en met vierde lid en artikel 3*a*, is de waarnemend gerechtsdeurwaarder bevoegd een verzoek tot het verrichten van ambtshandelingen dat was gericht tot de waar te nemen gerechtsdeurwaarder of waarnemend gerechtsdeurwaarder, uit te voeren. Hij stelt verzoeker op de hoogte van de waarneming.
– 3. Het tweede lid is na beëindiging van de waarneming van overeenkomstige toepassing op de waargenomen gerechtsdeurwaarder met betrekking tot aan de waarnemend gerechtsdeurwaarder gerichte verzoeken tot het verrichten van ambtshandelingen.
– 4. De waar te nemen gerechtsdeurwaarder verschaft de waarnemend gerechtsdeurwaarder toegang tot zijn administratie voor zover dit noodzakelijk is voor het vervullen van de waarneming.
– 5. Bij waarneming in geval van ziekte of afwezigheid kan de waarnemend gerechtsdeurwaarder, in afwijking van artikel 17, in overeenstemming met de waar te nemen gerechtsdeurwaarder diens administratie voortzetten.
– 6. Na beëindiging van de waarneming is het vierde lid van overeenkomstige toepassing op de gewezen waarnemend gerechtsdeurwaarder ten opzichte van de waargenomen gerechtsdeurwaarder.
– 7. Bij het verrichten van ambtshandelingen vermeldt de waarnemend gerechtsdeurwaarder zijn hoedanigheid. Behalve in geval van ontslag, vermeldt hij naast zijn eigen naam en voornamen, de naam, voornamen en plaats van vestiging van de gerechtsdeurwaarder waarvoor hij waarneemt.

§ 2. *De kandidaat-gerechtsdeurwaarder en de toegevoegd kandidaat-gerechtsdeurwaarder*

Art. 25

Erkenning kandidaat-gerechtsdeurwaarder

– 1. Kandidaat-gerechtsdeurwaarder is hij die met goed gevolg een door Onze Minister erkende opleiding tot kandidaat-gerechtsdeurwaarder heeft doorlopen, of die in het bezit is van een ten aanzien van het beroep van gerechtsdeurwaarder afgegeven EG-verklaring als bedoeld in de Algemene wet erkenning EG-beroepskwalificaties.
– 2. Een erkenning als bedoeld in het eerste lid wordt verleend indien het opleidingsplan aan

bij of krachtens algemene maatregel van bestuur gestelde eisen voldoet. Deze eisen kunnen betrekking hebben op:
a. de duur en de inrichting van de opleiding;
b. de toelating tot de opleiding;
c. de organisatie en exploitatie van de opleiding;
d. de examens en de rechtsbescherming van de cursisten;
e. het in rekening brengen van een financiële bijdrage aan degene die de opleiding volgt.
– 3. De erkenning kan worden ingetrokken indien:
a. de erkenning is verleend op grond van onjuiste gegevens,
b. de opleider geen of onvoldoende uitvoering geeft aan het opleidingsplan;
c. de opleider niet voldoet aan de bij of krachtens wet gestelde regels.
– 4. Bij of krachtens algemene maatregel van bestuur worden nadere regels gesteld met betrekking tot de aanvraag van een erkenning en de besluitvorming daarover. Bij of krachtens algemene maatregel van bestuur kan een commissie worden ingesteld die belast is met de behandeling van beroepschriften van cursisten en stagiairs en met advisering over de opleiding.

Art. 26

Toegevoegd kandidaat-gerechtsdeurwaarder

– 1. Een gerechtsdeurwaarder kan, met goedkeuring van Onze Minister, een kandidaat-gerechtsdeurwaarder die op zijn kantoor werkzaam is, aanwijzen als toegevoegd kandidaat-gerechtsdeurwaarder.
– 2. Het verzoek om goedkeuring wordt ingediend door de gerechtsdeurwaarder en de kandidaat-gerechtsdeurwaarder gezamenlijk en bevat:
a. naam, voornamen, jaar, dag en plaats van geboorte van de kandidaat-gerechtsdeurwaarder;
b. naam, voornamen en plaats van vestiging van de gerechtsdeurwaarder;
c. indien de kandidaat-gerechtsdeurwaarder reeds eerder als toegevoegd kandidaat-gerechtsdeurwaarder werkzaam was, het tijdvak van deze werkzaamheden en de naam en de plaats van vestiging van de vorige gerechtsdeurwaarders aan wie hij was toegevoegd.
– 3. Een kandidaat-gerechtsdeurwaarder kan slechts worden aangewezen als toegevoegd kandidaat-gerechtsdeurwaarder indien hij in het bezit is van een verklaring omtrent het gedrag, afgegeven volgens de Wet justitiële en strafvorderlijke gegevens.
– 4. Bij algemene maatregel van bestuur worden regels gesteld met betrekking tot de termijn waarvoor de goedkeuring geldt en het aantal toegevoegd kandidaat-gerechtsdeurwaarders dat gelijktijdig onder verantwoordelijkheid van één gerechtsdeurwaarder werkzaam kan zijn.
– 5. De goedkeuring kan worden ingetrokken indien de toegevoegd kandidaat-gerechtsdeurwaarder in de uitoefening van zijn werkzaamheden handelt in strijd met het bij of krachtens de wet bepaalde of indien het aanzien of de vervulling van het gerechtsdeurwaardersambt daarbij wordt geschaad of belemmerd.
– 6. Op verzoek van de toegevoegd kandidaat-gerechtsdeurwaarder wordt de goedkeuring ingetrokken.

Art. 27

Stage

– 1. Een toegevoegd kandidaat-gerechtsdeurwaarder doorloopt een stage van een jaar. In geval van werkzaamheid in deeltijd wordt die periode naar evenredigheid verlengd.
– 2. Bij algemene maatregel van bestuur worden regels gesteld met betrekking tot de inrichting van de stage, de beoordeling van het kennen en kunnen van de stagiair, en de rechten en verplichtingen van de stagiair en de gerechtsdeurwaarder op wiens kantoor hij werkzaam is.
– 3. Iedere gerechtsdeurwaarder is verplicht naar vermogen mee te werken aan de opleiding van kandidaat-gerechtsdeurwaarders. Indien een kandidaat-gerechtsdeurwaarder geen gerechtsdeurwaarder vindt die hem, met het oog op het doorlopen van een stage, als toegevoegd kandidaat-gerechtsdeurwaarder wil aanwijzen, wijst het bestuur van de KBvG een gerechtsdeurwaarder aan, tenzij dit voor de desbetreffende gerechtsdeurwaarder een onredelijke last zou vormen.

Art. 28

Ambtshandelingen onder verantwoordelijkheid

– 1. De toegevoegd kandidaat-gerechtsdeurwaarder kan namens en onder verantwoordelijkheid van de gerechtsdeurwaarder op wiens kantoor hij werkzaam is, de ambtshandelingen verrichten waartoe deze bevoegd is, met uitzondering van die waartoe de gerechtsdeurwaarder bevoegd is uit hoofde van een benoeming tot waarnemend gerechtsdeurwaarder.
– 2. De artikelen 3, tweede en derde lid, 13, 15 en 20 zijn van overeenkomstige toepassing op de toegevoegd kandidaat-gerechtsdeurwaarder. Artikel 23, derde lid, is van overeenkomstige toepassing op de toegevoegd kandidaat-gerechtsdeurwaarder, met dien verstande dat de navolgende eed of belofte wordt afgelegd:
'Ik zweer (beloof) getrouwheid aan de Koning en de Grondwet.'
'Ik zweer (beloof), dat ik mij zal gedragen naar de wetten en voorschriften op het ambt van gerechtsdeurwaarder van toepassing en dat ik mijn taak eerlijk en nauwgezet zal uitvoeren.'
– 3. Bij het verrichten van ambtshandelingen vermeldt de toegevoegd kandidaat-gerechts-

deurwaarder naast zijn naam, voornamen en hoedanigheid, de naam, voornamen en plaats van vestiging van de gerechtsdeurwaarder aan wie hij is toegevoegd.
– 4. De toegevoegde kandidaat-gerechtsdeurwaarder verricht geen ambtshandelingen indien voor de gerechtsdeurwaarder een waarnemend gerechtsdeurwaarder is benoemd, tenzij de waarnemend gerechtsdeurwaarder hem, na kennisgeving aan Onze Minister, toestemming heeft verleend om onder verantwoordelijkheid van de waarnemend gerechtsdeurwaarder zijn werkzaamheden als toegevoegd kandidaat-gerechtsdeurwaarder voort te zetten.

Art. 29

Einde kandidaat-gerechtsdeurwaarderschap

Het toegevoegd kandidaat-gerechtsdeurwaarderschap eindigt door:
a. schriftelijke kennisgeving aan Onze Minister en aan de toegevoegd kandidaat-gerechtsdeurwaarder van de intrekking van de aanwijzing door de gerechtsdeurwaarder die deze heeft gedaan;
b. ontslag of overlijden van de gerechtsdeurwaarder die de aanwijzing heeft gedaan;
c. intrekking van de goedkeuring of het verstrijken van de termijn, waarvoor de goedkeuring was verleend, bedoeld in artikel 26;
d. benoeming van de toegevoegd kandidaat-gerechtsdeurwaarder tot gerechtsdeurwaarder.

HOOFDSTUK IV
Toezicht en tuchtrechtspraak

§ 1. Toezicht

Art. 30

Toezicht

– 1. Het toezicht op de naleving door de gerechtsdeurwaarder van het bepaalde bij of krachtens de artikelen 17, 19, eerste lid, tweede lid, derde volzin, en zevende lid, wordt uitgeoefend door het Bureau Financieel Toezicht, bedoeld in artikel 110 van de Wet op het notarisambt. Afdeling 5.2 van de Algemene wet bestuursrecht is niet van toepassing.
– 2. De artikelen 110, tweede tot en met elfde lid, 111 en 112, zevende en achtste lid en 113 van de Wet op het notarisambt zijn van overeenkomstige toepassing.

Art. 31

Indienen financiële stukken

– 1. De gerechtsdeurwaarder is verplicht de in artikel 17, eerste lid, bedoelde stukken, vergezeld van een verslag van het onderzoek daarover van een accountant als bedoeld in artikel 393, eerste lid, van Boek 2 van het Burgerlijk Wetboek, dat voor wat betreft de jaarrekening van het kantoor ten minste een beoordelingskarakter draagt, binnen zes maanden na afloop van elk boekjaar in te dienen bij het Bureau.
– 2. Het Bureau kan van de gerechtsdeurwaarder verlangen dat hij inzage verschaft in zijn kantoor- en privé-administratie en de daarmee verband houdende bescheiden, de balansen, de staten van baten en lasten, het register en het repertorium. Het Bureau kan verlangen dat de gerechtsdeurwaarder een afschrift van deze stukken verstrekt.

Art. 32

Klacht

– 1. Indien het Bureau bij de uitoefening van het toezicht van feiten of omstandigheden blijkt die naar zijn oordeel grond opleveren tot het opleggen van een tuchtmaatregel, brengt het zijn bevindingen, desgeraden in de vorm van een klacht, ter kennis van de voorzitter van de kamer voor gerechtsdeurwaarders.
– 2. Het Bureau is belast met het doen van elk onderzoek naar de kantoor- en privé-administratie van de gerechtsdeurwaarder waartoe de voorzitter van de kamer van gerechtsdeurwaarders overeenkomstig artikel 34, zesde lid, opdracht geeft.

Art. 33

Onderzoek ondernemingsplan

– 1. Het Bureau verschaft aan de Commissie van deskundigen, bedoeld in artikel 6, tweede lid, desverlangd inlichtingen in verband met het onderzoek van het ondernemingsplan.
– 2. Het bestuur van de KBvG is verplicht toegevoegd kandidaat-gerechtsdeurwaarders, in verband met het opstellen van een ondernemingsplan als bedoeld in artikel 5, desverlangd inlichtingen te verschaffen over door gerechtsdeurwaarders verrichte ambtshandelingen. Bij algemene maatregel van bestuur kan worden bepaald dat het Bureau het bestuur van de KBvG de hiervoor benodigde gegevens verstrekt.

§ 2. Tuchtrechtspraak

Art. 34

Tuchtrechtspraak

– 1. De gerechtsdeurwaarder is aan tuchtrechtspraak onderworpen ter zake van enig handelen of nalaten in strijd met enige bij of krachtens deze wet gegeven bepaling en ter zake van enig handelen of nalaten dat een behoorlijk gerechtsdeurwaarder onderscheidenlijk kandidaat-gerechtsdeurwaarder niet betaamt.
– 2. De tuchtrechtspraak wordt in eerste aanleg uitgeoefend door een kamer voor gerechts-

deurwaarders. De kamer voor gerechtsdeurwaarders is gevestigd te Amsterdam. Zij kan ook buiten de vestigingsplaats zitting houden.
– 3. De tuchtrechtspraak wordt in hoger beroep uitgeoefend door het gerechtshof te Amsterdam. Tegen beslissingen van het gerechtshof is geen hogere voorziening toegelaten, behoudens cassatie in het belang der wet.
– 4. Een lid dan wel plaatsvervangend lid van de kamer voor gerechtsdeurwaarders die gerechtsdeurwaarder is, wordt ingeval tegen hem een klacht is ingediend onderscheidenlijk een verzoek is gedaan als bedoeld in artikel 37, tweede lid, vervangen door een door de president van het gerechtshof te Amsterdam aan te wijzen ander lid dan wel plaatsvervangend lid, door Onze Minister benoemd op grond van artikel 35, derde lid.
– 5. De gerechtsdeurwaarder blijft in geval van schorsing of ontslag aan de tuchtrechtspraak onderworpen ter zake van enig handelen of nalaten als bedoeld in het eerste lid, gedurende de tijd dat hij als deurwaarder werkzaam was.
– 6. De voorzitter van de kamer voor gerechtsdeurwaarders kan, indien hij zulks in het belang van het onderzoek wenselijk acht, het Bureau opdragen een onderzoek in te stellen en hem van zijn bevindingen verslag uit te brengen.

Art. 35

Kamer voor gerechtsdeurwaarders

– 1. De kamer voor gerechtsdeurwaarders bestaat uit vijf leden, onder wie de voorzitter, en tien plaatsvervangende leden, onder wie twee of meer plaatsvervangend voorzitters.
– 2. Onze Minister benoemt drie leden, onder wie de voorzitter, alsmede zes plaatsvervangende leden, onder wie de plaatsvervangend voorzitters, uit voor het leven benoemde leden van de rechterlijke macht.
– 3. Onze Minister benoemt, de voorzitter van de kamer voor gerechtsdeurwaarders gehoord, twee leden en vier plaatsvervangende leden uit de gerechtsdeurwaarders, op aanbeveling van de KBvG. De aanbeveling omvat voor iedere benoeming ten minste drie namen.
– 4. De leden en de plaatsvervangende leden worden benoemd voor vier jaren; zij zijn bij hun aftreden eenmaal herbenoembaar.
– 5. Het lidmaatschap van de kamer voor gerechtsdeurwaarders is onverenigbaar met het lidmaatschap van het bestuur van de KBvG.
– 6. De griffier van de rechtbank te Amsterdam is secretaris van de kamer. Met toestemming van de voorzitter kan hij zich doen vervangen door een waarnemend griffier.
– 7. De reis- en verblijfskosten van de voorzitter, de plaatsvervangend voorzitter, de leden, de plaatsvervangende leden en de secretaris komen ten laste van de Staat.

Art. 36

Geheimhoudingsplicht

– 1. Het is aan de voorzitter, de leden, de plaatsvervangende leden en de secretaris van de kamer voor gerechtsdeurwaarders verboden:
a. hetgeen zij als zodanig te weten zijn gekomen bekend te maken;
b. de gevoelens te openbaren, die in raadkamer over aanhangige zaken zijn geuit;
c. met betrekking tot een voor hen aanhangige zaak of een zaak die naar zij weten of vermoeden aanhangig zal worden, zich in te laten in enig onderhoud of gesprek met belanghebbenden of van dezen enige bijzondere inlichting of schriftelijk stuk aan te nemen.
– 2. Een gerechtsdeurwaarder die lid of plaatsvervangend lid is van de kamer voor gerechtsdeurwaarders, kan niet tot waarnemend gerechtsdeurwaarder worden benoemd.
– 3. Het bepaalde in de artikelen 46*c*, tweede lid, 46*d*, tweede lid, 46*f*, 46*g*, eerste en tweede lid, 46*i* met uitzondering van het eerste lid, onderdeel *c*, 46*j*, 46*l*, eerste en derde lid, 46*m*, 46*o* en 46*p*, eerste tot en met vijfde lid, van de Wet rechtspositie rechterlijke ambtenaren is van overeenkomstige toepassing ten aanzien van de leden en de plaatsvervangende leden van de kamer voor gerechtsdeurwaarders.
– 4. Het lidmaatschap van de kamer voor gerechtsdeurwaarders van leden en plaatsvervangend leden vervalt van rechtswege indien zij ophouden te voldoen aan de vereisten voor benoeming.

Art. 37

Ten minste twee leden

– 1. Aan de behandeling en de beslissing van tuchtzaken wordt op straffe van nietigheid deelgenomen door ten minste twee leden of plaatsvervangende leden, onder wie de voorzitter of de plaatsvervangend voorzitter, door Onze Minister benoemd op grond van artikel 35, tweede lid, en een lid of plaatsvervangend lid, door Onze Minister benoemd op grond van artikel 35, derde lid.
– 2. De kamer voor gerechtsdeurwaarders neemt een tegen een gerechtsdeurwaarder gerezen bezwaar in behandeling hetzij op verzoek van Onze Minister, hetzij op een bij de kamer ingediende klacht. Een verzoek van Onze Minister of een klacht wordt schriftelijk en met redenen omkleed ingediend bij de voorzitter van de kamer voor gerechtsdeurwaarders. Indien de klager daarom verzoekt, is de secretaris hem behulpzaam bij het op schrift stellen van de klacht.
– 3. Indien de voorzitter van oordeel is dat een klacht onderscheidenlijk een verzoek vatbaar is

voor minnelijke schikking, roept hij de klager onderscheidenlijk Onze Minister en de betrokken gerechtsdeurwaarder op ten einde een zodanige schikking te beproeven. Hij brengt klachten onderscheidenlijk verzoeken die niet in der minne worden opgelost ter kennis van de kamer.

– 4. De leden van de kamer voor gerechtsdeurwaarders kunnen zich verschonen en kunnen worden gewraakt, indien er te hunnen aanzien feiten of omstandigheden bestaan waardoor in het algemeen de rechterlijke onpartijdigheid schade zou kunnen lijden. Titel IV van het Vierde Boek van het Wetboek van Strafvordering is van overeenkomstige toepassing, met dien verstande dat:

a. in plaats van het openbaar ministerie en de verdachte Onze Minister, de gerechtsdeurwaarder en de klager een verzoek om wraking kunnen doen;

b. deze voordracht mondeling of schriftelijk uiterlijk bij de aanvang van de behandeling moet worden gedaan, tenzij de feiten of omstandigheden die aan het verzoek ten grondslag liggen eerst in de loop van de behandeling ontstaan of bekend worden en

c. degene die met de andere leden van de kamer voor gerechtsdeurwaarders over wraking zal beslissen, wordt aangewezen uit de niet met de behandeling van de zaak belaste leden en plaatsvervangende leden van de kamer.

Art. 38

Schorsing

– 1. De kamer voor gerechtsdeurwaarders is bevoegd, al dan niet op verzoek van Onze Minister, een gerechtsdeurwaarder tegen wie een ernstig vermoeden is gerezen dat hij een van de in artikel 34, eerste lid, bedoelde handelingen of verzuimen heeft gepleegd, in afwachting van een beslissing hierover te schorsen voor een periode van ten hoogste zes maanden. Zij kan deze periode eenmaal verlengen voor ten hoogste zes maanden of totdat een beslissing tot voordracht tot ontslag onherroepelijk is geworden. De kamer voor gerechtsdeurwaarders kan steeds de schorsing opheffen.

– 2. De secretaris van de kamer voor gerechtsdeurwaarders stelt Onze Minister en de betrokken gerechtsdeurwaarder onverwijld in kennis van een schorsing als bedoeld in het eerste lid en van een beslissing tot verlenging dan wel de opheffing daarvan.

– 3. Over het voornemen tot schorsing wordt de betrokken gerechtsdeurwaarder gehoord.

– 4. Ingeval de kamer voor gerechtsdeurwaarders naar aanleiding van de in artikel 34, eerste lid, bedoelde handelingen of verzuimen beslist tot het opleggen van een schorsing gedurende een bepaalde termijn, kan zij de periode van schorsing ingevolge het eerste lid in mindering brengen op die termijn.

– 5. Het eerste lid is van overeenkomstige toepassing indien tegen een gerechtsdeurwaarder een strafrechtelijke vervolging ter zake van een misdrijf is ingesteld en het misdrijf mede het uitoefenen van het ambt van gerechtsdeurwaarder raakt.

– 6. Binnen dertig dagen na de mededeling, bedoeld in het tweede lid, kan Onze Minister of de betrokken gerechtsdeurwaarder daartegen bij met redenen omkleed beroepschrift beroep instellen bij het gerechtshof te Amsterdam. Het beroep schorst de beslissing waartegen het is gericht niet.

Art. 39

Kennelijk niet-ontvankelijk/ongegrond

– 1. De voorzitter kan zonder nader onderzoek door de kamer voor gerechtsdeurwaarders kennelijk niet-ontvankelijke en kennelijk ongegronde klachten alsmede klachten die naar zijn oordeel van onvoldoende gewicht zijn, bij met redenen omklede beschikking afwijzen. Van de beschikking van de voorzitter doet de secretaris onverwijld mededeling aan de klager en aan de betrokken gerechtsdeurwaarder. Het afschrift van de beschikking gaat vergezeld van de mededeling van de termijn waarbinnen en de wijze waarop verzet kan worden gedaan. Tegen de terkennisbrenging van de klacht staat geen rechtsmiddel open.

– 2. Tegen de beschikking van de voorzitter tot afwijzing van een klacht kan de klager binnen veertien dagen na verzending van de kennisgeving schriftelijk verzet doen bij de kamer voor gerechtsdeurwaarders.

– 3. Ten gevolge van het verzet vervalt de beschikking, tenzij de kamer voor gerechtsdeurwaarders het verzet niet-ontvankelijk of ongegrond verklaart. De kamer voor gerechtsdeurwaarders kan het verzet niet niet-ontvankelijk of ongegrond verklaren dan na de klager en, zo nodig, de betrokken gerechtsdeurwaarder in de gelegenheid te hebben gesteld te worden gehoord.

– 4. De beslissing op het verzet is met redenen omkleed. Tegen de beslissing staat geen rechtsmiddel open. Van de beslissing wordt schriftelijk kennis gegeven aan de klager en aan de betrokken gerechtsdeurwaarder.

Art. 40

Afschrift klaagschrift

– 1. Indien artikel 39, eerste lid, geen toepassing vindt of het verzet gegrond is verklaard, zendt de griffier zo spoedig mogelijk een afschrift van het klaagschrift en de daarbij gevoegde bescheiden aan de betrokken gerechtsdeurwaarder.

– 2. Binnen een maand na dagtekening van de verzending van de in het eerste lid bedoelde bescheiden kan de betrokken gerechtsdeurwaarder een verweerschrift indienen; de voorzitter kan deze termijn op verzoek verlengen. De secretaris zendt afschrift van dit geschrift aan de klager.
– 3. De voorzitter is bevoegd aan de betrokken gerechtsdeurwaarder te vragen binnen een door hem te bepalen termijn schriftelijke inlichtingen te verschaffen en onder hem berustende of te zijner beschikking staande bescheiden, al dan niet in gewaarmerkt afschrift, en voorwerpen in te zenden.

Art. 41

Oproeping

– 1. De voorzitter bepaalt het tijdstip voor de behandeling ter zitting van de zaak. De secretaris roept de betrokken gerechtsdeurwaarder en de klager ten minste tien dagen van tevoren schriftelijk op voor het tijdstip van behandeling.
– 2. Wordt op de zitting de behandeling van de zaak voor een bepaalde tijd uitgesteld of geschorst, dan wordt geen nieuwe kennisgeving als bedoeld in het eerste lid gedaan.
– 3. De behandeling ter zitting van de kamer voor gerechtsdeurwaarders geschiedt in het openbaar. De kamer voor gerechtsdeurwaarders kan om gewichtige redenen bevelen, dat de behandeling geheel of gedeeltelijk met gesloten deuren zal plaatsvinden.
– 4. De betrokken gerechtsdeurwaarder en de klager kunnen zich doen bijstaan of zich doen vertegenwoordigen door een gemachtigde.
– 5. De kamer voor gerechtsdeurwaarders kan weigeren bepaalde personen, die geen advocaat zijn, als raadsman toe te laten. Bij zodanige weigering houdt de kamer de zaak tot een volgende zitting aan.
– 6. De secretaris van de kamer voor gerechtsdeurwaarders stelt de betrokken gerechtsdeurwaarder en de klager, alsmede hun gemachtigden dan wel degenen die hen bijstaan, tijdig tevoren in de gelegenheid om van de op de zaak betrekking hebbende stukken kennis te nemen. Met betrekking tot de voor de verstrekking van afschriften of uittreksels in rekening te brengen vergoedingen en met betrekking tot kosteloze verstrekkingen is het terzake bepaalde bij of krachtens de Wet tarieven in burgerlijke zaken van overeenkomstige toepassing.
– 7. Aan de betrokken gerechtsdeurwaarder en de klager of hun gemachtigden en aan degenen die hen bijstaan wordt de gelegenheid gegeven het woord te voeren en hun standpunt toe te lichten.

Art. 42

Getuigen en deskundigen

– 1. De kamer voor gerechtsdeurwaarders kan getuigen en deskundigen oproepen en horen. Het horen van getuigen en deskundigen kan ook aan één der leden van de kamer worden opgedragen. Ieder die als getuige of deskundige is opgeroepen, is verplicht aan de oproeping gevolg te geven. Hij is voorts verplicht op de gestelde vragen te antwoorden, onderscheidenlijk de van hem gevorderde diensten te verlenen.
– 2. Op verzoek van de kamer voor gerechtsdeurwaarders doet de officier van justitie hen dagvaarden. De betrokkene is verplicht na dagvaarding te verschijnen.
– 3. Verschijnt een getuige of een deskundige op de dagvaarding niet, dan doet de officier van justitie op verzoek van de kamer hem andermaal dagvaarden, desverzocht met bevel tot medebrenging. Artikel 556 van het Wetboek van Strafvordering is van overeenkomstige toepassing.
– 4. De artikelen 290 en 292, eerste en vierde lid, onderscheidenlijk 299 van het Wetboek van Strafvordering zijn van overeenkomstige toepassing met betrekking tot het horen van een getuige onderscheidenlijk een deskundige.
– 5. Ten aanzien van getuigen en deskundigen zijn de artikelen 217 tot en met 219 van het Wetboek van Strafvordering van overeenkomstige toepassing.
– 6. De getuigen en deskundigen ontvangen indien zij dit wensen op vertoon van hun oproeping of dagvaarding schadeloosstelling, door de voorzitter van de kamer voor gerechtsdeurwaarders te begroten overeenkomstig het bij of krachtens de Wet tarieven in burgerlijke zaken bepaalde.

Art. 43

Mogelijke uitspraken

– 1. De beslissing van de kamer voor gerechtsdeurwaarders betreffende een tegen een gerechtsdeurwaarder gerezen bezwaar strekt tot niet-ontvankelijkverklaring, ongegrondverklaring of gegrondverklaring van het bezwaar. De beslissing is met redenen omkleed en wordt in het openbaar uitgesproken, alles op straffe van nietigheid.
– 2. Indien de kamer voor gerechtsdeurwaarders het bezwaar geheel of gedeeltelijk gegrond verklaart, kan zij de navolgende maatregelen opleggen:
a. een berisping;
b. een berisping met de aanzegging dat, indien andermaal door hem een van de in artikel 34, eerste lid, bedoelde handelingen of verzuimen wordt gepleegd, een geldboete, schorsing of ontzetting uit het ambt zal worden overwogen;

c. een geldboete van de derde categorie;
d. schorsing voor een periode van ten hoogste één jaar;
e. ontzetting uit het ambt.

– 3. Bij de beslissing tot oplegging van een maatregel als bedoeld in het tweede lid kan worden bepaald dat deze wordt openbaar gemaakt op een daarbij voorgeschreven wijze, indien enig door artikel 34, eerste lid, beschermd belang dat vordert.

– 4. Tot de tenuitvoerlegging van een maatregel wordt eerst overgegaan na het onherroepelijk worden van de beslissing of op een in de beslissing bepaald later tijdstip.

– 5. Een beslissing tot oplegging van een geldboete bepaalt de termijn waarbinnen deze moet zijn voldaan. Op verzoek van de gerechtsdeurwaarder kan de voorzitter de termijn verlengen. Wordt de boete niet binnen de gestelde termijn voldaan, dan kan de kamer voor gerechtsdeurwaarders ambtshalve beslissen de gerechtsdeurwaarder, na hem in de gelegenheid te hebben gesteld te worden gehoord, te ontzetten uit het ambt. De opgelegde boete komt ten bate van de Staat.

– 6. De secretaris van de kamer voor gerechtsdeurwaarders zendt haar beslissing onverwijld schriftelijk aan Onze Minister, de betrokken gerechtsdeurwaarder en de klager. De kamer kan in haar beslissing bepalen, dat aan de klager slechts kennis wordt gegeven van dat deel van de beslissing dat voor hem van belang is.

Art. 44

Schakelbepaling

De artikelen 40 tot en met 43 zijn van overeenkomstige toepassing op de behandeling van een bezwaar tegen een gerechtsdeurwaarder op verzoek van Onze Minister.

Art. 45

Hoger beroep

– 1. Tegen een beslissing van de kamer voor gerechtsdeurwaarders inzake een tegen een gerechtsdeurwaarder gerezen bezwaar kan door Onze Minister, de betrokken gerechtsdeurwaarder of de klager binnen dertig dagen na dagtekening van de schriftelijke kennisgeving, bedoeld in artikel 43, zesde lid, bij met redenen omkleed beroepschrift, hoger beroep worden ingesteld bij het gerechtshof te Amsterdam.

– 2. Het beroepschrift wordt ingediend bij de griffier van het gerechtshof tezamen met een authentiek afschrift van de beslissing waartegen het beroep is gericht.

– 3. Het beroep wordt behandeld door een kamer van het gerechtshof, belast met de behandeling van burgerlijke zaken.

– 4. De leden van het gerechtshof kunnen zich verschonen en kunnen worden gewraakt, indien er te hunnen aanzien feiten of omstandigheden bestaan, waardoor in het algemeen de rechterlijke onpartijdigheid schade zou kunnen lijden. Titel IV van het Vierde Boek van het Wetboek van Strafvordering is van overeenkomstige toepassing, met dien verstande dat:
a. in plaats van het openbaar ministerie en de verdachte Onze Minister, de gerechtsdeurwaarder en de klager een verzoek om wraking kunnen doen;
b. deze voordracht mondeling of schriftelijk uiterlijk bij de aanvang van de behandeling moet worden gedaan, tenzij de feiten of omstandigheden die aan het verzoek ten grondslag liggen eerst in de loop van de behandeling ontstaan of bekend worden en
c. degene die met de andere leden van het gerechtshof over wraking zal beslissen, wordt aangewezen uit de niet met de behandeling van de zaak belaste leden en plaatsvervangende leden van het hof.

– 5. Door het beroep wordt de tenuitvoerlegging van de opgelegde maatregel geschorst.

Art. 46

Afschrift beroepschrift

– 1. De griffier geeft zo spoedig mogelijk kennis van het beroep onder toezending van een afschrift van het beroepschrift, aan de kamer voor gerechtsdeurwaarders alsmede aan Onze Minister onderscheidenlijk de gerechtsdeurwaarder of de klager, voor zover het beroep niet door hem is ingesteld.

– 2. De kamer voor gerechtsdeurwaarders doet binnen drie weken na ontvangst van de kennisgeving, bedoeld in het eerste lid, de stukken die op de zaak betrekking hebben, toekomen aan het gerechtshof.

Art. 47

Schakelbepaling

Op de behandeling van het hoger beroep zijn de artikelen 40, tweede en derde lid, en 41 tot en met 43 van overeenkomstige toepassing.

Art. 48

Mogelijke uitspraken

– 1. Het gerechtshof bevestigt de beslissing van de kamer voor gerechtsdeurwaarders, hetzij met overneming, hetzij met verbetering van de gronden, of doet met gehele of gedeeltelijke vernietiging van de beslissing, hetgeen de kamer voor gerechtsdeurwaarders had behoren te doen. De beslissing van het gerechtshof is met redenen omkleed en wordt in het openbaar uitgesproken, alles op straffe van nietigheid.

– 2. Indien het gerechtshof een beslissing van de kamer voor gerechtsdeurwaarders tot niet-

ontvankelijkheid vernietigt, wordt de zaak ter verdere behandeling teruggezonden aan de kamer voor gerechtsdeurwaarders.
– 3. Indien alleen de betrokken gerechtsdeurwaarder hoger beroep heeft ingesteld, kan het gerechtshof alleen met eenparigheid van stemmen de opgelegde maatregel verzwaren.
– 4. De griffier zendt onverwijld afschrift van de beslissing van het gerechtshof aan de kamer voor gerechtsdeurwaarders, aan Onze Minister, de betrokken gerechtsdeurwaarder en aan de klager.
– 5. De griffier zendt zo spoedig mogelijk afschrift van een beslissing als bedoeld in het tweede lid, aan de kamer voor gerechtsdeurwaarders, onder medezending van de op de zaak betrekking hebbende stukken.

Art. 49

Waarnemend en toegevoegd kandidaat-gerechtsdeurwaarder

Het bepaalde in dit hoofdstuk ten aanzien van een gerechtsdeurwaarder is van overeenkomstige toepassing op een:
a. waarnemend gerechtsdeurwaarder met dien verstande dat, ingeval jegens hem een bezwaar geheel of gedeeltelijk gegrond wordt verklaard, hij tevens als waarnemer in de uitoefening van het ambt kan worden geschorst voor bepaalde duur.
b. toegevoegd kandidaat-gerechtsdeurwaarder, met dien verstande dat, ingeval jegens hem een bezwaar geheel of gedeeltelijk gegrond wordt verklaard, aan hem de tuchtmaatregelen, bedoeld in artikel 43, tweede lid, onderdelen *a*, *b* en *c*, kunnen worden opgelegd.

HOOFDSTUK V

Schorsing en ontslag

Art. 50

Gevolg schorsing

– 1. Een gerechtsdeurwaarder of waarnemend gerechtsdeurwaarder die is geschorst, is niet bevoegd tot het verrichten van enige ambtshandeling, uit welken hoofde ook. Het is hem gedurende de schorsing verboden zijn ambtstitel te voeren of te vermelden bij enige werkzaamheid.
– 2. Schorsing kan grond opleveren voor ontslag uit een benoeming tot waarnemend gerechtsdeurwaarder.

Art. 51

Schorsing van rechtswege

Een gerechtsdeurwaarder of waarnemend gerechtsdeurwaarder is van rechtswege geschorst:
a. wanneer hij rechtens van zijn vrijheid is beroofd;
b. indien hem surséance van betaling is verleend en gedurende zijn faillissement;
c. indien hij onder curatele is gesteld;
d. indien zijn goederen onder bewind zijn gesteld;
e. indien ten aanzien van hem de schuldsaneringsregeling natuurlijke personen van toepassing is verklaard.

Art. 52

Ontslag

– 1. De gerechtsdeurwaarder is met ingang van de eerstvolgende maand na het bereiken van de 65-jarige leeftijd van rechtswege ontslagen.
– 2. De gerechtsdeurwaarder wordt bij koninklijk besluit ontslag verleend:
a. op zijn verzoek;
b. op een onherroepelijk geworden beslissing tot ontzetting uit het ambt als bedoeld in artikel 43, tweede lid, onderdeel *e*;
c. bij verlies van het Nederlanderschap.
– 3. De gerechtsdeurwaarder kan ontslag worden verleend bij besluit van Onze Minister op grond van:
a. een onherroepelijk geworden rechterlijke uitspraak, waarbij hij onder curatele is gesteld;
b. het ondergaan van lijfsdwang wegens schulden krachtens onherroepelijk geworden rechterlijke uitspraak;
c. een onherroepelijk geworden veroordeling tot vrijheidsstraf wegens misdrijf;
d. faillissement, surséance van betaling of toepassing van de schuldsaneringsregeling natuurlijke personen.
e. blijvende ongeschiktheid voor de vervulling van het ambt van gerechtsdeurwaarder, uit hoofde van ziekte of gebreken.
– 4. Het ontslag van een gerechtsdeurwaarder houdt tevens zijn ontslag in als waarnemend gerechtsdeurwaarder.

Art. 53

Beroep tegen ontslagbesluit

– 1. Tegen een besluit tot ontslag als bedoeld in artikel 52, derde lid, kan de gerechtsdeurwaarder binnen één maand na dagtekening van het besluit, bij met redenen omkleed geschrift, in te dienen bij de secretaris van de kamer voor gerechtsdeurwaarders, beroep instellen bij de kamer voor gerechtsdeurwaarders, op grond dat dit onrechtmatig is verleend.

– 2. De secretaris van de kamer voor gerechtsdeurwaarders doet Onze Minister onverwijld een afschrift toekomen van het beroepschrift.
– 3. Op de behandeling van het beroepschrift zijn de artikelen 40, tweede en derde lid, 41 en 42 van toepassing. Hoofdstuk 6 van de Algemene wet bestuursrecht vindt geen toepassing.
– 4. De kamer voor gerechtsdeurwaarders verklaart het beroep niet-ontvankelijk, ongegrond of gegrond. Bij gegrondverklaring vernietigt zij het besluit waartegen het beroep was ingesteld. De beslissing van de kamer is met redenen omkleed.
– 5. De secretaris van de kamer voor gerechtsdeurwaarders stelt Onze Minister en de betrokken gerechtsdeurwaarder onverwijld in kennis van de beslissing van de kamer voor gerechtsdeurwaarders.

Art. 54

Hoger beroep

– 1. Binnen een maand na dagtekening van de kennisgeving, bedoeld in artikel 53, vijfde lid, kunnen de betrokken gerechtsdeurwaarder en Onze Minister bij met redenen omkleed geschrift, in te dienen bij de griffier, tegen de beslissing van de kamer voor gerechtsdeurwaarders hoger beroep instellen bij het gerechtshof te Amsterdam.
– 2. Op de behandeling van het hoger beroep zijn de artikelen 40, tweede en derde lid, 41, 42, 45, tweede tot en met vierde lid, en 46 van overeenkomstige toepassing. Hoofdstuk 6 van de Algemene wet bestuursrecht vindt geen toepassing.
– 3. Het gerechtshof bevestigt de beslissing van de kamer voor gerechtsdeurwaarders, hetzij met overneming, hetzij met verbetering van de gronden, of doet met gehele of gedeeltelijke vernietiging van de beslissing, hetgeen de kamer voor gerechtsdeurwaarders had behoren te doen. Artikel 48 is van overeenkomstige toepassing.

Art. 55

Ontslagbesluit moet onherroepelijk zijn

Een besluit tot ontslag als bedoeld in artikel 52, derde lid, treedt niet in werking voordat het onherroepelijk is geworden.

HOOFDSTUK VI
De Koninklijke Beroepsorganisatie van Gerechtsdeurwaarders

§ 1. De organisatie van de KBvG

Art. 56

KBvG

De Koninklijke Beroepsorganisatie van Gerechtsdeurwaarders is een openbaar lichaam in de zin van artikel 134 van de Grondwet. Alle in Nederland gevestigde gerechtsdeurwaarders, waarnemend gerechtsdeurwaarders en toegevoegd kandidaat-gerechtsdeurwaarders zijn leden van de KBvG. De KBvG is gevestigd te Utrecht.

Art. 57

Taak KBvG

– 1. De KBvG heeft tot taak de bevordering van een goede beroepsuitoefening door de leden en van hun vakbekwaamheid.
– 2. Bij verordening worden beroeps- en gedragsregels van de leden van de KBvG vastgesteld. Tevens kunnen bij verordening regels worden gesteld betreffende de bevordering van de vakbekwaamheid van de leden.

Art. 58

Samenstelling KBvG

De KBvG heeft een bestuur, een ledenraad en een algemene ledenvergadering.

Art. 59

Bureau

De KBvG houdt een bureau in stand, dat het bestuur bijstaat in de uitoefening van zijn taken.

§ 2. Het bestuur van de KBvG

Art. 60

Taak bestuur

– 1. Het bestuur is belast met de algemene leiding van de KBvG en met de uitoefening van haar in artikel 57 omschreven taken, alsmede met het beheer en de beschikking over haar vermogen. Het geeft voorts algemene leiding aan het bureau van de KBvG en regelt zijn werkzaamheid.
– 2. De medewerkers van het bureau worden aangesteld op een arbeidsovereenkomst naar burgerlijk recht.
– 3. Het bestuur kan nadere regelen stellen betreffende zijn werkwijze en die van het bureau.
– 4. Het bestuur stelt jaarlijks een verslag op over zijn werkzaamheden ten behoeve van de algemene ledenvergadering en zendt dit om advies aan de ledenraad. Het brengt het verslag ter kennis van Onze Minister.
– 5. Het bestuur stelt jaarlijks een verantwoording op van zijn financieel beleid alsmede een begroting voor het komende boekjaar, met toelichting, en zendt deze stukken om advies aan de ledenraad.

Art. 61

Aantal bestuursleden

– 1. Het bestuur bestaat uit een oneven aantal van ten minste zeven leden. De samenstelling

van het bestuur weerspiegelt zoveel mogelijk de verhouding binnen de algemene ledenvergadering tussen gerechtsdeurwaarders en toegevoegd kandidaat-gerechtsdeurwaarders. De voorzitter en zijn plaatsvervanger zijn gerechtsdeurwaarders.
– 2. De leden worden benoemd voor een termijn van drie jaren en kunnen na aftreden terstond voor eenzelfde termijn eenmaal worden herbenoemd.
– 3. Het bestuur vertegenwoordigt de KBvG. Daartoe zijn ook gezamenlijk bevoegd de voorzitter of de plaatsvervangend voorzitter en een van de andere leden van het bestuur.

Art. 62

Taak voorzitter

De voorzitter van het bestuur van de KBvG is in die hoedanigheid belast met de leiding van de vergadering van de algemene ledenvergadering.

§ 3. De ledenraad

Art. 63

Ledenraad

– 1. De ledenraad bestaat uit dertig leden, met dien verstande dat uit ieder ressort zes leden in de ledenraad worden gekozen. De per ressort gekozen leden vormen een afspiegeling van de in dat ressort bestaande verhouding tussen gerechtsdeurwaarders en toegevoegd kandidaat-gerechtsdeurwaarders. Ieder lid heeft een plaatsvervanger.
– 2. De gewone leden en hun plaatsvervangers worden door de algemene ledenvergadering gekozen voor een termijn van drie jaren en zij zijn slechts eenmaal voor eenzelfde termijn herkiesbaar.

Art. 64

Taak ledenraad

De ledenraad heeft de zorg voor de vaststelling van het algemene beleid van de KBvG en treedt daartoe zonodig in overleg met het bestuur. Het bestuur stelt de ledenraad desgevraagd of eigener beweging in kennis van alle gegevens die voor het algemeen beleid van de KBvG van belang kunnen zijn, in het bijzonder gegevens betreffende zaken die het bestuur in uitvoering of behandeling heeft of die het in voorbereiding of onderzoek heeft genomen. De ledenraad is bevoegd het bestuur te allen tijde inlichtingen te vragen of onderzoek op te dragen betreffende onderwerpen die voor de bepaling van het beleid der KBvG van belang kunnen zijn.

Art. 65

Verordeningen

De ledenraad is belast met het vaststellen van verordeningen van de KBvG.

Art. 66

Overleg met bestuur

De ledenraad overlegt met het bestuur over de voorstellen van verordeningen van de KBvG, na daarover het advies van de algemene ledenvergadering te hebben ingewonnen.

Art. 67

Benoeming bestuur

– 1. De ledenraad benoemt het bestuur van de KBvG en kan, met inachtneming van artikel 61, het aantal der leden daarvan bepalen. De ledenraad benoemt de voorzitter en zijn plaatsvervanger uit de leden van het bestuur voor een termijn van drie jaren.
– 2. Het lidmaatschap van het bestuur is niet verenigbaar met het lidmaatschap van de ledenraad.
– 3. De ledenraad kan nadere regels vaststellen betreffende de benoeming en het aftreden van de leden van het bestuur.

Art. 68

Toezicht

De ledenraad oefent toezicht uit op het bestuur en hij kan de leden daarvan in hun functie schorsen of ontslaan, indien hij het vertrouwen in hun wijze van taakvervulling heeft verloren of wegens andere gegronde redenen.

Art. 69

Advies over verslag werkzaamheden

De ledenraad brengt aan de jaarlijkse algemene ledenvergadering advies uit over het verslag van de werkzaamheden van het bestuur alsmede over de verantwoording van het financieel beleid, de ontwerpbegroting van de KBvG voor het komende jaar en de daarbij behorende toelichtingen, na deze stukken te hebben onderzocht.

Art. 70

Schorsing/ontslag leden ledenraad

De leden van de ledenraad kunnen door de algemene vergadering worden geschorst of ontslagen, indien zij het vertrouwen in hun wijze van taakvervulling heeft verloren of wegens andere gegronde redenen.

Art. 71

Beraadslaging ledenraad

Het bestuur van de KBvG roept de ledenraad tenminste een maal per jaar bijeen om te beraadslagen over de in artikel 69 bedoelde stukken. Andere vergaderingen worden bijeen geroepen zo dikwijls als het bestuur zulks nodig acht en voorts indien ten minste zes leden van de raad het bestuur schriftelijk daarom verzoeken, met opgave van de te behandelen onderwerpen.

Art. 72

Vergadering ledenraad

De vergaderingen van de ledenraad zijn openbaar. Er wordt met gesloten deuren vergaderd indien de voorzitter, de aard van het te behandelen onderwerp in aanmerking genomen, zulks nodig oordeelt of indien ten minste acht leden van de raad daarom verzoeken. De leden van het bestuur van de KBvG, de directeur van het bureau van de KBvG en de secretarissen kunnen de besloten vergaderingen bijwonen, tenzij de ledenraad anders beslist. Over de toelating van andere personen beslist de ledenraad. Van de besloten vergadering wordt een afzonderlijk verslag gemaakt, dat niet openbaar wordt gemaakt tenzij de ledenraad anders beslist.

Art. 73

Nadere regelgeving

– 1. Bij verordening worden nadere regels gesteld betreffende de benoeming en het aftreden van de leden, en voorts betreffende zijn werkzaamheid, de wijze van vergaderen, de besluitvorming en de wijze waarop in de vergadering wordt gestemd, alsmede de wijze waarop aan de leden van de KBvG kennis wordt gegeven van zijn besluiten.

– 2. Bij verordening kunnen nadere regels worden gesteld omtrent de inrichting van de KBvG.

§ 4. De algemene ledenvergadering

Art. 74

Algemene ledenvergadering

Het bestuur van de KBvG roept jaarlijks een algemene ledenvergadering bijeen. Buitengewone ledenvergaderingen worden bijeengeroepen zo dikwijls het bestuur zulks nodig acht en voorts indien de ledenraad of tenminste vijfentwintig leden van de KBvG het bestuur schriftelijk daarom verzoeken met opgave van de te behandelen onderwerpen.

Art. 75

Vergadering

De vergadering van de algemene ledenvergadering is openbaar. Er wordt met gesloten deuren vergaderd indien de voorzitter, de aard van het te behandelen onderwerp in aanmerking genomen, zulks nodig oordeelt of indien tenminste dertig aanwezige leden daarom verzoeken. De leden van het bestuur, de directeur van het bureau van de KBvG en de secretarissen wonen de besloten vergadering bij, tenzij de vergadering anders beslist. Over de toelating van andere personen beslist de vergadering. Van de besloten vergadering wordt een afzonderlijk verslag gemaakt, dat niet openbaar wordt gemaakt tenzij de vergadering anders beslist.

Art. 76

Beraadslaging over verslag werkzaamheden

De algemene ledenvergadering beraadslaagt en beslist zonodig over het verslag van de werkzaamheden van het bestuur van de KBvG, alsmede over de financiële verantwoording, het verslag van de accountant, bedoeld in artikel 79, tweede lid, de ontwerp-begroting voor het komende jaar en de daarbij behorende toelichtingen alsmede de over deze stukken door de ledenraad uitgebrachte adviezen.

Art. 77

Nadere regelgeving

Op voorstel van het bestuur van de KBvG stelt de algemene ledenvergadering nadere regels vast betreffende haar werkwijze, de wijze van vergaderen, de besluitvorming en de wijze waarop in de vergaderingen wordt gestemd, de wijze waarop te behandelen stukken of onderwerpen ter kennis worden gebracht van de leden, alsmede de wijze waarop haar besluiten aan de leden van de KBvG ter kennis worden gebracht.

§ 5. De geldmiddelen van de KBvG

Art. 78

Geldmiddelen

De KBvG draagt alle kosten die uit de uitvoering van de haar door deze wet opgedragen taken voortvloeien. Ter dekking van deze kosten kan zij van de leden jaarlijks bijdragen heffen. De algemene ledenvergadering stelt, op voorstel van het bestuur, de hoogte van de bijdragen voor het boekjaar vast. Het bedrag daarvan kan voor verschillende categorieën van leden verschillend zijn.

Art. 79

Boekjaar

– 1. Het boekjaar van de KBvG wordt vastgesteld door het bestuur.

– 2. Het bestuur wijst telkens voor elk boekjaar een accountant als bedoeld in artikel 393, eerste lid, van Boek 2 van het Burgerlijk Wetboek aan die is belast met de controle op de financiële verantwoording, bestaande uit een balans, een staat van baten en lasten en een toelichting. Deze brengt binnen drie maanden na afloop van het boekjaar daarover verslag uit aan het bestuur.

– 3. Binnen acht maanden na de afloop van het boekjaar legt het bestuur de financiële verantwoording met het daarover door de accountant uitgebrachte verslag, alsmede de begroting voor het komende boekjaar met een toelichting aan de ledenraad over. De ledenraad brengt na onderzoek van deze stukken daarover verslag uit aan de algemene ledenvergadering.

– 4. De vaststelling van de financiële verantwoording door de algemene ledenvergadering houdt tevens in décharge van het bestuur terzake.

§ 6. De verordeningen en andere besluiten van de KBvG

Art. 80

Verordeningen

– 1. Verordeningen worden slechts vastgesteld met betrekking tot onderwerpen waarvan deze wet regeling of nadere regeling bij verordening voorschrijft.

– 2. Verordeningen bevatten geen verplichtingen of voorschriften die niet strikt noodzakelijk zijn voor verwezenlijking van het doel dat met de verordening wordt beoogd en beperken niet onnodig de marktwerking.

– 3. Voorstellen van verordeningen worden aan de ledenraad gedaan door het bestuur of door ten minste vijf leden van de ledenraad. Alvorens een ontwerp-verordening bij de ledenraad in te dienen kan het bestuur de kamer voor gerechtsdeurwaarders uitnodigen haar oordeel kenbaar te maken.

– 4. De verordeningen van de KBvG zijn slechts verbindend voor haar leden en haar organen.

– 5. Een verordening kan aan het bestuur van de KBvG de bevoegdheid toekennen tot het geven van nadere regels betreffende het in de verordening behandelde onderwerp.

Art. 81

Concept-verordening

Het voorstel van een verordening, wordt met een toelichting ten minste twee maanden vóór de dag waarop de ledenraad daarover beraadslaagt ter kennis gebracht van de leden van de KBvG. De algemene ledenvergadering brengt haar advies omtrent het voorstel ten minste drie weken vóór de dag waarop daarover wordt beraadslaagd ter kennis van de ledenraad.

Art. 82

Goedkeuring minister

– 1. Een verordening behoeft de goedkeuring van Onze Minister. De goedkeuring kan worden onthouden wegens strijd met het recht of het algemeen belang.

– 2. Een verordening wordt, nadat zij is goedgekeurd, door de zorg van het bestuur van de KBvG bekend gemaakt door plaatsing in de *Staatscourant*. De verordening verbindt niet dan nadat zij is bekend gemaakt. Zij treedt in werking met ingang van de eerste dag van de tweede maand na die van de dag van de bekendmaking of zoveel eerder als zij zelf bepaalt, met dien verstande dat tussen de dag van de bekendmaking en die van de inwerkingtreding ten minste een termijn van tien dagen moet liggen.

Art. 83

Vernietiging bij KB

Besluiten van de ledenraad, van het bestuur of van andere organen van de KBvG, niet zijnde een verordening die op grond van artikel 82 rechtsgeldig tot stand is gekomen, kunnen bij koninklijk besluit worden vernietigd. Onverminderd artikel 10:39 van de Algemene wet bestuursrecht kan een besluit niet worden vernietigd, indien zes maanden zijn verstreken nadat het is bekend gemaakt.

§ 7. Overige bepalingen

Art. 84

Inlichtingen aan minister

De KBvG verstrekt desgevraagd aan Onze Minister de voor de uitoefening van zijn taak benodigde inlichtingen. Onze Minister kan inzage vorderen van zakelijke gegevens en bescheiden, voor zover dat voor de vervulling van zijn taak redelijkerwijs nodig is.

Art. 85

Evaluatiebepaling

Onze Minister zendt binnen vijf jaren na de inwerkingtreding van deze wet en vervolgens telkens na vier jaren aan de Staten-Generaal een verslag over de doeltreffendheid en doelmatigheid van het functioneren van de KBvG.

HOOFDSTUK VII
Overgangs- en slotbepalingen

Art. 86

Benoeming ingevolge deze wet

– 1. *Bevat wijzigingen in andere regelgeving.*

– 2. Aanstellingen tot gerechtsdeurwaarder, benoemingen tot waarnemend gerechtsdeurwaarder alsmede goedkeuringen van een aanwijzing tot toegevoegd kandidaat-gerechtsdeurwaarder, gedaan ingevolge het in het eerste lid bedoelde artikel, worden beschouwd als onderscheidenlijk benoemingen en goedkeuringen gedaan ingevolge deze wet.

Art. 87

Vergoeding van ambtshandelingen

– 1. *Bevat wijzigingen in andere regelgeving.*

– 2. Het bij of krachtens die titel bepaalde blijft echter van toepassing met betrekking tot de vergoeding van ambtshandelingen welke voordien zijn verricht.

Art. 88-91

Bevat wijzigingen in andere regelgeving.

Art. 92

Overgangsrecht

Onverminderd de mogelijkheid van ontslag om andere redenen worden gerechtsdeurwaarders die op het tijdstip van inwerkingtreding van deze wet zijn benoemd, in afwijking van artikel 52, eerste lid, gedurende tien jaren na inwerkingtreding van deze wet van rechtswege ontslag verleend op de eerste dag van de maand volgend op die waarin zij de leeftijd van 70 jaren hebben bereikt.

Art. 93

Overgangsrecht

– 1. De vereniging genaamd Koninklijke Vereniging van Gerechtsdeurwaarders en gevestigd

te Amsterdam wordt van rechtswege ontbonden op het tijdstip van inwerkingtreding van deze wet en wordt van rechtswege onder algemene titel opgevolgd door de KBvG. Het bestuur van de KBvG is bevoegd tot het nemen van alle maatregelen en beslissingen die uit de rechtsopvolging voortvloeien.
– 2. Onze Minister wijst, na daarover het gevoelen van de Koninklijke Vereniging van Gerechtsdeurwaarders te hebben ingewonnen, de personen aan die na de inwerkingtreding van de wet als voorzitter of als lid zitting hebben in het bestuur van de KBvG en de ledenraad voor een termijn van ten hoogste negentig dagen. Binnen die termijn geeft de ledenraad uitvoering aan artikel 67, eerste lid, en geeft de algemene ledenvergadering uitvoering aan artikel 63, tweede lid.

Art. 94

Overgangsrecht

Onze Minister kan de verordeningen als bedoeld in de artikelen 17, vijfde lid, 57, tweede lid, en 73, voor de eerste maal als ministeriële regeling vaststellen, voor zover deze, naar het oordeel van Onze Minister, op de datum van inwerkingtreding van deze artikelen, in werking dienen te treden. Zij blijven, behoudens eerdere intrekking door Onze Minister, van kracht totdat zij bij verordening zijn ingetrokken en vervangen.

Art. 95

Inwerkingtreding

Deze wet treedt in werking op een bij koninklijk besluit te bepalen tijdstip, dat voor de verschillende onderdelen en artikelen verschillend kan zijn.

Art. 96

Citeertitel

Deze wet wordt aangehaald als: Gerechtsdeurwaarderswet.

A

REG.

D

T

V